Schlegel/Voelzke/Engelmann

juris PraxisKommentar SGB V

juris PraxisKommentar

SGB V

Sozialgesetzbuch
Fünftes Buch

- Gesetzliche Krankenversicherung -

herausgegeben von

Prof. Dr. Rainer Schlegel

Dr. Klaus Engelmann

Gesamtherausgeber:

Prof. Dr. Rainer Schlegel

Dr. Thomas Voelzke

juris GmbH Saarbrücken 2008

Zitiervorschlag:
Schlegel in: jurisPK-SGB V, § 7 Rn. 10
oder
Schlegel in: Schlegel/Voelzke, SGB V, § 7 Rn. 10

Bibliografische Information der Deutschen Nationalbibliothek:
Die Deutsche Nationalbibliothek verzeichnet diese Publikation in der Deutschen Nationalbibliografie;
detaillierte bibliografische Daten sind im Internet über http://dnb.ddb.de abrufbar.

ISBN: 978-3-938756-00-3

Umschlaggestaltung: HDW Werbeagentur GmbH Saarbrücken
Druckvorstufe: Satzweiss.com GmbH Saarbrücken
Druck: Bercker Graphischer Betrieb GmbH & Co. KG Kevelaer

Vorwort der Herausgeber

I

Die bis 1883 zurückgehende Geschichte der gesetzlichen Krankenversicherung (GKV) ist eine Geschichte ihrer Reformen. Und zugleich ist die Geschichte der GKV – alles in allem – auch eine Erfolgsgeschichte. Der Sachverständigenrat zur Begutachtung der Entwicklung im Gesundheitswesen hat im Jahre 2007 zu Recht festgestellt, dass die GKV auch aus internationaler Perspektive für alle Bürger ein flächendeckendes Angebot an Gesundheitsleistungen und einen hohen Versorgungsstandard bietet. Die GKV hält einen umfänglichen Leistungskatalog mit einer guten Erreichbarkeit vor und konfrontiert Patienten kaum mit Rationierungen, wie z.B. Wartezeiten bei zeitkritischen Behandlungen, die in anderen europäischen Staaten durchaus vorkommen. Die gesetzlich vorgesehenen Leistungen (§§ 27 ff. SGB V) – das Normprogramm des SGB V als solches – sind vorbildlich.

Die gesamtgesellschaftliche, vor allem wirtschaftliche Bedeutung der GKV ist enorm. In Deutschland leben rund 82 Millionen Menschen. Davon sind rund 70 Mio., also etwa 85% der Bevölkerung in der GKV sowie in der sozialen Pflegeversicherung versichert. Der Rest der Bevölkerung ist größtenteils in der privaten Kranken- und Pflegeversicherung versichert. Die Versorgung wird gewährleistet durch 311.000 Ärzte, 65.000 Zahnärzte, 47.000 Apotheker, über eine halbe Mio. Arzthelfer und über eine Mio. Gesundheits-, Alten- und Krankenpfleger. Im ambulanten und stationären Bereich arbeiten rund 1,7 Mio. bzw. 1 Mio. Menschen, in der pharmazeutischen Industrie rund 113.000, in der medizintechnischen Industrie rund 150.000 und in Medizinischen Laboren inklusive Großhandel rund 75.000. Insgesamt sind in Deutschland etwa 42 Mio. Menschen, d.h. über die Hälfte der Bevölkerung erwerbstätig. Von diesen Erwerbspersonen sind mit 4,2 Mio. Menschen 10% im Gesundheitswesen tätig.

Die Ausgaben der GKV beliefen sich 2006 auf etwa 147, ihre Einnahmen auf ca. 149 Milliarden Euro. Dies entspricht einem Anteil am Bruttoinlandsprodukt von rund 6,5%; der Anteil der Pflegeversicherung liegt bei 0,8%. Betrachtet man die wichtigsten Ausgabenblöcke der GKV, ergibt sich folgendes Bild: Rund ein Drittel der Ausgaben der GKV (Stand 2006) entfallen auf die Krankenhausbehandlung, auf Arzneimittel 18%, auf die Behandlung durch niedergelassene Ärzte/Psychotherapeuten 15%. Die Heil- und Hilfsmittelversorgung hat einen Anteil an den Gesamtausgaben von ca. 8%, die Kosten für Zahnärzte/Zahnersatz von ca. 7%. Die Verwaltungskosten der Krankenkassen machen ca. 5,5%, die Ausgaben für Krankengeld ca. 4% aus. Der Anteil der Gesamtausgaben der GKV am Bruttoinlandsprodukt liegt seit Jahren etwas über 10% und hat sich nicht wesentlich verändert.

II

Die GKV bietet den Versicherten ein flächendeckendes Angebot an Gesundheitsleistungen und einen hohen Versorgungsstandard. Sie hält einen umfänglichen Leistungskatalog mit guter Erreichbarkeit vor. Hauptgegenstand von Reformen waren und sind die Eindämmung der permanent zur Ausweitung neigenden Kosten der GKV sowie die Beseitigung von Vollzugsdefiziten bei der Umsetzung des insgesamt vorbildlichen Normprogramms. Ziel der Reformpolitik sind neben Beitragssatzstabilität vor allem der effizientere Einsatz personeller und finanzieller Ressourcen, mehr Qualität und bessere Koordinierung der verschiedenen Versorgungsbereiche.

Der Leistungssektor der GKV und damit auch die Kostenentwicklung neigt – wie in vergleichbaren europäischen Ländern auch – unaufhaltsam zur Expansion. Gründe hierfür sind unter anderem der medizinische, technische und pharmakologische Fortschritt, die demographische Entwicklung mit kostensteigernder Veränderung der Alters- und Morbiditätsstruktur der Bevölkerung, das eingeschränkte Funktionieren der Gesetze des Marktes bei Leistungen zur Erhaltung oder Wiederherstellung der Gesundheit als einem absoluten, nicht substituierbaren Gut sowie asymmetrische Informationsstände bei Versicherten und Leistungserbringern über Qualität, Nutzen, Wirtschaftlichkeit der Leistungen sowie Handlungsalternativen.

Der Gesetzgeber hat bisher dennoch zu Recht von einem grundlegenden Systemwandel abgesehen. Durch die Abschaffung des Sach und Dienstleistungsprinzips und den Übergang zum Kostenerstattungsprinzip würde zwar den Versicherten vor Augen geführt, was ihre Gesundheitsversorgung kostet.

Die (zahn)ärztlichen/psychotherapeutischen Leistungserbringer würden – mit allen Vor- und Nachteilen – einem weitgehenden Wettbewerb um Patienten ausgesetzt. An der asymmetrischen Informationssituation zwischen Leistungserbringer und Versichertem oder der Qualität der Leistungen würde sich indessen nichts ändern. Ein Systemwechsel hätte aber viele nachteilige Folgen: Leistungserbringer müssten ihre Forderung beim Versicherten eintreiben; viele Versicherten wären mit ihren bei den Krankenkassen zu stellenden Kostenerstattungsanträgen überfordert und oft auch zur Vorfinanzierung nicht in der Lage; die Krankenkassen könnten ohne Aufstockung ihres Personals die anfallenden Kostenerstattungsverfahren nicht durchführen; die bisher systeminternen Kontrollmechanismen der ärztlichen Selbstverwaltung gingen verloren; die dem sozialen Frieden dienende Errungenschaft, dass jeder Versicherte ohne Ansehen seiner Person und Prüfung seines finanziellen Hintergrundes alle für die Behandlung seiner Krankheit notwendigen Leistungen erhält, auch diejenigen der Spitzenmedizin, würde aufgegeben.

Eine Erhöhung der Beiträge und damit regelmäßig auch der Lohnnebenkosten ist zudem nur um den Preis sinkender Wettbewerbsfähigkeit und steigender Arbeitslosigkeit möglich. Dieser Weg scheint dem Gesetzgeber derzeit in der Pflegeversicherung unumgänglich zu sein. Er will den Leistungskatalog der Pflegeversicherung ausweiten, ohne dass Einsparpotentiale durch Effektivitätssteigerung ersichtlich sind. In der GKV geht der Gesetzgeber andere Wege. Die Lösung der Probleme wird dort vor allem in der Beseitigung von Fehlsteuerungen, in Qualitätsverbesserung und Ausnutzung von Wirtschaftlichkeitsreserven gesucht. Zu Recht hat man davon abgesehen, die Beiträge vom Arbeitsentgelt abzukoppeln und die Arbeitgeber aus der Finanzierungsverantwortung zu entlassen: Auch der Arbeitnehmeranteil ist Gegenleistung für geleistete Arbeit und die (unentgeltliche) Einbindung der Arbeitgeber in den Beitragseinzug unabdingbare Voraussetzung für das höchst effiziente Quellenabzugsverfahren. Tragendes Strukturprinzip der GKV ist zudem ihr solidarischer Ausgleich, der in großen Teilen der deutschen Gesellschaft als gleichsam ethisches Grundprinzip auf hohe Akzeptanz trifft. Reformbestrebungen, welche die Beitragsbemessung nach grundlegend anderen Prinzipien regeln wollen, müssen erfahrungsgemäß mit größten Widerständen in nahezu allen Bevölkerungsschichten rechnen.

Reformmaßnahmen auf der Leistungs- und Leistungserbringerseite lassen sich in folgende Kategorien einteilen:

• Leistungskürzungen und -ausschlüsse (z.B. Absenkung des Krankengeldes, Streichung des Sterbegeldes, Ausschluss implantologischer Leistungen sowie bestimmter Arzneimittel), die zumutbar der Eigenverantwortung der Versicherten zugerechnet werden können,

• verhaltenssteuernde Zuzahlungen zu praktisch allen Leistungen mit Höchst- und Belastungsgrenzen aus sozialen Gründen (Fahrtkosten, häusliche Krankenpflege, Haushaltshilfen, Heil- und Hilfsmittel, Arzneimittel, Soziotherapie),

• Lockerungen des korporativen Systems der Selbstverwaltung durch die Zulassung von Selektivverträgen und Änderungen im Vergütungssystem sowie Maßnahmen zur Qualitätssicherung und Effizienzsteigerung,

• Eigenbeteiligungen (z.B. Zahnersatz, künstliche Befruchtung).

Im Leistungserbringerbereich sind folgende Maßnahmen zu erwähnen:

• Lockerung des korporativen Gesamtvergütungssystems im Bereich ambulanter Behandlung – sog. Selektivverträge.

• Versorgung in strukturierten Behandlungsprogrammen aufgrund besonderer Verträge nach amerikanischen Vorbildern (Managed Care oder Disease Management Program) auf freiwilliger Basis, z.B. bei Brustkrebs, koronarer Herzkrankheit oder Diabetes mellitus Typ II. Grundlage sind in der Regel Selektivverträge, bei denen Krankenkassen unter „Umgehung" der Kassenärztlichen Vereinigung mit einzelnen Leistungserbringern Verträge mit besonderen finanziellen Anreizen abschließen (z.B. zur hausarztzentrierten Versorgung, besonderen ambulanten ärztlichen Versorgung).

• Übergang in der stationären Versorgung von Tages-Pflegesätzen zu einem Fallpauschalensystem:

Beim bisherigen Abrechnungssystem nach Tages-Pflegesätzen bleibt es für die Psychiatrie, Psychosomatik und psychotherapeutische Medizin.

• Sektorenübergreifende (integrierte) Versorgung und strukturierte Behandlungsprogramme, institutionelle Formen integrierter Versorgung durch Medizinische Versorgungszentren mit der Möglichkeit, nunmehr als Träger z.B. auch eine BGB-Gesellschaft, GmbH oder AG zuzulassen.

• Auf das Preisniveau von Arzneimitteln kann der Gesetzgeber Einfluss nehmen durch gesetzliche Preismoratorien, die Anordnung allgemeiner, für alle Krankenkassen geltende Rabatte der Pharmahersteller, die Festlegung von Preisobergrenzen für wirkungsgleiche Produkte verschiedener Hersteller (sog. Festbetragsregelung) und die Bewertung neu patentierter Wirkstoffe durch das IQWiG auf ihren Nutzen oder das Kosten-Nutzen-Verhältnis. Aufgrund dieser Empfehlungen kann der Gemeinsame Bundesausschuss Konsequenzen für die Arzneimittelrichtlinien ziehen und die Spitzenverbände der Krankenkassen können für solche Arzneimittel Höchstbeträge festsetzen, so dass „Scheininnovationen" bei Arzneimitteln nicht zu Kostensteigerungen führen müssen.

Reformmaßnahmen, die auf ein Mehr an Qualitätssicherung abzielen und getrennte Versorgungsbereiche aufbrechen, um eine sektorenübergreifende, strukturierte Behandlung der Versicherten auf evidenzbasierter Grundlage zu ermöglichen, sind uneingeschränkt zu befürworten. Dadurch können die der GKV zur Verfügung stehenden Mittel effektiver und wirtschaftlicher eingesetzt werden als bisher. Ob es hierfür erforderlich ist, neben dem bestehenden korporativen System dauerhaft ein Parallelsystem von Selektivverträgen zu etablieren, das auch eine Zersplitterung des Versorgungsangebotes an die Versicherten nach sich zieht, bedarf der Prüfung. Um die Vorteile der Gestaltungsfreiheit der Akteure auf rationaler Grundlage beurteilen zu können, müssen die Erfahrungen mit den neuen Versorgungsformen systematisch evaluiert und mit dem herkömmlichen System verglichen werden. Wirtschaftliches, systematisch geplantes Handeln auf der Grundlage evidenzbasierter Medizin ist Aufgabe aller Leistungserbringer und nicht nur einzelner besonders ausgewählter Leistungserbringer gegen besondere Bezahlung.

Der Datenschutz ist nicht Selbstzweck, sondern muss sich in der GKV in die Belange des Gesamtsystems einfügen. Er darf wirtschaftliche, strukturierte ärztliche Behandlung nicht unverhältnismäßig behindern.

Verfassungsrechtlich ist es nicht zu beanstanden, dass die GKV Versicherten Leistungen (nur) nach Maßgabe eines allgemeinen Leistungskatalogs und nur unter Beachtung des Wirtschaftlichkeitsgebots zur Verfügung stellt. Es ist nicht geboten, Versicherten alles zu leisten, was an Mitteln zur Erhaltung oder Wiederherstellung der Gesundheit verfügbar ist. Es ist dem Gesetzgeber von Verfassungs wegen auch nicht verwehrt, zur Qualitätssicherung der Leistungserbringung, im Interesse einer Gleichbehandlung der Versicherten und zum Zweck der Ausrichtung der Leistungen am Gesichtspunkt der Wirtschaftlichkeit Verfahren zur Prüfung des diagnostischen und therapeutischen Nutzens neuer Untersuchungs- und Behandlungsmethoden vorzusehen, um diese auf eine fachlich-medizinisch zuverlässige Grundlage zu stellen. Nur bei lebensbedrohlichen oder regelmäßig tödlichen Erkrankungen ist eine verfassungskonforme Erleichterung des Wirksamkeitsnachweises geboten, so dass es bei Alternativlosigkeit der begehrten, bisher nicht etablierten Behandlung ausreicht, wenn dabei eine nicht ganz entfernt liegende Aussicht auf Heilung oder auf eine spürbare positive Einwirkung auf den Krankheitsverlauf besteht.

Das Europäische Gemeinschaftsrecht und dessen Auslegung durch den EuGH dürfen nicht dazu führen, dass dem nationalen Gesetzgeber die nach dem EG-Vertrag allein ihm zustehende Kompetenz zur Gestaltung des Gesundheitswesens faktisch aus der Hand genommen wird. Die EG besitzt weder eine Regelungskompetenz zur Harmonisierung der Systeme sozialer Sicherheit im Allgemeinen noch speziell zur Gestaltung der Krankenversicherung noch zur Festlegung medizinischer Mindeststandards.

Nach der Rspr. des EuGH sind Krankenkassen bei der Wahrnehmung ihrer Versorgungsaufgaben keine Unternehmen im Sinne des gemeinschaftsrechtlichen Wettbewerbs- und Kartellrechts. Die Entwicklung neuer Versorgungsformen sowie die Erprobung und Nutzung von Elementen des Wettbewerbs ist unter Optimierungsgesichtspunkten zu begrüßen. Es ist aber zugleich davor zu warnen, die GKV zu sehr von ihren herkömmlichen Strukturprinzipien zu entfernen, zumal diese die Grundlage der genannten EuGH-Rechtsprechung bilden.

Das gegenwärtig im Fokus der krankenversicherungsrechtlichen Literatur stehende Vergaberecht (dazu ausführlich unter § 69 SGB V) flankiert die Entwicklung des Europäischen Binnenmarktes. Es ist aber keine im EG-Vertrag primärrechtlich ausdrücklich als solche ausgewiesene Querschnittsaufgabe mit Geltungs- oder Anwendungsvorrang in allen Politikbereichen der EG. Der deutsche Gesetzgeber sollte darauf achten, dass das Vergaberecht nicht zu ähnlich weitreichenden Konsequenzen führt wie die Verankerung der „passiven Dienstleistungsfreiheit" durch den EuGH.

III

Der Regelungsbereich des SGB V ist von enormer Dynamik gekennzeichnet. Die Autoren dieses Kommentars, allesamt Praktiker aus den Bereichen Justiz, Anwaltschaft, Verwaltung und Verbänden, arbeiten am Puls der Zeit. Sie greifen aktuelle Entwicklungen auf und zeigen dem Leser einen Weg durch den „Dschungel" der Vorschriften des SGB V. Der vorliegende Kommentar kommt einer Herkulesaufgabe nahe, zumal der Gesetzgeber bekanntlich keine Rücksicht auf Bearbeitungsstände von Kommentaren und Abgabefristen von Manuskripten nimmt. Die Online-Version des Kommentars wird daher durch regelmäßige Aktualisierungen und Ergänzungen jeweils den neuesten Stand von Gesetzgebung und Rechtsprechung berücksichtigen. Sie bietet außerdem die Möglichkeit, durch Hyperlink direkt auf ergänzende Dokumente, zitierte Gerichtsentscheidungen und andere über die juris-Datenbank zugängliche Dokumente zuzugreifen. Ein Endstand wird in einem Rechtsgebiet wie dem der GKV, in dem – bis auf die Grundprinzipien – praktisch alles immer im Fluss ist, nie erreicht werden können. Umso mehr sind die Autoren für Hinweise, Anregungen und Kritik (zu richten an: redaktion.SGB@juris.de) der Nutzer dieses Kommentars dankbar.

Kassel, im Februar 2008

Dr. Klaus Engelmann und Prof. Dr. Rainer Schlegel

Bearbeiterverzeichnis

Dr. Hans-Peter Adolf
Richter am Landessozialgericht, München
§§ 73 bis 74, 140, 140e bis 140g

Katrin Albers
Rechtsanwältin, Berlin
§§ 61, 62

Dr. Claudia Baumann (geb. Beule)
Rechtsanwältin, Hamburg
§§ 140a bis 140d

Jürgen Beck
Richter am Sozialgericht, Speyer
§§ 31 bis 36

Dr. Arend Becker
Richter am Sozialgericht, Berlin
§§ 4a, 265 bis 272, 313a

Dr. Georg Becker
Rechtsanwalt, München
§ 4

Gerhard Beier
Vors. Richter am Landessozialgericht, Stuttgart
§§ 89 bis 94

Dr. Norbert Bernsdorff
Richter am Bundessozialgericht, Kassel
§ 240

Marco Beyer
Referent, Spitzenverband der landwirtschaftlichen Sozialversicherung, Kassel
§§ 39a, 198 bis 203, 275 bis 283

Dr. Holger Blöcher
Richter am Sozialgericht, zurzeit wissenschaftlicher Mitarbeiter am Bundessozialgericht, Kassel
§§ 16, 135a bis 137, 173 bis 176

Stefanie Bohlken
Richterin am Sozialgericht, Dortmund
§§ 47 bis 47b

Volker Brinkhoff
Richter am Landessozialgericht, Essen
§§ 49 bis 51

Dr. Thomas Clemens
Richter am Bundessozialgericht, Kassel
§§ 106, 106a

Jürgen Didong
Vizepräsident des Sozialgerichts, Koblenz
§§ 15, 284 bis 305b

Bernd W. Dortants
Bundesversicherungsamt, Bonn
§ 274

Wolfgang Engelhard
Richter am Landessozialgericht, Hamburg
§ 12

Dr. Klaus Engelmann (Hrsg.)
Vors. Richter am Bundessozialgericht, Kassel
§§ 69 bis 71, 77a, 139 bis 139c

Prof. Dr. Dagmar Felix
Universitätsprofessorin, Universität Hamburg
§§ 5, 6, 10, 186 bis 193, 309

Claudius Fischer
Richter am Sozialgericht, zurzeit Landessozialgericht Sachsen-Anhalt, Halle
§§ 226 bis 239, 252 bis 256

Dr. Werner Follmann
Vors. Richter am Landessozialgericht, Mainz
§§ 27 bis 29, 310

Dr. Ulrich Freudenberg
Vors. Richter am Landessozialgericht, Essen
§§ 82 bis 88, 137a, 137b, 137d, 311

Ulf Grimmke
Rechtsanwalt, Arbeitgeberverband des privaten Bankgewerbes (AGV Banken), Berlin
§§ 257, 258

Dr. Stephan Gutzler, LL.M.
Richter am Sozialgericht, zurzeit wissenschaftlicher Mitarbeiter am Bundessozialgericht, Kassel
§§ 314, 315

Klaus Hampel
Richter am Sozialgericht, Schwerin
§ 8

Sonja Hasfeld
Richterin am Sozialgericht, Karlsruhe
§§ 3, 60, 220 bis 225, 241 bis 251

Hans-Christian Helbig
Richter am Sozialgericht, Berlin
§§ 13, 14

Dr. Harald Hesral
Richter am Landessozialgericht, München
§§ 72, 72a, 75, 76, 140h

Sandra Klein
Richterin am Sozialgericht, Hannover
§ 19

Stefanie Klein, LL.M.
Rechtsanwältin, Deutsche Verbindungsstelle Krankenversicherung – Ausland, Bonn
§§ 219a bis 219d

Dr. Erich Koch
Arbeitsbereichsleiter, Spitzenverband der landwirtschaftlichen Sozialversicherung, Kassel
§§ 63 bis 68, 135, 137c, 138, 143 bis 171, 171b, 172, 207 bis 219

Dr. Christel Köhler-Hohmann
Rechtsanwältin, Fachanwältin für Medizinrecht, Leiterin der Rechtsabteilung der Städtisches Klinikum München GmbH
§§ 115 bis 121a

Dr. Martin Krasney
Rechtsanwalt, Berlin
§§ 55 bis 57, 171a

Katja Meyerhoff
Richterin am Sozialgericht, Hamburg
§§ 44 bis 46, 48

Dr. Joachim Müller
Ministerialrat, Bundesministerium für Gesundheit, Bonn
§ 142

Dr. Daniel O'Sullivan
Richter am Sozialgericht, Karlsruhe
§§ 307, 307a

Dr. Christiane Padé
Richterin am Sozialgericht, Karlsruhe
§§ 17, 18, 37 bis 38

Dr. Cornelius Pawlita
Richter am Sozialgericht, Gießen
§§ 95 bis 105, 112 bis 114

Prof. Dr. Hermann Plagemann
Rechtsanwalt, Fachanwalt für Sozialrecht und Medizinrecht, Frankfurt/Main
§§ 2, 2a, 11

Thomas Reyels
Richter am Sozialgericht, Düsseldorf
§§ 52, 52a

Prof. Dr. Rainer Schlegel (Hrsg.)
Richter am Bundessozialgericht, Kassel
§§ 1, 7, 53

Dr. Egbert Schneider
Richter am Landessozialgericht, Berlin
§§ 124 bis 134a

Annette Schneider-Danwitz
Sachgebietsleiterin Selbstverwaltung, Barmer Ersatzkasse, Wuppertal
§§ 194 bis 197b

Dr. Bernd Schütze
Richter am Bundessozialgericht, Kassel
§§ 20 bis 26

Manuela Steinmann-Munzinger
Vizepräsidentin des Sozialgerichts, Dresden
§§ 77, 78 bis 81a

Dr. Thomas Strauß
Richter am Landgericht, Regensburg
§ 306

Dr. Andreas Wahl
Richter am Landessozialgericht, Chemnitz
§§ 39, 107 bis 111a

Wolfgang Wiemers
Richter am Landessozialgericht, Mainz
§§ 40 bis 43b

Dr. Marion Wille
Referentin, Spitzenverband der landwirtschaftlichen Sozialversicherung, Kassel
§§ 9, 137f, 137g, 203 bis 206, 259 bis 264

Inhaltsverzeichnis

Abkürzungsverzeichnis

A&R .... Arzneimittel & Recht, Zeitschrift für Arzneimittelrecht und Arzneimittelpolitik
a.A. .... anderer Ansicht
a.a.O. .... am angegebenen Ort
a.E. .... am Ende
a.F. .... alte Fassung
a.M. .... anderer Meinung
AA .... Agentur für Arbeit
AABG .... Gesetz zur Begrenzung der Arzneimittelausgaben der gesetzlichen Krankenversicherung
AAÜG .... Gesetz zur Überführung der Ansprüche und Anwartschaften aus Zusatz- und Sonderversorgungssystemen des Beitrittsgebiets
ABAG .... Gesetz zur Ablösung des Arznei- und Heilmittelbudgets
Abb. .... Abbildung
AbgG .... Gesetz über die Rechtsverhältnisse der Mitglieder des Deutschen Bundestages
ABl. .... Amtsblatt
Abs. .... Absatz
abw. .... abweichend
AFG .... Arbeitsförderungsgesetz
AFRG .... Gesetz zur Reform der Arbeitsförderung
AG .... Aktiengesellschaft; Amtsgericht
AGB .... Allgemeine Geschäftsbedingungen
AktG .... Aktiengesetz
ALG .... Gesetz über die Alterssicherung der Landwirte
allg. .... allgemein
Alt. .... Alternative
AltTZG .... Altersteilzeitgesetz
AMG .... Gesetz über den Verkehr mit Arzneimitteln
AMPreisV .... Arzneimittelpreisverordnung
Anm. .... Anmerkung
AnVNG .... Gesetz zur Neuregelung des Rechts der Rentenversicherung der Angestellten
AO .... Abgabenordnung
AOK .... Allgemeine Ortskrankenkasse
AöR .... Archiv des öffentlichen Rechts
ApoG .... Gesetz über das Apothekenwesen
ArbPlSchG .... Gesetz über den Schutz des Arbeitsplatzes bei Einberufung zum Wehrdienst
ArbSchG .... Gesetz über die Durchführung von Maßnahmen des Arbeitsschutzes zur Verbesserung der Sicherheit und des Gesundheitsschutzes der Beschäftigten bei der Arbeit
ArEV .... Verordnung über die Bestimmung des Arbeitsentgelts in der Sozialversicherung

arg. .... argumentum
Art. .... Artikel
ArVNG.............................. Gesetz zur Neuregelung des Rechts der Rentenversicherung der Arbeiter
Ärzte-ZV .... Zulassungsverordnung für Vertragsärzte
ArztR................................. Arztrecht, Kompendium des gesamten Rechts der Medizin - Offizielles Organ der Arbeitsgemeinschaft für Arztrecht
ArztuR............................... Der Arzt/Zahnarzt und sein Recht, Zeitschrift für Arzt- und Zahnarztrecht
ArztWohnortG .... Gesetz zur Einführung des Wohnortprinzips bei Honorarvereinbarungen für Ärzte und Zahnärzte
ASP .... Arbeit und Sozialpolitik
ASR.................................. Anwalt / Anwältin im Sozialrecht
AsylbLG............................ Asylbewerberleistungsgesetz
AsylVfG............................ Asylverfahrensgesetz
AuA................................... Arbeit und Arbeitsrecht, Die Zeitschrift für den Personal-Profi
AuB .... Arbeit und Beruf, Fachzeitschrift für die Aufgaben der Bundesanstalt für Arbeit
AufenthG .... Gesetz über den Aufenthalt, die Erwerbstätigkeit und die Integration von Ausländern im Bundesgebiet
Aufl. .... Auflage
AÜG.................................. Gesetz zur Regelung der gewerbsmäßigen Arbeitnehmerüberlassung
AuslG .... Gesetz über die Einreise und den Aufenthalt von Ausländern im Bundesgebiet
AVG.................................. Angestelltenversicherungsgesetz
Az. .... Aktenzeichen
BA .... Bundesanstalt für Arbeit / Bundesagentur für Arbeit
BAföG............................... Bundesgesetz über individuelle Förderung der Ausbildung (Bundesausbildungsförderungsgesetz)
BAG.................................. Bundesarbeitsgericht
BÄO .... Bundesärzteordnung
BArbBl.............................. Bundesarbeitsblatt, Mit Beilagen: Bundesversorgungsblatt, Amtliche Mitteilungen der Bundesanstalt für Arbeitsschutz
BArchG............................. Gesetz über die Sicherung und Nutzung von Archivgut des Bundes
BB .... Betriebs-Berater, Zeitschrift für Recht und Wirtschaft
BBesG............................... Bundesbesoldungsgesetz
BBG .... Bundesbeamtengesetz
BBiG .... Berufsbildungsgesetz
Bd. .... Band
Bde. .... Bände
BDSG............................... Bundesdatenschutzgesetz
BeamtVG .... Gesetz über die Versorgung der Beamten und Richter in Bund und Ländern
bearb. .... bearbeitet
Bearb. .... Bearbeitung, Bearbeiter
BEEG .... Gesetz zum Elterngeld und zur Elternzeit (Bundeselterngeld- und Elternzeitgesetz)

Begr. .... Begründung
Behindertenrecht .... Behindertenrecht, Fachzeitschrift für Fragen der Rehabilitation
Beih. .... Beiheft
Beil. .... Beilage
BeitrEntlG .... Gesetz zur Entlastung der Beiträge in der gesetzlichen Krankenversicherung
BeitrVV .... Verordnung über die Berechnung, Zahlung, Weiterleitung, Abrechnung und Prüfung des Gesamtsozialversicherungsbeitrages
BeitrZV .... Verordnung über die Zahlung, Weiterleitung, Abrechnung und Abstimmung des Gesamtsozialversicherungsbeitrags
Bek. .... Bekanntmachung
Bem. .... Bemerkung
ber. .... berichtigt
BeratungsG .... Gesetz zur Vermeidung und Bewältigung von Schwangerschaftskonflikten
BerRehaG .... Gesetz über den Ausgleich beruflicher Benachteiligungen für Opfer politischer Verfolgung im Beitrittsgebiet
BErzGG .... Gesetz zum Erziehungsgeld und zur Elternzeit
bes. .... besonders
bespr. .... besprochen
bestr. .... bestritten
betr. .... betreffend
BetrAV .... Betriebliche Altersversorgung, Mitteilungsblatt der Arbeitsgemeinschaft für betriebliche Altersversorgung
BetrAVG .... Gesetz zur Verbesserung der betrieblichen Altersversorgung
BfA .... Bundesversicherungsanstalt für Angestellte
BfAG .... Gesetz über die Errichtung der Bundesversicherungsanstalt für Angestellte
BFH .... Bundesfinanzhof
BG .... Berufsgenossenschaft
BG .... Die Berufsgenossenschaft, Zeitschrift für Unfallversicherung und Betriebssicherheit
BGB .... Bürgerliches Gesetzbuch
BGBl .... Bundesgesetzblatt
BGBl I .... Bundesgesetzblatt. Teil I
BGG .... Gesetz zur Gleichstellung behinderter Menschen
BGH .... Bundesgerichtshof
BGHReport .... BGH-Report
BGHZ .... Entscheidungssammlung des Bundesgerichtshofes in Zivilsachen, herausgegeben von den Mitgliedern des Bundesgerichtshofes und der Bundesanwaltschaft
BGSG .... Gesetz über die Bundespolizei
BHO .... Bundeshaushaltsordnung
BKGG .... Bundeskindergeldgesetz
BKK .... Betriebskrankenkasse
BKn .... Bundesknappschaft

BKnStabG .... Gesetz zur Stabilisierung des Mitgliederkreises von Bundesknappschaft und See-Krankenkasse
BKR .... Zeitschrift für Bank- und Kapitalmarktrecht, BKR
Bl. .... Blatt
BlStSozArbR .... Blätter für Steuerrecht, Sozialversicherung und Arbeitsrecht
BMAS .... Bundesministerium für Arbeit und Soziales
BMBF .... Bundesministerium für Bildung und Forschung
BMF .... Bundesministerium der Finanzen
BMG .... Bundesministerium für Gesundheit
BMI .... Bundesministerium des Innern
BMinG .... Gesetz über die Rechtsverhältnisse der Mitglieder der Bundesregierung
BMJ .... Bundesministerium der Justiz
BML .... Bundesministerium für Ernährung, Landwirtschaft und Forsten
BMWi .... Bundesministerium für Wirtschaft und Technologie
BPflV .... Verordnung zur Regelung der Krankenhauspflegesätze
BRAGebO .... Bundesgebührenordnung für Rechtsanwälte
BR-Drs. .... Bundesratsdrucksache
BRKG .... Bundesreisekostengesetz
BRRG .... Rahmengesetz zur Vereinheitlichung des Beamtenrechts
BSG .... Bundessozialgericht
BSHG .... Bundessozialhilfegesetz
bspw. .... beispielsweise
BT-Drs. .... Bundestagsdrucksache
Buchst. .... Buchstabe
BudgetV .... Verordnung zur Durchführung des § 17 Abs. 2 bis 4 des Neunten Buches Sozialgesetzbuch
Bundesgesundhbl .... Bundesgesundheitsblatt, Gesundheitsforschung und Gesundheitsschutz
BUrlG .... Mindesturlaubsgesetz für Arbeitnehmer
BVerfG .... Bundesverfassungsgericht
BVerfGG .... Gesetz über das Bundesverfassungsgericht
BVerwG .... Bundesverwaltungsgericht
BVFG .... Gesetz über die Angelegenheiten der Vertriebenen und Flüchtlinge
BVG .... Gesetz über die Versorgung der Opfer des Krieges
bzw. .... beziehungsweise
c.i.c. .... culpa in contrahendo
ca. .... circa
CISG .... Convention on Contracts for the International Sale of Goods
d.h. .... das heißt
DÄ .... Deutsches Ärzteblatt
DAngVers .... Die Angestelltenversicherung, Zeitschrift der Bundesversicherungsanstalt für Angestellte
DB .... Der Betrieb, Wochenschrift für Betriebswirtschaft, Steuerrecht, Wirtschaftsrecht, Arbeitsrecht
Der Kassenarzt .... Der Kassenarzt, Deutsches Ärztemagazin
ders. .... derselbe
DEÜV .... Verordnung über die Erfassung und Übermittlung von Daten für die Träger der Sozialversicherung

dgl.	dergleichen, desgleichen
Die Beiträge	Die Beiträge zur Sozial- und Arbeitslosenversicherung
Die Leistungen	Die Leistungen der Krankenversicherung
dies.	dieselbe
Diss.	Dissertation
DKG	Deutsche Krankenhausgesellschaft
DMW	Deutsche Medizinische Wochenschrift
DÖD	Der Öffentliche Dienst, Vereinigt mit Justizverwaltungsblatt. Fachzeitschrift für Angehörige des öffentlichen Dienstes
DOK	Die Ortskrankenkasse
DÖV	Die öffentliche Verwaltung, Zeitschrift für öffentliches Recht und Verwaltungswissenschaft
DRiG	Deutsches Richtergesetz
DRV	Deutsche Rentenversicherung
DSB	Datenschutzberater
DStR	Deutsches Steuerrecht, Wochenschrift für Steuerrecht, Wirtschaftsrecht und Betriebswirtschaft
DVBl	Deutsches Verwaltungsblatt, mit Verwaltungsarchiv
e.V.	eingetragener Verein
ebd.	ebenda
EG	Europäische Gemeinschaft
EGV	Vertrag zur Gründung der Europäischen Gemeinschaft
EHB	Erwerbsfähiger Hilfebedürftiger
EhfG	Entwicklungshelfer-Gesetz
Einf.	Einführung
EinigVtr	Vertrag zwischen der Bundesrepublik Deutschland und der Deutschen Demokratischen Republik über die Herstellung der Einheit Deutschlands
Einl.	Einleitung
einschl.	einschließlich
ENeuOG	Gesetz zur Neuordnung des Eisenbahnwesens
EntgFG	Gesetz über die Zahlung des Arbeitsentgelts an Feiertagen und im Krankheitsfall
Entsch.	Entscheidung
entspr.	entsprechend
EP	Entgeltpunkte
ErsDiG	Gesetz über den Zivildienst der Kriegsdienstverweigerer
ErsK	Ersatzkasse
EStG	Einkommensteuergesetz
etc.	et cetera
EU	Europäische Union
EuAbgG	Gesetz über die Rechtsverhältnisse der Mitglieder des Europäischen Parlaments aus der Bundesrepublik Deutschland
EÜG	Gesetz über den Einfluß von Eignungsübungen der Streitkräfte auf Vertragsverhältnisse der Arbeitnehmer und Handelsvertreter sowie auf Beamtenverhältnisse
EuGH	Europäischer Gerichtshof

EuR .... Europarecht, mit selbständigen Beilagen
EuroEG 8 .... Gesetz zur Umstellung von Gesetzen und anderen Vorschriften auf dem Gebiet des Gesundheitswesens auf Euro
evtl. .... eventuell
EWiR .... Entscheidungen zum Wirtschaftsrecht, Bank- und Kreditsicherungsrecht, Handels- und Kreditsicherungsrecht, Handels- und Gesellschaftsrecht, AGB- und Vertragsrecht, Insolvenz- und Sanierungsrecht
f. .... folgende
FAG .... Gesetz über Fernmeldeanlagen
FamRZ .... Zeitschrift für das gesamte Familienrecht, mit Betreuungsrecht Erbrecht Verfahrensrecht Öffentlichem Recht
FANG............................... Gesetz zur Neuregelung des Fremdrenten- und Auslandsrentenrechts und zur Anpassung der Berliner Rentenversicherung an die Vorschriften des Arbeiterrentenversicherungs-Neuregelungsgesetzes und des Angestelltenversicherungs-Neuregelungsgesetzes
FELEG .... Gesetz zur Förderung der Einstellung der landwirtschaftlichen Erwerbstätigkeit
ff. .... fortfolgend
FfG .... Forum für Gesundheitspolitik
FGG .... Gesetz über die Angelegenheiten der freiwilligen Gerichtsbarkeit
FlaggRG........................... Gesetz über das Flaggenrecht der Seeschiffe und die Flaggenführung der Binnenschiffe
Fn. .... Fußnote
FPG .... Gesetz zur Einführung des diagnose-orientierten Fallpauschalensystems für Krankenhäuser
FPR .... Familie - Partnerschaft - Recht vereinigt mit NJWE-FER, Interdisziplinäres Fachjournal für die Praxis
FreizügG/EU .... Gesetz über die allgemeine Freizügigkeit von Unionsbürgern
FRG................................. Fremdrentengesetz
FS .... Festschrift
FZR .... Freiwillige Zusatzrente
G+G .... Gesundheit und Gesellschaft, Das AOK-Forum für Politik, Praxis und Wissenschaft
GAL .... Gesetz über eine Altershilfe für Landwirte
G-BA................................ Gemeinsamer Bundesausschuss
GdS .... GdS Magazin
gem.................................. gemäß
GenG .... Gesetz betreffend die Erwerbs- und Wirtschaftsgenossenschaften
GesR................................. GesundheitsRecht
GesundhWes .... Das Gesundheitswesen, Sozialmedizin, Gesundheits-System-Forschung, Public-Health, Öffentlicher Gesundheitsdienst, Medizinischer Dienst
GewArch .... Gewerbearchiv, Zeitschrift für Verwaltungs-, Gewerbe- und Handwerksrecht, für Wirtschafts-, Arbeits- und Sozialrecht, für Wohnungs-, Boden- und Baurecht, Umweltschutz
GewO .... Gewerbeordnung

GG .... Grundgesetz für die Bundesrepublik Deutschland
ggf. .... gegebenenfalls
GKG .... Gerichtskostengesetz
GKV .... Gesetzliche Krankenversicherung
GKVNOG 2 .... Zweites Gesetz zur Neuordnung von Selbstverwaltung und Eigenverantwortung in der gesetzlichen Krankenversicherung
GKV-SolG .... Gesetz zur Stärkung der Solidarität in der gesetzlichen Krankenversicherung
GoA .... Geschäftsführung ohne Auftrag
GOÄ .... Gebührenordnung für Ärzte
GOZ .... Gebührenordnung für Zahnärzte
grds. .... grundsätzlich
GRG .... Gesetz zur Strukturreform im Gesundheitswesen
GRUR .... Gewerblicher Rechtsschutz und Urheberrecht, Zeitschrift der Deutschen Vereinigung für gewerblichen Rechtsschutz und Urheberrecht
GSG .... Gesetz zur Sicherung und Strukturverbesserung der gesetzlichen Krankenversicherung
GSP .... Gesundheits- und Sozialpolitik
GVG .... Gerichtsverfassungsgesetz
GWB .... Gesetz gegen Wettbewerbsbeschänkungen
h.L. .... herrschende Lehre
h.M. .... herrschende Meinung
HAG .... Heimarbeitsgesetz
HebG .... Hebammengesetz
HGB .... Handelsgesetzbuch
HGRG .... Haushaltsgrundsätzegesetz
HRG .... Hochschulrahmengesetz
Hrsg. .... Herausgeber
hrsg. .... herausgegeben
HS .... Halbsatz
HSchulBG .... Gesetz über die Gemeinschaftsaufgabe „Ausbau und Neubau von Hochschulen"
HSiG .... Gesetz zur Sicherung des Haushaltsausgleichs
HStruktG 2 .... Zweites Gesetz zur Verbesserung der Haushaltsstruktur
HVBG-INFO .... Aktueller Informationsdienst für die berufsgenossenschaftliche Sachbearbeitung
HwO .... Gesetz zur Ordnung des Handwerks
i.A. .... im Allgemeinen
i.d.F. .... in der Fassung
i.d.R. .... in der Regel
i.E. .... im Einzelnen
i.e.S. .... im engeren Sinne
i.S.d. .... im Sinne des
i.S.v. .... im Sinne von
i.V.m. .... in Verbindung mit

IfSG .... Gesetz zur Verhütung und Bekämpfung von Infektionskrankheiten beim Menschen
info also .... Informationen zum Arbeitslosenrecht und Sozialhilferecht
InsO .... Insolvenzordnung
JA .... Juristische Arbeitsblätter, Ausbildung Examen Fortbildung JA-Übungsblätter
JAV .... Jahresarbeitsverdienst
Jh. .... Jahrhundert
jurisPR .... juris PraxisReport
JuS .... Juristische Schulung, Zeitschrift für Studium und Ausbildung
JZ .... Juristenzeitung, Mit Beilage: Gesetzgebungsdienst
Kap. .... Kapitel
KARG .... Gesetz über Änderungen von Vorschriften des Zweiten Buches der Reichsversicherungsordnung und zur Ergänzung des Sozialgerichtsgesetzes
KastrG .... Gesetz über die freiwillige Kastration und andere Behandlungsmethoden
KatSchErwG .... Gesetz über die Erweiterung des Katastrophenschutzes
KBV .... Kassenärztliche Bundesvereinigung
KDVG .... Gesetz über die Verweigerung des Kriegsdienstes mit der Waffe aus Gewissensgründen
KH .... Das Krankenhaus, Zentralblatt für das deutsche Krankenhauswesen. Mit Beilage
KHEntgG .... Gesetz über die Entgelte für voll- und teilstationäre Krankenhausleistungen
KHG .... Gesetz zur wirtschaftlichen Sicherung der Krankenhäuser und zur Regelung der Krankenhauspflegesätze
KHR .... Krankenhaus Recht
KK .... Krankenkasse
KKÜNOG .... Gesetz zu Übergangsregelungen zur Neuorganisation der vertragsärztlichen Selbstverwaltung und Organisation der Krankenkassen
klinikarzt .... klinikarzt
Kompass .... Kompass, Zeitschrift für Sozialversicherung im Bergbau
Kompass/BKn .... Kompass, Kompass - Zeitschrift der Bundesknappschaft
Kompass/KBS .... Kompass - Zeitschrift der Knappschaft-Bahn-See, Amtliches Mitteilungsblatt der Bergbau-Berufsgenossenschaft und der Deutschen Rentenversicherung Knappschaft-Bahn-See
krit. .... kritisch
KrV .... Die Krankenversicherung, Zeitschrift des BDIKK
KSVG .... Gesetz über die Sozialversicherung der selbständigen Künstler und Publizisten
KSVGBeitrÜV .... Verordnung über die Überwachung der Entrichtung der Beitragsanteile und der Künstlersozialabgabe nach dem Künstlersozialversicherungsgesetz
KV .... Kassenärztliche Vereinigung

KVKG .... Gesetz zur Dämpfung der Ausgabenentwicklung und zur Strukturverbesserung in der gesetzlichen Krankenversicherung
KVLG............................ Gesetz zur Weiterentwicklung des Rechts der gesetzlichen Krankenversicherung
KVLG............................ Zweites Gesetz über die Krankenversicherung der Landwirte
LFZG............................ Gesetz über die Fortzahlung des Arbeitsentgelts im Krankheitsfall
LG .... Landgericht
Lit. .... Literatur
lit. .... litera (Buchstabe)
LKG............................ Landeskrankenhausgesellschaft
LPartG .... Gesetz über die Eingetragene Lebenspartnerschaft
LSG .... Landessozialgericht
LVA............................ Landesversicherungsanstalt
m.N............................. mit Nachweisen
m.w.N............................ mit weiteren Nachweisen
Markt und Wettbewerb .... Markt und Wettbewerb der Krankenversicherung
MedR............................ Medizinrecht
MEDSACH .... Der medizinische Sachverständige
Meso .... Medizin im Sozialrecht, Sammlung von Entscheidungen zu medizinischen Fragen der Kranken-, Renten-, Unfall-, Arbeitslosenversicherung und des Versorgungswesens
MuSchG .... Gesetz zum Schutz der erwerbstätigen Mutter
MVZ............................ Medizinisches Versorgungszentrum
n.F............................. neue Fassung
nachf............................. nachfolgend
Nachw. .... Nachweis
NachwG............................ Gesetz über den Nachweis der für ein Arbeitsverhältnis geltenden wesentlichen Bedingungen
NDV .... Nachrichtendienst des Deutschen Vereins für öffentliche und private Fürsorge
Neubearb. .... Neubearbeitung
NJW............................ Neue Juristische Wochenschrift
Nr............................. Nummer
NStZ .... Neue Zeitschrift für Strafrecht
NVwZ............................ Neue Zeitschrift für Verwaltungsrecht, Vereinigt mit Verwaltungsrechtsprechung
NZA............................ Neue Zeitschrift für Arbeitsrecht
NZBau .... Neue Zeitschrift für Baurecht und Vergaberecht, Privates Baurecht - Recht der Architekten, Ingenieure und Projektsteuerer - Vergabewesen
NZG............................ Neue Zeitschrift für Gesellschaftsrecht, vereinigt mit WiB - Wirtschaftsrechtliche Beratung
NZS .... Neue Zeitschrift für Sozialrecht
OEG............................ Gesetz über die Entschädigung für Opfer von Gewalttaten
OLG............................ Oberlandesgericht
OVG .... Oberverwaltungsgericht
OWiG .... Gesetz über Ordnungswidrigkeiten

ParlStG .... Gesetz über die Rechtsverhältnisse der Parlamentarischen Staatssekretäre
PartGG .... Gesetz über Partnerschaftsgesellschaften Angehöriger Freier Berufe
PatBeteiligungsV .... Verordnung zur Beteiligung von Patientinnen und Patienten in der Gesetzlichen Krankenversicherung
PatR .... Patienten Rechte
PBefG .... Personenbeförderungsgesetz
PersR .... Der Personalrat, Zeitschrift für das Personalrecht im öffentlichen Dienst
PersStdG .... Personenstandsgesetz
PersV .... Die Personalvertretung, Fachzeitschrift für Personalvertretungen und Dienststellen
pfl. .... pflichtig
PflegV .... Pflegeversicherung
PflPersRgl .... Regelung über Maßstäbe und Grundsätze für den Personalbedarf in der stationären Krankenpflege (Artikel 13 des Gesetzes zur Sicherung und Strukturverbesserung der gesetzlichen Krankenversicherung - Gesundheitsstrukturgesetz)
PflR .... PflegeRecht, Zeitschrift für Rechtsfragen in der stationären und ambulanten Pflege
Pharma Recht .... Pharma Recht
PKR .... Pflege- & Krankenhausrecht, Juristische Fachbeilage für die Zeitschriften Die Schwester/Der Pfleger, f&w - führen und wirtschaften im Krankenhaus, Pflegen ambulant
PsychR .... Psychotherapie und Recht, Zeitschrift für die Rechtsanwendung in der psychotherapeutischen Berufspraxis
PsychTh-APrV .... Ausbildungs- und Prüfungsverordnung für Psychologische Psychotherapeuten
PsychThG .... Gesetz über die Berufe des Psychologischen Psychotherapeuten und des Kinder- und Jugendlichenpsychotherapeuten
RdLH .... Rechtsdienst der Lebenshilfe
RDV .... Recht der Datenverarbeitung, Zeitschrift für Praxis und Wissenschaft
RehaAnglG .... Gesetz über die Angleichung der Leistungen zur Rehabilitation
Rehabilitation .... Die Rehabilitation
RKG .... Reichsknappschaftsgesetz
RL .... Richtlinie
Rn. .... Randnummer
RöV .... Verordnung über den Schutz vor Schäden durch Röntgenstrahlen
RPG .... Recht und Politik im Gesundheitswesen
RRG .... Gesetz zur weiteren Reform der gesetzlichen Rentenversicherungen und über die Fünfzehnte Anpassung der Renten aus den gesetzlichen Rentenversicherungen sowie über die Anpassung der Geldleistungen aus der gesetzlichen Unfallversicherung
Rs. .... Rechtssache
RSAV .... Verordnung über das Verfahren zum Risikostrukturausgleich in der gesetzlichen Krankenversicherung
RsDE .... Beiträge zum Recht der sozialen Dienste und Einrichtungen
Rspr. .... Rechtsprechung

RSV .... Verordnung zur Durchführung des § 28 des Zwölften Buches Sozialgesetzbuch
RTrAbwG .... Gesetz zur Regelung der Rechtsverhältnisse nicht mehr bestehender öffentlicher Rechtsträger
RÜG .... Gesetz zur Herstellung der Rechtseinheit in der gesetzlichen Renten- und Unfallversicherung
RuP .... Recht und Psychiatrie
RuStAG .... Staatsangehörigkeitsgesetz
RV .... Rentenversicherung
rv .... Die Rentenversicherung, Zeitschrift über die Angestellten- und Arbeiterrenten-Versicherung
RVG .... Gesetz über die Vergütung der Rechtsanwältinnen und Rechtsanwälte
RVO .... Reichsversicherungsordnung
Rz. .... Randzahl
S. .... Satz; Seite
s. .... siehe
SachBezV .... Verordnung über den Wert der Sachbezüge in der Sozialversicherung
SBG .... Soldatenbeteiligungsgesetz
SchiedsAmtsO .... Verordnung über die Schiedsämter für die vertragsärztliche (vertragszahnärztliche) Versorgung
SchStV .... Verordnung über die Schiedsstelle für Arzneimittelversorgung und die Arzneimittelabrechnung
SchwarzArbG .... Gesetz zur Bekämpfung der Schwarzarbeit und illegalen Beschäftigung
SchwbG .... Gesetz zur Sicherung der Eingliederung Schwerbehinderter in Arbeit, Beruf und Gesellschaft
SdL .... Soziale Sicherheit in der Landwirtschaft
SeemG .... Seemannsgesetz
SF-Medien .... Der Sozialversicherungsfachangestellte, Zeitschrift für berufliche Bildung in der Krankenversicherung
SG .... Sozialgericht; Gesetz über die Rechtsstellung der Soldaten
SGb .... Die Sozialgerichtsbarkeit, Zeitschrift für das aktuelle Sozialrecht
SGB I .... Sozialgesetzbuch Erstes Buch - Allgemeiner Teil
SGB II .... Sozialgesetzbuch Zweites Buch - Grundsicherung für Arbeitsuchende
SGB III .... Sozialgesetzbuch Drittes Buch - Arbeitsförderung
SGB IV .... Sozialgesetzbuch Viertes Buch - Gemeinsame Vorschriften für die Sozialversicherung
SGB V .... Sozialgesetzbuch Fünftes Buch - Gesetzliche Krankenversicherung
SGB VI .... Sozialgesetzbuch Sechstes Buch - Gesetzliche Rentenversicherung -
SGB VII .... Sozialgesetzbuch Siebtes Buch - Gesetzliche Unfallversicherung
SGB VIII .... Sozialgesetzbuch Achtes Buch - Kinder- und Jugendhilfe
SGB IX .... Sozialgesetzbuch Neuntes Buch - Rehabilitation und Teilhabe behinderter Menschen
SGB X .... Sozialgesetzbuch Zehntes Buch - Sozialverwaltungsverfahren und Sozialdatenschutz
SGB XI .... Sozialgesetzbuch Elftes Buch - Soziale Pflegeversicherung
SGB XII .... Sozialgesetzbuch Zwölftes Buch - Sozialhilfe
SGG .... Sozialgerichtsgesetz

SKV-MV .... Verordnung über Inhalt, Form und Frist der Meldungen sowie das Meldeverfahren für die Krankenversicherung der Studenten
sog. .... so genannt
Sozialer Fortschritt .... Sozialer Fortschritt, Unabhängige Zeitschrift für Sozialpolitik
Sozialrecht aktuell .... Sozialrecht aktuell, Zeitschrift für Sozialberatung
SozSich .... Soziale Sicherheit, Zeitschrift für Arbeit und Soziales
SozVers .... Die Sozialversicherung, Zeitschrift für alle Angelegenheiten der Renten-, Kranken- und Unfallversicherung
Spektrum .... Spektrum der DRV Baden-Württemberg
SpuRt .... SpuRt. Zeitschrift für Sport und Recht
st. Rspr. .... ständige Rechtsprechung
Stbg .... Die Steuerberatung, Organ des Steuerberaterverbandes eV Bonn
StGB .... Strafgesetzbuch
StGBEG .... Einführungsgesetz zum Strafgesetzbuch
StPO .... Strafprozeßordnung
str. .... streitig
StrRG 5 .... Fünftes Gesetz zur Reform des Strafrechts
StVollzG .... Gesetz über den Vollzug der Freiheitsstrafe und der freiheitsentziehenden Maßregeln der Besserung und Sicherung
SuP .... Sozialrecht + Praxis, Fachzeitschrift des VdK Deutschland für Vertrauensleute der Behinderten und für Sozialpolitiker
SUrlV .... Verordnung über den Sonderurlaub für Bundesbeamtinnen, Bundesbeamte, Richterinnen und Richter des Bundes
SV .... Sozialversicherung
SvEV .... Verordnung über die sozialversicherungsrechtliche Beurteilung von Zuwendungen des Arbeitgebers als Arbeitsentgelt
SVFAng .... Der Sozialversicherungsfachangestellte, Zeitschrift für berufliche Bildung in der Krankenversicherung
SVG .... Gesetz über die Versorgung für die ehemaligen Soldaten der Bundeswehr und ihre Hinterbliebenen
SVHV .... Verordnung über das Haushaltswesen in der Sozialversicherung
SVRV .... Verordnung über den Zahlungsverkehr, die Buchführung und die Rechnungslegung in der Sozialversicherung
SVwG .... Gesetz über die Selbstverwaltung auf dem Gebiet der Sozialversicherung
SVWO .... Wahlordnung für die Sozialversicherung
teilw. .... teilweise
TPG .... Gesetz über die Spende, Entnahme und Übertragung von Organen und Geweben
TzBfG .... Gesetz über Teilzeitarbeit und befristete Arbeitsverträge
u.a. .... unter anderem
u.Ä. .... und Ähnliches
u.U. .... unter Umständen
UmwG .... Umwandlungsgesetz
unstr. .... unstreitig
UStG .... Umsatzsteuergesetz 1999
usw. .... und so weiter
UV .... Unfallversicherung

UVEG .... Gesetz zur Einordnung des Rechts der gesetzlichen Unfallversicherung in das Sozialgesetzbuch
UWG .... Gesetz gegen den unlauteren Wettbewerb
VA .... Verwaltungsakt
VAG .... Gesetz über die Beaufsichtigung der Versicherungsunternehmen
VdAK .... Verband der Angestellten-Krankenkassen
VDR .... Verband der Rentenversicherungsträger
VergabeR .... Vergaberecht, Zeitschrift Vergaberecht
VersR .... Versicherungsrecht, Zeitschrift für Versicherungsrecht, Haftungs- und Schadensrecht
Verw .... Die Verwaltung, Zeitschrift für Verwaltungswissenschaft
VG .... Verwaltungsgericht
VGH .... Verwaltungsgerichtshof
vgl. .... vergleiche
VgV .... Verordnung über die Vergabe öffentlicher Aufträge
Vorbem. .... Vorbemerkung
VRG .... Gesetz zur Förderung von Vorruhestandsleistungen
VSSR .... Vierteljahresschrift für Sozialrecht
VuR .... Verbraucher und Recht
VV .... Verwaltungsvorschrift /-en
VVG .... Gesetz über den Versicherungsvertrag
VwGO .... Verwaltungsgerichtsordnung
VwVfG .... Verwaltungsverfahrensgesetz
VwZG .... Verwaltungszustellungsgesetz
WBO .... Wehrbeschwerdeordnung
WehrPflG .... Wehrpflichtgesetz
WGSVG .... Gesetz zur Regelung der Wiedergutmachung nationalsozialistischen Unrechts in der Sozialversicherung
WissR .... Wissenschaftsrecht, Wissenschaftsverwaltung, Wissenschaftsförderung, Zeitschrift für Recht und Verwaltung der wissenschaftlichen Hochschulen und der wissenschaftspflegenden und -fördernden Organisationen und Stiftungen
WM .... Wertpapier-Mitteilungen. Teil IV, Zeitschrift für Wirtschafts- und Bankrecht
WoGG .... Wohngeldgesetz
WRP .... Wettbewerb in Recht und Praxis, Mit Kartellrecht und Wettbewerb
WRV .... Die Verfassung des Deutschen Reichs
WuW .... Wirtschaft und Wettbewerb, Zeitschrift für Kartellrecht, Wettbewerbsrecht, Marktorganisation.
Mit Beilage: WuW-Entscheidungssammlung zum Kartellrecht
WzS .... Wege zur Sozialversicherung
z.B. .... zum Beispiel
ZESAR .... Zeitschrift für europäisches Sozial- und Arbeitsrecht
ZevKR .... Zeitschrift für evangelisches Kirchenrecht
ZfA .... Zeitschrift für Arbeitsrecht
ZFE .... Zeitschrift für Familien- und Erbrecht
ZfF .... Zeitschrift für das Fürsorgewesen

ZfJ .... Zentralblatt für Jugendrecht, Kindheit - Jugend - Familie
ZfS .... Das Zentralblatt für Sozialversicherung, Sozialhilfe und Versorgung, Zeitschrift für das Recht der sozialen Sicherheit
ZFSH/SGB .... ZFSH/SGB Sozialrecht in Deutschland und Europa
ZfV .... Zeitschrift für Versicherungswesen, Unabhängiges Fachorgan für die Versicherungspraxis
ZHG .... Gesetz über die Ausübung der Zahnheilkunde
Ziff. .... Ziffer
ZInsO .... Zeitschrift für das gesamte Insolvenzrecht
ZIP .... Zeitschrift für Wirtschaftsrecht und Insolvenzpraxis
zit. .... zitiert
ZM .... Zahnärztliche Mitteilungen
ZMGR .... Zeitschrift für das gesamte Medizin- und Gesundheitsrecht
ZMV .... Die Mitarbeitervertretung, Zeitschrift für die Praxis der Mitarbeitervertretungen in Einrichtungen der katholischen und evangelischen Kirche
ZO-Ärzte .... Zulassungsverordnung für Vertragsärzte
ZO-Zahnärzte .... Zulassungsverordnung für Vertragszahnärzte
ZPO .... Zivilprozessordnung
ZRP .... Zeitschrift für Rechtspolitik, Beilage zu: Neue Juristische Wochenschrift
ZSKG .... Gesetz über das Zivilschutzkorps
ZSR .... Zeitschrift für Sozialreform, Mit Beilage: Verwaltung und Aufsicht
ZTR .... Zeitschrift für Tarifrecht
zust. .... zuständig, zustimmend
zutr. .... zutreffend

Literaturverzeichnis

Armbruster, Versorgungsnetzwerke im französischen und deutschen Gesundheitswesen, 2005

Axer, Normsetzung der Exekutive in der Sozialversicherung, 2000

Axer, Zur demokratischen Legitimation in der gemeinsamen Selbstverwaltung – dargestellt am Beispiel des Bundesausschusses der Ärzte und Krankenkassen, Funktionale Selbstverwaltung und Demokratieprinzip – am Beispiel der Sozialversicherung, 2001

Becher, Selbstverwaltungsrecht der Sozialversicherung, Kommentar, Loseblattwerk, Stand: 2005

Beule, Rechtsfragen der integrierten Versorgung, §§ 140a bis 140h SGB V, 2003

Boerner, Normenverträge im Gesundheitswesen – Die Verträge über die vertragsärztliche Versorgung zwischen öffentlichem und privatem Recht, 2003

Borrmann/Finsinger, Markt und Regulierung, 1999

Brackmann, Handbuch der Sozialversicherung, Loseblatt-Kommentar, 12. Aufl., 165. Lieferung (01.07.2007)

Burgardt/Knoblich, Kontenrahmen für die Träger der gesetzlichen Krankenversicherung, Kommentar, Loseblatt

Dahm/Möller/Ratzel, Rechtshandbuch Medizinische Versorgungszentren: Gründung, Gestaltung, Arbeitsteilung und Kooperation, 2005

Dalichau/Schiwy, Gesetzliche Krankenversicherung, SGB V, Loseblatt

Dudda, Die Binnenstruktur der Krankenversicherungsträger nach dem Gesundheitsstrukturgesetz, 1996

Eichenhofer, Internationales Sozialrecht, 1994

Eicher/Schlegel, SGB III – Arbeitsförderungsrecht, Kommentar mit Nebenrecht, Stand: März 2006 (zit.: Bearbeiter in: Eicher/Schlegel, SGB III)

Empter/Sodan, Markt und Regulierung, Rechtliche Perspektiven für eine Reform der gesetzlichen Krankenversicherung, 2003

Fastabend/Schneider, Das Leistungsrecht in der gesetzlichen Krankenversicherung, 2004

Felix, Kindergeldrecht, §§ 62-78 EStG, §§ 1-22 BKGG, Kommentar, 2005

Finke/Brachmann/Nordhausen, Künstlersozialversicherungsgesetz: KSVG, 3. Aufl. 2004

Finkenbusch, Die Träger der Krankenversicherung – Verfassung und Organisation, 5. Aufl. 2004

Fischer/Steffens, Das Haushaltsrecht der Krankenkassen, Kommentar, Loseblatt

Franken, Die privatrechtliche Binnenstruktur der integrierten Versorgung, §§ 140 a - h SGB V, 2003

Fuchs, Europäisches Sozialrecht, 4. Aufl. 2005

GK-SGB VI - Lueg/v. Maydell/Ruland, Gemeinschaftskommentar zum Sozialgesetzbuch – Gesetzliche Rentenversicherung (GK-SGB-VI), Loseblattausgabe (zit.: Bearbeiter in: GK-SGB VI)

GKV-Komm, SGB V – Orlowski/Rau/Schermer u.a., Sozialgesetzbuch Fünftes Buch-SGB V – Gesetzliche Krankenversicherung, GKV-Kommentar, Loseblatt-Kommentar, 174. Auflage 2005 (zit.: Bearbeiter in: GKV-Komm, SGB V)

Glenski, Die Stellung der Ordensangehörigen in der Krankenversicherung, 2000

Grube/Wahrendorf, SGB XII Sozialhilfe mit SGB II (Auszug) und Asylbewerberleistungsgesetz , Kommentar, 2005 (zit.: Bearbeiter in: Grube/Wahrendorf, SGB XII)

Gutschow/Simons, Das Haushaltsrecht der Krankenkassen, Kommentar, Loseblatt, 41. Lieferung (01.09.2006)

Hauck/Noftz, Sozialgesetzbuch (SGB) V: Gesetzliche Krankenversicherung, Loseblatt-Kommentar, Stand: 2007 (zit.: Bearbeiter in: Hauck/Noftz, SGB V)

Hellmann, Handbuch integrierte Versorgung, 2 Ordner zur Fortsetzung, Stand: Juni 2005 (zit.: Bearbeiter in: Hellmann, Handbuch integrierte Versorgung)

Hinz, Das Behandlungsverhältnis zwischen Vertragsarzt und Patient in der gesetzlichen Krankenversicherung, 2004

Isringhaus/Kroel/Wendland, Medizinisches Versorgungszentrum, MVZ-Beratungshandbuch, 2004

Jahn, Sozialgesetzbuch für die Praxis – SGB-Kommentar, Loseblattausgabe seit 1976 (zit.: Bearbeiter in: Jahn, SGB V)

Jarass/Pieroth, Grundgesetz für die Bundesrepublik Deutschland: GG, Kommentar, 8. Aufl. 2006 (zit.: Bearbeiter in: Jarass/Pieroth, GG)

jurisPK-BGB - Herberger/Martinek/Rüßmann/Weth, juris PraxisKommentar BGB, 3. Aufl. 2006 (zit.: Bearbeiter in jurisPK-BGB)

jurisPK-SGB IV - Schlegel/Voelzke, juris PraxisKommentar SGB, Sozialgesetzbuch Viertes Buch (SGB IV), Gemeinsame Vorschriften für die Sozialversicherung, 2006 (zit.: Bearbeiter in: jurisPK-SGB IV)

KassKomm - Kasseler Kommentar zum Sozialversicherungsrecht, Loseblatt, 54. Auflage 2007, Stand: 06/07 (zit.: Bearbeiter in: KassKomm)

Klose/Winckler, Gesundheit und beruflicher Auslandsaufenthalt, Risiken, Vorsorge, Versorgung und Absicherung, 2003

Knoblich/Fudickar, Das Rechnungswesen in der Sozialversicherung, 4. Aufl. 1996

Krauskopf, Soziale Krankenversicherung, Pflegeversicherung, Loseblatt-Kommentar, 57. Auflage 2007

Kruse/Hänlein, Gesetzliche Krankenversicherung, Lehr- und Praxiskommentar (LPK - SGB V), 2. Aufl. 2003 (zit.: Bearbeiter in: LPK - SGB V)

Larenz/Canaris, Methodenlehre der Rechtswissenschaft, 3. Aufl. 1995

Laufs/Uhlenbruck, Handbuch des Arztrechts, 3. Aufl. 2002 (zit.: Bearbeiter in: Laufs/Uhlenbruck, Handbuch des Arztrechts)

Liebold/Zalewski (Hrsg.), Kassenarztrecht, Loseblattausgabe, fünf Bände (zit.: Bearbeiter in: Liebold/Zalewski, Kassenarztrecht)

v. Maydell/Ruland, Sozialrechtshandbuch, 3. Aufl. 2003 (zit.: Bearbeiter in: v. Maydell/Ruland, Sozialrechtshandbuch)

Meyer-Ladewig/Keller/Leitherer, Sozialgerichtsgesetz: SGG, 8. Aufl. 2005

Muckel, Sozialrecht, 2003

Münch/Kunig, Grundgesetz-Kommentar, 3. Bde., 5. Aufl. 2003

Münchener Kommentar zum Bürgerlichen Gesetzbuch, Band 4: Schuldrecht Besonderer Teil II §§ 611-704, EFZG, TzBfG, KSchG, 4. Aufl. 2005 (zit.: Bearbeiter in: MünchKomm-BGB)

Neidhardt, Das Haushalts- und Rechnungswesen in der Krankenversicherung, 10. Aufl. 1992

Palandt, Bürgerliches Gesetzbuch, 65. Aufl. 2006 (zit.: Bearbeiter in: Palandt, BGB)

Peters, Handbuch der Krankenversicherung, Teil 2: Kommentar zum 5. Buch des SGB (Krankenversicherung) und zu weiteren die Krankenversicherung betreffenden Gesetzen, Loseblatt, Stand: Oktober 2005 (zit.: Bearbeiter in: Peters, Handbuch KV (SGB V)

Plagemann, Münchener Anwaltshandbuch Sozialrecht, 2. Aufl. 2005

Prölss, Versicherungsaufsichtsgesetz (VAG), Hauptband und Ergänzungsband, 2005 (zit.: Bearbeiter in: Prölss, VAG)

Prölss/Martin, Versicherungsvertragsgesetz (VVG), Kommentar zu VVG und EGVVG sowie Kommentierung wichtiger Versicherungsbedingungen, unter Berücksichtigung des ÖVVG und österreichischer Rechtsprechung, 27. Aufl. 2004 (zit.: Bearbeiter in: Prölss/Martin, VVG)

Pschyrembel, Klinisches Wörterbuch, 260. Aufl. 2004

Rolfs, Das Versicherungsprinzip im Sozialversicherungsrecht, 2000

Sailer, Die Stellung der Ordensangehörigen im staatlichen Sozialversicherungs- und Vermögensrecht, 1996

Schnapp (Hrsg.), Bochumer Schriften zum Sozialrecht, Band 1: Probleme der Rechtsquellen im Sozialversicherungsrecht, Teil I, 1998

Schnapp (Hrsg.), Bochumer Schriften zum Sozialrecht, Band 6: Tagungsband zum 7. Fachkolloquium des Institut für Sozialrecht am 24./25. Juni 1999 in Bochum, 2000

Schnapp (Hrsg.), Bochumer Schriften zum Sozialrecht, Band 8: Funktionale Selbstverwaltung und Demokratieprinzip - am Beispiel der Sozialversicherung, 2001

Schnapp, Handbuch des sozialrechtlichen Schiedsverfahrens, 2004

Schnapp/Wigge, Handbuch des Vertragsarztrechts: Das gesamte Kassenarztrecht, 2. Aufl. 2006 (zit.: Bearbeiter in: Schnapp/Wigge, Handbuch des Vertragsarztrechts)

Schönke/Schröder, Strafgesetzbuch: StGB, 27. Aufl. 2006

Schulin, Handbuch des Sozialversicherungsrechts, Bd. 1: Krankenversicherungsrecht, 1994 (zit.: Bearbeiter in: Schulin, Handbuch des Sozialversicherungsrechts, Bd. 1)

Seegmüller, Der hauptamtliche Vorstand der gesetzlichen Krankenkassen - Organisation, Funktion und Verantwortlichkeit des Vorstands und seiner Mitglieder nach § 35 a SGB IV, 1996

SGB - RVO - Gesamtkommentar, in 13 Ordnern, Loseblattausgabe (zit.: Bearbeiter in: Gesamtkommentar)

Sodan, Finanzielle Stabilität der gesetzlichen Krankenversicherung und Grundrechte der Leistungserbringer - eine Einführung, Finanzielle Stabilität der gesetzlichen Krankenversicherung und Grundrechte der Leistungserbringer 2004, 9 ff. (Schriften zum Gesundheitsrecht, Band 1)

Stößner, Die Staatsaufsicht in der Sozialversicherung, 2. Aufl. 1978

Tröndle/Fischer, StGB Strafgesetzbuch, 54. Aufl. 2007

Umbach/Clemens, Grundgesetz, Mitarbeiterkommentar und Handbuch. Band 1: Art. 1-37 GG. Band 2: Art. 38-146 GG, 2003

Wannagat, Sozialgesetzbuch, Kommentar zum Recht des Sozialgesetzbuchs, Loseblatt-Kommentar: SGB V Gesetzliche Krankenversicherung, 15. Lieferung 2005 (zit.: Bearbeiter in: Wannagat, SGB V)

Windthorst, Die integrierte Versorgung in der gesetzlichen Krankenversicherung: Gefahr oder Chance für die Gesundheitsversorgung, 2002

v. Wulffen, Sozialgesetzbuch (SGB) X – Sozialverwaltungsverfahren und Sozialdatenschutz, 5. Aufl. 2004

Zweng/Scheerer/Buschmann/Dörr, Handbuch der Rentenversicherung Teil II: Sozialgesetzbuch VI, Loseblatt, Stand: Januar 2005

Sozialgesetzbuch (SGB) Fünftes Buch (V)

- Gesetzliche Krankenversicherung -

Artikel 1 des Gesundheits-Reformgesetzes vom 20. Dezember 1988 (BGBl I 1988, 2477), zuletzt geändert durch Artikel 5 des Gesetzes vom 19. Dezember 2007 (BGBl I 2007, 3024)

Erstes Kapitel: Allgemeine Vorschriften

§ 1 SGB V Solidarität und Eigenverantwortung

(Fassung vom 20.12.1988, gültig ab 01.01.1989)

Die Krankenversicherung als Solidargemeinschaft hat die Aufgabe, die Gesundheit der Versicherten zu erhalten, wiederherzustellen oder ihren Gesundheitszustand zu bessern. Die Versicherten sind für ihre Gesundheit mitverantwortlich; sie sollen durch eine gesundheitsbewußte Lebensführung, durch frühzeitige Beteiligung an gesundheitlichen Vorsorgemaßnahmen sowie durch aktive Mitwirkung an Krankenbehandlung und Rehabilitation dazu beitragen, den Eintritt von Krankheit und Behinderung zu vermeiden oder ihre Folgen zu überwinden. Die Krankenkassen haben den Versicherten dabei durch Aufklärung, Beratung und Leistungen zu helfen und auf gesunde Lebensverhältnisse hinzuwirken.

Gliederung

A. Basisinformationen

I. Textgeschichte/Gesetzgebungsmaterialien

§ 1 SGB V geht unverändert auf das **Gesundheitsreformgesetz** (GRG)[1] zurück. In der Gesetzesbegründung wurde u.a. ausgeführt, § 1 SGB V enthalte die Grundsätze über Eigenverantwortung und die solidarischen Aufgaben der Krankenversicherung.[2] 1

[1] GRG vom 20.12.1988, BGBl I 1988, 2477.
[2] BT-Drs. 11/2237, S. 157 zu § 1.

II. Vorgängervorschriften

2 § 1 SGB V hat in der RVO keine Vorgängervorschrift.

III. Parallelvorschriften

3 Dem § 1 SGB V vergleichbare Aufgaben- und Zielbestimmungen enthalten z.B. § 1 SGB III für die Arbeitsförderung, § 1 SGB VII für die gesetzliche Unfallversicherung, §§ 1, 2 SGB XI für die Pflegeversicherung sowie § 1 SGB XII für die Sozialhilfe. Die Rentenversicherung verzichtet im SGB VI auf Einweisungsvorschriften.

IV. Systematische Zusammenhänge

4 **Einweisungsvorschriften**: § 1 SGB V gehört zu den sog. Einweisungsvorschriften.[3] Die Vorschrift umschreibt weder einen konkreten Tatbestand noch eine konkrete Rechtsfolge. Es handelt sich mithin um „softlaw“, das aber nicht völlig unbeachtlich ist. In der Gesetzesbegründung wird insoweit ausdrücklich darauf hingewiesen, dass die Einweisungsvorschriften „für die **Auslegung** und Anwendung des Krankenversicherungsrechts heranzuziehen“ sind.[4] Das eröffnet vor allem den Gerichten die Möglichkeit, bei der Ausfüllung zahlreicher unbestimmter Rechtsbegriffe unter Hinweis auf § 1 SGB V entsprechende Akzente zu setzen.

V. Ausgewählte Literaturhinweise

5 *Breuer*, Grundlagen des Sozialstaates, Festschrift für M. Heinze, S. 81; *Denninger*, Verfassungsrecht und Solidarität, in: Bayertz (Hrsg.), Solidarität, S. 319; *Grimm*, Solidarität als Rechtsprinzip, 1973, *ders*., F.A.Z. vom 16.06.1994, S. 37; *Habermas*, Gerechtigkeit und Solidarität, in: Zur Bestimmung der Moral, Hrsg. Edelstein/Nummer-Winkler, S. 291; *Hengsbach* in: Armes reiches Deutschland, Jahrbuch der Gerechtigkeit I, S. 127, 131; *Herzog*, Subsidiaritätsprinzip und Staatsverfassung, in: Der Staat 1963, S. 399 f.; *Mead*, Fragmente über Ethik, in: Geist, Identität und Gesellschaft, 1986; *Metz*, Solidarität und Geschichte, in: Bayertz, Solidarität, S. 172; *Munoz-Dardé*, Brüderlichkeit und Gerechtigkeit, in: Bayertz, Solidarität, S. 146, 150; *Rawls*, Theorie der Gerechtigkeit, 1979; *Schmelter*, Solidarität: Die Entwicklungsgeschichte eines sozialethischen Schlüsselbegriffs, Diss. München, 1991; *Stolleis*, Hundert Jahre Sozialversicherung in Deutschland, in: Zeitschrift für die gesamte Versicherungswissenschaft, 69. Band, 1980, S. 155; *Volkmann*, Programm und Prinzip der Verfassung, 1998.

B. Auslegung der Norm

I. Gesetzliche Krankenversicherung

1. Definition der Versicherung

6 Wie die Privatversicherung beruht auch die Krankenversicherung – wie die Sozialversicherung im Allgemeinen – auf der Erfahrung, dass der Einzelne nicht oder kaum voraussehen kann, ob und ggf. wann bei ihm ein bestimmter Schadens- oder Unglücksfall eintritt. In ihrer Gesamtheit sind Schäden nach Häufigkeit sowie Höhe jedoch schätzbar und kalkulierbar (sog. **Gesetz der großen Zahl**).

7 Die Versicherung ist ein Rechtsverhältnis, das dem Einzelnen die Ungewissheit des Schadensrisikos abnimmt und es auf viele Schultern verteilt. Diesem Prinzip folgt auch die Sozialversicherung: Personen gleicher Gefährdungslage werden kraft Gesetzes zu Versichertengemeinschaften (Gefahrengemeinschaften) zusammengeschlossen, um die wirtschaftlichen Folgen kalkulierbarer Risiken auf die Gemeinschaft zu verteilen.

8 Sozialversicherung ist – so BSG und BVerfG[5] im Anschluss an die **klassische Definition der Versicherung von Manes**[6] – die „gemeinsame Deckung eines möglichen, in seiner Gesamtheit schätzbaren Bedarfs durch Verteilung auf eine organisierte Vielheit“.

---

[3] Vgl. BT-Drs. 11/2237, S. 157.

[4] Vgl. BT-Drs. 11/2237, S. 157.

[5] BSG v. 19.12.1957 - 7 RKg 4/56 - BSGE 6, 213, 228; BVerfG v. 28.05.1993 - 2 BvF 2/90 - BVerfGE 88, 203, 313.

[6] *Manes*, Versicherungswesen, 5. Aufl. 1932, S. 3.

Anders als die **Prämien** der Privatversicherung werden die Sozialversicherungsbeiträge und damit auch die **Krankenversicherungsbeiträge** als monetäre **Gegenleistung für den Versicherungsschutz** aber nicht nach dem individuellen Schadensrisiko des Einzelnen bemessen (z.B. nach seinem Gesundheitszustand, Alter, Geschlecht etc.), sondern in erster Linie nach sozialen Gesichtspunkten, insbesondere der wirtschaftlichen Leistungsfähigkeit des Versicherten (Solidarprinzip). Hierdurch wird eine gewisse Umverteilung innerhalb der Versichertengemeinschaften bewirkt, die sich besonders in der Krankenversicherung bemerkbar macht. 9

Träger der Krankenversicherung sind – anders als in der Privatversicherung – nicht privatrechtliche Unternehmen, sondern die **Kranken- und Ersatzkassen** als öffentlich-rechtliche Einrichtungen (Körperschaften des öffentlichen Rechts bei mittelbarer Staatsverwaltung, vgl. § 4 SGB V). 10

Die Einbeziehung in die Versicherung erfolgt regelmäßig durch Gesetz (**Zwangsversicherung** oder milder ausgedrückt: „Solidargemeinschaft"), nicht durch einen privatrechtlichen (Versicherungs-)Vertrag. Die Bedingungen des Versicherungsschutzes werden nicht privatautonom ausgehandelt, sondern sind vom Bundesgesetzgeber bis ins Detail vorgegeben. Spielraum für individuelle Gestaltung besteht selbst unter Berücksichtigung der sog. Wahltarife (dazu vgl. § 54 SGB V) praktisch nicht. 11

Zur Abgrenzung des versicherten Personenkreises zwecks Bildung leistungsstarker Gemeinschaften vgl. Rn. 70. 12

Das Recht zur freiwilligen Versicherung hat regelmäßig nur, wer eine „Vorbeziehung" zur GKV (Vorversicherungszeiten z.B. als Pflicht- oder Familienversicherter) hat (vgl. § 9 Abs. 1 SGB V). 13

Auf die Bedürftigkeit des Versicherten kommt es für die Leistungsgewährung nicht an; er erhält die Leistung (z.B. Krankenbehandlung) auch dann, wenn er diese aus seinem Einkommen oder Vermögen selbst bezahlen könnte. 14

2. Gesetzgebungskompetenz des Bundes für die GKV

Der Bund hat das Recht zur konkurrierenden Gesetzgebung u.a. auf dem Gebiet der Sozialversicherung einschließlich der Arbeitslosenversicherung (Art. 72 Abs. 1 Nr. 12 GG). 15

Landesrechtliche Sozialversicherung existiert in erster Linie in Form von Versorgungswerken für Angehörige der sog. Freien Berufe (Versorgungswerke der Ärzte, Rechtsanwälte, Architekten usw.).[7] 16

Der **Kompetenztitel „Sozialversicherung"** ist nach der Rechtsprechung des BVerfG ein auslegungsbedürftiger **Gattungsbegriff**. Dieser umfasst u.a. auch die herkömmliche GKV. Das BVerfG führt zum Kompetenztitel Sozialversicherung aus:[8] 17

„Sozialversicherung im Sinne des Art. 74 Abs. 1 Nr. 12 GG ist als weit gefasster Gattungsbegriff zu verstehen. Er erfasst Systeme, die das soziale Bedürfnis nach Ausgleich besonderer Lasten erfüllen und dazu selbständige Anstalten oder Körperschaften des öffentlichen Rechts als Träger vorsehen, die ihre Mittel im Wesentlichen durch Beiträge aufbringen. Dazu gehören jedenfalls die schon bei Entstehen des Grundgesetzes bekannten Versicherungszweige zum Ausgleich der Lasten infolge von Krankheit, Alter, Invalidität und Unfall (vgl. BVerfGE 11, 105 (111 ff.)), also auch die heute im V. und VI. Buch des Sozialgesetzbuches geregelte gesetzliche Kranken- und Rentenversicherung. Neue Lebenssachverhalte wie die Pflegeversicherung (XI. Buch des Sozialgesetzbuches) gehören in das Gesamtsystem „Sozialversicherung", wenn sie ihm nach dem Zweck des Lastenausgleichs und der Art und Weise der Aufgabenerledigung durch beitragserhebende selbständige Sozialversicherungsträger zuzuordnen sind (vgl. BVerfGE 75, 108 (146); 87, 1 (34); 88, 203 (313); 103, 197 (215)). Da Beitrags- und Leistungsaspekte für den Begriff der Sozialversicherung bestimmend sind, erfasst der Kompetenztitel die Regelung der Finanzierung der zu erledigenden Aufgaben (Degenhart, in: Sachs, GG, 3. Aufl., 2003, Art. 74 Rn. 53a). Dazu gehören nicht nur das Aufbringen der Beiträge im engeren Sinne, sondern auch Regelungen zur finanziellen Entlastung der Sozialversicherungssysteme. Beides dient gleichermaßen dem Erhalt ihrer Leistungsfähigkeit".

---

[7] Zur Gesetzgebungskompetenz des Bundes für die Sozialversicherung vgl. etwa BVerfG v. 08.04.1987 - 2 BvR 909/82 - BVerfGE 75, 108, 146 ff., Künstlersozialversicherung, BVerfG v. 03.04.2001 - 1 BvR 2014/95 - BVerfGE 103, 197, 215, 221, Abgrenzung zur privaten PflegeV.

[8] Vgl. BVerfG v. 13.09.2005 - 2 BvF 2/03 - BVerfGE 114, 196 = SozR 4-2500 § 266 Nr. 9 zum Beitragssatzsicherungsgesetz.

3. Historisches

18 Die GKV ist einer der drei klassischen Zweige der Sozialversicherung im Sinne **Bismarckscher Sozialgesetzgebung**; hierzu gehören neben der KV die RV und UV. Die „Geburtsstunde" dieser Sozialgesetzgebung wird gemeinhin in der **Kaiserlichen Botschaft** vom **17.11.1881** gesehen, in deren Folge gesetzliche Regelungen über die Kranken-, Renten- und Unfallversicherung ergingen.

19 Das Recht der gesetzlichen KV wurde als erstes der drei Reichsversicherungsgesetze im Gesetz betreffend die **Krankenversicherung der Arbeiter vom 15.06.1883**[9] kodifiziert. Es ordnete für alle gewerblichen Arbeiter Versicherungspflicht an, regelte Art und Umfang der Versicherungsleistungen, die Finanzierung der Krankenversicherungsleistungen durch Beiträge der Arbeiter und ihrer Arbeitgeber, die Organisation der Krankenversicherung sowie das Verfahrensrecht; das Gesetz formte mithin die Grundlagen des Rechts der gesetzlichen KV (Versicherungsprinzip, Solidarprinzip, Prinzip der Selbstverwaltung und einer gegliederten Verwaltung), die bis heute strukturbildend geblieben sind.

20 Im Jahre 1911 ging das Recht der gesetzlichen Krankenversicherung in der **Reichsversicherungsordnung** (RVO) vom 19.07.1911 auf.

21 Seit 01.01.1989 ist die KV im **SGB V** geregelt. Besonderheiten der KV der Landwirte sowie der Künstler und Publizisten sind in ergänzenden Spezialgesetzen für diese Personengruppen geregelt. Zahlreiche Reformgesetze haben die GKV zur **„Dauerbaustelle Gesundheitsreform"** werden lassen, ohne dass hierauf im Einzelnen eingegangen werden könnte.[10]

4. Aufgaben der GKV – Versichertes Risiko

22 Aufgabe der GKV ist es, die Gesundheit der Versicherten zu erhalten, wiederherzustellen oder ihren Gesundheitszustand zu bessern (§ 1 Abs. 1 Satz 1 SGB V). Versichertes Risiko sind die durch **Krankheit eintretende Bedarfslage**, die dadurch bedingten Aufwendungen und Verdienstausfälle.

23 Dabei spielt die **Krankheitsursache** grundsätzlich keine Rolle (Ausnahme: Arbeitsunfall, vgl. § 11 Abs. 4 SGB V: dann primäre Zuständigkeit der Träger der Unfallversicherung; § 52 Vorsatz: führt zu einer Ermessenentscheidung, vgl. § 39 SGB I). Die Krankenversicherung ist insofern ein **finales, nicht ein kausales System**. Sie hat nicht die Aufgabe, bestimmte Krankheitsursachen zu bekämpfen, sondern diejenigen Behandlungsmaßnahmen zur Verfügung zu stellen, mit deren Hilfe der Gesundheitszustand insgesamt (vgl. § 1 Satz 1 SGB V) gebessert werden soll. Einschränkungen des Versicherungsschutzes betreffen grundsätzlich nicht die Ursache der Behandlungsnotwendigkeit, sondern allenfalls die Art der erforderlichen Maßnahme.[11]

24 Die Bedarfslage, auf die das SGB V abzielt, äußert sich in erster Linie in Gestalt der **Behandlungsbedürftigkeit einer Krankheit**, insbes. der damit verbundenen **Kosten** (z.B. für Arzt, Krankenhaus, Arznei-, Heil- und Hilfsmittel, Fahrtkosten etc.) sowie des bei krankheitsbedingter Arbeitsunfähigkeit (AU) jedenfalls nach dem Ende der Entgeltfortzahlung[12] regelmäßig eintretenden **Wegfalls des Erwerbseinkommens.**

25 Das SGB V differenziert in seinem **Leistungskatalog** u.a. zwischen Maßnahmen zur Früherkennung von Krankheiten, präventiven Maßnahmen (z.B. Gruppenprophylaxe zur Zahnpflege), Vorsorgeuntersuchungen, Maßnahmen der Krankenbehandlung (ambulante und stationäre Krankenbehandlung, Gewährung von Arznei-, Heil- und Hilfsmitteln) und der Gewährung von Krankengeld.

5. Gesundheit und Krankheit

26 Die WHO definiert Gesundheit in ihrer Verfassung (Constitution of the World Health Organization) wie folgt: „Health is a state of complete, mental and social well-being and not merely the absence of disease of infirmity".[13] Das SGB V sieht wie bereits die RVO bewusst davon ab, die Begriffe Krankheit

---

9 RGBl, S. 73.

10 Zu den wesentlichen Entwicklungsstufen und Reformschritten bis 1994 vgl. *Schlencker* in: Schulin, Handbuch des Sozialversicherungsrechts, Bd. 1, § 1; *Tennstedt*, Sozialrechtshandbuch, § 1.

11 BSG v. 08.03.1995 - 1 RK 7/94 - BSGE 76, 40 = SozR 3-2500 § 30 Nr. 5; BSG v. 06.10.1999 - B 1 KR 13/97 - BSGE 85, 56 = SozR 3-2500 § 28 Nr. 4 Amalgam.

12 Nach § 3 Abs. 1 Satz Entgeltfortzahlungsgesetz gilt Folgendes: Wird ein Arbeitnehmer durch Arbeitsunfähigkeit infolge Krankheit an seiner Arbeitsleistung verhindert, ohne dass ihn eine Verschulden trifft, so hat er Anspruch auf Entgeltfortzahlung im Krankheitsfall durch den Arbeitgeber für die Zeit der Arbeitsunfähigkeit bis zur Dauer von sechs Wochen.

13 Verfassung vom 19.06.-22.07.1946.

oder Gesundheit zu definieren. Es folgt insbesondere auch nicht dem Gesundheitsbegriff der WHO. Vielmehr soll – so die Begründung des Gesetzentwurfs – die Klärung dieser Begriffe der Rechtsprechung und Praxis überlassen bleiben.[14]

6. Versicherte

a. Statistik

Die GKV kennt Pflichtversicherte, freiwillig Versicherte und Familienversicherte. Sie erfasst knapp 90% der Wohnbevölkerung Deutschlands. Nur rund 10% der Bevölkerung sind bei privaten Krankenversicherungsunternehmen (privat) krankenversichert; rund 0,15% der Bevölkerung sind überhaupt nicht krankenversichert. 27

b. Systematik – Kreis der versicherten Personen

Dem SGB V liegt folgende Systematik zugrunde: § 5 SGB V bestimmt den Kreis derjenigen Personen, die der Versicherungspflicht unterliegen; die §§ 6 und 7 SGB V ordnen für bestimmte Personengruppen, die an sich die Voraussetzungen des § 5 SGB V erfüllen, Versicherungsfreiheit an. § 8 SGB V lässt unter engen Voraussetzungen eine Befreiung von der Versicherungspflicht zu. § 9 SGB V gibt bestimmten Personen das Recht, der GKV freiwillig beizutreten, und § 10 SGB V regelt die beitragsfreie (Mit-)Versicherung von Familienangehörigen. 28

II. Solidargemeinschaft

1. Solidarität – Umgangssprachliche Bedeutung

Lässt man rechtlich Erwägungen zunächst aus dem Spiel und geht man der Bedeutung des im Begriff „Solidargemeinschaft" enthaltenen Begriffs der Solidarität im Alltag nach, wird rasch klar, dass Solidarität etwas mit Gemeinschaft zu tun hat, mit Gemeinschaften auf verschiedenen Ebenen und mit unterschiedlich starkem Zusammengehörigkeitsgefühl. Der Begriff „Solidargemeinschaft" greift über die bloße Gemeinschaft hinaus. Solidarität bezeichnet ein bestimmtes **Verhalten im Zusammenleben von Menschen**, die sich in der Gemeinschaft auf prinzipiell gleicher Augenhöhe begegnen. Es geht um die Interaktionsebene von Mensch zu Mensch, von Bürger zu Bürger. 29

Jeder Mensch wird in bestimmte Gemeinschaften hineingeboren und durch diese geprägt: „Wir sind, was wir sind, durch unser Verhältnis zu anderen".[15] Die deutlichste **Prägung** erhält der Mensch in aller Regel durch die eigene **Familie**. Ein Zugehörigkeitsgefühl, wie wir es bei Familien antreffen, kann sich in ähnlicher Weise auch in **Gemeinschaften** bilden, die auf gemeinsamer Religion, ethnischer Herkunft, sozialer Schicht oder auf gemeinsamen Erlebnissen beruhen. Solidarität in solchen Gemeinschaften weist altruistische wie auch egozentrische Tendenzen auf: Die Identität der Gruppe ist davon abhängig, dass sich die Gemeinschaftsmitglieder gegenseitig anerkennen und achten. Jeder weiß, dass einer für den anderen einstehen sollte, weil alle an der Integrität ihres gemeinsamen Lebenszusammenhangs in der gleichen Weise interessiert sind.[16] Insoweit ist die gegenseitige Hilfe und Solidarität etwa innerhalb der Familie eine Selbstverständlichkeit. 30

Fraglich ist, ob sich dieses Phänomen auch noch in Gemeinschaften höherer Ebene, z.B. im Betrieb zeigt. Zwar wird man durch die Begründung eines Arbeitsverhältnisses nicht in eine **Betriebsgemeinschaft** „hineingeboren" wie in eine Familie oder eine Gemeinde. Es ist aber nicht von der Hand zu weisen, dass der tägliche Umgang miteinander am Arbeitsplatz ebenfalls ein starkes **Zusammengehörigkeitsgefühl** hervorrufen kann und sich manche „Betriebsgemeinschaft" durchaus als „große Familie" versteht. 31

Gemeinschaften, in die man nicht hineingeboren wird, sondern denen man kraft freien Willensentschlusses beitritt, und die ebenfalls Solidarität bezüglich des gemeinsamen Zieles einfordern, sind z.B. Parteien, Gewerkschaften oder Vereine. Am schwierigsten zu fassen ist die **Solidarität gegenüber Fremden**. Die Frage ist, woher Solidarität dort ihre Kraft nimmt (z.B. weltweiter Widerstand gegen das frühere Apartheidsregime in Südafrika, enorme Spendenbereitschaft gegenüber den Opfern von 32

[14] Vgl. BT-Drs. 11/2237, S. 157 zu § 1.

[15] *Mead*, Fragmente über Ethik, in: Geist, Identität und Gesellschaft, 1986; *Habermas*, Gerechtigkeit und Solidarität, in: Zur Bestimmung der Moral, Hrsg. Edelstein/Nummer-Winkler, S. 291, 309.

[16] *Habermas*, Gerechtigkeit und Solidarität, in: Zur Bestimmung der Moral, Hrsg. Edelstein/Nummer-Winkler, S. 291, 311.

Naturkatastrophen usw.). Es ist offenbar der Schmerz oder die Demütigung, die diesen Menschen widerfährt. Der Schmerz und die Demütigung, die fremde Menschen erleiden, gehen im Allgemeinen jedermann unter die Haut und führen zu einem **„Mit-Fühlen" und „Mit-Leiden"**.

33 Solidarisches Verhalten ist mehr als nur das Respektieren des anderen, ist mehr als die Nichtschädigung seiner Rechtsgüter. Solidarität zeichnet sich durch **Freiwilligkeit** sowie zusätzlich durch **Zuneigung und Zuwendung** aus. Sie weist in aller Regel eine **altruistische Tendenz** auf. Sie kann aber zusätzlich auch auf Nützlichkeitserwägungen beruhen: man hofft, in gleicher Situation die Solidarität anderer zu erfahren. Der Handelnde versteht sein solidarisches Verhalten zudem regelmäßig als eine Art Hilfe, die der Empfänger aus der Sicht des Gebenden zumindest „gut gebrauchen kann".

34 Die **Formen**, in denen sich Solidarität zeigt, sind äußerst vielfältig. Sie reichen von moralischer Unterstützung, Schulterklopfen, Unterschriftenaktionen, „Solidaritätsadressen", Protestmärschen, Spenden und anderen materiellen Zuwendungen bis hin zum Boykott. Der Kreativität, zu zeigen: „Ich stehe an Deiner Seite!", sind keine Grenzen gesetzt.

35 Solidarisches Verhalten entspringt einer **komplexen Motivation**. Erziehung, Gewissen, Gefühle und Emotionen spielen eine große, der Intellekt eine eher kleine Rolle. Solidarität kennt **kein exaktes Maß** und hat gerade deshalb das Potential zum Überschuss an Zuwendung. Vor allem aber entspringt Solidarität – so wie sie umgangssprachlich verstanden wird – nicht dem Bewusstsein einer Rechtspflicht, die man durch Leistungen „mittlerer Art und Güte" erfüllen muss. Allenfalls fühlt man sich moralisch dazu angehalten, sich dem anderen zuzuwenden. Auf jeden Fall aber gilt für solidarisches Verhalten im umgangssprachlichen Sinne: Jeder nach seiner Façon.

2. Solidarität im Recht

36 Die Begriffe „Solidarität" oder „solidarisch" findet man bisweilen in den Texten **internationaler Abkommen**. In der Schlussakte von Helsinki hoffen die Unterzeichnerstaaten auf „Solidarität zwischen den Völkern". In der 1986 in Kraft getretenen Banjul-Akte heißt es – und das ist dort offenbar nicht ironisch gemeint –, die Beziehungen zwischen den afrikanischen Staaten würden beherrscht durch „Prinzipien der Solidarität und der Freundschaft." Das Land Brandenburg hat die Erziehung zur Solidarität in seiner Verfassung zum **Erziehungsziel** erklärt; nach der Verfassung Mecklenburg-Vorpommerns fördern Land, Gemeinden und Kreise Initiativen, die „dem solidarischen Handeln dienen".

37 Diese Verfassungstexte verbinden mit dem Begriff der Solidarität allerdings **keine spezifisch juristischen Inhalte**. Sie präzisieren oder definieren Solidarität nicht näher, sondern „reichen" den Begriff in seiner umgangssprachlichen Bedeutung an die Bildungs- und Erziehungssysteme bzw. an die Gebietskörperschaften weiter.[17] Juristisch ist hieraus also wenig abzuleiten.

38 Solidarität wird auch gern in einem Atemzug mit Freiheit und Gleichheit genannt. Während jedoch Freiheit und Gleichheit rechtlich durchdeklinierte Kategorien sind, mit denen der Jurist zu arbeiten gelernt hat, ist zweifelhaft, ob Solidarität überhaupt einen rechtlichen Gehalt aufweist und wenn ja, welchen. Bewegt sich Solidarität nur auf der Ebene des moralischen Sollens? Verkörpert sie einen rechtlichen oder gar einen verfassungsrechtlich beachtlichen Rahmen, aus dem sich konkrete Folgen für unsere Rechtsordnung und insbesondere für das Sozialrecht ergeben können? Oder ist Solidarität vielleicht doch nur eine Parole, eine „sprachlich Fahne"[18], hinter der man Anhänger der eigenen Ziele sammeln will?

39 In Grundgesetz taucht der Begriff der Solidarität als solcher nicht auf. Zwar schlug die **Gemeinsame Verfassungskommission** nach der Wiedervereinigung vor, die Präambel des Grundgesetzes um eine **Solidaritätsformel** zu erweitern. Jedoch blieb diesem Vorschlag die erforderliche 2/3-Mehrheit versagt.[19] Ebenso erging es einer von der Verfassungskommission vorgeschlagenen Vorschrift, die als **Art. 2a Grundgesetz** in den Grundrechtsteil des GG hätte aufgenommen werden sollen. Der Vorschlag lautete: „Jeder ist zu Mitmenschlichkeit und Gemeinsinn aufgerufen".[20]

---

17 *Denninger*, Verfassungsrecht und Solidarität, in Bayertz, Solidarität, S. 319, 321.

18 Zum Bild der Fahne vgl. *Munoz-Dardé*, Brüderlichkeit und Gerechtigkeit, in: Bayertz, Solidarität, S. 146, 150 f. bzgl. des Wortes „Brüderlichkeit.

19 Das deutsche Volk habe sich das GG gegeben, beseelt von dem Willen, als gleichberechtigtes Glied in einem vereinten Europa dem Frieden, der Gerechtigkeit und der Solidarität in der Welt zu dienen, und in dem Bestreben, die innere Einheit Deutschlands zu vollenden (BT-Drs. 12/6000).

20 BT-Drs. 12/6000, S. 82, 159.

Im Grundgesetz ist das Solidaritätsprinzip also nicht verrechtlicht worden. Der **Verfassungsgeber** hat der Versuchung widerstanden, beherzigenswerte Verhaltsweisen im Verhältnis der Bürger untereinander zu einem verfassungsrechtlichen Sollens-Satz zu erheben. Adressat moderner Verfassungen und damit auch des Grundgesetzes ist die Staatsgewalt, Adressat ist nicht der Bürger. Die Verfassung regelt Organisation, Verfahren und Ausübung der Staatsgewalt. Sie unterstellt die Herrschaft der Staatsgewalt dem Recht und legt diese rechtsverbindlich auf bestimmte Prinzipien fest, wie etwa auf das Rechtsstaats- und Sozialstaatsprinzip. Zu diesem rechtsverbindlichen Charakter passen aber keine Sollens-Sätze, die das Verhalten der Staatsbürger untereinander betreffen, und erst recht nicht Sollens-Sätze, die allein an nicht durchsetzbare Gesinnungen und Mentalitäten des Bürgers appellieren.[21] 40

Hingegen hat das Grundgesetz dem Gesetzgeber unmissverständlich den **Auftrag** erteilt, für eine auch in sozialer und wirtschaftlicher Hinsicht **gerechte Gesellschaftsordnung** zu sorgen. Insoweit reicht ein beispielhafter Blick auf wenige Bestimmungen des GG: Art. 14 Abs. 2 GG: „Eigentum verpflichtet", das Gebot des Art. 6 GG, Familien zu fördern, und die Festlegung der Bundesrepublik auf einen **Sozialstaat als Staatszielbestimmung**. So verlangt das Sozialstaatsgebot nach der Rechtsprechung des Bundesverfassungsgerichts in Verbindung mit der Menschenwürde zum Beispiel ein gegen den Staat gerichtetes Recht bedürftiger Bürger auf Sicherung ihres **Existenzminimums**.[22] Im Übrigen räumt es dem Einzelnen aber keinen Anspruch auf Ausgestaltung des Sozialversicherungssystems in bestimmter Weise ein.[23] 41

Die **Enthaltsamkeit des Grundgesetzes**, was den Begriff Solidarität anbelangt, bedeutet aber keineswegs, dass es dem Staat zur Verwirklichung des Staatszieles Sozialstaat verboten wäre, Solidarität im Verhältnis der Bürger untereinander einzufordern. Das **Mittel zur Verwirklichung des Sozialstaatsgebots**, auf das sich das Grundgesetz festgelegt hat, ist jedoch nicht die Verfassung, sondern das einfache Gesetz. Im Rahmen der Verfassung kann der Gesetzgeber Rechte und Pflichten im Verhältnis der Bürger untereinander festlegen und diese mit den Mitteln des Zwangs auch durchsetzen. In diesen Zusammenhang gehören etwa die familienrechtlichen Unterhaltspflichten, die als Konkretisierung solidarischer Erwartungen innerhalb dieser Gemeinschaft anzusehen sind. 42

Weiter kommt in Betracht, dass der Gesetzgeber Rechte und Pflichten im Verhältnis des Bürgers zum Staat oder seinen Untergliederungen regelt; er kann dem einen Bürger geben, was er dem anderen nimmt. Der Staat „spielt" damit gleichsam „über Bande". Er gelangt damit zu Ergebnissen, wie sie ohne gesetzlichen Zwang in kleineren Gemeinschaften auch das Resultat moralischer Solidaritätsvorstellungen sein könnten. Die Anordnung von **Rechten und Pflichten im Verhältnis Bürger/Staat** zeigt aber regelmäßig an, dass sich der Gesetzgeber in diesen Fällen nicht auf **bürgerschaftliches Solidaritätsverhalten** und das Anstandsgefühl seiner Bürger verlassen will. Er weiß, dass das Grundprinzip solidarischen Handelns, nämlich dass sich der Einzelne zum Wohl seines Nächsten materielle Selbstbeschränkungen auferlegt, in der Breite, in großen und praktisch die gesamte Gesellschaft erfassenden Gemeinschaften nicht funktioniert. 43

Ein Blick auf das **einfache Bundesrecht** ergibt folgendes Bild: Das Gesetz knüpft bisweilen an Akte der „Alltags"-Solidarität an und flankiert diese. Dies ist etwa der Fall, wenn Spenden des Bürgers an gemeinnützige Einrichtungen oder zu humanitären Zwecken steuerlich begünstigt werden. Als flankierende Maßnahmen ist die Gewährung von Versicherungsschutz für ehrenamtliches Engagement anzusehen. Indessen sind gesetzliche Vorschriften, die Solidarität eines Bürgers unmittelbar gegenüber anderen Bürgern im Sinne einer rechtlichen Verpflichtung anordnen, selten. Zu nennen sind hier die bereits erwähnten Unterhaltspflichten. Aus der Strafbarkeit unterlassener Hilfeleistung nach dem Strafgesetzbuch (§ 323c) folgt zugleich, dass jedermann verpflichtet ist, bei Unglücksfällen, gemeiner Gefahr oder Not Hilfe zu leisten. Zum Teil übt das Gesetz gegenüber Personen, die sich in bestimmten Gemeinschaften solidarisch verbunden sind, so etwas wie „Nachsicht"; dies ist etwa der Fall, wenn das Gesetz die Strafvereitelung zu Gunsten eines Angehörigen selbst straffrei stellt. 44

Rechtsvorschriften des einfachen Bundesrechts, die das Solidaritätsprinzip ausdrücklich zum Tatbestandsmerkmal erhoben haben, sind rar. Vorschriften des GmbH-Gesetzes und des Genossenschafts-Gesetzes verwenden den **Begriff „solidarisch"** in einem **haftungsrechtlichen Sinne**. Gesellschafter haften danach persönlich und „solidarisch", wenn bereits vor der Registereintragung im Namen der Gesellschaft gehandelt worden ist. Mit dem Solidaritätszuschlag befassen sich zahlreiche Vorschriften des Einkommensteuer-Gesetzes. Weiter kommt der Begriff „solidarisch" im Zusammenhang 45

[21] *Grimm*, F.A.Z. vom 16.06.1994, S. 37.

[22] BVerfG v. 07.06.2005 - 1 BvR 1508/96 - juris Rn. 48 - BVerfGE 113, 88-113.

[23] BVerfG v. 08.02.1994 - 1 BvR 1237/85 - BVerfGE 89, 365.

mit dem Länderfinanzausgleich vor (Maßstäbe-Gesetz). Bei diesem geht es um Ausgleichszahlungen im Verhältnis Bund/Länder sowie im Verhältnis „armer“ und „reicher“ Bundesländer untereinander. Wird der Begriff Solidarität im Rechtssinn gebraucht, geht es entweder – wie im GmbH-Gesetz – um gemeinsame Haftung oder – wie beim Maßstäbe-Gesetz um Umverteilung, d.h. um die **Verteilung knapper Ressourcen zwischen verschieden starken Einheiten.**

3. Solidarität in der GKV

46 Den **Schwerpunkt** bilden zwei Vorschriften aus dem Bereich der Gesetzlichen Krankenversicherung. **§ 1 SGB V** trägt die Überschrift „**Solidarität und Eigenverantwortung**“ und bezeichnet die GKV im Normtext als Solidargemeinschaft. **§ 3 SGB V** trägt die Überschrift „**Solidarische Finanzierung**“. Die Vorschrift ordnet an, dass die Leistungen der GKV durch Beiträge finanziert werden, dass die Beiträge von den Versicherten und ihren Arbeitgebern aufgebracht werden und dass sich die Höhe der Beiträge in der Regel nach den beitragspflichtigen Einnahmen der Mitglieder richtet und nicht etwa nach dem individuellen versicherungsmathematischen Risiko.

47 Schließlich trägt der im Rahmen des Risikostrukturausgleichs gebildete Risikopool die Überschrift „Solidarische Finanzierung aufwändiger Leistungsfälle“. Auch insoweit geht es um **Umverteilungsmaßnahmen** unterschiedlich stark betroffener Krankenkassen untereinander, wenn sich bei einzelnen Kassen besonders aufwändige, kostenintensive Leistungsfälle häufen.

48 Das **Attribut „solidarisch“** weist in der Sozialversicherung damit einen spezifischen Sinngehalt auf. Solidarisch steht in der Sozialversicherung für die **staatlich reglementierte Verteilung knapper Güter unter den Rahmenbedingungen einer öffentlich-rechtlichen Versicherung nach sozialen Gesichtspunkten**. Das Solidaritätsprinzip ist Ausdruck für eine Umverteilung wirtschaftlicher Potenz innerhalb unterschiedlich starker Gesellschaftsgruppen unter dem Aspekt sozialer Gerechtigkeit. So kann man unter der Geltung des Grundgesetzes das Solidaritätsprinzip in der gesetzlichen Krankenversicherung ohne weiteres als einfachrechtliche Konkretisierung des Sozialstaatsgebots auffassen.

49 Aber auch schon zu den Zeiten ihrer Entstehung im ausgehenden 19. Jahrhundert ging es der Sozialversicherung um die Herstellung sozialer Gerechtigkeit. Die Sozialversicherung, wie wir sie heute kennen, insbesondere das, was als „solidarischer Ausgleich“ bezeichnet wird, war damals ein Kompromiss. Man könnte auch sagen, die Sozialversicherung war in ihrer Entstehung ein Zugeständnis an den Kommunitarismus im Rahmen einer im Übrigen liberalen Staatsauffassung. Die 1883 einsetzende Sozialgesetzgebung Bismarcks war der Einstieg in den Interventionsstaat und sie war ein erster Schritt, formale Freiheit und formale Gleichheit mit den Mitteln der Umverteilung zu materialer Freiheit und materialer Gleichheit fortzuentwickeln.

III. Eigenverantwortung

1. Das Spannungsverhältnis zwischen Freiheit, Gleichheit und Solidarität

50 Freiheit und Gleichheit – in der uralten Diskussion über diese beiden Menschenrechte spielte jedenfalls seit der Französischen Revolution der Begriff der Solidarität eine bedeutende Rolle. Ein kurzer Blick ins 18. und 19. Jahrhundert und über die Grenze nach Frankreich beleuchtet den Aufstieg des Begriffs der Solidarität.

2. Wurzeln und Entwicklung des Begriffs Solidarität

51 Der **Sprachgebrauch** des bereits erwähnten GmbHG und des Genossenschaftsgesetzes, wo von „solidarischer Haftung“ die Rede ist, wenn es um gesamtschuldnerische Haftung geht, führt zur sprachlichen Wurzel des Begriffs Solidarität. Diese liegt im römischen Recht. Die **obligatio in solidum** bezeichnete dort eine spezielle Haftungsform bei Gemeinschaften, die Haftung jedes einzelnen Gemeinschaftsmitglieds auf das Ganze. Als **solidité** ging die obligatio in solidum dann in die französische Rechtssprache ein. Sie stand dort sinngemäß für „Zusammenhalt und Einstehen unter Gleichen“. Und so bot es sich der Rhetorik der Französischen Revolution geradezu an, den Rechtsbegriff solidité aufzugreifen und ihn politisch zur **solidarité** weiterzuentwickeln. Unklar ist, ob solidarité bereits zu Beginn der Französischen Revolution umgangssprachlich mit der Parole **„fraternité“** gleichgesetzt wurde oder sie diese erst später abgelöst hat.[24] Fest steht jedoch, dass die an Gefühl und Emotion ap-

[24] *Schmelter*, Solidarität, S. 9.

pellierenden Begriffe fraternité und solidarité von jeher als Gegengewicht zu den Vernunftprinzipien formaler Freiheit und formaler Gleichheit verstanden wurden.

Freiheit und Gleichheit sind natürliche und **unveräußerliche Rechte des Menschen**. Der Staat kann über sie nicht verfügen. Seine vornehmste Aufgabe ist es, diese Freiheit und Gleichheit gegen Verletzungen zu schützen. Erfüllt der Staat diese Aufgabe und sichert er dem Einzelnen ein Maximum an Freiheit und Entfaltungsmöglichkeit, werde sich – so jedenfalls die Vorstellungen liberalen Staatsdenkens – in der Summe des egozentrischen Handelns aller Bürger die rechte Ordnung der Gesellschaft schon ganz von selbst ergeben. 52

Zwar hatte die Französische Revolution **formale Freiheit und Gleichheit** aller Bürger hergestellt. Sie hatte ihnen Privatautonomie und die freie Verfügungsbefugnis über Privateigentum beschert. Indessen brachte diese Freiheit nicht von selbst auch **gleiche Lebensverhältnisse und Entfaltungschancen aller Bürger** mit sich. 53

Hieran hat sich bis heute nichts geändert. Die „**invisible hand**“[25] funktionierte aber nicht so, wie sie nach Adam Smith funktionieren sollte. Davon, dass durch die **Verfolgung privater Interessen** immer zugleich auch öffentliche Interessen erfüllt werden, war nichts zu spüren. Im Gegenteil. Die schrankenlos gewährleistete Privatautonomie bereitete den Boden für einen **modernen Kapitalismus**. Dessen technische, aber auch soziale Folgen bezeichnen wir heute als Industrielle Revolution. Aus formaler Rechts-Gleichheit entwickelte sich zwischen Unternehmern und Arbeitnehmern faktisch ein Verhältnis der Über-/Unterordnung bis hin zu **Ausbeutung**. Die Arbeitsbedingungen wurden von der stärkeren Seite weithin diktiert. Eine von staatlicher Herrschaft befreite Privatsphäre, ein ungezügelter **Liberalismus, führte bei einem großen Teil der Gesellschaft zum Verlust** der persönlichen Freiheit und Selbständigkeit, also zum Gegenteil dessen, was der Liberalismus eigentlich wollte.[26] 54

So nimmt es nicht Wunder, dass sich während des gesamten 19. Jahrhunderts vielfältiger Widerstand gegen ein **ungezügeltes liberales Staatsdenken** regte, Widerstand gegen die Beschränkung des Staatszwecks auf einen bloßen **Nachtwächterstaat**, wie *Ferdinand Lassalle* sich ausdrückte. Als geeignetes Mittel, einem ungehemmten Freiheitsdenken Einhalt zu gebieten, gewannen Forderungen nach Solidarität Auftrieb. Es stellte sich die Frage, ob man dem frühen Beispiel der Franzosen folgen sollte; diese hatten, um die Parole „fraternité“ mit Leben zu füllen, bereits 1790 einen staatlich bezuschussten Mindestlohn eingeführt. 1793 wurde ausdrücklich ein Bürgerrecht auf Unterhalt für alle hilfebedürftigen Franzosen anerkannt. Brüderlichkeit und Solidarität wurden damit zum rechtlich einforderbaren Anspruch.[27] Die Idylle währte aber nicht lange. Bereits 1794 kehrten die Franzosen zur Unterstützung ohne Rechtsanspruch im Einzelfall zurück. 55

Trotz dieses Rückschlags in der Sache setzte sich der Begriff der Solidarität im Laufe des 19. Jahrhunderts durch. Er war seit Beginn der Industriellen Revolution aus der **Soziologie**, aus der **Politik** und auch aus der **Rechtswissenschaft** nicht mehr wegzudenken. Die Soziologie fragte sich: Was ist es, das die Gesellschaft als Ganzes zusammenhält? Und *August Comte* antwortete mit dem Hinweis auf die Solidarität. Sie bilde den gleichsam naturgesetzmäßigen **Mechanismus des sozialen Zusammenhalts einer Gesellschaft**. Doch weshalb verhalten sich Menschen in der Gesellschaft solidarisch? Den Grund hierfür sah *Durkheim* in der modernen Arbeitsteilung. Solidarität beruhte nach ihm auf dem Bewusstsein hochgradiger Komplexität und Abhängigkeit des Einzelnen in der industriellen Gesellschaft. 56

Marx und *Engels* wollten mittels des Begriffs der Solidarität **klassenbewusstes – solidarisches – Verhalten** fördern. Dieses setze – so *Marx* – das Wissen des Industrieproletariats um seine gleichartige Betroffenheit durch **soziale Schichtenbildung** voraus. Solidarität wird bei *Marx* damit auch zu einem sprachlichen Mittel der Abgrenzung, der Abgrenzung der Arbeiterklasse von anderen. Weniger polarisierend war *Ferdinand Lassalle*. Er vertrat 1862 die Ansicht, zur sittlichen Idee des Arbeiterstandes gehöre auch ein geordnetes Gemeinwesen, das sich durch Solidarität der Interessen, die Gemeinsamkeit und die Gegenseitigkeit in der Entwicklung auszeichne.[28] 57

---

[25] *Smith*, Der Wohlstand der Nationen, Buch IV, Kapitel II: „...every individual ... neither intends to promote the public interest, nor knows how much he is promoting it ... he intends only his own gain, and he is in this ... led by an invisible hand to promote an end which was no part of his intention. Nor is it always the worse for the society that it was no part of it. By pursuing his own interest, he frequently promotes that of the society more effectually than when he really intends to promote it.“

[26] *Grimm*, Solidarität als Rechtsprinzip, 1973, S. 14, 58.

[27] *Metz*, Solidarität und Geschichte, in: Bayertz, Solidarität, S. 172, 174.

[28] *Lassalle*, Gesammelte Reden und Schriften, S. 239.

58 Der Franzose *Alfred Fouilleé* schließlich erhob die Solidarität zum obersten Prinzip der Sozialordnung. Er entwickelte daraus den sogenannten **Solidarismus**, der in Frankreich sodann das theoretische **Fundament des Staatsintervenismus** und der französischen Sozialgesetzgebung lieferte.[29] Nach *Fouilleé* kommt dem Staat die Aufgabe zu, der mit Liberalismus und Individualismus einhergehenden Desintegration der Gesellschaft entgegenzuwirken. Der Staat müsse den Beitrag der privilegierten Schichten zur Entwicklung des Organismus, den diese freiwillig nicht leisten, zwangsweise durchsetzen.

3. Solidarität in den Zeiten Bismarcks

59 In **Deutschland** verlief die Entwicklung vergleichbar. Zwar spielten die Begriffe Solidarität oder Solidarismus hier als solche keine entscheidende Rolle. Jedoch ging es vor allem der deutschen Sozialgesetzgebung um Korrekturen der durch einen ungezügelten Liberalismus entstandenen sozialen und wirtschaftlichen Schieflage und damit um die **Sicherung des sozialen Friedens**. Bismarcks Sozialgesetzgebung war insoweit auch Innenpolitik, eine Innenpolitik, die sich das **Integrationspotential solidarischer Grundmuster** zu Nutzen machte.

60 Das Deutsche Reich fährt im ausgehenden 19. Jahrhundert bekanntlich zweigleisig. Wo sich die Bürger als Akteure des Rechts- und Wirtschaftslebens begegnen, hält das **Bürgerliche Recht** die Freiheit des Einzelnen im Sinne liberaler Vorstellungen aufrecht. Die **Vertragsfreiheit** steht dort ganz obenan. Insoweit gelang es der bürgerlichen Gesellschaft, den Verkehr der Privatpersonen untereinander vor allen „Anforderungen gegenseitiger oder gar gesamtgesellschaftlicher Solidarität in Sicherheit zu bringen".[30] Erst das 20. Jahrhundert brachte mit einem Arbeitnehmerschutzrecht und einigen BGB-Novellen unter anderem im Mietrecht den von *Otto v. Gierke* schon 1889 geforderten „Tropfen sozialistischen Öls".[31] Die Rechtsprechung insbesondere des Bundesverfassungsgerichts tut unter Geltung der Werteordnung des Grundgesetzes ein Übriges, wenn sie etwa zur Stärkung der Privatautonomie beider Vertragspartner eine richterliche Inhaltskontrolle von Bürgschaftsverträgen bei starkem Übergewicht eines Vertragspartners verlangt.[32]

61 Im Übrigen jedoch wurde im ausgehenden 19. Jahrhundert die Herstellung materialer Gleichheit und **sozialer Sicherheit** zu einer **Sache des Staates**. Mit seiner **Sozialgesetzgebung** wollte Bismarck bekanntlich Arbeiterschaft und Sozialdemokratie spalten und die Arbeiterschaft zugleich mit dem Staat „versöhnen". Arbeiter sollten – so der Reichskanzler 1881 – erstmals ein subjektives Recht auf Hilfe erhalten. Ihre Stellung als „rechtlose Almosenempfänger" sollte beendet werden.[33] Allerdings konnte sich Bismarck keineswegs mit allen seinen Vorstellungen durchsetzen. Auch er war auf Koalitionen angewiesen: Auf die Unterstützung der Sozialdemokratie konnte er nicht rechnen, weil diese Reformen unter der geltenden Eigentumsordnung schon im Grundsatz ablehnte. Um seine Reformziele zu erreichen, brauchte Bismarck das Zentrum, so dass er sich zumindest teilweise auch mit den Ideen der Katholischen Soziallehre arrangieren musste.

4. Subsidiaritätsprinzip – Eigenverantwortung

62 Die **Katholische Soziallehre** hatte sich im Kontext der Industriellen Revolution formiert und die soziale Frage des 19. Jahrhunderts als das Ergebnis einer Entchristlichung der Gesellschaft verstanden. Sie wandte sich zunächst noch gegen staatliche Wohlfahrt und gegen einen Interventionsstaat Bismarckscher Vorstellungen. Denn die Katholische Soziallehre sah Wohlfahrt zunächst noch als Sache der **Caritas** an, als Domäne der Kirchen und ihrer Mitglieder. **Wohlfahrt** war für sie ein Gebot christlich motivierter Solidarität auf bürgerschaftlicher Ebene, im privaten und im kirchlichen Bereich.

63 Die katholische Soziallehre stemmte sich daher auch lange gegen die Idee Bismarcks, eine gesetzliche Rentenversicherung einzuführen. Sie befürchtete, diese könne die Nächstenliebe schwächen, weil damit deren Kern, nämlich der **Zusammenhalt innerhalb der Familie** als Quelle der sozialen Grunderfahrung des Einstehens des einen für den anderen, nachhaltig geschwächt werde. Erst mit der **Sozial-**

---

29 Dazu *Grimm*, Solidarität als Rechtsprinzip, S. 38.

30 *Volkmann*, Programm und Verfassung, 1998, S. 173.

31 *von Gierke*, Die soziale Aufgabe des Privatrechts, Frankfurt/M. 1943, urspr. Berlin 1889, S. 10: „Wir brauchen aber auch ein Privatrecht, in welchem trotz aller Heilighaltung der unantastbaren Sphäre des Individuums der Gedanke der Gemeinschaft lebt und webt. Schroff ausgedrückt: in unserem öffentlichen Raum muß ein Hauch des naturrechtlichen Freiheitsraumes wehen und unser Privatrecht muß ein Tropfen sozialistisches Öl durchsickern".

32 BVerfG v. 19.10.1993 - 1 BvR 567/89 - BVerfGE 89, 214.

33 *Bismarck*, Reichstagsrede vom 02.04.1881, S. 611.

enzyklika „Rerum novarum" Leos XIII. von 1891 gab die katholische Kirche ihren Widerstand auf. Sie akzeptierte und bejahte nunmehr staatliche Eingriffe im Bereich der sozialen Hilfen, auch wenn diese Staatstätigkeit zu Lasten traditioneller karitativer Betätigung der Kirche geht.

64 Gleichsam als Kontrapunkt wird in der Enzyklika „Rerum novarum" aber fast trotzig – zunächst nur der Sache nach – und seit der **Enzyklika „Quadrigesimo anno"** von 1931 auch explizit das **Subsidiaritätsprinzip** betont: „Der Bürger und die Familien dürfen nicht im Staat aufgehen".[34] In der **Enzyklika „mater et magistra"** von 1961 schließlich wird das Subsidiaritätsprinzip wie folgt zusammengefasst: „Wie dasjenige, was der Einzelmensch aus eigener Initiative und mit seinen eigenen Kräften leisten kann, ihm nicht entzogen und der Gesellschaftstätigkeit zugewiesen werden darf, so verstößt es gegen die Gerechtigkeit, das, was die kleineren und untergeordneten Gemeinwesen leisten und zum guten Ende führen können, für die weitere und übergeordnete Gemeinschaft in Anspruch zu nehmen; ... Jedwede Gesellschaftstätigkeit ist ja ihrem Wesen und Begriff nach subsidiär: sie soll die Glieder des Sozialkörpers unterstützen, darf sie aber niemals zerschlagen oder aufsaugen" (Papst Johannes XXIII).[35]

65 Das **Subsidiaritätsprinzip** ist zwar **keine Erfindung der genannten Enzykliken**, jedoch verdankt es diesen – wie *Roman Herzog* es ausgedrückt hat – seinen Siegeszug in die Sozial- und Staatslehre.[36] In der Sozialgesetzgebung hat das Beharren der katholischen Kirche auf dem Subsidiaritätsprinzip deutliche Spuren hinterlassen. Es führte im Kompromiss mit den weitergehenden Vorstellungen Bismarcks zu einem Kompromiss, den wir heute als die Strukturprinzipen der Sozialversicherung ansehen.

66 So wurde die Sozialversicherung weder rein zentralstaatlich organisiert noch gelang es Bismarck z.B. die Rentenversicherung weitgehend über steuerfinanzierte Staatszuschüsse zu finanzieren und damit die Wohltaten des Staates noch deutlicher herauszustreichen. Es blieb damit nur der Weg einer sozialen Sicherung über ein **striktes Versicherungsprinzip anstelle staatlicher Leistungsgesetze**.[37] Die Sozialversicherung wurde – wie vom Zentrum befürwortet – durch **individuell zurechenbare Beitragsleistungen** der Versicherten finanziert. Und ihre **Organisation** wurde in die Hände kleiner, bereits als Torso vorhandener Einheiten gelegt sowie diesen Einheiten zudem das Recht auf Selbstverwaltung eingeräumt.[38] Bis auf den Staatszuschuss in der Rentenversicherung kam damit letztlich ein **beitragsfinanziertes System** heraus, bei dem die Beiträge in erster Linie nach dem Arbeitsentgelt und damit einem Indikator für die wirtschaftliche Leistungsfähigkeit, aber nicht nach dem individuellen, versicherungsmathematischen Risiko bemessen werden. Hierin und in der damit bewirkten sozialen Umverteilung liegt der Kern dessen, was wir heute in der Sozialversicherung unter dem Solidaritätsprinzip verstehen.

5. Beteiligung der Arbeitgeber an der Sozialversicherung

67 Ein weiterer Solidaritätsaspekt liegt darin, dass die Arbeitgeber und damit das Kapital ins Boot der Sozialversicherung geholt worden sind. Sie sind heute sowohl an der **Finanzierung der Beiträge** als auch in der **Selbstverwaltung** paritätisch beteiligt. Durch die Anordnung eines strikten Versicherungszwanges wurde schließlich gewährleistet, dass sich niemand aus der „solidarischen" Verantwortung stehlen konnte.

68 Arbeitgeber und Arbeitnehmer finanzieren die Sozialversicherung bislang gemeinsam. Sie ziehen insoweit an einem Strang, sie haben ein **gemeinsames Interesse**. Beiden muss an einer effektiven und dennoch bezahlbaren Sozialversicherung gelegen sein. Eine Verabschiedung der Arbeitgeber aus dieser Verantwortung bedeutete einen Verlust an sozialem und betrieblichem Frieden. Denn haben sich die Arbeitgeber erst einmal aus der Sozialversicherung verabschiedet, kann es nicht ausbleiben, dass die Gewerkschaften versuchen müssen, allfällige Beitragserhöhungen im Ringen um Lohnerhöhungen wieder zu kompensieren.

---

[34] Rerum novarum Nr. 28.

[35] 15.05.1961 unter Nr. 53. Zuvor bereits Rundschreiben Pabst Pius XI „Quadragesimo Anno" Nr. 78, 79.

[36] *Herzog*, Subsidiaritätsprinzip und Staatsverfassung, S. 397.

[37] Nachweise bei *Breuer*, Grundlagen des Sozialstaates, Festschrift für M. Heinze, S. 81, 93.

[38] Vgl. Nachweise bei *Breuer*, Grundlagen des Sozialstaates, Festschrift für M. Heinze, S. 81, 97.

6. Versicherungszwang und soziale Umverteilung

69 Soziale Sicherheit ist nur um den Preis einer Einschränkung von Freiheitsrechten zu haben. Versicherungszwang und Beitragspflichten sind insoweit unvermeidlich.[39] Denn eines war und ist ganz klar: Brüderlichkeit und Solidarität funktionieren in der Gesamtgesellschaft, im Staat, nicht in gleicher Weise wie in kleinen, durch persönliche Begegnung, Empfindung und Gefühl geprägten kleineren Gemeinschaften.[40]

70 In welchem Umfang der heutige Gesetzgeber solidarische Umverteilung einfachgesetzlich anordnet, unterliegt seinem **Gestaltungsermessen**. Dieses findet seine rechtlichen Grenzen allein in der Verfassung und dort vor allem in den Grundrechten. Hinsichtlich des versicherten Personenkreises beispielsweise ist vom Bundesverfassungsgericht anerkannt, dass der Gesetzgeber den **Mitgliederkreis von Zwangsversicherungen** so abgrenzen kann, wie es für die Begründung einer leistungsfähigen Solidargemeinschaft erforderlich ist.[41] Dass dem Gesetzgeber insoweit verfassungsrechtlich allenfalls äußerste Grenzen gesetzt sind, zeigt die Entscheidung des Bundesverfassungsgerichts zur Künstlersozialversicherung.[42]

71 Ob es klug ist, praktisch die gesamte Bevölkerung in die Systeme einzubeziehen, damit Kaufkraft abzuschöpfen, um sie auf vielen Umwegen auch wirtschaftlich Leistungsfähigen in Form von Sozialleistungen wieder zuzuführen, steht auf einem anderen Blatt. Für **faktische Grenzen** gilt insoweit der populär gewordene Satz *Böckenfördes*, wonach der freiheitliche säkularisierte Staat von Voraussetzungen lebt, die er selbst nicht garantieren kann.[43] Dazu gehören zweifellos die ökonomischen Voraussetzungen dafür, dass überhaupt **Umverteilungsmasse** vorhanden ist. Hieran ist, wenn man als Finanzierungsquelle nicht nur das Arbeitsentgelt im Fokus hat, ernstlich kaum zu zweifeln. Weiter gehört zu den Voraussetzungen, von denen der Staat lebt, die er aber selbst nicht garantieren kann, aber auch eine Grundeinstellung der Bevölkerung, die nicht egozentrisch ausgerichtet ist, sondern sich ethischen Aspekten von Solidarität öffnet. Nur bei dieser Grundeinstellung der Bevölkerung hat Umverteilung durch Sozialversicherung überhaupt eine Chance, auf Akzeptanz zu stoßen.

72 Umverteilungseffekte in der Sozialversicherung tragen dazu bei, **soziale Gegensätze** abzumildern.[44] Allerdings wird zurzeit in der gesetzlichen Krankenversicherung und in der Pflegeversicherung zu Recht geprüft, welches die **Indikatoren wirtschaftlicher Leistungsfähigkeit** als Anknüpfungspunkt für den solidarischen Ausgleich sind. Zu klären ist auch, ob der Fokus auf das Arbeitsentgelt abhängig Beschäftigter noch aufrechterhalten werden kann und ob der Maßstab für die Bemessung der Beiträge noch angemessen ist.[45]

73 In diesem Zusammenhang muss sich insbesondere auch der Bund fragen lassen, ob er für Versicherte, die er den Sozialversicherungssystemen zur Entlastung der steuerfinanzierten Sozialhilfe zuweist, angemessene Beiträge zahlt.

7. Transparenzgebot

74 Für die Akzeptanz der Sozialversicherung wäre es förderlich, wenn Lehren aus den **Erfahrungen mit dem umgangssprachlichen Solidaritätsbegriff** gezogen würden. So liegt etwa auf der Hand, dass die Spendenbereitschaft für karitative oder humanitäre Zwecke maßgeblich davon abhängt, ob die Spender mit einer zweckentsprechenden Verwendung ihrer Spende rechnen dürfen. Fehlt es an ausreichender Transparenz oder ist zu befürchten, dass die Spenden beim Adressaten nur noch in homöopathischer Dosis ankommen, geht der Spendenaufruf bei vielen ins Leere. Die Akzeptanz der Aktion geht verloren.

---

[39] *Stolleis*, Hundert Jahre Sozialversicherung in Deutschland, in: Zeitschrift für die gesamte Versicherungswissenschaft, 69. Band, 1980, S. 155, 157 f.

[40] *Rawls*, Theorie der Gerechtigkeit, 1979, S. 127.

[41] Vgl. BVerfG v. 03.04.2001 - 1 BvR 1681/94 - BVerfGE 103, 271, 288.

[42] BVerfG v. 08.04.1987 - 2 BvR 909/82 - BVerfGE 75, 108.

[43] *Böckenförde*, Die Entstehung des Staates als Vorgang der Säkularisation, in: Festschrift für Erst Forsthoff zum 65. Geburtstag, 1967, S. 76, 93.

[44] *Huber*, Verfassungsgeschichte Bd. 4, S. 1194; *Volkmann*, Programm und Verfassung, S. 161.

[45] *Hengsbach* in: Armes reiches Deutschland, Jahrbuch der Gerechtigkeit I, S. 127, 131: Verstärkung des solidarischen Gedankens durch personelle Erweiterung (Erwerbstätigen bzw. Bürgerversicherung) und/oder Erweiterung der Bemessungsgrundlagen durch Verzicht auf Beitragsbemessungsgrenzen.

Für die Sozialversicherung muss hieraus die Lehre gezogen werden, dass die sozialen Sicherungssysteme für ihre Adressaten **verständlich und nachvollziehbar** bleiben müssen. Solidarisch motivierte Umverteilungsströme müssen transparent bleiben. Einrichtungen wie der **Risikostrukturausgleich** und dessen **Risikopool** oder gar noch größere Sammelbecken bewirken das Gegenteil von Transparenz und damit von Akzeptanz. 75

Schließlich ist stets der Zweck der Versicherung im Auge zu behalten und nach dem: „Cui bono" zu fragen. Nach dem geltenden Recht steht immer noch der Versicherte im Zentrum der Sozialversicherung. Seine Versorgung darf nicht als bloße Gelegenheit betrachtet werden, die GKV in erster Linie als expansiven **Wirtschaftsfaktor** und Möglichkeit der Leistungserbringer und einiger Industriezweige zur Wertschöpfung zu betrachten. 76

Geht es um elementare Lebensrisiken wie Krankheit, Pflegebedürftigkeit oder Wegfall des Erwerbseinkommens wegen u.a. Krankheit garantieren „solidarische Ausgleichssysteme" die Schaffung der tatsächlichen Voraussetzungen dafür, dass jedermann von seinen unveräußerlichen Freiheits- und Gleichheitsrechten Gebrauch machen kann. „Solidarität" im Sinne gesetzlich angeordneten sozialen Ausgleichs sorgt dafür, dass nur begrenzt zur Verfügung stehende Ressourcen nicht allein nach dem Gesetz des Stärkeren zur Verteilung kommen, sondern auch nach den Prinzipien einer sozialen Gerechtigkeit. Deren konkrete Ausgestaltung ist in einer Demokratie letztlich Sache des vom Bürger gewählten Gesetzgebers. Ein darüber hinausgehendes, übergeordnetes verfassungsrechtliches oder „natur"-rechtlich verbindliches Rechtsprinzip, das dem Bürger solidarisches Handeln verbindlich vorschreibt oder den Gesetzgeber zu Rechtsakten der „Solidarität" verpflichtet, ist nicht nachweisbar. Wie solidarisch eine Gesellschaft ist und was sie an Solidarität verbindlich einfordert, ist letztlich Sache ihrer Bürger. 77

IV. Spezialgesetzliche Ausprägungen des Prinzips der Eigenverantwortlichkeit

1. Begrenzter Leistungskatalog der GKV

Nach der Rechtsprechung des BVerfG ist es verfassungsrechtlich nicht zu beanstanden, dass die GKV den Versicherten Leistungen (nur) nach Maßgabe eines **allgemeinen Leistungskatalogs** und nur unter Beachtung des Wirtschaftlichkeitsgebots (§ 12 SGB V) zur Verfügung stellt, soweit diese Leistungen nicht der Eigenverantwortung der Versicherten zugerechnet werden (§ 2 Abs. 1 Satz 1 SGB V). Die gesetzlichen Krankenkassen sind nicht von Verfassungs wegen gehalten, alles zu leisten, was an Mitteln zur Erhaltung oder Wiederherstellung der Gesundheit verfügbar ist.[46] 78

2. Zuzahlungen

Der Leistungskatalog der GKV darf nach der Rechtsprechung des BVerfG auch von **finanzwirtschaftlichen Erwägungen** mitbestimmt sein.[47] Dem Gesetzgeber ist es im Rahmen seines Gestaltungsspielraums grundsätzlich erlaubt, den Versicherten über den Beitrag hinaus zur Entlastung der Krankenkassen und zur Stärkung des **Kostenbewusstseins** in der Form von Zuzahlungen zu bestimmten Leistungen zu beteiligen, jedenfalls, soweit dies dem Einzelnen finanziell zugemutet werden kann.[48] 79

Die Belastung durch Zuzahlungen ist nicht unbeträchtlich. In Härtefällen allerdings sieht das Gesetz vor, dass bestimmte Belastungshöchstgrenzen nicht überschritten werden (vgl. § 62 SGB V). 80

---

[46] BVerfG v. 06.12.2005 - 1 BvR 347/98 - BVerfGE 115, 25 = SozR 4-2500 § 27 Nr. 5 Rn. 26; 27; ähnlich BVerfG v. 05.03.1997 - 1 BvR 1071/95 - NJW 1997, 3085.

[47] BVerfG v. 31.10.1984 - 1 BvR 35/82 - BVerfGE 68, 193, 218; BVerfG v. 14.05.1985 - 1 BvR 449/82 - BVerfGE 70, 1, 000026, 30; BVerfG v. 06.12.2005 - 1 BvR 347/98 - BVerfGE 115, 25 = SozR 4-2500 § 27 Nr. 5 Rn. 27.

[48] BVerfG v. 14.05.1985 - 1 BvR 449/82 - BVerfGE 70, 1, 30; BVerfG v. 06.12.2005 - 1 BvR 347/98 - BVerfGE 115, 25 = SozR 4-2500 § 27 Nr. 5 Rn. 27.

81 **Überblick über Zuzahlungen** in der GKV:

Bereich	**Zuzahlung**	**Grenzen/Ausnahmen**	**Norm**	**Gültigkeit**	**BT-Drs.**
Arzt- /Zahnarztbesuch	10 € pro Quartal	Bei Überweisung von Arzt zu Arzt bzw. Facharzt keine weitere Praxisgebühr. **Ausnahmen**: Kontrollbesuche beim Zahnarzt, Vorsorge- und Früherkennungstermine und Schutzimpfungen sind von der Praxisgebühr ausgenommen.	§ 28 Abs. 4 SGB V	01.01.2004	15/1525, S. 83
Arznei- und Verbandmittel	10% des Preises	jedoch **mindestens 5 €, höchstens 10 €**	§ 31 Abs. 3 SGB V	01.01.2004	15/1525, S. 84
		nicht mehr als die Kosten des Mittels	§ 31 Abs. 3 Satz 4 SGB V	01.05.2006	16/691, S. 15
zuzahlungsbefreite Arzneimittel					
Rabattverträge		Ermäßigung oder Aufhebung der Zuzahlung	§ 31 Abs. 3 Satz 5 SGB V	01.04.2007	16/3100, S. 101
Fahrtkosten*	pro Fahrt 10% des Preises	jedoch **mindestens 5 €, höchstens 10 €**	§ 60 Abs. 1 SGB V	01.01.2004	15/1525, S. 94
Häusliche Krankenpflege	10% der Kosten zuzüglich 10 € je Verordnung	begrenzt auf 28 Tage pro Kalenderjahr	§ 37 Abs. 5 SGB V	01.01.2004	15/1525, S. 90
Haushaltshilfe	10% der kalendertäglichen Kosten	jedoch **mindestens 5 €, höchstens 10 €**	§ 38 Abs. 5 SGB V	01.01.2004	15/1525, S. 90
Heilmittel	10% der Kosten des Mittels zuzüglich 10 € je Verordnung		§ 32 Abs. 1 SGB V	01.01.2004	15/1525, S. 84
Hilfsmittel	10% für jedes Mittel	jedoch **mindestens 5 €, höchst 10 €** nicht mehr als die Kosten des Mittels	§ 33 Abs. 2 SGB V	01.01.2004	15/1525, S. 85
		Ausnahme: Hilfsmittel, die zum Verbrauch bestimmt sind: 10% je Verbrauchseinheit, maximal 10 € pro Monat	§ 33 Abs. 8 SGB V	01.04.2007	16/3100, S. 102
Krankenhausbehandlung	10 € pro Kalendertag	maximal 28 Tage pro Kalenderjahr	§ 39 Abs. 4 SGB V	01.01.2004	15/1525, S. 90
Stationäre Vorsorge	10 € pro Tag		§ 23 Abs. 6 SGB V	01.01.2004	15/1525, S. 82
			§ 24 Abs. 3 SGB V	01.01.2004	

* Kinder und Jugendliche sind bis zur Vollendung des 18. Lebensjahres generell von Zuzahlungen befreit.
Ausnahmen: Zahnersatz und Fahrkosten.

Medizinische Rehabilitation (ambulant und stationär)	10 € pro Tag	bei Anschlussrehabilitation begrenzt auf 28 Tage	§ 40 Abs. 5 SGB V	01.01.2004	15/1525, S. 90
Medizinische Vorsorge und Rehabilitation für Mütter und Väter	10 € pro Tag		§ 41 Abs. 2 SGB V	01.01.2004	15/1525, S. 90
Soziotherapie	10% der kalendertäglichen Kosten	jedoch **mindestens 5 €, höchstens 10 €**	§ 37a Abs. 3 SGB V	01.01.2004	15/1525, S. 90
Zahnersatz*	35-50%	abhängig von den eigenen Bemühungen zur Gesunderhaltung der Zähne	§ 55 Abs. 1 SGB V	01.01.2004	15/1525, S. 91
Zuzahlungen	10% des Preises	jedoch **mindestens 5 €, höchstens 10 €**	§ 61 SGB V	01.01.2004	15/1525, S. 95
Belastungsgrenze	2% oder 1% der jährlichen Bruttoeinnahmen		§ 62 SGB V	01.01.2004	15/1525, S. 95

* Kinder und Jugendliche sind bis zur Vollendung des 18. Lebensjahres generell von Zuzahlungen befreit.
Ausnahmen: Zahnersatz und Fahrkosten.

3. Aktive Mitwirkung an der Krankenbehandlung

Der einzelne Versicherte kann zu bestimmten Behandlungsmaßnahmen nicht gezwungen werden. Zwar soll sich jeder, der Sozialleistungen beantragt oder erhält, auf Verlangen des zuständigen Leistungsträgers ärztlichen und psychologischen Untersuchungen unterziehen, soweit diese für die Entscheidung für die Leistung erforderlich sind (§ 62 SGB I). Wer wegen Krankheit oder Behinderung Sozialleistungen beantragt oder erhält, soll sich zudem gemäß § 63 SGB I auf Verlangen des zuständigen Trägers einer Heilbehandlung unterziehen, wenn zu erwarten ist, dass sie eine Besserung seines Gesundheitszustandes herbeiführt oder eine Verschlechterung verhindert. Hierbei handelt es sich allerdings um bloße **Obliegenheiten**, nicht dagegen um rechtlich durchsetzbare Pflichten des Versicherten zur Inanspruchnahme gesundheitsfördernder Leistungen. Zudem kann der Versicherte nach § 65 Abs. 2 SGB I Behandlungen und Untersuchungen ablehnen, bei denen im Einzelfall ein Schaden für Leben und Gesundheit nicht mit hoher Wahrscheinlichkeit ausgeschlossen werden kann, die mit erheblichen Schmerzen verbunden sind oder die einen erheblichen Eingriff in die körperliche Unversehrtheit bedeuten. 82

Weder § 1 Satz 2 SGB V noch die Mitwirkungsobliegenheiten nach den §§ 62 ff. SGB I begründen eine Pflicht des Versicherten, zur Förderung, Herstellung oder Wiederherstellung seiner Gesundheit bestimmte Leistungen in Anspruch zu nehmen. Allerdings hat der Versicherte, wenn er gesetzlich vorgesehene wirksame, dem Wirtschaftlichkeitsgebot entsprechende Leistungen nicht in Anspruch nehmen will, auch keinen Anspruch auf Finanzierung von Leistungen, die diesen Grundsätzen nicht entsprechen. 83

V. Aufklärung und Beratung durch Krankenkassen

1. Keine Erweiterung des Leistungskatalogs

§ 1 Satz 3 SGB V bezieht sich offenbar auf den vorhergehenden Satz 2 der Vorschrift. Daraus folgt, dass die Krankenkassen den Versicherten durch Aufklärung, Beratung und Leistungen „dabei" – d.h. bei den Eigenbemühungen, der aktiven Mitwirkung der Versicherten an der Krankenbehandlung und Rehabilitation – zu helfen und auf gesunde Lebensverhältnisse hinzuwirken haben. 84

85 § 1 Satz 3 SGB V führt nicht zu einer Erweiterung des Leistungskatalogs der GKV über die in § 11 SGB V skizzierten Leistungen hinaus. Die Vorschrift räumt den Krankenkassen auch kein „Leistungserfindungsrecht" ein; dem steht schon § 31 SGB I entgegen. Danach dürfen Rechte und Pflichten in den Sozialleistungsbereichen des SGB nur begründet, festgestellt, geändert oder aufgehoben werden, soweit ein Gesetz es vorschreibt oder zulässt. Eine derartige Ermächtigung kann § 1 Satz 3 SGB V schon mangels hinreichender Bestimmtheit nicht entnommen werden.

86 So ist es z.B. ausgeschlossen, dass Krankenkassen die Kosten der Versicherten für ein Fitnessstudio übernehmen oder sich an den Kosten hierfür beteiligten, auch wenn der Besuch derartiger Einrichtungen zweifellos gesundheitsfördernd sein kann und – wirtschaftlich betrachtet – dadurch Behandlungskosten etc. vermieden werden könnten.

2. Verhältnis zu den §§ 13 ff. SGB I

87 Die in den §§ 13, 15 SGB I geregelten Pflichten zur Aufklärung, zur Beratung und zur Auskunft werden durch § 1 Satz 3 SGB V nicht verdrängt.

88 Die Träger der Sozialversicherung und damit auch die Krankenkassen sowie die nach Landesrecht hierfür für zuständig erklärten Auskunfts- und Beratungsstellen haben Auskünfte über alle sozialen Angelegenheiten nach dem SGB zu erteilen (§ 15 SGB I); die Auskunftspflicht erstreckt sich primär auf die Benennung der für die Sozialleistung zuständigen Leistungsträger („**Wegweiserfunktion**") sowie auf alle Sach- und Rechtsfragen, die für die Auskunftssuchenden von Bedeutung sein können und zu deren Beantwortung die Auskunftsstelle imstande ist (§ 15 Abs. 2 SGB I). Die Auskunftsstellen sind verpflichtet, untereinander und mit den anderen Leistungsträgern mit dem Ziel zusammenzuarbeiten, eine möglichst umfassende Auskunftserteilung durch eine Stelle sicherzustellen (§ 15 Abs. 3 SGB I)

89 § 14 SGB I räumt jedermann einen Anspruch auf **Beratung** „über seine Rechte und Pflichten" nach dem SGB ein. Die Beratung erfolgt durch die sachlich zuständigen Leistungsträger. Bei der Auskunftserteilung und Beratung tritt nach den §§ 14, 15 SGB I **keine unmittelbare Bindungswirkung** ein. Eine solche kann nur mittels einer **Zusicherung** nach § 34 SGB X, nicht aber mittels einfachen Auskunftsersuchens bzw. Beratungsersuchens erreicht werden.

3. Sozialrechtlicher Herstellungsanspruch

90 Der sozialrechtliche Herstellungsanspruch ist ein vom BSG entwickeltes Rechtsinstitut, das tatbestandlich an die **Verletzung behördlicher Auskunfts-, Beratungs- und Betreuungspflichten** im Sozialrechtsverhältnis anknüpft. Er soll „als Institut des Verwaltungsrechts eine Lücke im Schadensersatzrecht schließen", ist aber nicht auf die Gewährung von Schadensersatz im Sinne einer Kompensationsleistung gerichtet.

91 Sein **Tatbestand** setzt auf Seiten des Versicherungsträgers deshalb auch kein Verschulden bei der Verletzung behördlicher (Neben-)Pflichten voraus.[49] Schließlich muss die Pflichtverletzung für den sozialrechtlichen Schaden ursächlich, also der Schaden dem Versicherungsträger zurechenbar sein.

92 Der sozialrechtliche Herstellungsanspruch ist seiner **Rechtsfolge** nach auf **Naturalrestitution** gerichtet, d.h. auf Vornahme einer Handlung zur Herstellung einer sozialrechtlichen Position im Sinne desjenigen Zustandes, der bestehen würde, wenn der Sozialleistungsträger die ihm aus dem Sozialrechtsverhältnis erwachsenen Nebenpflichten ordnungsgemäß wahrgenommen hätte.[50] Die begehrte Amtshandlung muss ihrer Art nach zulässig sein (z.B. Ausübung von Gestaltungsrechten), wobei nicht alle Voraussetzungen gesetzlich geregelter Amtshandlungen vorliegen müssen; andernfalls bedürfte es des Herstellungsanspruchs nicht.[51]

93 Der Anspruch ist mangels einer **Regelungslücke** nicht gegeben, wenn die Rechtsfolgen einer Verletzung von Nebenpflichten des Sozialleistungsträgers in Richtung auf einen sozialrechtlichen Anspruch des Betroffenen gesetzlich ausdrücklich geregelt sind.[52]

---

[49] BSG v. 25.01.1994 - 7 RAr 50/93 - SozR 3-4100 § 249e Nr. 4; BVerwG v. 18.04.1997 - 8 C 38/95 - NJW 1997, 2966, 2967; BGH v. 11.02.1988 - III ZR 221/86 - BGHZ 103, 242, 246.

[50] Vgl. BSG v. 22.03.1989 - 7 RAr 80/87 - SozR 4100 § 137 Nr. 12.

[51] BSG v. 27.01.2000 - B 12 KR 10/99 R - SozR 3-2400 § 28h Nr. 11.

[52] Vgl. BSG v. 23.07.1986 - 1 RA 31/85 - SozR 1300 § 44 Nr. 23.

Dies hat das BSG für die GKV im Anwendungsbereich des **§ 13 Abs. 3 SGB V** angenommen. Der in § 13 Abs. 3 SGB V geregelte Anspruch auf Kostenerstattung hat Ähnlichkeit zum sozialrechtlichen Herstellungsanspruch. Er ist in der GKV als **abschließende gesetzliche Regelung** gegenüber der auf dem Herstellungsgedanken beruhenden Kostenerstattungsansprüche anzusehen.[53] 94

[53] BSG v. 04.04.2006 - B 1 KR 5/05 R - SozR 4-2500 § 13 Nr. 8 Rn. 19 ff., Uterus-Arterien-Embolisation.

§ 2 SGB V Leistungen

(Fassung vom 27.12.2003, gültig ab 01.07.2004)

(1) Die Krankenkassen stellen den Versicherten die im Dritten Kapitel genannten Leistungen unter Beachtung des Wirtschaftlichkeitsgebots (§ 12) zur Verfügung, soweit diese Leistungen nicht der Eigenverantwortung der Versicherten zugerechnet werden. Behandlungsmethoden, Arznei- und Heilmittel der besonderen Therapierichtungen sind nicht ausgeschlossen. Qualität und Wirksamkeit der Leistungen haben dem allgemein anerkannten Stand der medizinischen Erkenntnisse zu entsprechen und den medizinischen Fortschritt zu berücksichtigen.

(2) Die Versicherten erhalten die Leistungen als Sach- und Dienstleistungen, soweit dieses oder das Neunte Buch nichts Abweichendes vorsehen. Die Leistungen können auf Antrag auch als Teil eines trägerübergreifenden Persönlichen Budgets erbracht werden; § 17 Abs. 2 bis 4 des Neunten Buches in Verbindung mit der Budgetverordnung und § 159 des Neunten Buches finden Anwendung. Über die Erbringung der Sach- und Dienstleistungen schließen die Krankenkassen nach den Vorschriften des Vierten Kapitels Verträge mit den Leistungserbringern.

(3) Bei der Auswahl der Leistungserbringer ist ihre Vielfalt zu beachten. Den religiösen Bedürfnissen der Versicherten ist Rechnung zu tragen.

(4) Krankenkassen, Leistungserbringer und Versicherte haben darauf zu achten, daß die Leistungen wirksam und wirtschaftlich erbracht und nur im notwendigen Umfang in Anspruch genommen werden.

Gliederung

A. Basisinformationen

I. Textgeschichte/Gesetzesmaterialien

1 Inhalt und Anspruch des § 2 SGB V gehen weit über ein bloßes Programm hinaus. Die Vorschrift definiert konstitutiv das Leistungsspektrum der gesetzlichen Krankenversicherung, die Leistungserbringung und die jeweilige Verantwortung der am Prozess der Leistungserbringung Beteiligten, d.h. der Krankenkassen, der Leistungserbringer und der Versicherten. Mit dem Wort als „Versicherte“ bekräftigt der Gesetzgeber zugleich den **Versicherungscharakter**[1] der Krankenkassen, die ihrerseits in § 1 SGB V als „Solidargemeinschaft“ bezeichnet werden.

[1] Zur „Versicherungstechnik des Sozialversicherungsrechts“ anschaulich: *Rolfs*, Das Versicherungsprinzip im Sozialversicherungsrecht, 2000, S. 291 ff. Zum „Versicherungscharakter“ der Sozialversicherung vgl. auch *Fuchs/Preis*, Sozialversicherungsrecht 2005, § 4 II.

Die Vorschrift wurde neu eingeführt durch Art. 1 Gesundheitsreformgesetz (GRG) vom 20.12.1988[2]. Absatz 1 Satz 2 wurde erst im Laufe der Gesetzesberatung durch den BT-Ausschuss für Arbeit und Soziales eingefügt[3]. Mit Wirkung zum 01.07.2004 wurde § 2 Abs. 2 Satz 1 SGB V an das SGB IX angepasst. Durch Art. 4 Nr. 1 Gesetz zur Einordnung des Sozialhilferechts in das SGB V vom 27.12.2003[4] wurde mit Wirkung zum 01.07.2004 bestimmt, dass die Leistungen auf Antrag auch als Teil eines „trägerübergreifenden persönlichen Budgets" erbracht werden können (§ 2 Abs. 2 Satz 2 SGB V – neu). 2

Die zum 01.04.2007 in Kraft getretene Gesundheitsreform (Gesetz zur Stärkung des Wettbewerbs in der gesetzlichen Krankenversicherung – GKV-WSG[5]) ändert zwar am Wortlaut des § 2 SGB V nichts. Diese Reform (z.B. „Versicherungspflicht für alle") setzt neue Akzente und wirkt sich auch auf die Interpretation und das Verständnis des § 2 SGB V aus. 3

II. Vorgängervorschriften

Eine vergleichbare Vorschrift enthielt das Vorgänger-Gesetz, die Reichsversicherungsordnung (RVO), nicht. § 2 SGB V knüpft allerdings inhaltlich an das durch die RVO geregelte Sachleistungsprinzip als Typus der gesetzlichen Krankenversicherung an. In § 179 Abs. 1 RVO war der Gegenstand der Versicherung vergleichbar § 2 Abs. 1 SGB V gekennzeichnet. Das in § 2 Abs. 1 und Abs. 4 SGB V erwähnte Wirtschaftlichkeitsgebot war Gegenstand der §§ 182 Abs. 2, 368e und 368n RVO. Der in § 2 Abs. 1 Satz 1 SGB V erwähnten Eigenverantwortung entsprachen Leistungsbegrenzungen und Leistungsausschlüsse gem. §§ 182a, 182c, 182e, 182f, 182g, 183, 184 Abs. 3, 184a Abs. 2, 187 Abs. 3 bis 5 RVO. Den in § 2 Abs. 3 Satz 2 SGB V erwähnten religiösen Bedürfnissen war bei der Gewährung von Krankenhauspflege gem. § 184 Abs. 2 Satz 3 RVO Rechnung zu tragen. 4

III. Parallelvorschriften

Die Grundsätze des § 2 SGB V gelten auch für die Leistungen bei Schwangerschaft und Mutterschaft gem. §§ 195-200b RVO. § 2 Abs. 1 Satz 1 SGB V verweist hinsichtlich des Wirtschaftlichkeitsgebotes auf § 12 SGB V. Der in § 2 Abs. 1 Satz 3 SGB V festgeschriebene Behandlungsstandard entspricht den Vorgaben zum Leistungserbringerrecht in den §§ 72 Abs. 2 und 76 Abs. 4 SGB V (vgl. die Kommentierung zu § 72 SGB V Rn. 45). § 2 Abs. 2 Satz 1 SGB V verweist auf die Bestimmungen über das trägerübergreifende persönliche Budget in den §§ 17 und 159 SGB IX. Das trägerübergreifende persönliche Budget findet ausdrücklich Erwähnung auch in § 57 SGB XII. § 2 Abs. 2 Satz 2 SGB V verweist pauschal auf die Vorschriften des 4. Kapitels, betreffend das Leistungserbringerrecht (§ 69 ff. SGB V). Die in § 2 Abs. 3 SGB V erwähnte „Auswahl" der Leistungserbringer korrespondiert mit dem so genannten „Wunsch- und Wahlrecht", welches u.a. in § 33 Satz 2 SGB I, § 9 Abs. 1 SGB IX gesetzlich verankert ist. Ob und inwieweit das Selbstbestimmungsrecht der Patienten[6] etwa aus verfassungsrechtlichen Gründen ein solches Wunsch- und Wahlrecht erfordert, wird in Literatur und Praxis kontrovers diskutiert. Für den Bereich der ambulanten Versorgung garantiert § 76 Abs. 1 SGB V ausdrücklich das Recht der Versicherten, unter den zugelassenen Leistungserbringern einschließlich Krankenhäusern frei zu wählen. 5

§ 2 Abs. 1 Sätze 2 und 3 SGB V erhält durch die §§ 21 ff. ArzneimittelG (betr. Zulassung von Arzneimitteln) und durch die §§ 43 ff., 48 ff. ArzneimittelG (betr. Apotheken- und Verschreibungspflicht) eine besondere die Arzneimittelversorgung betreffende Ausprägung.[7] Dies auch im Lichte der Neuregelung der §§ 31 und 35b SGB V einerseits, der zulassungsüberschreitenden Anwendung von Arzneimitteln gem. § 35c SGB V andererseits und des spätestens zum 01.01.2009 zu bestimmenden „Arztes für besondere Arzneimitteltherapie" gem. § 73d SGB V i.d.F. GKV-WSG[8]. 6

---

2 BGBl I 1988, 2477.

3 Vgl. Beschlussempfehlung BT-Drs. 11/3320; zum Gesetzentwurf BT-Drs. 11/2237.

4 BGBl I 2003, 3022.

5 GKV-WSG vom 30.03.2007, BGBl I 2007, 378; dazu *Orlowski/Wasem*, Gesundheitsreform 2007.

6 Dazu BSG v. 08.09.1993 - 14a RKa 7/92 - E 73, 66, 71 = NZS 1994, 125, 127.

7 Zum Verhältnis SGB V und AMG vgl. u.a. BSG v. 19.10.2004 - B 1 KR 27/02 - SGb 2005, 641 m. Anm. *Hart*.

8 Vgl. dazu den Überblick bei *Orlowski/Wasem*, Gesundheitsreform 2007 (GK-WSG). Änderungen und Auswirkungen auf einen Blick, 2007, S. 130 ff.; *Schlegel*, jurisPR-SozR 4/2007, Anm. 4 und *Schlegel*, jurisPR-SozR 9/2007, Anm. 5.

7 Die **private Krankenversicherung** (PKV) nimmt Bezug auf den Grundsatz der Wirtschaftlichkeit in § 1 Abs. 4 MB/KK. Der Versicherungsfall in der PKV tritt ein bei medizinisch notwendiger Heilbehandlung wegen Krankheit.[9] „Notwendig“ ist eine Heilbehandlung, wenn es nach objektiven medizinischen Befunden und Erkenntnissen zum Zeitpunkt der Behandlung vertretbar war, sie als medizinisch notwendig anzusehen.[10] Die MB/KK enthalten besondere Regelungen zu den so genannten „besonderen Therapierichtungen“.

8 Das **SGB IX** (Rehabilitation und Teilhabe behinderter Menschen) geht zwar ebenso wie das SGB V vom Sachleistungsprinzip aus, stellt dieses aber auf Antrag zur Disposition gem. § 9 Abs. 2 SGB IX, wenn die Leistungen hierdurch voraussichtlich „bei gleicher Wirksamkeit wirtschaftlich zumindest gleichwertig“ ausgeführt werden können. Nach §§ 3, 8 SGB IX haben Leistungen der Prävention und zur Teilhabe Vorrang. Die Begrenzung auf die notwendigen Leistungen zur Teilhabe betont das Gesetz z.B. in § 4 SGB IX. Das deutlich hervorgehobene Prinzip der Qualitätssicherung in § 20 SGB IX zielt auch auf Wirtschaftlichkeit, wie es die §§ 12, 2 Abs. 1 SGB V formulieren.

9 Das **SGB XII** bezieht sich in § 48 SGB XII auf den Leistungsstandard, den § 2 SGB V für die gesetzliche Krankenversicherung festlegt. Einen Bezug zur „Eigenverantwortung“ i.S.d. § 2 SGB V hat das die Sozialhilfe (und Grundsicherung) kennzeichnende Prinzip des **Nachrangs** gem. § 2 SGB XII, § 2 SGB II und der Aspekt der Aktivierung in § 11 Abs. 2 SGB XII.

10 § 26 SGB VII bestimmt für den Bereich der gesetzlichen **Unfallversicherung**, dass auch dort das Sachleistungsprinzip gilt, und zwar mit einem Standard, der dem des § 2 SGB V entspricht. Darüber hinaus verpflichtet das SGB VII die Träger der Unfallversicherung, nach Eintritt eines Arbeitsunfalls oder einer Berufskrankheit die Gesundheit und Leistungsfähigkeit des Versicherten „mit allen geeigneten Mitteln wiederherzustellen“[11].

11 Die **Pflegeversicherung** bezieht sich unter dem Gesichtspunkt „Rehabilitation vor Pflege“ gem. § 31 SGB XI auf den **medizinischen Standard** gem. § 2 SGB V. § 6 SGB XI betont die Eigenverantwortung, ebenso § 1 SGB XI, soweit es um die Selbstbestimmung in der Pflege geht. § 4 SGB XI beschreibt Art und Umfang der Leistungen, § 28 Abs. 4 SGB XI als Ziel auch die „Aktivierung des Pflegebedürftigen“.

IV. Untergesetzliche Normen[12]

12 Der Sachleistungsanspruch wird konkretisiert durch das „Leistungserbringerrecht“, welches u.a. in Richtlinien des Gemeinsamen Bundesausschusses gem. §§ 92, 136a, 136b, 137e, 138 SGB V umfänglich determiniert und geregelt ist. Diese Richtlinien sind für Versicherte, Krankenkassen und Vertragsärzte verbindlich.[13] Entsprechendes gilt für Beschlüsse des G-BA, die gem. § 137 SGB V die Qualitätssicherung im stationären Bereich betreffen. Hinzu kommen so genannte Kollektiv- oder Normsetzungsverträge in Form des Bundesmantelvertrages (§ 82 SGB V) und der Gesamtverträge (§ 83 SGB V), ferner zwei- (§§ 112, 115a, 115b, 116b SGB V) sowie dreiseitige Verträge (§§ 115, 115b SGB V) und Rahmenempfehlungen bzw. Rahmenverträge, z.B. gem. §§ 111b, 112, 115, 115a, 125, 129, 131 und 132a SGB V. Diese Vertragswerke haben Außenwirkung.[14]

13 Zu den „Normsetzungsverträgen“[15] mit Außenwirkung gehören auch die Gebührenordnungen von Ärzten und Zahnärzten, d.h. der einheitliche Bewertungsmaßstab (EBM) sowie BEMA-Z gem. § 87 SGB V. Diese unterliegen einer eingeschränkten richterlichen Kontrolle. Sie ist nur zulässig, wenn der Regelungsspielraum der Selbstverwaltung offenkundig überschritten bzw. die Bewertungskompetenz

9 Dazu auch im Lichte der VVG-Reform: *Marlow/Spuhl*, VersR 2006, 1334.

10 Dazu u.a. BGH v. 08.02.2006 - IV ZR 131/05 - VersR 2006, 535; LG Dortmund v. 05.10.2006 - 2 S 17/05 - GesR 2007, 30.

11 Dazu im Einzelnen *Plagemann/Radtke-Schwenzer*, Gesetzliche Unfallversicherung, 2007, 5. Kap.

12 Zum Thema untergesetzliche Normsetzung im Recht der GKV: *Engelmann*, NZS 2000, 76.

13 Als Bestandteil des Bundesmantelvertrages-Ärzte gem. §§ 92Abs. 8, 82 Abs. 1 Satz 2 SGB V. Es handelt sich um unmittelbar wirkende „Normen“ in Form von Satzungen sui generis, vgl. insbesondere § 91 Abs. 9 SGB V i.V.m. der Begründung zum GMG, BT-Drs. 15/1525 zu Art. 1 Nr. 70, 71 und BSG v. 26.09.2006 - B 1 KR 3/06 R - SozR 4-2500 § 27 Nr. 10 - Neuropsychologie; BSG v. 31.05.2006 - B 6 KA 69/04 - GesR 2007, 90-94 - arg. „Partnerschaftsmodell“ gem. § 132a SGB V; BSG v. 07.02.2007 - B 6 KA 32/05 R - GesR 2007, 326.

14 BSG v. 06.11.2002 - B 6 KA 21/02 R - SGb 2003, 630, 632 f. m. krit. Anm. *Schnapp*; vgl. auch *Hess* in: KassKomm, SGB V, § 82 Rn. 7. Allg. *Sickor*, Normenhierarchie im Arztrecht, 2005.

15 BSG v. 17.09.1997 - 6 RKa 36/97 - E 81, 86; BSG v. 09.12.2004 - B 6 KA 44/03 R - SozR 4-2500 § 72 Nr. 2.

missbräuchlich ausgeübt wurde.[16] Das BSG stellt für die Auslegung vertragsärztlicher Vergütungsbestimmungen in erster Linie ab auf den Wortlaut und allenfalls ergänzend auf die systematische Gesamtschau. Das Gesamtkonzept des EBM lässt weder Ergänzungen noch eine „Lückenfüllung" durch Analogien zu.[17]

Das Wirtschaftlichkeitsgebot wird im Bereich Arznei- und Heilmittel u.a. durch Vereinbarungen gem. § 84 SGB V in Richtgrößen umgesetzt.[18] Diese Vorschriften zielen auf eine wirtschaftliche Leistungserbringung, können aber gleichwohl – zumindest mittelbar – das Arzt-Patienten-Verhältnis beeinflussen und entfalten somit faktisch Außenwirkung. Eine ähnlich mittelbare Außenwirkung kommt auch den Regelungen über die Bedarfsplanung gem. § 101 SGB V[19] und den das ärztliche Verhalten begrenzenden Budgetierungen und Regelleistungsvolumen (vgl. dazu §§ 85 Abs. 4, 87b SGB V) zu. 14

V. Verwaltungsvorschriften

Der Spitzenverband Bund der Krankenkassen trifft (ab 01.07.2008) gem. § 217f SGB V in grundsätzlichen Fach- und Rechtsfragen Entscheidungen zum Beitrags- und Meldeverfahren sowie zur Organisation des Qualitäts- und Wirtschaftlichkeitswettbewerbs. Sie zielen auf eine Vereinheitlichung der Rechtsauslegung und Anwendung zum Zwecke der Gleichbehandlung. Darüber hinaus verständigen sich die Verbände der Krankenkassen (ggf. mit anderen Sozialversicherungsträgern) auf Umsetzungsrichtlinien oder „Besprechungsergebnisse", die regelmäßig zeitnah nach Verabschiedung neuer Gesetze veröffentlicht werden. Sie spielen in der Praxis eine sehr unterschiedliche Rolle. Als Beispiel für besonders herausragende, die Praxis weitgehend bestimmende Richtlinien sei auf die Geringfügigkeitsrichtlinie[20] verwiesen, die ergänzt wird durch so genannte „Besprechungsergebnisse". Das in § 139 SGB V erwähnte Hilfsmittelverzeichnis stellt eine für die Gerichte unverbindliche Auslegungshilfe dar.[21] Normcharakter haben dagegen Festbetragsfestsetzungen gem. §§ 35, 36 SGB V.[22] 15

VI. Systematische Zusammenhänge

Die Vorschrift definiert ganz allgemein den gesetzlichen Anspruch auf Dienst- und Sachleistungen und seine Grenzen. Es handelt sich um eine Grundsatznorm, die Strukturen bezeichnet, die in den nachfolgenden Kapiteln konkretisiert werden. 16

Die zum 01.04.2007 in Kraft getretene Gesundheitsreform[23] verfolgt **grundlegende Ziele**, die darauf hinauslaufen, dass „das Gesundheitssystem auf allen Ebenen neu strukturiert und wettbewerblicher ausgerichtet" wird[24]: 17

- Versicherungsschutz für alle Einwohner ohne Absicherung im Krankheitsfall in der gesetzlichen oder privaten Krankenversicherung,
- Zugang der Versicherten zu allen medizinisch notwendigen Leistungen unter Einbeziehung des medizinischen Fortschritts, unabhängig von der Höhe der jeweils eingezahlten Beiträge,
- Weichenstellung für eine künftige Beteiligung aller an der Finanzierung des Gesundheitssystems nach ihrer Leistungsfähigkeit durch Fortführung und Ausbau eines steuerfinanzierten Anteils,
- Qualitäts- und Effizienzsteigerung durch Intensivierung des Wettbewerbs auf Kassen- und auf Leistungserbringerseite sowie Straffung der Institutionen,
- Entbürokratisierung und Vergrößerung der Transparenz auf allen Ebenen,

---

[16] BSG v. 13.11.1996 - 6 RKa 31/95 - E 79, 239, 245; BSG v. 09.12.2004 - B 6 KA 44/03 R - GesR 2005, 307; BSG v. 06.09.2006 - B 6 KA 29/05 R - GesR 2007, 169.

[17] Ausführlich *Schnapp*, Untergesetzliche Rechtsquellen im Vertragsarztrecht am Beispiel der Richtlinien, in: Festschrift BSG 2004, S. 497 ff.

[18] Dazu *Bartels/Brakmann*, GesR 2007, 145.

[19] I.V.m. Bedarfsplanungsrichtlinien des Gemeinsamen Bundesausschusses, zuletzt geändert am 03.09.2007, www.g-ba.de.

[20] Vom 24.08.2006, www.deutsche-rentenversicherung-bund.de.

[21] BSG v. 17.01.1996 - 3 RK 38/94 - SozR 3-2500 § 33 Nr. 18.

[22] BSG v. 14.06.1995 - 3 RK 20/94 - NZS 1995, 502 - Festbeträge; BVerfG v. 17.12.2002 - 1 BvL 28/95 - E 106, 275 = NZS 2003, 144. Zum Konflikt mit Rabattverträgen vgl. *Wille/Koch*, Gesundheitsreform 2007, S. 99 f.

[23] Gem. GKV-WSG v. 30.03.2007, BGBl I 2007, 371; dazu ausführlich *Orlowski/Wasem*, Gesundheitsreform 2007; *Wille/Koch*, Gesundheitsreform 2007.

[24] BT-Drs. 16/3100 Begründung Allgemeiner Teil I.3.

- Einstieg in Sicherung der Nachhaltigkeit der Finanzierung der GKV sowie künftige Lockerung der Abhängigkeit vom Faktor Arbeit,
- Ausweitung der Wahl- und Wechselmöglichkeiten der Versicherten in der privaten Krankenversicherung.

18 Eine derartige Neuausrichtung des Gesundheitssystems kann nicht ohne Folgen für das Verständnis der allgemeinen Vorschrift des § 2 SGB V bleiben.[25] Mittelbar auf die Leistungserbringung könnte sich auch die mit dem GKV-WSG und dem VertragsarztrechtsänderungsG (VÄndG)[26] beabsichtigte Neuorientierung des Berufsbildes[27] der Ärzte auswirken.

VII. Ausgewählte Literaturhinweise

19 *Axer*, Finanzierung und Organisation der gesetzlichen Krankenversicherung nach dem GKV-Wettbewerbsstärkungsgesetz, GesR 2007, 193; *Eichenhofer*, Wahl des Lebensstils – Auswirkungen in der sozialen Sicherheit, SGb 2004, 705; *Engelmann*, Die Kontrolle medizinischer Standards durch die Sozialgerichtsbarkeit, MedR 2006, 245; *Fuhrmann*, Sicherheitsentscheidungen im Arzneimittelrecht, 2004; *Hänlein*, Festlegung der Grenzen der Leistungspflicht der Krankenkassen, SGb 2003, 301; *Hauck*, Medizinischer Fortschritt im Dreieck QWiG, GBA und Fachgesellschaften: Wann wird eine innovative Therapie zur notwendigen medizinischen Maßnahme?, NZS 2007, 461; *Herzog*, Zwischen Budget und Haftung. Faktische Rationalisierungsentscheidungen auf dem Rücken der Ärzte, GesR 2007, 8; *Huster*, Soziale Sicherung als Zukunftsbewältigung und -gestaltung in der Zeit, Schriftenreihe des Deutschen Sozialrechtsverbandes Bd. 53, 2007, S. 15 ff.; *Isensee*, Verwaltung des Mangels im Gesundheitswesen – verfassungsrechtliche Maßstäbe der Kontingentierung, Gedächtnisschrift für Meinhard Heinze 2005, 415; *Jachertz/Rieser*, Grenzen für den Fortschritt, Deutsches Ärzteblatt 2007, A21; *Kick* (Hrsg.), Gesundheitswesen im Spannungsfeld zwischen Wirtschaftlichkeit und Menschlichkeit, 2005; *Marlow/Spuhl*, Aktuelles aus Rechtsprechung und VVG-Reform zum Begriff der medizinischen Notwendigkeit in der Privaten Krankenversicherung, VersR 2006, 1334; *Neumann*, Das medizinische Existenzminimum, NZS 2006, 393; *Neumann*, Prioritätensetzung und Rationierung in der gesetzlichen Krankenversicherung, NZS 2005, 617; *Noftz*, Leistungsrecht und Leistungserbringerrecht nach In-Kraft-Treten des 2. GKV-NOG, VSSR 1997, 393; *Orlowski/Halbe/Karch*, Vertragsarztrechtsänderungsgesetz (VÄndG), 2007; *Orlowski/Wasem*, Gesundheitsreform 2007 (GKV-WSG). Änderungen und Auswirkungen auf einen Blick, 2007; *Padé*, Anspruch auf Leistungen der gesetzlichen Krankenversicherung bei Lebensgefahr und tödlich verlaufenden Krankheiten, NZS 2007, 352; *Plagemann*, Aufsicht über die Sozialversicherung im 21. Jahrhundert – Von der Staatsaufsicht zur Gewährleistungsaufsicht, VSSR 2007, 121; *Quaas/Zuck*, Medizinrecht, 2005; *Rixen*, Sozialrecht als öffentliches Wirtschaftsrecht am Beispiel des Leistungserbringerrechts in der gesetzlichen Krankenversicherung, 2005; *Rixen*, Abschied vom Sachleistungsprinzip?, ZESAR 2003, 69; *Schmidt-Aßmann*, Grundrechtsposition und Legitimationsfragen im öffentlichen Gesundheitswesen, 2001; *Schmidt-Aßmann*, Verfassungsfragen der Gesundheitsreform, NJW 2004, 1689; *Schulin* (Hrsg.), Handbuch der Sozialversicherung. Krankenversicherungsrecht, Band I, 1994; *Steege*, Die Konkretisierung des Krankenbehandlungsanspruchs im Sachleistungssystem der gesetzlichen Krankenversicherung, Festschrift 50 Jahre Bundessozialgericht, 2004, S. 517; *von Wulffen*, Rechtsprechung des Bundessozialgerichts zu noch nicht anerkannten Behandlungsmethoden, GesR 2006, 385; *Welti*, Der sozialrechtliche Behandlungsanspruch und die Grenzen des Lebens, SGb 2007, 210; *Wille/Koch*, Gesundheitsreform 2007; *Zuck*, Homöopathie und Verfassungsrecht, 2004; *Zuck*, Der verfassungsrechtliche Rahmen von Evaluation und Pluralismus, MedR 2006, 515.

---

[25] Dazu u.a. *Kingreen*, Soziale und private Krankenversicherung: Gemeinschaftsrechtliche Implikationen eines Annäherungsprozesses, ZESAR 2007, 139. Er resümiert, dass die Veränderungen durch das GKV-WSG „Teilelemente einer schleichenden Verdünnung des Solidarprinzips" seien. Ähnlich *Schmidt*, GesR 2007, 295, der von der „Relativierung klassischer Sozialversicherungsmerkmale" spricht.

[26] V. 28.12.2006, BGBl I 2006, 3439.

[27] Das betonen *Orlowski/Halbe/Karch*, Vertragsarztrechtsänderungsgesetz (VÄndG), S. 4 f., 58, ff., 104.

B. Auslegung der Norm

I. Regelungsgehalt und Bedeutung der Norm

Die Bedeutung des § 2 SGB V geht weit über eine bloße Programmvorschrift hinaus, da sie das Sachleistungsprinzip dahin gehend konkretisiert, dass die Leistungen nicht nur wirksam und wirtschaftlich sein müssen, sondern zugleich in ihrer Qualität und Wirksamkeit „dem allgemein anerkannten Stand der medizinischen Erkenntnisse zu entsprechen" und zudem den medizinischen Fortschritt zu berücksichtigen haben. Ohne dass es ausdrücklich in dieser Vorschrift erwähnt wird, erteilt das hier umfassend beschriebene Sachleistungsprinzip der Rationierung von Gesundheitsdienstleistungen eine Absage.[28] 20

II. Tatbestandsmerkmale

1. Krankenkassen

Es mag historische Gründe haben, dass § 2 Abs. 1 SGB V die Träger der gesetzlichen Krankenversicherung als **Krankenkassen** und nicht als „Träger der gesetzlichen Krankenversicherung" bezeichnet. Krankenkassen sind rechtsfähige Körperschaften des öffentlichen Rechts mit Selbstverwaltung (§ 4 Abs. 1 SGB V)[29], deren Zuständigkeit, Abgrenzung, aber auch Öffnung in den §§ 143 ff. SGB V im Einzelnen geregelt ist. Mit dem Wort „Krankenkassen" knüpft das Gesetz an einen mehr als hundertjährigen Prozess an, in dem sich zunächst Selbsthilfeeinrichtungen auf gemeindlicher Ebene fortentwickelt haben zu Körperschaften des öffentlichen Rechts und nun zu Versicherungsträgern, die im Wettbewerb zueinander stehen. Dieser Wettbewerb, den auch das GKV-WSG mit dem Ziel der Qualitäts- und Effizienzsteigerung zu intensivieren versucht, ändert nichts an der „vordringlichen" öffentlichen Aufgabe, um deretwillen die Krankenkassen eingerichtet wurden und existieren. Sie gehören zur „mittelbaren Staatsverwaltung", die öffentliche Aufgaben wahrzunehmen hat, und werden seit dem 01.04.2007 gem. § 274 Abs. 4 SGB V vom Bundesrechnungshof geprüft.[30] Die im SGB IV geregelte Selbstverwaltung ist nicht um ihrer selbst Willen garantiert, sondern Mittel zum Zweck einer effizienten und qualitätsgesicherten Gesundheitsversorgung.[31] Zugleich hält § 2 SGB V auch am Versicherungsprinzip fest, das auf die Absicherung gleicher Risiken abzielt und durch Beiträge von Mitgliedern und Arbeitgebern gem. § 3 SGB V solidarisch finanziert wird. 21

Der zum 01.01.2009 beim Bundesversicherungsamt zu bildende **Gesundheitsfonds** bündelt die künftig per Rechtsverordnung festzulegenden einheitlichen Beiträge (§ 271 Abs. 1 SGB V).[32] Der Gesundheitsfonds wird den einzelnen Krankenkassen – auf Basis eines neu ausgerichteten Risikostrukturausgleichs – finanzielle Mittel zur Verfügung stellen, mit deren Hilfe die Kassen ihre Ausgaben zu decken haben. Der „Zusatzbeitrag" ändert an diesem Prinzip der gleichen Finanzausstattung aller Krankenkassen nichts. Dies hat Auswirkungen auf den Wettbewerb,[33] aber auch auf das Leistungsgeschehen: Noch mehr als bisher werden die Krankenkassen das Leistungsniveau „im Gleichschritt" fortentwickeln oder bremsen. Daran ändern auch die direkt mit Krankenkassen abzuschließenden Verträge gem. §§ 73a ff. oder 140a ff. SGB V nichts. Das GKV-WSG „kalkuliert" nach In-Kraft-Treten der Bestimmungen über den Gesundheitsfonds eine „Unterdeckung" mit ein (§ 220 Abs. 2 SGB V i.d.F. GKV-WSG). Damit könnte die „Verantwortung" der Krankenkassen für das in § 2 SGB V gegebene Leistungsversprechen auf den Verordnungsgeber oder die Allgemeinheit ganz oder teilweise übergehen. 22

Die vom Gesetzgeber in § 171b SGB V vorgesehene **Insolvenzfähigkeit** von Krankenkassen kann angesichts des eindeutigen (und beibehaltenen) Wortlauts des § 2 SGB V allenfalls die Einnahmeseite betreffen, nicht aber eine Leistungsstörung im Verhältnis zum Versicherten (und Leistungserbringer?) 23

---

[28] Dazu u.a. *Neumann*, NZS 2005, 617 ff.; zur Kontroverse vgl. auch *Jachertz/Rieser*, Grenzen für den Fortschritt, Deutsches Ärzteblatt 2007, A 21 ff.

[29] Dazu im Einzelnen: *Kluth*, Funktionale Selbstverwaltung, S. 189 ff.

[30] Dazu *Wille/Koch*, Gesundheitsreform 2007, Rn. 709 f.

[31] Zur mittelbaren Staatsverwaltung vgl. auch BSG v. 06.09.2006 - B 6 KA 29/05 R - GesR 2007, 169, 170, betr. Kassenärztliche Vereinigungen; ferner BSG v. 25.09.2001 - 3 KR 3/01 R - E 89, 24, 32.

[32] Zum Gesundheitsfonds *Wille/Koch*, Gesundheitsreform 2007, Rn. 884 ff.; *Axer*, GesR 2007, 193 ff.; zur Frage der Generationsgerechtigkeit vgl. auch *Felder*, BKK 2007, 140.

[33] Dazu u.a. *Walzik*, Die Ersatzkasse 2006, 378.

auslösen. Wer mit den Mitteln des öffentlichen Rechts Leistungserbringer in das Sachleistungssystem einbindet oder Bürger zur Versicherung verpflichtet, kann diese nicht zugleich mit dem Ausfallrisiko infolge der Insolvenz einer Krankenkasse belasten.[34]

2. Versicherte

24 Das SGB V differenziert nicht (mehr) zwischen verschiedenen Arten von Versicherten. Der medizinische Standard gilt für Alt und Jung gleichermaßen, für (beitragsfrei) Versicherte (wie Familienangehörige) oder „beitragssubventionierte" Gruppen, wie z.B. Studenten, Alg-II-Empfänger, Rentner, freiwillig oder Pflichtversicherte usw. Die vom BVerfG hergestellte Korrelation zwischen Versichertenstatus und Leistungsniveau gilt also generell, auch wenn das Gericht ausdrücklich auf den Aspekt der Pflichtversicherung abstellt.[35] Soweit gem. GKV-WSG künftig – sozialrechtlich – auch nicht versicherte Personen einen Behandlungsanspruch haben, gilt das in § 2 SGB V beschriebene Leistungsniveau auch für diese (zum Problem des Ruhens gem. § 16 Abs. 3a Satz 2 SGB V vgl. Rn. 65).

3. Leistungen zur Verfügung stellen

25 § 2 Abs. 1 Satz 1 SGB V begründet einen **Anspruch** des Versicherten gegen „seine" Krankenkasse. Inhalt des Anspruchs sind die Leistungen gem. §§ 11, 20-68 SGB V. Auch wenn einige Leistungen gem. § 19 SGB IV unter einem Genehmigungsvorbehalt[36] stehen, begründet ganz allgemein § 2 Abs. 1 Satz 1 SGB V einen Anspruch des Versicherten, der nicht im Ermessen der Krankenkasse steht.

26 Mit der Formulierung, wonach die Krankenkassen „den Versicherten die … Leistungen … zur Verfügung" stellen, beschreibt § 2 Abs. 1 SGB V einerseits das Sachleistungsprinzip und andererseits die umfassende Verantwortung der Krankenkasse für ein Leistungsspektrum, welches im Rahmen des medizinisch Möglichen eine Krankenbehandlung garantiert, die dem allgemein anerkannten Stand der medizinischen Erkenntnisse zu entsprechen und den medizinischen Fortschritt zu berücksichtigen hat. Der „Versorgungsauftrag" gemäß § 2 Abs. 1 Satz 1 SGB V geht also weiter als der „Sicherstellungsauftrag", der gem. § 72 Abs. 1 SGB V den Leistungserbringern zusammen mit den Krankenkassen obliegt (vgl. dazu die Kommentierung zu § 72 SGB V Rn. 10 und die Kommentierung zu § 72 SGB V Rn. 19 ff.). Insbesondere enthält § 2 Abs. 1 SGB V keinerlei Vorbehalt, etwa in dem Sinne, dass die Gesundheitsdienstleistungen als „**Teilhaberechte**" zur Verfügung stehen und damit unter dem „Vorbehalt des Möglichen" stehen.[37] Damit sehr wohl vereinbar ist das strikte Gebot der **Wirtschaftlichkeit**.

4. Wirtschaftlichkeit

27 Die der Krankenkasse obliegende „Dienstverschaffungspflicht" steht unter dem Vorbehalt der Wirtschaftlichkeit. Dazu nimmt § 2 Abs. 1 Satz 1 SGB V ausdrücklich Bezug auf die Definition in § 12 SGB V.[38] Mit dem Gebot der Wirtschaftlichkeit bezieht sich § 2 Abs. 1 Satz 1 SGB V auch auf das **Versicherungsprinzip**: Nicht nur seinem Inhalt nach ist der Verschaffungsanspruch mit dem Prinzip der Versicherungspflicht verknüpft[39], sondern auch umgekehrt gilt, dass die von der Versichertengemeinschaft aufgebrachten Mittel ausschließlich zu dem Zweck einer effektiven Krankenbehandlung zu verwenden sind. Das Prinzip der Solidarität gem. § 1 SGB V gebietet die „Beachtung des Wirtschaft-

[34] Zum Problem der Kassen-Insolvenz vgl. *Wille/Koch*, Gesundheitsreform 2007, Rn. 706 ff.; *Scholz/Buchner*, Die Ersatzkasse 2006, 473.

[35] BVerfG v. 06.12.2005 - 1 BvR 347/98 - NJW 2006, 891.

[36] Kein Genehmigungsvorbehalt betr. Kranken-Fahrten zur ambulanten Behandlung gem. § 60 Abs. 1 Satz 3 SGB V: SG Neubrandenburg v. 30.11.2006 - S 4 KR 25/06 - juris. Anders verhält es sich mit den Leistungen der häuslichen Krankenpflege gem. § 37 SGB V, dazu auch die Richtlinien des GBA v. 16.02.2000, zuletzt geändert durch Beschl. v. 26.05.2005, www.g-ba.de.

[37] Dazu BVerfG v. 18.07.1972 - 1 BvL 32/70 und 25/71 - E 33, 303, 333 - numerus clausus; BVerfG v. 10.03.1998 - 1 BvR 178/97 - E 97, 332, 349; *Sachs* in: Stern, Das Staatsrecht der Bundesrepublik Deutschland. Bd. IV/1. Die einzelnen Grundrechte, 2006, § 98 III 2, S. 176; *Ebsen*, Armut und Gesundheit, in: Armutsfestigkeit sozialer Sicherheit, Schriftenreihe des Dt. Sozialrechtsverbandes, Bd. 56, 2007, S. 147 f., deutet mit aller Vorsicht an, der medizinische Fortschritt könnte u.U. dazu führen, „dass die generelle Versorgung der Bevölkerung gemäß dem allgemein anerkannten Stand der medizinischen Erkenntnisse und die durchschnittliche wirtschaftliche Leistungsfähigkeit nicht mehr in Einklang zu bringen sind".

[38] Vgl. die Kommentierung zu § 12 SGB V Rn. 14 ff.; *Rolfs* in: Festschrift BSG 2004, S. 484 ff.

[39] So ausdrücklich BVerfG v. 06.12.2005 - 1 BvR 347/98 - NJW 2006, 891 = SozR4-2500 § 27 Nr. 5.

lichkeitsgebotes“. In diesem Sinne ist auch das seit 01.04.2007 als Anspruch ausgestaltete Instrument des Versorgungsmanagements gem. § 11 Abs. 4 SGB V dem Prinzip der Wirtschaftlichkeit verpflichtet.[40]

Bei den „Leistungen“, die die Krankenkassen den Versicherten zur Verfügung stellen, handelt es sich gem. § 2 Abs. 2 Satz 1 SGB V um „Sach- und Dienstleistungen“. Mit dem Rechtsbegriff „Dienstleistung“ signalisiert der Gesetzgeber, dass weder die Kasse noch der Leistungserbringer selbst einen Erfolg garantieren.[41] Daraus folgt: Der Rechtsbegriff „wirtschaftlich“ korreliert mit den Tatbeständen „ausreichend, zweckmäßig und notwendig“ (§§ 12, 27 Abs. 1, 72 SGB V), enthält aber dennoch nicht eine Erfolgsgarantie. Wirtschaftlich ist also auch eine Behandlung, die nicht zum gewünschten Erfolg führt, wenn sie nur – ex ante – Aussicht auf Erfolg verspricht, und zwar nach Maßgabe des anzuwendenden medizinischen Standards. 28

5. Eigenverantwortung[42]

Der Rechtsbegriff Eigenverantwortung scheint sich wegen seiner Allgemeinheit der Konkretisierung zu entziehen, so dass ihm die Bedeutung eines (unverbindlichen) Programms beigemessen und er als deklaratorisch bezeichnet wird.[43] In Zeiten, in denen – auch unter dem Aspekt der Effizienz – der Leistungskatalog zum Teil begrenzt wird, zum Teil umgekehrt die Einbeziehung neuer Methoden („medizinischer Fortschritt“) beschleunigt wird (z.B. Off-Label-Use, § 35c SGB V i.d.F. GKV-WSG), erlangt der Rechtsbegriff Eigenverantwortung in einer der wichtigsten „allgemeinen Vorschriften“ des SGB V eine Bedeutung, die weit über den deklaratorischen Gehalt hinausgeht. 29

Eigenverantwortung findet sich bereits in § 1 SGB V mit dem zentralen Hinweis darauf, dass die Versicherten für ihre Gesundheit mit verantwortlich sind (ebenfalls in § 6 SGB XI). Dies wird konkretisiert durch den Hinweis auf 30

- eine gesundheitsbewusste Lebensführung,
- frühzeitige Beteiligung an gesundheitlichen Vorsorgemaßnahmen,
- aktive Mitwirkung an Krankenbehandlung und Rehabilitation.

Eigenverantwortung ist also bezogen auf die Person des Versicherten und steht damit unter dem Vorbehalt seiner **Einsichts- und Leistungsfähigkeit**. Daraus folgt: Kindern kann an Eigenverantwortung weniger abverlangt werden als Erwachsenen. Entsprechendes gilt für Personen, die in ihrer Einsichtsfähigkeit eingeschränkt sind, bis hin zu Demenzkranken. 31

Eigenverantwortung setzt die **Fähigkeit** voraus, Verantwortung zu tragen, einzuschätzen und zu übernehmen. Daraus folgt: Personen, die – unabhängig vom Alter – außerstande sind, ihre persönlichen Verhältnisse zu überschauen, „entmündigt“ sind oder nicht in der Lage sind, die Folgen ihres Verhaltens einzuschätzen (dies gilt auch für suchtkranke Personen), können hinsichtlich des Umfangs der Krankenbehandlung nur in dem Umfang auf Eigenverantwortung verwiesen werden, in dem sie überhaupt in der Lage sind, ihre Verhältnisse selbst zu regeln.[44] Dies gilt nicht nur für die Operationsduldungspflicht gem. § 63 SGB I, sondern auch für notwendige Vorsorgebehandlungen bis hin zur häuslichen Krankenpflege: Je nach Gesundheitszustand kann es zum Leistungsinhalt gehören, dem Patienten zeitgerecht Arzneimittel zu verabreichen, was „im Normfall“ der Versicherte selbst tut. 32

Nicht therapiegerechtes Verhalten: An den Grenzen der Eigenverantwortung bewegt sich die Einschätzung des G-BA, auf Insulin-Analoga seien Diabetiker nicht angewiesen. Nicht zuletzt aus Gründen der Solidarität sei es ihnen zuzumuten, regelmäßig Insulin einzunehmen verbunden mit Blutzuckerkontrollen und Diäten. Es gehört in der Tat zu den Aufgaben des GBA – freilich unterlegt durch wissenschaftliche Erkenntnisse – in seinen Entscheidungen auch den Begriff der Eigenverantwortung zu konkretisieren. Insoweit berührt sich dieser Rechtsbegriff mit den Rechtsbegriffen medizinische Notwendigkeit und Wirtschaftlichkeit (§ 135 Abs. 1 Nr. 1 SGB V). 33

Umgekehrt müssen alle „Akteure“ im Gesundheitswesen, insbesondere auch der G-BA, Sorge dafür tragen, dass den berechtigten Interessen chronisch Kranker und psychisch Kranker (vgl. § 2a SGB V und § 92 Abs. 1 SGB V) auch bei den **Zuzahlungen** gem. §§ 60, 61 SGB V Rechnung getragen wird: Das GKV-WSG hat die Zuzahlungsbelastungsgrenze ergänzt mit dem Argument, dass damit die Ver- 34

[40] *Höfler* in: KassKomm, SGB V, § 11 Rn. 23.

[41] Vgl. dazu die Kommentierung zu § 72 SGB V Rn. 67 ff.; *Quaas/Zuck*, Medizinrecht, § 9 Rn. 4.

[42] Dazu *Schnapp*, Eigenverantwortung in der gesetzlichen Krankenversicherung, GSP 2006, Nr. 9/10, S. 52 ff.

[43] So etwa *Noftz* in: Hauck/Noftz, SGB V, K § 2 Rn. 31; vgl. auch *Zipperer* in: GKV-Komm SGB V/SGB XI, § 2 SGB V Rn. 3.

[44] I.d.S. auch § 4 Abs. 3 Chroniker-Richtlinie des G-BA i.d.F. des Beschl. v. 19.07.2007.

antwortung der Versicherten für die eigene Gesundheit gestärkt werde. Eingeführt wurde eine Malus-Regelung bei nicht therapiegerechtem Verhalten chronisch Kranker in § 62 Abs. 2 Satz 3 Nr. 1 SGB V i.d.F. GKV-WSG. Hier geht es um die Inanspruchnahme von Krebsfrüherkennungs- bzw. Gesundheitsuntersuchungen ab dem 01.01.2008. Wer solcher Art Vorsorgemaßnahmen nicht durchgeführt hat, muss wenn – Jahre später – eine chronische Erkrankung eingetreten ist, Zuzahlungen bis zu 2% der Bruttoeinnahmen zum Lebensunterhalt leisten, während ein anderer ebenso chronisch Kranker, der die entsprechenden Vorsorgemaßnahmen hat durchführen lassen, Zuzahlungen nur bis zu 1% der Bruttoeinnahmen zum Lebensunterhalt leisten muss. Sehr kritisch zu prüfen ist, ob die Vorsorgemaßnahmen wirklich so effektiv und ungefährlich sind, dass sie eine Sanktion im Leistungsfall rechtfertigen. Wer das bejaht, muss sich fragen lassen, ob die in ferner (ungewisser) Zukunft liegende Sanktion (keine Absenkung der Zuzahlung bei chronischer Erkrankung) überhaupt „geeignet" ist, auf ein gesundheitsbewusstes Verhalten aktuell hinzuwirken. Deshalb verlangt die Richtlinie des G-BA[45] von dem Versicherten lediglich, dass er sich über Art und Bedeutung von Gesundheitsuntersuchungen hat beraten lassen.

35 **Gesundheitsbewusste Lebensführung**[46] kann durch gesetzliche Dekrete nicht durchgesetzt oder vollstreckt werden. Die Kosten für eine gesundheitsbewusste Lebensführung obliegen dennoch nicht der GKV – sieht man von Vorsorgeuntersuchungen einerseits und Maßnahmen der Rehabilitation andererseits ab. Diät, Nahrungsergänzungsmittel und auch Sport gehören zur Privatsphäre, fallen also typischerweise nicht in die Zuständigkeit der GKV, es sei denn es geht um gezielte Reha, wie z.B. Koronarsportgruppen. Der Anspruch auf Belastungserprobung und Arbeitstherapie (§ 42 SGB V) kann ebenso wie eine Patientenschulungsmaßnahme für chronisch Kranke (§ 43 Abs. 1 Nr. 2 SGB V) Elemente einer gesundheitsbewussten Lebensführung mit umfassen.

36 Aus Sicht des GKV-WSG sind auch **Wahltarife** geeignet, den Gedanken der Eigenverantwortung zu stärken und somit die Effizienz eines modernen Gesundheitssystems zu fördern.[47] Auch hier geht es um ein „Selbstverantwortungsbewusstsein des Versicherten", da die im Gesetz festgelegte dreijährige Bindungsfrist gem. § 53 SGB V i.d.F. GKV-WSG an den gewählten Tarif eine nachhaltige finanzielle Konsequenz haben kann.[48] Wahltarife können sich für Versicherte einerseits und die Krankenkasse und damit die Solidargemeinschaft andererseits (arg. § 53 Abs. 9 SGB V i.d.F. GKV-WSG)[49] finanziell positiv auswirken. Im Einzelfall kann die Wahlentscheidung aber auch einen Versicherten belasten, wenn er sich kurzfristig – unerwartet – einer schwerwiegenden behandlungsbedürftigen Erkrankung ausgesetzt sieht. Die Handhabung der Wahltarife unterliegt einer strengen Aufsicht des Bundesversicherungsamtes[50] und wird von den Versicherten durchaus kritisch und eher zögernd aufgenommen[51].

37 **Risikobegrenzung**: Einzelne Vorschriften begrenzen den „Katalog" der Leistungen, z.B. Festzuschuss für Zahnersatz gem. § 55 SGB V, Fahrtkosten gem. § 60 SGB V, ausgeschlossene Arznei-, Heil- und Hilfsmittel[52] gem. § 34 SGB V (insbesondere OTC), Leistungsbeschränkung bei Selbstverschulden gem. § 52 SGB V oder Zuzahlungen gem. §§ 61, 62 SGB V[53]. Dabei handelt es sich um **Risikoausschlüsse**, wie sie für Versicherungssysteme typisch sind. In der GKV setzt dies zunächst eine ausdrückliche **gesetzliche** Regelung voraus (§ 31 SGB I). Als Beispiel kann auf § 27a SGB V verwiesen werden: Dort hat der Gesetzgeber einen vom Krankheitsbegriff des § 27 SGB V unabhängigen Versicherungsfall (Unfruchtbarkeit) geschaffen, den zu „gestalten" in die Kompetenz des Gesetzgebers fällt.[54]

---

[45] § 4 der Chroniker-Richtlinie i.d.F. des Beschl. v. 19.07.2007.

[46] Dazu BSG v. 19.03.2002 - B 1 KR 36/00 R - SozR 3-2500 § 138 Nr. 2: *Eichenhofer*, SGb 2004, 705.

[47] Vgl. dazu schon zuvor: *Felder/Werblow*, Anreizwirkungen wählbarer Selbstbehalte, 2006, zum Selbstbehaltmodell der Techniker Krankenkasse „TK-Program 240".

[48] *Wille/Koch*, Gesundheitsreform 2007, Rn. 365.

[49] Zur Kalkulation und praktischen Umsetzung von Wahltarifen vgl. *Trauner*, BKK 2007, 412, mit Modellrechnungen; auch unter Berücksichtigung der Vorgaben der Aufsichtsbehörden. Zur Einschätzung aus Sicht der Verbraucher: *Paquet/Stein*, BKK 2007, 192.

[50] Vgl. Schreiben des BVA v. 13.03.2007 an alle bundesunmittelbaren Krankenkassen.

[51] Dazu etwa *Amhof/Böcken*, BKK 2007, 111; *Wille/Koch*, Gesundheitsreform 2007, Rn. 366 ff.

[52] Z.B. kein Zuschuss zur Versorgung mit Brillen für volljährige Versicherte. Da die Versicherten schon vor dem Ausschluss die Kosten für eine Brille zu 70% bis 80% trugen, überfordere der Leistungsausschluss erwachsene Versicherte grundsätzlich nicht – so die Begründung – BT-Drs. 15/1525, S. 85.

[53] Vergleichbar die Pflicht, die Mehrkosten für eine selbst gewählte Reha zahlen zu müssen, § 40 Abs. 2 Satz 2 SGB V.

[54] Dazu BSG v. 24.05.2007 - B 1 KR 10/06 R - ErsK 2007, 244; BSG v. 20.09.2007 - B 1 KR 6/07 R.

Auch solche Normen sind aber an dem die GKV tragenden Sozialstaatsprinzip einerseits und den die GKV bestimmenden Grundrechten aus Art. 2 GG (Lebensgrundrecht), Art. 3 GG (Gleichbehandlung) und Art. 6 GG (Familie) ggf. auch an der Glaubensfreiheit gem. Art. 4 GG andererseits zu messen. Zum Teil werden diese Grundrechtsschranken auch in dem die GKV mitbestimmenden Prinzip der Eigenverantwortung gebündelt. Die im SGB V normierten Risikobegrenzungen sind also auch – gleichsam „SGB-V-immanent" – an den allgemeinen Vorgaben der §§ 1 ff. SGB V zu messen.

6. Behandlungsmethoden „der besonderen Therapierichtungen"

Behandlungsmethoden, Arznei- und Heilmittel der besonderen Therapierichtungen sind nicht ausgeschlossen, obwohl sie den strengen Anforderungen, insbesondere betreffend Wirksamkeit, seitens der Schulmedizin zumeist nicht genügen.[55] Zwischen diesen Therapierichtungen besteht zwar vom Behandlungsanspruch und hinsichtlich des Wirksamkeitsnachweises ein grundlegender Unterschied; dennoch gibt es häufig Berührungspunkte und fließende Übergänge. In der täglichen ärztlichen Praxis kommt es zudem sehr häufig zu „Vermischungen", weil die Patienten sich – je nach Behandler, Leidensdruck, Krankheit usw. – vielfach der Hilfe beider Methoden bedienen. 38

§ 34 Abs. 2 Satz 3 SGB V definiert, dass zu den besondere Therapierichtungen die Homöopathie, Phytotherapie und die anthroposophischen Arzneimittel gehören. Ob die Aufzählung abschließend ist, ist angesichts des offenen Wortlauts zweifelhaft. Denkbar ist, dass auch weitere Methoden, die sich – vom eigenen Denkansatz her – einer evidenzbasierten Wirksamkeitsprüfung entziehen, den „besonderen Therapierichtungen" zuzurechnen sind. § 135 Abs. 1 Satz 1 Nr. 1 SGB V betont, dass die Anerkennung des diagnostischen und therapeutischen Nutzens sowie deren medizinische Notwendigkeit „nach dem jeweiligen Stand der wissenschaftlichen Erkenntnisse in der jeweiligen Therapierichtung" vom G-BA zu überprüfen ist. Das BSG entbindet aber auch „unkonventionelle Methoden" nicht von der Pflicht, auf Basis des allgemein anerkannten Standes der medizinischen Erkenntnisse den Nachweis für Wirksamkeit zu führen – als Voraussetzung für eine Leistungspflicht.[56] 39

§ 4 Abs. 26 AMG definiert **homöopathische Arzneimittel** wie folgt: 40

„Homöopathisches Arzneimittel ist ein Arzneimittel, das nach einem im europäischen Arzneibuch oder, in Ermangelung dessen, nach einem in den offiziell gebräuchlichen Pharmakopöen der Mitgliedsstaaten der Europäischen Union beschriebenen homöopathischen Zubereitungsverfahren hergestellt worden ist. Ein homöopathisches Arzneimittel kann auch mehrere Wirkstoffe enthalten."

Das AMG beschreibt pflanzliche Arzneimittel in § 4 Abs. 29 AMG wie folgt: 41

„Pflanzliche Arzneimittel sind Arzneimittel, die als Wirkstoff ausschließlich einen oder mehrere pflanzliche Stoffe oder eine oder mehrere pflanzliche Zubereitungen oder einen oder mehrere solcher pflanzlichen Stoffe in Kombination mit einer oder mehreren solcher pflanzlichen Zubereitungen enthalten."

Das BSG hat in seinem Urteil vom März 2005[57] noch offen gelassen, ob und mit welchen Methoden Wirksamkeit und Wirtschaftlichkeit überprüft werden, soweit es um Behandlungsmethoden bzw. Arzneimittel der besonderen Therapierichtungen geht. In der Verfahrensordnung des G-BA hat dieser Hinweise auf eine unterschiedliche Abstufung der Wirksamkeitsprüfung gegeben.[58] 42

Bei den Arzneimitteln der besonderen Therapierichtungen handelt sich um nicht verschreibungspflichtige Mittel, so dass sie gem. § 34 Abs. 1 SGB V von der Versorgung nach § 31 SGB V ausgeschlossen sind. Ausnahmen davon hat der G-BA in den Arzneimittelrichtlinien[59] geregelt. Gem. § 53 Abs. 5 SGB V **kann** die Krankenkasse in ihrer Satzung die Übernahme der Kosten für Arzneimittel der besonderen Therapierichtungen regeln, die nach § 34 Abs. 1 SGB V von der Versorgung ausgeschlossen sind und hierfür spezielle Prämienzahlungen durch die Versicherten vorsehen. Für den Bereich der GKV spielt somit die Frage, ob und inwieweit Arzneimittel der besonderen Therapierichtungen als 43

---

[55] Vgl. allg. dazu Stiftung Warentest, Die andere Medizin 2005; BSG v. 22.03.2005 - B 1 A 1/03 R - E 94, 230.

[56] Seit BSG v. 05.07.1995 - 1 RK 6/95 - E 76, 194 („Remedacen"); dazu krit. *Rolfs*, Das Versicherungsprinzip im Sozialversicherungsrecht, 2000, S. 405 f.; erneut und nachdrücklich: BSG v. 07.11.2006 - B 1 KR 24/06 - NZS 2007, 534 (LITT).

[57] BSG v. 22.03.2005 - B 1 A 1/03 R - E 94, 230 = *Engelhard*, jurisPR-SozR 25/2005, Anm. 3.

[58] Dazu sehr kritisch *Zuck*, MedR 2006, 515.

[59] AMR i.d.F. des Beschl. v. 25.02.2006, abgedr. in: Aichberger Ergänzungsband. Gesetzliche Krankenversicherung, Nr. 400.

wirksam und wirtschaftlich i.S.d. § 135 Abs. 1 Satz 1 SGB V anzusehen sind, allenfalls noch eine untergeordnete Rolle.[60]

44 Die in § 2 Abs. 1 Satz 2 SGB V darüber hinaus erwähnten „Behandlungsmethoden" und Heilmittel gehören zum Teil zum Leistungskatalog der GKV, z.B. soweit sie im EBM Berücksichtigung gefunden haben. Die Formulierung „nicht ausgeschlossen" in § 2 Abs. 1 Satz 2 SGB V bestätigt, dass zur Beurteilung der Wirksamkeit, Unbedenklichkeit und auch Wirtschaftlichkeit so genannte „Therapie-emanente Kriterien" heranzuziehen sind. Dies darf nicht verwechselt werden mit einer reinen „Binnenanerkennung" mit der Folge einer bloßen Plausibilitäts- oder Vertretbarkeitskontrolle allein aus Sicht der besonderen Therapierichtung selbst. Die in § 135 Abs. 1 SGB V genannten „wissenschaftlichen Erkenntnisse" erfordern eine Prüfung von Qualität und Wirksamkeit nach allgemein anerkannten Kriterien – mag die statistische Signifikanz bezogen auf diese Methoden auch abgeschwächt sein (vgl. dazu insbesondere § 20 Abs. 2 VerfahrensO des G-BA).[61] Einen derartigen über die Binnenanerkennung hinausgehenden Standard schreibt für alle ärztlichen Behandlungen § 76 Abs. 4 SGB V ausdrücklich vor.

7. Qualität und Wirksamkeit

45 Sicherung und Weiterentwicklung der **Qualität** ist nicht bloßes Programm oder (leeres) Versprechen, sondern unmittelbare Verpflichtung aller Leistungserbringer gem. § 135a SGB V, seitens der Kassenärztlichen Vereinigungen gem. § 136 SGB V und Aufgabe des G-BA gem. §§ 137 ff. SGB V. Die maximale Erhöhung des Nutzens bei gleichzeitiger Vermeidung oder Minimierung negativer Folgen (Risiken), regelmäßig ausgerichtet am allgemein anerkannten Stand der medizinischen Erkenntnis einerseits und dem medizinischen Fortschritt andererseits, zielt zudem auf Dynamik im Gesundheitswesen selbst. Seit Jahren wird vom Gesetzgeber und verschiedenen Wissenschaftlern angemahnt, dass das Gesundheitswesen der Bundesrepublik Defizite im Hinblick auf das Verhältnis von Kosten und Nutzen aufweist, dass mit anderen Worten die im Gesundheitswesen verursachten Kosten nicht direkt proportional zum Erfolg (Überlebensrate; Bekämpfung von Infektionen, Volkskrankheiten, Lebensqualität usw.) angestiegen seien. Der Rechtsbegriff Qualität in § 2 Abs. 1 SGB V zielt also auf eine permanente Überprüfung und damit auf einen Erkenntnisprozess auf allen Ebenen des Gesundheitswesens. Qualität erschöpft sich nicht in dem, was § 4 Abs. 15 AMG als „Qualität" definiert:
„Qualität ist die Beschaffenheit eines Arzneimittels, die nach Identität, Gehalt, Reinheit, sonstigen chemischen, physikalischen, biologischen Eigenschaften oder durch das Herstellungsverfahren bestimmt wird."

46 Qualität i.S.v. § 2 SGB V bezieht sich nicht nur auf das einzelne Arzneimittel oder den singulären therapeutischen Akt, sondern auf den gesamten Behandlungsablauf, der regelmäßig mehrere Leistungserbringer in ein Behandlungskonzept einbindet (einschließlich „Versorgungsmanagement" i.S.v. § 11 Abs. 4 SGB V). Qualitätssicherung zielt auf Strukturqualität (besondere personelle oder sachliche Anforderungen, Fachkunde, Praxisausstattung), Prozessqualität (besondere Anforderungen hinsichtlich Anamnese, Indikation, Planung, Steuerung und Verfahren für Diagnostik und Therapie), Ergebnisqualität (Nutzen-/Risiko-Optimierung; „vertretbares Maß" der bei bestimmungsgemäßem Gebrauch auftretenden Nebenwirkungen; Zufriedenheit und Akzeptanz bei Patienten etc.).

47 **Wirksamkeit** zielt auf positive Wirkung, d.h. die generelle Fähigkeit, bei bestimmten Indikationen (ursächlich) bestimmbare, spezifische und klinisch relevante (erwünschte) diagnostische und/oder therapeutische Wirkungen zu erzielen.[62] Da es sich bei der Medizin um eine „Erfahrungswissenschaft" handelt, kann es für die Beurteilung der Wirksamkeit immer nur Maßstäbe geben, die einerseits auf dem Vergleich mit vorhandenen Therapieoptionen aufbauen (arg. § 135 Abs. 1 Nr. 1 SGB V), und andererseits um Annäherungswerte, auch wenn sie auf den Grundlagen der „evidence based medicine" basieren.[63] Wirksamkeit ist also nicht unbedingt mit Nutzen identisch und darf auch nicht auf eine spe-

---

[60] Insoweit haben sich auch die Einwände des BVA, wie sie der Entscheidung des BSG v. 22.03.2005 - B 1 A 1/03 R - E 94, 230 mit zust. Anm. *Engelhard*, jurisPR-SozR 25/2005, Anm. 3, zugrunde lagen, erledigt; zu dieser Entscheidung krit. *Plagemann*, VSSR 2007, 121, 127 ff.

[61] Dazu auch ausführlich *Noftz* in: Hauck/Noftz, SGB V, K § 2 Rn. 52; dort auch Hinweis auf die Stellungnahme zu den besonderen Therapierichtungen seitens der Arzneimittelkommission der Deutschen Ärzteschaft, Deutsches Ärzteblatt 1998, C 599 ff.

[62] Vgl. *Noftz* in: Hauck/Noftz, SGB V, K § 2 Rn. 57; BVerwG v. 14.10.1993 - 3 C 21/91 - MedR 1994, 110.

[63] Dazu *Hart*, MedR 2004, 469; VerfahrensO des G-BA v. 20.09.2005, geändert durch Beschl. v. 18.04.2006, www.g-ba.de.

zifische Wirkweise reduziert werden. Das Arzneimittelrecht trennt den Nachweis der Wirksamkeit streng von der Prüfung der (Un-)Bedenklichkeit bzw. so genannten Nebenwirkungen (§ 5 AMG). § 2 Abs. 1 SGB V beschreibt die Wirksamkeit als „Leistungsziel" der GKV, so dass die zu fordernde Unbedenklichkeit, d.h. der „Überschuss" an Wirksamkeit gegenüber den Nebenwirkungen[64] als Teil der Qualitätssicherung in den §§ 135 ff. SGB V Erwähnung findet.

Zugleich kann Wirksamkeit auch auf einem niedrigeren Niveau ausreichen. Gemeint sind lebensbedrohliche Erkrankungen, bei denen eine Standardbehandlung aus medizinischen Gründen ausscheidet und andere Behandlungsmethoden nicht zur Verfügung stehen.[65] Dann verlangt das BVerfG eine Wirksamkeitsprüfung, die sich am Maßstab der **„vernünftigen ärztlichen Praxis"** orientiert. Dieses „Kriterium" kann sich von den (allgemeineren) Kriterien, die G-BA und IQWIG bei ihrer Bewertung von Gesundheitsleistungen anzulegen haben, unterscheiden.[66] 48

8. Stand der medizinischen Erkenntnisse

Dieser Maßstab ist durchgängiges Prinzip des SGB V, z.B. Sicherstellungsauftrag gem. § 72 Abs. 2 SGB V, Festbeträge gem. § 35a Abs. 1 SGB V, Richtlinien des G-BA gem. § 92 SGB V, Bewertung von Untersuchungs- und Behandlungsmethoden im Krankenhaus sowie strukturierte Behandlungsprogramme bei chronischen Erkrankungen gem. §§ 137c Abs. 1 und 137f Abs. 2 SGB V. Auch die neue Versorgungsform der integrierten Versorgung ist explizit auf diesen Standard verpflichtet (vgl. § 140b Abs. 3 Satz 3 SGB V). Qualitätssicherung und Patientenschutz sind vom G-BA und IQWIG (Institut für Qualität und Wirtschaftlichkeit im Gesundheitswesen) auch am Maßstab der **(internationalen) evidenzbasierten Medizin** zu gestalten.[67] Das gilt auch für die Bewertung des Nutzens und der Kosten von Arzneimitteln gem. § 35b Abs. 1 Satz 5 i.V.m. § 139a Abs. 4 SGB V. § 73b Abs. 2 Nr. 2 SGB V verlangt von Allgemeinärzten, die an der hausarztzentrierten Versorgung teilnehmen wollen, dass die „Behandlung nach für die hausärztliche Versorgung entwickelten evidenzbasierten, praxiserprobten Leitlinien" erfolgt. Auch das Arzneimittelrecht verweist auf den „jeweiligen Stand der wissenschaftlichen Erkenntnisse", z.B. in den §§ 5 Abs. 2, 25 Abs. 2, 39 Abs. 2 AMG. 49

Der Bezug auf die evidenzbasierte Medizin in neueren gesetzlichen Vorschriften (z.B. § 73b SGB V) kann auch als eine „Fortentwicklung" dessen verstanden werden, was der Gesetzgeber mit dem allgemein anerkannten Stand der medizinischen Erkenntnisse meint. Die Formel des allgemein anerkannten Standes umfasst das Ziel einer evidenzbasierten Medizin ebenso wie Elemente der besonderen Therapierichtungen.[68] 50

Medizinische Erkenntnisse beschreibt eine „Erfahrungswissenschaft", die u.U. eigenen Denkansätzen verpflichtet ist und auf jeden Fall die praktische Handhabung mit einbezieht. Es geht um Erkenntnisse, die von dem Kollektiv der Mediziner (international oder auch national) anerkannt sind, also intersubjektive Autorität für sich in Anspruch nehmen. Mit der gleichzeitigen Verpflichtung, den „medizinischen Fortschritt" zu berücksichtigen implantiert das Gesetz in den Standard eine Dynamik. Jeder, der am medizinischen Prozess teilnimmt, muss sein Handeln ständig überprüfen und evaluieren.[69] Der Sachverständigenrat zur Begutachtung der Entwicklung im Gesundheitswesen plädiert im Jahresgutachten 2007 für eine Methodenbewertung durch G-BA und IQWIG, die als Teil des „objektiven Bedarfs" auch die **„Angemessenheit"** der Leistung zur Grundlage der Bewertung macht. Nach 51

---

[64] Dazu BSG v. 07.11.2006 - B 1 KR 24/06 - NZS 2007, 534 (LITT); *Fuhrmann*, Sicherheitsentscheidungen im Arzneimittelrecht, 2004; *Plagemann*, Wirksamkeitsnachweis nach dem Arzneimittelgesetz, 1979, S. 85 ff.; etwas anders wohl *Noftz* in: Hauck/Noftz, SGB V, K § 2 Rn. 58, der unter Wirksamkeit auch eine Gesamtabwägung von Nutzen und Risiken subsumiert.

[65] BSG v. 04.04.2006 - B 1 KR 7/05 R - SozR 4-2500 § 31 Nr. 4 und BSG v. 04.04.2006 - B 1 KR 12/05 R - SozR 4-2500 § 27 Nr. 8; BSG v. 26.09.2006 - B 1 KR 15/06 R - KrV 2006, 322; BSG v. 27.03.2007 - B 1 KR 30/06 R - SGb 2007, 287-288.

[66] Dazu *Roters*, NZS 2007, 176, 180; *Hess*, Newsletter G-BA v. 13.04.2007.

[67] Vgl. dazu auch die Verfahrensordnung des G-BA v. 20.09.2005, BAnz, Nr. 242 v. 24.12.2005, 16998, dazu ausführlich *Roters*, NZS 2007, 176 ff.

[68] Dazu inbes. *Zuck*, MedR 2006, 515.

[69] Vgl. i.d.S. auch die nachdrückliche Empfehlung der zentralen Ethikkommission im Zusammenhang mit der Diskussion über Priorisierung medizinischer Leistungen, Deutsches Ärzteblatt 2007, A2750, A2753: Förderung der evaluativen klinischen und Versorgungsforschung.

der Definition der WHO gilt eine Leistung als angemessen, „wenn sie effektiv ist (sich auf valide Evidenz gründet), effizient (kostenwirksam) ist und mit den jeweiligen ethischen Grundsätzen und Präferenzen der jeweiligen Einzelperson, Gemeinschaft oder der betreffenden Gesellschaft übereinstimmt".

52 Nur mit dieser, dem Patientenwohl verpflichteten Zielsetzung lässt sich die „Nichtidentifikation" des Staates mit wissenschaftlichen Standorten einerseits und die Wissenschaftsfreiheit gem. Art. 5 Abs. 3 GG andererseits im Gesundheitswesen rechtfertigen.[70] Der Gesetzgeber hat deshalb die zielgenaue Anwendung des aktuell gültigen Medizinstandards zunächst in die Hände der Leistungserbringer selbst, und zwar in „Kooperation" mit dem Patienten gelegt.[71] Das BSG seinerseits hat hervorgehoben, dass die Gerichte die Auswertung vorhandener Untersuchungen durch den G-BA sowie die Gewichtung von Studien nach Aussagegehalt, Verlässlichkeit und Objektivität ihrer Verfasser nur eingeschränkt überprüfen können. Der Gesetzgeber habe die Entscheidung, welcher potentielle Zusatznutzen welche Mehrkosten rechtfertigt, dem fachkundig und interessenpluralistisch zusammengesetzten G-BA übertragen, dem dabei ein von den Gerichten zu respektierender Gestaltungsspielraum zukommt.[72] Gleichzeitig hat das BSG die Frage, ob der G-BA die maßgebliche Auffassung in der medizinischen Wissenschaft vollständig ermittelt und ausgewertet hat, einer gerichtlichen Überprüfung für zugänglich erachtet, allerdings nur mit Hilfe solcher Sachverständiger, die auch wirklich „unabhängig" sind, also gem. § 139b Abs. 3 Satz 2 SGB V alle Beziehungen zu Interessenverbänden, Auftragsinstituten, insbesondere pharmazeutischer Industrie und Medizinprodukteindustrie, einschließlich Art und Höhe von Zuwendungen offen gelegt haben.[73]

9. Sach- und Dienstleistungen[74]

53 Das System der GKV ist vom Prinzip der Naturalleistung geprägt; es stellt ein „grundsätzliches Strukturprinzip" dar.[75] Kennzeichnend für die GKV ist, dass die Krankenkasse Sach- oder Dienstleistungen zur Verfügung stellt. Eine derartige Verschaffungspflicht gewährleistet, dass der Versicherte eine notwendige Leistung der Krankenpflege erhält, ohne sie sich selbst erst beschaffen und insbesondere ohne bei ihrer Inanspruchnahme eine unmittelbare Gegenleistung erbringen zu müssen. Das Sachleistungsprinzip korrespondiert mit der zentralen Funktion des Vertragsarztes als demjenigen, der die Zuteilung medizinischer Leistungen auch durch die Verordnung weiterer Leistungen gem. §§ 27 ff., 72 ff. SGB V wesentlich steuert.[76] Das Sachleistungsprinzip verfolgt also mehrere **Schutzzwecke**: keine Vorleistung des Patienten; kein Risiko der Kostenerstattung; Sicherung von Qualität, Wirksamkeit und Wirtschaftlichkeit durch Einbindung der Leistungserbringer in ein öffentlich-rechtliches Pflichtensystem.[77]

54 Das Sachleistungsprinzip sieht sich schon seit längerem der Kritik ausgesetzt. Das überkommene Naturalleistungsprinzip habe zur Folge, dass die Versicherten an den Abrechnungsvorgängen nicht beteiligt seien und diese auch nicht kontrollieren könnten. Zur Kostensteuerung und wirtschaftlichen Leistungserbringung habe sich dieses Prinzip als ungeeignet erwiesen.[78] Die Kostensituation im Bereich der privaten Krankenversicherung[79] bestätigt diesen Befund nicht unbedingt. Entscheidend dürfte aber der mit dem Sachleistungsprinzip verbundene Schutzzweck sein. *Noftz*[80] geht noch einen Schritt weiter, wenn er dieses Prinzip als „Sozialkulturwert" bezeichnet, der seine integrative Kraft bewiesen hat.

10. „Vielfalt" der Leistungserbringer

55 Die in Absatz 3 allgemein angesprochene Vielfalt der Leistungserbringer und deren Auswahl ist ebenfalls tragendes Prinzip der Sozialversicherung. Das Sachleistungsprinzip muss dem grundrechtlichen

---

70 Dazu *Noftz* in: Hauck/Noftz, SGB V, K § 2 Rn. 60.

71 Dazu BSG v. 16.12.1993 - 4 RK 5/92 - E 73, 271; eingehend auch *Schwerdtfeger*, NZS 1998, 49, 97.

72 BSG v. 31.05.2006 - B 6 KA 13/05 R - SozR 4-2500 § 92 Nr. 5; ebenso BSG v. 07.11.2006 - B 1 KR 24/06 - NZS 2007, 534 (LITT).

73 BSG v. 31.05.2006 - B 6 KA 13/05 R - juris Rn. 76-78 - SozR 4-2500 § 92 Nr. 5.

74 Vgl. auch *Harich*, Das Sachleistungsprinzip in der Gemeinschaftsordnung, 2006; dazu *Eichenhofer*, ZESAR 2007, 184; *Rixen*, Sozialrecht als öffentliches Wirtschaftsrecht, 2005, S. 121 ff.

75 BSG v. 07.08.1991 - 1 RR 7/88 - E 69, 170, 173; BSG v. 14.03.2001 - B 6 KA 67/00 R - MedR 2002, 47.

76 BSG v. 16.12.1993 - 4 RK 5/92 - E 73, 271.

77 Vgl. u.a. *Noftz* in: Hauck/Noftz, SGB V, K I § 2 Rn. 19, 80: „Ordnungs- und Steuerungsfunktion".

78 Vgl. nur *Sodan*, Die Zukunft der sozialen Sicherungssysteme, in: Veröffentlichungen der Vereinigung der Deutschen Staatsrechtslehrer, Bd. 64, 2005, S. 167 f.; krit. auch *Quaas/Zuck*, Medizinrecht, § 9 Rn. 4.

79 Dazu *Orlowski/Wasem*, Gesundheitsreform 2007, S. 96.

80 *Noftz* in: Hauck/Noftz, SGB V, K § 2 Rn. 87.

Prinzip der Selbstbestimmung des Patienten Raum geben. Zum Ausdruck kommt dies z.B. in § 76 SGB V (freie Arztwahl), § 109 Abs. 2 Satz 2 SGB V (Krankenhäuser)[81], § 121a Abs. 3 SGB V (Genehmigung zur Durchführung künstlicher Befruchtungen), § 132 Abs. 2 Satz 2 SGB V (Versorgung mit Haushaltshilfe), § 132a Abs. 2 Satz 10 SGB V (häusliche Krankenpflege) usw. Die neu eingeführte vertragliche Bindung einzelner Hilfsmittel-Lieferanten an eine bestimmte Kasse (nach Ausschreibung gem. § 127 Abs. 1 SGB V) und die damit verknüpfte „Benennung" des Lieferanten durch die Kasse (§ 33 Abs. 6 Satz 2 SGB V) beseitigt faktisch das Wahlrecht des Versicherten. Jedenfalls für den Bereich der patientenbezogenen Behandlung (ambulante, stationäre, häusliche Krankenpflege) ist ein solches „Benennungsrecht" der Kasse schon nach § 2 Abs. 3 SGB V unzulässig. Die Möglichkeit der Auswahl unter verschiedenen Leistungserbringern spielt auch im Recht der Pflegeversicherung (SGB XI) eine große Rolle und ist garantiert im Wunsch- und Wahlrecht gem. § 9 SGB IX.

Neuere Gesetze, wie etwa das GKV-WSG, zielen auf „**mehr Wettbewerb**", auch unter den Leistungs- 56
erbringern selbst. Der Gedanke der Vielfalt wird damit „weiterentwickelt": Die Leistungserbringer werden aufgefordert, die Qualität (und Effizienz) zu steigern, um ihre Position im System zu stärken. Weder das Gebot der Vielfalt noch die Stärkung des Wettbewerbs darf am anderen Ende des Wettbewerbs zu einem Verlust an Qualität und Effizienz oder gar zu einer Absenkung des gebotenen Standards führen. Vielfalt und Wettbewerb entbinden nicht von den zwingenden Anforderungen an Qualitätssicherung und medizinischen Standard gem. §§ 2, 12, 72 SGB V.

Im Zuge der Diskussion um das VÄndG haben die Parteien im Deutschen Bundestag sehr deutlich zum 57
Ausdruck gebracht, dass eine „Kettenbildung" in dem Sinne, dass sich gleichsam im ambulanten Bereich „Medizin-Monopole" ergeben, nicht gewünscht ist. Dies, obwohl zugleich betont wird, dass die Gesundheitsreformen zu einem neuen Verständnis der Freiberuflichkeit des Arztes führen werden.[82]

III. Rechtsfolgen

1. Therapieoptionen

Mit dem Begriff „zur Verfügung … stellen" in § 2 Abs. 1 Satz 1 SGB V unterbreitet das Gesetz zu- 58
gleich dem Versicherten ein Angebot[83]: Das der Krankenbehandlung immanente Prinzip der Selbstbestimmung (freie Arztwahl, Erfordernis der Einwilligung in jegliche Art der Heilbehandlung, „Therapiefreiheit" des behandelnden Arztes in Absprache mit dem Patienten) wird durch die Sachleistungspflicht der Krankenkasse nicht angetastet, sondern diesem vorangestellt. Auch in diesem Sinne erweist sich die „Schutzfunktion" der durch das Leistungserbringerrecht zu gewährleistenden und sicherzustellenden Versorgung der Versicherten. Das mit der Formulierung in § 2 Abs. 1 Satz 1 SGB V garantierte Selbstbestimmungsrecht des Versicherten findet seinen Ausdruck auch in der Formel vom „Rahmenrecht", welches mit dem behandelnden Arzt in der aktuellen Behandlungssituation konkretisiert wird.[84] Die Krankenkasse schuldet also eine „Bereit- und Sicherstellung der für die Behandlung erforderlichen personellen und sächlichen Mittel".

2. Keine Rationierung – aber Priorisierung?

Nicht nur, aber im Wesentlichen unter dem Aspekt einer Kostenbegrenzung wird über die Rationierung 59
von Leistungen diskutiert: Danach soll künftig zwischen einer von der (Pflicht-)GKV zur Verfügung gestellten „Grundsicherung"[85] und solchen Leistungen unterschieden werden, für deren versicherungsmäßige Absicherung der Einzelne selbst verantwortlich ist. Vorgeschlagen wird, bestimmte wirksame Leistungen z.B. ab einer bestimmten Altersgrenze aus dem Leistungskatalog der GKV zu streichen und sie der Eigenvorsorge zu überlassen.[86] Immerhin stehen schon heute Transplantationen nur in begrenz-

---

[81] Nach LSG Sachsen v. 12.07.2006 - L 1 KR 57/03 - GesR 2007, 231, kann der Versicherte unter den zugelassenen Krankenhäusern frei wählen. Die besonderen Wünsche der Zeugen Jehovas (keine Bluttransfusion) sind zu berücksichtigen.

[82] *Orlowski/Halbe/Karch*, VÄndG, 2007, S. 104.

[83] I.d.S. auch *Noftz* in: Hauck/Noftz, SGB V, K § 2 Rn. 29.

[84] Vgl. dazu im Einzelnen BSG v. 16.12.1993 - 4 RK 5/92 - E 73, 271; krit. *Neumann*, SGb 1998, 609, 610 ff. Zur Konkretisierung des Krankenbehandlungsanspruchs ausführlich: *Steege* in: Festschrift BSG 2004, S. 517 ff.

[85] Z.B. *Sodan*, Die Zukunft der sozialen Sicherungssysteme, in: Veröffentlichungen der Vereinigung der Deutschen Staatsrechtslehrer, Bd. 64, 2005, S. 163, 168; *Beske*, Deutsches Ärzteblatt 2007, A 24, schlägt vor, „eine Standardversorgung" zu definieren.

[86] Dazu mit eingehender Begründung: *Huster*, Soziale Sicherung als Zukunftsbewältigung und -gestaltung in: Sozialrechtsgeltung in der Zeit, Schriftenreihe des Deutschen Sozialrechtsverbandes, Bd. 55, 2007, S. 18 ff. m. zahlreichen Nachw.; ferner *Francke*, GesR 2003, 97 ff.; *Neumann*, NZS 2005, 617, 622.

ter Zahl zur Verfügung[87] und wird Zahnersatz nur noch teilweise als GKV-Leistung bezahlt (vgl. dazu die Regelungen über den Festzuschuss gem. §§ 55, 56 SGB V). Schließlich steht auch die Anerkennung neuer Methoden gem. § 135 Abs. 1 Nr. 1 SGB V unter dem Vorbehalt der Wirtschaftlichkeit. Einen vergleichbaren Vorbehalt entnimmt das BSG[88] im Falle der Krankenhausbehandlung der Bestimmung des § 39 SGB V und billigt der Kasse ein weitgehendes Prüfungsrecht zu.

60 Die **Zentrale Ethikkommission** hat im Oktober 2007 eine Stellungnahme zur „Priorisierung medizinischer Leistungen im System der gesetzlichen Krankenversicherung (GKV)" vorgestellt.[89] Die bei der Bundesärztekammer angesiedelte Zentrale Ethikkommission hält es für dringend erforderlich, auch in Deutschland eine breite Diskussion über eine explizite Prioritätensetzung in der solidarisch finanzierten Gesundheitsversorgung zu beginnen und dauerhaft zu implementieren. Die Art der erbrachten Gesundheitsleistungen sei zu überdenken und Prioritäten seien hin zur Versorgung chronisch kranker Menschen unter Berücksichtigung auch rehabilitativer und pflegerischer Leistungen zu verlagern. Die solidarisch finanzierten Leistungen seien bereits heute nicht bedarfsdeckend. Die Versorgungsstrukturen müssen optimiert und die Qualifikation der im Gesundheitswesen Tätigen verbessert werden.

61 Auch wenn man die Ausgabenbudgetierung, z.B. gem. §§ 71, 84, 85 SGB V, unter dem Aspekt der Eigenverantwortlichkeit mit bedenkt, verbietet § 2 SGB V eine Rationierung im dargestellten Sinne.[90] Mit dem Prinzip der Krankenversicherung für alle (u.a. §§ 5, 315 SGB V) verträgt sich eine Rationierung i.V.m. einer Rückverlagerung der Verantwortung für die Gesundheit auf den einzelnen Bürger nicht. Wer aktuell die große Mehrheit der Bevölkerung in eine Versicherungspflicht zwingt und dies mit der Verantwortung des Staates für einen effektiven Gesundheitsschutz begründet,[91] ist nicht befugt, diesen Personenkreis der Verlockung auszusetzen, heute die Ausgaben für den Konsum zu steigern, und zwar zu Lasten des eigenen Gesundheitsschutzes Jahrzehnte später, dessen Dringlichkeit aktuell niemand wirklich durchschauen kann.[92] Die Volkswirtschaft bezeichnet dieses Phänomen mit „hyperbolische Abdiskontierung". Gemeint ist ein „übertriebener Gegenwartsbezug" im Handeln und Denken der Menschen: Wenn man sie vor die Wahl stellt, heute 50 € zu erhalten oder morgen 100 €, entscheiden sie sich für die 100 €. Liegt zwischen den beiden Terminen jedoch ein Jahr Abstand, nimmt fast jeder lieber die 50 €. Konsequenzen, die erst in einiger Zukunft eintreten, beeinflussen heute Entscheidungen relativ wenig,[93] weshalb ja auch Rechtslehre, Philosophie und Medizin dem Patiententestament misstrauen, welches seit Jahren nicht bestätigt wurde.

62 Bisweilen wird die Rationierung auch als „weich" bezeichnet und z.B. auf Wartelisten verwiesen.[94] Der EuGH hat diese im Hinblick auf einen effektiven EU-weiten Gesundheitsschutz kritisiert und dem Betroffenen einen Anspruch auf Erstattung der Kosten für eine Behandlung im EU-Ausland zugebilligt, wenn für seine Erkrankung die Wartezeit bestimmte Grenzen (der Zumutbarkeit) überschreitet.[95] Rationierung in diesem Sinne erlaubt § 2 SGB V nicht. Auch aus Sicht des GG und des EU-Rechts dürfte eine Rationierung in dem Sinne, dass die Finanzierung notwendiger Leistungen im Alter in das Belieben des Bürgers in jungen Jahren gestellt wird, kaum zu rechtfertigen sein,[96] denn:
„Gesundheit ist ein transzendentales Gut, was zur Folge hat, dass Beschränkungen dieses Gutes nicht durch eine Mehrung des gesellschaftlichen Gesamtnutzens gerechtfertigt werden können."[97]

---

87 BSG v. 17.02.2004 - B 1 KR 5/02 R - E 92, 164 = SGb 2004, 704; vgl. dazu die krit. Würdigung von *Linke*, NZS 2005, 467 ff.

88 BSG v. 26.09.2007 - GS 1/06.

89 Vgl. die Zusammenfassung in Deutsches Ärzteblatt 2007, A2750; die ausführliche Stellungnahme ist im Internet unter www.zentrale-ethikkommission.de abrufbar.

90 Im Ergebnis ebenso die ausführliche Darstellung bei *Noftz* in: Hauch/Noftz, SGB V, K § 2 Rn. 44; *Hauck*, SGb 2007, 203, 208 f., ebenfalls mit umfangreichen Nachweisen.

91 U.a. BVerfG v. 06.12.2005 - 1 BvR 347/98 - NJW 2006, 891, dazu u.a. *Padé*, NZS 2007, 352.

92 Vgl. auch *Neumann*, NZS 2006, 393.

93 So etwa der engl. Soziologe *Anthony Giddens*.

94 Vgl. dazu u.a. *Noftz* in: Hauck/Noftz, SGB V, K § 2 Rn. 44; *Funk*, BKK 2001, 289 ff.

95 EuGH v. 16.05.2006 - C-372/04 - ZESAR 2006, 266 - Watts, dazu *Bieback*, ZESAR 2006, 241.

96 Vgl. dazu nur *Sachs* in: Stern, Das Staatsrecht der Bundesrepublik Deutschland, Bd. IV/1. Die einzelnen Grundrechte, 2006, § 104 II 6 S. 911; § 98 III 2 S. 176.

97 *Neumann*, NZS 2006, 393, 397.

63 Das gilt umso mehr, als neuere Untersuchungen beim Gesundheitsschutz besondere Defizite gerade bei denjenigen festgestellt haben, die eine geringe oder keine berufliche Qualifikation, eine allenfalls niedrige Bildung, Langzeitarbeitslosigkeit und/oder Armut aufweisen.[98] Dies, obwohl § 20 SGB V den Kassen das Ziel aufgibt, „einen Beitrag zur Verminderung sozial bedingter Ungleichheit von Gesundheitschancen (zu) erbringen".

64 Auch wenn vielfach schon heute von Rationierung die Rede ist[99], zielt das in § 2 SGB V hervorgehobene Gebot der Wirtschaftlichkeit auf mehr als ein „ausgeglichenes Jahresergebnis" (dazu § 220 SGB V), nämlich auf **Nachhaltigkeit**. Solidarität und Eigenverantwortung gem. § 1 SGB V i.V.m. Wirtschaftlichkeit einerseits und die Pflicht, den allgemein anerkannten Stand der medizinischen Erkenntnisse anzuwenden und den medizinischen Fortschritt zu berücksichtigen, lassen ein weit in die Zukunft gerichtetes Konzept erkennen. Das der GKV zugrunde liegende Umlageprinzip i.V.m. der besonderen Sorge für chronisch Kranke in § 2a SGB V, den psychisch Kranken gem. § 27 Abs. 1 Satz 3 SGB V und die Kinder kennzeichnet auch für die Zukunft eine medizinische Versorgung, die – auch im Lichte einer Wissensgesellschaft – auf die breite Anwendung innovativer medizinischer Maßnahmen gerichtet ist. Dies impliziert zugleich eine kritische Überprüfung herkömmlicher und in der Praxis fest etablierter Verfahren.[100] Qualitätssicherung und Effizienz sind deshalb nicht beim G-BA und IQWIG monopolisiert. Die vorsichtigen „Öffnungsklauseln" in den §§ 35c, 73b Abs. 5 Satz 3, 73c Abs. 4 Satz 2 und 140b Abs. 3 Satz 4 SGB V zielen darauf ab, neueste Methoden möglichst schnell für die Praxis fruchtbar zu machen – auch mit dem Ziel der Effizienzsteigerung (i.S. eines „qualitätsorientierten Wettbewerbs"[101]). Die in den Richtgrößen gem. § 84 Abs. 7a SGB V festzulegenden Durchschnittskosten je definierter Dosiereinheit signalisieren zugleich, dass es nicht i.d.S. „effektiv" ist, teurere Me too-Präparate[102] in das Leistungsspektrum aufzunehmen.

3. Keine „Haftung" der Kinder für Säumnis der Eltern gem. § 16 SGB V

65 Mit dem an der Einsichtsfähigkeit des Versicherten orientierten Prinzip der Eigenverantwortung unvereinbar ist die Auffassung, dass im Falle von Beitragsrückständen der Eltern auch der Familienleistungsanspruch zugunsten der Kinder gem. § 16 Abs. 3a SGB V i.V.m. § 5 Abs. 1 Nr. 13 SGB V teilweise ruht.[103] Das wird damit begründet, das familienversicherte Kind stehe mit der teilweise ruhenden Versicherung immer noch besser als ohne die Versicherungspflicht. Dieses Argument besagt gar nichts, bürdet diese Rechtsauffassung doch dem – finanziell wahrscheinlich überlasteten – Elternteil eine Verantwortung für die Krankenbehandlung seines Kindes auf, die er offensichtlich nicht tragen kann (und vielleicht auch nicht will). Dies widerspricht schon dem Wortlaut des Gesetzes, welches nicht irgendeine „Verantwortung" in den Blick nimmt, sondern diese auf die handelnde Person beschränkt. Das Wort Eigenverantwortung ist nicht identisch mit „Mitverantwortung" der säumigen Beitragszahler-Eltern. Daran ändert nichts die Tatsache, dass – in begrenztem Maß – die Eltern aufgefordert sind, ihre Kinder an Vorsorgemaßnahmen teilhaben zu lassen, sei es betreffend Zahnerkrankung (§ 22 SGB V) oder Kinderuntersuchungen (§ 26 SGB V). Das Prinzip der „Eigenverantwortung" darf derartige Spezialvorschriften nicht unterlaufen, insbesondere soweit sie konkretisieren, was familienrechtlich als die Wahrung des Kindeswohls den Eltern obliegt.

4. Mitwirkung, z.B. Krankengeld

66 Wer Krankengeld in Anspruch nehmen will, muss seine Arbeitsunfähigkeit nach § 46 Satz 1 Nr. 2 SGB V durch eine ärztliche Bescheinigung bestätigen lassen. Diese darf nach Bundesmantelvertrag-Ärzte nur auf Basis einer ärztlichen Untersuchung und Feststellung erteilt werden.[104] Verletzt der

[98] Dazu *Ebsen*, Armut und Gesundheit, in: Armutsfestigkeit sozialer Sicherung, Schriftenreihe des Dt. Sozialrechtsverbandes, Bd. 56, 2007, S. 133 ff., mit Bezug auf *Lampert/Ziese et al.*, Armut, Soziale Ungleichheit und Gesundheit, 2005, Bonn BMGS.

[99] Dazu *Ebsen*, Nachhaltigkeit sozialer Sicherheit?, in: Schriftenreihe des Dt. Sozialrechtsverbandes, Bd. 55, 2007, S. 97 f.

[100] Zur Notwendigkeit einer Nutzenbewertung unter Alltagsbedingungen: *Hart*, SGb 2005, 649, 650.

[101] So die Gesetzesbegründung BT-Drs. 16/3000, S. 112, 114.

[102] Vgl. dazu u.a. LSG Nordrhein-Westfalen v. 09.08.2006 - L 10 B 6/06 KA ER - MedR 2007, 374; BayLSG v. 28.02.2007 - L 12 B 450/06 KA ER - Breithaupt 2007, 547.

[103] Vgl. z.B. *Wille/Koch*, Gesundheitsreform 2007, Rn. 411; ebenso gemeinsames Rundschreiben der Spitzenverbände v. 09.03.2007.

[104] BSG v. 19.09.2002 - B 1 KR 11/02 R - E 90, 72 ff.; BSG v. 08.11.2005 - B 1 KR 30/04 R - E 95, 219 ff.

Versicherte diese Mitwirkungsobliegenheit, muss er die Folgen einer unterbliebenen oder nicht rechtzeitigen ärztlichen Feststellung tragen. Diese Obliegenheit gründet auch in der Eigenverantwortung, weshalb eine vom Versicherten nicht zu verantwortende Verspätung der Übersendung an die Kasse einen Anspruch auf Wiedereinsetzung rechtfertigt.

67 Gemäß BSG[105] ist Maßstab für die Beurteilung der krankheitsbedingten AU eines in der KV der Arbeitslosen Versicherten auch in den ersten sechs Monaten der Arbeitslosigkeit **jede Beschäftigung**, für die er sich der Arbeitsverwaltung zwecks Vermittlung zur Verfügung gestellt hat und die ihm nach dem SGB III zumutbar ist. Einen darüber hinausgehenden krankenversicherungsrechtlichen „Berufsschutz" gibt es nicht. Diese Rechtsprechung hat erhebliche Auswirkungen nicht nur auf die Höhe des Krankengeldes, sondern auch auf die mit dem Bezug von Krankengeld verbundene Versicherungspflicht (§ 26 Abs. 2 Nr. 1 SGB III) und auf die Dauer des Leistungsanspruchs. Nur eine Arbeitsunfähigkeit in diesem Sinne ist geeignet, den Fünf-Jahres-Zeitraum gem. §§ 43 Abs. 1 Nr. 2 bzw. 43 Abs. 2 Nr. 2 SGB VI („Anrechnungszeit") zu verlängern, so dass Versicherte auch dann, wenn sie um die Anerkennung einer Erwerbsminderung i.S. § 43 SGB VI streiten, sich arbeitslos melden müssen. Nach Gesetz und Rechtsprechung treffen den Versicherten bei Meinungsverschiedenheiten zwischen Vertragsarzt und MDK spezielle Pflichten[106], die dem Versicherten auch in der krankheitsbedingten Krise Mitwirkungsobliegenheiten auferlegen.

5. Risikoausschlüsse und „Verantwortungsprinzip"

68 Im Lichte der als Prinzip vorweg formulierten Eigenverantwortung können Risikoausschlüsse unverhältnismäßig sein. Welche Art von Krankheiten sind auf medizinisch nicht indizierte Maßnahmen, wie ästhetische Operationen, Tätowierung oder Piercing, i.S.v. § 52 Abs. 2 SGB V zurückzuführen, so dass eine Kostenbeteiligung „in angemessener Höhe" in Betracht kommt? Das BVerfG[107] bestätigt, dass die Empfängnisunfähigkeit eine Krankheit ist. Dennoch sei der Leistungsausschluss zu Lasten einer nicht verheirateten Versicherten gem. § 27a Abs. 1 Nr. 3 SGB V verfassungsgemäß, da es dem Kindeswohl am besten entspreche, wenn seine Eltern miteinander verheiratet sind. Die besonders intensiven rechtlichen Verpflichtungen zwischen Ehepartnern würden nämlich dem Kind eine größere rechtliche Stabilität und mehr rechtliche Sicherheit geben. Aus Sicht des BVerfG entspricht diese Risikobegrenzung der den Versicherten obliegenden Eigenverantwortung.

6. Persönliches Budget

69 Seit dem 01.07.2004 stellt § 17 Abs. 2 SGB IX als neues „Handlungsinstrument" das persönliche Budget zur Verfügung. Nach den §§ 2 Abs. 2 Satz 2, 11 Abs. 1 Nr. 5 SGB V handelt es sich bei dem persönlichen Budget um eine Alternative zu den in § 2 Abs. 2 Satz 1 SGB V erwähnten Sach- und Dienstleistungen. Das persönliche Budget wird „in der Regel" als Geldleistung ausgeführt, um dem Leistungsberechtigten in eigener Verantwortung ein möglichst selbstbestimmtes Leben zu ermöglichen. Das persönliche Budget bezweckt:

- mehr Eigeninitiative: der Sozialstaat will individuelle „Planungsressourcen aktivieren",
- mehr Selbstbestimmung des behinderten Menschen, der sich vom „Konsumenten" weiterentwickelt zum „Experten in eigenen Angelegenheiten", wenn nicht sogar zum Arbeitgeber in Bezug auf die verschiedenen „GesundheitsDienstleister",
- mehr Verantwortung des behinderten Menschen verbunden mit dem passgenauen Einsatz öffentlicher Gelder und
- eine enge Kooperation der jeweils involvierten Sozialleistungsträger, was auch zur Straffung des Verwaltungsverfahrens beitragen kann und soll.

70 Als **budgetfähig** bezeichnet das Gesetz Leistungen der verschiedenen Träger, der Krankenkassen, der Pflegekassen, der Unfallversicherungsträger einschließlich Sozialhilfe und Pflegeversicherung. Gemeint sind damit Leistungen[108], die sich auf alltägliche, regelmäßig wiederkehrende und regiefähige Bedarfe beziehen[109], nicht aber die eigentlichen Sachleistungen. In der GKV sind budgetfähig: ambu-

---

[105] BSG v. 04.04.2006 - B 1 KR 21/05 R - SGb 2007, 51 m. Anm. *Schmidt*.

[106] Dazu *Göbel*, NZS 2007, 286.

[107] BVerfG v. 28.02.2007 - 1 BvL 5/03 - NJW 2007, 1343; vgl. aber zur Absetzbarkeit solcher Aufwendungen: BFH v. 10.05.2007 - III R 47/05 - ZSteu 2007, R748-R750.

[108] Zur Problematik der Einbeziehung der Werkstätten für behinderte Menschen vgl. *Plagemann*, Persönliches Budget – Chance für mehr Teilhabe, in: Festschrift Peter Krause 2006, S. 172 ff.; Deutscher Verein für öffentliche und private Fürsorge, Empfehlende Hinweise zur Umsetzung des persönlichen Budgets, NDV 2007, 105, 110 f.

[109] Dazu Empfehlungen der Spitzenverbände v. 28.06.2004, S. 12.

lante und stationäre Reha gem. §§ 40, 41 SGB V[110], zum Verbrauch bestimmte Hilfsmittel (§ 33 SGB V), Fahrtkosten, Reisekosten gem. § 60 SGB V, häusliche Krankenpflege (§ 37 SGB V), Reha-Sport und Funktionstraining gem. § 43 SGB V[111] und Haushaltshilfe gem. § 38 SGB V.

Bei der Ausführung des persönlichen Budgets und bei der Ermittlung des **individuell festgestellten Bedarfs** sind u.U. verschiedene Träger beteiligt. Der behinderte Mensch soll mit professioneller Unterstützung auch für die Zielerreichung verantwortlich sein.[112] Das korreliert mit dem Prinzip der Eigenverantwortung i.S.v. § 2 Abs. 1 Satz 1 SGB V. Nach der Budgetverordnung[113] gibt es bei verschiedenen Trägern einen „Beauftragten". Das dürfte wohl regelmäßig der zuerst angegangene Leistungsträger gem. § 14 SGB IX sein. Dieser koordiniert im Rahmen einer „Budgetkonferenz" mit dem Antragsteller und den anderen Leistungserbringern die „Feststellung" des individuellen Bedarfs. Soweit Fachdienste bei dem einen oder anderen Träger existieren, sind deren Voten im Rahmen der Budgetkonferenz zu berücksichtigen. Der Beauftragte hat nicht die Befugnis, zu Lasten anderer Träger eine bindende Entscheidung zu treffen, sondern ist auf deren Zustimmung angewiesen. In Nordrhein-Westfalen haben die Träger mit diesen Aufgaben eine Arbeitsgemeinschaft der Träger der gesetzlichen Kranken- und Rentenversicherung gem. § 94 SGB X betraut. 71

Der finanzielle Rahmen des persönlichen Budgets ist so zu bemessen, dass der individuell festgestellte Bedarf gedeckt wird und die erforderliche Beratung und Unterstützung erfolgen kann. Die Kosten des persönlichen Budgets sind gem. § 17 Abs. 3 Satz 4 SGB IX „gedeckelt". Sie dürfen in ihrer Summe die Kosten für bisher zu erbringende Leistungen nicht überschreiten. 72

Über die Verwendung der Leistungen schließen Budgetnehmer und Beauftragter eine **Zielvereinbarung** (§§ 3, 4 BudgetVO). Der Inhalt ist mit den anderen Leistungsträgern abzustimmen. Der Beauftragte darf die Leistung erst durch Verwaltungsakt bewilligen, wenn die Zielvereinbarung abgeschlossen ist. Sie enthält mindestens Regelungen über 73

- die Ausrichtung der individuellen Förder- und Leistungsziele,
- die Erforderlichkeit eines Nachweises über die Deckung des festgestellten individuellen Bedarfs sowie
- die Qualitätssicherung.

Es handelt sich um einen öffentlich-rechtlichen Vertrag. Zur Wirksamkeit bedarf es gem. § 57 SGB X auch der Zustimmung des Leistungserbringers (Reha-Träger, Pflegedienst usw.), der schlussendlich die Leistung erbringen soll. Die Vertragspartner sind verpflichtet, die Qualität sicherzustellen und insbesondere zu prüfen, ob und inwieweit mit Hilfe des Budgets die vereinbarten Ziele erreicht werden. 74

Die eigentliche Krankenbehandlung als Sachleistung ist keine „Budgetleistung", auch dann nicht, wenn der Versicherte für eine Kostenerstattung gem. § 13 Abs. 2 SGB V votiert. Schwieriger ist die Frage zu beantworten, wie Leistungen der häuslichen Krankenpflege im Budget eingeordnet und bewertet werden. Im Bereich der Pflege gem. SGB XI werden im Rahmen eines Budgets Gutscheine vergeben (§ 35a SGB XI). Allgemeiner Auffassung entspricht es, dass die persönliche Assistenz budgetfähig ist.[114] Das persönliche Budget umfasst auch Kosten der Beratung (so genannte „Budgetassistenz").[115] Nach der derzeitigen Rechtslage darf auch unter Berücksichtigung dieser zusätzlichen Kosten nicht die Summe überschritten werden, die ohne Budget für die Summe der Einzelleistungen anfällt.[116] 75

Durch **Verwaltungsakt** wird die finanzielle Verantwortung des Budgetnehmers geregelt. Dies betrifft nicht nur die Befristung, sondern auch die Frage, wie mit solchen Geldern zu verfahren ist, die – anders als geplant – nicht „verbraucht" werden. Ruft der Budgetnehmer Leistungen, die Gegenstand der Zielvereinbarung sind, nicht ab und fallen dadurch Kosten nicht an, die ihm im Rahmen des Budgets gezahlt wurden, wird man unbeschadet der gewählten Vertragsform einen Erstattungsanspruch nach § 48 76

---

[110] Dem widersprechen ausdrücklich die Spitzenverbände der Kranken- und Pflegekassen in ihren Empfehlungen „zur Umsetzung des trägerübergreifenden persönlichen Budgets" v. 28.06.2004, arg. Sachleistung.

[111] Vorläufige Handlungsempfehlungen der Bundesarbeitsgemeinschaft für Rehabilitation, Stand: 01.11.2006, www.bar-frankfurt.de.

[112] *Brodkorb* in: Hauck/Noftz, SGB IX, K § 17 Rn. 13.

[113] Budgetverordnung v. 27.05.2004, BGBl I 2004, 1055.

[114] Vgl. auch den Bericht der Bundesregierung vom 21.12.2006, BT-Drs. 16/3983 mit den Erfahrungen aus verschiedenen Bundesländern, die durchaus voneinander abweichen und z.B. auch die Tagesstrukturierung im Wohnbereich mit einschließen oder Überlassung und Nutzung von Wohnraum.

[115] Dazu *Wessel*, Wer zahlt hat Recht? – Beratung im Rahmen des Persönlichen Budgets für Menschen mit Behinderung, 2007.

[116] Vgl. dazu auch die empfehlenden Hinweise des Deutschen Vereins, NDV 2007, 105, 107 f.

SGB X zu prüfen haben. Dem Erstattungsanspruch kann der Budgetnehmer keinen Vertrauensschutz oder „Entreicherung“ entgegenhalten, sondern allenfalls den Vertragsinhalt selbst: Gehört es tatsächlich zu den Zielen des Budgets, die Selbstbestimmung derart zu fördern, dass der Behinderte das Geld für Leistungen, die er nicht abruft, behalten kann? Die Krankenkasse darf Gelder nur für die gesetzlich vorgeschriebenen und zugelassenen Aufgaben verwenden (§ 30 SGB IV). Eine Geldausgabe analog dem fiktiven Schadensersatz sieht das SGB nicht vor.

§ 2a SGB V Leistungen an behinderte und chronisch kranke Menschen

(Fassung vom 14.11.2003, gültig ab 01.01.2004)

Den besonderen Belangen behinderter und chronisch kranker Menschen ist Rechnung zu tragen.

Gliederung

A. Basisinformationen

I. Textgeschichte/Gesetzgebungsmaterialien

Die Vorschrift wurde eingeführt durch Art. 1 Nr. 1 GKV-Modernisierungsgesetz (GMG)[1] und ist am 01.01.2004 in Kraft getreten. 1

In der Begründung[2] heißt es, dass die Vorschrift an die übergreifenden Zielsetzungen des SGB IX anknüpft und „integrationsorientierend wirken (soll). Es gilt, die Belange chronisch kranker und behinderter Menschen im Sinne von mehr Teilhabe zu berücksichtigen, ihnen Selbstbestimmung zu ermöglichen und durch Behinderungen bzw. chronische Krankheit bedingte Nachteile auszugleichen“. 2

II. Vorgängervorschriften

Eine Vorgängervorschrift im eigentlichen Sinne gibt es nicht. Die Belange der Behinderten sind aber spätestens seit der Änderung des GG in Art. 3 Abs. 3 Satz 2 auf der politischen Agenda. Art. 3 Abs. 2 Satz 2 GG lautet: 3

„Niemand darf wegen seiner Behinderung benachteiligt werden“.

Auch diese Vorschrift bezweckt die Stärkung der Stellung behinderter Menschen in Recht und Gesellschaft. Die Vorschrift verlangt nicht nur Gleichbehandlung, sondern die Förderung Behinderter bzw. den Abbau von Benachteiligungen in der Gesellschaft.[3] 4

III. Parallelvorschriften

§ 27 Abs. 1 Satz 3 SGB V gebietet es, den Belangen psychisch Kranker Rechnung zu tragen. Hier handelt es sich oftmals (auch) um chronisch Kranke. Die chronische Erkrankung spielt eine besondere Rolle im Zusammenhang mit den strukturierten Behandlungsprogrammen gem. § 137f SGB V. Hier geht es um „geeignete chronische Krankheiten“, für die strukturierte Behandlungsprogramme entwickelt werden (insbesondere Diabetiker, Dialysepatienten usw.). Nach § 62 Abs. 1 Sätze 2 und 3 SGB V reduziert sich unter den dort genannten Voraussetzungen die Belastungsgrenze für Zuzahlungen bei chronisch kranken Versicherten – nach Maßgabe einer Richtlinie des G-BA. 5

§ 9 SGB IX enthält ausführliche Bestimmungen über das Wunsch- und Wahlrecht der Leistungsberechtigten, die auch im Recht der GKV gelten. Nach § 9 Abs. 1 Satz 2 SGB IX ist dabei auch auf die 6

[1] GMB v. 14.11.2004, BGBl I 2004, 2190.

[2] BT-Drs. 15/1525.

[3] Ausführlich *Osterloh* in: Sachs (Hrsg.), GG, 4. Aufl. 2007, Art. 3 Rn. 305 ff.; BVerfG v. 08.10.1997 - 1 BvR 9/97 - E 96, 288 ff. betr. das Verbot der Benachteiligung Behinderter im Bereich des Schulwesens; BVerfG v. 19.01.1999 - 1 BvR 2161/94 - E 99, 341: Ausschluss schreib- und sprechunfähiger Personen von der Testiermöglichkeit verstößt auch gegen das Benachteiligungsverbot gem. Art. 3 Abs. 3 Satz 2 GG.

persönliche Lebenssituation des Leistungsberechtigten Rücksicht zu nehmen. Nach § 9 Abs. 1 Satz 3 SGB IX ist darüber hinaus den besonderen Bedürfnissen behinderter Väter und Mütter bei der Erfüllung ihres Erziehungsauftrages und den besonderen Bedürfnissen **behinderter Kinder** Rechnung zu tragen.

7 Von grundsätzlicher Bedeutung ist auch die im allgemeinen Teil angesiedelte Vorschrift des § 33 SGB I, wonach bei der Ausgestaltung der Leistungen die persönlichen Verhältnisse des Berechtigten sowie „sein Bedarf und seine Leistungsfähigkeit" zu berücksichtigen sind.[4]

8 § 2 SGB IX enthält das allgemeine Postulat, dass die Leistungen der Pflegeversicherung den Pflegebedürftigen helfen sollen, „trotz ihres Hilfebedarfs ein möglichst selbständiges und selbstbestimmtes Leben zu führen, das der Würde des Menschen entspricht. Die Hilfen sind darauf auszurichten, die körperlichen, geistigen und seelischen Kräfte der Pflegebedürftigen wiederzugewinnen oder zu erhalten."

9 Dieses hier allgemein formulierte Ziel wird für den Bereich der Pflegeversicherung u.a. konkretisiert in § 28 Abs. 4 SGB XI, wonach die Pflege auch die Aktivierung des Pflegebedürftigen zum Ziel haben soll, und durch § 31 SGB XI, wonach die Rehabilitation Vorrang vor der Pflege hat.

IV. Untergesetzliche Normen

10 Die Berücksichtigung chronisch kranker Menschen wird auch „konkretisiert" in Richtlinien, Programmen und Verträgen, die sich u.a. mit strukturierten Behandlungsprogrammen (gem. § 137f SGB V) befassen. Die Richtlinien zur Definition schwerwiegender chronischer Erkrankungen i.S.d. § 62 SGB V[5] betreffen zwar „nur" die Voraussetzungen für die abgesenkten Zuzahlungspflichten gem. § 62 SGB V, enthalten aber wichtige Definitionen. Der MDS hat seine Begutachtungsanleitung „neue Untersuchungs- und Behandlungsmethoden (NUB)" um vorläufige Hinweise unter Berücksichtigung des Beschlusses des BVerfG v. 06.12.2005 überarbeitet.[6] Hier geht es u.a. um den Tatbestand einer „lebensbedrohlichen oder regelmäßig tödlichen Erkrankung". Dazu gehören auch notstandsähnliche Extremsituationen, wie etwa Zoekum-Ca Stadium III, schwere sekundäre pulmonale Hypertonie oder akut drohende Erblindung. In den meisten Fällen dürften derart schwerwiegende Erkrankungen den Tatbestand der chronischen Erkrankung gem. § 2a SGB V, jedenfalls aber den der Behinderung erfüllen.

V. Systematische Zusammenhänge

11 Der Auftrag gem. § 2a SGB V ändert nicht den Sachleistungsanspruch nach Art und Intensität gem. § 2 SGB V gegenüber allen Versicherten ab, sondern hebt die „besonderen Belange" behinderter und chronisch kranker Menschen hervor. In den Gesundheitsreformen der letzten Jahre ging es immer wieder um die Qualitätssicherung z.B. auch im Hinblick auf Schnittstellen sowie das „Versorgungsmanagement" (dazu nun § 11 Abs. 4 SGB V).

VI. Ausgewählte Literaturhinweise

12 *Grüber*, Disability Mainstreaming und die UN-Konvention zum Schutz der Rechte behinderter Menschen, Rechtsdienst der Lebenshilfe 2007, 7 f.; *Mattern*, Chronisch Krank – chronisch vergessen? Kommunikation/Mobilität/Alltag, GesundhWes 2007, 195; *Nicklas-Faust*, Menschen mit Handicap und chronisch Kranken solidarisch begegnen, SuP 2007, 234.

B. Auslegung der Norm

I. Regelungsgehalt und Bedeutung der Norm

13 Nach überwiegender Auffassung handelt es sich bei der Vorschrift um einen „programmatischen Auftrag"[7]. Richtig daran ist, dass die Vorschrift zwar einen spezifischen Inhalt hat, zugleich aber darüber

[4] Vgl. dazu *Weselski* in: jurisPK-SGB I, § 33.

[5] I.d.F. v. 22.01.2004, BAnz, 1343, geändert am 21.12.2004, BAnz, 24743; weiter entwickelt durch Beschl. des G-BA v. 19.07.2007 nebst tragenden Gründen vom gleichen Tage, abzurufen unter www.g-ba.de.

[6] Vorläufige Hinweise für die Begutachtung von neuen Untersuchungs- und Behandlungsmethoden (NUB) unter Berücksichtigung des Beschlusses des BVerfG v. 06.12.2005 - 1 BvR 347/98 - SozR 4-2500 § 27 Nr. 5 vom 20.11.2006 – www.mds.de.

[7] So etwa *Krauskopf*, Soziale Krankenversicherung, § 2a Rn. 3; ähnlich *Dalichau*, Gesetzliche Krankenversicherung, § 2a Anm. II; ausführlich *Noftz* in: Hauck/Noftz, SGB V, K § 2a Rn. 9 ff.

hinaus den Zielen eines **Disability Mainstreaming**[8] verpflichtet ist und damit in die Gesellschaft ausstrahlt. Die Vorschrift des § 2a SGB V wird auch als „Auslegungshilfe" in Konkretisierung des Art. 3 Abs. 3 Satz 2 GG für das Leistungsrecht der GKV angesehen.[9]

Die in der Gesetzesbegründung erwähnte Selbstbestimmung ist mittlerweile Gegenstand einer gesonderten Norm in § 9 SGB IX geworden, ist aber auch Inhalt dessen, was § 2 SGB V mit dem Begriff Eigenverantwortung bezeichnet, soll durch das persönliche Budget gem. § 17 Abs. 2 SGB IX gestärkt werden und ist Voraussetzung für eine sachgerechte Wahlentscheidung, soweit es z.B. um die Wahltarife gem. § 53 SGB V geht oder die Entscheidung für eine Kostenerstattung gem. § 13 Abs. 2 SGB V. Selbstbestimmung und Teilhabe sind jedenfalls nach neuerer Auffassung des Gesetzgebers konstitutiv für eine effektive Gesundheitsvorsorge einerseits und nachhaltige Therapiekonzepte andererseits. Dies kommt nicht nur zum Ausdruck in der Betonung von Selbsthilfeaktivitäten (§ 20c SGB V[10]), sondern auch in der Leistungsgewährung selbst. Typisches Beispiel ist die Entscheidung des Patienten für eine Behandlung mit Hilfe der „besonderen Therapierichtungen", durch die zulassungsüberschreitende Anwendung von Arzneimitteln gem. § 35c SGB V und schließlich – bei besonders schweren Erkrankungen – die Inanspruchnahme unkonventioneller Heilmethoden, deren Wirksamkeit nicht derart statistisch belegt ist, wie dies die Schulmedizin für sich in Anspruch nimmt.[11] 14

Man kann die Vorschrift des § 2a SGB V vergleichen mit der Regelung des § 27 Abs. 1 Satz 3 SGB V, wonach bei der Krankenbehandlung „den besonderen Bedürfnissen psychisch Kranker Rechnung zu tragen (ist), insbesondere bei der Versorgung mit Heilmitteln und bei der medizinischen Rehabilitation". 15

Dabei handelt es sich nicht um einen „bloßen Programmsatz", sondern um die konkrete Aufforderung an die Krankenkassen und wohl auch die Leistungserbringer, die die Behinderteneigenschaft bzw. die Chronifizierung der Erkrankung bei der Verordnung zu berücksichtigen haben.[12] Das BSG hat im Zusammenhang mit dem Streit um die Krankenhausbehandlungsbedürftigkeit eines psychisch kranken Versicherten auch auf § 27 Abs. 1 Satz 3 SGB V Bezug genommen und formuliert: 16

„Diese Regelung verleiht dem Einzelnen zwar keinen unmittelbaren Anspruch auf bestimmte Leistungen der Krankenkasse, ihr kommt aber zumindest eine Verdeutlichungsfunktion und der Charakter einer Auslegungsregelung zu; sie bedingt, dass die bestehenden gesetzlichen Möglichkeiten auch bei psychischen Erkrankungen voll ausgeschöpft werden und das für sie bestimmte Leistungsangebot nicht hinter demjenigen für somatisch Kranke zurückbleiben darf (*Schmidt* in: Peters, Gesetzliche Krankenversicherung, § 27 SGB VII Rn. 396). Deshalb ist § 27 Abs. 1 Satz 3 SGB V nicht nur Programmsatz, sondern unmittelbar anwendbares und im Einzelfall zu beachtendes Recht."[13]

II. Tatbestandsmerkmale

1. Behinderte Menschen

Hier gilt § 2 SGB IX: 17

„Menschen sind behindert, wenn ihre körperliche Funktion, geistige Fähigkeit oder seelische Gesundheit mit hoher Wahrscheinlichkeit länger als 6 Monate von dem für das Lebensalter typischen Zustand abweichen und daher ihre Teilhabe am Leben in der Gesellschaft beeinträchtigt ist. Sie sind von Behinderung bedroht, wenn die Beeinträchtigung zu erwarten ist."

Nicht erforderlich ist die Anerkennung der Schwerbehinderteneigenschaft gem. § 2 Abs. 2 SGB IX i.V.m. den §§ 68 ff. SGB IX oder die Gleichstellung gem. § 2 Abs. 3 SGB IX. Fraglich ist auch, ob der Begriff der Behinderung i.S.d. § 2a SGB V auch die zeitliche Komponente mit umfasst (länger als sechs Monate). Dafür spricht die Gleichsetzung mit einem „chronisch" Kranken. 18

[8] Vgl. UN-Konvention zum Schutz der Rechte behinderter Menschen, dazu *Lachwitz*, Rechtsdienst der Lebenshilfe 1/2007, 46, 2/2007, 37 ff.

[9] So *Peters* in: KassKomm, SGB V, § 2a Rn. 3; zweifelnd dazu *Krauskopf*, Soziale Krankenversicherung, Pflegeversicherung, § 2a Rn. 3.

[10] Dazu u.a. *Wille/Koch*, Gesundheitsreform 2007, Rn. 151 f.

[11] Vgl. dazu insb. BVerfG v. 06.12.2005 - 1 BvR 347/98 - NJW 2006, 891; dazu *Huster*, JZ 2006, 466; *Heinig*, NVwZ 2006, 771; ausführlich *Hauck*, NJW 2007, 1320 mit ausführlichen Hinweisen zu den Auswirkungen des Beschlusses und die neuesten Entscheidungen des BSG.

[12] *Wagner* in: Krauskopf, Soziale Krankenversicherung, Pflegeversicherung, § 27 Rn. 52.

[13] BSG v. 20.01.2005 - B 3 KR 9/03 R - juris Rn. 22 - SozR 4-2500 § 112 Nr. 4.

2. Chronisch Kranke

19 Chronisch krank ist, wer an einer lang dauernden Krankheit leidet, die seine normale Lebensführung erheblich beeinträchtigt. Als Kriterium für die Einbeziehung bestimmter chronischer Erkrankungen werden bezeichnet hohe Kosten, weite Verbreitung und Beeinflussbarkeit durch gezielte Behandlungen, wie insbesondere Diabetes mellitus, chronisch obstruktive Atemwegserkrankungen, Brustkrebs, koronare Herzerkrankungen (KHK).[14] Diese Auslegung knüpft an die strukturierten Behandlungsprogramme i.S.d. §§ 137f und 137g SGB V an.[15] Damit werden nicht alle chronischen Erkrankungen erfasst, wie sich etwa aus der Vereinbarung über die ambulante Behandlung chronisch schmerzkranker Patienten[16] ergibt. Der G-BA hat in der Chroniker-Richtlinie[17] eine Krankheit als schwerwiegend chronisch bezeichnet, „wenn sie wenigstens ein Jahr lang mindestens einmal pro Quartal ärztlich behandelt wurde (Dauerbehandlung) und eines der folgenden Merkmale vorhanden ist:

- Es liegt eine Pflegebedürftigkeit der Pflegestufe II oder III nach dem Zweiten Kapitel SGB XI vor.
- Es liegt ein Grad der Behinderung (GdB) von mindestens 60 oder eine Minderung der Erwerbsfähigkeit (MdE) von mindestens 60% vor, wobei der GdB oder MdE nach den Maßstäben des § 30 Abs. 1 BVG oder des § 56 Abs. 2 SGB VII festgestellt und zumindest auch durch die Krankheit nach Satz 1 begründet sein muss.
- Es ist eine kontinuierliche medizinische Versorgung (ärztliche oder psychotherapeutische Behandlung, Arzneimitteltherapie, Behandlungspflege, Versorgung mit Heil- oder Hilfsmitteln) erforderlich, ohne die nach ärztlicher Einschätzung eine lebensbedrohliche Verschlimmerung, eine Verminderung der Lebenserwartung oder eine dauerhafte Beeinträchtigung der Lebensqualität durch die aufgrund der Krankheit nach Satz 1 verursachte Gesundheitsstörung zu erwarten ist."

III. Rechtsfolgen

1. Besondere Belange

20 Mit dem Gebot, die „besonderen Belange" zu berücksichtigen, geht das Gesetz über die allgemeinen Anforderungen hinaus, die jeder Leistungserbringer bei der Behandlung zu beachten hat, z.B. die zeitliche Verknüpfung von stationärer und nachstationärer Behandlung einschließlich häuslicher Krankenpflege oder Anschlussheilbehandlung oder die Beachtung von Unvereinbarkeiten verschiedener Arzneimittel und sonstiger Therapiearten. „Besondere Belange" ergeben sich nicht nur aus dem Umgang mit dem Patienten, sondern auch aus der über die rein medizinische Intervention hinausgehenden sozialen Verantwortung, etwa soweit es um Hinweise auf Therapiealternativen, Selbsthilfegruppen, Sozialleistungsansprüche usw. geht.

21 Man kann hier auch sprechen von der „Barrierefreiheit", die das Behindertengleichstellungsgesetz (BGG) zumindest allen Trägern der öffentlichen Gewalt auferlegt hat (vgl. die Definition der Barrierefreiheit in § 4 BGG).

2. Rechnung tragen

22 Die Aufforderung hat für den Rechtsanwender, sprich die Krankenkasse und auch die Leistungserbringer, „verpflichtenden Inhalt"[18]. Dies gilt zum einen für die Krankenbehandlung selbst, etwa was die Abstimmung der Therapieoptionen auf andere Erkrankungen („multimorbide" Patienten) und die Qualitätssicherung zwischen verschiedenen Verordnungen und in die Behandlung eingeschalteten Fachkompetenzen anlangt. Dies ist auch Gegenstand des Versorgungsmanagements gem. § 11 Abs. 4 SGB V. Hinzu kommt die Rehabilitation mit der in § 11 Abs. 2 SGB V formulierten Zielsetzung i.V.m. den Regelungen der §§ 40 ff. SGB V.

23 Die Sozialleistungsträger ihrerseits trifft in Bezug auf die in § 2a SGB V genannten Versicherten eine besondere Verantwortung, wie sie auch in § 17 SGB I[19] zum Ausdruck gebracht wird, aber auch in Form der Beratung gem. §§ 14 ff. SGB I, der barrierefreien Leistungserbringung gem. § 20 Abs. 1

[14] I.d.S. *Krauskopf*, Soziale Krankenversicherung, Pflegeversicherung, § 2a Rn. 6.
[15] Dazu im Einzelnen *Wille/Koch*, Gesundheitsreform 2007, Rn. 571 ff.
[16] Gültig ab 01.07.1997, Deutsches Ärzteblatt 1997, 1277, geändert durch Vertrag v. 13.08.2001, abgedr. in Aichberger, Ergänzungsband, Nr. 620 – Anlage zum GKV-Ärztevertrag.
[17] Chroniker-Richtlinie v. 22.01.2004, BAnz, Nr. 18, 1343, zuletzt geändert durch Beschluss v. 19.07.2007.
[18] *Noftz* in: Hauck/Noftz, SGB V, K § 2a Rn. 51; ebenso *Weselksi* in: jurisPK-SGB I, § 33 Rn. 33.
[19] Vgl. zu diesem Prinzip der Effizienz *Mönch-Kalina* in: jurisPK-SGB I, § 17 insb. Rn. 16 ff.

SGB IX und der Hilfe bei der Erfüllung der Mitwirkungspflichten gem. §§ 12 Abs. 1 Nr. 3, 22 Abs. 1 SGB IX. Im Einzelfall kommt als erleichternde Maßnahme bei einem chronisch Kranken auch das Instrument des persönlichen Budgets gem. § 17 Abs. 2 SGB IX in Betracht.

Unbeschadet des Wirtschaftlichkeitsgebotes gem. § 12 SGB V und des sich daraus legitimierenden Genehmigungsvorbehaltes gem. § 19 SGB IV verbietet § 2a SGB V eine „Verschiebung der Beweislast" hin zu dem Behinderten bzw. chronisch Kranken. Mit anderen Worten: Der sich aus § 2a SGB V ergebende Schutzauftrag ist auch in solchen Fällen relevant, in denen z.B. die Krankenhausbehandlungsbedürftigkeit sich für die genehmigungsbefugte Kasse erst nach Einholung weiterer Auskünfte erschließt. Die Grenze der Zumutbarkeit, etwa was Begutachtungen oder sonstige Expertisen anlangt, dürfte bei dem in § 2a SGB V genannten Personenkreis eher schneller erreicht sein. 24

§ 3 SGB V Solidarische Finanzierung

(Fassung vom 20.12.1988, gültig ab 01.01.1989)

Die Leistungen und sonstigen Ausgaben der Krankenkassen werden durch Beiträge finanziert. Dazu entrichten die Mitglieder und die Arbeitgeber Beiträge, die sich in der Regel nach den beitragspflichtigen Einnahmen der Mitglieder richten. Für versicherte Familienangehörige werden Beiträge nicht erhoben.

Gliederung

A. Basisinformationen

I. Textgeschichte/Gesetzgebungsmaterialien

1 Mit Art. 1 des Gesundheitsreformgesetzes (GRG) vom 20.12.1988[1] führte der Gesetzgeber die Vorschrift des § 3 SGB V ein. § 3 SGB V trat mit Wirkung vom 01.01.1989 in Kraft. Die Fassung der Vorschrift entspricht dem Regierungsentwurf zum GRG. Bisher sind keine Änderungen an § 3 SGB V vorgenommen worden.

2 Die amtliche Begründung zu § 3 SGB V findet sich in der BT-Drs. 11/2237, S. 158. Danach soll § 3 SGB V das die gesetzliche Krankenversicherung beherrschende Solidaritätsprinzip konkretisieren. Die Vorschrift beschreibe, wie die Leistungen finanziert würden und wer Beiträge entrichte. Neben Versicherten und Arbeitgebern zahlten insbesondere auch die Rentenversicherungsträger und die heutige Bundesagentur für Arbeit Beiträge. Der Bund beteilige sich an der Finanzierung des Mutterschaftsgeldes und der Aufwendungen für die Krankenversicherung der Altenteiler in der Landwirtschaft. Diese Finanzierungsbeiträge Dritter veränderten jedoch den Charakter der solidarischen Finanzierung in der Gesetzlichen Krankenversicherung. Weiter ist in der Gesetzesbegründung ausgeführt, dass sich die Beiträge der Gesetzlichen Krankenversicherung nicht wie in der privaten Krankenversicherung nach dem Individualrisiko richteten, sondern nach der wirtschaftlichen Leistungsfähigkeit des einzelnen Mitglieds. Dies könne im Hinblick auf die wachsende Bedeutung von Teilzeit-Arbeitsverhältnissen, die jeweils vollen Versicherungsschutz zu relativ niedrigen Beiträgen auslösten, künftig zu Problemen führen. Auch die zu beobachtende Entwicklung zu mehr Freizeit und geringeren Entgeltzuwächsen bei unverändert vollem Leistungsanspruch in der Gesetzlichen Krankenversicherung könne die Beitragssatzstabilität auf Dauer gefährden. Es bleibe dabei, dass Angehörige des Mitglieds, die durch ihn familienversichert seien, keine eigenen Beiträge zahlten. Problematisch erscheine dies insbesondere bei nicht erwerbstätigen Ehegatten, die keine Kinder erziehen und betreuen würden.

3 Für das Beitrittsgebiet galt § 3 SGB V ab 01.01.1991, wie sich aus § 308 SGB V in der Fassung des Einigungsvertrages vom 31.08.1990 ergab[2], der jedoch durch Gesetz vom 22.12.1999[3] inzwischen wieder gestrichen ist.

II. Vorgängervorschriften

4 Die RVO enthielt keine dem jetzigen § 3 SGB V vergleichbare Vorschrift. Dies gilt sowohl für die ursprüngliche Fassung der RVO vom 19.07.1911[4] als auch für die Neufassung vom 15.12.1924[5]. Grund

[1] BGBl I 1988, 2477.
[2] BGBl II 1990, 889.
[3] BGBl I 1999, 2657.
[4] RGBl, 509.
[5] RGBl, 779.

dafür ist, dass Grundprinzipien wie der Grundsatz der solidarischen Finanzierung erst aufgrund moderner Gesetzgebungsformen Eingang in das kodifizierte Sozialversicherungsrecht gefunden haben.[6]

III. Parallelvorschriften

Für das **Arbeitsförderungsrecht** regelt **§ 340 SGB III** die Aufbringung der Mittel. Nach dieser Vorschrift werden die Leistungen der Arbeitsförderung und die sonstigen Ausgaben der Bundesagentur durch Beiträge der Versicherungspflichtigen, der Arbeitgeber und Dritter (Beitrag zur Arbeitsförderung), Umlagen, Mittel des Bundes und sonstige Einnahmen finanziert. **5**

Die Finanzierung der **Gesetzlichen Rentenversicherung** regelt das vierte Kapitel des SGB VI. Im zweiten Abschnitt des vierten Kapitels enthalten die §§ 157-160 SGB VI Allgemeines zu Beitragssätzen und Beitragsbemessungsgrenzen. In den §§ 161-167 SGB VI sind die Beitragsbemessungsgrundlagen für Beschäftigte, selbständig Tätige, sonstige Versicherte sowie bei freiwilliger Versicherung normiert. Die §§ 168-172 SGB VI befassen sich mit der Verteilung der Beitragslast. Die §§ 173-178 SGB VI regeln die Beitragszahlung. **6**

Für den Bereich der **Gesetzlichen Unfallversicherung** enthält der erste Abschnitt des sechsten Kapitels im ersten und zweiten Unterabschnitt die maßgeblichen Regelungen über Beitragspflicht und Beitragshöhe. Gemäß § 150 Abs. 1 Satz 1 SGB VII sind beitragspflichtig die Unternehmer, für deren Unternehmen Versicherte tätig sind oder zu denen Versicherte in einer besonderen, die Versicherung begründenden Beziehung stehen. **7**

IV. Systematische Zusammenhänge

Die allgemeine Regelung über die Aufbringung der Mittel für alle Sozialversicherungszweige findet sich in **§ 20 SGB IV**. Gemäß § 20 Abs. 1 SGB IV werden die Mittel der Sozialversicherung einschließlich der Arbeitsförderung nach Maßgabe der besonderen Vorschriften für die einzelnen Versicherungszweige durch Beiträge der Versicherten, der Arbeitgeber und Dritter, durch staatliche Zuschüsse und durch sonstige Einnahmen aufgebracht. § 20 Abs. 1 SGB IV verweist mithin auf Spezialnormen für den jeweiligen Sozialversicherungszweig. Die entsprechende Spezialvorschrift ist für den Bereich der Gesetzlichen Krankenversicherung § 3 SGB V. **8**

§ 3 SGB V ist Teil der im 1. Kapitel des SGB V zusammengefassten „Allgemeinen Vorschriften" (§§ 1-4 SGB V), die für das gesamte SGB V Gültigkeit haben. Als Einweisungsvorschrift legt § 3 SGB V Grundsätze der Finanzierung der Gesetzlichen Krankenversicherung fest. Gemäß § 3 Satz 1 SGB V werden alle Leistungen und sonstigen Aufgaben der Krankenkassen durch Beiträge finanziert. Dazu entrichten die Mitglieder einerseits und die Arbeitgeber andererseits Beiträge, die sich in der Regel an den beitragspflichtigen Einnahmen der Mitglieder orientieren (§ 3 Satz 1 SGB V). Für versicherte Familienangehörige werden keine Beiträge erhoben (§ 3 Satz 3 SGB V). **9**

§ 3 SGB V bezieht sich in seinem Satz 1 auf die Finanzierung der **Leistungen** der Krankenkassen. Diese sind in **§ 2 SGB V** näher definiert. Zu den **sonstigen Ausgaben** im Sinne des § 3 Satz 1 SGB V gehören insbesondere die Verwaltungskosten, vgl. dazu § 30 Abs. 1 SGB IV. **10**

Die Leistungen und sonstigen Ausgaben werden gemäß § 3 Satz 1 SGB V durch **Beiträge** finanziert. Regelungen über die Beiträge im Einzelnen sind im achten Kapitel des SGB V enthalten. Die **§§ 220-225 SGB V** enthalten Vorschriften über die **Aufbringung der Mittel**. Die **§§ 226-240 SGB V** regeln, welche **Einnahmen** der Mitglieder **beitragspflichtig** sind. Die **Beitragssätze** sind in den **§§ 241-248 SGB V** enthalten. Die **§§ 249-251 SGB V** bestimmen die **Tragung der Beiträge**, die **§§ 252-256 SGB V die Zahlung der Beiträge**. Die **§§ 257, 258 SGB V** enthalten Regelungen über **Beitragszuschüsse**. **11**

§ 3 Satz 2 SGB V bezieht sich auf die Mitglieder und Arbeitgeber. Wer **Mitglied** (vgl. Rn. 32) in der Gesetzlichen Krankenversicherung ist, ergibt sich aus den Vorschriften über den versicherten Personenkreis im zweiten Kapitel des SGB V. Regelungen über die Versicherung kraft Gesetzes enthalten die **§§ 5-8 SGB V** (vgl. Rn. 33). **§ 9 SGB V** normiert die **freiwillige Versicherung, § 10 SGB V die Familienversicherung.** Zu letzterer ist allerdings § 3 Satz 3 SGB V zu beachten, wonach für versicherte Familienangehörige keine Beiträge erhoben werden (vgl. Rn. 39). **12**

§ 3 SGB V ist über die bereits dargestellten Zusammenhänge hinaus auch in Relation zu den Vorschriften über die Finanz- und Risikostrukturausgleiche, **§§ 265-269** und **313 f. SGB V**, zu sehen. **13**

---

[6] So *Noftz* in: Hauck/Noftz, SGB V, § 3 Rn. 15.

V. Ausgewählte Literaturhinweise

14 *Klose*, Ausschluss der Familienversicherung wegen Überschreitens der Jahresarbeitsentgeltgrenze, NZS 2005, 576; *Linke*, Selbstbehalt und Bonus in der gesetzlichen Krankenversicherung?, NZS 2003, 126; *Ramsauer*, Soziale Krankenversicherung zwischen Solidarprinzip und Wettbewerb, NZS 2006, 505.

B. Auslegung der Norm

I. Regelungsgehalt und Bedeutung der Norm

15 Neben den §§ 1 und 2 SGB V enthält auch § 3 SGB V eines der **Grundprinzipien** im Bereich der Gesetzlichen Krankenversicherung, nämlich das **Konzept der solidarischen Finanzierung**.

16 Als eine solche, ein wichtiges Strukturprinzip enthaltende Vorschrift kommt § 3 SGB V zum einen ein sog. **Einweisungscharakter** zu, zum anderen ist § 3 SGB V für **Auslegung und Anwendung** der die Fragen der Finanzierung der Gesetzlichen Krankenversicherung konkretisierenden Vorschriften heranzuziehen.

17 Im Rahmen der gerade angesprochenen Auslegung und Anwendung der das Prinzip der solidarischen Finanzierung konkretisierenden Normen ist auch die amtliche Überschrift des § 3 SGB V „Solidarische Finanzierung" zu berücksichtigen. Mit „Finanzierung" ist die Ausgabendeckung gemeint. Wie der Finanzverfassung des Bundes und der Länder nach Art. 104a ff. des Grundgesetzes liegt § 3 SGB V ebenfalls der Gedanke des unmittelbaren finanzwirtschaftlichen Zusammenhanges zwischen Aufgabenzuweisung und Finanzverantwortung zugrunde.

II. Normzweck

18 Sinn und Zweck der Vorschrift des § 3 SGB V ist, die Grundsätze des Finanzierungssystems für den Bereich der Gesetzlichen Krankenversicherung zu regeln. Dabei werden die Beiträge als wesentliche Finanzierungsquelle dargestellt. Des Weiteren wird das Prinzip der Krankenversicherung als Solidargemeinschaft auch für den Bereich der Finanzierung der Gesetzlichen Krankenversicherung im SGB V verankert.

19 Die Grundlagen der Finanzierung und insbesondere die Vorschriften über die Beiträge finden sich im Wesentlichen in den §§ 220 ff. SGB V. § 3 SGB V hat demgegenüber die Aufgabe, die Grund- oder Strukturprinzipien für die Finanzierung der Gesetzlichen Krankenversicherung herauszustellen.

20 Das Merkmal der solidarischen Finanzierung hat verschiedene Teilaspekte. Beiträge und Leistungen sind anders als in der privaten Krankenversicherung grundsätzlich nicht am individuellen Risiko (Gesundheitszustand, Alter, Geschlecht) und einem vereinbarten Leistungsumfang orientiert, sondern weitgehend vereinheitlicht. Alle Versicherten erhalten grundsätzlich bei gleichem Bedarf die gleichen Leistungen, während die Beiträge nur nach einem bestimmten Prozentsatz von den beitragspflichtigen Einnahmen des Versicherten und damit einkommens- und nicht risikoabhängig erhoben werden. Damit findet ein Ausgleich zwischen leistungsfähigeren und weniger leistungsfähigen Versicherten statt. Bei gleichen Leistungen finanzieren die Versicherten mit höheren beitragspflichtigen Einnahmen diejenigen mit niedrigen beitragspflichtigen Einnahmen teilweise mit. Des Weiteren erfolgt ein Ausgleich zwischen Versicherten mit „gutem" und „schlechtem" Risiko (Gesundheitszustand, Alter, Geschlecht). Auch erhalten alle Versicherten grundsätzlich ohne Rücksicht auf das bei Eintritt in die Versicherung bestehende Risiko bei gleichem Bedarf die gleichen Leistungen. Daneben erfolgt ein Familienlastenausgleich dadurch, dass die nach § 10 SGB V versicherten Familienangehörigen grundsätzlich Anspruch auf die gleichen Leistungen wie die anderen Versicherten (Mitglieder) haben, ohne dafür einen eigenen Beitrag zahlen zu müssen.

21 Eine Abweichung von dem vom Gesetzgeber in § 3 SGB V normierten Prinzip der solidarischen Finanzierung stellt nicht automatisch einen Verstoß gegen den Gleichheitssatz dar.[7] Dies folgt daraus, dass dieses Prinzip keinen Verfassungsrang besitzt und damit der Gesetzgeber in Einzelfällen davon abweichen kann, ohne zugleich systemwidrig zu handeln.[8] Ansonsten wäre die Handlungs- und Gestal-

---

7 LSG Brandenburg v. 25.01.2005 - L 24 KR 47/04.

8 LSG Brandenburg v. 25.01.2005 - L 24 KR 47/04.

tungsfreiheit des Gesetzgebers in wesentlichem Umfang eingeschränkt. Abweichungen von einem selbstgewählten System sind daher grundsätzlich zulässig, wenn es für eine an sich systemwidrige Regelung sachgerechte Gründe gibt.[9]

III. Tatbestandsmerkmale

1. Leistungen

Mit dem Begriff „Leistungen" gemäß § 3 SGB V sind die Ausgaben gemeint, die von den Krankenkassen direkt an die Versicherten oder im Rahmen der Erfüllung von Sachleistungsansprüchen an die Leistungserbringer aufgrund des materiellen Krankenversicherungsrechts erbracht werden. Als Leistungen an die Versicherten direkt kommen beispielsweise Krankengeldzahlungen oder Kostenerstattungen in Betracht. 22

2. Sonstige Ausgaben

„Sonstige Ausgaben" sind alle übrigen Aufwendungen, welche zur Erfüllung der den Krankenkassen gesetzlich übertragenen Aufgaben – vgl. dazu § 1 SGB V – erforderlich sind. Unter diese Aufwendungen fallen auch die Verwaltungskosten. 23

3. Beiträge

Beiträge sind eine Form öffentlicher Abgaben; bei den beiden anderen Ausgestaltungen öffentlicher Abgaben handelt es sich um Steuern und Gebühren. 24

Der Begriff der **Steuern** ist in § 3 Abs. 1 der Abgabenordnung legaldefiniert. Danach sind Steuern Geldleistungen, die nicht eine Gegenleistung für eine besondere Leistung darstellen und von einem öffentlich-rechtlichen Gemeinwesen zur Erzielung von Einnahmen allen auferlegt werden, bei denen der Tatbestand zutrifft, an den das Gesetz die Leistungspflicht knüpft; die Erzielung von Einnahmen kann Nebenzweck sein. 25

Gebühren fallen als Gegenleistung für die tatsächliche Inanspruchnahme einer Verwaltungsleistung – sog. Verwaltungsgebühr – oder für die Nutzung einer öffentlichen Einrichtung – sog. Benutzungsgebühr – an. 26

Wesentlich für den **Begriff der Beiträge** ist im **allgemeinen Abgabenrecht** der Gesichtspunkt der Gegenleistung.[10] Derjenige, der aus einer öffentlichen Einrichtung besonderen wirtschaftlichen Nutzen zieht, soll auch zu deren Kosten beitragen. Der Charakterisierung einer Abgabe als Beitrag steht nicht entgegen, dass sie laufend erhoben wird, denn sie soll nicht nur zur Errichtung, sondern auch zum laufenden Unterhalt öffentlicher Einrichtungen beitragen.[11] 27

Für den **Bereich des Sozialversicherungsrechtes** hat der Begriff „Beitrag" einen gegenüber dem allgemeinen Abgabenrecht modifizierten Inhalt. Krankenversicherungsbeiträge werden zur Finanzierung der in § 1 SGB V definierten Aufgaben eingesetzt. Aus diesem Zweck ergibt sich die Besonderheit des Krankenversicherungsbeitrages gegenüber Beiträgen im allgemeinen abgabenrechtlichen Sinn: Zwischen Beitrag einerseits und Versicherungsleistung andererseits besteht keine durchgängige Proportionalität. Denn Krankenversicherungsbeiträge sind einkommensbezogen, nicht jedoch – wie in der Privaten Krankenversicherung – risikobezogen. Hintergrund für die fehlende Risikobezogenheit ist das für den Bereich der Sozialversicherung zu beachtende **Sozialstaatsprinzip** und der daraus abgeleitete **Solidargrundsatz.**[12] Daraus folgt wiederum, dass die Beiträge – zumindest teilweise – umverteilt werden müssen, was zu einer **Fremdnützigkeit der Beiträge** führt. Dabei handelt es sich um ein dem allgemeinen Beitragsrecht fremdes Element. 28

Sozialversicherungsbeiträge sind nach alldem alle Geldleistungen, die auf gesetzlicher Grundlage zur Deckung des Finanzbedarfes der Sozialleistungsträger von Versicherten, Arbeitgebern oder Dritten aufgebracht werden. 29

Die Beiträge sind gemäß § 223 Abs. 1 SGB V grundsätzlich für jeden Kalendertag der Mitgliedschaft zu zahlen. Die Beiträge werden nach den beitragspflichtigen Einnahmen der Mitglieder bemessen (§ 223 Abs. 2 Satz 1 SGB V). Beitragspflichtige Einnahmen sind gemäß § 223 Abs. 3 Satz 1 SGB V 30

[9] LSG Brandenburg v. 25.01.2005 - L 24 KR 47/04 m.w.N.

[10] BVerfG v. 26.05.1976 - 2 BvR 995/75 - BVerfGE 42, 223-229 m.w.N.

[11] BVerfG v. 26.05.1976 - 2 BvR 995/75 - BVerfGE 42, 223-229 m.w.N.

[12] Vgl. dazu *Noftz* in: Hauck/Noftz, SGB V, § 3 Rn. 26.

bis zu einem Betrag von einem Dreihundertsechzigstel der Jahresarbeitsentgeltgrenze nach § 6 Abs. 7 SGB V für den Kalendertag zu berücksichtigen (sog. Beitragsbemessungsgrenze). Einnahmen, die diesen Betrag übersteigen, bleiben nach § 223 Abs. 3 Satz 1 SGB V grundsätzlich außer Ansatz.

31 Die Beitragshöhe errechnet sich, indem aus den beitragspflichtigen Einnahmen und dem Beitragssatz gemäß §§ 241 ff. SGB V das Produkt gebildet wird.

4. Beitragspflichtiger Personenkreis

a. Mitglieder

32 Die Mitgliedschaft in einer Krankenkasse wird durch Versicherungspflicht oder durch die Ausübung einer Versicherungsberechtigung begründet. Mitglieder einer Krankenkasse sind immer auch Versicherte derselben; umgekehrt ist jedoch nicht jeder Versicherte einer Krankenkasse auch deren Mitglied (vgl. dazu Rn. 39).

33 § 5 SGB V umschreibt den Personenkreis, der kraft Gesetzes der Versicherungspflicht in der gesetzlichen Krankenkasse unterliegt. Die Versicherungspflicht ist unabhängig vom Willen der Beteiligten und von der Erfüllung formaler Voraussetzungen sowie von der Kenntnis des Eintritts der Versicherungspflicht. Die Versicherungspflicht knüpft in vielen Fällen über § 5 Abs. 1 Nr. 1 SGB V an das Bestehen eines abhängigen Beschäftigungsverhältnisses nach § 7 SGB IV an; daneben finden sich jedoch zahlreiche Sondertatbestände.

34 Nicht versicherungspflichtige und versicherungsfreie (§§ 6, 7 SGB V) Personen haben über § 9 SGB V die Möglichkeit, durch Ausübung ihres öffentlich-rechtlichen Gestaltungsrechts der gesetzlichen Krankenversicherung freiwillig beizutreten.

b. Arbeitgeber

35 Der Begriff des Arbeitgebers ist im Gesetz nicht definiert. Nach der ständigen Rechtsprechung des BSG ist Arbeitgeber, wer einen anderen beschäftigt, zu wem der Beschäftigte also in persönlicher Abhängigkeit steht.[13] Anhaltspunkte für eine Beschäftigung sind gemäß § 7 Abs. 1 Satz 2 SGB IV eine Tätigkeit nach Weisungen und eine Eingliederung in die Arbeitsorganisation des Weisungsgebers. Die Arbeitgebereigenschaft ist durch das Unternehmerrisiko und die Lohn-/Gehaltszahlungspflicht charakterisiert.

c. Sonstige Beitragspflichtige

36 Ergänzend zu dem in § 3 Satz 2 SGB V genannten beitragspflichtigen Personenkreis ist § 20 Abs. 1 SGB IV zu entnehmen, dass es außer Mitgliedern und Arbeitgebern auch beitragspflichtige Dritte gibt. Eine Beitragstragung durch Dritte liegt vor, wenn die Zahlungen zwar rechtlich gesehen Beitragscharakter haben, es sich also trotz der Finanzierung aus Steuermitteln nicht um staatliche Zuschüsse handelt, wenn die Zahlungen jedoch nicht von den versicherten Personen und/oder ihren Arbeitgebern getragen werden.

5. Beitragspflichtige Einnahmen

37 Die Beiträge richten sich gemäß § 3 Satz 2 SGB V in der Regel nach den beitragspflichtigen Einnahmen der Mitglieder. § 223 Abs. 3 SGB V enthält eine Begrenzung der zu berücksichtigenden beitragspflichtigen Einnahmen auf 1/360 der in § 6 Abs. 7 SGB V bestimmten Jahresarbeitsentgeltgrenze.

38 Welche Einnahmen im Einzelnen beitragspflichtig sind, bestimmen die §§ 226-240 SGB V. Die Beitragssätze ergeben sich aus den §§ 241 ff. SGB V.

6. Familienversicherung

39 Abzugrenzen von den Mitgliedern (vgl. Rn. 29) ist der Personenkreis, der in einer Krankenkasse versichert ist, ohne gleichzeitig deren Mitglied zu sein. Es handelt sich dabei um den Kreis der Familienversicherten gemäß § 10 SGB V. Bereits aus diesem Status ergibt sich, dass Familienversicherte nicht beitragspflichtig sind. § 3 Satz 3 SGB V, nach dem Beiträge für versicherte Familienangehörige nicht erhoben werden, hat mithin rein deklaratorischen Charakter.

---

[13] BSG v. 20.12.1962 - 3 RK 31/58 - BSGE 18, 190, 196; BSG v. 26.01.1978 - 2 RU 90/77 - BSGE 45, 279; vgl. auch *Seewald* in: KassKomm, SGB IV, § 28e Rn 3 ff.

§ 4 SGB V Krankenkassen

(Ursprünglich kommentierte Fassung vom 26.03.2007, gültig ab 01.04.2007, gültig bis 27.12.2007)

(1) Die Krankenkassen sind rechtsfähige Körperschaften des öffentlichen Rechts mit Selbstverwaltung.

(2) Die Krankenversicherung ist in folgende Kassenarten gegliedert:

Allgemeine Ortskrankenkassen,

Betriebskrankenkassen,

Innungskrankenkassen,

die See-Krankenkasse,

Landwirtschaftliche Krankenkassen,

die Deutsche Rentenversicherung Knappschaft-Bahn-See als Träger der Krankenversicherung (Deutsche Rentenversicherung Knappschaft-Bahn-See),

Ersatzkassen.

(3) Im Interesse der Leistungsfähigkeit und Wirtschaftlichkeit der gesetzlichen Krankenversicherung arbeiten die Krankenkassen und ihre Verbände sowohl innerhalb einer Kassenart als auch kassenartenübergreifend miteinander und mit allen anderen Einrichtungen des Gesundheitswesens eng zusammen.

(4) Die Krankenkassen haben bei der Durchführung ihrer Aufgaben und in ihren Verwaltungsangelegenheiten sparsam und wirtschaftlich zu verfahren und dabei ihre Ausgaben so auszurichten, dass Beitragssatzerhöhungen ausgeschlossen werden, es sei denn, die notwendige medizinische Versorgung ist auch nach Ausschöpfung von Wirtschaftlichkeitsreserven ohne Beitragssatzerhöhungen nicht zu gewährleisten. Die Verwaltungsausgaben der einzelnen Krankenkasse dürfen sich im Jahr 2003 gegenüber dem Jahr 2002 nicht erhöhen; Veränderungen der jahresdurchschnittlichen Zahl der Versicherten im Jahr 2003 können berücksichtigt werden. Satz 2 gilt nicht, soweit Mehrausgaben aufgrund der Entwicklung, Zulassung, Durchführung und Evaluation von strukturierten Behandlungsprogrammen entstehen und sie nicht im Rahmen der vorgegebenen Höhe der Verwaltungsausgaben ausgeglichen werden können. In den Jahren 2004 bis 2007 dürfen die jährlichen Verwaltungsausgaben der Krankenkassen je Versicherten im Vergleich zum Vorjahr die sich bei Anwendung der für das gesamte Bundesgebiet geltenden Veränderungsrate nach § 71 Abs. 3 ergebenden Ausgaben nicht überschreiten. Gliedern Krankenkassen Aufgaben aus, deren Kosten bei Durchführung durch die Krankenkassen den Verwaltungsausgaben zuzurechnen wären, sind auch diese Kosten Verwaltungsausgaben nach Satz 4. Liegen in den Jahren 2003, 2004, 2005 oder 2006 die Verwaltungsausgaben je Versicherten einer Krankenkasse um mehr als jeweils 10 vom Hundert über den entsprechenden durchschnittlichen Verwaltungsausgaben je Versicherten aller Krankenkassen, so ist eine Erhöhung der Verwaltungsausgaben je Versicherten im Folgejahr ausgeschlossen. Verliert eine Krankenkasse in dem Zeitraum nach Satz 4 während eines Kalenderjahres jeweils mehr als 1 vom Hundert ihres jahresdurchschnittlichen Versichertenbestandes im Vergleich zum Vorjahr, so kann sie die durch diesen Versichertenverlust erforderliche, 1 vom Hundert übersteigende Anpassung ihrer Verwaltungsausgaben nach Satz 4 im Folgejahr vornehmen. Die Sätze 4 bis 7 gelten nicht, soweit Erhöhungen der Verwaltungsausgaben auf der Übertragung von Personalkosten des Arbeitgebers auf die Krankenkasse beruhen oder im Jahr 2005 darauf beruhen, dass vom 1. Januar 2006 an die Aufgaben nach dem Aufwendungsausgleichsgesetz wahrzunehmen sind. In dem nach Satz 4 genannten Zeitraum dürfen die jährlichen Ausgaben der Verbände der Krankenkassen im Vergleich zum Vorjahr die sich bei Anwendung der für das gesamte Bundesgebiet geltenden Veränderungsrate nach § 71 Abs. 3 ergebenden Ausgaben nicht überschreiten.

§ 4 SGB V Krankenkassen

(Fassung vom 19.12.2007, gültig ab 28.12.2007, gültig bis 31.12.2008)

(1) Die Krankenkassen sind rechtsfähige Körperschaften des öffentlichen Rechts mit Selbstverwaltung.

(2) Die Krankenversicherung ist in folgende Kassenarten gegliedert:

Allgemeine Ortskrankenkassen,

Betriebskrankenkassen,

Innungskrankenkassen,

Landwirtschaftliche Krankenkassen,

die Deutsche Rentenversicherung Knappschaft-Bahn-See als Träger der Krankenversicherung (Deutsche Rentenversicherung Knappschaft-Bahn-See),

Ersatzkassen.

(3) Im Interesse der Leistungsfähigkeit und Wirtschaftlichkeit der gesetzlichen Krankenversicherung arbeiten die Krankenkassen und ihre Verbände sowohl innerhalb einer Kassenart als auch kassenartenübergreifend miteinander und mit allen anderen Einrichtungen des Gesundheitswesens eng zusammen.

(4) Die Krankenkassen haben bei der Durchführung ihrer Aufgaben und in ihren Verwaltungsangelegenheiten sparsam und wirtschaftlich zu verfahren und dabei ihre Ausgaben so auszurichten, dass Beitragssatzerhöhungen ausgeschlossen werden, es sei denn, die notwendige medizinische Versorgung ist auch nach Ausschöpfung von Wirtschaftlichkeitsreserven ohne Beitragssatzerhöhungen nicht zu gewährleisten. Die Verwaltungsausgaben der einzelnen Krankenkasse dürfen sich im Jahr 2003 gegenüber dem Jahr 2002 nicht erhöhen; Veränderungen der jahresdurchschnittlichen Zahl der Versicherten im Jahr 2003 können berücksichtigt werden. Satz 2 gilt nicht, soweit Mehrausgaben aufgrund der Entwicklung, Zulassung, Durchführung und Evaluation von strukturierten Behandlungsprogrammen entstehen und sie nicht im Rahmen der vorgegebenen Höhe der Verwaltungsausgaben ausgeglichen werden können. In den Jahren 2004 bis 2007 dürfen die jährlichen Verwaltungsausgaben der Krankenkassen je Versicherten im Vergleich zum Vorjahr die sich bei Anwendung der für das gesamte Bundesgebiet geltenden Veränderungsrate nach § 71 Abs. 3 ergebenden Ausgaben nicht überschreiten. Gliedern Krankenkassen Aufgaben aus, deren Kosten bei Durchführung durch die Krankenkassen den Verwaltungsausgaben zuzurechnen wären, sind auch diese Kosten Verwaltungsausgaben nach Satz 4. Liegen in den Jahren 2003, 2004, 2005 oder 2006 die Verwaltungsausgaben je Versicherten einer Krankenkasse um mehr als jeweils 10 vom Hundert über den entsprechenden durchschnittlichen Verwaltungsausgaben je Versicherten aller Krankenkassen, so ist eine Erhöhung der Verwaltungsausgaben je Versicherten im Folgejahr ausgeschlossen. Verliert eine Krankenkasse in dem Zeitraum nach Satz 4 während eines Kalenderjahres jeweils mehr als 1 vom Hundert ihres jahresdurchschnittlichen Versichertenbestandes im Vergleich zum Vorjahr, so kann sie die durch diesen Versichertenverlust erforderliche, 1 vom Hundert übersteigende Anpassung ihrer Verwaltungsausgaben nach Satz 4 im Folgejahr vornehmen. Die Sätze 4 bis 7 gelten nicht, soweit Erhöhungen der Verwaltungsausgaben auf der Übertragung von Personalkosten des Arbeitgebers auf die Krankenkasse beruhen oder im Jahr 2005 darauf beruhen, dass vom 1. Januar 2006 an die Aufgaben nach dem Aufwendungsausgleichsgesetz wahrzunehmen sind. In dem nach Satz 4 genannten Zeitraum dürfen die jährlichen Ausgaben der Verbände der Krankenkassen im Vergleich zum Vorjahr die sich bei Anwendung der für das gesamte Bundesgebiet geltenden Veränderungsrate nach § 71 Abs. 3 ergebenden Ausgaben nicht überschreiten.

Hinweis: § 4 SGB V in der Fassung vom 26.03.2007 wurde durch Art. 5 Nr. 1 des Gesetzes vom 19.12.2007 (BGBl I 2007, 3024) i.V.m. der Bek. vom 28.12.2007 (BGBl I 2007, 3305) mit Wirkung vom 28.12.2007 geändert. Die Autoren passen die Kommentierungen bei Bedarf an die aktuelle Rechtslage durch Aktualisierungshinweise an.

Gliederung

A. Basisinformationen

I. Gesetzgebungsmaterialien

Die Einführung von § 4 SGB V erfolgte durch das Gesundheitsreformgesetz vom 20.12.1988.[1] 1

Änderungen wurden zunächst in Bezug auf den in Absatz 4 festgelegten Grundsatz der sparsamen und wirtschaftlichen Haushalts- und Betriebsführung vorgenommen. Mit Wirkung zum 01.01.2000 wurde der Zusatz aufgenommen, wonach die Krankenkassen ihre Ausgaben so auszurichten haben, dass Beitragssatzerhöhungen ausgeschlossen sind, es sei denn, die notwendige medizinische Versorgung ist auch nach Ausschöpfung von Wirtschaftlichkeitsreserven ohne Beitragssatzerhöhungen nicht zu gewährleisten (Satz 1 Halbsatz 2).[2] Zum 01.01.2003 wurden die Sätze 2 bis 3 angefügt[3], zum 01.01.2004 die Sätze 4 bis 9.[4] 2

Weitere Änderungen ergaben sich zuletzt durch das GKV-Wettbewerbsstärkungsgesetz. Durch Art. 1 Nr. 1a wurde in Absatz 2 das Wort „knappschaftlichen" gestrichen.[5] Es handelt sich dabei um eine Folgeänderung zur Öffnung der Deutschen Rentenversicherung Knappschaft-Bahn-See für Versicherte außerhalb des Bergbaus (vgl. 173 Abs. 2 Satz 1 Nr. 4a SGB V), die erforderlich wurde, da künftig nicht nur Bergleute die Deutsche Rentenversicherung Knappschaft-Bahn-See als Krankenversicherungsträger wählen können.[6] Diese Regelung trat am 01.04.2007 in Kraft. Mit Wirkung zum 01.01.2009 wird wegen der Einführung des Gesundheitsfonds in Absatz 4 Satz 1 auf Beitragserhöhungen an Stelle von Beitragssatzerhöhungen Bezug genommen.[7] 3

II. Vorgängervorschriften

§ 4 SGB V hat keinen Vorläufer. Eine Regelung, die für verschiedene Arten von Krankenkassen gilt, existierte nur für AOKn, BKKn und IKKn (§ 225 RVO). Für die anderen Kassenarten bestanden Spezialvorschriften: §§ 44 ff. KVLG für die landwirtschaftlichen Krankenkassen, §§ 7 ff. RKG für die knappschaftliche Krankenversicherung, §§ 476 ff. RVO für die See-Krankenkasse, §§ 503 ff. RVO für die Ersatzkassen. 4

---

1 BGBl I 1988, 2477.

2 Gesetz zur Reform der gesetzlichen Krankenversicherung ab dem Jahr 2000, 22.12.1999, BGBl I 1999, 2626.

3 Zwölftes Gesetz zur Änderung des Fünften Buches Sozialgesetzbuch, 12.06.2003, BGBl I 2003, 844.

4 Gesetz zur Modernisierung der gesetzlichen Krankenversicherung, 14.11.2003, BGBl I 2003, 2190.

5 GKV-Wettbewerbsstärkungsgesetz (GKV-WSG), 26.03.2007, BGBl I 2007, 378.

6 Begründung zum GKV-Wettbewerbsstärkungsgesetz (GKV-WSG), BT-Drs. 16/3100, S. 93.

7 Art. 1 Nr. 1 lit. b i.V.m. Art. 46 Abs. 10 des GKV-Wettbewerbsstärkungsgesetzes (GKV-WSG), 26.03.2007, BGBl I 2007, 378.

III. Parallelvorschriften

5 Nach § 29 Abs. 1 SGB IV sind die Träger der Sozialversicherung rechtsfähige Körperschaften des öffentlichen Rechts. § 4 Abs. 1 SGB V wiederholt diese Aussage für den Bereich der gesetzlichen Krankenversicherung. Nach § 86 SGB X sind die Leistungsträger, ihre Verbände und die im Sozialgesetzbuch genannten öffentlich-rechtlichen Vereinigungen verpflichtet, bei der Erfüllung ihrer Aufgaben eng zusammenzuarbeiten. § 4 Abs. 3 SGB V erneuert den Grundsatz für die Krankenkassen und Verbände. Darüber hinaus dehnt er sie auf alle anderen Einrichtungen des Gesundheitswesens aus. Der Grundsatz der Wirtschaftlichkeit und Sparsamkeit ist ein allgemeines Rechtsgebot, das für das gesamte öffentliche Verwaltungshandeln gilt (§ 6 Abs. 1 HGrG, § 7 Abs. 1 BHO) und das in haushaltsrechtlichen Bestimmungen wie § 69 Abs. 2 SGB IV seinen Niederschlag gefunden hat. § 4 Abs. 4 SGB V stellt ihn für den Bereich der gesetzlichen Krankenversicherung auf.

IV. Systematische Zusammenhänge

6 Nach Art. 20 Abs. 1 GG ist die Bundesrepublik ein „sozialer" Rechtsstaat. Das Merkmal dient in erster Linie zur Abgrenzung zum (nur) liberalen Rechtsstaat, dessen vorrangiges Anliegen die Schaffung gesellschaftlicher Freiräume der Einzelnen in deren Verhältnis zum Staat ist. Diesem Staatsrechtsverständnis zufolge sind staatliche Eingriffe zu sozialen Zwecken untersagt. Im Gegensatz hierzu ermöglicht das Sozialstaatsprinzip im Grundgesetz ein Tätigwerden des Staates zur Herbeiführung sozialer Gerechtigkeit und sozialer Sicherheit, wozu auch die Einrichtung eines Gesundheitswesens gehört.[8]

7 Das Sozialstaatsprinzip wird als sog. Staatszielbestimmung verstanden, das dem Gesetzgeber in Bezug auf die Gestaltung der sozialstaatlichen Ordnung einen großen Entscheidungsspielraum einräumt.[9] Bei der Einrichtung eines Gesundheitswesens kann er im Wesentlichen frei zwischen verschiedenen Systemen wählen. Die Verfassung enthält hierzu keine expliziten Vorgaben.[10] Die äußere Grenze bilden die Grundrechte.[11]

8 Anders stellt sich die Situation aus organisationsrechtlicher Sicht dar. Im Rahmen seiner Organisationsgewalt kann der Staat grundsätzlich bestimmen, ob er eine von ihm übernommene Aufgabe selbst wahrnimmt oder Dritte mit ihrer Durchführung beauftragt (unmittelbare oder mittelbare Staatsverwaltung). Als Dritte kommen rechtsfähige Körperschaften, Anstalten, Stiftungen des öffentlichen Rechts und Private in Betracht. Für die staatliche Gesundheitsversorgung schreibt das Grundgesetz mit Art. 87 Abs. 2 GG die Übertragung dieser Aufgabe auf öffentlich-rechtliche Körperschaften vor.[12] Die Beauftragung privater Rechtspersonen, etwa Versicherungsgesellschaften, wäre hiermit nicht vereinbar.[13] Vor dem Hintergrund dieser organisationsrechtlichen Vorgaben ist die Vorschrift des § 4 SGB V zu verstehen, mit der der Gesetzgeber Krankenkassen mit der Durchführung der staatlichen Gesundheitsversorgung beauftragt hat.

---

8 BVerfG v. 25.02.1960 - 1 BvR 239/52 - BVerfGE 10, 354 ff.

9 BVerfG v. 25.02.1960 - 1 BvR 239/52 - BVerfGE 10, 354 ff.; BVerfG v. 09.04.1975 - 2 BvR 879/73 - BVerfGE 39, 302 ff.

10 Nach Ansicht des BVerfG ist weder Art. 87 Abs. 2 GG noch einer sonstigen Verfassungsnorm (Art. 74 Nr. 12 GG) ein Indiz für eine verfassungsrechtliche Garantie der Sozialversicherung zu entnehmen (BVerfG v. 18.07.2005 - 2 BvF 2/01 - BVerfGE 113, 167 ff.; BVerfG v. 11.03.1980 - 1 BvL 20/76 - BVerfGE 53, 313 ff.). A.A. *Lerche* in: Maunz/Dürig/Herzog/Scholz, Art. 87 GG Rn. 152; *Egger*, SGb 2003, 76.

11 Vgl. hierzu *Egger*, SGb 2003, 76 ff.

12 BVerfG v. 18.07.2005 - 2 BvF 2/01 - BVerfGE 113, 167 ff. Fraglich ist, ob Art. 87 Abs. 2 GG vorschreibt, den Trägern der Sozialversicherung ein effektives Maß an Selbstverwaltung einzuräumen. Bejahend *Lerche* in: Maunz/Dürig/Herzog/Scholz, Art. 87 GG Rn. 158 ff. Das BVerfG hat diese Frage bisher nicht ausdrücklich beantwortet. Nach Ansicht des Gerichts kann bei den Sozialversicherungsträgern als Selbstverwaltung nur die vom Gesetz eingeräumte und im Rahmen der Gesetzes bestehende organisatorische Selbständigkeit und die Erledigung dessen verstanden werden, was die Kassen als Maßnahmen vorbeugender, heilender und rehabilitierender Fürsorge ihrer Versicherten – nach den gesetzlichen Vorschriften zwar weisungsfrei, aber nicht frei von Rechtsaufsicht – ins Werk setzen (BVerfG v. 09.04.1975 - 2 BvR 879/73 - BVerfGE 39, 302, 313). Diese Entscheidung dürfte eher gegen den verfassungsrechtlichen Schutz der Selbstverwaltung im Bereich der Sozialversicherung sprechen. Zum Ganzen: *Schlegel*, SozSich 2006, 378 ff.

13 *Egger*, SGb 2003, 76, 77.

V. Ausgewählte Literaturhinweise

Axer, Selbstverwaltung in der gesetzlichen Krankenversicherung, Verw 2002, 377-397; *Becker*, Wettbewerb zwischen öffentlichen Versicherungen in der gesetzlichen Krankenversicherung, ZSR 2000, 329-352; *Egger*, Verfassungsrechtliche Grenzen einer Gesundheitsreform, SGb 2003, 76-82; *Huster*, Grundversorgung und soziale Gerechtigkeit im Gesundheitswesen; in: Gerecht behandelt? (Schöne-Seifert, Hrsg.); *Knieps*, Muss das Kassenorganisationsrecht reformiert werden?, FfG 2002, 283-288; *Mühlhausen*, Der Mitgliederwettbewerb innerhalb der gesetzlichen Krankenversicherung, 2002; *Neubauer*, Ende der Kassenarten – Ende des Korporatismus?, FfG 2003, 379-381; *Neugebauer*, Das Wirtschaftlichkeitsgebot in der gesetzlichen Krankenversicherung, 1996; *Weber*, Die Organisation der gesetzlichen Krankenversicherung, 1995. 9

B. Auslegung der Norm

I. Auslegung des Absatzes 1

1. Regelungsgehalt und Normzweck

§ 4 Abs. 1 und Abs. 2 SGB V beschreiben gemeinsam die organisatorischen Grundstrukturen des Systems der gesetzlichen Krankenversicherung.[14] § 4 Abs. 1 SGB V legt den Rechtscharakter der Einrichtungen fest, die die gesetzliche Krankenversicherung durchführen.[15] 10

2. Krankenkassen als rechtsfähige Körperschaften des öffentlichen Rechts mit Selbstverwaltung.

a. Körperschaften

Krankenkassen sind als Körperschaften verfasst. Hierunter werden Zusammenschlüsse von Personen verstanden, die unabhängig vom Wechsel ihrer Mitglieder bestehen und daher selbständige rechtliche Einheiten bilden. Kennzeichen einer Körperschaft ist, dass die Mitglieder maßgeblichen Einfluss auf die Geschicke des Verbandes haben. Hierdurch unterscheiden sie sich von anderen Organisationsformen wie Anstalten und Stiftungen des öffentlichen Rechts. Im Vordergrund stehen dabei Bewirkungsrechte. Durch Wahlen nehmen die Mitglieder insbesondere an der Bestimmung der Repräsentations- und Leitungsorgane teil, durch Abstimmungen an der Entscheidung von Sachfragen. Daneben gibt es auch Informationsrechte.[16] Vgl. zu den Mitgliedschaftsrechten bei den gesetzlichen Krankenkassen die §§ 29 ff. SGB IV. 11

b. Öffentliches Recht

Krankenkassen sind öffentlich-rechtliche Körperschaften. Ihre Errichtung und die Übertragung ihres Aufgabenkreises erfolgt durch staatlichen Hoheitsakt entweder durch oder aufgrund eines Gesetzes. Ihre Gründung durch Privatpersonen ist ausgeschlossen.[17] Die Errichtung der verschiedenen Krankenkassenarten ist in den §§ 143 ff. SGB V geregelt. In Bezug auf die Allgemeinen Ortskrankenkassen und Ersatzkassen ging man bei In-Kraft-Treten des SGB V von einem lückenlosen Netz von Krankenkassen dieser Kassenarten aus, so dass bei ihnen auf Errichtungsvorschriften verzichtet wurde. Ursprünglich erfolgte ihre Gründung aufgrund Gesetzes (Allgemeine Ortskrankenkassen)[18] bzw. durch Gesetz (Ersatzkassen).[19] Betriebs- und Innungskrankenkassen werden aufgrund Gesetzes geschaffen (§§ 147 ff. SGB V bzw. §§ 157 ff. SGB V). 12

---

[14] Regierungsentwurf zum Gesundheitsreformgesetz, 03.05.1988, BT-Drs. 11/2237, S. 158.

[15] Vgl. hierzu auch § 29 Abs. 1 SGB IV.

[16] *Wolff/Bachof/Stober*, VerwR III, § 87 II 4; *Maurer*, AllgVwR, § 23 Rn. 40.

[17] *Wolff/Bachof/Stober*, VerwR III, § 87 II 4; *Maurer*, AllgVwR, § 21 Rn. 8.

[18] § 226 RVO in der Fassung vom 10.08.1972.

[19] Gesetz über den Aufbau der Sozialversicherung vom 05.07.1934 (RGBl. 577). Vorher zeichneten sich die Ersatz- bzw. Hilfskassen allerdings gerade durch ihren privatrechtlichen Gründungsakt aus. Vgl. hierzu *Rehkopf* in: Handbuch des Sozialversicherungsrechts, Band I, § 2 Rn. 2 ff.

c. Rechtsfähigkeit

13 Krankenkassen sind rechtsfähige Körperschaften.[20] Rechtsfähigkeit meint die Eignung, Zuordnungssubjekt von Rechtsnormen und daher Träger von Rechten und Pflichten sein zu können.[21] Wer rechtsfähig ist, kann grundsätzlich Inhaber aller durch eine Rechtsnorm begründeten Rechte und Pflichten sein (Vollrechtsfähigkeit).[22] Krankenkassen sind daher nicht nur im öffentlich-rechtlichen, sondern auch im privat-rechtlichen Bereich rechtsfähig. Sie sind selber Partei schuldrechtlicher Verträge, Eigentümer (beweglicher oder unbeweglicher) Sachen, Inhaber von Markenrechten etc. Der Rechtsfähigkeit folgt die Parteifähigkeit, d.h. Krankenkassen können selber klagen und verklagt werden (§ 50 ZPO).

14 Krankenkassen sind allerdings nicht grundrechtsfähig, zumindest nicht soweit sie im Rahmen der ihnen übertragenen Aufgaben (Durchführung der gesetzlichen Krankenversicherung) tätig werden. Die gesetzlichen Krankenkassen leiten ihre Existenz und Aufgaben vom Staat ab (vgl. Rn. 12). Der Staat ist daher berechtigt, sie wieder aufzulösen[23] bzw. ihr Aufgabengebiet nachträglich zu verändern.[24]

d. Selbstverwaltung

15 Krankenkassen sind Körperschaften mit Selbstverwaltung. Hierunter ist die Befugnis der Krankenkassen zu verstehen, im Rahmen der Gesetze und des sonstigen für sie maßgebenden Rechts ihre Aufgaben in eigener Verantwortung, d.h. frei von Weisungen des Staates, zu erledigen. Die Kassen unterliegen hier nur der Rechts- und nicht der Fachaufsicht des Staates[25]. Selbstverwaltung findet bei den gesetzlichen Krankenkasse allerdings nur dort statt, wo sie ausdrücklich vom Gesetz vorgesehen ist.[26]

16 Die Selbstverwaltung der gesetzlichen Krankenkassen besteht in erster Linie in ihrer rechtlichen Selbständigkeit und der Wahl ihrer Organe (§ 45 ff. SGB IV). Daneben erstreckt sie sich vor allem auf folgende Gebiete: Aufstellen des Haushaltsplans (§ 67 ff. SGB IV), Festlegung der Beitragssätze (§ 241 SGB V), Festlegung von Satzungsleistungen (§§ 13 Abs. 2 Sätze 8 und 9, Abs. 4 Sätze 4 und 5; 20 Abs. 1 Satz 1; 23 Abs. 2 Sätze 2 und 3, Abs. 9; 37 Abs. 2 Sätze 2 und 3; 38 Abs. 2; 39a Abs. 1 Satz 2; 44 Abs. 2; 53; 54; 65a; 68 SGB V), Durchführung von Modellvorhaben zur Weiterentwicklung (§ 63 Abs. 1 und 2 SGB V), Zulassung strukturierter Behandlungsprogramme (§ 137g SGB V), Abschluss von Verträgen über eine integrierte Versorgung (§ 140a SGB V), Einführung von Wahltarifen (§ 53 SGB V), Gestaltung der Beziehungen zu den Leistungserbringern durch den Abschluss von Verträgen auf Verbandsebene (§§ 69 ff. SGB V).

II. Auslegung des Absatzes 2

1. Regelungsgehalt und Normzweck

17 Sinn und Zweck der Vorschrift bestehen in der Entscheidung des Gesetzgebers, an den historisch gewachsenen Organisationsstrukturen des deutschen Gesundheitswesens festzuhalten und die gesetzliche Krankenversicherung von Krankenkassen der sieben traditionellen Kassenarten durchführen zu lassen. Der Einführung einer Einheitskrankenversicherung und einem staatlichen Gesundheitsdienst wurde hierdurch eine Absage erteilt.[27]

---

[20] Zu den nicht rechtsfähigen öffentlich-rechtlichen Körperschaften vgl. *Maurer*, AllgVwR, § 23 Rn. 39.

[21] *Maurer*, AllgVwR, § 21 Rn. 4.

[22] *Maurer*, AllgVwR, § 21 Rn. 5; *Wolff/Bachof/Stober*, VerwR I, § 32 III 2.

[23] BVerfG v. 25.02.1960 - 1 BvR 239/52 - BVerfGE 10, 354 ff.; BVerfG v. 05.03.1974 - 1 BvL 17/72 - BVerfGE 36, 383 ff. Dort auch zur Bedeutung von Art. 3 GG in diesem Zusammenhang.

[24] BVerfG v. 09.06.2004 - 2 BvR 1249/03 - SozR 4-2500 § 266 Nr. 7; BVerfG v. 18.07.2005 - 2 BvF 2/01 - BVerfGE 113, 167 ff.

[25] § 29 Abs. 1 SGB V i.V.m. § 87 SGB IV.

[26] BVerfG v. 09.04.1975 - 2 BvR 879/73 - BVerfGE 39, 302 ff. Anders ist die Situation bei den Gemeinden. Auch sie besitzen das Recht, ihre Angelegenheiten selbst zu regeln. Bei ihnen ist diese Befugnis verfassungsrechtlich geschützt (Art. 28 Abs. 2 GG). Darüber hinaus sind sie grundsätzlich befugt, alle sich aus dem örtlichen Bereich ergebenden Angelegenheiten an sich zu ziehen. Die Aufgaben der Gemeinden werden also durch eine Generalklausel bestimmt (sog. Allzuständigkeit), während für den Aufgabenkreis der übrigen Körperschaften wie den der gesetzlichen Krankenkassen das Enumerationsprinzip gilt (*Maurer*, AllgVwR, § 23 Rn. 42). Vgl. hierzu auch § 30 Abs. 1 SGB IV.

[27] Regierungsentwurf zum Gesundheitsreformgesetz, 03.05.1988, BT-Drs. 11/2237, S. 158.

2. Gegliederte Krankenversicherung

a. Entwicklung

Die Gliederung des deutschen Krankenversicherungswesens in sieben Kassenarten ist das Ergebnis eines langen historischen Prozesses, dessen Anfänge in den ersten Sozialgesetzgebungen von 1883 und 1911 liegen.[28] In diesem System gab es verschiedene Arten von Krankenkassen, denen Versicherte zwangsweise zugewiesen wurden. Die Zuordnung zu einer Kassenart richtete sich im Wesentlichen nach dem Beruf des Versicherten. Versicherungspflichtige, die weder in die Knappschaft oder die See-Krankenkasse noch in eine Betriebs- oder Innungskrankenkasse gehörten, waren kraft Gesetzes Mitglied der Ortskrankenkasse ihres Beschäftigungsorts (§§ 226, 224 RVO). Zu den Betriebs- bzw. Innungskrankenkassen gehörten alle versicherungspflichtigen Beschäftigten eines Betriebes, für den eine Betriebs- oder Innungskasse existierte (§ 245 RVO bzw. § 250 RVO). Bei den landwirtschaftlichen Berufsgenossenschaften bestanden landwirtschaftliche Krankenkassen, denen die versicherungspflichtigen Landwirte angehörten (§ 46 KVLG). Bei der See-Krankenkasse wurden die Besatzungen deutscher Seefahrzeuge versichert (§ 477 RVO), bei der Knappschaft die Beschäftigten im Bergbau (§ 1 RKG). Daneben gab es Ersatzkassen, deren Mitgliedschaft im Wesentlichen nur Angestellte (nicht Arbeiter) wählen durften, wodurch sie ihre Pflicht zur Versicherung bei einer der anderen Krankenkasse ersetzen konnten (§ 505 RVO). Ziel dieses starren Zuweisungsprinzips war es, homogene Versichertenstrukturen mit ausgewogener Risikomischung und damit den für die gesetzliche Krankenversicherung konstitutiven Solidarausgleich zu gewährleisten. Im Laufe der sozioökonomischen Entwicklung in der Bundesrepublik stellte sich heraus, dass sich dieses System nicht mehr aufrechterhalten ließ. Einen Grund hierfür bildete der Rückgang des Anteils der Arbeiter an der Erwerbsbevölkerung, der zu einem starken Anwachsen der Ersatzkassen und zum Verlust guter Risiken und, damit verbunden, zu hohen Beitragssätzen vor allem bei den Ortskrankenkassen führte.[29] Zur Lösung dieses Problems entschied man sich für die Einführung von Wettbewerbselementen in das Krankenkassenwesen. Hierfür wurden die bis dahin bestehenden Unterschiede zwischen den verschiedenen Kassenarten im Mitgliedschafts-, Beitrags-, Leistungs- und Vertragsrecht im Verhältnis zu den Leistungserbringern stark vereinheitlicht.[30] Anschließend führte man, zusammen mit dem Risikostrukturausgleich, ein generelles Wahlrecht ein, wonach Arbeiter und Angestellte grundsätzlich frei zwischen den verschiedenen Kassenarten wechseln können.[31] Die Gliederung der gesetzlichen Krankenversicherung hat seither viel von ihrer ursprünglichen Bedeutung verloren. Das WSG kann man als Fortführung dieser Entwicklung ansehen. Mit ihm wurden weitere Unterschiede zwischen den verschiedenen Kassenarten beseitigt. 18

b. Die verschiedenen Kassenarten

Ortskrankenkassen bestehen für abgegrenzte Regionen. Versicherungspflichtige und Versicherungsberechtigte, die ihren Beschäftigungs- oder Wohnort im Bezirk einer Ortkrankenkasse haben, können deren Mitglied werden (§§ 143 Abs. 1, 173 Abs. 2 Nr. 1 SGB V). Für die Ortkrankenkassen gelten die Vorschriften des SGB V. Statistische Daten (Stand: 2005): Anzahl der Kassen: 17 (1998: 17), Anzahl der Versicherten: 25.341.148 (1998: 28.345.029).[32] 19

Betriebs- bzw. Innungskrankenkassen bestehen für bestimmte Betriebe bzw. Handwerksinnungen. Versicherungspflichtige und Versicherungsberechtigte, die in einem Betrieb beschäftigt sind, für den eine Betriebs- bzw. Innungskrankenkasse besteht, können deren Mitglied werden (§ 147 Abs. 1 SGB V bzw. §§ 157 Abs. 1, 173 Abs. 2 Nr. 3 SGB V). Personen, die nicht bei einem Betrieb mit einer Betriebs- oder Innungskrankenkasse beschäftigt sind, können Mitglied werden, sofern die Kassensatzung dies vorsieht (§ 173 Abs. 2 Nr. 4 SGB V). Für Betriebs- und Innungskrankenkassen gelten die Vorschriften des SGB V. Statistische Daten (Stand: 2005): BKK: Anzahl der Kassen: 317 (1998: 503), Anzahl der Versicherten: 14.595.155 (1998: 8.460.618); IKK: Anzahl der Kassen: 25 (1998: 47), Anzahl der Versicherten: 4.722.234 (1998: 4.572.556).[33] 20

---

[28] Gesetz betreffend die Krankenversicherung der Arbeiter vom 15.07.1883, RGBl., 73; Reichsversicherungsordnung vom 19.07.1911, RGBl., 509.

[29] Endbericht der Enquete-Kommission „Strukturreform der gesetzlichen Krankenversicherung", BT-Drs. 11/6380, S. 186 ff.

[30] Regierungsentwurf zum Gesundheitsreformgesetz, 03.05.1988, BT-Drs. 11/2237, S. 152 ff.

[31] Regierungsentwurf zum Gesundheitsstrukturgesetz, 05.11.1992, BT-Drs. 12/3608, S. 68 ff.

[32] Statistik des BMG „Mitglieder, mitversicherte Angehörige und Krankenstand, Jahresdurchschnitte 1998-2005", S. 49 und 70 (www.bmg.de).

[33] Statistik des BMGS „Mitglieder, mitversicherte Angehörige und Krankenstand, Jahresdurchschnitte 1998-2005", S. 49 und 70 (www.bmg.de).

21 Daneben bestehen die Ersatzkassen, deren Mitgliedschaft schon immer gewählt werden konnte (§ 168 SGB V). Für sie gelten die Vorschriften des SGB V. Statistische Daten (Stand: 2005): Anzahl der Kassen: 19 (1998: 22), Anzahl der Versicherten: 23.401.021 (1998: 27.279.166).[34]

22 Die Deutsche Rentenversicherung Knappschaft-Bahn-See führt die Krankenversicherung für die Bergleute durch (§ 167 SGB V). Für sie gelten die Vorschriften des SGB V (§ 167 Satz 2 SGB V).[35] Statistische Daten (Stand: 2005): Anzahl der Kassen: 2 (1998: 2), Anzahl der Versicherten: 1.579.762 (1998: 1.483.194) [36].

23 Die See-Krankenkasse führt die Krankenversicherung für die Seeleute durch (§ 165 SGB V). Für sie gelten die Vorschriften des SGB V (§ 165 Abs. 1 Satz 1 SGB V).[37] Statische Daten (Stand: 2005): Anzahl der Kassen: 2 (1998: 2), Anzahl der Versicherten: 72.337 (1998: 71.392).[38]

24 Landwirtschaftliche Krankenkassen führen die Krankenversicherung für die Landwirte durch (§ 166 SGB V). Für sie gelten die Vorschriften der Gesetze über die Krankenversicherung der Landwirte (§ 166 Satz 2 SGB V) und grundsätzlich keine Wahlmöglichkeiten (§ 173 SGB V). Statistische Daten (Stand: 2005): Anzahl der Kassen: 9 (1998: 21), Anzahl der Versicherten: 925.604 (1998: 1.102.938).[39]

25 Das gegliederte System der Krankenversicherung ist verfassungsrechtlich nicht geschützt. Dem Gesetzgeber ist es daher nicht verwehrt, die verschiedenen Krankenkassen(-arten) in einer Einheitsversicherung zusammenzufassen.[40]

III. Auslegung des Absatzes 3

1. Regelungsgehalt und Normzweck

26 Sinn und Zweck von § 4 Abs. 3 SGB V bestehen darin, Nachteile, die bei einem gegliederten System der Krankenversicherung durch die Verfolgung von Einzelinteressen entstehen, durch die Verpflichtung zu einer intensiven Zusammenarbeit untereinander und einem geschlossenen Auftreten nach außen, vor allem den Anbietern gegenüber, auszuschließen. Die Pflicht zur Zusammenarbeit erstreckt sich auch auf die übrigen Einrichtungen des Gesundheitswesens, z.B. auf andere Sozialleistungsträger und den öffentlichen Gesundheitsdienst.[41]

2. Pflicht zur engen Zusammenarbeit

a. Allgemeines

27 Die Pflicht zur Zusammenarbeit der Kassen und Kassenarten ist durch eine Vielzahl spezieller Regelungen zum Ausdruck gekommen: § 20 Abs. 1, 2 und 4 SGB V (Verbandsbeschlüsse zur Prävention und Selbsthilfe); § 21 Abs. 2 SGB V (Verbandsbeschlüsse zur Verhütung von Zahnerkrankungen); §§ 82 ff. SGB V (Verbandsverträge mit Vertragsärzten); §§ 109 ff. SGB V bzw. § 115 SGB V (Verbandsverträge mit Krankenhäusern); §§ 125 ff. SGB V (Verbandsverträge mit Heilmittelerbringern); §§ 127 ff. SGB V (Verbandsverträge mit Hilfsmittelerbringern); §§ 129 ff. SGB V (Verbandsverträge

34 Statistik des BMG „Mitglieder, mitversicherte Angehörige und Krankenstand, Jahresdurchschnitte 1998-2005", S. 49 und 70 (www.bmg.de).

35 Durch das GKV-Wettbewerbsstärkungsgesetz (GKV-WSG) wurden die Deutsche Rentenversicherung Knappschaft-Bahn-See und die See-Krankenkasse ab 01.04.2007 in Bezug auf die Wählbarkeit den anderen Krankenkassen gleichgestellt (§ 173 Abs. 2 Satz 1 Nr. 4a SGB V). Hierdurch nehmen sie umfassend am Kassenwettbewerb teil (BGBl I 2007, 378).

36 Statistik des BMG „Mitglieder, mitversicherte Angehörige und Krankenstand, Jahresdurchschnitte 1998-2005", S. 49 und 70 (www.bmg.de).

37 Durch das GKV-Wettbewerbsstärkungsgesetz (GKV-WSG) wurden die Deutsche Rentenversicherung Knappschaft-Bahn-See und die See-Krankenkasse ab 01.04.2007 in Bezug auf die Wählbarkeit den anderen Krankenkassen gleichgestellt (§ 173 Abs. 2 Satz 1 Nr. 4a SGB V). Hierdurch nehmen sie umfassend am Kassenwettbewerb teil (BGBl I 2007, 378).

38 Statistik des BMG „Mitglieder, mitversicherte Angehörige und Krankenstand, Jahresdurchschnitte 1998-2005", S. 49 und 70 (www.bmg.de).

39 Statistik des BMG „Mitglieder, mitversicherte Angehörige und Krankenstand, Jahresdurchschnitte 1998-2005", S. 49 und 70 (www.bmg.de).

40 BVerfG v. 25.02.1960 - 1 BvR 239/52 - BVerfGE 10, 354 ff.; BVerfG v. 05.03.1974 - 1 BvL 17/72 - BVerfGE 36, 383 ff.

41 Regierungsentwurf zum Gesundheitsreformgesetz, 03.05.1988, BT-Drs. 11/2237, S. 158.

mit Apotheken und pharmazeutische Unternehmen); §§ 132 ff. SGB V (Verbandsverträge mit sonstigen Leistungserbringern); §§ 207 ff. SGB V (Bildung von Landes- und Bundesverbänden für die Kassenarten, Arbeitsgemeinschaften etc.).

§ 4 Abs. 3 SGB V enthält demgegenüber die allgemeine Verpflichtung der Krankenkassen und Kassenarten zur Zusammenarbeit. Die Vorschrift ist kein bloßer Programmsatz oder Interpretationsrichtlinie, sondern eine als unmittelbar geltendes Recht wirkende Anordnung. Die Pflicht zur Kooperation besteht folglich auch in Fällen, die nicht von einer der vorbezeichneten speziellen Vorschriften erfasst werden. Vgl. hierzu auch die §§ 86 ff. SGB X, in denen die gleiche Maßgabe allen Leistungsträgern der Sozialversicherung auferlegt wird; ferner § 15 Abs. 3 SGB I. 28

b. Grenzen

Die Pflicht zur engen Zusammenarbeit im Gesundheitswesen kollidiert mit Vorschriften, die die Krankenkassen und ihre Verbände zu einem eigenständigen Vorgehen berechtigen[42], darüber hinaus mit dem Recht, Mitgliederwerbung zu betreiben, das aus dem mit der Einführung des (weitgehenden) Kassenwahlrechts (§§ 173 ff. SGB V) angestrebten Wettbewerb zwischen den Krankenkassen abgeleitet wird.[43] Neben der Maßgabe zur engen Zusammenarbeit ergeben sich Beschränkungen des Rechts zur Mitgliederwerbung noch aus der Pflicht zur Aufklärung, Beratung und Information der Versicherten (§§ 13-15 SGB I). Vgl. hierzu die Gemeinsamen Wettbewerbsgrundsätze der Aufsichtsbehörden der gesetzlichen Krankenversicherung, die eine konkrete Lösung dieses Konflikts darstellen, indem sie Regeln für die wettbewerblichen Aktivitäten der Krankenkassen und ihrer Verbände aufstellen. Bei diesen Bestimmungen handelt es sich um Verwaltungsvorschriften, die eine Selbstbindung der Aufsichtsbehörden bewirken. Gegenüber den Gerichten entfalten sie keine bindende Wirkung.[44] Die Gemeinsamen Wettbewerbsgrundsätze geben „nur" die Rechtsauffassung der Aufsichtsbehörden wieder. Die Behörden sind nicht befugt, den Kassen strengere Bindungen aufzuerlegen, als sie das materielle Recht fordert.[45] 29

IV. Auslegung des Absatzes 4

1. Regelungsgehalt und Normzweck

Die Vorschrift verpflichtet die Krankenkassen, bei der Durchführung ihrer Aufgaben und in ihren Verwaltungsangelegenheiten wirtschaftlich und sparsam zu verfahren und dabei ihre Ausgaben so auszurichten, dass Beitragssatzerhöhungen grundsätzlich ausgeschlossen werden. 30

2. Grundsatz der Sparsamkeit und Wirtschaftlichkeit

a. Allgemeines

Die Vorschrift bezieht sich auf die Betriebs- und Haushaltsführung der Krankenkassen.[46] Sie gilt nicht für die Leistungsgewährung. Die gesetzlichen oder satzungsmäßigen Leistungen müssen immer und in voller Höhe erbracht werden und dürfen nicht aus Gründen der Wirtschaftlichkeit und Sparsamkeit abgelehnt werden.[47] Nur die Art und Weise der Aufgabenerledigung, die sich in den Verwaltungskosten niederschlägt, verlangt die Beachtung der Grundsätze der Wirtschaftlichkeit und Sparsamkeit.[48] Hierzu gehören insbesondere persönliche bzw. sachliche Verwaltungskosten (Dienstbezüge, Gehälter, Löhne etc. bzw. Mieten, Abschreibungen für technische Anlagen, Werbung etc.) und Aufwendungen für die Selbstverwaltung (Wahl der Organe).[49] 31

---

[42] Vgl. zu den Gebieten, in denen die Krankenkasse Spielräume für eigene Entscheidungen besitzen, Rn. 12.

[43] *Köhler*, WRP 1998, 959, 960. Vgl. hierzu auch den Regierungsentwurf zum Gesundheitsstrukturgesetz, 05.11.1992, BT-Drs. 12/3608, S. 68 ff. und 112 ff.; BSG v. 15.11.1973 - 3 RK 50/72 - BSGE 36, 238 ff.; GmS-OGB v. 10.07.1989 - GmS-OGB 1/88 - BGHZ 108, 284 ff.

[44] *Köhler*, WRP 1998, 959; zum Ganzen *Köhler* in: Hefermehl/Köhler/Bornkamp, Wettbewerbsrecht, § 4 UWG Rn. 13. 1 ff.

[45] LSG Rheinland-Pfalz v. 03.05.2005 - L 1 ER 11/05 KR.

[46] Regierungsentwurf zum Gesundheitsreformgesetz, 03.05.1988, BT-Drs. 11/2237, S. 158.

[47] Vgl. hierzu aber § 2 Abs. 1 SGB V.

[48] *Maier* in: KassKomm, SGB IV, § 69 Rn. 6.

[49] Eine detaillierte Aufstellung der einzelnen Positionen findet sich in der GKV-Statistik KG1, KJ1 und KM1 des BMG unter www.bmg.de.

32 Der Grundsatz der Wirtschaftlichkeit gebietet, entweder mit den gegebenen Mitteln den größtmöglichen Nutzen zu erzielen (Maximalprinzip) oder einen bestimmten Nutzen mit den geringstmöglichen Mitteln zu erzielen (Minimalprinzip). Das Sparsamkeitsgebot hat demgegenüber keine eigenständige Bedeutung, da es im Minimalprinzip aufgeht und auch das Maximalprinzip durch die Mittelbegrenzung einfließt.[50]

33 Bei beiden Begriffen handelt es sich um unbestimmte Rechtsbegriffe, die der Verwaltung kein Ermessen bei der Auswahl verschiedener Handlungsmöglichkeiten einräumen. Da sich allerdings nicht exakt vorausbestimmen lässt, was wirtschaftlich und sparsam ist, verbleibt den Krankenkassen ein Beurteilungsspielraum im Sinne einer Einschätzungsprärogative. Dieser Spielraum wird dabei durch das Selbstverwaltungsrecht noch verstärkt.[51] Seine Grenze wird überschritten, wenn die Leistung über das Maß des Notwendigen hinausgeht oder nicht der Funktionsfähigkeit der Verwaltung dient. Bei der Einschätzung dieser Umstände hat die Krankenkasse insbesondere die Verhältnisse bei den übrigen öffentlichen Verwaltungsträgern zu beachten.[52]

34 Durch den zweiten Halbsatz der Vorschrift erfährt die Verpflichtung der Krankenkassen zur sparsamen und wirtschaftlichen Betriebs- und Haushaltsführung eine Konkretisierung, indem der Beitragssatzstabilität Vorrang vor einer Erhöhung der Ausgaben eingeräumt wird.

b. Konkrete Vorgaben für die Haushaltsjahre 2003-2007

35 Die restlichen Bestimmungen des § 4 Abs. 4 SGB V enthalten konkrete Vorgaben für die Verwaltungsausgaben der Krankenkassen im Zeitraum 2003 bis 2007. Für das Jahr 2003 sehen die Sätze 2 bis 3 eine Obergrenze vor, wonach die Ausgaben die des Jahres 2002 nicht überschreiten dürfen. Die jahresdurchschnittliche Mitgliederentwicklung kann dabei berücksichtigt werden. Die Regelung gilt nicht, soweit Steigerungen der Verwaltungsausgaben unmittelbar im Zusammenhang mit der Entwicklung, Zulassung, Durchführung und Evaluation strukturierter Behandlungsprogramme nach § 137f SGB V stehen und diese nicht durch Mobilisierung von Einsparreserven in der Verwaltung bzw. Umschichtung innerhalb des vorgegebenen Ausgabenrahmens finanziert werden können.[53]

36 Für die Jahre 2004 bis 2007 legen die Sätze 4 bis 5 eine im Wesentlichen dynamische Begrenzung der Verwaltungsausgaben fest.[54] Entsprechend den Regelungen in den meisten Leistungsbereichen dürfen sich die Verwaltungsausgaben je Versicherten im Vergleich zum jeweiligen Vorjahr höchstens in dem Maße verändern, wie sich auch die durchschnittlichen beitragspflichtigen Einnahmen aller Mitglieder der Krankenkassen entwickeln (Bindung der Entwicklung der Verwaltungsausgaben an die Veränderungsrate nach § 71 Abs. 3 SGB V). Die Ausgliederung von Verwaltungsaufgaben führt zu keiner Befreiung von dieser Verpflichtung. Nach den Sätzen 6 und 7 dürfen Krankenkassen, deren Verwaltungskosten je Mitglied um mehr als 10% über den durchschnittlichen Verwaltungskosten aller Krankenkassen liegen, im Folgejahr keine Erhöhung vornehmen, es sei denn, sie verlieren überdurchschnittlich viele Versicherte. Die Sätze 8 und 9 enthalten Sonderregelungen für Krankenkassen, denen die Personalkosten vom Arbeitgeber übertragen werden, und für Verbände.

c. Vorgaben für die Zeit nach der Einführung des Gesundheitsfonds (2009)

37 Zum 01.01.2009 wird durch das GKV-WSG der Gesundheitsfonds eingeführt. Die Krankenkassen haben auch in Zukunft den Grundsatz der Beitragssatzstabilität zu beachten. Zwar legen sie nicht mehr selbst den allgemeinen Beitragssatz fest. Dieser wird künftig per Rechtsverordnung normiert. Allerdings haben die Verträge mit Leistungserbringern auch in Zukunft Auswirkungen auf die Balance zwischen Beitragseinnahmen des Gesundheitsfonds und den Ausgaben der Krankenkassen. Zur Vermeidung überhöhter Ausgaben müssen die Krankenkassen deshalb weiterhin die Beitragssatzstabilität im Auge behalten sowohl hinsichtlich des allgemeinen Beitragssatzes als auch hinsichtlich des kassenindividuellen Zusatzbeitrags.[55]

50 BSG v. 26.08.1983 - 8 RK 29/82 - BSGE 55, 277; BSG v. 29.02.1984 - 8 RK 27/82 - BSGE 56, 197 ff.

51 BSG v. 26.08.1983 - 8 RK 29/82 - BSGE 55, 277. Vgl. hierzu auch II.3. und VI.1. der Gemeinsamen Wettbewerbsgrundsätze der Aufsichtsbehörden der gesetzlichen Krankenversicherung, die für Werbeausgaben konkrete Obergrenzen enthalten.

52 BSG v. 29.02.1984 - 8 RK 27/82 - BSGE 56, 197 ff.

53 Regierungsentwurf zum Zwölften SGB V-Änderungsgesetz, BT-Drs. 15/27, S. 4.

54 Regierungsentwurf zum Gesundheitsmodernisierungsgesetz, BT-Drs. 15/1525, S. 79.

55 GKV-Wettbewerbsstärkungsgesetz (GKV-WSG), 26.03.2007, BGBl I 2007, 378, zur Begründung: BT-Drs. 16/3100, S. 93.

§ 4a SGB V Sonderregelungen zum Verwaltungsverfahren

(Fassung vom 26.03.2007, gültig ab 01.04.2007)

Abweichungen von den Regelungen des Verwaltungsverfahrens gemäß den §§ 266, 267 und 269 durch Landesrecht sind ausgeschlossen.

Gliederung

A. Basisinformationen

I. Textgeschichte/Gesetzgebungsmaterialien

Die Regelung wurde zum 01.04.2007 eingeführt.[1] Vorgängervorschriften existieren nicht. 1

II. Systematische Zusammenhänge

Die Vorschrift schließt abweichende Regelungen des Verwaltungsverfahrens zum Risikostrukturausgleich durch die Länder aus. Das steht im Zusammenhang mit der Änderung des Art. 84 Abs. 1 GG durch die **Föderalismusreform**[2], mit der die frühere Zustimmungsbedürftigkeit von Gesetzen, die das Verwaltungsverfahren der Länder betreffen, durch eine Abweichungsbefugnis ersetzt worden ist. Nach **Art. 84 Abs. 1 GG** regeln die Länder die Einrichtung der Behörden und das Verwaltungsverfahren, wenn sie die Bundesgesetze als eigene Angelegenheit ausführen. Wenn Bundesgesetze etwas anderes bestimmen, können die Länder nunmehr davon **abweichende Regelungen** treffen. Dieses gilt auch für schon bestehende bundesgesetzliche Regelungen über das Verwaltungsverfahren nach Maßgabe der Übergangsregelung in Art. 125b Abs. 2 GG. In Ausnahmefällen kann der Bund wegen eines besonderen **Bedürfnisses nach bundeseinheitlicher Regelung** das Verwaltungsverfahren **ohne Abweichungsmöglichkeit** für die Länder regeln. Eine solche Regelung beinhaltet § 4a SGB V. 2

B. Auslegung der Norm

Die Tätigkeit der Krankenkassen gehört zur **Landeseigenverwaltung**, wenn sie nicht länderübergreifend zuständig sind; diese gehören gemäß Art. 87 Abs. 1 GG zur bundeseigenen Verwaltung.[3] Art. 84 Abs. 1 GG ist auch auf das Verwaltungsverfahren, das von den Krankenkassen als Teil der mittelbaren Staatsverwaltung anzuwenden ist, anzuwenden, so dass den Ländern für die zur Landeseigenverwaltung zählenden Krankenkassen die Möglichkeit eröffnet wäre, **abweichende Verfahrensregelungen zum Risikostrukturausgleich** zu treffen. 3

§ 4a SGB V **schließt** solche **Abweichungen** von den Regelungen des Verwaltungsverfahrens gemäß den §§ 266, 267 und 269 SGB V durch Landesrecht **aus**. Auch vor dem Hintergrund der in der Vergangenheit hinsichtlich des Risikostrukturausgleichs zum Ausdruck gekommenen divergierenden Länderinteressen kann an einem einheitlichen Regelungsbedürfnis kein Zweifel bestehen. In der Gesetzesbegründung wird das **Bedürfnis eines einheitlichen Verfahrensrechts** ausführlich dargestellt.[4] Die Verfahrensregelungen zum Risikostrukturausgleich müssten einheitlich auf „bundesunmittelbare" als auch „landesunmittelbare" Kassen Anwendung finden, um nicht die Durchführung des Risikostrukturausgleichs und den Risikopool durch das Bundesversicherungsamt zu erschweren oder diese undurchführbar zu machen. Unterschiedliche Verfahrensausgestaltungen könnten auch die Ausgleichsverpflichtungen beeinflussen. Für die Durchführung des Risikostrukturausgleichs und des Risikopools seien in kurzer Zeit große Datenmengen anzunehmen und zu verarbeiten. Diese müssten zum gleichen Zeitpunkt, in der gleichen Qualität und in der gleichen technischen Aufbereitung übermittelt werden. Selbst geringfügige Abweichungen hiervon könnten zu erheblichen Störungen der Abläufe beim Bundesversicherungsamt führen. 4

---

1 Gesetz zur Stärkung des Wettbewerbs in der gesetzlichen Krankenversicherung (GKV-WSG) vom 26.03.2007, BGBl I 2007, 378; zur Begründung BT-Drs. 16/3100, S. 93.

2 Gesetz zur Änderung des Grundgesetzes v. 28.08.2006, BGBl I 2006, 2034; zur Begründung BT-Drs. 16/813.

3 Vgl. BVerfG v. 13.09.2005 - 2 BvF 2/03 - SozR 4-2500 § 266 Nr. 9.

4 BT-Drs. 16/3100, S. 93.

Zweites Kapitel: Versicherter Personenkreis

Erster Abschnitt: Versicherung kraft Gesetzes

§ 5 SGB V Versicherungspflicht

(Ursprünglich kommentierte Fassung vom 26.03.2007, gültig ab 01.04.2007, gültig bis 13.09.2007)

(1) Versicherungspflichtig sind

1. Arbeiter, Angestellte und zu ihrer Berufsausbildung Beschäftigte, die gegen Arbeitsentgelt beschäftigt sind,

2. Personen in der Zeit, für die sie Arbeitslosengeld oder Unterhaltsgeld nach dem Dritten Buch beziehen oder nur deshalb nicht beziehen, weil der Anspruch ab Beginn des zweiten Monats bis zur zwölften Woche einer Sperrzeit (§ 144 des Dritten Buches) oder ab Beginn des zweiten Monats wegen einer Urlaubsabgeltung (§ 143 Abs. 2 des Dritten Buches) ruht; dies gilt auch, wenn die Entscheidung, die zum Bezug der Leistung geführt hat, rückwirkend aufgehoben oder die Leistung zurückgefordert oder zurückgezahlt worden ist,

2a. Personen in der Zeit, für die sie Arbeitslosengeld II nach dem Zweiten Buch beziehen, soweit sie nicht familienversichert sind, es sei denn, dass diese Leistung nur darlehensweise gewährt wird oder nur Leistungen nach § 23 Abs. 3 Satz 1 des Zweiten Buches bezogen werden; dies gilt auch, wenn die Entscheidung, die zum Bezug der Leistung geführt hat, rückwirkend aufgehoben oder die Leistung zurückgefordert oder zurückgezahlt worden ist,

3. Landwirte, ihre mitarbeitenden Familienangehörigen und Altenteiler nach näherer Bestimmung des Zweiten Gesetzes über die Krankenversicherung der Landwirte,

4. Künstler und Publizisten nach näherer Bestimmung des Künstlersozialversicherungsgesetzes,

5. Personen, die in Einrichtungen der Jugendhilfe für eine Erwerbstätigkeit befähigt werden sollen,

6. Teilnehmer an Leistungen zur Teilhabe am Arbeitsleben sowie an Abklärungen der beruflichen Eignung oder Arbeitserprobung, es sei denn, die Maßnahmen werden nach den Vorschriften des Bundesversorgungsgesetzes erbracht,

7. behinderte Menschen, die in anerkannten Werkstätten für behinderte Menschen oder in nach dem Blindenwarenvertriebsgesetz anerkannten Blindenwerkstätten oder für diese Einrichtungen in Heimarbeit tätig sind,

8. behinderte Menschen, die in Anstalten, Heimen oder gleichartigen Einrichtungen in gewisser Regelmäßigkeit eine Leistung erbringen, die einem Fünftel der Leistung eines voll erwerbsfähigen Beschäftigten in gleichartiger Beschäftigung entspricht; hierzu zählen auch Dienstleistungen für den Träger der Einrichtung,

9. Studenten, die an staatlichen oder staatlich anerkannten Hochschulen eingeschrieben sind, unabhängig davon, ob sie ihren Wohnsitz oder gewöhnlichen Aufenthalt im Inland haben, wenn für sie auf Grund über- oder zwischenstaatlichen Rechts kein Anspruch auf Sachleistungen besteht, bis zum Abschluß des vierzehnten Fachsemesters, längstens bis zur Vollendung des dreißigsten Lebensjahres; Studenten nach Abschluß des vierzehnten Fachsemesters oder nach Vollendung des dreißigsten Lebensjahres sind nur versicherungspflichtig, wenn die Art der Ausbildung oder familiäre sowie persönliche Gründe, insbesondere der Erwerb der Zugangsvoraussetzungen in einer Ausbildungsstätte des Zweiten Bildungswegs, die Überschreitung der Altersgrenze oder eine längere Fachstudienzeit rechtfertigen,

10. Personen, die eine in Studien- oder Prüfungsordnungen vorgeschriebene berufspraktische Tätigkeit ohne Arbeitsentgelt verrichten, sowie zu ihrer Berufsausbildung ohne Arbeitsentgelt Beschäftigte; Auszubildende des Zweiten Bildungswegs, die sich in einem förderungsfähigen Teil eines Ausbildungsabschnitts nach dem Bundesausbildungsförderungsgesetz befinden, sind Praktikanten gleichgestellt,

11. Personen, die die Voraussetzungen für den Anspruch auf eine Rente aus der gesetzlichen Rentenversicherung erfüllen und diese Rente beantragt haben, wenn sie seit der erstmaligen Aufnahme einer Erwerbstätigkeit bis zur Stellung des Rentenantrags mindestens neun Zehntel der zweiten Hälfte des Zeitraums Mitglied oder nach § 10 versichert waren,

11a. Personen, die eine selbständige künstlerische oder publizistische Tätigkeit vor dem 1. Januar 1983 aufgenommen haben, die Voraussetzungen für den Anspruch auf eine Rente aus der Rentenversicherung erfüllen und diese Rente beantragt haben, wenn sie mindestens neun Zehntel des Zeitraums zwischen dem 1. Januar 1985 und der Stellung des Rentenantrags nach dem Künstlersozialversicherungsgesetz in der gesetzlichen Krankenversicherung versichert waren; für Personen, die am 3. Oktober 1990 ihren Wohnsitz im Beitrittsgebiet hatten, ist anstelle des 1. Januar 1985 der 1. Januar 1992 maßgebend.

12. Personen, die die Voraussetzungen für den Anspruch auf eine Rente aus der gesetzlichen Rentenversicherung erfüllen und diese Rente beantragt haben, wenn sie zu den in § 1 oder § 17a des Fremdrentengesetzes oder zu den in § 20 des Gesetzes zur Wiedergutmachung nationalsozialistischen Unrechts in der Sozialversicherung genannten Personen gehören und ihren Wohnsitz innerhalb der letzten 10 Jahre vor der Stellung des Rentenantrags in das Inland verlegt haben,

13. Personen, die keinen anderweitigen Anspruch auf Absicherung im Krankheitsfall haben und

a) zuletzt gesetzlich krankenversichert waren oder

b) bisher nicht gesetzlich oder privat krankenversichert waren, es sei denn, dass sie zu den in Absatz 5 oder den in § 6 Abs. 1 oder 2 genannten Personen gehören oder bei Ausübung ihrer beruflichen Tätigkeit im Inland gehört hätten.

(2) Der nach Absatz 1 Nr. 11 erforderlichen Mitgliedszeit steht bis zum 31. Dezember 1988 die Zeit der Ehe mit einem Mitglied gleich, wenn die mit dem Mitglied verheiratete Person nicht mehr als nur geringfügig beschäftigt oder geringfügig selbständig tätig war. Bei Personen, die ihren Rentenanspruch aus der Versicherung einer anderen Person ableiten, gelten die Voraussetzungen des Absatzes 1 Nr. 11 oder 12 als erfüllt, wenn die andere Person diese Voraussetzungen erfüllt hatte.

(3) Als gegen Arbeitsentgelt beschäftigte Arbeiter und Angestellte im Sinne des Absatzes 1 Nr. 1 gelten Bezieher von Vorruhestandsgeld, wenn sie unmittelbar vor Bezug des Vorruhestandsgeldes versicherungspflichtig waren und das Vorruhestandsgeld mindestens in Höhe von 65 vom Hundert des Bruttoarbeitsentgelts im Sinne des § 3 Abs. 2 des Vorruhestandsgesetzes gezahlt wird.

(4) Als Bezieher von Vorruhestandsgeld ist nicht versicherungspflichtig, wer im Ausland seinen Wohnsitz oder gewöhnlichen Aufenthalt in einem Staat hat, mit dem für Arbeitnehmer mit Wohnsitz oder gewöhnlichem Aufenthalt in diesem Staat keine über- oder zwischenstaatlichen Regelungen über Sachleistungen bei Krankheit bestehen.

(4a) Auszubildende, die im Rahmen eines Berufsausbildungsvertrages nach dem Berufsbildungsgesetz in einer außerbetrieblichen Einrichtung ausgebildet werden, stehen den Beschäftigten zur Berufsausbildung im Sinne des Absatzes 1 Nr. 1 gleich. Als zu ihrer Berufsausbildung Beschäftigte im Sinne des Absatzes 1 Nr. 1 gelten Personen, die als nicht satzungsmäßige Mitglieder geistlicher Genossenschaften oder ähnlicher religiöser Gemeinschaften für den Dienst in einer solchen Genossenschaft oder ähnlichen religiösen Gemeinschaft außerschulisch ausgebildet werden.

(5) Nach Absatz 1 Nr. 1 oder 5 bis 12 ist nicht versicherungspflichtig, wer hauptberuflich selbständig erwerbstätig ist.

(6) Nach Absatz 1 Nr. 5 bis 7 oder 8 ist nicht versicherungspflichtig, wer nach Absatz 1 Nr. 1 versicherungspflichtig ist. Trifft eine Versicherungspflicht nach Absatz 1 Nr. 6 mit einer Versicherungspflicht nach Absatz 1 Nr. 7 oder 8 zusammen, geht die Versicherungspflicht vor, nach der die höheren Beiträge zu zahlen sind.

(7) Nach Absatz 1 Nr. 9 oder 10 ist nicht versicherungspflichtig, wer nach Absatz 1 Nr. 1 bis 8, 11 oder 12 versicherungspflichtig oder nach § 10 versichert ist, es sei denn, der Ehegatte, der Lebenspartner oder das Kind des Studenten oder Praktikanten ist nicht versichert. Die Versicherungspflicht nach Absatz 1 Nr. 9 geht der Versicherungspflicht nach Absatz 1 Nr. 10 vor.

(8) Nach Absatz 1 Nr. 11 oder 12 ist nicht versicherungspflichtig, wer nach Absatz 1 Nr. 1 bis 7 oder 8 versicherungspflichtig ist. Satz 1 gilt für die in § 190 Abs. 11a genannten Personen entsprechend. Bei Beziehern einer Rente der gesetzlichen Rentenversicherung, die nach dem 31. März 2002 nach § 5 Abs. 1 Nr. 11 versicherungspflichtig geworden sind, deren Anspruch auf Rente schon an diesem Tag bestand und die bis zu diesem Zeitpunkt nach § 10 oder nach § 7 des Zweiten Gesetzes über die Krankenversicherung der Landwirte versichert waren, aber nicht die Vorversicherungszeit des § 5 Abs. 1 Nr. 11 in der seit dem 1. Januar 1993 geltenden Fassung erfüllt hatten und deren Versicherung nach § 10 oder nach § 7 des Zweiten Gesetzes über die Krankenversicherung der Landwirte nicht von einer der in § 9 Abs. 1 Nr. 6 genannten Personen abgeleitet worden ist, geht die Versicherung nach § 10 oder nach § 7 des Zweiten Gesetzes über die Krankenversicherung der Landwirte der Versicherung nach § 5 Abs. 1 Nr. 11 vor.

(8a) Nach Absatz 1 Nr. 13 ist nicht versicherungspflichtig, wer nach Absatz 1 Nr. 1 bis 12 versicherungspflichtig, freiwilliges Mitglied oder nach § 10 versichert ist. Satz 1 gilt entsprechend für Empfänger laufender Leistungen nach dem Dritten, Vierten, Sechsten und Siebten Kapitel des Zwölften Buches und für Empfänger laufender Leistungen nach § 2 des Asylbewerberleistungsgesetzes. Satz 2 gilt auch, wenn der Anspruch auf diese Leistungen für weniger als einen Monat unterbrochen wird. Der Anspruch auf Leistungen nach § 19 Abs. 2 gilt nicht als Absicherung im Krankheitsfall im Sinne von Absatz 1 Nr. 13, sofern im Anschluss daran kein anderweitiger Anspruch auf Absicherung im Krankheitsfall besteht.

(9) Wer versicherungspflichtig wird und bei einem privaten Krankenversicherungsunternehmen versichert ist, kann den Versicherungsvertrag mit Wirkung vom Eintritt der Versicherungspflicht an kündigen. Dies gilt auch, wenn eine Versicherung nach § 10 eintritt.

(10) Kommt eine Versicherung nach den §§ 5, 9 oder 10 nach Kündigung des Versicherungsvertrages nicht zu Stande oder endet eine Versicherung nach den §§ 5 oder 10 vor Erfüllung der Vorversicherungszeit nach § 9, ist das private Krankenversicherungsunternehmen zum erneuten Abschluss eines Versicherungsvertrages verpflichtet, wenn der vorherige Vertrag für mindestens fünf Jahre vor seiner Kündigung ununterbrochen bestanden hat. Der Abschluss erfolgt ohne Risikoprüfung zu gleichen Tarifbedingungen, die zum Zeitpunkt der Kündigung bestanden haben; die bis zum Ausscheiden erworbenen Alterungsrückstellungen sind dem Vertrag zuzuschreiben. Wird eine gesetzliche Krankenversicherung nach Satz 1 nicht begründet, tritt der neue Versicherungsvertrag am Tag nach der Beendigung des vorhergehenden Versicherungsvertrages in Kraft. Endet die gesetzliche Krankenversicherung nach Satz 1 vor Erfüllung der Vorversicherungszeit, tritt der neue Versicherungsvertrag am Tag nach Beendigung der gesetzlichen Krankenversicherung in Kraft. Die Verpflichtung nach Satz 1 endet drei Monate nach der Beendigung des Versicherungsvertrages, wenn eine Versicherung nach den §§ 5, 9 oder 10 nicht begründet wurde. Bei Beendigung der Versicherung nach den §§ 5 oder 10 vor Erfüllung der Vorversicherungszeiten nach § 9 endet die Verpflichtung nach Satz 1 längstens zwölf Monate nach der Beendigung des privaten Versicherungsvertrages.

(11) Ausländer, die nicht Angehörige eines Mitgliedstaates der Europäischen Union, Angehörige eines Vertragsstaates des Abkommens über den Europäischen Wirtschaftsraum oder Staatsangehörige der Schweiz sind, werden von der Versicherungspflicht nach Absatz 1 Nr. 13 erfasst, wenn sie eine Niederlassungserlaubnis oder eine Aufenthaltserlaubnis mit einer Befristung auf mehr als zwölf Monate nach dem Aufenthaltsgesetz besitzen und für die Erteilung dieser Aufenthaltstitel keine Verpflichtung zur Sicherung des Lebensunterhalts nach § 5 Abs. 1 Nr. 1 des Aufenthaltsgesetzes besteht. Angehörige eines anderen Mitgliedstaates der Europäischen Union, Angehörige eines anderen Vertragsstaates des Abkommens über den Europäischen Wirtschaftsraum oder Staatsangehörige der Schweiz werden von der Versicherungspflicht nach Absatz 1 Nr. 13 nicht erfasst, wenn die Voraussetzung für die Wohnortnahme in Deutschland die Existenz eines Krankenversicherungsschutzes nach § 4 des Freizügigkeitsgesetzes/EU ist. Bei Leistungsberechtigten nach dem Asylbewerberleistungsgesetz liegt eine Absicherung im Krankheitsfall bereits dann vor, wenn ein Anspruch auf Leistungen bei Krankheit, Schwangerschaft und Geburt nach § 4 des Asylbewerberleistungsgesetzes dem Grunde nach besteht.

§ 5 SGB V Versicherungspflicht

(Fassung vom 23.11.2007, gültig ab 01.01.2008, gültig bis 31.12.2008)

(1) Versicherungspflichtig sind

1. **Arbeiter, Angestellte und zu ihrer Berufsausbildung Beschäftigte, die gegen Arbeitsentgelt beschäftigt sind,**
2. **Personen in der Zeit, für die sie Arbeitslosengeld oder Unterhaltsgeld nach dem Dritten Buch beziehen oder nur deshalb nicht beziehen, weil der Anspruch ab Beginn des zweiten Monats bis zur zwölften Woche einer Sperrzeit (§ 144 des Dritten Buches) oder ab Beginn des zweiten Monats wegen einer Urlaubsabgeltung (§ 143 Abs. 2 des Dritten Buches) ruht; dies gilt auch, wenn die Entscheidung, die zum Bezug der Leistung geführt hat, rückwirkend aufgehoben oder die Leistung zurückgefordert oder zurückgezahlt worden ist,**

2a. **Personen in der Zeit, für die sie Arbeitslosengeld II nach dem Zweiten Buch beziehen, soweit sie nicht familienversichert sind, es sei denn, dass diese Leistung nur darlehensweise gewährt wird oder nur Leistungen nach § 23 Abs. 3 Satz 1 des Zweiten Buches bezogen werden; dies gilt auch, wenn die Entscheidung, die zum Bezug der Leistung geführt hat, rückwirkend aufgehoben oder die Leistung zurückgefordert oder zurückgezahlt worden ist,**

3. **Landwirte, ihre mitarbeitenden Familienangehörigen und Altenteiler nach näherer Bestimmung des Zweiten Gesetzes über die Krankenversicherung der Landwirte,**
4. **Künstler und Publizisten nach näherer Bestimmung des Künstlersozialversicherungsgesetzes,**
5. **Personen, die in Einrichtungen der Jugendhilfe für eine Erwerbstätigkeit befähigt werden sollen,**
6. **Teilnehmer an Leistungen zur Teilhabe am Arbeitsleben sowie an Abklärungen der beruflichen Eignung oder Arbeitserprobung, es sei denn, die Maßnahmen werden nach den Vorschriften des Bundesversorgungsgesetzes erbracht,**
7. **behinderte Menschen, die in anerkannten Werkstätten für behinderte Menschen oder in Blindenwerkstätten im Sinne des § 143 des Neunten Buches oder für diese Einrichtungen in Heimarbeit tätig sind,**
8. **behinderte Menschen, die in Anstalten, Heimen oder gleichartigen Einrichtungen in gewisser Regelmäßigkeit eine Leistung erbringen, die einem Fünftel der Leistung eines voll erwerbsfähigen Beschäftigten in gleichartiger Beschäftigung entspricht; hierzu zählen auch Dienstleistungen für den Träger der Einrichtung,**
9. **Studenten, die an staatlichen oder staatlich anerkannten Hochschulen eingeschrieben sind, unabhängig davon, ob sie ihren Wohnsitz oder gewöhnlichen Aufenthalt im Inland haben, wenn für sie auf Grund über- oder zwischenstaatlichen Rechts kein Anspruch auf Sachleistungen besteht, bis zum Abschluß des vierzehnten Fachsemesters, längstens bis zur Vollendung des dreißigsten Lebensjahres; Studenten nach Abschluß des vierzehnten Fachsemesters oder nach Vollendung des dreißigsten Lebensjahres sind nur versicherungspflichtig, wenn die Art der Ausbildung oder familiäre sowie persönliche Gründe, insbesondere der Erwerb der Zugangsvoraussetzungen in einer Ausbildungsstätte des Zweiten Bildungswegs, die Überschreitung der Altersgrenze oder eine längere Fachstudienzeit rechtfertigen,**

10. Personen, die eine in Studien- oder Prüfungsordnungen vorgeschriebene berufspraktische Tätigkeit ohne Arbeitsentgelt verrichten, sowie zu ihrer Berufsausbildung ohne Arbeitsentgelt Beschäftigte; Auszubildende des Zweiten Bildungswegs, die sich in einem förderungsfähigen Teil eines Ausbildungsabschnitts nach dem Bundesausbildungsförderungsgesetz befinden, sind Praktikanten gleichgestellt,

11. Personen, die die Voraussetzungen für den Anspruch auf eine Rente aus der gesetzlichen Rentenversicherung erfüllen und diese Rente beantragt haben, wenn sie seit der erstmaligen Aufnahme einer Erwerbstätigkeit bis zur Stellung des Rentenantrags mindestens neun Zehntel der zweiten Hälfte des Zeitraums Mitglied oder nach § 10 versichert waren,

11a. Personen, die eine selbständige künstlerische oder publizistische Tätigkeit vor dem 1. Januar 1983 aufgenommen haben, die Voraussetzungen für den Anspruch auf eine Rente aus der Rentenversicherung erfüllen und diese Rente beantragt haben, wenn sie mindestens neun Zehntel des Zeitraums zwischen dem 1. Januar 1985 und der Stellung des Rentenantrags nach dem Künstlersozialversicherungsgesetz in der gesetzlichen Krankenversicherung versichert waren; für Personen, die am 3. Oktober 1990 ihren Wohnsitz im Beitrittsgebiet hatten, ist anstelle des 1. Januar 1985 der 1. Januar 1992 maßgebend.

12. Personen, die die Voraussetzungen für den Anspruch auf eine Rente aus der gesetzlichen Rentenversicherung erfüllen und diese Rente beantragt haben, wenn sie zu den in § 1 oder § 17a des Fremdrentengesetzes oder zu den in § 20 des Gesetzes zur Wiedergutmachung nationalsozialistischen Unrechts in der Sozialversicherung genannten Personen gehören und ihren Wohnsitz innerhalb der letzten 10 Jahre vor der Stellung des Rentenantrags in das Inland verlegt haben,

13. Personen, die keinen anderweitigen Anspruch auf Absicherung im Krankheitsfall haben und

a) zuletzt gesetzlich krankenversichert waren oder

b) bisher nicht gesetzlich oder privat krankenversichert waren, es sei denn, dass sie zu den in Absatz 5 oder den in § 6 Abs. 1 oder 2 genannten Personen gehören oder bei Ausübung ihrer beruflichen Tätigkeit im Inland gehört hätten.

(2) Der nach Absatz 1 Nr. 11 erforderlichen Mitgliedszeit steht bis zum 31. Dezember 1988 die Zeit der Ehe mit einem Mitglied gleich, wenn die mit dem Mitglied verheiratete Person nicht mehr als nur geringfügig beschäftigt oder geringfügig selbständig tätig war. Bei Personen, die ihren Rentenanspruch aus der Versicherung einer anderen Person ableiten, gelten die Voraussetzungen des Absatzes 1 Nr. 11 oder 12 als erfüllt, wenn die andere Person diese Voraussetzungen erfüllt hatte.

(3) Als gegen Arbeitsentgelt beschäftigte Arbeiter und Angestellte im Sinne des Absatzes 1 Nr. 1 gelten Bezieher von Vorruhestandsgeld, wenn sie unmittelbar vor Bezug des Vorruhestandsgeldes versicherungspflichtig waren und das Vorruhestandsgeld mindestens in Höhe von 65 vom Hundert des Bruttoarbeitsentgelts im Sinne des § 3 Abs. 2 des Vorruhestandsgesetzes gezahlt wird.

(4) Als Bezieher von Vorruhestandsgeld ist nicht versicherungspflichtig, wer im Ausland seinen Wohnsitz oder gewöhnlichen Aufenthalt in einem Staat hat, mit dem für Arbeitnehmer mit Wohnsitz oder gewöhnlichem Aufenthalt in diesem Staat keine über- oder zwischenstaatlichen Regelungen über Sachleistungen bei Krankheit bestehen.

(4a) Auszubildende, die im Rahmen eines Berufsausbildungsvertrages nach dem Berufsbildungsgesetz in einer außerbetrieblichen Einrichtung ausgebildet werden, stehen den Beschäftigten zur Berufsausbildung im Sinne des Absatzes 1 Nr. 1 gleich. Als zu ihrer Berufsausbildung Beschäftigte im Sinne des Absatzes 1 Nr. 1 gelten Personen, die als nicht satzungsmäßige Mitglieder geistlicher Genossenschaften oder ähnlicher religiöser Gemeinschaften für den Dienst in einer solchen Genossenschaft oder ähnlichen religiösen Gemeinschaft außerschulisch ausgebildet werden.

(5) Nach Absatz 1 Nr. 1 oder 5 bis 12 ist nicht versicherungspflichtig, wer hauptberuflich selbständig erwerbstätig ist.

(6) Nach Absatz 1 Nr. 5 bis 7 oder 8 ist nicht versicherungspflichtig, wer nach Absatz 1 Nr. 1 versicherungspflichtig ist. Trifft eine Versicherungspflicht nach Absatz 1 Nr. 6 mit einer Versicherungspflicht nach Absatz 1 Nr. 7 oder 8 zusammen, geht die Versicherungspflicht vor, nach der die höheren Beiträge zu zahlen sind.

(7) Nach Absatz 1 Nr. 9 oder 10 ist nicht versicherungspflichtig, wer nach Absatz 1 Nr. 1 bis 8, 11 oder 12 versicherungspflichtig oder nach § 10 versichert ist, es sei denn, der Ehegatte, der Lebenspartner oder das Kind des Studenten oder Praktikanten ist nicht versichert. Die Versicherungspflicht nach Absatz 1 Nr. 9 geht der Versicherungspflicht nach Absatz 1 Nr. 10 vor.

(8) Nach Absatz 1 Nr. 11 oder 12 ist nicht versicherungspflichtig, wer nach Absatz 1 Nr. 1 bis 7 oder 8 versicherungspflichtig ist. Satz 1 gilt für die in § 190 Abs. 11a genannten Personen entsprechend. Bei Beziehern einer Rente der gesetzlichen Rentenversicherung, die nach dem 31. März 2002 nach § 5 Abs. 1 Nr. 11 versicherungspflichtig geworden sind, deren Anspruch auf Rente schon an diesem Tag bestand und die bis zu diesem Zeitpunkt nach § 10 oder nach § 7 des Zweiten Gesetzes über die Krankenversicherung der Landwirte versichert waren, aber nicht die Vorversicherungszeit des § 5 Abs. 1 Nr. 11 in der seit dem 1. Januar 1993 geltenden Fassung erfüllt hatten und deren Versicherung nach § 10 oder nach § 7 des Zweiten Gesetzes über die Krankenversicherung der Landwirte nicht von einer der in § 9 Abs. 1 Nr. 6 genannten Personen abgeleitet worden ist, geht die Versicherung nach § 10 oder nach § 7 des Zweiten Gesetzes über die Krankenversicherung der Landwirte der Versicherung nach § 5 Abs. 1 Nr. 11 vor.

(8a) Nach Absatz 1 Nr. 13 ist nicht versicherungspflichtig, wer nach Absatz 1 Nr. 1 bis 12 versicherungspflichtig, freiwilliges Mitglied oder nach § 10 versichert ist. Satz 1 gilt entsprechend für Empfänger laufender Leistungen nach dem Dritten, Vierten, Sechsten und Siebten Kapitel des Zwölften Buches und für Empfänger laufender Leistungen nach § 2 des Asylbewerberleistungsgesetzes. Satz 2 gilt auch, wenn der Anspruch auf diese Leistungen für weniger als einen Monat unterbrochen wird. Der Anspruch auf Leistungen nach § 19 Abs. 2 gilt nicht als Absicherung im Krankheitsfall im Sinne von Absatz 1 Nr. 13, sofern im Anschluss daran kein anderweitiger Anspruch auf Absicherung im Krankheitsfall besteht.

(9) Kommt eine Versicherung nach den §§ 5, 9 oder 10 nach Kündigung des Versicherungsvertrages nicht zu Stande oder endet eine Versicherung nach den §§ 5 oder 10 vor Erfüllung der Vorversicherungszeit nach § 9, ist das private Krankenversicherungsunternehmen zum erneuten Abschluss eines Versicherungsvertrages verpflichtet, wenn der vorherige Vertrag für mindestens fünf Jahre vor seiner Kündigung ununterbrochen bestanden hat. Der Abschluss erfolgt ohne Risikoprüfung zu gleichen Tarifbedingungen, die zum Zeitpunkt der Kündigung bestanden haben; die bis zum Ausscheiden erworbenen Alterungsrückstellungen sind dem Vertrag zuzuschreiben. Wird eine gesetzliche Krankenversicherung nach Satz 1 nicht begründet, tritt der neue Versicherungsvertrag am Tag nach der Beendigung des vorhergehenden Versicherungsvertrages in Kraft. Endet die gesetzliche Krankenversicherung nach Satz 1 vor Erfüllung der Vorversicherungszeit, tritt der neue Versicherungsvertrag am Tag nach Beendigung der gesetzlichen Krankenversicherung in Kraft. Die Verpflichtung nach Satz 1 endet drei Monate nach der Beendigung des Versicherungsvertrages, wenn eine Versicherung nach den §§ 5, 9 oder 10 nicht begründet wurde. Bei Beendigung der Versicherung nach den §§ 5 oder 10 vor Erfüllung der Vorversicherungszeiten nach § 9 endet die Verpflichtung nach Satz 1 längstens zwölf Monate nach der Beendigung des privaten Versicherungsvertrages. Die vorstehenden Regelungen zum Versicherungsvertrag sind auf eine Anwartschaftsversicherung in der privaten Krankenversicherung entsprechend anzuwenden.

(10) nicht belegt

(11) Ausländer, die nicht Angehörige eines Mitgliedstaates der Europäischen Union, Angehörige eines Vertragsstaates des Abkommens über den Europäischen Wirtschaftsraum oder Staatsangehörige der Schweiz sind, werden von der Versicherungspflicht nach Absatz 1 Nr. 13 erfasst, wenn sie eine Niederlassungserlaubnis oder eine Aufenthaltserlaubnis mit einer Befristung auf mehr als zwölf Monate nach dem Aufenthaltsgesetz besitzen und für die Erteilung dieser Aufenthaltstitel keine Verpflichtung zur Sicherung des Lebensunterhalts nach § 5 Abs. 1 Nr. 1 des Aufenthaltsgesetzes besteht. Angehörige eines anderen Mitgliedstaates der Europäischen Union, Angehörige eines anderen Vertragsstaates des Abkommens über den Europäischen Wirtschaftsraum oder Staatsangehörige der Schweiz werden von der Versicherungspflicht nach Absatz 1 Nr. 13 nicht erfasst, wenn die Voraussetzung für die Wohnortnahme in Deutschland die Existenz eines Krankenversicherungsschutzes nach § 4 des Freizügigkeitsgesetzes/EU ist. Bei Leistungsberechtigten nach dem Asylbewerberleistungsgesetz liegt eine Absicherung im Krankheitsfall bereits dann vor, wenn ein Anspruch auf Leistungen bei Krankheit, Schwangerschaft und Geburt nach § 4 des Asylbewerberleistungsgesetzes dem Grunde nach besteht.

Hinweis: § 5 SGB V in der Fassung vom 26.03.2007 wurde durch Art. 28 Abs. 4 des Gesetzes vom 07.09.2007 (BGBl I 2007, 2246) mit Wirkung vom 14.09.2007 geändert. Die Autoren passen die Kommentierungen bei Bedarf an die aktuelle Rechtslage durch Aktualisierungshinweise an.

Hinweis: § 5 SGB V in der Fassung vom 07.09.2007 wurde durch Art. 9 Abs. 21 des Gesetzes vom 23.11.2007 (BGBl I 2007, 2631) mit Wirkung vom 01.01.2008 geändert. Die Autoren passen die Kommentierungen bei Bedarf an die aktuelle Rechtslage durch Aktualisierungshinweise an.

Gliederung

A. Basisinformationen

I. Textgeschichte/Gesetzgebungsmaterialien

1 § 5 SGB V wurde mit Wirkung vom 01.01.1989 durch Art. 1 des **Gesundheitsreformgesetzes** (GRG)[1] eingeführt. Die Vorschrift geht zurück auf § 5 des Regierungsentwurfs zum GRG.[2] Der kraft Gesetzes versicherte Personenkreis blieb nach der Gesetzesbegründung weitgehend unverändert.[3]

2 Seit ihrem In-Kraft-Treten wurde die Regelung **mehrfach geändert**. Durch Art. 4 Nr. 1 des **Rentenreformgesetzes 1992**[4] wurden in § 5 Abs. 1 Nr. 6 SGB V die Worte „sowie an Berufsfindung oder Arbeitserprobung" eingefügt, wobei es sich lediglich um eine Folgeänderung zur Änderung von § 16 Abs. 2 SGB VI handelte.[5] Das **Gesetz zur Herstellung der Rechtseinheit in der gesetzlichen Renten- und Unfallversicherung**[6] führte zur Neufassung des § 5 Abs. 1 Nr. 12 SGB V. Im Zuge der Wiedervereinigung wurde § 5 Abs. 1 Nr. 1, Nr. 12, Abs. 4 und Abs. 6 Satz 2 durch das **Zweite Gesetz zur Änderung des Fünften Buches Sozialgesetzbuch**[7] neu gefasst. § 5 Abs. 1 Nr. 11 SGB V wurde zwischen 1992 und 1996 mehrfach geändert – die jeweiligen Neufassungen erfolgten durch Art. 1 Nr. 1 des **Gesetzes zur Sicherung und Strukturverbesserung der gesetzlichen Krankenversicherung** (Gesundheitsstrukturgesetz)[8], das **Dritte Gesetz zur Änderung des Fünften Buches Sozialgesetzbuch**[9] sowie das **Gesetz zur Einordnung des Rechts der gesetzlichen Unfallversicherung in das Sozialgesetzbuch**[10]. Das **Gesetz zur Reform der Arbeitsförderung**[11] bedingte eine Änderung des § 5 Abs. 1 Nr. 2 SGB V. Eine grundlegende Änderung erfolgte durch das **Gesetz zur Reform der gesetzlichen Krankenversicherung** ab dem Jahr 2000[12]: In § 5 Abs. 1 Nr. 10 SGB V wurden die Worte „ohne Arbeitsentgelt" eingefügt; die Absätze 4a und 10 wurden geschaffen.[13] Die Anpassung an das **Gesetz zur Beendigung der Diskriminierung gleichgeschlechtlicher Gemeinschaften**[14] machte in § 5 Abs. 7 SGB V eine Ergänzung um das Wort „Lebenspartner" erforderlich.[15] Durch Art. 2 Nr. 1 des **Zweiten Gesetzes zur Änderung des Künstlersozialversicherungsgesetzes und anderer Gesetze**[16] wurde § 5 Abs. 1 Nr. 11a SGB V eingefügt.[17] Art. 5 Nr. 2 des **Sozialgesetzbuchs Neuntes Buch – SGB IX – Rehabilitation und Teilhabe behinderter Menschen**[18] wurden die Nr. 6, 7 und 8 in § 5 Abs. 1 SGB V angepasst.[19] § 5 Abs. 1 Nr. 2 und Abs. 4a SGB V wurde durch das **Gesetz zur Reform**

[1] Vom 20.12.1988, BGBl I 1988, 2477.
[2] Ausführlich zur Entstehungsgeschichte auch *Sommer* in: Peters, Handbuch KV (SGB V), § 5 Rn. 3 ff.
[3] Im Einzelnen BR-Drs. 200/88, S. 159.
[4] Vom 18.12.1989, BGBl I 1989, 2261, 2355.
[5] BT-Drs. 11/5530, S. 60.
[6] Renten-Überleitungsgesetz (RÜG) v. 25.07.1991, BGBl I 1991, 1606, 1686; hierzu BR-Drs. 197/91, S. 152.
[7] Vom 20.12.1991, BGBl I 1991, 2325; hierzu BT-Drs. 12/1392, S. 4.
[8] Vom 21.12.1992, BGBl I 1992, 2266; die Vorversicherungszeit der Rentner musste von da an auf einer Pflichtversicherung beruhen (vgl. im Einzelnen BT-Drs. 12/3608, S. 75 f. sowie Rn. 72 ff.).
[9] 3. SGB V-ÄndG v. 10.05.1995, BGBl I 1995, 678 (hierzu BT-Drs. 1/95, S. 12).
[10] UVEG v. 07.08.1996, BGBl I 1996, 1254, 1311; hier ging es lediglich um die sprachliche Anpassung an das SGB VII.
[11] AFRG v. 24.03.1997, BGBl I 1997, 594, 692; die bisher im AFG vorgesehenen Regelungen zur Krankenversicherung der Bezieher von Arbeitslosengeld, Arbeitslosenhilfe wurden in die allgemeinen Regelungen des SGB V eingestellt (hierzu BT-Drs. 13/4941, S. 233); zur Verfassungsmäßigkeit dieser Fassung im Übrigen BSG v. 07.02.2002 - B 7 AL 28/01 R - ZfS 2002, 238.
[12] GKV-Gesundheitsreformgesetz 2000 v. 22.12.1999, BGBl I 1999, 2626.
[13] Zur Begründung der Reform im Einzelnen BT-Drs. 14/1245, S. 59.
[14] Vom 16.12.2001, BGBl I 2001, 266, 284.
[15] Der Vorrang der Versicherungspflicht als Student vor der Familienversicherung sollte auch dann gelten, wenn der Lebenspartner andernfalls keinen Versicherungsschutz hätte (BT-Drs. 14/3751, S. 68 f.).
[16] Vom 13.06.2001, BGBl I 2001, 1027, 1031.
[17] Die Vorschrift soll den Zugang zur Krankenversicherung der Rentner erleichtern (BT-Drs. 14/5066, S. 15).
[18] Vom 19.06.2001, BGBl I 2001, 1046, 1098.
[19] BT-Drs. 14/5074, S. 117.

der arbeitsmarktpolitischen Instrumente[20] geändert. Aufgrund einer Entscheidung des BVerfG wurde § 5 Abs. 8 SGB V um seine jetzigen Sätze 2 und 3 ergänzt; maßgeblich war das **Zehnte Gesetz zur Änderung des Fünften Buches Sozialgesetzbuch.**[21] Eine sprachliche Korrektur in § 5 Abs. 1 Nr. 7 SGB V erfolgte durch das **Gesetz zur Gleichstellung behinderter Menschen und zur Änderung anderer Gesetze**[22]. Die jüngste Änderung mit Wirkung vom 01.01.2005 ist eine Konsequenz der Aufhebung der Vorschriften über die Arbeitslosenhilfe durch Einführung der Grundsicherung für Arbeitsuchende im SGB II[23]: § 5 Abs. 1 Nr. 2a SGB V wurde durch das **Vierte Gesetz für moderne Dienstleistungen am Arbeitsmarkt**[24] geschaffen und § 5 Abs. 1 Nr. 2 SGB V entsprechend angepasst. Durch das Gesetz zur Stärkung des Wettbewerbs in der gesetzlichen Krankenversicherung (GKV-Wettbewerbsstärkungsgesetz)[25] wurden § 5 Abs. 1 SGB V neu gefasst und ergänzt sowie die Absätze 5a (mit Wirkung vom 01.01.2009), 8a und 11 (jeweils mit Wirkung vom 01.04.2007) angefügt.

II. Vorgängervorschriften

§ 5 SGB V entspricht im Wesentlichen § 165 RVO.[26] 3

III. Parallelvorschriften

§ 5 SGB V regelt die Versicherungspflicht in der GKV. Parallele Vorschriften finden sich in den anderen Sozialversicherungszweigen. Unmittelbaren Bezug auf § 5 SGB V nimmt dabei § 20 Abs. 1 SGB XI: Versicherungspflichtig in der sozialen **Pflegeversicherung** sind die versicherungspflichtigen Mitglieder der gesetzlichen Krankenversicherung. In der **Rentenversicherung** regeln die §§ 1-4 SGB VI die Versicherungspflicht. Die Versicherung kraft Gesetzes in der gesetzlichen **Unfallversicherung** normiert § 2 SGB VII.[27] Das Versicherungspflichtverhältnis im Recht der **Arbeitsförderung** wird in den §§ 24 ff. SGB III geregelt. Im Einzelnen unterscheiden sich die jeweiligen Regelungen deutlich voneinander; jedenfalls die **Beschäftigung** (§ 5 Abs. 1 Nr. 1 SGB V) **als klassischer Tatbestand** der Sozialversicherung führt jedoch **in allen Versicherungszweigen zur Versicherungspflicht.**[28] 4

IV. Systematische Zusammenhänge

§ 5 SGB V ist im systematischen Zusammenhang mit den **übrigen Vorschriften zum „Versicherten Personenkreis"** zu sehen (§§ 5-10 SGB V). Die isolierte Prüfung von § 5 SGB V besagt letztlich noch nichts über das Bestehen einer Versicherung in der GKV. So kann etwa ein gegen Arbeitsentgelt Beschäftigter, der gemäß § 5 Abs. 1 Nr. 1 SGB V versicherungspflichtig ist, aufgrund der **Höhe seines Arbeitsentgelts** wiederum versicherungsfrei sein: Verdient er nicht mehr als 400 € im Monat, ist er versicherungsfrei gemäß **§ 7 Abs. 1 SGB V** i.V.m. § 8 Abs. 1 Nr. 1 SGB IV (geringfügige Beschäftigung); bei zu hohem Arbeitsentgelt ist die Beschäftigung gemäß **§ 6 Abs. 1 Nr. 1 SGB V** versicherungsfrei.[29] Gemäß § 8 SGB V können sich versicherungspflichtige Personen unter bestimmten Voraussetzungen von der Versicherungspflicht in der GKV **befreien** lassen. Schließlich steht erst nach der Prüfung des § 10 SGB V fest, ob etwa ein gemäß § 5 Abs. 1 Nr. 9 SGB V versicherungspflichtiger Stu- 5

[20] Job-AQTIV-Gesetz v. 10.12.2001, BGBl I 2001, 3443, 3461; ausführlich zur Begründung BT-Drs. 14/6944, S. 52.

[21] Zehntes Gesetz zur Änderung des Fünften Buches Sozialgesetzbuch – 10. SGB V-Änderungsgesetz v. 23.03.2002, BGBl I 2002, 1169 (vgl. BT-Drs. 14/8383, S. 8).

[22] Vom 27.04.2002, BGBl I 2002, 1467, 1497; hierbei handelte es sich lediglich um eine sprachliche Anpassung.

[23] BT-Drs. 15/1516, S. 72.

[24] Vom 24.12.2003, BGBl I 2003, 2954, 2975.

[25] GKV-WSG v. 26.03.2007, BGBl I 2007, 378.

[26] Eine detaillierte Gegenüberstellung von altem und neuem Recht findet sich bei *Sommer* in: Peters, Handbuch KV (SGB V), § 5 Rn. 7.

[27] Die Unfallversicherung kennt darüber hinaus die Versicherung kraft Satzung (§ 3 SGB VII).

[28] Auch insoweit bestehen allerdings Unterschiede: So verlangt etwa § 2 Abs. 1 Nr. 1 SGB VII – anders als die übrigen Sozialversicherungszweige – keine Beschäftigung gegen Arbeitsentgelt.

[29] Zur Verfassungsmäßigkeit der Erhöhung der Versicherungspflichtgrenze zum 01.01.2003 mit Blick auf die Grundrechte der Unternehmen der privaten Krankenversicherung: BVerfG v. 04.02.2004 - 1 BvR 1103/03 - SozR 4-2500 § 5 Nr. 1.

dent nicht doch **familienversichert** ist und die Versicherungspflicht gemäß § 5 Abs. 7 SGB V von der Familienversicherung verdrängt wird. Auf der anderen Seite eröffnet § 9 SGB V die Möglichkeit, der GKV **freiwillig beizutreten**. Auch nicht versicherungspflichtige Personen können daher Mitglied in der GKV sein. Familienversicherte Angehörige sind selber nicht Mitglied der Krankenkasse, sind aber gemäß § 10 SGB V versichert.

6 § 5 SGB V wird ergänzt durch die §§ 186 und 190 SGB V, die **Beginn und Ende der Mitgliedschaft versicherungspflichtiger Personen** regeln. Zu beachten sind gegebenenfalls auch § 189 SGB V (Formalrentner), § 192 SGB V (Fortbestehen der Mitgliedschaft Versicherungspflichtiger) sowie § 193 SGB V, der bei versicherungspflichtig Beschäftigten das Fortbestehen der Mitgliedschaft bei Wehr- oder Zivildienst regelt.

7 Die Versicherungspflicht und die daraus resultierende Mitgliedschaft in einer Krankenkasse begründen Leistungs- und Beitragsansprüche. Insoweit ist § 5 SGB V auch im Zusammenhang mit den **§§ 11 ff. SGB V** einerseits und den **§§ 220 ff. SGB V** andererseits zu sehen.

V. Ausgewählte Literaturhinweise

8 *Bress*, Versicherung der Studenten und Praktikanten, 1996; *Bress*, Versicherung der Praktikanten, SVFAng Nr. 126, 41; *Bönecke*, Ausgewählte Fragen zur Krankenversicherung der Rentner, SVFAng Nr. 136 (2003), 25; *Erdmann*, Der Ausschluss von der Krankenversicherungspflicht bei hauptberuflich selbständiger Erwerbstätigkeit, ZfS 1997, 300; *Felix*, Studenten und gesetzliche Krankenversicherung, NZS 2000, 477; *Grahn*, Studenten in Beschäftigungsverhältnissen, JA 2003, 346; *Joussen*, Krankenversicherung zwischen Ende des Arbeitsverhältnisses und Arbeitslosigkeit, ZfSH/SGB 2000, 259; *Joussen*, Die sozialversicherungsrechtliche Absicherung im Ausland tätiger Freiwilliger, NZS 2003, 288; *Klose*, Die Krankenversicherungspflicht der Auszubildenden des Zweiten Bildungswegs (§ 5 Abs. 1 Nr. 10 SGB V), ZfS 1998, 257; *Marburger*, Praktikanten, Die Beiträge 2004, 513; *Jenak*, Vor-, Nach- und Zwischenpraktikum, AuA 2004 Nr. 10, 38; *Marburger*, Die soziale Absicherung der selbständigen Künstler und Publizisten, ZfS 2001, 225; *Marburger*, Praktikanten, Die Beiträge 2004, 513; *Marburger*, Sozialversicherungsrechtliche Besonderheiten schwerbehinderter Menschen, PersV 2004, 370; *Müller*, Zugehörigkeit zum versicherungspflichtigen Personenkreis der Altenteiler nach dem KVLG 1989, WzS 2006, 199-206 und 264-272; *Roller*, Studenten, Studierende, Hochschulen, Fachhochschulen – zum Verständnis der Begriffe im Sozialversicherungsrecht nach der höchstrichterlichen Rechtsprechung, SGb 2000, 349; *Sailer*, Die Stellung der Ordensangehörigen im staatlichen Sozialversicherungs- und Vermögensrecht, 1996; *Sailer*, Die Krankenversicherungspflicht der Postulanten und Novizen von Ordensgemeinschaften, NZS 1998, 464; *Schäfer*, Behinderte Menschen in geschützten Einrichtungen, Die Beiträge 2001, 705; *Schaller*, Die studentische Krankenversicherung nach der Gesundheitsreform, ZfS 1990, 33; *Schmalor*, Die Versicherung der Praktikanten, WsZ 1999, 136; *Schmidt*, Versicherung sonstiger Personen, SVFAng Nr. 113, 55 und Nr. 114, 39; *Schmidt*, Die sozialversicherungsrechtliche Stellung von Studenten, Schülern und Praktikanten, Brennpunkte des Sozialrechts 2003, 61; *Schulz*, Kranken- und Pflegeversicherung der Empfänger von Arbeitslosengeld, Arbeitslosenhilfe und Unterhaltsgeld, Die Beiträge 1998, 257; *Schulz*, Krankenversicherung der Studenten, Die Beiträge 1999, 705; *Töns*, Rechtsfragen zur Krankenversicherung der Rentner, SGb 1989, 322; *Sieben*, Kranken- und Pflegeversicherung der Personen ohne anderweitigen Anspruch auf Absicherung im Krankheitsfall, Die Ersatzkasse (Sonderveröffentlichung April 2007), 8; *Sieben*, Folgen der Nichtzahlung von Beiträgen und Beitragsübernahme, Die Ersatzkasse (Sonderveröffentlichung April 2007), 15.

B. Auslegung der Norm

I. Regelungsgehalt und Bedeutung der Norm

9 § 5 SGB V normiert den Kreis der kraft Gesetzes **versicherungspflichtigen Personen**, dem die meisten in der GKV versicherten Personen angehören. Die Regelung des § 5 Abs. 1 SGB V, die heute insgesamt 15 Fallgestaltungen erfasst, verdeutlicht die Ausdehnung der Versicherungspflicht, die ihren Ursprung beim beschäftigten Arbeitnehmer hatte.

10 § 5 Abs. 1, 2-4- SGB VI, der die versicherungspflichtigen Personen auflistet und spezifiziert, wird durch **Konkurrenzregelungen** (Absätze 5-8a) sowie Regelungen zum **Verhältnis der GKV zur pri-**

vaten Krankenversicherung (Absätze 9 und 10) ergänzt. Eine im Rahmen des § 5 Abs. 1 Nr. 13 SGB V zu beachtende Sonderregelung für Ausländer enthält § 5 Abs. 1 Nr. 13 SGB V.

Versicherungspflicht im Sinne des § 5 SGB V bedeutet, dass bestimmte Personenkreise unabhängig 11
von ihrem Willen kraft Gesetzes – oder auch Satzung (§ 2 Abs. 1 SGB IV) – versichert sind. Ohne Bedeutung für die Versicherung sind Alter, Geschlecht oder Familienstand; die Versicherung besteht auch unabhängig von **Anmeldung** oder **Beitragszahlung**. Die Versicherungspflicht ist gemäß § 32 SGB I unabdingbar; unter bestimmten Vorraussetzungen besteht jedoch die Möglichkeit einer Befreiung gemäß § 8 SGB V. Zu beachten ist das das Sozialgesetzbuch beherrschende **Territorialitätsprinzip (§§ 3 ff. SGB IV)**.

§ 5 SGB V kommt in der Rechtspraxis erhebliche Bedeutung zu. Von den im Jahre 2006 rund 12
50.000.000 Mitgliedern in der GKV sind annähernd **29.000.000 Personen Pflichtmitglieder** gemäß § 5 Abs. 1 SGB V. Hierbei handelt es sich vor allem um **Beschäftigte** (§ 5 Abs. 1 Nr. 1 SGB V); aber auch die **Rentner und Rentenantragsteller** (knapp 17.000.000. Mitglieder) nehmen einen bedeutenden Umfang ein.[30]

II. Normzweck

Der Kreis der in § 5 Abs. 1 SGB V als versicherungspflichtig bestimmten Personengruppen ist nach 13
der Einschätzung des Gesetzgebers – jedenfalls grundsätzlich[31] – **sozial schutzbedürftig**.[32] Ausgehend vom gegen Arbeitsentgelt Beschäftigten hatte der Gesetzgeber den versicherungspflichtigen Personenkreis über Jahrzehnte hinweg ausgedehnt; erst mit In-Kraft-Treten des SGB V ist wieder eine einschränkende Tendenz zu erkennen, mit der auch die Bedeutung der GKV als **Solidargemeinschaft** verdeutlicht wird. Als Beispiel sei hier nur die Verschärfung der Vorversicherungszeiten für den Zugang zur Krankenversicherung der Rentner (KVdR) genannt (hierzu ausführlich Rn. 72 ff.).[33]

III. Versicherungspflicht

1. Versicherungspflichtiger Personenkreis (Absätze 1, 2-4a)

§ 5 Abs. 1 SGB V umschreibt den Kreis der kraft Gesetzes versicherungspflichtigen Personen und be- 14
nennt dabei insgesamt 15 unterschiedliche Fallgestaltungen. Ist eine der Fallgestaltungen einschlägig, ist die erste Voraussetzung für das Bestehen der Versicherungspflicht gegeben; zu prüfen sind in diesem Fall die weiteren Absätze des § 5 SGB V sowie die §§ 6, 7, 8 und 10 SGB V, die das gewonnene Ergebnis modifizieren können.

a. Beschäftigte (Absatz 1 Nr. 1, Absätze 3-4a)

Den **klassischen** und nach wie vor auch praktisch bedeutsamsten **Tatbestand** der Versicherungspflicht 15
beschreibt § 5 Abs. 1 Nr. 1 SGB V. Versicherungspflichtig sind danach Arbeiter, Angestellte und zu ihrer Berufsausbildung Beschäftigte, die gegen Arbeitsentgelt beschäftigt sind. Auf die **Dauer der Beschäftigung** und den **Gesundheitszustand** des Betroffenen kommt es nicht an; die Rechtsfigur des „missglückten Arbeitsversuchs“[34] hat das BSG mit In-Kraft-Treten des SGB V endgültig aufgegeben.[35]

Der **Begriff der Beschäftigung** ist in **§ 7 Abs. 1 Satz 1 SGB IV** legal definiert.[36] Beschäftigung ist da- 16
nach die „nichtselbständige Arbeit, insbesondere in einem Arbeitsverhältnis“.[37] Anhaltspunkte für eine Beschäftigung sind nach § 7 Abs. 1 Satz 2 SGB IV „eine Tätigkeit nach Weisungen und eine Eingliе-

[30] Zur Statistik im Einzelnen vgl. die GKV-Statistik – Stand: 01.07.2006 – abrufbar im Internet beim Bundesministerium für Gesundheit und Soziale Sicherung.

[31] Bei gut verdienenden Beschäftigten besteht diese soziale Schutzbedürftigkeit – wie § 6 Abs. 1 Nr. 1 SGB V zeigt – in der Regel nicht.

[32] So auch BSG v. 24.11.1992 - 12 RK 8/92 - BSGE 71, 244 = SozR 3-2500 § 224 Nr. 2.

[33] Die Neuregelung durch das Gesundheitsreformgesetz (hierzu Rn. 2) sollte den Gedanken der Solidarität stärker betonen (BR-Drs. 200/88, S. 159).

[34] Hierzu etwa *Wollenschläger*, SGb 1997, 137.

[35] BSG v. 04.12.1997 - 12 RK 3/97 - BSGE 81, 231 = SozR 3-2500 § 5 Nr. 37; vgl. auch BSG v. 29.09.1998 - B 1 KR 10/96 R - SozR 3-2500 § 5 Nr. 40.

[36] Diese Norm ist aus verfassungsrechtlicher Sicht nicht unbestimmt (BVerfG v. 20.05.1996 - 1 BvR 21/96 - SozR 2400 § 7 Nr. 11).

[37] Zu einem Beschäftigungsverhältnis unter Ehegatten BSG v. 23.06.1994 - 12 RK 50/93 - BSGE 74, 275 = SozR 3-2500 § 5 Nr. 17; hierzu auch *Marburger*, rv 2004, 141.

derung in die Arbeitsorganisation des Weisungsgebers". Maßgeblich sind dabei die tatsächlichen Verhältnisse[38], die Sittenwidrigkeit der Beschäftigung steht der Versicherungspflicht nicht entgegen.[39] Die Abgrenzung von abhängiger Beschäftigung einerseits und selbständiger Erwerbstätigkeit andererseits bereitet Theorie und Praxis seit jeher erhebliche Probleme (Stichwort: Scheinselbständigkeit und Umgehung der Sozialversicherungspflicht[40]); insoweit und auch bezüglich weiterer **Detailfragen** wird auf die **Kommentierung zu § 7 SGB IV** verwiesen. Zu beachten ist gegebenenfalls auch § 7 Abs. 1a SGB V (Fortbestand der Beschäftigung während einer Freistellung).

17 Eine Versicherungspflicht in der GKV besteht nach dem ausdrücklichen Wortlaut des § 5 Abs. 1 Nr. 1 SGB V – anders etwa § 2 Abs. 1 Nr. 1 SGB VII – nur dann, wenn eine Beschäftigung **gegen Arbeitsentgelt** vorliegt. Der Begriff des Arbeitsentgelts ist in **§ 14 SGB IV** legal definiert – es handelt sich danach um alle laufenden oder einmaligen Einnahmen aus einer Beschäftigung, wobei es keine Rolle spielt, ob ein Rechtsanspruch auf die Einnahmen besteht, unter welcher Bezeichnung oder in welcher Form sie geleistet werden und ob sie unmittelbar aus der Beschäftigung oder im Zusammenhang mit ihr erzielt werden. Bezüglich der Einzelheiten wird auf die **Kommentierung zu § 14 SGB IV** verwiesen. Der Bezug von Arbeitsentgelt ist lediglich für die Beschäftigung im Sinne des § 5 Abs. 1 Nr. 1 SGB V unabdingbare Tatbestandsvoraussetzung. Erfolgt eine Berufsausbildung gegen Arbeitsentgelt, fällt sie unter § 5 Abs. 1 Nr. 1 SGB V, erfolgt sie dagegen unentgeltlich, wird sie unter Umständen von § 5 Abs. 1 Nr. 10 SGB V erfasst. Wird die Arbeit eines versicherungspflichtig Beschäftigten ohne Zahlung von Entgelt unterbrochen – beispielsweise durch einen rechtmäßigen Arbeitskampf oder während des Bezugs von Krankengeld –, bleibt die Mitgliedschaft in der GKV unter den Voraussetzungen des **§ 192 SGB V** bestehen.

18 Die in § 5 Abs. 1 Nr. 1 SGB V getroffene **Unterscheidung zwischen Arbeitern und Angestellten** hat seit In-Kraft-Treten des SGB V am 01.01.1989[41] keine Bedeutung mehr, weil die in § 6 Abs. 1 Nr. 1 SGB V genannte Jahresarbeitsentgeltgrenze seither einheitlich für beide Gruppen gilt. Auch **Beamte** oder **Richter** werden von § 5 Abs. 1 Nr. 1 SGB V erfasst – dies zeigen die Regelungen des § 6 Abs. 1 Nr. 2 und Abs. 3 SGB V. Auch für die zu ihrer **Berufsausbildung** entgeltlich Beschäftigten[42] gilt § 5 Abs. 1 Nr. 1 SGB V; handelt es sich dagegen um Personen, die unentgeltlich tätig sind – etwa im Rahmen eines Praktikums[43] –, kommt nur eine Versicherungspflicht nach § 5 Abs. 1 Nr. 10 SGB V in Betracht.

19 **Heimarbeiter** gelten gemäß § 12 Abs. 2 HS. 2 SGB IV als Beschäftigte; dagegen sind **Hausgewerbetreibende** (§ 12 Abs. 1 SGB IV) Selbständige und deshalb nicht versicherungspflichtig nach § 5 Abs. 1 Nr. 1 SGB V. Etwas anderes ergibt sich auch nicht aus § 28a Abs. 6 SGB IV, wonach der Hausgewerbetreibende als Beschäftigter gilt, soweit sein Arbeitgeber die Arbeitgeberpflichten erfüllt. Aus dieser Regelung, durch die der Hausgewerbetreibende aus gesetzestechnischen Gründen innerhalb des SGB IV als Beschäftigter behandelt werden soll[44], können keine Rückschlüsse auf die Versicherungspflicht in der GKV gezogen werden.[45]

20 § 5 Abs. 1 Nr. 1 SGB V wird durch eine Reihe spezieller Regelungen ergänzt. Zu nennen ist hier zunächst **§ 5 Abs. 3 SGB V**, der **Vorruhestandsgeldempfänger** unter bestimmten Voraussetzungen als Beschäftigte im Sinne des § 5 Abs. 1 Nr. 1 SGB V fingiert. Bei Wohnsitz oder gewöhnlichem Aufenthalt im Ausland ist auch **§ 5 Abs. 4 SGB V** (keine Fiktion bei Staaten, in denen keine über- oder zwischenstaatlichen Regelungen über Sachleistungen bei Krankheit bestehen) in die Prüfung einzubeziehen. Die Fiktion des § 5 Abs. 3 SGB V gilt nur dann, wenn der Vorruhestandsgeldbezieher unmittelbar vor Bezug des Vorruhestandsgeldes versicherungspflichtig war und das Vorruhestandsgeld mindestens in Höhe von 65% des Bruttoarbeitsentgelts im Sinne des § 3 Abs. 2 VRG gezahlt wird. Zwar ist das Vorruhestandsgesetz[46] gemäß § 14 VRG für die Zeit nach dem 01.01.1989 nur noch anzuwenden,

[38] BSG v. 12.02.2004 - B 12 KR 26/02 R - Die Beiträge Beilage 2004, 154 m.w.N.

[39] BSG v. 10.08.2000 - B 12 KR 21/98 R - BSGE 87, 53 = SozR 3-2400 § 7 Nr. 15; *Leube*, SozVers 2002, 85; Felix, NZS 2002, 225.

[40] Hierzu etwa *Brand*, ZSR 1996, 401; *Steinmeyer*, ZSR 1996, 348; vgl. ausführlich *Seewald* in: KassKomm, SGB IV, § 7 Rn. 4b und 186.

[41] BGBl I 1988, 2477.

[42] Hierzu auch § 7 Abs. 2 SGB IV.

[43] Hierzu auch BT-Drs. 14/1245, S. 59 zu § 5 Buchstabe a.

[44] BT-Drs. 11/2221, S. 20-21 zu § 28a a.E.

[45] Ebenso *Peters* in: KassKomm, SGB V, § 5 Rn. 26.

[46] VRG v. 13.04.1984, BGBl I 1984, 601.

wenn die Voraussetzungen für den Anspruch auf Vorruhestandsgeld erstmals vor diesem Zeitpunkt vorgelegen haben. Zuschüsse der Bundesagentur für Arbeit werden demgemäß nur noch für Vorruhestandsfälle, die bis zum 31.12.1988 eingetreten sind, gewährt. Die praktische Bedeutung des § 5 Abs. 3 SGB V beschränkt sich daher auf die wohl eher seltenen Fälle, die ohne staatliche Bezuschussung weitergeführt oder neu vereinbart werden. Nach wie vor enthält das SGB V Sonderregelungen für Vorruhestandsgeldbezieher (vgl. etwa die §§ 200 Abs. 1 Nr. 3, 226 Abs. 1 Satz 2 oder 257 Abs. 3 und 4 SGB V). Das VRG wurde durch das **Altersteilzeitgesetz** ersetzt[47]. Eine Anpassung des § 5 SGB V war insoweit nicht erforderlich – durch **§ 7 Abs. 1a SGB IV** ist sichergestellt, dass unter den im Gesetz genannten Voraussetzungen auch während der Freistellung von der Arbeitsleistung eine „Beschäftigung gegen Arbeitsentgelt" vorliegt.[48]

21 Bestimmte Personen werden durch **§ 5 Abs. 4a SGB V** den **zur Berufsausbildung Beschäftigten** im Sinne des § 5 Abs. 1 Nr. 1 SGB V gleichgestellt. Dies betrifft zum einen Auszubildende, die im Rahmen eines Berufsausbildungsvertrages nach dem Berufsbildungsgesetz in einer **außerbetrieblichen Einrichtung** ausgebildet werden (§ 5 Abs. 4a Satz 1 SGB V)[49]. Mit der seit dem 01.01.2002 geltenden Regelung sollten Unklarheiten über die Versicherungspflicht dieser Personen beseitigt werden[50], die aufgrund der Rechtsprechung des BSG[51] entstanden waren. Gemäß **§ 5 Abs. 4a Satz 2 SGB V**[52] gelten als zu ihrer Berufsausbildung Beschäftigte Personen, die als nicht satzungsmäßige Mitglieder geistlicher Genossenschaften oder ähnlicher religiöser Gemeinschaften für den Dienst in einer solchen Genossenschaft oder Gemeinschaft außerschulisch ausgebildet werden. Mit dieser Regelung wird klargestellt, dass etwa **Postulanten und Novizen** ihrem sozialen Schutzbedürfnis entsprechend in den Schutz der GKV einbezogen sind.[53] Der Gesetzgeber hielt sie für erforderlich, weil das BSG für diesen Personenkreis das Fehlen einer eindeutigen gesetzlichen Regelung vermisst hatte.[54] Zu beachten ist schließlich **§ 5 Abs. 5 SGB V**: Übt der Beschäftigte **hauptberuflich** eine **selbständige Erwerbstätigkeit** aus, besteht keine Versicherungspflicht (hierzu ausführlich Rn. 104 f.).

22 Das Vorliegen der in § 5 Abs. 1 Nr. 1 SGB V genannten Tatbestandsvoraussetzungen ist **notwendige, aber nicht hinreichende Bedingung** für das Vorliegen einer Versicherungspflicht als Beschäftigter. Durch andere Normen kann die Versicherungspflicht entfallen, wobei vor allem die **§§ 6-10 SGB V**zu prüfen sind (Beispiele: Vorliegen eines Werkstudentenprivilegs nach § 6 Abs. 1 Nr. 3 SGB V; Aufnahme der versicherungspflichtigen Beschäftigung erst nach Vollendung des 55. Lebensjahres – § 6 Abs. 3a SGB V; Vorliegen einer geringfügigen Beschäftigung nach § 7 SGB V; Inanspruchnahme des Rechtsanspruchs auf Befreiung von der Versicherungspflicht gemäß § 8 SGB V).

23 Die Versicherungspflicht nach § 5 Abs. 1 Nr. 1 SGB V hat grundsätzlich Vorrang vor den anderen Pflichtversicherungstatbeständen. Dies ergibt sich aus den in § 5 Abs. 6-8 SGB V getroffenen **Konkurrenzregelungen**. Soweit diese nicht einschlägig sind, gelten für bestimmte Fallgestaltungen spezielle Gesetze (§ 5 Abs. 1 Nr. 3 und 4 SGB V); lediglich das Verhältnis von § 5 Abs. 1 Nr. 1, Nr. 2 und Nr. 2a SGB V zueinander ist nicht geregelt. Insoweit können beide Tatbestände gleichzeitig erfüllt sein. Auch gegenüber der Familienversicherung ist die Versicherungspflicht als Beschäftigter gemäß § 10 Abs. 1 Satz 1 Nr. 2 vorrangig.

24 Die Frage der **Kassenzuständigkeit** richtet sich nach den §§ 173 ff. SGB V. Der Beginn der **Mitgliedschaft** ist in § 186 SGB V, ihr Ende in § 190 SGB V geregelt. § 192 SGB V fingiert unter bestimmten Voraussetzungen den Fortbestand der Mitgliedschaft Versicherungspflichtiger. Zum **Beitragsrecht** ist Folgendes zu sagen: Für die Beitragsbemessung ist § 226 SGB V maßgeblich. Die Beiträge werden vom Beschäftigten und von seinem Arbeitgeber gemäß § 249 Abs. 1 SGB V je zur Hälfte getragen; für die Zahlung ist gemäß § 253 SGB V der Arbeitgeber verantwortlich. Bezüglich der in § 5 Abs. 4a SGB V genannten Personen sind zudem § 251 Abs. 4b und 4c SGB V zu beachten.

---

[47] Gesetz zur Förderung eines gleitenden Übergangs in den Ruhestand vom 23.07.1996, BGBl I 1996, 1078.
[48] Vgl. auch Art. 1 § 2 Abs. 2 Satz 2 ATzG.
[49] Eingefügt durch Art. 3 Nr. 1 lit. b des Job-AQTIV-Gesetzes vom 10.12.2001, BGBl I 2001, 3443.
[50] BT-Drs. 14/6944, S. 52.
[51] BSG v. 12.10.2000 - B 12 KR 7/00 R - SozR 3-2600 § 1 Nr. 7.
[52] Vgl. Art. 1 Nr. 2b des GKV-Gesundheitsreformgesetzes 2000 vom 22.12.1999 (BGBl I 1999, 2626).
[53] BT-Drs. 14/1245, S. 59.
[54] BSG v. 17.12.1996 - 12 RK 2/96 - BSGE 79, 307 = SozR 3-2500 § 6 Nr. 14; kritisch hierzu *Tillmanns*, SGb 1999, 450 und *Sailer*, NZS 1998, 464.

b. Bezieher von Arbeitslosengeld oder Unterhaltsgeld (Absatz 1 Nr. 2)

25 Versicherungspflicht besteht gemäß § 5 Abs. 1 Nr. 2 SGB V auch für Bezieher von Entgeltleistungen im Fall von Arbeitslosigkeit. Die **Krankenversicherung für Arbeitslose** wurde zum 01.01.1998 aus dem Recht der Arbeitsförderung herausgenommen und in das SGB V integriert.[55] § 5 Abs. 1 Nr. 2 SGB V, der den Kreis der versicherungspflichtigen Personen eigenständig bestimmt, entspricht im Wesentlichen § 155 AFG, weshalb auch auf die zu dieser Vorschrift vorliegende Rechtsprechung zurückgegriffen werden kann. Eine Versicherungspflicht in der GKV begründet nach dem eindeutigen Wortlaut des Gesetzes nur die Gewährung von **Arbeitslosengeld** (§§ 117 ff. SGB III) sowie von **Unterhaltsgeld** (§§ 153 ff. SGB III[56]). Andere Leistungen begründen als solche keine Versicherungspflicht; allerdings kann unter Umständen eine andere Fallgestaltung einschlägig sein, wie etwa im Fall der Gewährung von Übergangsgeld (§§ 160 ff. SGB III i.V.m. § 5 Abs. 1 Nr. 6 SGB V). Zu beachten ist zudem, dass etwa bei Gewährung von Kurzarbeitergeld (§§ 169 ff. SGB III) eine bestehende Pflichtmitgliedschaft erhalten bleibt (§ 192 Abs. 1 Nr. 4 SGB V). Besteht Streit darüber, ob der Bezug einer Unterhaltsleistung nach § 10 SGB III zur Versicherungspflicht in der GKV führt, hat hierüber zunächst die Krankenkasse durch Verwaltungsakt zu entscheiden.[57]

26 § 5 Abs. 1 Nr. 2 SGB V stellt zum einen auf den – möglicherweise rechtswidrigen – **Bezug** der Entgeltersatzleistung ab.[58] In der Zeit, für die jemand eine der im Gesetz genannten Leistungen tatsächlich bezieht, besteht Versicherungspflicht in der GKV. Da der **Zeitraum** entscheidet, **für den** die Leistung gewährt wird, wirkt die Leistungserbringung an den Arbeitslosen in der GKV zurück.

27 Maßgeblich ist grundsätzlich der tatsächliche **Erhalt der Leistung**; es genügt jedoch auch die **Zuerkennung der Leistung für einen bestimmten Zeitraum durch Verwaltungsakt.**[59] Mit dem Erlass eines derartigen Verwaltungsakts steht für den gesamten Bewilligungszeitraum gleichzeitig fest, dass auch die Krankenversicherung der Arbeitslosen besteht.[60] Auf die Erfüllung zuerkannter Ansprüche und im Zusammenhang mit ihr getroffene Bestimmungen kann es in derartigen Fällen schon deshalb nicht mehr ankommen, weil ansonsten der Versicherungsschutz von der Zufälligkeit abhängt, ob die Bundesagentur für Arbeit ihren bindend anerkannten Verpflichtungen nachkommt. Wird wegen fehlenden Anspruchs keine Leistung zuerkannt oder ausbezahlt, ist § 5 Abs. 1 Nr. 2 SGB V nicht einschlägig.[61] Das bloße Bestehen eines **materiell-rechtlichen Anspruchs** auf eine der im Gesetz genannten Entgeltersatzleistungen begründet ebenfalls keine Versicherungspflicht in der GKV.[62] Wird tatsächlich eine Leistung ausbezahlt, ist es ohne Bedeutung, ob die Entgeltersatzleistung – wie im Regelfall – durch Verwaltungsakt bewilligt und anschließend ausgezahlt wird oder die Zahlung ohne Bescheid und unter Umständen materiell-rechtswidrig erfolgt. Gemäß **§ 5 Abs. 1 Nr. 2 HS. 2 SGB V** bleibt die Versicherungspflicht auch dann bestehen, wenn die Entscheidung, die zum Bezug der Leistung geführt hat, rückwirkend aufgehoben oder die Leistung zurückgefordert oder zurückgezahlt worden ist.[63] Einmal begründete Versicherungsverhältnisse in der GKV sollen aus Gründen des Vertrauensschutzes nicht rückwirkend beseitigt werden können.[64] In der Praxis wird zunächst die Bewilligung und Auszahlung der Entgeltersatzleistung erfolgen, über die allein die Bundesagentur für Arbeit entscheidet; im entsprechenden Verwaltungs- oder Gerichtsverfahren ist die Krankenkasse rechtlich nicht beteiligt. Begehrt eine Person Leistungen aus der GKV, bevor über ihren Anspruch auf Entgeltersatzleistung entschieden ist, muss das Verfahren ausgesetzt werden. Werden Entgeltersatzleistungen ausgezahlt und

[55] BT-Drs. 13/4941, S. 233; zu Beziehern von Vorruhestandsgeld der ehemaligen DDR: BSG v. 07.12.2000 - B 12 KR 9/00 R - SozR 3-2500 § 312 Nr. 1.

[56] Aufgehoben durch das Dritte Gesetz für moderne Dienstleistungen am Arbeitsmarkt v. 23.12.2003, BGBl I, 2848; gem. § 434j Abs. 10 SGB III sind die §§ 153 ff. SGB III jedoch für einen bestimmten Personenkreis weiterhin anzuwenden.

[57] BSG v. 26.05.2004 - B 12 AL 4/03 R - SozR 4-2500 § 5 Nr. 2; vgl. hierzu auch die Anmerkung von *Hase*, AuB 2004, 283; vgl. auch BSG v. 13.08.1996 - 12 RK 15/96 - SozR 3-4100 § 155 Nr. 4.

[58] BSG v. 22.05.2003 - B 12 KR 20/02 R - SGb 2003, 398.

[59] BSG v. 22.05.2003 - B 12 KR 20/02 R - SGb 2003, 398.

[60] BSG v. 22.05.2003 - B 12 KR 20/02 R - SGb 2003, 398.

[61] Vgl. etwa BSG v. 26.03.1996 - 12 RK 5/95 - SozR 3-2500 § 5 Nr. 26.

[62] BSG v. 27.04.1977 - 3 RK 51/76 - SozR 4100 § 159 Nr. 2, S. 5.

[63] Hierzu schon BSG v. 21.06.1978 - 3 RK 96/76 - SozR 4100 § 155 Nr. 5.

[64] Hierzu BSG v. 17.12.1996 - 12 RK 45/95 - BSGE 79, 302 = SozR 3-2500 § 251 Nr. 1.

es kommt zum Streit zwischen der Krankenkasse und dem Arbeitslosen, ist die Bundesagentur beizuladen.[65]

28 Entgeltersatzleistungen werden auch dann im Sinne des § 5 Abs. 1 Nr. 2 SGB V bezogen, wenn ihre Auszahlung **vorläufig** – etwa gemäß § 43 SGB I – erfolgt. Kommt es aufgrund einer **Aufrechnung** (§ 51 SGB I), Verrechnung (§ 52 SGB I) oder einer Pfändung (§ 54 SGB I) trotz bestehenden Anspruchs tatsächlich nicht zur Auszahlung des Geldes, besteht dennoch Versicherungspflicht.

29 Ausnahmsweise besteht Versicherungspflicht auch **ohne tatsächlichen Bezug** der Entgeltersatzleistung, wenn die in § 5 Abs. 1 Nr. 2 HS. 1 2. Satzteil SGB V genannten Voraussetzungen vorliegen. Scheitert die Auszahlung nur daran, dass der Anspruch ab Beginn des zweiten Monats bis zur zwölften Woche einer **Sperrzeit gemäß § 144 SGB III** ruht, ist die betreffende Person dennoch in der GKV versichert. Dass das Gesetz auf den zweiten Monat abstellt, ist für den Betroffenen nicht schädlich – gemäß § 19 Abs. 2 SGB V hat er Anspruch auf Leistungen längstens für einen Monat nach dem Ende der Versicherungspflicht.[66] § 5 Abs. 1 Nr. 2 SGB V wurde mit Wirkung vom 01.01.2002 um die Fallgestaltung **„Ruhen des Anspruchs wegen einer Urlaubsabgeltung"** ergänzt[67]. Gemäß § 143 Abs. 2 SGB III ruht der Anspruch auf Arbeitslosengeld für die Zeit des abgegoltenen Urlaubs, wenn der Arbeitslose wegen Beendigung des Arbeitsverhältnisses eine Urlaubsabgeltung erhält oder zu beanspruchen hat. Um zu vermeiden, dass sich der Arbeitslose in dieser Zeit selber gegen das Risiko der Krankheit versichern und hierfür Beiträge entrichten muss, wurde diese Fallgestaltung in § 5 Abs. 1 Nr. 2 SGB V aufgenommen.[68]

30 Die von § 5 Abs. 1 Nr. 2 SGB V erfassten Personen haben gemäß § 8 Abs. 1 Nr. 1a SGB V die Möglichkeit der **Befreiung** von der Versicherungspflicht.[69] § 6 Abs. 3a SGB V kann zur **Versicherungsfreiheit** führen. In beiden Fällen gilt § 207a SGB III (Übernahme von Beiträgen an ein privates Versicherungsunternehmen). Die Versicherungspflicht gemäß § 5 Abs. 1 Nr. 2 SGB V hat **Vorrang** vor einer Versicherungspflicht als Student, Praktikant oder Rentner (§ 5 Abs. 1 Nr. 9, 10, 11 und 12 SGB V). § 5 Abs. 1 Nr. 2 SGB V erfasst auch diejenigen Arbeitslosen, die vorher nicht in der GKV versichert waren.[70] Zu **Beginn und Ende der Mitgliedschaft** siehe § 186 Abs. 2a SGB V sowie § 190 Abs. 12 SGB V. Zu den beitragspflichtigen Einnahmen siehe § 232a Abs. 1 Nr. 1 SGB V; die Beiträge trägt gemäß § 251 Abs. 4a SGB V die Bundesagentur für Arbeit.

c. Bezieher von Arbeitslosengeld II (Absatz 1 Nr. 2a; Absatz 5a)

31 Mit Wirkung vom 01.01.2005 wurde § 5 Abs. 1 SGB V um seine Nr. 2a ergänzt (hierzu Rn. 3). Versicherungspflichtig sind danach Personen in der Zeit, in der sie Arbeitslosengeld II nach dem SGB II beziehen. Es handelt sich um eine **Folgeänderung der Aufhebung der Vorschriften über die Sozialhilfe durch Schaffung einer Grundsicherung nach dem SGB II.**[71] Arbeitslosengeld II wird nach Maßgabe der **§§ 19 ff. SGB II** an erwerbsfähige Hilfebedürftige gezahlt.[72] Bezüglich des Bezugs, der Bewilligung und der Anspruchsberechtigung gelten die unter Rn. 25 ff. gemachten Ausführungen entsprechend.

32 Nicht versicherungspflichtig nach § 5 Abs. 1 Nr. 2a SGB V ist, wer gemäß § 10 SGB V **familienversichert** ist. Der Gesetzgeber hat in Nr. 2a eine **Konkurrenzregelung** aufgenommen, die systematisch zu § 5 Abs. 5 ff. SGB V gehört hätte. Nach Ansicht des Gesetzgebers besteht in den Fällen, in denen der Betreffende bereits über einen Angehörigen in der GKV versichert ist, kein Bedürfnis für ein eigenes Versicherungspflichtverhältnis, da es sich beim Arbeitslosengeld II um eine subsidiäre staatliche Sozialleistung handele, die wie die Sozialhilfe bedürftigkeitsorientiert sei.[73] Letztlich führt diese Regelung zu einer **Entlastung des Bundes**, der gemäß § 251 Abs. 4 SGB V Beiträge für die nach § 5 Abs. 1 Nr. 2a SGB V versicherungspflichtigen Personen trägt, zu Lasten der GKV.

---

[65] Hierzu BSG v. 21.02.1990 - 12 RK 38/89 - SozR 3-1500 § 75 Nr. 2; vgl. auch BSG v. 13.08.1996 - 12 RK 15/96 - SozR 3-4100 § 155 Nr. 4 und BSG v. 17.07.1997 - 12 RK 16/96 - SozR 3-4100 § 155 Nr. 5.

[66] Vgl. auch BSG v. 02.11.2000 - B 11 AL 25/00 R - SGb 2001, 19.

[67] Art. 3 Nr. 1 lit. a Job-AQTIV-Gesetz v. 10.12.2001, BGBl I 2001, 3443.

[68] BT-Drs. 14/6944, S. 52.

[69] Hierzu auch BSG v. 17.07.1997 - 12 RK 16/96 - SozR 3-4100 § 155 Nr. 5.

[70] Hierzu BSG v. 17.07.1997 - 12 RK 16/96 - SozR 3-4100 § 155 Nr. 5.

[71] BT-Drs. 15/1516, S. 72 zu Art. 5 Nr. 1 Buchstabe a.

[72] Vgl. im Einzelnen *Grube* in: Grube/Wahrendorf, SGB XII, § 19 SGB II Rn. 3 ff.

[73] BT-Drs. 15/1516, S. 72 zu Art. 5 Nr. 1 Buchstabe b.

33 **Keine Versicherungspflicht** besteht im Übrigen bei einer nur **darlehensweisen Gewährung von Arbeitslosengeld II**; eine solche kommt in Betracht bei der Übernahme von Mietschulden (§ 22 Abs. 5 SGB II). Auch § 23 SGB II (abweichende Erbringung von Leistungen durch Darlehen) ist in diesem Kontext zu beachten.

34 Schließlich begründet § 5 Abs. 1 Nr. 2a SGB V keine Versicherungspflicht, wenn lediglich Leistungen nach **§ 23 Abs. 3 Satz 1 SGB II** bezogen werden; es handelt sich hierbei um Leistungen für eine Erstausstattung für Wohnung oder Bekleidung sowie Leistungen für mehrtägige Klassenfahrten.[74]

35 Im Gesetzgebungsverfahren wurde § 5 Abs. 1 Nr. 2a SGB V um seinen **zweiten Halbsatz** ergänzt[75]; damit wurde die auch für Nr. 2 geltende Regelung (ausführlich Rn. 27) auf das Arbeitslosengeld II übertragen.[76]

36 Auch im Übrigen gilt für § 5 Abs. 1 Nr. 2a SGB V das in Rn. 25 ff. Gesagte entsprechend. Folgende **Besonderheiten im Beitragsrecht** sind zu beachten: Die beitragspflichtigen Einnahmen regelt § 232a Abs. 1 Nr. 2 SGB V, den Beitragssatz § 246 SGB V. Die Beiträge trägt gemäß § 251 Abs. 4 SGB V der Bund; gezahlt werden sie von der Bundesagentur für Arbeit oder den kommunalen Trägern (§ 252 Satz 2 SGB V). Gemäß § 8 Abs. 1 Nr. 1a SGB V kann im Übrigen eine **Befreiung von der Versicherungspflicht** erfolgen; in diesem Fall besteht Anspruch auf einen Beitragszuschuss gemäß § 26 Abs. 2 SGB II.

37 Durch das GKV-WSG[77] wurde § 5 SGB V um seinen **Absatz 5a** ergänzt, der die Regelung des § 5 Abs. 1 Nr. 2a SGB V modifiziert, **allerdings erst zum 01.01.2009 in Kraft tritt**. Es handelt sich dabei um eine Folgeänderung zur **Neuordnung des Verhältnisses von gesetzlicher und privater Krankenversicherung.**[78] Da die privaten Krankenversicherungen künftig einen bezahlbaren Basistarif für Personen anbieten müssen (vgl. § 178 Abs. 7 VVG), die privat krankenversichert sind oder sein können, der im Umfang dem Leistungsangebot der gesetzlichen Krankenversicherung entspricht, erschien es dem Gesetzgeber nicht länger erforderlich, Bezieher von Arbeitslosengeld II auch dann in die Versicherungspflicht in der gesetzlichen Krankenversicherung einzubeziehen, wenn sie unmittelbar vor dem Leistungsbezug privat krankenversichert waren. § 5 Abs. 1 Nr. 2a SGB V gilt auch nicht für diejenigen Personen, die unmittelbar vor dem Bezug von Arbeitslosengeld II weder gesetzlich noch privat versichert waren und als hauptberuflich selbständig Tätige oder versicherungsfreie Personen ihrem Status nach der privaten Krankenversicherung zuzuordnen sind oder – im Fall von Auslandsrückkehrern – bei Ausübung der Tätigkeit im Inland gewesen wären. Eine Sonderregelung in zeitlicher Hinsicht enthält § 5 Abs. 5a Satz 2 SGB V; die Regelung enthält einen Bestandsschutz für Bezieher von Arbeitslosengeld II, die zuvor privat krankenversichert waren (z.B. Beamte oder Selbständige) und bei In-Kraft-Treten der Regelungen zum Basistarif in der PKV am 01.01.2009 bereits als Bezieher von Arbeitslosengeld II gesetzlich pflichtversichert sind.[79]

d. Landwirte (Absatz 1 Nr. 3)

38 § 5 Abs. 1 Nr. 3 SGB V bestimmt die Versicherungspflicht von Landwirten sowie deren mitarbeitenden Familienangehörigen und Altenteilern nach Maßgabe des Zweiten Gesetzes über die Krankenversicherung der Landwirte **(KVLG 1989)**[80]. Die Regelung hat lediglich deklaratorischen Charakter. Die landwirtschaftliche Krankenversicherung unterscheidet sich nicht nur inhaltlich zum Teil vom SGB V[81], sondern ist auch in organisatorischer Hinsicht selbständig und wird von den **landwirtschaftlichen Krankenkassen** vollzogen, die gemäß § 4 Abs. 2 SGB V Träger der gesetzlichen Krankenversicherung sind (vgl. im Einzelnen die §§ 17 ff. KVLG 1989).

39 Die Regelung des § 5 Abs. 1 Nr. 3 SGB V erfasst nur die im Gesetz ausdrücklich genannten Personen (vgl. im Einzelnen § 2 KVLG 1989); sonstige in der Landwirtschaft Beschäftigte werden von § 5 Abs. 1 Nr. 1 SGB V erfasst. Der Begriff des **landwirtschaftlichen Unternehmers** ist in § 2 Abs. 2 und 3 KVLG 1989 legal definiert; wer als **mitarbeitender Familienangehöriger** gilt, bestimmt § 2 Abs. 4 KVLG 1989.

---

[74] Hierzu *Grube* in: Grube/Wahrendorf, SGB XII, § 23 SGB II Rn. 5 ff.

[75] BT-Drs. 15/1728, S. 208.

[76] BT-Drs. 15/1749, S. 35; vgl. auch BT-Drs. 15/2259, S. 14.

[77] Vom 26.03.2007, BGBl I 2007, 378.

[78] BT-Drs. 16/3100, S. 95.

[79] BT-Drs. 16/4247, S. 29.

[80] Vom 20.12.1988, BGBl I 1988, 2477.

[81] So ist etwa die Finanzierung grundlegend anders geregelt (§§ 37 ff. KVLG 1989).

Die Konkurrenz der landwirtschaftlichen Krankenversicherung zu anderen Versicherungspflichttatbeständen ist in § 5 Abs. 7 und 8 SGB V geregelt; zu beachten ist jedoch auch § 3 KVLG 1989. 40

e. Künstler und Publizisten (Absatz 1 Nr. 4)

Gemäß § 5 Abs. 1 Nr. 4 SGB V sind Künstler und Publizisten nach näherer Bestimmung des Künstlersozialversicherungsgesetzes (**KSVG**)[82] versicherungspflichtig. Anders als bei den Landwirten (§ 5 Abs. 1 Nr. 3 SGB V) gibt es keinen gesonderten Träger der Künstlersozialversicherung; zuständig sind die Krankenkassen. Die **Künstlersozialkasse**, die zentrale Aufgaben der Versicherung übernimmt, ist selbst kein Träger der Krankenversicherung. Die Künstlersozialabgabepflicht für Verwerter von Kunst ist mit dem Grundgesetz vereinbar.[83] 41

Die Begriffe „Künstler" und „Publizist" sind in § 2 KSVG legal definiert. Das KSVG erfasst nur **selbständige Künstler und Publizisten**, die diese Tätigkeit erwerbsmäßig betreiben und im Zusammenhang damit höchstens einen Arbeitnehmer beschäftigen (§ 1 KSVG). Werden mehrere Arbeitnehmer beschäftigt, ist der Künstler bzw. Publizist nicht versicherungspflichtig, weil er nicht als sozial schutzbedürftig angesehen wird. Die hauptberufliche selbständige Tätigkeit sperrt auch andere Versicherungspflichttatbestände (§ 5 Abs. 5 SGB V). Die als Arbeitnehmer beschäftigten Personen ihrerseits werden von § 5 Abs. 1 Nr. 1 SGB V erfasst. 42

Zu den Konkurrenzen vgl. § 5 Abs. 7 und 8 SGB V sowie § 5 Abs. 1 KSVG. 43

f. Personen in Einrichtungen der Jugendhilfe (Absatz 1 Nr. 5)

Versicherungspflicht besteht gemäß § 5 Abs. 1 Nr. 5 SGB V für Personen, die in **Einrichtungen der Jugendhilfe**[84] für eine **Erwerbstätigkeit** befähigt werden sollen. Gemäß **§ 13 SGB VIII** sollen jungen Menschen, die zum Ausgleich sozialer Benachteiligungen oder zur Überwindung individueller Beeinträchtigungen in erhöhtem Maße auf Unterstützung angewiesen sind, Hilfen angeboten werden, die ihre schulische und berufliche Ausbildung und ihre Eingliederung in die Arbeitswelt fördern. Solange entsprechende Maßnahmen in Berufsausbildungs- oder Berufsförderungseinrichtungen stattfinden, sind die Personen versicherungspflichtig. Unerheblich ist, ob die Jugendlichen im Rahmen dieser Maßnahme ein **Entgelt** erhalten oder nicht. 44

Die Konkurrenz zu anderen Versicherungspflichttatbeständen regelt § 5 Abs. 5-8 SGB V. 45

g. Teilnehmer an Leistungen zur Teilhabe am Arbeitsleben (Absatz 1 Nr. 6)

Die Regelung des § 5 Abs. 1 Nr. 6 SGB V begründet die Versicherungspflicht von Personen, die an Leistungen zur Teilhabe am Arbeitsleben oder zur Abklärung der beruflichen Eignung oder Arbeitserprobung[85] teilnehmen. Anders als unter der Geltung der Vorläuferregelung (§ 165 Abs. 1 Nr. 4 RVO) ist die Versicherungspflicht nicht mehr an den Bezug von Übergangsgeld geknüpft[86]. Der Bezug von **Übergangsgeld** wirkt sich jedoch auf den Anspruch auf Krankengeld (§ 44 Abs. 1 Satz 2 SGB V) sowie auf die Dauer der Mitgliedschaft aus (§ 190 Abs. 7 SGB V). Für die Versicherungspflicht als solche genügt die **tatsächliche Teilnahme an den Maßnahmen** (vgl. auch § 186 Abs. 5 SGB V). Ob die Maßnahme zu Recht bewilligt wurde, ist unerheblich. Die Teilnahme an einer Leistung zur medizinischen Rehabilitation gemäß § 26 SGB IX begründet keine Versicherungspflicht. 46

---

[82] Vom 27.07.1981 (BGBl I 1981, 705).

[83] BVerfG v. 08.04.1987 - 2 BvR 909/82 u.a. - BVerfGE 75, 108 = SozR 5425 § 1 Nr. 1; BSG v. 08.12.1988 - 12 RK 1/86 - BSGE 64, 221 = SozR 3-5425 § 24 Nr. 1; BSG v. 01.10.1991 - 12 RK 7/90 - BSGE 69, 259 = SozR 3-5425 § 24 Nr. 1.

[84] Behinderte sind während des Besuchs einer Sonderfachschule in einem Körperbehindertenzentrum nicht wegen der Teilnahme an berufsfördernden Maßnahmen zur Rehabilitation versichert, wenn der Aufenthalt von einem Sozialhilfeträger finanziert wird; der Sozialhilfeträger ist kein Rehabilitationsträger im Sinne dieser Vorschrift und hat daher auch keine Krankenversicherungsbeiträge zu erbringen (BSG v. 26.03.1998 - B 12 KR 14/97 R - SozR 3-2500 § 5 Nr. 38 zur alten Fassung der Norm).

[85] Eingefügt durch Art. 4 Nr. 1 RRG 1992 v. 18.12.1989 (BGBl I 1989, 2261) und redaktionell an das SGB IX angepasst (Art. 5 Nr. 2 SGB IX v. 19.06.2001, BGBl I 2001, 1046, 1098).

[86] Zu den Problemen, die sich aus der Verknüpfung mit dem Übergangsgeld ergaben, vgl. BSG v. 18.12.1980 - 8a RK 20/79 - SozR 2200 § 381 Nr. 43 = BSGE 51, 100; BSG v. 31.01.1980 - 8a RK 14/79 - SozR 2200 § 381 Nr. 35; BSG v. 13.05.1980 - 12 RK 27/78 - SozR 2200 § 381 Nr. 39; BSG v. 13.05.1980 - 12 RK 40/79 - SozR 2200 § 381 Nr. 40.

47 Gemäß **§ 5 Nr. 2 SGB IX** werden **Leistungen zur Teilhabe am Arbeitsleben** (vgl. im Einzelnen die §§ 33 ff. SGB IX; zur Abklärung der beruflichen Eignung bzw. Arbeitserprobung § 33 Abs. 2 Satz 2 SGB IX) als Unterfall der Leistungen zur Teilhabe (§ 4 SGB IX) erbracht. Als Träger der Leistungen zur Teilhabe kommen die in **§ 6 SGB IX genannten Rehabilitationsträger** in Betracht (z.B.: KK, BA, UV RV) Dagegen ist § 5 Abs. 1 Nr. 6 SGB V nach dem eindeutigen Wortlaut nicht einschlägig, wenn entsprechende Maßnahmen nach den Vorschriften des **Bundesversorgungsgesetzes** (vgl. § 26 BVG) erbracht werden.

48 Die Konkurrenzen der verschiedenen Versicherungspflichttatbestände sind in § 5 Abs. 5-8 SGB V geregelt.

h. Menschen in Behindertenwerkstätten (Absatz 1 Nr. 7)

49 § 5 Abs. 1 Nr. 7 SGB V begründet – ähnlich wie § 5 Abs. 1 Nr. 8 SGB V (hierzu Rn. 55) – die Versicherungspflicht in der GKV für behinderte Menschen[87], die in anerkannten Behindertenwerkstätten oder in nach dem Blindenwarenvertriebsgesetz anerkannten Blindenwerkstätten tätig sind bzw. für diese Einrichtungen in Heimarbeit tätig sind.

50 Die Regelung erfasst behinderte Menschen[88], wobei die in **§ 2 SGB IX** enthaltene Legaldefinition maßgeblich ist, so dass neben den körperlich behinderten auch geistig und seelisch behinderte Menschen erfasst sind. Sie sind versicherungspflichtig in der GKV, wenn sie in einer oder für eine der im Gesetz genannten Einrichtungen **tatsächlich tätig** sind[89]; unerheblich ist dabei, ob **Entgelt** gezahlt wird[90]. Allerdings muss die Tätigkeit tatsächlich aufgenommen worden sein und jedenfalls – spätestens nach Teilnahme an Maßnahmen im Berufsbildungsbereich – ein Mindestmaß wirtschaftlich verwertbarer Arbeitsleistung erbringen (§ 136 Abs. 2 SGB IX). Die Aufnahme nicht werkstattfähiger Behinderter in eine Tagesförderstätte begründet keine Versicherungspflicht[91]. In der Werkstatt selbst besteht Versicherungspflicht nicht nur bei einer Beschäftigung im Arbeitsbereich, sondern auch im Bereich des Arbeitstrainings.[92] Das an Teilnehmer einer Trainingsmaßnahme gezahlte Ausbildungsgeld der BA ist kein Arbeitsentgelt, das einen Anspruch auf Krankengeld begründet.[93]

51 Eine Werkstatt für behinderte Menschen ist eine Einrichtung zur Teilhabe behinderter Menschen am Arbeitsleben bzw. zur Eingliederung in das Arbeitsleben (§ 136 Abs. 1 Satz 1 SGB IX). Das **Anerkennungsverfahren** ist in § 142 SGB IX geregelt; die Bundesagentur für Arbeit führt ein Verzeichnis der anerkannten Werkstätten. Soweit ein behinderter Mensch die Aufnahmevoraussetzungen erfüllt, besteht eine Verpflichtung der Werkstatt zur Aufnahme (§ 137 SGB IX).

52 Auch Behinderte, die in anerkannten Blindenwerkstätten tätig sind oder für diese Heimarbeit leisten, sind versicherungspflichtig. Maßgeblich sind insoweit **§ 143 SGB IX** sowie das **Blindenwarenvertriebsgesetz**[94].

53 Die Konkurrenzen der verschiedenen Versicherungspflichttatbestände regelt § 5 Abs. 5-8 SGB V.

i. Behinderte Menschen in sonstigen Einrichtungen (Absatz 1 Nr. 8)

54 Die Regelung des § 5 Abs. 1 Nr. 8 SGB V, die inhaltlich unverändert aus § 2 des Gesetzes über die Sozialversicherung Behinderter (SVBG) übernommen wurde[95], ist im Zusammenhang mit § 5 Abs. 1 Nr. 7 SGB V (hierzu Rn. 49) zu sehen. Sie erfasst ebenfalls behinderte Menschen, betrifft jedoch Personen, die in Anstalten oder Heimen regelmäßig Leistungen in einem bestimmten Umfang erbringen. Die Aufnahme in die Einrichtung und eine gewisse Tätigkeit (hierzu Rn. 49) sind hier nicht ausreichend. Zum Begriff des Behinderten vgl. Rn. 50.

[87] Vorläuferregelung war insoweit § 1 des Gesetzes über die Sozialversicherung Behinderter (SVBG; hierzu BSG v. 10.09.1987 - 12 RK 42/86 - BSGE 62, 149 = SozR 5085 § 1 Nr. 4).

[88] Hierzu schon BSG v. 10.09.1987 - 12 RK 42/86 - BSGE 62, 149 = SozR 5085 § 1 Nr. 4.

[89] Zur finalen Betrachtungsweise mit Blick auf die Eingliederung in das Erwerbsleben: BSG v. 14.12.1994 - 4 RK 1/93 - SozR 3-2500 § 5 Nr. 19.

[90] Hierzu schon BSG v. 10.09.1987 - 12 RK 42/86 - BSGE 62, 149 = SozR 5085 § 1 Nr. 4.

[91] BSG v. 11.06.1980 - 12 RK 34/78 - BSGE 74, 275 = SozR 5085 § 1 Nr. 2; BSG v. 14.12.1994 - 4 RK 1/93 - SozR 3-2500 § 5 Nr. 19.

[92] BSG v. 14.02.2001 - B 1 KR 1/00 R - SozR 3-2500 § 44 Nr. 8.

[93] BSG v. 14.02.2001 - B 1 KR 1/00 R - SozR 3-2500 § 44 Nr. 8.

[94] Vom 09.04.1965 (BGBl I 1965, 311).

[95] Zu dieser Norm schon BSG v. 10.09.1987 - 12 RK 42/86 - BSGE 62, 149 = SozR 5085 § 1 Nr. 4.

Erforderlich ist zunächst die Tätigkeit in einer Anstalt, einem Heim oder einer ähnlichen Einrichtung. 55
Die betreffende **Einrichtung** muss geeignet sein, behinderte Menschen zu betreuen. Die Tätigkeit in einem allgemeinen Krankenhaus fällt nicht unter § 5 Abs. 1 Nr. 8 SGB V.[96]

Die behinderte Person muss in gewisser Regelmäßigkeit Leistungen in einem bestimmten Umfang er- 56
bringen. Der Gesetzgeber fordert hier zum einen eine **Kontinuität** und Gleichmäßigkeit der Tätigkeit; nur gelegentlich und unregelmäßig ausgeübte Tätigkeiten genügen nicht. Zum anderen wird die für eine Beschäftigung **geforderte Leistung** durch Vergleich mit voll erwerbsfähigen Personen ermittelt: Gemäß § 5 Abs. 1 Nr. 8 SGB V muss der Behinderte eine Leistung erbringen, die einem Fünftel dessen Leistung in einer gleichartigen Einrichtung entspricht. Als Leistung zählen dabei auch Dienstleistungen für den Träger der Einrichtung. Liegen die genannten Voraussetzungen vor, so ist es – ebenso wie bei § 5 Abs. 1 Nr. 7 SGB V – unerheblich, ob ein Entgelt gezahlt wird.

Zu den Konkurrenzen vgl. § 5 Abs. 5-8 SGB V. 57

j. Studenten (Absatz 1 Nr. 9)

§ 5 Abs. 1 Nr. 9 SGB V regelt die Krankenversicherung der Studenten (KVdS)[97]. Die Regelung wirft 58
– auch unter Berücksichtigung des so genannten Werkstudentenprivilegs (vgl. hierzu die Kommentierung zu § 6 SGB V Rn. 37 ff.) – eine Vielzahl von Fragen auf und ist gerade in jüngster Zeit immer wieder Gegenstand der höchstrichterlichen Rechtsprechung. Die KVdS ist sowohl an positive wie an negative Tatbestandsvoraussetzungen geknüpft und eröffnet den nicht familienversicherten Studenten eine kostengünstige Krankenversicherung.[98] Abzugrenzen ist § 5 Abs. 1 Nr. 9 SGB V gegebenenfalls von § 5 Abs. 1 Nr. 10 SGB V (Praktikant).[99]

Die Regelung erfasst Studenten, die an staatlichen oder staatlich anerkannten Hochschulen einge- 59
schrieben sind. In der Regel fallen **Studenteneigenschaft** und **Immatrikulation**, d.h. die Einschreibung als Student, zusammen. Wer als Student eingeschrieben ist, erfüllt – soweit die zeitlichen Grenzen (hierzu Rn. 62) gewahrt sind – grundsätzlich die Voraussetzungen des § 5 Abs. 1 Nr. 9 SGB V. Ob der Betreffende sein Studium ernsthaft betreibt, wird im Rahmen der KVdS nicht überprüft. Das Risiko einer rechtsmissbräuchlichen Inanspruchnahme der KVdS wird zum einen begrenzt durch die im Gesetz enthaltenen zeitlichen Vorgaben; zum anderen verhindert § 5 Abs. 7 SGB V, dass Beschäftigte sich formal einschreiben lassen, um so in den Genuss der in der Regel kostengünstigeren Versicherung zu gelangen.[100] Student ist, wer sich an einer Hochschule einer wissenschaftlichen Ausbildung oder Bildung unterzieht. Solange sich die Tätigkeit des eingeschriebenen Studenten nur in einem **vorbereitenden Stadium** befindet, ist diese Voraussetzung nicht erfüllt. Deshalb werden etwa Besucher studienvorbereitender Sprachkurse[101] ebenso wenig von § 5 Abs. 1 Nr. 9 SGB V erfasst wie Studienkollegiaten, die in Eignungsverfahren die fachliche Eignung für das angestrebte Studium erwerben oder aber bestätigt erhalten möchten[102]. Insoweit genügt die Einschreibung allein nicht zur Begründung der KVdS. Keine Studenten sind **Gasthörer**; eine **Beurlaubung vom Studium** führt zum Wegfall der KVdS, ohne dass es auf den Grund für die Beurlaubung ankäme.[103] Personen, die ein Erweiterungsstudium absolvieren, werden von § 5 Abs. 1 Nr. 9 SGB V erfasst[104], nicht dagegen Promotionsstudenten, die nach Abschluss ihrer Ausbildung ausschließlich zur Promotion eingeschrieben sind[105].

---

96 BSG v. 28.10.1981 - 12 RK 29/80 - SozR 5085 § 2 Nr. 1.

97 Zur Entwicklung der KVdS vgl. BSG v. 30.09.1992 - 12 RK 40/91 - BSGE 71, 150 = SozR 3-2500 § 5 Nr. 4; vgl. auch BSG v. 29.09.1992 - 12 RK 15/92 - SozR 3-2500 § 5 Nr. 2; *Schaller*, ZfS 1990, 33 ff.

98 Zum Beitragsrecht vgl. im Einzelnen die §§ 236, 245 und 254 SGB V; eine versicherungspflichtige Studentin hat auch während des Bezugs von Erziehungsgeld den Studentenbeitrag zu entrichten (BSG v. 29.06.1993 - 12 RK 30/90 - SozR 3-2500 § 224 Nr. 4).

99 Hierzu BSG v. 03.02.1994 - 12 RK 78/92 - SozR 3-2500 § 5 Nr. 15 m.w.N.

100 Vgl. in diesem Kontext auch § 6 Abs. 1 Nr. 3 SGB V; ausführlich hierzu die Kommentierung zu § 6 SGB V Rn. 34 ff.

101 BSG v. 29.09.1992 - 12 RK 15/92 - SozR 3-2500 § 5 Nr. 2; kritisch *Kruse* in: LPK-SGB V, § 5 Rn. 37.

102 BSG v. 29.09.1992 - 12 RK 16/92 - SozR 3-2500 § 5 Nr. 3.

103 Für eine Differenzierung nach Maßgabe des Beurlaubungsgrundes enthält § 5 Abs. 1 Nr. 9 SGB V keine Anhaltspunke (so aber *Peters* in: KassKomm, SGB V, § 5 Rn. 79).

104 BSG v. 29.09.1992 - 12 RK 31/91 - BSGE 71, 144 = SozR 3-2200 § 172 Nr. 2 mit Anmerkung von *Trenk-Hinterberger*, SGb 1993, 371.

105 BSG v. 23.03.1993 - 12 RK 45/92 - SozR 3-2500 § 5 Nr. 10.

60 Der Student muss an einer staatlichen oder staatlich anerkannten Hochschule eingeschrieben sein. Versicherungspflicht besteht damit für Studierende der in § 1 HRG genannten Einrichtungen, also vor allem der **Universitäten** und **Fachhochschulen**, aber auch aller anderen Einrichtungen des Bildungswesens, die nach Maßgabe des jeweiligen Landesrechts[106] staatliche Hochschulen sind. Die staatliche Anerkennung ist in den §§ 70 f. HRG geregelt.

61 Ob der Student Wohnsitz und gewöhnlichen Aufenthalt im Inland hat, ist nach dem ausdrücklichen Gesetzeswortlaut unerheblich, solange für ihn kein Anspruch auf Sachleistungen aufgrund über- oder zwischenstaatlichen Rechts besteht. Abweichend von § 3 SGB IV sind Studenten also auch dann versicherungspflichtig, wenn sie sich **im Ausland** aufhalten; etwas anderes gilt nur dann, wenn der Student anderweitige Ansprüche hat und deshalb aus dem Blickwinkel des Krankenversicherungsrechts als nicht sozial schutzbedürftig eingestuft wird.

62 Vor dem 01.01.1989 war die Versicherungspflicht von Studenten zeitlich unbegrenzt. Nach aktuellem Recht endet sie grundsätzlich mit **Abschluss des 14. Fachsemesters** und gilt **längstens bis zur Vollendung des 30. Lebensjahres**, es sei denn, dass **besondere Gründe für eine verlängerte Studiendauer** vorliegen (hierzu Rn. 64). Diese doppelte zeitliche Befristung der KVdS dient in erster Linie der Vermeidung einer missbräuchlichen Inanspruchnahme[107] der günstigen Versicherung, mittelbar aber auch der Verkürzung der Studiendauer.[108] Da in den vom Gesetzgeber gezogenen Grenzen ein Studium jedenfalls bei typisierender Betrachtung entweder erfolgreich abgeschlossen oder aber endgültig aufgegeben wird[109], bestehen gegen die **zeitliche Befristung** keine verfassungsrechtlichen Bedenken.[110]

63 Maßgeblich ist zum einen die Grenze von **14 Fachsemestern**. Diese ist erreicht, wenn in ein und demselben Studienfach 14 Semester studiert worden sind. Hat der Student also nach dem Abitur zunächst einige Semester Medizin, dann einige Semester Politologie studiert, um sich dann endgültig dem Jurastudium zuzuwenden, beginnt die Zählung der maßgeblichen Semester mit jedem Studienwechsel neu. Allerdings ist neben der Fachsemesterzahl die Altersgrenze zu beachten: Mit Vollendung des **30. Lebensjahres**[111] endet die KVdS, so dass im Beispiel von eben der betroffene Student während seines Jurastudiums möglicherweise nicht mehr von § 5 Abs. 1 Nr. 9 SGB V erfasst ist, obwohl er sich noch nicht im 15. Fachsemester des Jurastudiums befindet. Dasselbe gilt bei erfolgreichem Abschluss eines Studiengangs und Aufnahme eines **Zweitstudiums** – auch hier ist die Altersgrenze (zu den Ausnahmen vgl. Rn. 64) die absolute Grenze.[112] Unklar ist, wann bei Überschreiten der in § 5 Abs. 1 Nr. 9 SGB V genannten Grenze die Mitgliedschaft des Studenten endet.[113] **§ 190 Abs. 9 SGB V**, wonach die Mitgliedschaft einen Monat nach Ablauf des Semesters endet, für das sich der Student zuletzt eingeschrieben oder zurückgemeldet hat, ist nicht unmittelbar einschlägig; allerdings kann die Regelung auf die zeitlichen Grenzen des § 5 Abs. 1 Nr. 9 SGB V übertragen werden. Dies bedeutet etwa, dass die Versicherung einen Monat über das Ende des Semesters weiter läuft, in dem der Student das 14. Fachsemester beendet oder das 30. Lebensjahr vollendet hat.[114]

64 Gemäß § 5 Abs. 1 Nr. 9 SGB V sind die in Rn. 62 genannten **Grenzen nicht absolut**. Die KVdS kann trotz überlanger Studiendauer oder Vollendung des 30. Lebensjahres fortbestehen, wenn entweder die Art der Ausbildung oder familiäre sowie persönliche Gründe die Überschreitung der Grenzen rechtfertigen. Unter Umständen beginnt die KVdS überhaupt erst nach Vollendung des 30. Lebensjahres.[115] Als Ausnahmetatbestände sind beide Fallgestaltungen allerdings **restriktiv** zu handhaben. Die **Art der Ausbildung** rechtfertigt eine Beibehaltung der KVdS dann, wenn es sich um sehr zeitaufwendige und langwierige Studiengänge handelt, die unter Umständen auch mehrere parallele Studienabschlüsse erfordern.[116] Maßgeblich ist dabei, ob sich das konkrete Studium bei planvollem Vorgehen und zügiger

---

106 Vgl. etwa § 1 HmbHSchG.

107 Zur generellen Wirkung vgl. aber auch BSG v. 30.09.1992 - 12 RK 40/91 - BSGE 71, 150 = SozR 3-2500 § 5 Nr. 4.

108 BT-Drs. 11/2237, S. 159.

109 Hierzu BSG v. 30.09.1992 - 12 RK 40/91 - BSGE 71, 150 = SozR 3-2500 § 5 Nr. 4.

110 Diese Begrenzung der Krankenversicherung ist nicht verfassungswidrig (BSG v. 30.09.1992 - 12 RK 35/91- SozR 3-2500 § 5 Nr. 5).

111 Das Lebensjahr ist vollendet um 24 Uhr des dem Geburtstag vorausgehenden Tages.

112 Vgl. auch BSG v. 30.09.1992 - 12 RK 8/91 - SozR 3-2500 § 5 Nr. 7.

113 Zum Beginn der Mitgliedschaft vgl. § 186 Abs. 7 SGB V.

114 So auch *Peters* in: KassKomm, SGB V, § 5 Rn. 93.

115 Zum erstmaligen Eintritt der KVdS mit über 30 Jahren BSG v. 30.09.1992 - 12 RK 3/91 - SozR 3-2500 § 5 Nr. 8.

116 Zu Aufbau- und Erweiterungsstudien vgl. BSG v. 30.09.1992 - 12 RK 8/91 - SozR 3-2500 § 5 Nr. 7.

Durchführung innerhalb von 14 Fachsemestern erfolgreich abschließen lässt oder nicht. Die Aufnahme des Studiums in fortgeschrittenem Alter ist dagegen keine Fallgestaltung, in der die Art der Ausbildung eine Überschreitung der Grenzen rechtfertigt; dies gilt auch dann, wenn der betreffende Studiengang vorher nicht existiert hat.[117] Auch **familiäre**[118] **oder**[119] **persönliche Gründe** können eine Überschreitung der Grenzen von 14 Fachsemestern bzw. 30 Lebensjahren rechtfertigen. Es muss sich um nachvollziehbare Gründe handeln, die einen zeitgemäßen Abschluss des Studiums als unmöglich oder jedenfalls unzumutbar erscheinen lassen. Der Gesetzgeber hat in § 5 Abs. 1 Nr. 9 SGB V beispielhaft die Konstellation des Erwerbs der Zugangsvoraussetzungen zum Studium in einer Ausbildungsstätte des zweiten Bildungswegs genannt.[120] Als Verzögerungstatbestand anerkannt hat die Rechtsprechung auch die Zeit der Nichtzulassung zum Studium im Auswahlverfahren.[121] Denkbar sind zudem eine Erkrankung, Behinderung, Schwangerschaft[122] oder Zeiten einer Kinderbetreuung jedenfalls bis zur Dauer der gesetzlichen Elternzeit. Nicht anerkannt wurden dagegen Zeiten einer Berufsausbildung zwischen Abitur und Aufnahme des Studiums[123], nach Versagung eines Studienplatzes[124] oder während der Kinderbetreuung[125]. Auch die Zeit der Arbeitslosigkeit zwischen Abschluss eines Studiums und Aufnahme eines Aufbaustudiums[126] ist kein Grund, der eine Überschreitung der Grenzen rechtfertigt.

In beiden Fallgestaltungen – Art der Ausbildung bzw. persönliche oder familiäre Gründe – muss **Kausalität** gegeben sein. Es ist deshalb konkret im Einzelfall zu prüfen, ob und in welchem zeitlichen Umfang beispielsweise eine Erkrankung tatsächlich die Ursache der Grenzüberschreitung ist. Die Grenze wird also nicht einfach um die Hinderungszeit, d.h. die Zeit der Erkrankung, hinausgeschoben.[127] In jedem Fall dürfen die zeitlichen Grenzen **nur insoweit überschritten** werden, als es durch die Art der Ausbildung oder die persönlichen bzw. familiären Gründe gerechtfertigt ist. Die Altersgrenze von 30 Jahren kann nur um so genannte Hinderungszeiten überschritten werden, die vor Vollendung des 30. Lebensjahres gelegen haben.[128] 65

Zu den Konkurrenzen vgl. § 5 Abs. 5 und 7 SGB V. 66

k. Praktikanten und vergleichbare Personen (Absatz 1 Nr. 10)

Die Regelung des § 5 Abs. 1 Nr. 10 SGB V erfasst drei Personengruppen: Zunächst ist versicherungspflichtig, wer eine in der Studien- oder Prüfungsordnung vorgeschriebene berufspraktische Tätigkeit – so genanntes Praktikum – ohne Arbeitsentgelt verrichtet. Den Praktikanten gleichgestellt sind die zu ihrer Berufsausbildung Beschäftigten, die kein Arbeitsentgelt erhalten (vgl. ansonsten § 5 Abs. 1 Nr. 1 SGB V), sowie Auszubildende des zweiten Bildungswegs in einem förderungsfähigen Teil eines Ausbildungsabschnitts nach dem Bundesausbildungsförderungsgesetz (BAföG).[129] 67

Für **Praktikanten**[130] wird die Regelung nur dann relevant, wenn sie nicht gleichzeitig als Student eingeschrieben sind (§ 5 Abs. 7 Satz 2 SGB V). Sie erfasst auch Studierende, die die Voraussetzungen für 68

[117] Vgl. etwa BSG v. 30.01.1997 - 12 RK 39/96 - SozR 3-2500 § 5 Nr. 32 zu einem Studenten, der das Studium erst im Alter von 29 Jahren aufgenommen hat.

[118] Kein Hinderungsgrund ist der entgegenstehende Elternwille (BSG v. 30.09.1992 - 12 RK 52/92 - Die Beiträge 1993, 379).

[119] Es genügen entweder persönliche oder familiäre Gründe (hierzu BSG v. 30.09.1992 - 12 RK 40/91 - BSGE 71, 150 = SozR 3- 2500 § 5 Nr. 4).

[120] Hierzu auch BSG v. 30.09.1992 - 12 RK 3/91 - SozR 3-2500 § 5 Nr. 8: Wird der zweite Bildungsweg so spät beschritten, dass das anschließende Studium erst nach Vollendung des 30. Lebensjahres aufgenommen werden konnte, ist die Überschreitung der Altersgrenze von 30 Jahren in der Regel nicht gerechtfertigt. Zur Kinderbetreuung in dieser Zeit BSG v. 30.06.1993 - 12 RK 6/93 - SozR 3-2500 § 5 Nr. 13; vgl. auch BSG v. 23.06.1994 - 12 RK 71/93 - Die Beiträge 1995, 617.

[121] BSG v. 30.09.1992 - 12 RK 50/91 - SozR 3-2500 § 5 Nr. 6.

[122] Vgl. hierzu auch BT-Drs. 11/2237, S. 159.

[123] BSG v. 30.09.1992 - 12 RK 40/91 - BSGE 71, 150 = SozR 3-2500 § 5 Nr. 4; vgl. auch BSG v. 06.11.2003 - B 12 KR 17/03 B.

[124] BSG v. 30.09.1992 - 12 RK 50/91 - SozR 3-2500 § 5 Nr. 6.

[125] BSG v. 30.06.1993 - 12 RK 6/93 - SozR 3-2500 Nr. 13.

[126] BSG v. 30.09.1992 - 12 RK 8/91 - SozR 3-2500 § 5 Nr. 7.

[127] Hierzu BSG v. 30.09.1992 - 12 RK 50/91- SozR 3-2500 § 5 Nr. 6.

[128] BSG v. 30.09.1992 - 12 RK 3/91 - SozR 3-2500 § 5 Nr. 8.

[129] Kein Praktikant, sondern Beschäftigter ist ein türkischer Staatsangehöriger, der seinen juristischen Vorbereitungsdienst im Angestelltenverhältnis erbringt (BSG v. 13.08.1996 - 12 RK 55/94 - SozR 3-2500 § 8 Nr. 2).

[130] Hierzu auch *Marburger*, Die Beiträge 2004, 513; *Jenak*, AuA 2004 Nr. 10, 38.

eine Versicherung als Student (§ 5 Abs. 1 Nr. 9 SGB V; hierzu Rn. 58 ff.) nicht erfüllen; die dort genannten zeitlichen Grenzen lassen sich nicht auf Nr. 10 übertragen. Ohne § 5 Abs. 1 Nr. 10 SGB V könnten gegebenenfalls Lücken im Versicherungsschutz auftreten, weil bei Praktikanten kein Beschäftigungsverhältnis im Sinne des § 5 Abs. 1 Nr. 1 SGB V vorliegt und es sich bei ihnen auch nicht um „Lehrlinge" handelt. Der Praktikant soll sich mit der Anwendung seines Studienfachs in der Praxis vertraut machen, indem er etwa die im Beruf gebrauchten Materialien und Werkzeuge kennen lernt; die praktische Phase dient dann unter anderem auch dazu, den Vorlesungen besser folgen zu können.[131] Die praktische Tätigkeit muss in einer Studien- oder Prüfungsordnung **vorgeschrieben** sein, wobei der Zeitpunkt der Ableistung – vor, während oder nach dem Studium – keine Rolle spielt. Allerdings muss die **Zuordnung zu einer bestimmten Ausbildung zweifelsfrei möglich** sein. Nicht erforderlich ist, dass es sich um die Ordnung einer staatlichen oder staatlich anerkannten Hochschule handelt – auch insoweit sind § 5 Abs. 1 Nr. 9 SGB V einerseits und § 5 Abs. 1 Nr. 10 SGB V andererseits selbständige Tatbestände der Versicherungspflicht. Seit der Neufassung des § 5 Abs. 1 Nr. 10 SGB V[132] muss das Praktikum schließlich **unentgeltlich** erbracht werden[133]; gegebenenfalls ist § 5 Abs. 1 Nr. 1 SGB V einschlägig (Rn. 15).

69 Von § 5 Abs. 1 Nr. 10 SGB V erfasst werden auch **Auszubildende ohne Arbeitsentgelt**. Sobald ein – wenn auch nur geringes – Entgelt gezahlt wird, ist die Regelung nicht einschlägig; in diesem Fall gilt unabhängig vom Umfang der Beschäftigung (§ 7 Abs. 1 HS. 2 Nr. 1 SGB V) § 5 Abs. 1 Nr. 1 SGB V.

70 Durch § 5 Abs. 1 Nr. 10 SGB V sind nunmehr auch **Auszubildende des zweiten Bildungswegs** unter bestimmten Voraussetzungen versicherungspflichtig[134]. Eine Ausbildung des zweiten Bildungswegs kann an einer Fachoberschule, einer Abendschule oder einer Kollegschule absolviert werden.[135] Besucher einer Berufsfachschule sind keine Auszubildenden des zweiten Bildungswegs.[136] Es muss sich um eine Ausbildung handeln, die nach dem BAföG **förderungsfähig** ist; unerheblich ist dagegen, ob tatsächlich Leistungen nach dem BAföG gezahlt werden.

71 Zu den Konkurrenzen vgl. § 5 Abs. 5 und 7 SGB V.

l. Rentner (Absatz 1 Nr. 11, Absatz 2)

72 § 5 Abs. 1 Nr. 11 SGB V begründet für Personen, die die Voraussetzungen für den Anspruch auf Rente aus der gesetzlichen Rentenversicherung erfüllen und diese Rente beantragt haben, unter bestimmten Voraussetzungen eine Versicherungspflicht in der GKV. Die Krankenversicherung der Rentner (KVdR) wurde **wiederholt und grundlegend geändert**[137]; dies hat Konsequenzen vor allem für die Frage der Vorversicherungszeiten (Rn. 76).

73 Die KVdR bedeutet für den Rentner eine **erhebliche Besserstellung im Beitragsrecht** gegenüber den freiwillig versicherten Rentnern (vgl. die Kommentierung zu § 240 SGB V). Die beitragspflichtigen Einnahmen sind gemäß § 237 SGB V beschränkt; der Beitragssatz aus Versorgungsbezügen ist ermäßigt (§ 248 SGB V). Sind die Voraussetzungen des § 5 Abs. 1 Nr. 11 SGB V nicht erfüllt und besteht auch keine Möglichkeit einer freiwilligen Versicherung, ist der Betreffende unter Umständen schutzlos gestellt.[138] Eine Pflichtversicherung in der KVdR als Hinterbliebener hat allerdings auch dann Vorrang vor der bisherigen freiwilligen Versicherung, wenn der Beitrag ausnahmsweise höher ist.[139]

74 Die Anspruchsvoraussetzungen für den **Anspruch auf Rente** aus der Gesetzlichen Rentenversicherung müssen erfüllt sein; auf die tatsächliche Zahlung von Rente kommt es aufgrund des eindeutigen Gesetzeswortlauts nicht an. Es muss sich um eine Rente aus der **inländischen Rentenversicherung**

---

131 BSG v. 17.12.1980 - 12 RK 20/79 - BSGE 51, 88.

132 Hierzu Art. 1 Nr. 2 lit. a GKV-GRG 2000, BGBl I 1999, 2626.

133 Nach der Rechtsprechung stand die Entgeltlichkeit einer Tätigkeit der Annahme eines Praktikums nicht entgegen (BSG v. 21.02.1990 - 12 RK 12/87 - BSGE 66, 211 = SozR 3-2940 § 2 Nr. 1; BSG v. 03.02.1994 - 12 RK 78/92 - SozR 3-2500 § 5 Nr. 15).

134 Vgl. auch *Klose*, ZfS 1998, 257.

135 Hierzu BSG v. 07.11.1995 - 12 RK 38/94 - SozR 3-2500 § 5 Nr. 23.

136 BSG v. 07.11.1995 - 12 RK 38/94 - SozR 3-2500 § 5 Nr. 23; allerdings sind diese Personen im Beitragsrecht gleichgestellt (§ 240 Abs. 4 Satz 4 SGB V).

137 Ausführlich hierzu *Peters* in: KassKomm, SGB V, § 5 Rn. 106 ff. Die jüngste Änderung erfolgte durch das GKV-WSG v. 26.03.2007, BGBl I 2007, 378.

138 Vgl. in diesem Zusammenhang auch § 6 Abs. 3a SGB V.

139 LSG Baden-Württemberg v. 19.08.2005 - L 4 KR 1533/02 - n.v.; zu pflichtversicherten Rentnern, bei denen die Voraussetzungen des § 9 Abs. 1 Nr. 6 SGB V erfüllt sind, vgl. LSG Baden-Württemberg v. 14.02.2006 - L 11 KR 4223/05 - n.v.

handeln;[140] eine Auslandsrente, d.h. eine Rente aus der Rentenversicherung eines anderen Staates, begründet nur dann eine Versicherungspflicht in der GKV, wenn dies in über- oder zwischenstaatlichem Recht bestimmt ist. Renten aus **privaten Versicherungsverhältnissen**, wie etwa eine Rente einer Versorgungseinrichtung, werden von § 5 Abs. 1 Nr. 11 SGB V nicht erfasst.[141] Die **Art der Rente** aus der Gesetzlichen Rentenversicherung ist ohne Bedeutung, d.h. alle in § 33 SGB VI genannten Renten (Altersrente, Erwerbsminderungsrente, Hinterbliebenenrente) können bei Vorliegen der weiteren Voraussetzungen die Versicherungspflicht begründen. Dies gilt auch für Artikel-Renten, die auf nachentrichteten Beiträgen beruhen.[142]

Um versicherungspflichtig in der GKV zu sein, muss der Anspruchsinhaber einen **Rentenantrag (§ 115 Abs. 1 Satz 1 SGB VI)** gestellt haben. Der Rentenantrag hat insoweit entscheidende Bedeutung; er begründet gemäß § 186 Abs. 9 SGB V die Mitgliedschaft in der KVdR („mit dem Tag der Stellung des Rentenantrags"). Stellt der Rentenversicherungsträger fest, dass ein Anspruch auf Rente besteht, bleibt die KVdR für den Rentenbezieher bei Vorliegen der weiteren Voraussetzungen bestehen. Wird der Rentenantrag dagegen abgelehnt oder nimmt der Antragsteller seinen Antrag zurück, besteht während des Rentenverfahrens eine Formalmitgliedschaft als Rentenantragsteller (§ 189 Abs. 1 SGB VI), wenn die übrigen Voraussetzungen des § 5 Abs. 1 Nr. 11 SGB V, nicht aber die Voraussetzungen des SGB VI, erfüllt sind. Als Rentenantrag gilt auch ein Überprüfungsantrag nach Maßgabe des **§ 44 SGB X.**[143] 75

Versicherungspflicht in der GKV besteht nach dem Wortlaut des § 5 Abs. 1 Nr. 11 SGB V nur für diejenigen Rentenbezieher oder Antragsteller, die seit der erstmaligen Aufnahme einer Erwerbstätigkeit bis zur Stellung des Rentenantrags mindestens neun Zehntel[144] der zweiten Hälfte des Zeitraums Mitglied in der GKV oder gemäß § 10 SGB V versichert waren. Der Gesetzeswortlaut verlangte dabei eine Pflichtversicherung, wobei bis 31.03.2006 als Zeiten der Pflichtversicherung auch Zeiten einer freiwilligen Versicherung wegen Bezugs von Anpassungsgeld für entlassene Arbeitnehmer (§ 38 Nr. 2 SGB VI) oder des Bezugs von Überbrückungsgeld aus der Seemannskasse (§ 143 SGB VII) galten; diese Regelung wurde durch das GKV-WSG aufgehoben. Das Gesetz verlangt insoweit eine **Vorversicherungszeit**[145] (so genannte Neun-Zehntel-Belegung), wobei diese nicht zusammenhängend verlaufen sein muss[146]. Soweit es das **Erfordernis der Pflichtversicherung** angeht[147], war die Vorschrift nur bis zum 31.03.2002 anwendbar.[148] Das **BVerfG** hatte einen **Verstoß gegen Art. 3 Abs. 1 GG** darin gesehen, dass die Versicherten die Neun-Zehntel-Belegung nicht mehr mit Zeiten freiwilliger Versicherung, sondern nur noch mit Zeiten einer Pflichtversicherung erfüllen konnten[149], und hatte dem Gesetzgeber eine **Neuregelung zum 01.04.2002** auferlegt. Da § 5 Abs. 1 Nr. 11 SGB V nicht geändert wurde, gilt – so hatte es das BVerfG bestimmt – seit 01.04.2002 wieder die Vorversicherungszeit nach § 5 76

[140] Zum Wohnsitz eines Rentners in einem Mitgliedstaat der EU: BSG v. 16.06.1999 - B 1 KR 5/98 R - BSGE 84, 98 = SozR 3-2400 § 3 Nr. 6; vgl. auch BSG v. 05.07.2005 - B 1 KR 4/04 R - SozR 4-2400 § 3 Nr. 2 mit zustimmender Anmerkung von *Schiffner*, SGb 2006, 239 – in Abgrenzung zu EuGH v. 03.07.2003 - C-156/01 - EuGHE I 2003, 7045.

[141] BSG v. 03.09.1998 - B 12 KR 21/97 R - SozR 3-2500 § 5 Nr. 39.

[142] BSG v. 09.02.1993 - 12 RK 58/92 - BSGE 72, 85 = SozR 3-2500 § 228 Nr. 1; zu Höherversicherungsrenten BSG v. 29.09.1976 - 3 RK 54/74 - BSGE 42, 232 = SozR 2200 § 381 Nr. 11; vgl. auch BSG v. 22.03.2001 - B 12 RA 6/00 R - BSGE 88, 43 = SozR 3-2600 § 234 Nr.1.

[143] Offen gelassen in BSG v. 25.02.1997 - 12 RK 4/96 - BSGE 80, 102, 105 = SozR 3-2500 § 5 Nr. 33 S. 131; ausführlich hierzu *Peters* in: KassKomm, SGB V, § 5 Rn. 126.

[144] Zur Gesetzesentwicklung bezüglich des Umfangs der Vorversicherungszeit ausführlich *Peters* in: KassKomm, SGB V, § 5 Rn. 108 ff., dort auch zu den Übergangsproblemen (Rn. 128 ff.). Vgl. auch BSG v. 07.12.2000 - B 12 KR 29/00 R - SozR 3-2500 § 5 Nr. 44.

[145] Hierzu auch BSG v. 03.09.1998 - B 12 KR 15/97 R - ZfS 1999, 15; vgl. auch BSG v. 22.02.1996 - 12 RK 33/94 - SozR 2200 § 165 Nr. 15; LSG Baden-Württemberg v.13.07.2005 - L 5 KR 224/05 - n.v.; LSG Hamburg v. 20.07.2005 - L 1 KR 132/04 - n.v.; LSG Baden-Württemberg v. 14.12.2005 - L 5 KR 5467/04 - n.v.

[146] Zu einem Beispiel *Baier* in: Krauskopf, Soziale Krankenversicherung, § 5 Rn. 59.

[147] Die Änderung erfolgte durch Art. 1 Nr. 1 des Gesundheitsstrukturgesetzes (BGBl I 1992, 2266).

[148] Nach der Entscheidung des BVerfG durften die Krankenkassen diese Vorschrift trotz ihrer Unvereinbarkeit mit dem Grundgesetz in vollem Umfang bis zur einer gesetzlichen Neuregelung, längstens bis 31.03.2002 weiter anwenden (hierzu BSG v. 26.05.2004 - B 12 KR 1/04 B - SozR 4-2500 § 5 Nr. 3); vgl. auch BSG v. 07.12.2000 - B 12 KR 29/00 R - SozR 3-2500 § 5 Nr. 44.

[149] BVerfG v. 15.03.2000 - 1 BvL 16/96 u.a. - BVerfGE 102, 68, 99 = SozR 3-2500 § 5 Nr. 42; hierzu *Becker*, NZS 2001, 281; *Basel/Schumacher*, DAngVers 2002, 234; *Peters*, NZS 2002, 393; Vogel, NZS 2002, 567.

Abs. 1 Nr. 11 SGB V in der ursprünglichen Fassung des Gesundheits-Reformgesetzes[150], so dass für die Neun-Zehntel-Belegung auch **Zeiten einer freiwilligen Versicherung** genügen.[151] Durch das GKV-WSG[152] wurde die vom BVerfG festgestellte Rechtslage „im Gesetzestext redaktionell nachvollzogen"[153], ohne dass dadurch die geltende Rechtslage verändert würde.

77 Die Prüfung der Vorversicherungszeit setzt die **Bestimmung der Rahmenfrist** voraus. Zu klären ist, welcher Zeitraum für die Prüfung der in § 5 Abs. 1 Nr. 11 SGB V genannten Voraussetzung – neun Zehntel der zweiten Hälfte als Versicherung im Sinne des Gesetzes bzw. der Rechtsprechung des BVerfG – maßgeblich ist. Das Gesetz benennt den Regelfall der Rahmenfrist: Diese erstreckt sich auf den **Zeitraum von der erstmaligen Aufnahme einer Erwerbstätigkeit bis zur Stellung des Rentenantrags**. Grundsätzlich kann mit Versicherungszeiten nach Rentenantragstellung die Vorversicherungszeit nicht mehr erfüllt werden; allerdings darf dem Betroffenen aus einer mit Blick auf lange Bearbeitungszeiten frühzeitigen Antragstellung kein Nachteil erwachsen.[154] Während das Ende der Rahmenfrist sich aus der Stellung des Rentenantrags gemäß § 115 Abs. 1 Satz 1 SGB VI ergibt, kann die Festlegung des Beginns Probleme aufwerfen. Bei ehemaligen Arbeitnehmern beginnt die Rahmenfrist mit dem Eintritt in ein Berufsausbildungs- oder Beschäftigungsverhältnis.[155] Ob es sich bei der Erwerbstätigkeit um eine versicherungspflichtige oder versicherungsfreie Tätigkeit gehandelt hat, ist ohne Bedeutung[156]; es kann sich auch um eine selbständige Tätigkeit handeln. Auch eine Tätigkeit im Ausland ist eine Erwerbstätigkeit im Sinne des Gesetzes.[157] Strittig ist die Behandlung von Sachverhalten **ohne Erwerbstätigkeit**[158]. Nach Auffassung der Spitzenverbände der KV und RV kann § 5 Abs. 1 Nr. 11 SGB V auch in diesen Fallgestaltungen einschlägig sein[159]. Da das Gesetz jedoch von der früheren Ausübung einer Erwerbstätigkeit ausgeht und zudem ausdrücklich gleichgestellte Sachverhalte benennt, sind Rentner nur dann versicherungspflichtig, wenn sie auf eine Zeit eigener Erwerbstätigkeit zurückblicken können.[160]

78 Die im konkreten Fall bestimmte **Rahmenfrist** ist zu **halbieren**. Die **zweite Hälfte** dieser Frist muss zu **neun Zehnteln** mit einer Pflichtmitgliedschaft, einer freiwilligen Mitgliedschaft oder einer ihr gleichgestellten Zeit belegt gewesen sein; andernfalls – und insoweit bestehen keine verfassungsrechtlichen Bedenken[161] – besteht keine Versicherungspflicht in der GKV.[162]

79 Der eigenen Mitgliedschaftszeit gleichgestellt ist gemäß § 5 Abs. 1 Nr. 11 SGB V die Zeit als **Familienversicherter** gemäß § 10 SGB V, soweit diese Familienversicherung auf der Pflichtversicherung des Stammversicherten beruhte. Eine Familienversicherung auf der Basis einer freiwilligen Versicherung genügt nicht[163]; seit 01.04.2002 wirkt sich die Rechtsprechung des BVerfG (hierzu Rn. 76) jedoch auch auf die von der Stammversicherung abgeleitete Familienversicherung aus. Zu beachten ist zudem **§ 5 Abs. 2 SGB V**, der für Zeiten bis 31.12.1988 eine Sonderregelung für **Ehegatten** enthält[164]: Der

---

150 Vom 20.12.1988, BGBl I 1988, 2477; zur Geltung der Norm auch LSG Schleswig-Holstein v. 17.08.2005 - L 5 KR 70/04 - n.v.

151 Ausführlich zu den Übergangsproblemen, die sich aus der Geltung verschiedener Fassungen des § 5 Abs. 1 Nr. 11 SGB V ergeben, vgl. *Peters* in: KassKomm, SGB V, § 5 Rn. 116 ff.; vgl. auch das 10. SGB V-ÄndG v. 23.02.2002, BGBl I 2002, 1169 sowie BT-Drs. 14/8099 und 14/8384.

152 Vgl. Art. 1 Nr. 2 a) aa) des GKV-WSG v. 26.3.2007, BGBl I 2007, 378.

153 BT-Drs. 16/3100, S. 94.

154 Hierzu *Peters* in: KassKomm, SGB V, § 5 Rn. 129.

155 Zur Versicherungspflicht von DRK-Schwesternhelferinnen im Dienst der Freiwilligen Krankenpflege bei der Wehrmacht: BSG v. 17.05.2001 - B 12 KR 33/00 R - SozR 3-2500 § 5 Nr. 45.

156 Vgl. aber auch BSG v. 22.02.1996 - 12 RK 33/94 - SozR 3-2200 § 165 Nr. 15.

157 BSG v. 08.11.1983 - 12 RK 26/82 - BSGE 56, 39 = SozR 2200 § 165 Nr. 72.

158 Denkbar wäre dies beim Bezug von Waisenrente oder in Fällen, in denen allein die Berücksichtigung von Kindererziehungszeiten (§ 56 SGB VI) ausreicht, um einen Rentenanspruch zu begründen.

159 Zu den Einzelheiten DOK 1992, 508.

160 Ebenso *Peters* in: KassKomm, SGB V, § 5 Rn. 131 sowie *Kruse* in: LPK-SGB V, § 5 Rn. 53.

161 BSG v. 17.07.1997 - 12 RK 2/97 - Die Beiträge Beilage 1998, 382; LSG Bremen v. 03.07.1996 - L 4 BR 39/95 - SGb 1997, 168 mit Anmerkung von *Schöbener*, SGb 1997, 175; zuletzt BSG v. 05.07.2006 - B 12 KR 15/05 R - SozR 4-2500 § 5 Nr. 4 zu Zeiten der Nachversicherung. Hierzu auch LSG Baden-Württemberg v. 07.06.2005 - L 11 KR 456/05 - DÖV 2005, 966.

162 Zur Tätigkeit als Entwicklungshelfer und Zeiten einer privaten Krankenversicherung: BSG v. 03.09.1998 - B 12 KR 21/97 R - SozR 3-2500 § 5 Nr. 39.

163 BSG v. 06.11.1997 - 12 RK 61/96 - SozR 3-2500 § 240 Nr. 30.

164 Zu § 5 Abs. 2 SGB V auch BSG v. 17.06.1999 - B 12 KR 26/98 R - SozR 3-2500 § 5 Nr. 41.

nach § 5 Abs. 1 Nr. 11 SGB V erforderlichen Mitgliedszeit steht bis zum 31.12.1988 – am 01.01.1989 trat das SGB V in Kraft – die Zeit der Ehe mit einem Mitglied gleich, wenn die mit dem Mitglied verheiratete Person **nicht mehr als nur geringfügig beschäftigt oder geringfügig selbständig** war.[165] Dabei genügt der Status des Ehegatten, ob ein Anspruch auf Familienhilfe gemäß § 205 RVO bestand. Ab 01.04.2002 genügt insoweit auch die Ehe mit einem freiwilligen Mitglied.[166] Zeiten einer Berücksichtigung als Ehegatten können – soweit es sich nicht um kongruente Zeiträume handelt – mit eigenen Mitgliedszeiten zusammengerechnet werden. Bei Antragstellern oder Beziehern einer Rente, die aus der RV eines anderen abgeleitet wird, gilt zudem gemäß § 5 Abs. 2 Satz 2 SGB V die Vorversicherungszeit als erfüllt, wenn die andere Person diese Voraussetzungen erfüllt hatte. Diese Vorschrift ist beispielsweise bedeutsam für **Hinterbliebenenrenten**.

80 § 5 Abs. 1 Nr. 11 HS. 2 SGB V nennt zudem zwei Fälle, in denen eine freiwillige Versicherung als Pflichtversicherungszeit behandelt wird: Erfasst werden Personen, die bezogen auf ihren sozialen Status den Beziehern von Leistungen nach dem SGB III (hierzu Rn. 25 ff.) vergleichbar sind, so dass ihre Einbeziehung in die GKV gerechtfertigt erscheint.[167] Es handelt sich zum einen um Bezieher von **Anpassungsgeld für entlassene Arbeitnehmer** gemäß § 38 Nr. 2 SGB VI; zum anderen wird die Zeit eines Bezugs von **Überbrückungsgeld aus der Seemannskasse** gemäß § 143 SGB VII berücksichtigt.

81 Zu den Konkurrenzen vgl. § 5 Abs. 5 sowie 7 und 8 SGB V. Zu beachten ist auch die Sonderregelung des § 5 Abs. 1 Nr. 11a SGB V (hierzu Rn. 82 ff.). Zur Möglichkeit der Befreiung vgl. § 8 Abs. 1 Nr. 4 SGB V.[168]

m. Künstler und Publizisten nach Aufgabe ihrer Tätigkeit (Absatz 1 Nr. 11a)

82 Der mit Wirkung vom 01.07.2001 eingefügte[169] § 5 Abs. 1 Nr. 11a SGB V soll den Zugang zur KVdR erleichtern und eine Lücke in der **sozialen Absicherung selbständiger Künstler und Publizisten** (grundlegend zu selbständig tätigen Künstlern und Publizisten Rn. 41) schließen.[170] Den betreffenden Personen soll auch nach Aufgabe ihrer Tätigkeit die günstige Versicherung erhalten bleiben. Dies hat der Gesetzgeber durch eine **Kürzung der Rahmenfrist** erreicht, in der die Vorversicherungszeit erfüllt sein muss. Da § 5 Abs. 1 Nr. 11a SGB V auf eine Erleichterung des Zugangs zur KVdR abzielt, besteht eine Pflichtversicherung auch dann, wenn zwar nicht die Voraussetzungen der Nr. 11a, wohl aber die der allgemeineren Regelung der Nr. 11 erfüllt sind.

83 Personen, die eine selbständige künstlerische oder publizistische **Tätigkeit vor dem 01.01.1983** aufgenommen haben, die Voraussetzungen für den Rentenanspruch erfüllen und diese Rente beantragt haben, müssen neun Zehntel des **Zeitraums zwischen dem 01.01.1985 und der Stellung des Rentenantrags** nach dem Künstlersozialversicherungsgesetz in der GKV versichert gewesen sein. Für Künstler und Publizisten mit Wohnsitz am 03.10.1990 im Beitrittsgebiet ist statt des 01.01.1985 der 01.01.1992 maßgebend (§ 5 Abs. 1 Nr. 11a HS. 2 SGB V).

n. Fremdrentner und Verfolgte (Absatz 1 Nr. 12)

84 Versicherungspflichtig in der GKV sind schließlich Fremdrentner und Verfolgte.[171] § 5 Abs. 1 Nr. 12 SGB V ergänzt die Regelung des § 5 Abs. 1 Nr. 11 SGB V für einen speziellen Personenkreis. Rentenantragsteller, die die Voraussetzungen für den Anspruch auf eine Rente aus der gesetzlichen Rentenversicherung erfüllen (vgl. hierzu Rn. 74), sind unter den genannten Voraussetzungen **ohne Einhaltung einer Vorversicherungszeit**, die in der Regel fehlen dürfte, pflichtversichert.

85 Es muss sich um Rentenantragsteller handeln, die zu den **in § 1 oder § 17a des Fremdrentengesetzes**[172] oder zu den in **§ 20 des Gesetzes zur Regelung der Wiedergutmachung nationalsozialistischen Unrechts in der Sozialversicherung**[173] genannten Personen gehören.

[165] In diesem Fall war der Betreffende selbst versicherungspflichtig oder konnte für einen ausreichenden Versicherungsschutz sorgen.

[166] Anders BSG v. 17.06.1999 - B 12 KR 26/98 R - SozR 3-2500 § 5 Nr. 41.

[167] *Baier* in: Krauskopf, Soziale Krankenversicherung, § 5 Rn. 57.

[168] Hierzu BSG v. 11.11.2003 - B 12 KR 3/03 R - SozR 4-2500 § 8 Nr. 1.

[169] Art. 2 Nr. 1 des 2. Gesetzes zur Änderung des Künstlersozialversicherungsgesetzes und anderer Gesetze v. 19.06.2001, BGBl I 2001,1027.

[170] BT-Drs. 14/5066, S. 11 und S. 15.

[171] Die Regelung wurde mit Wirkung vom 01.08.1991 durch Art. 6 Nr. 1 RÜG v. 25.07.1991, BGBl I 1991, 1606, neu gefasst.

[172] Vom 25.02.1960, BGB I 1960, 93.

[173] Vom 22.12.1970, BGBl I 1970, 1846.

86 Zudem muss der Betreffende seinen **Wohnsitz** innerhalb der letzten 10 Jahre vor der Stellung des Rentenantrags in das Inland verlegt haben. Eine Wohnsitzverlegung in das Inland erst nach der Rentenantragstellung ist nicht ausreichend.[174]

87 Die Konkurrenz zu anderen Versicherungspflichttatbeständen ist in § 5 Abs. 5, 7 und 8 SGB V geregelt.

o. Personen ohne Absicherung im Krankheitsfall (Absatz 1 Nr. 13; Absatz 11)

88 Durch Art. 1 Nr. 2 a) cc) des GKV-WSG wurde § 5 Abs. 1 SGB V um seine Nr. 13 ergänzt. Die Regelung erfasst Personen, die keinen anderweitigen Anspruch auf Absicherung im Krankheitsfall haben und zuletzt gesetzlich krankenversichert waren oder bisher nicht gesetzlich oder privat krankenversichert waren. Der Gesetzgeber will erreichen, dass es künftig **für alle Einwohner** ohne Absicherung im Krankheitsfall einen entsprechenden **Versicherungsschutz** gibt,[175] nachdem statistische Erhebungen einen deutlichen Anstieg der Zahl der nicht abgesicherten Personen ergeben hatten.

89 **Ohne Anspruch auf anderweitige Absicherung im Krankheitsfall** im Sinne des § 5 Abs. 1 Nr. 13 SGB V sind insbesondere diejenigen nicht gesetzlich oder privat versicherten Personen, die keinen Anspruch auf Hilfe bei Krankheit gemäß § 40 SGB VIII, § 48 SGB XII oder § 264 SGB V haben[176] und auch nicht durch andere Schutzsysteme (Gesundheitsfürsorge nach dem Strafvollzugsgesetz, Beihilfe, Krankenbehandlung nach dem BVG) geschützt sind oder dort jedenfalls nur teilweise abgesichert werden.[177] Für Personen, die nach dem Asylbewerberleistungsgesetz (hierzu auch § 5 Abs. 11 Satz 3 SGB V) leistungsberechtigt sind, bietet § 4 des maßgeblichen Gesetzes anderweitigen Schutz. Personen, die aufgrund über- und zwischenstaatlichen Rechts Anspruch auf Sachleistungen haben, verfügen ebenfalls über eine anderweitige Absicherung im Sinne des Gesetzes. Der Anspruch auf Leistungen nach **§ 19 Abs. 2 SGB V** gilt gemäß **§ 5 Abs. 8a Satz 4 SGB V** (in Kraft ab 01.01.2009) nicht als Absicherung im Krankheitsfall im Sinne des § 5 Abs. 1 Nr. 13 SGB V, sofern im Anschluss daran kein anderweitiger Anspruch auf Absicherung im Krankheitsfall besteht.

90 Von § 5 Abs. 1 Nr. 13 SGB V erfasst werden die nicht geschützten Personen dann, wenn sie zuletzt gesetzlich krankenversichert waren oder bisher nicht gesetzlich oder privat krankenversichert waren. Allerdings will der Gesetzgeber nur diejenigen erfassen, die „ihrem **Status** nach der gesetzlichen Krankenversicherung zuzuordnen sind“[178], so dass hauptberuflich selbständig Erwerbstätige oder auch Beamte keinen Zugang zur Versicherungspflicht in der gesetzlichen Krankenversicherung haben. Diese Personen werden der privaten Krankenversicherung zugeordnet. Bei Rückkehrern aus dem Ausland richtet sich die Zuordnung zur gesetzlichen oder privaten Krankenversicherung nach dem Status, den sie aufgrund ihrer zuletzt ausgeübten Berufstätigkeit im Ausland gehabt hätten.

91 Eine **Sonderregelung für Ausländer** enthält § 5 Abs. 11 SGB V. Grundsätzlich gilt die Versicherungspflicht nach Absatz 1 Nr. 13 gemäß § 3 Nr. 2 SGB IV für alle Personen, die ihren Wohnsitz oder gewöhnlichen Aufenthalt (hierzu § 30 SGB I) im Geltungsbereich des SGB haben. Mit § 5 Abs. 11 SGB V hat der Gesetzgeber eine im Sinne des § 37 SGB I abweichende Regelung getroffen, indem mit Blick auf § 5 Abs. 1 Nr. 13 SGB V bei Ausländern spezielle Vorgaben zu beachten sind. Dieses Vorgehen ist dem Sozialrecht nicht fremd; insbesondere im Bereich des Familienlastenausgleichs gelten für Ausländer seit vielen Jahren gesonderte Regelungen (vgl. etwa § 62 Abs. 2 EStG für das Kindergeld). Der Gesetzgeber zielt auf die Vermeidung von Rechtsmissbrauch ab[179]; ob die betreffenden Regelungen im Einzelfall immer mit den verfassungsrechtlichen Vorgaben in Einklang stehen[180], ist zu prüfen.

92 **§ 5 Abs. 11 Satz 1 SGB V** gilt für **Ausländer**, die **nicht** Angehörige eines Mitgliedstaates der Europäischen Union, Angehörige eines Vertragsstaates des Abkommens über den Europäischen Wirtschaftsraum oder Staatsangehörige der Schweiz sind. Dieser Personenkreis wird nur dann von § 5 Abs. 1 Nr. 13 SGB V erfasst, wenn sie eine Niederlassungserlaubnis oder eine Aufenthaltserlaubnis

---

[174] BSG v. 29.09.1994 - 12 RK 86/92 - SozR 3-2500 § 5 Nr. 18.

[175] BT-Drs. 16/3100, S. 86, 94.

[176] Kritisch hierzu SG Speyer v. 25.04.2007 - S 7 ER 163/07 KR - n.v.

[177] Dies gilt insbesondere für Beihilfeberechtigte ohne ergänzende Krankheitskostenvollversicherung (BT-Drs. 16/3100, S. 94). Sie werden von § 5 Abs. 1 Nr. 13 SGB V erfasst, wenn sie zuletzt gesetzlich krankenversichert waren.

[178] BT-Drs. 16/3100, S. 94.

[179] BT-Drs. 16/3100, S. 95.

[180] Vgl. zur Nichtigkeit von § 1 Abs. 3 BKGG a.F. etwa BVerfG v. 06.07.2004 - 1 BvL 4/97 - BVerfGE 111, 160.

mit einer mehr als zwölfmonatigen Befristung besitzen und für die Erteilung dieser Aufenthaltstitel keine Verpflichtung zur Sicherung des Lebensunterhalts nach § 5 Abs. 1 Nr. 1 AufenthG besteht. Die **Niederlassungserlaubnis nach § 9 AufenthG** ist ein unbefristeter Aufenthaltstitel, der zur Ausübung einer Erwerbstätigkeit berechtigt, zeitlich und räumlich unbeschränkt ist und nicht mit einer Nebenbestimmung versehen werden darf. Die **Aufenthaltserlaubnis gemäß § 7 AufenthG** dagegen ist ein befristeter Aufenthaltstitel, der grundsätzlich zu bestimmten Aufenthaltszwecken erteilt wird; sie begründet nur dann eine Versicherungspflicht in der GKV gemäß § 5 Abs. 1 Nr. 13 SGB V, wenn die Erlaubnis für mehr als zwölf Monate gilt. In beiden Fallgestaltungen ist zudem zu prüfen, ob gemäß § 5 Abs. 1 Nr. 1 AufenthG eine **Verpflichtung zur Sicherung des Lebensunterhalts** besteht; ist dies der Fall, muss der betreffende Ausländer dafür sorgen, dass sein Lebensunterhalt einschließlich eines ausreichenden Krankenversicherungsschutzes ohne Inanspruchnahme öffentlicher Mittel sichergestellt ist, so dass kein Bedarf für eine Versicherungspflicht nach § 5 Abs. 1 Nr. 13 SGB V besteht.[181] **§ 5 Abs. 11 Satz 2 SGB V erfasst Angehörige eines anderen Mitgliedstaates der Europäischen Union, Angehörige eines anderen Vertragsstaates des Abkommens über den Europäischen Wirtschaftsraum oder Staatsangehörige der Schweiz.** Für sie gilt gemäß §§ 30 Abs. 3, 37 SGB I i.V.m. §§ 3 Nr. 2, 6 SGB IV der Wohnortbegriff des Art. 1 lit. h der Verordnung (EWG) 1408/71 zur Anwendung der Systeme der sozialen Sicherheit auf Arbeitnehmer und Selbständige sowie deren Familienangehörige, die innerhalb der Gemeinschaft zu- und abwandern; danach ist Wohnort der Ort des gewöhnlichen Aufenthalts. Sonderregelungen zum Wohnort sind für diese Personen europarechtlich ausgeschlossen. § 5 Abs. 11 Satz 2 SGB V bestimmt **für nichterwerbstätige Personen**, dass die Versicherungspflicht gemäß § 5 Abs. 1 Nr. 13 SGB V entfällt, solange sie nach dem Recht der Europäischen Union oder nach dem Personenfreizügigkeitsabkommen der Europäischen Union mit der Schweiz über einen Krankenversicherungsschutz verfügen müssen (vgl. § 4 des Freizügigkeitsgesetzes/EU).[182]

§ 5 Abs. 11 Satz 3 SGB V ergänzt § 5 Abs. 1 Nr. 13 SGB V mit Blick auf **Leistungsberechtigte nach dem Asylbewerberleistungsgesetz**, die ausnahmsweise eine Aufenthaltserlaubnis besitzen. Sie sind auch dann von der Versicherungspflicht nach § 5 Abs. 1 Nr. 13 SGB V ausgeschlossen, wenn ihr Anspruch auf Leistungen bei Krankheit, Schwangerschaft und Geburt gemäß § 4 Asylbewerberleistungsgesetz wegen eigenen **Einkommens oder Vermögens** ruht (§ 7 Asylbewerberleistungsgesetz). 93

Die Ermittlung der Voraussetzungen des § 5 Abs. 1 Nr. 13 SGB V dürfte sich für die Krankenkassen, die an den **Untersuchungsgrundsatz** gebunden sind, nicht immer einfach gestalten. 94

Für die **beitragspflichtigen Einnahmen der Betroffenen** findet aufgrund der Verweisung in § 227 SGB V die Regelung des § 240 SGB V (beitragspflichtige Einnahmen freiwilliger Mitglieder) Anwendung. Grundlage der Beitragsbemessung sind sämtliche Einnahmen des Versicherungspflichtigen zum Lebensunterhalt; wie bei freiwilligen Mitgliedern sind auch hier Mindestbeiträge festzusetzen. 95

2. Rangfolge der gesetzlichen Versicherungspflichttatbestände (Absätze 6-8a)

In der Praxis können in einem konkreten Fall **mehrere Tatbestände** einer Versicherungspflicht erfüllt sein. Um nur ein typisches Beispiel zu nennen: Ein erheblicher Anteil der Studierenden ist heute zur Finanzierung des Studiums erwerbstätig. Wird diese Beschäftigung nicht vom Werkstudentenprivileg erfasst (vgl. hierzu die Kommentierung zu § 6 SGB V Rn. 37 ff.), so sind gegebenenfalls sowohl die Tatbestandsvoraussetzungen des § 5 Abs. 1 Nr. 1 SGB V als auch die des § 5 Abs. 1 Nr. 9 SGB V erfüllt. Da vor allem im Beitragsrecht zwischen den Versicherungstatbeständen unterschieden wird und die Art der Versicherungspflicht unter Umständen leistungsrechtliche Konsequenzen hat[183], ist die Pflichtversicherung letztlich nur nach einem der in § 5 Abs. 1 SGB V genannten Tatbestände durchzuführen. Dieses Ziel wird durch die **Konkurrenzregeln** des § 5 Abs. 6-8a SGB V erreicht, die die Versicherungspflichttatbestände in eine **Rangfolge** bringen. Die Konkurrenzregelungen kommen nur dann zur Anwendung, wenn – auch unter Berücksichtigung der §§ 6, 7 und 8 SGB V – tatsächlich mindestens zwei Tatbestände einschlägig sind. Zu beachten sind gegebenenfalls weitere Konkurrenzregelungen, wie etwa § 10 Abs. 1 Satz 1 Nr. 2 SGB V, aufgrund dessen die Familienversicherung faktisch immer nachrangig ist (hierzu Kommentierung zu § 10 SGB V Rn. 33) sowie Regelungen im KVLG[184] 96

---

[181] BT-Drs. 16/3100, S. 95.

[182] Hierzu BT-Drs. 16/3100, S. 95.

[183] Vgl. etwa § 44 Abs. 1 Satz 2 SGB V, der den Anspruch der nach § 5 Abs. 1 Nr. 5, 6, 9 oder 10 SGB V Versicherten auf Krankengeld ausschließt.

[184] § 2 Abs. 5 KVLG 1989, § 3 KVLG 1989.

und im KSVG[185]. Soweit einzelne Konkurrenzen nicht ausdrücklich geregelt sind – faktisch dürften entsprechende Fallgestaltungen aber auch selten vorliegen – ist an ein Nebenaneinander beider Tatbestände oder die entsprechende Anwendung einzelner Konkurrenzregelungen zu denken.[186]

a. Absatz 6

97 § 5 Abs. 6 SGB V normiert in Satz 1 zunächst den **Vorrang der Versicherungspflicht als Beschäftigter** vor den in § 5 Abs. 1 Nr. 5-7 SGB V (Personen in Einrichtungen der Jugendhilfe, Teilnehmer an Leistungen zur Teilhabe am Arbeitsleben und behinderte Menschen in anerkannten Werkstätten; vgl. hierzu Rn. 44, Rn. 46, Rn. 49, Rn. 54). Die Regelung verdeutlicht die Dominanz der Beschäftigung im Sozialversicherungsrecht.

98 Geregelt ist in **§ 5 Abs. 6 Satz 2 SGB V** ferner die Konkurrenz zwischen einer Versicherungspflicht nach § 5 Abs. 1 Nr. 6 SGB V (Teilnehmer an Leistungen zur Teilhabe am Arbeitsleben) und einer Versicherungspflicht nach § 5 Abs. 1 Nr. 7 (behinderte Menschen in anerkannten Werkstätten) oder Nr. 8 (behinderte Menschen in Anstalten) SGB V: Maßgeblich ist in diesem Fall die Versicherungspflicht, nach der die höheren Beiträge zu zahlen sind.

b. Absatz 7

99 Gegenstand der Konkurrenzregelung des § 5 Abs. 7 SGB V sind die Versicherungspflichttatbestände des Absatz 1 Nr. 9 und 10 SGB V; die Regelung betrifft also **Studenten** (hierzu Rn. 58 ff.) und **Praktikanten** (Rn. 67 ff.). Soweit beide Fallkonstellationen zusammentreffen, also der eingeschriebene Student etwa ein in der Studienordnung vorgeschriebenes Praktikum absolviert, bestimmt § 5 Abs. 7 Satz 2 SGB V den Vorrang der studentischen Versicherung.

100 § 5 Abs. 7 Satz 1 SGB V bestimmt die **Nachrangigkeit der Versicherungspflicht als Student oder Praktikant** gegenüber allen anderen in § 5 Abs. 1 SGB V genannten Versicherungspflichttatbeständen. Ist eine der übrigen Fallgestaltungen einschlägig – gerade bei einer Beschäftigung Studierender ist insoweit jedoch § 6 Abs. 1 Nr. 3 SGB V zu beachten (so genanntes Werkstudentenprivileg; hierzu § 6 SGB V Rn. 34 ff.) – kommen die Tatbestände der Nr. 9 und 10 nicht zum Tragen. Dieser Nachrang gilt grundsätzlich auch gegenüber der Familienversicherung: § 10 Abs. 1 Nr. 2 SGB V lässt die Versicherung als Student oder Praktikant unerwähnt. Der Vorrang auch der Familienversicherung ist schon aus Kostengründen naheliegend: Zwar ist die studentische Krankenversicherung kostengünstig ausgestaltet; für die **Familienversicherung** werden gemäß § 3 Satz 3 SGB V jedoch **keinerlei Beiträge** erhoben. Die Ausgestaltung der Familienversicherung selbst kann allerdings zu Lücken im sozialversicherungsrechtlichen **Schutz weiterer Angehöriger** führen, die **§ 5 Abs. 7 Satz 1 HS. 2 SGB V** verhindern will: Hat der bei seinen Eltern im Rahmen der Familienversicherung kostenlos versicherte Student oder Praktikant einen Ehegatten, einen Lebenspartner[187] oder ein Kind, die nicht versichert sind, bestimmt diese Regelung in Abweichung von der Regel den Vorrang der Versicherungspflicht als Student oder Praktikant. Hintergrund dieser Ausnahmeregelung ist folgender: Familienversicherte Personen genießen zwar Versicherungsschutz und haben Anspruch auf Leistungen, sie sind jedoch keine Mitglieder im Sinne des § 10 Abs. 1 Satz 1 SGB V, so dass beispielsweise ein familienversicherter verheirateter Student seinerseits keine Familienversicherung für seine eigenen Angehörigen (z.B. Ehefrau und Kind) begründen könnte. Sind diese Personen nicht anderweitig versichert, wobei neben den in § 5 Abs. 1 SGB V genannten Fallgestaltungen auch eine freiwillige Versicherung nach § 9 SGB V genügen würde, wird der Student gemäß § 5 Abs. 1 Nr. 9 SGB V in der KVdS geführt und seine Angehörigen sind – nunmehr als Angehörige eines Mitglieds der jeweiligen Krankenkasse – kostenlos über § 10 SGB V versichert.[188]

c. Absatz 8

101 Die Regelung des § 5 Abs. 8 SGB V regelt die Konkurrenz der **Versicherung der Rentner** (KVdR; hierzu Rn. 72 ff.). Gemäß Satz 1 ist die Versicherungspflicht nach § 5 Abs. 1 Nr. 11 oder 12[189] gegenüber allen anderen in Absatz 1 genannten Tatbeständen **nachrangig** – mit Ausnahme der Versicherung

[185] § 5 KVSG.

[186] Hierzu *Peters* in: KassKomm, SGB V, § 5 Rn. 168.

[187] Vgl. § 1 Abs. 1 Satz 1 LPartG.

[188] Vgl. auch *Töns*, BKK 1989, 322, 325.

[189] Die Regelung dürfte auch für die Fallgestaltungen der Nr. 11a gelten.

als Student oder Praktikant (§ 5 Abs. 7 Satz 1 SGB V). In der Praxis dürfte es sich dabei häufig um Fallgestaltungen handeln, in denen ein Student oder Praktikant Anspruch auf Hinterbliebenenrente hat.

Durch das 10. SGB V-ÄndG[190] wurde § 5 Abs. 8 SGB V um zwei Sätze ergänzt. Aufgrund von **§ 5 Abs. 8 Sätze 2 und 3 SGB V** geht unter Umständen eine freiwillige Versicherung als Rentner oder eine Familienversicherung der KVdR vor. Die Ergänzung des § 5 Abs. 8 SGB V steht im Zusammenhang mit dem **Beitrittsrecht gemäß § 9 Abs. 1 Nr. 6 SGB V** und der Regelung über das Ende der Versicherung **gemäß § 190 Abs. 11a SGB V**. Ziel der Neufassung des § 5 Abs. 8 SGB V war es, Beitragsmehrbelastungen für bisher freiwillig oder familienversicherte Rentenbezieher zu vermeiden, die aufgrund der Rechtsprechung des BVerfG (hierzu Rn. 76) als Rentner versicherungspflichtig werden. Diese Rechtsprechung, aufgrund derer ab 01.04.2002 wieder das alte Recht maßgeblich ist, ist für die meisten Betroffenen beitragsrechtlich vorteilhaft, kann jedoch für bisher freiwillig versicherte Rentner ohne weitere beitragspflichtige Einnahmen und die bisher kostenlos familienversicherten Rentner finanzielle Nachteile mit sich bringen. Aus Gründen des Vertrauensschutzes haben alle Rentner, für die nach der Rechtsprechung des BVerfG Versicherungspflicht eingetreten ist, gemäß § 9 Abs. 1 Nr. 6 SGB V[191] ein Beitrittsrecht zur freiwilligen Krankenversicherung. Die Betroffenen können also selbst entscheiden, ob sie ihren bisherigen Status aufrechterhalten wollen.[192] Diese Entscheidung soll nun allerdings endgültig sein: § 5 Abs. 8 Satz 2 SGB V i.V.m. § 190 Abs. 11a SGB V verhindert, dass Rentner etwa im Fall geänderter Einkommensverhältnisse durch Kündigung ihrer freiwilligen Mitgliedschaft als Rentner versicherungspflichtig werden. Ein solches Vorgehen wäre mit dem Solidargedanken nicht vereinbar.[193] Auch die Familienangehörigen, die aufgrund der Ausübung des Beitrittsrechts ihre beitragsfreie Familienversicherung fortgesetzt haben, werden nicht mehr als Rentner versicherungspflichtig.[194] 102

d. Absatz 8a

Durch das GKV-WSG[195] wurde § 5 Abs. 8a SGB V eingefügt. Die Regelung betrifft die in **§ 5 Abs. 1 Nr. 13 SGB V** normierte Versicherungspflicht von **Personen ohne anderweitige Absicherung im Krankheitsfall**. § 5 Abs. 8a Satz 1 SGB V regelt die **Subsidiarität** dieser Versicherungspflicht gegenüber allen anderen Absicherungen im Krankheitsfall nach dem SGB V. Personen, die nach Absatz 1 Nr. 1-12 versicherungspflichtig sind, als freiwilliges Mitglied oder gemäß § 10 SGB V familienversichert sind, sind danach nicht versicherungspflichtig nach § 5 Abs. 1 Nr. 13 SGB V. In § 5 Abs. 8a Sätze 2-4 SGB V geht es nicht um die Konkurrenz einzelner Versicherungstatbestände, sondern letztlich um die Frage, unter welchen Voraussetzungen ein anderweitiger Anspruch auf Absicherung im Krankheitsfall besteht. Die Regelung soll sicherstellen, dass der Sozialhilfeträger weiterhin für die Krankenbehandlung der genannten Personen zuständig bleibt.[196] Insbesondere soll der Vorrang der Leistungspflicht des Sozialhilfeträgers nicht dadurch unterlaufen werden, dass für eine unverhältnismäßig kurze Zeit der Leistungsbezug unterbrochen wird (§ 5 Abs. 8a Satz 3 SGB V). Durch die Regelung des Satzes 4 wird klargestellt, dass sich die Versicherungspflicht nach § 5 Abs. 1 Nr. 13 SGB V – ebenso wie bei freiwillig versicherten Mitgliedern – ohne Anwendung des § 19 Abs. 2 SGB V an das Ende der Versicherung in der GKV anschließt.[197] 103

3. Hauptberuflich selbständige Erwerbstätigkeit (Absatz 5)

Selbständig tätige Personen sind – abgesehen von Landwirten[198] und Künstlern oder Publizisten – nach der Konzeption der GKV[199] nicht versicherungspflichtig. Während unter der Geltung der RVO jedoch 104

[190] Vom 23.03.2002, BGBl I 2002, 1169.

[191] Ebenfalls eingefügt durch das 10. SGB V-Änderungsgesetz v. 23.03.2002, BGBl I 2002, 1169.

[192] BT-Drs. 14/8384, S. 6.

[193] Hierzu BT-Drs. 14/8384, S. 4, 8.

[194] Dies gilt auch bei Bezug einer weiteren Rente (hierzu BT-Drs. 14/8384, S. 8).

[195] Vom 26.03.2007, BGBl I 2007, 378.

[196] BT-Drs. 16/3100, S. 95.

[197] Der Gesetzgeber hat hier einem Anliegen des Bundesrates Rechnung getragen (BT-Drs. 16/4247, S. 29).

[198] Zu einem landwirtschaftlichen Unternehmer mit zusätzlicher abhängiger Beschäftigung: BSG v. 29.09.1997 - 10 RK 2/97 - SozR 3-5420 § 3 Nr. 3; vgl. aber auch BSG v. 16.11.1995 - 4 RK 2/94 - BSGE 77, 93 = SozR 3-5420 § 3 Nr. 1. Zur Ermittlung der hauptberuflichen Selbständigkeit eines Landwirts auch LSG Schleswig v. 07.09.2005 - L 5 KR 74/04 - n.v.

[199] Zu Reformbestrebungen vgl. aber Rn. 120.

eine selbständige Tätigkeit keinen Einfluss auf die Versicherungspflicht etwa als Beschäftigter hatte[200], schließt § 5 Abs. 5 SGB V bei Vorliegen einer hauptberuflichen selbständigen Tätigkeit den Versicherungspflichttatbestand des § 5 Abs. 1 SGB V fast vollständig aus; die betroffenen Personen sind also gewissermaßen „absolut versicherungsfrei"[201]. Die Fallgestaltung der Nr. 1 (Beschäftigung) dürfte auch den Hauptanwendungsfall von § 5 Abs. 5 SGB V darstellen; häufig trifft eine selbständige Tätigkeit aber auch mit der studentischen Krankenversicherung zusammen.[202] Nicht ausdrücklich in § 5 Abs. 5 SGB V genannt sind lediglich die Fallgestaltungen der Nr. 2-4[203] des Absatzes 1. Durch § 5 Abs. 5 SGB V soll verhindert werden, dass sich selbständig tätige Personen – etwa durch Einschreibung als Student oder durch zusätzliche Aufnahme einer versicherungspflichtigen Beschäftigung – kostengünstig für den Versicherungsfall Krankheit absichern.[204] Auch ein Landwirt, der eine abhängige Nebenbeschäftigung aufnimmt, soll nicht in die allgemeine Krankenversicherung abwandern können.[205] Zur Bedeutung der hauptberuflichen selbständigen Tätigkeit in der Familienversicherung vgl. § 10 Abs. 1 Satz 1 Nr. 4 SGB V.

105 § 5 Abs. 5 SGB V erfasst „hauptberuflich selbständig erwerbstätige" Personen. Voraussetzung für die Anwendung der Norm ist zunächst eine **selbständige Tätigkeit**, die auf **Gewinnerzielung**[206] ausgerichtet ist. Die Abgrenzung von der Beschäftigung erfolgt hier nach allgemeinen Grundsätzen; maßgeblich ist damit letztlich **§ 7 Abs. 1 SGB IV**. Kriterien sind neben dem eigenen Unternehmerrisiko die Verfügungsmöglichkeit über die eigene Arbeitskraft und die freie Gestaltung von Tätigkeit und Arbeitszeit.[207] Die Hauptberuflichkeit ist nicht absolut, sondern relativ zu bestimmen. **Hauptberuflich** ist eine selbständige Tätigkeit dann, wenn sie von der **wirtschaftlichen Bedeutung** und dem **zeitlichen Aufwand** her die übrigen Erwerbstätigkeiten zusammen deutlich übersteigt[208] und den **Mittelpunkt der Erwerbstätigkeit** bildet.[209] Maßgeblich sind immer die Umstände des Einzelfalls. Ist die betreffende Person mehr als halbtags als Beschäftigter tätig, wird daneben in der Regel keine hauptberufliche selbständige Tätigkeit mehr möglich sein; eine andere Bewertung kann sich jedoch unter Berücksichtigung des aus der selbständigen Tätigkeit erzielten Einkommens ergeben, wenn dieses etwa die Hauptquelle des Lebensunterhalts bildet und die Einnahmen aus der Beschäftigung bei weitem übersteigt[210]. Die Auslegung des Begriffs erfolgt letztlich nach Maßgabe von Sinn und Zweck des § 5 Abs. 5 SGB V[211], wobei eine **vorausschauende Sichtweise** geboten ist.

4. GKV und private Krankenversicherung

106 § 5 SGB V beschränkt sich nicht nur auf die Aufzählung der gesetzlich krankenversicherten Personen, sondern regelt in bestimmtem Umfang auch explizit die Rechtsbeziehungen zur privaten Krankenversicherung (PKV). Dies ist im Hinblick darauf geboten, dass **die Existenz von zwei unterschiedlich gestalteten Krankenversicherungssystemen** zu Koordinierungsproblemen führen kann. Dabei kann einerseits die durch Gesetz begründete Versicherungspflicht aufgrund eines bestehenden privatrechtlichen Vertrags in der PKV zu einer Doppelversicherung führen – diese Konstellation hat § 5 Abs. 9

---

200 Vgl. hierzu etwa BSG v. 10.03.1994 - 12 RK 12/93 - BSGE 74, 101, 103 = SozR 3-2500 § 257 Nr. 2.

201 So *Kruse* in: LPK-SGB V, § 5 Rn. 69; zum – fehlenden – Anspruch auf Beitragszuschuss: BSG v. 10.03.1994 - 12 RK 12/93 - BSGE 74, 101 = SozR 3-2500 § 257 Nr. 2.

202 Zur Krankenversicherungspflicht eines selbständigen Rechtsanwalts, der neben seiner Anwaltstätigkeit ein Studium aufgenommen hat: BSG v. 10.05.1990 - 12 RK 52/88 - SozR 2200 § 165 Nr. 2.

203 Dies erklärt sich schon daraus, dass die in Nr. 3 und 4 genannten selbständig tätigen Personen von spezialgesetzlichen Vorschriften (KVLG 1989 und KSVG) erfasst werden (ausführlich hierzu *Peters* in: KassKomm, SGB V, § 5 Rn. 162 f.). Die Motive für eine Aussparung der Nr. 2 bleiben letztlich unklar.

204 BT-Drs. 11/2237, S. 159.

205 BSG v. 29.04.1997 - 10/4 RK 3/96 - SozR 3-5420 § 3 Nr. 2.

206 Unerheblich ist in diesem Kontext, ob tatsächlich Verluste erwirtschaftet werden; zu sozialhilfebedürftigen Selbständigen: BSG v. 26.09.1996 - 12 RK 46/95 - BSGE 79, 133, 146 = SozR 3-2500 § 240 Nr. 27 S. 111.

207 Vgl. im Einzelnen BSG v. 16.02.1982 - 12 RK 6/81 - USK 8235.

208 BSG v. 29.04.1997 - 10/4 RK 3/96 - SozR 3-5420 § 3 Nr. 2.

209 So BT-Drs. 11/2237, S. 159; vgl. auch BSG v. 16.11.1995 - 4 RK 1/94 - BSGE 77, 93 = SozR 3-5405 Art. 59 Nr. 1 und BSG v. 29.04.1997 - 10/4 RK 3/96 - SozR 3-5420 § 3 Nr. 2; vgl. auch die Spitzenverbände der KK, BB 1990, 216.

210 Zur Ermittlung des Einkommens: BSG v. 29.04.1997 - 10/4 RK 3/96 - SozR 3-5420 § 3 Nr. 2.

211 Zu den Besonderheiten beim Zusammentreffen von studentischer Versicherung und selbständiger Tätigkeit *Felix/Baer*, SGb 2002, 193; vgl. auch *Kruse* in: LPK-SGB V, § 5 Rn. 73 sowie *Peters* in: KassKomm, SGB V, § 5 Rn. 159; zu Rentnern *Peters* in: KassKomm, SGB V, § 5 Rn. 160.

SGB V im Auge; zum anderen droht eine Lücke im Versicherungsschutz, wenn nach Kündigung der privaten Versicherung eine gesetzliche Versicherungspflicht nicht zustande kommt oder nicht andauert – dieses Problem behandelt § 5 Abs. 10 SGB V. Beiden Vorschriften ist gemeinsam, dass sie den nahtlosen Übergang von einem System in das andere sicherstellen und so gewährleisten sollen, dass jedenfalls eine Form der Krankenversicherung offen steht.

a. Sonderkündigungsrecht in der PKV (Absatz 9)

Gemäß **§ 5 Abs. 9 Satz 1 SGB V** kann derjenige, der gemäß § 5 Abs. 1 SGB V versicherungspflichtig wird, seine bestehende Versicherung bei einem privaten Krankenversicherungsunternehmen **mit Wirkung vom Eintritt der Versicherungspflicht** kündigen. In der GKV tritt die Versicherungspflicht bei Vorliegen der Tatbestandsmerkmale kraft Gesetzes mit sofortiger Wirkung ein. Nimmt beispielsweise jemand eine Beschäftigung (§ 5 Abs. 1 Nr. 1 SGB V) auf, so ist er gemäß § 186 Abs. 1 SGB V mit dem Tag des Eintritts in das Beschäftigungsverhältnis Mitglied der von ihm gewählten Krankenkasse und damit auch beitragspflichtig. Unabhängig von den vertraglichen Vereinbarungen, die der Beschäftigte mit seiner privaten Krankenversicherung getroffen hat, ermöglicht ihm § 5 Abs. 9 SGB V die – häufig rückwirkende – Kündigung des Vertrags mit Wirkung vom Tag des Eintritts in die Beschäftigung. Obwohl das Gesetz eine rückwirkende Kündigung ausdrücklich ermöglicht, kann ein langes Zuwarten des Betroffenen als Fehlverhalten gewertet werden, das unter Umständen einer Erstattung der bereits gezahlten Beiträge für die Krankenkasse entgegensteht.[212] 107

Die Möglichkeit einer „nahtlosen" Kündigung des privaten Krankenversicherungsvertrags gilt gemäß **§ 5 Abs. 9 Satz 2 SGB V** auch bei Eintritt der **Familienversicherung** gemäß § 10 SGB V. 108

b. Kontrahierungszwang (Absatz 10)

Der mit Wirkung vom 01.01.2000 angefügte[213] § 5 Abs. 10 SGB V[214] stellt eine „flankierende Maßnahme insbesondere zum Schutz des in § 6 Abs. 3a SGB V genannten Personenkreises vor einer unfreiwilligen Nichtversicherung" dar.[215] Aufgrund der **Neuregelung des § 6 Abs. 3a SGB V** und der kontinuierlichen Einschränkung der Beitrittsmöglichkeiten zur GKV sei es geboten, Personen, die ihre private Versicherung in der Annahme einer ausreichenden Versicherung in der GKV gekündigt hätten, ein **Recht auf den Neuabschluss des privatrechtlichen Vertrags** zu geben. Für den Versicherer selbst ergeben sich keine unzumutbaren Nachteile – er wird finanziell so gestellt, als hätte es eine zwischenzeitliche Unterbrechung des privaten Versicherungsverhältnisses nicht gegeben; durch die Fristen für die Ausübung des Neuabschlusses des Vertrags werde Rechtssicherheit geschaffen und einem Rechtsmissbrauch vorgebeugt. § 5 Abs. 10 SGB V begründet aus Sicht des ehemals Versicherten einen Anspruch, aber keine Verpflichtung auf Neuabschluss des Vertrags. Für den privaten Krankenversicherer besteht – in den zeitlichen Grenzen des § 5 Abs. 10 Sätze 5 und 6 SGB V (hierzu Rn. 114) – eine Verpflichtung auf Neuabschluss des Vertrags, wenn der zuvor bei ihm Versicherte dies wünscht. 109

Wer bereits vor dem **01.01.2000** – also vor dem In-Kraft-Treten der Vorschriften des GKV-Gesundheitsreformgesetzes 2000[216] – seinen privatrechtlichen Versicherungsschutz verloren hatte, hat kein Rückkehrrecht in die PKV nach Maßgabe des § 5 Abs. 10 SGB V.[217] 110

Ein Anspruch auf Neuabschluss des privatrechtlichen Krankenversicherungsvertrags gemäß § 5 Abs. 10 Satz 1 SGB V besteht unter folgenden Voraussetzungen: Die betreffende Person hat einen **bestehenden Vertrag mit der PKV** im Hinblick auf den Eintritt der Versicherung in der GKV wirksam **gekündigt**. Dabei spielt es keine Rolle, ob diese Versicherung in der GKV durch einen Versicherungspflichttatbestand des § 5 Abs. 1 SGB V, durch einen freiwilligen Beitritt gemäß § 9 SGB V oder durch Familienversicherung gemäß § 10 SGB V eingetreten ist. Die **Kausalität** der Kündigung mit Blick auf die GKV ist in § 5 Abs. 10 SGB V zwar nicht ausdrücklich normiert, ergibt sich aber aus Sinn und Zweck der Regelung.[218] Die angestrebte **Versicherung in der GKV** ist – **nach dem Wirksamwerden der Kündigung – gescheitert**. Dabei sind zwei Fallkonstellationen denkbar: Im ersten Fall kommt die Versicherung nicht wie geplant zustande, weil etwa anders als erwartet kein Studienplatz zugewiesen 111

---

[212] Hierzu *Baier* in: Krauskopf, Soziale Krankenversicherung, § 5 SGB V Rn. 91.
[213] Vgl. Art. 1 Nr. 2 lit. c GKV-GRG 2000 v. 22.12.1999, BGBl I 1999, 2626.
[214] Vgl. auch § 2 Abs. 8 KVLG.
[215] Ausführlich BT-Drs. 14/1245, S. 59.
[216] Vom 22.12.1999, BGBl I 1999, 2626.
[217] Dies ergibt sich aus Art. 21 § 3 des GKV-GRG 2000 v. 22.12.1999, BGBl I 1999, 2626.
[218] Ebenso *Peters* in: KassKomm, SGB V, § 5 Rn. 190. Beweislastpflichtig ist der früher Versicherte.

wird (§ 5 Abs. 1 Nr. 9 SGB V) oder die geplante Heirat nicht stattfindet und deshalb § 10 SGB V nicht zur Anwendung kommt. Ein **dauerhafter Schutz in der GKV** kommt aber auch dann nicht zustande, wenn die einmal begründete Versicherung nicht lange genug andauert, um ein Recht zum **Beitritt nach Maßgabe des § 9 SGB V** zu begründen. § 5 Abs. 10 SGB V nimmt hier Bezug auf die Vorversicherungszeit des § 9 Abs. 1 Nr. 1 SGB V. Hat etwa ein zunächst nach § 5 Abs. 1 Nr. 9 SGB V versicherter Student das Studium bereits nach einem Semester wieder aufgegeben, liegen die Voraussetzungen des § 9 Abs. 1 Nr. 1 SGB V nicht vor, so dass der Betreffende – ohne die PKV – zunächst ohne Krankenversicherungsschutz dastünde. Die Vorversicherungszeit von einem Jahr gilt auch im Fall der Familienversicherung (§ 9 Abs. 1 Nr. 2 SGB V): Wird die Ehe nach wenigen Monaten bereits wieder geschieden, ist auch hier der Ehegatte gegebenenfalls auf eine Rückkehr in die PKV angewiesen. Schließlich besteht ein Recht auf Neuabschluss des **privatrechtlichen Krankenversicherungsvertrags** nur dann, wenn dieser vor Wirksamkeit der Kündigung **für mindestens fünf Jahre ununterbrochen bestanden** hat. Aufgrund dieser Einschränkung lassen sich Lücken im Versicherungsschutz nicht vollständig vermeiden. Wer die Fünf-Jahres-Frist nicht erfüllt, hat unter Umständen weder einen privatrechtlich noch einen gesetzlich begründeten Krankenversicherungsschutz.

112 Liegen die Voraussetzungen für einen Anspruch auf Neuabschluss des Vertrags vor, so erfolgt diese **Neuversicherung zu den früheren Bedingungen**. Das bedeutet insbesondere, dass **keine Risikoprüfung** stattfindet; es ist also unerheblich, ob sich der Gesundheitszustand des Betroffenen in der Zwischenzeit auf eine Art und Weise verschlechtert hat, die dazu führen würde, dass der Versicherer eine Versicherung unter normalen Umständen ablehnen oder zumindest einen Risikozuschlag erheben würde. Maßgeblich sind die Tarifbedingungen, die zum Zeitpunkt des Wirksamwerdens der Kündigung bestanden haben. Die gemäß § 5 Abs. 10 Satz 2 HS. 2 SGB V erworbenen **Altersrückstellungen** sind dem Vertrag zuzuschreiben.

113 **§ 5 Abs. 10 Sätze 3 und 4 SGB V** regeln den **Zeitpunkt des In-Kraft-Tretens des neuen Vertrags**. Wird die gesetzliche Versicherung gar nicht begründet, tritt der neue Versicherungsvertrag am Tag nach der Beendigung des vorhergehenden Versicherungsvertrags, also nahtlos, in Kraft. Endet die gesetzliche Krankenversicherung vor Ablauf der in § 9 SGB V genannten Vorversicherungszeit, tritt der neue Versicherungsvertrag am Tag nach Beendigung der gesetzlichen Krankenversicherung (hierzu § 190 SGB V) in Kraft.

114 Der Anspruch auf Neuabschluss des privaten Versicherungsvertrags ist gemäß **§ 5 Abs. 10 Sätze 5 und 6 SGB V** an **Fristen** gebunden, die der Rechtssicherheit dienen, aber auch Rechtsmissbrauch entgegenwirken. Kommt eine Versicherung in der GKV entgegen der ursprünglichen Erwartung nicht zustande, endet der Anspruch des ehemals in der PKV Versicherten und damit die Verpflichtung der privaten Versicherung zum Neuabschluss des Vertrags nach § 5 Abs. 10 Satz 5 SGB V nach Ablauf von **drei Monaten** nach dem Ende der privatrechtlichen Versicherung. In dieser Zeitspanne dürfte jedenfalls im Normalfall für den Betreffenden erkennbar geworden sein, dass er keinen Krankenversicherungsschutz durch die GKV erlangt hat. War eine Versicherung in der GKV jedenfalls vorübergehend, aber nicht hinreichend lang im Sinne des § 9 SGB V gegeben, besteht die Pflicht zum Neuabschluss des privaten Vertrags längstens **12 Monate** nach der Beendigung des privaten Versicherungsvertrags (§ 5 Abs. 10 Satz 6 SGB V). Innerhalb dieser Zeitspanne muss der Berechtigte zumindest einen Antrag auf Neuabschluss gestellt haben. Auch nach Ablauf der in den Sätzen 5 und 6 genannten Fristen bleibt es dem Versicherer unbenommen, einen neuen Vertrag abzuschließen; in diesem Fall bestehen die in § 5 Abs. 10 Satz 2 SGB V genannten Vorteile jedoch nicht.

IV. Rechtsfolgen

115 Die nach Maßgabe des § 5 SGB V bestehende Versicherungspflicht begründet einerseits **Leistungsansprüche** des Versicherten und andererseits **Beitragsansprüche** der Krankenkasse. Die Leistungsansprüche sind in den §§ 11 ff. SGB V normiert; bis auf bestimmte Besonderheiten – etwa der fehlende Krankengeldanspruch für Studenten oder Familienversicherte (§ 44 Abs. 1 Satz 2 SGB V) – gelten für alle Versicherten die gleichen Grundsätze. Beitragsrechtliche Fragen hat der Gesetzgeber im Kapitel „Finanzierung" (§§ 220 ff. SGB V) geregelt; hier ist zu differenzieren zwischen der Beitragsbemessungsgrundlage (§§ 220 ff. SGB V), dem Beitragssatz (§§ 241 ff. SGB V), der wirtschaftlichen Tragung der Beiträge (§§ 249 ff. SGB V) und ihrer Zahlung (§§ 252 ff. SGB V). Für jede gemäß § 5 SGB V versicherungspflichtige Personengruppe findet sich insoweit eine eigene Regelung: Für den – klassischen Fall – des versicherungspflichtigen Beschäftigten gelten beispielsweise die §§ 226 Abs. 1 Nr. 1, 241, 249 Abs. 1 SGB V und § 253 SGB V. Die Frage der Kassenzuständigkeit regelt sich nach

Maßgabe der §§ 173 ff. SGB V; Beginn und Ende der Mitgliedschaft sind für Versicherungspflichtige in § 186 SGB V und § 190 SGB V normiert.

Die Versicherungspflicht in der GKV führt aufgrund von § 20 SGB XI auch zur Versicherungspflicht in der gesetzlichen **Pflegeversicherung**. 116

C. Praxishinweise

Erfüllt jemand, der in den räumlichen und sachlichen Geltungsbereich des SGB fällt[219], einen der in § 5 Abs. 1 SGB V genannten Tatbestände, tritt eine **Versicherungspflicht kraft Gesetzes** ein, die unabhängig von Wissen[220] und Wollen der Beteiligten und zudem unabdingbar ist. Es bedarf also weder eines Antrags noch eines irgendwie gearteten Aufnahmeakts durch die Krankenkasse[221]. Unerheblich ist zudem, ob eine Meldung (§§ 28a ff. SGB IV) erfolgt ist oder der Arbeitgeber tatsächlich Beiträge entrichtet hat. Auch das Ende der Versicherungspflicht tritt kraft Gesetzes ein (vgl. im Einzelnen die Kommentierung zu § 190 SGB V). 117

Endet die Versicherungspflicht in der GKV, ohne dass der Betreffende in die private Krankenversicherung wechseln möchte, ist zu prüfen, ob ein **freiwilliger Beitritt zur GKV** gemäß § 9 SGB V möglich ist. Angesichts der Tatsache, dass der Gesetzgeber die Möglichkeit der freiwilligen Mitgliedschaft zunehmend beschränkt hat[222], sollte auch die Möglichkeit einer Befreiung gemäß § 8 SGB V in der Praxis immer gut überdacht werden. Durch § 5 Abs. 1 Nr. 13 SGB V hat sich die Situation allerdings rechtlich entschärft. 118

Hat eine Krankenkasse gegenüber einem Sozialhilfeempfänger durch Verwaltungsakt das Bestehen einer beitragspflichtigen freiwilligen Versicherung und die Beitragshöhe festgestellt sowie der Sozialhilfeempfänger dagegen Klage erhoben, so ist die daneben vom Sozialhilfeträger gegen die Krankenkasse erhobene Klage auf Feststellung einer beitragsfreien Pflichtmitgliedschaft des Sozialhilfeempfängers unzulässig.[223] 119

D. Reformbestrebungen

Die Zukunft der gesetzlichen Krankenversicherung wird angesichts der **demographischen Entwicklung in Deutschland und des Medizinfortschritts** seit Jahren heftig diskutiert. Dabei werden die unterschiedlichsten und teils auch völlig gegensätzliche Ansichten vertreten.[224] Neben der Frage, ob auch andere Einkünfte – wie etwa Vermögenseinkünfte oder Einkünfte aus Vermietung und Verpachtung – zur Finanzierung der GKV herangezogen werden sollen[225], geht es vor allem um die Festlegung des Mitgliederkreises[226] – insoweit wäre auch § 5 SGB V unmittelbar betroffen. Wenn die Forderung nach einer Bürgerversicherung[227] laut wird, sollte dabei allerdings nicht verkannt werden, dass es die **soziale Schutzbedürftigkeit** ist, die die **Grundlage der Versicherungs- und Beitragspflicht** bildet.[228] Die Erstreckung der Pflichtversicherung in der GKV auf alle erwerbstätigen Personen müsste sich insoweit nicht nur an verfassungsrechtlichen[229], sondern auch europarechtlichen[230] Vorgaben messen lassen. 120

---

[219] §§ 3-6 SGB IV.

[220] BSG v. 13.12.1984 - 11 RK 3/84 - SozR 5420 § 2 Nr. 33.

[221] Allerdings gibt es von diesem Grundsatz Ausnahmen (vgl. etwa § 186 Abs. 2 SGB V für unständig Beschäftigte oder § 186 Abs. 3 SGB V für die nach KSVG versicherten Personen).

[222] *Peters* in: Kass-Komm-SGB, SGB V, § 9 Rn. 4 ff. zur insoweit wechselhaften Gesetzgebung.

[223] BSG v. 30.06.1993 - 12 RK 47/92 - SozR 3-5910 § 91a Nr. 2.

[224] Hierzu *Kruse/Kruse*, SozVers 2003, 281.

[225] Hierzu *Huster*, JZ 2002, 371; *Kiefer/Ruiss*, SozFortschritt 2006, 255.

[226] Der Kreis der versicherungspflichtigen Personen lässt sich zum einen durch eine Anhebung der in § 6 Abs. 1 Nr. 1 SGB V genannten Arbeitsentgeltgrenze erweitern; zum anderen geht es jedoch um eine grundlegende Reform des versicherten Personenkreises (zu beidem *Egger*, SGb 2003, 76).

[227] Hierzu *Kruse/Kruse*, SozVers 2003, 281.

[228] *Hase* in: Empter/Sodan, Markt und Regulierung, 2003, 185.

[229] *Jaeger*, NZS 2003, 225 zur Reform der GKV im Licht der Rechtsprechung des BVerfG; vgl. auch *Egger*, SGb 2003, 76 zu den verfassungsrechtlichen Grenzen einer Gesundheitsreform; *Merten*, NZS 1998, 545; *Schlegel*, NZS 2000, 421.

[230] Vgl. etwa *Reufels*, VersR 2003, 1065 zur EG-rechtlichen Beurteilung der Erhöhung der Versicherungspflichtgrenze; vgl. auch *Schenke*, Verw (4) 2004, 475, der die Reform der gesetzlichen Krankenversicherung zwischen Verfassungsrecht und Europarecht betrachtet.

§ 6 SGB V Versicherungsfreiheit

(Fassung vom 26.03.2007, gültig ab 01.04.2007, gültig bis 31.12.2008)

(1) Versicherungsfrei sind

1. **Arbeiter und Angestellte, deren regelmäßiges Jahresarbeitsentgelt die Jahresarbeitsentgeltgrenze nach den Absätzen 6 oder 7 übersteigt und in drei aufeinander folgenden Kalenderjahren überstiegen hat; dies gilt nicht für Seeleute; Zuschläge, die mit Rücksicht auf den Familienstand gezahlt werden, bleiben unberücksichtigt,**

1a. **abweichend von Nummer 1 nicht-deutsche Besatzungsmitglieder deutscher Seeschiffe, die ihren Wohnsitz oder gewöhnlichen Aufenthalt nicht im Geltungsbereich dieses Gesetzbuchs haben,**

2. **Beamte, Richter, Soldaten auf Zeit sowie Berufssoldaten der Bundeswehr und sonstige Beschäftigte des Bundes, eines Landes, eines Gemeindeverbandes, einer Gemeinde, von öffentlich-rechtlichen Körperschaften, Anstalten, Stiftungen oder Verbänden öffentlich-rechtlicher Körperschaften oder deren Spitzenverbänden, wenn sie nach beamtenrechtlichen Vorschriften oder Grundsätzen bei Krankheit Anspruch auf Fortzahlung der Bezüge und auf Beihilfe oder Heilfürsorge haben,**

3. **Personen, die während der Dauer ihres Studiums als ordentliche Studierende einer Hochschule oder einer der fachlichen Ausbildung dienenden Schule gegen Arbeitsentgelt beschäftigt sind,**

4. **Geistliche der als öffentlich-rechtliche Körperschaften anerkannten Religionsgesellschaften, wenn sie nach beamtenrechtlichen Vorschriften oder Grundsätzen bei Krankheit Anspruch auf Fortzahlung der Bezüge und auf Beihilfe haben,**

5. **Lehrer, die an privaten genehmigten Ersatzschulen hauptamtlich beschäftigt sind, wenn sie nach beamtenrechtlichen Vorschriften oder Grundsätzen bei Krankheit Anspruch auf Fortzahlung der Bezüge und auf Beihilfe haben,**

6. **die in den Nummern 2, 4 und 5 genannten Personen, wenn ihnen ein Anspruch auf Ruhegehalt oder ähnliche Bezüge zuerkannt ist und sie Anspruch auf Beihilfe im Krankheitsfalle nach beamtenrechtlichen Vorschriften oder Grundsätzen haben,**

7. **satzungsmäßige Mitglieder geistlicher Genossenschaften, Diakonissen und ähnliche Personen, wenn sie sich aus überwiegend religiösen oder sittlichen Beweggründen mit Krankenpflege, Unterricht oder anderen gemeinnützigen Tätigkeiten beschäftigen und nicht mehr als freien Unterhalt oder ein geringes Entgelt beziehen, das nur zur Beschaffung der unmittelbaren Lebensbedürfnisse an Wohnung, Verpflegung, Kleidung und dergleichen ausreicht,**

8. **Personen, die nach dem Krankheitsfürsorgesystem der Europäischen Gemeinschaften bei Krankheit geschützt sind.**

(2) Nach § 5 Abs. 1 Nr. 11 versicherungspflichtige Hinterbliebene der in Absatz 1 Nr. 2 und 4 bis 6 genannten Personen sind versicherungsfrei, wenn sie ihren Rentenanspruch nur aus der Versicherung dieser Personen ableiten und nach beamtenrechtlichen Vorschriften oder Grundsätzen bei Krankheit Anspruch auf Beihilfe haben.

(3) Die nach Absatz 1 oder anderen gesetzlichen Vorschriften mit Ausnahme von Absatz 2 und § 7 versicherungsfreien oder von der Versicherungspflicht befreiten Personen bleiben auch dann versicherungsfrei, wenn sie eine der in § 5 Abs. 1 Nr. 1 oder 5 bis 12 genannten Voraussetzungen erfüllen. Dies gilt nicht für die in Absatz 1 Nr. 3 genannten Personen, solange sie während ihrer Beschäftigung versicherungsfrei sind.

(3a) Personen, die nach Vollendung des 55. Lebensjahres versicherungspflichtig werden, sind versicherungsfrei, wenn sie in den letzten fünf Jahren vor Eintritt der Versicherungspflicht nicht gesetzlich versichert waren. Weitere Voraussetzung ist, dass diese Personen mindestens die Hälfte dieser Zeit versicherungsfrei, von der Versicherungspflicht befreit oder nach § 5 Abs. 5 nicht versicherungspflichtig waren. Der Voraussetzung nach Satz 2 stehen die Ehe oder die Lebenspartnerschaft mit einer in Satz 2 genannten Person gleich. Satz 1 gilt nicht für Bezieher von Arbeitslosengeld II und für Personen, die nach § 5 Abs. 1 Nr. 13 versicherungspflichtig sind.

(4) Wird die Jahresarbeitsentgeltgrenze in drei aufeinander folgenden Kalenderjahren überschritten, endet die Versicherungspflicht mit Ablauf des dritten Kalenderjahres, in dem sie überschritten wird. Dies gilt nicht, wenn das Entgelt die vom Beginn des nächsten Kalenderjahres an geltende Jahresarbeitsentgeltgrenze nicht übersteigt. Rückwirkende Erhöhungen des Entgelts werden dem Kalenderjahr zugerechnet, in dem der Anspruch auf das erhöhte Entgelt entstanden ist. Ein Überschreiten der Jahresarbeitsentgeltgrenze in einem von drei aufeinander folgenden Kalenderjahren liegt vor, wenn das tatsächlich im Kalenderjahr erzielte regelmäßige Jahresarbeitsentgelt die Jahresarbeitsentgeltgrenze überstiegen hat. Für Zeiten, in denen bei fortbestehendem Beschäftigungsverhältnis kein Arbeitsentgelt erzielt worden ist, insbesondere bei Arbeitsunfähigkeit nach Ablauf der Entgeltfortzahlung sowie bei Bezug von Entgeltersatzleistungen, ist ein regelmäßiges Arbeitsentgelt in der Höhe anzusetzen, in der es ohne die Unterbrechung erzielt worden wäre. Für Zeiten des Bezugs von Erziehungsgeld oder Elterngeld oder der Inanspruchnahme von Elternzeit, für Zeiten, in denen als Entwicklungshelfer Entwicklungsdienst nach dem Entwicklungshelfergesetz geleistet worden ist, sowie im Falle des Wehr- oder Zivildienstes ist ein Überschreiten der Jahresarbeitsentgeltgrenze anzunehmen, wenn spätestens innerhalb eines Jahres nach diesen Zeiträumen eine Beschäftigung mit einem regelmäßigen Arbeitsentgelt oberhalb der Jahresarbeitsentgeltgrenze aufgenommen wird; dies gilt auch für Zeiten einer Befreiung von der Versicherungspflicht nach § 8 Abs. 1 Nr. 1a, 2 oder 3.

(5) (weggefallen)

(6) Die Jahresarbeitsentgeltgrenze nach Absatz 1 Nr. 1 beträgt im Jahr 2003 45.900 Euro. Sie ändert sich zum 1. Januar eines jeden Jahres in dem Verhältnis, in dem die Bruttolöhne und -gehälter je Arbeitnehmer (§ 68 Abs. 2 Satz 1 des Sechsten Buches) im vergangenen Kalenderjahr zu den entsprechenden Bruttolöhnen und -gehältern im vorvergangenen Kalenderjahr stehen. Die veränderten Beträge werden nur für das Kalenderjahr, für das die Jahresarbeitsentgeltgrenze bestimmt wird, auf das nächsthöhere Vielfache von 450 aufgerundet. Die Bundesregierung setzt die Jahresarbeitsentgeltgrenze in der Rechtsverordnung nach § 160 des Sechsten Buches Sozialgesetzbuch fest.

(7) Abweichend von Absatz 6 Satz 1 beträgt die Jahresarbeitsentgeltgrenze für Arbeiter und Angestellte, die am 31. Dezember 2002 wegen Überschreitens der an diesem Tag geltenden Jahresarbeitsentgeltgrenze versicherungsfrei und bei einem privaten Krankenversicherungsunternehmen in einer substitutiven Krankenversicherung versichert waren, im Jahr 2003 41.400 Euro. Absatz 6 Satz 2 bis 4 gilt entsprechend.

(8) Der Ausgangswert für die Bestimmung der Jahresarbeitsentgeltgrenze für das Jahr 2004 beträgt für die in Absatz 6 genannten Arbeiter und Angestellten 45.594,05 Euro und für die in Absatz 7 genannten Arbeiter und Angestellten 41.034,64 Euro.

(9) Arbeiter und Angestellte, die nicht die Voraussetzungen nach Absatz 1 Nr. 1 erfüllen und die am 2. Februar 2007 wegen Überschreitens der Jahresarbeitsentgeltgrenze bei einem privaten Krankenversicherungsunternehmen in einer substitutiven Krankenversicherung versichert waren oder die vor diesem Tag die Mitgliedschaft bei ihrer Krankenkasse gekündigt hatten, um in ein privates Krankenversicherungsunternehmen zu wechseln, bleiben versicherungsfrei, solange sie keinen anderen Tatbestand der Versicherungspflicht erfüllen. Satz 1 gilt auch für Arbeiter und Angestellte, die am 2. Februar 2007 nach § 8 Abs. 1 Nr. 1a, 2 oder 3 von der Versicherungspflicht befreit waren. Arbeiter und Angestellte, die freiwillige Mitglieder einer gesetzlichen Krankenkasse sind, und nicht die Voraussetzungen nach Absatz 1 Nr. 1 erfüllen, gelten bis zum 31. März 2007 als freiwillige Mitglieder.

Gliederung

A. Basisinformationen

I. Textgeschichte/Gesetzgebungsmaterialien

1 § 6 SGB V wurde mit Wirkung vom 01.01.1989 durch Art. 1 des **Gesundheitsreformgesetzes** (GRG)[1] eingeführt. Das geltende Recht wurde weitgehend übernommen.[2]

2 Seit ihrem In-Kraft-Treten wurde die Regelung **mehrfach geändert**. Die erste Anpassung erfolgte durch Art. 4 Nr. 1 des **Gesetzes zur Reform der Rentenversicherung**[3] in § 6 Abs. 1 Nr. 1 SGB V. Die Zugangsvoraussetzungen zur GKV wurden durch die Schaffung des § 6 Abs. 3a SGB V verschärft; diese Ergänzung des § 6 SGB V erfolgte durch das **Gesetz zur Reform der gesetzlichen Krankenversicherung ab dem Jahr 2000.**[4] Die Neuregelung sollte einer klareren Abgrenzung zwischen der gesetzlichen und privaten Krankenversicherung und dem Schutz der Solidargemeinschaft der gesetzlich Versicherten dienen.[5] Zur Ergänzung des § 6 Abs. 3a Satz 3 SGB V führte das **Gesetz zur Beendigung der Diskriminierung gleichgeschlechtlicher Gemeinschaften: Lebenspartnerschaften**[6]; hierdurch wurde eine Schlechterstellung von Ehegatten vermieden.[7] Eine erhebliche Modifikation des § 6 SGB V erfolgte durch das **Gesetz zur Sicherung der Beitragssätze in der gesetzlichen Krankenversicherung und in der gesetzlichen Rentenversicherung**[8]: § 6 Abs. 1 Nr. 1 und Abs. 5 SGB V

---

1 Vom 20.12.1988, BGBl I 1988, 2477.
2 BR-Drs. 200/88, S. 160.
3 Rentenreformgesetz 1992 – RRG 1992 – v. 18.12.1989, BGBl I 1989, 2261, 2355 (hierzu BT-Drs. 11/4124, S. 210).
4 GKV – Gesundheitsreformgesetz 2000 v. 22.12.1999, BGBl I 1999, 2626.
5 BT-Drs. 14/1245, S. 59.
6 Vom 16.02.2001, BGBl I 2001, 266, 284.
7 BT-Drs. 14/3751, S. 69.
8 Beitragssicherungsgesetz – BSSichG – v. 23.12.2002, BGBl I 2002, 4637; ausführlich zur Begründung BT-Drs. 15/28, S. 13 f.

wurden neu gefasst, die Absätze 6 bis 8 angefügt. Die Sonderregelung für nichtdeutsche Besatzungsmitglieder deutscher Schiffe in § 6 Abs. 1 Nr. 1a SGB V erfolgte durch das **Dritte Gesetz für moderne Dienstleistungen am Arbeitsmarkt.**[9] Durch das **Vierte Gesetz für moderne Dienstleistungen am Arbeitsmarkt**[10] wurde in § 6 Abs. 3a SGB V sein jetziger Satz 4 angefügt; nach Ansicht des Gesetzgebers war eine Einbeziehung lebensälterer Hilfebedürftiger in die gesetzliche Krankenversicherung geboten.[11] Als Konsequenz der **Organisationsreform in der Rentenversicherung** wurde durch das entsprechende Gesetz[12] § 6 Abs. 5 SGB V infolge der Vereinigung von Bundesknappschaft, Bahnversicherungsanstalt und Seekasse redaktionell angepasst.[13] Die jüngste Änderung betrifft die jährliche Fortentwicklung der Jahresarbeitsentgeltgrenze nach § 6 Abs. 6 SGB V. Durch Art. 4 des Gesetzes zur Anpassung des Betriebsrentengesetzes und anderer Gesetze[14] wurde in Absatz 6 Satz 2 der Verweis auf § 68 Abs. 2 SGB VI aufgenommen und sprachlich angeglichen. Damit ist sichergestellt, dass in den Sozialgesetzbüchern ein einheitlicher Lohnbegriff herrscht. Gleichzeitig wurde durch die Neufassung des § 68 Abs. 2 SGB VI erreicht, dass Entschädigungen für Mehraufwendungen nach § 16 Abs. 3 SGB II bei der Lohnentwicklung unberücksichtigt bleiben.[15] Durch das **Gesetz zur Stärkung des Wettbewerbs in der gesetzlichen Krankenversicherung** (GKV-Wettbewerbsstärkungsgesetz)[16] wurde § 6 SGB V erheblich modifiziert. Die Absätze 1, 3a und 4 wurden neu gefasst, Absatz 5 wurde aufgehoben[17] und Absatz 9 angefügt. Durch Art. 2 Nr. 01 desselben Gesetzes wurden mit Wirkung vom 01.01.2009 in Absatz 1 Nr. 1 die Worte „dies gilt nicht für Seeleute" gestrichen; Absatz 3a Satz 4 wird modifiziert.

II. Vorgängervorschriften

§ 6 SGB V entspricht weitgehend den zuvor in den §§ 165, 169, 172, 174 und 175 RVO enthaltenen Regelungen. 3

III. Parallelvorschriften

Die durch § 6 SGB V kraft Gesetzes begründete Versicherungsfreiheit hat unmittelbare Auswirkungen auf das Recht der **gesetzlichen Pflegeversicherung**. Gemäß § 20 Abs. 1 SGB XI sind in der GKV nicht versicherungspflichtige Personen auch nicht versicherungspflichtig in der Pflegeversicherung. Besteht allerdings eine freiwillige Versicherung in der GKV, so begründet dies gemäß § 20 Abs. 3 SGB XI die Versicherungspflicht in der Pflegeversicherung. 4

Im **Recht der Arbeitsförderung** ist § 27 SGB III eine parallele Vorschrift; sie regelt die Versicherungsfreiheit von Beschäftigten. Zu beachten ist zudem § 28 SGB III, der „sonstige versicherungsfreie Personen" auflistet. Im **Rentenversicherungsrecht** findet § 6 SGB V seine Entsprechung in § 5 SGB VI, im **Unfallversicherungsrecht** in § 4 SGB VII. 5

IV. Systematische Zusammenhänge

§ 6 SGB V ist im Zusammenhang mit den übrigen Normen des SGB V zu sehen, die den „versicherten Personenkreis"[18] bestimmen. Ausgangspunkt ist insoweit § 5 SGB V, der die Versicherungspflicht in der GKV regelt. Ist einer der in § 5 Abs. 1 SGB V genannten Tatbestände erfüllt, bedeutet dies noch nicht, dass tatsächlich Versicherungspflicht besteht; vielmehr sind weitere Normen zu prüfen, zu denen auch § 6 SGB V gehört. Die Vorschrift ist überschrieben mit „Versicherungsfreiheit" und **verkehrt das im Rahmen der Prüfung von § 5 SGB V gewonnene Ergebnis unter Umständen in sein Gegenteil**. Der gemäß § 5 Abs. 1 Nr. 1 SGB V versicherungspflichtig Beschäftigte ist dann kein Pflichtmitglied in der GKV, wenn sein Arbeitsentgelt die genannten Grenzen übersteigt (§ 6 Abs. 1 Nr. 1 6

---

9 Vom 23.12.2003, BGBl I 2003, 2848, 2888; zur Begründung BT-Drs. 15/1749, S. 26.

10 Vom 23.12.2003, BGBl I 2003, 2954, 2976.

11 BT-Drs. 15/1516, S. 72.

12 Gesetz zur Reform der gesetzlichen Rentenversicherung v. 09.12.2004, BGBl I 2004, 3242, 3265 – die aktualisierte Fassung tritt am 01.10.2005 in Kraft.

13 BT- Drs. 15/3654, S. 86.

14 Vom 02.12.2006, BGBl I 2006, 2742.

15 BT-Drs. 16/3007, S. 20.

16 GKV-WSG v. 26.03.2007, BGBl I 2007, 378.

17 Hierzu BT-Drs. 16/3100, S. 96.

18 So die Überschrift des Zweiten Kapitels (§§ 5 ff. SGB V).

SGB V) oder er die Beschäftigung lediglich als so genannter Werkstudent ausübt (§ 6 Abs. 1 Nr. 3 SGB V). § 6 SGB V ist – neben §§ 7, 8 und 10 SGB V – zu prüfen, wenn ein Versicherungspflichttatbestand des § 5 SGB V erfüllt ist.

V. Ausgewählte Literaturhinweise

7 *Erdmann*, Die Versicherungsfreiheit von Soldaten in Beschäftigungen während des Dienstverhältnisses und danach, WzS 2000, 321; *Felix*, Das Werkstudentenprivileg in der Sozialversicherung, SozVers 2002, 116; *Glenski*, Die Stellung der Ordensangehörigen in der Krankenversicherung, Köln 2000; *Marburger*, Rechtsbeziehungen zwischen gesetzlicher und privater Krankenversicherung, Die Beiträge 2004, 449; *Marschner*, Zur Frage der Sozialversicherungspflicht von Werkstudenten, ZTR 2001, 260; *Minn*, Ausscheiden aus der Krankenversicherungspflicht wegen Überschreiten der Jahresarbeitsentgeltgrenze, Die Ersatzkasse (Sonderveröffentlichung April 2007), 3; *Nappert*, Die Versicherungsfreiheit, 1994, *Reufels*, Zur EG-rechtlichen Beurteilung der Erhöhung der Versicherungspflichtgrenze, VersR 2003, 1065; *Sailer*, Die Stellung der Ordensangehörigen im staatlichen Sozialversicherungs- und Vermögensrecht, Berlin 1996; *Sodan*, Das Beitragssicherungsgesetz auf dem Prüfstand des Grundgesetzes, NJW 2003, 1761; *Tillmanns*, Die Krankenversicherungspflicht der Mitglieder von geistlichen Genossenschaften, SGb 1999, 450.

B. Auslegung der Norm

I. Regelungsgehalt und Bedeutung der Norm

8 § 6 SGB V normiert **Ausnahmen** von der nach § 5 Abs. 1 SGB V bestehenden **Versicherungspflicht**. Liegen die Tatbestandsvoraussetzungen einer der insgesamt 11 denkbaren Fallgestaltungen (§ 6 Abs. 1 Nr. 1-8 und Absätze 2 und 3a SGB V) vor, besteht – kraft Gesetzes – keine Versicherungspflicht. Insofern ist die Prüfung der Versicherungspflicht in der GKV durch § 5 SGB V nicht abschließend geregelt – vielmehr ist im konkreten Fall zusätzlich zu untersuchen, ob die Versicherungspflicht ausnahmsweise doch nicht besteht. Insoweit kann das im Rahmen des § 5 SGB V gewonnene Ergebnis durch § 6 SGB V relativiert werden. § 6 SGB V wird ergänzt durch weitere Vorschriften: Zu beachten sind auch § 7 SGB V (Versicherungsfreiheit bei geringfügiger Beschäftigung) und § 8 SGB V (Befreiung von der Versicherungspflicht). Die durch § 6 SGB V begründete Versicherungsfreiheit wirkt in die spezialgesetzlichen Regelungsbereiche hinein.[19]

9 In der Praxis dürften die Fallgestaltungen des § 6 Abs. 1 Nr. 1 SGB V (Beschäftige mit Entgelt über der JAE-Grenze), Nr. 2 (Beamte und gleichgestellte Personen), Nr. 3 (Werkstudenten) und Nr. 6 (Ruhestandsbeamte) zahlenmäßig die größten Gruppen ausmachen. Zur Statistik vgl. auch die Kommentierung zu § 5 SGB V Rn. 12.

II. Normzweck

10 Sinn und Zweck der in § 6 SGB V normierten Versicherungsfreiheit lassen sich nicht auf ein einheitliches Prinzip zurückführen. Der Gesetzgeber hat die Versicherungsfreiheit in der GKV zum einen in Fallgestaltungen begründet, in denen **kein soziales Schutzbedürfnis** besteht. In diese Kategorie fallen etwa § 6 Abs. 1 Nr. 1 SGB V (hohes Entgelt bei Beschäftigten) – hier kann man davon ausgehen, dass die Betreffenden über ausreichende Mittel verfügen, um sich privat gegen Krankheit absichern zu können. Kein Bedarf für die GKV besteht auch in den Fällen, in denen der Betroffene von einem anderen Vorsorgesystem erfasst wird – dies betrifft beispielsweise die Beamten, die Anspruch auf Beihilfe im Krankheitsfall haben (§ 6 Abs. 1 Nr. 2 SGB V) oder vergleichbare Fallgestaltungen (§ 6 Abs. 1 Nr. 4-8 sowie Abs. 2 SGB V). Beim so genannten Werkstudentenprivileg (§ 6 Abs. 1 Nr. 3 SGB V) handelt es sich letztlich um eine Art staatlicher Ausbildungsförderung.[20] Dagegen soll § 6 Abs. 3a SGB V eine **rechtsmissbräuchliche Inanspruchnahme** der GKV im vorgerückten Alter verhindern.

III. Versicherungsfreiheit kraft Gesetzes

11 § 6 SGB V regelt – zusammen mit § 7 SGB V – die Versicherungsfreiheit in der GKV, die bei Vorliegen der Tatbestandsmerkmale kraft Gesetzes eintritt.

---

[19] Vgl. etwa § 3a Nr. 1 KVLG 1989 oder § 5 Abs. 1 Nr. 4 KSVG.

[20] Hierzu ausführlich *Felix*, SozVers 2002, 116 und Rn. 37 ff.

1. Beschäftigte über der Jahresarbeitsentgeltgrenze (Absatz 1 Nr. 1; Absätze 4-9)

a. Allgemeines

12 Einen praktisch bedeutsamen Tatbestand der Versicherungsfreiheit benennt § 6 Abs. 1 Nr. 1 SGB V. Versicherungsfrei sind danach Arbeiter und Angestellte[21], deren regelmäßiges Jahresarbeitsentgelt die in § 6 Abs. 6 und 7 SGB V festgelegte **Jahresarbeitsentgeltgrenze** übersteigt und – so die ab 02.02.2007 geltende Fassung – in drei aufeinander folgenden Kalenderjahren überstiegen hat. Die Fallgestaltung erfasst damit Beschäftigte mit hohem Einkommen. Der **Begriff der Beschäftigung**, der an § 5 Abs. 1 SGB V anknüpft, ist in **§ 7 Abs. 1 Satz 1 SGB IV** legal definiert (zu diesem Begriff vgl. die Kommentierung zu § 5 SGB V Rn. 16).

13 Der in § 6 Abs. 1 Nr. 1 SGB V festgelegte Betrag markiert durch die Entscheidung zwischen Versicherungspflicht und Versicherungsfreiheit auch die **Grenzlinie zwischen gesetzlicher und privater Krankenversicherung, die vom Gesetzgeber durch das GKV-WSG neu gezogen wurde.**[22] Wer über ein entsprechend hohes Arbeitsentgelt verfügt, wird vom Gesetzgeber als sozial nicht schutzbedürftig angesehen und damit in die Zuständigkeit der PKV verwiesen. Soweit nicht die Möglichkeit eines freiwilligen Beitritts zur GKV gemäß § 9 SGB V besteht, ist der Beschäftigte auf den Abschluss eines privatrechtlichen Krankenversicherungsvertrags angewiesen. Für junge, gesunde Beschäftigte erweist sich die Regelung des § 6 Abs. 1 Nr. 1 SGB V als vorteilhaft, weil sie sich kostengünstig in der PKV versichern können; Schwierigkeiten bereitet die Regelung vor allem dann, wenn Vorerkrankungen vorliegen und der Abschluss eines Vertrags in der PKV deshalb nicht unproblematisch ist.

14 Die **konkrete Festlegung der Jahresarbeitsentgeltgrenze** erweist sich damit als praktisch äußerst bedeutsam. Bis 1970 war die Grenze betragsmäßig bestimmt und wurde gelegentlich angehoben. Später wurde sie durch Anbindung an die Beitragsbemessungsgrenze der Gesetzlichen Rentenversicherung dynamisiert.[23] Diese Anbindung an die Rentenversicherung ist im Jahr 2003[24] zwar erhalten geblieben; allerdings erfolgte eine deutliche Erhöhung der Grenze dadurch, dass die Beitragsbemessungsgrenze der Rentenversicherung ihrerseits deutlich angehoben wurde. Der Gesetzgeber hat die deutliche Erhöhung mit der Vermeidung von Wechselbewegungen zur PKV begründet.[25] Die maßgebliche Jahresarbeitsentgeltgrenze bemisst sich seit 2003 nach **zwei unterschiedlichen Regelungen. § 6 Abs. 7 SGB V** gilt für Beschäftigte, die am 31.12.2002 wegen Überschreitens der an diesem Tag maßgeblichen Jahresarbeitsentgeltgrenze versicherungsfrei und in der PKV in einer substitutiven Krankenversicherung versichert waren. Aus Gründen des **Vertrauensschutzes** soll hier die bisherige Grenze in dynamisierter Form weitergeführt werden. Für alle anderen Beschäftigten gilt **§ 6 Abs. 6 SGB V** mit der deutlich höheren Grenze (ausführlich hierzu Rn. 21 ff.).

15 Gemäß § 6 Abs. 1 Nr. 1 HS. 2 SGB V gilt die Fallgestaltung der Nr. 1 nicht für **Seeleute** im Sinne des **§ 13 Abs. 1 Satz 2 SGB V.** Sie sind in der GKV versicherungspflichtig, auch wenn ihr Arbeitsentgelt eine bestimmte Höhe überschreitet. Nicht-deutsche Besatzungsmitglieder deutscher Seeschiffe, die ihren Wohnsitz oder gewöhnlichen Aufenthalt nicht im Geltungsbereich dieses Gesetzbuchs haben, sind jedoch nach § 6 Abs. 1 Nr. 1a SGB V versicherungsfrei (hierzu Rn. 31). Mit Wirkung vom 01.01.2009 werden in Nr. 1 die Worte „dies gilt nicht für Seeleute“ gestrichen.

b. Jahresarbeitsentgelt

16 Nach der Regelung des § 6 Abs. 1 Nr. 1 SGB V entscheidet allein die **Höhe des Arbeitsentgelts** – und seit 02.02.2007 auch die Dauer des Bezugs – über die Versicherungspflicht in der GKV. Der Begriff des Arbeitsentgelts ist legal definiert in **§ 14 Abs. 1 SGB IV**. Zu berücksichtigen sind danach alle laufenden oder einmaligen Einnahmen aus einer Beschäftigung, gleichgültig ob ein Rechtsanspruch auf die Einnahmen besteht, unter welcher Bezeichnung sie geleistet werden und ob sie unmittelbar aus der Beschäftigung oder im Zusammenhang mit ihr erzielt werden. Für die Feststellung der Versicherungspflicht gilt im Übrigen das **Entstehungsprinzip** und nicht das Zuflussprinzip[26]; ob ein bestimmter Ar-

---

[21] Unter der Geltung der RVO galt diese Regelung nur für Angestellte; heute hat die Unterscheidung faktisch keine Bedeutung mehr (*Peters* in: KassKomm, SGB V, § 6 Rn. 7).

[22] Hierzu BT-Drs. 16/3100, S. 95.

[23] Maßgeblich waren 75% der jeweiligen Beitragsbemessungsgrenze in der Rentenversicherung.

[24] Vgl. Art. 1 Nr. 1 BSSichG (vgl. Rn. 2).

[25] BT-Drs.15/28, S. 22, 27.

[26] Vgl. schon BSG v. 30.08.1994 12 RK 59/92 - BSGE 75, 61, 65 - SozR 2200 § 385 Nr. 5. Bei untertariflicher Zahlung ist daher das tariflich zustehende und nicht lediglich das zugeflossene Arbeitsentgelt maßgeblich (BSG v. 14.07.2004 - B 12 KR 1/04 R - SGb 2004, 546 (zu Sonderzahlungen ebenso BSG v. 14.07.2004 - B 12 KR 7/04 R - SozR 4-2400 § 22 Nr. 1).

beitnehmer in seiner Beschäftigung der Versicherung unterliegt, muss bereits bei Aufnahme der Beschäftigung und auch danach zu jeder Zeit mit hinreichender Sicherheit festgestellt werden können. Bestehen **mehrere versicherungspflichtige Beschäftigungsverhältnisse** als Angestellte oder Arbeiter, ist das jeweilige Arbeitsentgelt zu addieren. Einnahmen aus einer **versicherungsfreien Tätigkeit** – wie beispielsweise das Gehalt eines Beamten (§ 6 Abs. 1 Nr. 2 SGB V) – bleiben dagegen unberücksichtigt[27]; dasselbe gilt bei **selbständiger Erwerbstätigkeit**[28]. Liegt eine **geringfügige Beschäftigung** im Sinne des § 7 SGB V vor, ist **§ 8 Abs. 2 SGB IV** maßgeblich[29], d.h. das Entgelt für eine geringfügige Beschäftigung, die neben einer versicherungspflichtigen Tätigkeit ausgeübt wird, bleibt unberücksichtigt. In § 6 Abs. 1 Nr. 1 a.E. SGB V ist ausdrücklich bestimmt, dass **Zuschläge**, die mit Rücksicht auf den **Familienstand** gezahlt werden, bei der Ermittlung des Jahresarbeitsentgelts unberücksichtigt bleiben. **Versorgungsbezüge** werden nicht berücksichtigt.[30]

17 § 6 Abs. 1 Nr. 1 SGB V stellt auf das **„regelmäßige" Jahresarbeitsentgelt** ab. Es handelt sich um diejenigen Einnahmen aus einer Beschäftigung, auf die der Betroffenen einen Anspruch hat und die ihm mit hinreichender Sicherheit zufließen werden. Regelmäßig gezahltes Weihnachtsgeld ist in die Berechnung einzubeziehen, während etwa Überstundenvergütungen oder Sonderzahlungen, die nicht mit an Sicherheit grenzender Wahrscheinlichkeit einmal jährlich ausgezahlt werden, im Rahmen des § 6 Abs. 1 Nr. 1 SGB V keine Rolle spielen.[31] Dies kann beispielsweise eine Urlaubsabgeltung betreffen. Bei schwankenden Bezügen ist eine Schätzung vorzunehmen. Sind die Arbeitsentgelte weder tariflich noch einzelvertraglich bestimmt, bedarf es ebenfalls einer **Schätzung** und einer **vorausschauenden Betrachtung**.

18 Die Handhabung des § 6 Abs. 1 Nr. 1 SGB V erfordert mit Blick auf das laufende Jahr – wie andere Normen auch[32] – in gewissem Umfang eine vorausschauende Betrachtung. Die mit hinreichender Sicherheit zu erwartenden Änderungen sind zu berücksichtigen.[33] § 6 Abs. 4 Satz 4 SGB V bestimmt allerdings ausdrücklich, dass ein Überschreiten nur dann vorliegt, wenn das tatsächlich im Kalenderjahr erzielte regelmäßige Jahresarbeitsentgelt die maßgebliche Grenze überschritten hat.

19 Bei **Vereinbarung von Nettoarbeitsentgelt** besteht Versicherungspflicht in der GKV so lange, wie das entsprechende Bruttoarbeitsentgelt nach Abzug des Arbeitnehmeranteils am Krankenversicherungsbeitrag die Versicherungspflichtgrenze nicht übersteigt.[34] Zu weiteren Einzelheiten vgl. § 6 Abs. 4 SGB V.

20 Mit Wirkung vom 02.02.2007 hat der Gesetzgeber § 6 Abs. 1 Nr. 1 SGB V durch das GKV-WSG neu gefasst. Durch die Einfügung der Worte **„und in drei aufeinander folgenden Kalenderjahren überstiegen hat"** wurde der Wechsel von der GKV in die private Krankenversicherung deutlich erschwert. Der Gesetzgeber will somit das **Solidarprinzip in der GKV stärken** und hat sich dabei – gleichsam im Vorwege – mit der verfassungsrechtlichen Zulässigkeit seines Tuns auseinander gesetzt.[35] Abhängig Beschäftigte, deren regelmäßiges Arbeitsentgelt die Jahresarbeitsentgeltgrenze in drei aufeinander folgenden Jahren übersteigt, müssen nunmehr **bis zum Ablauf des dritten Kalenderjahres** weiterhin ihren Solidarbeitrag zur gesetzlichen Krankenversicherung leisten und können sich erst dann für eine private Absicherung ihres Krankheitsrisikos entscheiden (vgl. im Einzelnen auch § 6 Abs. 4 SGB V). „Kalenderjahr" meint dabei den Zeitraum vom 01.01.-31.12. eines Jahres. Die Neuregelung gilt nicht für Arbeitnehmer, die bei ihrem In-Kraft-Treten (02.02.2007) freiwillig gesetzlich krankenversichert sind und in diesem Zeitpunkt bereits in drei aufeinander folgenden Jahren die Jahresarbeitsentgelt-

---

27 Der Beamte ist im Übrigen ohnehin absolut versicherungsfrei, ohne dass es auf die Höhe seiner Einnahmen aus einer Nebenbeschäftigung ankäme (§ 6 Abs. 1 Nr. 2 i.V.m. Abs. 3 SGB V). Zu Versorgungsbezügen einer versicherungspflichtig beschäftigten Beamtenwitwe vgl. BSG v. 21.09.1993 - 12 RK 39/91 - SozR 3-2500 § 6 Nr. 6: keine Versicherungsfreiheit, wenn das Gehalt nur zusammen mit den Versorgungsbezügen die Grenze überschreitet.

28 Vorrangig zu prüfen ist in diesem Fall § 5 Abs. 5 SGB V (vgl. die Kommentierung zu § 5 SGB V Rn. 104).

29 I.d.F. des Gesetzes v. 23.01.2006 (BGBl I 2006, 86).

30 BSG v. 23.06.1994 - 12 RK 42/92 - Die Beiträge 1995, 325 mit Ausführungen auch zur verfassungsrechtlichen Problematik; vgl. auch BSG v. 21.09.1993 - 12 RK 39/91 - SozR 3-2500 § 6 Nr. 6.

31 Hierzu auch BSG v. 25.02.1966 - 3 RK 53/63 - BSGE 24, 262, 264.

32 Eine offensichtliche Parallele besteht hier zur Geringfügigkeitsgrenze des § 7 SGB V.

33 Vgl. etwa BSG v. 31.08.1976 - 12/3/12 RK 21/74 - SozR 2200 § 165 Nr. 15 - Gehaltserhöhungen sind von dem Zeitpunkt ab zu berücksichtigen, zu dem sie erstmals zu zahlen sind.

34 BSG v. 19.12.1995 - 12 RK 39/94 - BSGE 77, 181 - SozR 3-2500 § 6 Nr. 10.

35 Ausführlich BT-Drs. 16/3100, S.95 f.

grenze überschritten haben; sie können deshalb ohne Abwarten weiterer Zeiten eine private Krankenversicherung abschließen. Etwas anderes gilt allerdings dann, wenn eine versicherungsfreie Beschäftigung durch das Eintreten von Versicherungspflicht unterbrochen wird, bevor die 3-Jahres-Frist erfüllt ist; in diesem Fall beginnt die Frist neu zu laufen.

c. Maßgebliche Grenzen (Absätze 6-8)

Die für die Prüfung des § 6 Abs. 1 Nr. 1 SGB V maßgebliche Höhe des Jahresarbeitsentgelts ist in § 6 Abs. 6-8 SGB V geregelt. Gemäß **§ 6 Abs. 6 Satz 1 SGB V** beträgt die Jahresarbeitsentgeltgrenze im Jahr **2003 45.900 €**; dies entspricht einem Monatsbetrag von 3.825 €. Während bis zum 31.12.2002 75% der Beitragsbemessungsgrenze in der Gesetzlichen Rentenversicherung maßgeblich waren, wurde die Regelung durch das Beitragssicherungsgesetz[36] erheblich verändert. Nunmehr kommt es für das Jahr 2003 auf die in § 6 Abs. 6 und 7 SGB V genannten Werte an; für das Jahr 2004 gelten die in § 6 Abs. 8 SGB V genannten Beträge. Zur Dynamisierung vgl. Rn. 23. 21

Für diejenigen Beschäftigten, die am 31.12.2002 wegen ihres hohen Arbeitsentgelts versicherungsfrei und in einer substitutiven Krankenversicherung privat versichert waren, gilt aus Gründen des Vertrauensschutzes gemäß **§ 6 Abs. 7 SGB V** eine niedrigere Jahresarbeitsentgeltgrenze. Sie beträgt im Jahr **2003 41.400 €**, also 3.450 € monatlich. **Substitutiv** ist eine Krankenversicherung in der PKV dann, wenn sie geeignet ist, die GKV ganz oder teilweise zu ersetzen; eine Zusatzversicherung reicht nicht aus.[37] Zur Dynamisierung des Betrags vgl. Rn. 23. 22

Beide Jahresarbeitsentgeltgrenzen – die hohe des § 6 Abs. 6 SGB V ebenso wie die niedrige des § 6 Abs. 7 SGB V (vgl. hierzu Absatz 7 Satz 2) – werden gemäß § 6 Abs. 6 Satz 2 ff. SGB V **dynamisiert**. Gemäß § 6 Abs. 6 Satz 2 SGB V ändert sich die Jahresarbeitsentgeltgrenze jährlich zum 1. Januar in dem Verhältnis, in dem die Bruttolohn- und -gehaltssumme je Arbeitnehmer (§ 68 Abs. 2 Satz 2 SGB VI) im vergangenen Kalenderjahr zur entsprechenden Bruttolohn- und -gehaltssumme im vorvergangenen Kalenderjahr steht. Die Regelung sorgt dafür, dass die Jahresarbeitsentgeltgrenze der **Lohnentwicklung** folgt und sich auch künftig bei 75% der – erhöhten – Beitragsbemessungsgrenze in der Gesetzlichen Rentenversicherung bewegt.[38] Die veränderten Beträge werden nur für das Kalenderjahr, für das die Jahresarbeitsentgeltgrenze bestimmt wird, auf das nächsthöhere Vielfache von 450 **aufgerundet**. Gemäß § 6 Abs. 6 Satz 4 SGB V setzt die Bundesregierung die Jahresarbeitsentgeltgrenze in der gemäß § 160 SGB VI zu erlassenden **Rechtsverordnung** fest. 23

Für das **Jahr 2004** sind die Ausgangswerte für die Bestimmung der Jahresarbeitsentgeltgrenzen bereits in **§ 6 Abs. 8 SGB V** bestimmt: Für die hohe Grenze des § 6 Abs. 6 SGB V gilt dann ein Betrag von 45.594,05 €, für die niedrigere Grenze des § 6 Abs. 7 SGB V gelten 41.034,64 €. 24

d. Ende der Versicherungsfreiheit (Absatz 4)

§ 6 Abs. 4 SGB V ergänzt § 6 Abs. 1 Nr. 1 SGB V und bestimmt das Ende der Versicherungspflicht bei Überschreiten der Jahresarbeitsentgeltgrenze. Zusätzlich werden besondere Fallgestaltungen normiert, in denen die Feststellung der maßgeblichen Tatbestandsvoraussetzungen zweifelhaft sein könnte. Die Regelung, die für die Fallgestaltungen gilt, in denen das Arbeitsentgelt eines versicherungspflichtig Beschäftigten steigt[39], wobei es keine Rolle spielt, ob dies innerhalb desselben Beschäftigungsverhältnisses, durch einen Wechsel des Arbeitgebers oder durch Aufnahme einer weiteren Beschäftigung geschieht[40], diente schon vor In-Kraft-Treten der Neufassung zum 02.02.2007 der **Kontinuität der Versicherung** und soll einen kurzfristigen Wechsel zwischen Versicherungspflicht und Versicherungsfreiheit vermeiden. Wird die Grenze in drei aufeinander folgenden Kalenderjahren überschritten, endet die Versicherungspflicht **mit Ablauf des dritten Kalenderjahres, in dem sie überschritten wird** (§ 6 Abs. 4 Satz 1 SGB V)[41]; dieser zeitliche Aufschub dürfte mit dem Grundgesetz noch vereinbar sein.[42] Allerdings endet die Versicherungspflicht gemäß § 6 Abs. 4 Satz 2 SGB V nur 25

---

[36] Vom 23.12.2002, BGBl I 2002, 4637.

[37] Vgl. auch BT-Drs. 15/28, S. 28.

[38] Zu Einzelheiten BT-Drs. 15/28, S. 13-15 sowie BT-Drs. 15/73.

[39] Nimmt jemand erstmals eine versicherungspflichtige Beschäftigung auf und überschreitet die maßgebliche Jahresarbeitsentgeltgrenze, ist er von vornherein nicht versicherungspflichtig. In diesem Fall besteht die Möglichkeit einer freiwilligen Versicherung gemäß § 9 Abs. 1 Nr. 3 SGB V.

[40] Str., hierzu *Peters* in: KassKomm, SGB V, § 6 Rn. 15 f.

[41] Zum Wehrdienst eines versicherungspflichtigen Beschäftigten und Überschreiten der Jahresarbeitsentgeltgrenze BSG v. 25.02.1997 - 12 RK 51/96 - SozR 3-2500 § 6 Nr. 15.

[42] BVerfG v. 24.08.1978 - 1 BvR 492/78 - SozR 2200 § 165 Nr. 30.

dann zu diesem Zeitpunkt, wenn das nunmehr erhöhte Entgelt auch die vom Beginn des nächsten Kalenderjahres an geltende Jahresarbeitsentgeltgrenze übersteigt. **Rückwirkende Erhöhungen** des Entgelts werden dem Kalenderjahr zugerechnet, in dem der Anspruch auf das erhöhte Entgelt entstanden ist; es gilt also nicht das Zuflussprinzip, sondern es wird auf die materielle Anspruchsberechtigung abgestellt. Einzelne Fallkonstellationen, bei denen die Beurteilung der Tatbestandsvoraussetzungen Probleme bereiten könnten oder es zu nicht erwünschten Ergebnissen käme, sind in **§ 6 Abs. 4 Sätze 5 und 6 SGB V** geregelt (**z.B. Arbeitsunfähigkeit/Bezug von Entgeltersatzleistungen; Elterngeld; Wehr- und Zivildienst**). Wird beispielsweise vorübergehend kein Arbeitsentgelt bezogen, wird für die Beurteilung das Arbeitsentgelt zugrunde gelegt, das ohne die Unterbrechung bezogen worden wäre (§ 6 Abs. 4 Satz 5 SGB V); so wird sichergestellt, dass die Dreijahresfrist nicht erneut vollständig zurückgelegt werden müsste. § 6 Abs. 4 Satz 6 SGB V stellt sicher, dass die Möglichkeiten eines künftigen Wechsels zur privaten Krankenversicherung von Eltern mit einem Arbeitsentgelt oberhalb der Grenze, die Erziehungsgeld oder Elterngeld beziehen oder Elternzeit in Anspruch nehmen, nicht dadurch beschränkt wird, dass nach Beendigung dieser Zeiten die Dreijahresfrist erneut beginnt. Gleiches gilt für diejenigen Zeiten, in denen Entwicklungshilfe geleistet wird sowie für Zeiten des Wehr- oder Zivildienstes.[43] Der 2. Halbsatz in Satz 6 bewirkt, dass sich Zeiten der **Befreiung von der Versicherungspflicht** nach § 8 Abs. 1 Nr. 1a, 2 oder 3 SGB V nicht nachteilig auf die Versicherungsfreiheit auswirken.[44]

26 Endet die Versicherungspflicht gemäß § 6 Abs. 4 SGB V, besteht nach § 190 Abs. 3 SGB V eine **freiwillige Versicherung**. Tatsächlich beendet wird das Versicherungsverhältnis nur, wenn das Mitglied innerhalb von zwei Wochen nach Hinweis der Krankenkasse über die Austrittsmöglichkeit seinen Austritt erklärt. Wird dieser Austritt nicht erklärt, setzt sich die Mitgliedschaft des Beschäftigten als freiwillige Mitgliedschaft fort; Voraussetzung hierfür ist allerdings, dass die Vorversicherungszeit des § 9 Abs. 1 Nr. 1 SGB V erfüllt ist. Im Fall einer freiwilligen Versicherung besteht Anspruch auf Beitragszuschuss gemäß § 257 SGB V.

27 Tritt Versicherungsfreiheit nach § 6 Abs. 1 Nr. 1 SGB V ein, so wirkt sich dies gemäß § 6 Abs. 3 SGB V auch auf die übrigen Versicherungspflichttatbestände des § 5 Abs. 1 SGB V aus (hierzu vgl. Rn. 61).

e. Übergangsregelung (Absatz 9)

28 Die Neufassung des § 6 Abs. 1 Nr. 1 SGB V macht Übergangsregelungen erforderlich, die in Absatz 9 der Norm aufgenommen wurden. Arbeiter und Angestellte, die nicht die Voraussetzungen der Nr. 1 erfüllen und die am 01.02.2007 wegen Überschreitens der Jahresarbeitsentgeltgrenze bei einem privaten Krankenversicherungsunternehmen in einer substitutiven Krankenversicherung versichert waren oder die vor diesem Tag die Mitgliedschaft bei ihrer Krankenkasse gekündigt hatten, um in ein privates Unternehmen zu wechseln, bleiben versicherungsfrei, solange sie keinen anderen Tatbestand der Versicherungspflicht erfüllen (**§ 6 Abs. 9 Satz 1 SGB V**). Es handelt sich insoweit um eine Folgeänderung zur Verschiebung des Zeitpunkts für das In-Kraft-Treten der **Bestandsschutzregelung**; es wird aber auch klargestellt, dass die Versicherungsfreiheit auf dem Überschreiten der Jahresarbeitsentgeltgrenze beruht haben muss. War ein Arbeitnehmer beispielsweise als Student oder Selbständiger privat krankenversichert, kann er sich nicht auf den Bestandsschutz berufen.

29 Mit **§ 6 Abs. 9 Satz 2 SGB V** wird der Bestandsschutz auf weitere Personengruppen erstreckt, bei denen Gesetzgeber bei wertender Betrachtung davon ausgeht, dass sie am Stichtag eine Rechtsposition innehatten, die mit der eines Beschäftigten oberhalb der Jahresarbeitsentgeltgrenze vergleichbar ist.[45] Es handelt sich zum einen um Arbeitnehmer, die am Stichtag Arbeitslosengeld bezogen haben und auf ihren Antrag hin nach **§ 8 Abs. 1 Nr. 1a SGB V** von der Versicherungspflicht befreit waren, weil sie in den letzten fünf Jahren vor dem Leistungsbezug nicht gesetzlich krankenversichert waren. Gleichgestellt werden Arbeitnehmer, die am Stichtag eine nicht volle Erwerbstätigkeit nach § 2 BErzGG oder nach § 1 Abs. 6 des Bundeselterngeld- und Elternzeitgesetzes aufgenommen hatten und auf Antrag von der Versicherungspflicht befreit waren (**§ 8 Abs. 1 Nr. 2 SGB V**). Die dritte in § 6 Abs. 9 Satz 2 SGB V erwähnte Gruppe sind Arbeitnehmer, die am Stichtag auf ihren Antrag hin von der Versicherungspflicht als teilzeitbeschäftigte Arbeitnehmer befreit wurden, weil sie mindestens fünf Jahre wegen Überschreitens der Jahresarbeitsentgelt versicherungsfrei waren (**§ 8 Abs. 1 Nr. 3 SGB V**).

---

[43] BT-Drs. 16/4247, S. 30.
[44] BT-Drs. 16/4247, S. 30.
[45] BT-Drs. 16/4247, S. 30.

Gemäß **§ 6 Abs. 9 Satz 3 SGB V** gelten Arbeitnehmer und Angestellte, die **freiwillige Mitglieder einer gesetzlichen Krankenkasse** sind und nicht die Voraussetzungen des § 6 Abs. 1 Nr. 1 SGB V erfüllen, bis zum 31.3.2007 als freiwillige Mitglieder. Die Regelung soll den Verwaltungsaufwand reduzieren, weil Arbeitgeber und Krankenkassen diese Personen nicht rückwirkend als Versicherungspflichtige einstufen müssen. Durch § 174 Abs. 4 Satz 7 SGB V wird sichergestellt, dass die Kündigung der Mitgliedschaft durch diese Personen unwirksam ist. 30

2. Nicht-deutsche Seeleute (Absatz 1 Nr. 1a)

Durch das Dritte Gesetz für moderne Dienstleistungen am Arbeitsmarkt[46] wurde § 6 Abs. 1 SGB V um seine Nr. 1a ergänzt. Nach dieser Regelung sind nicht-deutsche Besatzungsmitglieder deutscher Schiffe versicherungsfrei, wenn sie ihren Wohnsitz oder gewöhnlichen Aufenthalt – hierzu § 30 Abs. 3 SGB I – nicht im Inland haben. Maßgeblich ist, ob der Betreffende die **deutsche Staatsangehörigkeit**[47] hat. Die Regelung ist Teil eines Maßnahmenpakets im Steuer- und Sozialversicherungsrecht, mit dem das Ziel verfolgt wird, durch eine substanzielle Senkung der Lohnnebenkosten den Trend zur Ausflaggung zu stoppen und die deutschen Reeder zu veranlassen, ihre Schiffe wieder verstärkt unter deutscher Fahne fahren zu lassen.[48] Der Wortlaut der Norm ist in Bezug auf § 6 Abs. 1 Nr. 1 SGB V („abweichend von...") irreführend; § 6 Abs. 1 Nr. 1a SGB V bildet einen eigenen Versicherungsfreiheitstatbestand. Für Seeleute – egal welcher Staatsangehörigkeit – hat die Jahresarbeitsentgeltgrenze wegen § 6 Abs. 1 Nr. 1 HS. 2 SGB V (nur gültig bis 31.12.2008)[49] ohnehin keine Bedeutung. 31

3. Beamte und vergleichbare Beschäftigte (Absatz 1 Nr. 2)

Versicherungsfrei ist gemäß § 6 Abs. 1 Nr. 2 SGB V eine Gruppe von Personen, die auf Grund anderweitig bestehender Absicherung nicht sozial schutzbedürftig sind. Ausdrücklich genannt sind zunächst **Beamte, Richter, Soldaten auf Zeit und Berufssoldaten der Bundeswehr.** Hier besteht ein formalisiertes Ernennungsverfahren, das die Handhabung des § 6 Abs. 1 Nr. 2 SGB V vereinfacht. Die Regelung gilt jedoch auch für alle „sonstigen Beschäftigten" der Gebietskörperschaften (z.B. Bund oder Land) sowie anderer öffentlich-rechtlich organisierter Arbeitgeber (z.B. Anstalt oder Stiftung). Erfasst werden also auch **Arbeiter und Angestellte** dieser **öffentlich-rechtlichen Arbeitgeber**. Dabei kann es sich auch um einen Spitzenverband öffentlich-rechtlicher Körperschaften handeln, der selbst privatrechtlich organisiert ist.[50] 32

Die Beschäftigung bei einem öffentlich-rechtlichen Arbeitgeber genügt allerdings nicht, um die Versicherungsfreiheit zu begründen. Während diese früher nur dann eintrat, wenn die betreffenden Personen versorgungsrechtliche Ansprüche erworben hatten[51], kommt es heute darauf an, ob ihnen Ansprüche zustehen, die andere Beschäftigte nach dem Entgeltfortzahlungsgesetz und dem SGB V haben: Die in § 6 Abs. 1 Nr. 2 SGB V genannten Personen müssen nach beamtenrechtlichen Vorschriften oder Grundsätzen **bei Krankheit Anspruch auf Fortzahlung der Bezüge** und auf **Beihilfe oder Heilfürsorge** haben. Der Gesetzgeber unterstellt hier, dass entsprechende Ansprüche mit denen der anderen genannten Gesetze vergleichbar sind. Die zusätzlichen Tatbestandsmerkmale gelten für alle in § 6 Abs. 1 Nr. 2 SGB V genannten Personen. 33

Da nach dem Gesetzeswortlaut sowohl Anspruch auf Fortzahlung der Bezüge bei Krankheit als auch Anspruch auf Beihilfe oder Heilfürsorge bestehen muss, kann die Regelung bei **vorübergehender Nichtleistung von Bezügen oder Beihilfe** zu Problemen führen. Eine Beamtin ist versicherungsfrei, wenn sie während des Erziehungsurlaubs (heute: Elternzeit) ohne Dienstbezüge beihilfeberechtigt ist.[52] Anders ist die Rechtslage bei einer Beamtin, die nach dem Erziehungsurlaub aus familiären Gründen ohne Dienstbezüge beurlaubt und auch nicht mehr beihilfeberechtigt ist.[53] Dagegen ist eine mit einem 34

---

[46] Vom 23.12.2003, BGBl I 2003, 2848.

[47] Zu deutschen Seeleuten BSG v. 07.02.2002 - B 12 KR 1/01 R - SGb 2002, 279.

[48] Zu den Motiven ausführlich BT-Drs.15/1749, S. 26.

[49] Vgl. Art. 2 Nr. 01 des GKV-WSG v. 26.03.2007, BGBl I 2007, 378.

[50] BT-Drs. 11/2237, S.160.

[51] Vgl. hierzu § 169 RVO; diese Verknüpfung hat der Gesetzgeber jedoch als wenig sachgerecht angesehen (BT-Drs. 12/2237, S. 160).

[52] BSG v. 29.06.1993 - 12 RK 91/92 - BSGE 72, 298 - SozR 3-2500 § 10 Nr. 3.

[53] BSG v. 23.10.1996 - 4 RK 1/96 - BSGE 79, 184 - SozR 3-2500 § 10 Nr. 8.

gesetzlich Krankenversicherten verheiratete Beamtin während des Erziehungsurlaubs auch dann nicht familienversichert, wenn eine Regelung im Beamtenrecht vorsieht, dass der grundsätzlich gegebene Beihilfeanspruch bei Bestehen eines „Anspruchs auf Familienhilfe" entfällt.[54]

35 Die Versicherungsfreiheit erstreckt sich nicht nur auf die Tätigkeit – beispielsweise als Beamter – als solche, sondern gilt gemäß § 6 Abs. 3 SGB V (hierzu vgl. Rn. 61) auch für andere Versicherungspflichttatbestände. Begründet wird damit eine **absolute Versicherungsfreiheit**.[55] Das bedeutet für einen Beamten, der eine Nebentätigkeit als Beschäftigter ausübt, dass er in dieser nicht gemäß § 5 Abs. 1 Nr. 1 SGB V pflichtversichert in der GKV ist. Auch ein Anspruch gemäß § 257 SGB V besteht aufgrund des Gesetzeswortlauts („nur") in diesem Fall nicht.

36 Die Nichterwähnung der **Hinterbliebenen von Beamten** bei der Aufzählung der versicherungsfreien Personen stellt keine vom Gesetzgeber unbeabsichtigte Regelungslücke dar.[56] Die beschäftigte Witwe eines Beamten ist daher versicherungspflichtig.

4. Werkstudenten (Absatz 1 Nr. 3)

37 § 6 Abs. 1 Nr. 3 SGB V normiert das so genannte **Werkstudentenprivileg**. Versicherungsfrei sind danach Personen, die während der Dauer ihres Studiums als ordentlich Studierende einer Hochschule beschäftigt sind. § 6 Abs. 3 Satz 2 SGB V stellt klar, dass sich die Versicherungsfreiheit ausschließlich auf die Beschäftigung als solche bezieht, der Student also weiterhin als Student gemäß § 5 Abs. 1 Nr. 9 SGB V krankenversichert ist. Die Konsequenzen sind folgende: Der Student kann zur **Finanzierung seines Studiums** – oder aus anderen Gründen – als Beschäftigter tätig sein; das erzielte Arbeitsentgelt bleibt bei der Beitragsberechnung außer Betracht. Die Regelung des § 6 Abs. 1 Nr. 3 SGB V steht als eigenständiger – und weitergehender – Versicherungsfreiheitstatbestand neben der allgemeinen Regelung des § 7 SGB V i.V.m. § 8 SGB IV: Ergibt die Prüfung, dass keine geringfügige Beschäftigung in diesem Sinne vorliegt, ist zu klären, ob der Student als so genannter Werkstudent gemäß § 6 Abs. 1 Nr. 3 SGB V versicherungsfrei ist. Die Versicherungsfreiheit beschäftigter Studenten, die auf eine **lange Tradition** zurückblicken kann[57], lässt sich **dogmatisch** in der heutigen Zeit nur schwer begründen; letztlich handelt es sich um eine im System der Sozialversicherung angesiedelte Form undifferenzierter **Ausbildungsförderung**.[58]

38 § 6 Abs. 1 Nr. 3 SGB V setzt voraus, dass es sich um **ordentlich Studierende** handelt (vgl. hierzu die Kommentierung zu § 5 SGB V Rn. 59), die **während der Dauer ihres Studiums** an einer **Hochschule** (vgl. hierzu die Kommentierung zu § 5 SGB V Rn. 59) oder an einer **der fachlichen Ausbildung dienenden Schule** gegen Arbeitsentgelt **beschäftigt** sind.[59] Vergleicht man den Wortlaut von § 5 Abs. 1 Nr. 9 SGB V einerseits und den des § 6 Abs. 1 Nr. 3 SGB V andererseits, wird deutlich, dass die beiden Regelungen trotz jedenfalls teilweise übereinstimmender oder ähnlicher Tatbestandsmerkmale nicht aufeinander abgestimmt sind. Das **Verhältnis von § 6 Abs. 1 Nr. 3 SGB V zu § 5 Abs. 1 Nr. 9 SGB V** ist deshalb streitig, wobei es konkret um folgende Frage geht: Gilt das Werkstudentenprivileg des § 6 Abs. 1 Nr. 3 SGB V nur für solche Studenten, die die Voraussetzungen des § 5 Abs. 1 Nr. 9 SGB V erfüllen – also beispielsweise die dort genannten zeitlichen Grenzen (14 Fachsemester; 30 Jahre) noch nicht überschritten haben? Während manche die Ansicht vertreten, dass das Werkstudentenprivileg bei Überschreiten der Altersgrenze nicht zum Tragen kommen kann[60], sind andere der Auffassung, dass die vom Gesetzgeber für die Versicherungspflicht der Studenten gezogenen Grenzen auf das Werkstudentenprivileg nicht übertragbar seien.[61] Das BSG vertritt letztere Ansicht: Studenten sind in einer Beschäftigung während des Studiums auch dann versicherungsfrei, wenn sie wegen Überschreitens der Altersgrenze nicht mehr in der Krankenversicherung der Studenten versicherungspflichtig sind.[62] Im

---

54 BSG v. 18.03.1999 - B 12 KR 13/98 R - SozR 3-2500 § 10 Nr. 14.

55 Anders noch die Rechtslage in BSG v. 10.09.1975 - 3/12 RK 6/74 - BSGE 40, 208 - SozR 2200 § 169 Nr. 1 m.w.N.

56 BSG v. 11.05.1993 - 12 BK 78/91.

57 Hierzu *Felix*, SozVers 2002, 116 m.w.N.

58 Kritisch *Felix*, SozVers 2002, 116, 118.

59 Zu einem Erweiterungsstudium vgl. BSG v. 29.09.1992 - 12 RK 31/91 - SozR 3-2200 § 172 Nr. 2 - BSGE 71, 144.

60 Vgl. etwa *Mengert* in: Peters, Handbuch KV (SGB V), § 6 Rn. 61.

61 *Peters* in: KassKomm, SGB V, § 6 Rn. 25, der darauf abstellt, dass sich die Zielsetzung beider Normen jedenfalls teilweise nicht deckt; ebenso *Trenk-Hinterberger*, SGb 1993, 371, 374.

62 BSG v. 23.09.1999 - B 12 KR 1/99 R - SozR 3-2500 § 6 Nr. 17.

konkreten Fall ging es um eine Studentin, die ihr Studium im Alter von 31 Jahren aufgenommen hatte und nun geltend machte, in einer während des Studiums ausgeübten Teilzeitbeschäftigung versicherungspflichtig nach § 5 Abs. 1 Nr. 1 SGB V zu sein.[63] Der Entscheidung des BSG ist zuzustimmen. Festzustellen ist zunächst, dass die Vorschrift des § 6 Abs.1 Nr.3 SGB V nicht auf die in § 5 Abs.1 Nr.9 SGB V genannten Voraussetzungen der Versicherungspflicht Bezug nimmt. Dass sich die Versicherungsfreiheit im Einzelfall auch nachteilig auswirken kann, darf für die Handhabung der Vorschrift nicht ausschlaggebend sein; schließlich erscheint eine entsprechende Anwendung der zeitlichen Grenzen des § 5 Abs. 1 Nr. 9 SGB V im Rahmen des § 6 Abs. 1 Nr. 3 SGB V auch deshalb ausgeschlossen, weil dies Folgeprobleme bei den nach § 8 Abs. 1 Nr. 5 SGB V von der Versicherungspflicht befreiten Studenten mit sich bringen würde: Auch für sie würde bei Überschreiten der Altersgrenze die Versicherungsfreiheit in einer Beschäftigung wegfallen, obwohl bei ihnen keine Änderung des bisherigen Krankenversicherungsschutzes eingetreten ist.[64] Festzuhalten ist also, dass das Werkstudentenprivileg nicht an die in § 5 Abs. 1 Nr. 9 SGB V genannten Voraussetzungen der Versicherungspflicht von Studenten anknüpft, sondern einen **eigenständigen Tatbestand** bildet, der ohne Berücksichtigung der durch § 5 Abs. 1 Nr. 9 SGB V genannten zeitlichen Grenzen zu prüfen ist. Auch in anderer Hinsicht können sich im Übrigen bei der Prüfung beider Normen Unterschiede ergeben: So genügt für die Anwendung des § 6 Abs. 1 Nr. 3 SGB V der Besuch einer staatlich nicht anerkannten privaten Hochschule.[65]

Die **Immatrikulation** des Studenten an einer Hochschule ist zwar **notwendige, aber nicht hinreichende Bedingung** für die Versicherungsfreiheit nach § 6 Abs. 1 Nr. 3 SGB V. Die Rechtsprechung hat Versicherungsfreiheit von Studenten nach den entsprechenden Vorschriften der Reichsversicherungsordnung (RVO)[66] nicht bereits angenommen, wenn jemand als ordentlicher Studierender an einer Hochschule eingeschrieben war; hinzukommen musste vielmehr, dass das Studium **Zeit und Arbeitskraft** überwiegend in Anspruch nahm und der Betreffende damit auch seinem **Erscheinungsbild** nach Student und nicht Arbeitnehmer war. Diese Einschätzung liegt auch der Rechtsprechung des BSG zugrunde.[67] Das Hauptproblem bei der Handhabung des § 6 Abs. 1 Nr. 3 SGB V liegt damit in der **Differenzierung von Studenten, die nebenbei arbeiten, und Arbeitnehmern, die nebenher studieren**; mit anderen Worten: Da es nicht Sinn des § 6 Abs. 1 Nr. 3 SGB V ist, alle Beschäftigungen versicherungsfrei zu lassen, neben denen auch noch studiert wird und die das Studium eindeutig dominieren[68], sind Kriterien erforderlich, die eine Abgrenzung im konkreten Fall ermöglichen. Die insoweit restriktive Handhabung dieser Kriterien durch die höchstrichterliche Rechtsprechung hat gerade in jüngster Zeit eine Bestätigung erfahren. § 6 Abs. 1 Nr. 3 SGB V erfasst in erster Linie Werkstudenten[69], also Studierende, die neben ihrem Studium eine entgeltliche Beschäftigung ausüben, um sich durch ihre Arbeit die zur Durchführung ihres Studiums und zum Bestreiten ihres Lebensunterhalts erforderlichen Mittel zu verdienen.[70] Die Beschäftigung von Studenten ist somit versicherungs- und beitragsfrei, wenn und solange sie „neben" dem Studium ausgeübt wird und ihm nach Zweck und Dauer untergeordnet ist.[71] Vor diesem Hintergrund sind die zahlreichen höchstrichterlichen Entscheidungen zu sehen, die zu § 6 Abs. 1 Nr. 3 SGB V bzw. seiner inhaltsgleichen Vorgängerregelung in der RVO ergangen sind, wobei eine eher **restriktive Handhabung der Vorschrift** festzustellen ist. So wurde ein Student, der für ein Semester aus dem Studienverhältnis ausscheidet und gegen Entgelt beschäftigt ist, als versicherungspflichtig angesehen, weil er in dem betreffenden Semester nicht Student, sondern Arbeitnehmer ist[72]; Entsprechendes gilt für einen Studenten, der trotz Einschreibung von der Hochschule aus 39

63 Konkret bedeutete die Versicherungsfreiheit der Studentin für sie einen Nachteil, weil sie – anders als reguläre Beschäftigte (hierzu die Kommentierung zu § 249 SGB V) – ihren Krankenversicherungsbeitrag als freiwillig Versicherte allein tragen musste (§ 250 Abs. 2 SGB V).

64 Ausführlich hierzu BSG v. 10.12.1998 - B 12 KR 22/97 R - SozR 3-2500 § 6 Nr. 16.

65 Vgl. in diesem Kontext BSG v. 15.05.1984 - 12 RK 46/81 - SozR 2200 § 172 Nr. 17 sowie BSG v. 10.12.1998 - B 12 KR 22/97 R - SozR 3-2500 § 6 Nr. 16.

66 § 172 Abs. 1 Nr. 5 RVO.

67 Vgl. nur BSG v. 11.11.2003 - B 12 KR 5/03 R - USK 2003, 32.

68 *Peters* in: KassKomm, SGB V, § 6 Rn. 27.

69 Zur Rechtsentwicklung vgl. BSG v. 29.09.1992 - 12 RK 31/91 - BSGE 71, 144, 145 - SozR 3-2200 § 172 Nr. 2; vgl. auch die Anmerkung zu dieser Entscheidung von *Trenk-Hinterberger*, SGb 1993, 371.

70 BSG v. 30.01.1963 - 3 RK 81/59 - BSGE 18, 254, 256 - SozR Nr. 11 zu § 172 RVO; BSG v. 25.11.1971 - 5 RKn 70/69 - BSGE 33, 230; BSG v. 21.07.1977 - 7 Rar 132/75 - BSGE 44, 164, 165 - SozR 4100 § 134 Nr. 3.

71 BSG v. 19.02.1987 - 12 RK 9/85 - SozR 2200 § 172 Nr. 19 m.w.N.

72 BSG v. 16.07.1971 - 3 RK 68/68 - SozR Nr. 13 zu § 172 RVO.

disziplinarischen Gründen **Hausverbot** erhalten hat und in dem Semester mehrere Monate vollschichtig arbeitet.[73] Versicherungspflichtig ist auch derjenige, der während einer Beschäftigung ein **berufsintegriertes Studium** an einer Fachhochschule absolviert.[74] Verneint wurde die Versicherungsfreiheit auch bei Arbeitnehmern, die ein Studium aufgenommen, ihren **Beruf** aber **weiterhin in vollem Umfang ausgeübt** haben.[75] Gleiches gilt für Personen, die ein **Abendstudium** absolvieren, daneben jedoch mehr als eine Halbtagsbeschäftigung ausüben[76] sowie – erst recht – bei einer **Ganztagsbeschäftigung**, wenn nur tageweise studiert wird.[77] All diesen Entscheidungen war gemeinsam, dass während des Studiums die bereits früher ausgeübte Tätigkeit weiter ausgeübt wurde oder jedenfalls das Erscheinungsbild eines Beschäftigten im Vordergrund stand. In späteren Entscheidungen hat das BSG festgestellt, dass auch derjenige nicht versicherungsfrei nach § 6 Abs. 1 Nr. 3 SGB V ist, der ein Studium aufnimmt, sein Arbeitsverhältnis jedoch nicht löst, sondern vom Arbeitgeber unter Zahlung einer Ausbildungsförderung für die Dauer des Studiums beurlaubt wird und von ihm in den Semesterferien in seinem „alten" Beruf gegen Entgelt beschäftigt wird.[78] Auch bei einer **Beurlaubung** für die Dauer des Studiums unter Fortzahlung des nur unwesentlich gekürzten Gehalts hat das BSG das Fortbestehen des Beschäftigungsverhältnisses und damit Versicherungspflicht der Beschäftigung während des gesamten Studiums angenommen.[79] Schließlich hat das Gericht die Versicherungsfreiheit eines Studenten verneint, der von seinem Arbeitgeber für ein Studium **Sonderurlaub unter Zahlung einer Studienförderung** erhalten hat, wenn er in den Semesterferien die frühere Beschäftigung wieder ausübte.[80] Dass es sich um ein Zweit- oder Ergänzungsstudium handelt, steht dem Werkstudentenprivileg jedoch grundsätzlich nicht entgegen.[81] Die **Wiederholung** der Ersten juristischen Staatsprüfung zur Notenverbesserung ist Teil eines Gesamtprüfungsverfahrens.[82]

40 In einer Entscheidung aus dem Jahre 1998 hatte das BSG maßgeblich darauf abgestellt, ob die während des Studiums ausgeübte Beschäftigung in einer **Verbindung mit einer vor dem Studium ausgeübten Beschäftigung** steht. Mit Urteil vom 10.12.1998[83] hat das BSG diesen Zusammenhang zur bisher ausgeübten Tätigkeit als allein entscheidend angesehen und festgestellt, dass § 6 Abs. 1 Nr. 3 SGB V nicht einschlägig ist, wenn jemand nach Abschluss einer Berufsausbildung ein Studium[84] absolviert und die Beschäftigung in dem erlernten Beruf während des Semesters als Teilzeitbeschäftigung und während der Semesterferien als Vollzeitbeschäftigung ausübt.[85] Nach dieser Entscheidung des BSG wäre also das „Vorleben" des Studenten von maßgeblicher Bedeutung: Setzt er nach seiner Immatrikulation die Beschäftigung im erlernten Beruf im beschriebenen zeitlichen Umfang fort, führt das zum Wegfall des Werkstudentenprivilegs. Allerdings dürfte der Leitsatz der Entscheidung vom 10.12.1998 insoweit irreführend sein, als es nicht um die Beschäftigung im erlernten Beruf, sondern um die (Weiter-)Beschäftigung beim bisherigen Arbeitgeber geht[86]: Die Klägerin hatte ihren ursprünglichen Dienstvertrag mit

[73] BSG v. 29.09.1992 - 12 RK 24/92 - SozR 3-2500 § 6 Nr. 2.
[74] BSG v. 10.12.1998 - B 12 KR 22/97 R - SozR 3-2500 § 6 Nr. 16.
[75] BSG v. 30.01.1963 - 3 RK 81/59 - BSGE 18, 254 - SozR Nr. 11 zu § 172.
[76] BSG v. 31.10.1967 - 3 RK 77/64 - BSGE 27, 192 - SozR Nr. 3 zu § 1228 RVO.
[77] BSG v. 25.11.1971 - 5 RKn 70/69 - BSGE 33, 229 - SozR 2200 § 172 Nr. 2.
[78] BSG v. 18.04.1975 - 3/12 RK 10/73 - BSGE 39, 223 - SozR 2200 § 172 Nr. 2; vgl. auch BSG v. 21.05.1996 - 12 RK 77/94 BSGE 78, 229 - SozR 3-2500 § 6 Nr. 11.
[79] BSG v. 12.11.1975 - 3/12 RK 13/74 - BSGE 41, 24 - SozR 2200 § 165 Nr. 8.
[80] BSG v. 21.05.1996 - 12 RK 77/94 - BSGE 78, 229 - SozR 3-2500 § 6 Nr. 11. Dabei ist zu beachten, dass allein die Frage der Versicherungspflicht für die Beschäftigung in den Semesterferien zu entscheiden war; es konnte daher offen bleiben, ob wegen der vom Arbeitgeber gezahlten Studienförderung ein versicherungspflichtiges Beschäftigungsverhältnis auch während des Semesters vorlag.
[81] BSG v. 29.09.1992 - 12 RK 31/91 - SozR 3-2200 § 172 Nr. 2 zu einem Erweiterungsstudium.
[82] Ausführlich BSG v. 11.11.2003 - B 12 KR 5/03 R - SozR 4-2500 § 6 Nr. 4.
[83] BSG v. 10.12.1998 - B 12 KR 22/97 R - SozR 3-2500 § 6 Nr. 16.
[84] Im konkreten Fall ging es um ein beruflich weiterführendes „berufsintegriertes Studium", das vom BSG jedoch als Studium im Sinne des § 6 Abs.1 Nr. 3 SGB V anerkannt wurde (BSG v. 10.12.1998 - B 12 KR 22/97 R - SozR 3-2500 § 6 Nr. 16).
[85] Das Gericht nimmt in seiner Entscheidung explizit Bezug auf die Entscheidung vom 21.05.1996 (SozR 3-2500 § 6 Nr. 11), in der festgestellt wurde, dass nicht als Werkstudent anzusehen ist, wer von seinem Arbeitgeber für das Studium beurlaubt wurde und von ihm eine Studienförderung bezieht, wenn er in den Semesterferien bei seinem Arbeitgeber die frühere Beschäftigung wieder ausübt. Vgl. auch BSG v. 18.04.1975 - 3/12 RK 10/73 - BSGE 39, 223 - SozR 2200 § 172 Nr. 2.
[86] Im konkreten Fall hatte die Klägerin bei der Bank gearbeitet, die sie nach Abschluss ihrer Ausbildung als Bankkauffrau übernommen hatte.

ihrem Arbeitgeber – unter Absenkung der Stundenzahl – beibehalten. Im Hinblick auf die verfassungsrechtlich gebotene Gleichbehandlung war die Entscheidung nicht überzeugend. Letztlich kann es vor dem Hintergrund des § 6 Abs. 1 Nr. 3 SGB V keinen Unterschied machen, ob ein Student nach der Immatrikulation eine bestehende Beschäftigung in geringerem Umfang[87] fortsetzt oder ob er – wie dies noch der Regelfall sein dürfte – nach dem Abitur mit dem Studium beginnt und dann eine Beschäftigung aufnimmt, wenn Inanspruchnahme und zeitliche Belastung durch das Studium in beiden Fallgestaltungen identisch sind. Das BSG verkennt hier, dass Studierende mit beruflicher Ausbildung heute einen erheblichen Anteil an der Gesamtzahl der Studierenden ausmachen und auch die Erwerbstätigkeitsquote in den letzten Jahren kontinuierlich gestiegen ist.[88] Studentische Erwerbstätigkeit ist inzwischen so verbreitet, dass der jobbende Student fast ein Normalfall ist.[89] Insoweit wäre gerade heute das „Erscheinungsbild", das das BSG zugrunde legt, neu zu definieren.[90] Die **Ungleichbehandlung der Normadressaten** war letztlich nicht zu rechtfertigen[91]; insoweit überrascht es nicht, dass das Gericht in seinen **späteren Entscheidungen** letztlich doch wieder auf das **Erscheinungsbild als Student** abstellt.[92] Versicherungsfreiheit scheidet also nicht schon deshalb aus, weil eine vor dem Studium ausgeübte Beschäftigung fortgeführt wird.

Auch wenn letztlich immer die **Umstände des Einzelfalls** maßgeblich sind[93], kommt doch dem **zeitlichen Umfang der Beschäftigung während des Studiums** maßgebliche Bedeutung zu. Die Rechtsprechung legt insoweit die so genannte 20-Stunden-Grenze zugrunde. Bei einer Beschäftigung mit einer Arbeitszeit von nicht mehr als **20 Stunden wöchentlich** wird angenommen[94], dass das Studium noch im Vordergrund steht. Das Studium kann aber auch bei höherer Wochenarbeitszeit das Erscheinungsbild prägen – so etwa bei Arbeit an den Wochenenden oder in der Nacht[95]. Letztlich ist entscheidend, dass die Arbeitszeit im Einzelfall so liegt, dass sie sich den Erfordernissen des Studiums anpasst und unterordnet.[96] Selbst eine vollschichtige Beschäftigung während der Semesterferien sei dem Studium grundsätzlich untergeordnet.[97] Nachdem das BSG diese zeitliche Grenze in einer Entscheidung aus dem Jahre 1998 in Frage gestellt hatte[98], wird sie im Jahr 2003 ausdrücklich als **„bekannt und bewährt"** gewertet.[99] 41

Das Werkstudentenprivileg begründet – anders als andere Versicherungsfreiheitstatbestände – **keine absolute Versicherungsfreiheit**. Vielmehr ist die Fallkonstellation in § 6 Abs. 3 Satz 2 SGB V ausdrücklich ausgenommen (hierzu vgl. Rn. 63). Die Versicherungsfreiheit dient letztlich der finanziellen Unterstützung Studierender und soll nicht dazu führen, dass sie ihre studentische Krankenversicherung aus § 5 Abs. 1 Nr. 9 SGB V verlieren. 42

5. Geistliche (Absatz 1 Nr. 4)

Versicherungsfrei sind Geistliche der als Körperschaften des öffentlichen Rechts **anerkannten Religionsgemeinschaften**. Auch sie sind nur dann nicht sozial schutzbedürftig und damit versicherungsfrei, wenn sie – wie Beamte – nach beamtenrechtlichen Vorschriften oder Grundsätzen bei Krankheit 43

---

87 Gerade die Absenkung der Arbeitszeit ist doch ein Indiz dafür, dass nunmehr das Studium im Vordergrund steht (so auch BSG v. 22.02.1980 - 12 RK 34/79 - BSGE 50, 25, 28 - SozR 2200 § 172 Nr. 14, S. 27).

88 Hierzu *Ortbauer*, SGb 1998, 83 m.w.N. (Anteil der Studierenden mit abgeschlossener Berufsausbildung in den neuen Bundesländern bei 35%).

89 Vgl. hierzu die 17. Sozialerhebung des Deutschen Studentenwerks (herausgegeben vom Bundesministerium für Bildung und Forschung); schon 1994 lag der Anteil der arbeitenden Studenten bei 60% (*Ortbauer*, SGb 1998, 83).

90 Hierzu auch LSG Niedersachsen v. 09.11.1994 - L 4 Kr 140/93 - EzS 60/98.

91 Kritisch *Felix/Baer*, SGb 2002, 193, 196.

92 BSG v. 11.11.2003 - B 12 KR 5/03 R - USK 2004, 217; BSG v. 11.11.2003 - B 12 KR 24/03 R - SozR 4-2500 § 6 Nr. 3 mit Anmerkung von *Rolfs/de Groot*, SGb 2004, 443.

93 BSG v. 22.02.1980 - 12 RK 34/79 - BSGE 50, 25 - SozR 2200 § 172 Nr. 14.

94 Hierzu BSG v. 23.02.1988 - 12 RK 36/87 - SozR 2200 § 172 Nr. 20.

95 Hierzu *Baier* in: Krauskopf, Soziale Krankenversicherung, SGB V, § 6 Rn. 23.

96 BSG v. 22.02.1980 - 12 RK 34/79 - BSGE 50, 25, 27.

97 Die Begründung, die Semesterferien seien „von den Anforderungen des Studiums frei" (hierzu etwa BSG v. 30.01.1980 - 12 RK 45/78 - SozR 2200 § 172 Nr. 12) erscheint allerdings wenig überzeugend.

98 BSG v. 10.12.1998 - B 12 KR 22/97 R - SozR 3-2500 § 6 Nr. 16.

99 BSG v. 11.11.2003 - B 12 KR 5/03 R - USK 2003, 32.

Anspruch auf Fortzahlung der Bezüge und auf Beihilfe haben (hierzu vgl. Rn. 33). Da das Gesetz ausdrücklich von „Geistlichen" spricht, kommt eine Anwendung der Regelung auf andere bei einer anerkannten Religionsgemeinschaft tätige Personen nicht in Betracht.[100]

6. Lehrer an Ersatzschulen (Absatz 1 Nr. 5)

44 § 6 Abs. 1 Nr. 5 SGB V erfasst **hauptamtlich tätige Lehrer** an **privaten genehmigten Ersatzschulen**. Eine Nebentätigkeit an der Schule ist nicht ausreichend; allerdings genügt auch eine Teilzeitbeschäftigung, wenn ansonsten keine andere Tätigkeit ausgeübt wird. Auch hier gilt im Übrigen das Erfordernis anderweitiger sozialer Absicherung im Fall von Krankheit (zum Anspruch auf Fortzahlung der Bezüge und auf Beihilfe vgl. Rn. 33).

7. Personen im Ruhestand (Absatz 1 Nr. 6)

45 Versicherungsfreie Beamte (Nr. 2), Geistliche (Nr. 4) und Lehrer an Ersatzschulen (Nr. 5) sollen auch während ihres Ruhestands versicherungsfrei bleiben. § 6 Abs. 1 Nr. 6 SGB V verlängert die Versicherungsfreiheit gleichsam in den Ruhestand und vermeidet so einen als ungerechtfertigt empfundenen Wechsel in die GKV.[101] Die genannten Ruheständler sind nur dann versicherungsfrei in der GKV, wenn ihnen ein **Anspruch auf Ruhegehalt** oder ähnliche Bezüge zuerkannt ist und zudem Anspruch auf **Beihilfe** im Krankheitsfall (hierzu vgl. Rn. 33) besteht. Aufgrund von § 6 Abs. 1 Nr. 6 SGB V i.V.m. Abs. 3 (hierzu vgl. Rn. 33) ist beispielsweise ein Beamter, der im Ruhestand einer Beschäftigung nachgeht, nicht nach § 5 Abs. 1 Nr. 1 SGB V versicherungspflichtig. Zu den Hinterbliebenen vgl. § 6 Abs. 2 und Rn. 52.

8. Mitglieder geistiger Genossenschaften (Absatz 1 Nr. 7)

46 § 6 Abs. 1 Nr. 7 SGB V, der – mit geringfügigen Änderungen im Wortlaut[102] – die Regelung des § 172 Abs. 1 Nr. 6 RVO in das SGB V übernommen hat, erfasst satzungsmäßige Mitglieder geistlicher Genossenschaften, Diakonissen und ähnliche Personen.[103] Sie sind versicherungsfrei, wenn sie aus einer bestimmten Motivation heraus gemeinnützig tätig sind und allenfalls ein geringes Entgelt beziehen. Die gesetzliche Regelung geht davon aus, dass für die betroffenen Personen im Krankheitsfall Schutz durch die hinter ihnen stehenden Organisationen besteht, ohne entsprechende Ansprüche zur Tatbestandsvoraussetzung zu erheben. Unklar bleibt letztlich, von welcher durch § 5 Abs. 1 SGB V begründeten Versicherungspflicht befreit werden soll.[104]

47 Die Regelung erfasst nur satzungsmäßige Mitglieder, Diakonissen und ähnliche Personen geistlicher Genossenschaften und betrifft damit vor allem die Mitglieder **kirchlicher Orden**, die diesem **auf Dauer** angehören. Postulanten und Novizen gehören nicht dazu (vgl. hierzu auch § 5 Abs. 4a SGB V sowie die Kommentierung zu § 5 SGB V Rn. 21).

48 Die Mitglieder müssen **gemeinnützig** im weitesten Sinne tätig sein. Das Gesetz benennt insoweit die Pflege von kranken Personen und die Erteilung von Unterricht; es genügen jedoch auch „andere gemeinnützige Tätigkeiten". Hierzu gehört beispielsweise die Betreuung von Obdachlosen. Der Gesetzgeber verlangt zusätzlich eine bestimmte Motivation der gemeinnützigen Tätigkeit: Erforderlich ist, dass die genannten Personen aus **„überwiegend religiösen oder sittlichen Beweggründen"** heraus tätig sind und nicht die erwerbswirtschaftliche Betätigung im Mittelpunkt steht.

49 Die von § 6 Abs. 1 Nr. 7 SGB V erfassten Personen dürfen allenfalls ein **geringes Entgelt** beziehen. Die Gewährung von **freiem Unterhalt**, also von Unterkunft und Ernährung, ist unschädlich. Der Begriff des „geringen Entgelts" ist ein unbestimmter Rechtsbegriff; maßgeblich ist, ob der gezahlte Lohn der Beschaffung der unmittelbaren Lebensbedürfnisse – wie Wohnen, Essen und Kleidung auf einfa-

[100] Vgl. aber zur Vorläuferregelung des § 169 Abs. 1 Satz 2 RVO BSG v. 27.11.1984 - 12 RK 10/84 - SozR 2200 § 169 Nr. 12 und BVerfG v. 30.07.1985 - 1 BvR 270/85 - SozR 2200 § 169 Nr. 13.

[101] BT-Drs. 11/2237, S. 160.

[102] Hierzu BT-Drs. 11/2237, S. 160.

[103] Zu diesem Themenkomplex vgl. auch *Tillmanns*, SGb 1999, 450; *Glenski*, Die Stellung der Ordensangehörigen in der Krankenversicherung, Köln 2000; *Sailer*, Die Stellung der Ordensangehörigen im staatlichen Sozialversicherungs- und Vermögensrecht, 1996.

[104] Ausführlich hierzu BSG v. 17.12.1996 - 12 RK 2/96 - BSGE 79, 307 - SozR 3-2500 § 6 Nr. 14; kritisch auch *Peters* in: KassKomm, SGB V, § 6 Rn. 35.

chem Niveau – dient und keinen darüber hinaus gehenden Luxus erlaubt.[105] Nach dem Gesetzeswortlaut schließen sich die Varianten des freien Unterhalts und des geringen Entgelts gegenseitig aus; die Zahlung eines geringfügigen Taschengeldes neben der Gewährung von freiem Unterhalt steht jedoch der Anwendung des § 6 Abs. 1 Nr. 7 SGB V nicht entgegen.[106]

Die Versicherungsfreiheit wirkt gemäß § 6 Abs. 3 SGB V absolut (hierzu vgl. Rn. 61). **50**

9. Schutz durch die EG (Absatz 1 Nr. 8)

Versicherungsfrei gemäß § 6 Abs. 1 Nr. 8 SGB V sind Personen, die im Fall von Krankheit durch das Krankheitsfürsorgesystem der EG geschützt sind. Hier besteht insoweit – ähnlich wie bei Beamten (Nr. 2) – kein soziales Schutzbedürfnis. Die Regelung wirkt gemäß § 6 Abs. 3 SGB V (hierzu vgl. Rn. 61) absolut. **51**

10. Hinterbliebenenrentner mit Anspruch auf Beihilfe (Absatz 2)

Die Regelung des § 6 Abs. 2 SGB V nimmt Bezug auf den Versicherungspflichttatbestand des § 5 Abs. 1 Nr. 11 SGB V (Krankenversicherung der Rentner; hierzu vgl. die Kommentierung zu § 5 SGB V Rn. 72) und erfasst Hinterbliebene der in § 6 Abs. 1 Nr. 2 und 4-6 SGB V genannten Personen. Soweit diese ihren Rentenanspruch nur aus der Versicherung einer der genannten Personen ableiten, sind sie – wie die von Nr. 2 und 4-6 erfassten Personen selbst – versicherungsfrei. **52**

Versicherungsfreiheit in der GKV besteht für die Hinterbliebenen nur, wenn sie nach beamtenrechtlichen Vorschriften oder Grundsätzen **bei Krankheit Anspruch auf Beihilfe** haben. Insoweit wird nur eine in § 6 Abs. 1 Nr. 2 und 4-6 SGB V normierte, für die erfassten Personen selbst geltende Tatbestandsvoraussetzung (hierzu vgl. Rn. 33) auf die Hinterbliebenen übertragen. **53**

§ 6 Abs. 2 SGB V setzt voraus, dass ein Anspruch auf Hinterbliebenenrente nach Maßgabe des § 5 Abs. 1 Nr. 11 SGB V besteht. Nur dann, wenn der Hinterbliebene ausschließlich durch abgeleitete Ansprüche gesichert ist, besteht ein **gesetzlicher Vorrang des Versorgungssystems**. Hat der Hinterbliebene dagegen einen Rentenanspruch aus eigener Versicherung, so wird § 5 Abs. 1 Nr. 11 SGB V nicht verdrängt – in diesem Fall ist die GKV vorrangig vor dem jeweiligen Versorgungssystem. **54**

§ 6 Abs. 2 SGB V ist **vom Prinzip der absoluten Versicherungsfreiheit** des § 6 Abs. 3 SGB V ausdrücklich **ausgenommen** („mit Ausnahme von Absatz 2"). Die Versicherungsfreiheit als Hinterbliebenenrentner greift also nicht auf andere Versicherungstatbestände über. Ist beispielsweise die Witwe eines Beamten als Beschäftigte tätig, so wird § 5 Abs. 1 Nr. 1 SGB V nicht verdrängt.[107] Etwas anderes gilt selbstverständlich dann, wenn der Hinterbliebene neben § 6 Abs. 2 SGB V in eigener Person einen anderen Versicherungsfreiheitstatbestand des § 6 Abs. 1 SGB V erfüllt. **55**

11. Eintritt der Versicherungspflicht nach Vollendung des 55. Lebensjahres (Absatz 3a)

§ 6 Abs. 3a SGB V[108] enthält einen weiteren Versicherungsfreiheitstatbestand, der mit Wirkung vom 01.07.2000 ergänzt wurde[109] und den in § 5 Abs. 1 Nr. 11 SGB V und § 9 Abs. 1 Nr. 1 SGB V enthaltenen Gedanken der Vorversicherungszeit verstärkt. Mit Wirkung vom 01.01.2005 wurde die Regelung infolge der Streichung der Vorschriften über die Arbeitslosenhilfe und die Schaffung einer Grundsicherung nach dem SGB II um seinen Satz 4 ergänzt. § 6 Abs. 3a SGB V dient nach der Gesetzesbegründung[110] einer klareren **Abgrenzung zwischen gesetzlicher und privater Krankenversicherung** und soll die Solidargemeinschaft der gesetzliche Versicherten schützen. Versicherungsfreie Personen, die sich frühzeitig für eine Absicherung in der PKV entschieden hätten, sollten diesem System auch im Alter angehören. Ohne die Regelung des § 6 Abs. 3a SGB V könnten ältere Personen Pflichtmitglieder in der GKV werden, obwohl sie bislang zu keinem Zeitpunkt einen eigenen Beitrag zu den Solidarlasten geleistet hätten.[111] Allein im Zeitraum von 1992 bis 1997 seien annähernd 1 Million Menschen **56**

---

[105] Zur Beschäftigung einer Ordensschwester bei einem Arbeitgeber gegen tarifliches Entgelt und Abführung dieses Entgelts an den Orden BSG v. 20.09.1960 - 7 Rar 53/59 - BSGE 13, 76 - SozR Nr. 17 zu § 56 AVAVG - keine Versicherungsfreiheit.

[106] Hierzu Die Beiträge 1999, 491, 429.

[107] BVerfG v. 25.02.2004 - 1 BvR 1564/94 - SozR 4-2500 § 6 Nr. 5 (Nichtannahmebeschluss); vgl. schon BSG v. 21.09.1993 - 12 RK 39/91 - SozR 3-2500 § 6 Nr. 6.

[108] Vgl. auch § 3 Abs. 1 Nr. 1 KVLG 1989 und § 5 Abs. 1 Nr. 4 KSVG.

[109] Art. 1 Nr. 3 GKV-GRG 2000 v. 22.12.1999, BGBl I 1999, 2626.

[110] BT-Drs. 14/1245, S. 59.

[111] So auch die Einschätzung des BSG v. 07.12.1989 - 12 RK 7/88 - SozR 2200 § 165 Nr. 98.

durch Veränderungen in der Höhe des Arbeitsentgelts, durch Übergang von Voll- in Teilzeitbeschäftigung oder durch einen Wechsel von selbständiger Tätigkeit zur Beschäftigung von der privaten in die GKV gewechselt.[112] Angesichts der für ältere Personen höheren Leistungsausgaben würden die Beitragszahler durch diesen Wechsel unzumutbar belastet. Für die in der PKV versicherten Personen bedeutet § 6 Abs. 3a SGB V, aufgrund der seit langem bestehenden privaten Krankenversicherung und der Prämienkalkulation unter Berücksichtigung von Altersrückstellungen keinen unzumutbaren Nachteil; dies gilt umso mehr, als im Zuge der Ergänzung des § 6 SGB V die Altersgrenze für den Zugang zum Standardtarif (§ 257 Abs. 2a SGB V) auf 55 Jahre abgesenkt wurde. Die Regelung des § 6 Abs. 3a SGB V knüpft an eine Reihe von Tatbestandsmerkmalen an, die kumulativ vorliegen müssen, und gilt im Übrigen nicht für die Bezieher von Arbeitslosengeld II (hierzu vgl. Rn. 60).

57 Die Regelung betrifft ausschließlich Personen, die **nach Vollendung des 55. Lebensjahres versicherungspflichtig werden**; für Personen, die schon bei Erreichen dieser Altersgrenze versicherungspflichtig sind, ist sie ohne Bedeutung. Das 55. Lebensjahr ist vollendet um 24 Uhr des dem betreffenden Geburtstag vorausgehenden Tages[113]. Ist das maßgebliche Alter bereits erreicht, erfasst § 6 Abs. 3a SGB V grundsätzlich **alle Versicherungspflichttatbestände des § 5 Abs. 1 SGB V**; allerdings dürften hier einige – vgl. etwa § 5 Abs. 1 Nr. 5 SGB V: Personen in Einrichtungen der Jugendhilfe – schon aus Altersgründen nicht in Betracht kommen. Der Versicherungsfreiheitstatbestand des § 6 Abs. 3a SGB V setzt voraus, dass in den letzten **fünf Jahren**[114] vor Eintritt der Versicherungspflicht **keine Versicherung in der GKV** bestanden hat. Gesetzlich versichert im Sinne des § 6 Abs. 3a SGB V ist jemand nicht nur im Fall der Versicherungspflicht; vielmehr genügen auch eine freiwillige Mitgliedschaft gemäß § 9 SGB V, eine Familienversicherung nach § 10 SGB V oder eine Formalmitgliedschaft als Rentenantragsteller.[115] Mit der Festsetzung des Fünfjahres-Zeitraums sollte sichergestellt werden, dass wegen § 6 Abs. 3a SGB V Rentner nicht von der KVdR (§ 5 Abs. 1 Nr. 11 SGB V) ausgeschlossen werden.[116] Wer in den letzten fünf Jahren nicht in der gesetzlichen Krankenversicherung als Mitglied oder Familienangehöriger versichert war, kann regelmäßig auch nicht die Vorversicherungszeit in der Krankenversicherung für Rentner erfüllen.

58 Der Versicherungsfreiheitstatbestand des § 6 Abs. 3a SGB V setzt nach **Satz 2** zudem voraus, dass die betroffene Person **mindestens die Hälfte der in Satz 1 genannten fünf Jahre** (vgl. Rn. 57) **versicherungsfrei** (§§ 6 und 7 SGB V), **von der Versicherungspflicht befreit** (§ 8 SGB V) oder als Selbständiger gemäß **§ 5 Abs. 5 SGB V** nicht versicherungspflichtig war. Nach dem Willen des Gesetzgebers, der im Wortlaut der Regelung nur eingeschränkt Ausdruck gefunden hat[117], sollen von § 6 Abs. 3a Satz 1 SGB V Langzeitarbeitslose, die nach Bezug von Sozialhilfe eine versicherungspflichtige Beschäftigung aufnehmen, ebenso wenig betroffen sein wie Entwicklungshelfer, die nach längerem Auslandsaufenthalt zurück nach Deutschland kommen, oder Ausländer, die nach Erreichen der maßgeblichen Altersgrenze von 55 Jahren erstmals in Deutschland versicherungspflichtig beschäftigt seien.[118] Durch § 6 Abs. 3a Satz 2 SGB V soll offensichtlich sichergestellt werden, dass nur diejenigen älteren Menschen, die sich in jungen Jahren bewusst und gewollt für einen Krankenversicherungsschutz in der PKV entschieden haben, diesen auch im Alter beibehalten; nur sie sollen nunmehr nicht in die GKV wechseln dürfen.

59 Nach § 6 Abs. 3a Satz 3 SGB V werden auch die **Ehegatten** der betroffenen Personen von der Regelung erfasst, wenn sie nach dem 55. Lebensjahr versicherungspflichtig werden und in der Rahmenfrist von fünf Jahren (vgl. Rn. 57) nicht gesetzlich versichert waren.[119] Die für Ehegatten geltende Regelung gilt seit dem 01.08.2001 auch für den **Lebenspartner.**[120]

60 Der mit Wirkung vom 01.01.2005 durch das Vierte Gesetz für moderne Dienstleistungen am Arbeitsmarkt (vgl. Rn. 2) angefügte Satz 4 bestimmt, dass die Regelung des Absatzes 3a nicht für die **Bezieher von Arbeitslosengeld II** gilt. Sie werden nach Maßgabe des § 5 Abs. 1 Nr. 2a SGB V deshalb auch dann versicherungspflichtig, wenn der Versicherungspflichttatbestand nach Vollendung des 55. Le-

---

[112] BT-Drs. 14/1245, S. 59.

[113] § 26 Abs. 1 SGB X i.V.m. § 187 Abs. 2 BGB.

[114] Der Fünf-Jahres-Zeitraum ist auch in § 9 Abs. 1 Nr. 1 SGB V zugrunde gelegt worden.

[115] Vgl. auch BT-Drs. 14/1245, S. 59, 60.

[116] BT-Drs. 14/1245, S. 59, 60.

[117] Kritisch insoweit auch *Peters* in: KassKomm, SGB V, § 6 Rn. 46.

[118] BT-Drs. 14/1245, S. 60.

[119] Hierzu BT-Drs. 14/1245, S. 60.

[120] Im Sinne des LPartG; vgl. Art. 3 § 52 Nr. 2 des Gesetzes v. 16.02.2001, BGBl I 2001, 266.

bensjahres eintritt. Der Gesetzgeber hat diese Sonderregelung mit einer aus „Gleichheitsgründen gebotenen Einbeziehung lebensälterer erwerbsfähiger Hilfebedürftiger in die GKV“ gerechtfertigt[121]; warum gerade diese Gruppe gegenüber anderen Personen, die das 55. Lebensjahr vollendet haben, bevorzugt wird, ist letztlich nicht ersichtlich. Mit Wirkung vom 01.01.2009 werden in § 6 Abs. 3a Satz 4 SGB V die Worte „Bezieher von Arbeitslosengeld II“ gestrichen.[122] Durch Art. 1 Nr. 3 b) des **GKV-WSG**[123] wurde Absatz 3a Satz 4 ergänzt um die Worte „und für **Personen, die nach § 5 Abs. 1 Nr. 13 SGB V versicherungspflichtig** sind“. Hierdurch wird sichergestellt, dass das vom Gesetzgeber angestrebte Ziel, für diejenigen Personen, die ihren Versicherungsschutz verloren haben, wieder eine Absicherung im Krankheitsfall zu gewähren, auch erreicht werden kann.

12. Absolute Versicherungsfreiheit (Absatz 3)

§ 6 Abs. 3 SGB V normiert die absolute Versicherungsfreiheit. Nach Satz 1 dieser Regelung sind die nach § 6 Abs. 1 SGB V – und nach anderen gesetzlichen Vorschriften mit Ausnahme von § 6 Abs. 2 SGB V und § 7 SGB V – versicherungsfreien oder von der Versicherungspflicht befreiten Personen auch dann versicherungsfrei, wenn sie eine Beschäftigung ausüben oder eine der in § 5 Abs. 1 Nr. 5-12 SGB V genannten Voraussetzungen erfüllen. § 6 Abs. 3 Satz 1 SGB V soll im Fall einer Konkurrenz von Versicherungsfreiheitstatbestand einerseits und Versicherungspflichttatbestand andererseits sicherstellen, dass grundsätzlich nicht schutzbedürftige Personen ungewollt in die GKV mit einbezogen werden. Nimmt also beispielsweise ein versicherungsfreier Beamter eine Nebentätigkeit auf, so verdrängt § 6 Abs. 1 Nr. 2 SGB V den Verssicherungspflichttatbestand des § 5 Abs. 1 Nr. 1 SGB V mit der Folge, dass die Beschäftigung keine Versicherungspflicht begründet. Eine Sonderregelung enthält § 6 Abs. 3 Satz 2 SGB V für Studenten. **61**

Gemäß § 6 Abs. 3 Satz 1 SGB V verdrängen **alle in § 6 Abs. 1 SGB V genannten Fallkonstellationen** die Versicherungspflicht nach § 5 Abs. 1 Nr. 1 und 5-12 SGB V. Unberührt bleiben die Fallgestaltungen des § 5 Abs. 1 Nr. 2-4 SGB V (hierzu vgl. die Kommentierung zu § 5 SGB V Rn. 25). Uneingeschränkt verdrängend wirken dabei allerdings nur § 6 Abs. 1 Nr. 1, 2 und 4-8 SGB V. Für Studierende (§ 6 Abs. 1 Nr. 3 SGB V) gilt gemäß § 6 Abs. 3 Satz 2 SGB V eine Sonderregelung. Die Versicherungsfreiheit einer Person kann sich auch aus **anderen gesetzlichen Vorschriften** als § 6 Abs. 1 SGB V ergeben. Auch hier soll nach dem Willen des Gesetzgebers eine absolute Versicherungsfreiheit eintreten, wobei in § 6 Abs. 3 Satz 1 SGB V bestimmte Fallkonstellationen ausgenommen sind: **Nicht absolut wirkt** danach die Versicherungsfreiheit nach **§ 6 Abs. 2 SGB V** (Hinterbliebenenrentner mit Anspruch auf Beihilfe) oder nach **§ 7 SGB V** (geringfügige Beschäftigung). Dagegen führt eine Befreiung von der Versicherungspflicht nach **§ 8 SGB V** nach dem ausdrücklichen Wortlaut des § 6 Abs. 3 Satz 1 SGB V zur absoluten Versicherungsfreiheit. **62**

Für **Studierende** (§ 6 Abs. 1 Nr. 3 SGB V) enthält § 6 Abs. 3 Satz 2 SGB V eine **Sonderregelung**: Solange sie in ihrer Beschäftigung versicherungsfrei sind, bleiben sie versicherungspflichtig als **Studenten gemäß § 5 Abs. 1 Nr. 9 SGB V**. Der Sinn der Regelung erschließt sich aus der Zielsetzung des so genannten Werkstudentenprivilegs (ausführlich Rn. 37 ff.): Bei der durch § 6 Abs. 1 Nr. 3 SGB V begründeten Versicherungsfreiheit handelt es sich letztlich um eine Art Ausbildungsförderung, weil der Student in seiner Beschäftigung keine Beiträge abführen muss. Nicht gewollt ist jedoch, dass der durch § 5 Abs. 1 Nr. 9 SGB V begründete günstige Krankenversicherungsschutz als Student verloren geht. **63**

Soweit die absolute Versicherungsfreiheit greift, gilt sie für die Zeit, in der die Voraussetzungen der Versicherungsfreiheit erfüllt sind. Gibt also ein Beamter mit Nebenbeschäftigung seine Beamtenstellung auf, wird er von diesem Moment an in seiner Beschäftigung versicherungspflichtig nach § 5 Abs. 1 Nr. 1 SGB V. **64**

IV. Rechtsfolgen

Bei Versicherungsfreiheit nach Maßgabe des § 6 SGB V besteht **keine Pflichtmitgliedschaft** in der GKV. Bislang pflichtversicherte Personen scheiden – mit Eintritt der Versicherungsfreiheit oder im Fall der Überschreitung der Jahresarbeitsentgeltgrenze mit Ablauf des Kalenderjahres – aus der GKV aus. Soweit ein Wechsel in die private Krankenversicherung nicht gewollt oder nicht möglich ist, kommt ein **freiwilliger Beitritt zur GKV** in Betracht. Unter den in § 9 Abs. 1 Nr. 1 SGB V genannten **65**

---

[121] BT-Drs. 15/1516, S. 72 zu Art. 5 Nr. 2.

[122] Art. 2 Nr. 01 b) des GKV-WSG v. 26.03.2007, BGBl I 2007, 378.

[123] V. 26.03.2007, BGBl I 2007, 378.

Voraussetzungen – Erfüllung der Vorversicherungszeit – kann innerhalb von drei Monaten (§ 9 Abs. 2 SGB V) ein Wechsel in die freiwillige Versicherung erfolgen. Personen, die erstmals eine Beschäftigung aufnehmen und nach § 6 Abs. 1 Nr. 1 SGB V versicherungsfrei sind, können sich nach § 9 Abs. 1 Nr. 3 SGB V freiwillig versichern.

C. Praxishinweise

66 Die Versicherungsfreiheit gemäß § 6 SGB V tritt bei Vorliegen der gesetzlichen Voraussetzungen kraft Gesetzes und unabhängig vom Willen der Beteiligten ein. Ist ein Wechsel in die freiwillige Versicherung gemäß § 9 SGB V beabsichtigt, sind die **Fristen des § 9 Abs. 2 SGB V** zu beachten.

D. Reformbestrebungen

67 Die gesetzliche Krankenversicherung befindet sich seit Jahrzehnten im Mittelpunkt der Reformdiskussion (hierzu vgl. schon die Kommentierung zu § 5 SGB V Rn. 120). Im Rahmen des § 6 SGB V geht es vor dem Hintergrund der Anhebung der in § 6 Abs. 1 Nr. 1 SGB V genannten Jahresarbeitsentgeltgrenze vor allem um die Frage der Abgrenzung von GKV und privater Krankenversicherung.

§ 7 SGB V Versicherungsfreiheit bei geringfügiger Beschäftigung

(Fassung vom 23.12.2002, gültig ab 01.04.2003)

(1) Wer eine geringfügige Beschäftigung nach §§ 8, 8a des Vierten Buches ausübt, ist in dieser Beschäftigung versicherungsfrei; dies gilt nicht für eine Beschäftigung

1. im Rahmen betrieblicher Berufsbildung,

2. nach dem Gesetz zur Förderung eines freiwilligen sozialen Jahres,

3. nach dem Gesetz zur Förderung eines freiwilligen ökologischen Jahres.

§ 8 Abs. 2 des Vierten Buches ist mit der Maßgabe anzuwenden, daß eine Zusammenrechnung mit einer nicht geringfügigen Beschäftigung nur erfolgt, wenn diese Versicherungspflicht begründet.

(2) Personen, die am 31. März 2003 nur in einer Beschäftigung versicherungspflichtig waren, die die Merkmale einer geringfügigen Beschäftigung nach den §§ 8, 8a des Vierten Buches erfüllt, und die nach dem 31. März 2003 nicht die Voraussetzungen für eine Versicherung nach § 10 erfüllen, bleiben in dieser Beschäftigung versicherungspflichtig. Sie werden auf ihren Antrag von der Versicherungspflicht befreit. § 8 Abs. 2 gilt entsprechend mit der Maßgabe, dass an die Stelle des Zeitpunkts des Beginns der Versicherungspflicht der 1. April 2003 tritt. Die Befreiung ist auf die jeweilige Beschäftigung beschränkt.

Gliederung

A. Basisinformationen

I. Textgeschichte/Gesetzgebungsmaterialien

§ 7 SGB V knüpft an die Legaldefinition der geringfügigen Beschäftigung in § 8 SGB IV an. § 7 SGB V geht auf das **Gesundheitsreformgesetz** (GRG)[1] zurück, in dessen Fassung die Vorschrift nur aus einem Absatz bestand. Sie ist am **01.01.1989 in Kraft getreten** und ordnet bei geringfügiger Beschäftigung Versicherungsfreiheit an. § 7 SGB V machte hiervon in der Fassung des GRG zunächst nur zwei Ausnahmen, und zwar für Beschäftigungen im Rahmen betrieblicher Berufsausübung und nach dem Gesetz zur Förderung eines freiwilligen sozialen Jahres (FSJ). Zu ihrer Begründung wurde lediglich ausgeführt: „Die Vorschrift übernimmt das geltende Recht (§ 168 RVO) und paßt es redaktionell dem neuen Recht an".[2] 1

---

[1] GRG vom 20.12.1988, BGBl I 1988, 2477.
[2] BT-Drs. 11/2237, S. 160 zu § 7.

2 Mit Wirkung vom 01.09.1993 kam durch Art. 3 Abs. 12 Nr. 1 des **Gesetzes zur Förderung eines freiwilligen ökologischen Jahrs**[3] eine weitere Ausnahme hinzu: keine Versicherungsfreiheit bei Beschäftigung im Rahmen eines freiwilligen ökologischen Jahres (FÖJ).

3 Durch Art. 3 Nr. 1 des **Gesetzes zur Neuregelung der geringfügigen Beschäftigungsverhältnisse**[4] wurde dem bisherigen Satz 1 (jetzt Absatz 1 Satz 1) mit Wirkung vom 01.04.1999 ein Satz 2 angefügt und angeordnet, das bei der Anwendung des § 8 Abs. 2 SGB IV eine Zusammenrechnung einer geringfügigen mit einer nicht geringfügigen Beschäftigung nur dann stattfindet, wenn bereits die nicht geringfügige Beschäftigung zur Versicherungspflicht führt.[5]

4 Durch Art. 3 Nr. 1 des **Zweiten Gesetzes für moderne Dienstleistungen am Arbeitsmarkt**[6] erfuhr § 7 SGB V auf Vorschlag des Vermittlungsausschusses[7] eine Aufteilung in zwei Absätze: Die bisherigen Regelungen wurden in Absatz 1 aufgenommen und mit Wirkung vom 01.04.2003 in Absatz 2 eine Übergangsregelung zur Neufassung des § 8 Abs. 2 SGB IV geschaffen. Vgl. hierzu die Übergangsregelung (Rn. 44) des § 7 Abs. 2 SGB V.

II. Vorgängervorschriften

5 Bis zum In-Kraft-Treten des SGB V traf **§ 168 RVO** die nunmehr in § 7 SGB V geregelte Rechtsfolge des Eintritts von Versicherungsfreiheit bei geringfügiger Beschäftigung.

III. Parallelvorschriften

6 Dem § 7 SGB V entsprechen für die Rentenversicherung **§ 5 Abs. 2 SGB VI** und für die Arbeitslosenversicherung **§ 27 Abs. 2 SGB III**.

7 Für die gesetzliche Pflegeversicherung fehlt es an einer ausdrücklichen Vorschrift. Hierbei dürfte es sich jedoch um ein gesetzgeberisches Redaktionsversehen handeln. Die gesetzliche **Pflegeversicherung** soll immer dann eingreifen, wenn Personen in der gesetzlichen KV versichert sind, also tatsächlich Versicherungsschutz genießen (vgl. § 1 Abs. 2 Satz 1 SGB XI, § 20 Abs. 1 Satz 1 SGB XI). Demgemäß ist für die gesetzliche Pflegeversicherung **analog zu § 7 SGB V** immer dann Versicherungsfreiheit anzunehmen, wenn diese in der gesetzlichen KV angeordnet ist.

8 Für die gesetzliche **Unfallversicherung** fehlt es an einer Parallelvorschrift, weil dort eine Beschäftigung auch dann nicht versicherungsfrei ist, wenn die Zahlung eines Arbeitsentgelts nicht vereinbart ist.

IV. Verwaltungsvorschriften

9 Geringfügigkeitsrichtlinien vom 24.08.2006.

V. Systematische Zusammenhänge

1. Versicherungsfreie geringfügige Beschäftigung (Absatz 1 Satz 1 Halbsatz 1)

10 Die **tatbestandlichen Voraussetzungen** der Geringfügigen Beschäftigung sind nicht in § 7 SGB V, sondern in § 8 SGB IV geregelt.[8] § 7 SGB V regelt vielmehr die grundsätzliche **Rechtsfolge**, die an den Tatbestand der Geringfügigkeit anknüpft, nämlich den Eintritt von Versicherungsfreiheit. Diese Rechtsfolge **tritt kraft Gesetzes** ein; eines Antrages bedarf es – anders als bei § 8 SGB V – nicht. Weitere Rechtsfolgen finden sich im Beitragsrecht (vgl. § 249b SGB V, vgl. hierzu Rn. 18).

11 Nach der Systematik der Sozialversicherung führt jede Arbeit, die in abhängiger Beschäftigung gegen Zahlung von Entgelt ausgeübt wird, in der Kranken-, Renten-, Pflege- und Arbeitslosenversicherung zur **Versicherungspflicht** und damit im Grundsatz auch zur **Beitragspflicht** (vgl. § 5 Abs. 1 Nr. 1 SGB V; § 1 Satz 1 Nr. 1 SGB VI; § 25 Abs. 1 SGB III; § 20 Abs. 1 Nr. 1 SGB XI). Hierbei bleibt es, soweit das Gesetz keine Tatbestände der Versicherungsfreiheit oder Befreiungstatbestände von der

[3] FÖJG vom 17.12.1993, BGBl I 1993, 2118.
[4] Gesetz vom 24.03.1999, BGBl I 1999, 388.
[5] Zur Gesetzesbegründung vgl. BT-Drs. 14/280, S. 13 zu Art. 3 Nr. 1.
[6] Sog. 2. Hartz-Gesetz v. 23.12.2002, BGBl I 2002, 4621.
[7] BT-Drs. 15/202, S. 4 zu Art. 3.
[8] Einzelheiten hierzu vgl. *Schlegel* in: jurisPK-SGB IV, § 8.

Versicherungspflicht vorsieht. Sofern das Gesetz Versicherungsfreiheit anordnet, werden die an die Ausübung einer abhängigen Beschäftigung geknüpften Rechtsfolgen (Versicherungs- und Beitragspflicht) nicht wirksam.

Der **Begriff Versicherungsfreiheit** ist nicht gleichbedeutend mit „Nichteintritt" von Versicherungspflicht, sondern die Versicherungsfreiheit überlagert die – weiterhin latent vorhandene – Versicherungspflicht. Diese **Überlagerung der Versicherungspflicht durch Versicherungsfreiheit** wird vor allem in der Rentenversicherung deutlich, wo auf die Versicherungsfreiheit verzichtet werden kann (vgl. § 5 Abs. 2 Satz 2 SGB VI), mit der Folge, dass bei erklärtem Verzicht die Rechtsfolgen der Versicherungspflicht wieder wirksam werden. 12

Liegt Versicherungsfreiheit vor, entfällt regelmäßig auch die Beitragspflicht. Allerdings kann für den Arbeitgeber die Pflicht zur Tragung und Zahlung von sog **Pauschalbeiträgen** bestehen (vgl. § 249b SGB V, vgl. hierzu Rn. 18). 13

2. Beschäftigung zur Berufsausbildung, in einem FSJ oder einem FÖJ (Absatz 1 Satz 1 Halbsatz 2)

Trotz Geringfügigkeit der Beschäftigung sind Beschäftigungen zur Berufsausbildung und in einem FSJ oder FÖJ nicht versicherungsfrei. Für diesen Fall trifft **§ 20 Abs. 3 SGB IV** eine **Sonderregelung für die Beitragstragungspflicht**. Übersteigt die Ausbildungsvergütung den Betrag von 325 € nicht, trägt der Arbeitgeber die Beiträge allein. Gleiches gilt im FSJ und FJÖ, unabhängig von der Höhe des erzielten Arbeitsentgelts.[9] 14

VI. Ausgewählte Literaturhinweise

Buddemeier, Geringfügige Beschäftigung in der Praxis, 2. Aufl. 2006; *Felix*, Das Werkstudentenprivileg in der Sozialversicherung, SozVers 2002, 116-119; *Knospe*, Die Attraktivität der geringfügigen Beschäftigung im zeitlichen Wandel politisch motivierter Reformen, SGb 2007, 8-16; *Rolfs*, Verfassungs- und europarechtliche Probleme der Geringfügigkeitsreform, SGb 1999, 611-618; *Schlegel* in: Küttner, Personalbuch, Geringfügige Beschäftigung. Vgl. auch die Literaturhinweise bei jurisPK-SGB IV, § 8. 15

B. Auslegung der Norm

I. Regelungsgehalt und Bedeutung der Norm

1. Keine Rechte und Pflichten des Versicherten in der GKV

Die Rechtsfolgenanordnung (Versicherungsfreiheit) des § 7 SGB V bei geringfügiger Beschäftigung führt dazu, dass (abgesehen von den in Absatz 1 Satz 2 geregelten Ausnahmen) Rechte und Pflichten in der GKV für den Versicherten aus dieser Beschäftigung erst ab Erreichen eines Schwellenwertes von über 400 € entstehen. Bei einem Arbeitsentgelt von bis zu 400 € erwirbt der geringfügig beschäftigte Arbeitnehmer aus seiner Beschäftigung **keine Mitgliedschaftsrechte** bei einer Krankenkasse und auch keine Leistungsansprüche aus der GKV. Folglich sind für ihn im Grundsatz auch **keine Beiträge** zu KV zu entrichten. 16

2. Relativität der Versicherungsfreiheit

§ 7 Abs. 1 Satz 1 HS. 1 SGB V regelt die Versicherungsfreiheit nur für „diese Beschäftigung" (vgl. Wortlaut der Norm: „…ist **in dieser Beschäftigung versicherungsfrei**"). Die Vorschrift folgt damit zunächst dem Grundsatz, dass jede Beschäftigung und jeder sonstige anderweitige Sachverhalt isoliert auf Rechtsfolgen in der GKV hin zu untersuchen ist und die Versicherungsfreiheit einer bestimmten geringfügigen Beschäftigung im Grundsatz keine Auswirkungen auf andere Tatbestände hat (z.B. auf die Versicherung als Student – § 5 Abs. 1 Nr. 9 SGB V – oder als Rentner – § 5 Abs 1 Nr. 11 SGB V). Anders ist dies z.B. in den Fällen der absoluten Versicherungsfreiheit nach § 6 Abs. 1 SGB V (vgl. die Kommentierung zu § 6 SGB V Rn. 61). 17

---

[9] Einzelheiten hierzu vgl. *Schlegel* in: jurisPK-SGB IV, § 20 Rn. 49, Rn 62.

3. Pauschalbeitrag des Arbeitgebers

18 Der Grundsatz der Beitragsfreiheit bei bestehender Versicherungsfreiheit erfährt seit 01.04.1999 durch **§ 249b SGB V** eine gewichtige Ausnahme: Ist der Arbeitnehmer bereits aufgrund anderer Tatbestände (gesetzlich) krankenversichert, z.B. als Familienangehöriger (Ehegatte oder Kind) eines Mitglieds einer Krankenkasse (vg. § 10 SGB V), als pflichtversicherter Student oder Rentner, so dass Leistungsansprüche in der GKV bestehen, sind vom Arbeitgeber für den Versicherten Krankenversicherungsbeiträge i.H.v. 13 vom Hundert (bis 31.03.2003: 10 v.H.; bis 30.06.2006: 11 v.H.[10]) des Arbeitsentgelts aus dieser (geringfügigen) Beschäftigung zu tragen; für geringfügig Beschäftigte in Privathaushalten (vgl. § 8a SGB IV) ist ein Pauschalbeitrag von 5 v.H zu zahlen (vgl. § 249b Abs. 1 Satz 2 SGB V).[11]

19 Der Arbeitnehmer erwirbt durch diesen pauschalen Arbeitgeberbeitrag jedoch **keine zusätzlichen Leistungsansprüche** (z.B. Krankengeld) aus der GKV. Das BSG hat dies verfassungsrechtlich nicht beanstandet.[12]

II. Normzweck

20 Über die Motive für die Anordnung von Versicherungsfreiheit wegen geringfügiger Beschäftigung finden sich in den Gesetzesbegründungen kaum Hinweise. Hauptmotiv dürfte sein, dass eine **Beschäftigung** nur dann zur Zwangsmitgliedschaft in der Sozialversicherung mit den daraus folgenden Beitragspflichten und Leistungsrechten führen soll, wenn sie ihrer Art und ihrem Umfang nach geeignet ist, die **Existenz des Beschäftigten** weitgehend sicherzustellen. Bei Eintritt des Versicherungsfalles (Krankheit, Arbeitsunfähigkeit, Arbeitslosigkeit, Erwerbsminderung, Alter) treten dann Sach- oder Geldleistungen der Sozialversicherung an die Stelle des entfallenen Arbeitsentgelts. Wer es sich dagegen „leisten kann", nur geringfügig gegen ein **nicht existenzsicherndes Arbeitsentgelt** beschäftigt zu sein, wird regelmäßig zumindest überwiegend von anderen unterhalten. Diese Personen haben dann nach der Vorstellung des Gesetzes offenbar auch für die soziale Sicherung des geringfügig Beschäftigten zu sorgen (z.B. Familienversicherung, § 10 SGB V, Hinterbliebenenrenten usw.). Konsequent wäre es dann allerdings, die Geringfügigkeitsgrenze (derzeit 400 €) den existenzsichernden Leistungen der Sozialhilfe anzunähern.

21 Ein weiterer Aspekt könnte derjenige der **Missbrauchsabwehr** sein. Danach soll sich ein Arbeitnehmer nicht mit einer minimalen Beschäftigung und demgemäß minimalen Beiträgen das gesamte Sachleistungsspektrum der Kranken- und Pflegeversicherung verschaffen können.

22 Es wäre wünschenswert, wenn der Gesetzgeber sowohl bei der Anordnung von Versicherungspflicht als auch der Regelung von Tatbeständen der Versicherungsfreiheit einem nachvollziehbaren Plan folgen würde. Dieses **Regelungskonzept** müsste nicht unbedingt für alle Zweige der Sozialversicherung einheitlich sein. Ein solcher Plan ist jedoch derzeit kaum erkennbar. Die zahlreichen Gesetzesänderungen der letzten Jahre, insbesondere die wechselhafte Entwicklung der Zusammenrechnungsgebote des § 8 Abs. 2 SGB IV, erwecken vielmehr den Eindruck, dass die geringfügige Beschäftigung als ein je nach Bedarf beliebig einsetzbares und änderungsfähiges wirtschafts- und beschäftigungspolitisches Instrument angesehen wird.

23 Der **EuGH** hat einen Verstoß der Versicherungsfreiheit geringfügig Beschäftigter gegen **EG-Recht** (des Art. 4 Abs. 1 der EG-Richtlinie 79/7) verneint, obgleich von dieser Regelung rechtstatsächlich wesentlich mehr Frauen als Männer betroffen sind.[13]

---

10 Vgl. Haushaltsbegleitgesetz 2006 vom 29.06.2006, BGBl I 2006, 1402.

11 Einzelheiten vgl. die Kommentierung zu § 249b SGB V; *Schlegel* in: Küttner, Personalbuch, Geringfügige Beschäftigung, Anm. C, IV 4.

12 Zur Verfassungsmäßigkeit des § 249b SGB V vgl. BSG v. 25.01.2006 - B 12 KR 27/04 R - SozR 4-2500 § 249 b Nr. 2.

13 EuGH v. 14.12.1995 - C-317/93 - SozR 3-6083 Art. 4 Nr. 11 und EuGH v. 14.12.1995 - C-444/93 - SozR 3-6083 Art 4 Nr. 1.

III. Ausnahmeregelungen des Absatzes 1 Satz 2: Keine Versicherungsfreiheit trotz geringfügiger Beschäftigung

1. Zweck der Ausnahmeregelungen

Die Anordnung von Versicherungsfreiheit wegen Geringfügigkeit der Beschäftigung ist bei denjenigen Personen nicht angemessen, bei denen bei typisierender Betrachtungsweise auch ein geringes Arbeitsentgelt die wesentliche **wirtschaftliche Lebensgrundlage** darstellt. Dies wird insbesondere anhand § 8 Abs. 1 Nr. 2 SGB IV deutlich; diese Vorschrift nimmt zeitgeringfügige Beschäftigung dann generell aus dem Begriff der geringfügigen – und damit regelmäßig versicherungsfreien – Beschäftigung aus, wenn die – zeitgeringfügige – Beschäftigung berufsmäßig, d.h. zur überwiegenden Bestreitung des Lebensunterhalts ausgeübt wird. 24

In dieselbe Richtung zielen die in § 7 Abs. 1 HS. 2 SGB V aufgeführten Ausnahmen. Sowohl bei Auszubildenden als auch für Teilnehmer an einem freiwilligen sozialen Jahr (FSJ) oder freiwilligen ökologischen Jahr (FÖJ) kann bei typisierender Betrachtung nicht davon ausgegangen werden, dass sie ihren Lebensunterhalt überwiegend aus anderen Quellen als derjenigen der abhängigen Beschäftigung bestreiten. Vielmehr sind diese Personen typischerweise auf das Arbeitsentgelt angewiesen, das sie in Form der **Ausbildungsvergütung** oder neben Kost und Logis als **Taschengeld im FSJ oder FÖJ** erhalten. Die zum Teil vorübergehend geringe Höhe der Zuwendungen für die geleistete Arbeit rechtfertigt es nicht, die generellen Folgen abhängiger Beschäftigung durch Anordnung von Versicherungsfreiheit nicht wirksam werden zu lassen und den Beschäftigten aus dem durch die GKV zu schützenden Personenkreis auszuschließen. 25

2. Betriebliche Berufsbildung

Nicht versicherungsfrei sind gem. § 7 Abs. 1 Satz 1 HS. 2 Nr. 1 SGB V Personen, die im Rahmen betrieblicher Berufsbildung eine geringfügige Beschäftigung ausüben. Vergleichbare Regelungen enthalten § 27 Abs. 2 Satz 2 Nr. 1 SGB III für die Arbeitslosenversicherung und § 5 Abs. 2 Satz 3 SGB VI für die Rentenversicherung. 26

§ 7 Abs. 2 SGB IV dehnt den Begriff der Beschäftigung auf den **Erwerb beruflicher Kenntnisse, Fertigkeiten oder Erfahrungen im Rahmen der betrieblichen Berufsbildung** aus. Unter betrieblicher Berufsbildung ist nicht nur die Ausbildung im Rahmen eines **„klassischen Lehrlingsverhältnisses“**, d.h. einem Berufsausbildungsverhältnis i.S.d. §§ 3-18 BBiG zu verstehen. Vielmehr wird in § 7 Abs. 2 SGB IV auf die Teilnahme an „betrieblicher Berufsbildung im Sinne von § 1 Abs. 5 BBiG“ insgesamt Bezug genommen.[14] 27

Nach § 1 Abs. 5 BBiG liegt betriebliche Berufsbildung vor, wenn die **Berufsbildung in Betrieben der Wirtschaft** oder in vergleichbaren Einrichtungen außerhalb der Wirtschaft, insbesondere des öffentlichen Dienstes, der Angehörigen freier Berufe und in Haushalten durchgeführt wird. Grundlage der beruflichen Bildung können neben einem Berufsausbildungsverhältnis i.S.d. §§ 3-18 BBiG auch andere Vertragsverhältnisse sein, deren Zweck es ist, dass die eingestellte Person berufliche Kenntnisse, Fertigkeiten oder Erfahrungen erwirbt (vgl. § 19 BBiG); das BSG hat insoweit berufliche Bildung - je nach landesrechtlicher Ausgestaltung – u.a. auch bei bestimmten berufspraktischen Tätigkeiten im Rahmen der einstufigen Juristenausbildung bejaht.[15] § 7 Abs. 1 Satz 1 HS. 2 Nr. 1 SGB V erfasst mit dem Begriff „betriebliche Berufsbildung“ sämtliche der genannten Fälle. 28

3. Teilnehmer am einem freiwilligen sozialen/ökologischen Jahr

Nicht versicherungsfrei sind gem. § 7 Abs. 1 Satz 1 HS. 2 Nr. 2 und Nr. 3 SGB V Personen, die im Rahmen eines freiwilligen sozialen oder ökologischen Jahres eine geringfügige Beschäftigung ausüben. Vergleichbare Regelungen enthalten § 27 Abs. 2 Satz 2 Nr. 2 SGB III sowie § 5 Abs. 2 Satz 3 SGB VI. 29

Personen, die nach dem **Gesetz zur Förderung eines freiwilligen sozialen Jahres** unter pädagogischer Begleitung in sozialen Einrichtungen Dienste leisten, stehen zwar nicht in einem regulären Arbeitsverhältnis, sondern in einem **Rechtsverhältnis eigener Art**.[16] Entsprechendes gilt für die **Teil-** 30

---

[14] Vgl. BT-Drs. 7/4122, S. 31 zu § 7 Abs. 2.

[15] BSG v. 06.10.1988 - 1 RA 53/87 - BSGE 64, 130, 133 f = SozR 2200 § 1232 Nr. 26; BSG v. 21.02.1990 - 12 RK 12/87 - BSGE 66, 211, 212 f = SozR 3-2940 § 2 Nr. 1.

[16] *Röller* in: Küttner, Personalbuch, Soziales Jahr, Anm. A.

nehmer an einem freiwilligen ökologischen Jahr. Gleichwohl sind sie im Sinne der Sozialversicherung in einen fremden Betrieb eingliedert und leisten fremdbestimmte Arbeit.

31 Der Wert der **Zuwendungen an Personen in einem FSJ oder FÖJ (Arbeitsentgelt)** dürfte zwar regelmäßig die Entgeltgrenze des § 8 Abs. 1 Nr. 1 SGB IV übersteigen (Geringfügigkeitsgrenze seit 01.04.2003: monatlich 400 €).[17] In diesem Fall tritt schon keine Versicherungspflicht wegen Geringfügigkeit der Beschäftigung nach § 7 Abs. 1 Satz 1 SGB V i.V.m. § 8 Abs. 1 Nr. 1 SGB IV ein. Wird die **Geringfügigkeitsgrenze** jedoch ausnahmsweise nicht überschritten, sind die betreffenden Personen in den einzelnen Zweigen der Sozialversicherung dennoch nicht versicherungsfrei: Der Eintritt von Versicherungsfreiheit wird durch § 7 Abs. 1 Satz 1 Nr. 3 SGB V, § 5 Abs. 2 Satz 2 SGB VI, § 27 Abs. 2 Satz 1 Nr. 1 SGB III ausdrücklich ausgeschlossen.[18]

4. Grundsatz: Zusammenrechnung mehrerer geringfügiger Beschäftigungen

32 Nach dem **Grundsatz des § 8 Abs. 2 SGB IV** sind „mehrere geringfügige Beschäftigungen nach Nummer 1 oder Nummer 2" zusammenzurechnen. Das bedeutet: Es können nur artgleiche geringfügige Beschäftigungen zusammengerechnet werden. Dagegen kann eine entgeltgeringfügige Beschäftigung nicht mit einer zeitgeringfügigen zusammengerechnet werden.[19] Übersteigt die Summe der Entgelte den Betrag von 400 € nicht, bleibt es bei der Versicherungsfreiheit der Beschäftigungen und den für geringfügig Beschäftigte geltenden Sonderregelungen. Übersteigt die Summe der jeweils für sich gem. § 8 Abs. 1 Nr. 1 SGB IV geringfügigen Beschäftigungen hingegen die Grenzen der Entgeltgeringfügigkeit (400 €), entfällt für beide Beschäftigungsverhältnisse die Geringfügigkeit. Dies hat zur Folge, dass für beide Beschäftigungsverhältnisse die bei abhängiger Beschäftigung regelmäßige Rechtsfolge der Versicherungs- und Beitragspflicht nicht durch Versicherungsfreiheit ausgeschlossen/überlagert wird.

33 Aus diesem Grunde besteht ein **Fragerecht des Arbeitgebers** nach anderweitigen Beschäftigungsverhältnissen. Der Arbeitgeber sollte seinem Arbeitnehmer zunächst die Voraussetzungen für das Entstehen der Versicherungs- und Beitragspflicht darlegen. Sodann ist er berechtigt, den Arbeitnehmer danach zu fragen, ob dieser bei einem anderen Arbeitgeber in einem Umfang beschäftigt sind, dass das dort vereinbarte Arbeitsentgelt (einschließlich Einmal- und Sonderzahlungen) zusammen mit dem Arbeitsentgelt aus der bei ihm ausgeübten Beschäftigung 400 € im Monat übersteigt.[20]

34 Für den **Beginn** des Wegfalls der Versicherungsfreiheit wegen Zusammenrechung gilt Folgendes: Nach § 8 Abs. 2 Satz 3 SGB IV tritt in den Fällen der Zusammenrechnung nach § 8 Abs. 2 Satz 1 SGB IV die Versicherungspflicht (dogmatisch korrekt: Wegfall der Versicherungsfreiheit) allerdings nicht bereits kraft Gesetzes, sondern erst mit dem Tag der Bekanntgabe einer entsprechenden **Feststellung durch die Einzugsstelle** (§ 28h Abs. 2 SGB IV) oder (bei einer Betriebsprüfung, § 28p SGB IV) einen Träger der Rentenversicherung ein. D.h. das Gesetz misst dieser Feststellung für den Wegfall der Versicherungsfreiheit und damit auch der Beitragspflicht konstitutive Wirkung bei.

35 M.E. ist die **konstitutive Wirkung** der genannten Feststellung allerdings teleologisch auf diejenigen Fälle zu reduzieren, in denen die jeweiligen Arbeitgeber ihrer Meldepflicht nach § 28a Abs. 9 SGB IV nachkommen, denn nur so hat die zuständige Stelle (Einzugsstelle, Bundesknappschaft, § 28i Satz 5 SGB IV) Anlass und Gelegenheit, die Voraussetzungen des § 8 Abs. 2 SGB IV zu prüfen. Wer dies durch **Nichtmeldung** vereitelt oder verzögert, sollte sich nicht auf den Vorteil der hinausgezögerten Wirksamkeit berufen können.

5. Ausnahme des Absatzes 1 Satz 2: Keine Zusammenrechnung geringfügiger Beschäftigung mit versicherungsfreier Hauptbeschäftigung

36 § 8 Abs. 2 Satz 1 SGB IV bestimmt: „Bei der Anwendung des Absatzes 1 sind mehrere geringfügige Beschäftigungen nach Nummer 1 oder Nummer 2 sowie geringfügige Beschäftigungen nach Nummer 1 mit Ausnahmen einer geringfügigen Beschäftigung nach Nummer 1 und nicht geringfügige Beschäftigungen zusammenzurechnen." Die Vorschrift normiert ein **grundsätzliches Zusammenrechnungsgebot** zwischen entgeltgeringfügigen und nicht geringfügigen Beschäftigungen.

---

[17] Zum Wert freier Unterkunft und Verpflegung vgl. § 2 SvEV; dazu *Schlegel* in: Küttner Personalbuch, Stichwort Sachbezug, Anm. C.

[18] Zu den beitragsrechtlichen Besonderheiten des § 20 Abs. 2 SGB IV vgl. *Schlegel* in: jurisPK-SGB IV, § 20 Rn. 49 ff. und Rn. 66, 67.

[19] So andeutungsweise BSG v. 23.05.1995 - 12 RK 60/93 - SozR 3-2400 § 8 Nr. 4.

[20] BSG v. 23.02.1988 - 12 RK 43/87 - SozR 2100, § 8 Nr. 5.

Dieses Gebot erfährt eine **Ausnahme** durch § 7 Abs. 1 Satz 2 SGB V. Danach findet eine Zusammenrechnung einer an sich geringfügigen Beschäftigung mit einer nicht geringfügigen (Haupt-)Beschäftigung nur dann statt, wenn letztere Versicherungspflicht begründet und – so ist zu ergänzen – für diese (Haupt-)Beschäftigung keine Versicherungsfreiheit z.B. nach § 6 SGB V angeordnet ist. 37

Der **Zweck** dieser Ausnahme ist nach der Gesetzesbegründung[21] folgender: Eine geringfügige Beschäftigung soll dann nicht versicherungsfrei sein, wenn sie neben einer Beschäftigung ausgeübt wird, aufgrund derer der Beschäftigte bereits versicherungspflichtig ist. 38

Ist der **Beschäftigte hauptberuflich selbständig** tätig, führt eine daneben ausgeübte abhängige Beschäftigung nach § 5 Abs. 5 SGB V nicht zur Versicherungspflicht. In diesem Fall findet auch keine Zusammenrechnung der (nicht versicherungspflichtigen) Tätigkeit mit einer geringfügigen Beschäftigung statt, andernfalls könnte sich der Selbständige mit geringen Kosten (Beiträge nur auf das Arbeitsentgelt aus der geringfügigen Beschäftigung) einen kostengünstigen Krankenversicherungsschutz verschaffen. 39

Gleiches gilt, wenn in der Hauptbeschäftigung z.B. nach § 6 Abs. 3 SGB V für **Beamte** Versicherungsfreiheit besteht; diese versicherungsfreien Personen sollen sich nicht durch eine mit der „Beamtenbeschäftigung“ zusammenrechenbare geringfügige Nebenbeschäftigung einen günstigen Krankenversicherungsschutz in der GKV verschaffen können, um sich so z.B. die private Restkostenversicherung zu ersparen. Die geringfügige Beschäftigung bleibt versicherungsfrei; soweit in der Gesetzesbegründung[22] ausgeführt wird, der Arbeitgeber habe auch in diesem Fall den **Pauschalbeitrag** nach § 249b SGB V zu zahlen, ist dies nur dann nichtig, wenn der Beschäftigte – unabhängig von seiner geringfügigen Beschäftigung – in der GKV versichert ist, z.B. als freiwilliges Mitglied. 40

Die Regelung kann zur Folge haben, dass die Grenze des § 6 Abs. 1 Nr. 1 SGB V überschritten wird und die Arbeitnehmer hierdurch versicherungsfrei werden. 41

Arbeitnehmer, deren Jahresarbeitsentgelt oberhalb der Jahresarbeitsentgeltgrenze liegt, bleiben auch bei Aufnahme einer weiteren Beschäftigung unabhängig von der Entgelthöhe dieser Beschäftigung versicherungsfrei (vgl. § 6 Abs. 3 SGB V). 42

6. Übergangsrecht (Absatz 2)

Mit dem Zweiten Gesetz für moderne Dienstleistungen am Arbeitsmarkt[23] wurde das Recht der geringfügigen Beschäftigung mit Wirkung ab dem 01.04.2002 neu geregelt. Der Tatbestand der Entgeltgeringfügigkeit ist erfüllt, wenn das Arbeitsentgelt aus der geringfügigen Beschäftigung regelmäßig im Monat 400 € nicht übersteigt; auf die 15-Stunden-Grenze wird seither verzichtet, d.h. die maximal 400 €-Beschäftigung ist seit 01.04.2003 auch dann geringfügig, wenn die Arbeitszeit 15 Stunden oder mehr in der Woche beträgt.[24] Die Zusammenrechnungsvorschrift des § 8 Abs. 2 SGB IV wurde modifiziert. Nach § 8 Abs. 2 Satz 1 SGB IV sind bei der Anwendung des § 8 Abs. 1 SGB IV mehrere geringfügige Beschäftigungen nach Nr. 1 (Entgeltgeringfügigkeit) oder Nr. 2 (Zeitgeringfügigkeit) „sowie geringfügige Beschäftigungen nach Nr. 1 mit Ausnahme einer geringfügigen Beschäftigung nach Nummer 1 und nicht geringfügige Beschäftigungen zusammenzurechnen“.[25] 43

Wer am 31.01.2003 in einer Beschäftigung versicherungspflichtig war, die ab 01.04.2003 die Voraussetzungen der §§ 8, 8a SGB IV erfüllte und ab dem **Stichtag** 01.04.2003 nach dem ab diesem Zeitpunkt geltenden Recht in dieser Beschäftigung wegen Geringfügigkeit versicherungsfrei gewesen wäre, blieb in dieser Beschäftigung versicherungspflichtig. Dem Arbeitnehmer wurde allerdings die Möglichkeit eingeräumt, sich auf Antrag von der Versicherungspflicht befreien zu lassen (ebenso § 434i SGB III, § 229 Abs. 6 SGB VI).[26] Der **Befreiungsantrag** war innerhalb von drei Monaten nach Beginn der Versicherungspflicht, d.h. bis zum 30.06.2003 zu stellen. 44

---

[21] BT-Drs. 14/280, S. 13 zu Art. 3 Nr. 1.

[22] BT-Drs. 14/280, S. 13 zu Art. 3 Nr. 1.

[23] Sog. 2. Hartz-Gesetz v. 23.12.2002, BGBl I 2002, 4621.

[24] Zur früheren Rechtslage vgl. *Schlegel* in: jurisPK-SGB IV, § 8 Rn. 1 und Rn. 3 ff.

[25] Einzelheiten vgl. *Schlegel* in: jurisPK-SGB IV, § 8 Rn. 53.

[26] Einzelheiten hierzu vgl. *Schlegel* in: Eicher/Schlegel, SGB III, § 343i.

C. Praxishinweise

45 Der Arbeitgeber hat gemäß § 28a Abs. 9 SGB IV auch für geringfügig Beschäftigte **Meldepflichten** trotz Vorliegens von Versicherungsfreiheit gegenüber der **Einzugsstelle**. Dies ist für sämtliche geringfügig Beschäftigten die Bundesknappschaft (§ 28i Satz 5 SGB IV). Jahresmeldungen sind mangels beitragspflichtigen Arbeitsentgelts nicht zu erstatten (vgl. § 13 DEÜV).

46 Auch geringfügig Beschäftigte erhalten einen **Sozialversicherungsausweis** und müssen diesen nach Maßgabe des § 99 SGB IV vorlegen und mitführen.

§ 8 SGB V Befreiung von der Versicherungspflicht

(Fassung vom 05.12.2006, gültig ab 01.01.2007, gültig bis 31.12.2008)

(1) Auf Antrag wird von der Versicherungspflicht befreit, wer versicherungspflichtig wird

1. wegen Änderung der Jahresarbeitsentgeltgrenze nach § 6 Abs. 6 Satz 2 oder Abs. 7,

1a. durch den Bezug von Arbeitslosengeld, Unterhaltsgeld (§ 5 Abs. 1 Nr. 2) oder Arbeitslosengeld II (§ 5 Abs. 1 Nr. 2a) und in den letzten fünf Jahren vor dem Leistungsbezug nicht gesetzlich krankenversichert war, wenn er bei einem Krankenversicherungsunternehmen versichert ist und Vertragsleistungen erhält, die der Art und dem Umfang nach den Leistungen dieses Buches entsprechen,

2. durch Aufnahme einer nicht vollen Erwerbstätigkeit nach § 2 des Bundeserziehungsgeldgesetzes oder nach § 1 Abs. 6 des Bundeselterngeld- und Elternzeitgesetzes während der Elternzeit; die Befreiung erstreckt sich nur auf die Elternzeit,

3. weil seine Arbeitszeit auf die Hälfte oder weniger als die Hälfte der regelmäßigen Wochenarbeitszeit vergleichbarer Vollbeschäftigter des Betriebes herabgesetzt wird; dies gilt auch für Beschäftigte, die im Anschluß an ihr bisheriges Beschäftigungsverhältnis bei einem anderen Arbeitgeber ein Beschäftigungsverhältnis aufnehmen, das die Voraussetzungen des vorstehenden Halbsatzes erfüllt; Voraussetzung ist ferner, daß der Beschäftigte seit mindestens fünf Jahren wegen Überschreitens der Jahresarbeitsentgeltgrenze versicherungsfrei ist,

4. durch den Antrag auf Rente oder den Bezug von Rente oder die Teilnahme an einer Leistung zur Teilhabe am Arbeitsleben (§ 5 Abs. 1 Nr. 6, 11 oder 12),

5. durch die Einschreibung als Student oder die berufspraktische Tätigkeit (§ 5 Abs. 1 Nr. 9 oder 10),

6. durch die Beschäftigung als Arzt im Praktikum,

7. durch die Tätigkeit in einer Einrichtung für behinderte Menschen (§ 5 Abs. 1 Nr. 7 oder 8).

(2) Der Antrag ist innerhalb von drei Monaten nach Beginn der Versicherungspflicht bei der Krankenkasse zu stellen. Die Befreiung wirkt vom Beginn der Versicherungspflicht an, wenn seit diesem Zeitpunkt noch keine Leistungen in Anspruch genommen wurden, sonst vom Beginn des Kalendermonats an, der auf die Antragstellung folgt. Die Befreiung kann nicht widerrufen werden.

Gliederung

A. Basisinformationen

I. Textgeschichte/Gesetzgebungsmaterialien

1 Mit dem am **01.01.1989 in Kraft getretenen** SGB V[1] fasste der Gesetzgeber die bisher in den §§ 173a-173f RVO und § 7 SVBG[2] geregelten Tatbestände der Befreiung von der Versicherungspflicht in überarbeiteter und vereinfachter Form zusammen.[3] Die Vorschrift sah ursprünglich Befreiungsmöglichkeiten für Personen vor, die versicherungspflichtig werden

- wegen Erhöhung der Jahresarbeitsentgeltgrenze (1.),
- durch Aufnahme einer nicht vollen Erwerbstätigkeit nach § 2 des Bundeserziehungsgeldgesetzes während des Erziehungsurlaubs (2.),
- weil die Arbeitszeit auf die Hälfte oder weniger als die Hälfte der regelmäßigen Wochenarbeitszeit vergleichbarer Vollbeschäftigter des Betriebes herabgesetzt wird (3.),
- durch den Antrag auf Rente oder den Bezug von Rente oder die Teilnahme an einer berufsfördernden Maßnahme (4.),
- durch die Einschreibung als Student oder eine berufspraktische Tätigkeit (5.),
- durch die Beschäftigung als Arzt im Praktikum (6.) oder
- durch die Tätigkeit in einer Einrichtung für Behinderte (7.).

Danach kam es zu folgenden Änderungen:

2 Ab dem **01.04.1998** wurde der Kreis der befreiungsberechtigten Personen auf **Bezieher von Arbeitslosengeld, Arbeitslosenhilfe oder Unterhaltsgeld (Absatz 1 Nr. 1a)** ausgedehnt.[4] Seit dem **01.01.2000** verlangt der Gesetzgeber für diesen Personenkreis zusätzlich den **Nachweis eines gleichwertigen privaten Krankenversicherungsschutzes.**[5]

3 Zum **01.01.2001** wurde die veränderte Begrifflichkeit im BErzGG auf das SGB V übertragen und wurden in Absatz 1 Nr. 2 die Wörter „während des Erziehungsurlaubs" durch die Wörter „während der **Elternzeit**" und die Wörter „die Zeit des Erziehungsurlaubs" durch die Wörter „der Elternzeit" ersetzt.[6]

4 Ebenso mussten zum **01.07.2001** in Absatz 1 Nr. 4 die Wörter „berufsfördernden Maßnahme" durch die Wörter „**Leistung zur Teilhabe am Arbeitsleben**" und in Nr. 7 das Wort „Behinderte" durch die Wörter „**behinderte Menschen**" ersetzt werden.[7]

5 Als Folgeregelung zur Anhebung und Neuordnung der für die Versicherungspflicht maßgebenden Jahresarbeitsentgeltgrenze (§ 6 Abs. 1 Nr. 1, Abs. 6 und 7 SGB V) wurden zum **01.01.2003** in Absatz 1 Nr. 1 die Wörter „wegen Erhöhung der Jahresarbeitsentgeltgrenze" ersetzt durch „**wegen Änderung der Jahresarbeitsentgeltgrenze nach § 6 Abs. 6 Satz 2 oder Abs. 7** ".[8] In der gesetzlichen Krankenversicherung sind Beschäftigte versicherungsfrei, wenn ihr regelmäßiges Jahresarbeitsentgelt die Jah-

---

1 Sozialgesetzbuch (SGB) Fünftes Buch (V) Gesetzliche Krankenversicherung, Art. 1 des Gesetzes zur Strukturreform im Gesundheitswesen (Gesundheits-Reformgesetz – GRG) vom 20.12.1988, BGBl I 1988, 2477.

2 Gesetz über die Sozialversicherung Behinderter in geschützten Einrichtungen, Art. 1 des Gesetzes über die Sozialversicherung Behinderter vom 07.05.1975, BGBl I 1975, 1061.

3 Entwurf eines Gesetzes zur Strukturreform im Gesundheitswesen (Gesundheits-Reformgesetz – GRG) vom 03.05.1988, BT-Drs. 11/2237, S. 11 ff., zu § 8 – Befreiung von der Versicherungspflicht, S. 160.

4 Art. 4 Nr. 1 des Ersten Gesetzes zur Änderung des Dritten Buches Sozialgesetzbuch und anderer Gesetze (Erstes SGB III-Änderungsgesetz – 1. SGB III-ÄndG) vom 16.12.1997, BGBl I 1997, 2970; Gesetzentwurf der Fraktionen der CDU/CSU und F.D.P. vom 24.06.1997, BT-Drs. 13/8012; Beschlussempfehlung und Bericht des Ausschusses für Arbeit und Sozialordnung vom 12.11.1997, BT-Drs. 13/8994.

5 Art. 1 Nr. 4 des Gesetzes zur Reform der gesetzlichen Krankenversicherung ab dem Jahr 2000 (GKV-Gesundheitsreformgesetz 2000) vom 22.12.1999, BGBl I 1999, 2626; Gesetzentwurf mit Begründung, BT-Drs. 14/1245.

6 Art. 19 Nr. 1 des Gesetzes zur Änderung des Begriffs „Erziehungsurlaub" vom 30.11.2000, BGBl I 2000, 1638.

7 Art. 5 Nr. 3 Sozialgesetzbuch – Neuntes Buch – (SGB IX) Rehabilitation und Teilhabe behinderter Menschen vom 19.06.2001, BGBl I 2001, 1046; Gesetzesbegründung BT-Drs. 14/5074, S. 92.

8 Art. 1 Nr. 2 des Gesetzes zur Sicherung der Beitragssätze in der gesetzlichen Krankenversicherung und in der gesetzlichen Rentenversicherung (Beitragssatzsicherungsgesetz – BSSichG) vom 23.12.2002, BGBl I 2002, 4637.

resarbeitsentgeltgrenze übersteigt (§ 6 Abs. 1 Nr. 1 SGB V). Mit dem BSSichG hat der Gesetzgeber die Jahresarbeitsentgeltgrenze mit dem Jahr 2003 drastisch erhöht[9] und auf 45.900 € festgesetzt. Die Entgeltgrenzen in den Folgejahren verändern sich nach Maßgabe des § 6 Abs. 6 Satz 2 SGB V – vereinfacht gesagt – entsprechend den Veränderungen der Bruttolohn- und -gehaltssummen. Die neu geregelte Jahresarbeitsentgeltgrenze nach § 6 Abs. 7 SGB V kommt für Personen in Betracht, die bisher bereits wegen Überschreitens der Jahresarbeitsentgeltgrenze versicherungsfrei gewesen sind. Für diesen Personenkreis gilt im Sinne einer Besitzstandsregelung die niedrigere Jahresarbeitsentgeltgrenze auf bisherigem Niveau weiter.

Im Zuge der Abschaffung der Arbeitslosenhilfe und Einführung des Arbeitslosengeldes II als Grund- 6
sicherung für Arbeitslose zum **01.01.2005** wurde in Absatz 1 Nr. 1a das Wort „Arbeitslosenhilfe" durch „**Arbeitslosengeld II (§ 5 Abs. 1 Nr. 2a)**" ersetzt.[10]

Als Folgeregelung zur Einführung des Elterngeldes zum **01.01.2007** werden in Absatz 1 Nr. 2 nach den 7
Wörtern „nach § 2 des Bundeserziehungsgeldgesetzes" die Wörter „oder nach § 1 Abs. 6 des **Bundeselterngeld- und Elternzeitgesetzes**" eingefügt.[11]

Die Befreiungsmöglichkeit für Bezieher von **Arbeitslosengeld II** (Absatz 1 Nr. 1a) ist seit dem 8
01.04.2007 entbehrlich, da der Gesetzgeber des GKV-WSG die Versicherungspflicht für den betroffenen Personenkreis abgeschafft hat (§ 5 Abs. 5a SGB V). In § 8 Abs. 1 Nr. 1a SGB V wurde deshalb die Angabe „oder Arbeitslosengeld II (§ 5 Abs. 1 Nr. 2a)" **gestrichen.**[12]

Die Bestimmungen in **Absatz 2** über das Befreiungsverfahren haben bislang keine Änderungen erfah- 9
ren.

II. Vorgängervorschriften

§ 8 SGB V geht auf die **§§ 173a-173f RVO** und **§ 7 SVBG**[13] zurück. 10

In der RVO waren die Befreiungsmöglichkeiten von der gesetzlichen Krankenversicherung noch in 11
mehreren Vorschriften enthalten, die nach und nach in das Gesetz eingefügt worden waren:

- § 173a RVO[14] (ab 01.01.1968) regelte die Befreiung von der Versicherungspflicht als Rentner nach § 165 Abs. 1 Nr. 3 RVO,
- § 173b RVO[15] (ab 01.08.1969) von der Versicherungspflicht als Angestellter nach § 165 Abs. 1 Nr. 2 RVO sowie Hausgewerbetreibende nach § 166 RVO,
- § 173c RVO[16] (ab 01.10.1974) als Teilnehmer an berufsfördernden Maßnahmen zur Rehabilitation,
- § 173d RVO[17] (ab 01.09. bzw. 01.10.1975) als Student oder Praktikant nach § 165 Abs. 1 Nr. 5 oder 6 RVO,
- § 173e RVO[18] (ab 01.01.1986) als Angestellter durch Aufnahme einer nicht vollen Erwerbstätigkeit während des Erziehungsurlaubs nach § 165 Abs. 1 Nr. 2 RVO und

[9] Wegen der Einzelheiten: *Schlegel* in: Küttner, Personalbuch, Stichwort: Beitragsbemessungsgrenzen; *Niemann*, NZS 2003, 134 ff.

[10] Art. 5 Nr. 3 des Vierten Gesetzes für moderne Dienstleistungen am Arbeitsmarkt vom 24.12.2003, BGBl I 2003, 2954.

[11] Gesetzentwurf der Fraktionen der CDU/CSU und SPD, BT-Drs. 16/1889; Gesetzesbeschluss des Deutschen Bundestages, BR-Drs. 698/06.

[12] Art. 1 Nr. 4 des Gesetzes zur Stärkung des Wettbewerbs in der Gesetzlichen Krankenversicherung (GKV-Wettbewerbsstärkungsgesetz – GKV-WSG) vom 26.03.2007, BGBl I 2007, 378; Gesetzentwurf der Fraktionen der CDU/CSU und SPD, BT-Drs. 16/3100.

[13] Gesetz über die Sozialversicherung Behinderter in geschützten Einrichtungen, Art. 1 des Gesetzes über die Sozialversicherung Behinderter vom 07.05.1975, BGBl I 1975, 1061.

[14] Art. 1 § 1 Nr. 3 des Gesetzes zur Verwirklichung der mehrjährigen Finanzplanung des Bundes, II. Teil – Finanzänderungsgesetz 1967 – vom 21.12.1967, BGBl I 1967, 1259.

[15] Art. 2 Nr. 3 des Gesetzes über die Fortzahlung des Arbeitsentgelts im Krankheitsfalle und über Änderungen des Rechts der gesetzlichen Krankenversicherung vom 27.07.1969, BGBl I 1969, 946.

[16] § 21 Nr. 2 des Gesetzes über die Angleichung der Leistungen zur Rehabilitation vom 07.08.1974, BGBl I 1974, 1881.

[17] § 1 Nr. 4 des Gesetzes über die Krankenversicherung der Studenten (KVSG) vom 24.06.1975, BGBl I 1975, 1536.

[18] § 22 Nr. 1 des Gesetzes über die Gewährung von Erziehungsgeld und Erziehungsurlaub (BErzGG) vom 06.12.1985, BGBl I 1985, 2154 m.W.v. 01.01.1986.

- § 173f RVO[19] (ab 01.08.1986) bei Umstellung eines Arbeitsverhältnisses Angestellter auf Teilzeit nach § 165 Abs. 1 Nr. 2 RVO.

12 In allen Fällen hing eine Befreiung von der Versicherungspflicht davon ab, dass ein anderweitiger Versicherungsschutz mit Versicherungsleistungen, die der Art nach den Leistungen der Krankenhilfe entsprachen, bei einem privaten Krankenversicherungsunternehmen bestand. Die Befreiung war unwiderruflich. Der Antrag musste binnen eines Monats nach Beginn der Mitgliedschaft bei der zuständigen Kasse gestellt werden, die Befreiung wirkte von Beginn der Versicherungspflicht an. Nur bei Studenten/Praktikanten betrug die Antragsfrist drei Monate und wirkte die Befreiung erst ab dem auf den Antragsmonat folgenden Monat (§ 173d Abs. 2 RVO).

13 Durch das **SVBG**[20] führte der Gesetzgeber 1975 eine Versicherungspflicht in der gesetzlichen Kranken- und Rentenversicherung der körperlich, geistig oder seelisch Behinderten ein, die in Werkstätten für Behinderte oder Blindenwerkstätten (einschl. Heimarbeiter) oder in Anstalten, Heimen oder gleichartigen Einrichtungen beschäftigt wurden (§§ 1, 2 SVBG). Gleichzeitig sollten sich auch diese Personen bei Bestehen eines gleichartigen Versicherungsschutzes unter Einhaltung einer dreimonatigen Antragsfrist unwiderruflich von der Versicherungspflicht befreien lassen können (§ 7 SVBG).

14 Nach den **Gesetzesmaterialien** zum **GRG**[21] seien die bisherigen Regelungen der RVO bzw. des SVBG in das SGB V inhaltlich übernommen und zusammengefasst worden. An Änderungen zählte der Gesetzgeber auf, dass die Befreiung den – auch nur vorübergehenden – Abschluss einer privaten Krankenversicherung nicht mehr voraussetze, an die Stelle unterschiedlicher Antragsfristen eine einheitliche Frist von drei Monaten trete und ein Befreiungsrecht für Ärzte, die aufgrund der Beschäftigung als „Arzt im Praktikum" versicherungspflichtig seien, neu aufgenommen werde. Eine weitere, hier nicht erwähnte Änderung betraf den Zeitpunkt der Befreiungswirkung. Die Befreiung wirkt nicht mehr generell mit dem Beginn der Versicherungspflicht/Mitgliedschaft, sondern nur noch dann von Anfang an, wenn seit diesem Zeitpunkt noch keine Leistungen in Anspruch genommen worden sind, ansonsten vom Beginn des Kalendermonats an, der auf die Antragstellung folgt (§ 8 Abs. 2 Satz 2 SGB V).[22]

III. Parallelvorschriften

15 Die Versicherungspflicht der **Landwirte**, ihrer mitarbeitenden Familienangehörigen und Altenteiler (§ 5 Abs. 1 Nr. 3 SGB V) ist näher im Zweiten Gesetz über die Krankenversicherung der Landwirte (KVLG 1989) geregelt. Nach **§ 4 Abs. 1 Nr. 1 und 2 KVLG 1989** ist von der Versicherungspflicht zu befreien, wer versicherungspflichtig wird durch seine Tätigkeit als landwirtschaftlicher Unternehmer, wenn der Wirtschaftswert seines landwirtschaftlichen Unternehmens einen bestimmten Betrag übersteigt, oder wer versicherungspflichtig wird durch den Antrag auf bzw. den Bezug einer der in § 2 Abs. 1 Nr. 4 genannten Renten. Die Antragsfrist beträgt drei Monate.[23] Anders als nach § 8 Abs. 2 Satz 2 SGB V wirkt die Befreiung nicht erst ab einem späteren Zeitpunkt, sondern ist gänzlich ausgeschlossen, wenn bereits Leistungen nach diesem Gesetz in Anspruch genommen worden sind (§ 4 Abs. 2 Satz 3 KVLG 1989).

16 **§ 5 KVLG 1989** ermöglicht eine Befreiung von Unternehmern der **Binnenfischerei**, der **Imkerei** und der **Wanderschäferei**. Die Antragsfrist beträgt abweichend von § 8 Abs. 2 SGB V nur einen Monat. Der Gesetzgeber spricht hier ausdrücklich von einer befristeten Befreiung, weil die Unternehmer nur solange befreit werden, wie sie bei einer anderen Krankenkasse freiwillig mit Anspruch auf Krankengeld versichert sind.

17 **Künstler und Publizisten** sind nach näherer Bestimmung des Gesetzes über die Sozialversicherung der selbständigen Künstler und Publizisten (KSVG) versicherungspflichtig (§ 5 Abs. 1 Nr. 4 SGB V).[24] Bei erstmaliger Aufnahme einer Tätigkeit als Künstler oder Publizist und fehlender Versi-

---

[19] Art. 10 Nr. 2 des Gesetzes zur Änderung wirtschafts-, verbraucher-, arbeits- und sozialrechtlicher Vorschriften vom 25.07.1986, BGBl I 1986, 1169 m.W.v. 01.08.1986.

[20] Gesetz über die Sozialversicherung Behinderter vom 07.05.1975, BGBl I 1975, 1061.

[21] Begründung des Gesetzentwurfs, BT-Drs. 11/2237, S. 160 zu § 8 – Befreiung von der Versicherungspflicht.

[22] Zu § 173d RVO und § 8 Abs. 1 Nr. 5, Abs. 2 SGB V im Vergleich: BSG v. 23.06.1994 - 12 RK 25/93 - SozR 3-2500 § 8 Nr. 1.

[23] Allgemein zur Befreiung von der Versicherungspflicht in der landwirtschaftlichen Krankenversicherung: *Müller*, WzS 2001, 200 ff.; zu Fragen der Wiedereinsetzung und Verfassungsmäßigkeit der Befreiungsregelung: Bayerisches LSG v. 28.07.2003 - L 4 KR 99/03; gegen eine Wiedereinsetzung: LSG Nordrhein-Westfalen v. 27.04.1995 - L 16 Kr 164/94 - BdLKK RdSchr KV 4/95.

[24] Zu den Übergangsregelungen für Künstler/Publizisten im Beitrittsgebiet: *Gerlach* in: Hauck/Noftz, SGB V, § 8 Rn. 60 ff.

cherungsfreiheit nach § 5 Abs. 1 KSVG besteht ein Befreiungsanspruch, wenn der Antragsteller eine private Krankenversicherung mit Leistungen, die der gesetzlichen Krankenkasse entsprechen müssen, nachweist (**§ 6 Abs. 1 KSVG**). Für den Lauf der Antragsfrist von drei Monaten ist nicht maßgeblich der Beginn der Versicherungspflicht, sondern die Feststellung der Versicherungspflicht bei der Künstlersozialkasse. Die Befreiung ist nicht unwiderruflich, sondern kann bis zum Ablauf von drei Jahren (seit 01.07.2001; zuvor fünf Jahre) – mit Verlängerungsmöglichkeit[25] – nach der erstmaligen Aufnahme der Tätigkeit von dem Betroffenen wieder rückgängig gemacht werden (§ 6 Abs. 2 KSVG).

Für nachhaltig **höher verdienende Künstler und Publizisten** besteht eine weitere, der für Arbeitnehmer mit einem oberhalb der Jahresarbeitsentgeltgrenze liegenden Arbeitsentgelt geltenden Versicherungsfreiheit (§ 6 Abs. 1 Nr. 1 SGB V) nachgebildete Befreiungsmöglichkeit. Auch noch im Laufe der künstlerischen bzw. publizistischen Tätigkeit kann eine Befreiung derjenige beanspruchen, dessen Arbeitseinkommen in drei aufeinander folgenden Kalenderjahren über der Jahresarbeitsentgeltgrenze gelegen hat (**§ 7 KSVG**). Diese Befreiung ist dann unwiderruflich. 18

IV. Verwaltungsvorschriften

Die Spitzenverbände der Krankenkassen, zum Teil zusammen mit den Rentenversicherungsträgern und/oder der Bundesagentur für Arbeit, bringen ihre Rechtsauffassungen in nicht außenrechtsverbindlichen[26] **Gemeinsamen Rundschreiben** zum Ausdruck.[27] 19

V. Systematische Zusammenhänge

Das Sozialgesetzbuch regelt die Sozialversicherungspflicht nicht einheitlich für die gesamte Sozialversicherung bzw. Arbeitsförderung an zentraler Stelle. Es ist für jeden Zweig der Sozialversicherung gesondert zu prüfen, ob eine Person der Versicherungspflicht unterliegt, Versicherungsfreiheit kraft Gesetzes vorliegt oder eine Befreiungsmöglichkeit besteht. 20

In der gesetzlichen Rentenversicherung besteht Versicherungspflicht nach Maßgabe der §§ 1-4 SGB VI, Versicherungsfreiheit ergibt sich aus § 5 SGB VI, ein Befreiungsanspruch von der Rentenversicherungspflicht aus **§ 6 SGB VI.** In der Arbeitslosenversicherung ist keine Befreiung von der Versicherungspflicht möglich. Bestimmte Beschäftigte bzw. Personen sind nach den **§§ 27, 28 SGB III** versicherungsfrei. In der Unfallversicherung besteht eine Befreiungsmöglichkeit für kleinere landwirtschaftliche Unternehmen (**§ 5 SGB VII**). 21

Nur in der sozialen **Pflegeversicherung** nimmt der Gesetzgeber zur Bestimmung der Versicherungspflicht aufgrund der Sachnähe pauschal Bezug auf den Kreis der in der gesetzlichen Krankenversicherung Versicherten.[28] Pflichtversichert in der Pflegeversicherung sind Personen, die in der gesetzlichen Krankenversicherung pflichtversichert oder freiwillig versichert sind (§ 20 SGB XI), daneben ein in § 21 SGB XI näher bestimmter Personenkreis. Daher gilt, wer in der gesetzlichen Krankenversicherung versicherungsfrei ist oder nach § 8 SGB V sich hat befreien lassen, ist auch nicht in die soziale Pflegeversicherung einbezogen. Den in der Pflegeversicherung versicherungspflichtigen freiwilligen Mitgliedern der Krankenversicherung steht ein Befreiungsrecht zu, soweit ein gleichwertiger privater Versicherungsschutz besteht (**§ 22 SGB XI**).[29] 22

Die im Recht der gesetzlichen Krankenversicherung im Wesentlichen in einer Norm zusammengefassten Regelungen über die Befreiung von der Versicherungspflicht (§ 8 SGB V) stehen am Ende des Ersten Abschnittes (Versicherung kraft Gesetzes, §§ 5-8) im Ersten Kapitel (**Versicherter Personenkreis, §§ 5-10**) des SGB V. Der zentralen Bestimmung des Kreises der versicherungspflichtigen Personen in § 5 SGB V schließen sich Ausnahmeregelungen zur Versicherungsfreiheit kraft Gesetzes (§§ 6, 7 SGB V) und einer möglichen Befreiung von der Versicherungspflicht auf Antrag (§ 8 SGB V) an. Es folgen Regelungen zur freiwilligen Versicherung (Zweiter Abschnitt, § 9 SGB V) und Familienversicherung (Dritter Abschnitt, § 10 SGB V). 23

---

[25] § 3 Abs. 2 KSVG; dazu *Finke/Brachmann/Nordhausen*, KSVG, § 3 Rn. 21.

[26] BSG v. 30.05.2006 - B 1 KR 19/05 R - SozR 4-2500 § 47 Nr. 4.

[27] Abgedruckt in: *Schneider* (Bearbeiter), SGB AOK, Soziale Gesetzgebung und Praxis für die AOK, Bd. II Rundschreiben usw., Loseblatt, Verlag CW Haarfeld GmbH.

[28] Zur Versicherungspflicht für Versicherte der privaten Krankenversicherungsunternehmen: § 23 SGB XI.

[29] Zu weiteren Einzelheiten: *Schlegel* in: Küttner, Personalbuch, Stichwort „Pflegeversicherungspflicht".

24 Soweit bereits Versicherungsfreiheit besteht, ist eine Befreiung von der Versicherungspflicht nicht mehr möglich, denn die Befreiung ist **im Verhältnis zur Versicherungsfreiheit** der kraft Gesetzes eintretenden Versicherungsfreiheit **nachrangig**. Tritt ein auf Antrag von der Versicherungspflicht befreiter Arbeitnehmer in ein Beschäftigungsverhältnis ein, auf Grund dessen er kraft Gesetzes versicherungsfrei ist, so ist für diese Beschäftigung die Befreiung von der Versicherungspflicht wirkungslos.[30]

25 Für das Verhältnis der Versicherungsfreiheit bzw. Befreiung von der Versicherungspflicht zu weiteren gleichzeitig vorliegenden Versicherungspflichttatbeständen ist **§ 6 Abs. 3 SGB V** von zentraler Bedeutung. Von der Versicherungspflicht befreite Personen bleiben auch dann versicherungsfrei, wenn sie eine der in § 5 Abs. 1 Nr. 1 oder 5 bis 12 SGB V genannten Voraussetzungen – insbesondere die Versicherungspflicht aufgrund einer Beschäftigung gegen Arbeitsentgelt – erfüllen (sog. **absolute Versicherungsfreiheit**).

VI. Literaturhinweise

26 *Bönecke*, Ausgewählte Fragen zur Krankenversicherung der Rentner, Der Sozialversicherungs-Fachangestellte 2003, 25-35; *Bress*, Ausgewählte Fragen zur Krankenversicherung der Studenten, Der Sozialversicherungs-Fachangestellte 2006, 61-79; *Felix*, Studenten und gesetzliche Krankenversicherung, NZS 2000, 477-485; *Gregor/Pflüger*, Entscheidungen aus dem Beitrags- und Versicherungsrecht; *Leube*, Sozialversicherung in Gestalt der Privatversicherung – Rechtliche Rahmenbedingungen, NZS 2003, 449-451; *Marburger*, Auswirkungen der privaten Krankenversicherung auf die gesetzliche Krankenversicherung, DÖD 2001, 161-168; *Müller*, Die Befreiung von der Versicherungspflicht in der landwirtschaftlichen Krankenversicherung, WzS 2001, 200-215; *ders.*, Zugehörigkeit zum versicherungspflichtigen Personenkreis der Altenteiler nach dem KVLG 1989, WzS 2006, 199-209; *Niemann*, Versicherungs- und beitragsrechtliche Auswirkungen des Beitragssatzsicherungsgesetzes (BSSichG) in der Krankenversicherung, NZS 2003, 134-138; *Schulz*, Die Beurteilung der Krankenversicherung von höherverdienenden Arbeitnehmern, Der Sozialversicherungs-Fachangestellte 2001, 45-61; *Wirges*, Einzelprobleme der Reichweite der Befreiung von der Versicherungspflicht gemäß § 8 SGB V, SGb 2005, 14-26; *ders.*, Versicherungsbefreiung wegen Elternteilzeit oder Teilzeitbeschäftigung – Zum Verhältnis von § 8 Abs. 1 Nr. 2 und § 8 Abs. 1 Nr. 3 SGB V, SGb 2006, 595-600; *Wollenschläger/Krogull*, Zur Verfassungsmäßigkeit der Erhöhung der Versicherungspflichtgrenze in der gesetzlichen Krankenversicherung durch das Beitragssatzsicherungsgesetz.

B. Auslegung der Norm

I. Regelungsgehalt und Bedeutung der Norm

1. Befreiungstatbestände (Absatz 1)

27 Absatz 1 zählt eine Reihe von Versicherungspflichttatbeständen auf, bei deren Eintritt dem Betroffenen die Möglichkeit der Befreiung von der Versicherungspflicht eröffnet wird. Die Vorschrift ist für sich genommen abschließend konzipiert und als **Ausnahmevorschrift** eng auszulegen.[31] Soweit das SGB V die Versicherungspflicht nach näherer Bestimmung spezieller Gesetze regelt, die als besondere Teile des SGB gelten bzw. auf die das SGB Anwendung findet, sind Befreiungsmöglichkeiten dort geregelt (§§ 6, 7 KSVG, § 6 KVLG 1989). Einige Tatbestände stehen im Zusammenhang mit der Versicherungsfreiheit wegen Überschreitens der Jahresarbeitsentgeltgrenze (Absatz 1 Nr. 1, 2 und 3). Der bisherige Status der Versicherungsfreiheit kann im Wege der Befreiung aufrechterhalten bleiben, auch wenn eine Veränderung der Jahresarbeitsentgeltgrenze, die Aufnahme einer nicht vollen Erwerbstätigkeit in der Elternzeit oder die Herabsetzung der Wochenarbeitszeit an sich die Einbeziehung in die gesetzliche Krankenversicherung zur Folge hat. Andere Befreiungstatbestände betreffen Bezieher von Leistungen der Arbeitslosenversicherung, Rentner/Rentenantragsteller, Rehabilitanden bei Teilnahme an einer Leistung zur Teilhabe am Arbeitsleben, Studenten/Praktikanten, Ärzte im Praktikum und behinderte Menschen (Absatz 1 Nr. 1a, 4-7), ohne dass hier ein einheitliches Strukturprinzip zu erkennen ist.

---

30 Vgl. BSG v. 17.02.1970 - 1 RA 187/69 - SozR Nr. 14 zu § 1232 RVO = Breith 1970, 582.

31 BSG v. 27.01.2000 - B 12 KR 16/99 R - USK 2000-1.

Von den Versicherungspflichtigen aufgrund des Bezuges von Arbeitslosengeld, Unterhaltsgeld oder Arbeitslosengeld II (Absatz 1 Nr. 1a) abgesehen ist die Befreiung nicht von einem alternativen, **gleichwertigen privaten Krankenversicherungsschutz** abhängig. Einen nach der RVO bzw. dem SVBG noch notwendigen Nachweis, dass der Befreiungswillige bei einer Krankenversicherung versichert ist und der Vertrag für ihn selbst und seine familienhilfsberechtigten Angehörigen ausreichend Vertragsleistungen enthält, die der Art nach den Leistungen der Krankenhilfe aus der gesetzlichen Krankenversicherung entsprechen, verlangt der Gesetzgeber nicht mehr. Eine Begründung hierfür ist den Gesetzesmaterialien nicht zu entnehmen.[32] Zum Teil wird darauf hingewiesen, dass der Nachweis eines privaten Versicherungsschutzes sich in der Praxis als nicht sinnvoll erwiesen habe, da die Gleichartigkeit nicht immer zweifelsfrei festzustellen gewesen sei und nicht habe verhindert werden können, dass später Versicherungsverträge aufgelöst oder für den Betroffenen nachteilig abgeändert worden seien.[33] 28

2. Verwaltungsverfahren (Absatz 2)

Die Befreiung tritt nicht kraft Gesetzes ein, sondern bedarf eines entsprechenden antragsabhängigen **Feststellungsaktes der Krankenkasse**. Für den Berechtigten gelten Antragsfristen, die ihn mit einem verspätet geltend gemachten Befreiungsbegehren ausschließen. Auch hält ihn das Gesetz an seiner einmal getroffenen Entscheidung fest und lässt einen Widerruf nicht zu. 29

Wird die Befreiung ausgesprochen, werden die Rechtsfolgen der Versicherungspflicht (vor allem Beitragspflicht und Leistungsansprüche) nicht wirksam. Dies bedeutet jedoch nicht, dass nach der Befreiung keine Versicherungspflicht besteht oder diese wieder beseitigt/aufgehoben wird. Die **Befreiungswirkung** besteht lediglich darin, dass die Befreiung den Tatbestand der Versicherungspflicht überlagert und verhindert, dass die Rechtsfolgen der Versicherungspflicht wirksam werden.[34] 30

II. Normzweck

Wer bislang bei einem privaten Krankenversicherungsunternehmen versichert ist und nun versicherungspflichtig wird, kann den Versicherungsvertrag mit Wirkung vom Eintritt der Versicherungspflicht an kündigen (§ 5 Abs. 9 SGB V). § 8 SGB V eröffnet bestimmten Personen aber auch die Möglichkeit, ihren bisherigen **privaten Krankenversicherungsschutz fortzusetzen** und auf den Schutz der gesetzlichen Krankenversicherung zu verzichten. In den Befreiungsfällen unterstellt der Gesetzgeber einen anderweitigen Versicherungsschutz, überlässt es letztendlich aber dem Einzelnen und seinem Verantwortungsbewusstsein für sich selbst und seine Familie für einen ausreichenden Krankenversicherungsschutz zu sorgen. Nur von Beziehern von Arbeitslosengeld (Absatz 1 Nr. 1a) ist dieser nachzuweisen. 31

Dass der Gesetzgeber das Recht auf Befreiung von der Versicherungspflicht in der Krankenversicherung nur einem kleinen Kreis von Versicherten einräumt, betrifft zum einen die grundrechtlich geschützte Berufsfreiheit (Art. 12 Abs. 1 GG) der privaten Krankenversicherungsunternehmen, zum anderen das Grundrecht der allgemeinen Handlungsfreiheit (Art. 2 Abs. 1 GG) der Versicherten.[35] Bei der Frage, ob die **Abgrenzung des Versichertenkreises** bzw. des Kreises der Befreiungsberechtigten den verfassungsrechtlichen Anforderungen an die Grundrechte einschränkende Regelungen entsprechen, kommt dem Gemeinwohlbelang der Sicherung der Stabilität der gesetzlichen Krankenversicherung im Interesse sozial schutzbedürftiger Versicherter allerdings eine hohe Bedeutung zu. Zur Einschränkung des Kreises versicherungsfreier Arbeitnehmer durch eine Neubestimmung der Jahresarbeitsentgeltgrenze ab 2003 hat das Bundesverfassungsgericht darauf abgestellt, dass die gesetzliche Krankenversicherung der Absicherung der als sozial schutzbedürftig angesehenen Versicherten vor den finanziellen Risiken einer Erkrankung dient, wobei ein umfassender sozialer Ausgleich innerhalb des Systems stattfindet. Um dies zu gewährleisten, könne der Gesetzgeber den Mitgliederkreis von Pflichtversicherten so abgrenzen, wie es für die Begründung einer leistungsfähigen Solidargemeinschaft erforderlich sei.[36] Eine auf dem Gedanken der Solidarität ihrer Mitglieder sowie des sozialen Ausgleichs beruhende Krankenversicherung benötigt gerade die finanziell leistungsfähigen Versicherten zur Absicherung der Familienversicherten, älterer Menschen und der Versicherten mit nur gerin- 32

---

[32] BT-Drs. 11/2237, S. 160 zu § 8 – Befreiung von der Versicherungspflicht.

[33] *Sommer* in: Peters, Handbuch KV (SGB V), § 8 Rn. 10; *Peters* in: KassKomm, SGB V, § 8 Rn. 4.

[34] Dazu *Schlegel* in: jurisPK-SGB IV, § 8 Rn. 16.

[35] Vgl. hierzu: BVerfG v. 06.12.2005 - 1 BvR 347/98 - NZS 2006, 84; *Wollenschläger/Krogull*, NZS 2005, 237 ff.

[36] BVerfG, Nichtannahmebeschlüsse v. 04.02.2004 - 1 BvR 1103/03 - SozR 4-2500 § 5 Nr. 1.

gem Einkommen. Dem Gesetzgeber ist daher bei der Abgrenzung des Personenkreises der Pflichtversicherten ein weiter Gestaltungsspielraum zuzubilligen, was dazu führt, dass nicht jedem im Einzelfall auftretenden Bedürfnis Einzelner nach Befreiung Rechnung getragen werden muss.[37]

33 Eine Benachteiligung darin zu erblicken, dass ein von dem Betroffenen als vorteilhaft eingeschätzter Krankenversicherungsschutz in der privaten Krankenversicherung durch den Krankenversicherungsschutz in der gesetzlichen Krankenversicherung ersetzt wird, hat das BSG bislang abgelehnt, da dies kein anzuerkennender Nachteil sei, weil beim Systemvergleich von der Gleichwertigkeit der privaten und der gesetzlichen Krankenversicherung auszugehen ist.[38]

III. Befreiungstatbestände (Absatz 1)

1. Änderung der Jahresarbeitsentgeltgrenze nach § 6 Abs. 6 Satz 2 oder Abs. 7 SGB V (Nr. 1)

34 Höherverdienende Arbeitnehmer, die wegen Übersteigens der Jahresarbeitsentgeltgrenze bislang versicherungsfrei gewesen sind (§ 6 Abs. 1 Nr. 1 SGB V) und nun wegen Erhöhung der Entgeltgrenze versicherungspflichtig werden, weil das zu erwartende Jahresarbeitsentgelt darunter bleibt, können sich von der Versicherungspflicht befreien lassen.

35 Die Vorschrift geht auf § 173b RVO zurück. Die Befreiungsmöglichkeit besteht seit 1989 für **Arbeiter und Angestellte** gleichermaßen, nachdem durch das GRG die Versicherungsfreiheit bei Überschreiten der Jahresarbeitsentgeltgrenze auch für Arbeiter eingeführt worden war.

36 Die Befreiungsmöglichkeit besteht nach dem Wortlaut nur dann, wenn für den Eintritt der Versicherungspflicht allein die Änderung der Jahresarbeitsentgeltgrenze **ursächlich** ist, nicht etwa im Falle der Verringerung des Arbeitsentgeltes.[39] Die Veränderung der Jahresarbeitsentgeltgrenze muss auch tatsächlich Versicherungspflicht eintreten lassen; das gilt auch, wenn dem Eintritt der Versicherungspflicht eine nicht nur vorübergehende Beschäftigung im Ausland entgegensteht, die ohne Rücksicht auf die Jahresarbeitsentgeltgrenze versicherungsfrei ist. Einen Befreiungsanspruch entgegen dem Wortlaut im Wege der Lückenausfüllung hat das BSG zur Vorläuferregelung (§ 173b RVO) abgelehnt und dies mit dem Charakter der Vorschrift als Ausnahmeregelung sowie dem Grundsatz, dass Freistellungen von der gesetzlichen Versicherungspflicht im Interesse der gebotenen Solidarität der Versichertengemeinschaft nur in begrenztem Umfang zugelassen werden können, begründet.[40]

37 Mit Aufnahme einer neuen Beschäftigung endet grundsätzlich eine bisherige Versicherungsfreiheit, wenn das neue Beschäftigungsverhältnis – z.B. aufgrund eines Einkommens unterhalb der Jahresarbeitsentgeltgrenze – versicherungspflichtig ist. In diesem Fall liegen auch die Voraussetzungen für eine Befreiung nicht vor, weil der Betroffene nicht wegen Veränderung der Entgeltgrenze versicherungspflichtig wird, sondern die Aufnahme einer Beschäftigung einen neuen Versicherungspflichttatbestand (§ 5 Abs. 1 Nr. 1 SGB V) begründet.[41]

38 Seit dem 01.01.2003 ist zu beachten, welche der Jahresarbeitsentgeltgrenzen im Einzelfall gilt. Waren Beschäftigte bereits am 31.12.2002 wegen ihres höheren Verdienstes versicherungsfrei und verfügten sie über einen ausreichenden privaten Krankenversicherungsschutz, gilt für sie die niedrigere Jahresarbeitsentgeltgrenze nach § 6 Abs. 7 SGB V, die auch in den Folgejahren auf diesem Niveau fortgeführt wird. Für alle anderen gelten die höheren Jahresarbeitsentgeltgrenzen nach § 6 Abs. 6 Satz 2 SGB V.

39 Die **Erhöhung der Jahresarbeitsentgeltgrenze zum 01.01.2003** nach § 6 Abs. 6 Satz 1 SGB V durch das BSSichG begründete kein Befreiungsrecht.[42] Dies ergibt sich hinlänglich aus dem Wortlaut des § 8 Abs. 1 Nr. 1 SGB V, da hier nur auf Veränderungen nach § 6 Abs. 6 Satz 2 SGB V verwiesen wird[43], mithin gerade nicht auf die einmalige drastische Erhöhung der Jahresarbeitsentgeltgrenze für das Jahr 2003 in Satz 1 (Absatz 6). In Bezug genommen sind insoweit nur die Änderungen in den Folgejahren. Für Personen, die bislang aufgrund ihres hohen Arbeitsentgeltes versicherungsfrei gewesen sind und nun in Folge der Erhöhung nach Absatz 6 versicherungspflichtig geworden wären, gilt die Be-

---

37 Zum Befreiungsrecht der Rentner nach § 173a RVO: BSG v. 28.04.1982 - 12 RK 55/80 - USK 8247.

38 BSG v. 05.10.2006 - B 12 KR 82/05 B; BSG v. 17.07.1997 - 12 RK 16/96 - SozR 3-4100 § 155 Nr. 5.

39 Vgl. SG Neubrandenburg v. 30.11.2006 - S 4 KR 40/05.

40 Vgl. zu § 173b RVO: BSG v. 18.04.1975 - 3 RK 49/74 - SozR 2200 § 173b Nr. 1 = BSGE 39, 239-241.

41 LSG Baden-Württemberg v. 12.07.2006 – L 5 KR 4868/05

42 Dazu im Einzelnen: *Wollenschläger/Krogull*, NZS 2005, 237 ff.; *Niemann*, NZS 2003, 134, 136.

43 Gesetzesbegründung: BT-Drs. 15/28, S. 15.

standsschutzregelung in § 6 Abs. 7 SGB V, die für sie die Jahresarbeitsentgeltgrenze auf bisherigem Niveau fortschreibt. Unter den dort genannten Voraussetzungen, insbesondere dem Bestehen einer substitutiven Krankenversicherung bei einem privaten Krankenversicherungsunternehmen am 31.12.2002, bestand weiterhin Versicherungsfreiheit. Wer allerdings durch die Änderung der (niedrigeren) Jahresarbeitsentgeltgrenze nach Absatz 7 versicherungspflichtig wurde, konnte sich befreien lassen. Begünstigt wurden aber nur diejenigen, die über einen privaten Krankenversicherungsschutz verfügten, ansonsten galt auch für diesen Personenkreis fortan die höhere Jahresarbeitsentgeltgrenze nach § 6 Abs. 1 Satz 1 SGB V. Der Gesetzgeber wollte damit verhindern, dass sich im Zuge der Erhöhung der Jahresarbeitsentgeltgrenze bisher in der freiwilligen Krankenversicherung Versicherte zugunsten einer privaten Krankenversicherung von der Versicherungspflicht befreien lassen konnten, was zu einer negativen Risikoselektion zu Lasten der gesetzlichen Krankenversicherung geführt hätte.[44]

Von dieser besonderen Regelung in § 6 Abs. 7 SGB V abgesehen, ist grundsätzlich anlässlich der Befreiung nach Absatz 1 Nr. 1 auch ein Wechsel von einer freiwilligen Krankenversicherung in eine Privatversicherung nicht ausgeschlossen. Der Beschäftigte muss nur durch eine Änderung der Jahresarbeitsentgeltgrenzen versicherungspflichtig werden und mithin bislang versicherungsfrei gewesen sein. Dass der Betroffene bislang nicht gesetzlich, also auch nicht freiwillig krankenversichert gewesen ist (anders nach Absatz 1 Nr. 2 für die Befreiung Arbeitsloser), wird nicht vorausgesetzt. 40

Hinsichtlich der **Dauer der Befreiung** nach Absatz 1 Nr. 1 besteht Einigkeit, dass diese im selben Beschäftigungsverhältnis bis zur Aufgabe der Beschäftigung fortwirkt und der Arbeitnehmer an seine einmal getroffene Entscheidung gebunden bleibt. Im Rahmen desselben fortlaufend bestehenden Beschäftigungsverhältnisses sind weitere **Änderungen des Entgelts** für die Wirksamkeit der Befreiung unerheblich, auch wenn zwischenzeitlich die Jahresarbeitsentgeltgrenze vorübergehend erneut überschritten worden sein sollte.[45] Ist der Arbeitnehmer befreit worden, tritt später nicht wieder Versicherungspflicht ein und entsteht auch kein neues Befreiungsrecht, wenn er nach vorübergehender Erhöhung des Arbeitsentgeltes über die Jahresarbeitsentgeltgrenze hinaus wegen einer Erhöhung der Jahresarbeitsentgeltgrenze wieder aus dem Kreis der Versicherungsfreien herausfiele. Das BSG[46] hat dies im Wesentlichen damit begründet, dass kein sachlicher Grund für eine Besserstellung dieses Personenkreises im Sinne eines Rückkehrrechtes oder erneuten Wahlrechtes besteht, der gerade wegen des höheren Verdienstes vom Gesetzgeber als weniger schutzbedürftig angesehen wird, im Vergleich zu den Arbeitnehmern, die nach einer Befreiungsentscheidung aufgrund eines gleich bleibend unter der Jahresarbeitsentgeltgrenze liegenden Verdienstes nie wieder die Möglichkeit haben, in die gesetzliche Krankenversicherung zurückzukehren. 41

Vom BSG bislang nicht entschieden ist die Frage, ob die Befreiung auch im Falle des Eingehens eines **neuen Beschäftigungsverhältnisses**, also eines Arbeitgeberwechsels fortwirkt. Beurteilt man die Befreiung von der Versicherungspflicht tatbestandsbezogen, so ist hier der entscheidende Umstand nicht in einem konkreten Beschäftigungsverhältnis, sondern im Unterschreiten der Jahresarbeitsentgeltgrenze als Beschäftigter zu erblicken. Der Gesichtspunkt einer ansonsten unberechtigten Besserstellung spricht m.E. auch in diesem Zusammenhang dafür, den Beschäftigten an seiner einmal getroffenen Entscheidung festzuhalten. Es ist kein Grund ersichtlich, diesem im Falle eines Arbeitgeberwechsels die Rückkehr in die gesetzliche Krankenversicherung zu ermöglichen, anderen in einer langjährigen Beschäftigung dieses Recht aber auszuschlagen.[47] Es böten sich dem Beschäftigten ansonsten Missbrauchsmöglichkeiten, den Versicherungsschutz nach aktuellen individuellen Wünschen und Bedürfnissen zu gestalten. Das ist mit der vom Gesetzgeber beabsichtigten Unwiderruflichkeit der Befreiung nicht zu vereinbaren. Der Status als Beschäftigter gegen Arbeitsentgelt, an den die Versicherungspflicht anknüpft, bleibt im Falle eines Arbeitgeberwechsels gleich. Arbeitgeberwechsel sind auch keine unvorhergesehenen Ereignisse, die bei der ursprünglichen Entscheidung gegen die gesetzliche Kran- 42

---

44 BT-Drs. 15/28, S. 15.

45 Zu § 173b RVO: BSG v. 08.12.1999 - B 12 KR 12/99 R - SozR 3-2500 § 8 Nr. 4.

46 BSG v. 08.12.1999 - B 12 KR 12/99 R - SozR 3-2500 § 8 Nr. 4.

47 Für eine Befreiung nur des konkreten Beschäftigungsverhältnisses: *Peters* in: KassKomm, SGB V, § 8 Rn. 6; *Baier* in: Krauskopf, Soziale Krankenversicherung, SGB V, § 8 Rn. 18; a.A. *Gerlach* in: Hauck/Noftz, SGB V, § 8 Rn. 30; *Sommer* in: Peters, Handbuch KV (SGB V), § 8 Rn. 14; *Wirges*, SGb 2005, 14, 15; *Niemann*, NZS 2003, 134, 137; vgl. BSG v. 24.09.1981 - 12 RK 77/79 - SozR 2200 § 173d Nr. 2, zu § 173d RVO, wonach ein Wechsel des Beschäftigungsverhältnisses oder dessen wiederholte Begründung die Befreiung von der Versicherungspflicht nach § 173 RVO oder § 173b RVO nicht berühren soll.

kenversicherung nicht hätten mitbedacht werden können. Von dem Beschäftigten, der seinen Arbeitgeber wechselt und an der Befreiungsentscheidung weiterhin festgehalten wird, wird nichts wesentlich anderes verlangt als von dem Beschäftigten, der im Rahmen eines Beschäftigungsverhältnisses dauerhaft unterhalb der Jahresarbeitsentgeltgrenze entlohnt wird und auch keine erneute Möglichkeit zur Rückkehr in die gesetzliche Krankenversicherung bekommt. Soweit für den Befreiungstatbestand des § 8 Abs. 1 Nr. 3 SGB V der Gesetzgeber eine die Versicherungspflicht bzw. Befreiungsmöglichkeit begründende Arbeitszeitherabsetzung ausdrücklich auch dann als erfüllt ansieht, wenn ein Arbeitgeberwechsel stattfindet und dabei die Reduzierung erfolgt, spricht auch dies eher für eine abstrakte Betrachtungsweise. Da diese Regelung in anderem Zusammenhang die Frage betrifft, ob (erstmalig) ein Befreiungstatbestand erfüllt ist, ist aus dem Fehlen eines entsprechenden Hinweises auf Anschlussbeschäftigungen in Absatz 1 Nr. 1 nicht zwingend im Umkehrschluss für die Dauer einer bereits ausgesprochenen Befreiung zu schließen, dass die Befreiungswirkung mit dem Ende des Beschäftigungsverhältnisses, für das sie ausgesprochen worden sei, enden müsse. Vielmehr hat der Gesetzgeber an anderer Stelle ausdrücklich geregelt, wenn sich die Befreiung nur auf die jeweilige Beschäftigung beziehen soll (§ 7 Abs. 2 Satz 4 SGB V).

43 Anders dürfte der Fall zu beurteilen sein, dass nach einer versicherungspflichtigen Beschäftigung mit Befreiung nach Absatz 1 Nr. 1 Arbeitslosengeld bezogen wird und anschließend eine versicherungspflichtige Beschäftigung unterhalb der Jahresarbeitsentgeltgrenze aufgenommen wird. Die ursprüngliche Befreiung dauert nicht fort, sondern hat sich auf andere Weise erledigt (§ 39 Abs. 2 SGB X), weil sie durch einen neuen Versicherungspflichttatbestand des Arbeitslosengeldbezuges abgelöst worden ist. Die Mitgliedschaft aufgrund des Bezuges von Arbeitslosengeld endet dann mit dem Ablauf des letzten Tages, für den die Leistung bezogen wird (§ 190 Abs. 12 SGB V), und durch die Aufnahme einer neuen Beschäftigung liegt auch ein neuer Versicherungspflichttatbestand vor (§ 5 Abs. 1 Nr. 1 SGB V).[48]

2. Bezieher von Arbeitslosengeld oder Unterhaltsgeld (Nr. 1a)

44 Ein Befreiungsrecht haben nach dem Wortlaut Bezieher von Arbeitslosengeld oder Unterhaltsgeld, wenn sie in den letzen fünf Jahren vor dem Leistungsbezug nicht gesetzlich krankenversichert waren und wenn sie bei einem Krankenversicherungsunternehmen versichert sind und Vertragsleistungen erhalten, die der Art und dem Umfang nach den Leistungen des SGB V entsprechen.

45 Bis zum 01.04.2007 konnten sich bei Vorliegen der Voraussetzungen auch Bezieher von **Arbeitslosengeld II** befreien lassen. Die Befreiungsmöglichkeit für bisher privat krankenversicherte Arbeitslosengeld II-Bezieher ist seitdem entbehrlich, da mit Einführung des § 5 Abs. 5a SGB V Bezieher von Arbeitslosengeld II, die unmittelbar vor dem Leistungsbezug privat krankenversichert waren oder die unmittelbar vor dem Leistungsbezug weder gesetzlich noch privat krankenversichert waren, aber als hauptberuflich selbständig Erwerbstätige oder als versicherungsfreie Personen zu dem Personenkreis gehören, der grundsätzlich der privaten Krankenversicherung zuzuordnen ist, nicht mehr versicherungspflichtig in der gesetzlichen Krankenversicherung werden.[49]

46 Das Befreiungsrecht wegen des Bezuges von **Unterhaltsgeld** läuft seit dem 01.01.2005 leer, weil seitdem der Bezug von Arbeitslosengeld bei beruflicher Weiterbildung (§ 117 Abs. 1 Nr. 2 SGB III) an die Stelle des Unterhaltsgeldes getreten ist (§§ 153 ff. SGB III a.F.). Auch Beziehern von **Teilarbeitslosengeld** (§ 150 Abs. 2 SGB III) kann das Befreiungsrecht zustehen.[50]

47 Zu diesem Befreiungstatbestand gab es keine Entsprechung in der RVO. Die Befreiungsmöglichkeit in der Krankenversicherung der Arbeitslosen wurde erst zum 01.04.1998 eingeführt, da der Ausschluss der Befreiung auf Bedenken stieß, weil die unter Umständen nur vorübergehenden Leistungsbezieher, die unmittelbar vor Beginn des Bezuges dieser Leistungen privat krankenversichert waren, diesen privaten Krankenversicherungsschutz während des Leistungsbezuges kündigen oder ruhend stellen mussten.[51] Im Gesetzgebungsverfahren hat der Gesetzgeber den Kreis der Befreiungsberechtigten weiter eingeschränkt auf diejenigen, die **in den letzten fünf Jahren nicht gesetzlich krankenversichert** ge-

---

[48] Vgl. *Wirges*, SGb 2005, 14, 16.

[49] Gesetzentwurf der Fraktionen der CDU/CSU und SPD, BT-Drs. 16/3100, B. Besonderer Teil, Zu Artikel 1, Zu Nr. 4 (§ 8), S. 271.

[50] Gemeinsames Rundschreiben vom 14.12.2004, unter A.I.2.2. Befreiung von der Krankenversicherungspflicht.

[51] Zur Vereinbarkeit einer fehlenden Befreiungsmöglichkeit mit Art. 3 GG: BSG v. 17.07.1997 - 12 RK 16/96 - SozR 3-4100 § 155 Nr. 5; BT-Drs. 13/8012 zu Nr. 1 (§ 8).

wesen sind, weil eine sachliche Rechtfertigung eines Befreiungsrechtes von Personen, die längere Zeit versicherungspflichtig beschäftigt gewesen sind und noch keine nennenswerten Altersrückstellungen in der privaten Krankenversicherung gebildet hatten, nicht bestehe.[52]

Wegen des Ausschlusses einer gesetzlichen Krankenversicherung darf der Betreffende in dieser Zeit nicht versicherungspflichtiges Mitglied, nicht freiwillig oder familienversichert gewesen sein. Personen, die in den letzten fünf Jahren vor dem Leistungsbezug nur mit Unterbrechungen privat krankenversichert, in der Unterbrechungszeit wegen des – wiederholten – Bezugs von Leistungen nach dem AFG bzw. des Dritten Buches Sozialgesetzbuch – Arbeitsförderung (SGB III) jedoch gesetzlich krankenversichert waren, steht kein Befreiungsrecht zu.[53] 48

Die Bedingung einer anderweitigen **gleichwertigen Krankenversicherung** hat der Gesetzgeber nachträglich zum 01.01.2000 aufgrund der inzwischen gemachten Erfahrungen ergänzt, dass bei den Befreiten Versicherungslücken auftraten.[54] Diese besaßen zum Teil erst ab der 27. Woche der Arbeitsunfähigkeit einen Anspruch auf Krankentagegeld, das Arbeitslosengeld bei Arbeitsunfähigkeit wird aber nur für die Dauer von sechs Wochen fortgezahlt. In der Zwischenzeit fehlten Lohnersatzleistungen zur Bestreitung des Lebensunterhaltes. 49

Hinsichtlich der Dauer des Krankenversicherungsschutzes verlangt das Gesetz nicht, dass dieser bereits über einen längeren Zeitraum bestanden haben muss. Die Fünf-Jahres-Frist bezieht sich nur auf die fehlende gesetzliche Krankenversicherung. 50

Krankenversicherungsunternehmen im Sinne des Gesetzes kann kein Träger der gesetzlichen Krankenversicherung sein. Hier handelt es sich wie bei den „privaten Krankenversicherungsunternehmen" oder „privaten Versicherungsunternehmen" (vgl. §§ 207a, 335 Abs. 1 Satz 5 SGB III, §§ 22 Abs. 1, 23 Abs. 1 und 2 SGB XI) um private Unternehmen, welche Versicherungsschutz gegen Krankheit und/oder Pflegebedürftigkeit anbieten. 51

Nach Art und Umfang müssen die Vertragsleistungen aus der Versicherung bei einem Krankenversicherungsunternehmen den Leistungen nach dem SGB V entsprechen. Ein entsprechender Versicherungsschutz muss neben der standardmäßig erfassten ärztlichen und zahnärztlichen Behandlung sowie der Krankenhausbehandlung nach dem eben Gesagten insbesondere auch einen bei Arbeitsunfähigkeit ab der siebten Woche entstehenden Einkommensausfall umfassen (Krankentagegeldversicherung). In der privaten Versicherung tritt an die Stelle der Sachleistung die gleichwertige Kostenerstattung. Im bisherigen Recht der Versicherungspflichtbefreiung nach den §§ 173a-173f RVO bezog sich die Ersetzung allein auf die Art der Leistungen, nicht auch den Umfang. Allerdings musste der Antragsteller ausdrücklich auch für seine Angehörigen, für die ihm Familienkrankenpflege zustand, Vertragsleistungen von einem Krankenversicherungsunternehmen erhalten. Da nicht anzunehmen ist, dass der Gesetzgeber des GRG hinter diesen Anforderungen zurückbleiben wollte, ist hinsichtlich des Umfanges der Vertragsleistungen zu fordern, dass auch ein ausreichender Versicherungsschutz für die Familienangehörigen bestehen muss, soweit sie ohne die Befreiung im Rahmen der gesetzlichen Krankenversicherung mitversichert wären. Die privaten Krankenversicherungsunternehmen stellen hierüber entsprechende Nachweise/Bescheinigungen zur Vorlage bei der Krankenkasse aus.[55] Eine Mitversicherung im Rahmen eines von einem Dritten abgeschlossenen Versicherungsvertrages genügt nicht, der zu Befreiende muss selbst Versicherungsnehmer sein.[56] 52

Für einen Teil der **älteren Arbeitslosen** tritt mit dem Bezug von Arbeitslosengeld keine Versicherungspflicht ein, weil sie nach Vollendung des 55. Lebensjahres und fehlender gesetzlicher Versicherung in den letzen 5 Jahren nach weiteren Maßgaben des **§ 6 Abs. 3a SGB V** bereits **versicherungsfrei** sind. Für diesen Personenkreis ist eine Rückkehr in die gesetzliche Krankenversicherung unter dem Druck hoher Prämien in der Privatversicherung ausgeschlossen.[57] 53

---

52 BT-Drs. 13/8994, S. 68 zu Art. 3, zu Nr. 1; BT-Drs. 13/8653, S. 12.

53 Zur Verfassungsmäßigkeit: BSG v. 05.10.2006 - B 12 KR 82/05 B.

54 BT-Drs. 14/1245, S. 60; Gemeinsames Rundschreiben vom 22.12.1999, unter A.III. Befreiung von der Krankenversicherung.

55 *Marburger*, DÖD 2001, 161, 163.

56 Vgl. zu § 173d RVO und einer nicht ausreichenden Mitversicherung Familienangehöriger: BSG v. 24.09.1981 - 12 RK 77/79 - SozR 2200 § 173d Nr. 2; zu § 173a RVO: BSG v. 23.02.1977 - 12 RK 26/76 - SozR 2200 § 173a Nr. 1.

57 Im Einzelnen vgl. § 6 SGB V; *Marburger*, DÖD 2000, 161, 163.

3. Elternzeit (Nr. 2)

54 Auf Antrag ist zu befreien, wer versicherungspflichtig wird durch **Aufnahme einer nicht vollen Erwerbstätigkeit** nach § 2 BErzGG oder nach § 1 Abs. 6 des Bundeselterngeld- und Elternzeitgesetzes (BEEG) während der Elternzeit (früher: Erziehungsurlaub); die Befreiung erstreckt sich nur auf die Elternzeit.

55 Die Vorschrift löste **§ 173e RVO** ab. § 173e Abs. 2 RVO begründete für die wegen der nicht vollen Erwerbstätigkeit versicherungspflichtig werdenden Beschäftigten ein Kündigungsrecht ihres privaten Versicherungsvertrages. Nach Absatz 1 konnten sich diese Personen bei einem gleichartigen Versicherungsschutz auch von der Versicherungspflicht befreien lassen.

56 Das Befreiungsrecht steht den **vor der Elternzeit versicherungsfreien Personen** zu. Denn bislang versicherungspflichtige Arbeitnehmer werden durch die Aufnahme einer Erwerbstätigkeit nicht versicherungspflichtig. Ihre Mitgliedschaft bleibt vielmehr erhalten, solange nach den gesetzlichen Vorschriften Erziehungsgeld oder Elterngeld bezogen oder Elternzeit in Anspruch genommen wird (§ 192 Abs. 1 Nr. 2 SGB V). Begünstigt werden insbesondere Arbeitnehmer, die vor der Elternzeit wegen Überschreitens der Jahresarbeitsentgeltgrenze (§ 6 Abs. 1 Nr. 1 SGB V) versicherungsfrei waren, dann aber durch Aufnahme einer nicht vollen Erwerbstätigkeit versicherungspflichtig werden.[58] Ihnen sollte ausweislich der Gesetzesbegründung ermöglicht werden, ihren bereits begründeten privaten Krankenversicherungsschutz auch während der Elternzeit fortzuführen.[59]

57 Keine volle Erwerbstätigkeit im Sinne des § 2 BErzGG bzw. § 1 Abs. 6 BEEG wird ausgeübt, wenn die wöchentliche Arbeitszeit **30 Wochenstunden im Durchschnitt des Monats nicht übersteigt** oder eine Beschäftigung zur Berufsausbildung ausgeübt wird. Die Dauer der Befreiung erstreckt sich ausdrücklich nur auf die Elternzeit. Der Verwaltungsakt erledigt sich damit durch Zeitablauf (§ 39 Abs. 2 SGB X). Der Anspruch auf Elternzeit besteht **bis zur Vollendung des 3. Lebensjahres** eines Kindes (§ 15 Abs. 2 BErzGG, § 15 Abs. 2 BEEG). Wird nach der Elternzeit die nicht volle, mehr als geringfügige Erwerbstätigkeit fortgesetzt, besteht von dem auf das Ende der Elternzeit folgenden Tag an Versicherungspflicht.[60] Zum Teil wird ab diesem Zeitpunkt ein Anspruch auf Befreiung nach Absatz 1 Nr. 3 (Teilzeitarbeit) für möglich gehalten.

4. Teilzeitarbeit (Nr. 3)

58 Von der Versicherungspflicht können sich Beschäftigte befreien lassen, die seit mindestens fünf Jahren wegen Überschreitens der Jahresarbeitsentgeltgrenze versicherungsfrei sind (§ 6 Abs. 1 Nr. 1 SGB V), wenn sie versicherungspflichtig werden, weil die Arbeitszeit auf die Hälfte oder weniger als die Hälfte der regelmäßigen Wochenarbeitszeit vergleichbarer Vollbeschäftigter des Betriebes herabgesetzt wird. Dies gilt auch für Beschäftigte, die im Anschluss an ihr bisheriges Beschäftigungsverhältnis bei einem anderen Arbeitgeber ein Beschäftigungsverhältnis aufnehmen, das diese Voraussetzungen erfüllt.

59 Die Vorschrift hat **§ 173f RVO** abgelöst. Die ursprünglich nur Angestellten zustehende Befreiungsmöglichkeit ist seit 1989 auch Arbeitern eröffnet. Allerdings konnten sie die für eine Befreiung geforderte vorausgegangene mindestens 5-jährige Versicherungsfreiheit erst seit 1994 erfüllen, da erst das GRG 1989 die Versicherungsfreiheit wegen der Höhe des Arbeitsentgelts auf Arbeiter erstreckt hatte.

60 Der Gesetzgeber bezweckte mit der Befreiungsmöglichkeit eine **Förderung der Aufnahme von Teilzeitbeschäftigungen** zur Entlastung des Arbeitsmarktes.[61] Es wurde befürchtet, dass langjährig Privatversicherte davon abgehalten werden könnten, in eine Teilzeitbeschäftigung zu wechseln, wenn mit der Reduzierung der Arbeitszeit wieder Versicherungspflicht eintritt, weil hieraufhin die Jahresarbeitsentgeltgrenze nicht mehr überschritten wird. Durch Ausübung ihres Befreiungsrechtes können Arbeitnehmer ihren bisherigen Status als versicherungsfreie und privat krankenversicherte Arbeitnehmer beibehalten.

61 Versicherungspflichtig werden, weil er seine Arbeitszeit herabgesetzt hat, kann nur derjenige, der **unmittelbar zuvor** eine **versicherungsfreie Beschäftigung** ausgeübt hat. Nach der Rechtsprechung des BSG reicht es nicht aus, wenn innerhalb eines Beschäftigungsverhältnisses von einer Vollbeschäftigung nach längerem unbezahlten Urlaub auf eine Halbtagsbeschäftigung übergegangen wird.[62] Eine

---

58 Vgl. zu § 173e RVO: BSG v. 29.06.1993 - 12 RK 11/91 - SozR 3-2200 § 205 Nr. 3.

59 BT-Drs. 10/3792, S. 22.

60 *Wirges*, SGb 2006, 595.

61 Begründung zu § 173f RVO: BT-Drs. 10/4761, S. 26.

62 BSG v. 14.07.2003 - B 12 KR 14/03 B; BSG v. 27.01.2000 - B 12 KR 16/99 R - SozR 3-2500 § 8 Nr. 5.

zwischenzeitliche nur einmonatige Freistellung ohne Arbeitsentgelt ist allerdings unbeachtlich, da nach der Fiktion des § 7 Abs. 3 Satz 1 SGB IV eine Beschäftigung gegen Arbeitsentgelt bei fortdauerndem Beschäftigungsverhältnis auch ohne Anspruch auf Arbeitsentgelt für längstens einen Monat als fortbestehend gilt.

Die **fünfjährige Versicherungsfreiheit** muss ebenfalls unmittelbar vor der Herabsetzung der Arbeitszeit bestanden und muss ausschließlich auf einem Überschreiten der Jahresarbeitsentgeltgrenze beruht haben.[63] **62**

Danach ist fraglich, ob ein Befreiungsrecht auch dann noch besteht, wenn Versicherte, die vor der Elternzeit versicherungsfrei gewesen sind, **nach der Elternzeit**, in der sie zunächst nach Absatz 1 Nr. 2 befreit waren, eine **Teilzeittätigkeit** aufnehmen. Hierfür könnte ein sozialpolitisches Bedürfnis bestehen, um Eltern den Wiedereinstieg in das Berufsleben zu erleichtern. Dem hat der Gesetzgeber bislang aber nicht Rechnung getragen. Hinsichtlich der geforderten Vollbeschäftigung, von der aus auf Teilzeit übergegangen werden muss, gilt gemäß § 7 Abs. 3 Satz 2 SGB IV das Beschäftigungsverhältnis während der Elternzeit gerade nicht als fortbestehend.[64] Auch geht der Teilzeitbeschäftigung unmittelbar keine Versicherungsfreiheit wegen Überschreitens der Jahresarbeitsentgeltgrenze voraus. Aufgrund der Befreiungsmöglichkeit nach Absatz 1 Nr. 2 erwachsen Eltern in der Elternzeit keine Nachteile aus der Erziehung der Kinder und einer nur eingeschränkten Berufstätigkeit. Nach Ablauf dieser 3 Jahre endet jedoch dieser Schutz und es muss dem Gesetzgeber vorbehalten bleiben, weitergehende besondere Regelungen zum Schutze der Familie zu treffen. Ausnahmeregelungen, wie sie die Befreiungsregelungen von der Krankenversicherungspflicht darstellen, sind nach allgemeinen Rechtsgrundsätzen eng auszulegen. Angesichts des als abschließend konzipierten Befreiungskataloges und des eindeutigen Wortlauts besteht keine Regelungslücke und ist auch keine erweiternde Auslegung möglich.[65] **63**

Zutreffend ist vielmehr, dass das Befreiungsrecht wegen Herabsetzung der Arbeitszeit für jede Art von Teilzeitbeschäftigungen anzuwenden ist und nicht auf solche außerhalb der Elternzeit beschränkt ist. Die Betroffenen haben daher, soweit die Voraussetzungen vorliegen, insbesondere die Arbeitszeit zumindest auf die Hälfte reduziert wird, bereits in der Elternzeit ein Wahlrecht, ob sie eine Befreiung nach Absatz 1 Nr. 2 oder nach Absatz 1 Nr. 3 beantragen.[66] **64**

Maßstab für eine hinreichende Verringerung der Arbeitszeit ist die **regelmäßige Wochenarbeitszeit** hinsichtlich Qualifikation und Stellung im Betrieb **vergleichbarer Vollbeschäftigter**. Die bisherige Arbeitszeit des Betroffenen ist damit nicht entscheidend, sie könnte im Ergebnis um weniger als die Hälfte reduziert werden. Zur Ermittlung der regelmäßigen Arbeitszeit kann auf die Rechtsprechung zur Berechnung des Krankengeldes unter Berücksichtigung der „regelmäßigen wöchentlichen Arbeitsstunden" zurückgegriffen werden.[67] Ist der Beschäftigte in einem hinsichtlich der Arbeitsinhalte abgrenzbaren Betriebsbereich (etwa Vertrieb, Produktion oder kaufmännischer Bereich) tätig, kommt es auf die Regelarbeitszeit dort an. **65**

Eine Befreiungsmöglichkeit ist ausdrücklich auch im Falle einer Herabsetzung der Arbeitszeit im Zuge eines **Arbeitgeberwechsels** und der Aufnahme einer neuen (Teilzeit-)Beschäftigung gegeben. Da das neue Beschäftigungsverhältnis die Voraussetzungen „des vorstehenden Halbsatzes" erfüllen muss, bedeutet dies, dass die Arbeitszeit nach Maßgabe der regelmäßigen Wochenarbeitszeit im Ausgangsbetrieb auf die Hälfte oder weniger reduziert werden muss.[68] Das neue Beschäftigungsverhältnis muss sich unmittelbar anschließen, krankheitsbedingte Verzögerungen wären unbeachtlich.[69] **66**

Der Gesetzgeber ging von einer **Fortgeltung der Befreiung** aus, wenn nachfolgend der Arbeitgeber gewechselt oder die Arbeitszeit wieder über die Hälfte der betriebsüblichen Arbeitszeit heraufgesetzt wird.[70] Hinsichtlich des Arbeitgeberwechsels entspricht dies der Bewertung, dass eine Reduzierung der Arbeitszeit auch im Zuge eines Arbeitgeberwechsels erfolgen könne. Dem gesetzgeberischen Zweck **67**

---

63 BSG v. 14.07.2003 - B 12 KR 14/03 B; BSG v. 27.01.2000 - B 12 KR 16/99 R - SozR 3-2500 § 8 Nr. 5.

64 Vgl. *Segebrecht/Wissing/Scheer/Wrage* in: jurisPK-SGB IV, § 7 Rn. 294.

65 Für ein Befreiungsrecht: *Peters* in: KassKomm, SGB V, § 8 Rn. 12; *Wirges*, SGb 2005, 14, 18; *ders.*, SGb 2006, 595, 596.

66 So *Wirges*, SGb 2006, 595, 598.

67 Kommentierung zu § 47 SGB V; *Höfler* in: KassKomm, SGB V, § 47 Rn. 24.

68 *Peters* in: KassKomm, SGB V, § 8 Rn. 12; a.A. *Sommer* in: Peters, Handbuch KV (SGB V), § 8 Rn. 39.

69 Auch Arbeitslosengeldbezug: Gemeinsames Rundschreiben vom 31.07.1986, unter B.1.2.1. Herabsetzung der wöchentlichen Arbeitszeit; oder Teilnahme an Maßnahmen zur Teilhabe am Arbeitsleben: *Marburger*, Handbuch des Beitragswesens, A 6, S. 296.

70 BT-Drs. 10/4741; a.A. *Gerlach* in: Hauck/Noftz, SGB V, § 8 Rn. 95.

der Förderung von Teilzeitarbeitsverhältnissen liefe dies auch gerade nicht entgegen. Anders verhält es sich jedoch hinsichtlich einer späteren Erhöhung der Arbeitszeit. Dies erscheint bedenklich, da damit der Zweck des Gesetzes umgangen und im Ergebnis eine Befreiung im Falle der Reduzierung des Arbeitsentgelts unter die Jahresarbeitsentgeltgrenze erlangt werden kann, die so nicht zulässig ist. Auch dauert der der Befreiung zugrunde liegende Sachverhalt in diesem Fall gerade nicht mehr an. Hier müsste eine Aufhebung der Befreiung wegen einer wesentlichen Änderung in den tatsächlichen Verhältnissen erfolgen (§ 48 SGB X).[71]

5. Rentenantragsteller, -bezieher, Teilnehmer an Leistungen zur Teilhabe am Arbeitsleben (Nr. 4)

68 Einen Befreiungsanspruch haben Personen, die durch den Antrag auf Rente oder den Bezug von Rente oder die Teilnahme an einer Leistung zur Teilhabe am Arbeitsleben (§ 5 Abs. 1 Nr. 6, 11 oder 12 SGB V) versicherungspflichtig werden. Dieser Befreiungstatbestand führt die früher in § 173a RVO und § 173c RVO geregelten Tatbestände zusammen.

69 **§ 5 Abs. 1 Nr. 6 SGB V** regelt die Versicherungspflicht der Teilnehmer an Leistungen zur Teilhabe am Arbeitsleben sowie an Abklärungen der beruflichen Eignung oder Arbeitserprobung, **§ 5 Abs. 1 Nr. 11 SGB V** die Versicherungspflicht für Personen, die die Voraussetzungen für den Anspruch auf eine Rente aus der gesetzlichen Rentenversicherung erfüllen und diese Rente beantragt haben. Nach **§ 5 Abs. 1 Nr. 12 SGB V** sind versicherungspflichtig Rentenantragsteller, die zu dem in § 1 oder § 17a des Fremdrentengesetzes oder zu dem in § 20 des Gesetzes zur Wiedergutmachung nationalsozialistischen Unrechts in der Sozialversicherung genannten Personenkreis gehören.

70 Der Versicherungspflicht unterliegen nach **§ 5 Abs. 1 Nr. 11a SGB V**[72] auch Personen, die eine selbständige künstlerische oder publizistische Tätigkeit vor dem 01.01.1983 aufgenommen haben, die Voraussetzungen für einen Anspruch auf Rente aus der Rentenversicherung erfüllen und diese beantragt haben. Obgleich in Absatz 1 Nr. 4 nicht mit aufgeführt, besteht auch für diesen Personenkreis eine Befreiungsberechtigung.[73]

71 Bereits mit dem **Antrag auf Rente** entsteht das Befreiungsrecht. Dies ergibt sich hinlänglich aus dem Wortlaut („wer versicherungspflichtig wird (…) durch den Antrag auf Rente"). Erfüllen die Rentenantragsteller die Voraussetzungen für den Bezug der Rente nicht, bezieht sich die Befreiung auf die Mitgliedschaftsfiktion nach § 189 SGB V (Mitgliedschaft von Rentenantragstellern). Dies entspricht der bisherigen Rechtslage (§ 315a Abs. 1 Satz 2 RVO, § 173a RVO).

72 Hat der versicherungspflichtige Rentenbezieher mit dem Rentenantrag oder dem Rentenbeginn sein Befreiungsrecht nicht wahrgenommen, verzichtet dann vorübergehend auf die Rente, tritt mit dem **Widerruf des Verzichts** und der Weiterzahlung der Rente **kein neues Recht auf Befreiung** von der Versicherungspflicht ein, denn die bestehende Krankenversicherungspflicht als Rentner wird durch den Verzicht nicht unterbrochen.[74]

73 Fraglich ist, ob die bereits mit dem Rentenantrag ausgeübte Befreiung auch für die Zeit des Rentenbezuges fortwirkt. Vorzugswürdig ist hier die Auffassung, die ein **neues Befreiungsrecht mit dem Rentenbezug** annimmt (**„getrennte Betrachtung"**).[75] Danach müsste das Befreiungsrecht erneut ausgeübt werden und beginnt die Antragsfrist für die Versicherung aufgrund des Rentenbezuges erst mit Zustellung des Rentenbescheides.[76] Diese Auslegung berücksichtigt die im Wortlaut zum Ausdruck kommende Mehrzahl von Versicherungspflichttatbeständen (Antrag auf Rente oder den Bezug von Rente). Auch nach altem Recht konnte die Entscheidung über die Befreiung auf den Zeitpunkt der Entscheidung über den Rentenantrag hinausgeschoben werden (§ 315b RVO). Personen, die eine Rente aus der Rentenversicherung der Arbeiter oder der Rentenversicherung der Angestellten beantragt hatten, konnten erklären, dass die Mitgliedschaft nach § 306 Abs. 2 RVO erst mit Ablauf des Monats beginnt, in dem der die Rente gewährende Bescheid zugestellt wird; die Erklärung bewirkte auch, dass die Mitgliedschaft nach § 315a RVO (Mitgliedschaft aufgrund des Rentenantrages) nicht eintrat.

[71] Ebenso *Wirges*, SGb 2006, 595, 599.

[72] Eingefügt durch Art. 2 Nr. 1 des Zweiten Gesetzes zur Änderung des KSVG vom 19.06.2001, BGBl I, 1027; BT-Drs. 14/5066, S. 11.

[73] So *Peters* in: KassKomm, SGB V, § 8 Rn. 13.

[74] BSG v. 11.11.2003 - B 12 KR 3/03 R - SozR 4-2500 § 8 Nr. 1; *Gregor/Pflüger*, DAngVers 2004, 368, 371.

[75] *Sommer* in: Peters, Handbuch KV (SGB V), § 8 Rn. 42; *Peters* in: KassKomm, § 8 Rn. 15; a.A. *Wirges*, SGb 2005, 14, 19; Gemeinsames Rundschreiben vom 17.03.2004, unter A.III.4. Wirkung der Befreiung.

[76] *Peters* in: KassKomm, SGB V, § 8 Rn. 15.

Werden **mehrere Renten** bezogen, gilt hinsichtlich eines erneuten Befreiungsrechtes Folgendes: Nach der getrennten Betrachtungsweise ist für jede weitere, die Versicherungspflicht begründende Rente die Befreiungsmöglichkeit unter Berücksichtigung des § 6 Abs. 3 Satz 1 SGB V neu eröffnet (beispielsweise Weitergewährung einer zeitlich befristeten Rente wegen Erwerbsminderung oder Altersrente nach zeitlich befristeter Rente wegen Erwerbsminderung). Hat sich der Betroffene befreien lassen, wirkt die Befreiung fort und erfasst auch die Versicherungspflicht aufgrund neuer Rententatbestände. Hat er sich nicht befreien lassen, wird die Befreiungsmöglichkeit neu eröffnet. 74

Für den Bezug von **Renten aus weiteren Versicherungsverhältnissen** hatte das BSG im Ergebnis eine getrennte Betrachtungsweise angenommen (Beispiel: Eine Witwe bezieht zunächst eine Witwenrente und später zusätzlich eine Altersrente aus eigener Versicherung).[77] Nach neuem Recht (§ 6 Abs. 3 Satz 1 SGB V) wäre die Witwe auch mit dem Bezug der Altersrente weiterhin versicherungsfrei, wenn sie ihr Befreiungsrecht mit dem Witwenrentenbezug ausgeübt hätte.[78] Hatte sie sich allerdings nicht befreien lassen, kann sie sich erneut für oder gegen die Versicherung aus der Altersrente und Witwenrente entscheiden.[79] 75

Rentenantragsteller und Rentner, die in der Krankenversicherung der Rentner pflichtversichert sind, können die Pflichtversicherung **zugunsten der freiwilligen Versicherung** nur abwählen, wenn sie die Voraussetzungen des § 9 Abs. 1 Nr. 6 SGB V erfüllen.[80] 76

Wer an Leistungen zur **Teilhabe am Arbeitsleben** (vor 01.07.2000: berufsfördernden Maßnahmen) im Sinne des § 5 Abs. 1 Nr. 6 SGB V teilnimmt, ist auf Antrag zu befreien. Unerheblich ist, ob und aufgrund welcher Voraussetzungen diese Personen zuvor gesetzlich krankenversichert gewesen sind. 77

6. Studenten, Praktikanten (Nr. 5)

Nach **§ 5 Abs. 1 Nr. 9 SGB V** sind Studenten mit ihrer Einschreibung an staatlichen oder staatlich anerkannten Hochschulen grundsätzlich bis zum Abschluss des 14. Fachsemesters, längstens bis zur Vollendung des 30. Lebensjahres pflichtversichert. Bei eine Überschreitung dieser Grenzen rechtfertigenden ausbildungsbedingten, familiären oder persönlichen Gründen besteht die Versicherungspflicht auch noch darüber hinaus.[81] Die Grenze von 14 Fachsemestern ist erst dann erreicht, wenn in demselben Fach 14 Semester studiert wurden.[82] Einem Missbrauch wirkt hier die Altersgrenze entgegen. 78

Vor In-Kraft-Treten des SGB V begründete § 165 Abs. 1 Nr. 5 RVO eine Krankenversicherung u.a. für Studenten der staatlichen Hochschulen. Die Mitgliedschaft begann gemäß § 306 Abs. 4 RVO mit dem Semester, frühestens mit dem Tage der Einschreibung oder Rückmeldung an der Hochschule. Sie endete sieben Monate nach Beginn des Semesters, für das sich der Student zuletzt eingeschrieben oder zurückgemeldet hatte (§ 312 Abs. 3 RVO). Nach Maßgabe des **§ 173d Abs. 1 RVO** wurde ein Student auf Antrag von der Versicherungspflicht befreit, wenn er bei einem privaten Krankenversicherungsunternehmen versichert war. Der Antrag war nach § 173d Abs. 2 Satz 1 RVO binnen drei Monaten nach Beginn der Mitgliedschaft zu stellen. 79

Als Grund der Befreiungsmöglichkeit dürfte gelten, dass die Studenten nicht zu den klassischen Versichertengruppen der Arbeiter und Angestellten gezählt werden. Auch ist der Status als Student vorübergehend und wird dem Studenten die Entscheidung über die Art der Versicherung nach Abschluss des Studiums – gesetzliche Krankenversicherung oder Privatversicherung – wegen der Höhe des dann zu erwartenden Verdienstes häufig offen stehen. 80

Die Befreiungsmöglichkeit besteht frühestens **mit der Einschreibung** an der Hochschule und auch nur **einmalig** mit Beginn des Studiums, nicht jeweils am Anfang eines neuen Semesters. Bei ununterbrochenem Fortgang des Studiums kommt eine Befreiung zu Beginn eines späteren Semesters nicht mehr 81

[77] BSG v. 23.06.1972 - 3 RK 43/70 - BSGE 34, 205.

[78] *Peters* in: KassKomm, SGB V, § 8 Rn. 17; *Sommer* in: Peters, Handbuch KV (SGB V), § 8 Rn. 43.

[79] A.A. LSG Rheinland-Pfalz v. 08.02.2007 - L 5 KR 141/06.

[80] LSG Baden-Württemberg v. 14.02.2006 - L 11 KR 4223/05, Revision anhängig: B 12 KR 9/06; LSG Baden-Württemberg v. 19.08.2005 - L 4 KR 1533/02.

[81] Zu Einzelheiten: *Felix*, Studenten und gesetzliche Krankenversicherung, NZS 2000, 477 ff.

[82] *Wirges*, SGb 2005, 14, 25; *Felix*, NZS 2000, 477, 48; *Marburger*, Beitragswesen, A 6, S. 288 unter Hinweis auf das Besprechungsergebnis der Spitzenverbände der KK, DOK 1992, 243; jedenfalls für die Dauer des ohne Unterbrechung fortgesetzten Studiums: BSG v. 24.09.1981 - 12 RK 77/79 - SozR 2200 § 173d Nr. 2, zu § 179d RVO.

in Betracht.[83] Besteht zunächst eine Familienversicherung, die der Versicherungspflicht in der Krankenversicherung der Studenten vorgeht (§ 5 Abs. 7 SGB V), beginnt die Befreiungsantragsfrist später mit dem Wegfall der Familienversicherung.[84]

82 Das **Zweitstudium** löst kein neues Befreiungsrecht aus, weil damit der bereits früher begründete Status des Studenten aufrechterhalten bleibt. Hatte der Student zunächst von seinem Befreiungsrecht keinen Gebrauch gemacht, kann er sich nicht noch später aus Anlass der Aufnahme eines Zweitstudiums von der Versicherungspflicht befreien lassen.[85] Nach Sinn und Zweck der Antragsfrist als Ausschlussfrist ändert hieran auch eine kurzfristige Beschäftigung zwischen den Studiengängen nichts.

83 Die Befreiung ist so lange wirksam, wie die Versicherungspflicht als Student dem Grunde nach besteht, sie verliert also mit dem **Überschreiten der Studiendauer- oder Altersgrenzen** des § 5 Abs. 1 Nr. 9 SGB V ihre Wirksamkeit, soweit nicht Verlängerungsgründe vorliegen. Für Langzeitstudenten ändert sich aber insoweit nichts, als sie ihren privaten Krankenversicherungsschutz fortsetzen können, da sie ja aufgrund des Studiums nicht weiter versicherungspflichtig sind. Üben sie daneben eine Beschäftigung gegen Arbeitsentgelt aus, bleiben sie über die Studien- und Altersgrenzen hinaus nach § 6 Abs. 1 Nr. 3 SGB V versicherungsfrei, soweit die Voraussetzungen des sog. Werkstudentenprivilegs vorliegen.[86]

84 Fraglich könnte sein, ob ein Befreiungsrecht auch den **zu ihrer Berufsausbildung ohne Arbeitsentgelt Beschäftigten** zusteht, weil sie im Versicherungspflichttatbestand des § 5 Abs. 1 Nr. 10 SGB V neben den Praktikanten („Personen, die eine in Studien- oder Prüfungsordnungen vorgeschriebene berufspraktische Tätigkeit ohne Arbeitsentgelt verrichten") als zweite Gruppe aufgeführt sind, im Befreiungstatbestand des Absatz 1 Nr. 5 auf den ersten Blick jedoch nicht, weil nur von den Personen die Rede ist, die durch die berufspraktische Tätigkeit versicherungspflichtig werden. Für eine vom Gesetzgeber beabsichtigte Differenzierung gibt es keine stichhaltigen Hinweise, so dass entscheidend auf die umfassende Verweisung auf § 5 Abs. 1 Nr. 10 SGB V abgestellt werden kann und hierin eine Legaldefinition der berufspraktischen Tätigkeiten gesehen werden muss, die eben auch die zur Berufsausbildung ohne Arbeitsentgelt Beschäftigten erfasst.[87] Die zu ihrer Berufsausbildung ohne Arbeitsentgelt Beschäftigten sind im SGB V nicht mehr den entgeltlich Beschäftigten (vgl. § 165 Abs. 2 Satz 1 RVO), sondern jetzt den Praktikanten gleichgestellt.[88]

7. Arzt im Praktikum (Nr. 6)

85 Die Befreiungsmöglichkeit wurde 1989 mit dem GRG erstmals eingeführt.

86 Sie ist **seit** dem **01.10.2004 obsolet** geworden. „Arzt im Praktikum" war ein angehender Arzt, der nach Ablegung seiner ärztlichen Prüfung als letzten Teil seiner Ausbildung aufgrund einer Erlaubnis zur vorübergehenden Ausübung des ärztlichen Berufs nach § 10 Abs. 4 der Bundesärzteordnung eine in der Approbationsordnung für Ärzte[89] näher geregelte achtzehnmonatige ärztliche Tätigkeit ausübte. Eine (endgültige) Approbation als Arzt durfte nur erhalten, wer auch die achtzehnmonatige Tätigkeit als Arzt im Praktikum ausgeübt hat (§ 3 Bundesärzteordnung). Daher musste jeder in Deutschland zu approbierende Arzt diesen Ausbildungsabschnitt durchlaufen. Der Gesetzgeber hat nunmehr diesen Status abgeschafft.[90]

87 Die Beschäftigung eines Arztes im Anstellungsverhältnis stellt eine versicherungspflichtige Beschäftigung im Sinne des § 5 Abs. 1 Nr. 1 SGB V dar und ist nach den allgemeinen Vorschriften zu behandeln. Ein Recht auf Befreiung von der Versicherungspflicht hatte der Gesetzgeber ursprünglich vorgesehen, weil in der Regel der betroffene Personenkreis anderweitig gegen Krankheitsrisiken abgesichert

---

[83] BSG v. 23.06.1994 - 12 RK 25/93 - SozR 3-2500 § 8 Nr. 1; anders noch zu § 175d RVO: BSG v 24.09.1981 - 12 RK 77/79 - SozR 2200 § 173d Nr. 2, da hier für die Antragsfrist nicht auf die Einschreibung, sondern auf den Beginn der Mitgliedschaft abgestellt worden war.

[84] *Wirges*, SGb 2005, 14, 22; *Felix*, NZS 2000, 477, 484.

[85] A.A. wohl BMA, Rundschreiben des AOK-Landesverbandes Baden-Württemberg Nr. 233/89 v. 28.11.1989, zit. von *Marburger*, Beitragswesen, A 6, S. 292.

[86] BSG v. 23.09.1999 - B 12 KR 1/99 R - SozR 3-2500 § 6 Nr. 17.

[87] So *Peters* in: KassKomm, SGB V, § 8 Rn. 20; *Sommer* in: Peters, Handbuch KV (SGB V), § 8 Rn. 47.

[88] *Peters* in: KassKomm, SGB V, § 5 Rn. 97.

[89] Vom 14.07.1987, BGBl I 1987, 1624.

[90] Gesetz zur Änderung der Bundesärzteordnung und anderer Gesetze vom 21.07.2004, BGBl I 2004, 1776.

und nach der Approbation – freiberuflich oder mit einem höheren Arbeitsentgelt – nicht mehr versicherungspflichtig beschäftigt wird.[91]

Ausgesprochene Befreiungen verloren mit Ablauf des 30.09.2004 ihre Wirksamkeit und es trat Versicherungspflicht ein.[92] 88

8. Behinderte Menschen (Nr. 7)

§ 5 Abs. 1 Nr. 7 und Nr. 8 SGB V begründet die Versicherungspflicht behinderter Menschen, die in dort näher bestimmten anerkannten Einrichtungen bzw. für diese Einrichtungen in Heimarbeit tätig sind, außerdem für Behinderte, die in Anstalten, Heimen oder gleichartigen Einrichtungen in gewisser Regelmäßigkeit eine Leistung erbringen. 89

Das Befreiungsrecht behinderter Menschen war früher im Gesetz über die Sozialversicherung Behinderter in geschützten Einrichtungen (**§ 7 SVBG**) geregelt, dessen krankenversicherungsrechtliche Regelungen 1989 in das SGB V überführt worden sind. 90

Die Befreiung dauert fort, solange die Tätigkeit in einer der genannten Einrichtungen ausgeübt wird. Ein Einrichtungswechsel ist unschädlich. 91

IV. Befreiungsverfahren (Absatz 2)

1. Antrag

Die Befreiung von der Versicherungspflicht ist **antragsgebunden**. Ohne wirksamen Antrag wäre eine Befreiungsentscheidung der Krankenkasse rechtswidrig. Die Wirksamkeit eines Antrages beurteilt sich nach den für empfangsbedürftige **Willenserklärungen** geltenden Voraussetzungen (§ 11 Abs. 1 SGB X). Der Erklärende muss geschäftsfähig sein. Handlungsfähigkeit nach § 36 SGB I mit Vollendung des 15. Lebensjahres reicht nicht aus, weil sich diese Vorschrift ausdrücklich nur auf Anträge auf Sozialleistungen bzw. die Entgegennahme von Sozialleistungen, also das Leistungsrecht und nicht das Beitragsrecht bezieht. Minderjährige werden durch ihre gesetzlichen Vertreter vertreten. Ein Bescheid über die Befreiung von der Versicherungspflicht in der Krankenversicherung ist nicht wegen Fehlens eines wirksamen Befreiungsantrages nichtig nach § 40 Abs. 1 SGB X. Nichtig ist ein Verwaltungsakt, wenn es an dem erforderlichen Antrag mangelt, wenn es sich bei diesem um eine unabdingbare Verfahrenshandlung handelt und der Betroffene zugleich durch den ohne Antrag erlassenen Verwaltungsakt nur oder überwiegend belastet wird.[93] Dies trifft auf die begünstigende Befreiungsentscheidung nicht zu. 92

Antragsberechtigt ist nur derjenige, dem das Befreiungsrecht zusteht. Ein Arbeitgeber hat keine rechtliche Einwirkungsmöglichkeit auf die Entschließung des Arbeitnehmers zur Antragstellung und auf das Antragsverfahren. Der Befreiungsantrag ist an keine **Form** gebunden. Nach Auffassung des SG Berlin[94] enthält der Antrag auf Zahlung von Zuschüssen zur privaten Krankenversicherung (§ 26 Abs. 2 SGB II) nicht zugleich einen Antrag auf Befreiung von der Versicherungspflicht. Dies ist aber wegen der Hinweispflicht von Leistungsträgern nach § 16 Abs. 3 SGB I zweifelhaft. Im Einzelfall wäre zu prüfen, ob der Betroffene doch konkludent einen Antrag gestellt hat.[95] Den Nachteil der Nichterweislichkeit hätte nach den allgemeinen Grundsätzen zur objektiven Beweislast derjenige zutragen, der eine fristgerechte Antragstellung behauptet. 93

Eine **Anfechtung** der Erklärung wegen eines Motivirrtums ist ausgeschlossen.[96] Eine **Rücknahme des Befreiungsantrages** kommt nach allgemeinen Grundsätzen nur bis zur Entscheidung der Kranken- 94

---

[91] Dazu und zu der Frage, ob der Gesetzgeber aufgrund des Gleichbehandlungsgebotes verpflichtet ist, über die Tatbestände des § 8 SGB V hinaus weitere Befreiungsmöglichkeiten vorzusehen: BSG v. 13.08.1996 - 12 RK 55/94 - SozR 3-2500 § 8 Nr. 2.

[92] BKK Bundesverband v. 24.09.2004, Die Beiträge 2004, 665.

[93] *Roos* in: von Wulffen, SGB X, § 40 Rn. 9; *Steinwedel* in: KassKomm, SGB X, § 40 Rn. 12; a.A. für den Fall fehlender Geschäftsfähigkeit (§ 104 Nr. 2 BGB): LSG Saarland v. 15.03.2006 - L 2 KR 28/03.

[94] SG Berlin v. 22.11.2005 - S 96 AS 9757/05 ER.

[95] Vgl. BSG v. 23.02.1973 - 3 RK 71/70 - USK 7331, durch Beantragung eines Beitragszuschusses beim Rentenversicherungsträger.

[96] LSG Hessen v. 22.11.1973 - L 8 Kr 313/72 - ErsK 1974, 169.

kasse über den Antrag in Betracht. Ansonsten sieht der Gesetzgeber ausdrücklich vor, wenn er eine Rücknahme eines Antrages ermöglichen will.[97]

2. Frist

95 Der Antrag ist **innerhalb von drei Monaten** nach Beginn der Versicherungspflicht zu stellen (Absatz 2 Satz 1). Danach käme eine Befreiung auch für die Zukunft nicht in Betracht. Der Versicherungsträger darf auf die Einhaltung der Frist nicht verzichten. Für die Fristberechnung gelten gemäß § 26 SGB X die **§§ 187 ff. BGB**. Soweit beispielsweise die Mitgliedschaft als Rentenantragsteller mit dem Tag der Stellung des Rentenantrages (§§ 186 Abs. 9, 189 Abs. 2 SGB V) am 15.06.2007 beginnt, wäre der Befreiungsantrag bis zum 14.09.2007 zu stellen.[98] Der Beginn der Frist hängt nicht von einem Ereignis ab, dass in den Lauf eines Tages fällt, so dass für die Berechnung § 187 Abs. 2 BGB und § 188 Abs. 2 Alt. 2 BGB maßgebend sind. Der erste Tag der Mitgliedschaft ist in die Frist einbezogen. Die Frist endet mit dem Ablauf des Tages des dritten Folgemonats, der dem Tag vorhergeht, der durch seine Zahl dem Anfangstag der Frist entspricht. Fällt der letzte Tag der Frist auf einen Sonntag, gesetzlichen Feiertag oder Sonnabend, endet die Frist mit dem Ablauf des nächsten Werktages (§ 193 BGB).

96 Der **Beginn** der Antragsfrist ergibt sich aus den Besonderheiten der einzelnen Versicherungspflichttatbestände, beispielsweise mit der „Einschreibung als Student" (§§ 5 Abs. 1 Nr. 9, 8 Abs. 1 Nr. 5 SGB V).[99] Ist die Befreiungspflichtversicherung zunächst noch von einer vorrangigen Pflichtversicherung überlagert, ist die Befreiung von der Versicherung und mithin eine Antragstellung noch möglich, wenn der vorrangige Versicherungstatbestand entfällt.[100]

97 Der Antragsteller trägt als Erklärender nach § 130 BGB das Übermittlungsrisiko einer öffentlich-rechtlichen Willenserklärung auf dem Postwege.[101]

98 Die Dreimonatsfrist ist eine **Ausschlussfrist**. Auch bei – wie hier – materiell-rechtlich wirkenden Ausschlussfristen ist bei Versäumung der Frist eine **Wiedereinsetzung** in den vorigen Stand unter den Voraussetzungen des § 27 SGB X möglich, soweit sich nicht aus dem Gesetz ausdrücklich oder im Wege der Auslegung ergibt, dass diese Möglichkeit ausgeschlossen sein soll (§ 27 Abs. 5 SGB X, dann sog. absolut wirkende Ausschlussfristen).[102] Die Frist in § 8 Abs. 2 Satz 1 SGB V ist aber weder als Ausschlussfrist bezeichnet noch lässt sich der Vorschrift mit der erforderlichen Bestimmtheit entnehmen, dass ein Fristversäumnis nicht unter bestimmten Umständen entschuldigt werden könnte. Im Zweifel geht die Rechtsprechung von der Zulässigkeit der Wiedereinsetzungsmöglichkeit aus. Ein Ausschluss hätte hier vom Gesetzgeber ausdrücklich angeordnet werden müssen, da es sich um eine Frist handelt, die erst nach In-Kraft-Treten des § 27 SGB X eingeführt worden ist.[103] Eine andere, im Einzelfall zu entscheidende Frage ist, ob die Voraussetzungen eines unentschuldigten Fristversäumnisses vorliegen, wenn für die Antragstellung drei Monate Zeit bleibt. Nach einem Jahr seit dem Ende der versäumten Frist kann die Wiedereinsetzung nicht mehr beantragt oder die versäumte Handlung nicht mehr nachgeholt werden, außer, wenn dies vor Ablauf der Jahresfrist infolge höherer Gewalt unmöglich war (§ 27 Abs. 3 SGB X). Neben der Prüfung einer Wiedereinsetzung in den vorigen Stand kommt auch

---

[97] Z.B. Art. 3 des Gesetzes über die achtzehnte Anpassung der Leistungen nach dem BVG und zur Änderung von Vorschriften über die Arbeitslosenhilfe vom 30.06.1989, BGBl I 1989, 1288.

[98] Gemeinsames Rundschreiben vom 17.03.2004, unter A.III.2. Antragstellung.

[99] Vgl. auch zum Beginn der Mitgliedschaft §§ 186 ff. SGB V.

[100] So *Peters* in: KassKomm, SGB V, § 8 Rn. 31; *Sommer* in: Peters, Handbuch KV (SGB V), § 8 Rn. 57.

[101] BSG v. 25.10.1976 - 12/3 RK 50/75 - SozR 5486 Art 4 § 2 Nr. 2, zu § 173d RVO.

[102] BSG v. 05.02.2004 - B 11 AL 47/03 R - SozR 4-4300 § 325 Nr. 11; BSG v. 05.02.2003 - B 6 KA 27/02 R - SozR 4-2500 § 95 Nr. 3; BSG v. 25.10.1988 - 12 RK 22/87 - SozR 1300 § 27 Nr. 4.

[103] Vgl. BSG v. 25.10.1988 - 12 RK 22/87 - SozR 1300 § 27 Nr. 4, das eine Wiedereinsetzung im Falle der Versäumung der Beitrittsfrist nach § 176c RVO bejaht hatte; BSG v. 09.02.1993 - 12 RK 28/92 - SozR 3-1300 § 27 Nr. 3; im Ergebnis ebenso *Sommer* in: Peters, Handbuch KV (SGB V), § 8 Rn. 61; *Peters* in: KassKomm, SGB V, § 8 Rn. 34; gegen die Wiedereinsetzung: Gemeinsames Rundschreiben vom 17.03.2004, unter A.III.2. Antragstellung; *Marburger*, Handbuch des Beitragswesens, A 6, S. 247; *Baier* in: Krauskopf, Soziale Krankenversicherung, SGB V, § 8 Rn. 15, stattdessen komme ein Herstellungsanspruch im Falle der Verletzung von Aufklärungs- und Beratungspflichten in Betracht; *Gerlach* in: Hauck/Noftz, SGB V, § 8 Rn. 75.

ein sozialrechtlicher Herstellungsanspruch in Betracht, wenn das Fristversäumnis auf eine Beratungspflichtverletzung der Behörde zurückgeht.[104]

Die Berufung auf die Versäumung der Ausschlussfrist für einen Antrag auf Befreiung von der Versicherungspflicht ist allenfalls dann rechtsmissbräuchlich, wenn die versäumte Frist für die Krankenkasse von geringer Bedeutung ist und ganz erhebliche, langfristig wirksame Interessen des Versicherten auf dem Spiel stehen.[105] 99

Ein **Leistungsverzicht (§ 46 SGB I)** eröffnet **kein neues Befreiungsrecht**. Eine Versäumung der Antragsfrist kann nicht dadurch umgangen werden, dass kurzfristig auf die Leistung, die die Versicherungspflicht bzw. den Befreiungstatbestand begründet hat, verzichtet wird. Durch die Wiederaufnahme des Leistungsbezuges entsteht kein neuer Befreiungsanspruch.[106] Die Möglichkeit eines erneuten Befreiungsantrages würde voraussetzen, dass die Versicherungspflicht wegen des wieder aufgenommenen Leistungsbezuges neu entsteht („wer versicherungspflichtig wird"). Die bloße Nichtzahlung der Rente führt jedoch nicht zur Beendigung der Versicherungspflicht oder der Mitgliedschaft bei der zuständigen Krankenkasse. Das BSG hat hierzu maßgeblich darauf abgestellt, dass die Nichtzahlung einer Rente für einzelne Kalendermonate wegen eines Verzichts das Stammrecht auf die Rente nicht erlöschen und damit den Anknüpfungspunkt für die Versicherungspflicht in der Krankenversicherung nicht entfallen lässt. Auf das Stammrecht der Rente kann nicht verzichtet werden. Wenn der Gesetzgeber durch die Anordnung der Unwiderruflichkeit der Befreiung den Versicherten an eine einmal getroffene Befreiungsentscheidung für die Zukunft festhält, gilt dies auch umgekehrt für den Fall, dass der Betroffene von seiner Befreiungsmöglichkeit keinen Gebrauch gemacht hat. 100

3. Entscheidung der Krankenkasse

Über die Versicherungsfreiheit hat eine Entscheidung der Krankenkasse zu ergehen. Dies ergibt sich hinlänglich aus dem Wortlaut des Absatzes 1 Halbsatz 1 („...wird...befreit"). Der Krankenkasse ist dabei **kein Ermessen** eingeräumt. Bei Vorliegen der Tatbestandsvoraussetzungen hat sie den Antragsteller zu befreien, andernfalls den Antrag abzulehnen. Bei der Befreiung handelt es sich um einen **feststellenden konstitutiven Verwaltungsakt.** 101

Zuständige Krankenkasse ist die Krankenkasse, bei der die Mitgliedschaft entstanden ist. Bei gesetzlich vorgeschriebener Zuständigkeit kann dies die See-Krankenkasse oder die Deutsche Rentenversicherung Knappschaft-Bahn-See sein (§§ 176, 177 SGB V). Soweit sich die Zuständigkeit nach einem vom Betroffenen auszuübenden Wahlrecht richtet, ist die gewählte Krankenkasse zuständig. Hat der Versicherte bei Eintritt der Versicherungspflicht keine Krankenkasse gewählt, weil er sich ohnehin befreien lassen will, kann er den Antrag bei jeder **wählbaren Krankenkasse** stellen.[107] Für diesen Fall bleibt diese Krankenkasse dann auch für die Durchführung der Krankenversicherung, vorbehaltlich einer späteren Abwahl, weiterhin zuständig, wenn der Befreiungsantrag abgelehnt wird.[108] 102

Wird eine **unzuständige**, beispielsweise nicht wählbare **Krankenkasse** angegangen, ist der Antrag von dort fristwahrend an die zuständige Krankenkasse weiterzuleiten. **§ 16 SGB I** kann entsprechend angewendet werden.[109] 103

V. Rechtsfolgen

1. Versicherungsfreiheit

Versicherungsfreiheit tritt **mit Beginn der Versicherungspflicht** ein, wenn der Befreiungsberechtigte seit diesem Zeitpunkt noch keine Leistungen für sich oder seine Familienangehörigen in Anspruch genommen hat. Ansonsten wirkt die Befreiung erst vom Beginn des Kalendermonats an, der auf die An- 104

[104] Zum Nebeneinander von Wiedereinsetzung und Herstellungsanspruch: BSG v. 02.02.2006 - B 10 EG 9/05 R - SozR 4-1300 § 27 Nr. 2; zum Beratungsversäumnis des Rentenversicherungsträgers über ein Befreiungsrecht nach § 173a RVO: BSG v. 26.10.1982 - 12 RK 37/81 - SozR 1200 § 14 Nr. 13.

[105] Zu § 173d RVO: BSG v. 25.10.1976 - 12/3 RK 50/75 - SozR 5486 Art. 4 § 2 Nr. 2.

[106] Für den kurzfristigen Verzicht auf eine Rentenzahlung: BSG v. 11.11.2003 - B 12 KR 3/03 R - SozR 4-2500 § 8 Nr. 1; Vorinstanz: Sächsisches LSG v. 29.01.2002 - L 1 KR 40/00.

[107] BSG v. 27.01.2000 - B 12 KR 16/99 R - SozR 3-2500 § 8 Nr. 5.

[108] *Peters* in: KassKomm, SGB V, § 8 Rn. 29.

[109] *Gerlach* in: Hauck/Noftz, SGB V, § 8 Rn. 77; vgl. BSG v. 23.02.1973 - 3 RK 13/71 - USK 7342, zu § 173a RVO und Stellung des Antrages bei jeder anderen im Rentenverfahren beteiligten Stelle.

tragstellung folgt (Absatz 2 Satz 2). Endet die Mitgliedschaft zu diesem späteren Zeitpunkt, erlöschen nach Maßgabe des § 19 SGB V die Leistungsansprüche auch erst dann (§ 19 Abs. 1 SGB V), u.U. mit einem nachgehenden Anspruch über längstens einen Monat (§ 19 Abs. 2 SGB V).

105 Die **Dauer** der Befreiungswirkung ist auf die Dauer des Sachverhaltes begrenzt, der das Befreiungsrecht begründet hat. Beispielsweise entfällt mit der Beendigung des Studiums oder der Teilnahme an Leistungen zur Teilhabe am Arbeitsleben auch die Befreiungswirkung. Mit dem Auftreten eines neuen, den bisherigen Pflichtversicherungstatbestand ablösenden Pflichtversicherungstatbestandes erlischt die für den alten Sachverhalt erteilte Befreiung (z.B. Arbeitslosengeldbezug nach einer Beschäftigung mit Befreiung nach Absatz 1 Nr. 1). Hierüber ist im Interesse der Rechtssicherheit eine Verwaltungsentscheidung zu treffen, obgleich sich der Verwaltungsakt über die Befreiung auch ohne diese erledigt (§ 39 Abs. 2 SGB X).

106 In der Zeit der Befreiung kann ein Anspruch gegenüber dem Leistungsträger auf **Übernahme der Beiträge**, die für die Dauer des Leistungsbezuges für eine Versicherung gegen Krankheit oder Pflegebedürftigkeit **an ein privates Krankenversicherungsunternehmen** zu zahlen sind, bestehen (§ 207a SGB III, § 26 Abs. 2 SGB II, § 106 SGB VI).[110] Beschäftigte können unter den Voraussetzungen des § 257 Abs. 2, 2a SGB V von ihrem Arbeitgeber einen Beitragszuschuss beanspruchen.

107 Das Gesetz geht von einer **absoluten Befreiungswirkung** aus. Ist der Versicherte befreit worden, lässt die gleichzeitige Erfüllung weiterer Versicherungspflichttatbestände keine Versicherungspflicht eintreten **(§ 6 Abs. 3 Satz 1 SGB V)**. Dies gilt allerdings nur für die Dauer der Befreiung, so dass zwar während der aus Anlass des Waisenrentenbezuges ausgesprochenen Befreiung ausgeübten Beschäftigung keine Versicherungspflicht entsteht. Endet jedoch der Rentenbezug, unter Umständen gerade wegen der Anrechnung des erzielten Arbeitsentgeltes, tritt Versicherungspflicht nach § 5 Abs. 1 Nr. 1 SGB V ein.[111] Die Befreiung lässt damit auch eine Familienversicherung nicht mehr zu (§ 10 Abs. 1 Satz 1 Nr. 3 SGB V).

2. Unwiderruflich

108 Die **Befreiung** ist **unwiderruflich** (Absatz 2 Satz 3).[112] Damit ist aber nur das Gestaltungsrecht des Betroffenen ausgeschlossen, dem nicht die Möglichkeit eingeräumt sein soll, über seinen Krankenversicherungsschutz immer wieder neu nach den aktuellen Bedürfnissen zu entscheiden. Die Möglichkeit einer Aufhebung der Befreiungsentscheidung durch den Versicherungsträger beurteilt sich nach den §§ 44 ff. SGB X.

109 War die Befreiung von der Krankenkasse antragsgemäß, aber zu Unrecht ausgesprochen worden, ist eine **Rücknahme der Entscheidung** nach **§ 45 SGB X** möglich, jedoch nur mit Wirkung für die Zukunft, weil einer Rücknahme begünstigender Entscheidungen für die Vergangenheit in der Regel ein schutzwürdiges Vertrauen des Betroffenen entgegensteht. Erblickt man in der Befreiungsentscheidung keinen begünstigenden Verwaltungsakt, richtet sich eine Rücknahme für die Vergangenheit nach § 44 Abs. 2 SGB X. Dann wäre allerdings die Rücknahme für die Vergangenheit bei einem Befreiungsbescheid, mit dem auf Antrag des Versicherten eine Befreiung ausgesprochen worden ist, stets ausgeschlossen, jedenfalls für die Zeit vor Geltendmachung einer Rechtswidrigkeit der Befreiungsentscheidung. Dies folgt aus dem Grundsatz, dass die Beurteilung von Versicherungsverhältnissen rückwirkend grundsätzlich nicht geändert werden soll.[113]

C. Praxishinweise

110 Bei **Zweifeln an der (fortbestehenden) Befreiung** können Arbeitgeber oder Arbeitnehmer eine **förmliche Entscheidung** der Einzugsstelle bzw. im Rahmen der Betriebsprüfung (§ 28p SGB IV) des Trägers der Rentenversicherung beantragen. Diese hat sodann entsprechende Ermittlungen über die Versicherungspflicht bzw. Versicherungsfreiheit vorzunehmen und in Gestalt eines personenbezogenen

---

[110] Für landwirtschaftliche Unternehmer nach § 4 Abs. 3 KVLG 1989; nicht für von der Versicherungspflicht befreite Altenteiler nach § 3 Abs. 3 Nr. 2 KVLG 1989: BSG v. 21.03.1991 - 4 RK 1/90 - SozR 3-5420 § 4 Nr. 1; für Künstler/Publizisten nach § 10 Abs. 2 KSVG.

[111] *Wirges*, SGb 2005, 14, 20.

[112] Anders in der Künstlersozialversicherung: § 6 Abs. 2 KSVG.

[113] BSG v. 08.12.1999 - B 12 KR 12/99 R - SozR 3-2500 § 8 Nr. 4.

Verwaltungsaktes hierüber zu entscheiden (vgl. §§ 28h Abs. 2 Satz 1, 28p Abs. 1 Satz 5 SGB IV). Diese Entscheidung entfaltet einen Vertrauensschutz insoweit, als sie nur noch nach Maßgabe der §§ 44 ff. SGB X aufgehoben werden kann.

Ist nach einem Arbeitgeberwechsel fraglich, ob sich die Befreiungsentscheidung auch auf das Anschlussarbeitsverhältnis erstreckt, ist dies im Verhältnis zur aktuell gewählten Krankenkasse zu klären. Das Gesetz sieht keine Möglichkeit vor, dass ein Versicherungsträger nach Abschluss eines mitgliedschaftlichen Verhältnisses eine (abstrakte) Entscheidung über die Wirkung einer ausgesprochenen Befreiung von der Krankenversicherungspflicht trifft.[114] **111**

Im Streit zwischen Arbeitnehmer und Krankenversicherung über dessen Antrag auf Befreiung von der Krankenversicherungspflicht ist der Arbeitgeber **notwendig beizuladen**. Die auf Antrag des Arbeitnehmers zu treffende Entscheidung wirkt auch gegenüber dem Arbeitgeber, weil die Befreiung als ein rechtsgestaltender Verwaltungsakt nicht nur den Versicherten, sondern – unbeschadet der Zuschusspflicht nach § 257 SGB V – auch den Arbeitgeber begünstigt. Der Arbeitgeber ist mithin als notwendig Beizuladender im Sinne des § 75 Abs. 2 SGG in einem Rechtsstreit des Versicherten gegen die Krankenkasse über die Versicherungspflicht bzw. wirksame Befreiung zu beteiligen.[115] **112**

---

[114] LSG Berlin v. 29.01.2002 - L 9 KR 66/00.

[115] Vgl. BSG v. 17.03.1981 - 12 RK 33/80 - USK 8135; *Keller/Leitherer* in: Meyer-Ladewig/Keller/Leitherer, SGG, § 75 Rn. 10d.

Zweiter Abschnitt: Versicherungsberechtigung

§ 9 SGB V Freiwillige Versicherung

(Fassung vom 26.03.2007, gültig ab 01.04.2007)

(1) Der Versicherung können beitreten

1. **Personen, die als Mitglieder aus der Versicherungspflicht ausgeschieden sind und in den letzten fünf Jahren vor dem Ausscheiden mindestens vierundzwanzig Monate oder unmittelbar vor dem Ausscheiden ununterbrochen mindestens zwölf Monate versichert waren; Zeiten der Mitgliedschaft nach § 189 und Zeiten, in denen eine Versicherung allein deshalb bestanden hat, weil Arbeitslosengeld II zu Unrecht bezogen wurde, werden nicht berücksichtigt,**
2. **Personen, deren Versicherung nach § 10 erlischt oder nur deswegen nicht besteht, weil die Voraussetzungen des § 10 Abs. 3 vorliegen, wenn sie oder der Elternteil, aus dessen Versicherung die Familienversicherung abgeleitet wurde, die in Nummer 1 genannte Vorversicherungszeit erfüllen,**
3. **(weggefallen)**
4. **schwerbehinderte Menschen im Sinne des Neunten Buches, wenn sie, ein Elternteil, ihr Ehegatte oder ihr Lebenspartner in den letzten fünf Jahren vor dem Beitritt mindestens drei Jahre versichert waren, es sei denn, sie konnten wegen ihrer Behinderung diese Voraussetzungen nicht erfüllen; die Satzung kann das Recht zum Beitritt von einer Altersgrenze abhängig machen,**
5. **Arbeitnehmer, deren Mitgliedschaft durch Beschäftigung im Ausland endete, wenn sie innerhalb von zwei Monaten nach Rückkehr in das Inland wieder eine Beschäftigung aufnehmen,**
6. **innerhalb von sechs Monaten nach dem Eintritt der Versicherungspflicht Bezieher einer Rente der gesetzlichen Rentenversicherung, die nach dem 31. März 2002 nach § 5 Abs. 1 Nr. 11 versicherungspflichtig geworden sind, deren Anspruch auf Rente schon an diesem Tag bestand, die aber nicht die Vorversicherungszeit nach § 5 Abs. 1 Nr. 11 in der seit dem 1. Januar 1993 geltenden Fassung erfüllt hatten und die deswegen bis zum 31. März 2002 freiwillige Mitglieder waren,**
7. **innerhalb von sechs Monaten nach ständiger Aufenthaltnahme im Inland oder innerhalb von drei Monaten nach Ende des Bezugs von Arbeitslosengeld II Spätaussiedler sowie deren gemäß § 7 Abs. 2 Satz 1 des Bundesvertriebenengesetzes leistungsberechtigte Ehegatten und Abkömmlinge, die bis zum Verlassen ihres früheren Versicherungsbereichs bei einem dortigen Träger der gesetzlichen Krankenversicherung versichert waren,**
8. **innerhalb von sechs Monaten ab dem 1. Januar 2005 Personen, die in der Vergangenheit laufende Leistungen zum Lebensunterhalt nach dem Bundessozialhilfegesetz bezogen haben und davor zu keinem Zeitpunkt gesetzlich oder privat krankenversichert waren.**

Für die Berechnung der Vorversicherungszeiten nach Satz 1 Nr. 1 gelten 360 Tage eines Bezugs von Leistungen, die nach § 339 des Dritten Buches berechnet werden, als zwölf Monate.

(2) Der Beitritt ist der Krankenkasse innerhalb von drei Monaten anzuzeigen,

1. **im Falle des Absatzes 1 Nr. 1 nach Beendigung der Mitgliedschaft,**
2. **im Falle des Absatzes 1 Nr. 2 nach Beendigung der Versicherung oder nach Geburt des Kindes,**

3. (weggefallen)

4. im Falle des Absatzes 1 Nr. 4 nach Feststellung der Behinderung nach § 68 des Neunten Buches,

5. im Falle des Absatzes 1 Nr. 5 nach Rückkehr in das Inland.

(3) Kann zum Zeitpunkt des Beitritts zur gesetzlichen Krankenversicherung nach Absatz 1 Nr. 7 eine Bescheinigung nach § 15 Abs. 1 oder 2 des Bundesvertriebenengesetzes nicht vorgelegt werden, reicht als vorläufiger Nachweis der vom Bundesverwaltungsamt im Verteilungsverfahren nach § 8 Abs. 1 des Bundesvertriebenengesetzes ausgestellte Registrierschein und die Bestätigung der für die Ausstellung einer Bescheinigung nach § 15 Abs. 1 oder 2 des Bundesvertriebenengesetzes zuständigen Behörde, dass die Ausstellung dieser Bescheinigung beantragt wurde.

Gliederung

A. Basisinformationen

I. Normgeschichte

Die Vorschrift wurde eingefügt mit Wirkung vom 01.01.1989 durch Art. 1 des GRG vom 20.12.1988.[1] Bereits § 9 Abs. 1 Nr. 1 SGB V i.d.F. des GRG verlangte im Vergleich zu § 313 RVO erheblich längere Vorversicherungszeiten. Zudem wurde für zahlreiche Personengruppen (§§ 176 Abs. 1 Satz 1, 176b Abs. 1 Nr. 3 RVO) die Versicherungsberechtigung gestrichen. Begründet wurde dies damit, dass es im Hinblick auf das Solidaritätsprinzip nicht gerechtfertigt sei, von der Versicherungspflicht nicht erfassten Personen den Beitritt zu einem Zeitpunkt zu ermöglichen, der ihnen günstig erscheine und dann die Solidaritätsgemeinschaft dafür eintreten zu lassen.[2] 1

§ 9 Abs. 1 Nr. 5 und Abs. 2 Nr. 5 SGB V wurden redaktionell geändert mit Wirkung vom 01.01.1992 durch Art. 1 Nr. 2 des Zweiten Gesetzes zur Änderung des SGB V vom 20.12.1991[3]. In § 9 Abs. 1 SGB V wurde mit Wirkung vom 01.01.1993 die geforderte Vorversicherungszeit verdoppelt durch Art. 1 Nr. 2, Art. 35 Abs. 1 GSG vom 21.12.1992[4] (24 statt 12 bzw. 12 statt 6 Monaten), um das Solidaritätsprinzip zu stärken und die Versichertengemeinschaft vor unzumutbaren Belastungen zu schützen.[5] Durch das Einfügen des Abs. 3a in § 6 SGB V durch das GKV-GRG 2000[6] hat der Gesetzgeber den bei der Vorversicherungszeit eingeschlagenen Weg weitergeführt, indem dort nach der Vollendung des 55. Lebensjahres sogar die Versicherungspflicht ausgeschlossen sein kann.[7] Seit dem Anfügen des „Wenn"-Satzes mit Wirkung vom 01.01.2000 durch Art. 1 Nr. 5 lit. a GKV-GRG v. 22.12.1999[8], ist auch für die Weiterversicherung nach § 9 Abs. 1 Nr. 2 SGB V eine Vorversiche- 2

---

[1] BGBl I 1988, 2477.
[2] Amtl. Begründung d. RegE-GRG, S. 160-161.
[3] BGBl I 1991, 2325.
[4] BGBl I 1992, 2266.
[5] Vgl. Gesetzesbegründung in: BT-Drs. 12/3608, S. 76.
[6] Gesetz zur Reform der gesetzlichen Krankenversicherung ab dem Jahre 2000 (GKV-Gesundheitsreform 2000) vom 22.12.1999 (BGBl I 1999, 2626).
[7] Vgl. hierzu *Peters* in: KassKomm, SGB V, § 9 Rn. 5.
[8] BGBl I 1999, 2626.

rungszeit erforderlich. § 9 Abs. 1 Satz 1 Nr. 6 SGB V wurde durch das 10. SGB V-Änderungsgesetz[9] in das Gesetz eingefügt. § 9 Abs. 1 Satz 1 Nr. 7, 8, Abs. 3 SGB V wurde mit Wirkung vom 01.01.2005 durch Art. 5 Nr. 3a des Vierten Gesetzes für moderne Dienstleistungen am Arbeitsmarkt vom 24.12.2003[10] in das SGB V eingefügt.

3 Durch Art. 2a bzw. 2b des Fünften Gesetzes zur Abänderung des Dritten Buches Sozialgesetzbuch und andere Gesetze vom 31.12.2005[11] wurde § 9 Abs. 1 Satz 1 Nr. 1 SGB V (bzw. § 6 Abs. 1 Satz 1 Nr. 1 KVLG 1989) nach der Angabe „§ 189“ (bzw. § 23 KVLG 1989) um die Worte „und Zeiten, in denen eine Versicherung allein deshalb bestanden hat, weil Arbeitslosengeld II zu Unrecht bezogen wurde“, erweitert. Versicherungszeiten aufgrund des unrechtmäßigen Bezugs von Arbeitslosengeld II dürfen hiernach bei der für eine freiwillige Krankenversicherung erforderlichen Vorversicherungszeit nicht berücksichtigt werden. Die Umsetzung dieser gesetzlichen Regelung erfordert auf Seiten der zuständigen Krankenkasse die Kenntnis über die Zeiten eines unrechtmäßigen Leistungsbezugs.[12]

4 Durch das GKV-WSG[13] wurde § 9 Abs. 1 Satz 1 Nr. 3 und Abs. 2 Nr. 3 SGB V aufgehoben.

II. Parallelvorschriften

5 Ein auf das KVLG zugeschnittenes, aber an § 9 SGB V angelehntes Beitrittsrecht enthält § 6 KVLG 1989[14]. Der landwirtschaftlichen Krankenversicherung können nach § 6 Abs. 1 Nr. 1 KVLG 1989 Personen beitreten, die aus der Versicherungspflicht nach diesem Gesetz ausgeschieden sind und in den letzten 5 Jahren vor dem Ausscheiden mindestens 24 Monate oder unmittelbar vor dem Ausscheiden ununterbrochen mindestens 12 Monate versichert waren; Zeiten der Mitgliedschaft nach § 23 KVLG 1989 und Zeiten, in denen eine Versicherung allein deshalb bestanden hat, weil Arbeitslosengeld II zu Unrecht bezogen wurde, werden nicht berücksichtigt. Personen, deren Versicherung nach § 7 KVLG 1989 erlischt oder nur deswegen nicht besteht, weil die Voraussetzungen des § 10 Abs. 1 Nr. 4 oder Abs. 3 des SGB V vorliegen, können der Versicherung beitreten, wenn sie oder der Elternteil, aus dessen Versicherung die Familienversicherung abgeleitet wurde, die in Nr. 1 genannte Vorversicherungszeit erfüllen. Der Beitritt ist gemäß § 9 Abs. 2 KVLG der Krankenkasse innerhalb von 3 Monaten anzuzeigen, im Falle des Absatzes 1 Nr. 1 nach Beendigung der Mitgliedschaft, im Falle des Absatzes 1 Nr. 2 nach Beendigung der Versicherung oder nach dem Beginn der Unterhaltsberechtigung gegenüber dem Mitglied.

6 Für Personen, die aus der Pflichtversicherung nach dem KVLG 1989 bei einer landwirtschaftlichen Krankenkasse ausscheiden, ist neben dem Weiterversicherungsrecht in der landwirtschaftlichen Krankenversicherung bei Erfüllung der Voraussetzungen des § 9 SGB V die Weiterversicherung in der allgemeinen Krankenversicherung möglich.[15]

7 Rechtsgrundlagen für die Beitragsbemessung der freiwillig Versicherten sind § 46 KVLG 1989 i.V.m. den §§ 224, 240 SGB V und § 41 KVLG 1989 sowie die entsprechenden Regelungen der Satzung.

III. Vorgängervorschriften

8 In § 9 SGB V werden die Vorgängerregelungen der §§ 176, 176b, 176c und 313 RVO zur freiwilligen Versicherung zusammengefasst.[16] Inhaltlich besteht im Wesentlichen folgende Beziehung zum früheren Recht: § 9 Abs. 1 Satz 1 Nr. 1 SGB V ist Nachfolger des § 313 RVO. § 9 Abs. 1 Satz 1 Nr. 2 SGB V ist an Stelle des § 176b Abs. 1 Nr. 1, 2, Abs. 3 RVO getreten. § 9 Abs. 1 Satz 1 Nr. 3 SGB V ist § 176a RVO gefolgt. § 9 Abs. 1 Satz 1 Nr. 4 SGB V hat § 176c RVO ersetzt. § 9 Abs.1 Satz 1 Nr. 5-8 SGB V hatte in der RVO keine Vorgängervorschrift.

---

9 BGBl I 2002, 1169.

10 BGBl I 2003, 2954.

11 BGBl I 2005, 3627.

12 Vgl. Niederschrift über die Sitzung der Spitzenverbände der Krankenkassen und der Bundesagentur für Arbeit zu Fragen des Versicherungs-, Beitrags- und Melderechts der Bezieher von Arbeitslosengeld II v. 12.07.2007, Top 3.

13 Gesetz zur Stärkung des Wettbewerbs in der gesetzlichen Krankenversicherung (GKV-Wettbewerbsstärkungsgesetz – GKV-WSG) v. 26.03.2007, BGBl I 2007, 378.

14 V. 10.08.1972, BGBl I 1972, 1433.

15 BSG v. 12.02.1998 - B 10 KR 3/97 - SozR 3-2500 § 185 Nr. 1.

16 *Wollenschläger* in: Wannagat, SGB V, § 9 Rn. 3.

Im Übrigen sind Beitrittsbeschränkungen eher abgebaut worden.[17] Das Recht der Krankenkasse, erkrankte oder Personen mit ungenügendem Gesundheitszeugnis zurückzuweisen, kannte allerdings auch die RVO nicht mehr. Die Befugnis der Krankenkasse, Versicherungsberechtigte ärztlich untersuchen zu lassen (§ 310 Abs. 3 Satz 2 RVO), konnte nur dazu dienen zu ermitteln, ob die Voraussetzungen für einen Leistungsausschluss vorlagen (§§ 310 Abs. 2, 207 RVO). 9

Erst mit In-Kraft-Treten des SGB V am 01.10.1989 wurde die Beitrittsfrist auf drei Monate vereinheitlicht. Früher war das Beitrittsrecht teilweise unbefristet, überwiegend aber auf die knappe Frist von einem Monat begrenzt. Die Krankenkassen konnten diese Frist jedoch durch ihre Satzung verlängern. Neuerdings hat der Gesetzgeber diese Frist jedoch wieder durchbrochen, in dem er dem Versicherten in § 9 Abs. 1 Satz 1 Nr. 6-8 SGB V eine sechsmonatige Beitrittsfrist eingeräumt hat. 10

IV. Literaturhinweise

Noell/Deisler, Die Krankenversicherung der Landwirte, 2001; *Maaßen/Schermer/Wiegand/Zipperer*, SGB V, Gesetzliche Krankenversicherung, Kommentar, Loseblatt; *Steffens*, Meldeverfahren in der Sozialversicherung, WzS 1998, 353; *Volbers*, Die Beiträge 1998, 449 ff. 11

V. Systematische Einordnung

1. Wahlrecht nach § 173 SGB V

Das Wahlrecht nach § 173 SGB V gilt auch für freiwillig Versicherte. Ferner können freiwillig Versicherte, die im Rahmen des § 9 Abs. 1 Satz 1 Nr. 4 SGB V versichert werden, sowie freiwillig versicherte Rentenbezieher neben den bereits dargestellten Wahlmöglichkeiten auch die Krankenkasse wählen, bei der ein Elternteil versichert ist. Für freiwillig Versicherte, die ihr Wahlrecht ausüben, gelten die gleichen Kündigungsfristen und die gleiche Bindungsfrist wie bei Pflichtversicherten.[18] Für freiwillig Versicherte endet die Mitgliedschaft aufgrund der Regelung des § 191 Nr. 4 SGB V in diesen Fällen jedoch erst mit Ablauf des auf die Kündigung folgenden übernächsten Kalendermonats. Bei einem anschließenden Anspruch auf Familienversicherung kann die Satzung der Krankenkasse einen früheren Zeitpunkt bestimmen.[19] Das Sonderkündigungsrecht bei Beitragssatzerhöhungen (§ 175 Abs. 4 Satz 5 SGB V) gilt auch für freiwillig Versicherte. Eine freiwillige Mitgliedschaft endet gemäß § 191 Nr. 2 SGB V kraft Gesetzes mit dem Eintritt einer Versicherungspflicht. Eine Kündigung der Mitgliedschaft seitens des Versicherten ist für die Beendigung der freiwilligen Mitgliedschaft daher nicht notwendig. Er kann zu diesem Zeitpunkt von seinem Wahlrecht gemäß § 173 SGB V jedoch nur dann Gebrauch machen und Mitglied einer anderen Krankenkasse werden, wenn die 18-Monats-Frist bei der bisherigen Krankenkasse verstrichen ist und die Mitgliedschaft wirksam gekündigt wurde.[20] 12

2. Beginn und Ende der Freiwilligen Versicherung

Gemäß § 188 Abs. 1 SGB V beginnt die freiwillige Mitgliedschaft mit dem Tag des Beitritts zur Krankenkasse. Die Mitgliedschaft der in § 9 Abs. 1 Nr. 1 und 2 SGB V genannten Versicherungsberechtigten beginnt mit dem Tag nach dem Ausscheiden aus der Versicherungspflicht oder mit dem Tag nach dem Ende der Versicherung nach § 10 SGB V. Die Mitgliedschaft der in § 9 Abs. 1 Nr. 6 SGB V genannten Versicherungsberechtigten beginnt mit dem Eintritt der Versicherungspflicht nach § 5 Abs. 1 Nr. 11 SGB V (vgl. § 188 Abs. 2 Satz 2 SGB V). Gemäß § 188 Abs. 3 SGB V ist der Beitritt schriftlich zu erklären. 13

Die freiwillige Mitgliedschaft endet gemäß § 191 Satz 1 SGB V mit dem Tod des Mitglieds, mit Beginn einer Pflichtmitgliedschaft, mit Ablauf des nächsten Zahltages, wenn für zwei Monate die fälligen Beiträge trotz Hinweises auf die Folgen nicht entrichtet wurden, oder mit dem Wirksamwerden der 14

[17] Vgl. hierzu *Peters* in: KassKomm, SGB V, § 9 Rn. 7.

[18] Die Bindungsfrist gilt jedoch dann nicht, wenn die freiwilligen Krankenversicherten bei ihrer bisherigen Krankenkasse wegen eines Anspruches auf eine Familienversicherung kündigen oder ihren Austritt erklären, um nach Beendigung der freiwilligen Versicherung eine private Krankenversicherung abzuschließen, oder keine Versicherung begründen.

[19] Gemeinsame Verlautbarung der Spitzenverbände der Krankenkassen zum Krankenkassenwahlrecht v. 15.03.2006.

[20] Gemeinsame Verlautbarung der Spitzenverbände der Krankenkassen zum Krankenkassenwahlrecht v. 15.03.2006.

Kündigung (§ 175 Abs. 4 SGB V). Die Satzung der Krankenkasse kann einen früheren Zeitpunkt bestimmen, wenn das Mitglied die Voraussetzungen einer Versicherung nach § 10 SGB V erfüllt. Im Falle des Ausschlusses des freiwilligen Mitgliedes aus der GKV wegen Zahlungsverzug ist dieses insbesondere darauf hinzuweisen, dass nach dem Ende der Mitgliedschaft eine freiwillige Versicherung auch bei einer anderen Krankenkasse ausgeschlossen ist, sowie darauf, dass unter den Voraussetzungen des SGB XII die Übernahme von Krankenversicherungsbeiträgen durch den Träger der Sozialhilfe möglich ist.

3. Freiwillige Krankenversicherung zieht Pflegepflichtversicherung nach sich

15 Eine freiwillige Pflegeversicherung besteht grundsätzlich nicht. Personen, die in der gesetzlichen Krankenversicherung freiwillig versichert sind, sind in der sozialen Pflegeversicherung pflichtversichert. Sie können sich jedoch innerhalb von drei Monaten nach Beginn der Versicherungspflicht von der Versicherungspflicht befreien lassen, wenn sie einen gleichwertigen privaten Versicherungsschutz nachweisen (vgl. § 22 SGB XI). Das Bundesverfassungsgericht hat jedoch in einer Entscheidung von 03.04.2001 beanstandet[21], dass Bürger, die weder gesetzlich noch privat krankenversichert sind, noch die Möglichkeit der freiwilligen Weiterversicherung nach § 26 SGB XI haben, vom Zugang zur gesetzlichen Pflegeversicherung ausgeschlossen sind. Diesen Personen ist zumindest ein Beitrittsrecht einzuräumen. Das am 01.01.2002 in Kraft tretende Pflegeleistungs-Ergänzungsgesetz sieht hierzu entsprechende Regelungen vor (§ 26a SGB XI). Danach wird u.a. Personen, die am 01.01.1995 keinen Tatbestand der Versicherungspflicht oder der Mitversicherung in der sozialen oder privaten Pflegeversicherung erfüllten, ein Beitrittsrecht zur sozialen Pflegeversicherung eingeräumt. Das Beitrittsrecht ist grundsätzlich bis 30.06.2002 befristet und wirkt rückwirkend ab 01.04.2001.

B. Auslegung und Bedeutung der Norm

I. Regelungsgehalt

16 Die Vorschrift gibt neben den pflichtversicherten Personen weiteren Personenkreisen die Möglichkeit, der gesetzlichen Krankenversicherung beizutreten.[22] Man spricht insoweit von einer Versicherungsberechtigung. Diese ist legal definiert als Versicherung auf Grund freiwilligen Beitritts oder freiwilliger Fortsetzung der Versicherung (vgl. § 2 Abs. 1 SGB IV).Gemäß § 9 Abs. 1 SGB V können sämtliche Personen, die als Mitglied aus der Versicherungspflicht ausgeschieden sind und eine bestimmte Vorversicherungszeit erfüllen, der Versicherung freiwillig beitreten. Die Versicherungsberechtigung in § 9 SGB V ist demnach im Wesentlichen als eine Weiterversicherung ausgestaltet. Die Vorversicherungszeit dient insoweit als eingrenzendes Tatbestandsmerkmal. Damit wird Personengruppen die GKV eröffnet, bei denen ähnlich wie bei versicherungspflichtigen Personen ein (begrenztes) Schutzbedürfnis bestehen kann. Allerdings sieht der Gesetzgeber dies nur noch bei wenigen Personengruppen gegeben und selbst bei ihnen nicht als so ausgeprägt an, dass er auch sie der Versicherungspflicht unterworfen hätte.[23]

17 Man spricht insoweit von einem Numerus clausus der Beitrittsrechte.[24] Im Gegensatz zur Pflichtversicherung ist die freiwillige Versicherung nach § 9 SGB V allein vom Willen des Berechtigten abhängig. Eine Beschränkung der Beitrittserklärung ist nur in zeitlicher Hinsicht durch die Ausschlussfrist des Absatzes 2 gegeben, um Manipulationen vorzubeugen.[25]

II. Erläuterung und Zweck der Norm

1. Allgemeines

18 Die GKV ist auch heute noch vor allem eine Pflichtversicherung der Beschäftigten. Arbeitnehmer sind in der Krankenversicherung versicherungspflichtig, wenn ihr regelmäßiges Jahresarbeitseinkommen die Jahresentgeltgrenze nicht übertrifft. Die Integration einer freiwilligen Versicherung in ein solches System verlangt die Lösung grundlegender Fragen. Da die GKV von der Pflichtversicherung be-

[21] BVerfG v. 03.04.01 - 1 BvR 81/98 - SozR 3-3300 § 20 Nr. 6.

[22] *Wollenschläger* in: Wannagat, SGB V, § 9 Rn. 1.

[23] *Peters* in: KassKomm, SGB V, § 9 Rn. 2.

[24] Vgl. *Peters* in: KassKomm, SGB V, § 9 Rn. 9.

[25] *Wollenschläger* in: Wannagat, SGB V, § 9 Rn. 4.

herrscht wird, hat diese Vorrang vor der freiwilligen Versicherung: Beginnt eine Pflichtversicherung, endet die freiwillige Versicherung. Der Beginn einer freiwilligen Versicherung ist ausgeschlossen, soweit eine Pflichtversicherung besteht.[26]

Die nach § 9 SGB V Berechtigten können bei Vorliegen der Voraussetzung innerhalb einer Ausschlussfrist selbst entscheiden, ob sie der gesetzlichen Krankenversicherung beitreten wollen. Dabei ist unerheblich, aus welchem Grund die Pflichtmitgliedschaft bestand. Weiterhin können sich auch Personen, bei denen der Anspruch auf eine Familienversicherung erlischt, bei Erfüllen der Vorversicherungszeit freiwillig versichern. Während eine Pflichtversicherung unabhängig vom Willen des Betroffenen zustande kommt, ist für die Freiwillige Versicherung der Wille von entscheidender Bedeutung. Nur dann, wenn der Betreffende die Absicht schriftlich erklärt, kann eine Versicherung zustande kommen. Ausnahme bildet die Regelung zu den Arbeitnehmern, welche wegen Überschreiten der Jahresarbeitsentgeltgrenze (§ 9 Abs. 1 Nr. 3 SGB V; 2006: 47.250,00 €; 2007: 47.700,00 €) versicherungsfrei werden. Wenn die betreffenden Arbeitnehmer nach Mitteilung seitens der Krankenkasse nicht ihren Austritt innerhalb von zwei Wochen erklären, setzt sich die zuvor bestandene Versicherung als freiwillige Versicherung fort. Andere Personenkreise sind nicht zugelassen. Damit soll eine unangemessene Ausnutzung der gesetzlichen Krankenversicherung verhindert werden. 19

Die Beiträge der Pflichtmitglieder sind in der Höhe der gesetzlichen vorgeschrieben. Bei freiwilligen Mitgliedern werden sie nach der gesamten wirtschaftlichen Leistungsfähigkeit bemessen (vgl. § 240 Abs. 1 SGB V) und dem umlagefinanzierten System zugeführt; Leistungen werden nach Maßgabe gesetzlicher Vorschriften erbracht und sind nach Art und Umfang grundsätzlich nicht von einer vorherigen Beitragszahlung abhängig.[27] 20

Wird ein Beitritt fristgerecht angezeigt, ist er wirksam. Eine Beitrittsanzeige durch einen Nichtberechtigten hat allerdings keine rechtlichen Folgen. Der Beitritt ist dann durch Verwaltungsakt abzulehnen. Eines Aufnahmeaktes der Krankenkasse bedarf es allerdings nicht. Selbstverständlich kann die Krankenkasse den Beitritt bestätigen. Ob in diesen Fällen ein Verwaltungsakt vorliegt oder nicht, ist den Umständen zu entnehmen. Ein bestätigender Verwaltungsakt hat eine feststellende Natur. War der Beitrittswillige in Wirklichkeit ein Nichtberechtigter, ist der Verwaltungsakt nach Maßgabe des § 45 SGB X zurückzunehmen. Eine Nichtigkeit des Verwaltungsaktes gemäß § 40 SGB X wird nur in seltenen Fällen vorliegen (Aufnahme von offensichtlich Nichtberechtigten). 21

2. Voraussetzungen des freiwilligen Beitritts zur gesetzlichen Krankenversicherung (Absatz 1)

a. Ausscheiden aus der Versicherungspflicht und Erfüllung der Vorversicherungszeit (Absatz 1 Satz 1 Nr. 1)

Nach § 9 Abs. 1 Satz 1 Nr. 1 SGB V können alle Personen, die als Mitglied aus der Versicherungspflicht ausgeschieden sind und eine bestimmte Vorversicherungszeit aufweisen können, der gesetzlichen Krankenversicherung freiwillig beitreten. Zuvor muss demnach eine Pflichtmitgliedschaft nach § 5 SGB V oder nach § 2 KVLG bestanden haben.[28] Das Ende einer freiwilligen Versicherung (§ 191 SGB V) genügt demnach nicht. Welcher Tatbestand die Pflichtversicherung dagegen endet, ist unerheblich. Ebenso kommt es nicht darauf an, aus welchem Grund die Pflichtversicherung endete. Das BSG hat hierzu bereits im Urteil vom 11.05.1993[29] ausgeführt, dass ein Begrüßungsschreiben, mit dem der Beginn der Mitgliedschaft mitgeteilt wird, keinen Verwaltungsakt darstellt, mit dem die Versicherungspflicht festgestellt wird. Sähe man in derartigen Bestätigungen der Mitgliedschaft einen Verwaltungsakt über das Vorliegen der Versicherungspflicht, wären die Krankenkassen erst nach verwaltungsaufwändigen, länger dauernden Verfahren zur Bestätigung einer beantragten Mitgliedschaft in der Lage. Solches würde den Anforderungen an eine Massenverwaltung nicht gerecht.[30] 22

Der Betroffene muss aus einer inländischen Krankenkasse ausgeschieden sein. Keine Beitrittsberechtigung begründet das Ausscheiden aus einer Krankenkasse im Ausland, es sei denn, über- und zwischenstaatliche Regelungen wie die des Art. 9 Abs. 2 EWG-VO 1408/71 für die Staaten der EWG sehen dies ausdrücklich vor.[31] Dann muss aber bereits einmal eine Versicherung in Deutschland bestan- 23

---

[26] *Peters* in: KassKomm, SGB V, § 9 Rn. 10.

[27] BSG v. 24.01.2003 - B 12 KR 19/01 R - SozR 4-2500 § 266 Nr. 1.

[28] *Wollenschläger* in: Wannagat, SGB V, § 9 Rn. 5.

[29] BSG v. 11.05.1993 - 12 RK 36/91 - SozR-3 2200 § 306 Nr. 1.

[30] LSG Bayern v. 07.10.2004 - L 4 KR 68/02.

[31] Vgl. Leitfaden Freiwillige Krankenversicherung im Rahmen von EG- und Abkommensrecht der Deutschen Verbindungsstelle Krankenversicherung Ausland v. 31.03.2006.

den haben, § 9 Abs. 1 EWG-VO 1408/71. Unerheblich ist grundsätzlich, aus welchen Gründen ein Mitglied aus der Versicherungspflicht ausscheidet. Allerdings ist ein Beitritt nach Befreiung von der Versicherungspflicht nach § 8 SGB V nicht möglich. Nur so kann ein Missbrauch der gesetzlichen Krankenversicherung wirksam vermieden werden. Denn derjenige, der sich von der Versicherungspflicht hat befreien lassen, könnte sonst jederzeit nach Belieben wieder der Versicherung beitreten, wenn es ihm günstig erscheint.[32]

24 Nach der Übergangsregelung des § 309 Abs. 4 SGB V gehörten zum beitrittsberechtigten Personenkreis auch die Personen, die bei der Freiwilligen Krankheitskostenversicherung der ehemaligen Staatlichen Versicherung der DDR versichert waren und deren Versicherungsschutz am 01.01.1991 weiterbestand. Nach der Übergangsregelung des § 309 Abs. 2 SGB V wurden Personen aus den neuen Bundesländern, die bis zum 31.12.1990 aus einer bis dahin bestehenden Versicherungspflicht ausgeschieden sind, zum 01.01.1991 ohne Antragserfordernis in eine freiwillige Versicherung übernommen.[33]

25 Die Vorversicherungszeit erfordert gemäß § 9 Abs.1 Nr.1 Satz 1 SGB V, dass Versicherte in den letzten fünf Jahren vor dem Ausscheiden mindestens 24 Monate oder unmittelbar vor dem Ausscheiden ununterbrochen mindestens zwölf Monate versichert waren. Bei der Berechnung der Vorversicherungszeit werden sämtliche zurückgelegten Zeiten einer gesetzlichen Krankenversicherung berücksichtigt. Die Vorversicherungszeit kann alternativ erfüllt werden. Entweder war die betroffene Person in den letzten fünf Jahren vor dem Ausscheiden aus der Versicherungspflicht mindestens vierundzwanzig Monate (Alternative 1) oder unmittelbar vor dem Ausscheiden mindestens zwölf Monate versichert (Alternative 2).[34] Es kommt nicht darauf an, ob eine Pflichtmitgliedschaft, eine freiwillige Mitgliedschaft oder eine Familienversicherung[35] bestand. Auch Zeiten des Fortbestehens der Mitgliedschaft nach den §§ 192, 193 SGB V sind zu berücksichtigen. War jemand zuletzt nach § 10 SGB V versichert, ist allerdings § 9 Abs. 1 Nr. 2 SGB V zu prüfen (Weiterversicherung am Ende einer Familienversicherung). Ist eine Private Krankenversicherung gekündigt worden, weil eine freiwillige Versicherung in der GKV begründet werden sollte, scheitert dieses aber mangels ausreichender Vorversicherungszeit, besteht nach Maßgabe des § 5 Abs. 10 SGB V ein Anspruch auf Neuabschluss eines Versicherungsvertrages in der Privaten Krankenversicherung.[36]

26 Die Vorversicherungszeit von 24 Monaten in fünf Jahren muss nicht zusammenhängend vorliegen. Die Frist beginnt mit dem Ausscheiden des Betroffenen aus der gesetzlichen Krankenversicherung. Dies ist der Tag nach dem Ende der Mitgliedschaft. Nach § 26 Abs. 1 SGB X i.V.m. § 191 BGB müssen 720 Tage Versicherungszeit vorliegen. Die Vorversicherungszeit von 12 Monaten muss dagegen zusammenhängend vorliegen. Eine Unterbrechung zwischen mehreren Versicherungen ist nur dann unschädlich, wenn zwischen zwei Beschäftigungsverhältnissen arbeitsfreie Tage lagen. Die beiden Fristen berechnen sich nach § 26 Abs. 1 SGB X i.V.m. den §§ 187 Abs. 1, 188 Abs. 2 BGB. Die Unterschreitung der notwendigen Vorversicherungszeit um nur einen Kalendertag ist nicht unbeachtlich. Eine gegenteilige Entscheidung der Gerichte würde die gesetzlich geregelte Vorversicherungszeit um einen Tag verkürzen.[37]

27 Zeiten der Mitgliedschaft nach § 189 SGB V (Formalmitgliedschaft als Rentenantragsteller) werden nach Absatz 1 Nr. 1 Halbsatz 2 bzw. § 6 Abs. 1 Nr. 1 KVLG 1989 dabei nicht berücksichtigt.[38] Diese Vorschrift ist in der Literatur auf Kritik gestoßen.[39] Begründet wurde sie seitens des Gesetzgebers damit, dass nicht ein unbegründeter Rentenantrag den Zugang zur GKV begründen könne.[40] Zu Recht wird aber darauf verwiesen, dass auch der Rentner die Vorversicherungszeit in der Krankenversicherung der Rentner zu erfüllen habe.

28 Die verlängerten Vorversicherungszeiten sind auch dann anzuwenden, wenn der Betroffene erst nach In-Kraft-Treten der Änderung die Beitrittsvoraussetzungen erfüllt, insbesondere dann, wenn die Person erst nach diesem Zeitpunkt aus der Versicherung ausgeschieden ist. Wenn der Betroffene bei

---

[32] Vgl. *Wollenschläger* in: Wannagat, SGB V, § 9 Rn. 5.
[33] *Wollenschläger* in: Wannagat, SGB V, § 9 Rn. 8.
[34] Vgl. *Wollenschläger* in: Wannagat, SGB V, § 9 Rn. 10 f.
[35] A.A. *Töns*, BKK 1989, 323 ff., 325 f.
[36] Vgl. hierzu *Peters* in: KassKomm, SGB V, § 9 Rn. 17.
[37] BSG v. 19.06.2001 - B 12 KR 37/00 R - SozR 3-2500 § 9 Nr. 3.
[38] Vgl. *Wollenschläger* in: Wannagat, SGB V, § 9 Rn. 11.
[39] Vgl. hierzu *Peters* in: KassKomm, SGB V, § 9 Rn. 18 a.
[40] Reg. E-GRG, S. 160.

In-Kraft-Treten der Gesetzesänderung die Vorversicherungszeit auch nach altem Recht nicht erfüllt hatte, ist die Eigentumsgarantie des Art. 14 Abs. 1 GG dadurch nicht verletzt.[41]

29 Ein weiterer Ausnahmefall betrifft das zu Unrecht bezogene Arbeitslosengeld II (§ 9 Satz 1 Nr. 1 HS. 2 SGB V). Dieser ist mit Wirkung zum 31.12.2005 eingeführt worden, durch Art. 2 des Gesetzes zur Änderung des SGB III und anderer Gesetze vom 22.12.2005[42]. Fälle, in denen Arbeitslosengeld II zu Unrecht bezogen wurde, kommen z.B. dann vor, wenn:

- nachträglich durch den Leistungsträger festgestellt wird, dass die Erwerbsfähigkeit nicht bestanden hat oder
- aufgrund der Einkommensanrechnung ein Leistungsanspruch nicht bestanden hat.

30 Die Vorschrift des § 9 Abs. 1 Satz 1 Nr. 1 HS. 2 SGB V (§ 6 Abs. 1 Satz 1 Nr. 1 KVLG 1989) differenziert bei formaler Betrachtung nicht zwischen den Gründen, worauf der unrechtmäßige Leistungsbezug zurückzuführen ist. Etwas anderes lässt sich auch nicht aus der Gesetzesbegründung[43] herleiten. Dort heißt es: „Die Regelung in Artikel 2a schließt die Berücksichtigung von Zeiten einer Versicherung auf Grund des rechtswidrigen Bezugs von Arbeitslosengeld II als Vorversicherungszeit für den Zugang zur freiwilligen Mitgliedschaft aus. Damit wird insbesondere verhindert, dass ein wegen fehlender Erwerbsfähigkeit rechtswidriger Bezug von Arbeitslosengeld II dazu führt, dass nach Ende des unrechtmäßigen Leistungsbezugs eine dauerhafte freiwillige Mitgliedschaft in der gesetzlichen Krankenversicherung begründet werden kann. Da § 9 Abs. 1 Satz 1 Nr. 2 SGB V auf die in § 9 Abs. 1 Satz 1 Nr. 1 SGB V genannten Vorversicherungszeiten Bezug nimmt, gilt die Regelung auch für das Beitrittsrecht von Familienversicherten.“ Zwar stellt die Begründung den unrechtmäßigen Bezug wegen mangelnder Erwerbsfähigkeit heraus. Durch das Wort „insbesondere“ wird aber deutlich, dass es sich nicht um den einzigen Fall des unrechtmäßigen Bezugs handeln kann, der die Nichtanrechnung einer Vorversicherungszeit bei Bezug von Arbeitslosengeld II zur Folge haben soll.

31 Ergänzend sei darauf hingewiesen, dass während des Bezuges von Arbeitslosengeld II grundsätzlich Versicherungspflicht im Bereich der gesetzlichen Krankenversicherung besteht. Die Pflichtversicherung der Arbeitslosengeld II-Bezieher ist jedoch anders als die Pflichtversicherung der Rentner nicht an die Erfüllung einer Vorversicherungszeit geknüpft. Aus diesem Grunde ist die durch den Gesetzgeber eingefügte Beschränkung nicht bedenklich.[44] Die Mitgliedschaft der Bezieher von Arbeitslosengeld beginnt mit dem Tag, von dem an die Leistung bezogen wird (§ 186 Abs. 2a SGB V) und endet mit Ablauf des letzten Tages, für den die Leistung bezogen wird (§ 190 Abs. 12 SGB V). Der Leistungsbezug hat für die Krankenkasse, die die Versicherung durchführt, Tatbestandswirkung.[45] § 5 Abs. 1 Nr. 2 HS. 1 SGB V und § 190 Abs. 12 SGB V machen deutlich, dass Beginn und Ende des Versicherungsverhältnisses nicht durch den Zahlungszeitpunkt, sondern durch die von der Arbeitsverwaltung getroffene Bestimmung über den Bewilligungszeitraum bestimmt werden. Eigenständig und alternativ gleichwertig liegt ein Krankenversicherungsschutz begründender „Bezug“ von Arbeitslosengeld aber auch in dem Zeitraum vor, für den es durch besonderen Verwaltungsakt zuerkannt worden ist. Mit dem Erlass eines derartigen Verwaltungsakts steht für den gesamten Bewilligungszeitraum gleichzeitig fest, dass auch die Krankenversicherung der Arbeitslosen besteht.[46] Der durch Verwal-

[41] BSG v. 03.02.1994 - 12 RK 27/93 - SozR 3-2500 § 9 Nr. 2 = NZS 1995, 29.

[42] BGBl I 2005, 3676.

[43] BT-Drs. 16/245, S. 9.

[44] Dies gilt nicht für Personen, die Ansprüche aus einer Familienversicherung (§ 10 SGB V) ableiten können. Versicherungspflicht besteht ebenfalls nicht für Personen, die Leistungen nur darlehensweise oder Leistungen nach § 23 Abs. 3 Satz 1 SGB II erhalten (Erstausstattung für Wohnung, Bekleidung und Leistungen für mehrtägige Klassenfahrten).

[45] Die Krankenkasse ist nicht berechtigt, die Rechtmäßigkeit des Leistungsbezuges nach dem AFG oder dem SGB III und seine Dauer zum Vor- oder Nachteil des Leistungsbeziehers bei der Feststellung der Mitgliedschaft in der Krankenversicherung eigenständig zu beurteilen oder die Pflichtmitgliedschaft über den Leistungsbezug hinaus anzunehmen. Nach § 5 Abs. 1 Nr. 2 HS. 1 SGB V sind Personen versicherungspflichtig in der Zeit, für die sie Arbeitslosengeld beziehen; nach Halbsatz 2 gilt dies auch, wenn die Entscheidung, die zum Bezug der Leistung geführt hat, rückwirkend aufgehoben oder die Leistung zurückgefordert oder zurückgezahlt worden ist. Dies gilt auch, wenn Vorschriften wie § 127 Abs. 2 SGB III und § 197 SGB III a.F. die Leistungsdauer in Monaten angeben, der tatsächliche Leistungsbezug dann aber wegen § 339 SGB III, der die Berechnung von Zeiten regelt, nicht die nach den §§ 187, 188 BGB zu berechnende Frist erreicht. Vgl. BSG v. 19.06.2001- B 12 KR 37/00 R - SozR 3-2500 § 9 Nr. 3.

[46] Vgl. zum Recht des AFG bereits BSG v. 23.11.1983 - 8 RK 35/82 - SozR 4100 § 159 Nr. 5 S. 11.

tungsakt begründete Arbeitslosengeld-Anspruch erledigt sich grundsätzlich erst mit dem Ende des Bewilligungszeitraums durch Zeitablauf (§ 39 Abs. 2 SGB X). Ein früherer Zeitpunkt kommt hier nur in Betracht, wenn ein weiterer Verwaltungsakt die getroffene Regelung aufhebt.

32 Mit dem Dritten Gesetz für moderne Dienstleistungen am Arbeitsmarkt („Hartz III“, m.W.v. 04.01.2004)[47] wurde im Übrigen klargestellt, dass bei Personen, deren Leistungsanspruch auf Arbeitslosengeld einen Zeitraum von 360 Tagen umfasst, die Vorversicherungszeit von 12 Monaten als erfüllt gilt (vgl. Absatz 1 Satz 2). Die Regelung, die eine erleichterte Erfüllung der Vorversicherungszeit der Leistungsbezieher nach § 339 SGB III normiert, trat am 01.01.2004 in Kraft. Inkonsequenterweise fehlt hier eine entsprechende Regelung wie in § 9 Abs. 1 Satz 1 Nr. 1 HS. 2 SGB V (Unrechtmäßiger Bezug von Arbeitslosengeld II).

33 Ebenso unberücksichtigt bleiben Zeiten, in denen eine Mitgliedschaft, aber keine Versicherung bestand, §§ 192 f. SGB V. Nach § 309 Abs. 5 Satz 1 SGB V wurden innerhalb der fünfjährigen Frist als Pflichtversicherungszeiten auch die Zeiten berücksichtigt, die bis zum 31.12.1990 in der Sozialversicherung oder in der Freiwilligen Krankheitskostenversicherung der ehemaligen Staatlichen Versicherung der DDR oder in einem Sonderversorgungssystem nach § 1 Abs. 3 des Anspruchs- und Anwartschaftsüberführungsgesetzes zurückgelegt wurden.

b. Beitritt nach erloschener oder nach § 10 Abs. 3 SGB V nicht bestehender Familienversicherung (Absatz 1 Satz 1 Nr. 2)

34 Personen, deren Familienversicherung endet (hier Weiterversicherung) oder deren Familienversicherung wegen des Ausschlusstatbestands nach § 10 Abs. 3 SGB V nicht besteht (hier Anknüpfen an Versicherung des Elternteils), müssen für die freiwillige Krankenversicherung eine Vorversicherungszeit von 24 Monaten in den letzten 5 Jahren oder unmittelbar vorher von 12 Monaten nachweisen. Im Falle des § 10 Abs. 3 SGB V gilt nach § 9 Abs. 2 Nr. 2 SGB V eine gesonderte Beitrittsfrist.

35 Seit dem Anfügen des „Wenn“-Satzes mit Wirkung vom 01.01.2000 durch Art. 1 Nr. 5 lit. a GKV-GRG v. 22.12.1999[48], ist auch für die Weiterversicherung der Nr. 2 eine Vorversicherungszeit erforderlich. Zuvor war dies nicht der Fall. Mit der Regelung sollte nachweislich der Gesetzesbegründung vermieden werden, dass sich Personen freiwillig weiterversichern können, deren Familienversicherung nur für kurze Zeit bestanden hat.[49] Dabei kann bei Kindern die erforderliche Vorversicherungszeit auch durch den Elternteil, aus dessen Mitgliedschaft die bisherige Familienversicherung abgeleitet wurde, erfüllt werden. Ein Beitritt nach § 9 Abs. 1 Satz 1 Nr. 2 SGB V ist dann nicht mehr möglich, wenn der Stammversicherte aus der gesetzlichen Krankenversicherung ausgeschieden ist.[50] Dann ist keine Versicherung mehr gegeben, die nach Absatz 1 Nr. 2 erlöschen kann.

36 Das BSG hat im Urteil vom 07.12.2000[51] die Auffassung geäußert, dass in den Fällen der rückwirkenden Beendigung der Familienversicherung § 9 Abs. 1 Satz 1 Nr. 2 SGB V in der Form anzuwenden sein dürfte, dass die Dreimonatsfrist erst mit der Bekanntgabe des entsprechenden Bescheides beginnt, nicht jedoch bereits zu dem in der Vergangenheit liegenden Zeitpunkt des Beginns der Rückwirkung. Denn ein Anlass für die Ausübung jenes Gestaltungsrechts besteht erst mit der Entscheidung der Krankenkasse über die rückwirkende Beendigung der Familienversicherung. Bei Erlass eines die Versicherung – auch rückwirkend – beendenden Verwaltungsakts obliege es dann der Krankenkasse, den Betroffenen auf die erläuterte Möglichkeit hinzuweisen; anderenfalls stünde den Betroffenen unter Umständen der sozialrechtliche Herstellungsanspruch zur Seite.

37 § 9 Abs. 1 Satz 1 Nr. 2 SGB V unterscheidet zudem nicht zwischen rechtmäßiger und unrechtmäßiger Familienversicherung. Ein „Erlöschen“ der Familienversicherung liegt auch vor, wenn die Voraussetzungen einer Familienversicherung unstreitig nicht gegeben waren, sie gleichwohl aber faktisch durchgeführt worden ist und dann durch die Krankenkasse beendet wird. In diesem Falle hat die Krankenkasse rückwirkend durch Bescheid festzustellen, dass eine Familienversicherung in der Vergangenheit nicht bestanden hat, ohne die aus den §§ 45, 48 Abs. 1 SGB X folgenden Einschränkungen beachten zu müssen. Unterlässt sie dieses, erkennt sie das Bestehen einer Familienversicherung an mit der Folge des „Erlöschens“.[52] Soweit ein Verwaltungsakt über das Bestehen der Familienversicherung nicht er-

47 Art. 4 Nr. 1 des 3. Gesetzes über moderne Dienstleistungen auf dem Arbeitsmarkt v. 23.12.2003, BGBl I 2003, 2848.

48 BGBl I 1999, 2626.

49 Vgl. Begründung zum Entwurf der GKV-Gesundheitsreform 2000, BT-Drs. 11/2237, S. 60.

50 Vgl. *Wollenschläger* in: Wannagat, SGB V, § 9 Rn. 15.

51 BSG v. 07.12.2000 - B 10 KR 3/99 R - SozR 3-2500 § 10 Nr. 19.

52 LSG Bayern v. 08.05.2003 - L 4 KR 168/02.

gangen ist, kann nach der Rechtsprechung des Bundessozialgerichts[53] der Versicherte rückwirkend durch Bescheid feststellen lassen, dass eine Familienversicherung in der Vergangenheit nicht bestanden hat, ohne die sich aus den §§ 45, 48 Abs. 1 SGB X folgenden Einschränkungen beachten zu müssen.

In § 9 Abs. 1 Satz 1 Nr. 2 SGB V werden u.a. Personen genannt, deren Versicherung nach § 10 SGB V 38
erlischt. Bislang wurde diese Regelung so ausgelegt, dass hier nur das Ausscheiden aus einer deutschen Familienversicherung berücksichtigt werden konnte. Inzwischen wurde auf der Ebene der Spitzenverbände der Krankenkassen Einigkeit darüber erzielt, dass das Ausscheiden nach den Rechtsvorschriften eines anderen EWR-Staats dem Ausscheiden aus einer Familienversicherung nach deutschem Recht gleichgestellt werden soll. Dies gilt allerdings nur, wenn die betreffende Person in Deutschland wohnt, sie zu einem früheren Zeitpunkt bereits in der deutschen gesetzlichen Krankenversicherung versichert war und sie die Vorversicherungszeiten erfüllt. Ab sofort ist diesen Personen, wenn sie aus der Familienversicherung eines EWR-Staats ausscheiden, ein Beitrittsrecht einzuräumen. Für Versicherte der Schweiz ist diese Gleichstellungsregelung nicht von Belang. Aufgrund einer bilateralen Regelung hatten diese Personen auch bislang schon weitergehende Beitrittsrechte.[54]

Im Anschluss an eine Familienversicherung kann gem. § 9 Abs. 1 Satz 1 Nr. 2 SGB V eine freiwillige 39
Mitgliedschaft begründet werden, wenn der Versicherte die in § 9 Abs. 1 Satz 1 Nr. 1 SGB V genannte Vorversicherungszeit erfüllt. Die freiwillige Mitgliedschaft bei der bisherigen Krankenkasse, die die Familienversicherung durchgeführt hat, kann nur dann gewählt werden, wenn seit Beginn der Familienversicherung mehr als 18 Monate verstrichen sind, sofern nicht auch die letzte Mitgliedschaft von ihr durchgeführt wurde. Ist das nicht der Fall, hat diese Krankenkasse zu klären, ob der Versicherte bei der Krankenkasse, die vor der Familienversicherung zuständig war, die 18-Monats-Frist erfüllt hat und wirksam gekündigt hat; nachzuweisen ist dies durch Vorlage der Kündigungsbestätigung. In diesem Fall kann die Mitgliedschaft begründet werden. Ist die Bindungsfrist nicht erfüllt oder die Mitgliedschaft dort nicht wirksam gekündigt worden, kann die freiwillige Mitgliedschaft nur bei der bisherigen Krankenkasse begründet werden. Gleiches gilt sinngemäß, wenn die freiwillige Mitgliedschaft bei einer Krankenkasse gewählt werden soll, die die Familienversicherung nicht durchgeführt hat. Bei Erfüllen der Voraussetzungen nach § 6 Abs. 1 Nr. 2 i.V.m. § 6 Abs. 1 Nr. 1 KVLG 1989 ist im Anschluss an eine Familienversicherung die freiwillige Versicherung in der landwirtschaftlichen Krankenversicherung möglich.[55]

c. Überschreiten der Jahresentgeltgrenze (Absatz 1 Satz 1 Nr. 3)

Auch Arbeitnehmer, die erstmals eine Beschäftigung aufnehmen, die aber versicherungsfrei bleiben, 40
weil das regelmäßige Jahresarbeitsentgelt die Jahresarbeitsentgeltgrenze in der Krankenversicherung übersteigt (§ 9 Abs. 1 Nr. 3 SGB V; 2006: 47.250,00 €; 2007: 47.700,00 €) können sich freiwillig versichern. Die Regelung ist im Zusammenhang damit zu sehen, dass § 9 Abs. 1 Satz 1 Nr. 1 SGB V für die Weiterversicherung eine Vorversicherungszeit festlegt, die der Personenkreis nach Nr. 3 oft nicht aufzuweisen hat. Dennoch soll er der GKV beitreten können, weil es sich – ungeachtet der Versicherungsfreiheit nach § 6 Abs. 1 Nr. 1 SGB V – um Arbeitnehmer handelt.

Eine Beitrittsberechtigung besteht nach § 9 Abs. 1 Satz 1 Nr. 3 SGB V, wenn die erste aufgenommene 41
Beschäftigung wegen Überschreitens der Jahresarbeitsentgeltgrenze nach § 6 Abs. 1 Nr. 1 SGB V versicherungsfrei ist. Die Dauer der früheren Beschäftigung ist unerheblich, so dass jede auch nur kurze Beschäftigung beitrittschädlich ist. Eine Beschäftigung, die im Rahmen oder während der Berufsausbildung ausgeübt wird, ist nicht als erstmalige Beschäftigung anzusehen. Somit sind alle Personen beitrittsberechtigt, die als Berufsanfänger nach Abschluss ihrer Ausbildung wegen Überschreitens der Versicherungspflichtgrenze versicherungsfrei sind. Die Erfüllung einer Vorversicherungszeit ist in diesen Fällen also nicht erforderlich. Unschädlich ist eine der ersten Beschäftigung vorausgegangene selbständige Tätigkeit. Denn nach der Legaldefinition des § 7 Abs. 1 SGB IV ist eine Beschäftigung nur unselbständige Arbeit.[56] Alle vorausgegangenen Beschäftigungen führten nach der bis zum

---

[53] BSG v. 07.12.2000 - B 10 KR 3/99 R - SozR 3-2500 § 10 Nr. 19.

[54] Anhang III Teil A V0 (EWG) Nr. 1408171 in Verbindung mit Nr. 9 e Abs. 1 Buchst. b des Schlussprotokolls zum deutsch-schweizerischen Abkommen über Soziale Sicherheit, vgl. auch Rundschreiben Nr. 4/2007 der Deutschen Verbindungsstelle Krankenversicherung Ausland v. 18.01.2007.

[55] Gemeinsame Verlautbarung der Spitzenverbände der Krankenkassen zum Krankenkassenwahlrecht v. 15.03.2006.

[56] Vgl. *Wollenschläger* in: Wannagat, SGB V, § 9 Rn. 15.

31.12.1999 geltenden Fassung des Absatzes 1 Satz 1 Nr. 3 ausnahmslos zur Unanwendbarkeit der Vorschrift. Nunmehr stellt die Neufassung des Absatzes 1 Satz 1 Nr. 3 durch die GKV-Gesundheitsreform 2000[57] klar, dass Beschäftigungen vor oder während der beruflichen Ausbildung unberücksichtigt bleiben[58].

42 Fraglich bleibt nach der eingrenzenden Formulierung des erneuerten § 9 Abs. 1 Nr. 3 SGB V, ob eine vorausgegangene gelegentliche geringfügige Beschäftigung generell als Beschäftigung zu berücksichtigen ist.[59] Betriebliche Berufsbildungsverhältnisse gelten dagegen nach § 7 Abs. 2 SGB IV als Beschäftigung. Genauso liegt der Fall, bei welchem dem ersten versicherungsfreien Beschäftigungsverhältnis ein versicherungspflichtiges Beschäftigungsverhältnis vorausging. Diese Personen können jedoch dann regelmäßig über § 9 Abs. 1 Satz 1 Nr. 1 SGB V der gesetzlichen Krankenversicherung beitreten

43 Durch das GKV-WSG[60] wird § 9 Abs. 1 Satz 1 Nr. 3 und Abs. 2 Nr. 3 SGB V aufgehoben. Das Beitrittsrecht zur gesetzlichen Krankenversicherung als freiwilliges Mitglied für Berufsanfänger, die in ihrer ersten Beschäftigung ein Arbeitsentgelt oberhalb der Jahresarbeitsentgeltgrenze erzielen, ist auf Grund der Neuregelung des § 6 Abs. 1 Nr. 1 SGB V zur Versicherungsfreiheit von Arbeitnehmern obsolet geworden. Danach sind alle Arbeitnehmer solange versicherungspflichtig, bis ihr Jahresarbeitsentgelt die Jahresarbeitsentgeltgrenze in drei aufeinander folgenden Jahren überschritten hat. Da Berufsanfänger infolgedessen ausnahmslos versicherungspflichtig sind, bedarf es dieses Beitrittsrechts nicht mehr. Nach Ende der dreijährigen Versicherungspflicht sind in jedem Fall die Voraussetzungen für den Beitritt als freiwilliges Mitglied nach § 9 Abs. 1 Satz 1 Nr. 1 SGB V erfüllt.[61]

d. Schwerbehinderte Menschen (Absatz 1 Satz 1 Nr. 4)

44 Personen, die schwerbehindert i.S.d. § 1 Schwerbehindertengesetz (SchwbG) sind, könnten nach Absatz 1 Nr. 4 a.F. der GKV beitreten. Zum 01.07.2001 trat jedoch das SGB IX in Kraft, mit dem die Selbstbestimmung und gleichberechtigte gesellschaftliche Teilhabe behinderter und von Behinderung bedrohter Menschen gefördert werden soll. Das SGB IX fasst und entwickelt das Rehabilitationsrecht für diesen Personenkreis zusammen bzw. weiter. Mit In-Kraft-Treten des SGB IX wurden das Schwerbehindertengesetz und das Gesetz über die Angleichung der Leistungen zur Rehabilitation aufgehoben.

45 Mit der Vorschrift des § 9 Abs. 1 Satz 1 Nr. 4 SGB V versucht der Gesetzgeber divergierend Zielsetzungen auszugleichen. Einerseits soll Schwerbehinderten der Beitritt eröffnet werden, weil manche von ihnen finanziell kaum für einen tragbaren Versicherungsschutz sorgen können. Andererseits soll die GKV auch nicht für die Krankenversicherungskosten aller Schwerbehinderter aufkommen und so die Private Krankenversicherung entlasten. Dementsprechend knüpft das Gesetz für den Regelfall an eine gewisse Beziehung des Schwerbehinderten eines Elternteils oder des Ehegatten zur GKV in Form der Erfüllung einer Vorversicherungszeit. Das Beitrittsrecht nach § 9 Abs. 1 Satz 1 Nr. 4 SGB V ist damit ein modifiziertes Weiterversicherungsrecht, soweit an Vorversicherungszeiten der Eltern oder des Ehegatten angeknüpft wird. Eine Begrenzung des Risikos ermöglicht das Recht der Krankenkasse, eine Altersgrenze festzusetzen.

46 Die Schwerbehinderteneigenschaft muss zuvor von der zuständigen Versorgungsbehörde festgestellt worden sein, vgl. 69 SGB IX (§ 9 Abs. 2 Nr. 4 SGB V a.F. i.V.m. § 4 SchwbG, seit dem 31.08.2001 außer Kraft).[62] Die Feststellung des Grades der Behinderung (GdB) erfolgt auf einen Antrag des behinderten Menschen oder seines Vertreters bei dem örtlichen zuständigen Versorgungsamt. Das ist entweder das Versorgungsamt am Wohnort oder des Ortes, an dem sich der Antragsteller gewöhnlich aufhält. Eine Feststellung von Amts wegen oder ein Antragsrecht Dritter (z.B. der Erben oder der Ehefrau) ist nicht vorgesehen.[63] Das Feststellungsverfahren selbst richtet sich nach dem SGB X. Hiernach hat das Versorgungsamt mittels Verwaltungsakt das Vorliegen einer Behinderung, den Gesamtgrad der Behin-

---

57 Gesetz zur Reform der gesetzlichen Krankenversicherung ab dem Jahr 2000 (GKV-Gesundheitsreformgesetz 2000) v. 22.12.1999 (BGBl I 1999, 2626).

58 Vgl. Begründung zum Entwurf der GKV-Gesundheitsreform 2000, BT-Drs. 11/2237, S. 60.

59 Dafür: *Kruse* in: LPK-SGB V, § 9 Rn. 13; dagegen: *Baier* in: Krauskopf: Soziale Kranken- und Pflegeversicherung, Kommentar, § 9 Rn. 10.

60 Gesetz zur Stärkung des Wettbewerbs in der gesetzlichen Krankenversicherung (GKV-Wettbewerbsstärkungsgesetz – GKV-WSG) v. 26.03.2007, BGBl I 2007, 378.

61 BT-Drs. 16/3100, S. 278.

62 Ebenso *Baier* in: Krauskopf: Soziale Kranken- und Pflegeversicherung, § 9 Rn. 10.

63 BSG v. 06.12.1989 - 9 RVs 4/89 - BSGE 66, 120.

derung sowie ggf. das Vorliegen von Merkzeichen festzustellen. Es handelt sich um einen Verwaltungsakt mit Dauerwirkung i.S.d. § 48 SGB X, der für die Krankenkasse Tatbestandswirkung hat. Das BSG hat zur letzten Fassung des früheren Rechts entschieden, dass die Versicherung mit dem Beitritt beginnen könne, auch wenn die Feststellung der Schwerbehinderung erst später, aber rückwirkend auf den Zeitpunkt des Beitritts erfolgt.[64] Dies dürfte auch für das neue Recht anzunehmen sein.[65] Für die Krankenkasse hat die Feststellung der zuständigen Versorgungsbehörde Tatbestandswirkung.

Der Beitritt ist der Krankenkasse innerhalb von drei Monaten nach Feststellung der Behinderung nach dem SGB IX anzuzeigen. Es kommt nach § 9 Abs. 2 Nr. 4 SGB V auf das Datum der Feststellung und nicht auf den Beginn der Gültigkeit des Schwerbehindertenausweises an. Die Antragsfrist beginnt erst mit der Bestellung eines Betreuers. Zusätzlich wird vorausgesetzt, dass der Schwerbehinderte, ein Elternteil oder der Ehegatte in den letzten fünf Jahren vor dem Beitritt mindestens drei Jahre versichert war (Vorversicherungszeit).[66] Die erforderlichen drei Jahre Mitgliedschaft in der GKV können in der Person des schwerbehinderten Menschen selbst, eines Elternteils, seines Ehegatten oder (ab dem 01.08.2001) seines Lebenspartners i.S.d. LPartG erfüllt sein. Die Vorversicherungszeit muss zudem nicht zusammenhängend vorliegen. Mehrere kürzere Zeiträume können vielmehr addiert werden. 47

Wenn diese Voraussetzung wegen der Behinderung nicht erfüllt werden konnte, ist der Beitritt auch ohne Vorversicherung möglich. Ursächlich braucht hierzu nicht die Behinderung gewesen zu sein, die zur Anerkennung der Schwerbehinderteneigenschaft geführt hat. Es genügt, wenn der Beitrittswillige in den letzten 5 Jahren aufgrund seiner Behinderung die Voraussetzungen nicht erfüllen konnte. Dass auch Eltern, Ehegatte, Lebenspartner eine Vorversicherungszeit aus diesem Grunde nicht erfüllen konnten, ist nicht erforderlich. Es kommt auch nicht darauf an, ob Versicherungsmöglichkeiten, die vor dieser Zeit lagen, genutzt worden sind. 48

Eine freiwillige Versicherung gem. § 9 Abs. 1 Satz 1 Nr. 4 SGB V setzt keine (fiktive) Familienversicherung innerhalb der Vorversicherungszeit voraus. Die Vorschrift kann nicht in dem Sinne ausgelegt werden kann, dass während der Vorversicherungszeit eine Familienversicherung zu Gunsten des Versicherten bestanden haben muss. Eine derartige zusätzliche Voraussetzung ist in dem Wortlaut der Vorschrift nicht enthalten. Sie lässt sich auch nicht aus der Entstehungsgeschichte und dem Normzweck der Vorschrift herleiten. § 9 Abs. 1 Satz 1 Nr. 4 SGB V in der im vorliegenden Fall anzuwendenden Fassung beruht auf § 176c RVO. Danach konnten Schwerbehinderte im Sinne von § 1 des SchwbG innerhalb von drei Monaten nach Feststellung der Schwerbehinderung der Versicherung beitreten, wenn sie, ein Elternteil oder ihr Ehegatte in den letzten fünf Jahren vor dem Beitritt mindestens drei Jahre versichert waren, es sei denn, sie konnten wegen ihrer Behinderung diese Voraussetzungen nicht erfüllen. Satz 2 dieser Bestimmung sah eine Altersgrenze durch eine Satzungsregelung der Krankenkasse vor, die auch heute noch in § 9 Abs.1 Satz 1 Nr. 4 SGB V enthalten ist. Ferner schloss § 176c Satz 2 RVO eine Wartezeit für Versicherungsberechtigte (§ 207 RVO) sowie das Beitrittshindernis einer Vorerkrankung und die Möglichkeit einer vorherigen ärztlichen Untersuchung aus.[67] Damit ist die Rechtslage seit Einführung des § 176c RVO bis heute im Wesentlichen gleich geblieben. § 9 Abs. 1 Satz 1 Nr. 4 SGB V in der heute gültigen Fassung ist durch die Anpassung an die Diktion des SGB IX durch das Gesetz vom 19.06.2001[68] geändert worden und ebenso ab 01.08.2001 durch das LPartG durch Aufnahme des Lebenspartners unter den Kreis der Personen, die die Vorversicherungszeit erfüllen können. Damit wurde die Beitrittsmöglichkeit erweitert und nicht eingeschränkt. Sinn und Zweck der Vorgängervorschrift des § 176c RVO hat das BSG im Urteil vom 19.02.1987[69] erläutert. Die Feststellungen gelten auch für die hier einschlägige Vorschrift des § 9 Abs. 1 Satz 1 Nr. 4 SGB V. 49

Der Zweck der Vorversicherungszeit besteht weniger in der Einschränkung von Missbräuchen; denn eine Verschiebung des Beitritts auf einen für den Berechtigten besonders günstigen Zeitpunkt wäre auch bei Erfüllung der Vorversicherungszeit möglich. Mit der Forderung nach vorheriger Zurücklegung einer bestimmten Versicherungszeit vor dem Beitritt wird vielmehr vor allem der Kreis derjenigen, die überhaupt Zugang zur Krankenversicherung haben sollen, enger gezogen. Der eigentliche Grund dieser Einschränkung liegt dementsprechend auch in der Entlastung der Krankenkassen durch Verringerung der Zahl der Beitrittsberechtigten. Hauptziel des KVEG[70], mit dem § 176c RVO in die 50

---

64 BSG v. 22.09.1988 - 12 RK 44/87 - SozR 2200 § 176c Nr. 9.

65 *Peters* in: KassKomm, SGB V, § 9 Rn. 29.

66 Vgl. *Wollenschläger* in: Wannagat, SGB V, § 9 Rn. 15.

67 § 310 Abs. 2, 3 RVO.

68 BGBl I 2001, 1046.

69 BSG v. 19.02.1987 - 12 RK 37/84 - SozR 2200 § 176c Nr. 7 = BSGE 61, 169 = USK 8766.

70 Kostendämpfungs-Ergänzungsgesetz v. 22.12.1981 (BGBl I 1981, 1578).

zuletzt gültige Fassung geändert wurde, war es, die Leistungsfähigkeit der Krankenkassen zu sichern. Zu diesem Zweck wurde auch das Beitrittsrecht derjenigen eingeschränkt, die als Behinderte ein besonders ungünstiges Risiko in der Krankenversicherung darstellen. Dies ist aber nicht willkürlich geschehen, sondern aus beachtlichen Sachgründen. Das Beitrittsrecht nach § 176c RVO belastet nämlich die Krankenkassen nicht nur mit erheblichen Risiken, sondern betraf, solange der Beitritt keinerlei Vorversicherungszeit erforderte, außerdem häufig versicherungsfremde Personen. Mit der Änderung des § 176c RVO durch das KVEG wurden vom Beitritt diejenigen Fälle ausgeschlossen, in denen weder der Behinderte selbst noch seine Eltern oder sein Ehegatte in den letzten fünf Jahren eine genügend enge (mindestens dreijährige) Beziehung zur gesetzlichen Krankenversicherung hatten.

e. Rückkehr von Arbeitnehmern aus dem Ausland (Absatz 1 Satz 1 Nr. 5)

51 Die Regelung ist durch das GRG vom 20.12.1988 mit Wirkung vom 01.01.1989[71] eingeführt worden. Soweit wegen einer Beschäftigung im Ausland die Versicherung endet, solle bei Rückkehr die Fortsetzung der Versicherung ermöglicht werden, wenn auf Grund der dann ausgeübten Beschäftigung keine Versicherungspflicht begründet werde. Zum Schutz der Solidargemeinschaft werde das Beitrittsrecht auf die Fälle begrenzt, in denen wieder eine Beschäftigung ausgeübt werde.[72]

52 Nach § 9 Abs. 1 Satz 1 Nr. 5 SGB V können Arbeitnehmer, deren Mitgliedschaft in einer deutschen Krankenkasse durch Beschäftigung im Ausland endete, der gesetzlichen Krankenversicherung beitreten, wenn sie innerhalb von zwei Monaten nach Rückkehr in das Inland wieder eine Beschäftigung aufnehmen. Dieser Fall ist von dem zu unterscheiden, bei dem der Beschäftigte zeitlich begrenzt in das Ausland entsandt wird. Dann besteht die Krankenversicherung im Geltungsbereich des SGB unter den Voraussetzungen der Ausstrahlung nach § 4 SGB IV fort.[73] Die Regelung wurde vielmehr geschaffen, um Beschäftigten, die nach ihrer Rückkehr aus dem Ausland eine wegen der Überschreitung der Jahresarbeitsentgeltgrenze nach § 6 Abs. 1 Nr. 1 SGB V versicherungsfreie Beschäftigung aufnehmen, den freiwilligen Beitritt zu ermöglichen, da die Bestimmung des Absatzes 1 Nr. 3 insoweit eine Regelungslücke aufwies. Die Regelung gilt nicht für Personen, deren Pflichtversicherung aus anderen Gründen als einer Beschäftigungsaufnahme im Ausland endete. Des Erfüllens einer Vorversicherungszeit bedarf es nicht.

f. Freiwillige Versicherung der Rentner (Absatz 1 Satz 1 Nr. 6)

53 § 9 Abs. 1 Satz 1 Nr. 6 SGB V wurde durch das 10. SGB V-Änderungsgesetz[74] in das Gesetz eingefügt. In der Begründung[75] zu der Vorschrift heißt es hierzu: „Die Bezieher einer Rente der gesetzlichen Rentenversicherung, die nach dem 31.03.2002 auf Grund des Beschlusses des Bundesverfassungsgerichts vom 15.03.2000 versicherungspflichtig werden, erhalten die Möglichkeit, der gesetzlichen Krankenversicherung als freiwilliges Mitglied beizutreten. Durch die Ausübung des Beitrittsrechts können die Betroffenen daher den Versicherungsstatus, der bis zum 31.03.2002 besteht, über diesen Zeitpunkt hinaus beibehalten. Voraussetzung für das Bestehen des Beitrittsrechts ist, dass die Betroffenen bereits vor dem Wirksamwerden des Beschlusses des Bundesverfassungsgerichts vom 15.03.2000, das heißt vor dem 01.04.2002, die Rente der gesetzlichen Rentenversicherung bezogen haben und die durch das Gesundheitsstrukturgesetz von 1992 verschärften Voraussetzungen für die Versicherungspflicht als Rentner nicht erfüllt haben. Für diesen Personenkreis kann der Eintritt der Versicherungspflicht zu einer höheren Beitragsbelastung führen, da nicht mehr der ermäßigte, sondern der allgemeine Beitragssatz Anwendung findet. Außerdem müssten diejenigen, die als freiwillige Mitglieder Kostenerstattung nach § 13 SGB V gewählt haben, als Versicherungspflichtige wieder zur Inanspruchnahme von Sachleistungen zurückkehren. Durch den Beitritt als freiwilliges Mitglied könnten die Betroffenen die Beitragsmehrbelastungen vermeiden und weiterhin Kostenerstattung in Anspruch nehmen.[76] Hierdurch wird ihrem Vertrauensschutz Rechnung getragen. Rentenbezieher, die am 01.04.2002 nicht auf Grund des Beschlusses des Bundesverfassungsgerichts nach § 5 Abs. 1 Nr. 11

---

71 Gesetz zur Strukturreform im Gesundheitswesen (Gesundheits-Reformgesetz (GRG) v. 20.12.1988 (BGBl I 1988, 2477)).

72 RegE GRG, S. 161.

73 Vgl. *Wollenschläger* in: Wannagat, SGB V, § 9 Rn. 20.

74 BGBl I 2002, 1169.

75 BT-Drs. 14/8809, S. 3.

76 Anmerkung: Bezug genommen wird hier auf § 13 Abs. 2 SGB V i.d.F. vor dem GMG: Kostenerstattung damals nur für freiwillig Versicherte.

SGB V versicherungspflichtig werden, weil sie zu diesem Zeitpunkt auf Grund der Ausübung einer Beschäftigung nach § 5 Abs. 1 Nr. 1 SGB V versicherungspflichtig sind, die aber ebenfalls die durch das Gesundheitsstrukturgesetz[77] verschärften Voraussetzungen für die Versicherungspflicht als Rentner nicht erfüllt haben, können das Beitrittsrecht ausüben, wenn die Vorrangversicherung nach § 5 Abs. 1 Nr. 1 SGB V durch Aufgabe der Beschäftigung entfällt. Gleiches gilt für Rentenbezieher, die am 01.04.2002 auf Grund der Ausübung einer hauptberuflich selbständigen Erwerbstätigkeit nicht nach § 5 Abs. 1 Nr. 11 SGB V versicherungspflichtig geworden sind. In diesen Fällen beginnt die freiwillige Mitgliedschaft in dem Zeitpunkt, in dem die Versicherungspflicht nach § 5 Abs. 1 Nr. 11 SGB V zum Tragen kommt. Wird das Beitrittsrecht ausgeübt, hat dies nicht nur Auswirkungen auf das Versicherungsverhältnis der Beitrittsberechtigten, sondern auch auf das ihrer Familienangehörigen, die bis zum 31.03.2002 nach § 10 SGB V familienversichert sind. Wenn diese Personen ebenfalls nach dem 31.03.2002 nach § 5 Abs. 1 Nr. 11 SGB V versicherungspflichtig werden und die Rente bereits vor diesem Zeitpunkt bezogen haben, endet durch die Ausübung des Beitrittsrechts auch ihre Mitgliedschaft als Versicherungspflichtige, sodass sie die Familienversicherung über den 31.03.2002 hinaus fortsetzen können. Wird das Beitrittsrecht nicht ausgeübt, bleiben sowohl die Beitrittsberechtigten als auch ihre Familienangehörigen, die die o.g. Voraussetzungen erfüllen, nach § 5 Abs. 1 Nr. 11 SGB V versicherungspflichtig. Dies kann trotz der Beitragspflicht des bisher mitversicherten Familienangehörigen vorteilhaft sein, weil die Beitrittsberechtigten als Versicherungspflichtige geringere Beiträge von Versorgungsbezügen zu entrichten haben und die Beitragspflicht sonstiger Einnahmen entfällt. Bei der Entscheidung, ob das Beitrittsrecht ausgeübt werden soll, sind daher die beitragsrechtlichen Auswirkungen in Rechnung zu stellen, die in der Person des Beitrittsberechtigten und seines Familienangehörigen eintreten."

§ 9 Abs. 1 Nr. 6 SGB V sieht vor, dass innerhalb von 6 Monaten nach dem Eintritt der Versicherungs- 54
pflicht Bezieher einer Rente der gesetzlichen Rentenversicherung, die nach dem 31.03.2002 nach § 5 Abs. 1 Nr. 11 SGB V versicherungspflichtig geworden sind, deren Anspruch auf Rente aber schon an diesem Tag bestand, die aber nicht die Vorversicherungszeit nach § 5 Abs. 1 Nr. 11 SGB V in der seit dem 01.01.1993 geltenden Fassung erfüllt hatten und die deswegen bis zum 31.03.2002 freiwillige Mitglieder waren, der Versicherung freiwillig beitreten können. Ihre Pflichtmitgliedschaft endet mit dem freiwilligen Beitritt (§§ 190 Abs. 11 a, 5 Abs. 8 Satz 2 SGB V). Aus diesen Sonderregelungen ist zu schließen, dass Rentner die Pflichtversicherung zugunsten der freiwilligen Versicherung nur „abwählen" können, wenn sie die Voraussetzungen des § 9 Abs. 1 Nr. 6 SGB V erfüllen.[78] Ein Wahlrecht haben nur die dort genannten Rentner. Sie sind diejenigen, die von der Änderung, wonach Zeiten der freiwilligen Versicherung Zeiten der Pflichtversicherung gleichgestellt werden, betroffen sind. Sie hatten während des Rentenbezugs bereits die Stellung als freiwillig Versicherte. Nur diejenigen Rentner sollen die Möglichkeit haben, weiterhin freiwillig versichert zu sein. Im Übrigen – auch bei den nicht erwähnten Rentnern – gilt der Vorrang der Versicherungspflicht vor der freiwilligen Versicherung. [79]

Das Beitrittsrecht ist innerhalb von sechs Monaten nach dem Eintritt der Versicherungspflicht auszuü- 55
ben. Die Einräumung einer längeren als der sonst üblichen Frist von drei Monaten für den Beitritt zur gesetzlichen Krankenversicherung trägt dem Umstand Rechnung, dass auf Grund der großen Zahl der von dem Beschluss des Bundesverfassungsgerichts Betroffenen nicht auszuschließen ist, dass die Umstellung der Versicherungsverhältnisse durch die Krankenkassen erst nach dem In-Kraft-Treten dieses Gesetzes abgeschlossen ist. In diesem Fall könnte sich eine Beitrittsfrist von drei Monaten als zu kurz für eine sachgerechte Entscheidung über die Ausübung des Beitrittsrechts erweisen.

Es verstößt nicht gegen Verfassungsrecht, dass ein während seines Berufslebens überwiegend nicht in 56
der gesetzlichen Krankenversicherung versicherter ehemaliger Beamter nach Wegfall der Beihilfeberechtigung wegen Aberkennung seines Ruhegehalts nicht als Rentner pflichtversichert in der gesetzlichen Krankenversicherung ist. Dies gilt auch dann, wenn ein Beitritt zur freiwilligen gesetzlichen Krankenversicherung nicht möglich ist und Versicherungsschutz durch eine private Krankenversicherung nicht erlangt werden kann.[80] Soweit das BSG im Urteil vom 03.09.1998[81] Zweifel an der Verfas-

---

[77] Gesetz zur Sicherung und Strukturverbesserung der gesetzlichen Krankenversicherung (Gesundheitsstrukturgesetz) v. 21.12.1992 (BGBl I 1992, 2266).

[78] Vgl. *Peters* in: KassKomm, SGB V, § 9 Rn. 37 und § 5 Rn. 137, 139; *Baier* in: Krauskopf: Soziale Kranken- und Pflegeversicherung, § 5 Rn. 50, 86 ff.

[79] LSG Baden-Württemberg v. 14.02.2006 - L 11 KR 4223/05.

[80] BSG v. 05.07.2006 - B 12 KR 15/05 R - SozR 4-2500 § 5 Nr. 4.

[81] BSG v. 03.09.1998 - B 12 KR 15/97 R - USK 98137.

sungsmäßigkeit des Ausschlusses von der Pflichtversicherung eines Rentners im Hinblick auf Art. 3 Abs. 1 GG und aus Vertrauensschutzerwägungen geäußert hat, wenn kein Krankenversicherungsschutz erlangt werden kann, betraf dies einen Versicherten, der die nach der Übergangsregelung des Art. 56 Abs. 1 GRG[82] i.V.m. Art. 56 Abs. 3 GRG erforderliche sog. Halbbelegung mit Vorversicherungszeiten einer freiwilligen Krankenversicherung erfüllt hatte und damit einen längeren Zeitraum während seines Berufslebens gesetzlich krankenversichert gewesen war. Das BSG geht davon aus, dass es verfassungsrechtlich geboten ist, für Personen, die bisher nicht oder lediglich zu Beginn ihres Berufslebens in geringem zeitlichen Umfang in der gesetzlichen Krankenversicherung versichert waren und nicht über eine private Krankenversicherung verfügen, mit Beginn des Rentenbezugs die Möglichkeit der Absicherung in der gesetzlichen Krankenversicherung zu schaffen.

57 Bei der Ordnung von Massenerscheinungen können generalisierende, typisierende und pauschalierende Regelungen getroffen werden, ohne dass sie allein wegen der damit unvermeidlich verbundenen Härten gegen den aus Art. 3 Abs. 1 GG abgeleiteten allgemeinen Gleichheitssatz verstoßen. Die Typisierung setzt allerdings voraus, dass die durch sie eintretenden Härten und Ungerechtigkeiten nur eine verhältnismäßig kleine Zahl von Personen betreffen und der Verstoß gegen den Gleichheitssatz nicht sehr intensiv ist. Wesentlich ist ferner, ob die Härte nur unter Schwierigkeiten vermeidbar wäre.[83] Für die Gruppe der Rentner, die die Beihilfeberechtigung auf Grund der Aberkennung ihres Ruhegehaltes verloren haben, kann jedenfalls für den hier streitigen Zeitraum davon ausgegangen werden, dass ein auch finanziell angemessener Versicherungsschutz in der privaten Krankenversicherung erlangt werden kann, weil eine Anzahl von privaten Versicherungsunternehmen auf Grund der Regelungen des § 257 Abs. 2a-2c SGB V eine Weiter- oder Neuversicherung mit einem sog. Standardtarif anbieten. Soweit auch danach wegen einer fehlenden privaten Vorversicherung ein privater Versicherungsschutz nicht erlangt werden kann, dürfte es sich um eine Gruppe von Rentnern handeln, die bereits während ihres Erwerbslebens und damit auch für die Zeit des Ruhegehaltsbezuges das Risiko eines jedenfalls teilweise fehlenden Krankenversicherungsschutzes eingegangen sind. Sie haben damit das Risiko in Kauf genommen, für ihre auch bei hoher Quote der Beihilfeberechtigung unter Umständen in erheblicher Höhe entstehenden Krankheitskosten selbst die finanziellen Mittel aufbringen zu müssen und ggf. im Krankheitsfall auf Leistungen des Sozialhilfeträgers, die denen der gesetzlichen Krankenversicherung im Wesentlichen entsprechen, angewiesen zu sein. Das BVerwG hat wiederholt entschieden, dass die Entziehung des Ruhegehalts trotz Erlöschens der Beihilfeberechtigung auch dann nicht unverhältnismäßig ist, wenn der Beamte danach keine Aufnahme in eine andere Krankenkasse findet, und hat auf die Leistungsansprüche gegen den Sozialhilfeträger im Krankheitsfall verwiesen.[84] Soweit dennoch eine verfassungswidrige Härte bejaht würde, wäre diese nicht durch den Träger der gesetzlichen Krankenversicherung als Auffanginstitution, sondern durch den diese Härte verursachenden ehemaligen Dienstherrn des Beamten zu mildern bzw. zu beseitigen.

58 Vereinzelt ist gerügt worden, dass die Vorschrift des § 9 Abs. 1 Satz 1 Nr. 6 SGB V systemwidrig sei, da sie den Grundsatz des Vorrang der Versicherungspflicht gegenüber der freiwilligen Versicherung durchbricht.[85] Zudem durchbreche die Regelung den Grundsatz, dass die Beitrittsfrist – wie bei den übrigen Beitrittsrechten – in Absatz 2 geregelt ist. Sie schaffe eine Ungleichheit, weil sie nur die abgedrängten Rentner durch ein Wahlrecht zwischen Pflichtversicherung und freiwilliger Versicherung begünstigt, das Rentner nicht haben, die früher versicherungspflichtig wurden oder es später werden. Des Weiteren wird angefügt, dass diese Vorschrift auch in der Umsetzung verwaltungsaufwendig sei, da die betroffenen Rentner Vergleichsberechnungen wünschen.

g. Spätaussiedler (Absatz 1 Satz 1 Nr. 7)

59 Die Vorschrift ist mit Wirkung vom 01.01.2005 durch Art. 5 Nr. 3a des Vierten Gesetzes für moderne Dienstleistungen am Arbeitsmarkt vom 24.12.2003[86] in das SGB V eingefügt worden. In der Gesetzesbegründung[87] heißt es: „Infolge der Aufhebung der Vorschriften über die Eingliederungshilfe für Spä-

---

[82] Gesetz zur Strukturreform im Gesundheitswesen (Gesundheits-Reformgesetz (GRG) v. 20.12.1988 (BGBl I 1988, 2477)).

[83] Vgl. BSG v. 25. 01. 2001 - B 12 KR 8/00 R - SozR 3 2500§ 10 Nr. 21 S. 102 f. unter Hinweis auf BVerfG v. 17.11.1992 - 1 BvL 8/87 - BVerfGE 87, 234, 255 f = SozR 3-4100 § 137 Nr. 3, S. 30.

[84] BVerwG v. 10.10.2000 - 1 D 46/98 - Buchholz 235 § 82 BDO Nr. 6 m.w.N.; vgl. auch BVerfG v. 22.11.2001 - 2 BvR 2138/00 - DVBl 2002, 406.

[85] So *Peters* in: KassKomm, SGB V, § 9 Rn. 39.

[86] BGBl I 2003, 2954.

[87] BT-Drs. 15/1749, S. 35 f.

taussiedler und ihre Ehegatten und Abkömmlinge im Sinne des § 7 Abs. 2 Bundesvertriebenengesetz (BVFG) sind diese Personen nicht mehr wie bisher für die Dauer der Eingliederungshilfe von bis zu sechs Monaten gesetzlich krankenversichert. Infolgedessen kann nur für erwerbsfähige Spätaussiedler sowie für deren erwerbsfähige Ehegatten und Abkömmlinge im Sinne des § 7 Abs. 2 BVFG bei Vorliegen der Voraussetzungen Versicherungspflicht in der gesetzlichen Krankenversicherung für die Dauer des Bezugs von Arbeitslosengeld II bestehen. Endet die Versicherungspflicht in der gesetzlichen Krankenversicherung aufgrund des Endes des Bezugs von Arbeitslosengeld II, bevor die Vorversicherungszeit für die freiwillige Weiterversicherung von ununterbrochen zwölf Monaten (§ 9 Abs. 1 Nr. 1 SGB V) vorliegt, ist ein besonderes Beitrittsrecht erforderlich. Die Neuregelung übernimmt den Inhalt des bisher in § 10 des Fremdrenten- und Auslandsrentengesetzes (FAG) geregelten Beitrittsrechts für Spätaussiedler zur gesetzlichen Krankenversicherung. § 10 FAG gilt gemäß Artikel 7 § 3 Abs. 2 des Fremdrenten und Auslandsrenten-Neuregelungsgesetzes (FANG) vom 25.02.1960 bis zur Neuregelung des Rechts der gesetzlichen Krankenversicherung weiter. In der erstinstanzlichen Rechtsprechung der Sozialgerichte wird hierzu die Auffassung vertreten, dass die Kodifizierung des Rechts der gesetzlichen Krankenversicherung als Fünftes Buch Sozialgesetzbuch mit Wirkung vom 01.01.1989 eine Neuregelung im Sinne von Artikel 7 § 3 Abs. 2 FANG sei, mit der Folge, dass die Vorschrift des § 10 FAG nicht mehr angewendet werden könne. Des Weiteren ist bei der Anwendung des § 10 FAG streitig, ob sich das Beitrittsrecht zur gesetzlichen Krankenversicherung auch auf die in § 7 Abs. 2 Satz 1 BVFG leistungsberechtigten Ehegatten und Abkömmlinge bezieht. Die Neuregelung enthält hierzu eine bejahende gesetzliche Klarstellung und trägt damit einem Anliegen der Aufsichtsbehörden über die Krankenkassen Rechnung."

Ein wirksamer Beitritt hängt somit von drei Voraussetzungen ab: 60

- Erstens muss es sich um einen Spätaussiedler, dessen leistungsberechtigten Ehegatten oder Abkömmling i.S.v. § 7 BVFG handeln. Spätaussiedler nach § 4 Abs. 1 bzw. Abs. 2 BVFG sind: Deutsche Volkszugehörige oder deutsche Staatsangehörige aus den im BVFG genannten Aussiedlungsgebieten, die nach Abschluss eines Aufnahmeverfahrens und nach dem 31.12.1993 in die Bundesrepublik Deutschland übergesiedelt sind. Spätaussiedler müssen von einem Deutschen abstammen, sich im Aussiedlungsgebiet zum deutschen Volkstum bekannt haben und in der Lage sein, ein einfaches Gespräch in deutscher Sprache führen zu können. Spätaussiedler, die nicht aus den Nachfolgestaaten der ehemaligen UdSSR kommen, müssen darüber hinaus nachweisen, dass sie als Deutsche von Benachteiligungen oder deren Nachwirkungen betroffen waren. Ehegatten und Abkömmlinge von Spätaussiedlern nach § 7 Abs.2 BVFG müssen zum Zeitpunkt der Aussiedlung mit einem Spätaussiedler verheiratet sein bzw. von einem Spätaussiedler abstammen und im Aufnahmebescheid eingetragen sein. Sie können nur in Ableitung vom Spätaussiedler in Deutschland aufgenommen und anerkannt werden. Seit dem 01.01.2005 wird die Spätaussiedlerbescheinigung vom Bundesverwaltungsamt ausgestellt. Damit findet das Spätaussiedlerverfahren seinen Abschluss. Mit Ausstellung der Bescheinigung nach § 15 BVFG erwirbt der Vertriebenenbewerber zugleich gem. § 7 StAG die deutsche Staatsangehörigkeit. Nichtdeutsche Ehegatten i.S.d. § 7 BVFG erwerben die deutsche Staatsangehörigkeit jedoch nur, wenn die Ehe bis zur Ankunft im Bundesgebiet mindestens 3 Jahre bestanden hat (Mindestbestandsdauer der Ehe). Die Bescheinigung nach § 15 BVFG dient gegenüber allen Behörden als Nachweis darüber, ob die darin eingetragene Person als Spätaussiedler nach § 4 Abs. 1 bzw. Abs. 2 BVFG oder als Ehegatte oder Abkömmling eines Spätaussiedlers nach § 7 Abs. 2 BVFG anerkannt ist. Durch Ausstellung der Bescheinigung nach § 15 BVFG erwerben (bis auf wenige Ausnahmen) die dort eingetragenen Personen gleichzeitig die deutsche Staatsangehörigkeit. Gegenüber den Krankenkassen hat diese Entscheidung Tatbestandswirkung. Für den Beitritt während des Statusverfahrens enthält § 9 Abs. 3 SGB V eine Sonderregelung.
- Zweitens muss der Beitrittsberechtigte bis zum Verlassen seines früheren Versicherungsbereichs bei einem dortigen Träger der GKV versichert gewesen sein.
- Drittens muss die Beitrittsfrist eingehalten worden sein. Diese beträgt sechs Monate nach der ständigen Aufenthaltsnahme im Inland oder, wenn Arbeitslosengeld-II bezogen worden ist, drei Monate nach dessen Ende. Für die Arbeitslosengeld-II Bezieher gilt demnach die Vorversicherungszeit nicht, die sonst für einen Beitritt nach Ende der Pflichtmitgliedschaft kraft Arbeitslosengeld-II Bezuges nach § 9 Abs. 1 Satz 1 Nr. 1, Satz 2 SGB V erforderlich gewesen wäre.[88]

---

[88] Vgl. *Peters* in: KassKomm, SGB V, § 9 Rn. 44.

h. Krankenversicherung während des Statusverfahrens (Absatz 3)

61 Auch diese Vorschrift ist mit Wirkung vom 01.01.2005 durch Art. 5 Nr. 3a des Vierten Gesetzes für moderne Dienstleistungen am Arbeitsmarkt vom 24.12.2003 in das Gesetz eingefügt worden. Die Vorschrift trägt dem Umstand Rechnung, dass zur Zeit der Beitrittserklärung oder sogar bis zum Ablauf der Beitrittsfrist möglicherweise eine Statusbescheinigung noch nicht vorgelegt werden kann. Dann reichen als vorläufiger Nachweis der im Verteilungsverfahren ausgestellte Registrierungsschein und eine Bescheinigung über den Antrag auf Ausstellung der statusfeststellenden Bescheinigung. In der Begründung der Regelung heißt es: „Das Beitrittsrecht für Spätaussiedler oder deren nach § 7 Abs. 2 Satz 1 BVFG leistungsberechtigte Ehegatten oder Abkömmlinge zur gesetzlichen Krankenversicherung setzt – ebenso wie der Leistungsanspruch gemäß § 11 BVFG auf Krankenversicherungsleistungen für drei Monate – den Status als Spätaussiedler bzw. als leistungsberechtigter Ehegatte oder Abkömmling eines Spätaussiedlers voraus. Die Statusfeststellung erfolgt mit bindender Wirkung für alle Leistungsbehörden durch die Ausstellung (oder Ablehnung der Ausstellung) der Bescheinigung gemäß § 15 Abs. 1 oder 2 BVFG, die von den betreffenden Personen beantragt werden kann. Um den betroffenen Personen bereits vor der Statusfeststellung einen Krankenversicherungsschutz zu ermöglichen, erscheint es sachgerecht, eine Regelung für den vorläufigen Statusnachweis zu treffen. Diese erfolgt in Anlehnung an den Nachweis der Spätaussiedlereigenschaft für die Leistungen nach § 11 BVFG in Ziffer 1.1 der Allgemeinen Verwaltungsvorschrift zur Durchführung des § 11 BVFG. Wird die Ausstellung einer Bescheinigung nach § 15 Abs. 1 oder 2 BVFG abgelehnt, informiert die zuständige Behörde die in Betracht kommenden Leistungsbehörden über ihre Entscheidung."

62 Dem folgend ist die Krankenkasse auch von einer ablehnenden Entscheidung zu informieren. Die freiwillige Krankenversicherung ist in diesen Fällen zu beenden, weil die Voraussetzungen für einen Beitritt nicht vorlagen. Die Beendigung dürfte aber nur ex nunc, nicht ex tunc gelten. Eine rückwirkende Beseitigung des Versicherungsverhältnisses kommt dementsprechend nicht in Betracht.[89]

i. Bezieher von Sozialhilfe nach dem Bundessozialhilfegesetz (BSHG) (Absatz 1 Satz 1 Nr. 8)

63 Die Vorschrift ist mit Wirkung vom 01.01.2005 durch Art. 5 Nr. 3a des Vierten Gesetzes für moderne Dienstleistungen am Arbeitsmarkt vom 24.12.2003[90] in das Gesetz eingefügt worden. Die Ausschussbegründung enthält folgenden Wortlaut: Das Beitrittsrecht nach Nummer 8 gibt einem eng begrenzten Personenkreis ehemaliger Bezieher von laufender Hilfe zum Lebensunterhalt nach dem Bundessozialhilfegesetz ein einmaliges, befristetes Beitrittsrecht zur gesetzlichen Krankenversicherung. Es trägt einem Anliegen des Petitionsausschusses des Deutschen Bundestages Rechnung, bei der Neuregelung der Versicherungspflicht von Sozialhilfeempfängern eine Regelung für Altfälle vorzusehen. Erwerbsfähige Sozialhilfeempfänger erhalten ab dem 01.07.2004 Arbeitslosengeld II und sind aufgrund des Bezugs dieser Leistung Pflichtmitglied in der gesetzlichen Krankenversicherung. Ehemalige Bezieher von Hilfe zum Lebensunterhalt hatten nach dem Ende des Bezugs von Sozialhilfe Zugang zur gesetzlichen Krankenversicherung bei Aufnahme einer versicherungspflichtigen Beschäftigung oder als freiwilliges Mitglied bei Erfüllung der Vorversicherungszeiten. Die Erfüllung der Vorversicherungszeiten für eine freiwillige Mitgliedschaft setzte jedoch voraus, dass vor dem Bezug der Sozialhilfe bereits eine Mitgliedschaft in der gesetzlichen Krankenversicherung bestanden hatte, so dass diese auch während des Sozialhilfebezugs fortgesetzt werden konnte. Beziehern von Sozialhilfe, die vor dem Bezug der Sozialhilfe zu keinem Zeitpunkt eine Zugangsmöglichkeit zur gesetzlichen Krankenversicherung hatten, stand diese Möglichkeit einer freiwilligen Mitgliedschaft jedoch nicht offen. Sie sollen daher ein einmaliges Beitrittsrecht zur gesetzlichen Krankenversicherung erhalten. Eine Gleichstellung mit Personen, die nach In-Kraft-Treten der Versicherungspflicht aufgrund des Bezugs von Arbeitslosengeld II Mitglied in der gesetzlichen Krankenversicherung werden und diese Mitgliedschaft i.d.R. bei Aufnahme einer versicherungsfreien Beschäftigung oder einer selbstständigen Tätigkeit fortsetzen können, erscheint geboten. Personen, die vor dem Sozialhilfebezug bereits privat krankenversichert waren, hatten dagegen grundsätzlich die Möglichkeit, diesen Versicherungsschutz während und nach dem Sozialhilfebezug fortzusetzen. Für diesen Personenkreis ist ein besonderes Beitrittsrecht daher nicht erforderlich.

[89] So auch *Peters* in: KassKomm, SGB V, § 9 Rn. 45.

[90] BGBl I 2003, 2954.

Ein wirksamer Beitritt hängt von drei Voraussetzungen ab: Erstens muss es sich um einen früheren (vor dem 01.01.2005) Bezieher laufender Leistungen nach dem BSHG handeln. Andere Leistungen nach dem BSHG oder Leistungen nach anderen Gesetzen genügen demnach nicht. Zweitens darf vor dem Bezug der genannten Leistungen der Sozialhilfe zu keinen Zeitpunkt eine gesetzliche oder private Krankenversicherung bestanden haben. Eine Nicht-Aufklärbarkeit des Sachverhaltes geht hier zu Lasten des Beitrittswilligen.[91] Schließlich muss die Beitrittsfrist eingehalten worden sein (sechs Monate ab dem 01.01.2005). **64**

Gemäß § 9 Abs. 1 Nr. 8 SGB V können der Krankenversicherung innerhalb von sechs Monaten ab dem 01.01.2005 Personen beitreten, die in der Vergangenheit laufende Leistungen zum Lebensunterhalt nach dem BSHG bezogen haben und davor zu keinem Zeitpunkt gesetzlich oder privat krankenversichert waren.[92] Auch aus der Formulierung „ehemaliger" Bezieher von laufender Hilfe zum Lebensunterhalt nach dem BSHG in der Gesetzesbegründung lässt sich nicht entnehmen, dass der Leistungsbezug vor dem 01.01.2005 geendet haben muss.[93] Das Wort „ehemaliger" bezieht sich auf den Bezug von Leistungen nach dem BSHG. Dieses gilt ab dem 01.01.2005 nicht mehr. Das Gesetz trifft keine Regelung bezüglich der Leistungen, die die beitragsberechtigte Person ab 01.01.2005 erhält. Die unpräzise Bedingung, diese Leistung müsse „in der Vergangenheit" bezogen worden sein, lässt sich nicht dahingehend interpretieren, dass der Leistungsbezug bis zum 01.01.2005 abgeschlossen sein muss.[94] **65**

Das SGB XII hat das BSHG zwar teilweise abgelöst, stellt jedoch ein anderes Leistungsgesetz dar.[95] Auch auf die Gesetzgebungsgeschichte lässt sich ein Ausschluss der Personen, die nunmehr Leistungen nach dem SGB XII beziehen, nicht stützen. Die Vorschrift ist mit Wirkung vom 01.01.2005 durch Art. 5 Nr. 3 a des Vierten Gesetzes für moderne Dienstleistungen am Arbeitsmarkt vom 24.12.2003 eingeführt worden. Dem Gesetzgeber war zu diesem Zeitpunkt bekannt, dass die Personen, die bis zum 31.12.2004 Leistungen nach dem BSHG bezogen haben, entweder Arbeitslosengeld II oder aber Leistungen nach dem SGB XII beziehen würden. Er hätte ohne weiteres den Zusatz „nach dem Bundessozialhilfegesetz" weglassen oder durch einen Einschub in die Vorschrift des § 9 Abs. 1 Nr. 8 SGB V klarstellen können, dass die Personen, die ab dem 01.01.2005 weiterhin Sozialhilfeleistungen erhalten, nicht beitrittsberechtigt sein sollen.[96] **66**

Eine Gleichstellung mit Personen, die nach In-Kraft-Treten der Versicherungspflicht aufgrund des Bezugs von Arbeitslosengeld II Mitglied in der gesetzlichen Krankenversicherung werden und diese Mitgliedschaft in der Regel bei Aufnahme einer versicherungsfreien Beschäftigung oder einer selbständigen Tätigkeit fortsetzen können, erschien dem Gesetzgeber geboten.[97] Dennoch wird nicht allen Sozialhilfeempfängern ein einmaliges Beitrittsrecht eingeräumt. Voraussetzung des Beitritts ist neben der Beendigung des Bezugs von Leistungen nach dem BSHG nämlich auch, dass zu keiner Zeit eine gesetzliche oder private Krankenversicherung bestand. Damit erfasst die Norm nicht alle Sozialhilfeempfänger, die nunmehr Leistungen nach dem SGB XII erhalten. Damit wird auch § 264 Abs. 2 SGB V[98] nicht überflüssig. Er erfasst die Personen, die früher gesetzlich oder privat krankenversichert waren und im Übrigen auch die Personen, die innerhalb eines Zeitraums von sechs Monaten ab 01.01.2005 keinen Antrag gestellt haben.[99] **67**

---

[91] *Peters* in: KassKomm, SGB V, § 9 Rn. 48.

[92] *Gerlach* in: Hauck/Haines, Sozialgesetzbuch SGB V, K § 9 Rn. 78.

[93] BSG v. 11.04.2006 - B 12 KR 21/06 R.

[94] Vgl. *Gerlach* in: Hauck/Haines, Sozialgesetzbuch SGB V, K § 9 Rn. 78; LSG Berlin-Potsdam v. 26.01.2007 - L 1 KR 25/06.

[95] Vgl. BSG v. 21.09.2005 - B 12 P 6/04 R - SozR 4-3300 § 26a Nr. 2.

[96] So auch SG Aachen v. 29.08.2005 - S 4 (6) KR 78/05

[97] Vgl. *Peters* in: KassKomm, SGB V, § 9 Rn. 47.

[98] § 246 Abs. 2 SGB V lautet: „Die Krankenbehandlung von Empfängern von Leistungen nach dem Dritten bis Neunten Kapitel des Zwölften Buches und von Empfängern laufender Leistungen nach § 2 des Asylbewerberleistungsgesetzes, die nicht versichert sind, wird von der Krankenkasse übernommen. Satz 1 gilt nicht für Empfänger, die voraussichtlich nicht mindestens einen Monat ununterbrochen Hilfe zum Lebensunterhalt beziehen, für Personen, die ausschließlich Leistungen nach § 11 Abs. 5 Satz 3 und § 33 des Zwölften Buches beziehen sowie für die in § 24 des Zwölften Buches genannten Personen."

[99] LSG Baden-Württemberg v. 11.07.2006 - L 11 KR 2771/06.

j. Freiwillige Versicherung kraft Herstellungsanspruch

68 In Anlehnung an das frühere Recht auf Weiterversicherung (§ 313 RVO) hat die Rechtsprechung in bestimmten Fällen ein Recht auf Weiterversicherung mit dem sogenannten Herstellungsanspruch begründet.[100] Der sozialrechtliche Herstellungsanspruch ist als richterrechtliches Institut in der Rechtsprechung des BSG für den Fall entwickelt worden, dass ein Versicherungsträger eine ihm gegenüber dem Versicherten obliegende Nebenpflicht aus dem Sozialrechtsverhältnis – insbesondere zur Auskunft, Beratung und Betreuung – verletzt und dem Versicherten dadurch sozialrechtlich ein Schaden zugefügt wird. Der Anspruch ist auf Vornahme einer mit Recht und Gesetz in Einklang stehenden Amtshandlung zur Herbeiführung derjenigen Rechtsfolgen gerichtet, die eingetreten wären, wenn der Versicherungsträger die ihm obliegenden Pflichten ordnungsgemäß wahrgenommen hätte, wobei die Pflichtverletzung ursächlich für den sozialrechtlichen Schaden des Versicherten gewesen sein muss.[101] Der sozialrechtliche Herstellungsanspruch hat – anders als der Amtshaftungsanspruch – nicht die Zahlung einer Geldentschädigung, sondern die Herstellung des Rechtszustandes, der bei ordnungsgemäßem Verwaltungshandeln bestehen würde, zum Gegenstand.[102] Für das anspruchsbegründende Fehlverhalten der Behörde genügt ein schlichtes Verwaltungshandeln im Rahmen der Daseinsvorsorge.[103] Im Falle des § 9 SGB V genügt ein Verhalten der Krankenkasse, das den Versicherten veranlasst, seinen Austritt aus der freiwilligen Versicherung zu erklären. In solchen Fällen kann er verlangen so gestellt zu werden, wie er ohne Austrittserklärung gestanden hätte.[104] Ein Verschulden des rechtswidrig handelnden Amtswalters ist nicht erforderlich.[105]

3. Beitrittsfrist (Absatz 2), Beginn und Ende der freiwilligen Versicherung

a. Fristberechnung der Anzeigefrist

69 Für alle Beitrittsberechtigten gilt, dass sie ihren Beitritt spätestens innerhalb von drei Monaten (Absatz 1 Nr. 1-5), ansonsten in sechs Monaten erklären müssen (Absatz 1 Nr. 6-8, Ausnahme 3 Monate Nr. 7 Fall 2). Wann die Ausschlussfrist beginnt, ist für jeden Fall der Beitrittsberechtigung in Absatz 2 Nr. 1-5 gesondert festgelegt.

70 Für die Fristberechnung gilt § 26 Abs. 1 SGB X i.V.m. den §§ 187 Abs. 2 Satz 1, 188 Abs. 2 HS. 2 BGB. Die Dreimonatsfrist beginnt nach § 26 Abs. 1 SGB X i.V.m. 187 Abs. 1 BGB einheitlich mit dem Tage nach dem Tage eines bestimmten Ereignisses (sogenannter „Ereignistag“).[106] Der Ablauf der Anzeigefrist hat grundsätzlich den Ausschluss der Berechtigung nach § 9 SGB V zur Folge. Nur ausnahmsweise kommt eine Wiedereinsetzung in den vorherigen Stand nach § 27 Abs. 1 SGB X in Frage. Dies ist der Fall, wenn fehlende Rechtskenntnis beim Berechtigten bestand, weil die Krankenkasse ihrer gesetzlichen Informationspflicht nicht nachgekommen ist und der Berechtigte auch anderweitig keine Kenntnis über die Beitrittsmöglichkeit hatte.[107] Nicht ausreichend ist aber die nach § 14 SGB I bestehende Beratungspflicht zur Begründung einer Hinweispflicht.[108]

71 Für die nach Absatz 1 Nr. 1 beitrittsberechtigten Personen ist Ereignistag der Tag des Endes der Mitgliedschaft (§ 9 Abs. 2 Nr. 1 SGB V). Er ergibt sich aus § 190 SGB V. Bei einer nach § 192 SGB V erhaltenen Mitgliedschaft ist Ereignistag der Tag des Endes der erhaltenen Mitgliedschaft. Nachgehende Leistungsansprüche nach § 19 Abs. 2, 3 SGB V schieben das Ende der Mitgliedschaft und damit den Ereignistag nicht hinaus. Erfolgt die Erklärung innerhalb dieser Frist, wird die freiwillige Mitgliedschaft mit dem Tag begonnen, der auf den Tag des Ausscheidens aus der Pflichtmitgliedschaft folgt. In vielen Fällen besitzt damit die Beitrittserklärung Rückwirkung.

---

[100] *Peters* in: KassKomm, SGB V, § 9 Rn. 49.

[101] BSG v. 30.11.1983 - 5a RKn 9/82 - BSGE 56, 61, 62; BSG v. 21.02.1980 - 5 RKn 19/78 - BSGE 50, 12, 13 f. m.w.N.

[102] BSG v. 25.04.1978 - 5 RJ 18/77 - BSGE 46, 124, 125; BSG v. 17.12.1980 - 12 RK 20/79 - BSGE 51, 88, 94.

[103] BSG v. 12.10.1979 - 12 RK 47/77 - BSGE 49, 76, 79.

[104] BSG v. 21.02.1980 - 5 RKn 19/78 - BSGE 50, 12 = SozR 2200 § 313 Nr. 6; BSG v. 30.11.1983 - 5a RKn 9/82 - BSGE 56, 61.

[105] BSG v. 12.10.1979 - 12 RK 47/77 - BSGE 49, 76, 77 ff.; BSG v. 17.12.1980 - 12 RK 20/79 - BSGE 51, 88, 94.

[106] *Volbers*, Die Beiträge 1998, 449 ff.

[107] BSG v. 11.05.1993 - 12 RK 36/90 - USK 9327.

[108] *Hauck/Haines* in: Gerlach, § 9 Rn. 50; *Kruse* in: LPK-SGB, § 9 Rn. 19.

Bei den nach § 9 Abs. 1 Nr. 2 SGB V beitrittsberechtigten Personen gilt es danach zu unterscheiden, ob die Familienversicherung erlischt oder wegen § 10 Abs. 3 SGB V nicht vorliegt. Im ersteren Fall ist Ereignistag der letzte Tag, an dem die Familienversicherung besteht. Im zweiten Fall ist Ereignistag der Tag der Geburt (§ 9 Abs. 2 Nr. 2 SGB V). **72**

Ereignistag für die nach § 9 Abs. 1Nr. 3 beitrittsberechtigten Personen ist der Tag nach der Beschäftigungsaufnahme über die Grenze (§ 9 Abs. 2 Nr. 3 SGB V). **73**

Für die nach § 9 Abs. 1 Nr. 4 SGB V beitrittsberechtigten Menschen ist Ereignistag der Tag der Feststellung der Schwerbehinderteneigenschaft nach § 68 SGB IX (früher § 4 SchwbG). Entscheidend ist der Tag der Bekanntgabe des Bescheides.[109] **74**

Für den nach § 9 Abs. 1 Nr. 5 SGB V berechtigten Personenkreis ist der Ereignistag der Tag der Rückkehr in das Inland. **75**

Absatz 1 und nicht Absatz 2 regelt für die nach § 9 Abs. 1 Nr. 6 SGB V beitrittsberechtigten Personen die Beitrittsfrist. Hier gilt eine sechsmonatige Beitrittsfrist, die ab dem Ende der (abgewählten) Versicherungspflicht zu laufen beginnt. **76**

Die Beitrittsfrist bei Spätaussiedlern beträgt sechs Monate nach ständigem Aufenthalt im Inland, oder drei Monate nach Ende des Bezuges von SLG II. **77**

b. Beitrittsanzeige

Die Beitrittserklärung ist eine empfangsbedürftige Willenserklärung des Berechtigten, die nach § 188 Abs. 3 SGB V schriftlich zu erfolgen hat.[110] Andernfalls ist sie nicht wirksam. Die Erklärung muss der zuständigen Krankenkasse zugehen. Sie muss durch den Berechtigten, den gesetzlichen Vertreter oder durch einen bevollmächtigten Dritten erfolgen. Ein Sozialhilfeträger ist nicht aufgrund der Vorschrift des § 91a BSHG berechtigt, das Gestaltungsrecht des freiwilligen Beitritts auszuüben. Gibt ein Dritter die Beitrittserklärung als Vertreter ohne Vertretungsmacht ab, wird diese nur wirksam, wenn der Vertretene vor Ablauf der Ausschlussfrist sie rückwirkend genehmigt. **78**

Der Beitritt ist der Krankenkasse anzuzeigen. Dieses ist jede wählbare Krankenkasse. Ob er fristwahrend auch einer anderen wählbaren Krankenkasse, die aber selbst nicht gewählt werden soll, oder einer nicht wählbaren Krankenkasse angezeigt werden kann, ist nach dem Wortlaut offen.[111] Wenn die Krankenkasse rechtskräftig entschieden hat, ist ein Widerruf der Beitrittserklärung nicht mehr möglich. Dann kann der Betroffene nur noch aus der Krankenkasse unter Wahrung der entsprechenden Fristen austreten.[112] **79**

Soweit diese Frist versäumt wird, kann unter gewissen Umständen Wiedereinsetzung in den vorigen Stand gemäß § 27 Abs. 1 Satz 1 SGB X zu gewährleisten sein. Nach dieser Vorschrift ist auf Antrag Wiedereinsetzung in den vorigen Stand bei Versäumung einer gesetzlichen Frist zu gewähren, wenn der Antragsteller ohne Verschulden verhindert war, die Frist einzuhalten. Ein Verschulden hinsichtlich des Versäumens der Frist für die Anzeige des Beitritts zur freiwilligen Krankenversicherung kann erst dann angenommen werden, wenn der Betroffene trotz eindeutiger Information über das Ende seiner Pflichtmitgliedschaft keine weiteren Schritte unternimmt.[113] Grundsätzlich ist dies der Fall, wenn der Beteiligte diejenige Sorgfalt angewendet hat, die einem im Verwaltungsverfahren gewissenhaft Handelnden nach den gesamten Umständen vernünftigerweise zuzumuten ist.[114] Auch eine nicht hinreichende Leistungsfähigkeit zur Zahlung von Beiträgen begründet ein Verschulden. Dies folgt aus dem allgemein anerkannten Grundsatz, dass der Schuldner für seine finanzielle Leistungsfähigkeit einzustehen hat.[115] Auch die Schwierigkeiten bei der Betreuung eines nicht kooperativen Geschäftsunfähigen sind zumindest für Berufsbetreuer kein Grund, Fristversäumnisse zu entschuldigen.[116] Damit ist Ursache für die Nichterfüllung der Vorversicherungszeit des § 9 Abs. 1 Nr. 4 SGB V nicht die Behinderung des Klägers, sondern die Tatsache, dass von einem in der Rahmenfrist bestehenden Recht auf freiwillige Weiterversicherung kein Gebrauch gemacht wurde. Das BSG hat hierzu im Urteil vom **80**

---

[109] *Peters* in: KassKomm, SGB V, § 9 Rn. 57.

[110] Vgl. *Wollenschläger* in: Wannagat, SGB V, § 9 Rn. 22.

[111] *Peters* in: KassKomm, SGB V, § 9 Rn. 51.

[112] Vgl. *Wollenschläger* in: Wannagat, SGB V, § 9 Rn. 22.

[113] LSG Berlin v. 03.09.2003 - L 15 KR 31/01.

[114] Vgl. *Meyer-Ladewig*, SGG, § 67 Rn. 3.

[115] RG v. 09.01.1923 - VII 403/22 - RGZ 106, 181; BGH v. 30.10.1974 - VIII ZR 69/73 - BGHZ 63, 139; LSG Potsdam v. 08.06.2004 - L 4 KR 23/03.

[116] Bay. LSG v. 27.04.2006 - L 4 KR 66/05.

10.09.1987[117] ausgeführt, dass nur eine vor Beginn einer Rahmenfrist gegeben gewesene Möglichkeit zur freiwilligen Versicherung, die nicht genutzt wurde, nicht kausal für die Nichterfüllung der Vorversicherungszeit ist. Wenn für die Erfüllung der Vorversicherungszeit allein die Rahmenfrist maßgebend ist, dann liegt es nahe, dass auch nur für diese Frist zu prüfen ist, ob die Behinderung eine Versicherung nicht zulässt.

81 Nach § 27 Abs. 2 Sätze 1 und 2 SGB X ist der Antrag innerhalb von zwei Wochen nach Wegfall des Hindernisses zu stellen, dabei sind die Tatsachen zu seiner Begründung glaubhaft zu machen. Nach § 27 Abs. 2 Satz 3 SGB X ist innerhalb der Antragsfrist auch die versäumte Handlung nachzuholen.

82 Daneben kann eine Fristversäumnis durch die begründete Geltendmachung des öffentlich rechtlichen Herstellungsanspruchs ungeschehen gemacht werden. Nach der ständigen Rechtsprechung des BSG[118] muss dabei der auf Herstellung in Anspruch genommene Leistungsträger eine Haupt- oder Nebenpflicht aus seinem jeweiligen Sozialrechtsverhältnis mit dem Anspruchsteller, die ihm gerade diesem gegenüber oblag, (objektiv) rechtswidrig nicht oder schlecht erfüllt haben (Pflichtverletzung), sei es durch eigene Organe (Behörden, Stellen, Beliehene), sei es durch andere Leistungsträger (§ 12 SGB I) oder deren Organe, falls diese durch das SGB oder durch Vertrag (vgl. die §§ 93, 88 ff. SGB X, § 2 Abs. 2 HS. 2 SGB I) mit der Erfüllung dieser Pflicht für ihn beauftragt waren (sog. Funktionseinheit). Diese Pflichtverletzung muss als nicht hinwegdenkbare Bedingung neben anderen Bedingungen zumindest gleichwertig (ursächlich) bewirkt haben, dass dem Betroffenen ein (verfahrensrechtliches oder materielles Leistungs-, Gestaltungs- oder Abwehr-)Recht, das ihm im jeweiligen Sozialrechtsverhältnis nach den oder auf Grund der Vorschriften des SGB gegen den Leistungsträger zugestanden hätte, nicht mehr, nicht in dem vom Primärrecht bezweckten Umfang oder überhaupt nicht zusteht (sog. sozialrechtlicher Nachteil). Zwischen der Pflichtverletzung und dem Nachteil muss ein Schutzzweckzusammenhang gegeben sein. D.h. die verletzte Pflicht muss darauf gerichtet sein, den Betroffenen gerade vor den eingetretenen Nachteilen zu bewahren. Unter welchen Umständen sich eine Beratungspflicht des Sozialversicherungsträgers über die Möglichkeiten einer Weiterversicherung ergibt, ist allerdings streitig.[119]

c. Beginn und Ende der freiwilligen Mitgliedschaft

83 Die freiwillige Versicherung beginnt immer im unmittelbaren Anschluss an das Ende der Pflichtversicherung bzw. der Familienversicherung, unabhängig vom Tag der Antragstellung. In allen anderen Fällen beginnt die freiwillige Versicherung mit dem Tag des Beitritts. Der Versicherte kann seine freiwillige Mitgliedschaft durch schriftliche Kündigung beenden. Die Mitgliedschaft endet in diesem Fall regelmäßig mit Ablauf des auf den Monat der Kündigung folgenden übernächsten Kalendermonats. Die Satzung der Krankenkasse kann übrigens auch einen früheren Zeitpunkt festlegen (vgl. § 191 Nr. 4 SGB V). Soweit die freiwillige Mitgliedschaft bei einer anderen Krankenkasse durchgeführt werden soll und das Mitglied von seinem Krankenkassenwahlrecht Gebrauch macht, ist eine Kündigung nur unter Berücksichtigung der 18-monatigen Bindungsregelung möglich.

84 Eine Besonderheit ist bei den Arbeitnehmern, die wegen Überschreitens der Jahresentgeltgrenze aus der Krankenversicherungspflicht ausscheiden, zu beachten. In diesen Fällen schließt sich nämlich – soweit die Vorversicherungszeit erfüllt wird – die freiwillige Mitgliedschaft „automatisch“ an die bisherige Versicherungspflicht an. Das Mitglied hat jedoch die Möglichkeit, innerhalb von 2 Wochen nach Hinweis der Krankenkasse über die Austrittsmöglichkeit seinen Austritt zu erklären (vgl. § 190 Abs. 3 SGB V). Erklärt das Mitglied diesen Austritt, wird die freiwillige Mitgliedschaft (rückwirkend) storniert. Anderenfalls setzt sich die bisherige Pflichtmitgliedschaft als freiwillige Mitgliedschaft fort.

85 Im Übrigen endet die freiwillige Mitgliedschaft durch Tod oder wenn eine Mitgliedschaft als Pflichtversicherter beginnt. Sind die Beiträge für 2 Monate trotz Hinweis auf die Folgen nicht entrichtet, endet die Mitgliedschaft darüber hinaus mit Ablauf des nächsten Zahltages (§ 191 Nr. 3 SGB V). Die Krankenkassen sind seit 01.01.2004 verpflichtet, bereits bei Säumnis der Beiträge darauf hinzuweisen, dass im Falle der Beendigung der Mitgliedschaft wegen Zahlungsverzug auch eine Mitgliedschaft bei einer

[117] BSG v. 23.06.1971 - 3 RK 63/70 - USK 71109.

[118] Z.B. BSG v. 15.12.1994 - 4 RA 64/93 - SozR 3-2600 § 58 Nr. 2.

[119] Nur bei besonderer Schutzbedürftigkeit: LSG Saarland v. 18.02.2004 - L 2 KR 27/02 unter Bezugnahme auf LSG NRW v. 17.11.1998 - L 5 KR 44/97, im Ergebnis auch LSG Berlin v. 03.09.2003 - 15 KR 31/01; vgl. auch Schleswig-Holsteinisches LSG v. 06.05.2002 - L 1 KR 30/01, m.w.N.

anderen Krankenkasse ausgeschlossen ist. Ferner ist das Mitglied darüber zu informieren, dass unter den Voraussetzungen des SGB XII die Übernahme von Krankenversicherungsbeiträgen durch den Sozialhilfeträger möglich ist.

4. Die Beiträge der freiwillig Versicherten

Die Beitragsbemessung für freiwillige Mitglieder richtet sich seit In-Kraft-Treten des GRG[120] am 01.01.1989 nach § 240 SGB V. Danach wird die Beitragsbemessung für freiwillige Mitglieder durch die Satzung der Krankenkasse geregelt, wobei sicherzustellen ist, dass die Beitragsbelastung die gesamte wirtschaftliche Leistungsfähigkeit berücksichtigt (Absatz 1 Satz 2). Die Satzung muss mindestens die Einnahmen des freiwilligen Mitglieds berücksichtigen, die bei einem vergleichbaren versicherungspflichtigen Beschäftigten der Beitragsbemessung zu Grunde zu legen sind (Absatz 2 Satz 1). Nach § 240 Abs. 4 Sätze 2 und 3 SGB V[121] gilt für freiwillige Mitglieder, die hauptberuflich selbstständig erwerbstätig sind, als beitragspflichtige Einnahmen für den Kalendertag der dreißigste Teil der monatlichen Beitragsbemessungsgrenze (§ 223 SGB V), bei Nachweis niedrigerer Einnahmen jedoch mindestens der vierzigste Teil der monatlichen Bezugsgröße (Satz 2). Zu den Einnahmen zum Lebensunterhalt gehören alle Einnahmen, die zur Bestreitung des Lebensunterhalts bestimmt sind, soweit sie gegenwärtig zur Verfügung stehen, und zwar ohne Rücksicht auf ihre steuerliche Behandlung. Dabei sind im Wesentlichen die Einkunftsarten im Sinne des Einkommensteuergesetzes zu berücksichtigen. Zu berücksichtigen sind z.B. Arbeitsentgelt, Arbeitseinkommen, Vorruhestandsgeld, Renten, Versorgungsbezüge und andere Einnahmen. Beitragpflichtig ist bei Selbständigen das Arbeitseinkommen im Sinne des § 15 Abs. 1 SGB IV. Arbeitseinkommen ist nach dieser Vorschrift der nach den Allgemeinen Gewinnermittlungsvorschriften des Einkommensteuergesetzes ermittelte Gewinn aus selbständiger Tätigkeit.[122] Dagegen werden die Beiträge der sonstigen freiwillig Versicherten im Wesentlichen nach den Bruttoeinnahmen bemessen (§ 240 Abs. 2 Satz 2 SGB V).[123] Auf das zu versteuernde Einkommen kommt es nicht an. 86

Es entspricht der Heterogenität dieser Versichertengruppe, alle Einnahmen zu berücksichtigen und die Beiträge nach dem vollen Beitragssatz zu bemessen. Anders als bei Versicherungspflichtigen sind die Versorgungsbezüge freiwillig Versicherter seit ihrer Einbeziehung in die beitragspflichtigen Einnahmen gegenüber dem Arbeitsentgelt und der Rente hinsichtlich des Beitragssatzes und der Beitragstragung schon seit jeher im Wesentlichen gleich behandelt worden. Beim Arbeitsentgelt gab und gibt es für den Beitragssatz keine besondere Regelung, das heißt es galt unter der RVO grundsätzlich der Beitragssatz nach § 385 Abs. 1 RVO, der für Versicherte mit Anspruch auf Krankengeld und Lohnfortzahlung maßgebend war, und es gilt seit In-Kraft-Treten des SGB V grundsätzlich der allgemeine (§ 241 SGB V), bei fehlender Zugehörigkeit zur Krankengeldversicherung der geminderte (§ 243 Abs. 1 SGB V) Beitragssatz. Die beitragspflichtigen Einnahmen sind jedoch höchstens bis zur gültigen Beitragsbemessungsgrenze[124] zu berücksichtigen. Sind keine oder nur geringe Einkünfte vorhanden, werden die Beiträge grundsätzlich nach einem gesetzlich festgelegten Mindestbetrag berechnet. Freiwillig krankenversicherte Arbeitnehmer erhalten als Beitragszuschuss vom Arbeitgeber die Hälfte des Krankenversicherungsbeitrages und des Beitrages für die Pflegeversicherung. Den gesetzlichen Sonderbeitrag[125] von 0,9%, muss alleine der Arbeitnehmer tragen. Ebenso haben freiwillig versicherte Rentner nach Maßgabe des § 106 SGB VI Anspruch auf einen Zuschuss des Rentenversicherungsträgers, durch den sie wirtschaftlich im Allgemeinen zur Hälfte von den Beiträgen aus ihrer Rente entlastet werden. Dieser Zuschuss gleicht aus, dass bei freiwillig Versicherten weder der Arbeitgeber noch der Rentenversicherungsträger einen vergleichbaren Beitragsanteil selbst tragen. 87

---

[120] V. 20.12.1988, BGBl I 1988, 2477.

[121] In der hier anzuwendenden, seit dem 01.01.1993 geltenden Fassung, angefügt durch Art. 1 Nr. 137 Buchst C des GSG v. 21.12.1992, BGBl I 1992, 2266.

[122] Vgl. BSG v. 26.09.1996 - 12 RK 46/95 - BSGE 79, 133, 138 f.

[123] Vgl. BSG v. 21.05.1996 - 12 RK 64/94 - BSGE 78, 224, 226.

[124] Arbeitnehmer sind bis zu einer bestimmten Einkommensgrenze versicherungspflichtig. Diese Jahresarbeitsentgeltgrenze wird jährlich der allgemeinen Einkommensentwicklung angepasst. Im Jahr 2007 gilt ein Betrag von 47.700,00 €.

[125] Seit dem 01.01.2005 zahlen alle Mitglieder einer gesetzlichen Krankenkasse einen Zusatzbeitrag. Damit sollen die Versicherten an den gestiegenen Leistungsausgaben stärker beteiligt werden. Den Zusatzbeitrag trägt der Arbeitnehmer alleine. Der Arbeitgeber ist hieran nicht beteiligt. Das gilt auch in den Fällen, in denen er zur Zahlung eines Beitragszuschusses verpflichtet ist.

88 Im Übrigen sind freiwillig Versicherte hinsichtlich aller genannten Einnahmearten selbst Schuldner der entsprechenden Beitragsforderungen der Kassen und bleiben mit den hieraus erwachsenden wirtschaftlichen Folgen belastet (§§ 250 Abs. 2, 252 Satz 1 SGB V). Die Tragung des unter Anwendung des vollen Beitragssatzes ermittelten Beitrages für Versorgungsbezüge allein durch die Versicherten entspricht hier gerade derjenigen Situation, die sich bei ihnen generell für alle Einnahmearten ergibt. Schon theoretisch fehlt es damit an einem Bedürfnis, das wegen der anteiligen Beitragstragung bei einigen anderen Einkunftsarten unerwünschte Ergebnis einer vollen Beitragstragung durch eine Halbierung des Beitragssatzes zu „korrigieren“. Dies ist schon bei Versicherungspflichtigen systemwidrig gewesen[126] und kann auch unter Berufung auf Art. 3 Abs. 1 GG gerade nicht begehrt werden. Das BSG hatte daher die Begünstigung der von § 248 Abs. 2 SGB V a.F. erfassten freiwillig Versicherten („Altersprivileg“) bereits früher als nicht „folgerichtig“ bzw. „von Anfang an zweifelhaft“ bezeichnet und die grundsätzliche Abschaffung der Norm für mit Art. 3 Abs. 1 GG vereinbar angesehen.[127]

89 Einen Grundsatz der Zuschussgewährung in Höhe des halben Beitrages gab und gibt es bei Pflichtversicherten nicht einmal für das Arbeitsentgelt.[128] Ebenso wenig kann aus den Finanzierungsvorschriften für die Krankenversicherung der Rentner ein Grundsatz der hälftigen Beitragstragung aus der Rente hergeleitet werden. Die durch das Gesetz über die Krankenversicherung der Rentner (KVdR) vom 12.06.1956[129] geschaffenen Finanzierungsregelungen der KVdR in der RVO sahen eine Beitragsbeteiligung der Rentner zunächst überhaupt nicht vor. Zu den Aufwendungen für die Rentner und Rentenantragsteller hatten vielmehr allein die Träger der Rentenversicherung Beiträge zu entrichten, die nach einem durchschnittlichen Grundlohn aller Versicherten berechnet wurden.[130] Erst ab 1983 wurden die Rentner überhaupt an der Finanzierung beteiligt, indem nunmehr die Rente beitragspflichtige Einnahme wurde, die Rentner die Beiträge hieraus allein zu tragen hatten, zu ihrer Beitragslast allerdings einen Zuschuss des Rentenversicherungsträgers erhielten (§§ 180 Abs. 5, 381 Abs. 2, 1304e RVO und § 83e Angestelltenversicherungsgesetz[131]). Dieser Zuschuss betrug zunächst 100 v.H. des Beitrages und wurde im Laufe der Zeit auf 50 v.H. des Beitrages abgeschmolzen. Die Rentner selbst wurden für die Finanzierung der KVdR durch Zahlung von Beiträgen aus der Rente, das heißt einer Minderung ihrer Rente, somit wirtschaftlich erstmals belastet, als der Zuschuss der Rentenversicherungsträger zu dem seit 1983 zu tragenden Beitrag aus der Rente von 100 v.H. abgeschmolzen wurde.

90 Eine Mindestbemessungsgrenze für beitragspflichtige Einnahmen freiwillig Versicherter gibt es in der gesetzlichen Krankenversicherung seit 01.07.1977.[132] Das als Art. 1 des Gesundheits-Reformgesetzes verkündete SGB V stellte das Beitragsrecht der freiwillig Versicherten ab 1989 auf eine neue Grundlage.[133] Durch Art. 1 Nr. 137c des Gesetzes zur Sicherung und Strukturverbesserung der gesetzlichen Krankenversicherung (GSG) vom 21.12.1992[134] wurde § 240 Abs. 4 SGB V mit Wirkung ab 01.01.1993 geändert. Hiernach gilt für freiwillige Mitglieder, die hauptberuflich selbständig erwerbs-

---

126 BSG v. 24.08.2005 - B 12 KR 29/04 R - SozR 4-2500 § 248 Nr. 1 Rn. 24.

127 BSG v. 26.06.1996 - 12 RK 12/94 - BSGE 79, 1, 8 = SozR 3-2500 § 248 Nr. 4 S. 18; BSG v. 03.09.1998 - B 12 P 4/97 R - SozR 3-3300 § 55 Nr. 3 S. 18.

128 So waren bis zum Mai 1949 die Beiträge der Versicherungspflichtigen aus dem Arbeitsentgelt zu zwei Dritteln vom Arbeitnehmer und nur zu einem Drittel vom Arbeitgeber zu tragen (vgl. zur Rechtsentwicklung *Peters*, Handbuch KV (SGB V), Vorbemerkung VI 1. zu § 380 RVO und § 381 RVO Anm. 1 – Stand Januar 1987) und gilt seit dem 01.07.2005 für die Beitragslastverteilung § 241a i.V.m. § 249 Abs. 1 HS. 2 SGB V i.d.F. des Art 1 Nr. 1 Buchst c des Gesetzes zur Anpassung der Finanzierung von Zahnersatz vom 15.12.2004 (BGBl I 2004, 3445), der die Beitragslastverteilung zu Lasten der beitragspflichtigen Versicherten geändert hat.

129 BGBl I 1956, 500.

130 Vgl. im Einzelnen § 381 Abs. 2 RVO und § 385 Abs. 2 RVO i.d.F. des Art. 1 Nr. 25 u. 27 des Gesetzes über die KVdR v. 12. 06.1956.

131 I.d.F. des RAG 82.

132 Vgl. § 180 Abs. 4 RVO i.d.F. des Art. 1 § 1 Nr. 5 des Gesetzes zur Dämpfung der Ausgabenentwicklung und zur Strukturverbesserung in der gesetzlichen Krankenversicherung (Krankenversicherungs-Kostendämpfungsgesetz – KVKG) vom 27.06.1977, BGBl I 1977, 1069.

133 Die maßgebliche Bestimmung des § 240 SGB V lautete damals: „(1) Für freiwillige Mitglieder wird die Beitragsbemessung durch die Satzung geregelt. Dabei ist sicherzustellen, dass die Beitragsbelastung die gesamte wirtschaftliche Leistungsfähigkeit des freiwilligen Mitglieds berücksichtigt. (2) Die Satzung der Krankenkasse muss mindestens die Einnahmen des freiwilligen Mitglieds berücksichtigen, die bei einem vergleichbaren versicherungspflichtig Beschäftigten der Beitragsbemessung zugrunde zu legen sind... (3) ... (4) Als beitragspflichtige Einnahmen gilt für den Kalendertag mindestens der neunzigste Teil der monatlichen Bezugsgröße. (5) ....“

134 BGBl I 1992, 2266.

tätig sind, als beitragspflichtige Einnahmen für den Kalendertag der dreißigste Teil der monatlichen Beitragsbemessungsgrenze (§ 223 SGB V), bei Nachweis niedrigerer Einnahmen jedoch mindestens der vierzigste Teil der monatlichen Bezugsgröße. Die geänderte Vorschrift bewirkt, dass hauptberuflich Selbständige bei Einnahmen unterhalb der in dieser Vorschrift vorgesehenen Mindestbemessungsgrenze mit einem höheren Mindestbeitrag herangezogen werden als die sonstigen freiwilligen Mitglieder der gesetzlichen Krankenversicherung, bei denen der Gesetzgeber die Mindestbemessungsgrenze niedriger angesetzt hat (§ 240 Abs. 4 Satz 1 SGB V). Bei geringen Einnahmen besteht demnach eine mit dem Abstand zur Grenze des § 240 Abs. 4 Satz 2 HS. 2 SGB V größer werdende relative Beitragsmehrbelastung der Gruppe der hauptberuflich Selbständigen. Das BVerfG hat jedoch in einer Entscheidung vom 24.05.2001 ausgeführt, dass § 240 Abs. 4 Satz 2 HS. 2 SGB V mit dem Grundgesetz vereinbar ist.[135]

5. Übergangsregelungen

Ein gesondertes Beitrittsrecht bestand nach Art. 59 Abs. 1 Nr. 1 und 2, Abs. 2 Satz 1 GRG[136] für Personen, deren Versicherungspflicht durch die Neuregelung der Versicherungspflichttatbestände oder deren Familienversicherung im Rahmen des GRG nicht mehr bestand. Sie hatten ein Beitrittsrecht, von dem bis zum 31.03.1989 schriftlich durch Anzeige Gebrauch gemacht werden musste. Nach Art. 59 Abs. 1 Nr. 3, Abs. 2 Satz 2 GRG konnten durch schriftliche Anzeige bis zum 30.06.1989 auch Dienstordnungsangestellte der Krankenkassen und Beamte der Krankenkassen ihren freiwilligen Beitritt erklären.[137] Art. 33 § 4 Gesundheitsstrukturgesetz wurde als Übergangsregelung wegen der Erweiterung der Vorversicherungszeit zum 01.01.1993 geschaffen. Ein Beitritt unter der bisherigen, kürzeren Vorversicherungszeit war danach möglich, wenn der Betroffene bis zum 31.12.1992 aus der Versicherungspflicht ausgeschieden war, der Beitritt aber erst 1993 angezeigt wurde.[138] 91

[135] BVerfG v. 22.05.2001 - 1 BvL 4/96 - BVerfGE 103, 392.
[136] BGBl I 1988, 2477, 2596.
[137] Vgl. *Wollenschläger* in: Wannagat, SGB V, § 9 Rn. 25.
[138] Vgl. *Wollenschläger* in: Wannagat, SGB V, § 9 Rn. 26.

Dritter Abschnitt: Versicherung der Familienangehörigen

§ 10 SGB V Familienversicherung

(Fassung vom 21.03.2005, gültig ab 30.03.2005, gültig bis 30.06.2008)

(1) Versichert sind der Ehegatte, der Lebenspartner und die Kinder von Mitgliedern sowie die Kinder von familienversicherten Kindern, wenn diese Familienangehörigen

1. **ihren Wohnsitz oder gewöhnlichen Aufenthalt im Inland haben,**
2. **nicht nach § 5 Abs. 1 Nr. 1, 2, 3 bis 8, 11 oder 12 oder nicht freiwillig versichert sind,**
3. **nicht versicherungsfrei oder nicht von der Versicherungspflicht befreit sind; dabei bleibt die Versicherungsfreiheit nach § 7 außer Betracht,**
4. **nicht hauptberuflich selbständig erwerbstätig sind und**
5. **kein Gesamteinkommen haben, das regelmäßig im Monat ein Siebtel der monatlichen Bezugsgröße nach § 18 des Vierten Buches überschreitet; bei Renten wird der Zahlbetrag ohne den auf Entgeltpunkte für Kindererziehungszeiten entfallenden Teil berücksichtigt; für geringfügig Beschäftigte nach § 8 Abs. 1 Nr. 1, § 8a des Vierten Buches beträgt das zulässige Gesamteinkommen 400 Euro.**

Eine hauptberufliche selbständige Tätigkeit im Sinne des Satzes 1 Nr. 4 ist nicht deshalb anzunehmen, weil eine Versicherung nach § 1 Abs. 3 des Gesetzes über die Alterssicherung der Landwirte vom 29. Juli 1994 (BGBl. I S. 1890, 1891) besteht. Ehegatten und Lebenspartner sind für die Dauer der Schutzfristen nach § 3 Abs. 2 und § 6 Abs. 1 des Mutterschutzgesetzes sowie der Elternzeit nicht versichert, wenn sie zuletzt vor diesen Zeiträumen nicht gesetzlich krankenversichert waren.

(2) Kinder sind versichert

1. **bis zur Vollendung des achtzehnten Lebensjahres,**
2. **bis zur Vollendung des dreiundzwanzigsten Lebensjahres, wenn sie nicht erwerbstätig sind,**
3. **bis zur Vollendung des fünfundzwanzigsten Lebensjahres, wenn sie sich in Schul- oder Berufsausbildung befinden oder ein freiwilliges soziales Jahr im Sinne des Gesetzes zur Förderung eines freiwilligen sozialen Jahres oder ein freiwilliges ökologisches Jahr im Sinne des Gesetzes zur Förderung eines freiwilligen ökologischen Jahres leisten; wird die Schul- oder Berufsausbildung durch Erfüllung einer gesetzlichen Dienstpflicht des Kindes unterbrochen oder verzögert, besteht die Versicherung auch für einen der Dauer dieses Dienstes entsprechenden Zeitraum über das fünfundzwanzigste Lebensjahr hinaus,**
4. **ohne Altersgrenze, wenn sie als behinderte Menschen (§ 2 Abs. 1 Satz 1 des Neunten Buches) außerstande sind, sich selbst zu unterhalten; Voraussetzung ist, daß die Behinderung zu einem Zeitpunkt vorlag, in dem das Kind nach Nummer 1, 2 oder 3 versichert war.**

(3) Kinder sind nicht versichert, wenn der mit den Kindern verwandte Ehegatte oder Lebenspartner des Mitglieds nicht Mitglied einer Krankenkasse ist und sein Gesamteinkommen regelmäßig im Monat ein Zwölftel der Jahresarbeitsentgeltgrenze übersteigt und regelmäßig höher als das Gesamteinkommen des Mitglieds ist; bei Renten wird der Zahlbetrag berücksichtigt.

(4) Als Kinder im Sinne der Absätze 1 bis 3 gelten auch Stiefkinder und Enkel, die das Mitglied überwiegend unterhält, sowie Pflegekinder (§ 56 Abs. 2 Nr. 2 des Ersten Buches). Kinder, die mit dem Ziel der Annahme als Kind in die Obhut des Annehmenden aufgenommen sind und für die die zur Annahme erforderliche Einwilligung der Eltern erteilt ist, gelten als Kinder des Annehmenden und nicht mehr als Kinder der leiblichen Eltern. Stiefkinder im Sinne des Satzes 1 sind auch die Kinder des Lebenspartners eines Mitglieds.

(5) Sind die Voraussetzungen der Absätze 1 bis 4 mehrfach erfüllt, wählt das Mitglied die Krankenkasse.

(6) Das Mitglied hat die nach den Absätzen 1 bis 4 Versicherten mit den für die Durchführung der Familienversicherung notwendigen Angaben sowie die Änderung dieser Angaben an die zuständige Krankenkasse zu melden. Die Spitzenverbände der Krankenkassen vereinbaren für die Meldung nach Satz 1 ein einheitliches Verfahren und einheitliche Meldevordrucke.

Gliederung

A. Basisinformationen

I. Textgeschichte/Gesetzgebungsmaterialien

§ 10 SGB V wurde durch **Art. 1 des Gesetzes zur Strukturreform im Gesundheitswesen**[1] geschaffen. Da die bislang geltende Rechtslage der gesellschaftlichen und familiären Entwicklung, insbesondere dem Verhältnis der Ehegatten zueinander und dem Verhältnis der heranwachsenden Kinder zu ihren Eltern nicht mehr Rechnung trug, sollten die Angehörigen des Kassenmitglieds ebenfalls Versicherte mit eigenen Leistungsansprüchen sein.[2] 1

Seit ihrem In-Kraft-Treten wurde die Regelung wiederholt geändert. Durch Art. 1 Nr. 3 des **Zweiten Gesetzes zur Änderung des Fünften Buches Sozialgesetzbuch**[3] wurden im Zuge der Wiedervereinigung in § 10 Abs. 1 Nr. 1 SGB V die Worte „Geltungsbereich dieses Gesetzbuchs" durch das Wort „Inland" ersetzt. § 10 Abs. 6 SGB V wurde erst durch Art. 2 Nr. 3 des **Gesetzes zur Sicherung und Strukturverbesserung der gesetzlichen Krankenversicherung**[4] angefügt. Der Einführung des freiwilligen ökologischen Jahres wurde durch Änderung des § 10 Abs. 2 Nr. 3 SGB V durch das **Gesetz zur Förderung eines freiwilligen ökologischen Jahres**[5] Rechnung getragen. Das **Gesetz zur Reform der agrarsozialen Sicherung**[6] führte zur Ergänzung des § 10 Abs. 1 SGB V um seinen jetzigen Satz 2. Durch das **Gesetz zur Reform der gesetzlichen Rentenversicherung**[7] wurde sichergestellt, dass bei Renten der Zahlbetrag ohne den auf Entgeltpunkte für Kindererziehungszeiten entfallenden Teil be- 2

---

[1] Gesundheitsreformgesetz – GRG v. 20.12.1988, BGBl I 1988, 2477; zum Fortbestand einer Familienversicherung in diesem Kontext BSG v. 16.11.1995 - 4 RK 1/94 - SozR 3-2500 § 10 Nr. 7.

[2] BR-Drs. 200/88, S. 161.

[3] V. 20.12.1991, BGBl I 1991, 2325.

[4] Gesundheitsstrukturgesetz v. 21.12.1992, BGBl I 1992, 2266; hierzu BT-Drs. 12/3608, S. 76.

[5] FÖJ-Förderungsgesetz – FÖJG v. 17.12.1993, BGBl I 1993, 2118, 2122.

[6] Agrarsozialreformgesetz 1995 – ASRG 1995 v. 29.07.1994, BGBl I 1890, 1926; hierzu BR-Drs. 508/93, S. 92.

[7] Rentenreformgesetz 1999 – RRG 1999 v. 16.12.1997, BGBl I 1997, 2998, 3024; hierzu BT-Drs. 13/8671, S. 120.

rücksichtigt wird (§ 10 Abs. 1 Nr. 5 HS. 2 SGB V). § 10 Abs. 1 Satz 3 SGB V wurde durch Art. 1 Nr. 6 des **Gesetzes zur Reform der gesetzlichen Krankenversicherung ab dem Jahr 2000**[8] angefügt. Hierdurch wurde klargestellt, dass bislang privat krankenversicherte Personen, die zuletzt vor Beginn der Schutzfristen nach dem Mutterschutzgesetz oder vor Inanspruchnahme von Erziehungsurlaub versicherungsfrei oder von der Versicherung befreit waren, während der Schutzfristen und Beurlaubungszeit weiterhin privat krankenversichert bleiben.[9] Der neuen Terminologie des Bundeserziehungsgeldgesetzes („Elternzeit" statt „Erziehungsurlaub") wurde in § 10 Abs. 1 Satz 3 SGB V durch Art. 19 Nr. 2 des **Gesetzes zur Änderung des Begriffs „Erziehungsurlaub"**[10] Rechnung getragen. Das **Gesetz zur Beendigung der Diskriminierung gleichgeschlechtlicher Gemeinschaften: Lebenspartnerschaften**[11] führte zur Berücksichtigung der Lebenspartner im Rahmen des § 10 SGB V.[12] Eine Anpassung an das SGB IX erfolgte durch Art. 5 Nr. 5 des **Sozialgesetzbuch – Neuntes Buch – (SGB IX) Rehabilitation und Teilhabe behinderter Menschen.**[13] § 10 Abs. 1 Nr. 5 HS. 3 SGB V wurde angefügt durch das **Zweite Gesetz für moderne Dienstleistungen am Arbeitsmarkt.**[14] Eine weitere Änderung erfolgte schließlich durch das **Vierte Gesetz für moderne Dienstleistungen am Arbeitsmarkt**[15]; in § 10 Abs. 1 Satz 1 Nr. 2 wurden die Nr. 2 und 3 ergänzt. Eine weitere Änderung der Regelung erfolgte durch Art. 4 Nr. 01 des **Gesetzes zur Vereinfachung der Verwaltungsverfahren im Sozialrecht**[16]: In § 10 Abs. 1 Satz 1 SGB V wurden nach dem Wort „Mitgliedern" die Worte „sowie die Kinder von familienversicherten Kindern" eingefügt. Durch Art. 1 Nr. 6 des **Gesetzes zur Stärkung des Wettbewerbs in der gesetzlichen Krankenversicherung** (GKV-Wettbewerbsstärkungsgesetz)[17] wurde § 10 Abs. 6 Satz 2 SGB V neu gefasst; diese Neufassung gilt mit Wirkung vom 01.07.2008.

II. Vorgängervorschriften

3 § 10 SGB V ist die Nachfolgeregelung von § 205 RVO.[18]

III. Parallelvorschriften

4 Eine Familienversicherung besteht auch in der **gesetzlichen Pflegeversicherung** (§ 25 SGB XI). Den übrigen Sozialversicherungszweigen ist die beitragsfreie Mitversicherung von Angehörigen dagegen fremd.

IV. Systematische Zusammenhänge

5 § 10 SGB V ist im **Gesamtkontext der Vorschriften zum „Versicherten Personenkreis"** zu sehen (§§ 5-10 SGB V). Die Familienversicherung ist als – gemäß § 3 Satz 3 SGB V – beitragsfreie Versicherung gegenüber einer Reihe von Versicherungspflichttatbeständen nachrangig (vgl. im Einzelnen § 10 Abs. 1 Satz 1 Nr. 2 SGB V), verdrängt aber beispielsweise im Regelfall die studentische Krankenversicherung.[19]

[8] GKV-Gesundheitsreformgesetz 2000 v. 22.12.1999, BGBl I 1999, 2626.

[9] BT-Drs. 14/1245, S. 61.

[10] V. 30.11.2000, BGBl I 2000, 1638, 1642; hierzu BT-Drs. 14/4133, S.11.

[11] V. 16.02.2001, BGBl 2001, 266, 285.

[12] Hierzu BT-Drs. 14/3751, S. 69.

[13] V. 09.06.2001, BGBl I 2001, 1046, 1098; es handelte sich um Anpassungen an den Sprachgebrauch (hierzu BT-Drs. 14/5074, S. 117).

[14] V. 23.12.2002, BGBl I 2002, 4621, 4626 (hierzu BT-Drs. 15/26, S. 26).

[15] V. 23.12.2003, BGBl I 2003, 2954, 2976 (hierzu BT-Drs. 15/1516, S. 72).

[16] V. 21.03.2005, BGBl I 2005, 818, 822.

[17] GKV-WSG v. 26.03.2007, BGBl I 2007, 378.

[18] Hierzu auch BSG v. 16.11.1995 - 4 RK 1/94 - BSGE 77, 86 = SozR 3-5405 Art. 59 Nr. 1: Änderungen durch das am 01.01.1989 in Kraft getretene Gesundheitsreformgesetz lassen den Familienversicherungsschutz nicht automatisch erlöschen; erforderlich ist die Bekanntgabe eines entsprechenden Verwaltungsakts.

[19] Vgl. § 5 Abs. 7 Satz 1 SGB V.

V. Ausgewählte Literaturhinweise

Baumeister, Gleichheitssatz und Saldierung von Vor- und Nachteilen, SGb 2004, 398; *Bress*, Das Gesamteinkommen – Inhalt und Bedeutung für die Krankenkassen, WzS 1999, 257; *Felix*, Die Familienversicherung auf dem Prüfstand – verfassungsrechtliche Überlegungen zu § 10 Abs. 3 SGB V, NZS 2003, 624; *Fuchs*, Empfiehlt es sich, die rechtliche Ordnung finanzieller Solidarität zwischen Verwandten im Unterhalts-, Pflichtteils-, Sozialhilfe- und Sozialversicherungsrecht neu zu gestalten?, JZ 2002, 785; *Gerlach*, Die Familienversicherung, St. Augustin 2004; *Kruse*, Familienversicherung unbesoldet beurlaubter Beamter nach § 10 SGB V zur Entlastung des Dienstherren?, SGb 1998, 641; *Kruse/Kruse*, Die Familienversicherung in der Diskussion, SozVers 1999, 180; *Kruse/Kruse*, Gesetzliche Krankenversicherung – Die Familienversicherung im Grenzbereich des Solidarprinzips, Sozialer Fortschritt 2000, 192; *Marburger*, Auswirkungen der Familienversicherung nach § 10 SGB V auf die Versicherungs- und Beitragspflicht, Die Beiträge 1999, 1; *Marburger*, Altersgrenzen in der Sozialversicherung, PersV 2002, 436; *Rehmsmeier/Steinbock*, Die eheähnliche Gemeinschaft im Sozialrecht, ZfSH/SGB 1999, 204; *Sartorius*, Rechtsfragen der Familienversicherung, ZFE 2003, 6; *Sinnigen*, Familienversicherung, SF-Medien Nr. 144, 33 und 77; *Töns*, Die Familienversicherung nach § 10 SGB V, BKK 1989, 322; *Volbers*, Zum Begriff der hauptberuflichen selbständigen Erwerbstätigkeit im Sinne des § 10 Abs. 1 Nr. 4 SGB V, WzS 1999, 161; *Volbers*, Zur Ermittlung des Gesamteinkommens im Sinne des § 10 Abs. 1 Satz 1 Nr. 5 SGB V, WzS 2001, 33; *Wenner*, Soziale und rechtliche Lage der Lebenspartnerschaft, SozSich 2000, 267; *Wernitznig*, Stiefkinder und gesetzlicher Krankenschutz, FPR 2004, 91; *Zirwes*, Hat eine Beamtin im Erziehungsurlaub Anspruch auf Familienversicherung bei der gesetzlichen Krankenkasse ihres Mannes?, NZS 1996, 321. 6

B. Auslegung der Norm

I. Regelungsgehalt und Bedeutung der Norm

§ 10 SGB V normiert die so genannte Familienversicherung. Danach sind der Ehegatte, der Lebenspartner, die Kinder von Mitgliedern sowie die Kinder von familienversicherten Kindern in der GKV unter den in § 10 SGB V näher genannten positiven wie negativen Voraussetzungen **beitragsfrei** (§ 3 Satz 3 SGB V) **versichert**. Der Eintritt der Familienversicherung ist unabhängig von einem feststellenden Verwaltungsakt der Krankenkasse.[20] Zwar begründet § 10 SGB V eine eigene, rechtlich selbständige Versicherung der Angehörigen[21]; diese ist jedoch abhängig von der **Stammversicherung des Mitglieds**: Endet diese, endet auch die Familienversicherung. Unabhängig von der Stammversicherung endet die Familienversicherung ex nunc, wenn die gesetzlich normierten Voraussetzungen nicht mehr erfüllt sind. In beiden Fällen besteht allerdings die Möglichkeit der freiwilligen Versicherung in der GKV (hierzu § 9 Abs. 1 Nr. 2 SGB V). 7

Die nach § 10 SGB V versicherten Personen haben einen **eigenen Anspruch** gegen die Krankenkasse und können die ihnen zustehenden Rechte selbst geltend machen, ohne auf ein Tätigwerden des Mitglieds angewiesen zu sein. Insoweit hat sich die Rechtslage mit In-Kraft-Treten des SGB V geändert; nach Ansicht des Gesetzgebers entsprach die Tatsache, dass der mitversicherte Angehörige seine Ansprüche nicht aus eigenem Recht geltend machen und verfolgen konnte, nicht mehr der gesellschaftlichen und familiären Entwicklung.[22] 8

Es gibt – wie auch sonst im Recht der GKV – **keine Wartezeit und keine Risikoprüfung**; mit dem Eintritt der Familienversicherung hat der Betreffende Anspruch auf die meisten[23] Leistungen der GKV, selbst wenn der Versicherungsfall Krankheit schon vorher eingetreten sein sollte. 9

Allerdings führt die Versicherung der Angehörigen nicht zu einer Mitgliedschaft bei der Krankenkasse; insoweit ist zwischen **Mitgliedschaft einerseits und Versicherung andererseits** zu unterscheiden (vgl. die Kommentierung zu § 186 SGB V Rn. 4). So haben die familienversicherten Personen kein Wahlrecht bei den Sozialversicherungswahlen.[24] Vor allem aber können sie grundsätzlich ihrerseits 10

---

[20] Allerdings ist ein solcher aus Gründen der Rechtssicherheit angezeigt; vgl. auch § 289 SGB V. Ein Verwaltungsakt liegt dabei nur dann vor, wenn eine entsprechende ausdrückliche Erklärung der Krankenkasse erfolgt ist; in der Aushändigung von Krankenscheinen oder einer Versichertenkarte kann kein Verwaltungsakt gesehen werden (BSG v. 07.12.2000 - B 10 KR 3/99 R - SozR 3-2500 § 10 Nr. 19).

[21] Anders war dies unter der Geltung des § 205 RVO (vgl. auch *Kruse* in: LPK-SGB V, § 10 Rn. 1).

[22] BR-Drs. 200/88, S. 161.

[23] Für Familienangehörige besteht kein Anspruch auf Krankengeld (§ 44 Abs. 1 Satz 2 SGB V).

[24] § 47 Abs. 1 Nr. 1 SGB IV („Mitglieder"); hierzu *Töns*, BKK 1989, 322, 323.

keine Familienversicherung ihrer eigenen Angehörigen begründen: Ist also beispielsweise ein Student bei seinen Eltern familienversichert, so kann er für seine Ehefrau keine Familienversicherung begründen. Bestünde in einem solchen Fall für die Ehefrau kein Versicherungsschutz (§ 5 Abs. 7 SGB V), hätte die studentische Krankenversicherung nach Maßgabe des § 5 Abs. 1 Nr. 9 SGB V, durch die der Student Mitglied der Krankenkasse wird, deshalb ausnahmsweise Vorrang vor der Familienversicherung.[25] Durch die jüngste Ergänzung des § 10 Abs. 1 Satz 1 SGB V hat sich die Rechtslage zugunsten der Angehörigen jedoch verbessert, wobei dies allerdings nur für die Kinder familienversicherter Personen gilt: Nunmehr sind auch die Kinder von familienversicherten Kindern familienversichert; dies bedeutet, dass die Mitgliedschaft eines Großelternteils nicht nur zur Versicherung des Kindes, sondern auch des Enkels führen kann.

11 Die in insgesamt sechs Absätze gegliederte Vorschrift benennt in Absatz 1 die grundlegenden **persönlichen und sachlichen Voraussetzungen** der Familienversicherung. § 10 Abs. 3 und 4 SGB V umschreibt den **Begriff des Kindes** im Sinne von Absatz 1. § 10 Abs. 3 SGB V enthält einen **Ausschlusstatbestand** für den Fall, dass nicht beide Elternteile in der GKV versichert sind. § 10 Abs. 5 SGB V ermöglicht bei mehrfacher Erfüllung der Tatbestandsmerkmale des § 10 SGB V die **Wahl der Krankenkasse**; § 10 Abs. 6 SGB V begründet eine **Mitwirkungspflicht des Stammmitglieds**, der seiner Krankenkasse die Familienversicherten zu melden hat.

II. Normzweck

12 Ein Versicherungsberechtigter oder -verpflichteter kann nicht nur durch eigene Krankheit, sondern auch durch den Krankheitsfall eines Familienangehörigen in eine finanzielle Notlage geraten.[26] Deshalb sieht § 10 Abs. 1 SGB V vor, dass unter bestimmten Voraussetzungen auch der Ehegatte, der Lebenspartner[27], die Kinder des Mitglieds sowie die Kinder von familienversicherten Kindern vom Schutz der gesetzlichen Krankenversicherung erfasst sind. Die Besonderheit der Familienversicherung liegt darin, dass für die Versicherung der Familienangehörigen gemäß § 3 Satz 3 SGB V **keine Beiträge** erhoben werden. Die Familienversicherung ist damit ein wesentlicher Bestandteil des **Familienlastenausgleichs** in der Sozialversicherung.[28]

III. Voraussetzungen und Konsequenzen der Familienversicherung

1. Allgemeines

13 Die Familienversicherung ist an eine Reihe **positiver wie negativer Tatbestandsvoraussetzungen** geknüpft. Dabei ist zu unterscheiden zwischen persönlichen Merkmalen – die Familienversicherung erfasst nicht alle Personen, zu denen der Versicherte in einer engen Beziehung steht – und sachlichen Voraussetzungen, die erfüllt sein müssen, damit die beitragsfreie Familienversicherung greift.

2. Erfasster Personenkreis

a. Allgemeines (Absätze 1, 2 und 4)

14 § 10 SGB V erfasst nach seinem Wortlaut den Ehegatten, den Lebenspartner, die Kinder des Stammmitglieds sowie nunmehr auch die Kinder von familienversicherten Kindern. Eine Erstreckung auf weitere Personen, die dem Mitglied nahe stehen, wie etwa die Eltern, ist im Gesetz nicht vorgesehen. Wenn das Gesetz in § 10 Abs. 1 Satz 1 SGB V von „**Familienangehörigen**“ spricht, so bedeutet dies nicht, dass die betreffenden Personen mit dem Mitglied in einem Haushalt wohnen müssten. Ob die Familienangehörigen einen Unterhaltsanspruch gegen das Stammmitglied haben[29], ist ohne Bedeu-

[25] Hierzu auch *Töns*, BKK 1989, 322.

[26] Zum Unterhaltsanspruch des Ehegatten hinsichtlich einer ärztlichen Behandlung vgl. BGH v. 27.11.1991 - XII ZR 226/90 - NJW 1992, 909.

[27] § 10 Abs. 1 SGB V wurde durch Art. 3 § 52 des Gesetzes zur Beendigung der Diskriminierung gleichgeschlechtlicher Gemeinschaften: Lebenspartnerschaften vom 16.02.2001 (BGBl I 2001, 266) geändert (hierzu *Schwab*, JZ 2001, 385).

[28] Hierzu *Felix* in: von Maydell/Ruland, Sozialrechtshandbuch, S. 1517.

[29] Anders als der frühere § 205 Abs. 1 Satz 1 HS. 1 RVO verlangt § 10 SGB V grundsätzlich keine Unterhaltsberechtigung des Angehörigen gegenüber dem Stammmitglied (zu den Problemen, die sich aus der früheren Regelung ergeben hatten, ausführlich *Peters* in: KassKomm, SGB V, § 10 Rn. 6 m.w.N.). Etwas anderes gilt allerdings für Stiefkinder und Enkel (vgl. Rn. 18).

tung. Auch der Familienstand der Kinder ist im Rahmen des § 10 SGB V nicht zu prüfen; bei Vorliegen der in § 10 Abs. 1 SGB V genannten Voraussetzungen kann also auch ein verheiratetes Kind bei seinen Eltern familienversichert sein.

Ehegatte im Sinne des § 10 Abs. 1 Satz 1 SGB V ist, wer mit dem Mitglied verheiratet ist. Im Fall der Scheidung oder Nichtigerklärung der Ehe endet das Ehegattenverhältnis mit der Rechtskraft des Urteils. Unerheblich ist, ob die Ehegatten tatsächlich zusammen oder getrennt leben.[30] Seit dem 01.08.2001[31] ist dem Ehegatten der **Lebenspartner** gleichgestellt. Lebenspartner sind zwei Personen gleichen Geschlechts, die gegenseitig persönlich und bei gleichzeitiger Anwesenheit vor der zuständigen Behörde erklärt haben, dass sie miteinander eine Partnerschaft auf Lebenszeit führen wollen.[32] Da auch insoweit eine gesetzliche Unterhaltspflicht besteht[33], werde dem Mitglied durch den Einbezug in die beitragsfreie Familienversicherung die Erfüllung der Unterhaltspflicht insoweit erleichtert, als er keine zusätzlichen Mittel für die Krankenversicherung seines Lebenspartners aufzubringen hat. Auf **eheähnliche Gemeinschaften** ist § 10 SGB V dagegen nicht anwendbar[34]; auch ein Verlöbnis ist nicht ausreichend. 15

Zu den in § 10 Abs. 1 SGB V genannten **Kindern** gehören zunächst die **leiblichen Kinder** des Stammmitglieds. Gemäß § 1591 BGB ist **Mutter** eines Kindes die Frau, die es geboren hat. Maßgeblich für die Vaterschaft ist § 1593 BGB. Gemäß § 1592 Nr. 1 BGB ist **Vater** eines Kindes zunächst der Mann, der zum Zeitpunkt der Geburt des Kindes mit dessen Mutter verheiratet ist. An dieser Zuordnung ändert sich auch nichts dadurch, dass die Ehe später geschieden, aufgehoben oder für nichtig (hierzu § 1593 Abs. 2 BGB) erklärt wird. § 1592 Nr. 1 BGB gilt gemäß § 1593 BGB entsprechend, wenn die Ehe durch Tod aufgelöst wurde und innerhalb von dreihundert Tagen nach der Auflösung ein Kind geboren wird. Steht fest, dass das Kind mehr als dreihundert Tage vor seiner Geburt empfangen wurde, so ist dieser Zeitraum maßgebend. Die Krankenkasse kann die Familienversicherung nicht mit der Begründung ablehnen, es sei offenbar unmöglich, dass die Frau das Kind von dem Manne empfangen habe; dies ergibt sich schon daraus, dass anfechtungsberechtigt nur der Mann, dessen Vaterschaft nach den §§ 1591 Nr. 1 und 2, 1593 BGB besteht, die Mutter und das Kind sind. Bringt eine Frau, die erneut geheiratet hat, ein Kind zur Welt, und wäre dieses Kind nach den Sätzen 1 und 2 des § 1593 BGB sowohl als Kind des früheren Ehemannes als auch nach § 1592 Nr. 1 BGB als Kind des neuen Ehemannes anzusehen, gilt es gemäß § 1593 Abs. 1 Satz 3 BGB als Kind des neuen Ehemannes; dies gilt allerdings nicht, wenn die Vaterschaft angefochten oder rechtskräftig festgestellt wird, dass der neue Ehemann nicht Vater des Kindes ist – in diesem Fall ist es gemäß § 1593 Abs. 1 Satz 4 BGB Kind des früheren Ehemannes. Weiterhin gilt als Vater des Kindes der Mann, der die Vaterschaft anerkannt hat (§ 1592 Nr. 2 BGB). Die Einzelheiten der Anerkennung der Vaterschaft sind in den §§ 1594 ff. BGB geregelt. Zu beachten ist § 1599 Abs. 1 BGB: Danach gelten § 1592 Nr. 1 und 2 BGB und § 1593 BGB nicht, wenn aufgrund einer Anfechtung (hierzu im Einzelnen die §§ 1600 ff. BGB) rechtskräftig festgestellt ist, dass der Mann nicht der Vater des Kindes ist. § 1592 Nr. 1 BGB und § 1593 BGB gelten auch dann nicht, wenn das Kind nach Anhängigkeit eines Scheidungsantrags geboren wird und ein Dritter spätestens bis zum Ablauf eines Jahres nach Rechtskraft des dem Scheidungsantrag stattgebenden Urteils die Vaterschaft anerkennt (§ 1599 Abs. 2 BGB). Schließlich ist Vater eines Kindes der Mann, dessen Vaterschaft nach § 1600d BGB gerichtlich festgestellt ist. Diese Feststellung erfolgt, wenn keine Vaterschaft nach § 1592 Nr. 1 und 2 BGB und § 1593 BGB besteht. Die Rechtswirkungen der Vaterschaft (§ 1600d Abs. 4 BGB) können grundsätzlich erst vom Zeitpunkt dieser Feststellung an geltend gemacht werden. 16

Kinder im Sinne des § 10 Abs. 1 Satz 1 SGB V sind auch die vom Mitglied **adoptierten Kinder**. Ein Adoptivkindschaftsverhältnis wird durch Annahme als Kind begründet (§§ 1741 ff. BGB). Die Wirkungen der Annahme als Kind unterscheiden sich danach, ob es sich um die Annahme eines Minderjährigen (Volladoption – „Annahme mit starken Wirkungen“) gemäß §§ 1741 ff. BGB oder eines Volljährigen („Annahme mit schwachen Wirkungen“) gemäß §§ 1767 ff. BGB handelt. Mit der Annahme eines Minderjährigen als Kind (§§ 1741-1766 BGB) erlangt dieser die rechtliche Stellung eines Kindes 17

---

30 BSG v. 25.01.2001 - B 12 KR 5/00 R - SozR 3-2500 § 10 Nr. 22.

31 Gesetz zur Beendigung der Diskriminierung gleichgeschlechtlicher Gemeinschaften: Lebenspartnerschaften v. 16.02.2001, BGBl I 2001, 266 (Lebenspartnerschaftsgesetz).

32 § 1 LPartG.

33 Vgl. § 5 LPartG.

34 Vgl. schon BSG v. 10.05.1990 - 12/3 RK 23/88 - BSGE 67, 46 - SozR 3-2200 § 205 Nr. 1 mit Anmerkungen von *Ruland*, JuS 1991, 339 und *Igl*, SGb 1991, 269.

des oder der Annehmenden (§ 1754 BGB). Die Annahme begründet zwischen dem Minderjährigen und seinen Abkömmlingen ein Verwandtschaftsverhältnis zu allen Mitgliedern der neuen Familie mit allen sich daraus ergebenden Rechten und Pflichten. Gleichzeitig erlischt grundsätzlich das Verwandtschaftsverhältnis des Kindes und seiner Abkömmlinge zu den bisherigen Verwandten (§ 1755 BGB). Lediglich die Ansprüche des Kindes auf Rente, Waisengeld und andere entsprechende wiederkehrende Leistungen – mit Ausnahme der Unterhaltsansprüche, die bis zur Annahme entstanden sind – erlöschen durch die Annahme nicht, sondern bleiben unberührt (§ 1755 Abs. 1 Satz 2 BGB). Bei der Annahme eines Kindes, mit dem man im zweiten oder dritten Grad verwandt oder verschwägert ist, werden lediglich die leiblichen gegen die Adoptiveltern ausgewechselt (§ 1756 Abs. 1 BGB). Wird das Kind eines Ehegatten angenommen, dessen frühere Ehe durch Tod aufgelöst wurde, so bleibt die Verwandtschaftsbeziehung zu den Eltern des Verstorbenen unter bestimmten Voraussetzungen bestehen; das Kind besitzt nunmehr drei Großelternpaare und entsprechend vermehrte Verwandtschaft (§ 1756 Abs. 2 BGB). Die in der Praxis seltenere Annahme eines Volljährigen (§§ 1767-1772 BGB) hat die personenrechtliche Zuordnung des angenommenen Kindes und aller vorhandenen und nachgeborenen Abkömmlinge des Angenommenen zum Annehmenden zur Folge. Die Rechtsbeziehungen werden aber nur zwischen dem angenommenen Kind und dem Annehmenden begründet (§ 1770 Abs. 1 BGB); die Rechtsverhältnisse des Angenommenen zu seinen bisherigen Verwandten bleiben unberührt (§ 1770 Abs. 2 BGB). Auswirkungen auf das Erbrecht zwischen dem angenommenen Kind und seinen bisherigen Verwandten sowie auf die gegenseitige Unterhaltsverpflichtung ergeben sich nicht; die Unterhaltsverpflichtung der leiblichen Verwandten gegenüber dem angenommenen Kind tritt allerdings hinter die Unterhaltspflicht des Annehmenden zurück (§ 1770 Abs. 3 BGB). Das Vormundschaftsgericht kann der Annahme jedoch die Wirkungen einer Volladoption beilegen (§ 1772 BGB). Die Annahme als Kind wird auf Antrag des Annehmenden vom Vormundschaftsgericht ausgesprochen (§ 1752 Abs. 1 BGB). Der Annahmebeschluss wird mit Zustellung an den Annehmenden wirksam. Gemäß § 30 Abs. 2 PStG ist dem Standesbeamten, der die Geburt des Kindes beurkundet hat, eine beglaubigte Abschrift des Beschlusses zu übersenden; er trägt einen Randvermerk gemäß § 30 Abs. 1 Satz 1 PStG im Geburtenbuch ein. Die angenommenen Kinder werden von dem Monat an, in dem der Beschluss des Vormundschaftsgerichts dem Annehmenden zugestellt worden ist (§ 16 FGG), bei dem Annehmenden berücksichtigt. Kinder, die mit dem Ziel der Annahme als Kind in die Obhut des Aufnehmenden aufgenommen sind und für die die zur Annahme erforderliche Einwilligung der Eltern erteilt ist, gelten gemäß **§ 10 Abs. 4 Satz 1 SGB V** als Kinder des Annehmenden und nicht mehr als Kinder der leiblichen Eltern.

18 Der Kinderbegriff der Familienversicherung wird durch § 10 Abs. 4 SGB V erweitert. Danach gelten als Kinder zunächst auch **Stiefkinder**[35] und **Enkel**. Stiefkinder sind Kinder (im Sinne des Bürgerlichen Rechts) des anderen Ehegatten, die nicht gleichzeitig Kinder (im Sinne des Bürgerlichen Rechts) des Stammversicherten (Stiefvater oder Stiefmutter) sind. Kennzeichnend für die so genannte Stiefkindbeziehung ist, dass Stiefkinder mit dem Kindergeldberechtigten nur verschwägert sind (vgl. dazu § 1590 BGB). Zur Begründung der Stiefkindeigenschaft ist es nicht erforderlich, dass es sich um ein bereits in die Ehe eingebrachtes Kind des anderen Ehegatten handelt; Stiefkind ist auch ein während der Ehe geborenes Kind des anderen Ehegatten, dessen Ehelichkeit mit Erfolg angefochten worden ist.[36] Auch nach Auflösung der Ehe durch Tod oder Scheidung des leiblichen Elternteils verbleibt es bei der einmal begründeten Stiefkindeigenschaft; das Stiefkindschaftsverhältnis ist nicht vom Bestand der Ehe abhängig, durch die es begründet wurde.[37] Dies ergibt sich daraus, dass gemäß § 1590 Abs. 1 BGB Stiefeltern und Stiefkinder miteinander in gerade Linie verschwägert sind, und dass nach § 1590 Abs. 2 BGB die Schwägerschaft andauert, auch wenn die Ehe, durch die sie begründet wurde, aufgelöst worden ist. Für die Auflösung der Ehe ist es unbedeutend, ob dies durch Tod, Scheidung oder auf andere Weise geschehen ist. Eine Berücksichtigung des ehemaligen Stiefkindes als Pflegekind (hierzu Rn. 19) ist deshalb nicht erforderlich. **Enkel** sind Kinder im Sinne des Bürgerlichen Rechts, die im zweiten Grad in absteigender Linie mit dem Berechtigten verwandt sind. Darüber hinaus sind auch angenommene Kinder Enkel im Sinne des Gesetzes; dies gilt jedoch nur im Fall der Minderjährigenadoption, da die Annahme als Volljähriger keinerlei verwandtschaftliche Beziehungen zu den Eltern des Annehmenden begründet (§ 1770 Abs. 1 BGB). Unter den Begriff des Enkels fallen nicht auch die Urenkel oder Stiefenkel; der Wortlaut des Gesetzes ist insoweit eindeutig. Aus diesem Grund scheidet auch eine analoge

35 Hierzu *Wernitznig*, FPR 2004, 91.

36 BSG v. 14.07.1977 - 4 RJ 107/76 - BSGE 44, 147 - SozR 2200 § 1262 Nr. 10.

37 BSG v. 30.08.1967 - 4 RJ 547/65 - BSGE 27, 137.

Anwendung der Vorschrift aus; es ist allerdings zu prüfen, ob es sich im konkreten Fall um ein Pflegekind handeln kann. Stiefkinder und Enkelkinder sind nur dann im Rahmen des § 10 SGB V zu berücksichtigen, wenn sie vom Mitglied „überwiegend unterhalten" werden. Maßgeblich ist dabei die **tatsächliche Unterhaltsgewährung**[38]; unerheblich ist, ob tatsächlich ein Unterhaltsanspruch des Kindes besteht. Kinder werden dann vom Mitglied überwiegend unterhalten, wenn das Mitglied auf Dauer zu ihrem Unterhalt **mehr als die Hälfte** beiträgt.[39] Dabei sind neben finanziellen Leistungen und Sachleistungen wie Nahrung und Kleidung auch Betreuungs- und Erziehungsleistungen zu berücksichtigen. Da das Gesetz – anders als bei den Pflegekindern (hierzu Rn. 19) – nicht auf die Legaldefinition des § 56 SGB I Bezug nimmt, ist es für die Familienversicherung ohne Belang, ob die Kinder mit dem Mitglied in einem **gemeinsamen Haushalt** leben.[40] Das Zusammenleben mit dem Stiefkind oder Enkel genügt andererseits allein nicht zur Begründung der Familienversicherung – wird das Kind nicht überwiegend vom Mitglied unterhalten, ist § 10 SGB V nicht einschlägig. Das Erfordernis der überwiegenden Unterhaltsgewährung lässt sich auch nicht dadurch umgehen, dass man die Stiefkinder und Enkel als Pflegekinder betrachtet und dementsprechend aufgrund der in Bezug genommenen Legaldefinition die häusliche Gemeinschaft genügen lässt.[41] Als Stiefkinder gelten gemäß § 10 Abs. 4 Satz 3 SGB V[42] auch die **Kinder des Lebenspartners** eines Mitglieds. Aufgrund dieser Regelung werden auch diese Kinder in die Familienversicherung einbezogen, wenn sie vom Mitglied überwiegend unterhalten werden.

Auch **Pflegekinder** im Sinne des § 56 Abs. 2 Nr. 2 SGB I können als Kinder familienversichert sein. 19
Aufgrund der ausdrücklichen Bezugnahme auf die Legaldefinition muss es sich um eine Person handeln, die mit dem Stammversicherten durch ein auf längere Dauer angelegtes Pflegeverhältnis mit häuslicher Gemeinschaft wie Eltern mit Kindern verbunden ist. Eine **Unterhaltsgewährung** ist weder in § 56 Abs. 2 Nr. 2 SGB V noch in § 10 Abs. 4 SGB V vorausgesetzt; das **Zusammenleben** mit dem Pflegekind genügt. Das Pflegekindverhältnis stellt ein tatsächlich familienähnliches Verhältnis mit einer der Eltern-Kind-Beziehung vergleichbaren Intensität dar und muss – insoweit ist eine Prognoseentscheidung erforderlich – auf längere Dauer angelegt sein. Das Alter des Kindes ist ohne Belang; auch mit volljährigen Kindern kann ein Pflegekindverhältnis begründet werden; maßgeblich sind immer die konkreten Umstände des Einzelfalls.

Kinder, die mit dem Ziel der Annahme als Kind in die Obhut des Aufnehmenden aufgenommen sind, 20
gelten als seine Kinder, wenn die zur Annahme erforderliche Einwilligung der Eltern erteilt ist. **§ 10 Abs. 4 Satz 2 SGB V** betrifft die **zeitliche Phase vor der eigentlichen Adoption** und bestimmt die Zugehörigkeit des Kindes zu den Adoptiveltern.

Für alle Kinder im Sinne des § 10 SGB V gelten – wie im Sozialrecht üblich – **Altersgrenzen für die** 21
Berücksichtigung. Die Familienversicherung wird ab einem bestimmten Alter des Kindes grundsätzlich ausgeschlossen; lediglich behinderte Kinder können unter den gesetzlichen Voraussetzungen zeitlich unbefristet familienversichert sein. Der Gesetzgeber geht – wie im Kontext von § 48 SGB VI oder § 2 BKGG – davon aus, dass die Kinder ab einem bestimmten Alter wirtschaftlich unabhängig sind und deshalb kein Bedarf mehr für einen Familienlastenausgleich besteht. Die Altersgrenze ist in mehrfacher Hinsicht gestaffelt. Die Familienversicherung besteht zunächst bis zur **Vollendung des 18. Lebensjahres** (§ 10 Abs. 2 Nr. 1 SGB V). Das 18. Lebensjahr – und dies gilt entsprechend für die anderen im Gesetz genannten Altersgrenzen – ist vollendet um 24 Uhr des dem Geburtstag vorausgehenden Tages.[43] Wenn das Kind nicht erwerbstätig ist, wobei eine Beschäftigung ebenso zu berücksichtigen ist wie eine selbständige Erwerbstätigkeit, läuft die Familienversicherung weiter bis zur Vollendung des **23. Lebensjahres** (§ 10 Abs. 2 Nr. 2 SGB V).

Die Altersgrenze von **25 Jahren** ist maßgeblich für Kinder, die sich in Schul- oder Berufsausbildung 22
befinden oder ein **freiwilliges soziales bzw. ökologisches Jahr** nach Maßgabe der einschlägigen Gesetze ableisten (§ 10 Abs. 2 Nr. 3 HS. 1 SGB V). Unter **Berufsausbildung** im Sinne der Vorschrift ist eine geschlossene Ausbildung für einen künftigen Lebensberuf zu verstehen, die die Arbeitskraft und

[38] Diese ist nicht immer leicht zu ermitteln; vgl. hierzu BSG v. 30.08.1994 - 12 RK 41/92 - SozR 3-2500 § 10 Nr. 6.

[39] BSG v. 30.08.1994 - 12 RK 41/92 - SozR 3-2500 § 10 Nr. 6; vgl. zur Berechnung auch BSG v. 03.02.1977 - 11 RA 38/76 - BSGE 43, 186.

[40] Kritisch insoweit *Peters* in: KassKomm, SGB V, § 10 Rn. 29.

[41] Hierzu BSG v. 30.08.1994 - 12 RK 41/92 - SozR 3-2500 § 10 Nr. 6.

[42] Angefügt durch das Gesetz zur Beendigung der Diskriminierung gleichgeschlechtlicher Gemeinschaften: Lebenspartnerschaften v. 16.02.2001 (BGBl I 2001, 166).

[43] § 26 SGB X i.V.m. § 187 Abs. 2 BGB.

Arbeitszeit des Kindes im Wesentlichen in Anspruch nimmt. Dabei umfasst die Berufsausbildung sowohl den theoretischen Unterricht – selbstverständlich auch ein Studium – als auch die Unterweisung in der Praxis. Aus dem Zweck jeglicher Berufsausbildung, für einen „Beruf" als eine bestimmte Tätigkeit zu befähigen, folgt weiterhin, dass nicht der Erwerb irgendwelcher, objektiv an sich durchaus allgemein nützlicher, wünschenswerter oder förderlicher Kenntnisse, Fertigkeiten und Erfahrungen zugleich als Ausbildung zu bewerten ist, sondern nur die für den betreffenden Beruf „notwendigen" Bildungsmaßnahmen. BSG in ständiger Rechtsprechung, z.B.v. [44] Soweit die Berufsausbildung durch entsprechende Gesetze und Verordnungen verbindlich festgelegt ist, ergibt sich die „Notwendigkeit" der Ausbildungsmaßnahmen grundsätzlich allein aus den diesbezüglichen Regelungen. Ist die Ausbildung zu einem Beruf in einer Ausbildungsordnung abschließend festgelegt, so besteht grundsätzlich keine Möglichkeit, andere Betätigungen als Berufsausbildung im Sinne des § 10 SGB V anzuerkennen.[45] Fehlen derartige Regelungen, ist angesichts der konkreten Umstände zu prüfen, ob die geltend gemachten Bildungsmaßnahmen notwendige Bedingung für den zunächst angestrebten, zumindest aber für einen anderen Beruf sind.[46] Auch Praktika können den Begriff der Ausbildung erfüllen.[47] Umstritten ist – im Kindergeldrecht[48] – die Anerkennung von Zeiten einer „Au-pair-Tätigkeit", wobei die Rechtsprechung des BSG hierzu zunehmend großzügiger wird.[49] Ein Nebeneinander von Ausbildung und Erwerbstätigkeit ist grundsätzlich denkbar; allerdings dürfte die Familienversicherung in solchen Fällen häufig an § 10 Abs. 1 Nr. 2, 4 oder 5 SGB V scheitern. Als **Schulausbildung** gilt der Besuch allgemein bildender Schulen, mit dem die gesetzliche Schulpflicht erfüllt wird. Auch der Besuch weiterführender Schulen fällt unter den Begriff der Schulausbildung. Schulausbildung ist demnach die Ausbildung an allgemein bildenden öffentlichen oder privaten Schulen, deren Unterricht nach staatlich genehmigten Lehrplänen erteilt wird oder die nach den staatlich genehmigten Lehrplänen für öffentliche Schulen gestaltet wird. Der Begriff der Schulausbildung erfasst damit sowohl die Ausbildung an einer „Pflichtschule" (Grund- und Hauptschule sowie auch die unteren Klassen der weiterführenden Schulen, Realschule und Gymnasium) als auch die an einer „Wahlschule" (Realschule, Gymnasium). Zu den Schulen, an denen Schulausbildung erfolgt, gehören in jedem Falle die öffentlichen Grund-, Haupt- und Sonderschulen sowie Gymnasien und Gesamtschulen. Bei einer Privatschule ist gesondert zu prüfen, ob sie allgemein bildende Inhalte vermittelt. Nicht zum allgemein bildenden Schulwesen gehören die Berufsschule, Berufsfachschulen und der sogenannte Akademiebereich (Berufsakademien), deren Ziel die Ausbildung im Hinblick auf konkrete Berufsbilder ist; hier handelt es sich um eine Berufsausbildung. Maßgeblich ist, dass das an der Schule vermittelte Wissen dem einer allgemein bildenden Schule entspricht; es reicht also nicht aus, wenn ein beliebiger Lernstoff in der Organisationsform einer Schule oder mit „schulischen Mitteln" dargeboten wird.[50] Auch eine Privatschule kann die Voraussetzungen der Schulausbildung erfüllen. Unter Umständen genügt auch der Besuch einer Heimvolkshochschule[51] oder eines Fernlehrgangs[52]. Entscheidend ist nach der – nicht überzeugenden Rechtsprechung des BSG, die ein zusätzliches Tatbestandsmerkmal begründet – letztlich, dass die **Zeit und Arbeitskraft des Kindes überwiegend in Anspruch genommen** wird, so dass daneben keine Berufstätigkeit mehr ausgeübt werden kann.[53] Zusätzliche Voraussetzung für die Annahme einer Schulausbildung ist die Teilnahme an einem irgendwie **kontrollierten Unterricht.** Die Zeit einer ausschließlich selbstbestimmten Vorbereitung auf eine Prüfung fällt demnach nicht unter den Begriff der Schulausbildung.

---

[44] 25.04.1984 - 10 RKg 2/83 - SozR 5870 § 2 Nr. 32.

[45] BSG v. 29.10.1981 - 10/8b RKg 16/80 - SozR 3-5870 § 2 Nr. 23.

[46] BSG v. 12.12.1984 - 10 RKg 1/84 - SozR 5870 § 2 Nr. 38, S. 129.

[47] Ausführlich hierzu *Felix*, Kindergeldrecht, BKGG § 2 Rn. 69.

[48] Zur Familienversicherung selbst finden sich faktisch keine entsprechenden Urteile des BSG. Die Rechtsprechung zum Kindergeldrecht kann grundsätzlich auf § 10 SGB V übertragen werden, auch wenn die Familienversicherung weitaus weniger kostenintensiv sein dürfte als die monatliche Gewährung von Kindergeld (vgl. heute die §§ 31, 62 ff. EStG). Dennoch dienen beide „Leistungen" letztlich dem Familienlasten- bzw. Familienleistungsausgleich.

[49] Vgl. *Felix*, Kindergeldrecht, BKGG § 2 Rn. 57 ff.

[50] BSG v. 25.04.1984 - 10 RKg 2/83 - SozR 5870 § 2 Nr. 32.

[51] BSG v. 25.05.1966 - 12 RJ 420/64 - BSGE 25, 44 - SozR Nr. 21 zu § 1267 RVO.

[52] Ausführlich zur Rechtsprechung des BSG im Kontext des insoweit wortgleichen Kindergeldrechts *Felix*, Kindergeldrecht, BKGG § 2 Rn. 52.

[53] BSG v. 01.07.1964 - 11/1 RA 170/59 - BSGE 21, 185, 186.

Die Altersgrenze von 25 Jahren wird unter Umständen nach hinten verschoben, wenn die Schul- oder Berufsausbildung durch Erfüllung einer gesetzlichen Dienstpflicht des Kindes unterbrochen oder verzögert wurde (§ 10 Abs. 2 Nr. 3 HS. 2 SGB V). Hierdurch soll ein Ausgleich geschaffen werden, wenn etwa Kinder die zunächst den **gesetzlichen Wehr- oder Zivildienst** absolviert haben, ihre Ausbildung bis zur Vollendung des 25. Lebensjahres nicht abschließen konnten. In diesem Fall wird die Zeit der Dienstpflicht ergänzend berücksichtigt, wenn es durch die Erfüllung der Dienstpflicht tatsächlich zu einer Unterbrechung oder Verzögerung gekommen ist. 23

Eine Sonderregelung gilt für **behinderte Kinder**, die außerstande sind, sich selbst zu unterhalten. Maßgeblich ist der Begriff der Behinderung in **§ 2 Abs. 1 Satz 1 SGB IX**. Die Frage der **Unfähigkeit zum Selbstunterhalt** ist unter Berücksichtigung der Umstände des Einzelfalls zu prüfen. Die Behinderung muss die Ursache für die Unfähigkeit zum Selbstunterhalt sein – erforderlich ist eine **Kausalität** im Einzelfall. Die unbefristete beitragsfreie Versicherung im Rahmen des § 10 SGB V ist gemäß **§ 10 Abs. 2 Nr. 4 HS. 2 SGB V** jedoch daran geknüpft, dass die Behinderung schon zu einem Zeitpunkt vorlag, an dem das Kind nach § 10 Absatz 2 Nr. 1, 2 oder 3 versichert war. Die Behinderung, die die Unfähigkeit zum Selbstunterhalt begründet, muss also bereits vor Erreichen der jeweils in Betracht kommenden Altersgrenze eingetreten sein.[54] 24

Durch die mit Wirkung vom 30.03.2005 erfolgte Ergänzung des § 10 Abs. 1 Satz 1 SGB V (hierzu Rn. 2) sind nunmehr auch die **Kinder familienversicherter Kinder**, also die Enkelkinder des Mitglieds, in den Schutz der Familienversicherung einbezogen worden. Die Frage nach dem Krankenversicherungsschutz von Kindern eines als Kind familienversicherten Elternteils ist in der Vergangenheit von den Krankenkassen sehr unterschiedlich gehandhabt worden; der Gesetzgeber hielt die Änderung aus sozial- und familienpolitischen Gründen für sachgerecht.[55] Die Neuregelung schaffe Rechtssicherheit und Rechtseinheit und führe zu einer einheitlichen Familienversicherung von „Kindesmutter und Kind".[56] Die Erstreckung der Familienversicherung auf die Kinder der familienversicherten Kinder wird nur dann relevant, wenn die Familienversicherung nicht von einem der beiden Elternteile abgeleitet werden kann. Die Regelung hat also nur in den – eher seltenen[57] – Fallgestaltungen Bedeutung, in denen weder die Mutter noch der Vater Mitglied in der GKV sind. Besteht für ein Elternteil noch eine Familienversicherung bei den Großeltern, wird das Enkelkind beitragsfrei in den Schutz der GKV mit einbezogen, soweit nicht ohnehin die Voraussetzungen des § 10 Abs. 4 Satz 1 SGB V erfüllt sind. Auch für das Kind des familienversicherten Kindes gilt § 10 Abs. 2 SGB V, wobei die Regelung aufgrund der bestehenden Altersgrenzen allenfalls dann relevant werden kann, wenn ein behindertes Kind, das seinerseits zeitlich unbegrenzt familienversichert sein kann, ein Kind bekommt. Auch § 10 Abs. 3 und 4 SGB V sind bezüglich des Kindbegriffs zu beachten, dürften aber in der Praxis kaum zur Anwendung kommen. Durch die Neufassung von § 10 Abs. 1 Satz 1 SGB V hat im übrigen § 5 Abs. 7 Satz 1 HS. 2 SGB V an Bedeutung verloren: Für den – nur ausnahmsweise vorgesehenen – Vorrang der studentischen Versicherung vor der Familienversicherung besteht kein Bedarf, wenn das „Enkelkind" seinen Krankenversicherungsschutz über seine Eltern aus der Mitgliedschaft der Großeltern ableitet. 25

b. Ausschlusstatbestand (Absatz 3)

Kinder im Sinne des § 10 SGB V sind auch bei Erfüllung der in § 10 Abs. 1 Satz 1 Nr. 1-5 SGB V genannten Voraussetzungen nicht versichert, wenn § 10 Abs. 3 SGB V einschlägig ist. Die Vorschrift, die einen Ausschlusstatbestand enthält, und im Kern der **Abgrenzung von gesetzlicher und privater Krankenversicherung** dient[58], hat folgende Fallkonstellation vor Augen: Der mit dem Kind verwandte Ehegatte oder Lebenspartner des Mitglieds – häufig der andere Elternteil – ist selbst nicht Mitglied einer gesetzlichen Krankenkasse. Sein Gesamteinkommen übersteigt regelmäßig im Monat ein 26

[54] Vgl. auch BSG v. 26.10.1990 - 12/3 RK 27/88 - USK 9042; vgl. auch BSG v. 28.11.1979 - 3 RK 28/78 - SozR 2200 § 205 Nr. 30 - BSGE 49, 159; vgl. auch BSG v. 29.09.1994 - 12 RK 67/93 - SozR 3-7140 § 90 Nr. 1 zum vorherigen Einbezug des Kindes in die Familienversicherung.

[55] BT-Drs. 15/4751, S. 45.

[56] BT-Drs. 15/4751, S. 45.

[57] Insoweit dürfte die finanzielle Mehrbelastung der Krankenkassen in der Tat geringfügig sein (BT-Drs. 15/4751, S. 45).

[58] Hierzu BSG v. 25.01.2001 - B 12 KR 12/00 R - SozR 3-2500 § 10 Nr. 20; vgl. auch BSG v. 29.07.2003 - B 12 KR 16/02 R - BSGE 91, 190 = SozR 4-2500 § 10 Nr. 3.

Zwölftel der Jahresarbeitsentgeltsgrenze[59] und ist regelmäßig höher als das Gesamteinkommen des Mitglieds, wobei bei Renten der Zahlbetrag berücksichtigt wird. Das Gesetz geht in diesen Fällen davon aus, dass es das höhere Einkommen des nicht gesetzlich versicherten Ehegatten ist, das die wirtschaftliche Grundlage der Familie bildet. Deshalb soll der Krankenversicherungsschutz des Kindes nicht durch eine – beitragsfreie – Anbindung an die Stammversicherung des geringer verdienenden, gesetzlich versicherten Stammmitglieds, sondern durch eine private Absicherung erfolgen.[60] Für miteinander verheiratete Eltern, von denen nur ein Teil gesetzlich krankenversichert ist, bedeutet die Regelung, dass der – kurz gesagt – besser verdienende Ehegatte die Kinder in der privaten Krankenversicherung gegen einen zusätzlichen Beitrag versichern muss.[61] Die Regelung soll insoweit auch eine **missbräuchliche Inanspruchnahme** der Familienversicherung vermeiden – etwa in Form der Aufnahme einer wirtschaftlich unbedeutenden Beschäftigung zur Herstellung des Versicherungsschutzes der Kinder –, die die Akzeptanz der Familienversicherung bei den Mitgliedern der gesetzlichen Kassen in Frage stellen könnte.[62]

27 Jedenfalls bei kinderreichen Familien führt § 10 Abs. 3 SGB V zu einer **nicht unerheblichen finanziellen Belastung.**[63] Insoweit wäre de lege ferenda an eine Beitragsermäßigung entweder innerhalb der gesetzlichen Krankenversicherung[64] oder an eine gesetzliche Festlegung von Beitragsermäßigungen innerhalb der privaten Krankenversicherung zu denken – diesen Weg hat der Gesetzgeber etwa im Rahmen der Pflegeversicherung beschritten.[65] Zu grundlegenden verfassungsrechtlichen Bedenken gegen § 10 Abs. 3 SGB V (vgl. Rn. 31).

28 § 10 Abs. 3 SGB V setzt voraus, dass neben dem Mitglied ein **Ehegatte** (vgl. Rn. 15) oder **Lebenspartner** (vgl. Rn. 15) vorhanden ist, der mit dem Kind im Sinne des § 10 SGB V verwandt ist. Für die Frage der Verwandtschaft sind die Regelungen des Bürgerlichen Gesetzbuchs maßgeblich. In der Praxis handelt es sich regelmäßig um die leiblichen, miteinander verheirateten (zu nichtehelichen Lebensgemeinschaften vgl. Rn. 15) Eltern des Kindes. Ob die Ehegatten in einem Haushalt zusammen oder getrennt leben, ist für die Anwendung der Norm unerheblich[66]; hierauf kommt es ebenso wie im Rahmen von § 10 Abs. 1 SGB V nicht an.

29 Maßgebliches Tatbestandsmerkmal in § 10 Abs. 3 SGB V ist das **Gesamteinkommen**, das in Relation zur **Jahresarbeitsentgeltgrenze** (vgl. die Kommentierung zu § 6 SGB V Rn. 12 ff.) gesetzt werden muss. Streitig ist, ob die Jahresarbeitsentgeltgrenze nach § 6 Abs. 6 oder Abs. 7 SGB V maßgeblich ist.[67] Der Begriff des **Gesamteinkommens ist in § 16 SGB IV legal definiert**: Es handelt sich um die

---

59 Im Jahr 2002 kam die Regelung in den alten Bundesländern nur dann zur Anwendung, wenn der nicht gesetzlich krankenversicherte Elternteil mehr als 3375 € monatlich verdient hat. Diese Rechengröße stimmt mit der Höhe des Arbeitsentgelts – nicht des Gesamteinkommens – überein, ab der ein Beschäftigter nicht mehr in der gesetzlichen Krankenversicherung pflichtversichert ist, weil der Gesetzgeber ihn als nicht mehr schutzbedürftig ansieht (§ 5 Abs. 1 Nr. 1 i.V.m. § 6 Abs. 1 Nr. 1 SGB V).

60 Hierzu BSG v. 07.11.1991 - 12 RK 37/90 - BSGE 70, 13, 18 = SozR 3-2500 § 240 Nr. 6.

61 Dabei kommt es allein auf das Bestehen einer gültigen Ehe an; auch verheiratete, aber getrennt lebende Ehegatten sind daher von der Regelung des § 10 Abs. 3 SGB V betroffen (BSG v. 25.01.2001 - B 12 KR 5/00 R - SozR 3-25000 § 10 Nr. 22).

62 Hierzu BSG v. 25.01.2001 - B 12 KR 12/00 R - SozR 3-2500 § 10 Nr. 20: „Die Akzeptanz der Familienversicherung bei den Mitgliedern der gesetzlichen Krankenkassen wäre nämlich gefährdet, wenn z.B. Kinder eines versicherungspflichtigen mit niedrigem Arbeitsentgelt teilzeitbeschäftigten Elternteils zu niedrigen Beiträgen des Mitglieds beitragsfrei mitversichert wären, während der privat versicherte Elternteil nicht am solidarischen Ausgleich teilnimmt, obwohl sein hohes Gesamteinkommen auch den Krankenversicherungsschutz für die Kinder ermöglicht".

63 Hierzu BSG v. 25.01.2001 - B 12 KR 8/00 R - SozR 3-2500 § 10 Nr. 21; das Gericht beurteilt die Regelung auch im Fall ihrer Anwendung auf mehrere Kinder als verfassungsgemäß (hierzu *Langguth*, DStR 2001, S. 1265). Vgl. in diesem Kontext auch BSG v. 17.05.2001 - B 12 KR 35/00 R - SozR 3-2500 § 240 Nr. 36.

64 Vgl. hierzu die Ausführungen im Kammerbeschluss des BVerfG v. 19.12.1994 - 1 BvR 1688/94 - SozR 3 - 1300 § 40 Nr. 3.

65 § 110 Abs. 1 Nr. 2 Buchstabe f i.V.m. § 25 Abs. 3 SGB XI. Zwar gewährleisten die §§ 178a ff. VVG für Kinder insoweit Mindeststandards; sie sehen aber weder einen prämienfreien Versicherungsschutz noch eine Begrenzung der Prämienhöhe vor. Der brancheneinheitliche Standardtarif lag im Jahr 2001 für ein Kind bei 167,38 DM (BSG v. 25.01.2001 - B 12 KR 12/00 R - SozR 3-2500 § 10 Nr. 20, S. 90).

66 BSG v. 25.01.2001 - B 12 KR 5/00 R - SozR 3-2500 § 10 Nr. 22.

67 Differenzierend *Peters* in: KassKomm, SGB V, § 10 Rn. 35a m.w.N.

Summe der Einkünfte im Sinne des Einkommensteuerrechts und umfasst insbesondere das Arbeitsentgelt (§ 14 SGB IV) und das Arbeitseinkommen (§ 15 SGB IV). Aufgrund der Legaldefinition des § 16 SGB IV sind nicht maßgeblich das zu versteuernde Einkommen im Sinne des § 2 Abs. 5 Satz 1 EStG, das Einkommen im Sinne des § 2 Abs. 4 EStG oder der Gesamtbetrag der Einkünfte in § 2 Abs. 3 EStG – Anknüpfungspunkt ist vielmehr die Summe der Einkünfte vor Abzug der in § 2 Abs. 3-5 EStG genannten Abzugsposten. Nicht abzugsfähig sind deshalb Kinderfreibeträge, Haushaltsfreibeträge, Sonderausgaben sowie außergewöhnliche Belastungen.[68] Zuschläge, die mit Rücksicht auf den Familienstand gezahlt werden (vgl. die Kommentierung zu § 6 SGB V Rn. 16), bleiben auch bei der Feststellung der Jahresarbeitsentgeltgrenze in der Familienversicherung unberücksichtigt[69]; dies gilt auch für nach besoldungsrechtlichen Vorschriften gewährte **Familienzuschläge.**[70]

Übersteigt das Gesamteinkommen des Ehegatten oder Lebenspartners, der nicht in der GKV versichert ist, **regelmäßig im Monat ein Zwölftel der Jahresarbeitsentgeltgrenze**, so hängt die Familienversicherung des Kindes vom Gesamteinkommen des Mitglieds ab: Ist dieses geringer als das des nicht gesetzlich versicherten Ehegatten, so ist das Kind nicht gemäß § 10 SGB V versichert. Nicht einschlägig ist der Ausschlusstatbestand des § 10 Abs. 3 SGB V dagegen dann, wenn der nicht gesetzlich versicherte Ehegatte weniger verdient – also ein Zwölftel der Jahresarbeitsentgeltgrenze nicht übersteigt –, oder bei Überschreiten der Grenze jedenfalls immer noch weniger verdient als der gesetzlich versicherte Ehegatte. Die Anwendung des § 10 Abs. 3 SGB V erfordert damit eine **konkrete Überprüfung der Einkommensverhältnisse beider Ehegatten**, die schon nach Maßgabe der §§ 60 ff. SGB I zur Mitwirkung verpflichtet sind, sowie eine **vorausschauende Betrachtungsweise**. Die Gesamteinkommengrenze in Höhe der Jahresarbeitsentgeltgrenze gilt auch bei Vorhandensein **mehrerer Kinder**; sie ist nach Ansicht der Rechtsprechung auch unter Berücksichtigung verfassungsrechtlicher Vorgaben nicht um Pauschalbeträge in Abhängigkeit von der Kinderzahl zu erhöhen.[71] Allerdings bleiben entsprechend § 6 Abs. 1 Nr. 1 HS. 3 SGB V (vgl. die Kommentierung zu § 6 SGB V Rn. 16) Zuschläge, die mit Rücksicht auf den Familienstand gezahlt werden, auch im Rahmen des § 10 Abs. 3 SGB V unberücksichtigt.[72] **Renten** werden nach der in § 10 Abs. 3 SGB V enthaltenen ausdrücklichen Regelung mit dem Zahlbetrag, d. h. dem Bruttobetrag, berücksichtigt. Ein Abzug von Rententeilen, die auf Kindererziehungszeiten beruhen, ist anders als in § 10 Abs. 1 Satz 1 Nr. 5 SGB V (hierzu Rn. 42) nicht vorgesehen.[73] 30

Entgegen der Auffassung der höchstrichterlichen Rechtsprechung bestehen gegen die Regelung des § 10 Abs. 3 SGB V im Hinblick auf **Art. 6 GG i.V.m. Art. 3 Abs. 1 GG** grundlegende verfassungsrechtliche Bedenken insoweit, als **nicht miteinander verheiratete Eltern** aufgrund des eindeutigen Gesetzeswortlauts („Ehegatten") von der Anwendung der Norm ausgeschlossen sind. Da § 10 Abs. 3 SGB V explizit auf die familiären Verhältnisse abstellt und neben dem Lebenspartner[74] lediglich den Ehegatten nennt, begünstigt die Regelung nichteheliche Lebensgemeinschaften – hier kann das Kind auch dann etwa bei der halbtags als Sekretärin tätigen Mutter beitragsfrei mitversichert sein, wenn der Vater als gut verdienender Steuerberater selbständig tätig und nicht in der gesetzlichen Krankenversicherung versichert ist. Die **jüngsten Entscheidungen des Bundessozialgerichts**[75] **und des Bundesverfassungsgerichts**[76] zu § 10 Abs. 3 SGB V können nicht überzeugen. Die durch den Ausschluss von Kindern verheirateter Eltern bewirkte Schlechterstellung der Ehegatten, die aufgrund von § 10 Abs. 3 SGB V nicht in den Genuss der beitragsfreien Mitversicherung ihrer Kinder kommen, kann weder mit 31

---

[68] BSG v. 25.08.2004 - B 12 KR 36/03 R - Die Beiträge Beilage 2004, 291.

[69] BSG v. 29.07.2003 - B 12 KR 16/02 R - BSGE 91, 190 = SozR 4-2500 § 10 Nr. 3.

[70] BSG v. 29.07.2003 - B 12 KR 16/02 R - BSGE 91, 190 = SozR 4-2500 § 10 Nr. 3.

[71] BSG v. 25.01.2001 - B 12 KR 8/00 R - SozR 3-2500 § 10 Nr. 21; vgl. auch BSG v. 17.05.2001 - B 12 KR 35/00 R - SozR 3-2500 § 10 Nr. 23.

[72] BSG v. 29.06.1993 - 12 RK 48/91 - BSGE 72, 292 = SozR 4- 2500 § 10 Nr. 2.

[73] *Peters* in: KassKomm, SGB V, § 10 Rn. 35 schlägt eine analoge Anwendung vor.

[74] Hier dürfte die Anwendung des § 10 Abs. 3 SGB V eher die Ausnahme sein, da der Lebenspartner mit dem Kind verwandt sein muss (hierzu auch *Wagner* in: Hauck/Wilde, SGB XI § 25 Rn. 38).

[75] BSG v. 25.01.2001 - B 12 KR 12/00 R - SozR 3-2500 § 10 Nr. 20 mit Hinweisen auf die ältere Rechtsprechung (hierzu auch *Langguth*, DStR 2001, 905).

[76] BVerfG v. 12.02.2003 - 1 BvR 624/01 - BVerfG 107, 205 - SozR 4-2500 § 10 Nr. 1 mit Anmerkung von *Wenner*, SozSich 2003, 133. Beide Gerichte hatten sich auch schon in der Vergangenheit mit dieser Regelung befasst (BVerfG v. 09.06.1978 - 1 BvR 628/77 - SozR 2200 § 205 Nr. 18; BSG v. 22.07.1981 - 3 RK 35/80 - SozR 2200 § 205 Nr. 44; BSG v. 07.11.1991 - 12 RK 37/90 - BSGE 70, 13, 18).

Hinweis auf eine notwendige Typisierung oder den Verwaltungsaufwand noch mit einer Gesamtbetrachtung der rechtlichen Situation von verheirateten Eltern gerechtfertigt werden.[77] Die Regelung verstößt in ihrer aktuellen Fassung gegen Art. 3 Abs. 1 GG i.V.m. Art. 6 Abs. 1 GG; dabei ist es unerheblich, ob die nunmehr privat krankenversicherten, gut verdienenden Elternteile der gesetzlichen Krankenversicherung freiwillig hätten beitreten können, anstatt diese Solidargemeinschaft aus wirtschaftlichen Erwägungen zu verlassen.[78] Wenn die Einschätzung des Bundessozialgerichts zutreffend ist – konkrete Zahlen hat das Gericht allerdings nach eigener Aussage nicht ermitteln können –, dann handelt es sich bei den von § 10 Abs. 3 SGB V erfassten Fallgestaltungen insgesamt um Ausnahmefälle. Dies rechtfertigt zwar nicht den Eingriff in Art. 3 Abs. 1 i.V.m. Art. 6 Abs. 1 GG, spricht aber für eine ersatzlose Streichung der Vorschrift. Andernfalls verbleibt nur die Einbeziehung eheähnlicher Gemeinschaften in den Regelungsgehalt der Vorschrift, um die Diskriminierung der Ehe in diesem Bereich endlich zu beenden. Dass sich die Sozialversicherung – und dies gilt gerade auch für die gesetzliche Krankenversicherung – mit grundlegenden Finanzierungs- und Strukturproblemen konfrontiert sieht, darf nicht dazu verleiten, in Detailfragen grundlegende verfassungsrechtliche Vorgaben zu missachten.[79]

32 Besteht wegen § 10 Abs. 3 SGB V keine Familienversicherung, hat der Angehörige die **Möglichkeit der freiwilligen Versicherung** (§ 9 Abs. 1 Nr. 2 SGB V).

3. Sachliche Voraussetzungen für die Familienversicherung

a. Allgemeines

33 Der beitragsfreie Krankenversicherungsschutz Angehöriger (zum erfassten Personenkreis vgl. Rn. 14 ff.) ist gemäß § 10 Abs. 1 SGB V an eine positive sowie vier negative Voraussetzungen geknüpft. Zugleich enthalten § 10 Abs. 1 Sätze 2 und 3 SGB V Sonderregelungen für bestimmte Fallkonstellationen (Mutterschutz und Elternzeit – hierzu Rn. 45 sowie Ehegatten von Landwirten – hierzu Rn. 40). Alle in § 10 Abs. 1 SGB V genannten Tatbestandsmerkmale müssen erfüllt sein – andernfalls besteht keine Familienversicherung. Eine Krankenversicherung als Familienversicherter kommt im Übrigen nicht zustande, solange der Angehörige noch nachgehenden Versicherungsschutz aus der eigenen Pflichtversicherung genießt.[80]

b. Absatz 1 Satz 1 Nr. 1

34 Eine Familienversicherung kommt zunächst nur dann in Betracht, wenn der Angehörige seinen **Wohnsitz** oder **gewöhnlichen Aufenthalt** im Inland hat (§ 10 Abs. 1 Satz 1 Nr. 1 SGB V). Maßgeblich sind insoweit die in **§ 30 Abs. 3 SGB I** enthaltenen Legaldefinitionen. Unter **Inland** ist das gesamte Gebiet der Bundesrepublik Deutschland zu verstehen. Bürgerkriegsflüchtlinge aus Bosnien-Herzegowina können bei versicherungspflichtiger Beschäftigung im Inland familienversichert sein[81]; auch für Asylbewerber[82] ist eine Familienversicherung denkbar. Selbst bei mehrjährigem Studium im Ausland kann ein Kind seinen gewöhnlichen Aufenthalt noch im Inland haben.[83]

c. Absatz 1 Satz 1 Nr. 2

35 Der Angehörige darf gemäß § 10 Abs. 1 Satz 1 Nr. 2 SGB V nicht selbst nach § 5 Abs. 1 Nr.1-8, 11 oder 12 und auch nicht freiwillig (§ 9 SGB V) versichert sein. Damit stehen die meisten Tatbestände der Versicherungspflicht und auch die freiwillige Versicherung der Familienversicherung entgegen, mit anderen Worten: Die **Familienversicherung** ist in der Regel **subsidiär**. Nicht erwähnt in § 10 Abs. 1 Satz 1 Nr. 2 SGB V sind lediglich die Tatbestände des § 5 Abs. 1 Nr. 9 und 10 SGB V – hierbei handelt es sich um die Versicherung der **Studenten** (vgl. die Kommentierung zu § 5 SGB V Rn. 58) und **Praktikanten** (vgl. die Kommentierung zu § 5 SGB V Rn. 67). Sie sollen – bei Vorliegen der sonstigen Voraussetzungen – vorrangig beitragsfrei familienversichert sein, weil in der Regel kein ausreichendes Einkommen vorhanden ist; bei Überschreiten der in § 10 Abs. 2 SGB V genannten Altersgrenzen kann etwa die studentische Versicherung, die im Regelfall bis zur Vollendung des 30. Lebens-

---

[77] Hierzu auch *Baumeister*, SGb 2004, 398.

[78] So aber BSG v. 25.01.2001 - B 12 KR 12/00 R - SozR 3-2500 § 10 Nr. 20.

[79] Ausführlich hierzu *Felix*, NZS 2003, 624.

[80] BSG v. 07.05.2002 - B 1 KR 24/01 R - BSGE 89, 254 = SozR 3-2500 § 10 Nr. 24.

[81] BSG v. 30.04.1997 - 12 RK 29/96 - SozR 3-2500 § 10 Nr. 11.

[82] BSG v. 30.04.1997 - 12 RK 30/96 - BSGE 80, 209 = SozR 3-2500 § 10 Nr. 12.

[83] BSG v. 22.03.1988 - 8/5a RKn 11/87 - BSGE 63, 93 = SozR 2200 § 205 Nr. 65 noch zu § 205 RVO.

jahres möglich ist (vgl. die Kommentierung zu § 5 SGB V Rn. 62) relevant werden.[84] Zu beachten ist auch die Regelung des § 5 Abs. 7 Satz 1 SGB V (vgl. die Kommentierung zu § 5 SGB V Rn. 100).

Auch das Bestehen einer freiwilligen Versicherung des Angehörigen steht der Familienversicherung entgegen; allerdings kann ein **Austritt aus der freiwilligen Versicherung**[85] erfolgen, um in den beitragsfreien Schutz der Familienversicherung zu gelangen.[86] Unerheblich ist, ob eine freiwillige Versicherung begründet werden könnte.[87] Vorrangig ist die Familienversicherung im Übrigen gemäß § 19 Abs. 2 Satz 2 SGB V.[88] 36

d. Absatz 1 Satz 1 Nr. 3

Nicht familienversichert ist der **versicherungsfreie oder von der Versicherungspflicht befreite Angehörige** (§ 10 Abs. 1 Satz 1 Nr. 3 SGB V). Der Gesetzgeber geht hier davon aus, dass der betreffende Angehörige des Schutzes durch die GKV nicht bedarf oder aber aufgrund seiner Abkehr von der Solidargemeinschaft nicht verdient. Maßgeblich sind insoweit vor allem die §§ 6 und 8 SGB V, aber auch entsprechende Regelungen aus anderen Gesetzen (KSVG, KVLG). Eine mit einem gesetzlich Krankenversicherten verheiratete Beamtin ist versicherungsfrei und daher nicht familienversichert, wenn sie während eines Erziehungsurlaubs ohne Dienstbezüge beihilfeberechtigt ist[89]; dies gilt auch dann, wenn eine Regelung im Beamtenrecht vorsieht, dass der grundsätzlich gegebene Beihilfeanspruch wegen Bestehen eines Anspruchs auf Familienbeihilfe entfällt.[90] Anders ist die Rechtslage im Fall einer Beurlaubung ohne Dienstbezüge, wenn keine beamtenbedingte Absicherung gegen Krankheit besteht.[91] Eine Angestellte mit einem Verdienst über der Jahresarbeitsentgeltgrenze, deren Beschäftigungsverhältnis während des Erziehungsurlaubs ohne Entgeltzahlung fortbesteht, ist nicht wegen Versicherungsfreiheit von der Familienversicherung ausgeschlossen.[92] 37

Ohne Bedeutung ist dagegen – aufgrund der ausdrücklichen Regelung des Gesetzgebers – § 7 SGB V; eine **geringfügige Beschäftigung** als solche steht also der Familienversicherung grundsätzlich nicht entgegen. 38

e. Absatz 1 Satz 1 Nr. 4 und Satz 2

Gemäß § 10 Abs. 1 Satz 1 Nr. 4 SGB V steht eine **hauptberufliche selbständige Erwerbstätigkeit** der Familienversicherung entgegen.[93] Die Regelung ergänzt § 5 Abs. 5 SGB V (vgl. die Kommentierung zu § 5 SGB V Rn. 104), d.h. selbständig Tätige sollen auch nicht über § 10 SGB V in die GKV gelangen können. Der Ausschluss der Familienversicherung gilt unabhängig von der Höhe des aus der selbständigen Tätigkeit erzielten Einkommens; insofern ist für die Frage der Hauptberuflichkeit nicht die wirtschaftliche Bedeutung der Tätigkeit[94], sondern ihr **zeitlicher Umfang** maßgeblich. Arbeitet ein Ehegatte im Unternehmen des anderen Ehegatten, kann dieser nicht familienversichert sein.[95] 39

Eine Sonderregelung zu § 10 Abs. 1 Satz 1 Nr. 4 SGB V enthält **§ 10 Abs. 1 Satz 2 SGB V**. Die Regelung betrifft **Ehegatten eines landwirtschaftlichen Unternehmers** im Sinne von § 1 Abs. 2 des Gesetzes über die Alterssicherung der Landwirte (ALG)[96], die nach § 1 Abs. 3 ALG ihrerseits als Landwirte gelten. Diese Fiktion soll nicht zum Ausschluss der Familienversicherung führen. 40

f. Absatz 1 Satz 1 Nr. 5

Ehegatten, Lebenspartner oder Kinder dürfen gemäß § 10 Abs. 1 Satz 1 Nr. 5 SGB V kein Gesamteinkommen haben, das regelmäßig im Monat ein Siebtel der monatlichen Bezugsgröße nach § 18 SGB IV 41

---

84 Hierzu auch BSG v. 23.02.1988 - 12 RK 33/87 - BSGE 63, 51, 54 = SozR 2200 § 165 Nr. 93.

85 § 191 Nr. 4 SGB V.

86 BSG v. 29.06.1993 - 12 RK 48/91 - BSGE 72, 292 = SozR 3-2500 § 10 Nr. 2.

87 BSG v. 23.02.1988 - 12 RK 33/87 - BSGE 62, 51 = SozR 2200 § 165 Nr. 93.

88 BSG v. 07.05.2002 - B 1 KR 24/01 R - BSGE 89, 254 = SozR 3-2500 § 19 Nr. 5; hierzu auch die Anmerkung von *Hanau*, SGb 2003, 291.

89 BSG v. 29.06.1993 - 12 RK 91/92 - BSGE 72, 298 = SozR 3-2500 § 10 Nr. 3.

90 BSG v. 18.03.1999 - B 12 KR 13/98 R - SozR 3-2500 § 10 Nr. 14; vgl. auch BSG v. 28.03.2000 - B 8 KN 10/98 KR R - SozR 3-2500 § 10 Nr. 18.

91 BSG v. 23.10.1996 - 4 RK 1/96 - BSGE 79, 184 = SozR 3-2500 § 10 Nr. 8.

92 BSG v. 29.06.1993 - 12 RK 48/91 - BSGE 72, 292 = SozR 3-2500 § 10 Nr. 2.

93 Vgl. schon BSG v. 14.07.1977 - 3 RK 80/75 - BSGE 44, 142 = SozR 2200 § 205 Nr. 13; BSG v. 29.01.1980 - 3 RK 38/79 - BSGE 49, 247 = SozR 2200 § 205 Nr. 33.

94 In diesem Sinne aber wohl *Erdmann*, ZfS 1997, 300, 303.

95 BSG v. 14.07.1977 - 3 RK 80/75 - BSGE 44, 142 = SozR 2200 § 205 Nr. 13 noch zu § 205 RVO.

96 V. 29.07.1994, BGBl I 1994, 1890.

überschreitet. Der Gesetzgeber hat sich damit – anders als ursprünglich geplant[97] – bewusst für eine **Anlehnung an steuerrechtliche Grundsätze** entschieden, um sicherzustellen, dass der Bezug steuerfreier Sozialleistungen nicht zum Ausscheiden aus der Familienversicherung führt.[98] **Gesamteinkommen** ist nach der Legaldefinition des **§ 16 SGB IV** die Summe der Einkünfte im Sinne des Einkommensteuerrechts[99] und umfasst insbesondere das Arbeitsentgelt und das Arbeitseinkommen. Die Anknüpfung an das Steuerrecht führt letztlich zu einer Begünstigung von Personen, die ihre Einkünfte durch die Geltendmachung hoher Werbungskosten gering halten können[100] und führt zu Unstimmigkeiten innerhalb des § 10 SGB V: Für die Frage der Versicherungspflicht, die gemäß § 10 Abs. 1 Satz 1 Nr. 2 SGB V zum Ausschluss aus der Familienversicherung führt, ist gemäß § 226 Abs. 1 Satz 1 Nr. 1-3 SGB V grundsätzlich das Bruttoprinzip maßgeblich.[101] Aufgrund des eindeutigen Gesetzeswortlauts ist im Rahmen des § 10 Abs. 1 Satz 1 Nr. 5 SGB V jedoch das Gesamteinkommen nach steuerlichen Grundsätzen zu ermitteln.[102] Steuerliche Vergünstigungen sind zu berücksichtigen.[103]

42 Gemäß § 10 Abs. 1 Satz 1 Nr. 5 HS. 2 SGB V wird **bei Renten der Zahlbetrag**[104] berücksichtigt; dies gilt auch für Versorgungsbezüge.[105] Dass nicht auf den für das Einkommensteuerrecht maßgeblichen Ertragsanteil abgestellt wird, dient der Vermeidung unbilliger Ergebnisse.[106] Dabei bleiben Anteile der Rente, die auf **Kindererziehungszeiten** zurückgehen, unberücksichtigt. Dadurch wird vermieden, dass eine familienbedingt höhere Rente zum Wegfall der Familienversicherung führt.[107] Nach dem Willen des Gesetzgebers muss der auf Entgeltpunkte für Kindererziehung entfallende Teil des Zahlbetrags der Rente von den Rentenversicherungsträgern ausgewiesen werden.[108] Bei der Ermittlung des Gesamteinkommens werden auch Rentenleistungen aus einer privaten Lebensversicherung, die nicht steuerpflichtig sind, berücksichtigt.[109]

43 Für **geringfügig Beschäftigte** nach § 8 Abs. 1 Nr. 1 und § 8a SGB IV beträgt das zulässige Gesamteinkommen nach § 10 Abs. 1 Satz 1 Nr. 5 HS. 3 SGB V **400 €.** Die Regelung wurde durch Art. 3 Nr. 2 des Zweiten Gesetzes für moderne Dienstleistungen am Arbeitsmarkt[110] angefügt. Der Betrag von 400 €, der in § 8 Abs. 1 Nr. 1 SGB IV festgeschrieben wurde, liegt über dem für das Jahr 2004 geltenden Grenzwert von 345 €.

44 Das Gesamteinkommen des Angehörigen darf regelmäßig im Monat **ein Siebtel**[111] **der monatlichen Bezugsgröße nach § 18 SGB IV nicht überschreiten**. Die Anwendung des § 10 Abs. 1 Satz 1 Nr. 5 SGB V erfordert eine vorausschauende Betrachtungsweise.[112]

---

[97] Hierzu BT-Drs. 11/2237, S. 161 – erwogen wurde die Formulierung „Einnahmen zum Lebensunterhalt" (ausführlich *Peters* in: KassKomm, SGB V, § 10 Rn. 19).

[98] BT-Drs. 11/3480, S. 49.

[99] BSG v. 25.02.1997 - 12 RK 19/96 - USK 9716.

[100] Gemäß § 2 Abs. 2 Nr. 2 EStG sind Einkünfte aus nichtselbständiger Arbeit gerade nicht der Bruttoverdienst, sondern der Überschuss der Einnahmen über die Werbungskosten (hierzu auch BSG v. 25.02.1997 - 12 RK 34/95 - SGb 1998, 272); für das Bruttoprinzip plädiert *Peters* in: KassKomm, SGB V, § 10 Rn. 21.

[101] Ausführlich hierzu *Peters* in: KassKomm, SGB V, § 10 Rn. 18.

[102] Zu Unterhaltsleistungen von getrennt lebenden Ehegatten BSG v. 03.02.1994 - 12 RK 5/92 - SozR 3-2500 § 10 Nr. 4; zu Einkünften aus Kapitalvermögen und dem Sparer-Freibetrag BSG v. 22.05.2003 - B 12 KR 13/02 R - BSGE 91, 83 = SozR 4-2500 § 10 Nr. 2 mit kritischer Anmerkung von *Bloch*, SGb 2003, 734; zu einer in Teilbeträgen gezahlten Abfindung BSG v. 25.01.2006 - B 12 KR 2/05 R - SozR 4-2500 § 10 Nr. 6.

[103] Hierzu BSG v. 22.05.2003 - B 12 KR 13/02 R - BSGE 91, 83 = SozR 4-2500 § 10 Nr. 2; anders noch BSG v. 07.12.2000 - B 10 KR 3/99 R - SozR 3-2500 § 10 Nr. 19, vgl. hierzu auch die Anmerkungen von *Morgenthaler*, SGb 2001, 695 sowie von *Langguth*, DStR 2001, 1170; vgl. auch BSG v. 20.06.1979 - 5 RKn 7/78 - BSGE 48, 206 = SozR 2200 § 205 Nr. 22.

[104] Anders das BSG zum alten Recht: BSG v. 20.06.1979 - 5 RKn 7/78 - BSGE 48, 206 = SozR 2200 § 205 Nr. 22 - Ertragsanteil.

[105] BSG v. 10.03.1994 - 12 RK 4/92 - SozR 3-2500 § 10 Nr. 5.

[106] BT-Drs. 11/3480, S. 49.

[107] BT-Drs. 13/8671, S. 120.

[108] BT-Drs. 13/8671, S. 147.

[109] SG Hamburg v. 12.05.2004 - S 21 KR 1912/02, BSG v. 25.01.2006 - B 12 KR 10/04 R - SozR 4-2500 § 10 Nr. 5.

[110] V. 23.12.2002, BGBl I 2002, 4621, 4626.

[111] Zur Entwicklung dieser Grenze ausführlich *Peters* in: KassKomm, SGB V, § 10 Rn. 16 m.w.N.

[112] BSG v. 07.12.2000 - B 10 KR 3/99 R - SozR 3-2500 § 10 Nr. 19.

g. Schutzfristen und Elternzeit (Absatz 1 Satz 3)

Eine besondere Fallkonstellation regelt der neu eingefügte **§ 10 Abs. 1 Satz 3 SGB V.**[113] Er betrifft Ehegatten und Lebenspartner und gilt für die Dauer der Schutzfristen nach § 3 Abs. 2 und § 6 Abs. 1 des **Mutterschutzschutzgesetzes** sowie der **Elternzeit**. In dieser Zeit besteht keine Familienversicherung, wenn die genannten Personen zuletzt vor diesem Zeitraum nicht gesetzlich versichert waren. Durch diese Regelung sollen Wettbewerbsnachteile der GKV gegenüber der privaten Krankenversicherung beseitigt werden.[114] 45

4. Verfahrensfragen

Die in § 10 Abs. 5 und 6 SGB V enthaltenen Regelungen betreffen nicht die sachlichen oder persönlichen Voraussetzungen der Familienversicherung, sondern normieren Verfahrensfragen. § 10 Abs. 5 SGB V eröffnet ein Kassenwahlrecht des Mitglieds; § 10 Abs. 6 SGB V begründet eine besondere Mitwirkungspflicht des Mitglieds gegenüber seiner Krankenkasse. 46

a. Krankenkassenwahlrecht (Absatz 5)

Aufgrund der **Akzessorietät** der Familienversicherung, die abhängig von der Stammversicherung des Mitglieds ist (hierzu Rn. 7), ist die Krankenkasse des Stammversicherten auch für die Durchführung der Familienversicherung zuständig. Hat das Mitglied gemäß § 173 SGB V eine Krankenkasse gewählt, so gilt diese Wahlentscheidung gemäß **§ 173 Abs. 6 SGB V** auch für den Familienversicherten. Erst recht gilt die Zuständigkeit der Krankenkasse des Stammversicherten dann, wenn die Zuständigkeit einer Krankenkasse – wie im Fall der See-Krankenkasse[115] oder der Bundesknappschaft[116] – gesetzlich zwingend normiert ist und bereits der Stammversicherte die Kasse nicht wählen kann. 47

§ 10 Abs. 5 SGB V begründet bei mehrfacher Erfüllung der Voraussetzungen des § 10 Abs. 1-4 SGB V ein **Wahlrecht des Mitglieds**. Gemeint ist folgendes: Gibt es mehrere Stammversicherungen, die im Verhältnis zum betreffenden Angehörigen eine Familienversicherung begründen – beispielsweise bei zwei gesetzlich krankenversicherten Elternteilen und ihrem gemeinsamen Kind –, so kann die Krankenkasse vom Mitglied gewählt werden. Die in § 10 Abs. 6 SGB V (hierzu Rn. 49) vorgeschriebene Meldung der Daten des Angehörigen kann dabei als Ausübung des Wahlrechts angesehen werden. Die Regelung des § 10 SGB V kann im Streitfall **erhebliche Probleme** aufwerfen, weil es gerade nicht nur „das Mitglied", sondern mehrere Mitglieder gibt. Ungeklärt ist, was geschieht, wenn beide Stammversicherte das Wahlrecht für das Kind jeweils zugunsten ihrer eigenen Krankenkasse ausüben; nicht geregelt sind auch die Konsequenzen einer fehlenden Ausübung des Wahlrechts durch beide Elternteile. Kann ein Elternteil, das seine Kasse gewechselt hat, die Wahl für das Kind erneut ausüben? Insgesamt hat der Gesetzgeber die hier auftretenden Probleme nicht hinreichend bedacht.[117] 48

b. Meldepflicht des Mitglieds (Absatz 6)

Die Krankenkasse benötigt für die Handhabung der Familienversicherung bestimmte Angaben zur Person des Angehörigen. § 10 Abs. 6 SGB V begründet zu Lasten des Mitglieds, also des Stammversicherten selbst, eine entsprechende Mitteilungspflicht, die im Verhältnis zu § 60 Abs. 1 SGB I lex specialis ist: Das Mitglied hat die nach § 10 Abs. 1-4 SGB V Versicherten mit den für die Durchführung der Familienversicherung notwendigen Angaben[118] an die zuständige Krankenkasse zu **melden**. Die Regelung dient einerseits der Durchführung des **Risikostrukturausgleichs** gemäß §§ 266, 267 SGB V[119]; andererseits sind die Daten für die Nachweispflicht gemäß **§ 289 SGB V** erforderlich. Die Regelung verpflichtet das Mitglied auch zur **Mitteilung etwaiger Änderungen** in den Verhältnissen. 49

---

[113] Art. 1 Nr. 6 GKV-GRG 2000 v. 22.12.1999, BGBl I 1999, 2626; zum Übergangsrecht vgl. Art. 21 § 3 GKV-GRG – die Regelung gilt nicht für Personen, die am 01.01.2000 bereits familienversichert waren. Sie bleiben also familienversichert.

[114] BT-Drs. 14/1245, S. 61.

[115] § 176 SGB V.

[116] § 177 SGB V.

[117] Ausführlich auch *Töns*, BKK 1989, 322, 333.

[118] Hierzu gehören alle Daten, die im Rahmen des § 10 SGB V über das Vorliegen der Familienversicherung entscheiden.

[119] BT-Drs. 12/3608, S. 76.

Das Verhältnis von § 10 Abs. 6 Satz 1 SGB V einerseits und § 289 Satz 2 SGB V ist unklar: Nach letzter Norm können Daten nur vom Angehörigen selbst oder mit seiner Zustimmung vom Mitglied erhoben werden, während § 10 Abs. 6 Satz 1 SGB V eine Verpflichtung des Mitglieds vorsieht.

50 Gemäß **§ 10 Abs. 6 Satz 2 SGB V** vereinbaren die Spitzenverbände der Krankenkassen ein **einheitliches Verfahren für die Meldung** und einheitliche Meldevordrucke. Dieser Verpflichtung ist am 28.09.1993[120] entsprochen worden – maßgeblich sind die Vordrucke „Angaben zur Feststellung der Familienversicherung" und „Kontrollmeldung der neu zuständigen Krankenkasse".[121] Mit Wirkung vom 01.07.2008 wurde § 10 Abs. 6 Satz SGB V neu gefasst; hierbei handelt es sich um eine Folgeänderung zur **neuen Organisationsstruktur der Verbände der Krankenkassen**. Das Meldeverfahren und die Vordrucke sind für alle Krankenkassen einheitlich zu gestalten; folgerichtig hat der Gesetzgeber die Kompetenz zu deren Festlegung auf den neuen, kassenartenübergreifenden Spitzenverband Bund der Krankenkassen übertragen.[122]

IV. Rechtsfolgen

51 Erlischt die Familienversicherung durch Wegfall der persönlichen oder sachlichen Voraussetzungen, eröffnet § 9 Abs. 1 Satz 1 Nr. 2 SGB V die **Möglichkeit der freiwilligen Versicherung**.

52 Die Familienversicherung ist zu berücksichtigen, soweit es im Rahmen von § 5 Abs. 1 Nr. 11 SGB V auf Vorversicherungszeiten ankommt (vgl. die Kommentierung zu § 5 SGB V Rn. 72 ff.).

C. Praxishinweise

53 Die auf Erlass eines die Zugehörigkeit der Ehefrau zur Familienversicherung des Ehemannes als Stammversichertem feststellenden Verwaltungsakts unter Aufhebung insoweit entgegenstehender Bescheide gerichtete Anfechtungs- und Verpflichtungsklage ist zulässig.[123]

54 Das Verhältnis von Stammversicherung und der durch sie begründeten Familienversicherung hat auch Auswirkungen auf das **gerichtliche Verfahren**. Da der Angehörige selbst versichert ist, ist der Stammversicherte grundsätzlich nicht berechtigt, Leistungsansprüche des Angehörigen in eigenem Namen geltend zu machen[124]; der Anspruch soll nicht gegen den möglicherweise entgegenstehenden Willen des Familienversicherten durchgesetzt werden können. Allerdings kann ein Feststellungsinteresse dahingehend bestehen, dass das Gericht die Familienversicherung seines Angehörigen im Streitfall feststellt.[125] In diesem Fall ist der Angehörige gemäß § 75 Abs. 2 SGG notwendig beizuladen.[126] Umgekehrt gilt dies auch bei einer Klage des Angehörigen selbst auf Feststellung der Familienversicherung.[127] Allerdings gesteht das BSG dem Stammversicherten bei einem gemäß § 36 SGB I nicht selbst handlungsfähigen Familienangehörigen die Prozessführungsbefugnis zu, wenn die Interessenlage von Stammversichertem und Angehörigem übereinstimmen.[128] Hat die Krankenkasse die Familienversicherung durch Bescheid gegenüber dem Stammversicherten abgelehnt, so kann außer diesem auch der betroffene Angehörige selbst diesen Bescheid anfechten[129]; allerdings ersetzt der gegenüber dem Stammversicherten ergangene Widerspruchsbescheid nicht das Vorverfahren gegenüber dem Angehörigen.[130] Der Sozialhilfeträger ist nicht berechtigt, die Familienversicherung eines von ihm Unterstützten durch die Krankenkasse feststellen zu lassen.[131]

55 Die Krankenkasse kann auch rückwirkend feststellen, dass keine Familienversicherung in der Vergangenheit bestanden hat; auf die in den §§ 45, 48 SGB X enthaltenen Einschränkungen kommt es jedenfalls dann nicht an, wenn kein entgegenstehender Verwaltungsakt ergangen ist.[132]

---

[120] Vgl. BKK 1993, 739 f.

[121] Hierzu auch *Wiesmann*, BKK 1993, 736 ff.

[122] BT-Drs. 16/3100, S. 96.

[123] BSG v. 23.10.1996 - 4 RK 1/96 - BSGE 79, 184 - SozR 3-2500 § 10 Nr. 8.

[124] BSG v. 16.06.1999 - B 1 KR 6/99 R - SozR 3-2500 § 10 Nr. 16.

[125] BSG v. 29.06.1993 - 12 RK 48/91 - BSGE 72, 292 = SozR 3-2500 § 10 Nr. 2.

[126] BSG v. 29.06.1993 - 12 RK 48/91 - BSGE 72, 292 = SozR 3-2500 § 10 Nr. 2.

[127] Hierzu BSG v. 18.03.1999 - B 12 KR 8/98 R - SozR 3-1500 § 78 Nr. 3.

[128] BSG v. 06.02.1997 - 3 RK 1/96 - SozR 3-2500 § 33 Nr. 22 zu einem Anspruch auf Hilfsmittel.

[129] BSG v. 29.06.1993 - 12 RK 13/93 - USK 93109; BSG v. 24.09.1996 - 1 RK 26/95 - SozR 3-2500 § 30 Nr. 8; vgl. auch BSG v. 25.02.1997 - 12 RK 34/95 - SGb 1998, 272.

[130] BSG v. 18.03.1999 - B 12 KR 8/98 R - SozR 3-1500 § 78 Nr. 3.

[131] BSG v. 17.06.1999 - B 12 KR 11/99 R - SozR 3-5910 § 91a Nr. 6.

[132] BSG v. 07.12.2000 - B 10 KR 3/99 - SozR 3-2500 § 10 Nr.19; vgl. hierzu auch LSG Berlin-Brandenburg v. 04.08.2005 - L 9 KR 136/03.

D. Reformbestrebungen

Obwohl die Familienversicherung – wenn auch in unterschiedlicher Ausgestaltung[133] – eine längere Tradition hat, wird ihre Berechtigung vor dem Hintergrund der angespannten Finanzlage der gesetzlichen Krankenversicherung zunehmend in Frage gestellt.[134] Das betrifft vor allem die beitragsfreie Mitversicherung des nicht kindererziehenden Ehegatten, die als **„Fremdlast" der gesetzlichen Krankenversicherung** qualifiziert wird.[135] Die beitragsfreie Mitversicherung der Kinder dagegen dürfte spätestens seit der Entscheidung des Bundesverfassungsgerichts zum Beitragsrecht in der Pflegeversicherung[136] schon aus verfassungsrechtlichen Gründen wohl kaum noch diskutiert werden – jedenfalls müsste bei Zugrundelegung dieser Rechtsprechung bei Abschaffung der Familienversicherung für die Kinder im Beitragsrecht eine noch weitergehende Kompensation der Benachteiligung von Eltern bzw. deren Belohnung für die Erbringung des generativen Beitrags im Beitragsrecht erfolgen. **56**

[133] Zur Entwicklung der Familienversicherung *Kruse/Kruse*, Sozialer Fortschritt 2000, 192, 193; vgl. auch *Peters* in: KassKomm, SGB V, § 10 Rn. 3.

[134] Hierzu auch *Kruse/Kruse*, SozVers 1999, 180.

[135] Hierzu *Butzer*, Fremdlasten in der Sozialversicherung, 2001, 66 mit umfangreichen Nachweisen auf die Literatur.

[136] BVerfG v. 03.04.2001 - 1 BvR 1629/94 - BVerfGE 103, 242 = SozR 3-3000 § 54 Nr. 2. In dieser Entscheidung hat das Gericht festgestellt, dass es mit Art. 3 Abs. 1 GG i.V.m. Art. 6 Abs. 1 GG nicht vereinbar ist, dass Mitglieder der gesetzlichen Pflegeversicherung, die Kinder betreuen und erziehen und damit neben dem Geldbeitrag einen generativen Beitrag zur Funktionsfähigkeit eines umlagefinanzierten Sozialsystems leisten, mit einem gleich hohen Beitrag belastet werden wie Mitglieder ohne Kinder; in diesem Kontext wurde – allerdings ohne dogmatisch überzeugende Begründung (kritisch daher zu Recht *Ruland*, NJW 2001, 1673) – betont, dass die beitragsfreie Mitversicherung der Kinder allein nicht ausreichend sei, um die beitragsrechtliche Schlechterstellung der Familie zu kompensieren; der Gesetzgeber hat das Urteil mittlerweile durch das Gesetz zur Berücksichtigung von Kindererziehung im Beitragsrecht der sozialen Pflegeversicherung – Kinder-Berücksichtigungsgesetz – KiBG – v. 15.12.2004 (BGBl I 2004, 3448) mit Wirkung vom 01.01.2005 umgesetzt.

Drittes Kapitel: Leistungen der Krankenversicherung

Erster Abschnitt: Übersicht über die Leistungen

§ 11 SGB V Leistungsarten

(Fassung vom 26.03.2007, gültig ab 01.04.2007)

(1) Versicherte haben nach den folgenden Vorschriften Anspruch auf Leistungen

1. (weggefallen)

2. zur Verhütung von Krankheiten und von deren Verschlimmerung sowie zur Empfängnisverhütung, bei Sterilisation und bei Schwangerschaftsabbruch (§§ 20 bis 24b),

3. zur Früherkennung von Krankheiten (§§ 25 und 26),

4. zur Behandlung einer Krankheit (§§ 27 bis 52),

5. des Persönlichen Budgets nach § 17 Abs. 2 bis 4 des Neunten Buches.

(2) Versicherte haben auch Anspruch auf Leistungen zur medizinischen Rehabilitation sowie auf unterhaltssichernde und andere ergänzende Leistungen, die notwendig sind, um eine Behinderung oder Pflegebedürftigkeit abzuwenden, zu beseitigen, zu mindern, auszugleichen, ihre Verschlimmerung zu verhüten oder ihre Folgen zu mildern. Leistungen der aktivierenden Pflege nach Eintritt von Pflegebedürftigkeit werden von den Pflegekassen erbracht. Die Leistungen nach Satz 1 werden unter Beachtung des Neunten Buches erbracht, soweit in diesem Buch nichts anderes bestimmt ist.

(3) Bei stationärer Behandlung umfassen die Leistungen auch die aus medizinischen Gründen notwendige Mitaufnahme einer Begleitperson des Versicherten.

(4) Versicherte haben Anspruch auf ein Versorgungsmanagement insbesondere zur Lösung von Problemen beim Übergang in die verschiedenen Versorgungsbereiche. Die betroffenen Leistungserbringer sorgen für eine sachgerechte Anschlussversorgung des Versicherten und übermitteln sich gegenseitig die erforderlichen Informationen. Sie sind zur Erfüllung dieser Aufgabe von den Krankenkassen zu unterstützen. Das Versorgungsmanagement und eine dazu erforderliche Übermittlung von Daten darf nur mit Einwilligung und nach vorheriger Information des Versicherten erfolgen. Soweit in Verträgen nach den §§ 140a bis 140d nicht bereits entsprechende Regelungen vereinbart sind, ist das Nähere im Rahmen von Verträgen nach § 112 oder § 115 oder in vertraglichen Vereinbarungen mit sonstigen Leistungserbringern der gesetzlichen Krankenversicherung und mit Leistungserbringern nach dem Elften Buch sowie mit den Pflegekassen zu regeln.

(5) Auf Leistungen besteht kein Anspruch, wenn sie als Folge eines Arbeitsunfalls oder einer Berufskrankheit im Sinne der gesetzlichen Unfallversicherung zu erbringen sind.

Gliederung

A. Basisinformationen

I. Textgeschichte/Gesetzgebungsmaterialien

§ 11 SGB V trat mit seinen Absätzen 1-3 zum 01.01.1989 in Kraft – GesundheitsreformG. Zum 01.01.1991 wurde § 11 SGB V um einen Absatz 4 ergänzt, heute Absatz 5.[1] Absatz 1 Nr. 5, der die Leistungen bei Schwerpflegebedürftigkeit aufzählte, ist durch Art. 4 Nr. 1 PflegeversicherungsG[2] gestrichen worden. Absatz 2 wurde an das mit der Einführung der Pflegeversicherung geltende Recht angepasst und neu gefasst. Absatz 1 Satz 1 Nr. 2 wurde mit Wirkung zum 01.10.1995 neu formuliert.[3] Mit Wirkung zum 01.01.1997 wurde Absatz 1 Satz 1 Nr. 1 – Leistungen zur Förderung der Gesundheit, § 20 SGB V – gestrichen.[4] Zugleich wurde in Absatz 1 Satz 1 Nr. 2 § 21 SGB V durch § 20 SGB V ersetzt. Dabei handelte es sich um eine Folgeänderung der Neufassung von § 20 SGB V. § 11 Abs. 1 Satz 1 Nr. 2 SGB V wurde um die Wörter „und von deren Verschlimmerung" ergänzt. Absatz 2 Satz 1 wurde geändert jeweils mit Wirkung ab 01.01.2000.[5] Durch Art. 5 Nr. 6 SGB IX[6] wurden mit Wirkung zum 01.07.2001 Absatz 2 Satz 1 neu gefasst und Satz 3 angefügt. Durch GMG[7] wurde Absatz 1 Satz 2 betr. Anspruchs auf Sterbegeld aufgehoben. 1

Mit Wirkung zum 01.07.2004 wurde Absatz 1 um die Nr. 5 ergänzt.[8] Gem. Art. 1 Nr. 7 GKV-WSG[9] wurde mit Wirkung ab 01.04.2007 Absatz 4 eingefügt. Der bisherige Absatz 4 wird nun Absatz 5. 2

II. Vorgängervorschriften

§ 11 Abs. 1-3 SGB V übernimmt § 179 RVO. Absatz 2 beschrieb „Regelleistungen", während Absatz 3 die durch die Satzung der Kasse bestimmten „Mehrleistungen" erwähnte. Hinsichtlich der Neuregelung des § 11 Abs. 4 SGB V – Versorgungsmanagement – gibt es eine Vorgängervorschrift nicht, sieht man von den die integrierte Versorgung gem. §§ 140a ff. SGB V tragenden Gedanken ab. In der Übergangszeit vom 01.01.1989 bis 31.12.1990 galt die in § 575 RVO a.F. festgelegte Abgrenzung der Zuständigkeit zwischen Kranken- und Unfallversicherung fort.[10] 3

III. Parallelvorschrift

Die Auflistung der Leistungen in Absatz 1 entspricht in der gesetzlichen Unfallversicherung § 27 SGB VII. Das in Absatz 1 Nr. 5 erwähnte persönliche Budget wird als Leistung der GKV auch in der allgemeinen Vorschrift des § 2 Abs. 2 Satz 2 SGB V bezeichnet und in § 17 Abs. 2 SGB IX näher beschrieben. 4

Der Anspruch auf Leistungen der medizinischen Rehabilitation wird konkretisiert in den §§ 26 ff. SGB IX und §§ 40 f. SGB V, der Anspruch auf Leistungen bei Pflegebedürftigkeit im SGB XI. 5

Die Krankenhausbehandlung ist als spezifische Leistung für GKV-Versicherte in § 39 SGB V geregelt. Die in § 11 Abs. 3 SGB V als Leistungsvoraussetzung formulierte Notwendigkeit korrespondiert mit dem Begriff der Erforderlichkeit in § 39 Abs. 1 Satz 2 SGB V. 6

Das nach § 11 Abs. 4 SGB V vorgeschriebene „**Versorgungsmanagement**" steht in engem Zusammenhang mit dem umfassenden gesetzlichen Auftrag, die Sach- und Dienstleistungen vollständig zu erbringen (§ 2 Abs. 2 SGB V), und den besonderen Belangen behinderter und chronisch kranker Menschen Rechnung zu tragen (§ 2a SGB V). § 11 Abs. 4 SGB V konkretisiert den allgemeinen Auftrag zu effektiver und zeitnaher Leistungsverschaffung gem. § 17 SGB I und enger Kooperation zwischen den Leistungsträgern gem. § 86 SGB X. Das SGB IX verpflichtete schon früher die Reha-Träger zu einem 7

---

[1] Vgl. Art. 79 Abs. 1 und 4 GRG v. 20.12.1988, BGBl I 1988, 2477.

[2] Vom 26.05.1994, BGBl I 1994, 1014.

[3] Art. 4 Nr. 1 und Art. 11 Schwangeren- und FamilienhilfeänderungsG v. 21.08.1995, BGBl I 1995, 1050.

[4] Durch Art. 2 Nr. 1 lit. a und b, Art. 5 BeitragsentlastungsG v. 01.11.1996, BGBl I 1996, 1631.

[5] Durch GKV-GesundheitsreformG 2000 v. 22.12.1999, BGBl I 1999, 2626.

[6] Vom 19.06.2001, BGBl I 2001, 1046.

[7] Vom 14.11.2003, BGBl I 2003, 2190.

[8] Art. 4 Nr. 2 und Art. 70 Abs. 2 Gesetz zur Einordnung des Sozialhilferechts in das Sozialgesetzbuch v. 27.12.2003, BGBl I 2003, 3023.

[9] Vom 26.03.2007, BGBl I 2007, 378.

[10] Vgl. zur Rechtsentwicklung *Spinnarke* in: Schulin, Handbuch des Sozialversicherungsrechts, Band 2 Unfallversicherung, 1996, § 9 Rn. 4 ff.; zu den Verwaltungsvereinbarungen vgl. *Spinnarke* in: Schulin, Handbuch des Sozialversicherungsrechts, Band 2 Unfallversicherung, 1996, § 9 Rn. 19 ff.

„Teilhabe-Management". Insbesondere nach § 10 SGB IX sind die Reha-Träger dafür verantwortlich, Leistungen verschiedener Leistungsgruppen oder mehrerer Reha-Träger „funktionsbezogen festzustellen" und so zusammenzustellen, dass sie nahtlos ineinander greifen.

8 Die gemeinsame Unterstützung ist Thema der neuen Versorgungsformen, etwa gem. § 73b SGB V – Hausarztzentrierte Versorgung –, gem. § 73c SGB V – besondere ambulante ärztliche Versorgung – und gem. §§ 140a ff. SGB V – integrierte Versorgung. Dazu gehört es, z.B. multimorbiden Patienten eine Krankenbehandlung „aus einer Hand" zu verschaffen und dazu insbesondere den Datenaustausch zu verbessern. Das optimiert die Therapie einerseits und vermeidet – kostenträchtige – Doppeluntersuchungen andererseits.

IV. Untergesetzliche Normen

9 Das Leistungsrecht des SGB V wird ergänzt durch die Richtlinien des Gemeinsamen Bundesausschusses gem. § 92 SGB V sowie durch die Gesamtverträge gem. § 83 SGB V. Das durch diese **satzungsähnlichen „Normverträge"** geprägte Recht der Leistungserbringer gestaltet zugleich das Leistungs-Rechtsverhältnis zwischen Kasse und Versicherten (vgl. dazu die Kommentierung zu § 2 SGB V Rn 12 ff., die Kommentierung zu § 92 SGB V und die Kommentierung zu § 135 SGB V).

10 Die Träger der gesetzlichen Krankenversicherung – ggf. in Abstimmung mit anderen Sozialversicherungsträgern – haben zum Leistungsrecht umfangreiche Erläuterungen und Hinweise verfasst. Auch wenn diese – ebenso wie das Hilfsmittel-Verzeichnis – nicht in Gesetzeskraft erwachsen und somit die Gerichte in ihrer Rechtsauslegung nicht binden, prägen sie die praktische Handhabung.[11]

V. Ausgewählte Literaturhinweise

11 *Böll-Schlereth*, Die Arbeitgeberrolle behinderter Menschen im Rahmen Persönlicher Budgets, NDV 2007, 489; *Fischer*, Das Sachleistungsprinzip der GKV, in: Die Reform des Sozialstaats zwischen Freiheitlichkeit und Solidarität, 2007, 139; *Eusterholz/Blatt*, Neuregelungen des GKV-Wettbewerbsstärkungsgesetzes für Vorsorge und Rehabilitation, Ersk 2007, 276; *Gerlach/Hinrichs*, Therapeutische Hilfen für junge Menschen – problematische Schnittstellen zwischen SGB V, SGB VIII und SGB XII, ZfSH/SGB 2007, 387, 451; *Henke*, Versorgungsbrüche vermeiden – Pflegeüberleitung optimieren, Pflegen Ambulant, 18. Jahrgang, 6/07, 7; *Hibbeler*, Von Kooperationen profitieren alle. Ärztliche Versorgung in Pflegeheimen, DÄBl 2007, A 3297; *Köpke*, Unverzichtbar und unterschätzt – Nachsorge als integraler Teil der Rehabilitation, Deutsche Rentenversicherung 2007, 790; *Meyer-Lutterloh*, Gesundheitskompetenz fördern, G+G 2007 Nr. 11, S. 48; *Nahnhauer*, Anspruch auf Schutzimpfungen neu geregelt, BKK 2007,293; *Orlowski/Wasem*, Gesundheitsreform 2007; Sachverständigenrat zur Begutachtung der Entwicklung des Gesundheitswesens, Gutachten 2007: „Kooperation und Verantwortung – Voraussetzungen einer zielorientierten Gesundheitsversorgung", BT-Drs. 16/6339 v. 07.09.2007; *Schröer*, Mehr Verantwortung für die Prävention, BKK 2007, 348; *Wille/Koch*, Die Gesundheitsreform 2007, Grundriss, 2007.

B. Auslegung

I. Regelungsgehalt

12 Die Absätze 1-3 sind so genannte **„Einweisungsnormen"**, d.h. sie fassen gleichsam die Ansprüche der Versicherten gegen die für sie zuständige Krankenkasse zusammen. Der Gesetzgeber betont damit nicht nur das der GKV zugrunde liegende Versicherungsprinzip[12], sondern auch den Anspruchscharakter (§ 38 SGB I). Absatz 2 bestätigt die Eigenständigkeit der medizinischen Rehabilitation gegenüber den in Absatz 1 aufgeführten Leistungsarten. Die Leistungen der medizinischen Rehabilitation sind nicht Bestandteil anderer in Absatz 1 genannter Leistungen, sondern sie verfolgen von der eigentlichen Krankenbehandlung zu unterscheidende Ziele. Allerdings sind die Ziele der Rehabilitation auch bei der Krankenbehandlung gem. § 27 SGB IX zu beachten und das Gebot der Koordinierung der Leistungen gilt gem. § 10 SGB IX auch hier.

---

[11] Vgl. auch BSG v. 18.09.2003 - B 9 SB 3/02 R - E 91, 205 zur Normqualität der Anhaltspunkte; zustimmend Bayerisches LSG v. 28.09.2006 - L 15 SB 101/04 - juris.

[12] Vgl. dazu *Rolfs*, Das Versicherungsprinzip im Sozialversicherungsrecht, 2000, insbes. 291 ff. – „Versicherungstechnik des Sozialversicherungsrechts" – und 541 ff. – „Zukunft des Versicherungsprinzips".

Das in Absatz 4 neu eingeführte Versorgungsmanagement knüpft an die bereits im SGB IX den Reha-Trägern aufgegebenen Pflichten zur Koordinierung der Leistungen und Zusammenwirken der Leistungen gem. §§ 10 und 11 SGB IX an. Es ist verwandt mit dem „Eingliederungsmanagement" gem. § 81 SGB IX, welches der Arbeitgeber durchführt. Die gesetzliche Unfallversicherung verknüpft seit jeher die verschiedenen Sektoren, indem sie die Rehabilitation „mit allen geeigneten Mitteln" in alleiniger Zuständigkeit wahrnimmt (§§ 1, 26 ff. SGB VII). Das SGB XII kennt eine Hilfeplanung in Form des so genannten „Gesamtplans" gem. § 58 SGB XII, der auf die enge Verzahnung der im jeweiligen Einzelfall erforderlichen Leistungen abzielt. Absatz 5 enthält eine bis in das Regress- und Erstattungsrecht hineinwirkende Abgrenzung zwischen GKV und GUV. 13

1. Versicherte

Gemeint sind nicht nur Mitglieder, sondern auch beitragsfrei versicherte Personen, wie Familienversicherte, Krankengeldbezieher usw., alte wie junge, Ausländer wie Inländer (vgl. auch die Kommentierung zu § 2 SGB V Rn. 24). Nach § 11 Abs. 1 SGB V sind Anspruchsinhaber also auch minderjährige Kinder und Säuglinge, soweit sie familienversichert oder freiwillig versichert sind. Der Leistungsanspruch nach § 11 SGB V wird dann durch einen Antrag gem. § 19 SGB IV realisiert, der – soweit Handlungsfähigkeit gem. § 36 SGB I noch nicht besteht – seitens der Erziehungsberechtigten gem. §§ 104, 107 ff. BGB i.V.m. § 11 SGB X gestellt wird. 14

Zum Kreis der Versicherten gehören auch **Organspender**, die nicht in der GKV versichert sind, aber zugunsten eines Versicherten ein Organ spenden.[13] Der Anspruch des Organspenders entfällt gem. Absatz 5 allerdings dann und insoweit als gem. § 2 Abs. 1 Nr. 13b SGB VII für den Organspender die gesetzliche Unfallversicherung zuständig ist.[14] Zu den Versicherten gehören auch **Künstler** (vgl. § 36a KSVG). Der Anspruch von Künstlern und Versicherten gem. § 5 Abs. 1 Nr. 13 SGB V ruht gem. § 16 Abs. 3 SGB V, soweit diese Personen mit einem Beitrag in Höhe von Beitragsanteilen für 2 Monate im Rückstand sind und trotz Mahnung nicht zahlen. Sie bleiben gleichwohl Versicherte i.S. des § 11 Abs. 1 SGB V. 15

Ein eigenständiges System der GKV enthält das KVLG. § 3 Abs. 1 KVLG verweist auf das 3. Kapitel des SGB V, so dass hier von einem identischen Leistungsniveau auszugehen ist. Entsprechendes gilt für die Versicherten der Deutschen Rentenversicherung Knappschaft-Bahn-See gem. § 167 SGB V und die Versicherten der Seekasse gem. § 165 SGB V. **Leistungsempfänger** von Hilfe zum Lebensunterhalt und Grundsicherung im Alter nach dem **SGB XII** sind nicht Versicherte der GKV, auch dann nicht, wenn gem. § 264 Abs. 1 SGB V die Krankenkasse die Krankenbehandlung übernimmt. Jedoch gilt für diese Personen gem. § 264 Abs. 4 SGB V, § 11 Abs. 1 SGB V entsprechend – ebenso Asylbewerber. 16

Indem Absatz 1 ohne Unterschied Versicherte jeglicher Art und ohne Ansehung der Kasse als anspruchsberechtigt bezeichnet, schließt § 11 SGB V zugleich jegliche Ungleichbehandlung im Leistungsrecht aus. Das korrespondiert mit den **Benachteiligungsverboten** gem. § 33c SGB I, § 19a SGB IV, Art. 3 Abs. 3 GG und dem BGG. Der vom Gesetzgeber intendierte Kassenwettbewerb und der **Wettbewerb** um besonders qualifizierte Leistungserbringer dürfen das in § 11 SGB V versprochene Leistungsniveau also nicht unterbieten. Auch die Chance, per Wahltarif individuell die Versorgung „zu verbessern", darf nicht zu einem Absinken der Leistungen zu Lasten derjenigen führen, die – aus welchen Gründen auch immer – von den Angeboten gem. § 53 SGB V keinen Gebrauch machen (können). 17

2. Anspruch

Anspruch definiert § 194 Abs. 1 BGB als das Recht, von dem Leistungserbringer ein Tun oder Unterlassen zu verlangen. § 31 SGB I regelt allgemein, dass Rechte und Pflichten „nur begründet, festgestellt, geändert oder aufgehoben werden" dürfen, soweit dies durch ein **Gesetz** geregelt ist. Zu unterscheiden sind rechtsgebundene Sozialleistungen (§ 38 SGB I) von Ermessensleistungen i.S. der §§ 39, 40 SGB I. Indem die Gesundheitsreform 2007 (GKV-WSG) nun auch ambulante Rehabilitationsleistungen zu Regelleistungen macht, auf die ein „Anspruch" besteht (§ 40 Abs. 1 SGB V), greift der Gesetzgeber eine Problematik auf, die der Sachverständigenrat zur Begutachtung der Entwicklungen im 18

[13] BSG v. 12.12.1972 - 3 RK 47/70 - E 35, 102, 103 f.; BSG v. 16.07.1996 - 1 RK 15/95 - E 79, 53, 54: „Nebenleistung zum Behandlungsanspruch des Empfängers".

[14] Vgl. zur Spende von Blutstammzellen: LSG Schleswig-Holstein v. 18.01.2007 - L 1 U 48/06 - Breith 2007, 302-309.

Gesundheitswesen unter dem Thema „**Primärprävention in vulnerablen Gruppen**" abgehandelt hat.[15] Gemeint sind Strategien zur Verminderung gesundheitlicher Ungleichheit, d.h. die Verbesserung der Gesundheitschancen **aller** Gruppen in der Bevölkerung. Tatsächlich erweist sich – so der Sachverständigenrat –, dass Personen mit niedrigem Einkommen, niedrigem sozialen Status, niedriger Schulbildung und anderen sozialen Benachteiligungen, wie etwa arbeitslose Alleinerziehende, Migranten, eine deutliche höhere Morbidität und Mortalität aufweisen und zugleich Präventions- und Gesundheitsförderungsangebote unterdurchschnittlich wahrnehmen (können). Darauf reagiert die Gesundheitspolitik durch weitere Angebote der Primärprävention einerseits und eine nachhaltigere Verpflichtung der GKV und Leistungserbringer andererseits.

19 Das aus dem Sachleistungsprinzip sich ergebende Dreiecksverhältnis – Patient/Versicherter, Krankenkasse, Leistungserbringer – erfordert ein den „Anspruchsgegner", d.h. die jeweilige Krankenkasse, entlastendes Verfahren. Danach sind es die Ärzte, die das sich aus dem SGB V ergebende **Rahmenrecht konkretisieren**, sprich: mit dem Versicherten in der jeweiligen Behandlungssituation klären, was im Einzelfall notwendig und wirtschaftlich ist – immer bezogen auf das allgemeine Ziel einer wirtschaftlichen und effektiven Krankenbehandlung, vgl. dazu auch § 12 SGB V. Die Akteure des Gesundheitswesens „entlasten" in funktionaler Selbstverwaltung den Staat von Entscheidungen, die ihn fachlich und legitimatorisch überfordern. Die einzelne therapeutische Beziehung wird von der Notwendigkeit befreit, in der ihr eigenen Asymmetrie Preise und Präferenzen auszuhandeln.[16]

3. Leistungen

20 In § 11 Abs. 1 Nr. 2-4 SGB V werden die Leistungen gem. §§ 20-52 SGB V in Bezug genommen. Dazu gehören nun auch die Schutzimpfungen gem. § 20d SGB V.[17] Es handelt sich um eine dynamische Verweisung, die dem Gesetzgeber unter Umständen Spielräume eröffnet, das „Versicherungsprodukt" zu definieren, vgl. dazu auch § 2 Abs. 1 SGB V: „Eigenverantwortung". **Nicht** zu den in Absatz 1 genannten Leistungen gehören die Leistungen der **Wahltarife** gem. § 53 SGB V, z.B. Arzneimittel der besonderen Therapierichtungen gem. § 53 Abs. 5 SGB V. Die Teilnahme der Versicherten an besonderen Versorgungsformen gem. §§ 63, 73b, 73c, 137f oder 140a SGB V zielt auf eine qualitative Verbesserung der Erbringung der in § 11 Abs. 1 Nr. 2-4 SGB V genannten Leistungen. Diese „neuen Versorgungsformen" sind in besonderer Weise dem in § 2 Abs. 1 SGB V erwähnten medizinischen Fortschritt verpflichtet, ändern aber nichts an dem Postulat des für alle gleichermaßen geltenden medizinischen Behandlungsstandards.

21 Zahnersatz gem. §§ 55 ff. SGB V, Fahrtkosten gem. § 60 SGB V und Leistungen bei Schwangerschaft und Mutterschaft gem. §§ 195-200b RVO und die Kostenerstattung gem. § 13 Abs. 3, 4 und 5 SGB V sowie die Leistungen bei Beschäftigung bzw. Behandlung im Ausland gem. §§ 17, 18 SGB V sind zwar in Absatz 1 des § 11 SGB V nicht erwähnt. Damit ist aber keine Bewertung verbunden, etwa derart, dass nur die in § 11 Abs. 1 SGB V genannten Leistungen zum „Kernbereich" der GKV gehören.[18]

22 Schon vor dem 01.01.2008 gewährte § 11 Abs. 1 SGB V hinsichtlich des persönlichen Budgets einen Anspruch (vgl. die Übergangsregelung gem. § 159 Abs. 5 SGB IX). Der Anwendungsbereich des persönlichen Budgets in der gesetzlichen Krankenversicherung ist jedoch sehr eng (vgl. die Kommentierung zu § 2 SGB V Rn. 70), so dass die Divergenz praktisch keine Rolle spielte. Der Gesetzgeber setzt ein Signal, indem er das **Persönliche Budget** ausdrücklich in Absatz 1 Nr. 5 auflistet: soweit irgend möglich sollen auch chronisch kranke Menschen **Verantwortung** für ihre Versorgung übernehmen und ihr Leben selbst gestalten. Ein Gedanke, der auch bei den „neuen Versorgungsformen" eine Rolle spielt und leitendes Motiv bei den Bemühungen um Prävention ist.

4. Medizinische Rehabilitation (Absatz 2)

23 Absatz 2 bestätigt den Anspruch auf Leistungen zur medizinischen Rehabilitation; es handelt sich weder um einen Programmsatz noch eine deklaratorische Aussage[19], sondern um eine unmittelbar geltende Leistungsvoraussetzung. Damit korrespondiert Absatz 2 mit § 40 SGB V. Leistungen der Reha-

---

15 Gutachten 2007 „Kooperation und Verantwortung – Voraussetzungen einer zielorientierten Gesundheitsversorgung" v. 07.09.2007, BT-Drs. 16/6339, S. 333 ff.

16 *Welti*, SGb 2007, 210, 211; ausführlich zum „Rahmenrecht" *Neumann* in: Schnapp/Wigge, Handbuch des Vertragsarztrechtes, 2. Aufl. 2006, § 13 Rn. 11 ff.; Kommentierung zu § 72 SGB V Rn. 65 ff.

17 Vgl. dazu auch Richtlinie des GBA v. 21.06./18.10.2007, DÄBl 2007, A 45.

18 Zur Abgrenzung z.B. BSG v. 19.09.2007 - B 1 KR 6/07 R - FamRZ 2007, 2066-2068: Künstliche Befruchtung.

19 *Zipperer* in: GKV-Komm, SGB V 1200, § 11 Rn. 32.

bilitation sind gem. § 40 Abs. 1 und 2 SGB V i.d.F. GKV-WSG Pflichtleistungen der GKV. Die medizinische Rehabilitation wird ebenfalls als Sachleistung im Rahmen der vertragsärztlichen Versorgung (§ 73 Abs. 2 Satz 1 Nr. 5 SGB V) erbracht.

24 Die in § 11 Abs. 2 Satz 1 SGB V formulierten **Ziele** korrespondieren mit § 4 SGB IX. Dazu gehören nicht die soziale Eingliederung, die Verbesserung schulischer oder beruflicher Fähigkeiten oder die behindertengerechte Gesundheitsförderung. Deshalb sind Kosten einer Verhaltenstherapie mit heilpädagogischen Maßnahmen bei einem autistischen Kind von der gesetzlichen Krankenversicherung nur dann zu übernehmen, wenn die Bekämpfung der Krankheit im Vordergrund steht.[20] Anerkannt ist aber die Bedeutung der **geriatrischen Rehabilitation**, auch soweit hier die akutmedizinische und rehabilitative Behandlung gleichzeitig notwendig ist.[21] Die medizinische Rehabilitation differenziert also nicht nach dem Lebensalter, sondern ist auch im hohen Alter Verpflichtung, etwa soweit es um die „Minderung" von Pflegebedürftigkeit geht.

25 § 26 Abs. 2 SGB IX beschreibt die **Leistungen zur medizinischen Rehabilitation** wie folgt:

- Behandlung durch Ärzte, Zahnärzte und Angehörige anderer Heilberufe, soweit deren Leistungen unter ärztlicher Aufsicht oder auf ärztliche Anordnung durchgeführt werden, einschließlich der Anleitung, eigene Heilungskräfte zu entwickeln,
- Früherkennung und Frühförderung behinderter und von Behinderung bedrohter Kinder (dazu § 30 SGB IX),
- Arznei- und Verbandsmittel,
- Heilmittel einschließlich physikalischer, Sprach- und Beschäftigungstherapie,
- Psychotherapie als ärztliche oder psychotherapeutische Behandlung,
- Hilfsmittel,
- Belastungserprobung und Arbeitstherapie.

Ggf. kommen im Einzelfall erforderliche ergänzende Hilfen in Betracht (dazu § 44 Abs. 1 SGB IX). Seit dem 01.04.2007 kann die Leistung auch als „**mobile Rehabilitation**" erfolgen i.S. eines aufsuchenden medizinischen Rehabilitationsangebotes (§ 40 Abs. 1 Satz 1 HS. 2 SGB V).

26 Mit dem Rechtsbegriff **Rehabilitation** in Absatz 2 bezieht sich das Recht der GKV auch auf § 1 SGB IX. Danach gehört es zu den Zielen der Rehabilitation auch, die „Selbstbestimmung und gleichberechtigte Teilhabe am Leben in der Gemeinschaft zu fördern, Benachteiligungen zu vermeiden oder ihnen entgegenzuwirken". Diese Zielsetzung orientiert sich auch an dem Gleichheitssatz des Art. 3 Abs. 3 Satz 2 GG und des AGG sowie dem Benachteiligungsverbot gem. § 33c SGB I und § 19a SGB IV. Die Vorschriften begründen „subjektive derivative **Teilhabepositionen und objektiv-rechtliche Schutzpflichten des Staates**".[22] Die medizinischen Leistungen sind auf der Grundlage eines ganzheitlich orientierten, unter ärztlicher Verantwortung und Mitwirkung des Reha-Teams erstellten Konzepts durchzuführen. Dieses Konzept beinhaltet zugleich, dass die Betreuung durch nichtärztliches Fachpersonal besonderes Gewicht erhält.[23]

5. Begleitperson (Absatz 3)

27 Wohl eher klarstellend regelt Absatz 3 den Anspruch auf Übernahme der Kosten für eine Begleitperson. Dieser Anspruch knüpft – streng akzessorisch – an die Notwendigkeit der vollstationären Behandlung an. Anspruchsberechtigt ist der behandlungsbedürftige Versicherte, nicht die Begleitperson selbst.[24] Auch teilstationäre Leistungen oder solche der stationären Rehabilitation können die Mitaufnahme einer Begleitperson notwendig machen (vgl. auch § 53 Abs. 1 SGB IX). Medizinisch begründet ist die Begleitung typischerweise bei Kindern[25], u.U. auch bei Schwerstkranken in Hospizen i.S.d. § 39a SGB V.

[20] Dazu LSG Rheinland-Pfalz v. 19.09.2006 - L 1 KR 65/04 - Breithaupt 2006, 749; dagegen handelt es sich bei der konduktiven Förderung nach PETÖ um eine Leistung der medizinischen Rehabilitation und nicht um eine heilpädagogische Maßnahme, SG Osnabrück v. 03.04.2007 - S 16 SO 193/05 - juris.

[21] Zu sektorenübergreifend abgestimmten Behandlungskonzepten vgl. auch *Lübke*, Ersk 2007, 449.

[22] *Noftz* in: Hauck/Noftz, SGB V, K § 11 Rn. 49 unter Bezug auf *Osterloh* in: Sachs (Hrsg.), GG, 3. Aufl., Art. 3 Rn. 53 ff., 65 ff., 235 ff.

[23] Vgl. dazu auch die Rehabilitationsrichtlinie, in Kraft ab 01.04.2004, BAnz Nr. 63 v. 31.03.2004, 6769; Rahmenempfehlungen über Vorsorge- und Rehabilitationsmaßnahmen nach § 111b v. 12.05.1999.

[24] So *Noftz* in: Hauck/Noftz, SGB V, K § 11 Rn. 56; anders *Zipperer* in: GKV-Komm, SGB V, § 11 Rn. 9: eigener Anspruch der Begleitperson.

[25] BSG v. 26.03.1980 - 3 RK 32/79 - E 50, 72.

6. Versorgungsmanagement (Absatz 4)

28 Die Übergänge (so genannte „Schnittstellen") seien – so die Kritik von Sachverständigen – zwischen den Versorgungsbereichen problematisch. Dies gilt nicht nur für den Übergang zwischen stationärer und ambulanter Versorgung, sondern ebenso für den Übergang zwischen Akutbehandlung und Rehabilitation bis hin zur Pflege.[26] Die in § 11 Abs. 4 Satz 2 SGB V erwähnte **„sachgerechte Anschlussversorgung"** bildet nur einen Ausschnitt aus dem „Versorgungsmanagement". Der Sachverständigenrat zur Begutachtung der Entwicklung im Gesundheitswesen[27] erwähnt **multiprofessionelle ambulante Teams**. Danach soll die Versorgung nach folgenden Grundsätzen erfolgen:

- Beteiligung an den lokalen Strukturen des Sozialsystems (Kindergärten und Schulen, Erwachsenenbildungseinrichtungen, Kirchen, berufliches Umfeld),
- vorausschauende prospektive Herangehensweise: Es werden nicht nur akut eingetretene Erkrankungen und Komplikationen von chronischen Erkrankungen behandelt, sondern es wird versucht, deren Auftreten durch Prävention und durch das aktives Gestalten der Versorgung von chronischen Kranken zu verhindern,
- hoher Stellenwert der Koordination der präventiven und Behandlungsprozesse,
- Stärkung des Selbstmanagements der Patienten,
- Orientierung an evidenzbasierten Behandlungsleitlinien,
- wohnortnahe Versorgung mit Gewährleistung der Versorgung in der Fläche, besonders in ländlichen Gebieten mit negativer Wanderungsbilanz.

29 Der Sachverständigenrat plädiert nicht nur für eine enge Zusammenarbeit zwischen den verschiedenen Berufsgruppen, sondern auch für die stärkere Einbeziehung nichtärztlicher Gesundheitsberufe. In der Konsequenz heißt dies, dass die Aufgabenverteilung zwischen den Gesundheitsberufen neu zu definieren ist.[28]

30 Aus Sicht der Medizin werden **„klinische Behandlungspfade"** entwickelt. Mit der Einführung von Fallpauschalen sollen Fehlanreize zur Verlängerung der Verweildauer und damit der Fehlfinanzierung von Krankenhausleistungen eliminiert werden. Als Konsequenz reagieren die Krankenhäuser mit steigenden Fallzahlen und reduzieren die Verweildauer. Das erhöht die Anforderungen an die Behandlung. Die Gesundheitsprozesse werden standardisiert über so genannte klinische Behandlungspfade. Diese sollen die Schnittstellen optimieren und eine systematisierte und koordinierte Vorgehensweise fördern. Es geht um

- transparente Darstellung aller Abläufe des Gesamtprozesses,
- Ausrichtung des Gesamtprozesses auf definierte Behandlungsziele,
- Verbesserung der Struktur-, Prozess- und Ergebnisqualität,
- Verbesserung der Patientenzentrierung und -zufriedenheit,
- Optimierung der Ablauforganisation,
- Verkürzung der Verweildauer,
- Sicherstellung der Ressourcenverfügbarkeit,
- Reduktion unsinniger und nicht indizierter Leistungen,
- Schaffung von Prozesskostentransparenz,
- Messung und Reduktion notwendiger Varianzen in der Behandlung,
- Messung qualitativer und ökonomischer Ergebnisse,
- Schaffung einer Grundlage für medizin-ökonomische Diskussionen.[29]

31 Das in § 11 Abs. 4 SGB V den Versicherten „angebotene" Versorgungsmanagement konzentriert sich zwar auf den Übergang der verschiedenen Versorgungsbereiche, ist aber mit dem **Case-Management**, jedenfalls in seiner Zielsetzung, eng verwandt. Das Versorgungsmanagement korrespondiert mit der Verpflichtung zur Qualitätssicherung gem. §§ 135 ff. SGB V, die zum Gegenstand von zum Teil neuen Bürokratien gemacht wurde. Die Verknüpfung mit der Qualitätssicherung lässt die Verpflichtung der Leistungserbringer, für eine sachgerechte Anschlussversorgung zu sorgen, als Selbstverständlichkeit erscheinen.

---

[26] Zur „Nachsorge" als integraler Bestandteil der Rehabilitation vgl. *Köpke*, Dt. Rentenversicherung 2007, 790.

[27] Gutachten 2007, BT-Drs. 16/6339 v. 07.09.2007, S. 80 ff.

[28] Vgl. Sachverständigenrat, S. 77 ff., 89 ff.

[29] Dazu u.a. *Roeder/Küttner* (Hrsg.), Klinische Behandlungspfade. Mit Standards erfolgreich arbeiten, 2007, S. 13. Am Beispiel der radikalen Prostatektomie beschreiben *Pühse, Küttner* u.a., DÄBl 2007, A3088, einen „klinischen Behandlungspfad", der auch vor- und nachstationäre Prozesse in den Blick nimmt.

§ 11 Abs. 4 SGB V zielt auch auf einen reibungslosen **Übergang in die Pflege**[30] und eine Kooperation von niedergelassenen Ärzten und Pflegeheim[31]. 32

Nach § 11 Abs. 4 Satz 4 SGB V setzt das Versorgungsmanagement die **Einwilligung** des Versicherten voraus. Einwilligen muss der Versicherte einerseits in das Versorgungsmanagement und andererseits in die dazu erforderliche Übermittlung von Daten. Ob die Einwilligung schriftlich erfolgen muss – entsprechend § 73 Abs. 1b SGB V – ist in § 11 Abs. 4 SGB V nicht ausdrücklich geregelt. Das Recht auf informationelle Selbstbestimmung gem. Art. 1 und 2 GG[32] legitimiert das Erfordernis der Einwilligung, besagt aber für die Schriftlichkeit nichts. Die „sachgerechte Anschlussversorgung" fordert häufig schnelles und zielgenaues Handeln, welches durch das Erfordernis der Schriftform unterlaufen werden könnte. Da auch im allgemeinen Rechtsverkehr die Schriftform nur dann und insoweit gilt als sie entweder vereinbart oder gesetzlich vorgeschrieben ist, reicht es aus, dass der Versicherte mündlich in die Datenübermittlung einwilligt.[33] Im Streitfall ist zu klären, wen die Last des Nachweises dafür trifft, dass die Einwilligung tatsächlich erfolgte, und zwar nach vorheriger Information. Die im Arzthaftpflichtrecht dazu entwickelten Grundsätze – zugunsten des Patientenschutzes – können hier nur Anwendung finden, wenn man das Versorgungsmanagement – vergleichbar dem Heileingriff – als einen Eingriff in das Recht des Versicherten ansieht. Anders als beim Heileingriff, wo es um die körperliche Integrität geht, geht es in § 11 Abs. 4 SGB V um den informationellen Selbstschutz, der – so das BVerfG[34] – ggf. hinter bestimmten für die private Rechtsordnung wesentlichen Allgemeinbelangen – hier Verkehrsfähigkeit von Forderungen – zurückzustehen hat. 33

Das Gesetz verpflichtet die Krankenkassen dazu, in Verträgen mit den Leistungserbringern das Erforderliche zu vereinbaren. Dies geschieht zunächst und vorrangig im Wege der integrierten Versorgung gem. §§ 140a ff. SGB V. Jedoch geht das Versorgungsmanagement weiter, da es die an der integrierten Versorgung teilnehmenden Leistungserbringer ggf. verpflichtet, über diesen Kreis hinaus für eine sachgerechte Anschlussversorgung Sorge zu tragen. Fehlt es an einer integrierten Versorgung, „ist" das Nähere im Rahmen von Verträgen nach den §§ 112 oder 115 SGB V zu regeln. Gemeint sind zweiseitige Verträge und Rahmenempfehlungen über die Krankenhausbehandlung, also zwischen Landesverbänden der Krankenkassen einerseits und der Landeskrankenhausgesellschaft andererseits. Diese Verträge können nur einen Ausschnitt dessen regeln, was mit Versorgungsmanagement gemeint ist, weshalb auch auf die dreiseitigen Verträge gem. § 115 SGB V Bezug genommen wird. Hier geht es um die „enge Zusammenarbeit zwischen Vertragsärzten und zugelassenen Krankenhäusern", um eine nahtlose ambulante und stationäre Behandlung der Versicherten zu gewährleisten. Nicht mit involviert sind Reha- und Pflegeeinrichtungen. 34

Alternativ („oder") verweist das Gesetz auch auf vertragliche Vereinbarungen mit sonstigen Leistungserbringern der gesetzlichen Krankenversicherung und mit Leistungserbringern nach dem SGB XI sowie mit den Pflegekassen. Schon die Vielfalt dieser Vertragstypen, aber auch die Beschränkung auf eine begrenzte Zahl von Leistungserbringern dürfen nicht darüber hinwegtäuschen, dass sich der „Anspruch auf ein Versorgungsmanagement gem. Absatz 4 Satz 1 an **alle Leistungserbringer** richtet – unabhängig davon, ob und inwieweit sie durch Sonderverträge in neue Versorgungsformen eingebunden sind oder nicht. Im Einzelfall kann ein Leistungserbringer vom Versicherten (vielleicht auch von der Krankenkasse) dafür auf Schadensersatz in Anspruch genommen werden, dass er es an der erforderlichen Sorge für eine sachgerechte Anschlussversorgung hat fehlen lassen. Absatz 4 garantiert nicht die effektive Anschlussversorgung, verpflichtet aber jeden Leistungserbringer, eigeninitiativ auf den Versicherten zuzugehen mit dem Hinweis auf aus seiner Sicht ggf. erforderliche, aber auch sachgerechte und wirtschaftliche Formen der Weiterbehandlung. Auch insoweit gilt das Wirtschaftlichkeitsgebot gem. § 12 SGB V. Der Anspruch des Versicherten auf solcherart „Unterstützung" gegen den Arzt kann sich aus dem Behandlungsvertrag ergeben. Das hat das OLG Hamburg[35] für den Fall einer sich abzeichnenden Pflege erörtert, im konkreten Fall aber einen Ersatzanspruch verneint. Zweifelhaft sei, ob die Pflicht zur Unterrichtung der Pflegekasse gem. § 7 Abs. 2 SGB XI drittschützenden Charakter habe. Im Übrigen seien die Mitwirkungspflichten des Patienten gem. § 6 Abs. 2 SGB XI zu beachten. 35

---

[30] Zur „Überleitung" vom Krankenhaus in die Pflege vgl. *Henke*, Pflegen Ambulant, 18. Jahrgang 6/07, S. 7 ff.

[31] Dazu *Hibbeler*, DÄBl 2007, A3297.

[32] Dazu BVerfG v. 11.07.2007 - 1 BvR 1025/07 - NJW 2007, 3707.

[33] So auch *Noftz* in: Hauck/Noftz, SGB V, K § 11 Rn. 61a.

[34] BVerfG v. 11.07.2007 - 1 BvR 1025/07 - NJW 2007, 3070.

[35] OLG Hamburg v. 20.03.2007 - 1 W 6/07 - MedR 2007, 551.

36 Anspruchsberechtigt sind die **Versicherten**. Dazu gehören Pflichtversicherte ebenso wie freiwillig Versicherte oder Familienversicherte. Dies gilt unabhängig davon, ob die Versicherten an Stelle der Sach- oder Dienstleistungen Kostenerstattung gem. § 13 Abs. 2 SGB V gewählt haben. Ob diese Pflicht auch für nicht im 4. Kapitel genannte Leistungserbringer i.S.d. § 13 Abs. 2 Satz 6 SGB V gilt, ist zweifelhaft, da die danach erforderliche vorherige Zustimmung der Krankenkassen sich auf die Notwendigkeit der Versorgung bezieht, wohl aber nicht geeignet ist, dem Privatarzt gesetzliche Pflichten aufzuerlegen. Etwas anderes gilt aber dann, wenn man das in Absatz 4 genannte Versorgungsmanagement als Bestandteil des medizinischen Standards ansieht, auf dessen Einhaltung schon das Zivilrecht jeden Behandler verpflichtet, vgl. dazu § 76 Abs. 4 SGB V.

37 Das in § 11 Abs. 4 SGB V Leistungserbringern aufgegebene „Versorgungsmanagement" korrespondiert mit dem **betrieblichen Eingliederungsmanagement** gem. § 84 Abs. 2 SGB IX.[36] Zwar knüpft der Begriff Versorgung an die Leistungen der Krankenversicherung gem. § 11 Abs. 1 SGB V i.V.m. §§ 20 ff. SGB V an, jedoch gehört es auch zu den Aufgaben der Krankenversicherung, auf Möglichkeiten der Teilhabe hinzuweisen, vgl. dazu auch § 51 SGB V, § 10 SGB IX.

7. Leistungsausschluss bei Arbeitsunfall (Absatz 5)

38 Absatz 5 schließt Ansprüche gegen die GKV aus, soweit sie Folge eines Arbeitsunfalls oder einer Berufskrankheit im Sinne der gesetzlichen Unfallversicherung (GUV) sind. Voraussetzung für den Ausschluss ist die konkrete Leistungspflicht bzw. Zuständigkeit des UV-Trägers.[37] Auch das gemeinsame Rundschreiben der Spitzenverbände vom 30.11.1990 bestätigt die fortbestehende Leistungspflicht der GKV, soweit die GUV tatsächlich nicht eintritt. In der Praxis kommt es nach einem Unfall oftmals zu einem berufsgenossenschaftlichen Heilverfahren auch schon dann, wenn der Unfall selbst als Arbeitsunfall noch nicht anerkannt ist. Kommt es dann zur Ablehnung des Arbeitsunfalls, beendet die BG das berufsgenossenschaftliche Heilverfahren durch Bescheid – gegen den der Versicherte Widerspruch einlegen kann, allerdings ohne aufschiebende Wirkung –, so dass nun die GKV – lückenlos – zuständig wird. Absatz 5 regelt somit eine ausschließliche Leistungspflicht bzw. Zuständigkeit der GUV.[38]

39 Danach sind zu unterscheiden folgende Fallkonstellationen:

- GUV erkennt Arbeitsunfall an; Leistungspflicht ausschließlich GUV.
- GUV leitet berufsgenossenschaftliches Heilverfahren ein, lehnt Arbeitsunfall ab; dann wird die GKV zuständig. Wegen der bisherigen Leistung hat GUV Erstattungsanspruch gem. § 105 SGB X.
- GKV erbringt Heilbehandlungsleistungen nach Unfall, der im Nachhinein als Arbeitsunfall anerkannt wird. GUV übernimmt berufsgenossenschaftliche Heilbehandlung und hat GKV erbrachte Leistungen gem. §§ 102, 105 SGB X zu erstatten.
- GKV hat vorläufig Heilbehandlung durchgeführt, obwohl sich im Nachhinein herausstellt, dass Arbeitsunfall vorliegt, der durch Drittverschulden verursacht wurde. Regressanspruch gem. § 116 SGB X richtet sich ausschließlich gegen GUV[39].

40 Absatz 4 ist von vornherein nur einschlägig, wenn die auf den Arbeitsunfall zurückzuführende Gesundheitsstörung alleinige Ursache der Leistungspflicht ist, nicht aber gleichzeitig und unabhängig davon bestehende unfallfremde Gesundheitsschäden.[40] Es bleibt also bei der Zuständigkeit der GKV für die Behandlung nach arbeitsbedingten Erkrankungen, soweit diese nicht als Arbeitsunfallfolgen oder Berufskrankheit anzuerkennen sind.

41 „Leistungen" im Sinne des Absatzes 5 betrifft zunächst Heilbehandlung. Im Einzelfall kann es zu einer „Doppelzuständigkeit" kommen, soweit unfallunabhängige Erkrankungen mit Unfallfolgen zusammentreffen. Soweit Verletztengeld gewährt wird, entfällt der Anspruch auf Krankengeld, auch soweit dieses höher ist als das Verletztengeld.[41] Wer als Unternehmer den Unfallversicherungsschutz auf eine niedrige Versicherungssumme begrenzt, kann wegen der Ausschlussregelung des § 11 Abs. 5 SGB V keinen „Spitzbetrag" in Form eines ergänzenden Krankengeldes in Anspruch nehmen. Dies verstößt

---

[36] Dazu unter Berücksichtigung der Mitwirkungspflichten des Mitarbeiters: *Wetzling/Habel*, NZA 2007, 1129.

[37] BSG v. 23.09.1997 - 2 RU 37/96 - BSGE 81, 103, 108 = NZS 1998, 184, 186.

[38] BGH v. 08.07.2003 - VI ZR 274/02 - NJW 2003, 3193 f.

[39] BGH v. 08.07.2003 - VI ZR 274/02 - NJW 2003, 3193.

[40] BSG v. 26.10.1998 - B 2 U 34/97 R - SozR3-2200 § 539 Nr. 43 = SGb 1999, 417 m. Anm. *Wolber*.

[41] BSG v. 25.06.2002 - B 1 KR 13/01 R - E 89, 283, 284 = NZS 2003, 479.

nicht gegen Art. 3 GG.[42] Übergangsgeld wird nur für Leistungen zur Teilhabe am Arbeitsleben gewährt, so dass eine Konkurrenz mit Leistungen der Krankenversicherung nicht in Betracht kommt.

Erbringt eine Kasse Leistungen nach einem Arbeitsunfall an den Verletzten, findet **kein Übergang nach § 116 SGB X** statt, sondern die Kasse muss sich ausschließlich an den UV-Träger halten, gem. §§ 102, 105 SGB X, der seinerseits ggf. Regressansprüche nach § 116 SGB X hat.[43] 42

II. Reform

Die Reform der Pflegeversicherung[44] sieht eine Neufassung des § 11 Abs. 4 SGB V vor, um noch weitergehend Schnittstellen zwischen der gesetzlichen Kranken- und der Pflegeversicherung zu beseitigen oder jedenfalls in ihrer für den Patienten nachteiligen Auswirkung abzumildern.[45] Danach soll § 11 Abs. 4 SGB V künftig lauten: 43

„(4) Versicherte haben Anspruch auf ein Versorgungsmanagement insbesondere zur Lösung von Problemen beim Übergang in die verschiedenen Versorgungsbereiche. Dazu haben die Krankenhäuser ein Entlassungsmanagement zur Gewährleistung des nahtlosen Übergangs von der Krankenhausbehandlung in die ambulante Versorgung, zur Rehabilitation oder Pflege einzurichten. Die Durchführung erfolgt durch hierfür qualifiziertes Personal, insbesondere Pflegefachkräfte, die koordinierend mit den behandelnden Krankenhausärzten, den stationär Pflegenden, dem sozialen Dienst, der jeweiligen Krankenkasse, den Angehörigen und den Vertragsärzten oder den aufnehmenden Einrichtungen zusammenwirken. Dabei ist eine enge Zusammenarbeit mit Pflegeberatern und Pflegeberaterinnen nach § 7a des 11. Buches zu gewährleisten. Eine entsprechende Verpflichtung gilt auch für die stationären Rehabilitationseinrichtungen hinsichtlich einer erforderlichen Anschlussversorgung. Ergänzend dazu haben die Krankenkassen im Zusammenwirken mit der jeweiligen Einrichtung für die unmittelbare Anschlussversorgung ihrer Versicherten Sorge zu tragen. Das Versorgungsmanagement und eine dazu erforderliche Übermittlung von Daten darf nur mit Einwilligung und nach vorheriger Information des Versicherten erfolgen."

Zur Begründung des Entwurfs heißt es, dass der Übergang von der stationären Krankenversorgung in eine weitergehende medizinische, rehabilitative oder pflegerische Versorgung eine besonders kritische Phase der Behandlungs- und Versorgungskette darstellt. Um die Kontinuität der Behandlung und Betreuung durch einen nahtlosen Übergang sicherzustellen, bedarf es – so die Begründung – eines umfassenden, frühzeitig einsetzenden sektorenübergreifenden Entlassungsmanagements. Im Rahmen innovativer Versorgungskonzepte könnten insbesondere erfahrene und qualifizierte Krankenpflegerinnen und Krankenpfleger mit einer Zusatzausbildung die Funktion des Case-Managers in Krankenhäusern für das Entlassungsmanagement in besonders geeigneter Weise übernehmen und dabei Qualität und Effizienz der Aufgabenabwicklung sicherstellen. Als Case-Manager analysieren und unterstützen sie koordinierend mit Ärzten und Krankenpflegerinnen und Krankenpflegern sowie den Sozialdienstmitarbeitern eines Krankenhauses die zur Verfügung stehenden Ressourcen und die aus den individuellen Versorgungsbedürfnissen des Patienten resultierenden Maßnahmen und stimmen den individuellen Hilfe- und Koordinationsbedarf mit allen an der medizinischen Betreuung Beteiligten ab.[46] 44

---

[42] Vgl. zum alten Recht Beschluss des BVerfG v. 09.11.1988 - 1 BvL 22/84, 1 BvL 71/86, 1 BvL 9/87, 1 BvL 22/84, 71/86, 9/87 - E 78, 87 ff.; dazu *Noftz* in: Hauck/Noftz, SGB V, K § 11 Rn. 65 f.

[43] Vgl. OLG Rostock v. 18.06.2004 - 8 U 93/03 - VersR 2006, 430 sowie BGH v. 08.07.2003 - VI ZR 274/02 - NJW 2003, 3193.

[44] BT-Drs. 16/7439.

[45] Vgl. zur Schnittstellenproblematik in der bisherigen Rechtsprechung des BSG auch *Udsching* in: von Wulfen/Krasney, Festschrift 50 Jahre BSG, 2004, S. 691 ff.

[46] BT-Drs. 16/7439, S. 234, 235.

Zweiter Abschnitt: Gemeinsame Vorschriften

§ 12 SGB V Wirtschaftlichkeitsgebot

(Fassung vom 21.12.1992, gültig ab 01.01.1996)

(1) Die Leistungen müssen ausreichend, zweckmäßig und wirtschaftlich sein; sie dürfen das Maß des Notwendigen nicht überschreiten. Leistungen, die nicht notwendig oder unwirtschaftlich sind, können Versicherte nicht beanspruchen, dürfen die Leistungserbringer nicht bewirken und die Krankenkassen nicht bewilligen.

(2) Ist für eine Leistung ein Festbetrag festgesetzt, erfüllt die Krankenkasse ihre Leistungspflicht mit dem Festbetrag.

(3) Hat die Krankenkasse Leistungen ohne Rechtsgrundlage oder entgegen geltenden Recht erbracht und hat ein Vorstandsmitglied hiervon gewußt oder hätte es hiervon wissen müssen, hat die zuständige Aufsichtsbehörde nach Anhörung des Vorstandsmitglieds den Verwaltungsrat zu veranlassen, das Vorstandsmitglied auf Ersatz des aus der Pflichtverletzung entstandenen Schadens in Anspruch zu nehmen, falls der Verwaltungsrat das Regreßverfahren nicht bereits von sich aus eingeleitet hat.

Gliederung

A. Basisinformationen

I. Textgeschichte/Gesetzgebungsmaterialien

1 § 12 SGB V trat mit seinen Absätzen 1 und 2 zusammen mit den übrigen Regelungen des SGB V am 01.01.1989 in Kraft.[1]

2 Durch das Gesundheitsstrukturgesetz (GSG) vom 21.12.1992[2] wurde mit Wirkung ab 01.01.1993 ein Absatz 3 angefügt, der die Haftung von Verwaltungsorganen bei rechtswidriger Leistungsgewährung regelt. Mit Wirkung ab 01.01.1996 wurde § 12 Abs. 3 SGB V an die zeitgleich in Kraft tretenden Änderungen in der Organisationsstruktur (vgl. die §§ 31 Abs. 3a, 35a SGB IV) der Krankenkassen angepasst, indem die Begriffe „Geschäftsführer" und „Vorstand" durch die Begriffe „Vorstandsmitglied" und „Verwaltungsrat" ersetzt wurden.

II. Vorgängervorschriften

3 § 12 Abs. 1 Satz 1 SGB V übernimmt ausdrücklich[3] das Wirtschaftlichkeitsgebot des zuvor geltenden Rechts (vgl. § 182 Abs. 2 RVO a.F.); Vorläufer des § 12 Abs. 1 Satz 2 SGB V ist die dem Kassenarztrecht entstammende Vorschrift des § 368e Satz 2 RVO a.F. § 12 Abs. 1 Satz 2 SGB V wurde auf Empfehlung des zuständigen Ausschusses angefügt, um das Wirtschaftlichkeitsgebot des geltenden Rechts zu verdeutlichen und klarzustellen, dass dieses Gebot auch für alle Leistungserbringer gilt[4].

---

[1] Gesundheitsreformgesetz – GRG – v. 20.12.1988, BGBl I 1988, 2477.
[2] BGBl I 1992, 2266.
[3] Vgl. RegE-GRG, BT-Drs. 11/2237, S. 163 zu § 12 Abs. 1 SGB V.
[4] Ausschussbericht zum GRG, BT-Drs. 11/3480, S. 50 zu § 12 SGB V.

III. Systematische Zusammenhänge

§ 12 SGB V gehört zum Dritten Kapitel des SGB V, der die Leistungen der Krankenversicherung regelt, und dort zum 2. Abschnitt „Gemeinsame Vorschriften". Die Vorschrift gehört zu den Grundnormen des Leistungsrechts, hat aber gleichermaßen Bedeutung für das Leistungserbringungsrecht. 4

IV. Parallelvorschriften

Ein § 12 Abs. 1 SGB V vergleichbares Wirtschaftlichkeitsgebot findet sich in § 29 Abs. 1 SGB XI. Die übrigen Bücher des Sozialgesetzbuches enthalten demgegenüber nur vereinzelt Vorschriften, welche die Wirtschaftlichkeit der Leistungserbringung betreffen. In aller Regel wird dabei auf die für die gesamte öffentliche Verwaltung maßgebenden Grundsätze der Wirtschaftlichkeit und Sparsamkeit Bezug genommen. 5

So sind diese Grundsätze bei der Erbringung von Leistungen der Grundsicherung für Arbeitsuchende zu beachten (§ 3 Abs. 1 Satz 4 SGB II); dies gilt auch für Leistungen zur Eingliederung in Arbeit (vgl. § 14 Satz 3 SGB II), und zwar auch dann, wenn diese Leistungen durch Dritte erbracht werden (§ 17 Abs. 2 Satz 2 SGB II). Für den Bereich der Arbeitsförderung sind die Grundsätze bei der Auswahl von Leistungen der aktiven Arbeitsförderung (§ 7 Satz 1 SGB III), bei berufsvorbereitenden Bildungsmaßnahmen (§ 61 Abs. 1 Nr. 3 SGB III), bei der Förderung der beruflichen Weiterbildung (§ 85 Abs. 1 Satz 1 Nr. 4 SGB III) und der Berufsausbildung (§ 241 Abs. 4 Nr. 2 SGB III) zu beachten; für den Bereich der Rentenversicherung ist dies in § 13 Abs. 1 Satz 1 SGB VI für Rehabilitationsleistungen geregelt. 6

Die Grundsätze der Wirtschaftlichkeit und Sparsamkeit sind ebenfalls bei der Übernahme von Leistungsentgelten nach dem Achten Buch Sozialgesetzbuch (§ 78b Abs. 2 Satz 1 SGB VIII) zu beachten. Nach dem Neunten Buch Sozialgesetzbuch gelten sie für die Erstattung selbst beschaffter Leistungen (§ 15 Abs. 1 Satz 3 SGB IX), für Leistungen der beruflichen Rehabilitation (§ 35 Abs. 1 Satz 2 Nr. 4 SGB IX) sowie für Leistungen im Arbeitsbereich (§ 41 Abs. 3 Satz 1 SGB IX), nach dem Zwölften Buch Sozialgesetzbuch für Leistungen in teilstationären und stationären Einrichtungen (§ 75 Abs. 2 Satz 3 SGB XII). 7

Dem § 12 Abs. 3 SGB V vergleichbare Regelungen zur Organhaftung finden sich insbesondere im SGB V. So haften die Vorstände der Krankenkassenverbände und der Kassenärztlichen Vereinigungen nach § 84 Abs. 4b SGB V für eine ordnungsgemäße Umsetzung der in § 84 SGB V geregelten Maßnahmen. 8

Nach § 106 Abs. 4b SGB V haften sie zudem, wenn Wirtschaftlichkeitsprüfungen nicht in dem vorgesehenen Umfang oder nicht entsprechend den für ihre Durchführung geltenden Vorgaben durchgeführt werden, für die „ordnungsgemäße Umsetzung dieser Regelung" (Satz 1); ebenso, wenn die in Satz 1 genannten Mängel darauf beruhen, dass die erforderlichen Daten nach den §§ 296 und 297 SGB V gar nicht, nicht im vorgesehenen Umfang oder nicht fristgerecht übermittelt worden sind (Satz 2). Nach § 106a Abs. 7 SGB V gilt die Regelung des § 106 Abs. 4b SGB V entsprechend für Plausibilitätsprüfungen nach § 106a SGB V. 9

Nach § 42 Abs. 2 SGB IV haften die Mitglieder der Selbstverwaltungsorgane für den Schaden, der dem Versicherungsträger aus einer vorsätzlichen oder grob fahrlässigen Verletzung der ihnen obliegenden Pflichten entsteht. 10

V. Literatur

Beuthien, Krankenkassen zwischen Wirtschaftlichkeitsgebot und Wettbewerbsrecht, MedR 1994, 253-267; *Dettling*, Grundrecht, neue Behandlungsmethoden und Grenzen der Rationierung in der GKV, GesR 2006, 97-106; *Ebsen*, Verfassungsrechtliche Implikationen der Ressourcenknappheit im Gesundheitswesen, NDV 1997, 71-79; *Engelmann*, Die Kontrolle medizinischer Standards durch die Sozialgerichtsbarkeit, MedR 2006, 245-259; *Fastabend*, Der Begriff der notwendigen Krankenbehandlung im SGB V, NZS 2002, 299-307; *Francke/Hart*, Die Leistungspflicht der gesetzlichen Krankenversicherung für Heilversuche, MedR 2006, 131-138; *Geis*, Das sozialrechtliche Wirtschaftlichkeitsgebot – strafbewehrtes Treuegesetz des Kassenarztes?, GesR 2006, 345-356; *Hinz*, Die Haftung des Geschäftsführers nach dem GSG, Die Leistungen 1994, 281-286; *Isensee*, Verwaltung des Mangels im Gesundheitswesen – verfassungsrechtliche Maßstäbe der Kontingentierung, Gedächtnisschrift für Meinhard Heinze 2005, 417-435; *Kluth*, Ärztliche Berufsfreiheit unter Wirtschaftlichkeitsvorbehalt?, MedR 2005, 65-71; *Neugebauer*, Das Wirtschaftlichkeitsgebot in der gesetzlichen Krankenversicherung, 1996; *Neumann*, Prioritätensetzung und Rationierung in der gesetzlichen Krankenversiche- 11 rung, NZS 2005, 617-623; *Schüller*, Die Haftung der Beschäftigten und der hauptamtlichen Vorstandsmitglieder einer gesetzlichen Krankenkasse gegenüber ihrem Arbeitgeber – Möglichkeiten der Haftungsbeschränkung -, NZS 2006, 192-198; *Seegmüller*, Die Haftung der Mitglieder des hauptamtlichen Vorstands der gesetzlichen Krankenkassen, NZS 1996, 408-415; *v. Wulffen*, Rechtsprechung des Bundessozialgerichts zu noch nicht anerkannten Behandlungsmethoden, GesR 2006, 385-389.

B. Auslegung der Norm

I. Regelungsgehalt und Bedeutung der Norm

12 § 12 SGB V ist eine **Grundnorm** des Leistungsrechts der gesetzlichen Krankenversicherung. Von besonderer Bedeutung ist der Absatz 1 der Vorschrift, in dessen Satz 1 das sogenannte Wirtschaftlichkeitsgebot (auch Wirtschaftlichkeitsgrundsatz genannt) niedergelegt ist. **Konkretisiert** wird das Wirtschaftlichkeitsgebot durch die Regelungen des Leistungserbringungsrechts. Zusammen mit § 12 Abs. 1 SGB V bestimmen sie den leistungsrechtlichen Anspruchsrahmen der Versicherten. Zugleich beschränken sie, wie schon § 12 Abs. 1 Satz 2 SGB V klarstellt, auch den Handlungsrahmen der Leistungserbringer wie der Krankenkassen. § 12 Abs. 2 SGB V stellt klar, dass bei der Gewährung eines Festbetrages keine weitergehenden Ansprüche aus § 12 Abs. 1 SGB V hergeleitet werden können.

13 Der dritte Absatz der Vorschrift regelt demgegenüber einen besonderen Anwendungsfall des Aufsichtsrechts. Er normiert die Verpflichtung der Aufsichtsbehörden, in Fällen rechtswidriger Leistungsgewährung Maßnahmen gegen die verantwortlichen Vorstandsmitglieder zu veranlassen.

II. Wirtschaftlichkeitsgebot (Absatz 1)

1. Allgemeines

14 § 12 Abs. 1 SGB V gilt als Grundnorm des Leistungsrechts nicht allein für die in § 11 SGB V aufgeführten Leistungsarten, welche die Versicherten gemäß § 2 Abs. 2 Satz 1 SGB V als Sachleistungen erhalten und über deren Erbringung die Krankenkassen Verträge mit Leistungserbringern schließen (§ 2 Abs. 2 Satz 3 SGB V), sondern gleichermaßen auch dann, wenn an deren Stelle Kosten nach § 13 SGB V erstattet werden.[5] Auch ein **Kostenerstattungsanspruch** setzt voraus, dass dem Versicherten ein entsprechender Sachleistungsanspruch zustand.[6]

15 Die allgemeinen Prinzipien des Leistungsrechts, zu denen das Wirtschaftlichkeitsgebot gehört, sind auch im Falle einer **Auslandsbehandlung** nach § 18 SGB V zu beachten.[7] Das Wirtschaftlichkeitsgebot gilt zudem – namentlich bei Hilfsmitteln – auch für die Ersatzbeschaffung.[8]

16 Der Anwendungsbereich des § 12 Abs. 1 SGB V ist lediglich dann **eingeschränkt**, wenn die Leistungspflicht der Krankenkasse auf die Gewährung von Festbeträgen begrenzt (siehe hierzu § 12 Abs. 2 SGB V; vgl. Rn. 150) oder der Leistungsumfang – wie etwa beim Krankengeld nach § 44 SGB V – bereits abschließend gesetzlich bestimmt ist. Darüber hinaus enthalten einzelne leistungsrechtliche Normen – wie etwa die §§ 27a Abs. 1 Nr. 1 und 2, 28 Abs. 1 Satz 1, Abs. 2 Satz 1, 33 Abs. 1, 39 Abs. 1 Satz 2, 40 Abs. 1, 43 Abs. 1 und 60 Abs. 1 Satz 1 SGB V – spezielle Konkretisierungen des Wirtschaftlichkeitsgebots.

17 Die Vorschrift beinhaltet zum einen in ihrem **Satz 1** die **gesetzliche Definition** des Wirtschaftlichkeitsgebots, indem sie bestimmt, dass die Leistungen ausreichend, zweckmäßig und wirtschaftlich sein müssen und das Maß des Notwendigen nicht überschreiten dürfen. Damit wird der **Leistungsanspruch des Versicherten** gegen seine Krankenkasse inhaltlich bestimmt[9] bzw. **konkretisiert**[10]. Der Sachleis-

---

[5] BSG v. 25.09.2000 - B 1 KR 5/99 R - SozR 3-2500 § 13 Nr. 22, 100, 103.

[6] Std. Rspr. des BSG, vgl. BSG v. 10.02.1993 - 1 RK 17/91 - SozR 3-2200 § 182 Nr. 13; BSG v. 16.09.1997 - 1 RK 32/95 - BSGE 81, 73, 74 = SozR 3-2500 § 92 Nr. 7; BSG v. 19.10.2004 - B 1 KR 27/02 R - BSGE 93, 236, 239 = SozR 4-2500 § 27 Nr. 1; zuletzt BSG v. 26.09.2006 - B 1 KR 15/06 R - KrV 2006, 322.

[7] BSG v. 17.02.2004 - B 1 KR 5/02 R - BSGE 92, 164, 167 = SozR 3-2500 § 18 Nr. 2; BSG v. 16.06.1999 - B 1 KR 4/98 R - BSGE 84, 90, 93 f. = SozR 3-2500 § 18 Nr. 4; BSG v. 23.05.1984 - 6 RKa 2/83 - SozR 5520 § 29 Nr. 3, 1, 8 f.

[8] BSG v. 20.11.1996 - 3 RK 5/96 - BSGE 79, 261, 263 = SozR 3-2500 § 33 Nr. 21.

[9] BSG v. 21.11.1991 - 3 RK 8/90 - BSGE 70, 24, 26 = SozR 3-2500 § 12 Nr. 2; BSG v. 22.09.1981 - 11 RK 10/79 - BSGE 52, 134, 137 = SozR 2200 § 182 Nr. 76.

[10] Vgl. RegE-GRG, BT-Drs. 11/2237, S. 163 zu § 12 SGB V.

tungsanspruch des Versicherten findet seine inhaltliche Bestimmung durch die Begriffe der Zweckmäßigkeit und Notwendigkeit/Wirtschaftlichkeit.[11]

§ 12 Abs. 1 Satz 1 SGB V wirkt dabei sowohl **anspruchsbegründend** als auch **anspruchsbegrenzend**, indem er zum einen im Individualinteresse der Versicherten einen gewissen Mindeststandard („ausreichend") gewährleistet, zum anderen aber auch die Ansprüche der Versicherten im Interesse der Solidargemeinschaft der Beitragszahler nach oben („notwendig", „zweckmäßig", „wirtschaftlich") begrenzt.[12] 18

Zum anderen regelt § 12 Abs. 1 Satz 1 SGB V in seinem **Satz 2** die **Konsequenzen**, die sich aus diesem Gebot für die Beteiligten ergeben; danach können Leistungen, die nicht notwendig oder unwirtschaftlich sind, weder von Versicherte beansprucht werden noch dürfen Leistungserbringer sie bewirken oder Krankenkassen sie bewilligen. 19

Das Wirtschaftlichkeitsgebot des § 12 Abs. 1 Satz 1 SGB V findet seinen Niederschlag bereits in den **allgemeinen Vorschriften** des SGB V. So bestimmt § 2 Abs. 1 Satz 1 SGB V, dass die Krankenkassen den Versicherten die im 3. Kapitel genannten Leistungen unter Beachtung des Wirtschaftlichkeitsgebots (§ 12 SGB V) zur Verfügung stellen, § 2 Abs. 4 SGB V, dass Krankenkassen, Leistungserbringer und Versicherte darauf zu achten haben, dass die Leistungen wirksam und wirtschaftlich erbracht und nur im notwendigen Umfang in Anspruch genommen werden. 20

Der **vorrangige Zweck** des Wirtschaftlichkeitsgebots wird in § 4 Abs. 4 Satz 1 SGB V verdeutlicht. Danach haben die Krankenkassen bei der Durchführung ihrer Aufgaben (und in ihren Verwaltungsangelegenheiten) sparsam und wirtschaftlich zu verfahren und dabei ihre Ausgaben so auszurichten, dass Beitragssatzerhöhungen ausgeschlossen werden, es sei denn, die notwendige medizinische Versorgung ist auch nach Ausschöpfung von Wirtschaftlichkeitsreserven ohne Beitragssatzerhöhungen nicht zu gewährleisten. 21

Zum einen ist das Wirtschaftlichkeitsgebot Ausdruck der für die gesamte Sozialversicherung – wie auch für die öffentliche Verwaltung insgesamt – geltenden **Grundsätze der Wirtschaftlichkeit und Sparsamkeit**. Hierbei handelt es sich um ein allgemeines Rechtsgebot, dem alles öffentliche Verwaltungshandeln unterliegt und das in einzelnen haushaltsrechtlichen Bestimmungen seinen Niederschlag gefunden hat.[13] Für die Sozialversicherungsträger bestimmt § 69 Abs. 2 SGB IV, dass der Versicherungsträger bei der Aufstellung und Ausführung des Haushaltsplans sicherzustellen hat, dass er die ihm obliegenden Aufgaben unter Berücksichtigung der Grundsätze der Wirtschaftlichkeit und Sparsamkeit erfüllen kann. 22

Zum anderen markiert das Wirtschaftlichkeitsgebot die **finanziellen Grenzen**, die der Leistungspflicht der gesetzlichen Krankenversicherung von der Belastbarkeit der Beitragszahler und der Leistungsfähigkeit der Volkswirtschaft gezogen werden.[14] Um sicherzugehen, dass die Beitragspflichtigen nicht mit Abgaben in einer Höhe belastet werden, die zur Erreichung des Zwecks der gesetzlichen Krankenversicherung außer Verhältnis steht, sind von den möglichen ärztlichen Behandlungsmaßnahmen nur eine engere Auswahl, nämlich diejenigen vom Versicherungsschutz umfasst, die ausreichend, zweckmäßig und wirtschaftlich sind.[15] Es dient dazu, Beitragssatzerhöhungen zu vermeiden und damit die finanzielle Stabilität und als deren Folge die Funktionstüchtigkeit und Leistungsfähigkeit des Systems der gesetzlichen Krankenversicherung zu gewährleisten.[16] 23

2. Verfassungsrechtliche Vorgaben

Es ist verfassungsrechtlich nicht zu beanstanden, dass die gesetzliche Krankenversicherung den Versicherten Leistungen nach Maßgabe eines allgemeinen Leistungskatalogs nur unter Beachtung des Wirtschaftlichkeitsgebots zur Verfügung stellt.[17] Es steht auch mit dem Grundgesetz im Einklang, wenn der 24

[11] BSG v. 21.11.1991 - 3 RK 8/90 - BSGE 70, 24, 30 = SozR 3-2500 § 12 Nr. 2.

[12] RegE-GRG, BT-Drs. 11/2237, S. 163 zu § 12 SGB V; vgl. auch BSG v. 28.06.1983 - 8 RK 22/81 - BSGE 55, 188, 193 f. = SozR 2200 § 257a Nr. 10.

[13] BSG v. 29.02.1984 - 8 RK 27/82 - BSGE 56, 197, 198 = SozR 2100 § 69 Nr. 4.

[14] BSG v. 28.03.2000 - B 1 KR 11/98 R - BSGE 86, 54, 66 = SozR 3-2500 § 135 Nr. 14, 59, 72.

[15] BSG v. 20.03.1996 - 6 RKa 62/94 - BSGE 78, 70, 87 = SozR 3-2500 § 92 Nr. 2.

[16] Vgl. BVerfG v. 08.06.1984 - 1 BvR 580/84 - SozR 2200 § 368n Nr. 29, 87; BSG v. 31.07.1991 - 6 RKa 18/90 - BSGE 69, 147, 149 = SozR 3-2500 § 106 Nr. 7; BSG v. 16.06.1993 - 14a/6 RKa 37/91 - BSGE 72, 271, 274 = SozR 3-2500 § 106 Nr. 19.

[17] BVerfG v. 06.12.2005 - 1 BvR 347/98 - SozR 4-2500 § 27 Nr. 5, 28, 36.

Gesetzgeber vorsieht, dass die Leistungen der gesetzlichen Krankenversicherung ausreichend, zweckmäßig und wirtschaftlich zu sein haben und das Maß des Notwendigen nicht überschreiten dürfen.[18]

25 Ungeachtet der grundsätzlichen verfassungsrechtlichen Unbedenklichkeit steht das Wirtschaftlichkeitsgebot in einem **Spannungsfeld** zwischen den grundrechtlich geschützten Interessen der von Leistungsbegrenzungen betroffenen Personenkreise und den mit der Aufrechterhaltung des Systems verbundenen Erfordernissen.

26 Um eine Gesundheitsversorgung der Bevölkerung durch eine gesetzliche Krankenversicherung zu gewährleisten, muss der Gesetzgeber unterschiedliche **Gemeinwohlbelange** und – zum Teil gegenläufige – **Grundrechtspositionen** vieler Personengruppen miteinander zum Ausgleich bringen.[19] Diese Gemeinwohlbelange und Grundrechtspositionen sind aber auch von den Rechtsanwendern und Fachgerichten bei der Auslegung der Begriffselemente des § 12 Abs. 1 Satz 1 SGB V zu berücksichtigen.[20]

a. Grundrechtsschutz

27 Maßstab für die Beurteilung der Verfassungsmäßigkeit des Leistungsrechts der gesetzlichen Krankenkassen und damit auch des § 12 Abs. 1 Satz 1 SGB V bzw. der hierauf gestützten Entscheidungen sind auf der einen Seite die Grundrechte der Versicherten. Hierzu gehören zunächst die Grundrechte auf **Leben und körperliche Unversehrtheit** aus Art. 2 Abs. 2 Satz 1 GG.[21] Bei der Gesundheit der Bevölkerung handelt es sich um ein besonders wichtiges Gemeinschaftsgut.[22]

28 Zwar folgt aus diesen Grundrechten regelmäßig kein verfassungsrechtlicher Anspruch gegen die Krankenkassen auf Bereitstellung bestimmter und insbesonderer spezieller Gesundheitsleistungen[23], doch hat sich die Gestaltung des Leistungsrechts der gesetzlichen Krankenversicherung an der objektiv-rechtlichen Pflicht des Staates zu orientieren, sich schützend und fördernd vor die Rechtsgüter des Art. 2 Abs. 2 Satz 1 GG zu stellen.[24]

29 Zudem schützt auch das Grundrecht der **allgemeinen Handlungsfreiheit** aus Art. 2 Abs. 1 GG den beitragspflichtigen Versicherten vor einer Unverhältnismäßigkeit von Beitrag und Leistung.[25] Daraus lässt sich in der gesetzlichen Krankenversicherung zwar kein verfassungsrechtlicher Anspruch auf bestimmte Leistungen der Krankenbehandlung ableiten, jedoch sind gesetzliche, auf Gesetz beruhende wie auch im Wege der Auslegung durch die Fachgerichte bestimmte Leistungsausschlüsse und Leistungsbegrenzungen daraufhin zu überprüfen, ob sie im Rahmen des Art. 2 Abs. 1 GG gerechtfertigt sind.[26]

30 Bei der näheren Bestimmung und Entfaltung der Schutzfunktion des Art. 2 Abs. 1 GG kommt dem grundgesetzlichen **Sozialstaatsprinzip** maßgebliche Bedeutung zu.[27] Der Schutz des Einzelnen in Fällen von Krankheit ist in der sozialstaatlichen Ordnung des Grundgesetzes eine Grundaufgabe des Staates.[28] Ihr ist der Gesetzgeber nachgekommen, indem er durch Einführung der gesetzlichen Krankenversicherung als öffentlich-rechtliche Pflichtversicherung für den Krankenschutz eines Großteils der Bevölkerung Sorge getragen und die Art und Weise der Durchführung dieses Schutzes geregelt hat.[29]

---

[18] BVerfG v. 06.12.2005 - 1 BvR 347/98 - SozR 4-2500 § 27 Nr. 5, 28, 37; BSG v. 04.04.2006 - B 1 KR 12/04 R.

[19] BVerfG v. 20.03.2001 - 1 BvR 491/96 - BVerfGE 103, 172, 185 = SozR 3-5520 § 25 Nr. 4; BVerfG v. 13.09.2005 - 2 BvF 2/03 - BVerfGE 114, 196, 248 = SozR 4-2500 § 266 Nr. 9.

[20] Vgl. auch BVerfG v. 06.12.2005 - 1 BvR 347/98 - SozR 4-2500 § 27 Nr. 5, 28, 35.

[21] BVerfG v. 06.12.2005 - 1 BvR 347/98 - SozR 4-2500 § 27 Nr. 5, 28, 35.

[22] Vgl. BVerfG v. 10.05.1988 - 1 BvR 482/84 u.a. - BVerfGE 78, 179, 192.

[23] BVerfG v. 06.12.2005 - 1 BvR 347/98 - SozR 4-2500 § 27 Nr. 5, 28, 35 unter Hinweis auf BVerfG v. 29.10.1987 - 2 BvR 624/83 u.a. - BVerfGE 77, 170, 215 und BVerfG v. 30.11.1988 - 1 BvR 1301/84 - BVerfGE 79, 174, 202; ebenso BVerfG v. 05.03.1997 - 1 BvR 1071/95 - NJW 1997, 3085 und BVerfG v. 05.03.1997 - 1 BvR 1068/96 - MedR 1997, 318; BVerfG v. 15.12.1997 - 1 BvR 1953/97 - NJW 1998, 1775; siehe hierzu auch BSG v. 10.05.2005 - B 1 KR 25/03 R - BSGE 94, 302, 310 f. = SozR 4-2500 § 34 Nr. 2 m.w.N.

[24] BVerfG v. 06.12.2005 - 1 BvR 347/98 - SozR 4-2500 § 27 Nr. 5, 28, 36; BVerfG v. 16.10.1977 - 1 BvQ 5/77 - BVerfGE 46, 160, 164.

[25] BVerfG v. 06.12.2005 - 1 BvR 347/98 - SozR 4-2500 § 27 Nr. 5, 28, 34.

[26] BVerfG v. 06.12.2005 - 1 BvR 347/98 - SozR 4-2500 § 27 Nr. 5, 28, 34.

[27] BVerfG v. 06.12.2005 - 1 BvR 347/98 - SozR 4-2500 § 27 Nr. 5, 28, 34.

[28] BVerfG v. 06.12.2005 - 1 BvR 347/98 - SozR 4-2500 § 27 Nr. 5, 28, 34.

[29] BVerfG v. 06.12.2005 - 1 BvR 347/98 - SozR 4-2500 § 27 Nr. 5, 28, 34 f.; BVerfG v. 31.10.1984 - 1 BvR 35/82 u.a. - BVerfGE 68, 193, 209.

Da mit dieser Versicherungsform auch einkommensschwachen Bevölkerungsteilen ein voller Krankenversicherungsschutz zu moderaten Beiträgen ermöglicht werden soll[30], bedarf es einer besonderen Rechtfertigung vor Art. 2 Abs. 1 GG in Verbindung mit dem Sozialstaatsprinzip, wenn dem Versicherten Leistungen für die Behandlung einer Krankheit und insbesondere einer lebensbedrohlichen oder regelmäßig tödlichen Erkrankung durch gesetzliche Bestimmungen oder durch deren fachgerichtliche Auslegung und Anwendung vorenthalten werden.[31] Dabei macht es grundsätzlich keinen Unterschied, ob es um den Leistungsanspruch eines Versicherten oder einer nach § 10 SGB V mitversicherten Person geht.[32] 31

b. Systemerhalt

Auf der anderen Seite ist anerkannt, dass der Leistungskatalog der gesetzlichen Krankenversicherung auch von finanzwirtschaftlichen Erwägungen mitbestimmt sein darf.[33] Die **finanzielle Stabilität der gesetzlichen Krankenversicherung** stellt nach ständiger Rechtsprechung des Bundesverfassungsgerichts eine Gemeinwohlaufgabe von hohem Rang dar.[34] Die gesetzlichen Krankenkassen sind nicht von Verfassungs wegen gehalten, alles zu leisten, was an Mitteln zur Erhaltung oder Wiederherstellung der Gesundheit verfügbar ist.[35] 32

Soll die Gesundheitsversorgung der Bevölkerung mit Hilfe eines Sozialversicherungssystems erreicht werden, stellt auch dessen Finanzierbarkeit einen **überragend gewichtigen Gemeinwohlbelang** dar, von dem sich der Gesetzgeber bei der Ausgestaltung des Systems leiten lassen darf.[36] Hierzu gehört auch die Beitragsstabilität, die unabdingbare Voraussetzung für ein Fortbestehen des gegenwärtigen Systems ist.[37] Gerade im Gesundheitswesen hat der Kostenaspekt für gesetzgeberische Entscheidungen erhebliches Gewicht.[38] 33

In diesem Kontext dient das Wirtschaftlichkeitsgebot dazu, Beitragssatzerhöhungen zu vermeiden und damit die finanzielle Stabilität und als deren Folge die **Funktionstüchtigkeit und Leistungsfähigkeit** des Systems der gesetzlichen Krankenversicherung zu gewährleisten.[39] 34

Der Gesetzgeber hat daher unter Berücksichtigung der für die gesetzliche Krankenversicherung maßgebenden Faktoren sowie der allgemeinen wirtschaftlichen Rahmenbedingungen darüber zu befinden, welche Beitragsbelastung den Versicherten, ihren Arbeitgebern und den Rentenversicherungsträgern zumutbar ist und welche Gesundheitsdienstleistungen aus diesem Finanzvolumen bezahlt werden können.[40] 35

---

[30] BVerfG v. 06.12.2005 - 1 BvR 347/98 - SozR 4-2500 § 27 Nr. 5, 28, 35 unter Hinweis auf BVerfG v. 20.03.2001 - 1 BvR 491/96 - BVerfGE 103, 172, 185.

[31] BVerfG v. 06.12.2005 - 1 BvR 347/98 - SozR 4-2500 § 27 Nr. 5, 28, 35.

[32] BVerfG v. 06.12.2005 - 1 BvR 347/98 - SozR 4-2500 § 27 Nr. 5 28, 35 unter Hinweis auf BVerfG v. 12.02.2003 - 1 BvR 624/01 - BVerfGE 107, 205, 217.

[33] BVerfG v. 06.12.2005 - 1 BvR 347/98 - SozR 4-2500 § 27 Nr. 5, 28, 35; BVerfG v. 31.10.1984 - 1 BvR 35/82 u.a. - BVerfGE 68, 193, 218; BVerfG v. 14.05.1985 - 1 BvR 449/82 - BVerfGE 70, 1, 26.

[34] Vgl. BVerfG v. 31.10.1984 - 1 BvR 35/82 u.a. - BVerfGE 68, 193, 218 = SozR 5495 Art. 5 Nr. 1; BVerfG v. 14.05.1985 - 1 BvR 449/82 - BVerfGE 70, 1, 26 = SozR 2200 § 376d Nr. 1; BVerfG v. 12.06.1990 - 1 BvR 355/86 - BVerfGE 82, 209, 230; BVerfG v. 10.04.2000 - 1 BvR 422/00 - SozR 3-2500 § 295 Nr. 2, 8, 13; BVerfG v. 20.03.2001 - 1 BvR 491/96 - BVerfGE 103, 172, 184 f. = SozR 3-5520 § 25 Nr. 4; BVerfG v. 18.07.2005 - 2 BvF 2/01 - BVerfGE 113, 167, 215 = SozR 4-2500 § 266 Nr. 8; vgl. auch BVerfG v. 14.01.2003 - 1 BvQ 51/02 - BVerfGE 106, 351, 358 = SozR 4-5410 Art. 6 Nr. 1, BVerfG v. 26.03.2003 - 1 BvR 112/03 - BVerfGE 108, 45, 52 = SozR 4-2500 § 130 Nr. 1; BSG v. 14.05.1997 - 6 RKa 25/96 - BSGE 80, 223, 226 = SozR 3-2500 § 85 Nr. 22; BSG v. 03.03.1999 - B 6 KA 8/98 R - BSG SozR 3-2500 § 85 Nr. 30, 225, 229; BSG v. 10.05.2000 - B 6 KA 20/99 R - BSGE 86, 126, 142 = SozR 3-2500 § 85 Nr. 37.

[35] BVerfG v. 06.12.2005 - 1 BvR 347/98 - SozR 4-2500 § 27 Nr. 5, 28, 35; BVerfG v. 05.03.1997 - 1 BvR 1071/95 - NJW 1997, 3085.

[36] BVerfG v. 20.03.2001 - 1 BvR 491/96 - BVerfGE 103, 172, 185 = SozR 3-5520 § 25 Nr. 4; BVerfG v. 13.09.2005 - 2 BvF 2/03 - BVerfGE 114, 196, 248 = SozR 4-2500 § 266 Nr. 9.

[37] BVerfG v. 13.09.2005 - 2 BvF 2/03 - BVerfGE 114, 196, 248 = SozR 4-2500 § 266 Nr. 9 m.w.N.

[38] BVerfG v. 20.03.2001 - 1 BvR 491/96 - BVerfGE 103, 172, 183 = SozR 3-5520 § 25 Nr. 4; BVerfG v. 06.12.2005 - 1 BvR 347/98 - SozR 4-2500 § 27 Nr. 5, 28, 35.

[39] Vgl. BVerfG v. 08.06.1984 - 1 BvR 580/84 - SozR 2200 § 368n Nr. 29, 87; BSG v. 31.07.1991 - 6 RKa 18/90 - BSGE 69, 147, 149 = SozR 3-2500 § 106 Nr. 7; BSG v. 16.06.1993 - 14a/6 RKa 37/91 - BSGE 72, 271, 274 = SozR 3-2500 § 106 Nr. 19.

[40] BVerfG v. 20.03.2001 - 1 BvR 491/96 - BVerfGE 103, 172, 186 = SozR 3-5520 § 25 Nr. 4.

36 Er hat dabei dafür Sorge zu tragen, dass die volkswirtschaftlich für vertretbar gehaltene Beitragsbelastung, die der Krankenversicherung ihr Finanzierungsvolumen vorgibt, nicht überschritten und die Verteilung der Finanzmittel den Zielen der Versorgung der Versicherten mit einem ausreichenden und zweckmäßigen Schutz im Krankheitsfall gerecht wird.[41]

37 Die Auswahl der Maßnahmen obliegt dem Gesetzgeber, der bei der Erfüllung dieser komplexen Aufgabe einen besonders weiten Einschätzungs- und **Gestaltungsspielraum** hat.[42]

c. Bewertung

38 In der Rechtsprechung des Bundesverfassungsgerichts finden sich zu dieser Problematik – je nachdem, ob sie Leistungsansprüche der Versicherten oder Ansprüche von Leistungserbringern zum Gegenstand hatten – teilweise gegenläufige Aussagen. So liegen den Entscheidungen des Bundesverfassungsgerichts, welche die Bedeutung des Systemerhalts hervorheben, in aller Regel Anträge von Leistungserbringern zugrunde, die sich durch gesetzliche oder untergesetzliche Maßnahmen in ihren Grundrechten nach Art. 12 GG beeinträchtigt fühlen. Dabei ist anerkannt, dass die genannten Gemeinwohlgründe auch Berufsausübungsregelungen[43] zu rechtfertigen vermögen.

39 Im Grundsatz kann für die Leistungsansprüche der Versicherten nichts anderes gelten. Zwar sind nach der **jüngeren Rechtsprechung des Bundesverfassungsgerichts**[44] besondere Anforderungen zu beachten, wenn Versicherten durch gesetzliche Bestimmungen oder deren Auslegung und Anwendung Leistungen für die Behandlung einer Krankheit vorenthalten werden.

40 Jedoch ist diese Rechtsprechung nicht dahin gehend zu verstehen, dass dem Leistungsanspruch des Versicherten in jedem Fall der Vorrang vor Fragen der Finanzierbarkeit der gesetzlichen Krankenversicherung gebührt[45]. Vielmehr bedürfen die Regelungen des Leistungsrechts – hier des Wirtschaftlichkeitsgebots des § 12 Abs. 1 Satz 1 SGB V und insbesondere der Begriff der Wirtschaftlichkeit im engeren Sinne – nur in den Fällen einer verfassungskonformen, den Leistungsanspruch des Versicherten stützenden Auslegung, in denen Versicherte an einer **lebensbedrohlichen Erkrankung** leiden, bei der die Anwendung einer Standardbehandlung aus medizinischen Gründen ausscheidet und andere Behandlungsmethoden nicht zur Verfügung stehen.[46]

41 In allen übrigen Fällen ist daran festzuhalten, dass angesichts der beschränkten finanziellen Leistungsfähigkeit der Krankenkassen dem Wirtschaftlichkeitsgebot, insbesondere der dieses konkretisierenden Bestimmung des § 135 Abs. 1 SGB V, Rechnung zu tragen ist.

42 Erst recht gilt dies für Bereiche, in denen – wie es das BSG in seiner „Viagra"-Entscheidung formuliert hat – „die Übergänge zwischen krankhaften und nicht krankhaften Zuständen maßgeblich vom subjektiven Empfinden des einzelnen Versicherten abhängen"[47]. Der Gesetzgeber verletzt seinen Gestaltungsspielraum auch im Hinblick auf das Sozialstaatsgebot insbesondere dann nicht, wenn er angesichts der beschränkten Leistungsfähigkeit der gesetzlichen Krankenversicherung Leistungen aus dem Leistungskatalog herausnimmt, die in erster Linie einer Steigerung der Lebensqualität jenseits lebensbedrohlicher Zustände dienen.[48]

3. Begriffselemente des Wirtschaftlichkeitsgebots

a. Allgemeines

43 Nach § 12 Abs. 1 SGB V müssen die Leistungen ausreichend, zweckmäßig und wirtschaftlich sein und dürfen das Maß des Notwendigen nicht überschreiten. Diese Leistungsvoraussetzungen „ausreichend, zweckmäßig, notwendig, wirtschaftlich" stehen nicht nebeneinander, sondern in einem **untrennbaren inneren Zusammenhang**.[49]

---

[41] BVerfG v. 20.03.2001 - 1 BvR 491/96 - BVerfGE 103, 172, 186 = SozR 3-5520 § 25 Nr. 4.

[42] BVerfG v. 20.03.2001 - 1 BvR 491/96 - BVerfGE 103, 172, 189 = SozR 3-5520 § 25 Nr. 4; vgl. auch BSG v. 10.05.2005 - B 1 KR 25/03 R - BSGE 94, 302, 310 = SozR 4-2500 § 34 Nr. 2 m.w.N.

[43] Vgl. BVerfG v. 14.05.1985 - 1 BvR 449/82 - BVerfGE 70, 1, 26 = SozR 2200 § 376d Nr. 1; BVerfG v. 10.04.2000 - 1 BvR 422/00 - SozR 3-2500 § 295 Nr. 2, 8, 13.

[44] BVerfG v. 06.12.2005 - 1 BvR 347/98 - SozR 4-2500 § 27 Nr. 5.

[45] A.A. *Dettling*, GesR 2006, 97, 102 ff.

[46] BSG v. 04.04.2006 - B 1 KR 7/05 R sowie B 1 KR 12/05 R; BSG v. 26.09.2006 - B 1 KR 15/06 R und B 1 KR 27/05 R.

[47] BSG v. 10.05.2005 - B 1 KR 25/03 R - BSGE 94, 302, 311 = SozR 4-2500 § 34 Nr. 2.

[48] BSG v. 10.05.2005 - B 1 KR 25/03 R - BSGE 94, 302, 311 = SozR 4-2500 § 34 Nr. 2.

[49] BSG v. 29.05.1962 - 6 RKa 24/59 - BSGE 17, 79, 84 = insoweit nicht in SozR Nr. 5 zu § 368n RVO abgedruckt.

Dies folgt bereits daraus, dass sich die einzelnen Begriffe teilweise **überschneiden**. So ist eine Maßnahme, die zur Erzielung des Heilerfolges nicht notwendig oder zweckmäßig ist, begrifflich auch unwirtschaftlich.[50] Eine Maßnahme, die zur Erzielung des Heilerfolgs nicht ausreicht, ist zugleich nicht zweckmäßig. Umgekehrt ist eine mehr als ausreichende Maßnahme zugleich nicht notwendig.[51] 44

Maßgebend ist letztlich das unter Berücksichtigung aller im Gesetz genannten Kriterien sich ergebende **Gesamtbild**.[52] Dabei trägt der Begriff der Wirtschaftlichkeit als Oberbegriff die anderen genannten Sachvoraussetzungen in sich.[53] 45

Der Begriff der Wirtschaftlichkeit stellt einen **unbestimmten Rechtsbegriff** dar, der als solcher im Streitfall der **vollen gerichtlichen Nachprüfung** unterliegt.[54] Nichts anderes gilt für die übrigen in § 12 Abs. 1 Satz 1 SGB V verwendeten Begriffe „ausreichend", „zweckmäßig" und „notwendig".[55] 46

b. Ausreichend

Dieser Begriff garantiert einen **Mindeststandard**. Erforderlich ist eine Leistung, die – ausgehend vom jeweiligen Zweck der Leistung – nach Umfang und Qualität hinreichende Chancen für einen Heilerfolg bietet.[56] 47

Hierbei ist der in § 11 SGB V allgemein umschriebene und in den nachfolgenden Einzelvorschriften präzisierte Leistungszweck ebenso zu berücksichtigen wie der in § 2 Abs. 1 Satz 3 SGB V niedergelegte Grundsatz, dass Qualität und Wirksamkeit der Leistungen dem allgemein anerkannten Stand der medizinischen Erkenntnisse zu entsprechen und den medizinischen Fortschritt zu berücksichtigen haben. 48

Bei **Hilfsmitteln** ist zu beachten, dass sie auch dann ausreichend sein können, wenn der ein elementares Grundbedürfnis betreffende Ausgleich nicht vollständig ist; es genügt auch eine partielle, aber nicht ganz unerhebliche, nicht ganz unbedeutende Wirkung.[57] 49

In dem Begriff zugleich auch eine **Begrenzung nach oben** zu sehen[58], bedarf es nicht, da diese Begrenzung durch die weiteren Begriffe der Notwendigkeit, der Zweckmäßigkeit und ggf. der Wirtschaftlichkeit gewährleistet wird.[59] 50

Der Begriff „ausreichend" bezieht sich nicht nur auf die Art der Leistung, sondern auch auf die zu leistende **Menge**, etwa darauf, ob ein oder mehrere Hilfsmittel zu gewähren sind. So ist die Versorgung eines sprech- und schreibbehinderten Schülers mit nur einem Personalcomputer nur dann ausreichend, wenn jener nach Art eines Laptops täglich zwischen Wohnung und Schule transportiert werden kann.[60] 51

---

[50] Vgl. BSG v. 29.05.1962 - 6 RKa 24/59 - BSGE 17, 79, 84 = insoweit nicht in SozR Nr. 5 zu § 368n RVO abgedruckt.

[51] Vgl. BSG v. 29.05.1962 - 6 RKa 24/59 - BSGE 17, 79, 84 = insoweit nicht in SozR Nr. 5 zu § 368n RVO abgedruckt.

[52] BSG v. 22.09.1981 - 11 RK 10/79 - BSGE 52, 134, 139 = SozR 2200 § 182 Nr. 76: „Gesamtbilanz"; BSG v. 17.01.1996 - 3 RK 38/94 - SozR 3-2500 § 33 Nr. 18, 88, 92: „Gesamtschau"; BSG v. 28.06.1983 - 8 RK 22/81 - BSGE 55, 188, 194 = SozR 2200 § 257a Nr. 10.

[53] BSG v. 29.05.1962 - 6 RKa 24/59 - BSGE 17, 79, 84; BSG v. 15.05.1963 - 6 RKa 21/60 - BSGE 19, 123, 128 = SozR Nr.7 zu § 368n RVO, Bl. Aa 10, 12; BSG v. 07.12.1966 - 6 RKa 6/64 - BSGE 26, 16, 20.

[54] BSG v. 27.11.1959 - 6 RKa 4/58 - BSGE 11, 102, 117 = in SozR Nr. 16 zu § 144 SGG nicht abgedruckt; BSG v. 29.05.1962 - 6 RKa 24/59 - BSGE 17, 79, 84 = SozR Nr. 5 zu § 368n RVO, Bl. Aa 6; BSG v. 15.05.1963 - 6 RKa 21/60 - BSGE 19, 123, 127 = SozR Nr. 7 zu § 368n RVO, Bl. Aa 10, 11; BSG v. 03.07.1974 - 6 RKa 29/73 - SozR 2200 § 368n Nr. 3, S. 7, 12; BSG v. 01.10.1990 - 6 RKa 32/89 - USK 90102; vgl. auch BSG v. 22.05.1984 - 6 RKa 21/82 - SozR 2200 § 368n Nr. 31, S. 95, 105 f. sowie BSG v. 29.02.1984 - 8 RK 27/82 - BSGE 56, 197, 199 = SozR 2100 § 69 Nr. 4.

[55] BSG v. 22.07.1981 - 3 RK 50/79 - BSGE 52, 70, 75 = SozR 2200 § 182 Nr. 72; BSG v. 24.11.1983 - 8 RK 6/82 - SozR 2200 § 182 Nr. 93, S. 189, 194; kritisch hierzu *Noftz* in: Hauck/Noftz, SGB V, § 12 Rn. 14 f.

[56] BSG v. 28.06.1983 - 8 RK 22/81 - BSGE 55, 188, 194 = SozR 2200 § 257a Nr. 10.

[57] BSG v. 17.01.1996 - 3 RK 16/95 - SozR 3-2500 § 33 Nr. 20, 106, 109.

[58] So *Käsling* in: Krauskopf, Soziale Krankenversicherung, SGB V, § 12 Rn. 5.

[59] Vgl. schon BSG v. 29.05.1962 - 6 RKa 24/59 - BSGE 17, 79, 84 = insoweit nicht in SozR Nr. 5 zu § 368n RVO abgedruckt.

[60] BSG v. 06.02.1997 - 3 RK 1/96 - SozR 3-2500 § 33 Nr. 22, 121, 130.

c. Zweckmäßig

aa. Allgemeines

52 Der Begriff der Zweckmäßigkeit entspricht dem der **Eignung**. Eine Maßnahme ist zweckmäßig, wenn die Leistung auf eines der in den §§ 11 Abs. 1, Abs. 2 und 27 Abs. 1 Satz 1 SGB V genannten Ziele objektiv ausgerichtet ist und auch hinreichend wirksam ist, um diese Ziele zu erreichen.[61] Nicht zweckmäßig sind insbesondere Maßnahmen, die zweckwidrig, überflüssig oder gar sinnlos sind.

53 Die Zweckmäßigkeit einer Maßnahme kann zum einen generell zu verneinen sein, etwa dann, wenn eine Behandlung unter keinem denkbaren Gesichtspunkt zu einem Heilerfolg führen kann. Im Extremfall sind derartige Maßnahmen dem untauglichen Versuch im Strafrecht im Sinne einer Untauglichkeit des Tatmittels vergleichbar, wobei dem dortigen Totbeten oder Verhexen[62] das Gesundbeten entsprechen würde. Zum anderen kann eine – generell zur Erzielung eines Heilerfolges geeignete – Maßnahme im konkreten Einzelfall unzweckmäßig sein.

54 Die Prüfung der Zweckmäßigkeit im Rahmen des § 12 Abs. 1 SGB V beschränkt sich – mit Ausnahme des Systemversagens (Rn. 67) sowie der vom Bundesverfassungsgericht angeführten Extremsituationen (Rn. 77) – darauf, ob eine anerkannte Maßnahme im konkreten Fall geeignet ist. Die Prüfung der **generellen** Zweckmäßigkeit einer Maßnahme ist im Rahmen des § 12 Abs. 1 SGB V hingegen **regelmäßig ohne Bedeutung**.

55 Bei einer **Arzneimitteltherapie** ist die (generelle) Zweckmäßigkeit bereits dann zu verneinen, wenn das verwendete Mittel nach den Regelungen des Arzneimittelrechts der Zulassung bedarf und diese Zulassung nicht erteilt worden ist[63], da die Voraussetzungen für die Zulassung eines Arzneimittels nach dem Arzneimittelgesetz den Mindestvoraussetzungen entsprechen, die im Rahmen der gesetzlichen Krankenversicherung an eine wirtschaftliche Verordnungsweise im Sinne des § 12 Abs. 1 SGB V gestellt werden[64].

56 Soweit es um **hergebrachte Untersuchungs- und Behandlungsmethoden** geht, ist deren Zweckmäßigkeit regelmäßig zu unterstellen, solange der Gemeinsame Bundesausschuss diese nicht gemäß § 135 Abs. 1 Satz 2 SGB V einer Überprüfung ihres diagnostischen und therapeutischen Nutzens sowie ihrer medizinischen Notwendigkeit und Wirtschaftlichkeit (im Sinne des § 135 Abs. 1 Satz 1 Nr. 1 SGB V) unterzogen und diese Überprüfung ergeben hat, dass diese Kriterien nicht erfüllt werden; dann dürfen diese Leistungen gemäß § 135 Abs. 1 Satz 3 SGB V nicht mehr zu Lasten der Krankenkassen erbracht werden.

57 Handelt es sich hingegen um **neue Untersuchungs- und Behandlungsmethoden**, wird die Zweckmäßigkeitsprüfung nach § 12 Abs. 1 SGB V durch das Verfahren nach § 135 Abs. 1 SGB V verdrängt. Die Frage ihrer Zweckmäßigkeit stellt sich – mit Ausnahme von Fällen des Systemversagens (Rn. 67) – nicht, weil sie ohne vorherige Anerkennung durch den Gemeinsamen Bundesausschuss nicht zu Lasten der gesetzlichen Krankenversicherung erbracht werden dürfen. Auch wenn sich § 135 SGB V vordergründig nicht mit den Leistungsansprüchen der Versicherten befasst, wird durch diese Norm zugleich auch der Umfang der den Versicherten von der Krankenkasse geschuldeten Leistungen festgelegt.[65]

bb. Neue Untersuchungs- und Behandlungsmethoden

58 Nach § 135 Abs. 1 Satz 1 SGB V dürfen neue Untersuchungs- und Behandlungsmethoden in der ambulanten vertragsärztlichen Versorgung – im Sinne eines **Verbots mit Erlaubnisvorbehalt**[66] – nur dann zu Lasten der Krankenkassen erbracht werden, wenn der Gemeinsame Bundesausschuss

[61] Vgl. BSG v. 22.07.1981 - 3 RK 50/79 - BSGE 52, 70, 75 = SozR 2200 § 182 Nr. 72; BSG v. 21.11.1991 - 3 RK 8/90 - BSGE 70, 24, 26 = SozR 3-2500 § 12 Nr. 2.

[62] Vgl. RG v. 21.06.1900 - 1983/00 - RGST 33, 321.

[63] Std. Rspr. des BSG, vgl. BSG v. 18.05.2004 - B 1 KR 21/02 R - BSGE 93, 1, 2 = SozR 4-2500 § 31 Nr. 1 m.w.N.

[64] BSG v. 08.03.1995 - 1 RK 8/94 - SozR 3-2500 § 31 Nr. 3, 5, 9.

[65] BSG v. 16.09.1997 - 1 RK 28/95 - BSGE 81, 54, 59 = SozR 3-2500 § 135 Nr. 4, S. 9, 14.

[66] Std. Rspr. des BSG, vgl. BSG v. 16.09.1997 - 1 RK 28/95 - BSGE 81, 54, 59 = SozR 3-2500 § 135 Nr. 4, 9, 14; BSG v. 28.03.2000 - B 1 KR 11/98 R - BSGE 86, 54, 58 = SozR 3-2500 § 135 Nr. 14, 59, 63; BSG v. 30.01.2002 - B 6 KA 73/00 R - SozR 3-2500 § 135 Nr. 21, 106, 111; BSG v. 19.02.2003 - B 1 KR 18/01 R - SozR 4-2500 § 135 Nr. 1, 1, 6; BSG v. 04.04.2006 - B 1 KR 12/05 R.

(vgl. § 91 SGB V) hierzu Empfehlungen abgegeben, die Methode also „anerkannt" hat[67]. Maßgeblicher Zeitpunkt für das Vorliegen einer Erlaubnis ist die Behandlung; der Einsatz neuer Methoden erfordert regelmäßig, dass bereits vor der Behandlung eine Anerkennung erfolgt ist.[68]

Gegenstand der Überprüfung sind neue Untersuchungs- und Behandlungsmethoden. Eine **Behandlungsmethode** ist nach der Rechtsprechung des BSG ein medizinisches Vorgehen, dem ein eigenes theoretisch-wissenschaftliches Konzept zugrunde liegt, das es von anderen Therapien unterscheidet und seine systematische Anwendung in der Behandlung bestimmter Krankheiten rechtfertigen soll.[69] Die inhaltliche Präzisierung dient der Abgrenzung der Behandlungsmethode von der einzelnen Leistung.[70] 59

Der Begriff der Behandlungsmethode ist umfassender als der Begriff der ärztlichen Leistung in § 87 SGB V, da er das **therapeutische Vorgehen als Ganzes** unter Einschluss aller nach dem jeweiligen methodischen Ansatz zur Erreichung des Behandlungsziels erforderlichen Einzelschritte bezeichnet.[71] Allerdings muss der Begriff der Behandlungsmethode in erster Linie vom Zweck der Vorschrift bestimmt werden,[72] wobei sich die Notwendigkeit einer Qualitätsprüfung etwa auch aus der Komplexität des technischen Ablaufs oder aus dem Vorliegen unbekannter, bislang nicht ausreichend erforschter Risiken ergeben kann.[73] Zu den Behandlungsmethoden gehören daher **auch Arzneimittel** und Medizinprodukte[74] sowie Nahrungsergänzungsmittel[75]. Allerdings unterliegen Pharmakotherapien dem Erlaubnisvorbehalt des § 135 Abs. 1 SGB V nur dann, wenn die eingesetzten Präparate keine Zulassung nach dem Arzneimittelgesetz benötigen, wie dies z.B. bei Rezepturarzneimitteln oder anderen Arzneimitteln der Fall ist, die für den einzelnen Patienten auf besondere Anforderung hergestellt werden.[76] 60

Der Begriff der **neuen Methode** ist in Abgrenzung zu denjenigen Leistungen zu verstehen, die schon aufgrund einer Anerkennung durch den Gemeinsamen Bundesausschuss Bestandteil der Versorgung der Versicherten sind; sie sind dann als neu zu qualifizieren, wenn sie nicht oder nicht in dieser Form Gegenstand der vertragsärztlichen Versorgung waren.[77] Von einer Zugehörigkeit zur vertragsärztlichen Versorgung kann in der Regel nur dann ausgegangen werden, wenn die Methode als abrechnungsfähige Leistung im Einheitlichen Bewertungsmaßstab enthalten ist.[78] Dem entspricht die Regelung in § 2 Abs. 1 BUB-RL; danach sind neue Untersuchungs- und Behandlungsmethoden solche, die entweder noch nicht als abrechnungsfähige ärztliche Leistungen im Einheitlichen Bewertungsmaßstab enthalten sind oder zwar enthalten sind, deren Indikation aber wesentliche Änderungen oder Erweiterungen erfahren hat. 61

Als „neu" ist eine Behandlungsmethode auch dann anzusehen, wenn sie sich aus einer neuartigen **Kombination** verschiedener – für sich jeweils anerkannter oder zugelassener – Maßnahmen zusam- 62

---

[67] Siehe hierzu *Engelhard*, SGb 2006, 132 ff.; *v. Wulffen*, GesR 2006, 385 ff.; *Engelmann*, MedR 2006, 245 ff.

[68] BSG v. 08.02.2000 - B 1 KR 18/99 R - SozR 3-2500 § 135 Nr. 12, 54, 56 f.; BSG v. 19.02.2002 - B 1 KR 16/00 R - SozR 3-2500 § 92 Nr. 12, 65, 70; BSG v. 19.10.2004 - B 1 KR 27/02 R - BSGE 93, 236 = SozR 4-2500 § 27 Nr. 1, 1, 7.

[69] BSG v. 03.04.2001 - B 1 KR 22/00 R - BSGE 88, 51, 60 = SozR 3-2500 § 27a Nr. 2, 9, 19 m.w.N.; BSG v. 19.02.2002 - B 1 KR 16/00 R - SozR 3-2500 § 92 Nr. 12, 65, 69; BSG v. 19.10.2004 - B 1 KR 27/02 R - BSGE 93, 236 = SozR 4-2500 § 27 Nr. 1, 1, 8 f.; BSG v. 22.03.2005 - B 1 A 1/03 R - BSGE 94, 221, 232 = SozR 4-2400 § 89 Nr. 3.

[70] BSG v. 03.04.2001 - B 1 KR 22/00 R - BSGE 88, 51, 60 = SozR 3-2500 § 27a Nr. 2, 9, 19.

[71] BSG v. 28.03.2000 - B 1 KR 11/98 R - BSGE 86, 54, 58 = SozR 3-2500 § 135 Nr. 14, 59, 64.

[72] BSG v. 03.04.2001 - B 1 KR 22/00 R - BSGE 88, 51, 60 = SozR 3-2500 § 27a Nr. 2, 9, 20.

[73] BSG v. 03.04.2001 - B 1 KR 22/00 R - BSGE 88, 51, 60 = SozR 3-2500 § 27a Nr. 2, 9, 20.

[74] BSG v. 23.07.1998 - B 1 KR 19/96 R - BSGE 82, 233, 237 = SozR 3-2500 § 31 Nr. 5, 13, 19; BSG v. 28.03.2000 - B 1 KR 11/98 R - BSGE 86, 54, 57 ff. = SozR 3-2500 § 135 Nr. 14, 59, 62 ff.

[75] LSG Nordrhein-Westfalen v. 25.09.2001 - L 5 KR 239/00.

[76] BSG v. 19.10.2004 - B 1 KR 27/02 R - BSGE 93, 236 = SozR 3-2500 § 27 Nr. 1, 1, 5 m.w.N.

[77] BSG v. 16.09.1997 - 1 RK 28/95 - BSGE 81, 54, 57 = SozR 3-2500 § 135 Nr. 4, 9, 12; BSG v. 16.09.1997 - 1 RK 32/95 - BSGE 81, 73, 75 f. = SozR 3-2500 § 92 Nr. 7, 47, 49 f.; BSG v. 23.07.1998 - B 1 KR 3/97 R - SozR 3-2500 § 13 Nr. 17, 77, 80; BSG v. 03.04.2001 - B 1 KR 22/00 R - BSGE 88, 51, 59 = SozR 3-2500 § 27a Nr. 2, 9, 18; BSG v. 30.01.2002 - B 6 KA 73/00 R - SozR 3-2500 § 135 Nr. 21, 106, 109; BSG v. 28.06.2000 - B 6 KA 26/99 R - BSGE 86, 223 = SozR 3-2500 § 138 Nr. 1, 1, 14 (für Heilmittel).

[78] BSG v. 23.07.1998 - B 1 KR 3/97 R - SozR 3-2500 § 13 Nr. 17, 77, 80; BSG v. 22.03.2005 - B 1 A 1/03 R - BSGE 94, 221, 232 = SozR 4-2400 § 89 Nr. 3; BSG v. 04.04.2006 - B 1 KR 12/05 R.

mensetzt.[79] Eine Qualitätsprüfung entfällt nur dann, wenn eine Verwandtschaft zu einer bereits anerkannten Methode besteht[80], sie also auf einem vergleichbaren theoretischen Konzept beruht.

63 Gegenstand der Überprüfung durch den Gemeinsamen Bundesausschuss ist der **diagnostische und therapeutische Nutzen** der Methode, deren medizinische Notwendigkeit sowie ihre Wirtschaftlichkeit, deren Zweck die Sicherung der Qualität der Leistungserbringung in der gesetzlichen Krankenversicherung[81]. Es soll gewährleistet werden, dass neue medizinische Verfahren nicht ohne Prüfung ihres diagnostischen bzw. therapeutischen Nutzens und etwaiger gesundheitlicher Risiken angewandt werden.[82] Zugleich dient die Prüfung dem Schutz der Versichertengemeinschaft vor unwirtschaftlichen Behandlungen.[83]

64 Der Gemeinsame Bundesausschuss hat dabei nicht selbst über den medizinischen Nutzen einer Methode zu urteilen, sondern er hat vielmehr die Aufgabe, sich einen **Überblick** über die veröffentlichte Literatur und die Meinung der einschlägigen Fachkreise zu verschaffen und danach festzustellen, ob ein durch wissenschaftliche Studien hinreichend untermauerter Konsens über die Qualität und Wirksamkeit der in Rede stehenden Behandlungsweise besteht.[84]

65 Die „Empfehlungen" des Gemeinsamen Bundesausschusses nach § 135 Abs. 1 Satz 1 SGB V erfolgen in Form von **Richtlinien** nach § 92 Abs. 1 Satz 2 Nr. 5 SGB V, welche untergesetzliche Rechtsnormen darstellen.[85] Ungeachtet des irreführenden Begriffes „Empfehlung" legen die Methodenentscheidungen des Gemeinsamen Bundesausschusses für Leistungserbringer, Krankenkassen und Versicherte verbindlich fest, welche neuen Untersuchungs- und Behandlungsmethoden zum Leistungsumfang der gesetzlichen Krankenversicherung gehören. Es gilt also das Schlagwort, dass nicht anerkannte Methoden vom Versicherten nicht beansprucht, vom Leistungserbringer nicht zu Lasten der Krankenkasse erbracht und von der Krankenkasse nicht gewährt werden dürfen.

66 Die **Verbindlichkeit** dieser Richtlinien wird im Gesetz doppelt abgesichert. Zum einen sind die Richtlinien des Gemeinsamen Bundesausschusses gemäß § 92 Abs. 8 SGB V Bestandteil der Bundesmantelverträge und damit nach § 82 Abs. 1 Satz 2 SGB V zugleich Bestandteil der Gesamtverträge, an deren normativer Wirkung sie teilnehmen.[86] Hieraus resultiert ihre unmittelbare Verbindlichkeit für die vertragsunterworfenen Vertragsärzte und Krankenkassen.[87] Ungeachtet der systematischen Stellung der den Richtlinien zugrunde liegenden Normen im Leistungserbringungsrecht sind diese nach der Rechtsprechung des BSG auch für Versicherte verbindlich.[88] Zum anderen bestimmt der durch das Gesundheitsmodernisierungsgesetz eingefügte § 91 Abs. 9 SGB V nunmehr unmissverständlich, dass die

---

[79] BSG v. 19.10.2004 - B 1 KR 27/02 R - BSGE 93, 236 = SozR 4-2500 § 27 Nr. 1, 1, 5.

[80] BSG v. 03.04.2001 - B 1 KR 22/00 R - BSGE 88, 51, 59 = SozR 3-2500 § 27a Nr. 2, 9, 18.

[81] BSG v. 16.09.1997 - 1 RK 28/95 - BSGE 81, 54, 58 f. = SozR 3-2500 § 135 Nr. 4, 9, 13 f.; BSG v. 16.09.1997 - 1 RK 32/95 - BSGE 81, 73, 75 = SozR 3-2500 § 92 Nr. 7, 47, 51; BSG v. 08.02.2000 - B 1 KR 18/99 R - SozR 3-2500 § 135 Nr. 12, 54, 56 f.; BSG v. 28.03.2000 - B 1 KR 11/98 R - BSGE 86, 54, 61 = SozR 3-2500 § 135 Nr. 14, 59, 66.

[82] BSG v. 16.09.1997 - 1 RK 28/95 - BSGE 81, 54, 58 = SozR 3-2500 § 135 Nr. 4, 9, 14; BSG v. 16.09.1997 - 1 RK 32/95 - BSGE 81, 73, 76 = SozR 3-2500 § 92 Nr. 7, 47, 51; BSG v. 08.02.2000 - B 1 KR 18/99 R - SozR 3-2500 § 135 Nr. 12, 54, 56; BSG v. 19.10.2004 - B 1 KR 27/02 R - BSGE 93, 236 = SozR 4-2500 § 27 Nr. 1, 1, 8.

[83] BSG v. 16.09.1997 - 1 RK 28/95 - BSGE 81, 54, 59 = SozR 3-2500 § 135 Nr. 4, 9, 14; BSG v. 30.01.2002 - B 6 KA 73/00 R - SozR 3-2500 § 135 Nr. 21, 106, 115.

[84] BSG v. 19.02.2003 - B 1 KR 18/01 R - SozR 4-2500 § 135 Nr. 1, 1, 3 f.; BSG v. 04.04.2006 - B 1 KR 12/05 R.

[85] BSG v. 20.03.1996 - 6 RKa 62/94 - BSGE 78, 70, 75 f. = SozR 3-2500 § 92 Nr. 6, 24, 29 ff.; BSG v. 16.09.1997 - 1 RK 28/95 - BSGE 81, 54, 64 = SozR 3-2500 § 135 Nr. 4, 9, 19; BSG v. 16.09.1997 - 1 RK 32/95 - BSGE 81, 73, 81 = SozR 3-2500 § 92 Nr. 7, 47, 60; BSG v. 28.06.2000 - B 6 KA 26/99 R - BSGE 86, 223 = SozR 3-2500 § 138 Nr. 1, 1, 3 m.w.N.; BSG v. 28.03.2000 - B 1 KR 11/98 R - BSGE 86, 54, 60 = SozR 3-2500 § 135 Nr. 14, 59, 66.

[86] BSG v. 20.03.1996 - 6 RKa 62/94 - BSGE 78, 70, 75 = SozR 3-2500 § 92 Nr. 6, 24, 30; BSG v. 16.09.1997 - 1 RK 32/95 - BSGE 81, 73, 81 = SozR 3-2500 § 92 Nr. 7, 47, 56; BSG v. 16.09.1997 - 1 RK 28/95 - BSGE 81, 54, 63 = SozR 3-2500 § 135 Nr. 4, 9, 19.

[87] BSG v. 20.03.1996 - 6 RKa 62/94 - BSGE 78, 70, 75 = SozR 3-2500 § 92 Nr. 6, 24, 30; BSG v. 16.09.1997 - 1 RK 32/95 - BSGE 81, 73, 81 = SozR 3-2500 § 92 Nr. 7, 47, 56; BSG v. 16.09.1997 - 1 RK 28/95 - BSGE 81, 54, 63 = SozR 3-2500 § 135 Nr. 4, 9, 19.

[88] BSG v. 20.03.1996 - 6 RKa 62/94 - BSGE 78, 70, 76 f. = SozR 3-2500 § 92 Nr. 6, 24, 30 f.; BSG v. 16.09.1997 - 1 RK 32/95 - BSGE 81, 73, 76 ff. = SozR 3-2500 § 92 Nr. 7, 47, 51 ff.; BSG v. 16.09.1997 - 1 RK 28/95 - BSGE 81, 54, 59 ff. = SozR 3-2500 § 135 Nr. 4, 9, 14 ff.

Beschlüsse des Gemeinsamen Bundesausschusses für die Versicherten, die Krankenkassen und für die an der ambulanten ärztlichen Versorgung teilnehmenden Leistungserbringer und die zugelassenen Krankenhäuser verbindlich sind.

Ungeachtet des in § 135 Abs. 1 Satz 1 SGB V statuierten Erlaubnisvorbehalts kann allerdings **ausnahmsweise** eine Leistungspflicht der Krankenkasse bzw. ein Kostenerstattungsanspruch in Betracht kommen, wenn ein sogenanntes „**Systemversagen**“ vorliegt, wenn also die fehlende Anerkennung einer Methode darauf zurückzuführen ist, dass das Verfahren vor dem Gemeinsamen Bundesausschuss trotz Erfüllung der für eine Überprüfung notwendigen formalen und inhaltlichen Voraussetzungen überhaupt nicht oder nicht zeitgerecht[89] bzw. nicht ordnungsgemäß[90] durchgeführt wird. **67**

Ist die in § 135 Abs. 1 SGB V vorausgesetzte Aktualisierung der Richtlinien unterblieben[91] – insbesondere weil die Einleitung oder Durchführung des Verfahrens willkürlich oder aus sachfremden Erwägungen blockiert oder verzögert wird – und kann deshalb eine für die Behandlung neue Therapie nicht eingesetzt werden, widerspricht das dem Auftrag des Gesetzes.[92] Eine sich daraus ergebende Versorgungslücke muss zugunsten des Versicherten mit Hilfe des § 13 Abs. 3 SGB V geschlossen werden.[93] **68**

Der Gemeinsame Bundesausschuss ist im Rahmen seiner Zuständigkeit verpflichtet, „**zeitnah**“ – bzw. in „vertretbarer Zeit“[94] – über den Nutzen einer neuen Methode zu entscheiden.[95] Die Ermächtigung in § 135 Abs. 1 SGB V besagt nicht, dass es ihm freigestellt wäre, ob und wann er sich mit einer neuen Methode befassen und hierzu eine Empfehlung abgeben will.[96] Da das präventive Verbot lediglich der Qualitätssicherung dient und grundsätzlich auch neue Verfahren zum Leistungsumfang der gesetzlichen Krankenversicherung gehören, dürfen sie den Versicherten nicht vorenthalten werden, sofern sie die Kriterien des § 135 Abs. 1 Satz 1 SGB V erfüllen.[97] **69**

Allerdings begründet nicht jedes Unterlassen bzw. jede zeitliche Verzögerung einen Systemmangel. Der Systemmangel liegt nicht in der Verfahrensdauer, sondern in der **willkürlichen oder sachfremden Verzögerung** der Ausschussentscheidung.[98] Eines zielgerichteten Handelns des Gemeinsamen Bundesausschusses oder seiner Mitglieder bedarf es nicht. **70**

Neben dem Vorliegen eines Systemmangels bedarf es der – allein den Gerichten vorbehaltenen – Feststellung, dass tatsächlich eine **Versorgungslücke** besteht. Dies ist nur dann der Fall, wenn feststeht, dass der Gemeinsame Bundesausschuss verpflichtet gewesen wäre, eine positive Empfehlung für die in Rede stehende Behandlungs- oder Untersuchungsmethode abzugeben. Die Gerichte haben in derartigen Fällen daher ersatzweise die Prüfung anzustellen, ob die Behandlungsmethode dem allgemein anerkannten Stand der medizinischen Erkenntnisse entspricht.[99] **71**

Auch im Falle eines Systemversagens muss grundsätzlich geprüft werden, ob Qualität und Wirksamkeit der Methode dem allgemein anerkannten Stand der medizinischen Erkenntnisse entsprechen. Die **Wirksamkeit der neuen Methode** muss in einer für die sichere Beurteilung ausreichenden Zahl von **72**

---

[89] BSG v. 28.03.2000 - B 1 KR 11/98 R - BSGE 86, 54, 60 = SozR 3-2500 § 135 Nr. 14, 59, 66; BSG v. 19.02.2003 - B 1 KR 18/01 R - SozR 4-2500 § 135 Nr. 1, 1, 5; BSG v. 16.09.1997 - 1 RK 28/95 - BSGE 81, 54, 65 = SozR 3-2500 § 135 Nr. 4, 9, 21; BSG v. 19.02.2002 - B 1 KR 16/00 R - SozR 3-2500 § 92 Nr. 12, 65, 70 f.

[90] BSG v. 22.03.2005 - B 1 A 1/03 R - BSGE 94, 221, 231/232 = SozR 4-2400 § 89 Nr. 3; BSG v. 04.04.2006 - B 1 KR 12/05 R.

[91] BSG v. 19.02.2003 - B 1 KR 18/01 R - SozR 4-2500 § 135 Nr. 1, 1, 5.

[92] BSG v. 28.03.2000 - B 1 KR 11/98 R - BSGE 86, 54, 61 = SozR 3-2500 § 135 Nr. 14, 59, 66; BSG v. 16.09.1997 - 1 RK 28/95 - BSGE 81, 54, 66 = SozR 3-2500 § 135 Nr. 4, 9, 21.

[93] BSG v. 28.03.2000 - B 1 KR 11/98 R - BSGE 86, 54, 61 = SozR 3-2500 § 135 Nr. 14, 59, 66; BSG v. 16.09.1997 - 1 RK 28/95 - BSGE 81, 54, 66 = SozR 3-2500 § 135 Nr. 4, 9, 21; BSG v. 03.04.2001 - B 1 KR 22/00 R - BSGE 88, 51, 61 = SozR 3-2500 § 27a Nr. 2, 9, 21.

[94] BSG v. 16.09.1997 - 1 RK 28/95 - BSGE 81, 54, 66 = SozR 3-2500 § 135 Nr. 4, 9, 21.

[95] BSG v. 28.03.2000 - B 1 KR 11/98 R - BSGE 86, 54, 61 = SozR 3-2500 § 135 Nr. 14, 59, 67.

[96] BSG v. 16.09.1997 - 1 RK 28/95 - BSGE 81, 54, 65 = SozR 3-2500 § 135 Nr. 4, 9, 21.

[97] BSG v. 16.09.1997 - 1 RK 28/95 - BSGE 81, 54, 65 = SozR 3-2500 § 135 Nr. 4, 9, 21.

[98] BSG v. 19.03.2002 - B 1 KR 36/00 R - SozR 3-2500 § 138 Nr. 2, 22, 31 m.w.N.; BSG v. 16.09.1997 - 1 RK 28/95 - BSGE 81, 54, 66 = SozR 3-2500 § 135 Nr. 4, 9, 21; BSG v. 03.04.2001 - B 1 KR 22/00 R - BSGE 88, 51, 61 = SozR 3-2500 § 27a Nr. 2, 9, 21; BSG v. 19.02.2002 - B 1 KR 16/00 R - SozR 3-2500 § 92 Nr. 12, 65, 71.

[99] BSG v. 28.03.2000 - B 1 KR 11/98 R - BSGE 86, 54, 62 = SozR 3-2500 § 135 Nr. 14, 59, 67.

Behandlungsfällen aufgrund wissenschaftlich einwandfrei geführter Statistiken belegt werden.[100] Da es auf den Nachweis der generellen Wirksamkeit ankommt, kann die Leistungspflicht der Krankenkasse nicht damit begründet werden, dass die Therapie im konkreten Einzelfall erfolgreich gewesen sei.[101]

73 **Ausnahmsweise** kann an die Stelle der Wirksamkeitsprüfung unter bestimmten medizinischen Voraussetzungen die Prüfung der **praktischen Akzeptanz** treten[102], d.h., ob sich die in Anspruch genommene Therapie in der medizinischen Praxis durchgesetzt hat[103]. Dies kommt jedoch nur dann in Frage, wenn ein Wirksamkeitsnachweis wegen der Art oder des Verlaufs der Erkrankung oder wegen unzureichender wissenschaftlicher Erkenntnisse auf erhebliche Schwierigkeiten stößt.[104]

74 Neben den Fällen des Systemversagens ist eine vorherige Empfehlung des Gemeinsamen Bundesausschusses **in zwei Fallgruppen entbehrlich**. Zum einen handelt es sich hierbei um Krankheiten, die **so selten** auftreten, dass die systematische Erforschung von darauf bezogenen Therapiemöglichkeiten – und damit eine Überprüfung des Nutzens – praktisch ausscheidet.[105] Wenn keine andere Therapiemöglichkeit zur Verfügung steht, kommt unter bestimmten Voraussetzungen eine Leistungspflicht der Krankenkasse auch bei Nichtvorliegen der Voraussetzungen des § 135 Abs. 1 SGB V in Betracht.[106]

75 Bei **einzigartigen Krankheiten**, die weltweit nur extrem selten auftreten und die deshalb im internationalen wie im nationalen Rahmen weder systematisch erforscht noch systematisch behandelt werden können, kann es wissenschaftlich fundierte Aussagen zum therapeutischen Nutzen einer Methode per se nicht geben.[107] Daher hat der Gemeinsame Bundesausschuss in einem solchen Fall auch keine Befugnis, in den BUB-Richtlinien generalisierend zur Qualität der Behandlung Stellung zu nehmen; dementsprechend darf die Leistungsgewährung in einem solchen Fall auch nicht von einer vorherigen Anerkennung abhängig gemacht werden.[108]

76 Voraussetzung ist, dass das Krankheitsbild wegen der geringen Zahl an Patienten nicht erforschbar ist.[109] Zudem müssen zur Gewährleistung einer Mindestqualität die zum Zeitpunkt der Behandlung verfügbaren wissenschaftlichen Erkenntnisse die Annahme rechtfertigen, dass der voraussichtliche Nutzen der Maßnahme die möglichen Risiken überwiegen wird.[110] Zumindest bei Arzneimitteltherapien kommt – bei fehlender Zulassung des Mittels in Deutschland – wegen der damit verbundenen Risiken eine Ausnahme nur in notstandsähnlichen Situationen in Frage, also wenn eine schwer wiegende – lebensbedrohliche oder die Lebensqualität auf Dauer nachhaltig beeinträchtigende – Erklrankung behandelt werden soll.[111]

77 Zum anderen steht eine fehlende Empfehlung dem Leistungsanspruch des Versicherten nach der jüngeren Rechtsprechung des **Bundesverfassungsgerichts**[112] in den Fällen nicht entgegen, in denen eine **lebensbedrohliche** oder **regelmäßig tödlich verlaufende Erkrankung** vorliegt, eine allgemein anerkannte, medizinischem Standard entsprechende Behandlung nicht zur Verfügung steht und hinsichtlich der beim Versicherten angewandten neuen Behandlungsmethode eine auf Indizien gestützte, nicht ganz fern liegende Aussicht auf Heilung oder wenigstens auf eine spürbar positive Einwirkung auf den Krankheitsverlauf besteht.[113]

---

[100] BSG v. 16.09.1997 - 1 RK 28/95 - BSGE 81, 54, 66 = SozR 3-2500 § 135 Nr. 4, 9, 22; BSG v. 08.02.2000 - B 1 KR 18/99 R - SozR 3-2500 § 135 Nr. 12, 54, 56; BSG v. 28.03.2000 - B 1 KR 11/98 R - BSGE 86, 54, 62 = SozR 3-2500 § 135 Nr. 14, 59, 68 m.w.N.

[101] Vgl. BSG v. 19.02.2002 - B 1 KR 16/00 R - SozR 3-2500 § 92 Nr. 12, 65, 72 m.w.N.

[102] BSG v. 16.09.1997 - 1 RK 28/95 - BSGE 81, 54, 68 f. = SozR 3-2500 § 135 Nr. 4, 9, 23 f.; BSG v. 08.02.2000 - B 1 KR 18/99 R - SozR 3-2500 § 135 Nr. 12, 54, 56; BSG v. 28.03.2000 - B 1 KR 11/98 R - BSGE 86, 54, 62 = SozR 3-2500 § 135 Nr. 14, 59, 68.

[103] BSG v. 28.03.2000 - B 1 KR 11/98 R - BSGE 86, 54, 62 = SozR 3-2500 § 135 Nr. 14, 59, 68.

[104] BSG v. 16.09.1997 - 1 RK 28/95 - BSGE 81, 54, 65 f. = SozR 3-2500 § 135 Nr. 4, 9, 23; BSG v. 28.03.2000 - B 1 KR 11/98 R - BSGE 86, 54, 62 = SozR 3-2500 § 135 Nr. 14, 59, 68.

[105] BSG v. 19.10.2004 - B 1 KR 27/02 R - BSGE 93, 236, 243 = SozR 4-2500 § 27 Nr. 1.

[106] BSG v. 19.10.2004 - B 1 KR 27/02 R - BSGE 93, 236, 244 = SozR 4-2500 § 27 Nr. 1.

[107] BSG v. 19.10.2004 - B 1 KR 27/02 R - BSGE 93, 236, 244 = SozR 4-2500 § 27 Nr. 1.

[108] BSG v. 19.10.2004 - B 1 KR 27/02 R - BSGE 93, 236, 244 = SozR 4-2500 § 27 Nr. 1.

[109] BSG v. 19.10.2004 - B 1 KR 27/02 R - BSGE 93, 236, 245 = SozR 4-2500 § 27 Nr. 1.

[110] BSG v. 19.10.2004 - B 1 KR 27/02 R - BSGE 93, 236, 248 = SozR 4-2500 § 27 Nr. 1.

[111] BSG v. 19.10.2004 - B 1 KR 27/02 R - BSGE 93, 236, 247 = SozR 4-2500 § 27 Nr. 1.

[112] BVerfG v. 06.12.2005 - 1 BvR 347/98 - SozR 4-2500 § 27 Nr. 5.

[113] Siehe hierzu *v. Wulffen*, GesR 2006, 385, 387.

In der Vergangenheit hatte die sozialgerichtliche Rechtsprechung allerdings die Auffassung vertreten, dass das Gesetz eine Erweiterung der Leistungspflicht der Krankenkassen auf gemäß § 135 SGB V ausgeschlossene Behandlungsmaßnahmen selbst bei schweren und vorhersehbar tödlich verlaufenden Krankheiten nicht zulasse[114], und dies damit begründet, das Gesetz verbiete es, die **Erprobung** neuer Methoden und die medizinische Forschung zu den Versicherungsleistungen der gesetzlichen Krankenversicherung zu zählen.[115] Dies gelte auch dann, wenn neue Methoden im Einzelfall zu einer Heilung oder Linderung führten.[116] Soweit der Versicherte die Bereitstellung nicht ausreichend erprobter Methode begehre, stehe dem das öffentliche Interesse am Schutz der Versicherten vor unbekannten **Nebenwirkungen** sowie am Erhalt der finanziellen Stabilität der gesetzlichen Krankenversicherung entgegen.[117] 78

d. Notwendig

aa. Allgemeines

Der Begriff der Notwendigkeit entspricht dem der Erforderlichkeit. Er kennzeichnet ein **Übermaßverbot**[118] und dient – wie die Wirtschaftlichkeitsprüfung nach § 106 SGB V – dem Schutz des Systems der gesetzlichen Krankenversicherung vor einer Überforderung. 79

Die Krankenkasse ist nicht verpflichtet, jede vom Versicherten gewünschte, von ihm für optimal gehaltene Maßnahme zur Heilung oder Linderung des krankhaften Zustandes zu gewähren.[119] Unter dem Gesichtspunkt einer Behinderung gilt nichts anderes, da auch § 7 Abs. 2 SGB IX in Bezug auf die Leistungsvoraussetzungen ausdrücklich auf die speziellen Leistungsgesetze verweist.[120] 80

Somit wird durch den Begriff der Notwendigkeit der Umfang der von der Krankenkasse zu gewährenden Leistungen deutlich stärker eingeengt als dies für den Heilbehandlungsbedarf in der gesetzlichen Unfallversicherung gilt, deren Aufgabe es ist, die Gesundheit und Leistungsfähigkeit des Versicherten „mit allen geeigneten Mitteln“ wiederherzustellen (vgl. § 1 Nr. 2 SGB VII). 81

Andererseits kommt hierin zugleich der Grundsatz zum Ausdruck, dass der Krankenversicherungsträger immer die für die Heilbehandlung des Versicherten notwendige Behandlung gewähren muss.[121] 82

Abzugrenzen ist der Begriff der Notwendigkeit (bzw. Erforderlichkeit) vom Begriff der **Behandlungsbedürftigkeit**. Im weiteren Sinne ist eine Maßnahme zwar auch dann nicht notwendig, wenn überhaupt keine Behandlungsbedürftigkeit besteht. Jedoch fehlt es dann bereits am Vorliegen einer „Krankheit“ im Sinne des SGB V, so dass überhaupt kein Leistungsanspruch gegeben ist und sich die Frage, ob etwaige Leistungen dem Wirtschaftlichkeitsgebot entsprechen, nicht mehr stellt. 83

Nach § 27 Abs. 1 Satz 1 SGB V, welcher die Zielrichtung und Zweckbestimmung aller Leistungen der Krankenbehandlung zusammenfasst[122], haben Versicherte Anspruch auf Krankenbehandlung, wenn sie notwendig ist, um eine **Krankheit** zu erkennen, zu heilen, ihre Verschlimmerung zu verhüten oder Krankheitsbeschwerden zu lindern. Krankheit im Sinne der gesetzlichen Krankenversicherung liegt jedoch nach ständiger Rechtsprechung des Reichsversicherungsamtes wie des BSG nur dann vor, wenn 84

---

[114] BSG v. 28.03.2000 - B 1 KR 11/98 R - BSGE 86, 54, 64 = SozR 3-2500 § 135 Nr. 14.

[115] BSG v. 05.07.1995 - 1 RK 6/95 - SozR 3-2500 § 27 Nr. 5, 7, 12; BSG v. 16.09.1997 - 1 RK 28/95 - BSGE 81, 54, 67 f. = SozR 3-2500 § 135 Nr. 4; BSG v. 28.03.2000 - B 1 KR 11/98 R - BSGE 86, 54, 64 = SozR 3-2500 § 135 Nr. 14.

[116] BSG v. 05.07.1995 - 1 RK 6/95 - SozR 3-2500 § 27 Nr. 5, 7, 12; zuletzt BSG v. 27.09.2005 - B 1 KR 28/03 R.

[117] BSG v. 28.03.2000 - B 1 KR 11/98 R - BSGE 86, 54, 66 = SozR 3-2500 § 135 Nr. 14.

[118] *Noftz* in: Hauck/Noftz, SGB V, § 12 Rn. 21; *Käsling* in: Krauskopf, Soziale Krankenversicherung, SGB V, § 12 Rn. 8; *Fastabend*, NZS 2002, 299, 300.

[119] BSG v. 16.04.1998 - B 3 KR 6/97 R - SozR 3-2500 § 33 Nr. 26, 149, 153; BSG v. 17.02.2004 - B 1 KR 5/02 R - BSGE 92, 164, 167 = SozR 4-2500 § 18 Nr. 2; BSG v. 16.06.1999 - B 1 KR 4/98 R - SozR 3-2500 § 18 Nr. 4, 11, 16; BSG v. 19.10.2004 - B 1 KR 28/02 R - SozR 4-2500 § 27 Nr. 2, 17, 19 f.; BSG v. 10.05.2005 - B 1 KR 25/03 R - BSGE 94, 302, 309 = SozR 4-2500 § 34 Nr. 2; BSG v. 04.04.2006 - B 1 KR 12/04 R unter Hinweis auf BVerfG v. 06.12.2005 - 1 BvR 347/98 - SozR 4-2500 § 27 Nr. 5.

[120] BSG v. 19.10.2004 - B 1 KR 28/02 R - SozR 4-2500 § 27 Nr. 2, 17, 20.

[121] BSG v. 28.06.1983 - 8 RK 22/81 - BSGE 55, 188, 193 = SozR 2200 § 257a Nr. 10; BSG v. 01.06.1977 - 3 RK 41/75 - BSGE 44, 41, 44 = SozR 2200 § 508 Nr. 2; BSG v. 10.10.1978 - 3 RK 81/77 - BSGE 47, 83, 86 = SozR 2200 § 216 Nr. 2.

[122] Vgl. RegE-GRG, BT-Drs. 11/2237, S. 170.

ein regelwidriger, vom Leitbild eines gesunden Menschen abweichender körperlicher oder geistiger Zustand besteht, der entweder Behandlungsbedürftigkeit oder Arbeitsunfähigkeit zur Folge hat.[123]

85 Ein regelwidriger Körper- oder Geisteszustand gilt daher nur dann als – einen Behandlungsanspruch nach dem SGB V auslösende – Krankheit, wenn er behandlungsbedürftig ist.[124] **Behandlungsbedürftigkeit** liegt vor, wenn ein regelwidriger Gesundheitszustand mit ärztlicher Hilfe und Aussicht auf Erfolg behoben, mindestens aber gebessert oder vor Verschlimmerung bewahrt werden kann oder wenn ärztliche Behandlung erforderlich ist, um Schmerzen oder sonstige Beschwerden zu lindern.[125]

86 Die Behandlungsbedürftigkeit fehlt, wenn der regelwidrige Zustand keiner Behandlung bedarf, weil lediglich eine unerhebliche Störung der natürlichen Körperfunktionen vorliegt[126]; sie entfällt z.B. dann, wenn begründete Aussicht besteht, dass die gestörte Körperfunktion – etwa eine Kiefer- oder Zahnstellungsanomalie – sich auch ohne ärztliche Hilfe normalisiert.[127]

87 Die Frage der Notwendigkeit einer Maßnahme stellt sich mithin erst dann, wenn ein regelwidriger Zustand besteht, der behandlungsbedürftig ist (und darüber hinaus auch der Behandlung zugänglich ist). Wesentliche praktische Bedeutung hat dieses Merkmal bei Krankenhausbehandlungen und Hilfsmitteln, etwa bei der Prüfung, ob eine Krankenhausbehandlung zur Erzielung des Heilerfolges notwendig ist oder eine ambulante Behandlung genügt.

88 Eine Leistung ist notwendig, wenn gerade sie nach Art und Ausmaß zur Zweckerzielung zwangsläufig, unentbehrlich und unvermeidlich ist.[128] Wann eine Leistung im krankenversicherungsrechtlichen Sinne notwendig ist, ist vornehmlich anhand ihres **medizinischen Zwecks** zu bestimmen.[129] Dieser Zweck wird allgemein in § 11 Abs. 1 SGB V mit den Begriffen „zur Verhütung", „zur Früherkennung" und „zur Behandlung" von Krankheiten umschrieben und in § 27 Abs. 1 SGB V dahin gehend konkretisiert, dass die Krankenbehandlung notwendig sein muss, um eine Krankheit zu erkennen, zu heilen, ihre Verschlimmerung zu verhüten oder Krankheitsbeschwerden zu lindern. Ergänzt wird diese allgemeine Zweckbestimmung durch leistungsartenbezogene Präzisierungen. So konkretisiert etwa § 11 Abs. 2 Satz 1 SGB V die Notwendigkeit von Leistungen der medizinischen Rehabilitation.

bb. Hilfsmittel

89 Besonderheiten gelten bei Hilfsmitteln. Hier bestimmt § 33 Abs. 1 Satz 1 SGB V, dass ein Anspruch auf Hilfsmittel besteht, wenn diese im Einzelfall erforderlich sind, um den Erfolg der Krankenbehandlung zu sichern, einer drohenden Behinderung vorzubeugen oder eine Behinderung auszugleichen, soweit die Hilfsmittel nicht als allgemeine Gebrauchsgegenstände des täglichen Lebens anzusehen sind.

90 Umstritten ist, ob der in § 33 Abs. 1 Satz 1 SGB V verwendete Begriff der **„Erforderlichkeit"** dem Begriff der Notwendigkeit in § 12 Abs. 1 Satz 1 SGB V entspricht[130] oder ob er darüber hinaus auch die anderen Begriffselemente des Wirtschaftlichkeitsgebots in sich trägt[131]. Das BSG hat die sich dar-

[123] Vgl. etwa BSG v. 20.10.1972 - 3 RK 93/71 - BSGE 35, 10, 12 = SozR Nr. 52 zu § 182 RVO m.w.N.; BSG v. 10.05.2005 - B 1 KR 25/03 R - BSGE 94, 302, 304; weitere Nachweise bei *Höfler* in: KassKomm, SGB V, § 27 Rn. 9.

[124] Std. Rspr. des BSG: BSG v. 20.10.1972 - 3 RK 93/71 - BSGE 35, 10, 12 = SozR Nr. 52 zu § 182 RVO; BSG v. 18.11.1969 - 3 RK 75/66 - BSGE 30, 151, 153 = SozR Nr. 37 zu § 182 RVO; BSG v. 18.06.1968 - 3 RK 63/66 - BSGE 28, 114, 115 = SozR Nr. 28 zu § 182 RVO; BSG v. 28.04.1967 - 3 RK 12/65 - BSGE 26, 240, 242 = SozR Nr. 23 zu § 182 RVO.

[125] BSG v. 30.09.1999 - B 8 KN 9/98 KR R - BSGE 85, 36, 41 = SozR 3-2500 § 27 Nr. 11; BSG v. 10.07.1979 - 3 RK 21/78 - BSGE 48, 258, 265 = SozR 2200 § 182 Nr. 47; BSG v. 20.10.1972 - 3 RK 93/71 - BSGE 35, 10, 12 = SozR Nr. 52 zu § 182 RVO; BSG v. 18.11.1969 - 3 RK 75/66 - BSGE 30, 151, 153 = SozR Nr. 37 zu § 182 RVO; BSG v. 17.10.1969 - 3 RK 82/66 - SozR Nr. 23 zu § 184 RVO; BSG v. 18.06.1968 - 3 RK 63/66 - BSGE 28, 114, 115 = SozR Nr. 28 zu § 182 RVO; BSG v. 28.04.1967 - 3 RK 12/65 - BSGE 26, 240, 242 = SozR Nr. 23 zu § 182 RVO.

[126] BSG v. 12.12.1972 - 3 RK 67/70 - BSGE 35, 105, 106 = SozR Nr. 55 zu § 182 RVO – Zahnlosigkeit.

[127] BSG v. 20.10.1972 - 3 RK 93/71 - BSGE 35, 10, 12 = SozR Nr. 52 zu § 182 RVO.

[128] Vgl. BSG v. 26.10.1982 - 3 RK 16/81 - SozR 2200 § 182b Nr. 25, 63, 66; ebenso BSG v. 26.10.1982 - 3 RK 28/82 - SozR 2200 § 182b Nr. 26, 67, 68.

[129] BSG v. 24.11.1983 - 8 RK 6/82 - SozR 2200 § 182 Nr. 93, 189, 195.

[130] So *Mrozynski* in: Wannagat, SGB V, § 12 Rn. 4; vgl. auch BSG v. 20.11.1996 - 3 RK 5/96 - SozR 3-2500 § 33 Nr. 21, 111, 115.

[131] So *Höfler* in: KassKomm, SGB V, § 12 Rn. 17.

aus ergebende Frage, ob beide Vorschriften getrennt zu prüfen sind, in älteren Entscheidungen bejaht[132], in einer nachfolgenden Entscheidung[133] allerdings offen gelassen.

Da das Gesetz den Begriff der Erforderlichkeit auch an anderer Stelle im Leistungsrecht verwendet – z.B. bei Krankenhausbehandlungen (§ 39 Abs. 1 Satz 1 SGB V) oder bei nichtärztlichen sozialpädiatrischen Leistungen (§ 43a SGB V) – ist davon auszugehen, dass hierdurch die Voraussetzungen des Anspruchs auf eine spezielle Leistungsart konkretisiert werden sollen, die allgemeinen Leistungsvoraussetzungen, zu denen auch das Wirtschaftlichkeitsgebot gehört, hiervon jedoch unberührt bleiben sollen, mithin gesondert zu prüfen sind. 91

Bei **behinderungsbedingten Funktionsausfällen** beschränkt sich der Zweck der Leistung auf den Ausgleich der Behinderung oder sonstiger Auswirkungen im Rahmen eines elementaren Lebensbedürfnisses; allgemeine gesellschaftliche, berufliche oder private Nachteile werden nicht erfasst.[134] Damit wird zugleich der Zuständigkeitsbereich der gesetzlichen Krankenversicherung von anderen gesellschaftlichen, wirtschaftlichen, beruflichen und privaten Bereichen und eventuellen Zuständigkeiten anderer Sozialleistungsträger abgegrenzt.[135] 92

Ein Hilfsmittel, dass die krankhafte Funktionseinbuße in nur unwesentlichem Umfang auszugleichen vermag, ist nicht notwendig.[136] Eine solche Notwendigkeit liegt vielmehr nur dann vor, wenn der Funktionsausgleich des Hilfsmittels im Rahmen der Erfüllung eines elementaren, normalen Lebensbedürfnisses liegt.[137] Bei Hilfsmitteln beschränkt der Begriff der Notwendigkeit die Versorgung zudem in der Regel auf eine Standardausführung.[138] 93

cc. Mehrkosten

Klärungsbedürftig ist, ob Leistungserbringer eine nicht notwendige Leistung erbringen dürfen, wenn Versicherte diese wählen und bereit sind, die Mehrkosten zu tragen. Erst recht stellt sich diese Frage natürlich, wenn es sich dabei um eine Leistung handelt, die zudem im engeren Sinne unwirtschaftlich ist, es also – als Ergebnis der anzustellenden Kosten-Nutzen-Analyse (vgl. Rn. 107) – kostengünstigere, aber gleichermaßen geeignete Maßnahmen gibt. 94

Voraussetzung dafür, dies überhaupt zu erwägen, ist zunächst, dass die Gesamtleistung unter diesen Kriterien teilbar ist.[139] Zudem muss deren wesentlicher Teil als „Grundleistung" dem Leistungskatalog der gesetzlichen Krankenversicherung angehören.[140] Dies ist dann nicht mehr der Fall, falls ein aliud gegenüber der systemimmanenten, notwendigen Leistung gewählt wird.[141] 95

Auch wenn diese Voraussetzungen vorliegen, könnte fraglich sein, ob das Gesetz die Erbringung nicht notwendiger Leistungen überhaupt zulässt, denn nach dem Wortlaut des § 12 Abs. 1 Satz 2 SGB V dürfen (u.a.) nicht notwendige Leistungen weder vom Versicherten beansprucht noch vom Leistungserbringer bewirkt werden. 96

Dass das Gesetz bei einzelnen Leistungsarten ausdrücklich eine Übernahme der Mehrkosten durch die Versicherten vorsieht, wie z.B. beim Zahnersatz (vgl. § 55 Abs. 4 SGB V), bei der Wahl des Krankenhauses (§ 39 Abs. 2 SGB V) sowie – inzident – bei Kontaktlinsen (vgl. § 33 Abs. 3 Satz 3 SGB V), könnte im Sinne eines Regel-Ausnahme-Verhältnisses ebenfalls für einen generellen Ausschluss sprechen. Dies gilt auch für § 31 Abs. 3 SGB IX, der ausdrücklich bestimmt, dass dann, wenn Leistungsempfänger ein geeignetes Hilfsmittel in einer aufwendigeren Ausführung als notwendig wählen, sie die Mehrkosten selbst zu tragen haben. 97

---

[132] Vgl. BSG v. 25.10.1995 - 3 RK 30/94 - SozR 3-2500 § 33 Nr. 17, 80, 86; BSG v. 17.01.1996 - 3 RK 38/94 - SozR 3-2500 § 33 Nr. 18, 88, 92.

[133] BSG v. 29.09.1997 - 8 RKn 27/96 - SozR 3-2500 § 33 Nr. 25, 139, 140.

[134] BSG v. 24.11.1983 - 8 RK 6/82 - SozR 2200 § 182 Nr. 93, 189, 195 m.w.N.

[135] *Noftz* in: Hauck/Noftz, SGB V, § 12 Rn. 21.

[136] BSG v. 28.09.1976 - 3 RK 9/76 - BSGE 42, 229, 230 = SozR 2200 § 182b Nr. 2; BSG v. 26.10.1982 - 3 RK 16/81 - SozR 2200 § 182b Nr. 25, 63, 64 f.; BSG v. 26.03.1980 - 3 RK 61/79 - BSGE 50, 77, 78 = SozR 2200 § 182b Nr. 17; BSG v. 07.03.1990 - 3 RK 15/89 - BSGE 66, 245, 246 = SozR 3-25000 § 33 Nr. 1.

[137] BSG v. 26.10.1982 - 3 RK 16/81 - SozR 2200 § 182b Nr. 25, 63, 65 m.w.N.

[138] Vgl. BSG v. 03.11.1993 - 1 RK 42/92 - SozR 3-2500 § 33 Nr. 5 – Schreibtelefon.

[139] *Noftz* in: Hauck/Noftz, SGB V, § 12 Rn. 22.

[140] *Noftz* in: Hauck/Noftz, SGB V, § 12 Rn. 22 unter Hinweis auf BSG v. 23.04.1996 - 1 RK 24/95 - SozR 3-2500 § 30 Nr. 7 und BSG v. 03.12.1997 - 6 RKa 40/96.

[141] *Noftz* in: Hauck/Noftz, SGB V, § 12 Rn. 22.

98 Allerdings hat die Rechtsprechung in der Vergangenheit die Übernahme von Mehrkosten durch die Versicherten wiederholt auch in anderen, nicht gesetzlich geregelten Fällen zugelassen.[142] Die Versorgung mit Hilfsmitteln bedeute nicht nur, dass die Krankenkasse dem Berechtigten das „notwendige" Hilfsmittel als Sachleistung kostenfrei zur Verfügung stellen müsse, sondern auch, dass dieser ein Hilfsmittel aufwendigerer Ausführung wählen könne, wenn er die Kostendifferenz zwischen dem notwendigen und dem aufwendigeren Hilfsmittel selbst trage.[143] Eine derartige Praxis stehe sowohl mit dem Wirtschaftlichkeitsgrundsatz als auch mit dem Sachleistungsprinzip in Einklang.[144]

99 Andererseits hat das BSG in einer jüngeren Entscheidung[145] ausdrücklich darauf hingewiesen, dass Versicherten bis zum 30.06.2001 nur ein Wahlrecht zwischen verschiedenen Hilfsmitteln zugestanden habe, die gleichermaßen geeignet, erforderlich und wirtschaftlich gewesen seien. Die Wahl eines aufwendigeren und damit teureren Hilfsmittels unter Zuzahlung in Höhe des Differenzbetrages zu dem preisgünstigeren, aber ausreichenden Hilfsmittel sei ausgeschlossen gewesen.[146]

100 Die von der herrschenden Meinung[147] bejahte Zulässigkeit der Erbringung von über das Notwendige hinausgehenden Leistungen unter Übernahme der Mehrkosten durch den Versicherten steht im Spannungsfeld zwischen dem Selbstbestimmungsrecht der Versicherten und dem mit dem Sachleistungsprinzip verbundenen Zweck.

101 Das in § 33 SGB I normierte Selbstbestimmungsrecht spräche dafür, derartige Mehrkostenregelungen auch in den gesetzlich nicht ausdrücklich geregelten Fällen zuzulassen, auch wenn dies eine Schlechterstellung finanzschwächerer Versicherter nach sich zöge. § 12 Abs. 1 Satz 2 SGB V könnte im Wege der teleologischen Reduktion so verstanden werden, dass die Norm lediglich die Erbringung nicht notwendiger Leistungen zu Lasten der gesetzlichen Krankenversicherung ausschließt.

102 Dagegen spricht der Gesichtspunkt, dass die Krankenkassen die notwendigen Leistungen gerade deswegen als Sachleistungen erbringen, weil nur das Sachleistungsprinzip sicher stellt, dass alle Kassenpatienten hinreichend ärztlich betreut werden.[148] Wären Mehrkostenvereinbarungen generell zulässig, bestünde die Gefahr, dass die Versicherten durch ihre Ärzte zum Abschluss entsprechender Vereinbarungen gedrängt und mit „nicht notwendigen" Mehrkosten belastet werden.

103 In jedem Fall unzulässig ist es, wenn ein Arzt vom Leistungskatalog der gesetzlichen Krankenversicherung umfasste wirtschaftliche Leistungen aus finanziellen Gründen von seinem Leistungsangebot in der vertragsärztlichen Versorgung ausnimmt und diese den Versicherten statt dessen nur noch im Wege der Privatbehandlung bzw. im Kostenerstattungsverfahren anbietet.[149]

e. Wirtschaftlich

104 Unter dem Begriff der Wirtschaftlichkeit **im engeren Sinne** wird allgemein[150] das Gebot verstanden, entweder mit den gegebenen Mitteln den größtmöglichen Nutzen zu erzielen (Maximalprinzip) oder einen bestimmten Nutzen mit den geringstmöglichen Mitteln zu erzielen (Minimalprinzip). Die Begriffe beschreiben eine Mittel-Zweck-Relation mit dem Ziel, bei der Verwendung der Mittel das Maß des Notwendigen nicht zu überschreiten.[151]

105 Von dem in § 12 Abs. 1 Satz 1 SGB V verwendeten (engeren) Wirtschaftlichkeitsbegriff zu unterscheiden ist der Begriff der Wirtschaftlichkeit, wie er in § 106 SGB V Verwendung findet; jener trägt alle im Wirtschaftlichkeitsgebot des § 12 Abs. 1 SGB V aufgeführten Sachvoraussetzungen in sich.[152]

---

142 Vgl. BSG v. 20.07.1976 - 3 RK 18/76 - SozR 2200 § 184 Nr. 4 – stationäre Leistungen; BSG v. 24.11.1983 - 8 RK 6/82 - SozR 2200 § 182 Nr. 93 – Brillengestelle.

143 BSG v. 24.11.1983 - 8 RK 6/82 - SozR 2200 § 182 Nr. 93, S. 189, 193; BSG v. 28.09.1976 - 3 RK 9/76 - SozR 2200 § 182b Nr. 2.

144 BSG v. 24.11.1983 - 8 RK 6/82 - SozR 2200 § 182 Nr. 93, S. 189, 193 unter Hinweis auf BSG v. 20.07.1976 - 3 RK 18/76 - SozR 2200 § 184 Nr. 4.

145 BSG v. 23.01.2003 - B 3 KR 7/02 R - BSGE 90, 220, 225 = SozR 4-2500 § 33 Nr. 1.

146 BSG v. 23.01.2003 - B 3 KR 7/02 R - BSGE 90, 220, 225 = SozR 4-2500 § 33 Nr. 1.

147 Bejahend *Noftz* in: Hauck/Noftz, SGB V, § 12 Rn. 22; *Käsling* in: Krauskopf, Soziale Krankenversicherung, SGB V, § 12 Rn. 9; *Höfler* in: KassKomm, SGB V, § 12 Rn. 42.

148 Vgl. BSG v. 20.07.1976 - 3 RK 18/76 - SozR 2200 § 184 Nr. 4, 8, 10.

149 BSG v. 14.03.2001 - B 6 KA 67/00 R - MedR 2002, 47.

150 Vgl. BSG v. 26.08.1983 - 8 RK 29/82 - BSGE 55, 277, 279; BSG v. 29.02.1984 - 8 RK 27/82 - BSGE 56, 197, 198 f. = SozR 2100 § 69 Nr. 4.

151 BSG v. 26.08.1983 - 8 RK 29/82 - BSGE 55, 277, 279; BSG v. 29.02.1984 - 8 RK 27/82 - BSGE 56, 197, 199 = SozR 2100 § 69 Nr. 4.

152 BSG v. 29.05.1962 - 6 RKa 24/59 - BSGE 17, 79, 84 = insoweit nicht in SozR Nr. 5 zu § 368n RVO abgedruckt.

Das vorerwähnte Maximalprinzip ist im Leistungsrecht der gesetzlichen Krankenversicherung als Maßstab ungeeignet. Zwar ist es auch hier durchaus wünschenswert, mit den „gegebenen Mitteln" einen größtmöglichen Heilerfolg zu erzielen. Jedoch wird das Maximalprinzip dem begrenzenden Charakter des Begriffes der Wirtschaftlichkeit im engeren Sinne nicht gerecht. Dieser fordert, entsprechend dem **Minimalprinzip** mit dem geringstmöglichen Aufwand die erforderliche — ausreichende und zweckmäßige – Leistung zu erbringen.[153] **106**

Bezogen auf die Krankenversicherung bestimmt der Begriff die Relation zwischen dem Kostenaufwand und dem Nutzen in Form des Heilerfolgs[154]; bei Hilfsmitteln entspricht dem eine begründbare angemessene Relation zwischen Kosten und Gebrauchsvorteil.[155] Wirtschaftlich im engeren Sinne ist hier die Maßnahme, die sich im Rahmen einer **Kosten-Nutzen-Analyse** als die günstigste erweist. Dabei sind auf der Nutzenseite Art, Dauer und Nachhaltigkeit des Heilerfolgs einzubeziehen.[156] **107**

Eine Kosten-Nutzen-Analyse setzt allerdings voraus, dass es **Behandlungsalternativen** gibt. Bietet im Einzelfall nur eine dem Stand der medizinischen Erkenntnisse entsprechende – ausreichende, zweckmäßige und notwendige – Methode bei notwendigerweise prognostischer Beurteilung der Erfolgsaussichten eine reale Chance zur Erreichung des Behandlungsziels, ist diese ungeachtet ihres Aufwands als wirtschaftlich anzusehen[157]; in diesen Fällen verdichtet sich das Rahmenrecht des § 27 Abs. 1 SGB V zum Anspruch auf diese Behandlungsmaßnahme.[158] **108**

Gibt es jedoch derartige Alternativen, so wird die Kosten-Nutzen-Analyse **vorrangig** von **ökonomischen Aspekten** bestimmt.[159] Insoweit kann nicht von einem Nachrang des Wirtschaftlichkeitsgebots ausgegangen werden.[160] Zwar darf eine Maßnahme, die nach dem allgemein anerkannten Erkenntnisstand geboten ist, nicht als unwirtschaftlich qualifiziert werden[161], doch wird dies durch den Begriff der Wirtschaftlichkeit im engeren Sinne auch nicht in Zweifel gezogen. **109**

Das Wirtschaftlichkeitsgebot hat vielmehr lediglich zur Folge, dass **bei der Auswahl** zwischen zwei oder mehr in gleicher Weise geeigneten, den gleichen Heilerfolg bietenden Maßnahmen diejenige auszuwählen ist, die die geringsten Kosten verursacht. Stehen nach dem Stand der medizinischen Erkenntnisse mehrere geeignete Behandlungsmethoden zur Verfügung, so darf eine Methode mit – im Vergleich zu den anderen Methoden – signifikant höheren Gesamtkosten nicht beansprucht, bewirkt oder bewilligt werden.[162] **110**

Dies gilt insbesondere für **Arzneimittel**. Sind für einen bestimmten therapeutischen Ansatz bzw. für eine bestimmte medikamentöse Therapie zugelassene Arzneimittel mit entsprechender Indikation verfügbar, haben diese aber unterschiedliche Preise, gebietet das Wirtschaftlichkeitsgebot zumindest, dass der Vertragsarzt sich die unterschiedlichen Kosten vergegenwärtigt und einzelfallbezogen abwägt, ob der Einsatz des preiswerteren Arzneimittels vertretbar ist.[163] Der routinemäßige Einsatz eines teureren Arzneimittels gegenüber preiswerteren in Betracht kommenden stellt einen typischen Verstoß gegen das Wirtschaftlichkeitsgebot dar.[164] **111**

---

[153] So auch *Schneider* in: Schulin, Handbuch des Sozialversicherungsrechts, Bd. 1, § 22 Rn. 6.

[154] Vgl. BSG v. 22.09.1981 - 11 RK 10/79 - BSGE 52, 134, 139 = SozR 2200 § 182 Nr. 76.

[155] BSG v. 21.11.1991 - 3 RK 43/89 - SozR 3-2500 § 33 Nr. 4 – Bildschirmlesegerät; BSG v. 17.01.1996 - 3 RK 38/94 - SozR 3-2500 § 33 Nr. 18 - Farberkennungsgerät; BSG v. 23.08.1995 - 3 RK 7/95 - SozR 3-2500 § 33 Nr. 16 – Lese-Sprechgerät; BSG v. 17.01.1996 - 3 RK 16/95 - SozR 3-2500 § 33 Nr. 20 – Luftreinigungsgerät; BSG v. 06.02.1997 - 3 RK 1/96 - SozR 3-2500 § 33 Nr. 22 - Personalcomputer BSG v. 13.05.1998 - B 8 KN 13/97 R - SozR 3-2500 § 33 Nr. 28 – Therapiefahrrad.

[156] BSG v. 22.07.1981 - 3 RK 50/79 - BSGE 52, 70, 75 = SozR 2200 § 182 Nr. 72; BSG v. 22.09.1981 - 11 RK 10/79 - BSGE 52, 134, 139 = SozR 2200 § 182 Nr. 76.

[157] BSG v. 20.03.1996 - 6 RKa 62/94 - BSGE 78, 70, 85 = SozR 3-2500 § 92 Nr. 6; vgl. auch *Neumann*, NZS 2005, 617 m.w.N.

[158] BSG v. 20.03.1996 - 6 RKa 62/94 - BSGE 78, 70, 86 = SozR 3-2500 § 92 Nr. 6.

[159] So auch *Schneider* in: Schulin, Handbuch des Sozialversicherungsrechts, Bd. 1, § 22 Rn. 6.

[160] Siehe hierzu *Clemens* in: Schulin, Handbuch des Sozialversicherungsrechts, Bd. 1, § 35 Rn. 17.

[161] *Clemens* in: Schulin, Handbuch des Sozialversicherungsrechts, Bd. 1, § 35 Rn. 17.

[162] BSG v. 20.03.1996 - 6 RKa 62/94 - BSGE 78, 70, 85 = SozR 3-2500 § 92 Nr. 6; vgl. auch BSG v. 22.07.1981 - 3 RK 50/79 - BSGE 52, 70, 75 = SozR 2200 § 182 Nr. 72; vgl. auch BSG v. 29.09.1997 - 8 RKn 27/96 - SozR 3-2500 § 33 Nr. 25, 139, 145; BSG v. 13.05.1998 - B 8 KN 13/97 R - SozR 3-2500 § 33 Nr. 28, 161, 163.

[163] BSG v. 20.10.2004 - B 6 KA 41/03 R - SozR 4-2500 § 106 Nr. 6, 44, 53.

[164] BSG v. 20.10.2004 - B 6 KA 41/03 R - SozR 4-2500 § 106 Nr. 6, 44, 54.

112 Ebenso ist bei das gleiche Leistungsangebot bereit haltenden Einrichtungen grundsätzlich diejenige mit der Durchführung der Maßnahme zu beauftragen, die die günstigsten Vergütungssätze anbietet.[165]

113 Der Wirtschaftlichkeitsbegriff des § 12 Abs. 1 SGB V ermöglicht lediglich eine als **Rationalisierung** bezeichnete systeminterne und systemadäquate Optimierung des Kosten-Nutzen-Verhältnisses, nicht aber eine Rationierung im Sinne einer ausschließlich oder primär auf ökonomische Gründe gestützten Ausgrenzung unbestritten wirksamer und nützlicher Leistungen oder die generelle oder partielle Absenkung des Versorgungsniveaus.[166] Derartige Maßnahmen bedürften, so sie denn überhaupt verfassungsrechtlich zulässig wären, einer ausdrücklichen und eindeutigen gesetzlichen Regelung.

4. Verhältnis zum Leistungserbringungsrecht

a. Allgemeines

114 Die Einhaltung des Wirtschaftlichkeitsgebots ist, wie schon § 12 Abs. 1 Satz 2 SGB V verdeutlicht, eine **gemeinsame Aufgabe** von Versicherten, Leistungserbringern und Krankenkassen. Zwar richtet sich § 12 Abs. 1 SGB V nach seiner systematischen Stellung vorrangig an die Versicherten, deren Leistungsansprüche er konkretisiert und begrenzt, doch kommt bei der Gewährleistung dieses Grundsatzes den Leistungserbringern eine vorrangige Bedeutung zu.

115 Angesichts des die gesetzliche Krankenversicherung prägenden Sachleistungsprinzips (vgl. § 2 Abs. 2 Satz 1 SGB V) und des Umstandes, dass die Krankenkassen die Leistungen nicht als Eigenleistungen erbringen, sondern ihrer Leistungspflicht durch Abschluss von Verträgen mit Leistungserbringern Genüge tun (vgl. § 2 Abs. 2 Satz 3 SGB V), kommt diesen – vorrangig den Vertragsärzten – eine **besondere Verantwortung** zu, da sie die Leistungen entweder veranlassen oder selbst erbringen. Sie sind Teil eines Leistungssystems, in dem ihnen eine besonders bedeutsame soziale Funktion zukommt; ihr Handeln ist in einen Gesamtzusammenhang eingebettet, der auf dem Gedanken der Solidargemeinschaft der Versicherten aufbaut.[167] Das damit verbundene Ziel einer – durch gemeinsame Beitragsleistung finanzierten – Sicherstellung der gesundheitlichen Versorgung der Versicherten ist nur zu erreichen, wenn unwirtschaftliche Leistungen vermieden werden.[168]

116 Daher dient das Wirtschaftlichkeitsgebot – sowie die hierauf fußenden Konkretisierungen und Kontrollmechanismen des Leistungserbringungsrechts – als notwendiges **Korrektiv zum Sachleistungsprinzip,** auf Grund dessen ein – Leistung und Gegenleistung regulierendes – Austauschverhältnis zwischen Arzt und Patient entfallen ist.[169] Als Nebeneffekt bewirkt das Wirtschaftlichkeitsgebot – gerade in Zeiten begrenzter Mittel – einen Schutz der wirtschaftlich arbeitenden Leistungserbringer.

117 Durch das gesetzliche Wirtschaftlichkeitsgebot werden nicht allein die Ansprüche der Versicherten, sondern auch die **Therapiefreiheit** des Arztes begrenzt.[170] Zwar gilt in der vertragsärztlichen Versorgung der Grundsatz der Freiheit des Arztes in der Wahl seiner Untersuchungs- und Behandlungsmethoden.[171] Auch der Vertragsarzt muss die Möglichkeit haben, bei seinen Patienten neue oder von denen seiner Kollegen abweichende Untersuchungs- und Behandlungsmethoden anzuwenden[172], soweit dem nicht § 135 Abs. 1 SGB V entgegensteht. Andererseits ist der Vertragsarzt nicht berechtigt, zu Lasten der Krankenkassen Überflüssiges zu veranlassen oder Untersuchungs- und Behandlungsmaßnahmen durchzuführen, die aufwendiger sind als andere, die denselben Zweck erfüllen.[173]

118 Eine Therapiefreiheit in dem Sinne, dass Untersuchungs- und Behandlungsmaßnahmen beliebig eingesetzt werden können, kennt weder das einfache Recht noch das Verfassungsrecht.[174] Die (medizinische) Entscheidungsfreiheit des Vertragsarztes erfährt Einschränkungen, die sich aus den Erfordernissen einer beitragsfinanzierten, solidarischen Krankenversicherung und insbesondere aus dem sie be-

---

165 BSG v. 23.07.2002 - B 3 KR 63/01 R - BSGE 89, 294, 303 = SozR 3-2500 § 111 Nr. 3.

166 Vgl. *Noftz* in: Hauck/Noftz, SGB V, § 12 Rn. 16; siehe hierzu auch *Neumann*, NZS 2005, 617 ff.

167 BSG v. 15.04.1980 - 6 RKa 5/79 - BSGE 50, 84, 88 = SozR 2200 § 368e Nr. 4.

168 BSG v. 15.04.1980 - 6 RKa 5/79 - BSGE 50, 84, 88 = SozR 2200 § 368e Nr. 4.

169 Vgl. schon *Schneider*, MedR 1998, 540, 541.

170 BSG v. 05.05.1988 - 6 RKa 27/87 - BSGE 63, 163, 165 = SozR 2200 § 368p Nr. 2; BSG v. 20.03.1996 - 6 RKa 62/94 - BSGE 78, 70, 89 = SozR 3-2500 § 92 Nr. 2.

171 BSG v. 01.03.1979 - 6 RKa 4/78 - SozR 2200 § 368n Nr. 19, 50, 53; BSG v. 22.05.1984 - 6 RKa 21/82 - SozR 2200 § 368n Nr. 31, 95, 105/106.

172 BSG v. 01.03.1979 - 6 RKa 4/78 - SozR 2200 § 368n Nr. 19, 50, 53.

173 BSG v. 22.05.1984 - 6 RKa 21/82 - SozR 2200 § 368n Nr. 31, 95, 106; BSG v. 08.05.1985 - 6 RKa 24/83 - USK 85190; BSG v. 02.06.1987 - 6 RKa 23/86 - BSGE 62, 24, 27 = SozR 2200 § 368n Nr. 48, 156, 159.

174 BSG v. 25.09.2000 - B 1 KR 24/99 R - SozR 3-2500 § 13 Nr. 23, 107, 112.

herrschenden Wirtschaftlichkeitsgebot ergeben.[175] Hierbei handelt es sich um zulässige Regelungen der Berufsausübung zur Sicherung der finanziellen Stabilität des Systems der gesetzlichen Krankenversicherung.[176]

b. Konkretisierungen des Wirtschaftlichkeitsgebots

aa. Allgemeines

Dass § 12 Abs. 1 SGB V nicht allein im Leistungsrecht, sondern gleichermaßen im Leistungserbringungsrecht zu beachten ist, folgt zum einen daraus, dass gemäß **§ 12 Abs. 1 Satz 2 SGB V** Leistungen, die nicht notwendig oder unwirtschaftlich sind, von den Leistungserbringern nicht bewirkt werden dürfen; hierdurch soll klargestellt werden, dass das Wirtschaftlichkeitsgebot auch für alle Leistungserbringer gilt.[177] Zum anderen wird das Wirtschaftlichkeitsgebot im Vierten Kapitel des SGB V – dem sogenannten Leistungserbringungsrecht („Beziehungen der Krankenkassen zu den Leistungserbringern“) – konkretisiert. 119

So bestimmt § 70 Abs. 1 Satz 2 SGB V als **Grundnorm des Leistungserbringungsrechts**, dass die Versorgung der Versicherten ausreichend und zweckmäßig sein muss, das Maß des Notwendigen nicht überschreiten darf und in der fachlich gebotenen Qualität sowie wirtschaftlich erbracht werden muss. Damit wiederholt die Norm das in § 12 Abs. 1 SGB V definierte Wirtschaftlichkeitsgebot für die Rechtsbeziehungen zwischen Krankenkasse und Leistungserbringer. 120

Die Regelung des § 70 Abs. 1 Satz 2 SGB V wird in den die Beziehungen der Krankenkassen zu den einzelnen Gruppen von Leistungserbringern regelnden Bestimmungen präzisiert. Diese beziehen sich zum einen auf die Wirtschaftlichkeit der Leistungserbringung als solche, zum anderen sind sie darauf ausgerichtet, den Grundsatz der Wirtschaftlichkeit durch eine Steuerung des Zugangs von Leistungserbringern zum System zu verwirklichen. 121

bb. Konkretisierungen im Vertragsarztrecht

Besonders detaillierte Bestimmungen zur Gewährleistung des Wirtschaftlichkeitsgebots enthält das sogenannte Vertragsarztrecht, in dem die Beziehungen der Krankenkassen zu Ärzten, Psychotherapeuten und Zahnärzten geregelt sind. Dies liegt darin begründet, dass den Vertragsärzten bei der Leistungsgewährung eine **Schlüsselrolle** zukommt, da sie nicht nur selbst Leistungen erbringen, sondern im Regelfall auch die Erbringung von Leistungen durch Dritte veranlassen. 122

Für das Vertragsarztrecht wiederholt und präzisiert § 72 Abs. 2 SGB V das Wirtschaftlichkeitsgebot dahin gehend, dass die vertragsärztliche Versorgung so zu regeln ist, dass eine ausreichende, zweckmäßige und wirtschaftliche Versorgung der Versicherten unter Berücksichtigung des allgemein anerkannten Standes der medizinischen Erkenntnisse gewährleistet ist. 123

Das Wirtschaftlichkeitsgebot ist von jedem Vertragsarzt von Beginn seiner Tätigkeit an **zwingend zu beachten**[178] und verpflichtet ihn, umfassend, also sowohl insgesamt als auch in jedem Teilbereich, wirtschaftlich zu handeln.[179] Es gilt für den gesamten Bereich der vertrags-(zahn-)ärztlichen Tätigkeit – ab 01.01.1999 einschließlich der von nichtärztlichen Psychotherapeuten erbrachten Leistungen –, also nicht nur für die Behandlungs- und Verordnungsweise im engeren Sinne, sondern auch für die Beurteilung der Arbeitsunfähigkeit[180], die Überweisungstätigkeit, für Krankenhauseinweisungen und für sonstige veranlasste Leistungen. 124

Der Gewährleistung des Wirtschaftlichkeitsgebots dient die Durchführung von **Wirtschaftlichkeitsprüfungen** nach § 106 SGB V. Die Überwachung der Wirtschaftlichkeit der vertragsärztlichen Versorgung stellt eine gemeinsame Aufgabe von Krankenkassen und Kassenärztlichen Vereinigungen dar (§ 106 Abs. 1 SGB V), welche diese durch verselbständigte Prüfgremien – Prüfungs- und Beschwer- 125

---

[175] BSG v. 25.09.2000 - B 1 KR 24/99 R - SozR 3-2500 § 13 Nr. 23, 107, 112.

[176] BSG v. 25.09.2000 - B 1 KR 24/99 R - SozR 3-2500 § 13 Nr. 23, 107, 112 m.w.N.

[177] Ausschussbericht zum GRG, BT-Drs. 11/3480, S. 50 zu § 12 SGB V.

[178] BSG v. 19.06.1996 - 6 RKa 40/95 - BSGE 78, 278, 283 = SozR 3-2500 § 106 Nr. 35, 193, 198; BSG v. 28.04.2004 - B 6 KA 24/03 R - MedR 2004, 577; vgl. auch BSG v. 15.12.1987 - 6 RKa 19/87 - BSGE 63, 6, 8 = SozR 2200 § 368n Nr. 52, 178, 179 f.

[179] BSG v. 05.11.1997 - 6 RKa 1/97 - SozR 3-2500 § 106 Nr. 42, 229, 232.

[180] Vgl. hierzu BSG v. 08.05.1985 - 6 RKa 7/84 - SozR 2200 § 368n Nr. 37, 121, 122.

deausschüsse – wahrnehmen. Der Wirtschaftlichkeitsprüfung kommt im Rahmen der vertragsärztlichen Versorgung ein hoher Stellenwert zu, weil damit dem Wirtschaftlichkeitsgebot Ausdruck verliehen wird.[181]

126 Die Wirtschaftlichkeitsprüfung verfolgt das Ziel, die Vertragsärzte zur Einhaltung des Wirtschaftlichkeitsgebots anzuhalten.[182] Ihr Zweck ist damit nicht allein die Feststellung des rechtmäßigen Honorars, sondern auch die Aufrechterhaltung von Funktionstüchtigkeit und Leistungsfähigkeit des Systems der gesetzlichen Krankenversicherung.[183]

127 Fortgesetzte Verstöße gegen das Wirtschaftlichkeitsgebot rechtfertigen nicht nur die Verhängung von **Disziplinarmaßnahmen,** sondern können in besonderen Fällen auch Grundlage für eine Entziehung der vertragsärztlichen Zulassung sein.[184]

128 Der umfassenden Verpflichtung des Vertragsarztes zur Beachtung des Wirtschaftlichkeitsgebots steht die entsprechende **Verpflichtung der Prüfgremien** zur Durchführung von Wirtschaftlichkeitsprüfungen gegenüber. Die Durchführung von Wirtschaftlichkeitsprüfungen ist unverzichtbar.[185] Es entspricht daher der Zielsetzung des Gesetzes, dass das Abrechnungs- und Verordnungsverhalten aller Ärzte zu jeder Zeit einer effektiven Wirtschaftlichkeitsprüfung unterliegen muss.[186] Grundsätzlich dürfen kein Arzt oder Gruppen von ärztlichen Leistungserbringern von der Wirtschaftlichkeitsprüfung ausgenommen bleiben.[187]

129 Als **Regelprüfmethoden** schreibt das Gesetz seit dem 01.01.2004 eine Auffälligkeitsprüfung in Form der Richtgrößenprüfung (§ 106 Abs. 2 Satz 1 Nr. 1 SGB V) sowie eine Zufälligkeitsprüfung in Form der Stichprobenprüfung (§ 106 Abs. 2 Satz 1 Nr. 2 SGB V) vor. Die Vereinbarung anderer Prüfmethoden – wie etwa der tradionellen statistischen Vergleichsprüfung – durch die Vertragspartner der Prüfvereinbarung ist jedoch zulässig (§ 106 Abs. 2 Satz 4 SGB V). Aus der Feststellung einer unwirtschaftlichen Behandlungs- oder Verordnungsweise resultieren konkrete Rechtsfolgen in Form von Honorarkürzungen – d.h. der Nicht-Vergütung unwirtschaftlicher Leistungen – oder von Honorarregressen im Verordnungsbereich, d.h. der Vertragsarzt hat die Kosten der unwirtschaftlichen Verordnung selbst zu tragen.

130 Allerdings stellt sich der Ablauf einer Wirtschaftlichkeitsprüfung nicht so dar, dass in jedem Behandlungsfall die Einhaltung der einzelnen Begriffselemente des § 12 SGB V überprüft wird; eine derartige Einzelfallprüfung ist – allein schon aus verwaltungsökonomischen Gründen – vielmehr die Ausnahme. Stattdessen wird die Wirtschaftlichkeit im Regelfall im Wege des (statistischen) Vergleichs geprüft. Bei der – auf die Prüfung der Verordnungsweise beschränkten – **Richtgrößenprüfung** führt eine Überschreitung des Richtgrößenvolumens – als Summe der als Durchschnittswerte vereinbarten arztgruppenspezifischen fallbezogenen Richtgrößen (§ 84 Abs. 6 Satz 1 SGB V) – von mehr als 25% dazu, dass der Mehraufwand, sofern er nicht durch Praxisbesonderheiten gerechtfertigt ist, in voller Höhe zu erstatten ist (vgl. § 106 Abs. 5a Satz 3 SGB V).

---

[181] BSG v. 16.07.2003 - B 6 KA 45/02 R - SozR 4-2500 § 106 Nr. 3, 17, 26; BSG v. 21.05.2003 - B 6 KA 32/02 R - SozR 4-2500 § 106 Nr. 1, 1, 7 f.; BSG v. 28.04.2004 - B 6 KA 24/03 R - MedR 2004, 577.

[182] BSG v. 15.05.2002 - B 6 KA 30/00 R - SozR 3-2500 § 87 Nr. 32, 180, 182/183 unter Hinweis auf BSG v. 15.03.1995 - 6 RKa 37/93 - BSGE 76, 53, 54 = SozR 3-2500 § 106 Nr. 26.

[183] BVerfG v. 08.06.1984 - 1 BvR 580/84 - SozR 2200 § 368n Nr. 29, 87; BSG v. 31.07.1991 - 6 RKa 18/90 - BSGE 69, 147, 149 = SozR 3-2500 § 106 Nr. 7; BSG v. 16.06.1993 - 14a/6 RKa 37/91 - BSGE 72, 271, 274 = SozR 3-2500 § 106 Nr. 19.

[184] Vgl. hierzu BSG v. 18.08.1972 - 6 RKa 4/72 - BSGE 34, 252, 253 = SozR Nr. 36 zu § 368a RVO; BSG v. 15.04.1986 - 6 RKa 6/85 - BSGE 60, 76, 78 = SozR 2200 § 368a Nr. 15, 54 f.; BSG v. 14.07.1993 - 6 RKa 10/92 - USK 93142; BSG v. 08.03.2000 - B 6 KA 62/98 R - SozR 3-2500 § 81 Nr. 6, 17, 26.

[185] BSG v. 09.06.1999 - B 6 KA 21/98 R - BSGE 84, 85, 87 = SozR 3-2500 § 106 Nr. 47; vgl. schon BSG v. 30.11.1994 - 6 RKa 14/93 - BSGE 75, 220, 223 = SozR 3-2500 § 106 Nr. 24.

[186] BSG v. 12.12.2001 - B 6 KA 7/01 R - SozR 3-2500 § 106 Nr. 55, 304, 309/310 unter Hinweis auf BSG v. 09.06.1999 - B 6 KA 21/98 R - BSGE 84, 85, 87 = SozR 3-2500 § 106 Nr. 47; BSG v. 06.09.2000 - B 6 KA 46/99 R - SozR 3-2500 § 106 Nr. 51, 270, 274; BSG v. 27.06.2001 - B 6 KA 66/00 R - SozR 3-2500 § 106 Nr. 53, 285, 295; BSG v. 15.05.2002 - B 6 KA 30/00 R - SozR 3-2500 § 87 Nr. 32, 180, 185.

[187] BSG v. 30.11.1994 - 6 RKa 14/93 - BSGE 75, 220, 223 = SozR 3-2500 § 106 Nr. 24; BSG v. 18.06.1997 - 6 RKa 42/96 - SozR 3-2500 § 106 Nr. 40, 217, 220; BSG v. 09.06.1999 - B 6 KA 21/98 R - BSGE 84, 85, 87 = SozR 3-2500 § 106 Nr. 47; BSG v. 06.09.2000 - B 6 KA 46/99 R - SozR 3-2500 § 106 Nr. 51, 269, 274; BSG v. 27.06.2001 - B 6 KA 66/00 R - SozR 3-2500 § 106 Nr. 53, 285, 295; BSG v. 21.05.2003 - B 6 KA 32/02 R - SozR 4-2500 § 106 Nr. 1, 1, 8.

Bei der bislang im Behandlungsbereich vorherrschenden **statischen Vergleichsprüfung** (auch als arztbezogene Prüfung nach Durchschnittswerten bezeichnet) ergab sich die Unwirtschaftlichkeit durch eine Gegenüberstellung der durchschnittlichen Fallkosten des geprüften Arztes einerseits und der Gruppe der vergleichbaren Ärzte – in der Regel die Fachgruppe – andererseits. Wurde der Fachgruppendurchschnitt um einen bestimmten Prozentsatz überschritten, ohne dass dies durch Praxisbesonderheiten oder kompensatorische Einsparungen zu rechtfertigen war, wurde in der Regel das Honorar um den Überschreitungsbetrag – den unwirtschaftlichen Mehraufwand – gekürzt. Da grundsätzlich ein statistischer Sicherheitsabschlag (ca. 40% Überschreitung bei einem Gesamtleistungsvergleich bis hin zu 100% Überschreitung bei einem Einzelleistungsvergleich) erfolgte, wurde ein unwirtschaftliches Verhalten bei einem fachgruppenkonformen Verhalten nur unzureichend erfasst. 131

Normative Konkretisierungen des Wirtschaftlichkeitsgebots enthalten ebenfalls die Leistungspositionen des einheitlichen Bewertungsmaßstabs.[188] Schließlich dienen auch die Zulassungsbeschränkungen bei Überversorgung nach § 103 SGB V der Einhaltung des Wirtschaftlichkeitsgebots.[189] 132

cc. Konkretisierungen im übrigen Leistungserbringungsrecht

Auch bezüglich der Beziehungen der Krankenkassen zu den übrigen Gruppen von Leistungserbringern enthält das SGB V zahlreiche Regelungen, welche die Wirtschaftlichkeit der Leistungserbringung sicherstellen sollen. Zu den Regelungen, die der Verwirklichung des Wirtschaftlichkeitsgebots durch eine **Steuerung des Zugangs** zum System dienen, gehören insbesondere folgende: 133

Für den Krankenhausbereich bestimmt § 109 Abs. 2 Satz 2 SGB V, dass bei der notwendigen Auswahl zwischen mehreren geeigneten Krankenhäusern darüber zu befinden ist, welches Krankenhaus einer bedarfsgerechten, leistungsfähigen und wirtschaftlichen Behandlung am besten gerecht wird. Zudem ist gemäß § 109 Abs. 3 Satz 1 Nr. 1 SGB V der Abschluss eines Versorgungsvertrages ausgeschlossen, wenn das Krankenhaus nicht die Gewähr für eine leistungsfähige und wirtschaftliche Behandlung bietet. 134

Der Abschluss von Versorgungsverträgen mit Vorsorge- und Rehabilitationseinrichtungen (vgl. § 111 Abs. 2 Satz 1 Nr. 2 SGB V), mit Einrichtungen des Müttergenesungswerks oder gleichartigen Einrichtungen (vgl. § 111a Abs. 1 Satz 2 SGB V i.V.m. § 111 Abs. 2 Satz 1 Nr. 2 SGB V) setzt voraus, dass diese für eine bedarfsgerechte, leistungsfähige und wirtschaftliche Versorgung der Versicherten notwendig sind. Sozialpädiatrische Zentren können zur Behandlung ermächtigt werden, wenn sie die Gewähr für eine leistungsfähige und wirtschaftliche Behandlung bieten (§ 119 Abs. 1 Satz 1 SGB V). Eine ähnliche Regelung gilt gemäß § 119a Abs. 1 Satz 1 SGB V für Einrichtungen der Behindertenhilfe. 135

Die Genehmigung zur Durchführung künstlicher Befruchtungen darf gemäß § 121a Abs. 2 Nr. 2 SGB V nur den Ärzten oder Einrichtungen erteilt werden, die die Gewähr für eine bedarfsgerechte, leistungsfähige und wirtschaftliche Durchführung der Maßnahmen bieten. Hilfsmittelerbringer sind nach § 126 Abs. 1 Satz 2 SGB V nur dann zuzulassen, wenn sie eine ausreichende, zweckmäßige, funktionsgerechte und wirtschaftliche Herstellung, Abgabe und Anpassung der Hilfsmittel gewährleisten. 136

Hinzu kommen weitere Regelungen, die den Abschluss von Verträgen davon abhängig machen, dass dies für eine bedarfsgerechte Versorgung der Versicherten notwendig ist. Dies gilt etwa für sozialpädiatrische Zentren (§ 119 Abs. 1 Satz 2 SGB V), für die ambulante Behandlung in Einrichtungen der Behindertenhilfe (§ 119a Satz 1 SGB V) sowie für die Versorgung mit Soziotherapie (§ 132b Abs. 1 SGB V) und sozialmedizinischen Nachsorgemaßnahmen (§ 132c Abs. 1 SGB V). 137

Darüber hinaus finden sich zahlreiche Regelungen, die der Sicherstellung der **Wirtschaftlichkeit der Leistungserbringung** dienen. So sollen die zwischen den Krankenkassenverbänden und den Landeskrankenhausgesellschaften abzuschließenden Verträge sicherstellen, dass Art und Umfang der Krankenhausbehandlung den Anforderungen dieses Gesetzbuches entsprechen (§ 112 Abs. 1 SGB V). Sie haben u.a. Verfahrens- und Prüfungsgrundsätze für Wirtschaftlichkeits- und Qualitätsprüfungen zu enthalten (§ 112 Abs. 2 Nr. 3 SGB V); gesetzliche Regelungen zu derartigen Prüfungen finden sich in § 113 SGB V. Zudem haben die Vertragspartner nach § 115 Abs. 1 SGB V gemeinsam mit Krankenkassen und zugelassenen Krankenhäusern auf eine leistungsfähige und wirtschaftliche belegärztliche 138

[188] BSG v. 27.04.2005 - B 6 KA 39/04 R - SozR 4-2500 § 106 Nr. 10, 80, 88.

[189] Vgl. BSG v. 18.03.1998 - B 6 KA 37/96 R - BSGE 82, 41, 45 = SozR 3-2500 § 103 Nr. 2.

Behandlung hinzuwirken (§ 121 Abs. 1 Satz 1 SGB V). Ebenso soll das Krankenhaus bei der Entlassung grundsätzlich Arzneimittel anwenden, die auch bei der Verordnung in der vertragsärztlichen Versorgung zweckmäßig und wirtschaftlich sind (§ 115c Abs. 2 SGB V).

139 Die Rahmenempfehlungen über Vorsorge- und Rehabilitationsmaßnahmen haben Regelungen über Maßstäbe und Grundsätze für die Wirtschaftlichkeit der Leistungserbringung zu enthalten (§ 111b Satz 2 Nr. 7 SGB V). Im Heilmittelbereich sind in den Rahmenempfehlungen Maßnahmen der Wirtschaftlichkeit der Leistungserbringung und deren Prüfung zu regeln (§ 125 Abs. 1 Satz 4 Nr. 4 SGB V). Bei der Versorgung mit Haushaltshilfen haben die Krankenkassen darauf zu achten, dass die Leistungen wirtschaftlich und preisgünstig erbracht werden (§ 132 Abs. 2 Satz 1 SGB V), sowie mit den Leistungserbringern Verträge u.a. über die Wirtschaftlichkeit der Dienstleistungen abzuschließen (§ 132 Abs. 1 Satz 2 SGB V).

140 In den Rahmenempfehlungen über die Versorgung mit häuslicher Krankenpflege sind die Grundsätze der Wirtschaftlichkeit der Leistungserbringung einschließlich deren Prüfung zu regeln (§ 132a Abs. 1 Satz 4 Nr. 5 SGB V). Zudem haben die Krankenkassen darauf zu achten, dass die Leistungen wirtschaftlich und preisgünstig erbracht werden (§ 132 Abs. 2 Satz 5 SGB V). Weiter hat das Wirtschaftlichkeitsgebot auch durch § 129 Abs. 1 SGB V eine Konkretisierung in der Arzneimittelversorgung erfahren.[190]

141 Die Preisvereinbarungen für die Versorgung mit Krankentransportleistungen haben sich an möglichst preisgünstigen Versorgungsmöglichkeiten auszurichten (§ 133 Abs. 1 Satz 6 SGB V), soweit die Entgelte nicht durch landesrechtliche oder kommunalrechtliche Bestimmungen festgelegt werden. Allerdings rechtfertigt das Wirtschaftlichkeitsgebot keine am Gesamtbedarf an Krankentransportleistungen orientierte Zulassung von Unternehmen.[191]

dd. Weitere Regelungen

142 Neben diesen speziellen Bestimmungen für einzelne Gruppen von Leistungsbeziehern dienen auch weitere Regelungen des Leistungserbringungsrechts der Verwirklichung des Wirtschaftlichkeitsgebots.

143 So enthalten insbesondere auch die **Richtlinien** des Gemeinsamen Bundesausschusses – wie etwa die Arzneimittelrichtlinien[192] – normative Konkretisierungen des gesetzlichen Wirtschaftlichkeitsgebots.[193] Denn Aufgabe des Gemeinsamen Bundesausschusses ist es gemäß § 92 Abs. 1 Satz 1 SGB V, die zur Sicherung der ärztlichen Versorgung erforderlichen Richtlinien über die Gewähr für eine ausreichende, zweckmäßige und wirtschaftliche Versorgung der Versicherten zu beschließen.

144 Der Verwirklichung einer ausreichenden, zweckmäßigen und wirtschaftlichen Versorgung der Versicherten dienen gemäß § 92 Abs. 1 Satz 1 SGB V auch die in § 135 Abs. 1 SGB V angesprochenen BUB-Richtlinien.[194] Auch wenn sich § 135 SGB V vordergründig nicht mit den Leistungsansprüchen der Versicherten befasst, wird durch diese Norm zugleich auch der Umfang der den Versicherten von der Krankenkasse geschuldeten Leistungen festgelegt.[195]

c. Vorrang des Leistungserbringungsrechts

145 Inhaltlich muss das Leistungserbringungsrecht mit dem Leistungsrecht nach dem 3. Kapitel **übereinstimmen**, da beide Kapitel dieselben Leistungen betreffen und die jeweiligen Regelungen daher nicht zu unterschiedlichen Ergebnissen führen dürfen.[196] Angesichts des Umstands, dass das Leistungserbringungsrecht durch eine Vielzahl untergesetzlicher Regelungen erheblich feiner ausdifferenziert ist als das Leistungsrecht, bedeutet dies in der Konsequenz, dass der Begriff der Wirtschaftlichkeit (im weiteren Sinne) nach § 12 Abs. 1 SGB V **durch das Leistungserbringungsrecht konkretisiert** wird und Versicherte ihre Ansprüche nur innerhalb der Vorgaben dieses Rechts verwirklichen können.

---

[190] BSG v. 03.08.2006 - B 3 KR 7/05 R.

[191] BSG v. 29.11.1995 - 3 RK 32/94 - BSGE 77, 119, 126 = SozR 3-2500 § 133 Nr. 1.

[192] BSG v. 05.05.1988 - 6 RKa 27/87 - BSGE 63, 163, 165; BSG v. 14.03.2001 - B 6 KA 19/00 R - SozR 3-2500 § 106 Nr. 52, 280, 281.

[193] BSG v. 27.04.2005 - B 6 KA 39/04 R - SozR 4-2500 § 106 Nr. 10, 80, 88; vgl. schon BSG v. 20.03.1996 - 6 RKa 62/94 - BSGE 78, 70, 77 = SozR 3-2500 § 92 Nr. 6.

[194] BSG v. 16.09.1997 - 1 RK 28/95 - BSGE 81, 54, 58 f. = SozR 3-2500 § 135 Nr. 4, 9, 15.

[195] BSG v. 16.09.1997 - 1 RK 28/95 - BSGE 81, 54, 59 = SozR 3-2500 § 135 Nr. 4, 9, 14.

[196] BSG v. 16.09.1997 - 1 RK 28/95 - BSGE 81, 54, 60 = SozR 3-2500 § 135 Nr. 4, 9, 15 f.

Durch das Leistungserbringungsrecht wird somit der leistungsrechtliche Anspruchsrahmen in materieller und formeller Hinsicht abgesteckt, außerhalb dieses Rahmens hat der Versicherte grundsätzlich keine Leistungsansprüche.[197] 146

Dies wurde **in der Vergangenheit** anders beurteilt.[198] Nach der früher herrschenden Auffassung gebührte dem Leistungsrecht der Vorrang mit der Folge, dass den Versicherten bei Erfüllung der Voraussetzungen des § 12 SGB V ein Leistungsanspruch auch dann zustand, wenn die Regelungen des Leistungserbringungsrechts nicht eingehalten worden waren.[199] 147

Dass die Vorgaben des Leistungserbringungsrechts maßgeblich sind, ist jedoch seit der Entscheidung des BSG vom 16.09.1997[200] weitgehend unstrittig. Begründet wird diese Auffassung[201] damit, dass nach § 2 Abs. 2 Satz 1 SGB V die Ansprüche der Versicherten grundsätzlich auf Sach- und Dienstleistungen beschränkt sind, über deren Erbringung nach dem Satz 3 der Vorschrift **Verträge** mit den Leistungserbringern abzuschließen sind. Da diese Verträge den Vorschriften des Vierten Kapitels entsprechen müssen, bedeutet dies, dass durch diese Vorschriften die im Dritten Kapitel des SGB V nur in Umrissen beschriebene Leistungsverpflichtung der Krankenkassen präzisiert und eingegrenzt werden soll. Der Versicherte ist im Regelfall darauf begrenzt, sich die benötigte ärztliche und zahnärztliche Versorgung bei den zugelassenen Ärzten und Zahnärzten zu beschaffen, die ihrerseits an die Vorgaben des Vierten Kapitels und speziell der gemäß § 2 Abs. 2 Satz 2 SGB V über die Erbringung der Sach- und Dienstleistungen abzuschließenden Verträge gebunden sind.[202] 148

Aus dem Dritten Kapitel ergeben sich zudem nur ausnahmsweise konkrete Leistungsansprüche; in der Regel wird den Versicherten lediglich ein **ausfüllungsbedürftiges Rahmenrecht** auf Behandlung durch einen Arzt oder Zahnarzt oder auf Versorgung mit Arznei-, Heil- und Hilfsmitteln in Aussicht gestellt.[203] In der Regel erlauben die im Leistungsrecht genannten Merkmale lediglich die negative Ausgrenzung von Maßnahmen, die nicht zum Leistungsumfang der gesetzlichen Krankenversicherung gehören, weil sie bestimmten Mindestanforderungen nicht genügen.[204] Welche Behandlungsmaßnahmen sich daraus für den erkrankten Versicherten im Einzelnen ergeben, bedarf der Konkretisierung; positiv verdichtet sich das gesetzliche Rahmenrecht erst dann zum durchsetzbaren Einzelanspruch, wenn der kraft gesetzlichen Auftrags anstelle der Krankenkasse handelnde Leistungserbringer festgelegt hat, welche Sach- und Dienstleistungen zur Wiederherstellung oder Besserung der Gesundheit notwendig sind.[205] 149

III. Sonderregelung für Festbeträge (Absatz 2)

§ 12 Abs. 2 SGB V bestimmt, dass die Krankenkasse ihre **Leistungspflicht** mit der Gewährung des Festbetrages **erfüllt**, wenn ein solcher bestimmt ist. Ist für Arznei- und Verbandmittel bzw. für Hilfsmittel ein Festbetrag festgesetzt, trägt die Krankenkasse die Kosten bis zu dessen Höhe (§§ 31 Abs. 2 Satz 1, 33 Abs. 2 Satz 1 SGB V). Wählen Versicherte ein anderes Mittel, haben sie etwaige über den Festbetrag hinausgehende Kosten selbst zu tragen. 150

Der **Zweck** des § 12 Abs. 2 SGB V besteht darin, eine Leistungspflicht der Krankenkasse selbst für den Fall auszuschließen, dass im Einzelfall eine den Vorgaben des § 12 Abs. 1 SGB V – insbesondere der einer ausreichenden Versorgung – entsprechende Leistung durch den Festbetrag nicht gewährleistet sein sollte.[206] Zwar sind die Festbeträge so festzusetzen, dass sie im Allgemeinen eine ausreichende, zweckmäßige und wirtschaftliche sowie in der Qualität gesicherte Versorgung gewährleisten (§§ 35 151

[197] BSG v. 16.09.1997 - 1 RK 28/95 - BSGE 81, 54, 61 = SozR 3-2500 § 135 Nr. 4, 9, 17.

[198] Zur Entwicklung der Rechtsprechung vgl. auch *Höfler* in: KassKomm, SGB V, § 12 Rn. 8 ff.

[199] BSG v. 22.07.1981 - 3 RK 50/79 - BSGE 52, 70 = SozR 2200 § 182 Nr. 72; BSG v. 22.09.1981 - 11 RK 10/79 - BSGE 52, 134 = SozR 2200 § 182 Nr. 76; vgl. auch BSG v. 05.05.1988 - 6 RKa 27/87 - BSGE 63, 163, 165 f. = SozR 2200 § 368e Nr. 11; BSG v. 21.11.1991 - 3 RK 8/90 - BSGE 70, 24 = SozR 3-2500 § 12 Nr. 2; *Schulin* in: Schulin, Handbuch des Sozialversicherungsrechts, Bd. 1, § 106 Rn. 106; *Estelmann/Eicher*, SGb 1991, 247, 256.

[200] BSG v. 16.09.1997 - 1 RK 28/95 - BSGE 81, 54, 59 ff. = SozR 3-2500 § 135 Nr. 4, 9, 14 ff.; vgl. auch BSG v. 28.03.2000 - B 1 KR 11/98 R - BSGE 86, 54 = SozR 3-2500 § 135 Nr. 14.

[201] Vgl. BSG v. 16.09.1997 - 1 RK 28/95 - BSGE 81, 54, 59 ff. = SozR 3-2500 § 135 Nr. 4, 9, 14 ff.

[202] BSG v. 16.09.1997 - 1 RK 28/95 - BSGE 81, 54, 60 = SozR 3-2500 § 135 Nr. 4, 9, 15.

[203] BSG v. 16.09.1997 - 1 RK 28/95 - BSGE 81, 54, 61 = SozR 3-2500 § 135 Nr. 4, 9, 16.

[204] BSG v. 16.09.1997 - 1 RK 28/95 - BSGE 81, 54, 61 = SozR 3-2500 § 135 Nr. 4, 9, 16 unter Hinweis auf BSG v. 12.03.1996 - 1 RK 33/94 - SozR 3-2500 § 27 Nr. 6.

[205] BSG v. 16.09.1997 - 1 RK 28/95 - BSGE 81, 54, 61 = SozR 3-2500 § 135 Nr. 4, 9, 16 m.w.N.

[206] RegE-GRG, BT-Drs. 11/2237, S. 164 zu § 12 Abs. 2 SGB V.

Abs. 5 Satz 1, 36 Abs. 3 SGB V), doch lässt die Regelung eine Generalisierung und Pauschalierung zu, wie die Formulierung „im Allgemeinen" verdeutlicht. Eine über den Festbetrag hinausgehende Leistungspflicht der Krankenkasse kommt allein bei Vorliegen eines Systemmangels (Rn. 67) in Form eines Erstattungsanspruchs nach § 13 Abs. 3 Satz 1 SGB V in Betracht.

152 Geltungsvoraussetzung des § 12 Abs. 2 SGB V ist, dass ein **Festbetrag festgesetzt** ist. Festbeträge sind für Arznei- und Verbandmittel (§ 35 SGB V) und Hilfsmittel (§ 36 SGB V) vorgesehen. Zudem können die Krankenkassen unter bestimmten Voraussetzungen auch für Leistungen des Rettungsdienstes Festbeträge festsetzen, sofern die Entgelte für die Inanspruchnahme durch landesrechtliche oder kommunalrechtliche Bestimmungen festgelegt werden (§ 133 Abs. 2 SGB V). Erforderlich ist die Bekanntgabe der Festsetzung (vgl. §§ 35 Abs. 7 Satz 1, 36 Abs. 3 SGB V), nicht hingegen deren „Bestandskraft", da Klagen gegen die Festsetzung von Festbeträgen keine aufschiebende Wirkung haben (§§ 35 Abs. 7 Satz 2, 36 Abs. 3 SGB V).

153 Aus § 13 Abs. 2 SGB V kann nicht im Umkehrschluss hergeleitet werden, dass die Verordnung eines Mittels, für das ein Festbetrag festgesetzt ist, per se wirtschaftlich ist.[207] Festbeträge sind nur **Höchstbeträge**, begrenzen mithin die Leistungspflicht der Krankenkasse nur in der Höhe.[208] Das Wirtschaftlichkeitsgebot kann – namentlich bei Hilfsmitteln – ungeachtet des § 12 Abs. 2 SGB V dann relevant werden, wenn es ausnahmsweise ein geeignetes Mittel auf dem Markt gibt, das sogar unterhalb des Festbetrages angeboten wird.[209]

IV. Veranlassung von Regressverfahren gegen Vorstandsmitglieder (Absatz 3)

1. Allgemeines

154 § 12 Abs. 3 SGB V verpflichtet die Aufsichtsbehörden, im Falle einer rechtswidrigen Leistungsgewährung durch Krankenkassen den jeweiligen Verwaltungsrat der Krankenkasse zur Durchführung eines Regressverfahrens gegen das verantwortliche Vorstandsmitglied zu veranlassen.

155 **Zweck** der Regelung ist es nach der Gesetzesbegründung[210], aus **Wettbewerbsgründen oder Kulanz** gewährte Leistungen zu unterbinden. Es komme immer wieder vor, dass Krankenkassen insbesondere wegen des Wettbewerbs mit anderen Krankenkassen und aus Kulanz Leistungen zusprächen, für die es keine Rechtsgrundlage gebe und die sogar die behandelnden Ärzte als nicht notwendig, im Vergleich zu gleichwirksamen Alternativen zu teuer oder aus sonstigen Gründen als unwirtschaftlich eingeschätzt hätten. Eine derartige „Großzügigkeit" der Krankenkassen sei nicht nur pflichtwidrig; sie desavouiere und konterkariere die Anstrengungen von Leistungserbringern, dem Wirtschaftlichkeitsgebot zu genügen. Dem solle die Vorschrift entgegenwirken. Der Norm kommt daher in erster Linie **präventive Bedeutung** zu.

156 § 12 Abs. 3 SGB V stellt nach der Gesetzesbegründung[211] die Verantwortung des Vorstandes (früher des Geschäftsführers) heraus, für Leistungsentscheidungen der Krankenkasse zu sorgen, die dem geltenden Recht entsprechen, und nimmt zugleich den Verwaltungsrat (den früheren Vorstand) und die Aufsichtsbehörde in die Pflicht, die haftungsrechtlichen Konsequenzen aus rechtswidrigen Leistungsentscheidungen zu ziehen.

157 Die Regelung begründet nach ganz h.M.[212] **keine eigenständige Haftungsnorm** bzw. Anspruchsgrundlage, sondern setzt diese voraus. Hierfür spricht insbesondere die Gesetzesbegründung[213], derzufolge durch § 12 Abs. 3 SGB V das für die Geschaftsführer (jetzt die Vorstände) geltende Haftungsrecht so wirksamer zur Geltung komme. Auf welcher Rechtsgrundlage das Vorstandsmitglied in Anspruch genommen wird, richtet sich nach dem für ihn entsprechend seinem Anstellungsverhältnis maßgebenden Recht.[214]

---

[207] So auch *Noftz* in: Hauck/Noftz, SGB V, § 12 Rn. 47 m.w.N.

[208] BSG v. 23.01.2003 - B 3 KR 7/02 R - BSGE 90, 220, 225 = SozR 4-2500 § 33 Nr. 1.

[209] BSG v. 23.01.2003 - B 3 KR 7/02 R - BSGE 90, 220, 225 = SozR 4-2500 § 33 Nr. 1.

[210] FraktE-GSG, BT-Drs. 12/3608, S. 76 zu § 12 SGB V.

[211] FraktE-GSG, BT-Drs. 12/3608, S. 76 zu § 12 SGB V.

[212] Ausführlich *Seegmüller*, NZS 1996, 408 f.; *Schüller*, NZS 2006, 192, 196; *Hinz*, Die Leistungen 1994, 281, 282; *Zipperer* in: GKV-Komm., SGB V, § 12 Rn. 11; *Käsling* in: Krauskopf, Soziale Krankenversicherung, SGB V, § 12 Rn. 14; *Noftz* in: Hauck/Noftz, SGB V, § 12 Rn. 53.

[213] FraktE-GSG, BT-Drs. 12/3608, S. 76 zu § 12 SGB V.

[214] Zur Haftung der Mitglieder des hauptamtlichen Vorstands der Krankenkassen siehe *Seegmüller*, NZS 1996, 408 f.; *Schüller*, NZS 2006, 192 ff.; *Hinz*, Die Leistungen 1994, 281 ff.

§ 12 Abs. 3 SGB V ist vielmehr eine Norm des Aufsichtsrechts und regelt einen **besonderen Anwendungsfall des staatlichen Aufsichtsrechts.**[215] Nach § 87 Abs. 1 Satz 1 SGB IV unterliegen die Krankenkassen wie die übrigen Sozialversicherungsträger staatlicher Aufsicht,[216] welche sich – in Form der Rechtmäßigkeitsaufsicht – auf die Beachtung von Gesetz und sonstigem Recht, das für den Versicherungsträger maßgebend ist, erstreckt (§ 87 Abs. 1 Satz 2 SGB IV). Sie stellt das Gegenstück zum Selbstverwaltungsrecht der Sozialversicherungsträger dar.[217] **158**

Adressat der Norm ist nach ihrem Zweck und ihrem eindeutigen Wortlaut allein die für die betroffene Krankenkasse zuständige **Aufsichtsbehörde.**[218] Zwar kann der Verwaltungsrat der Krankenkasse von sich aus tätig werden, doch handelt er dann auf der Grundlage der mit seiner Organstellung verbundenen Aufsichtsbefugnisse. § 12 Abs. 3 SGB V regelt gerade den Fall, dass der Verwaltungsrat nicht tätig wird. **159**

Die **zuständige** Aufsichtsbehörde bestimmt sich nach § 90 i.V.m. § 90a SGB IV. Bei bundesunmittelbaren Krankenkassen ist diese das Bundesversicherungsamt (§ 90 Abs. 1 Satz 1 SGB IV), bei landesunmittelbaren Krankenkassen in der Regel die für die Sozialversicherung zuständige oberste Verwaltungsbehörde des Landes (§ 90 Abs. 2 Satz 1 SGB IV). **160**

§ 12 Abs. 3 SGB V betrifft allein die **Innenhaftung** von Vorstandsmitgliedern gegenüber der Krankenkasse als Anstellungskörperschaft, wenn diese durch eine rechtswidrige Gewährung von Leistungen geschädigt wird; Schadensansprüche Dritter werden hiervon nicht erfasst. **161**

Der Regelungsgehalt des § 12 Abs. 3 SGB V beschränkt sich zudem auf die rechtswidrige Gewährung von Leistungen an Versicherte. Erfasst wird nicht nur die Erbringung von Sachleistungen nach § 11 SGB V, sondern auch eine statt dessen gewährte **Kostenerstattung** nach § 13 SGB V. **162**

§ 12 Abs. 3 SGB V gilt für Vorstandsmitglieder von „**Krankenkassen**". Unstrittig gehören hierzu die Orts-, Betriebs- und Innungskrankenkassen sowie die Ersatzkassen. Strittig ist hingegen, ob die Vorstände der weiteren im Katalog des § 4 Abs. 2 SGB V aufgeführten Kassenarten – der See-Krankenkasse, der Landwirtschaftlichen Krankenkassen und der Deutsche Rentenversicherung Knappschaft-Bahn-See als Träger der knappschaftlichen Krankenversicherung – auch von § 12 Abs. 3 SGB V erfasst werden.[219] **163**

Für eine Geltung der Vorschrift bei den genannten Sonderkassen spricht der Gesichtspunkt, dass für alle drei Kassenarten die Vorschriften der gesetzlichen Krankenversicherung gelten, mithin grundsätzlich auch § 12 Abs. 3 SGB V. Für die nach § 165 Abs. 1 SGB V in der ab 01.10.2005 geltenden Fassung rechtlich verselbständigte See-Krankenkasse (zuvor war sie eine Abteilung der Seekasse) wird dies durch § 165 Abs. 1 Satz 2 SGB V bestimmt, für die Deutsche Rentenversicherung Knappschaft-Bahn-See, welche gemäß § 167 Satz 1 SGB V die knappschaftliche Krankenversicherung durchführt, durch § 167 Satz 2 SGB V. Träger der Krankenversicherung der Landwirte sind die Landwirtschaftlichen Krankenkassen (§ 166 Satz 1 SGB V), für die die Vorschriften der Gesetze über die Krankenversicherung der Landwirte (KVLG und KVLG 1989) gelten (§ 166 Satz 2 SGB V). Auch das Zweite Gesetz über die Krankenversicherung der Landwirte (KVLG 1989) verweist aber grundsätzlich auf das Dritte Kapitel des SGB V und damit auch auf § 12 Abs. 3 SGB V (vgl. § 8 Abs. 1 KVLG 1989). **164**

Gegen eine Anwendung des § 12 Abs. 3 SGB V spricht demgegenüber, dass die Norm allein Vorstand und Verwaltungsrat als Organe nennt. Derartige Organe bestehen gemäß dem am 01.01.1996 in Kraft getretenen § 35a SGB IV nur bei Orts-, Innungs- und Betriebskrankenkassen, während die drei Sonderkassen – wie die übrigen Sozialversicherungsträger (vgl. § 31 SGB IV) – als Selbstverwaltungsorgane einen ehrenamtlichen Vorstand und eine Vertreterversammlung sowie einen hauptamtlichen Geschäftsführer haben. Dass sie zudem keine eigenständigen Organe haben,[220] kann insoweit vernachlässigt werden. **165**

Es könnte zwar in Erwägung gezogen werden, die Formulierung in § 12 Abs. 3 SGB V als gesetzgeberisches Versehen zu werten. Dafür könnte sprechen, dass die Norm in ihrer ursprünglichen Fassung (Rn. 2) ebenfalls Geschäftsführer und Vertreterversammlung nannte, so dass bei der die Organisationsänderungen in der Krankenversicherung nachvollziehenden Neufassung übersehen worden sein **166**

---

[215] So auch *Noftz* in: Noftz in: Hauck/Noftz, SGB V, § 12 Rn. 53.
[216] *Engelhard* in: jurisPK-SGB IV, § 87 Rn. 12 ff.
[217] BSG v. 28.04.1967 - 3 RK 26/63 - BSGE 26, 237, 239.
[218] Ebenso *Noftz* in: Hauck/Noftz, SGB V, § 12 Rn. 56.
[219] Verneinend *Noftz* in: Hauck/Noftz, SGB V, § 12 Rn. 51 f.
[220] Siehe hierzu *Schneider-Danwitz* in: jurisPK-SGB IV, § 35a Rn. 16.

könnte, dass diese nicht für alle Kassenarten galt. Dagegen spricht jedoch, dass die Organisationänderung allein die Kassenarten betrifft, die miteinander im Wettbewerb stehen[221] und § 12 Abs. 3 SGB V vornehmlich eine durch Wettbewerbsgesichtspunkte motivierte rechtswidrige Leistungsgewährung unterbinden soll (vgl. Rn. 155). Dass auch die drei Sonderkassen ggf. aus Kulanzgründen Leistungen ohne Rechtsgrundlage gewähren, tritt dagegen zurück.

167 Da die Leistungen der **See-Krankenkasse** im Regelfall durch die Ortskrankenkassen des Beschäftigungs- oder Wohnortes gewährt werden (§ 165 Abs. 3 Satz 1 SGB V), besteht hier allerdings die Besonderheit, dass sich im Falle einer rechtswidrigen Leistungsgewährung die Maßnahmen primär gegen das Vorstandsmitglied der betreffenden Ortskrankenkasse richten müssten. Sofern ein Vorstandsmitglied der See-Krankenkasse hiervon Kenntnis hat, käme zwar auch gegen dieses ein Vorgehen nach § 12 Abs. 3 SGB V in Betracht, doch dürfte sich eine Inanspruchnahme nur in Ausnahmefällen (bei kollusivem Zusammenwirken) realisieren lassen.

168 § 12 Abs. 3 SGB V stellt keine Spezialregelung zu **§ 42 Abs. 2 SGB IV** dar, da diese Norm allein für die Mitglieder von Selbstverwaltungsorganen gilt, zu denen der hauptamtliche Vorstand einer Krankenkasse nicht gehört.[222] Nach § 29 Abs. 2 SGB IV wird die Selbstverwaltung durch die Versicherten und die Arbeitgeber ausgeübt; gemäß § 31 Abs. 3a Satz 1 SGB IV werden bei den in § 35a Abs. 1 SGB IV genannten Krankenkassen – also den Orts-, Betriebs- und Innungskrankenkassen – abweichend von § 31 Abs. 1 SGB IV ein Verwaltungsrat als Selbstverwaltungsorgan und ein hauptamtlicher Vorstand gebildet.

2. Tatbestandsvoraussetzungen

169 Da § 12 Abs. 3 SGB V keine Haftungsnorm darstellt (vgl. Rn. 157), sind die geregelten Tatbestandsvoraussetzungen – rechtswidrige Leistungserbringung durch die Krankenkasse und Kenntnis (bzw. Kennen-Müssen) des Vorstandsmitglieds – als **„Aufgreifkriterien"**[223] für die Aufsichtsbehörde zu verstehen, welche ihre Verpflichtung zum Tätigwerden begründen.

170 Voraussetzung für eine Handlungspflicht der Aufsichtsbehörde ist zunächst ein **rechtswidriges Handeln** der Krankenkasse, deren Organ das Vorstandsmitglied ist. Ungeachtet der systematischen Stellung des § 12 Abs. 3 SGB V beschränkt sich das in Rede stehende rechtswidrige Handeln nicht auf Verstöße gegen das in § 12 Abs. 1 SGB V niedergelegte Wirtschaftlichkeitsgebot; erfasst werden vielmehr alle Fälle, in denen die Krankenkasse eine Leistung ohne Rechtsgrundlage oder entgegen geltendem Recht erbracht hat.

171 **Ohne Rechtsgrundlage** erbracht wird eine Leistung, wenn ihre Gewährung im geltenden Recht keine Rechtfertigung findet. Dass die Gewährung von Leistungen einer Rechtsgrundlage bedarf, folgt bereits aus dem für Sozialleistungen geltenden Gesetzesvorbehalt (§ 31 SGB I) sowie aus der Gesetzesbindung der Sozialverwaltung (Art. 20 Abs. 3 GG).

172 Ohne Rechtsgrundlage erbrachte Leistungen stellen zudem eine **unzulässige Mittelverwendung** dar. Nach § 260 Abs. 1 Nr. 1 SGB V darf die Krankenkasse Betriebsmittel nur für die gesetzlich oder durch die Satzung vorgesehenen Aufgaben verwenden. Dies entspricht der Regelung des § 30 Abs. 1 SGB IV, wonach die Versicherungsträger nur Geschäfte zur Erfüllung ihrer gesetzlich vorgeschriebenen oder zugelassenen Aufgaben führen und ihre Mittel nur für diese Ausgaben verwenden dürfen.

173 Rechtsgrundlage ist in erster Linie das Gesetz, insbesondere das SGB V, wobei es ohne Bedeutung ist, ob es sich um eine Anspruchsleistung im Sinne des § 38 SGB I oder um eine Ermessensleistung im Sinne des § 39 SGB I handelt.

174 Daneben können Leistungen auch auf der Grundlage einer entsprechenden **Satzungsregelung** gewährt werden. Zu beachten ist jedoch, dass die Satzung einer Krankenkasse Leistungen nur dann vorsehen darf, soweit das SGB V sie zulässt (§ 194 Abs. 2 Satz 2 SGB V). Erforderlich ist somit eine gesetzliche Ermächtigung. Leistungen, die auf der Grundlage einer Satzungsbestimmung erbracht werden, zu deren Erlass die Krankenkasse nicht ermächtigt ist, werden daher ebenfalls ohne Rechtsgrundlage erbracht.

175 Zudem muss die Satzungsregelung bereits Wirksamkeit erlangt haben. Gemäß § 34 Abs. 2 Satz 1 SGB IV ist die Satzung öffentlich bekannt zu machen und tritt, wenn kein anderer Zeitpunkt bestimmt ist, am Tag ihrer Bekanntmachung in Kraft (§ 34 Abs. 2 Satz 2 SGB IV). Wirksamkeitsvoraussetzung

[221] *Schneider-Danwitz* in: jurisPK-SGB IV, § 35a Rn. 16.

[222] Ebenso *Noftz* in: Hauck/Noftz, SGB V, § 12 Rn. 59 m.w.N.; *Schüller*, NZS 2006, 192, 195; *Seegmüller*, NZS 1996, 408, 409.

[223] So *Noftz* in: Hauck/Noftz, SGB V, § 12 Rn. 53, 58.

der Satzungsregelung ist zudem, dass die Aufsichtsbehörde diese genehmigt hat (§ 195 Abs. 1 SGB V). Solange diese Genehmigung fehlt, dürfen auf ihrer Grundlage keine Leistungen erbracht werden. Wird eine Satzungsregelung genehmigt und ergibt sich nachträglich, dass sie nicht hätte genehmigt werden dürfen, kann die Aufsichtsbehörde die Krankenkasse zur Änderung verpflichten (§ 195 Abs. 2 Satz 1 SGB V); kommt diese der Anordnung nicht nach, ist die Aufsichtsbehörde berechtigt, die erforderliche Änderung selbst vorzunehmen (§ 195 Abs. 2 Satz 2 SGB V).

Die zweite Alternative – die Leistungserbringung „entgegen geltendem Recht" – überschneidet sich **176** weitgehend mit der ersten Alternative, da aufgrund des Gesetzesvorbehalts (§ 31 SGB I) auch die von der ersten Alternative erfasste Erbringung von Leistungen ohne Rechtsgrundlage einen Verstoß gegen geltendes Recht darstellt.

Entgegen geltendem Recht werden Leistungen erbracht, wenn eine Rechtsnorm ihre Gewährung aus- **177** drücklich ausschließt. Rechtsnormen sind nicht nur Gesetze, sondern auch untergesetzliche Regelungen. Ihnen – etwa den Richtlinien des Gemeinsamen Bundesausschusses nach § 92 SGB V oder Normenverträgen wie den einheitlichen Bewertungsmaßstäben – kommt gerade im Bereich des Krankenversicherungsrechts besondere Bedeutung zu.

Regelungen, die eine Leistungsgewährung ausdrücklich ausschließen, sind allerdings die Ausnahme; **178** zu nennen ist etwa § 60 Abs. 4 Satz 1 SGB V, der bestimmt, dass die Kosten des Rücktransports in das Inland nicht übernommen werden. Größere Bedeutung kommt allein der Regelung des § 12 Abs. 1 Satz 2 SGB V zu, wonach Krankenkassen Leistungen, die nicht notwendig oder unwirtschaftlich sind, nicht bewilligen dürfen.

Neben einer rechtswidrigen Leistungsgewährung fordert § 12 Abs. 3 SGB V keine gesondert festzu- **179** stellende **Pflichtwidrigkeit des Vorstandsmitglieds** der Art, dass die Leistungsgewährung auf einer mangelhaften Organisation der Verwaltungsabläufe und -inhalte oder einer unzureichenden Kontrolle der Mitglieder der Verwaltung beruht[224]. Auch wenn die Norm vom Ersatz des „aus der Pflichtwidrigkeit" entstandenen Schadens spricht (und damit eine Pflichtverletzung unterstellt), ist ein pflichtwidriges Handeln im Sinne des Schadensersatzrechts erst auf der Haftungsebene als Tatbestandsvoraussetzung von Bedeutung, gehört aber nicht zu den eine Handlungspflicht der Aufsichtsbehörde auslösenden Tatbestandsmerkmalen des § 12 Abs. 3 SGB V.

In subjektiver Hinsicht ist erforderlich, aber auch ausreichend, dass das Vorstandsmitglied der Kran- **180** kenkasse von der rechtswidrigen Leistungsgewährung entweder **gewusst hat** oder hiervon **hätte wissen müssen**. Auf ein Willenselement kommt es bei § 12 Abs. 3 SGB V nicht an. Die Norm setzt nicht voraus, dass das Vorstandsmitglied die rechtswidrige Leistungsgewährung gewollt oder gar selbst veranlasst hat, sondern es kommt allein auf die entsprechende Kenntnis bzw. das Kennenmüssen an. Dies ähnelt dem Maßstab, der bei der Prüfung von Vertrauensschutz im Rahmen einer Aufhebung von Verwaltungsakten (vgl. die §§ 45 Abs. 2 Satz 3 Nr. 3, 48 Abs. 1 Satz 2 Nr. 4 SGB X) gilt.

Die auf den ersten Blick überraschende Abweichung vom allgemeinen Schadensersatzrecht erweist **181** sich als folgerichtig, wenn man berücksichtigt, dass § 12 Abs. 3 SGB V eben keine Haftungsnorm darstellt, sondern eine Spezialregelung des Aufsichtsrechts (Rn. 158). Für ein Einschreiten der Aufsichtsbehörde genügt aber ein rechtswidriges Handeln der Krankenkasse und eine entsprechende Kenntnis (bzw. ein Kennen-Müssen) des Vorstandsmitglieds. Das bedeutet allerdings nicht, dass vorsätzliches (willentliches) Handeln die Anwendung des § 12 Abs. 3 SGB V ausschlösse.

Im Gegensatz zu § 42 Abs. 2 SGB IV ist die Haftung nach dem Wortlaut des § 12 Abs. 3 SGB V nicht **182** darauf beschränkt, dass die Unkenntnis grob fahrlässig oder gar vorsätzlich ist; vielmehr genügt nach ganz h.M.[225] **einfache Fahrlässigkeit**. Dies ist dann der Fall, wenn das zuständige Vorstandsmitglied die Verwaltung unzureichend kontrolliert oder die Verwaltungsabläufe mangelhaft organisiert hat.

3. Rechtsfolgen

Rechtsfolge des § 12 Abs. 3 SGB V ist die Verpflichtung der Aufsichtsbehörde, den **Verwaltungsrat** **183** der Krankenkasse dazu **zu veranlassen**, das verantwortliche Vorstandsmitglied auf Ersatz des aus der Pflichtverletzung entstandenen Schadens in Anspruch zu nehmen. Die Inanspruchnahme erfolgt somit nicht durch die Aufsichtsbehörde selbst, sondern durch den Verwaltungsrat der Krankenkasse. Es ist jedoch Aufgabe der Behörde, für ein entsprechendes Tätigwerden des Verwaltungsrats Sorge zu tragen.

---

[224] So aber – zumindest missverständlich – *Noftz* in: Hauck/Noftz, SGB V, § 12 Rn. 63.

[225] *Höfler* in: KassKomm, SGB V, § 12 Rn. 46; *Noftz* in: Hauck/Noftz, SGB V, § 12 Rn. 63; *Hinz*, Die Leistungen 1994, 281, 282; *Schüller*, NZS 2006, 192, 194.

184 Die zuständige Aufsichtsbehörde hat zunächst das betroffene Vorstandsmitglied hierzu **anzuhören**, d.h. es unter Darlegung des ihm vorgeworfenen Verhaltens zur Stellungnahme aufzufordern. Können die Vorwürfe nicht ausgeräumt werden, hat sie den Verwaltungsrat zu veranlassen, das Vorstandsmitglied auf Ersatz des aus der Pflichtverletzung entstandenen Schadens in Anspruch zu nehmen, falls dieser das Regressverfahren nicht bereits von sich aus eingeleitet hat.

185 In welcher Form sie dies tut, steht in ihrem Ermessen. Sie kann daher alle ihr nach § 89 SGB IV zur Verfügung stehenden **Aufsichtsmittel** einsetzen; dies schließt eine vorherige Beratung des Verwaltungsrats ein.[226] Bei allgemeinen Aufsichtsmaßnahmen, für die das Opportunitätsprinzip gilt (vgl. Rn. 188), ist eine vorherige **Beratung** Rechtsmäßigkeitsvoraussetzung.[227] Die Verpflichtung zur vorherigen Beratung ist nach der Rechtsprechung des BSG Ausdruck des Bemühens um partnerschaftliche Kooperation zwischen Selbstverwaltung und Aufsicht, also Teil einer geistigen Auseinandersetzung zwischen ernsthaft im Interesse der versicherten Bevölkerung um optimale Lösungen bemühten Partnern.[228]

186 Dieser Vorrang kann jedoch dann nicht gelten, wenn – wie bei § 12 Abs. 3 SGB V – eine Handlungspflicht der Aufsichtsbehörde besteht.[229] Gerade im Fall einer systematisch rechtswidrigen Leistungsgewährung zur Verschaffung von Wettbewerbsvorteilen, die nicht auf dem Handeln einzelner, mangelhaft kontrollierter Krankenkassenmitarbeiter beruht, sondern nur mit – zumindest stillschweigender – Billigung des Verwaltungsrates möglich ist, ist ein Verpflichtungsbescheid der einzig sachgerechte Weg zur Erfüllung der sich aus § 12 Abs. 3 SGB V ergebenden Verpflichtung. Darauf hinzuweisen ist, dass auch § 89 Abs. 1 Satz 1 SGB IV lediglich eine **Sollvorschrift** ist, so dass bei atypischen Fallgestaltungen eine vorherige Beratung des Versicherungsträgers durch die Aufsichtsbehörde ausnahmsweise entbehrlich sein kann und eine sofortige Verpflichtung zur Behebung der Rechtsverletzung in Betracht kommt.[230]

187 Eine **Verpflichtungsanordnung** nach § 89 Abs. 1 Satz 2 SGB IV stellt einen **Verwaltungsakt** dar, den die Krankenkasse mit der Anfechtungsklage vor dem Sozialgericht angreifen kann,[231] ohne dass es hierzu eines Vorverfahrens bedarf (vgl. § 78 Abs. 1 Satz 2 Nr. 3 SGG). Die Aufsichtsklage hat gemäß § 86a Abs. 1 Satz 1 SGG aufschiebende Wirkung. Die aufschiebende Wirkung entfällt lediglich dann, wenn die Aufsichtsbehörde die sofortige Vollziehung des Verwaltungsaktes angeordnet hat (vgl. § 86a Abs. 2 Nr. 5 SGG).

188 Während im Aufsichtsrecht allgemein das **Opportunitätsprinzip** gilt,[232] es also im pflichtgemäßen Ermessen der Behörde steht, festzustellen ob das öffentliche Interesse im Einzelfall ein Einschreiten gegen ein rechtswidriges Verhalten eines Versicherungsträgers erfordert, ist die Aufsichtsbehörde nach § 12 Abs. 3 SGB V bei Vorliegen von hinreichenden Anhaltspunkten **zum Tätigwerden verpflichtet**.

189 Derartige Anhaltspunkte können sich im Rahmen einer Aufsichtsprüfung nach § 88 SGB IV[233] oder aus sonstigen Erkenntnisquellen, etwa Verlautbarungen der Krankenkassen in ihren Mitgliedszeitschriften, ergeben. Ohne Bedeutung ist es, wenn der Schaden unerheblich, der Vorgang ein Einzelfall und auch für die Verwaltungspraxis der Krankenkasse nicht exemplarisch ist.[234] Die Rechtspflicht der Aufsichtsbehörde zum Einschreiten entfällt nur dann, wenn der Verwaltungsrat bereits von sich aus tätig geworden ist.

190 Klärungsbedürftig ist, wie zu verfahren ist, wenn der Verwaltungsrat zwar ein Regressverfahren eingeleitet, dieses jedoch entgegen der Rechtsauffassung der Aufsichtsbehörde **nicht zur Inanspruchnahme** des Vorstandsmitglieds **geführt** hat. Ein derartiges Ergebnis kann zwar auch darauf beruhen,

---

[226] So auch *Noftz* in: Hauck/Noftz, SGB V, § 12 Rn. 71.

[227] *Engelhard* in: jurisPK-SGB IV, § 89 Rn. 39 ff.

[228] BSG v. 11.12.2003 - B 10 A 1/02 R - SozR 4-2400 § 89 Nr. 2; BSG v. 19.12.1995 - 4 RLw 2/95 - SozR 3-5868 § 85 Nr. 1; BSG v. 20.06.1990 - 1 RR 4/89 - BSGE 67, 85, 87 = SozR 3-2400 § 89 Nr. 1; BSG v. 06.10.1988 - 1 RR 7/86 - BSGE 64, 124 = SozR 2200 § 407 Nr. 2.

[229] A.A. *Käsling* in: Krauskopf, Soziale Krankenversicherung, SGB V, § 12 Rn. 15; *Zipperer* in: GKV-Komm, SGB V, § 12 Rn. 18; *Noftz* in: Hauck/Noftz, SGB V, § 12 Rn. 71.

[230] *Engelhard* in: jurisPK-SGB IV, § 89 Rn. 46.

[231] *Engelhard* in: jurisPK-SGB IV, § 89 Rn. 114 ff.

[232] *Engelhard* in: jurisPK-SGB IV, § 87 Rn. 28 ff.

[233] *Engelhard* in: jurisPK-SGB IV, § 88 Rn. 12 ff.

[234] *Käsling* in: Krauskopf, Soziale Krankenversicherung, SGB V, § 12 Rn. 12.

dass § 12 Abs. 3 SGB V geringere Anforderungen stellt als die für das Vorstandsmitglied maßgebenden Haftungsvorschriften (vgl. Rn. 157), doch dürfte eher der Fall eintreten, dass der Verwaltungsrat größeres „Verständnis" für das Handeln des von ihm gewählten Vorstandsmitglieds zeigt.

Ist der Verwaltungsrat erst auf Veranlassung der Aufsichtsbehörde tätig geworden und hat er ein Regressverfahren zwar eingeleitet, das Vorstandsmitglied jedoch im weiteren Verlauf nicht auf Schadensersatz in Anspruch genommen, bleibt weiterhin § 12 Abs. 3 SGB V maßgeblich, da dieser die Aufsichtsbehörde verpflichtet, den Verwaltungsrat zur Inanspruchnahme des Vorstandsmitglieds zu veranlassen. 191

Ist der Verwaltungsrat hingegen von sich aus tätig geworden, richtet sich das weitere Vorgehen nach allgemeinem Aufsichtsrecht[235], da § 12 Abs. 3 SGB V nach seinem klaren Wortlaut eine Handlungspflicht der Aufsichtsbehörde bereits dann entfallen lässt, wenn der Verwaltungsrat ein Regressverfahren eingeleitet hat, und nicht erst dann, wenn er das Vorstandsmitglied auch in Anspruch genommen hat. Der Aufsichtsbehörde bleibt die Möglichkeit, den Verwaltungsrat im Wege einer Aufsichtsanordnung nach § 89 SGB IV zu verpflichten, das Vorstandsmitglied in Anspruch zu nehmen. 192

Diese Differenzierung ist nicht ohne weiteres nachvollziehbar, zumal es dem Zweck der Norm eher entsprechen dürfte, in beiden Fällen auf die tatsächliche Inanspruchnahme abzustellen. Dem steht jedoch der klare Gesetzeswortlaut entgegen. Der Sachzusammenhang mit § 12 Abs. 3 SGB V spricht allerdings dafür, in derartigen Fällen – abweichend vom Opportunitätsprinzip – eine Handlungspflicht der Aufsichtsbehörde anzunehmen. 193

Die Handlungspflicht der Aufsichtsbehörde entfällt nur bei einem Tätigwerden des Verwaltungsrats, nicht aber bereits dann, wenn Schadensersatzansprüche der Krankenkasse bereits anderweitig, etwa aus einer Vermögensschadensversicherung, befriedigt worden sind[236], da andernfalls dem präventiven Zweck des § 12 Abs. 3 SGB V nicht Genüge getan wäre. 194

V. Übergangsrecht

Übergangsvorschriften bestehen nicht. 195

---

235 So auch *Noftz* in: Hauck/Noftz, SGB V, § 12 Rn. 70.

236 Wie hier *Noftz* in: Hauck/Noftz, SGB V, § 12 Rn. 70; bejahend *Käsling* in: Krauskopf, Soziale Krankenversicherung, SGB V, § 12 Rn. 16.

§ 13 SGB V Kostenerstattung

(Fassung vom 26.03.2007, gültig ab 01.04.2007)

(1) Die Krankenkasse darf anstelle der Sach- oder Dienstleistung (§ 2 Abs. 2) Kosten nur erstatten, soweit es dieses oder das Neunte Buch vorsieht.

(2) Versicherte können anstelle der Sach- oder Dienstleistungen Kostenerstattung wählen. Hierüber haben sie ihre Krankenkasse vor Inanspruchnahme der Leistung in Kenntnis zu setzen. Der Leistungserbringer hat die Versicherten vor Inanspruchnahme der Leistung darüber zu informieren, dass Kosten, die nicht von der Krankenkasse übernommen werden, von dem Versicherten zu tragen sind. Der Versicherte hat die erfolgte Beratung gegenüber dem Leistungserbringer schriftlich zu bestätigen. Eine Einschränkung der Wahl auf den Bereich der ärztlichen Versorgung, der zahnärztlichen Versorgung, den stationären Bereich oder auf veranlasste Leistungen ist möglich. Nicht im Vierten Kapitel genannte Leistungserbringer dürfen nur nach vorheriger Zustimmung der Krankenkasse in Anspruch genommen werden. Eine Zustimmung kann erteilt werden, wenn medizinische oder soziale Gründe eine Inanspruchnahme dieser Leistungserbringer rechtfertigen und eine zumindest gleichwertige Versorgung gewährleistet ist. Die Inanspruchnahme von Leistungserbringern nach § 95b Abs. 3 Satz 1 im Wege der Kostenerstattung ist ausgeschlossen. Anspruch auf Erstattung besteht höchstens in Höhe der Vergütung, die die Krankenkasse bei Erbringung als Sachleistung zu tragen hätte. Die Satzung hat das Verfahren der Kostenerstattung zu regeln. Sie hat dabei ausreichende Abschläge vom Erstattungsbetrag für Verwaltungskosten und fehlende Wirtschaftlichkeitsprüfungen vorzusehen sowie vorgesehene Zuzahlungen in Abzug zu bringen. Die Versicherten sind an ihre Wahl der Kostenerstattung mindestens ein Jahr gebunden. Der Spitzenverband Bund der Krankenkassen legt dem Deutschen Bundestag über das Bundesministerium für Gesundheit bis zum 31. März 2009 einen Bericht über die Erfahrungen mit den durch das Gesetz zur Stärkung des Wettbewerbs in der gesetzlichen Krankenversicherung in dieser Vorschrift bewirkten Rechtsänderungen vor.

(3) Konnte die Krankenkasse eine unaufschiebbare Leistung nicht rechtzeitig erbringen oder hat sie eine Leistung zu Unrecht abgelehnt und sind dadurch Versicherten für die selbstbeschaffte Leistung Kosten entstanden, sind diese von der Krankenkasse in der entstandenen Höhe zu erstatten, soweit die Leistung notwendig war. Die Kosten für selbstbeschaffte Leistungen zur medizinischen Rehabilitation nach dem Neunten Buch werden nach § 15 des Neunten Buches erstattet.

(4) Versicherte sind berechtigt, auch Leistungserbringer in anderen Staaten, in denen die Verordnung (EWG) Nr. 1408/71 des Rates vom 14. Juni 1971 zur Anwendung der Systeme der sozialen Sicherheit auf Arbeitnehmer und deren Familien, die innerhalb der Gemeinschaft zu- und abwandern (ABl. EG Nr. L 149 S. 2), in ihrer jeweils geltenden Fassung anzuwenden ist, anstelle der Sach- oder Dienstleistung im Wege der Kostenerstattung in Anspruch zu nehmen, es sei denn, Behandlungen für diesen Personenkreis im anderen Staat sind auf der Grundlage eines Pauschbetrages zu erstatten oder unterliegen auf Grund eines vereinbarten Erstattungsverzichts nicht der Erstattung. Es dürfen nur solche Leistungserbringer in Anspruch genommen werden, bei denen die Bedingungen des Zugangs und der Ausübung des Berufes Gegenstand einer Richtlinie der Europäischen Gemeinschaft sind oder die im jeweiligen nationalen System der Krankenversicherung des Aufenthaltsstaates zur Versorgung der Versicherten berechtigt sind. Der Anspruch auf Erstattung besteht höchstens in Höhe der Vergütung, die die Krankenkasse bei Erbringung als Sachleistung im Inland zu tragen hätte. Die Satzung hat das Verfahren der Kostenerstattung zu regeln. Sie hat dabei ausreichende Abschläge vom Erstattungsbetrag für Verwaltungskosten und fehlende Wirtschaftlich-

keitsprüfungen vorzusehen sowie vorgesehene Zuzahlungen in Abzug zu bringen. Ist eine dem allgemein anerkannten Stand der medizinischen Erkenntnisse entsprechende Behandlung einer Krankheit nur in einem anderen Mitgliedstaat der Europäischen Union oder einem anderen Vertragsstaat des Abkommens über den Europäischen Wirtschaftsraum möglich, kann die Krankenkasse die Kosten der erforderlichen Behandlung auch ganz übernehmen.

(5) Abweichend von Absatz 4 können in anderen Staaten, in denen die Verordnung (EWG) Nr. 1408/71 des Rates vom 14. Juni 1971 zur Anwendung der Systeme der sozialen Sicherheit auf Arbeitnehmer und deren Familien, die innerhalb der Gemeinschaft zu- und abwandern (ABl. EG Nr. L 149 S. 2), in ihrer jeweils geltenden Fassung anzuwenden ist, Krankenhausleistungen nach § 39 nur nach vorheriger Zustimmung durch die Krankenkassen in Anspruch genommen werden. Die Zustimmung darf nur versagt werden, wenn die gleiche oder eine für den Versicherten ebenso wirksame, dem allgemein anerkannten Stand der medizinischen Erkenntnisse entsprechende Behandlung einer Krankheit rechtzeitig bei einem Vertragspartner der Krankenkasse im Inland erlangt werden kann.

(6) § 18 Abs. 1 Satz 2 und Abs. 2 gilt in den Fällen der Absätze 4 und 5 entsprechend.

Gliederung

A. Basisinformationen

I. Textgeschichte/Gesetzgebungsmaterialien

1 § 13 SGB V enthielt in der am **01.01.1989** in Kraft getretenen Fassung des Gesetzes zur Strukturreform im Gesundheitswesen[1] (GRG) lediglich zwei Absätze: den in der Zwischenzeit nur um die Worte „oder

[1] V. 20.12.1988, BGBl I 1988, 2477; der Gesetzentwurf der Bundesregierung zum GRG findet sich in der BR-Drs. 200/88 und in der BT-Drs. 11/2237, die Begründung zum unverändert Gesetz gewordenen § 13 SGB V jeweils auf S. 164.

das Neunte Buch" ergänzten Absatz 1 und Absatz 2, dessen unveränderter Wortlaut sich heute in § 13 Abs. 3 Satz 1 SGB V findet.

2 Mit dem Gesetz zur Sicherung und Strukturverbesserung der gesetzlichen Krankenversicherung[2] (GSG) wurde ab **01.01.1993** der bisherige Absatz 2 zu Absatz 3 und freiwilligen Mitgliedern – unabhängig von der Kassenart – die **Wahl der Kostenerstattung** ermöglicht (Absätze 2 und 4). Das Zweite Gesetz zur Neuordnung von Selbstverwaltung und Eigenverantwortung in der gesetzlichen Krankenversicherung[3] (2. GKV-NOG) räumte dieses Wahlrecht mit Wirkung vom **01.07.1997** allen Versicherten ein. Gleichzeitig wurde Absatz 4 aufgehoben.

3 Bereits eineinhalb Jahre später – nach einem Regierungswechsel – fasste der Gesetzgeber den Absatz 2 durch das Gesetz zur Stärkung der Solidarität in der gesetzlichen Krankenversicherung[4] (GKV-SolG) neu und beschränkte die Kostenerstattung wieder auf freiwillige Mitglieder und ihre Familienangehörigen. Art. 24 des GKV-SolG in der Fassung des Zweiten Gesetzes zur Änderung des Dritten Buches Sozialgesetzbuch und anderer Gesetze[5] (2. SGB III-ÄndG) enthält insoweit eine Übergangsregelung.

4 Mit der Schaffung des SGB IX[6] wurden mit Wirkung vom **01.07.2001** in Absatz 1 die Wörter „oder das Neunte" eingefügt. Der neue Satz 2 des Absatzes 3 erklärt wegen der Erstattung von Kosten für selbstbeschaffte **Leistungen zur medizinischen Rehabilitation** den § 15 SGB IX für maßgeblich.

5 Änderungen und umfangreiche Anfügungen erfuhr § 13 SGB V durch den am **01.01.2004** in Kraft getretenen Art. 1 Nr. 4 des Gesetzes zur Modernisierung der gesetzlichen Krankenversicherung[7] (GMG), mit dem u.a. die bisherigen Sätze 1 und 2 des § 13 Abs. 2 SGB V durch die neuen Sätze 1-5 ersetzt worden sind. Danach können (wieder) **alle Versicherten** anstelle der Sach- oder Dienstleistung Kostenerstattung wählen. Obligatorisch war eine vorherige Beratung von der Krankenkasse. Die – für (mindestens) ein Jahr verbindliche – Wahl konnte auf den Bereich der ambulanten Behandlung beschränkt werden. Unter näher bestimmten Voraussetzungen ist seitdem die Wahl nicht zugelassener Leistungserbringer möglich. Die gleichzeitig angefügten Absätze 4-6 regeln die Kostenerstattung bei Inanspruchnahme von **ausländischen Leistungserbringern** im Geltungsbereich des Vertrages zur Gründung der Europäischen Gemeinschaft und des Abkommens über den Europäischen Wirtschaftsraum. Für sonstige Auslandsbehandlungen bleibt § 18 SGB V maßgeblich.

6 Art. 1 Nr. 01 des Gesetzes zur Änderung des Vertragsarztrechts und anderer Gesetze[8] (VÄndG) modifizierte den **räumlichen Geltungsbereich** der Regelungen über die Kostenerstattung bei Inanspruchnahme von ausländischen Leistungserbringern. Er erstreckt sich nunmehr auf alle Staaten, in denen die **Verordnung (EWG) Nr. 1408/71** des Rates vom 14.06.1971 anzuwenden ist. Die Regelung ist am **01.01.2007** in Kraft getreten.

7 Die letzte Änderung des § 13 Abs. 2 SGB V erfolgte zum **01.04.2007** durch Art. 1 Nr. 8 des Gesetzes zur Stärkung des Wettbewerbs in der gesetzlichen Krankenversicherung (GKV-Wettbewerbsstärkungsgesetz – GKV-WSG).[9] Die Wahl der Kostenerstattung ist erleichtert und die **Wahlmöglichkeiten** sind **erweitert** worden. Entfallen ist die Pflicht der Krankenkasse, die Versicherten vor der Wahl der Kostenerstattung zu beraten. Die Versicherten haben die Krankenkasse jedoch vor Inanspruchnahme der Leistung von der Wahl der Kostenerstattung in Kenntnis zu setzen. Der Leistungserbringer muss darüber informieren – und dies dokumentieren –, dass Kosten, die nicht von der Krankenkasse übernommen werden, von dem Versicherten zu tragen sind. Die Wahl kann auf bestimmte Leistungssektoren beschränkt werden.

---

[2] GSG v. 21.12.1992, BGBl I 1992, 2266; die BT-Drs. 12/3608 gibt den Fraktionsentwurf und die Begründung zum GSG wieder (zu § 13: S. 76).

[3] Art. 1 Nr. 1 2. GKV-NOG v. 23.06.1997, BGBl I 1997, 1520.

[4] Art. 1 Nr. 1 GKV-SolG v. 19.12.1998, BGBl I 1998, 3853 (In-Kraft-Treten: 01.01.1999).

[5] Art. 4a 2. SGB III ÄndG v. 21.07.1999, BGBl I 1999, 1648, der gemäß Art. 6 Abs. 3 dieses Gesetzes mit Wirkung vom 01.01.1999 in Kraft getreten ist.

[6] Sozialgesetzbuch Neuntes Buch - Rehabilitation und Teilhabe behinderter Menschen - v. 19.06.2001, BGBl I 2001, 1046; im Entwurf des SGB IX werden die § 13 SGB V betreffenden Änderungen knapp begründet (BT-Drs. 14/5074, S. 117).

[7] Art. 1 Nr. 4 v. 14.11.2003, BGBl I 2003, 2190; die gesetzgeberische Begründung für die geltenden Absätze 2 und 4-6 des § 13 SGB V enthält die BT-Drs. 15/1525 auf den S. 80-82.

[8] V. 22.12.2006, BGBl I 2006, 3439.

[9] V. 26.03.2007, BGBl I 2007, 378.

II. Vorgängervorschriften

Das **Sachleistungsprinzip** ist erst durch das GRG positivrechtlich normiert worden (§ 2 Abs. 2 Satz 1 SGB V). Es lag dem gesamten Leistungssystem jedoch von Beginn an als wesentliches Strukturelement zugrunde und war prägend für den Charakter der gesetzlichen Krankenversicherung.[10] Aus diesem „übernormativen Grundprinzip“[11] wurde die grundsätzliche Unzulässigkeit der Kostenerstattung gefolgert.[12] Fälle zulässiger Kostenerstattung hat es aber immer gegeben. Früh anerkannt war eine Ausnahme für in dringenden Fällen selbstbeschaffte Leistungen. Die **RVO** enthielt einzelne Erstattungsvorschriften, beispielsweise in § 185 Abs. 3 RVO (selbstbeschaffte Krankenpflegeperson), § 185b Abs. 2 RVO (selbstbeschaffte Ersatzkraft), § 182c i.V.m. § 182 Abs. 1 Nr. 1 Buchst. d und § 368d Abs. 1 Satz 2 RVO (Notfallbehandlung). 8

Die Befugnis, durch **Satzungsvorschrift** Kostenerstattung zuzulassen, hatten ursprünglich nur die **Ersatzkassen** und zwar beschränkt auf die höherverdienenden freiwillig Versicherten. Als Rechtfertigung für die Durchbrechung des Sachleistungsprinzips wurde die fehlende soziale Schutzbedürftigkeit dieser Versicherten angenommen. Ob auch den Primärkassen ein entsprechendes Satzungsrecht zuzubilligen sei, war umstritten.[13] Das **GSG** hat die Rechtslage mit Einfügung des – seitdem mehrfach geänderten – § 13 Abs. 2 SGB V und Aufhebung der Übergangsvorschrift des Art. 61 GRG geklärt. Damit ist die **Gleichbehandlung** aller Krankenkassen gewährleistet. 9

In der Zeit vor dem In-Kraft-Treten des SGB V kam **Kostenerstattung** außer in den ausdrücklich krankenversicherungsrechtlich geregelten Fällen und abgesehen von Notfällen nach den gefestigten Grundsätzen des **richterrechtlich entwickelten Kostenerstattungs-/Kostenübernahmeanspruchs** in Betracht. Danach durfte der Versicherte Kostenerstattung in Anspruch nehmen, wenn ihm von der Krankenkasse zu Unrecht eine Sachleistung verweigert wurde und er deshalb gezwungen gewesen ist, sich die notwendige Leistung selbst zu beschaffen.[14] Diese Rechtsprechung hat der Gesetzgeber des GRG durch § 13 Abs. 2 (jetzt: Abs. 3 Satz 1) SGB V in Gesetzesrang erhoben.[15] Ein Anspruch auf Kostenerstattung konnte sich früher ferner unter dem Gesichtspunkt des **sozialrechtlichen Herstellungsanspruchs** ergeben, wenn die Krankenkasse die gegenüber ihrem Versicherten obliegende pflichtgemäße Aufklärung und Beratung verletzt hatte.[16] Insoweit sieht der 3. Senat des BSG die Übernahme der Rechtsprechung in Gesetzesform als „nicht vollständig gelungen“[17] an. Es ist streitig, ob eine Kostenerstattung nach den Grundsätzen des sozialrechtlichen Herstellungsanspruchs heute durch § 13 Abs. 3 SGB V ausgeschlossen ist (vgl. dazu Rn. 29). 10

Der geltende **§ 13 Abs. 4-6 SGB V** hat keine Vorgängervorschriften. Die darin nachvollzogenen Vorgaben des Europarechts in seiner Auslegung durch den EuGH führten jedoch bereits in der Zeit vor dem 01.01.2004 im Wege europarechtskonformer Auslegung dazu, dass bestimmte enge Voraussetzungen des deutschen Kostenerstattungsrechts nicht anzuwenden waren. Das hat das BSG in mehreren Urteilen vom 13.07.2004 geklärt.[18] 11

III. Parallelvorschriften

Ein Vorrang des Sachleistungs- vor dem Kostenerstattungsprinzip besteht auch in der sozialen **Pflegeversicherung** (vgl. § 4 Abs. 1 Satz 1 SGB XI). Als allgemeiner Rechtsgrundsatz gilt § 13 Abs. 3 SGB V dort ebenfalls.[19] 12

Gesetzlich geregelte Ausnahmefälle der Kostenerstattung im Bereich der Leistungen zur **medizinischen Rehabilitation** finden sich in den §§ 9 Abs. 2, 15 Abs. 1 und 17 Abs. 2-6 SGB IX. Als Parallelvorschrift zu § 13 Abs. 3 SGB V ist vor allem der am 01.07.2001 in Kraft getretene **§ 15 Abs. 1 Satz 4 SGB IX** zu nennen. Die Vorschrift sieht eine Kostenerstattungspflicht unter gleichen Voraussetzungen 13

---

[10] BSG v. 26.03.1963 - 3 RK 76/59 - BSGE 19, 21, 23 = SozR Nr. 14 zu § 184 RVO.
[11] BSG v. 07.08.1991 - 1 RR 7/88 - BSGE 69, 170, 173 = SozR 3-2200 § 321 Nr. 1.
[12] BSG v. 20.07.1976 - 3 RK 18/76 - SozR 2200 § 184 Nr. 4, Seite 10 m.w.N.; BSG v. 07.08.1991 - 1 RR 7/88 - BSGE 69, 170, 172 = SozR 3-2200 § 321 Nr. 1.
[13] Bejahend: BSG v. 09.09.1981 - 3 RK 58/79 - SozR 2200 § 182 Nr. 74, S. 131; verneinend: BSG v. 07.08.1991 - 1 RR 7/88 - BSGE 69, 170, 172 = SozR 3-2200 § 321 Nr. 1.
[14] So schon BSG v. 20.10.1972 - 3 RK 93/71 - BSGE 35, 10, 14 = SozR Nr. 7 zu § 368d RVO.
[15] BSG v. 10.02.1993 - 1 RK 31/92 - SozR 3-2200 § 182 Nr. 15.
[16] BSG v. 28.11.1979 - 3 RK 64/77 - SozR 2200 § 182 Nr. 57.
[17] BSG v. 30.10.2001 - B 3 KR 27/01 R - BSGE 89, 50, 54 = SozR 3-3300 § 12 Nr. 1.
[18] Stellvertretend: BSG v. 13.07.2004 - B 1 KR 11/04 R - SozR 4-2500 § 13 Nr. 4.
[19] BSG v. 30.10.2001 - B 3 KR 2/01 R - SozR 3-2500 § 37 Nr. 3.

wie § 13 Abs. 3 Satz 1 SGB V für alle Rehabilitationsträger vor, wozu gemäß § 6 Abs. 1 Nr. 1 SGB IX auch die Krankenkassen zählen. § 13 Abs. 3 Satz 2 SGB V verweist für selbstbeschaffte Leistungen zur medizinischen Rehabilitation auf § 15 SGB IX, und zwar auch hinsichtlich der erleichterten Voraussetzungen.[20]

IV. Untergesetzliche Normen

14 In Erfüllung des gesetzlichen Auftrages (§ 13 Abs. 2 Satz 10, Abs. 4 Satz 4 SGB V) regeln die **Satzungen** der Krankenkassen das Verfahren bei gewählter Kostenerstattung und bei Inanspruchnahme von Leistungserbringern im EU/EWR-Ausland. Zu den **Verfahrensregelungen** gehören u.a. die Form und die Frist für die Wahlerklärung sowie Bestimmungen zum Nachweis der Aufwendungen. Beispielsweise schreibt § 26 Abs. 6 der Satzung der Barmer Ersatzkasse (BEK) vor, dass der Kasse die Rechnungen der Leistungserbringer einzureichen sind und diese nach Zeit und Art der Leistungen aufgegliedert sein müssen. Arzt- und Zahnarztrechnungen müssen die Diagnose oder den Befund enthalten. **Bindungsfristen** sind nach Maßgabe des § 13 Abs. 2 Satz 12 SGB V satzungsrechtlicher Regelung zugänglich. Die gemäß § 13 Abs. 2 Satz 11, Abs. 4 Satz 5 SGB V in der Satzung vorzusehenden **Abschläge** werden üblicherweise prozentual bestimmt (z.B. § 25 Abs. 5 Satz 2 Satzung BEK: 7,5 v.H., mindestens jedoch 2,50 € und höchstens 40 € bei gewählter Kostenerstattung).

V. Systematische Zusammenhänge

15 Das krankenversicherungsrechtliche Sachleistungsprinzip modifiziert das Verhältnis zwischen Patient und Leistungserbringer. Im **Dreiecksverhältnis** zwischen Versichertem, Krankenkasse und Krankenhaus/Vertragsarzt („Kassenarzt") ist nach wie vor zwischen dem Behandlungsverhältnis und dem Abrechnungsverhältnis zu unterscheiden.[21] Das **Behandlungsverhältnis** zwischen Versichertem und Krankenhaus/Kassenarzt beruht auf einem **privatrechtlichen Vertrag** (§ 611 BGB). Gehen die Vertragsparteien jedoch übereinstimmend von einer Aufnahme bzw. Behandlung als Kassenpatient aus, besteht ein Vergütungsanspruch des Krankenhausträgers bzw. des Arztes aus **öffentlich-rechtlichem „Abrechnungsverhältnis"** unmittelbar und ausschließlich gegen die gesetzliche Krankenkasse.[22] Ein Vergütungsanspruch gegen den Versicherten kommt allerdings aus subsidiärer Haftung oder aus dem Gesichtspunkt der Vertragsanpassung bei Fehlen der Geschäftsgrundlage in Betracht.[23] Im Einzelfall kann ein Krankenhausbehandlungsvertrag mit privatrechtlichem Vergütungsanspruch durch konkludentes Verhalten des Patienten zustande kommen.[24] Beschafft sich der Versicherte die Leistung dagegen außerhalb des Sachleistungssystems selbst, werden auch die Honorare privatrechtlich geregelt und der Leistungserbringer kann vom Kassenpatienten Zahlung verlangen. Bei ärztlicher Behandlung ist Voraussetzung für private Vergütungsansprüche die Einhaltung der strengen Bestimmungen des Bundesmantelvertrages Ärzte (BMV-Ä)/Bundesmantelvertrages – Ärzte/Ersatzkassen (EKV-Ä) sowie eine Abrechnung entsprechend den weitgehend zwingenden Vorschriften der Gebührenordnung für Ärzte (GOÄ).

VI. Ausgewählte Literaturhinweise

16 *Benz*, Kostenerstattung für selbst beschaffte Leistungen im Rahmen der Heilbehandlung, der medizinischen Rehabilitation oder der Teilhabe, NZS 2002, 511-517; *Beschorner*, Erstattung von Krankheitskosten bei Aufenthalt in einem anderen Mitgliedstaat der Europäischen Union, ZfS 2006, 65-68; *Dahm*, Das „Systemversagen" in der Gesetzlichen Krankenversicherung, MedR 2002, 6-10; *Dettling*, Grundstrukturen des Rechtsverhältnisses zwischen Leistungserbringern und gesetzlich Versicherten, VSSR 2006, 1-23; *Fastabend*, Der Begriff der notwendigen Krankenbehandlung im SGB V, NZS 2002, 299-307; *Fuchs*, Das neue Recht der Auslandskrankenbehandlung, NZS 2004, 225-230; *Jann*, Zur Reha an den Plattensee? Patientenmobilität in Europa: Neue Optionen für die Versicherten, ErsK 2005, 55-57; *Knispel*, Die Rechtsbeziehungen der Krankenkassen zu den nichtärztlichen Leistungserbringern im Licht der Rechtsprechung des BSG, NZS 2004, 623-631; *Kraus*, Kostenübernahme

20 BSG v. 06.06.2002 - B 3 KR 67/01 R - SozR 3-2500 § 33 Nr. 43; BSG v. 06.06.2002 - B 3 KR 5/02 R - KrV 2002, 345 (nicht vollständig veröffentlichte Parallelentscheidung).

21 BSG v. 21.08.1996 - 3 RK 2/96 - SozR 3-2500 § 39 Nr. 4.

22 St. Rechtsprechung seit BGH v. 10.01.1984 - VI ZR 297/81 - BGHZ 89, 250, 258; zuletzt: BGH v. 28.04.2005 - III ZR 351/04 - GesR 2005, 354 ff. m.w.N.; BSG v. 21.11.1991 - 3 RK 32/89 - SozR 3-2500 § 39 Nr. 1.

23 BGH v. 28.04.2005 - III ZR 351/04 - GesR 2005, 354 ff. m.w.N.

24 BGH v. 09.05.2000 - VI ZR 173/99 - NJW 2000, 3429 ff.

für medizinische Dienstleistungen in der Europäischen Union, GesR 2004, 37-43; *Meyerhoff*, Wirksame Zahlungsverpflichtung als Voraussetzung eines Kostenerstattungsanspruches, jurisPR-SozR 11/2007; *Muckel*, Das Sachleistungsprinzip in der Gesetzlichen Krankenversicherung nach dem 2. GKV-Neuordnungsgesetz, SGb 1998, 385-389; *Rompf*, Satzungsmäßige Kostenerstattung für Außenseitermethoden aufgrund der Erprobungsregelungen gemäß §§ 63 ff. SGB V infolge einer praktischen Konkordanz im Sozialrecht, NZS 1997, 16-21; *Roos*, Kostenerstattung und Sachleistung in der gesetzlichen Krankenversicherung, NZS 1997, 464-465; *Scholz*, Neuerungen im Leistungserbringerrecht durch das GKV-Modernisierungsgesetz, GesR 2003, 369-374; *Udsching/Harich*, Die Zukunft des Sachleistungsprinzips im Binnenmarkt, EuR 2006, 794-813; *Weber/Braun*, Ambulante Notfallbehandlung im Krankenhaus: Sachleistung oder Kostenerstattung?, NZS 2002, 400-405; *Wenner*, Zur Kostenerstattung für Krankenbehandlungen in der Europäischen Union, SozSich 2005, 33-36; *Wenner*, Grenzen der Leistungspflicht der Kassen für nicht anerkannte Behandlungsverfahren und nicht…, SozSich 2007, 75-77.

B. Auslegung der Norm

I. Regelungsgehalt und Bedeutung der Norm

Nach **§ 13 Abs. 1 SGB V** darf die Krankenkasse Kostenerstattung nur in den gesetzlich vorgesehenen Fällen gewähren. Durch diese Beschränkung ist für den unter Geltung der RVO richterrechtlich entwickelten krankenversicherungsrechtlichen Kostenerstattungsanspruch seit 1989 kein Raum mehr.[25] Die Vorschrift untermauert den Sachleistungsgrundsatz und macht die **Kostenerstattung** zur **Ausnahme**. Rechtssystematisch wird das Regel-Ausnahme-Verhältnis nicht dadurch verändert, dass mit Wirkung vom 01.01.2004 alle Versicherten nach Maßgabe des Absatzes 2 Kostenerstattung wählen können. 17

Nach **§ 13 Abs. 2 Satz 1 SGB V** können **alle Versicherten** anstelle der Sach- oder Dienstleistung Kostenerstattung wählen. Hierüber müssen sie ihre Krankenkasse vor Inanspruchnahme der Leistung in Kenntnis setzen (**Absatz 2 Satz 2**). Die Pflicht der Krankenkassen, die Versicherten vor ihrer Wahl zu **beraten**, ist seit 01.04.2007 durch das GKV-WSG abgeschafft. Nunmehr muss der **Leistungserbringer** (vorher) darüber informieren, dass Kosten, die die Krankenkasse nicht übernimmt, vom Versicherten zu tragen sind (**Absatz 2 Satz 3**). Die erfolgte Beratung ist schriftlich zu bestätigen (**Absatz 2 Satz 4**). Gleichzeitig sind die **Wahlmöglichkeiten** der Versicherten **ausgeweitet** worden. Nach der bis Ende März 2007 geltenden Rechtslage bestand nur die Alternative, entweder für alle Behandlungen Kostenerstattung zu wählen oder die Wahl auf den Bereich der ambulanten Behandlung zu beschränken (Satz 3 Fassung GMG). Das geltende Recht ermöglicht es den Versicherten, für vier bestimmte Leistungssektoren vom Sachleistungsprinzip abzuweichen (**Absatz 2 Satz 5**). Seit 01.01.2004 dürfen unter näher bestimmten Voraussetzungen nicht zugelassene Leistungserbringer in Anspruch genommen werden (Sätze 6 und 7), nicht jedoch Ärzte/Zahnärzte, die kollektiv auf ihre Zulassung verzichtet haben (Satz 8). Satz 9 begrenzt die Höhe der Erstattung auf die Sachleistungssätze, die Sätze 10 und 11 enthalten Vorgaben für den Satzungsgeber. Satz 12 bindet die Versicherten mindestens ein Jahr an die Wahl der Kostenerstattung. Über die Erfahrungen mit den durch das GKV-WSG bewirkten Rechtsänderungen muss der Spitzenverband Bund der Krankenkassen dem Gesetzgeber bis zum 31.03.2009 berichten (Satz 13). 18

§ 13 Abs. 3 Satz 1 SGB V kodifiziert die bisherige Rechtsprechung und regelt nach Auffassung des BSG einen auf dem Prinzip der Garantiehaftung des Krankenversicherungsträgers beruhenden und also verschuldensunabhängigen **Schadensersatz-**[26] **bzw. Herstellungsanspruch**[27]. Regelung 1 enthält eine Fallgruppe des Systemversagens: Unvermögen zur rechtzeitigen Leistung. Gleichgestellt ist in Regelung 2 die rechtswidrige Ablehnung einer Sach- oder Dienstleistung durch die Krankenkasse. **§ 13 Abs. 3 Satz 2 SGB V** erklärt wegen der Kosten für selbstbeschaffte **Leistungen zur medizinischen Rehabilitation** § 15 SGB IX für maßgeblich. 19

Die Kostenerstattung bei Behandlungen im **EG- und EWR-Ausland** bestimmt sich seit dem Jahre 2004 nach den **Absätzen 4-6**. Mit Ausnahme der sog. Residenten wird allen Versicherten – im 20

---

[25] BSG v. 16.12.1993 - 4 RK 5/92 - BSGE 73, 271, 273 = SozR 3-2500 § 13 Nr. 4; BSG v. 29.06.1994 - 1 RK 40/93 - SozR 3-2500 § 30 Nr. 3.

[26] BSG v. 16.12.1993 - 4 RK 5/92 - BSGE 73, 271, 274 = SozR 3-2500 § 13 Nr. 4; ebenso: *Noftz* in: Hauck/Noftz, SGB V, § 13 Rn. 43; *Wagner* in: Krauskopf, SGB V, § 13 Rn. 24.

[27] BSG v. 24.09.1996 - 1 RK 33/95 - SozR 3-2500 § 13 Nr. 11; BSG v. 04.04.2006 - B 1 KR 5/05 R - SozR 4-2500 § 13 Nr. 8.

Bereich der **ambulanten Behandlung (Absatz 4)** zustimmungsfrei – das Recht eingeräumt, Leistungserbringer dieser Staaten im Wege der Kostenerstattung in Anspruch zu nehmen. Der Erstattungsanspruch ist der Höhe nach begrenzt auf die bei einer Sachleistung zu tragenden inländischen Vergütungssätze (Satz 3). Neben dem selbstverständlichen Abzug von Zuzahlungen müssen die Versicherten zudem Abschläge für Verwaltungskosten und fehlende Wirtschaftlichkeitsprüfungen hinnehmen (Satz 5). Anspruch auf volle Kostenübernahme besteht nur bei medizinisch notwendiger Auslandsbehandlung (Satz 6). Nach Satz 2 dürfen nur qualifizierte ausländische Leistungserbringer in Anspruch genommen werden. Die erforderliche Qualifikation sieht der Gesetzgeber als gegeben an, wenn der Leistungserbringer im Aufenthaltsstaat zugelassen ist oder wenn der Versicherte Angehörige eines Berufsstandes in Anspruch nimmt, für den die Bedingungen des Zugangs und der Ausübung des Berufes Gegenstand einer Richtlinie der Europäischen Gemeinschaft sind. Strenger sind die Regelungen im stationären Bereich: **Krankenhausleistungen** im EU- bzw. EWR-Ausland können gemäß **§ 13 Abs. 5 Satz 1 SGB V** nur nach vorheriger Zustimmung durch die Krankenkasse in Anspruch genommen werden. Bei gleich(wertig)er und rechtzeitiger inländischer Behandlungsmöglichkeit darf die Zustimmung versagt werden (§ 13 Abs. 5 Satz 2 SGB V). **Absatz 6** erklärt § 18 Abs. 1 Satz 2 und Abs. 2 SGB V für entsprechend anwendbar, d.h. der Anspruch auf Krankengeld ruht in den Fällen der Absätze 4 und 5 nicht und die Übernahme weiterer Kosten ist möglich (Ermessen).

II. Normzweck

1. Kostenerstattung als Ausnahme (Absatz 1)

21 Durch die Beschränkung der Kostenerstattung auf die gesetzlich vorgesehenen Fälle **stärkt** § 13 Abs. 1 SGB V das inzwischen in § 2 Abs. 2 Satz 1 SGB V ausdrücklich normierte **Sachleistungsprinzip**, welches das System der deutschen sozialen Krankenversicherung von Beginn an geprägt hat. Bereits § 6 des Gesetzes betreffend die Krankenversicherung der Arbeiter vom 15.06.1883 schrieb vor, dass als Krankenunterstützung „vom Beginn der Krankheit ab freie ärztliche Behandlung" zu gewähren ist. Das Sachleistungsprinzip beschreibt, in welcher Art und Weise Ansprüche der Versicherten gegenüber der Krankenkasse bestehen und wie sie zu erfüllen sind: Die Krankenkassen haben die Versicherungsleistungen grundsätzlich als Natural- und nicht als Barleistungen zu erbringen. **Zweck des Sachleistungsprinzips** war und ist vornehmlich die Sicherstellung der ärztlichen Versorgung dadurch, dass den Versicherten das Risiko der Vorfinanzierung abgenommen wird (vgl. schon RVA in AN 1914, 379, 380). Mit der unmittelbaren Verschaffungspflicht der Krankenkassen und der damit verbundenen Einrichtung eines komplexen Naturalleistungssystems bezweckt der Gesetzgeber auch die Garantie einer bedarfsgerechten und wirtschaftlichen Leistungserbringung in hoher Qualität.[28] Über die mit den Leistungserbringern abzuschließenden Verträge ist das Sachleistungsprinzip für die Krankenkassen zudem ein Instrument der Kostensteuerung. Die Beachtung des Naturalleistungsprinzips gehört zu den vertragsärztlichen Pflichten.[29] Nach Auffassung des BSG[30] hat das Sachleistungsprinzip nur Bedeutung im Verhältnis zwischen der Krankenkasse und dem Versicherten und ist nicht geeignet, unmittelbare Zahlungsansprüche der Leistungserbringer gegen die Krankenkasse zu begründen, wenn einschlägige Versorgungsverträge fehlen.

2. Kostenerstattung nach Wahl (Absatz 2)

22 Die Erweiterung der Wahloption auf alle Versicherten sieht der Gesetzgeber des GMG als „Maßnahme zur **Stärkung der Patientensouveränität**".[31] Sie entspreche der Vorstellung vom mündigen Bürger und stärke das Prinzip der Eigenverantwortung sowie das Kostenbewusstsein.[32] Die begrenzte Wahlmöglichkeit werde von versicherungspflichtigen Mitgliedern als ungerechtfertigtes Privileg der freiwillig Versicherten empfunden. Für den Gesetzgeber des GKV-SolG war die Wahloption für alle Versicherten dagegen ein systemfremdes, den Solidarausgleich und die Steuerungsfähigkeit der GKV beeinträchtigendes Element. Bedenken gegen die bisherige Begrenzung der Wahloption im Hinblick auf den allgemeinen Gleichheitssatz[33] dürften allerdings im Hinblick auf die „langfristig bewährte Unter-

[28] BSG v. 16.12.1993 - 4 RK 5/92 - BSGE 73, 271, 275 = SozR 3-2500 § 13 Nr. 4.

[29] BSG v. 14.03.2001 - B 6 KA 36/00 R - SozR 3-2500 § 81 Nr. 7.

[30] BSG v. 03.11.1999 - B 3 KR 4/99 R - BSGE 85, 110, 113 = SozR 3-2500 § 60 Nr. 4; a.A. *Noftz* in: Hauck/Noftz, SGB V, § 13 Rn. 17.

[31] BT-Drs. 15/1525, S. 2.

[32] BT-Drs. 15/1525, S. 80.

[33] *Noftz* in: Hauck/Noftz, SGB V, § 13 Rn. 10, 13c, 29.

scheidung"[34] nach der Art der Mitgliedschaft unbegründet gewesen sein. Die Neuregelung 2004 vermeidet immerhin Unstimmigkeiten im Verhältnis zur Kostenerstattung für EG- und EWR-Behandlungen (Absätze 4 und 5), zu der alle Versicherten berechtigt sind. Der Gesetzgeber des **GKV-WSG** will die Wahl der Kostenerstattung **zusätzlich erleichtern**. Diesem Zweck dient u.a. die Möglichkeit, die Wahl auf einzelne Leistungsbereiche zu beschränken. Die Beratungspflicht der Krankenkasse ist im Interesse der Reduzierung des Verwaltungsaufwandes abgeschafft und auf die Leistungserbringer verlagert worden. Die Beratung trägt dem **Patientenschutz** Rechnung.[35] Vor Inanspruchnahme der Leistung haben die Versicherten ihre Krankenkasse über das beabsichtigte Kostenerstattungsverfahren zu informieren. Damit soll nach der Vorstellung des Gesetzgebers die **Wahlfreiheit** geschützt werden.[36]

3. Kostenerstattung bei Nichtleistung und Rehabilitationsleistungen (Absatz 3)

Die Gewährung eines Erstattungsanspruchs in den Fällen des Absatzes 3 **Satz 1** ist notwendige **Ergänzung des Sachleistungsprinzips**: Die Sozialrechtsordnung kann den Versicherten nicht in ein Naturalleistungssystem zwingen, ohne die Haftung für dessen Versagen zu übernehmen. Durch die Kostenerstattung in Fällen des Systemversagens wird eine Lücke in dem durch das Sachleistungssystem der gesetzlichen Krankenversicherung garantierten Versicherungsschutz geschlossen. Dem Versicherten wird die Kostenlast auch dann abgenommen, wenn er ausnahmsweise eine notwendige Leistung selbst beschaffen und bezahlen muss. 23

Kosten für selbstbeschaffte **Leistungen zur medizinischen Rehabilitation** werden nach § 15 SGB IX erstattet (§ 13 Abs. 3 **Satz 2** SGB V). Das entspricht der Systematik des durch den 1. Teil des SGB IX geschaffenen allgemeinen Rahmens für Reha-Leistungen und ist konsequent, weil die entsprechenden Sachleistungen gemäß § 11 Abs. 2 Satz 3 SGB V (grundsätzlich) unter Beachtung des Neunten Buches erbracht werden (vgl. aber § 7 SGB IX). Die Erleichterungen des SGB IX sind vor dem Hintergrund der gegliederten Zuständigkeit bei Reha-Leistungen zu sehen. 24

4. Behandlung in EG- und EWR-Staaten

Die Absätze 4-6 des § 13 SGB V passen das deutsche Krankenversicherungsrecht an **Vorgaben des Europarechts** in seiner Auslegung durch die Rechtsprechung des Europäischen Gerichtshofs (EuGH) an. Umgesetzt werden unmittelbar die Urteile in den Rechtssachen Kohll[37], Decker[38], Smits/Peerbooms[39] sowie Müller-Fauré/van Riet.[40] Danach rechtfertigen nationale Aspekte der Kostenbegrenzung und -kontrolle, der Qualitätssicherung und des Gesundheitsschutzes im Bereich der ambulanten Krankenbehandlung keine Einschränkungen der durch das Europarecht garantierten Dienstleistungsfreiheit. Bei der Krankenhausbehandlung – die **Unterscheidung zwischen Krankenhaus- und Nichtkrankenhausleistungen** ist für die Rechtsprechung des EuGH zentral – hat der Gerichtshof die Genehmigungspflicht demgegenüber nicht prinzipiell beanstandet. Der im SGB V normierte Vorrang des Sachleistungsprinzips und die gleichzeitig engen Voraussetzungen einer Inanspruchnahme im Wege der Kostenerstattung standen zu den Vorgaben des EuGH teilweise im Widerspruch. Durch die Neuregelung wird die Nichtvereinbarkeit beseitigt, die Rechtsmaterien werden **harmonisiert**. 25

III. Sachleistungsprinzip (Absatz 1)

1. Sach- oder Dienstleistung

Die Vorschrift des § 13 Abs. 1 SGB V korrespondiert insbesondere mit § 2 Abs. 2 Satz 1 SGB V. Danach erhalten die Versicherten die Leistungen als Sach- und Dienstleistungen, soweit dieses oder das Neunte Buch nichts Abweichendes vorsehen. Diese **Naturalleistungen** sind abzugrenzen von den Geld- (vgl. § 11 Satz 1 SGB I) bzw. Barleistungen. Umfasst sind mithin nur medizinische (Natural-)Leistungen, nicht z.B. das Krankengeld.[41] Die Inanspruchnahme von Dienst- und Sachleistungen (**Beschaffungsweg**) ist u.a. in § 15 Abs. 2-6 SGB V und in § 76 SGB V sowie in Vorschriften des Leis- 26

---

[34] BVerfG v. 15.03.2000 - 1 BvL 16/96 - SozR 3-2500 § 5 Nr. 42, S. 186.
[35] BT-Drs. 16/4247, S. 31.
[36] BT-Drs. 16/4247, S. 31.
[37] EuGH v. 28.04.1998 - C-158/96 - SozR 3-6030 Art. 59 Nr. 5.
[38] EuGH v. 28.04.1998 - C-120/95 - SozR 3-6030 Art. 30 Nr. 1.
[39] EuGH v. 12.07.2001 - C-157/99 - SozR 3-6030 Art. 59 Nr. 6.
[40] EuGH v. 13.05.2003 - C-385/99 - SozR 4-6030 Art. 59 Nr. 1.
[41] *Noftz* in: Hauck/Noftz, SGB V, § 13 Rn. 16.

tungserbringungsrechts näher geregelt. „Schlüssel" für die Leistungsinanspruchnahme ist regelmäßig die Krankenversichertenkarte bzw. die Elektronische Gesundheitskarte (§§ 291, 291a SGB V). Die Formulierung „an Stelle der Sach- und Dienstleistung" hat nur Bedeutung für den sachlichen Umfang der Leistungspflicht der Krankenkassen, nicht aber für die Frage, wer als Leistungserbringer gewählt werden darf.[42]

2. Kostenerstattung nur in gesetzlichen Fällen

27 Die wichtigsten gesetzlichen Fälle zulässiger Kostenerstattung enthält § 13 SGB V selbst in seinen **Absätzen 2-5**. § 13 Abs. 3 Satz 2 SGB V verweist für selbstbeschaffte Leistungen zur medizinischen Rehabilitation seit dem 01.07.2001 auf **§ 15 SGB IX**, und zwar auch hinsichtlich der erleichterten Voraussetzungen.[43] Durchbrechungen des Naturalleistungsprinzips finden sich im SGB V ferner bei **Auslandsbeschäftigung** von Mitgliedern (§ 17 SGB V), qualitativ erforderlicher **Krankenbehandlung im Ausland** (§ 18 Abs. 1 und 2 SGB V) und **vorübergehendem Auslandsaufenthalt** (§ 18 Abs. 3 SGB V), bei **häuslicher Krankenpflege** (§ 37 Abs. 4 SGB V) und **Haushaltshilfe** (§ 38 Abs. 4 SGB V). Demgegenüber gehören kieferorthopädische Leistungen (§ 29 SGB V) jedenfalls seit dem 01.01.1999 zu den Sachleistungen der Krankenversicherung.[44]

28 Das SGB V ermächtigt daneben in bestimmten Fällen die Krankenversicherungsträger, das Naturalleistungsprinzip zu durchbrechen. So erlaubt **§ 14 SGB V** die Teilkostenerstattung für dienstordnungsmäßig Angestellte bzw. für Beamte der Krankenkassen durch Satzung. Außerhalb der parlamentsgesetzlichen Ermächtigungen sind **satzungsrechtliche Kostenerstattungen** unzulässig (§ 194 Abs. 2 Satz 2 SGB V). Nach Maßgabe des **§ 64 Abs. 4 Satz 2 SGB V** können die Vertragspartner im Rahmen von Modellvorhaben zur Vermeidung einer unkoordinierten Mehrfachinanspruchnahme von Vertragsärzten Kostenerstattung vorsehen.

29 Ob sich ein Erstattungsanspruch daneben nach den Grundsätzen des **sozialrechtlichen Herstellungsanspruchs** ergeben kann, ist **umstritten**. Nach einer Entscheidung des 3. Senats des BSG wird dies durch § 13 Abs. 1, 3 SGB V nicht ausgeschlossen.[45] Abschließend soll § 13 Abs. 3 Satz 1 SGB V danach nur insoweit sein, als Kostenerstattung bei Selbstbeschaffung unaufschiebbarer Leistungen (Eil- und Notfälle) sowie im Falle rechtswidriger Leistungsablehnung geregelt wird. Bei Beratungsfehlern, die nicht zugleich mit einer Leistungsablehnung verbunden sind, stehe weiterhin der sozialrechtliche Herstellungsanspruch offen. Es gebe keinen Anhaltspunkt für die Annahme, der Gesetzgeber habe die Kostenerstattungsansprüche bei Beratungsmängeln im Bereich der Krankenversicherung ganz ausschließen wollen, soweit sie nicht von § 13 Abs. 3 SGB V erfasst werden. Falls Naturalrestitution nicht mehr möglich ist, soll der Anspruch auf Kostenerstattung gehen.[46] Diese Auffassung ist abzulehnen.[47] § 13 Abs. 3 Satz 1 SGB V regelt als spezielle Vorschrift im Bereich der gesetzlichen Krankenversicherung die Rechtsfolgen einer Nichterfüllung des (primären) Sachleistungsanspruchs **abschließend**. Hierfür spricht zunächst der Wortlaut des § 13 Abs. 1 SGB V („darf … Kosten nur erstatten, soweit …"). Der abschließende Charakter kommt in der Gesetzesbegründung des GRG deutlich zum Ausdruck: „In anderen Fällen selbstbeschaffter Leistungen besteht keine Leistungspflicht der Krankenkasse."[48] Für eine Anwendung des Herstellungsanspruchs neben § 13 Abs. 3 Satz 1 SGB V besteht

[42] BSG v. 10.05.1995 - 1 RK 14/94 - SozR 3-2500 § 13 Nr. 7.

[43] BSG v. 06.06.2002 - B 3 KR 67/01 R - SozR 3-2500 § 33 Nr. 43; BSG v. 06.06.2002 - B 3 KR 5/02 R - KrV 2002, 345 (nicht vollständig veröffentlichte Parallelentscheidung).

[44] Argumentum e contrario § 29 Abs. 3 Satz 1 SGB V, vgl. BSG v. 25.03.2003 - B 1 KR 17/01 R - SozR 4-2500 § 28 Nr. 1.

[45] BSG v. 30.10.2001 - B 3 KR 27/01 R - SozR 3-3300 § 12 Nr. 1; ebenso *Höfler* in: KassKomm, SGB V, § 13 Rn. 6; *Wagner* in: Krauskopf, SGB V, § 13 Rn. 6.

[46] BSG v. 30.10.2001 - B 3 KR 27/01 R - SozR 3-3300 § 12 Nr. 1; *Höfler* in: KassKomm, SGB V, § 13 Rn. 6; *Wagner* in: Krauskopf, SGB V, § 13 Rn. 6; anders wohl noch BSG v. 05.08.1999 - B 3 KR 5/98 R - USK 9958: „Geldanspruch … kann nicht im Wege des Herstellungsanspruchs eingeräumt werden".

[47] BSG v. 04.04.2006 - B 1 KR 5/05 R - SozR 4-2500 § 13 Nr. 8; LSG Nordrhein-Westfalen v. 20.01.2005 - L 5 KR 227/03 - GesR 2005, 237 ff.; *Noftz* in: Hauck/Noftz, SGB V, § 13 Rn. 48 m.w.N.; vgl. bereits BSG v. 24.09.1996 - 1 RK 33/95 - SozR 3-2500 § 13 Nr. 11: „…abschließende gesetzliche Regelung der auf dem Herstellungsgedanken beruhenden Kostenerstattungsansprüche im Krankenversicherungsrecht"; BSG v. 25.09.2000 - B 1 KR 5/99 R - SozR 3-2500 § 13 Nr. 22: „§ 13 Abs. 3 SGB V will lückenlos alle Sachverhalte der berechtigten Selbstbeschaffung von Leistungen in Fällen des Systemversagens erfassen."

[48] BT-Drs. 11/2237, S. 164 = BR-Drs. 200/88, S. 164.

auch kein Bedürfnis. Selbstbeschaffungskosten, die durch Beratungsmängel veranlasst worden sind, können von Regelung 1 der Vorschrift erfasst[49], Beratungsfehler in erweiternder Auslegung als Ablehnung im Sinne von Regelung 2 verstanden werden.[50]

Die Berufung auf das **Wirtschaftlichkeitsgebot** (§ 12 Abs. 1 SGB V) kann dagegen unstreitig nicht zu einem Kostenerstattungsanspruch führen. Dies auch dann nicht, wenn die selbstbeschaffte Leistung wesentlich kostengünstiger ist als die zustehende Sachleistung. Denn das Wirtschaftlichkeitsgebot begrenzt den Anspruch auf Krankenbehandlung, vermag aber nicht seinerseits einen Rechtsanspruch auf bestimmte Leistungen zu begründen.[51] 30

IV. Wahl der Kostenerstattung (Absatz 2)

1. Berechtigte

Seit dem 01.01.2004 können gemäß **§ 13 Abs. 2 Satz 1 SGB V alle Versicherten** anstelle der Sach- oder Dienstleistungen Kostenerstattung wählen. Das entspricht der von Mitte 1997 bis Ende 1998 gültigen Rechtslage nach dem 2. GKV-NOG. Zuvor hatten dieses Recht nur freiwillige Mitglieder und ihre nach § 10 versicherten Familienangehörigen. Die Wahloption steht den Versicherten unmittelbar kraft Gesetzes zu. Sie ist nicht von einer satzungsmäßigen Umsetzung abhängig.[52] Stammversicherte und durch sie versicherte Familienangehörige haben ein eigenes Wahlrecht und können sich also unterschiedlich entscheiden.[53] Die praktische Bedeutung der Norm ist sehr gering. Bei der AOK Berlin haben lediglich 0,009% der Mitglieder Kostenerstattung gewählt. 31

2. Form und Inhalt der Wahl

Die Wahl der Kostenerstattung erfolgt durch **einseitige, empfangsbedürftige Willenserklärung**[54] der Versicherten gegenüber ihrer Kasse. Es gelten die allgemeinen (zivilrechtlichen) Regeln für Willenserklärungen, insbesondere hinsichtlich der Wirksamkeit und der Auslegung. Sie sind auf die öffentlich-rechtliche Wahlerklärung entsprechend anwendbar. Der Zugang der Erklärung bei der Kasse ist Wirksamkeitsvoraussetzung. Bereits für die Rechtslage ab Mitte 1997 hatte das BSG seine frühere Auffassung, wonach eine nachträgliche Wahl der Kostenerstattung durch Einreichung einer privatärztlichen Liquidation möglich sei, nicht mehr aufrechterhalten.[55] Nach dem Wortlaut des **§ 13 Abs. 2 Satz 2 SGB V** genügt es zur Wahl der Kostenerstattung, die Krankenkasse „hierüber" vor Inanspruchnahme „der Leistung" in Kenntnis zu setzen.[56] Diese Formulierung ist insofern missverständlich, als die Verwendung der Einzahlform des Begriffes Leistung für die Möglichkeit einer Kostenerstattung „im Einzelfall"[57] sprechen könnte. Dem steht jedoch systematisch entgegen, dass die Versicherten an ihre Wahl der Kostenerstattung nach wie vor mindestens ein Jahr gebunden sind. Für eine einzelne Leistung kommt Kostenerstattung deswegen nur nach Maßgabe des § 13 Abs. 3 SGB V in Betracht. Im Zweifelsfall ist durch Auslegung entsprechend §§ 133, 157 BGB zu klären, ob – für mindestens ein Jahr bindend – Kostenerstattung gewollt ist. Eine besondere **Form** der Erklärung sieht das Gesetz nicht vor. Schriftform kann durch die Satzung vorgeschrieben werden. Sie empfiehlt sich mit Rücksicht auf die Bedeutung der Erklärung und aus Gründen der Nachweisbarkeit ohnehin. **Satz 12** bindet die Versicherten mindestens ein Jahr an die Wahl der Kostenerstattung.[58] Abgesehen von dieser **Mindestbindungsfrist** sind die Versicherten hinsichtlich der zeitlichen Gültigkeit ihrer Wahl – vorbehaltlich zulässiger satzungsrechtlicher Bindung – frei.[59] 32

Inhaltlich werden von der Wahlentscheidung im Grundsatz alle zukünftigen[60] Sach- und Dienstleistungen erfasst. Das GKV-WSG hat die Wahlmöglichkeiten gegenüber der Rechtslage nach dem GMG er- 33

---

49 Vgl. LSG Hessen v. 21.10.2004 - L 1 KR 554/01.
50 *Noftz* in: Hauck/Noftz, SGB V, § 13 Rn. 52.
51 BSG v. 25.05.2000 - B 8 KN 3/99 KR R - BSGE 86, 174, 179 = SozR 3-2500 § 27a Nr. 1.
52 Ebenso: *Noftz* in: Hauck/Noftz, SGB V, § 13 Rn. 30.
53 *Noftz* in: Hauck/Noftz, SGB V, § 13 Rn. 32.
54 Allgemeine Meinung: *Noftz* in: Hauck/Noftz, SGB V, § 13 Rn. 31; *Wagner* in: Krauskopf, SGB V, § 13 Rn. 10.
55 BSG v. 25.09.2000 - B 1 KR 5/99 R - SozR 3-2500 § 13 Nr. 22.
56 Die Formulierung entspricht der Beschlussempfehlung des Ausschusses für Gesundheit, BT-Drs. 16/4200, S. 12.
57 So noch ausdrücklich die Begründung zum Fraktionsentwurf, BT-Drs. 16/3100, S. 97.
58 Die im Fraktionsentwurf zum GKV-WSG vorgesehene Aufhebung dieser Vorschrift ist nicht Gesetz geworden.
59 *Noftz* in: Hauck/Noftz, SGB V, § 13 Rn. 31b.
60 Nach Auffassung von *Noftz* in: Hauck/Noftz, SGB V, § 13 Rn. 31a auch alle laufenden Leistungsansprüche.

weitert.[61] Nach **§ 13 Abs. 2 Satz 5 SGB V** können Versicherte auch nur für ambulante ärztliche oder zahnärztliche Behandlung, für die stationäre Versorgung oder für veranlasste Leistungen (Arzneimittel, Hilfsmittel usw.) Kostenerstattung wählen. Weitere Beschränkungen sind dem Gesetz nicht zu entnehmen. **Satz 10** ermächtigt den Satzungsgeber nur zu **Verfahrensregelungen**, nicht zu vom Gesetz abweichenden inhaltlichen Gestaltungen. Sie können deswegen auch nicht durch Satzung vorgesehen werden. Wird die Wahl auf einen oder mehrere Leistungsbereiche beschränkt, bleibt es im Übrigen beim Sachleistungsprinzip. Es ist nicht möglich, nur für eine einzelne Leistung Kostenerstattung zu wählen. Das folgt systematisch zwingend aus der Beibehaltung der Mindestbindungsfrist von einem Jahr.[62]

3. Beratung

34 Eine (spezialgesetzliche) Pflicht der Krankenkasse, die Versicherten vor der Wahl der Kostenerstattung zu beraten, sieht das Gesetz seit 01.04.2007 nicht mehr vor.[63] Auskunfts- und Beratungspflichten der gesetzlichen Krankenkassen bestehen insoweit nurmehr nach allgemeinen Regeln (§§ 13-15 SGB I). Die Abschaffung wird mit dem Verwaltungsaufwand für die Krankenkassen begründet.[64] Die Neuregelung ist angesichts der Folgen, insbesondere der **wirtschaftlichen Risiken** einer solchen Entscheidung bedenklich. Die Versicherten übernehmen als Schuldner der Vergütungsansprüche der Leistungserbringer mit der Wahl der Kostenerstattung die Vorfinanzierungslast und tragen ein Mehrkostenrisiko. Um dem Patientenschutz Rechnung zu tragen[65] sind nach geltendem Recht immerhin[66] die **Leistungserbringer** zur Beratung verpflichtet. Sie haben gemäß **§ 13 Abs. 2 Satz 3 SGB V** die Versicherten vor Inanspruchnahme der Leistung darüber zu informieren, dass Kosten, die nicht von der Krankenkasse übernommen werden, von dem Versicherten zu tragen sind. Die Übertragung dieser Informationspflicht auf die Leistungserbringer ist mit Rücksicht auf deren wirtschaftliche Interessenlage problematisch. Der Versicherte hat die erfolgte Beratung gegenüber dem Leistungserbringer schriftlich zu bestätigen (**§ 13 Abs. 2 Satz 4 SGB V**). Inhaltlich muss der Leistungserbringer den Versicherten vor allem über das Mehrkostenrisiko beraten. Zu verlangen sind außerdem Informationen darüber, dass die Krankenkasse vor Inanspruchnahme der Leistung von der Wahl der Kostenerstattung in Kenntnis zu setzen ist sowie über die Möglichkeiten, die Wahl auf bestimmte Leistungssektoren einzuschränken. Der vom Gesetzgeber durch die ausdrückliche Normierung einer vorherigen Beratungspflicht betonte Schutzgedanke spricht dafür, sie als **Zulässigkeitsvoraussetzung** für die Wahl anzusehen.[67]

4. Inanspruchnahme von Vertragsbehandlern

35 Auch das geltende Recht macht es im **Grundsatz** zur Voraussetzung der Kostenerstattung, dass zugelassene oder ermächtigte Leistungserbringer in Anspruch genommen werden. Abweichend vom bisherigen Recht geht das GMG einen differenzierenden Weg. Nach dem bis Ende 2003 geltenden Recht durften kraft ausdrücklicher Regelung (§ 13 Abs. 2 Satz 2 i.d.F. des GKV-SolG) nur die im Vierten Kapitel genannten Leistungserbringer in Anspruch genommen werden. Eine solch rigide Regelung, die zu Zeiten der Beschränkung der Wahloption auf freiwillige Mitglieder für verfassungsrechtlich geboten angesehen wurde,[68] enthält § 13 Abs. 2 SGB V n.F. nicht mehr. **Satz 6** erlaubt stattdessen (umgekehrt) die Inanspruchnahme nicht im Vierten Kapitel genannter Leistungserbringer, dies aber nur nach **vorheriger Zustimmung** der Krankenkasse. Rechtssystematisch bedeutet das kostenerstattungsrechtlich ein Regel-Ausnahme-Verhältnis von zugelassenen und nicht zugelassenen Leistungserbringern.[69]

36 Durch die Wahl der Kostenerstattung verändert sich für die Versicherten und die Leistungserbringer der **Beschaffungsweg**: Der Versicherte beschafft sich die erforderlichen Leistungen durch Abschluss

---

61 § 13 Abs. 2 Satz 3 SGB V in der Fassung des GMG ließ als Ausnahme (nur) eine Beschränkung auf den (gesamten) Bereich der ambulanten Behandlung zu.

62 Nach dem Fraktionsentwurf zum GKV-WSG sollte die Mindestbindungszeit entfallen und den Versicherten die Möglichkeit gegeben werden, im Einzelfall zu entscheiden, vgl. BT-Drs. 16/3100, S. 97.

63 So noch § 13 Abs. 2 Satz 2 SGB V i.d.F. des GMG

64 Fraktionsentwurf GKV-WSG BT-Drs. 16/3100, S. 97.

65 BT-Drs. 16/4247, S. 31.

66 Der Fraktionsentwurf hatte die ersatzlose Streichung der Sätze 2 und 3 (und 10) vorgesehen, vgl. BT-Drs. 16/3100, S. 7.

67 A.A. *Noftz* in: Hauck/Noftz, SGB V, § 13 Rn. 33.

68 BSG v. 10.05.1995 - 1 RK 14/94 - SozR 3-2500 § 13 Nr. 7.

69 *Noftz* in: Hauck/Noftz, SGB V, § 13 Rn. 35.

privatrechtlicher Verträge selbst und lässt sich die Kosten anschließend von der Kasse erstatten (Maxime: Beschaffe selbst und liquidiere bei der Kasse[70]). Bei der Sachleistung wird zwar auch überwiegend von einem privatrechtlichen Behandlungsvertrag zwischen Kassenpatient und Vertragsarzt/Krankenhaus ausgegangen, jedoch mit abgekoppeltem Abrechnungsverhältnis.[71] **Vergütungsansprüche** bestehen deswegen regelmäßig nur zwischen dem Leistungserbringer und der Krankenkasse. Im Fall der Kostenerstattung werden dagegen auch die Honorare privatrechtlich geregelt, der Kassenpatient ist dem Leistungserbringer zur Zahlung verpflichtet. Die (zahn-)ärztlichen Leistungen werden nach der GOÄ(/Z) berechnet, Krankenhausleistungen nach Maßgabe des Krankenhausfinanzierungsgesetzes. Der Arzt muss (auch) die Versicherten, die Kostenerstattung gewählt haben, beraten, ob es sich um eine der Leistungspflicht der Krankenkasse unterliegende Leistung handelt oder nicht.[72]

5. Nicht zugelassene Leistungserbringer

Seit dem 01.01.2004 räumt der Gesetzgeber den Versicherten bei gewählter Kostenerstattung die Möglichkeit ein, nicht zugelassene Leistungserbringer in Anspruch zu nehmen (§ 13 Abs. 2 **Satz 6** SGB V). **37** Das ist Ausdruck der mit dem GMG bezweckten Stärkung der Patientensouveränität. Einschränkend wird die **vorherige Zustimmung** der Krankenkasse verlangt. Damit soll, wie sich aus Satz 7 a.E. ergibt, vor allem die Sicherung des gesetzlichen Standards der Versorgungsqualität gewährleistet werden. Die Zustimmung wird von der Kasse im **Einzelfall** erteilt. Das Gesetz macht die Erteilung (alternativ) von medizinischen oder sozialen Gründen für die Inanspruchnahme nicht zugelassener Leistungserbringer abhängig. In jedem Fall muss eine zumindest **gleichwertige Versorgung** gewährleistet sein. Dieser **Mindestmaßstab** bezieht sich auf die Qualität und Wirksamkeit der Leistungen (§ 2 Abs. 1 Satz 3 SGB V) und umfasst u.a. die persönlichen Qualifikationen der Leistungserbringer. Aus diesem Grund sind Heilpraktikerkosten nach wie vor nicht erstattungsfähig. Nach der Vorstellung des Gesetzgebers ist Hauptanwendungsfall, dass in räumlicher Nähe kein zugelassener Leistungserbringer zur Verfügung steht. Aus der Formulierung „kann erteilt werden" folgt, dass es sich bei der Zustimmung um eine **Ermessensentscheidung** handelt[73], die nach Maßgabe des § 35 Abs. 1 Satz 3 SGB X zu begründen ist.

Als abschließende Sonderregelung schließt **Satz 8** die Inanspruchnahme von Leistungserbringern nach **38** § 95b Abs. 3 Satz 1 SGB V (Ärzte/Zahnärzte, die kollektiv auf ihre Zulassung verzichtet haben) im Wege der Kostenerstattung aus. Eine Kostenerstattung kann in diesen Fällen auch nicht im Wege der Einzelfall-Zustimmung (§ 13 Abs. 2 Satz 6 SGB V) erreicht werden.[74]

6. Erstattungsumfang, Satzungsrecht

Satz 9 begrenzt den Umfang des Erstattungsanspruchs auf die Höhe der **Vergütung**, die die Kranken- **39** kasse bei Erbringung **als Sachleistung** zu tragen hätte. Die Vergütung für die hypothetische Sachleistung berechnet sich nach dem einheitlichen Bewertungsmaßstab (**EBM**, vgl. § 87 SGB V). Sie liegt regelmäßig niedriger als bei Abrechnung auf der Grundlage der GOÄ. Da der Leistungserbringer im Kostenerstattungsverfahren Anspruch auf Vergütung nach der GOÄ hat, bedeutet die Begrenzung des Satzes 9 für den Versicherten eine erhebliche **wirtschaftliche Belastung**. Dies dürfte ein wesentlicher Grund für die Unattraktivität der Wahl der Kostenerstattung sein. **Satz 11** a.E. schreibt zudem verbindlich den Abzug vorgesehener **Zuzahlungen** vor. Dazu gehört auch die Praxisgebühr.[75] Durch Satzungsrecht müssen ferner ausreichende **Abschläge** für Verwaltungskosten und fehlende Wirtschaftlichkeitsprüfungen vorgesehen werden. Diese Verpflichtung entspricht der Rechtslage seit 1993 (vgl. § 13 Abs. 2 Satz 4 i.d.F. des GSG). Sie berücksichtigt den – auch bei gewählter Kostenerstattung zu beachtenden – allgemeinen Grundsatz der Wirtschaftlichkeit (§§ 2 Abs. 1 Satz 1, Abs. 4, 12 Abs. 1 Satz 2, 70 Abs. 1 Satz 2 SGB V).

Die Satzung hat schließlich das **Verfahren** der Kostenerstattung zu regeln (**Satz 10**). Zu den Verfah- **40** rensregelungen gehören die Form und die Frist für den Erstattungsantrag sowie Bestimmungen zur Zuständigkeit und zum Nachweis der Aufwendungen. Satz 10 gibt keine Befugnis zur inhaltlichen Ge-

---

70 BSG v. 16.12.1993 - 4 RK 5/92 - BSGE 73, 271, 275 = SozR 3-2500 13 Nr. 4.

71 BGH v. 10.01.1984 - VI ZR 297/81 - BGHZ 85, 250, 257; *Schütte*, SozVers 1997, 143, 146.

72 BSG v. 14.12.2006 - B 1 KR 8/06 R - juris Rn. 15 f., auch zum weiteren Verfahren bei gewählter Kostenerstattung.

73 *Wagner* in: Krauskopf, SGB V, § 13 Rn. 12; *Noftz* in: Hauck/Noftz, SGB V, § 13 Rn. 35a.

74 *Noftz* in: Hauck/Noftz, SGB V, § 13 Rn. 39.

75 *Noftz* in: Hauck/Noftz, SGB V, § 13 Rn. 40.

staltung des Wahlrechts. Vom Gesetz abweichende Bestimmungen sind unzulässig (vgl. § 194 Abs. 2 SGB V). Das Gleiche gilt für von Satz 9 und Satz 11 abweichende Satzungsregelungen zum Erstattungsumfang. Das GKV-WSG ermöglicht es den Krankenkassen, in ihrer Satzung Wahltarife für Kostenerstattung vorzusehen (**§ 53 Abs. 4 SGB V**). Dabei kann die Höhe der Kostenerstattung variieren. Es ist zulässig, spezielle Prämienzahlungen durch die Versicherten vorzusehen. § 13 Abs. 2 Sätze 2-4 SGB V gilt insoweit nicht. Die Mindestbindungsfrist für diesen Wahltarif beträgt drei Jahre (§ 53 Abs. 8 Satz 1 SGB V).

V. Kostenerstattung bei Nichtleistung der Krankenkasse (Absatz 3 Satz 1)

1. Allgemeines

41 Absatz 3 regelt in seinem Satz 1 **zwei Tatbestände** der Kostenerstattung, denen gemeinsam ist, dass die Krankenkasse den Anspruch des Versicherten auf die ihm zustehende Sach- oder Dienstleistung nicht erfüllt hat. In der ersten Alternative ist die Krankenkasse nicht in der Lage, eine unaufschiebbare Leistung rechtzeitig zu erbringen. Das ist der klassische Fall des sog. **Systemversagens**. Dem „gleichgestellt“[76] ist in Regelung 2 der Fall, dass die Krankenkasse eine Sach- oder Dienstleistung rechtswidrig abgelehnt hat. Das Unvermögen bzw. die rechtswidrige Weigerung berechtigt den Versicherten, sich die Leistung in Durchbrechung des Sachleistungsprinzips selbst zu beschaffen. Der Kostenerstattungsanspruch nach Absatz 3 tritt an die Stelle des (primären) Sachleistungsanspruchs und ist insofern sekundär (abgeleitet).[77]

42 § 13 Abs. 3 Satz 1 SGB V ist auf Fälle zugeschnitten, in denen der Anspruchsteller sich **bewusst** außerhalb des Systems der gesetzlichen Krankenversicherung behandeln lässt. Die Vorschrift greift nicht ein, wenn die Behandlung sowohl von Seiten des Leistungserbringers als auch von Seiten des Versicherten erkennbar als Sachleistung zu den Bedingungen der gesetzlichen Krankenversicherung durchgeführt werden soll und lediglich bei der Abwicklung gegen Grundsätze des Leistungsrechts verstoßen wird.[78] Der Versicherte kann sich auf **Vertrauensschutz** berufen, wenn der Arzt ihm gegenüber zum Ausdruck gebracht hat, er werde die Leistung kostenfrei im Rahmen des Sachleistungssystems erbringen. Das gilt nicht, wenn der Versicherte wusste oder wissen musste, dass der Leistungsanspruch nicht bestand oder dass die Entscheidung über die Leistungsgewährung der Krankenkasse vorbehalten war.[79] Die Stellung eines Kostenübernahmeantrags durch Arzt und Kläger zeigt nach Ansicht des BSG[80], dass beide eine Erbringung als Sachleistung nicht für zulässig hielten; der Versicherte kann sich nicht auf Vertrauensschutz berufen.

43 Im Rahmen des § 13 Abs. 3 SGB V gilt ebenso wie bei der Sachleistung der Grundsatz des **Arztvorbehalts,** d.h. auch im Fall der Kostenerstattung muss eine ärztliche Verordnung vorliegen.[81] Auf das Fachgebiet des Arztes kommt es nicht an.[82] Formelle Anforderungen an die Verordnung bestehen nicht. Weil es gerade um in Durchbrechung des Naturalleistungssystems beschaffte Leistungen geht, ist die Verwendung eines Rezeptformulars der gesetzlichen Krankenversicherung selbstverständlich nicht erforderlich.[83] Das BSG lässt es – am Schutzzweck des Arztvorbehalts orientiert – genügen, wenn der Arzt durch sein Handeln die eigene Verantwortung für die durchgeführte Therapie hinreichend deutlich zum Ausdruck bringt und dieser Vorgang nicht intern bleibt.[84] Im Bereich der **Hilfsmittel** soll nach der Rechtsprechung des insoweit zuständigen 3. Senats des BSG das Fehlen einer vertragsärztlichen Verordnung den (Sach-)Leistungsanspruch nicht ausschließen.[85] Das müsste für den Kostener-

---

76 BSG v. 16.12.1993 - 4 RK 5/92 - BSGE 73, 271, 273 = SozR 3-2500 13 Nr. 4.

77 BSG v. 16.12.1993 - 4 RK 5/92 - BSGE 73, 271, 274 = SozR 3-2500 13 Nr. 4.

78 BSG v. 09.06.1998 - B 1 KR 18/96 R - SozR 3-2500 § 39 Nr. 5.

79 BSG v. 09.06.1998 - B 1 KR 18/96 R - SozR 3-2500 § 39 Nr. 5; BSG v. 09.10.2001 - B 1 KR 26/99 R - SozR 3-2500 § 18 Nr. 8.

80 BSG v. 28.03.2000 - B 1 KR 21/99 R - SozR 3-2500 § 13 Nr. 21.

81 Grundlegend: BSG v. 19.11.1996 - 1 RK 15/96 - SozR 3-2500 § 13 Nr. 13 - Goldnerzcreme.

82 BSG v. 21.11.1991 - 3 RK 8/90 - SozR 3-2500 § 12 Nr. 2.

83 BSG v. 19.11.1996 - 1 RK 15/96 - SozR 3-2500 § 13 Nr. 13 - Goldnerzcreme.

84 BSG v. 28.03.2000 - B 1 KR 21/99 R - SozR 3-2500 § 13 Nr. 21 sieht es als ausreichenden Nachweis für die Verantwortung des Arztes an, wenn dieser entnommenes Tumorgewebe an den Impfstoffhersteller zur Herstellung von Tumorvakzinen sendet und den an die Kasse gerichteten Kostenübernahmeantrag unterschreibt.

85 BSG v. 16.09.1999 - B 3 KR 1/99 R - BSGE 84, 266, 267 = SozR 3-2500 § 33 Nr. 33; bestätigt: BSG v. 28.06.2001 - B 3 KR 3/00 R - BSGE 88, 204, 206 = SozR 3-2500 § 33 Nr. 41.

stattungsanspruch gleichermaßen gelten. Wegen der ausdrücklichen Nennung der Hilfsmittel in § 73 Abs. 2 Satz 1 Nr. 7 SGB V ist diese Rechtsprechung nicht unumstritten.[86]

2. Primäranspruch

Ein Kostenerstattungsanspruch nach § 13 Abs. 3 Satz 1 SGB V hat in beiden Regelungsalternativen einen Sach- oder Dienstleistungsanspruch des Versicherten gegen seine Krankenkasse (Primäranspruch) zur **Grundvoraussetzung**. Das war schon unter Geltung der RVO für den richterrechtlichen Anspruch auf Kostenerstattung anerkannt und ist seit der positivrechtlichen Normierung unbestritten, weil der Erstattungsanspruch den durch Zweckerreichung erloschenen[87] (primären) Sach- und Dienstleistungsanspruch ersetzt[88] bzw. an dessen Stelle tritt.[89] Der Primäranspruch ergibt sich grundsätzlich aus dem **materiellen Leistungs- und Leistungserbringungsrecht** des SGB V, kann aber auch auf verwaltungsrechtlichem Vertrag oder Verwaltungsakt beruhen.[90] Nicht erstattungsfähig sind mithin Kosten für ausgeschlossene Leistungserbringer (z.B. Heilpraktiker[91]) und für ausgeschlossene Leistungen (z.B. nicht zugelassene Arzneimittel[92]). Grundsätzlich besteht auch keine (primäre) Leistungspflicht der Krankenversicherung bei einem zulassungsüberschreitenden Einsatz (sog. off-label-Gebrauch) von Arzneimitteln.[93] Das Gleiche gilt bei neuen Untersuchungs- und Behandlungsmethoden, für die noch keine Empfehlung des Gemeinsamen Bundesausschusses (G-BA) gemäß § 135 SGB V vorliegt (dazu sogleich). **44**

3. Neue Untersuchungs- und Behandlungsmethoden

Nach **§ 135 Abs. 1 Satz 1 SGB V** dürfen neue Untersuchungs- und Behandlungsmethoden in der vertragsärztlichen Versorgung zu Lasten der Krankenkassen nur erbracht werden, wenn der G-BA in Richtlinien nach § 92 Abs. 1 Satz 2 Nr. 5 SGB V Empfehlungen u.a. über die Anerkennung des diagnostischen und therapeutischen Nutzens der neuen Methode abgegeben hat. Dadurch wird nach der ständigen Rechtsprechung[94] des BSG der Umfang der den Versicherten von den Krankenkassen geschuldeten ambulanten[95] Leistungen verbindlich festgelegt. Bei erforderlicher, aber fehlender Empfehlung besteht demgemäß **kein Primäranspruch** und damit kein Erstattungsanspruch. Das ist kostenerstattungsrechtlich nichts Besonderes. Die Besonderheit neuer Untersuchungs- und Behandlungsmethoden im Rahmen von § 13 Abs. 3 SGB V liegt darin, dass – nach ebenfalls ständiger Rechtsprechung des BSG – für diesen Bereich eine spezifische Form des **Systemmangels** anerkannt ist. Ein Kostenerstattungsanspruch kommt danach in Betracht, wenn die fehlende Anerkennung der neuen Methode auf einem Mangel des gesetzlichen Leistungssystems beruht. Das ist (abstrakt) der Fall bei einer **unsachgemäßen Behandlung** durch den Ausschuss oder die antragsberechtigten Stellen.[96] Ein Systemmangel liegt beispielsweise vor, wenn das Anerkennungsverfahren trotz Erfüllung der für eine Überprüfung notwendigen formalen und inhaltlichen Voraussetzungen nicht oder nicht zeitgerecht durchgeführt wird.[97] Das Verfahren vor dem Bundesausschuss muss ermächtigungskonform sein und rechtsstaatlichen Grundsätzen entsprechen.[98] Versäumnisse in dieser Richtung begründen aber allein noch keine **45**

---

86 Zweifelnd: *Noftz* in: Hauck/Noftz, SGB V, § 13 Rn. 44.

87 *Noftz* in: Hauck/Noftz, SGB V, § 13 Rn. 43.

88 BSG v. 16.12.1993 - 4 RK 5/92 - BSGE 73, 271, 276 = SozR 3-2500 § 13 Nr. 4.

89 BSG v. 23.07.1998 - B 1 KR 19/96 R - SozR 3-2500 § 31 Nr. 5 - Jomol; BSG v. 09.12.1997 - 1 RK 23/95 - BSGE 81, 240, 241 = SozR 3-2500 § 27 Nr. 9; BSG v. 16.09.1997 - 1 RK 32/95 - SozR 3-2500 § 92 Nr. 7.

90 BSG v. 16.12.1993 - 4 RK 5/92 - BSGE 73, 271, 276 = SozR 3-2500 § 13 Nr. 4.

91 BVerfG v. 15.12.1997 - 1 BvR 1953/97 - NJW 1998, 1775; BSG v. 02.09.1997 - 1 BK 8/97.

92 BSG v. 08.03.1995 - 1 RK 8/94 - SozR 3-2500 § 31 Nr. 3 - Edelfosin; BSG v. 23.07.1998 - B 1 KR 19/96 R - SozR 3-2500 § 31 Nr. 5.

93 Zu den Ausnahmen grundlegend: BSG v. 19.03.2002 - B 1 KR 37/00 R - SozR 3-2500 § 31 Nr. 8; sehr kritisch hierzu: *Schimmelpfeng-Schütte*, MedR 2004, 655, 656 ff.; vgl. in Verfahren des einstweiligen Rechtsschutzes: BVerfG v. 22.11.2002 - 1 BvR 1586/02 - NJW 2003, 1236 f. = NZS 2003, 253 f.

94 Stellvertretend: BSG v. 28.03.2000 - B 1 KR 11/98 R - BSGE 86, 54, 56 = SozR 3-2500 § 135 Nr. 14, S. 62 m.w.N.

95 Für die Prüfung von im Krankenhaus angewandten Untersuchungs- oder Behandlungsmethoden gilt § 137c SGB V, vgl. BSG v. 19.02.2003 - B 1 KR 1/02 R - SozR 4-2500 § 137c Nr. 1.

96 BSG v. 08.02.2000 - B 1 KR 18/99 B - SozR 3-2500 § 135 Nr. 12.

97 BSG v. 16.09.1997 - 1 RK 28/95 - SozR 3-2500 § 135 Nr. 4; vgl. auch BSG v. 19.02.2003 - B 1 KR 18/01 R - SozR 4-2500 § 135 Nr. 1: Systemversagen, wenn „Aktualisierung der Richtlinien rechtswidrig unterblieben".

98 Nach BSG v. 23.07.1998 - B 1 KR 3/97 R - SozR 3-2500 § 13 Nr. 17 ist der Bundesausschuss aber nicht zu einem kontradiktorischen Verfahren mit mündlicher Anhörung der Befürworter der Methode verpflichtet.

Leistungspflicht der Krankenkasse. Hinzukommen muss stets die Überzeugung des Gerichts, dass die Behandlungsmethode dem **allgemein anerkannten Stand der medizinischen Erkenntnisse** entspricht.[99] An die Stelle der Wirksamkeitsprüfung kann unter bestimmten medizinischen Voraussetzungen die Prüfung der praktischen Akzeptanz treten.[100] Maßgeblicher **Zeitpunkt** für die Beurteilung der Wirksamkeit und Unbedenklichkeit ist derjenige der Ablehnung, spätestens der Zeitpunkt der tatsächlich durchgeführten Behandlung.[101] Eine formelle und **inhaltliche Überprüfung** der vom G-BA in einem ordnungsgemäßen Verfahren getroffenen Entscheidung durch die Gerichte findet nur statt, wenn und soweit hierzu auf Grund hinreichend substantiierten Beteiligtenvorbringens konkreter Anlass besteht.[102] Nach Ansicht des BVerfG kann es jedoch im Einzelfall schon im Verfahren des einstweiligen Rechtsschutzes geboten sein, zu prüfen, „ob die fehlende Anerkennung" durch den G-BA „möglicherweise auf einem Systemversagen beruht."[103] Bei **sehr seltenen Krankheiten** sollen die Sozialgerichte die Prüfung nicht auf Verfahrensfehler im engeren Sinne beschränken dürfen.[104] Bei derartigen Krankheiten, die weder systematisch erforscht noch systematisch behandelt werden können, darf für die Leistungsgewährung keine vorherige Anerkennung in den Richtlinien zur Anspruchsvoraussetzung erhoben werden.[105] Ein Kostenerstattungsanspruch kann sich bei neuen Behandlungsmethoden schließlich wegen Vorliegens einer **notstandsähnlichen Krankheitssituation** ausnahmsweise unter Berücksichtigung grundrechtlicher Belange ergeben. Das **BVerfG** hat mit **Beschluss vom 06.12.2005**[106] zu einer ärztlichen Behandlungsmethode entschieden, dass es mit den Grundrechten aus Art. 2 Abs. 1 in Verbindung mit dem Sozialstaatsprinzip und aus Art. 2 Abs. 2 Satz 1 Grundgesetz (GG) nicht vereinbar ist, einen gesetzlich Krankenversicherten, für dessen lebensbedrohliche oder regelmäßig tödliche Erkrankung eine allgemein anerkannte, medizinischem Standard entsprechende Behandlung nicht zur Verfügung steht, generell von der Gewährung einer von ihm gewählten, ärztlich angewandten Behandlungsmethode auszuschließen, wenn eine nicht ganz entfernt liegende Aussicht auf Heilung oder auf eine spürbare positive Einwirkung auf den Krankheitsverlauf besteht. Eine Leistungsverweigerung der Krankenkasse unter Berufung darauf, eine bestimmte neue ärztliche Behandlungsmethode sei im Rahmen der GKV ausgeschlossen, weil der zuständige Bundesausschuss diese noch nicht anerkannt oder sie sich zumindest in der Praxis und in der medizinischen Fachdiskussion noch nicht durchgesetzt hat, verstößt nach dieser Rechtsprechung des BVerfG gegen das GG, wenn folgende **drei Voraussetzungen** kumulativ erfüllt sind: a) Es liegt eine lebensbedrohliche oder regelmäßig tödlich verlaufende Erkrankung vor. b) Bezüglich dieser Krankheit steht eine allgemein anerkannte, medizinischem Standard entsprechende Behandlung nicht zur Verfügung. c) Bezüglich der beim Versicherten ärztlich angewandten (neuen, nicht allgemein anerkannten) Behandlungsmethode besteht eine „auf Indizien gestützte", nicht ganz fern liegende Aussicht auf Heilung oder wenigstens auf eine spürbare positive Einwirkung auf den Krankheitsverlauf.[107] Die Entscheidung des BVerfG vom 06.12.2005 ist nicht auf „weitläufigere Bereiche" auszudehnen.[108] Es wird im Übrigen auf die Kommentierung zu § 135 SGB V verwiesen.

4. Unvermögen zur rechtzeitigen Leistung

46 Das haftungsbegründende Verhalten der Krankenkasse liegt im Fall des § 13 Abs. 3 Satz 1 **Regelung 1** SGB V darin, dass sie eine unaufschiebbare Leistung nicht rechtzeitig erbringen konnte. Eine Leistung ist **unaufschiebbar** im Sinne dieser Regelung, wenn sie im Zeitpunkt ihrer tatsächlichen Durchführung so dringlich war, dass aus medizinischer Sicht keine Möglichkeit eines nennenswerten zeitlichen Auf-

[99] BSG v. 28.03.2000 - B 1 KR 11/98 R - BSGE 86, 54, 56 = SozR 3-2500 § 135 Nr. 14.

[100] BSG v. 23.07.1998 - B 1 KR 19/96 R - SozR 3-2500 § 31 Nr. 5; BSG v. 16.09.1997 - 1 RK 28/95 - SozR 3-2500 § 135 Nr. 4; BSG v. 08.02.2000 - B 1 KR 18/99 B - SozR 3-2500 § 135 Nr. 12.

[101] BSG v. 08.02.2000 - B 1 KR 18/99 B - SozR 3-2500 § 135 Nr. 12.

[102] BSG v. 07.11.2006 - B 1 KR 24/06 R - NJW 2007, 1385-1391; Aufgabe von BSG v.19.02.2003 - B 1 KR 18/01 R - SozR 4-2500 § 135 Nr. 1, wonach eine inhaltliche Überprüfung nicht stattfindet.

[103] BVerfG v. 19.03.2004 - 1 BvR 131/04 - GesR 2004, 246, 247.

[104] BVerfG v. 19.03.2004 - 1 BvR 131/04 - GesR 2004, 246, 247.

[105] BSG v. 19.10.2004 - B 1 KR 27/02 R - BSGE 93, 236-252.

[106] BVerfG v. 06.12.2005 - 1 BvR 347/98 - SozR 4-2500 § 27 Nr. 5.

[107] BVerfG v. 06.12.2005 - 1 BvR 347/98 - SozR 4-2500 § 27 Nr. 5, Rn. 33; ausführlich zur verfassungskonformen Auslegung leistungsrechtlicher Vorschriften des SGB V nach Maßgabe dieses Beschlusses des BVerfG: BSG v. 07.11.2006 - B 1 KR 24/06 R - NJW 2007, 1385-1391.

[108] Stellvertretend: BSG v. 26.09.2006 - B 1 KR 3/06 R - SozR 4-2500 § 27 Nr. 10.

schubs mehr bestand.[109] Nach zutreffender Auffassung kommt es allein auf **medizinische Gründe** an.[110] Der 4. Senat des BSG hat allerdings in einem Fall Unaufschiebbarkeit „aus Rechtsgründen" angenommen. Sie sollen in der Notwendigkeit der Neuverordnung eines Heilmittels bei verspäteter Aufnahme der Behandlung liegen.[111] Unaufschiebbar kann auch eine zunächst nicht eilbedürftige Behandlung werden, wenn mit der Ausführung so lange gewartet wird, bis die Leistung zwingend erbracht werden muss, damit der mit ihr angestrebte Erfolg noch erreicht werden kann.[112] In solchen Fällen kann ein Kostenerstattungsanspruch jedoch trotz Unaufschiebbarkeit daran scheitern, dass der Versicherte es unterlassen hat, sich vor der Leistungsbeschaffung mit der Kasse in Verbindung zu setzen, obwohl ihm dies möglich und zumutbar gewesen wäre. Das hat das BSG[113] beispielsweise für eine Entbindung angenommen: Sie ist als solche zwar nach Einsetzen der Wehen unaufschiebbar im medizinischen Sinne, aber in aller Regel **zeitlich absehbar,** sodass die Gewährung als Sachleistung ermöglicht werden kann.

Notfälle im Sinne des § 76 Abs. 1 Satz 2 SGB V werden verbreitet unter das Tatbestandsmerkmal unaufschiebbar subsumiert.[114] Das ist nur medizinisch richtig, d.h. Behandlungen in Notfällen sind nur in medizinischer Hinsicht stets unaufschiebbare Leistungen. Beschaffungsrechtlich wird demgegenüber die Notfallbehandlung von Versicherten durch Nichtvertragsärzte der vertragsärztlichen Versorgung zugerechnet und als **Sachleistung** aus der Gesamtvergütung vergütet.[115] Das gilt ähnlich bei stationärer Notfallbehandlung: Die Notfallbehandlung eines Kassenpatienten durch ein nicht zugelassenes Krankenhaus erfolgt als Sachleistung zu Lasten der Krankenversicherung und lässt Vergütungsansprüche nur im Verhältnis zwischen Krankenhaus und Krankenkasse entstehen.[116] Ein Anspruch aus § 13 Abs. 3 Satz 1 SGB V kommt in diesen Fällen nicht in Betracht.[117] 47

Regelung 1 verlangt weiter, dass die Krankenkasse die medizinisch unaufschiebbare Leistung **nicht rechtzeitig erbringen** konnte. Unvermögen in diesem Sinne liegt nur vor bei einer Störung oder einem Versagen des **Naturalleistungssystems**, also nur dann, wenn die Dienst- oder Sachleistungspflicht mit den im SGB V vorgesehenen persönlichen und sächlichen Mitteln in der gesetzlich vorgeschriebenen Qualität und Art und Weise nicht erfüllt werden kann und der Versicherte deswegen gezwungen ist, seinen Bedarf selbst zu decken.[118] Davon kann regelmäßig nur ausgegangen werden, wenn die Krankenkasse **mit dem Leistungsbegehren konfrontiert** war und sich dabei ihr Unvermögen herausgestellt hat. Ihr muss also grundsätzlich die Prüfung ermöglicht werden, ob die Leistung im Rahmen des Sachleistungssystems bereitgestellt werden kann und wie gegebenenfalls Abhilfe zu schaffen ist.[119] Mit anderen Worten: Auch im Anwendungsbereich von Regelung 1 bleibt es bei dem allgemein für außervertragliche Behandlungen geltenden Grundsatz, dass der Krankenkasse eine **Möglichkeit zur Überprüfung des Leistungsbegehrens** einzuräumen ist, bevor dem Versicherten erlaubt wird, sich die benötigte Leistung außerhalb des Sachleistungssystems selbst zu beschaffen. **Fingiert**[120] werden kann die Unfähigkeit zur rechtzeitigen Leistungserbringung, wenn eine vorherige Einschaltung der Krankenkasse nach den Umständen des Falles nicht verlangt werden kann, z.B. aus Zeitgründen[121] oder weil der Gesundheitszustand des Versicherten dies ausschließt.[122] Behauptete Schwierigkeiten bei der Leistungsbeschaffung wegen mangelnder Vertrautheit großer Teile der Ärzteschaft mit einem bestimmten 48

---

[109] BSG v. 25.09.2000 - B 1 KR 5/99 R - SozR 3-2500 § 13 Nr. 22.

[110] *Wagner* in: Krauskopf, SGB V, § 13 Rn. 25; *Noftz* in: Hauck/Noftz, SGB V, § 13 Rn. 49.

[111] BSG v. 16.12.1993 - 4 RK 5/92 - BSGE 73, 271, 287 = SozR 3-2500 13 Nr. 4.

[112] BSG v. 16.12.1993 - 4 RK 5/92 - BSGE 73, 271, 287 = SozR 3-2500 13 Nr. 4; BSG v. 25.09.2000 - B 1 KR 5/99 R - SozR 3-2500 § 13 Nr. 22.

[113] BSG v. 20.05.2003 - B 1 KR 9/03 R - SozR 4-2500 § 13 Nr. 1.

[114] So ausdrücklich: BSG v. 25.09.2000 - B 1 KR 5/99 R - SozR 3-2500 § 13 Nr. 22.

[115] BSG v. 09.10.2001 - B 1 KR 6/01 R - SozR 3-2500 § 13 Nr. 25; BSG v. 30.10.2002 - B 1 KR 31/01 R.

[116] BSG v. 09.10.2001 - B 1 KR 6/01 R - SozR 3-2500 § 13 Nr. 25.

[117] BSG v. 14.12.2006 - B 1 KR 8/06 R - juris Rn. 23.

[118] BSG v. 16.12.1993 - 4 RK 5/92 - BSGE 73, 271, 286 = SozR 3-2500 § 13 Nr. 4.

[119] BSG v. 25.09.2000 - B 1 KR 5/99 R - SozR 3-2500 § 13 Nr. 22.

[120] So zutreffend: BSG v. 25.09.2000 - B 1 KR 5/99 R - SozR 3-2500 § 13 Nr. 22; dagegen nimmt BSG v. 16.09.1997 - 1 RK 28/95 - SozR 3-2500 § 135 Nr. 4 an, eine mögliche und zumutbare vorherige Einschaltung lasse die Unaufschiebbarkeit entfallen; insoweit missverständlich: BSG v. 19.02.2002 - B 1 KR 16/00 R - SozR 3-2500 § 92 Nr. 12 („das Merkmal der Unaufschiebbarkeit … dient … ausschließlich dazu, diejenigen Versicherten zu begünstigen, denen es wegen der Eilbedürftigkeit der Angelegenheit nicht zuzumuten ist, die Krankenkasse einzuschalten oder ihre Entscheidung abzuwarten").

[121] BSG v. 16.09.1997 - 1 RK 28/95 - SozR 3-2500 § 135 Nr. 4.

[122] BSG v. 23.02.1999 - B 1 KR 1/98 R - SozR 3-2500 § 60 Nr. 3.

Krankheitsbild hat das BSG in diesem Zusammenhang für nicht ausreichend gehalten.[123] Auch die mit dem besonderen Vertrauensverhältnis zu einem bestimmten Arzt begründete Unzumutbarkeit einer Behandlung (hier: Entbindung) durch einen anderen Arzt vermag kein Unvermögen der Kasse zur rechtzeitigen Leistung zu begründen.[124] Zumutbar kann es je nach den Umständen des Falles sogar sein, eine kieferorthopädische Behandlung vorübergehend zu unterbrechen und einen neuen Zahnarzt zu wählen.[125]

49 Unvermögen zur rechtzeitigen Leistung liegt schließlich (erst recht) vor, wenn die notwendige Sachleistung überhaupt nicht zur Verfügung gestellt werden kann.[126]

5. Rechtswidrige Ablehnung

50 Das Gesetz beschreibt den haftungsauslösenden Tatbestand der **zweiten Regelungsalternative** des Satzes 1 mit den Worten: „hat sie" (die Krankenkasse) „eine Leistung zu Unrecht abgelehnt". Er liegt vor, wenn die Kasse eine vom Versicherten beantragte und ihm rechtlich zustehende Leistung (Primäranspruch) **objektiv rechtswidrig verweigert**. Auf ein Verschulden der Kasse kommt es nicht an. Unerheblich sind ferner die inhaltlichen Gründe der Leistungsverweigerung. Eine unrechtmäßige Ablehnung ist beispielsweise sowohl bei einem materiell rechtswidrig verneinten Primäranspruch als auch bei objektiv fehlerhafter versicherungsrechtlicher Beurteilung (z.B. keine Mitgliedschaft) gegeben. Das Erfordernis („Ob") einer ablehnenden Entscheidung der Krankenkasse gilt im Anwendungsbereich der Regelung 2 **ausnahmslos**, insbesondere unabhängig davon, welcher Art die in Anspruch genommene Leistung ist und in welcher Höhe dafür Kosten anfallen. Ausdrücklich für das geltende Recht aufgegeben[127] hat das BSG seine zum früheren Recht der RVO vertretene Auffassung, der Versicherte brauche die Leistung dann nicht vorher zu beantragen, wenn von vornherein feststehe, dass die Kasse sie ihm verweigern werde.

51 Typischerweise verweigert die vom Versicherten angegangene Krankenkasse eine Leistung durch formellen Ablehnungsbescheid („**abgelehnt**"). Hinreichend deutliche Versagungen können aber bereits in (einfachen) Schreiben (ohne Rechtsmittelbelehrung) der Kasse enthalten sein, die einem förmlichen Bescheid vorausgehen.[128] Nach ständiger Rechtsprechung des BSG[129] reicht grundsätzlich die Bekanntgabe der ersten Ablehnungsentscheidung aus; es ist in der Regel nicht erforderlich, dass der Versicherte die Entscheidung der Krankenkasse über den Widerspruch gegen die Leistungsablehnung abwartet. In erweiternder Auslegung hält *Noftz*[130] darüber hinaus jedes einer formellen Entscheidung entsprechende rechtliche oder tatsächliche Verhalten für ausreichend, das ursächlich für den Zwang zur Selbstbeschaffung ist. Darunter fallen auch Beratungsfehler. Diese Auffassung ist vorzugswürdig gegenüber dem Judikat des 3. Senats des BSG vom 30.10.2001, wonach von der zweiten Alternative des § 13 Abs. 3 Satz 1 SGB V nur Beratungsfehler erfasst werden, die nicht „zugleich mit einer Leistungsablehnung verbunden" sind und ansonsten der sozialrechtliche Herstellungsanspruch offen stehen soll.[131]

52 Die Kasse hat die Leistung „**zu Unrecht**" abgelehnt, wenn die einschlägigen materiell-rechtlichen Anspruchsvoraussetzungen erfüllt gewesen sind. Dazu gehören neben den inhaltlichen Voraussetzungen im Sinne des Primäranspruchs auch die Modalitäten der Leistungserbringung, insbesondere das Vorliegen einer ärztlichen Verordnung.[132]

6. Kausalität

53 Für **beide Regelungsalternativen** besteht nach ständiger Rechtsprechung[133] das strenge Erfordernis eines Kausalzusammenhangs zwischen dem die Haftung der Krankenkasse begründenden Umstand

---

[123] BSG v. 25.09.2000 - B 1 KR 5/99 R - SozR 3-2500 § 13 Nr. 22.

[124] BSG v. 23.11.1995 - 1 RK 5/94 - SozR 3-2500 § 13 Nr. 9.

[125] BSG v. 18.01.1996 - 1 RK 22/95 - SozR 3-2500 § 29 Nr. 3.

[126] BSG v. 24.09.1996 - 1 RK 33/95 - SozR 3-2500 § 13 Nr. 11.

[127] BSG v. 15.04.1997 - 1 BK 31/96 - SozR 3-2500 § 13 Nr. 15; BSG v. 20.05.2003 - B 1 KR 9/03 R - SozR 4-2500 § 13 Nr. 1.

[128] BSG v. 24.09.1996 - 1 RK 33/95 - SozR 3-2500 § 13 Nr. 11.

[129] Stellvertretend: BSG v. 23.07.2002 - B 3 KR 66/01 R - SozR 3-2500 § 33 Nr. 45 m.w.N.

[130] *Noftz* in: Hauck/Noftz, SGB V, § 13 Rn. 52.

[131] BSG v. 30.10.2001 - B 3 KR 27/01 R - BSGE 89, 50, 54 = SozR 3-3300 § 12 Nr. 1.

[132] BSG v. 19.11.1996 - 1 RK 15/96 - SozR 3-2500 § 13 Nr. 13 - Goldnerzcreme.

[133] BSG v. 15.04.1997 - 1 BK 31/96 - SozR 3-2500 § 13 Nr. 15; BSG v. 25.09.2000 - B 1 KR 5/99 R - SozR 3-2500 § 13 Nr. 22; BSG v. 19.02.2003 - B 1 KR 18/01 R - SozR 4-2500 § 135 Nr. 1; BSG v. 20.05.2003 - B 1 KR 9/03 R - SozR 4-2500 § 13 Nr. 1; BSG v. 14.12.2006 - B 1 KR 8/06 R.

und dem Nachteil (Kostenlast) des Versicherten. Das BSG begründet dies systematisch (Verhältnis zu § 13 Abs. 1, Unterscheidung zwischen unaufschiebbaren und sonstigen Leistungen), teleologisch (Schutzzweck des Sachleistungsgrundsatzes) und mit dem Wortlaut („dadurch").[134] Die Anforderung wird teilweise auch verfahrensrechtlich aus dem Antragsgrundsatz des § 19 Satz 1 SGB IV gefolgert.[135] In der Sache ist sie unbestritten. **Haftungsbegründender Umstand** ist bei Regelung 1 das Unvermögen der Krankenkasse zur rechtzeitigen Leistung und bei Regelung 2 die rechtswidrige Ablehnung.

Im Anwendungsbereich von **Regelung 2** ist durch das Kausalitätserfordernis eine Kostenerstattung für die Zeit vor der Leistungsablehnung **regelmäßig**[136] **ausgeschlossen**. Das BSG formuliert: Ein Kausalzusammenhang und damit eine Kostenerstattung scheiden aus, wenn der Versicherte sich die streitige Behandlung außerhalb des vorgeschriebenen Beschaffungsweges selbst besorgt, ohne sich **vorher** mit seiner Krankenkasse ins Benehmen zu setzen und deren Entscheidung abzuwarten.[137] Eine vorherige Befassung der Kasse mit dem Leistungsbegehren muss möglich gewesen sein.[138] Das ist bei nicht unaufschiebbaren Leistungen in aller Regel der Fall. Bei **Regelung 1** führt die Unmöglichkeit bzw. Unzumutbarkeit der – auch dort grundsätzlich erforderlichen – vorherigen Konfrontation der Kasse mit dem Leistungsbegehren dazu, dass ihre Unfähigkeit zur rechtzeitigen Leistungserbringung „unterstellt"[139] wird. Eine ausreichende Prüfung durch die Krankenkasse wird vereitelt, wenn im Zeitpunkt des Kostenerstattungsbegehrens schon eine privatärztliche Untersuchung stattgefunden hat und der Operationstermin bereits feststeht.[140] Aus der seit 2004 allen Versicherten eingeräumten Möglichkeit, Kostenerstattung zu wählen (§ 13 Abs. 2 Satz 1 SGB V) kann nicht der Schluss gezogen werden, dass es einer Vorbefassung der Krankenkasse nicht bedarf.[141] Eine vorherige Entscheidung der Krankenkasse ist auch dann nicht entbehrlich, wenn die Ablehnung des Leistungsbegehrens – etwa auf Grund von Erfahrungen aus anderen Fällen – von vornherein feststeht. Seine früher abweichende Rechtsprechung hat das BSG unter Hinweis auf den unmissverständlichen Gesetzeswortlaut und -zweck ausdrücklich aufgegeben.[142] Im Bereich der **Versorgung mit Hörhilfen** soll ein Ursachenzusammenhang noch gegeben sein, wenn der Versicherte sich erst nach Lieferung und Anpassung des Gerätes an die Kasse wendet. Das wird mit der an den „medizinisch-technischen Notwendigkeiten orientierten Praxis" in diesem Bereich begründet.[143] 54

Wird bei über längere Zeiträume **laufenden Behandlungen** die Kostenübernahme nachträglich beantragt, bedeutet die ablehnende Entscheidung eine **Zäsur**. Eine Erstattung kommt nur für Leistungen in Betracht, die noch nach der Ablehnung auf eigene Rechnung beschafft wurden. Die Ablehnung muss zudem geeignet gewesen sein, das weitere Leistungsgeschehen zu beeinflussen. Das kann nur angenommen werden, wenn es sich bei den späteren Behandlungsschritten um selbstständige, von der bisherigen Behandlung **abtrennbare Leistungen** handelt.[144] Als einheitlichen Behandlungsvorgang hat das BSG[145] in diesem Zusammenhang die Versorgung mit implantatgestütztem Zahnersatz gewertet. Teilbarkeit ist beispielsweise auch bei einer von Anfang an als Behandlungseinheit konzipierten Reha-Maßnahme[146] sowie bei einer Zehnerfolge von Akupunkturbehandlungen[147] zu verneinen. 55

---

[134] BSG v. 24.09.1996 - 1 RK 33/95 - SozR 3-2500 § 13 Nr. 11; BSG v. 15.04.1997 - 1 BK 31/96 - SozR 3-2500 § 13 Nr. 15.

[135] *Noftz* in: Hauck/Noftz, SGB V, § 13 Rn. 54.

[136] So BSG v. 20.05.2003 - B 1 KR 9/03 R - SozR 4-2500 § 13 Nr. 1; BSG v. 15.04.1997 - 1 BK 31/96 - SozR 3-2500 § 13 Nr. 15 hatte eine Kostenerstattung für die Zeit vor der Leistungsablehnung sogar für „generell" ausgeschlossen gehalten.

[137] BSG v. 15.04.1997 - 1 BK 31/96 - SozR 3-2500 § 13 Nr. 15.

[138] BSG v. 19.02.2003 - B 1 KR 18/01 R - SozR 4-2500 § 135 Nr. 1.

[139] BSG v. 25.09.2000 - B 1 KR 5/99 R - SozR 3-2500 § 13 Nr. 22.

[140] LSG Berlin v. 08.04.2004 - L 9 KR 51/02 - nicht veröffentlicht.

[141] BSG v. 14.12.2006 - B 1 KR 8/06 R - juris Rn. 14.

[142] BSG v. 14.12.2006 - B 1 KR 8/06 R - juris Rn. 12.

[143] BSG v. 23.01.2003 - B 3 KR 7/02 R - BSGE 90, 220, 231 = SozR 4-2500 § 33 Nr. 1; BSG v. 20.05.2003 - B 1 KR 9/03 R - SozR 4-2500 § 13 Nr. 1 hält insoweit die Voraussetzungen für eine Divergenzanfrage (nur) deswegen für nicht erfüllt, weil der 3. Senat die Notwendigkeit eines Kausalzusammenhangs nicht grundsätzlich in Abrede gestellt hat.

[144] BSG v. 19.02.2003 - B 1 KR 18/01 R - SozR 4-2500 § 135 Nr. 1; BSG v. 03.08.2006 - B 3 KR 24/05 R - juris Rn. 22 - SozR 4-2500 § 13 Nr. 10.

[145] BSG v. 19.06.2001 - B 1 KR 23/00 R - SozR 3-2500 § 28 Nr. 6.

[146] LSG Berlin v. 19.03.2003 - L 9 KR 2/01.

[147] LSG Berlin v. 06.11.2002 - L 9 KR 62/00.

56 Schon vor dem In-Kraft-Treten des GMG galt: Bei Behandlungen im **EG-Ausland** war die aus § 13 Abs. 3 Satz 1 Regelung 2 SGB V folgende Beschränkung des Kostenerstattungsanspruchs auf die Fälle, in denen die Krankenkasse den Anspruch vorher abgelehnt hat, europarechtswidrig und also nicht anzuwenden. Das hat das BSG in mehreren Urteilen vom 13.07.2004 geklärt.[148]

7. Kosten

57 Der Versicherte kann Kostenerstattung nur beanspruchen, wenn ihm für die selbstbeschaffte Leistung **Kosten entstanden** sind. Das ergibt sich schon aus dem Wortlaut des Absatz 3 Satz 1 und entspricht seinem Zweck, der darin besteht, den Versicherten so zu stellen, wie er bei Gewährung einer Sachleistung stehen würde. Nach ständiger Rechtsprechung des BSG[149] kann die Bestimmung folglich nur Kosten erfassen, von denen der Versicherte bei regulärer Leistungserbringung befreit wäre. Rechtsgrundlos geleistete Zahlungen[150] sowie Verpflichtungen gegenüber krankenversicherungsrechtlich unzulässigen Leistungserbringern[151] lösen keinen Anspruch aus. Im **Verhältnis Arzt – Kassenpatient** können private Vergütungsansprüche nur unter **engen Voraussetzungen** entstehen: Nach den Bestimmungen des BMV-Ä/EKV-Ä ist es erforderlich, dass der Versicherte vor Beginn der Behandlung ausdrücklich verlangt hat, auf eigene Kosten behandelt zu werden und dies dem Arzt schriftlich bestätigt. Die Abrechnung muss zudem den weitgehend zwingenden Vorschriften der **GOÄ** entsprechen. Sind diese formalen Voraussetzungen nicht erfüllt, besteht **kein ärztlicher Vergütungsanspruch** und kann Kostenerstattung nicht verlangt werden.[152] Trotzdem geleistete Zahlungen kann der Patient vom Arzt nach Bereicherungsrecht zurückfordern.[153] Der Vergütungsanspruch des Behandlers kann wegen Verletzung von **Aufklärungspflichten** ausgeschlossen sein.[154]

58 Der Anspruch aus § 13 Abs. 3 Satz 1 SGB V hängt nicht von einer tatsächlich geleisteten Zahlung ab. Es reicht aus, wenn der Versicherte einer wirksamen **Honorarforderung** des Leistungserbringers ausgesetzt ist.[155] In diesem Fall geht der Anspruch auf **Freistellung**, d.h. Zahlung unmittelbar an den Leistungserbringer. Die bloße Inanspruchnahme des Leistungserbringers genügt für die Begründung einer Honorarforderung nicht. Eine Zahlungspflicht des Versicherten gegenüber dem Leistungserbringer folgt auch nicht schon aus der Tatsache, dass die Krankenkasse die Bezahlung der Rechnung verweigert. Erforderlich ist nach – teleologisch zutreffender – ständiger Rechtsprechung des 1. Senats des BSG stets eine **wirksame (bürgerlich-rechtliche) Verpflichtung**, die in Anspruch genommenen Leistungen zu begleichen.[156] Der Freistellungsanspruch ist Vorstufe zum Erstattungsanspruch und deswegen ebenfalls vererblich.[157] Der Erstattungsanspruch kann erst entstehen, wenn die Forderung vom Versicherten selbst – oder von Angehörigen im Rahmen der Familienfürsorge[158] – beglichen wird.

---

[148] Stellvertretend: BSG v. 13.07.2004 - B 1 KR 11/04 R - SozR 4-2500 § 13 Nr. 4.

[149] Stellvertretend: BSG v. 28.03.2000 - B 1 KR 21/99 R - SozR 3-2500 § 13 Nr. 21 m.w.N.

[150] BSG v. 23.07.1998 - B 1 KR 3/97 R - SozR 3-2500 § 13 Nr. 17.

[151] Vgl. BSG v. 15.04.1997 - 1 RK 4/96 - BSGE 80, 181, 182 = SozR 3-2500 § 13 Nr. 14.

[152] St. Rspr. seit BSG v. 15.04.1997 - 1 RK 4/96 - BSGE 80, 181, 182 = SozR 3-2500 § 13 Nr. 14; BSG v. 27.03.2007 - B 1 KR 25/06 R.

[153] BGH v. 23.03.2006 - III ZR 223/05 - NJW 2006, 1879 ff.

[154] Vgl zu diesem Gesichtspunkt: BSG v. 24.09.1996 - 1 RK 33/95 - BSGE 79, 125 = SozR 3-2500 § 13 Nr. 11; BSG v. 15.04.1997 - 1 RK 4/96 - BSGE 80, 181, 182 = SozR 3-2500 § 13 Nr. 14; BSG v. 13.07.2004 - B 1 KR 11/04 R - SozR 4-2500 § 13 Nr. 4; BSG v. 04.04.2006 - B 1 KR 5/05 R - SozR 4-2500 § 13 Nr. 8.

[155] BSG v. 23.07.1998 - B 1 KR 3/97 R - SozR 3-2500 § 13 Nr. 17; BSG v. 28.03.2000 - B 1 KR 11/98 R - BSGE 86, 54, 56 = SozR 3-2500 § 135 Nr. 14.

[156] BSG v. 24.09.1996 - 1 RK 33/95 - BSGE 79, 125 = SozR 3-2500 § 13 Nr. 11; BSG v. 15.04.1997 - 1 RK 4/96 - BSGE 80, 181, 182 = SozR 3-2500 § 13 Nr. 14; BSG v. 13.07.2004 - B 1 KR 11/04 R - SozR 4-2500 § 13 Nr. 4; BSG v. 27.03.2007 - B 1 KR 25/06 R - ZfS 2007, 142-143. Die Spruchpraxis des 3. Senats ist dagegen uneinheitlich: Während (u.a.) in der Entscheidung v. 17.03.2005 - B 3 KR 35/04 R - Die Leistungen Beilage 2005, 373-380 noch verlangt wird, die Klägerin „müsste rechtlich verpflichtet sein, die unbeglichenen Rechnungen zu bezahlen", führt der 3. Senat im Urteil v. 03.08.2006 - B 3 KR 24/05 R - SozR 4-2500 § 13 Nr. 10 ohne Auseinandersetzung mit der abweichenden bisherigen eigenen Rechtsprechung und der des 1. Senats aus, „es spiele für die Kostenerstattung nach § 13 Abs. 3 SGB V grundsätzlich keine Rolle, ob der Kostenaufwand auf der Erfüllung einer vertraglichen Vergütungspflicht beruhe, auf einer sonstigen zivilrechtlichen Zahlungspflicht basiert oder gar rechtsgrundlos entstanden sei". Der 1. Senat hält insoweit eine Abweichung von seiner (des 1. Senats) Rechtsprechung (nur) deswegen für nicht gegeben, weil die genannten Ausführungen das Urteil des 3. Senats v. 03.08.2006 nicht tragen.

[157] BSG v. 06.06.2002 - B 3 KR 5/02 R - KrV 2002, 345 (nicht vollständig veröffentlicht).

[158] Vgl. BSG v. 16.09.2004 - B 3 KR 19/03 R - SozR 4-2500 § 33 Nr. 7.

8. Anspruchsumfang

Anders als bei gewählter Kostenerstattung ist der Erstattungsumfang bei Absatz 3 nicht auf die Sachleistungssätze begrenzt. Vielmehr sind die Kosten der selbstbeschafften Leistung in der (tatsächlich) **entstandenen Höhe** zu erstatten. Die Reichweite des Erstattungsanspruchs ist allerdings aus teleologischen Gründen[159] beschränkt: Der Versicherte soll so gestellt werden, als hätte die Krankenkasse die Sachleistung rechtzeitig zur Verfügung gestellt. Deswegen sind **Zuzahlungen** und **Kostenanteile** abzuziehen.[160] Erfasst werden nur die beim Versicherten konkret entstandenen Kosten. Weder fiktive Kosten noch die Ersparnis der Krankenkasse gehören dazu.[161] Bei ärztlicher Behandlung ist nur die Vergütung des Arztes erstattungsfähig, nicht sind es die Kosten für den Einsatz von im Rahmen der Behandlung eingesetzten Geräten.[162] Kosten einer **Hotelübernachtung** sowie **Fahrkosten** können in die Erstattung einzubeziehen sein.[163] Durch die „soweit"-Einschränkung in Satz 1 a.E. wird die Erstattung dem Anspruchsgrund nach (klarstellend) auf notwendige Leistungen begrenzt. Eine Begrenzung folgt ferner aus dem Gesichtspunkt des Ursachenzusammenhangs: Das haftungsbegründende Verhalten der Krankenkasse muss wesentliche Bedingung für die vom Versicherten gegenüber den Leistungserbringern eingegangenen finanziellen Verpflichtungen und deren Umfang sein. Der erforderliche **Kausalzusammenhang** fehlt, soweit der Versicherte mehr aufwendet, als dem Leistungserbringer in Wirklichkeit von Rechts wegen zusteht.[164] Der Versicherte hat zwar eine eng begrenzte **Pflicht zur Schadensminderung**; erstattungsanspruchsschädlich ist aber lediglich eine vorsätzliche oder grob fahrlässige Verletzung dieser Nebenpflicht.[165] Bei Inanspruchnahme von Leistungen in (Nicht-EU-)Staaten, mit denen ein **Sozialversicherungsabkommen** besteht, ist der Erstattungsanspruch grundsätzlich nach Maßgabe des dort geltenden Rechts beschränkt. Die Leistungspflicht wird nicht auf den deutschen Versorgungsstandard angehoben. Volle Kostenerstattung wegen Systemversagens kann nur beansprucht werden, wenn abkommenswidrig Leistungen verweigert oder vorenthalten worden sind, auf die auch Inländer Anspruch haben.[166] 59

9. Sach- und Rechtslage

Zulässige Klageart für einen auf Kostenerstattung gerichteten Anspruch ist die Anfechtungs- und Leistungsklage gemäß § 54 Abs. 4 Sozialgerichtsgesetz. Bei ihr ist grundsätzlich darauf abzustellen, ob dem Kläger im Zeitpunkt der letzten mündlichen Verhandlung ein Rechtsanspruch auf die begehrte Leistung zusteht.[167] Geht es jedoch – wie zumeist – um Kostenerstattung für eine **abgeschlossen in der Vergangenheit liegende Behandlung**, ist die Sach- und Rechtslage zu diesem Zeitpunkt maßgeblich.[168] 60

VI. Kostenerstattung bei Rehabilitationsleistungen (Absatz 3 Satz 2)

Für einen Teilbereich krankenversicherungsrechtlicher Leistungen verweist das SGB V wegen der Kostenerstattung auf das SGB IX: Die Kosten für selbstbeschaffte **Leistungen zur medizinischen Rehabilitation** nach dem am **01.07.2001** in Kraft getretenen Neunten Buch werden nach § 15 SGB IX erstattet. Hintergrund dieser Systematik ist der durch den 1. Teil des SGB IX geschaffene allgemeine Rahmen für die weiter bestehenden Regelungen der Rehabilitation und Teilhabe in den für die Rehabilitationsträger geltenden Gesetzen. Neben dem erstmals für das ganze Sozialrecht geltenden Behinderungsbegriff (§ 2 Abs. 1 SGB IX) ist neu vor allem das Verfahren der **Klärung der Zuständigkeit** eines Trägers nach § 14 SGB IX einschließlich der zu beachtenden knappen **Fristen**. Darauf aufbauend gibt **§ 15 Abs. 1 SGB IX** einen Anspruch auf Erstattung der Aufwendungen für selbstbeschaffte Leistungen: Wenn die Entscheidungsfristen nicht eingehalten werden, muss der Träger dies mit Gründen mitteilen. Erfolgt das nicht oder liegt kein zureichender Grund vor, können die Leistungsberechtigten dem Träger eine angemessene Frist setzen und dabei erklären, dass sie sich nach Ablauf der Frist die 61

---

159 Hierzu ausführlich: BSG v. 04.04.2006 - B 1 KR 5/05 R - SozR 4-2500 § 13 Nr. 8.
160 BSG v. 16.12.1993 - 4 RK 5/92 - BSGE 73, 271, 290 f. = SozR 3-2500 § 13 Nr. 4.
161 BSG v. 24.09.1996 - 1 RK 33/95 - SozR 3-2500 § 13 Nr. 11.
162 BSG v. 15.04.1997 - 1 RK 4/96 - BSGE 80, 181, 182 = SozR 3-2500 § 13 Nr. 14.
163 BSG v. 04.04.2006 - B 1 KR 5/05 R - SozR 4-2500 § 13 Nr. 8.
164 BSG v. 23.07.1998 - B 1 KR 3/97 R - SozR 3-2500 § 13 Nr. 17.
165 BSG v. 16.12.1993 - 4 RK 5/92 - BSGE 73, 271, 289 = SozR 3-2500 § 13 Nr. 4.
166 BSG v. 24.05.2007 - B 1 KR 18/06 R.
167 BSG v. 21.11.1991 - 3 RK 8/90 - SozR 3-2500 § 12 Nr. 2.
168 BSG v. 08.03.1995 - 1 RK 8/94 - SozR 3-2500 § 31 Nr. 3.

Leistung selbst beschaffen (§ 15 Abs. 1 Satz 2 SGB IX). Nach fruchtlosem Fristablauf ist der Leistungsberechtigte zur Selbstbeschaffung befugt und kann nach **Satz 3** a.a.O. Erstattung der Aufwendungen verlangen. **§ 15 Abs. 1 Satz 4 SGB IX** sieht daneben eine Erstattungspflicht vor, wenn der Rehabilitationsträger eine unaufschiebbare Leistung nicht rechtzeitig erbringen kann oder er eine Leistung zu Unrecht abgelehnt hat. Das ist dem Wortlaut des § 13 Abs. 3 Satz 1 SGB V nachgebildet.

62 Das **Verhältnis von SGB V und SGB IX** bei Leistungen der gesetzlichen Krankenkassen stellt sich wie folgt dar: Das SGB IX regelt eigenständig Gegenstände sowie den Umfang und die Ausführung von Leistungen. Hinsichtlich der Zuständigkeit und der Voraussetzungen für die Leistungen zur Teilhabe wird aber auf die für den jeweiligen Rehabilitationsträger geltenden Leistungsgesetze verwiesen, während diese im Übrigen nur maßgebend sind, soweit sie Abweichendes vorsehen (§ 7 SGB IX).[169] So richtet sich beispielsweise der Hilfsmittelanspruch eines Versicherten gegen seine gesetzliche Krankenkasse, die gemäß § 5 Nr. 1, § 6 Abs. 1 Nr. 1 SGB IX Träger von Leistungen zur medizinischen Rehabilitation ist, nach § 33 SGB V.

VII. Kostenerstattung im EG- und EWR-Ausland

1. Allgemeines

63 Die durch das GMG geschaffenen Absätze 4-6 setzen **Rechtsprechung des Europäischen Gerichtshofs** (EuGH) zum freien Waren- und Dienstleistungsverkehr (Art. 23 ff., 49 ff. des Vertrages zur Gründung der Europäischen Gemeinschaft – EG) in das nationale Recht um. Die genannten, nicht sozialpolitisch motivierten Vorschriften des EG erlangen Bedeutung für das Sozialrecht, indem sie die Frage beeinflussen, ob und inwieweit Sozialleistungsberechtigte Leistungen in anderen Mitgliedstaaten auf Kosten des inländischen Leistungsträgers in Anspruch nehmen können. Umgesetzt werden unmittelbar die Urteile in den Rechtssachen Kohll[170], Decker[171], Smits/Peerbooms[172] sowie Müller-Fauré/van Riet.[173] In Anpassung des deutschen Krankenversicherungsrechts an europarechtliche Vorgaben wird den Versicherten das Recht eingeräumt, unter näher bestimmten Voraussetzungen Leistungserbringer in allen EG- und EWR-Staaten in Anspruch zu nehmen. Mangels Integration der ausländischen Leistungserbringer in das deutsche Leistungserbringungssystem geschieht dies grundsätzlich im Wege der Kostenerstattung. Eine Sachleistungsgewährung ist über den neuen **§ 140e SGB V** möglich, der es den Krankenkassen erlaubt, Verträge mit Leistungserbringern nach § 13 Abs. 4 Satz 2 SGB V abzuschließen. Die Rechte der Versicherten nach den **Verordnungen (EWG) 1408/71**[174] **und 574/72** bleiben unberührt (vgl. § 30 Abs. 2 SGB I). Klarzustellen ist, dass das Gemeinschaftsrecht im Rahmen der EU-Auslandskrankenbehandlung nicht zu einer sachlichen Erweiterung der dem Versicherten nach innerstaatlichem Recht zustehenden Rechte führt.[175]

2. Ambulante EG-/EWR-Auslandsbehandlung (Absatz 4)

a. Berechtigte

64 Zur Inanspruchnahme von Leistungserbringern im EG-/EWR-Ausland sind **alle Versicherten** berechtigt. Es wird nicht zwischen Versicherungspflichtigen und freiwillig Versicherten unterschieden. Unerheblich ist auch, ob (inländisch) Kostenerstattung gemäß § 13 Abs. 2 SGB V gewählt worden ist.[176] Ausgeschlossen werden durch Satz 1 Halbsatz 2 („es sei denn, …“) sog. **Residenten.** Das sind Versicherte, für deren medizinische Versorgung die deutschen Krankenkassen an die Leistungsträger der Gastländer gemäß Art. 4 EWGV 574/72 einen **Pauschbetrag** bezahlen sowie Versicherte, für deren Behandlung zwischen dem deutschen und ausländischen Versicherungsträger ein **Verzicht** auf die Er-

[169] BSG v. 26.03.2003 - B 3 KR 23/02 R - SozR 4-2500 § 33 Nr. 3.
[170] EuGH v. 28.04.1998 - C-158/96 - SozR 3-6030 Art. 59 Nr. 5.
[171] EuGH v. 28.04.1998 - C-120/95 - SozR 3-6030 Art. 30 Nr. 1.
[172] EuGH v. 12.07.2001 - C-157/99 - SozR 3-6030 Art. 59 Nr. 6.
[173] EuGH v. 13.05.2003 - C-385/99 - SozR 4-6030 Art. 59 Nr. 1.
[174] Die VO (EWG) 1408/71 gilt inzwischen auch für die selbständig Erwerbstätigen, seit 1999 für Studierende und seit Juni 2003 für Drittstaatsangehörige (VO 859/2003); zum sachlichen Geltungsbereich vgl. Art. 4 VO (EWG) 1408/71; mit der VO 883/2004 vom 29.04.2004 ist eine neue rechtliche Grundlage für die Sozialrechtskoordinierung geschaffen. Die VO ist zwar in Kraft getreten, bis heute aber noch nicht anwendbar. Denn ihre Geltung ist gemäß Art. 91 VO 883/2004 an das In-Kraft-Treten der Durchführungsverordnung geknüpft.
[175] BSG v. 27.09.2005 - B 1 KR 28/03 R - USK 2005-77.
[176] BT-Drs. 15/1525, S. 80.

stattung der Kosten vereinbart ist.[177] Die Einschränkung wird vom Gesetzgeber damit gerechtfertigt, dass die Abrechnung der Leistungen für diesen Personenkreis über Pauschalen zwischen der deutschen Krankenversicherung und dem Krankenversicherungsträger des Gastlandes vorgenommen wird.[178] Würde diesem Personenkreis die Möglichkeit gegeben, sich die Leistungen im Wohnstaat selbst zu beschaffen und im Rahmen der Kostenerstattung mit der deutschen Krankenkasse abzurechnen, käme es zu einer nicht gerechtfertigten Doppelleistung (Pauschale und Kostenerstattung) der deutschen Krankenkasse.[179]

b. Räumlicher Anwendungsbereich

Das Recht, ausländische Leistungserbringer im Wege der Kostenerstattung in Anspruch zu nehmen, 65
besteht in allen Staaten, in denen die Verordnung (EWG) Nr. 1408/71 des Rates vom 14.06.1971 in ihrer jeweiligen Fassung anzuwenden ist. Das sind zunächst die Mitgliedstaaten der EG. Seit dem 01.01.2007 gehören der **EG** folgende Staaten an: Belgien, Bulgarien, Dänemark, Estland, Finnland, Frankreich, Griechenland, Großbritannien, Irland, Lettland, Litauen, Luxemburg, Malta, Niederlande, Österreich, Polen, Portugal, Rumänien, Schweden, Slowakei, Slowenien, Spanien, Tschechien, Ungarn und Zypern. Durch das Abkommen über den Europäischen Wirtschaftsraum[180] ist der Anwendungsbereich der VO (EWG) 1408/71 ausgedehnt auf die **EWR**-Staaten Island, Liechtenstein und Norwegen. Die **Schweiz** gehört zwar weder der EG noch dem EWR an, hat aber durch Sektoralabkommen[181] mit der EG die Geltung der VO (EWG) 1408/71 und 574/72 vereinbart.

c. Primäranspruch

Ebenso wie § 13 Abs. 3 Satz 1 SGB V hat der Anspruch auf Kostenerstattung nach Absatz 4 einen kon- 66
kreten Sach- oder Dienstleistungsanspruch (Primäranspruch) zur **Grundvoraussetzung**.[182] Das wird im Wortlaut des Satzes 1 durch die Formulierung „anstelle" verdeutlicht. Die Abhängigkeit vom Sachleistungsanspruch bedeutet, das dessen sachlich-rechtlichen und sonstigen Leistungsvoraussetzungen erfüllt gewesen sein müssen. Auf die Ausführungen unter Rn. 44 kann insoweit verwiesen werden. Maßgeblich ist der Zeitpunkt der Inanspruchnahme der Leistungen.

d. Qualifizierte Leistungserbringer

Nach **Satz 2** des § 13 Abs. 4 SGB V dürfen aus Gründen des Gesundheitsschutzes[183] nur qualifizierte 67
ausländische Leistungserbringer in Anspruch genommen werden. Die erforderliche Qualifikation sieht der Gesetzgeber als gegeben an, wenn der Leistungserbringer im Aufenthaltsstaat **zugelassen** ist (**Regelung 2**) oder wenn der Versicherte Angehörige eines Berufsstandes in Anspruch nimmt, für den die Bedingungen des Zugangs und der Ausübung des Berufes Gegenstand einer **Richtlinie** der Europäischen Gemeinschaft sind (**Regelung 1**). Regelung 1 entspricht wörtlich den Ausführungen des EuGH in den Urteilen Kohll und Decker. Erfüllt der ausländische Leistungserbringer die genannten Kriterien nicht, besteht **keine Leistungspflicht** der inländischen Kasse.[184] Mit im Sinne von Satz 2 qualifizierten Leistungserbringern dürfen die deutschen Krankenkassen Verträge zur (Sachleistungs-)Versorgung ihrer Versicherten abschließen (vgl. § 140e SGB V).

e. Erstattungsumfang, Satzungsrecht

Gemäß **§ 13 Abs. 4 Satz 3 SGB V** besteht Anspruch auf Erstattung höchstens in Höhe der Vergütung, 68
die die Krankenkasse bei Erbringung als **Sachleistung** im Inland zu tragen hätte. Liegen die tatsächlich entstandenen Kosten niedriger, werden nur diese erstattet. Das entspricht der Regelung in § 13 Abs. 2 Satz 7 SGB V bei gewählter Kostenerstattung, weswegen auf die Ausführungen unter Rn. 39 verwiesen werden kann. Wegen des hierdurch dem Versicherten aufgebürdeten Kostenrisikos empfiehlt der

---

[177] Vgl. Anlage 1 zur Gemeinsamen Empfehlung der Spitzenverbände der Krankenkassen und der Deutschen Verbindungsstelle ... vom 19.11.2003, Die Leistungen 2004, 145, 157.

[178] BT-Drs. 15/1525, S. 81.

[179] BT-Drs. 15/1525, S. 81.

[180] Vom 02.05.1992, BGBl II 1993, 267.

[181] Abkommen zwischen der Europäischen Gemeinschaft und ihren Mitgliedstaaten einerseits und der Schweizerischen Eidgenossenschaft andererseits über die Freizügigkeit vom 07.11.2001, BGBl II 2001, 810.

[182] BSG v. 27.09.2005 - B 1 KR 28/03 R - USK 2005-77; BT-Drs. 15/1525, S. 80.

[183] BT-Drs. 15/1525, S. 81.

[184] Vgl. BSG v. 13.07.2004 - B 1 KR 33/02 R - SozR 4-2500 § 13 Nr. 3.

Gesetzgeber[185] den Versicherten, sich gegebenenfalls vorher bei der Krankenkasse zu informieren, bis zu welcher Höhe eine Erstattung in Betracht kommt. Gegenständlich werden nur die Kosten für den Primäranspruch, d.h. für die Hauptleistung umfasst. Die Kosten für akzessorische Nebenleistungen können gemäß den §§ 13 Abs. 6, 18 Abs. 2 SGB V übernommen werden.[186] Die **Sätze 4 und 5** entsprechen im Wesentlichen den Regelungen in den Sätzen 8 und 9 des § 13 Abs. 2 SGB V (vgl. Rn. 39 f.). Eine vorherige Einschaltung der Krankenkasse ist bei ambulanten Leistungen – anders als bei Krankenhausbehandlungen im Ausland – nicht vorgeschrieben. Dieses Schweigen ist als beredt anzusehen[187], ein Erstattungsanspruch bei ambulanten Leistungen also auch ohne vorherige Einschaltung der Krankenkasse möglich.

69 Abweichend von den Begrenzungen der Sätze 3 und 5 gibt **§ 13 Abs. 4 Satz 6 SGB V** der Krankenkasse die Möglichkeit, die Kosten einer erforderlichen, aber nur im EG-/EWR-Ausland möglichen Behandlung **ganz** zu **übernehmen**. In diesem Fall findet weder eine Begrenzung auf die inländischen Vergütungssätze statt noch sind Abschläge für Verwaltungskosten und fehlende Wirtschaftlichkeitsprüfungen sowie Zuzahlungen in Abzug zu bringen. Das entspricht tatbestandsmäßig der Regelung in § 18 Abs. 1 SGB V, der seit dem 01.01.2004 nurmehr für das übrige Ausland gilt. Zur Frage, wann eine dem allgemeinen Stand der medizinischen Erkenntnisse entsprechende Behandlung nur im Ausland möglich ist, wird auf die Kommentierung zu § 18 SGB V verwiesen. Der Anspruch besteht nach Wortlaut („einer Krankheit") und Gesetzesbegründung nur, wenn die Krankheit ihrer Art nach – und also unabhängig vom konkreten Einzelfall – im Inland nicht behandelt werden kann.[188] Aus der Formulierung „kann … übernehmen" folgt, dass die Entscheidung im pflichtgemäßen **Ermessen** der Krankenkasse steht und nach Maßgabe des § 35 Abs. 1 Satz 3 SGB X zu begründen ist.

3. Stationäre EG-/EWR-Auslandsbehandlung (Absatz 5)

70 Eine von der allgemeinen Regel des Absatzes 4 abweichende **Sonderregelung** enthält Absatz 5 für den stationären Bereich: Nach **Satz 1** „können" Krankenhausleistungen nach § 39 SGB V nur nach **vorheriger Zustimmung** durch die Krankenkasse in Anspruch genommen werden. Damit vollzieht Absatz 5 die Urteile des EuGH in den Rechtssachen Smits/Peerbooms[189] und Müller-Fauré/van Riet[190] nach. In diesen Urteilen hat der EuGH Regelungen, die die Übernahme der Kosten für die Versorgung in einem Krankenhaus in einem anderen Mitgliedstaat davon abhängig machen, dass die Krankenkasse eine vorherige Zustimmung erteilt, unter bestimmten Voraussetzungen für vereinbar mit den Artikeln 49 und 50 EG gehalten. Eine Beeinträchtigung der Binnenmarktfreiheiten kann gerechtfertigt sein, wenn anderenfalls die finanzielle Stabilität der Krankenversicherungssysteme der Mitgliedstaaten gefährdet sei. Das hat der EuGH bei Krankenhausleistungen bejaht.

71 Wegen der ausdrücklichen Inbezugnahme von § 39 SGB V sind **alle Formen** der Krankenhausbehandlung, d.h. vollstationäre, teilstationäre, vor- und nachstationäre sowie ambulante Krankenhausbehandlung, zustimmungspflichtig (vgl. § 39 Abs. 1 Satz 1 SGB V). Die Einbeziehung auch der **ambulanten Behandlungsform** ist europarechtlich problematisch.[191] Für die Rechtsprechung des EuGH ist die Unterscheidung zwischen Krankenhaus- und Nichtkrankenhausleistungen zentral. Zur im Einzelfall schwierigen Abgrenzung ist im Urteil Müller-Fauré/van Riet ausgeführt, dass bestimmte Leistungen, die in einem Krankenhaus erbracht werden, aber auch durch einen niedergelassenen Arzt in seiner Praxis oder in einem medizinischen Zentrum erbracht werden können, in diesem Zusammenhang Leistungen gleichgestellt werden könnten, die außerhalb eines Krankenhauses erbracht werden.[192] Dies könnte zur Anwendbarkeit von § 13 Abs. 4 SGB V auf derartige Leistungen zwingen. Nicht zu den Krankenhausleistungen gehören **stationäre Vorsorge- und Rehabilitationsleistungen** im Sinne der §§ 23 Abs. 4, 24 Abs. 1, 40 Abs. 2, 41 Abs. 1 SGB V. Sie können nach Maßgabe des § 13 Abs. 4 SGB V in Anspruch genommen werden.

---

185 BT-Drs. 15/1525, S. 81.

186 *Noftz* in: Hauck/Noftz, SGB V, § 13 Rn. 77.

187 BSG v. 13.07.2004 - B 1 KR 11/04 R - SozR 4-2500 § 13 Nr. 4.

188 BT-Drs. 15/1525, S. 81; *Wagner* in: Krauskopf, SGB V, § 13 Rn. 38; a.A. *Noftz* in: Hauck/Noftz, SGB V, § 13 Rn. 84.

189 EuGH v. 12.07.2001 - C-157/99 - SozR 3-6030 Art. 59 Nr. 6.

190 EuGH v. 13.05.2003 - C-385/99 - SozR 4-6030 Art. 59 Nr. 1 = NJW 2003, 2298 ff.

191 So auch: *Noftz* in: Hauck/Noftz, SGB V, § 13 Rn. 88.

192 EuGH v. 13.05.2003 - C-385/99 - NJW 2003, 2298, 2300.

Satz 2 gibt Kriterien für die Erteilung der Zustimmung, indem (nur) Gründe für deren Versagung geregelt werden. **Versagungsgrund** ist zunächst, dass die gleiche Behandlung rechtzeitig bei einem Vertragsbehandler im Inland erlangt werden kann. Versagt werden darf die Zustimmung auch, wenn eine für den Versicherten ebenso wirksame, dem allgemein anerkannten Stand der medizinischen Erkenntnisse entsprechende Behandlung rechtzeitig bei einem Vertragspartner der Krankenkasse erhalten werden kann. Bei gleicher bzw. gleichwertiger Behandlungsmöglichkeit besteht somit ein **Vorrang zu Gunsten inländischer Leistungserbringer.**[193] Ob eine derartige Behandlungsmöglichkeit gegeben ist, haben die Krankenkassen in entsprechender Anwendung von § 275 Abs. 2 Nr. 3 SGB V durch den **Medizinischen Dienst** prüfen zu lassen. Ebenso wie im Anwendungsbereich von § 18 SGB V[194] kann eine solche Prüfung nicht abstrakt erfolgen, sondern muss bei dem aktuellen Krankheitszustand des Versicherten ansetzen. Ergibt sich danach, dass der Versicherte eine notwendige stationäre medizinische Behandlung im Inland nicht oder nicht rechtzeitig erhalten kann, hat er einen **gebundenen Anspruch** auf Erteilung der Zustimmung. Das folgt aus der Formulierung „darf nur versagt werden, wenn …". 72

4. Krankengeld und Begleitperson (Absatz 6)

Sowohl für die ambulante als auch für die stationäre EG-/EWR-Auslandsbehandlung erklärt Absatz 6 den **§ 18 Abs. 1 Satz 2 und Abs. 2 SGB V** für entsprechend anwendbar. Abweichend vom Grundsatz des § 16 Abs. 1 Nr. 1 SGB V ruht deswegen bei einer zulässigen Leistungsinanspruchnahme („in den Fällen der Absätze 4 und 5") der Anspruch auf Krankengeld nicht. Außerdem ist die – vollständige oder teilweise – Übernahme weiterer Kosten für den Versicherten und für eine erforderliche Begleitperson möglich. 73

Während der Anspruch auf Krankengeld bei zulässiger Leistungsinanspruchnahme ermessensunabhängig nicht ruht, steht die **Übernahme weiterer Kosten** im **Ermessen** der Krankenkasse („kann"). Die Ausgestaltung als Ermessensleistung ermöglicht den Krankenkassen eine flexible Handhabung und soll deren finanzielle Überforderung vermeiden.[195] Bei der Ermessensentscheidung dürfen auch die Vermögensverhältnisse der Versicherten berücksichtigt werden.[196] 74

Nach Wortlaut und Systematik gehören zu den weiteren Kosten (**Nebenkosten**) nicht die Behandlungskosten selbst. Gemeint sind Kosten, die im Zusammenhang mit der Leistungserbringung für die Versicherten oder eine erforderliche Begleitperson notwendig anfallen. Dazu gehören z.B. die Kosten des Gepäcktransports, der Unterbringung und Verpflegung, sowie Telefonkosten. Hinsichtlich der **Fahrkosten** geht § 18 Abs. 2 SGB V (i.V.m. § 13 Abs. 6 SGB V) als Sonderregelung dem § 60 SGB V vor; dessen Einschränkungen finden keine Anwendung.[197] Das gilt jedoch nicht bei einem Krankentransport vom Ausland zur Weiterbehandlung im Inland. Hier stellt sich der Transport nämlich als akzessorische Nebenleistung zur erforderlichen (Inlands-)Krankenbehandlung als Hauptleistung dar. § 60 Abs. 4 Satz 1 SGB V bleibt anwendbar mit der Folge, dass die Kosten des Transports in das Inland nicht übernommen werden dürfen.[198] 75

VIII. Übergangsrecht

Nachdem das GSG die durch Einfügung des Absatzes 2 überflüssig gewordene Übergangsvorschrift des Art. 61 GRG aufgehoben hatte, bestand die Notwendigkeit von Übergangsrecht erst wieder 1999, als mit dem GKV-SolG die Kostenerstattung wieder auf freiwillige Mitglieder und ihre Familienangehörigen beschränkt worden war. Eine – praktisch inzwischen nicht mehr bedeutsame – Übergangsregelung enthält insoweit Art. 24 des GKV-SolG in der Fassung des 2. SGB III-ÄndG.[199] Übergangsregelungen betreffend die Neufassungen des Absatzes 2 durch das GMG und das GKV-WSG bedurfte es hingegen nicht, da die Wahlrechtsoption der Versicherten jeweils erweitert worden ist. 76

---

[193] BT-Drs. 15/1525, S. 82.
[194] Dazu: BSG v. 03.09.2003 - B 1 KR 34/01 R - SozR 4-2500 § 18 Nr. 1.
[195] BT-Drs. 11/2237, S. 166 zu § 18 SGB V.
[196] *Peters* in: KassKomm, SGB V, § 18 Rn. 4.
[197] LSG Saarland v. 25.03.1997 - L 2 K 16/95.
[198] BSG v. 23.02.1999 - B 1 KR 1/98 R - SozR 3-2500 § 60 Nr. 3.
[199] Hierzu ausführlich: *Noftz* in: Hauck/Noftz, SGB V, § 13 Rn. 102.

C. Praxishinweise

I. Verfahrenshinweise

77 Bei gewählter Kostenerstattung (§ 13 Abs. 2 SGB V) kann für **kostspielige Leistungen** entsprechend der Praxis in der privaten Krankenversicherung Kostenerstattung in der Weise gewährt werden, dass der Versicherte zunächst die Rechnung bei seiner Krankenkasse einreicht und erst nach Eingang des Erstattungsbetrags bezahlt. Möglich ist auch eine Vereinbarung mit dem Leistungserbringer, dass dieser den erstattungsfähigen Betrag unmittelbar mit der Krankenkasse abrechnet.

78 Soll Kostenerstattung nach § 13 Abs. 3 Satz 1 SGB V geltend gemacht werden, ist mit Nachdruck auf die strenge Rechtsprechung zum erforderlichen **Kausalzusammenhang** zwischen dem haftungsbegründenden Umstand (Unvermögen zur rechtzeitigen Leistung bzw. rechtswidrige Ablehnung) und dem Nachteil (Kostenlast) beim Versicherten hinzuweisen. **Bevor** der Versicherte sich die begehrte Behandlung außerhalb des vorgeschriebenen Beschaffungsweges selbst beschafft, muss er sich in aller Regel mit seiner Krankenkasse in Verbindung setzen. Er muss ihr die Prüfung ermöglichen, ob eine Leistungsgewährung im Sachleistungssystem möglich ist und deren Entscheidung **abwarten**. Zahlreiche Kostenerstattungsklagen scheitern schon am fehlenden Ursachenzusammenhang im vorgenannten Sinne!

II. Prozessuales

79 Statthafte Klageart sowohl für den Erstattungs- als auch für den Freistellungsanspruch ist die kombinierte **Anfechtungs- und Leistungsklage** gemäß § 54 Abs. 4 SGG.[200] Ein Kostenerstattungsanspruch **für die Zukunft** kommt nicht in Betracht; noch ausstehende Behandlungen können vom Versicherten lediglich als Sach- oder Dienstleistung verlangt werden.[201] Eine Klage des nicht kostenbelasteten Versicherten auf **Feststellung** der Leistungspflicht der Krankenkasse gegenüber dem Leistungserbringer ist nach der strikter gewordenen Rechtsprechung unzulässig.[202] Die notwendige **eigene finanzielle Betroffenheit** des Versicherten kann sich im Einzelfall aus der prozessualen Verklammerung von Primär- und Folgeansprüchen ergeben.[203] Kostenerstattungsansprüche gehen nach den Vorschriften des Bürgerlichen Gesetzbuches auf die Erben über; eine Sonderrechtsnachtsfolge gemäß §§ 56 f. SGB I findet nicht statt, weil es sich nicht um laufende Leistungen handelt.[204] Unzulässig ist die Klage eines Arztes auf Feststellung, dass die Krankenkasse ihren Versicherten die Inanspruchnahme nicht zugelassener Ärzte auf Kostenerstattungsbasis ermöglichen müsse.[205]

80 Da ein (nachträglicher) Kostenerstattungsanspruch stets die Zahlung eines bestimmten Geldbetrags zum Inhalt hat, muss grundsätzlich ein **bezifferter Zahlungsantrag** gestellt und in der Klageschrift dargelegt werden, wie sich dieser Betrag im Einzelnen zusammensetzt.[206] Auch bei einem Antrag auf **Kostenfreistellung** handelt es sich um eine Leistungsklage, die der Höhe nach beziffert werden muss.[207] Bezifferung ist bei einem Freistellungsanspruch allenfalls dann entbehrlich, wenn die Höhe der Vergütung durch übliche Sätze begrenzt wird.[208] Die **Beweislast** für die Notwendigkeit einer nach Ablehnung durch die Krankenkasse selbstbeschafften Leistung trifft grundsätzlich den Versicherten.[209] Das Gleiche gilt dafür, dass er die durch einen Vertragsarzt veranlasste Fremdleistung in schutzwürdigem Vertrauen als „Kassenleistung" entgegengenommen hat; bei mangelhafter Aufklärung ist der Vertragsarzt notwendig **beizuladen.**[210] Zur Tatsachenaufklärung kann im Einzelfall eine Beiladung des

---

[200] BSG v. 08.03.1995 - 1 RK 8/94 - SozR 3-2500 § 31 Nr. 3; BSG v. 23.10.1996 - 4 RK 2/96 - SozR 3-2500 § 13 Nr. 12.

[201] BSG v. 27.09.1994 - 8 RKn 9/92 - USK 94110.

[202] BSG v. 09.10.2001 - B 1 KR 6/01 R - SozR 3-2500 § 13 Nr. 25 unter Aufgabe der früher abweichenden Auffassung.

[203] BSG v. 16.02.2005 - B 1 KR 18/03 R - SGb 2005, 701-708.

[204] BSG v. 03.08.2006 - B 3 KR 24/05 R - juris Rn. 14 f. - SozR 4-2500 § 13 Nr. 10; a. A.: *Igl*, Anm. zum vorgenannten Urteil, SGb 2007, 295, 296 f.

[205] BSG v. 17.03.1999 - B 1 KR 3/98 BH - SozR 3-2500 § 13 Nr. 19.

[206] BSG v. 28.01.1999 - B 3 KR 4/98 R - SozR 3-2500 § 37 Nr. 1.

[207] BSG v. 17.03.2005 - B 3 KR 35/04 R - Die Leistungen Beilage 2005, 373-380.

[208] BSG v. 30.03.2000 - B 3 KR 23/99 R - SozR 3-2500 § 37 Nr. 2; wohl noch weitergehender hielt BSG v. 15.04.1997 - 1 RK 4/96 - BSGE 80, 181, 181 = SozR 3-2500 § 13 Nr. 14 bei Freistellung eine Bezifferung wegen § 130 Satz 1 SGG generell für nicht erforderlich.

[209] BSG v. 30.10.2002 - B 1 KR 31/01 R.

[210] BSG v. 23.10.1996 - 4 RK 2/96 - SozR 3-2500 § 13 Nr. 12.

(Zahn-)Arztes nach § 75 Abs. 1 SGG zweckmäßig sein.[211] Der nach Rechtshängigkeit einer Klage vorgenommene **Kassenwechsel** eines Versicherten berührt den Anspruch auf „Kostenübernahme" für ein verordnetes, durch die bisherige Krankenkasse aber zu Unrecht abgelehntes Hilfsmittel nicht; dies gilt für Kostenerstattungs-, Kostenfreistellungs- und Sachleistungsanspruch gleichermaßen.[212]

[211] BSG v. 18.01.1996 - 1 RK 22/95 - SozR 3-2500 § 29 Nr. 3.

[212] BSG v. 23.01.2003 - B 3 KR 7/02 R - BSGE 90, 220, 231 = SozR 4-2500 § 33 Nr. 1 in Abgrenzung zu BSG v. 20.11.2001 - B 1 KR 31/99 R - SozR 3-2500 § 19 Nr. 3 u.a.

§ 14 SGB V Teilkostenerstattung

(Fassung vom 20.12.1988, gültig ab 01.01.1989)

(1) Die Satzung kann für Angestellte der Krankenkassen und ihrer Verbände, für die eine Dienstordnung nach § 351 der Reichsversicherungsordnung gilt, und für Beamte, die in einer Betriebskrankenkasse oder in der knappschaftlichen Krankenversicherung tätig sind, bestimmen, daß an die Stelle der nach diesem Buch vorgesehenen Leistungen ein Anspruch auf Teilkostenerstattung tritt. Sie hat die Höhe des Erstattungsanspruchs in Vomhundertsätzen festzulegen und das Nähere über die Durchführung des Erstattungsverfahrens zu regeln.

(2) Die in Absatz 1 genannten Versicherten können sich jeweils im voraus für die Dauer von zwei Jahren für die Teilkostenerstattung nach Absatz 1 entscheiden. Die Entscheidung wirkt auch für ihre nach § 10 versicherten Angehörigen.

Gliederung

A. Basisinformationen

I. Textgeschichte/Gesetzgebungsmaterialien

1 § 14 SGB V ist durch das Gesetz zur Strukturreform im Gesundheitswesen (GRG)[1] eingeführt worden und am **01.01.1989** in Kraft getreten. Änderungen hat die Vorschrift seither nicht erfahren.

II. Vorgängervorschriften

2 **Keine**. Nach der bis Ende 1988 geltenden Rechtslage waren Teilkosten-Tarife mit Kostenerstattung wegen des Sachleistungsprinzips **unzulässig**.

III. Parallelvorschriften

3 Keine. Nach § 28 Abs. 2 SGB XI erhalten Personen, die nach beamtenrechtlichen Vorschriften oder Grundsätzen bei Krankheit und Pflege Anspruch auf Beihilfe oder Heilfürsorge haben, die jeweils zustehenden Leistungen der sozialen Pflegeversicherung zur Hälfte; dies gilt auch für den Wert von Sachleistungen.

IV. Untergesetzliche Normen

4 Ansprüche auf Teilkostenerstattung werden durch die **Satzung** der Krankenkasse bestimmt. Ein Regelungsbedürfnis besteht nur für Kassen, die (noch) Angestellte haben, für die eine Dienstordnung nach § 351 RVO gilt (DO-Angestellte). Das ist bei den Allgemeinen Ortskrankenkassen (AOK) und den Innungskrankenkassen und ihren Verbänden der Fall.[2] Die Satzungen von Kassen ohne Dienstordnung (z.B. Ersatzkassen; vgl. Art. 68 GRG) enthalten keine Bestimmungen zur Teilkostenerstattung.

---

[1] Vom 20.12.1988, BGBl I 1988, 2477; der Gesetzentwurf der Bundesregierung zum GRG findet sich in der BR-Drs. 200/88 und in der BT-Drs. 11/2237, die Begründung zum unverändert Gesetz gewordenen § 14 SGB V jeweils auf S. 164.

[2] So regelt beispielsweise § 15 der Satzung der AOK Berlin die Teilkostenerstattung für DO-Angestellte.

V. Systematische Zusammenhänge

§ 14 Abs. 1 SGB V ist als gesetzlich vorgesehener Fall von zulässiger Kostenerstattung eine **Ausnahmevorschrift** im Sinne von § 13 Abs. 1 SGB V. 5

VI. Ausgewählte Literaturhinweise

Dauderstädt, Überlebt das DO-Recht die Gesundheitsreform, GdS 2006, 16-17; *Macke*, Bundesfinanzhof bejaht Steuerpflicht, GdS 2005, 16-17; *Marburger*, Teilkostenerstattung für DO-Angestellte der Krankenkassen, Die Personalvertretung 1990, 259-264; *Schulz*, Entschärfte Minen, GdS 2007, 12-15. 6

B. Auslegung der Norm

I. Regelungsgehalt und Bedeutung der Norm

§ 14 Abs. 1 Satz 1 SGB V gibt den Krankenkassen die Befugnis, durch Satzung für einen bestimmten Personenkreis einen Anspruch auf Teilkostenerstattung vorzusehen. Nach **Satz 2** ist dabei die Höhe des Erstattungsanspruchs in Vomhundertsätzen festzulegen und das Nähere über die Durchführung des Erstattungsverfahrens zu regeln. **§ 14 Abs. 2 Satz 1 SGB V** schließt eine rückwirkende Wahl der Teilkostenerstattung aus („im voraus“) und bindet die in Absatz 1 genannten Versicherten jeweils zwei Jahre an deren Entscheidung, die nach **§ 14 Abs. 2 Satz 2 SGB V** auch für ihre nach § 10 SGB V versicherten Angehörigen wirkt. 7

Die Bedeutung des § 14 SGB V ist gering und wird langfristig ganz entfallen, da in der Krankenversicherung seit 01.01.1993 Verträge mit Angestellten, die der Dienstordnung unterstehen sollen, nicht mehr abgeschlossen werden dürfen (vgl. § 358 RVO). Im Bereich der Allgemeinen Ortskrankenkassen gibt es derzeit noch etwa 11.000 aktive DO-Angestellte und etwa 9.000 Pensionsempfänger. 8

II. Normzweck

Durch § 14 SGB V haben die Krankenkassen die Möglichkeit, einem begrenzten Kreis ihrer Beschäftigten einen für die GKV **untypischen Versicherungsschutz** mit teilweiser Kostenerstattung anzubieten. Er soll nach der Gesetzesbegründung den besonderen Verhältnissen dieser Beschäftigten Rechnung tragen, da sie in besonderem Maß für die Belange der GKV eintreten.[3] Die nach der RVO – ebenso wie heute nach dem SGB V – krankenversicherungsfreien DO-Angestellten der Krankenkassen und ihrer Verbände konnten sich zwar freiwillig in einer gesetzlichen Kranken- oder Ersatzkasse versichern, hatten dann aber den vollen Beitrag allein zu tragen. Sie erhielten bei Inanspruchnahme von Sachleistungen aus ihrer freiwilligen Versicherung weder eine Beihilfe noch hatten sie Anspruch auf einen Arbeitgeberzuschuss nach § 405 RVO.[4] Mit Rücksicht auf die attraktiveren beihilfekonformen Angebote der privaten Krankenversicherungen (PKV) wechselten viele Mitarbeiter der Krankenkassen dorthin. Um die damit möglichen Loyalitätskonflikte zu vermeiden und zur Erhaltung der Betriebsverbundenheit ermöglicht § 14 SGB V es den Krankenkassen, dem begünstigten Personenkreis kraft Satzung einen an die die Beihilfe angepassten Erstattungsanspruch anzubieten. Dabei ist gemäß **§ 243 Abs. 1 Regelung 2 SGB V** der Beitragssatz entsprechend zu ermäßigen. 9

III. Tatbestandsmerkmale

1. Personenkreis

§ 14 Abs. 1 Satz 1 SGB V beschreibt **abschließend**[5] den Kreis der Personen, für den die Satzung der Krankenkasse einen Anspruch auf Teilkostenerstattung vorsehen kann. Dazu gehören Angestellte der Krankenkassen und ihrer Verbände, für die eine Dienstordnung nach § 351 RVO gilt, sowie Beamte, die in einer Betriebskrankenkasse oder in der knappschaftlichen Krankenversicherung tätig sind. Das Dienstverhältnis der **DO-Angestellten** ist dem Dienstrecht der Beamten angenähert. Die **Beamten der Betriebskrankenkassen** werden ausdrücklich erwähnt, weil sie gemäß § 147 Abs. 2 Satz 1 SGB V 10

---

[3] BT-Drs. 11/2237, S. 164.

[4] BSG v. 14.04.1983 - 8 RK 28/81 - SozR 2200 § 355 Nr. 3.

[5] Der Begünstigungsausschluss verletzt nicht den allgemeinen Gleichheitssatz des Art. 3 Abs. 1 GG: LSG Berlin v. 28.05.1997 - L 9 Kr 56/96 - nicht veröffentlicht; LSG Berlin v. 15.10.2003 - L 15 KR 492/01.

(früher: § 362 RVO) vom Arbeitgeber auf dessen Kosten bestellt werden; für sie kann eine Dienstordnung nicht aufgestellt werden (vgl. § 351 RVO). Von den **Beamten der Deutschen Rentenversicherung Knappschaft-Bahn-See** erfasst § 14 Abs. 1 Satz 1 SGB V nach seinem eindeutigen Wortlaut nur diejenigen, die in der knappschaftlichen Krankenversicherung (vgl. § 167 SGB V) tätig sind. Diese Beschränkung entspricht dem Normzweck.

11 Einen Anspruch auf Teilkostenerstattung kann die Satzung in zulässiger Weise auch für **Versorgungsempfänger** und für die **Hinterbliebenen** von DO-Angestellten bzw. Beamten vorsehen.[6] Voraussetzung ist, dass der (Stamm-)Versicherte noch während seiner aktiven Zeit einen Teilkosten-Tarif gewählt hatte. Ein derartiges Verständnis des § 14 SGB V entspricht praktischen Bedürfnissen[7] und ist aus Gründen der nachwirkenden Besitzstandswahrung gerechtfertigt. Gegen eine Beschränkung auf die aktiven Versicherten aus teleologischen Gründen spricht ferner, dass deren Entscheidung gemäß § 14 Abs. 2 Satz 2 SGB V auch für ihre familienversicherten Angehörigen wirkt.

2. Satzungsregelung

12 Gemäß § 14 Abs. 1 Satz 1 SGB V **kann** die Satzung bestimmen, dass an die Stelle der nach diesem Buch vorgesehenen Leistungen ein Anspruch auf Teilkostenerstattung tritt. Es liegt im **Ermessen** des Satzungsgebers, eine derartige Bestimmung zu beschließen. Die Satzungsbestimmung ist konstitutiv für den Anspruch der Begünstigten; § 14 SGB V gibt keinen gesetzesunmittelbaren Anspruch auf Teilkostenerstattung.[8] Umgekehrt darf die Satzung die Wahlfreiheit der Versicherten nicht einschränken. Eine Satzungsregelung, wonach alle bei einer Kasse beschäftigten DO-Angestellten Teilkostenerstattung in Anspruch nehmen müssen, wäre unzulässig.[9]

13 Die Satzung hat die Höhe des Erstattungsanspruchs in **Vomhundertsätzen** festzulegen und das Nähere über die Durchführung des Erstattungsverfahrens zu regeln (**§ 14 Abs. 1 Satz 2 SGB V**). Eine Bezifferung des Satzes in der Weise, dass der maßgebliche Vomhundertsatz der Beihilfe auf Hundert ergänzt wird, ist zulässig.[10] Damit wird (auch) der Forderung des Gesetzgebers[11] nach einer **Abstufung** der Erstattungstarife nach der – z.B. bei Stammversicherten und Familienangehörigen unterschiedlichen – Höhe des Beihilfeanspruchs genügt. Zum Erstattungsverfahren gehören Bestimmungen zum Nachweis der Aufwendungen sowie Regelungen über die Form und den Wirksamkeitsbeginn der Wahl.

3. Wahl der Teilkostenerstattung

14 Die Wahl der Teilkostenerstattung erfolgt – vorbehaltlich abweichender satzungsrechtlicher Regelung – durch **einseitige, empfangsbedürftige Willenserklärung** der Versicherten gegenüber ihrer Kasse. Nach **§ 14 Abs. 2 Satz 1 SGB V** sind die in Absatz 1 genannten Versicherten jeweils **zwei Jahre** an ihre Wahl der Teilkostenerstattung gebunden; für diese Dauer ist die Wahl unwiderruflich. Der Gesetzgeber begründet die Bindungsfrist mit dem Gesichtspunkt der Rechtssicherheit und dem Interesse an einer einfacheren Durchführung.[12] Der Beginn der Zwei-Jahres-Frist, bei der es sich nicht um Kalenderjahre handeln muss, sollte in der Satzung geregelt werden. Im Übrigen gelten die allgemeinen Regeln (§ 26 SGB X). Eine Wahl der Teilkostenerstattung für in der Vergangenheit liegende Zeiträume ist dadurch ausgeschlossen, dass das Gesetz ausdrücklich nur eine Entscheidung **im Voraus** zulässt. Abweichende Satzungsbestimmungen sind nach § 194 Abs. 2 Satz 2 SGB V nicht zulässig. Anders als im Anwendungsbereich von § 13 Abs. 2 Satz 1 SGB V haben die Familienangehörigen des Stammversicherten **kein eigenes Wahlrecht**. Dessen Entscheidung wirkt gemäß **§ 14 Abs. 2 Satz 2 SGB V** auch für die durch ihn versicherten Angehörigen.

---

6 Ebenso: *Käsling* in: Krauskopf, SGB V, § 14 Rn. 1; *Zipperer* in: GKV-Komm, SGB V, § 14 Rn. 4; a.A.: *Noftz* in: Hauck/Noftz, SGB V, § 14 Rn. 3b; *Höfler* in: KassKomm, SGB V, § 14 Rn. 3.

7 Nach § 15 Abs. 6 der Satzung der AOK Berlin sind die Versorgungsempfänger den aktiven DO-Angestellten ausdrücklich gleichgestellt.

8 Einhellige Auffassung, vgl. nur: *Höfler* in: KassKomm, SGB V, § 14 Rn. 8.

9 *Zipperer*, BKK 1989, 2, 4.

10 So z.B. § 15 Abs. 2 der Satzung der AOK Berlin.

11 BT-Drs. 11/2237, S. 164.

12 BT-Drs. 11/2237, S. 164.

4. Umfang der Teilkostenerstattung

15 Der Umfang des Teilkostenerstattungsanspruchs ist begrenzt auf die Höhe der **Vergütung**, die die Krankenkasse bei Erbringung **als Sachleistung** zu tragen hätte. Das ergibt sich schon daraus, dass der Anspruch auf Teilkostenerstattung nach dem eindeutigen Wortlaut des § 14 Abs. 1 Satz 1 SGB V „an die Stelle der nach diesem Buch vorgesehenen Leistungen … tritt". Die Begrenzung ist zudem durch das Wirtschaftlichkeitsgebot (§ 12 Abs. 1 SGB V) vorgegeben. Die Vergütung für die hypothetische Sachleistung berechnet sich nach dem einheitlichen Bewertungsmaßstab (**EBM**, vgl. § 87 SGB V). Sie liegt regelmäßig niedriger als bei der Abrechnung nach der Gebührenordnung für Ärzte (GOÄ). Da der Arzt bei Inanspruchnahme im Kostenerstattungsverfahren einen Anspruch gegen den Versicherten auf Vergütung nach der GOÄ hat, können sich für die betroffenen DO-Angestellten oder Beamten Deckungslücken ergeben. Diesem unbefriedigenden Ergebnis wird mit auf die einschlägigen Beihilferegelungen abgestimmten Satzungsregelungen begegnet.[13]

IV. Übergangsrecht

16 § 14 SGB V ist gemäß Art. 79 Abs. 1 GRG ohne Übergangsregelung am 01.01.1989 in Kraft getreten. Korrespondierend damit war dem begünstigten Personenkreis durch **Art. 59 Abs. 1 Nr. 3 i.V.m. Abs. 2 Satz 2 GRG** ein bis zum 30.06.1989 befristetes Sonder-Beitrittsrecht zur freiwilligen Versicherung eingeräumt worden.

C. Praxishinweise

17 Viele Ortskrankenkassen haben sich im Anschluss an § 14 SGB V für ein **Beitragsermäßigungssystem** statt für den Weg der Teilkostenerstattung entschieden. Sie räumen durch Satzungsregelung den DO-Angestellten bei Verzicht auf Beihilfeansprüche eine Ermäßigung auf 50% des von freiwilligen Mitgliedern sonst zu entrichtenden Beitragssatzes ein.[14] Da die Leistungen in diesem Fall nach dem Sachleistungssystem in Anspruch genommen werden, ist der Beitragsnachlass für die Kassen insgesamt kostengünstiger als die Teilkostenerstattung. Nach gefestigter Rechtsprechung des Bundesfinanzhofes stellte die Beitragsermäßigung stets (steuerpflichtigen) **Arbeitslohn** dar.[15] Seit dem 01.04.2007 sind derartige Ermäßigungen **steuerfrei**.[16] Nach Auffassung des Sozialgerichts Fulda[17] muss beim Beitragsermäßigungssystem auch der zusätzliche Beitragssatz nach **§ 241a SGB V** an der Verminderung teilhaben. Ab 01.01.2009 wird es das Beitragsermäßigungssystem in seiner bisherigen Form wegen des dann geltenden einheitlichen Beitragssatzes[18] nicht mehr geben. Die Krankenkasse kann stattdessen in ihrer Satzung Wahltarife und Prämienzahlungen vorsehen.[19] Die Begrenzung der Höhe der Prämienzahlungen gilt gemäß **§ 53 Abs. 8 Satz 5 SGB V** in der Fassung des GKV-WSG nicht für Versicherte, die Teilkostenerstattung gewählt haben.

---

[13] *Noftz* in: Hauck/Noftz, SGB V, § 14 Rn. 7.

[14] Z.B. § 15 Abs. 2 der Satzung der AOK Hessen.

[15] BFH v. 28.10.2004 - VI B 176/03 - BFH/NV 2005, 205-206.

[16] Durch Art. 45a des Gesetzes zur Stärkung des Wettbewerbs in der gesetzlichen Krankenversicherung vom 26.03.2007, BGBl I 2007, 378 wurde § 3 Nr. 11 des Einkommensteuergesetzes entsprechend geändert.

[17] SG Fulda v. 24.01.2006 - S 4 KR 140/05 ER.

[18] Vgl. die §§ 241 ff. SGB V in der Fassung des GKV-WSG.

[19] Vgl. § 53 SGB V in der Fassung des GKV-WSG.

§ 15 SGB V Ärztliche Behandlung, Krankenversichertenkarte

(Fassung vom 26.03.2007, gültig ab 01.04.2007)

(1) Ärztliche oder zahnärztliche Behandlung wird von Ärzten oder Zahnärzten erbracht. Sind Hilfeleistungen anderer Personen erforderlich, dürfen sie nur erbracht werden, wenn sie vom Arzt (Zahnarzt) angeordnet und von ihm verantwortet werden.

(2) Versicherte, die ärztliche oder zahnärztliche Behandlung in Anspruch nehmen, haben dem Arzt (Zahnarzt) vor Beginn der Behandlung ihre Krankenversichertenkarte zum Nachweis der Berechtigung zur Inanspruchnahme von Leistungen (§ 291 Abs. 2 Satz 1 Nr. 1 bis 10) oder, soweit sie noch nicht eingeführt ist, einen Krankenschein auszuhändigen.

(3) Für die Inanspruchnahme anderer Leistungen stellt die Krankenkasse den Versicherten Berechtigungsscheine aus, soweit es zweckmäßig ist. Der Berechtigungsschein ist vor der Inanspruchnahme der Leistung dem Leistungserbringer auszuhändigen.

(4) In den Berechtigungsscheinen sind die Angaben nach § 291 Abs. 2 Satz 1 Nr. 1 bis 9, bei befristeter Gültigkeit das Datum des Fristablaufs, aufzunehmen. Weitere Angaben dürfen nicht aufgenommen werden.

(5) In dringenden Fällen kann die Krankenversichertenkarte oder der Kranken- oder Berechtigungsschein nachgereicht werden.

(6) Jeder Versicherte erhält die Krankenversichertenkarte bei der erstmaligen Ausgabe und bei Beginn der Versicherung bei einer Krankenkasse sowie bei jeder weiteren, nicht vom Versicherten verschuldeten erneuten Ausgabe gebührenfrei. Die Krankenkassen haben einem Missbrauch der Karten durch geeignete Maßnahmen entgegenzuwirken. Muß die Karte auf Grund von vom Versicherten zu vertretenden Umständen neu ausgestellt werden, wird eine Gebühr von 5 Euro erhoben; diese Gebühr ist auch von den nach § 10 Versicherten zu zahlen. Die Krankenkasse kann die Aushändigung der Krankenversichertenkarte vom Vorliegen der Meldung nach § 10 Abs. 6 abhängig machen.

Gliederung

A. Basisinformationen

I. Textgeschichte/Gesetzgebungsmaterialien

1 **§ 15 Abs. 1-3 und Abs. 5 SGB V** sind durch das **Gesundheitsreformgesetz**[1] **mit Wirkung ab 01.01.1989**[2] eingeführt worden. **Absatz 4** trat, soweit er zur Aufnahme der Krankenversichertennummer in den Kranken- oder Berechtigungsschein verpflichtete, **am 01.01.1990** in Kraft.[3] **Absatz 6**

[1] Gesetz zur Strukturreform im Gesundheitswesen (Gesundheitsreformgesetz – GRG) vom 20.12.1989, BGBl I 1989, 2477.

[2] Art. 79 Abs. 2 GRG.

[3] Art. 79 Abs. 3 GRG.

wurde durch das **Gesundheitsstrukturgesetz**[4] **mit Wirkung ab 01.01.1993** eingefügt. In Absatz 6 Satz 2 wurde durch das Achte Euro-Einführungsgesetz[5] mit Wirkung ab 01.01.2002 die Höhe der für eine Neuausstellung der Krankenversichertenkarte zu zahlenden Gebühr von DM auf Euro umgestellt. **Absatz 2 und Absatz 4** wurden durch das **GKV-Modernisierungsgesetz**[6] **mit Wirkung ab 01.01.2004** geändert. In Absatz 6 wurde mit Wirkung ab 01.04.2007 durch das GKV-Wettbewerbsstärkungsgesetz[7] der neue Satz 2 eingefügt, die bisherigen Sätze 2-3 wurden die Sätze 3 und 4.

II. Vorgängervorschriften

§ 122 Abs. 1 Satz 1 RVO regelte bis zum 31.12.1988, dass ärztliche Behandlung durch approbierte Ärzte, bei Zahnerkrankungen durch approbierte Zahnärzte geleistet wurde. **§ 122 Abs. 1 Satz 2 RVO** enthielt Regelungen über die Hilfeleistung anderer Personen auf Anordnung des Arztes bzw. Zahnarztes und berechtigte diese Personen, eigenständig tätig zu werden, wenn in dringenden Fällen ein approbierter Arzt nicht hinzugezogen werden konnte. **§ 122 Abs. 2 RVO** berechtigte die oberste Verwaltungsbehörde, selbständige Hilfeleistungen durch Hilfspersonen innerhalb ihrer staatlich anerkannten Befugnisse zu erlauben. **§ 123 RVO** enthielt eine Sonderregelung für staatlich anerkannte **Dentisten**[8], denen die eigenständige Behandlung von Versicherten mit deren Zustimmung erlaubt war. **§ 188 RVO** sah die **Verwendung von Krankenscheinen** durch Versicherte bei der Inanspruchnahme ärztlicher oder zahnärztlicher Behandlung vor.[9] Die **Verwendung von Berechtigungsscheinen** war lediglich in **§ 181b RVO** bei der Inanspruchnahme ärztlicher Leistungen zur Früherkennung von Krankheiten vorgesehen. Für die Inanspruchnahme anderer Leistungserbringer war der Gebrauch von Berechtigungsscheinen nicht gesetzlich geregelt. Bis zum 31.12.1988 sah **§ 319 Abs. 1 RVO** die Ausstellung eines Versichertenausweises vor, ohne nähere Angaben zur Ausgestaltung und zum zulässigen Inhalt zu machen. 2

III. Parallelvorschriften

§ 28 Abs. 1 SGB V definiert den Begriff der ärztlichen Behandlung und enthält eine inhaltlich gleiche Regelung wie § 15 Abs. 1 Satz 2 SGB V über die Hilfeleistung anderer Personen auf Anordnung und unter Verantwortung des Arztes. **§ 28 Abs. 2 SGB V** beschreibt den Inhalt und den Umfang der zahnärztlichen Behandlung. 3

§ 291 SGB V enthält Bestimmungen über die Funktion und den Inhalt der Krankenversichertenkarte, die auch für die elektronische Gesundheitskarte maßgebend sind. Die Einziehung der Krankenversichertenkarte bzw. der elektronischen Gesundheitskarte und eine eventuelle Weiterverwendung der elektronischen Gesundheitskarte bei einem Krankenkassenwechsel sind in § 291 Abs. 4 SGB V geregelt. 4

§ 291a SGB V sieht ab 01.01.2006 die Erweiterung der Krankenversichertenkarte zur elektronischen Gesundheitskarte vor. **§ 291b SGB V** regelt die Gründung und die Aufgaben der Gesellschaft für Telematik, die die Regelungen zur Telematikinfrastruktur bei der Einführung der elektronischen Gesundheitskarte trifft und den Aufbau und den Betrieb der erforderlichen Infrastruktur übernimmt. 5

Für den **Bereich des EG-Rechts** enthalten zahlreiche Vorschriften Bestimmungen über die Vorlage von „Bescheinigungen" und „Nachweisen" für die Inanspruchnahme von Leistungen in einem anderen als dem Mitgliedsstaat, in dem der Leistungsberechtigte versichert ist, z.B. **Art 17, 20-23, 25 VO (EWG) Nr. 574/72.** 6

---

[4] Gesetz zur Sicherung und Strukturverbesserung der gesetzlichen Krankenversicherung (Gesundheitsstrukturgesetz – GSG) vom 21.12.1992, BGBl I 1992, 2266.

[5] Gesetz zur Umstellung von Gesetzen und anderen Vorschriften auf dem Gebiet des Gesundheitswesens auf Euro (Achtes Euro-Einführungsgesetz) vom 23.10.2001, BGBl I 2001, 2702.

[6] Gesetz zur Modernisierung der gesetzlichen Krankenversicherung (GKV-Modernisierungsgesetz – GMG) vom 14.11.2003, BGBl I 2003, 2190.

[7] Gesetz zur Stärkung des Wettbewerbs in der gesetzlichen Krankenversicherung (GKV-Wettbewerbsstärkungsgesetz – GKV-WSG) vom 26.03.2007, BGBl I 2007, 378.

[8] BSG v. 04.12.1956 - 6 RKa 11/54 - BSGE 4, 156; BVerfG v. 25.02.1969 - 1 BvR 224/67 - BVerfGE 25, 236; BSG v. 19.07.1973 - 6 RKa 18/72 - BSGE 36, 91; BSG v. 07.10.1976 - 6 RKa 20/73 - BSGE 42, 264.

[9] Zur Entwicklung der Regelung vgl. *Noftz* in: Hauck/Noftz, SGB V, § 15 Rn. 3 ff.

7 In den Ländern der EU, in denen es wie in der Bundesrepublik Deutschland eine Krankenversichertenkarte gibt, wird seit 01.06.2004 für vorübergehende Aufenthalte schrittweise die **Europäische Krankenversicherungskarte** (European Health Insurance Card – EHIC), auch als **Europäische Gesundheitskarte** bezeichnet, eingeführt. Die EHIC ersetzt den Auslandskrankenschein (Formular E 111). Die EHIC wird auf der Rückseite der noch einzuführenden elektronischen Gesundheitskarte enthalten sein. Bis zur Einführung der elektronischen Gesundheitskarte stellt die zuständige Krankenkasse Ersatzbescheinigungen aus.[10] Der Anwendungsbereich wird schrittweise auf andere Personengruppen (z.B. Studenten) erstreckt, die sich im EU-Ausland aufhalten.

8 Die **Sozialversicherungsabkommen** zwischen der Bundesrepublik Deutschland und Staaten außerhalb der EU enthalten ebenfalls Regelungen über die Vorlage von Bescheinigungen für die Inanspruchnahme von Leistungen der Krankenbehandlung.[11]

IV. Systematische Zusammenhänge

9 § 15 SGB V ist die **Vierte Vorschrift des Zweiten Abschnitts „Gemeinsame Vorschriften" des Dritten Kapitels „Leistungen der Krankenversicherung"**. Der Zweite Abschnitt enthält grundlegende Vorschriften zum Leistungsrecht der gesetzlichen Krankenversicherung. In § 12 SGB V ist das bei der Gewährung aller Leistungen zu beachtende Wirtschaftlichkeitsgebot geregelt. § 13 SGB V enthält abweichend von dem in der gesetzlichen Krankenversicherung geltenden Sachleistungssystem Bestimmungen über die Kostenerstattung für selbstbeschaffte Leistungen im Inland und im EG- und EWR-Ausland. § 16 SGB V regelt das Ruhen und § 19 SGB V das Erlöschen des Leistungsanspruches. § 17 SGB V enthält Bestimmungen über die Leistungserbringung bei Beschäftigung von Mitgliedern der gesetzlichen Krankenversicherung im Ausland. In § 18 SGB V ist die Kostenübernahme für Auslandskrankenbehandlungen außerhalb des EG- und EWR-Auslandes geregelt. § 14 SGB V sieht die Möglichkeit der Teilkostenerstattung für Dienstordnungsangestellte und Beamte der Krankenkassen und ihrer Verbände vor.

V. Literaturhinweise

10 *Bieback*, Die Einbindung nichtärztlicher Leistungserbringer in das System der gesetzlichen Krankenversicherung, NZS 1997, 450-456; *Castendiek*, Entscheidungsrecht der Krankenkasse bei der Bewilligung nichtärztlicher Leistungen, RsDE Nr. 51, 25-47; *Neumann*, Die Berufsfreiheit der Leistungserbringer zwischen Eingriff und Teilhabe, Festschrift 50 Jahre Bundessozialgericht, 2004, 245-263; *Neumann*, Kontrolle von Allokationsentscheidungen der Krankenkasse, SGb 2006, 2-8; *Neumann-Wedekindt*, Zum Begriff „Delegieren" im Zahnheilkundegesetz, MedR 1997, 397-401; *Peikert*, Persönliche Leistungserbringungspflicht, MedR 2000, 352-359; *Plagemann*, Das Verhältnis von Leistungsrecht zum Leistungserbringungsrecht aus der Sicht der nichtärztlichen Leistungserbringer, VSSR 1997, 453-473; *Rieger*, Der Grundsatz der persönlichen Leistungserbringung im Labor, MedR 1994, 7-9; *Schlenker*, Die Einbindung nichtärztlicher Leistungserbringer in das GKV-System, BKK 1997, 288-294; *Steege*, Die Konkretisierung des Krankenbehandlungsanspruchs im Sachleistungssystem der gesetzlichen Krankenversicherung, Festschrift 50 Jahre Bundessozialgericht, 2004, 517-532; *Weiß*, Der Vertragsarzt zwischen Freiheit und Bindung, NZS 2005, 67-74.

B. Auslegung der Norm

I. Regelungsgehalt und Bedeutung der Norm

11 **Absatz 1 Satz 1** enthält **die für das gesamte Leistungsrecht der gesetzlichen Krankenversicherung maßgebliche Bestimmung,** dass die Behandlung der Versicherten **ausschließlich von Ärzten und Zahnärzten** durchgeführt wird. Andere Leistungserbringer können gemäß **Absatz 1 Satz 2** Hilfeleis-

[10] www.die-gesundheitskarte.de, Stichwort Gesundheitskarte aktuell/Europäische Krankenversicherungskarte.

[11] Z.B. Art. 5 Abs. 2 der Durchführungsvereinbarung v. 19.04.1984, BGBl II 1986, 571, zum Abkommen zwischen der Bundesrepublik Deutschland und dem Königreich Marokko über Soziale Sicherheit v. 25.03.1981, BGBl II 1986, 552; Art. 5 Abs. 2 der Durchführungsvereinbarung v. 16.04.1984, BGBl II 1986, 602, zum Abkommen zwischen der Bundesrepublik Deutschland und der Tunesischen Republik über Soziale Sicherheit v. 16.04.1984, BGBl II 1986, 584.

tungen erbringen, wenn sie vom Arzt bzw. Zahnarzt angeordnet sind und unter seiner Aufsicht durchgeführt werden.

Die Absätze 2 bis 6 regeln, auf welchem Weg die Versicherten die notwendigen Leistungen erhalten. Für die Inanspruchnahme der ärztlichen und zahnärztlichen Leistungen wird den Versicherten nach **Absatz 2** eine Krankenversichertenkarte zur Verfügung gestellt. **Absatz 3** regelt die Ausstellung von Berechtigungsscheinen durch die Krankenkasse bei der Inanspruchnahme anderer Leistungen. In **Absatz 4** ist festgelegt, welche Angaben die Berechtigungsscheine enthalten dürfen. **Absatz 5** enthält eine Sonderregelung für dringende Fälle, falls dem Versicherten bei Inanspruchnahme der Leistung die Krankenversichertenkarte oder der Berechtigungsschein nicht zur Verfügung steht. In **Absatz 6** sind Vorschriften über die kostenfreie Überlassung der Krankenversichertenkarte, die Verpflichtung der Krankenkassen, einen Missbrauch der Krankenversichertenkarte zu verhindern sowie Bestimmungen über die Kostentragung bei einer erforderlichen Neuausstellung nach einem Verlust der Krankenversichertenkarte enthalten. 12

II. Normzweck

Der **Zweck des § 15 Abs. 1 SGB V** besteht darin, den für das gesamte Leistungs- und Leistungserbringungsrecht maßgeblichen **Grundsatz des Arztvorbehaltes** zu Beginn der Vorschriften über die Leistungserbringung festzuschreiben. Besondere Bedeutung hat der Arztvorbehalt für die **Kostenerstattung nach § 13 SGB V**, denn auch im Rahmen der Kostenerstattung dürfen eigenständige Leistungen anderer Leistungserbringer nicht erstattet werden.[12] Die **Absätze 2 bis 6** schaffen die rechtliche Grundlage für die Verwendung der Krankenversichertenkarte und von Berechtigungsscheinen. 13

III. Tatbestandsmerkmale

1. Arztvorbehalt nach Absatz 1 Satz 1

Absatz 1 Satz 1 regelt für das gesamte Leistungsrecht der gesetzlichen Krankenversicherung, dass nur Ärzte und Zahnärzte Leistungen für die Krankenkasse eigenständig erbringen dürfen. Ihnen kommt die „Schlüsselfunktion" für den gesamten Bereich der medizinischen Versorgung in der gesetzlichen Krankenversicherung zu.[13] **(Zahn-)Arzt ist, wer die vorgeschriebene Ausbildung absolviert hat und wem die für die Ausübung des Berufes erforderliche Approbation erteilt worden ist**. Für Ärzte sind die Bundesärzteordnung[14] und die Approbationsordnung für Ärzte[15] maßgebend, für Zahnärzte das Gesetz über die Ausübung der Zahnheilkunde[16] und die Approbationsordnung für Zahnärzte[17]. Für Ärzte aus Mitgliedsstaaten der EU, des Europäischen Wirtschaftsraumes und anderer Staaten sind ebenso wie für Ärzte, die ihre Approbation in der ehemaligen DDR erhalten haben, im ärztlichen Berufsrecht Sonderregelungen vorgesehen, die ihnen die Ausübung der ärztlichen Tätigkeit in der Bundesrepublik Deutschland erlauben. 14

Die **ärztliche Behandlung** umfasst gemäß **§ 28 Abs. 1 Satz 1 SGB V** die Tätigkeit des Arztes, die zur Verhütung, Früherkennung und Behandlung von Krankheiten nach den Regeln der ärztlichen Kunst ausreichend und zweckmäßig ist. Hierzu gehören nicht nur die Krankenbehandlung nach den §§ 27-43b SGB V, sondern auch die Leistungen der Früherkennung nach den §§ 25, 26 SGB V und die Leistungen zur Verhütung von Krankheiten gemäß der §§ 20-24b SGB V. Auch die psychotherapeutische Behandlung ist der ärztlichen Behandlung zuzuordnen.[18] Die **Verwendung technischer Geräte zur Therapie** von Krankheiten in einer Arztpraxis ist ebenfalls der ärztlichen Behandlung zuzurech- 15

---

[12] BT-Drs. 11/3480, S. 50 zu § 15 SGB V.

[13] BSG v. 16.12.1993 - 4 RK 5/92 - SozR 3-2500 § 13 Nr. 4; BSG v. 17.04.1996 - 3 RK 19/95 - SozR 3-2500 § 19 Nr. 2.

[14] Bundesärzteordnung (BÄO), neugefasst durch Bek. v. 16.04.1987, BGBl I 1987,1218; zuletzt geändert durch Art. 5 Abs. 15 G. v. 15.12.2004, BGBl I 2004, 3396.

[15] Approbationsordnung für Ärzte v. 27.06.2002, BGBl I 2002, 2405; zuletzt geändert durch Art. 71 G. v. 21.06.2005, BGBl I 2005, 1818.

[16] Gesetz über die Ausübung der Zahnheilkunde (ZHG), neugefasst durch Bek. v. 16.04.1987, BGBl I 1987, 1225; zuletzt geändert durch Art. 5 Abs. 17 G. v. 15.12.2004, BGBl I 2004, 3396.

[17] Approbationsordnung für Zahnärzte v. 17.12.1986, BGBl I 1986, 2524, zuletzt geändert durch Art. 5 Nr. 7 G. v. 23.03.2005, BGBl I 2005, 931.

[18] § 28 Abs. 3 Satz 1 SGB V; BSG v. 30.03.1993 - 3 RK 1/93 - SozR 3-2500 § 15 Nr. 1.

nen.[19] Dagegen gehört die Benutzung eines technischen Gerätes im häuslichen Bereich nach ärztlicher Verordnung nicht zur ärztlichen Behandlung.[20] Die Erbringung ärztlicher Leistungen durch medizinische Versorgungszentren wird ebenfalls von Absatz 1 Satz 1 erfasst, da es sich hierbei gemäß § 95 Abs. 1 Satz 2 SGB V um ärztlich geleitete Einrichtungen handelt, in denen Ärzte als angestellte Ärzte oder Vertragsärzte tätig sind. Die **zahnärztliche Behandlung** umfasst nach **§ 28 Abs. 2 Satz 1 SGB V** die Tätigkeit des Zahnarztes, die zur Verhütung, Früherkennung und Behandlung von Zahn-, Mund- und Kieferkrankheiten nach den Regeln der zahnärztlichen Kunst ausreichend und zweckmäßig ist; sie erstreckt sich auch auf konservierend-chirurgische Leistungen und Röntgenleistungen, die im Zusammenhang mit Zahnersatz einschließlich Zahnkronen und Suprakonstruktionen erbracht werden. Die (zahn-)ärztliche Behandlung umfasst auch die Verordnung von Leistungen, die von anderen Leistungserbringern erbracht werden. Aus Absatz 1 Satz 1 folgt die Verpflichtung des (Zahn-)Arztes zur **persönlichen Leistungserbringung.**[21]

16 Seit dem 01.01.1999 sind **Psychologische Psychotherapeuten sowie Kinder- und Jugendlichenpsychotherapeuten** zur selbständigen Behandlung von Versicherten der gesetzlichen Krankenversicherung zugelassen, wenn ihnen nach dem Psychotherapeutengesetz[22] eine Approbation erteilt worden ist. Gemäß **§ 28 Abs. 3 Satz 1 SGB V** umfasst ihre Tätigkeit die psychotherapeutische Behandlung von Krankheiten.

17 Versicherten der gesetzlichen Krankenversicherung wird (zahn-)ärztliche Behandlung durch Vertrags-(Zahn-)Ärzte gewährt. An der **vertrags-(zahn-)ärztlichen Versorgung nach den §§ 72 ff. SGB V** nehmen nur diejenigen (Zahn-)Ärzte und Psychotherapeuten teil, die gemäß der §§ 95 ff. SGB V zugelassen worden sind. Voraussetzung für die Zulassung ist die Approbation, die Eintragung in das bei den Kassenärztlichen Vereinigungen geführte Arztregister und die Zulassung durch den zuständigen Zulassungsausschuss an einem Vertragsarztsitz. **Andere Ärzte** dürfen gemäß § 76 Abs. 1 Satz 2 SGB V von Versicherten **nur in Notfällen** in Anspruch genommen werden. Nach vorheriger Genehmigung der Krankenkasse dürfen gemäß § 13 Abs. 2 Sätze 4 und 5 SGB V **Versicherte, die nach § 13 Abs. 2 Satz 1 SGB V Kostenerstattung gewählt haben**, nicht zur vertragsärztlichen Versorgung zugelassene (Zahn-)Ärzte in Anspruch nehmen, wenn medizinische und soziale Gründe eine Inanspruchnahme dieser Leistungserbringer rechtfertigen und eine zumindest gleichwertige Versorgung gewährleistet ist. Nach **§ 13 Abs. 4 Satz 2 SGB V** dürfen bei **Leistungsinanspruchnahme im EG-/EWR-Ausland** nur qualifizierte ausländische Leistungserbringer in Anspruch genommen werden. Die erforderliche Qualifikation ist nach Auffassung des Gesetzgebers gegeben, wenn der Leistungserbringer im Aufenthaltsstaat zugelassen ist oder wenn der Versicherte Angehörige eines Berufsstandes in Anspruch nimmt, für den die Bedingungen des Zugangs und der Ausübung des Berufes Gegenstand einer Richtlinie der Europäischen Gemeinschaft sind. Besorgt sich der Versicherte im EU-Ausland ohne ärztliche Verordnung Heilmittel oder Arzneimittel, ist ein Kostenerstattungsanspruch ausgeschlossen, denn die Inanspruchnahme nichtärztlicher Krankenbehandlung im EU-Ausland zu Lasten einer deutschen Krankenkasse setzt trotz der im EG-Vertrag garantierten Dienstleistungsfreiheit eine entsprechende ärztliche Verordnung sowie eine Qualifikation des ausländischen Leistungserbringers voraus, die der im Inland verlangten vergleichbar ist.[23]

18 Absatz 1 Satz 1 schließt die Inanspruchnahme anderer Leistungserbringer durch Versicherte im Rahmen der (zahn-)ärztlichen Behandlung zu Lasten der gesetzlichen Krankenkasse oder eine Zulassung dieser Leistungserbringer zur vertrags-(zahn-)ärztlichen Versorgung aus. Daher können z.B. **Heilpraktiker**[24] keine selbständigen Behandlungsmaßnahmen im Rahmen der gesetzlichen Krankenversicherung vornehmen, auch eine Kostenerstattung nach § 13 Abs. 3 Satz 1 SGB V kommt insoweit nicht

---

19 BSG v. 15.04.1997 - 1 RK 4/96 - SozR 3-2500 § 13 Nr. 14; BSG v. 14.03.2001 - B 6 KA 67/00 R - MedR 2002, 47-51.

20 BSG v. 22.02.1974 - 3 RK 79/72 - SozR 2200 § 184 Nr. 1.

21 § 32 Abs. 1 Satz 1 und § 32a Abs. 1 Satz 1 Ärzte-ZV; § 32 Abs. 1 Satz 1 und § 32a Abs. 1 Satz 1 Zahnärzte-ZV; § 15 Abs. 1 Satz 1 BMV-Ä; § 14 Abs. 1 Satz 1 EKV-Ä; § 4 Abs. 1 Satz BMV-Z; § 8 Abs. 1 Satz 1 EKV-Z.

22 Gesetz über die Berufe des Psychologischen Psychotherapeuten und des Kinder- und Jugendlichenpsychotherapeuten (Psychotherapeutengesetz – PsychThG) v. 16.06.1998, BGBl I 1998, 1311.

23 BSG v. 13.07.2004 - B 1 KR 33/02 R - SozR 4-2500 § 13 Nr. 3.

24 Gesetz über die berufsmäßige Ausübung der Heilkunde ohne Bestallung (Heilpraktikergesetz – HeilprG) v. 17.02.1939, RGBl I 1939, 251, zuletzt geändert mit Wirkung ab 01.01.2002 durch das Gesetz zur Umstellung von Gesetzen und anderen Vorschriften auf dem Gebiet des Gesundheitswesens auf Euro (EuroEG 8) v. 23.10.2001, BGBl I 2001, 2702.

in Betracht.[25] Dem steht auch die Existenz eines eigenen Berufsrechts nicht entgegen. Das Berufsrecht für Angehörige der Heilberufe verfolgt im Wesentlichen gesundheitspolizeiliche Ziele der Gefahrenabwehr, während das vom Gedanken staatlicher Fürsorge geprägte Recht der gesetzlichen Krankenversicherung eine möglichst gute ärztliche Versorgung der Versicherten gewährleisten und damit zugleich die Versichertengemeinschaft vor einer unzweckmäßigen Verwendung öffentlicher Mittel schützen will.

Der **Ausschluss sonstiger Leistungserbringer** von der selbständigen Behandlung der Versicherten dient dem Schutz wichtiger öffentlicher Interessen[26] und ist **verfassungsrechtlich nicht zu beanstanden**, denn nur so kann das Ziel der gesetzlichen Krankenversicherung, dem Versicherten eine möglichst sachkundige Behandlung zukommen zu lassen, verwirklicht werden. Der Gesetzgeber generalisiert in verfassungsrechtlich erlaubter Weise, wenn er nur durch approbierte Ärzte die Erhaltung des Gesundheitszustandes und eine rasche und sichere Heilung des Versicherten im Krankheitsfall gewährleistet sieht. Das Grundrecht auf Leben und körperliche Unversehrtheit nach Art. 2 Abs. 2 Satz 1 GG räumt keinen Anspruch darauf ein, dass ein bestimmter, im SGB V nicht vorgesehener Leistungserbringer im Rahmen der gesetzlichen Krankenversicherung tätig werden darf.[27] Weder Art. 12 Abs. 1 GG noch Art. 3 Abs. 1 GG räumen einem sonstigen Leistungserbringer einen Anspruch auf Zulassung zur vertrags-(zahn-)ärztlichen Versorgung ein.[28] 19

2. Hilfeleistungen anderer Personen nach Absatz 1 Satz 2

Nach Absatz 1 Satz 2 gehören zur ärztlichen Behandlung auch Hilfeleistungen anderer Personen, die vom Arzt verordnet und verantwortet werden. Hierbei muss es sich um Tätigkeiten handeln, die dem ärztlichen Berufsrecht zuzurechnen sind, die den Zielen einer Krankenbehandlung dienen und die der Arzt aufgrund seines Fachwissens verantworten kann.[29] In Betracht kommen Tätigkeiten, die **in der Praxis des Arztes oder unter seiner Aufsicht außerhalb der Praxis** durchgeführt werden und die zur ärztlichen Behandlung gehören. Es muss sich um Hilfeleistungen handeln, die der Arzt grundsätzlich persönlich erbringen muss[30] und bei deren Erbringung durch Hilfspersonen er selbst **anleitend, mitwirkend oder beaufsichtigend** tätig wird[31]. Erforderlich ist die persönliche und fachliche Unterordnung der Hilfsperson unter die Verantwortung des Arztes. Dabei darf sich die anordnende Tätigkeit des Arztes nicht nur auf die bloße „Verordnung" der Drittleistung beschränken, sondern sie schließt eine mehr oder weniger intensive persönliche Anleitung und Beaufsichtigung der Hilfsperson ein. Eine nachträglich durchgeführte Nützlichkeits- und Erfolgskontrolle durch den Arzt reicht daher nicht aus.[32] Die Verordnung von Heilmitteln, die eigenständig durch Leistungserbringer nach § 124 SGB V außerhalb der ärztlichen Überwachung erbracht werden, oder von anderen Tätigkeiten, wie z.B. häusliche Krankenpflege, gehört deshalb nicht zur Hilfeleistung nach Absatz 1 Satz 2. Die **Benutzung technischer Geräte in der Arztpraxis** ist der ärztlichen Behandlung zuzurechnen, diese Leistungen können daher auch durch Hilfspersonen erbracht werden. 20

Als **Hilfspersonen kommen in Betracht** Arzthelferinnen, Sprechstundenhilfen, medizinisch-technische Assistenten, Röntgenassistenten sowie in der Arztpraxis beschäftigte medizinische Bademeister, Masseure, Krankengymnasten, Podologen, Logopäden, Beschäftigungs- und Arbeitstherapeuten sowie nichtärztliche Psycho- und Verhaltenstherapeuten.[33] Dagegen gehört die Bestimmung der Sehschärfe durch einen Augenoptiker[34] oder die Heranziehung eines Gebärdendolmetschers zur ärztlichen Unter- 21

[25] BSG v. 01.03.1979 - 6 RKa 13/77 - SozR 2200 § 368 Nr. 4; BSG v. 02.02.1983 - 3 RK 37/81 - USK 8306; BSG v. 12.05.1993 - 6 RKa 21/91 - SozR 3-2500 § 15 Nr. 2; BSG v. 11.10.1994 - 1 RK 26/92 - Die Leistungen 1996, 54-63; BSG v. 10.06.1997 - 1 BK 47/96; BSG v. 02.09.1997 - 1 BK 8/97; BSG v. 17.09.1997 - 6 BKa 33/96; BSG v. 22.01.1998 - B 1 KR 30/97 B.

[26] BSG v. 10.07.1979 - 3 RK 21/78 - SozR 2200 § 182 Nr. 47; BSG v. 25.07.1979 - 3 RK 45/78 - SozR 2200 § 182 Nr. 48.

[27] BVerfG v. 15.12.1997 - 1 BvR 1953/97 - NJW 1998, 1775.

[28] BVerfG v. 10.05.1988 - 1 BvR 111/77 - NJW 1988, 2292.

[29] BSG v. 10.05.1995 - 1 RK 20/94 - SozR 3-2500 § 28 Nr. 1.

[30] BT-Drs. 11/2237, S. 171 zu § 28 SGB V.

[31] BSG v. 27.09.1963 - 2 RU 222/60 - SozR Nr. 1 zu § 122 RVO; BSG v. 10.07.1979 - 3 RK 21/78 - SozR 2200 § 182 Nr. 47; BSG v. 25.07.1979 - 3 RK 45/78 - SozR 2200 § 182 Nr. 48.

[32] BSG v. 25.07.1979 - 3 RK 45/78 - SozR 2200 § 182 Nr. 48.

[33] *Höfler* in: KassKomm-SGB, SGB V, § 15 Rn. 8; *Wagner* in: Krauskopf, SozKV, § 15 Rn. 5.

[34] BSG v. 18.09.1973 - 6 RKa 2/72 - SozR Nr. 6 zu § 368 RVO.

suchung[35] nicht zur Hilfeleistung anderer Personen i.S.v. Absatz 1 Satz 2, da hierfür ein anderes Fachwissen benötigt wird. Bis zum In-Kraft-Treten des Psychotherapeutengesetzes am 01.10.1999[36] wurde auch die Tätigkeit von nichtärztlichen Psychotherapeuten, Psychologen und Verhaltenstherapeuten im Delegationsverfahren als Hilfeleistung nach Absatz 1 Satz 2 angesehen.[37] Ein Heilpraktiker[38] kann nicht als Hilfsperson eines Arztes tätig werden, ebenso nicht ein selbständig tätiger Chiropraktiker[39]. Auch eine Diätassistentin wird regelmäßig als Erbringer von Heilmitteln und nicht als Hilfsperson eines Arztes tätig.[40] Hebammen sind ebenfalls keine Hilfspersonen nach Absatz 1 Satz 2.

3. Krankenversichertenkarte

22 Das Gesundheitsreformgesetz[41] sah ursprünglich die **Einführung der Krankenversicherungskarte** zum 01.01.1992 vor. Die Neubestimmung des Einführungsdatums **zum 01.01.1995** durch das Gesundheitsstrukturgesetz[42] in § 291 Abs. 1 Satz 1 SGB V trug den entstandenen Verzögerungen Rechnung, die insbesondere aufgrund der von der Kassenärztlichen Bundesvereinigung und den Spitzenverbänden der Krankenkassen vorgesehenen Veränderung des Konzepts der technischen Ausgestaltung der Karte – Wechsel von der Magnetstreifenkarte zur Chipkarte – entstanden waren.[43] Die Krankenversichertenkarte ersetzt seit 01.01.1995 den Krankenschein. Die Weiterentwicklung zur elektronischen Gesundheitskarte, wie sie gemäß § 291a Abs. 1 Satz 1 SGB V zum 01.01.2006 vorgesehen war, ist ebenfalls nicht fristgerecht erfolgt. Der Einsatz der elektronischen Gesundheitskarte befindet sich derzeit in der Testphase.[44]

23 Nach Absatz 2 und § 291 Abs. 1 Satz 3 SGB V stellt die Krankenversichertenkarte für den Versicherten einen **Nachweis für die Berechtigung zur Inanspruchnahme von Leistungen gegenüber den ärztlichen und zahnärztlichen Leistungserbringern**[45] dar und ermöglicht den Leistungserbringern die **Identifizierung** des Patienten. Es handelt sich bei der Karte um ein Ausweispapier und nicht um ein Wertpapier oder ein Legitimationspapier, da keine bestimmte Forderung verbrieft wird.[46] Der Versicherte kann bei Vorlage der Krankenversichertenkarte gegenüber dem Vertragsarzt Sachleistungen ohne vorherige Antragstellung nach § 19 Abs. 1 SGB IV bei der Krankenkasse in Anspruch nehmen. Die Vorlage der Krankenversichertenkarte begründet jedoch keinen Anspruch auf bestimmte Leistungen. Der Leistungserbringer konkretisiert den Leistungsanspruch des Versicherten unter Berücksichtigung der konkreten Behandlungssituation.[47] In **dringenden Fällen**, wie beispielsweise bei unaufschiebbaren Leistungen, kann nach Absatz 5 die Krankenversichertenkarte nachgereicht werden.

24 Gemäß § 291 Abs. 1 Satz 3 SGB V dient die Krankenversichertenkarte darüber hinaus der **Abrechnung von Leistungen in der vertragsärztlichen Versorgung**. Die auf der scheckkartengroßen Krankenversichertenkarte enthaltenen Daten, die auf einem Chip gespeichert sind, werden gemäß § 291 Abs. 2 Satz 1 SGB V maschinell durch spezielle Lesegeräte der Ärzte auf die nach § 295 Abs. 3 Satz 1 Nr. 1 und 2 SGB V zu erstellenden Abrechnungsformulare und Vordrucke, wie z.B. Arznei- oder Heilmittelverordnungen, übertragen. Handelt es sich um ärztlich verordnete Leistungen, stellt der Arzt eine Verordnung aus, die gegebenenfalls vor Inanspruchnahme der Leistung durch die Krankenkasse genehmigt werden muss. **Der gutgläubige Leistungserbringer genießt** bei Vorlage der Krankenversichertenkarte **Vertrauensschutz**.[48] Ist die Krankenversichertenkarte trotz Beendigung der Mitglied-

35 BSG v. 10.05.1995 - 1 RK 20/94 - SozR 3-2500 § 28 Nr. 1.
36 Gesetz über die Berufe des Psychologischen Psychotherapeuten und des Kinder- und Jugendlichenpsychotherapeuten (Psychotherapeutengesetz – PsychThG) v. 16.06.1998, BGBl I 1998, 1311.
37 *Höfler* in: KassKomm-SGB, SGB V, § 15 Rn. 10, *Noftz* in: Hauck/Noftz, SGB V, § 15 Rn. 16.
38 BSG v. 01.03.1979 - 6 RKa 13/77 - SozR 2200 § 368 Nr. 4.
39 BSG v. 22.11.1968 - 3 RK 47/66 - SozR Nr. 34 zu § 182 RVO.
40 BSG v. 28.06.2000 - B 6 KA 26/99 R - SozR 3-2500 § 138 Nr. 1.
41 Gesetz zur Strukturreform im Gesundheitswesen (Gesundheitsreformgesetz – GRG) v. 20.12.1989, BGBl I 1989, 2477.
42 Gesetz zur Sicherung und Strukturverbesserung der gesetzlichen Krankenversicherung (Gesundheitsstrukturgesetz – GSG) v. 21.12.1992, BGBl I 1992, 2266.
43 BT-Drs. 12/3608, S. 122.
44 www.die-gesundheitskarte.de.
45 BSG v. 17.04.1996 - 3 RK 19/95 - SozR 3 - 2500 § 19 Nr. 2.
46 *Noftz* in: Hauck/Noftz, SGB V, § 15 Rn. 18.
47 BSG v. 18.05.1989 - 6 RKa 10/88 - SozR 2200 § 182 Nr. 115.
48 BT-Drs. 11/3480, S. 68 f.

schaft von der Krankenkasse nicht eingezogen worden, behält der Leistungserbringer seinen Vergütungsanspruch, wenn er die Identität des Karteninhabers festgestellt hat.[49] Nach § 19 Abs. 7 BMV-Ä und § 8 Abs. 5 BMV-Z haftet die Krankenkasse für die Kosten einer Behandlung, die aufgrund einer vorgelegten falschen Krankenversichertenkarte oder eines zu Unrecht ausgestellten anderen Behandlungsausweises erfolgte.

Auf der Krankenversichertenkarte dürfen **ausschließlich die in § 291 Abs. 2 Satz 1 Nr. 1-10 SGB V genannten Angaben** gespeichert werden. Die Krankenversichertenkarte gilt nach § 291 Abs. 1 Satz 4 SGB V **nur für die Dauer der Mitgliedschaft** des Versicherten bei der ausstellenden Krankenkasse und ist **nicht übertragbar**. Sie kann daher auch nicht bei einem Krankenkassenwechsel weiter benutzt werden, vielmehr ist von der nunmehr zuständigen Krankenkasse eine neue Krankenversichertenkarte auszustellen. Eine eventuelle Weiterbenutzung der noch einzuführenden elektronischen Gesundheitskarte bei einem Krankenkassenwechsel ist in § 291 Abs. 1 Sätze 2-7 SGB V geregelt. **Schutzmaßnahmen zur Vermeidung des Leistungsmissbrauches** sind im Einzelnen in § 291 SGB V vorgesehen. 25

Die Krankenkassen haben **für jeden Versicherten, auch für die Familienversicherten**, bei Beginn der Mitgliedschaft eine Krankenversichertenkarte auszustellen. Dies gilt auch bei einem Aufenthalt in einem anderen Mitgliedsstaat der EU.[50] Die Ausgabe erfolgt nach Absatz 6 Satz 1 bei der erstmaligen Ausgabe der Krankenversichertenkarte durch die jeweilige Krankenkasse oder nach Einführung der Krankenversichertenkarte bei Beginn der Mitgliedschaft oder der Familienversicherung. Bei Verlust oder Beschädigung der Karte ist dem Versicherten eine neue Karte auszustellen. Die **Neuausstellung der Karte** ist, wenn der Versicherte die erneute Ausgabe nicht verschuldet hat, nach Absatz 6 Satz 1 gebührenfrei, bei einer vom Versicherten zu vertretenen Neuausstellung ist nach Absatz 6 Satz 3 eine Gebühr in Höhe von 5 € zu zahlen. Bei Familienversicherten kann die Aushändigung der Karte nach Absatz 6 Satz 4 von dem Vorliegen der Meldung nach § 10 Abs. 6 SGB V abhängig gemacht werden. 26

Der mit Wirkung ab 01.04.2007 eingefügte Satz 2 verpflichtet die Krankenkassen, ergänzend zu den bisherigen Regelungen in § 291 Abs. 1 und 2 SGB V, wie z.B. der Regelung, wonach die Karte mit einem Lichtbild zu versehen ist, durch weitere geeignete Maßnahmen einer missbräuchlichen Verwendung der Karte entgegenzuwirken. Dies ist erforderlich, da die missbräuchliche Verwendung der Karte zu zwar der Höhe nach nicht bekannten, jedoch nicht unbeträchtlichen Mehrausgaben führt. Verbreitet ist insbesondere die unkontrollierte Mehrfachinanspruchnahme ärztlicher Leistungen („Doktor-hopping") wie auch die Nutzung der Karte durch mehrere Personen („Chipkartentourismus, -handel"). Die Krankenkassen können z.B. durch möglichst tagesaktuelle Bereitstellung von Informationen über den Verlust von Karten, die Beendigung des Versicherungsschutzes und Änderungen beim Zuzahlungsstatus in einem Versichertenstammdatendienst dazu beitragen, dass die Aktualität der Karte bei der Inanspruchnahme von Leistungen überprüft werden kann.[51] Weiterhin können die Krankenkassen von den Leistungserbringern verlangen, dass stichprobenweise neben der Vorlage der Krankenversichertenkarte die Vorlage anderer Ausweispapiere (Personalausweis, Reisepass, Führerschein) gefordert wird, sie können solche Prüfungen auch durch eigene Mitarbeiter vornehmen lassen. 27

Während bis zum 31.12.2003 bei Beendigung des Versicherungsschutzes die Karte vom Versicherten der bisherigen, bei einem Krankenkassenwechsel der neuen Krankenkasse auszuhändigen war, ist seit 01.01.2004 gemäß § 291 Abs. 4 Satz 1 SGB V eine **Einziehung der Karte** sowohl bei Beendigung des Versicherungsschutzes als auch bei einem Krankenkassenwechsel durch die bisherige Krankenkasse vorgesehen. Die getrennte Zuständigkeit insbesondere bei einem Krankenkassenwechsel hatte sich in der Praxis nicht bewährt, so dass zur **Vorbeugung gegen Leistungsmissbrauch** eine einheitliche Zuständigkeit für die Einziehung durch die bisherige Krankenkasse für eine von ihr ausgestellte Krankenversichertenkarte besteht.[52] Die Verpflichtung zur Einziehung der Karte durch die Krankenkasse gegenüber der in der früheren Gesetzesfassung enthaltenen Verpflichtung des bisher Versicherten zur Herausgabe ermöglicht ein konsequentes Vorgehen der Krankenkasse.[53] Sie kann durch einen Verwaltungsakt gegenüber dem bisher Versicherten die Herausgabe der Krankenversi- 28

[49] BSG v. 17.04.1996 - 3 RK 19/95 - SozR 3-2500 § 19 Nr. 2; BSG v. 12.11.2003 - B 3 KR 1/03 R - SozR 4 - 2500 § 112 Nr. 2.

[50] BSG v. 05.07.2005 - B 1 KR 4/04 R - SozR 4-2400 § 3 Nr. 2.

[51] BT-Drs. 16/3100, S. 97.

[52] BT-Drs. 15/1525, S. 144.

[53] Zum Vertrauensschutz des Arztes bei Vorlage der Karte siehe BSG v. 12.11.2003 - B 3 KR 1/03 R - SozR 4-2500 § 112 Nr. 2.

chertenkarte anordnen und gegebenenfalls auch nach den Vorschriften des Verwaltungsvollstreckungsgesetzes[54] über die Erzwingung von Handlungen, Duldungen und Unterlassungen bzw. die entsprechenden landesrechtlichen Vorschriften die Herausgabe durchsetzen.

4. Verwendung von Berechtigungsscheinen

29 Berechtigungsscheine können gemäß Absatz 3 von der Krankenkasse **für die Inanspruchnahme anderer als ärztlicher oder zahnärztlicher Leistungen** ausgestellt werden, für die die Vorlage der Krankenversichertenkarte nicht geeignet ist. In Betracht kommt die Verwendung von Berechtigungsscheinen insbesondere bei Heilmitteln, Hilfsmitteln, häuslicher Krankenpflege, Krankenhausbehandlung, Soziotherapie, Haushaltshilfe, Krankentransport, sozialpädiatrischen Leistungen, Früherkennungsuntersuchungen und ergänzenden Leistungen zur Rehabilitation.[55] Die Ausstellung steht im pflichtgemäßen Ermessen der Krankenkasse. Die Verwendung von Berechtigungsscheinen kann in Richtlinien nach § 92 SGB V geregelt werden. Die Nutzung von Berechtigungsscheinen ist beispielsweise ausdrücklich geregelt in Abschnitt D Nr. 4 Satz 10 der Richtlinien des Bundesausschusses der Ärzte und Krankenkassen zur Empfängnisverhütung und zum Schwangerschaftsabbruch.[56] Ansonsten können Vereinbarungen zwischen Krankenkassen und Leistungserbringern über die Verwendung von Berechtigungsscheinen getroffen werden. Die Vorlage eines Berechtigungsscheines hat gegenüber dem Leistungserbringer die gleiche Wirkung wie die Vorlage der Krankenversichertenkarte oder der elektronischen Gesundheitskarte. Sie bestätigt ihm gegenüber die Mitgliedschaft des Versicherten bei der ausstellenden Krankenkasse und verpflichtet ihn zur Leistungserbringung, während die Krankenkasse die Kosten zu zahlen hat. Hinsichtlich des Vertrauensschutzes gelten die für die Krankenversichertenkarte genannten Grundsätze. **Der Berechtigungsschein ersetzt im Einzelfall nicht die erforderliche ärztliche Verordnung der Leistung**. Gemäß Absatz 5 kann er in dringenden Fällen nachgereicht werden.

30 Eine bestimmte **Form** ist für den Berechtigungsschein nicht vorgeschrieben. Absatz 4 beschränkt die Angaben, die in den Berechtigungsschein aufgenommen werden dürfen, auf die Angaben, die nach § 291 Abs. 2 Satz 1 Nr. 1-9 SGB V auf der Krankenversichertenkarte enthalten sein dürfen. Bei befristeter Gültigkeit darf das Datum des Fristablaufes aufgenommen werden.

---

[54] Verwaltungsvollstreckungsgesetz (VwVG) v. 27.04.1953, BGBl I 1953, 157.

[55] BT-Drs. 11/2237, S. 164.

[56] I.d.F v. 10.12.1985, BAnz 1986, Nr. 60a, S. 17; zuletzt geändert durch Bek. v. 01.12.2003, BAnz 2004, Nr. 53, S. 5026.

§ 16 SGB V Ruhen des Anspruchs

(Ursprünglich kommentierte Fassung vom 26.03.2007, gültig ab 01.04.2007, gültig bis 17.12.2007)

(1) Der Anspruch auf Leistungen ruht, solange Versicherte

1. sich im Ausland aufhalten, und zwar auch dann, wenn sie dort während eines vorübergehenden Aufenthalts erkranken, soweit in diesem Gesetzbuch nichts Abweichendes bestimmt ist,

2. Dienst auf Grund einer gesetzlichen Dienstpflicht oder Dienstleistungen und Übungen nach dem Vierten Abschnitt des Soldatengesetzes leisten,

3. nach dienstrechtlichen Vorschriften Anspruch auf Heilfürsorge haben oder als Entwicklungshelfer Entwicklungsdienst leisten,

4. sich in Untersuchungshaft befinden, nach § 126a der Strafprozeßordnung einstweilen untergebracht sind oder gegen sie eine Freiheitsstrafe oder freiheitsentziehende Maßregel der Besserung und Sicherung vollzogen wird, soweit die Versicherten als Gefangene Anspruch auf Gesundheitsfürsorge nach dem Strafvollzugsgesetz haben oder sonstige Gesundheitsfürsorge erhalten.

(2) Der Anspruch auf Leistungen ruht, soweit Versicherte gleichartige Leistungen von einem Träger der Unfallversicherung im Ausland erhalten.

(3) Der Anspruch auf Leistungen ruht, soweit durch das Seemannsgesetz für den Fall der Erkrankung oder Verletzung Vorsorge getroffen ist. Er ruht insbesondere, solange sich der Seemann an Bord des Schiffes oder auf der Reise befindet, es sei denn, er hat nach § 44 Abs. 1 des Seemannsgesetzes die Leistungen der Krankenkasse gewählt oder der Reeder hat ihn nach § 44 Abs. 2 des Seemannsgesetzes an die Krankenkasse verwiesen.

(3a) Der Anspruch auf Leistungen für nach dem Künstlersozialversicherungsgesetz Versicherte, die mit einem Betrag in Höhe von Beitragsanteilen für zwei Monate im Rückstand sind und trotz Mahnung nicht zahlen, ruht nach näherer Bestimmung des § 16 Abs. 2 des Künstlersozialversicherungsgesetzes. Satz 1 gilt entsprechend für Versicherte dieses Buches, die mit einem Betrag in Höhe von Beitragsanteilen für zwei Monate im Rückstand sind und trotz Mahnung nicht zahlen, ausgenommen sind Leistungen, die zur Behandlung akuter Erkrankungen und Schmerzzustände sowie bei Schwangerschaft und Mutterschaft erforderlich sind; das Ruhen endet, wenn alle rückständigen und die auf die Zeit des Ruhens entfallenden Beitragsanteile gezahlt sind oder wenn Versicherte hilfebedürftig im Sinne des Zweiten oder Zwölften Buches werden.

(4) Der Anspruch auf Krankengeld ruht nicht, solange sich Versicherte nach Eintritt der Arbeitsunfähigkeit mit Zustimmung der Krankenkasse im Ausland aufhalten.

§ 16 SGB V Ruhen des Anspruchs

(Fassung vom 12.12.2007, gültig ab 18.12.2007)

(1) Der Anspruch auf Leistungen ruht, solange Versicherte

1. sich im Ausland aufhalten, und zwar auch dann, wenn sie dort während eines vorübergehenden Aufenthalts erkranken, soweit in diesem Gesetzbuch nichts Abweichendes bestimmt ist,

2. Dienst auf Grund einer gesetzlichen Dienstpflicht oder Dienstleistungen und Übungen nach dem Vierten Abschnitt des Soldatengesetzes leisten,

2a. in einem Wehrdienstverhältnis besonderer Art nach § 6 des Einsatz-Weiterverwendungsgesetzes stehen,

3. **nach dienstrechtlichen Vorschriften Anspruch auf Heilfürsorge haben oder als Entwicklungshelfer Entwicklungsdienst leisten,**

4. **sich in Untersuchungshaft befinden, nach § 126a der Strafprozeßordnung einstweilen untergebracht sind oder gegen sie eine Freiheitsstrafe oder freiheitsentziehende Maßregel der Besserung und Sicherung vollzogen wird, soweit die Versicherten als Gefangene Anspruch auf Gesundheitsfürsorge nach dem Strafvollzugsgesetz haben oder sonstige Gesundheitsfürsorge erhalten.**

(2) Der Anspruch auf Leistungen ruht, soweit Versicherte gleichartige Leistungen von einem Träger der Unfallversicherung im Ausland erhalten.

(3) Der Anspruch auf Leistungen ruht, soweit durch das Seemannsgesetz für den Fall der Erkrankung oder Verletzung Vorsorge getroffen ist. Er ruht insbesondere, solange sich der Seemann an Bord des Schiffes oder auf der Reise befindet, es sei denn, er hat nach § 44 Abs. 1 des Seemannsgesetzes die Leistungen der Krankenkasse gewählt oder der Reeder hat ihn nach § 44 Abs. 2 des Seemannsgesetzes an die Krankenkasse verwiesen.

(3a) Der Anspruch auf Leistungen für nach dem Künstlersozialversicherungsgesetz Versicherte, die mit einem Betrag in Höhe von Beitragsanteilen für zwei Monate im Rückstand sind und trotz Mahnung nicht zahlen, ruht nach näherer Bestimmung des § 16 Abs. 2 des Künstlersozialversicherungsgesetzes. Satz 1 gilt entsprechend für Versicherte dieses Buches, die mit einem Betrag in Höhe von Beitragsanteilen für zwei Monate im Rückstand sind und trotz Mahnung nicht zahlen, ausgenommen sind Leistungen, die zur Behandlung akuter Erkrankungen und Schmerzzustände sowie bei Schwangerschaft und Mutterschaft erforderlich sind; das Ruhen endet, wenn alle rückständigen und die auf die Zeit des Ruhens entfallenden Beitragsanteile gezahlt sind oder wenn Versicherte hilfebedürftig im Sinne des Zweiten oder Zwölften Buches werden.

(4) Der Anspruch auf Krankengeld ruht nicht, solange sich Versicherte nach Eintritt der Arbeitsunfähigkeit mit Zustimmung der Krankenkasse im Ausland aufhalten.

Hinweis: § 16 SGB V in der Fassung vom 26.03.2007 wurde durch § 22 Abs. 7 Nr. 1 des Gesetzes vom 12.12.2007 (BGBl I 2007, 2861) mit Wirkung vom 18.12.2007 geändert. Die Autoren passen die Kommentierungen bei Bedarf an die aktuelle Rechtslage durch Aktualisierungshinweise an.

Gliederung

A. Basisinformationen

I. Textgeschichte/Gesetzgebungsmaterialien

Die Vorschrift ist zum 01.01.1989 durch das Gesundheits-Reformgesetz[1] eingeführt worden. Dabei wurde Absatz 3a der Vorschrift zeitlich übereinstimmend durch ein gesondertes Gesetz[2] in das GRG eingefügt. Die maßgeblichen Gesetzesmaterialien finden sich in der BT-Drs. 11/2237. 1

Nach Einführung der Vorschrift entstand zunächst, durch die Wiedervereinigung Deutschlands, Handlungsbedarf für eine Anpassung des Gesetzestextes. Zum einen wurde der sich auf Eintritt eines Versicherungsfalls auf den Transitstrecken von und nach Berlin-West beziehende Absatz 5 der Vorschrift durch Art. 25 § 1 Abs. 1 des Gesetzes zum ersten Staatsvertrag vom 18.05.1990[3] gegenstandslos. Weiter ersetzte der Gesetzgeber zum 01.01.1992[4] in Absatz 1 Nr. 1, Absatz 2 und 4 die Worte „außerhalb des Geltungsbereichs dieses Gesetzbuchs" durch die Worte „im Ausland". 2

Als weitere wesentliche Änderung wurden mit Wirkung vom 29.07.1995 in Absatz 1 Nr. 2 die Wörter „oder Dienstleistungen und Übungen nach §§ 51a und 54 Abs. 5 des Soldatengesetzes" (SG) eingefügt.[5] Die Aufzählung der Rechtsgrundlagen für eine Dienstleistung in Absatz 1 Nr. 2 wurde schließlich ab dem 24.12.2000 durch den neu geschaffenen § 58a SG ergänzt[6] und anschließend durch das Streitkräftereserve-Neuordnungsgesetz mit Wirkung zum 30.04.2005 (Verweisung auf den „Vierten Abschnitt des Soldatengesetzes") angepasst. 3

Schließlich ist durch das GKV-Wettbewerbsstärkungsgesetz[7] mit Wirkung zum 01.04.2007 der Absatz 3a der Vorschrift um Satz 2 ergänzt worden. 4

II. Vorgängervorschriften

Nach der Begründung des Gesetzesentwurfs[8] lehnt sich § 16 SGB V an die Ruhensregelungen der RVO a.F. an. Hierzu zählten insbesondere die §§ 209a Abs. 1 Satz 2, Abs. 2 Satz 1, Abs. 5 Satz 1, 216, 313 Abs. 4 und 5 sowie 480 RVO. 5

III. Parallelvorschriften

Das Sozialversicherungsrecht kennt keine zentrale Ruhensvorschrift. Der Gesetzgeber hat ggf. gesondert in den einzelnen Sozialgesetzbüchern die Voraussetzungen für das Ruhen der dort normierten Ansprüche geregelt. 6

Im Recht der gesetzlichen Krankenversicherung selbst stellt § 16 SGB V – obwohl zu den „Gemeinsamen Vorschriften" im Dritten Kapitel (Leistungen der Krankenversicherung) des SGB V zugehörig – keine abschließende Regelung dar. Zusätzlich ist in § 49 SGB V ein Ruhen des Krankengeldes unter den dort genannten Voraussetzungen vorgesehen. Daneben ist für Leistungen bei Schwangerschaft und Mutterschaft weiter § 195 Abs. 2 RVO einschlägig, wonach eine Anwendung von § 16 Abs. 1 SGB V für das Mutterschaftsgeld ausgeschlossen ist. 7

IV. Systematische Zusammenhänge

Mit § 16 SGB V hat der Gesetzgeber erstmals die vorher in der RVO verstreut geregelten Ruhensvorschriften in überarbeiteter Form zusammengefasst. Allerdings überzeugt die systematische Bündelung mehrerer Ruhenstatbestände in einer Norm nicht. Wegen des alleinigen Bezugs der nachfolgenden Ge- 8

[1] BGBl I 1988, 2477.

[2] Art. 2 Nr. 1 des Gesetzes zur Änderung des Künstlersozialversicherungsgesetzes vom 20.12.1988 (BGBl I 1988, 2606).

[3] BGBl II 1990, 518, 529.

[4] Durch Art. 1 Zweites Gesetz zur Änderung des Fünften Buches Sozialgesetzbuch vom 20.12.1991 (BGBl I 1991, 2325).

[5] Durch Art. 18 des Gesetzes zur Änderung wehrpflichtrechtlicher, soldatenrechtlicher, beamtenrechtlicher und anderer Vorschriften vom 24.07.1995 (BGBl I 1995, 962).

[6] Durch Art. 14 des Gesetzes zur Änderung des Soldatengesetzes und anderer Vorschriften vom 19.12.2000 (BGBl I 2000, 1815).

[7] BGBl I 2007, 378.

[8] BT-Drs. 11/2237, S. 63 zu § 16 SGB V.

setzesvorschriften (§§ 17, 18 SGB V) auf einen Auslandsaufenthalt – und damit ausschließlich auf § 16 Abs. 1 Nr. 1 SGB V – hätte sich eine Aufteilung auf mehrere Vorschriften angeboten.[9]

V. Ausgewählte Literaturhinweise

9 *Fuchs*, Das neue Recht der Auslandskrankenbehandlung, NZS 2004, 225; *Bieback*, Etablierung eines gemeinsamen Marktes für Krankenbehandlung durch den EuGH, NZS 2001, 561; *von Maydell*, Gesundheitsmarkt ohne Grenzen, KrV 2001, 207; *Pitschas*, Europäisches Wettbewerbsrecht und soziale Krankenversicherung, VSSR 1999, 221; *Schneider-Danwitz*, Freizügigkeit der Versicherten in der Krankenversicherung, SGb 2000, 354.

B. Auslegung der Norm

I. Regelungsgehalt und Bedeutung der Norm

10 Die Vorschrift fasst (weitgehend abschließend) zusammen, unter welchen Voraussetzungen im Recht der gesetzlichen Krankenversicherung die Leistungsansprüche der Versicherten ruhen.

11 Ruhen bedeutet hier, dass ein dem Grunde nach bestehender Leistungsanspruch nicht verwirklicht werden kann.

12 Dabei erstreckt sich der Anwendungsbereich von § 16 SGB V auf alle Leistungsarten[10], die im Dritten Kapitel des Fünften Sozialgesetzbuchs vorgesehen sind – und zwar unabhängig von deren Beschaffenheit[11]. Auch Kostenerstattungsansprüche, soweit sie dem Grunde nach bestehen, können „ruhen".[12]

II. Normzweck

13 Der vom Gesetzgeber mit den einzelnen Ruhenstatbeständen des § 16 SGB V verfolgte Zweck ist vielfältig.

14 Zum einen werden die Leistungen nach Absatz 1 Nr. 1 bei einem auch nur vorübergehenden Auslandsaufenthalt eingeschränkt. Hintergrund ist, dass Sach- und Dienstleistungen nach § 2 Abs. 2 Satz 1 SGB V in der durch das Leistungserbringungsrecht vorgesehenen Form[13] im Ausland regelmäßig nicht erbracht werden können. Die Regelung dient damit der konsequenten Umsetzung des Sachleistungsprinzips[14] und des Territorialprinzips[15] in der gesetzlichen Krankenversicherung und soll verhindern, dass die Sozialversicherungsträger mit (an sich systemfremden) Erstattungsforderungen konfrontiert werden. Durch die mittlerweile ergangene Rechtsprechung des EuGH (Rn. 21) ist diese Zwecksetzung allerdings im Wesentlichen überholt und hat allenfalls noch hinsichtlich des so genannten vertragslosen Auslands (Rn. 19) Bestand.

15 Die Ruhensregelungen in Absatz 1 Nr. 2-4 und den Absätzen 2-3 bezwecken die Vermeidung von Doppelleistungen.

16 Die Ruhensregelung in Absatz 3a Satz 1 erklärt sich vor dem Hintergrund der Aufgabenteilung zwischen Künstlersozialkasse und zuständiger Krankenkasse bei der Durchführung der Künstlersozialversicherung. So ist es nach § 16 Abs. 2 KSVG Aufgabe der Künstlersozialkasse, unter den dort normierten Voraussetzungen (fehlende Beitragszahlung) ggf. das Ruhen der Leistungsansprüche festzustellen. Zugunsten der (für die Leistungserbringung) zuständigen Krankenkasse sieht bei einer solchen Feststellung dann § 16 Abs. 3a SGB V klarstellend ein Ruhen aller Leistungsansprüche vor.

---

9 So auch *Peters* in: KassKomm, SGB V, § 16 Rn. 4.

10 Eine Übersicht über die einzelnen Leistungsarten der gesetzlichen Krankenversicherung bietet § 11 SGB V. Zu ergänzen ist der dort aufgeführte Leistungskatalog lediglich um den Anspruch auf Erstattung von Fahrtkosten nach § 60 SGB V.

11 Gemeint ist die Beschaffenheit als Dienst-, Sach- oder Geldleistung gemäß § 11 SGB I.

12 Siehe BT-Drs. 11/2237 zu § 16 Abs. 1 Nr. 1 SGB V.

13 Gemeint ist die Leistungserbringung über gesondert zugelassene Leistungserbringer nach den §§ 69 ff. SGB V.

14 Nach diesem Grundprinzip gewährt die zuständige gesetzliche Krankenkasse ihren Versicherten die jeweils erforderliche medizinische Leistung als Sach- oder Dienstleistung über dafür gesondert zugelassene Leistungserbringer. Eine Erstattung entstandener Kosten ist regelmäßig nur unter den engen Voraussetzungen des § 13 SGB V möglich.

15 Siehe hierzu § 30 Abs. 1 SGB I.

Das Ruhen nach Absatz 3a Satz 2 hingegen ist als Folgeänderung zur Einführung einer Versicherungspflicht für Personen, die keinen anderweitigen Anspruch auf Absicherung im Krankheitsfall haben, und der damit zusammenhängenden Aufhebung der Regelung über das Ende der Mitgliedschaft freiwillig Versicherter bei Nichtzahlung von Beiträgen in § 191 Satz 1 Nr. 3 SGB V a.F. eingeführt worden. Es soll verdeutlichen, dass die Nichtzahlung von Beiträgen für den Versicherten neben der Erhebung von Säumniszuschlägen spürbare Konsequenzen im Interesse der Versichertengemeinschaft hat.[16] 17

III. Tatbestandsmerkmale

1. Ruhen bei Auslandsaufenthalt (Absatz 1 Nr. 1)

Ein Ruhen der Leistungsansprüche nach Absatz 1 Nr. 1 setzt einen **Aufenthalt** des Versicherten **im Ausland** – also außerhalb des Staatsgebiets der Bundesrepublik Deutschland – voraus. Dabei ist der Begriff „Ausland" gleichzusetzen mit der früheren Formulierung des Gesetzestextes „außerhalb des Geltungsbereichs dieses Gesetzbuchs"[17] und besitzt demgegenüber keine eigenständige Bedeutung. 18

Nach dem Gesetzeswortlaut fällt schon der vorübergehende, also zeitweilige Aufenthalt im Ausland unter den Tatbestand der Norm. Entsprechend werden hiervon neben einem dauernden Auslandsaufenthalt auch Urlaubs- und Geschäftsreisen erfasst. So verstanden ist der Regelungsbereich der Vorschrift umfassend und sieht generell ein Ruhen der Leistungsansprüche aus der gesetzlichen Krankenversicherung vor, wenn sich Versicherte außerhalb der Bundesrepublik Deutschland aufhalten. Allerdings steht die Anwendbarkeit von § 16 Abs. 1 Nr. 1 SGB V unter dem ausdrücklichen Vorbehalt abweichender Bestimmungen „in diesem Gesetzbuch", womit das gesamte Sozialgesetzbuch (insbesondere das SGB I, IV und V) gemeint ist.[18] Entsprechend führen zahlreiche innerstaatliche als auch über- bzw. zwischenstaatliche Ausnahmeregelungen dazu, dass sich die Anwendbarkeit der Regelung auf das so genannte vertragslose Ausland beschränkt. Hierunter sind solche Staaten zu verstehen, mit denen die Bundesrepublik Deutschland nicht durch überstaatliches Recht (insbesondere EU-Recht) und/oder einem Sozialversicherungsabkommen verbunden ist. 19

a. Ausnahmen im innerstaatlichen Recht

Innerstaatlich sind Ausnahmeregelungen in 20

- § 13 Abs. 3-6 SGB V (Kostenerstattung bei einem Aufenthalt im EU-Ausland),
- § 16 Abs. 4 SGB V (Auslandsaufenthalt mit Zustimmung der Krankenkasse),
- § 17 SGB V (Leistungen bei einer Beschäftigung im Ausland) und
- § 18 SGB V (Kostenübernahme bei einer Behandlung im vertragslosen Ausland)

vorgesehen.

Für das **EU-Ausland** hat der Gesetzgeber durch das GKV-Modernisierungsgesetz[19] zum 01.01.2004 die bisherige Rechtsprechung des EuGH[20] zu den Ansprüchen gesetzlich Krankenversicherter auf medizinische Behandlung in das SGB V übernommen und neu in **§ 13 Abs. 4-6 SGB V** als Kostenerstattungsanspruch normiert. Danach ruht bei einem Aufenthalt des Versicherten im EU-Ausland nicht mehr – wie nach dem Wortlaut in Absatz 1 Nr. 1 vorgesehen – der Leistungsanspruch als solcher, sondern lediglich der Sach- oder Dienstleistungsanspruch des Versicherten. 21

Nach dem Gesetzeswortlaut bezieht sich dabei das EU-Ausland auf den Geltungsbereich des Vertrags zur Gründung der Europäischen Gemeinschaft (EU-Staaten) und des Abkommens über den Europäischen Wirtschaftsraum (EWR-Staaten). Hierzu gehören neben der Bundesrepublik Deutschland **Belgien, Dänemark, Finnland, Frankreich, Griechenland, Großbritannien, Irland, Italien, Luxemburg, Niederlande, Österreich, Portugal, Schweden** und **Spanien**. Hinzu kommen die Staaten **Island, Liechtenstein, Norwegen** und die **Schweiz**, auf die nach dem Abkommen über den Europäischen Wirtschaftsraum die Geltung der VO (EWG) 1408/71 erweitert wurde. Schließlich zählen seit 22

---

[16] Bericht des Ausschusses für Gesundheit vom 01.02.2007, BT-Drs. 16/4247, S. 43.

[17] Siehe hierzu auch § 30 Abs. 1 SGB I; §§ 3-5 SGB IV.

[18] So auch *Noftz* in: Hauck/Noftz, SGB V, § 16 Rn. 20.

[19] BGBl I 2003, 2190.

[20] EuGH v. 28.04.1998 - C-120/95 - Slg. 1998, I-1871 - Decker; EuGH v. 28.04.1998 - C-158/96 - Slg. 1998, I-1935 - Kohll; EuGH v. 12.07.2001 - C-368/98 - Slg. 2001, I-5383 - Smits/Peerbooms; EuGH v. 13.05.2003 - C-385/99 - Slg. 2003, I-04509 - Fauré/van Riet. Hier hat der EuGH festgestellt, dass die Art. 28, 49 und 50 des EG-Vertrags nationalen Regelungen entgegenstehen, wonach die Kostenerstattung für eine ambulante medizinische Versorgung in einem anderen Mitgliedsstaat von einer vorher einzuholenden Genehmigung abhängig gemacht wird. Dies gilt auch, soweit im zuständigen Mitgliedsstaat ein Sachleistungssystem besteht.

dem 01.05.2004 **Estland, Lettland, Litauen, Malta, Polen, Slowakei, Slowenien, Tschechien, Ungarn** und **Zypern** und seit dem 01.01.2007 **Rumänien** und **Bulgarien** ebenfalls zu den EU- bzw. EWR-Staaten.

23 Zusätzlich können die gesetzlichen Krankenkassen durch die Einführung von § 140e SGB V zum 01.01.2004 im EU-Ausland mit einzelnen Leistungserbringern entsprechende Verträge zur Versorgung ihrer Versicherten abschließen. Es ist davon auszugehen, dass in den nächsten Jahren seitens der Krankenkassen diese Möglichkeit zumindest hinsichtlich touristischer Ballungsgebiete genutzt wird. So besteht nämlich die Möglichkeit, eine verwaltungstechnisch einfache Abwicklung der jeweiligen Leistungsfälle unabhängig von der in § 13 Abs. 4-6 SGB V vorgesehenen Kostenerstattung vertraglich zu regeln. Die zukünftige Entwicklung hierzu bleibt abzuwarten.

24 Unabhängig von den angesprochenen gesetzlichen Neuregelungen hatten die Versicherten bei ambulanten Behandlungen aber auch schon **vor dem 01.01.2004** einen Rechtsanspruch darauf, sich die von einer deutschen Krankenkasse geschuldete medizinische Leistung im EU-Ausland ohne vorherige Genehmigung selbst zu beschaffen und anschließend unter europarechtskonformer Auslegung von § 13 Abs. 3 SGB V a.F. im Wege der Kostenerstattung geltend zu machen (vgl. hierzu die Ausführungen in Rn. 27).

25 Weitere (innerstaatliche) Ausnahmen sind in § 16 Abs. 4 SGB V hinsichtlich des Krankengeldanspruchs bei einem Auslandsaufenthalt mit Zustimmung der Krankenkasse, nach § 17 SGB V bei einer Beschäftigung im Ausland und gemäß § 18 SGB V bei einer nur außerhalb des EU-Auslands möglichen Krankenbehandlung (Absätze 1 und 2) bzw. hinsichtlich nicht anderweitig versicherbarer Behandlungskosten bei einem vorübergehenden Auslandsaufenthalt außerhalb der EU (Absatz 3) geregelt.

b. Ausnahmen im über- und zwischenstaatlichen Recht

26 Nach § 6 SGB IV steht das Recht der gesetzlichen Krankenversicherung unter dem Vorbehalt über- und zwischenstaatlichen Rechts. Soweit also in bi- und multilateralen Abkommen sowie auf EU-Ebene abweichende Regelungen zum SGB V bestehen, gehen diese den §§ 16-18 SGB V vor.

27 Aufgrund des europäischen Gemeinschaftsrechts[21] hatten daher gesetzlich Krankenversicherte auch schon **vor dem 01.01.2004** einen Anspruch auf Kostenerstattung hinsichtlich einer ambulanten medizinischen Behandlung im **EU-Ausland** – und zwar unabhängig von der in § 13 Abs. 4-6 SGB V übernommenen Rechtsprechung des EuGH durch das GKV-Modernisierungsgesetz.[22] Lediglich für stationäre Behandlungen hatte der EuGH die Praxis einiger Mitgliedsstaaten – zu denen auch die Bundesrepublik Deutschland gehört – bestätigt, wonach die Kostenerstattung für eine solche Behandlung von der vorher eingeholten Genehmigung des zuständigen Sozialversicherungsträgers abhängig gemacht wird.[23]

28 Daneben bestehen sowohl mit den meisten EU-Staaten als auch mit den Staaten Bosnien-Herzegowina, Island, Israel, Jugoslawien, Kroatien, Marokko, Mazedonien, Norwegen, Schweiz, Slowenien, Tschechien, Türkei, Tunesien und Ungarn gesonderte Sozialversicherungsabkommen[24], die das geltende EU-Recht ergänzen bzw. Ansprüche der gesetzlich Krankenversicherten auf eine Kostenübernahme für eine Auslandsbehandlung erst begründen.

2. Ruhen bei gesetzlicher Dienstpflicht (Absatz 1 Nr. 2)

29 Ein Ruhen der Leistungsansprüche nach Absatz 1 Nr. 2 setzt das Ableisten einer gesetzlichen Dienstpflicht oder von Dienstleistungen und Übungen nach dem Vierten Abschnitt des Soldatengesetzes voraus.

30 Dienst aufgrund einer **gesetzlichen Dienstpflicht** erbringen Wehrpflichtige, Zivildienstleistende sowie Bundesgrenzschutzpflichtige. Nach § 3 WPflG werden von der gesetzlichen Dienstpflicht der Grundwehrdienst, Wehrübungen sowie im Verteidigungsfall der unbefristete Wehrdienst umfasst. Entsprechendes gilt für den Zivildienst[25] sowie der Grenzschutzdienstpflicht[26].

---

[21] Hier insbesondere über die Art. 18-36 VO (EWG) Nr. 1408/71.

[22] So das BSG in einer Entscheidung v. 13.07.2004 - B 1 KR 11/04 R - SozR 4-2500 § 13 Nr. 4. Danach bestand auch vor dem 01.01.2004 grundsätzlich ein Erstattungsanspruch der Versicherten unter europarechtskonformer Auslegung von § 13 Abs. 3 SGB V a.F.

[23] EuGH v. 13.05.2003 - C-385/99 - Slg. 2003, I-04509 - Fauré/van Riet.

[24] Eine ausführliche Übersicht findet sich bei *Peters* in: KassKomm, SGB V, § 16 Rn. 23/24.

[25] Siehe hierzu § 35 ZDG.

[26] Siehe hierzu § 53 Abs. 4 BGSG in der Fassung des Bundesgrenzschutzgesetzes vom 18.08.1972 (BGBl I 1972, 1834).

Einer gesetzlichen Dienstpflicht gleichgestellt werden **besondere Dienstleistungen** nicht wehrpflichtiger früherer Berufssoldaten und Soldaten auf Zeit. Hierzu zählen nach den im Gesetzestext angeführten Vorschriften des Soldatengesetzes: Zeitlich befristete Übungen im Frieden, unbefristete Übungen bei von der Bundesregierung angeordnetem Bereitschaftsdienst, unbefristeter Wehrdienst im Verteidigungsfall sowie die Teilnahme an besonderen Auslandsverwendungen. Dies gilt ebenfalls für die Heranziehung von Soldatinnen zu entsprechenden Dienstleistungen bzw. Übungen. 31

Trotz der Ruhensvorschrift in Absatz 1 Nr. 2 wird nach § 193 SGB V das Fortbestehen einer Mitgliedschaft in der gesetzlichen Krankenversicherung bei Wehr- oder Zivildienst bzw. einer besonderen Dienstpflicht fingiert. Hieraus folgt, dass der unmittelbar aus dem Dienstpflichtverhältnis folgende Leistungsanspruch auf Geld- und Sachbezüge sowie Heilfürsorge den grundsätzlich fortbestehenden Anspruch auf Gewährung medizinischer Leistungen gegenüber der Solidargemeinschaft der gesetzlich Krankenversicherten verdrängt. Dies ist interessengerecht, denn die mit der Ableistung einer Dienstpflicht verbundenen gesundheitlichen Risiken sind finanziell von der Allgemeinheit und nicht von der paritätisch finanzierten gesetzlichen Krankenversicherung aufzufangen. 32

3. Ruhen bei Heilfürsorge oder Entwicklungsdienst (Absatz 1 Nr. 3)

Ein Ruhen der Leistungsansprüche nach der ersten Alternative von Absatz 1 Nr. 3 setzt voraus, dass nach besonderen Vorschriften[27] und für die Dauer eines öffentlich-rechtlichen Dienstverhältnisses bzw. einer Dienstzeit ein Anspruch auf freie Heilfürsorge besteht. Ein solcher Anspruch besteht grundsätzlich zugunsten von Beamten, Richtern und Soldaten sowie Angestellten und Arbeitern des öffentlichen Dienstes. 33

Die herrschende Literaturmeinung verlangt für den Eintritt der Rechtsfolge unter Berufung auf ein Urteil des BSG vom 22.04.1986[28] zusätzlich die tatsächliche Gewährung entsprechender Sachleistungen oder gleichwertiger Leistungen im Krankheitsfall durch den Dienstherrn.[29] Dieser Auffassung ist nicht zuzustimmen. Hiergegen spricht neben dem Gesetzeswortlaut auch der Sinn und Zweck der Vorschrift. Ähnlich wie bei der gesetzlichen Dienstpflicht nach Absatz 1 Nr. 2, sollen die mit der Dienstpflicht aus einem öffentlich-rechtlichen Dienstverhältnis einhergehenden Gesundheitsrisiken finanziell durch die Allgemeinheit und nicht durch die paritätisch finanzierte gesetzliche Krankenversicherung aufgefangen werden. Die Leistungsansprüche aus der gesetzlichen Krankenversicherung sind daher auch dann nachrangig, soweit der Betroffene keine gleichwertigen Leistungen seines Dienstherrn bezieht. 34

Die Gesundheitsfürsorge für Entwicklungsdienstleistende ist nach Maßgabe des EntwicklungshelferG zu gewährleisten.[30] Entsprechend ruhen zur Vermeidung von Doppelleistungen für diese Zeit die Leistungsansprüche aus der gesetzlichen Krankenversicherung. 35

4. Ruhen bei Freiheitsentzug (Absatz 1 Nr. 4)

Ein Ruhen der Leistungsansprüche nach Absatz 1 Nr. 4 setzt neben dem Vollzug einer freiheitsentziehenden Maßnahme voraus, dass der davon Betroffene („soweit der Versicherte als Gefangene") zusätzliche einen Anspruch auf Gesundheitsfürsorge nach dem Strafvollzugsgesetz hat oder eine sonstige Gesundheitsfürsorge erhält. 36

Unter eine **freiheitsentziehende Maßnahme** fallen dabei: 37

- die Untersuchungshaft (§§ 112 ff. StPO) nach Erlass eines Haftbefehls als Sicherungsmaßnahme zur Durchführung eines Strafverfahrens,
- die einstweilige Unterbringung in einem psychiatrischen Krankenhaus oder einer Entziehungsanstalt aus Gründen der öffentlichen Sicherheit nach § 126a StPO und
- der Vollzug einer Freiheitsstrafe (§§ 38 f. StGB) oder – dem gleichgestellt – freiheitsentziehenden Maßregel der Besserung und Sicherung (§§ 61 f. StGB).

---

27 Eine dienstrechtliche Heilfürsorge ist beispielsweise in den §§ 1 Abs. 1 und 3, 30 Abs. 1 SoldatenG, § 69 Abs. 2 BBesG, § 47 BGSG 1972, § 70 Abs. 2 BBesG sowie entsprechenden landesrechtlichen Vorschriften vorgesehen.

28 BSG v. 22.04.1986 - 1/8 RR 25/83 - SozR 2200 § 313 Nr. 9.

29 So *Heinze* in: Gesamtkommentar, SGB V, § 16 Anm. 3a; *Peters* in: KassKomm, SGB V, § 16 Rn. 10; *Wagner* in: Krauskopf, SGB V, § 16 Rn. 10; a.A. *Noftz* in: Hauck/Noftz, SGB V, § 16 Rn. 35.

30 Einzelheiten hierzu in den §§ 1, 7 ff. EhfG.

38 **Anspruch auf Gesundheitsfürsorge** nach dem Strafvollzugsgesetz sehen die §§ 56 ff. StVollzG ausdrücklich nur für Gefangene im Straf- oder Maßregelvollzug vor. Untersuchungshäftlinge, einstweilen Untergebrachte oder Jugendliche im Jugendstrafvollzug werden hiervon nicht erfasst. Sie erhalten nach einem Gemeinsamen Rundschreiben der Spitzenverbände der Krankenkassen vom 09.12.1988[31] eine „sonstige Gesundheitsfürsorge", die im Umfang derjenigen des Strafvollzugsgesetzes entspricht.

39 Nach § 62a StVollzG ruht allerdings dieser Anspruch auf Gesundheitsfürsorge, solange Strafgefangene aufgrund eines freien Beschäftigungsverhältnisses außerhalb der jeweiligen Anstalt[32] krankenversichert sind. Entsprechendes gilt nach § 78 StVollzG für die Gesundheitsfürsorge bei Schwangerschaft und Mutterschaft. In diesen Fällen gehen die nach dem Wortlaut von Absatz 1 Nr. 4 („soweit") nicht ruhenden Leistungsansprüche der Strafgefangenen gegenüber der gesetzlichen Krankenversicherung vor.

40 Schließlich sieht die Gesundheitsfürsorge nach dem StVollzG keinen Anspruch auf Krankengeld oder eine sonstige Lohnersatzleistung vor. Daher ist ein gegenüber der jeweiligen Krankenkasse bestehender Krankengeldanspruch zu erfüllen, wenn ein Versicherter während einer bestehenden Arbeitsunfähigkeit inhaftiert wird.[33] Gleiches gilt, soweit ein Freigänger nach § 39 Abs. 1 StVollzG aufgrund eines abhängigen Beschäftigungsverhältnisses außerhalb der Anstalt einen Anspruch auf Krankengeld nach den §§ 44 ff. SGB V erwirbt und wegen einer Arbeitsunfähigkeit dieser Tätigkeit nicht nachkommen kann.

41 Bei der Auszahlung des Krankengeldes sind die §§ 49, 50 SGB I zu beachten.

5. Ruhen bei Arbeitsunfall (Absatz 2)

42 Ein Ruhen nach Absatz 2 setzt voraus, dass der Versicherte gegenüber den Leistungen der gesetzlichen Krankenversicherung gleichartige Leistungen von einem ausländischen Unfallversicherungsträger erhält. Die Vorschrift ergänzt § 11 Abs. 4 SGB V, wonach kein Anspruch gegen die Krankenkassen bei einem Arbeitsunfall bzw. der daraus resultierenden Leistungsverpflichtung eines (inländischen) Trägers der Gesetzlichen Unfallversicherung besteht.

43 Dabei ist die **Gleichartigkeit** der jeweiligen Leistungen eine Tatbestandsvoraussetzung, weil das Leistungsniveau eines ausländischen Unfallversicherungsträgers nicht dem Standard der inländischen gesetzlichen Krankenversicherung entsprechen muss. Diese Voraussetzung bezieht sich nach dem Wortlaut bzw. dem Sinn und Zweck der Vorschrift nur auf die Art der einzelnen Leistung[34]; eine vollständige Übereinstimmung – etwa in der Leistungshöhe – ist nicht erforderlich. Da weiter der Leistungsanspruch aus der gesetzlichen Krankenversicherung nur ruht, „soweit" Versicherte eine Leistung von einem ausländischen Unfallversicherungsträger erhalten, ist eine mögliche Differenz der gleichartigen Ansprüche, beispielsweise in Leistungshöhe oder –umfang, ggf. durch den inländischen Krankenversicherungsträger auszugleichen.

44 Versicherte **erhalten** Leistungen von einem ausländischen Unfallversicherungsträger im Falle eines tatsächlichen Bezugs. Es reicht nach dem Wortlaut des Gesetzes nicht aus, dass lediglich ein entsprechender Leistungsanspruch besteht. Fehlt es an einem solchen Leistungsbezug, ist die inländische Krankenkasse unter Berücksichtigung der übrigen gesetzlichen Vorschriften leistungspflichtig – auch wenn der Versicherte nach ausländischem Recht notwendige Leistungsanträge nicht gestellt oder u.U. sogar auf seine Ansprüche gegenüber dem ausländischen Unfallversicherungsträger verzichtet hat.[35] Grund hierfür ist die fehlende Berücksichtigung einer solchen (Mitwirkungs-)Pflicht Versicherter in den entsprechenden Vorschriften des Sozialgesetzbuchs Erstes Buch.[36] Auf eine solche Pflicht können sich die inländischen Sozialversicherungsträger – auch vor dem Hintergrund der Rechtsgedanken in den §§ 46 Abs. 2, 60 ff. SGB I – nur berufen, wenn diese über § 31 SGB I durch Gesetz vorgeschrieben wäre. Dies ist aber nicht der Fall.

---

31 Siehe Gemeinsames Rundschreiben der Spitzenverbände der Krankenkassen vom 09.12.1988, S. 39.

32 Siehe hierzu § 39 Abs. 1 StVollzG; sog. Freigänger.

33 So auch *Noftz* in: Hauck/Noftz, SGB V, § 16 Rn. 46; *Peters* in: Kasskomm, SGB V, § 16 Rn. 12; *Wagner* in: Krauskopf, SGB V, § 16 Rn. 14.

34 Diese muss im Ergebnis der jeweiligen Leistungsart der gesetzlichen Krankenversicherung nach § 11 SGB V entsprechen.

35 Dies ist umstritten. Eine a.A. vertritt *Noftz* in: Hauck/Noftz, SGB V, § 16 Rn. 49 m.w.N.

36 Siehe im Einzelnen die §§ 60 ff. SGB I.

6. Ruhen bei Seemännern (Absatz 3)

Ein Ruhen der Leistungsansprüche nach Absatz 3 setzt einen **Fürsorgeanspruch** des Versicherten bei Erkrankung oder Verletzung nach den Bestimmungen des Seemannsgesetzes[37] voraus. 45

Ein solcher Anspruch in Form einer ausreichenden und zweckmäßigen Krankenfürsorge auf Kosten des Reeders besteht nach § 42 SeemG für Besatzungsmitglieder während ihres Aufenthalts an Bord oder außerhalb des Geltungsbereichs des GG. Er umfasst nach § 43 SeemG die Heilbehandlung, Versorgung mit Arznei- und Heilmitteln sowie Verpflegung und Unterbringung des Kranken oder Verletzten und gilt gemäß § 1 SeemG auf allen Kauffahrteischiffen, die nach dem Flaggenrechtsgesetz vom 08.02.1951 die bundesdeutsche Flagge führen. 46

Nach dem Wortlaut von Absatz 3 („soweit durch das SeemG für den Fall der Erkrankung oder Verletzung Vorsorge getroffen ist") besteht ein Vorrang des Fürsorgeanspruchs gegenüber den Leistungsansprüchen in der gesetzlichen Krankenversicherung nur in seinem Umfang nach dem SeemG – beschränkt sich also auf die Leistungen bei Krankheit nach den §§ 27 ff. SGB V. Endet bzw. entfällt die Krankfürsorge des Reeders nach den §§ 47, 50 SeemG, besteht (wieder) zugunsten des jeweiligen Besatzungsmitglieds ein Sachleistungsanspruch im Rahmen der gesetzlichen Bestimmungen gegenüber der See-Krankenkasse. 47

7. Ruhen bei Beitragsrückständen (Absatz 3a)

Ein Ruhen der Leistungsansprüche nach diesem Absatz setzt im Wesentlichen einen Beitragsrückstand des Versicherten trotz Mahnung seiner gesetzlichen Krankenkasse voraus. 48

a. Beitragsrückstände bei Versicherten nach dem Künstersozialversicherungsgesetz (KSVG)

Bei Versicherten nach dem KSVG verweist und ergänzt gleichzeitig Absatz 3a Satz 1 der Vorschrift auf § 16 Abs. 2 KSVG. Entsprechend („nach näherer Bestimmung") ruhen die Leistungsansprüche von gesetzlich krankenversicherten Künstlern, wenn 49

- ein Rückstand in Höhe von zwei Beitragsanteilen entstanden ist,
- der Versicherte eine Mahnung mit einem Hinweis auf die Rechtsfolgen einer Ruhensfeststellung erhalten hat,
- der verbliebene Rückstand noch zwei Wochen nach der Mahnung höher als der Beitragsanteil für einen Monat ist und
- die Künstlersozialkasse das Ruhen der Leistungen feststellt, wobei das Ruhen drei Tage nach Zugang des Bescheides beim Versicherten eintritt.

Nach dem Gesetzeswortlaut bezieht sich das Ruhen bei Beitragsrückständen auf sämtliche Leistungsansprüche der Künstler – im Unterschied zu den Ansprüchen der Versicherten nach Absatz 3a Satz 2, bei denen Leistungen zur Behandlung akuter Erkrankungen und Schmerzzustände sowie bei Schwangerschaft und Mutterschaft von der Rechtsfolge des Ruhens ausgenommen sind. Eine sachliche Rechtfertigung für diese unterschiedliche Handhabung innerhalb der Gruppe der gesetzlich Krankenversicherten ist auch vor dem ursprünglichen Beweggrund des Gesetzgebers zur Einführung einer Ruhensregelung bei Beitragsrückständen in der Künstlersozialversicherung nicht zu erkennen.[38] 50

b. Beitragsrückstände bei Versicherten nach den §§ 5 und 9 SGB V

Für alle sonst Versicherungspflichtigen und -berechtigten in der GKV ist in Absatz 3a Satz 2 ein Ruhen der Leistungsansprüche vorgesehen, soweit sie mit einem Betrag in Höhe von Beitragsanteilen für zwei Monate im Rückstand sind und trotz Mahnung diesen Rückstand nicht ausgleichen. Absatz 3a Satz 1 und damit auch der Verweis auf § 16 Abs. 2 KSVG gilt dann entsprechend. 51

Die durch das GKV-Wettbewerbsstärkungsgesetz[39] (GKV-WSG) eingeführte Neuregelung bezieht sich nach Wortlaut, Entstehungsgeschichte und ihrer Stellung im Gesetz auf **alle Versicherten** in der GKV, die mit Beitragszahlungen in Rückstand geraten sind. Zwar ist aus Sicht des Gesetzgebers die Ergänzung von Absatz 3a um Satz 2 lediglich eine Folgeänderung zur Einführung einer Versicherungspflicht nach § 5 Abs. 1 Nr. 13 SGB V und der Abschaffung der Kündigungsmöglichkeit in § 191 Satz 1 Nr. 3 SGB V a.F., dennoch soll dadurch das Synallagma zwischen Beitragszahlung und Leis- 52

---

[37] SeemG v. 26.07.1957 (BGBl II 1957, 713).

[38] So bereits *Noftz* in: Hauck/Noftz, SGB V, § 16 Rn. 62.

[39] BGBl I 2007, 378.

tungsgewährung in Form einer spürbaren Konsequenz über die Erhebung vom Säumniszuschlägen hinaus für „den Versicherten“[40] betont werden. Ein Großteil der Beitragszahlungen im Bereich der GKV erfolgt allerdings nicht durch die Versicherten selbst, sondern durch Dritte (z.B. durch den Arbeitgeber nach § 28e SGB IV i.V.m. § 253 SGB V). Sinn und Zweck der Regelung beschränken deren Anwendungsbereich daher entgegen dem weiter gefassten Wortlaut auf Beitragsrückstände, die durch ausleibende und **von den Versicherten selbst zu zahlende Beitragsanteile** entstanden sind. Dabei müssen die nicht gezahlten Beitragsanteile einen Rückstand in Höhe von zwei Monatsbeiträgen unter Berücksichtigung aller beitragspflichtigen Einnahmen des Versicherten ergeben.

53 Allerdings ruhen bei einem entsprechend § 16 Abs. 2 KSVG abgemahnten Beitragsrückstand (zu den Voraussetzungen siehe Rn. 49) nicht alle Leistungsansprüche der Versicherten. Ausdrücklich ausgenommen hiervon sind medizinische Leistungen, die zur Behandlung **akuter Erkrankungen** und **Schmerzzustände** sowie bei **Schwangerschaft und Mutterschaft** erforderlich sind. Ferner endet das Ruhen aufgrund eines Beitragsrückstands, wenn Versicherte **hilfebedürftig** im Sinne des Zweiten oder Zwölften Buchs Sozialgesetzbuch werden, um der damit entstandenen besonderen Situation der Versicherten gerecht zu werden und ein Ruhen auf Dauer zu vermeiden.[41]

54 Anders als den Versicherten nach dem KSVG (vgl. hierzu Rn. 50) bleibt damit den Versicherungspflichtigen und -berechtigten nach den §§ 5, 9 SGB V ein (wenn auch deutlich reduzierter) Teil ihres medizinischen Versorgungsanspruchs im Falle eines abgemahnten Beitragsrückstands erhalten. Dabei zeigt bereits der Gesetzeswortlaut („akute Erkrankungen“), dass die Leistungen der GKV gemäß § 11 Abs. 1 Nr. 2 und 3 SGB V zur Verhütung von Krankheiten und deren Verschlimmerung sowie zur Empfängnisverhütung, bei Sterilisation und bei Schwangerschaftsabbruch sowie zur Früherkennung von Krankheiten nicht unter den Ausnahmetatbestand fallen. Lediglich die nach den §§ 27-52 SGB V erforderlichen medizinischen Leistungen zur Behandlung einer (akuten) Krankheit bleiben den Versicherten (vollständig) erhalten. Zu beachten ist in diesem Zusammenhang weiter, dass der Gesetzgeber den Ausnahmetatbestand nahezu vollständig aus § 4 Abs. 1, 2 Asylbewerberleistungsgesetz (AsylbLG) übernommen hat.[42] Dort ist mittlerweile in der verwaltungsrechtlichen Rechtsprechung anerkannt, dass die Behandlung einer chronischen Erkrankung – selbst wenn ein unaufschiebbarer Behandlungsbedarf vorliegen sollte – nicht zu dem Behandlungsanspruch der Asylbewerber zählt.[43] Anhaltspunkte dafür, dass für säumige Beitragszahler im Bereich der GKV etwas anders gelten könnte, sind nicht ersichtlich. Erst wenn medizinische Leistungen zur Behandlung von Schmerzzuständen erforderlich werden, ist nach dem Gesetzeswortlaut eine Abgrenzung zwischen chronischen und akuten Erkrankungen nicht erforderlich.

55 Hinsichtlich der weiteren Ausnahmetatbestände kann auf die gesetzlichen Regelungen zur Schwangerschaft und Mutterschaft in den §§ 195-200 RVO bzw. zur Hilfebedürftigkeit in § 9 SGB II, § 19 SGB XII verwiesen werden.

8. Ruhen bei Arbeitsunfähigkeit (Absatz 4)

56 In Absatz 4 der Vorschrift ist eine Ausnahme von Absatz 1 Nr. 1 (Ruhen bei Auslandsaufenthalt) geregelt. Danach ist ein Bezug von Krankengeld auch möglich, soweit sich der Versicherte mit Zustimmung seiner Krankenkasse außerhalb der Bundesrepublik Deutschland aufhält.

57 Der Ausnahmetatbestand ist allerdings sprachlich unklar gefasst. Aus dessen Wortlaut ergibt sich nicht eindeutig, ob die Arbeitsunfähigkeit des Versicherten sowie die Zustimmung seiner Krankenkasse zu dem Auslandsaufenthalt vor Antritt der Reise vorliegen müssen oder bei einer im Ausland eintretenden Arbeitsunfähigkeit die erforderliche Zustimmung auch nachträglich eingeholt werden kann. Die herrschende Literaturmeinung[44] sowie die Rechtsprechung[45] erkennen zumindest die Möglichkeit einer nachträglichen Zustimmung an. Dieser Auffassung ist zu folgen. Sinn und Zweck der Ausnahmeregelung ist es, eine ungerechtfertigte Inanspruchnahme von Krankengeld zu vermeiden und damit den Schwierigkeiten bei der Feststellung einer Arbeitsunfähigkeit in Fällen mit Auslandsberührung Rech-

[40] So der Bericht des Ausschusses für Gesundheit vom 01.02.2007, BT-Drs. 16/4247, S. 43.

[41] Bericht des Ausschusses für Gesundheit vom 01.02.2007, BT-Drs. 16/4247, S. 43.

[42] Bericht des Ausschusses für Gesundheit vom 01.02.2007, BT-Drs. 16/4247, S. 43.

[43] Siehe hierzu *Hohm* in: GK-AsylbLG, § 4 Rn. 20 ff. mit zahlreichen weiteren Nachweisen.

[44] *Mengert* in: Peters, Handbuch KV (SGB V), § 16 Rn. 78; *Noftz* in: Hauck/Noftz, SGB V, § 16 Rn. 66 f. m.w.N.; a.A. *Wagner* in: Krauskopf, SGB V, § 16 Rn. 19.

[45] LSG Nordrhein-Westfalen v. 30.01.1996 - L 5 KR 102/95; LSG Berlin v. 22.03.2000 - L 9 KR 69/98 - NZS 2000, 462.

nung zu tragen. Um dies zu gewährleisten, ist ein generelles Ruhen des Krankengeldanspruchs bei fehlender Zustimmung der Krankenkasse vor Urlaubsantritt nicht erforderlich. Es ist ausreichend, dem Versicherten die Feststellungslast für das Vorliegen der während eines Auslandsaufenthalts eingetretenen Arbeitsunfähigkeit abzuverlangen.

Die **Zustimmung** ist als Verwaltungsakt neben den Voraussetzungen des § 33 SGB X an keine Form gebunden und steht als Ausnahmeregelung von Absatz 1 Nr. 1 im Ermessen der jeweiligen Krankenkasse. Im Rahmen der Ermessensentscheidung sind die Interessen des Versicherten (Rückkehr ins Inland möglich und zumutbar, Behandlungsmöglichkeiten vor Ort und im Inland) und die der Solidargemeinschaft der Krankenversicherten (Feststellung und laufende Überprüfung der Arbeitsunfähigkeit) zu berücksichtigen. Ggf. kann die Entscheidung der Krankenkasse nach § 32 Abs. 2 SGB X mit einer Nebenbestimmung versehen werden. 58

IV. Rechtsfolgen

Gemeinsame Rechtsfolge von § 16 SGB V ist – von der Ausnahmeregelung in Absatz 4 abgesehen – das Ruhen der Leistungsansprüche gesetzlich Krankenversicherter. Ruhen bedeutet hier, dass ein dem Grunde nach bestehender Leistungsanspruch nicht verwirklicht werden kann. 59

Begrifflich setzt dabei das Ruhen eines Leistungsanspruchs dessen Entstehung nach § 40 SGB I sowie dessen Fälligkeit nach § 41 SGB I voraus. Der Bestand des Leistungsanspruchs bleibt unberührt; er ist weder gemäß § 19 SGB V erloschen, noch gemäß den §§ 51, 52 SGB V weggefallen bzw. eingeschränkt. Entsprechend wird bei laufenden Leistungen, wie z.B. dem Krankengeld, nach den §§ 44 ff. SGB V das Ruhen des Anspruchs auf dessen Leistungsdauer angerechnet. 60

Der Anwendungsbereich der Vorschrift erstreckt sich auf alle Leistungsarten[46], die im Dritten Kapitel des SGB V vorgesehen sind – und zwar unabhängig von deren Beschaffenheit[47]. Auch Kostenerstattungsansprüche, soweit sie dem Grunde nach bestehen, können „ruhen".[48] 61

Schließlich ruht nach dem Wortlaut der Vorschrift nur der Leistungsanspruch desjenigen Versicherten, der in seiner Person die Voraussetzungen eines der Ruhenstatbestände in § 16 SGB V erfüllt. Die Ansprüche Familienversicherter nach § 10 SGB V bleiben dagegen unberührt, soweit, bezogen auf ihre Person, die Tatbestandsvoraussetzungen für ein Ruhen nicht gegeben sind. 62

---

[46] Eine Übersicht über die einzelnen Leistungsarten der gesetzlichen Krankenversicherung bietet § 11 SGB V. Zu ergänzen ist der dort aufgeführte Katalog lediglich um den Anspruch auf Erstattung von Fahrtkosten nach § 60 SGB V.

[47] Gemeint ist die Beschaffenheit als Dienst-, Sach- oder Geldleistung gemäß § 11 SGB I.

[48] Siehe hierzu BT-Drs. 11/2237 zu § 16 Abs. 1 Nr. 1 SGB V.

§ 17 SGB V Leistungen bei Beschäftigung im Ausland

(Ursprünglich kommentierte Fassung vom 21.03.2005, gültig ab 30.03.2005, gültig bis 27.12.2007)

(1) Mitglieder, die im Ausland beschäftigt sind und während dieser Beschäftigung erkranken, erhalten die ihnen nach diesem Kapitel und nach den Vorschriften des Zweiten Abschnitts des Zweiten Buches der Reichsversicherungsordnung zustehenden Leistungen von ihrem Arbeitgeber. Satz 1 gilt entsprechend für die nach § 10 versicherten Familienangehörigen, soweit sie das Mitglied für die Zeit dieser Beschäftigung begleiten oder besuchen.

(2) Die Krankenkasse hat dem Arbeitgeber die ihm nach Absatz 1 entstandenen Kosten bis zu der Höhe zu erstatten, in der sie ihr im Inland entstanden wären.

(3) Die See-Krankenkasse hat dem Reeder die Aufwendungen zu erstatten, die ihm nach § 48 Abs. 2 des Seemannsgesetzes entstanden sind.

§ 17 SGB V Leistungen bei Beschäftigung im Ausland

(Fassung vom 19.12.2007, gültig ab 28.12.2007)

(1) Mitglieder, die im Ausland beschäftigt sind und während dieser Beschäftigung erkranken, erhalten die ihnen nach diesem Kapitel und nach den Vorschriften des Zweiten Abschnitts des Zweiten Buches der Reichsversicherungsordnung zustehenden Leistungen von ihrem Arbeitgeber. Satz 1 gilt entsprechend für die nach § 10 versicherten Familienangehörigen, soweit sie das Mitglied für die Zeit dieser Beschäftigung begleiten oder besuchen.

(2) Die Krankenkasse hat dem Arbeitgeber die ihm nach Absatz 1 entstandenen Kosten bis zu der Höhe zu erstatten, in der sie ihr im Inland entstanden wären.

(3) *Die zuständige Krankenkasse* hat dem Reeder die Aufwendungen zu erstatten, die ihm nach § 48 Abs. 2 des Seemannsgesetzes entstanden sind.

Hinweis: § 17 SGB V in der Fassung vom 21.03.2005 wurde durch Art. 5 Nr. 2 des Gesetzes vom 19.12.2007 (BGBl I 2007, 3024) i.V.m. der Bek. vom 28.12.2007 (BGBl I 2007, 3305) mit Wirkung vom 28.12.2007 geändert. Die Autoren passen die Kommentierungen bei Bedarf an die aktuelle Rechtslage durch Aktualisierungshinweise an.

Gliederung

A. Basisinformationen

I. Gesetzgebungsmaterialien

1 § 17 SGB V ist seit 1989 Bestandteil des Gesetzes. Die ursprüngliche Version bei der Einführung des Gesetzentwurfs enthielt keine Regelung für die Versicherung der Familienangehörigen des Arbeitneh-

mers, die sich nach dieser Konzeption selbst versichern mussten.[1] Auf Empfehlung des Ausschusses für Arbeit und Sozialordnung wurde dann Absatz 1 Satz 2 eingeführt,[2] der vor dem Hintergrund des Art. 6 GG der Sicherung auch der Familienangehörigen bei einem Arbeitsaufenthalt im Ausland dienen sollte.[3] Durch Gesetz vom 20.12.1991 wurde § 17 SGB V mit Wirkung vom 01.01.1992 neu gefasst. Aus der ursprünglichen Formulierung „außerhalb des Geltungsbereichs dieses Gesetzbuchs“ bzw. „im Geltungsbereich dieses Gesetzbuchs“ wurde „im Ausland“ bzw. „Inland“.[4]

II. Vorgängervorschriften

Mit der Neuregelung in § 17 SGB V wurden die §§ 221, 222, 487 RVO in das SGB V übernommen und überarbeitet. Im Gegensatz zu § 17 Abs. 1 SGB V enthielt § 221 RVO zwar die Regelung, dass der Arbeitgeber im Falle der Auslandstätigkeit seiner Arbeitnehmer Leistungsaushilfe leisten muss. Zusätzlich sah die Vorgängervorschrift eine Anzeigepflicht des Arbeitgebers gegenüber der Krankenkasse innerhalb von einer Woche nach Eintritt des Versicherungsfalls und seine Verpflichtung vor, die Wünsche der Kasse bei der Leistungsgewährung zu berücksichtigen. Die Kasse hatte die Möglichkeit, die Leistung („Fürsorge“) selbst zu übernehmen. Eine Regelung für die Absicherung von Familienangehörigen enthielt § 221 RVO nicht. § 17 Abs. 2 SGB V hat § 222 RVO ersetzt. Auch dort war der Erstattungsanspruch des Arbeitgebers gegen die Krankenkasse vorgesehen. Auch insofern war er auf die Höhe der im Inland vom Arbeitnehmer zu beanspruchenden Leistungen beschränkt. § 222 Satz 2 RVO ermöglichte zusätzlich die Festlegung von Pauschalbeträgen für die Erstattung gegenüber Arbeitgebern mittels Rechtsverordnung des Bundesministers für Arbeit und Sozialordnung. § 17 Abs. 3 SGB V schließlich ist an die Stelle des § 487 Abs. 2 RVO getreten, der inhaltsgleich übernommen wurde.[5] 2

III. Parallelvorschriften

1. Andere Gebiete des besonderen Sozialversicherungsrechts

Eine Interessenlage, die derjenigen des § 17 SGB V entspricht, besteht in den anderen Gebieten des besonderen Sozialrechts nicht oder nur bedingt. Im Rahmen der gesetzlichen Unfallversicherung haben Leistungsberechtigte, die ihren gewöhnlichen Aufenthalt im Ausland haben, gemäß § 97 SGB VII Anspruch auf Geldleistungen an ihrem (ausländischen) Aufenthaltsort. Für die übrigen Leistungen steht ihnen ein Anspruch auf angemessene Kostenerstattung zu. Das SGB XI sieht in § 34 das Ruhen der Ansprüche aus der gesetzlichen Pflegeversicherung bei Auslandsaufenthalten von mehr als sechs Wochen Dauer vor. Eine Eintrittspflicht eines Dritten ist im Gesetz nicht enthalten. Während in der Rentenversicherung die Rentenzahlung im Prinzip nach § 110 SGB VI auch im Ausland möglich ist, sehen das SGB II, III und XII einen Leistungsanspruch im Grundsatz nur im Inland vor. § 7 SGB II z.B. knüpft den Anspruch auf Arbeitslosengeld II an einen gewöhnlichen Aufenthalt im Inland; nach § 24 SGB XII ist die Leistung der Sozialhilfe für Personen, die ihren gewöhnlichen Aufenthalt im Ausland haben – von strengen Ausnahmen abgesehen – ausgeschlossen. 3

2. Europäisches Gemeinschaftsrecht und Recht des Europäischen Wirtschaftsraums

§ 17 SGB V ist nur anwendbar, sofern nicht das Recht der Europäischen Gemeinschaften, auf das im Abkommen zum Europäischen Wirtschaftsraum insofern in Bezug genommen wird, besondere Regeln vorsieht. Nach § 30 Abs. 2 SGB I hat das primäre (EG-Vertrag), aber auch das sekundäre Gemeinschaftsrecht (Verordnungen, Richtlinien) Vorrang vor dem innerstaatlichen Recht. Bei die europäischen Binnengrenzen überschreitenden Sachverhalten finden deshalb nicht die §§ 16 und 17 SGB V, sondern entweder die Leistungsansprüche gegen einen fremden Krankenversicherungsträger oder § 13 SGB V Anwendung. Welches Recht im konkreten Fall maßgeblich ist, bestimmt sich nach den Regelungen der EWGV 1408/71 und – ab deren Geltung mit In-Kraft-Treten einer entsprechenden Ausführungsverordnung – der EGV 883/2004. 4

---

[1] BT-Drs. 11/2237, S. 165.
[2] BT-Drs. 11/3320, S. 13.
[3] BT-Drs. 11/3480, S. 13.
[4] BGBl I 1991, 2325.
[5] BT-Drs. 11/2237, S. 165.

5 Ergänzend und korrigierend sind insbesondere die Grundfreiheiten aus dem EG-Vertrag heranzuziehen.[6] Danach haben Versicherte unter bestimmten Umständen unmittelbar Ansprüche auf Kostenerstattung gegen ihre Krankenkasse für im EU-Ausland in Anspruch genommene Sachleistungen aus der **Dienstleistungsfreiheit,** der **Freizügigkeit der Arbeitnehmer** und der **Warenverkehrsfreiheit**. Deshalb können Krankenkassen ihren Versicherten z.B. kein Genehmigungserfordernis für ambulante Behandlungen im EG-Ausland entgegenhalten. Allerdings müssen sie nur solche Leistungen erstatten, die sich auch bei einer Behandlung im Inland ergeben hätten.[7] Bei stationären Krankenhausbehandlungen kann die Krankenkasse die Behandlung in einem Krankenhaus im europäischen Ausland mit Rücksicht auf die Notwendigkeit, eine funktionsfähige Versorgung (Rechtfertigung durch den Gesundheitsschutz) aufrechtzuerhalten, nach wie vor beschränken. Diese vom EuGH zu Art. 28 ff. und 59 ff. EG und vom BSG zu den §§ 13 Abs. 3 und 18 a.F. SGB V entwickelten Grundsätze haben nunmehr Eingang in § 13 Abs. 4-6 SGB V gefunden, der die Kostenerstattung für im EG- bzw. EWR-Ausland in Anspruch genommene ambulante Leistungen grundsätzlich ermöglicht. Auch hier sind Ausnahmen insbesondere bei besonderen Erstattungsregelungen zwischen den Trägern vorgesehen. Bei stationären Leistungen gelten besondere Regeln, § 13 Abs. 5 SGB V.

6 Darüber hinaus enthält die derzeit noch anzuwendende **EWGV 1408/71** Vorschriften über das anwendbare Recht in der gesetzlichen Krankenversicherung. Nach den Art. 18 ff. EWGV 1408/71 haben im Ausland wohnende Beschäftigte und ihre Familienangehörigen im Grundsatz einen Anspruch auf Gewährung von Sachleistungen auf Kosten des Beschäftigungsstaats gegen den Träger des Wohnstaats, so dass ein Leistungsanspruch gegen den Arbeitgeber daneben nicht in Betracht kommen kann. Als Wohnort ist dabei in Art. 1 lit. h EWGV 1408/71 der Ort des gewöhnlichen Aufenthalts definiert. Bei (vorübergehendem) Aufenthalt im Staat der Erwerbstätigkeit (im Fall des § 17 SGB V also in der Bundesrepublik Deutschland) hat der Beschäftigte außerdem einen Anspruch unmittelbar gegen den Träger im Beschäftigungsstaat (entsprechend den deutschen allgemeinen Regeln). Für Familienangehörige setzt Art. 20 EWGV 1408/71 für eine Behandlung im Staat der Beschäftigung des Stammversicherten eine Vereinbarung zwischen Wohn- und Beschäftigungsstaat bzw. eine Genehmigung der Krankenkasse im Beschäftigungsstaat voraus. Im Übrigen trifft Art. 22 EWGV 1408/71 eine differenzierte Regelung bei vorübergehenden Aufenthalten in anderen Mitgliedstaaten, die allerdings in keinem Fall eine Eintrittspflicht des Arbeitgebers beinhaltet, sondern entweder eine Leistungsaushilfe seitens eines ausländischen Trägers oder die Kostenerstattung der inländischen Krankenkasse an den Versicherten vorsieht. Die Sachleistungsaushilfe durch den Träger am Wohn- oder Aufenthaltsort wird durch Ausstellung der Formulare E 106 oder E 111 entsprechend der EWGV 574/72 durch den Träger des Beschäftigungsortes (deutsche Krankenkasse) und gegebenenfalls Einschreibung beim Träger des Wohnorts (ausländische Krankenversicherung) realisiert.

7 Die **EGV 883/2004** sieht ähnliche Regelungen vor. Titel III Kapitel 1 beschäftigt sich mit den Leistungen bei Krankheit und Mutterschaft. Im ersten Abschnitt (Art. 17-22) werden Regelungen zu Leistungen für Versicherte und ihre Familienangehörigen mit Ausnahme der Rentner und deren Familienangehörigen getroffen. Die Vorschriften für Rentner und deren Familienangehörige befinden sich im zweiten Abschnitt (Art. 23-30), dem sich ein Abschnitt mit gemeinsamen Vorschriften anschließt. Die EGV 883/2004 ist anzuwenden, sobald eine entsprechende Durchführungsverordnung erlassen wurde.

---

[6] Vgl. dazu die inzwischen umfangreiche Rechtsprechung des EuGH v. 28.04.1998 - C-158/96 - SozR 3-6030, Art. 59 Nr. 5 = NJW 1998, 1771 - Kohll und EuGH v. 28.04.1998 - C-120/95 - SozR 3-6030 Art. 30 Nr. 1 = NJW 1998, 1769 zum Anspruch auf grenzüberschreitende Versorgung mit Heil- und Hilfsmitteln sowie ambulante zahnärztliche Versorgung; EuGH v. 12.07.2001 - C-157/99 - SozR 3-6030, Art. 59 Nr. 6 - Smits/Peerboms zum Anspruch auf Krankenhausbehandlung im EU-Ausland; EuGH v. 13.05.2003 - C-385/99 - SozR 4-6020, Art. 59 Nr. 1 - Müller-Fauré/van Riet zum Anspruch auf grenzüberschreitende stationäre Versorgung; EuGH v. 23.10.2003 - C-56/01 - SozR 4-6050, Art. 22 Nr. 2 zur stationären Krankenhausbehandlung; EuGH v. 11.12.2003 - C-322/01 - NZS 2004, 85 - Doc Morris zum grenzüberschreitenden Handel mit Arzneimitteln; dazu im Einzelnen die Kommentierung zu § 13 SGB V und die Kommentierung zu § 18 SGB V.

[7] BSG v. 24.09.1996 - 1 RK 26/95 - SozR 3-2500 § 30 Nr. 8 und BSG v. 16.06.1999 - B 1 KR 5/98 R - SozR 3-2400 § 3 Nr. 6 - BSGE 84, 98 zur Krankenversicherung der Rentner; BSG v. 23.02.1999 - B 1 KR 1/98 R - SozR 3-2500 § 60 Nr. 3 - BSGE 83, 285 und BSG v. 07.05.2002 - B 1 KR 57/99 B zum Anspruch auf Rücktransport aus einem EU-Staat; BSG v. 09.10.2001 - B 1 KR 26/99 R - SozR 3-2500 § 18 Nr. 8 - BSGE 89, 34, BSG v. 18.05.2004 - B 1 KR 21/02 R - SozR 4-2500 § 31 Nr. 1 und BSG v. 13.07.2004 - B 1 KR 33/02 R und B 1 KR 11/04 R, B 1 KR 14/04 R, B 1 KR 15/04 R - SozR 4-2500 § 13 Nr. 3 zum Anspruch auf grenzüberschreitende ambulante Krankenbehandlung.

Art. 17 EGV 883/2004 (Art. 19a und 20 EWGV 1408/71) sieht als Grundsatz einen Anspruch auf Sachleistungen im Wohnsitzstaat auf Rechnung des zuständigen Trägers (in der Regel im Beschäftigungsstaat) vor. Nach Art. 18 Abs. 1 EGV 883/2004 hat der Versicherte selbst zusätzlich Anspruch auf Leistungen in dem zuständigen Staat (in der Regel also im Beschäftigungsstaat, der Bundesrepublik Deutschland), so als ob er dort wohnte. Im Grundsatz gilt das nach Art. 18 Abs. 2 EGV 883/2004 auch für die Familienangehörigen des Versicherten. Eine Ausnahme gilt insofern in Fällen, in denen zuständiger Staat Dänemark, Spanien, Irland, die Niederlande, Frankreich, Schweden oder das Vereinigte Königreich ist. Dort bleibt es bei dem Grundsatz, dass Sachleistungen nur im Wohnsitzstaat zu erbringen sind, es sei denn, es liegen die Voraussetzungen des Art. 19 EGV 883/2004 vor. Danach werden bei einem vorübergehenden Aufenthalt in anderen Mitgliedstaaten als dem Wohnsitzstaat Sachleistungen gewährt, die sich als medizinisch notwendig erweisen. Als Kriterien für die medizinische Notwendigkeit werden die Art der Leistungen und die voraussichtliche Dauer des Aufenthalts genannt. Die Notwendigkeit einer unverzüglichen Leistung – wie in Art. 22 Abs. 1 lit. a EWGV 1408/71 – ist nicht mehr Voraussetzung. Art. 20 EGV 883/2004 sieht – wie Art. 22 Abs. 1 lit. c EWGV 1408/71 – weiterhin das Genehmigungserfordernis für Reisen zur Inanspruchnahme von Leistungen im Ausland vor. Die Voraussetzungen für die Erteilung der Genehmigung in Art. 20 Abs. 2 Satz 2 EGV 883/2004 entsprechen weitestgehend denjenigen, die auch Art. 22 Abs. 2 Unterabs. 2 EWGV 1408/71 vorsieht. Art. 21 EGV 883/2004 regelt die Gewährung von Geldleistungen entsprechend Art. 19 Abs. 1 lit. b und 23 EWGV 1408/71. 8

3. Zwischenstaatliche Übereinkommen

Darüber hinaus kann die Anwendung von § 17 SGB V auch durch andere zwischenstaatliche Abkommen ausgeschlossen sein. So ist zum Beispiel zwischen Deutschland und der **Schweiz** ebenfalls die EWGV 1408/71 anzuwenden, sofern sie im Abkommen zwischen der Schweiz und der EU über die Freizügigkeit für anwendbar erklärt worden ist.[8] 9

Im Abkommen über den **Europäischen Wirtschaftsraum** wird ebenfalls die EWGV 1408/71 für anwendbar erklärt, so dass deren Regeln auch im Verhältnis zu Norwegen, Liechtenstein und Island gelten.[9] 10

Von den **bilateralen Sozialversicherungsabkommen** der Bundesrepublik Deutschland bezieht sich nur ein Teil auch auf die gesetzliche Krankenversicherung.[10] Das Abkommen zwischen **Kroatien** und Deutschland[11] sieht z.B. eine Gleichstellung von Aufenthalten in Deutschland mit denjenigen in Kroatien vor. Nach Art. 16 des Abkommens gilt das aber bei Personen, die, nachdem der Versicherungsfall in der gesetzlichen Krankenversicherung eingetreten ist, in den anderen Abkommensstaat reisen wollen, nur nach Genehmigung der zuständigen Krankenkasse. Bei vorübergehendem Aufenthalt im anderen Abkommensstaat muss eine Notfallbehandlung vorliegen, um den Anspruch gegen den Träger im anderen Staat auszulösen. Nach Art. 17 des Abkommens gewährt der Träger des Aufenthaltsstaats dem Grundsatz nach Sachleistungsaushilfe wie innerhalb des EWR.[12] Ähnliche Regelungen enthalten die Abkommen mit **Marokko**[13] und **Tunesien**[14]. 11

Art. 11 ff. des Abkommens zwischen Deutschland und der **Türkei** von 1964[15] enthalten Vorschriften zu den Leistungen im Krankheitsfall bei bilateralen Sachverhalten. Nach Art. 12 des Abkommens kann sich ein kranker Versicherter mit Genehmigung des zuständigen Trägers in den anderen Vertragsstaat begeben und behält dennoch seinen Leistungsanspruch. Art. 13 regelt den Anspruch bei Notfällen auf dem Gebiet des Staates, in dem die Krankenversicherung nicht besteht. Der Versicherte hat einen Anspruch gegen seine Krankenkasse im Versicherungsstaat, der im Wege der Sachleistungsaushilfe durch den dort näher bezeichneten Träger des Aufenthaltsstaats gewährt wird (Art. 14 des Abkommens). Geldleistungen gewährt der Träger im Versicherungsstaat (Art. 16 des Abkommens). Bei Angehörigen 12

[8] Abkommen zwischen der Europäischen Gemeinschaft und ihren Mitgliedstaaten einerseits und der Schweizerischen Eidgenossenschaft andererseits über die Freizügigkeit, ABl. EG Nr. L 114 v. 30.04.2002, S. 6.

[9] ABl. EG Nr. L 1 v. 03.01.1994, S. 1, Sartorius II Nr. 310.

[10] Vgl. zu den bilateralen Abkommen der Bundesrepublik und ihrem Geltungsbereich *Padé* in: jurisPK-SGB IV, § 6 Rn. 60 ff.

[11] BGBl II 1998, 2032.

[12] Zu den im Einzelnen notwendigen Bescheinigungen s. *Wröbel*, SVFAng 1998, 107, 58 ff.

[13] Abkommen v. 25.03.1981, BGBl II 1986, 550.

[14] Abkommen v. 16.04.1984, BGBl II 1986, 582.

[15] Abkommen v. 16.04.1964, BGBl II 1965, 1169.

besteht nur ein Anspruch gegen den Versicherungsträger am Ort des gewöhnlichen Aufenthalts. Diese Regelungen wurden durch das Zusatzabkommen vom 02.11.1984[16] teilweise modifiziert. Dort wurde eine Gleichstellung der Staatsangehörigen der beiden Vertragsstaaten einschließlich derjenigen Personen, die von Staatsangehörigen Rechte ableiten, festgelegt. Nach Art. 4a des Zusatzabkommens gilt die Abhängigkeit einer Leistung vom Aufenthalt im Vertragsstaat nicht bei Aufenthalt im anderen Vertragsstaat. Mit anderen Worten ist die Wirkung des § 16 SGB V damit ausgeschlossen, so dass auch § 17 SGB V grundsätzlich keine Anwendung finden kann. Allerdings gilt das bei Aufenthaltswechsel während einer Krankheit nur für Fälle einer vorherigen Genehmigung der (in diesem Fall) deutschen Krankenkasse oder bei Notfällen. Insofern wird nach Art. 15 weiterhin Sachleistungsaushilfe gewährt. § 17 SGB V bleibt demnach anwendbar auf Fälle außerhalb der Notfallbehandlung und des genehmigten Umzugs während der Behandlung einer Krankheit.

13 Das Abkommen mit **Israel**[17] enthält keine besonderen Vorschriften zur gesetzlichen Krankenversicherung, umfasst diese aber nach seinem Art. 2. Es regelt allerdings die Amtshilfe in seinem Art. 23 allgemein und gibt bei deutschen Arbeitgebern in Israel angestellten deutschen Ortskräften die Möglichkeit, die deutsche Krankenversicherung zu wählen und die israelische auszuschließen.[18]

14 Soweit die bilateralen Abkommen[19] **keine Regelungen zur Krankenversicherung** treffen, bleibt § 17 SGB V anzuwenden.

IV. Systematische Zusammenhänge

15 § 17 SGB IV enthält eine der Ausnahmen zum Ruhen des Leistungsanspruchs bei Aufenthalten im Ausland. Der Grundsatz findet sich in § 16 SGB V, der das Ruhen des Leistungsanspruchs gegen die gesetzliche Krankenversicherung bei Aufenthalt im Ausland anordnet. Eine wichtige Ausnahme regelt der zum 01.01.2004 neu eingeführte § 13 Abs. 4-6 SGB V. Danach haben Versicherte bei Aufenthalt in einem EG- oder EWR-Mitgliedstaat Ansprüche auf Leistungen aus der gesetzlichen Krankenversicherung nach den dort festgelegten Regeln. Daraus folgt, dass sowohl die Ruhensregel des § 16 SGB IV als auch die Leistungsaushilfe im § 17 SGB IV nur für Fälle außerhalb des Geltungsbereichs des EG-Vertrags und des Abkommens über den Europäischen Wirtschaftsraum (EWR) gelten. Neben § 17 SGB V regelt auch § 18 SGB V eine Ausnahme vom Ruhen der Leistungsberechtigung aus der gesetzlichen Krankenversicherung bei Aufenthalt im Ausland. Während § 17 SGB V an die Beschäftigung im Ausland anknüpft, erfasst § 18 SGB V andere Aufenthaltsgründe als die Beschäftigung und macht die Erstattung von Leistungen von besonderen Notwendigkeitskriterien abhängig.

V. Ausgewählte Literaturhinweise

16 *Fuchs*, Das neue Recht der Auslandskrankenbehandlung, NZS 2004, 225-230; *Gemeinsame Arbeitsgruppe der Länder*, Bericht zu den Auswirkungen der Rechtsprechung des EuGH zur Erstattung von Kosten für Medizinprodukte und Behandlungen im EU-Ausland durch nationale Krankenversicherungsträger, ZfSH/SGB 1999, 621-640; *Merkens*, Grenzüberschreitende Gesundheitsversorgung, Markt und Wettbewerb 2000, 257-262; *Pitschas*, Das Territorialitätsprinzip im Sachleistungssystem der gesetzlichen Krankenversicherung zwischen sozialpolitischer Souveränität und Gemeinschaftsrecht, in: Ebsen (Hrsg.) Europarechtliche Gestaltungsvorhaben für das deutsche Sozialrecht, 2000, 83-1023; *Reiter*, Einführung in das Europarecht unter besondere Berücksichtigung des Gesundheitswesens, ArztuR 1993, Nr. 3, 3-8; *Schulte*, Warenverkehrsfreiheit und Dienstleistungsfreiheit im gemeinsamen Markt – Auswirkungen auf das deutsche Gesundheitswesen, ASP 2001, Nr. 7/8, 36-49; *ders.*, „Zur Kur nach Abano Terme, zum Zahnart nach Antwerpen?" – Europäische Marktfreiheiten und nationales Krankenversicherungsrecht, ZFSH/SGB 1999, 347-362; *Udsching*, Die Entscheidungen des EuGH vom 12.07.2001 (Geraerts-Smits und Peerbooms) und die Auswirkungen auf die Rechtsprechung des BSG, in: Gesundheitswesen in Europa – von Kohll/Decker bis Geraets-Smits 2002, 69-89 (Vorträge und Berichte, Zentrum für Europäisches Wirtschaftsrecht, Band 127); *Wröbel*, Grundzüge des über- und zwischenstaatlichen Krankenversicherungsrechts, SVFAng NR. 107, 55-72.

---

16 BGBl II 1986, 1040.

17 Abkommen v. 17.12.1973 mit Änderungsabkommen v. 07.01.1986, BGBl II 1975, 246; 1986, 863.

18 Bayerisches Landessozialgericht v. 15.03.2004 - L 4 KR 111/01.

19 Vgl. zu den übrigen bilateralen Sozialversicherungsabkommen der Bundesrepublik Deutschland vgl. *Padé* in: jurisPK-SGB IV, § 6 Rn. 58 ff.

B. Auslegung der Norm

I. Regelungsgehalt und Bedeutung der Norm

§ 17 SGB V regelt die Leistungen bei Krankheit während eines beschäftigungsbedingten Aufenthalts im außereuropäischen Ausland. Da nach § 16 SGB V die Leistungsansprüche gegen die Krankenkassen ruhen, haben die Versicherten einen Anspruch gegen ihren Arbeitgeber bzw. Reeder auf die Übernahme von Krankenbehandlung im Wege der Leistungsaushilfe sowie auf die übrigen im SGB V für den Fall der Krankheit vorgesehenen Leistungen. Der Arbeitgeber bzw. Reeder kann sich für diese Kosten (zumindest teilweise) an die Krankenkasse wenden, gegen die er einen Kostenerstattungsanspruch in der Höhe der Kosten einer Leistung bei Aufenthalt im Inland hat. 17

II. Normzweck und Systematische Stellung

§ 17 SGB V verteilt das **Risiko der Krankheit** eines Versicherten bei Auslandsaufenthalten. Der Arbeitgeber, der einen Versicherten z.B. im Rahmen einer Entsendung ins Ausland schickt, hat den Nutzen dieser Entsendung in Form der Arbeitsleistung des Versicherten im Ausland und dessen Flexibilität. Deshalb muss er nach dem Willen des Gesetzgebers auch die Lasten tragen. Er übernimmt nach dem Konzept des Gesetzes eine gewisse Verantwortung für seinen Arbeitnehmer, der er für den Bereich der Krankenbehandlung dadurch gerecht werden muss, dass er ihm Krankenbehandlung im Ausland gewährt. Die Versichertengemeinschaft trägt das Risiko nicht bzw. nur sehr begrenzt mit, denn die Krankenkasse ist nur leistungspflichtig, soweit sie auch im Inland leistungspflichtig wäre. Damit wird die Krankenkasse durch einen Auslandsaufenthalt des Versicherten nicht vollständig von der Leistungsverpflichtung befreit, sondern der Anspruchsberechtigte wird ausgewechselt. 18

Die Vorschrift steht im **inhaltlichen Zusammenhang mit den Regelungen der §§ 4-6 SGB IV**. Eine Versicherung bei Beschäftigung im Ausland ist nämlich wegen des in § 3 SGB IV niedergelegten Territorialitätsprinzips vor allem in den Fällen einer Entsendung ins Ausland denkbar. In diesem Bereich der vorübergehenden Tätigkeit im Ausland im Rahmen einer Beschäftigung im Inland bleibt die inländische Versicherung bestehen, obwohl sich der Beschäftigte zur Arbeitstätigkeit ins Ausland begibt. § 17 SGB IV stellt insofern die der Versicherungspflicht und -berechtigung nach den §§ 3, 4 SGB IV korrespondierende Leistungsberechtigung in der gesetzlichen Krankenversicherung dar. Damit ist allerdings nicht ausgeschlossen, dass auch andere Versicherte einen Anspruch gegen ihren Arbeitgeber aus § 17 SGB V haben.[20] 19

III. Im Ausland beschäftigte Mitglieder

Die Ausnahme von der Ruhensvorschrift des § 16 SGB V in § 17 SGB V gilt nur für die Fälle, in denen ein Mitglied der gesetzlichen Krankenversicherung im Ausland beschäftigt ist. Damit werden im Grunde genommen drei Voraussetzungen postuliert: Die Person muss beschäftigt sein, sie muss Mitglied in der gesetzlichen Krankenversicherung sein, und die Beschäftigung muss im Ausland ausgeübt werden. 20

Wer **beschäftigt** ist, ergibt sich aus § 7 SGB IV. Danach ist eine Beschäftigung eine nichtselbständige Arbeit, insbesondere in einem Arbeitsverhältnis. Nach § 7 Abs. 2 SGB IV ist auch eine Tätigkeit im Rahmen einer Berufsausbildung eine Beschäftigung in diesem Sinne.[21] 21

Die **Ausübung einer Beschäftigung im Ausland** setzt die Mitgliedschaft in der deutschen gesetzlichen Krankenversicherung voraus. Da die Mitgliedschaft in der deutschen gesetzlichen Krankenversicherung aber nach § 5 Abs. 1 SGB V i.V.m. § 3 Abs. 1 SGB IV weitgehend durch eine Beschäftigung im Inland ausgelöst wird, sind hier nur Fälle denkbar, in denen die Versicherung trotz einer Tätigkeit im Ausland aufrechterhalten bleibt. Das ist gemäß § 4 SGB IV bei einer Entsendung ins Ausland im Rahmen eines Beschäftigungsverhältnisses[22] im Inland der Fall. Allerdings ist die Versicherung aufgrund Entsendung nicht der einzige Anwendungsfall einer Leistungsberechtigung nach § 17 SGB V.[23] 22

---

[20] Bayerisches LSG v. 15.03.2004 - L 4 KR 111/01 - nicht rechtskräftig; dazu Rn. 23 f.

[21] Dazu im Einzelnen *Segebrecht/Wissing/Scheer/Wrage* in: jurisPK-SGB IV, § 7 Rn. 23 ff.

[22] Vgl. zu den einzelnen Voraussetzungen einer Entsendung im Rahmen einer Beschäftigung *Padé* in: jurisPK-SGB IV, § 4 Rn. 26 ff.

[23] Bayerisches LSG v. 15.03.2004 - L 4 KR 111/01.

23 Wer **Mitglied in der gesetzlichen Krankenkasse** ist, bestimmt sich zunächst nach den §§ 5 ff. SGB V. § 17 SGB V enthält keine eindeutige Bestimmung dazu, in welchem Verhältnis die Beschäftigung zur Mitgliedschaft stehen muss. Denkbar ist insofern, dass die Beschäftigung die Versicherungspflicht herbeiführen muss. In diesem Fall wären nur pflichtversicherte Mitglieder der gesetzlichen Krankenversicherung nach § 5 SGB V von dieser Vorschrift umfasst. Der Wortlaut des § 17 Abs. 1 Satz 1 SGB V lässt aber auch die Auslegung zu, dass die Beschäftigung und die Versicherung lediglich gleichzeitig bestehen müssen. Damit wären auch versicherungsfreie Beschäftigte von dieser Vorschrift umfasst. Auszugehen ist insofern von der Entstehungsgeschichte und dem Sinn und Zweck des § 17 SGB IV. Während noch in § 222 Satz 1 RVO von einer Tätigkeit im Ausland die Rede war, spricht § 17 SGB V nunmehr von einer Beschäftigung im Ausland. Nach den Gesetzesmaterialien sollte insofern nur eine redaktionelle Änderung durchgeführt werden. Einen anderen Wortsinn hat der Begriff der Tätigkeit gegenüber demjenigen der Beschäftigung im Zusammenhang mit Ansprüchen gegen den Arbeitgeber nicht. Eine Tätigkeit, die einen Anspruch gegen einen Arbeitgeber auslösen soll, kann ihrem Sinn nach nur eine solche sein, die im Rahmen eines abhängigen Beschäftigungsverhältnisses ausgeübt wird. Sinn und Zweck des § 17 SGB V ist es aber, den Arbeitgeber zu einer Leistungsaushilfe zu verpflichten. Wenn der Arbeitgeber Vorteile von einer Tätigkeit seines Arbeitnehmers im Ausland hat, dann soll er auch die Risiken der Krankheit in Form der mit der Krankenbehandlung zusammenhängenden Kosten tragen. Diese Interessenlage besteht aber unabhängig davon, ob der Beschäftigte pflicht- oder freiwillig versichert ist.

24 In besonderen Fällen kann ein Anspruch nach § 17 SGB V in Betracht kommen, wenn keine Entsendung vorliegt. Voraussetzung ist aber, dass der Versicherte in der deutschen gesetzlichen Krankenversicherung versichert bleibt, obwohl er seine Beschäftigung im Ausland ausübt. Das kann etwa dann der Fall sein, wenn eine Möglichkeit der Wahl der Sozialversicherung des Heimatstaats für Ortskräfte in einem zwischenstaatlichen Abkommen vorgesehen ist.[24] § 17 SGB V ist z.B. auch für Familienangehörige anzuwenden, die während des Auslandsaufenthalts beim Arbeitgeber des Stammversicherten eine Beschäftigung aufnehmen und mangels Grenzüberschreitung zur Aufnahme der Beschäftigung nicht den Vorschriften über die Entsendung unterliegen.[25]

IV. Familienangehörige von im Ausland beschäftigten Mitgliedern

25 Der Anspruch auf Leistungsaushilfe gegen den Arbeitgeber besteht auch für Familienangehörige. § 17 Abs. 1 Satz 2 SGB V spezifiziert dagegen nicht, wer diesen Anspruch gegen den Arbeitgeber hat. Der Wortlaut lässt auch hier zwei Auslegungen zu. Einerseits kann der Anspruch nur dem Stammversicherten zustehen. Für diesen Ansatz spricht die Überlegung, dass bei einer Beschäftigung allein der Stammversicherte eine vertragliche Beziehung mit dem Arbeitgeber hat. Demgegenüber steht dem Familienangehörigen ein abgeleitetes Recht im Rahmen der gesetzlichen Krankenversicherung zu. Andererseits lässt der Wortlaut auch die Auslegung zu, dass der Familienangehörige einen eigenen Anspruch gegen den Arbeitgeber hat. Dafür spricht nicht nur die Tatsache, dass der Arbeitgeber Leistungsaushilfe leisten muss und damit während der Auslandsbehandlung an die Stelle der gesetzlichen Krankenkasse tritt. Der Stammversicherte hat einen originären Anspruch gegen seinen Arbeitgeber, der nicht nur als Anlaufstelle des Versicherten zur Bearbeitung dessen krankenversicherungsrechtlicher Angelegenheiten dient.[26] Insofern setzt der Arbeitgeber auch den Anspruch der Familienangehörigen gegen die Krankenkasse durch eigene Leistung fort. Da Familienangehörige nach § 10 SGB V einen eigenen Anspruch gegen die Krankenkasse haben,[27] kann auch nur dieser Anspruch fortgesetzt werden. Da dieser dem Stammversicherten selbst nicht zusteht,[28] kann er ihn deshalb auch nicht an den Arbeitgeber vermitteln. Es erfolgt eine unmittelbare Vermittlung zwischen Familienangehörigem und Arbeitgeber. Deshalb muss der Familienangehörige im Gegenzug einen **eigenen Anspruch gegen den Arbeitgeber** haben.

26 Voraussetzung für den Anspruch ist weiter, dass der **Familienangehörige** nach § 10 SGB V versichert ist. Eine bloße Familienzugehörigkeit ist daher nicht ausreichend. Vielmehr müssen neben den Voraussetzungen des § 17 SGB V auch diejenigen des § 10 SGB V erfüllt sein. Schließlich setzt § 17 SGB V

[24] Zutreffend Bayerisches LSG v. 15.03.2004 - L 4 KR 111/01.
[25] *Mengert* in: Peters, Handbuch KV (SGB V), § 17 Rn. 11.
[26] Bayerisches LSG v. 15.03.2004 - L 4 KR 111/01 - juris Rn. 36.
[27] BSG v. 16.06.1999 - B 1 KR 6/99 R - SozR 3-2500, § 10 Nr. 16.
[28] BSG v. 16.06.1999 - B 1 KR 6/99 R - SozR 3-2500, § 10 Nr. 16.

eine Zweckrichtung des Aufenthalts im Ausland beim Familienangehörigen voraus. Er muss sich zum Besuch oder zur Begleitung des Versicherten im Ausland aufhalten. Ein bloß zufälliger Aufenthalt im selben Staat reicht deshalb nicht aus.

V. Erkrankung während der Beschäftigung

Die Erkrankung des Versicherten und seiner Familienangehörigen muss **während der Beschäftigung**, also im zeitlichen Zusammenhang mit der Beschäftigung, eintreten. Das bedeutet zwar, dass auch die Erkrankung während des **Urlaubs** bei Verbleiben im Aufenthaltsstaat erfasst ist, denn der Urlaub unterbricht nicht die Beschäftigung.[29] Nicht erfasst ist demgegenüber der Fall, in dem der Beschäftigte sich zu Urlaubszwecken in ein anderes Land begibt, in dem er nicht versichert ist (z.B. außerhalb von Schweiz, EWR und EG).[30] Hier ist nicht mehr die Entsendung durch den Arbeitgeber der Grund für die fehlende Versicherung, sondern eine eigene Entscheidung des Beschäftigten, sich in ein Drittland zu begeben. Hier muss er sich – wie § 18 Abs. 3 SGB V zeigt – selbst um seine Versicherung bemühen. Eine Eintrittspflicht des Arbeitgebers kommt mangels Leistungsaushilfesituation nicht in Betracht. 27

Kein Anspruch auf Leistungsaushilfe gegen den Arbeitgeber besteht auch bei **Aufenthalt** des Versicherten **im Inland**. Durch die – gegebenenfalls auch nur vorübergehende – Rückkehr ins Inland ist nicht nur – zumindest bei privaten Gründen für die Rückkehr – der Zusammenhang mit der Beschäftigung unterbrochen, so dass die Erkrankung nicht mehr während der Beschäftigung eintritt, sondern es gilt auch nicht mehr die Ruhensvorschrift des § 16 Abs. 1 Nr. 1 SGB V.[31] Deshalb haben der Versicherte und seine Familienangehörigen bei einem Aufenthalt im Inland die allgemeinen Ansprüche gegen ihre Krankenversicherung. 28

VI. Erstattungsanspruch des Arbeitgebers

Der Arbeitgeber hat einen eigenen Anspruch gegen die Krankenkasse auf Erstattung der ihm für die Krankenbehandlung entstandenen Kosten. Er kann diesen Anspruch gegen die Krankenkasse auch gegebenenfalls gerichtlich durchsetzen (zuständig sind die Gerichte der Sozialgerichtsbarkeit nach § 51 Abs. 1 Nr. 2 SGG). Der Anspruch ist allerdings nach Höhe und Art auf die Kosten begrenzt, die der Krankenkasse bei einer Inlandsbehandlung entstanden wären. Entgegen der früheren Rechtslage hat die Kasse nicht mehr die Möglichkeit, sich in die Behandlung einzumischen und eine von ihr vorgeschlagene Behandlung durchzusetzen. Allerdings sind die §§ 89 ff. SGB X anzuwenden,[32] so dass die Krankenkasse gegebenenfalls einen entsprechenden Bericht vom Arbeitgeber verlangen und die Leistungsgewährung durch den Arbeitgeber prüfen kann. 29

VII. Besonderheiten in der Seeschifffahrt

Ähnlich wie jeder andere Arbeitgeber hat der Reeder Leistungen der Krankenfürsorge für Besatzungsmitglieder während ihres Aufenthalts an Bord oder außerhalb des Geltungsbereichs des Grundgesetzes zu erbringen (§ 42 Seemannsgesetz)[33]. Einen vergleichbaren Ausgleichsanspruch gegen die gesetzliche Krankenversicherung, insbesondere die Seekasse, sieht das SGB V allerdings nicht vor. Lediglich wenn der Reeder eine Krankengeldleistung bei Aufenthalt im Ausland nach § 48 Abs. 2 Seemannsgesetz gewährt, hat er Anspruch auf Erstattung dieser Aufwendungen. Voraussetzung ist selbstverständlich die Versicherung des betreffenden Besatzungsmitglieds in der deutschen Krankenversicherung nach den §§ 3 oder 2 Abs. 2 SGB IV. 30

VIII. Rechtsfolgen

1. Für Versicherte und ihre Familienangehörigen

Die Versicherten und ihre nach § 10 SGB V mitversicherten Familienangehörigen haben einen Anspruch auf Leistungen der Krankenversicherung gegen den Arbeitgeber des Mitglieds. Er umfasst die in den §§ 27 ff. SGB V vorgesehenen Leistungen der Krankenbehandlung und – soweit sie im Inland Anwendung finden – weitere Leistungen nach den §§ 44 ff. SGB V. Der Anspruch der Versicherten 31

---

[29] *Noftz* in: Hauck/Noftz, SGB V § 17 Rn. 7a.

[30] *Noftz* in: Hauck/Noftz, SGB V § 17 Rn. 7a.

[31] Vgl. BSG v. 24.09.1996 - 1 RK 26/95 - SozR 3-2500 § 30 Nr. 8.

[32] *Mengert* in: Peters, Handbuch KV (SGB V), § 17 Rn. 23 ff.

[33] Seemannsgesetz v. 26.07.1957, BGBl II 1957, 713; abgedruckt in *Aichberger* unter Nr. 40/20.

und ihrer nach § 10 SGB V mitversicherten Familienangehörigen ist der Höhe nach nicht auf die Summe begrenzt, die bei einer Behandlung im Inland entstehen würde.[34] Vielmehr haben die Versicherten einen der Höhe nach unbeschränkten Anspruch. Der Anspruch geht aber auf eine dem dritten Kapitel des SGB V entsprechende Leistung zurück. Die Versicherten haben deshalb nur Anspruch auf solche Leistungen gegen ihren Arbeitgeber, die im Inland zum Umfang der Leistungspflicht der gesetzlichen Krankenversicherung gehören. Leistungen, die nicht von den §§ 11 ff. SGB V erfasst sind, müssen deshalb vom Arbeitgeber nicht nach § 17 SGB V (wohl aber gegebenenfalls aus dem Arbeitsvertrag)[35] erbracht werden und können von den Versicherten und ihren Angehörigen nicht nach § 17 SGB V gefordert werden.

32 Die Ansprüche betreffen Sozialleistungen und verjähren deshalb nach den Regeln für Sozialleistungen (§ 45 SGB I). Die Durchsetzung der Ansprüche aus § 17 SGB V kann gemäß § 51 Abs. 1 Nr. 2 SGG vor den Sozialgerichten betrieben werden.[36]

33 Zwar sieht § 17 Abs. 2 SGB V ausdrücklich nur Ansprüche des Versicherten gegen seinen Arbeitgeber auf Krankenbehandlung und des Arbeitgebers gegen die Krankenkasse auf Erstattung der Kosten für die Krankenbehandlung im Ausland vor. Soweit der Versicherte aber die Kosten für die Behandlung im Ausland selbst getragen hat, kann er auch den direkten Weg einschlagen und unmittelbar bei seiner Krankenkasse die Kostenerstattung beantragen.[37]

2. Für den Arbeitgeber

34 Inhalt des Anspruchs des Beschäftigten und dessen Familie gegen den Arbeitgeber ist eine den Krankenversicherungsleistungen im Inland entsprechende Leistung. Der Beschäftigte und seine mitversicherten Familienangehörigen sind deshalb nicht auf eine Kostenerstattung für von ihnen aufgewendete Kosten beschränkt. Zwar kann der Arbeitgeber nicht (entsprechend einer Krankenkasse) Sachleistungen erbringen, indem er Ärzte durch entsprechende Verträge zur Sachleistung verpflichtet. Das würde nicht nur die Vielzahl der entsendenden Arbeitgeber überfordern, sondern ist auch nicht Sinn und Zweck des § 17 SGB V. Allerdings kann der Beschäftigte mehr als nur die Kostenerstattung von seinem Arbeitgeber verlangen. Im Einzelfall kann sich deshalb die Verpflichtung des Arbeitgebers auf Kostenvorschüsse, organisatorische Fragen oder auf den Rücktransport nach Deutschland erstrecken, sofern eine adäquate Behandlung im Beschäftigungsland nicht möglich ist.[38]

35 Der Arbeitgeber kann die **Kostenerstattung von der deutschen Krankenkasse** nur insofern verlangen, als diese bei einer Behandlung im Inland leistungspflichtig gewesen wäre. Sie muss deshalb nur die bei einer vertragsärztlichen Behandlung zugrunde zu legenden Erstattungssätze berücksichtigen. Einen Rücktransport nach Deutschland hat sie nach § 60 Abs. 4 SGB V nicht zu erstatten.

C. Praxishinweise

36 Da ein erheblicher Teil der Kosten der Krankenbehandlung im Ausland bei dem Arbeitgeber verbleiben kann, insbesondere wenn das ausländische Gesundheitssystem ähnlich wie das deutsche bei Privatbehandlungen höhere Kosten verursacht, bietet es sich für Arbeitgeber an, dieses Risiko durch eine **private Zusatzversicherung** abzusichern. Die Satzungen einiger gesetzlicher Krankenversicherungen sehen auch die Möglichkeit vor, die freiwillige Mitgliedschaft in eine Anwartschaft umzustellen. Dann können aus der Mitgliedschaft keine Ansprüche entstehen, die Beiträge sind aber auch geringer. Der Arbeitnehmer kann sich dann – gegebenenfalls unter finanzieller Beteiligung seines Arbeitgebers – umfassend privat auslandskrankenversichern.[39]

37 Im Falle der Tätigkeit in einem EWR- oder Abkommensstaat ist eine Reihe von **Formularen** für die Sachleistungsaushilfe vorgesehen, die bei der jeweiligen Krankenkasse beantragt werden müssen.[40] Auf der Homepage der deutschen Verbindungsstelle Krankenversicherung Ausland[41] finden sich für zahlreiche für eine Tätigkeit in Betracht kommende Staaten Merkblätter.

---

[34] Bayerisches LSG v. 15.03.2004 - L 4 KR 111/01 - juris Rn. 37 m.w.N.

[35] Vgl. Hess. LArbG v. 04.09.1995 - 16 Sa 96/482 ff. - NZA 1996, 482.

[36] Bayerisches LSG v. 15.03.2004 - L 4 KR 111/01 - juris Rn. 24, 41.

[37] BSG v. 09.03.1982 - 3 RK 64/80 - BSGE 53, 150.

[38] *Peters* in: KassKomm-SGB, SGB V, § 17 Rn. 7.

[39] *Opitz*, Möglichkeiten und Grenzen der Sozialversicherung bei Beschäftigung im Ausland in: Klose/Winckler, Gesundheit und beruflicher Auslandsaufenthalt, 2003, 81 ff., 88.

[40] Zu den Einzelheiten *Wröbel*, SVFAng 1998, 107, S. 58 ff.

[41] Siehe www.dvka.de.

§ 18 SGB V Kostenübernahme bei Behandlung außerhalb des Geltungsbereichs des Vertrages zur Gründung der Europäischen Gemeinschaft und des Abkommens über den Europäischen Wirtschaftsraum

(Fassung vom 14.11.2003, gültig ab 01.01.2004)

(1) Ist eine dem allgemein anerkannten Stand der medizinischen Erkenntnisse entsprechende Behandlung einer Krankheit nur außerhalb des Geltungsbereichs des Vertrages zur Gründung der Europäischen Gemeinschaft und des Abkommens über den Europäischen Wirtschaftsraum möglich, kann die Krankenkasse die Kosten der erforderlichen Behandlung ganz oder teilweise übernehmen. Der Anspruch auf Krankengeld ruht in diesem Fall nicht.

(2) In den Fällen des Absatzes 1 kann die Krankenkasse auch weitere Kosten für den Versicherten und für eine erforderliche Begleitperson ganz oder teilweise übernehmen.

(3) Ist während eines vorübergehenden Aufenthalts außerhalb des Geltungsbereichs des Vertrages zur Gründung der Europäischen Gemeinschaft und des Abkommens über den Europäischen Wirtschaftsraum eine Behandlung unverzüglich erforderlich, die auch im Inland möglich wäre, hat die Krankenkasse die Kosten der erforderlichen Behandlung insoweit zu übernehmen, als Versicherte sich hierfür wegen einer Vorerkrankung oder ihres Lebensalters nachweislich nicht versichern können und die Krankenkasse dies vor Beginn des Auslandsaufenthalts festgestellt hat. Die Kosten dürfen nur bis zu der Höhe, in der sie im Inland entstanden wären, und nur für längstens sechs Wochen im Kalenderjahr übernommen werden. Eine Kostenübernahme ist nicht zulässig, wenn Versicherte sich zur Behandlung ins Ausland begeben. Die Sätze 1 und 3 gelten entsprechend für Auslandsaufenthalte, die aus schulischen oder Studiengründen erforderlich sind; die Kosten dürfen nur bis zu der Höhe übernommen werden, in der sie im Inland entstanden wären.

Gliederung

A. Basisinformationen

I. Gesetzgebungsmaterialien

1 § 18 SGB V ist seit In-Kraft-Treten des SGB V im Jahre **1989** Bestandteil des Gesetzes. § 16 SGB V verfolgt den Zweck, den Versicherungsschutz für Erkrankungen im Ausland grundsätzlich entfallen zu lassen, soweit im über- und zwischenstaatlichen Recht nichts anderes vorgesehen ist. Entsprechend ist § 18 SGB V als Ausnahmevorschrift konzipiert und als solche eng auszulegen. Eine private Absicherung für Erkrankungen im Ausland wurde als zumutbar angesehen.[1] Eine im ursprünglichen Regierungsentwurf enthaltene Regelung zur Beteiligung des MDK erhielt im weiteren Verlauf der Gesetzesarbeiten seinen systematisch adäquaten Platz in § 275 SGB V.[2]

2 § 18 Abs. 1 und 2 SGB V wurden als Ermessensleistung ausgestaltet, um eine **flexible Handhabung durch die Krankenkassen** zu ermöglichen und eine finanzielle Überforderung zu vermeiden. Nach den Vorstellungen des Gesetzgebers soll sie auch anwendbar sein, wenn eine Krankheit zwar im Inland behandelt werden könnte, aber wegen mangelnder Kapazitäten und damit verbundener Wartezeiten aus medizinischen Gründen unbedingt erforderlich ist. Die flexible Handhabung endet beim Krankengeld, das nicht im Ermessen der Krankenkasse steht. Wenn Krankenbehandlung gewährt wird, ist die Kasse kraft Gesetzes auch zur Gewährung von Krankengeld verpflichtet.[3]

3 Der zweite Absatz sollte die Möglichkeiten des Ermessens der Krankenkassen weiter ausdehnen. Im Gegensatz zum Krankengeld besteht auf die **zusätzlichen Leistungen** nicht automatisch ein Anspruch nach § 18 Abs. 1 SGB V. Vielmehr kann die Krankenkasse über die einfache Behandlung hinaus z.B. Gepäcktransport, Flug- oder Transportkosten oder eine Begleitperson zusätzlich finanzieren. § 60 Abs. 4 SGB V (im Entwurf § 68) ist nach den Gesetzesmaterialien nicht anzuwenden.[4]

4 Im Jahre 1992 wurde dem § 18 SGB V der dritte Absatz angefügt.[5] Der Gesetzgeber trug damit den Problemen derjenigen Versicherten Rechnung, die wegen einer **Vorerkrankung** oder wegen ihres **hohen Lebensalters** für einen vorübergehenden Auslandsaufenthalt keinen ausreichenden privaten Versicherungsschutz erlangen können. Dabei beschränkte sich der Gesetzgeber auf eine Regelung vorübergehender Auslandsaufenthalte, für die er eine Dauer von sechs Wochen für ausreichend ansah. Das Recht der europäischen Gemeinschaften sollte insofern unberührt bleiben.[6]

5 Mit dem **zweiten GKV-Neuordnungsgesetz** wurde dem dritten Absatz schließlich der vierte Satz angefügt.[7] In der Diskussion war es, die Möglichkeit einer Regelung durch Satzung zu eröffnen, die allerdings nur im Rahmen des § 56 SGB V a.F. bestehen sollte. Die Satzung könne aber nicht die Regelungen überstaatlichen Rechts verändern.[8] Diese Planung wurde auf Vorschlag des Ausschusses für Gesundheit (14. Ausschuss) gestrichen.[9]

6 Mit dem **GKV-Modernisierungsgesetz** vom 14.11.2003[10] schließlich reagierte der Gesetzgeber auf die inzwischen umfangreiche Rechtsprechung des EuGH zu den grenzüberschreitenden Leistungsansprüchen in der gesetzlichen Krankenversicherung[11] und nahm den Geltungsbereich der

[1] BT-Drs. 11/2237, S. 15.
[2] BT-Drs. 11/3320, S. 150.
[3] BT-Drs. 11/2237, S. 15.
[4] BT-Drs. 11/2237, S. 15.
[5] Gesetz v. 21.12.1992, BGBl I 1992, 2266.
[6] BT-Drs. 12/3608, S. 77.
[7] Gesetz vom 06.08.1998, BGBl I 1998, 2005.
[8] BT-Drs. 13/6087, S. 20.
[9] BT-Drs. 13/7264, S. 58.
[10] BGBl I 2003, 2190.
[11] EuGH v. 28.04.1998 - C-158/96 - SozR 3-6030, Nr. 59 Nr. 5 = NJW 1998, 1771 - Kohll und EuGH v. 28.04.1998 - C-120/95 - SozR 3-6030 Art. 30 Nr. 1 = NJW 1998, 1769 zum Anspruch auf grenzüberschreitende Versorgung mit Heil- und Hilfsmitteln sowie ambulante zahnärztliche Versorgung; EuGH v. 12.07.2001 - C-157/99 - SozR 3-6030, Art. 59 Nr. 6 - Smits/Peerboms zum Anspruch auf Krankenhausbehandlung im EU-Ausland; EuGH v. 13.05.2003 - C-385/99 - SozR 4-6020, Art. 59 Nr. 1 - Müller-Fauré/van Riet zum Anspruch auf grenzüberschreitende stationäre Versorgung; EuGH v. 23.10.2003 - C-56/01 - SozR 4-6050, Art. 22 Nr. 2 zur stationären Krankenhausbehandlung; EuGH v. 11.12.2003 - C-322/01 - NZS 2004, 85 - Doc Morris zum grenzüberschreitenden Handel mit Arzneimitteln.

EWGV 1408/71[12] gänzlich aus § 18 SGB V heraus. Er schuf in § 13 Abs. 4-6 SGB V eine Regelung für diesen Bereich.[13]

II. Vorgängervorschriften

7 Eine Vorgängervorschrift im eigentlichen Sinne stand für die Einführung des § 18 SGB V im SGB V nicht Pate. § 217 RVO gab aber den Krankenkassen die Möglichkeit, Versicherten eine Abfindung zu zahlen, wenn diese sich nach Eintritt der Behandlungsbedürftigkeit ins Ausland begaben.[14]

8 Die **Rechtsprechung** hatte schon vor In-Kraft-Treten des § 18 SGB V die Auffassung vertreten, dass ein Erstattungsanspruch Versicherten bei Aufenthalt im Ausland zur Krankenbehandlung zustand, wenn eine ausreichende – d.h. die Chance eines Heilungserfolgs bietende – Behandlungsmöglichkeit im Inland nicht gegeben war. Als Kriterien sah das Gericht die objektiven Möglichkeiten der in Betracht kommenden Kliniken, aber auch Wartezeiten an. Die Höhe der anfallenden Kosten könne demgegenüber keine Rolle spielen. Das Merkmal des allgemeinen Stands der medizinischen Erkenntnisse sollte entsprechend der §§ 1282, 368e RVO ausgelegt werden.[15]

III. Parallelvorschriften

9 Während das SGB VII für Leistungen der gesetzlichen Unfallversicherung in § 97 SGB VII nur eine ausdrückliche Vorschrift für Versicherte enthält, deren gewöhnlicher Aufenthalt im Ausland ist, sieht § 34 Abs. 1 Nr. 1 SGB XI entsprechend § 16 SGB V das Ruhen der Ansprüche beim Aufenthalt im Ausland vor. Davon wird in § 34 Abs. 1 Nr. 1 SGB XI für vorübergehende Auslandsaufenthalte bis zu sechs Wochen im Kalenderjahr eine Ausnahme in Bezug auf das Pflegegeld gemacht. Pflegesachleistungen werden weiter gewährt, wenn die Pflegekraft den Versicherten während des Auslandsaufenthalts begleitet.

10 § 18 SGB V ist bereits nach seinem Wortlaut nicht auf Behandlungen in anderen **EWR- und EU-Staaten** anwendbar. Seine Anwendbarkeit ist aber über § 30 Abs. 2 SGB V auch für Behandlungen in solchen Staaten ausgeschlossen, mit denen **bi- oder multilaterale Verträge** bestehen, die eine Sachleistungsaushilfe – vor allem für die Fälle der Notfallbehandlung – vorsehen.[16]

IV. Systematische Zusammenhänge

11 § 18 SGB V steht im Zusammenhang mit dem in § 30 Abs. 1 SGB I und § 3 Abs. 1 SGB IV geregelten **Territorialitätsprinzip**. Grundsätzlich bestehen Ansprüche nach § 30 Abs. 1 SGB I nur innerhalb der Bundesrepublik. Entsprechend besteht eine Versicherungspflicht und -berechtigung nur für Versicherte, die in der Bundesrepublik Deutschland beschäftigt sind bzw. ihren Wohnsitz haben. § 18 SGB V erweitert die Ansprüche aus der gesetzlichen Krankenversicherung über diesen Rahmen hinaus. § 18 SGB V findet keine Anwendung in Fällen, in denen ein Sozialversicherungsabkommen den Sachverhalt erfasst. In diesem Fall ist nämlich die Leistungspflicht durch § 16 SGB V gerade nicht ausgeschlossen, weil je nach Ausgestaltung durch Abschluss des Sozialversicherungsabkommens das Territorium des anderen Staates in die Leistungspflicht der Krankenkasse einbezogen wurde. In diesen Fällen kommt ein Anspruch auf Kostenerstattung nach den Grundsätzen des Systemversagens über § 13 Abs 3 SGB V in Betracht.[17]

12 § 18 SGB V stellt auch eine **Ausnahme** zum allgemeinen Grundsatz des § 16 Abs. 1 Nr. 1 SGB V dar, der das Territorialitätsprinzip für die gesetzliche Krankenversicherung ausformt. Danach **ruhen** Ansprüche des Versicherten gegen seine Krankenversicherung bei Aufenthalt im Ausland. § 18 SGB V wird ergänzt durch den § 16 Abs. 4 SGB V, nach dem auch der Anspruch auf Krankengeld nicht ruht, wenn sich der Versicherte nach Eintritt der Arbeitsunfähigkeit mit Zustimmung seiner Krankenkasse im Ausland aufhält. Soweit keine Ansprüche nach § 18 SGB V in Frage kommen, kann der versicherte

---

[12] Abgedruckt in Sartorius II Nr. 185. Die EWGV 1408/71 ist auch in den anderen Staaten des EWR anwendbar, da sie insofern vom EWR-Abkommen in Bezug genommen wird. Das EWR-Abkommen ist abgedruckt in Sartorius II Nr. 310.

[13] BT-Drs 15/1525, S. 80 f.

[14] *Mengert* in: Peters, Handbuch KV (SGB V), § 18 Rn. 1.

[15] BSG v. 28.06.1983 - 8 RK 22/81 - BSGE 55, 188 = SozR 2200 § 257a Nr. 10.

[16] Vgl. dazu im Einzelnen die Kommentierung zu § 6 SGB V Rn. 52; die Kommentierung zu § 17 SGB V Rn. 9 sowie *Heine*, ASP 1997, Nr. 9/10, 9 ff.

[17] BSG v. 24.05.2007 - B 1 KR 18/06 R - juris Rn 25 ff.

Beschäftigte außerdem Ansprüche gegen seinen Arbeitgeber haben (§ 17 SGB V). § 18 SGB V findet nach seinem ausdrücklichen Wortlaut keine Anwendung auf Sachverhalte mit Bezug zum europäischen Ausland. Für Behandlungen (stationäre und ambulante) in EWR-Staaten trifft das Gesetz Sonderregelungen in § 13 Abs. 4-6 SGB V.

13 Gleichzeitig regelt § 18 SGB V eine **Ausnahme vom Sachleistungsprinzip** nach § 13 Abs. 1 SGB V. Da eine Sachleistung bei einer Behandlung im Ausland schon deshalb nicht möglich ist, weil die Kasse in der Regel keine Verträge mit den in Anspruch zu nehmenden Leistungserbringern haben wird, ist der Versicherte auf die Kostenerstattung verwiesen.

14 § 275 Abs. 2 Nr. 3 SGB V ergänzt § 18 Abs. 1 SGB V, indem er die Krankenkassen verpflichtet, den **MDK** einzuschalten, um die Notwendigkeit der Behandlung im Ausland im Sinne der Frage feststellen zu lassen, ob eine Behandlung nur im Ausland möglich ist. Das bedeutet in der Regel eine Überprüfung der Kostenübernahme vor Antritt einer Auslandsreise, damit der Versicherte sich auf das Ergebnis der Überprüfung einstellen und gegebenenfalls die Reise noch unterlassen kann.[18] Der Versicherte wird damit im Grundsatz verpflichtet, vor Antritt einer Behandlung außerhalb des EWR und der EU die Krankenkasse darüber zu informieren und einen **Antrag auf Kostenübernahme** zu stellen.

V. Ausgewählte Literaturhinweise

15 *Dietrich*, Teilhabe an der mobilen Gesellschaft, WzS 2003, 105-113; *Fuchs*, Das neue Recht der Auslandskrankenbehandlung, NZS 2004, 225-230; *Godry*, Krankenbehandlung ohne Grenzen, ZfSH/SGB 1997, 416-421; *Heine*, Transfer sozialversicherungsrechtlicher Komplexleistungen ins Ausland – zur Öffnungsbereitschaft des aktuellen Sozialversicherungsrecht aus der Sicht des Territorialitätsprinzips, ASP 1997, Nr. 9/10, 9-29; *Merkens*, Grenzüberschreitende Gesundheitsversorgung, Markt und Wettbewerb 2002, 257-262; *Meydam*, Anmerkung zu BSG, Urteil vom 16.06.1999, SGb 2000, 325-327; *Spieß*, Anmerkung zu BSG, Urteil vom 14.02.2001, SGb 2001, 518; *Wolber*, Anmerkung zu BSG, Urteil vom 15.04.1997, SGb 1998, 484-485; *Wolf*, Anmerkung zu BSG, Urteil vom 17.02.2004, SGb 2004, 708-710.

B. Auslegung der Norm

I. Regelungsgehalt und Bedeutung der Norm

16 § 18 SGB V erweitert die Leistungsansprüche aus der gesetzlichen Krankenversicherung über die Grenzen des Bundesgebiets und des Geltungsbereichs des Rechts der europäischen Gemeinschaften sowie des europäischen Wirtschaftsraums hinaus. Den Krankenversicherungsträgern wird Ermessen für die Gewährung von Kostenerstattung für Leistungen eingeräumt, die außerhalb dieses Bereichs in Anspruch genommen werden. Voraussetzung ist allerdings, dass diese Leistungen im Inland und EWR- und EU-Ausland nicht erbracht werden können. Wenn die Krankenkasse Leistungen der Krankenbehandlung gewährt, muss sie gleichzeitig auch Krankengeld gewähren. Sofern die Voraussetzungen des Absatzes 1 vorliegen, kann die Krankenkasse darüber hinaus weitere Leistungen gewähren, auf die sonst kein Anspruch bestehen würde. Mit Absatz 3 wird den besonderen Bedürfnissen älterer Menschen und chronisch Kranker Rechnung getragen, indem ihnen ein Anspruch auf Leistungen der gesetzlichen Krankenversicherung eingeräumt wird, sofern sie wegen der Erkrankung oder des Alters keine private Versicherung abschließen können. Der Gesetzgeber hat diesen Anspruch auf sechs Wochen im Kalenderjahr und Notfallbehandlungen beschränkt, es sei denn, der Versicherte hält sich zu Schul- oder Studienzwecken im Ausland auf.

II. Normzweck

17 § 18 Abs. 1 Satz 1 und Abs. 2 SGB V verfolgt einen ähnlichen Zweck wie § 13 Abs. 3 SGB V.[19] Für den Fall, dass die Krankenkasse nicht zu leisten in der Lage ist, soll der Versicherte sich die Leistung auf eigene Kosten beschaffen und deren Ersatz von ihr verlangen können. Bei **Versagen des Systems der gesetzlichen Krankenversicherung** wird der Versicherte nicht auf die Eigenvorsorge verwiesen, sondern das System ausgeweitet. Während § 13 Abs. 3 SGB V die zeitliche Dimension überbrückt, dem Versicherten also Anspruch auf Notfallleistungen auch außerhalb z.B. des Vertragsarztsystems

[18] *Mengert* in: Peters, Handbuch KV (SGB V), § 18 Rn. 19.

[19] BSG v. 16.06.1999 - B 1 KR 4/98 R - SozR 3-2500 § 18 Nr. 4 S. 14.

gewährt, dient § 18 SGB V der Sicherung der örtlichen Dimension. Einem aktuellen und realen Mangel des deutschen Leistungssystems hinsichtlich Qualität und Wirksamkeit der medizinischen Leistungen soll abgeholfen werden.[20] Sofern die im Rahmen des Sachleistungssystems in Deutschland zur Verfügung gestellten Leistungen nicht dem allgemein anerkannten Stand der medizinischen Erkenntnisse entsprechen, soll der Versicherte auf ausländische Ärzte und Einrichtungen zurückgreifen können.

§ 18 Abs. 3 SGB V enthält demgegenüber eine **Härtefallregelung zu § 16 SGB V**. Während der Gesetzgeber im Grundsatz davon ausgeht, dass jeder für seine vorübergehenden Aufenthalte im vertragslosen Ausland in der Lage ist, sich privat zu versichern, wird den Personen, für die diese Voraussetzungen gerade nicht erfüllt sind, der Anspruch auf Leistungen der gesetzlichen Krankenversicherung erhalten. Vom Territorialitätsprinzip wird zugunsten der Mobilität der älteren und chronisch kranken Menschen eine Ausnahme gemacht. 18

III. Behandlungsmöglichkeiten nur außerhalb des EWR

1. Krankheit und Behandlung

Das Vorliegen einer **Krankheit** bestimmt sich nach den gleichen Kriterien wie in § 27 SGB V. Danach ist eine Krankheit ein regelwidriger Körper- oder Geisteszustand, der einer Heilbehandlung bedarf oder Arbeitsunfähigkeit zur Folge hat. 19

Die **Behandlung** einer Krankheit setzt die Zuständigkeit der Krankenkasse voraus. Dazu muss die Behandlung **medizinischer Natur** sein. Dazu kommt es in erster Linie auf die Zielsetzung der Maßnahme und weniger auf die Personen an, die die Leistung erbringen. Falls eine Maßnahme die in den §§ 11, 27 SGB V genannten Ziele des Erkennens oder Heilens einer Krankheit, die Verhütung der Krankheitsverschlimmerung, die Linderung von Krankheitsbeschwerden oder die Vermeidung, Beseitigung oder Besserung einer Behinderung, verfolgt und dabei an der Krankheit bzw. an deren Ursachen ansetzt, liegt ein unmittelbarer Krankheitsbezug vor, der ein hinreichendes Indiz dafür ist, dass keine anderen Zwecke verfolgt werden. Dabei sind auch pädagogische Elemente in einer Behandlung kein Ausschlussgrund für die Annahme einer Behandlung in diesem Sinne.[21] Abzugrenzen sind medizinische Maßnahmen von solchen der sozialen Eingliederung, der Verbesserung schulischer und beruflicher Fähigkeiten oder behindertengerechter Gesundheitsförderung.[22] 20

Der Begriff der Behandlung ist ebenfalls abzugrenzen von denjenigen der Behandlungsmethode, Maßnahmen und Therapierichtungen, die an verschiedenen Stellen im Gesetz genannt sind.[23] Der Begriff der Behandlung ist dabei weit auszulegen, um dem Ausnahmecharakter des § 18 SGB V gerecht zu werden. Die Behandlung der Krankheit darf – unabhängig davon, mit welcher Maßnahme, Behandlungsmethode oder Therapierichtung – nur **außerhalb des EWR-Raums und der EG** möglich sein. Sobald eine Krankheit in einem anderen EU- oder EWR-Staat behandelt werden kann, kommt eine Anwendung des § 18 SGB V nicht in Betracht. Es ist auf § 13 SGB V und die EWGV 1408/71 (bzw. ab deren Anwendbarkeit die EGV 883/2004) abzustellen. Besondere Regeln gelten nach der Rechtsprechung des EuGH und § 13 Abs. 5 SGB V für die stationäre Behandlung im europäischen Ausland.[24] 21

Weiterhin setzt die Erstattung von Kosten nach § 18 Abs. 1 Satz 1 SGB V voraus, dass der Versicherte die Kostenübernahme **beantragt** und der Kasse **Gelegenheit zur Prüfung und Entscheidung** gegeben hatte. Zwar ergibt sich das nicht ausdrücklich aus § 18 SGB V, wird aber durch den Wortlaut des § 18 Abs. 1 SGB V angedeutet, indem dieser die Gegenwartsform verwendet und im Gegensatz zu § 13 Abs. 3 SGB V von einer Kostenübernahme und nicht von einer Kostenerstattung spricht. Außerdem ergibt sich die Notwendigkeit der vorherigen Antragstellung und Genehmigung durch die Krankenkasse aus § 275 SGB V, nach dem die Krankenkasse den MDK prüfen lassen muss, ob die Krankenbehandlung nur im Ausland möglich ist.[25] Nach der Rechtsprechung des BSG setzt das eine Prüfung am konkreten Einzelfall – und damit in der Regel eine Vorabprüfung – unter Berücksichtigung 22

---

[20] *Noftz* in: Hauck/Noftz, SGB V, § 18 Rn. 7.

[21] BSG v. 03.09.2003 - B 1 KR 34/01 R - SozR 4-2500 § 18 Nr. 1.

[22] BSG v. 19.03.2002 - B 1 KR 36/00 R - SozR 3-2500 § 138 Nr. 2 - Hippotherapie.

[23] LSG Niedersachsen-Bremen v. 28.05.2003 - L 4 KR 241/01 - SGb 2003, 630.

[24] EuGH v. 12.07.2001 - C-368/98 - Slg. 2001, I-5363 = ZESAR 2003, 168 - Vanbraekel; EuGH v. 12.07.2001 - C-157/99 - NZS 2001, 478 - Smits/Peerbooms; EuGH v. 13.05.2003 - C-385/99 - NZS 2003, 365 - Müller-Fauré/van Riet.

[25] BSG v. 03.09.2003 - B 1 KR 34/01 R - SozR 4-2500 § 18 Nr. 1.

des individuellen Krankheitszustands des Versicherten voraus. Damit ist die Einschaltung des MDK vor allem dann sinnvoll, wenn sie im Vorfeld der geplanten Maßnahme durchgeführt wird.[26] Davon kann es im Einzelfall Ausnahmen geben.

2. Stand der medizinischen Erkenntnisse

23 § 18 SGB V erweitert den Anspruch der gesetzlich Krankenversicherten in räumlicher Hinsicht, um Defizite in der inländischen Versorgung auszugleichen.[27] Folgerichtig schreibt er für diese Behandlung den gleichen Standard vor wie § 2 Abs. 1 Satz 3 SGB V für die Inlandsbehandlungen. Die Auslandsbehandlung muss dem **allgemein anerkannten Stand** der medizinischen Erkenntnisse entsprechen. Dem entspricht eine Behandlungsmethode, wenn sie von der großen Mehrheit der einschlägigen Fachleute (Ärzte, Wissenschaftler) befürwortet wird. Von einzelnen, nicht ins Gewicht fallenden Gegenstimmen abgesehen, muss über die Zweckmäßigkeit der Therapie Konsens bestehen.[28] Allerdings kann von der Zielsetzung des § 18 SGB V ausgehend nicht allein auf die Ärzte und Wissenschaftler in der Bundesrepublik Deutschland abgestellt werden. § 18 SGB V soll den Versicherten den Zugang zu Leistungen sichern, die im Ausland angeboten werden. Also muss nicht nur auf den inzwischen im Gesetz ausdrücklich erwähnten EWR-Raum abgestellt werden, sondern auch auf den Stand der Wissenschaft zumindest in dem Land, in dem die Behandlung durchgeführt wird. Das setzt in der Regel voraus, dass über die Qualität und Wirksamkeit der entsprechenden – in der Regel neuen – Methode zuverlässige, wissenschaftliche Aussagen gemacht werden können. Dazu muss die Therapie in einer für die sichere Beurteilung ausreichenden Zahl von Behandlungsfällen erfolgreich gewesen sein und es müssen z.B. entsprechende Statistiken und Repräsentationen vorliegen.[29] Alleine die Durchführung einer bestimmten Therapie durch einen einzigen Arzt reicht auch dann nicht aus, wenn er in Einzelfällen unbestreitbare Erfolge erzielt hat. Vielmehr muss die Behandlung an anderer Stelle und durch andere Ärzte wiederholbar und die Ergebnisse so überprüfbar sein.[30]

24 Die Regeln des **§ 135 SGB V** sind grundsätzlich auf die Auslandskrankenbehandlung nicht anzuwenden. Nach § 135 SGB V darf eine Behandlungsmethode erst durch die Krankenkassen erbracht werden, wenn sie durch einen **Beschluss des Gemeinsamen Bundesausschusses** der Ärzte und Krankenkassen als entsprechende Leistung anerkannt wurde oder – so die Rechtsprechung des BSG[31] – sie im Einheitlichen Bewertungsmaßstab für ärztliche Leistungen als Leistung der gesetzlichen Krankenversicherung aufgeführt ist. Ein Beschluss des Gemeinsamen Bundesausschusses zu einer Behandlungsmethode setzt voraus, dass dieser Anlass hat, sich damit zu befassen.[32] Dazu muss die entsprechende Methode in Deutschland überhaupt erbracht werden. Das kann nur der Fall sein, wenn eine Behandlung wegen fehlender Kapazitäten in Deutschland im Ausland erbracht werden muss. Sofern es sich aber um eine Behandlung handelt, die ausschließlich im Ausland angeboten wird, hat der Bundesausschuss keinen entsprechenden Anlass, sich mit dieser zu befassen. Die Annahme einer Notwendigkeit des Vorliegens der Voraussetzungen des § 135 SGB V würde für diese Fälle die Anwendung des § 18 Abs. 1 Satz 1 SGB V entgegen dessen Zweck ausschließen.

---

[26] BSG v. 23.11.1995 - 1 RK 5/95 - SozR 3-2500 § 18 Nr. 1, BSG v. 03.09.2003 - B 1 KR 34/01 R - SozR 4-2500 § 18 Nr. 1.

[27] BSG v. 15.04.1997 - 1 RK 25/95 - SozR 3-2500 § 18 Nr. 2 S. 6 mit im Ergebnis zustimmender Anmerkung *Wolber*, SGb 1998, 484.

[28] BSG v. 16.06.1999 - B 1 KR 4/98 R - SozR 3-2500 § 18 Nr. 4 S. 18 f. mit zustimmender Anmerkung *Meydam*, SGb 2000, 325, 326 f., vgl. auch LSG Niedersachsen-Bremen v. 24.09.2003 -L 4 KR 204/00 - Breith 2004, 110 zur Methode des Dr. Kozijavkin, Lemberg, Ukraine, LSG Rheinland-Pfalz v. 02.05.2002 - L 5 KR 106/00 zum Environmental Health Center, London.

[29] BSG v. 16.06.1999 - B 1 KR 4/98 R - SozR 3-2500 § 18 Nr. 4 S. 19.

[30] BSG v. 16.06.1999 - B 1 KR 4/98 R - SozR 3-2500 § 18 Nr. 4 S. 20.

[31] BSG v. 05.07.1995 - 1 RK 6/95 - SozR 3-2500 § 27 Nr. 5 - Remedacen; BSG v. 20.03.1996 - 6 RKa 62/94 - SozR 3-2500 § 92 Nr. 6 - Methadon; BSG v. 16.07.1996 - 1 RS 1/94 - BSGE 79, 41 - Wobenzym N; BSG v. 16.09.1997 - 1 RK 28/95 - SozR 3-2500 § 135 Nr. 4 - Duchenne; BSG v. 16.09.1997 - 1 RK 32/95 - SozR 3-2500 § 135 Nr. 5 - immuno-augmentative Therapie; BSG v. 16.09.1997 - 1 RK 17/95 - MedR 1998, 231 - Akupunktur; BSG v. 23.07.1998 - B 1 KR 19/96 R - SozR 3-2500 § 31 Nr. 5 - Jomol; BSG v. 28.03.2000 - B 1 KR 11/98 R - BSGE 86, 54 - SozR 3-2500 § 135 Nr. 14 - ASI.

[32] BSG v. 16.06.1999 - B 1 KR 4/98 R - SozR 3-2500 § 18 Nr. 4 S. 18.

Anders verhält es sich jedoch, wenn die Methode, die im Ausland angewandt werden soll, auch **im Inland bereits angeboten** wird. Sofern der Gemeinsame Bundesausschuss sich mit der Methode bereits befasst, aber noch zu keinem abschließenden Ergebnis gekommen ist, ist die Schranke der §§ 135, 138 SGB V zu beachten.[33] Das hat zur Folge, dass die Leistung auch im Ausland nur unter dem Gesichtspunkt des – gerichtlich festzustellenden – Systemversagens erbracht und die Kosten nach § 18 SGB V erstattet werden müssen. **25**

Für die Beurteilung einer im Ausland angewendeten Methode anhand des Maßstabs des allgemein anerkannten Stands der medizinischen Erkenntnisse kommt es auf den **Zeitpunkt der Behandlung** an. Eine später erfolgte Anerkennung der medizinischen Wissenschaft kann nicht zu einer rückwirkenden Erfüllung der Tatbestandsvoraussetzungen des § 18 Abs. 1 Satz 1 SGB V führen.[34] **26**

Ob eine Behandlungsmethode dem allgemein anerkannten Stand der medizinischen Erkenntnisse entspricht, ist anhand einer **Gesamtbetrachtung** festzustellen. Dabei kommt es nicht darauf an, ob einzelne Elemente (z.B. Krankengymnastik, Ergotherapie) bereits in Deutschland als von der gesetzlichen Krankenversicherung zu erstattende Leistungen anerkannt sind. Insbesondere kann eine Kostenerstattung nicht danach erfolgen, ob einzelne Elemente der Behandlung wichtiger oder weniger wichtiger Bestandteil der erfolgten Therapie sind. Eine Abgrenzung von wichtigen von weniger wichtigen Bestandteilen einer Therapie wird nämlich in einer Vielzahl der Fälle nicht möglich sein. Unabhängig davon werden bestimmte Bestandteile bei einer Therapie nicht ohne Grund angewandt, selbst wenn die Anwender und Befürworter der Therapie sie nicht als deren unabdingbaren Bestandteil ansehen.[35] **27**

Eine dem allgemein anerkannten Stand der medizinischen Erkenntnisse entsprechende Leistung wird auch dann nicht erbracht, wenn im Ausland die für einen Behandlungserfolg **unverzichtbaren medizinischen Standards** nicht eingehalten oder Behandlungen durchgeführt werden, die **im Inland verboten** sind[36] oder **aus ethischen Gründen abgelehnt** werden. So hat das BSG in einem Fall das Vorliegen der Tatbestandsvoraussetzungen verneint, in dem der Kläger sich in Indien eine Niere transplantieren lassen hat, die von einem Lebendspender vorher gekauft worden war. In Indien waren insofern nicht nur die Standards für einen ausreichenden Schutz vor Infektionen durch die Transplantation nicht eingehalten worden, sondern die Transplantation verstieß auch gegen das in Deutschland auch ohne das im Zeitpunkt der Behandlung noch nicht in Kraft getretene Transplantationsgesetz geltende Verbot des Organhandels. Dieses Verbot ist nicht nur unter den Ärzten allgemein anerkannt, sondern folgt auch aus der Wertordnung des Grundgesetzes, der das Gebot der Achtung der Menschenwürde zugrunde liegt.[37] Auch insofern lassen sich nicht einzelne Teile der Behandlung abspalten, sondern die Behandlung muss als Einheit gesehen werden, die auch in ihrer Gesamtheit nicht in den Anwendungsbereich des § 18 Abs. 1 Satz 1 SGB V fällt.[38] **28**

3. Möglichkeit der Behandlung nur außerhalb des Geltungsbereichs des EWR-Abkommens und des EG-Vertrags

§ 18 Abs. 1 Satz 1 SGB V setzt weiterhin voraus, dass die beantragte Behandlung nur **außerhalb des EWR** möglich ist. Die frühere Formulierung „nur im Ausland möglich" wurde durch die jetzige Formulierung „nur außerhalb des Geltungsbereichs des Vertrags zur Gründung der Europäischen Gemeinschaft und des Abkommens über den Europäischen Wirtschaftsraum möglich" ersetzt. Insofern ist nunmehr anstelle der Behandlungsmöglichkeiten in Deutschland auf diejenigen im EWR-Raum abzustellen. Dazu darf im EWR-Raum keine dem genannten Standard entsprechende Behandlung der beim Versicherten bestehenden Erkrankung möglich sein. Warum die Behandlung im EWR-Raum nicht durchgeführt werden kann und ob dafür **qualitative oder quantitative Aspekte** maßgeblich sind, ist unerheblich. Abgesehen von den Fällen, in denen ein außerhalb des EWR entwickeltes Therapieverfahren oder ein neues medizinisch-technisches Gerät noch nicht verfügbar oder in denen die gebotene Therapie wegen der erforderlichen klimatischen Bedingungen ortsgebunden ist, greift die Regelung auch ein, wenn die Behandlung im Inland zwar an sich möglich ist, aber wegen fehlender **Kapazitäten** oder aus anderen Gründen nicht rechtzeitig erfolgen kann.[39] Die Annahme fehlender Kapazitäten ist **29**

---

[33] BSG v. 03.09.2003 - B 1 KR 34/01 R - SozR 4-2500 § 18 Nr. 1 und BSG v. 03.09.2003 - B 1 KR 19/02 R - ZfS 2003, 340-341.

[34] BSG v. 14.02.2001 - B 1 KR 29/00 R - SozR 3-2500 § 18 Nr. 6 S. 24 mit Anmerkung *Spieß*, SGb 2001, 521.

[35] BSG v. 14.02.2001 - B 1 KR 29/00 R - SozR 3-2500 § 18 Nr. 6 S. 25 f.

[36] BSG v. 09.10.2001 - B 1 KR 26/99 R - BSGE 89, 34 - SozR 3-2500 § 18 Nr. 8.

[37] BSG v. 15.04.1997 - 1 RK 25/95 - SozR 3-2500 § 18 Nr. 2.

[38] BSG v. 15.04.1997 - 1 RK 25/95 - SozR 3-2500 § 18 Nr. 2 S. 9.

[39] BSG v. 16.06.1999 - B 1 KR 4/98 R - SozR 3-2500 § 18 Nr. 4 S. 13 f. mit Anmerkung *Meydam*, SGb 2000, 325.

aber in der geltenden Fassung, in der der gesamte EWR-Raum in die Betrachtung einzubeziehen ist, schwer zu begründen. Wenn in einem EWR-Staat noch ausreichend Kapazitäten vorhanden sind, wird eine Behandlung in einem Staat außerhalb dieses Bereichs nicht gewährt werden können.

30 In Bezug auf die **Qualität der Maßnahme** ist damit die Kostenübernahme nur dann möglich, wenn für die betreffende Krankheit im Inland überhaupt keine, also auch keine andere Behandlungsmöglichkeit zur Verfügung steht, die dem Stand der wissenschaftlichen Erkenntnisse entspricht. Die in § 18 Abs. 1 Satz 1 SGB V vorausgesetzte Notwendigkeit mit Hilfe der Auslandsbehandlung eine Lücke zu schließen, besteht nur, wenn eine im Geltungsbereich des EWR und des EG nicht behandelbare Krankheit im Ausland mit der erforderlichen Erfolgsaussicht behandelt werden kann und nicht schon dann, wenn das im Ausland angebotene Leistungsspektrum lediglich andere medizinische Maßnahmen umfasst.[40] Die im Ausland geplante Maßnahme muss sich insofern am Maßstab der §§ 2 Abs. 1 Satz 3, 12 Abs. 1, 27 Abs. 1 und 70 Abs. 1 SGB V messen lassen. Die gesetzliche Krankenversicherung ist nur zu solchen Leistungen verpflichtet, die zur Heilung und Linderung nach den Regeln der ärztlichen Kunst **zweckmäßig und ausreichend** sind. Eine optimale Versorgung ist nicht Gegenstand des Leistungsanspruchs aus der gesetzlichen Krankenversicherung. Insofern reicht es für die Bejahung des Tatbestandsmerkmals „nur außerhalb des EWR und des Geltungsbereich des EG möglich" nicht aus, dass eine konkrete vom Versicherten gewünschte Methode nur außerhalb dieses Bereichs angeboten wird. Vielmehr darf im Inland überhaupt keine gleichwertige Behandlungsmöglichkeit bestehen.[41] Es kann deshalb nicht auf spezielle Kenntnisse eines einzelnen Arztes oder auf eine spezielle Ausstattung einer spezifischen Praxis ankommen. Vielmehr muss ein besonderes Leistungsangebot nur im Ausland vorhanden sein. Wenn die im Ausland praktizierte Methode den im Inland bestehenden Behandlungsangeboten **eindeutig überlegen** ist, wenn eine Krankheit z.B. innerhalb des EWR und der EG nur symptomatisch behandelt werden kann, während außerhalb dieses Bereichs eine die Krankheitsursache beseitigende Therapie möglich ist, entspricht allein die im Ausland angebotene Maßnahme dem Stand der medizinischen Erkenntnisse.[42]

31 **Maßstab** für die Beurteilung, ob eine Behandlung nur außerhalb des EWR-Raums und der EG möglich ist, muss der **Einzelfall** sein. Es ist zunächst zu prüfen, ob beim Versicherten eine spezielle Krankheit vorliegt, die eine ausreichende Behandlung im Inland ausschließt. Danach ist der Frage nachzugehen, ob die Möglichkeit besteht, diese Krankheit an einem anderen Ort erfolgreich zu behandeln.[43] Bei der Frage, ob im EWR und in der EG Kapazitäten zur Behandlung fehlen, ist ebenfalls auf die individuelle Situation des Versicherten abzustellen. Es reicht deshalb nicht aus, die allgemeine Feststellung zu treffen, dass im EWR und in der EG keine ausreichenden Therapieplätze für eine bestimmte Erkrankung zur Verfügung stehen. Vielmehr ist die Situation des einzelnen Versicherten zu untersuchen und festzustellen, ob für ihn ein Therapieplatz in vertretbarer Weise und Zeit nicht beschafft werden kann.[44] Umgekehrt reicht die bloße abstrakte Möglichkeit der Behandlung einer Krankheit im Inland nicht aus. Vielmehr muss festgestellt werden, dass für den konkreten Versicherten mit der konkreten Krankheit eine Behandlungsmöglichkeit im EWR-/EU-Inland besteht.

32 Schließlich darf § 18 Abs. 1 Satz 1 SGB V nicht dazu dienen, im Inland zur Sicherstellung der **Verteilung von Behandlungsmöglichkeiten** entwickelte Systeme auszuhebeln oder **Schutzvorschriften** zu umgehen.[45] § 18 Abs. 1 Satz 1 SGB V soll der Gefahr eines Gesundheitstourismus vorbeugen und eine finanzielle Überforderung der Krankenkassen vermeiden. Deshalb schulden die Krankenkassen ihren Versicherten keine Leistungen, die die medizinisch-technischen Möglichkeiten um jeden Preis ausschöpfen, sondern haben sich am Wirtschaftlichkeitsgebot zu orientieren. Ein Vergabesystem wie das im niederländischen Leiden ansässige Eurotransplantsystem konkretisiert das Merkmal der krankenversicherungsrechtlichen Notwendigkeit. Deshalb kann ein Versicherter, der dieses austarierte System verlässt, keinen Kostenerstattungsanspruch nach § 18 Abs. 1 Satz 1 SGB V haben.[46]

---

[40] BSG v. 16.06.1999 - B 1 KR 4/98 R - SozR 3-2500 § 18 Nr. 4 S. 14.

[41] LSG Niedersachsen-Bremen v. 28.05.2003 - L 4 KR 241/01 - SGb 2003, 630.

[42] LSG Niedersachsen-Bremen v. 28.05.2003 - L 4 KR 241/01 - juris Rn. 31 - SGb 2003, 630.

[43] BSG v. 23.11.1995 - 1 RK 5/95 - SozR 3-2500 § 18 Nr. 1 S. 4.

[44] BSG v. 16.06.1999 - B 1 KR 4/98 R - SozR 3-2500 § 18 Nr. 4 S. 17.

[45] Vgl. zum Anspruch auf ambulante Radio-Jod-Therapie im Ausland BSG v. 09.10.2001 - B 1 KR 26/99 R - SozR 3-2500 § 18 Nr. 8 = BSGE 89, 34.

[46] BSG v. 17.02.2004 - B 1 KR 5/02 R - SozR 4-2500 § 18 Nr. 2 mit Anmerkung *Krasney*, jurisPR-SozR 29/2004, Anm. 3, *Wolf*, SGb 2004, 708.

Maßgeblicher **Zeitpunkt** für die Beurteilung, ob eine Behandlung nur im Ausland möglich ist, ist der Beginn der Behandlung. Das ergibt sich aus § 275 SGB V, nach dem der MDK mit der Beurteilung befasst werden muss, ob eine Behandlung nur im Ausland möglich ist. Nach dem Wortlaut des § 275 SGB V „ob die Behandlung nur im Ausland möglich ist", nicht „ob die Behandlung nur im Ausland möglich war", muss die Beurteilung durch den MDK vor der Behandlung erfolgen. Folglich kann maßgeblicher Zeitpunkt auch nur der Zeitpunkt der Beurteilung durch den MDK bzw. der Beginn der Behandlung sein. 33

4. Ermessen der Krankenkasse

Die Krankenkasse „kann" nach dem Wortlaut des § 18 Abs. 1 Satz 1 SGB V die Kosten für die Behandlung übernehmen. Die Vorschrift räumt ihr also für die Entscheidung Ermessen ein. Die **Ausübung des Ermessens** richtet sich nach § 39 SGB I. Danach haben die Sozialleistungsträger das Ermessen pflichtgemäß auszuüben. Auf pflichtgemäßes Ermessen besteht ein Anspruch. Das Ermessen bezieht sich nach dem Wortlaut des § 18 Abs. 1 Satz 1 SGB V sowohl auf das „Ob" (Entschließungsermessen) als auch auf die Höhe der Leistung. Die Krankenkasse kann nämlich die Kosten ganz oder teilweise übernehmen. Soweit eine Behandlung keine Einheit ist, sondern sich in einzelne Bestandteile unterteilen lässt, bedeutet das, dass die Kasse auch nur einzelne Teile übernehmen kann. Andererseits kann sie die Kosten einer einheitlichen Behandlung teilweise übernehmen. Ein Ermessen bezüglich der Auswahl der Art der Auslandsbehandlung hat sie demgegenüber nicht. Sie kann immer nur die notwendige Leistung erstatten. Sofern im Ausland mehrere Behandlungsarten zur Verfügung stehen, die das gleiche Behandlungsziel zum Gegenstand haben, kann sie gemäß § 12 SGB V nur die wirtschaftliche Methode erstatten. 34

Welche **Kriterien für das Ermessen** anzulegen sind, wird in § 18 Abs. 1 SGB V nicht spezifiziert. Wesentlicher Maßstab ist vor dem Gedanken der sozialen Sicherung vor allem die Schutzbedürftigkeit des Versicherten. Diese schlägt sich z.B. in seinen Einkommens- und Vermögensverhältnissen auf der einen und in der Höhe der durch die Auslandsbehandlung auf ihn zukommenden Kosten auf der anderen Seite nieder. Bei der Ausübung des Ermessens hat die Kasse insbesondere das Gleichbehandlungsgebot und das Willkürverbot zu beachten (gegebenenfalls Selbstbindung der Verwaltung). Darüber hinaus kann die Schwere der zu behandelnden Krankheit für das Ermessen ebenso eine Rolle spielen wie die Häufigkeit des Vorkommens der betreffenden Krankheit. Der Ansicht, die davon ausgeht, dass es zu einem Ermessen deshalb im Ergebnis nicht kommen kann, wenn die Voraussetzungen des § 18 Abs. 1 Satz 1 SGB V vorliegen, weil keine Kriterien in Frage kommen, die ein Versagen der Leistung ausschließen,[47] ist nicht zu folgen. Zwar hat der Staat und damit die öffentlich-rechtlichen Krankenkassen eine Verpflichtung zum Gesundheitsschutz aus Art. 2 Abs. 2 GG, die dazu führen kann, dass das Ermessen auf Null reduziert wird. Das wird man vor allem bei Erkrankungen annehmen müssen, die das Leben bedrohen und die im EWR-/EU-Raum weder kausal noch symptomatisch behandelt werden können. Allerdings trifft das nicht auf alle Krankheiten und alle Behandlungsmöglichkeiten zu. Der Gesetzgeber hat insofern den Spielraum die Erweiterung des räumlichen Anwendungsbereichs der gesetzlichen Krankenversicherung in das Ermessen der Krankenkassen zu stellen. Dass die Ausübung dieses Ermessens unter Berücksichtigung der Verpflichtungen aus dem Grundgesetz erfolgen muss, hindert die Möglichkeit nicht, Ermessen überhaupt auszuüben. 35

§ 18 Abs. 1 SGB V lässt die Möglichkeit einer **Regelung der Ermessenskriterien** durch Satzung nicht zu, denn das Ermessen kann nur anhand des Einzelfalls ausgeübt werden. Folglich kann in der Satzung weder geregelt werden, dass Leistungen nach § 18 Abs. 1 Satz 1 SGB V ganz ausgeschlossen sind, noch für welche Arten von Behandlungen Leistungen gewährt werden. Es ist allerdings möglich, behördenintern Anhaltspunkte für die Ermessensentscheidung festzulegen.[48] 36

5. Anspruch auf Krankengeld

Hat sich die Krankenkasse im Rahmen des Ermessens nach § 18 Abs. 1 Satz 1 SGB V für die Übernahme der Kosten für die Auslandsbehandlung entschieden, hat der Versicherte einen Anspruch auf Krankengeld nach den Vorschriften der §§ 44 ff. SGB V. Der Anspruch besteht in der dort genannten Höhe unabhängig davon, ob die Krankenkasse die gesamte oder nur Teile der Auslandsbehandlung übernommen hat. Weder bezüglich des Ob noch des Wie besteht Ermessen. 37

[47] *Peters* in: KassKomm-SGB, SGB V, § 18 Rn. 6.

[48] *Mengert* in: Peters, Handbuch KV (SGB V), § 18 Rn. 28.

6. Inhalt des Anspruchs

38 Der Anspruch auf Kostenerstattung geht in erster Linie auf Erstattung einer bestimmten **Geldsumme**. Die Krankenkasse kann insofern die Kosten insgesamt, zu einer bestimmten Quote oder eine absolute Summe übernehmen.

39 Ähnlich wie bei § 13 Abs. 3 SGB V kann er aber auch eine **Freistellung von einer Verbindlichkeit** beinhalten. Der Versicherte kann dann verlangen, dass die Krankenkasse ihn von seiner Verbindlichkeit gegenüber dem ausländischen Leistungserbringer befreit, die Rechnung also für ihn begleicht. Es sind insofern die gleichen strengen Kriterien für das Bestehen der entsprechenden Verbindlichkeit anzuwenden wie in § 13 Abs. 3 SGB V.[49]

40 Kein Anspruch besteht auf die Übernahme von Kosten, die nicht der Krankenbehandlung dienen. So können z.B. Überführungskosten beim Tod eines Versicherten im Ausland nicht über § 18 Abs. 1 SGB V beansprucht werden.[50]

IV. Übernahme weiterer Kosten

41 § 18 Abs. 2 SGB V gibt den Krankenkassen die Möglichkeit, über die bloße Krankenbehandlung und das Krankengeld hinaus weitere Leistungen zu erbringen. Diese beziehen sich entweder auf den Versicherten oder auf Begleitpersonen. Voraussetzung ist aber die Gewährung von Leistungen der Krankenbehandlung nach § 18 Abs. 1 Satz 1 SGB V. Insofern können nur Folgekosten der Behandlung als **akzessorische Leistungen** übernommen werden, wenn die Krankenkasse auch die Behandlungskosten selbst trägt, wie sich aus dem Wortlaut des § 18 Abs. 2 SGB V „in den Fällen des Abs. 1" ergibt.[51]

1. Kosten für den Versicherten

42 Nach den Gesetzesmaterialien[52] kann die Krankenkasse weitere Kosten übernehmen, die im **Zusammenhang mit der Auslandsbehandlung** stehen. Das BSG spricht insofern von akzessorischen Leistungen.[53] Gemeint sind Kosten, die in notwendigem Zusammenhang mit der Auslandskrankenbehandlung stehen. Das können etwa Reisekosten oder auch Transportkosten sein, die durch die Reise zur Behandlung bedingt sind. Grenzen, wie etwa diejenige des § 60 Abs. 4 SGB V, der einen Anspruch auf einen Rücktransport aus dem Ausland ausschließt, gelten nach dem Willen des Gesetzgebers nicht. Da § 18 Abs. 2 SGB V nur auf die Leistungen nach Absatz 1 Bezug nimmt, können diese Leistungen in den Fällen des § 18 Abs. 3 SGB V – d.h. bei Notfallbehandlung im Ausland – nicht gewährt werden.[54]

2. Kosten für eine Begleitperson

43 Die Krankenkasse kann weiterhin Kosten für Begleitpersonen übernehmen. Das sind in erster Linie Kosten für eine notwendige Begleitperson. Zum Beispiel kann die Begleitung deshalb notwendig sein, weil die im Ausland angestrebte Therapie unter Beteiligung der Begleitperson durchgeführt werden soll[55] oder der Versicherte der Betreuung durch die Begleitperson über die bloße Krankenbehandlung hinaus bedarf, wie das z.B. bei Kindern und geistig behinderten Menschen der Fall ist. Kosten für die Begleitperson können neben deren Reisekosten auch deren Unterbringung sowie deren Verdienstausfall sein. Auch diese weiteren Leistungen sind akzessorisch, können also nur gewährt werden, wenn die Krankenkasse auch die Hauptleistung erbringt und erbringen darf.

---

[49] Zu den Anforderungen die an eine Verbindlichkeit zu stellen sind, damit einem Versicherten ein Freistellungsanspruch zusteht vgl. BSG v. 23.07.1998 - B 1 KR 3/97 R - SozR 3-2500 § 13 Nr. 17, BSG v. 28.03.2000 - B 1 KR 21/99 R - SozR 3-2500 § 13 Nr. 21, BSG v. 13.07.2004 - B 1 KR 11/04 R - SozR 4-2500 § 13 Nr. 4; natürlich kann bei Abrechnungen aus dem Ausland keine Abrechnung nach den Regeln des EBM oder der GOÄ verlangt werden, da diese dort nicht anwendbar sind.

[50] *Fastabend/Schneider*, Das Leistungsrecht in der Gesetzlichen Krankenversicherung, Rn. 385.

[51] BSG v. 16.06.1999 - B 1 KR 4/98 R - SozR 3-2500 § 18 Nr. 4, S. 20.

[52] BT-Drs. 11/2237, S. 15.

[53] BSG v. 16.06.1999 - B 1 KR 4/98 R - SozR 3-2500 § 18 Nr. 4, S. 20.

[54] BSG v. 23.02.1999 - B 1 KR 1/98 R - BSGE 83, 285 - SozR 3-2500 § 60 Nr. 3 und BSG v. 07.05.2002 - B 1 KR 57/99 B.

[55] Z.B. durch Erlernen bestimmter Techniken, die nach Rückkehr in den Heimatort selbständig weiter angewandt werden sollen, oder bei Einbeziehung des sozialen Umfelds im Rahmen der Behandlung psychischer Erkrankungen.

V. Behandlungskosten bei vorübergehendem Auslandsaufenthalt

Nach § 18 Abs. 3 SGB V hat ein Versicherter einen Anspruch auf Erstattung von Kosten, die ihm dadurch entstehen, dass er im Ausland wegen eines Notfalls behandelt werden muss. 44

1. Auslandsaufenthalt

§ 18 Abs. 3 SGB V ist nur anwendbar, wenn sich ein Versicherter **vorübergehend im Ausland** aufhält. Damit werden Fälle, in denen sich ein Versicherter zur Ausübung seiner Berufstätigkeit ins Ausland begeben hat und dort einen längeren Aufenthalt geplant hat, aus der Anwendung ausgeschlossen. Wie § 18 Abs. 3 Satz 1 SGB V am Ende zeigt, muss der vorübergehende Charakter des Auslandsaufenthalts im Voraus feststehen. Insofern ist die **Sicht vor Antritt des Auslandsaufenthalts** maßgeblich. Ein Auslandsaufenthalt, der von vorneherein auf eine längere Zeit angelegt ist, wird auch nicht dadurch zu einem vorübergehenden, dass er vorzeitig abgebrochen wird. 45

Wie lang ein vorübergehender Auslandsaufenthalt sein kann, definiert das Gesetz nicht. Allerdings steht der vorübergehende Aufenthalt im Gegensatz zum Wohnsitz und dem gewöhnlichen Aufenthalt, die in § 30 Abs. 3 SGB I legaldefiniert sind. Insofern kommt es entscheidend darauf an, ob der Wohnsitz ins (EWR-/EU-)Ausland verlegt wird oder ob er im Inland verbleibt. Als vorübergehend ist jedenfalls ein Auslandsaufenthalt von sechs Wochen anzusehen, wie § 18 Abs. 3 Satz 2 SGB V zeigt. 46

§ 18 Abs. 3 Satz 4 SGB V setzt den vorübergehenden Aufenthalt im Ausland einem **Aufenthalt zu Schul- oder Studienzwecken** gleich. Auf das Merkmal „vorübergehend" verzichtet das Gesetz insofern. Maßstab ist auch die Erforderlichkeit des Aufenthalts. Das Lernen in der Schule oder das Studium muss den Auslandsaufenthalt bedingen. Ausreichend ist nach dem Willen des Gesetzgebers insofern, dass die Schule oder das Studium zeitweise als Austauschschüler oder im Rahmen eines Auslandssemesters in ausländischen Staaten fortgesetzt wird. Gegebenenfalls muss der Schüler oder Student die Erforderlichkeit des Auslandsaufenthalts nachweisen.[56] Damit verbleibt für diese Vorschrift nur ein enger Anwendungsbereich, denn die Erforderlichkeit der Fortführung von Studium oder Schulunterricht im Ausland wird, von bestimmten Studiengängen abgesehen, nur selten nachweisbar sein, so dass diese Personen gegebenenfalls nur unter den Voraussetzungen des § 18 Abs. 3 Satz 1 SGB V Leistungen erhalten können. 47

2. Unverzügliche Erforderlichkeit der Behandlung

Eine Behandlung ist unverzüglich erforderlich, wenn sie ohne das gesundheitliche Risiko eines „schuldhaften Zögerns" nicht bis zur Rückkehr ins Inland aufgeschoben werden kann.[57] 48

3. Möglichkeit der Behandlung auch im Inland

Das Tatbestandsmerkmal der Möglichkeit der Behandlung auch im Inland grenzt den Anwendungsbereich des § 18 Abs. 3 SGB V von demjenigen des § 18 Abs. 1 SGB V ab. Die notwendige Behandlung muss auch im Inland zur Verfügung stehen, also im Inland zum **Leistungskatalog der gesetzlichen Krankenversicherung** gehören. 49

Sofern die Voraussetzungen des § 18 Abs. 1 SGB V vorliegen, kommt § 18 Abs. 3 SGB V nicht zur Anwendung, selbst wenn sich auf der Reise oder beim Transport zum Behandlungsort die Krankheit derart verschlimmert, dass sie zu einem Notfall wird. Das ergibt sich aus § 18 Abs. 3 Satz 3, der eine Anwendung des Satzes 1 für den Fall ausschließt, dass sich der Versicherte zur Behandlung ins Ausland begeben hat. Die Krankenkasse wird allerdings bei der endgültigen Entscheidung über die Kostenerstattung bei ihrer Ermessensausübung die Dringlichkeit der Behandlung zu berücksichtigen haben. 50

Auf der anderen Seite schließt auch das Vorliegen der Voraussetzungen des § 18 Abs. 3 SGB V die Anwendung des § 18 Abs. 1 SGB V aus. Eine Ausnahme gilt, wenn während eines vorübergehenden Auslandsaufenthalts ein Notfall eintritt und eine Behandlung erfordert, die nur im Ausland möglich ist. Dann kann gegebenenfalls die Feststellung, dass die Behandlung nur im Ausland möglich war, auch noch im Nachhinein erfolgen. 51

---

[56] BT-Drs. 13/11021, S. 10.

[57] Definition nach *Noftz* in: Hauck/Noftz, SGB V, § 18 Rn. 32 unter Hinweis auf die Legaldefinition in § 121 BGB.

4. Unmöglichkeit der privaten Versicherung

52 Einen Anspruch auf Kostenerstattung haben Versicherte, die sich nicht bei einer privaten Versicherung gegen das Risiko der Krankheit versichern können. Das ist entweder dann der Fall, wenn die Versicherungen den Abschluss eines entsprechenden Vertrags deshalb versagen, weil der Versicherte ein **hohes Lebensalter** erreicht hat[58] oder an einer (häufig) **chronischen Krankheit** leidet. Dabei kann sich die Unmöglichkeit der Versicherung auf jegliches Krankheitsrisiko oder aber auf eine bestimmte Erkrankung beziehen. Für den Anspruch nach § 18 Abs. 3 SGB V kommt es deshalb auf die **konkrete Erkrankung** an, die behandelt werden soll. War eine private Versicherung gegen das Risiko des Ausbrechens dieser speziellen Erkrankung wegen eines im Gesundheitszustand oder Alter des Versicherten liegenden Grundes nicht möglich, so hat die Krankenkasse die Kosten zu übernehmen.

53 Die Unmöglichkeit der Versicherung gegen das Risiko der Krankheit muss in der Regel durch die Krankenkasse **vor Antritt des Auslandsaufenthalts festgestellt** werden. Das bedeutet, dass der Versicherte sich vor Antritt des Auslandsaufenthalts mit seiner Kasse in Verbindung setzen und die Feststellung des Tatbestands beantragen muss. Es ist allerdings auch möglich, dass die Krankenkasse den Tatbestand im Voraus auch für weitere Fälle in der Zukunft feststellt. In besonderen Fällen kann die Kostenerstattung auch nach Durchführung der Behandlung beantragt werden.

54 Für die Feststellung des Tatbestands trifft den Versicherten über die bloße Antragstellung hinaus eine **Mitwirkungspflicht** (§§ 60 ff. SGB I). Er muss deshalb die Ablehnung der Versicherung belegen, indem er entsprechende Schreiben von – gegebenenfalls mehreren – privaten Versicherungen vorlegt. Das ist allerdings dann entbehrlich, wenn die Krankenkasse den Tatbestand der Unmöglichkeit der Versicherung selbst feststellen kann.[59] Das kann z.B. dann der Fall sein, wenn der Versicherte ein Lebensalter erreicht hat, in dem von allen Versicherungen der Abschluss des Vertrags abgelehnt wird, oder wenn der Versicherte die entsprechenden Belege schon in der Vergangenheit eingereicht hat und sich kein Anhaltspunkt dafür ergibt, dass sich am Sachverhalt etwas geändert hat.

5. Rechtsfolge

55 Sofern die Voraussetzungen des § 18 Abs. 1 Satz 1 oder 4 SGB V vorliegen, hat der Versicherte einen Anspruch auf Erstattung der angefallenen Kosten.

56 Für die Fälle des Satzes 1 ist der Anspruch auf **sechs Wochen im Kalenderjahr** beschränkt. Dabei bezieht sich die Dauer von sechs Wochen nicht auf die Dauer des Auslandsaufenthalts, sondern auf die **Dauer der Behandlung**. Offenbar ging der Gesetzgeber davon aus, dass nach sechs Wochen in der Regel eine Notfallbehandlung abgeschlossen ist und der Versicherte ins Inland verlegt werden kann. Die Beschränkung auf die Übernahme der Kosten für nur sechs Wochen gilt nicht für die Fälle des Satzes 4, denn dieser nimmt nur Bezug auf die Sätze 1 und 3, nicht aber auf Satz 2.

57 § 18 Abs. 3 Satz 2 SGB V legt nicht nur eine zeitliche, sondern auch eine **summenmäßige Grenze** fest. Die Kosten dürfen die Kosten, die im Inland für eine entsprechende Behandlung angefallen wären, nicht übersteigen. Die Krankenkasse muss dementsprechend eine Vergleichsberechnung anstellen und berechnen, wie hoch die Kosten bei einer Behandlung im Inland gewesen wären. Erstattungsfähig sind nur Leistungen, die zum Leistungskatalog der gesetzlichen Krankenversicherung gehören.

C. Übergangsbestimmungen

58 Für die Änderung des § 18 SGB V im Gesundheitsmodernisierungsgesetz vom 14.11.2003 sind Übergangsbestimmungen nicht vorgesehen. Allerdings sind solche auch eher unnötig, weil die Regelung für Aufenthalte außerhalb des EU-/EWR-Bereichs keine wesentlichen Änderungen erfahren hat. Innerhalb des EWR und der EU versucht § 13 SGB V eine der bisherigen Rechtsprechung entsprechende Regelung zu treffen.

---

[58] In den meisten Versicherungsbedingungen wird der Abschluss einer Auslandsreisekrankenversicherung ab einem Lebensalter von 75 oder 70 Jahren ausgeschlossen.

[59] *Mengert* in: Peters, Handbuch KV (SGB V), § 18 Rn. 42 f.

§ 19 SGB V Erlöschen des Leistungsanspruchs

(Fassung vom 14.11.2003, gültig ab 01.01.2004)

(1) Der Anspruch auf Leistungen erlischt mit dem Ende der Mitgliedschaft, soweit in diesem Gesetzbuch nichts Abweichendes bestimmt ist.

(2) Endet die Mitgliedschaft Versicherungspflichtiger, besteht Anspruch auf Leistungen längstens für einen Monat nach dem Ende der Mitgliedschaft, solange keine Erwerbstätigkeit ausgeübt wird. Eine Versicherung nach § 10 hat Vorrang vor dem Leistungsanspruch nach Satz 1.

(3) Endet die Mitgliedschaft durch Tod, erhalten die nach § 10 versicherten Angehörigen Leistungen längstens für einen Monat nach dem Tode des Mitglieds.

Gliederung

A. Basisinformationen

I. Textgeschichte/Gesetzgebungsmaterialien

Als aufgrund **des Gesetzes zur Strukturreform im Gesundheitswesen (Gesundheits-Reformgesetz – GRG)** vom 20.12.1988[1] § 19 SGB V zum **01.01.1989** in Kraft trat, bedeutete dies eine einschneidende Änderung in Bezug auf das Erlöschen der Leistungsansprüche im Krankenversicherungsrecht. Um dies zu verdeutlichen, soll zunächst ein Rückblick erfolgen: 1

Unter Geltung der RVO konnten versicherungspflichtig Beschäftigte bei Vorliegen bestimmter Voraussetzungen Versicherungsschutz in der gesetzlichen Krankenversicherung ohne das Bestehen einer Mitgliedschaft beanspruchen. **§ 214 Abs. 1 RVO** m.W.v. 19.07.1911[2] regelte insoweit: 2

„Scheiden Versicherte wegen Erwerbslosigkeit aus, die in den vorangegangenen zwölf Monaten mindestens sechsundzwanzig Wochen oder unmittelbar vorher mindestens sechs Wochen versichert waren, so verbleibt ihnen der Anspruch auf die Regelleistungen der Kasse, wenn der Versicherungsfall während der Erwerbslosigkeit und binnen drei Wochen nach dem Ausscheiden eintritt [...]".

Diese Regelung stellte bereits eine zum Schutz der Kassen gegen missbräuchliche Ausnutzung nötig erscheinende[3] Änderung der bis zum In-Kraft-Treten der RVO bestehenden Gesetzeslage dar. Genügte bisher eine Versicherungsdauer von nur drei Wochen vor dem Ausscheiden, um die weitgehende Vergünstigung dieser Vorschrift zu erwerben, so verlängerte § 214 Abs. 1 RVO diese Zeit auf das Dop- 3

[1] BGBl I 1988, 2477.

[2] RGBl 1911, 509.

[3] Anlagen zum Entwurf einer Reichsversicherungsordnung, 12. Legislatur-Periode des Reichstags II. Session 1909/10, S. 162, Anmerkung zu § 226.

pelte. Der Entwurf dieser Neuregelung (§ 226) wurde im Gesetzgebungsverfahren äußerst kontrovers diskutiert. Wurde einerseits eingewandt, dass diese Vorschrift als Ansatz zur Arbeitslosenversicherung und Anreiz zur Simulation an sich bedenklich sei[4], hielten andere Stimmen die Bestimmung zum Schutze der Arbeiter für unbedingt nötig. Denn es komme nicht selten vor, dass Unternehmer, für deren Betrieb eine Betriebskrankenkasse bestehe, Arbeiter entließen, wenn sie annähmen, dass eine Erkrankung bevorstehe. Es seien sogar Fälle vorgekommen, in denen Arbeitgeber ihre Arbeiter vor Ablauf der bisher vorgesehenen dreiwöchigen Frist einer ärztlichen Untersuchung hätten unterziehen lassen, um die Kasse vor der Haftung zu schützen.[5]

4 § 214 Abs. 1 RVO war damit als Ausnahmeregelung – da sie den Versicherungsschutz von der Mitgliedschaft bei der Krankenkasse löste – Ausprägung eines Schutzgedankens. Sie hatte den Zweck, einem wegen Erwerbslosigkeit aus der Kasse ausgeschiedenen Versicherten als **Nachwirkung** (vgl. den Gesetzeswortlaut des Absatzes 1 Satz 1: „verbleibt") des Versicherungsverhältnisses für Versicherungsfälle, die während drei Wochen nach dem Ausscheiden eintraten, beitragsfrei den Versicherungsschutz zu erhalten.[6]

5 Änderungen hat die Vorschrift u.a. durch das Gesetz über die Angleichung der Leistungen zur Rehabilitation vom 07.08.1974[7] erfahren, wodurch in Absatz 1 Satz 1 nach den Worten „wegen Erwerbslosigkeit" die Worte „oder wegen Beendigung des Bezuges von Übergangsgeld (§ 165 Abs. 1 Nr. 4)" eingefügt worden sind. Damit sollte auch denjenigen der nachwirkende Leistungsanspruch unter den in § 214 RVO näher bezeichneten Voraussetzungen eingeräumt werden, die aufgrund der Beendigung des Bezuges von Übergangsgeld wegen berufsfördernder Maßnahmen zur Rehabilitation aus der Mitgliedschaft ausgeschieden sind.[8] Durch das Fünfte Gesetz zur Änderung des Arbeitsförderungsgesetzes (5. AFG-ÄndG) vom 23.07.1979[9] wurden jeweils die Worte „drei Wochen" durch die Worte „vier Wochen" ersetzt. Die Frist für den nachträglichen Bezug von Krankenkassenleistungen bei Erwerbslosigkeit oder bei Beendigung des Bezugs von Übergangsgeld wurde damit von drei auf vier Wochen nach Ausscheiden aus der Kasse verlängert, um den Krankenversicherungsschutz vor allem auf die gesamte Dauer von Sperrzeiten nach § 119 AFG auszudehnen. So sollte vermieden werden, dass ein Arbeitsloser, der in der vierten Woche einer Sperrzeit erkrankte, wegen der Sperrzeit Hilfe zum Lebensunterhalt und Krankenhilfe nach dem Bundessozialhilfegesetz in Anspruch nehmen musste.[10]

6 Neben § 214 enthielt die RVO eine weitere wesentliche Regelung zur Dauer von Leistungsansprüchen. **§ 183 Abs. 1, 2 RVO** i.d.F. des Gesetzes zur Änderung und Ergänzung des Gesetzes zur Verbesserung der wirtschaftlichen Sicherung der Arbeiter im Krankheitsfalle vom 12.07.1961[11] regelte insoweit:

„(1) Die Krankenpflege wird ohne zeitliche Begrenzung gewährt. Scheidet ein Mitglied während des Bezuges von Krankenpflege aus der Versicherung aus, so endet die Krankenpflege spätestens sechsundzwanzig Wochen nach dem Ausscheiden.

(2) Krankengeld wird ohne zeitliche Begrenzung gewährt, für den Fall der Arbeitsunfähigkeit wegen derselben Krankheit jedoch für höchstens 78 Wochen innerhalb von je 3 Jahren, gerechnet vom Tage des Beginns der Arbeitsunfähigkeit an. Tritt während der Arbeitsunfähigkeit eine weitere Krankheit hinzu, so wird die Leistungsdauer nicht verlängert."

7 Der von der RVO so gewährte Schutz wurde durch die Rechtsprechung unter Anwendung des von ihr entwickelten **Grundsatzes der Einheit des Versicherungsfalles** derart extensiv ausgelegt, dass der Anspruch auf Krankengeld einen rentenähnlichen Charakter annehmen konnte.[12] Der Grundsatz der Einheit des Versicherungsfalles besagte, dass alle aus dem einheitlichen Versicherungsfall der Krankheit entstehenden Ansprüche ihrem Rechtsgrund nach auf den Eintritt der Erkrankung zurückbezogen seien, so dass Entstehung und Fortbestand aller Ansprüche allein voraussetzten, dass der Versicherungsfall der Krankheit während eines Versicherungsverhältnisses mit entsprechender Anspruchsbe-

---

[4] Bericht der 16. Kommission über den Entwurf einer Reichsversicherungsordnung, 12. Legislatur-Periode des Reichstags II. Session 1909/11, S 105, Anmerkungen zu § 226.

[5] Bericht der 16. Kommission über den Entwurf einer Reichsversicherungsordnung, 12. Legislatur-Periode des Reichstags II. Session 1909/11, S 105, Anmerkungen zu § 226.

[6] Vgl. BSG v. 27.06.1961 - 3 RK 62/59 - BSGE 14, 278, 279.

[7] BGBl I 1974, 1881.

[8] Vgl. BT-Drs. 7/1237, S. 65.

[9] BGBl I 1979, 1189.

[10] Vgl. BT-Drs. 8/2624, S. 34.

[11] BGBl I 1961, 913.

[12] *Peters*, SGb 1984, 229, 236; vgl. auch Begr. d. GRG, BT-Drs. 11/2237, S. 181.

rechtigung eintrat. War diese „Grundvoraussetzung“ erfüllt, so waren die Entstehung und der Fortbestand der einzelnen auf dem gleichen Versicherungsfall beruhenden Ansprüche von der Fortdauer der Mitgliedschaft unabhängig.[13] Dieser Grundsatz wirkte sich vor allem im Bereich des Krankengeldes deshalb leistungsausweitend aus, weil davon ausgegangen wurde, dass Arbeitsunfähigkeit und Behandlungsbedürftigkeit nur verschiedene Erscheinungsformen derselben – den Versicherungsfall auslösenden – Krankheit seien.[14] Für das Entstehen eines Anspruches auf Krankengeld genügte es daher, dass die behandlungsbedürftige Krankheit während der Mitgliedschaft auftrat. Die Arbeitsunfähigkeit konnte später hinzukommen, was u.U. bedeuten konnte, dass auch nach beendeter Mitgliedschaft noch nach Jahren ein erstmaliger und lang andauernder Anspruch auf Krankengeld entstehen konnte.[15]

Es ist somit vor dem Hintergrund der aufgezeigten Entwicklung zu verstehen, wenn sich in den Geset- 8
zesmaterialien zu **§ 19 SGB V** die Begründung findet, die Regelung sei neu und führe die Ansprüche nach dem Ende der Mitgliedschaft auf ein vertretbares Maß zurück.[16] Der Vergleich zwischen § 214 Abs. 1 RVO und § 19 Abs. 2 SGB V macht deutlich, dass diese pauschale Feststellung so nicht zutreffend ist.[17] Jedoch unterstreicht jene Aussage – ebenso wie die weitere, speziell zu § 19 Abs. 1 SGB V gegebene Begründung („nach dieser Vorschrift werden Leistungen grundsätzlich nur so lange gewährt, wie die Mitgliedschaft besteht“)[18] – den Willen des Gesetzgebers, den Versicherungsschutz des SGB V stärker als zuvor an das bestehende Versicherungsverhältnis zu knüpfen. Nachdem der Grundsatz der Einheit des Versicherungsfalles zur Begründung eines nachgehenden Anspruches schon zu Zeiten der RVO stark angezweifelt wurde,[19] ist diese Rechtsprechung damit zumindest seit dem 01.01.1989 durch das SGB V überholt.[20]

In der Folgezeit wurde § 19 SGB V durch das Gesetz zur Modernisierung der gesetzlichen Kranken- 9
versicherung **(GKV-Modernisierungsgesetz – GMG)** vom 14.11.2003[21] – in Kraft getreten am 01.01.2004 – durch Einfügung des Absatzes 2 Satz 2 geändert. Durch die neue Regelung sollten Zweifelsfragen, die nach den Urteilen des BSG vom 07.05.2002[22] (vgl. Rn. 63) entstanden waren, geklärt und die Fortführung der bisherigen Praxis der Spitzenverbände der Krankenkassen bei der Abgrenzung zwischen den §§ 10 und 19 Abs. 2 SGB V im Rahmen des Risikostrukturausgleiches ermöglicht werden. Die Urteile des BSG seien nach übereinstimmender Auffassung der Spitzenverbände meldetechnisch kaum umsetzbar.[23]

Zum **Hintergrund**: Die vorrangige Berücksichtigung des Leistungsanspruches nach § 19 Abs. 2 10
SGB V vor einem Anspruch aus der Familienversicherung entsprach zwar der Praxis der Krankenkassen bis zum Jahr 1998.[24] Die Krankenkassen haben dann jedoch mit rückwirkender Entscheidung von 1994 an diese Praxis umgestellt und sind vom Vorrang der Familienversicherung nach § 10 SGB V ausgegangen. Dieser Grundsatz „10 vor 19“ war Bestandteil des sog. Einheitlichen Meldeverfahrens zur Durchführung der Familienversicherung gemäß § 10 Abs. 6 Satz 2 SGB V i.V.m. den §§ 15 Abs. 6, 213 Abs. 2, 289 SGB V.[25] Danach konnten Familienversicherungszeiten unmittelbar nach Beendigung einer Pflichtmitgliedschaft begründet werden. Sie waren im Verfahren zum Risikostrukturausgleich (RSA) als Versicherungszeiten zu berücksichtigen. Auf Grund der Urteile des BSG hätte diese Verfah-

[13] BSG v. 21.08.1957 - 3 RK 8/57 - BSGE 5, 283, 286; BSG v. 13.02.1962 - 3 RK 63/61 - BSGE 16, 177, 180; BSG v. 25.11.1964 - 3 RK 89/64 - BSGE 22, 115, 116; BSG v. 25.05.1966 - 3 RK 8/63 - BSGE 25, 37, 38; BSG v. 15.10.1968 - 3 RK 1/66 - BSGE 28, 249, 250; BSG v. 17.04.1970 - 3 RK 41/69 - BSGE 31, 125, 127; BSG v. 26.06.1975 - 3 RK 70/74 - BSGE 40, 104, 105; BSG v. 14.04.1983 - 8 RK 21/81 - SozR 2200 §183 Nr. 44, S. 124.

[14] Vgl. BSG v. 21.08.1957 - 3 RK 8/57 - BSGE 5, 283, 286.

[15] *Peters*, SGb 1984, 229, 241; *Schulin*, KrV 1989, 215, 218.

[16] BT-Drs. 11/2237, S. 166.

[17] So auch *Noftz* in: Hauck/Noftz, SGB V, § 19 Rn. 35.

[18] BT-Drs. 11/2237, S. 166.

[19] *Peters*, SGb 1984, 229, 237 ff.

[20] *Schulin*, KrV 1989, 215, 218, 219; BSG v. 19.09.2002 - B 1 KR 11/02 R - BSGE 90, 72, 75 = SozR 3-2500 § 44 Nr. 10 S. 32; BSG v. 22.03.2005 - B 1 KR 22/04 R - BSGE 94, 247, 253 = SozR 4-2500 § 44 Nr. 6 Rn. 19; a.A. *Töns*, WzS 1990, 33, 36.

[21] BGBl I 2003, 2190.

[22] Z.B. BSG v. 07.05.2002 - B 1 KR 24/01 R - BSGE 89, 254 = SozR 3-2500 § 19 Nr. 5.

[23] BT-Drs. 15/1525, S. 82.

[24] Vgl. Ziff. 7.2 Meldeverfahren-FV vom 28.09.1993 i.d.F. vom 15.01.1997, Sdl 1996, S. 574, 576.

[25] Vgl. Ziff. 5.1 Meldeverfahren-FV vom 28.09.1993 i.d.F. vom 01.07.1998, Sdl 1998, S. 181, 184.

rensweise nochmals rückwirkend geändert werden müssen, weil nach Auffassung des Gerichts während des Bestehens eines nachgehenden Leistungsanspruchs eine Familienversicherung ausgeschlossen war. Dies hätte zu einem erheblichen Verwaltungsaufwand bei den Krankenkassen geführt, da alle Familienversicherungsverhältnisse hätten geprüft und ggf. korrigiert werden müssen. Zudem war die Feststellung bzw. vollständige und lückenlose Erfassung des „§ 19er-Zeitraumes" als Vorbedingung zur Bestimmung des Beginns der Familienversicherung schwierig, denn sowohl die generelle Prüfung der Anspruchsvoraussetzungen des § 19 Abs. 2 SGB V (keine Erwerbstätigkeit) als auch die Abgrenzung zu anderen vorrangigen Versicherungszeiten (anderweitige Versicherungspflicht, freiwillige Versicherung) waren nur mit hohem Aufwand zu leisten. Schließlich entstand die Situation, dass die Krankenkassen in dem nachgehenden Monatszeitraum das Versicherungsrisiko tragen und im Versicherungsfall Leistungen in voller Höhe gewähren mussten, diese Zeiten im RSA-Verfahren jedoch nicht berücksichtigungsfähig waren.

11 Um die aufgezeigten Probleme zu beheben, wurde § 19 SGB V durch das GMG mittels Einfügung des Absatzes 2 Satz 2 geändert, vgl. Rn. 9. Darüber hinaus wurde durch die **8. RSA-ÄndV** vom 19.12.2003 § 3 Abs. 3 RSAV kraft Einfügung des Satzes 3 rückwirkend zum 01.01.1994 modifiziert,[26] um eine nachträgliche Änderung der Verfahrensweise der Krankenkassen zu verhindern und klarzustellen, dass die bisherige Verfahrensweise im RSA auch weiterhin Bestand haben solle.

II. Vorgängervorschriften

12 Zwar ähnelt Absatz 2 der Vorschrift inhaltlich § 214 Abs. 1 RVO (vgl. Rn. 1). Davon abgesehen ist die Norm jedoch sowohl in Hinsicht auf den Regelungsumfang als auch die Systematik neu und ohne entsprechenden Vorläufer.[27] Absatz 3 entspricht § 214 Abs. 4 RVO, verlängert aber die Anspruchsdauer von vier Wochen auf einen Monat.[28]

III. Parallelvorschriften

13 Auch in der sozialen Pflegeversicherung gilt gemäß **§ 35 SGB XI** der Grundsatz, dass Leistungsansprüche an die bestehende Mitgliedschaft geknüpft sind und dementsprechend mit dem Ende der Mitgliedschaft wegfallen. Allerdings fehlen mit den Absätzen 2 und 3 vergleichbare Regelungen über nachgehende Ansprüche bei Beendigung der Mitgliedschaft.

IV. Systematische Zusammenhänge

14 Die Vorschrift findet sich im Zweiten Abschnitt (Gemeinsame Vorschriften) des Dritten Kapitels (Leistungen der Krankenversicherung). Eine Regelung über das Gegenstück – den **Beginn der Leistung** – sucht man hier vergeblich. Zur Klärung dieser Frage ist auf die allgemeine Vorschrift des § 40 SGB I zurückzugreifen, aufgrund dessen der Gesetzgeber von einer Regelung im SGB V abgesehen hat.[29] Nach dieser Vorschrift entstehen Ansprüche auf Sozialleistungen, sobald ihre im Gesetz bestimmten Voraussetzungen vorliegen, wozu auch das Bestehen eines Versicherungsverhältnisses gehört.

15 Aus der Stellung im Gesetz lässt sich schließen, dass § 19 SGB V für **alle Leistungen der GKV** gilt.

16 § 19 SGB V regelt nur den speziellen Fall des Erlöschens von Leistungsansprüchen bei **Ende der Mitgliedschaft.** Davon unberührt bleiben andere Erlöschensgründe, wie z.B. der Wegfall von Leistungsvoraussetzungen.[30]

17 Die Vorschrift steht im engen Zusammenhang mit den §§ 189 Abs. 2 Satz 2, 190, 191 SGB V, die die **Beendigung der Mitgliedschaft** regeln. Von besonderer Bedeutung ist auch § 192 SGB V, nach dem die Mitgliedschaft Versicherungspflichtiger in bestimmten Fällen (z.B. rechtmäßiger Arbeitskampf, Schwangerschaft (Absatz 2)) erhalten bleibt.

---

[26] BGBl I 2003, 2813.

[27] *Noftz* in: Hauck/Noftz, SGB V, § 19 Rn. 35; vgl. auch die Einschätzung des Gesetzgebers, „die Regelung ist neu [...]" in BT-Drs. 11/2237, S. 166.

[28] BT-Drs. 11/2237, S. 166.

[29] Vgl. BT-Drs. 11/2237, S. 166.

[30] *Noftz* in: Hauck/Noftz, SGB V, § 19 Rn. 4.

V. Ausgewählte Literaturhinweise

Berchtold, Krankengeld, 2004, S. 36, 37, 169 ff.; *Thomas/Weidmann,* Sozialversicherungsrechtliche Risiken als Folge einer unwiderruflichen Freistellung in Aufhebungsverträgen, NJW 2006, 257 ff.; *Schulin,* Mitgliedschaft, Versicherungsverhältnis und Versicherungsfall nach neuem Krankenversicherungsrecht, KrV 1989, 215; *Töns,* Der Anspruch auf Leistungen im Falle des § 19 Abs. 2 SGB V, WzS 1990, 33; *Volbers,* Zur Berechnung der Monatsfrist nach § 19 Abs. 2 und 3 SGB V, WzS 1996, 97; *Volbers,* 19 vor 10 oder 10 vor 19? – Zum Vorrang zwischen einer Familienversicherung und einem sog. nachgehenden Leistungsanspruch, Sdl 1998, 163; *Winkler,* Krankheit bei Arbeitslosigkeit, info also 2000, 11. 18

B. Auslegung der Norm

I. Allgemeines

Zum Verständnis der Norm ist die Unterscheidung zwischen Mitgliedschaft und Versicherung notwendig. Zwar besteht zwischen beiden ein enger Zusammenhang, eine generelle Gleichsetzung ist jedoch nicht berechtigt. Der Zusammenhang wird in Rechtsprechung und Literatur sehr unterschiedlich beurteilt, hauptsächlich dadurch bedingt, dass – je nach Fallgestaltung – verschiedene Aspekte komplexer Rechtsverhältnisse besonders betont werden.[31] Festzuhalten ist hier, dass die **Mitgliedschaft** in der Krankenversicherung als Solidargemeinschaft (§ 1 Satz 1 SGB V) durch die Versicherungspflicht (§ 5 SGB V) oder Ausübung der Versicherungsberechtigung (§ 9 SGB V) begründet wird. Sie beinhaltet einen korporationsrechtlichen Aspekt und ist als Gesamtheit der Rechtsbeziehungen zwischen einem Mitglied und der jeweiligen mitgliedschaftlich strukturierten Krankenkasse zu verstehen. Neben Leistungsrechten und -pflichten (z.B. Beitragspflicht) begründet die Mitgliedschaft Rechte auf Teilhabe an der Selbstverwaltung (§§ 29 Abs. 2, 44 SGB IV). Mitglieder sind ab Beginn ihrer Mitgliedschaft grundsätzlich Versicherte. Umgekehrt sind Versicherte jedoch nicht zwingend auch Mitglieder. Dies zeigt sich am Beispiel des Familienangehörigen, der zwar bei Vorliegen der Voraussetzungen des § 10 SGB V „Versicherter" sein kann. Er ist aber nicht zugleich Mitglied, denn Beiträge werden von ihm nicht erhoben (§ 3 Satz 3 SGB V; vgl. die Kommentierung zu § 3 SGB V). Seine Versicherteneigenschaft leitet er von einem sog. Stammversicherten – dem Mitglied – ab.[32] 19

§ 19 SGB V regelt die Frage, wie sich die Beendigung der Mitgliedschaft auf die Leistungsansprüche der Versicherten auswirkt. Die Norm bewirkt dabei einen Ausgleich im Spannungsverhältnis zwischen der **Schutzbedürftigkeit** des einzelnen Versicherten sowie der finanziellen Belastung der Solidargemeinschaft durch die **Gewährung beitragsfreien Versicherungsschutzes**, indem sie den Grundsatz aufstellt, dass die Ansprüche mit der Mitgliedschaft enden und Leistungen danach nur unter bestimmten Voraussetzungen für einen begrenzten Zeitraum gewährt werden. 20

Der **Begriff des Leistungsanspruches** hat in dieser Norm einen doppelten Sinngehalt: Er meint sowohl den **konkreten Anspruch** auf die einzelne Leistung als auch das in dem Mitgliedschafts- bzw. Versicherungsverhältnis begründete allgemeine **Anwartschaftsrecht** auf Leistungen.[33] Diese Auslegung findet ihre Stütze in den Motiven zum GRG: Danach wurde eine Regelung über das Entstehen des Leistungsanspruches – als Pendant zu § 19 SGB V – für nicht erforderlich erachtet, „da § 40 SGB I bereits festlegt, wann Ansprüche auf Leistungen entstehen, und eine Wartezeit für freiwillig Versicherte nach § 9 SGB V [...] nicht mehr beibehalten wurde".[34] Kann unter Bezugnahme auf § 40 SGB I sowie eine nicht vorhandene Wartezeit mit „Leistungsanspruch" nur der konkrete Leistungsanspruch gemeint sein, so gebietet die weitere Gesetzesbegründung, wonach für Versicherungspflichtige und freiwillig Versicherte der Leistungsanspruch mit ihrer Mitgliedschaft, für nach § 10 SGB V Versicherte mit der Mitgliedschaft des „Stammversicherten" beginnt,[35] eine Auslegung auch in Hinsicht auf das Stammrecht. 21

---

[31] *Leitherer* in: Schulin, Handbuch des Sozialversicherungsrechts, Bd. 1, § 19 Rn. 16 ff. mit einer Darstellung der unterschiedlichen Auffassungen.

[32] *Leitherer* in: Schulin, Handbuch des Sozialversicherungsrechts, Bd. 1, § 19 Rn. 13, 14.

[33] *Töns*, WzS 1990, 33, 36; *Mrozynski* in: Wannagat, SGB V, § 19 Rn. 3; *Noftz* in: Hauck/Noftz, SGB V, § 19 Rn. 4.

[34] Vgl. BT-Drs. 11/2237, S. 166.

[35] BT-Drs. 11/2237, S. 166.

II. Erlöschen des Leistungsanspruches mit dem Ende der Mitgliedschaft (Grundsatz) (Absatz 1)

1. Regelungsgehalt und Bedeutung der Norm

22 § 19 Abs. 1 HS. 1 SGB V enthält den **Grundsatz**, dass der Anspruch auf Leistungen mit dem Ende der Mitgliedschaft erlischt. Ausnahmen von dieser Regel sind jedoch möglich, was sich aus Halbsatz 2 ergibt.

2. Normzweck

23 Absatz 1 stellt einen dem **Versicherungsprinzip** entsprechenden Grundsatz auf. Leistungen sollen nur solange gewährt werden, wie die Mitgliedschaft besteht,[36] d.h. Ansprüche aus dem Versicherungsverhältnis sollen zeitlich auf den Bestand der Mitgliedschaft begrenzt werden.

3. Tatbestandsmerkmale

a. Mitgliedschaft

24 Absatz 1 betrifft jegliche Form der Mitgliedschaft, so dass sowohl die **Pflicht-** als auch die **freiwillige Mitgliedschaft** umfasst sind. Da für Versicherungspflichtige in Absatz 2 Ausnahmen vorgesehen sind, wirkt sich die Regelung allerdings in erster Linie auf freiwillige Mitglieder aus. Näheres zum Begriff der Mitgliedschaft vgl. auch Rn. 19.

b. Ende der Mitgliedschaft

25 Bezüglich der Tatbestandsvoraussetzung der Beendigung der Mitgliedschaft knüpft § 19 SGB V an § 190 SGB V (Versicherungspflichtige), § 191 SGB V (freiwillige Mitglieder) sowie an § 189 Abs. 2 Satz 2 SGB V (sog. Formalversicherte) an.

aa. Ende der Mitgliedschaft Versicherungspflichtiger (§ 190 SGB V)

26 Die wichtigsten, zum Ende der Mitgliedschaft Versicherungspflichtiger führenden Tatbestände sind die des Todes des Mitgliedes (Absatz 1) sowie das Ende des Beschäftigungsverhältnisses (Absatz 2). Zu beachten sind die **§§ 192, 193 SGB V** (vgl. die Kommentierung zu § 192 SGB V und die Kommentierung zu § 193 SGB V), wonach die Mitgliedschaft erhalten bleibt bzw. fortbesteht. Von besonderer Bedeutung ist hier § 192 Abs. 1 Nr. 2 SGB V. Danach bleibt die Mitgliedschaft Versicherungspflichtiger erhalten, solange Anspruch auf Krankengeld besteht oder solches bezogen wird. Endet also während des Krankengeldbezuges das Beschäftigungsverhältnis, so endet abweichend von § 190 Abs. 2 SGB V hierdurch nicht die Mitgliedschaft, sondern sie bleibt solange erhalten, wie weiter Krankengeld bezogen wird bzw. Anspruch darauf besteht (vgl. Rn. 34 ff.). Für die Zeit, in der die Mitgliedschaft erhalten bleibt, besteht grundsätzlich weiterhin Anspruch auf sämtliche Leistungen der GKV, vgl. allerdings zur Frage des Umfanges des Versicherungsschutzes Rn. 40 ff.

bb. Ende der freiwilligen Mitgliedschaft (§ 191 SGB V)

27 Die freiwillige Mitgliedschaft endet mit dem Tod des Mitglieds (Nr. 1), mit Beginn einer Pflichtmitgliedschaft (Nr. 2), bei Nichtzahlung der fälligen Beiträge für zwei Monate trotz Hinweises auf die Folgen (Nr. 3) oder mit dem Wirksamwerden der Kündigung (Nr. 4).

cc. Ende der Mitgliedschaft von Rentenantragstellern (§ 189 Abs. 2 Satz 2 SGB V)

28 Als Mitglieder gelten auch Rentenantragsteller, die die Voraussetzungen für den Bezug der Rente nicht erfüllen. Ihre Mitgliedschaft endet mit dem Tod oder mit dem Tag, an dem der Antrag zurückgenommen oder die Ablehnung des Antrags unanfechtbar wird.

4. Rechtsfolgen

a. Erlöschen des Anspruches auf Leistungen

29 Gemäß Absatz 1 erlischt der Anspruch auf Leistungen grundsätzlich mit dem Ende der Mitgliedschaft und zwar auch dann, wenn der Versicherungsfall schon vorher eingetreten ist und unabhängig davon, ob sich der krankheitsbedingte Behandlungsbedarf bereits gezeigt hat und ärztlich festgestellt war. Er-

[36] BT-Drs. 11/2237, S. 166.

löschen bedeutet, dass der Leistungsanspruch rechtlich **untergeht**. Mit „Leistungsanspruch" sind alle laufenden und einmaligen Leistungsansprüche (Pflicht- und Ermessensleistungen) gemeint, die sich aus den einzelnen Rechtsvorschriften des SGB V (vgl. § 11 SGB V) sowie aus den §§ 195 ff. RVO ergeben. Dies gilt sogar für bis zum Ende der Mitgliedschaft bereits begründete und noch nicht erfüllte Ansprüche, sofern ein normaler Prüfungs-, Entscheidungs- und Zeitablauf zwischen der vertragsärztlichen Verordnung bzw. der Beantragung durch den Versicherten sowie der Bewilligungsentscheidung der Krankenkasse liegt.[37] Hingegen kann § 19 Abs. 1 SGB V nicht zum Erlöschen des Anspruches führen, wenn die Krankenkasse den geltend gemachten **Versorgungsanspruch zu Unrecht abgelehnt** hat, sich mit der Leistungserbringung also im Verzug befindet. In solchen Fällen bleibt die Krankenkasse weiterhin leistungspflichtig, weil sie es sonst in der Hand hätte, sich durch Leistungsverzögerung ihrer Verpflichtung zu entledigen.[38] Vgl. hierzu insbesondere die Problematik beim Kassenwechsel, Rn. 65 ff. Darüber hinaus sind durch die Regelung die ausfüllungsbedürftigen Rahmenrechte betroffen, die zunächst der Konkretisierung bedürfen, bevor der Versicherte daraus ein Recht ableiten kann (z.B. § 27 Abs. 1 SGB V, vgl. die Kommentierung zu § 27 SGB V).[39] Erlöschen bedeutet auch, dass **neue Leistungsansprüche nicht entstehen.** Das Erlöschen des Leistungsanspruchs des Stammversicherten beendet die Leistungsansprüche der nach § 10 SGB V Versicherten.

Es **verstößt nicht gegen § 19 SGB V**, wenn auf Landesebene eine Vergütungsvereinbarung gemäß § 125 SGB V getroffen wird, wonach die vertragsärztlich verordnete Leistung auch dann zu vergüten ist, wenn sie nach Beendigung der Mitgliedschaft des Versicherten erbracht wurde. § 19 SGB V schließt den Vertrauensschutz nicht aus, sondern erfordert vielmehr, dass die Krankenversichertenkarte dem Vertrauensschutz des Arztes dient.[40] Da das Bestehen der Mitgliedschaft gegenüber den Leistungserbringern grundsätzlich durch die **Krankenversichertenkarte** (§§ 15, 291 SGB V) nachgewiesen wird, hat der gutgläubige Leistungserbringer auch in den Fällen einen Vergütungsanspruch gegenüber der Krankenkasse, in denen er zwar erst nach Beendigung der Mitgliedschaft Leistungen erbringt, er das Ende aber nicht erkennen konnte. Durch Vorlage der Krankenversichertenkarte wird ein schutzwürdiges Vertrauen des Leistungserbringers begründet.[41] 30

b. Abweichende Bestimmungen

Halbsatz 2 lässt als Ausnahmevorbehalt gesetzliche Abweichungen vom Grundsatz des Erlöschens des Anspruches zu. Hier kommen insbesondere folgende Regelungen des SGB V („diesem Gesetzbuch") in Betracht: 31

aa. Absätze 2 und 3

Abweichende Bestimmungen sind zunächst in Absatz 2 und Absatz 3 enthalten, die in einem bestimmten Umfang nachgehende Ansprüche vorsehen. 32

bb. §§ 58, 59 SGB V a.F.: Sterbegeld

Gemäß §§ 58, 59 SGB V a.F. wurde beim Tod eines Versicherten ein Zuschuss zu den Bestattungskosten (Sterbegeld) an denjenigen gezahlt, der die Bestattungskosten getragen hat. Diese Regelungen wurden allerdings durch das GKV-Modernisierungsgesetz[42] gestrichen. Der Anspruch auf Sterbegeld in der gesetzlichen Krankenversicherung ist damit zum 01.01.2004 für Sterbefälle nach diesem Stichtag ohne Verstoß gegen das Grundgesetz entfallen.[43] 33

---

[37] BSG v. 23.01.2003 - B 3 KR 7/02 R - BSGE 90, 220, 230 = SozR 4-2500 § 33 Nr. 1 Rn. 25.

[38] BSG v. 23.01.2003 - B 3 KR 7/02 R - BSGE 90, 220, 230 = SozR 4-2500 § 33 Nr. 1 Rn. 25; vgl. auch LSG NRW v. 11.04.2002 - L 16 KR 155/01.

[39] BSG v. 20.11.2001 - B 1 KR 31/99 R - SozR 3-2500 § 19 Nr. 3 S. 13, 14.

[40] BSG v. 17.04.1996 - 3 RK 19/95 - SozR 3-2500 § 19 Nr. 2 S. 8.

[41] BSG v. 17.04.1996 - 3 RK 19/95 - SozR 3-2500 § 19 Nr. 2 S. 6, 7.

[42] Gesetz zur Modernisierung der gesetzlichen Krankenversicherung (GKV-Modernisierungsgesetz – GMG) vom 14.11.2003, BGBl I 2003, 2190.

[43] BSG v. 13.12.2005 - B 1 KR 4/05 R - SozR 4-2500 § 58 Nr. 1 Rn. 9, 12; vgl. auch BSG v. 13.06.2006 - B 8 KN 1/05 KR R - SGb 2006, S. 468, 469.

cc. § 48 SGB V

34 Entgegen der in der Literatur häufig vertretenen Ansicht[44] stellt **§ 48 SGB V keine Ausnahme („vorrangige Sonderregelung")** vom Grundsatz des § 19 Abs. 1 SGB V im Sinne dessen Halbsatzes 2 dar. § 48 SGB V enthält besondere Bestimmungen für die **Dauer des Krankengeldes** und bedarf einer differenzierten Betrachtung:

- § 48 **Abs. 2** SGB V enthält besondere (erschwerte) Voraussetzungen für das **Wiederaufleben** des Anspruches auf Krankengeld nach der ersten Aussteuerung. Durch die besonderen Voraussetzungen soll die Möglichkeit, Krankengeld als eine nur unterbrochene Dauerleistung mit Rentenersatzfunktion in Anspruch zu nehmen, ausgeschlossen werden.[45] Das Wiederaufleben des Krankengeldanspruches i.S.d. Absatzes 2 setzt – neben den besonderen Voraussetzungen – das Bestehen einer Mitgliedschaft voraus.[46]
- Ist § 48 Abs. 2 SGB V nicht anwendbar, z.B. weil in der vorhergehenden Blockfrist während des Krankengeldbezuges die Arbeitsunfähigkeit zeitweise nur durch die hinzugetretene Krankheit bedingt war[47] oder weil der Arbeitsunfähige in der letzten Blockfrist nicht für 78 Wochen Krankengeld bezogen, d.h. seinen Anspruch auf Krankengeld nicht ausgeschöpft hat[48], so richtet sich ein **Wiederaufleben** des Anspruches nach § 48 **Abs. 1** SGB V (nicht einheitlich wird in diesem Fall auch von einem (unterbrochenen) Fortbestand des Anspruches gesprochen.[49] *Noftz* bezeichnet ihn als sog. „unqualifizierten" Fall des Wiederauflebens[50]. Auch hier ist erforderlich, dass der Arbeitsunfähige der Krankenkasse als Mitglied angehört.[51]
- Ebenso ist für das (erstmalige) **Entstehen** des Krankengeldanspruches – das eigentlich schon kein Fall von § 48 SGB V, sondern von den §§ 44, 45 und 46 SGB V ist – eine Mitgliedschaft bzw. ein Versicherungsverhältnis mit Krankengeldanspruch Voraussetzung.[52]
- Verbleibt also für die hier interessierende Frage die Betrachtung des (ununterbrochenen) **Fortbestandes** des Krankengeldanspruches. Nach § 48 Abs. 1 SGB V erhalten Versicherte Krankengeld ohne zeitliche Begrenzung – für den in der Praxis bedeutsamen Fall derselben langandauernden Krankheit allerdings zeitlich begrenzt auf 78 Wochen innerhalb von je drei Jahren. Ist der Anspruch auf Krankengeld noch während der Mitgliedschaft **Versicherungspflichtiger** entstanden, bleibt diese gemäß **§ 192 Abs. 1 Nr. 2 SGB V** für die Dauer des Bestehens des Anspruches bzw. des tatsächlichen Krankengeldbezuges erhalten. Damit ist für diesen Personenkreis ein Fall des § 19 Abs. 1, Abs. 2 SGB V (noch) nicht gegeben.[53]
- Allenfalls für **freiwillige Mitglieder** könnte § 48 Abs. 1 SGB V somit als Sonderregelung zu § 19 Abs. 1 SGB V trotz Beendigung der Mitgliedschaft einen Krankengeldanspruch – entweder ohne zeitliche Begrenzung oder für längstens 78 Wochen – begründen. Tatsächlich hat die frühere Rechtsprechung unter Geltung des § 183 Abs. 2 RVO angenommen, dass die Verpflichtung der Krankenkasse, Krankenhauspflege bzw. Krankengeld wegen eines während des Versicherungsverhältnisses eintretenden Versicherungsfalls nach Beendigung der Mitgliedschaft zu gewähren, nicht dadurch ausgeräumt wird, dass der freiwillig Versicherte das Versicherungsverhältnis durch Kündigung zum Erlöschen gebracht hat.[54] Zur Begründung dieser Auffassung hat sich das Gericht unter Heranziehung der „feststehenden Rechtsprechung des Senates" maßgeblich auf den Grundsatz der Einheit des

---

44 *Noftz* in: Hauck/Noftz, SGB V, § 19 Rn. 15; *Höfler* in: KassKomm, SGB V, § 19 Rn. 8 sowie § 48 Rn. 2; *Wagner* in: Krauskopf, SGB V, § 19 Rn. 11; *Radüge* in: Jahn/Klose, SGB V, § 19 Rn. 16.

45 Vgl. BT-Drs. 11/2237, S. 181 (noch zu § 47 Abs. 2 SGB V).

46 BSG v. 26.11.1991 - 1/3 RK 25/90 - BSGE 70, 31, 35 = SozR 3-2500 § 48 Nr. 1; BSG v. 26.11.1991 - 1 RK 1/91 - SozR 3-2500 § 48 Nr. 2; *Geyer/Knorr/Krasney*, Entgeltfortzahlung – Krankengeld – Mutterschaftsgeld, § 48 SGB V Rn. 19; *Berchtold*, Krankengeld, 2004, Rn. 652, 653, 661.

47 BSG v. 08.12.1992 - 1 RK 8/92 - BSGE 71, 290, 293 = SozR 3-2500 § 48 Nr. 3.

48 BSG v. 08.12.1992 - 1 RK 9/92 - BSGE 71, 294, 295 = SozR 3-2500 § 48 Nr. 4; BSG v. 29.09.1998 - B 1 KR 5/97 R - BSGE 83, 13, 14 = SozR 3-2500 § 50 Nr. 5.

49 BSG v. 08.12.1992 - 1 RK 9/92 - BSGE 71, 294, 295 = SozR 3-2500 § 48 Nr. 4.

50 *Noftz* in: Hauck/Noftz, SGB V, § 19 Rn. 16.

51 *Schmidt* in: Peters, Handbuch KV (SGB V), § 48 Rn. 54; BSG v. 08.12.1992 - 1 RK 8/92 - BSGE 71, 290, 293 = SozR 3-2500 § 48 Nr. 3.

52 BSG v. 16.02.2005 - B 1 KR 8/04 R - SozR 4-2500 § 44 Nr. 4 Rn. 6; BSG v. 13.07.2004 - B 1 KR 39/02 R - SozR 4-2500 § 44 Nr. 2 Rn. 11, 13.

53 So auch *Mrozynski* in: Wannagat, SGB V, § 19 Rn. 5.

54 BSG v. 18.11.1969 - 3 RK 54/68 - SozR Nr. 43 zu § 183 RVO.

Versicherungsfalls gestützt. Abgesehen davon, dass dieser Grundsatz unter der Geltung des SGB V überholt ist (vgl. Rn. 8), dürfte ein solcher Anspruch nach der jüngeren Rechtsprechung nicht mehr anzuerkennen sein. Für den typischen Fall der abschnittsweisen Gewährung von Krankengeld ist nach einer Entscheidung des BSG vom 22.03.2005 das Vorliegen der leistungsrechtlichen Voraussetzungen für jeden Bewilligungsabschnitt neu zu prüfen.[55] Hierzu gehört auch das Bestehen einer Versicherung mit Krankengeldanspruch im Zeitpunkt der Erfüllung der übrigen Anspruchsvoraussetzungen[56], so dass nach Beendigung der freiwilligen Mitgliedschaft eine weitere Gewährung von Krankengeld nicht in Betracht kommt.

§ 48 SGB V gewährt somit mit keiner der vorhandenen Regelungsalternativen in Abweichung zu § 19 Abs. 1 HS. 1 SGB V einen Leistungsanspruch nach dem Ende der Mitgliedschaft. **35**

Ist **nur die Arbeitsunfähigkeit vor dem Ende der Mitgliedschaft** eingetreten und entsteht der Krankengeldanspruch gemäß § 46 Satz 1 Nr. 2 SGB V (ärztliche Feststellung)[57] erst danach, so ist unabhängig von den vorstehenden Erwägungen § 19 SGB V anzuwenden, weil § 48 SGB V nur die Dauer eines bereits entstandenen Anspruchs regelt.[58] Dies bedeutet, dass im Falle einer freiwilligen Versicherung kein Anspruch auf Krankengeld entsteht und im Falle einer Pflichtversicherung nur ein nachgehender Anspruch längstens für einen Monat in Betracht kommt. Es erscheint – entgegen der wohl h.M. – zumindest fraglich, ob es für die Anwendung der §§ 48, 192 SGB V ausreichend ist, wenn die Arbeitsunfähigkeit am **letzten Tag der Mitgliedschaft** ärztlich festgestellt wird. Das Problem soll exemplarisch an dem in der Praxis häufig auftretenden Fall des gegen Arbeitsentgelt Beschäftigten verdeutlicht werden: Gemäß § 190 Abs. 2 SGB V endet dessen Mitgliedschaft mit Ablauf des Tages, an dem das Beschäftigungsverhältnis endet, z.B. am 31.10. um 24.00 Uhr. Sucht dieser Versicherte am letzten Tag der Mitgliedschaft einen Arzt zwecks Feststellung der Arbeitsunfähigkeit auf, so entsteht der Anspruch auf Krankengeld nicht an dem Tag der ärztlichen Feststellung selbst (31.10.), sondern erst von dem Tag an, der auf den Tag der ärztlichen Feststellung folgt, mithin am 01.11. um 0.00 Uhr. Streng gesehen wird somit erst nach der schon erfolgten Beendigung der Mitgliedschaft ein Anspruch auf Krankengeld begründet. Der Wortlaut des § 192 Abs. 1 Nr. 2 SGB V („die Mitgliedschaft [...] bleibt erhalten“) setzt allerdings begriffsnotwendig einen Zustand bzw. Bestand voraus, der bewahrt werden kann. Zur Neubegründung einer Mitgliedschaft kann § 192 SGB V hingegen nicht herangezogen werden. Gleichwohl lässt die gängige Praxis die ärztliche Feststellung der Arbeitsunfähigkeit am letzten Tag der Mitgliedschaft genügen, um den Anschluss an die frühere Mitgliedschaft gemäß § 192 Abs. 1 Nr. 2 SGB V zu wahren.[59] Dies erscheint vor dem Hintergrund der Nahtlosigkeit sowie der Praktikabilität noch vertretbar. Nicht gefolgt werden kann hingegen der Ansicht, dass es für den nahtlosen Anschluss der Mitgliedschaft erhaltenden Tatbestand des § 192 SGB V ausreichend ist, wenn die ärztliche Feststellung der Arbeitsunfähigkeit **einen Tag nach Beendigung der Mitgliedschaft** erfolgt.[60] Denn für die Fortsetzung des Mitgliedschaftsverhältnisses setzt § 192 Abs. 1 Nr. 2 SGB V nicht Arbeitsunfähigkeit, sondern einen Anspruch auf Krankengeld voraus, der seinerseits nach § 46 Satz 1 Nr. 2 SGB V grundsätzlich nur auf Grund ärztlicher Feststellung am darauf folgenden Tag entsteht.[61] Die so entstehende Lücke von einem Tag (sog. „Karenztag“) kann mittels § 192 SGB V nicht überbrückt werden. **36**

Überhaupt ist in diesem Zusammenhang die strenge Rechtsprechung zur **lückenlosen ärztlichen Feststellung** der Arbeitsunfähigkeit für den mitgliedschaftserhaltenden Krankengeldanspruch gemäß § 192 Abs. 1 Nr. 2 SGB V zu beachten. Wie bei der ärztlichen Feststellung handelt es sich auch bei der Meldung der Arbeitsunfähigkeit um eine Obliegenheit des Versicherten. Die Folgen einer unterbliebenen oder nicht rechtzeitigen Feststellung oder Meldung sind deshalb grundsätzlich von ihm zu tragen. Die Gewährung von Krankengeld ist somit bei verspäteter Meldung auch dann ausgeschlossen, wenn die Leistungsvoraussetzungen im Übrigen zweifelsfrei gegeben sind und den Versicherten keinerlei Ver- **37**

---

[55] BSG v. 22.03.2005 - B 1 KR 22/04 R - BSGE 94, 247 = SozR 4-2500 § 44 Nr. 6.

[56] BSG v. 13.07.2004 - B 1 KR 39/02 R - SozR 4-2500 § 44 Nr. 2 Rn. 11; BSG v. 22.03.2005 - B 1 KR 22/04 R - BSGE 94, 247 Rn. 24 = SozR 4-2500 § 44 Nr. 6 Rn. 24.

[57] Bzgl. des Abstellens auf die ärztliche Feststellung der Arbeitsunfähigkeit als Voraussetzung für das Entstehen des Krankengeldanspruches vgl. BSG v. 08.11.2005 - B 1 KR 30/04 R m.w.N. - BSGE 95, 219 Rn. 14 = SozR 4-2500 § 46 Nr. 1 Rn. 14.

[58] Vgl. zur Abgrenzung zwischen § 19 Abs. 2 SGB V sowie § 48 SGB V: BSG v. 16.12.2003 - B 1 KR 24/02 B.

[59] Vgl. auch *Höfler* in: KassKomm, SGB V, § 19 Rn. 10.

[60] So Schleswig-Holsteinisches LSG v. 15.02.2005 - L 5 KR 40/03 - NZS 2006, S. 38, 40.

[61] BSG v. 19.09.2002 - B 1 KR 11/02 R - BSGE 90, 72, 81 = SozR 3-2500 § 44 Nr. 10 S. 39; BSG v. 08.11.2005 - B 1 KR 30/04 R - BSGE 95, S. 219, Rn. 14 = SozR 4-2500 § 46 Nr. 1 Rn. 14.

schulden an dem unterbliebenen oder nicht rechtzeitigen Zugang der Meldung trifft.[62] **Ausnahmen** von diesem Grundsatz werden nur in engen Grenzen anerkannt, insbesondere dann, wenn die ärztliche Feststellung oder die Meldung der Arbeitsunfähigkeit durch Umstände verhindert oder verzögert wird, die dem Verantwortungsbereich der Krankenkasse zuzurechnen sind. So kann sich beispielsweise die Krankenkasse nicht auf den verspäteten Zugang der Meldung berufen, wenn dieser auf von ihr zu vertretenden Organisationsmängeln beruht und der Versicherte hiervon weder wusste noch wissen musste[63] oder wenn das Fehlen der Arbeitsunfähigkeits-Meldung auf der unzutreffenden rechtlichen Bewertung der Krankenkasse beruht, die Beurteilung der Arbeitsfähigkeit habe sich wegen der Aufgabe des Arbeitsplatzes nicht mehr an der zuletzt ausgeübten Tätigkeit auszurichten.[64] Ausnahmsweise kann der Versicherte auch dann rückwirkend Krankengeld beanspruchen, wenn er alles in seiner Macht Stehende und ihm Zumutbare getan hat, um seine Ansprüche zu wahren (Aufsuchen des Arztes, um die ärztliche Feststellung der fortdauernden Arbeitsunfähigkeit zu ermöglichen), er daran aber durch eine von der Krankenkasse zu vertretende Fehlentscheidung gehindert wurde (durch objektive Fehlbeurteilung der Arbeitsunfähigkeit durch den Arzt/MDK) und er seine Rechte bei der Krankenkasse unverzüglich nach Erlangung der Kenntnis von dem Fehler geltend macht.[65] Auch ein **ausnahmsweise rückwirkender, durchgehender Krankengeldanspruch wirkt mitgliedschaftserhaltend** i.S.d. § 192 Abs. 1 Nr. 2 SGB V. In der Praxis wird die Annahme einer solchen Ausnahme allerdings häufig daran scheitern, dass sich aufgrund des zwischenzeitlichen Zeitablaufes die Unrichtigkeit der ärztlichen Beurteilung nicht nachweisen lässt. Ist die frühere Befundlage nicht mehr feststellbar, d.h. lässt sich der Zustand des Versicherten im Zeitpunkt der als fehlerhaft angegriffenen ärztlichen Feststellung seiner Arbeitsfähigkeit nach Erschöpfung der gebotenen Aufklärungsmöglichkeiten und Beweiswürdigung nicht mehr aufklären, trägt der Versicherte das Risiko der Nichterweislichkeit der tatsächlichen Voraussetzungen seiner Arbeitsunfähigkeit nach dem Grundsatz der objektiven Beweislast.

38 Gleichfalls liegt kein Fall des § 48 SGB V vor, wenn zwar die Krankheit während der Mitgliedschaft, jedoch die **Arbeitsunfähigkeit erst während** des einmonatigen **Übergangszeitraumes** des § 19 Abs. 2 SGB V auftritt. In derartigen Fällen bestehen nach dem Ende der Mitgliedschaft nur nachgehende Ansprüche nach Absatz 2.[66] Das gilt erst recht, wenn die **Krankheit während der Übergangszeit** von einem Monat nach dem Ende der Mitgliedschaft eintritt.

c. § 29 Abs. 3 Satz 2 SGB V

39 Hinsichtlich des Anspruches auf Erstattung des **Eigenanteils**, der gemäß § 29 Abs. 3 Satz 2 SGB V (vgl. die Kommentierung zu § 29 SGB V) im Rahmen einer **kieferorthopädischen Behandlung** entsteht, lässt die Rechtsprechung im Wege einer einschränkenden Auslegung des Absatzes 1 eine Ausnahme von dem Grundsatz des Erlöschens des Leistungsanspruches bei Beendigung der Mitgliedschaft zu.[67] Sinn und Zweck der Kostenerstattungsregelung in § 29 SGB V ist, Abbrüchen der kieferorthopädischen Behandlung entgegenzuwirken. Dieses Ziel lässt sich nicht erreichen, wenn man den Erstattungsanspruch des § 29 SGB V nicht von der Rechtsfolge des § 19 SGB V ausnimmt. Beim ordnungsgemäßen Abschluss einer kieferorthopädischen Behandlung ist der vom Versicherten getragene Eigenanteil an den Behandlungskosten daher auch dann zu erstatten, wenn der Patient während der Behandlung von der gesetzlichen Krankenkasse zu einem privaten Krankenversicherer wechselt. Der Erstattungsanspruch beschränkt sich in diesem Falle auf 20% der Kosten, die für die kieferorthopädische Behandlung während der Mitgliedschaft in der gesetzlichen Krankenkasse entstanden sind.[68] Dieser Entscheidung ist entgegenzuhalten, dass es einer einschränkenden Auslegung des Absatzes 1 nicht bedurft hätte, denn § 29 Abs. 3 Satz 2 SGB V – der nach seinem Zweck die Erstattung des Eigenanteils nach Behandlungsabschluss sicherstellen will, auch wenn die Mitgliedschaft schon beendet ist – stellt eine der durch Absatz 1 Halbsatz 2 zugelassenen abweichenden Bestimmungen dar.[69]

---

62 BSG v. 08.11.2005 - B 1 KR 30/04 R - BSGE 95, S. 219, Rn. 17 = SozR 4-2500 § 46 Nr. 1 Rn. 17.

63 BSG v. 08.11.2005 - B 1 KR 30/04 R - BSGE 95, 219, Rn. 18 = SozR 4-2500 § 46 Nr. 1 Rn. 18 mit Hinweis auf BSGE 52, 254, 258 ff.

64 BSG v. 08.11.2005 - B 1 KR 30/04 R - BSGE 95, 219, Rn. 20 = SozR 4-2500 § 46 Nr. 1 Rn. 20 mit Hinweis auf BSGE 85, 271, 277 f.

65 BSG v. 08.11.2005 - B 1 KR 30/04 R - BSGE 95, 219, Rn. 22 = SozR 4-2500 § 46 Nr. 1 Rn. 22.

66 *Höfler* in: KassKomm, SGB V, § 19 Rn. 11; *Leitherer* in: Schulin, Handbuch des Sozialversicherungsrechts, Bd. 1, § 19 Rn. 282; *Wagner* in: Krauskopf, SGB V, § 19 Rn. 11.

67 BSG v. 08.03.1995 - 1 RK 12/94 - BSGE 76, 45, 48 = SozR 3-2500 § 29 Nr. 2.

68 BSG v. 08.03.1995 - 1 RK 12/94 - BSGE 76, 45, 48 = SozR 3-2500 § 29 Nr. 2.

69 *Meydam*, SGb 1995, 617, 618; *Höfler* in: KassKomm, SGB V, § 19 Rn. 17.

5. Entsprechende Anwendung bei nicht vorhandenem Versicherungsschutz

Obwohl § 19 Abs. 1 SGB V bezüglich des Erlöschens des Anspruches nur auf das Ende der Mitgliedschaft abstellt, verneint die Rechtsprechung unter sinngemäßer Anwendung dieser Vorschrift einen Leistungsanspruch auch dann, wenn die beantragte Leistung nicht vom aktuellen **Versicherungsschutz** umfasst ist.[70] Zur Verdeutlichung dieser Rechtsprechung sei hier noch einmal darauf hingewiesen, dass Mitgliedschafts- und Versicherungsverhältnis zwar in einem engen Zusammenhang stehen, nicht aber deckungs- bzw. inhaltsgleich sind (vgl. Rn. 19). **40**

Nicht alle Versicherten haben in vollem Umfang Anspruch auf die zum Leistungskatalog der gesetzlichen Krankenversicherung zählenden Leistungen. Je nach Inhalt und Art des Versicherungsverhältnisses kann der Umfang des Leistungsanspruchs unterschiedlich ausgestaltet sein, was sich am Beispiel des Krankengeldes verdeutlichen lässt.[71] Vor diesem Hintergrund fordert die Rechtsprechung für das Entstehen eines Leistungsanspruches unter Rückgriff auf § 19 Abs. 1 SGB V, dass der jeweilige Anspruchsteller Versicherungsschutz gerade in dem Umfang genießt, der die begehrte Leistung mit einschließt. Der Anspruch auf Krankengeld wegen Arbeitsunfähigkeit kann daher bei freiwillig Versicherten wie bei Pflichtversicherten nur entstehen, solange der Versicherungsschutz diese Leistung dem Grunde nach mit umfasst.[72] **41**

In diesem Zusammenhang ist auch die Rechtsprechung von Bedeutung, die die Abkoppelung des Versicherungsschutzes von der Mitgliedschaft im Rahmen des **§ 192 Abs. 1 Nr. 2 SGB V** thematisiert. Insoweit hat das BSG in seiner Entscheidung vom 08.08.1995 entschieden, dass die ursprünglich auf der Beschäftigung beruhende Pflichtmitgliedschaft zwar gemäß § 192 Abs. 1 Nr. 2 SGB V auf Grund des Bezugs von **Mutterschaftsgeld** und des sich daran anschließenden Bezugs von **Erziehungsgeld** erhalten bleibt. Allerdings bedeutet die Erhaltung der Mitgliedschaft nicht, dass auch der die Mitgliedschaft ursprünglich auslösende Tatbestand der versicherungspflichtigen Beschäftigung aufrechterhalten bleibt. Die angeordnete Rechtsfolge erschöpft sich im Fortbestand der Versicherung, ohne nach deren ursprünglichem Grund zu unterscheiden und ohne den Fortbestand des ursprünglichen Versicherungstatbestandes zu fingieren. Danach ist es grundsätzlich unzulässig, eine nach § 192 Abs. 1 Nr. 2 SGB V erhaltene Mitgliedschaft einem Tatbestand nach § 5 Abs. 1 Nr. 1-12 SGB V zuzuordnen.[73] In der Konsequenz wurde ein Anspruch der Klägerin abgelehnt, denn ihre Versicherung schloss zum Zeitpunkt des Versicherungsfalls einen Anspruch auf Krankengeld nicht mit ein, weil sie weder freiwillig versichert noch bei ihr einer der den Versicherungsschutz des Krankengeldes umfassenden Versicherungspflichttatbestände gemäß § 5 SGB V erfüllt war (vgl. § 44 Abs. 1 Satz 2 SGB V). **42**

Allerdings lässt die Rechtsprechung in dieser Hinsicht kein einheitliches Vorgehen erkennen. Zwar wird auch im Fall des **arbeitslosen** – vormals abhängig beschäftigten – Versicherten konstatiert, dass der Umfang des Versicherungsschutzes aus dem jeweils konkret bestehenden Versicherungsverhältnis abzuleiten ist und es für die Begründung von Leistungsansprüchen auf die Art der Versicherung und nicht auf das Bestehen einer Versicherung an sich ankommt.[74] Im Fall des arbeitslosen Versicherten, der schon während des Beschäftigungsverhältnisses die Arbeitsfähigkeit für die Beschäftigung verloren und einen Anspruch auf Krankengeld erlangt hat, geht sie jedoch entgegen der Entscheidung aus dem Jahr 1995 (Rn. 42) ausdrücklich davon aus, dass die Beschäftigtenversicherung nach § 192 Abs. 1 Nr. 2 SGB V über das Ende des Beschäftigungsverhältnisses hinaus als fortbestehend gilt.[75] Die Frage nach dem Umfang des Versicherungsschutzes wird hier vielmehr auf das Problem des **Berufsschutzes**[76] fokussiert, d.h. die Frage, an welcher Tätigkeit die Einsatzfähigkeit des Versicherten zu messen ist, wenn über seine Arbeits(un)fähigkeit entschieden werden muss. Dementsprechend ist bei einem Arbeitslosen, bei dem erst nach Beendigung der Beschäftigung die Arbeitsunfähigkeit ärztlich beschei- **43**

---

[70] BSG v. 13.07.2004 - B 1 KR 39/02 R - SozR 4-2500 § 44 Nr. 2 Rn. 10 ff.; vgl. zum „leistungsrechtlichen Status des Versicherten" auch BSG v. 08.08.1995 - 1 RK 21/94 - SozR 3-2200 § 200 Nr. 4.

[71] *Leitherer* in: Schulin, Handbuch des Sozialversicherungsrechts, Bd. 1, § 19 Rn. 269.

[72] BSG v. 13.07.2004 - B 1 KR 39/02 R - SozR 4-2500 § 44 Nr. 2 Rn. 10.

[73] BSG v. 08.08.1995 - 1 RK 21/94 - SozR 3-2200 § 200 Nr. 4.

[74] BSG v. 19.09.2002 - B 1 KR 11/02 R - BSGE 90, 72, 75 = SozR 3-2500 § 44 Nr. 10 S. 32.

[75] BSG v. 19.09.2002 - B 1 KR 11/02 R - BSGE 90, 72, 76 = SozR 3-2500 § 44 Nr. 10 S. 33; BSG v. 22.03.2005 - B 1 KR 22/04 R - BSGE 94, 247, 249 Rn. 6 = SozR 4-2500 § 44 Nr. 6 Rn. 6; BSG v. 08.11.2005 - B 1 KR 30/04 R - BSGE 95, 219, 221 Rn. 13 = SozR 4-2500 § 46 Nr. 1 Rn. 13.

[76] In seiner Entscheidung vom 22.03.2005 - B 1 KR 22/04 R - konstatiert der 1. Senat allerdings, dass sich aus § 192 Abs. 1 Nr. 2 SGB V kein krankenversicherungsrechtlicher Berufsschutz des Arbeitslosen ergibt, BSGE 94, 247, Rn. 20 = SozR 4-2500 § 44 Nr. 6 Rn. 20.

nigt wird, für die Beurteilung der AU nicht die zuvor ausgeübte Beschäftigung maßgebend, denn der Versicherungsschutz der KVdA vermittelt – zumindest nach dem Ende des sechsten Monats der Mitgliedschaft – keinen Berufsschutz.[77]

44 Die Lösung der aufgezeigten Unstimmigkeit könnte darin zu sehen sein, dass die Entscheidung aus dem Jahr 1995 eine Versicherte im Erziehungsgeldbezug betraf, das Krankengeld somit schon seinem Zweck nach (Lohnersatzleistung) nicht vom aktuellen Versicherungsschutz hat umfasst sein können. Hingegen ist in der KVdA grundsätzlich ein Krankengeldanspruch enthalten. Das Krankengeld stellt sich in diesem Fall nicht als Ersatz für Lohnausfall, sondern als Ersatz für eine entgehende Leistung wegen Arbeitslosigkeit dar. Der Umfang des Versicherungsschutzes kann hier also nicht auf die Frage des Krankengeldes an sich beschränkt bleiben, sondern ist an anderen Parametern (Berufsschutz) zu messen.

III. Nachgehende Leistungsansprüche für Versicherungspflichtige (Absatz 2)

1. Regelungsgehalt und Bedeutung der Norm

45 Absatz 2 Satz 1 stellt eine Sonderregelung dar zu dem in Absatz 1 grundsätzlich normierten Erlöschen von Leistungsansprüchen mit dem Ende der Mitgliedschaft. Sie gilt nur für **Versicherungspflichtige** und erfasst alle Ansprüche auf Leistungen aus der Mitgliedschaft, d.h. neben den Leistungsansprüchen des Versicherten selbst auch solche seiner familienversicherten Angehörigen. Auch bei **Rentenantragstellern**, deren Status weitgehend dem der Pflichtversicherten angenähert ist, sollte Absatz 2 Anwendung finden.[78] Auf **freiwillige Mitglieder** und deren versicherte Familienangehörige ist sie hingegen nicht anwendbar. Die Vorschrift bestimmt, dass Versicherungspflichtige noch Anspruch auf Leistungen längstens für einen Monat nach dem Ende der Mitgliedschaft haben, solange keine Erwerbstätigkeit ausgeübt wird. Satz 2 normiert seit dem 01.01.2004 (Rn. 9) den Vorrang der Familienversicherung vor dem nachgehenden Leistungsanspruch.

2. Normzweck

46 Um Lücken im Versicherungs**schutz** zu vermeiden, die sich z.B. durch einen Arbeitgeberwechsel ergeben, können nach dem Ausscheiden aus der Versicherungspflicht Leistungen noch für einen Monat nach der Mitgliedschaft in Anspruch genommen werden.[79] Mit dieser Regelung wird somit bei den Pflichtversicherten für einen begrenzten Zeitraum ein – dem finanziellen Interesse der Solidargemeinschaft vorrangiges – Schutzbedürfnis anerkannt, was auch deshalb bedeutsam ist, weil im Gegensatz zu den freiwillig Versicherten hier der Verlust des Versicherungsschutzes durch Kündigung des Arbeitgebers unvorhersehbar eintreten kann. Entsprechendes gilt für die Familienversicherten.[80] Ist somit der Schutz vor (unvorhergesehenem) Versicherungsverlust mittels Einräumung eines begrenzten Leistungsanspruches ausschließlicher Zweck des Absatzes 2, so stellt die Zeit, für die ein nachgehender Leistungsanspruch besteht, **keine Versicherungszeit** dar.

3. Tatbestandsmerkmale

a. Versicherungspflicht

47 Wer in der KV versicherungspflichtig ist, ergibt sich aus § 5 SGB V (vgl. die Kommentierung zu § 5 SGB V). Dies sind insbesondere Arbeiter, Angestellte und zu ihrer Berufsausbildung Beschäftigte, die gegen Arbeitsentgelt beschäftigt sind (§ 5 Abs. 1 Nr. 1 SGB V). In der KV scheitert die Versicherungspflicht nicht an der **Rechtsfigur des missglückten Arbeitsversuchs**. Diese, unter der RVO entwickelte Rechtsfigur lag vor, wenn objektiv feststand, dass der Beschäftigte bei Aufnahme der Arbeit zu ihrer Verrichtung nicht fähig war oder er die Arbeit nur unter schwerwiegender Gefährdung seiner Gesundheit – etwa unter der Gefahr einer weiteren Verschlimmerung seines Leidens – würde verrichten

[77] In der Rechtsprechung ist bislang nicht abschließend geklärt, ob im Hinblick auf die gemäß § 121 Abs. 3 Satz 2 SGB III „beschränkte Verweisbarkeit" der in der KVdA versicherten Arbeitslosen auch krankenversicherungsrechtlich jedenfalls in den ersten sechs Monaten ihrer Arbeitslosigkeit ein besonderer „Berufsschutz" einzuräumen ist.

[78] *Höfler* in: KassKomm, SGB V, § 19 Rn. 20; *Radüge* in: Jahn/Klose SGB V, § 19 Rn. 19; *Noftz* in: Hauck/Noftz, SGB V, § 19 Rn. 46.

[79] BT-Drs. 11/2237, S. 166.

[80] *Schulin*, KrV 1989, S. 215, 218.

können, und wenn er die Arbeit entsprechend der darauf zu gründenden Erwartung vor Ablauf einer wirtschaftlich ins Gewicht fallenden Zeit aufgegeben hatte. Begründet wurde diese Rechtsfigur mit der Notwendigkeit der Missbrauchsabwehr sowie mit dem Versicherungsprinzip. Nach der ausdrücklichen Rechtsprechung des BSG ist sie seit In-Kraft-Treten des SGB V (01.01.1989) nicht mehr anzuwenden.[81]

b. Ende der Mitgliedschaft

Zu dieser Tatbestandsvoraussetzung vgl. Rn. 26 und Rn. 28. **48**

c. Keine Erwerbstätigkeit

Gemäß der negativen Tatbestandsvoraussetzung des Satzes 1 Halbsatz 2 besteht Anspruch auf Leistungen nur, „solange **keine Erwerbstätigkeit** ausgeübt wird". Sie gilt sowohl für den Versicherungspflichtigen selbst, als auch für dessen nach § 10 SGB V versicherte Familienangehörige: Die Aufnahme einer Erwerbstätigkeit durch familienversicherte Angehörige schließt deren Ansprüche aus. Als Erwerbstätigkeit gilt grundsätzlich jede entgeltliche Beschäftigung oder selbständige Tätigkeit.[82] Hierzu zählen nach der ausdrücklichen Gesetzesbegründung auch **geringfügige Erwerbstätigkeiten**[83], so dass die Aufnahme einer geringfügigen Beschäftigung, einer geringfügigen selbständigen Tätigkeit (§ 8 SGB IV) oder einer geringfügigen Beschäftigung in Privathaushalten (§ 8a SGB IV) dem nachgehenden Anspruch aus Satz 1 Halbsatz 1 entgegensteht.[84] Zwar wird in den Fällen der §§ 8, 8a SGB IV keine (neue) Pflichtmitgliedschaft begründet (vgl. die Kommentierung zu § 7 SGB V), so dass insoweit die Schutzbedürftigkeit des aus der Mitgliedschaft ausgeschiedenen Versicherten nicht entfällt. Jedoch geht der Gesetzgeber typisierend davon aus, dass die Aufnahme einer Erwerbstätigkeit die finanzielle Möglichkeit eines anderweitigen Versicherungsschutzes eröffnet, so dass „für einen nachgehenden beitragsfreien Versicherungsschutz kein Bedarf"[85] mehr besteht. Wird während der Monatsfrist eine Erwerbstätigkeit aufgenommen, jedoch **vor Ablauf der Monatsfrist beendet**, so lebt der nachgehende Anspruch mit dem folgenden Tag für den verbleibenden Rest der Frist wieder auf[86], es sei denn, dass aus der Zwischenbeschäftigung ebenfalls ein nachgehender Anspruch folgt. Aufgrund des Vorranges des aktuellen Versicherungsverhältnisses (vgl. Rn. 57) würde dieser Anspruch dem einstigen nachgehenden Anspruch vorgehen. Die Spitzenverbände der Krankenkassen vertreten die Auffassung, dass sich die Zahlung einer **Abfindung** aufgrund der Beendigung der Beschäftigung nicht auf den Anspruch nach § 19 Abs. 2 SGB V auswirkt.[87] **49**

4. Rechtsfolgen

Gemäß Absatz 2 besteht Anspruch auf Leistungen längstens für einen Monat nach dem Ende der Mitgliedschaft. **50**

a. Anspruch auf Leistungen

Umfasst sind sämtliche Leistungen der GKV, d.h. alle Leistungsansprüche (Pflicht- und Ermessensleistungen), die sich aus den einzelnen Rechtsvorschriften des SGB V (vgl. § 11 SGB V) sowie aus den §§ 195 ff. RVO ergeben. Unerheblich ist, wann der **Versicherungsfall** eintritt. Der nachgehende Versicherungsschutz gilt sowohl für vor als auch für nach dem Ende der Mitgliedschaft eingetretene Versicherungsfälle.[88] Vom nachgehenden Versicherungsschutz eingeschlossen sind somit solche Fälle, in denen a) die Krankheit (Versicherungsfall) erst nach dem Ende der Mitgliedschaft, jedoch während der Übergangszeit des Absatzes 2 Satz 1 eintritt, b) zwar der Versicherungsfall vor dem Ende der Mitglied- **51**

---

[81] BSG v. 04.12.1997 - 12 RK 3/97 - BSGE 81, 231, 235 = SozR 3-2500 § 5 Nr. 37, S. 142.

[82] *Töns*, WzS 1990, 33, 41; *Noftz* in: Hauck/Noftz, SGB V, § 19 Rn. 49 f.; *Wagner* in: Krauskopf, SGB V, § 19 Rn. 5; *Wannagat*, SGB V, § 19 Rn. 8; kritisch bzgl. geringfügiger Beschäftigung: *Höfler* in: KassKomm, SGB V, § 19 Rn. 37.

[83] BT-Drs. 11/2237, S. 166.

[84] A.A. *Peters*, Handbuch KV (SGB V), § 19 Rn. 14.

[85] BT-Drs. 11/2237, S. 166.

[86] *Noftz* in: Hauck/Noftz, SGB V, § 19 Rn. 52; *Höfler* in: KassKomm, SGB V, § 19 Rn. 38; *Töns*, WzS 1990, 33, 41; *Zipperer* in: GKV-Komm, SGB V, § 19 Rn. 9; *Wannagat*, SGB V, § 19 Rn. 9.

[87] Besprechung der Spitzenverbände der Krankenkassen zum Leistungsrecht am 05./06.10.1995, WzS 1996, S. 83.

[88] BT-Drs. 11/2237, S. 166, *Leitherer* in: Schulin, Handbuch des Sozialversicherungsrechts, Bd. 1, § 19 Rn. 279.

schaft, jedoch etwaige weitere Voraussetzungen für die Leistungsgewährung erst während der Übergangszeit eintreten, oder c) bereits sämtliche Leistungsvoraussetzungen (§ 40 SGB I) beim Ende der Pflichtmitgliedschaft vorgelegen haben.

52 **Anspruchsberechtigt** sind die Pflichtversicherten selbst sowie ihre nach § 10 SGB V mitversicherten Angehörigen. Die **Akzessorietät der Familienversicherung** ist im Übrigen auch zu Lasten des Familienversicherten zu beachten. Steht dem Pflichtversicherten selbst kein nachgehender Anspruch mehr zu – z.B. weil er erwerbstätig oder der Übergangszeitraum abgelaufen ist – so kann auch der Familienversicherte keinen nachgehenden Anspruch mehr geltend machen. Entfällt neben der Mitgliedschaft des Stammversicherten eine der Voraussetzungen der Familienversicherung gemäß § 10 SGB V, so bedeutet auch dies ein sofortiges Erlöschen des nachgehenden Anspruches für den Angehörigen. Eine analoge Anwendung des § 19 Abs. 2 Satz 1 SGB V aufgrund des Wegfalls der Familienversicherung ist nicht möglich.[89]

53 Endet die Mitgliedschaft durch Tod, so erhalten die nach § 10 SGB V versicherten Angehörigen Übergangsleistungen nach der Vorschrift der Rn. 71.

b. Monatsfrist

54 Für die **Berechnung der Monatsfrist** ist § 26 SGB X i.V.m. den §§ 187-193 BGB heranzuziehen. Mit seiner Regelung „längstens für einen Monat nach dem Ende der Mitgliedschaft" stellt Absatz 2 nicht auf den Beginn eines Tages als den für den Anfang der Frist entscheidenden Zeitpunkt ab. Vielmehr ist für den Anfang der Frist das Ereignis der „Beendigung der Mitgliedschaft" maßgebend, so dass für den **Fristbeginn** gemäß **§ 187 Abs. 1 BGB** bei der Berechnung der Frist der Tag nicht mitgerechnet wird, in welchen das Ereignis fällt.[90] Zutreffender Beginn ist somit der Tag nach dem Eintritt des Ereignisses, d.h. der Tag nach dem Ende der Mitgliedschaft (unabhängig von den unterschiedlichen Beendigungstatbeständen der §§ 189 Abs. 2 Satz 2, 190 SGB V). Die **Frist endet** dementsprechend gemäß **§ 188 Abs. 2 Alt. 1 BGB** mit dem Ablauf desjenigen Tages des letzten Monats, welcher durch seine Benennung oder seine Zahl dem Tage entspricht, in den das Ereignis gefallen ist. Fehlt bei einer nach Monaten bestimmten Frist in dem letzten Monat der für ihren Ablauf maßgebende Tag, so endigt die Frist mit dem Ablaufe des letzten Tages dieses Monats (§ 188 Abs. 3 BGB). Im Übrigen ist **§ 26 Abs. 4 SGB X** zu beachten. Danach endet der nachgehende Leistungszeitraum auch dann mit dem Ablauf des letzten Tages, wenn dieser auf einen Sonntag, einen gesetzlichen Feiertag oder einen Sonnabend fällt.

55 Beispiele für die Fristberechnung:

	Ende der Mitgliedschaft	Beginn der Monatsfrist	Ende der Monatsfrist	Grund
Beispiel 1	08.05.2006 (Mo)	09.05.2006 (Di) 0.00 Uhr	08.06.2006 (Do) 24.00 Uhr	§ 187 Abs. 1 BGB § 188 Abs. 2 Alt. 1 BGB
Beispiel 2	31.01.2006 (Di)	01.02.2006 (Mi) 0.00 Uhr	28.02.2006 (Di) 24.00 Uhr	§ 188 Abs. 3 BGB
Beispiel 3	31.01.2004 (Sa)	01.02.2004 (So) 0.00 Uhr	29.02.2004 (So) 24.00 Uhr	§ 188 Abs. 3 BGB § 26 Abs. 4 SGB X
Beispiel 4	14.03.2006 (Di)	15.03.2006 (Mi) 0.00 Uhr	14.04.2006 (Karfr.) 24.00 Uhr	§ 26 Abs. 4 SGB X
Beispiel 5	28.02.2006 (Di)	01.03.2006 (Mi) 0.00 Uhr	28.03.2006 (Di) 24.00 Uhr	§ 188 Abs. 2 Alt. 1 BGB
Beispiel 6	29.02.2004 (So)	01.03.2004 (Mo) 0.00 Uhr	29.03.2004 (Mo) 24.00 Uhr	§ 188 Abs. 2 Alt. 1 BGB

[89] *Noftz* in: Hauck/Noftz, SGB V, § 19 Rn. 48; *Radüge* in: Jahn/Klose: SGB V, § 19 Rn. 27; *Zipperer* in: GKV-Komm, SGB V, § 19 Rn. 14.

[90] So auch *Noftz* in: Hauck/Noftz, SGB V, § 19 Rn. 53, *Peters*, Handbuch KV (SGB V), § 19 Rn. 13; *Volbers*, WzS 1996, S. 97 ff.; *von Wulffen*, SGB X, § 26 Rn. 5; a.A.: *Töns*, WzS 1990, S. 33, 40; differenzierter: *Höfler* in: KassKomm, SGB V, § 19 Rn. 35; unklar: *Wagner* in: Krauskopf, SGB V, § 19 Rn. 8; *Radüge* in: Jahn/Klose, SGB V, § 19 Rn. 28; *Zipperer* in: GKV-Komm, SGB V, § 19 Rn. 8.

5. Konkurrenzen zu anderen Leistungsansprüchen

Zwar enden nachgehende Ansprüche mit der Aufnahme einer Erwerbstätigkeit (vgl. Rn. 49), so dass sie mit Ansprüchen aus einer neuen Pflichtversicherung, die auf Grund einer Beschäftigung gemäß § 5 Abs. 1 Nr. 1 SGB V entsteht, nicht in Konkurrenz treten können. Was aber ist, wenn innerhalb der Monatsfrist des Absatzes 2 Satz 1 eine Pflichtversicherung aufgrund eines anderen der in § 5 Abs. 1 SGB V genannten Tatbestände, eine freiwillige Versicherung oder eine Familienversicherung begründet wird? Diese Frage ist insbesondere dann von Interesse, wenn der nachgehende (alte) Versicherungsschutz umfassender ist als derjenige aus der neuen Versicherung (z.B. Krankengeldanspruch). Bleibt der – evt. weitergehende – nachgehende Anspruch erhalten oder wird dieser durch den neuen Versicherungsschutz verdrängt? 56

a. Vorrang des aktuellen Versicherungsverhältnisses

Nach der Rechtsprechung des BSG stehen dem ausgeschiedenen Mitglied nachgehende Leistungsansprüche grundsätzlich nur solange zu, wie kein neues Versicherungsverhältnis begründet wird. Der aus der früheren Mitgliedschaft abgeleitete Versicherungsschutz ist, auch wenn das im Wortlaut des Absatzes 2 unmittelbar nicht zum Ausdruck kommt, gegenüber Ansprüchen aus einem aktuellen Versicherungsverhältnis nachrangig,[91] er wird durch eine neue Mitgliedschaft bei einer anderen Krankenkasse verdrängt.[92] Die **Subsidiarität des nachwirkenden Versicherungsschutzes** rechtfertigt sich dadurch, dass § 19 Abs. 2 SGB V eine Ausnahmevorschrift zur Vermeidung sozialer Härten darstellt (vgl. Rn. 46). Die Schutzbedürftigkeit und damit der gesetzgeberische Grund für die Gewährung eines über das Mitgliedschaftsende hinausreichenden, beitragsfreien Versicherungsschutzes entfällt, wenn es keine Sicherungslücke (mehr) gibt, weil entweder unmittelbar im Anschluss an die bisherige Pflichtmitgliedschaft oder zu einem späteren Zeitpunkt innerhalb der Monatsfrist ein neues Versicherungsverhältnis begründet wird.[93] 57

Dieser Grundsatz soll auch dann gelten, wenn das aktuelle Versicherungsverhältnis keine entsprechenden oder nur geringere Leistungen vorsieht (sog. **Verdrängungslehre**).[94] Ein Verstoß gegen den Gleichheitsgrundsatz (Art. 3 Abs. 1 GG) oder das Sozialstaatsprinzip (Art. 20 Abs. 1 GG) hierdurch wird nicht gesehen, da die Leistungen aus der Weiterversicherung und die nachgehenden Leistungen aus der Pflichtversicherung allgemein gleichwertig seien. Der Schutz in Gestalt des nachgehenden Anspruches sei überflüssig, wenn ein voller Versicherungsschutz aus der Weiterversicherung bestehe. An der grundsätzlichen Gleichwertigkeit der Leistungen in ihrer Gesamtheit ändere sich nichts, wenn bei einzelnen Leistungen die eine oder andere Versicherung günstiger sei. Einzelne Nachteile, die mit dem Verlust des nachgehenden Versicherungsschutzes einhergehen, müssten vom Versicherten hingenommen werden.[95] 58

Nach anderer Auffassung verdrängt das neue Versicherungsverhältnis den nachgehenden Versicherungsschutz nicht absolut, sondern nur bezüglich identischer bzw. gleichwertiger Leistungsansprüche. Im Übrigen überlagern sich beide (sog. **Überlagerungslehre**).[96] Soweit die Übergangsansprüche nach Absatz 2 Satz 1 günstiger seien als Ansprüche nach dem neuen Versicherungsverhältnis, müssten daher erstere vorgehen. Für diese Meinung wird angeführt, dass Versicherte nicht allein dadurch schlechter gestellt werden dürften, dass zusätzlich zu dem nachgehenden Anspruch des Absatzes 2 Satz 1 ein weiterer aktueller Versicherungsschutz besteht. Diese Versicherten stünden sonst schlechter, als wenn sie keine weitere Versicherung begründet hätten, was nicht nur system-, sondern auch gleichheitswidrig i.S.d. Art. 3 Abs. 1 GG sei. 59

[91] BSG v. 20.11.2001 - B 1 KR 31/99 R - SozR 3-2500 § 19 Nr. 3; BSG v. 07.05.2002 - B 1 KR 24/01 R - BSGE 89, 254, 255 = SozR 3-2500 § 19 Nr. 5; vgl. schon zur RVO: BSG v. 28.04.1981 - 3 RK 8/80 - BSGE 51, 281, 285 = SozR 2200 § 183 Nr. 35 S. 94; BSG v. 20.08.1986 - 8 RK 74/84 - SozR 2200 § 214 Nr. 2 S. 3.

[92] BSG v. 20.11.2001 - B 1 KR 26/00 R - BSGE 89, 86, 88 = SozR 3-2500 § 19 Nr. 4.

[93] BSG v. 07.05.2002 - B 1 KR 24/01 R - BSGE 89, 254, 256 = SozR 3-2500 § 19 Nr. 5.

[94] BSG v. 20.08.1986 - 8 RK 74/84 - SozR 2200 § 214 Nr. 2; *Leitherer* in: Schulin, Handbuch des Sozialversicherungsrechts, Bd. 1, § 19 Rn. 283; *Radüge* in: Jahn/Klose, SGB V, § 19 Rn. 32; *Zipperer* in: GKV-Komm, SGB V, § 19 Rn. 19 f.; *Peters*, Handbuch KV (SGB V), § 19 Rn. 15; vgl. auch *Berchtold*, Krankengeld, S. 36, 37.

[95] BSG v. 20.08.1986 - 8 RK 74/84 - SozR 2200 § 214 Nr. 2.

[96] *Noftz* in: Hauck/Noftz, SGB V § 19 Rn. 61; *Höfler* in: KassKomm, SGB V, § 19 Rn. 29; *Töns*, WzS 1990, S. 33, 41 ff.; im Ergebnis auch: SG Hamburg v. 22.10.2003 - S 23 KR 390/01.

60 Zwar hat das **BSG** in seiner Entscheidung vom 20.08.1986[97] ausdrücklich konstatiert, dass auch eine freiwillige Weiterversicherung ohne Krankengeldanspruch in vollem Umfang den nachgehenden Versicherungsschutz aus § 214 Abs. 1 RVO verdrängt, und sich somit unter der alten Gesetzeslage der Verdrängungslehre angeschlossen. Unter Geltung des SGB V hat es den Theorienstreit jedoch ausdrücklich auf sich beruhen und unentschieden gelassen.[98]

61 Nach der hier vertretenen Meinung ist mit der Verdrängungslehre davon auszugehen, dass der nachgehende Anspruch stets mit dem Beginn einer vorrangigen (neuen) Versicherung endet und zwar unabhängig davon, ob die neue Versicherung einen geringeren Versicherungsschutz umfasst. Wie bereits beschrieben, hat die Rechtsprechung unter Geltung der RVO die Verdrängungslehre vertreten (Rn. 60). Mit dem In-Kraft-Treten des SGB V ist insoweit keine erkennbare Rechtsänderung eingetreten. Wenn der Gesetzgeber in Abweichung zu der aufgezeigten Rechtsprechung die Überlagerungstheorie hätte regeln wollen, so hätte die Möglichkeit bestanden, in § 19 Abs. 2 SGB V den Vorrang nachgehender günstigerer Ansprüche entsprechend zu normieren, was jedoch nicht geschehen ist. Dies gilt umso mehr, als dass zum 01.01.2004 ausdrücklich der Vorrang der Familienversicherung festgelegt (Rn. 63), keine Aussage jedoch zu einem etwaigen fortwährenden Bestand eines günstigeren Anspruches getroffen worden ist. Der **einschränkungslose Vorrang der Familienversicherung** spricht dafür, dass auch „günstigere" nachgehende Ansprüche durch den neuen Versicherungsschutz verdrängt werden sollen. Zudem ist zu bedenken, dass für den sich anschließenden Versicherungsschutz eine andere Krankenkasse zuständig werden könnte, so dass während der Monatsfrist der grundsätzliche Versicherungsschutz bei der neuen, der günstigere – nachgehende Anspruch – jedoch noch bei der alten Krankenkasse zu realisieren wäre. Dies würde dem System der GKV widersprechen, welchem eine gleichzeitige Zuständigkeit verschiedener Krankenkassen für einen Versicherten fremd ist. Eine **Doppelmitgliedschaft** ist aufgrund der Regelungen der §§ 173, 175 SGB V grundsätzlich nicht möglich. Das Zulassen eines nachgehenden Anspruches während des Bestehens einer neuen Mitgliedschaft wäre von Nachteil für diese klare Zuständigkeitsregelung. Aus Gründen der Gleichbehandlung darf nichts anderes für den Fall gelten, dass der neue Versicherungsschutz bei der alten Krankenkasse begründet wird.

62 Dieser Beurteilung stehen verfassungsrechtliche Bedenken nicht entgegen. Zwar hat das BVerfG mit Beschluss vom 09.11.1988 entschieden, dass es mit **Art. 3 Abs. 1 GG** nicht vereinbar ist, dass der Bezug von Verletztengeld (aus der gesetzlichen Unfallversicherung) oder von Übergangsgeld (aus der gesetzlichen Rentenversicherung) auch insoweit zum Ruhen des Anspruchs auf Krankengeld führt, als dieses höher wäre (**Krankengeldspitzenbetrag**). Zur Begründung hat sich das Gericht im Wesentlichen darauf gestützt, dass es sich nicht rechtfertigen lässt, wenn der mehrfach Versicherte die niedrigere Leistung (Verletztengeld), der einfach Versicherte aber die höhere Leistung (Krankengeld) erhält.[99] Während das BVerfG somit über die Konsequenz kumulierender „vollwertiger", d.h. auf dem Äquivalenzgrundsatz von Beitrag und Leistung beruhender Leistungsansprüche der gesetzlichen Sozialversicherung zu befinden hatte, sind die Vorgaben des BVerfG auf den Fall des beitragsfreien Versicherungsschutzes des § 19 Abs. 2 Satz 1 SGB V nicht ohne weiteres übertragbar. Der Grundsatz der Subsidiarität des nachgehenden Anspruches hat den Zweck, unerwünschte Doppelleistungen – nämlich in der Form einer doppelten Krankenversicherung – auszuschließen und ist damit die geradezu notwendige Ergänzung zu § 19 Abs. 2 Satz 1 SGB V, der nur den Schutz desjenigen im Auge hat, der (ggf. plötzlich und nicht absehbar) seinen gesetzlichen Krankenversicherungsschutz verliert, d.h. ohne den nachgehenden Anspruch **ohne** Krankenversicherungsschutz verbleiben würde. Lediglich diese Personengruppe soll geschützt, keinesfalls jedoch für einen Übergangsmonat ein (doppelter) Versicherungsschutz eingeräumt werden. Wie das BVerfG bereits entschieden hat, unterliegt es weitgehend der Gestaltungsfreiheit des Gesetzgebers, wie im Einzelnen unerwünschte Doppelleistungen verhindert werden. Die Gleichartigkeit der Leistungen entfällt dabei nicht bereits dadurch, dass die Berechnungsmodalitäten der Leistungen nicht in allen Einzelheiten übereinstimmen und die Ansprüche deshalb in ihrer Höhe nicht deckungsgleich sind. Es ist auch nicht verfassungsrechtlich geboten, die jeweils höchste Leistung uneingeschränkt zu gewähren; vielmehr genügt es, wenn eine anderweitige adäquate soziale Absicherung besteht.[100]

---

[97] BSG v. 20.08.1986 - 8 RK 74/84 - SozR 2200 § 214 Nr. 2.

[98] BSG v. 07.05.2002 - B 1 KR 24/01 R - BSGE 89, 254, 255 = SozR 3-2500 § 19 Nr. 5.

[99] BVerfG v. 09.11.1988 - 1 BvL 22/84, 71/86 und 9/87 - BVerfGE 79, 87, 101 = SozR 2200 § 183 Nr. 54 S. 158.

[100] BVerfG v. 15.06.1971 - 1 BvR 88, 496/69 - BVerfGE 31, 185, 193, 194; BVerfG v. 11.03.1980 - 1 BvL 20/76 und 1 BvR 826/76 - BVerfGE 53, 313, 331; BVerfG v. 09.11.1988 - 1 BvL 22/84, 71/86 und 9/87 - BVerfGE 79, 87, 98 = SozR 2200 § 183 Nr. 54 S. 157.

b. Vorrang der Familienversicherung (Absatz 2 Satz 2)

Bezüglich des Konkurrenzverhältnisses zwischen einem nachgehenden Anspruch gemäß § 19 Abs. 2 SGB V sowie einem Anspruch aus einer Familienversicherung nach § 10 SGB V hat das BSG in mehreren Urteilen vom 07.05.2002[101] entschieden, dass eine Familienversicherung nicht zustande kommt, solange nachgehende Leistungsansprüche aus der bisherigen eigenen Versicherung bestehen. Die Regelung in § 10 Abs. 1 Satz 1 Nr. 2 SGB V solle den Grundsatz der Subsidiarität der Familienversicherung gegenüber einer bestehenden eigenen Versicherung verwirklichen und sicherstellen, dass Familienangehörige des Mitglieds nur dann beitragsfreien Versicherungsschutz erhalten, wenn sie im Rahmen der gesetzlichen KV nicht auf andere Weise abgesichert seien. Eine anderweitige Absicherung bestehe aber auch in den Fällen des § 19 Abs. 2 SGB V. 63

Unter Bezugnahme auf diese Urteile[102] hat der Gesetzgeber allerdings mit Wirkung zum 01.01.2004 dem Absatz 2 den Satz 2 angefügt und damit ausdrücklich das Gegenteil geregelt, nämlich, dass eine Versicherung nach § 10 SGB V Vorrang vor dem Leistungsanspruch nach § 19 Abs. 2 Satz 1 SGB V hat.[103] Bzgl. der näheren Gründe und des Hintergrunds vgl. Rn. 9 f. Damit wurde das Konkurrenzverhältnis zwischen einem nachgehendem Anspruch und der Familienversicherung eindeutig dahin gehend geregelt, dass eine bestehende Familienversicherung nachgehende Ansprüche aus § 19 Abs. 2 SGB V ausschließt – und zwar auch dann, wenn sich hierdurch ein geringerer Versicherungsschutz (z.B. Krankengeld) ergibt. Diese leistungsrechtlichen Auswirkungen hat der Gesetzgeber erkannt („Leistungsrechtliche Auswirkungen treten nur in Bezug auf ... ein"),[104] jedoch offenbar als unbedeutend angesehen. 64

c. Folgen eines Kassenwechsels

§ 19 SGB V gilt auch für den Verlust der Mitgliedschaft bei einer Krankenkasse und den gleichzeitigen Beitritt zu einer anderen Kasse (**Kassenwechsel**). Die Regelung bezieht sich damit nicht nur auf das Ausscheiden aus der GKV schlechthin.[105] Dies folgt schon aus der Verwendung des Begriffs „Mitgliedschaft", der nach der Systematik der §§ 186 ff. SGB V das Versicherungsverhältnis zu der für den Versicherten jeweils zuständigen Krankenkasse kennzeichnet. 65

Grundsätzlich hängt die Leistungspflicht der Krankenkasse für eine **konkrete Behandlungsmaßnahme** nicht von der Mitgliedschaft im Zeitpunkt des Versicherungsfalls, sondern von der **Mitgliedschaft im Zeitpunkt der tatsächlichen Leistungserbringung** ab.[106] Durch den grundsätzlichen Ausschluss von Rechtswirkungen des Mitgliedschaftsverhältnisses für die Zeit nach seiner Beendigung wird der mögliche Zusammenhang zwischen der Erkrankung (Versicherungsfall) und der Kostenbelastung durch die einzelne Behandlungsmaßnahme krankenversicherungsrechtlich für unerheblich erklärt, wenn der Versicherte zwischenzeitlich die Mitgliedschaft verliert. Dementsprechend kann umgekehrt einem neu aufgenommenen Mitglied nicht entgegengehalten werden, es dürfe Versicherungsleistungen nicht in Anspruch nehmen, weil sie auf einer vor der Mitgliedschaft festgestellten Behandlungsnotwendigkeit beruhen.[107] Mit dem Kassenwechsel wird deshalb ein Wechsel der Leistungszuständigkeit für alle danach durchgeführten Behandlungen verknüpft, auch wenn der sie veranlassende Versicherungsfall schon vorher eingetreten war und unabhängig davon, ob sich der krankheitsbedingte Behandlungsbedarf bereits gezeigt hatte und ärztlich festgestellt war. Der Zeitpunkt der Behandlungs- 66

---

[101] Führend: BSG v. 07.05.2002 - B 1 KR 24/01 R - BSGE 89, 254, 256 = SozR 3-2500 § 19 Nr. 5 S. 24; Parallelentscheidungen: B 1 KR 16/01 R; B 1 KR 35/01 R; B 1 KR 21/01 R; B 1 KR 3/02 R, B 1 KR 10/02 R.

[102] BT-Drs. 15/1525, S. 82.

[103] GKV-Modernisierungsgesetz – GMG – vom 14.11.2003, BGBl I 2003, 2190.

[104] BT-Drs. 15/1525, S. 82.

[105] BSG v. 20.11.2001 - B 1 KR 26/00 R - BSGE 89, 86, 87 = SozR 3-2500 § 19 Nr. 4; BSG v. 20.11.2001 - B 1 KR 31/99 R - SozR 3-2500 § 19 Nr. 3 S. 12; BSG v. 23.01.2003 - B 3 KR 7/02 R - BSGE 90, 220, 229 = SozR 4-2500 § 33 Nr. 1 S. 11.

[106] BSG v. 20.11.2001 - B 1 KR 26/00 R - BSGE 89, 86, 87 = SozR 3-2500 § 19 Nr. 4; BSG v. 20.11.2001 - B 1 KR 31/99 R - SozR 3-2500 § 19 Nr. 3 S. 12; BSG v. 25.03.2003 - B 1 KR 17/01 R - BSGE 91, S. 32 Rn. 7 = SozR 4-2500 § 28 Nr. 1 Rn. 7.

[107] BSG v. 20.11.2001 - B 1 KR 26/00 R - BSGE 89, 86, 87 = SozR 3-2500 § 19 Nr. 4; BSG v. 20.11.2001 - B 1 KR 31/99 R - SozR 3-2500 § 19 Nr. 3 S. 12.

maßnahme vor oder nach dem Beginn der Mitgliedschaft entscheidet darüber, ob die neue oder die alte Krankenkasse leistungspflichtig ist.[108]

67 Ausnahmen von diesem Grundsatz hat die Rechtsprechung für solche Fälle anerkannt, in denen sich die vorher begonnene Behandlung mit Rücksicht auf die Art der **Abrechnung als Einheit** darstellt und infolgedessen einer Aufteilung der Kassenzuständigkeit entzieht, wie es z.B. bei eine Krankenhausbehandlung der Fall ist, die nach der Bundespflegesatzverordnung (BPflV) mit einer Fallpauschale abzurechnen ist. Hierbei handelt es sich um eine Einmalleistung, für die nur eine einzige Krankenkasse zuständig sein kann, wobei sich die einschlägige Zuständigkeit nach dem Zeitpunkt der erbrachten **Hauptleistung** richtet.[109] Eine solche Abrechnungseinheit ist grundsätzlich auch bei einer Krankenhausbehandlung unter **DRG-Rahmenbedingungen** anzunehmen. Insoweit sieht jedoch die Gemeinsame Verlautbarung der Spitzenverbände der Krankenkassen vom 09.10.2002 i.d.F. vom 24.07.2003[110] vor, dass die Krankenkasse leistungspflichtig ist, bei der am Entlassungstag ein Versicherungsverhältnis besteht.[111] Auch diese Maßgabe dürfte inzwischen überholt sein, denn gemäß § 9 Fallpauschalenvereinbarung 2007 (FPV 2007) wird der gesamte Krankenhausfall mit dem Kostenträger abgerechnet, der am Tag der Aufnahme leistungspflichtig ist, wenn bei Fallpauschalenpatienten während der stationären Behandlung ein Zuständigkeitswechsel des Kostenträgers eintritt. Tritt hingegen während der mittels tagesbezogener Entgelte nach § 6 Abs. 1 des Krankenhausentgeltgesetzes sowie tagesbezogener teilstationärer Fallpauschalen vergüteten Behandlung ein Zuständigkeitswechsel des Kostenträgers ein, sind die Kosten der einzelnen Belegungstage mit dem Kostenträger abzurechnen, der am Tag der Leistungserbringung leistungspflichtig ist.

68 Beim **Zahnersatz** richtet sich die Leistungszuständigkeit der Krankenkasse nach dem Zeitpunkt der Eingliederung und nicht nach demjenigen der Aufstellung des Heil- und Kostenplans. Nach Ansicht des BSG steht diese Entscheidung nicht im Widerspruch zu der Rechtsprechung hinsichtlich des Behandlungsbeginns bei Maßnahmen der Kieferorthopädie (Zeitpunkt der Aufstellung des Behandlungsplans = Behandlungsbeginn).[112]

69 Im Übrigen sahen die Spitzenverbände der Krankenkassen die Rechtslage bezüglich auftretender Probleme beim Kassenwechsel aufgrund der Rechtsprechung des BSG vom 20.11.2001[113] als geklärt an und haben durch ihre gemeinsame Verlautbarung[114] folgende Umsetzungshinweise gegeben:

- Bei der **kieferorthopädischen Behandlung** werden Quartalsabrechnungen jeweils von der Krankenkasse geleistet, bei der am ersten Tag des Quartals, für das die Zahlung bestimmt ist, ein Versicherungsverhältnis bestand. Wird die erste Abschlagszahlung in demselben Quartal fällig, in dem der kieferorthopädische Behandlungsplan aufgestellt wurde, so wird abweichend davon die Zahlung von der Krankenkasse geleistet, bei der am Tag der Aufstellung des Behandlungsplans ein Versicherungsverhältnis vorlag.
- Für die Übernahme der Kosten einer einheitlich abzurechnenden **Parodontosebehandlung** ist die Krankenkasse zuständig, der der Versicherte am letzten Tag der Behandlung angehört.
- Für die Erbringung von **Heilmitteln** ist die Krankenkasse leistungspflichtig, die am Tag der Erbringung der Leistung die Versicherung tatsächlich durchführt. Dies gilt auch bei Serienbehandlungen.
- Zuständig für die Leistungserbringung von **Fahrtkosten** ist – unabhängig von der Frage, welche Krankenkasse für die der Fahrt zu Grunde liegende (Haupt-)Leistung zuständig ist – die Krankenkasse, bei der am Tag der Fahrt die Versicherung besteht.
- Bei **Arznei- und Hilfsmitteln** ist grundsätzlich der Tag der Abgabe entscheidend. Allerdings kann ein Kassenwechsel vor der Ausstattung des Versicherten mit einem Hilfsmittel dann nicht zu einer Leistungspflicht der neuen Krankenkasse führen, wenn sich das Wahlrecht des Versicherten bereits auf ein ganz bestimmtes Hilfsmittel konkretisiert und die frühere Krankenkasse den geltend gemach-

---

[108] BSG v. 20.11.2001 - B 1 KR 26/00 R - BSGE 89, 86, 88 = SozR 3-2500 § 19 Nr. 4; BSG v. 20.11.2001 - B 1 KR 31/99 R - SozR 3-2500 § 19 Nr. 3 S. 13; BSG v. 23.01.2003 - B 3 KR 7/02 R - BSGE 90, 220, 230 = SozR 4-2500 § 33 Nr. 1 S. 11.

[109] BSG v. 20.11.2001 - B 1 KR 26/00 R - BSGE 89, 86, 90 = SozR 3-2500 § 19 Nr. 4.

[110] WzS 2004, 49 ff.

[111] WzS 2004, 49, 53.

[112] BSG v. 09.12.1997 - 1 RK 11/97 - BSGE 81, 245, 246 = SozR 3-2500 § 28 Nr. 3; vgl. auch BSG v. 25.03.2003 - B 1 KR 17/01 R - BSGE 91, 32 Rn. 9 = SozR 4-2500 § 28 Nr. 1 Rn. 9.

[113] BSG v. 20.11.2001 - B 1 KR 31/99 R - SozR 3-2500 § 19 Nr.3; BSG v. 20.11.2001 - B 1 KR 26/00 R - BSGE 89, 86 = SozR 3-2500 § 19 Nr. 4.

[114] WzS 2004, 49 ff.

ten Versorgungsanspruch zu Unrecht abgelehnt hat, sich also mit der Leistungserbringung in **Verzug** befindet. In solchen Fällen bleibt die frühere Krankenkasse für die Hilfsmittelversorgung weiterhin leistungspflichtig, weil sie es sonst in der Hand hätte, sich durch Leistungsverzögerung ihrer Verpflichtung zu entledigen.[115]

Bezüglich der **Konkurrenz** zwischen **nachgehenden Ansprüchen** gemäß Absatz 2 Satz 1, die gegenüber der alten Krankenkasse geltend zu machen sind, sowie solchen Ansprüchen, die dem Versicherten gegenüber der neuen Krankenkasse zustehen, vgl. Rn. 56 ff. 70

IV. Nachgehende Leistungsansprüche für familienversicherte Angehörige (Absatz 3)

1. Regelungsgehalt und Bedeutung der Norm

Absatz 3 räumt den bisher familienversicherten Angehörigen nach dem Tod des (Stamm-)Versicherten einen nachgehenden Leistungsanspruch für längstens einen Monat ein und stellt damit eine **abweichende Bestimmung** i.S.d. Absatzes 1 Halbsatz 2 der Vorschrift dar. Im Fall des pflichtversicherten Stammversicherten ist Absatz 3 gegenüber Absatz 2 die speziellere – und damit vorrangig anzuwendende – Norm. Im Fall des freiwillig Versicherten eröffnet sie als einzige Ausnahme einen nachgehenden Leistungsanspruch nach Beendigung der Mitgliedschaft. 71

2. Normzweck

Absatz 3 bezweckt ebenso wie Absatz 2 den zeitlich begrenzten Schutz vor ggf. plötzlichem und unvorhersehbarem Krankenversicherungsverlust. 72

3. Tatbestandsmerkmale

Da Absatz 3 im Gegensatz zu Absatz 2 Satz 1 nicht von der „Mitgliedschaft Versicherungspflichtiger" spricht, ist es für diese Regelung unerheblich, ob die beendete **Mitgliedschaft** auf einer Pflicht- oder freiwilligen Versicherung beruhte.[116] Voraussetzung ist, dass die Mitgliedschaft **durch Tod** endet. Erlischt sie aus anderen Gründen, so bestehen keine Ansprüche nach Absatz 3. Sollten in solchen Fällen die Stammversicherten aber Ansprüche nach Absatz 2 Satz 1 haben, so sind die Familienversicherten über den Stammversicherten leistungsberechtigt, vgl. Rn. 52. Außerdem müssen die **Voraussetzungen der Familienversicherung** gemäß § 10 SGB V zum einen bereits im Zeitpunkt des Todes bestanden haben und zum anderen für die Dauer der Monatsfrist weiterbestehen. Mit dem Wegfall der Voraussetzungen nach § 10 SGB V endet der nachgehende Anspruch. 73

4. Rechtsfolgen

Die nach § 10 SGB V versicherten Angehörigen erhalten Leistungen längstens für einen Monat nach dem Tode des Mitglieds. Umfasst sind sämtliche Leistungen der GKV, d.h. alle Leistungsansprüche (Pflicht- und Ermessensleistungen), die sich aus den einzelnen Rechtsvorschriften des SGB V (vgl. § 11 SGB V) sowie aus den §§ 195 ff. RVO ergeben. Allerdings ist zu beachten, dass Familienversicherte gemäß § 44 Abs. 1 Satz 2 SGB V keinen Anspruch auf Krankengeld haben. Unerheblich ist, wann der **Versicherungsfall** eintritt, vgl. Rn. 51. Zur Berechnung der Monatsfrist vgl. Rn. 54 f., wobei als maßgebendes Ereignis der Tod des Mitglieds zu Grunde zu legen ist. Zutreffender Fristbeginn ist somit der Tag nach dem Tod des Mitglieds. 74

Gemäß § 9 Abs. 1 Satz 1 Nr. 2 SGB V haben die Angehörigen, deren Versicherung nach § 10 SGB V erlischt, die Möglichkeit, der Versicherung durch Begründung einer freiwilligen Mitgliedschaft beizutreten. Der Beitritt ist der Krankenkasse innerhalb von drei Monaten nach Beendigung der Versicherung anzuzeigen, § 9 Abs. 2 Nr. 2 SGB V. 75

[115] BSG v. 23.01.2003 - B 3 KR 7/02 R - BSGE 90, 220, 230 = SozR 4-2500 § 33 Nr. 1 Rn. 25.

[116] *Noftz* in: Hauck/Noftz, SGB V, § 19 Rn. 67; *Höfler* in: KassKomm, SGB V, § 19 Rn. 40; *Leitherer* in: Schulin, Handbuch des Sozialversicherungsrechts, Bd. 1, § 19 Rn. 284.

C. Praxishinweise

76 Die Frage, ob ein nachgehender Anspruch gemäß Absatz 2 besteht, ist insbesondere im Fall der **Arbeitslosigkeit** von Bedeutung. Zwar ist der Arbeitslose **während des Bezuges von Arbeitslosengeld** gemäß § 5 Abs. 1 Nr. 2 SGB V krankenversichert. Das ist jedoch dann nicht der Fall, wenn ein Ruhenszeitraum wegen einer **Entlassungsentschädigung** (§ 143a SGB III) eintritt. Dieser Ruhenszeitraum kann bis zu einem Jahr andauern (§ 143a Abs. 2 SGB III). Wer vor Eintritt der Arbeitslosigkeit pflichtversichert war, hat zumindest für einen Monat nach dem Ende der Mitgliedschaft einen nachgehenden Leistungsanspruch gemäß § 19 Abs. 2 SGB V. Die restliche Zeit muss durch eine freiwillige oder private Versicherung selbst überbrückt werden. Wer vorher freiwillig oder privat versichert war, muss sich hingegen ab dem ersten Monat selbst versichern, denn für ihn gilt der nachgehende Anspruch nicht. Neben dem Ruhen der Lohnersatzleistung trifft den Arbeitslosen also regelmäßig ein zusätzlicher finanzieller Aufwand für den Krankenversicherungsschutz.

77 Im Fall einer **Sperrzeit** gemäß § 144 SGB III oder des Ruhens des Alg-Anspruches wegen einer **Urlaubsabgeltung** (§ 143 Abs. 2 SGB III) beginnt die gesetzliche Krankenversicherungspflicht erst ab dem zweiten Monat (§ 5 Abs. 1 Nr. 2 SGB V). Für den ersten Monat besteht für alle zuvor pflichtversicherten Arbeitnehmer ein nachgehender Krankenversicherungsschutz gemäß § 19 Abs. 2 SGB V. Wer vorher freiwillig oder privat versichert war, muss sich für den ersten Monat hingegen selbst versichern.

78 In diesem Zusammenhang ist auch das Ergebnis der Besprechung der Spitzenverbände der Krankenkassen, des Verbandes Deutscher Rentenversicherungsträger und der Bundesagentur für Arbeit vom 05./06.07.2005 zur sozialversicherungsrechtlichen Behandlung von **Freistellungsvereinbarungen** von Bedeutung. Danach endet im Fall einer einvernehmlichen unwiderruflichen Freistellung des Arbeitnehmers grundsätzlich – mit Ausnahme arbeitsgerichtlicher Vergleiche und einer Insolvenz des Arbeitgebers – das sozialversicherungsrechtliche Beschäftigungsverhältnis mit dem letzten Arbeitstag vor der Freistellung. Dabei soll unerheblich sein, ob das Arbeitsverhältnis als solches weiterbesteht und dem Arbeitnehmer bis zum Ende des Arbeitsverhältnisses das geschuldete Arbeitsentgelt fortgezahlt wird.[117] Vereinbaren die Arbeitsvertragsparteien eine unwiderrufliche Freistellung bis zum Ablauf der Kündigungsfrist, gilt das Beschäftigungsverhältnis also mit dem ersten Tag der Freistellung als beendet und der Arbeitnehmer ist von der Sozialversicherungspflicht abzumelden. Nach § 19 Abs. 2 SGB V besteht Krankenversicherungsschutz längstens für einen Monat nach Beginn der Freistellung. Die vorbenannte rechtliche Beurteilung der Freistellungszeit wird in der Literatur kritisiert und als nicht mit dem Gesetz (§ 7 SGB IV) sowie der Rechtsprechung vereinbar angesehen.[118] Entsprechende Verfahren scheinen jedoch an den Sozialgerichten z.Z. noch nicht anhängig zu sein.

79 Will sich der – aus der Versicherungspflicht ausgeschiedene – Arbeitnehmer freiwillig versichern, hat er die Voraussetzungen des § 9 Abs. 1 Nr. 1 SGB V zu beachten. Eine freiwillige Versicherung kommt danach nur in Frage, wenn der Arbeitnehmer in den letzten fünf Jahren vor dem Ausscheiden mindestens 24 Monate oder unmittelbar vor dem Ausscheiden ununterbrochen mindestens zwölf Monate versichert war. Zudem ist der Beitritt der Krankenkasse innerhalb von drei Monaten nach Beendigung der Mitgliedschaft anzuzeigen, § 9 Abs. 2 Nr. 1 SGB V.

---

[117] vgl. Anlage zum Tagesordnungspunkt 4 der Spitzenverbände der Krankenkassen, des VDR und der BA über Fragen des gemeinsamen Beitragseinzugs am 05./06.07.2005: Fortbestand des versicherungspflichtigen Beschäftigungsverhältnisses bei Verzicht des Arbeitgebers auf die Arbeitsleistung unter Fortzahlung des Arbeitsentgelts; Abruf/Download unter www.vdr.de.

[118] *Schlegel*, NZA 2005, 972 ff.; *Bauer/Krieger*, DB 2005, 2242 ff.; *Thomas/Weidmann*, NJW 2006, 257 ff.

Dritter Abschnitt: Leistungen zur Verhütung von Krankheiten, betriebliche Gesundheitsförderung und Prävention arbeitsbedingter Gesundheitsgefahren, Förderung der Selbsthilfe

§ 20 SGB V Prävention und Selbsthilfe

(Fassung vom 14.06.2007, gültig ab 01.01.2008, gültig bis 30.06.2008)

(1) Die Krankenkasse soll in der Satzung Leistungen zur primären Prävention vorsehen, die die in den Sätzen 2 und 3 genannten Anforderungen erfüllen. Leistungen zur Primärprävention sollen den allgemeinen Gesundheitszustand verbessern und insbesondere einen Beitrag zur Verminderung sozial bedingter Ungleichheit von Gesundheitschancen erbringen. Die Spitzenverbände der Krankenkassen beschließen gemeinsam und einheitlich unter Einbeziehung unabhängigen Sachverstandes prioritäre Handlungsfelder und Kriterien für Leistungen nach Satz 1, insbesondere hinsichtlich Bedarf, Zielgruppen, Zugangswegen, Inhalten und Methodik.

(2) Die Ausgaben der Krankenkassen für die Wahrnehmung ihrer Aufgaben nach Absatz 1 und nach den §§ 20a und 20b sollen insgesamt im Jahr 2006 für jeden ihrer Versicherten einen Betrag von 2,74 Euro umfassen; sie sind in den Folgejahren entsprechend der prozentualen Veränderung der monatlichen Bezugsgröße nach § 18 Abs. 1 des Vierten Buches anzupassen.

(3) u. (4) (weggefallen)

Hinweis: § 20 SGB V in der Fassung vom 14.06.2007 wurde durch Art. 6 Nr. 1 des Gesetzes vom 14.06.2007 (BGBl I 2007, 1066) mit Wirkung vom 01.01.2008 geändert (vgl. hierzu die Kommentierung zu § 20 SGB V idF v. 14.06.2007, gültig ab 01.04.2007).

Gliederung

A. Basisinformationen

I. Textgeschichte/Gesetzgebungsmaterialien

§ 20 SGB V wurde mit Wirkung vom 01.01.1989 durch Art. 1 des **Gesundheitsreformgesetzes** (GRG)[1] eingeführt. Die Vorschrift geht auf § 20 des Fraktionsentwurfs von CDU/CSU und FDP zum GRG[2] zurück und erhielt ihre ursprüngliche Fassung nach maßgeblichen Änderungen in den Ausschussberatungen[3]. Seit In-Kraft-Treten wurde die Vorschrift mehrfach geändert. 1

Mit Wirkung zum **01.01.1993** wurden durch Art. 1 Nr. 8 lit. a des **Gesetzes zur Sicherung und Strukturverbesserung der gesetzlichen Krankenversicherung** (Gesundheitsstrukturgesetz) vom 21.12.1992[4] in Absatz 3 Satz 4 **Leistungen bei Auslandsaufenthalten** mit der Formulierung einge- 2

[1] Vom 20.12.1988, BGBl I 1988, 2477.
[2] Vgl. BT-Drs. 11/2237, S. 16 und 166.
[3] Vgl. BT-Drs. 11/3320 und 11/3480.
[4] BGBl I 1992, 2266.

schränkt: „Leistungen zur Verhütung von Krankheiten während eines nicht beruflich bedingten Auslandsaufenthalts dürfen nicht vorgesehen werden". Die Finanzierung solcher Krankheitsverhütungsmaßnahmen durch die Solidargemeinschaft sei nicht geboten. Entsprechende Kosten gehörten zu den normalen Aufwendungen für solche Reisen. Es sei den Versicherten deshalb zuzumuten, sie aus eigener Tasche zu zahlen.[5] Durch Art. 1 Nr. 8 lit. b des Gesetzes wurde den Krankenkassen weiter erstmals ausdrücklich die **Förderung von Selbsthilfegruppen und -kontaktstellen** als Absatz 3 a der Vorschrift mit folgendem Wortlaut erlaubt: „Die Krankenkassen können Selbsthilfegruppen und -kontaktstellen mit gesundheitsfördernder oder rehabilitativer Zielsetzung durch Zuschüsse fördern".[6] Durch die Unterstützung von Selbsthilfegruppen und -kontaktstellen könnten die Krankenkassen diese Tätigkeit stärker in ihr Konzept der Erhaltung und Förderung der Gesundheit einbeziehen. Eine Vollfinanzierung solcher Einrichtungen sei nicht vorgesehen.[7]

3 Durch Art 2 Nr. 3 des **Gesetzes zur Entlastung der Beiträge in der gesetzlichen Krankenversicherung** (Beitragsentlastungsgesetz – BeitrEntlG) vom 01.11.1996[8] wurden die bis dahin vorgesehenen Leistungen zur Gesundheitsförderung und Krankheitsverhütung mit Wirkung zum 01.01.1997 erheblich reduziert und die Vorschrift dazu neu gefasst. In dieser Fassung beschränkten sich die Maßnahmen der Krankenkassen zur Krankheitsverhütung auf die Zusammenarbeit mit den Trägern der gesetzlichen Unfallversicherung zur Verhütung arbeitsbedingter Gesundheitsgefahren nach den Sätzen 2 und 3 des Absatzes 2 der Ursprungsfassung[9], auf die Zulässigkeit von Schutzimpfungen[10] sowie die nähere Ausgestaltung der Förderung von Selbsthilfegruppen und -kontaktstellen[11]. Dagegen wurden die bis dahin in Absatz 1 und Absatz 2 Satz 1 vorgesehenen Leistungen zur Aufklärung und Beratung über und zu Gesundheitsgefahren sowie über die Mitwirkung bei der Verhütung arbeitsbedingter Gesundheitsgefahren ersatzlos gestrichen, weil diese Leistungen in der Praxis eher dem Marketing als der Prävention dienten.[12]

4 Dagegen knüpfte Art. 1 Nr. 8 des **Gesetzes zur Reform der gesetzlichen Krankenversicherung ab dem Jahr 2000** (GKV-Gesundheitsreform 2000) vom 22.12.1999[13] mit Wirkung ab dem 01.01.2000 wieder an den ursprünglichen Rechtszustand an. Seither ist es den Krankenkassen auf die Gesetzesinitiative der Fraktionen von SPD und BÜNDNIS 90/DIE GRÜNEN[14] und weiter verstärkt aufgrund der Ausschussberatungen[15] wieder zur Aufgabe gemacht, Leistungen zur Primärprävention in dem derzeit gültigen Sinne zu erbringen und dafür einen zu dynamisierenden jährlichen Mindestbetrag von 5 DM[16] bzw. 2,56 €[17] aufzuwenden.

5 Schließlich wurde § 20 SGB V mit Wirkung vom 01.04.2007 durch Art. 1 Nr. 11 und 12 des **Gesetzes zur Stärkung des Wettbewerbs in der gesetzlichen Krankenversicherung** (GKV-Wettbewerbsstärkungsgesetz – GKV-WSG)[18] nochmals geändert und zunächst die Regelungen über die betriebliche Gesundheitsförderung sowie die Verhütung arbeitsbedingter Gesundheitsgefahren als eigenständige Vorschriften in die §§ 20a-20b SGB V und die bis dahin in Absatz 4 SGB V enthaltenen Vorschriften über die Selbsthilfeförderung nach § 20c SGB V überführt. Formell wird § 20 Abs. 1 Satz 3 SGB V durch Art. 1 Nr. 11 lit. a i.V.m. Art. 46 Abs. 9 des GKV-WSG mit Wirkung zum 01.07.2008 an die durch das GKV-WSG mit den §§ 217a ff. SGB V bewirkte Organisationsänderung angepasst und die bis dahin von den „**Spitzenverbänden der Krankenkassen**" wahrzunehmende Konkretisierungsaufgabe dem „**Spitzenverband Bund der Krankenkassen**" übertragen. Inhaltliche Änderungen sind da-

---

5 Vgl. BT-Drs. 12/3608, S. 77.
6 Vgl. nunmehr § 20c SGB V.
7 Vgl. BT-Drs. 12/3608, S. 77.
8 BGBl I 1996, 1631.
9 Nunmehr Absatz 1 der Vorschrift.
10 Absatz 2 der Vorschrift.
11 Absatz 3 der Vorschrift.
12 Vgl. zur Begründung im Einzelnen BT-Drs. 13/4615, S. 9 und BT-Drs. 13/5099, S. 13.
13 BGBl I 1999, 2626.
14 Vgl. BT-Drs. 14/1245, S. 4.
15 Vgl. BT-Drs. 14/1977, S. 7 f.
16 So § 20 Abs. 3 i. d. F. d. Gesetzes zur GKV-Gesundheitsreform 2000.
17 So § 20 Abs. 3 i.d.F. d. Art. 1 Nr. 2 lit. a Gesetz v. 23.10.2001, BGBl I 2001, 2702 mit Wirkung vom 01.01.2002.
18 Vom 26.03.2007, BGBl I 2007, 378.

mit für § 20 SGB V nicht verbunden. Auch im Übrigen sind materielle Änderungen des in § 20 SGB V verbliebenen Reglungsgehalts nicht vorgenommen worden; die Änderung geht auf den Gesetzentwurf der Fraktionen von CDU/CSU und SPD zum GKV-WSG[19] zurück.

Bei der Umsetzung des GKV-WSG (vgl. Rn. 5) war jedoch eine Geltungslücke insoweit eingetreten, als § 20 Abs. 4 SGB V a.F. wie die anderen in die neuen Vorschriften überführten Regelungen durch Art. 1 Nr. 11 lit. c i.V.m. Art. 46 Abs. 1 des GKV-WSG bereits zum 31.03.2007 außer Kraft, jedoch die Neuregelung des § 20c SGB V gemäß Art. 46 Abs. 8 des GKV-WSG erst zum 01.01.2008 in Kraft gesetzt worden war. Die dadurch für den Zeitraum vom 01.04. bis 31.12.2007 bewirkte Lücke beruhte offenkundig auf einem redaktionellen Versehen, das durch das **Gesetz zur Änderung medizinprodukterechtlicher und anderer Vorschriften** vom 14.06.2007[20] behoben worden war. Durch dessen Art. 5 Nr. 1 und Art. 10 Abs. 2 war die bisher in Absatz 4 getroffene Regelung rückwirkend mit Wirkung zum 01.04.2007 als Absatz 3 wieder in Kraft gesetzt und dessen Geltung als Teil des § 20 SGB V zugleich durch Art. 6 Nr. 1 und Art. 10 Abs. 3 zum 01.01.2008 wieder außer Kraft gesetzt geworden; inhaltliche Änderungen waren damit nicht verbunden. 6

Die maßgeblichen **Gesetzesmaterialien** zu § 20 SGB V finden sich in den BT-Drs. 11/2237, BT-Drs. 11/3320 und 11/3480, BT-Drs. 12/3608, BT-Drs. 13/4615 und BT-Drs. 13/5099, BT-Drs. 14/1245, BT-Drs. 14/1977, sowie BT-Drs. 16/3100. 7

II. Untergesetzliche Rechtsnormen

Für die Konkretisierung der Leistungsaufträge des § 20 SGB V sind im Wesentlichen folgende untergesetzlichen Beschlüsse und Vereinbarungen von Bedeutung: 8

- Leitfaden Prävention, Gemeinsame und einheitliche Handlungsfelder und Kriterien der Spitzenverbände der Krankenkassen zur Umsetzung von § 20 Abs. 1 und 2 SGB V, v. 21.06.2000 in der Fassung vom 10.06.2006 2. korrigierte Aufl. vom 15.06.2006[21],
- Materialien der Spitzenverbände der Krankenkassen zum Qualitätsmanagement in der Primärprävention und betrieblichen Gesundheitsförderung gemäß § 20 Abs. 1 und 2 SGB V[22].

III. Systematische Zusammenhänge

§ 20 SGB V **erweitert** die Zuständigkeit der Krankenkassen in Richtung auf Lebensbereiche, die grundsätzlich der **Eigenverantwortlichkeit der Versicherten** im Rahmen einer **gesundheitsförderlichen Lebensführung** obliegen. Rechtfertigung und Zweck der Zwangsmitgliedschaft der gesetzlichen Krankenversicherung ist die **Versicherung** des **Risikos der Krankheit**, die den **Aufwand zur Krankheitsbewältigung** auf eine große Zahl von Versicherten, die Versicherten- oder Solidargemeinschaft verteilt.[23] Daher ist die Leistungspflicht der Krankenkassen grundsätzlich auf Maßnahmen beschränkt, die **gezielt der Krankheitsbekämpfung dienen**. Dagegen zählen **Mehrkosten und andere Nachteile und Lasten**, die krankheitsbedingt **im täglichen Leben** anfallen, nach der Rechtsprechung zur **allgemeinen Lebenshaltung**, die **nicht** von der Krankenkasse zu tragen sind.[24] Auch **Maßnahmen zur Krankheitsvorbeugung** rechnet das BSG bei **Überschneidungen von Prophylaxe und Lebensführung** nur dann den von der Krankenkasse geschuldeten Leistungen zu, wenn sie durch (1) objektiv im Vordergrund stehende gesundheitliche oder pflegerische Belange und (2) besondere Qualitätsanforderungen bei der Leistungserbringung deutlich von der allgemeinen Lebensführung **unterscheidbar** sind.[25] 9

Diese prinzipielle Trennung zwischen Eigenverantwortung **vor** dem Versicherungsfall und Einstandspflicht der Solidargemeinschaft **nach** Eintritt des Versicherungsfalls bricht § 20 SGB V partiell auf. Das ist einerseits verständlich, folgt der Regelungsansatz doch dem bereits in anderen Zweigen der Sozialversicherung erfolgreich implementierten und lange tradierten Grundsatz, im Grundsatz alle Möglichkeiten auszuschöpfen, um den Eintritt des Versicherungsfalls zu vermeiden, zu verzögern oder ab- 10

---

[19] Vgl. BT-Drs. 16/3100, S. 7 und S. 98.

[20] BGBl I 2007, 1066.

[21] Abrufbar auf der Homepage des BKK-Bundesverbandes (www.bkk.de).

[22] Abrufbar auf der Homepage des BKK-Bundesverbandes (www.bkk.de).

[23] Vgl. *Peters* in: KassKomm, SGB V, § 1 Rn. 5.

[24] BSG v. 09.12.1997 - 1 RK 23/95 - juris Rn. 15 - BSGE 81, 240 m.w.N.

[25] BSG v. 16.11.1999 - B 1 KR 9/97 R - juris Rn. 25 - BSGE 85, 132 m.w.N. – medizinische Fußpflege für Diabetiker als Heilmittel zur Verhütung einer Verschlimmerung.

zumildern.[26] Fraglich erscheint allerdings, ob der Gesetzgeber der Komplexität dieser Aufgabe hinreichend gerecht geworden ist. Schon die mehrfachen Änderungen der Vorschrift (vgl. Rn. 1 ff., zu den – einstweilen – gescheiterten Reformbemühungen vgl. Rn. 47) lassen darauf schließen, dass der Präventionsauftrag aus politischer Perspektive mindestens Umsetzungsprobleme[27] aufwirft[28]. Das überrascht nicht, muss doch das Anliegen am Ausbau effizienter gesundheitsförderlicher Angebote der Krankenkassen für ihre Versicherten mit den gegenläufigen Interessen sehr verschiedener Akteure – der Krankenkassen an einer Positionierung im Wettbewerb als gesundheitsorientierte Unternehmen, der Versicherten an der Förderung jeweils gerade ihres Präventionsinteresses, des öffentlichen Gesundheitsdienstes an der Beteiligung von Krankenkassen auch an seinen gesundheitsfördernden Maßnahmen, der Versichertengemeinschaft an sparsamer und effizienter Mittelverwendung – in Einklang gebracht werden. Vor diesem Hintergrund erscheinen die im Gesetzestext selbst zum Ausdruck gebrachten Steuerungsdirektiven bemerkenswert lapidar und die Überantwortung der Konkretisierung im Wesentlichen auf die Selbststeuerung der Selbstverwaltung der Krankenkassen problematisch.[29]

IV. Ausgewählte Literaturhinweise

11 *Ahrens*, Gesundheitsökonomie und Gesundheitsförderung – Eigenverantwortung für Gesundheit?, GesundhWes 2004, 213; *Bödeker/Kreis*, Evidenzbasierte Gesundheitsförderung und Prävention, GSP 2003, Nr. 9/10, 39; *Hajen*, Neue Chance für Präventionsgesetz, GesundhWes 2006, 3; *Höldke/Szych*, Entwicklung der Betrieblichen Gesundheitsförderung, Ergebnisse und Perspektiven der Zusammenarbeit von Unfall- und Krankenversicherung, SozSich 2006, 230; *Kohl/Carius*, Prävention im Spannungsfeld von Eigenverantwortung, Solidarität und Finanzierbarkeit, DRV 2003, 30; *Kolip/Glaeske*, Notwendige Differenzierungen, FfG 2004, 126; *Bieback*, Prävention als Prinzip und Anspruch im Sozialrecht, insbesondere in der Gesetzlichen Krankenversicherung, ZSR 2003, 403; *Lauterbach/Stock*, Volkskrankheiten – nicht heilbar aber vermeidbar?, ErsK 2004, 352; *Metzinger*, Sport auf Kassenrezept?, KrV 2006, 167; *Prümel-Philippsen/Robertz-Grossmann*, Eine neue Chance für die Prävention?, KrV 2002, 92; *Rosenbrock*, Prävention und Gesundheitsförderung – gesundheitswissenschaftliche Grundlagen für die Politik, GesundhWes 2004, 146; *Rosenbrock*, Prävention und Gesundheitsförderung, Gesundheitswissenschaftliche Perspektiven, in: Markt versus Solidarität 2004, 11; *Seewald*, Prävention im Sozialrecht, Festschrift 50 Jahre Bundessozialgericht 2004, 289; *Schwartz/Walter*, Prävention, in: Schwartz/Badura/Leidl/Raspe/Siegrist, Das Public Health Buch, Gesundheit und Gesundheitswesen, 151; *Walter*, Babylon im SGB?, Sozialer Fortschritt 2003, 253.

B. Auslegung der Norm

I. Regelungsgehalt und Normzweck

12 Die Vorschrift setzt den rechtlichen Rahmen für Leistungen zur Unterstützung von **Krankheiten vermeidenden Verhaltensweisen.** Sie verpflichtet die Krankenkassen, gemeinsame Konzepte und Qualitätsanforderungen für solche Leistungen zu entwickeln und Prioritätskriterien für deren Vergabe festzulegen. Auf dieser Grundlage sollen die Krankenkassen im Rahmen eines – begrenzten – Budgets insbesondere solchen Mitgliedern Leistungen zur Entwicklung oder dem Ausbau gesundheitsförderlicher Verhaltensweisen zur Verfügung stellen, die darauf unter Dringlichkeitsgesichtspunkten besonders angewiesen sind. Maßgebend dafür ist die Einschätzung, dass einerseits zahlreiche Krankheiten verhaltensabhängig sind und andererseits die Vorteile von gesundheitsförderlichen Verhaltensweisen gerade von solchen Versicherten nicht wahrgenommen werden (können), die darauf besonders angewiesen wären. Damit sollen die Krankenkassen einen Beitrag zu mehr Chancengleichheit bei der Gesundheit leisten.

---

26 Vgl. etwa § 1 Nr. 1 SGB VII i.V.m. § 14 SGB VII oder § 9 Abs. 1 SGB VI.

27 Vgl. zu den Motiven, den Präventionsansatz zwischenzeitlich ganz aufzugeben, BT-Drs. 13/4615 S. 9 und BT-Drs. 13/5099, S. 13.

28 Kritisch zu den zahlreichen Änderungen auch *Höfler* in: KassKomm, SGB V, § 20 Rn. 2: Die wechselnden Inhalte zeigten das bedauerliche „Fehlen einer auf Dauer tragfähigen Konzeption“ des Gesetzgebers.

29 Kritisch insoweit auch *Berchtold*, Auslegung sozialrechtlicher Normen und „eindeutiger Wortlaut“, in: Festschrift 50 Jahre Bundessozialgericht 2004, 97.

Die Regelung bezweckt eine Unterstützung von Versicherten und Möglichkeiten der Einflussnahme der Krankenversicherungsträger auf Umstände in deren individueller Lebensführung, die für die Entstehung von Krankheiten erhebliche Bedeutung haben können, aber grundsätzlich außerhalb des Verantwortungsbereichs der gesetzlichen Krankenversicherung liegen. Damit soll der Entstehung – insbesondere chronischer – Erkrankungen vorgebeugt werden können, um damit Versicherte vor vermeidbaren, aber häufig nicht kurierbaren Krankheiten zu bewahren und damit mittelbar auch die Versichertengemeinschaft um Behandlungskosten zu entlasten. **13**

II. Primäre gesundheitliche Prävention

Gesundheitliche Prävention steht im gesundheitswissenschaftlichen Sprachgebrauch als Oberbegriff für die Gesamtheit aller **Maßnahmen und Aktivitäten**, die eine **gesundheitliche Schädigung verhindern, weniger wahrscheinlich machen oder verzögern** sollen. Im Einzelnen werden darunter teils zwei, überwiegend aber **drei Ebenen** wie folgt unterschieden: **14**

- **Primäre gesundheitliche Prävention** zielt auf die Senkung der **Eintrittswahrscheinlichkeit von Krankheiten** bei einem Individuum oder einer (Teil-)Population. Das gesundheitspolitische Ziel ist die **Senkung der Inzidenz von Krankheiten** (Auftreten neuer Fälle innerhalb eines definierten Zeitraums).
- **Sekundärprävention** zielt auf die **Entdeckung** eines eindeutigen, evtl. symptomlosen **Frühstadiums einer Krankheit** und auf eine frühzeitig einsetzende Therapie. Gesundheitspolitisches Ziel ist die **Senkung der Inzidenz manifester bzw. fortgeschrittener Erkrankungen** oder Krankheitsstadien.
- **Tertiärprävention** bezeichnet in einem weiteren Sinne die **Behandlung einer Krankheit** mit dem Ziel, ihre **Verschlimmerung zu vermeiden oder zu verzögern.** In einem engeren Sinne beinhaltet sie die **Vermeidung, Linderung oder Kompensation von Einschränkungen und Funktionseinbußen, die aus einer Krankheit resultieren (Rehabilitation).**[30]

Im Rahmen dieser Präventionsansätze ist für den Ansatz der **primären gesundheitlichen Prävention** die Überzeugung maßgebend, dass insbesondere die im Krankheits- und Sterbegeschehen stark vorherrschenden **chronischen Erkrankungen** in der Mehrzahl **nicht** im Sinne der Wiederherstellung des ursprünglichen Gesundheitszustandes **heilbar** sind, deren Auftreten und der Verlauf aber in hohem Maße von dem **persönlichen Verhalten sowie von Fehlanreizen und gesundheitlichen Belastungen aus der sozialen und physischen Umwelt** abhängig ist.[31] Deshalb entspricht es einem verbreiteten Verständnis in der gesundheitspolitischen Diskussion, dass die medizinische Versorgung sich aus Gründen der Lebensqualität und im Weiteren auch unter ökonomischen Gesichtspunkten nicht auf die Bereitstellung von kurativen Leistungsangeboten beschränken darf, sondern um Bemühungen zur Verhütung vermeidbarer Erkrankungen zu **ergänzen** ist. Abstrakt zielen die dabei verfolgten Strategien darauf, einerseits **Gesundheitsbelastungen abzubauen** und andererseits **gesundheitsdienlichen Ressourcen zu stärken**; dieser zweite Aspekt – die Stärkung bzw. Vermehrung von Ressourcen – wird als **Gesundheitsförderung** bezeichnet. **15**

Strategien zur primären gesundheitlichen Prävention von chronisch-degenerativen Erkrankungen setzen danach (1) auf die **Senkung von Belastungen** (z.B. physikalische und chemische Belastungen, Disstress, körperliche und seelische Erschöpfungszustände, schlechte Ernährung, Rauchen, Bewegungsmangel, soziale Isolierung) sowie (2) auf die **Vermehrung der Möglichkeiten**, solche Gesundheitsbelastungen zu meiden bzw. zu bewältigen oder ihnen Positives entgegenzusetzen (Selbstbewusstsein, Bildung, Einkommen, Unterstützung durch soziale Netze, Erholung, Transparenz, Partizipation, **16**

---

[30] Diese Dreiteilung und die daraus sich ergebenden Definitionen hat sich der Sachverständigenrat zur Begutachtung der Entwicklung im Gesundheitswesen zu eigen gemacht, vgl. Gutachten 2005, Koordination und Qualität im Gesundheitswesen, BT-Drs. 15/5670, S. 99. Ebenso schon Sachverständigenrat für die Konzertierte Aktion im Gesundheitswesen im Gutachten 2000/2001 „Bedarfsgerechtigkeit und Wirtschaftlichkeit", mit Band I „Zielbildung, Prävention, Nutzerorientierung und Partizipation", BT-Drs. 14/5660, S. 71. Dem ist der Gesetzgeber hier mit der Formulierung in § 20 Abs. 1 Satz 1 SGB V gefolgt. Diese Differenzierung war im Wesentlichen auch terminologische Grundlage des – zwischenzeitlich gescheiterten - Entwurfs eines Gesetzes zur Stärkung der gesundheitlichen Prävention (PrävG-E), vgl. BT-Drs. 15/4833, § 2 PrävG-E.

[31] Vgl. Sachverständigenrat für die Konzertierte Aktion im Gesundheitswesen im Gutachten 2000/2001 „Bedarfsgerechtigkeit und Wirtschaftlichkeit", mit Band I „Zielbildung, Prävention, Nutzerorientierung und Partizipation", BT-Drs. 14/5660, S. 71; ebenso bereits Enquete-Kommission Strukturreform der gesetzlichen Krankenversicherung, Bericht vom 31.10.1988, BT-Drs. 11/3267, S. 17 ff.

Verhaltensspielräume). Beispielhaft dafür wird die **Aids-Kampagne** angegeben. Betont wird insbesondere die Notwendigkeit einer **überindividuellen** Präventionsausrichtung. Als wesentlich wird zumindest auch, wenn nicht sogar vorrangig die **Gruppenförderung** angesehen, die es erlaubt, Gesundheitsrisiken **kollektiv** zu identifizieren und **kollektiv** die Meidung bzw. Minderung von Belastungen und die Stärkung von Ressourcen anzugehen.[32]

III. Leistungen zur primären Prävention

17 Der breite Präventionsansatz der primären gesundheitlichen Prävention geht **über Zuständigkeit und Einflussmöglichkeiten der gesetzlichen Krankenversicherung weit hinaus**. Auf die Vermeidung von Gesundheitsrisiken und die Stärkung gesundheitliche Ressourcen wirken eine Vielzahl von Rahmenbedingungen und institutionellen Einflüssen, staatliche wie nichtstaatliche Träger sowie Faktoren wie Geschlecht, soziale Stellung oder Herkunft ein.[33] Unter den Trägern sind Aufgaben und Einflussfelder für primäre gesundheitliche Prävention in Deutschland, angefangen vom Umweltschutz mit Bund und Ländern als Gesetzgeber und Träger von Aufsichtsbehörden über den gesundheitlichen Arbeitsschutz mit der Zuständigkeit von Gewerbeaufsicht und Berufsgenossenschaften bis hin zur Gesundheitsaufklärung und -erziehung mit Stellen des öffentlichen Gesundheitsdienstes von Ländern und Kommunen sowie der Bundeszentrale für gesundheitliche Aufklärung **vielfach gegliedert und zersplittert**.[34] Zutreffend wird gesundheitliche primäre Prävention deshalb als so genannte **gesamtgesellschaftliche** Aufgabe qualifiziert.[35] Diese Zuständigkeitsgliederung macht die Umsetzung von Präventionszielen eher schwierig.[36] Daraus sich ergebende Defizite können indes nicht von der gesetzlichen Krankenversicherung ausgeglichen werden. Ihr kann im Rahmen ihrer gesetzlichen Stellung nur ein **krankenversicherungsrechtlicher Anteil** an Aufgaben der primären gesundheitlichen Prävention zukommen. Das kommt im Gesetzestext mit der Formulierung zum Ausdruck, dass die Krankenkasse in der Satzung Leistungen **zur** primären Prävention vorsehen soll.

18 Dieser spezifisch **krankenversicherungsrechtliche Anteil** ist im Gesetz selbst nicht in jeder Hinsicht präzise umrissen. Zu seiner Bestimmung muss teilweise auf systematische Grundsätze zurückgegriffen werden, teilweise ist er auch dem – mitunter bedenklich weiten – Umsetzungsermessen der Krankenkassen selbst zugewiesen. Im Einzelnen ergibt sich für Leistungsgegenstand, Leistungsziel und Leistungsbedarf Folgendes:

1. Leistungsgegenstand

19 Gegenstand von Krankenkassenleistungen zur primären gesundheitlichen Prävention können nur Maßnahmen zur **Unterstützung von Versicherten** bei der Entwicklung oder dem Ausbau von gesundheitsförderlichen Verhaltensweisen sein. Das ergibt sich aus dem zwischen den Kassen und den Versicherten bestehenden **Versicherungsverhältnis**. Die in diesem Verhältnis bestehenden Kassenaufgaben werden begrenzt durch die bereits angesprochene (vgl. Rn. 9) Stellung der Krankenkassen als Träger einer gesetzlich eingerichteten Zwangs**versicherung**. Daraus folgt im Grundsatz, dass die Krankenkassen das **Krankheitsrisiko nach Eintritt eines Versicherungsfalls** und die Versicherten die **Auf-**

[32] Vgl. zusammenfassend Sachverständigenrat für die Konzertierte Aktion im Gesundheitswesen im Gutachten 2000/2001 „Bedarfsgerechtigkeit und Wirtschaftlichkeit“, mit Band I „Zielbildung, Prävention, Nutzerorientierung und Partizipation“, BT-Drs. 14/5660, S. 71; ähnlich schon zuvor die Enquete-Kommission Strukturreform der gesetzlichen Krankenversicherung Bericht vom 31.10.1988, BT-Drs. 11/3267.

[33] Vgl. zu den Auswirkungen von unterschiedlichen Gruppenzugehörigkeiten auf Krankheitsrisiken die Auswertungen der Enquete-Kommission Strukturreform der gesetzlichen Krankenversicherung, Bericht vom 31.10.1988, BT-Drs. 11/3267, S. 15 ff.

[34] So zutreffend auch schon Enquete-Kommission Strukturreform der gesetzlichen Krankenversicherung, Bericht vom 31.10.1988, BT-Drs. 11/3267, S. 75. Ebenso Sachverständigenrat für die Konzertierte Aktion im Gesundheitswesen, im Gutachten 2000/2001 „Bedarfsgerechtigkeit und Wirtschaftlichkeit“, mit Band I „Zielbildung, Prävention, Nutzerorientierung und Partizipation“, BT-Drs. 14/5660, S. 76 ff.

[35] Darauf weisen Vertreter von Krankenkassen in Diskussionen um Ausgestaltung und Weiterentwicklung der primären gesundheitlichen Prävention zu Recht hin, stv. vgl. Arbeitsgemeinschaft der Spitzenverbände der Krankenkassen, Stärkung der Prävention in Deutschland – Anstoß für einen neuen Dialog – Position der Spitzenverbände der gesetzlichen Krankenkassen vom 13.06.2006, S. 4 f.

[36] Vgl. Sachverständigenrat für die Konzertierte Aktion im Gesundheitswesen, im Gutachten 2000/2001 „Bedarfsgerechtigkeit und Wirtschaftlichkeit“, mit Band I „Zielbildung, Prävention, Nutzerorientierung und Partizipation“, BT-Drs. 14/5660, S. 76.

wendungen im Rahmen einer gesundheitsförderlichen Lebensführung zu tragen haben. Grundsätzlich sind die Vermeidung von Krankheitsrisiken und die Stärkung gesundheitlicher Ressourcen zur besseren Bewältigung von Risiken danach **der Sphäre der Versicherten selbst** zugewiesen. Entsprechend ist in der Präambel des § 1 Satz 2 SGB V zum Ausdruck gebracht, dass die Versicherten für ihre Gesundheit mitverantwortlich sind und sie u.a. durch eine gesundheitsbewusste Lebensführung dazu beitragen sollen, den Eintritt von Krankheit zu vermeiden. Insoweit besteht nach § 2 Abs. 1 Satz 1 SGB V ein **Leistungsausschluss für die der Eigenverantwortung** zugerechneten Leistungen; entsprechend besteht bei Hilfsmitteln gem. Nr. § 33 Abs. 1 Satz 1 HS. 2 SGB V ein Leistungsausschluss für allgemeine Gebrauchsgegenstände des täglichen Lebens. Demgegenüber ist der **Solidargemeinschaft ein Unterstützungsauftrag** zugewiesen, der in § 1 Satz 3 SGB V dahin umschrieben ist, dass die Krankenkassen den Versicherten durch Aufklärung, Beratung und Leistungen **zu helfen** und auf gesunde Lebensverhältnisse **hinzuwirken** haben.

Der **Unterstützungsauftrag** der Krankenkasse ist abzugrenzen von der **gesundheitsförderlichen Lebensführung** selbst. Maßstäbe dafür können aus den Kriterien zur Unterscheidung von **Krankenbehandlung und Lebensführung** gewonnen werden. Danach ist eine Leistung nur dann als Krankenbehandlung zu qualifizieren, wenn sie sich durch (1) objektiv im Vordergrund stehende gesundheitliche oder pflegerische Belange und (2) besondere Qualitätsanforderungen bei der Leistungserbringung deutlich von der allgemeinen Lebensführung **abhebt**.[37] Übertragen auf den Bereich der primären gesundheitlichen Prävention können von den Krankenkassen danach nur Leistungen beansprucht werden, die durch **besondere Leistungsziele und besondere Leistungsqualität** von einem der allgemeinen Lebensführung zuzurechnenden gesundheitsförderlichen Verhalten unterschieden werden können. 20

Das **Leistungsziel** einer unterstützenden Maßnahme hebt sich danach dann von der eigenen Lebensführung ab, wenn sie – einer gezielten Heilbehandlung vergleichbar – **kognitive, motivatorische oder andere** bei dem Versicherten selbst bestehende **Hindernisse für gesundheitsförderliche Lebensweisen ausräumen** und **befähigen oder motivieren soll**, sich künftig gesundheitsförderlich(er) verhalten zu können. Hingegen können Maßnahmen, die der gesundheitsförderlichen Lebensweise **selbst** zuzurechnen sind, nicht als besondere und deshalb von Krankenkassen in ihr Leistungsspektrum aufzunehmende Leistungen angesehen werden. Deshalb können etwa bloße Sportangebote für sich genommen nicht förderungsfähig sein, wohl aber Maßnahmen, die zu einer **nachhaltigen Teilnahme an Sportangeboten befähigen und motivieren sollen**.[38] 21

Hinsichtlich der **Qualität** erfüllt eine unterstützende Maßnahme dann die notwendigen, sie als mögliche Kassenleistung qualifizierenden Anforderungen, wenn sie – gemessen an dem Leistungsziel – auf **evidenzbasierten Konzepten**[39] beruht und auf deren Grundlage von **besonders qualifizierten Kräften** angeboten wird. Maßgeblich wird unter diesem Gesichtspunkt insbesondere darauf abzustellen sein, ob eine vorgesehene Maßnahme nach Kriterien der Evidenz – also von Studien über die Wirksamkeit primär präventiver Ansätze – generell geeignet ist, das Leistungsziel – Ausräumung von kognitiven, motivatorischen oder anderen bei dem Versicherten selbst bestehenden Hindernissen für gesundheitsförderliche Lebensweisen – nachhaltig erreichen zu können. Dieser Maßstab ist zwar hoch und setzt Erkenntnisse der gesundheitswissenschaftlichen Forschung voraus, die sie nicht immer hergibt. Ohne abgesicherte Erkenntnisse über die Wirksamkeit einer Maßnahme lässt sich indes der Einsatz von Versichertengeldern nicht rechtfertigen. 22

2. Leistungsziel (Absatz 1 Sätze 2 und 3)

Ziel einer (unterstützenden, vgl. Rn. 20) primärpräventiven Maßnahme der Krankenkasse ist es, die Eintrittswahrscheinlichkeit von Krankheiten bei dem Versicherten in Bezug auf solche Belange zu senken, denen eine **vorrangige Präventionsrelevanz** beigemessen wird. Das ergibt sich aus dem in § 20 Abs. 1 Satz 3 SGB V festgelegten Auftrag, dass die Spitzenverbände der Krankenkassen u.a. **prioritäre Handlungsfelder** für Leistungen nach § 20 Abs. 1Satz 1SGB V zu beschließen haben. Mit diesem Prioritätsansatz wird an Vorarbeiten u.a. des Sachverständigenrates für die Konzertierte Aktion im Gesundheitswesen angeknüpft. Dessen Vorschlag zufolge sollen Präventionsleistungen angesichts knapper Mittel auf besonders dringliche – prioritäre - Gesundheitsprobleme konzentriert werden. Aus- 23

---

[37] BSG v. 16.11.1999 - B 1 KR 9/97 R - juris Rn. 25 - BSGE 85, 132 m.w.N – medizinische Fußpflege für Diabetiker als Heilmittel zur Verhütung einer Verschlimmerung.

[38] Vgl. *Metzinger*, KrV 2006, 167.

[39] Vgl. BT-Drs. 14/1245, S. 62.

wahlkriterien dafür sollen die **Häufigkeit des Gesundheitsproblems** nach Neuerkrankungsrate (Inzidenz) und Gesamtzahl der Erkrankungen (Prävalenz), die **medizinische Relevanz** (Krankheitsschwere) sowie die **volkswirtschaftliche Relevanz** (direkte und indirekte Kosten) sein.[40]

24 **Maßstäbe** zur Bestimmung der Vordringlichkeit eines Präventionsziels sind dem Gesetz indes nur im Ansatz zu entnehmen. **Offen** ist insoweit zunächst schon im Ausgangspunkt, ob ein Präventionsziel **krankheits- oder verhaltensbezogen** bestimmt werden und welchen **Konkretisierungsgrad** es haben soll. Das folgt aus der Verwendung des Begriffs des **Handlungsfelds** in § 20 Abs. 1 Satz 3 SGB V. Handlungsfelder können durch Gegenstand, Anlass oder Ziel umschriebene **Aufgaben** auf **sehr unterschiedlichen Abstraktions- oder Konkretisierungsebenen** sein. Etwa wird die **Jodprophylaxe** in der gesundheitswissenschaftlichen Betrachtung ebenso als Handlungsfeld der Prävention angesehen wie das **Ernährungsverhalten**, die **Mundprophylaxe** oder **Impfungen gegen Grippe.**[41] Für sich betrachtet können Handlungsfelder danach sowohl Ansätze zur Bewältigung **spezieller Krankheitsrisiken** – beispielsweise Minderung von Herz-Kreislauf-Erkrankungen – als auch zur Minderung **allgemeiner Gesundheitsrisiken** als Folge von gesundheitsschädlichem Verhalten – etwa der Folge von Bewegungsmangel als Ursache mehrerer chronischer Krankheiten – sein. Abhängig davon ist zwingend auch der Konkretisierungsgrad eines Präventionsziels unterschiedlich zu wählen.

25 Vorgaben zur Ausfüllung dieses offenen Rahmens enthält das Gesetz nur in einem geringen Maße. Zunächst ergibt sich aus § 20 Abs. 1 Satz 2 SGB V, dass Leistungen zur primären gesundheitlichen Prävention **„den allgemeinen Gesundheitszustand verbessern“** sollen. Das kann etwas mehr dafür sprechen, dass die Leistungen zur primären gesundheitlichen Prävention mehr **auf die Senkung von übergreifenden Gesundheitsrisiken** und **weniger auf die Vermeidung spezieller** herausgehobener Erkrankungen ausgerichtet sein sollen. Dagegen spricht aber, dass die Spitzenverbände der Krankenkassen nach § 20 Abs. 1 Satz 3 SGB V u.a. auch Kriterien für die Bestimmung des **Bedarfs** für Leistungen zur gesundheitlichen Prävention zu beschließen haben. Dies deutet eher auf ein krankheitsbezogenes Konzept hin, weil sich ein Bedarf eher bei spezifischen Gesundheitsrisiken als unter dem Gesichtspunkt des allgemeinen Gesundheitszustands ermitteln lassen dürfte, wenn nicht auf einen **geschwächten Gesundheitszustand** abgestellt werden soll, der aber nach § 23 SGB V Ansprüche auf Leistungen der so genannten **medizinischen Vorsorge** auslösen kann. Unter dem Gesichtspunkt der Krankheits- oder Verhaltensbezogenheit und des Konkretisierungsgrades der von den Spitzenverbänden zu beschließenden vorrangigen Präventionsziele muss die gesetzliche Regelung deshalb insgesamt als **offen** erscheinen.

26 Weniger offen sind die Vorgaben zur vordringlichen **Zielgruppe** und der daraus sich ergebenden Ziele von unterstützenden Maßnahmen zur primären gesundheitlichen Prävention. Insoweit ergibt sich aus § 20 Abs. 1 Satz 2 SGB V, dass diese insbesondere **einen Beitrag zur Verminderung sozial bedingter Ungleichheit von Gesundheitschancen** erbringen sollen. Damit soll nach den Gesetzesmaterialien dem Umstand Rechnung getragen werden, dass Angebote der primären gesundheitlichen Prävention durch sozial benachteiligte Bevölkerungsgruppen nur in geringem Maße in Anspruch genommen werden.[42] Dies verpflichtet die Krankenkassen, unter den möglichen Präventionsansätzen Maßnahmen vor allem für solche Gruppen von Versicherten zu verfolgen, die für die Einübung von gesundheitsförderlichen Verhaltensweisen aus eigenem Bestreben keine oder nur geringe Initiative entwickeln und die nach gesundheitswissenschaftlichen Untersuchungen höhere Krankheitsrisiken haben als andere Gruppen von Versicherten.[43] Die damit erstrebte und daraus sich ergebende Ungleichbehandlung von Versicherten – Leistungsangebote zur primären gesundheitlichen Prävention vorrangig für diese Versichertengruppe – kann sich abstrakt rechtfertigen unter der Annahme, dass in dieser Gruppe der Bedarf für unterstützende Leistungen der Krankenkasse besonders hoch ist und dies die Vorzugsbehandlung

---

[40] Vgl. Sachverständigenrat für die Konzertierte Aktion im Gesundheitswesen im Gutachten 2000/2001 „Bedarfsgerechtigkeit und Wirtschaftlichkeit“, mit Band I „Zielbildung, Prävention, Nutzerorientierung und Partizipation“, BT-Drs. 14/5660, S. 124. Ähnlich der Ansatz des vom BMG unterstützen Projektes gesundheitsziele.de mit dem Bestreben, nationale Gesundheitsziele zu entwickeln.

[41] Vgl. Sachverständigenrat für die Konzertierte Aktion im Gesundheitswesen im Gutachten 2000/2001 „Bedarfsgerechtigkeit und Wirtschaftlichkeit“, mit Band I „Zielbildung, Prävention, Nutzerorientierung und Partizipation“, BT-Drs. 14/5660, S. 83 und 93.

[42] Vgl. BT-Drs. 14/1977, S. 160.

[43] Daten zum Zusammenhang zwischen sozialer Lage und Gesundheit im Gutachten 2005 des Sachverständigenrates zur Begutachtung der Entwicklung im Gesundheitswesen, Koordination und Qualität im Gesundheitswesen, BT-Drs. 15/5670, S. 62 ff. Enquete-Kommission Strukturreform der gesetzlichen Krankenversicherung, Bericht vom 31.10.1988, BT-Drs. 11/3267, S. 18 ff.

rechtfertigt. Fraglich kann aber erscheinen, wie das Kriterium sozial bedingte Ungleichheit konkret in Verwaltungshandeln umsetzbar ist, ohne mit Diskriminierungen verbunden zu sein.

Weitere Direktiven für den Auftrag, „prioritäre Handlungsfelder" zu beschließen, gibt das Gesetz den Spitzenverbänden der Krankenkassen nicht. Vor diesem Hintergrund haben sie in dem nach § 20 Abs. 1 Satz 3 SGB V beschlossenen „Leitfaden Prävention"[44] – für den individuellen Ansatz (vgl. Rn. 33) – als prioritäre Handlungsfelder die Bereiche „**Bewegungsgewohnheiten**", „**Ernährung**", „**Stressbewältigung/Entspannung**" und „**Suchtmittelkonsum**" beschlossen und damit auf einen mehr allgemeinen Verhaltensansatz gesetzt. Der Rahmen des aus dem Gesetz sich ergebenden Spielraums ist damit gewahrt. Auch sind die Spitzenverbände mit dieser Festlegung einer jedenfalls für sie möglicherweise problematischen Diskussion um Vordringlichkeit und Nachrangigkeit einzelner Krankheitsrisiken aus dem Weg gegangen. Das kann auch unter dem rechtlichen Gesichtspunkt der bedenklich weiten Kompetenzzuweisung zur Beschlussfassung über nachrangige Gesundheitsprobleme durch die Krankenkassenselbstverwaltung als sinnvoll erscheinen. Fraglich kann aber erscheinen, ob der gesetzlich intendierte Vorranganansatz mit solchen allgemeinen Festlegungen umsetzbar ist. 27

3. Leistungsbedarf

Unterstützende Maßnahmen zur primären gesundheitlichen Prävention sind nur zu erbringen, wenn für sie ein **Bedarf** besteht. Das ergibt sich zum einen aus § 20 Abs. 1 Satz 3 SGB V, wonach die Spitzenverbände der Krankenkassen u.a. auch Kriterien für die Bestimmung des **Bedarfs** für Leistungen zur gesundheitlichen Prävention zu beschließen haben. Im Übrigen entspricht es auch einem allgemeinen Leistungsgrundsatz, dass Leistungen der gesetzlichen Krankenversicherung nur beansprucht werden können, wenn sie **notwendig** sind.[45] Bei der Krankenbehandlung ist dies gegeben, wenn der regelwidrige Körper- oder Geisteszustand die körperlichen oder geistigen Funktionen in **so erheblichem Maße beeinträchtigt**, dass ihre vollständige oder teilweise Wiederherstellung der ärztlichen Behandlung bedarf.[46] 28

Auf die primäre gesundheitliche Prävention lässt sich dieser Ansatz nicht unmittelbar übertragen. Sie zielt bestimmungsgemäß auf das **Vorfeld** von Erkrankungen, wobei die Übergänge von Stadien von Gesundheit und Krankheit fließend sind. Dementsprechend ist in der Gesundheitswissenschaft **umstritten**, ob Maßnahmen der primären gesundheitlichen Prävention eher auf Personen mit **hohem Erkrankungsrisiko** oder auf die **allgemeine Bevölkerung** ausgerichtet sein sollen und wo sich höhere Wirksamkeiten einstellen.[47] Vor diesem Hintergrund erscheint es wiederum bedenklich, dass der Gesetzgeber der Selbstverwaltung der gesetzlichen Krankenversicherung in § 20 Abs. 1 SGB V keine Maßstäbe dafür vorgegeben hat, an denen diese bestimmungsgemäß Kriterien des Bedarfs für Leistungen zur primären gesundheitlichen Prävention entwickeln könnte. Rechtlich dürfte daraus zu folgern sein, dass die Krankenkassen im Wesentlichen auf Ansätze der **Dringlichkeit** und damit der **Hochrisikogruppen** zu setzen haben. Jedenfalls spricht das in § 20 Abs. 1 SGB V verfolgte Konzept des vorrangigen Bedarfs ohne anderweitige gesetzliche Regelung dafür, dass die – beschränkten – Leistungen der Krankenkassen dort einzusetzen sind, wo das gesundheitliche Risiko und die gesundheitlichen und ökonomischen Folgen einer Erkrankung **besonders hoch** sind. 29

4. Maßnahmen zur primären gesundheitlichen Prävention

Der **Art** nach können in der Präventionspraxis nach § 20 SGB V **drei Ansätze** zur primären gesundheitlichen Prävention unterschieden werden. **Gemeinsam** ist allen zunächst, dass sie **außerhalb des Arztvorbehalts** stehen. Das ergibt sich aus dem systematischen Verhältnis von § 20 SGB V zu den so genannten medizinischen Vorsorgeleistungen der §§ 23, 24 SGB V. Auch diese Vorschriften stehen im Dienst der primären gesundheitlichen Prävention im Sinne der geschilderten Definition (vgl. Rn. 14). Bei einem rein terminologischen Verständnis würden sich deshalb die Anwendungsbereiche der Vorschriften überschneiden. Das ist nicht gewollt. Nach dem systematischen Verhältnis bezieht sich vielmehr der Präventionsauftrag des § 20 SGB V ausschließlich auf solche Leistungen, die **von Ärzten** 30

---

[44] Vgl. Leitfaden Prävention, Gemeinsame und einheitliche Handlungsfelder und Kriterien der Spitzenverbände der Krankenkassen zur Umsetzung von § 20 Abs. 1 und 2 SGB V vom 21.06.2000 in der Fassung vom 10.02.2006, 2. korrigierte Aufl. vom 15.06.2006.

[45] Zu dem Merkmal der Notwendigkeit im Rahmen der Krankenbehandlung vgl. die Kommentierung zu § 27 SGB V Rn. 31 und 41 ff.

[46] Vgl. die Kommentierung zu § 27 SGB V Rn. 41 m.w.N.

[47] Vgl. Sachverständigenrat zur Begutachtung der Entwicklung im Gesundheitswesen, Gutachten 2005, Koordination und Qualität im Gesundheitswesen, BT-Drs. 15/5670, S. 104.

nicht erbracht oder verordnet werden müssen. Demgegenüber erstreckt sich der Auftrag nach den §§ 23, 24 SGB V auf solche Leistungen, die entweder **von einem Arzt selbst** oder nur **auf ärztliche Verordnung erbracht** werden dürfen und deshalb einem **Arztvorbehalt** unterliegen. Ausdrücklich mit dieser systematischen Erwägung sind in einem der zwischenzeitlichen Reformschritte die Schutzimpfungen von § 20 SGB V in die Vorschrift des § 23 SGB V verschoben worden.[48] Das bestätigt, dass die von § 20 Abs. 1 SGB V umfassten Leistungen nur solche sind, die **ohne Einschaltung von Ärzten** erbracht werden können.

31 **Weitere Gemeinsamkeit** ist schließlich, dass sich die von den Krankenkassen durchzuführenden Präventionsmaßnahmen bei systematischer Betrachtungsweise auf die so genannte **Verhaltensprävention** zu konzentrieren haben und die so genannte **Verhältnisprävention** allenfalls partiell unterstützen können. Präventionsmaßnahmen können sich nach gesundheitswissenschaftlichem Verständnis einerseits auf die **Veränderung des individuellen Verhaltens** beziehen und sind insoweit mit dem Begriff der **Verhaltensprävention** umschrieben. Sie sind auf die Veränderung von **individuellen Verhaltens- und Konsummustern** ausgerichtet. Andererseits können sie auf eine **Modifikation der Verhältnisse** – etwa der sozialen oder technischen Umwelt – abzielen und werden dann als **Verhältnisprävention** verstanden. Diese zielt auf die Lebens-, Arbeits- und Umweltbedingungen als wesentliche Rahmenbedingungen der Gesundheitserhaltung und Krankheitsentstehung und versucht auf diese Weise auf das Entstehen von Neuerkrankungen einzuwirken.[49] Im gesundheitswissenschaftlichen Kontext wird empfohlen, im Optimalfall beide Faktoren als **zusammenwirkend** zu verfolgen. In diesem Sinne soll beispielsweise bei primärpräventiven Sturzprophylaxen für Ältere das individuelle Koordinationstraining als verhaltenspräventive Maßnahme günstiger Weise mit einer Anpassung der Wohnung und damit der Wohnverhältnisse zur Reduktion von Stolperfallen einhergehen.[50] Im umfassenden Sinne überschreitet eine solche Koppelung den Präventionsauftrag der Krankenversicherung. Die aus dem Versicherungsverhältnis sich ergebende Beschränkung des Präventionsauftrags auf die **Befähigung oder Motivation** von Versicherten, sich künftig gesundheitsförderlich zu verhalten (vgl. Rn. 20), verbietet grundsätzlich jede Leistung, die eine **Veränderung von gesundheitsrelevanten Verhältnissen** zum Gegenstand hat. Denkbar ist insoweit allenfalls, dass die Krankenkassen **Beratungsleistungen** im Hinblick auf Maßnahmen der Verhältnisprävention erbringen. **Aufwand für die Änderung selbst** ist den Kassen hingegen **verschlossen**.

32 Mit der daraus sich ergebenden Zielrichtung können folgende **Maßnahmearten** unterschieden werden:

a. Verhaltensprävention

33 Dem überkommenen Leistungsbild am nächsten kommen Maßnahmen der so genannten **individuellen Verhaltensprävention**. Sie zielen auf präventiv wirksame Veränderungen beim **Einzelnen** und suchen ihn **individuumsbezogen** zu **befähigen** und zu **motivieren**, Möglichkeiten einer gesunden, Störungen und Erkrankungen vorbeugenden Lebensführung individuell auszuschöpfen.[51] Sie werden regelmäßig – trotz des individuellen Ansatzes – in **Kursform** erbracht (**verhaltensorientiertes Gruppentraining**[52]), beispielsweise als Schulungen zur Ernährungskorrektur[53] oder als systematische Trai-

---

48 Inzwischen in § 20d SGB V.

49 Vgl. Sachverständigenrat für die Konzertierte Aktion im Gesundheitswesen im Gutachten 2000/2001 „Bedarfsgerechtigkeit und Wirtschaftlichkeit“, mit Band I „Zielbildung, Prävention, Nutzerorientierung und Partizipation“, BT-Drs. 14/5660, S. 93. Sachverständigenrat zur Begutachtung der Entwicklung im Gesundheitswesen, Gutachten 2005, Koordination und Qualität im Gesundheitswesen, BT-Drs. 15/5670, S. 103.

50 Vgl. Sachverständigenrat für die Konzertierte Aktion im Gesundheitswesen im Gutachten 2000/2001 „Bedarfsgerechtigkeit und Wirtschaftlichkeit“, mit Band I „Zielbildung, Prävention, Nutzerorientierung und Partizipation“, BT-Drs. 14/5660.

51 Vgl. Sachverständigenrat für die Konzertierte Aktion im Gesundheitswesen im Gutachten 2000/2001 „Bedarfsgerechtigkeit und Wirtschaftlichkeit“, mit Band I „Zielbildung, Prävention, Nutzerorientierung und Partizipation“, BT-Drs. 14/5660, S. 74; Leitfaden Prävention, Gemeinsame und einheitliche Handlungsfelder und Kriterien der Spitzenverbände der Krankenkassen zur Umsetzung von § 20 Abs. 1 und 2 SGB V vom 21.06.2000 in der Fassung vom 10.02.2006, 2. korrigierte Auflage vom 15.06.2006, S. 10.

52 Sachverständigenrat zur Begutachtung der Entwicklung im Gesundheitswesen, vgl. Gutachten 2005, Koordination und Qualität im Gesundheitswesen, BT-Drs. 15/5670, S. 115.

53 Vgl. Leitfaden Prävention, Gemeinsame und einheitliche Handlungsfelder und Kriterien der Spitzenverbände der Krankenkassen zur Umsetzung von § 20 Abs. 1 und 2 SGB V vom 21.06.2000 in der Fassung vom 10.02.2006, 2. korrigierte Auflage vom 15.06.2006, S. 34.

ningsprogramme zur Stressbewältigung[54]. Daran wird kritisch gesehen, dass solche Maßnahmen oftmals keinen Bezug auf die **Entstehungsbedingungen** der zu prävenierenden Verhaltens- bzw. Konsummuster nähmen und die Bedeutung gesundheitsrelevanter Verhaltensweisen im **jeweiligen Lebenskontext** vernachlässigten. Deshalb wird die Effektivität von **zielgruppen- und kontextunabhängigen** und auf **„Gesundheitserziehung" reduzierten** Interventionen eher **skeptisch** gesehen.[55]

b. Setting-Ansatz

Diese Nachteile werden mit Maßnahmen zu überwinden versucht, die sich mehr auf Präventionspotentiale **im Lebensumfeld** der Versicherten richten. Damit soll stärker auf den **Kontext** von gesundheitsförderlichen oder gesundheitsriskanten Verhaltensweisen abgestellt werden können. Grundlage ist der erstmals von der WHO propagierte so genannte **Setting-Ansatz.**[56] In seinem Sinne wird als **Setting** bei unterschiedlichem gesundheitswissenschaftlichem Sprachgebrauch im Einzelnen **jede koordinierte soziale Einheit** mit abgrenzbaren Zugehörigkeiten verstanden, für die im Setting-Ansatz Einheiten **mit einem lebensstilprägenden Einfluss** bedeutsam sind.[57] Genannt werden etwa **Städte bzw. Stadtteile, Schulen, Krankenhäuser** oder auch **Arztpraxen.**[58] 34

Die Spitzenverbände der Krankenkassen haben diesen Ansatz **aufgegriffen** und empfehlen, von den nach § 20 Abs. 2 SGB V aufzubringenden Mitteln für Aufgaben der primären gesundheitlichen Prävention mindestens 50 Cent je Versichertem aufzuwenden.[59] Dabei wird darauf zu achten sein, den grundsätzlich auf Unterstützungsfunktionen beschränkten Auftrag der gesetzlichen Krankenversicherung (vgl. Rn. 18 f.) nicht zu verlassen. Besondere Anforderungen stellen sich deshalb zum einen bei der **Zusammenarbeit der Krankenkassen** bei der Versorgung von Versicherten unterschiedlicher Kassen **innerhalb eines Settings** und zum anderen in der Abgrenzung der **spezifischen Krankenkassenaufgaben** zur Zuständigkeit der für das Setting verantwortlichen Träger oder Organisationen. Unter diesem Gesichtspunkt erscheinen die von den Spitzenverbänden der Krankenkassen getroffenen Vorgaben[60] noch vage. 35

5. Regelungskompetenz der Spitzenverbände (Absatz 1 Satz 3)

Die Spitzenverbände der Krankenkassen beschließen gem. § 20 Abs. 1 Satz 3 SGB V **gemeinsam und einheitlich** unter Einbeziehung unabhängigen Sachverstandes **prioritäre Handlungsfelder** und **Kriterien für Leistungen** zur primären gesundheitlichen Prävention, **insbesondere hinsichtlich Bedarf, Zielgruppen, Zugangswegen, Inhalten und Methodik**. Durch diese vom GKV-Gesundheitsreformgesetz 2000[61] eingeführte Regelung wird den einzelnen Krankenkassen die Konkretisierung des Präventionsauftrages nach § 20 SGB V **entzogen**, soweit die rechtliche Bindungswirkung des Beschlusses nach Absatz 1 Satz 3 reicht. Ziel ist die **Vereinheitlichung der Leistungen** zur primären gesundheitlichen Prävention. Einerseits soll bewirkt werden, dass die Leistungen im Schwerpunkt von allen Krankenkassen für dieselben vorrangigen Handlungsfelder erbracht werden und deshalb jenseits der Wett- 36

[54] Vgl. Leitfaden Prävention, Gemeinsame und einheitliche Handlungsfelder und Kriterien der Spitzenverbände der Krankenkassen zur Umsetzung von § 20 Abs. 1 und 2 SGB V vom 21.06.2000 in der Fassung vom 10.02.2006, 2. korrigierte Auflage vom 15.06.2006, S. 37 ff.

[55] Sachverständigenrat zur Begutachtung der Entwicklung im Gesundheitswesen, vgl. Gutachten 2005, Koordination und Qualität im Gesundheitswesen, BT-Drs. 15/5670, S. 103.

[56] Vgl. Ottawa-Charta zur Gesundheitsförderung vom 21.11.1986, dort allerdings mehr postuliert als erklärt und hergeleitet mit der Überschrift „Gesundheitsförderliche Lebenswelten schaffen".

[57] Vgl. Gutachten 2003 des Sachverständigenrates für die Konzertierte Aktion im Gesundheitswesen, Band II, Qualität und Versorgungsstrukturen, BT-Drs. 15/530, S. 181. Vgl. auch die Umschreibung im Gutachten 2005, Koordination und Qualität im Gesundheitswesen, BT-Drs. 15/5670, S. 103 Fn. 39: „Ein Setting ist ein durch formale Organisation, regionale Situation und/oder gleiche Lebenslage und/oder gemeinsame Werte bzw. Präferenzen definierter und den beteiligten Personen subjektiv bewusster sowie dauerhafter Sozialzusammenhang."

[58] Vgl. Gutachten 2003 des Sachverständigenrates für die Konzertierte Aktion im Gesundheitswesen, Band II, Qualität und Versorgungsstrukturen, BT-Drs. 15/530, S. 181.

[59] Einzelheiten im Leitfaden Prävention, Gemeinsame und einheitliche Handlungsfelder und Kriterien der Spitzenverbände der Krankenkassen zur Umsetzung von § 20 Abs. 1 und 2 SGB V vom 21.06.2000 in der Fassung vom 10.02.2006, 2. korrigierte Auflage vom 15.06.2006, S. 9 ff.

[60] Vgl. Leitfaden Prävention, Gemeinsame und einheitliche Handlungsfelder und Kriterien der Spitzenverbände der Krankenkassen zur Umsetzung von § 20 Abs. 1 und 2 SGB V vom 21.06.2000 in der Fassung vom 10.02.2006, 2. korrigierte Auflage vom 15.06.2006, S. 20 ff.

[61] BGBl I 1999, 2626.

bewerbsinteressen der einzelnen Kassen ein objektivierter Leistungsbedarf zu Grunde gelegt wird. Weiter sollen die Leistungen grundsätzlich denselben Anforderungen an Wirksamkeit und Wirtschaftlichkeit unterworfen werden, wie dies für die kurative Medizin im Leistungsrecht der gesetzlichen Krankenversicherung gilt. Dazu sollen die zu entwickelnden Verfahren zur Prüfung der Wirksamkeit und Wirtschaftlichkeit dienen. Sie sollen sich an den gängigen Kriterien der evidenzbasierten Medizin orientieren und gewährleisten, dass erstens die zu Grunde gelegten Wirksamkeitsstudien auf den Leistungsansatz übertragbar sind und dass das Verfahren zweitens im Vergleich zu seinen Alternativen eine akzeptable oder gute Kosten-Nutzen-Relation aufweist.[62]

37 Die Umsetzung dieser Anforderungen hat der Gesetzgeber der **Selbstverwaltung der Krankenkassen** überwiesen und den **Spitzenverbänden der Krankenkassen** übertragen, die **gemeinsam und einheitlich** entscheiden sollen. Damit ist für das Verfahren im Einzelnen § 213 SGB V maßgeblich. Spitzenverbände sind danach die Bundesverbände der Krankenkassen, die Deutsche Rentenversicherung Knappschaft-Bahn-See, die Verbände der Ersatzkassen und die See-Krankenkasse. Erzielen sie die grundsätzlich angestrebte Einigung nicht, kommt ein weiterer Beschlussmechanismus in Gang, der letztlich bis zur Ersatzvornahme durch das BMG führen kann. Dadurch ist ein mittelbarer Einigungszwang bewirkt.

38 **Gegenstand** des Beschlussverfahrens nach § 20 Abs. 1 Satz 3 SGB V sind **prioritäre Handlungsfelder** und **Kriterien für Leistungen** zur primären gesundheitlichen Prävention, insbesondere hinsichtlich Bedarf, Zielgruppen, Zugangswegen, Inhalten und Methodik. Anhand dieser Kriterien ist näher festzulegen, mit welchen **Zielen und Gegenständen** – bestimmt insbesondere durch die Merkmale prioritäres Handlungsfeld (vgl. Rn. 24), Zielgruppe, Bedarf und Inhalt – Maßnahmen der primären gesundheitlichen Prävention als Leistungen der gesetzlichen Krankenversicherung von Leistungserbringern angeboten und von Versicherten nachgefragt werden können und welche **qualitativen Anforderungen** – bestimmt insbesondere durch die Merkmale Methodik und Zugangsweg – von einer solchen Maßnahme erfüllt sein müssen.

39 Seiner **Rechtswirkung** nach zielt der Beschluss nach § 20 Abs. 1 Satz 3 SGB V auf Verbindlichkeit für Krankenkassen und Versicherte als untergesetzliche Rechtsnorm[63] in der Form der **Allgemeinverfügung**[64]. Das erscheint unbedenklich, soweit der Beschluss als eine Maßnahme des Verwaltungsvollzugs anzusehen ist.[65] Nach dem Vorstehenden (vgl. Rn. 25 ff.) ist das indes in Teilbereichen zweifelhaft, weil fraglich erscheint, ob der Gesetzgeber die notwendigen und möglichen Festsetzungen selbst getroffen hat oder ob in Spitzenverbänden insoweit zu große Entscheidungsspielräume überlassen worden sind.

40 Ungeachtet dessen haben die Spitzenverbände dem Auftrag folgend die den Krankenkassen durch § 20 SGB V übertragene Aufgabe zur Erbringung von Leistungen zur primären gesundheitlichen Prävention durch mehrfach konkretisierte Beschlüsse näher ausgeformt.[66]

6. Richtwert für Ausgaben (Absatz 2)

41 Die **Ausgaben** der Krankenkasse für die Wahrnehmung ihrer Aufgaben nach den §§ 20 Abs. 1, 20a und 20b SGB V sollen nach Absatz 2 der Vorschrift im Jahr 2006 **für jeden ihrer Versicherten** einen Betrag von **2,74 €** umfassen und **sind** in den Folgejahren entsprechend der prozentualen Veränderung der monatlichen Bezugsgröße nach § 18 Abs. 1 SGB IV **anzupassen**. Mit dieser auf das GKV-Gesundheitsreformgesetz 2000[67] zurückgehenden und durch das GKV-WSG[68] fortgeschriebenen **Sollgröße** hat der Gesetzgeber eine bemerkenswerte Kehrtwendung unternommen, nachdem der-

---

62 Vgl. BT-Drs. 14/1245, S. 62 und BT-Drs. 14/1977, S. 160.

63 Vgl. zur Problematik allgemein *Engelmann*, NZS 2000, S. 1 ff. und S. 76 ff.

64 So die rechtliche Qualifizierung des BVerfG v. 17.12.2002 - 1 BvL 28/95, 1 BvL 29/95, 1 BvL 30/95 - juris Rn. 131 f. - BVerfGE 106, 275 im Rahmen seiner Festbetragentscheidung.

65 Vgl. zur grundsätzlichen Zulässigkeit BVerfG v. 17.12.2002 - 1 BvL 28/95, 1 BvL 29/95, 1 BvL 30/95 - juris Rn. 126 ff. - BVerfGE 106, 275.

66 Zuletzt durch Leitfaden Prävention, Gemeinsame und einheitliche Handlungsfelder und Kriterien der Spitzenverbände der Krankenkassen zur Umsetzung von § 20 Abs. 1 und 2 SGB V vom 21.06.2000 in der Fassung vom 10.02.2006, 2. korrigierte Aufl. vom 15.06.2006.

67 BGBl I 1999, 2626.

68 V. 26.03.2007, BGBl I 2007, 378.

selbe, damals noch DM-Betrag im Fraktionsentwurf ursprünglich als **Obergrenze** vorgesehen war.[69] An ihre Stelle ist nach den Ausschussberatungen die in den Materialien als **Richtwert** bezeichnete Sollgröße getreten, da die Krankenkassen im Hinblick auf das Globalbudget ohnehin in der Verantwortung für den wirtschaftlichen Umgang mit den Finanzmitteln stünden.[70]

Der **Richtwert** nach § 20 Abs. 2 SGB V hat – mehr noch als die Vorgabe, Leistungen zur primären gesundheitlichen Prävention als Satzungsleistung vorzusehen (vgl. dazu Rn. 43) – einen **erheblich verpflichtenden** Charakter. Zwar steht die Mittelverwendung der Krankenkassen in deren Ermessen und ist nicht zuletzt abhängig vom geltend gemachten **Bedarf** der Versicherten und von ausreichend fachlich qualifizierten Angeboten durch Leistungserbringer. Jedoch spricht viel dafür, dass die Krankenkassen entsprechende Beträge mindestens **in ihren Haushalt einzustellen** und für Leistungen zur primären gesundheitlichen Prävention vorzusehen haben. Insoweit deutet zwar die Formel „sollen ... umfassen" auf ein entsprechendes Ermessen der Krankenkassen. Die weitere Formulierung, wonach die Beträge in den Folgejahren entsprechend anzupassen „sind", spricht indes für eine erhebliche rechtliche Bindungswirkung der Vorgabe, von der nur im **Ausnahmefall**[71] **nach unten** abzuweichen sein dürfte. Diese – zu Recht als **Besonderheit** qualifizierte Vorgabe[72] – findet ihre Rechtfertigung darin, dass Leistungen zur primären gesundheitlichen Prävention regelmäßig erst mit zeitlicher Verzögerung positive Wirkungen entfalten und deshalb wenig Anreize bestehen, sie zu erbringen. Dies spricht auch dafür, dass Abweichungen **nach oben** keiner Rechtfertigung nach § 20 Abs. 2 SGB V unterliegen, sondern nur an den allgemeinen Haushaltsmaßstäben zu messen sind.[73] 42

7. Ansprüche der Versicherten

Unmittelbare Rechtsansprüche auf Leistungen zur primären gesundheitlichen Prävention vermittelt § 20 SGB V aus mehreren Gründen **nicht**. Zunächst sind Leistungen zur primären gesundheitlichen Prävention nach dem gegenwärtigen Rechtszustand[74] **Satzungsleistungen** der Krankenkassen und deshalb abhängig davon, dass sie in der Satzung einer Krankenkasse verankert sind. Auf entsprechende Beschlüsse besteht kein Rechtsanspruch. Jedoch ist mit der Formulierung in § 20 Abs. 1 Satz 1 SGB V „die Krankenkasse **soll** in der Satzung Leistungen zur primären Prävention vorsehen" zum Ausdruck gebracht, dass die Regelung nach Vorstellung des Gesetzgebers eine **stark verpflichtende** Wirkung haben soll.[75] Daraus folgt, dass die Krankenkasse im Regelfall verpflichtet sein dürfte, entsprechende Leistungen in ihre Satzungen aufzunehmen und nur ausnahmsweise Gründe gegeben sein dürften, davon abzusehen.[76] 43

Auch bei Aufnahme von Leistungen zur gesundheitlichen Prävention in der Satzung der Krankenkasse bestehen rechtlich unbedingte Ansprüche auf Leistungen regelmäßig deshalb nicht, weil die Leistungserbringung nach dem gesetzlichen Konzept des § 20 SGB V in weitem Maße in das **Ermessen** der jeweiligen Krankenkasse gestellt ist. Auch wenn sie Leistungen zur primären gesundheitlichen Prävention in ihrer Satzung aufgenommen hat, folgt daraus zunächst nur, dass sie dem Grunde nach solche Leistungen zu erbringen hat. Die Schwerpunkte und weiteren Anforderungen kann sie hingegen im Rahmen der von den Spitzenverbänden der Krankenkassen nach § 20 Abs. 1 Satz 3 SGB V getroffenen Entscheidungen weitgehend selbst ausformen. 44

Versicherte haben danach Anspruch auf Teilhabe an Leistungen zur primären gesundheitlichen Prävention im Wesentlichen (nur) nach Maßgabe des **Grundsatzes der Gleichbehandlung** und der **Selbstbindung der Verwaltung**. Darüber haben die Krankenkassen **ermessensfehlerfrei** zu entscheiden. **Ansprüche auf bestimmte Leistungen** können daraus nur dann entstehen, wenn bei dem Versi- 45

---

[69] Die ursprünglich vorgesehene Fassung lautete: Die Ausgaben der Krankenkasse für die Wahrnehmung ihrer Aufgaben nach Absatz 1 und 2 dürfen insgesamt einen Betrag von fünf Deutsche Mark für jeden ihrer Versicherten je Kalenderjahr nicht überschreiten, vgl. BT-Drs. 14/1245, S. 4.

[70] Vgl. BT-Drs. 14/1977, S 160.

[71] So auch *Höfler* in: KassKomm, SGB V, § 20 Rn. 12.

[72] Vgl. *Höfler* in: KassKomm, SGB V, § 20 Rn. 12.

[73] Anders dagegen *Höfler* in: KassKomm, SGB V, § 20 Rn. 12 – Bindungswirkung nach unten und oben.

[74] Anders dagegen insoweit der Entwurf des – zwischenzeitlich gescheiterten – Entwurfs eines Gesetzes zur Stärkung der gesundheitlichen Prävention (PrävG-E), vgl. BT-Drs. 15/4833, § 15 Abs. 1 und Abs. 2 Nr. 1 PrävG-E.

[75] Vgl. BT-Drs. 14/1977, S. 160.

[76] So auch *Höfler* in: KassKomm, SGB V, § 20 Rn. 5.

cherten alle tatbestandlichen Voraussetzungen erfüllt sind, unter denen die Krankenkasse ansonsten die begehrte Leistung erbringt und alle für sie maßgeblichen Erbringungsmodalitäten – insbesondere hinsichtlich der Qualität – erfüllt sind.

C. Ausblick

46 Nach Art. 1 Nr. 11 a) i.V.m. Art. 46 Abs. 9 des **Gesetzes zur Stärkung des Wettbewerbs in der gesetzlichen** Krankenversicherung (GKV-Wettbewerbsstärkungsgesetz – GKV-WSG)[77] wird § 20 Abs. 1 Satz 3 SGB V **mit Wirkung zum 01.07.2008** an die durch das GKV-WSG mit den §§ 217a ff. SGB V bewirkte Organisationsänderung angepasst und die bis dahin von den **„Spitzenverbänden der Krankenkassen“** wahrzunehmende Konkretisierungsaufgabe dem **„Spitzenverband Bund der Krankenkassen“** übertragen. Inhaltliche Änderungen sind damit für § 20 SGB V nicht verbunden.

47 Weiter ist im Koalitionsvertrag von CDU, CSU und SPD vom 11.11.2005 für die 16. Legislaturperiode die Absicht erklärt worden, das in der 15. Legislaturperiode gescheiterte Vorhaben einer umfassenden Weiterentwicklung der Regelungen zur gesundheitlichen Prävention[78] erneut aufzugreifen und ein **Präventionsgesetz** in den Bundestag einzubringen. In der vergangenen Legislaturperiode war der Entwurf eines **Gesetzes zur Stärkung der gesundheitlichen Prävention**[79] vom Bundestag zwar beschlossen worden[80], er unterfiel aber im Bundesrat der Diskontinuität nach der vorzeitigen Beendigung der 15. Wahlperiode. Nach dem Koalitionsvertrag soll das nunmehr erneut geplante Gesetz die Kooperation und Koordination der Prävention sowie die Qualität der Maßnahmen der Sozialversicherungsträger und -zweige übergreifend und unbürokratisch verbessert werden. Dazu sollen die Aktionen an Präventionszielen ausgerichtet werden. Bund und Länder sollen ergänzend zu den Sozialversicherungsträgern weiterhin in die Verantwortung für Prävention einbezogen bleiben. Vor dem Hintergrund der demografischen Entwicklung wird ein Gesamtkonzept der Betreuung und Versorgung pflegebedürftiger, behinderter und alter Menschen angestrebt.[81]

---

[77] V. 26.03.2007, BGBl I 2007, 378.

[78] Vgl. den Entwurf des – zwischenzeitlich gescheiterten – Entwurfs eines Gesetzes zur Stärkung der gesundheitlichen Prävention (PrävG-E), vgl. BT-Drs. 15/4833.

[79] Vgl. BT-Drs. 15/4833, S. 16 und S. 54 f.

[80] B. v. 22.04.2005, vgl. BT-Plenarprotokoll 15/173, S. 16268A.

[81] Koalitionsvertrag von CDU, CSU und SPD vom 11.11.2005, S. 85 f.

§ 20a SGB V Betriebliche Gesundheitsförderung

(Fassung vom 26.03.2007, gültig ab 01.04.2007)

(1) Die Krankenkassen erbringen Leistungen zur Gesundheitsförderung in Betrieben (betriebliche Gesundheitsförderung), um unter Beteiligung der Versicherten und der Verantwortlichen für den Betrieb die gesundheitliche Situation einschließlich ihrer Risiken und Potenziale zu erheben und Vorschläge zur Verbesserung der gesundheitlichen Situation sowie zur Stärkung der gesundheitlichen Ressourcen und Fähigkeiten zu entwickeln und deren Umsetzung zu unterstützen. § 20 Abs. 1 Satz 3 gilt entsprechend.

(2) Bei der Wahrnehmung von Aufgaben nach Absatz 1 arbeiten die Krankenkassen mit dem zuständigen Unfallversicherungsträger zusammen. Sie können Aufgaben nach Absatz 1 durch andere Krankenkassen, durch ihre Verbände oder durch zu diesem Zweck gebildete Arbeitsgemeinschaften (Beauftragte) mit deren Zustimmung wahrnehmen lassen und sollen bei der Aufgabenwahrnehmung mit anderen Krankenkassen zusammenarbeiten. § 88 Abs. 1 Satz 1 und Abs. 2 des Zehnten Buches und § 219 gelten entsprechend.

Gliederung

A. Basisinformationen

I. Textgeschichte/Gesetzgebungsmaterialien

Der nunmehr als § 20a SGB V geregelte Präventionsauftrag der Krankenkassen im Betrieb geht zurück 1
auf die ursprünglich als § 20 Abs. 2 Satz 1 SGB V mit Wirkung vom 01.01.1989 eingeführte Regelung des **Gesundheitsreformgesetzes** (GRG)[1]. Danach sollten die Krankenkassen bei der **Verhütung arbeitsbedingter Gesundheitsgefahren mitwirken können**. Diese Regelung wurde im Folgenden im Zuge einer Reduzierung des allgemeinen präventiven Auftrags der gesetzlichen Krankenversicherung durch Art 2 Nr. 3 des **Gesetzes zur Entlastung der Beiträge in der gesetzlichen Krankenversicherung** (Beitragsentlastungsgesetz – BeitrEntlG) vom 01.11.1996[2] mit Wirkung zum 01.01.1997 zunächst **gestrichen**. Dagegen knüpfte Art. 1 Nr. 8 des **Gesetzes zur Reform der gesetzlichen Krankenversicherung ab dem Jahr 2000** (GKV-Gesundheitsreform 2000) vom 22.12.1999[3] mit Wirkung ab dem 01.01.2000 wieder an die ursprüngliche Intention an und sah bei erstmaliger Einführung des Begriffs der betrieblichen Gesundheitsförderung vor, dass die Krankenkassen **den Arbeitsschutz ergänzende Maßnahmen der betrieblichen Gesundheitsförderung durchführen** können.

In der aktuellen Fassung wurde § 20a SGB V mit Wirkung vom 01.04.2007 durch Art. 1 Nr. 12 des 2
Gesetzes zur Stärkung des Wettbewerbs in der gesetzlichen Krankenversicherung (GKV-Wettbewerbsstärkungsgesetz – GKV-WSG)[4] eingeführt. Die Vorschrift geht auf den Gesetzentwurf der Fraktionen von CDU/CSU und SPD zum GKV-WSG[5] zurück. Im Rahmen der Ausschussberatungen

[1] Vom 20.12.1988, BGBl I 1988, 2477.
[2] BGBl I 1996, 1631.
[3] BGBl I 1999, 2626.
[4] Vom 26.03.2007, BGBl I 2007, 378.
[5] Vgl. BT-Drs. 16/3100, S. 7 und S. 98.

wurde der Leistungskatalog um das Merkmal der **Umsetzung von Maßnahmen der betrieblichen Gesundheitsförderung** ergänzt.[6] Mit ähnlichem Inhalt war die Regelung bereits im Entwurf eines Gesetzes zur Stärkung der gesundheitlichen Prävention (PrävG-E) vorgesehen,[7] der vom Bundestag zwar beschlossen worden war,[8] im Bundesrat aber der Diskontinuität nach der vorzeitigen Beendigung der 15. Wahlperiode unterfiel. Im Unterschied zu dieser Fassung ist die Aufgabe der betrieblichen Gesundheitsförderung allerdings nunmehr **verpflichtend**. Demgegenüber war nach der entsprechenden Vorschrift des PrävG-E vorgesehen, dass die Krankenkassen Leistungen der betrieblichen Gesundheitsförderung erbringen **können**.[9]

3 Die maßgeblichen **Gesetzesmaterialien** zu § 20a SGB V finden sich in BT-Drs. 16/3100 sowie BT-Drs. 16/4200 und BT-Drs. 16/4247.

II. Untergesetzliche Rechtsnormen

4 Für die Konkretisierung der Leistungsaufträge des § 20 SGB V sind im Wesentlichen folgende untergesetzlichen Beschlüsse und Vereinbarungen von Bedeutung:

- Leitfaden Prävention, Gemeinsame und einheitliche Handlungsfelder und Kriterien der Spitzenverbände der Krankenkassen zur Umsetzung von § 20 Abs. 1 und 2 SGB V vom 21.06.2000 in der Fassung vom 10.02.2006, 2. korrigierte Aufl. vom 15.06.2006;
- Materialien der Spitzenverbände der Krankenkassen zum Qualitätsmanagement in der Primärprävention und betrieblichen Gesundheitsförderung gemäß § 20 Abs. 1 und 2 SGB V.

III. Systematische Zusammenhänge

5 § 20a SGB V **erweitert** die Zuständigkeit der Krankenkassen in mehrfacher Hinsicht. Schon im Ansatz bricht er ebenso wie § 20 SGB V die prinzipielle Trennung zwischen der **Eigenverantwortung der Versicherten vor dem Versicherungsfall** und der **Einstandspflicht der Solidargemeinschaft nach Eintritt eines Versicherungsfalls** partiell auf und verpflichtet die Krankenkassen dazu, Leistungen auch zur Vermeidung des Versicherungsfalls zu erbringen.[10] Darüber hinaus sind die nach § 20a SGB V zu erbringenden Leistungen und Maßnahmen regelmäßig nicht – wie sonst im Versicherungsverhältnis zwischen Versicherten und Krankenkasse – ausschließlich an **einzelne Versicherte gerichtet**. Vielmehr wenden sie sich regelmäßig an eine **Mehrzahl von Versicherten** und damit an Mitglieder mehrerer Träger **innerhalb eines Betriebes**. § 20a SGB V ist deshalb als Ausnahmevorschrift in doppelter Hinsicht zu sehen: Zum einen befreit sie partiell von der Beschränkung, Leistungen erst bei Eintritt des Versicherungsfalls zu erbringen. Zum anderen durchbricht sie den Grundsatz, dass Leistungen grundsätzlich ausschließlich als Sachleistung denjenigen Versicherten erbracht werden, bei denen individuell die Leistungsvoraussetzungen der entsprechenden Leistung vorliegen. Stattdessen beurteilen sich Bedarf und Möglichkeiten der Leistungserbringung nach den Verhältnissen **im Betrieb** und den daraus sich ergebenden Anforderungen an Maßnahmen zur Förderung der gesundheitlichen Potenziale der dort beschäftigten Versicherten.

6 Dieser Regelungsansatz ist – ebenso wie der des § 20 SGB V – nachvollziehbar, folgt er doch dem bereits in anderen Zweigen der Sozialversicherung erfolgreich implementierten und lange tradierten Grundsatz, im Grundsatz alle Möglichkeiten auszuschöpfen, um den Eintritt von Versicherungsfällen zu vermeiden, zu verzögern oder abzumildern.[11] Auch sprechen die Ergebnisse der gesundheitswissenschaftlichen Forschung dafür, dass die mit den Maßnahmen nach den §§ 20, 20a SGB V regelmäßig angestrebte **Veränderung des individuellen gesundheitsrelevanten Verhaltens**[12] eher dann Erfolge erwarten lässt, wenn die für das gesundheitliche Verhalten relevante **Gruppe** – etwa am Arbeitsplatz – **ebenfalls einbezogen** ist.[13] Andererseits wird wegen des Ausnahmecharakters der Leistungen besonders darauf zu achten sein, den grundsätzlich auf Unterstützungsfunktionen beschränkten Auftrag der gesetzlichen Krankenversicherung nicht zu verlassen. Das gilt umso mehr, als die betriebliche Gesund-

---

6 Vgl. BT-Drs. 16/4200, S. 14.
7 Vgl. BT-Drs. 15/4833, S. 16 und S. 54 f.
8 Bericht v. 22.04.2005, vgl. BT-Plenarprotokoll 15/173, S. 16268A.
9 Vgl. BT-Drs. 15/4833, S. 16.
10 Vgl. dazu die Kommentierung zu § 20 SGB V Rn. 9.
11 Vgl. etwa § 1 Nr. 1 SGB VII i.V.m. § 14 SGB VII oder § 9 Abs. 1 SGB VI.
12 Vgl. die Kommentierung zu § 20 SGB V Rn. 31.
13 Vgl. die Kommentierung zu § 20 SGB V Rn. 34.

heitsförderung häufig als Möglichkeit gesehen wird, die Position einer Krankenkasse im Wettbewerb zu stärken (vgl. Rn. 11).

IV. Ausgewählte Literaturhinweise

Drupp/Osterholz/Timm, Ansätze, Ergebnisse und Perspektiven des betrieblichen Gesundheitsmanagements, Am Beispiel von Dienstleistungen der AOK Niedersachsen, in: Eingliedern statt Ausmustern 2005, 109; *Höldke/Szych*, Entwicklung der Betrieblichen Gesundheitsförderung, Ergebnisse und Perspektiven der Zusammenarbeit von Unfall- und Krankenversicherung, SozSich 2006, 230; *Kolip/Glaeske*, Notwendige Differenzierungen, FfG 2004, 126; *Lauterbach/Stock*, Volkskrankheiten – nicht heilbar, aber vermeidbar?, ErsK 2004, 352; *Rosenbrock*, Prävention und Gesundheitsförderung, Gesundheitswissenschaftliche Perspektiven, in: Markt versus Solidarität 2004, 11; *Rosenbrock*, Prävention und Gesundheitsförderung – gesundheitswissenschaftliche Grundlagen für die Politik, GesundhWes 2004, 146; *Schwartz/Walter*, Prävention, in: *Schwartz/Badura/Leidl/Raspe/Siegrist*, Das Public Health Buch, Gesundheit und Gesundheitswesen, 151; *Walter*, Babylon im SGB?, Sozialer Fortschritt 2003, 253. 7

B. Auslegung der Norm

I. Regelungsgehalt und Normzweck

Die Vorschrift setzt den rechtlichen Rahmen für Leistungen zur **Förderung der Gesundheit von Versicherten am betrieblichen Arbeitsplatz**. Sie verpflichtet die Krankenkassen, gemeinsame Konzepte und Qualitätsanforderungen für solche Leistungen zu entwickeln und Prioritätskriterien für deren Vergabe festzulegen. Auf dieser Grundlage sollen die Krankenkassen im Rahmen eines – begrenzten – Budgets in Betrieben Leistungen zur Verfügung stellen, um zunächst die **gesundheitliche Situation von Versicherten im Betrieb zu erheben**, weiter **Vorschläge zur Verbesserung zu entwickeln** und schließlich deren **Umsetzung zu unterstützen.** 8

II. Betriebliche Gesundheitsförderung

Betriebliche Gesundheitsförderung bezweckt den Schutz und die Förderung der Gesundheit **von Beschäftigten am Arbeitsplatz**. Diese aus dem Arbeitsschutz weiterentwickelte Zielsetzung gewinnt zunehmend Bedeutung auch in ökonomischer Hinsicht. Sie begreift die Gesundheit der Beschäftigten als wesentlichen Faktor für den wirtschaftlichen Erfolg eines Betriebes. Danach richtet sich das Augenmerk nicht nur auf Vermeidung von Arbeitsunfällen und Berufskrankheiten, sondern in einem weiter verstandenen Sinne generell auf die Reduktion vermeidbarer Gesundheitsbelastungen der Arbeitsumgebung und auf die Förderung der Gesundheit der Beschäftigten.[14] Dem liegt das Verständnis zu Grunde, dass die Vermeidung von gesundheitlichen Belastungen und Erkrankungen nicht nur durch **Minimierung von Risikofaktoren** zu erreichen ist, sondern auch eine **Stärkung und Vermehrung von gesundheitsdienlichen Ressourcen** erfordern kann.[15] 9

In der praktischen **Umsetzung** zielen Maßnahmen der betrieblichen Gesundheitsförderung regelmäßig darauf, zunächst den **gesundheitlichen Status** der Mitarbeiter im Betrieb insbesondere mit Fehlzeiten und gesundheitsbedingten Einbußen im Betriebsablauf zu erheben, dafür maßgebliche **Belastungsfaktoren und Ursachen** zu ermitteln und auf dieser Grundlage **Konzepte zur Verbesserung** der Situation zu entwickeln und diese schließlich durch konkrete **gesundheitsförderliche Maßnahmen** umzusetzen. Diese können sich einerseits auf eine gesundheitsgerechte Gestaltung des Arbeitsablaufs, der Arbeitsorganisationen und der Arbeitsumgebung zur **Reduzierung arbeitsbedingter Gesundheitsbelastungen** und andererseits auf Angebote und Anreize für **gesundheitsbewusstes Verhalten der Beschäftigten** und Stärkung von gesundheitlichen Ressourcen richten.[16] Beteiligt daran sind zunächst als 10

---

[14] Vgl. die instruktive Übersicht von *Demmer*, Betriebliche Gesundheitsförderung – von der Idee zur Tat, hrsg. vom Bundesverband der Betriebskrankenkassen.

[15] Vgl. Sachverständigenrat zur Begutachtung der Entwicklung im Gesundheitsweisen, etwa Gutachten 2000/2001 „Bedarfsgerechtigkeit und Wirtschaftlichkeit", mit Bd. I „Zielbildung, Prävention, Nutzerorientierung und Partizipation", BT-Drs. 14/5660, S. 72.

[16] Vgl. die Beispiele bei *Demmer*, Betriebliche Gesundheitsförderung – von der Idee zur Tat, hrsg. vom Bundesverband der Betriebskrankenkassen, S. 41 ff. oder die Broschüre „Das macht sich bezahlt!" des AOK-Bundesverbands.

Hauptverantwortliche der betrieblichen Situation die **Betriebs- und Unternehmensleitungen** sowie die **Beschäftigten**, begleitet von auf Gesundheitsfragen in Betrieben spezialisierten und in der Umsetzung von Strategien zur Verbesserung der gesundheitlichen Situation von Mitarbeitern in Betrieben **erfahrenen Beratern**, unter anderem auch von Krankenkassen.[17]

III. Leistungen zur betrieblichen Gesundheitsförderung (Absatz 1)

1. Leistungspflicht (Absatz 1 Satz 1)

11 Das Interesse der Beschäftigten an gesundheitsförderlichen Arbeitsverhältnissen und das betriebliche Interesse an gesunden, den Arbeitsanforderungen gewachsenen Mitarbeitern berührt Aufgaben und Stellung der Krankenkassen in mehrfacher Weise. Zunächst liegen Krankheiten vermeidende Arbeitsverhältnisse im Interesse der Versichertengemeinschaften, weil sie Versicherungsfälle vermeiden helfen und deshalb für die Beitragslast günstig sein können. Weiter fallen bei den Krankenkassen Informationen über Ausfallzeiten und Krankheiten an, die für Unternehmen und Beschäftigte sonst nicht ohne weiteres verfügbar sind und wichtige Grundlagen zur Abschätzung der gesundheitlichen Situation im Betrieb einschließlich des Vergleichs mit branchenähnlichen Betrieben liefern können.[18] Auf der anderen Seite kann die Beteiligung von Krankenkassen an Maßnahmen der betrieblichen Gesundheitsförderung deren Position im Wettbewerb stärken, weil der Kontakt zu Versicherten und Unternehmen erhalten und gefestigt werden kann.[19] Zahlreiche Krankenkassen bieten Arbeitgebern und Versicherten deshalb bereits seit längerem Unterstützung bei der Durchführung von Maßnahmen der betrieblichen Gesundheitsförderung an.[20]

12 Der rechtliche Rahmen dieser Zusammenarbeit wird bestimmt durch die Rechtspositionen der Beteiligten im Spannungsverhältnis zwischen **Arbeitsschutz** und **Eigenverantwortung**. Nach Arbeitsschutzrecht rechnen gem. § 2 Abs. 1 ArbSchG u.a. Maßnahmen zur **Verhütung von arbeitsbedingten Gesundheitsgefahren**[21] zum **Arbeitsschutz.** U.a. mit diesem Ziel hat der Arbeitgeber nach der arbeitsschutzrechtlichen Grundnorm des § 4 Abs. 1 Nr. 1 ArbSchG die Arbeit allgemein so zu gestalten, dass eine Gefährdung für Leben und Gesundheit möglichst vermieden und die verbleibende Gefährdung möglichst gering gehalten wird. Es obliegt dabei **seiner** Beurteilung, im Rahmen des Verhältnismäßigen die notwendigen Maßnahmen zu treffen. Verantwortung und Kostentragung für gesundheitsförderliche Maßnahmen im Rahmen der betrieblichen Gesundheitsförderung liegen demgemäß beim **Arbeitgeber**. Entsprechend ist für den Bereich der gesetzlichen Unfallversicherung durch § 21 Abs 1 SGB VII ausdrücklich klargestellt, dass die Verantwortung für die Verhütung von arbeitsbedingten Gesundheitsgefahren beim **Unternehmer** liegt; deshalb hat **er** die Kosten entsprechender Maßnahmen zu tragen. **Öffentlich-rechtliche Verantwortlichkeiten** liegen unter Arbeitsschutzgesichtspunkten bei den **staatlichen Aufsichtsbehörden** der Länder einerseits sowie für den Bereich der Sozialversicherung den **Unfallversicherungsträgern** und – nach Maßgabe von § 20a SGB V – den **Krankenkassen** andererseits.

13 Im Bezugssystem dieser Verantwortlichkeiten ist der Präventionsauftrag der Krankenkassen nunmehr durch § 20a SGB V neu gefasst und weiterentwickelt. Gegenüber der zuvor in § 20 Abs. 2 Satz 1 SGB V getroffenen Regelung sind damit Weiterentwicklungen auf drei Ebenen verbunden. Zunächst ist der Auftrag terminologisch prägnanter. Er richtete sich nach seiner ursprünglichen Fassung gem. § 20 Abs. 2 Satz 1 SGB V in der seit 01.01.1989 geltenden Fassung des GRG[22] auf die Mitwirkung bei der **Verhütung arbeitsbedingter Gesundheitsgefahren**. Durch das Gesetz zur GKV-Gesundheitsreform 2000 vom 22.12.1999[23] wurde erstmals der Begriff der betrieblichen Gesundheitsförderung ein-

---

[17] Vgl. etwa die Informationen des BKK-BV, des AOK-BV oder des Ikk-BV. Weiterführende Informationen auch beim Deutschen Netzwerk für betriebliche Gesundheitsförderung.

[18] Vgl. etwa *Badura/Schellschmidt/Vetter*, Fehlzeiten-Report 2006, Schwerpunktthema: Chronische Krankheiten – Betriebliche Strategien zur Gesundheitsförderung, Prävention und Wiedereingliederung, oder den vom IKK-BV hrsg. Bericht „Arbeit und Gesundheit im Handwerk – Daten, Fakten und Analysen 2005" mit Informationen zu Krankheitsständen und Krankheitshäufigkeiten nach Gewerbegruppen und Erkrankungen.

[19] Vgl. etwa die Darstellungen zu Aktivitäten betrieblichen Gesundheitsförderung der AOK, in: G+G Spezial 11/02, Betriebliche Gesundheitsförderung der AOK.

[20] Vgl. etwa die Informationen des BKK-BV, des AOK-BV oder des Ikk-BV. Weiterführende Informationen auch beim Deutschen Netzwerk für betriebliche Gesundheitsförderung.

[21] Vgl. dazu die Kommentierung zu § 20b SGB V Rn. 11.

[22] Vom 20.12.1988, BGBl I 1988, 2477.

[23] BGBl I 1999, 2626.

geführt und zusätzlich mit dem Attribut der **den Arbeitsschutz ergänzenden Maßnahme** versehen. Nunmehr ist der Auftrag ohne diesen Verweis nur noch umschrieben mit „Leistungen zur Gesundheitsförderung in Betrieben". Rechtliche Änderungen sind damit nicht verbunden. Ohnehin steht der Auftrag der gesetzlichen Krankenversicherungen im Bereich der betrieblichen Prävention in einem **Ergänzungsverhältnis** zu den arbeitsschutzrechtlich begründeten Pflichten der Arbeitgeber und dem Präventionsauftrag der gesetzlichen Unfallversicherung. Ein gesonderter Verweis im Gesetzesauftrag ist dafür nicht erforderlich. Deshalb erscheint es sinnvoll, dass mit der jetzt verwandten Formel von den Leistungen zur Gesundheit vor dem Betrieb auf die Begrifflichkeit zurückgegriffen wird, die in der Praxis seit mehreren Jahren für den Handlungsauftrag nach § 20 Abs. 2 Satz 1 SGB V a.F. gebräuchlich geworden ist.

2. Konkretisierung der Leistungen durch die Spitzenverbände (Absatz 1 Satz 2)

Gemäß § 20a Abs, 1 Satz 2 SGB V gilt der Konkretisierungsauftrag des § 20 Abs. 1 Satz 3 SGB V für die betriebliche Gesundheitsförderung entsprechend. Nach dieser Vorschrift beschließen die Spitzenverbände der Krankenkassen **gemeinsam und einheitlich** unter Einbeziehung unabhängigen Sachverstandes **prioritäre Handlungsfelder** und **Kriterien für Leistungen** zur primären gesundheitlichen Prävention, **insbesondere hinsichtlich Bedarf, Zielgruppen, Zugangswegen, Inhalten und Methodik**. Dadurch wird den einzelnen Krankenkassen die Konkretisierung des Präventionsauftrages nach § 20a SGB V **entzogen**, soweit die rechtliche Bindungswirkung des Beschlusses nach § 20 Abs. 1 Satz 3 SGB V reicht. Ziel ist die **Vereinheitlichung der Leistungen** zur betrieblichen Gesundheitsförderung. Wegen der Einzelheiten wird auf die Kommentierung zu § 20 SGB V Rn. 36 verwiesen.[24] 14

3. Ansprüche von Unternehmern und Versicherten

Unmittelbare Rechtsansprüche auf Leistungen der betrieblichen Gesundheitsförderung vermittelt § 20a SGB V **nicht**. Nach dem Regelungskonzept ist die Leistungserbringung nach § 20a Abs. 1 Satz 1 SGB V in weitem Maße in das **Ermessen** der jeweiligen Krankenkasse gestellt. Die Vorschrift verpflichtet die Krankenkasse zunächst nur, dem Grunde nach solche Leistungen zu erbringen. Die Schwerpunkte und weiteren Anforderungen kann sie hingegen im Rahmen der von den Spitzenverbänden der Krankenkassen nach § 20a Abs. 1 Satz 2 SGB V i.V.m. § 20 Abs. 1 Satz 3 SGB V getroffenen Entscheidungen weitgehend selbst ausformen. 15

Versicherte und Betriebe haben danach Anspruch auf Teilhabe an Leistungen zur betrieblichen Gesundheitsförderung im Wesentlichen (nur) nach Maßgabe des **Grundsatzes der Gleichbehandlung** und der **Selbstbindung der Verwaltung**. Darüber haben die Krankenkassen **ermessensfehlerfrei** zu entscheiden. **Ansprüche auf bestimmte Leistungen** können daraus nur dann entstehen, wenn im konkreten Fall alle tatbestandlichen Voraussetzungen erfüllt sind, unter denen die Krankenkasse ansonsten die begehrte Leistung erbringt, und alle für sie maßgeblichen Erbringungsmodalitäten – insbesondere hinsichtlich der Qualität – erfüllt sind. 16

IV. Zusammenarbeit (Absatz 2)

Leistungen zur betrieblichen Gesundheitsförderung sind in hohem Maße auf **Zusammenarbeit** verschiedener Träger und Verantwortlicher **angelegt und angewiesen** (vgl. auch Rn. 12). Die Leistungen betreffen Aufgaben des für einen Betrieb verantwortlichen Arbeitgebers und des für ihn zuständigen Unfallversicherungsträgers und fallen in der Regel in die Zuständigkeit mehrerer Krankenkassen, weil typischerweise innerhalb eines Betriebes Mitglieder verschiedener Krankenkassen beschäftigt sind. Von der Zusammenarbeit dieser Verantwortlichen hängt deshalb Entscheidendes sowohl für den Erfolg als auch die zweckgerichtete Leistungserbringung ab. Hingegen sind die Voraussetzungen für die Zusammenarbeit häufig deshalb nicht günstig, weil die Beteiligten vielfach divergierende Interessen verfolgen und insbesondere die an sich zu Zusammenarbeit angehaltenen Krankenkassen im Wettbewerb stehen und deshalb nicht immer an einer Zusammenarbeit mit anderen Krankenkassen innerhalb eines Betriebes interessiert sind. Nicht zuletzt deshalb haben die Spitzenverbände der Krankenkassen im Verlauf des Gesetzgebungsverfahrens zu dem zwischenzeitlich gescheiterten Präventionsgesetz[25] 17

---

[24] Vgl. die Kommentierung zu § 20 SGB V Rn. 36.

[25] Entwurf eines Gesetzes zur Stärkung der gesundheitlichen Prävention (PrävG-E), BT-Drs. 15/4833.

darauf gedrungen, dass die Aufgabe der betrieblichen Gesundheitsförderung in der Zuständigkeit der einzelnen Krankenkasse verbleibt. Diesem Interesse hat der Gesetzgeber nunmehr mit seiner dies bestätigenden Grundentscheidung nach § 20a Abs. 1 Satz 1 SGB V Rechnung getragen.

18 Die daraus sich ergebenden Anforderungen an die Zusammenarbeit der verschiedenen beteiligten Verantwortlichen erscheinen hingegen durch die Regelung des § 20a Abs. 2 SGB V nur unzureichend gesetzlich vorgeprägt. Die Regelung beschränkt sich im Wesentlichen auf die Vorgabe, dass die Krankenkassen mit dem zuständigen Unfallversicherungsträger zusammenzuarbeiten haben und die Aufgabenerfüllung durch Dritte, insbesondere durch Verbände möglich ist. Damit ist die Ausgestaltung der Zusammenarbeit zur betrieblichen Gesundheitsförderung wesentlich der Gestaltung der beteiligten Krankenkassen überlassen.

C. Ausblick

19 Nach Art. 1 Nr. 11 a) i.V.m. Art. 46 Abs. 9 des **Gesetzes zur Stärkung des Wettbewerbs in der gesetzlichen** Krankenversicherung (GKV-Wettbewerbsstärkungsgesetz – GKV-WSG)[26] wird der in § 20a Abs. 1 Satz 2 SGB V in Bezug genommene § 20 Abs. 1 Satz 3 SGB V **mit Wirkung zum 01.07.2007** an die durch das GKV-WSG mit den §§ 217a ff. SGB V bewirkte Organisationsänderung angepasst und die bis dahin von den „**Spitzenverbänden der Krankenkassen**" wahrzunehmende Konkretisierungsaufgabe dem „**Spitzenverband Bund der Krankenkassen**" übertragen. Inhaltliche Änderungen sind damit für § 20a SGB V nicht verbunden.

[26] Vom 26.03.2007, BGBl I 2007, 378.

§ 20b SGB V Prävention arbeitsbedingter Gesundheitsgefahren

(Fassung vom 26.03.2007, gültig ab 01.04.2007)

(1) Die Krankenkassen unterstützen die Träger der gesetzlichen Unfallversicherung bei ihren Aufgaben zur Verhütung arbeitsbedingter Gesundheitsgefahren. Insbesondere unterrichten sie diese über die Erkenntnisse, die sie über Zusammenhänge zwischen Erkrankungen und Arbeitsbedingungen gewonnen haben. Ist anzunehmen, dass bei einem Versicherten eine berufsbedingte gesundheitliche Gefährdung oder eine Berufskrankheit vorliegt, hat die Krankenkasse dies unverzüglich den für den Arbeitsschutz zuständigen Stellen und dem Unfallversicherungsträger mitzuteilen.

(2) Zur Wahrnehmung der Aufgaben nach Absatz 1 arbeiten die Krankenkassen eng mit den Trägern der gesetzlichen Unfallversicherung zusammen. Dazu sollen sie und ihre Verbände insbesondere regionale Arbeitsgemeinschaften bilden. § 88 Abs. 1 Satz 1 und Abs. 2 des Zehnten Buches und § 219 gelten entsprechend.

Gliederung

A. Basisinformationen

I. Textgeschichte/Gesetzgebungsmaterialien

1 Die nunmehr in § 20b SGB V verankerte Zusammenarbeit zwischen Krankenkassen und Unfallversicherungsträgern auf dem Gebiet der betrieblichen Gesundheitsprävention wurde ursprünglich als § 20 Abs. 2 Sätze 2 und 3 SGB V mit Wirkung vom 01.01.1989 durch Art. 1 des **Gesundheitsreformgesetzes** (GRG)[1] eingeführt. Der Regelungsgehalt entsprach im Wesentlichen der aktuellen Regelung in § 20b Abs. 1 Sätze 2 und 3 SGB V. Im Zuge einer Reduzierung des allgemeinen präventiven Auftrags der gesetzlichen Krankenversicherung wurde die Regelung durch Art. 2 Nr. 3 des **Gesetzes zur Entlastung der Beiträge in der gesetzlichen Krankenversicherung** (Beitragsentlastungsgesetz – BeitrEntlG) vom 01.11.1996[2] in Absatz 1 Satz 2 und 3 der Vorschrift überführt. Dagegen knüpfte Art. 1 Nr. 8 des **Gesetzes zur Reform der gesetzlichen Krankenversicherung ab dem Jahr 2000** (GKV-Gesundheitsreform 2000) vom 22.12.1999[3] mit Wirkung ab dem 01.01.2000 wieder an den ursprünglichen Rechtszustand an und stellte in Bezug auf die Zusammenarbeit zwischen Krankenversicherung und Unfallversicherung die ursprüngliche Gesetzesfassung wieder her.

2 In der aktuellen Fassung wurde § 20b SGB V mit Wirkung vom 01.04.2007 durch Art. 1 Nr. 12 des **Gesetzes zur Stärkung des Wettbewerbs in der gesetzlichen Krankenversicherung** (GKV-Wettbewerbsstärkungsgesetz – GKV-WSG)[4] eingeführt. Die Vorschrift geht auf den Gesetzentwurf der Fraktionen von CDU/CSU und SPD zum GKV-WSG[5] zurück und blieb im Rahmen der Ausschussberatungen unverändert[6]. Mit weitgehend demselben Inhalt war die Regelung bereits im Entwurf eines Gesetzes zur Stärkung der gesundheitlichen Prävention vorgesehen,[7] der vom Bundestag zwar beschlossen worden war,[8] im Bundesrat aber der Diskontinuität nach der vorzeitigen Beendigung der

[1] Vom 20.12.1988, BGBl I 1988, 2477.
[2] BGBl I 1996, 1631.
[3] BGBl I 1999, 2626.
[4] Vom 26.03.2007, BGBl I 2007, 378.
[5] Vgl. BT-Drs. 16/3100, S. 7 und S. 98.
[6] Vgl. BT-Drs. 16/4200, S. 14.
[7] Vgl. BT-Drs. 15/4833, S. 16 und S. 54 f.
[8] Bericht v. 22.04.2005, vgl. BT-Plenarprotokoll 15/173, S. 16268A.

15. Wahlperiode unterfiel. Gegenüber der vorherigen Regelung ist die Vorschrift erweitert um die allgemeine Pflicht der Krankenkassen zur Unterstützung der Unfallversicherungsträger sowie um den organisationsrechtlichen Rahmen in Absatz 2.

3 Die maßgeblichen **Gesetzesmaterialien** zu § 20 SGB V finden sich in BT-Drs. 16/3100.

II. Parallelvorschriften

4 Die Zusammenarbeit zwischen Krankenkassen und Unfallversicherungsträgern ist für den Zuständigkeitsbereich der gesetzlichen Unfallversicherung in § 14 Abs. 2 SGB VII verpflichtend begründet. Dem materiellen Auftrag des § 20b Abs. 1 Satz 2 SGB V vergleichbar verpflichtet § 14 Abs. 1 Satz 1 SGB VII die Unfallversicherungsträger, den Ursachen von arbeitsbedingten Gefahren für Leben und Gesundheit nachzugehen.

III. Untergesetzliche Rechtsnormen

5 Für die Umsetzung der sich aus § 20b SGB V ergebenden Pflichten zur Zusammenarbeit sind im Wesentlichen folgende untergesetzlichen Beschlüsse und Vereinbarungen von Bedeutung, die noch zur Vorgängervorschrift des § 20 Abs. 2 Sätze 2 und 3 SGB V ergangen sind:

- Rahmenvereinbarung der Spitzenverbände der Krankenkassen und der Träger der gesetzlichen Unfallversicherung zur Zusammenarbeit bei der Verhütung arbeitsbedingter Gesundheitsgefahren vom 28.10.1997;
- Ergänzung der Rahmenvereinbarung der Spitzenverbände der Krankenkassen und der Träger der gesetzlichen Unfallversicherung zur Zusammenarbeit bei der Verhütung arbeitsbedingter Gesundheitsgefahren vom 28.10.1997 vom 10.12.2001;
- Leitfaden für die Zusammenarbeit der gewerblichen Berufsgenossenschaften mit den Krankenkassen bei der Verhütung arbeitsbedingter Gesundheitsgefahren.

IV. Systematische Zusammenhänge

6 Bezugspunkt der sich aus § 20b SGB V ergebenden Aufgaben und Pflichten der Krankenkassen sind die auf die Verhütung von arbeitsbedingten Erkrankungen gerichteten Regelungen des **Arbeitsschutzrechtes** sowie des **Unfallversicherungsrechts**. Durch das in Umsetzung europäischer Richtlinien[9] neu gefasste ArbSchG i.d.F. des Gesetzes vom 07.08.1996 (ArbSchEGRLUmsG)[10] ist die Verhütung von arbeitsbedingten Gesundheitsgefahren zum Gegenstand des **Arbeitsschutzes** erhoben worden. Demnach rechnen gemäß § 2 Abs. 1 ArbSchG zu Maßnahmen des Arbeitsschutzes auch Maßnahmen zur Verhütung von arbeitsbedingten Gesundheitsgefahren. Danach sind **Arbeitgeber** nach § 3 Abs. 1 ArbSchG verpflichtet, die erforderlichen Maßnahmen des Arbeitsschutzes unter Berücksichtigung der Umstände zu treffen, die Sicherheit und Gesundheit der Beschäftigten bei der Arbeit beeinflussen. Sie unterliegen mit dieser Pflicht auf der einen Seite der Aufsicht der **staatlichen Arbeitsschutzbehörden** der Länder. Auf der anderen Seite ist der Präventionsauftrag der **Unfallversicherungsträger** ebenfalls um das Ziel der Verhütung von arbeitsbedingten Gesundheitsgefahren erweitert worden. Dementsprechend haben sie nach dem Grundsatz des § 14 SGB VII mit allen geeigneten Mitteln unter anderen für die Verhütung von arbeitsbedingten Gesundheitsgefahren zu sorgen. Auf diese Pflicht bezieht sich § 20b SGB V und verpflichtet die Krankenkassen, die Unfallversicherungsträger im Rahmen der diesen zur Verhütung von arbeitsbedingten Gesundheitsgefahren gestellten Aufgaben zu unterstützen.

7 Hintergrund ist die systembedingt ungleiche Verteilung von Erkenntnissen und Lasten über und resultierend aus arbeitsbedingte/n Erkrankungen. Der Präventionsansatz der gesetzlichen Unfallversicherung gründet hinsichtlich von Arbeitsunfällen und Berufskrankheiten auf der Verpflichtung der Unfallversicherungsträger, für die gesundheitliche Versorgung und für wirtschaftliche Folgen von Arbeitsunfällen und Berufskrankheiten aufzukommen. Sie haben deshalb einerseits ein notwendiges Eigeninteresse daran, dass Arbeitsunfälle und Berufskrankheiten nach Möglichkeit vermieden werden. Andererseits gewinnen sie aus der Inanspruchnahme bei Versicherungsfällen Erkenntnisse über Zusammen-

---

[9] Richtlinie 89/391/EWG des Rates vom 12.06.1989 über die Durchführung von Maßnahmen zur Verbesserung der Sicherheit und des Gesundheitsschutzes der Arbeitnehmer bei der Arbeit (ABl. EG Nr. L 183, S. 1) und-Richtlinie 91/383/EWG des Rates vom 25.06.1991 zur Ergänzung der Maßnahmen zur Verbesserung der Sicherheit und des Gesundheitsschutzes von Arbeitnehmern mit befristetem Arbeitsverhältnis oder Leiharbeitsverhältnis (ABl. EG Nr. L 206, S. 19).

[10] BGBl I 1996, 1246.

hänge zwischen Arbeitsbedingungen und Arbeitsunfällen und Berufskrankheiten, die für den Präventionsauftrag genutzt werden können. Dies verhält sich bei berufsbedingten Erkrankungen jenseits von Arbeitsunfällen und Berufskrankheiten anders. Für deren Versorgung kommen ausschließlich die gesetzlichen Krankenkassen oder private Krankenversicherungen auf. Deshalb fallen zumindest die Informationen über mögliche Zusammenhänge zwischen Arbeitsbedingungen und Erkrankungen prinzipbedingt nicht bei dem Träger an, der im System des Sozialversicherungsrechts auf die Verhütung solcher Erkrankungen hinwirken soll. Die daraus sich ergebende Lücke soll § 20b SGB V ausgleichen.

V. Ausgewählte Literaturhinweise

Drupp/Osterholz/Timm, Ansätze, Ergebnisse und Perspektiven des betrieblichen Gesundheitsmanagements, Am Beispiel von Dienstleistungen der AOK Niedersachsen, in: Eingliedern statt Ausmustern 2005, 109; *Rosenbrock*, Prävention und Gesundheitsförderung, Gesundheitswissenschaftliche Perspektiven, in: Markt versus Solidarität 2004, 11; *Seewald*, Prävention im Sozialrecht, Festschrift 50 Jahre Bundessozialgericht 2004, 289; *Walter*, Babylon im SGB?, Sozialer Fortschritt 2003, 253. 8

B. Auslegung der Norm

I. Regelungsgehalt und Normzweck

Die Vorschrift begründet einen normativen Rahmen für die Zusammenarbeit zwischen Krankenkassen und den Trägern der gesetzlichen Unfallversicherung zur Verhütung von arbeitsbedingten Gesundheitsgefahren. Dazu begründet sie in Absatz 1 insbesondere Pflichten zur Sammlung und Weitergabe von Informationen und regelt in Absatz 2 mögliche Organisationsformen zur Erfüllung der sich aus Absatz 1 ergebenden Aufgaben. 9

Regelungszweck ist der Austausch zwischen Krankenkassen und Unfallversicherungsträgern über arbeitsbedingte Krankheitsursachen. Nach dem Stand der gesundheitswissenschaftlichen Forschung gilt es zwar als Allgemeingut, dass viele Erkrankungen neben anderen Umständen wesentlich auch durch Arbeitsbedingungen hervorgerufen werden können. Entsprechend wird in der gesundheitsförderlichen Gestaltung der Arbeitswelt ein wesentliches präventives Potenzial gesehen.[11] Kenntnisse über Zusammenhänge zwischen Arbeitsbedingungen und Erkrankungen im Einzelnen und noch dazu in einem für einzelne Präventionsmaßnahmen verwertbaren Konkretisierungsgrad sind allerdings kaum verfügbar. Allgemein sind die Erkenntnisse über das konkrete Krankheitsgeschehen mit Ursachen und dadurch bedingten Aufwendungen in Deutschland schwer verfügbar. Dies gilt auch für das in der Arbeitswelt ausgelöste Krankheitsgeschehen. Vor diesem Hintergrund versteht sich die Verpflichtung zur Zusammenarbeit zwischen Krankenkassen und Unfallversicherungsträgern als Versuch, Defizite auf diesem Gebiet zu beheben und die Unfallversicherungsträger im Rahmen ihrer Zuständigkeit zu Präventionsmaßnahmen zur Vermeidung arbeitsbedingter Gesundheitsgefahren zu befähigen. 10

II. Arbeitsbedingte Gesundheitsgefahr

Bezugspunkt der Mitwirkungspflichten nach § 20b SGB V sind **arbeitsbedingte Gesundheitsgefahren**. Dieser ebenso in § 2 Abs. 1 ArbSchG wie in den §§ 1,14 SGB VII verwandte unbestimmte Rechtsbegriff wird teilweise als wenig konkret kritisiert.[12] Diese Bedenken erscheinen nicht berechtigt. Die Begriffsverwendung ist von dem Bestreben bestimmt, die Ziele des Arbeitsschutzes und des Unfallversicherungsschutzes auf jegliche weitere Gesundheitsgefahren aus dem Arbeitsleben zu erweitern, die jenseits von Arbeitsunfällen und Berufskrankheiten drohen.[13] Dementsprechend kann als **arbeitsbedingt** jede **Gefahr für die Gesundheit** angesehen werden, die durch **Umstände aus dem Bereich der Arbeit verursacht, begünstigt oder aufrechterhalten** werden. Ausgegrenzt daraus sind nach dem gesetzlichen Auftrag von Unfallversicherung und Krankenversicherung allerdings Tätigkeiten, die nicht nach den §§ 2, 3 oder 6 SGB VII unter dem Schutz der gesetzlichen Unfallversicherung stehen und Gesundheitsbeeinträchtigungen, die keine Behandlungsbedürftigkeit nach dem System des SGB V auslösen können. Danach ist als arbeitsbedingte Gesundheitsgefahr i.S.v. § 20b SGB V jedes Gesundheitsrisiko zu verstehen, das bei einer **versicherungsrechtlich relevanten Tätigkeit**[14] droht 11

[11] Vgl. BT-Drs. 16/3100, S. 98.

[12] Kritisch in dieser Richtung etwa *Eiermann* in: Lauterbach, SGB VII, § 14 Rn. 19.

[13] Vgl. BT-Drs. 13/2204, S. 79.

[14] Ebenso *Ricke* in: KassKomm-SGB, SGB VII, § 14 Rn. 3; *Eiermann* in: Lauterbach, SGB VII, § 14 Rn. 25.

und eine **Krankheit im krankenversicherungsrechtlichen Sinne** verursachen kann. Ob dies weiterhin mit einer Einschränkung ähnlich dem Ursachenzusammenhang bei Berufskrankheiten versehen werden muss,[15] erscheint allerdings fraglich.

III. Informationsgewinnung und -austausch (Absatz 1)

12 § 20b Abs. 1 SGB V umschreibt Pflichten der Krankenkassen zur Verhütung arbeitsbedingter Gesundheitsgefahren auf drei Ebenen:

13 § 20b Abs. 1 Satz 1 SGB V begründet zunächst eine allgemeine Pflicht, die Träger der gesetzlichen Unfallversicherung bei deren Aufgaben zur Verhütung arbeitsbedingter Gesundheitsgefahren zu **unterstützen**. Mit diesem Auftrag ist zu Gunsten der Unfallversicherungsträger eine objektivrechtliche Verpflichtung begründet, alle im Verantwortungsbereich der Krankenkassen möglichen Maßnahmen zu ergreifen, um den Präventionsauftrag der Unfallversicherung zu fördern. Nach der systematischen Verknüpfung mit den daran anschließenden Regeln in Satz 2 und Satz 3 bezieht sich dies vor allem auf die **Sammlung und Auswertung von Informationen** über Zusammenhänge zwischen Arbeitsbedingungen und Erkrankungen. Zentral sind dabei die den Krankenkassen anfallenden und den Unfallversicherungsträgern unbekannten Kenntnisse über das Erkrankungsgeschehen, die eine Bewertung über Gefährdungen und Belastungen auf Seiten der Versicherten im Arbeitsleben erlauben können.

14 Darauf aufbauend begründet § 20b Abs. 1 Satz 2 und Satz 3 SGB V **Meldepflichten** über Erkenntnisse über Berufskrankheiten[16] und berufsbedingte gesundheitliche Gefährdungen in Bezug auf einzelne Versicherte sowie über Zusammenhänge zwischen Erkrankungen und Arbeitsbedingungen im Allgemeinen, die von der Krankenkasse **gewonnen** worden sind. Diese – schon im originären Interesse der Krankenkassen liegenden – Pflichten werden regelmäßig unproblematisch erfüllt, wenn die Krankenkassen im Rahmen der ärztlichen Behandlung auf mögliche Berufskrankheiten hingewiesen werden. Schwieriger sind die weiteren Pflichten zu erfüllen, weil sie einerseits gezielte Erhebungen der Krankenkassen über Leistungen wegen Krankheit und Zusammenhänge zur Beschäftigung des Versicherten und andererseits eine Zusammenarbeit jeder einzelnen Krankenkasse mit in der Regel einer größeren Zahl von Unfallversicherungsträgern voraussetzt. In der Praxis bestehen deshalb insoweit Hemmnisse, die dem mit der Regelung verfolgten Ziel entgegenstehen.

IV. Organisationsrahmen (Absatz 2)

15 § 20b Abs. 2 SGB V begründet erstmals gesetzlich einen Organisationsrahmen für die Zusammenarbeit zwischen Krankenkassen und Unfallversicherungsträgern. Nach dem bislang erreichten Stand haben die Spitzenverbände der Krankenkassen und der Unfallversicherungsträger – auch ohne eine insoweit zwischenzeitlich vorgesehene Regelung[17] – zur Ausformung der Zusammenarbeit in der Vergangenheit Rahmenvereinbarungen abgeschlossen.[18] Danach sollen einerseits Parallelaktivitäten verschiedener Funktionsträger und Institutionen vermieden und andererseits zur Erkennung arbeitsbedingter Gesundheitsgefahren die Arbeitsunfähigkeitsdaten der Krankenkassen mit validen Angaben zu den an den jeweiligen Arbeitsplätzen bestehenden Gefährdungen und Belastungen verknüpft und kassenartenübergreifende Auswertungsmöglichkeiten weiterentwickelt werden.[19] Daran knüpft die Regelung an und verpflichtet insbesondere zur Zusammenarbeit auf regionaler Ebene. Dazu sollen Arbeitsgemeinschaften im Rahmen der dafür maßgeblichen gesetzlichen Vorschriften gebildet werden.

[15] So *Eiermann* in: Lauterbach, SGB VII, § 14 Rn. 25.

[16] Vgl. § 9 SGB VII.

[17] Die ursprünglich vorgesehene Verpflichtung ist im Vermittlungsverfahren gestrichen worden, vgl. BT-Drs. 14/1245, S. 4 und BT-Drs. 14/2369, S. 3.

[18] Vgl. Rahmenvereinbarung der Spitzenverbände der Krankenkassen und der Träger der gesetzlichen Unfallversicherung zur Zusammenarbeit bei der Verhütung arbeitsbedingter Gesundheitsgefahren vom 28.10.1997 und Ergänzung der Rahmenvereinbarung der Spitzenverbände der Krankenkassen und der Träger der gesetzlichen Unfallversicherung zur Zusammenarbeit bei der Verhütung arbeitsbedingter Gesundheitsgefahren vom 28.10.1997 vom 10.12.2001.

[19] Vgl. Ergänzung der Rahmenvereinbarung der Spitzenverbände der Krankenkassen und der Träger der gesetzlichen Unfallversicherung zur Zusammenarbeit bei der Verhütung arbeitsbedingter Gesundheitsgefahren vom 28.10.1997 vom 10.12.2001.

§ 20c SGB V Förderung der Selbsthilfe

(Fassung vom 26.03.2007, gültig ab 01.01.2008)

(1) Die Krankenkassen und ihre Verbände fördern Selbsthilfegruppen und -organisationen, die sich die gesundheitliche Prävention oder die Rehabilitation von Versicherten bei einer der im Verzeichnis nach Satz 2 aufgeführten Krankheiten zum Ziel gesetzt haben, sowie Selbsthilfekontaktstellen im Rahmen der Festlegungen des Absatzes 3. Die Spitzenverbände der Krankenkassen beschließen gemeinsam und einheitlich ein Verzeichnis der Krankheitsbilder, bei deren gesundheitlicher Prävention oder Rehabilitation eine Förderung zulässig ist; sie haben die Kassenärztliche Bundesvereinigung und die Vertretungen der für die Wahrnehmung der Interessen der Selbsthilfe maßgeblichen Spitzenorganisationen zu beteiligen. Selbsthilfekontaktstellen müssen für eine Förderung ihrer gesundheitsbezogenen Arbeit themen-, bereichs- und indikationsgruppenübergreifend tätig sein.

(2) Die Spitzenverbände der Krankenkassen beschließen gemeinsam und einheitlich Grundsätze zu den Inhalten der Förderung der Selbsthilfe und zur Verteilung der Fördermittel auf die verschiedenen Förderebenen und Förderbereiche. Die in Absatz 1 Satz 2 genannten Vertretungen der Selbsthilfe sind zu beteiligen. Die Förderung kann durch pauschale Zuschüsse und als Projektförderung erfolgen.

(3) Die Ausgaben der Krankenkassen und ihrer Verbände für die Wahrnehmung der Aufgaben nach Absatz 1 Satz 1 sollen insgesamt im Jahr 2006 für jeden ihrer Versicherten einen Betrag von 0,55 Euro umfassen; sie sind in den Folgejahren entsprechend der prozentualen Veränderung der monatlichen Bezugsgröße nach § 18 Abs. 1 des Vierten Buches anzupassen. Für die Förderung auf der Landesebene und in den Regionen sind die Mittel entsprechend dem Wohnort der Versicherten aufzubringen. Mindestens 50 vom Hundert der in Satz 1 bestimmten Mittel sind für kassenartenübergreifende Gemeinschaftsförderung aufzubringen. Über die Vergabe der Fördermittel aus der Gemeinschaftsförderung beschließen die Krankenkassen oder ihre Verbände auf den jeweiligen Förderebenen gemeinsam nach Maßgabe der in Absatz 2 Satz 1 genannten Grundsätze und nach Beratung mit den zur Wahrnehmung der Interessen der Selbsthilfe jeweils maßgeblichen Vertretungen von Selbsthilfegruppen, -organisationen und -kontaktstellen. Erreicht eine Krankenkasse den in Satz 1 genannten Betrag der Förderung in einem Jahr nicht, hat sie die nicht verausgabten Fördermittel im Folgejahr zusätzlich für die Gemeinschaftsförderung zur Verfügung zu stellen.

Hinweis: § 20c SGB V wurde durch Art. 1 Nr. 12 des Gesetzes vom 26.03.2007 (BGBl I 2007, 378) mit Wirkung vom 01.01.2008 neu eingefügt.

Gliederung

A. Basisinformationen

I. Textgeschichte/Gesetzgebungsmaterialien

1 Die Regelung zur Förderung von Einrichtungen der gesundheitlichen Selbsthilfe durch die gesetzliche Krankenversicherung in § 20c SGB V geht zurück auf § 20 SGB V, in dessen Absatz 3 i.d.F. des **Gesetzes zur Änderung medizinprodukterechtlicher und anderer Vorschriften** vom 14.06.2007[1] die Selbsthilfeförderung zuletzt geregelt worden war (zu der letzten Änderung durch das Gesetz zur Änderung medizinprodukterechtlicher und anderer Vorschriften vom 14.06.2007 vgl. die Kommentierung zu § 20 SGB V Rn. 6). Dort war die Selbsthilfeförderung erstmals durch Art. 1 Nr. 8 lit. b des **Gesundheitsstrukturgesetzes** (GSG) vom 21.12.1992[2] als Absatz 3a eingeführt worden. Danach konnten die Krankenkassen „Selbsthilfegruppen und -kontaktstellen mit gesundheitsfördernder oder rehabilitativer Zielsetzung durch Zuschüsse fördern." Diese Befugnis wurde durch Art. 2 Nr. 3 des **Beitragsentlastungsgesetzes**[3] mit Wirkung zum 01.01.1997 in Absatz 3 der Vorschrift überführt und im Wesentlichen dahin ergänzt, dass die Spitzenverbände der Krankenkassen beauftragt wurden, unter Beteiligung der Kassenärztlichen Bundesvereinigung ein Verzeichnis der Krankheitsbilder zu beschließen, bei deren Prävention oder Rehabilitation eine Förderung zulässig ist.

2 In der aktuellen Fassung ist die Vorschrift mit Wirkung vom 01.01.2008 durch Art. 1 Nr. 12 des **Gesetzes zur Stärkung des Wettbewerbs in der gesetzlichen Krankenversicherung** (GKV-Wettbewerbsstärkungsgesetz – GKV-WSG)[4] eingeführt und mit einer **verbindlichen Rechtspflicht zur Förderung** von Selbsthilfegruppen und -organisationen versehen sowie in formeller Hinsicht weiter ausgeformt worden. Sie geht auf den Gesetzentwurf der Fraktionen von CDU/CSU und SPD zum GKV-WSG[5] zurück und blieb im Rahmen der Ausschussberatungen weitgehend unverändert[6].

3 Die maßgeblichen **Gesetzesmaterialien** zu § 20c SGB V finden sich in den BT-Drs. 12/3608, BT-Drs. 12/3937, BT-Drs. 13/5099 sowie BT-Drs. 16/3100.

II. Untergesetzliche Rechtsnormen

4 Für die Konkretisierung des Förderauftrages nach § 20c SGB V sind im Wesentlichen folgende untergesetzlichen Beschlüsse und Vereinbarungen von Bedeutung:

- Gemeinsame und einheitliche Grundsätze der Spitzenverbände der Krankenkassen zur Förderung der Selbsthilfe gemäß § 20 Abs. 4 SGB V vom 10.03.2000 in der Fassung vom 11.05.2006,
- Gemeinsame Empfehlung der Bundesarbeitsgemeinschaft für Rehabilitation zur Förderung der Selbsthilfe gemäß § 13 Abs. 2 Nr. 6 SGB IX vom 22.03.2004 (http://www.bar-frankfurt.de/Gemeinsame_Empfehlungen.bar).

III. Systematische Zusammenhänge

5 § 20c SGB V **erweitert** wie die Grundvorschrift zur gesundheitlichen Prävention nach § 20 SGB V die Zuständigkeit der Krankenkassen für Aufgaben, die nach dem rechtlichen Auftrag der gesetzlichen Krankenversicherung und dem Selbstverständnis der Selbsthilfeträger der **Eigenverantwortung der Versicherten** obliegen; insoweit gelten die allgemeinen Ausführungen zu § 20 SGB V auch hier (vgl. hierzu die Kommentierung zu § 20 SGB V Rn. 6). Zusätzlich kann die Mittelverwendung hier **problematisch erscheinen**, weil die Selbsthilfeförderung nicht **versichertenbezogen** organisiert ist und Versichertengelder deshalb auch Nichtversicherten und – möglicherweise weniger problematisch – Versicherten anderer Krankenkassen zugute kommen können. Darin könnte eine mit dem Versicherungszweck nicht zu vereinbarende Förderung von Aufgaben zu sehen sein, die im allgemeinen öffentlichen Interesse liegen und deshalb aus **allgemeinen Steuermitteln** zu bestreiten sind. Dass der Gesetzgeber gleichwohl eine organisationsbezogene Selbsthilfeförderung begründet hat, lässt sich vor diesem Hintergrund nur mit der Erwägung rechtfertigen, dass eine versichertenbezogene Förderung – etwa durch Gewährung von Zuschüssen für Versicherte, die sich einer Selbsthilfegruppe anschließen – unprakti-

---

[1] BGBl I 2007, 1066.
[2] BGBl I 1992, 2266.
[3] Vom 01.11.1996, BGBl I 1996, 1631.
[4] Vom 26.03.2007, BGBl I 2007, 378.
[5] Vgl. BT-Drs. 16/3100, S. 7 und S. 98.
[6] Vgl. BT-Drs. 16/4200, S. 14.

kabel wäre und im Hinblick auf den Anteil der gesetzlich Krankenversicherten von etwa 70 Mio. im Verhältnis zur Gesamtbevölkerung von 82 Mio. der möglicherweise nicht Beitragszahlenden zugute kommende Anteil hingenommen werden kann.

IV. Ausgewählte Literaturhinweise

Matzat, Bürgerschaftliches Engagement im Gesundheitswesen – unter besonderer Berücksichtigung der Patienten-Selbsthilfebewegung, in: Bürgerschaftliches Engagement und Sozialstaat 2003, Schriftenreihe/Enquete-Kommission „Zukunft des Bürgerschaftlichen Engagement" des 14. Deutschen Bundestages, Bd. 3, 289. 6

B. Auslegung der Norm

I. Regelungsgehalt und Normzweck

Die Vorschrift setzt den rechtlichen Rahmen für die Förderung von **gesundheitsbezogenen Selbsthilfeeinrichtungen**. Sie verpflichtet die Krankenkassen, diese Einrichtungen durch finanzielle Mittel zu fördern und für deren Vergabe Kriterien und Prioritäten festzulegen. Dadurch soll der Bedeutung der seit den Siebzigerjahren gewachsenen, auf **nichtprofessionelle Eigeninitiative** gestützten gesundheitlichen Selbsthilfebewegung neben der Versorgung durch **professionelle Leistungserbringer** durch finanzielle Unterstützung Rechnung getragen werden. Besondere **Selbsthilfepotenziale**[7] werden insoweit vor allem bei **chronischen Erkrankungen** gesehen. Als positiv wird insbesondere die Stärkung der **Kompetenz** im Umgang mit der eigenen Krankheit hervorgehoben, u.a. weil in Gruppen von Betroffenen besondere **Rückhalte** geboten werden können und **Informationen** besonders verfügbar sein können, wie sie im professionellen Medizinbetrieb häufig nicht angemessen aufbereitet werden.[8] Zutreffend wird deshalb darauf hingewiesen, dass die Selbsthilfe der Versicherten in besonderer Weise dem für die Krankenversicherung unerlässlichen Prinzip der **Eigenverantwortung der Versicherten** gem. § 1 Satz 2 SGB V entspricht.[9] 7

II. Förderungsfähige Stellen (Absatz 1 Satz 1)

Förderungsfähig sind diejenigen in § 20c Abs. 1 Satz 1 SGB V bezeichneten **Organisationseinheiten** der gesundheitlichen Selbsthilfe, die **förderungsfähige Ziele** auf dem Gebiet einer für die **Selbsthilfeförderung relevanten Krankheit** verfolgen. 8

1. Förderungsfähige Organisationseinheiten

Förderungsfähige Organisationseinheiten der gesundheitlichen Selbsthilfe sind **Selbsthilfegruppen**, **Selbsthilfeorganisationen** und **Selbsthilfekontaktgruppen.** 9

Selbsthilfegruppen sind **lokal oder regional** gebildete Zusammenschlüsse von Menschen, die von **Krankheit bedroht oder betroffen** sind, deren gesundheitliche, psychische und/oder soziale Folgen sie gemeinsam bewältigen wollen. Die **rechtliche Organisationsform** ist ohne Bedeutung. Zutreffend wird jedoch verlangt, dass die Arbeit einer Selbsthilfegruppe **nicht auf materielle Gewinnerzielung** ausgerichtet sein darf.[10] 10

Selbsthilfeorganisationen sind überregionale – auf Landes- oder Bundesebene organisierte – Zusammenschlüsse von Selbsthilfegruppen, die – bezogen auf ein bestimmtes Krankheitsbild, eine gemeinsame Krankheitsursache oder eine gemeinsame Krankheitsfolge – **unterstützende Dienstleistungen** für die Selbsthilfegruppen und **Aufgaben der Interessenvertretung** im Verhältnis zu Behörden, Sozialleistungsträgern oder der Politik übernehmen. Als Aufgaben von Selbsthilfeorganisationen werden beispielhaft genannt: Interessenvertretung im gesundheits- und sozialpolitischen Bereich, Herausgabe 11

---

[7] Vgl. Sachverständigenrat für die Konzertierte Aktion im Gesundheitswesen im Gutachten 2000/2001 „Bedarfsgerechtigkeit und Wirtschaftlichkeit", mit Band I „Zielbildung, Prävention, Nutzerorientierung und Partizipation", BT-Drs. 14/5660, S. 162.

[8] Vgl. zur Bedeutung von partizipativen Ansätzen für die Gesundheitsversorgung Sachverständigenrat für die Konzertierte Aktion im Gesundheitswesen im Gutachten 2000/2001 „Bedarfsgerechtigkeit und Wirtschaftlichkeit", mit Band I „Zielbildung, Prävention, Nutzerorientierung und Partizipation", BT-Drs. 14/5660, S. 144 ff.

[9] Vgl. *Höfler* in: KassKomm, SGB V, § 20 Rn. 20.

[10] Vgl. Gemeinsame und einheitliche Grundsätze der Spitzenverbände der Krankenkassen zur Förderung der Selbsthilfe gemäß § 20 Abs. 4 SGB V vom 10.03.2000 in der Fassung vom 11.05.2006, S. 6.

von Medien zur Information und Unterstützung der betroffenen Menschen sowie der ihnen angeschlossenen Untergliederungen, Durchführung von Lehrgängen, Seminaren, Konferenzen und Fachtagungen.[11] Mit diesen Aufgaben sind diese auf einzelne Krankheiten oder Krankheitsursachen bezogenen Selbsthilfeorganisationen ihrerseits häufig in den **Dachorganisationen** der BAG SELBSTHILFE – Bundesarbeitsgemeinschaft Selbsthilfe von Menschen mit Behinderung und chronischer Erkrankung und ihren Angehörigen e.V.[12] und/oder im PARITÄTischen Wohlfahrtsverband – Gesamtverband e.V. [13] – oder für den Bereich der Suchtselbsthilfe in der Deutschen Hauptstelle für Suchtfragen e.V. (DHS)[14] zusammengeschlossen.

12 **Selbsthilfekontaktstellen** sind **professionelle Beratungseinrichtungen** mit **krankheitsübergreifender** Beratungsfunktion für Selbsthilfeinteressenten und Selbsthilfegruppen. Sie unterstützen einerseits Betroffene, die den Kontakt zu einer Selbsthilfegruppe **erst suchen**. Andererseits erbringen sie Leistungen für **Selbsthilfegruppen**, so genannte Dienstleistungsangebote zur methodischen Anleitung, Unterstützung und Stabilisierung von Selbsthilfegruppen.[15] Darüber hinaus sehen sich die Kontaktstellen ihrem Selbstverständnis nach als **Mittler** zwischen Selbsthilfegruppen und gesundheitlichen Versorgungseinrichtungen.[16]

2. Förderungsfähige Ziele

13 **Förderungsfähige Ziele** verfolgt eine Selbsthilfestelle gemäß § 20c Abs. 1 Satz 1 SGB V, wenn sie sich die **gesundheitliche Prävention oder Rehabilitation** von Versicherten zum Ziel gesetzt hat. Insoweit ist **Prävention** nach dem allgemeinen Begriffsverständnis jede **Maßnahme und Aktivität**, die eine **gesundheitliche Schädigung verhindern, weniger wahrscheinlich machen oder verzögern** soll (vgl. die Kommentierung zu § 20 SGB V Rn. 14), mit den Ebenen der primären, sekundären und tertiären Prävention. **Rehabilitation** ist die Summe u.a. aller Maßnahmen, die **Behinderungen** einschließlich chronischer Krankheiten **abwenden, beseitigen, mindern, ausgleichen oder eine Verschlimmerung verhüten** sollen.[17]

14 Diesem Begriffsverständnis sind die Spitzenverbände der Krankenkassen bei der Konkretisierung des bis dahin von § 20 Abs. 3 SGB V umfassten Auftrags in Bezug auf die **Prävention nur teilweise** gefolgt. Nach deren Verständnis ist Prävention in Bezug auf die Selbsthilfeförderung nur im Sinne von **Sekundär- und Tertiärprävention** zu verstehen. Selbsthilfestellen mit **ausschließlich primärpräventiver Zielsetzung** sollen dagegen nicht gefördert werden.[18] Diese Auslegung kann durch den Wortlaut des Gesetzes alleine kaum gestützt werden, handelt doch § 20 Abs. 1 SGB V gerade von Aufgaben der Krankenkassen im Rahmen der **primären Prävention**. Auch systematisch spricht eher mehr für ein umfassendes Verständnis, weil in der Formulierung „Prävention **oder** Rehabilitation" die Ansätze der Krankheitsvermeidung (Prävention) und der Folgenbewältigung (Rehabilitation) gleichgewichtig nebeneinander gestellt sind. Für die Krankenkassensicht kann deshalb nur sprechen, dass die Selbsthilfegruppen ihrer Entstehung nach Zusammenschlüsse von **Krankheitsbetroffenen** sind und deshalb die Krankheitsbewältigung im Vordergrund steht.

3. Relevante Krankheitsbilder

15 Die Selbsthilfeförderung unterstützt solche Selbsthilfestellen, die sich die Prävention oder Rehabilitation von Versicherten bei einem von den Spitzenverbänden der Krankenkassen gemeinsam und einheitlich zu beschließenden Krankheitsbild zum Ziel gesetzt haben. Nähere Vorgaben zur Auswahl dieser Krankheiten trifft das Gesetz nicht. Maßstab dürfte jedoch – wie bei der Bestimmung der prioritären Aufgabenfelder nach § 20 Abs. 1 Satz 3 SGB V – die **Relevanz des Gesundheitsproblems** nach **Häu-**

[11] Vgl. Gemeinsame und einheitliche Grundsätze der Spitzenverbände der Krankenkassen zur Förderung der Selbsthilfe gemäß § 20 Abs. 4 SGB V vom 10.03.2000 in der Fassung vom 11.05.2006, S. 6 f.

[12] Vgl. www.bag-selbsthilfe.de.

[13] Vgl. www.paritaet.org.

[14] Vgl. www.dhs.de.

[15] Vgl. zum Selbstverständnis von Selbsthilfekontaktstellen: Selbsthilfekontaktstellen, Empfehlungen der Deutschen Arbeitsgemeinschaft Selbsthilfegruppen e. V. zu Ausstattung, Aufgabenbereichen und Arbeitsinstrumenten.

[16] Vgl. im Einzelnen www.dag-selbsthilfegruppen.de.

[17] Vgl. § 26 Abs. 1 Nr. 1 SGB IX.

[18] Vgl. Gemeinsame und einheitliche Grundsätze der Spitzenverbände der Krankenkassen zur Förderung der Selbsthilfe gemäß § 20 Abs. 4 SGB V vom 10.03.2000 in der Fassung vom 11.05.2006, S. 5 f.

figkeit entsprechend der Neuerkrankungsrate (Inzidenz) und Gesamtzahl der Erkrankungen (Prävalenz) sowie der **medizinischen Bedeutung** (Krankheitsschwere) für die Betroffenen sein. Auf die Beachtung dieses Maßstabs dürften Selbsthilfegruppen unter Gleichbehandlungsgesichtspunkten Anspruch ungeachtet dessen haben, dass sich aus § 20c SGB V keine Rechtsansprüche auf Förderung ergeben.

Gegenwärtig sind danach folgende Krankheitsbilder für die Selbsthilfeförderung relevant[19]: 16

- **Krankheiten des Kreislaufsystems/Herz-Kreislauf-Erkrankungen** (z.B. chronische Herzkrankheiten, Infarkt, Schlaganfall, chronisch pulmonale Herzkrankheit),
- **Krankheiten des Muskel-Skelett-Systems, der Gelenke, der Muskeln und des Bindegewebes** (z.B. rheumatische Erkrankungen, Arthritis, chronische Polyarthritis, Morbus Bechterew, Sklerose, Myasthenie, Sklerodermie, Skoliose, Fibriomyalgie, Osteoporose, chronische Osteomyelitis),
- **bösartige Neubildungen/Tumorerkrankungen** (z.B. Kehlkopf, Haut, Brust, Genitalorgane, Leukämie),
- **allergische und asthmatische Erkrankungen/Krankheiten des Atmungssystems**,
- **Krankheiten der Verdauungsorgane und des Urogenitaltraktes** (z.B. chronische Colitis ulcerosa, Morbus Crohn, chronische Pankreatitis, chronische Nierenerkrankung),
- **Lebererkrankungen** (z.B. Leberzirrhose),
- **Hauterkrankungen/chronische Krankheiten des Hautanhanggebildes und der Unterhaut** (z.B. Psoriasis, chronisches atopisches Ekzem, Epidermolysis Bullosa, Lupus erythematodes, Sklerodomie),
- **Suchterkrankungen** (z.B. Medikamenten-, Alkohol-, Drogenabhängigkeit, Essstörungen: Anorexie und Bulimie),
- **Krankheiten des Nervensystems** (z.B. Multiple Sklerose, Parkinson, Epilepsie, Hydrocephalus, Chorea Huntington, Muskelatrophie, Muskeldystrophie, Zerebralparese/Lähmungen, Narkolepsie, Schädigungen des zentralen Nervensystems, Minimale Cerebrale Dysfunktion, Alzheimer Krankheit, Hereditäre Ataxie, Guillain-Barré-Syndrom, Stiff-man-Syndrom, Recklinghausensche Krankheit),
- **Hirnbeschädigungen** (z.B. apallisches Syndrom, Aphasie, Apoplexie, Schädel-Hirn-Verletzungen),
- **endokrine Ernährungs- und Stoffwechselkrankheiten** (z.B. Diabetes mellitus, Zystische Fibrose, Mukoviszidose, Zöliakie, Phenylketonurie, Marfan-Syndrom),
- **Krankheiten des Blutes, des Immunsystems/Immundefekte** (z.B. Hämophilie, AIDS, HIV-Krankheit, Sarkoidose),
- **Krankheiten der Sinnesorgane/Hör-, Seh- und Sprachbehinderungen** (z.B. Tinnitus, Ménière, Schwerhörigkeit, Taubheit, Taubstummheit, Gehörlosigkeit, Retinitis Pigmentosa, Stottern),
- **Infektiöse Krankheiten** (z.B. Poliomyelitis/Kinderlähmung),
- **psychische und Verhaltensstörungen/psychische Erkrankungen** (z.B. psychische und Persönlichkeitsstörungen, Psychosen, Suizidalität, Hyperkinetische Störungen, Angststörungen, Zwangsstörungen, Autismus, Rett-Syndrom),
- **angeborene Fehlbildungen/Deformitäten/Chromosomenanomalien** (z.B. Spina bifida, Hydrozephalus, Lippen-, Kiefer- und Gaumenspalte, Down-Syndrom, Turner-Syndrom, Klinefelter-Syndrom, Körperbehinderungen, Kleinwuchs, geistige Behinderungen),
- **chronische Schmerzen**,
- **Organtransplantationen.**

III. Förderungsfähiger Aufwand (Absatz 2 Satz 3)

Der förderungsfähige Aufwand ist in § 20c Abs. 2 Satz 3 SGB V allgemein dahin umschrieben, dass 17
die Förderung durch pauschale Zuschüsse und als **Projektförderung** erfolgen kann. Daraus ergibt sich zunächst mittelbar, dass die Förderung eine Vollfinanzierung ausschließt, sondern sich auf **anteilige Zuwendungen** (Zuschüsse) an dem Aufwand der Selbsthilfestellen beschränkt.[20]

---

[19] Vgl. Gemeinsame und einheitliche Grundsätze der Spitzenverbände der Krankenkassen zur Förderung der Selbsthilfe gemäß § 20 Abs. 4 SGB V vom 10.03.2000 in der Fassung vom 11.05.2006, S. 21 f.

[20] Ebenso die Spitzenverbände der Krankenkassen, vgl. Gemeinsame und einheitliche Grundsätze der Spitzenverbände der Krankenkassen zur Förderung der Selbsthilfe gemäß § 20 Abs. 4 SGB V vom 10.03.2000 in der Fassung vom 11.05.2006, S. 16.

18 Für den insoweit förderungsfähigen Aufwand im Einzelnen ergeben sich aus der Regelung zwei Möglichkeiten. Er kann zunächst im Rahmen eines **konkreten Vorhabens** anfallen, gefördert durch eine **Projektförderungszuwendung**. Benannt werden insoweit etwa Veranstaltungen (z.B. anfallender Sachkostenzuschuss, Zuschuss zu Honorarkosten für Referenten) oder die Erstellung von Medien (z.B. Faltblätter/Flyer, Einladungen, Broschüren, Plakate und Druckkosten).[21] Darüber hinaus ermöglicht die Förderung der **gesundheitsbezogenen Arbeit** der Selbsthilfestelle auch die Geltendmachung **allgemeiner Kosten der Selbsthilfestelle** und damit deren **pauschale Förderung.**[22] Unter diesem Gesichtspunkt erbringen die Krankenkassen etwa Zuschüsse zur **Informations- und Beratungstätigkeit** von Selbsthilfestellen.[23] Dafür wird aber besonders gelten, dass vor der Gewährung von Förderleistungen das Vorliegen der gesetzlichen Voraussetzungen sorgfältig zu prüfen ist und die Gewähr bestehen muss, dass die finanziellen Mittel **effektiv und zuverlässig** eingesetzt werden.[24]

IV. Regelungskompetenz der Spitzenverbände (Absatz 1 Satz 2 und Absatz 2 Sätze 1 und 2)

19 Die Ausgestaltung der Selbsthilfeförderung im Einzelnen ist Sache der **Spitzenverbände der Krankenkassen**, die nach § 20c Abs. 1 Satz 2 und Abs. 2 Sätze 1 und 2 SGB V **gemeinsam und einheitlich** (1) das Verzeichnis der relevanten Krankheitsbilder und (2) Grundsätze zu den Inhalten der Förderung beschließen. Das bezweckt eine **Vereinheitlichung der Förderpraxis** der Krankenkassen, in deren Unterschiedlichkeit und Unübersichtlichkeit ein wesentliches Hemmnis für die Weiterentwicklung der Selbsthilfe gesehen worden ist. Das verbindet sich mit der Erwartung, dass die notwendige **Transparenz der Förderkriterien** hergestellt, eine flächendeckende, gerechtere Verteilung der Fördermittel gewährleist und eine Abstimmung zu anderen Trägern von Förderleistungen für die Selbsthilfe, wie etwa der öffentlichen Hand geregelt werde; der **Rückzug anderer Kostenträger** solle **vermieden** werden.[25]

20 Die Konkretisierung der Selbsthilfeförderung ist damit – wie die der primären Prävention (vgl. die Kommentierung zu § 20 SGB V Rn. 36 ff.) – der **Selbstverwaltung der Krankenkassen** im Beschlussverfahren nach **§ 213 SGB V** zugewiesen, nach dem sich die Spitzenverbände einigen sollen und das auf die Herstellung rechtlicher Verbindlichkeit für Kassen und Förderadressaten durch **untergesetzliche Rechtsnorm** in der Form der **Allgemeinverfügung** zielt (vgl. die Kommentierung zu § 20 SGB V Rn. 39). Grundsätzlich ist dieses Verfahren nicht zu beanstanden. Fraglich erscheint aber, ob den Spitzenverbänden hier nicht mehr Spielraum überlassen worden ist, als in dem Verfahren nach § 213 SGB V auszufüllen ist. Das Rechtsetzungsverfahren des § 213 SGB V ist seinem Typus nach als **Verwaltungsvollzug** legitimiert.[26] Darüber dürfte der Konkretisierungsauftrag hier weit hinausreichen, etwa in Bezug auf die Fixierung von Grenzen für die Förderung von allgemeinen Ausgaben von Selbsthilfestellung oder den Anteil, den andere Träger mindestens zu tragen haben, ohne dass die – zu Recht – angestrebte Begrenzung des Kassenanteils an der öffentlichen Förderung zu groß wird. Dies erscheint doch eher Rechtsetzung und daher dem Bundesgesetzgeber vorbehalten.

V. Richtwert für Ausgaben (Absatz 3 Satz 1)

21 Die Ausgaben der Krankenkasse für die Wahrnehmung ihrer Aufgaben im Rahmen der Selbsthilfeförderung **sollen** nach § 20c Abs. 3 Satz 1 SGB V im Jahr 2006 für jeden ihrer Versicherten einen Betrag von 0,55 € umfassen und **sind** in den Folgejahren entsprechend der prozentualen Veränderung der monatlichen Bezugsgröße nach § 18 Abs. 1 SGB IV anzupassen. Diese durch das GKV-Gesundheitsreformgesetz 2000 eingeführte Sollgröße bedeutet – wie im Zusammenhang mit den Leistungen zur primären Prävention – eine bemerkenswerte Änderung des gesetzlichen Regelungskonzepts, nachdem derselbe, damals noch DM-Betrag im Fraktionsentwurf ursprünglich als **Obergrenze** vorgesehen war.

---

21 Vgl. Gemeinsame und einheitliche Grundsätze der Spitzenverbände der Krankenkassen zur Förderung der Selbsthilfe gemäß § 20 Abs. 4 SGB V vom 10.03.2000 in der Fassung vom 11.05.2006, S. 16.

22 Vgl. BT-Drs. 14/1245, S. 63 und BT-Drs. 14/1977, S. 160.

23 Vgl. Gemeinsame und einheitliche Grundsätze der Spitzenverbände der Krankenkassen zur Förderung der Selbsthilfe gemäß § 20 Abs. 4 SGB V vom 10.03.2000 in der Fassung vom 11.05.2006, S. 16.

24 So zu Recht *Höfler* in: KassKomm, SGB V, § 20 Rn. 29.

25 Vgl. BT-Drs. 14/1245, S. 63.

26 Vgl. BVerfG v. 17.12.2002 - 1 BvL 28/95, 1 BvL 29/95, 1 BvL 30/95 - juris Rn. 126 ff. - BVerfGE 106, 275.

An ihre Stelle ist nach den Ausschussberatungen die in den Materialien als **Richtwert** bezeichnete Sollgröße getreten. Sie solle gewährleisten, dass die Krankenkassen einen angemessenen Anteil ihrer Ausgaben für die Förderung der Selbsthilfe verwenden.[27]

Die **Rechtswirkungen** des Richtwerts nach § 20c Abs. 3 Satz 1 SGB V entsprechen denen nach § 20 Abs. 2 SGB V. Im Regelfall haben die Krankenkassen danach entsprechende Mittel in ihren Haushalt einzustellen, Abweichungen nach unten setzen einen Ausnahmefall voraus (vgl. die Kommentierung zu § 20 SGB V Rn. 42). 22

VI. Ansprüche förderungsfähiger Stellen

Rechtsansprüche auf Gewährung von fördernden Zuwendungen im Sinne eines gebundenen Anspruchs auf Leistung folgen aus § 20c SGB V nicht. Jedoch sind die Krankenkassen nach § 20c Abs. 1 Satz 1 SGB V im Gegensatz zur bis dahin bestehenden Rechtslage dem Grunde nach verpflichtet, Selbsthilfeeinrichtungen durch finanzielle Mittel zu fördern; lediglich das Fördervolumen steht nach § 20c Abs. 3 Satz 1 SGB V – „sollen … einen Betrag von 0,55 Euro umfassen" – in Grenzen in ihrer Entscheidungshoheit. Stellen sie Mittel zur Verfügung, haben die Selbsthilfestellen Anspruch auf Teilhabe an der Förderung im Wesentlichen nach Maßgabe des Grundsatzes der Gleichbehandlung und der Selbstbindung der Verwaltung. Darüber haben die Krankenkassen ermessensfehlerfrei zu entscheiden. Ansprüche auf bestimmte Leistungen können daraus nur dann entstehen, wenn alle tatbestandlichen Voraussetzungen erfüllt sind, unter denen die Krankenkasse ansonsten die begehrte Leistung erbringt, und alle für sie maßgeblichen Erbringungsmodalitäten erfüllt sind. 23

[27] BT-Drs. 14/1977, S. 161.

§ 20d SGB V Primäre Prävention durch Schutzimpfungen

(Fassung vom 26.03.2007, gültig ab 01.04.2007, gültig bis 30.06.2008)

(1) Versicherte haben Anspruch auf Leistungen für Schutzimpfungen im Sinne des § 2 Nr. 9 des Infektionsschutzgesetzes. Ausgenommen sind Schutzimpfungen, die wegen eines durch einen nicht beruflichen Auslandsaufenthalt erhöhten Gesundheitsrisikos indiziert sind, es sei denn, dass zum Schutz der öffentlichen Gesundheit ein besonderes Interesse daran besteht, der Einschleppung einer übertragbaren Krankheit in die Bundesrepublik Deutschland vorzubeugen. Einzelheiten zu Voraussetzungen, Art und Umfang der Leistungen bestimmt der Gemeinsame Bundesausschuss in Richtlinien nach § 92 auf der Grundlage der Empfehlungen der Ständigen Impfkommission beim Robert Koch-Institut gemäß § 20 Abs. 2 des Infektionsschutzgesetzes unter besonderer Berücksichtigung der Bedeutung der Schutzimpfungen für die öffentliche Gesundheit. Abweichungen von den Empfehlungen der Ständigen Impfkommission sind besonders zu begründen. Bei der erstmaligen Entscheidung nach Satz 3 muss der Gemeinsame Bundesausschuss zu allen zu diesem Zeitpunkt geltenden Empfehlungen der Ständigen Impfkommission einen Beschluss fassen. Die erste Entscheidung soll bis zum 30. Juni 2007 getroffen werden. Zu Änderungen der Empfehlungen der Ständigen Impfkommission hat der Gemeinsame Bundesausschuss innerhalb von drei Monaten nach ihrer Veröffentlichung eine Entscheidung zu treffen. Kommt eine Entscheidung nach den Sätzen 5 bis 7 nicht termin- oder fristgemäß zustande, dürfen insoweit die von der Ständigen Impfkommission empfohlenen Schutzimpfungen mit Ausnahme von Schutzimpfungen nach Satz 2 erbracht werden, bis die Richtlinie vorliegt.

(2) Die Krankenkasse kann in ihrer Satzung weitere Schutzimpfungen vorsehen. Bis zum Vorliegen einer Richtlinie nach Absatz 1 Satz 5 gelten die bisherigen Satzungsregelungen zu Schutzimpfungen fort.

(3) Die Krankenkassen haben außerdem im Zusammenwirken mit den Behörden der Länder, die für die Durchführung von Schutzimpfungen nach dem Infektionsschutzgesetz zuständig sind, unbeschadet der Aufgaben anderer, gemeinsam und einheitlich Schutzimpfungen ihrer Versicherten zu fördern und sich durch Erstattung der Sachkosten an den Kosten der Durchführung zu beteiligen. Zur Durchführung der Maßnahmen und zur Erstattung der Sachkosten schließen die Landesverbände der Krankenkassen und die Verbände der Ersatzkassen des Landes gemeinsam Rahmenvereinbarungen mit den in den Ländern dafür zuständigen Stellen.

Gliederung

A. Basisinformationen

I. Textgeschichte/Gesetzgebungsmaterialien

Der Anspruch auf Gewährung von Schutzimpfungen durch die gesetzliche Krankenversicherung nach § 20d SGB V geht zurück auf § 20 Abs. 2 SGB V i.d.F. des Art. 2 Nr. 3 des **Gesetzes zur Entlastung der Beiträge in der gesetzlichen Krankenversicherung** (Beitragsentlastungsgesetz – BeitrEntlG) vom 01.11.1996[1]. Danach konnten die Krankenkassen Schutzimpfungen mit Ausnahme von solchen aus Anlass eines nicht beruflich bedingten Auslandsaufenthalts zunächst als **Satzungsleistung** vorsehen. Diese Regelung wurde zum 01.01.2000 durch Art. 1 Nr. 8 des **Gesetzes zur Reform der gesetzlichen Krankenversicherung ab dem Jahr 2000** (GKV-Gesundheitsreform 2000) vom 22.12.1999[2] aus systematischen Gründen den so genannten medizinischen Vorsorgeleistungen nach § 23 SGB V zugeordnet und dort wortgleich in dessen Absatz 9 übernommen. 1

In der aktuellen Fassung mit dem Anspruch auf Impfleistungen als **Pflichtleistung** der gesetzlichen Krankenversicherung wurde § 20d SGB V mit Wirkung vom 01.04.2007 durch Art. 1 Nr. 12 des **Gesetzes zur Stärkung des Wettbewerbs in der gesetzlichen Krankenversicherung** (GKV-Wettbewerbsstärkungsgesetz – GKV-WSG)[3] eingeführt. Die Vorschrift geht auf den Gesetzentwurf der Fraktionen von CDU/CSU und SPD zum GKV-WSG[4] zurück und blieb im Rahmen der Ausschussberatungen weitgehend unverändert[5]. 2

Die maßgeblichen **Gesetzesmaterialien** zu § 20d SGB V finden sich in BT-Drs. 16/3100. 3

II. Untergesetzliche Rechtsnormen

Die Richtlinie nach § 20d Abs. 1 Satz 3 SGB V ist derzeit noch nicht beschlossen. Die nach § 20 IfSG (vgl. Rn. 7) gebildete Ständige Impfkommission am Robert Koch-Institut (STIKO) hat ihre Empfehlungen zuletzt im Juli 2006 aktualisiert.[6] 4

Nunmehr sind maßgeblich die Empfehlungen mit Stand Juli 2007 (Empfehlungen der Ständigen Impfkommission am Robert Koch-Institut (STIKO) Stand Juli 2007, Epidemiologisches Bulletin 30/2007, S. 267 ff.). 4.1

Auf den Umsetzungsauftrag nach § 20d Abs. 1 Satz 3 SGB V hat der Gemeinsame Bundesausschuss durch Beschluss vom 21.06.2007 eine Richtlinie über Schutzimpfungen nach § 20d Abs. 1 SGB V (Schutzimpfungs-Richtlinie/SiR) aufgestellt. Deren Fassung hat das Bundesministerium für Gesundheit im Prüfverfahren nach § 94 SGB V nicht beanstandet, aber durch Verfügung vom 27.08.2007 mit Auflagen versehen. Darauf hat der Gemeinsame Bundesausschuss mit einem Änderungsbeschluss reagiert, der dem Bundesministerium für Gesundheit zur erneuten Prüfung vorgelegt worden ist (vgl. dazu die Pressemitteilung des Gemeinsamen Bundesausschusses vom 19.10.2007). Nach dessen Genehmigung soll die Bekanntmachung der Schutzimpfungs-Richtlinie im Bundesanzeiger erfolgen. 4.2

Zwischenzeitlich hat das Bundesministerium für Gesundheit die Schutzimpfungsrichtlinie in der geänderten Fassung genehmigt. Entsprechend ist die Veröffentlichung im Bundesanzeiger erfolgt (Bekanntmachung des Beschlusses des Gemeinsamen Bundesausschusses zur Änderung der Schutzimpfungs-Richtlinie vom 18.10.2007, BAnz Nr. 9, 121 vom 17.01.2008). Mit dieser Ergänzung gilt die Schutzimpfungs-Richtlinie (SiR) nunmehr so, wie sie vom Bundesausschuss in seinen Beschlüssen vom 21.06.2007 und vom 18.10.2007 (Richtlinie des Gemeinsamen Bundesausschusses über Schutzimpfungen nach § 20d Abs. 1 SGB V (Schutzimpfungs-Richtlinie/SiR) in der Fassung vom 21.06.2007/18.10.2007, veröffentlicht im BAnz 2007, Nr. 224, 8, 154) in Geltung gesetzt worden ist. 4.3

---

1 BGBl I 1996, 1631

2 BGBl I 1999, 2626.

3 Vom 26.03.2007, BGBl I 2007, 378.

4 Vgl. BT-Drs. 16/3100, S. 7 und S. 98.

5 Vgl. BT-Drs. 16/4200, S. 14.

6 Empfehlungen der Ständigen Impfkommission (STIKO) am Robert Koch-Institut/Stand: Juli 2006, Epidemiologisches Bulletin 30/2006, S. 235 ff.

III. Systematische Zusammenhänge

5 Die Vorschrift konkretisiert den allgemeinen Anspruch nach § 23 Abs. 1 Nr. 3 SGB V auf **Leistungen zur Krankheitsverhütung** durch ärztliche Behandlung und Versorgung mit Arzneimitteln für den Bereich der Krankheitsverhütung durch **Schutzimpfungen**. § 20d SGB V ist danach krankenversicherungsrechtliches Sonderrecht für Prävention durch Schutzimpfungen. Grundsätzlich besteht nach § 23 Abs. 1 SGB V Anspruch auf ärztlich erbrachte oder verordnete Leistungen zur (vorbeugenden) Verhütung einer Krankheit nur, soweit im Einzelfall bei ungehindertem Verlauf der Eintritt einer prävenablen Krankheit **konkret** droht.[7] Dafür muss der Krankheitseintritt **real bevorstehen**. Demgegenüber setzt die Krankheitsverhütung durch Schutzimpfung in der Regel wesentlich früher ein. Der Gabe von Schutzimpfungen liegt demzufolge weniger eine individuelle als vielmehr eine **generalisierte Risikoabschätzung** zu Grunde. Entscheidend für die Ausgestaltung des Anspruchs auf Krankenkassenleistungen zu Schutzimpfungen ist deshalb vor allem, **von wem** und auf welcher **Entscheidungsgrundlage** diese generalisierte Risikoabschätzung **vorzunehmen ist**.

6 Diese Systementscheidung ist durch § 20d SGB V doppelspurig ausgestaltet. Dem Gegenstand als Leistung der gesetzlichen Krankenversicherung entsprechend obliegt die **Zuständigkeit** der Bestimmung der Einzelheiten zu Voraussetzungen, Art und Umfang der Leistungen nach § 20d Abs. 1 Satz 3 SGB V dem **Gemeinsamen Bundesausschuss** in Richtlinien nach § 92 SGB V. Damit folgt die Vorschrift dem Modell des in Selbstverwaltung autonom ausgestalteten Leistungsrechts der gesetzlichen Krankenversicherung. Zur **inhaltlichen Grundlage** der Entscheidung verweist sie jedoch auf den staatlich verantworteten Infektionsschutz. Danach hat der Gemeinsame Bundesausschuss seine Entscheidung „auf der Grundlage der Empfehlungen der **Ständigen Impfkommission beim Robert Koch-Institut** gemäß § 20 Abs. 2 des Infektionsschutzgesetzes unter besonderer Berücksichtigung der Bedeutung der Schutzimpfungen für die öffentliche Gesundheit" zu treffen. Damit ist ein ausdrücklicher Bezug zum **staatlichen Gesundheitsschutz** als originärer staatlicher Gefahrenabwehr hergestellt.

7 Rechtsgrundlage dessen ist für übertragbare Krankheiten und deren Prävention das **Gesetz zur Verhütung und Bekämpfung von Infektionskrankheiten beim Menschen** (Infektionsschutzgesetz – IfSG). Es wurde als Art. 1 des Seuchenrechtsneuordnungsgesetzes – SeuchRNeuG vom 20.07.2000[8] zum 01.01.2001 eingeführt und löste das Gesetz zur Verhütung und Bekämpfung übertragbarer Krankheiten beim Menschen (Bundes-Seuchengesetz – BSeuchG) vom 18.07.1961[9] ab. Ein Teil der darauf gestützten Maßnahmen zur Prävention von Infektionskrankheiten sind wie schon nach dem BSeuchG **öffentliche Impfempfehlungen**. Deren Rechtsgrundlage ist § 20 IfSG. Nach dessen Absatz 2 besteht beim Robert Koch-Institut eine **Ständige Impfkommission** (STIKO), die Empfehlungen zur Durchführung von Schutzimpfungen und zur Durchführung anderer Maßnahmen der spezifischen Prophylaxe übertragbarer Krankheiten gibt und Kriterien zur Abgrenzung einer üblichen Impfreaktion und einer über das übliche Ausmaß einer Impfreaktion hinausgehenden gesundheitlichen Schädigung entwickelt. Auf der Grundlage dieser Empfehlungen sollen die obersten Landesgesundheitsbehörden nach § 20 Abs. 3 IfSG öffentliche Empfehlungen für Schutzimpfungen oder andere Maßnahmen der spezifischen Prophylaxe auf der Grundlage der jeweiligen Empfehlungen der Ständigen Impfkommission aussprechen. Damit ist eine Förderung der Impfbeteiligung unter Berücksichtigung von Nutzen und Risiken der einzelnen Schutzimpfungen bezweckt. Über die Empfehlungen hinausgehend kann unter den besonderen Voraussetzungen des § 20 Abs. 6 und 7 IfSG auch eine **Impfpflicht** ausgesprochen werden. Bei einem Schaden durch u.a. eine öffentlich empfohlene Schutzimpfung besteht Anspruch auf **Impfopferentschädigung** nach § 60 IfSG.[10]

IV. Ausgewählte Literaturhinweise

8 *Bales/Baumann/Schnitzler*, Infektionsschutzgesetz, Kommentar und Vorschriftensammlung, 2003; *Beske*, Aktive Schutzimpfung – Stand und Handlungsbedarf, GesundhWes 2004, 352; *Deutsch*, Die Pflicht des Arztes, den Patienten auf eine Impfung hinzuweisen, VersR 2003, 801; *Erdle*, Infektionsschutzgesetz. Inkl. Trinkwasserverordnung mit Anmerkungen, 3. Aufl. 2005; *Huber*, Das Impfwesen in der BRD – Strategie, gegenwärtige Situation, Defizite, Öffentliches Gesundheitswesen 1991, Son-

7 Vgl. im Einzelnen die Kommentierung zu § 23 SGB V Rn. 29.

8 BGBl I 2000, 1045.

9 BGBl I 1961, 1012.

10 Vgl. zur Bedeutung der Impfempfehlung für das Impfschadensrecht BSG v. 20.07.2005 - B 9a/9 VJ 2/04 R - BSGE 95, 66.

derheft 3, 260; *Jochims/Stremmel*, Schutzimpfungen im Erwachsenenalter, DÄ 1999, A-2430; *Nahnhauer*, Das neue Infektionsschutzgesetz, KrV 2001, 62; *Nahnhauer*, Krankheitsverhütung durch aktive Impfpolitik, BKK 2002, 59; *Spiess/Heininger*, Impfkompendium, 6. Aufl. 2005.

B. Auslegung der Norm

I. Regelungsgehalt und Normzweck

Die Vorschrift ist Rechtsgrundlage für Leistungsansprüche der Versicherten der gesetzlichen Kranken- 9
versicherung auf Versorgung mit Leistungen für Schutzimpfungen. Sie verpflichtet den nach § 91 SGB V gebildeten Gemeinsamen Bundesausschuss, in Richtlinien nach § 92 SGB V den Umfang der Leistungen und damit den Katalog der aus Mitteln der gesetzlichen Krankenversicherung zu tragenden Schutzimpfungen festzulegen und dabei die die von der STIKO nach § 20 IfSG ausgesprochenen Impfempfehlungen sowie die öffentliche Gesundheit zu berücksichtigen (vgl. Rn. 7 f.). Auf dieser Grundlage haben die Versicherten Anspruch auf Leistungen für Schutzimpfungen im Rahmen der vertragsärztlichen Versorgung. Darüber hinaus sind die Krankenkassen gem. § 20d Abs. 3 SGB V verpflichtet, im Zusammenwirken mit den Behörden der Länder Maßnahmen für Schutzimpfungen für Versicherte zu treffen, die im Rahmen der vertragsärztlichen Versorgung nicht erreichbar sind.

Die Vorschrift ist zu verstehen vor dem Hintergrund des allgemeinen öffentlichen Interesses an einer 10
Verbesserung des Impfschutzes in Deutschland. Weit reichende Impfprogramme konnten in der Vergangenheit dazu beitragen, dass zahlreiche Infektionskrankheiten mit tödlichem Verlauf – etwa Influenza, Keuchhusten, Diphtherie oder Scharlach – oder schweren Folgewirkungen – Pocken oder Kinderlähmung – eingedämmt werden konnten. Zwischenzeitlich sind jedoch alte Infektionskrankheiten wieder aufgeflammt und neue Infektionskrankheiten bekannt geworden. Zusätzlich wird das Infektionsrisiko durch eine höhere Mobilität befördert. Deshalb ist das öffentliche Interesse an hohem Durchimpfungsraten ungebrochen.[11] Dafür hat die Versorgung durch die niedergelassenen Ärzte im Rahmen der vertragsärztlichen Versorgung zunächst rein praktisch und vor allem finanziell hohe Bedeutung. Aus Sicht des öffentlichen Gesundheitsschutzes ist deshalb neben Maßnahmen zur Steigerung der Impfbereitschaft zentral, ob die **Kostenlast** für Schutzimpfungen **steuerfinanziert vom Öffentlichen Gesundheitsdienst** (ÖGD) der Länder oder **beitragsfinanziert von der gesetzlichen Krankenversicherung** zu tragen ist. Nach der durch § 20d SGB V abgelösten Rechtslage lag es bis dahin in der Entscheidung der Krankenkassen, Impfleistungen auf freiwilliger **satzungsrechtlicher Grundlage** zu gewähren (vgl. Rn. 1). Diese Frage ist – gegen den entschiedenen Widerstand der Spitzenverbände der Krankenkassen[12] – nunmehr im Sinne einer Leistungspflicht der Krankenkassen nach Maßgabe einer selbstregulierenden Konkretisierung durch den Gemeinsamen Bundesausschuss entschieden. Dagegen war eine entsprechende Regelung im Entwurf eines Gesetzes zur Stärkung der gesundheitlichen Prävention,[13] der vom Bundestag zwar beschlossen worden,[14] im Bundesrat aber der Diskontinuität nach der vorzeitigen Beendigung der 15. Wahlperiode unterfallen war, noch nicht vorgesehen. Zur Begründung wird dazu in den Gesetzesmaterialien darauf abgehoben, dass es nach dem geltenden Recht auf satzungsrechtlicher Grundlage zu unterschiedlichen Leistungen der Krankenkassen gekommen sei, was eine hohe Impfbeteiligung behinderte habe. Dem solle durch einen bundesweit einheitlichen Katalog der Impfleistungen, durch Transparenz und Sicherheit bei der Kostenübernahme und durch Sicherheit für den Arzt hinsichtlich der Kostenübernahme entgegengewirkt werden.[15]

---

[11] Vgl. allgemein zu den Motiven des Seuchenrechtsneuordnungsgesetzes, BT-Drs. 14/2530 S. 37 ff. und S. 71; zur medizinischen Seite vgl. die Angaben des RKI (Hsrg.), Gesundheitsberichterstattung des Bundes, Heft 1, Schutzimpfungen, S. 6.

[12] Vgl. die auf eine allgemeine Bewertung beschränkte Stellungnahme der Spitzenverbände zum Referentenentwurf des GKV-WSG vom 12.10.2006, Ausschuss für Gesundheit, Drs. 0091 (6), S. 6.

[13] Vgl. BT-Drs. 15/4833.

[14] Bericht v. 22.04.2005, vgl. BT-Plenarprotokoll 15/173, S. 16268A.

[15] Vgl. BT-Drs. 16/3100, S. 288 f.

II. Anspruch auf Leistungen für Schutzimpfungen (Absatz 1)

1. Anspruchsberechtigter Personenkreis

11 Personell anspruchsberechtigt für Leistungen nach § 20d SGB V sind „Versicherte". Das sind alle, die **bei Inanspruchnahme** der Leistung nach Maßgabe der §§ 5 ff. SGB V **Versicherungsschutz** entweder **als Versicherte** oder auf Grund des **nachgehenden Anspruchs** nach den Absätzen 2 oder 3 des § 19 SGB V haben.[16]

2. Schutzimpfung

12 Im medizinischen Sprachgebrauch ist Schutzimpfung im umfassenden Sinn jede Maßnahme, die eine **Immunität** zur individuellen und kollektiven Vorbeugung gegen **Infektionskrankheiten** erzeugen soll.[17] Von diesem Begriffsverständnis umfasst sind Maßnahmen der **aktiven** sowie der **passiven Immunisierung. Aktive Immunisierung** setzt auf **körpereigene immunologische Abwehrsysteme**, und zwar durch Verabreichung abgetöteter bzw. stark abgeschwächter Erreger oder bestimmter Erregerkomponenten. Ein erneuter Kontakt mit denselben Erregern führt dann während der Dauer des Schutzes – lebenslang oder nach erneuter Aktivierung durch Auffrischimpfungen – nicht mehr zur Erkrankung. Zur **passiven Immunisierung** werden **fremde Antikörper** gegen bestimmte Erreger oder deren Toxine verabreicht. Sie können von Menschen bzw. in einigen seltenen Fällen auch von Tieren stammen. Sie bewirken sofortigen Schutz, der jedoch nur kurzfristig anhält – im Allgemeinen einige Wochen bis maximal drei Monate.[18]

13 Unter diesen Maßnahmen bezieht sich § 20d SGB V ausschließlich auf Schutzimpfungen im Sinne von **§ 2 Nr. 9 IfSG**. Das sind nach dessen Legaldefinition Gaben von **Impfstoffen** mit dem Ziel, vor einer übertragbaren Krankheit zu schützen. Nach der damit in Bezug genommenen[19] Legaldefinition des Impfstoffbegriffs nach § 4 Abs. 4 AMG sind dies Arzneimittel im Sinne des § 2 Abs. 1 AMG, die Antigene enthalten und dazu bestimmt sind, bei Mensch oder Tier zur **Erzeugung von spezifischen Abwehr- und Schutzstoffen** angewendet zu werden. Davon ausgehend betrifft die Schutzimpfungsregelung des § 20d SGB V ausschließlich Maßnahmen der **aktiven Immunisierung** durch Verabreichung abgetöteter bzw. stark abgeschwächter Erreger zum Aufbau einer körpereigenen Immunabwehr. Ansprüche auf Leistungen zur passiven Immunisierung sind demgemäß nach der allgemeinen Vorschrift des § 23 SGB V zu beurteilen.

3. Leistungsgegenstand

14 Gegenstand des Leistungsanspruchs nach § 20d SGB V sind Leistungen „für" Schutzimpfungen. Danach umfasst der Leistungsanspruch alle ärztlichen und ärztlich zu verordnenden Leistungen, die bei Durchführung einer Schutzimpfung nach dem Stand der medizinischen Kenntnis im Einzelfall **erforderlich** sind. Dazu rechnen zunächst ärztliche Untersuchungen, soweit sie zur Beurteilung einer Impfindikation sowie von Impfrisiken geboten sind, weiter die ärztliche Beratung über Vor- und Nachteile der Impfung einschließlich des Impfrisikos im Einzelfall sowie schließlich die Verordnung und Gabe des Impfstoffes selbst.

4. Impfindikation

15 Leistungen für eine Schutzimpfung können nur beansprucht werden, soweit eine **rechtlich beachtliche Impfindikation** besteht. Diese Voraussetzung ist zunächst mittelbar in § 20d SGB V selbst angelegt, wie sich aus dem Ausnahmetatbestand des § 20d Abs. 1 Satz 2 SGB V ergibt. Nach dessen Regelung können Leistungen für Schutzimpfungen, die wegen eines durch einen nicht beruflichen Auslandsaufenthalt „**erhöhten Gesundheitsrisikos indiziert** sind", nur beansprucht werden, wenn zum Schutz der öffentlichen Gesundheit ein besonderes Interesse daran besteht, der Einschleppung einer übertragbaren Krankheit in die Bundesrepublik Deutschland vorzubeugen. Das spricht dafür, dass auch Leistungen **ohne Auslandsbezug** nur beansprucht werden können, wenn sie aufgrund eines Gesundheitsrisikos indiziert sind. Das folgt im Übrigen auch aus dem Wirtschaftlichkeitsgebot des § 12 SGB V, nach dem

---

16 Wegen der Einzelheiten vgl. die Kommentierungen zu den §§ 5 ff. SGB V sowie zu § 27 SGB V die Kommentierung zu § 27 SGB V Rn. 22 ff.

17 Vgl. *Pschyrembel*, Klinisches Wörterbuch, 260. Aufl. 2004, Stichwort: Schutzimpfung; Robert Koch-Institut (Hrsg.), Gesundheitsberichterstattung des Bundes – Heft 1, Schutzimpfungen, S. 7 und S. 11 f.

18 Vgl. Robert Koch-Institut (Hrsg.), Gesundheitsberichterstattung des Bundes – Heft 1, Schutzimpfungen, S. 11 f.

19 Vgl. BT-Drs. 14/2530, S. 44.

Leistungsansprüche grundsätzlich auf das **Maß des Notwendigen** beschränkt sind. Auch Leistungen für Schutzimpfungen können demgemäß nur beansprucht werden, soweit sie wegen eines relevanten Infektionsrisikos als notwendig erscheinen. Dabei ist zu unterscheiden zwischen Schutzimpfungen mit Inlandsbezug nach dem **allgemeinen Impftatbestand** des § 20d Abs. 1 Satz 1 SGB V einerseits sowie Schutzimpfungen mit Auslandsbezug nach dem **besonderen Impftatbestand** des § 20d Abs. 1 Satz 2 SGB V andererseits:

a. Allgemeine Infektionsrisiken (Absatz 1 Satz 1)

Bei Schutzimpfungen **ohne Auslandsbezug** im Sinne von § 20d Abs. 1 Satz 2 SGB V besteht nach dem uneingeschränkt gefassten Tatbestand des § 20d Abs. 1 Satz 1 SGB V eine Impfindikation grundsätzlich für **jeden** nach Arzneimittelrecht zugelassenen Impfstoff, soweit dessen Gabe im Sinne von § 12 Abs. 1 Satz 2 SGB V als **notwendig** zur Verhütung eines Gesundheitsrisikos anzusehen ist. Davon ist auszugehen, soweit die Impfstoffgabe unter den konkreten Umständen des Einzelfalls entsprechend § 2 Abs. 1 Satz 3 SGB V dem allgemein anerkannten Stand der medizinischen Erkenntnisse zur Verhütung der betreffenden Infektionskrankheit **entspricht**. Schutzgut ist dabei nicht ausschließlich die individuelle Gesundheit des zu Impfenden selbst. Nach den für den Gemeinsamen Bundesausschuss nach § 20d Abs. 1 Satz 3 SGB V aufgestellten Anforderungen sowie dem Ausnahmetatbestand des § 20d Abs. 1 Satz 2 SGB V ist Schutzgut des Leistungsanspruchs nach § 20d SGB V auch die **öffentliche Gesundheit**. Darin liegt keine unzulässige Überwälzung von Aufgaben des öffentlichen, aus Steuermitteln zu finanzierenden Gesundheitsschutzes auf die Versichertengemeinschaft. Das Risiko, an einer imprävenablen Infektionskrankheit zu erkranken, reduziert sich bei steigender Durchimpfungsrate der Gesamtbevölkerung für jeden Versicherten auch dann, wenn er selbst keinen ausreichenden Impfschutz besitzt. Insoweit mindert die ausreichende Inanspruchnahme von Impfleistungen nach § 20d SGB V indirekt das Gesundheitsrisiko aller Versicherter. Das rechtfertigt es, die Impfindikation nicht ausschließlich nach dem individuellen Erkrankungsrisiko des den Versicherungsschutz nachfragenden Versicherten zu beurteilen, sondern auch auf den Schutzbedarf der gesamten Bevölkerung abzustellen. 16

Im Rahmen des **allgemeinen Impftatbestands** des § 20d Abs. 1 Satz 1 SGB V besteht danach eine Impfindikation, wenn die Gabe des betreffenden Impfstoffes nach dem Stand der wissenschaftlichen Erkenntnis entweder zum individuellen Schutz oder zugleich auch zum Schutz der öffentlichen Gesundheit **angezeigt erscheint**. Maßgeblich ist danach der Stand der wissenschaftlichen Erkenntnis über drohende Infektionskrankheiten, die Möglichkeit ihrer Verhütung durch die Gabe von Impfstoffen sowie die dabei zu berücksichtigenden Impfrisiken. Einen maßgeblichen Stand dieser Erkenntnis repräsentieren nach der expliziten Vorgabe des § 20d Abs. 1 Satz 3 SGB V für die Schutzimpfungen, die auch unter dem Gesichtspunkt der **öffentlichen Gesundheit** angezeigt sind, die **Empfehlungen der STIKO nach § 20 IfSG** (vgl. Rn. 7). Ihnen kommt danach bei der Bestimmung der auch im öffentlichen Interesse liegenden Impfindikationen besondere Bedeutung zu. Von ihnen dürfte nur abgewichen werden können, wenn in einem dem Maßstäben der STIKO entsprechenden Verfahren festzustellen ist, dass eine von dieser abgegebene Empfehlung **nicht** dem Stand der wissenschaftlichen Erkenntnis entspricht. Liegt eine Schutzimpfung nach dem Maßstäben der STIKO nicht auch im öffentlichen, sondern nur im individuellen Interesse, muss der Stand der wissenschaftlichen Erkenntnis nach **allgemeinen Maßstäben** gewonnen werden; jedenfalls kann eine Impfindikation auch dann bestehen, wenn sie nach den Empfehlungen der STIKO nicht im öffentlichen Interesse liegt.[20] 17

b. Im Ausland drohende Infektionsrisiken (Absatz 1 Satz 2)

Bei Auslandsaufenthalten gelten nach § 20d Abs. 1 Satz 2 SGB V Besonderheiten, soweit mit ihnen ein **erhöhtes** Gesundheitsrisiko verbunden ist. Als in diesem Sinne erhöht ist ein Infektionsrisiko anzusehen, das im Inland **nicht** oder nicht **in demselben Maß** droht. In diesem Fall besteht eine Impfindikation zu Lasten der gesetzlichen Krankenversicherung nur, wenn der Aufenthalt im Ausland entweder **beruflich bedingt** ist oder wenn zum Schutz der **öffentlichen Gesundheit** ein **besonderes Interesse** daran besteht, der Einschleppung einer übertragbaren Krankheit in die Bundesrepublik Deutschland vorzubeugen. Im letzteren Fall ist danach zusätzlich zum Stand der wissenschaftlichen Erkenntnis über die Gefährdung durch eine Infektionskrankheit, die Möglichkeit sowie die Risiken ihrer Verhütung durch die Gabe von Impfstoffen darauf abzustellen, ob bei einer möglichen Übertragung der 18

[20] Vgl. dazu Empfehlungen der Ständigen Impfkommission (STIKO) am Robert Koch-Institut/Stand: Juli 2006, Epidemiologisches Bulletin 30/2006, S. 239.

Krankheit in Deutschland **besondere Risiken** drohen. Das wird jedenfalls dann anzunehmen sein, wenn nach einer Einschleppung besondere Maßnahmen des öffentlichen Gesundheitsdienstes zum Schutz der Bevölkerung erforderlich werden könnten. Dazu würde zuletzt insbesondere die **Verhängung einer Impfpflicht** nach § 20 Abs. 6 IfSG zählen. Auf dieser Rechtsgrundlage kann durch Rechtsverordnung angeordnet werden, dass bedrohte Teile der Bevölkerung an Schutzimpfungen oder anderen Maßnahmen der spezifischen Prophylaxe teilzunehmen haben, wenn eine übertragbare Krankheit mit **klinisch schweren Verlaufsformen** auftritt und mit ihrer **epidemischen Verbreitung** zu rechnen ist. Mindestens zur Vermeidung solcher Infektionsrisiken besteht nach § 20d Abs. 1 Satz 2 SGB V auch bei nicht beruflich bedingten Auslandsaufenthalten eine Impfindikation zu Lasten der gesetzlichen Krankenversicherung.

5. Leistungserbringung

19 Der Anspruch auf Leistungen für Schutzimpfungen nach § 20d Abs. 1 SGB V richtet sich ungeachtet der nach § 20d Abs. 3 SGB V vorgeschriebenen Zusammenarbeit zwischen den Krankenkassen und den in den Ländern zuständigen Stellen auf Erfüllung im System der **vertragsärztlichen Versorgung**, wie es durch die §§ 72 ff. SGB V begründet ist. Die explizite Benennung der vertragsärztlichen Versorgung nur in der Übergangsregelung des § 20d Abs. 1 Satz 8 SGB V könnte zwar so verstanden werden, dass die Leistungserbringung nur unter den Voraussetzungen dieser Übergangsregelung auf die vertragsärztliche Versorgung beschränkt ist. Ein solches Verständnis wäre indes mit der Systematik der Leistungserbringung nach dem SGB V unvereinbar. Leistungsansprüche der Versicherten sind grundsätzlich nur im Rahmen der vertragsärztlichen Versorgung zu erfüllen. Nur bei nicht rechtzeitiger Leistungserbringung besteht Anspruch auf Kostenerstattung nach § 13 Abs. 3 SGB V. Anhaltspunkte dafür, dass diese Systematik bei Leistungsansprüchen nach § 20d Abs. 1 SGB V durchbrochen werden sollte, sind nicht ersichtlich. Die Sonderregelung des § 20d Abs. 1 Satz 8 SGB V muss deshalb so verstanden werden, dass auch in diesem Fall Ansprüche auf Leistungen für Schutzimpfungen grundsätzlich nur im Rahmen der vertragsärztlichen Versorgung erfüllt werden können.

6. Konkretisierung durch Richtlinien (Absatz 1 Satz 3)

20 Die Ausgestaltung des Anspruchs auf Leistungen für Schutzimpfungen im Einzelnen ist dem Gemeinsamen Bundesausschuss zugewiesen. § 20d SGB V gewährt den Versicherten wie regelmäßig alle Vorschriften des Dritten Kapitels **ein ausfüllungsbedürftiges Rahmenrecht**, hier auf Leistungen für Schutzimpfungen. Die Regelung umschreibt die Leistungspflicht nur vage und ist auf nähere Konkretisierung angelegt. Dazu ist dem Gemeinsamen Bundesausschuss nach § 20d Abs. 1 Satz 3 SGB V der Auftrag zugewiesen, „Einzelheiten" zu den **Voraussetzungen**, **Art** und **Umfang** der Leistungen zu bestimmen. Danach verdichtet sich das gesetzliche Rahmenrecht auf Leistungen für Schutzimpfungen erst dann zum durchsetzbaren Einzelanspruch, wenn der Gemeinsame Bundesausschuss festgelegt hat, welche Schutzimpfungen unter welchen Voraussetzungen von welchen Versicherten beansprucht werden können.[21] Auf dieser Grundlage erlässt der Gemeinsame Bundesausschuss gemäß § 92 SGB V Richtlinien in Form von untergesetzlichen Rechtsnormen, die verbindlich festlegen, welche Schutzimpfungen nach § 20d SGB V Gegenstand der Leistungspflicht der Krankenkassen sind.[22]

21 In der Wahrnehmung des ihm zugewiesenen Konkretisierungsauftrages ist der Gemeinsame Bundesausschuss **nicht frei, sondern rechtlich gebunden**. Die ihm durch § 20d Abs. 1 Satz 3 SGB V übertragene Ermächtigung besagt nicht, dass es ihm freigestellt wäre, ob und nach welchen Kriterien und wie er sich mit den Leistungen für Schutzimpfungen befassen und hierzu eine Empfehlung abgeben will. Der **Konkretisierungsvorbehalt** in § 20d Abs. 1 Satz 3 SGB V kann vergleichbar dem präventiven Verbot in § 135 Abs. 1 SGB V allein dem Zweck der **Qualitätssicherung** dienen; nur soweit es dieser Zweck erfordert, kann der Ausschluss nicht zuerkannter Schutzimpfungen aus der vertragsärztlichen Versorgung und die Entscheidungskompetenz des Gemeinsamen Bundesausschusses gerecht-

---

[21] Vgl. aus der Rechtsprechung des BSG zur Konkretisierungsfunktion des Bundesausschusses nur BSG v. 16.09.1997 - 1 RK 28/95 - BSGE 81, 54 und BSG v. 03.04.2001 - B 1 KR 22/00 R - BSGE 88, 51, jeweils m.w.N.

[22] Zur Rechtsnormqualität der Richtlinien vgl. aus der Rechtsprechung BSG v. 16.09.1997 - 1 RK 32/95 - BSGE 81, 73 und BSG v. 20.03.1996 - 6 RKa 62/94 - BSGE 78, 70; vgl. dazu insbesondere *Engelmann*, Untergesetzliche Normsetzung im Recht der GKV, NZS 2000, 1 ff. und 76 ff.

fertigt erscheinen.[23] Dementsprechend hat der Gemeinsame Bundesausschuss seine Entscheidungen gemäß § 20d Abs. 1 Satz 3 SGB V auf der Grundlage der Empfehlungen der STIKO § 20 IfSG (vgl. Rn. 7) zu treffen und nach § 20d Abs. 1 Satz 4 SGB V eine besondere Begründung abzugeben, wenn er von deren Empfehlungen abweicht.

Diesen Anforderungen muss das **Verfahren vor dem Gemeinsamen Bundesausschuss gerecht werden**. Ausgehend von der Rechtsprechung des BSG zu § 135 Abs. 1 SGB V muss gewährleistet sein, dass nach der Neufassung von Empfehlungen durch die STIKO in vertretbarer Zeit eine Entscheidung über die Umsetzung in den Leistungskatalog nach § 20d SGB V erreicht werden kann. Kommt der Gemeinsame Bundesausschuss dieser Anforderung nicht nach, besteht bis zu einer Entscheidung Anspruch auf Übernahme der Leistungen auf der Grundlage von § 20d Abs. 1 Satz 8 SGB V. 22

III. Leistungserbringung mit Stellen der Länder (Absatz 3)

Außerhalb der vertragsärztlichen Versorgung (vgl. Rn. 19) haben die Krankenkassen nunmehr Leistungen für Schutzimpfungen zu Gunsten ihrer Versicherten auch im Zusammenwirken mit den in den Ländern für die Ausführung des IfSG zuständigen Stellen zu erbringen. Damit sollen solche Versicherte erreicht werden, die eine vertragsärztlichen Versorgung nicht ausreichend nachsuchen. Vorbild der Vorschrift ist § 21 SGB V. Wegen der Einzelheiten wird auf die Kommentierung zu § 21 SGB V verwiesen. 23

IV. Leistungen nach Satzungsrecht (Absatz 2)

In Weiterentwicklung des bis dahin geltenden Rechts (vgl. Rn. 1) ist den Krankenkassen durch § 20d Abs. 2 Satz 1 SGB V die Möglichkeit eingeräumt, auf satzungsrechtlicher Grundlage über die Pflichtleistungen hinaus weitere Impfleistungen zu erbringen. Soweit sie bis zur Neuregelung Impfleistungen auf satzungsrechtlicher Grundlage erbracht haben, gilt die Satzung fort, bis erstmals eine Richtlinie nach § 20d Abs. 1 Satz 3 SGB V erlassen worden ist. 24

---

[23] Siehe zur vergleichbaren Konstellation neuer Untersuchungs- und Behandlungsmethoden die Rspr. des BSG zu § 135 Abs. 1 SGB V, insbesondere BSG v. 16.09.1997 - 1 RK 28/95 - BSGE 81, 54.

§ 21 SGB V Verhütung von Zahnerkrankungen (Gruppenprophylaxe)

(Fassung vom 22.12.1999, gültig ab 01.01.2000, gültig bis 30.06.2008)

(1) Die Krankenkassen haben im Zusammenwirken mit den Zahnärzten und den für die Zahngesundheitspflege in den Ländern zuständigen Stellen unbeschadet der Aufgaben anderer gemeinsam und einheitlich Maßnahmen zur Erkennung und Verhütung von Zahnerkrankungen ihrer Versicherten, die das zwölfte Lebensjahr noch nicht vollendet haben, zu fördern und sich an den Kosten der Durchführung zu beteiligen. Sie haben auf flächendeckende Maßnahmen hinzuwirken. In Schulen und Behinderteneinrichtungen, in denen das durchschnittliche Kariesrisiko der Schüler überproportional hoch ist, werden die Maßnahmen bis zum 16. Lebensjahr durchgeführt. Die Maßnahmen sollen vorrangig in Gruppen, insbesondere in Kindergärten und Schulen, durchgeführt werden; sie sollen sich insbesondere auf die Untersuchung der Mundhöhle, Erhebung des Zahnstatus, Zahnschmelzhärtung, Ernährungsberatung und Mundhygiene erstrecken. Für Kinder mit besonders hohem Kariesrisiko sind spezifische Programme zu entwickeln.

(2) Zur Durchführung der Maßnahmen nach Absatz 1 schließen die Landesverbände der Krankenkassen und die Verbände der Ersatzkassen mit den zuständigen Stellen nach Absatz 1 Satz 1 gemeinsame Rahmenvereinbarungen. Die Spitzenverbände der Krankenkassen haben gemeinsam bundeseinheitliche Rahmenempfehlungen insbesondere über Inhalt, Finanzierung, nicht versichertenbezogene Dokumentation und Kontrolle zu beschließen.

(3) Kommt eine gemeinsame Rahmenvereinbarung nach Absatz 2 Satz 1 nicht bis zum 30. Juni 1993 zustande, werden Inhalt, Finanzierung, nicht versichertenbezogene Dokumentation und Kontrolle unter Berücksichtigung der bundeseinheitlichen Rahmenempfehlungen der Spitzenverbände der Krankenkassen durch Rechtsverordnung der Landesregierung bestimmt.

Gliederung

A. Basisinformationen

I. Textgeschichte/Gesetzgebungsmaterialien

1 § 21 SGB V wurde mit Wirkung vom 01.01.1989 durch Art. 1 des **Gesundheitsreformgesetzes** (GRG)[1] eingeführt. Die Vorschrift geht auf § 21 des Fraktionsentwurfs von CDU/CSU und FDP zum

[1] Vom 20.12.1988, BGBl I 1988, 2477.

GRG[2] zurück. Die Ausschussberatungen führten zu einer Absenkung des Alters der in die Gruppenprophylaxe einbezogenen Versicherten auf 12 Jahre. Zudem wurde auf Drängen des Bundesrates als Absatz 2 die Verpflichtung aufgenommen, zur Durchführung der Gruppenprophylaxe Rahmenvereinbarungen mit den in den Ländern zuständigen Stellen abzuschließen.[3]

Seit In-Kraft-Treten wurde die Vorschrift wie folgt weiterentwickelt: 2

- Mit Wirkung zum **01.01.1993** wurde durch Art. 1 Nr. 9 lit. b des **Gesetzes zur Sicherung und Strukturverbesserung der gesetzlichen Krankenversicherung** (Gesundheitsstrukturgesetz) vom 21.12.1992[4] die Aufgabe der Gruppenprophylaxe um die **Erkennung von Zahnerkrankungen** ergänzt. Dazu wurden in Absatz 1 Satz 1 das Wort „Erkennung" und in Absatz 1 Satz 2 Halbsatz 2 die Worte „Untersuchung der Mundhöhle, Erhebung des Zahnstatus" eingefügt. Weiter wurde in Absatz 1 als Satz 3 (inzwischen: Satz 5) der Auftrag angefügt, dass für **Kinder mit besonders hohem Kariesrisiko** spezifische Programme zu entwickeln sind und in Absatz 2 Satz 2 präzisierend festgehalten, dass die zu erstellende Dokumentation **keine versichertenbezogenen Angaben** enthalten soll. Es solle klargestellt werden, dass die Inspektion der Mundhöhle mit Erhebung des Zahnstatus unbedingter Bestandteil der Gruppenprophylaxe ist. Dabei könnten auch Fälle mit besonders hohem Kariesrisiko festgestellt werden. Dafür seien Intensiv-Betreuungsprogramme zu entwickeln und durchzuführen, unter Umständen auch durch Aufsuchung eines niedergelassenen Zahnarztes mit Intensivbetreuung in der Praxis nach § 22 SGB V.[5] Schließlich wurde Absatz 3 mit folgendem Wortlaut angefügt: „Kommt eine gemeinsame Rahmenvereinbarung nach Absatz 2 Satz 1 nicht bis zum 30. Juni 1993 zustande, werden Inhalt, Finanzierung, nicht versichertenbezogene Dokumentation und Kontrolle unter Berücksichtigung der bundeseinheitlichen Rahmenempfehlungen der Spitzenverbände der Krankenkassen durch Rechtsverordnung der Landesregierung bestimmt". Dadurch solle einerseits sichergestellt werden, dass in allen Bundesländern konkrete Durchführungsbestimmungen zur Praktizierung der Gruppenprophylaxe bestehen. Andererseits sei zu gewährleisten, dass die Krankenkassen nicht verpflichtet werden, Aufgaben zu finanzieren, die in die Zuständigkeit der Länder fallen. Deshalb müssten die Länder bei einer entsprechenden Rechtsverordnung die bundeseinheitlichen Rahmenempfehlungen der Spitzenverbände der Krankenkassen beachten.[6]
- Mit Wirkung zum **01.01.2000** wurden durch Art. 1 Nr. 9 lit. a des **Gesetzes zur Reform der gesetzlichen Krankenversicherung ab dem Jahr 2000 (GKV-Gesundheitsreform 2000)** vom 22.12.199[7] in Absatz 1 die Sätze 2 und 3 mit dem Wortlaut eingefügt „Sie haben auf **flächendeckende Maßnahmen hinzuwirken**. In Schulen und Behinderteneinrichtungen, in denen das durchschnittliche Kariesrisiko der Schüler **überproportional hoch** ist, werden die Maßnahmen bis **zum 16. Lebensjahr** durchgeführt."

Die maßgeblichen **Gesetzesmaterialien** zu § 21 SGB V in der Fassung des GRG finden sich in den BT-Drs. 11/2237, BT-Drs. 11/3320 und BT-Drs. 11/3480. Für die Änderungen durch das GSG sind die Drucksachen BT-Drs. 12/3608, BT-Drs. 12/3930 und BT-Drs. 12/3937 maßgeblich. Die Motive zu den Änderungen durch das Gesetz zur Reform der gesetzlichen Krankenversicherung ab dem Jahr 2000 ergeben sich aus BT-Drs. 14/1245. 3

II. Vorgängervorschriften

Vorgängervorschriften zu § 21 SGB V gab es nicht. Vor Einführung des SGB V haben Krankenkassen die Gruppenprophylaxe auf freiwilliger Grundlage entwickelt und eingeführt. 4

III. Untergesetzliche Rechtsnormen

Für die Umsetzung des Leistungsauftrags des § 21 SGB V ist vor allem folgende Vereinbarung von Bedeutung: Arbeitsgemeinschaft der Spitzenverbände der Krankenkassen, Gruppenprophylaxe 2000, Konzept der Spitzenverbände der Krankenkassen zur Weiterentwicklung der Maßnahmen nach § 21 Abs. 1 SGB V (Weiterentwicklungskonzept Gruppenprophylaxe) vom 20.11.2000. 5

[2] Vgl. BT-Drs. 11/2237, S. 16 und S. 167.

[3] Vgl. BT-Drs. 11/3320, S. 15 und BT-Drs. 11/3480, S. 51. Vgl. zum Gang dieser Beratungen im Einzelnen *Igl/Welti* in: v. Maydell, GK-SGB V, § 21 SGB V Rn. 2 ff.

[4] BGBl I 1992, 2266.

[5] Vgl. BT-Drs. 12/3608, S. 77.

[6] Vgl. BT-Drs. 12/3608, S. 77.

[7] BGBl I 1999, 2626.

IV. Systematische Zusammenhänge

6 § 21 SGB V **erweitert** wie alle Vorschriften des Dritten Abschnitts im Dritten Kapitel des SGB V den Leistungsauftrag der Krankenkassen für Verhältnisse **vor Eintritt** des Versicherungsfalls. Die Regelung begründet Handlungspflichten der Krankenkassen für Versicherte auch dann, wenn (noch) keine behandlungsbedürftige Zahnerkrankung festgestellt worden ist.[8] Mit diesem Auftrag stellt die Vorschrift systematisch eine Sonderregelung für die Verhütung von Zahnerkrankungen im Verhältnis zu der allgemeinen Bestimmung des § 23 SGB V dar. Mit dieser von der **Leistungserbringung her vergleichbar** verpflichtet sie die Krankenkassen, zahnärztlich wahrgenommene oder angeleitete Leistungen zu erbringen. Von § 23 SGB V unterscheidet sich die Vorschrift indes nach den **Leistungsvoraussetzungen.** Nach § 23 SGB V besteht Anspruch auf ärztliche Behandlung sowie auf ärztlich verordnete Leistungen, sobald der Eintritt einer Erkrankung **im Einzelfall konkret** droht, dies nachgewiesen ist und die Leistung vom Versicherten **individuell nachgefragt** wird. Demgegenüber ist für den aus § 21 SGB V sich ergebenden Versorgungsauftrag der Krankenkassen die **abstrakte Gefahr** maßgeblich, eine Zahnerkrankung zu erleiden. Der Versorgungsauftrag richtet sich deshalb unabhängig von dem Zahngesundheitszustand im Einzelnen nach der Zugehörigkeit des Versicherten zu einer – insbesondere altersmäßig abgegrenzten – Gruppe von Versicherten, bei denen nach epidemiologischer Erfahrung **allgemein** ein **besonderes Risiko** besteht, dass sich für die weitere Entwicklung der Zahngesundheit schädliche Vorstufen von Zahnerkrankungen ausbilden.

7 Insoweit **deckt** sich der für **§ 21 SGB V** maßgebliche Ansatz mit dem des **§ 22 SGB V**. Die Vorschriften unterscheiden sich nach der **Art der Leistungserbringung**. Nach § 21 SGB V sind grundsätzlich **Gruppen** von Versicherten zu betreuen, und zwar auf **Initiative** der zuständigen Stellen. § 22 SGB V vermittelt hingegen Anspruch auf **individuelle Leistungen** zur Verhütung von Zahnkrankheiten auf **Nachfrage des Versicherten** (vgl. Rn. 20) durch einen Zahnarzt. Diese unterschiedlichen Ansätze gehen auf historisch entstandene unterschiedliche Versorgungswege in der zahngesundheitlichen Versorgung insbesondere von Kindern und Jugendlichen zurück, bei der schon lange ein System der Zahngesundheitsbetreuung insbesondere in Kindergärten und Schulen neben der zahnärztlichen Versorgung in der niedergelassenen Praxis bestand. Insoweit können die Vorschriften als Weiterführung von bewährten Ansätzen der Zahngesundheitsvorsorge angesehen werden.

8 **Systematisch** erscheinen der Aufbau und die Fassung der Regelungen hingegen **wenig geglückt**. Zu § 21 SGB V und § 22 SGB V machen zunächst im Wesentlichen ausschließlich die amtlichen Überschriften deutlich, worin sich die Leistungsaufträge unterscheiden. Hinzu kommt, dass im Vierten Abschnitt des Dritten Kapitels des SGB V über Leistungen zur Früherkennung von Krankheiten die Vorschrift des § 26 SGB V zur Kinderuntersuchung nach dessen Absatz 1 Satz 2 ebenfalls Ansprüche auf Leistungen zur Verhütung von Zahnerkrankungen vermittelt. All dies verdeckt den Gehalt der Leistungstatbestände mehr als dass es ihn erhellt.

9 **Im Einzelnen** liegt den Regelungen zur Verhütung von Zahnerkrankungen folgende Systematik zu Grunde: Erstens besteht nach § 26 Abs. 1 Satz 2 SGB V für **Kinder im Alter bis zu 6 Jahren** Anspruch auf **individuelle Leistungen** zur Vorbeugung von Zahnerkrankungen entweder durch **Zahnärzte** oder durch **Ärzte**. Zweitens besteht nach § 22 SGB V für **Kinder und Jugendliche vom 6. bis zum 18. Lebensjahr** Anspruch ebenfalls auf **individuelle Leistungen** zur Vorbeugung von Zahnerkrankungen ausschließlich **durch Zahnärzte**. Schließlich sind die Krankenkassen drittens nach § 21 SGB V bei Versicherten **bis zum 12. Lebensjahr**, gegebenenfalls auch **bis zum 16. Lebensjahr** zur Förderung **aufsuchender Maßnahmen** verpflichtet, die der Vorbeugung von Zahnerkrankungen dienen.

V. Ausgewählte Literaturhinweise

10 *Zimmer/Raab/Barthel/Jahn*, Zahnmedizinische Gruppenprophylaxe – nur für Kinder?, GesundhWes 2004, 57; *Walter*, Babylon im SGB?, Sozialer Fortschritt 2003, 253; *Saekel*, Zahngesundheit – Trends und Konsequenzen bis 2020, BKK 2002, 135; *Wiethardt*, Die zahngesundheitliche Prävention, ASP 2000, 47; *Neumann/Saekel*, Ursachen verbesserter Zahngesundheit in Deutschland, KrV 1997, 213; *Strippel*, Effektive, zielorientierte Gruppenprophylaxe, BKK 1995, 611.

---

[8] Vgl. dazu allgemein die Kommentierung zu § 20 SGB V Rn. 9.

B. Auslegung der Norm

I. Regelungsgehalt und Normzweck

Die Vorschrift verpflichtet die Krankenkassen, **aufsuchende Maßnahmen** zur Verhütung von Zahnerkrankungen zu fördern und dazu mit den in den Ländern zuständigen Stellen zusammenzuarbeiten. Die Bestimmung knüpft daran an, dass in vielen Bundesländern bereits vor Beteiligung der gesetzlichen Krankenversicherung auf Initiative der Zahnärzteschaft und des öffentlichen Gesundheitsdienstes Maßnahmen zur Zahngesundheitspflege für Kinder und Jugendliche im Vor- und Schulalter durchgeführt worden sind. Diese Maßnahmen sollen unter Beteiligung der Krankenkassen fortgeführt werden. Sie richten sich an Versicherte, die das 12. Lebensjahr noch nicht vollendet haben sowie an Versicherte bis zum 16. Lebensjahr, soweit an ihrer Schule oder Behinderteneinrichtung ein überproportional hohes Kariesrisiko besteht. Vorzugsweise sollen die Maßnahmen in Gruppen, insbesondere in Kindergärten und Schulen durchgeführt werden. Die Krankenkassen haben dazu gemeinsam und einheitlich mit den in den Ländern zuständigen Stellen Vereinbarungen abzuschließen. Kommen diese nicht zu Stande, können Einzelheiten durch Rechtsverordnung des Landes bestimmt werden. 11

Zweck der Regelung ist die Förderung der Zahngesundheit durch einen Ansatz, der nach gesundheitswissenschaftlicher Einschätzung besonders geeignet erscheint, möglichst viele Kinder und Jugendliche zu erreichen. Seine Kosten waren bis zur Einführung der Regelung vollständig von den Ländern oder anderen Stellen getragen worden. Die Vorschrift soll sicherstellen, dass die Krankenkassen an den Kosten dieser Maßnahmen ebenfalls beteiligt werden und damit ein Beitrag zur Verbesserung der Zahngesundheit geleistet wird, der evident im besonderen Interesse der Versichertengemeinschaft liegt. 12

II. Zahnerkrankung

Zahnerkrankungen sind Krankheiten, d.h. **regelwidrige**, vom Leitbild des gesunden Menschen abweichende und deshalb **behandlungsbedürftige** Zustände[9] **des Zahns**. „Zahn" in diesem Sinne ist zunächst die **Zahnhartsubstanz** mit **Zahnkrone, Zahnhals und Zahnwurzel**.[10] Krankheiten „des" Zahns sind zudem auch regelwidrige Zustände des **Zahnhalteapparats** mit dem funktionellen System aus **Zahnfleisch**, **Zahnwurzelhaut** und **Alveolarknochen,** welche den **Zahn ernähren, im Kiefer festhalten und bei Belastung abfedern**.[11] Insoweit macht es für den funktionellen Krankheitsbegriff des SGB V keinen Unterschied, ob der von der Norm abweichende Zustand „des Zahns" durch regelwidrige Zustände der Zahnhartsubstanz oder des Zahnhalteapparats hervorgerufen wird; in beiden Fällen ist die Zahnfunktion beeinträchtigt. Für dieses Verständnis spricht auch die Aufführung der **Mundhöhle** als Untersuchungsgegenstand nach § 21 Abs. 1 Satz 4 HS. 2 SGB V und **„zum Zustand des Zahnfleisches"** als Gegenstand der individualprophylaktischen Untersuchung nach § 22 Abs. 2 SGB V; dadurch ist der Zahnhalteapparat ausdrücklich in die Zahnprophylaxe einbezogen. In diesem Sinne verweisen auch die Gesetzesmaterialien auf das weite, in der Zahnheilkunde überkommene Verständnis mit der Erläuterung, dass § 21 SGB V auf die Verhütung von Zahnerkrankungen „wie Karies und Zahnbetterkrankungen" abzielt[12]. 13

Wesentliche Zahnerkrankungen sind danach die **Karies** als Erkrankung der Zahnhartsubstanz mit einem reversiblen Frühstadium der Entkalkung des kristallinen Zahnschmelzes (Initialkaries) durch Säuren im bakteriellen Zahnbelag (Plaque) und als Spätstadium bei weiterem Fortschreiten dem Einbruch der Zahnhartsubstanzen, die **Zahnfleischentzündung (Gingivitis)** mit akuter oder chronischer Entzündung des gingivalen Weichgewebes ohne Beteiligung des knöchernen Gewebes und schließlich die **Zahnbetterkrankung (Parodontitis)** mit entzündlicher Erkrankung aller Anteile des Parodontiums (Gingiva, Wurzelhaut, Zahnzement und Alveolarknochen) und fortschreitendem Verlust von Stützgewebe.[13] 14

---

[9] Vgl. die st. Rspr. zum Krankheitsbegriff des § 27 SGB V, vgl. BSG v. 19.02.2003 - B 1 KR 1/02 R - juris Rn. 10 - BSGE 90, 289 m.w.N. Vgl. dazu im Einzelnen die Kommentierung zu § 27 SGB V Rn. 31 ff.

[10] Vgl. *Pschyrembel*, Klinisches Wörterbuch, 260. neu bearb. Aufl. 2004, Stichwort Zahn.

[11] Vgl. *Pschyrembel*, Klinisches Wörterbuch, 260. neu bearb. Aufl. 2004, Stichwort Zahnhalteapparat.

[12] Vgl. BT-Drs. 11/2237, S. 167.

[13] Vgl. *Pschyrembel*, Klinisches Wörterbuch, 260. neu bearb. Aufl. 2004, Stichworte Karies, Gingivitis und Parodontitis.

III. Zahnprophylaxe

15 Zahnerkrankungen verursachen aus Betroffenensicht und für die Versichertengemeinschaft bedeutende Krankheitslasten. Ohne ausreichende Behandlung rufen sie erhebliche gesundheitliche Probleme hervor, die über die Mundhöhle hinaus den Gesamtorganismus betreffen können.[14] Auf ihre Behandlung entfallen knapp 10% aller in der Gesetzlichen Krankenversicherung aufgebrachten Mittel.[15] Die Prophylaxe von Zahnerkrankungen hat deshalb hohe Bedeutung für die Versicherten wie für die Versichertengemeinschaft als Ganzes.

16 Der **Ansatz** von Maßnahmen der Zahnprophylaxe kann auf verschiedene Ziele gerichtet sein. Differenziert nach den Kategorien des synonym verwendbaren Präventionsbegriffs mit primärer, sekundärer und tertiärer Prävention[16] kann Zahnprophylaxe darauf zielen, erstens die **Entstehung von Zahnerkrankungen** nach Möglichkeit ganz zu **verhindern** (primäre Prävention), Zahnerkrankungen zweitens in einem möglichst **frühen Stadium zu erkennen** (sekundäre Prävention), um sie einer frühen Behandlung zuzuführen, und schließlich drittens nach einem manifesten **Ausbruch Verschlimmerungen** von Zahnerkrankungen **zu verhindern** (tertiäre Prävention). **Biologisch-medizinisch** zielen alle diese Ansätze darauf ab, einerseits in die Entstehungsabläufe von Zahnerkrankungen einzugreifen und andererseits die Abwehrkräfte gegen solche Erkrankungen zu stärken. Wesentliches Moment ist die Unterbindung schädlicher Auswirkungen infolge von **Zahnbelag auf der Zahnoberfläche** (Plaque).[17]

17 **Biologisch-medizinisch** setzt die Zahnprophylaxe dazu im Wesentlichen auf folgende Ansätze:

- regelmäßige und möglichst vollständige Entfernung bakterieller Beläge durch **ausreichende Mundhygiene**,
- Reduktion kariogener Nahrungsmittel durch **mundgesunde Ernährung**,
- Stärkung der körpereigenen Abwehrmechanismen durch **Gabe von Fluoriden** mit **fluoridhaltiger Zahnpasta** als tägliche Basismaßnahme, der Verwendung von **fluoridiertem und jodiertem Speisesalz** sowie der **Applikation von Fluoriden auf die Zähne** im Rahmen einer professionellen Kariesprophylaxe,[18]
- Abschirmung von Karieseintrittsstellen durch **Fissurenversiegelung**, das ist die Versiegelung von **kariesgefährdeten Einziehungen, sog. Fissuren oder Grübchen**, auf Kauflächen von Backen- und Mahlzähnen durch Versiegelungsmaterial mit dem Ziel, diese auch durch gute Mundhygiene häufig nicht zu erreichenden Stellen vor Karies zu schützen,[19]
- Änderung **mundungesunder Lebensweisen** wie z.B. Rauchen sowie
- Erkennung von **Frühstadien von Zahnerkrankungen**.[20]

18 Der **Beteiligung nach** ist (auch) die Zahnprophylaxe nur dann Erfolg versprechend, wenn die **passive Vorsorge** durch bio-medizinische Maßnahmen und zahnärztliche Kontrolle mit ausreichender **aktiver individueller Eigenvorsorge** durch angemessene Mundhygiene und mundgesunde Ernährung einhergeht. Zur Förderung der Eigenvorsorge setzt daher auch die Zahnprophylaxe auf verschiedene Wege der **Gesundheitserziehung**, die nach Möglichkeit das Bewusstsein um die Notwendigkeit mundgesunden Verhaltens fördern, entsprechende Techniken einüben und Motivation für deren Einsatz wecken kann. Ansätze der Zahnprophylaxe zielen deshalb regelmäßig auf – im Einzelnen unterschiedliche ausgestaltete - Kombinationen von Information und Gesundheitserziehung einerseits und Versorgung mit abwehrstärkenden Mitteln sowie gegebenenfalls zahngesundheitlicher Untersuchung andererseits.

19 Adressatenbezogen können sich solche Präventionsansätze richten auf

- die **einzelne Person** als Individualprophylaxe in der Zahnarztpraxis,

---

14 Z. B. stehen Parodontalerkrankungen im Verdacht, Risikofaktor für Herz-Kreislauf-Erkrankungen zu sein, vgl. etwa die Patienteninformation der Bundeszahnärztekammer „Gesunde Zähne, gesunder Körper – Gesunder Körper, gesunde Zähne“.

15 Vgl. die Angaben der Kassenzahnärztlichen Bundesvereinigung unter www.kzbv.de/statistik. Unterschiedlich wird allerdings beurteilt, ob eine intensive Förderung der Prävention in der Zahnversorgung den künftigen Behandlungsbedarf reduziert und damit zu Kostensenkungen führt, vgl. Sachverständigenrat für die Konzertierte Aktion im Gesundheitswesen, Gutachten 2000/2001, Bedarfsgerechtigkeit und Wirtschaftlichkeit Band III, Über-, Unter- und Fehlversorgung, BT-Drs. 14/6871, S. 98.

16 Vgl. die Kommentierung zu § 20 SGB V Rn. 14.

17 Vgl. zur medizinischen Seite etwa *Hetzer* in: Reitemeier/Schwenzer/Ehrenfeld, Einführung in die Zahnmedizin, S. 136 ff.

18 Zu Einzelheiten vgl. *Hetzer* in: Reitemeier/Schwenzer/Ehrenfeld, Einführung in die Zahnmedizin, S. 138.

19 Siehe zur Übersicht das Informationsblatt der Deutschen Gesellschaft für Zahn-, Mund- und Kieferheilkunde zur Fissurenversiegelung.

20 Vgl. *Hetzer* in: Reitemeier/Schwenzer/Ehrenfeld, Einführung in die Zahnmedizin, S. 138.

- **Teile der Bevölkerung** oder der Versichertengemeinschaft als **Gruppenprophylaxe** sowie
- die **gesamte Bevölkerung** als Kollektiv- oder **Bevölkerungsprophylaxe**.

IV. Gruppenprophylaxe

Der amtlichen Überschrift nach regelt § 21 SGB V die Förderung von Maßnahmen zur **Gruppenprophylaxe** (vgl. Rn. 19) und begründet § 22 SGB V Ansprüche auf Leistungen zur **Individualprophylaxe** (vgl. Rn. 19). Gruppenprophylaxe und Individualprophylaxe unterscheiden sich nach dem Leistungs**ziel** und der Leistungs**initiierung**. Im Rahmen der **Gruppenprophylaxe** soll die in der Vorschrift umschriebene Gruppe von Versicherten **möglichst als Ganzes** erreicht und mit zahnprophylaktischen Maßnahmen versorgt werden. Gruppenprophylaxe ist deshalb **aufsuchende Prophylaxe** und geht daher auf die **Initiative des Prophylaxeträgers** zurück: Dieser sucht nach **seiner** Einschätzung **von sich aus** den Kontakt zur Prophylaxegruppe. Dagegen ist die **Individualprophylaxe** nach dem Sachleistungsprinzip auf die **individuelle Nachfrage** der Versicherten ausgerichtet: Sie wird erbracht, wenn und soweit sie **individuell beansprucht** wird und die Leistungsvoraussetzungen nach Einschätzung des Leistungserbringers vorliegen. Zusammengefasst gilt deshalb: Die Gruppenprophylaxe kommt zum Versicherten, hingegen geht dieser zur Individualprophylaxe. 20

Diese Aufgliederung in einen gruppenprophylaktischen Auftrag und individualprophylaktische Ansprüche beruht auf verschiedenen Erwartungen. Aus präventionspraktischer Sicht soll die aufsuchende Gruppenprophylaxe Versicherte erreichen, die nicht zur Vorsorge in die zahnärztliche Praxis kommen.[21] In wirtschaftlicher Hinsicht sollen die gruppenprophylaktischen Maßnahmen eine **kostengünstigere** Versorgung und eine Senkung des Aufwands für individualprophylaktische Maßnahmen versprechen. Zumindest diese Erwartung hat sich allerdings aus Krankenkassensicht bislang nicht bestätigt. Sie konstatieren vielmehr ein Verhältnis von eins zu 10 zwischen dem Aufwand für gruppenprophylaktische und individualprophylaktische Maßnahmen und beobachten, dass die ursprünglich für die für gruppenprophylaktische Maßnahmen vorgesehenen Mittel bei weitem nicht ausgeschöpft werden.[22] 21

V. Förderungsfähige Maßnahmen

Von den Krankenkassen zu fördern sind Maßnahmen für Prophylaxegruppen nach § 21 Abs. 1 Satz 1 SGB V oder § 21 Abs. 1 Satz 3 SGB V, die Leistungen nach § 21 Abs. 1 Satz 5 SGB V zum Gegenstand haben und von einem Träger nach § 21 Abs. 1 Satz 1 SGB V sowie vorwiegend in Gruppen durchgeführt werden. 22

1. Prophylaxegruppen (Absatz 1 Sätze 1 und 3)

Die Gruppenprophylaxe nach § 21 SGB V ist Prophylaxe für **Kinder und Jugendliche**. Sie richtet sich bis zum zwölften Lebensjahr an **alle** jugendlichen Versicherten und bis zum 16. Lebensjahr an solche, bei denen abstrakt ein **überdurchschnittlich hohes Kariesrisiko** besteht. Dies ist getragen von der Vorstellung, dass im Kinder- und Jugendlichenalter einerseits für die Zahnentwicklung[23] wesentliche Grundlagen gelegt werden und andererseits Versicherte in dieser Altersgruppe durch gruppenprophylaktische Maßnahmen besonders gut erreichbar sind und deshalb hier ein besonders günstiges Verhältnis zwischen Aufwand und Prophylaxewirkung erzielbar ist. 23

Einbezogen in die Gruppenprophylaxe sind danach erstens gemäß § 21 Abs. 1 Satz 1 SGB V **Versicherte** unabhängig vom abstrakten Kariesrisiko bis zum Alter von **12 Jahren**. Versicherte sind alle, die **bei Inanspruchnahme** der Leistung nach Maßgabe der §§ 5 ff. SGB V **Versicherungsschutz** entweder **als Versicherte** oder auf Grund des **nachgehenden Anspruchs** nach den Absätzen 2 oder 3 des § 19 SGB V haben.[24] 24

Abhängig vom **Kariesrisiko** sind darüber hinaus seit dem 01.01.2000 durch den mit der GKV-Gesundheitsreform 2000[25] eingefügten Satz 3 des § 21 Abs. 1 SGB V alle Versicherten bis zur Vollendung des 25

---

[21] Vgl. BT-Drs. 14/1245, S. 63.

[22] Vgl. Arbeitsgemeinschaft der Spitzenverbände der Krankenkassen, Gruppenprophylaxe 2000, Konzept der Spitzenverbände der Krankenkassen zur Weiterentwicklung der Maßnahmen nach § 21 Abs. 1 SGB V (Weiterentwicklungskonzept Gruppenprophylaxe) vom 20.11.2000, S. 11 f.

[23] Auf dieses Ziel ausdrücklich Bezug nehmen die Materialien in BT-Drs. 11/3480, S. 51.

[24] Wegen der Einzelheiten vgl. die Kommentierung zu § 5 SGB V ff. sowie die Kommentierung zu § 27 SGB V Rn. 22 ff.

[25] Gesetz vom 22.12.1999, BGBl I 1999, 2626.

16. Lebensjahrs einbezogen, soweit sie Schüler in Schulen oder Behinderteneinrichtungen sind, in denen das **durchschnittliche Kariesrisiko der Schüler überproportional hoch ist** (Risikogruppe). Dafür war die Einschätzung maßgeblich, dass sich einerseits die Zahngesundheit in einer großen Gruppe von Kindern und Jugendlichen bis zum Alter von 12 Jahren wesentlich verbessert hat und andererseits dagegen bei bestimmten Brennpunkten ein überproportional hohes Kariesrisiko besteht, das in dem Alter zwischen 12 und 16 Jahren eine für die weitere Zahnentwicklung besonders kritische Phase betrifft. Insoweit soll durch die Einführung des § 21 Abs. 1 Satz 3 SGB V eine zielgerichtete Ergänzung des gruppenprophylaktischen Instrumentariums bewirkt werden.[26]

26 Die **Eintrittsschwelle** dieses ergänzenden Prophylaxeauftrages ist allerdings gesetzlich mindestens ungenau vorgegeben. Offen ist nämlich, wann das durchschnittliche Kariesrisiko von Schülern einer Schule oder Einrichtung „überproportional hoch" ist. Zweifel können insoweit schon bestehen, **wie das durchschnittliche Kariesrisiko** für Schüler einer Schule oder Einrichtung **zu bestimmen ist**. Deutlich wird zwar, dass es für die ergänzende Gruppenprophylaxe nicht auf das individuelle, sondern auf das durchschnittliche Kariesrisiko ankommt und die ergänzende Gruppenprophylaxe deshalb an ein **abstraktes Risiko** anknüpft. Fraglich kann aber sein, ob dieses Risiko durch epidemiologische Studien zur Karieshäufigkeit in entsprechenden Einrichtungen zu ermitteln ist oder anhand von anderen Faktoren bestimmt werden kann. Für die epidemiologische Bestimmung spricht, dass die Gesetzesmaterialien – allerdings allgemein – auf epidemiologische Studien zur Begründung der Erweiterung der Altersgruppe Bezug nehmen. Für Bezüge zu sozialen Faktoren spricht, dass die Materialien insoweit auch einen Zusammenhang zu sozialen Brennpunkten herstellen und deshalb auch krankheitsunabhängige Kriterien zur Bestimmung der Risikogruppe denkbar sind.[27] Vertretbar erscheint deshalb der Ansatz der Krankenkassen, primär auf epidemiologische Daten abzustellen und auf soziale Indikatoren dann zurückzugreifen, wenn epidemiologische Daten nicht verfügbar sind.[28]

27 Auch dann lässt der Gesetzestext mindestens offen, ab wann ein Kariesrisiko in diesem Sinne „**überproportional**" ist. Dem Wortlaut nach ist überproportional jedes Risiko, das über dem Durchschnitt liegt. Dann könnten grundsätzlich für jede Gruppe ergänzende Prophylaxemaßnahmen durchzuführen sein, deren Kariesrisiko auch nur in geringem Maße höher als der Durchschnitt der Altersgruppe liegt. Darauf zielt die Regelung nach den Gesetzesmaterialien ersichtlich nicht ab. Vielmehr hat sie eine Gruppe von Versicherten vor Augen, deren Kariesrisiko **signifikant** höher liegt als das der Gruppe der Gleichaltrigen. Richtigerweise hätte der Gesetzgeber diese Schwelle selbst definieren müssen. Da eine solche Vorgabe nicht besteht, dürfte die Risikogruppe **im Zweifel groß** zu bemessen und auf alle Versicherte zu erstrecken sein, die gemessen an Gesundheitszielen der WHO das Risiko einer **erheblichen Karieslast** tragen.

28 Anhaltspunkte dafür könnten von der Zahnärzteschaft beschlossene Zahngesundheitsziele geben, nach denen angestrebt wird, das Kariesrisiko – gemessen mit dem so genannten DMFT-Index[29] – bei den 12-Jährigen auf einen Wert von unter 1,0 ausgehend von einem mittleren Wert im Jahr 2000 bei 1,21 zu senken und den Anteil der 12-Jährigen mit hohem Kariesbefall (DMFT-Index > 2) von knapp 30% im Jahr 1997 zu halbieren.[30] Entgegen der Empfehlung der Deutschen Arbeitsgemeinschaft für Jugendzahnpflege[31] und der Spitzenverbände Krankenkassen[32] dürfte deshalb nach dem geltenden

[26] Vgl. BT-Drs. 14/1245, S. 63.

[27] Vgl. BT-Drs. 14/1245, S. 63.

[28] Vgl. Arbeitsgemeinschaft der Spitzenverbände der Krankenkassen, Gruppenprophylaxe 2000, Konzept der Spitzenverbände der Krankenkassen zur Weiterentwicklung der Maßnahmen nach § 21 Abs. 1 SGB V (Weiterentwicklungskonzept Gruppenprophylaxe) vom 20.11.2000, S. 38.

[29] Der DMFT-Index ist ein Kariesindex, abgeleitet von: D = diseased = erkrankt; M = missing = fehlend; F = filled = mit einer Füllung versehen, und T für tooth/teeth = auf den ganzen Zahn/die ganzen Zähne bezogen. Die mittleren DMFT-Werte bei 12-Jährigen betrugen in Deutschland 1995: 2,44; 1997: 1,75; 2000: 1,21; 2004: 0,98, vgl. *de Cassan*, Zahnwissen-Lexikon, Stichwort: DMFT.

[30] Vgl. Bundeszahnärztekammer, Mundgesundheitsziele für Deutschland – 2020, S. 2.

[31] Vgl. Deutsche Arbeitsgemeinschaft für Jugendzahnpflege e.V. (DAJ), Grundsätze für Maßnahmen zur Förderung der Mundgesundheit im Rahmen der Gruppenprophylaxe nach § 21 SGB V mit Stand 20.06.2000, S. 7. Ergänzende Gruppenprophylaxe soll danach für diejenigen 10% bis 15% der Einrichtungen bzw. Schulen erbracht werden, in denen die höchsten altersbezogenen DMF-Mittelwerte vorliegen.

[32] Vgl. Arbeitsgemeinschaft der Spitzenverbände der Krankenkassen, Gruppenprophylaxe 2000, Konzept der Spitzenverbände der Krankenkassen zur Weiterentwicklung der Maßnahmen nach § 21 Abs. 1 SGB V (Weiterentwicklungskonzept Gruppenprophylaxe) vom 20.11.2000, S. 36.

rechtlichen Auftrag als Eintrittsschwelle für Maßnahmen der ergänzenden Gruppenprophylaxe für die bis zu 16-jährigen Versicherten kein schwankender DMFT-Wert anzusetzen sein, sondern ein **absoluter Zielwert** mindestens mit einem Index von über 2, eher noch um 1,8, also 30% über dem aktuellen Durchschnittswert.

2. Maßnahmen

Die **Maßnahmen der Gruppenprophylaxe** sollen nach § 21 Abs. 1 Satz 1 SGB V der **Verhütung** und **Erkennung** von Zahnerkrankungen dienen und gliedern sich seit der durch die GKV-Gesundheitsreform 2000[33] eingefügten Regelung des § 21 Abs. 1 Satz 5 SGB V in eine **Basisversorgung** für alle Versicherte und eine **Intensivversorgung** für Versicherte mit besonders hohem Kariesrisiko. Auch diese Differenzierung soll dazu beitragen, die Leistungen der Gruppenprophylaxe einerseits zielgenau und andererseits effizient zu erbringen, weil sie es erlauben, die auf die Anforderung von Risikoversicherten zugeschnittenen Maßnahmen auf diesen Personenkreis zu beschränken.[34] 29

Die als **Basisversorgung** zu erbringenden Maßnahmen sind im Einzelnen gesetzlich nicht festgelegt. Sie erstrecken sich nach § 21 Abs. 1 Satz 4 HS. 2 SGB V „insbesondere" auf **Untersuchung der Mundhöhle, Erhebung des Zahnstatus, Zahnschmelzhärtung, Ernährungsberatung und Mundhygiene**. Einbezogen in die Maßnahmen der Basis-Gruppenprophylaxe sind danach alle Maßnahmen, die nach dem Stand der fachlichen Erkenntnis im Rahmen von Gruppenangeboten angezeigt sind und sinnvoll durchgeführt werden können, um die Entstehung von Zahnerkrankungen nach Möglichkeit **im Ansatz zu verhüten** (primäre zahngesundheitliche Prävention) und bereits entstandene Erkrankungen **im Frühstadium zu erkennen** (sekundäre zahngesundheitliche Prävention, vgl. Rn. 16) und einer zahnärztlichen Versorgung zuzuführen. 30

Wesentliche Elemente der Basisprophylaxe sind danach eine **zahngesundheitliche Untersuchung** der Mundhöhle und des Zahnstatus, gerichtet auf Risikofaktoren und bereits aufgetretene Erkrankungen, die **Beratung** im Hinblick auf Mundhygiene und Ernährung und schließlich die Gabe von **Fluoriden** (zur Zahnschmelzhartung) als Mittel der passiven Vorsorge, also der Stärkung der Abwehrkraft gegen die Ausbildung von Karies. 31

Die darüber hinausgehenden Programme für Kinder und Jugendliche mit einem individuell besonders **hohen** Kariesrisiko sind gesetzlich nur dem Grunde nach umschrieben. Insoweit ergibt sich aus der durch die GKV-Gesundheitsreform 2000[35] eingefügten neu eingeführten Regelung des § 21 Abs. 1 Satz 5 SGB V nur, dass sich die Teilnahme an dem Intensiv-Prophylaxeprogramm im Gegensatz zu der ergänzenden Prophylaxe für Versicherte bis zum 16. Lebensjahr nach § 21 Abs. 1 Satz 3 SGB V an dem **konkreten individuellen** Kariesrisiko eines Versicherten orientiert und – darauf wird von den Spitzenverbänden der Krankenkassen zutreffend verwiesen[36] – auch diese Maßnahmen Anteil der Gruppenprophylaxe sind und deshalb nicht – jedenfalls nicht ohne weiteres – auf die Individualprophylaxe nach § 22 SGB V zu verweisen sind. Ansonsten verbleibt aber die Ausgestaltung im Einzelnen der Entscheidung der Krankenkassen und der mit ihnen zusammenarbeitenden Träger. Sie werden sich daran zu orientieren haben, bei welcher Frequenz und mit welchem Inhalt das dem Intensivprogramm zu Grunde liegende Kariesrisiko Erfolg versprechend eingedämmt werden kann.[37] 32

3. Maßnahmeträger

Träger von Maßnahmen der Gruppenprophylaxe sind nach § 21 Abs. 1 Satz 1 SGB V Stellen, die von den Krankenkassen jeweils auf Landesebene im Zusammenwirken mit erstens den Zahnärzten und zweitens den für die Zahngesundheitspflege in den Ländern zuständigen Stellen zu bestimmen sind. Das ergibt sich aus der Formulierung in § 21 Abs. 1 Satz 1 SGB V, wonach die Krankenkassen Maßnahmen der Gruppenprophylaxe im Zusammenwirken mit den genannten Stellen „zu fördern" und sich 33

[33] Gesetz vom 22.12.1999, BGBl I 1999, 2626.

[34] Zu den Motiven vgl. BT-Drs. 14/1245, S. 63.

[35] Gesetz vom 22.12.1999, BGBl I 1999, 2626.

[36] Vgl. Arbeitsgemeinschaft der Spitzenverbände der Krankenkassen, Gruppenprophylaxe 2000, Konzept der Spitzenverbände der Krankenkassen zur Weiterentwicklung der Maßnahmen nach § 21 Abs. 1 SGB V (Weiterentwicklungskonzept Gruppenprophylaxe) vom 20.11.2000, S. 46.

[37] Vgl. zur praktischen Ausgestaltung nach den aktuellen Empfehlungen Arbeitsgemeinschaft der Spitzenverbände der Krankenkassen, Gruppenprophylaxe 2000, Konzept der Spitzenverbände der Krankenkassen zur Weiterentwicklung der Maßnahmen nach § 21 Abs. 1 SGB V (Weiterentwicklungskonzept Gruppenprophylaxe) vom 20.11.2000, S. 47 f.

an den Kosten ihrer Durchführung „zu beteiligen" haben. Bundesgesetzlich geregelt ist danach nur, dass und mit wem die Krankenkassen Leistungen der Gruppen-Zahnprophylaxe zu fördern und dafür Kosten aufzubringen haben und dass dies u.a. im Zusammenwirken mit den in den Ländern zuständigen Stellen zu geschehen hat. Organisationsebene der Gruppen-Zahnprophylaxe ist danach – wie sich auch aus § 21 Abs. 2 SGB V ergibt – die Landesebene mit den in den Ländern zuständigen Behörden, den dort zuständigen Vertretungen der Krankenkassen und der Zahnärzte. Durch diese offene Regelung wird einerseits Rücksicht genommen auf die nach dem Grundgesetz vorgegebene Kompetenzverteilung hinsichtlich der Verwaltungsorganisation und andererseits auf Unterschiede, die sich in den Ländern insoweit ergeben können.

34 Die Träger der Maßnahmen der Gruppen-Zahnprophylaxe sind danach in den Ländern im Einzelnen unterschiedlich organisiert. Gemeinsam ist ihnen in der Regel, dass sie als Arbeitsgemeinschaft des jeweiligen öffentlichen Gesundheitsdienstes, der auf Landesebene zuständigen Krankenkassenverbände und der für die Landesebene zuständigen Vertretungen der Zahnärzte gebildet werden. Dachverband dieser Arbeitsgemeinschaften auf Bundesebene ist der **Deutsche Arbeitsgemeinschaft für Jugendzahnpflege e.V. (DAJ)**, der Empfehlungen über die Ausgestaltung der Gruppen-Zahnprophylaxe gibt, Schulungsmaterialien entwickelt und für den Austausch unter den in den Ländern zuständigen Stellen sorgt.[38]

4. Durchführung vorwiegend in Gruppen

35 Gruppenprophylaktische Maßnahmen sollen nach § 21 Abs. 1 Satz 4 HS. 1 SGB V „vorrangig in Gruppen" erbracht werden. Dies entspricht dem aufsuchenden Charakter der Gruppenprophylaxe (vgl. Rn. 20). Gruppen in diesem Sinne sind vor allem die in § 21 SGB V ausdrücklich genannten Kindergärten und Schulen, darüber hinaus aber auch alle anderen organisatorischen Einheiten, in denen Kinder und Jugendliche als Adressaten von Maßnahmen der Gruppenprophylaxe angetroffen und diese sachgerecht durchgeführt werden können, wie z.B. Vorschuleinrichtungen. Jedoch bringt die Formulierung zugleich zum Ausdruck, dass gruppenprophylaktische Maßnahmen nicht nur in Gruppen durchgeführt werden müssen, sondern in begründeten Einzelfällen auch außerhalb von Gruppen durchgeführt werden können.

VI. Pflichten der Krankenkassen

1. Flächendeckende Versorgung

36 Infolge der durch die GKV-Gesundheitsreform 2000[39] eingefügten Regelung des § 21 Abs. 1 Satz 2 SGB V sind die Krankenkassen verpflichtet, „auf flächendeckende Maßnahmen" der Gruppenprophylaxe „hinzuwirken". Dem liegt die Einschätzung zu Grunde, dass die mit der Einführung des § 21 SGB V angestrebte Einbeziehung grundsätzlich aller erreichbaren Kinder und Jugendlichen in die Gruppenprophylaxe in den meisten Bundesländern nicht erreicht war und von den Krankenkassen die ursprünglich kalkulierten jährlichen Finanzmittel für Maßnahmen der Gruppenprophylaxe nur zu einem Bruchteil tatsächlich aufgewandt wurden. Dem solle durch die an die Krankenkassen gerichtete gesetzliche Verpflichtung, auf eine flächendeckende Umsetzung hinzuwirken, begegnet werden.[40]

37 Die Umsetzung der dieser Regelung zu Grunde liegenden Erwartung kann auf Hindernisse stoßen, wenn die Krankenkassen keine Einigung mit den in den Ländern zuständigen Stellen und den Zahnärzten nach § 21 Abs. 2 SGB V herbeiführen können. Die Zahn-Gruppenprophylaxe des § 21 SGB V ist als gemeinsame Aufgabe von Krankenkassen, zuständigen Stellen in den Ländern und Zahnärzten ausgestaltet. Demzufolge sollen sich die Krankenkassen an deren Kosten gem. § 21 Abs. 1 Satz 1 SGB V nur „beteiligen" und besteht ihr Prophylaxeauftrag „unbeschadet der Aufgaben anderer". Das schließt es aus, dass die Krankenkassen die Verantwortung für die Umsetzung der Gruppenprophylaxe allein tragen. Fraglich erscheint deshalb, inwieweit die Krankenkassen selbst ein Angebot aufbauen müssen, soweit die Gruppenprophylaxe in Zusammenarbeit mit anderen Stellen nicht zu Stande kommt.[41] Zunächst kommt ihnen zwar insoweit eine Infrastrukturverantwortung[42] zu. Danach sind sie rechtlich verpflichtet, den ihnen zugewiesenen Anteil an der Zahn-Gruppenprophylaxe zu erfüllen. Davon kann je-

[38] Zu Einzelheiten vgl. die Homepage des DAJ.
[39] Gesetz vom 22.12.1999, BGBl I 1999, 2626.
[40] Vgl. BT-Drs. 14/1245, S. 63.
[41] So *Igl/Welti* in: v. Maydell, GK-SGB V, § 21 SGB V Rn. 21.
[42] So treffend *Igl/Welti* in: v. Maydell, GK-SGB V, § 21 SGB V Rn. 21.

denfalls solange nicht ausgegangen werden, wie die der gesetzlichen Regelung anfangs zu Grunde gelegten Mittel nicht vollständig ausgeschöpft werden.[43] Dies ist – bei einem Betrag von 200 Mio. DM bei Einführung der Regelung[44] – gegenwärtig noch immer bei weitem nicht der Fall;[45] 2005 wandten die Krankenkassen dafür einem Betrag von etwa 33 Mio. Euro und damit knapp 1/3 des vom Gesetzgeber vor der Wiedervereinigung vorgesehenen Betrages auf.[46] Sobald diese Summe jedenfalls relevant überschritten ist, dürfte indes ein weiterer Ausbau der Gruppen-Zahnprophylaxe (ausschließlich) zu Lasten der Krankenkassen nicht verlangt werden können.

2. Kostenbeteiligung

Die Krankenkassen haben sich nach § 21 Abs. 1 Satz 1 SGB V gemeinsam und einheitlich an den Kosten von Maßnahmen der Gruppenprophylaxe „zu beteiligen". Dies impliziert eine Kostenbeteiligung verschiedener Träger. Die gesetzliche Regelung soll sicherstellen, dass mit Aufgaben der Zahnprophylaxe bislang befasste Stellen, insbesondere also der öffentliche Gesundheitsdienst der Länder und Gemeinden, ihre finanzielle Verantwortung für die Zahngesundheit der Kinder und Jugendlichen aufrechterhalten. 38

Bedenklich erscheint allerdings insoweit, dass die von den Krankenkassen danach zu tragende Quote im Verhältnis zu den von den anderen Trägern zu erbringenden Leistungen **offen** gelassen und der Festlegung der Landesebene überlassen worden ist. Ob dies mit dem Vorbehalt des Gesetzes vereinbar ist, erscheint fraglich. Dies erscheint jedenfalls nicht (mehr) als Entscheidung im Rahmen des üblichen Verwaltungsvollzugs, sondern eher als politische und damit dem Gesetzgeber vorbehaltene Wertungsentscheidung. 39

3. Gemeinsame und einheitliche Leistungserbringung

Die aus § 21 Abs. 1 SGB V sich ergebenden Förder- und Leistungspflichten sind nach § 21 Abs. 1 Satz 1 SGB V von den Krankenkassen „gemeinsam und einheitlich" zu erfüllen. Dadurch ist die Zahn-Gruppenprophylaxe – anders als die primäre gesundheitliche Prävention nach § 20 Abs. 1 SGB V – dem **Wettbewerb der Krankenkassen entzogen** und zu einer **im Zusammenwirken** zu erfüllenden Aufgabe ausgestaltet worden. Maßgebend dafür war die Einschätzung, dass isolierte Einzelmaßnahmen von einzelnen Kassen oder Kassenarten nicht zweckmäßig seien.[47] 40

Ebene der Zusammenarbeit der Krankenkassen ist die des **Landes**. Das ergibt sich materiell aus § 21 Abs. 1 Satz 1 SGB V, wonach die Maßnahmen der Gruppenprophylaxe von den Krankenkassen im Zusammenwirken mit den Zahnärzten und den für die Zahngesundheitspflege **in den Ländern zuständigen Stellen** zu fördern sind. Formell ist dazu den Landesverbänden der Krankenkassen und den Verbänden der Ersatzkassen nach § 21 Abs. 2 Satz 1 SGB V der Auftrag erteilt, mit den zuständigen Stellen nach Absatz 1 Satz 1 **gemeinsame Rahmenvereinbarungen** zu schließen. 41

Dieses für sich genommen schlüssige Konzept kann Fragen hinsichtlich der **Zusammenarbeit unter den Krankenkassen** aufwerfen. Die in § 21 Abs. 1 Satz 1 SGB V verwandte Rechtsfigur der **gemeinsamen und einheitlichen** Förderung und Kostentragung knüpft an das im SGB V häufig gebrauchte Entscheidungsmuster der **gemeinsamen und einheitlichen Entscheidung der Spitzenverbände der Krankenkassen** an. Dieses Verfahren ist ansonsten der **Bundesebene** vorbehalten und im Einzelnen in § 213 SGB V geregelt. Danach haben die **Spitzenverbände der Krankenkassen** in zahlreichen Zusammenhängen gemeinsam und einheitlich zu beschließen.[48] Einigen sie sich nicht, kommt ein Einigungsverfahren nach § 213 SGB V in Gang, das zuletzt eine Entscheidung des Bundesministeriums für Gesundheit vorsieht. Eine solche Regelung besteht für die Landesebene nicht. Deshalb kann das in § 21 SGB V vorgesehene Verfahren der Einigung auf Landesebene dann ins Leere gehen, wenn die dort aufgeführten Verbände auf Landesebene keine Einigung treffen können und die Einigung nicht durch eine Rechtsverordnung nach § 21 Abs. 3 SGB V ersetzbar ist. 42

---

[43] Vgl. BT-Drs. 14/1245 S. 63.

[44] Vgl. BT-Drs. 11/2237, S. 275.

[45] Selbstkritisch insoweit auch die Arbeitsgemeinschaft der Spitzenverbände der Krankenkassen, Gruppenprophylaxe 2000, Konzept der Spitzenverbände der Krankenkassen zur Weiterentwicklung der Maßnahmen nach § 21 Abs. 1 SGB V (Weiterentwicklungskonzept Gruppenprophylaxe) vom 20.11.2000, S. 12 f.

[46] Vgl. Bundesministerium für Gesundheit (2006), Endgültige Rechnungsergebnisse der gesetzlichen Krankenversicherung nach der Statistik KJ 1 – 2005, S. 9.

[47] Vgl. BT-Drs. 11/2237, S. 167.

[48] Vgl. die Kommentierung zu § 213 SGB V Rn. 6.

VII. Rechtsansprüche von Versicherten?

43 Zum Teil werden aus dem durch § 21 SGB V an die Krankenkassen gerichteten Auftrag des § 21 SGB V Rechtsansprüche von Versicherten auf Durchführung gruppenprophylaktischer Maßnahmen hergeleitet.[49] Das erscheint zweifelhaft. Individuelle Rechtsansprüche auf Maßnahmen der Zahnprophylaxe ergeben sich aus § 22 SGB V. Die daraus sich ergebenden Maßnahmen sind inhaltlich deckungsgleich mit den Inhalten, die nach § 21 SGB V zu erbringen sind. Deshalb dürfte mehr dafür sprechen, in § 21 SGB V eine ausschließlich objektivrechtliche Vorschrift zu sehen, die – ohne den Versicherten Rechtsansprüche auf Leistungen zu vermitteln – den Krankenkassen im Interesse einer effizienten Mittelverwendung einen gruppenprophylaktischen Zugang für Maßnahmen der Zahnprophylaxe vorschreibt.

VIII. Zusammenarbeit zwischen Krankenkassen und Maßnahmeträgern

44 Zur Regelung der Zusammenarbeit zwischen den Krankenkassen und den anderen Maßnahmeträgern sieht § 21 Abs. 2 Satz 1 SGB V den Abschluss von gemeinsamen Rahmenvereinbarungen auf Landesebene vor. Gegenstand der Regelung sind, wie sich aus § 21 Abs. 2 Satz 2 SGB V mittelbar ergibt, insbesondere **Inhalt**, **Finanzierung**, nicht **versichertenbezogene Dokumentation** und **Kontrolle** von gruppenprophylaktischen Leistungen.

45 Kommt die Rahmenvereinbarung nach § 21 Abs. 2 Satz 1 SGB V in einem Land nicht innerhalb der Frist des § 21 Abs. 3 SGB V zu Stande, wird sie durch Rechtsverordnung der Landesregierung ersetzt. Diese hat dabei die von den Spitzenverbänden der Krankenkassen gemeinsam und einheitlich zu beschließenden Empfehlungen nach § 21 Abs. 2 Satz 2 SGB V „zu berücksichtigen". Durch diesen Mechanismus soll sichergestellt werden, dass die Rechtsordnung der Landesregierung nicht einseitig zu Lasten der Krankenkassen ergeht.

C. Ausblick

46 Nach Art. 1 Nr. 13 a) bb) und b) i.V.m. Art. 46 Abs. 9 des **Gesetzes zur Stärkung des Wettbewerbs in der gesetzlichen** Krankenversicherung (GKV-Wettbewerbsstärkungsgesetz – GKV-WSG)[50] wird § 21 Abs. 1 Satz 2 und Abs. 3 SGB V **mit Wirkung zum 01.07.2007** an die durch das GKV-WSG mit den §§ 217a ff. SGB V bewirkte Organisationsänderung angepasst und die bis dahin von den **„Spitzenverbänden der Krankenkassen"** wahrzunehmende Konkretisierungsaufgabe dem **„Spitzenverband Bund der Krankenkassen"** übertragen. Inhaltliche Änderungen sind damit für § 21 SGB V nicht verbunden.

---

[49] So etwa *Igl/Welti* in: v. Maydell, GK-SGB V, § 21 SGB V Rn. 24.

[50] Vom 26.03.2007, BGBl I 2007, 378.

§ 22 SGB V Verhütung von Zahnerkrankungen (Individualprophylaxe)

(Fassung vom 14.11.2003, gültig ab 01.01.2004)

(1) Versicherte, die das sechste, aber noch nicht das achtzehnte Lebensjahr vollendet haben, können sich zur Verhütung von Zahnerkrankungen einmal in jedem Kalenderhalbjahr zahnärztlich untersuchen lassen.

(2) Die Untersuchungen sollen sich auf den Befund des Zahnfleisches, die Aufklärung über Krankheitsursachen und ihre Vermeidung, das Erstellen von diagnostischen Vergleichen zur Mundhygiene, zum Zustand des Zahnfleisches und zur Anfälligkeit gegenüber Karieserkrankungen, auf die Motivation und Einweisung bei der Mundpflege sowie auf Maßnahmen zur Schmelzhärtung der Zähne erstrecken.

(3) Versicherte, die das sechste, aber noch nicht das achtzehnte Lebensjahr vollendet haben, haben Anspruch auf Fissurenversiegelung der Molaren.

(4) (weggefallen)

(5) Der Gemeinsame Bundesausschuss regelt das Nähere über Art, Umfang und Nachweis der individualprophylaktischen Leistungen in Richtlinien nach § 92.

Gliederung

A. Basisinformationen

I. Textgeschichte/Gesetzgebungsmaterialien

§ 22 SGB V wurde mit Wirkung vom 01.01.1989 durch Art. 1 des **Gesundheitsreformgesetzes** (GRG)[1] eingeführt. Die Vorschrift geht auf § 22 des Fraktionsentwurfs von CDU/CSU und FDP zum GRG[2] zurück. In den Ausschussberatungen wurden Beginn und Ende des Leistungsanspruchs insoweit abgeändert, als die ursprünglich vorgesehene Altersspanne von 14 bis 25 Jahren auf 12 bis 20 Jahre abgesenkt wurde.[3] 1

Seit In-Kraft-Treten wurden der Leistungsumfang und der leistungsberechtigte Personenkreis mehrfach geändert: 2

Mit Wirkung zum **01.01.1993** wurde durch Art. 1 Nr. 10 lit. a des **Gesetzes zur Sicherung und Strukturverbesserung der gesetzlichen Krankenversicherung** (Gesundheitsstrukturgesetz) vom 21.12.1992[4] der Leistungsanspruch auf Versicherte vom **sechsten Lebensjahr** an ausgedehnt. Individualprophylaktische Maßnahmen sollten bereits vom Durchbruch der ersten bleibenden Zähne an durchgeführt werden können. Dadurch solle für Kinder, bei denen im Rahmen der Gruppenprophylaxe ein hohes oder besonders hohes Kariesrisiko festgestellt wurde und die nicht von entsprechenden Programmen in der Gruppenprophylaxe erfasst werden, eine Intensivbetreuung in der Zahnarztpraxis angeboten werden können. Dadurch solle die Gruppenprophylaxe zielgerichtet auf die nicht gruppenpro- 3

---

[1] Vom 20.12.1988, BGBl I 1988, 2477.

[2] Vgl. BT-Drs. 11/2237, S. 16 und S. 167 f.

[3] Vgl. BT-Drs. 11/3320, S. 15. Vgl. zum Gang dieser Beratungen im Einzelnen *Igl/Welti* in: v. Maydell, GK-SGB V, § 22 SGB V Rn. 2 ff.

[4] BGBl I 1992, 2266.

phylaktisch betreuten Kinder mit hohem oder besonders hohem Kariesrisiko ergänzt werden.[5] Weiter wurde durch Art. 1 Nr. 10 lit. b Gesundheitsstrukturgesetz Absatz 3 mit folgendem Wortlaut eingefügt: „Versicherte, die das sechste, aber noch nicht das zwanzigste Lebensjahr vollendet haben, haben Anspruch auf Fissurenversiegelung der Molaren. Das Nähere bestimmt der Bundesausschuss der Zahnärzte und Krankenkassen in Richtlinien nach § 92". Unabhängig von den individualprophylaktischen Maßnahmen nach Absatz 1 habe sich die Fissurenversiegelung der Molaren, die im Alter von sechs Jahren (6-Jahr-Molar) und im Alter von zwölf Jahren (12-Jahr-Molar) durchbrechen, als besonders effiziente Maßnahme zur Vermeidung von Karies bei den bleibenden Backenzähnen erwiesen. Es sei angezeigt, diese Zähne besonders zu schützen. Die Fissurenversiegelung stelle dazu eine wenig aufwendige und langfristig wirksame Konservierungsmethode dar und werde deshalb zusätzlich in den Leistungskatalog der gesetzlichen Krankenversicherung aufgenommen.[6]

4 Mit Wirkung zum 01.07.1977 wurde durch Art. 1 Nr. 2 des Zweiten Gesetzes zur Neuordnung von Selbstverwaltung und Eigenverantwortung in der gesetzlichen Krankenversicherung (2. GKV-Neuordnungsgesetz – 2. GKV-NOG) vom 23.06.1997[7] die Altersgrenze der nach Absatz 1 und Absatz 3 begünstigten Versicherten auf 18 Jahre abgesenkt, in Absatz 4 ein neuer Anspruch auf individualprophylaktische Leistungen für Versicherte über 18 Jahren eingeführt und die Regelungsbefugnis des Bundesausschusses der Zahnärzte und Krankenkassen zusammenfassend in Absatz 5 übergeführt.

5 Mit Wirkung ab dem 01.01.2000 wurde schließlich durch Art. 1 Nr. 10 des **Gesetzes zur Reform der gesetzlichen Krankenversicherung ab dem Jahr 2000 (GKV-Gesundheitsreform 2000)** vom 22.12.1999[8] der durch das 2. GKV-NOG eingeführte Anspruch auf individualprophylaktische Leistungen für Versicherte über 18 Jahre gestrichen und Absatz 4 dazu aufgehoben.

6 Die maßgeblichen **Gesetzesmaterialien** zu § 22 SGB V in der Fassung des GRG finden sich in der BT-Drs. 11/2237. Für die Änderungen durch das GSG ist die Drucksache BT-Drs. 12/3608 und für das 2. GKV-NOG die Drucksache BT-Drs. 13/6087 maßgeblich. Die Motive zu den Änderungen durch das Gesetz zur Reform der gesetzlichen Krankenversicherung ab dem Jahr 2000 ergeben sich aus BT-Drs. 14/1245.

II. Untergesetzliche Rechtsnormen

7 Für die Umsetzung des Leistungsauftrags des § 22 SGB V ist vor allem folgende Richtlinie von Bedeutung: Richtlinien des Bundesausschusses der Zahnärzte und Krankenkassen über Maßnahmen zur Verhütung von Zahnerkrankungen (Individualprophylaxe).[9]

III. Systematische Zusammenhänge

8 § 22 SGB V **erweitert** wie alle Vorschriften des Dritten Abschnitts im Dritten Kapitel des SGB V den Leistungsauftrag der Krankenkassen für Verhältnisse **vor Eintritt** des Versicherungsfalls. Die Regelung begründet Ansprüche auf zahnärztliche Maßnahmen auch dann, wenn (noch) keine behandlungsbedürftige Zahnerkrankung festgestellt worden ist (vgl. dazu allgemein die Kommentierung zu § 20 SGB V Rn. 9). Mit diesem Auftrag stellt die Vorschrift systematisch eine Sonderregelung für die Verhütung von Zahnerkrankungen im Verhältnis zu der allgemeinen Bestimmung des § 23 SGB V dar (vgl. näher die Kommentierung zu § 21 SGB V Rn. 6).

9 In dem Kontext der Vorschriften zur Verhütung von Zahnerkrankungen **deckt** sich der für **§ 22 SGB V** maßgebliche Ansatz mit dem des **§ 21 SGB V**. Die Vorschriften unterscheiden sich nach der **Art der Leistungserbringung**. Nach § 21 SGB V sind grundsätzlich **Gruppen** von Versicherten zu betreuen, und zwar auf **Initiative** der zuständigen Stellen. § 22 SGB V vermittelt hingegen Anspruch auf **individuelle Leistungen** zur Verhütung von Zahnkrankheiten auf **Nachfrage des Versicherten** durch einen Zahnarzt. Dieser Ansatz erscheint grundsätzlich bewährt. **Systematisch** erscheinen der Aufbau und die Fassung der Regelungen hingegen **wenig geglückt**. Aufbau, Stellung und Fassung der Bestimmungen verdecken den Gehalt der Leistungstatbestände mehr als dass sie ihn erhellen (vgl. näher die Kommentierung zu § 21 SGB V Rn. 7 f.).

---

5 Vgl. BT-Drs. 12/3608, S. 77 f.

6 Vgl. BT-Drs. 12/3608, S. 78.

7 BGBl I 1997, 1520.

8 BGBl I 1999, 2626.

9 In Kraft getreten am 01.01.2004, in der Fassung vom 04.06.2003 veröffentlicht im BAnz 2003, Nr. 226, 24 966 vom 03.12.2003.

Im Einzelnen liegt den Regelungen zur Verhütung von Zahnerkrankungen folgende Systematik zu Grunde: Erstens besteht nach § 26 Abs. 1 Satz 2 SGB V für **Kinder im Alter bis zu 6 Jahren** Anspruch auf **individuelle Leistungen** zur Vorbeugung von Zahnerkrankungen entweder durch **Zahnärzte** oder durch **Ärzte**. Zweitens besteht nach § 22 SGB V für **Kinder und Jugendliche vom 6. bis zum 18. Lebensjahr** Anspruch ebenfalls auf **individuelle Leistungen** zur Vorbeugung von Zahnerkrankungen ausschließlich **durch Zahnärzte**. Schließlich sind die Krankenkassen drittens nach § 21 SGB V bei Versicherten **bis zum 12. Lebensjahr**, gegebenenfalls auch **bis zum 16. Lebensjahr**, zur Förderung **aufsuchender Maßnahmen** verpflichtet, die der Vorbeugung von Zahnerkrankungen dienen. 10

IV. Ausgewählte Literaturhinweise

Walter, Babylon im SGB?, Sozialer Fortschritt 2003, 253; *Saekel*, Zahngesundheit – Trends und Konsequenzen bis 2020, BKK 2002, 135; *Schneller/Micheelis*, Individualprophylaxe bei Erwachsenen – Erfahrungen, Problemsichten und Perspektiven bei niedergelassenen Zahnärzten, in: Deutschland Kostenexplosion durch Prävention? Institut der Deutschen Zahnärzte, Band 26, 2002, 130; *Wiethardt*, Die zahngesundheitliche Prävention, ASP 2000, 47; *Neumann/Saekel*, Ursachen verbesserter Zahngesundheit in Deutschland, KrV 1997, 213. 11

B. Auslegung der Norm

I. Regelungsgehalt und Normzweck

Die Vorschrift begründet Ansprüche auf Leistungen zur Verhütung von Zahnerkrankungen durch Zahnärzte für Versicherte zwischen dem sechsten und dem 18. Lebensjahr. Diese können sich einmal in jedem Kalenderhalbjahr zahnärztlich untersuchen lassen und haben Anspruch auf Leistungen, die der Verhütung oder Behandlung von Vorstufen von Zahnerkrankungen dienen. Die Einzelheiten regelt der Gemeinsame Bundesausschuss. Damit bezweckt die Regelung die Förderung der Zahngesundheit in einem Lebensalter, in dem Vorstufen von Zahnerkrankungen einerseits besonders häufig auftreten und diesen andererseits nach zahnärztlicher Einschätzung besonders wirksam entgegengewirkt werden kann. 12

II. Anspruchsberechtigter Personenkreis

Personell anspruchsberechtigt für Leistungen nach § 22 SGB V sind „Versicherte", die das sechste, aber noch nicht das achtzehnte Lebensjahr vollendet haben. Das sind alle, die **bei Inanspruchnahme** der Leistung nach Maßgabe der §§ 5 ff. SGB V **Versicherungsschutz** entweder **als Versicherte** oder auf Grund des **nachgehenden Anspruchs** nach den Absätzen 2 oder 3 des § 19 SGB V haben (wegen der Einzelheiten vgl. die Kommentierungen zu den §§ 5 ff. sowie die Kommentierung zu § 27 SGB V Rn. 22 ff.) und die altersmäßigen Voraussetzungen erfüllen. 13

III. Individualprophylaxe

Unter Individualprophylaxe werden in der Zahngesundheitspflege Maßnahmen zur Vorbeugung von Zahnerkrankungen (zum Begriff vgl. die Kommentierung zu § 21 SGB V Rn. 13) verstanden, die im Gegensatz zur Gruppenprophylaxe **individuell** und **in der Zahnarztpraxis** durchgeführt werden. Unter Gruppenprophylaxe werden hingegen aufsuchende Maßnahmen der Zahngesundheitspflege verstanden, insbesondere in Kindergärten und Schulen. Bei der Individualprophylaxe geht die Initiative zur Inanspruchnahme der Leistung von den Versicherten selbst aus, bei der Gruppenprophylaxe geht sie von dem Träger der Maßnahme aus (vgl. näher die Kommentierung zu § 21 SGB V Rn. 20). 14

IV. Leistungen zur Individualprophylaxe

Zur Individualprophylaxe besteht Anspruch auf halbjährliche Untersuchung und Beratung nach § 22 Abs. 1 und Abs. 2 SGB V sowie auf Fissurenversiegelung der Molaren nach § 22 Abs. 3 SGB V: 15

1. Halbjährliche Untersuchung und Beratung (Absätze 1 und 2)

16 **Anspruchsberechtigt** sind Versicherte vom 6. bis zum 18. vollendeten Lebensjahr. Versicherte sind alle, die **bei Inanspruchnahme** der Leistung nach Maßgabe der §§ 5 ff. SGB V **Versicherungsschutz** entweder **als Versicherte** oder auf Grund des **nachgehenden Anspruchs** nach den Absätzen 2 oder 3 des § 19 SGB V haben (wegen der Einzelheiten vgl. die Kommentierungen zu den §§ 5ff. sowie die Kommentierung zu § 27 SGB V Rn. 22 ff.).

17 **Gegenständlich** vermittelt § 22 Abs. 1 SGB V den anspruchsberechtigten Versicherten einen Anspruch darauf, sich zur Verhütung von Zahnerkrankungen einmal in jedem Kalenderhalbjahr zahnärztlich „untersuchen" lassen. Mit „Untersuchung" sind die Individualprophylaktischen Leistungen indes nicht zureichend umschrieben. Gegenstand der Individualprophylaktischen Maßnahmen nach § 22 Abs. 2 SGB V sind vielmehr **Untersuchung**, **Aufklärung** und **bio-medizinische Verrichtungen**.

18 **Gegenstand der Untersuchungen** nach § 22 SGB V sind nach Absatz 2 der „Befund des Zahnfleisches" und „diagnostische Vergleiche zur Mundhygiene, zum Zustand des Zahnfleisches und zur Anfälligkeit gegenüber Karieserkrankungen". Die Untersuchungen umfassen danach die orientierende Erhebung des sichtbaren Zustands des Zahnfleisches und die Feststellung der Blutungsneigung (Befund des Zahnfleisches) sowie die Feststellung von Indikatoren, mit denen die individuelle Zahngesundheit eingeordnet bzw. gemessen werden kann (diagnostische Vergleiche).[10]

19 **Nicht Gegenstand** der individualprophylaktischen Untersuchung ist nach Auffassung der beteiligten Ausschüsse und Vertragspartner **die Untersuchung zur Früherkennung** von noch symptomlosen Zahnkrankheiten, insbesondere von Frühformen der Karies. Insoweit soll die Individualprophylaxe erst mit der Erstellung des Mundhygienestatus beginnen und ihr eingehende Untersuchung auf Zahn-, Mund- und Kieferkrankheiten **vorangegangen** sein.[11] Auch der Einheitliche Bewertungsmaßstab für zahnärztliche Leistungen (BEMA-Z) sieht die Untersuchung auf Zahnkrankheiten nicht als Gegenstand der individualprophylaktischen Leistungen, sondern als Teil der Leistungslegende „eingehende Untersuchung zur Feststellung von Zahn-, Mund- und Kieferkrankheiten einschließlich Beratung" an.[12]

20 Das erscheint insofern **konsequent**, als die Untersuchung auf Zahnkrankheiten bei allen über 18 Jahre alten Versicherten ebenfalls nicht (mehr) Gegenstand einer individualprophylaktischen Leistung im Sinne von § 22 SGB V sein kann,[13] sondern als Teil der Krankenbehandlung nach § 27 SGB V anzusehen ist. Danach besteht Anspruch auf Krankenbehandlung u.a. dann, wenn sie notwendig ist, um eine Krankheit zu „erkennen". Systematisch **inkonsistent** erscheint daran allerdings, dass die Früherkennung von symptomlosen Krankheiten **außerhalb des vertragszahnärztlichen** Bereichs gemäß den §§ 25, 26 SGB V ausschließlich den dort ausdrücklich aufgeführten Frühformen von Krankheiten mit den entsprechenden Untersuchungsintervallen vorbehalten ist und nach § 27 SGB V ansonsten keine Leistungen zur Früherkennung von Krankheiten erbracht werden dürfen. Systematisch konsistenter schiene es deshalb, die **Früherkennung von Zahnkrankheiten** ebenfalls dem Präventionsbereich zuzuordnen, dem er der Sache nach als Sekundärprävention auch zugehört.

21 **Ziel** der individualprophylaktischen Untersuchungen ist demzufolge nicht (auch) die Erkennung von Zahnkrankheiten einschließlich ihrer Frühformen im engeren Sinne, sondern ausschließlich die **Bestimmung von Risikofaktoren** für die Weiterentwicklung der Zahngesundheit anhand des Zustands des Zahnfleisches (Befund des Zahnfleisches) sowie nach Indikatoren, mit denen die individuelle Zahngesundheit eingeordnet bzw. gemessen werden kann (diagnostische Vergleiche): Sie sollen Anhaltspunkte zur Beurteilung des individuellen Risikos für mögliche Zahnerkrankungen bieten.

22 Gegenstand der **Aufklärung** nach § 22 Abs. 2 SGB V sind die Ursachen von Zahnerkrankungen sowie ihre Vermeidung im Allgemeinen sowie die Motivation und Einweisung bei der Mundpflege im Besonderen. Grundlage sind die im Rahmen der Prophylaxeuntersuchung gewonnenen Erkenntnisse über das individuelle Risiko, an einer Zahnerkrankung zu erkranken. Die Versicherten haben demnach ausgehend von ihrem individuellen Risiko Anspruch auf eine verständliche Erläuterung der Entstehung

---

[10] Vgl. *de Cassan*, Zahnwissen-Lexikon, Stichworte: Mund-Hygiene-Status und Kariesrisikotest.

[11] Vgl. Bundesausschuss der Zahnärzte und Krankenkassen, Richtlinien über Maßnahmen zur Verhütung von Zahnerkrankungen (Individualprophylaxe) vom 04.06.2003 in der ab 01.01.2004 geltenden Fassung, unter A. 5.

[12] Vgl. Nr. 01 U sowie IP 1, 2, 4 und 5 BEMA-Z.

[13] Dies wurde gestrichen durch die GKV-Gesundheitsreform 2000, vgl. Rn. 5.

von Zahnerkrankungen und die Strategien zu ihrer Vermeidung sowie Einweisung in die Mundpflege zur Vermeidung von Zahnbelägen, abgestimmt auf ihre individuelle Situation und die daraus sich ergebenden Anforderungen zur Verhütung von Zahnerkrankungen.

Gegenstand von **bio-medizinischen Maßnahmen** ist schließlich die Applikation von Fluoriden als eine als besonders wirksam angesehene Maßnahme zur Kariesvermeidung,[14] ebenfalls abgestimmt auf das individuelle Kariesrisiko und gegebenenfalls unter Berücksichtigung von Fluoridgaben im Rahmen der Gruppenprophylaxe nach § 21 SGB V. 23

2. Fissurenversiegelung (Absatz 3)

Nach § 22 Abs. 2 SGB V haben Versicherte zwischen dem 6. und dem 18. Lebensjahr Anspruch auf Fissurenversiegelung der Molaren. Molaren sind die **hinteren Backenzähne**. Ihre Einkerbungen (Fissuren) sind anfällig für Karies, weil die Entfernung von Zahnbelag auch bei sorgfältiger Mundhygiene nur unzureichend möglich ist. Diesem Risiko kann nach dem Stand der zahnmedizinischen Erkenntnis durch Versiegelung mit einem dünnfließenden Kunststoff wirkungsvoll entgegengewirkt werden, wenn ein entsprechendes Kariesrisiko besteht.[15] 24

3. Nachrang der Individualprophylaxe?

§ 22 SGB V vermittelt Versicherten zwischen dem 6. und 18. Lebensjahr einmal je Kalenderhalbjahr Anspruch auf individuelle zahnärztliche Leistungen zur Verhütung von Zahnerkrankungen als **Individualprophylaxe**. Zusätzlich sind nach § 21 SGB V für Versicherte bis zum 12. Lebensjahr bzw. unter der Voraussetzung des § 21 Abs. 1 Satz 3 SGB V bis zum 16. Lebensjahr Maßnahmen der **Gruppenprophylaxe** vorgesehen.[16] Dieses **doppelspurige**[17] Leistungssystem soll nach der zu Grunde liegenden Vorstellung in einem Verhältnis der **gegenseitigen Ergänzung** stehen, mit einer **breitenwirksamen Gruppenprophylaxe als Basisprophylaxe**[18] und einer **Individualprophylaxe als deren Ergänzung.**[19] Danach wäre der individualprophylaktische Anspruch auf Leistungen beschränkt, die im Rahmen der Gruppenprophylaxe individuell nicht angeboten worden sind oder wegen des individuellen Kariesrisikos nicht ausreichend erscheinen.[20] 25

Diese Schlussfolgerung findet im geltenden Recht indes keine Stütze. Schon dem Wortlaut des § 22 SGB V nach setzt der Anspruch auf individualprophylaktische Leistungen nicht voraus, dass gruppenprophylaktische Leistungen überhaupt nicht oder nicht vollständig erbracht worden oder nicht ausreichend sind. Jedenfalls kann Versicherten selbst bei doppelter Versorgung die Inanspruchnahme von Leistungen nach § 22 SGB V deshalb nicht versagt werden, weil die Zuschussregelung des § 55 Abs. 1 SGB V für Zahnersatzleistungen den Nachweis der vollständigen Inanspruchnahme der Leistungen nach § 22 SGB V erforderlich machen kann. Danach besteht gem. § 55 Abs. 1 Satz 4 SGB V Anspruch auf den erhöhten Zuschuss nach § 55 Abs.1 Satz 3 SGB V bei einem Gebisszustand, der regelmäßige Pflege nicht erkennen lässt, nur dann, wenn der Versicherte während der letzten fünf Jahre vor Beginn der Behandlung die Untersuchungen nach § 22 Abs. 1 SGB V in jedem Kalenderhalbjahr in Anspruch genommen und sich nach Vollendung des 18. Lebensjahres wenigstens einmal in jedem Kalenderjahr hat zahnärztlich untersuchen lassen. 26

Dieser Zusammenhang verbietet jedenfalls die Annahme, dass individualprophylaktische Leistungen generell nur in Ergänzung zu gruppenprophylaktischen Leistungen in Anspruch genommen werden könnten. Zwar mag die Gruppe der von der Ausschlussklausel des § 55 Abs. 1 Satz 4 Nr. 1 SGB V be- 27

---

[14] Vgl. *de Cassan*, Zahnwissen-Lexikon, Stichwort: Fluoridierung.

[15] Vgl. *de Cassan*, Zahnwissen-Lexikon, Stichwort: Fissurenversiegelung, sowie die u.a. von der Bundeszahnärztekammer und der Kassenzahnärztlichen Bundesvereinigung verabschiedete Leitlinie Fissurenversiegelung.

[16] Zum Begriff der Gruppenprophylaxe, seiner Abgrenzung zur Individualprophylaxe und der Ausgestaltung der Gruppenprophylaxe in § 21 SGB V vgl. die Kommentierung zu § 21 SGB V Rn. 20 ff.

[17] Vgl. zur Systematik der Vorschriften Rn. 10.

[18] Vgl. BT-Drs. 12/3608, S. 77.

[19] Vgl. BT-Drs. 14/1245, S. 63 zur GKV-Gesundheitsreform2000 (vgl. Rn. 5).

[20] So der Tendenz nach die Auffassung der Spitzenverbände der Krankenkassen, vgl. Arbeitsgemeinschaft der Spitzenverbände der Krankenkassen, Gruppenprophylaxe 2000, Konzept der Spitzenverbände der Krankenkassen zur Weiterentwicklung der Maßnahmen nach § 21 Abs. 1 SGB V (Weiterentwicklungskonzept Gruppenprophylaxe) vom 20.11.2000, S. 12; ebenso Bundesausschuss der Zahnärzte und Krankenkassen, Richtlinien über Maßnahmen zur Verhütung von Zahnerkrankungen (Individualprophylaxe) vom 04.06.2003 in der ab 01.01.2004 geltenden Fassung, unter A. 2.

troffenen Versicherten nicht groß sein, weil Zahnersatzleistungen nur in Ausnahmefällen bereits fünf Jahre nach Vollendung des 18. Lebensjahrs zu erbringen sein dürften. Insoweit ist allerdings prospektiv eine abstrakte Betrachtungsweise geboten. Danach dürfte es Versicherten nicht zu verwehren sein, Leistungen nach § 22 SGB V dem Grunde nach auch dann in Anspruch zu nehmen, wenn sie bereits mit entsprechenden gruppenprophylaktischen Leistungen nach § 21 SGB V versorgt worden sind. Beschränkungen sind allenfalls denkbar bei der Versorgung mit bio-medizinischen Leistungen, soweit diese bereits im Rahmen einer Gruppenprophylaxe erbracht worden sind.

28 Auf Basis des geltenden Rechts lässt sich danach ein Verständnis der Gruppenprophylaxe als Regelversorgung für alle Kinder und Jugendlichen bis zum Alter von 12 bzw. 16 Jahren und einer ergänzenden Individualprophylaxe ausschließlich für Gruppen von besonders gefährdeten Kindern und Jugendlichen kaum durchsetzen. Vielmehr ist die Individualprophylaxe entgegen der Intention der Krankenkassen **ebenso Regelversorgung wie die Gruppenprophylaxe**. Dies schlägt sich auch in der Aufwandsverteilung für diese Leistungen nieder. Danach wandten die Krankenkassen für Leistungen nach § 21 SGB V im Jahr 2005 einen Betrag von etwa 33 Mio. € auf, dagegen knapp 290 Mio. € für Leistungen nach § 22 Abs. 1 SGB V und etwa 50 Mio. € für Fissurenversiegelungen.[21]

V. Konkretisierung durch Richtlinien (Absatz 5)

29 Das Nähere über Art, Umfang und Nachweis der individualprophylaktischen Leistungen regelt der Gemeinsame Bundesausschuss in Richtlinien nach § 92 SGB V. Durch sie wird das **ausfüllungsbedürftige Rahmenrecht** des § 22 SGB V mit rechtlicher Verbindlichkeit für Versicherte, Vertragsarztzahnärzte sowie Krankenkassen konkretisiert. Danach verdichtet sich das gesetzliche Rahmenrecht erst dann zum durchsetzbaren Einzelanspruch, wenn der Gemeinsame Bundesausschuss in Form von untergesetzlichen Rechtsnormen[22] festgelegt hat, welche Leistungen unter welchen Voraussetzungen beansprucht werden können.[23]

---

[21] Vgl. Bundesministerium für Gesundheit (2006), Endgültige Rechnungsergebnisse der gesetzlichen Krankenversicherung nach der Statistik KJ 1 - 2005, S. 9.

[22] Zur Rechtsnormqualität der Richtlinien vgl. aus der Rechtsprechung BSG v. 16.09.1997 - 1 RK 32/95 - BSGE 81, 73 und BSG v. 20.03.1996 - 6 RKa 62/94 - BSGE 78, 70; vgl. dazu insbesondere *Engelmann*, NZS 2000, 1 ff. und 76 ff.

[23] Vgl. aus der Rechtsprechung des BSG zur Konkretisierungsfunktion des Bundesausschusses nur BSG v. 16.09.1997 - 1 RK 28/95 - BSGE 81, 54 und BSG v. 03.04.2001 - B 1 KR 22/00 R - BSGE 88, 51, jeweils m.w.N. Umgesetzt in den Richtlinien über Maßnahmen zur Verhütung von Zahnerkrankungen (Individualprophylaxe) vom 04.06.2003 in der ab 01.01.2004 geltenden Fassung.

§ 23 SGB V Medizinische Vorsorgeleistungen

(Fassung vom 26.03.2007, gültig ab 01.04.2007, gültig bis 30.06.2008)

(1) Versicherte haben Anspruch auf ärztliche Behandlung und Versorgung mit Arznei-, Verband-, Heil- und Hilfsmitteln, wenn diese notwendig sind,

1. **eine Schwächung der Gesundheit, die in absehbarer Zeit voraussichtlich zu einer Krankheit führen würde, zu beseitigen,**
2. **einer Gefährdung der gesundheitlichen Entwicklung eines Kindes entgegenzuwirken,**
3. **Krankheiten zu verhüten oder deren Verschlimmerung zu vermeiden oder**
4. **Pflegebedürftigkeit zu vermeiden.**

(2) Reichen bei Versicherten die Leistungen nach Absatz 1 nicht aus, kann die Krankenkasse aus medizinischen Gründen erforderliche ambulante Vorsorgeleistungen in anerkannten Kurorten erbringen. Die Satzung der Krankenkasse kann zu den übrigen Kosten die Versicherten im Zusammenhang mit dieser Leistung entstehen, einen Zuschuß von bis zu 13 Euro täglich vorsehen. Bei ambulanten Vorsorgeleistungen für versicherte chronisch kranke Kleinkinder kann der Zuschuss nach Satz 2 auf bis zu 21 Euro erhöht werden.

(3) In den Fällen der Absätze 1 und 2 sind die §§ 31 bis 34 anzuwenden.

(4) Reichen bei Versicherten die Leistungen nach Absatz 1 und 2 nicht aus, kann die Krankenkasse Behandlung mit Unterkunft und Verpflegung in einer Vorsorgeeinrichtung erbringen, mit der ein Vertrag nach § 111 besteht. Die Krankenkasse führt statistische Erhebungen über Anträge auf Leistungen nach Satz 1 und Absatz 2 sowie deren Erledigung durch.

(5) Die Krankenkasse bestimmt nach den medizinischen Erfordernissen des Einzelfalls Art, Dauer, Umfang, Beginn und Durchführung der Leistungen nach Absatz 4 sowie die Vorsorgeeinrichtung nach pflichtgemäßem Ermessen. Leistungen nach Absatz 4 sollen für längstens drei Wochen erbracht werden, es sei denn, eine Verlängerung der Leistung ist aus medizinischen Gründen dringend erforderlich. Satz 2 gilt nicht, soweit die Spitzenverbände der Krankenkassen gemeinsam und einheitlich nach Anhörung der für die Wahrnehmung der Interessen der ambulanten und stationären Vorsorgeeinrichtungen auf Bundesebene maßgeblichen Spitzenorganisationen in Leitlinien Indikationen festgelegt und diesen jeweils eine Regeldauer zugeordnet haben; von dieser Regeldauer kann nur abgewichen werden, wenn dies aus dringenden medizinischen Gründen im Einzelfall erforderlich ist. Leistungen nach Absatz 2 können nicht vor Ablauf von drei, Leistungen nach Absatz 4 können nicht vor Ablauf von vier Jahren nach Durchführung solcher oder ähnlicher Leistungen erbracht werden, deren Kosten auf Grund öffentlich-rechtlicher Vorschriften getragen oder bezuschusst worden sind, es sei denn, eine vorzeitige Leistung ist aus medizinischen Gründen dringend erforderlich.

(6) Versicherte, die eine Leistung nach Absatz 4 in Anspruch nehmen und das achtzehnte Lebensjahr vollendet haben, zahlen je Kalendertag den sich nach § 61 Satz 2 ergebenden Betrag an die Einrichtung. Die Zahlung ist an die Krankenkasse weiterzuleiten.

(7) Medizinisch notwendige stationäre Vorsorgemaßnahmen für versicherte Kinder, die das 14. Lebensjahr noch nicht vollendet haben, sollen in der Regel für vier bis sechs Wochen erbracht werden.

(8) Die jährlichen Ausgaben der Krankenkasse je Mitglied für Leistungen nach Absatz 4 zusammen mit denen nach § 40 Abs. 2 dürfen sich für das jeweils folgende Kalenderjahr höchstens um die nach § 71 Abs. 3 und 2 Satz 2 maßgebliche Veränderungsrate verändern; § 71 Abs. 2 Satz 1 Nr. 2 gilt entsprechend. Der Veränderung für das Kalenderjahr 2000 sind die in Satz 1 genannten jährlichen Ausgaben der Krankenkasse im Kalenderjahr 1999 zu Grunde zu legen. Überschreitungen des in Satz 1 genannten Ausgabenrahmens vermindern die für das auf die Überschreitung folgende Kalenderjahr nach Satz 1 zur Verfügung stehenden Ausgaben entsprechend.

(9) (weggefallen)

Gliederung

A. Basisinformationen

I. Textgeschichte/Gesetzgebungsmaterialien

1 § 23 SGB V wurde mit Wirkung vom 01.01.1989 durch Art. 1 des **Gesundheitsreformgesetzes** (GRG)[1] eingeführt. Die Vorschrift geht auf § 23 des Fraktionsentwurfs von CDU/CSU und FDP zum GRG[2] zurück. In den Ausschussberatungen wurde die ursprünglich vorgesehene Einschaltung des Medizinischen Dienstes der Krankenkassen vor Beginn von ambulanten oder stationären Vorsorgekuren fallen gelassen.[3] Seit In-Kraft-Treten wurde die Vorschrift mehrfach geändert:

2 Mit Wirkung zum **01.01.1993** wurden durch Art. 1 Nr. 11 lit. a des **Gesetzes zur Sicherung und Strukturverbesserung der gesetzlichen Krankenversicherung** (Gesundheitsstrukturgesetz) vom 21.12.1992[4] in Absatz 5 **zur Budgetierung der Ausgaben für stationäre Vorsorgemaßnahmen** folgende Sätze 3 und 4 eingefügt: „Die jährlichen Ausgaben der Krankenkasse je Mitglied für Leistungen nach Absatz 4 zusammen mit denen nach § 40 Abs. 2 dürfen sich in den Jahren 1993, 1994 und 1995 höchstens um den Vomhundertsatz verändern, um den sich die nach den §§ 270 und 270a zu ermittelnden beitragspflichtigen Einnahmen der Mitglieder aller Krankenkassen mit Sitz im Bundesgebiet außerhalb des Beitrittsgebietes je Mitglied verändern. Für das Kalenderjahr 1993 sind die in Satz 3 genannten Ausgaben der Krankenkasse im Kalenderjahr 1991 zugrunde zu legen, die entsprechend der Entwicklung der nach den §§ 270 und 270a zu ermittelnden beitragspflichtigen Einnahmen der Mitglieder aller Krankenkassen mit Sitz im Bundesgebiet außerhalb des Beitrittsgebietes im Kalenderjahr 1992 je Mitglied erhöht werden." Zur Sicherung der finanziellen Grundlagen der gesetz-

[1] Vom 20.12.1988, BGBl I 1988, 2477.
[2] Vgl. BT-Drs. 11/2237, S. 16 und S. 168 f.
[3] Vgl. BT-Drs. 11/3320, S. 16.
[4] BGBl I 1992, 2266.

lichen Krankenversicherung sei es notwendig, dass auch die Ausgaben für stationäre Vorsorgekuren nicht stärker steigen als die Beitragseinnahmen. Die Zusammenrechnung mit den Aufwendungen für stationäre Rehabilitationsmaßnahmen erlaube die Entscheidung, ob einer der beiden Leistungsarten Vorrang eingeräumt werden solle.[5] Durch Art. 1 Nr. 11 lit. b Gesundheitsstrukturgesetz wurde der in Absatz 6 bis dahin fest mit 10 DM bestimmte **Zuzahlungsbetrag** durch Verweis auf die Regelung des § 39 Abs. 4 SGB V variabel gemacht und Absatz 6 dazu mit folgender Fassung versehen: „Versicherte, die eine Leistung nach Absatz 4 in Anspruch nehmen und das achtzehnte Lebensjahr vollendet haben, zahlen je Kalendertag den sich nach § 39 Abs. 4 ergebenden Betrag an die Einrichtung. Die Zahlung ist an die Krankenkasse weiterzuleiten.“ Bei einer stationären Kur mit Unterkunft und Verpflegung in einer Vorsorgeeinrichtung sei eine Zuzahlung in gleicher Höhe wie bei Krankenhausbehandlung zu leisten.[6]

Mit Wirkung vom **01.01.1997** wurde durch Art. 2 Nr. 4 lit. a des **Gesetzes zur Entlastung der Beiträge in der gesetzlichen Krankenversicherung** (Beitragsentlastungsgesetz – BeitrEntlG) vom 01.11.1996[7] für **stationäre Vorsorgemaßnahmen** die **Regeldauer** auf drei Wochen abgekürzt und die **Inanspruchnahmefrequenz** auf vier Jahre erhöht. Dazu erhielten die Sätze 1 und 2 von Absatz 5 folgende Fassung: „Die Leistungen nach Absatz 2 und 4 sollen für längstens drei Wochen erbracht werden, es sei denn, eine Verlängerung der Leistung ist aus gesundheitlichen Gründen dringend erforderlich. Sie können nicht vor Ablauf von vier Jahren nach Durchführung solcher oder ähnlicher Leistungen erbracht werden, deren Kosten auf Grund öffentlich-rechtlicher Vorschriften getragen oder bezuschusst worden sind, es sei denn, eine vorzeitige Leistung ist aus gesundheitlichen Gründen dringend erforderlich.“ 3

Mit Wirkung zum **01.07.1977** wurde durch Art. 1 Nr. 2 des Zweiten Gesetzes zur Neuordnung von Selbstverwaltung und Eigenverantwortung in der gesetzlichen Krankenversicherung (2. GKV-Neuordnungsgesetz – 2. GKV-NOG) vom 23.06.1997[8] die Altersgrenze der nach Absatz 1 und Absatz 3 begünstigten Versicherten auf 18 Jahre abgesenkt, in Absatz 4 ein neuer Anspruch auf individualprophylaktische Leistungen für Versicherte über 18 Jahren eingeführt und die Regelungsbefugnis des Bundesausschusses der Zahnärzte und Krankenkassen zusammenfassend in Absatz 5 übergeführt. 4

Mit Wirkung ab dem 01.01.2000 wurde durch Art. 1 Nr. 11 des **Gesetzes zur Reform der gesetzlichen Krankenversicherung ab dem Jahr 2000 (GKV-Gesundheitsreform 2000)** vom 22.12.1999[9] zunächst als neuer Risikotatbestand § 23 Abs. 1 Nr. 3 SGB V – um „Krankheiten zu verhüten oder deren Verschlimmerung zu vermeiden“ – eingeführt. Weiter wurden in § 23 Abs. 2 Satz 1 SGB V die Wörter „Maßnahmen in Form einer ambulanten Vorsorgekur“ durch die Wörter „ambulante Vorsorgeleistungen in anerkannten Kurorten“ ersetzt. Für versicherte chronisch kranke Kleinkinder wurde die Grenze für den satzungsgemäß zulässigen Zuschuss nach Satz 2 auf bis zu 30 DM angehoben. Weiter wurde § 23 Abs. 5 SGB V neu gefasst und wurden die Absätze 7 und 8 neu eingefügt. 5

Mit Wirkung ab dem 01.08.2002 wurde weiter durch das **Gesetz zur Verbesserung des Zuschusses zu ambulanten medizinischen Vorsorgeleistungen** vom 26.07.2002[10] der Zuschuss für Unterkunft und Verpflegung bei ambulanten Vorsorgemaßnahmen in anerkannten Kurorten für Erwachsene von **8 € auf 13 €** und für Kinder von **16 € auf 21 €** angehoben. Zugleich wurde die bis dahin auch für diese Leistungen begrenzte **Leistungsdauer für ambulante Leistungen in anerkannten Kurorten aufgehoben**. Hierdurch sollte der gestiegenen Bedeutung medizinischer Vorsorgeleistungen in der gesundheitlichen Versorgung der Versicherten Rechnung getragen werden. Das ermögliche eine verstärkte Inanspruchnahme ambulanter Vorsorgeleistungen und könne zu einem Rückgang der Ausgaben der Krankenkassen für Krankenbehandlung beitragen.[11] 6

Mit Wirkung ab dem 01.01.2004 wurde durch Art. 1 Nr. 9 des Gesetzes zur Modernisierung der gesetzlichen Krankenversicherung (GKV-Modernisierungsgesetz – GMG) vom 14.11.2003[12] in § 23 Abs. 6 Satz 1 SGB V als redaktionelle Folgeänderung die Angabe „§ 40 Abs. 5“ durch die Angabe „§ 61 Satz 2“ ersetzt. 7

---

[5] Vgl. BT-12/3608, S. 78.
[6] Vgl. BT-12/3608, S. 78.
[7] BGBl I 1996, 1631.
[8] BGBl I 1997, 1520.
[9] BGBl I 1999, 2626.
[10] BGBl I 2002, 2873.
[11] Vgl. BT-Drs. 14/9357 und BT-Drs. 14/9702.
[12] BGBl I 2003, 2190.

8 Schließlich wurde zuletzt durch 1 Nr. 14 a) des GKV-WSG mit Wirkung zum 01.04.2007 in Absatz 4 eine **Berichtspflicht** der Krankenkassen über das Antrags- und Bewilligungsgeschehen für ambulante Maßnahmen in anerkannten Kurorten sowie für stationäre Vorsorgemaßnahmen eingeführt,[13] damit dieses transparenter werde und um „Fehlern in der Antragsabwicklung leichter nachgehen zu können".[14]

9 Die maßgeblichen **Gesetzesmaterialien** zu § 23 SGB V in der Fassung des GRG finden sich in der BT-Drs. 11/2237. Für die Änderungen durch das GSG ist die Drucksache BT-Drs. 12/3608 und für das 2. GKV-NOG die Drucksache BT-Drs. 13/6087 maßgeblich. Die Motive zu den Änderungen durch das Gesetz zur Reform der gesetzlichen Krankenversicherung ab dem Jahr 2000 ergeben sich aus BT-Drs. 14/1245. Für das Gesetz zur Verbesserung des Zuschusses zu ambulanten medizinischen Vorsorgeleistungen finden sich die Materialien in BT-Drs. 14/9357 sowie BT-Drs. 9/9702. Für das GKV-Modernisierungsgesetz – GMG ist maßgeblich die BT-Drs. 15/1525. Für die Änderungen durch das GKV-WSG sind maßgeblich die BT-Drs. 16/4200 und BT-Drs. 16/4247.

II. Vorgängervorschriften

10 Vorgängervorschriften von § 23 SGB V waren § 187 Abs. 1 Satz 1 Nr. 1 und 2 RVO sowie § 364 Abs. 1 Nr. 1 RVO.

III. Untergesetzliche Rechtsnormen

11 Für die Umsetzung des Leistungsauftrags des § 23 SGB V sind vor allem folgende Richtlinien und Vereinbarungen von Bedeutung:

- Medizinischer Dienst der Spitzenverbände der Krankenkassen e.V. (MDS), Begutachtungs-Richtlinie Vorsorge und Rehabilitation, Stand Oktober 2005,
- Gemeinsame Rahmenempfehlung für ambulante und stationäre Vorsorge- und Rehabilitationsleistungen auf der Grundlage des § 111a SGB V der Spitzenverbände der Krankenkassen sowie von Rehabilitationsträgern und -verbänden vom 12.05.1999,
- Richtlinien des Gemeinsamen Bundesausschusses über die Verordnung von Heilmitteln in der vertragsärztlichen Versorgung (Heilmittel-Richtlinien) in der Fassung vom 01.12.2003/16.03.2004, zuletzt geändert am 21.12.2004,
- Richtlinien des Gemeinsamen Bundesausschusses über die Verordnung von Heilmitteln in der vertragsärztlichen Versorgung (Heilmittel-Richtlinien) in der Fassung vom 01.12.2003/16.03.2004, zuletzt geändert am 21.12.2004, Zweiter Teil – Zuordnung der Heilmittel zu Indikationen (Heilmittel-Katalog),
- Richtlinien des Bundesausschusses der Ärzte und Krankenkassen über die Verordnung von Hilfsmitteln in der vertragsärztlichen Versorgung (Hilfsmittel-Richtlinien) in der Fassung vom 17.06.1992, zuletzt geändert am 19.10.2004,
- Richtlinien des Gemeinsamen Bundesausschusses über Leistungen zur medizinischen Rehabilitation (Rehabilitations-Richtlinien) vom 16.03.2004, zuletzt geändert am 21.02.2006.

IV. Systematische Zusammenhänge

1. Allgemeines

12 § 23 SGB V **erweitert** die Einstandspflicht der Krankenkassen für Leistungen der ärztlichen Behandlung sowie der Versorgung mit Arznei-, Verband-, Heil- und Hilfsmitteln für Behandlungsanlässe, in denen der Versicherungsfall der Krankheit nach § 27 SGB V (noch) nicht eingetreten ist. Rechtfertigung und Zweck der Zwangsmitgliedschaft der gesetzlichen Krankenversicherung ist die **Versicherung** des **Krankheitsrisikos** mit der Aufgabe, den **Aufwand zur Krankheitsbewältigung** auf die Versichertengemeinschaft zu verteilen.[15] Daher ist die Einstandspflicht der Krankenkassen für ärztliche oder ärztlich zu verordnende Leistungen grundsätzlich auf Maßnahmen beschränkt, die gezielt der Krankheitsbekämpfung oder der Linderung und Überwindung von Krankheitsfolgen dienen. Diese Zweckbeschränkung bricht § 23 SGB V partiell auf. Die Vorschrift gewährt Ansprüche auf diese an-

[13] § 23 Abs. 4 Satz 2 SGB V i.d.F. des GKV-WSG vom 26.03.2007, BGBl I 2007, 378.
[14] Vgl. BT-Drs. 16/4247, S. 31.
[15] Vgl. *Peters* in: Kass-Komm SGB, SGB V, § 1 Rn. 5.

sonsten nur unter den Voraussetzungen der §§ 27 ff. SGB V zu gewährenden Leistungen auch dann, wenn ein nach § 27 SGB V behandlungsbedürftiger Zustand noch nicht eingetreten ist, er aber ohne diese Leistungen **einzutreten droht**.

Wie bei allen Präventionsleistungen des Dritten Abschnitts des Dritten Buchs des SGB V folgt der Regelungsansatz des § 23 SGB V dem in anderen Zweigen der Sozialversicherung bereits erfolgreich implementierten und lange tradierten Grundsatz, im Grundsatz alle Möglichkeiten auszuschöpfen, um den Eintritt des Versicherungsfalls zu vermeiden, zu verzögern oder abzumildern[16]. Darin deckt sich der Leistungszweck mit dem der §§ 20 und 20a SGB V. Unterschiede bestehen im Leistungs**gegenstand**: Gegenstand der Leistungen nach den §§ 20 und 20a SGB V sind Maßnahmen zur **Unterstützung von Versicherten** bei der Entwicklung oder dem Ausbau von gesundheitsförderlichen Verhaltensweisen (vgl. die Kommentierung zu § 20 SGB V Rn. 19) **unterhalb der Schwelle der ärztlichen Intervention oder Verordnung**, Gegenstand der Leistungen von § 23 SGB V – und von § 24 SGB V – sind **ärztliche Behandlung und ärztlich zu verordnende Versorgung mit Arznei-, Verband-, Heil- und Hilfsmitteln**. Damit stehen die Leistungen in einem **Stufenverhältnis**: Leistungen nach den §§ 23 und 24 SGB V können nur beansprucht werden, wenn das individuelle Krankheitsrisiko so **drängt**, dass es mit Leistungen nach den §§ 20 und 20a SGB V voraussichtlich nicht abzuwenden ist. 13

2. Abgrenzungen

Die partielle Übereinstimmung der Leistungsinhalte kann es erforderlich machen, zwischen Leistungen der ärztlichen Behandlung und der Versorgung mit Arznei-, Verband-, Heil- und Hilfsmitteln zur **Gesundheitsvorsorge** nach § 23 SGB V einerseits und zur **Krankenbehandlung** nach § 27 SGB V andererseits zu unterscheiden. Nach der vom Gesetzgeber nicht in jeder Hinsicht stringent umgesetzten systematischen Zuordnung der Vorschriften kommt es für diese Frage maßgeblich auf den **Leistungszweck** und damit auf die **Ursache der drohenden, durch Leistungen nach § 23 SGB V abzuwendenden Gesundheitsstörung** an. Aufgabe der Vorsorgeleistungen nach § 23 SGB V ist grundsätzlich die Verhütung der Verschlechterung des Gesundheitszustands **vor Eintritt** einer nach § 27 SGB V behandlungsbedürftigen Krankheit. Aufgabe der Krankenbehandlungsleistungen nach § 27 SGB V ist es u.a., **weiteren Verschlechterungen nach Eintritt** einer nach § 27 SGB V behandlungsbedürftigen Krankheit entgegenzuwirken. Entscheidend für die Leistungszuordnung zu einem der Leistungstatbestände ist danach, **welcher Ursache** eine abzuwehrende Verschlechterung des Gesundheitszustands zuzurechnen ist. Erscheint die drohende Verschlechterung bei wertender Betrachtungsweise als mit der behandlungsbedürftigen Grunderkrankung **unmittelbar zusammenhängende Folgewirkung**,[17] sind Maßnahmen zur Verhütung dieser Verschlimmerung den Leistungen nach **§ 27 SGB V** und gegebenenfalls nach den **§§ 40 ff. SGB V** zuzuordnen. Droht die zu verhütende Erkrankung dagegen als eine **selbstständige Erkrankung** unabhängig von gegebenenfalls bereits bestehenden Gesundheitsstörungen mit Krankheitswert einzutreten, sind zu ihrer Verhütung Maßnahmen nach **§ 23 SGB V** indiziert. 14

Nicht maßgeblich für die Abgrenzung ist hingegen der **Leistungsgegenstand**. Darauf stellt aber der Gemeinsame Bundesausschuss in seinen Richtlinien über Leistungen zur medizinischen Rehabilitation (Rehabilitations-Richtlinien) vom 16.03.2004, zuletzt geändert am 21.02.2006, teilweise ab. Nach deren § 7 Abs. 2 sollen Leistungen zur medizinischen Rehabilitation nur verordnet werden können, wenn das innerhalb der Krankenbehandlung angestrebte Rehabilitationsziel voraussichtlich u.a. nicht durch Leistungen der medizinischen Vorsorge nach den §§ 23 und 24 SGB V erreicht werden kann. Eine solche Abstufung der Leistungen ist durch die Systematik der Leistungsvorschriften im Dritten und Fünften Abschnitt des Dritten Kapitels des SGB V nicht gedeckt. Leistungen nach den §§ 40 ff. SGB V sind systematisch dem Fünften Abschnitt des Dritten Kapitels des SGB V zugeordnet, der die „**Leistungen bei Krankheit**" betrifft. Rehabilitationsleistungen nach den §§ 40 ff. SGB V setzen deshalb voraus, dass eine **Grunderkrankung bestanden hat**, deren Folgen durch nach diesen Vorschriften zu erbringende Rehabilitationsleistungen überwunden werden sollen. Leistungen nach § 23 SGB V beziehen sich dagegen auf die Krankheitsverhütung **ohne Bezug zu einer Grunderkrankung**. Deshalb ist die Streichung der früher nach § 40 Abs. 1 SGB V a.F. vorgesehenen Rehabilitationskur durch das Gesetz zur GKV-Gesundheitsreform 2000 (vgl. Rn. 5) und die ausschließliche Zuordnung von Maßnahmen in anerkannten Kurorten zu den Leistungen des § 23 SGB V[18] nicht folgenlos geblieben, sondern beschränkt den Anwendungsbereich dieser Leistungen auf die Vorsorgeindikationen des § 23 SGB V. 15

---

[16] Vgl. etwa § 1 Nr. 1 SGB VII i.V.m. § 14 SGB VII oder § 9 Abs. 1 SGB VI.

[17] Vgl. dazu BSG v. 16.11.1999 - B 1 KR 9/97 R - BSGE 85, 132 - medizinische Fußpflege bei Diabetes, insbes. juris Rn. 22.

[18] Vgl. zur Begründung BT-Drs. 14/1245, S. 64.

V. Ausgewählte Literaturhinweise

16 *Walter*, Babylon im SGB?, SF 2003, 253; *Sunder*, Abgrenzungsfragen der medizinischen Rehabilitation nach dem SGB IX, NDV 2002, 332; *Götze*, Rentenversicherung und Rehabilitation, DAngVers 1989, 1.

B. Auslegung der Norm

I. Regelungsgehalt und Normzweck

17 § 23 SGB V gewährt Anspruch auf ärztliche Behandlung und Versorgung mit Arznei-, Verband-, Heil- und Hilfsmitteln auch dann, wenn eine im Sinne von § 27 SGB V behandlungsbedürftige Krankheit noch nicht eingetreten ist, sie aber **einzutreten droht**.

18 Die **Einstandsschwelle** für die danach zu erbringenden Leistungen ist nach den besonderen Tatbeständen des § 23 Abs. 1 SGB V erreicht, wenn eine **Schwächung der Gesundheit** bereits vorliegt, die in absehbarer Zeit voraussichtlich zu einer Krankheit führen würde (§ 23 Abs. 1 Nr. 1 SGB V), wenn die **Gefährdung der gesundheitlichen Entwicklung eines Kindes** droht (§ 23 Abs. 1 Nr. 2 SGB V) oder wenn allgemein **Krankheit** (§ 23 Abs. 1 Nr. 3 SGB V) oder **Pflegebedürftigkeit** (§ 23 Abs. 1 Nr. 4 SGB V) drohen.

19 Ist eine dieser Einstandsschwellen erreicht, besteht Anspruch auf **ambulante Versorgung am Wohnort** (§ 23 Abs. 1 SGB V) oder können Leistungen der **ambulanten Versorgung in einem anerkannten Kurort** (§ 23 Abs. 2 SGB V) oder der **stationären Versorgung in einer Vorsorgeeinrichtung**, mit der ein Vertrag nach § 111 besteht (§ 23 Abs. 4 SGB V), erbracht werden. Einzelheiten von Art, Dauer, Umfang, Beginn und Durchführung der Versorgung in einer Vorsorgeeinrichtung bestimmt die Krankenkasse nach pflichtgemäßem Ermessen. Dabei soll die **Dauer** jedenfalls von Maßnahmen in **Vorsorgeeinrichtungen** regelmäßig längstens drei Wochen nicht überschreiten; bei Kindern unter 14 Jahren sollen sie vier bis sechs Wochen andauern. Dauer und Frequenz der **übrigen Leistungen** richtet sich für die ärztliche Behandlung nach den Erfordernissen des Einzelfalls und für die Versorgung mit Arznei-, Verband-, Heil- und Hilfsmitteln nach den sich aus den §§ 31-34 SGB V ergebenden Grenzen (§ 23 Abs. 3 SGB V). Als **Nebenleistung** kann auf satzungsrechtlicher Grundlage bei ambulanten Leistungen in anerkannten Kurorten für erwachsene Versicherte ein Zuschuss von bis zu 13 € täglich und für chronisch kranke Kleinkinder von bis zu 21 € täglich gewährt werden.

20 Regelungszweck ist der Einsatz von Leistungen der ärztlichen Behandlung sowie der Versorgung mit Arznei-, Verband-, Heil- und Hilfsmitteln, soweit diese schon zur **Aufrechterhaltung** der Gesundheit von Versicherten erforderlich sind und auf andere Weise, insbesondere durch Verhaltensmaßnahmen der privaten Lebensführung, eine in einen krankhaften und behandlungsbedürftigen Zustand umschlagende Verschlechterung des Gesundheitszustands nicht abzuwenden ist.

II. Anspruchsberechtigter Personenkreis

21 Personell anspruchsberechtigt für Leistungen nach § 23 SGB V sind „Versicherte". Das sind alle, die **bei Inanspruchnahme** der Leistung nach Maßgabe der §§ 5 ff. SGB V **Versicherungsschutz** entweder **als Versicherte** oder auf Grund des **nachgehenden Anspruchs** nach den Absätzen 2 oder 3 des § 19 SGB V haben (wegen der Einzelheiten vgl. die Kommentierungen zu den §§ 5 ff. sowie die Kommentierung zu § 27 SGB V Rn. 22 ff.).

III. Medizinische Vorsorge

22 Medizinische Vorsorge nach § 23 SGB V umfasst je nach Erfordernis im Einzelfall entweder Leistungen der **ambulanten Behandlung und Versorgung am Wohnort** nach § 23 Abs. 1 HS. 1 SGB V, **ambulante Behandlung und Versorgung in einem anerkannten Kurort** nach § 23 Abs. 2 Satz 1 SGB V oder **Behandlung und Versorgung in einer stationären Vorsorgeeinrichtung** nach § 23 Abs. 4 SGB V:

1. Ambulante Behandlung und Versorgung am Wohnort (Absatz 1)

Grundstufe der Leistungen sind **ambulante Leistungen als Einzelleistungen**. Gegenstand sind ärztliche Behandlung und/oder Versorgung mit Arznei-, Verband-, Heil- und Hilfsmitteln. Deren Art, Umfang und Grenzen ergeben sich aus der **Zusammenschau** der (besonderen) Zwecksetzung der Vorsorgeleistungen einerseits und den jeweiligen Spezialbestimmungen des SGB V[19] und der auf ihrer Grundlage erlassenen untergesetzlichen Rechtsnormen andererseits. 23

Ärztliche Behandlung in diesem Sinne erfasst alle ärztlichen Leistungen, die zur „Behandlung" eines Schwächezustandes nach § 23 Abs. 1 Nr. 1 SGB V oder zur Abwehr einer der anderen Gesundheitsgefahren nach § 23 Abs. 1 Nr. 2-4 SGB V erforderlich sind. Das umfasst über den Wortsinn hinaus auch die **ärztliche Diagnostik**. Das gilt zunächst für diagnostische Leistungen zur **Indikationsstellung** einer Vorsorgeleistung. Weiter kann Diagnostik auch zur Klärung von Verdachtsfällen erforderlich sein, bei denen konkrete Anhaltspunkte den **ernstlichen Verdacht** einer möglicherweise künftig ausbrechenden und durch Maßnahmen der Krankheitsvorbeugung einzudämmenden oder aufzuhaltenden Krankheit begründen. Dazu können beispielsweise Anhaltspunkte für eine besondere **genetische Disposition für eine bösartige Erkrankung** Anlass geben. Solche Gesundheitsrisiken abzuklären, fällt weder in den Auftrag der Früherkennungsleistungen nach § 25 SGB V (näher dazu die Kommentierung zu § 25 SGB V Rn. 10 ff.) noch in den der Krankenbehandlung. Seit Einführung des allgemeinen Gefahrentatbestandes in Absatz 1 Nr. 3 ist dies nunmehr von den Tatbestandsvoraussetzungen des § 23 SGB V erfasst (vgl. Rn. 36). 24

2. Ambulante Vorsorgeleistung in anerkanntem Kurort (Absatz 2)

Zweite Leistungsstufe ist die **ambulante Vorsorge in einem anerkannten Kurort**. Gegenstand sind mehrere zu einer so genannten **Komplexleistung zusammengefasste** ambulante Vorsorgemaßnahmen medizinischer und anderer Art. **Komplexleistungen** im Sinne der gesetzlichen Konzeption[20] sind interdisziplinär abgestimmte Maßnahmen der Kurortmedizin (ortsgebundene und/oder kurortspezifische Heilmittel u.a.) mit aus medizinischen Gründen notwendigen anderen Maßnahmen, die ihre Wirkungen aus ihrem **Zusammenspiel** entfalten. Das sind etwa medizinische Anwendungen, Anwendung von Kurmitteln, Beratungen über Ernährungsweisen und -verhalten, Genussmittelentwöhnung, Stressbewältigung oder Ähnliches. Sie sollen den Versicherten helfen, die in ihrer Lebensweise begründeten gesundheitsgefährdenden Faktoren zu erkennen und ihr Verhalten zu ändern. Die Leistungen müssen – wie sich aus § 275 Abs. 2 Nr. 1 SGB V ergibt – auf einem zuvor erstellten **ärztlichen Behandlungsplan** aufbauen und auf die konkrete Gefährdungssituation des Versicherten abgestimmt sein. 25

Ambulante Komplexleistungen können nur in anerkannten **Kurorten** erbracht[21] werden. Das sind Gemeinden, die auf Grundlage landesrechtlicher Kurortegesetze als Kurort staatlich anerkannt worden sind, weil sie insbesondere über die klimatischen Voraussetzungen, die notwendigen Kurmittel und die erforderliche Ausstattung zur Anwendung von Kurmitteln verfügen.[22] Gleichwohl werden die Leistungen nicht mehr als Vorsorge**kur**[23] bezeichnet. Mit der durch das GKV-Gesundheitsreformgesetz 2000[24] bewirkten Ersetzung der Bezeichnung „Maßnahmen in Form einer ambulanten Vorsorgekur" durch die jetzt geltende Bezeichnung „ambulante Vorsorgeleistungen in anerkannten Kurorten" sollten „Zweifel an deren medizinischem Nutzen (Stichwort ‚Kurlaub')" ausgeräumt und sollte zum Ausdruck gebracht werden, dass „Vorsorgeleistungen stärker als bisher an den Kriterien medizinischer Notwendigkeit" orientiert sein sollen[25]. Gestützt darauf haben die Spitzenverbände der Krankenkassen u.a. eine „Gemeinsame Rahmenempfehlung für ambulante und stationäre Vorsorge- und Rehabilitationsleistun- 26

---

19 Bei ärztlicher Behandlung §§ 15, 28 SGB V, bei Versorgung mit Arzneimitteln §§ 31, 33a-34 SGB V, bei Versorgung mit Verbandmitteln § 31 SGB V, bei Versorgung mit Heilmitteln § 32 SGB V und bei Versorgung mit Hilfsmitteln § 31 SGB V. Wegen der Einzelheiten wird auf die Kommentierung zu diesen Vorschriften verwiesen.

20 Vgl. BT-Drs. 11/2237, S. 168.

21 Dagegen muss die Unterkunft nicht notwendig auch im Kurort genommen werden, die Entfernung zum Ort der Leistungserbringung darf allerdings für die Leistungserbringung und deren Wirksamkeit nicht hinderlich sein, OVG Nordrhein-Westfalen v. 10.02.1988 - 12 A 1075/86 - BWVPr 1988, 209.

22 Vgl. etwa Kurortegesetz Rheinland-Pfalz v. 21.12.1978 i.d.F. v. 21.07.2003, GVBl. 2003, S. 155.

23 So („Vorsorgekur") die Bezeichnung noch in § 23 Abs. 2 SGB V i.d.F. des GRG v. 20.12.1988, BGBl I 1988, 2477 und zuvor in § 187 Abs. 1 Nr. 1 RVO („Kur").

24 Art. 1 Nr. 11 lit. b) des Gesetzes vom 22.12.1999, BGBl 1999, 2626.

25 Vgl. BT-Drs. 14/1245, S. 64 zu Nr. 11 lit. b).

gen auf der Grundlage des § 111a SGB V“[26] erlassen und mit der Kassenärztlichen Bundesvereinigung u.a. den Kurarztvertrag[27] vereinbart. Daraus ergeben sich Einzelheiten der Leistungsanforderungen und der Leistungserbringung.

3. Behandlung in Vorsorgeeinrichtung (Absatz 4)

27 **Dritte Leistungsstufe** ist die **stationäre Behandlung** in einer **Vorsorgeeinrichtung**, die aufgrund eines Versorgungsvertrags nach § 111 SGB V zur Versorgung der Versicherten mit stationären medizinischen Leistungen zur Vorsorge zugelassen ist. **Vorsorgeeinrichtungen** sind Einrichtungen nach § 107 Abs. 2 SGB V, in denen Patienten untergebracht und verpflegt werden können (§ 107 Abs. 2 Nr. 3 SGB V) und die der stationären Behandlung von Patienten dienen, um eine Schwächung der Gesundheit, die in absehbarer Zeit voraussichtlich zu einer Krankheit führen würde, zu beseitigen oder einer Gefährdung der gesundheitlichen Entwicklung eines Kindes entgegenzuwirken (§ 107 Abs. 2 Nr. 1 lit. a SGB V). Fachlich-medizinisch sollen sie unter ständiger ärztlicher Verantwortung und unter Mitwirkung von besonders geschultem Personal darauf eingerichtet sein, den Gesundheitszustand der Patienten nach einem ärztlichen Behandlungsplan vorwiegend durch **Anwendung von Heilmitteln** einschließlich **Krankengymnastik**, **Bewegungstherapie**, **Sprachtherapie** oder **Arbeits- und Beschäftigungstherapie**, ferner durch andere geeignete Hilfen, auch durch geistige und seelische Einwirkungen, zu verbessern und den Patienten bei der Entwicklung eigener Abwehr- und Heilungskräfte zu helfen (§ 107 Abs. 2 Nr. 2 SGB V).

28 Ihrem Zweck nach zielen Vorsorgemaßnahmen in Vorsorgeeinrichtungen wie Leistungen in anerkannten Kurorten nach § 23 Abs. 2 SGB V auf interdisziplinär erbrachte, auf einem Vorsorgekonzept beruhende Komplexleistungen unter ärztlicher Leitung. Sie unterscheiden sich von diesen durch die **vollständige stationäre Einbindung** der Versicherten. Sie kommen in Betracht, wenn ambulante Vorsorgeleistungen am Kurort etwa wegen fehlender Mobilität **nicht durchgeführt werden können** oder wenn ohne die Struktur, die besondere ärztliche Kontrolle oder sonstige Leistungen in der stationären Einrichtung **der Vorsorgeerfolg nicht gewährleistet** erscheint.[28]

IV. Vorsorgeindikation (Absatz 1 Nr. 1-4)

29 Eine Leistung zur medizinischen Vorsorge kann nur beansprucht werden, soweit sie von einer **Vorsorgeindikation** gedeckt ist. Sie liegt vor, wenn in **unbehandeltem Zustand** eine nach dem Katalog des § 23 Abs. 1 SGB V **maßgebliche Gesundheitsbeeinträchtigung** droht[29] und dies durch geeignete medizinische Maßnahmen **aufgehalten oder zumindest verzögert werden kann**. Leistungsvoraussetzung ist danach erstens ein nach § 20 Abs. 1 Nr. 1-4 SGB V **relevantes Gesundheitsrisiko** sowie zweitens die **Notwendigkeit und Möglichkeit** seiner Minderung oder Überwindung durch eine Maßnahme **der medizinischen Vorsorge**.

1. Gesundheitsrisiko

a. Krankheitsrisiken

30 **Krankheit** im Sinne von § 23 Abs. 1 SGB V ist deckungsgleich mit § 27 Abs. 1 Satz 1 SGB V **„ein regelwidriger Körper- oder Geisteszustand, der die Notwendigkeit ärztlicher Heilbehandlung oder – zugleich oder allein – Arbeitsunfähigkeit zur Folge hat“**[30]. Das Ziel der Krankheitsverhütung gehört seit ihrer Einführung zum Kernbestand der Leistungen zur medizinischen Vorsorge. Dennoch stößt die Bestimmung der insoweit maßgeblichen **Risikoschwelle** auf **Schwierigkeiten**. Übergänge von Gesundheit zu Krankheit sind nicht abrupt, sondern kontinuierlich. Soll die Versichertengemeinschaft nicht für **jede** Maßnahme der Krankheitsvermeidung aufkommen, müssen deshalb Formeln gesucht werden, die eine **Abgrenzung** zwischen der grundsätzlich den Versicherten selbst obliegenden

---

[26] Gemeinsame Rahmenempfehlung der Spitzenverbände der Krankenkassen u.a. für ambulante und stationäre Vorsorge- und Rehabilitationsleistungen auf der Grundlage des § 111a SGB V vom 12.05.1999.

[27] Vertrag der Kassenärztlichen Bundesvereinigung, den Kassenärztlichen Vereinigungen der Länder und den Spitzenverbänden der Krankenkassen u.a. über die kurärztliche Behandlung (Kurarztvertrag) i.d.F. v. 07.02.2005, gültig ab 01.04.2005.

[28] Vgl. Medizinischer Dienst der Spitzenverbände der Krankenkassen e.V. (MDS), Begutachtungs-Richtlinie Vorsorge und Rehabilitation, Stand Oktober 2005, S. 35.

[29] So zutreffend BSG v. 16.11.1999 - 1 KR 9/97 R - BSGE 85, 132.

[30] St. Rspr., vgl. BSG v. 19.02.2003 - B 1 KR 1/02 R - juris Rn. 10 - SozR 4-2500 § 137c Nr. 1 m.w.N.

Verantwortlichkeit für die eigene Lebensführung und dem Punkt erlauben, ab dem die Versichertengemeinschaft für die Risikovermeidung einzustehen hat. Dazu stellt § 23 Abs. 1 SGB V nunmehr auf zwei Ansätze ab.

aa. Krankheitsrisiko wegen Gesundheitsschwäche (Absatz 1 Nr. 1)

Der aus der RVO übernommene[31] Ansatz des Absatzes 1 Nr. 1 setzt auf die Kombination eines **schon regelwidrigen Gesundheitszustands** („Schwächung der Gesundheit") und eines **Zeitmoments** („in absehbarer Zeit") bis zum Eintritt einer drohenden Erkrankung. 31

Geschwächt ist die Gesundheit, wenn sie im Hinblick auf die drohende Erkrankung so angegriffen ist, dass sie alltäglichen gesundheitlichen Belastungen nicht mehr standzuhalten vermag. Kennzeichnend ist eine **Abweichung** vom Normalzustand des altersgerecht gesunden Menschen mit einer **Minderung der körperlichen Leistungsfähigkeit**, die aber noch **keinen Krankheitswert** hat und deshalb (noch) keine Behandlungsbedürftigkeit i.S.v. § 27 Abs. 1 SGB V auslöst.[32] Davon ist nach der in den Gesetzesmaterialien verwandten[33] und häufig aufgegriffenen Formel[34] auszugehen, wenn der Allgemeinzustand des Versicherten **so labil** ist, dass bei gleich bleibender Belastung – außerberuflich und beruflich – mit dem Ausbruch einer Erkrankung zu rechnen ist. 32

In **absehbarer Zeit** ist mit dem Eintritt einer schwächebedingten Erkrankung zu rechnen, wenn der Gesundheitszustand ohne Intervention **innerhalb eines überschaubaren Zeitraums** in einen behandlungsbedürftigen Krankheitszustand überzugehen droht. Starre und für alle Leistungen der medizinischen Vorsorge einheitliche Zeitgrenzen kann es dafür **allerdings nicht geben**. Vielmehr dürfte auf die Besonderheiten des jeweiligen Schwächezustands abzustellen und zu fragen sein, ob er so ausgeprägt ist, dass ohne eine **zum gegenwärtigen Zeitpunkt** erbrachte Leistung mit hoher Wahrscheinlichkeit („absehbar") der Eintritt der Erkrankung droht oder ob der zu verhütende Krankheitseintritt von weiteren, im Verlauf nicht abschätzbaren Faktoren abhängt und deshalb jedenfalls gegenwärtig Leistungen der medizinischen Vorsorge nicht angezeigt („notwendig") sind. 33

bb. Sonstige Erkrankungsrisiken (Absatz 1 Nr. 3 Halbsatz 1)

Den hergebrachten Risikoansatz der Nr. 1 hat der Gesetzgeber des GKV-Gesundheitsreformgesetzes 2000 (vgl. Rn. 5) um die Generalklausel des Absatzes 1 Nr. 3 Halbsatz 1 **erweitert**. Danach besteht nunmehr Anspruch auf Leistungen der medizinischen Vorsorge, wenn sie allgemein **„notwendig sind"**, **„um Krankheiten zu verhüten"**. 34

Notwendig zur Krankheitsverhütung sind Leistungen, wenn die gesundheitliche Situation des Versicherten **ohne die in Frage stehende Leistung** in einen **nach § 27 Abs. 1 SGB V behandlungsbedürftigen Zustand überzugehen droht**. Das Merkmal „notwendig" hat dabei eine doppelte Funktion. Zum einen knüpft es die Erforderlichkeit der Leistung **dem Grunde nach** an den ansonsten drohenden Krankheitseintritt. Zum anderen bewirkt es auch eine Begrenzung in **zeitlicher Hinsicht**, weil mit dem Merkmal des Notwendigen unausgesprochen vorausgesetzt ist, dass die Leistung **gegenwärtig erforderlich** ist, um das drohende Krankheitsrisiko abzuwenden. Insoweit deckt sich die Rechtslage mit der bisher nach Nr. 1 („absehbare Zeit") geltenden. 35

Der neue Ansatz **überlagert** vollständig den Anwendungsbereich der Nr. 1; auch die nach Nr. 1 zu erbringenden Vorsorgeleistungen können nur beansprucht werden, wenn sie zur Krankheitsverhütung **notwendig** sind. Nr. 1 ist deshalb durch Nr. 3 **funktionslos geworden**. Systematisch konsistent wäre deshalb Nr. 1 bei Einführung der Nr. 3 **gestrichen worden**. Die Ergänzung durch Nr. 3 ist dennoch **sachgerecht**. Die bis dahin geltende Begrenzung auf eine schon bestehende Gesundheitsschwäche hat wesentliche behandlungsbedürftige Gesundheitsrisiken aus dem Anwendungsbereich der Gesundheitsvorsorge **ausgeschlossen**. Ernsthafte Gesundheitsrisiken können auch bestehen, ohne dass eine Gesundheitsschwäche im oben dargelegten Verständnis vorliegt. Das sind insbesondere solche Fälle, 36

---

[31] Vgl. § 187 Abs. 1 Nr. 1 lit. a RVO.

[32] Vgl. aus der Rechtsprechung des BSG zum Gesundheitszustand im Normbereich BSG v. 10.07.1979 - 3 RK 21/78 - BSGE 48, 258, 265 = SozR 2200 § 182 Nr. 47 - Legasthenie; BSG v. 10.02.1993 - 1 RK 14/92 - BSGE 72, 96 = SozR 3-2200 § 182 Nr. 14 - Beinverlängerung; BSG v. 19.02.2003 - B 1 KR 1/02 R - BSGE 90, 289 = SozR 4-2500 § 137c Nr. 1 - Adipositas.

[33] Vgl. BT-Drs. 11/2237, S. 168.

[34] Vgl. *Heinze*, Die neue Krankenversicherung, § 23, 6a); *Wagner* in: Krauskopf, Soziale Kranken- und Pflegeversicherung, § 23 Rn. 11; *Zipperer* in: Maaßen, SGB V, § 23 Rn. 8; *Sommer* in: Jahn/Klose, SGB für die Praxis, § 23 SGB V Rn. 11.

bei denen aufgrund konkreter Anhaltspunkte der ernstliche Verdacht einer künftig ausbrechenden und durch Maßnahmen der Krankheitsvorbeugung einzudämmenden oder aufzuhaltenden Krankheit besteht.[35]

b. Risiko der Krankheitsverschlimmerung (Absatz 1 Nr. 3 Halbsatz 2)

37 Das Risiko der Krankheitsverschlimmerung besteht, wenn mit dem Fortschreiten einer bestehenden Krankheit zu rechnen ist und sie deshalb in einen erneut oder weiter behandlungsbedürftigen Zustand im Sinne von § 27 Abs.1 SGB V überzugehen droht. Davon sind besonders chronisch kranke Versicherte betroffen; ohne zielgerichtete Intervention nehmen deren Erkrankungen häufig einen fortschreitenden Verlauf.

c. Risiko der Pflegebedürftigkeit (Absatz 1 Nr. 4)

38 Ein **Pflegerisiko** nach § 23 Abs. 1 Nr. 4 SGB V besteht, wenn Pflegebedürftigkeit im Sinne von § 14 Abs. 1 SGB XI droht. Nach dieser Vorschrift besteht Pflegebedürftigkeit bei Personen, die wegen einer körperlichen, geistigen oder seelischen Krankheit oder Behinderung für die gewöhnlichen und regelmäßig wiederkehrenden Verrichtungen im Ablauf des täglichen Lebens auf Dauer, voraussichtlich für mindestens sechs Monate, in erheblichem oder höherem Maße der Hilfe bedürfen.

39 Pflegebedürftigkeit droht, wenn die möglicherweise zu Pflegebedürftigkeit führenden Erkrankungen ein solches Gewicht angenommen haben, dass bei weiterem Fortschreiten nicht nur im Sinne von § 23 Abs. 1 Nr. 1 oder Nr. 3 SGB V mit der **Verschlimmerung** einer bestehenden oder dem **Hinzutreten** weiterer Krankheiten, sondern mit dem **Übergang zu Pflegebedürftigkeit** gerechnet werden muss. Die dafür notwendige Prüfung dürfte daran auszurichten sein, dass der Eintritt **irreversibler Zustände zu verhindern ist** und solche nicht abgewartet werden brauchen[36]. Die Schwelle des Pflegerisikos dürfte deshalb erreicht sein, wenn der Gesundheitszustand des Versicherten so angegriffen ist, dass der Eintritt von Pflegebedürftigkeit **ohne zeitnahe Intervention** nach ärztlicher Erfahrung auf Dauer nicht auszuschließen ist. Das kann[37] auch schon bei **einer** drohenden Funktionseinschränkung und **unterhalb der Schwelle** des § 15 SGB XI anzunehmen sein. Dann dürfte eine **Gesamtschau** mit der Frage geboten sein, ob die gesundheitliche Situation des Versicherten insgesamt so belastet ist, dass in Zukunft auch weitere Funktionseinschränkungen **nicht auszuschließen** sind.

d. Beeinträchtigungen der Gesundheitsentwicklung bei Kindern (Absatz 1 Nr. 2)

40 **Gesundheitliche Entwicklung** eines Kindes ist der Prozess der altersgerechten Ausbildung seiner körperlichen, geistigen und seelischen Anlagen. Sie ist **gefährdet**, wenn der Entwicklungsprozess entweder **bereits zurückgeblieben** oder **auf andere Weise beeinträchtigt** oder mit Wahrscheinlichkeit mit **einer Beeinträchtigung zu rechnen** ist.

41 **Gesundheitliche Entwicklungsrisiken bei Kindern** erfüllen zum Teil auch den Tatbestand des **Krankheitsrisikos** im Sinne des § 23 Abs. 1 Nr. 1 oder 3 HS. 1 SGB V. Bleibt die gesundheitliche Entwicklung zurück, besteht ein regelwidriger, weil nicht altersgerechter Körper- oder Geisteszustand, wie vom Krankheitsbegriff vorausgesetzt. Darunter haben diejenigen körperlichen, geistigen oder seelischen Unregelmäßigkeiten **Krankheitswert im Rechtssinne**, die eine körperliche **Funktionseinbuße** bedingen und deshalb **behandlungsbedürftig** sind. Das trifft insbesondere auf die sogenannten **Entwicklungsstörungen** zu. Dies sind nach der von der Weltgesundheitsorganisation herausgegebenen Diagnosenklassifikation ICD-10 im Kleinkindalter oder in der Kindheit beginnende **Entwicklungseinschränkungen oder -verzögerungen von Funktionen**, eng mit der biologischen Reifung des Zentralnervensystems verknüpft, insbesondere der Sprache, der visuellräumlichen Fertigkeiten und der Bewegungskoordination.[38] Ihnen nach Möglichkeit entgegenzuwirken ist schon nach Maßgabe von § 23 Abs. 1 Nr. 1 SGB V oder – inzwischen jedenfalls – von § 23 Abs. 1 Nr. 3 SGB V (vgl. dazu Rn. 34 ff. und insbesondere Rn. 36) Aufgabe der gesetzlichen Krankenversicherung. Rechtliche Besonderheiten zu dem dort Ausgeführten besteht insoweit nicht.

---

35 Etwa das genetisch bedingte Risiko einer Krebserkrankung, für deren Vorliegen (noch) keine äußeren Anzeichen sprechen und das dennoch der Abklärung bedarf.

36 So zutreffend *Igl/Welti* in: GK-SGB V, § 23 Rn. 35.

37 *Igl/Welti* in: GK-SGB V, § 23 Rn. 35, nehmen in dieser Situation generell ein nach § 23 Abs. 1 Nr. 4 SGB V relevantes Risiko des Eintritts von Pflegebedürftigkeit an.

38 Vgl. Abschnitt Entwicklungsstörungen (F80-F89) des Kapitels V, Psychische und Verhaltensstörungen (F00-F99), im ICD 10.

Eigenständigen rechtlichen Gehalt hat § 23 Abs. 1 Abs. 1 Nr. 2 SGB V demgegenüber für Gefährdungen der gesundheitlichen Entwicklung von Kindern, die **keine Funktionseinbußen** – jedenfalls nicht unmittelbar – **bedingen** und deshalb den Gefährdungstatbestand des § 23 Abs. 1 Nr. 1 oder 3 SGB V **nicht** erfüllen. Das kann etwa auf drohende **Wachstumsschwächen** oder vergleichbare **Entwicklungsverzögerungen** zutreffen. Solche Beeinträchtigungen erfüllen den Gefährdungstatbestand des § 23 Abs. 1 Nr. 2 SGB V allerdings nur bei Gefährdungen von rechtlich relevantem **Ausmaß**. Individuelle Unterschiede im Leitbild des gesunden Menschen sind nach dem Recht der gesetzlichen Krankenversicherung grundsätzlich unbeachtlich. Ausgehend davon können Beeinträchtigungen der gesundheitlichen Entwicklung nur dann rechtlich relevant sein, wenn sie über die Bandbreite individueller Verschiedenheiten hinaus[39] als **wesentliche**[40] Störung der normalen kindlichen Entwicklung[41] erscheinen. Das wird mindestens dann anzunehmen sein, wenn die drohende Beeinträchtigung der Entwicklung ohne entgegenwirkende Intervention mit Wahrscheinlichkeit **im weiteren Verlauf** eine Funktionsstörung im Sinne von § 27 Abs. 1 Satz 1 SGB V **zur Folge haben wird**. Ansonsten wird darauf abzustellen sein, ob die drohende Beeinträchtigung für das betroffene Kind das **erträgliche Maß** überschreitet und zweckmäßige und wirtschaftliche Reaktionsmöglichkeiten bestehen.[42] 42

Altersmäßig schützt der Gefährdungstatbestand die Entwicklung des „**Kindes**". Dieser Begriff hat in der Rechtssprache keine einheitliche Verwendung.[43] § 7 Abs. 1 Nr. 1 und Nr. 2 SGB VIII unterscheidet zwischen Kind (unter 14 Jahre) und Jugendlichem (14, aber noch nicht 18 Jahre alt). Dagegen weist das BGB Eltern die elterliche Sorge über das „minderjährige Kind" zu[44] und erstreckt damit den Kindesbegriff auf bis zu **18 Jahren**. Diesem Verständnis ist auch hier zu folgen. Funktionell ist die Entwicklung „des Kindes" jedenfalls nicht mit 14 Jahren, sondern erst später beendet. Diese Sicht bestätigen auch die Materialien, wonach als Kinder im Sinne dieser Vorschrift Versicherte bis zur Vollendung des 18. Lebensjahres anzusehen sind.[45] 43

2. Erforderlichkeit der medizinischen Vorsorge (Absatz 1 Halbsatz 1)

„Notwendig" (§ 23 Abs. 1 HS. 1 SGB V) ist eine Leistung der medizinischen Vorsorge, wenn und soweit dafür wegen eines nach § 23 Abs. 1 Abs. 1 SGB V relevanten Gesundheitsrisikos **Bedarf besteht** (Vorsorgebedarf) und das **Vorsorgeziel voraussichtlich erreichbar** ist (hinreichende Erfolgsaussicht)[46] und das **Maß des Notwendigen** (§ 12 Abs. 1 Satz 1 HS. 2 SGB V) (notwendiges Maß) nicht überschritten wird. Im Einzelnen gilt: 44

Vorsorgebedarf besteht, wenn andere Leistungen zur Abwendung des gesundheitlichen Risikos **nicht ausreichen.**[47] Das ist der Fall, wenn dem Risiko bei objektiver Betrachtungsweise mit anderen, den Versicherten zumutbaren Maßnahmen **nicht mit Aussicht auf Erfolg und angemessen** begegnet werden kann. Das wirft keine Probleme auf, wenn Maßnahmen unterhalb der Schwelle der **medizinischen** Vorsorge nach den individuellen Verhältnissen schon im Ansatz **keine Aussicht** auf Erfolg versprechen. Fraglich kann die Beurteilung dagegen sein, wenn Handlungsalternativen **offen stehen**. Das kann vor allem im Grenzbereich zwischen medizinischer Leistung und dem Bereich der **eigenverantwortlichen Lebensführung** problematisch sein. Nach der Rechtsprechung des BSG müssen Maßnahmen nach dem Prinzip der strikten Trennung zwischen beiden Sphären entweder der Versorgung mit krankenversicherungsrechtlichen Leistungen oder der Eigenverantwortung des Versicherten zugeordnet werden; **anteilige Zuordnungen** scheiden selbst dann aus, wenn die Versicherten auf Zusatzaufwendungen im Bereich der Lebensführung aus Gründen des Gesundheitsschutzes **angewiesen sind.**[48] Danach besteht etwa kein Anspruch auf Kostenübernahme der Mehraufwendungen für Diät- oder Krankenkost.[49] Kann dem drohenden Gesundheitsrisiko in diesem Sinne (auch) mit Maßnahmen aus dem 45

[39] BSG v. 30.09.1999 - 8 KN 9/98 KR R - juris Rn. 18 - SozR 3-2500 § 27 Nr. 11; BSG v. 10.07.1979 - 3 RK 21/78 - BSGE 48, 258, 265 m.w.N.
[40] BSG v. 20.10.1972 - 3 RK 93/71 - BSGE 35, 10, 12.
[41] BSG v. 12.11.1985 - 3 RK 48/83 - juris Rn. 11 - SozR 2200 § 182 Nr. 101.
[42] Siehe *Höfler* in: KassKom-SGB, SGB V, § 27 Rn. 14 zur vergleichbaren Fragestellung bei Altersgebrechlichkeit.
[43] Vgl. LSG Baden-Württemberg v. 25.10.2000 - L 5 KA 3104/00 - juris Rn. 32.
[44] § 1626 BGB.
[45] BT-Drs. 11/2237, S. 168.
[46] Vgl. in diesem Sinne etwa BSG v. 30.10.1985 - 4a RJ 9/84 - USK 85132 – zu § 1236 Abs. 1 Satz 1 RVO.
[47] So für die ambulante und stationäre Vorsorgekur die unmittelbar geltende Anforderung in den Absätzen 2 und 4, die sinngemäß auch für die Leistungen nach Absatz 1 Geltung beansprucht.
[48] BSG v. 16.11.1999 - B 1 KR 9/97 R - juris Rn. 25 - BSGE 85,132, m.w.N.
[49] BSG v. 09.12.1997 - 1 RK 23/95 - juris Rn. 15 - BSGE 81, 240.

Bereich der eigenverantwortlichen Lebensführung entgegengewirkt werden, dürfte maßgeblich darauf abzustellen sein, inwieweit der damit voraussichtlich erzielbare Erfolg hinter dem vermutlichen Ergebnis einer Leistung der medizinischen Vorsorge **zurückbleibt** und ob der Versicherte darauf zumutbar verwiesen werden kann[50].

46 **Hinreichende Erfolgsaussicht** ist gegeben, wenn eine den gesetzlichen Anforderungen entsprechende Leistung die **reale Chance**[51] bietet, dem Gesundheitsrisiko entgegenwirken zu können. Den gesetzlichen Anforderungen genügt eine Maßnahme insoweit nur, wenn sie dem **allgemein anerkannten Stand der medizinischen Erkenntnisse** entspricht.[52] Deshalb ist ein Vorsorgeverfahren erst dann in den Leistungsumfang der gesetzlichen Krankenversicherung einbezogen, wenn seine Erprobung **abgeschlossen ist** und über **Qualität und Wirkungsweise** zuverlässige, wissenschaftlich nachprüfbare Aussagen gemacht werden können. Das setzt einen Erfolg der Vorsorgemethode in einer für die sichere Beurteilung **ausreichenden Zahl von Vorsorgefällen** voraus, der sich in wissenschaftlich einwandfrei geführten Statistiken über die Zahl der behandelten Fälle und die Wirksamkeit der Methode ablesen lassen muss.[53]

47 Die Abschätzung der Erfolgsaussicht von Vorsorgeleistungen kann zusätzliche **Sonderprobleme** aufwerfen. Das betrifft zum einen die **Nachhaltigkeit des Vorsorgeerfolgs**. Medizinische Vorsorge reagiert nicht auf akutes Leiden, sondern bezweckt die Abwehr eines häufig dauerhaft drohenden Gesundheitsrisikos. Daher stellt sich die Frage nach der **Nachhaltigkeit** anders als dort. Erfolgsaussicht wird einer Vorsorgemethode deshalb nur beigemessen werden können, wenn sie die betreffende Gesundheitsgefahr in einer ausreichenden Zahl von Vorsorgefällen **über eine angemessene Dauer**[54] abzuwenden vermag. Direkte Vorgaben für die insoweit zu erwartende Dauerhaftigkeit enthält das Gesetz nicht. Jedoch kann der Bemessung der Leistungsintervalle nach § 23 Abs. 5 Satz 4 SGB V entnommen werden, dass die gesetzliche Konzeption auf der Vorstellung beruht, dass Komplexleistungen in ambulanter oder stationärer Form in der Regel eine Gefahrenabwendung für die Dauer von drei oder vier Jahren ermöglichen können. Für den Regelfall wird deshalb von ausreichender Nachhaltigkeit des Vorsorgekonzepts nur gesprochen werden können, wenn es in der überwiegenden Zahl der Fälle eine Gefahrenabwehr über diesen Zeitraum hinweg sicherzustellen vermag.

48 Das berührt auch die **Mitwirkung der Versicherten**. Noch mehr als bei Maßnahmen der Krankenbehandlung ist der (nachhaltige) Erfolg der medizinischen Vorsorge davon abhängig, dass die Versicherten während der und im Anschluss an die Maßnahme deren Anforderungen umsetzen und sich an den Maßnahmen ausreichend beteiligen. Deshalb kann in die Beurteilung der Erfolgsaussicht einzubeziehen sein, ob die Mitwirkung des Versicherten in dem notwendigen Umfang erwartet werden kann.[55] Dies muss die Erwartung zulassen, das Gesundheitsverhalten langfristig an die bestehenden **Gesundheitsrisiken** anpassen zu können.[56]

49 **Das notwendige Maß wahrt eine** Vorsorgeleistung, wenn unter mehreren geeigneten Methoden die kostengünstigere gewählt wird.[57]

V. Wartefrist (Absatz 5 Satz 4)

50 Ansprüche auf eine ambulante oder stationäre Komplexleistung nach § 23 Abs. 2 SGB V oder nach § 23 Abs. 4 SGB V sind **tatbestandlich ausgeschlossen**, wenn eine **noch andauernde Wartefrist** nach § 23 Abs. 5 Satz 4 SGB V besteht und für die vorzeitige Inanspruchnahme vor Ablauf der Wartefrist **kein dringender Grund** besteht.

[50] Das BSG v. 16.06.1999 - B 1 KR 4/98 R - juris Rn. 15 - BSGE 84, 90 hat zur Frage der Auslandsbehandlung nach § 18 SGB V a.F. die Formel aufgestellt, unter möglichen Behandlungsalternativen müsse die Auslandsbehandlung „eindeutig überlegen" sein; vgl. zu Begrenztheit des Anspruchs auf das Notwendige bei Behandlungsleistungen nach § 27 SGB V auch BSG v. 19.10.2004 - B 1 KR 28/02 R - juris Rn. 15 - SozR 4-2500 § 27 Nr. 2 - Dauerpigmentierung von Gesichtspartien.

[51] Vgl. dazu *Schmidt* in: Peters, Handbuch KV (SGB V), Teil II, § 27 Rn. 190 ff., Rn. 206 m.w.N.

[52] Vgl. § 2 Abs. 1 Satz 3 SGB V.

[53] Vgl. BSG v. 05.07.1995 - 1 RK 6/95 - juris Rn. 25 - BSGE 76, 194 - Drogensubstitution; BSG v. 06.10.1999 - B 1 KR 13/97 R - juris Rn. 22 - BSGE 85, 56 - Amalgamaustausch, m.w.N.

[54] Ebenso *Igl/Welti* in: GK-SGB V, § 23 Rn. 22.

[55] Ebenso *Igl/Welti* in: GK-SGB V, § 23 Rn. 21.

[56] Ähnlich zutreffend die Rahmenempfehlung für ambulante und stationäre Vorsorge- und Rehabilitationsleistungen auf der Grundlage des § 111a SGB V v. 12.05.1999, S. 13 in Verbindung mit S. 31.

[57] BSG v. 20.03.1996 - 6 RKa 62/94 - juris Rn. 44 - BSGE 78, 70.

Wartefristen nach § 23 Abs. 5 Satz 4 SGB V werden von Leistungen ausgelöst, deren Kosten auf **Grund öffentlich-rechtlicher Vorschriften** getragen oder bezuschusst worden und die der nunmehr geltend gemachten Leistung **vergleichbar** sind. Insoweit beruht die vollständige oder teilweise Finanzierung auf einer **öffentlich-rechtlichen Vorschrift**, wenn diese entsprechend der Sonderrechtstheorie einen öffentlich-rechtlichen Träger aufgrund eines nur ihm eingeräumten oder auferlegten Sonderrechts als solchen berechtigt oder verpflichtet.[58] Das sind neben den Vorschriften des Sozialversicherungsrechts insbesondere die Vorschriften des Sozialrechts, des Beamtenrechts des Bundes und der Länder sowie des Dienstrechts des Bundes für Soldaten, Wehrpflichtige und Zivildienstleistende. 51

Der **Vergleich** zwischen der früheren und der nunmehr beanspruchten (Folge-)Leistung dürfte **abstrakt** anzustellen sein. Die Formulierung „nach Durchführung **solcher oder ähnlicher** Leistungen" beschränkt die Sperrwirkung des § 23 Abs. 5 Satz 4 SGB V explizit nicht auf „gleiche" Leistungen, sondern erstreckt sie auch auf Leistungen **ähnlicher** Art. Systematisch ist zu berücksichtigen, dass die Sperrwirkung nicht absolut gilt, sondern zu einer Einzelfallbeurteilung („dringend erforderlich") führt. Vor diesem Hintergrund erscheint es angezeigt, nicht auf konkrete Indikationen bzw. Gefährdungstatbestände oder Leistungsinhalte, sondern ausschließlich darauf abzustellen, ob die früher durchgeführte Leistung **allgemein** als Leistung der medizinischen Vorsorge **zu qualifizieren ist**. Das hat zur Folge, dass Wartefristen immer dann bestehen, wenn eine nach öffentlich-rechtlichen Vorschriften getragene oder bezuschusste Leistung ihrem Schwerpunkt nach als **Vorsorgeleistung** anzusehen ist. Nicht wartezeitrelevant sind dagegen Leistungen zu **Rehabilitationszwecken**.[59] 52

Die **Dauer** der so ausgelösten Wartezeit beläuft sich auf drei bzw. vier Jahre **„nach Durchführung"**. Für die Berechnung des Fristbeginns und der Dauer der Sperrwirkung ist auf den letzten Tag der früheren bzw. den ersten Tag der aktuell angestrebten **Leistungserbringung** abzustellen. Fallen diese Tage mit Ab- bzw. Anreisetagen **nicht** zusammen, werden diese Tage nicht mitgerechnet; sind noch am Abreisetag Leistungen erbracht worden oder werden sie schon am Anreisetag erbracht, dürften diese Tage als Tage der Durchführung der Leistung anzurechnen sein.[60] Zwischen diesen Zeitpunkten muss die nach § 26 Abs. 1 SGB X, § 188 Abs. 2 BGB zu berechnende Frist von drei bzw. vier Jahren liegen. 53

Ein **dringender Grund** für die **vorzeitige Inanspruchnahme** einer Vorsorgeleistung ist gegeben, wenn dem Versicherten das Zuwarten auf den Fristablauf unter Berücksichtigung aller Umstände des Einzelfalls **nicht zuzumuten** ist. Die mit dem Beschäftigungsförderungsgesetz 1985[61] eingeführte Regelung beruht auf der Erwägung, dass Abweichungen von der Wartefrist bei gesundheitlichen Gründen zulässig sein sollen, die vorzeitige Maßnahmen „besonders eindringlich nahe legen".[62] Abzustellen ist dazu auf die **Schwere** der drohenden Gesundheitsgefahr, den voraussichtlichen **Erfolg der Maßnahme** und auch auf den **Grund für die vorzeitige Inanspruchnahme** der Leistung. Ist er nicht von dem Versicherten zu vertreten, sondern seinem auch bei ausreichender Mitwirkung[63] nicht zu ändernden Gesundheitszustand oder der einer konkreten Maßnahme prinzipbedingt immanenten Beschränkung des Vorsorgeerfolgs geschuldet, dürfte dies auch für eine vorzeitige Wiederinanspruchnahme der Vorsorgeleistung sprechen. 54

VI. Leistungsumfang

Als Leistungen zur medizinischen Vorsorge können zu beanspruchen sein die **ärztlichen** bzw. **ärztlich verordneten Leistungen als Hauptleistung** sowie ein **Zuschuss zu Unterkunft und Verpflegung** oder **Übernahme der Kosten** dafür und die **Übernahme der Fahrkosten als Nebenleistung**. Dabei sowie für die **Leistungsdauer** ist zu unterscheiden zwischen **ambulanten Leistungen am Wohnort** oder in einem **anerkannten Kurort** sowie **stationären Vorsorgeleistungen**: 55

---

[58] Vgl. BSG v. 13.06.1989 - 2 RU 32/88 - juris Rn. 17 - BSGE 65, 133; GmS-OGB v. 10.07.1989 - GmS-OGB 1/88 - juris Rn. 9 - BGHZ 108, 284.

[59] Ebenso *Igl/Welti* in: GK-SGB V, § 23 Rn. 73; *Zipperer* in: Maaßen, SGB V, § 23 Rn. 39; *Wagner* in: Krauskopf, Soziale Krankenversicherung, Pflegeversicherung, § 23 Rn. 18.

[60] Allgemein dafür, die Tage von Ab- und Anreise nicht mitzurechnen, sind *Wagner* in: Krauskopf, Soziale Krankenversicherung, Pflegeversicherung, § 23 Rn. 18; *Igl/Welti* in: GK-SGB V § 23 Rn. 72; *Zipperer* in: Maaßen, SGB V, § 23 Rn. 43.

[61] Art. 9 Nr. 1 des Gesetzes v. 26.04.1985, BGBl I 1985, 710.

[62] BT-Drs. 10/2102, S. 33.

[63] Vgl. § 1 Satz 2 SGB V.

1. Hauptleistung

56 Bei **ambulanten Leistungen** sowohl am Wohnort des Versicherten als auch in einem anerkannten Kurort richtet sich der Hauptleistungsanspruch ungeachtet der Einbettung in einen gesamthaft angelegten Vorsorgeplan auf die Erbringung von **Einzelleistungen** nach Maßgabe der **Spezialbestimmungen** über die Erbringung von Leistungen der ärztlichen Behandlung und die Versorgung mit Arznei-, Verband-, Heil- und Hilfsmitteln. Das ergibt sich aus § 23 Abs. 3 SGB V. Ausdrücklich sind danach in den Fällen des § 23 Abs. 1 und 2 SGB V die §§ 31-34 SGB V anzuwenden. § 23 Abs. 1 und 2 SGB V erweitert demgemäß nur den **Zweck** für die Inanspruchnahme von Leistungen zur ärztlichen Behandlung sowie zur Versorgung mit Arznei-, Verband-, Heil- und Hilfsmitteln. Der danach im Einzelnen zu beanspruchende Leistungsinhalt richtet sich hingegen nach den §§ 31-34 SGB V für die Versorgung mit Arznei-, Verband-, Heil- und Hilfsmitteln.

57 Entsprechendes gilt auch ohne entsprechende Verweisungsnorm für die **ärztliche Behandlung**, deren Gegenstand in § 28 Abs. 1 SGB V geregelt ist.

58 Bei **stationär** erbrachten Leistungen richtet sich der Hauptleistungsanspruch nach § 23 Abs. 4 SGB V auf **„Behandlung" in einer Vorsorgeeinrichtung**. Mit diesem an den Begriff der Krankenbehandlung nach § 27 Abs. 1 Satz 1 SGB V angelehnten, im Übrigen aber nicht weiter definierten Terminus müssen nach Sinn und Zweck ärztlich erbrachte bzw. ärztlich verordnete Leistungen verstanden werden, so wie sie nach den §§ 27 ff. SGB V Gegenstand eines Leistungsanspruchs der gesetzlichen Krankenversicherung werden können. Ergänzend kann daher zur näheren Bestimmung der zu beanspruchenden Leistungen analog § 23 Abs. 3 SGB V auf die §§ 31-34 SGB V für die Versorgung mit Arznei-, Verband-, Heil- und Hilfsmitteln sowie auf § 28 SGB V für die ärztliche Behandlung zurückgegriffen werden.

2. Nebenleistungen

59 Bei **ambulant** erbrachten Vorsorgeleistungen können als Nebenleistung **Zuschüsse** nach § 23 Abs. 2 Sätze 2 und 3 SGB V sowie – soweit die Voraussetzungen vorliegen – **Fahrkosten** nach Maßgabe von § 60 SGB V zu beanspruchen sein. In Bezug auf den Zuschuss kann die Satzung der Krankenkasse danach gem. § 23 Abs. 2 Satz 2 SGB V für ambulant erbrachte Leistungen in anerkannten Kurorten einen Zuschuss von bis zu 13 € täglich zu den übrigen Kosten vorsehen, die Versicherten im Zusammenhang mit dieser Leistung entstehen. Dieser kann nach § 23 Abs. 2 Satz 3 SGB V bei ambulanten Vorsorgeleistungen für versicherte chronisch kranke Kleinkinder auf bis zu 21 € erhöht werden.

60 Bei **stationär** erbrachten Leistungen besteht als Nebenleistung Anspruch auf Unterkunft und Verpflegung sowie im Rahmen des § 60 SGB V auf Übernahme von Fahrkosten.

3. Dauer der Leistungserbringung

61 Ansprüche auf Leistungen zur gesundheitlichen Vorsorge sind – ebenso wie Ansprüche auf Leistungen zur medizinischen Rehabilitation und anders als Ansprüche auf Behandlung einer akuten Erkrankung – typischerweise **zeitlich begrenzt**. Systematisch werden diese Leistungen damit von den zu Grunde liegenden Leistungsvoraussetzungen insoweit partiell abgekoppelt, als die Leistungsdauer ungeachtet der Notwendigkeit einer fortdauernden Leistungserbringung im konkreten Einzelfall schematisch **typisiert** wird. Daher können starre Zeitschranken problematisch sein. Dies stellt sich für Leistungen nach § 23 SGB V wie folgt dar:

62 Ansprüche auf Leistungen der **ambulanten Vorsorge am Wohnort** sind nach § 23 Abs. 1 SGB V selbst im Ansatz zeitlich **nicht besonders begrenzt**. Die Dauer der danach zu beanspruchenden Leistungen bestimmt sich demgemäß ausschließlich nach den allgemeinen Vorgaben zur **Notwendigkeit der Leistung**. Prinzipiell können sie danach beansprucht werden, solange die **Leistungsvoraussetzungen vorliegen**. Praktisch erhebliche Einschränkungen können sich insoweit aber aus den **Heil- und Hilfsmittel-Richtlinien des Gemeinsamen Bundesausschusses**[64] ergeben, die über den Verweis nach

[64] Richtlinien des Gemeinsamen Bundesausschusses über die Verordnung von Heilmitteln in der vertragsärztlichen Versorgung (Heilmittel-Richtlinien) in der Fassung vom 01.12.2003/16.03.2004, zuletzt geändert am 21.12.2004; Richtlinien des Gemeinsamen Bundesausschusses über die Verordnung von Heilmitteln in der vertragsärztlichen Versorgung (Heilmittel-Richtlinien) in der Fassung vom 01.12.2003/16.03.2004, zuletzt geändert am 21.12.2004, Zweiter Teil – Zuordnung der Heilmittel zu Indikationen (Heilmittel-Katalog); Richtlinien des Bundesausschusses der Ärzte und Krankenkassen über die Verordnung von Hilfsmitteln in der vertragsärztlichen Versorgung (Hilfsmittel-Richtlinien) in der Fassung vom 17.06.1992, zuletzt geändert am 19.10.2004.

§ 23 Abs. 3 SGB V auf die §§ 32, 33 SGB V auch für Leistungen der ambulanten Vorsorge gelten. Auch danach sind Leistungsansprüche regelmäßig entweder nach der Leistungsfrequenz oder zeitlich begrenzt, allerdings zum Teil durchbrochen durch Öffnungsklauseln bei besonderem Bedarf.

Auch für Ansprüche auf Leistungen der ambulanten Vorsorge in einem anerkannten Kurort nach § 23 Abs. 2 SGB V bestehen nach der aktuellen Gesetzeslage **keine schematischen Zeitgrenzen** nach § 23 SGB V selbst. Demgegenüber war die Dauer des Leistungsanspruchs in der bis 31.07.2002 geltenden Fassung auch hinsichtlich der ambulanten Vorsorgeleistungen in anerkannten Kurorten gemäß § 23 Abs. 5 Satz 2 SGB V a.F. auf in der Regel längstens drei Wochen beschränkt. Diese Begrenzung wurde mit Wirkung vom 01.08.2002 **aufgehoben** (vgl. Rn. 6), um dem Grundsatz „ambulant vor stationär“ auch bei den Vorsorgeleistungen Vorrang zu geben.[65] Das bedeutet indes nicht, dass ambulante Leistungen in anerkannten Kurorten zeitlich vollständig unbegrenzt in Anspruch genommen werden könnten. Zum einen gilt für diese Leistungen ebenfalls der Verweis auf Richtlinien des Gemeinsamen Bundesausschusses mit den daraus sich ergebenden Zeitschranken, die auf der Grundlage der §§ 32,33 SGB V erlassen worden sind (vgl. Rn. 62). Zum anderen steht die Bewilligung von Leistungen nach § 23 Abs. 2 SGB V im pflichtgemäßen Ermessen des Leistungsträgers (vgl. hierzu sogleich Rn. 66 ff.). In diesem Rahmen obliegt auch die Bestimmung der Leistungsdauer einer nach einheitlichen Ermessenskriterien vorzunehmenden Festlegung durch die Krankenkasse. 63

Ansprüche auf **stationäre Vorsorgemaßnahmen** schließlich sind nach § 23 Abs. 5 Sätze 2 und 3 SGB V sowie – für versicherte Kinder bis zum 14. Lebensjahr – nach § 23 Abs. 7 SGB V **zeitlich begrenzt**. Danach sollen Leistungen für Versicherte über 14 Jahren für längstens drei Wochen erbracht werden, es sei denn, eine Verlängerung der Leistung ist aus medizinischen Gründen **dringend erforderlich**. Für versicherte Kinder bis zur Vollendung des 14. Lebensjahres ist die Leistungsdauer im Regelfall auf vier bis sechs Wochen begrenzt. Die dringende Erforderlichkeit einer Verlängerung beurteilt sich nach denselben Kriterien, die bei Verkürzung der Wartefrist nach § 23 Abs. 5 Satz 4 SGB V anzulegen sind (vgl. Rn. 54). Nochmals andere Kriterien gelten, sobald die Spitzenverbände der Krankenkassen nach § 23 Abs. 5 Satz 3 SGB V gemeinsam und einheitlich nach Anhörung der für die Wahrnehmung der Interessen der ambulanten und stationären Vorsorgeeinrichtungen auf Bundesebene maßgeblichen Spitzenorganisationen in Leitlinien Indikationen festgelegt und diesen jeweils eine Regeldauer zugeordnet haben. Solche Festlegungen bestehen bislang jedoch nicht. 64

VII. Leistungsbewilligung nach pflichtgemäßem Ermessen

Liegen die Tatbestandsvoraussetzungen für eine Vorsorgemaßnahme nach § 23 SGB V dem Grunde nach vor, hat die Krankenkasse in den Fällen des § 23 Abs. 2 und Abs. 4 SGB V über die Bewilligung dem Grunde nach und in den Fällen § 23 Abs. 4 SGB V auch über die Ausgestaltung im Einzelnen nach pflichtgemäßem Ermessen zu entscheiden. 65

1. Leistungsbewilligung dem Grunde nach

Über Vorsorgeleistungen in **anerkannten Kurorten** sowie in **Vorsorgeeinrichtungen** haben die Krankenkassen gemäß § 23 Abs. 2 und Abs. 4 SGB V („kann“ die Krankenkasse ... erbringen) nach **pflichtgemäßem Ermessen** zu entscheiden. Ihnen könnte dabei dem Wortlaut nach bereits ein **Entschließungsermessen** über das „Ob“ der Leistungsgewährung zustehen. Allerdings richtet sich eine verbreitete Auffassung bei vergleichbaren Tatbeständen des Rechts der medizinischen Rehabilitation im Anschluss an die Rechtsprechung des BSG darauf, dass eine solche Ermessensnorm **nur im Ausnahmefall** auch die Leistungsgewährung **dem Grunde** nach einbezieht. Einerseits ist ein Leistungsanspruch schon im Ansatz ausgeschlossen, soweit dessen Tatbestandsvoraussetzungen **nicht vorliegen**.[66] Andererseits ist der Rehabilitationsträger regelmäßig zu besonderer Förderung des Versicherten verpflichtet, um dem Eintritt des Versicherungsfalls der Erwerbsminderung nach Möglichkeit entgegenzuwirken, wenn die Voraussetzungen **vorliegen**. Daraus wird hergeleitet, dass der Rehabilitationsträger bei Bestehen der Tatbestandsvoraussetzungen nur ausnahmsweise von einer Leistungsgewäh- 66

---

[65] Vgl. BT-Drs. 9/9702, S. 5.

[66] Vgl. etwa BSG v. 14.12.1994 - 4 RA 42/94 - SozR 3-1200 § 39 Nr. 1. Zum Recht der gesetzlichen Krankenversicherung ebenfalls in diesem Sinne zuletzt BSG v. 25.03.2003 - B 1 KR 33/01 R - SozR 4-1500 § 54 Nr. 1.

rung überhaupt absehen kann[67], allerdings begrenzt durch den für diese Leistungen zur Verfügung zu stellenden finanziellen Rahmen.[68]

67 Dieser Ansatz ist auf die nach § 23 Abs. 2 und Abs. 4 SGB V zu treffende Ermessensentscheidung übertragbar, soweit die daraus sich ergebenden Ansprüche nur „nahe an die Leistungen heran (-gerückt werden), auf die der Versicherte einen Rechtsanspruch hat“[69], ohne sie aber mit gebundenen Ansprüchen schlechthin gleichzustellen. Nach dem Gesetzeswortlaut unterscheidet die Regelung des § 23 SGB V zwischen dem gebundenen Anspruch auf die Leistung selbst („Versicherte haben Anspruch“) in den Fällen des § 23 Abs. 1 SGB V und einem Anspruch auf pflichtgemäße Ermessensentscheidung gemäß § 39 Abs. 1 Satz 2 SGB I („kann die Krankenkasse ... erbringen“) in den Fällen des § 23 Abs. 2 und Abs. 4 SGB V. Diese Unterschiede können nicht unberücksichtigt bleiben, zumal für Leistungen nach § 23 Abs. 4 SGB V gemäß § 23 Abs. 8 SGB V eine Budgetbegrenzung besteht. Deshalb kann das Entschließungsermessen der Krankenkasse auch bei Vorliegen der Tatbestandsvoraussetzungen des § 23 Abs. 2 oder 4 SGB V nicht schlechterdings als auf Null reduziert angesehen werden.

68 Maßgeblich für die im gerichtlichen Verfahren nur in den Grenzen des § 54 Abs. 1 Satz 2 SGG zu kontrollierende Ermessensentscheidung der Krankenkasse ist danach der Auftrag, das aus § 23 Abs. 2 oder Abs.4 SGB V sich ergebende Entschließungs- und Auswahlermessen nach § 39 Abs. Satz 1 SGB I **seinem Zweck entsprechend auszuüben**. Demgemäß haben die Krankenkassen im Rahmen der zur Verfügung stehenden Mittel grundsätzlich dafür Sorge zu tragen, dass Versicherte, deren Vorsorgebedarf mit den Mitteln der ambulanten Vorsorgeleistung nach § 23 Abs. 1 SGB V nicht hinreichend zu erfüllen ist, die notwendige Unterstützung im Rahmen von Leistungen nach § 23 Abs. 2 oder Abs. 4 SGB V erhalten. Die Krankenkasse hat ihr Ermessen deshalb danach auszurichten, den geltend gemachten Vorsorgebedarf im Rahmen der nach der gesetzlichen Vorgabe zur Verfügung stehenden Mittel nach den Kriterien von **Dringlichkeit** einerseits und **sachgerechter Leistungserbringung** andererseits **bestmöglich zu erfüllen**.[70] Dafür hat sie wegen der Bindung an den allgemeinen Gleichheitssatz des Art. 3 Abs. 1 GG **allgemeine Kriterien** aufzustellen, nach denen bei gleich gelagerten Sachverhalten grundsätzlich nach einheitlichen Maßstäben entschieden werden kann[71]. Werden die zur Verfügung stehenden Mittel voraussichtlich nicht für alle die Leistungsvoraussetzungen erfüllenden Versicherten ausreichen, müssen die notwendigen Einsparungen nach Maßgabe des Normzwecks bestimmt werden. Dabei werden vertretbare Einschränkungen bei der Ausgestaltung der Leistungen anderen soweit vorzuziehen sein, dass die notwendigen medizinischen Maßnahmen in einem größtmöglichen Umfang durchgeführt werden können.[72] Können nicht sämtliche ihren Voraussetzungen nach gegebene Leistungsansprüche angemessen erfüllt werden, dürften sachgerechte Prioritätenkataloge aufzustellen sein.

2. Ausgestaltung stationärer Leistungen

69 Auch über die Ausgestaltung der Leistung nach § 23 Abs. 4 SGB V im Einzelnen, also über Art, Ort, Beginn, Dauer und sonstige Einzelheiten hat die Krankenkasse nach pflichtgemäßem Ermessen zu entscheiden. Leitlinie ihrer Entscheidung sind gemäß § 23 Abs. 5 Satz 1 SGB V die „medizinischen Erfordernisse des Einzelfalls“. Daran muss sich die Entscheidung der Krankenkasse ausrichten und unter Berücksichtigung des finanziellen Rahmens einerseits und der medizinisch-fachlichen Erfordernisse sowie der Wünsche des Versicherten andererseits nach pflichtgemäßem Ermessen eine Leistungskonkretisierung vornehmen. Angemessene Wünsche der Versicherten sind im Rahmen der vorhandenen Möglichkeiten zu berücksichtigen.

VIII. Prüfung durch den Medizinischen Dienst der Krankenkassen

70 Vor der Bewilligung von Leistungen nach § 23 SGB V hat die Krankenkasse durch den Medizinischen Dienst gemäß § 275 Abs. 2 Nr. 1 SGB V die Notwendigkeit der Leistungen prüfen zu lassen. Dabei ist ein ärztlicher Behandlungsplan zu Grunde zu legen. Die Spitzenverbände der Krankenkassen können

---

[67] BSG v. 02.10.1984 - 5b RJ 106/83 - BSGE 57, 157; BSG v. 15.11.1989 - 5 RJ 1/89 - BSGE 66, 84; BSG v. 16.11.1989 - 5 RJ 3/89 - BSGE 66, 87. Kritisch demgegenüber BSG v. 10.06.1980 - 11 RA 110/79 - BSGE 50, 149; BSG v. 17.07.1985 - 1 RA 11/84 - BSGE 58, 263. Offen gelassen zuletzt von BSG v. 25.03.2003 - B 1 KR 33/01 R - SozR 4-1500 § 54 Nr. 1 und BSG v. 30.05.2006 - B 1 KR 17/05 R - SozR 4-3100 § 18c Nr. 2.

[68] So etwa ausdrücklich BSG v. 16.11.1989 - 5 RJ 3/89 - juris Rn. 25 - BSGE 66, 87.

[69] So BSG v. 02.10.1984 - 5b RJ 106/83 - BSGE 57, 157.

[70] So auch *Höfler* in: KassKom-SGB, SGB V, § 40 Rn. 20 zur gleich gelagerten Fragestellung bei § 40 SGB V.

[71] So zur Ausgestaltung der Leistung BSG v. 15.11.1989 - 5 RJ 1/89 - juris Rn. 15 a.E. - BSGE 66, 84.

[72] Vgl. *Höfler* in: KassKom-SGB, SGB V, § 40 Rn. 20.

gemeinsam und einheitlich Ausnahmen zulassen, wenn Prüfungen nach Indikation und Personenkreis nicht notwendig erscheinen. Maßgeblich dafür ist eine von den Spitzenverbänden der Krankenkassen beschlossene Ausnahmeregelung vom 03.07.1996[73]. Sie sieht Ausnahmen für die hier zu beurteilenden Leistungen **nicht vor**.

Motiv für die Einbeziehung des Medizinischen Dienstes der Krankenkassen ist ausweislich der Gesetzesmaterialien die Vereinheitlichung der Standards bei der Leistungsbewilligung.[74] Voraussetzung dafür wäre allerdings neben der Einschaltung des für alle Krankenkassen tätigen ärztlichen Dienstes die Entwicklung von einheitlichen Beurteilungsmaßstäben, die bislang nicht erlassen worden sind.[75] 71

IX. Zuzahlung

Nimmt der Versicherte **ambulante Leistungen** am Wohnort nach § 23 Abs. 1 SGB V oder in einem anerkannten Kurort nach § 23 Abs. 2 SGB V in Anspruch, richten sich die Einzelheiten der Versorgung mit Arznei-, Verband-, Heil- und Hilfsmitteln kraft der ausdrücklichen Verweisungsnorm des § 23 Abs. 3 SGB V nach den §§ 31-34 SGB V. Für die ärztliche Behandlung gilt entsprechend § 28 SGB V (vgl. Rn. 57). Danach sind bei Maßnahmen der ambulanten Gesundheitsvorsorge Zuzahlungen nach den §§ 28 Abs. 4, 31 Abs. 3, 32 Abs. 2 und 33 Abs. 2 Satz 5 SGB V zu erbringen. 72

Bei stationären Leistungen nach § 23 Abs. 4 SGB V richtet sich die Zuzahlung nach § 23 Abs. 6 SGB V. Sie ist danach von Versicherten zu leisten, die das 18. Lebensjahr vollendet haben, und richtet sich im Einzelnen nach § 61 Satz 2 SGB V. 73

X. Budget (Absatz 8)

Nach § 23 Abs. 8 SGB V dürfen sich die jährlichen Ausgaben der Krankenkasse je Mitglied für Leistungen nach § 23 Abs. 4 SGB V zusammen mit denen nach § 40 Abs. 2 SGB V für das jeweils folgende Kalenderjahr höchstens um die nach § 71 Abs. 3 und 2 Satz 2 SGB V maßgebliche Veränderungsrate verändern; § 71 Abs. 2 Satz 1 Nr. 2 SGB V gilt entsprechend. Der Veränderung für das Kalenderjahr 2000 sind die in Satz 1 genannten jährlichen Ausgaben der Krankenkasse im Kalenderjahr 1999 zu Grunde zu legen. Überschreitungen des in § 23 Abs. 8 Satz 1 SGB V genannten Ausgabenrahmens vermindern die für das auf die Überschreitung folgende Kalenderjahr nach Satz 1 zur Verfügung stehenden Ausgaben entsprechend. 74

---

[73] Abgedruckt in Medizinischer Dienst der Spitzenverbände der Krankenkassen e.V. (MDS), Begutachtungs-Richtlinie Vorsorge und Rehabilitation, Stand Oktober 2005, S. 87.

[74] Vgl. BT-Drs. 11/2237, S. 169 zu Absatz 5.

[75] So zutreffend die Kritik von *Gerlach* in: Hauck/Noftz, SGB V, § 23 Rn. 64.

§ 24 SGB V Medizinische Vorsorge für Mütter und Väter

(Fassung vom 26.03.2007, gültig ab 01.04.2007)

(1) Versicherte haben unter den in § 23 Abs. 1 genannten Voraussetzungen Anspruch auf aus medizinischen Gründen erforderliche Vorsorgeleistungen in einer Einrichtung des Müttergenesungswerks oder einer gleichartigen Einrichtung; die Leistung kann in Form einer Mutter-Kind-Maßnahme erbracht werden. Satz 1 gilt auch für Vater-Kind-Maßnahmen in dafür geeigneten Einrichtungen. Vorsorgeleistungen nach den Sätzen 1 und 2 werden in Einrichtungen erbracht, mit denen ein Versorgungsvertrag nach § 111a besteht. § 23 Abs. 4 Satz 1 gilt nicht; § 23 Abs. 4 Satz 2 gilt entsprechend.

(2) § 23 Abs. 5 gilt entsprechend.

(3) Versicherte, die das achtzehnte Lebensjahr vollendet haben und eine Leistung nach Absatz 1 in Anspruch nehmen, zahlen je Kalendertag den sich nach § 61 Satz 2 ergebenden Betrag an die Einrichtung. Die Zahlung ist an die Krankenkasse weiterzuleiten.

(4) (weggefallen)

Gliederung

A. Basisinformationen

I. Textgeschichte/Gesetzgebungsmaterialien

1 § 24 SGB V wurde mit Wirkung vom 01.01.1989 durch Art. 1 des **Gesundheitsreformgesetzes** (GRG)[1] eingeführt. Die Vorschrift geht auf § 24 des Fraktionsentwurfs von CDU/CSU und FDP zum GRG[2] zurück, der in seiner Ursprungsfassung ausschließlich „Vorsorgekuren für Mütter" zum Gegenstand hatte. In den Ausschussberatungen wurde als wesentliche Änderung zum einen ein ursprünglich vorgesehenes Stufenverhältnis zwischen § 23 SGB V und § 24 SGB V aufgegeben und der heute noch gültige Verweis auf § 23 Abs. 1 SGB V als Leistungsvoraussetzung für Leistungen nach § 24 SGB V eingefügt und zum anderen den Krankenkassen ein satzungsmäßiges Entscheidungsrecht über die Höhe der Beteiligung an den Kosten der Leistungen eingeräumt.[3] Seit In-Kraft-Treten wurde die Vorschrift mehrfach geändert.

2 Mit Wirkung zum **01.01.1993** wurde einerseits durch Art. 1 Nr. 12 lit. a des **Gesetzes zur Sicherung und Strukturverbesserung der gesetzlichen Krankenversicherung** (Gesundheitsstrukturgesetz) vom 21.12.1992[4] der in Absatz 2 enthaltene Verweis auf Modalitäten der Leistungserbringung in § 23 Abs. 5 SGB V beschränkt auf § 23 Abs. 5 „Satz 1 und 2" SGB V. Damit wurde § 24 SGB V von der in § 23 Abs. 5 SGB V zusätzlich aufgenommenen **Budgetierung der Ausgaben für stationäre Vor-**

[1] Vom 20.12.1988, BGBl I 1988, 2477.
[2] Vgl. BT-Drs. 11/2237, S. 16 und S. 169.
[3] Vgl. BT-Drs. 11/3320, S. 16 f. und BT-Drs. 11/3480, S. 51 f.
[4] BGBl I 1992, 2266.

sorgemaßnahmen (vgl. die Kommentierung zu § 23 SGB V Rn. 2) ausdrücklich **ausgenommen**, weil in diesem Bereich nicht mit einem Anstieg von Kosten zu rechnen sei.[5] Durch Art. 1 Nr. 12 lit. b Gesundheitsstrukturgesetz wurde andererseits in Absatz 3 eine **Zuzahlungsregelung** mit folgender Fassung eingeführt: „Für Versicherte, die eine Leistung nach Absatz 1, deren Kosten voll von der Krankenkasse übernommen werden, in Anspruch nehmen, gilt § 23 Abs. 6 entsprechend."

Mit Wirkung vom **01.01.1997** wurde durch Art. 2 Nr. 5 des **Gesetzes zur Entlastung der Beiträge in der gesetzlichen Krankenversicherung** (Beitragsentlastungsgesetz – BeitrEntlG) vom 01.11.1996[6] die Zuzahlungsregelung in Absatz 3 wie folgt neu gefasst: „Versicherte, die das achtzehnte Lebensjahr vollendet haben und eine Leistung nach Absatz 1, deren Kosten voll von der Krankenkasse übernommen werden, in Anspruch nehmen, zahlen je Kalendertag den sich nach § 39 Abs. 4 ergebenden Betrag an die Einrichtung. Die Zahlung ist an die Krankenkasse weiterzuleiten."[7] 3

Mit Wirkung ab dem 01.01.2000 wurde durch Art. 1 Nr. 12 des **Gesetzes zur Reform der gesetzlichen Krankenversicherung ab dem Jahr 2000 (GKV-Gesundheitsreform 2000**) vom 22.12.1999[8] zunächst die Überschrift mit „Medizinische Vorsorge für Mütter" neu gefasst und die bis dahin in der Vorschrift enthaltene Leistungsbezeichnung „Maßnahmen in Form einer Vorsorgekur" durch das Wort „Vorsorgeleistungen" ersetzt und als Leistungsbeschreibung der Halbsatz eingefügt: „die Leistung kann in Form einer Mutter-Kind-Maßnahme erbracht werden." Zudem wurde in Absatz 2 der bis dahin auf die Sätze 1 und 2 beschränkte Verweis auf § 23 Abs. 5 SGB V auf dessen gesamte Regelung erstreckt. Die Neuregelung sollte klarstellen, dass Vorsorgeleistungen für Mütter einschließlich einer Mutter-Kind-Kur in besonderen Einrichtungen erbracht werden können und die Krankenkasse genauso flexibel hinsichtlich Dauer und Gestaltung handeln kann wie bei den anderen stationären Vorsorgeleistungen des § 23 SGB V.[9] 4

Mit Wirkung ab dem 01.08.2002 wurde weiter durch das **Gesetz zur Verbesserung der Vorsorge und Rehabilitation für Mütter und Väter (11. SGB V-Änderungsgesetz)** vom 26.07.2002[10] zunächst die Überschrift nochmals neu gefasst und nunmehr mit „Medizinische Vorsorge für Mütter und Väter" bezeichnet. Weiter wurden in den Kreis der Leistungsberechtigten auch **Väter** einbezogen und dazu Satz 2 wie folgt neu eingefügt: „Satz 1 gilt auch für **Vater-Kind-Maßnahmen** in dafür geeigneten Einrichtungen." Weiter wurde ähnlich wie in § 23 SGB V mit dem Verweis auf § 111 SGB V der Kreis der möglichen Vorsorgeeinrichtungen auf solche beschränkt, mit denen ein **Vertrag nach dem neu eingefügten § 111a SGB V** besteht, und dazu als Satz 3 eingefügt: „Vorsorgeleistungen nach den Sätzen 1 und 2 werden in Einrichtungen erbracht, mit denen ein Versorgungsvertrag nach § 111a besteht." Schließlich wurde in Absatz 1 der bisherige Satz 2 „Die Satzung der Krankenkasse kann vorsehen, dass die Kosten der Leistungen nach Satz 1 übernommen werden oder dazu ein Zuschuss gezahlt wird." **ersatzlos gestrichen** und den Kassen dadurch im Grundsatz – abgesehen von der Zuzahlung nach Absatz 3 – eine **Vollfinanzierung der Leistungen** auferlegt. Schließlich wurde eine **Berichtspflicht** eingeführt und dazu Absatz 4 wie folgt eingefügt: „Die Spitzenverbände der Krankenkassen legen über das Bundesministerium für Gesundheit dem Deutschen Bundestag bis Ende des Jahres 2005 einen Bericht vor, in dem die Erfahrungen mit den durch das 11. SGB V-Änderungsgesetz bewirkten Rechtsänderungen wiedergegeben werden."[11] 5

Mit Wirkung ab dem 01.01.2004 wurde weiter durch Art. 1 Nr. 10 des Gesetzes zur Modernisierung der gesetzlichen Krankenversicherung (GKV-Modernisierungsgesetz – GMG) vom 14.11.2003[12] in § 24 Abs. 3 Satz 1 SGB V als redaktionelle Folgeänderung die Angabe „§ 40 Abs. 5" durch die Angabe „§ 61 Satz 2" ersetzt. 6

Weiter wurde in der ursprünglich in Absatz 4 kodifizierten **Berichtspflicht** zunächst durch Art. 204 Nr. 1 des Gesetzes vom 25.11.2003[13] mit Wirkung vom 28.11.2003 das **Bundesministerium für Gesundheit und Soziale Sicherung** anstelle des Bundesministeriums für Gesundheit als Adressat des Berichts festgelegt und dieses durch Art. 256 Nr. 1 des Gesetzes vom 31.10.2006 mit Wirkung vom 7

---

5 Vgl. BT-12/3608, S. 78.

6 BGBl I 1996, 1631.

7 Zur Begründung vgl. BT-Drs. 13/4615, S. 9.

8 BGBl I 1999, 2626.

9 Vgl. BT-Drs. 14/1245, S. 64 und BT-Drs. 14/1977, S. 161.

10 BGBl I 2002, 2874.

11 Vgl. zur Begründung BT-Drs. 14/9035 und BT-Drs. 14/9563.

12 BGBl I 2003, 2190.

13 BGBl I 2003, 2304.

08.11.2006[14] **rückgängig gemacht** und diese Pflicht schließlich durch Art. 1 Nr. 15b des **Gesetzes zur Stärkung des Wettbewerbs in der gesetzlichen Krankenversicherung** (GKV-Wettbewerbsstärkungsgesetz – GKV-WSG)[15] **vollständig aufgehoben**.

8 Schließlich wurden zuletzt durch Art. 1 Nr. 15 des GKV-WSG mit Wirkung zum 01.04.2007 mit einer zu den sonstigen Bemühungen um Kostendämpfung und die Begrenzung des Ausgabenanstiegs **bemerkenswert kontrastierenden Zielsetzung** mehrere Änderungen mit dem Zweck bewirkt, die Inanspruchnahme von Leistungen nach § 24 SGB V zu **befördern**. Dazu wurde zum einen die bis dahin als **Ermessensleistung** ausgestaltete Leistung in eine **Anspruchsleistung** überführt und Halbsatz 1 von Satz 1 in AbsATZ 1 wie folgt neu gefasst: „Versicherte haben unter den in § 23 Abs. 1 genannten Voraussetzungen Anspruch auf aus medizinischen Gründen erforderliche Vorsorgeleistungen in einer Einrichtung des Müttergenesungswerks oder einer gleichartigen Einrichtung". Weiter wurde ausdrücklich die Geltung des dahin ohnehin in § 24 SGB V nicht in Bezug genommenen § 23 Abs. 4 Satz 1 SGB V über das Stufenverhältnis zwischen ambulanten und stationären Vorsorgeleistungen für Leistungen nach § 24 SGB V **ausgeschlossen**.[16] Schließlich wurde über einen Verweis auf § 23 Abs. 4 Satz 2 SGB V eine Berichtspflicht der Krankenkassen über das Antrags- und Bewilligungsgeschehen eingeführt,[17] damit dieses transparenter werde und um „Fehlern in der Antragsabwicklung leichter nachgehen zu können".[18] Insgesamt solle dadurch dazu beigetragen werden, die Leistungsgewährung bei Maßnahmen zur medizinischen Vorsorge für Mütter und Väter „im Hinblick auf den seit dem Jahr 2000 bestehenden kontinuierlichen Ausgabenrückgang zu **verstetigen**".[19]

9 Die maßgeblichen **Gesetzesmaterialien** zu § 24 SGB V in der Fassung des GRG finden sich in den BT-Drs. 11/2237 und BT-Drs. 11/3480. Für die Änderungen durch das GSG ist die Drucksache BT-Drs. 12/3608 und für das Beitragsentlastungsgesetz die Drucksache BT-Drs. 13/4615 maßgeblich. Die Motive zu den Änderungen durch das Gesetz zur Reform der gesetzlichen Krankenversicherung ab dem Jahr 2000 ergeben sich aus BT-Drs. 14/1245. Für das 11. SGB V-Änderungsgesetz finden sich die Materialien in BT-Drs. 14/9035 sowie BT-Drs. 14/9563. Für das GKV-Wettbewerbsstärkungsgesetz – GKV-WSG sind maßgeblich die BT-Drs. 16/3100, BT-Drs. 16/4200 und BT-Drs. 16/4247.

II. Vorgängervorschriften

10 Unmittelbare Vorgängervorschriften hat § 24 SGB V nicht. Nach den Materialien soll sie an § 187 Abs. 1 Satz 1 Nr. 3 RVO angelehnt sein.[20] Danach konnte in der Satzung „Fürsorge für Genesende, vor allem durch Unterbringung in einem Genesungsheim" vorgesehen sein.

III. Untergesetzliche Rechtsnormen

11 Für die Umsetzung des Leistungsauftrags des § 24 SGB V sind vor allem folgende Richtlinien und Vereinbarungen von Bedeutung:

- Medizinischer Dienst der Spitzenverbände der Krankenkassen e.V. (MDS), Begutachtungs-Richtlinie Vorsorge und Rehabilitation, Stand Oktober 2005,
- Gemeinsame Rahmenempfehlung für ambulante und stationäre Vorsorge- und Rehabilitationsleistungen auf der Grundlage des § 111a SGB V der Spitzenverbände der Krankenkassen sowie von Rehabilitationsträgern und -verbänden vom 12.05.1999,
- Anforderungsprofil der Spitzenverbände der Krankenkassen für stationäre Vorsorgeeinrichtungen nach § 111a SGB V, die Leistungen zur medizinischen Vorsorge nach § 24 SGB V erbringen, mit Wirkung zum 01.08.2003,
- Richtlinien des Gemeinsamen Bundesausschusses über Leistungen zur medizinischen Rehabilitation (Rehabilitations-Richtlinien) vom 16.03.2004, zuletzt geändert am 21.02.2006.

---

14 BGBl I 2006, 2407.
15 Vom 26.03.2007, BGBl I 2007, 378.
16 § 24 Abs. 1 Satz 4 HS. 1 SGB V i.d.F. des GKV-WSG vom 26.03.2007, BGBl I 2007, 378.
17 § 24 Abs. 1 Satz 4 HS. 2 SGB V i.d.F. des GKV-WSG vom 26.03.2007, BGBl I 2007, 378.
18 Vgl. BT-Drs. 16/4247, S. 31.
19 Vgl. BT-Drs. 16/3100, S. 289.
20 Vgl. BT-Drs. 11/2237, S. 169.

IV. Systematische Zusammenhänge

§ 24 SGB V **erweitert** wie auch § 23 SGB V die Einstandspflicht der Krankenkassen für Behandlungsanlässe, in denen der Versicherungsfall der Krankheit nach § 27 SGB V (noch) nicht eingetreten ist (vgl. die Kommentierung zu § 23 SGB V Rn. 12). Systematisch entsprechen Stellung, Aufgabe und die Abgrenzung zu anderen Leistungstatbeständen des SGB V grundsätzlich dem zu § 23 SGB V Ausgeführten; darauf kann verwiesen werden; das gilt entsprechend auch für die Abgrenzung zwischen § 24 SGB V und § 41 SGB V (vgl. die Kommentierung zu § 23 SGB V Rn. 13 ff.). Systematische Unterschiede zwischen § 23 SGB V einerseits und § 24 SGB V andererseits bestehen nur im Hinblick auf den **Vorsorgeanlass**: Leistungen nach § 23 SGB V dienen der Verhütung unspezifischer Gesundheitsgefahren, während § 24 SGB V einen Anspruch auf stationäre Leistungen zur Verhütung solcher Gesundheitsgefahren begründet, die sich aus gesundheitlichen Belastungen von Müttern und Vätern im Umgang mit ihren Kindern sowie der Eltern-Kind-Beziehung ergeben. Insoweit ist § 24 SGB V Sondertatbestand zu **§ 23 Abs. 4 SGB V**. Die Vorschrift regelt den Anspruch auf Leistungen der stationären Vorsorge für einen **besonderen Vorsorgeanlass** und gestaltet die Ansprüche und die Leistungserbringung dafür gesondert aus; nach Struktur und Leistungsvoraussetzung besteht indes ansonsten zu § 23 Abs. 4 SGB V kein Unterschied. 12

V. Ausgewählte Literaturhinweise

Walter, Babylon im SGB?, SF 2003, 253; *Sunder*, Abgrenzungsfragen der medizinischen Rehabilitation nach dem SGB IX, NDV 2002, 332; *Bress*, Präventionsangebote der Krankenkassen, SVFAng 2000, 69; *Götze*, Rentenversicherung und Rehabilitation, DAngVers 1989, 1; *Dokter*, Zielgruppen und Effektivität von Müttergenesungskuren, BKK 1996, 588. 13

B. Auslegung der Norm

I. Regelungsgehalt und Normzweck

§ 24 SGB V gewährt Vätern und Müttern Anspruch auf stationäre medizinische Leistungen in Einrichtungen des Müttergenesungswerks oder vergleichbaren Einrichtungen, wenn ihre Gesundheit insbesondere wegen gesundheitlicher Belastungen gefährdet ist, die aus der Versorgung von **Kindern** resultieren. Die Voraussetzungen und nähere Ausgestaltung des Anspruchs entsprechen im Wesentlichen der Regelung des § 23 SGB V zur stationären Vorsorge nach § 23 Abs. 4 SGB V. Danach können Vorsorgeleistungen für Mütter und Väter insbesondere dann beansprucht werden, wenn eine **Schwächung der Gesundheit** bereits vorliegt, die in absehbarer Zeit voraussichtlich zu einer Krankheit führen würde (§ 23 Abs. 1 Nr. 1 SGB V) oder wenn allgemein der Eintritt einer **Krankheit** (§ 23 Abs. 1 Nr. 3 SGB V) droht. Dann besteht Anspruch auf **stationäre Versorgung** in einer Vorsorgeeinrichtung des **Müttergenesungswerks oder einer vergleichbaren Einrichtung**, mit der ein Vertrag nach § 111 SGB V besteht (§ 23 Abs. 4 SGB V). Einzelheiten von Art, Dauer, Umfang, Beginn und Durchführung der Versorgung in einer Vorsorgeeinrichtung bestimmt die Krankenkasse nach pflichtgemäßem Ermessen. Dabei soll die **Dauer** regelmäßig längstens drei Wochen nicht überschreiten. 14

Regelungszweck ist der Einsatz von Leistungen der stationären Versorgung, die auf spezifische gesundheitliche Belastungen von Müttern und Vätern zugeschnitten ist, soweit diese zur **Aufrechterhaltung** der Gesundheit von Versicherten erforderlich sind und auf andere Weise, insbesondere durch Verhaltensmaßnahmen der privaten Lebensführung, eine in einen krankhaften und behandlungsbedürftigen Zustand umschlagende Verschlechterung des Gesundheitszustands nicht abzuwenden ist. 15

II. Anspruchsberechtigter Personenkreis

Personell anspruchsberechtigt für Leistungen nach § 24 SGB V sind „Versicherte“, soweit sie medizinische Vorsorgeleistungen „für Mütter und Väter“ geltend machen. Personelle Anspruchsvoraussetzung ist danach zum einen die Zugehörigkeit zum versicherten Personenkreis und zum anderen die Inanspruchnahme der Leistung gerade als Mutter oder Vater im Sinne von § 24 SGB V. 16

Versicherte sind alle, die **bei Inanspruchnahme** der Leistung nach Maßgabe der §§ 5 ff. SGB V **Versicherungsschutz** entweder **als Versicherte** oder auf Grund des **nachgehenden Anspruchs** nach den Absätzen 2 oder 3 des § 19 SGB V haben (wegen der Einzelheiten vgl. die Kommentierungen zu den §§ 5 ff. SGB V sowie die Kommentierung zu § 27 SGB V Rn. 22 ff.). 17

18 **„Als" Mutter oder Vater** wird eine Vorsorgeleistung in Anspruch genommen, soweit sie die Abwendung von Gesundheitsrisiken bezweckt, die mindestens teilweise durch Gesundheitsbelastungen in **Eltern-Kind-Beziehungen** verursacht sind. Zum leistungsberechtigten Personenkreis können deshalb nur solche Versicherte zählen, die als **biologische Mütter oder Väter** oder in einer **gleich gestellten Sorgeverpflichtung** als Adoptiv- oder Stiefeltern ein oder mehrere Kinder im eigenen Haushalt **tatsächlich versorgen.**[21] Dagegen ist die Einbeziehung **pflegender Angehöriger**, die Mutter oder Vater weder im biologischen noch funktionellen Sinn sind, in den Kreis der Leistungsberechtigten für Mütter- bzw. Vätermaßnahmen nach § 24 SGB V ist durch Gesetzesauslegung nicht möglich; der natürliche Wortsinn des Begriffs „Mutter" lässt das nicht zu.[22]

III. Medizinische Vorsorge für Mütter und Väter

19 Medizinische Vorsorge für Mütter oder Väter sind Maßnahmen zur Reduzierung von **gesundheitlichen Belastungen** aus dem **Eltern-Kind-Verhältnis**, die in Einrichtungen des Müttergenesungswerks oder vergleichbaren Einrichtungen **stationär erbracht** und entweder **ohne** oder **mit Kind/Kindern** durchgeführt werden.

1. Leistungszweck

20 Zweck von Leistungen nach § 24 SGB V ist nach dem systematischen Kontext der §§ 23, 24 SGB V die Reduzierung von gesundheitlichen Belastungen, die **wesentlich aus der Eltern-Kind-Beziehung herrühren**. Rechtsgrundlage für Maßnahmen der **allgemeinen** medizinischen Vorsorge ist § 23 SGB V. Auf dessen Tatbestandsvoraussetzungen in § 23 Abs. 1 SGB V wird in § 24 Abs. 1 Satz 1 SGB V ausdrücklich verwiesen. Danach sind die gesundheitlichen Voraussetzungen für die Inanspruchnahme von Leistungen nach § 24 SGB V und nach § 23 SGB V zunächst grundsätzlich **deckungsgleich**. Unterschiede bestehen im **Leistungszweck**. Während die Ursachen der mit den Leistungen nach § 23 SGB V zu reduzierenden Gesundheitsbeeinträchtigungen für dessen Tatbestand ohne Bedeutung sind, bezwecken die Leistungen nach § 24 SGB V eine Förderung **ausschließlich von Müttern und Vätern**. Ziel von Leistungen nach § 24 SGB V kann deshalb nur die Minderung solcher gesundheitlicher Belastungen sein, die in wesentlicher Hinsicht durch gesundheitliche Belastungen aus der Stellung der oder des Versicherten **als Mutter oder Vater** eines oder mehrerer Kinder **verursacht** und/oder **aufrechterhalten wurden bzw. werden**. Zweck der Leistungen ist es in diesem Sinne, im Rahmen stationärer Vorsorgeleistungen durch ganzheitliche Therapieansätze unter Einbeziehung psychologischer, psychosozialer und gesundheitsfördernder Hilfen den **spezifischen Gesundheitsrisiken** gerade **von Müttern und Vätern** entgegenzuwirken.[23]

2. Stationäre Leistungserbringung

21 **Erbracht** werden Maßnahmen der medizinischen Vorsorge für Mütter und Väter nach § 24 Abs. 1 Sätze 1 und 3 SGB V in Einrichtungen „des **Müttergenesungswerks** oder vergleichbaren Einrichtungen", mit denen ein Versorgungsvertrag nach § 111a SGB V besteht. Damit ist der Kreis der möglichen Einrichtungen nicht nach Merkmalen einer formalen Trägerschaft abzugrenzen. Das Müttergenesungswerk versteht sich selbst als **Dachverband von Wohlfahrtsverbänden** bzw. von Arbeitsgemeinschaften dieser Verbände, die im Rahmen dieser Organisation ihre Maßnahmen mit dem Ziel bündeln, die Gesundheit und Gesunderhaltung von Müttern zu fördern.[24] Das Müttergenesungswerk unterhält deshalb nicht selbst Einrichtungen. Es schließt vielmehr mit Einrichtungen insbesondere der unter seinem Dach zusammengeschlossenen Träger Verträge, soweit sie zur Förderung des Zwecks der Müttergenesung **anerkannt werden.**[25] Danach kommt als Einrichtung im Sinne von § 24 SGB V zunächst jede Einrichtung in Betracht, die im Sinne der vom Müttergenesungswerk verfolgten Ziele stationäre Leistungen zur medizinischen Vorsorge für Mütter und/oder Väter anbietet.

---

21 Ähnlich *Höfler* in: KassKom-SGB, SGB V, § 24 Rn. 4 f.: Mütter oder Väter im biologischen oder funktionellen Sinne mit tatsächlicher Betreuungsaufgabe.

22 Vgl. LSG Baden-Württemberg v. 05.04.2006 - L 5 KR 5113/04 – Pflege des an multipler Sklerose erkrankten Lebensgefährten erfüllt die personellen Voraussetzungen des § 24 SGB V nicht; dies bestätigend BSG v. 18.07.2006 - B 1 KR 62/06 B.

23 Vgl. Medizinischer Dienst der Spitzenverbände der Krankenkassen e.V. (MDS), Begutachtungs-Richtlinie Vorsorge und Rehabilitation, Stand Oktober 2005, S. 29.

24 Vgl. die Satzung der Elly Heuss-Knapp-Stiftung Deutsches Müttergenesungswerk.

25 Vgl. die Homepage des Müttergenesungswerks.

In **qualitativer Hinsicht** richten sich die für die Einrichtungen maßgebenden Anforderungen über den Verweis in § 24 Abs. 1 Satz 3 SGB V maßgeblich nach den §§ 111a, 111b SGB V. Demgemäß dürfen die Krankenkassen nach § 111a Abs. 1 Satz 1 SGB V u.a. stationäre medizinische Leistungen zur Vorsorge für Mütter und Väter nach § 24 SGB V nur in Einrichtungen erbringen lassen, mit denen ein **Versorgungsvertrag** besteht. Auf diesen sind gem. § 111a Abs. 1 Satz 2 SGB V die Vorschriften des § 111 Abs. 2, 4 Sätze 1 und 2 und Abs. 5 SGB V sowie des § 111b SGB V entsprechend anzuwenden. Nach der letztgenannten Vorschrift sind Rahmenempfehlungen u.a. über Vorsorgemaßnahmen abzuschließen, die nach § 111b Satz 2 SGB V u.a. Vorgaben über die **Konkretisierung der Ziele** und Inhalte von medizinischen Vorsorge- und Rehabilitationsmaßnahmen, einen **Katalog von Indikationen**, die **individuellen Voraussetzungen** für medizinische Vorsorge- und Rehabilitationsmaßnahmen unter Beachtung der Vorrangigkeit ambulanter Behandlungsmöglichkeiten sowie Maßnahmen zur **Sicherung der Qualität** der Behandlung, der Versorgungsabläufe und der Behandlungsergebnisse enthalten sollen. Weitere Anforderungen können aus den Vorgaben hergeleitet werden, die sich aus § 107 Abs. 2 SGB V für stationäre Vorsorgeeinrichtungen im Sinne von § 23 Abs. 4 SGB V ergeben. In Umsetzung dessen ergeben sich gegenwärtig die von den Krankenkassen postulierten Beurteilungskriterien aus dem mit Wirkung zum 01.08.2003 beschlossenen Anforderungsprofil der Spitzenverbände der Krankenkassen für stationäre Vorsorgeeinrichtungen nach § 111a SGB V, die Leistungen zur medizinischen Vorsorge nach § 24 SGB V erbringen, sowie in mehr abstrakter Hinsicht aus der Gemeinsamen Rahmenempfehlung für ambulante und stationäre Vorsorge- und Rehabilitationsleistungen auf der Grundlage des § 111a SGB V der Spitzenverbände der Krankenkassen sowie von Rehabilitationsträgern und -verbänden vom 12.05.1999. 22

3. Leistungsgegenstand

Der **Gegenstand** der Leistungen zur medizinischen Vorsorge für Mütter und Väter bestimmt sich – unter Berücksichtigung der Besonderheiten des Leistungsauftrags – in entsprechender Anwendung der Grundsätze, die für Leistungen der stationären Vorsorge nach § 23 Abs. 4 SGB V gelten. Maßgeblich dafür ist § 107 Abs. 2 SGB V. Auf die besondere Zwecksetzung des § 24 SGB V übertragen folgt daraus, dass die Leistungen **fachlich-medizinisch** unter ständiger ärztlicher Verantwortung und unter Mitwirkung von besonders geschultem Personal darauf eingerichtet sein sollen, den Gesundheitszustand von Müttern oder Vätern **nach einem ärztlichen Behandlungsplan** vorwiegend durch **Anwendung von Heilmitteln** einschließlich **Krankengymnastik**, **Bewegungstherapie**, **Sprachtherapie** oder **Arbeits- und Beschäftigungstherapie**, ferner durch andere geeignete Hilfen, auch durch geistige und seelische Einwirkungen, zu verbessern und ihnen beim Aufbau eigener Potentiale zur Bewältigung der besonderen **gesundheitlichen Belastungen der Elternrolle** zu helfen (§ 107 Abs. 2 Nr. 2 SGB V). Die Leistungen zielen demnach auf **interdisziplinär erbrachte, auf einem Vorsorgekonzept beruhende Komplexleistungen unter ärztlicher Leitung.**[26] 23

4. Beteiligung von Kindern

Leistungen nach § 24 SGB V können entweder **ohne** oder **zusammen mit dem Kind bzw. den Kindern** durchgeführt werden: 24

Grundleistung nach § 24 Abs. 1 Satz 1 HS. 1 SGB V sind Leistungen **ausschließlich für Mütter oder Väter**. Bei diesen Leistungen werden die Kinder **nicht** einbezogen. Erfordert die Abwesenheit der Mutter oder des Vaters zuhause eine Kinderbetreuung, kann in diesem Fall die Gewährung einer Haushaltshilfe nach § 38 SGB V in Betracht kommen. Danach besteht Anspruch auf Haushaltshilfe, wenn ihnen u.a. wegen einer Leistung nach § 24 SGB V die Weiterführung des Haushalts nicht möglich ist und im Haushalt ein Kind lebt, das bei Beginn der Haushaltshilfe das zwölfte Lebensjahr noch nicht vollendet hat oder das behindert und auf Hilfe angewiesen ist. Voraussetzung ist aber jedenfalls, dass der Haushalt **maßnahmebedingt** nicht fortgeführt werden kann.[27] 25

Weiterhin kann die Leistung nach § 24 Abs. 1 Satz 1 HS. 2 SGB V als **Mutter-Kind**- bzw. nach § 24 Abs. 1 Satz 2 SGB V **als Vater-Kind-Maßnahme** zu erbringen sein. Diese Maßnahmeformen beziehen die Kinder in die medizinische Vorsorge für Mütter und Väter mit ein. Die Vorsorgemaßnahmen umfassen danach Mütter bzw. Väter **und** ihre Kinder. Das erscheint unproblematisch, soweit die Kinder selbst von Erkrankung im Sinne von § 23 Abs. 1 SGB V bedroht sind und deshalb die Leistungs- 26

[26] Vgl. in diesem Sinne auch das Anforderungsprofil für stationäre Vorsorgeeinrichtungen nach § 111a SGB V, die Leistungen zur medizinischen Vorsorge nach § 24 SGB V, S. 10 ff.

[27] Vgl. LSG Nordrhein-Westfalen v. 04.12.2003 - L 5 KR 244/02.

voraussetzungen für eine Vorsorgemaßnahme in **eigener Person** erfüllen. Problematisch kann die Ausgestaltung des Leistungstatbestandes dagegen dann erscheinen, wenn ein Kind selbst nicht von Erkrankung bedroht ist. Dadurch entstehen der Krankenkasse zusätzliche Kosten, die ausgehend von dem **versicherten Risiko der Krankheit** rechtfertigungsbedürftig erscheinen können.[28] Ohne eigenes Erkrankungsrisiko des Kindes lässt sich dies nur mit dem Vorsorgebedarf von **Mutter bzw. Vater** rechtfertigen. Besteht bei Vater oder Mutter nach den Voraussetzungen von § 23 Abs. 1 SGB V Bedarf für eine Leistung nach § 24 SGB V und kann die Leistung **tatsächlich** oder **rechtlich zumutbar** ohne das Kind bzw. die Kinder **nicht durchgeführt** werden, kann die Leistung auch unter Gesichtspunkten des versicherten Risikos allein von Mutter bzw. Vater als Mutter-Kind- bzw. Vater-Kind-Maßnahme zu beanspruchen sein.[29] Unter diesen Voraussetzungen erscheint die zusätzliche Versorgung von Kindern als **notwendige Nebenleistung**, ohne die die Hauptleistung nicht erbracht werden könnte.

IV. Vorsorgeindikation

27 Eine Leistung zur medizinischen Vorsorge kann nur beansprucht werden, soweit sie von einer **Vorsorgeindikation** gedeckt ist. Diese setzt sich aus zwei Tatbestandsmerkmalen zusammen. Danach ist eine Leistung der medizinischen Vorsorge für Mütter und Väter indiziert, wenn erstens ein nach den Voraussetzungen des § 23 Abs. 1 SGB V **relevantes Gesundheitsrisiko** besteht und diesem Risiko zweitens **Erfolg versprechend nur mit einer Maßnahme nach § 24 SGB V entgegengewirkt werden** kann. Insoweit kann wegen des für die Vorsorgeindikation relevanten Gesundheitsrisikos auf die Kommentierung zu § 23 Abs. 1 SGB V verwiesen werden (vgl. die Kommentierung zu § 23 SGB V Rn. 29). Im Übrigen gilt Folgendes:

28 Leistungen der gesetzlichen Krankenversicherung können nur beansprucht werden, soweit sie notwendig sind (vgl. § 12 Abs. 1 Satz 1 HS. 2 SGB V). Danach kann eine Leistung nicht beansprucht werden, wenn der angestrebte Leistungserfolg mit geringerem Aufwand voraussichtlich ebenso erreicht werden kann. Diese Beschränkung beansprucht als übergeordnetes Prinzip Geltung auch für Leistungen nach § 24 SGB V. Dem wird für § 23 SGB V durch die in § 23 Abs. 4 Satz 1 SGB V ausdrücklich verankerte Vorgabe Rechnung getragen, dass Leistungen in einer Vorsorgeeinrichtung mit einem Vertrag nach § 111 SGB V nur beansprucht werden können, wenn die Leistungen nach § 23 Abs. 1 und 2 SGB V nicht ausreichen. Diese Vorgabe findet indes nach der expliziten (Neu-)Regelung gemäß § 24 Abs. 1 Satz 4 HS. 1 SGB V i.d.F. des GKV-WSG (vgl. Rn. 8) auf § 24 SGB V **keine Anwendung**. Deshalb kann fraglich erscheinen, ob eine Vorsorgeindikation für Leistungen der medizinischen Vorsorge für Mütter und Väter auch dann besteht, wenn das Vorsorgeziel mit Leistungen der ambulanten Vorsorge **ebenso erreicht** werden kann. Das ist nicht der Fall. Zwar soll die Neuregelung nach den Gesetzesmaterialien zum GKV-WSG klarstellen, dass die Gewährung einer medizinischen Vorsorgemaßnahme für Mütter und Väter **nicht davon abhängt**, ob die ambulanten Behandlungsmöglichkeiten **ausgeschöpft** sind. Andererseits ist unter ausdrücklichem Verweis auf § 12 SGB V dargelegt, dass eine Vorsorgemaßnahme für Mütter und Väter (nur) dann zu erbringen ist, wenn sie medizinisch notwendig und das mit der Maßnahme angestrebte Vorsorgeziel nicht mit anderen, ggf. wirtschaftlicheren und zweckmäßigeren Maßnahmen erreicht werden kann.[30] Nach wie vor unterliegt danach der Leistungsanspruch aus § 24 SGB V den aus § 12 SGB V sich ergebenden Beschränkungen; alles andere wäre auch systematisch inkonsistent.

29 Demgemäß können Leistungen nach § 24 SGB V weiterhin **nicht beansprucht** werden, wenn das Vorsorgeziel mit anderen, auch ambulanten Maßnahmen **ebenso erreicht werden** kann. Allerdings kann dies insbesondere bei Vorsorgeleistungen für Mütter und Väter nicht nur nach den Möglichkeiten der medizinischen Versorgung selbst zu beurteilen sein, sondern auch davon abhängen, ob die Versicherten dem sie gesundheitlich belastenden Einfluss ihrer Kinder weiter ausgesetzt sind oder ob sie jedenfalls für die Dauer der Vorsorgemaßnahme **Entlastung erfahren** sollten. Ist das Vorsorgeziel ohne diese Entlastung nicht erreichbar, reichen – wie schon nach dem bis dahin geltenden Recht –mögliche ambulante Behandlungsmöglichkeiten nicht aus, sondern besteht eine Indikation für eine stationäre Versorgung in einer Einrichtung nach § 24 SGB V.

---

[28] Zu Recht kritisch in dieser Richtung BSG v. 16.12.2003 - B 1 KR 12/02 R - juris Rn. 17, 23 - USK 2003-119.

[29] Vgl. die von den Krankenkassen aufgestellten Indikationen für solche Maßnahmen im Anforderungsprofil für stationäre Vorsorgeeinrichtungen nach § 111a SGB V, die Leistungen zur medizinischen Vorsorge nach § 24 SGB V, S. 5 f.

[30] Vgl. BT-Drs. 16/3100, S. 289.

V. Leistungsumfang und -konkretisierung

30 Liegen die Voraussetzungen einer Vorsorgeindikation tatbestandlich vor, besteht nach § 24 Abs. 1 Satz 1 SGB V i.V.m. § 24 Abs. 2 SGB V Anspruch auf Leistungen der medizinischen Vorsorge für Mütter und Väter nach näherer Maßgabe der Vorgaben des § 23 Abs. 5 SGB V. Diese weisen die **Ausgestaltung** der Vorsorgeleistung nach **Art, Dauer, Umfang, Beginn** und **Durchführung** im Einzelnen der Bestimmung der Krankenkasse nach **pflichtgemäßem Ermessen** zu. Leitlinie deren Entscheidung sind gemäß § 23 Abs. 5 Satz 1 SGB V die „medizinischen Erfordernisse des Einzelfalls". Daran muss sich die Entscheidung der Krankenkasse ausrichten und unter Berücksichtigung des finanziellen Rahmens einerseits und der medizinisch-fachlichen Erfordernisse sowie der Wünsche des Versicherten andererseits nach pflichtgemäßem Ermessen eine Leistungskonkretisierung vornehmen. Angemessene Wünsche der Versicherten sind im Rahmen der vorhandenen Möglichkeiten zu berücksichtigen.

31 Für die Bestimmung der **zeitlichen Dauer** der Vorsorgeleistung ist der Ermessensspielraum gemäß § 24 Abs. 2 SGB V i.V.m. § 23 Abs. 5 Satz 2 SGB V auf einen Umfang von **längstens drei Wochen** begrenzt, es sei denn, eine Verlängerung der Leistung ist aus medizinischen Gründen **dringend erforderlich**. Die dringende Erforderlichkeit einer Verlängerung beurteilt sich nach denselben Kriterien, die bei Verkürzung der Wartefrist nach § 23 Abs. 5 Satz 4 SGB V anzulegen sind (vgl. die Kommentierung zu § 23 SGB V Rn. 54). Nochmals andere Kriterien gelten, sobald die Spitzenverbände der Krankenkassen nach § 23 Abs. 5 Satz 3 SGB V gemeinsam und einheitlich nach Anhörung der für die Wahrnehmung der Interessen der ambulanten und stationären Vorsorgeeinrichtungen auf Bundesebene maßgeblichen Spitzenorganisationen in Leitlinien Indikationen festgelegt und diesen jeweils eine Regeldauer zugeordnet haben. Solche Festlegungen bestehen bislang jedoch nicht.

VI. Prüfung durch den Medizinischen Dienst der Krankenkassen

32 Vor der Bewilligung von Leistungen nach § 24 SGB V hat die Krankenkasse durch den Medizinischen Dienst gemäß § 275 Abs. 2 Nr. 1 SGB V die Notwendigkeit der Leistungen prüfen zu lassen. Dabei ist ein ärztlicher Behandlungsplan zu Grunde zu legen. Die Spitzenverbände der Krankenkassen können gemeinsam und einheitlich Ausnahmen zulassen, wenn Prüfungen nach Indikation und Personenkreis nicht notwendig erscheinen. Maßgeblich dafür ist eine von den Spitzenverbänden der Krankenkassen beschlossene Ausnahmeregelung vom 03.07.1996[31]. Sie sieht Ausnahmen für die hier zu beurteilenden Leistungen **nicht vor**.

33 Motiv für die Einbeziehung des Medizinischen Dienstes der Krankenkassen ist ausweislich der Gesetzesmaterialien die Vereinheitlichung der Standards bei der Leistungsbewilligung.[32] Voraussetzung dafür wäre allerdings neben der Einschaltung des für alle Krankenkassen tätigen ärztlichen Dienstes die Entwicklung von einheitlichen Beurteilungsmaßstäben, die bislang nicht erlassen worden sind.[33]

VII. Zuzahlung

34 Nach § 24 Abs. 4 SGB V haben Versicherte, die das 18. Lebensjahr vollendet haben, bei Inanspruchnahme einer Leistung nach § 24 Abs. 1 SGB V eine Zuzahlung nach Maßgabe des aus § 61 Satz 2 SGB V sich ergebenden Betrages zu zahlen. Danach beträgt die Zuzahlung 10 € je Kalendertag. Die Zuzahlung ist an die Einrichtung zu leisten und von dieser an die Krankenkasse weiterzuleiten.

---

[31] Abgedruckt in Medizinischer Dienst der Spitzenverbände der Krankenkassen e.V. (MDS), Begutachtungs-Richtlinie Vorsorge und Rehabilitation, Stand Oktober 2005, S. 87.

[32] Vgl. BT-Drs. 11/2237, S. 169 zu Absatz 5.

[33] So zutreffend die Kritik von *Gerlach* in: Hauck/Noftz, SGB V, § 23 Rn. 64.

§ 24a SGB V Empfängnisverhütung

(Fassung vom 21.12.1992, gültig ab 01.01.1993)

(1) Versicherte haben Anspruch auf ärztliche Beratung über Fragen der Empfängnisregelung. Zur ärztlichen Beratung gehören auch die erforderliche Untersuchung und die Verordnung von empfängnisregelnden Mitteln.

(2) Versicherte bis zum vollendeten 20. Lebensjahr haben Anspruch auf Versorgung mit empfängnisverhütenden Mitteln, soweit sie ärztlich verordnet werden; § 31 Abs. 2 bis 4 gilt entsprechend.

Gliederung

A. Basisinformationen

I. Textgeschichte/Gesetzgebungsmaterialien

1 § 24a SGB V wurde zusammen mit § 24b SGB V durch das **Gesetz zum Schutz des vorgeburtlichen/werdenden Lebens, zur Förderung einer kinderfreundlicheren Gesellschaft, für Hilfen im Schwangerschaftskonflikt und zur Regelung des Schwangerschaftsabbruchs (Schwangeren- und Familienhilfegesetz (SFHG))** vom 27.07.1992[1] eingeführt. Durch dessen Art. 2 wurde die Vorschrift mit Wirkung vom 05.08.1992 in das am 01.01.1989 als Art. 1 des Gesundheitsreformgesetzes (GRG) in Kraft getretene SGB V[2] eingefügt (vgl. zur Entstehungsgeschichte des SFHG näher die Kommentierung zu § 24b SGB V Rn. 2); Änderungen gegenüber dem eingebrachten Gesetzentwurf[3] ergaben sich zu diesem Zeitpunkt nicht.

2 Seit In-Kraft-Treten wurde die Vorschrift bislang nur durch das **Gesetz zur Sicherung und Strukturverbesserung der gesetzlichen Krankenversicherung** (Gesundheitsstrukturgesetz) vom 21.12.1992[4] geändert. Durch dessen Art. 1 Nr. 13 wurde mit Wirkung zum **01.01.1993** Absatz 2 um den Halbsatz 2 mit den Worten ergänzt: „§ 31 Abs. 2 bis 4 gilt entsprechend." Mit dieser Bezugnahme auf die Regelungen zur Arzneimittelzuzahlung sollte nach den Materialien verdeutlicht werden, dass empfängnisverhütende Mittel nur dann von der Krankenkasse übernommen werden, wenn sie mit Arzneimitteln vergleichbar sind. Damit sollte der gesetzgeberische Wille klargestellt werden, dass Kondome nicht zu Lasten der gesetzlichen Krankenversicherung verordnet werden können.[5]

3 Die maßgeblichen **Gesetzesmaterialien** zu § 24a SGB V finden sich in der BT-Drs. 12/2605 sowie BT-Drs. 12/2875 und BT-Drs. 11/2237 sowie bezüglich der Änderungen durch das GSG in BT-Drs. 12/3608.

II. Vorgängervorschriften

4 Vorgängervorschrift des Absatzes 1 von § 24a SGB V war § 202e RVO. Diese Regelung war mit Wirkung zum **01.12.1975** durch das Gesetz über ergänzende Maßnahmen zum Fünften Strafrechtsreform-

[1] BGBl I 1992, 1398.
[2] Eingeführt durch Art. 1 des Gesundheitsreformgesetzes vom 20.12.1988, BGBl I 1988, 2477.
[3] BT-Drs. 12/2605, S. 9 und S. 20; zum weiteren Gang der Beratungen vgl. BT-Drs. 12/2875.
[4] BGBl I 1992, 2266.
[5] Vgl. BT-Drs. 12/3608, S. 5 und S. 78.

gesetz (Strafrechtsreform-Ergänzungsgesetz – StREG) vom 28.08.1975[6] als **flankierende Maßnahme zur Neuregelung des Schwangerschaftsabbruchs** im Unterabschnitt III a „Sonstige Hilfen" im Zweiten Buch der RVO verankert worden.[7]

III. Untergesetzliche Rechtsnormen

Für die Umsetzung des Leistungsauftrags des § 24a SGB V ist vor allem folgende Richtlinie von Bedeutung: Richtlinien des Bundesausschusses der Ärzte und Krankenkassen zur Empfängnisregelung und zum Schwangerschaftsabbruch* (vormals: Sonstige Hilfen-Richtlinien) in der Fassung vom 10.12.1985, zuletzt geändert am 01.12.2003.[8] 5

IV. Systematische Zusammenhänge

Die Vorschrift erweitert das Leistungsspektrum der Gesetzlichen Krankenversicherung über den Rahmen des Versicherungsprinzips hinaus. Die Krankenversicherung deckt ihrer Anlage nach grundsätzlich nur **Krankheitsrisiken** ab. Darunter fallen Empfängnis und Schwangerschaft nicht; sie sind keine Krankheit. Ein Krankheitsrisiko kann sich insoweit nur realisieren, wenn eine Schwangerschaft **ungewollt nicht eintritt** oder wenn sie **bei der Schwangeren** schwerwiegende Gesundheitsgefahren auslöst.[9] Dann besteht Versicherungsschutz im Rahmen des Anspruchs auf **Krankenbehandlung**; Rechtsgrundlage sind die Spezialbestimmungen des § 27 Abs. 1 Satz 4 SGB V und des § 27a SGB V oder die Generalklausel des § 27 Abs. 1 Satz 1 SGB V. Sollen ärztliche Leistungen zur Empfängnisregelung mit Blick auf die staatliche Schutzpflicht zugunsten des ungeborenen Lebens[10] auch außerhalb des engeren Rahmens von Krankenbehandlung im Aufgabenkatalog der gesetzlichen Krankenversicherung verankert werden, ist deshalb eine eigenständige gesetzliche Rechtsgrundlage erforderlich. 6

Die systematische Einordnung von § 24a SGB V unter den „Leistungen zur Förderung der Gesundheit und zur Verhütung von Krankheiten" im Dritten Abschnitt des Dritten Kapitels des SGB V **erscheint allerdings wenig geglückt.**[11] Die nach der Vorschrift zu gewährenden Leistungen zielen auf **Familienplanung** und allenfalls am Rande auf Krankheitsverhütung[12]; selbst die medizinisch indizierte Empfängnisverhütung ist nicht Bestandteil von § 24a SGB V, sondern von § 27 SGB V, wie sich aus der Altersgrenze des § 24a Abs. 2 Satz 1 SGB V ergibt. Deshalb erschiene es angemessener, die Vorschrift in einem eigenen Abschnitt zu verankern und durch dessen Überschrift den Charakter als ergänzende sozialrechtliche Hilfe ausdrücklich offen zu legen.[13] 7

V. Ausgewählte Literaturhinweise

Walter, Babylon im SGB?, SF 2003, 253; *Foltys-Harth*, Leistungen zur Empfängnisregelung und zum Schwangerschaftsabbruch, SFAng 1996, 95. 8

B. Auslegung der Norm

I. Regelungsgehalt und Normzweck

Die Vorschrift gewährt Anspruch auf ärztliche Untersuchung, Beratung und Verordnung von verordnungspflichtigen Arzneimitteln zur Familienplanung. Für Versicherte bis zum 20. Lebensjahr besteht 9

[6] BGBl I 1975, 2289.

[7] Vgl. §§ 200f und 200g RVO.

[8] BAnz Nr. 60a vom 27.03.1986, zuletzt geändert am 01.12.2003, BAnz Nr. 53, 5026.

[9] Vgl. nur aus der Rspr. BSG v. 13.02.1975 - 3 RK 64/73 - BSGE 39, 167.

[10] Vgl. die Urteile des BVerfG zur Neuregelung des Schwangerschaftsabbruchs: BVerfG v. 25.02.1975 - 1 BvF 1/74, 1 BvF 2/74, 1 BvF 3/74, 1 BvF 4/74, 1 BvF 5/74, 1 BvF 6/74 - BVerfGE 39, 1 sowie BVerfG v. 28.05.1993 - 2 BvF 2/90, 2 BvF 4/92, 2 BvF 5/92 - BVerfGE 88, 203.

[11] Ebenso *Heinze*, Die neue Krankenversicherung, § 24a S. 1.

[12] Ein präventives Element hat es etwa, wenn bei einem Kinderwunsch im Rahmen der Untersuchungen nach § 24a Abs. 1 SGB V der Immunstatus in Bezug auf Röteln erhoben wird, vgl. Rn. 19.

[13] So auch *Mrozynski* in: Wannagat, SGB V, § 24a Rn. 4; *Knispel* in: Peters, Handbuch KV (SGB V), § 24a Rn. 5; *Höfler* in: KassKomm, SGB V, § 24a Rn. 3 unter Verweis auf den im Regierungsentwurf zum GRG für den Regelungsbereich noch vorgesehenen eigenen Abschnitt zu „Leistungen zur Empfängnisregelung und bei Abbruch der Schwangerschaft", vgl. BT-Drs. 11/2237, S. 26.

zusätzlich Anspruch auf Versorgung mit empfängnisregelnden Arzneimitteln, die als verschreibungspflichtig ärztlich verordnet werden müssen.

10 Regelungszweck ist eine sozialrechtliche Ergänzung zu den Vorschriften über die Strafbarkeit des Schwangerschaftsabbruchs in den §§ 218 ff. StGB. Die Regelung dient dem Ziel, die Inanspruchnahme ärztlicher Leistungen zur Familienplanung zu unterstützen und damit auf eine verantwortungsbewusste Familienplanung hinzuwirken, unerwünschte Schwangerschaften vermeiden zu helfen und dadurch Schwangerschaftsabbrüchen vorzubeugen.

II. Geltungsbereich der Vorschrift

11 Anspruchsgegenstand sind dem Wortlaut nach ärztliche Leistungen im Zusammenhang mit „**Fragen der Empfängnisregelung**". Das sind alle Fragen, die auf die Empfängnis und deren Beeinflussung gerichtet sind. Das schließt grundsätzlich alle medizinischen Aspekte sowohl der **Verhütung** wie der **Förderung** der Empfängnis ein. Dem Wortlaut nach bezieht das auch die Anlässe ein, die **Krankheitswert** haben, weil eine Schwangerschaft entweder ungewollt **nicht eintritt** oder weil sie bei **der Schwangeren schwerwiegende Gesundheitsgefahren** auslöst.[14] Insoweit ist indes eine **einschränkende Auslegung** geboten. Im systematischen Gefüge des Leistungsrechts des SGB V kann die Behandlung **pathologischer Gesundheitszustände** nur auf das Leistungsrecht der **Krankenbehandlung mit den hier maßgeblichen §§ 27 und 27a SGB V** gestützt werden. Insoweit **verdrängt** das Leistungsrecht der Krankenbehandlung die Geltung des § 24a SGB V, sobald es Anwendung findet. Das ist ab dem Zeitpunkt der Fall, ab dem der pathologische Gesundheitszustand entweder **offenkundig** ist oder der **Verdacht auf eine krankhafte Gesundheitsbeeinträchtigung** so ausgeprägt ist, dass Maßnahmen im Rahmen der Krankenbehandlung angezeigt sind[15]. Deshalb gilt § 24a SGB V nur für Leistungsfälle **ohne von vorneherein erkennbaren Krankheitsbezug**.

12 Die verdrängende Wirkung des Rechts der Krankenbehandlung hat Auswirkungen in zwei Richtungen. Einerseits **begrenzt** sie den Leistungsanspruch nach § 24a SGB V, soweit er den Anwendungsbereich der Krankenbehandlung berührt und insoweit **Leistungsausschlüsse** bestehen. Das betrifft vor allem die Regelungen des § 27 Abs. 1 Satz 4 SGB V und des § 27a SGB V. Danach können Leistungen zur Herstellung der Zeugungs- und Empfängnisfähigkeit und zur Herbeiführung einer Schwangerschaft nur unter eingeschränkten Voraussetzungen beansprucht werden. Betrifft das Beratungsbegehren solche Fallgestaltungen, sind diese Grenzen deshalb auch im Rahmen von § 24a SGB V zu beachten. Daher sind Beratungen zur Herbeiführung der Zeugungsfähigkeit auf dieser Grundlage ausgeschlossen, wenn sie wegen einer nicht durch Krankheit erforderlichen Sterilisation verloren gegangen war[16] oder wenn Maßnahmen zur Herbeiführung einer Schwangerschaft von Personen erwogen werden, die nicht miteinander verheiratet sind[17].

13 Umgekehrt gelten Leistungsgrenzen nach § 24a SGB V andererseits dann nicht, soweit im Rahmen der Krankenbehandlung **weitergehende Leistungsansprüche** bestehen. Drohen bei Schwangerschaft **schwerwiegende Gesundheitsgefahren**[18], kann die Versicherte deshalb auch **jenseits der Altersgrenze** des § 24a Abs. 2 HS. 1 SGB V die Versorgung mit empfängnisverhütenden Mitteln beanspruchen (vgl. Rn. 26).

III. Anspruchsberechtigter Personenkreis

14 Personell anspruchsberechtigt für Leistungen nach § 24a SGB V sind grundsätzlich alle Frauen und Männer, die **bei Inanspruchnahme der Leistung** Versicherungsschutz als Versicherte oder auf Grund des nachgehenden Anspruchs nach den Absätzen 2 oder 3 des § 19 SGB V haben. Der Anspruch **entsteht**, sobald der Leistungsanspruch mit dem Wunsch nach Beratung bei einem an der vertragsärztlichen Versorgung teilnehmenden Arzt geltend gemacht wird. Das **Motiv** des Beratungswunschs ist dafür grundsätzlich **rechtlich unbeachtlich**. Es ist aber ausnahmsweise **beachtlich**, wenn das Beratungs-

[14] Vgl. nur aus der Rspr. BSG v. 13.02.1975 - 3 RK 64/73 - BSGE 39, 167.

[15] Vgl. zum Krankheitsbezug von Fragen der Empfängnisregelung BSG v. 13.02.1975 - 3 RK 68/73 - BSGE 39, 167: Anspruch auf Maßnahmen zur Verhütung einer Schwangerschaft als Leistung der Krankenhilfe bei Gefahr einer schwerwiegenden Schädigung des körperlichen oder des geistig-seelischen Gesundheitszustandes der Versicherten.

[16] Vgl. § 27 Abs. 1 Satz 4 SGB V.

[17] Vgl. § 27a Abs. 1 Nr. 3 SGB V.

[18] Vgl. nur aus der Rspr. BSG v. 13.02.1975 - 3 RK 64/73 - BSGE 39, 167.

begehren **offenkundig grundlos** ist. Dann darf die Leistung als nicht notwendig im Sinne von § 12 Abs. 1 Satz 2 SGB V nicht gewährt werden. Das ist insbesondere dann der Fall, wenn das Beratungsziel nach dem Alter oder sonst der biologischen Entwicklung sinnlos erscheint.[19]

IV. Beratung (Absatz 1 Satz 1)

Als ärztliche Beratung über Fragen der Empfängnisregelung nach § 24a Abs. 1 Satz 1 SGB V können Auskunft und Rat zu allen medizinisch relevanten Gesichtspunkten sowohl der Empfängnisverhütung als auch der Ermöglichung der Schwangerschaft beansprucht werden. Beratungsgegenstand sind alle mechanischen, chemischen und hormonellen Möglichkeiten der Empfängnisregelung einschließlich der Sterilisation[20]. Auf die potenzielle Verordnungsfähigkeit als Leistung der gesetzlichen Krankenversicherung kommt es nicht an.[21] Dabei sind die maßgebenden Gesichtspunkte bei der Auswahl der in Betracht kommenden Methoden mit ihren Vor- und Nachteilen sachlich zu erläutern und im Hinblick auf die konkrete Lebenssituation der Versicherten Rat gebend zu bewerten. 15

Der **Umfang des Beratungsanspruchs** richtet sich nach den **Umständen des Einzelfalles.** Die Beratung hat so stattzufinden, dass die Ratsuchenden zu einer verantwortlichen Entscheidung befähigt werden. Grenzen ergeben sich aus § 12 Abs. 1 SGB V[22] und aus dem Umstand, dass der Beratungsanspruch gem. § 73 Abs. 2 Nr. 11 SGB V als Gegenstand der vertragsärztlichen Versorgung ausgestaltet ist und deshalb medizinische Fragen der Empfängnisregelung im Vordergrund stehen[23]. 16

Vor diesem Hintergrund ist auch die im Streit stehende Frage zu klären, ob die **allgemeine Sexualaufklärung** Gegenstand des Beratungsanspruchs nach § 24a Abs. 1 Satz 1 SGB V ist. [24] Maßstab dafür muss zunächst der konkrete Beratungsbedarf im Einzelfall sein. Er kann für ein weites Verständnis sprechen, soweit eine Beratung über Empfängnisverhütung den Umständen nach ohne gleichzeitige Sexualaufklärung ohne Erfolg bleiben müsste.[25] Davon dürfte indes nach Maßgabe von § 12 Abs. 1 SGB V abgesehen werden können, soweit zumutbar und nach den örtlichen Gegebenheiten auch Erfolg versprechend auf andere Beratungsangebote verwiesen werden kann. Als Rechtsgrundlage für diese Beratung können insbesondere Beratungsangebote auf Grundlage von § 2 des Gesetzes zur Vermeidung und Bewältigung von Schwangerschaftskonflikten (Schwangerschaftskonfliktgesetz – SchKG) i.d.F. des Schwangeren- und Familienhilfeänderungsgesetz (SFHÄndG) vom 21.08.1995[26]in Betracht kommen. 17

V. Untersuchung (Absatz 1 Satz 2)

Als nach § 24a Abs. 1 Satz 2 SGB V zur ärztlichen Beratung gehörende erforderliche Untersuchung können die Untersuchungen beansprucht werden, die als Grundlage der Beratung nach Absatz 1 Satz 1 der Vorschrift notwendig sind. Dazu rechnen im Zusammenhang **mit der Empfängnisverhütung** zunächst alle Untersuchungen, die zur Einschätzung der Verträglichkeit oder Unverträglichkeit eines empfängnisverhütenden Mittels bzw. einer empfängnisverhütenden Methode medizinisch geboten sind. Im weiteren Verlauf fallen darunter auch Kontrolluntersuchungen. 18

Bei Beratungen aus Anlass **eines Kinderwunsches** erstreckt sich der Untersuchungsanspruch auf alle Fragen, die bei der Entscheidung für eine Schwangerschaft in medizinischer Hinsicht von Bedeutung sein können. Die Anspruchsberechtigung erstreckt sich in diesem Zusammenhang auf alle Untersuchungen, die notwendig sind, um die im konkreten Fall möglichen gesundheitlichen Risiken ausscheiden zu können. Das umfasst jedenfalls eine gynäkologische Untersuchung und die Klärung des Immun- 19

---

[19] H.M., vgl. *Zipperer* in: Maaßen, SGB V, § 24a Rn. 9; *Knispel* in: Peters, Handbuch KV (SGB V), § 24a Rn. 7; *Sommer* in: Jahn/Klose, SGB V, § 24a Rn. 10.

[20] So zur Sterilisation als Gegenstand des Beratungsanspruchs nach § 24a SGB V auch *Höfler* in: KassKomm, SGB V, § 24a Rn. 6; *Zipperer* in: Maaßen, SGB V, § 24a Rn. 13; *Krauskopf* in: Krauskopf, Soziale Krankenversicherung, Pflegeversicherung, § 24a Rn. 7.

[21] *Mrozynski* in: Wannagat, SGB V, § 24a Rn. 7.

[22] So zutreffend *Höfler* in: KassKomm, SGB V, § 24a Rn. 7.

[23] Vgl. *Mrozynski* in: Wannagat, SGB V, § 24a Rn. 6.

[24] Dagegen allgemeine Sexualaufklärung nicht eingeschlossen *Krauskopf* in: Krauskopf, Soziale Krankenversicherung, Pflegeversicherung, § 24a Rn. 7; *Zipperer* in: Maaßen, SGB V, § 24a Rn. 14. Dafür: *Dalichau/Grüner*, SGB V, § 24a, S. 4.

[25] In diese Richtung auch *Knispel* in: Peters, Handbuch KV (SGB V), § 24a Rn. 10.

[26] BGBl I 1995, 1050.

status in Bezug auf Röteln sowie bei konkreten individuellen Anhaltspunkten für ein genetisches Risiko die erforderlichen humangenetischen Untersuchungen. Das kommt insbesondere in Betracht, wenn entweder in der Familie – in der Generation der Eltern oder deren Verwandtschaft oder bei einem bereits geborenen Kind – Erbleiden oder erhebliche Missbildungen vorgekommen sind oder wenn nach dem Alter der Eltern typischerweise ein erhöhtes Risiko genetischer Defekte besteht.[27] Unter solchen Voraussetzungen soll der Arzt die Vorstellung bei einem Humangenetiker empfehlen.[28]

20 Ergibt eine ärztliche Untersuchung nach § 24a Abs. 1 Satz 2 SGB V Anhaltspunkte dafür, dass weitergehende diagnostische Maßnahmen erforderlich sind oder dass therapeutische Maßnahmen ergriffen werden müssen, so beurteilt sich das nach Maßgabe der Vorschriften über die Krankenbehandlung nach § 27 SGB V oder gegebenenfalls nach § 27a SGB V. Das gilt insbesondere für den Verdacht auf Zeugungsunfähigkeit oder Unfruchtbarkeit (vgl. hierzu Rn. 11 ff.).

VI. Verordnung empfängnisregelnder Mittel (Absatz 1 Satz 2)

21 Teil des Anspruchs auf ärztliche Beratung ist nach § 24a Abs. 1 Satz 2 HS. 2 SGB V die **Verordnung** von empfängnisregelnden Mitteln; die **Versorgung** richtet sich nach § 24a Abs. 2 SGB V.

22 Insoweit dienen der **Regelung der Empfängnis** dem Wortsinne nach jedenfalls alle Mittel, die auf die Empfängnis (**Konzeption**), also die **Befruchtung** der weiblichen Eizelle durch die männliche Samenzelle im Körper der Frau einwirken. Handlungen, die der **Einnistung** der befruchteten Eizelle in der Gebärmutter (**Nidation**) entgegenwirken, sind im Wortlaut („Regelung der Empfängnis") dagegen nicht angelegt. Indessen gelten nach dem StGB „Handlungen, deren Wirkung vor Abschluss der Einnistung des befruchteten Eies in der Gebärmutter eintritt, nicht als Schwangerschaftsabbruch im Sinne dieses Gesetzes".[29] Das spricht dafür, die Einwirkung auf die Nidation dem Merkmal „Regelung der Empfängnis" **gleichzustellen.**[30] Danach kann auch die Verordnung von Mitteln mit nidationshemmender Wirkung (etwa „Pille danach") als Leistung der gesetzlichen Krankenversicherung beansprucht werden. Unbenommen davon bleibt freilich das Recht eines Arztes, die Verschreibung der „Pille danach" aus Gewissensgründen zu verweigern.[31]

23 Für ein diesem Sinne der Regelung der Empfängnis dienendes Mittel kann die Verordnung beansprucht werden, wenn dies **aus Rechtsgründen erforderlich** ist. Das ist der Fall, wenn das Mittel arzneimittelrechtlich der **Verschreibungspflicht unterliegt**[32] und deshalb ohne ärztliche Verordnung **nicht abgegeben werden darf**. Darf das Mittel ohne ärztliche Verordnung in der Apotheke abgegeben werden oder ist es frei im Handel erhältlich, besteht gemäß § 12 Abs. 1 SGB V kein Anspruch nach § 24a Abs. 1 Satz 2 HS. 2 SGB V. Der Anspruch auf Verordnung eines empfängnisregelnden Mittels erstreckt sich deshalb insbesondere auf hormonelle Kontrazeptiva und Interzeptiva („Pille danach") oder Intrauterinpessare, nicht aber auf Kondome, intravaginal wirkende Schaumzäpfchen, Gels, Cremes oder andere frei erhältliche Mittel.

24 **Nicht verordnungsfähig** nach § 24a Abs. 1 Satz 2 HS. 2 SGB V sind verordnungsbedürftige und der Empfängnisregelung dienende Mittel, die zur Behandlung eines gesundheitlichen Zustands eingesetzt werden, der im Rechtssinne **Krankheitswert** hat. Diese Mittel unterliegen ausschließlich dem Regime der Vorschriften zur Krankenbehandlung (vgl. dazu Rn. 11 ff.). Dazu rechnen alle die **Empfängnis fördernden Mittel**, die **die Zeugungs- oder Empfängnisfähigkeit** herstellen sollen.[33] Deren Verordnung kann nur nach Maßgabe der insoweit spezielleren und deshalb vorgehenden Rechtsgrundlage des § 27 Abs. 1 Satz 4 SGB V beansprucht werden.

---

27 So auch *Sommer* in: Jahn/Klose, SGB V, § 24a Rn. 6.

28 So auch die Richtlinie des Gemeinsamen Bundesausschusses zur Empfängnisregelung und zum Schwangerschaftsabbruch Abschnitt B Ziffer 4.

29 Vgl. § 218 Abs. 1 Satz 2 StGB. Offen gelassen von BVerfG v. 28.05.1993 - 2 BvF 2/90, 2 BvF 4/92, 2 BvF 5/92 - BVerfGE 88, 203.

30 So auch *Zipperer* in: Maaßen, SGB V, § 24a Rn. 24; *Knispel* in: Peters, Handbuch KV (SGB V), § 24a Rn. 8; *Höfler* in: KassKomm, SGB V, § 24a Rn. 6; *Sommer* in: Jahn/Klose, SGB V, § 24a Rn. 9; *Dalichau/Grüner*, SGB V, § 24a, S. 5.

31 Vgl. LG Frankfurt v. 08.11.2001 - 2/14 O 16/01, 2-14 O 16/01 - ArztuR 2002, 74 (Kurzwiedergabe).

32 Vgl. § 48 AMG und die auf seiner Grundlage ergangene VO.

33 So auch *Wagner* in: Krauskopf, Soziale Krankenversicherung, Pflegeversicherung, § 24a Rn. 10; *Knispel* in: Peters, SGB V, § 24a Rn. 12; *Höfler* in: KassKomm, SGB V, § 24a Rn. 7 mit Rn. 4.

VII. Versorgung mit empfängnisverhütenden Mitteln (Absatz 2)

Die Versorgung mit empfängnisverhütenden Mitteln[34] zur Familienplanung können Versicherte nach § 24a Abs. 2 SGB V beanspruchen, soweit sie jünger als 20 Jahre alt sind und das Mittel ärztlich verordnet wird. 25

Leistungsgegenstand des Anspruchs nach § 24a Abs. 2 SGB V sind empfängnisverhütende Mittel zur Familienplanung, soweit für sie **keine medizinische Indikation** besteht. In solchen Fällen beurteilt sich der Leistungsanspruch nach § 27 SGB V (vgl. dazu Rn. 11 ff.). Insoweit ist ein empfängnisverhütendes Mittel **medizinisch indiziert**, wenn die Frau durch eine Schwangerschaft **schwerwiegenden Gesundheitsgefahren** ausgesetzt wäre, sei es aufgrund ihrer generellen gesundheitlichen Konstitution[35] oder sei es infolge einer anderweitig notwendigen Krankenbehandlung[36]. 26

Liegt eine medizinische Indikation **nicht vor**, kann die Versorgung mit empfängnisverhütenden Mitteln nach § 24a Abs. 2 HS. 1 SGB V nur bis zum vollendeten 20. Lebensjahr beansprucht werden. Nach der Berechnungsvorschrift des § 26 Abs. 1 SGB X i.V.m. der des § 187 Abs. 2 Satz 2 BGB endet die Anspruchsberechtigung danach mit dem Tag vor dem 20. Geburtstag. Die Beendigung der Anspruchsberechtigung steht indes einem kurz vor Ablauf des Berechtigungszeitraums geltend gemachten Anspruch auf Versorgung auch dann nicht entgegen, wenn sie über diesen Zeitraum hinausreicht. Wegen der Unteilbarkeit der Sachleistung muss die Krankenkasse den Versorgungsanspruch auch dann erfüllen, wenn die dadurch erlangte Versorgung über den 20. Geburtstag hinausreicht. Für den **Umfang** der in dieser Situation noch zu beanspruchenden Versorgung dürfte indes nicht nur auf den Tag der Verordnung des Verhütungsmittels abzustellen sein[37]. Nach § 12 Abs. 1 SGB V dürfte es maßgebend darauf ankommen, mit welcher **handelsüblichen Abgabeeinheit** der Versorgungsanspruch nach § 24a Abs. 2 HS. 1 SGB V bis zur Vollendung des 20. Lebensjahrs sichergestellt werden kann. Das kann zur Folge haben, dass die Dauer der nachwirkenden Versorgung bei einem hormonellen Kontrazeptivum („Pille") kürzer ist als etwa bei der Versorgung mit einem Intrauterinpessar. 27

Die Versorgung mit empfängnisverhütenden Mitteln kann nach § 24a Abs. 2 HS. 1 SGB V nur beansprucht werden, „soweit sie ärztlich verordnet werden". Gegenstand des Versorgungsanspruchs können deshalb nur solche Verhütungsmittel sein, die als **verschreibungspflichtig** ärztlich verordnet **werden müssen**. Dass sie **tatsächlich verschrieben worden sind**, reicht dagegen nicht aus. Zwar ließe sich der Wortlaut bei einem allgemeinen Begriffsverständnis auch anders verstehen. Von einem solchen Verständnis kann hier aber nicht ausgegangen werden. Maßgebend ist der **medizin-rechtliche** Kontext des Begriffs. Danach soll die ärztliche Verordnung die Gewähr unter anderem dafür bieten, dass die Behandlung unter ärztlicher Verantwortung steht, dass einer eventuellen arzneimittelrechtlichen Verschreibungspflicht genügt ist und dass dem Patienten das richtige Mittel ausgehändigt wird. Anspruchsgegenstand des Versorgungsanspruchs nach § 24a SGB V können deshalb nur Verhütungsmittel sein, die **verordnungsbedürftig und verordnungsfähig** sind[38]. 28

Faktisch beschränkt sich der Anspruch nach § 24a Abs. 2 HS. 1 SGB V nach dem gegenwärtigen pharmazeutischen Angebot danach auf die Versorgung **weiblicher (junger) Versicherter** mit hormonellen Kontrazeptiva und Interzeptiva („Pille danach") oder Intrauterinpessaren. Andere Verhütungsmittel für Frauen – etwa intravaginal wirkende Schaumzäpfchen, Gels, Cremes oder andere frei erhältliche Mittel – oder Kondome für Männer[39] fallen hingegen nicht in die Leistungspflicht der Krankenkasse. Diese Beschränkung erscheint systematisch bedenklich, auch unter dem Gesichtspunkt der medizinischen Verträglichkeit verordnungsbedürftiger Verhütungsmittel[40]. Auch wenn die Grenze des Art. 3 Abs. 1 GG dadurch nicht verletzt sein dürfte, sollte die gesetzliche Konstruktion deshalb im Hinblick darauf überdacht werden. 29

---

[34] Zur Verordnung empfängnisfördernder Mittel vgl. § 27 Abs. 4 Satz 4 SGB V.

[35] So bei BSG v. 13.02.1975 - 3 RK 64/73 - BSGE 39, 167.

[36] So die Konstellation bei BSG v. 24.01.1990 - 3 RK 18/88 - BSGE 66, 163.

[37] So könnte *Zipperer* in: Maaßen, SGB V, § 24a Rn. 19 zu verstehen sein.

[38] So auch *Knispel* in: Peters, Handbuch KV (SGB V), § 24a Rn. 13; *Zipperer* in: Maaßen, SGB V, § 24a Rn. 20 f.; *Höfler* in: KassKomm, SGB V, § 24a Rn. 9; *Mrozynski* in: Wannagat, SGB V, § 24a Rn. 11.

[39] Dazu LSG Berlin v. 17.04.1996 - L 9 Kr 77/94 - Breith. 1997, 4.

[40] Deshalb mit Recht zweifelnd *Krauskopf* in: Krauskopf, Soziale Krankenversicherung, Pflegeversicherung, § 24a Rn. 11.

30 Kann eine Versicherte einen Anspruch nach § 24a Abs. 2 HS. 1 SGB V geltend machen, finden gemäß § 24a Abs. 2 HS. 2 SGB V die Vorschriften des § 31 Abs. 2-4 SGB V entsprechende Anwendung. Demgemäß haben Versicherte entsprechend § 31 Abs. 3 SGB V eine **Zuzahlung** zu leisten. Nach dieser Vorschrift haben Versicherte nach Vollendung des 18. Lebensjahres an die abgebende Stelle zu jedem zu Lasten der gesetzlichen Krankenversicherung verordneten Arznei- und Verbandmittel eine Zuzahlung zu leisten, deren Höhe sich nach § 61 Satz 1 SGB V bemisst. Im Sinne dessen werden hier keine Arzneimittel abgegeben, weil Arzneimittel nach § 31 SGB V zur Krankheitsbekämpfung oder -verhütung bestimmt sein müssen;[41] das ist hier gerade ausgeschlossen (vgl. Rn. 26). Das spricht einerseits dafür, der Zuzahlung **alle** zu Lasten der Krankenversicherung abgegebenen Verhütungsmittel zu unterwerfen, gleichviel ob sie von einer Apotheke abgegeben oder durch die verordnenden Ärzte (Intrauterinpessar) angepasst werden.[42] Systematisch folgerichtig ist es dann andererseits auch, die **Belastungsgrenze** des § 62 SGB V entsprechend anzuwenden.[43]

31 Die in dem Verweis des § 24a Abs. 2 HS. 2 SGB V enthaltene Bezugnahme auf die **Festbetragsbegrenzung** nach § 31 Abs. 2 SGB V greift nach der Rechtsprechung des BSG trotz der der Regelung offenkundig zu Grunde liegenden Konzeption **nicht**. Ihr zufolge umfasst die Ermächtigung zur Festsetzung von Festbeträgen für Arzneimittel nach § 35 SGB V nicht die Gruppe der oral einzunehmenden empfängnisverhütenden Mittel.[44]

---

[41] BSG v. 31.08.2000 - B 3 KR 11/98 R - BSGE 87, 95.

[42] So zutreffend *Zipperer* in: Maaßen, SGB V, § 24a Rn. 27.

[43] Vgl. *Zipperer* in: Maaßen, SGB V, § 24a Rn. 28.

[44] BSG v. 31.08.2000 - B 3 KR 11/98 R - BSGE 87, 95.

§ 24b SGB V Schwangerschaftsabbruch und Sterilisation

(Fassung vom 14.11.2003, gültig ab 01.01.2004)

(1) Versicherte haben Anspruch auf Leistungen bei einer durch Krankheit erforderlichen Sterilisation und bei einem nicht rechtswidrigen Abbruch der Schwangerschaft durch einen Arzt. Der Anspruch auf Leistungen bei einem nicht rechtswidrigen Schwangerschaftsabbruch besteht nur, wenn dieser in einer Einrichtung im Sinne des § 13 Abs. 1 des Schwangerschaftskonfliktgesetzes vorgenommen wird.

(2) Es werden ärztliche Beratung über die Erhaltung und den Abbruch der Schwangerschaft, ärztliche Untersuchung und Begutachtung zur Feststellung der Voraussetzungen für eine durch Krankheit erforderliche Sterilisation oder für einen nicht rechtswidrigen Schwangerschaftsabbruch, ärztliche Behandlung, Versorgung mit Arznei-, Verbands- und Heilmitteln sowie Krankenhauspflege gewährt. Anspruch auf Krankengeld besteht, wenn Versicherte wegen einer durch Krankheit erforderlichen Sterilisation oder wegen eines nicht rechtswidrigen Abbruchs der Schwangerschaft durch einen Arzt arbeitsunfähig werden, es sei denn, es besteht ein Anspruch nach § 44 Abs. 1.

(3) Im Fall eines unter den Voraussetzungen des § 218a Abs. 1 des Strafgesetzbuches vorgenommenen Abbruchs der Schwangerschaft haben Versicherte Anspruch auf die ärztliche Beratung über die Erhaltung und den Abbruch der Schwangerschaft, die ärztliche Behandlung mit Ausnahme der Vornahme des Abbruchs und der Nachbehandlung bei komplikationslosem Verlauf, die Versorgung mit Arznei-, Verband- und Heilmitteln sowie auf Krankenhausbehandlung, falls und soweit die Maßnahmen dazu dienen,

1. **die Gesundheit des Ungeborenen zu schützen, falls es nicht zum Abbruch kommt,**
2. **die Gesundheit der Kinder aus weiteren Schwangerschaften zu schützen oder**
3. **die Gesundheit der Mutter zu schützen, insbesondere zu erwartenden Komplikationen aus dem Abbruch der Schwangerschaft vorzubeugen oder eingetretene Komplikationen zu beseitigen.**

(4) Die nach Absatz 3 vom Anspruch auf Leistungen ausgenommene ärztliche Vornahme des Abbruchs umfaßt

1. **die Anästhesie,**
2. **den operativen Eingriff oder die Gabe einer den Schwangerschaftsabbruch herbeiführenden Medikation,**
3. **die vaginale Behandlung einschließlich der Einbringung von Arzneimitteln in die Gebärmutter,**
4. **die Injektion von Medikamenten,**
5. **die Gabe eines wehenauslösenden Medikamentes,**
6. **die Assistenz durch einen anderen Arzt,**
7. **die körperlichen Untersuchungen im Rahmen der unmittelbaren Operationsvorbereitung und der Überwachung im direkten Anschluß an die Operation.**

Mit diesen ärztlichen Leistungen im Zusammenhang stehende Sachkosten, insbesondere für Narkosemittel, Verbandmittel, Abdecktücher, Desinfektionsmittel fallen ebenfalls nicht in die Leistungspflicht der Krankenkassen. Bei vollstationärer Vornahme des Abbruchs übernimmt die Krankenkasse nicht den allgemeinen Pflegesatz für den Tag, an dem der Abbruch vorgenommen wird.

§ 24b: Nach Maßgabe der Urteilsgründe mit dem GG vereinbar gem. BVerfGE v. 28.5.1993 I 820 - 2 BvF 2/90 u. a. -

Gliederung

A. Basisinformationen

I. Textgeschichte/Gesetzgebungsmaterialien

1 Die Regelung der Leistungspflichten der gesetzlichen Krankenversicherung bei Sterilisation und Schwangerschaftsabbruch in der heutigen Gestalt des § 24b SGB V geht zurück auf das **Gesetz zum Schutz des vorgeburtlichen/werdenden Lebens, zur Förderung einer kinderfreundlicheren Gesellschaft, für Hilfen im Schwangerschaftskonflikt und zur Regelung des Schwangerschaftsabbruchs (Schwangeren- und Familienhilfegesetz (SFHG))** vom 27.07.1992[1]. Durch dessen Art. 2 wurde die Vorschrift mit Wirkung vom 05.08.1992 in das am 01.01.1989 als Art. 1 des Gesundheitsreformgesetzes (GRG) in Kraft getretene SGB V[2] eingefügt; Änderungen gegenüber dem eingebrachten Gesetzentwurf[3] ergaben sich zu diesem Zeitpunkt nicht.

2 Leistungen bei Sterilisation und Schwangerschaftsabbruch **ohne expliziten Krankheitsbezug**[4] waren erstmals mit Wirkung zum **01.12.1975** zum Gegenstand der gesetzlichen Krankenversicherung gemacht worden. Sie waren durch das Gesetz über ergänzende Maßnahmen zum Fünften Strafrechtsreformgesetz (Strafrechtsreform-Ergänzungsgesetz – StREG) vom 28.08.1975[5] als **flankierende Maßnahme zur Neuregelung des Schwangerschaftsabbruchs** im Unterabschnitt III a „Sonstige Hilfen" im Zweiten Buch der RVO verankert worden.[6] Danach bestand gemäß § 200f RVO bei **nicht rechtswidrigen** Schwangerschaftsabbrüchen und Sterilisationen **Anspruch auf „ärztliche Beratung ... [und] Behandlung"**, und damit auch auf Vornahme des Schwangerschaftsabbruchs selbst. Als **nicht rechtswidrig** erschien ein Schwangerschaftsabbruch, ohne dass insoweit eine Legaldefinition bestand, wenn er nach den §§ 218 ff. StGB straffrei war.[7]

---

1 BGBl I 1992, 1398.

2 Eingeführt durch Art. 1 des Gesundheitsreformgesetzes vom 20.12.1988, BGBl I 1988, 2477.

3 BT-Drs. 12/2605, S. 9 und S. 20; zum weiteren Gang der Beratungen vgl. BT-Drs. 12/2875.

4 Dazu BSG v. 13.02.1975 - 3 RK 68/73 - BSGE 39, 167: Anspruch auf Maßnahmen zur Verhütung einer Schwangerschaft als Leistung der Krankenhilfe bei Gefahr einer schwerwiegenden Schädigung des körperlichen oder des geistig-seelischen Gesundheitszustandes der Versicherten.

5 BGBl I 1975, 2289.

6 Vgl. die §§ 200f und 200g RVO.

7 So die Begründung des Entwurfs des StREG, BT-Drs. 7/376, S. 5; ebenso Ausschussbericht BT-Drs. 7/1753, S. 2. Kritisch dagegen etwa *Isensee*, NJW 1986, 1645; ebenso *Philipp*, NJW 1987, 2275.

Diese – erfolglos gerichtlich angegriffene[8] – Leistungspflicht sollte nach dem ursprünglichen Fraktionsentwurf von CDU/CSU und FDP wie das gesamte Krankenversicherungsrecht mit dem GRG in das SGB V **eingeordnet werden.**[9] Davon ist nach den Ausschussberatungen aus Gründen Abstand genommen worden, die den Materialien nicht näher zu entnehmen sind.[10] Stattdessen hat sich die Mehrheit dafür ausgesprochen, die Leistungen bei Schwangerschaft und Mutterschaft als §§ 195 ff. in der RVO zu belassen.[11] Es wird angenommen, dass die Zustimmung zum GRG wegen der umstrittenen Krankenkassenleistungen bei Sterilisation und Schwangerschaftsabbruch insgesamt bedroht war und deshalb die Abstimmung über diesen Komplex durch die Beibehaltung in der RVO vermieden wurde.[12] 3

Neue Anstöße zur Überführung der in der RVO verbliebenen Regelungen in das SGB V kamen nach der **Wiedervereinigung**. Die Fristenlösung, die im Unterschied zur bundesdeutschen Indikationsregelung in der DDR bestand, blieb vom Einigungsvertrag zunächst unberührt und galt deshalb in den neuen Ländern als partielles Bundesrecht vorerst weiter.[13] Zur Überwindung dieser Rechtsuneinheitlichkeit war der gesamtdeutsche Gesetzgeber durch den Einigungsvertrag verpflichtet worden, bis spätestens zum 31.12.1992 eine Regelung zu treffen, „die den Schutz vorgeburtlichen Lebens und die verfassungskonforme Bewältigung von Konfliktsituationen schwangerer Frauen vor allem durch rechtlich gesicherte Ansprüche für Frauen, insbesondere durch Beratung und soziale Hilfe, besser gewährleistet, als dies in beiden Teilen Deutschlands derzeit der Fall ist".[14] Als Teil des darauf beschlossenen SFHG[15] mit einer Hinwendung zum **Konzept der Straffreiheit nach Beratung (Beratungslösung)** wurden die §§ 200e ff. RVO nunmehr aufgehoben und u.a. § 24b in das SGB V eingefügt. 4

Strafrechtlich bestanden nach dem SFHG[16] in Weiterentwicklung des in den alten Bundesländern zuletzt geltenden Indikationsmodells[17] **drei Straflosigkeitsgründe** bei Schwangerschaftsabbruch, die jeweils seine **Rechtswidrigkeit entfallen ließen**: **Erstens** der **beratene ärztliche Abbruch innerhalb von 12 Wochen** auf Verlangen der Schwangeren (Beratungslösung),[18] **zweitens** der **nach ärztlicher Erkenntnis** notwendige Abbruch **zur Abwendung einer Gefahr für das Leben oder einer schwerwiegenden Beeinträchtigung des körperlichen oder seelischen Gesundheitszustandes der Schwangeren** (medizinisch-soziale Indikation)[19] und drittens der Abbruch **nach ärztlicher Erkenntnis**, dass das Kind **infolge einer Erbanlage oder schädlicher Einflüsse vor der Geburt** an einer **nicht** 5

---

[8] BVerfG v. 18.04.1984 - 1 BvL 43/81 360 - SozR 1500 § 54 Nr. 60: Vorlagebeschluss des SG Dortmund v. 29.09.1981 - S 8 Kr 172/81 - NJW 1983, 360 ist unzulässig; BVerfG v. 15.06.1988 - 1 BvR 1301/86 - BVerfGE 78, 320: Mitglieder einer gesetzlichen Krankenkasse oder einer gleichgestellten Ersatzkasse haben keinen Anspruch aus Art. 2 Abs. 1 GG, dass ihr Klagebegehren auf Verurteilung der Kassen, Leistungen für Schwangerschaftsabbrüche ausschließlich bei medizinischer Indikation zu erbringen, materiell durch die Gerichte der Sozialgerichtsbarkeit beschieden wird. BSG v. 21.10.1985 - 3 BK 37/85 - Klage auf Untersagung der Gewährung von Leistungen entsprechend §§ 200f, 200g RVO ist als Popularklage unzulässig; BSG v. 24.09.1986 - 8 RK 8/85 - BSGE 60, 248: Aus dem Mitgliedschaftsverhältnis in der gesetzlichen Krankenkasse ergibt sich kein Anspruch des Versicherten auf Unterlassung einer bestimmten Mittelverwendung der Kasse. Bayerisches LSG v. 26.01.1983 - L 4/Kr 76/81 - Streit 1983, 25-26: Die Beitragsverweigerung der Abtreibungsgegner gegenüber gesetzlichen Krankenkassen ist unzulässig. Bayerisches LSG v. 01.10.1980 - L 4/Kr 55/78: Ein Arbeitgeber kann die Abführung der von ihm nach den §§ 380, 381 520g RVO geschuldeten Arbeitgeberanteile zur gesetzlichen Krankenversicherung nicht mit der Begründung verweigern, der Träger der Krankenversicherung verwende einen Teil der Beiträge zur Finanzierung von Abtreibung (Schwangerschaftsunterbrechung – §§ 200e bis § 200g RVO) und dies könne er mit seinem Gewissen und seiner religiösen Überzeugung nicht vereinbaren.

[9] BT-Drs. 11/2237, S. 26 mit Begründung S. 186.

[10] Vgl. den Ausschussentwurf, BT-Drs. 11/3320, S. 39, zur Begründung BT-Drs. 11/3480, S. 35.

[11] Vgl. die Begründung zum Ausschussentwurf BT-Drs. 11/3480, S. 71.

[12] Vgl. *Höfler* in: KassKomm, SGB V, Vorbemerkungen zu den §§ 24a, 24b Rn. 1.

[13] Anl. II Kap. III Sachgebiet C Abschnitt 1 Nr. 1, 4, 5 des Vertrages zwischen der Bundesrepublik Deutschland und der Deutschen Demokratischen Republik über die Herstellung der Einheit Deutschlands – Einigungsvertrag – v. 31.08.1990, BGBl II 1990, 889.

[14] Art. 31 Abs. 4 des Vertrages zwischen der Bundesrepublik Deutschland und der Deutschen Demokratischen Republik über die Herstellung der Einheit Deutschlands – Einigungsvertrag – v. 31.08.1990, BGBl II 1990, 889.

[15] Schwangeren- und Familienhilfegesetz v. 27.07.1992, BGBl I 1992, 1398.

[16] Vom 27.07.1992, BGBl I 1992, 1398.

[17] § 218a StGB i.d.f. des Fünfzehnten Strafrechtsänderungsgesetzes (15. StÄG) vom 18.05.1976, BGBl I 1976, 1213.

[18] § 218a Abs. 1 StGB i.d.f. v. Art. 13 Nr. 1 SFHG vom 27.07.1992, BGBl I 1992, 1398.

[19] § 218a Abs. 2 StGB i.d.f. v. Art. 13 Nr. 1 SFHG vom 27.07.1992, BGBl I 1992, 1398.

behebbaren Schädigung seines Gesundheitszustandes leiden würde, die so schwer wiegt, dass von der Schwangeren die Fortsetzung der Schwangerschaft nicht verlangt werden kann (embryopathische Indikation)[20]. **Sozialrechtlich** knüpfte die Regelung des § 24b SGB V i.d.F. des SFHG[21] daran insoweit an, als sie den in § 200f RVO begründeten Leistungsstand **im Wesentlichen unverändert übernahm**. Danach blieben die Krankenkassen bei nur unwesentlichen redaktionellen Änderungen weiterhin verpflichtet, ärztliche Beratung und Behandlung bei jeder nicht rechtswidrigen Sterilisation und **jedem nicht rechtswidrigen Schwangerschaftsabbruch** zu gewähren, allerdings nunmehr – im Unterschied zur bis dahin bestehenden Rechtslage – anknüpfend an eine **Legaldefinition** des nicht rechtswidrigen Schwangerschaftsabbruchs.

6 Diese Ausgestaltung der Beratungslösung hat die Zustimmung des BVerfG nicht gefunden. Angerufen u.a. zur Feststellung der Verfassungswidrigkeit von § 218a Abs. 1 StGB i.d.F. des SFHG[22] hat das BVerfG im **2. Schwangerschaftsabbruchsurteil**[23] das zu Grunde liegende Konzept zwar grundsätzlich gebilligt. Der Gesetzgeber dürfe die im **1. Schwangerschaftsabbruchsurteil**[24] entwickelte Schutzpflicht für das ungeborene Leben durch ein Schutzkonzept umsetzen, das in der Frühphase der Schwangerschaft in Schwangerschaftskonflikten **den Schwerpunkt auf die Beratung** der schwangeren Frau legt, um sie für das Austragen des Kindes zu gewinnen, und dabei im Blick auf die notwendige Offenheit und Wirkung der Beratung auf eine indikationsbestimmte Strafdrohung und die **Feststellung von Indikationstatbeständen** durch einen Dritten **verzichtet**.[25] **Ohne Überprüfung** durch Dritte dürfe ein Schwangerschaftsabbruch aber nicht **für gerechtfertigt** erklärt werden. Deshalb dürfe zwar nach Beratung **auf eine Strafdrohung** verzichtet werden. Im Übrigen müsse die Rechtsordnung aber das – fortbestehende – **grundsätzliche Verbot des Schwangerschaftsabbruchs in geeigneter Weise zum Ausdruck bringen**, soweit es dem Beratungskonzept nicht entgegensteht.[26] Insgesamt habe die Beratungsregelung zur Folge, dass die Frau, die ihre Schwangerschaft nach Beratung abbricht, eine von der Rechtsordnung **nicht erlaubte Handlung** vornimmt. Deshalb könnten für Schwangerschaftsabbrüche im Rahmen der Beratungsregelung nicht alle rechtlichen Vorteile gewährt werden, die nach der Rechtsordnung für rechtmäßige Abbrüche zulässig sind.[27] Deshalb ist § 218a Abs. 1 StGB i.d.F. des SFHG[28] für **nichtig erklärt** worden.[29]

7 Im Kern war damit auch der sozialrechtlichen Komponente der Beratungslösung i.d.F. des SFHG[30] **die Grundlage entzogen**. Zwar hat das BVerfG die Leistungspflicht der gesetzlichen Krankenversicherung bei nicht rechtswidrigem Schwangerschaftsabbruch grundsätzlich als verfassungsgemäß angesehen.[31] Bei einem nur als **straffrei**, aber eben **nicht** als **„nicht rechtswidrig"** zu qualifizierenden Abbruch nach Beratung dürften aber zu ihren Lasten **keine Leistungen zur Vornahme des Abbruchs selbst** gewährt werden. Sie dürften von der gesetzlichen Krankenversicherung nur gewährt werden, wenn dessen Rechtmäßigkeit in einer den verfassungsrechtlichen Maßstäben entsprechenden Weise festgestellt worden ist. Die verfassungsrechtliche Schutzpflicht für das Leben verwehre eine Auslegung des § 24b SGB V dahin, dass Leistungen der Sozialversicherung in gleicher Weise wie bei nicht rechtswidrigen Schwangerschaftsabbrüchen dann gewährt werden können, wenn die **Rechtmäßigkeit des Schwangerschaftsabbruchs nicht festgestellt werden kann**. Auch könne die Beratungsregelung die Mindestanforderungen an die staatliche Schutzpflicht nur dann erfüllen, wenn auf die Erhaltung und Stärkung des Rechtsbewusstseins besonderer Bedacht genommen werde. Dem liefe es zuwider, wenn der Staat durch die allgemeine Gewährung von sozialversicherungsrechtlichen Leistungsansprüchen den Abbruch unterstütze und damit unvermeidlich den Eindruck erwecke, der Schwangerschaftsabbruch würde von der Rechtsordnung am Ende doch gutgeheißen.[32]

---

20 § 218a Abs. 3 StGB i.d.f. v. Art. 13 Nr. 1 SFHG vom 27.07.1992, BGBl I 1992, 1398.

21 Vom 27.07.1992, BGBl I 1992, 1398.

22 Art. 13 Nr. 1 des Schwangeren- und Familienhilfegesetzes v. 27.07.1992, BGBl I 1992, 1398.

23 BVerfG v. 28.05.1993 - 2 BvF 2/90, 2 BvF 4/92, 2 BvF 5/92 - BVerfGE 88, 203.

24 BVerfG v. 25.02.1975 - 1 BvF 1/74, 1 BvF 2/74, 1 BvF 3/74, 1 BvF 4/74, 1 BvF 5/74, 1 Bv F 6/74 - BVerfGE 39, 1.

25 BVerfG v. 28.05.1993 - 2 BvF 2/90, 2 BvF 4/92, 2 BvF 5/92 - juris Rn. 190 ff. - BVerfGE 88, 203.

26 BVerfG v. 28.05.1993 - 2 BvF 2/90, 2 BvF 4/92, 2 BvF 5/92 - juris Rn. 314 ff. - BVerfGE 88, 203.

27 BVerfG v. 28.05.1993 - 2 BvF 2/90, 2 BvF 4/92, 2 BvF 5/92 - juris Rn. 225 - BVerfGE 88, 203.

28 Art. 13 Nr. 1 des Schwangeren- und Familienhilfegesetzes v. 27.07.1992, BGBl I 1992, 1398.

29 Nr. I Ziffer 1 der Entscheidungsformel, BGBl I 1993, 820.

30 § 24b SGB V i.d.F. des Art. 2 des Schwangeren- und Familienhilfegesetzes v. 27.07.1992, BGBl I 1992, 1398.

31 Nr. I Ziffer 3 der Entscheidungsformel, BGBl I 1993, 820.

32 BVerfG v. 28.05.1993 - 2 BvF 2/90, 2 BvF 4/92, 2 BvF 5/92 - juris Rn. 212 und 221 - BVerfGE 88, 203.

Der Rechtsstaat sei in der Konsequenz **grundsätzlich gehindert**, sich an der Durchführung eines nach einer Beratungsregelung vorgenommenen Abbruchs durch die Verpflichtung der sozialversicherungsrechtlichen Solidargemeinschaften **zu beteiligen**. Anders könne es nur sein, wenn die **erforderlichen Mittel für die Inanspruchnahme eines Arztes** für die Durchführung des Abbruchs **fehlen**. Nach dem Beratungskonzept dürfe keine Frau aus finanziellen Gründen an der Inanspruchnahme eines Arztes zur Durchführung eines Abbruchs gehindert sein. Diesen Bedarf könne der Staat deshalb nach den **Grundsätzen des Sozialhilferechts** decken, wenn kein hinreichendes eigenes Einkommen oder Vermögen zur Verfügung steht.[33] 8

Die abermalige Neuordnung nach dem 2. Schwangerschaftsabbruchsurteil des BVerfG mündete schließlich nach weiterem längeren Ringen zu der im Wesentlichen noch heute gültigen Regelung des § 218a StGB sowie des § 24b SGB V i.d.F. des **Schwangeren- und Familienhilfeänderungsgesetz (SFHÄndG)** vom 21.08.1995[34]. Dem BVerfG folgend wird nunmehr zwischen **straffreien, aber als nicht rechtmäßig zu qualifizierenden** Schwangerschaftsabbrüchen einerseits und **gerechtfertigten** Schwangerschaftsabbrüchen andererseits unterschieden. **Strafrechtlich** ist danach gemäß § 218a Abs. 1 StGB i.d.F. des SFHÄndG bei einem **beratenen ärztlichen Abbruch** innerhalb von 12 Wochen der **Tatbestand** des § 218 StGB **nicht verwirklicht**. Dagegen ist der Abbruch **nicht rechtswidrig**, wenn er zur Abwendung einer **Gefahr für das Leben** oder einer **schwerwiegenden Beeinträchtigung des körperlichen oder seelischen Gesundheitszustandes** der Schwangeren **angezeigt ist** (medizinisch-soziale Indikation gemäß § 218a Abs. 2 StGB i.d.F. des SFHÄndG) oder wenn an der Schwangeren eine **rechtswidrige Tat** nach den §§ 176-179 StGB begangen worden ist und dringende Gründe für die Annahme sprechen, dass die Schwangerschaft auf der Tat beruht (kriminologische Indikation gemäß § 218a Abs. 3 StGB i.d.F. des SFHÄndG). 9

Sozialrechtlich wurde die Entscheidung des BVerfG mit Wirkung zum 01.10.1995 bzw. zum 01.01.1996 im Wesentlichen auf 3 Ebenen umgesetzt. Für die Fälle des **nicht rechtswidrigen Abbruchs** wurde § 24b Abs. 1 Satz 2 SGB V durch die heutige noch gültige Fassung ersetzt und dadurch den vom Gericht aufgestellten Anforderungen an die Einrichtung, in der ein Schwangerschaftsabbruch vorgenommen werden darf, Rechnung getragen.[35] Für die Fälle des (nur) **straffreien** Abbruchs wurde § 24b SGB V um die Absätze 3 und 4 ergänzt und dadurch die Gewährung von ärztlichen Leistungen beim Abbruch selbst sowie der medizinischen Nachsorge bei komplikationslosem Verlauf sowie die Gewährung von Krankengeld für die Fälle des (nur) straffreien Abbruchs nach § 218a Abs. 1 StGB als Leistung der **gesetzlichen Krankenversicherung ausgeschlossen**.[36] Als Ausgleich für diese Streichung ist schließlich – wie vom BVerfG vorgezeichnet – mit Wirkung zum 01.01.1996 für Frauen, die die Mittel für einen Schwangerschaftsabbruch durch einen Arzt bei einem beratenen Abbruch nicht aufbringen können, das **Gesetz zur Hilfe für Frauen bei Schwangerschaftsabbrüchen in besonderen Fällen** mit einem Leistungsanspruch für Frauen, denen die Aufbringung der Mittel für den Abbruch einer Schwangerschaft **nicht zuzumuten** ist, beschlossen worden.[37] 10

Im Weiteren wurden durch das **Gesetz zur Reform der gesetzlichen Krankenversicherung ab dem Jahr 2000 (GKV-Gesundheitsreform 2000)** in § 24b Abs. 4 Nr. 2 SGB V mit Wirkung zum 01.01.2000 die Wörter „den operativen Eingriff“ durch die Wörter „oder die Gabe einer den Schwangerschaftsabbruch herbeiführenden Medikation“ ergänzt.[38] Nach den Materialien solle dadurch klargestellt werden, dass der Schwangerschaftsabbruch auf Kosten der gesetzlichen Krankenversicherung nicht nur operativ, sondern auch medikamentös durchgeführt werden kann.[39] 11

Schließlich wurden durch das Gesetz zur Modernisierung der gesetzlichen Krankenversicherung (GKV-Modernisierungsgesetz – GMG) vom 14.11.2003 in Bezug auf die Sterilisation mit Wirkung zum 01.01.2004 in Absatz 1 Satz 1 sowie in Absatz 2 Sätze 1 und 2 vor dem Wort „Sterilisation“ die Wörter „nicht rechtswidrig“ durch die Wörter „durch Krankheit erforderlichen“ ersetzt und dadurch die Leistungspflicht der gesetzlichen Krankenversicherung auf die Fälle einer **durch Krankheit erforderlichen Sterilisation** beschränkt. 12

---

[33] BVerfG v. 28.05.1993 - 2 BvF 2/90, 2 BvF 4/92, 2 BvF 5/92 - juris Rn. 326 - BVerfGE 88, 203.

[34] BGBl I 1995, 1050.

[35] Art. 4 Nr. 2 lit. a Gesetz v. 21.08.1995, BGBl I 1995, 1050.

[36] Art. 4 Nr. 2 lit. b Gesetz v. 21.08.1995, BGBl I 1995, 1050.

[37] Art. 5 und Art. 11 Satz 1 Gesetz v. 21.08.1995, BGBl I 1995, 1050.

[38] Art. 1 Nr. 13 Gesetz v. 22.12.1999, BGBl I 1999, 2626.

[39] BT-Drs. 14/1977, S. 161 zu Nr. 12a.

13 Die maßgeblichen **Gesetzesmaterialien** zu § 24b SGB V finden sich in der BT-Drs. 12/2605 sowie BT-Drs. 12/2875. Für die Änderungen durch das Schwangeren- und Familienhilfeänderungsgesetz (SFHÄndG) ist die Drucksache BT-Drs. 13/1850 maßgeblich. Die Motive zu den Änderungen durch das Gesetz zur Reform der gesetzlichen Krankenversicherung ab dem Jahr 2000 ergeben sich aus BT-Drs. 14/1245. Für das GKV-Modernisierungsgesetz – GMG ist maßgeblich die BT-Drs. 15/1525.

II. Vorgängervorschrift

14 Vorgängervorschrift des § 24b SGB V war § 200f RVO, der mit Wirkung zum 01.12.1975 als Unterabschnitt III a in die RVO eingefügt worden war (vgl. Rn. 2).

III. Untergesetzliche Rechtsnormen

15 Für die Umsetzung des Leistungsauftrags des § 24b SGB V ist vor allem folgende Richtlinie von Bedeutung: Richtlinien des Bundesausschusses der Ärzte und Krankenkassen zur Empfängnisregelung und zum Schwangerschaftsabbruch* (vormals: Sonstige Hilfen-Richtlinien) in der Fassung vom 10.12.1985, zuletzt geändert am 01.12.2003.[40]

IV. Systematische Zusammenhänge

16 Die Vorschrift erweitert das Leistungsspektrum der Gesetzlichen Krankenversicherung über den Rahmen des Versicherungsprinzips hinaus. Die Krankenversicherung deckt ihrer Anlage nach grundsätzlich nur **Krankheitsrisiken** ab. Darunter fallen Empfängnis und Schwangerschaft nicht; sie sind keine Krankheit. Ein Krankheitsrisiko kann sich insoweit nur realisieren, wenn eine Schwangerschaft **ungewollt nicht eintritt** oder wenn sie **bei der Schwangeren** schwerwiegende Gesundheitsgefahren auslöst.[41] Ansprüche auf Leistungen zu Lasten der gesetzlichen Krankenversicherung bei Sterilisation und Schwangerschaftsabbruch erfordern deshalb eine eigenständige gesetzliche Rechtsgrundlage.

17 Deren systematische Einordnung unter den „Leistungen zur Förderung der Gesundheit und zur Verhütung von Krankheiten" im Dritten Abschnitt des Dritten Kapitels des SGB V **erscheint allerdings wenig geglückt.**[42] Die nach der Vorschrift zu gewährenden Leistungen können allenfalls in Ausnahmefällen Bezüge zur Verhütung von Krankheiten aufweisen. Ansonsten handelt es sich um eigenständige Leistungen, die angemessener in einem eigenen Abschnitt verankert und dadurch als ergänzende sozialrechtliche Hilfe systematisch zutreffend umschrieben worden wären.[43]

V. Ausgewählte Literaturhinweise

18 *Schillberg*, Die Förderung der allgemeinen Schwangerenberatung, ZevKR 50, 635 (2005); *Twesten*, Entgeltzahlungen und Entgeltersatzleistungen bei Schwangerschaft und Mutterschaft, Die Leistungen 2003, 449 und 513; *Stürner*, Der pflichtwidrig unterbliebene Schwangerschaftsabbruch, JZ 2003, 155; *Brocke*, Sozialrechtliche Aspekte des Schwangerschaftsabbruchs, SGb 1994, 157; *Starck*, Der verfassungsrechtliche Schutz des ungeborenen menschlichen Lebens, 1993, 816; *Hermes/Walther*, Schwangerschaftsabbruch zwischen Recht und Unrecht, NJW 1993, 2337.

B. Auslegung der Norm

I. Regelungsgehalt und Normzweck

19 Die Vorschrift gewährt Leistungen bei Sterilisation und Schwangerschaftsabbruch. Zunächst besteht nach § 24a Abs. 1 SGB V Anspruch auf ärztliche Behandlung und die dabei weiter anfallenden Leistungen bei einer durch Krankheit erforderlichen Sterilisation, soweit diese Leistungen nicht bereits nach § 27 SGB V zu gewähren sind (vgl. hierzu Rn. 25 ff.). Weiter besteht nach § 24a Abs. 1 SGB V

---

40 BAnz Nr. 60a vom 27.03.1986, zuletzt geändert am 01.12.2003, BAnz Nr. 53, 5026.

41 Vgl. nur aus der Rspr. BSG v. 13.02.1975 - 3 RK 64/73 - BSGE 39, 167.

42 Ebenso *Knispel* in: Peters, Handbuch KV (SGB V), § 24a Rn. 5; *Heinze*, Die neue Krankenversicherung, § 24a S. 1.

43 So auch *Mrozynski* in: Wannagat, SGB V, § 24a Rn. 4; *Knispel* in: Peters, Handbuch KV (SGB V), § 24b Rn. 5; *Höfler* in: KassKomm, SGB V, § 24a Rn. 3 unter Verweis auf den Regierungsentwurf zum GRG, BT-Drs. 11/2237, S. 26.

Anspruch auf ärztliche Behandlung und die damit in Zusammenhang stehenden weiteren Leistungen bei einem Schwangerschaftsabbruch, wenn dieser nach Maßgabe von § 218a Abs. 2 oder 3 StGB nicht rechtswidrig ist und in einer Einrichtung nach § 13 Abs. 1 des Schwangerschaftskonfliktgesetzes vorgenommen wird. Unter diesen Voraussetzungen wird nach § 24a Abs. 2 SGB V neben der ärztlichen Beratung und Behandlung sowie der Versorgung mit Arznei-, Verband- und Heilmitteln und Krankenhauspflege auch Krankengeld gewährt, wenn Versicherte wegen des Eingriffs arbeitsunfähig werden, soweit darauf nicht schon nach § 44 Abs. 1 SGB V ein Anspruch besteht.

Anspruch auf nur eingeschränkte Leistungen besteht hingegen nach § 24a Abs. 3 SGB V bei einem nach § 218a Abs. 2 und 3 StGB rechtswidrigen, aber nach Beratung gem. § 218a StGB straffreien Schwangerschaftsabbruch. Damit ist die Entscheidung des BVerfG im 2. Schwangerschaftsabbruchsurteil[44] umgesetzt worden. Danach darf ein Schwangerschaftsabbruch nach der Beratungslösung ohne Überprüfung durch Dritte nicht für gerechtfertigt erklärt werden und darf die gesetzliche Krankenversicherung unter dieser Voraussetzung keine Leistungen zum Abbruch selbst erbringen. Zulässig sind nach der Entscheidung nur Leistungen, die der Beratung sowie der Gesundheit der Schwangeren dienen.[45] Dem folgend besteht nach § 24a Abs. 3 SGB V bei einem Schwangerschaftsabbruch nach Beratungslösung im Sinne von § 218a Abs. 1 StGB Anspruch auf ärztliche Beratung über die Erhaltung und den Abbruch der Schwangerschaft sowie auf ärztliche Behandlung im Vorfeld des Schwangerschaftsabbruchs sowie bei einer komplikationsbedingten Nachbehandlung. Ausdrücklich ausgeschlossen sind die in § 24a Abs. 4 SGB V im Einzelnen aufgelisteten ärztlichen Maßnahmen zum Abbruch selbst. 20

Mit der Ausgestaltung des Anspruchs auf Leistungen bei Schwangerschaftsabbruch ergänzt die Vorschrift die Regelungen zum Schutz des vorgeburtlichen Lebens. Diese zielen einerseits durch verbesserte Hilfe für Familien und schwangere Frauen, verbesserte Beratung und Schutz vor ungewollter Schwangerschaft auf eine Senkung der Rate von Schwangerschaftsabbrüchen.[46] Dem dient u.a. der Anspruch auf ärztliche Beratung, wie er durch § 24a SGB V vermittelt wird. Andererseits bezwecken die Regelungen einen angemessenen und würdigen Umgang mit Frauen, die in einem Schwangerschaftskonflikt stehen und einen Schwangerschaftsabbruch erwägen.[47] Sie waren bis zur Neugestaltung der Strafbarkeit des Schwangerschaftsabbruchs in die Illegalität verwiesen mit Gefahren für Leben und Gesundheit und mit sozialer Benachteiligung. Dem soll die Begründung von sozialversicherungsrechtlichen Ansprüchen bei Schwangerschaftsabbruch entgegenwirken. Dem dient die Regelung in dem Rahmen, den das BVerfG im 2. Schwangerschaftsabbruchsurteil gezogen hat.[48] Vor dem Hintergrund dieser Entscheidung bezweckt sie eine Abschichtung von Leistungen einerseits bis zur Durchführung des Abbruchs selbst bei den Schwangeren, denen nach Maßgabe von § 218a Abs. 2 oder Abs. 3 StGB die Austragung der Schwangerschaft unzumutbar ist. Andererseits begrenzt sie den Anspruch in den Fällen, in denen (nur) Straflosigkeit nach § 218a Abs. 1 StGB vorliegt, auf die Leistungen, die der Gesundheit der Schwangeren dienen. 21

II. Leistungen bei Sterilisation (Absatz 1 Satz 1)

1. Sterilisation

Sterilisation ist ein operativer Eingriff zur dauerhaften Beseitigung der Zeugungsfähigkeit von Männern oder der Empfängnisfähigkeit von Frauen. Dazu werden bei Männern (Vasektomie) die Samenleiter und bei Frauen die Eileiter durchtrennt oder verschlossen (tubare Ligatur), um bei Männern den Ausfluss von Samenzellen und bei Frauen die Vereinigung von Ei- und Samenzelle zu verhindern. 22

Von der Sterilisation zu unterscheiden ist die **Kastration**. Diese besteht in der operativen Entfernung der Keimdrüsen, also der Hoden bei Männern und der Eierstöcke bei Frauen, und führt wie die Sterilisation zur Unfruchtbarkeit. Ihre Durchführung hat einen anderen medizinischen und rechtlichen[49] Hintergrund und unterliegt schon begrifflich nicht der Vorschrift des § 24b Abs. 1 SGB V[50]. Soweit sie der 23

---

44 BVerfG v. 28.05.1993 - 2 BvF 2/90, 2 BvF 4/92, 2 BvF 5/92 - BVerfGE 88, 203.

45 Vgl. BVerfG v. 28.05.1993 - 2 BvF 2/90, 2 BvF 4/92, 2 BvF 5/92 - juris Rn. 321 ff. - BVerfGE 88, 203.

46 Vgl. BT-Drs. 12/2605, S. 15 und BT-Drs. 12/1850, S. 15 ff.

47 Vgl. BT-Drs. 12/2605, S. 15.

48 BVerfG v. 28.05.1993 - 2 BvF 2/90, 2 BvF 4/92, 2 BvF 5/92 - BVerfGE 88, 203.

49 Vgl. das Gesetz über die freiwillige Kastration und andere Behandlungsmethoden – KastrG – v. 15.08.1969, BGBl I 1969, 1143.

50 Zu Einzelheiten vgl. *Wagner* in: Krauskopf, SGB V, § 24b Rn. 6.

Krankenbehandlung im Sinne der rechtlichen Voraussetzungen ihrer Zulässigkeit dient[51], kann § 27 Abs. 1 SGB V einschlägig sein.[52]

2. Anspruchsberechtigter Personenkreis

24 Personell anspruchsberechtigt sind alle, die bei Inanspruchnahme der Leistung Versicherungsschutz als Versicherte oder auf Grund des nachgehenden Anspruchs nach den Absätzen 2 oder 3 des § 19 SGB V haben. Begünstigt sind Frauen und Männer. Eine Beschränkung nur auf weibliche Versicherte lässt sich weder dem Wortlaut (Versicherte) noch der Gesetzessystematik entnehmen;[53] sie dürfte auch schwerlich mit Art. 3 Abs. 3 GG zu vereinbaren sein.

3. Durch Krankheit erforderliche Sterilisation

25 Seit dem GKV-Modernisierungsgesetz (GMG) – vgl. Rn. 12 – bestehen Leistungsansprüche nur noch bei „durch Krankheit erforderlichen" Sterilisationen. Dadurch wurde der Anwendungsbereich der Vorschrift erheblich eingeschränkt. Ausgeschlossen sind einerseits Sterilisationen ohne **irgend einen Krankheitsbezug**. Diese werden nach den Gesetzesmaterialien in erster Linie der **persönlichen Lebensplanung** der Versicherten zugerechnet und sollen deshalb ausschließlich auf der eigenverantwortlichen Entscheidung der Versicherten zur Finanzierung dieser Leistungen beruhen.[54]

26 Ausgeschlossen sind andererseits Sterilisationen **zur Krankenbehandlung** im Sinne von § 27 Abs. 1 SGB V. Nach der Rechtsprechung rechnen Maßnahmen zur Verhütung einer Schwangerschaft dann zu den Leistungen der Krankenbehandlung, wenn sie im Einzelfall erforderlich sind, um **von der Versicherten die Gefahr einer schwerwiegende Schädigung ihres körperlichen oder ihres geistig-seelischen Gesundheitszustandes abzuwenden (medizinische Indikation)**. Sie können beansprucht werden, wenn hinreichend wahrscheinlich ist, dass bei einer Schwangerschaft Gesundheitsstörungen der Mutter mit Krankheitswert auftreten werden.[55] Die Behandlung eines solchen Zustands durch Sterilisation erfolgt auf der Rechtsgrundlage von § 27 Abs. 1 SGB V, nicht dagegen auf Grundlage von § 24b Abs. 1 SGB V. Die Regelung zur Sterilisation in § 24b Abs. 1 SGB V ist nach ihrer systematischen Zuordnung **außerhalb** des Abschnitts über „Leistungen bei Krankheit"[56] der Sache nach eine Anspruchsgrundlage für **sonstige Hilfen im weiteren Zusammenhang der Familienplanung**. Anspruchsgrundlage für Sterilisationen zur **Krankenbehandlung** im engeren Sinne kann die Vorschrift deshalb nicht sein.[57]

27 Außerhalb des Bereichs der Krankenbehandlung im engeren Sinne kann dem Sterilisationsanspruch nach § 24a Abs. 1 SGB V nur ein kleiner Anwendungsbereich zukommen. Insoweit geben die Materialien keinen näheren Aufschluss; sie wiederholen hier nur den Gesetzeswortlaut.[58] Gemeint sein können nur solche Fälle, in denen die Sterilisation nicht als **Behandlung** einer Krankheit des Sterilisierten angesehen werden kann, aber dennoch **wegen Krankheit** („durch Krankheit erforderlich") erfolgt. Das können solche Fälle sein, in denen der **männliche Partner** sich sterilisieren lässt, um die durch Schwangerschaft drohende Gesundheitsstörung von der **Frau** abzuwenden. Zu denken ist auch an das Risiko der Geburt eines infolge einer **Chromosomenanomalie schwerstgeschädigten Kindes**. Zwar kann es grundsätzlich nicht Gegenstand einer **Krankenbehandlung** sein, eine solche Schwangerschaft zu verhindern.[59] Sie bedeutet gleichwohl eine außergewöhnliche Belastung, die der Gefahr für das Leben der Schwangeren oder der schwerwiegenden Beeinträchtigung ihres Gesundheitszustandes **nahe kommt**.[60] Deshalb unterscheiden sich die Lebensumstände in solchen Fällen im Sinne der Vorschrift **krankheitsbedingt**[61] so erheblich vom Normalmaß, dass die Entscheidung für eine Sterilisation nicht als übliche Angelegenheit der persönlichen Lebensführung zu betrachten sein dürfte. Vielmehr dürfte

---

51 Vgl. § 2 Abs. 1 Nr. 2 KastrG.

52 Ebenso *Wagner* in: Krauskopf, SGB V, § 24b Rn. 6.

53 Vgl. LSG Schleswig-Holstein v. 15.09.1998 - L 6 KA 52/97 - ArztuR 1999, 173.

54 Vgl. BT-Drs. 15/1525, S. 82, zu Nr. 11 (§ 24b).

55 Vgl. BSG v. 13.02.1975 - 3 RK 68/73 - BSGE 39, 167.

56 Fünfter Abschnitt des Dritten Kapitels des SGB V.

57 Ebenso *Knispel* in: Peters, Handbuch KV (SGB V), § 24b Rn. 10.

58 Vgl. BT-Drs. 15/1525, S. 82, zu Nr. 11 (§ 24b).

59 Dazu und zu den Ausnahmen vgl. BSG v. 13.02.1975 - 3 RK 68/73 - BSGE 39, 167.

60 BVerfG v. 25.02.1975 - 1 BvF 1/74, 1 BvF 2/74, 1 BvF 3/74, 1 BvF 4/74, 1 BvF 5/74, 1 BvF 6/74 - BVerfGE 39, 1.

61 Zum Krankheitsbegriff insoweit *Knispel* in: Peters, Handbuch KV (SGB V), § 24b Rn. 10.

es auch unter Berücksichtigung des Benachteiligungsverbotes gemäß Art. 3 Abs. 2 Satz 2 GG[62] zu respektieren sein, wenn ein Paar sich individuell außerstande sieht, das Risiko der Geburt eines behinderten Kindes zu tragen.

Erfordert der **Nachweis** solcher gesundheitlicher Voraussetzungen eine ärztliche Untersuchung, so sind deren Kosten nach ausdrücklicher Regelung des § 24a Abs. 2 SGB V von **der Krankenkasse** zu tragen. Das entspricht dem allgemeinen Verfahrensrecht des § 62 SGB I, soweit die zur Sterilisation führenden gesundheitlichen Umstände in der Person der Versicherten liegen, die eine Sterilisation beanspruchen. Ist das nicht der Fall, scheidet § 62 SGB I als Rechtsgrundlage von Untersuchungskosten aus. In solchen Fällen hat nach § 24a Abs. 2 SGB V die Krankenkasse der Versicherten, die für sich eine Sterilisation wünschen, die Begutachtungskosten auch dann zu tragen, wenn die dafür maßgebenden gesundheitlichen Umstände bei deren **Partner oder Partnerin** liegen. 28

4. Leistungsumfang

Liegen die Anspruchsvoraussetzungen zur Vornahme einer Sterilisation nach § 24b SGB V auf Kosten der Krankenkasse vor, können Leistungen nach § 24b Abs. 2 SGB V und ergänzend geltenden Vorschriften beansprucht werden. 29

Hauptleistung sind alle im Zusammenhang mit der Durchführung der Sterilisation **erforderlichen ärztlichen Leistungen**. § 24b Abs. 2 Satz 1 SGB V nennt insoweit ausdrücklich die ärztliche **Untersuchung**. Nicht ausdrücklich benannt, aber unerlässliche Nebenleistung ist die ärztliche **Beratung**. Sie hat sich zum einen auf die gesundheitlichen Implikationen des Eingriffs selbst mit seinen Risiken und der Zuverlässigkeit der Methode zu erstrecken. Beansprucht werden kann zum anderen eine hinreichende Aufklärung über die Bedeutung des Eingriffs für die Zeugungs- oder Empfängnisfähigkeit und deren psychischen Auswirkungen sowie seine voraussichtliche Irreversibilität und mögliche Verhütungsalternativen. Zur Durchführung der Sterilisation kann schließlich **ärztliche Behandlung** oder **Krankenhausbehandlung einschließlich der erforderlichen Versorgung mit Arznei-, Verband- und Heilmitteln** in dem Maß und Umfang beansprucht werden, das nach den konkreten Umständen des Einzelfalls unter Beachtung der aus § 12 Abs. 1 SGB V sich ergebenden Anforderungen geeignet erscheint. 30

Als Nebenleistung kommt zunächst die Gewährung von **Krankengeld** in Betracht. Rechtsgrundlage dafür kann entweder die Grundnorm des § 44 SGB V oder die Spezialbestimmung des § 24b Abs. 2 Satz 2 SGB V sein. Danach besteht Anspruch auf Krankengeld außer in den Fällen der (unmittelbar) **krankheitsbedingten** Arbeitsunfähigkeit nach § 44 SGB V auch bei Arbeitsunfähigkeit infolge der **krankheitsbedingten Sterilisation**. Bestand Arbeitsunfähigkeit bereits **vor der Sterilisation**, geht der Anspruch aus § 44 SGB V gemäß § 24b Abs. 2 Satz 2 HS. 2 SGB V („es sei denn") vor; die Dauer der Leistung wird gemäß § 48 Abs. 1 Satz 2 SGB V durch die hinzutretende Arbeitsunfähigkeit infolge der Sterilisation nicht verlängert. Bestand vor der Sterilisation **keine** Arbeitsunfähigkeit, entsteht ein Anspruch auf Krankengeld nach § 24a Abs. 2 Satz 2 SGB V. Dessen Bemessung, ein etwaiges Ruhen, Ausschlussgründe und weitere Modalitäten richten sich nach den **allgemeinen Vorschriften der §§ 46 ff. SGB V**[63]. Beachtlich ist danach insbesondere der Anspruch auf **Entgeltfortzahlung gemäß § 3 EFZG**. Insoweit kann kraft ausdrücklicher Regelung des § 3 Abs. 2 Satz 1 EFZG die Arbeitsunfähigkeit infolge Sterilisation der unverschuldeten Arbeitsunfähigkeit infolge Krankheit **gleichstehen** und wie diese einen Anspruch auf Entgeltfortzahlung auslösen und dadurch den Krankengeldanspruch nach § 49 Abs. 1 Nr. 1 SGB V zum Ruhen bringen. Voraussetzung dafür ist nach der – überraschend – weitergehenden Fassung des § 3 Abs. 2 Satz 1 EFZG, dass die Sterilisation **„nicht rechtswidrig"** ist. Dieses, noch der alten durch das GKV-Modernisierungsgesetz (GMG) – vgl. Rn. 12 – veränderten Fassung des § 24b Abs. 1 SGB V entsprechende Tatbestandsmerkmal ist erfüllt, wenn die Sterilisation auf Grund einer **wirksamen Einwilligung** vorgenommen worden ist[64]. Voraussetzung dafür ist regelmäßig eine hinreichende **ärztliche Beratung** über **Tragweite und Folgen des Eingriffs**. 31

Weitere Nebenleistungen können beansprucht werden, soweit die maßgebenden Vorschriften ergänzend anwendbar sind. Der Kreis der dafür in Betracht kommenden Regelungen ist umstritten. Zu ihm zählen jedenfalls jene, die ihrer systematischen Stellung im SGB V nach nicht auf Leistungen bei Krankheit im Fünften Abschnitt des Dritten Kapitels beschränkt sind. Dazu gehören mindestens die **Fahrkosten** nach **§ 60 SGB V**.[65] Umstritten ist dagegen die Anwendbarkeit der Vorschriften über **ak-** 32

---

[62] Zu Recht der Hinweis darauf von *Mrozynski* in: Wannagat, SGB V, § 24b Rn. 14.

[63] Ebenso *Zipperer* in: Maaßen, SGB V, § 24b Rn. 26.

[64] Siehe *Mrozynski* in: Wannagat, SGB V, § 24b Rn. 6.

[65] Zutreffend *Knispel* in: Peters, Handbuch KV (SGB V), § 24b Rn. 13.

zessorische **Nebenleistungen** zur **Krankenbehandlung**. Deren entsprechende Anwendung war nach alter Rechtslage für Sterilisationen auf Grund von § 200f RVO durch § 200g RVO ausdrücklich angeordnet. Das ist bei der Überführung des § 200f RVO in das SGB V[66] nicht geschehen. Teilweise wird dennoch für die sinngemäße Anwendung dieser Vorschriften – etwa über Haushaltshilfe nach § 38 SGB V – plädiert. Für diese Auffassung spricht, dass den Gesetzesmaterialien kein Hinweis auf entsprechende Leistungseinschränkungen zu entnehmen ist.[67] Nach der systematischen Stellung der Sterilisationsregelung **außerhalb** des Abschnitts über Leistungen bei Krankheit dürfte für eine entsprechende Anwendung der Vorschriften über akzessorische Nebenleistungen zur Krankenbehandlung gleichwohl eine ausdrückliche gesetzliche Regelung erforderlich sein. Deshalb dürfte mehr dafür sprechen, dass im Falle einer Sterilisation nach § 24b SGB V Leistungen nur nach solchen Vorschriften beansprucht werden können, deren Geltung entweder **ausdrücklich angeordnet** ist oder die ihrer systematischen Stellung **nach nicht auf Anlässe der Krankenbehandlung** beschränkt sind. Dafür spricht insbesondere die ausdrückliche gesetzliche Regelung des ergänzenden Anspruchs auf Krankengeld nach § 24b Abs. 2 Satz 2 SGB V. Diese Regelung wäre überflüssig, wenn das Gesetz immanent auf der unausgesprochenen Vorstellung beruhen würde, dass die Regelung des § 24b SGB V durch die Vorschriften im Abschnitt über Leistungen bei Krankenbehandlung entsprechend ergänzt wird.

III. Leistungen bei Schwangerschaftsabbruch

1. Schwangerschaftsabbruch

33 **Schwangerschaftsabbruch** ist ein Eingriff zur Beendigung einer intakten Schwangerschaft, bevor die Leibesfrucht außerhalb der Gebärmutter lebensfähig ist. Gebräuchliche Formen sind die Entfernung der Frucht durch Absaugung des Gebärmutterinhalts (Saugkürettage), durch Gabe von Medikamenten zur Auslösung einer Spontanausstoßung oder durch operative Entfernung. Von dem Schwangerschaftsabbruch zu unterscheiden sind Handlungen, die der **Einnistung** der befruchteten Eizelle in der Gebärmutter (**Nidation**) entgegenwirken; sie gelten gemäß § 218 Abs. 1 Satz 2 StGB nicht als Schwangerschaftsabbruch. Auch die **ungewollte** Beendigung der Schwangerschaft ist kein Schwangerschaftsabbruch im Sinne des § 24b SGB V.

2. Anspruchsberechtigter Personenkreis

34 Personell anspruchsberechtigt sind schwangere Frauen, die bei Inanspruchnahme der Leistung Versicherungsschutz als Versicherte oder auf Grund des nachgehenden Anspruchs nach den Absätzen 2 oder 3 des § 19 SGB V haben. Maßgebend für den Zeitpunkt ist der Versicherungsschutz zum Zeitpunkt des Leistungsfalls, also jeweils bei Inanspruchnahme der Leistung. Hat er früher geendet, reicht es dagegen nicht aus, dass Versicherungsschutz bei **Beginn** der Schwangerschaft bestanden hat. Da die Mutterschaftshilfe eine ganze Anzahl verschiedenartiger Leistungen umfasst, die zu unterschiedlichen Zeitpunkten erbracht werden können, muss zum Zeitpunkt des jeweiligen Leistungsfalles die vom Gesetz geforderte Versicherteneigenschaft erfüllt sein. Es widerspräche der normativen Voraussetzung, wenn die Tatsache, lediglich zu Beginn der Schwangerschaft versichert zu sein, bereits genügte, um alle späteren Mutterschaftsleistungen zu begründen.[68]

3. Verfassungsrechtlicher Rahmen

35 Die Ausgestaltung des in § 24b SGB V begründeten Anspruchs auf Leistungen bei Schwangerschaftsabbruch ist wesentlich von den Anforderungen bestimmt, die das BVerfG zum Schutz des ungeborenen Lebens aus der Verfassung hergeleitet hat. Nach seiner Rechtsprechung gebührt dem ungeborenen Leben der Schutz des Staates. Dessen Ausgestaltung ist grundsätzlich Sache des Gesetzgebers. Er muss dabei aber das Untermaßverbot beachten. Grundsätzlich muss die Rechtsordnung den Schwangerschaftsabbruch **verbieten** und der Frau die **Rechtspflicht** auferlegen, das Ungeborene auszutragen. Diese Rechtspflicht findet ihre **Grenze** in **Ausnahmelagen**, die von der Frau eine **nicht zumutbare Aufopferung** verlangen würden. Davon darf der Gesetzgeber jedenfalls bei der **medizinischen**, der **kriminologischen** und der **embryopathischen** Indikation ausgehen. Andere Notlagen darf er gleichstellen, wenn sie unter dem Gesichtspunkt der Unzumutbarkeit **vergleichbar schwer wiegen**. Er darf

---

[66] Geschehen durch das Schwangeren- und Familienhilfegesetz, vgl. hierzu Rn. 5.

[67] So *Wagner* in: Krauskopf, SGB V, § 24b Rn. 19.

[68] Vgl. BSG v. 29.01.1980 - 3 RK 36/78 - juris Rn. 17 - BSGE 49, 240. Ebenso *Knispel* in: Peters, Handbuch KV (SGB V), § 24b Rn. 24; *Wagner* in: Krauskopf, SGB V, § 24b Rn. 4.

auch zu einem **Schutzkonzept** übergehen, das auf die **Beratung** der schwangeren Frau setzt und deshalb wegen der dazu notwendigen Beratungsoffenheit auf die **Feststellung von Indikationstatbeständen durch einen Dritten verzichtet. Ohne Überprüfung** durch Dritte darf der Schwangerschaftsabbruch aber nicht **für gerechtfertigt** erklärt werden. Vielmehr muss die Rechtsordnung das **grundsätzliche Verbot des Schwangerschaftsabbruchs in geeigneter Weise zum Ausdruck bringen**, soweit es dem Beratungskonzept nicht entgegensteht.[69] Daher dürfen für Schwangerschaftsabbrüche im Rahmen der Beratungsregelung nicht alle rechtlichen Vorteile gewährt werden, die nach der Rechtsordnung für **rechtmäßige** Abbrüche zulässig sind.[70] Deshalb ist § 218a Abs. 1 StGB i.d.F. des SFHG[71] für **nichtig erklärt** worden (vgl. Rn. 6 f.).

Diese verfassungsrechtliche Ausgangslage bedingt, dass nach § 24b SGB V zu untescheiden ist zwischen Leistungen bei einem **gerechtfertigten Schwangerschaftsabbruch** (§ 24b Abs. 1 und 2 SGB V) sowie bei einem **rechtswidrigen, aber nach Beratung straffreien Schwangerschaftsabbruch** (§ 24b Abs. 3 und 4 SGB V). 36

4. Leistungen bei nicht rechtswidrigem Abbruch (Absätze 1 und 2)

Anspruch auf Gewährung der **vollständigen** Leistungen bei Durchführung eines Schwangerschaftsabbruchs hat eine Versicherte nach § 24b Abs. 1 SGB V nur, soweit der Abbruch **nicht rechtswidrig** ist und er in einer **Einrichtung nach § 13 Abs. 1 des Schwangerschaftskonfliktgesetzes vorgenommen wird**. Der Leistungsumfang ergibt sich in diesem Fall aus § 24b Abs. 2 SGB V. 37

a. Rechtfertigende Indikation

Maßstab zur Beurteilung der Rechtmäßigkeit eines Schwangerschaftsabbruchs ist § 218a Abs. 2 und 3 StGB. Danach ist der mit Einwilligung der Schwangeren von einem Arzt vorgenommene Schwangerschaftsabbruch nach **§ 218a Abs. 2 StGB** nicht rechtswidrig, wenn der Abbruch unter Berücksichtigung der gegenwärtigen und zukünftigen Lebensverhältnisse der Schwangeren **nach ärztlicher Erkenntnis** angezeigt ist, um eine **Gefahr für das Leben** oder die **Gefahr einer schwerwiegenden Beeinträchtigung des körperlichen oder seelischen Gesundheitszustandes** der Schwangeren abzuwenden, und die Gefahr nicht auf eine andere für sie zumutbare Weise abgewendet werden kann. Dem steht nach es nach **§ 218a Abs. 3 StGB** gleich, wenn nach ärztlicher Erkenntnis an der Schwangeren eine **rechtswidrige Tat** nach den §§ 176-179 StGB begangen worden ist, dringende Gründe für die Annahme sprechen, dass die Schwangerschaft auf der Tat beruht und seit der Empfängnis nicht mehr als zwölf Wochen vergangen sind. 38

Nicht rechtswidrig ist ein Schwangerschaftsabbruch danach jedenfalls bei **medizinischer Indikation,** bei **kriminologischer Indikation** und möglicherweise bei **embryopathischer Indikation**: 39

aa. Medizinische Indikation

Eine medizinische Indikation für einen Schwangerschaftsabbruch liegt nach § 218a Abs 2 StGB vor, wenn dieser nach ärztlicher Erkenntnis unter Berücksichtigung der gegenwärtigen und zukünftigen Lebensverhältnisse der Schwangeren zur Abwendung einer Gefahr für das Leben oder einer schwerwiegenden Beeinträchtigung des körperlichen oder seelischen Gesundheitszustandes der Schwangeren angezeigt ist. Die Indikation ist getragen von der Erwägung, dass der Schwangeren der Schutz des Ungeborenen dann nicht angesonnen werden muss, wenn sie dadurch über das zumutbare Maß hinaus **zur Aufopferung eigener Lebenswerte** gezwungen wäre.[72] **Ausgangspunkt** der Indikationsstellung sind danach **gesundheitliche Folgen** beim Austragen der Schwangerschaft, nämlich entweder eine **ernste Gefahr für das Leben** der Frau oder eine **schwerwiegende Beeinträchtigung ihrer Gesundheit**. Umfasst davon sein kann auch eine besondere **seelische Lage** der Schwangeren.[73] Diese Wirkungen können auch durch **soziale Umstände** – „unter Berücksichtigung der gegenwärtigen und zukünftigen Lebensverhältnisse"[74] – beeinflusst sein. Deshalb wird die Indikation nach § 218a Abs 2 StGB auch als 40

---

[69] BVerfG v. 28.05.1993 - 2 BvF 2/90, 2 BvF 4/92, 2 BvF 5/92 - juris Rn. 314 ff. - BVerfGE 88, 203.

[70] BVerfG v. 28.05.1993 - 2 BvF 2/90, 2 BvF 4/92, 2 BvF 5/92 - juris Rn. 225 - BVerfGE 88, 203.

[71] Art. 13 Nr. 1 des Schwangeren- und Familienhilfegesetzes v. 27.07.1992, BGBl I 1992, 1398.

[72] Vgl. BVerfG v. 25.02.1975 - 1 BvF 1/74, 1 BvF 2/74, 1 BvF 3/74, 1 BvF 4/74, 1 BvF 5/74, 1 BvF 6/74 - juris Rn. 164 ff. - BVerfGE 39, 1; BVerfG v. 28.05.1993 - 2 BvF 2/90, 2 BvF 4/92, 2 BvF 5/92 - juris Rn. 171 - BVerfGE 88, 203; *Eser* in: Schönke/Schröder, StGB, 27. Aufl. 2006, § 218b Rn. 26.

[73] Vgl. BVerfG v. 28.05.1993 - 2 BvF 2/90, 2 BvF 4/92, 2 BvF 5/92 - juris Rn. 171 - BVerfGE 88, 203.

[74] § 218a Abs. 2 StGB.

„**medizinisch-soziale Indikation**“ bezeichnet.[75] Davon können auch Fälle der früheren Notlagenindikation erfasst sein.[76] Sie können einen Schwangerschaftsabbruch rechtfertigen, wenn schwere, unter Umständen auch lebensbedrohende Konfliktsituationen entstehen, die es als **unzumutbar** erscheinen lassen, von der Schwangeren die Austragung der Schwangerschaft zu erwarten.[77] Eine Unzumutbarkeit kann allerdings nicht aus Umständen herrühren, die im Rahmen der **Normalsituation einer Schwangerschaft** verbleiben. Vielmehr müssen Belastungen gegeben sein, die ein solches Maß an **Aufopferung eigener Lebenswerte** verlangen, dass dies von der Frau nicht erwartet werden kann und die Frau deshalb in einem **Konflikt** steht, **dessen Schwere** dem der anderen Indikationslagen **gleicht**.[78]

41 Voraussetzung der medizinischen Indikation ist weiter, dass die Gefahr für das Leben oder die Gesundheit der Schwangeren auch nicht auf andere für sie zumutbare Weise abwendbar ist. Das ist dann der Fall, wenn durch Maßnahmen der medizinischen Versorgung oder einer anderen Unterstützung die Gefahrenlage für das Leben oder die Gesundheit der Schwangeren so gemildert wird, dass die Situation für die Schwangere **zumutbar** wird.[79]

bb. Kriminologische Indikation

42 Eine kriminologische Indikation für einen Schwangerschaftsabbruch liegt nach § 218a Abs. 3 StGB vor, wenn an der Schwangeren eine rechtswidrige Tat nach den §§ 176-179 StGB begangen worden ist, dringende Gründe für die Annahme sprechen, dass die Schwangerschaft auf der Tat beruht, und seit der Empfängnis nicht mehr als zwölf Wochen vergangen sind. Dadurch soll der Schwangeren ein Weg aus einer **rechtswidrig aufgezwungenen Schwangerschaft**[80] eröffnet werden, weil auch deren Austragung sie unzumutbar belasten kann. Voraussetzung ist eine rechtswidrige Tat im Sinne von §§ 176-179 StGB – insbesondere eine Vergewaltigung nach § 177 Abs. 2 Nr. 1 StGB –, bei der es zu einer Schwängerung gekommen ist, die mit einem **hohen Wahrscheinlichkeitsgrad** durch den rechtswidrig handelnden Mann verursacht ist.[81]

cc. Embryopathische Indikation?

43 Die früher in § 218a StGB noch enthalten gewesene[82] **gesonderte Regelung** zur inzwischen so genannten embryopathischen Indikation[83] – also der schwerwiegenden Schädigung des Gesundheitszustandes eines Kindes infolge Erbanlage oder schädlicher Einflüsse vor der Geburt[84] – ist in § 218a StGB n.F. entgegen ursprünglicher Vorschläge[85] **nicht fortgeführt worden**. Maßgebend dafür waren nach den Materialien Einwände, eine solche Regelung könne das Missverständnis hervorrufen, die Rechtfertigung des Schwangerschaftsabbruchs ergebe sich aus einer geringeren Achtung des Lebensrechts eines geschädigten Kindes.[86] Jedoch wurde hervorgehoben, die zuvor geltenden Regelungen zur embryopathischen Indikation beruhten auf der Erwägung, dass sich in solchen Fällen eine unzumutbare Belastung für die Schwangere ergeben könne. Diese Fallkonstellation könne nunmehr durch die medizinische Indikation nach § 218a Abs. 2 StGB aufgefangen werden.[87]

44 Davon ausgehend kann die Streichung der embryopathischen Indikation als Rechtfertigungsgrund in § 218a StGB nicht dahin verstanden werden, dass mit einer drohenden Behinderung zusammenhängende Gründe schlechterdings keine Rechtfertigung für einen Schwangerschaftsabbruch mehr bieten

75 Vgl. etwa *Eser* in: Schönke/Schröder, StGB, 27. Aufl. 2006, § 218b Rn. 26 m.w.N.

76 Vgl. die Beispiele bei *Eser* in: Schönke/Schröder, StGB, 27. Aufl. 2006, § 218b Rn. 56 m.w.N.; ebenso *Knispel* in: Peters, Handbuch KV (SGB V), § 24b Rn. 19.

77 Vgl. BVerfG v. 25.02.1975 - 1 BvF 1/74, 1 BvF 2/74, 1 BvF 3/74, 1 BvF 4/74, 1 BvF 5/74, 1 BvF 6/74 - juris Rn. 164 ff. - BVerfGE 39, 1; BVerfG v. 28.05.1993 - 2 BvF 2/90, 2 BvF 4/92, 2 BvF 5/92 - juris Rn. 171 - BVerfGE 88, 203.

78 Vgl. BVerfG v. 28.05.1993 - 2 BvF 2/90, 2 BvF 4/92, 2 BvF 5/92 - juris Rn. 171 ff. - BVerfGE 88, 203.

79 Vgl. zu Einzelheiten *Eser* in: Schönke/Schröder, StGB, 27. Aufl. 2006, § 218b Rn. 32 ff. m.w.N.

80 Vgl. *Eser* in: Schönke/Schröder, StGB, 27. Aufl. 2006, § 218b Rn. 45 m.w.N.

81 Einzelheiten bei *Eser* in: Schönke/Schröder, StGB, 27. Aufl. 2006, § 218b Rn. 47 ff. m.w.N.

82 So aber zunächst § 218a Abs. 2 Nr. 1 StGB i.d.F. des 15. StrÄndG vom 18.05.1976, BGBl I 1976, 1213 und § 218a Abs. 3 StGB i.d.F. v. Art. 13 Nr. 1 SFHG vom 27.07.1992, BGBl I 1992, 1398.

83 Vgl. zum Begriff etwa die Begründung zum Gesetzentwurf der CDU/CSU-Fraktion BT-Drs. 13/285, S. 18.

84 Vgl. die Legaldefinitionen in § 218a Abs. 3 StGB i.d.F. v. Art. 13 Nr. 1 SFHG vom 27.07.1992, BGBl I 1992, 1398.

85 Vgl. Gesetzentwurf der CDU/CSU-Fraktion BT-Drs. 13/285, S. 8 zu Nr. 3, dort Absatz 2.

86 Vgl. BT-Drs. 13/1850, S. 25 f.

87 Vgl. BT-Drs. 13/1850, S. 26.

könnten. Daraus sich ergebende Belastungen sind allerdings nunmehr ausschließlich nach Maßgabe der Kriterien nach § 218a Abs. 2 StGB zu beurteilen. Demnach kann eine drohende Gesundheitsschädigung des Kindes die Rechtswidrigkeit des Schwangerschaftsabbruchs dann begründen, wenn die Schädigung die Frau gesundheitlich-seelisch in gleichem Maße so belasten würde, wie dies für die medizinische Indikation vorausgesetzt ist, und die Austragung der Schwangerschaft als eine ihr unzumutbare Überforderung erscheinen ließe. Entscheidend ist danach nicht der drohende Gesundheitsschaden des Kindes, sondern die Belastung der Schwangeren.[88] Erreicht sie nicht den nach § 218a Abs. 2 StGB vorausgesetzten Grad des Konfliktes, ist die Schwangere gegebenenfalls auf die Beratungslösung nach § 219 StGB zu verweisen.

b. Feststellung der Indikation

Nicht rechtswidrig ist ein Schwangerschaftsabbruch gemäß § 218a Abs. 2 StGB, soweit „**nach ärztlicher Erkenntnis**" eine der Indikationen nach § 218a Abs. 2 oder Abs. 3 StGB vorliegt. Dadurch ist der Erkenntnisprozess auf diejenigen Erkenntnismittel ausgerichtet und zugleich beschränkt, die **einem Arzt** im Rahmen des ärztlichen Standesrechts **geboten** und **möglich** sind. Der Arzt braucht sich nicht als Ermittlungsbehörde zu gerieren und an andere Stellen herantreten und Auskünfte einholen.[89] Zentral sind vielmehr seine ärztlichen Erkenntnisse insbesondere über die gesundheitlichen Folgewirkungen bei einem Austragen der Schwangerschaft, die er im Rahmen seiner Fachkenntnisse und gegebenenfalls unter Hinzuziehung weiteren medizinischen Sachverstands zu gewinnen hat.[90] Dabei steht ihm ein **Beurteilungsspielraum** zu, der nur darauf zu überprüfen ist, ob die Indikationsstellung „nach ärztlicher Erkenntnis" in der damals gegebenen Situation **vertretbar** erscheint oder nicht.[91] **45**

Die Auswirkungen dieses **strafrechtlich** vorgegebenen Verfahrens der Indikationsstellung auf das von der **Krankenkasse** nach § 24b Abs. 1 Satz SGB V durchzuführende Verfahren sind **fraglich**. Das BVerfG war zu der alten, mit dem 2. Schwangerschaftsabbruchsurteil teilweise beanstandeten Rechtslage davon ausgegangen, dass der damals noch gegebene Tatbestand der allgemeinen Notlagenindikation vielfach **ohne zureichenden Grund** zur Rechtfertigung von Schwangerschaftsabbrüchen herangezogen worden sei[92], und hatte entschieden, die Krankenkassen hätten sich zu **vergewissern**, dass die Annahme einer allgemeinen Notlage nach ärztlicher Erkenntnis **nicht unvertretbar** war[93]. Aus dieser Entscheidung wird überwiegend geschlossen, dass nach der zwischenzeitlich geänderten Rechtslage solche Überprüfungspflichten **nicht** bestünden, weil eine der allgemeinen Notlagenindikation entsprechende offene Regelung nicht mehr bestehe, und die Krankenkasse nur die Einhaltung des **formalen Feststellungsverfahrens** zu prüfen habe.[94] Dieser Schluss erscheint indes nicht zwingend. Leistungsverpflichtet – und vom Grundrechtsschutz des Ungeborenen nach der Rechtsprechung des BVerfG ausgehend: leistungsberechtigt – ist die Krankenkasse nach § 24b Abs. 1 Satz 1 SGB V nur bei einem nicht rechtswidrigen Schwangerschaftsabbruch. Diese Feststellung muss sie **selbst** treffen,[95] weil der Schwangerschaftsabbruch nicht bereits deshalb nicht rechtswidrig ist, weil ein **Arzt dies so beurteilt** hat, sondern nur, wenn nach dem **Maßstab einer ärztlichen Entscheidung vertretbar** eine nach § 218a Abs. 2 oder Abs. 3 StGB beachtliche Indikation gestellt werden kann. Deshalb dürfte die Kran- **46**

[88] So auch *Eser* in: Schönke/Schröder, StGB, 27. Aufl. 2006, § 218b Rn. 37 ff. m.w.N.; *Knispel* in: Peters, Handbuch KV (SGB V), § 24b Rn. 20; *Mrozynski* in: Wannagat, SGB V, § 24a Rn. 14; *Zipperer* in: Maaßen, SGB V, § 24b Rn. 38. Zweifelnd *Wagner* in: Krauskopf, SGB V, § 24b Rn. 16. Ebenso BGH v. 18.06.2002 - VI ZR 136/01 - juris Rn. 13 ff. - BGHZ 151, 133 - Ersatz des Unterhaltsaufwands der Eltern für das schwerbehinderte Kind.

[89] Vgl. BT-Drs. 13/1850, S. 26.

[90] Vgl. *Eser* in: Schönke/Schröder, StGB, 27. Aufl. 2006, § 218b Rn. 36 m.w.N.

[91] Vgl. BGH v. 09.07.1985 - VI ZR 244/83 - juris Rn. 15 f. - BGHZ 95, 199 - Arzthaftung bei misslungenem Schwangerschaftsabbruch aufgrund Notlagenindikation; dem zustimmend BVerfG v. 28.05.1993 - 2 BvF 2/90, 2 BvF 4/92, 2 BvF 5/92 - juris Rn. 351 - BVerfGE 88, 203. Skeptisch insoweit *Eser* in: Schönke/Schröder, StGB, 27. Aufl. 2006, § 218b Rn. 36.

[92] BVerfG v. 28.05.1993 - 2 BvF 2/90, 2 BvF 4/92, 2 BvF 5/92 - juris Rn. 350 - BVerfGE 88, 203.

[93] BVerfG v. 28.05.1993 - 2 BvF 2/90, 2 BvF 4/92, 2 BvF 5/92 - juris Rn. 351 - BVerfGE 88, 203.

[94] So etwa *Knispel* in: Peters, Handbuch KV (SGB V), § 24b Rn. 18. Ähnlich *Gerlach* in: Hauck/Noftz, SGB V, § 24b Rn. 34: ärztliche Feststellung begründet unwiderlegliche Vermutung. *Mrozynski* in: Wannagat, SGB V, § 24a Rn. 14. *Zipperer* in: Maaßen, SGB V, § 24b Rn. 40: Krankenkasse darf in der Regel davon ausgehen, dass ärztliche Feststellung zutreffend ist.

[95] Ebenso *Wagner* in: Krauskopf, SGB V, § 24b Rn. 17.

kenkasse auch nach geltendem Recht einen Schwangerschaftsabbruch nur dann als nicht rechtswidrig ansehen können, wenn sie von dem Arzt geeignete Unterlagen beigezogen hat und auf dieser Grundlage – ohne eigene Untersuchungen oder weitere Feststellungen – zu dem Ergebnis gelangt, dass dessen Einschätzung vertretbar[96] erscheint.[97]

c. Geeignete Einrichtung zur Vornahme des Schwangerschaftsabbruchs

47 Anspruch auf Leistungen bei einem nicht rechtswidrigen Schwangerschaftsabbruch haben Versicherte nach § 24b Abs. 1 SGB V weiter nur, wenn der Abbruch in einer **Einrichtung im Sinne des § 13 Abs. 1 SchKG**[98] vorgenommen wird. Dadurch wird der **leistungsrechtliche Anspruch** nach dem SGB V an die Einhaltung der **berufsrechtlichen Anforderungen** geknüpft, die für die Ärzte gelten, die Schwangerschaftsabbrüche vornehmen.

48 Diese zwischenzeitlich in § 13 Abs. 1 SchKG statuierten Anforderungen sind im Laufe der verschiedenen Änderungen des Rechts des Schwangerschaftsabbruchs ihrerseits **mehrfach geändert** worden. Ursprünglich war die Durchführung von Schwangerschaftsabbrüchen ausschließlich Ärzten in **Krankenhäusern** vorbehalten. Im weiteren Verlauf war er in Krankenhäusern und nach Maßgabe **landesrechtlicher Entscheidung**[99] Ärzten in **zugelassenen** ambulanten Einrichtungen erlaubt, wobei in einigen Ländern solche Erlaubnisse allerdings generell **nicht erteilt** wurden[100]. Im Zuge der nach der **Wiedervereinigung** notwendigen Neuregelung des Rechts des Schwangerschaftsabbruchs (vgl. Rn. 4 f.) suchte der Bundesgesetzgeber darauf hinzuwirken, dass in den Ländern in ausreichender Zahl geeignete Einrichtungen zur Vornahme von Schwangerschaftsabbrüchen vorhanden sind[101]. Dazu wurde das bis dahin bestehende Zulassungserfordernis[102] **gestrichen** und die materiell-rechtliche Anforderung darauf beschränkt, dass in der Einrichtung „auch die notwendige Nachbehandlung gewährleistet ist".[103] Zudem wurde den zuständigen obersten Landesbehörden aufgegeben, ein ausreichendes und flächendeckendes Angebot sowohl ambulanter als auch stationärer Einrichtungen zur Vornahme von Schwangerschaftsabbrüchen **sicherzustellen.**[104] Dies billigte das BVerfG im **2. Schwangerschaftsabbruchsurteil**[105] soweit die Verpflichtung darauf zielte, ein ausreichendes und flächendeckendes Angebot sowohl ambulanter als auch stationärer Einrichtungen zur Vornahme von Schwangerschaftsabbrüchen sicherzustellen. Als nichtig sah es die Regelung aber an, soweit sie die zuständige oberste Landesbehörde als Träger der Verpflichtung benannte.[106] Darauf reagierte schließlich der Gesetzgeber mit dem **Schwangeren- und Familienhilfeänderungsgesetz (SFHÄndG)** vom 21.08.1995[107] durch die partielle Neufassung der bis dahin geltenden Regelung, die zudem nunmehr ihren Sitz im SchKG erhielt, dort als § 13 SchKG. Danach darf ein Schwangerschaftsabbruch gemäß § 13 Abs. 1 SchKG nur in einer Einrichtung vorgenommen werden, in der auch die notwendige Nachbehandlung gewährleistet ist. Nach § 13 Abs. 2 SchKG haben die Länder ein ausreichendes Angebot ambulanter und stationärer Einrichtungen zur Vornahme von Schwangerschaftsabbrüchen sicherzustellen.

49 Vor diesem Hintergrund ist Einrichtung im Sinne von § 13 Abs. 1 SchKG jede Stelle, die **berufsrechtlich** zur Vornahme von Schwangerschaftsabbrüchen befugt ist, die dafür geltenden Qualitätsanforderungen einhält und zur Vornahme von Schwangerschaftsabbrüchen zu Lasten der gesetzlichen Kran-

---

[96] Vgl. Rn. 45.

[97] So zum alten Recht ebenso *Philipp*, NJW 1987, 2275.

[98] Gesetz zur Vermeidung und Bewältigung von Schwangerschaftskonflikten (Schwangerschaftskonfliktgesetz – SchKG) v. 27.07.1992, BGBl I 1992, 1398 i.d.F. des Art. 1 Nr. 7 des Schwangeren- und Familienhilfeänderungsgesetzes (SFHÄndG) v. 21.08.1995 BGBl I 1985, 1050.

[99] Art. 3 des Fünften Gesetzes zur Reform des Strafrechts (5. StrRG) v. 18.06.1974, BGBl I 1974, 1297 i.d.F. des Fünfzehnten Strafrechtsänderungsgesetzes vom 18.05.1976, BGBl I 1976, 1213.

[100] Vgl. BVerwG v. 15.01.1987 - 3 C 19/85 - BVerwGE 75, 330: kein Anspruch auf Zulassung einer Praxis für (indizierte) ambulante Schwangerschaftsabbrüche nach Art. 3 Abs. 1 StrRG 5 in Baden-Württemberg.

[101] Vgl. BT-Drs. 12/2605, S. 23.

[102] Art. 3 des Fünften Gesetzes zur Reform des Strafrechts (5. StrRG) v. 18.06.1974, BGBl I 1974, 1297 i.d.F. des Art. 13 des Schwangeren- und Familienhilfegesetzes vom 27.07.1992, BGBl I 1992, 1398.

[103] Art. 3 des Fünften Gesetzes zur Reform des Strafrechts (5. StrRG) v. 18.06.1974, BGBl I 1974, 1297 i.d.F. des Schwangeren- und Familienhilfegesetzes vom 27.07.1992, BGBl I 1992, 1398.

[104] Art. 4 des Fünften Gesetzes zur Reform des Strafrechts (5. StrRG) v. 18.06.1974, BGBl I 1974, 1297 i.d.F. des Schwangeren- und Familienhilfegesetzes vom 27.07.1992, BGBl I 1992, 1398.

[105] BVerfG v. 28.05.1993 - 2 BvF 2/90, 2 BvF 4/92, 2 BvF 5/92 - BVerfGE 88, 203.

[106] BVerfG v. 28.05.1993 - 2 BvF 2/90, 2 BvF 4/92, 2 BvF 5/92 - juris Rn. 354 ff. - BVerfGE 88, 203.

[107] BGBl I 1995, 1050.

kenversicherung **zugelassen** ist. Maßgeblich dafür ist zunächst bundesrechtlich die Vorgabe, dass die **erforderliche Nachsorge** gewahrt ist.[108] Einzelheiten ergeben sich zum einen aus dem in der **landesrechtlichen Kompetenz** liegenden **ärztlichen Berufsrecht**. Die Länder sind in diesem Zusammenhang unter Wahrung der bundesrechtlichen Leitentscheidungen auch zu spezialgesetzlicher Regelung über Anforderungen an Einrichtungen befugt, in denen Schwangerschaftsabbrüche ambulant durchgeführt werden.[109] Weiter können auf **sozialrechtlicher Grundlage** zunächst **Qualitätsanforderungen** aus den vertragsarztrechtlich abgeschlossenen Vereinbarungen über Qualitätsanforderungen bei **ambulant durchgeführten Operationen** bestehen.[110] Schließlich setzt die Vornahme zu Lasten einer Krankenkasse die Einbeziehung der Einrichtung auf der Grundlage von § 75 Abs. 9 SGB V voraus.[111]

d. Leistungsumfang

Als Hauptleistung bei einem Schwangerschaftsabbruch nach § 24b Abs. 1 SGB V können alle ärztlich zu erbringenden und zu verordnenden Leistungen beansprucht werden, die erstens der **Feststellung der Indikation** nach § 24b Abs. 1 SGB V dienen, zweitens die **Konfliktberatung der Schwangeren** zum Gegenstand haben und schließlich drittens – entscheidet sich die Schwangere zum Abbruch – zum **Schwangerschaftsabbruch medizinisch geboten** sind. 50

Anspruch besteht zunächst nach § 24b Abs. 2 Satz 1 SGB V auf **ärztliche Untersuchung und Begutachtung** zur Feststellung, ob die Voraussetzungen einer Indikation für einen nicht rechtswidrigen Schwangerschaftsabbruch gegeben sein können. Gedeckt davon sind sämtliche Untersuchungen und anamnestische Erhebungen, die nach Einschätzung des hinzugezogenen Arztes erforderlich sind, damit eine im Sinne von § 218a Abs. 2 oder 3 StGB hinreichende ärztliche Erkenntnis über die Gründe des in Frage stehenden Schwangerschaftsabbruchs gewonnen werden kann. 51

Kann aufgrund der Untersuchung eine Indikation nach § 218a Abs. 2 oder 3 StGB vorliegen, besteht weiter nach § 24b Abs. 2 Satz 1 SGB V Anspruch auf **ärztliche Beratung über sowohl die Erhaltung als auch den Abbruch** der Schwangerschaft. Die Beratung hat dem Konflikt, dem die Schwangere ausgesetzt ist, gerecht zu werden. Sie hat sich deshalb einerseits auf alle Möglichkeiten zu richten, die Schwangerschaft trotz der festgestellten Indikation auszutragen. Andererseits hat sie eine ausführliche Erörterung der gegenwärtigen und künftigen Situation der Schwangeren sowie des Kindes zu ermöglichen. Dabei sind der Schwangeren sowohl die Folgen bei einem Abbruch vor Augen zu führen als auch mit ihr die Situation ohne Abbruch zu erörtern. Gegenstand der zu erbringenden Leistungen ist dabei auch eine Beratung über Möglichkeiten der **Inanspruchnahme von Sozialleistungen**, mit denen ein Schwangerschaftsabbruch gegebenenfalls vermieden werden kann.[112] Dabei kann der Arzt auch gehalten sein, die Hilfeleistung anderer Personen, die mit den sozialrechtlichen Leistungssystemen besser vertraut sind, in entsprechender Anwendung von § 28 Abs. 1 Satz 2 SGB V einzubeziehen.[113] Zwar wird eingewandt, dass nach § 28 Abs. 1 Satz 2 SGB V nur Personen hinzugezogen werden können, deren Tätigkeit der ärztlichen Berufsausübung zuzurechnen ist und die kraft des ärztlichen Fachwissens verantwortet werden kann.[114] Jedoch kann es nach den aus § 218a Abs. 2 StGB sich ergebenden Anforderungen zur Feststellung der Indikation zum Schwangerschaftsabbruch unter Umständen auch 52

---

[108] Vgl. dazu die in den Materialien festgehaltenen Vorstellungen über die Anforderungen an entsprechende Einrichtungen in BT-Drs. 12/2605, S. 23.

[109] Zu den daraus sich ergebenden Anforderungen BVerfG v. 27.10.1998 - 1 BvR 2306/96, 1 BvR 2314/96, 1 BvR 1108/97, 1 BvR 1109/97, 1 BvR 1110/97 - BVerfGE 98, 265 zur partiellen Verfassungswidrigkeit des bayerischen Gesetzes über ergänzende Regelungen zum Schwangerschaftskonfliktgesetz und zur Ausführung des Gesetzes zur Hilfe für Frauen bei Schwangerschaftsabbrüchen in besonderen Fällen (Bayerisches Schwangerenhilfeergänzungsgesetz – BaySchwHEG) vom 09.08.1996 (BayGVBl, S. 328).

[110] Vgl. den Vertrag nach § 115b Abs. 1 SGB V – Ambulantes Operieren und stationsersetzende Eingriffe im Krankenhaus – (AOP-Vertrag) mit Stand vom 17.08.2006, dort Anlage 1 und die Vereinbarung von Qualitätssicherungsmaßnahmen bei ambulanten Operationen und stationsersetzenden Eingriffen einschließlich der notwendigen Anästhesien gemäß § 115b Abs. 1 Satz 1 Nr. 3 SGB V mit Stand vom 18.09.2006.

[111] Vgl. dazu näher die Kommentierung zu § 75 SGB V Rn. 113 f. Vgl. auch LSG für das Saarland v. 01.12.2004 - L 3 KA 1/01.

[112] Zu Aufgabe und Umfang der Beratung eingehend *Knispel* in: Peters, Handbuch KV (SGB V), § 24b Rn. 25; *Mrozynski* in: Wannagat, SGB V, § 24a Rn. 12 f.

[113] So *Mrozynski* in: Wannagat, SGB V, § 24a Rn. 13.

[114] So *Knispel* in: Peters, Handbuch KV (SGB V), § 24b Rn. 25 unter Verweis auf BSG v. 10.05.1995 - 1 RK 20/94 - BSGE 76, 109.

ärztliche Aufgabe sein, das Ausmaß einer drohenden soziale Notlage und Möglichkeiten eines Ausgleichs durch Sozialleistungen abschätzen zu können. Das kann dafür sprechen, die an sich berufsfremde Beratung über Sozialleistungen bei der gebotenen Beratung über einen Schwangerschaftsabbruch der **ärztlichen Berufsausübung** zuzurechnen.

53 Liegt nach ärztlicher Einschätzung schließlich eine Indikation nach § 218a Abs. 2 oder 3 StGB vor und wünscht die Schwangere den Schwangerschaftsabbruch, besteht nach § 24b Abs. 2 Satz 1 SGB V Anspruch auf ärztliche Behandlung, Versorgung mit Arznei-, Verband- und Heilmitteln sowie Krankenhauspflege. Gegenstand und Umfang der danach zu beanspruchenden Leistungen richten sich nach den Vorgaben, die sich für die entsprechenden Leistungen aus den §§ 28 ff. SGB V ergeben.

54 Als Nebenleistung kommt die Gewährung von Krankengeld sowie weiterer Leistungen in Betracht, soweit die maßgebenden Vorschriften ergänzend anwendbar sind. Es gilt das zur Sterilisation Ausgeführte (vgl. Rn. 31 ff.) entsprechend.

5. Leistungen bei Abbruch nach Beratung (Absätze 3 und 4)

55 Liegt ein Schwangerschaftskonflikt nach § 218a Abs. 2 oder 3 StGB V **nicht** vor, darf die gesetzliche Krankenversicherung nach der Entscheidung des BVerfG im **2. Schwangerschaftsabbruchsurteil**[115] Leistungen zum Abbruch selbst nicht erbringen (vgl. im Einzelnen Rn. 7). Verfassungsgemäß sind nach dem Urteil nur Leistungen, die dazu bestimmt sind, die **Gesundheit** der Frau, soweit sie durch eine Schwangerschaft berührt wird, zu erhalten. Dazu rechnen insbesondere ärztliche Leistungen im **Vorfeld eines Schwangerschaftsabbruchs** und **Nachbehandlungen bei komplikationsbedingten Folgeerscheinungen** des Abbruchs.[116]

56 Daran anknüpfend unterscheidet § 24b SGB V nunmehr zwischen Leistungen bei einem nicht rechtswidrigen Schwangerschaftsabbruch einerseits und Leistungen bei einem (nur) straffreien Schwangerschaftsabbruch andererseits. Maßgeblich für die letztgenannte Gruppe ist § 24b Abs. 3 und Abs. 4 SGB V. Daraus ergibt sich, welche Leistungen insoweit aus dem Leistungskatalog der gesetzlichen Krankenversicherung einerseits **ausgeschieden** sind und welche andererseits **als Teilleistung** (dennoch) beansprucht werden können. Vorrangiger Regelungsgehalt ist dabei trotz der insoweit unterschiedlichen Reihenfolge der Absätze der **Leistungsausschluss** bei verfassungsrechtlich unzulässiger Leistungserbringung:

a. Ausgenommene Leistungen (Absatz 4)

57 **Ausgeschieden** aus dem Leistungskatalog der gesetzlichen Krankenversicherung sind nach § 24b Abs. 3 HS. 1 SGB V alle ärztlich erbrachten und verordneten Leistungen, die der **Vornahme** des Abbruchs selbst sowie der **Nachbehandlung bei komplikationslosem Verlauf** dienen. Die davon umfassten Leistungen sind in dem Katalog des § 24b Abs. 4 SGB V enumerativ und abschließend aufgelistet. Sie umfassen danach im Einzelnen:

1. die Anästhesie,
2. den operativen Eingriff oder die Gabe einer den Schwangerschaftsabbruch herbeiführenden Medikation,
3. die vaginale Behandlung einschließlich der Einbringung von Arzneimitteln in die Gebärmutter,
4. die Injektion von Medikamenten,
5. die Gabe eines wehenauslösenden Medikamentes,
6. die Assistenz durch einen anderen Arzt,
7. die körperlichen Untersuchungen im Rahmen der unmittelbaren Operationsvorbereitung und der Überwachung im direkten Anschluss an die Operation.

58 Weiter ausgeschlossen aus dem Katalog sind nach § 24b Abs. 4 Satz 2 SGB V alle mit diesen ärztlichen Leistungen im Zusammenhang stehenden Sachkosten, insbesondere für Narkosemittel, Verbandmittel, Abdecktücher und Desinfektionsmittel. Schließlich übernimmt die Krankenkasse nach § 24b Abs. 4 Satz 3 SGB V bei vollstationärer Vornahme des Abbruchs nicht den allgemeinen Pflegesatz für den Tag, an dem der Abbruch vorgenommen wird.

---

[115] BVerfG v. 28.05.1993 - 2 BvF 2/90, 2 BvF 4/92, 2 BvF 5/92 - BVerfGE 88, 203.
[116] Vgl. BVerfG v. 28.05.1993 - 2 BvF 2/90, 2 BvF 4/92, 2 BvF 5/92 - juris Rn. 321 ff. - BVerfGE 88, 203.

b. Eingeschlossene Leistungen (Absatz 3)

Von Verfassungs wegen nicht zu beanstanden sind nach der Entscheidung des BVerfG[117] solche Leistungen zu Lasten der gesetzlichen Krankenversicherung, die dazu bestimmt sind, die **Gesundheit** der Frau zu erhalten, soweit sie durch eine Schwangerschaft berührt wird. Dazu rechnen nach der Entscheidung insbesondere ärztliche Leistungen im **Vorfeld eines Schwangerschaftsabbruchs** und **Nachbehandlungen bei komplikationsbedingten Folgeerscheinungen** des Abbruchs.[118] Dieser Abgrenzung soll § 24b Abs. 3 SGB V Rechnung tragen. Danach haben Versicherte im Fall eines unter den Voraussetzungen des § 218a Abs. 1 StGB vorgenommenen Abbruchs Anspruch erstens auf ärztliche Beratung über die Erhaltung und den Abbruch der Schwangerschaft sowie zweitens auf ärztliche Behandlung mit Ausnahme der Vornahme des Abbruchs und der Nachbehandlung bei komplikationslosem Verlauf, die Versorgung mit Arznei-, Verband- und Heilmitteln sowie auf Krankenhausbehandlung, falls und soweit die Maßnahmen dazu dienen, entweder (1.) die Gesundheit des Ungeborenen zu schützen, falls es nicht zum Abbruch kommt, oder (2.) die Gesundheit der Kinder aus weiteren Schwangerschaften zu schützen oder (3.) die Gesundheit der Mutter zu schützen, insbesondere zu erwartenden Komplikationen aus dem Abbruch der Schwangerschaft vorzubeugen oder eingetretene Komplikationen zu beseitigen. 59

Regelungstechnisch erscheint diese Normierung **nicht vollends überzeugend**. Anknüpfungspunkt sowohl des Leistungs**ausschlusses** als auch des Leistungs**einschlusses** ist der Abbruch einer Schwangerschaft unter den Voraussetzungen des § 218a Abs. 1 StGB. Danach ist der Tatbestand des § 218 StGB nicht verwirklicht, wenn erstens die Schwangere den Schwangerschaftsabbruch verlangt und dem Arzt durch eine Bescheinigung nach § 219 Abs. 2 Satz 2 StGB nachgewiesen hat, dass sie sich mindestens drei Tage vor dem Eingriff hat beraten lassen, zweitens der Schwangerschaftsabbruch von einem Arzt vorgenommen wird und drittens seit der Empfängnis nicht mehr als zwölf Wochen vergangen sind. Strafrechtlich knüpft die Regelung danach – dem Strafrechtsbezug entsprechend – an die **Verwirklichung** des Schwangerschaftsabbruchs an. Straffreiheit gewährt sie dann, wenn ein Beratungsverfahren nach Maßgabe von § 219 StGB sowie der dies konkretisierenden Vorgaben der §§ 5 ff. SchwKG **abgeschlossen**[119] und im Anschluss die Frist des § 218a Abs. 1 Nr. 1 StGB **abgewartet** worden ist. Danach kann sich erst zu **Ende** des Beratungsverfahrens ergeben, ob die Voraussetzungen für Straffreiheit im Sinne von § 218a Abs. 1 StGB vorliegen. 60

Für die strafrechtlichen Zwecke reicht diese Anknüpfung vollständig. Für die sozialrechtlich zu gewährenden Leistungen erscheint dieser Zeitpunkt hingegen **problematisch**, weil nach dem Ansatz sowohl des BVerfG als auch des Gesetzgebers ärztliche Beratungs- und Untersuchungsleistungen bereits im **Vorfeld** des Schwangerschaftsabbruchs beansprucht werden können und erwünscht sind. Nicht anders ist jedenfalls zu verstehen, dass sich der Anspruch auf ärztliche Beratung nach § 24b Abs. 3 SGB V auf „die Erhaltung und den Abbruch der Schwangerschaft" richtet (vgl. zum entsprechenden Beratungsauftrag nach § 24b Abs. 2 SGB V Rn. 52) und ein Zweck ärztlicher Behandlung nach § 24b Abs. 3 Nr. 1 SGB V sein kann, „die Gesundheit des Ungeborenen zu schützen, falls es nicht zum Abbruch kommt". Daraus kann nur geschlossen werden, dass Ansprüche auf ärztliche Beratung und jedenfalls Untersuchung, gegebenenfalls auch Behandlung bereits **zeitgleich mit**, und nicht erst **nach dem** Prozess der Konfliktberatung entstehen können. Dafür erscheint die Anknüpfung an den Abschluss der Konfliktberatung **ungeeignet**. Das spricht dafür, den Leistungstatbestand des § 24b Abs. 3 SGB V **erweiternd** dahin auszulegen, dass Schwangere **bis zur** Entscheidung über den Schwangerschaftsabbruch Anspruch auf alle Leistungen der ärztlichen Beratung und Behandlung haben, wie sie sich aus § 24b Abs. 3 und Abs. 4 SGB V ergeben, und dass **nach der** Entscheidung über den Abbruch die weiteren Leistungsansprüche dann entstehen, wenn die Voraussetzungen des § 218a Abs. 1 StGB vorliegen, insbesondere also die Schwangere den Schwangerschaftsabbruch verlangt und dem Arzt durch eine Bescheinigung nach § 219 Abs. 2 Satz 2 StGB nachgewiesen hat, dass sie sich mindestens drei Tage vor dem Eingriff hat beraten lassen und seit der Empfängnis nicht mehr als zwölf Wochen vergangen sind. 61

Von dieser Auslegung ausgehend ist der Anspruch auf Leistungen **bis zum Abschluss des Beratungsverfahrens** mit dem Anspruch bei einem nicht rechtswidrigen Schwangerschaftsabbruch (vgl. Rn. 50 ff.) **deckungsgleich**, soweit sie nicht gerade auf die Feststellung einer Indikation nach § 218a 62

---

[117] BVerfG v. 28.05.1993 - 2 BvF 2/90, 2 BvF 4/92, 2 BvF 5/92 - BVerfGE 88, 203.

[118] Vgl. BVerfG v. 28.05.1993 - 2 BvF 2/90, 2 BvF 4/92, 2 BvF 5/92 - juris Rn. 337 - BverfGE 88, 203.

[119] Vgl. zu Einzelheiten *Eser* in: Schönke/Schröder, StGB, 27. Aufl. 2006, § 219 Rn. 3 ff.

Abs. 2 oder 3 StGB gerichtet sind. **Nach Abschluss** des Beratungsverfahrens besteht im Fall der Entscheidung für den Schwangerschaftsabbruch weitergehend Anspruch auf ärztliche Leistungen, soweit sie einem der Zwecke des § 24b Abs. 3 Nr. 1-3 SGB V **dienen**. Maßgebend sind dafür alle Maßnahmen zum Schutz der **Gesundheit der Mutter** (§ 24b Abs. 3 Nr. 3 SGB V) oder zum **Schutz von Kindern aus einer möglichen zukünftigen Schwangerschaft** (§ 24b Abs. 3 Nr. 2 SGB V), wobei bei Maßnahmen zum Schutz der Mutter differenziert wird zwischen regelhaften Nebenwirkungen des Schwangerschaftsabbruchs – nicht von der Krankenkasse zu übernehmen – und nicht regelhaften „Komplikationen" – von der Krankenkasse zu übernehmen.

Vierter Abschnitt: Leistungen zur Früherkennung von Krankheiten

§ 25 SGB V Gesundheitsuntersuchungen

(Fassung vom 14.11.2003, gültig ab 01.01.2004)

(1) Versicherte, die das fünfunddreißigste Lebensjahr vollendet haben, haben jedes zweite Jahr Anspruch auf eine ärztliche Gesundheitsuntersuchung zur Früherkennung von Krankheiten, insbesondere zur Früherkennung von Herz-Kreislauf- und Herz-Kreislauf- und Nierenerkrankungen sowie der Zuckerkrankheit.

(2) Versicherte haben höchstens einmal jährlich Anspruch auf eine Untersuchung zur Früherkennung von Krebserkrankungen, Frauen frühestens vom Beginn des zwanzigsten Lebensjahres an, Männer frühestens vom Beginn des fünfundvierzigsten Lebensjahres an.

(3) Voraussetzung für die Untersuchungen nach den Absätzen 1 und 2 ist, daß

1. es sich um Krankheiten handelt, die wirksam behandelt werden können,

2. das Vor- oder Frühstadium dieser Krankheiten durch diagnostische Maßnahmen erfaßbar ist,

3. die Krankheitszeichen medizinisch-technisch genügend eindeutig zu erfassen sind,

4. genügend Ärzte und Einrichtungen vorhanden sind, um die aufgefundenen Verdachtsfälle eingehend zu diagnostizieren und zu behandeln.

(4) Die Untersuchungen nach Absatz 1 und 2 sollen, soweit berufsrechtlich zulässig, zusammen angeboten werden. Der Gemeinsame Bundesausschuss bestimmt in den Richtlinien nach § 92 das Nähere über Art und Umfang der Untersuchungen sowie die Erfüllung der Voraussetzungen nach Absatz 3. Er kann für geeignete Gruppen von Versicherten eine von Absatz 1 und 2 abweichende Altersgrenze und Häufigkeit der Untersuchungen bestimmen.

(5) In den Richtlinien des Gemeinsamen Bundesausschusses ist ferner zu regeln, dass die Durchführung von Maßnahmen nach den Absätzen 1 und 2 von einer Genehmigung der Kassenärztlichen Vereinigung abhängig ist, wenn es zur Sicherung der Qualität der Untersuchungen geboten ist, dass Ärzte mehrerer Fachgebiete zusammenwirken oder die teilnehmenden Ärzte eine Mindestzahl von Untersuchungen durchführen oder besondere technische Einrichtungen vorgehalten werden oder dass besonders qualifiziertes nichtärztliches Personal mitwirkt. Ist es erforderlich, dass die teilnehmenden Ärzte eine hohe Mindestzahl von Untersuchungen durchführen oder dass bei der Leistungserbringung Ärzte mehrerer Fachgebiete zusammenwirken, legen die Richtlinien außerdem Kriterien für die Bemessung des Versorgungsbedarfs fest, so dass eine bedarfsgerechte räumliche Verteilung gewährleistet ist. Die Auswahl der Ärzte durch die Kassenärztliche Vereinigung erfolgt auf der Grundlage der Bewertung ihrer Qualifikation und der geeigneten räumlichen Zuordnung ihres Praxissitzes für die Versorgung im Rahmen eines in den Richtlinien geregelten Ausschreibungsverfahrens. Die Genehmigung zur Durchführung der Früherkennungsuntersuchungen kann befristet und mit für das Versorgungsziel notwendigen Auflagen erteilt werden.

Gliederung

A. Basisinformationen

I. Textgeschichte/Gesetzgebungsmaterialien

1 Die Vorschrift ist – wie das gesamte SGB V – durch das **Gesetz zur Strukturreform im Gesundheitswesen** (GRG) vom 20.12.1988[1] eingeführt worden und gemäß dessen Art. 79 Abs. 1 mit Wirkung ab 01.01.1989 in Kraft getreten. Sie entspricht weitgehend der Fassung des ursprünglichen **Gesetzentwurfs der Fraktionen der CDU/CSU und der FDP**.[2] Auf Grundlage der **Beschlussempfehlung des Ausschusses für Arbeit und Sozialordnung** ist in Absatz 4 Satz 1 zwischen die Wörter „soweit zulässig" das Wort „berufsrechtlich" eingefügt worden. Zudem ist die Entwurfsfassung von Absatz 4 Satz 2 auf zwei Sätze aufgeteilt worden und hat dadurch die heutige gültige Fassung der Sätze 2 und 3 erhalten.[3]

2 Durch Art. 1 Nr. 12 lit. a) des **Gesetzes zur Modernisierung der gesetzlichen Krankenversicherung** (GMG) vom 14.11.2003[4] wurden in Absatz 4 Satz 2 die Wörter „Bundesausschuss der Ärzte und Krankenkassen" infolge der Umorganisation der Ausschüsse der gemeinsamen Selbstverwaltung[5] durch die Wörter „Gemeinsame Bundesausschuss" ersetzt. Weiter wurde durch Art. 1 Nr. 12 lit. b) Absatz 5 in seiner heute gültigen Fassung eingefügt, um die Zahl der an Leistungen nach § 25 SGB V beteiligten Ärzte aus Gründen der qualitätsgesicherten Durchführung von Früherkennungsmaßnahmen beschränken zu können[6].

3 Die maßgeblichen **Gesetzesmaterialien** zu § 25 SGB V finden sich in der BT-Drs. 11/2237 und BT-Drs. 11/3320 sowie bezüglich der Änderungen aufgrund des Gesetzes zur Modernisierung der gesetzlichen Krankenversicherung in BT-Drs. 15/1525.

II. Vorgängervorschriften

4 § 25 SGB V geht auf die §§ 181-181b RVO zurück. Eingefügt durch das Gesetz zur Weiterentwicklung des Rechts der gesetzlichen Rentenversicherung (Zweites Krankenversicherungsänderungsgesetz – 2. KVÄG)[7] regelten sie zusammengefasst die heute zwischen § 25 SGB V und § 26 SGB V aufgeteilten Maßnahmen zur Früherkennung bei Kindern und Erwachsenen. Materiell entsprach die Regelung für erwachsene Versicherte weitgehend der heutigen Rechtslage, allerdings beschränkt auf die Früherkennung von Krebserkrankungen.

III. Untergesetzliche Rechtsnormen

5 Für die Umsetzung des Leistungsauftrags des § 25 SGB V sind vor allem folgende Richtlinien von Bedeutung:

- Richtlinien über die Gesundheitsuntersuchungen zur Früherkennung von Krankheiten (Gesundheitsuntersuchungs-Richtlinien) mit Stand vom 02.04.2005[8],

---

1 BGBl I 1988, 2477.
2 BT-Drs. 11/2237, S. 16 f.
3 BT-Drs. 11/3320, S. 17.
4 BGBl I 2003, 2190.
5 Vgl. § 91 SGB V i.d.F. des Gesetzes zur Modernisierung der gesetzlichen Krankenversicherungen vom 14.11.2003 (BGBl I 2003, 2190).
6 Vgl. BT-Drs. 15/1525, S. 82 f.
7 BGBl I 1970, 1770.
8 Ursprungsfassung vom 24.08.1989, Barbl Nr. 10 vom 29.09.1989, zuletzt geändert am 21.12.2004, BAnz 2005, Nr. 61, 4995 vom 01.04.2005.

- Gesundheitsuntersuchungs-Richtlinien zum Glaukom-Screening[9],
- Richtlinien des Bundesausschusses der Ärzte und Krankenkassen über die Früherkennung von Krebserkrankungen („Krebsfrüherkennungs-Richtlinien“)[10].

IV. Systematische Zusammenhänge

§ 25 SGB V **erweitert** die Einstandspflicht der gesetzlichen Krankenversicherung für gesundheitliche Untersuchungen, die nicht durch schon offen zutage getretene individuelle gesundheitliche Beschwerden oder Risiken veranlasst sind. Grundsätzlich hat die gesetzliche Krankenversicherung nur für die Behandlung bereits **manifest gewordener** Gesundheitsstörungen oder Gesundheitsbeschwerden einzustehen. In diesem Rahmen besteht nach § 27 SGB V Anspruch auf ärztliche Untersuchung grundsätzlich nur dann, wenn nach den Umständen des Einzelfalles eine behandlungsbedürftige Krankheit vorliegen könnte und die Untersuchung zur Einleitung oder Gestaltung ihrer Behandlung erforderlich ist. Darüber geht der Anspruch nach § 25 SGB V hinaus. Die Vorschrift gewährt Anspruch auf gesundheitliche Untersuchungen zu möglichen Vor- und Frühstadien von Krankheiten auch dann, wenn individuell keine Krankheitsanzeichen bestehen. Dadurch werden die Leistungsansprüche der Versicherten über die insbesondere aus § 27 SGB V und auch aus § 23 SGB V sich ergebenden Ansprüche zu gesundheitlichen Untersuchungen ausgeweitet. Auch wenn sie gesund sind oder mindestens keine Anzeichen einer Krankheit zeigen, haben sie danach Anspruch auf gesundheitliche Untersuchungen zur Früherkennung von Krankheiten. 6

V. Ausgewählte Literaturhinweise

Dietz/Metzinger, Einführung des Mammographie-Screenings – eine kritische Zwischenbilanz, KrV 2004, 260; *Walter*, Babylon im SGB?, SF 2003, 253; *Windeler/Thomas*, Früherkennung – Die Zeit ist reif für eine sachgerechte Diskussion, BKK 2003, 337; *Metzinger/Dietz*, Krankheitsfrüherkennung durch bevölkerungsbezogene Programme – Nutzen versus Risiko, KrV 2003, 173; *Abholz/Schwarz*, Früherkennung in Deutschland – Symbolhaftes Handeln mit schädlichen Folgen für die Gesundheit, ASP 2002, Nr. 9/10, 18. 7

B. Auslegung der Norm

I. Regelungsgehalt und Normzweck

Die Vorschrift regelt, unter welchen Voraussetzungen und Maßgaben **gesunde oder symptomlose Versicherte** Anspruch auf ärztliche Untersuchungen zu Lasten der Gesetzlichen Krankenversicherung haben. Danach haben Versicherte nach Maßgabe näherer Konkretisierung und Festlegung abweichender Altersgrenzen und der Untersuchungshäufigkeit durch den Gemeinsamen Bundesausschuss (§ 25 Abs. 4 SGB V) gem. § 25 Abs. 1 SGB V nach Vollendung des fünfunddreißigsten Lebensjahrs jedes zweite Jahr Anspruch auf eine ärztliche Gesundheitsuntersuchung zur Früherkennung von Krankheiten, insbesondere zur Früherkennung von Herz-Kreislauf- und Nierenerkrankungen sowie der Zuckerkrankheit. Untersuchungen zur Früherkennung von Krebserkrankungen können Frauen frühestens vom Beginn des zwanzigsten Lebensjahres und Männer frühestens vom Beginn des fünfundvierzigsten Lebensjahres an in mindestens jährlichen Abständen in Anspruch nehmen. Untersuchungen dazu können nach § 25 Abs. 3 SGB V dann beansprucht werden, wenn das Vor- oder Frühstadium einer Krankheit durch diagnostische Maßnahmen genügend eindeutig zu erfassen ist (§ 25 Abs. 3 Nr. 2 und 3 SGB V), durch die Frühdiagnose aufgedeckte Krankheiten wirksam behandelt werden können (§ 25 Abs. 3 Nr. 1 SGB V) und genügend Ärzte und Einrichtungen vorhanden sind, um die aufgefundenen Verdachtsfälle eingehend diagnostizieren und behandeln zu können (§ 25 Abs. 3 Nr. 4 SGB V). Der Gemeinsame Bundesausschuss hat dazu das Nähere zu bestimmen und insbesondere auch Qualitätsanforderungen festzulegen (§ 25 Abs. 4 Satz 2 und Abs. 5 SGB V). 8

---

[9] BAnz 2005, Nr. 61, 4995 vom 01.04.2005. Zur Beschlussbegründung siehe den Link auf die Homepage des Gemeinsamen Bundesausschusses.

[10] Ursprungsfassung vom 26.04.1976 zuletzt geändert am 06.12.2006, BAnz 2006, Nr. 156, 5775, in Kraft getreten am 20.08.2006.

9 Die Regelung bezweckt eine möglichst frühe Erkennung von schwer wiegenden Erkrankungen. Erforderliche Behandlungen von lebensbedrohenden oder anderen Erkrankungen mit erheblichen gesundheitlichen Folgen sollen früher eingeleitet werden können als es sonst möglich wäre. Damit soll den Versicherten Teilhabe am medizinischen Fortschritt gewährt werden, soweit er neue Erkenntnisse über die Entstehung von Krankheiten und Möglichkeiten einer frühzeitigen Diagnose erbringt. Die Medizintechnik ermöglicht zunehmend Maßnahmen, mit denen noch symptomlose Krankheiten früher erkannt oder Risikofaktoren aufgedeckt werden können. Vor diesem Hintergrund regelt die Vorschrift, unter welchen Voraussetzungen und nach welcher Maßgabe Versicherte solche Maßnahmen beanspruchen können, wenn sie dies für sich wünschen. Damit soll für die Versicherten im besten Falle zur Reduzierung von Sterblichkeit beigetragen oder Lebensqualität gewonnen werden. Aus der Perspektive der gesetzlichen Krankenversicherung ist die Vorschrift als Ausprägung des allgemeinen Auftrags nach § 1 Satz 1 SGB V zu sehen, nach dem die Gesundheit der Versicherten u.a. „zu erhalten" ist. Dem kann es dienen, wenn behandelbare Krankheiten bereits vor Ausbruch von spürbaren Beschwerden behandelt werden.

II. Gesundheitsuntersuchung

10 Gesundheitsuntersuchungen im Sinne von § 25 SGB V sind **Untersuchungen zur Früherkennung** von Krankheiten.[11] Untersuchungsziel ist deshalb die Feststellung von **Anzeichen**[12] von **Vor- und Frühstadien**[13] **von Krankheiten**. Insoweit deckt sich der Untersuchungsauftrag nach § 25 SGB V mit dem von anderen Untersuchungen nach dem SGB V. Das bedingt ein **einschränkendes Verständnis** des gesetzlichen Auftrags der Gesundheitsuntersuchung. Nach der systematischen Stellung der Vorschrift im Vierten Abschnitt im Dritten Kapitel des SGB V kann als Gesundheitsuntersuchung im Sinne des § 25 SGB V nur diejenige **(Früh-)Diagnostik** verstanden werden, die **nicht durch anderweitige Untersuchungsleistungen abgedeckt ist**. Dafür kommen **Diagnoseleistungen** im Rahmen der **Krankenbehandlung** nach § 27 SGB V einerseits und der **medizinischen Vorsorge** nach § 23 SGB V andererseits in Betracht.

11 Von diesen Diagnoseleistungen unterscheidet sich der Auftrag nach § 25 SGB V durch den **Untersuchungsanlass**. Untersuchungen nach § 27 SGB V und § 23 SGB V sind jeweils **einzelfallbezogen** und setzen einen konkreten **individuellen Untersuchungsanlass** voraus. In diesem Sinne sind sie **Verdachtsuntersuchungen** mit einem **individuellen** Anlass[14]. So können ärztliche Untersuchungen nach § 27 Abs. 1 Satz 1 SGB V zur Diagnose von Vor- und Frühstadien von Krankheiten beansprucht werden, soweit der **individuelle Gesundheitszustand** des Versicherten den **hinreichend konkreten Verdacht** nahe legt, dass eine nach § 27 SGB V behandlungsbedürftige Krankheit **bereits eingetreten ist.**[15] Dazu besteht **Anlass**, soweit die **konkreten Umstände im Einzelfall** eine nähere Abklärung der gesundheitlichen Situation angezeigt erscheinen lassen, um entscheiden zu können, ob Maßnahmen **zur Heilung einer Erkrankung** eingeleitet werden müssen oder nicht. Das kann zum Beispiel der Fall sein, wenn konkrete Anhaltspunkte für eine HIV-Erkrankung bestehen oder wenn von einer genetischen Disposition für eine Krebserkrankung ausgegangen werden muss.

12 Auch einzelfallbezogen ist die Diagnostik zu **medizinischen Vorsorgeleistungen** nach § 23 SGB V. Eine solche Diagnostik ist angezeigt, soweit nach den individuellen Verhältnissen **konkrete Anhaltspunkte** dafür bestehen, dass eine nach § 23 SGB V zu verhütende Erkrankung **künftig einzutreten droht**. Nach den zur Krankenbehandlung von der Rechtsprechung entwickelten Kriterien besteht dazu Anlass, wenn nach den konkreten Umständen des Einzelfalls **hinreichende Anzeichen** dafür bestehen, dass eine durch ärztliche Behandlung verhütbare Krankheit künftig ernsthaft einzutreten droht[16] und

[11] So die amtliche Überschrift. Im Detail verwendet die Vorschrift unterschiedliche Bezeichnungen, so in Absatz 1 „Gesundheitsuntersuchung zur Früherkennung von Krankheiten" und in Absatz 2 „Untersuchung zur Früherkennung von Krebserkrankungen". Diese Unterschiede sind aber nur terminologisch zu erklären und haben in der Sache keine Bedeutung.

[12] § 25 Abs. 3 Nr. 3 SGB V spricht von „Krankheitszeichen".

[13] Vgl. § 25 Abs. 3 Nr. 2 SGB V. Zur Frage, ob auch Krankheitsrisiken in die Gesundheitsuntersuchung einzubeziehen sind, vgl. Rn. 37 f.

[14] *Heinze* in: Heinze, Die neue Krankenversicherung, § 25, S. 3.

[15] Vgl. *Höfler* in: KassKomm, SGB V, § 27 Rn. 15; *Heinze* in: Heinze, Die neue Krankenversicherung, § 25, S. 3.

[16] Vgl. BSG v. 13.02.1975 - 3 RK 68/73 - BSGE 39,167 - Gefahr einer schwerwiegenden Schädigung bei Eintritt einer Schwangerschaft mit dem Risiko der Geburt eines kranken Kindes.

deshalb die Klärung der gesundheitlichen Situation **konkret** angezeigt ist. Eine solche **Diagnostik zur Krankheitsverhütung** kann beispielsweise erforderlich sein, wenn nach der genetischen Disposition das Risiko einer durch überhöhte Blutfettwerte verursachten Herz-Kreislauf-Erkrankung besteht.

Im Unterschied dazu setzt die Gesundheitsuntersuchung nach § 25 SGB V besondere individuelle Untersuchungsanlässe **nicht** voraus. Sie richtet sich an Versicherte **ohne Anhaltspunkte** dafür, dass sie bereits **erkrankt sind** oder in Zukunft zu **erkranken drohen**. Sie dient vielmehr der **standardisierten** Abklärung solcher gesundheitlichen Risiken, die in der Versichertengruppe **allgemein drohen**. Sie ist dazu bestimmt, möglichst viele Personen der Bevölkerungsgruppen zu untersuchen, die durch die in § 25 Abs. 1 und Abs. 2 SGB V erfassten Krankheiten gefährdet sind. Aus dieser Vielzahl soll die Minderheit der erkrankten Personen herausgefunden und damit möglichst bereits im Frühstadium eine Erfolg versprechende Behandlung eingeleitet werden können. Bei allen anderen soll die Freiheit von den untersuchten Krankheiten bestätigt werden.[17] Die Gesundheitsuntersuchung nach § 25 SGB V bezweckt deshalb nicht die Abwehr einer **konkreten**, sondern einer **abstrakten Krankheitsgefahr**. 13

Davon ausgehend unterscheidet sich auch der **Untersuchungsumfang** der verschiedenen diagnostischen Ansätze. Die **individuelle Diagnostik** nach § 27 SGB V oder § 23 SGB V ist **einzelfallbezogen**. Notwendig sind die nach ärztlicher Einschätzung zur Abklärung der gesundheitlichen Situation oder Gefahrenlage **im Einzelfall gebotenen** Untersuchungen. Dagegen reicht für die **Gesundheitsuntersuchungen** nach § 25 SGB V ein **standardisierter Untersuchungskatalog** aus. Sie muss nicht auf die vollständige Untersuchung im Einzelfall ausgerichtet sein. Das Diagnoseverfahren muss **Anhaltspunkte**[18] dafür ermitteln können, ob sich ein für die jeweilige Versichertengruppe typisches Gesundheitsrisiko **im Einzelfall realisiert haben könnte**[19]. Dem entsprechend setzt § 25 Abs. 3 Nr. 4 SGB V voraus, dass eine ausreichende Zahl von Ärzten und Einrichtungen vorhanden sein muss, um die **„aufgefundenen Verdachtsfälle"** eingehend diagnostizieren und behandeln zu können. Werden in diesem Sinne Verdachtsfälle aufgefunden, geht die **vollständige individuelle Abklärung** systematisch – wenn auch für die Versicherten nicht erkennbar – in eine **Verdachtsuntersuchung** im Rahmen der **Krankenbehandlungsdiagnostik** nach § 27 SGB V über. 14

Gesundheitsuntersuchungen sind deshalb **Screeningleistungen** im medizinischen Sinne: **Reihenuntersuchungen** zur frühzeitigen Erkennung von unbemerkten Erkrankungen oder Defekten durch die Anwendung von Tests, Prüfungen oder anderen Verfahren, die schnell durchgeführt werden können, um bei möglichst vielen Menschen eine möglichst frühe Erkennung behandlungsbedürftiger gesundheitlicher Zustände zu ermöglichen. 15

III. Krankheit

§ 25 SGB V unterscheidet in den Absätzen 1 und 2 zwischen der Früherkennung von „Krankheiten" (§ 25 Abs. 1 SGB V) im Allgemeinen und von „Krebserkrankungen" (§ 25 Abs. 2 SGB V) im Besonderen. Diese terminologisch nicht glückliche Differenzierung ist historisch bedingt[20], hat aber rechtlich keine Bedeutung. Nach dem Wortlaut der Vorschrift kann sich der Krankheitsbegriff des § 25 Abs. 1 SGB V nicht von dem Krankheitsbegriff unterscheiden, der dem SGB V insgesamt zu Grunde liegt. **Krankheit im Sinne von § 25 Abs. 1 SGB V ist deshalb prinzipiell jede Erkrankung, die einen nach § 27 SGB V behandlungsbedürftigen Versicherungsfall auslöst**. Die Hinzufügung der drei besonders genannten Krankheiten[21] in § 25 Abs. 1 HS. 2 SGB V bedeutet wegen der vorangestellten Formulierung „insbesondere" keine Beschränkung auf gerade diese drei Krankheitsarten. Sie kann nur als Hervorhebung von drei bei Erlass der Vorschrift insbesondere vor Augen stehenden, drängenden „Zivilisationskrankheiten" zu verstehen sein. 16

Ökonomisch möglicherweise nachvollziehbare Versuche, Gesundheitsuntersuchungen nach § 25 Abs. 1 SGB V wegen des Wortlauts der Vorschrift auf die dort explizit genannten Krankheiten einzuschränken[22], überzeugen deshalb nicht. Rechtlich tragfähige Einschränkungen des prinzipiell offenen 17

[17] Vgl. BSG v. 22.01.1981 - 8/8a RK 17/79 - BSGE 51, 115.

[18] § 25 Abs. 3 Nr. 3 SGB V spricht von „Krankheitszeichen".

[19] Vgl. am Beispiel des Mammographie-Screenings die anschauliche Verdeutlichung dieses Ziels bei *Metzinger/Dietz*, KrV 2003, 173, 175.

[20] Erst mit dem GRG ist die bis dahin bestehende Beschränkung auf Krebserkrankungen aufgegeben und der Gegenstand auf alle Krankheiten erstreckt worden.

[21] Herz-Kreislauf-Erkrankungen, Nierenerkrankungen sowie Zuckerkrankheit.

[22] In diese Richtung die Andeutung in *Krauskopf*, Soziale Krankenversicherung/Pflegeversicherung, § 25 SGB V, Rn. 3.

Wortlauts können nur aus den weiteren **Anforderungen nach § 25 Abs. 3 SGB V** oder allgemein dem **Untersuchungszweck** von Gesundheitsuntersuchungen folgen. In Betracht kommt insoweit insbesondere das ungeschriebene Tatbestandsmerkmal des **Behandlungsvorteils**. Untersuchungsrelevant sind danach nur solche Krankheiten, die bei frühzeitiger Erkennung **signifikant bessere Behandlungschancen haben** (vgl. Rn. 29 ff.). Das dürfte auf viele grundsätzlich vom Tatbestand des § 25 Abs. 1 SGB V erfasste Krankheiten nicht zutreffen.

18 Als besondere Untergruppe führt § 25 Abs. 2 SGB V die **Krebserkrankungen** auf. Damit trägt die Vorschrift der herausgehobenen Bedeutung dieser Erkrankungen im Zusammenhang mit der Früherkennung und den von ihr erwarteten Vorteilen für Heilungsmöglichkeiten Rechnung. Rechtliche Bedeutung ist der gesonderten Herausstellung dagegen wie aufgeführt (vgl. Rn. 16) nicht zuzuschreiben.

IV. Leistungsvoraussetzungen

19 Im Rahmen des weiten Krankheitsbegriffs (vgl. Rn. 16 ff.) kann eine Gesundheitsuntersuchung zu solchen Krankheiten beansprucht werden, die für eine frühe Diagnose **relevant** sind. Das bestimmt sich im Wesentlichen – aber nicht abschließend – nach § 25 Abs. 3 SGB V. Systematisch geordnet besteht danach ein Anspruch auf Leistungen zur Früherkennung einer Krankheit, wenn bei dieser – erstens – ein **relevantes Erkrankungsrisiko** besteht, wenn – zweitens – **geeignete Diagnoseverfahren** zu ihrer Früherkennung bestehen und bei einer frühen Erkennung – drittens – **wirksame Behandlungsmöglichkeiten** bestehen und die frühe Behandlung – viertens – **Behandlungsvorteile** bietet. Schließlich müssen in der gesamten Kette – fünftens – **ausreichende Untersuchungs- und Behandlungskapazitäten** bestehen.

1. Erkrankungsrisiko

20 Anlass für die Einbeziehung einer Krankheit in das Untersuchungsprogramm nach § 25 SGB V besteht zunächst nur bei einem herausgehobenen **Erkrankungsrisiko**. Gesundheitsuntersuchungen dienen der Abklärung von **Krankheitsgefahren** (vgl. Rn. 11). Sie können deshalb nur für Krankheiten beansprucht werden, bei denen ein **typischerweise erhöhtes Erkrankungsrisiko** besteht. Nur vor diesem Hintergrund lässt sich verstehen, dass der Gemeinsame Bundesausschuss nach § 25 Abs. 4 Satz 3 SGB V in den Richtlinien zu den Gesundheitsuntersuchungen „für geeignete Gruppen von Versicherten eine von Absatz 1 und 2 abweichende Altersgrenze und Häufigkeit der Untersuchungen" bestimmen kann. Besteht in diesem Sinne kein **allgemein** erhöhtes Erkrankungsrisiko, kommen Leistungen der Frühdiagnostik nur im Rahmen von Untersuchungsleistungen nach § 27 SGB V oder § 23 SGB V in Betracht, soweit **individuell** Anhaltspunkte dafür bestehen, dass eine Krankheit bereits **eingetreten** ist oder künftig **einzutreten** droht (vgl. Rn. 11).

21 Die **Schwelle** dieses von der Vorschrift implizit vorausgesetzten Krankheitsrisikos lässt sich nicht abstrakt und für alle Krankheiten einheitlich bestimmen. Erste Anhaltspunkte dafür geben die in § 25 Abs. 1 und 2 SGB V festgelegten **Altersgrenzen**. Im Übrigen hat der Gesetzgeber die Beurteilung dem Gemeinsamen Bundesausschuss zugewiesen (vgl. Rn. 43 ff.). Seiner Einschätzung dürfte wesentlich das Verhältnis zwischen der **statistischen Häufung** des jeweiligen Krankheitsvorkommens einerseits und der **Schwere**, dem **Verlauf**, den **Behandlungsmöglichkeiten** der Krankheit bei frühzeitiger Erkennung sowie dem Vorteil einer frühzeitigen Krankheitserkennung (vgl. hierzu Rn. 29 ff.) andererseits zu Grunde zu legen sein.

22 Der Gemeinsame Bundesausschuss wird dabei zu berücksichtigen haben, dass sich sein Entscheidungsspielraum wesentlich auf die Beurteilung **medizinischer Fragen** bezieht. Die gesellschaftspolitische Abwägung zwischen dem Kosteninteresse der Versichertengemeinschaft und dem individuellen Interesse einzelner Versicherter, eine möglicherweise gesundheitlich nützliche Frühdiagnostik in Anspruch nehmen zu können, ist dagegen Sache des Gesetzgebers. Sie darf auf Dritte nicht übertragen werden. Deshalb wird sich der Gemeinsame Bundesausschuss – entsprechende medizinische Daten vorausgesetzt – im Zweifel daran zu orientieren haben, dass die Versicherten gemäß § 25 SGB V dem Grunde nach Anspruch auf Gesundheitsuntersuchungen zu **allen** Krankheiten haben, deren Eintritt ab einem bestimmten Alter mit einer statistisch signifikant erhöhten Wahrscheinlichkeit droht und die die weiteren Voraussetzungen des § 25 SGB V erfüllen.

2. Hinreichende Diagnoseverfahren

Medizinisch möglich sind Gesundheitsuntersuchungen zu einer Risikokrankheit nur, wenn diese **in einem frühen Krankheitsstadium hinreichend eindeutig zu diagnostizieren ist**. Deshalb setzt § 25 Abs. 3 Nr. 2 SGB V voraus, dass für die jeweilige Krankheit Diagnoseverfahren überhaupt zur Verfügung stehen. § 25 Abs. 3 Nr. 3 SGB V regelt, dass diese eine hinreichende Genauigkeit haben müssen. 23

Maßgebend ist gemäß § 25 Abs. 3 Nr. 2 SGB V zunächst, dass eine Krankheit im **„Vor- oder Frühstadium“** durch **„diagnostische Maßnahmen erfassbar ist“**. Das zielt auf den Zweck der Gesundheitsuntersuchung, möglichst dann bereits mit der Krankenbehandlung beginnen zu können, wenn sich noch keine Krankheitssymptome gezeigt haben. Dementsprechend sind als Vor- und Frühstadium einer Krankheit **die Entwicklungsstadien in ihrem Verlauf gemeint, die noch keine körperlichen Symptome nach sich ziehen und deshalb keinen Anlass zu einer individuellen Diagnose nach § 27 SGB V geben** (vgl. zu dieser Funktion der Gesundheitsuntersuchung Rn. 11 ff.). Bieten sich nach dem medizinischen Fortschritt Diagnosemöglichkeiten **für solche Stadien**, kann daraus die **Verpflichtung** erwachsen, sie den Versicherten im Rahmen der Gesundheitsuntersuchung zur Verfügung zu stellen. 24

Voraussetzung dafür ist hinsichtlich des Diagnoseverfahrens gemäß § 25 Abs. 3 Nr. 3 SGB V in weiterer Hinsicht, dass dieses es erlaubt, die Krankheitszeichen **„genügend eindeutig zu erfassen“**. Damit sind Qualitätsanforderungen an das Diagnoseverfahren gestellt. Nur solche Diagnoseverfahren können die Verpflichtung begründen, in Gesundheitsuntersuchungen einbezogen zu werden, die eine **hinreichende Genauigkeit** aufweisen. Welcher Grad an Genauigkeit damit gemeint ist, lässt sich dem Gesetz oder den Materialien nicht im Einzelnen entnehmen. Feste und für alle Diagnoseverfahren und Krankheiten einheitliche Anforderungen werden sich dafür nicht entwickeln lassen. Jedoch dürfte es darauf ankommen, dass **der Anteil falsch-positiver und insbesondere falsch-negativer**[23] **Ergebnisse** nicht außer Verhältnis **zur Bedeutung und Schwere der Krankheit,** ihren **Behandlungsmöglichkeiten** und dem möglichen **Behandlungsvorteil** für kranke Versicherte (vgl. hierzu Rn. 29 ff.) stehen darf. 25

3. Hinreichende Behandlungsmöglichkeiten

Gerechtfertigt ist der Aufwand für Gesundheitsuntersuchungen zu einer Risikokrankheit weiter nur dann, wenn diese bei frühzeitiger Erkennung **hinreichend behandelbar** sein kann. In diesem Sinne muss sie gemäß § 25 Abs. 3 Nr. 1 SGB V „wirksam behandelt“ werden können. 26

„Wirksam behandelt“ könnte dem Wortlaut nach meinen, dass eine Krankheit **mit sicherer Aussicht heilbar** sein muss. So kann das Merkmal indes nicht zu verstehen sein. Schon medizinisch wäre eine solche Prognose unmöglich. Auch nach dem Zusammenhang legt sich ein anderes Verständnis nahe. Systematisch verweist das Merkmal „wirksam behandelt“ auf die Anforderungen, die sich **an Behandlungsmöglichkeiten und Erfolgsaussichten** im Rahmen einer **Krankenbehandlung** nach § 27 SGB V stellen. Das ergibt sich aus dem Regelungszweck. Systematisch ist die Regelung als Ausdruck des Wirtschaftlichkeitsgebotes im Sinne von § 12 Abs. 1 SGB V zu verstehen. Es soll Aufwand für solche Gesundheitsuntersuchungen vermieden werden, nach denen auch bei Feststellung des Frühstadiums einer Erkrankung keine Krankenbehandlung eingeleitet werden kann und die deshalb schlechthin keinen gesundheitlichen Vorteil haben können. Umgekehrt müssen alle Risikokrankheiten als im Sinne von § 25 Abs. 3 Nr. 1 SGB V wirksam behandelbar angesehen werden, bei denen nach Erkennung eines Vor- oder Frühstadiums Krankenbehandlungsleistungen beansprucht werden können (vgl. aber zum Merkmal des Untersuchungsgewinns Rn. 29 ff.). Als wirksam behandelbar im Sinne von § 25 Abs. 1 Nr. 3 SGB V ist deshalb jede Krankheit anzusehen, **die in dem Stadium, auf das die Gesundheitsuntersuchung nach § 25 Abs. 3 Nr. 2 SGB V zielt, bei genereller Betrachtungsweise einer Krankenbehandlung im Rahmen der gesetzlichen Krankenversicherung zugänglich** ist. 27

Maßgeblich dafür sind **drei Bezugspunkte**: Erstens die **Behandlungsziele** nach § 27 Abs. 1 Satz 1 SGB V, zweitens die in § 2 Abs. 1 Satz 3 SGB V vorausgesetzten **Qualitätsanforderungen** und schließlich drittens die **Erfolgsaussicht** einer etwaigen Krankenbehandlung. Nach Maßgabe dessen können unter dem Gesichtspunkt des Behandlungserfolgs Leistungen zur Krankenbehandlung nach § 27 SGB V beansprucht werden, wenn sie das **Ziel** verfolgen, die Krankheit zu **heilen, zu lindern oder zumindest ihre Verschlimmerung zu verhüten**, dabei **Methoden** nach **dem allgemein anerkannten Stand der medizinischen Erkenntnisse**[24] angewandt werden und eine **reale Chance** dafür 28

---

[23] Also der unrichtigen Diagnose, dass Anzeichen für eine Krankheit nicht vorliegen.

[24] Vgl. § 2 Abs. 1 Satz 3 SGB V.

besteht, das verfolgte Behandlungsziel erreichen zu können. Entsprechend sind die Voraussetzungen des § 25 Abs. 3 Nr. 1 SGB V gegeben, wenn das **Vor- oder Frühstadium der Krankheit**[25] **mit allgemein anerkannten Behandlungsmethoden so behandelt werden kann, dass eine reale Chance**[26] **auf Heilung, Linderung oder Verhütung der Verschlimmerung besteht.**

4. Behandlungsvorteil

29 Zu **rechtfertigen** ist der Aufwand für Gesundheitsuntersuchungen weiter nur dann, soweit sie einen **besonderen gesundheitlichen Nutzen** haben können. Das ist in § 25 Abs. 3 SGB V nicht explizit aufgeführt. Diese Anforderung kommt indes schon in § 25 Abs. 3 Nr. 1 SGB V zum Ausdruck und folgt im Übrigen unmittelbar aus dem Wirtschaftlichkeitsgebot des § 12 Abs. 1 SGB V. Danach dürfen unter anderem keine **nicht notwendigen** Leistungen beansprucht werden. Das ist bei Gesundheitsuntersuchungen der Fall, die **keinen gesundheitlichen Nutzen** haben können.

30 Dadurch scheiden Krankheiten aus dem Anwendungsbereich der Gesundheitsuntersuchung aus, **deren frühzeitige Erkennung** trotz Behandlungsmöglichkeit **keinen Behandlungsvorteil** haben kann. **Gesundheitlichen Nutzen** haben Gesundheitsuntersuchungen dagegen bei Krankheiten, die in ihrem symptomlosen Vor- oder Frühstadium **wirksamer zu behandeln** sein können als in einem Spätstadium. Allerdings wirft diese Anforderung eine Reihe von Fragen auf. Problematisch ist zum einen die Bestimmung der **Bezugsgruppe** zur Bemessung des Behandlungsvorteils. Insbesondere aus Krankenkassensicht wird verschiedentlich postuliert, dass die Gesundheitsuntersuchung nicht nur aus individueller Perspektive zu betrachten sei. Daneben müsse auch eine **bevölkerungsbezogene Nutzen-Risiko-Bewertung** vorgenommen werden[27]. Dafür werden zwei Blickrichtungen in Betracht gezogen. So wird im Hinblick auf die **gesunden Versicherten** am Beispiel des Mammographie-Screenings auf ihre gesundheitliche Belastung durch die Untersuchung und auf Ängste hingewiesen, die sie bei einer etwaigen weiteren Diagnostik zu tragen haben.[28] Und mit Blick auf die **kranken Versicherten** wird am Beispiel des PSA-Screenings[29] auf die Nachteile der sogenannten Überdiagnostik verwiesen, die viele Männer in eine Behandlung mit erheblichen Nebenwirkungen treibe, obwohl der Prostatakrebs bei der weit überwiegenden Mehrzahl der Betroffenen keinen tödlichen Verlauf nehme.[30]

31 Solche Bewertungen erscheinen **problematisch**. Der Gesetzgeber hat die Gesundheitsuntersuchung in der Erwartung eingeführt, dass bei bestimmten Krankheiten insbesondere mit schwerem Verlauf ein frühzeitiger Behandlungsbeginn bessere Behandlungsaussichten bieten kann. Unter dieser Voraussetzung ist die Gesundheitsuntersuchung aus Versichertenperspektive **eine individuelle Leistung** der gesetzlichen Krankenversicherung, auf die ein Rechtsanspruch besteht[31] und die in Anspruch genommen werden kann, wenn sich Versicherte nach individueller Abwägung der Vor- und Nachteile der Frühdiagnostik dafür entscheiden wollen. Diesen Rechtsanspruch unter Verweis auf eine **überindividuelle Nutzenbewertung** zu versagen, erscheint **bedenklich**.

32 Das gilt **jedenfalls** für die diskutierten **Nachteile für gesunde Versicherte**. Unter dem allenfalls denkbaren Versagensgesichtspunkt der **nicht notwendigen Leistung** kann nur der möglicherweise fehlende **Behandlungsvorteil für kranke Versicherte** maßgeblich sein. Eine Nutzenbilanz unter Berücksichtigung der Situation der **gesunden Versicherten** muss dagegen schon im Ansatz **außer Betracht bleiben**. Ihr kann ausschließlich auf individueller Ebene Rechnung getragen werden, indem **vor** Durchführung der Gesundheitsuntersuchung hinreichend über die möglichen Risiken und Nachteile aufgeklärt wird.

33 **Bedenklich** erscheinen auch die überindividuellen Erwägungen zur **Gruppe der kranken Versicherten**. Ob eine Leistung notwendig ist, kann sich im Versicherungsverhältnis nur mit Blick auf die individuelle Situation eines Versicherten ergeben. Überschreitet die Leistung aus dieser Perspektive das Maß des Notwendigen nicht und hält sie die Grenzen des Zweckmäßigen ein, erscheint eine Versagung unter Verweis auf eine ungünstige Gesamtbilanz bei anderen Versicherten problematisch. Die Gesamt-

[25] Vgl. § 25 Abs. 3 Nr. 2 SGB V.

[26] Vgl. dazu *Schmidt* in: Peters, Handbuch KV (SGB V), § 27 Rn. 190 ff., Rn. 206 m.w.N.

[27] So etwa *Metzinger/Dietz*, KrV 2003, 173, 177.

[28] So etwa *Metzinger/Dietz*, KrV 2003, 173, 174.

[29] Labortechnische Bestimmung des Prostata-spezifischen Antigen-Wertes zur Früherkennung von Prostatakrebs, derzeit keine Regelleistung der gesetzlichen Krankenversicherung.

[30] Eingehend dazu und zur Problematik der Überdiagnostik *Windeler/Thomas*, BKK 2003, 337/340 f.; vgl. auch *Metzinger/Dietz*, KrV 2003, 173, 175 f.

[31] Vgl. § 38 SGB I.

bilanz könnte für die Versagung nur dann relevant sein, wenn sie bei **allen Versicherten** negativ ist und die Frühdiagnostik **keinem Versicherten** Behandlungsvorteile bringen kann. Ist das aber nicht der Fall, dürfte einzelnen Versicherten der Weg zu einer für sie möglicherweise gesundheitlich vorteilhaften Therapie auf der Basis des geltenden Rechts nicht deshalb zu versagen sein, weil dieser Weg in anderen Fällen keine gesundheitliche Vorteile hat und für die Versichertengemeinschaft insgesamt mit hohen Kosten verbunden ist. Vielmehr dürfte ein für die Einbeziehung einer Krankheit in das Untersuchungsprogramm der Gesundheitsuntersuchung hinreichender Nutzen im Sinne von § 12 Abs. 1 SGB V schon dann vorliegen, **wenn Behandlungsvorteile mindestens für einen Teil von Versicherten zu erwarten sind**, auch wenn andere Versicherte keine Vorteile oder gar Nachteile haben.

Allerdings kann in diesem Zusammenhang fraglich sein, auf welcher **Tatsachenbasis** die Prognose über mögliche Behandlungsvorteile einer Frühdiagnostik zu treffen ist. Dazu hat der Gemeinsame Bundesausschuss jüngst auf die **Notwendigkeit geeigneter Tests abgestellt**, um die Effekte auf das jeweilige Zielkriterium **quantifizieren** zu können.[32] Diesem Ansatz ist grundsätzlich zuzustimmen. Nach den vom BSG zur vergleichbaren Frage der Wirksamkeit neuer Untersuchungs- oder Behandlungsmethoden entwickelten Kriterien dürfte der Nutzen eines Screeningprogramms regelmäßig nur **aufgrund wissenschaftlich einwandfrei geführter Statistiken** zu belegen sein.[33] Sollte ein solcher Nachweis allerdings im Einzelfall bei einer Krankheit von sehr erheblichem Gewicht im Sinne der Kriterien des BSG zu neuen Untersuchungs- oder Behandlungsmethoden auf **erhebliche Schwierigkeiten** stoßen, könnte die Nutzenbewertung einer prinzipiell hinreichend geeigneten Frühdiagnostik nach anderen Kriterien, insbesondere mit Blick auf Erfahrungen in der medizinischen Praxis vorzunehmen sein[34]. 34

5. Ausreichende Diagnose- und Behandlungskapazitäten

Weitere Voraussetzung der Gesundheitsuntersuchung ist gemäß § 25 Abs. 3 Nr. 4 SGB V, dass genügend Ärzte und Einrichtungen vorhanden sind, um aufgefundene Verdachtsfälle eingehend diagnostizieren und behandeln zu können. Mit diesem Merkmal wird einerseits dem Wirtschaftlichkeitsgebot[35] und andererseits den besonderen Qualitätsanforderungen Rechnung getragen, die sich typischerweise im Rahmen von Screeningprogrammen stellen. Bei der Auslegung ist allerdings zu berücksichtigen, dass die kassenärztlichen Vereinigungen für die vertragsärztliche Versorgung und damit auch für die Versorgung mit Gesundheitsuntersuchungen im gesetzlich festgelegten Umfang **einzustehen** haben.[36] Die Ablehnung, eine bestimmte Krankheit mangels ausreichender Kapazitäten in das Programm der Gesundheitsuntersuchung einzubeziehen, kann deshalb ausschließlich dann gerechtfertigt sein, wenn die entsprechende Versorgung aus tatsächlichen Gründen **schlechterdings unmöglich** ist; behebbare Engpässe im Bereich der vertragsärztlichen Versorgung würden dagegen für eine Ablehnung nicht ausreichen. 35

V. Untersuchungsgegenstand

1. Krankheitszeichen

Untersuchungsgegenstand sind nach § 25 Abs. 3 Nr. 3 SGB V i.V.m. § 25 Abs. 3 Nr. 2 SGB V zunächst **Krankheitszeichen** von **Vor- oder Frühstadien** der in die Gesundheitsuntersuchung einbezogenen Krankheiten. Das sind **diagnostisch erfassbare Anhaltspunkte** dafür, dass eine **Krankheit** in einem frühen Verlaufsstadium vorliegen **könnte**. Sie dienen der Identifizierung von **Verdachtsfäl-** 36

---

[32] Ablehnende Entscheidung zur Früherkennung des primären Offenwinkelglaukoms, Beschluss vom 21.12.2004, BAnz 2005, Nr. 61, 4995 vom 01.04.2005. Zur Beschlussbegründung siehe den Link auf die Homepage des Gemeinsamen Bundesausschusses.

[33] Vgl. aus der Rspr. des BSG nur BSG v. 05.07.1995 - 1 RK 6/95 - BSGE 76, 194 - Drogensubstitution – Remedacen.

[34] Vgl. dazu für den Bereich der neuer Untersuchungs- oder Behandlungsmethoden grundlegend BSG v. 16.09.1997 - 1 RK 28/95 - BSGE 81, 54 - alternative Heilmethode; BSG v. 28.03.2000 - B 1 KR 11/98 R - BSGE 86, 54 - neuartige Arzneitherapie – autologe Tumorvakzine. Zu Ausnahmefällen bei Früherkennungsuntersuchungen vgl. *Windeler/Thomas*, BKK 2003, 337, 342.

[35] § 12 Abs. 1 SGB V.

[36] Vgl. § 72 SGB V i.V.m. § 75 Abs. 1 SGB V.

len[37], die im Rahmen einer näheren Abklärungsdiagnostik darauf überprüft werden können, ob die entsprechende Krankheit tatsächlich vorliegt[38].

2. Risikofaktoren

37 Darüber hinaus bezieht der Gemeinsame Bundesausschuss „zur" Früherkennung von Krankheiten nach § 25 Abs. 1 SGB V auch die dazu „jeweils relevanten **Risikofaktoren**" in die Gesundheitsuntersuchung mit ein.[39] Dies ist **unproblematisch**, soweit der Risikofaktor entweder für sich genommen **selbst Krankheitswert** hat und deshalb eine nach § 27 SGB V behandlungsbedürftige Krankheit darstellt oder soweit er als **Vorstadium** einer Krankheit im Sinne des § 25 Abs. 3 Nr. 2 SGB V verstanden werden kann.

38 Die weiter gehende Praxis des Gemeinsamen Bundesausschusses scheint dagegen fraglich. Sie entspricht zwar dem Regelungszweck und kann auch im Sinne von § 25 Abs. 1 SGB V als der Früherkennung von Krankheiten dienend angesehen werden. Jedoch ist der weitere Wortlaut insbesondere von § 25 Abs. 3 SGB V mit dem Verweis auf das „Vor- und Frühstadium" von Krankheiten, auf „Krankheitszeichen" und auf weiter zu diagnostizierende „Verdachtsfälle" so gefasst, dass sie auf Krankheiten mit verschiedenen Verlaufsformen, nicht aber bereits auf **Risikofaktoren** von Krankheiten ausgerichtet ist. Deshalb sollte der Gesetzgeber den berechtigten Vorstellungen des Gemeinsamen Bundesausschusses Rechnung tragen und die Gesundheitsuntersuchung bei Gelegenheit **explizit** auf die Untersuchung von Risikofaktoren erstrecken.

VI. Altersgrenzen und Untersuchungsintervalle

39 Gesundheitsuntersuchungen zur Früherkennung von Krebserkrankungen können nach § 25 Abs. 2 SGB V „höchstens einmal jährlich" beansprucht werden, und zwar von Frauen frühestens vom Beginn des 20. Lebensjahres an und von Männern frühestens vom Beginn des 45. Lebensjahres an. Alle anderen Gesundheitsuntersuchungen können nach § 25 Abs. 1 SGB V „jedes zweite Jahr" von Versicherten in Anspruch genommen werden, die das 35. Lebensjahr vollendet haben. Diese Altersgrenzen und Untersuchungsintervalle können gemäß § 25 Abs. 4 Satz 3 SGB V von dem Gemeinsamen Bundesausschuss in den Richtlinien zu den Gesundheitsuntersuchungen abweichend bestimmt werden.

40 Mit diesem Regelungskonzept hat der Gesetzgeber die Bestimmung der Untersuchungsintervalle und der Altersgrenzen weitgehend in die Zuständigkeit des Gemeinsamen Bundesausschusses überwiesen. Hinsichtlich der für die Gesundheitsuntersuchungen ohnehin im Vordergrund stehenden Diagnostik zur Früherkennung von Krebserkrankungen ist zum Untersuchungsintervall mit der Festlegung „höchstens einmal jährlich" ohnehin nur eine Untergrenze bestimmt worden. Auch in den anderen Regelungspunkten bewirkt die in § 25 Abs. 4 Satz 3 SGB V begründete Ermessensbefugnis im Ergebnis eine weitgehende Kompetenzverlagerung auf den Gemeinsamen Bundesausschuss. Das Ermessen enthält nicht nur die **Befugnis**, Altersgrenzen und Untersuchungsintervalle im Einzelfall abweichend von der gesetzlichen Regelung festzusetzen. Der Befugnis korrespondiert vielmehr in entsprechender Anwendung von § 39 SGB I die rechtliche **Verpflichtung**, von der Festsetzungskompetenz nach dem Zweck der Ermächtigung Gebrauch zu machen und damit im Interesse der Versicherten **sachgerechte** Altersgrenzen und Untersuchungsintervalle zu bestimmen.

41 Maßgeblich für die Ermessensentscheidung des gemeinsamen Bundesausschusses ist der **gesundheitliche Zweck** der Gesundheitsuntersuchung. Mit ihr sollen Krankheitsgefahren abgeklärt werden, die nach medizinischer Erkenntnis mit einem erhöhten Risiko einzutreten drohen und bei denen bei frühzeitiger Erkennung bessere Behandlungschancen bestehen (vgl. Rn. 20 ff.). Bestimmender Faktor für Altersgrenzen und Untersuchungsintervalle ist deshalb das **Gesundheitsrisiko**, an einer bestimmten Krankheit zu erkranken. **Ausgerichtet an diesem Risiko sind die Altersgrenzen und Untersuchungsintervalle so zu bestimmen, dass die Vorteile der Frühdiagnostik im Rahmen der medizinischen Möglichkeiten in zweckmäßiger Weise ausgeschöpft werden können.**

---

[37] Vgl. § 25 Abs. 3 Nr. 4 SGB V.

[38] Siehe dazu z.B. beim Mammographie-Screening *Metzinger/Dietz*, KrV 2003, 173, 175.

[39] Vgl. Abschnitt A Ziffer 2 Satz 2 der Gesundheitsuntersuchungs-Richtlinien v. 08.01.1999, BAnz 1999 v. 30.03.1999, 5243.

VII. Konkretisierung durch Richtlinien

Die Ausgestaltung der Gesundheitsuntersuchungen im Einzelnen ist nach § 25 Abs. 4 Satz 2 SGB V und nach § 25 Abs. 5 SGB V dem Gemeinsamen Bundesausschuss zugewiesen. Dazu hat er erstens das Nähere zu **Art und Umfang der Gesundheitsuntersuchung** sowie zweitens **Anforderungen zur Qualitätssicherung** zu bestimmen. 42

1. Art und Umfang der Gesundheitsuntersuchung

§ 25 SGB V gewährt den Versicherten wie regelmäßig alle Vorschriften des Dritten Kapitels **ein ausfüllungsbedürftiges Rahmenrecht**, hier auf diagnostische Leistungen zur Krankheitsfrüherkennung. Die Regelung umschreibt die Leistungspflicht nur sehr vage und ist auf nähere Konkretisierung angelegt. Dazu ist dem Gemeinsamen Bundesausschuss nach § 25 Abs. 4 Satz 3 SGB V der Auftrag zugewiesen, „das Nähere" über Art und Umfang der Untersuchungen sowie die Erfüllung der Voraussetzungen nach § 25 Abs. 3 SGB V zu bestimmen. Danach verdichtet sich das gesetzliche Rahmenrecht auf Untersuchungen zur Frühdiagnostik erst dann zum durchsetzbaren Einzelanspruch, wenn der Gemeinsame Bundesausschuss festgelegt hat, welche Untersuchungen zu welchen Krankheiten unter welchen Voraussetzungen von welchen Versicherten und mit welchen Intervallen beansprucht werden können.[40] Auf dieser Grundlage erlässt der Gemeinsame Bundesausschuss gemäß § 92 Abs. 1 Satz 2 Nr. 3 SGB V Richtlinien in Form von untergesetzlichen Rechtsnormen, die verbindlich festlegen, welche Gesundheitsuntersuchungen nach § 25 SGB V Gegenstand der Leistungspflicht der Krankenkassen sind (zum Stand der Richtlinien vgl. Rn. 5).[41] 43

In der Wahrnehmung dieses Konkretisierungsauftrages ist der Gemeinsame Bundesausschuss **nicht frei, sondern rechtlich gebunden**. Die ihm durch § 25 Abs. 4 Satz 3 SGB V übertragene Ermächtigung besagt nicht, dass es ihm freigestellt wäre, ob und nach welchen Kriterien er sich mit den diagnosefähigen Krankheiten befassen und hierzu eine Empfehlung abgeben will. Der **Konkretisierungsvorbehalt** in § 25 Abs. 4 Satz 3 SGB V kann vergleichbar dem präventiven Verbot in § 135 Abs. 1 SGB V allein dem Zweck der **Qualitätssicherung** dienen; nur soweit es dieser Zweck erfordert, kann der Ausschluss nicht zuerkannter Gesundheitsuntersuchungen aus der vertragsärztlichen Versorgung und die Entscheidungskompetenz des Gemeinsamen Bundesausschusses gerechtfertigt erscheinen.[42] 44

Diesen Anforderungen muss das **Verfahren vor dem Gemeinsamen Bundesausschuss gerecht werden**. Ausgehend von der Rechtsprechung des BSG zu § 135 Abs. 1 SGB V muss gewährleistet sein, dass nach Vorlage der entsprechenden Unterlagen in vertretbarer Zeit eine Entscheidung über die Aufnahme einer Untersuchungsmethode in den Untersuchungskatalog nach § 25 SGB V erreicht werden kann. Wird die Einleitung oder die Durchführung des Verfahrens willkürlich oder aus sachfremden Erwägungen blockiert oder verzögert und kann deshalb eine für die Frühdiagnostik im Sinne der dargelegten Anforderungen (vgl. Rn. 19 ff.) in Betracht kommende Untersuchungsmethode nicht eingesetzt werden, widerspricht das dem Auftrag des Gesetzes. 45

Genügt das Verfahren vor dem Gemeinsamen Bundesausschuss **diesen Anforderungen nicht**, dürfte ausgehend von der Rechtsprechung zu § 135 Abs. 1 SGB V eine entsprechende Lücke zugunsten des Versicherten gegebenenfalls mit Hilfe des **§ 13 Abs. 3 SGB V** zu schließen sein. 46

2. Genehmigungsvorbehalt zur Qualitätssicherung

Nach § 25 Abs. 5 SGB V i.d.F. des Gesetzes zur Modernisierung der gesetzlichen Krankenversicherung (vgl. Rn. 2) kann der Gemeinsame Bundesausschuss die Durchführung von Gesundheitsuntersuchungen in den Gesundheitsuntersuchungsrichtlinien einem **Genehmigungsvorbehalt** unterwerfen. Voraussetzung sind Anforderungen an die Qualität von Gesundheitsuntersuchungen, die durch die für die durchführenden Ärzte dem Grunde nach geltenden berufsrechtlichen oder vertragsarztrechtlichen Qualitätsanforderungen nicht abgedeckt sind. Das kann nach § 25 Abs. 5 Satz 1 SGB V der Fall sein, 47

---

[40] Vgl. aus der Rechtsprechung des BSG zur Konkretisierungsfunktion des Bundesausschusses nur BSG v. 16.09.1997 - 1 RK 28/95 - BSGE 81, 54 - alternative Heilmethode, und BSG v. 03.04.2001 - B 1 KR 22/00 R - BSGE 88, 51 - intracytoplasmatische Spermainjektion, jeweils m.w.N.

[41] Zur Rechtsnormqualität der Richtlinien vgl. aus der Rechtsprechung des BSG v. 16.09.1997 - 1 RK 32/95 - BSGE 81, 73 - immuno-augmentative Therapie, und BSG v. 20.03.1996 - 6 RKa 62/94 - BSGE 78, 70 - Methadon-Richtlinien; vgl. dazu insbesondere *Engelmann*, Untergesetzliche Normsetzung im Recht der GKV, NZS 2000, 1 ff. und 76 ff.

[42] Siehe zur vergleichbaren Konstellation neuer Untersuchungs- und Behandlungsmethoden die Rspr. des BSG zu § 135 Abs. 1 SGB V insbesondere in BSG v. 16.09.1997 - 1 RK 28/95 - BSGE 81, 54 m.w.N.

wenn für eine hinreichend qualifizierte Untersuchung erstens das **Zusammenwirken von Ärzten mehrerer Fachgebiete** oder zweitens die **Durchführung einer Mindestzahl von Untersuchungen** oder drittens die **Vorhaltung besonderer technische Einrichtungen** geboten sind oder wenn viertens **besondere Qualifikationsanforderungen für das nichtärztliche Personal** bestehen. Müssen Ärzte mehrerer Fachgebiete zusammenwirken oder ist eine Mindestzahl von Untersuchungen erforderlich, sind entsprechende Kriterien zur **Bemessung des Versorgungsbedarfs festzulegen**. In diesem Fall hat ein Ausschreibungsverfahren stattzufinden, das eine Auswahl nach Maßgabe der Qualifikation der an der Ausschreibung teilnehmenden Ärzte und nach der bedarfsgerechten räumlichen Verteilung sicherstellt.

§ 26 SGB V Kinderuntersuchung

(Fassung vom 23.06.1997, gültig ab 01.07.1997)

(1) Versicherte Kinder haben bis zur Vollendung des sechsten Lebensjahres Anspruch auf Untersuchungen sowie nach Vollendung des zehnten Lebensjahres auf eine Untersuchung zur Früherkennung von Krankheiten, die ihre körperliche oder geistige Entwicklung in nicht geringfügigem Maße gefährden. Zu den Früherkennungsuntersuchungen auf Zahn-, Mund- und Kieferkrankheiten gehören insbesondere die Inspektion der Mundhöhle, die Einschätzung oder Bestimmung des Kariesrisikos, der Ernährungs- und Mundhygieneberatung sowie Maßnahmen zur Schmelzhärtung der Zähne und zur Keimzahlsenkung. Die Leistungen nach Satz 2 werden bis zur Vollendung des 6. Lebensjahres erbracht und können von Ärzten oder Zahnärzten erbracht werden.

(2) § 25 Abs. 3 und Abs. 4 Satz 2 gilt entsprechend.

Gliederung

A. Basisinformationen

I. Textgeschichte/Gesetzgebungsmaterialien

1 Die Vorschrift ist – wie das gesamte SGB V – durch das **Gesetz zur Strukturreform im Gesundheitswesen** (GRG) vom 20.12.1988[1] eingeführt worden und gemäß dessen Art. 79 Abs. 1 mit Wirkung ab 01.01.1989 in Kraft getreten. Sie entspricht unverändert der Fassung des ursprünglichen **Gesetzentwurfs der Fraktionen der CDU/CSU und der FDP.**[2]

2 Mit Wirkung zum **01.07.1977** wurden durch Art. 1 Nr. 5 des **Zweiten Gesetzes zur Neuordnung von Selbstverwaltung und Eigenverantwortung in der gesetzlichen Krankenversicherung (2. GKV-Neuordnungsgesetz – 2. GKV-NOG)** vom 23.06.1997[3] in Absatz 1 Satz 1 die Wörter „sowie nach Vollendung des zehnten Lebensjahres auf eine Untersuchung" eingefügt. Weiter wurden nach Satz 1 folgende Sätze 2 und 3 angefügt: „Zu den Früherkennungsuntersuchungen auf Zahn-, Mund- und Kieferkrankheiten gehören insbesondere die Inspektion der Mundhöhle, die Einschätzung oder Bestimmung des Kariesrisikos, der Ernährungs- und Mundhygieneberatung sowie Maßnahmen zur Schmelzhärtung der Zähne und zur Keimzahlsenkung. Die Leistungen nach Satz 2 werden bis zur Vollendung des 6. Lebensjahres erbracht und können von Ärzten oder Zahnärzten erbracht werden." Dadurch sollte eine Verbesserung der Untersuchungen hinsichtlich der Zahngesundheit erreicht und die bis dahin von den Krankenkassen auf satzungsrechtlicher Grundlage finanzierte Untersuchung zu Beginn der Pubertät auf eine gesetzliche Grundlage gestellt werden.[4]

3 Die maßgeblichen **Gesetzesmaterialien** zu § 26 SGB V in der Fassung des GRG finden sich in der BT-Drs. 11/2237. Für die Änderungen durch das 2. GKV-NOG sind die Drucksache BT-Drs. 13/6087 sowie BT-Drs. 13/7264 maßgeblich.

---

1 BGBl I 1988, 2477.
2 BT-Drs. 11/2237, S. 16 f.
3 BGBl I 1997, 1520.
4 Vgl. BT-Drs. 13/6087, S. 21 f. und BT-Drs. 13/7264, S. 59.

II. Vorgängervorschriften

4 § 25 SGB V geht auf die §§ 181-181b RVO zurück. Eingefügt durch das Gesetz zur Weiterentwicklung des Rechts der gesetzlichen Rentenversicherung (Zweites Krankenversicherungsänderungsgesetz – 2. KVÄG)[5] regelten sie zusammengefasst die heute zwischen § 25 SGB V und § 26 SGB V aufgeteilten Maßnahmen zur Früherkennung bei Kindern und Erwachsenen.

III. Untergesetzliche Rechtsnormen

5 Für die Umsetzung des Leistungsauftrags des § 26 SGB V sind vor allem folgende Richtlinien von Bedeutung:

- Richtlinien des Bundesausschusses der Ärzte und Krankenkassen über die Früherkennung von Krankheiten bei Kindern bis zur Vollendung des 6. Lebensjahres („Kinder-Richtlinien")[6],
- Richtlinien des Bundesausschusses der Ärzte und Krankenkassen zur Jugendgesundheitsuntersuchung[7],
- Richtlinien des Bundesausschusses der Zahnärzte und Krankenkassen über die Früherkennungsuntersuchungen auf Zahn-, Mund- und Kieferkrankheiten (zahnärztliche Früherkennung gemäß § 26 Abs. 1 Satz 2 SGB V)[8].

IV. Systematische Zusammenhänge

6 Seinem Hauptansatz nach erweitert § 26 SGB V ebenso wie § 25 SGB V die Einstandspflicht der gesetzlichen Krankenversicherung für gesundheitliche Untersuchungen, für die kein offen zutage getretener Untersuchungsanlass besteht (vgl. die Kommentierung zu § 25 SGB V Rn. 6). Im Verhältnis dazu ist § 26 SGB V zunächst Spezialbestimmung für Gesundheitsuntersuchungen für Kinder und Jugendliche und als solche abgestellt auf die besonderen Risiken, die für die körperliche und geistige Entwicklung im Kinder- und Jugendalter drohen können.

7 Diese für § 26 Abs. 1 Satz 1 SGB V stringente Zuordnung der Bestimmung im Vierten Abschnitt im Dritten Kapitel des SGB V über „Leistungen zur Früherkennung von Krankheiten" ist durch die Einfügung von § 26 Abs. 1 Sätze 2 und 3 SGB V durch das 2. GKV-Neuordnungsgesetz – 2. GKV-NOG) vom 23.06.1997[9] teilweise aufgebrochen. Die dadurch bewirkte Erweiterung um Leistungen zur Erhaltung der Zahngesundheit (vgl. Rn. 2) hat systematisch dieselbe Zielsetzung wie § 22 SGB V. Diese Vorschrift ist anders als § 26 SGB V im Dritten Abschnitt des Dritten Kapitels des SGB V u.a. zu „Leistungen zur Verhütung von Krankheiten" eingeordnet. Danach haben Versicherte, die das sechste, aber noch nicht das achtzehnte Lebensjahr vollendet haben, gemäß § 22 Abs. 1 SGB V zur Verhütung von Zahnerkrankungen ebenfalls Anspruch auf Untersuchungen, Einweisungen und Behandlung mit prophylaktisch wirkenden Mitteln, und zwar mit einer halbjährlichen Frequenz und zur Leistungserbringung bei Zahnärzten. Davon unterscheidet sich der Auftrag nach § 26 Abs. 1 Sätze 2 und 3 SGB V teilweise zwar sprachlich, aber nicht sachlich (vgl. zur Systematik des § 22 SGB V die Kommentierung zu § 22 SGB V Rn. 8). Unterschiede bestehen nur hinsichtlich der zugelassenen Leistungserbringer. Danach kann die zahngesundheitliche Vorsorgeuntersuchung und -behandlung von versicherten Kindern bis zur Vollendung des sechsten Lebensjahres im Rahmen des § 26 Abs. 1 Satz 2 SGB V gemäß § 26 Abs. 1 Satz 3 SGB V von (Kinder-)Ärzten **und** von Zahnärzten vorgenommen werden. Hingegen ist die Vorsorge für Kinder nach Vollendung des sechsten Lebensjahres gemäß § 22 Abs. 1 SGB V **ausschließlich** Zahnärzten vorbehalten. Maßgebend für die Einordnung des erweiterten Leistungsauftrags in den Abschnitt der Früherkennungsleistungen waren danach offenbar eher Gesichtspunkte der einheitlichen Leistungserbringung aus Anlass der Untersuchungen nach § 26 Abs. 1 Satz 1 SGB V als

---

5 BGBl I 1970, 1770.

6 I.d.F. v. 26.04.1976, veröffentlicht als Beilage Nr. 28 zum BAnz 1976, Nr. 214 v. 11.11.1976, zuletzt geändert am 21.12.2004, veröffentlicht im BAnz 2005, Nr. 60, 4 833 in Kraft getreten am 01.04.2005.

7 V. 26.06.1998, BAnz 1998, Nr. 159 vom 27.08.1998, in Kraft getreten am 28.08.1998, zuletzt geändert am 23.10.1998, BAnz 1999, Nr. 16 vom 26.01.1999, in Kraft getreten am 27.01.1999.

8 In der Fassung vom 04.06.2003, BAnz 2003, Nr. 226, 24 966, zuletzt geändert am 08.12.2004, Banz 2005, Nr. 54, 4 094, in Kraft getreten am 01.01.2005.

9 BGBl I 1997, 1520.

systematische Gesichtspunkte der Leistungszuordnung. Systematisch schlüssiger erschiene es, wenn der Leistungsauftrag nach § 26 Abs. 1 Satz 2 SGB V mit dem des § 22 SGB V zusammengeführt würde.

V. Ausgewählte Literaturhinweise

Lampert, Prävention und Gesundheitsförderung für Kinder und Jugendliche, KrV 2004, 17; *Walter*, Babylon im SGB?, SF 2003, 253; *Windeler/Thomas*, Früherkennung – Die Zeit ist reif für eine sachgerechte Diskussion, BKK 2003, 337; *Metzinger/Dietz*, Krankheitsfrüherkennung durch bevölkerungsbezogene Programme – Nutzen versus Risiko, KrV 2003, 173; *Abholz/Schwarz*, Früherkennung in Deutschland – Symbolhaftes Handeln mit schädlichen Folgen für die Gesundheit, ASP 2002, Nr. 9/10, 18. 8

B. Auslegung der Norm

I. Regelungsgehalt und Normzweck

Die Vorschrift regelt Voraussetzungen und Maßgaben für Ansprüche auf Gesundheitsuntersuchungen und Maßnahmen der gesundheitlichen Vorsorge für **gesunde oder symptomlose versicherte Kinder**. Danach haben versicherte Kinder zunächst bis zur Vollendung des sechsten Lebensjahres Anspruch auf mehrere Untersuchungen und nochmals nach Vollendung des zehnten Lebensjahres Anspruch auf eine weitere Untersuchung. Ziel dieser Untersuchungen ist zum einen gemäß § 26 Abs. 1 Satz 1 SGB V die Früherkennung von Krankheiten, die die körperliche oder geistige Entwicklung der Kinder und Jugendlichen nicht unbeträchtlich gefährden. Untersuchungen dazu können nach § 26 Abs. 2 HS. 1 SGB V i.V.m. § 25 Abs. 3 SGB V dann beansprucht werden, wenn das Vor- oder Frühstadium einer Krankheit durch diagnostische Maßnahmen genügend eindeutig zu erfassen ist[10], durch die Frühdiagnose aufgedeckte Krankheiten wirksam behandelt werden können[11] und genügend Ärzte und Einrichtungen vorhanden sind, um die aufgefundenen Verdachtsfälle eingehend diagnostizieren und behandeln zu können[12]. Weiterer Gegenstand der Untersuchung sind nach § 26 Abs. 1 Sätze 2 und 3 SGB V Leistungen zur Förderung der Zahngesundheit. Zu beiden Regelungskomplexen hat der Gemeinsame Bundesausschuss das Nähere zu bestimmen und insbesondere auch Qualitätsanforderungen festzulegen.[13] 9

Die Regelung bezweckt eine möglichst frühe Erkennung von Erkrankungen, die die Entwicklung eines Kindes erheblich beeinträchtigen können. Erforderliche Behandlungen von Krankheiten mit erheblichen gesundheitlichen Folgen sollen früher eingeleitet werden können als es sonst möglich wäre. Damit soll für die Versicherten Lebensqualität gewonnen werden. Aus der Perspektive der gesetzlichen Krankenversicherung ist die Vorschrift als Ausprägung des allgemeinen Auftrags nach § 1 Satz 1 SGB V zu sehen, nach der die Gesundheit der Versicherten u.a. „zu erhalten" ist. Dem kann es dienen, wenn behandelbare Krankheiten bereits vor Ausbruch von spürbaren Beschwerden behandelt werden. 10

II. Kinderuntersuchung

§ 26 SGB V gewährt nach der amtlichen Überschrift Leistungen zur „Kinderuntersuchung". Diese richten sich zum einen nach § 26 Abs. 1 Satz 1 SGB V auf die Früherkennung von die Entwicklung gefährdenden Krankheiten sowie zum anderen – systematisch nicht vollends stringent – nach § 26 Abs. 1 Sätze 2 und 3 SGB V auf Maßnahmen zur Zahn- und Mundhygiene: 11

1. Anspruchsberechtigter Personenkreis

Personell anspruchsberechtigt für Leistungen nach § 26 SGB V sind „versicherte" Kinder bis zur Vollendung des sechsten bzw. nach Vollendung des zehnten Lebensjahres. Das sind alle Kinder bis zur Altersgrenze, die **bei Inanspruchnahme** der Leistung nach Maßgabe der §§ 5 ff. SGB V **Versicherungs-** 12

[10] § 26 Abs. 2 HS. 1 SGB V i.V.m. § 25 Abs. 3 Nr. 2 und 3 SGB V.
[11] § 26 Abs. 2 HS. 1 SGB V i.V.m. § 25 Abs. 3 Nr. 1 SGB V.
[12] § 26 Abs. 2 HS. 1 SGB V i.V.m. § 25 Abs. 3 Nr. 4 SGB V.
[13] § 26 Abs. 2 HS. 2 SGB V i.V.m. § 25 Abs. 4 Satz 2 SGB V.

schutz entweder **als Versicherte** oder auf Grund des **nachgehenden Anspruchs**[14] nach den Absätzen 2 oder 3 des § 19 SGB V haben (wegen der Einzelheiten vgl. die Kommentierungen zu den §§ 5 ff. SGB V sowie die Kommentierung zu § 27 SGB V Rn. 22 ff.).

2. Früherkennung von die Entwicklung gefährdenden Krankheiten (Absatz 1 Satz 1)

13 Erster Teil der Kinderuntersuchungen sind nach § 26 Abs. 1 Satz 1 SGB V Untersuchungen zur Früherkennung von Krankheiten, die die körperliche oder geistige Entwicklung von versicherten Kindern in nicht geringfügigem Maße gefährden. Begrifflich und systematisch sind dies Früherkennungsuntersuchungen in **demselben** Verständnis, das der Regelung des **§ 25 SGB V** zu Grunde liegt. Sie unterscheiden sich danach von anderen Leistungen der ärztlichen Untersuchung durch den Untersuchungs**anlass**: Untersuchungen nach § 27 SGB V und nach § 23 SGB V sind angezeigt, sobald nach den konkreten Umständen des Einzelfalls eine **bereits eingetretene** körperliche Beeinträchtigung oder sonst **konkrete Anhaltspunkte** die Einleitung einer ärztlichen Krankenbehandlung (§ 27 SGB V) oder von medizinischen Vorsorgeleistungen (§ 23 SGB V) nahe legen und dazu Untersuchungen erforderlich sind. Dagegen zielen Früherkennungsuntersuchungen auf die Aufdeckung von **abstrakt gefährlichen**, bislang unerkannten Frühstadien von Krankheiten **ohne** konkreten Anlass im Einzelfall. Insoweit sind deshalb Kinderuntersuchungen ebenso wie die Gesundheitsuntersuchungen nach § 25 SGB V **Screeningleistungen** im medizinischen Sinne: **Reihenuntersuchungen** zur frühzeitigen Erkennung von unbemerkten Erkrankungen oder Defekten durch die Anwendung von Tests, Prüfungen oder anderen Verfahren, die schnell durchgeführt werden können, um eine möglichst frühe Erkennung behandlungsbedürftiger gesundheitlicher Zustände zu ermöglichen (vgl. im Einzelnen die Kommentierung zu § 25 SGB V Rn. 10 ff.).

14 **Schutzgegenstand** dieser Reihenuntersuchung ist für den Bereich der Kinderuntersuchung nach § 26 Abs. 1 Satz 1 SGB V die **Unversehrtheit der körperlichen oder geistigen Entwicklung des Kindes**. Im Sinne dieses ähnlich auch in § 23 Abs. 1 Nr. 2 SGB V verwandten Tatbestandsmerkmals ist gesundheitliche Entwicklung des Kindes der Prozess der altersgerechten Ausbildung seiner körperlichen, geistigen und seelischen Anlagen (vgl. näher hierzu die Kommentierung zu § 25 SGB V Rn. 10 ff.). Er ist **gefährdet**, wenn der Entwicklungsprozess **zurückzubleiben** oder **auf andere Weise beeinträchtigt** zu werden droht. Eine solche Beeinträchtigung droht „in nicht geringfügigem Maße", wenn die Entwicklungsabweichung das Maß von altersgerechten Entwicklungsunterschieden verlässt und – nach den Kriterien von § 27 SGB V – einen **behandlungsbedürftigen Zustand** annimmt. Anhaltspunkte kann dafür auch der Maßstab des § 2 Abs. 1 SGB IX geben. Danach sind Menschen **behindert**, wenn ihre körperliche Funktion, geistige Fähigkeit oder seelische Gesundheit mit hoher Wahrscheinlichkeit länger **als sechs Monate** von dem für das Lebensalter typischen Zustand abweichen und daher ihre **Teilhabe am Leben in der Gesellschaft beeinträchtigt** ist. Mindestens wenn eine Krankheit einen entsprechenden Zustand mit Entwicklungsverzögerung und Teilhabebeeinträchtigung nach sich zu ziehen droht, wird sie das Maß der geringfügigen und deshalb für die Kinderuntersuchung unbeachtlichen Entwicklungsstörung **übersteigen** (vgl. zur vergleichbaren Frage bei § 25 SGB V die Kommentierung zu § 25 SGB V Rn. 20 f.).

15 Krankheiten mit einem in diesem Sinne **nicht geringfügigen Gefährdungspotential** sind nach § 26 Abs. 2 HS. 1 SGB V dann als Gegenstand in Kinderuntersuchungen einzubeziehen, wenn zusätzlich die Voraussetzungen von **§ 25 Abs. 3 SGB V** vorliegen. Nach dessen Anforderungen besteht ein Anspruch auf Leistungen zur Früherkennung einer Krankheit, wenn – erstens – **geeignete Diagnoseverfahren** zur Früherkennung bestehen und bei einer frühen Erkennung – zweitens – **wirksame Behandlungsmöglichkeiten** bestehen und die frühe Behandlung – drittens – **Behandlungsvorteile** bietet. Schließlich müssen in der gesamten Kette – viertens – **ausreichende Untersuchungs- und Behandlungskapazitäten** bestehen. Wegen der Einzelheiten wird insoweit auf die Kommentierung zu § 25 SGB V Rn. 23 ff. verwiesen.

3. Förderung der Mundgesundheit (Absatz 1 Sätze 2 und 3)

16 Nach § 26 Abs. 1 Satz 3 SGB V haben versicherte Kinder bis zur Vollendung des sechsten Lebensjahrs auf der Grundlage von § 26 Abs. 1 Satz 2 SGB V als selbstständigen Teil der Kinderuntersuchung weiter Anspruch auf Leistungen zur **Förderung der Mundgesundheit**. Danach erstrecken sich die Früherkennungsuntersuchungen auch auf Zahn-, Mund- und Kieferkrankheiten. Als solche beinhalten sie insbesondere die **Inspektion der Mundhöhle**, die **Einschätzung oder Bestimmung des Kariesrisi-**

---

[14] Für versicherte Kinder relevant unter der Voraussetzung des § 23 Abs. 1 Nr. 2 SGB V.

kos, die **Ernährungs- und Mundhygieneberatung** sowie **Maßnahmen zur Schmelzhärtung der Zähne und zur Keimzahlsenkung**. Zugelassene Leistungserbringer sind Ärzte – insbesondere also auch Kinderärzte – sowie Zahnärzte.

Systematisch erscheint die Zuordnung dieser Leistungen zum Bereich der Früherkennung wenig überzeugend (vgl. Rn. 10). Im Vordergrund steht nicht die Diagnose nicht geringfügiger Bedrohungen für die Entwicklung des Kindes, sondern die Förderung der Mundgesundheit im Zusammenspiel von Untersuchung, Beratung und ärztlicher Behandlung. Für alle Kinder **ab dem** sechsten Lebensjahr ist dies – soweit die individuelle Versorgung durch einen Zahnarzt betroffen ist[15] – Gegenstand des Anspruchs auf Leistungen zur Individualprophylaxe nach § 22 SGB V. In diesem Sinne begründet § 26 Abs. 1 Sätze 2 und 3 SGB V einen individualprophylaktischen Anspruch für Kinder **bis** zum sechsten Lebensjahr. **Unterschiede** inhaltlicher Art[16] zwischen den Leistungsaufträgen bestehen insoweit trotz im Einzelnen teilweise unterschiedlicher Formulierungen – von altersbedingten Unterschieden abgesehen – **nicht**. Das gilt insbesondere für den Untersuchungsauftrag, der sich nach § 26 Abs. 1 Satz 2 SGB V auf die Untersuchung von „Zahn-, Mund- und Kieferkrankheiten" und nach § 22 SGB V auf Untersuchungen zur „Verhütung von Zahnerkrankungen" erstreckt. Zahnerkrankung in diesem Sinne ist jede Erkrankung **der Zahnhartsubstanz** sowie jeder regelwidrige Zustand des **Zahnhalteapparats** (vgl. die Kommentierung zu § 21 SGB V Rn. 13 f.) und umfasst damit als weitergehender Begriff die Teilbereiche von Mund- und Kieferkrankheiten. Wegen Einzelheiten des Versorgungsauftrags wird insoweit auf die Kommentierung zu § 22 SGB V Rn. 14 ff. verwiesen. 17

4. Konkretisierung durch Richtlinien

Die Ausgestaltung der Kinderuntersuchung im Einzelnen ist nach § 26 Abs. 2 HS. 2 SGB V i.V.m. § 25 Abs. 4 Satz 2 SGB V dem Gemeinsamen Bundesausschuss zugewiesen. Dazu hat er erstens das Nähere zu **Art und Umfang der Gesundheitsuntersuchung** sowie zweitens die **Erfüllung der Voraussetzungen nach § 25 Abs. 3 SGB V** zu bestimmen. Einzelheiten dazu ergeben sich aus der Kommentierung zu § 25 SGB V Rn. 42 ff. 18

---

[15] Vgl. im Übrigen § 21 SGB V.

[16] Abweichungen bestehen im Hinblick auf die zugelassenen Leistungserbringer: Leistungen nach § 22 SGB V dürfen nur Zahnärzte, Leistungen nach § 26 Abs. 1 Satz 2 SGB V dürfen Zahnärzte und (Kinder-)Ärzte erbringen.

Fünfter Abschnitt: Leistungen bei Krankheit

Erster Titel: Krankenbehandlung

§ 27 SGB V Krankenbehandlung

(Ursprünglich kommentierte Fassung vom 30.07.2004, gültig ab 01.01.2005, gültig bis 27.08.2007)

(1) Versicherte haben Anspruch auf Krankenbehandlung, wenn sie notwendig ist, um eine Krankheit zu erkennen, zu heilen, ihre Verschlimmerung zu verhüten oder Krankheitsbeschwerden zu lindern. Die Krankenbehandlung umfaßt

1. Ärztliche Behandlung einschließlich Psychotherapie als ärztliche und psychotherapeutische Behandlung,

2. zahnärztliche Behandlung,

2a. Versorgung mit Zahnersatz einschließlich Zahnkronen und Suprakonstruktionen,

3. Versorgung mit Arznei-, Verband-, Heil- und Hilfsmitteln,

4. häusliche Krankenpflege und Haushaltshilfe,

5. Krankenhausbehandlung,

6. Leistungen zur medizinischen Rehabilitation und ergänzende Leistungen.

Bei der Krankenbehandlung ist den besonderen Bedürfnissen psychisch Kranker Rechnung zu tragen, insbesondere bei der Versorgung mit Heilmitteln und bei der medizinischen Rehabilitation. Zur Krankenbehandlung gehören auch Leistungen zur Herstellung der Zeugungs- oder Empfängnisfähigkeit, wenn diese Fähigkeit nicht vorhanden war oder durch Krankheit oder wegen einer durch Krankheit erforderlichen Sterilisation verlorengegangen war.

(2) Versicherte, die sich nur vorübergehend im Inland aufhalten, Ausländer, denen eine Aufenthaltserlaubnis nach § 25 Abs. 4 und 5 des Aufenthaltsgesetzes erteilt wurde, sowie

1. asylsuchende Ausländer, deren Asylverfahren noch nicht unanfechtbar abgeschlossen ist,

2. Vertriebene im Sinne des § 1 Abs. 2 Nr. 2 und 3 des Bundesvertriebenengesetzes sowie Spätaussiedler im Sinne des § 4 des Bundesvertriebenengesetzes, ihre Ehegatten, Lebenspartner und Abkömmlinge im Sinne des § 7 Abs. 2 des Bundesvertriebenengesetzes haben Anspruch auf Versorgung mit Zahnersatz, wenn sie unmittelbar vor Inanspruchnahme mindestens ein Jahr lang Mitglied einer Krankenkasse (§ 4) oder nach § 10 versichert waren oder wenn die Behandlung aus medizinischen Gründen ausnahmsweise unaufschiebbar ist.

§ 27 SGB V Krankenbehandlung

(Fassung vom 19.08.2007, gültig ab 28.08.2007)

...

(2) Versicherte, die sich nur vorübergehend im Inland aufhalten, Ausländer, denen eine Aufenthaltserlaubnis nach § 25 Abs. 4 *bis 5* des Aufenthaltsgesetzes erteilt wurde, sowie

1. asylsuchende Ausländer, deren Asylverfahren noch nicht unanfechtbar abgeschlossen ist,

2. Vertriebene im Sinne des § 1 Abs. 2 Nr. 2 und 3 des Bundesvertriebenengesetzes sowie Spätaussiedler im Sinne des § 4 des Bundesvertriebenengesetzes, ihre Ehegatten, Lebenspartner und Abkömmlinge im Sinne des § 7 Abs. 2 des Bundesvertriebenengesetzes haben Anspruch auf Versorgung mit Zahnersatz, wenn sie unmittelbar vor Inanspruchnahme mindestens ein Jahr lang Mitglied einer Krankenkasse (§ 4) oder nach § 10 versichert waren oder wenn die Behandlung aus medizinischen Gründen ausnahmsweise unaufschiebbar ist.

Hinweis: § 27 SGB V in der Fassung vom 30.07.2004 wurde durch Art. 6 Abs. 11 des Gesetzes vom 19.08.2007 (BGBl I 2007, 1970) mit Wirkung vom 28.08.2007 geändert. Die Autoren passen die Kommentierungen bei Bedarf an die aktuelle Rechtslage durch Aktualisierungshinweise an.

Gliederung

A. Basisinformationen

I. Vorgängervorschriften/Gesetzgebungsmaterialien

Vorgängervorschrift war § 182 Abs. 1 Nr. 1 und Abs. 2 RVO[1], wonach als „Krankenhilfe" (neben „Krankengeld", Absatz 1 Nr. 2) „Krankenpflege vom Beginn der Krankheit an" gewährt wurde (Absatz 1 Nr. 1, mit Aufzählung von Regelleistungen). Die Krankenpflege musste ausreichend und zweckmäßig sein; sie durfte das Maß des Notwendigen nicht überschreiten (Absatz 2). Die Absätze 3-4 enthielten Regelungen über das Krankengeld. 1

Mit Wirkung vom **01.01.1989** wurde durch Art. 1 GRG[2] das SGB V[3] in das Sozialgesetzbuch eingefügt und die Krankenbehandlung in § 27 SGB V geregelt. Gegenüber der Vorgängervorschrift wurde der Begriff „Krankenpflege" durch „Krankenbehandlung" ersetzt, die Aufzählung der Leistungen in Satz 2 wurde vereinfacht, zusätzlich ausdrücklich aufgenommen wurden Haushaltshilfe (Nr. 4), Krankenhausbehandlung (Nr. 5), medizinische und ergänzende Leistungen zur Rehabilitation (Nr. 6) sowie in Satz 3 das Gebot, den besonderen Bedürfnissen psychisch Kranker Rechnung zu tragen. Der Wegfall des Wortes „insbesondere" bei der Aufzählung der Leistungen soll verdeutlichen, dass der Leistungsinhalt jetzt abschließend beschrieben wird.[4] Erstmals ausdrücklich genannt wurden auch Leistungen zur Herstellung der Zeugungs- oder Empfängnisfähigkeit (Satz 4). Leistungen für eine künstliche Befruchtung gehörten zunächst nicht zur Krankenbehandlung (Satz 5). Dieser **Satz 5** wurde ein halbes 2

---

1 Zuletzt i.d.F. des Gesetzes v. 22.12.1983, BGBl I 1983, 1532, die bis 31.12.1988 galt.

2 Gesetz zur Strukturreform im Gesundheitswesen (Gesundheits-Reformgesetz – GRG) v. 20.12.1988, BGBl I 1988, 2477.

3 Sozialgesetzbuch – Fünftes Buch – (SGB V) Gesetzliche Krankenversicherung.

4 Amtl. Begründung des Gesetzentwurfs, BR-Drs. 200/88, S. 170.

Jahr später **rückwirkend gestrichen**[5] im Hinblick auf die Einfügung des § 27a, mit dem die künstliche Befruchtung als Leistung der Krankenbehandlung aufgenommen wurde.[6]

3 Mit Wirkung vom 01.01.1993 wurde durch das Gesundheitsstrukturgesetz[7] der bisherige Text Absatz 1; Absatz 2 wurde angefügt mit folgender Begründung:[8] „Leistungen der Krankenkassen bei der Versorgung mit Zahnersatz sind häufig sehr aufwändig. Es liegt im Interesse einer gleichmäßigen Belastung der Beitragszahler, wenn diese Leistungen von Personen, die sich erst seit kurzem oder in der Regel nur vorübergehend im Inland aufhalten, erst nach einer angemessenen Wartezeit in Anspruch genommen werden können. Dabei zählen nur Zeiten der Zugehörigkeit zur deutschen gesetzlichen Krankenversicherung. Die Entscheidung über Ausnahmefälle, die eng begrenzt sein muss, trifft der Medizinische Dienst der Krankenversicherung (vgl. § 275 SGB V)."

4 Mit Wirkung vom **01.01.1999** wurde in Absatz 1 Nr. 1 „Psychotherapie als ärztliche und psychotherapeutische Behandlung" aufgenommen und § 28 SGB V eingefügt.[9] Die Regelung stellt klar, dass die psychotherapeutische Behandlung Teil der ärztlichen Behandlung ist und dass dieser Teil der ärztlichen Behandlung auch von Psychotherapeuten erbracht werden kann.[10]

5 Mit Wirkung vom **01.01.2000** wurde Absatz 2 neu gefasst.[11] Die Vorschrift wurde an die Regelung angepasst, die das Kriegsfolgenbereinigungsgesetz mit Wirkung vom 01.01.1993 hinsichtlich des Vertriebenenstatus im Bundesvertriebenengesetz vorgenommen hat. Hiermit wurde klargestellt, dass die leistungsrechtliche Wartefrist, die nach der bisherigen Fassung nur für die Altfälle nach dem Bundesvertriebenengesetz galt, auch für Spätaussiedler und deren engere Familienangehörige gilt. Im Übrigen wurden Unklarheiten beseitigt, die sich bei der Anwendung der bisherigen Gesetzesfassung ergeben hatten. Die Voraussetzung „mit Anspruch auf laufende Hilfe zum Lebensunterhalt" musste gestrichen werden, da solche asylsuchenden Ausländer, Vertriebenen sowie Spätaussiedler und ihre Ehegatten und Abkömmlinge in aller Regel nicht in der gesetzlichen Krankenversicherung versichert sind und die Vorschrift ansonsten ins Leere gelaufen wäre. Die Wartefrist endet nicht mehr, wie im Gesundheitsstrukturgesetz vorgesehen, mit der Behandlungsbedürftigkeit, sondern mit der Inanspruchnahme. Hierdurch wurden Auslegungsschwierigkeiten beseitigt.[12]

6 Mit Wirkung vom **01.07.2001** wurde in Absatz 1 Nr. 6 die bisherige Fassung „medizinische und ergänzende Leistungen zur Rehabilitation sowie Belastungserprobung und Arbeitstherapie" ersetzt durch die Fassung „Leistungen zur medizinischen Rehabilitation und ergänzende Leistungen".[13] Die Änderung diente der Anpassung an den Sprachgebrauch des SGB IX. Die Belastungserprobung und die Arbeitstherapie werden nicht mehr gesondert genannt, da sie von den Leistungen der medizinischen Rehabilitation umfasst sind (§ 26 Abs. 1 Nr. 7 SGB IX).[14]

7 Mit Wirkung vom **01.08.2001** wurde im Zuge des Erlasses des Lebenspartnerschaftsgesetzes in Absatz 2 Nr. 2 das Wort „Lebenspartner" eingefügt.[15]

---

5 Art. 2 Nr. 1, Art. 13 Abs. 2 Gesetz über die neunzehnte Anpassung der Leistungen nach dem Bundesversorgungsgesetz sowie zur Änderung weiterer sozialrechtlicher Vorschriften (KOV-Anpassungsgesetz 1990 – KOVAnpG 1990) v. 26.06.1990, BGBl I 1990, 1211.

6 Art. 2 Nr. 2 KOVAnpG 1990 v. 26.06.1990, BGBl I 1990, 1211, s. BT-Drs. 11/6760, S. 14.

7 Art. 1 Nr. 14 Gesetz zur Sicherung und Strukturverbesserung der gesetzlichen Krankenversicherung (Gesundheitsstrukturgesetz) v. 21.12.1992, BGBl I 1992, 2266.

8 BT-Drs. 12/3608, S. 78.

9 Art. 1 Nr. 1 Gesetz über die Berufe des Psychologischen Psychotherapeuten und des Kinder- und Jugendlichenpsychotherapeuten, zur Änderung des Fünften Buches Sozialgesetzbuch und anderer Gesetze v. 16.06.1998, BGBl I 1998, 1311; im ursprünglichen Gesetzentwurf war die Regelung als Satz 1 des § 28 Abs. 3 SGB V vorgesehen (BT-Drs. 13/8035, S. 9), die Einstellung in § 27 Abs. 1 Nr. 1 SGB V geht auf die Beschlussempfehlung des Vermittlungsausschusses (BT-Drs. 13/9770, S. 2) zurück.

10 BT-Drs. 13/8035, S. 20.

11 Art. 1 Nr. 14 Gesetz zur Reform der gesetzlichen Krankenversicherung ab dem Jahr 2000 (GKV-Gesundheitsreformgesetz 2000) v. 22.12.1999, BGBl I 1999, 2626; die Gesetz gewordene Fassung geht zurück auf die Beschlussempfehlung des Vermittlungsausschusses, BT-Drs. 14/2369; ursprünglicher Gesetzentwurf BT-Drs. 14/1245, S. 5.

12 Begründung zum ursprünglichen Gesetzentwurf BT-Drs. 14/1245, S. 65.

13 Art. 5 Nr. 8 Sozialgesetzbuch – Neuntes Buch – (SGB IX) Rehabilitation und Teilhabe behinderter Menschen v. 19.06.2001, BGBl I 2001, 1046, 1098.

14 Amtl. Begründung des Gesetzentwurfs der Bundesregierung, BR-Drs. 49/01, S. 357.

15 Art. 3 § 52 Nr. 5 Gesetz zur Beendigung der Diskriminierung gleichgeschlechtlicher Gemeinschaften: Lebenspartnerschaften v. 16.02.2001, BGBl I 2001, 266, 285.

Mit Wirkung vom **01.01.2003** sollten in Absatz 2 die Wörter „zur Ausreise verpflichtete Ausländer, deren Aufenthalt aus völkerrechtlichen, politischen oder humanitären Gründen geduldet wird" durch die Wörter „Ausländer, die eine Aufenthaltserlaubnis nach § 25 Abs. 4 und 5 des Aufenthaltsgesetzes besitzen" ersetzt werden[16], weil in den neuen ausländerrechtlichen Bestimmungen eine Duldung nicht mehr vorgesehen war[17]. Diese Änderung trat nicht in Kraft, da das Bundesverfassungsgericht mit seiner Entscheidung vom 18.12.2002[18] das Zuwanderungsgesetz wegen Unvereinbarkeit mit Art. 78 GG für nichtig erklärt hat (zur erneuten Änderung vgl. Rn. 10). 8

Mit Wirkung vom **01.01.2005** wurden in Absatz 1 Satz 2 Nr. 2 die Wörter „einschließlich der Versorgung mit Zahnersatz" gestrichen und als Nr. 2a eingefügt: „Versorgung mit Zahnersatz einschließlich Zahnkronen und Suprakonstruktionen".[19] Durch die Änderung soll klargestellt werden, dass Zahnersatz auch als Satzungsleistung zur Krankenbehandlung zählt.[20] 9

Ebenfalls mit Wirkung vom **01.01.2005** wurden in Absatz 2 die Wörter „zur Ausreise verpflichtete Ausländer, deren Aufenthalt aus völkerrechtlichen, politischen oder humanitären Gründen geduldet wird" durch die Wörter „Ausländer, denen eine Aufenthaltserlaubnis nach § 25 Abs. 4 und 5 des Aufenthaltsgesetzes erteilt wurde" ersetzt.[21] Die Änderung war erforderlich, weil die Erteilung einer Duldung im neuen Aufenthaltsgesetz nicht mehr vorgesehen ist. Das Vorliegen von völkerrechtlichen, politischen oder humanitären Gründen rechtfertigt künftig die Erteilung einer Aufenthaltserlaubnis. Entsprechend der Duldung, die nur Ausländer mit vorübergehendem Aufenthalt erhalten, beschränkt sich die Regelung auf Ausländer, die im Besitz einer Aufenthaltserlaubnis nach § 25 Abs. 4 und 5 sind.[22] 10

II. Systematische Stellung und Zusammenhänge

§ 27 SGB V ist innerhalb des SGB V Bestandteil des Dritten Kapitels (Leistungen der Krankenversicherung, §§ 11-66 SGB V), hierin des Fünften Abschnitts (Leistungen bei Krankheit, §§ 27-52 SGB V), dort wiederum des Ersten Titels (Krankenbehandlung, §§ 27-43b SGB V). Leistungen der Krankenversicherung (Übersicht in § 11 SGB V) sind neben der Krankenbehandlung insbesondere Leistungen zur Verhütung von Krankheiten (§§ 20-24b SGB V), zur Früherkennung von Krankheiten (§§ 25, 26 SGB V), Krankengeld (§§ 44-51 SGB V), Zahnersatz (§§ 55-59 SGB V) sowie Fahrkosten (§ 60 SGB V). 11

Innerhalb des Titels „Krankenbehandlung" ist § 27 SGB V die „**Grundnorm**". Sie wird durch die §§ 27a-43b SGB V ausgefüllt und konkretisiert. Eine weitere Konkretisierung des Anspruchs auf Krankenbehandlung erfolgt insbesondere durch die auf der Grundlage des § 92 SGB V erlassenen Richtlinien des Gemeinsamen Bundesausschusses und durch das Leistungserbringerrecht der §§ 69 ff. SGB V. Denn letztlich ist der einzelne Leistungserbringer, insbesondere der Vertragsarzt, dazu berufen, innerhalb der normativen Vorgaben den Anspruch des Versicherten gegenüber der Krankenkasse in medizinischer Hinsicht verbindlich zu konkretisieren.[23] 12

Systematisch sind bei der Anwendung des § 27 SGB V neben den allgemeinen und gemeinsamen Vorschriften des SGB I und des SGB IV innerhalb des SGB V insbesondere die allgemeine Regelung für Leistungen der Krankenversicherung in § 2 SGB V und das Wirtschaftlichkeitsgebot des § 12 SGB V zu beachten. 13

---

[16] Art. 10 Nr. 6 Zf. 1 Gesetz zur Steuerung und Begrenzung der Zuwanderung und zur Regelung des Aufenthalts und der Integration von Unionsbürgern und Ausländern (Zuwanderungsgesetz) v. 20.06.2002, BGBl I 2002, 1946, 1994.

[17] Amtl. Begründung zum Gesetzentwurf der Bundesregierung, BR-Drs. 921/01, S. 281.

[18] BVerfG v. 18.12.2002 - 2 BvF 1/02 - BGBl I 2003, 126 = BVerfGE 106, 310.

[19] Art. 1 Nr. 13 nach Maßgabe des Art. 37 Abs. 8 Gesetz zur Modernisierung der gesetzlichen Krankenversicherung (GKV-Modernisierungsgesetz – GMG) v. 14.11.2003, BGBl I 2003, 2190, 2192.

[20] Begründung des Gesetzentwurfs, BT-Drs. 15/1525, S. 83.

[21] Art. 10 Nr. 6 Zf. 1 Gesetz zur Steuerung und Begrenzung der Zuwanderung und zur Regelung des Aufenthalts und der Integration von Unionsbürgern und Ausländern (Zuwanderungsgesetz) v. 30.07.2004, BGBl I 2004, 1949; zur verfassungswidrigen vorhergehenden Änderung vgl. Rn. 8.

[22] Vgl. amtl. Begründung zum Gesetzentwurf BT-Drs. 15/420 S. 123 unter Berücksichtigung späterer Änderungen der Absatzbezeichnungen; die endgültige Gesetzesfassung geht auf die Beschlussempfehlung des Vermittlungsausschusses in BT-Drs. 15/3479 S. 18 zurück.

[23] BSG v. 16.12.1993 - 4 RK 5/92 - juris Rn. 40 - SozR 3-2500 § 13 Nr. 4.

III. Ausgewählte Literaturhinweise

14 Die Auswahl beschränkt sich auf Literatur, die sich im Schwerpunkt allgemein mit dem Thema Krankenbehandlung befasst. Zu den einzelnen Leistungsarten wird auf die Spezialvorschriften verwiesen. *Beske*, Neubestimmung und Finanzierung des Leistungskatalogs der gesetzlichen Krankenversicherung – Kieler Konzept – Paradigmenwechsel im Gesundheitswesen –, Berlin 2001; *Reddig*, Krankenbehandlung, Rotenburg a.d. Fulda 1999, in *BKK Akademie (Hrsg.)*, Profil, Teil 1; *Steck*, „Strittige" Behandlungsmethoden in der gesetzlichen Krankenversicherung – nach dem 2. GKV-Neuordnungsgesetz (2. GKV-NOG) –, Diss., Tübingen 1998; *Schmidt-Rögnitz*, Die Gewährung von alternativen sowie neuen Behandlungs- und Heilmethoden durch die gesetzliche Krankenversicherung, Diss., Berlin 1996; *Fastabend*, Der Begriff der notwendigen Krankenbehandlung im SGB V, NZS 2002, 299; *Neumann*, Anspruch auf Krankenbehandlung nach Maßgabe der Richtlinien des Bundesausschusses?, NZS 2001, 515; *Neumann*, Der Anspruch auf Krankenbehandlung - ein Rahmenrecht?, SGb 1998, 609; *Eichenhofer*, Krankheit und Behandlungsbedürftigkeit im Recht der gesetzlichen Krankenversicherung, SGb 1994, 501; *Schwerdtfeger*, Die Leistungsansprüche der Versicherten im Rechtskonkretisierungskonzept des SGV V (Teil 1), NZS 1998, 49.

B. Auslegung der Norm

I. Regelungsgehalt

15 Die in § 27 Abs. 1 Satz 1 SGB V grundsätzlich geregelte Krankenbehandlung ist, neben dem Krankengeld (§ 44 ff. SGB V), Leistung der Gesetzlichen Krankenversicherung für den **Versicherungsfall der Krankheit**. Die Krankheit ist der bedeutendste Versicherungsfall der Krankenversicherung.

16 **Personell** ist der Anspruch begrenzt auf Versicherte. Für die in Absatz 2 genannten Versicherten gilt für die Versorgung mit Zahnersatz grundsätzlich eine einjährige Wartefrist, soweit die Behandlung aus medizinischen Gründen nicht ausnahmsweise unaufschiebbar ist.

17 **Final** ist der Anspruch in Absatz 1 Satz 1 beschränkt auf die Krankenbehandlung, die notwendig ist, um eine Krankheit zu erkennen, zu heilen, ihre Verschlimmerung zu verhüten oder Krankheitsbeschwerden zu lindern. Hierbei hat der Gesetzgeber bewusst davon abgesehen, den Begriff der Krankheit im Gesetz zu definieren, weil sein Inhalt ständigen Änderungen unterliegt.[24]

18 **Sachlich** wird der Begriff der Krankenbehandlung begrenzt auf die in Abs. 1 Satz 2 abschließend aufgezählten Leistungsarten. Absatz 1 Satz 3 stellt klar, dass zur Krankenbehandlung auch Leistungen zur Herstellung der Zeugungs- oder Empfängnisfähigkeit gehören, wenn diese Fähigkeit nicht vorhanden war oder durch Krankheit oder wegen einer durch Krankheit erforderlichen Sterilisation verloren gegangen war. Die besondere Verpflichtung in Absatz 1 Satz 3, bei der Krankenbehandlung den besonderen Bedürfnissen psychisch Kranker Rechnung zu tragen, insbesondere bei der Versorgung mit Heilmitteln und bei der medizinischen Rehabilitation, ist wohl damit zu erklären, dass die Psychotherapie ursprünglich im Leistungskatalog nicht genannt war und erst mit Wirkung vom 01.01.1999 (vgl. Rn. 4) ausdrücklich aufgenommen wurde.

II. Normzweck

19 Da § 27 SGB V für alle Leistungen des Ersten Titels des Fünften Abschnitts gilt, besteht seine Bedeutung darin, die **Zielrichtung und Zweckbestimmung der Krankenbehandlung** an dieser Stelle zusammenzufassen.[25] Als Grundvoraussetzung wird in Absatz 1 Satz 1 der **Versicherungsfall der Krankheit** genannt. Absatz 1 Satz 2 enthält eine abschließende[26] Aufzählung der **Leistungsarten**.

20 Daneben wird klargestellt, dass die Versicherten auf Krankenbehandlung einen **Rechtsanspruch** im Sinne des § 38 SGB I haben. Ein Anspruch[27] auf Krankenbehandlung unmittelbar aus § 27 SGB V ergibt sich allerdings nur dann, wenn im Einzelfall nur eine einzige dem Stand der medizinischen Erkenntnisse entsprechende Behandlungsmethode eine reale Chance zur Erreichung des Behandlungsziels bietet.[28] Auf der anderen Seite statuiert § 27 SGB V die äußersten Grenzen der Leistungspflicht der gesetzlichen Krankenversicherung bei der Krankenbehandlung[29] und gibt damit auch die äußerste

---

24 Amtl. Begründung zum Entwurf des GRG, BR-Drs. 200/88, S. 170.
25 Amtl. Begründung zum Entwurf des GRG, BR-Drs. 200/88, S. 170.
26 Amtl. Begründung zum GRG, BR-Drs. 200/88, S. 170.
27 Im Sinne der Legaldefinition des § 194 BGB als „Recht, von einem Anderen ein Tun oder Unterlassen zu verlangen".
28 BSG v. 20.03.1996 - 6 RKa 62/94 - juris Rn. 44, 54 - SozR 3-2500 § 92 Nr. 6.
29 BSG v. 16.12.1993 - 4 RK 5/92 - juris Rn. 37 - SozR 3-2500 § 13 Nr. 4.

Grenze für die untergesetzliche Konkretisierung des Anspruchsinhalts vor. Innerhalb dieses „Rahmens" besteht ein Anspruch auf Krankenbehandlung gegen die Krankenversicherungsträger nur **nach Maßgabe der konkretisierenden Vorschriften**, insbesondere der Einzelregelungen in den §§ 27a ff. SGB V, des Wirtschaftlichkeitsgebots (§ 12 SGB V) und der auf der Grundlage des § 92 SGB V erlassenen Richtlinien des Gemeinsamen Bundesausschusses. Bei § 27 SGB V handelt es sich gesetzestechnisch um eine unvollständige Anspruchsnorm[30], die einer Konkretisierung durch andere – auch untergesetzliche – Normen bedarf.

III. Anspruch auf Krankenbehandlung (Absatz 1 Satz 1)

Für eine korrekte Subsumtion ist zwischen Tatbestand und Rechtsfolge zu unterscheiden. Tatbestandsmerkmale sind (1.) die Versicherteneigenschaft und (2.) die Notwendigkeit der Krankenbehandlung zur Erkennung, Heilung, Verhütung der Verschlimmerung einer Krankheit oder zur Linderung von Krankheitsbeschwerden. Rechtsfolge ist der Anspruch auf Krankenbehandlung. Durch Absatz 1 Satz 2 ist diese Rechtsfolge allerdings eingeschränkt: Nicht auf jede Krankenbehandlung, die zur Erreichung der in Absatz 1 Satz 1 genannten Ziele notwendig ist, besteht ein Anspruch. Die geschuldete Krankenbehandlung beschränkt sich vielmehr auf die in § 27 Abs. 1 Satz 2 abschließend aufgezählten Maßnahmen, die durch die §§ 27a ff. SGB V sowie die auf der Grundlage des § 92 SGB V erlassenen Richtlinien des Bundesausschusses weiter konkretisiert werden. 21

1. Versicherte

a. Definition

Personell ist der Anspruch auf „Versicherte" begrenzt. Aus der systematischen Stellung innerhalb des SGB V folgt, dass eine Versicherung in der gesetzlichen Krankenversicherung bestehen muss. Der Personenkreis der in der gesetzlichen Krankenversicherung Versicherten ergibt sich aus **§§ 5 ff. SGB V**. Hierzu zählen Versicherungspflichtige (§ 5 SGB V), soweit sie nicht kraft Gesetzes versicherungsfrei (§§ 6, 7 SGB V) oder auf Antrag von der Versicherungspflicht befreit (§ 8 SGB V) sind, sowie freiwillig Versicherte (§ 9 SGB V) und Familienversicherte (§ 10 SGB V). Familienversicherte haben unter Geltung des SGB V eine eigene Versicherung, obwohl sie nicht Mitglieder der Krankenkasse sind. Sie haben einen eigenen Anspruch auf Krankenbehandlung, den sie aus eigenem Recht geltend machen können. Sie leiten ihren Anspruch nicht mehr – wie nach RVO – von dem Stammversicherten ab. **Beginn und Ende** der Versicherteneigenschaft richten sich nach den Regelungen über die Mitgliedschaft (**§§ 186-193 SGB V**). Zu beachten ist, dass nach §§ 192, 193 SGB V die Mitgliedschaft und damit der Anspruch auf Leistungen trotz Wegfalls der tatbestandlichen Voraussetzungen der Versicherungspflicht fortbestehen kann. 22

b. Maßgeblicher Zeitpunkt

Generell gilt der Grundsatz, dass es für die Leistungspflicht der Krankenkasse für eine konkrete Behandlungsmaßnahme auf die **Mitgliedschaft im Zeitpunkt der tatsächlichen Leistungserbringung** ankommt; nicht entscheidend ist die Mitgliedschaft im Zeitpunkt der Erkrankung (Versicherungsfalls).[31] Ein Anspruch auf Krankenbehandlung besteht daher auch für Krankheiten, die bereits **vor Beginn des Versichertenverhältnisses** bestanden haben[32], die Leistungspflicht erstreckt sich jedoch nur auf Leistungen, die nach Beginn des Versicherungsverhältnisses erbracht werden.[33] 23

[30] *Larenz*, Methodenlehre der Rechtswissenschaft, 6. Aufl. 1991, S. 257. Eine solche Norm ist gesetzestechnisch nicht ungewöhnlich. Das BSG bezeichnet § 27 SGB V als „offene Wertungsnorm, subjektiv-öffentlich-rechtliches Rahmenrecht, Anspruch dem Grunde nach, Rahmenbedingung für die Entstehung möglicher Ansprüche" (BSG v. 16.12.1993 - 4 RK 5/92 - SozR 3-2500 § 13 Nr. 4) sowie als „Normprogramm, Rahmen-Recht, Anspruchs-Rahmen" (BSG v. 20.03.1996 - 6 RKa 62/94 - SozR 3-2500 § 92 Nr. 6); ausführlich hierzu: *Schmidt* in: Peters, Handbuch KV (SGB V), § 27 Rn. 11 ff.; *Fastabend*, NZS 2002, 299, 302; *Schwerdtfeger*, NZS 1998, 49; *Neumann*, SGb 1998, 609; vgl. Rn. 82.

[31] BSG v. 20.11.2001 - B 1 KR 31/99 R - juris Rn. 15 - SozR 3-2500 § 19 Nr. 3.

[32] BSG v. 20.11.2001 - B 1 KR 31/99 R - juris Rn. 15 - SozR 3-2500 § 19 Nr. 3; BSG v. 28.02.1980 - 8a RK 13/79 - juris Rn. 13 - SozR 2200 § 184a Nr. 3; *Kummer* in: Schulin, Handbuch des Sozialversicherungsrechts, Bd. 1, § 20 Rn. 5.

[33] *Schmidt* in: Peters, Handbuch KV (SGB V), § 27 Rn. 23.

24 Maßgeblich für Bestand und Umfang des Leistungsanspruchs ist das **jeweils aktuelle Versicherungsverhältnis.**[34] Im Gegensatz zu dem früher vertretenen Konzept der „Einheit des Versicherungsfalls" begründet ein früheres Versicherungsverhältnis nur dann Leistungsansprüche, wenn dies gesetzlich ausdrücklich angeordnet ist.[35] Das aktuelle Versicherungsverhältnis hat damit Bedeutung in zweierlei Hinsicht: Zum einen bestimmt die **Art der aktuellen Mitgliedschaft** zum Zeitpunkt der Leistungserbringung (z.B. Pflichtmitgliedschaft, freiwillige Mitgliedschaft, Familienversicherung, Krankenversicherung der Arbeitslosen, Krankenversicherung der Rentner) den Umfang des Leistungsanspruchs. Zum anderen bestimmt die Mitgliedschaft im Zeitpunkt der Leistungserbringung auch die **Zuständigkeit der Krankenkasse.**[36] Scheidet der Versicherte nach Beginn der Krankheit oder der durch den Arzt festgestellten Behandlungsnotwendigkeit aus der Krankenkasse aus, so endet grundsätzlich auch die Zuständigkeit dieser Krankenkasse. Bei **Kassenwechsel** innerhalb der Gesetzlichen Krankenversicherung ist grundsätzlich die Krankenkasse zuständig, bei der zum Zeitpunkt der Leistungserbringung die Mitgliedschaft besteht. **Scheidet der Versicherte vollständig aus der Gesetzlichen Krankenversicherung aus**, so bestehen „nachgehende" Leistungsansprüche nur noch, soweit dies gesetzlich ausdrücklich bestimmt ist. Für vor dem Kassenwechsel oder der Beendigung der Mitgliedschaft durchgeführte Maßnahmen der Krankenbehandlung bleibt die einmal entstandene Leistungspflicht der früheren Krankenkasse dagegen auch danach erhalten.[37]

25 So ist für die Leistungspflicht bei Versorgung mit Zahnersatz der Zeitpunkt der Eingliederung des Zahnersatzes maßgeblich, selbst wenn die frühere Krankenkasse die Leistung bewilligt und einen Zuschuss zugesagt hatte.[38] Erfolgt zwischen Verordnung und Lieferung eines Hilfsmittels ein Kassenwechsel, so ist die Krankenkasse zuständig, bei der im Zeitpunkt der Lieferung die Mitgliedschaft besteht.[39] **Ausnahmen**: Ist für die Leistung ein vom Lebensalter des Versicherten abhängiger Stichtag bestimmt, kommt es für die Zuständigkeit auf den Zeitpunkt der Aufstellung des Behandlungsplans an.[40] Erfolgt während einer länger andauernden Behandlung ein Krankenkassenwechsel, so bleibt die frühere Krankenkasse für die gesamte Behandlung zuständig, wenn sich die Art der Abrechnung (Fallpauschale bei Krankenhausbehandlung) als Einheit darstellt und sich deshalb einer Aufteilung der Kassenzuständigkeit entzieht.[41]

26 Der Anspruch auf Krankenbehandlung **erlischt grundsätzlich mit dem Ende der Mitgliedschaft** in der Gesetzlichen Krankenversicherung, soweit im SGB V nichts Abweichendes bestimmt ist (§ 19 Abs. 1 SGB V). Abweichende Bestimmungen enthalten § 19 Abs. 2 und 3 SGB V sowie § 29 Abs. 3 Satz 2 SGB V.

27 **Nach Beendigung der Mitgliedschaft Versicherungspflichtiger** (nicht für freiwillig Versicherte) besteht ein nachgehender Leistungsanspruch längstens für einen Monat nach dem Ende der Mitgliedschaft, solange keine Erwerbstätigkeit ausgeübt wird; dabei hat eine Familienversicherung nach § 10 SGB V Vorrang vor dem nachgehenden Leistungsanspruch (§ 19 Abs. 2 SGB V). Endet die Mitgliedschaft durch Tod, erhalten die nach § 10 SGB V versicherten **Angehörigen** Leistungen längstens für einen Monat **nach dem Tode des Versicherten** (§ 19 Abs. 3 SGB V).

28 Nach § 29 Abs. 3 Satz 2 SGB V besteht der Anspruch auf **Erstattung des Eigenanteils an den Kosten einer ordnungsgemäß abgeschlossenen kieferorthopädischen Behandlung** auch dann fort, wenn der Patient während der Behandlung von der gesetzlichen Krankenkasse zu einem privaten Krankenversicherer wechselt.[42]

---

[34] BSG v. 19.09.2002 - B 1 KR 11/02 R - juris Rn. 20 - SozR 3-2500 § 44 Nr. 10.
[35] BSG v. 19.09.2002 - B 1 KR 11/02 R - juris Rn. 18 ff. - SozR 3-2500 § 44 Nr. 10; vgl. auch BSG v. 13.07.2004 - B 1 KR 39/02 R - juris Rn. 22 - SozR 4-2500 § 44 Nr. 2.
[36] BSG v. 20.11.2001 - B 1 KR 31/99 R - juris Rn. 14 - SozR 3-2500 § 19 Nr. 3.
[37] BSG v. 20.11.2001 - B 1 KR 31/99 R - juris Rn. 18 - SozR 3-2500 § 19 Nr. 3.
[38] BSG v. 20.11.2001 - B 1 KR 31/99 R - juris Rn. 12 - . SozR 3-2500 § 19 Nr. 3
[39] BSG v. 20.11.2001 - B 1 KR 31/99 R - juris Rn. 20 - SozR 3-2500 § 19 Nr. 3 unter Hinweis auf BSG v. 27.06.1985 - 8 RK 34/84 - SozR 2200 § 182b Nr. 32, S. 87 f.
[40] BSG v. 20.11.2001 - B 1 KR 31/99 R - juris Rn. 21 - SozR 3-2500 § 19 Nr. 3 unter Hinweis auf BSG v. 09.12.1997 - 1 RK 11/97 - BSGE 81, 245, 246.
[41] BSG v. 20.11.2001 - B 1 KR 31/99 R - juris Rn. 22 - SozR 3-2500 § 19 Nr. 3 unter Hinweis auf BSG v. 20.11.2001 - B 1 KR 26/00 R - juris Rn. 11 ff. - SozR 3-2500 § 19 Nr. 4.
[42] BSG v. 08.03.1995 - 1 RK 12/94 - juris Rn. 16 ff. - SozR 3-2500 § 29 Nr. 2.

c. Nachweis der Versicherteneigenschaft

Der Nachweis der Versicherteneigenschaft erfolgt **bei ambulanter Behandlung** durch Vorlage der **Krankenversichertenkarte** oder, soweit noch nicht eingeführt, durch Vorlage eines Krankenscheins (§ 15 Abs. 2 SGB V). Für die Inanspruchnahme anderer Leistungen hat der Versicherte, soweit von der Krankenkasse ausgestellt, einen Berechtigungsschein vorzulegen (§ 15 Abs. 3 SGB V). Bei Inanspruchnahme ärztlicher Behandlung hat der Versicherte auf dem Abrechnungsschein des Arztes das Bestehen der Mitgliedschaft durch seine Unterschrift zu bestätigen (§ 291 Abs. 1 Satz 5 SGB V). Der Vertragsarzt hat sich durch einen Vergleich der Unterschriften auf der Versichertenkarte und dem Abrechnungsschein über die Identität des Karteninhabers zu vergewissern. Bei Benutzung einer falschen Versicherungskarte verliert der Vertragsarzt seinen Vergütungsanspruch gegen die Krankenkasse nur dann, wenn er einen offensichtlichen Missbrauch hätte erkennen können (§ 19 Abs. 9 BMV-Ä).[43] 29

Bei **stationärer Krankenhausbehandlung** erfolgt der Nachweis des Versichertenstatus durch die **Kostenübernahmeerklärung** der Krankenkasse. Eine vorbehaltlose Kostenübernahmeerklärung schließt in der Regel die spätere Einwendung aus, ein Versicherungsverhältnis habe tatsächlich nicht bestanden; die Kostenzusage hat dann ersetzende Wirkung und begründet eine Zahlungsverpflichtung der Krankenkasse gegenüber dem Krankenhaus auch für Nichtversicherte.[44] Dagegen begründet die Vorlage der Versichertenkarte für das Krankenhaus keinen Vertrauensschutz. Das Krankenhaus kann sich zwar die Karte vorlegen lassen, ein Anspruch auf Vorlage besteht aber nicht, da § 15 Abs. 2 SGB V nur für die ambulante ärztliche Behandlung gilt und § 291 Abs. 1 Satz 3 SGB V eine Verwendung der Krankenversichertenkarte nur im Rahmen der vertragsärztlichen Versorgung sowie für die Abrechnung mit sonstigen Leistungserbringern erlaubt.[45] 30

2. Krankheit

a. Definition

Krankheit im Sinne des § 27 Abs. 1 Satz 1 SGB V ist „ein regelwidriger Körper- oder Geisteszustand, der die Notwendigkeit ärztlicher Heilbehandlung oder – zugleich oder allein – Arbeitsunfähigkeit zur Folge hat".[46] Der Gesetzgeber hat bewusst davon abgesehen, den Begriff der Krankheit im Gesetz zu definieren, da sein Inhalt ständigen Änderungen unterliege. Stattdessen hat er in der Gesetzesbegründung Bezug genommen auf die herrschende Rechtsprechung und Praxis.[47] Trotz der vom Gesetzgeber angenommenen ständigen Änderung des Krankheitsbegriffs ist die herrschende Begriffsdefinition gleich geblieben. Die Anpassung an die fortschreitende medizinische Entwicklung erfolgt in der Regel im Rahmen der einzelnen Begriffsmerkmale. Die Ausweitung der therapeutischen Möglichkeiten schlägt sich insbesondere in dem Begriffsmerkmal der „Behandlungsbedürftigkeit" nieder.[48] 31

Auf die **Krankheitsursache** kommt es grundsätzlich nicht an.[49] Ausnahmen gelten in folgenden Fällen: Nach § 27 Abs. 1 Satz 4 SGB V besteht ein Anspruch auf Leistungen zur Herstellung der Zeugungs- oder Empfängnisfähigkeit nur dann, wenn diese Fähigkeit nicht vorhanden war oder durch Krankheit oder wegen einer durch Krankheit erforderlichen Sterilisation verloren gegangen war. Nach § 11 Abs. 4 SGB V besteht auf Leistungen (der Krankenversicherung) kein Anspruch, wenn sie als Folge eines Arbeitsunfalls oder einer Berufskrankheit im Sinne der gesetzlichen Unfallversicherung zu erbringen sind. In diesen Fällen besteht ggf. ein vorrangiger Anspruch gegen den Träger der gesetzlichen Unfallversicherung. Nach § 52 SGB V kann die Krankenkasse die Versicherten an den Kosten der Leistungen in angemessener Höhe beteiligen, wenn sie sich eine Krankheit vorsätzlich oder bei einem von ihnen begangenen Verbrechen oder vorsätzlichen Vergehen zugezogen haben. Weitere Ausnahmen können durch die Richtlinien des Gemeinsamen Bundesausschusses begründet werden. 32

b. Abgrenzungen

Abzugrenzen ist der Begriff der Krankheit i.S.d. § 27 SGB V von der Krankheit im medizinischen Sinne, der Behinderung und der Pflegebedürftigkeit. 33

---

[43] BSG v. 12.11.2003 - B 3 KR 1/03 R - juris Rn. 24 - SozR 4-2500 § 112 Nr. 2.
[44] BSG v. 12.11.2003 - B 3 KR 1/03 R - juris Rn. 16 - SozR 4-2500 § 112 Nr. 2.
[45] BSG v. 12.11.2003 - B 3 KR 1/03 R - juris Rn. 25 - SozR 4-2500 § 112 Nr. 2.
[46] St. Rspr., vgl. BSG v. 19.02.2003 - B 1 KR 1/02 R - juris Rn. 10 - SozR 4-2500 § 137c Nr. 1, m.w.N.
[47] Amtl. Begründung zum GRG, BR-Drs. 200/88, S. 170.
[48] *Schmidt* in: Peters, Handbuch KV (SGB V), § 27 Rn. 49.
[49] BSG v. 12.11.1985 - 3 RK 48/83 - juris Rn. 12 - SozR 2200 § 182 Nr. 101.

34 Der krankenversicherungsrechtliche Krankheitsbegriff ist enger als der **Krankheitsbegriff im allgemein-medizinischen Sinne**, der jede „Störung der Lebensvorgänge in Organen oder im gesamten Organismus mit der Folge von subjektiv empfundenen bzw. objektiv feststellbaren körperlichen, geistigen oder seelischen Veränderungen" bzw. „eine definierbare Einheit typischer ätiologisch, morphologisch, symptomatisch oder nosologisch beschreibbarer Erscheinungen, die als eine bestimmte Erkrankung verstanden werden" umfasst.[50] Bei dem medizinischen Krankheitsbegriff kommt es insbesondere auf Behandlungsbedürftigkeit bzw. Arbeitsunfähigkeit nicht an. Ebenfalls nicht maßgeblich für das Krankenversicherungsrecht ist der weite sozialpolitische **Krankheitsbegriff der WHO**, die den Gegenbegriff der Gesundheit definiert als „Zustand völligen körperlichen, geistigen, seelischen und sozialen Wohlbefindens".[51]

35 **Behinderung** ist die „mit hoher Wahrscheinlichkeit länger als sechs Monate dauernde Abweichung der körperlichen Funktion, geistigen Fähigkeit oder seelischen Gesundheit von dem für das Lebensalter typischen Zustand, durch die die Teilhabe am Leben in der Gesellschaft beeinträchtigt wird".[52] Gegenüber dem krankenversicherungsrechtlichen Krankheitsbegriff kommt es für die Behinderung nicht auf Behandlungsbedürftigkeit oder Arbeitsunfähigkeit an, stattdessen ist für die Behinderung die voraussichtliche Dauer der Funktionsstörung und die Beeinträchtigung der Teilhabe am Gemeinschaftsleben prägend. Das Merkmal der Funktionsstörung dürfte mit dem Merkmal der Regelwidrigkeit im Krankheitsbegriff identisch sein.[53] Erfordert die Behinderung ärztliche Behandlung oder hat sie Arbeitsunfähigkeit zur Folge, liegt (zugleich) eine Krankheit im Sinne der gesetzlichen Krankenversicherung vor.[54] Bei bestimmten Behandlungsmaßnamen (z.B. Hilfsmittel nach § 33 SGB V, ergänzende Reha-Leistungen nach § 43 SGB V) sind Vorbeugung und Ausgleich einer Behinderung ausdrücklich als Behandlungsziele genannt.

36 **Pflegebedürftigkeit** ist eine erhebliche oder in höherem Maße bestehende Hilfsbedürftigkeit bei den gewöhnlichen und regelmäßig wiederkehrenden Verrichtungen im Ablauf des täglichen Lebens auf Dauer, voraussichtlich für mindestens sechs Monate, wegen einer körperlichen, geistigen oder seelischen Krankheit oder Behinderung.[55] Nach § 11 Abs. 2 Satz 1 SGB V haben Versicherte u.a. auch Anspruch auf Leistungen zur medizinischen Rehabilitation, die notwendig sind, um eine Behinderung oder Pflegebedürftigkeit abzuwenden, zu beseitigen, zu mindern, auszugleichen, ihre Verschlimmerung zu verhüten oder ihre Folgen zu mildern. Nach § 11 Abs. 2 Satz 2 SGB V werden Leistungen der „aktivierenden Pflege" nach Eintritt von Pflegebedürftigkeit von den Pflegekassen erbracht. Die grundsätzlich von der Krankenkasse zu leistende „Behandlungspflege" (insbesondere im Rahmen der häuslichen Krankenpflege nach § 37 SGB V) umfasst alle Pflegemaßnahmen, die durch eine bestimmte Erkrankung verursacht werden, speziell auf den Krankheitszustand des Versicherten ausgerichtet sind und dazu beitragen, die Krankheit zu heilen, ihre Verschlimmerung zu verhüten oder Krankheitsbeschwerden zu lindern. Ist die Maßnahme der Behandlungspflege jedoch mit einer der in § 14 Abs. 4 SGB XI genannten Verrichtungen der Grundpflege untrennbar verbunden oder muss sie im engen zeitlichen Zusammenhang mit einer solchen Verrichtung durchgeführt werden, erhöht sie den Bedarf an Grundpflege i.S.v. § 15 Abs. 3 SGB XI und ist nicht von der Krankenkasse zu erbringen.[56]

c. Regelwidriger Körper- oder Geisteszustand

37 **Regelwidrig** ist ein Zustand, der von der Norm, also vom Leitbild des gesunden Menschen, abweicht".[57] „Gesund" ist ein Mensch, dem die Ausübung der körperlichen Funktionen möglich ist.[58] Das Leitbild des gesunden Menschen wird nicht durch die morphologische oder psychische Idealnorm geprägt. Vielmehr entsprechen auch individuelle Verschiedenheiten dem Leitbild des gesunden Menschen. Regelwidrig ist daher nicht bereits jede Abweichung von der morphologischen Idealnorm, es muss viel-

---

50 *Pschyrembel*, Klinisches Wörterbuch, Stichwort „Krankheit".

51 Zit. nach *Pschyrembel*, Klinisches Wörterbuch, Stichwort „Gesundheit".

52 § 2 Abs. 1 SGB IX.

53 *Schmidt* in: Peters, Handbuch KV (SGB V), § 27 Rn. 120 ff.

54 BSG v. 18.11.1969 - 3 RK 75/66 - BSGE 30, 151, 152 f.

55 § 14 Abs. 1 SGB XI.

56 St. Rspr.: BSG v. 20.05.2003 - B 1 KR 23/01 R - juris Rn. 17 - SozR 4-2500 § 32 Nr. 1, m.w.N.; zur Abgrenzung s. auch BSG v. 22.07.2004 - B 3 KR 5/03 - SozR 4-2500 § 33 Nr. 5; vgl. im Einzelnen die Kommentierung zu § 37 SGB V.

57 BSG v. 19.02.2003 - B 1 KR 1/02 R - juris Rn. 10 - SozR 4-2500 § 137c Nr. 1, m.w.N.

58 BSG v. 20.10.1972 - 3 RK 93/71 - BSGE 35, 10, 12 m.w.N.

mehr über eine bestimmte Bandbreite individueller Verschiedenheiten hinaus[59] eine wesentliche[60] Störung der normalen psychophysischen Funktionen[61] vorliegen, die so beträchtlich ist, dass ihre Wiederherstellung bei Anlegung eines objektiven, an medizinisch-wissenschaftlichen Erkenntnissen orientierten Maßstabs eine ärztliche Behandlung erfordert[62].

- **Alkohol-**[63]**, sonstige Drogen- oder Medikamentenabhängigkeit**[64] sind eine Krankheit, wenn sie zum Kontrollverlust mit zwanghafter Abhängigkeit von der Droge geführt haben.
- **Sprachstörungen**, deren Bekämpfung den Einsatz medizinischer (nicht pädagogischer) Maßnahmen durch hoch spezialisiertes Personal (z.B. unter Beteiligung eines Nervenarztes) erfordert, stellen eine Krankheit dar.[65]
- **Transsexualität** ist eine Krankheit, wenn ein regelwidriger Zustand im Sinne der Gebrochenheit des geschlechtsspezifischen Identitätsbewusstseins vorliegt und zusätzlich im Einzelfall ein schwerer Leidensdruck besteht, der eine medizinische Behandlung erfordert.[66]
- **Zeugungsunfähigkeit** bei Männern[67] und schicksalhafte **Unfruchtbarkeit** einer Frau im gebärfähigen Alter[68] stellen eine Regelwidrigkeit und damit eine Krankheit dar.

Soweit das BSG bei der Definition der Regelwidrigkeit die Notwendigkeit der ärztlichen Behandlung einbezieht, werden allerdings die einzelnen Tatbestandsmerkmale bzw. (beim zweigliedrigen Krankheitsbegriff) Merkmale des Krankheitsbegriffs nicht klar getrennt. Im Interesse einer dogmatisch klaren Subsumtion sollten Regelwidrigkeit und Behandlungsbedürftigkeit unterschieden werden.[69] Das erfordert jedoch, den Krankheitsbegriff auch auf **Regelwidrigkeiten** zu erweitern, **die** für sich gesehen noch nicht zu einer Funktionsbeeinträchtigung führen, bei denen jedoch das (konkrete) Risiko des Entstehens einer Krankheit **Behandlungsbedürftigkeit begründet** (vgl. dazu auch Rn. 65). 38

- So hat das BSG offen gelassen, ob der **Adipositas** als solcher Krankheitswert zukommt. Erfordert sie jedoch wegen drohender oder bereits eingetretener Begleit- oder Folgeerkrankungen (wie Stoffwechselkrankheiten, Herz- und Kreislauferkrankungen, Atemwegserkrankungen, gastrointestinalen Erkrankungen, Krankheiten des Bewegungsapparates, bösartigen Neubildungen) eine ärztliche Behandlung, so belegt das zugleich die Regelwidrigkeit des bestehenden Zustands und damit das Vorliegen einer Krankheit im krankenversicherungsrechtlichen Sinne.[70]
- Eine – für sich gesehen – gutartige **Hautveränderung** (z.B. Tierfell-Naevus) stellt eine Krankheit dar, wenn nach medizinischen Erkenntnissen das Risiko einer bösartigen Entartung besteht. Ob ein solches Risiko besteht, ist nach den Kriterien für die „Verhütung einer Verschlimmerung" zu beurteilen.[71]

Persönliche Eigenarten oder psychische Fehlhaltungen, die durch Änderung der Lebensführung oder durch einfache Maßnahmen der Gesunderhaltung behoben werden können, sind der Eigenverantwortung des Versicherten zuzurechnen.[72] **Bewusst und gewollt herbeigeführte regelwidrige Zustände** (z.B. **Sterilisation**) sind keine Krankheit, da solche Zustände von der Rechtsgemeinschaft nicht als solche angesehen werden; ein Sinneswandel des Betroffenen, der den freiwillig herbeigeführten Zustand 39

---

59 BSG v. 30.09.1999 - 8 KN 9/98 KR R - juris Rn. 18 - SozR 3-2500 § 27 Nr. 11; BSG v. 10.07.1979 - 3 RK 21/78 - BSGE 48, 258, 265 m.w.N.

60 BSG v. 20.10.1972 - 3 RK 93/71 - BSGE 35, 10, 12.

61 BSG v. 12.11.1985 - 3 RK 48/83 - juris Rn. 11 - SozR 2200 § 182 Nr. 101.

62 BSG v. 10.07.1979 - 3 RK 21/78 - BSGE 48, 258, 265 m.w.N.; vgl. auch BSG v. 19.02.2003 - B 1 KR 1/02 R - juris Rn. 11 - SozR 4-2500 § 137c Nr. 1.

63 BSG v. 15.02.1978 - 3 RK 29/77 - BSGE 46, 41 m.w.N.

64 BSG v. 20.03.1996 - 6 RKa 62/94 - juris Rn. 46 - SozR 3-2500 § 92 Nr. 6; BSG v. 05.07.1995 - 1 RK 6/95 - juris Rn. 16 - SozR 3-2500 § 27 Nr. 5, m.w.N.; vgl. auch BSG v. 27.11.1980 - 8a/3 RK 60/78 - juris Rn. 20 ff. - SozR 2200 § 184a Nr. 4.

65 BSG v. 28.02.1980 - 8a RK 13/79 - juris Rn. 14 f. - SozR 2200 § 184a Nr. 3.

66 BSG v. 06.08.1987 - 3 RK 15/86 - juris Rn. 8 f. - SozR 2200 § 182 Nr. 106; vgl. dazu auch EuGMR v. 12.06.2003 - 35968/97 - NJW 2004, 2505 - v. Kück ./. Deutschland, m.w.N.

67 BSG v. 28.04.1967 - 3 RK 12/65 - BSGE 26, 240, 242.

68 BSG v. 12.11.1985 - 3 RK 48/83 - juris Rn. 11 - SozR 2200 § 182 Nr. 101; vgl. dazu näher Rn. 87.

69 Getrennte Prüfung z.B. in BSG v. 30.09.1999 - B 8 KN 9/98 KR R - juris Rn. 14, 20 - SozR 3-2500 § 27 Nr. 11.

70 BSG v. 19.02.2003 - B 1 KR 1/02 R - juris Rn. 11 - SozR 4-2500 § 137c Nr. 1.

71 LSG Rheinland-Pfalz v. 02.12.2004 - L 5 KR 20/04 (unveröffentlicht).

72 BSG v. 28.02.1980 - 8a RK 13/79 - juris Rn. 14 - SozR 2200 § 184a Nr. 3.

rückgängig machen will, ändert daran nichts; etwas anderes kann gelten, wenn gesundheitliche Gründe für die Durchführung der Sterilisation maßgebend waren und diese Gründe zwischenzeitlich entfallen sind.[73]

40 **Altersbedingte Funktionsstörungen** sind sowohl bei Kindern als auch bei älteren Menschen dann regelwidrig, wenn sie im vorgenannten Sinne eine Abweichung von dem für das Lebensalter typischen Zustand begründen.[74]

- Bei **Kindern** hat das BSG **Schwächen und Störungen beim Erwerb gewisser Fähigkeiten** (z.B. **Legasthenie**) sowie **Verhaltensauffälligkeiten** (z.B. unterdurchschnittliche Begabung, Unkonzentriertheit, Nervosität, Labilität, gewisser Rückstand in der geistigen Entwicklung) – selbst wenn gewisse Symptome körperlicher, geistiger oder seelischer Art erkennbar sind – nicht als Krankheit gewertet, wenn eine ärztliche Behandlung nicht erforderlich ist.[75] Dogmatisch klarer wäre es, in diesen Fällen bei wesentlicher Abweichung von der alterstypischen Norm die Regelwidrigkeit zu bejahen und (nur) die Behandlungsbedürftigkeit zu verneinen (vgl. auch Rn. 38).
- Bei älteren Menschen hat das BSG Regelwidrigkeit angenommen bei degenerativen Wirbelsäulenveränderungen[76], bei altersbedingter erektiler Dysfunktion und altersbedingter Minderung des Seh- und Hörvermögens[77]. Hierbei hat das BSG zuletzt offen gelassen, ob altersbedingte Veränderungen generell als Krankheiten zu werten sind und unter Berücksichtigung statistischen Materials darauf abgestellt, dass die konkrete Funktionsstörung (hier: erektile Dysfunktion) jedenfalls nicht alterstypisch sei.

41 **Abweichungen des Aussehens**[78] von zeittypischen Normvorstellungen sind grundsätzlich keine Regelwidrigkeiten, da sie in der Regel keine Funktionsbeeinträchtigungen zur Folge haben. Regelwidrig können jedoch die **Auswirkungen** sein. So sind **Entstellungen** auch ohne Verlust oder Funktionsbeeinträchtigung von Körperteilen wie Gliedmaßen oder Sinnesorganen eine körperliche Funktionsbeeinträchtigung, wenn sie dem Betroffenen ein freies und unbefangenes Leben unter den Mitmenschen erschweren oder unmöglich machen.[79] Ist der betroffene Körperteil üblicherweise durch Kleidung bedeckt, liegt in der Regel keine Entstellung vor.[80] Ein regelwidriger Körperzustand ohne entstellende Wirkung und ohne wesentliche Funktionseinschränkung ist auch dann nicht als Krankheit zu werten, wenn er eine psychische Belastung für den Betroffenen darstellt, die ihrerseits zu einer behandlungsbedürftigen psychischen Erkrankung geführt hat.[81]

- Regelwidrig sind **Kahlköpfigkeit bei Frauen**[82] (nicht jedoch bei Männern[83]) und **Gesichtsspalte** (Hasenscharte)[84].
- **Übergewicht (Adipositas)** stellt nur dann eine Regelwidrigkeit dar, wenn das Übergewicht so stark ist (im Allgemeinen ab einem BMI[85] von ≥ 30), dass wegen bereits eingetretener oder drohender Begleit- oder Folgeerkrankungen eine Behandlung mit dem Ziel der Gewichtsreduktion erforderlich ist; die Regelwidrigkeit ergibt sich in diesem Fall aus der Erforderlichkeit der ärztlichen Behandlung.[86] Die Behandlung der Adipositas durch eine mittelbare Therapie (z.B. operative Verkleinerung des Magens durch Magenband) wird grundsätzlich vom Leistungsanspruch umfasst. Wird jedoch durch einen chirurgischen Eingriff in ein funktionell intaktes Organ eingegriffen und dieses regel-

---

73 BSG v. 12.11.1985 - 3 RK 48/83 - juris Rn. 12 - SozR 2200 § 182 Nr. 101.

74 *Schmidt* in: Peters, Handbuch KV (SGB V), § 27 Rn. 64; BSG v. 30.09.1999 - B 8 KN 9/98 KR R - juris Rn. 15 - SozR 3-2500 § 27 Nr. 11, m.w.N.

75 BSG v. 10.07.1979 - 3 RK 21/78 - BSGE 48, 258, 264 f.

76 BSG v. 12.10.1988 - 3/8 RK 28/87 - juris Rn. 11, 13 - ZfS 1989, 16-17.

77 BSG v. 30.09.1999 - 8 KN 9/98 KR R - juris Rn. 15 - SozR 3-2500 § 27 Nr. 11.

78 Zusammenfassend *Marburger*, SGb 1995, 432.

79 BSG v. 23.07.2002 - B 3 KR 66/01 R - juris Rn. 15 - SozR 3-2500 § 33 Nr. 45.

80 LSG Nordrhein-Westfalen v. 03.05.2001 - L 5 KR 221/00 - juris Rn. 16.

81 BSG v. 19.10.2004 - B 1 KR 3/03 R - SozR 4-2500 § 27 Nr. 3; BSG v. 19.10.2004 - B 1 KR 23/03 R - ArbuR 2005, 39; BSG v. 19.10.2004 - B 1 KR 9/04 R - USK 2004-111, alle zitiert nach Pressemitteilung Nr. 57/04.

82 BSG v. 23.07.2002 - B 3 KR 66/01 R - juris Rn. 15 - SozR 3-2500 § 33 Nr. 45.

83 BSG v. 18.02.1981 - 3 RK 49/79 - juris Rn. 25 ff. - SozR 2200 § 182b Nr. 18.

84 BSG v. 11.11.1975 - 3 RK 63/74 - SozR 2200 § 182 Nr. 11.

85 Body Mass Index = Quotient aus Körpergewicht in Kilogramm und Körpergröße in Metern zum Quadrat; ein BMI von 20-25 kg/qm gilt als Normalgewicht.

86 BSG v. 19.02.2003 - B 1 KR 1/02 R - juris Rn. 11 - SozR 4-2500 § 137c Nr. 1, m.w.N.

widrig verändert, bedarf die mittelbare Behandlung einer speziellen Rechtfertigung, wobei Art und Schwere der Erkrankung, Dringlichkeit der Intervention, Risiken und zu erwartender Nutzen der Therapie sowie etwaige Folgekosten für die Krankenversicherung gegeneinander abzuwägen sind.[87]

- Die **weibliche Brustgröße** stellt grundsätzlich keinen regelwidrigen Körperzustand dar, da es keine Normgröße gibt; es besteht daher grundsätzlich weder ein Anspruch auf Vergrößerung noch auf Verkleinerung der Brust; evtl. durch die Brustgröße bedingte psychische Probleme sind mit den Mitteln der Psychiatrie/Psychotherapie zu behandeln.[88] Etwas anderes gilt, wenn die übermäßig Brustgröße zu orthopädischen Beschwerden führt; dann kann eine Brustverkleinerung als mittelbare Krankenbehandlung angezeigt sein, wenn andere Behandlungsmöglichkeiten nicht mehr zur Verfügung stehen.[89]
- **Nicht regelwidrig** ist eine **Körpergröße** von 164 cm bei einem Mann; eine dadurch bedingte psychische Störung rechtfertigt eine psychiatrisch/psychotherapeutische Behandlung, nicht jedoch eine operative Beinverlängerung, durch die in einen regelrechten Körperzustand eingegriffen wird.[90] Das **Fehlen eines Hodens** stellt keine Krankheit dar, weil die Funktion des fehlenden Organs durch den anderen Hoden übernommen wird.[91] **Bauchdeckenerschlaffung** und **massive Schwangerschaftsstreifen** stellen keine erhebliche Regelwidrigkeit und damit keine Krankheit dar.[92]

d. Behandlungsbedürftigkeit

Nach h.M. sind neben dem regelwidrigen Körper- oder Geisteszustand zusätzlich „Behandlungsbedürftigkeit und/oder Arbeitsunfähigkeit" als zweites Glied Definitionsmerkmal des Krankheitsbegriffs. Gleichzeitig ist die Notwendigkeit der Krankenbehandlung zur Erreichung der im Gesetz genannten Behandlungsziele eigenständige Tatbestandsvoraussetzung des § 27 Abs. 1 Satz 1 SGB V und die Arbeitsunfähigkeit eigenständige Anspruchsvoraussetzung für den Anspruch auf Krankengeld in § 44 Abs. 1 Satz 1 SGB V. Die h.M. rechtfertigt das Festhalten an dem **zweigliedrigen Krankheitsbegriff** damit, dass zu prüfen sei, ob die im Gesetz genannten Behandlungsziele mit den vom Gesetz zur Verfügung gestellten Maßnahmen erreicht werden können, ob also in diesem Sinne „Behandlungsfähigkeit" vorliege.[93] Dieses Ziel lässt sich allerdings auch erreichen, wenn die Notwendigkeit der Krankenbehandlung als eigenständige Tatbestandsvoraussetzung geprüft wird und im Rahmen der Rechtsfolge die Begrenzung auf die in Absatz 1 Satz 2 SGB V genannten Maßnahmen beachtet wird. Die „Arbeitsunfähigkeit" als alternatives zweites Glied des Krankheitsbegriffs dürfte eigenständige Bedeutung nur für den Anspruch auf Krankengeld haben. Insoweit enthält § 44 Abs. 1 Satz 1 SGB V die „Arbeitsunfähigkeit" neben „Krankheit" als eigenständige Tatbestandsvoraussetzung. Es spricht daher einiges dafür, den Krankheitsbegriff eingliedrig als regelwidrigen Körper- oder Geisteszustand zu definieren.[94] Zur Definition der Behandlungsbedürftigkeit vgl. Rn. 44. 42

e. Arbeitsunfähigkeit

„Arbeitsunfähigkeit" liegt vor, wenn der Versicherte seine zuletzt vor Eintritt des Versicherungsfalls konkret ausgeübte Tätigkeit nicht weiter verrichten kann. Gibt der Versicherte nach Eintritt der Arbeitsunfähigkeit die zuletzt innegehabte Arbeitsstelle auf, kann er auf gleich oder ähnlich geartete Tätigkeiten verwiesen werden.[95] Bezieher von Leistungen wegen Arbeitslosigkeit sind arbeitsunfähig, wenn sie aus gesundheitlichen Gründen der Arbeitsvermittlung (objektiv) nicht zur Verfügung stehen.[96] Zu den Einzelheiten s. § 44 SGB V. 43

---

[87] BSG v. 19.02.2003 - B 1 KR 1/02 R - juris Rn. 12 - SozR 4-2500 § 137c Nr. 1.

[88] Sächsisches LSG v. 21.05.2003 - L 1 KR 51/02 - juris Rn. 20; BSG v. 19.10.2004 - B 1 KR 3/03 R - SozR 4-2500 § 27 Nr. 3; BSG v. 19.10.2004 - B 1 KR 23/03 R - ArbuR 2005, 39, alle zitiert nach Pressemitteilung Nr. 57/04.

[89] BSG v. 19.10.2004 - B 1 KR 92/03 B - juris Rn. 6; zur mittelbaren Krankenbehandlung vgl. Rn. 37.

[90] BSG v. 10.02.1993 - 1 RK 14/92 - juris Rn. 17 ff. - SozR 3-2200 § 182 Nr. 14.

[91] BSG v. 09.06.1998 - B 1 KR 18/96 R - juris Rn. 27 - SozR 3-2500 § 39 Nr. 5.

[92] LSG Nordrhein-Westfalen v. 03.05.2001 - L 5 KR 221/00 - juris Rn. 16.

[93] *Höfler* in: KassKomm, SGB V, § 27 Rn. 9; *Kummer* in: Schulin, Handbuch des Sozialversicherungsrechts, Bd. 1, § 20 Rn. 39 f.

[94] So *Schmidt* in: Peters, Handbuch KV (SGB V), § 27 Rn. 56; *Schulin*, KrV 1989, 215, 219 f.

[95] BSG v. 14.02.2001 - B 1 KR 30/00 R - juris Rn. 13 - SozR 3-2500 § 44 Nr. 9.

[96] BSG v. 30.03.2004 - B 1 KR 30/02 R - SozR 4-2500 § 44 Nr. 1 (Orientierungssatz 2).

3. Notwendigkeit der Krankenbehandlung

a. Definition der Notwendigkeit

44 Krankenbehandlung ist notwendig, wenn der regelwidrige Körper- oder Geisteszustand die körperlichen oder geistigen Funktionen in so erheblichem Maße beeinträchtigt, dass ihre vollständige oder teilweise Wiederherstellung der ärztlichen Behandlung bedarf.[97] Notwendigkeit oder Erforderlichkeit der Kranken- oder Heilbehandlung sowie Behandlungsbedürftigkeit, die nach h.M. Begriffsmerkmal des Krankheitsbegriffs ist, werden in der Rechtsprechung in der Regel synonym gebraucht.[98]

45 Nach der Definition ist das Bedürfnis nach **„ärztlicher Behandlung"** Begriffsmerkmal der Notwendigkeit. Andererseits umfasst der Begriff der „Krankenbehandlung" nicht allein ärztliche Maßnahmen, sondern auch andere medizinische Maßnahmen, die von anderen Leistungserbringern erbracht werden (vgl. Rn. 51). Ebenso differenziert der Katalog der Krankenbehandlungsmaßnahmen in Absatz 1 Satz 2 zwischen (zahn-)ärztlicher Behandlung und sonstigen Maßnahmen. Die Beschränkung auf „ärztliche Behandlung" ergibt sich aus § 15 Abs. 1 SGB V, wonach ärztliche oder zahnärztliche Behandlung von Ärzten und Zahnärzten erbracht wird und erforderliche Hilfeleistungen anderer Personen nur erbracht werden dürfen, wenn sie vom Arzt (Zahnarzt) angeordnet und von ihm verantwortet werden. Eine Ausnahme vom Ärzteprivileg gilt für die zur vertragsärztlichen Versorgung zugelassenen oder ermächtigten **Psychotherapeuten** (§ 95 Abs. 10-13 SGB V).[99] Die freie Arztwahl ist auf die **zur vertragsärztlichen Versorgung zugelassenen Ärzte** und Einrichtungen beschränkt (§ 76 Abs. 1 Satz 1 SGB V). Andere Ärzte dürfen nur in Notfällen in Anspruch genommen werden. Wird ohne zwingenden Grund ein anderer als einer der nächsterreichbaren an der vertragsärztlichen Versorgung teilnehmender Arzt oder Einrichtung in Anspruch genommen, hat der Versicherte die Mehrkosten zu tragen (§ 76 Abs. 2 SGB V).

46 Bei der Notwendigkeit handelt es sich um einen unbestimmten Rechtsbegriff, der den Krankenkassen **keinen Beurteilungsspielraum** eröffnet und **in vollem Umfang der gerichtlichen Kontrolle** unterliegt.[100] Die „Notwendigkeit der Krankenbehandlung" setzt voraus, dass es sich um „Krankenbehandlung" handelt, die Krankheit einer Behandlung überhaupt zugänglich ist („Behandlungsfähigkeit"), die Behandlung auf die im Gesetz im Einzelnen genannten „Behandlungsziele" gerichtet ist und die so umschriebene Krankenbehandlung „notwendig" ist. Der Begriff der „Notwendigkeit" ist gesetzlich näher bestimmt durch

- den Ausschluss von Leistungen, die der **Eigenverantwortung** des Versicherten zugerechnet werden (§ 2 Abs. 1 Satz 1 SGB V),
- das Gebot, dass Qualität und Wirksamkeit der Leistungen dem allgemein anerkannten **Stand der medizinischen Erkenntnisse** zu entsprechen und den medizinischen Fortschritt zu berücksichtigen haben (§ 2 Abs. 1 Satz 3 SGB V),
- durch das **Wirtschaftlichkeitsgebot**, wonach die Leistungen ausreichend, zweckmäßig und wirtschaftlich sein müssen und das Maß des Notwendigen nicht überschreiten dürfen (§ 12 SGB V).

47 Die Notwendigkeit einer Krankenbehandlung besteht nur dann, wenn die Krankheit überhaupt einer Behandlung zugänglich, also **behandlungsfähig** ist. D.h. es müssen überhaupt therapeutische Methoden zur Behandlung der Krankheit zur Verfügung stehen. Hiervon zu unterscheiden ist die Frage, ob die im Gesetz genannten Behandlungsziele erreicht werden können (vgl. dazu Rn. 70).

48 So kann etwa eine medizinische Behandlung der Krankheit zur Besserung des allgemeinen Wohlbefindens erforderlich sein, auf sie besteht jedoch kein Anspruch, wenn sie nicht zur Erreichung der gesetzlichen Behandlungsziele (Heilung, Verhütung der Verschlimmerung der Krankheit oder Linderung von Krankheitsbeschwerden) notwendig ist.

b. Krankenbehandlung

49 **Krankenbehandlung** sind medizinische Maßnahmen, die nach der Absicht des Leistungserbringers darauf gerichtet sind, die Krankheit im Sinne der gesetzlichen Behandlungsziele gezielt zu behandeln und dabei an der Krankheit selbst bzw. an ihren Ursachen ansetzen.[101]

---

[97] BSG v. 10.07.1979 - 3 RK 21/78 - BSGE 48, 258, 265 m.w.N.; *Höfler* in: KassKomm, SGB V, § 27 Rn. 19; *Schmidt* in: Peters, Handbuch KV (SGB V), § 27 Rn. 183.

[98] *Fastabend*, NZS 2002, 299, 300 m.w.N.

[99] *Schmidt* in: Peters, Handbuch KV (SGB V), § 27 Rn. 329.

[100] *Fastabend*, NZS 2002, 299 m.w.N.

[101] BSG v. 03.09.2003 - B 1 KR 34/01 R - juris Rn. 15 f. - SozR 4-2500 § 18 Nr. 1; vgl. auch BSG v. 16.11.1999 - B 1 KR 9/97 R - juris Rn. 22 - SozR 3-2500 § 27 Nr. 12, *Höfler* in: KassKomm, SGB V, § 27 Rn. 55.

Der Anspruch auf „Krankenbehandlung“ ist einerseits Rechtsfolge des § 27 Abs. 1 Satz 1 SGB V, andererseits ist deren „Notwendigkeit“ Tatbestandsvoraussetzung. Um die Notwendigkeit zu bestimmen, ist daher schon auf der **Tatbestandsseite** zu klären, was vom Begriff der „Krankenbehandlung“ umfasst wird. Handelt es sich nicht um eine „Krankenbehandlung“, ist der Tatbestand der Anspruchsnorm nicht erfüllt, unabhängig davon, ob es sich um eine Katalogmaßnahme im Sinne des Absatzes 1 Satz 2 handelt. Andererseits bedarf es keiner Prüfung, ob es sich um „Krankenbehandlung“ im umfassenden Sinne handelt, wenn die begehrte Maßnahme nicht unter die Katalogmaßnahmen des Absatz 1 Satz 2 fällt oder wenn die Maßnahme durch Richtlinien des Gemeinsamen Bundesausschusses nach §§ 135, 138 SGB V nicht zugelassen oder nach § 137c SGB V ausgeschlossen ist. 50

Obwohl das Bedürfnis nach „ärztlicher“ Behandlung Definitionsmerkmal der Behandlungsbedürftigkeit ist (vgl. Rn. 45), muss die einzelne Maßnahme der Krankenbehandlung **nicht notwendig von einem Arzt ausgeführt** werden. Wie bereits der Katalog des § 27 Abs. 1 Satz 2 SGB V zeigt, umfasst der Begriff der Krankenbehandlung neben der ärztlichen Behandlung auch eine Vielzahl anderer Maßnahmen. Soweit sie nicht von einem Arzt erbracht werden, handelt es sich nicht um ärztliche Behandlung (vgl. Rn. 44), sondern um medizinische Dienstleistungen die rechtlich als Heilmittel i.S.d. § 32 SGB V einzustufen sind und nur auf ärztliche Verordnung erbracht werden dürfen.[102] Der Begriff der Krankenbehandlung ist zwar weiter als die in § 27 Abs. 1 Satz 2 SGB V aufgezählten Krankenbehandlungsmaßnahmen, wird aber durch die abschließende Aufzählung auf diese Maßnahmen beschränkt. Behandlungsmethoden, Arznei- und Heilmittel der **besonderen Therapierichtungen** (z.B. Homöopathie) sind nicht ausgeschlossen, soweit Qualität und Wirksamkeit dem allgemein anerkannten Stand der medizinischen Erkenntnisse entsprechen (§ 2 Abs. 1 Sätze 2 und 3 SGB V). 51

Der **unmittelbare Krankheitsbezug** der Behandlung ist wesentliches Abgrenzungskriterium zu nichtmedizinischen Maßnahmen.[103] Eine „Krankenbehandlung“ liegt grundsätzlich nur vor, wenn die medizinische Maßnahme der **unmittelbaren Bekämpfung der Grundkrankheit** dient.[104] Grundkrankheit ist dabei die Krankheit, die im Rahmen der Tatbestandsvoraussetzung „Krankheit“ den Behandlungsanspruch auslöst. 52

c. Mittelbare Krankenbehandlung

In Ausnahmefällen fällt auch eine **mittelbare** Bekämpfung der Grundkrankheit unter den Begriff der Krankenbehandlung. Eine mittelbare Krankenbehandlung liegt vor, wenn die Behandlung nicht unmittelbar der Bekämpfung der Grundkrankheit dient, sondern der Bekämpfung von Folgeerkrankungen der Grundkrankheit oder eine Verschlechterung des Gesamtgesundheitszustandes im Zusammenhang mit der Grundkrankheit verhindern soll. 53

Eine mittelbare Behandlung bedarf immer einer **speziellen Rechtfertigung**, weil die Behandlung dort ansetzt, wo für sich genommen eine Behandlung nicht erforderlich ist.[105] Deshalb bedarf es einer Abwägung zwischen dem voraussichtlichen therapeutischen Nutzen der mittelbaren Behandlung und den damit verbundenen gesundheitlichen Risiken. Eine mittelbare Krankenbehandlung ist zulässig, wenn die Grundkrankheit in unbehandeltem Zustand zwangsläufig oder mit hoher Wahrscheinlichkeit **Folgeerkrankungen** nach sich zieht, zur Bekämpfung bereits vorhandener Folgeerkrankungen[106] oder zur Verhinderung drohender Folgeerkrankungen oder zur Verhütung einer Verschlechterung des Gesamtgesundheitszustandes.[107] Gleiches gilt, wenn die Maßnahme zwar nicht unmittelbar der Bekämpfung der Grundkrankheit dient, aber zusammen mit anderen Maßnahmen eine krankheitsbekämpfende Gesamtwirkung hat oder wenn die Maßnahme gesundheitsschädliche Auswirkungen der Hauptbehandlungsmaßnahme verhindern soll.[108] 54

- Die Verabreichung von **Insulin** an Diabetiker ist Krankenbehandlung, obwohl sie nicht der Bekämpfung des Diabetes, sondern der Vermeidung von Entgleisungen des Stoffwechsels dient.[109]

---

[102] Vgl. BSG v. 03.09.2003 - B 1 KR 34/01 R - juris Rn. 19 - SozR 4-2500 § 18 Nr. 1.
[103] BSG v. 03.09.2003 - B 1 KR 34/01 R - juris Rn. 15 - SozR 4-2500 § 18 Nr. 1.
[104] BSG v. 09.12.1997 - 1 RK 23/95 - juris Rn. 15 - SozR 3-2500 § 27 Nr. 9; BSG v. 12.03.1996 - 1 RK 33/94 - juris Rn. 16 - SozR 3-2500 § 27 Nr. 6.
[105] BSG v. 06.10.1999 - B 1 KR 13/97 R - juris Rn. 20 - SozR 3-2500 § 28 Nr. 4.
[106] BSG v. 19.02.2003 - B 1 KR 1/02 R - juris Rn. 11 - SozR 4-2500 § 137c Nr. 1.
[107] BSG v. 16.11.1999 - B 1 KR 9/97 - juris Rn. 22 - SozR 3-2500 § 27 Nr. 12.
[108] BSG v. 24.01.1990 - 3 RK 18/88 - juris Rn. 14 - SozR 3-2200 § 182 Nr. 1.
[109] BSG v. 16.11.1999 - B 1 KR 9/97 R - juris Rn. 23 - SozR 3-2500 § 27 Nr. 12.

- **Empfängnisverhütende Maßnahmen** können unter bestimmten Umständen Krankenbehandlung sein, wenn dadurch im Falle der Geburt eines Kindes drohende geistig-seelische Störungen der Mutter vermieden werden sollen.[110] Andererseits besteht außerhalb des § 27a Abs. 1 SGB V kein Anspruch auf medizinische Maßnahmen zur **Herbeiführung einer Schwangerschaft**, wenn diese nicht allein der Überwindung einer bestehenden Unfruchtbarkeit, sondern zugleich der mittelbaren Behandlung einer damit zusammenhängenden psychischen Erkrankung dienen soll.[111]
- Auf Versorgung mit **Methadon** zur Drogensubstitution besteht mangels finaler Behandlung der Krankheit kein Anspruch, soweit damit nicht das Ziel einer Heilung (endgültigen Beendigung) der Krankheit (Drogensucht), sondern nur eine Besserung der Lebensumstände und allenfalls mittelbar die Linderung oder Verhütung der Verschlimmerung der Drogensucht verfolgt wird.[112]

55 Noch strengere Anforderungen gelten bei einer **mittelbaren Krankenbehandlung, die zur Verletzung gesunder Körpersubstanz führt.**[113] In diesen Fällen ist bei der gebotenen Abwägung zwischen Heilungschance und Verschlimmerungsrisiko zu berücksichtigen, dass die zu Behandlungszwecken vorsätzlich veranlasste regelwidrige Veränderung eines intakten Organs ihrerseits wieder zu Folgekosten führen kann, die die Versichertengemeinschaft zusätzlich belasten. Bei der Abwägung sind Art und Schwere der Grunderkrankung, die Dringlichkeit der Intervention, die Risiken und der zu erwartende Nutzen der Therapie sowie etwaige Folgekosten für die Krankenversicherung gegeneinander abzuwägen sind.[114] Ein bloße Verdachtsdiagnose reicht in diesen Fällen zur Rechtfertigung des Eingriffs nicht aus.[115] Insbesondere zur Behandlung von **psychischen Störungen** sind Eingriffe in gesunde Körpersubstanz grundsätzlich nicht zulässig.[116]

- Der Austausch von **Amalgamfüllungen** ist als mittelbare Krankenbehandlung zur Bekämpfung von Befindlichkeitsstörungen und Vergiftungserscheinungen nicht zulässig, da der therapeutische Nutzen nicht gesichert ist.[117]
- Die chirurgische Implementation eines **Magenbandes** ist als mittelbare Krankenbehandlung zur Bekämpfung der Adipositas nur zulässig als ultima ratio, wenn andere Behandlungsmöglichkeiten nicht mehr zur Verfügung stehen und die Bedingungen für eine erfolgreiche Behandlung erfüllt sind.[118]
- Eine operative **Beinverlängerung** als mittelbare Krankenbehandlung zur Bekämpfung einer psychischen Störung, die darauf beruht, dass der Versicherte sich für zu klein hält, ist unzulässig; das gilt selbst dann, wenn der Versicherte eine psychiatrische/psychotherapeutische Behandlung ablehnt, die operative Behandlung damit die einzige Behandlungsmöglichkeit darstellt und Suizidgefahr besteht.[119]
- Die operative Implementation einer **Hodenprothese** als mittelbare Behandlung zur Bekämpfung einer durch den fehlenden Hoden bedingten psychischen Störung ist nicht erforderlich, soweit körperliche Funktionen durch das Fehlen des Hodens nicht beeinträchtigt sind.[120]
- Eine **Brustverkleinerung** ist als mittelbare Behandlung zulässig, wenn auf Grund der Brustgröße Folgeerkrankungen z.B. an der Wirbelsäule entstanden sind, die anders nicht zu heilen sind.[121]

---

110 BSG v. 16.11.1999 - B 1 KR 9/97 R - juris Rn. 23 - SozR 3-2500 § 27 Nr. 12 unter Hinweis auf BSG v. 13.02.1975 - 3 RK 68/73 - juris Leitsatz 2 - SozR 2200 § 182 Nr. 9; BSG v. 24.01.1990 - 3 RK 18/88 - juris Rn. 14 f. - SozR 3-2200 § 182 Nr. 1.

111 BSG v. 09.10.2001 - B 1 KR 33/00 R - juris Rn. 11 - SozR 3-2500 § 27a Nr. 4.

112 BSG v. 12.03.1996 - 1 Rk 33/94 - juris Rn. 18 f. - SozR 3-2500 § 27 Nr. 6.

113 BSG v. 06.10.1999 - B 1 KR 13/97 R - juris Rn. 20 - SozR 3-2500 § 28 Nr. 4.

114 BSG v. 19.02.2003 - B 1 KR 1/02 R - juris Rn. 12 - SozR 4-2500 § 137c Nr. 1.

115 BSG v. 06.10.1999 B 1 KR 13/97 R - juris Rn. 24 - SozR 3-2500 § 28 Nr. 4.

116 BSG v. 19.02.2003 - B 1 KR 1/02 R - juris Rn. 12 - SozR 4-2500 § 137c Nr. 1; BSG v. 06.10.1999 - B 1 KR 13/97 R - juris Rn. 20 - SozR 3-2500 § 28 Nr. 4, jeweils m.w.N.

117 BSG v. 06.10.1999 - B 1 KR 13/97 - juris Rn. 21 - SozR 3-2500 § 28 Nr. 4; vgl. dazu auch Rn. 62.

118 BSG v. 19.02.2003 - B 1 KR 1/02 R - juris Rn. 21 - SozR 4-2500 § 137c Nr. 1.

119 BSG v. 10.02.1993 - 1 RK 14/92 - juris Rn. 18 ff. - SozR 3-2200 § 182 Nr. 14.

120 BSG v. 09.06.1998 - B 1 KR 18/96 R - juris Rn. 27 - SozR 3-2500 § 39 Nr. 5.

121 BSG v. 19.10.2004 - B 1 KR 92/03 B - juris Rn. 6; vgl. auch Rn. 41.

d. Ausgeschlossene Behandlungsmaßnahmen

Neue Untersuchungs- und Behandlungsmethoden und **neue Heilmittel**, unabhängig davon, ob diese unter die Definition der Krankenbehandlung oder unter die Katalogmaßnahmen des Absatz 1 Satz 2 fallen, sind in der **vertrags(zahn)ärztlichen Versorgung** grundsätzlich ausgeschlossen, soweit nicht der Gemeinsame Bundesausschuss gemäß § 135 bzw. § 138 SGB V eine Empfehlung abgegeben hat (**präventiver Richtlinienvorbehalt**). „**Neu**" sind dabei Methoden, die bisher nicht zur vertragsärztlichen Versorgung gehören, das sind Methoden, die noch nicht als abrechnungsfähige ärztliche Leistungen im Einheitlichen Bewertungsmaßstab (EBM-Ä) enthalten oder die dort zwar aufgeführt sind, deren Indikationen aber eine wesentliche Änderung oder Erweiterung erfahren haben.[122] 56

Bei der sog. **Petö-Methode** (komplexes pädagogisches System zur Behandlung cerebral geschädigter Kinder) handelt es sich zwar um eine als Heilmittel zu wertende medizinische Dienstleistung. Ein Anspruch auf Behandlung nach dieser Methode scheitert jedoch daran, dass es sich um ein neues Heilmittel handelt, das bisher nicht gemäß § 138 SGB V durch den Gemeinsamen Bundesausschuss anerkannt ist.[123] 57

Im Rahmen der **Krankenhausbehandlung** gilt dagegen ein **repressiver Richtlinienvorbehalt.** Dort können alle Untersuchungs- und Behandlungsmethoden grundsätzlich angewandt werden, soweit sie nicht gemäß § 137c SGB V durch eine Richtlinie des Gemeinsamen Bundesausschusses ausgeschlossen sind. [124] 58

Die Richtlinienvorbehalte richten sich zwar unmittelbar nur an die Leistungserbringer, bewirken jedoch auch einen Anspruchsausschluss für den Versicherten.[125] 59

Keine Krankenbehandlung sind Maßnahmen zur Hilfe im Bereich der **allgemeinen Lebensführung**, auch wenn diese unmittelbar oder mittelbar der Krankheitsbekämpfung dienen.[126] Die Abgrenzung ist schwierig. Sie ist danach vorzunehmen, ob im Einzelfall gesundheitliche oder andere (ernährerische, pflegerische) Belange im Vordergrund stehen; ein vorrangiger gesundheitlicher Bezug kann sich auch daraus ergeben, dass an die Durchführung der Maßnahme besondere Qualitätsanforderungen zu stellen sind (z.B. speziell geschultes medizinisches Personal), weil nur so die therapeutische Wirkung und die Vermeidung von Schädigungen durch Behandlungsfehler gewährleistet ist.[127] Allein der Einsatz von medizinisch geschulten Therapeuten genügt nicht, soweit dadurch nicht spezifisch medizinische Zwecke verfolgt werden.[128] 60

- **Lebensmittel** (z.B. Diät- und Krankenkost) oder **Pflegemittel** (z.B. Kosmetika) sind der allgemeinen Lebensführung zuzurechnen. Sie dienen auch dann nicht der Krankenbehandlung, wenn sie über ihren generellen Ernährungs- bzw. Pflegezweck hinaus wegen ihrer spezifischen Heilwirkung angewendet werden.[129]
- **Fußpflege** kann Maßnahme der Krankenbehandlung sein, wenn sie wegen Art und Schwere der Erkrankung (auch als mittelbare Behandlung) unerlässlich ist und wegen der Verletzungsgefahr mit erheblichen Risiken für die Gesundheit nur von besonders ausgebildeten, mit dem Krankheitsbild und den Risiken vertrauten Fachkräften ausgeführt werden darf.[130]

Keine Krankenbehandlung sind auch Maßnahmen, die nicht den im Gesetz genannten Behandlungszielen, sondern der **sozialen Eingliederung**, der **Verbesserung schulischer oder beruflicher Fähigkeiten** oder einer **behindertengerechten Gesundheitsförderung** dienen.[131] 61

---

[122] BSG v. 16.09.1997 - 1 RK 32/95 - juris Rn. 14 f. - SozR 3-2500 § 92 Nr. 7 m.w.N.; ob daneben weitere Kriterien für die Beurteilung als „neu" heranzuziehen sind, hat das BSG offen gelassen.

[123] BSG v. 03.09.2003 - B 1 KR 34/01 R - juris Rn. 19 - SozR 4-2500 § 18 Nr. 1.

[124] Vgl. dazu allgemein BSG v. 19.02.2003 - B 1 KR 1/02 R - juris Rn. 15 ff. - SozR 4-2500 § 137c Nr. 1.

[125] BSG v. 03.09.2003 - B 1 KR 34/01 R - juris Rn. 19 - SozR 4-2500 § 18 Nr. 1.

[126] BSG v. 09.12.1997 - 1 RK 23/95 - juris Rn. 15 - SozR 3-2500 § 27 Nr. 9; BSG v. 12.03.1996 - 1 RK 33/94 - juris Rn. 16 - SozR 3-2500 § 27 Nr. 6 jeweils m.w.N.

[127] BSG v. 16.11.1999 - B 1 KR 9/97 R - juris Rn. 25 - SozR 3-2500 § 27 Nr. 12.

[128] BSG v. 19.03.2002 - B 1 KR 36/00 R - juris Rn. 17 - SozR 3-2500 § 138 Nr. 2 - Hippotherapie.

[129] BSG v. 09.12.1997 - 1 RK 23/95 - juris Rn. 15 f. - SozR 3-2500 § 27 Nr. 9, die frühere anders lautende Rspr. ist durch die abschließende Aufzählung der Krankenbehandlungsmaßnahmen im SGB V überholt; a.A. auch unter der Geltung des SGB V für den Fall einer unzumutbaren finanziellen Belastung, BSG v. 27.09.1994 - 8 RKn 9/92 - juris Rn. 19 ff. - Kompaß 1994, 684.

[130] BSG v. 16.11.1999 - B 1 KR 9/97 - juris Rn. 27 - SozR 3-2500 § 27 Nr. 12.

[131] BSG v. 03.09.2003 - B 1 KR 34/01 R - juris Rn. 15 - SozR 4-2500 § 18 Nr. 1; BSG v. 19.03.2002 - B 1 KR 36/00 R - juris Rn. 14 - SozR 3-2500 § 138 Nr. 2.

- Die sog. **Hippotherapie** ist keine Krankenbehandlung, weil sie – trotz Einsatz von Physiotherapeuten – nicht auf gezielte Krankheitsbekämpfung, sondern auf sportliche Betätigung gerichtet ist, die allenfalls der Stabilisierung und Sicherung des Behandlungserfolgs der gleichzeitig durchgeführten Krankengymnastik dient. Im Übrigen scheitert die Leistungspflicht der Krankenkasse an der fehlenden Anerkennung durch den Gemeinsamen Bundesausschuss.[132]
- **Beschäftigungs- und Bewegungstherapie**, die nicht primär der medizinischen Bekämpfung der Krankheit, sondern der Besserung des allgemeinen – körperlichen und geistigen – Zustands des Versicherten dient, ist keine Krankenbehandlung, auch wenn sie von besonders geschulten Fachkräften erbracht wird.[133]

e. Behandlungsziele (Krankheit erkennen, heilen, ihre Verschlimmerung verhüten, Krankheitsbeschwerden lindern)

62 Dem **Erkennen** der Krankheit dient die Krankenbehandlung, wenn sie darauf gerichtet ist, das Vorliegen einer Krankheit, deren Ursache und Erscheinungsform festzustellen. Umfasst werden also diagnostische Maßnahmen[134], die in der Regel der therapeutischen Behandlung vorausgehen. Erforderlich ist ein **Krankheitsverdacht**. Für Maßnahmen ohne Krankheitsverdacht stellt das SGB V eigenständige Leistungen zur Verhütung von Krankheiten (Präventions- und Vorsorgeleistungen, §§ 20-24 SGB V) sowie zur Früherkennung von Krankheiten (§§ 25, 26 SGB V) zur Verfügung.

63 **Heilung** ist die vollständige oder nur teilweise Wiederherstellung der Gesundheit bzw. des Ausgangszustands nach einer Krankheit.[135] Vom Begriff der Heilung wird somit auch jede teilweise **Besserung** des Gesundheitszustandes erfasst. Die Heilung der Krankheit ist **vorrangiges** Behandlungsziel; die Verhütung einer Verschlimmerung oder die Linderung von Krankheitsbeschwerden sind regelmäßig nachrangige Behandlungsziele.[136] Insoweit besteht ein Rangverhältnis unter den Behandlungszielen. Soweit im Rahmen des Leistungsspektrums der gesetzlichen Krankenversicherung die Möglichkeit einer Heilung besteht, besteht grundsätzlich kein Anspruch auf Behandlungsmaßnahmen, die lediglich darauf gerichtet sind, eine Verschlimmerung zu verhüten oder Beschwerden zu lindern.

64 Eine **Verschlimmerung** wird **verhütet**, wenn der bestehende Krankheitszustand zwar nicht gebessert, aber auf dem derzeitigen Stand gehalten wird. Dabei ist nicht allein auf eine Verschlimmerung der Grundkrankheit abzustellen; es genügt, wenn auf Grund der vorhandenen Grundkrankheit die unmittelbare, konkrete Gefahr einer Verschlechterung des Gesamtgesundheitszustandes (z.B. durch Folgeerkrankungen oder Nebenwirkungen anderer Behandlungsmaßnahmen) vermieden werden soll.[137] Die Verschlimmerungsgefahr braucht nicht in der Weise „unmittelbar" zu drohen, dass ohne sofortige Behandlung mit dem alsbaldigen Eintritt einer wesentlichen Verschlimmerung zu rechnen ist; es genügt vielmehr, dass die Krankheit sich, unbehandelt, wahrscheinlich verschlimmern würde und dass dem Eintritt einer solchen Verschlimmerung am besten, d.h. mit der größten Aussicht auf Erfolg, durch eine möglichst frühzeitige Behandlung entgegengewirkt wird.[138] Bei der Wahrscheinlichkeitsprognose sind alle Umstände des Einzelfalls zu berücksichtigen, insbesondere statistische Erkenntnisse über die Entwicklung bestimmter Anomalien, Dispositionen in der Person des Patienten oder dessen Familie, die eine Verschlimmerung begünstigen oder ihr entgegenstehen.[139] Der Verhütung einer Verschlimmerung dienen auch **lebensverlängernde Maßnahmen**,[140] da der Tod durch Krankheit die bedrohlichste aller denkbaren Verschlimmerungen ist.

65 Von der Verhütung einer Verschlimmerung zu unterscheiden ist die **Verhütung des** – erstmaligen oder erneuten – **Entstehens einer Krankheit**, also der Fall, dass ein regelwidriger Körper- oder Geisteszustand aktuell noch nicht vorliegt, aber zu befürchten ist.[141] Allerdings kann das Risiko des Entstehens einer Krankheit, sofern es Behandlungsbedürftigkeit begründet, dazu führen, dass bereits in dem risi-

[132] BSG v. 19.03.2002 - B 1 KR 36/00 R - juris 16 ff. - SozR 3-2500 § 138 Nr. 2.

[133] BSG v. 18.05.1976 - 3 RK 53/74 - BSGE 42, 16, 18 f.

[134] Beispiele bei *Schmidt* in: Peters, Handbuch KV (SGB V), § 27 Rn. 226.

[135] *Pschyrembel*, Klinisches Wörterbuch, Stichwort „Heilung".

[136] BSG v. 20.03.1996 - 6 RKa 62/94 - juris Rn. 44 - SozR 3-2500 § 92 Nr. 6.

[137] BSG v. 16.11.1999 - B 1 KR 9/97 - juris Rn. 22 - SozR 3-2500 § 27 Nr. 12; *Schmidt* in: Peters, Handbuch KV (SGB V), § 27 Rn. 235.

[138] BSG v. 20.10.1972 - 3 RK 93/71 - BSGE 35, 10, 13; BSG v. 18.11.1969 - 3 RK 75/66 - BSGE 30, 151, 153.

[139] BSG v. 20.10.1972 - 3 RK 93/71 - BSGE 35, 10, 13.

[140] BSG v. 10.10.1978 - 3 RK 81/77 - BSGE 47, 83, 85.

[141] *Schmidt* in: Peters, Handbuch KV (SGB V), § 27 Rn. 229.

kobegründenden Zustand eine Regelwidrigkeit zu sehen ist, dem Zustand also Krankheitswert zukommt, dessen Verschlimmerung es zu verhüten gilt (vgl. Rn. 38). Sind diese Voraussetzungen nicht erfüllt, kommen nur Maßnahmen der Verhütung oder Früherkennung von Krankheiten nach §§ 20-26 SGB V in Betracht.

Der **Linderung von Krankheitsbeschwerden** dienen medizinische Maßnahmen, die auf eine Besserung von durch die Krankheit verursachten körperlichen, geistigen oder seelischen Beschwerden (insbesondere Schmerzen) gerichtet sind. Grundsätzlich nicht erfasst wird der Ausgleich von Auswirkungen der Krankheit im gesellschaftlichen oder privaten Leben[142]; insoweit kommt jedoch u.U. eine Ausstattung mit Hilfsmitteln mit dem Ziel des Behinderungsausgleichs in Betracht. Krankheitsbeschwerden sind auch krankheitsbedingte Beeinträchtigungen des körperlichen, geistigen oder seelischen Zustands, die für den Patienten eine Belastung bedeuten, auch wenn sie von ihm (krankheitsbedingt) nicht bewusst wahrgenommen werden aber das Verhältnis des Patienten zu seiner Umwelt stören und damit die Verwirklichung der existentiell notwendigen gesellschaftlichen Integration erschweren oder vereiteln können.[143] 66

Der Linderung von Krankheitsbeschwerden dient bei psychisch Kranken, die sich ihres Leidens krankheitsbedingt nicht bewusst sind, auch die ärztliche Behandlung von **Erregungszuständen und Aggressionen**, die das Verhältnis des Patienten zu seiner Umgebung belasten und eine gesellschaftliche Integration erschweren oder vereiteln.[144] 67

Sonstige Behandlungsziele, die in § 27 Abs. 1 Satz 1 SGB V nicht genannt sind, begründen einen Anspruch auf „Krankenbehandlung" nur, wenn dies im Gesetz ausdrücklich vorgesehen ist. Als Behandlungsziel der „Krankenbehandlung" nennt § 27 Abs. 1 Satz 4 SGB V die **Herstellung der Zeugungs- oder Empfängnisfähigkeit** und § 27a SGB V die **Herbeiführung einer Schwangerschaft**. 68

Soweit spezialgesetzliche Vorschriften andere Behandlungsziele ohne ausdrücklichen Bezug zur „Krankenbehandlung" nennen, ergibt sich hieraus grundsätzlich kein Anspruch auf Krankenbehandlung, ggf. aber auf andere Maßnahmen. 69

- Soweit in § 28 Abs. 1 und 2 SGB V **„Verhütung und Früherkennung"** von Krankheiten als Gegenstand der ärztlichen bzw. zahnärztlichen Behandlung genannt sind, begründen diese Behandlungsziele keinen Anspruch auf „Krankenbehandlung" sondern auf Maßnahmen nach §§ 20-26 SGB V.[145]
- Nach § 33 SGB V sind bei der Versorgung mit Hilfsmitteln die Behandlungsziele neben der „Sicherung der Krankenbehandlung" erweitert auf **„Vorbeugung einer drohenden Behinderung oder Ausgleich einer Behinderung"**. Nach dem Wortlaut würde hiervon nicht nur der Ausgleich der Behinderung selbst, sondern auch der Ausgleich sämtlicher direkten und indirekten Folgen der Behinderung erfasst. Entgegen dem (zu weiten) Wortlaut des § 33 SGB V ist der Anspruch unter Berücksichtigung seiner Einbettung in das Gesamtsystem der sozialen Sicherheit und der Aufgabe der gesetzlichen Krankenversicherung allein auf die medizinische Rehabilitation im Sinne einer Wiederherstellung der Gesundheit einschließlich der Sicherung des Behandlungserfolgs begrenzt.[146] In diesem Rahmen gehört aber neben der Verbesserung elementarer Körperfunktionen auch die Befriedigung der allgemeinen Grundbedürfnisse des täglichen Lebens zu den Behandlungszielen.[147]

f. Erreichbarkeit der Behandlungsziele

Die **Erreichbarkeit der** im Gesetz genannten **Behandlungsziele** ist Voraussetzung für das Entstehen und den Fortbestand des Leistungsanspruchs.[148] Die Erreichbarkeit der Behandlungsziele hat Bedeutung sowohl für den Anspruch auf Krankenbehandlung insgesamt als auch für den Anspruch auf eine konkrete Behandlungsmaßnahme. Können die Behandlungsziele mit keiner gesetzlich zugelassenen Maßnahme der Krankenbehandlung mehr erreicht werden, fehlt es bereits an der Behandlungsfähigkeit insgesamt (ggf. Pflegefall); eine Behandlung ist dann nicht (mehr) notwendig (vgl. Rn. 44 ff.). Kann das angestrebte Behandlungsziel mit der konkreten Behandlungsmaßnahme nicht mehr erreicht wer- 70

[142] *Schmidt* in: Peters, Handbuch KV (SGB V), § 27 Rn. 242 m.w.N.
[143] BSG v. 21.10.1980 - 3 RK 33/79 - juris Rn. 24 - USK 80211.
[144] BSG v. 21.10.1980 - 3 RK 33/79 - juris Rn. 24 - USK 80211.
[145] *Höfler* in: KassKomm, SGB V, § 28 Rn. 2.
[146] BSG v. 06.08.1998 - B 3 KR 3/97 R - juris Rn. 13 - SozR 3-2500 § 33 Nr. 29.
[147] BSG v. 23.07.2002 - B 3 KR 66/01 R - juris Rn. 20 - SozR 3-2500 § 33 Nr. 45; vgl. im Einzelnen die Kommentierung zu § 33 SGB V.
[148] BSG v. 23.03.1988 - 3 RK 9/87 - juris Rn. 17 - SozR 1300 § 47 Nr. 2.

den oder ist die konkrete Maßnahme zur Erreichung des angestrebten Behandlungsziels nicht (mehr) erforderlich, entfällt der Anspruch auf die konkrete Behandlungsmaßnahme, ggf. kann ein Anspruch auf eine andere Behandlungsmaßnahme bestehen (z.B. ambulante statt stationäre Behandlung). Der Anspruch ist abhängig von den aktuellen Verhältnissen; die Behandlungsmaßnahmen sind im Sinne einer konkreten Betrachtungsweise[149] dem jeweiligen Bedürfnis anzupassen und von dem die Behandlung durchführenden Arzt aktuell zu bestimmen.[150] Ob mit der Behandlung negative Nebenwirkungen verbunden sind, die möglicherweise zu neuen Gesundheitsstörungen führen können, ist nicht entscheidend, soweit das Behandlungsziel letztlich erreicht werden kann.[151] Die Frage, ob das Behandlungsziel erreicht werden kann, ist danach zu beantworten, ob die beabsichtigte Therapie überhaupt geeignet ist, das Behandlungsziel zu erreichen (Geeignetheit der Therapie). Ist die grundsätzliche Geeignetheit der Therapie zu bejahen, stellt sich die weitere Frage, welcher Grad an Gewissheit für den Erfolg der Behandlung gegeben sein muss (Erfolgsaussicht). Darüber hinaus muss das angestrebte Behandlungsziel im Verhältnis zu den mit der Behandlung verbundenen Kosten eine bestimmte Wertigkeit erreichen.

71 Die **Geeignetheit der Therapie** setzt insbesondere voraus, dass eine **gesicherte Diagnose** gestellt wurde. D.h., die bei der Diagnose zugrunde gelegten Annahmen müssen mit den allgemein anerkannten Erkenntnissen der medizinischen Wissenschaft in Einklang stehen; das Krankheitsbild muss – auf der Grundlage dieser Erkenntnisse – die begründete Vermutung rechtfertigen, dass die vom Arzt angenommene Erkrankung vorliegt und mit der vorgeschlagenen Therapie wirksam behandelt werden kann.[152] Es muss ein konkreter Kausalzusammenhang zwischen der angenommenen Krankheitsursache und den vom Patienten geklagten Beschwerden nachweisbar sein.[153] Bei dem Verdacht, dass Krankheitserscheinungen durch Vergiftungen, Schadstoff- oder Strahlenexposition verursacht sind, ist zu prüfen ob wissenschaftlich anerkannte Grenzwerte überschritten wurden.[154]

72 Da wissenschaftlich nicht gesichert ist, dass eine intestinale Mykose (Pilzinfektion des Darmkanals) mit einer Vielzahl weiterer Beschwerden u.a. an Kreislauf, Gelenken und bei der Verdauung auf eine Quecksilbervergiftung durch **Amalgamfüllungen** in den Zähnen zurückzuführen ist, besteht kein Anspruch auf Entfernung der Amalgamfüllungen.

73 Neben der grundsätzlichen Eignung der Therapie ist zusätzlich eine gewisse **Erfolgsaussicht** erforderlich. Insoweit hat sich die Rechtslage gegenüber der RVO durch die Einführung des § 2 Abs. 1 Satz 3 SGB V gewandelt. Hiernach müssen Qualität und Wirksamkeit der Leistungen der Krankenversicherung dem allgemein anerkannten Stand der medizinischen Erkenntnisse entsprechen. D.h. über Qualität und Wirksamkeit müssen zuverlässige, wissenschaftlich nachprüfbare Aussagen gemacht werden können.[155] Dazu ist in der Regel erforderlich, dass sich die Behandlung in einer für die sichere Beurteilung ausreichenden Zahl von Fällen als erfolgreich erwiesen hat und dies durch wissenschaftlich einwandfrei geführte Statistiken belegt ist. Es kommt auf die generelle Wirksamkeit an, ein Erfolg im Einzelfall ist unbeachtlich. Ein nur möglicher Behandlungserfolg reicht grundsätzlich nicht aus, soweit andere Erfolg versprechende Behandlungsmöglichkeiten zur Verfügung stehen.[156] Steht nicht fest, ob von mehreren in Betracht kommenden Behandlungsalternativen die eine oder andere größere Erfolgsaussichten hat, so ist eine **Abwägung der Kosten und Nutzen** vorzunehmen; verspricht die teurere Therapie keine bessere Erfolgsaussicht, so ist die kostengünstigere Behandlungsalternative zu wählen.[157] Maßgebend für die Beurteilung der Erfolgsaussicht ist grundsätzlich die prognostische **ex ante Beurteilung durch den behandelnden Arzt** unter Berücksichtigung der im Entscheidungszeitpunkt bekannten oder auch nur erkennbaren Umstände, es sei denn dessen Beurteilung ist unvertretbar, weil sie im Widerspruch zur allgemeinen oder besonderen ärztlichen Erfahrung steht oder medizinische Standards verletzt.[158]

---

149 BSG v. 13.05.2004 - B 3 KR 18/03 R - juris Rn. 24 - SozR 4-2500 § 39 Nr. 2.

150 BSG v. 23.03.1988 - 3 RK 9/87 - juris Rn. 16 f. - SozR 1300 § 47 Nr. 2.

151 BSG v. 05.07.1995 - 1 RK 6/95 - juris Rn. 19 - SozR 3-2500 § 27 Nr. 5.

152 BSG v. 06.10.1999 - B 1 KR 13/97 R - juris Rn. 24 - SozR 3-2500 § 28 Nr. 4.

153 BSG v. 06.10.1999 - B 1 KR 13/97 R - juris Rn. 27 - SozR 3-2500 § 28 Nr. 4.

154 BSG v. 06.10.1999 - B 1 KR 13/97 R - juris Rn. 29 f. - SozR 3-2500 § 28 Nr. 4.

155 BSG v. 06.10.1999 - B 1 KR 13/97 R - juris Rn. 22 - SozR 3-2500 § 28 Nr. 4.

156 Zum Ganzen BSG v. 06.10.1999 - B 1 KR 13/97 R - juris Rn. 22 f. - SozR 3-2500 § 28 Nr. 4 m.w.N.; BSG v. 05.07.1995 - 1 RK 6/95 - juris Rn. 22 - SozR 3-2500 § 27 Nr. 5.

157 BSG v. 22.07.1981 - 3 RK 50/79 - juris Rn. 29 - SozR 2200 § 182 Nr. 72; zur Kosten-Nutzen-Analyse bei der Auswahl gleich geeigneter Maßnahmen vgl. Rn. 79.

158 So für die Erforderlichkeit der Krankenhausbehandlung BSG v. 13.05.2004 - B 3 KR 18/03 R - juris Rn. 28 - SozR 4-2500 § 39 Nr. 2; BSG v. 13.12.2001 - B 3 KR 11/01 R - juris Rn. 19 - SozR 3-2500 § 112 Nr. 2.

Arzneimittelversuche mit Arzneimitteln, die für die konkrete Behandlung nicht zugelassen sind, dienen nicht den im Gesetz genannten Behandlungszielen, weil sie in Kauf nehmen, dass die Behandlung wirkungslos ist oder sogar den Patienten schadet.[159] 74

Schließlich muss die mit der Behandlung erreichbare Besserung des Gesundheitszustandes oder Linderung von Krankheitsbeschwerden in einem angemessenen Verhältnis zu den dafür aufzuwendenden Kosten stehen; das Behandlungsziel muss eine bestimmte **Wertigkeit** erreichen.[160] Ebenso wie unerhebliche Störungen der Körperfunktion keine Krankheit darstellen, begründen lediglich geringfügige medizinische Besserungen des Gesundheitszustandes, die nur mit einem unverhältnismäßigen Kostenaufwand zu erreichen sind, keinen Anspruch auf Krankenbehandlung. 75

IV. Rechtsfolge: Krankenbehandlung (Absatz 1 Sätze 1 und 2)

1. Katalogmaßnahmen

Die „Krankenbehandlung" hat im Rahmen des Absatz 1 Satz 1 doppelte Bedeutung: Einerseits ist ihre Notwendigkeit Anspruchsvoraussetzung (vgl. Rn. 44), andererseits ist der Anspruch auf sie Rechtsfolge. Als Rechtsfolge ist die „Krankenbehandlung" ein Rechtsbegriff. Es kommt daher nicht auf die medizinische Definition an. Welche Behandlungsmaßnahmen in diesem krankenversicherungsrechtlichen Sinne vom Begriff der Krankenbehandlung umfasst werden, hat der Gesetzgeber durch die **Aufzählung in § 27 Abs. 2 Satz 2 SGB V grundsätzlich abschließend** bestimmt; andere Behandlungsmaßnahmen können nur vom Gesetzgeber neu eingeführt werden.[161] Der Aufzählung kommt insoweit anspruchsbeschränkende Wirkung zu; nicht gesetzlich zugelassene Behandlungsmaßnahmen werden der Eigenverantwortung des Versicherten zugerechnet.[162] Eine solche Leistungsbeschränkung ist verfassungsrechtlich zulässig.[163] Zu den einzelnen Katalogmaßnahmen vgl. die §§ 28 ff. SGB V. 76

2. Maßnahmen außerhalb des Katalogs

Außerhalb des Katalogs des Absatzes 1 Satz 2 gelten kraft besonderer gesetzlicher Bestimmung als Krankenbehandlung 77

- **medizinische Maßnahmen zur Herbeiführung einer Schwangerschaft** nach § 27a SGB V (zur Entstehungsgeschichte dieser Regelung vgl. Rn. 2),
- Leistungen zur Krankenbehandlung, die nach § 63 Abs. 2 SGB V von den Krankenkassen als **Modellvorhaben** durchgeführt oder nach § 64 SGB V vereinbart werden[164].

Die **frühere Rechtsprechung** des Bundessozialgerichts, wonach außerhalb des Katalogs des § 182 Abs. 1 RVO auch andere Behandlungsmaßnahmen ausnahmsweise als Krankenbehandlung in Betracht kamen, beruhte darauf, dass die Aufzählung § 182 Abs. 1 RVO mit „insbesondere" eingeleitet wurde und daher als Aufzählung von Regelbeispielen zu verstehen war. Die frühere Rechtsprechung kann deshalb für das seit dem 01.01.1989 geltende Recht des SGB V nicht aufrechterhalten werden.[165] 78

3. Kosten/Nutzen-Analyse

Bei der Auswahl der Behandlungsmaßnahmen ist zu berücksichtigen, dass als vorrangiges Behandlungsziel die Heilung der Krankheit anzustreben ist. Soweit eine Heilung möglich ist, fehlt es für Behandlungsmaßnahmen, die lediglich zu einer Verhütung der Verschlimmerung oder zu einer Linderung der Beschwerden führen, bereits an der Notwendigkeit der Behandlung (vgl. Rn. 62). Stehen nach dem Stand der medizinischen Erkenntnisse zur Erreichung des maßgeblichen Behandlungsziels **mehrere in gleicher Weise geeignete gesetzlich zugelassene Behandlungsmethoden** zur Verfügung, so ist unter Beachtung des Wirtschaftlichkeitsgebots (§ 2 Abs. 1 Satz 1 SGB V) grundsätzlich die **kostengünstigere** Maßnahme zu wählen; auf eine Behandlung mit – im Vergleich zu den anderen Methoden – signifikant höheren Gesamtkosten besteht kein Anspruch.[166] Das gilt – bei gleicher Eignung – grundsätz- 79

---

[159] BSG v. 22.07.2004 - B 3 KR 21/03 R - juris Rn. 26 - SozR 4-2500 § 137c Nr. 2.

[160] *Fastabend*, NZS 2002, 299, 302.

[161] BSG v. 09.12.1997 - 1 RK 23/95 - juris Rn. 16 - SozR 3-2500 § 27 Nr. 9; BSG v. 25.06.2002 - B 1 KR 22/01 R - juris Rn. 18 - SozR 3-2500 § 38 Nr. 4, jeweils unter Hinweis auf die amtl. Begründung zum Entwurf des GRG, BT-Drs. 11/2237, S. 170.

[162] BSG v. 09.12.1997 - 1 RK 11/97 - juris Rn.16 f. - SozR 3-2500 § 28 Nr. 3.

[163] BVerfG v. 18.12.1986 - 1 BvR 609/86 - SozR 2200 § 179 Nr. 6.

[164] Vgl. BSG v. 09.12.1997 - 1 RK 23/95 - juris Rn. 16 - SozR 3-2500 § 27 Nr. 9.

[165] BSG v. 09.12.1997 - 1 RK 23/95 - juris Rn. 16 - SozR 3-2500 § 27 Nr. 9.

[166] BSG v. 20.03.1996 - 6 RKa 62/94 - juris Rn. 44 - SozR 3-2500 § 92 Nr. 6; zur Kosten-Nutzen-Analyse in der Krankenbehandlung *Fastabend*, NZS 2002, 299, 302.

lich auch dann, wenn die teurere Behandlungsmaßnahme – etwa wegen der besseren Ausstattung des Krankenhauses oder wegen des besseren Rufs der Ärzte – Vorteile gegenüber der kostengünstigeren Methode aufweist; Anspruch besteht nur auf eine ausreichende Behandlung, nicht auf eine optimale Behandlung.[167] Eine Auswahl unter dem Gesichtspunkt der Kosten/Nutzen-Analyse ist allerdings nur unter den gesetzlich zugelassenen Behandlungsmethoden zulässig. Ein Anspruch auf die Behandlung mit „neuen", nicht zugelassen aber (angeblich) kostengünstigeren Behandlungsmethoden besteht nicht (vgl. dazu auch nachfolgend Rn. 80 f. zur „Stellvertreterleistung").

4. Keine Stellvertreterleistungen

80 Ebenfalls nicht mehr anwendbar ist die frühere Rechtsprechung des Bundessozialgerichts zur **sog. Stellvertreterleistung**. Hiernach bestand ggf. ein Anspruch auf eine im Gesetz nicht vorgesehene Leistung, wenn diese an die Stelle einer anderen, dem Versicherten zustehenden Leistung trat und die Stellvertreterleistung geeigneter oder billiger als die originär geschuldete Leistung war. Für das seit dem 01.01.1989 geltende Recht des SGB V mit der abschließenden Aufzählung der Behandlungsmaßnahmen können solche Stellvertreterleistungen auch nicht unter den Gesichtspunkten der Wirtschaftlichkeit und Zweckmäßigkeit der Leistungserbringung beansprucht werden.[168]

81 Nach a.A.[169] soll die Rechtsprechung zur Stellvertreterleistung weiter anwendbar sein, soweit es sich bei der Stellvertreterleistung um eine „Teilleistung" der gesetzlich geschuldeten Katalogleistung handelt und eventuelle besondere gesetzliche Anspruchsvoraussetzungen nicht umgangen werden. Soweit es sich tatsächlich um eine „Teilleistung" einer gesetzlich geschuldeten Leistung handelt, dürfte der Begriff „Stellvertreterleistung" allerdings nicht einschlägig sein, da diese nach der früheren Rechtsprechung des Bundessozialgerichts als Leistung außerhalb des gesetzlich vorgesehenen Leistungsspektrums definiert ist. Die Auswahl unter den gesetzlich vorgesehenen Leistungen ist ggf. eine Frage der freien Arztwahl, der ärztlichen Therapiefreiheit oder der Wirtschaftlichkeit.

5. Unvollständige Anspruchsnorm

82 Obwohl § 27 Abs. 1 SGB V als Anspruchsnorm formuliert ist, handelt es sich um eine **unvollständige Anspruchsnorm**, die den „Rahmen" vorgibt, jedoch einer Konkretisierung durch weitere gesetzliche und untergesetzliche Normen bedarf (vgl. im Einzelnen Rn. 19). So ergibt sich der Umfang der geschuldeten Krankenbehandlung konkret erst aus den die einzelnen Behandlungsmaßnahmen konkretisierenden Bestimmungen der §§ 27a ff. SGB V, ggf. unter Berücksichtigung der einschlägigen Richtlinien.

6. Anspruchsgegner

83 Wer **Anspruchsgegner** des Anspruchs auf Krankenbehandlung ist, ergibt sich nicht unmittelbar aus § 27 SGB V, sondern aus § 2 Abs. 1 SGB V: Hiernach stellen **„die Krankenkassen"** den Versicherten die gesetzlich vorgesehenen Leistungen zur Verfügung. Krankenkassen sind die in § 4 SGB V und §§ 143 ff. SGB V genannten, mit der Durchführung der gesetzlichen Krankenversicherung beauftragten Kassenarten. Konkreter Anspruchsgegner ist die Krankenkasse, bei der der Patient zum maßgeblichen Zeitpunkt versichert ist (vgl. Rn. 23).

7. Art der Leistungserbringung

84 Die Krankenkassen erbringen die Leistungen grundsätzlich als **Sach- und Dienstleistungen**, soweit gesetzlich nichts Abweichendes geregelt ist (§ 2 Abs. 2 Satz 1 SGB V). Sie bedienen sich hierzu der Leistungserbringer (§§ 69 ff. SGB V). Abweichungen vom Sach- und Dienstleistungsprinzip ergeben sich insbesondere in folgenden Fällen:

- § 2 Abs. 2 Satz 2 SGB V: Leistungen können nach Maßgabe des § 17 Abs. 2-4 SGB IX i.V.m. der Budgetverordnung und § 159 SGB IX auf Antrag auch als Teil eines trägerübergreifenden **Persönlichen Budgets** erbracht werden;
- nach § 13 Abs. 2 SGB V können Versicherte anstelle der Sach- oder Dienstleistungen **Kostenerstattung wählen**;

[167] BSG v. 16.06.1999 - B 1 KR 4/98 R - juris Rn. 15 f. - SozR 3-2500 § 18 Nr. 4.
[168] BSG v. 25.06.2002 - B 1 KR 22/01 R - juris Rn. 18 - SozR 3-2500 § 38 Nr. 4 mit Nachweisen zur früheren Rechtsprechung.
[169] *Höfler* in: KassKomm, SGB V, § 27 Rn. 63.

- ein Anspruch auf **Kostenerstattung** für selbst beschaffte Leistungen besteht ferner, wenn die Krankenkasse eine **unaufschiebbare Leistung** nicht rechtzeitig erbringen konnte oder eine Leistung **zu Unrecht abgelehnt** hat (§ 13 Abs. 3 SGB V), sowie
- bei **Auslandsbehandlung** unter den Voraussetzungen des § 13 Abs. 4 und 5 SGB V, des § 17 SGB V und des § 18 SGB V.

Im Übrigen richten sich Art und Umfang der Leistungserbringung nach den für die einzelnen Behandlungsmaßnahmen geltenden Spezialvorschriften.

8. Dauer der Krankenbehandlung

Solange die Anspruchsvoraussetzungen vorliegen und die Spezialvorschriften nichts Abweichendes bestimmen wird Krankenbehandlung **ohne zeitliche Begrenzung** gewährt.[170] 85

V. Besondere Bedürfnisse psychisch Kranker (Absatz 1 Satz 3)

Nach Absatz 1 Satz 3 ist bei der Krankenbehandlung den besonderen Bedürfnissen psychisch Kranker Rechnung zu tragen, insbesondere bei der Versorgung mit Heilmitteln und bei der medizinischen Rehabilitation. Die Regelung wurde auf Anregung des Bundesrates[171] und auf Beschluss des Bundestagsausschusses für Arbeit und Sozialordnung[172] durch das GRG (vgl. Rn. 2) mit Wirkung vom 01.01.1989 eingefügt, um Defizite in der Versorgung psychisch Kranker auszugleichen. Zusätzlich wurde mit Wirkung vom 01.01.1999 durch Ergänzung des Absatz 1 Satz 2 Nr. 1 klargestellt, dass zur ärztlichen Behandlung auch die Psychotherapie zählt (vgl. Rn. 4). Das Rechnungstragungsgebot ist **keine eigenständige Anspruchsgrundlage.**[173] Es ist jedoch bei der Auslegung der Leistungsvorschriften in dem Sinne zu berücksichtigen, dass die Versorgung psychisch Kranker nicht hinter der Versorgung somatisch Kranker zurückbleiben darf. Näheres zur psychotherapeutischen Versorgung regeln §§ 28 Abs. 3, 37a SGB V sowie die auf der Grundlage des § 92 Abs. 6a SGB V erlassenen **Psychotherapie-Richtlinien**[174]. 86

VI. Herstellung der Zeugungs- oder Empfängnisfähigkeit (Absatz 1 Satz 4)

Nach Absatz 1 Satz 4 gehören zur Krankenbehandlung auch Leistungen zur Herstellung der Zeugungs- oder Empfängnisfähigkeit, wenn diese Fähigkeit nicht vorhanden war oder durch Krankheit oder wegen einer durch Krankheit erforderlichen Sterilisation verloren gegangen war (zur Entstehungsgeschichte vgl. Rn. 2). Die Regelung greift die frühere Rechtsprechung des Bundessozialgerichts auf, wonach Zeugungsunfähigkeit und schicksalhafte Unfruchtbarkeit auch bereits ohne ausdrückliche gesetzliche Regelung als behandlungsbedürftige Krankheiten zu werten waren.[175] Damit wird klargestellt, dass nur in den im Gesetz genannten drei Fallgruppen ein Anspruch auf Herstellung der Zeugungs- oder Empfängnisfähigkeit besteht, nämlich wenn die Zeugungs- oder Empfängnisfähigkeit 87

- bei Eintritt der Geschlechtsreife nicht zur Entstehung gelangt ist oder
- infolge von Krankheit verloren gegangen ist oder
- durch eine krankheitsbedingte Sterilisation beseitigt wurde.

Kein Anspruch besteht, wenn die Zeugungs- oder Empfängnisfähigkeit **nicht krankheitsbedingt** ist, sondern bewusst und gewollt in der Absicht künftiger Lebensgestaltung herbeigeführt wurde; in diesen Fällen liegt keine „Krankheit" vor.[176]

Als Maßnahmen zur Herstellung der Zeugungs- oder Empfängnisfähigkeit kommen nur die gesetzlich vorgesehenen **Maßnahmen der Krankenbehandlung** in Betracht. Hiervon abzugrenzen sind Maßnahmen zur Herbeiführung einer Schwangerschaft (künstliche Befruchtung), auf die nur unter den Voraussetzungen des § 27a SGB V ein Anspruch besteht. 88

---

[170] Vgl. im Einzelnen *Schmidt* in: Peters, Handbuch KV (SGB V), § 27 Rn. 211 ff.

[171] Stellungnahme des Bundesrats zum Entwurf des GRG, BT-Drs. 11/2493, S. 12.

[172] BT-Drs. 11/3320, S. 18.

[173] *Schmidt* in: Peters, Handbuch KV (SGB V), § 27 Rn. 394.

[174] Abgedruckt bei *Aichberger*, Ergänzungsband Nr. 485.

[175] BSG v. 28.04.1967 - 3 RK 12/65 - BSGE 26, 240, 242; BSG v. 12.11.1985 - 3 RK 48/83 - juris Rn. 11 - SozR 2200 § 182 Nr. 101.

[176] BSG v. 12.11.1985 - 3 RK 48/83 - juris Rn. 12 - SozR 2200 § 182 Nr. 101.

VII. Wartezeit bei Zahnersatz (Absatz 2)

1. Zweck

89 Zweck der Regelung ist es, die aufwändige Versorgung mit Zahnersatz, sofern sie nicht unaufschiebbar ist, im Interesse einer gleichmäßigen Belastung der Beitragszahler bei Personen, die sich erst seit kurzem oder nur vorübergehend im Inland aufhalten, zu beschränken (zu Entstehungsgeschichte und Gesetzesbegründung vgl. Rn. 3, Rn. 5, Rn. 7, Rn. 8 und Rn. 10). Die Einschränkung **gilt nur für die Versorgung mit Zahnersatz**; für die übrigen Leistungen der Krankenbehandlung gelten die allgemeinen Vorschriften.

2. Personenkreis

90 Von der Regelung erfasst wird folgender **Personenkreis**:

a. Versicherte, die sich nur vorübergehend im Inland aufhalten

91 Zum Begriff des „Versicherten" vgl. Rn. 22 ff. Auf die Staatsangehörigkeit kommt es nicht an, erfasst werden auch deutsche Staatsangehörige. Ein vorübergehender Aufenthalt im Inland liegt vor, wenn die Person ihren „gewöhnlichen Aufenthalt" nicht im Inland hat. Damit lässt sich die Definition des § 30 Abs. 3 Satz 2 SGB I für die Abgrenzung nutzbar machen. Maßgeblich sind, ebenso wie bei der Annahme des gewöhnlichen Aufenthalts, die tatsächlichen Verhältnisse und objektiven Gegebenheiten. Da jedoch eine prognostische Beurteilung erforderlich ist, sind – soweit möglich – die subjektiven Motive und der Wille des Betroffenen als Erkenntnismittel heranzuziehen.[177]

b. Ausländer, denen eine Aufenthaltserlaubnis nach § 25 Abs. 4 und 5 des Aufenthaltsgesetzes erteilt wurde

92 Die ab dem 01.01.2005 geltende Fassung (vgl. Rn. 10) berücksichtigt die Aufhebung des Ausländergesetzes und die Neuregelung der Aufenthaltstitel durch das Aufenthaltsgesetz.[178] § 25 Abs. 4 und Abs. 5 AufenthG lauten:

„(4) Einem Ausländer kann für einen vorübergehenden Aufenthalt eine Aufenthaltserlaubnis erteilt werden, solange dringende humanitäre oder persönliche Gründe oder erhebliche öffentliche Interessen seine vorübergehende weitere Anwesenheit im Bundesgebiet erfordern. Eine Aufenthaltserlaubnis kann abweichend von § 8 Abs. 1 und 2 verlängert werden, wenn auf Grund besonderer Umstände des Einzelfalls das Verlassen des Bundesgebiets für den Ausländer eine außergewöhnliche Härte bedeuten würde.

(5) Einem Ausländer, der vollziehbar ausreisepflichtig ist, kann abweichend von § 11 Abs. 1 eine Aufenthaltserlaubnis erteilt werden, wenn seine Ausreise aus rechtlichen oder tatsächlichen Gründen unmöglich ist und mit dem Wegfall der Ausreisehindernisse in absehbarer Zeit nicht zu rechnen ist. Die Aufenthaltserlaubnis soll erteilt werden, wenn die Abschiebung seit 18 Monaten ausgesetzt ist. Eine Aufenthaltserlaubnis darf nur erteilt werden, wenn der Ausländer unverschuldet an der Ausreise gehindert ist. Ein Verschulden des Ausländers liegt insbesondere vor, wenn er falsche Angaben macht oder über seine Identität oder Staatsangehörigkeit täuscht oder zumutbare Anforderungen zur Beseitigung der Ausreisehindernisse nicht erfüllt."

93 Mit diesen Regelungen werden im Wesentlichen wie nach früherem Recht Ausländer erfasst, denen aus bestimmten humanitären Gründen der vorübergehende Aufenthalt gestattet wird. Die Aufenthaltserlaubnis ist ein befristeter Aufenthaltstitel (§ 7 Abs. 1 Satz 1 AufenthG). Die Aufenthaltserlaubnis nach § 25 Abs. 4 und 5 AufenthG kann für jeweils längstens drei Jahre erteilt und verlängert werden, in den Fällen des § 25 Abs. 4 Satz 1 und Abs. 5 AufenthG jedoch für längstens sechs Monate, solange sich der Ausländer noch nicht mindestens 18 Monate rechtmäßig im Bundesgebiet aufgehalten hat (§ 26 Abs. 1 AufenthG). Somit kann sich der vorübergehende Aufenthalt dieses Personenkreises auf einen Zeitraum von bis zu sechs Jahren erstrecken. Andere Aufenthaltstitel werden nicht erfasst; für asylsuchende Ausländer gilt die spezielle Regelung des Absatz 2 Nr. 1 (vgl. Rn. 94).

---

[177] So zu § 30 SGB I BSG v. 28.06.1984 - 3 RK 27/83 - juris Rn. 14 - SozR 2200 § 205 Nr. 56 m.w.N.

[178] Gesetz über den Aufenthalt, die Erwerbstätigkeit und die Integration von Ausländern im Bundesgebiet (Aufenthaltsgesetz – AufenthG), erlassen als Art. 1 Gesetz zur Steuerung und Begrenzung der Zuwanderung und zur Regelung des Aufenthalts und der Integration von Unionsbürgern und Ausländern (Zuwanderungsgesetz) v. 20.07.2004, BGBl I 2004, 1950; vgl. auch Rn. 10.

c. Asylsuchende Ausländer, deren Asylverfahren noch nicht unanfechtbar abgeschlossen ist

Als „**asylsuchend**" ist ein Ausländer anzusehen, wenn er einen Asylantrag gestellt hat. Ein Asylantrag liegt vor, wenn sich dem schriftlich, mündlich oder auf andere Weise geäußerten Willen des Ausländers entnehmen lässt, dass er im Bundesgebiet Schutz vor politischer Verfolgung sucht oder dass er Schutz vor Abschiebung oder einer sonstigen Rückführung in einen Staat begehrt, in dem ihm die in § 51 Abs. 1 des Ausländergesetzes bezeichneten Gefahren drohen (§ 13 Abs. 1 AsylVfG[179]). Einem Ausländer, der um Asyl nachsucht, ist zur Durchführung des Asylverfahrens der Aufenthalt im Bundesgebiet gestattet (Aufenthaltsgestattung, § 55 Abs. 1 Satz 1 AsylVfG). Zum **Nachweis** der Aufenthaltsgestattung wird dem Ausländer nach der Asylantragstellung eine mit den Angaben zur Person und einem Lichtbild versehene Bescheinigung über die Aufenthaltsgestattung ausgestellt, sofern er nicht im Besitz einer Aufenthaltsgenehmigung ist (§ 63 Abs. 1 AsylVfG). Zuständig für die Ausstellung der Bescheinigung ist das Bundesamt für Migration und Flüchtlinge, solange der Ausländer verpflichtet ist, in einer Aufnahmeeinrichtung zu wohnen; im Übrigen die Ausländerbehörde, auf deren Bezirk die Aufenthaltsgestattung beschränkt ist (§ 63 Abs. 3 Satz 1 und 2 AsylVfG). 94

Das **Asylverfahren** wird **abgeschlossen** durch die Entscheidung des Bundesamts für Migration über den Asylantrag (§ 31 AsylVfG). Die Entscheidung des Bundesamts ist **unanfechtbar**, wenn nicht innerhalb der gesetzlichen Fristen ein Rechtsbehelf eingelegt wird.[180] 95

Eine **Sonderregelung** gilt für Asylbewerber, die Leistungen nach dem Asylbewerberleistungsgesetz[181] erhalten. Nach **§ 4 Abs. 1 Satz 2 AsylbLG** erfolgt eine Versorgung mit Zahnersatz nur, soweit dies im Einzelfall aus medizinischen Gründen unaufschiebbar ist. Die Versorgung ist von der für die Durchführung des Asylbewerberleistungsgesetzes nach Landesrecht zuständigen Behörde sicherzustellen (§ 4 Abs. 3 AsylbLG). 96

d. Vertriebene/Spätaussiedler

Erfasst werden **Vertriebene im Sinne des § 1 Abs. 2 Nr. 2 und Nr. 3 BVFG**[182]. § 1 Abs. 2 Nr. 2 und Nr. 3 BVFG lauten: 97

„(2) Vertriebener ist auch, wer als deutscher Staatsangehöriger oder deutscher Volkszugehöriger

1. …
2. auf Grund der während des zweiten Weltkrieges geschlossenen zwischenstaatlichen Verträge aus außerdeutschen Gebieten oder während des gleichen Zeitraumes auf Grund von Maßnahmen deutscher Dienststellen aus den von der deutschen Wehrmacht besetzten Gebieten umgesiedelt worden ist (Umsiedler),
3. nach Abschluß der allgemeinen Vertreibungsmaßnahmen vor dem 1. Juli 1990 oder danach im Wege des Aufnahmeverfahrens vor dem 1. Januar 1993 die ehemals unter fremder Verwaltung stehenden deutschen Ostgebiete, Danzig, Estland, Lettland, Litauen, die ehemalige Sowjetunion, Polen, die Tschechoslowakei, Ungarn, Rumänien, Bulgarien, Jugoslawien, Albanien oder China verlassen hat oder verläßt, es sei denn, daß er, ohne aus diesen Gebieten vertrieben und bis zum 31. März 1952 dorthin zurückgekehrt zu sein, nach dem 8. Mai 1945 einen Wohnsitz in diesen Gebieten begründet hat (Aussiedler),
4. …"

Weiter gilt die Regelung für **Spätaussiedler im Sinne des § 4 BVFG.** § 4 BVFG lautet: 98

„(1) Spätaussiedler ist in der Regel ein deutscher Volkszugehöriger, der die Republiken der ehemaligen Sowjetunion, Estland, Lettland oder Litauen nach dem 31. Dezember 1992 im Wege des Aufnahmeverfahrens verlassen und innerhalb von sechs Monaten im Geltungsbereich des Gesetzes seinen ständigen Aufenthalt genommen hat, wenn er zuvor

1. seit dem 8. Mai 1945 oder
2. nach seiner Vertreibung oder der Vertreibung eines Elternteils seit dem 31. März 1952 oder

---

[179] Asylverfahrensgesetz, zuletzt geändert durch Art. 3 Gesetz zur Steuerung und Begrenzung der Zuwanderung und zur Regelung des Aufenthalts und der Integration von Unionsbürgern und Ausländern (Zuwanderungsgesetz) v. 30.07.2004, BGBl I 2004, 1950, 1989.

[180] Zu den maßgeblichen Klagefristen vgl. § 71 AsylVfG; zur Zulässigkeit von Rechtsmitteln vgl. § 78 AsylVfG.

[181] Zuletzt geändert durch Art. 8 Zuwanderungsgesetz vom 30.07.2004, BGBl I 2004, 1950, 2001.

[182] Gesetz über die Angelegenheiten der Vertriebenen und Flüchtlinge (Bundesvertriebenengesetz – BVFG), zuletzt geändert durch Art. 6 Zuwanderungsgesetz v. 30.07.2004, BGBl I 2004, 1950, 1999.

3. seit seiner Geburt, wenn er vor dem 1. Januar 1993 geboren ist und von einer Person abstammt, die die Stichtagsvoraussetzung des 8. Mai 1945 nach Nummer 1 oder des 31. März 1952 nach Nummer 2 erfüllt, es sei denn, daß Eltern oder Voreltern ihren Wohnsitz erst nach dem 31. März 1952 in die Aussiedlungsgebiete verlegt haben,

seinen Wohnsitz in den Aussiedlungsgebieten hatte.

(2) Spätaussiedler ist auch ein deutscher Volkszugehöriger aus den Aussiedlungsgebieten des § 1 Abs. 2 Nr. 3 außer den in Absatz 1 genannten Staaten, der die übrigen Voraussetzungen des Absatzes 1 erfüllt und glaubhaft macht, daß er am 31. Dezember 1992 oder danach Benachteiligungen oder Nachwirkungen früherer Benachteiligungen auf Grund deutscher Volkszugehörigkeit unterlag.

(3) Der Spätaussiedler ist Deutscher im Sinne des Artikels 116 Abs. 1 des Grundgesetzes. Nichtdeutsche Ehegatten oder Abkömmlinge von Spätaussiedlern, die nach § 27 Abs. 1 Satz 2 in den Aufnahmebescheid einbezogen worden sind, erwerben, sofern die Einbeziehung nicht unwirksam geworden ist, diese Rechtsstellung mit ihrer Aufnahme im Geltungsbereich des Gesetzes.“

99 Zusätzlich erfasst werden **Ehegatten, Lebenspartner und Abkömmlinge** im Sinne des § 7 Abs. 2 BVFG. Zum **Nachweis** ihrer Spätaussiedlereigenschaft stellt das Bundesverwaltungsamt Spätaussiedlern eine Bescheinigung aus (§ 15 BVFG). Als **Sonderregelung** zu berücksichtigen ist **§ 11 BVFG.** Nach § 11 Abs. 1 Satz 1 BVFG erhält, wer als Spätaussiedler aus den Aussiedlungsgebieten innerhalb von zwei Monaten nach dem Verlassen dieser Gebiete im Geltungsbereich dieses Gesetzes seinen ständigen Aufenthalt genommen hat, **einmalig** Leistungen wie ein Versicherter der gesetzlichen Krankenversicherung, wenn der Leistungsgrund am Tag der Aufenthaltsnahme gegeben ist oder innerhalb von drei Monaten danach eintritt.

3. Wartefrist

100 Die vorgenannten Personen haben Anspruch auf Versorgung mit Zahnersatz nur, wenn sie unmittelbar vor Inanspruchnahme der Leistung mindestens **ein Jahr lang Mitglied einer Krankenkasse (§ 4 SGB V) oder nach § 10 SGB V versichert** waren. Durch die Bezugnahme auf § 4 wird verdeutlicht, dass die Mitgliedschaft oder Familienversicherung bei einer **inländischen Krankenkasse** bestanden haben muss. Aus der ausdrücklichen Bezugnahme auf § 10SGB V folgt, dass die Wartefrist nicht nur für Mitglieder der Krankenkasse, sondern auch für **Familienversicherte** gilt. Die Wartefrist rechnet seit dem 01.01.2000 nicht mehr bis zum Eintritt der Behandlungsbedürftigkeit, sondern bis zur **Inanspruchnahme** der Leistung (vgl. Rn. 5). Dadurch werden Auslegungsschwierigkeiten vermieden und die Feststellung der Wartefrist erleichtert, da der Beginn der Behandlungsbedürftigkeit häufig schwierig festzustellen ist. Maßgeblich ist, wann der Versicherte gegenüber dem Zahnarzt oder der Krankenkasse zu erkennen gibt, dass er mit dem erforderlichen Zahnersatz versorgt werden will.[183] Eine Inanspruchnahme liegt jedenfalls bereits dann vor, wenn ein Heil- und Kostenplan erstellt wird.[184] Die Versicherung muss für den gesamten Zeitraum der einjährigen Wartefrist **unmittelbar** vor der Inanspruchnahme der Leistung bestanden haben. Daraus ist zu folgern, dass es sich um einen zusammenhängenden Versicherungszeitraum handeln muss, der nicht durch versicherungsfreie Zeiträume unterbrochen sein darf.[185]

101 **Ohne Wartezeit** besteht für den in der Vorschrift genannten Personenkreis ein Anspruch auf Versorgung mit Zahnersatz, wenn die Behandlung unaufschiebbar ist. Ob dies ausnahmsweise der Fall ist, haben die Krankenkassen (zwingend) durch den MDK prüfen zu lassen (§ 275 Abs. 2 Nr. 5 SGB V).

---

[183] *Schmidt* in: Peters, Handbuch KV (SGB V), § 27 Rn. 425.

[184] *Höfler* in: KassKomm, SGB V, § 27 Rn. 69.

[185] *Schmidt* in: Peters, Handbuch KV (SGB V), § 27 Rn. 426.

§ 27a SGB V Künstliche Befruchtung

(Fassung vom 14.11.2003, gültig ab 01.01.2004)

(1) Die Leistungen der Krankenbehandlung umfassen auch medizinische Maßnahmen zur Herbeiführung einer Schwangerschaft, wenn

1. **diese Maßnahmen nach ärztlicher Feststellung erforderlich sind,**
2. **nach ärztlicher Feststellung hinreichende Aussicht besteht, daß durch die Maßnahmen eine Schwangerschaft herbeigeführt wird; eine hinreichende Aussicht besteht nicht mehr, wenn die Maßnahme drei Mal ohne Erfolg durchgeführt worden ist,**
3. **die Personen, die diese Maßnahmen in Anspruch nehmen wollen, miteinander verheiratet sind,**
4. **ausschließlich Ei- und Samenzellen der Ehegatten verwendet werden und**
5. **sich die Ehegatten vor Durchführung der Maßnahmen von einem Arzt, der die Behandlung nicht selbst durchführt, über eine solche Behandlung unter Berücksichtigung ihrer medizinischen und psychosozialen Gesichtspunkte haben unterrichten lassen und der Arzt sie an einen der Ärzte oder eine der Einrichtungen überwiesen hat, denen eine Genehmigung nach § 121a erteilt worden ist.**

(2) Absatz 1 gilt auch für Inseminationen, die nach Stimulationsverfahren durchgeführt werden und bei denen dadurch ein erhöhtes Risiko von Schwangerschaften mit drei oder mehr Embryonen besteht. Bei anderen Inseminationen ist Absatz 1 Nr. 2 zweiter Halbsatz und Nr. 5 nicht anzuwenden.

(3) Anspruch auf Sachleistungen nach Absatz 1 besteht nur für Versicherte, die das 25. Lebensjahr vollendet haben; der Anspruch besteht nicht für weibliche Versicherte, die das 40. und für männliche Versicherte, die das 50. Lebensjahr vollendet haben. Vor Beginn der Behandlung ist der Krankenkasse ein Behandlungsplan zur Genehmigung vorzulegen. Die Krankenkasse übernimmt 50 vom Hundert der mit dem Behandlungsplan genehmigten Kosten der Maßnahmen, die bei ihrem Versicherten durchgeführt werden.

(4) Der Gemeinsame Bundesausschuss bestimmt in den Richtlinien nach § 92 die medizinischen Einzelheiten zu Voraussetzungen, Art und Umfang der Maßnahmen nach Absatz 1.

§ 27a Abs. 1 Nr. 3: Nach Maßgabe der Entscheidungsformel mit dem GG vereinbar gem. BVerfGE v. 28.2.2007 I 350 - 1 BvL 5/03 -

Gliederung

A. Basisinformationen

I. Entstehungsgeschichte/Gesetzgebungsmaterialien

1 Unter dem **bis 31.12.1988** geltenden **§ 182 RVO** war umstritten, ob Maßnahmen der künstlichen Befruchtung als Leistung der Krankenbehandlung zu gewähren waren; eine spezielle Regelung bestand nicht. Die schicksalhafte, nicht durch eine freiwillige Sterilisation herbeigeführte Unfruchtbarkeit war als regelwidriger Körperzustand und damit als Krankheit anerkannt.[1] Für die homologe Insemination (Befruchtung der Eizellen der Ehefrau mit Samenzellen des Ehemannes) war die Leistungspflicht der gesetzlichen Krankenversicherung bejaht worden, auch wenn die Befruchtung außerhalb des Körpers der Frau durch „In-Vitro-Fertilisation" erfolgte.[2] Dagegen wurde die heterologe Insemination (bei der Ei- und/oder Samenzellen von anderen Personen verwendet werden) nicht als „Krankenbehandlung" anerkannt, weil diese Behandlung nicht auf die Heilung der krankhaft fehlenden Fähigkeit zum Gebären „eigener" Kinder, sondern auf das Gebären eines nicht eigenen Kindes gerichtet sei.[3]

2 Mit Wirkung vom **01.01.1989** wurde durch das GRG[4] das SGB V eingeführt. Nach **§ 27 Satz 5 SGB V** gehörten Leistungen für eine künstliche Befruchtung nicht zur Krankenbehandlung. Nach der amtlichen Begründung zum Gesetzentwurf[5] erfolgte der Ausschluss, weil solche Leistungen außerhalb des Aufgabenbereichs der gesetzlichen Krankenversicherung lägen. Damit seien alle Leistungen dieser Art (z.B. homologe und heterologe Insemination, In-Vitro-Fertilisation, Embryotransfer, intratubarer Gametentransfer oder Ersatzmutterschaft) aus der Leistungspflicht der gesetzlichen Krankenversicherung ausgeschlossen.

3 Mit Rückwirkung vom **01.01.1989** wurde durch Art. 2 Nr. 2 KOVAnpG1990[6] **§ 27a SGB V** eingeführt. Entgegen der Begründung zum GRG (vgl. Rn. 2.), wonach Maßnahmen der künstlichen Befruchtung nicht zum Aufgabenbereich der gesetzlichen Krankenversicherung gehörten, hieß es nun, mit der Einführung eines Leistungsanspruchs werde eine Regelungslücke im Leistungsrecht der gesetzlichen Krankenversicherung geschlossen.[7] Nach der **Übergangsregelung** des Art. 13 Abs. 3 KOV-AnpG 1990 erstattete die Krankenkasse Versicherten, die in der Zeit vom 01.01.1989-30.06.1990 Maßnahmen der künstlichen Befruchtung durchgeführt oder begonnen hatten, die ihnen entstandenen Aufwendungen bis zur Höhe der am 31.12.1988 für künstliche Befruchtungen geltenden Vergütungsregelungen. Die in Artikel 2 vorgesehenen Leistungsvoraussetzungen mit Ausnahme der ärztlichen Unterrichtung und der Durchführung der Maßnahme in einer autorisierten Einrichtung galten auch für die in der Übergangsregelung genannten Maßnahmen.[8]

4 Mit Wirkung vom **01.01.2004** wurde in Absatz 1 Nr. 2 die bisherige Bestimmung, wonach eine hinreichende Aussicht auf Herbeiführung einer Schwangerschaft „in der Regel" nicht mehr bestand, wenn die Maßnahme „viermal" ohne Erfolg durchgeführt worden war, dahin geändert, dass die Wörter „in der Regel" gestrichen und die Angabe „viermal" durch „dreimal" ersetzt wurde. [9] Die Neuregelung diente der Begrenzung der Ausgaben für künstliche Befruchtung auf Fälle medizinischer Notwendig-

---

1 BSG v. 12.11.1985 - 3 RK 48/83 - juris Rn. 11 - NJW 1986, 1572-1573; zur Rechtsentwicklung vgl. auch BSG v. 08.03.1990 - 3 RK 24/89 - juris Rn. 12 - NJW 1990, 2959.

2 BSG v. 08.03.1990 - 3 RK 24/89 - juris Rn. 12 - NJW 1990, 2959; BSG v. 25.05.2000 - B 8 KN 3/99 KR R - juris Rn. 15 - BSGE 86, 174-182 m.w.N.

3 BSG v. 08.03.1990 - 3 RK 24/89 - NJW 1990, 2959.

4 Gesetz zur Strukturreform im Gesundheitswesen (Gesundheits-Reformgesetz - GRG) vom 20.12.1988, BGBl I 1988, 2477.

5 BR-Drs. 200/88, S. 170.

6 Gesetz über die neunzehnte Anpassung der Leistungen nach dem Bundesversorgungsgesetz sowie zur Änderung weiterer sozialrechtlicher Vorschriften (KOV-Anpassungsgesetz 1990 – KOVAnpG 1990) vom 26.06.1990, BGBl I 1990, 1211; zum rückwirkenden In-Kraft-Treten des Art. 2 Nr. 2 s. Art. 13 Abs. 2.

7 Amtl. Begründung zum Gesetzentwurf, BT-Drs. 11/6760, S. 10 f., zur Einzelbegründung s. ebenda S. 14 ff.

8 Zur rechtspolitischen Diskussion um die Einführung der Regelung *Schmidt* in: Peters, Handbuch KV (SGB V), § 27a Rn. 4 ff.

9 Art. 1 Nr. 14 Gesetz zur Modernisierung der gesetzlichen Krankenversicherung (GKV-Modernisierungsgesetz – GMG) vom 14.11.2003, BGBl I 2003, 2190, 2192.

keit; sie stützte sich auf Erkenntnisse des Bundesausschusses der Ärzte und Krankenkassen.[10] Weiterhin wurde Absatz 3 neu gefasst. Der frühere Absatz 3 bestimmte, dass die Krankenkasse nur die Kosten der Maßnahmen nach Absatz 1 übernimmt, die bei ihrem Versicherten durchgeführt werden. Durch die Neufassung wurden – gestützt auf Erkenntnisse des Bundesausschusses der Ärzte und Krankenkassen – in Absatz 3 Satz 1 eine untere Altersgrenze von 25 Jahren und eine obere Altersgrenze von 40 Jahren bei Frauen und 50 Jahren bei Männern eingeführt. Laut Entwurfsbegründung[11] soll die untere Altersgrenze sicherstellen, dass bei Ehepaaren mit Kinderwunsch – bei denen es bis zum Alter von 25 Jahren nur sehr wenig unfruchtbare Paare gebe – nicht vorzeitig zu Maßnahmen der künstlichen Befruchtung gegriffen wird. Die Höchstaltersgrenzen sollen einerseits dem künftigen Wohl des erhofften Kindes dienen und berücksichtigen andererseits, dass bei Frauen jenseits des 30. Lebensjahres das natürliche Konzeptionsoptimum überschritten und die Konzeptionswahrscheinlichkeit nach dem 40. Lebensjahr sehr gering ist. Durch den neuen Absatz 3 Satz 2 wird die Leistung von der vorherigen Genehmigung eines Behandlungsplans durch die Krankenkasse abhängig gemacht. Satz 3 bestimmt, dass die Krankenkasse nur noch 50 v.H. der genehmigten Kosten der bei ihrem Versicherten durchgeführten Maßnahmen übernehmen darf. Schließlich wurden in Absatz 4 die Wörter „Bundesausschuss der Ärzte und Krankenkassen“ durch die Wörter „Gemeinsamer Bundesausschuss“ ersetzt.

II. Untergesetzliche Normen

Nach Absatz 4 bestimmt der Gemeinsame Bundesausschuss in den Richtlinien nach § 92 die medizinischen Einzelheiten zu Voraussetzungen, Art und Umfang der Maßnahmen nach Absatz 1. Insoweit gelten die von dem früheren Bundesausschuss der Ärzte und Krankenkassen erlassenen „**Richtlinien über künstliche Befruchtung**“ fort.[12] Die Richtlinien enthalten Bestimmungen zu Leistungsvoraussetzungen, Methoden, medizinischer Indikation, Umfang der Maßnahmen, Beratung des Ehepaares und Überweisung zur Durchführung der Maßnahmen, berechtigten Ärzten sowie Empfehlungen zur Qualitätssicherung. 5

Neuartige Methoden der künstlichen Befruchtung unterliegen dem **Erlaubnisvorbehalt** des § 135 Abs. 1 SGB V und dürfen **in der ambulanten vertragsärztlichen Versorgung** zu Lasten der Krankenkassen nur erbracht werden, wenn der Gemeinsame Bundesausschuss entsprechende Empfehlungen (**NUB-Richtlinien**) abgegeben hat. Die Anwendbarkeit des § 135 Abs. 1 SGB V ergibt sich aus der Zuordnung der Maßnahmen der künstlichen Befruchtung zu den Leistungen der Krankenbehandlung (§ 27a Abs. 1 HS. 1 SGB V); sie wird durch die Richtlinienermächtigung des § 27a Abs. 4 SGB V (§ 92 Abs. 1 Satz 2 Nr. 10 SGB V) nicht verdrängt, vielmehr ist § 135 Abs. 1 SGB V die speziellere Ermächtigungsnorm.[13] Empfehlungen über neuartige Methoden der künstlichen Befruchtung sind daher grundsätzlich in den NUB-Richtlinien zu treffen. Welche Auswirkungen es hat, wenn der Gemeinsame Bundesausschuss seine Entscheidung stattdessen in den Richtlinien über künstliche Befruchtung trifft, hat das Bundessozialgericht offen gelassen.[14] Da solche Entscheidungen von dem zuständigen Organ in einer zutreffenden Rechtsform (Richtlinie) getroffen wurden, dürften sie ungeachtet der Veröffentlichung in der „falschen“ Richtlinie als wirksam zu betrachten sein. 6

Für die **Krankenhausbehandlung** gilt auch für Maßnahmen der künstlichen Befruchtung der **Verbotsvorbehalt** des § 137c Abs. 2 Satz 2 SGB V. Eine Methode darf zu Lasten der Krankenkasse im Rahmen der Krankenhausbehandlung nicht erbracht werden, wenn der Gemeinsame Bundesausschuss in einer entsprechenden Richtlinie festgestellt hat, dass sie für eine ausreichende, zweckmäßige und wirtschaftliche Versorgung der Versicherten unter Berücksichtigung des allgemein anerkannten Standes der medizinischen Erkenntnisse nicht erforderlich ist. Hierbei sind die geminderten Anforderungen an die Erfolgsaussichten von Befruchtungsmaßnahmen zu berücksichtigen (vgl. Rn. 32). 7

[10] Amtl. Begründung zum Gesetzentwurf BT-Drs. 15/1525, S. 83.

[11] BT-Drs. 15/1525, S. 83.

[12] Richtlinien des Bundesausschusses der Ärzte und Krankenkassen über ärztliche Maßnahmen zur künstlichen Befruchtung („Richtlinien über künstliche Befruchtung“) in der Fassung vom 14.08.1990, BArbBl 1990, Nr. 12, zuletzt geändert am 19.10.2004, BAnz 2004, Nr. 243, 24522; in Kraft getreten am 23.12.2004 (abgedruckt bei *Aichberger*, Ergänzungsband Nr. 440); die Fortgeltung ergibt sich aus § 6 Abs. 4 Gesetz zu Übergangsregelungen zur Neuorganisation der vertragsärztlichen Selbstverwaltung und Organisation der Krankenkassen, verkündet als Art. 35 des Gesetzes zur Modernisierung der gesetzlichen Krankenversicherung (GKV-Modernisierungsgesetz – GMG) vom 14.11.2003, BGBl I 2003, 2190, 2256.

[13] BSG v. 03.04.2001 - B 1 KR 22/00 R - juris Rn. 21 - SGb 2002, 573-578.

[14] BSG v. 03.04.2001 - B 1 KR 40/00 R - juris Rn. 20 - SGb 2002, 233-239.

III. Systematische Zusammenhänge

8 Im **Verhältnis zu § 27 SGB V**, insbesondere auch gegenüber den Leistungen zur Herstellung der Zeugungs- oder Empfängnisfähigkeit nach § 27 Abs. 1 Satz 4 SGB V, ist der Anspruch auf Leistungen der künstlichen Befruchtung nach § 27a SGB V **subsidiär**. Der Anspruch nach § 27a SGB V setzt voraus, dass Maßnahmen der Krankenbehandlung nach § 27 SGB V keine hinreichende Aussicht auf Erfolg (mehr) bieten, nicht möglich oder unzumutbar sind.[15] Es ist daher vorrangig zu prüfen, ob Anspruch auf Krankenbehandlung nach § 27 SGB V besteht. Als Leistungen der Krankenbehandlung nach § 27 SGB V kommen allerdings nur Maßnahmen zur Herstellung der Zeugungs- oder Empfängnisfähigkeit (§ 27 Abs. 1 Satz 4 SGB V) oder andere Behandlungsmaßnahmen im Sinne des Katalogs des § 27 Abs. 1 Satz 2SGB V (z.B. psychotherapeutische Behandlung), nicht aber Maßnahmen der künstlichen Befruchtung in Betracht.

9 Für Maßnahmen der künstlichen Befruchtung ist § 27a SGB V die **speziellere** Vorschrift; sie stellt eine **abschließende**[16] Regelung für Maßnahmen der künstlichen Befruchtung dar und geht insoweit der allgemeinen Regelung des § 27 SGB V vor.[17] Soweit die Voraussetzungen des § 27a SGB V nicht erfüllt sind, können Maßnahmen der künstlichen Befruchtung nicht unter Rückgriff auf § 27 SGB V beansprucht werden.

IV. Ausgewählte Literaturhinweise

10 *Wirges*, Kostenerstattungspflicht für künstliche Befruchtung bei gesetzlich krankenversicherter Ehefrau und privat krankenversichertem Ehemann, VersR 2004, 261; *Meydam*, Der eigenständige Versicherungsfall der Unfruchtbarkeit des Ehepaares (Anmerkung zu BSG v. 03.04.2001 - B 1 KR 40/00 R), SGb 2002, 239.

B. Auslegung der Norm

I. Regelungsgehalt

11 Die Vorschrift regelt den Anspruch auf Leistungen der gesetzlichen Krankenversicherung zur Herbeiführung einer Schwangerschaft. Diese sind abzugrenzen von Leistungen zur Herstellung der Zeugungs- oder Empfängnisfähigkeit nach § 27 Abs. 1 Satz 4 SGB V (vgl. Rn. 8 und die Kommentierung zu § 27 SGB V Rn. 87). Absatz 1 und Absatz 3 Sätze 1 und 2 enthalten die Anspruchsvoraussetzungen. Die auf Grund der Änderungen der Vorschrift etwas unsystematisch geregelten Anspruchsvoraussetzungen lassen sich systematisch wie folgt darstellen:

- **persönliche Voraussetzungen**:
  - Versicherteneigenschaft,
  - untere Altersgrenze 25 Jahre,
  - obere Altersgrenze bei weiblichen Versicherten 40 Jahre, bei männlichen Versicherten 50 Jahre (Absatz 3 Satz 1),
  - bestehende Ehe zwischen den Personen, die die Leistung in Anspruch nehmen wollen (Absatz 1 Nr. 3),
  - ausschließliche Verwendung von Ei- und Samenzellen der Ehegatten (Absatz 1 Nr. 4);
- **medizinische Voraussetzungen**:
  - Erforderlichkeit der Maßnahmen nach ärztlicher Feststellung (Absatz 1 Nr. 1),
  - nach ärztlicher Feststellung hinreichende Aussicht auf Herbeiführung einer Schwangerschaft (Absatz 1 Nr. 2);
- **verfahrensrechtliche Voraussetzungen**:
  - vor Durchführung der Behandlung Unterrichtung der Ehegatten durch einen Arzt, der die Behandlung nicht selbst durchführt,

---

15 BSG v. 03.04.2001 - B 1 KR 40/00 R - juris Rn. 14 - SGb 2002, 233-239; BSG v. 03.04.2001 - B 1 KR 22/00 R - juris Rn. 17 - SGb 2002, 573-578 jeweils mit Hinweis auf die amtliche Begründung des Gesetzentwurfs BT-Drs. 11/6760, S. 14; vgl. Rn. 19 ff.

16 BSG v. 25.05.2000 - B 8 KN 3/99 KR R - juris Rn. 15 - BSGE 86, 174-182.

17 BSG v. 25.05.2000 - B 8 KN 3/99 KR R - juris Rn. 15 - BSGE 86, 174-182; BSG v. 09.10.2001 - B 1 KR 33/00 R - juris Rn. 10 - NJW 2002, 1517-1518.

- Überweisung durch den unterrichtenden Arzt an einen der Ärzte oder eine der Einrichtungen, denen eine Genehmigung nach § 121a SGB V erteilt worden ist (Absatz 1 Nr. 5),
- Genehmigung des Behandlungsplans durch die Krankenkasse vor Beginn der Behandlung (Absatz 3 Satz 2).

Als **Rechtsfolge** ergibt sich aus Absatz 1 Halbsatz 1 der Anspruch auf medizinische Maßnahmen zur Herbeiführung einer Schwangerschaft. Nach Absatz 3 Satz 3 ist der Anspruch begrenzt auf 50 v.H. der mit dem Behandlungsplan genehmigten Kosten der Maßnahmen, die bei dem Versicherten durchgeführt werden. 12

Absatz 2 enthält Sonderregelungen für bestimmte Befruchtungsverfahren: Satz 1 regelt die (uneingeschränkte) Anwendbarkeit des Absatzes 1 für Inseminationen, die nach Stimulationsverfahren durchgeführt werden. Satz 2 schließt bei anderen Inseminationen die Anwendbarkeit des Absatzes 1 Nr. 2 (hinreichende Erfolgsaussicht) und Nr. 5 (Unterrichtung und Überweisung durch einen anderen Arzt) aus. 13

Absatz 4 bildet zusammen mit § 92 Absatz 1 Satz 2 Nr. 10 SGB V die Ermächtigungsgrundlage für die vom Gemeinsamen Bundesausschuss zu erlassenden Richtlinien über die medizinischen Einzelheiten zu Voraussetzungen, Art und Umfang der Maßnahmen nach Absatz 1. 14

II. Bedeutung der Norm/Normzweck

Die **Bedeutung** der Vorschrift liegt in der Schaffung eines **eigenständigen Versicherungsfalls**.[18] Obwohl Absatz 1 die Maßnahmen zur Herbeiführung einer Schwangerschaft rechtstechnisch den Leistungen der Krankenbehandlung zuordnet, handelt es sich nicht um Krankenbehandlung im eigentlichen Sinne. Denn der Anspruch besteht unabhängig davon, ob die Kinderlosigkeit des Ehepaares durch einen krankhaften (regelwidrigen) Körper- oder Geisteszustand bedingt ist. Insoweit stellt das Bundessozialgericht[19] darauf ab, dass es nicht darauf ankomme, ob einer der Ehegatten nachweisbar krank sei oder die Unfruchtbarkeit des Paares medizinisch nicht erklärt werden könne. Hiergegen ist zu Recht eingewandt worden, dass in diesen Fällen eine Krankheit sehr wohl vorliege, da es nicht darauf ankomme, ob die Krankheit nachgewiesen oder medizinisch erklärbar sei.[20] Zutreffend ist daher, dass die Kinderlosigkeit in der Regel auf einer Krankheit (fehlender Zeugungs- oder Empfängnisfähigkeit) eines oder beider Ehegatten beruhen wird. Beruht sie allerdings nur auf der Krankheit eines der Ehegatten, so kann auch der gesunde Ehegatte, obwohl bei ihm selbst keine Krankheit vorliegt, einen Anspruch auf Maßnahmen der künstlichen Befruchtung haben.[21] Ungeachtet dessen, dass die Kinderlosigkeit durch einen krankhaften Zustand mindestens eines der beiden Ehegatten bedingt ist, ist das Vorliegen einer Krankheit daher nicht Anspruchsvoraussetzung. Anders als § 27 SGB V begründet § 27a SGB V keinen Leistungsanspruch für den Versicherungsfall der „Krankheit“, sondern in der Tat einen eigenständigen Versicherungsfall der „ungewollten Kinderlosigkeit“.[22] 15

Dementsprechend besteht der **Zweck** der Regelung darin, die früher bestehenden Zweifel (vgl. Rn. 1), ob Maßnahmen der künstlichen Befruchtung aus dem Anspruch auf Krankenbehandlung herzuleiten sind, auszuräumen, und dem Versicherten unabhängig davon, ob sein (krankhafter) Körper- oder Geisteszustand für die Kinderlosigkeit des Ehepaares ursächlich ist, einen Anspruch auf Maßnahmen der künstlichen Befruchtung einzuräumen. Im Verhältnis zu dem allgemeinen Anspruch auf Krankenbehandlung nach § 27 SGB V enthält § 27a SGB V einerseits eine **Erweiterung und** andererseits eine **Beschränkung des Leistungsrechts**. Die Erweiterung besteht darin, dass Versicherte, die selbst nicht krank sind, einen Leistungsanspruch erhalten. Die Beschränkung liegt darin, dass der Anspruch auf Maßnahmen der künstlichen Befruchtung nur bei Vorliegen der besonderen Voraussetzungen des § 27a SGB V besteht und die Regelung insoweit abschließend ist. 16

---

[18] BSG v. 03.04.2001 - B 1 KR 22/00 R - juris Rn. 17 - BSGE 88, 51-62; dazu *Meydam*, SGb 2002, 239.

[19] BSG v. 03.04.2001 - B 1 KR 22/00 R - juris Rn. 16 - BSGE 88, 51-62.

[20] So *Höfler* in: KassKomm, SGB V, § 27a Rn. 5 in seiner Kritik an BSG v. 03.04.2001 - B 1 KR 22/00 R - BSGE 88, 51-62.

[21] BSG v. 03.04.2001 - B 1 KR 22/00 R - juris Rn. 18 - BSGE 88, 51-62.

[22] Ebenso *Schmidt* in: Peters, Handbuch KV (SGB V), § 27a Rn. 32c.

III. Tatbestandsmerkmale

1. Leistungen der Krankenbehandlung (Absatz 1 Halbsatz 1)

17 Obwohl Absatz 1 Halbsatz 1 die Maßnahmen zur Herbeiführung einer Schwangerschaft rechtstechnisch den Leistungen der Krankenbehandlung zuordnet, handelt es sich nicht um Krankenbehandlung im eigentlichen Sinne, weil Versicherungsfall nicht die Krankheit, sondern die Kinderlosigkeit des Ehepaares (unabhängig von der krankhaften Störung der Fertilität eines Ehegatten) ist.[23] Nach der Entwurfsbegründung[24] ist die Zuordnung zur Krankenbehandlung erfolgt, weil dies wegen der in diesem Bereich fließenden Grenzen des Krankheitsbegriffs, z.B. bei gestörter Eileiterfunktion, sachgerecht sei. Dadurch werde auch erreicht, dass **alle für Krankheit geltenden Regelungen des SGB V Anwendung finden**, ohne dass es besonderer Verweisungsvorschriften bedarf.

18 Die Bedeutung der Bestimmung liegt daher in der Klarstellung, dass die Vorschriften über Krankenbehandlung anzuwenden sind, soweit sich aus § 27a SGB V keine Sonderregelung ergibt (zum Verhältnis zu § 27 SGB V vgl. Rn. 8). Insbesondere gelten auch die allgemeinen Regelungen über ambulante oder stationäre Behandlung[25], Zuzahlungen usw.

2. Erforderlichkeit der Maßnahmen nach ärztlicher Feststellung (Absatz 1 Nr. 1)

a. Definition

19 **Erforderlich** sind Maßnahmen der künstlichen Befruchtung, wenn zur Überwindung der Sterilität des Ehepaares die Maßnahmen der Krankenbehandlung nach § 27 SGB V keine hinreichende Aussicht auf Erfolg (mehr) bieten, nicht möglich oder unzumutbar sind.

20 Diese auf die Begründung des Gesetzentwurfs[26] gestützte und auch in Nr. 1 der Richtlinien über künstliche Befruchtung übernommene Definition der Erforderlichkeit lässt sich dem Gesetzeswortlaut nicht ohne weiteres entnehmen. Sie rechtfertigt sich jedoch aus der Subsidiarität des § 27a SGB V gegenüber § 27 SGB V (vgl. Rn. 8). Hiernach haben Maßnahmen der Krankenbehandlung nach § 27 SGB V Vorrang vor den Maßnahmen der künstlichen Befruchtung. Als **vorrangige Krankenbehandlung nach § 27 SGB V** kommen z.B. Fertilisierungsoperationen oder alleinige hormonelle Stimulation in Betracht.[27] Eine Linderung der Krankheitsbeschwerden durch Psychotherapie schließt die Erforderlichkeit der künstlichen Befruchtung nicht aus, weil die Sterilität dadurch nicht beseitigt wird.[28]

b. Altersgrenze (Absatz 3 Satz 1 Halbsatz 1)

21 Als gesetzliche Regelung der Erforderlichkeit ist die in Absatz 3 Satz 1 Halbsatz 1 bestimmte untere Altersgrenze von **25 Jahren** zu werten. Die untere Altersgrenze soll dazu beitragen, dass die Chance zu einer Spontanschwangerschaft nicht durch fehlende Geduld vieler Kinderwunschpaare und auch der Ärzte mit Hilfe einer schnellen Medikalisierung des Kinderwunsches vertan wird; die untere Altersgrenze berücksichtigt damit auch, dass es bis zum Alter von 25 Jahren nur sehr wenig unfruchtbare Paare gibt.[29] Damit wird die Erforderlichkeit einer künstlichen Befruchtung für Versicherte, die das 25. Lebensjahr noch nicht vollendet haben, generell verneint. Die untere Altersgrenze gilt einheitlich für männliche und weibliche Versicherte. Unterschreitet nur einer der Ehegatten die Altersgrenze, so trifft der Ausschluss nur diesen. Der ältere Ehegatte kann (für die bei ihm erforderlichen Maßnahmen) einen Anspruch haben.

---

23 BSG v. 03.04.2001 - B 1 KR 22/00 R - juris Rn. 16 ff. - BSGE 88, 51-62; BSG v. 03.04.2001 - B 1 KR 40/00 R - juris Rn. 13 ff. - SGb 2002, 233-239; vgl. Rn. 15; a.A. *Hauck* in: Hauck/Noftz, SGB V, § 27a Rn. 7, unter Hinweis auf BSG v. 08.03.1990 - 3 RK 24/89 - juris Rn. 12 - NJW 1990, 2959.

24 Amtl. Begründung zum Gesetzentwurf (vgl. Rn. 3), BT-Drs. 11/6760.

25 Nach Nr. 5 der Richtlinien über künstliche Befruchtung gelten diese ausschließlich für ambulant durchgeführte ärztliche Maßnahmen; die Maßnahmen sollen – soweit möglich – ambulant durchgeführt werden. Soweit ärztliche Maßnahmen zur künstlichen Befruchtung im Rahmen der Krankenhausbehandlung durchgeführt werden, gelten die Bestimmungen gemäß § 112 Abs. 2 Satz 1 Nr. 6 SGB V.

26 Amtl. Begründung zum Entwurf des KOVAnpG 1990, BT-Drs. 11/6760, S. 14 f.

27 Richtlinien über künstliche Befruchtung Nr. 1.

28 *Schmidt* in: Peters, Handbuch KV (SGB V), § 27a Rn. 71.

29 Amtl. Begründung zum Gesetzentwurf (vgl. Rn. 4), BT-Drs. 15/1525, S. 83.

c. Erforderlichkeit als medizinische Indikation

Während in § 27 SGB V im Rahmen der Erforderlichkeit/Notwendigkeit der Krankenbehandlung auch die Erfolgsaussicht zu prüfen ist (vgl. die Kommentierung zu § 27 SGB V Rn. 73), benennt § 27a SGB V in Absatz 1 Nr. 2 die Erfolgsaussicht als eigenständige Anspruchsvoraussetzung. Die Erfolgsaussicht ist daher nicht im Rahmen der Erforderlichkeit nach Absatz 1 Nr. 1 zu prüfen. Die Erforderlichkeit ist damit auf den Gesichtspunkt der Behandlungsfähigkeit im Sinne einer **medizinischen Indikation** reduziert.[30] Das ergibt sich auch aus der Formulierung, dass die Maßnahme „nach ärztlicher Feststellung" erforderlich sein muss. Hieraus ist zu schließen, dass es insoweit allein auf die medizinische Indikation ankommt. Sonstige Erwägungen, z.B. sozialer Art wie etwa Zahl der bereits vorhandenen Kinder, sind in diesem Rahmen nicht anzustellen. 22

Nach Nr. 11.1-11.5 der **Richtlinien über künstliche Befruchtung** gelten als medizinische Indikation: 23

- für die **Insemination im Spontanzyklus**:
  - somatische Ursachen (z.B. Impotentia coeundi, retrograde Ejakulation, Hypospadie, Zervikalkanalstenose, Dyspareunie),
  - gestörte Spermatozoen-Mukus-Interaktion,
  - Subfertilität des Mannes,
  - immunologisch bedingte Sterilität;
- für die **Insemination nach hormoneller Stimulation**:
  - Subfertilität des Mannes,
  - immunologisch bedingte Sterilität;
- für die **In-vitro-Fertilisation (IVF) mit – ggf. intratubarem – Embryo-Transfer (ET bzw. EIFT)**:
  - Zustand nach Tubenamputation,
  - anders (auch mikrochirurgisch) nicht behandelbarer Tubenverschluss,
  - anders nicht behandelbarer tubarer Funktionsverlust, auch bei Endometriose,
  - idiopathische (unerklärbare) Sterilität, sofern – einschließlich einer psychologischen Exploration – alle diagnostischen und sonstigen therapeutischen Möglichkeiten der Sterilitätsbehandlung ausgeschöpft sind,
  - Subfertilität des Mannes, sofern Behandlungsversuche durch Insemination nach hormoneller Stimulation keinen Erfolg versprechen oder erfolglos geblieben sind,
  - immunologisch bedingte Sterilität, sofern Behandlungsversuche durch Insemination nach hormoneller Stimulation keinen Erfolg versprechen oder erfolglos geblieben sind;
- für den **intratubaren Gameten-Transfer (GIFT)**:
  - anders nicht behandelbarer tubarer Funktionsverlust, auch bei Endometriose,
  - idiopathische (unerklärliche) Sterilität, sofern – einschl. einer psychischen Exploration – alle diagnostischen und sonstigen therapeutischen Möglichkeiten der Sterilitätsbehandlung ausgeschöpft sind,
  - Subfertilität des Mannes, sofern Behandlungsversuche durch Insemination nach hormoneller Stimulation keinen Erfolg versprechen oder erfolglos geblieben sind;
- für die **Intracytoplasmatische Spermieninjektion (ICSI) mit ggf. intratubarem Embryo-Transfer (ET bzw. EIFT)**:
  - männliche Fertilitätsstörung, nachgewiesen durch zwei aktuelle Spermiogramme im Abstand von mindestens 12 Wochen, welche unabhängig von der Gewinnung des Spermas folgende Grenzwerte – nach genau einer Form der Aufbereitung (nativ oder swim-up-Test) – bestimmte Werte unterschreiten.

Nach Nr. 6 der Richtlinien über künstliche Befruchtung ist Voraussetzung für die Durchführung von Maßnahmen der künstlichen Befruchtung, dass beide Ehegatten zum Zeitpunkt der Durchführung der Maßnahmen **HIV-negativ** sind und dass bei der Frau ein ausreichender **Schutz gegen die Rötelninfektion** besteht. Diese Voraussetzungen sind als medizinische **Kontraindikation** zu werten, die eine medizinische Indikation für die künstliche Befruchtung ausschließt.[31] 24

---

[30] *Schmidt* in: Peters, Handbuch KV (SGB V), § 27a Rn. 79.

[31] *Schmidt* in: Peters, Handbuch KV (SGB V), § 27a Rn. 164; die von *Wagner* in: Krauskopf, Soziale Krankenversicherung, Pflegeversicherung, SGB V, § 27a Rn. 3 geäußerten Bedenken, ob diese Anforderungen durch die Ermächtigungsgrundlage des Absatzes 4 gedeckt sind, erscheinen daher nicht gerechtfertigt.

25 Ebenfalls zu verneinen ist die medizinische Indikation und damit die Erforderlichkeit der künstlichen Befruchtung, wenn die Kinderlosigkeit auf der **bewusst und gewollt herbeigeführten Sterilität eines Ehegatten** beruht. In diesen Fällen ist eine Krankenbehandlung des betroffenen Ehegatten zur Wiederherstellung der Zeugungs- oder Empfängnisfähigkeit nach § 27 Abs. 1 Satz 4 SGB V ausgeschlossen, weil die Sterilität nicht krankheitsbedingt ist, sondern auf einer Lebensgestaltungsentscheidung des Betroffenen beruht.[32] Unter Berücksichtigung der Subsidiarität des § 27a SGB V gegenüber § 27 SGB V (vgl. Rn. 8) erscheint es daher nicht gerechtfertigt, an Stelle der im Rahmen des § 27 SGB V ausgeschlossenen Wiederherstellung der Zeugungs- oder Empfängnisfähigkeit im Rahmen des § 27a SGB V einen Anspruch auf Maßnahmen der künstlichen Befruchtung zu gewähren.[33] Das muss auch dann gelten, wenn eine Wiederherstellung der Zeugungs- oder Empfängnisfähigkeit nicht möglich ist. Nach Nr. 2 Sätze 4 und 5 der Richtlinien über künstliche Befruchtung besteht nach einer Sterilisation grundsätzlich kein Anspruch; Ausnahmen bedürfen der Genehmigung durch die Krankenkasse. Nach der hier vertretenen Auffassung wäre selbst eine Ausnahmegenehmigung in diesen Fällen nicht zulässig.

d. Ärztliche Feststellung

26 **Nach ärztlicher Feststellung** ist die Maßnahme erforderlich, wenn die Erforderlichkeit (medizinische Indikation) von einem Arzt bejaht wird. Dies muss weder der Arzt sein, der die Unterrichtung der Ehegatten nach Absatz 1 Nr. 5 durchführt, noch der Arzt, der die künstliche Befruchtung durchführt. Der ärztlichen Feststellung kommt allerdings keine Bindungswirkung für die Krankenkasse zu. Eine Verpflichtung der Krankenkasse, die Erforderlichkeit der künstlichen Befruchtung durch den Medizinischen Dienst prüfen zu lassen, ist in § 275 Abs. 1-2 SGB V oder anderen gesetzlichen Vorschriften nicht vorgesehen. Jedoch „sollen" die Krankenkassen bei der Erfüllung ihrer Aufgaben auch in anderen Fällen im notwendigen Umfang den Medizinischen Dienst zu Rate ziehen (§ 275 Abs. 4 SGB V). In Zweifelsfällen ist daher eine Überprüfung durch den Medizinischen Dienst zulässig. Auch im gerichtlichen Verfahren besteht keine Bindung an die „ärztliche Feststellung". Die Erforderlichkeit ist ggf. durch Sachverständigengutachten zu klären.

3. Hinreichende Erfolgsaussicht nach ärztlicher Feststellung (Absatz 1 Nr. 2)

a. Definition

27 Hinreichende Aussicht auf Herbeiführung einer Schwangerschaft besteht, wenn es nach den gesamten Umständen des Einzelfalls nicht völlig unwahrscheinlich ist, dass durch Maßnahmen der künstlichen Befruchtung eine Schwangerschaft herbeigeführt werden kann.

b. Beschränkung auf drei Versuche (Absatz 1 Nr. 2 Halbsatz 2)

28 Eine **gesetzliche Wegfallregelung** enthält der **zweite** Halbsatz: Hiernach besteht eine hinreichende Erfolgsaussicht nicht mehr, wenn die Maßnahme **drei Mal ohne Erfolg** durchgeführt worden ist (zur Rechtslage vor dem 01.01.2004 vgl. Rn. 4). Auf Grund der mit Wirkung vom 01.01.2004 erfolgten Streichung der Wörter „in der Regel" sind Ausnahmen von dieser Bestimmung nicht mehr zulässig. Soweit die **Richtlinien** zur künstlichen Befruchtung in Nr. 8 die hinreichende Aussicht erst bei einer erhöhten Zahl erfolgloser Versuche verneinen, verstoßen sie gegen die nunmehr zwingende gesetzliche Vorgabe und sind deshalb unwirksam.[34] Soweit die Richtlinien bei einer niedrigeren Zahl erfolgloser Versuche die Erfolgsaussicht verneinen, wird man dies nur dann als zulässige Konkretisierung der gesetzlichen Voraussetzungen ansehen können, wenn die fehlende Erfolgsaussicht bei der niedrigeren Anzahl von Versuchen aus zusätzlichen Umständen geschlossen wird. Wirksam dürfte daher die Beschränkung auf zwei erfolglose Versuche in folgenden Fällen sein: Bei der In-Vitro-Fertilisation, wenn in beiden Fällen eine Befruchtung nicht eingetreten ist und sich bei der Analyse der hierfür maßgeblichen Umstände erkennen lässt, dass eine In-Vitro-Fertilisation nicht möglich ist[35]; bei der Intracytoplasmatischen Spermieninjektion, wenn in beiden Fällen eine Befruchtung nicht eingetreten ist[36].

---

[32] BSG v. 12.11.1985 - 3 RK 48/83 - juris Rn. 12 - NJW 1986, 1572-1573; vgl. die Kommentierung zu § 27 SGB V Rn. 87.

[33] A.A. *Wagner* in: Krauskopf, Soziale Krankenversicherung, Pflegeversicherung, SGB V, § 27a Rn. 2.

[34] So bereits zum früheren Recht, das Ausnahmen von der Regel zuließ, *Schmidt* in: Peters, Handbuch KV (SGB V), § 27a Rn. 88.

[35] Nr. 8 Abs. 3 Satz 2 der Richtlinien über künstliche Befruchtung.

[36] Nr. 8 Abs. 4 Satz 2 der Richtlinien über künstliche Befruchtung.

Voraussetzung ist in allen Fällen dass die Maßnahme **vollständig durchgeführt** worden ist; abgebrochene Maßnahmen gelten nicht als durchgeführt.[37] Als vollständig durchgeführt gelten die Maßnahmen bei der In-Vitro-Fertilisation, wenn die Eizellkur angesetzt worden ist[38], bei der Intracytoplasmatischen Spermieninjektion, wenn die Spermieninjektion in die Eizelle(n) erfolgt ist[39]. 29

Die Beschränkung auf drei Versuche gilt nicht bei „anderen Inseminationen" im Sinne des Absatzes 2 Satz 2 (vgl. Rn. 53). 30

c. Altersgrenze

Ebenfalls als gesetzliche Regelung der Erfolgsaussichten ist die in Absatz 3 Satz 1 Halbsatz 2 bestimmte Höchstaltersgrenze von **40 Jahren für weibliche Versicherte** zu werten. Die Höchstaltersgrenze für weibliche Versicherte trägt dem Gesichtspunkt Rechnung, dass bereits jenseits des 30. Lebensjahres das natürliche Konzeptionsoptimum überschritten ist und die Konzeptionswahrscheinlichkeit nach dem 40. Lebensjahr sehr gering ist.[40] Eine entsprechende Altersgrenze war früher als „Soll"-Regelung in den Richtlinien des Bundesausschusses enthalten; diese ließ jedoch Ausnahmen zu, wenn die Frau das 45. Lebensjahr noch nicht vollendet hatte und die Krankenkasse nach gutachterlicher Beurteilung der Erfolgsaussichten eine Genehmigung erteilt hatte. Die jetzt geltende gesetzliche Höchstaltersgrenze ist zwingend und lässt Ausnahmen nicht mehr zu. 31

d. Geminderte Anforderungen an Erfolgsaussichten und Zweckmäßigkeit

Bei den Maßnahmen der künstlichen Befruchtung sind an die Erfolgsaussichten und in diesem Rahmen auch an die **Zweckmäßigkeit** und den **therapeutischen Nutzen** der beabsichtigten Maßnahme geringere Anforderungen zu stellen. Dies gilt sowohl für die Anwendung anerkannter als auch für die Zulassung neuer Maßnahmen nach § 135 Abs. 1 SGB V. Der Gesetzgeber hat den Anspruch auf Maßnahmen der künstlichen Befruchtung eingeführt, obwohl ihm die geringe Erfolgsaussicht sowie die mangelnde Erforschung und die Risiken bestimmter Maßnahmen der künstlichen Befruchtung, insbesondere der In-Vitro-Fertilisation bekannt waren. Hieraus ist zu schließen, dass die üblichen Anforderungen, insbesondere der wissenschaftliche Nachweis der Wirksamkeit, für diesen Anspruch nicht uneingeschränkt gelten; der Anspruch besteht auch dann, wenn der Erfolg der Maßnahmen wissenschaftlich nicht gesichert und die Durchführung mit erheblichen Risiken für die Frau oder das erhoffte Kind verbunden ist.[41] 32

e. Medizinische Beurteilung

Im Rahmen der vorgenannten Maßstäbe sind die Erfolgsaussichten, wie sich auch aus der Notwendigkeit einer „ärztlichen" Feststellung ergibt, nach **medizinischen Kriterien** zu bewerten. Auch **unterhalb** der gesetzlichen Altersgrenze **von 40 Jahren** kann das Alter der Frau bei der Beurteilung der Erfolgsaussichten zu berücksichtigen sein, wenn nach den Umständen des Einzelfalls unter Berücksichtigung des Alters und der für die Sterilität maßgeblichen Störung ein Erfolg der künstlichen Befruchtung völlig unwahrscheinlich erscheint.[42] 33

f. Ärztliche Feststellung

Zur **ärztlichen Feststellung** vgl. Rn. 26. Auch bei der Beurteilung der Erfolgsaussichten kann die Einschaltung des Medizinischen Dienstes angebracht sein.[43] 34

4. Beschränkung auf Ehepaare (Absatz 1 Nr. 3)

Nach Absatz 1 Nr. 3 müssen die Personen, die die Maßnahmen der künstlichen Befruchtung in Anspruch nehmen wollen, miteinander verheiratet sein. Die Beschränkung auf Ehepaare wird verfassungsrechtlich durch die Pflicht des Staates zur Förderung von Ehe und Familie (Art. 6 GG) gerechtfertigt.[44] Die Ehe muss nach den einschlägigen eherechtlichen Vorschriften (§§ 1310 ff. BGB) beste- 35

[37] Amtl. Begründung zum Gesetzentwurf (vgl. Rn. 3), BT-Drs. 11/6760, S. 15.
[38] Nr. 8 Abs. 3 Satz 1 der Richtlinien über künstliche Befruchtung.
[39] Nr. 8 Abs. 4 Satz 1 der Richtlinien über künstliche Befruchtung.
[40] Amtl. Begründung zum Gesetzentwurf (vgl. Rn. 4), BT-Drs. 15/1525, S. 83; zur Altersgrenze für Männer vgl. Rn. 56.
[41] BSG v. 03.04.2001 - B 1 KR 40/00 R - juris Rn. 26 ff. - SGb 2002, 233-239.
[42] Vgl. Amtl. Begründung BT-Drs. 11/6760, S. 15.
[43] Amtl. Begründung zum Gesetzentwurf (vgl. Rn. 3), BT-Drs. 11/6760, S. 15.
[44] Amtl. Begründung zum Entwurf des KOVAnpG 1990, BT-Drs. 11/6760, S. 15; a.A. *Wagner* in: Krauskopf, Soziale Krankenversicherung, Pflegeversicherung, SGB V, § 27a Rn. 3.

hen, bei Fällen mit Auslandsberührung unter Berücksichtigung der §§ 13 ff. EGBGB. Nichteheliche Lebensgemeinschaften einschließlich eingetragener Lebenspartnerschaften werden nicht erfasst. Die Ehe muss zum Zeitpunkt der Einleitung der Maßnahmen bestehen, später eintretende Veränderungen sind unbeachtlich.[45]

5. Beschränkung auf homologe Befruchtung (Absatz 1 Nr. 4)

36 Ein Anspruch besteht nur für Maßnahmen der künstlichen Befruchtung, bei denen ausschließlich **Ei- und Samenzellen der Ehegatten** verwendet werden (homologe Befruchtung[46]). Erfasst werden damit nur Fälle, in denen Keimzellen der Ehegatten zur Verfügung stehen und die Befruchtung aus anderen Gründen nicht auf natürliche Weise möglich ist. Die Beschränkung auf die homologe Befruchtung steht mit **Verfassungsrecht** und **europäischem Recht** in Einklang.[47]

37 Den Gegensatz bildet eine künstliche Befruchtung unter Verwendung fremder, nicht von den Ehegatten stammender Ei- oder Samenzellen (**heterologe Befruchtung**). Ein Anspruch auf heterologe Befruchtung ergibt sich auch nicht aus § 27 SGB V, weil es sich hierbei nicht um „Krankenbehandlung" handelt, denn die Unfruchtbarkeit der betroffenen Frau wird durch die Befruchtung mit einer fremden Eizelle weder beseitigt noch ausgeglichen.[48] Im Übrigen schließt die spezielle Regelung in § 27a SGB V einen Rückgriff auf die allgemeine Norm des § 27 SGB V aus (zur Systematik vgl. Rn. 8).

6. Ärztliche Unterrichtung und Überweisung (Absatz 1 Nr. 5)

38 Nach Absatz 1 Nr. 5 müssen sich die Ehegatten vor Durchführung der Maßnahmen von einem Arzt, der die Behandlung nicht selbst durchführt, über eine solche Behandlung unter Berücksichtigung ihrer medizinischen und psychosozialen Gesichtspunkte unterrichten lassen und der Arzt muss sie an einen der Ärzte oder eine der ärztlichen Einrichtungen überwiesen haben, denen eine Genehmigung nach § 121a SGB V erteilt worden ist.

39 Die Unterrichtungspflicht **gilt nicht für „andere Inseminationen" im Sinne des Absatzes 2 Satz 2.**

a. Zweck der Regelung

40 Die obligatorische Beratung soll die geminderten Anforderungen an die Erfolgsaussichten und die Zweckmäßigkeit der Maßnahmen der künstlichen Befruchtung (vgl. Rn. 32) ausgleichen. Der Gesetzgeber hat einen Anspruch auf Maßnahmen der künstlichen Befruchtung eingeführt, obwohl ihm bekannt war, dass die Erfolgsquote gering ist und die Maßnahmen mit erheblichen Risiken für die Frau und das erhoffte Kind verbunden sind. Er hat damit dem Wunsch von Ehepaaren nach einem eigenen Kind einen hohen Rang eingeräumt, der sogar die allgemeinen Anforderungen des Leistungsrechts an die Zweckmäßigkeit von Krankenbehandlungsmaßnahmen zurückdrängt und der Solidargemeinschaft größtmöglichen Respekt vor der elterlichen Entscheidung für ein eigenes Kind abfordert. Ebenso wie bei der natürlichen Zeugung sollen die mit der erhofften Schwangerschaft verbundenen Risiken für die Frau und das künftige Kind grundsätzlich kein Kriterium für einen Leistungsausschluss sein. Dabei mag die Befürchtung eine Rolle gespielt haben, jegliche Berücksichtigung von gesundheitlichen oder gar genetischen Risiken für das Kind könne als Vorwand verdächtigt werden, bestimmte Eltern von eigener Nachkommenschaft auszuschließen.[49] Als Kompensation für diese weitgehende Entscheidungsfreiheit obliegt es dem Ehepaar, sich vor Durchführung von Maßnahmen der künstlichen Befruchtung über die damit verbundenen Risiken beraten zu lassen.

b. Inhalt der Unterrichtung

41 Die Unterrichtung soll umfassend sein und sich auf die Gesamtproblematik der medizinischen, psychologischen und sozialen Aspekte der künstlichen Befruchtung beziehen. Sie soll dem Ehepaar die Tragweite seiner Entscheidung verdeutlichen. Es sollen erörtert werden: Alternativen zum eigenen Kind wie z.B. eine Adoption oder die Übernahme einer Pflegschaft, die mit der Behandlung verbundenen

---

45 Zu Einzelheiten vgl. ausführlich *Schmidt* in: Peters, Handbuch KV (SGB V), § 27a Rn. 94 ff.

46 Der Begriff des „homologen" Systems wird nicht einheitlich verwendet (vgl. *Schmidt* in: Peters, Handbuch KV (SGB V), § 27a Rn. 144 ff.); maßgeblich ist daher die gesetzliche Regelung, wonach es auf die ausschließliche Verwendung von Ei- und Samenzellen der Ehegatten ankommt.

47 BSG v. 09.10.2001 - B 1 KR 33/00 R - juris Rn. 13 ff. - NJW 2002, 1517-1518; a.A. wohl *Wagner* in: Krauskopf, Soziale Krankenversicherung, Pflegeversicherung, SGB V, § 27a Rn. 3.

48 BSG v. 09.10.2001 - B 1 KR 33/00 R - juris Rn. 10 - NJW 2002, 1517-1518.

49 Zum Ganzen BSG v. 03.04.2001 - B 1 KR 40/00 R - juris Rn. 27 f. - SGb 2002, 233-239.

seelischen und körperlichen Belastungen, die generell geringe Erfolgsquote, das Risiko von Fehlgeburten und gesundheitliche Risiken für die Frau (z.B. Eierstockzysten, operationsbedingte Komplikationen, Risikoschwangerschaften einschließlich höhergradiger Mehrlingsschwangerschaften).[50] Die Unterrichtung soll objektiv, aber ergebnisoffen sein; sie muss nicht darauf gerichtet sein, das Ehepaar von seinem Entschluss zur Durchführung einer künstlichen Befruchtung abzubringen.

Dementsprechend ist der **Verlauf** der Unterrichtung für den Leistungsanspruch nicht von Bedeutung. Selbst wenn sich im Rahmen der Unterrichtung besondere Bedenken gegen eine künstliche Befruchtung ergeben, bleibt es der Entscheidung des Ehepaars überlassen, ob es diese Risiken in Kauf nimmt.[51] 42

Nach dem Gesetzeswortlaut ist eine Unterrichtung „der Ehegatten" erforderlich. Da die Entscheidung für eine künstliche Befruchtung von den Ehegatten einvernehmlich zu treffen ist und Maßnahmen nur unter Mitwirkung beider Ehegatten möglich sind, ist unter Berücksichtigung des Zwecks der Unterrichtung zu fordern, dass **beide Ehegatten** an der Unterrichtung teilgenommen haben, wobei die Unterrichtung nicht notwendig gemeinsam, zeitgleich oder bei demselben Arzt stattgefunden haben muss. 43

Die Unterrichtung ist zu unterscheiden von der „**Aufklärung**", zu der der behandelnde Arzt gegenüber dem Patienten vor Durchführung der künstlichen Befruchtung nach allgemeinen Grundsätzen verpflichtet ist.[52] 44

c. Unterrichtungsberechtigter Arzt

Die Unterrichtung muss durch einen **Arzt** durchgeführt werden. Dabei muss es sich um einen Arzt handeln, **der die beabsichtigten Maßnahmen der künstlichen Befruchtung nicht selbst durchführt**. Der Gesetzeswortlaut ist nicht eindeutig; er kann sowohl dahin verstanden werden, dass der beratende Arzt generell künstliche Befruchtungen nicht selbst durchführt (Nicht-Spezialist), als auch dahin, dass der beratende Arzt nur die konkrete Behandlung bei dem betroffenen Ehepaar nicht durchführen darf (Nicht-Behandler). Auch die Entwurfsbegründung ist nicht eindeutig. Einerseits soll die Regelung eine objektive Unterrichtung gewährleisten und der üblichen Praxis Rechnung tragen, nach der ärztliche Spezialisten für besonders schwierige Behandlungen in der Regel von Patienten nicht unmittelbar, sondern erst nach Konsultation und Überweisung durch den Hausarzt oder einen vergleichbaren Arzt in Anspruch genommen werden.[53] Dies spräche dafür, dass die Unterrichtung durch einen „Nicht-Spezialisten" durchgeführt werden soll. Andererseits sollen in den Richtlinien reproduktionsmedizinische Spezialkenntnisse und psychosoziale Kompetenz des unterrichtenden Arztes gefordert werden.[54] Mangels eindeutiger Regelung dürfte es daher in Anlehnung an den Wortlaut als ausreichend anzusehen sein, wenn die Beratung von einem Arzt durchgeführt wird, der die beabsichtigte konkrete Behandlung bei dem Ehepaar nicht selbst durchführt. 45

d. Zeitpunkt der Unterrichtung

Die Unterrichtung muss „**vor Durchführung der Maßnahmen**" der künstlichen Befruchtung erfolgen. Nach Nr. 13 der Richtlinien über künstliche Befruchtung soll – bei Vorliegen der übrigen leistungsrechtlichen Voraussetzungen – die Unterrichtung erst durchgeführt werden, wenn zuvor unter Einsatz geeigneter diagnostischer und ggf. therapeutischer Maßnahmen das Vorliegen einer medizinischen Indikation für eine künstliche Befruchtung gesichert worden ist. Andererseits ist die Unterrichtung selbst als Teil der Maßnahmen zur künstlichen Befruchtung zu werten, da anderenfalls die Unterrichtung nicht vom Leistungsanspruch umfasst wäre.[55] 46

Solange Maßnahmen der künstlichen Befruchtung noch nicht eingeleitet wurden, kann die Unterrichtung **nachgeholt** werden.[56] Bei **wiederholter** Inanspruchnahme der Leistung ist eine **erneute** Unterrichtung jedenfalls dann erforderlich, wenn seit der letzten Unterrichtung mehrere Jahre vergangen 47

---

[50] Amtl. Begründung zum Gesetzentwurf (vgl. Rn. 3), BT-Drs. 11/6760, S. 15; Nr. 14 Richtlinien über künstliche Befruchtung.

[51] Vgl. BSG v. 03.04.2001 - B 1 KR 40/00 R - juris Rn. 28 - SGb 2002, 233-239.

[52] Amtl. Begründung zum Gesetzentwurf (vgl. Rn. 3), BT-Drs. 11/6760, S. 15; zur Aufklärungspflicht s. auch Nr. 16 der Richtlinien über künstliche Befruchtung.

[53] Amtl. Begründung zu Absatz 1 Nr. 5 (vgl. Rn. 3), BT-Drs. 11/6760, S. 15.

[54] Amtl. Begründung zu Absatz 4 (vgl. Rn. 3), BT-Drs. 11/6760, S. 16.

[55] Vgl. dazu *Schmidt* in: Peters, Handbuch KV (SGB V), § 27a Rn. 162.

[56] BSG v. 03.04.2001 - B 1 KR 40/00 R - juris Rn. 12 - SGb 2002, 233-239.

sind.[57] Generell wird eine erneute, zeitnahe Beratung zu fordern sein, wenn sich die für die beabsichtigte künstliche Befruchtung maßgeblichen Umstände erheblich geändert haben (z.B. neue wissenschaftliche Erkenntnisse, andere Befruchtungsmethode, veränderte Lebensumstände des Ehepaares).[58]

e. Nachweis der Unterrichtung

48 Nach Nr. 15 der Richtlinien über künstliche Befruchtung ist über die erfolgte Beratung eine **Bescheinigung** auszustellen, die zusammen mit der Überweisung dem Arzt vorgelegt werden soll, der die Maßnahmen zur künstlichen Befruchtung durchführt. Nachdem gemäß Absatz 3 Satz 2 vor Beginn der Behandlung der Krankenkasse ein Behandlungsplan zur Genehmigung vorzulegen ist, wird der behandelnde Arzt oder der Versicherte (von sich aus oder auf Anforderung der Krankenkasse) diese Bescheinigung zusammen mit dem Behandlungsplan der Krankenkasse vorlegen.

49 Aus der Bescheinigung muss lediglich hervorgehen, dass eine Unterrichtung über Maßnahmen der künstlichen Befruchtung durch einen Arzt erfolgt ist, der die Behandlung nicht selbst durchführt. Da die Unterrichtung ergebnisoffen und verlaufsunabhängig ist (vgl. Rn. 41 ff.), können weitere Anforderungen an den Inhalt der Bescheinigung nicht gestellt werden. Insbesondere kann die Krankenkasse, wenn sie Zweifel an der Qualität der durchgeführten Unterrichtung hat, nicht verlangen, dass das Ehepaar eine erneute Unterrichtung durchführt oder sich gar von Ärzten des Medizinischen Dienstes unterrichten lässt.

f. Obliegenheit der Ehegatten

50 Die Durchführung der Unterrichtung stellt eine Obliegenheit des Versicherten dar.[59] Kommt der Versicherte seiner Obliegenheit nicht rechtzeitig nach[60], verliert er seinen Leistungsanspruch. Da der Behandlungsplan der Genehmigung durch die Krankenkasse bedarf, kann diese eine unterbliebene Unterrichtung noch nach Vorlage des Behandlungsplans einfordern. Der Leistungsanspruch geht daher erst verloren, wenn der Versicherte sich auch nach entsprechender Aufforderung durch die Krankenkasse weigert, die Unterrichtung durchzuführen. Die Durchführung der Unterrichtung (beider Ehegatten, vgl. Rn. 43) ist von dem jeweiligen Versicherten, der Leistungen in Anspruch nehmen will, gegenüber seiner Krankenkasse nachzuweisen.

g. Überweisung

51 Neben dem Erfordernis der Unterrichtung ergibt sich aus Absatz 1 Nr. 5, dass es einer **Überweisung** an den die Maßnahmen der künstlichen Befruchtung durchführenden Arzt bedarf. Das Gesetz geht davon aus, dass die Überweisung durch den beratenden Arzt erfolgt. Nach Nr. 13 der Richtlinien über künstliche Befruchtung soll, sofern die Unterrichtung nicht durch den die Indikation stellenden Arzt erfolgt, der die Indikation stellende Arzt die Überweisung vornehmen. Da weder dem unterrichtenden noch dem ggf. nicht identischen indikationsstellenden Arzt eine Entscheidungsbefugnis zukommt, dürfte es unerheblich sein, von welchem Arzt die Überweisung vorgenommen wird. Entscheidend ist allein, dass die Inanspruchnahme des die Befruchtung durchführenden Arztes nicht unmittelbar, sondern nur auf Überweisung eines anderen Arztes erfolgt.

7. Sonderregelung für Inseminationen (Absatz 2)

52 Rechtstechnisch etwas eigenartig bestimmt Absatz 2 **Satz 1**, dass Absatz 1 (ohne Einschränkungen) auch gilt für Inseminationen, die nach Stimulationsverfahren durchgeführt werden und bei denen dadurch ein erhöhtes Risiko von Schwangerschaften mit drei oder mehr Embryonen besteht. Da Inseminationen (= instrumentelle Einbringung von Samen in die inneren Geschlechtsorgane einer Frau) wohl zweifelsfrei zu den Maßnahmen der künstlichen Befruchtung zählen, versteht sich die Geltung des Absatzes 1 für diese Maßnahmen an sich von selbst. Satz 1 kommt daher **kein eigenständiger Regelungsgehalt** zu. Seine Bedeutung erschöpft sich in der Definition der Inseminationsverfahren, für die Satz 2 nicht gilt, und allenfalls in einer gesetzlichen Klarstellung. Diese Klarstellung trägt der Gefahr Rechnung, dass bei den besagten Inseminationsverfahren viele befruchtungsfähige Eizellen heran-

---

[57] BSG v. 03.04.2001 - B 1 KR 40/00 R - juris Rn. 12 - SGb 2002, 233-239.

[58] Insoweit vom BSG v. 03.04.2001 - B 1 KR 40/00 R - juris Rn. 12 - SGb 2002, 233-239 offen gelassen.

[59] BSG v. 03.04.2001 - B 1 KR 40/00 R - juris Rn. 27 - SGb 2002, 233-239.

[60] Zur Möglichkeit einer Nachholung sowie zum Erfordernis einer erneuten Beratung vgl. Rn. 47.

wachsen und so das Risiko von Mehrlingsschwangerschaften entsteht; darüber hinaus besteht auch die Gefahr eines Überstimulationssyndroms mit u.a. großen Eierstockzysten und z.T. schwerwiegenden Belastungen des Kreislaufsystems.[61]

Nach **Satz 2** ist bei „anderen Inseminationen" Absatz 1 Nr. 2 zweiter Halbsatz (Wegfallregelung nach drei erfolglosen Versuchen) und Nr. 5 (Unterrichtungspflicht) nicht anzuwenden. In Abgrenzung zu Satz 1 sind **andere Inseminationsverfahren** solche, die nicht nach Stimulationsverfahren durchgeführt werden und bei denen dadurch kein erhöhtes Risiko von Schwangerschaften mit drei oder mehr Embryonen besteht. Diese Voraussetzungen müssen nicht kumulativ vorliegen. Wie aus dem Wort „dadurch" deutlich wird, geht der Gesetzgeber davon aus, dass bei Inseminationen nach Stimulationsverfahren immer das Risiko von Mehrlingsschwangerschaften besteht. Da die „anderen Inseminationsverfahren" nicht derartig mit Risiken behaftet sind wie die in Satz 1 genannten Inseminationsverfahren nach Stimulation, konnte bei diesen Verfahren auf eine zahlenmäßige Beschränkung der Befruchtungsversuche und auf eine Unterrichtung der Ehegatten verzichtet werden.[62] Die übrigen Leistungsvoraussetzungen gelten für die „anderen Inseminationsverfahren" uneingeschränkt. 53

8. Altersgrenzen (Absatz 3 Satz 1)

Nach Absatz 3 Satz 1 besteht Anspruch auf Sachleistungen nach Absatz 1 nur für Versicherte, die das 25. Lebensjahr vollendet haben; der Anspruch besteht nicht für weibliche Versicherte, die das 40. und für männliche Versicherte, die das 50. Lebensjahr vollendet haben. 54

Die zum 01.01.2004 in Kraft getretene Neuregelung (vgl. Rn. 4) hat die zuvor bereits in den Richtlinien des Bundesausschusses enthaltenen Altersgrenzen übernommen und verschärft. Dabei dient die untere **Altersgrenze von 25 Jahren** der gesetzlichen Definition der Erforderlichkeit (vgl. Rn. 21). Die obere **Altersgrenze von 40 Jahren für weibliche Versicherte** dient vorrangig der gesetzlichen Bestimmung der Erfolgsaussichten (vgl. Rn. 31). 55

Darüber hinaus dient die **obere Altersgrenze** für weibliche Versicherte auch und die obere Altersgrenze von 50 Jahren für männliche Versicherte ausschließlich dem künftigen Wohl des erhofften Kindes.[63] Ähnlich wie bei der Adoption von Säuglingen, bei der die Jugendämter in der Praxis in der Regel ein Höchstalter von 35 Jahren für die adoptierenden „Eltern" verlangen,[64] dürfte der Zweck der Regelung darin zu sehen sein, dass die Entstehung eines „Eltern-Kind-Verhältnisses" nur gewährleistet ist, wenn die potentiellen Eltern nicht zu alt sind. 56

9. Behandlungsplan/Genehmigungvorbehalt (Absatz 3 Satz 2)

Nach Absatz 3 Satz 2 ist der Krankenkasse vor Beginn der Behandlung ein Behandlungsplan zur Genehmigung vorzulegen. Für den **Behandlungsplan** enthalten die Richtlinien über künstliche Befruchtung als Anlage I ein Muster. Nach Nr. 9.2 der Richtlinien muss der Behandlungsplan folgende Angaben enthalten: 57

- Geburtsdatum der Ehepartner,
- Indikation(en) gemäß Nr. 11.1-11.5 der Richtlinien,
- Behandlungsmethode gemäß Nr. 10.1-10.5 der Richtlinien,
- Art und Anzahl bisher durchgeführter Maßnahmen der künstlichen Befruchtung,
- voraussichtlich entstehende Behandlungskosten einschließlich aller Medikamentenkosten pro Behandlungszyklus (Zyklusfall).

Der Behandlungsplan darf maximal drei in Folge geplante Zyklen umfassen. Die Krankenkassen dürfen die Genehmigung für den 3. IVF- oder ICSI-Zyklus nur unter dem Vorbehalt erteilen, dass in einem von zwei Behandlungszyklen eine Befruchtung stattgefunden hat. Bei Inseminationen, bei denen die Beschränkung auf drei Versuche nicht gilt, wird die Genehmigung für bis zu acht in Folge geplante Zyklen erteilt. 58

Bei Änderung der Behandlungsmethode gemäß Nr. 10.1-10.5 der Richtlinien sowie spätestens nach Ablauf eines Jahres seit der Genehmigung ist ein neuer Behandlungsplan vorzulegen. 59

Die Vorlage **„vor Beginn der Behandlung"** erfordert, dass der Behandlungsplan vor Einleitung der Befruchtungsmaßnahmen vorzulegen ist. Zu den Maßnahmen der künstlichen Befruchtung zählen zwar auch die Indikationsstellung sowie die nach Absatz 1 Nr. 5 vorgeschriebene ärztliche Unterrich- 60

---

[61] Amtl. Begründung zum Gesetzentwurf (vgl. Rn. 3), BT-Drs. 11/6760, S. 15.

[62] Amtl. Begründung zum Gesetzentwurf (vgl. Rn. 3), BT-Drs. 11/6760, S. 15.

[63] Amtl. Begründung zum Gesetzentwurf (vgl. Rn. 4), BT-Drs. 15/1525, S. 83.

[64] *Heiderhoff* in: jurisPK-BGB, 2. Aufl. 2004, § 1741 Rn. 19.

tung. Da der Behandlungsplan von dem Arzt aufzustellen ist, der die Befruchtungsmaßnahmen durchführt, kann die Vorlage erst nach Überweisung an diesen erfolgen. Daraus ist zu schließen, dass die Kosten der Indikationsstellung und der Unterrichtung unabhängig von der Vorlage des Behandlungsplans und dessen Genehmigung durch die Krankenkasse von dieser zu übernehmen sind.

61 Die **Genehmigung** enthält eine verbindliche Regelung für den Leistungsanspruch des Versicherten und stellt deshalb einen Verwaltungsakt dar.[65]

IV. Rechtsfolgen

1. Medizinische Maßnahmen zur Herbeiführung einer Schwangerschaft

62 Als Rechtsfolge (Leistung) begründet § 27a SGB V einen Anspruch auf „medizinische Maßnahmen zur Herbeiführung einer Schwangerschaft" ohne diese Maßnahmen näher zu konkretisieren.

a. Befruchtungsverfahren

63 Nach Nr. 10 der **Richtlinien über künstliche Befruchtung** kommen als Maßnahmen der künstlichen Befruchtung gemäß § 27a SGB V folgende Verfahren zum Einsatz:

- intrazervikale, intrauterine oder intratubare Insemination im Spontanzyklus, ggf. nach Auslösung der Ovulation durch HCG-Gabe, ggf. nach Stimulation mit Antiöstrogenen,
- intrazervikale, intrauterine oder intratubare Insemination nach hormoneller Stimulation mit Gonadotropinen,
- In-vitro-Fertilisation (IVF) mit Embryo-Transfer (ET), ggf. als Zygoten-Transfer oder als intratubarer Embryo-Transfer (EIFT = Embryo-Intrafallopian-Transfer),
- intratubarer Gameten-Transfer (GIFT),
- intracytoplasmatische Spermieninjektion (ICSI).

64 Bei der Anwendung **neuer Behandlungsmethoden** für die künstliche Befruchtung ist zu berücksichtigen, dass an die Erfolgsaussichten und die Zweckmäßigkeit der Behandlungsmethode geminderte Anforderungen zu stellen sind (vgl. Rn. 32). Das hat auch der Bundesausschuss bei der Zulassung neuer Behandlungsmethoden im Rahmen der ambulanten vertragsärztlichen Versorgung nach § 135 Abs. 1 SGB V sowie beim Ausschluss von Maßnahmen aus der Krankenhausbehandlung nach § 137c SGB V zu beachten.[66] Hat der Bundesausschuss bestimmte Behandlungsmaßnahmen rechtswidrig nicht zugelassen oder ausgeschlossen, liegt ein Systemmangel vor, der einen Kostenerstattungsanspruch des Versicherten begründet, soweit die übrigen Leistungsvoraussetzungen erfüllt sind.[67] Ein Anspruch besteht nur auf **rechtlich zulässige Maßnahmen**; Befruchtungsmaßnahmen, die nach dem **Embryonenschutzgesetz**[68] unzulässig sind, dürfen von der Krankenkasse nicht erbracht werden.[69]

b. Eingeschlossene Leistungen

65 Nach Nr. 12 der Richtlinien kommen im Zusammenhang mit der Durchführung der Maßnahmen der künstlichen Befruchtung – je nach gewählter Methode – folgende Leistungen in Betracht:

- Untersuchung auf HIV-Antikörper bei beiden Ehegatten sowie auf HbsAg bei der Frau,
- Maßnahmen im Zusammenhang mit der Untersuchung und der Aufbereitung – ggf. einschließlich der Kapazitation – des männlichen Samens,
- Durchführung der hormonellen Stimulationsbehandlung (je nach Methode),
- laboratoriumsmedizinische Bestimmungen von luteinisierendem Hormon, Östradiol und Progesteron,
- sonographische Untersuchungen,
- ultraschallgezielte oder laparoskopische Eizellentnahme (je nach Methode),
- Maßnahmen im Zusammenhang mit der Zusammenführung von Eizellen und Samenzellen, einschließlich der mikroskopischen Beurteilung der Reifestadien der Eizellen oder der Eizellkultur (je nach Methode),
- Insemination, Embryo-Transfer und intratubarer Gameten-Transfer (je nach Methode),
- Beratung (= Unterrichtung i.S.d. § 27 Abs. 1 Nr. 5 SGB V).

---

65 Ebenso *Höfler* in: KassKomm, SGB V, § 27a Rn. 30a.

66 BSG v. 03.04.2001 - B 1 KR 40/00 R - juris Rn. 21 ff., 29 ff. - SGb 2002, 233-239.

67 BSG v. 03.04.2001 - B 1 KR 40/00 R - juris Rn. 32 - SGb 2002, 233-239.

68 Gesetz zum Schutz von Embryonen - Embryonenschutzgesetz (ESchG) in der Fassung vom 13.12.1990, BGBl I 1990, 2746.

69 BSG v. 09.10.2001 - B 1 KR 33/00 R - juris Rn. 12 - NJW 2002, 1517-1518.

Anspruch besteht nur auf die Maßnahmen, die unmittelbar auf die Auslösung einer Schwangerschaft durch künstliche Befruchtung zielen, das sind alle Maßnahmen, die dem einzelnen Zeugungsakt entsprechen und unmittelbar dem **zyklusbezogenen Befruchtungsvorgang** samt Eizellenübertragung dienen.[70] Erfasst werden aber auch die damit in unmittelbarem Zusammenhang stehenden, in den Richtlinien genannten weiteren Maßnahmen. Damit ist auch eine zeitliche Begrenzung der Maßnahmen auf einen Zyklus der Frau vorgegeben. 66

Der Anspruch umfasst nicht nur Untersuchungen und Behandlungen, die am Körper des Versicherten durchgeführt werden, sondern auch **Leistungen**, die zur Durchführung der künstlichen Befruchtung **außerhalb des Körpers**, insbesondere in einem Kulturgefäß („in vitro") erforderlich sind, da ansonsten bei den in der Praxis dominierenden extrakorporalen Befruchtungsverfahren die wesentlichen Teile der Behandlung ausgenommen wären.[71] Zu der Frage, welchem Ehegatten diese Maßnahmen zuzurechnen sind, vgl. Rn. 70 ff. 67

Nicht erfasst werden dagegen andere Maßnahmen, die medizinisch durchaus sinnvoll sein mögen, aber weder unmittelbar der Befruchtung dienen noch mit den notwendigen zyklusbezogenen Befruchtungsmaßnahmen in unmittelbarem Zusammenhang stehen. Das gilt z.B. für die **Konservierung** von Samen- oder Eizellen, da diese nicht der Durchführung der (ersten) Befruchtungsmaßnahme, sondern – für den Fall des Scheiterns des ersten Befruchtungsversuchs – der Durchführung weiterer Befruchtungsmaßnahmen unter Vermeidung erneuter Eingriffe dient.[72] 68

2. Leistungsmodalitäten (Absatz 3 Satz 3)

a. Sachleistung/Kostenübernahme zu 50 v.H.

Obwohl Absatz 3 Satz 3 von einer Kostenübernahme spricht, ist der Anspruch nach wie vor auf eine **Sachleistung** gerichtet (Absatz 3 Satz 1). Die zum 01.01.2004 in Satz 3 eingeführte Regelung, wonach die Krankenkasse nur **50 v.H. der mit dem Behandlungsplan genehmigten Kosten** der Maßnahmen, die bei ihrem Versicherten durchgeführt werden, übernimmt, hat am Sachleistungsprinzip nichts geändert. Insbesondere finden die Regelungen über privatärztliche Behandlung auf der Grundlage der GOÄ insgesamt keine Anwendung.[73] 69

b. Zurechnung der Kosten

Nach dem Wortlaut des Absatzes 3 Satz 3 übernimmt die Krankenkasse 50 v.H. der Kosten der Maßnahmen, die **„bei ihrem" Versicherten** durchgeführt werden. Die Regelung soll eine Klarstellung treffen für den Fall, dass die Ehegatten nicht in derselben Krankenkasse versichert sind oder dass nur einer der Ehegatten in der gesetzlichen Krankenversicherung versichert ist. In diesen Fällen hat die Krankenkasse nur die Kosten der Maßnahmen zu übernehmen, die bei dem Ehegatten durchgeführt werden, der bei ihr versichert ist. Die Leistungen für den anderen Ehegatten sind damit keine „Nebenleistungen" der Leistungen an den versicherten Ehegatten.[74] Eine Regelung ergibt sich hieraus nur für die **Kosten der am Körper des jeweiligen Versicherten anfallenden Maßnahmen**. Unklar bleibt, von wem die Kosten der **extrakorporalen Maßnahmen und evtl. Nebenleistungen** (z.B. Kosten der Unterrichtung usw.) zu tragen sind. 70

Das Bundessozialgericht[75] geht unter Berücksichtigung des Gesetzeszwecks davon aus, dass jeder Versicherte einen Anspruch auf (hälftige) Erstattung sämtlicher Kosten der Befruchtungsmaßnahmen hat, mit Ausnahme der Kosten, die am Körper des anderen Ehegatten durchgeführt werden. Daraus ergibt sich folgende Zurechnung der Kosten für die unterschiedlichen Fallkonstellationen: 71

- Sind **beide Ehegatten bei derselben Krankenkasse** gesetzlich krankenversichert, haben sie gemeinsam gegen ihre Krankenkasse Anspruch auf Erstattung von 50 v.H. sämtlicher Kosten.

---

[70] BSG v. 25.05.2000 - B 8 KN 3/99 KR R - juris Rn. 19 - BSGE 86, 174-182.

[71] BSG v. 03.04.2001 - B 1 KR 22/00 R - juris Rn. 15 - SGb 2002, 573-578; BSG v. 03.04.2001 - B 1 KR 40/00 R - juris Rn. 16 - SGb 2002, 233-239.

[72] Amtl. Begründung zum KOVAnpG 1990 (vgl. Rn. 3), BT-Drs. 11/6760, S. 14; für die Kryokonservierung von Eizellen BSG v. 25.05.2000 - B 8 KN 3/99 KR R - juris Rn. 19 - BSGE 86, 174-182; Nr. 4 Richtlinien über künstliche Befruchtung; allgemein *Schmidt* in: Peters, Handbuch KV (SGB V), § 27 Rn. 175 ff.

[73] Amtl. Begründung zum GMG (vgl. Rn. 4), BT-Drs. 15/1525, S. 83.

[74] Amtl. Begründung zum Entwurf des KOVAnpG 1990 (vgl. Rn. 3), BT-Drs. 11/6760, S. 15; s. dazu auch BSG v. 03.04.2001 - B 1 KR 22/00 R - juris Rn. 15 - SGb 2002, 573-578.

[75] BSG v. 03.04.2001 - B 1 KR 22/00 R - juris Rn. 16 ff. - SGb 2002, 573-578; BSG v. 03.04.2001 - B 1 KR 40/00 R - juris Rn. 16 ff. - SGb 2002, 233-239.

- Sind die **Ehegatten bei unterschiedlichen Krankenkassen** gesetzlich krankenversichert, müssen die extrakorporalen Kosten nicht notwendig von der Krankenkasse des Ehegatten getragen werden, bei dem die (krankhafte) Sterilität vorliegt; die Krankenkassen können eine anderweitige Kostenverteilung nach Zweckmäßigkeitsgesichtspunkten (z.B. geringster Verwaltungsaufwand) vereinbaren. Das Bundessozialgericht hat deshalb die in den Richtlinien über künstliche Befruchtung sowie in einem Gemeinsamen Rundschreiben der Spitzenverbände der Krankenkassen vorgesehene Kostenverteilung gebilligt.

72 Nr. 3 der Richtlinien über künstliche Befruchtung sieht für diesen Fall folgende Kostenverteilung vor:

- Für die Maßnahmen im Zusammenhang mit der (ggf.) Gewinnung, Untersuchung und Aufbereitung, ggf. einschließlich Kapazitation des männlichen Samens sowie für den HIV-Test beim Ehemann ist die Krankenkasse des Ehemannes leistungspflichtig.
- Für die Beratung nach Nr. 14 (= Unterrichtung nach § 27a Abs. 1 Nr. 5 SGB V) des Ehepaares sowie für die extrakorporalen Maßnahmen im Zusammenhang mit der Zusammenführung von Eizellen und Samenzellen ist die Krankenkasse der Ehefrau zuständig.
- Für die Beratung nach Nr. 16 (= Aufklärung über die Behandlungsrisiken) und die ggf. in diesem Zusammenhang erfolgende humangenetische Beratung ist die Krankenkasse des Ehemannes zuständig.
- Ist der **andere Ehegatte nicht gesetzlich krankenversichert** hat der gesetzlich krankenversicherte Ehegatte, jedenfalls wenn bei ihm die (krankhafte) Sterilität vorliegt, gegen seine Krankenkasse Anspruch auf (hälftige) Erstattung sämtlicher Kosten der künstlichen Befruchtung mit Ausnahme der Kosten, die am Körper des anderen Ehegatten anfallen.

73 **Kritik**: Die Lösung des Bundessozialgerichts erscheint bei näherer Betrachtung nicht überzeugend. Soweit es für den Fall der gesetzlichen Versicherung beider Ehegatten bei unterschiedlichen Krankenkassen den Richtlinien bzw. dem Gemeinsamen Rundschreiben der Spitzenverbände folgt, bleibt offen, wie im Streitfall zu entscheiden ist. Soweit in den Ausführungen des Bundessozialgerichts angedeutet wird, dass die Kosten der extrakorporalen Maßnahmen und Nebenleistungen von der Krankenkasse desjenigen Ehegatten zu tragen sind, bei dem die (krankhafte) Sterilität vorliegt, ist dies mit dem Zweck des § 27a SGB V, einen Anspruch auf künstliche Befruchtung gerade unabhängig vom Vorliegen einer krankhaften Störung zu gewähren (vgl. Rn. 15), schlecht vereinbar. Schließlich kann die Lösung des Bundessozialgerichts für den Fall, dass einer der Ehegatten nicht gesetzlich krankenversichert ist, zu einer Belastung der Solidargemeinschaft mit Kosten für die Behandlung von Nicht-Versicherten führen. Denn die extrakorporalen Maßnahmen lassen sich jedenfalls nicht ohne weiteres dem gesetzlich krankenversicherten Ehegatten zurechnen. Es erscheint aber keinesfalls gerechtfertigt, Kosten dem gesetzlich krankenversicherten Ehegatten nur deshalb zuzurechnen, weil der nicht oder privat krankenversicherte Ehegatte keine oder kostendeckende Ansprüche geltend machen kann.[76] Unter Berücksichtigung des Zwecks des § 27a SGB V, unabhängig vom Vorliegen einer Krankheit einen eigenständigen Versicherungsfall bei ungewollter Kinderlosigkeit eines Ehepaares zu begründen, erscheint es angemessen, das Kostenrisiko für die extrakorporalen Maßnahmen und Nebenleistungen unabhängig von der „Verursachung" jeweils **hälftig zwischen den Ehegatten aufzuteilen**. Das schließt eine einvernehmliche Regelung der Kostenlast durch die Krankenkassen nicht aus.[77] Jedenfalls in Streitfällen und bei Beteiligung eines Ehegatten, der nicht gesetzlich krankenversichert ist, führt die hälftige Kostenerstattung zu einer dem Zweck des § 27a SGB V entsprechenden klaren Kostenverteilung, die auch eine nicht gerechtfertigte Kostenübernahme der Solidargemeinschaft für nicht gesetzlich krankenversicherte Ehegatten vermeidet. Im Ergebnis führt dies dazu, dass jeder gesetzlich krankenversicherte Ehegatte gegen seine Krankenkasse einen Anspruch auf (hälftige) Erstattung der Kosten für extrakorporale Maßnahmen und Nebenleistungen zur Hälfte (also insgesamt zu ¼) hat.

---

[76] So aber BSG v. 03.04.2001 - B 1 KR 22/00 R - juris Rn. 19 - SGb 2002, 573-578.

[77] Ob allerdings die in Nr. 3 der Richtlinien über künstliche Befruchtung vorgesehene Kostenlastverteilung von der Ermächtigung des Absatzes 4 und des § 92 gedeckt ist, erscheint fraglich, da die Verteilung der Kostenlast nicht „Voraussetzungen, Art und Umfang" der Maßnahmen betrifft.

§ 28 SGB V Ärztliche und zahnärztliche Behandlung

(Fassung vom 14.06.2007, gültig ab 01.04.2007)

(1) Die ärztliche Behandlung umfaßt die Tätigkeit des Arztes, die zur Verhütung, Früherkennung und Behandlung von Krankheiten nach den Regeln der ärztlichen Kunst ausreichend und zweckmäßig ist. Zur ärztlichen Behandlung gehört auch die Hilfeleistung anderer Personen, die von dem Arzt angeordnet und von ihm zu verantworten ist.

(2) Die zahnärztliche Behandlung umfaßt die Tätigkeit des Zahnarztes, die zur Verhütung, Früherkennung und Behandlung von Zahn-, Mund- und Kieferkrankheiten nach den Regeln der zahnärztlichen Kunst ausreichend und zweckmäßig ist; sie umfasst auch konservierend-chirurgische Leistungen und Röntgenleistungen, die im Zusammenhang mit Zahnersatz einschließlich Zahnkronen und Suprakonstruktionen erbracht werden. Wählen Versicherte bei Zahnfüllungen eine darüber hinausgehende Versorgung, haben sie die Mehrkosten selbst zu tragen. In diesen Fällen ist von den Kassen die vergleichbare preisgünstigste plastische Füllung als Sachleistung abzurechnen. In Fällen des Satzes 2 ist vor Beginn der Behandlung eine schriftliche Vereinbarung zwischen dem Zahnarzt und dem Versicherten zu treffen. Die Mehrkostenregelung gilt nicht für Fälle, in denen intakte plastische Füllungen ausgetauscht werden. Nicht zur zahnärztlichen Behandlung gehört die kieferorthopädische Behandlung von Versicherten, die zu Beginn der Behandlung das 18. Lebensjahr vollendet haben. Dies gilt nicht für Versicherte mit schweren Kieferanomalien, die ein Ausmaß haben, das kombinierte kieferchirurgische und kieferorthopädische Behandlungsmaßnahmen erfordert. Ebenso gehören funktionsanalytische und funktionstherapeutische Maßnahmen nicht zur zahnärztlichen Behandlung; sie dürfen von den Krankenkassen auch nicht bezuschußt werden. Das Gleiche gilt für implantologische Leistungen, es sei denn, es liegen seltene vom Gemeinsamen Bundesausschuss in Richtlinien nach § 92 Abs. 1 festzulegende Ausnahmeindikationen für besonders schwere Fälle vor, in denen die Krankenkasse diese Leistung einschließlich der Suprakonstruktion als Sachleistung im Rahmen einer medizinischen Gesamtbehandlung erbringt. Absatz 1 Satz 2 gilt entsprechend.

(3) Die psychotherapeutische Behandlung einer Krankheit wird durch Psychologische Psychotherapeuten und Kinder- und Jugendlichenpsychotherapeuten (Psychotherapeuten), soweit sie zur psychotherapeutischen Behandlung zugelassen sind, sowie durch Vertragsärzte entsprechend den Richtlinien nach § 92 durchgeführt. Spätestens nach den probatorischen Sitzungen gemäß § 92 Abs. 6a hat der Psychotherapeut vor Beginn der Behandlung den Konsiliarbericht eines Vertragsarztes zur Abklärung einer somatischen Erkrankung sowie, falls der somatisch abklärende Vertragsarzt dies für erforderlich hält, eines psychiatrisch tätigen Vertragsarztes einzuholen.

(4) Versicherte, die das 18. Lebensjahr vollendet haben, leisten je Kalendervierteljahr für jede erste Inanspruchnahme eines an der ambulanten ärztlichen, zahnärztlichen oder psychotherapeutischen Versorgung teilnehmenden Leistungserbringers, die nicht auf Überweisung aus demselben Kalendervierteljahr erfolgt, als Zuzahlung den sich nach § 61 Satz 2 ergebenden Betrag an den Leistungserbringer. Satz 1 gilt nicht für Inanspruchnahmen nach § 20d, § 25, zahnärztliche Untersuchungen nach § 55 Abs. 1 Satz 4 und 5 sowie Maßnahmen zur Schwangerenvorsorge nach § 196 Abs. 1 der Reichsversicherungsordnung und § 23 Abs. 1 des Gesetzes über die Krankenversicherung der Landwirte. Soweit Versicherte Kostenerstattung nach § 13 Abs. 2 gewählt haben, gelten die Sätze 1 und 2 mit der Maßgabe, dass die Zuzahlung gemäß § 13 Abs. 2 Satz 9 von der Krankenkasse in Abzug zu bringen ist.

Gliederung

A. Basisinformationen

I. Textgeschichte/Gesetzgebungsmaterialien

1 Nach der **Vorgängervorschrift** des **§ 122 Abs. 1 RVO** wurde ärztliche Behandlung im Sinne des Gesetzes durch approbierte Ärzte, bei Zahnkrankheiten durch approbierte Zahnärzte geleistet. Sie umfasste Hilfeleistungen anderer Personen, wie Bader, Hebammen, Heildiener, Heilgehilfen, Krankenwärter, Masseure u. dgl. sowie Zahntechniker, nur dann, wenn der Arzt (Zahnarzt) sie angeordnet hatte oder wenn in dringenden Fällen kein approbierter Arzt (Zahnarzt) zugezogen werden konnte. Nach Absatz 2 konnte die oberste Verwaltungsbehörde bestimmen, wieweit auch sonst Hilfspersonen innerhalb der staatlich anerkannten Befugnisse selbständige Hilfe leisten konnten. Nach § 123[1] RVO konnte bei Zahnkrankheiten mit Ausschluss von Mund- und Kieferkrankheiten die Behandlung außer durch Zahnärzte mit Zustimmung des Versicherten auch durch staatlich anerkannte Dentisten gewährt werden.

2 Mit Wirkung vom **01.01.1989** wurde durch Art. 1 GRG[2] das SGB V eingeführt. In der ursprünglichen Fassung enthielt § 28 SGB V nur den heutigen Absatz 1 sowie den heutigen Absatz 2 Satz 1 Halbsatz 1 und Satz 10. Nach der Begründung[3] handelte es sich um eine an dieser Stelle neue Vorschrift, die wegen ihrer Bedeutung für das Leistungsrecht hier aufgenommen wurde. Sie definiere den Begriff und Inhalt der ärztlichen und zahnärztlichen Behandlung. Zur ärztlichen Behandlung gehöre neben dem in § 27 Satz 1 SGB V genannten Inhalt auch die im Dritten und Vierten Abschnitt beschriebene Verhütung und Früherkennung von Krankheiten.

3 Mit Wirkung vom **01.01.1993** wurden durch das GSG[4] in **Absatz 2** nach Satz 1 die **heutigen Sätze 6 und 7** über den Ausschluss der kieferorthopädischen Behandlung bei über 18jährigen Versicherten und die Ausnahme hiervon bei bestimmten Kieferanomalien eingefügt. Nach der Entwurfsbegründung[5] bestimmt die Vorschrift den Leistungsumfang der gesetzlichen Krankenversicherung bei der kieferorthopädischen Behandlung neu. Die Kosten der kieferorthopädischen Behandlung von Versicherten, die bei Beginn der Behandlung (Aufstellung des kieferorthopädischen Behandlungsplanes) das 18. Lebensjahr vollendet haben, würden zukünftig grundsätzlich nicht mehr von den Krankenkassen übernommen, da die Behandlung aus medizinischen Gründen vor Abschluss des Körperwachstums begonnen werden soll und kieferorthopädische Maßnahmen bei Erwachsenen überwiegend aus ästhetischen Gründen oder wegen mangelnder zahnmedizinischer Vorsorge in früheren Jahren erfolgten. Nicht von dieser Regelung betroffen seien Versicherte mit schweren Kieferanomalien, die sowohl kieferorthopädische Behandlungsmaßnahmen wie auch chirurgisch-operative Kieferkorrekturen erforderlich machten, um die bestehenden schwerwiegenden Kau- und Funktionsstörungen des stomatognathischen (= die Mundhöhle betreffend) Systems zu beheben. Diese Versicherten könnten in aller Regel erst nach Abschluss des Körperwachstums, also erst nach Vollendung des 18. Lebensjahres, abschließend behandelt werden. Die Entwurfsbegründung enthält eine Aufzählung und Definition der schwe-

---

1 Zuletzt i.d.F. des § 22 G. v. 31.03.1952, BGBl I 1952, 221.

2 Gesetz zur Strukturreform im Gesundheitswesen (Gesundheits-Reformgesetz – GRG) vom 20.12.1988, BGBl I 1988, 2477.

3 Amtl. Begründung des Gesetzentwurfs s. BR-Drs. 200/88, S. 170 f.; gegenüber dem Entwurf wurde auf Ausschussempfehlung in § 28 Absatz 1 Satz 2 das Wort „Tätigkeit" durch das Wort „Hilfeleistung" ersetzt, BT-Drs. 11/3320, S. 18.

4 Gesetz zur Sicherung und Strukturverbesserung der gesetzlichen Krankenversicherung (Gesundheitsstrukturgesetz – GSG) vom 21.12.1992, BGBl I 1992, 2266.

5 BT-Drs. 12/3608, S. 79.

ren Kieferanomalien (vgl. Rn. 62). Nach der Überleitungsregelung des Art. 33 § 5 GSG[6] hatten Versicherte, die das achtzehnte Lebensjahr vollendet hatten und deren kieferorthopädische Behandlung vor dem 01.01.1993 begonnen hatte, Anspruch auf Übernahme der Kosten der kieferorthopädischen Behandlung einschließlich zahntechnischer Leistungen in der Höhe, wie sie das am 31.12.1992 geltende Recht vorsah, wenn die Krankenkasse vor dem 05.11.1992 über den Anspruch bereits schriftlich entschieden hatte.[7]

Mit Wirkung vom **01.11.1996** wurden durch das 8. SGB V-ÄndG[8] in **Absatz 2** die **heutigen Sätze 2-5** 4
über die Mehrkosten einer überobligatorischen Versorgung bei Zahnfüllungen eingefügt. Nach der früheren Regelung durfte die Krankenkasse bei Versicherten, die eine über die vertragszahnärztlichen Richtlinien hinausgehende Füllungsalternative wählten, auch den Betrag, den die vergleichbare preisgünstigste plastische Füllung gekostet hätte, nicht übernehmen. Da es bei der Vereinbarung aufwändigeren Zahnersatzes in § 30 Abs. 4 SGB V bereits eine Mehrkostenregelung gab, wurde auch im Bereich der Zahnerhaltung eine entsprechende Regelung eingeführt, mit der die Eigenverantwortung gestärkt und die Wahlmöglichkeit der Versicherten bei der Auswahl von Füllungsalternativen erweitert wurde.[9] Die Neuregelung gilt für am Tage des In-Kraft-Tretens (01.11.1996) begonnene Behandlungen.[10] Behandlungen, die vor dem In-Kraft-Treten der Gesetzesänderung begonnen wurden, waren nach altem Recht abzuwickeln.[11]

Mit Wirkung vom **01.01.1997** wurde durch das BeitrEntlG[12] in **Absatz 2** folgender **Satz 8**[13] eingefügt: 5
„Ebenso gehören **implantologische Leistungen** einschließlich der Suprakonstruktion, funktionsanalytische und funktionstherapeutische Maßnahmen nicht zur zahnärztlichen Behandlung; sie dürfen von den Krankenkassen auch nicht bezuschusst werden." Die Regelung diente der Klarstellung, dass die genannten Leistungen **nicht zum Leistungsumfang** der gesetzlichen Krankenversicherung gehören, weil es wirtschaftlichere alternative Behandlungsmöglichkeiten gebe. Sie sollte der verbreiteten rechtswidrigen Praxis der Krankenkassen entgegenwirken, die die Kosten solcher Leistungen gleichwohl übernahmen oder Zuschüsse gewährten.[14] Nach der Übergangsregelung des Art. 4 BeitrEntlG[15] hatten Versicherte, die nach dem 31.12.1978 geboren waren und deren zahnärztliche Behandlung zur Versorgung mit Zahnersatz vor dem 01.01.1997 begonnen hatte, Anspruch auf Übernahme der Kosten für Zahnersatz nach dem am 31.12.1996 geltenden Recht, wenn die Krankenkasse vor dem 28.06.1996 über den Anspruch entschieden hatte.

Mit Wirkung vom **01.07.1997** wurden durch das 2. GKV-NOG[16] in dem bisherigen **Absatz 2** Satz 8 6
(vgl. Rn. 5) die Wörter „implantologische Leistungen einschließlich der Suprakonstruktion" gestrichen und ein neuer **Satz 9** (betreffend **implantologische Leistungen**) eingefügt. Die Regelung geht auf die Beschlussempfehlung des Gesundheitsausschusses zurück, der damit sicherstellen wollte, dass Versicherte **in zwingend notwendigen Ausnahmefällen** im Rahmen einer medizinischen Gesamtbehandlung implantologische Leistungen einschließlich der Suprakonstruktion als Sachleistung erhalten. Hierzu gehöre, sofern keine Kontraindikation vorliege, insbesondere die Versorgung nach einer Tumoroperation mit Resektion/Teilresektion am Kieferknochen und nach Schädel- und Gesichtstraumata bei nicht rekonstruierbaren Kieferabschnitten.[17]

---

[6] Gesetz zur Sicherung und Strukturverbesserung der gesetzlichen Krankenversicherung (Gesundheitsstrukturgesetz – GSG) vom 21.12.1992, BGBl I 1992, 2266.

[7] Zur Begründung der Regelung im Gesetzentwurf s. amtl. Begründung zu Art. 31, BT-Drs. 12/3608, S. 157.

[8] Achtes Gesetz zur Änderung des Fünften Buches Sozialgesetzbuch (Achtes SGB V-Änderungsgesetz – 8. SGB V-ÄndG) vom 28.10.1996, BGBl I 1996, 1559.

[9] Amtl. Begründung zum Gesetzentwurf BT-Drs. 13/3695, S. 4; zu den Einzelheiten vgl. Rn. 54 ff.

[10] Übergangsregelung in Art. 2 des 8. SGB V-ÄndG.

[11] Amtl. Begründung zum Gesetzentwurf BT-Drs. 13/3695, S. 4.

[12] Art. 2 Nr. 3 Gesetz zur Entlastung der Beiträge in der gesetzlichen Krankenversicherung (Beitragsentlastungsgesetz – BeitrEntlG) vom 01.11.1996, BGBl I 1996, 1631, 1632.

[13] Zu der irrtümlichen Satzbezeichnung im Gesetz s. *Schmidt* in: Peters, Handbuch KV (SGB V), § 28 Rn. 4.

[14] Begründung zum Gesetzentwurf BT-Drs. 13/4615, S. 9.

[15] Art. 2 Nr. 3 Gesetz zur Entlastung der Beiträge in der gesetzlichen Krankenversicherung (Beitragsentlastungsgesetz – BeitrEntlG) vom 01.11.1996, BGBl I 1996, 1631, 1632.

[16] Art. 1 Nr. 4 Zweites Gesetz zur Neuordnung von Selbstverwaltung und Eigenverantwortung in der gesetzlichen Krankenversicherung (2. GKV-Neuordnungsgesetz – 2. GKV-NOG) vom 23.06.1997, BGBl I 1997, 1520, 1521.

[17] BT-Drs. 13/7264, S. 59.

7 Mit Wirkung vom **01.01.1999** wurde durch das 9. SGB V-ÄndG[18] **Absatz 2 neu gefasst**. Die Neufassung diente allein der Beseitigung von redaktionellen Fehlern ohne inhaltliche Änderung.[19]

8 Ebenfalls mit Wirkung vom **01.01.1999** wurde **Absatz 3** angefügt.[20] Die im ursprünglichen Entwurf[21] als Satz 1 vorgesehene Regelung, dass psychotherapeutische Behandlung einer Krankheit Teil der ärztlichen Behandlung sei, wurde auf Vorschlag des Vermittlungsausschusses[22] in § 27 Abs. 1 Satz 2 Nr. 1 SGB V übernommen. Während der ursprüngliche Entwurf auch bei psychiatrischen Erkrankungen eine obligatorische Abklärung durch einen Vertragsarzt vorgesehen hatte, wurde auf Vorschlag des Gesundheitsausschusses[23] die psychiatrische Abklärung davon abhängig gemacht, dass der somatisch abklärende Vertragsarzt diese für erforderlich hält. Eine obligatorische Abklärung der psychischen Erkrankung durch einen Facharzt für Psychiatrie oder Kinder- und Jugendpsychiatrie hielt der Ausschuss nicht für erforderlich.[24] Im Übrigen[25] sollte die Regelung das Integrationsmodell leistungsrechtlich umsetzen, indem sie klarstellte, dass die psychotherapeutische Behandlung Teil der ärztlichen Behandlung ist und dass dieser Teil der ärztlichen Behandlung auch von Psychotherapeuten erbracht werden kann. Durch Satz 2 wurde festgelegt, dass nach Indikationsstellung und vor Beginn der eigentlichen psychotherapeutischen Behandlung, spätestens nach der zweiten Sitzung, der Psychotherapeut den Versicherten an einen Vertragsarzt zum Konsilium zu überweisen hat, der eine organmedizinische Abklärung entweder selbst durchführt oder bei einem anderen Vertragsarzt veranlasst. Die Anforderungen an den Inhalt des Konsiliarberichts und an die Strukturqualität sollten in den Psychotherapie-Richtlinien geregelt werden.

9 Mit Wirkung vom **01.01.2000** wurde durch das GKV-Gesundheitsreformgesetz 2000[26] **Absatz 2 Satz 9 neu gefasst**, wobei der grundsätzliche Ausschluss implantologischer Leistungen (Implantate, Implantataufbauten, implantatbedingte Verbindungselemente etc.) aus der gesetzlichen Krankenversicherung beibehalten, aber entsprechend der Neuregelung in dem damaligen § 30 SGB V die anteilige Kostentragung der Krankenkasse für die **Suprakonstruktion** (implantatgestützter Zahnersatz) **in bestimmten Ausnahmefällen** zugelassen wurde. Für die Fälle, die unter die Ausnahmeindikation des § 28 Abs. 2 Satz 9 SGB V fallen, sowie für die zahntechnischen Leistungen hatte der Bewertungsausschuss entsprechende vertragszahnärztliche bzw. vertragsärztliche Positionen zu schaffen.[27]

10 Mit Wirkung vom **01.01.2004** wurden durch das GMG[28] in **Absatz 2 Satz 9** die Wörter „Bundesausschuss der Zahnärzte und Krankenkassen" durch die Wörter „**Gemeinsamen Bundesausschuss**" ersetzt[29] und der heutige **Absatz 4** (betr. **Praxisgebühr**) angefügt[30]. Die Änderung der Ausschussbezeichnung war eine Folgeänderung zur Einführung des Gemeinsamen Bundesausschuss gemäß der Änderung des § 91 SGB V.[31] Die Einfügung des Absatzes 4 wurde wie folgt begründet[32]:
„Durch die Neuregelung wird eine Rechtsgrundlage für die Erhebung einer sog. Praxisgebühr geschaffen. Ziel der Regelung ist es, die Eigenverantwortung des Versicherten zu stärken. Die Praxisgebühr

[18] Art. 1 Nr. 1 Neuntes Gesetz zur Änderung des Fünften Buches Sozialgesetzbuch (Neuntes SGB V-Änderungsgesetz – 9. SGB V-ÄndG) vom 08.05.1998, BGBl I 1998, 907.

[19] Begründung des Gesundheitsausschusses, auf dessen Empfehlung die Neufassung zurückgeht, BT-Drs. 13/9212, S. 43.

[20] Art. 2 Nr. 2 Gesetz über die Berufe des Psychologischen Psychotherapeuten und des Kinder- und Jugendlichenpsychotherapeuten, zur Änderung des Fünften Buches Sozialgesetzbuch und anderer Gesetze vom 16.06.1998, BGBl I 1998, 1311, 1316.

[21] BT-Drs. 13/8035, S. 9.

[22] BT-Drs. 13/9770, S. 2.

[23] BT-Drs. 13/9212, S. 18.

[24] BT-Drs. 13/9212, S. 39.

[25] Zum Folgenden Begründung zum Gesetzentwurf BT-Drs. 13/8035, S. 20.

[26] Art. 1 Nr. 15 Gesetz zur Reform der gesetzlichen Krankenversicherung ab dem Jahr 2000 (GKV-Gesundheitsreformgesetz 2000) vom 22.12.1999, BGBl I 1999, 2626.

[27] Begründung zum Gesetzentwurf, BT-Drs. 14/1245, S. 65.

[28] Gesetz zur Modernisierung der gesetzlichen Krankenversicherung (GKV-Modernisierungsgesetz – GMG) vom 14.11.2003, BGBl I 2003, 2190; In-Kraft-Treten dieser Bestimmungen zum 01.01.2004 gem. Art. 27 Abs. 1.

[29] Art. 1 Nr. 15 lit. a sublit. bb GMG; zur Rechtsnachfolge und Fortgeltung der Beschlüsse der früheren Ausschüsse vgl. § 6 des als Art. 35 GMG verkündeten Gesetzes zu Übergangsregelungen zur Neuorganisation der vertragsärztlichen Selbstverwaltung und Organisation der Krankenkassen.

[30] Art. 1 Nr. 15 lit. b GMG.

[31] Begründung zum Gesetzentwurf BT-Drs. 15/1525, S. 83.

[32] Begründung zum Gesetzentwurf BT-Drs. 15/1525, S. 83 f.

ist sozial abgefedert, da sie zusammen mit weiteren Zuzahlungen 2%, bei chronisch Kranken 1% des Bruttoeinkommens nicht überschreiten darf. Mit der Gebühr wird ein Beitrag zur Konsolidierung geleistet.
Die Praxisgebühr fällt für jede ambulante Erstinanspruchnahme eines ärztlichen Leistungserbringers an, es sei denn, die Inanspruchnahme erfolgt auf Überweisung. Die Überweisung muss in demselben Kalendervierteljahr ausgestellt sein, d.h. eine Weiterbehandlung einer Erkrankung auf Grund einer im vorigen Kalendervierteljahr ausgestellten Überweisung löst eine erneute Praxisgebühr aus. Dies bedeutet, dass der Versicherte die Praxisgebühr bei demselben behandelnden Vertragsarzt einmal im Kalendervierteljahr, unabhängig von der Anzahl seiner Konsultationen in diesem Zeitraum bei diesem Arzt, zu entrichten hat. Dies gilt auch, wenn er sich wegen verschiedener Erkrankungen mehrfach je Kalendervierteljahr in Behandlung bei diesem Arzt begibt.
Der Bezug auf das Kalendervierteljahr bewirkt, dass die Praxisgebühr mehrfach zu entrichten ist, wenn sich die Behandlung derselben Krankheit über mehrere Kalendervierteljahre hinzieht.
Neben den Vertragsärzten und den übrigen an der vertragsärztlichen Versorgung teilnehmenden Leistungserbringern (medizinische Versorgungszentren, ermächtigte Ärzte oder ärztlich geleitete Einrichtungen) werden auch die außerhalb der vertragsärztlichen Versorgung an der ambulanten ärztlichen Versorgung teilnehmenden Leistungserbringer (z.B. Krankenhäuser nach § 116b sowie grundsätzlich die an der integrierten Versorgung nach § 73b teilnehmenden Leistungserbringer) sowie die Zahnärzte und Psychotherapeuten erfasst.
Die Zahlung entfällt bei Schutzimpfungen nach § 23 Abs. 9, bei Gesundheitsuntersuchungen nach § 25 und den Untersuchungen nach § 30 Abs. 2 Satz 3.
Versicherte, die Kostenerstattung gewählt haben, müssen keine Praxisgebühr an den Arzt entrichten. Bei ihnen erfolgt die Eigenbeteiligung im direkten Abrechnungsverhältnis zu ihren Krankenkassen."

Gegenüber dem Entwurf gemäß BT-Drs. 15/1525 wurde auf Empfehlung des Gesundheitsausschusses[33] in Absatz 4 Satz 2 die Angabe „§ 55 Abs. 1 Satz 4 und 5" ersetzt durch die Wörter „§ 30 Abs. 2 Satz 4 und 5 sowie Maßnahmen zur Schwangerenvorsorge nach § 196 Abs. 1 der Reichsversicherungsordnung und § 23 Abs. 1 des Gesetzes über die Krankenversicherung der Landwirte". Nach der Begründung[34] soll der Hinweis auf § 30 Abs. 2 Satz 4 und 5 sicherstellen, dass zahnärztliche Vorsorgeuntersuchungen auch im Jahr 2004 von Zuzahlungen befreit sind. Durch die ausdrückliche Nennung der ebenfalls präventiven, allerdings nicht im SGB V sondern in der RVO und dem KVLG geregelten Maßnahmen zur Schwangerschaftsvorsorge sollte sichergestellt werden, dass die Inanspruchnahme dieser Maßnahmen ebenso wie bei den in § 25 genannten Früherkennungsmaßnahmen keine Praxisgebühr auslöst. 11

Ebenfalls durch das GMG[35], aber erst mit Wirkung vom **01.01.2005**[36] wurde in **Absatz 2** nach **Satz 1** der Punkt durch ein Semikolon ersetzt und die Wörter „sie umfasst auch konservierend-chirurgische Leistungen und Röntgenleistungen, die im Zusammenhang mit Zahnersatz einschließlich Zahnkronen und Suprakonstruktionen erbracht werden" eingefügt. Die Regelung übernimmt die (zum 01.01.2005 aufgehobene) Regelung des früheren § 30 Abs. 2 Satz 2 SGB V.[37] Ebenfalls durch das GMG[38] und mit Wirkung vom 01.01.2005 wurde in **Absatz 4** die Angabe „§ 30 Abs. 2 Satz 4 und 5" durch die Angabe „§ 55 Abs. 1 Satz 4 und 5" ersetzt. Die Änderung wurde auf Empfehlung des Gesundheitsausschusses aufgenommen.[39] Nach der Begründung[40] trägt sie dem Umstand Rechnung, dass die zahnärztlichen Vorsorgeuntersuchungen ab 01.01.2005 in § 55 Abs. 1 Satz 4 und 5 SGB V geregelt sind und stellt sicher, dass diese Vorsorgeuntersuchungen auch ab 01.01.2005 von Zuzahlungen befreit sind. 12

---
[33] BT-Drs. 15/1584, S. 6.
[34] BT-Drs. 15/1600, S. 12.
[35] Art. 1 Nr. 15 lit. a sublit. aa GMG.
[36] Gemäß Art. 37 Abs. 8 GMG.
[37] Begründung zum Gesetzentwurf BT-Drs. 15/1525, S. 83.
[38] Art. 2 Nr. 01 GMG.
[39] BT-Drs. 15/1584, S. 9.
[40] BT-Drs. 15/1600, S. 14.

II. Untergesetzliche Normen

1. Richtlinien für die ärztliche Behandlung

13 Der Gemeinsame Bundesausschuss hat für die ärztliche bzw. psychotherapeutische Behandlung folgende Richtlinien erlassen:

- Richtlinien über die Bewertung ärztlicher Untersuchungs- und Behandlungsmethoden gemäß § 135 Abs. 1 Fünftes Buch Sozialgesetzbuch (SGB V) (**BUB-Richtlinien**)[41],
- Richtlinien über die Durchführung der Psychotherapie (**PsychotherapieRL**)[42].

2. Richtlinien für die zahnärztliche Behandlung

14 Für die zahnärztliche Behandlung sind folgende Richtlinien zu beachten:

- Richtlinien für eine ausreichende, zweckmäßige und wirtschaftliche vertragszahnärztliche Versorgung (**BehandlungsRL**)[43],
- **Festzuschuss-Richtlinien**[44],
- Richtlinien über Maßnahmen zur Verhütung von Zahnerkrankungen (**IndividualprophylaxeRL**)[45],
- Richtlinien für die für die kieferorthopädische Behandlung (**KFO-Richtlinie**)[46],
- Richtlinien für eine ausreichende, zweckmäßige und wirtschaftliche vertragszahnärztliche Versorgung mit Zahnersatz und Zahnkronen (**ZahnersatzRL**)[47],
- Richtlinien über die Einführung neuer Untersuchungs- und Behandlungsmethoden und die Überprüfung erbrachter vertragszahnärztlicher Leistungen (**NUB-RL ZÄ**)[48].

III. Systematische Zusammenhänge

15 § 28 SGB V ist innerhalb des SGB V Bestandteil des Dritten Kapitels (Leistungen der Krankenversicherung, §§ 11-66 SGB V), hierin des Fünften Abschnitts (Leistungen bei Krankheit, §§ 27-52 SGB V), hierin des Ersten Titels (Krankenbehandlung, §§ 27-43b SGB V). In der ursprünglichen Fassung des GRG (vgl. Rn. 2) beschränkte sich die Vorschrift auf die Definition von Begriff und Inhalt der ärztlichen und zahnärztlichen Behandlung und füllte insoweit den in **§ 27 Abs. 1 Satz 2 Nr. 1 und 2 SGB V** begründeten Anspruch auf ärztliche und zahnärztliche Behandlung aus, wobei seinerzeit in der Entwurfsbegründung[49] bereits darauf hingewiesen wurde, dass zur ärztlichen Behandlung neben dem in § 27 Satz 1 SGB V genannten Inhalt auch die im **Dritten und Vierten Abschnitt** beschriebene Verhütung und Früherkennung von Krankheiten zähle. Insoweit kommt der Vorschrift über die systematische Stellung im Fünften Abschnitt hinaus auch Bedeutung für die Definition des Begriffs der ärztlichen bzw. zahnärztlichen Behandlung im Dritten und Vierten Abschnitt zu. Systematisch konsequent wäre eine allgemeine Regelung der (zahn-)ärztlichen Behandlung in den gemeinsamen Vorschriften im Zweiten Abschnitt des Dritten Kapitels (etwa in § 15 SGB V) und eine Beschränkung des § 28 SGB V auf die Regelung der (zahn-)ärztlichen Krankenbehandlung in Ausfüllung des § 27 Abs. 1 Satz 2 Nr. 1 und 2 SGB V.

16 Im Verhältnis zu **§ 15 SGB V** enthält § 28 SGB V mit der personellen Beschränkung der ärztlichen Behandlung auf die Tätigkeit von Ärzten und Zahnärzten eine inhaltsgleiche Regelung. § 28 SGB V geht jedoch über § 15 SGB V hinaus, indem er die psychiatrische Behandlung durch Psychotherapeuten zulässt (Absatz 3) und die ärztlich verordnete und verantwortete Hilfeleistung von anderen Personen de-

41 I.d.F.v. 10.12.1999, BAnz 2000, Nr. 56, 4602, aktueller Stand s. www.g-ba.de/cms/front_content.php?idcat=60.

42 i.d.F.v. 11.12.1998, BAnz 1999, Nr. 6, 249, aktueller Stand s. www.g-ba.de/cms/front_content.php?idcat=60.

43 Vom 04.06/24.09.2003, BAnz 2003, Nr. 226, 24966, aktueller Stand s. http://www.g-ba.de/cms/front_content.php?idcat=67.

44 Vom 03.11.2004, BAnz 2004, Nr. 242, 24463, aktueller Stand s. http://www.g-ba.de/cms/front_content.php?idcat=67.

45 Vom 04.06.2003, BAnz 2003, Nr. 226, 24969, aktueller Stand s. http://www.g-ba.de/cms/front_content.php?idcat=67.

46 Vom 04.06./24.09.2003, BAnz, Nr. 226, 24970, aktueller Stand s. http://www.g-ba.de/cms/front_content.php?idcat=67.

47 Neufassung v. 08.12.2004, BAnz, Nr. 54, 4094, aktueller Stand s. http://www.g-ba.de/cms/front_content.php?idcat=67.

48 Vom 10.12.1999, BAnz 2000, Nr. 41, 3047, aktueller Stand s. http://www.g-ba.de/cms/front_content.php?idcat=67.

49 BR-Drs. 200/88, S. 170, vgl. Rn. 2.

finitorisch der ärztlichen Behandlung zurechnet (§ 28 Abs. 1 Satz 2 SGB V). Demgegenüber enthält § 15 Abs. 1 Satz 2 SGB V ein ausdrückliches Verbot für die Krankenkassen, nicht ärztlich verordnete und verantwortete Hilfeleistungen durch andere Personen zu erbringen. Die in der Vorgängervorschrift des § 122 RVO enthaltene Beschränkung auf „**approbierte**" Ärzte bzw. Zahnärzte ergibt sich heute daraus, dass der Versicherte grundsätzlich nur zur vertragsärztlichen Versorgung zugelassene Ärzte in Anspruch nehmen darf (**§ 76 Abs. 1 Satz 1 SGB V**), die Zulassung zur vertragsärztlichen Versorgung die Eintragung in das Arztregister voraussetzt (**§ 95 SGB V**) und eine Eintragung in das Arztregister u.a. die Approbation voraussetzt (**§§ 95a Abs. 1 Nr. 1, 95c Satz 1 Nr. 1 SGB V**). Andere (nicht nach § 76 Abs. 1 Satz 1 SGB V) zugelassene Ärzte darf der Versicherte nur in Notfällen in Anspruch nehmen (**§ 76 Abs. 1 Satz 2 SGB V**, vgl. Rn. 30).

Die Beschränkung auf ausreichende und zweckmäßige Tätigkeiten stellt eine (Teil-)Wiederholung des in **§ 12 SGB V** enthaltenen Wirtschaftlichkeitsgebots dar. Das in den „Gemeinsamen Vorschriften" umfassender geregelte Wirtschaftlichkeitsgebot gilt auch für die (zahn-)ärztliche Behandlung umfassend, d.h. auch bei der (zahn-)ärztlichen Behandlung genügt es nicht, dass die Leistung „ausreichend und zweckmäßig" ist, sie muss darüber hinaus entsprechend § 12 SGB V auch „wirtschaftlich" sein und darf „das Maß des Notwendigen nicht überschreiten". 17

Systematisch ist die Regelung der Zahnbehandlung in Absatz 2 in Zusammenhang mit der Regelung der kieferorthopädischen Behandlung in **§ 29 SGB V** und den nunmehr in **§§ 55-59 SGB V** enthaltenen Regelungen über Zahnersatz zu sehen. 18

Die Regelung über die Zuzahlung in Form der Praxisgebühr steht in systematischem Zusammenhang mit den Zuzahlungsregelungen in den **§§ 61-62 SGB V**. Insbesondere gilt die Befreiungsregelung für die Praxisgebühr entsprechend. 19

IV. Ausgewählte Literaturhinweise

Marburger, Die Praxisgebühr – Mittel zur Stärkung der Eigenverantwortung oder zur Kostendämpfung, ZfS 2005, 65; *Rixen*, Der Leistungserbringer als Inkassobüro, SGb 2004, 2; *Zuck*, Die Praxisgebühr – das wahre Unwort des Jahres, NJW 2004, 1091; *Spellbrink*, Die Rechtsstellung des Psychotherapeuten nach dem Psychotherapeutengesetz – zugleich eine Einführung in das Psychotherapeutengesetz, NZS 1999, 1. 20

B. Auslegung der Norm

I. Regelungsgehalt und Bedeutung der Norm

Absatz 1 definiert die **ärztliche Behandlung**, **Absatz 2 Satz 1 Halbsatz 1 und Satz 10** definiert die zahnärztliche Behandlung. Dieser ursprüngliche Regelungsgehalt (vgl. Rn. 2) wurde im Laufe der Zeit durch weitere konkretisierende Regelungen ausgeweitet, die überwiegend ebenfalls der (konkretisierenden) Umschreibung der ärztlichen (Absatz 3) bzw. zahnärztlichen (Absatz 2 Satz 1 Halbsatz 2 bis Satz 9) Behandlung dienen. Absatz 4 regelt die Praxisgebühr. 21

Für die **zahnärztliche Behandlung** stellt **Satz 1 Halbsatz 2** klar, dass – in Abgrenzung zu dem nicht zur zahnärztlichen Behandlung zählenden Zahnersatz – konservierend-chirurgische Leistungen und Röntgenleistungen, die im Zusammenhang mit Zahnersatz einschließlich Zahnkronen und Suprakonstruktionen erbracht werden, zur zahnärztlichen Behandlung gehören und damit nicht den einschränkenden Regelungen über den Zahnersatz unterfallen. **Absatz 2 Sätze 2-5** regelt die Versorgung mit **überobligatorischen Zahnfüllungen**. Die Mehrkostenregelung der Sätze 2 und 3 bewirkt eine Ausnahme von dem grundsätzlichen Ausschluss von Stellvertreterleistungen (vgl. dazu die Kommentierung zu § 27 SGB V Rn. 79); d.h. der Versicherte hat ausnahmsweise Anspruch auf Teilkostenerstattung bei einer Leistung, die an sich nicht zum Leistungsumfang der gesetzlichen Krankenversicherung gehört. Die **Sätze 6 und 7** regeln die **kieferorthopädische Behandlung**, auf die Versicherte, die das 18. Lebensjahr vollendet haben, nur dann Anspruch haben, wenn bestimmte Ausnahmeindikationen vorliegen. **Satz 8** schließt **funktionsanalytische und funktionstherapeutische Maßnahmen** vollständig aus. **Satz 9** schließt **implantologische Leistungen** grundsätzlich von der Leistungspflicht der Krankenkassen aus, lässt aber Ausnahmen zu in den vom Gemeinsamen Bundesausschuss in Richtlinien zu bestimmenden seltenen Ausnahmeindikationen für besonders schwere Fälle, in denen die Krankenkasse diese Leistung einschließlich der Suprakonstruktion als Sachleistung im Rahmen einer medizinischen Gesamtbehandlung erbringt. 22

23 **Absatz 3** erweitert gegenüber Absatz 1 personell den **Personenkreis** der Behandler für den Bereich der **psychotherapeutischen Behandlung** einer Krankheit auf Psychologische Psychotherapeuten und Kinder- und Jugendlichenpsychotherapeuten (Psychotherapeuten), soweit sie zur psychotherapeutischen Behandlung zugelassen sind, begründet damit eine Ausnahme vom Arztvorbehalt und regelt weitere Einzelheiten dieser Behandlung.

24 **Absatz 4** regelt die Zuzahlung in Form der sog. **„Praxisgebühr"**.

II. Normzweck

25 § 28 SGB V konkretisiert in erster Linie den in § 27 Abs. 1 Satz 2 Nr. 1 und 2 SGB V angelegten Anspruch auf Krankenbehandlung durch ärztliche, einschließlich psychotherapeutische, und zahnärztliche Behandlung und regelt für bestimmte Behandlungen einzelne Modalitäten der Leistungserbringung. Die Vorschrift enthält damit Teilelemente der in verstreuten Vorschriften geregelten gesetzlichen Anspruchsgrundlage für die (zahn-)ärztliche Behandlung.[50] Trotz der im Laufe der Zeit erfolgten Erweiterung des Regelungsgehalts bezwecken die Regelungen in den Absätzen 1-3 nach wie vor eine **Definition der ärztlichen Behandlung** für den Bereich des Leistungsrechts der gesetzlichen Krankenversicherung, wobei die **Grunddefinition** der (zahn-)ärztlichen Behandlung in Absatz 1 und Absatz 2 Sätze 1 und 10 auch für die Verhütung und Früherkennung von Krankheiten gilt (vgl. Rn. 14). Die Grunddefinition der ärztlichen Behandlung ist nicht abschließend, sie enthält im Wesentlichen

- die personelle Beschränkung auf die Tätigkeit von **Ärzten** sowie die von ihnen verordnete und verantwortete Tätigkeit von **Hilfspersonen**, d.h. Ausschluss von Tätigkeiten von Nichtärzten, die nicht ärztlich verordnet und verantwortet sind (z.B. Heilpraktiker),
- die finale Beschränkung auf Tätigkeiten, die der **Verhütung, Früherkennung und Behandlung von Krankheiten** dienen, d.h. Ausschluss von Tätigkeiten die nicht diesen Zwecken dienen (z.B. Schönheitsbehandlungen),
- die Beschränkung auf Tätigkeiten, die **den Regeln der ärztlichen Kunst** entsprechen, d.h. Ausschluss einerseits von nichtärztlichen handwerklichen Tätigkeiten und andererseits Beschränkung auf Tätigkeiten nach dem anerkannten Stand der medizinischen Erkenntnisse,
- die Beschränkung auf eine **ausreichende und zweckmäßige** Tätigkeit, d.h. Ausschluss von „unwirtschaftlichen" Maßnahmen.

26 Damit sind lediglich die äußersten Grenzen[51] der ärztlichen Behandlung bestimmt. Die über die Grunddefinition hinausgehenden Regelungen der Absätze 2 und 3 bezwecken eine im Verhältnis zur Grunddefinition weitergehende **Konkretisierung** der ärztlichen Behandlung **für den Bereich der Zahnbehandlung und der psychotherapeutischen Behandlung** (zum Regelungsgehalt im Einzelnen vgl. Rn. 21 ff.). Eine darüber hinausgehende Konkretisierung erfolgt durch die **Richtlinien** des Gemeinsamen Bundesausschusses gemäß § 92 SGB V. Innerhalb dieses normativ vorgegebenen Rahmens obliegt die Konkretisierung dessen, was eine den Regeln der ärztlichen Kunst entsprechende ausreichende und zweckmäßige ärztliche Behandlung ist, dem jeweiligen **Vertragsarzt**. Der vom Versicherten frei gewählte Vertragsarzt entscheidet im Leistungsverhältnis zwischen dem Versicherten und der Krankenkasse grundsätzlich verbindlich über die medizinischen Voraussetzungen des Eintritts des Versicherungsfalls der Krankheit und die nach Zweck und Art medizinisch notwendige Behandlung.[52]

27 Die Regelung der **psychotherapeutischen Behandlung** in **Absatz 3** zieht die Konsequenz aus der Schaffung der neuen Heilberufe des Psychotherapeuten, indem diese Berufsgruppen ebenso wie bis dahin schon Ärzte zur psychotherapeutischen Behandlung der Versicherten der gesetzlichen Krankenversicherung zugelassen werden (Integrationsmodell).[53] Die zugelassenen Psychotherapeuten sind damit nicht wie früher Hilfspersonen des Arztes, die auf dessen Verordnung und unter dessen Verantwortung bei der Krankenbehandlung mitwirken (Delegationsverfahren), sondern führen die Krankenbehandlung gleichberechtigt wie Ärzte aus. Der Versicherte hat ein Erstzugangsrecht im Sinne einer freien Wahl unter allen zugelassenen ärztlichen und nichtärztlichen psychotherapeutischen Leistungserbringern.

---

[50] Vgl. BSG v. 16.12.1993 - 4 RK 5/92 - juris Rn. 35 - SozR 3-2500 § 13 Nr. 4.
[51] Vgl. dazu BSG v. 16.12.1993 - 4 RK 5/92 - juris Rn. 37 - SozR 3-2500 § 13 Nr. 4.
[52] BSG v. 16.12.1993 - 4 RK 5/92 - juris Rn. 33 - SozR 3-2500 § 13 Nr. 4.
[53] Dazu und zum Folgenden amtl. Begründung zum Gesetzentwurf Allgemeiner Teil A.III., BT-Drs. 13/8035, S. 15.

Absatz 4 bildet die Rechtsgrundlage für die Erhebung der sog. **Praxisgebühr**. Ziel der Regelung ist es, die Eigenverantwortung des Versicherten zu stärken und einen Beitrag zur Konsolidierung der Finanzen der gesetzlichen Krankenversicherung zu leisten.[54] 28

III. Tatbestandsmerkmale

1. Ärztliche Behandlung (Absatz 1)

a. Tätigkeit des Arztes (Absatz 1 Satz 1)

Personell ist ärztliche Behandlung 29

- die (persönliche) Tätigkeit des Arztes (Absatz 1 Satz 1),
- die Hilfeleistung anderer Personen, die von dem Arzt angeordnet und von ihm zu verantworten ist (Absatz 1 Satz 2).

Im Rahmen der Definition der ärztlichen Behandlung wiederholt die Bestimmung den in der gemeinsamen Vorschrift des § 15 SGB V für das gesamte SGB V vorgegebenen Arztvorbehalt (zum systematischen Zusammenhang vgl. Rn. 15). Wer **Arzt** ist, ergibt sich aus der Bundesärzteordnung (BÄO).[55] Nach § 2a BÄO darf die Berufsbezeichnung „Arzt" oder „Ärztin" nur führen, wer als Arzt approbiert oder nach § 2 Abs, 2, 3 oder 4 BÄO zur Ausübung des ärztlichen Berufs befugt ist. Der Arztvorbehalt gilt auch bei einer Behandlung im EU-Ausland[56]; wer dort Arzt ist, richtet sich nach den einschlägigen nationalen Vorschriften i.V.m. EU-Recht.[57] Dass der Zahnarzt kein Arzt ist, ergibt sich aus der eigenständigen Definition der zahnärztlichen Behandlung in Absatz 2; auch nach ärztlichem Berufsrecht ist der Zahnarzt kein Arzt (vgl. Rn. 48). 30

Weitergehende personelle Beschränkungen enthält § 76 SGB V, der trotz seiner systematischen Stellung im Kapitel über die Beziehungen der Krankenkassen zu den Leistungserbringern die Befugnis des Versicherten zur „freien" Arztwahl regelt. Eine uneingeschränkt freie Wahl unter den Ärzten lässt § 76 Satz 2 SGB V den Versicherten der gesetzlichen Krankenversicherung nur in Notfällen.[58] Ansonsten gilt eine eingeschränkte **freie Arztwahl** unter den **nächsterreichbaren zur vertragsärztlichen Versorgung zugelassenen Ärzten** und Einrichtungen (vgl. im Einzelnen **§ 76 Abs. 1 und 2 SGB V**). Weitergehende im Leistungserbringerrecht geregelte Einschränkungen der Behandlungsbefugnisse etwa von Haus- und Fachärzten bezogen auf das jeweilige Fachgebiet, wirken sich nur im Verhältnis der Krankenkassen zu den Ärzten, insbesondere auf den Vergütungsanspruch aus. 31

Die Tätigkeit eines **Nichtarztes**, soweit sie nicht als Hilfeleistung nach Satz 2 zur ärztlichen Behandlung zählt, ist daher grundsätzlich keine ärztliche Behandlung. Ausgeschlossen sind damit insbesondere andere zur Ausübung der Heilkunde berechtigte Personen (z.B. Heilpraktiker)[59], dieser Ausschluss ist verfassungsgemäß.[60] 32

Eine Ausnahme gilt nach § 28 Abs. 3 SGB V für die zugelassenen **Psychotherapeuten**. Diese fallen nicht unter den Arztbegriff des Absatzes 1 Satz 1, da sie nicht Ärzte im Sinne der allgemeinen Definition der Bundesärzteordnung sind. Auch wenn Psychotherapeuten nach § 95 Abs. 2 SGB V i.V.m. § 95c SGB V in das „Arztregister" eingetragen sind und als „Vertragsarzt" zugelassen sind, sind sie nicht Ärzte im Sinne der allgemeinen Begriffsdefinition. § 28 Abs. 3 SGB V begründet daher konstitutiv eine Befugnis der zugelassenen Psychotherapeuten zur ärztlichen Behandlung, allerdings beschränkt auf die psychotherapeutische Behandlung einer Krankheit. Das bedeutet, dass Psychotherapeuten, die zur vertragsärztlichen Versorgung zugelassen sind, vom Versicherten zu Lasten der Krankenkasse nur für eine psychotherapeutische, nicht aber für eine andere ärztliche Behandlung in Anspruch genommen werden dürfen. Nicht zugelassene Psychotherapeuten dürfen, da sie keine „Ärzte" sind, selbst in Notfällen nicht zu Lasten der Krankenkasse in Anspruch genommen werden. 33

---

[54] Amtl. Begründung zum Gesetzentwurf BT-Drs. 15/1525, S. 83.

[55] In der Fassung vom 02.10.1961, BGBl I 1961, 1857, zuletzt geändert durch G.v. 15.12.2004, BGBl I 2004, 3396.

[56] BSG v. 13.07.2004 - B 1 KR 33/02 R - juris Rn. 22 - SozR 4-2500 § 13 Nr. 3.

[57] Vgl. § 13 Abs. 4 SGB V.

[58] Nach § 2 Abs. 2 Nr. 4 BMV-Ä gehören die in Notfällen ambulant ausgeführten ärztlichen Leistungen durch nicht an der vertragsärztlichen Versorgung teilnehmende Ärzte zur ärztlichen Behandlung im Rahmen der vertragsärztlichen Versorgung.

[59] Vgl. amtl. Begründung zum Entwurf des GRG BR-Drs. 200/88, S. 170 f.

[60] BVerfG v. 15.12.1997 - 1 BvR 1953/97 - NJW 1998, 1775-1776; BVerfG v. 10.05.1988 - 1 BvR 111/77 - SozR 2200 § 368 Nr. 11; BSG v. 12.05.1993 - 6 RKa 21/91 - juris Rn. 25 ff. - SozR 3-2500 § 15 Nr. 2.

34 Das Definitionsmerkmal „Tätigkeit des Arztes“ beschränkt den Begriff der ärztlichen Behandlung grundsätzlich auf die von dem Arzt persönlich ausgeführte **Eigenleistung**[61]. Ob der **Einsatz medizinischer Geräte** als Eigenleistung des Arztes zu werten ist, richtet sich nach den Umständen des Einzelfalls. Hierfür sprechen die Aufstellung des Geräts in den Praxisräumen, die Verantwortung des Arztes für den Einsatz des Geräts, die finanzielle Beteiligung des Arztes an den Kosten des Geräteeinsatzes und die Stellung von Fachpersonal für die Bedienung des Geräts durch den Arzt.[62] Unter den Voraussetzungen des § 15 Abs. 3 BMV-Ä / § 14 Abs. 2 EKV-Ä gelten als persönliche Leistung des anweisenden Arztes auch gerätebezogene Untersuchungsleistungen durch einen anderen Arzt außerhalb der Praxis. Erfolgt der Einsatz des Geräts dagegen lediglich auf Verordnung des Arztes durch einen selbständigen Therapeuten, handelt es sich um die Verordnung eines Heilmittels.[63]

b. Verhütung, Früherkennung und Behandlung von Krankheiten

35 **Final** ist die ärztliche Behandlung definiert durch die Zwecke Verhütung, Früherkennung und Behandlung von Krankheiten (zur systemwidrigen Erfassung der Früherkennung und Verhütung vgl. Rn. 16). Was zu den Leistungen zur **Verhütung und Früherkennung** von Krankheiten gehört, ergibt sich aus §§ 20-26 SGB V. Die **Behandlung von Krankheiten** ist identisch mit dem Begriff der „Krankenbehandlung“ in § 27 SGB V (vgl. die Kommentierung zu § 27 SGB V Rn. 46 ff.). Während der Begriff der Krankenbehandlung auch nichtärztliche Maßnahmen umfasst (vgl. die Kommentierung zu § 27 SGB V Rn. 47), zählen zur ärztlichen Behandlung im Sinne des § 28 Abs. 1 SGB V nur die Eigenleistung des Arztes und die ihm zuzurechnenden Hilfeleistungen.

c. Regeln der ärztlichen Kunst

36 **Qualitativ** muss die ärztliche Behandlung den „Regeln der ärztlichen Kunst“ entsprechen. Dieses Merkmal grenzt Tätigkeiten, die qualitativ nicht den Regeln der ärztlichen Kunst entsprechen, aus, unabhängig davon, ob diese Tätigkeiten personell von einem Arzt oder ihm nach Absatz 1 Satz 2 zuzurechnenden Hilfspersonen erbracht werden. Was im Einzelnen qualitativ als „**ärztliche**“ Kunst anzusehen ist, beurteilt sich in erster Linie nach allgemein-ärztlichem Berufsrecht, das insoweit – entsprechend der fortschreitenden Entwicklung der ärztlichen Wissenschaft und ihrer Anwendung in der Behandlungstätigkeit des Arztes - einem ständigen Wandel unterworfen ist.[64] Auszugrenzen sind insoweit Tätigkeiten,

- die einen nichtärztlichen handwerklichen Schwerpunkt haben,
- die nicht dem allgemein anerkannten Stand der medizinischen Erkenntnisse entsprechen.

37 Den Regeln der ärztlichen Kunst entsprechen nur Tätigkeiten in **Anwendung medizinisch-wissenschaftlicher Erkenntnisse**. Diese Voraussetzung ist nicht erfüllt, wenn bei der Tätigkeit **handwerkliche** Kenntnisse und Geschicklichkeit im Vordergrund stehen.[65] Es kann sich um ärztliche Tätigkeit handeln, wenn die handwerkliche Tätigkeit lediglich untergeordnete, ergänzende Bedeutung im Verhältnis zur medizinisch-wissenschaftlichen Tätigkeit hat. Indiz für eine ärztliche Tätigkeit ist die Aufführung der Tätigkeit in den ärztlichen Gebührenordnungen, da diese die allgemeine Auffassung der Ärzteschaft darüber, was zur ärztlichen Tätigkeit gehört, widerspiegeln.[66] Soweit Hilfsmittel üblicherweise fabrikmäßig oder durch Handwerker hergestellt werden, handelt es sich nicht um „ärztliche“ Tätigkeit, selbst wenn der Arzt sie im Einzelfall selbst oder durch von ihm angestellte Handwerker herstellen lässt.[67]

38 Als nichtärztliche handwerkliche Tätigkeit ist daher die Herstellung von **orthopädischen Hilfsmitteln** (z.B. Fußstützen, Schuheinlagen) und **Brillen** zu werten, selbst wenn der Arzt die Hilfsmittel selbst anfertigt oder durch von ihm angestellte Handwerker in einer eigenen Werkstatt anfertigen lässt.[68] Das **Anpassen eines Brillengestells** ist ausschließlich handwerkliche Leistung, die dem Optiker obliegt.[69] Das Bestimmen der Gläserstärke (**Refraktionieren**) für die Beschaffung einer Brille ist als ergänzende

---

[61] Vgl. dazu auch § 15 BMV-Ä, § 14 EKV-Ä.
[62] BSG v. 15.04.1997 - 1 RK 4/96 - juris Rn. 17 - SozR 3-2500 § 13 Nr. 14 - Magnetfeldtherapie.
[63] BSG v. 15.04.1997 - 1 RK 4/96 - juris Rn. 16 - SozR 3-2500 § 13 Nr. 14.
[64] BSG v. 14.07.1965 - 6 RKa 50/64 - BSGE 23, 176, 178.
[65] BSG v. 14.07.1965 - 6 RKa 50/64 - BSGE 23, 176, 179.
[66] BSG v. 14.07.1965 - 6 RKa 50/64 - BSGE 23, 176, 180.
[67] BSG v. 14.07.1965 - 6 RKa 50/64 - BSGE 23, 176, 179.
[68] BSG v. 14.07.1965 - 6 RKa 50/64 - BSGE 23, 176, 179.
[69] BSG v. 18.09.1973 - 6 RKa 2/72 - BSGE 36, 146, 149.

handwerkliche Tätigkeit des Arztes der ärztlichen Behandlung zuzuordnen, wenn es vom Arzt vorgenommen wird; wird es vom Optiker selbständig vorgenommen, ist es handwerkliche Tätigkeit.[70] Gleiches dürfte für Augeninnendruckmessungen (**Tonometrie**), Gesichtsfeldprüfungen mittels Computermessung (automatische **Perimetrie**) sowie **Prüfungen des Dämmerungssehens und der Blendempfindlichkeit** gelten.[71]

Auf der anderen Seite werden die Regeln der ärztlichen Kunst durch die allgemeine Qualitätsanforderung des § 2 Abs. 1 Satz 3 SGB V konkretisiert: Qualität und Wirksamkeit der Leistungen haben dem **allgemein anerkannten Stand der medizinischen Erkenntnisse** zu entsprechen und den medizinischen Fortschritt zu berücksichtigen (s. dazu die Kommentierung zu § 2 SGB V). Behandlungsmethoden der besonderen Therapierichtungen sind hierbei nicht ausgeschlossen (§ 2 Abs. 1 Satz 2 SGB V). 39

d. Ausreichend und zweckmäßig

Das Tatbestandsmerkmal wiederholt, obwohl kürzer gefasst, das für alle Leistungen geltende allgemeine Wirtschaftlichkeitsgebot des § 12 SGB V für den Begriff der ärztlichen Behandlung. Insoweit kann auf die Kommentierung zu § 12 SGB V verwiesen werden. 40

e. Tätigkeit von Hilfspersonen (Absatz 1 Satz 2)

Nach der ergänzenden Definition des Absatzes 1 Satz 2 gehört zur ärztlichen Behandlung auch die Hilfeleistung anderer Personen, die von dem Arzt angeordnet und von ihm zu verantworten ist. 41

„**Andere Personen**" sind in Abgrenzung zu Satz 1 Personen, die nicht selbst Ärzte sind. Auf die in § 15 BMV-Ä/ § 14 EKV-Ä geregelte Frage, ob die Tätigkeit eines anderen Arztes dem Vertragsarzt zuzurechnen ist, kommt es im Rahmen des § 28 SGB V daher nicht an. 42

„**Hilfeleistungen**" sind nur untergeordnete Tätigkeiten medizinischer Art, die von unselbständigen Hilfspersonen zur Unterstützung der ärztlichen Tätigkeit ausgeführt werden. Die Beschränkung auf untergeordnete Tätigkeiten ergibt sich aus dem Begriff „Hilfe"-leistung, da nur eine die Haupttätigkeit unterstützende untergeordnete Tätigkeit als „Hilfe" verstanden werden kann. Dass die Tätigkeit medizinischer Art sein muss, ergibt sich aus dem systematischen Zusammenhang der Regelung mit Absatz 1 Satz 1: Satz 2 lässt nur einen Austausch der ausführenden Person, nicht aber eine andere Art der Tätigkeit zu. Es muss sich um eine unselbständige Tätigkeit handeln, da die Tätigkeit vom Arzt nur dann in vollem Umfang verantwortet werden kann, wenn die Hilfsperson seinen fachlichen Weisungen unterliegt. 43

Nichtmedizinische Tätigkeiten sind auch dann keine ärztliche Behandlung, wenn die Tätigkeit im weiteren Sinne der ärztlichen Behandlung dient oder gar für die ärztliche Behandlung notwendig ist. Das gilt insbesondere für nichtmedizinische „**akzessorische Nebenleistungen**", die eine ärztliche Behandlung überhaupt erst ermöglichen, wie z.B. **Fahrten zum Arzt** oder **Krankentransporte** sowie Übersetzungen durch einen (Sprach- oder Gebärden-)**Dolmetscher**.[72] Ein Anspruch auf solche Leistungen besteht nur, soweit es hierfür eine spezielle gesetzliche Grundlage gibt.[73] 44

Als ärztliche Behandlung in Betracht kommt daher vor allem die unselbständige Hilfeleistung von Angehörigen der sog. Heilhilfsberufe[74], soweit die Tätigkeit nicht selbständig ausgeübt wird, z.B. Arzthelferinnen, soweit sie Hilfstätigkeiten medizinischer Art ausführen, medizinisch-technische Assistenten, Physiotherapeuten usw.[75] Daneben kommt auch die Tätigkeit anderer Personen, z.B. eines in der psychiatrischen Praxis mitarbeitenden Sozialarbeiters als medizinische Hilfeleistung in Betracht.[76] 45

Keine vom Arzt verantwortete Hilfeleistung liegt vor, wenn die Tätigkeit von der anderen Person **selbständig** ausgeführt wird. Insoweit gibt es eine Reihe von Behandlungsmaßnahmen, die als ärztliche Behandlungstätigkeit angesehen werden, wenn sie vom Arzt selbst oder unter seiner verantwortlichen Leitung von Hilfspersonen vorgenommen werden, die aber nicht als ärztliche Behandlung gewertet werden, wenn sie – auch ärztlich verordnet – von Hilfspersonen in einer Weise selbständig ausgeführt 46

---

[70] BSG v. 18.09.1973 - 6 RKa 2/72 - BSGE 36, 146, 149 f.

[71] BVerfG v. 07.08.2000 - 1 BvR 254/99 - juris Rn. 17 - GewArch 2000, 418-420.

[72] BSG v. 10.05.1995 - 1 RK 20/94 - juris Rn. 20 - SozR 3-2500 § 28 Nr. 1.

[73] BSG v. 10.05.1995 - 1 RK 20/94 - juris Rn. 20 - SozR 3-2500 § 28 Nr. 1.

[74] Vgl. amtl. Begründung zum GRG BR Drs. 200/88, S. 170 f.

[75] *Wagner* in: Krauskopf, Soziale Krankenversicherung, Pflegeversicherung, § 28 SGB V Rn. 7 und zu den gesetzlichen Regelungen für die Heilhilfsberufe Rn. 9.

[76] Amtl. Begründung zum GRG BR-Drs. 200/88, S. 170 f.

werden, dass diese nicht mehr als Gehilfe des Arztes erscheinen. Im letzteren Fall beschränkt sich die „ärztliche" Tätigkeit auf die Verordnung der Leistung; die Leistung selbst wird als Heil- oder Hilfsmittel gewährt.[77]

2. Zahnärztliche Behandlung (Absatz 2)

a. Definition (Absatz 2 Sätze 1 und 10)

47 Absatz 2 Satz 1 Halbsatz 1 definiert die zahnärztliche Behandlung als Tätigkeit des Zahnarztes, die zur Verhütung, Früherkennung und Behandlung von Zahn-, Mund- und Kieferkrankheiten nach den Regeln der ärztlichen Kunst ausreichend und zweckmäßig ist. Die Definition der zahnärztlichen Behandlung entspricht weitgehend der Definition der ärztlichen Behandlung in Absatz 1 Satz 1. Auf die Kommentierung zu Absatz 1 kann daher verwiesen werden. Folgende Besonderheiten sind zu berücksichtigen:

48 Wer **Zahnarzt** ist, ergibt sich aus dem Gesetz über die Ausübung der Zahnheilkunde (ZHG).[78] Nach § 1 Abs. 1 Satz 2 ZHG berechtigt die Approbation als Zahnarzt zur Führung der Bezeichnung als „Zahnarzt" oder „Zahnärztin". Nach § 1 Abs. 2 Satz 1 ZHG dürfen bestimmte ausländische Zahnärzte die Zahlheilkunde auch ohne Approbation in Deutschland ausüben. Zahnarzt ist ein eigenständiger Beruf, nicht eine ärztliche Fachgebietsbezeichnung. Der Facharzt für Mund-Kiefer-Gesichtschirurgie ist als solcher kein Zahnarzt, sondern Arzt im Sinne des Absatzes 1.[79]

49 Der Eigenständigkeit der Berufsbezeichnung entsprechend umfasst die zahnärztliche Behandlung nur die Tätigkeit des Zahnarztes zur Verhütung, Früherkennung und Behandlung von **Zahn-, Mund- und Kieferkrankheiten**. In Anlehnung an den unmittelbar nur für das Leistungserbringerrecht geltenden § 3 Nr. 2 BMV-Z gehören **nicht** zur zahnärztlichen Behandlung

- die Behandlung von Mund- und Kieferkrankheiten durch die als Vertragsärzte zugelassenen Ärzte für Mund-, Kiefer- und Gesichtschirurgie (vgl. Rn. 46),
- einfache Verrichtungen (z.B. Zahnextraktion), soweit diese von Vertragsärzten gelegentlich vorgenommen werden[80],
- Leistungen, die auf Veranlassung von Zahnärzten durch andere Ärzte ausgeführt werden.

50 Andererseits besteht in erweiternder Auslegung des § 28 Abs. 2 Satz 1 SGB V ein Anspruch auf zahnärztliche Behandlung auch dann, wenn die Zahn- oder Kieferbehandlung nicht wegen einer Zahn-, Mund- oder Kieferkrankheit, sondern nur **mittelbar wegen einer sonstigen Krankheit** erforderlich ist, sofern diese mittelbare Behandlung speziell gerechtfertigt ist.[81]

51 An der erforderlichen speziellen Rechtfertigung fehlt es für den Austausch von intakten **Amalgamzahnfüllungen** auf Grund des Verdachts einer Quecksilbervergiftung, da der therapeutische Nutzen dieser Maßnahme nicht ausreichend gesichert ist.[82] Die Ablehnung von Amalgam als Zahnfüllung kann jedoch den Stellenwert einer besonderen Therapierichtung haben.[83]

b. Begleitleistungen zum Zahnersatz (Absatz 2 Satz 1 Halbsatz 2)

52 Bereits herkömmlich ist das **Herstellen von Zahnersatz** keine zahnärztliche, sondern handwerkliche Tätigkeit, auch wenn sie vom Zahnarzt selbst oder in eigener Werkstatt von Hilfspersonen ausgeführt wird.[84] Dagegen zählen zur zahnärztlichen Tätigkeit die vor- und nachbereitenden Maßnahmen wie die Verordnung des Zahnersatzes sowie dessen Überprüfung und funktionsgerechte Eingliederung[85], die

---

77 BSG v. 14.07.1965 - 6 RKa 50/64 - BSGE 23, 176, 178.

78 Vom 31.03.1952, BGBl I 1952, 221; zuletzt geändert durch Art. 5 Abs. 17 G.v. 15.12.2004, BGBl I 2004, 3396.

79 Vgl. Abschnitt B Nr. 17 der (Muster-)Weiterbildungsordnung; hiernach setzt der Abschluss in der Facharztweiterbildung allerdings auch das zahnärztliche Staatsexamen voraus; die Approbation als Zahnarzt ist jedoch nicht erforderlich.

80 Entgegen dem Wortlaut wird man diese Regelung dahin auszulegen haben, dass dies nur gilt, wenn die Verrichtung tatsächlich von einem Vertragsarzt und nicht von einem Zahnarzt vorgenommen wird; ansonsten wären auch die von einem Zahnarzt vorgenommenen einfachen Zahnextraktionen keine zahnärztliche Behandlung.

81 BSG v. 06.10.1999 - B 1 KR 13/97 R - juris Rn. 19 - SozR 3-2500 § 28 Nr. 4.

82 BSG v. 06.10.1999 - B 1 KR 13/97 R - juris Rn. 21 - SozR 3-2500 § 28 Nr. 4.

83 BSG v. 08.09.1993 - 14a RKa 7/92 - juris Rn. 28 - SozR 3-2500 § 2 Nr. 2.

84 BSG v. 20.07.1966 - 6 RKa 11/63 - BSGE 25, 116, 118.

85 BSG v. 20.07.1966 - 6 RKa 11/63 - BSGE 25, 116, 118.

Abformung des Kiefers, das Erteilen von Anweisungen an den Zahntechniker, die Bestimmung von Form und Farbe der künstlichen Zähne, das Anpassen des fertigen Zahnersatzes durch Einschleifen usw.[86].

Durch das GMG (vgl. Rn. 12) wurde der Zahnersatz einschließlich Zahnkronen und Suprakonstruktionen (zahnärztliche und zahntechnische Leistungen) einer eigenständigen Regelung in den §§ 55-59 SGB V zugeführt. **Absatz 2 Satz 1 Halbsatz 2** (zur Textgeschichte vgl. Rn. 12) stellt klar, dass die zahnärztliche Behandlung (wie bisher gemäß § 30 Abs. 2 Satz 2 SGB V in der bis 31.12.2004 geltenden Fassung) auch weiterhin konservierend-chirurgische Leistungen und Röntgenleistungen, die im Zusammenhang mit Zahnersatz einschließlich Zahnkronen und Suprakonstruktionen erbracht werden, umfasst. 53

c. Überobligatorische Zahnfüllungen (Absatz 2 Sätze 2-5)[87]

Nach Absatz 2 **Satz 2** haben Versicherte die Mehrkosten selbst zu tragen, wenn sie bei Zahnfüllungen eine darüber hinausgehende Versorgung wählen. „**Darüber hinausgehend**" ist die Versorgung, wenn sie über die den Regeln der zahnärztlichen Kunst entsprechende „ausreichende und zweckmäßige" Leistung nach Satz 1 hinausgeht. Aus Satz 3 ergibt sich, dass als ausreichend und zweckmäßig nur die **preisgünstigste plastische Füllung** anzusehen ist.[88] Überobligatorisch sind alle darüber hinausgehenden aufwändigeren Füllungen, z.B. eine Inlay-Versorgung aus Gold oder Keramik.[89] Wählt der Versicherte eine solche überobligatorische Füllung, hat er als Rechtsfolge die **Mehrkosten** selbst zu tragen. Mehrkosten sind die Kosten, die über die nach Absatz 2 Satz 3 von den Kassen abzurechnende preisgünstigste plastische Füllung hinausgehen. 54

Die Mehrkostenregelung ist entgegen dem ersten Eindruck keine Sparmaßnahme, sondern eine **Ausweitung des Leistungsanspruchs**. Denn grundsätzlich kann der Versicherte, wenn er Leistungen wählt, die nicht zum Leistungsspektrum der gesetzlichen Krankenkassen zählen, keinen Aufwendungsersatz in Höhe der ansonsten geschuldeten Kassenleistung beanspruchen.[90] Die Mehrkostenregelung des Absatzes 2 Sätze 2-5 begründet für Zahnfüllungen ausnahmsweise einen solchen Anspruch.[91] 55

Absatz 2 **Satz 3** bestimmt in **abrechnungstechnischer** Hinsicht, dass die preisgünstigste plastische Füllung von den Kassen als **Sachleistung** abzurechnen ist. Diese Kosten werden vom Zahnarzt als Sachleistung über die Kassenzahnärztliche Vereinigung abgerechnet. Sie sind Bestandteil der Gesamtvergütung nach § 85 SGB V. Für den Versicherten bedeutet dies, dass die Rechnung des Zahnarztes nur die Differenz zwischen den Kosten der über die vertragszahnärztlichen Richtlinien hinausgehenden Versorgung ausweisen darf.[92] 56

Nach Absatz 2 **Satz 4** ist in den Fällen des Satzes 2 vor Beginn der Behandlung eine **schriftliche Vereinbarung** zwischen dem Zahnarzt und dem Versicherten zu treffen. Die Bestimmung dient Beweiszwecken sowohl für den Versicherten als auch für den Zahnarzt[93], daneben kommt ihr eine Warn- und Schutzfunktion für den Versicherten zu, indem dieser vor einer übereilten Vereinbarung überobligatorischer Leistungen auf eigene Kosten geschützt wird. Die gesetzlich vorgeschriebene Schriftform ist zwingend, ein Verstoß führt gem. § 125 BGB zur Nichtigkeit der Vereinbarung wegen Formmangels. Die schriftliche Vereinbarung muss vor Beginn der (überobligatorischen) Behandlung abgeschlossen sein. Zuvor hat der behandelnde Zahnarzt oder die Krankenkasse den Versicherten über die Vor- und Nachteile bestimmter Versorgungsalternativen aufzuklären[94]; das gilt auch hinsichtlich der voraussichtlich auf den Versicherten zukommenden Mehrkosten. 57

Nach Absatz 2 **Satz 5** gilt die Mehrkostenregelung nicht für Fälle, in denen intakte plastische Füllungen ausgetauscht werden. Die Regelung hat klarstellenden Charakter, da bei intakten Zahnfüllungen ein Austausch medizinisch nicht indiziert ist und (durch das Aufbohren) unnötige Verluste der Zahnhartsubstanz zur Folge hätte.[95] **Intakt** sind Füllungen, deren Austausch nach den Regeln der ärztlichen 58

---

86 BSG v. 12.12.1972 - 3 RK 67/70 - BSGE 35, 105, 106 f.

87 Zur Textgeschichte vgl. Rn. 4.

88 Vgl. auch amtl. Begründung zum Entwurf des 8. SGB V ÄndG BT-Drs. 13/3695, S. 4.

89 Vgl. auch amtl. Begründung zum Entwurf des 8. SGB V ÄndG BT-Drs. 13/3695, S. 4.

90 BSG v. 26.07.2004 - B 1 KR 30/04 B - juris Rn. 4 m.w.N.

91 Vgl. amtl. Begründung zum Entwurf des 8. SGB V ÄndG BT-Drs. 13/3695, S. 4.

92 Vgl. amtl. Begründung zum Entwurf des 8. SGB V ÄndG BT-Drs. 13/3695, S. 4.

93 Vgl. amtl. Begründung zum Entwurf des 8. SGB V ÄndG BT-Drs. 13/3695, S. 4.

94 Amtl. Begründung zum Entwurf des 8. SGB V ÄndG BT-Drs. 13/3695, S. 4; zur Beratungspflicht des Zahnarztes s. BSG v. 08.09.1993 - 14a RKa 7/92 - juris Rn. 34 - SozR 3-2500 § 2 Nr. 2.

95 Amtl. Begründung zum Entwurf des 8. SGB V ÄndG BT-Drs. 13/3695, S. 4.

Kunst nicht notwendig ist. An der medizinischen Notwendigkeit fehlt es auch, wenn intakte Amalgamfüllungen wegen des Verdachts einer Quecksilbervergiftung ausgetauscht werden sollen.[96] Nichtgeltung der Mehrkostenregelung bedeutet, dass in diesen Fällen überhaupt kein Leistungsanspruch besteht.

d. Kieferorthopädische Behandlung (Absatz 2 Sätze 6 und 7)[97]

59 Nach **Absatz 2 Satz 6** gehört nicht zur zahnärztlichen Behandlung die kieferorthopädische Behandlung von Versicherten, die zu Beginn der Behandlung das **18. Lebensjahr** vollendet haben. Die Regelung trägt dem Umstand Rechnung, dass die kieferorthopädische Behandlung aus medizinischen Gründen vor Abschluss des Körperwachstums begonnen werden soll und bei Erwachsenen überwiegend aus ästhetischen Gründen oder wegen mangelnder zahnmedizinischer Vorsorge in früheren Jahren erfolgt.[98] Der Ausschluss gilt jedoch unabhängig davon, ob im Einzelfall die Behandlung bei Erwachsenen tatsächlich aus ästhetischen Gründen oder wegen mangelnder Vorsorge erforderlich ist.[99] Auch bei Behinderten kommt es nicht auf das „tatsächliche Entwicklungsalter" sondern auf das Lebensalter an.[100] Die darin liegende Beschränkung des Krankenversicherungsschutzes verstößt nicht gegen Verfassungsrecht.[101]

60 **„Beginn der Behandlung"** ist in der Regel die Aufstellung des kieferorthopädischen Behandlungsplans.[102] Das gilt dann nicht, wenn seit der Aufstellung des Behandlungsplans ein Jahr lang keine der geplanten Behandlung zuzurechnenden Leistungen erbracht worden sind.[103] Nach Ablauf dieser Jahresfrist kommt es für den Beginn der Behandlung auf die tatsächliche Erbringung der kieferorthopädischen Leistung an. Maßgeblich ist dann der Zeitpunkt der letzten mündlichen Verhandlung. Hat der Versicherte inzwischen das 18. Lebensjahr vollendet und die Behandlung noch nicht begonnen, hat er weder einen Anspruch auf die Leistung noch auf einen anderen Ausgleich etwa im Wege des sozialrechtlichen Herstellungsanspruchs.[104] Dem Versicherten bleibt nur die Möglichkeit, vor Vollendung des 18. Lebensjahres seinen Anspruch im Wege des einstweiligen Rechtsschutzes durchzusetzen oder sich die Leistung selbst zu beschaffen und nach § 13 Abs. 3 SGB V Kostenerstattung geltend zu machen.[105]

61 Nach Absatz 2 **Satz 7** gilt der Ausschluss der kieferorthopädischen Behandlung von Erwachsenen nicht für Versicherte mit **schweren Kieferanomalien**, die ein Ausmaß haben, das kombinierte kieferchirurgische und kieferorthopädische Behandlungsmaßnahmen erfordert. Die Regelung berücksichtigt, dass bei diesen Kieferanomalien die Behandlung erforderlich ist, um die bestehenden schwerwiegenden Kau- und Funktionsstörungen des stomatognathischen (= die Mundhöhle betreffend) Systems zu beheben und in der Regel erst nach Abschluss des Körperwachstums, also nach Vollendung des 18. Lebensjahres abschließend durchgeführt werden kann.[106]

62 Nach den Gesetzesmaterialien[107] und den KFO-Richtlinien[108] liegen schwere Kieferanomalien im Sinne des Satzes 7 vor bei:

- angeborenen Missbildungen des Gesichts und der Kiefer (hierzu zählen z.B. das Crouzon-Syndrom, Treacher-Collins-Syndrom, Goldenhar-Syndrom, Binder-Syndrom, Nager-Syndrom, die hemifaciale Mikrosomie, alle medialen, schrägen und queren Gesichtsspaltformen, alle Lippen-, Kiefer-, Gaumenspaltformen, alle Formen von craniomaxillofacialen Dysostosen, die durch angeborene Fehlbildungen oder Missbildungen verursacht sind),

---

96 BSG v. 06.10.1999 - B 1 KR 13/97 R - juris Rn. 21 - SozR 3-2500 § 28 Nr. 4; vgl. auch Rn. 48.
97 Zur Textgeschichte vgl. Rn. 3.
98 Amtl. Begründung zum Entwurf des GSG (vgl. Rn. 3) BT-Drs. 12/3608, S. 79.
99 BSG v. 09.12.1997 - 1 RK 11/97 - juris Rn. 13 - SozR 3-2500 § 28 Nr. 3.
100 BSG v. 03.11.2004 - B 1 KR 80/03 B - juris Rn. 4.
101 BSG v. 09.12.1997 - 1 RK 11/97 - juris Rn. 19 ff. - SozR 3-2500 § 28 Nr. 3.
102 Amtl. Begründung zum Entwurf des GSG (vgl. Rn. 3) BT-Drs. 12/3608, S. 79; s.a. BSG v. 25.03.2003 - B 1 KR 17/01 R - juris Rn. 16 - SozR 4-2500 § 28 Nr. 1 m.w.N.
103 BSG v. 25.03.2003 - B 1 KR 17/01 R - juris Rn. 19 - SozR 4-2500 § 28 Nr. 1.
104 BSG v. 25.03.2003 - B 1 KR 17/01 R - juris Rn. 22 - SozR 4-2500 § 28 Nr. 1.
105 BSG v. 25.03.2003 - B 1 KR 17/01 R - juris Rn. 21 - SozR 4-2500 § 28 Nr. 1.
106 Amtl. Begründung zum Entwurf des GSG (vgl. Rn. 3) BT-Drs. 12/3608, S. 79.
107 Amtl. Begründung zum Entwurf des GSG (vgl. Rn. 3) BT-Drs. 12/3608, S. 79.
108 B.4. der KFO-Richtlinien (Rn. 13) i.V.m. Anlage 3.

- skelettalen Dysgnathien (zu den skelettalen Dysgnathien, die auch unabhängig von angeborenen Missbildungen auftreten, zählen die Progenie, Mikrogenie, Laterognathie, alle Formen des skelettal offenen Bisses sowie des skelettal tiefen Bisses, ausgeprägte skelettal bedingte Diskrepanzen der Zahnbogenbreite oder Kieferbreite),
- verletzungsbedingten Kieferfehlstellungen (skelettale Fehlstellungen der Kiefer und des stomatognathen Systems, die durch Unfälle verursacht worden sind und die zur Behebung chirurgisch-operative Korrekturmaßnahmen gemeinsam mit kieferorthopädischen Behandlungsmaßnahmen erforderlich machen).

Eine entsprechende Anwendung der Regelung auf vergleichbar schwere Fälle ist nicht zulässig.[109] 63
Maßgeblich ist jedoch die abstrakte gesetzliche Tatbestandsumschreibung, d.h., soweit außerhalb der in den Materialien und den Richtlinien genannten Fälle sonstige Kieferanomalien vorkommen, die ein Ausmaß haben, das kombinierte kieferchirurgische und kieferorthopädische Behandlungsmaßnahmen erfordert, ist Satz 7 auch auf diese Fälle anwendbar. Eine entsprechende Anwendung ist nur ausgeschlossen für Fälle, die zwar vergleichbar schwerwiegend sind, jedoch keine Kieferanomalie der im Gesetz genannten Art darstellen.

e. Funktionsanalytische und -therapeutische Maßnahmen (Absatz 2 Satz 8)

Nach Absatz 2 **Satz 8** gehören nicht zur zahnärztlichen Behandlung funktionsanalytische und funkti- 64
onstherapeutische Maßnahmen, sie dürfen von den Krankenkassen auch nicht bezuschusst werden. Die Regelung dient der Klarstellung, dass die genannten Leistungen nicht zum Leistungsumfang der gesetzlichen Krankenversicherung gehören, weil es wirtschaftlichere alternative Behandlungsmöglichkeiten gibt; sie sollte der verbreiteten rechtswidrigen Praxis der Krankenkassen entgegenwirken, die die Kosten solcher Leistungen gleichwohl übernahmen oder Zuschüsse gewährten.[110] **Funktionsanalytische und -therapeutische Leistungen** sind solche gemäß Abschnitt J (Ziffer 800-810) des Gebührenverzeichnisses für zahnärztliche Leistungen.[111]

f. Implantologische Leistungen (Absatz 2 Satz 9)

Nach Absatz 2 **Satz 9** gehören implantologische Leistungen ebenfalls nicht zur zahnärztlichen Be- 65
handlung, es sei denn, es liegen seltene vom Gemeinsamen Bundesausschuss in Richtlinien nach § 92 Abs. 1 SGB V festzulegende Ausnahmeindikationen für besonders schwere Fälle vor, in denen die Krankenkasse diese Leistung einschließlich der Suprakonstruktion als Sachleistung im Rahmen einer medizinischen Gesamtbehandlung erbringt (zur Textgeschichte vgl. Rn. 5 f., Rn. 9 f.). **Implantologische Leistungen** sind die in Abschnitt K (Ziffer 900 bis 909) des Gebührenverzeichnisses für zahnärztliche Leistungen[112] genannten Leistungen. **Ausnahmeindikationen** liegen nach Nr. VII.2. der BehandlungsRL (vgl. Rn. 14) vor

- bei größeren Kiefer- oder Gesichtsdefekten, die ihre Ursache haben in Tumoroperationen, Entzündungen des Kiefers, Operationen infolge von großen Zysten (z.B. große follikuläre Zysten oder Keratozysten), in Operationen infolge von Osteopathien, sofern keine Kontraindikation für eine Implantatversorgung vorliegt, in angeborenen Fehlbildungen des Kiefers (Lippen-, Kiefer-, Gaumenspalten) oder in Unfällen,
- bei dauerhaft bestehender extremer Xerostomie, insbesondere im Rahmen einer Tumorbehandlung,
- bei generalisierter genetischer Nichtanlage von Zähnen,[113]
- bei nicht willentlich beeinflussbaren muskulären Fehlfunktionen im Mund- und Gesichtsbereich (z.B. Spastiken).

---

[109] BSG v. 09.12.1997 - 1 RK 11/97 - juris Rn. 14 - SozR 3-2500 § 28 Nr. 3.

[110] Amtl. Begründung zum Entwurf des BeitrEntlG BT-Drs. 13/4615, S. 9; zur Textgeschichte vgl. Rn. 5.

[111] Anlage zur Gebührenordnung für Zahnärzte (GOZ), Stand 01.01.2002, http://www.bmgs.bund.de/download/gesetze/gesundheitsberufe/goz.pdf.

[112] Anlage zur Gebührenordnung für Zahnärzte (GOZ), Stand 01.01.2002, http://www.bmgs.bund.de/download/gesetze/gesundheitsberufe/goz.pdf.

[113] Vgl. dazu BSG v. 13.07.2004 - B 1 KR 37/02 R - juris Rn. 20 ff. - ArztuR 2005, 134-139: Das setzt voraus, dass zahlenmäßig die überwiegende Zahl der typischerweise bei einem Menschen angelegten Zähne fehlt; eine Oligodontie (Nichtanlage von Zähnen) unterhalb dieser Grenze fällt nicht unter die Ausnahmeindikation; die Regelung ist verfassungsrechtlich unbedenklich.

Auch bei Vorliegen dieser Ausnahmeindikationen besteht der Anspruch auf Implantate zur Abstützung von Zahnersatz als Sachleistung nur dann, wenn eine konventionelle prothetische Versorgung ohne Implantate nicht möglich ist. Die Behandlungsrichtlinien enthalten weitere Voraussetzungen und verpflichten die Krankenkassen zum Vorliegen der Ausnahmeindikationen eine Begutachtung durch implantologisch erfahrene Zahnärzte durchzuführen.

66 Bis 31.12.1999 hatte Satz 9 auch die Suprakonstruktionen (d.h. der auf das Implantat aufzusetzende Zahnersatz) erfasst. Seit 01.01.2000 sind Suprakonstruktionen im Zusammenhang mit dem Zahnersatz geregelt (zunächst in § 39 SGB V, jetzt in § 55 Abs. 1 Satz 1 SGB V). Soweit § 55 Abs. 1 Satz 1 SGB V Leistungen bei Suprakonstruktionen vorsieht, stellt Nr. 38 der ZahnersatzRL (vgl. Rn. 14) klar, dass sämtliche Leistungen im Zusammenhang mit den Implantaten, wie die Implantate selbst, die Implantataufbauten und die implantatbedingten Verbindungselemente nicht zur Regelversorgung bei Suprakonstruktionen gehören.

67 Zahnlosigkeit infolge **Kieferatrophie** fällt nicht unter die Ausnahmeindikationen, das ist verfassungsrechtlich unbedenklich.[114] Der Anspruchsausschluss für implantologische Behandlungen gilt auch für **Folgebehandlungen** nach einer von der Krankenkasse früher bezuschussten implantologischen Erstversorgung.[115]

3. Psychotherapeutische Behandlung (Absatz 3)[116]

a. Allgemeines

68 Nach Absatz 3 Satz 1 wird die psychotherapeutische Behandlung einer Krankheit durch Psychologische Psychotherapeuten und Kinder- und Jugendlichenpsychotherapeuten (Psychotherapeuten), soweit sie zur psychotherapeutischen Behandlung zugelassen sind, sowie durch Vertragsärzte entsprechend den Richtlinien nach § 92 SGB V durchgeführt. Nach früherem Recht durfte der nichtärztliche Psychotherapeut nur im „Delegationsmodell" als Hilfsperson des Arztes tätig werden. Die seit 01.01.1999 geltende Neuregelung folgt dem sog. „**Integrationsmodell**": Zugunsten der Psychotherapeuten wird eine Ausnahme vom Arztvorbehalt (§ 15 Abs. 1 SGB V) zugelassen, der Versicherte kann sich unmittelbar an den Psychotherapeuten wenden und hat die freie Wahl unter den zugelassenen Psychotherapeuten.[117] Anders als der Vertragsarzt hat der Psychotherapeut jedoch zur Abklärung somatischer Erkrankungen den Konsiliarbericht eines Vertragsarztes einzuholen. Die Durchführung der psychotherapeutischen Behandlung steht unter dem Vorbehalt der Genehmigung durch die Krankenkasse. Der Hinweis auf die **Richtlinien nach § 92 SGB V** (PsychotherapieRL (vgl. Rn. 13) i.V.m. der Psychotherapie-Vereinbarung[118]) betont die Bindung der Behandler an diese Richtlinien, aber auch die entsprechende Beschränkung des Anspruchs der Versicherten.[119]

b. Begriff der „psychiatrischen Behandlung"

69 **Psychiatrische Behandlung** ist nach der Definition des § 1 Abs. 3 Satz 1 PsychThG jede mittels wissenschaftlich anerkannter psychotherapeutischer Verfahren vorgenommene Tätigkeit zur Feststellung, Heilung oder Linderung von Störungen mit Krankheitswert, bei denen Psychotherapie indiziert ist. Zur Ausübung von Psychotherapie gehören nicht psychologische Tätigkeiten, die die Aufarbeitung und Überwindung sozialer Konflikte oder sonstige Zwecke außerhalb der Heilkunde zum Gegenstand haben (§ 1 Abs. 3 Satz 3 PsychThG). Seelische **Krankheit** (zum Krankheitsbegriff vgl. die Kommentierung zu § 27 SGB V Rn. 30 ff.) ist die krankhafte Störung der Wahrnehmung, des Verhaltens, der Erlebnisverarbeitung, der sozialen Beziehungen und der Körperfunktionen.[120] Als solche gilt auch eine geistige oder seelische Behinderung, bei der Rehabilitationsmaßnahmen notwendig werden.[121] Die

---

[114] BSG v. 19.06.2001 - B 1 KR 23/00 R - juris Rn. 17 ff. - SozR 3-2500 § 28 Nr. 6; ebenso, den Anspruch auf die Suprakonstruktion bejahend, BSG v. 19.06.2001 - B 1 KR 4/00 R - juris Rn. 17 ff. - SozR 3-2500 § 28 Nr. 5.

[115] BSG v. 03.09.2003 - B 1 KR 9/02 R - juris Rn. 16 ff. - SozR 4-2500 § 28 Nr. 2.

[116] Zur Textgeschichte vgl. Rn. 8.

[117] Amtl. Begründung zum Gesetzentwurf BT-Drs. 13/8035, S. 15.

[118] Vereinbarungen über die Anwendung von Psychotherapie in der Vertragsärztlichen Versorgung (Psychotherapie-Vereinbarung; s. http://daris.kbv.de/daris.asp.

[119] Zur Verbindlichkeit der Richtlinien auch für den Anspruch des Versicherten BSG v. 19.02.2003 - B 1 KR 18/01 R - juris Rn. 13 - SozR 4-2500 § 135 Nr. 1, m.w.N.; grundlegend BSG v. 16.09.1997 - 1 RK 28/95 -juris Rn. 24 ff. - SozR 3-2500 § 135 Nr. 4.

[120] A.2. Satz 1 PsychotherapieRL (vgl. Rn. 13).

[121] A.1.Satz 1 PsychotherapieRL (vgl. Rn. 13).

PsychotherapieRL enthalten weitere Konkretisierungen des im Rahmen der vertragsärztlichen Versorgung zulässigen Anwendungsbereichs der Psychotherapie. Der Krankheitsbezug fehlt z.B. bei Maßnahmen, die ausschließlich zur beruflichen Anpassung oder zur Berufsförderung bestimmt sind, bei Erziehungsberatung, Sexualberatung, körperbezogenen Therapieverfahren, darstellender Gestalttherapie sowie heilpädagogischen oder ähnlichen Maßnahmen.[122] Keine Psychotherapie sind Beratung über vorbeugende und diätetische Maßnahmen sowie Erläuterungen und Empfehlungen von übenden, therapiefördernden Begleitmaßnahmen.[123]

Als **anerkannte psychotherapeutische Verfahren** werten die PsychotherapieRL 70

- psychoanalytisch begründete Verfahren (tiefenpsychologisch fundierte Psychotherapie und analytische Psychotherapie) sowie
- Verhaltenstherapie.[124]

Andere Verfahren können in der vertragsärztlichen Versorgung angewandt werden, wenn sie bestimmte Voraussetzungen erfüllen und vom Gemeinsamen Bundesausschuss zugelassen und in Anlage 1 der PsychotherapieRL aufgeführt wurden.[125] Die Anforderungen der PsychotherapieRL erfüllen nicht Gesprächspsychotherapie, Gestalttherapie, Logotherapie, Psychodrama, respiratorisches Feedback und Transaktionsanalyse.[126] Weitere Einzelheiten zur Anwendung der Psychotherapie in der vertragsärztlichen Versorgung regeln die jeweils als Anlage 1 zum BMV-Ä und zum EKV-Ä veröffentlichten Psychotherapie-Vereinbarungen.[127] 71

c. Behandlungsberechtigter Personenkreis

Psychotherapeut ist der Sammelbegriff für Psychologische Psychotherapeuten und Kinder- und Jugendlichenpsychotherapeuten. Die Führung dieser Berufsbezeichnung setzt die Approbation oder eine (befristete) Erlaubnis voraus.[128] Die Berechtigung zur Ausübung des Berufs der Kinder- und Jugendpsychotherapeuten erstreckt sich grundsätzlich auf Patienten, die das 21. Lebensjahr noch nicht vollendet haben.[129] Ausnahmen sind zulässig, wenn zur Sicherung des Therapieerfolgs eine gemeinsame psychotherapeutische Behandlung von Kindern oder Jugendlichen mit Erwachsenen erforderlich ist oder bei Jugendlichen eine vorher mit Mitteln der Kinder- und Jugendlichenpsychotherapie begonnene psychotherapeutische Behandlung erst nach Vollendung des 21. Lebensjahrs abgeschlossen werden kann.[130] 72

Zur psychotherapeutischen Behandlung zugelassen sind Psychotherapeuten, die gem. § 95 Abs. 10, 11 SGB V i.V.m. § 95c SGB V zur vertragsärztlichen Versorgung zugelassen oder ermächtigt sind. Insoweit ist der Wortlaut des § 28 Abs. 3 Satz 1 SGB V missverständlich, denn eine Zulassung „zur psychotherapeutischen Behandlung" gibt es nicht. Es gibt vielmehr nur die besagte Zulassung zur vertragsärztlichen Versorgung und daneben die „Genehmigung" zur Ausführung und Abrechnung von psychotherapeutischen Leistungen nach der Psychotherapie-Vereinbarung.[131] Letztere kann mit der „Zulassung" nicht gemeint sein, da die Zulassung nur für Psychotherapeuten gefordert wird, aber auch Vertragsärzte dieser Genehmigung bedürfen. Im Ergebnis erlaubt die Zulassung zur vertragsärztlichen Versorgung den nichtärztlichen Psychotherapeuten allerdings nur die psychotherapeutische Behandlung. Denn der Arztvorbehalt (§ 15 Abs. 1 SGB V) wird durch § 28 Abs. 3 SGB V nur für die psychotherapeutische Behandlung, nicht aber für die sonstige ärztliche Behandlung außer Kraft gesetzt. Neben den zugelassenen Psychotherapeuten dürfen **Vertragsärzte** psychotherapeutische Behandlungen durchführen. Insoweit ist die Zulassung zur vertragsärztlichen Versorgung bereits im Begriff des Vertragsarztes enthalten. Weitere Anforderungen werden im Gesetzeswortlaut an Vertragsärzte nicht gestellt. 73

---

[122] A.1. Satz 4 PsychotherapieRL (vgl. Rn. 13).

[123] A.1. Satz 5 PsychotherapieRL (vgl. Rn. 13).

[124] B.I.1 PsychotherapieRL (vgl. Rn. 13).

[125] B.I.3. und 4. PsychotherapieRL (vgl. Rn. 13).

[126] N.3 der Anlage 1 zu den PsychotherapieRL (vgl. Rn. 13).

[127] Vereinbarungen über die Anwendung von Psychotherapie in der Vertragsärztlichen Versorgung (Psychotherapie-Vereinbarung; s. http://daris.kbv.de/daris.asp.

[128] § 1 Abs. 1 PsychThG.

[129] § 1 Abs. 2 Satz 1 PsychThG.

[130] § 1 Abs. 2 Satz 2 PsychThG.

[131] Vereinbarungen über die Anwendung von Psychotherapie in der Vertragsärztlichen Versorgung (Psychotherapie-Vereinbarung; s. http://daris.kbv.de/daris.asp.

74 Sowohl nichtärztliche Psychotherapeuten als auch Vertragsärzte bedürfen zur Ausführung und Abrechnung von psychotherapeutischen Leistungen im Rahmen der vertragsärztlichen Versorgung einer **Genehmigung** durch die Kassenärztliche Vereinigung.[132] Vertragsärzten ist die Genehmigung zu erteilen, wenn sie ihre fachliche Befähigung gemäß § 5 der Psychotherapie-Vereinbarung nachgewiesen haben. Je nach beabsichtigter Therapieform sind die Anforderungen unterschiedlich; vorausgesetzt wird in der Regel u.a. die Gebietsbezeichnung „Psychotherapeutische Medizin" oder die Gebietsbezeichnung „Psychiatrie und Psychotherapie" oder die Zusatzbezeichnung „Psychotherapie" oder „Psychoanalyse", für die Psychotherapie bei Kindern und Jugendlichen die Gebietsbezeichnung „Kinder- und Jugendpsychiatrie und -psychotherapie".

d. Konsiliarbericht (Absatz 3 Satz 2)

75 Nach Absatz 3 Satz 2 hat der Psychotherapeut spätestens nach den probatorischen Sitzungen gemäß § 92 Abs. 6a SGB V vor Beginn der Behandlung den Konsiliarbericht eines Vertragsarztes zur Abklärung einer somatischen Erkrankung sowie, falls der somatisch abklärende Vertragsarzt dies für erforderlich hält, eines psychiatrisch tätigen Vertragsarztes einzuholen. Das Konsiliarverfahren ist nur für nichtärztliche Psychotherapeuten verpflichtend. Es dient in erster Linie der Beurteilung, ob sich aus einer somatischen Erkrankung eine Kontraindikation gegen die psychotherapeutische Behandlung ergibt oder ob neben der psychotherapeutischen Behandlung eine ärztliche oder ärztlich veranlasste Begleitbehandlung erforderlich ist.

76 Zur Einholung des Konsiliarberichts ist nur der **nichtärztliche Psychotherapeut** verpflichtet, denn nur dieser ist nach der Legaldefinition des Satz 1 „Psychotherapeut", während der ärztliche Psychotherapeut im Gesetz als „Vertragsarzt" bezeichnet wird. Diese Differenzierung entspricht auch dem Zweck der Regelung, da der ärztliche Psychotherapeut auf Grund seiner umfassenden ärztlichen (Grund-)Ausbildung zur somatischen Abklärung grundsätzlich selbst in der Lage ist.

77 Obwohl dies die Verweisung im Gesetzestext nahe legt, sind die **probatorischen Sitzungen** in § 92 Abs. 6a SGB V nicht näher definiert; vielmehr ist hiernach in den Richtlinien das Nähere u.a. über die probatorischen Sitzungen zu regeln. Nach E.1.1.1 der PsychotherapieRL sind vor der ersten Antragstellung bis zu fünf, bei der analytischen Psychotherapie bis zu acht probatorische Sitzungen möglich. Als probatorische Sitzungen sind die Sitzungen anzusehen, die nach E.1. der PsychotherapieRL vor dem eigentlichen Beginn der psychotherapeutischen Behandlung für Diagnose, Indikationsstellung und Festlegung von Behandlungsumfang und -frequenz erforderlich sind. Der Konsiliarbericht ist **spätestens** nach diesen Sitzungen einzuholen, er kann auch bereits früher eingeholt werden. Er muss jedenfalls vor Beginn der eigentlichen psychotherapeutischen Behandlung[133] eingeholt werden, da nur so Kontraindikationen für die psychotherapeutische Behandlung rechtzeitig festgestellt werden können.[134]

78 Als **Konsiliararzt** kann nach dem Gesetzeswortlaut jeder Vertragsarzt tätig werden. Ausgeschlossen sind Laborärzte, Mikrobiologen und Infektionsepidemiologen, Nuklearmediziner, Pathologen, Radiologen, Strahlentherapeuten, Transfusionsmediziner und Humangenetiker. Abweichend hiervon sind für die Abgabe eines Konsiliarberichts vor einer psychotherapeutischen Behandlung von Kindern folgende Vertragsärzte berechtigt: Kinderärzte, Kinder- und Jugendpsychiater, Allgemeinärzte, praktische Ärzte und Internisten.[135] Zu den sonstigen Einzelheiten des Konsiliarverfahrens s. F.I.1. und 2 der PsychotherapieRL (vgl. Rn. 13).

79 Der Konsiliarbericht ist auf die **Abklärung einer somatischen Erkrankung** gerichtet. Der Konsiliarbericht muss daher insbesondere Angaben enthalten zu Befunden, die eine ärztliche oder ärztlich veranlasste Begleitbehandlung erforderlich machen, zu ggf. erforderlichen weiteren ärztlichen Untersuchungen und zu ggf. bestehenden Kontraindikationen für die Durchführung einer psychotherapeutischen Behandlung zum Zeitpunkt der Untersuchung. Hält der Konsiliararzt die psychotherapeutische Behandlung für kontraindiziert und wird dennoch ein entsprechender Leistungsantrag gestellt, hat die Krankenkasse eine Begutachtung durch den MDK zu veranlassen.[136]

[132] G. der PsychotherapieRL (vgl. Rn. 13) i.V.m. Teil B §§ 2 bis 8 der Psychotherapie-Vereinbarung.

[133] Vgl. F.I.1. Satz 1 PsychotherapieRL.

[134] Zur Prüfung von Kontraindikationen im Rahmen der somatischen Abklärung s. Abschnitt F Nr. I.1. Satz 5 Nr. 9 PsychotherapieRL.

[135] F.I.2 der PsychotherapieRL.

[136] Zum Ganzen F.I.1. Satz 5 Nr. 7-9, Satz 7 der PsychotherapieRL.

Soweit der somatisch abklärende Vertragsarzt dies für erforderlich hält, ist zusätzlich der **Konsiliarbericht eines psychiatrisch tätigen Vertragsarztes** einzuholen. Die im ursprünglichen Gesetzentwurf[137] noch vorgesehene generelle Verpflichtung zur Einholung auch eines psychiatrisch abklärenden Konsiliarberichts eines Vertragsarztes wurde im Vermittlungsausschuss zugunsten des jetzigen Wortlauts aufgegeben[138]. Die Beurteilung der Erforderlichkeit liegt im Ermessen des Vertragsarztes. Die Regelung zeugt von einem nach wie vor bestehenden gewissen Misstrauen gegen die eigenständige Tätigkeit von nichtärztlichen Psychotherapeuten, da der somatisch abklärende, nicht notwendig psychotherapeutisch qualifizierte Vertragsarzt den nichtärztlichen Psychotherapeuten zur Beteiligung eines vertragsärztlichen Psychotherapeuten zwingen kann. **80**

e. Antrags- und Gutachterverfahren

Obwohl im Gesetzestext nicht ausdrücklich vorgesehen, aber durch die Richtlinienermächtigung gedeckt, sehen die PsychoterapieRL (F.II. und III.) für die psychotherapeutischen Behandlungsformen abweichend vom Verfahren für sonstige ärztliche Behandlungen ein Antrags- und ein Gutachterverfahren vor. Hiernach erfolgt die Feststellung der Leistungspflicht für Psychotherapie durch die Krankenkasse auf **Antrag des Versicherten**. Der Therapeut hat vor der Behandlung der Krankenkasse die Diagnose mitzuteilen, die Indikation zu begründen und Art und Umfang der geplanten Behandlung zu beschreiben. Die Krankenkasse hat ein Gutachterverfahren durchzuführen. Zu den Einzelheiten vgl. die §§ 11-13 der Psychotherapie-Vereinbarung.[139] Auch insoweit unterscheidet sich das Verfahren für die psychotherapeutische Behandlung grundsätzlich vom Verfahren bei der sonstigen ambulanten ärztlichen Behandlung, bei der der Vertragsarzt grundsätzlich selbst die Kompetenz zur Konkretisierung des Leistungsanspruchs mit Bindungswirkung für die Krankenkasse hat.[140] **81**

4. „Praxisgebühr" (Absatz 4)

a. Allgemeines

Die mit Wirkung vom 01.01.2004 eingeführte sog. „Praxisgebühr" (zur Textgeschichte vgl. Rn. 10 f.) soll nach der amtlichen Begründung des Gesetzentwurfs zum GMG die Eigenverantwortung des Versicherten stärken[141]. Im Ergebnis handelt es sich um eine Kostendämpfungsmaßnahme durch Ausweitung der Beteiligung der Versicherten an ihren Krankheitskosten, die dem Ausgabenanstieg in der Gesetzlichen Krankenversicherung entgegenwirken soll.[142] Auf soziale Belange wird Rücksicht genommen durch die Qualifizierung der Praxisgebühr als Zuzahlung, womit die Belastungsgrenze des § 62 SGB V gilt. Der **Rechtsnatur** nach handelt es sich nicht um eine „Gebühr" im abgabenrechtlichen Sinne, sondern entsprechend dem Gesetzeswortlaut, der den Begriff der „Praxisgebühr" nicht verwendet, um eine Zuzahlung im Sinne des § 61 SGB V.[143] Einzelheiten zur Zahlung der Praxisgebühr regelt § 18 BMV-Ä. **82**

Obwohl die Praxisgebühr bei ihrer Einführung als sozial ungerecht und bürokratisch heftig kritisiert wurde, hat sie sich inzwischen wohl bewährt. Die befürchteten sozialen Verwerfungen konnten offensichtlich durch die Befreiungsmöglichkeiten abgefedert werden. Dagegen wurde die Position des Hausarztes merklich gestärkt, über 80% der Versicherten nahmen einen zweiten Arzt nicht direkt, sondern mit Überweisung in Anspruch.[144] **83**

---

[137] BT-Drs. 13/8035, S. 9.

[138] Vgl. BT-Drs. 13/9770, S. 2.

[139] Vereinbarungen über die Anwendung von Psychotherapie in der Vertragsärztlichen Versorgung (Psychotherapie-Vereinbarung; s. http://daris.kbv.de/daris.asp.

[140] BSG v. 09.10.2001 - B 1 KR 26/99 R - juris Rn. 16 - SozR 3-2500 § 18 Nr. 8; BSG v. 09.06.1998 - B 1 KR 18/96 - R juris Rn. 18 - SozR 3-2500 § 39 Nr. 5.

[141] BT-Drs. 15/1525, S. 83 f.

[142] Vgl. A.I.1. und 2. der Begründung zum Gesetzentwurf BT-Drs. 15/1525, S. 71.

[143] Ebenso *Schmidt* in: Peters, Handbuch KV (SGB V), § 28 Rn. 137 f.; zum fehlenden Gebührencharakter auch *Zuck*, NJW 2004, 1091.

[144] WIdOmonitor 2/2005, S. 5 f. (Beilage zu G+G 9/2005).

b. Voraussetzungen für das Entstehen (Absatz 4 Satz 1)

84 Zahlungspflichtig sind **Versicherte, die das 18. Lebensjahr vollendet haben**. Maßgeblicher Zeitpunkt für die Berechnung der Altersgrenze ist der Zeitpunkt der ersten Inanspruchnahme des Leistungserbringers im Kalendervierteljahr. Von jüngeren Versicherten ist die Praxisgebühr generell nicht zu zahlen.

85 **An der ärztlichen, zahnärztlichen oder psychotherapeutischen Versorgung teilnehmende Leistungserbringer** sind

- zugelassene Ärzte (Ärzte, Zahnärzte und Psychotherapeuten), zugelassene medizinische Versorgungszentren sowie ermächtigte Ärzte und ermächtigte ärztlich geleitete Einrichtungen (§ 95 Abs. 1 Satz 1 SGB V i.V.m. §§ 116 ff. SGB V),
- Krankenhäuser mit denen ein Vertrag über ambulante ärztliche Behandlung geschlossen wurde (§ 116b SGB V).[145]

86 **Ambulante** Versorgung liegt vor, wenn nach dem ärztlichen Behandlungsplan der Patient die Nacht vor und die Nacht nach dem Eingriff nicht im Krankenhaus verbringt.[146] Sie ist abzugrenzen von der (voll-, teil-, vor- und nach-)stationären Behandlung. Die Abgrenzung ist kompliziert geworden durch die Befugnis der Krankenhäuser zu ambulanten Operationen (§ 115b SGB V). Maßgeblich ist der in der Regel zu Beginn der Behandlung aufgestellte Behandlungsplan; stellt sich im Rahmen der zunächst ambulant geplanten Behandlung heraus, dass der Patient (z.B. wegen postoperativer Komplikationen) über Nacht im Krankenhaus verbleiben muss, handelt es sich um stationäre Behandlung. Bei einem solchen Wechsel des Behandlungsplans ist dem Patienten ggf. die zunächst entrichtete Praxisgebühr zu erstatten. Eine stationäre Behandlung liegt auch dann vor, wenn der Patient entgegen dem ärztlichen Behandlungsplan auf eigenes Betreiben und gegen ärztlichen Rat das Krankenhaus ohne Übernachtung verlässt (abgebrochene stationäre Behandlung). Ambulant ist die Behandlung, wenn der Patient nicht täglich, wohl aber in mehr oder weniger kurzen Intervallen für einige Stunden im Krankenhaus versorgt wird (z.B. Dialysepatienten).[147] Um eine teilstationäre Behandlung handelt es sich, wenn der Patient regelmäßig über einen längeren Zeitraum zur Behandlung die medizinisch-organisatorische Infrastruktur eines Krankenhauses in Anspruch nimmt ohne ununterbrochen im Krankenhaus anwesend zu sein (z.B. Aufenthalt in Tages- oder Nachtklinik).[148] Vor- bzw. nachstationäre Behandlung ist gesetzlich definiert als Behandlung von Patienten im Krankenhaus ohne Unterkunft und Verpflegung zur Klärung der Erforderlichkeit oder zur Vorbereitung einer vollstationären Krankenhausbehandlung bzw. im Anschluss an eine vollstationäre Krankenhausbehandlung zur Sicherung oder Festigung des Behandlungserfolgs (§ 115a SGB V).

87 Eine **Inanspruchnahme** liegt mit Beginn der Leistungserbringung zu Lasten der gesetzlichen Krankenkasse vor. Eine telefonische Beratung oder die bloße Ausstellung einer Verordnung reicht aus.[149] Die Zuzahlung für die Erstinanspruchnahme ist unabhängig davon, wie oft der Arzt in dem Quartal in Anspruch genommen wird und ob es sich um dieselbe oder verschiedene Erkrankungen handelt.[150] Eine Inanspruchnahme liegt nicht vor, wenn einem Leistungserbringer oder einer Krankenkasse gegenüber ausschließlich ein Bericht abgegeben wird.[151] Da der Anwendungsbereich der Praxisgebühr sich auf die gesetzliche Krankenversicherung beschränkt, fällt diese nicht an, wenn der Versicherte Leistungen außerhalb des Systems der gesetzlichen Krankenversicherung (z.B. privatärztliche Behandlung) in Anspruch nimmt.

88 **Innerhalb des Kalendervierteljahres** fällt die Praxisgebühr an:

- Auf jeden Fall für die **Erstinanspruchnahme** des **ersten Arztes** (sofern die übrigen Voraussetzungen vorliegen und keine Ausnahme gegeben ist). Die weitere Inanspruchnahme desselben Arztes innerhalb des Quartals ist gebührenfrei; eine erneute Gebühr fällt erst im Folgequartal an. Das gilt auch, wenn später dessen Vertreter in Anspruch genommen wird oder die Praxisgebühr bei dem Ver-

---

145 Vgl. auch die Aufzählung in § 18 BMV-Ä.

146 Dazu und zum Folgenden BSG v. 17.03.2005 - B 3 KR 11/04 R - juris Rn. 17 - SozR 4-2500 § 39 Nr. 5; BSG v. 04.03.2004 - B 3 KR 4/03 R - juris Rn. 27, 29 - SozR 4-2500 § 39 Nr. 1.

147 BSG v. 04.03.2004 - B 3 KR 4/03 R - juris Rn. 28 - SozR 4-2500 § 39 Nr. 1.

148 BSG v. 04.03.2004 - B 3 KR 4/03 R - juris Rn. 28 - SozR 4-2500 § 39 Nr. 1.

149 Ebenso *Schmidt* in: Peters, Handbuch KV (SGB V), § 28 Rn. 141.

150 Amtl. Begründung zum Entwurf des GMG BT-Drs. 15/1525, S. 84.

151 § 18 Abs. 1 Satz 4 BMV-Ä.

treter des Vertragsarztes gezahlt wurde und später der vertretene Vertragsarzt in Anspruch genommen wird.[152] Im Folgequartal fällt die Zuzahlung auch dann an, wenn es sich um die Behandlung derselben Krankheit handelt.[153]

- Für die **Erstinanspruchnahme eines weiteren Arztes, es sei denn**
  - die Inanspruchnahme erfolgt auf **Überweisung** und
  - die Überweisung wurde **in demselben Quartal ausgestellt**.

Das **Nichtvorliegen einer Überweisung aus demselben Kalendervierteljahr** ist negative Tatbestandsvoraussetzung, d.h. die Praxisgebühr fällt nicht an, wenn die Inanspruchnahme des Arztes oder der Einrichtung auf Überweisung aus demselben Kalendervierteljahr erfolgt. Auch bei mehreren Überweisungen im Sinne von Kettenüberweisungen fällt, sofern sie im selben Quartal liegen, keine erneute Praxisgebühr an. Verordnet ein Arzt Krankenhausbehandlung und entschließt sich das Krankenhaus zu einer ambulanten Operation, ist die Krankenhausverordnung als Überweisung zu werten.[154] Die Überweisung ist vom Versicherten vor der Inanspruchnahme des weiteren Arztes vorzulegen; die nachträgliche Vorlage begründet keinen Rückzahlungsanspruch des Versicherten.[155] Soweit im Quartal eine Erstinanspruchnahme eines Psychotherapeuten, eines Leistungserbringers im Notfall oder im organisierten Notdienst oder eines Leistungserbringers im Rahmen der ambulanten Behandlung eines Krankenhauses erfolgt, tritt die von diesen Leistungserbringern auszustellende Quittung an die Stelle der Überweisung; der in Folge in Anspruch genommene Vertragsarzt darf die Praxisgebühr nicht erneut erheben.[156] 89

Ausstellung der Überweisung und Inanspruchnahme des weiteren Arztes müssen **in demselben Kalendervierteljahr** liegen. Eine **Ausnahme** hiervon gilt bei einer Inanspruchnahme aufgrund einer Überweisung aus einem vorhergehenden Kalendervierteljahr zu Auftragsleistungen, die ohne Arzt-Patienten-Kontakt durchgeführt werden (z.B. Probeneinsendung zur Laboratoriumsuntersuchung)[157]. 90

c. Ausnahmen von der Praxisgebühr (Absatz 4 Satz 2)

Nach Absatz 4 Satz 2 entfällt die Praxisgebühr bei Inanspruchnahme von 91

- in der Krankenkassensatzung vorgesehenen **Schutzimpfungen** mit Ausnahme von solchen aus Anlass eines nicht beruflich bedingten Auslandsaufenthalts (§ 23 Abs. 9 SGB V),
- Gesundheitsuntersuchungen zur **Früherkennung** von Krankheiten nach § 25 SGB V,
- zahnärztlichen Untersuchungen nach § 55 Abs. 1 Satz 4 und 5 SGB V,
- Maßnahmen der **Schwangerenvorsorge** nach § 196 Abs. 1 RVO und § 23 Abs. 1 KVLG.

Behandlungsmaßnahmen, die im Zusammenhang mit den in Satz 2 genannten Untersuchungen vorgenommen werden, lösen dagegen die Praxisgebühr aus.[158]

d. Befreiung

Durch die Qualifizierung der Praxisgebühr als Zuzahlung gelten auch hierfür die Belastungsgrenzen des § 62 SGB V (vgl. die Kommentierung zu § 62 SGB V). Die Befreiung ist vor der ersten Inanspruchnahme des Arztes durch Vorlage eines aktuellen, mit Gültigkeitszeitraum versehenen Befreiungsausweises der Krankenkasse nachzuweisen.[159] Kann ein solcher Ausweis nicht vorgelegt werden, 92

---

[152] § 18 Abs. 7 BMV-Ä.

[153] Amtl. Begründung zum Entwurf des GMG BT Drs. 15/1525, S. 84.

[154] *Schmidt* in: Peters, Handbuch KV (SGB V), § 28 Rn. 140; will der Vertragsarzt von vornherein eine ambulante Operation veranlassen, hat er keine Krankenhausbehandlung zu verordnen, sondern einen Überweisungsschein auszustellen, § 24 Abs. 1 Satz 3 BMV-Ä.

[155] § 18 Abs. 1 Satz 5 BMV-Ä.

[156] § 18 Abs. 6 BMV-Ä.

[157] § 18 Abs. 1 Satz 3, zweiter Spiegelstrich BMV-Ä.

[158] Soweit bei den Beratungen im Gesundheitsausschuss die Mitglieder der Fraktionen der SPD, CDU/CSU und BÜNDNIS 90/DIE GRÜNEN einvernehmlich erklärten, die Ausnahme bei zahnärztlichen Untersuchungen nach § 55 Abs. 1 Satz 4 und 5 SGB V komme auch dann zum Tragen, wenn neben der zahnärztlichen Untersuchungsleistung auch andere Leistungen wie z.B. das Legen einer Füllung erbracht würden (BT-Drs. 15/1600, S. 10), findet diese Auffassung im Gesetzeswortlaut keine Stütze und würde im Übrigen zu einer Ungleichbehandlung mit denjenigen Versicherungen führen, die eine solche Behandlung nicht im Zusammenhang mit einer Untersuchung vornehmen lassen. Ebenso *Höfler* in: KassKomm, § 28 SGB V Rn. 35.

[159] § 18 Abs. 1 Satz 3, dritter Spiegelstrich BMV-Ä.

ist die Praxisgebühr zu zahlen. Die nachträgliche Vorlage des Befreiungsausweises begründet keinen Rückzahlungsanspruch des Versicherten.[160]

e. Zahlungsmodalitäten

93 Die **Höhe** der Zuzahlung ist durch die Verweisung auf § 61 Satz 2 SGB V an die Höhe der Zuzahlung pro Kalendertag bei stationären Maßnahmen gekoppelt und beträgt derzeit **10 €**. In der Praxis wird die Zuzahlung grundsätzlich **vor** der jeweiligen Inanspruchnahme durch den behandelnden Arzt erhoben.[161] Nur bei akuter Behandlungsbedürftigkeit oder bei Inanspruchnahme nicht persönlicher Art kann die Praxisgebühr nachträglich erhoben werden.[162] Der Vertragsarzt ist nicht berechtigt, auf die Zuzahlung zu verzichten oder einen anderen Betrag zu erheben.[163] Bei Überweisung und Befreiung entfällt die Zahlungspflicht nur, wenn entsprechende Nachweise vor der Inanspruchnahme vorgelegt werden. Werden Überweisungsschein oder Befreiungsausweis nicht rechtzeitig vorgelegt, ist die Praxisgebühr zu erheben. Die nachträgliche Vorlage der Unterlagen begründet keinen Rückzahlungsanspruch des Versicherten.[164]

94 Wird die Zuzahlung **ausnahmsweise** nicht vor der Inanspruchnahme gezahlt, hat der Vertragsarzt sie **nachträglich** einzuziehen und zu quittieren. Der Versicherte ist verpflichtet, die Zuzahlung unverzüglich, spätestens innerhalb von 10 Tagen, zuzüglich ggf. angefallener Portokosten für die schriftliche Zahlungsaufforderung zu zahlen.[165]

95 Leistet der Versicherte trotz schriftlicher Zahlungsaufforderung innerhalb der vom Arzt gesetzten Frist nicht, übernimmt die für den Arzt zuständige Kassenärztliche Vereinigung den weiteren Zahlungseinzug, indem sie nach erfolgloser erneuter schriftlicher Zahlungsaufforderung mit Fristsetzung **Vollstreckungsmaßnahmen** einleitet. Bleibt die Vollstreckung erfolglos, entfällt die Verrechnung dieser Zuzahlung mit der Gesamtvergütung. Die Krankenkasse erstattet in diesem Fall der Kassenärztlichen Vereinigung die nachgewiesenen Gerichtskosten zzgl. einer Pauschale von 4 €.[166]

f. Zahlung bei Kostenerstattung (Absatz 4 Satz 3)

96 Absatz 4 Satz 3 regelt die Zahlung der Praxisgebühr für Versicherte, die gemäß § 13 Abs. 2 SGB V an Stelle der Sach- oder Dienstleistungen die Kostenerstattung gewählt haben. Für diese Versicherten gelten die Bestimmungen über die Praxisgebühr mit der Maßgabe, dass die Zuzahlung gemäß § 13 Abs. 2 Satz 9 SGB V von der Krankenkasse in Abzug zu bringen ist. Diese Versicherten haben die Zuzahlung somit nicht vor Inanspruchnahme der Leistung zu zahlen; sie wird vielmehr von der Krankenkasse bei der Kostenerstattung abgezogen.

---

[160] § 18 Abs. 1 Satz 5.

[161] So auch § 18 Abs. 1 Satz 1 BMV-Ä; zur rechtlichen Problematik der Vorauskasse *Zuck*, NJW 2004, 1091.

[162] § 18 Abs. 3 BMV-Ä.

[163] § 18 Abs. 1 Satz 2 BMV-Ä.

[164] § 18 Abs. 1 Satz 5 BMV-Ä.

[165] § 18 Abs. 4 BMV-Ä.

[166] § 18 Abs. 5 BMV-Ä.

§ 29 SGB V Kieferorthopädische Behandlung

(Fassung vom 14.11.2003, gültig ab 01.01.2004)

(1) Versicherte haben Anspruch auf kieferorthopädische Versorgung in medizinisch begründeten Indikationsgruppen, bei denen eine Kiefer- oder Zahnfehlstellung vorliegt, die das Kauen, Beißen, Sprechen oder Atmen erheblich beeinträchtigt oder zu beeinträchtigen droht.

(2) Versicherte leisten zu der kieferorthopädischen Behandlung nach Absatz 1 einen Anteil in Höhe von 20 vom Hundert der Kosten an den Vertragszahnarzt. Satz 1 gilt nicht für im Zusammenhang mit kieferorthopädischer Behandlung erbrachte konservierend-chirurgische und Röntgenleistungen. Befinden sich mindestens zwei versicherte Kinder, die bei Beginn der Behandlung das 18. Lebensjahr noch nicht vollendet haben und mit ihren Erziehungsberechtigten in einem gemeinsamen Haushalt leben, in kieferorthopädischer Behandlung, beträgt der Anteil nach Satz 1 für das zweite und jedes weitere Kind 10 vom Hundert.

(3) Der Vertragszahnarzt rechnet die kieferorthopädische Behandlung abzüglich des Versichertenanteils nach Absatz 2 Satz 1 und 3 mit der Kassenzahnärztlichen Vereinigung ab. Wenn die Behandlung in dem durch den Behandlungsplan bestimmten medizinisch erforderlichen Umfang abgeschlossen worden ist, zahlt die Kasse den von den Versicherten geleisteten Anteil nach Absatz 2 Satz 1 und 3 an die Versicherten zurück.

(4) Der Gemeinsame Bundesausschuss bestimmt in den Richtlinien nach § 92 Abs. 1 befundbezogen die objektiv überprüfbaren Indikationsgruppen, bei denen die in Absatz 1 genannten Voraussetzungen vorliegen. Dabei sind auch einzuhaltende Standards zur kieferorthopädischen Befunderhebung und Diagnostik vorzugeben.

Gliederung

A. Basisinformationen

I. Textgeschichte/Gesetzgebungsmaterialien

Vorgängervorschrift waren § 182 Abs. 1 Nr. 1 lit. a RVO[1] (zahnärztliche Behandlung) i.V.m. **§ 182e RVO**[2]. Hiernach konnte die Satzung der Krankenkasse vorsehen, dass Versicherte bei kieferorthopädischer Behandlung bis zu 20 v.H. der Kosten, höchstens jedoch einen Betrag in Höhe eines Viertels der monatlichen Bezugsgröße je Leistungsfall an die Krankenkasse zu zahlen haben. Sie konnte bestimmen, dass 1

[1] Zuletzt geändert durch Gesetz v. 22.12.1981, BGBl I 1981, 1578.

[2] Eingef. d. Art. 1 § 1 Nr. 9 des Gesetzes v. 27.06.1977, BGBl I 1977, 1069 mit Wirkung vom 01.07.1977; zur vorhergehenden Rechtsentwicklung *Wagner* in: Krauskopf, Soziale Krankenversicherung, Pflegeversicherung, § 29 SGB V Rn. 2 ff.

- der Betrag dann an die Krankenkasse zu zahlen ist, wenn die Behandlung abgebrochen wird, bevor sie in dem durch den Behandlungsplan bestimmten medizinisch erforderlichen Umfang abgeschlossen worden ist, oder
- die Zuzahlung laufend während der Behandlung zu zahlen und dem Versicherten zu erstatten ist, wenn die Behandlung in dem durch den Behandlungsplan bestimmten medizinisch erforderlichen Umfang abgeschlossen worden ist.

2 Mit Wirkung vom **01.01.1989** wurde durch Art. 1 GRG[3] das SGB V eingeführt. § 29 Abs. 1 SGB V in der ursprünglichen Fassung lautete: „Die Krankenkasse erstattet Versicherten 80 v.H. der Kosten der im Rahmen der kassenzahnärztlichen Versorgung durchgeführten kieferorthopädischen Behandlung in medizinisch begründeten Indikationsgruppen, bei denen eine Kiefer- oder Zahnfehlstellung vorliegt, die das Kauen, Beißen, Sprechen oder Atmen erheblich beeinträchtigt oder zu beeinträchtigen droht." Absatz 1 Satz 2 enthielt eine dem heutigen Absatz 2 Satz 2 entsprechende Regelung, die für das zweite und jedes weitere Kind eine Erstattung von 90 v.H. der in Satz 1 genannten Kosten vorsah. Absatz 2 enthielt eine dem heutigen Absatz 3 Satz 2 entsprechende Regelung, wonach die Krankenkasse dem Versicherten den von ihm getragenen Anteil an den Kosten nach Absatz 1 erstattete, wenn die Behandlung in dem durch den Behandlungsplan bestimmten medizinisch erforderlichen Umfang abgeschlossen worden war. Absatz 3 enthielt eine dem heutigen Absatz 4 entsprechende Richtlinienermächtigung für den Bundesausschuss der Zahnärzte und Krankenkassen hinsichtlich der Indikationsgruppen, bei denen die in Absatz 1 Satz 1 genannten Voraussetzungen vorlagen. Die neue Regelung sollte der besseren Kostentransparenz bei kieferorthopädischer Behandlung dienen und auch eine Überinanspruchnahme von kieferorthopädischen Leistungen verringern.[4] Der Leistungsanspruch wurde auf Fälle begrenzt, in denen erhebliche Funktionsbeeinträchtigungen vorlagen oder drohten; der frühere Sachleistungsanspruch wurde durch einen Kostenerstattungsanspruch ersetzt. Der ursprüngliche Entwurf sah lediglich eine Kostenerstattung in Höhe von 75 v.H. und in Satz 2 in geeigneten Fällen eine Überprüfung der Voraussetzungen durch den MDK vor. Die Gesetzesfassung ging auf die Empfehlung des Ausschusses für Arbeit und Sozialordnung zurück[5], der meinte, ein vom Versicherten vorläufig zu tragender Anteil von 20 v.H. erscheine ausreichend, um Behandlungsabbrüchen entgegenzuwirken. Die Sonderregelung für Kinder in Absatz 1 Satz 2 sollte eine finanzielle Überforderung von Familien mit mehreren Kindern, die im selben Zeitraum kieferorthopädisch behandelt werden, vermeiden.

3 Mit Wirkung vom **01.01.1993** wurde durch das GSG[6] in § 28 SGB V die kieferorthopädische Behandlung Erwachsener grundsätzlich ausgeschlossen und Ausnahmen nur zugelassen für schwere Kieferanomalien, die ein Ausmaß haben, das kombinierte kieferchirurgische und kieferorthopädische Behandlungsmaßnahmen erfordert (vgl. die Kommentierung zu § 28 SGB V Rn. 3). Gleichzeitig wurde § 29 Abs. 1 Sätze 1 und 2 SGB V sprachlich geändert und als Satz 3 eine klarstellende[7] Regelung eingefügt, wonach **konservierend-chirurgische Leistungen und Röntgenleistungen**, die im Zusammenhang mit der kieferorthopädischen Behandlung erbracht werden, als Sachleistung zu gewähren waren. Der problemlosen Umsetzung des degressiven Punktwerts[8] sollte die **Zahlungsregelung** des neuen Absatzes 2 dienen, wonach die Krankenkasse ihre Leistungspflicht nach Absatz 1 erfüllte, indem sie den von ihr zu tragenden Anteil an den Kosten der kieferorthopädischen Versorgung mit befreiender Wirkung an die zur Annahme verpflichtete Kassenzahnärztliche Vereinigung (KZV) zahlte, ein Zahlungsanspruch des Zahnarztes gegen den Versicherten insoweit ausgeschlossen und die entsprechende Geltung des § 85 Abs. 4b SGB V angeordnet wurde.

4 Mit Wirkung vom **01.07.1997** wurden durch das 2. GKV-NOG[9] Absatz 1 Satz 1 sprachlich geändert und die **Zahlungsregelung** des Absatzes 2 dahin neu gefasst, dass die Krankenkasse ihre Leistungspflicht durch Zahlung ihres Kostenanteils an den Versicherten (statt wie bisher an die KZV) erfüllte,

---

3 Gesetz zur Strukturreform im Gesundheitswesen (Gesundheits-Reformgesetz – GRG) vom 20.12.1988, BGBl I 1988, 2477.

4 Amtl. Begründung des Entwurfs zum GRG, BR-Drs. 200/88, S. 171.

5 BT-Drs. 11/3320, S. 18; zur Begründung siehe Bericht des Ausschusses für Arbeit und Sozialordnung, BT-Drs. 11/3480, S. 51.

6 Gesetz zur Sicherung und Strukturverbesserung der gesetzlichen Krankenversicherung (Gesundheitsstrukturgesetz – GSG) vom 21.12.1992, BGBl I 1992, 2266.

7 Amtl. Begründung zum Entwurf des GSG, BT-Drs. 12/3608, S. 79.

8 Amtl. Begründung zum Entwurf des GSG, BT-Drs. 12/3608, S. 79.

9 Art. 1 Nr. 4 Zweites Gesetz zur Neuordnung von Selbstverwaltung und Eigenverantwortung in der gesetzlichen Krankenversicherung (2. GKV-Neuordnungsgesetz – 2. GKV-NOG) vom 23.06.1997, BGBl I 1997, 1520, 1521.

der Zahlungsanspruch des Zahnarztes sich gegen den Versicherten richtete, Abrechnungsgrundlage der EBM-Z war und der Vertragszahnarzt seine Leistungen nicht von einer Vorleistung des Versicherten abhängig machen durfte. Die Neuregelung ging auf eine Empfehlung des Gesundheitsausschusses[10] zurück, der mit Einführung der direkten Kostenerstattung die Kosten- und Leistungstransparenz für die Beteiligten verbessern wollte.

Mit Wirkung vom **01.01.1999** wurde durch das GKV-SolG[11] die Vorschrift aus formalen Gründen[12] sprachlich fast vollständig neu gefasst. Inhaltlich wurde die bisherige Kostenerstattung in eine **Sachleistung** umgewandelt, die Abrechnung hatte nun wieder über die KZV zu erfolgen[13]. Auf Empfehlung des Gesundheitsausschusses wurde der Abrechnungsweg in Absatz 3 positiv normiert.[14] 5

Mit Wirkung vom **01.01.2000** wurde durch das GKV-Gesundheitsreformgesetz 2000[15] **Absatz 4** neu gefasst. Durch Einfügung des Wortes „**befundbezogen**" sollte sichergestellt werden, dass die Indikationen in den damals gültigen Kieferorthopädie-Richtlinien nicht therapiebezogen, sondern befundbezogen definiert würden und dadurch eine wesentlich trennschärfere Grenzziehung zwischen medizinischer und ästhetischer Indikation ermöglicht würde. Durch Einfügung des heutigen Absatzes 4 **Satz 2** sollten Kontrollmöglichkeiten der Selbstverwaltung geschaffen werden, um der in der Vergangenheit zu freizügigen Auslegung der Kieferorthopädie-Richtlinien entgegenzuwirken.[16] 6

Mit Wirkung vom **01.01.2004** wurden durch das GMG[17] in Absatz 4 Satz 1 als Folgeänderung zur Einführung des Gemeinsamen Bundesausschusses die Wörter „Bundesausschuss der Zahnärzte und Krankenkassen" durch die Wörter „Gemeinsame Bundesausschuss" ersetzt.[18] 7

II. Untergesetzliche Normen

Der Gemeinsame Bundesausschuss hat für die kieferorthopädische Versorgung folgende Richtlinie erlassen: 8

- Richtlinien für die kieferorthopädische Behandlung (**KFO-RL**).[19]

Folgende Vereinbarungen betreffen die kieferorthopädische Versorgung:

- Vereinbarung über das Gutachterverfahren bei kieferorthopädischen Maßnahmen[20],
- Anhang zur Vereinbarung über das Gutachterverfahren bei kieferorthopädischen Maßnahmen[21].

III. Systematische Zusammenhänge

Systematisch konkretisiert § 29 SGB V die in **§ 27 Abs. 1 Satz 2 Nr. 2 SGB V** bzw. in **§ 28 Abs. 2 SGB V** genannte „zahnärztliche Behandlung" für das zahnärztliche Spezialgebiet der kieferorthopädischen Behandlung, wobei nach **§ 28 Abs. 2 Sätze 6 und 7 SGB V** die kieferorthopädische Behandlung von Versicherten, die zu Beginn der Behandlung das 18. Lebensjahr vollendet haben, nicht zur zahnärztlichen Behandlung gehört, es sei denn es liegen schwere Kieferanomalien vor, die ein Ausmaß haben, das kombinierte kieferchirurgische und kieferorthopädische Behandlungsmaßnahmen erfordert 9

[10] Beschlussempfehlung und Bericht des Ausschusses für Gesundheit, BT-Drs. 13/7264, S. 10.

[11] Art. 1 Nr. 2 Gesetz zur Stärkung der Solidarität in der gesetzlichen Krankenversicherung (GKV-Solidaritätsstärkungsgesetz – GKV-SolG) vom 19.12.1998, BGBl I 1998, 3853.

[12] Beschlussempfehlung und Bericht des Ausschusses für Gesundheit BT-Drs. 14/157, S. 33.

[13] Amtl. Begründung zum Entwurf des GKV-SolG, BT-Drs. 14/24, S. 16.

[14] Beschlussempfehlung und Bericht des Ausschusses für Gesundheit, BT-Drs. 14/157, S. 33.

[15] Art. 1 Nr. 16 Gesetz zur Reform der gesetzlichen Krankenversicherung ab dem Jahr 2000 (GKV-Gesundheitsreformgesetz 2000) vom 22.12.1999, BGBl I 1999, 2626.

[16] Amtl. Begründung zum Entwurf des GKV-Gesundheitsreformgesetzes 2000, BT-Drs. 14/1245, S. 65.

[17] Art. 1 Nr. 16 Gesetz zur Modernisierung der gesetzlichen Krankenversicherung (GKV-Modernisierungsgesetz – GMG) vom 14.11.2003, BGBl I 2003, 2190.

[18] Zur Rechtsnachfolge und Fortgeltung der Beschlüsse der früheren Ausschüsse siehe § 6 des als Art. 35 GMG verkündeten Gesetzes zu Übergangsregelungen zur Neuorganisation der vertragsärztlichen Selbstverwaltung und Organisation der Krankenkassen.

[19] I.d.F. v. 04.06./22.09.2003, BAnz 2003, Nr. 226, 24966; Aichberger-Ergänzungsband Nr. 835; http://www.g-ba.de/cms/upload/pdf/richtlinien/RL-Kieferorthopaedie.pdf.

[20] Anlage 6 zum BMV-Z, Aichberger-Ergänzungsband Nr. 925, Anlage 18 zum EKV-Z, Aichberger-Ergänzungsband Nr. 1020.

[21] Anhang zu BMV-Z Anlage 6, Aichberger-Ergänzungsband Nr. 926.

(vgl. die Kommentierung zu § 28 SGB V Rn. 59 ff.). Abzugrenzen ist die kieferorthopädische Behandlung von der allgemeinen ärztlichen und zahnärztlichen Behandlung im Sinne des § 28 Abs. 1 und 2 SGB V sowie von der Versorgung mit Zahnersatz nach den **§§ 55 ff. SGB V**.

IV. Ausgewählte Literaturhinweise

10 *Schrinner*, Kieferorthopädische Behandlung – Rechtliche Stellungnahme zur isolierten Wahl der Kostenerstattung, ErsK 2004, 281.

B. Auslegung der Norm

I. Regelungsgehalt/Normzweck

11 § 29 SGB V konkretisiert den Anspruch auf Krankenbehandlung in Form der kieferorthopädischen Behandlung. Der Regelungsgehalt erschließt sich erst unter Berücksichtigung der allgemeinen Regelungen in den **§§ 27 und 28 Abs. 2 SGB V**. Der Anspruch auf kieferorthopädische Behandlung setzt zunächst voraus, dass die allgemeinen Voraussetzungen für eine Krankenbehandlung nach § 27 SGB V vorliegen. Insbesondere muss die Krankenbehandlung notwendig sein, um eine Krankheit zu erkennen, zu heilen, ihre Verschlimmerung zu verhüten oder Krankheitsbeschwerden zu lindern (vgl. die Kommentierung zu § 27 SGB V). Die kieferorthopädische Behandlung ist eine Maßnahme der Krankenbehandlung im Rahmen der in § 27 Abs. 1 Satz 2 Nr. 2 SGB V genannten zahnärztlichen Behandlung, die wiederum in § 28 Abs. 2 SGB V näher konkretisiert ist, d.h. es muss sich um die Tätigkeit des Zahnarztes handeln, die zur Verhütung, Früherkennung und Behandlung von Zahn-, Mund- und Kieferkrankheiten nach den Regeln der ärztlichen Kunst ausreichend und zweckmäßig ist. § 28 Abs. 2 Sätze 6 und 7 SGB V schließt allerdings die kieferorthopädische Behandlung von Versicherten, die das 18. Lebensjahr vollendet haben, grundsätzlich aus der Definition der zahnärztlichen Behandlung aus, es sei denn, es liegen die dort näher definierten schweren Kieferanomalien vor (vgl. die Kommentierung zu § 28 SGB V Rn. 59 ff.).

12 In diesem durch die §§ 27 und 28 Abs. 2 SGB V vorgegebenen Rahmen beschränkt § 29 **Abs. 1** SGB V den Anspruch auf kieferorthopädische Versorgung auf bestimmte medizinisch begründete **Indikationsgruppen**, die gemäß Absatz 4 in den Richtlinien des Bundesausschusses näher zu bestimmen sind. Neben der Beschränkung gemäß § 28 Abs. 2 Sätze 6 und 7 SGB V dient diese Regelung der weiteren **Begrenzung des Leistungsanspruchs** auf solche Fälle, in denen erhebliche Funktionsbeeinträchtigungen vorliegen oder drohen; sie soll einer Überinanspruchnahme von kieferorthopädischen Leistungen entgegenwirken.[22]

13 Nach **Absatz 2 Satz 1** haben die Versicherten zunächst einen **Eigenanteil** von 20 v.H. der Behandlungskosten selbst zu tragen. Der mehrfache Wechsel zwischen Sachleistung und Kostenerstattung im Laufe der Textgeschichte ist seit der Neufassung durch das GKV-SolG (vgl. Rn. 5) wieder im Sinne der Sachleistung entschieden. Die Vorleistung des Versicherten soll **Behandlungsabbrüchen entgegenwirken**.[23] Nach Absatz 2 **Satz 2** ist kein Eigenanteil zu zahlen für im Zusammenhang mit kieferorthopädischer Behandlung erbrachte **konservierend-chirurgische und Röntgenleistungen**. Die Regelung dient der Klarstellung, dass die sog. Begleitleistungen, die im Rahmen einer kieferorthopädischen Behandlung anfallen, nicht Bestandteil der kieferorthopädischen Versorgung sind, sondern als Sachleistung ohne Eigenanteil gemäß Satz 1 gewährt werden.[24] Absatz 2 **Satz 3** reduziert den Eigenanteil auf 10 v.H. für das zweite und jedes weitere Kind, wenn mindestens **zwei Kinder** eines gemeinsamen Haushalts sich gleichzeitig in orthopädischer Behandlung befinden. Hierdurch soll eine **finanzielle Überforderung** von Familien mit mehreren Kindern, die im selben Zeitraum kieferorthopädisch behandelt werden, vermieden werden.[25]

---

22 Amtl. Begründung zum Entwurf des GRG (vgl. Rn. 2), BT-Drs. 11/2237, S. 171.

23 Bericht des Ausschusses für Arbeit und Sozialordnung zum Entwurf des GRG (vgl. Rn. 2), BT-Drs. 11/3480, S. 51.

24 Begründung zum Entwurf des GSG (vgl. Rn. 3), BT-Drs. 12/3608, S. 79.

25 Bericht des Ausschusses für Arbeit und Sozialordnung zum Entwurf des GRG (vgl. Rn. 2), BT-Drs. 11/3480, S. 51.

Absatz 3 Satz 1 regelt die Abrechnungsmodalitäten. Die ausdrückliche Normierung des Abrechnungswegs dient der Klarstellung und erfolgte in Anlehnung an die entsprechende Regelung beim Zahnersatz.[26] Die in **Satz 2** geregelte **Rückzahlung des Eigenanteils** honoriert den ordnungsgemäßen Abschluss der Behandlung. 14

Absatz 4 Satz 1 enthält die Richtlinienermächtigung für den Gemeinsamen Bundesausschuss. Die Verpflichtung zur „befundbezogenen" Festlegung der Indikationsgruppen soll sicherstellen, dass die Indikationen nicht therapiebezogen definiert werden und die Abgrenzung zwischen medizinischer und ästhetischer Indikation erleichtert wird.[27] **Satz 2** enthält eine Verfahrensregelung, die eine gegenseitige Kontrolle der Selbstverwaltung ermöglicht.[28] 15

II. Anspruchsvoraussetzungen (Absatz 1)

Durch die Systematik der gesetzlichen Regelung (vgl. Rn. 9) ergeben sich die Anspruchsvoraussetzungen für die kieferorthopädische Behandlung nicht allein aus § 29 SGB V. Ergänzend sind die einschlägigen Anspruchsvoraussetzungen der §§ 27 und 28 SGB V zu berücksichtigen. Die Beschränkungen des § 29 SGB V beziehen sich nur auf den Anspruch auf kieferorthopädische Versorgung. Erfordert eine Kiefer- oder Zahnfehlstellung eine anderweitige zahnärztliche Behandlung, so unterliegt diese den allgemeinen Voraussetzungen des § 28 Abs. 2 SGB V, nicht aber den speziellen Voraussetzungen des § 29 SGB V. 16

1. Versicherte

Ebenso wie der allgemeine Anspruch auf Krankenbehandlung steht auch der Anspruch auf kieferorthopädische Behandlung nur „Versicherten" zu. Hierzu wird auf die Kommentierung zu § 27 SGB V Rn. 22 ff. verwiesen. 17

2. Kein Ausschluss gemäß § 28 Abs. 2 Sätze 6 und 7 SGB V

Nach § 28 Abs. 2 Satz 6 SGB V gehört die kieferorthopädische Behandlung von Versicherten, die zu Beginn der Behandlung das 18. Lebensjahr vollendet haben, nicht zur zahnärztlichen Behandlung. Für diesen Personenkreis besteht somit grundsätzlich kein Anspruch auf kieferorthopädische Behandlung. Eine Ausnahme gilt nach § 28 Abs. 2 Satz 7 SGB V nur für Versicherte mit schweren Kieferanomalien, die ein Ausmaß haben, das kombinierte kieferchirurgische und kieferorthopädische Behandlungsmaßnahmen erfordert. Die gesetzestechnisch als Einschränkung der Definition der zahnärztlichen Behandlung formulierte Regelung bewirkt einen generellen **Ausschluss des Anspruchs auf kieferorthopädische Behandlung für erwachsene Versicherte ohne schwere Kieferanomalien**. Zu den Einzelheiten wird auf die Kommentierung zu § 28 SGB V Rn. 59 ff. verwiesen. Unabhängig vom Vorliegen schwerer Kieferanomalien besteht der Anspruch somit nur für jugendliche Versicherte, die zu Beginn der Behandlung das 18. Lebensjahr noch nicht vollendet haben.[29] Die Regelung trägt dem Umstand Rechnung, dass die kieferorthopädische Behandlung aus medizinischen Gründen vor Abschluss des Körperwachstums begonnen werden soll und bei Erwachsenen überwiegend aus ästhetischen Gründen oder wegen mangelnder zahnmedizinischer Vorsorge in früheren Jahren erfolgt.[30] 18

3. Indikationsgruppen

Nach Absatz 1 besteht der Anspruch auf kieferorthopädische Versorgung in medizinisch begründeten Indikationsgruppen, bei denen eine Kiefer- oder Zahnfehlstellung vorliegt, die das Kauen, Beißen, Sprechen oder Atmen erheblich beeinträchtigt oder zu beeinträchtigen droht. Die Regelung bewirkt eine gegenüber dem allgemeinen Anspruch auf zahnärztliche Behandlung nach § 28 Abs. 2 Satz 1 SGB V weitergehende **Beschränkung des Anspruchs** für das zahnärztliche Spezialgebiet der kieferorthopädischen Behandlung. Die Notwendigkeit zur Beschränkung des Anspruchs auf kieferorthopädische Behandlung ergab sich, nachdem das Bundessozialgericht Kiefer- und Zahnanomalien, die zu 19

---

[26] Beschlussempfehlung und Bericht des Ausschusses für Gesundheit zum GKV-SolG (vgl. Rn. 5), BT-Drs. 14/157, S. 33.

[27] Begründung zum Entwurf des GKV-Gesundheitsreformgesetzes (vgl. Rn. 6), BT-Drs. 14/1245, S. 65.

[28] Begründung zum Entwurf des GKV-Gesundheitsreformgesetzes (vgl. Rn. 6), BT-Drs. 14/1245, S. 65.

[29] Zu Einschränkungen der Behandlungsbedürftigkeit bei jüngeren Versicherten vgl. Rn. 21.

[30] Amtl. Begründung zum Entwurf des GSG (vgl. Rn. 3), BT-Drs. 12/3608, S. 79.

erheblichen Funktionsstörungen beim Beißen, Kauen und Artikulieren der Sprache führen, als behandlungsbedürftige Krankheit gewertet hatte[31] und daraufhin die Ausgaben für solche Behandlungen rasant anstiegen.[32] Die Beschränkung des Anspruchs wird erreicht durch

- die **gesetzliche Definition der Behandlungsbedürftigkeit** auf Fälle, bei denen die Kiefer- oder Zahnfehlstellung das Kauen, Beißen, Sprechen oder Atmen erheblich beeinträchtigt oder zu beeinträchtigen droht und
- die **zusätzliche Beschränkung auf medizinisch begründete Indikationsgruppen**, die gemäß Absatz 4 vom GBA in Richtlinien befundbezogen und objektiv überprüfbar festzulegen sind.

Hierbei gibt die gesetzliche Beschränkung der Behandlungsbedürftigkeit den Rahmen vor, innerhalb dessen der GBA die medizinisch begründeten Indikationsgruppen näher zu bestimmen hat. In der Praxis ist vorrangig zu prüfen, ob die begehrte kieferorthopädische Behandlung unter die Richtlinienindikationen fällt.

a. Behandlungsbedürftige Kiefer- oder Zahnfehlstellung

20 Nach der Vorgabe des Gesetzestexts setzt der Anspruch auf kieferorthopädische Behandlung voraus, dass die Kiefer- oder Zahnfehlstellung das **Kauen, Beißen, Sprechen oder Atmen** erheblich beeinträchtigt oder zu beeinträchtigen droht. Damit wird die Behandlungsbedürftigkeit mit den Mitteln der Kieferorthopädie gesetzlich definiert. Nach B.1. der KFO-RL besteht Behandlungsbedürftigkeit auch dann, wenn eine andere Funktion, wie z.B. Nasenatmung, Mundschluss oder Gelenkfunktion, erheblich beeinträchtigt ist oder beeinträchtigt zu werden droht. Da in den Richtlinien die gesetzlichen Anspruchsvoraussetzungen nicht erweitert werden dürfen, ist diese Regelung gesetzeskonform dahin auszulegen, dass die genannten „anderen" Funktionsbeeinträchtigungen letztlich doch das Kauen, Beißen, Sprechen oder Atmen beeinträchtigen müssen.

21 Nach B.7. der KFO-RL sollen kieferorthopädische Behandlungen nicht **vor Beginn der zweiten Phase des Zahnwechsels** (spätes Wechselgebiss) begonnen werden; vorher sind kieferorthopädische Maßnahmen nur in den in B.8. der KFO-RL näher bestimmten **Ausnahmefällen** angezeigt. Die Regelung enthält eine normative Bestimmung der Notwendigkeit der kieferorthopädischen Behandlung.

22 Bei **künftig drohenden** erheblichen Beeinträchtigungen ist die Behandlung notwendig, wenn die Gefahr einer Verschlimmerung wahrscheinlich ist. Ist diese Gefahr nicht wahrscheinlich, genügt es auch, wenn sie keine entfernte Möglichkeit darstellt und zusätzlich die Entwicklung des Gebisses nur in bestimmten Phasen des Frühstadiums günstig beeinflusst werden kann und bei rechtzeitiger Einleitung der Behandlung eine Verbesserung des anomalen Zustands gewährleistet erscheint, wobei das Risiko einer unterlassenen oder zu spät eingeleiteten Behandlung abzuwägen ist mit dem Ausmaß und der Schwere der Gefährdung.[33]

b. Behandlungsfähigkeit mit Mitteln der Kieferorthopädie

23 Neben der Behandlungsbedürftigkeit muss auch Behandlungsfähigkeit gegeben sein und zwar mit den speziellen Mitteln der Kieferorthopädie. Dies ist nach B.1. der KFO-RL der Fall, wenn nach Abwägung aller zahnärztlich-therapeutischen Möglichkeiten durch kieferorthopädische Behandlung die Beeinträchtigung mit **Aussicht auf Erfolg** behoben werden kann.

c. Indikationsgruppen nach KFO-RL

24 Die Zugehörigkeit der Funktionsbeeinträchtigung zu den durch die gemäß Absatz 4 vom GBA in den KFO-RL bestimmten Indikationsgruppen ist Tatbestandsvoraussetzung. Den Richtlinien kommt **normative Wirkung** zu.[34] Anlage 1 zur KFO-RL enthält eine Tabelle mit Indikationsgruppen, die wiederum in 5 Grade des Behandlungsbedarfs aufgeteilt sind. Ein Anspruch auf kieferorthopädische Versorgung besteht nur in den Behandlungsbedarfsgraden 3, 4 und 5.[35] Zu den Indikationsgruppen zählen folgende Befunde:

- Lippen-Kiefer-Gaumenspalte und andere kraniofaziale Anomalien,

---

31 BSG v. 20.10.1972 - 3 RK 93/71 - BSGE 35, 10, 12; BSG v. 23.02.1973 - 3 RK 82/72 - Breith 1973, 603.

32 *Wagner* in: Krauskopf, Soziale Krankenversicherung, Pflegeversicherung, § 29 SGB V Rn. 4.

33 BSG v. 20.10.1972 - 3 RK 93/71 - BSGE 35, 10, 12; BSG v. 23.02.1973 - 3 RK 82/72 - Breith 1973, 603.

34 Dazu näher *Schmidt* in: Peters, Handbuch KV (SGB V), § 29 Rn. 35 f.; *Höfler* in: KassKomm, SGB V, § 29 Rn. 16 ff.

35 B.2. der KFO-RL und Anlage 2 zu Abschnitt B.2.

- Zahnunterzahl (Aplasie oder Zahnverlust), wenn präprothetische Kieferorthopädie oder kieferorthopädischer Lückenschluss indiziert,
- Durchbruchstörungen,
- sagittale Stufe (distal oder mesial),
- vertikale Stufe (offen – auch seitlich – oder tief),
- transversale Abweichung (Bukkal-/Lingual-Okklusion, beidseitiger oder einseitiger Kreuzbiss),
- Kontaktpunktabweichung (Zahnfehlstellung), Engstand,
- Platzmangel.

III. Rechtsfolgen

Sind die Anspruchsvoraussetzungen erfüllt, hat der Versicherte **Anspruch auf kieferorthopädische Versorgung** (Absatz 1). Die Versorgung erfolgt grundsätzlich als Sachleistung; der Versicherte hat (vorläufig) einen Eigenanteil von 20% (Absatz 2 Satz 1) bzw. 10% (Absatz 2 Satz 3) zu tragen. 25

1. Kieferorthopädische Versorgung (Absatz 1)

a. Umfang im Rahmen der Leistungsvoraussetzungen

Nach der berufsrechtlichen **Definition** der Weiterbildungsordnungen umfasst das Gebiet der **Kieferorthopädie** die Erkennung, Verhütung und Behandlung von Fehlbildungen des Kauorgans, von Zahnfehlstellungs- und Bissanomalien sowie Kieferfehlbildungen, Deformierungen der Kiefer und des Gesichtsschädels.[36] Die der berufsrechtlichen Gebietsbezeichnung zugrunde liegende Definition der Kieferorthopädie reicht weiter als der durch die oben genannten Anspruchsvoraussetzungen umgrenzte Leistungsanspruch in der Gesetzlichen Krankenversicherung. Entsprechend dem durch die Anspruchsvoraussetzungen eingegrenzten Leistungsbereich sind die im Rahmen der vertragsärztlichen Versorgung abrechnungsfähigen kieferorthopädischen Leistungen durch **Teil 3 Bema-Z**[37] festgelegt, wobei nach der Vorbemerkung zu Teil 3 die in diesem Teil nicht aufgeführten Leistungen nach den Teilen 1 und/oder 2 abgerechnet werden können. Soweit im Rahmen der kieferorthopädischen Leistung auch zahntechnische Leistungen erbracht werden, werden sie leistungsrechtlich von § 29 SGB V und nicht von den Regelungen über Zahnersatz erfasst.[38] Zusätzlich begrenzt wird der Leistungsanspruch durch das **Wirtschaftlichkeitsgebot** (§§ 2, 12 Abs. 1 SGB V); d.h. die kieferorthopädischen Maßnahmen dürfen das Maß des Notwendigen nicht überschreiten. 26

Nicht zur kieferorthopädischen Behandlung zählen im Zusammenhang mit ihr erbrachte **konservierend-chirurgische und Röntgenleistungen**. Diese sog. Begleitleistungen zählen vielmehr zur (allgemeinen) zahnärztlichen Behandlung i.S.d. § 28 Abs. 2 SGB V, auf die ein Sachleistungsanspruch in Höhe der vollen Kosten ohne Kostenanteil des Versicherten besteht. Dies wird durch die Ausnahme von der Eigenanteilregelung in Absatz 2 Satz 2 klargestellt.[39] 27

b. Mehrkosten

Anders als § 28 Abs. 2 Sätze 2 und 3 SGB V für Zahnfüllungen sowie § 55 Abs. 4 und 5 SGB V für Zahnersatz enthält § 29 SGB V für die kieferorthopädische Versorgung **keine ausdrückliche Mehrkostenregelung**. Nach der Begründung zum Entwurf des GRG[40], das für kieferorthopädische Leistungen noch einen Kostenerstattungsanspruch vorsah, sollte der Versicherte, der eine über das Notwendige hinausgehende kieferorthopädische Behandlung durchführen ließ, die das Notwendige übersteigenden Leistungen selbst tragen und nach GOZ an den Zahnarzt zahlen. Unter Berufung auf diese Entwurfsbegründung geht die wohl h.M.[41] davon aus, dass auch bei der kieferorthopädischen Behandlung 28

---

[36] Vgl. § 9 Abs. 2 Muster-Weiterbildungsordnung der Bundeszahnärztekammer vom 20.05.1996, geändert durch Beschluss vom 27.03.1998 (Muster-WBO).

[37] Einheitlicher Bewertungsmaßstab für zahnärztliche Leistungen gemäß § 87 Abs. 2 und 2d SGB V (Bema-Z) in der ab 01.01.2004 geltenden Fassung (abgedruckt in Aichberger-Ergänzungsband Nr. 1219), im Zeitraum vom 01.07.1999-31.12.2003 galt der Einheitliche Bewertungsmaßstab für vertragsärztliche Leistungen (BEMA-Z; abgedruckt in Aichberger-Ergänzungsband als Anlage A zum BMV-Z 1220).

[38] Amtl. Begründung zum Entwurf des GRG BR-Drs. 200/88, S. 171.

[39] Begründung zum Entwurf des GSG (vgl. Rn. 3), BT-Drs. 12/3608, S. 79; vgl. dazu auch Rn. 3, Rn. 13.

[40] BR-Drs. 200/88, S. 171; vgl. Rn. 2.

[41] *Engelhard* in: Hauck/Noftz, SGB V, § 29 Rn. 32 ff.; *Wagner* in: *Krauskopf*, Soziale Krankenversicherung, Pflegeversicherung, Rn. 13; *Höfler* in: KassKomm, SGB V, § 29 Rn. 9c.

eine über das Notwendige hinausgehende aufwändigere Behandlung generell bis zum Maß des Notwendigen (abzüglich des vorläufigen Versichertenanteils) von der Krankenkasse zu tragen ist und lediglich die Mehrkosten von dem Versicherten selbst zu tragen sind. Nachdem das BSG in seiner neueren Rechtsprechung einen Anspruch auf sog. „Stellvertreterleistungen" verneint, dürfte zu differenzieren sein (vgl. dazu die Kommentierung zu § 27 SGB V Rn. 79 f. m.w.N.): Enthält die aufwändigere Leistung als „**Teilleistung**" eine nach § 29 SGB V geschuldete kieferorthopädische Leistung, so hat die Krankenkasse diese Teilleistung als Sachleistung zu erbringen, die darüber hinausgehenden Kosten für die aufwändigere Behandlung hat der Versicherte selbst zu tragen. Handelt es sich bei der aufwändigeren Behandlung um eine „andere" Leistung, in der die nach § 29 SGB V geschuldete Leistung auch nicht als Teilleistung oder Behandlungsschritt enthalten ist, so greift – mangels ausdrücklicher Mehrkostenregelung – das allgemeine Verbot der Stellvertreterleistungen, der Versicherte hat die gesamten Behandlungskosten selbst zu tragen.[42]

c. Leistungserbringer

29 Die kieferorthopädische Behandlung gemäß § 29 SGB V ist gesetzestechnisch Teil der zahnärztlichen Behandlung, denn § 28 Abs. 2 Satz 6 SGB V schließt nur die kieferorthopädische Behandlung von Erwachsenen ohne schwere Kieferanomalien aus der Definition der zahnärztlichen Behandlung aus. Mangels abweichender Vorschriften darf die kieferorthopädische Behandlung **von jedem Zahnarzt** (vgl. die Kommentierung zu § 28 SGB V Rn. 46) erbracht werden, sofern dieser an der vertragsärztlichen Versorgung teilnimmt (§ 76 Abs. 1 Satz 1 SGB V). Scheidet der behandelnde Zahnarzt nach Beginn der Behandlung aus der vertragsärztlichen Versorgung aus, darf die Weiterbehandlung nicht zu Lasten der Krankenkasse erfolgen. Der Umstand, dass die kieferorthopädische Behandlung auf Grund des vom Zahnarzt erstellten Behandlungsplans zu Beginn der Behandlung von der Krankenkasse genehmigt wurde, begründet keinen Anspruch auf Weiterbehandlung durch den ausgeschiedenen Zahnarzt, vielmehr muss der Versicherte die Behandlung bei einem anderen, an der vertragsärztlichen Versorgung teilnehmenden Zahnarzt fortsetzen.[43] Ein nicht an der vertragsärztlichen Versorgung teilnehmender Zahnarzt darf nur in Notfällen in Anspruch genommen werden (§ 76 Abs. 1 Satz 2 SGB V). Die Berechtigung zur Leistungserbringung ist nicht davon abhängig, dass der Zahnarzt die nach Maßgabe der Weiterbildungsordnungen verliehene Gebietsbezeichnung „Kieferorthopädie"[44] führt.[45]

2. Leistungsmodalitäten (Absätze 2, 3)

a. Sachleistung

30 Nach der seit 01.01.1999 geltenden Gesetzesfassung ist die kieferorthopädische Versorgung mangels abweichender Regelung wieder als **Sachleistungsanspruch** ausgestaltet.[46] Eine Kostenerstattung kommt nur unter den Voraussetzungen des § 13 SGB V in Betracht. Der Leistungsanspruch ist auf Gewährung der vollständigen Leistung als Sachleistung gerichtet; solange die Behandlung nicht abgeschlossen ist, hat der Versicherte jedoch den Versichertenanteil nach Absatz 2 Satz 1 oder 3 an den Zahnarzt zu zahlen.[47] Im Rahmen der Sachleistung rechnet der Zahnarzt die kieferorthopädische Behandlung abzüglich des (vorläufigen) Versichertenanteils mit der Kassenzahnärztlichen Vereinigung (KZÄV) ab (Absatz 3 Satz 1). Da für die in Absatz 2 Satz 2 genannten konservierend-chirurgischen und Röntgenleistungen kein Versichertenanteil anfällt, kann der Zahnarzt diese Leistungen zu 100% abrechnen. Da sich die kieferorthopädische Behandlung in der Regel über einen langen Zeitraum erstreckt, ist eine abschlagsweise Abrechnung nach Behandlungsfortschritt angemessen. § 16 Abs. 1

[42] Unklar, aber im Ergebnis wohl ähnlich *Schmidt* in: Peters, Handbuch KV (SGB V), § 29 Rn. 24.

[43] BSG v. 18.01.1996 - 1 RK 22/95 - juris Rn. 15 ff.

[44] Vgl. § 9 Abs. 1 Muster-WBO (Muster-Weiterbildungsordnung der Bundeszahnärztekammer vom 20.05.1996, geändert durch Beschluss vom 27.03.1998).

[45] Vgl. § 10a BMV-Z, der die Ermächtigung weiterer Zahnärzte zur Durchführung kieferorthopädischer Behandlung vorsieht ohne zu verlangen, dass es sich hierbei um Zahnärzte mit der Gebietsbezeichnung Kieferorthopädie handelt.

[46] § 2 Abs. 2; zu den Vorgängerregelungen vgl. Rn. 1 ff.

[47] Vgl. amtl. Begründung zum GRG, BR-Drs. 200/88, S. 171; die zwischenzeitliche Umstellung des Kostenerstattungsanspruchs auf einen Sachleistungsanspruch ändert nichts daran, dass der Leistungsanspruch an sich auf die volle Leistung gerichtet ist und der Eigenanteil nur vorläufig vom Versicherten zu zahlen ist.

Satz 1 EKV-Z[48] sieht eine vierteljährliche Abrechnung der kieferorthopädischen Leistungen mit der Krankenkasse vor. Soweit keine vertragliche Regelung besteht, gilt gemäß § 69 Satz 3 SGB V im Zweifel § 614 BGB entsprechend, d.h. die Vergütung würde erst nach Abschluss der Behandlung fällig.

b. Vorläufiger Versichertenanteil (Absatz 2 Satz 1)

Nach Absatz 2 Satz 1 leisten Versicherte zu der kieferorthopädischen Behandlung nach Absatz 1 einen Anteil in Höhe von **20%** der Kosten (unmittelbar) an den Vertragszahnarzt. **Zweck** des Versichertenanteils ist es, Behandlungsabbrüchen entgegenzuwirken, da kieferorthopädische Maßnahmen in der Regel eine länger dauernde Behandlung erfordern[49] und der Erfolg der Behandlung wesentlich von der Mitwirkung des Versicherten und ggf. der Erziehungsberechtigten abhängt[50]. Der Versichertenanteil ist **nicht für** im Zusammenhang mit kieferorthopädischer Behandlung erbrachte **konservierend-chirurgische und Röntgenleistungen (Absatz 2 Satz 2)** zu erheben, da diese nicht zur kieferorthopädischen Behandlung zählen (vgl. Rn. 27). 31

Von dem Versichertenanteil gibt es **keine Befreiung**, da es hierfür an einer gesetzlichen Grundlage fehlt. Insbesondere ist § 62 SGB V nicht anwendbar, da der Versichertenanteil keine „Zuzahlung“ im Sinne des § 61 SGB V ist. Bei **Sozialhilfeempfängern** sind Eigenbeteiligungen Bestandteil des notwendigen Lebensunterhalts und mit den Regelsätzen abgegolten; eine Übernahme der Eigenbeteiligung als Leistung der Hilfe bei Krankheit (§§ 48, 52 SGB XII) ist deshalb ausgeschlossen.[51] Bei besonderen Notlagen kann allenfalls ein ergänzendes Darlehen nach § 37 SGB XII in Betracht kommen (zum Rückzahlungsanspruch in diesen Fällen vgl. Rn. 44). Der Versichertenanteil ist **keine „Zahlung“ im Sinne des § 43b SGB V** (vgl. die Kommentierung zu § 43b SGB V)[52], d.h. bei Zahlungsverzug des Versicherten muss der behandelnde Zahnarzt den Anteil selbst einziehen, er trägt das Zahlungsrisiko. In entsprechender Anwendung des § 614 BGB ist die Vergütung grds. erst nach Beendigung der Behandlung **fällig**, eine andere vertragliche Gestaltung der Fälligkeit, etwa im Sinne einer Vorschusszahlung oder abschnittsweisen Vergütung ist zulässig.[53] Zur Sicherung seines Anspruchs auf den Eigenanteil kann sich der Zahnarzt den Rückzahlungsanspruch des Versicherten gegen die Krankenkasse abtreten lassen.[54] 32

c. Reduzierter Versichertenanteil bei Kinderbehandlung (Absatz 2 Satz 3)

Nur **10%** beträgt der vorläufige Versichertenanteil für das zweite und jedes folgende Kind unter folgenden Voraussetzungen: 33

- gleichzeitige kieferorthopädische Behandlung von mindestens zwei versicherten Kindern,
- die bei Beginn der Behandlung das 18. Lebensjahr noch nicht vollendet haben und
- mit ihren Erziehungsberechtigten in einem gemeinsamen Haushalt leben.

Es muss sich um **versicherte Kinder** handeln. Versichert sind Kinder, wenn sie selbst Mitglied sind oder nach § 10 SGB V familienversichert sind. Als Kinder gelten auch die in § 10 Abs. 4 SGB V genannten Personen.[55] Der reduzierte Eigenanteil gilt nur für Kinder, die **das 18. Lebensjahr noch nicht vollendet** haben, unabhängig davon, ob sie über diese Altersgrenze hinaus nach § 10 Abs. 2 Nr. 2 und 3 SGB V weiter als „Kinder“ versichert sind. Der für die Altersgrenze maßgebliche **Beginn der Behandlung** ist in der Regel der Zeitpunkt der Aufstellung des Behandlungsplans (zu Einzelheiten und Ausnahmen vgl. die Kommentierung zu § 28 SGB V Rn. 60). Die Vollendung des 18. Lebensjahres nach Beginn der Behandlung ist unschädlich. 34

Es müssen sich **mindestens zwei** der genannten Kinder **gleichzeitig** in kieferorthopädischer Behandlung befinden. Das ergibt sich, obwohl nicht ausdrücklich erwähnt, aus dem Gesetzeswortlaut sowie aus dem Zweck der Regelung, die eine finanzielle Überforderung von Familien mit mehreren Kindern, 35

---

[48] Ersatzkassenvertrag-Zahnärzte in der seit 01.01.2005 geltenden Fassung (abgedruckt in Aichberger-Ergänzungsband Nr. 1000).

[49] Bericht des Ausschusses für Arbeit und Sozialordnung zum Entwurf des GRG, BT-Drs. 11/3480, S. 51, vgl. auch Rn. 2.

[50] B.12. der KFO-Richtlinien (vgl. Rn. 8).

[51] *Lippert* in: Mergler/Zink, Handbuch der Grundsicherung und Sozialhilfe, Teil II, § 52 SGB XII Rn. 9.

[52] *Höfler* in: KassKomm, SGB V, § 29 Rn. 14, § 43b Rn. 3; *Noftz* in: Hauck/Noftz, SGB V, § 43b Rn. 9.

[53] Zur Abdingbarkeit des § 614 BGB siehe *Lengleitner* in: jurisPK-BGB, 2. Aufl. 2004, § 314 Rn. 12 ff.

[54] *Engelhard* in: Hauck/Noftz, SGB V, § 29 Rn. 39 m.w.N.

[55] Ebenso *Engelhard* in: Hauck/Noftz, SGB V, § 29 Rn. 45.

die „im selben Zeitraum“ kieferorthopädisch behandelt werden, vermeiden soll.[56] Die Behandlung der Kinder muss zwar nicht gleichzeitig begonnen haben; die Reduzierung erfolgt jedoch nur, solange die gleichzeitige Behandlung andauert.

36 **Erziehungsberechtigte** sind die Personen, denen nach den §§ 1626 ff. BGB die elterliche Sorge zusteht[57]; maßgeblich ist die Personensorge nach § 1631 BGB. Nach dem Gesetzeswortlaut müssen die (mindestens zwei) Kinder mit „ihren Erziehungsberechtigten“ (Plural) in einem gemeinsamen Haushalt leben. Nach dem Zweck der Regelung genügt es, wenn die Kinder (auch gemeinsam) nur einen Erziehungsberechtigten haben. Unerheblich ist, ob der Erziehungsberechtigte seinerseits versichert ist.[58] Unter einem **gemeinsamen Haushalt** ist das Zusammenleben mit gemeinschaftlicher Lebens- und Wirtschaftsführung für eine gewisse Dauer zu verstehen.[59]

d. Rückzahlungsanspruch nach Behandlungsabschluss (Absatz 3 Satz 2)

37 Nach Absatz 3 Satz 2 zahlt die Krankenkasse den vom Versicherten (vorläufig) geleisteten Eigenanteil an den Versicherten zurück, wenn die Behandlung in dem durch den Behandlungsplan bestimmten medizinisch erforderlichen Umfang abgeschlossen worden ist. Erst durch diese Bestimmung wird die Vorläufigkeit des Versichertenanteils deutlich. Anders als Zuzahlungen nach § 60 SGB V dient der vorläufige Versichertenanteil nicht unmittelbar der Kostendämpfung, sondern insbesondere der Motivation der Versicherten bzw. ihrer Erziehungsberechtigten, die u.U. länger andauernde kieferorthopädische Behandlung nicht abzubrechen (vgl. Rn. 31).

38 In dem durch den Behandlungsplan bestimmten medizinisch erforderlichen Umfang **abgeschlossen** ist die Behandlung, wenn die im Behandlungsplan vorgesehenen Behandlungsschritte durchgeführt worden sind. Maßgeblich ist grundsätzlich der bei Beginn der Behandlung aufgestellte und von der Krankenkasse genehmigte **Behandlungsplan**, ggf. unter Berücksichtigung von Ergänzungen und Änderungen auf Vorschlag des von der Krankenkasse beauftragten Gutachters[60] sowie unter Berücksichtigung von später genehmigten Verlängerungen und Therapieänderungen[61]. Auf den Erfolg der Behandlung kommt es grundsätzlich nicht an.[62]

39 In folgenden Fällen ist die Behandlung als ordnungsgemäß **abgeschlossen** zu werten**, obwohl der Behandlungsplan nicht eingehalten wurde**:

- Wenn der **medizinische Erfolg** bereits vor Abschluss aller im Behandlungsplan vorgesehenen Maßnahmen **eingetreten** ist und eine weitere Behandlung deshalb medizinisch nicht erforderlich ist.[63]
- Wenn der Zahnarzt die geplante Behandlung abbricht, weil sich im Laufe der Behandlung herausgestellt hat, dass nach gesicherter medizinischer Erkenntnis ein **Erfolg nicht eintreten kann** (Vorrang des Wirtschaftlichkeitsgebots).[64] Das gilt nur, wenn der Abbruch der Behandlung nicht vom Versicherten zu verantworten ist (vgl. dazu Rn. 40).
- Wenn die weitere planmäßige Durchführung der Behandlung **objektiv unmöglich** wird (z.B. beim Tod des behandelten Versicherten[65] oder wegen längerer Erkrankung des Versicherten[66]). Entgegen dem in der Entwurfsbegründung angeführten Beispiel (Tod des behandelnden Zahnarztes[67]) begründet das Unvermögen des behandelnden Zahnarztes zur weiteren Behandlung keine objektive Un-

[56] Bericht des Ausschusses für Arbeit und Sozialordnung zum Entwurf des GRG, BT-Drs. 11/3480, S. 51; ebenso *Schmidt* in: Peters, Handbuch KV (SGB V), § 29 Rn. 46.

[57] Vgl. *Pieroth* in: Jarass/Pieroth, GG, 7. Aufl. 2004, Art. 6 Rn. 32, 36.

[58] Insoweit missverständlich *Engelhard* in: Hauck/Noftz, SGB V, § 29 Rn. 48; *Höfler* in: KassKomm, SGB V, § 29 Rn. 13.

[59] *Wagner* in: jurisPK SGB I, § 56 Rn. 14 m.w.N.

[60] Vgl. Nr. 2 Satz 2 Anhang zur Vereinbarung über das Gutachterverfahren bei kieferorthopädischen Maßnahmen (Aichberger-Ergänzungsband Nr. 926).

[61] Vgl. § 1 Abs. 1 Satz 3 Vereinbarung über das Gutachterverfahren bei kieferorthopädischen Maßnahmen (Aichberger-Ergänzungsband Nr. 925).

[62] BSG v. 06.06.1991 - 3 RK 12/90 - juris Rn. 19.

[63] *Engelhard* in: Hauck/Noftz, SGB V, § 29 Rn. 52; *Höfler* in: KassKomm, SGB V, § 29 Rn. 15a; *Schmidt* in: Peters, Handbuch KV (SGB V), § 29 Rn. 50.

[64] BSG v. 06.06.1991 - 3 RK 12/90 - juris Rn. 19.

[65] Amtl. Begründung zum Entwurf des GRG, BR-Drs. 200/88, S. 171; BSG v. 06.06.1991 - 3 RK 12/90 - juris Rn. 19.

[66] BSG v. 15.01.1986 - 3 RK 61/84 - BSGE 59, 272, 276; *Engelhard* in: Hauck/Noftz, SGB V, § 29 Rn. 56.

[67] BR-Drs. 200/88, S. 171.

möglichkeit, wenn die Behandlung von einem anderen Zahnarzt fortgesetzt werden kann[68]. Gleiches gilt wenn der behandelnde Zahnarzt erkrankt, aus der vertragsärztlichen Versorgung ausscheidet, die Behandlung ohne rechtfertigenden Grund abbricht oder dem Versicherten die weitere Behandlung in seiner Praxis unzumutbar macht.[69] Allerdings wird man in diesen Fällen die Krankenkasse für verpflichtet halten müssen, den Versicherten auf seine Verpflichtung zur Fortsetzung der Behandlung bei einem anderen Zahnarzt hinzuweisen und ihm erforderlichenfalls einen zur Fortsetzung der Behandlung bereiten Zahnarzt zu benennen.

40 Der **Rückzahlungsanspruch** ist **ausgeschlossen**, wenn der **Abbruch der Behandlung vom Versicherten zu verantworten** ist.[70] Der **Abbruch** setzt weder eine bewusste Entscheidung noch eine auf den Abbruch gerichtete Willenserklärung noch ein Verschulden des Versicherten voraus, auch die Motive des Versicherten für den Abbruch sind grundsätzlich unerheblich; es kommt allein auf das tatsächliche Unterlassen der plangemäßen Behandlung an.[71] Vom Versicherten zu verantwortende **Verzögerungen oder Versäumungen** von Behandlungen sind als von ihm zu verantwortender Abbruch der Behandlung zu werten, wenn sie dazu führen, dass die Behandlung nicht mehr (mit Aussicht auf Erfolg) fortgesetzt werden kann.[72] Auch wenn die kieferorthopädische Behandlung wegen **mangelnder Mitarbeit** des Versicherten oder seines Erziehungsberechtigten oder wegen **mangelnder Mundhygiene** abgebrochen werden muss, ist der Erstattungsanspruch ausgeschlossen.[73]

41 Zurückzuzahlen ist „der **vom Versicherten geleistete Anteil** nach Absatz 2 Sätze 1 und 3". Bei strikter Wortlautinterpretation entstünde der Rückzahlungsanspruch nur dann, wenn der Versicherte seinen Versichertenanteil tatsächlich selbst an den Zahnarzt gezahlt hätte. Davon wird man – soweit die übrigen Anspruchsvoraussetzungen vorliegen – zwei **Ausnahmen** zulassen müssen:

- Der Rückzahlungsanspruch entsteht auch dann, wenn nicht der Versicherte selbst, sondern ein **Dritter** (z.B. der Erziehungsberechtigte oder der Unterhaltsverpflichtete) den Versichertenanteil „für den Versicherten" gezahlt hat.[74]
- Der Rückzahlungsanspruch entsteht auch dann, wenn der Versicherte den Versichertenanteil zwar nicht tatsächlich gezahlt, diesen jedoch **an den behandelnden Zahnarzt abgetreten** hat (zur Zulässigkeit der Abtretung vgl. Rn. 32). In diesen Fällen verstieße es gegen Treu und Glauben, wenn die Krankenkasse trotz erfolgreichen Abschlusses der Behandlung die Rückzahlung des Versichertenanteils verweigern und damit die (vollständige) Vergütung des Zahnarztes vereiteln könnte.

42 **Schuldner des Rückzahlungsanspruchs** ist die Krankenkasse, bei der der Versicherte während der kieferorthopädischen Behandlung versichert war. Der Anspruch richtet sich nicht gegen den Zahnarzt, an den der Versichertenanteil gezahlt wurde. Bei einem **Kassenwechsel** gilt: Wechselt der Patient während der Dauer der kieferorthopädischen Behandlung oder nach deren Abschluss von der gesetzlichen zu einer **privaten Krankenversicherung**, ist nach ordnungsgemäßem Abschluss der Behandlung der vom Versicherten während der Mitgliedschaft in der gesetzlichen Krankenversicherung entrichtete Versichertenanteil auch nach Beendigung der Mitgliedschaft zu erstatten; es ist nicht erforderlich, dass der Patient auch bei Abschluss der Behandlung noch „Versicherter" ist; § 19 Abs. 1 SGB V ist entsprechend restriktiv auszulegen.[75] Wechselt der Versicherte während der Dauer der Behandlung in eine **andere gesetzliche Krankenkasse**, haben die Krankenkassen jeweils den während der bei ihnen bestehenden Mitgliedschaft vom Versicherten getragenen Versichertenanteil zu erstatten.

43 **Gläubiger des Rückzahlungsanspruchs** ist entsprechend dem Gesetzeswortlaut grundsätzlich der **„Versicherte"**. Das gilt entgegen der Entwurfsbegründung[76] auch dann, wenn ein Dritter, z.B. der Erziehungsberechtigte, den Versichertenanteil an den Zahnarzt gezahlt hat; eine evtl. Rückzahlung hat im Innenverhältnis zwischen dem Versicherten und dem Dritten zu erfolgen.[77] Hat ein **Sozialhilfeträger**

[68] *Engelhard* in: Hauck/Noftz, SGB V, § 29 Rn. 56; *Schmidt* in: Peters, Handbuch KV (SGB V), § 29 Rn. 50; a.A. *Höfler* in: KassKomm, SGB V § 29 Rn. 15a.

[69] Insoweit wohl a.A. BSG v. 15.01.1986 - 3 RK 61/84 - BSGE 59, 272, 276; *Engelhard* in: Hauck/Noftz, SGB V, § 29 Rn. 56.

[70] BSG v. 06.06.1991 - 3 RK 12/90 - juris Rn. 19.

[71] BSG v. 15.01.1986 - 3 RK 61/84 - BSGE 59, 272, 274 ff.

[72] BSG v. 15.01.1986 - 3 RK 61/84 - BSGE 59, 272, 276.

[73] Vgl. B.12. der KFO-Richtlinien (vgl. Rn. 8).

[74] Ebenso *Engelhard* in: Hauck/Noftz, SGB V, § 29 Rn. 59; unklar *Höfler* in: KassKomm, SGB V, § 39 Rn. 15c.

[75] BSG v. 08.03.1995 - 1 RK 12/94 - juris Rn. 16 ff. - BSGE 76, 45-48.

[76] Amtl. Begründung zum Entwurf des GRG, BR-Drs. 200/88, S. 171 (vgl. Rn. 2).

[77] *Engelhard* in: Hauck/Noftz, SGB V, § 29 Rn. 59.

den Versichertenanteil (ggf. darlehensweise) übernommen, gilt der Rückzahlungsanspruch des Versicherten gemäß § 107 SGB X als erfüllt, soweit der Sozialhilfeträger gegen die Krankenkasse einen Erstattungsanspruch hat.[78]

IV. Richtlinien des Gemeinsamen Bundesausschusses (Absatz 4)

44 Auf der Grundlage der Ermächtigung in Absatz 4 **Satz 1** hat der Bundesausschuss der Zahnärzte und Krankenkassen die Richtlinien für die kieferorthopädische Behandlung erlassen (**KFO-RL**, vgl. Rn. 8). Die Richtlinien gelten auch nach Einführung des Gemeinsamen Bundesausschusses durch das GMG (vgl. Rn. 7) fort.[79] Die Verpflichtung des Bundesausschusses, die Indikationsgruppen „**befundbezogen**" zu bestimmen, soll sicherstellen, dass die Indikationen nicht wie früher therapiebezogen, sondern befundbezogen definiert werden; damit wird eine wesentlich trennschärfere Grenzziehung zwischen medizinischer und ästhetischer Indikation angestrebt. Durch **Satz 2** sollten Kontrollmöglichkeiten der Selbstverwaltung geschaffen werden, um der in der Vergangenheit zu freizügigen Auslegung der KFO-RL entgegenzuwirken (zum Ganzen vgl. Rn. 6).

C. Praxishinweise

I. Gutachterverfahren

45 Für die Durchführung kieferorthopädischer Behandlungen sehen die einschlägigen Verträge besondere Verfahren vor. Für den Bereich der **Primärkassen** gilt § 2 Abs. 3 BMV-Z[80] in Verbindung mit der Vereinbarung über das Gutachterverfahren bei kieferorthopädischen Maßnahmen[81] und dem Anhang zu dieser Vereinbarung[82]. Für die **Ersatzkassen** gelten §§ 14 Abs. 3, 23 EKV-Z[83] in Verbindung mit den Mustervordrucken Anlage B.8a, b, c, 9a, b[84]. Nach diesen vertraglichen Regelungen gestaltet sich das Verfahren bei der kieferorthopädischen Versorgung von Versicherten wie folgt:

- Der Zahnarzt hat vor Beginn der Behandlung einen Behandlungsplan aufzustellen und der Krankenkasse vorzulegen. Entsprechendes gilt bei einem Verlängerungsantrag oder einer Therapieänderung. Mit der Behandlung soll erst nach Erteilung der Kostenzusage begonnen werden. Rechtlich beginnt die Behandlung bereits mit der Aufstellung des Behandlungsplans; dieser Zeitpunkt ist insbesondere für die Bestimmung der Altersgrenze maßgeblich (vgl. Rn. 34).
- Die Krankenkasse kann ohne Begutachtung eine Kostenzusage erteilen oder ein Gutachterverfahren einleiten.
- Für den Fall der Begutachtung sendet die Krankenkasse den Behandlungsplan an den Zahnarzt zurück. Dieser hat dem von der Krankenkasse benannten Gutachter den Behandlungsplan und die Befundunterlagen zu übersenden. Der Gutachter nimmt zu dem Behandlungsplan Stellung und empfiehlt ggf. Ergänzungen und Änderungen, wenn die diagnostischen Unterlagen oder die therapeutischen Vorschläge unzureichend sind. Er hat die Therapiefreiheit des behandelnden Zahnarztes und die Wirtschaftlichkeit der Behandlung zu berücksichtigen.
- Gegen die Stellungnahme des Gutachters können der Zahnarzt oder die Krankenkasse bei der Kassenärztlichen Bundesvereinigung Einspruch einlegen. Ein von der Kassenzahnärztlichen Bundesvereinigung zu bestellender Obergutachter erstellt dann ein Obergutachten.

Dieses Gutachterverfahren soll Vorrang haben, schließt aber eine **Überprüfung durch** den Medizinischen Dienst der Krankenversicherung (**MDK**) nach § 275 SGB V nicht aus.[85]

[78] Vgl. *Engelhard* in: Hauck/Noftz, SGB V, § 29 Rn. 60 m.w.N.

[79] § 6 des als Art. 35 GMG verkündeten Gesetzes zu Übergangsregelungen zur Neuorganisation der vertragsärztlichen Selbstverwaltung und Organisation der Krankenkassen, BGBl I 2003, 2190, 2256.

[80] Bundesmantelvertrag-Zahnärzte vom 13.11.1985, zuletzt geändert durch Vereinbarung v. 25.10.2001, Aichberger-Ergänzungsband Nr. 900.

[81] Anlage 6 zum BMV-Z, zuletzt geändert durch Vereinbarung vom 25.10.2001, Aichberger-Ergänzungsband Nr. 925.

[82] Zuletzt geändert durch Vereinbarung vom 25.10.2001, Aichberger-Ergänzungsband Nr. 926.

[83] Ersatzkassenvertrag-Zahnärzte in der am 01.01.2005 in Kraft getretenen Fassung, Aichberger-Ergänzungsband Nr. 1000.

[84] Siehe Aichberger-Ergänzungsband Nr. 1008/1-3 und 1009/1-2, dort aber nicht mit Text abgedruckt.

[85] Vgl. amtl. Begründung zum GRG, BR-Drs. 200/88, S. 171 (vgl. Rn. 2); BSG v. 15.11.1995 - 6 RKa 17/95 - juris Rn. 18; zum Verhältnis der Prüfungsverfahren näher *Engelhard* in: Hauck/Noftz, SGB V, § 29 Rn. 71 f.

Ist der Zahnarzt der Auffassung, die beabsichtigte kieferorthopädische Behandlung gehöre nicht zur vertragszahnärztlichen Versorgung, hat er dies dem Versicherten und der Krankenkasse mitzuteilen. Die Krankenkasse kann auch zu dieser Frage ein Gutachterverfahren veranlassen. 46

II. Bewilligungsentscheidung

Die Bewilligung der kieferorthopädischen Behandlung ist ein **Verwaltungsakt**[86], der auch konkludent durch tatsächliche Aufnahme der Behandlung bekannt gegeben werden kann[87]. Das **Ergebnis der Begutachtung** bzw. der Prüfung durch den MDK bindet die Krankenkasse nicht, es hat lediglich die Qualität einer fachlichen Stellungnahme. Sofern der Bewilligungsbescheid keine Einschränkungen enthält, handelt es sich um einen Verwaltungsakt mit **Dauerwirkung** für die im Behandlungsplan vorgesehenen Behandlungsmaßnahmen, der von der Krankenkasse nur gemäß § 48 SGB X oder bei Rechtsänderungen gemäß einschlägigen Übergangsregelungen geändert werden kann.[88] Die Bindungswirkung erstreckt sich nicht auf die **Person des Zahnarztes**; scheidet dieser aus der vertragsärztlichen Versorgung aus, begründet die Bewilligung des Behandlungsplans keinen Anspruch auf Weiterbehandlung durch den nicht mehr an der vertragsärztlichen Versorgung teilnehmenden Arzt; einer Aufhebung der Bewilligung mit vorheriger Anhörung bedarf es hierfür nicht.[89] 47

---

[86] BSG v. 10.10.1979 - 3 RK 3/78 - BSGE 49, 68, 69; BSG v. 18.01.1996 - 1 RK 22/95 - juris Rn. 13 - BSGE 77, 227-234.

[87] *Höfler* in: KassKomm, SGB V, § 29 Rn. 24.

[88] BSG v. 06.06.1991- 3 RK 12/90 - juris Rn. 21; *Engelhard* in: Hauck/Noftz, SGB V, § 29 Rn. 67; anders noch BSG v. 10.10.1979 - 3 RK 3/78 - BSGE 49, 68, 70.

[89] BSG v. 18.01.1996 - 1 RK 22/95 - juris Rn. 15 ff. - BSGE 77, 227-234, vgl. Rn. 29.

§ 31 SGB V Arznei- und Verbandmittel

(Fassung vom 26.03.2007, gültig ab 01.04.2007, gültig bis 30.06.2008)

(1) Versicherte haben Anspruch auf Versorgung mit apothekenpflichtigen Arzneimitteln, soweit die Arzneimittel nicht nach § 34 oder durch Richtlinien nach § 92 Abs. 1 Satz 2 Nr. 6 ausgeschlossen sind, und auf Versorgung mit Verbandmitteln, Harn- und Blutteststreifen. Der Gemeinsame Bundesausschuss hat in den Richtlinien nach § 92 Abs. 1 Satz 2 Nr. 6 festzulegen, in welchen medizinisch notwendigen Fällen Aminosäuremischungen, Eiweißhydrolysate, Elementardiäten und Sondennahrung ausnahmsweise in die Versorgung mit Arzneimitteln einbezogen werden. Stoffe und Zubereitungen aus Stoffen, die als Medizinprodukte nach § 3 Nr. 1 oder Nr. 2 des Medizinproduktegesetzes zur Anwendung am oder im menschlichen Körper bestimmt und apothekenpflichtig sind und die bei Anwendung der am 31. Dezember 1994 geltenden Fassung des § 2 Abs. 1 des Arzneimittelgesetzes Arzneimittel gewesen wären, sind in die Versorgung mit Arzneimitteln einbezogen; die §§ 33a und 35 finden insoweit keine Anwendung. Der Vertragsarzt kann Arzneimittel, die auf Grund der Richtlinien nach § 92 Abs. 1 Satz 2 Nr. 6 von der Versorgung ausgeschlossen sind, ausnahmsweise in medizinisch begründeten Einzelfällen mit Begründung verordnen. Für die Versorgung nach Satz 1 können die Versicherten unter den Apotheken, für die der Rahmenvertrag nach § 129 Abs. 2 Geltung hat, frei wählen.

(2) Für ein Arznei- oder Verbandmittel, für das ein Festbetrag nach § 35 oder § 35a festgesetzt ist, trägt die Krankenkasse die Kosten bis zur Höhe dieses Betrages, für andere Arznei- oder Verbandmittel die vollen Kosten, jeweils abzüglich der vom Versicherten zu leistenden Zuzahlung und der Abschläge nach den §§ 130, 130a und dem Gesetz zur Einführung von Abschlägen der pharmazeutischen Großhändler. Hat die Krankenkasse mit einem pharmazeutischen Unternehmen, das ein Festbetragsarzneimittel anbietet, eine Vereinbarung nach § 130a Abs. 8 abgeschlossen, trägt die Krankenkasse abweichend von Satz 1 den Apothekenverkaufspreis dieses Mittels abzüglich der Zuzahlungen und Abschläge nach den §§ 130 und 130a Abs. 1, 3a und 3b. Diese Vereinbarung ist nur zulässig, wenn hierdurch die Mehrkosten der Überschreitung des Festbetrages ausgeglichen werden. Die Krankenkasse übermittelt die erforderlichen Angaben einschließlich des Arzneimittel- und des Institutionskennzeichens der Krankenkasse an die Vertragspartner nach § 129 Abs. 2; das Nähere ist in den Verträgen nach § 129 Abs. 2 und 5 zu vereinbaren. Versicherte und Apotheken sind nicht verpflichtet, Mehrkosten an die Krankenkasse zurückzuzahlen, wenn die von der Krankenkasse abgeschlossene Vereinbarung den gesetzlichen Anforderungen nicht entspricht.

(2a) Für Arzneimittel, die nicht in eine Festbetragsgruppe nach § 35 einzubeziehen sind, setzen die Spitzenverbände der Krankenkassen gemeinsam nach § 213 Abs. 2 einen Höchstbetrag fest, bis zu dem die Krankenkassen die Kosten tragen. Den pharmazeutischen Unternehmern ist vor der Entscheidung Gelegenheit zur Stellungnahme zu geben. Der Höchstbetrag ist auf Grund einer Bewertung nach § 35b Abs. 1 Satz 3 festzusetzen. Dabei sind die Entwicklungskosten angemessen zu berücksichtigen. Abweichend von Satz 3 kann der Höchstbetrag auch im Einvernehmen mit dem pharmazeutischen Unternehmer festgelegt werden. § 31 Abs. 2 Satz 1 gilt entsprechend. Arzneimittel, deren Kosteneffektivität erwiesen ist oder für die eine Kosten-Nutzen-Bewertung nur im Vergleich zur Nichtbehandlung erstellt werden kann, weil eine zweckmäßige Therapiealternative fehlt, sind von der Festsetzung eines Höchstbetrags auszunehmen. Eine Kosten-Nutzen-Bewertung kann als Grundlage für die Festsetzung eines Höchstbetrags erst erstellt werden, wenn hinreichende Erkenntnisse über die Wirksamkeit des Arzneimittels nach den Grundsätzen der evidenzbasierten Medizin vorliegen können.

(3) Versicherte, die das achtzehnte Lebensjahr vollendet haben, leisten an die abgebende Stelle zu jedem zu Lasten der gesetzlichen Krankenversicherung verordneten Arznei- und Verbandmittel als Zuzahlung den sich nach § 61 Satz 1 ergebenden Betrag, jedoch jeweils nicht mehr als die Kosten des Mittels. Satz 1 findet keine Anwendung bei Harn- und Blutteststreifen. Satz 1 gilt auch für Mittel und Medizinprodukte, die nach Absatz 1 Satz 2 und 3 in die Versorgung mit Arzneimitteln einbezogen worden sind. Die Spitzenverbände der Krankenkassen können durch Beschluss nach § 213 Abs. 2 Arzneimittel, deren Apothekeneinkaufspreis einschließlich Mehrwertsteuer mindestens um 30 vom Hundert niedriger als der jeweils gültige Festbetrag ist, der diesem Preis zugrunde liegt, von der Zuzahlung freistellen, wenn hieraus Einsparungen zu erwarten sind. Für andere Arzneimittel, für die eine Vereinbarung nach § 130a Abs. 8 besteht, kann die Krankenkasse die Zuzahlung um die Hälfte ermäßigen oder aufheben, wenn hieraus Einsparungen zu erwarten sind. Absatz 2 Satz 4 gilt entsprechend.

(4) Das Nähere zu therapiegerechten und wirtschaftlichen Packungsgrößen bestimmt das Bundesministerium für Gesundheit durch Rechtsverordnung ohne Zustimmung des Bundesrates. Ein Fertigarzneimittel, dessen Packungsgröße die größte der auf Grund der Verordnung nach Satz 1 bestimmte Packungsgröße übersteigt, ist nicht Gegenstand der Versorgung nach Absatz 1 und darf nicht zu Lasten der gesetzlichen Krankenversicherung abgegeben werden.

Gliederung

A. Basisinformationen

Der Anspruch auf die Versorgung mit Arzneimitteln gehört zu den zentralen Ansprüchen der Versicherten der gesetzlichen Krankenversicherung. Er folgt damit der besonderen Bedeutung, die Arzneimittel in der modernen Medizin für die Behandlung von Krankheiten haben. 1

I. Gesetzgebungsmaterialien

Die Vorschrift ist seit der Schaffung des SGB V im Jahr **1989** darin enthalten. Sie wurde danach wiederholt geändert: 2

Mit Wirkung zum **01.01.1992** wurde Absatz 3 neu gefasst durch Art. 1 des Zweiten Gesetzes zur Änderung des Fünften Buches Sozialgesetzbuch vom 20.12.1991.[1] 3

Mit Wirkung zum **01.01.1993** wurden die Absätze 2 und 3 neu gefasst und Absatz 4 angefügt durch Art. 1 des Gesundheitsstrukturgesetzes vom 21.12.1992.[2] 4

---

1 BGBl I 1991, 2325.

2 BGBl I 1992, 2266.

5 Mit Wirkung zum **01.01.1997** wurde Absatz 3 neu gefasst und Absatz 4 Satz 1 gestrichen durch Art. 2 des Beitragsentlastungsgesetzes vom 01.11.1996.[3]

6 Mit Wirkung zum **01.07.1997** wurde Absatz 1 neu gefasst und Absatz 3 geändert durch Art. 1 des 2. GKV-Neuordnungsgesetzes vom 23.06.1997.[4]

7 Mit Wirkung zum **01.01.1999** wurde die Norm umfassend durch Art. 1 des GKV-Solidaritätsstärkungsgesetzes vom 19.12.1998[5] geändert.

8 Absatz 1 Satz 1 wird durch Art. 1 des GKV-Gesundheitsreformgesetzes 2000 vom 22.12.1999[6] neu gefasst.

9 Mit Wirkung zum **03.08.2001** wurde Absatz 2 durch Art. 1 des Festbetrags-Anpassungsgesetzes vom 27.07.2001[7] geändert.

10 Mit Wirkung zum **07.11.2001** wurde Absatz 4 durch Art. 216 der Siebenten Zuständigkeitsanpassungs-Verordnung vom 29.10.2001[8] geändert.

11 Mit Wirkung zum **01.01.2002** wurden Absatz 1 Satz 3 und Absatz 3 Satz 3 durch Art. 12 des Zweiten Gesetzes zur Änderung des Medizinproduktegesetzes vom 13.12.2001[9] angefügt und Absatz 3 durch Art. 1 des Achten Euro-Einführungsgesetzes vom 23.10.2001[10] geändert.

12 Mit Wirkung zum **01.01.2003** wurde Absatz 2 neu gefasst durch Art. 1 des Beitragssatzsicherungsgesetzes vom 23.12.2002.[11]

13 Mit Wirkung zum **28.11.2003** wurde Absatz 4 Satz 1 durch Art. 204 der Achten Zuständigkeitsanpassungsverordnung vom 25.11.2003[12] geändert.

14 Mit Wirkung zum **01.01.2004** wurde die Norm durch Art. 1 des GKV-Modernisierungsgesetzes – GMG – vom 14.11.2003[13] umfassend geändert.

15 Mit Wirkung zum **01.05.2006** wurde durch Art. 1 Nr. 1 des Gesetzes zur Verbesserung der Wirtschaftlichkeit in der Arzneimittelversorgung vom 26.04.2006[14] in Absatz 2 die Sätze 2-5 angefügt und in Absatz 3 die Sätze 4 und 5 eingefügt.

16 Mit Wirkung zum **01.04.2007** wurde durch Art. 1 Nr. 16 Buchst. a) und b) bb) des Gesetzes zur Stärkung des Wettbewerbs in der gesetzlichen Krankenversicherung (GKV-Wettbewerbsstärkungsgesetz – GKV-WSG) vom 26.03.2007[15] Absatz 2a eingefügt und Absatz 3 geändert und um einen Satz 5 ergänzt.

17 Mit Wirkung vom **01.07.2008** wurde durch Artikel 1 Nr. 16 Buchst. b) aa) des Gesetzes zur Stärkung des Wettbewerbs in der gesetzlichen Krankenversicherung (GKV-Wettbewerbsstärkungsgesetzes – GKV-WSG) vom 26.03.2007[16] Absatz 3 Satz 4 neu gefasst.

II. Vorgängervorschriften

18 Frühere Normen waren **§ 182 Abs. 1 Nr. 1 lit. b RVO** (Arznei- und Verbandmittel) und **§ 182a RVO** (Verordnungsblattgebühr).

III. Parallelvorschriften

19 Für alle Bereiche des Sozialversicherungsrechts bestimmt **§ 26 Abs. 2 Nr. 3 SGB IX**, dass **medizinische Leistungen** zur Rehabilitation die Versorgung mit Arznei- und Verbandmitteln umfassen.

---

[3] BGBl I 1996, 1631.
[4] BGBl I 1997, 1520.
[5] BGBl I 1998, 3853.
[6] BGBl I 1999, 2626.
[7] BGBl I 2001, 1948.
[8] BGBl I 2001, 2785.
[9] BGBl I 2001, 3586.
[10] BGBl I 2001, 2702.
[11] BGBl I 2002, 4637.
[12] BGBl I 2003, 2304.
[13] BGBl I 2003, 2190.
[14] BGBl I 2006, 984.
[15] BGBl I 2007, 378.
[16] BGBl I 2007, 378.

Das Recht der gesetzlichen Unfallversicherung verfügt in den **§§ 27 Abs. 1 Nr. 4, 29, 33 Abs. 1 SGB VII** über eine ähnliche Anspruchsnorm, die die Festbetragsregelungen der §§ 35, 35a SGB V sowie die Rabattregelungen nach den §§ 130, 130a SGB V übernimmt. 20

§ 15 Satz 1 Nr. 2 MuSchG gibt Frauen, die in der gesetzlichen Krankenversicherung versichert sind, einen Anspruch auf Arzneimittel. 21

IV. Untergesetzliche Normen und Vorschriften

§ 31 Abs. 1 Satz 1 SGB V verweist auf **§ 34 SGB V**, der seinerseits in den Absätzen 2-4 zum Erlass von **Rechtsverordnungen** ermächtigt (vgl. Rn. 28 und Rn. 33). 22

Verordnung zur Neuordnung der **Verschreibungspflicht von Arzneimitteln (AMVV)** vom 21.12.2005.[17] 23

Richtlinien des Bundesausschusses der Ärzte und Krankenkassen über die Verordnung von Arzneimitteln in der vertragsärztlichen Versorgung (**„Arzneimittel-Richtlinien/AMR“**) in der Fassung vom 31.08.1993.[18] 24

V. Systematische Zusammenhänge

Die Norm konkretisiert den allgemeinen Anspruch auf Leistungen bei Krankheit gemäß **§ 27 Abs. 1 Satz 2 Nr. 3 SGB V** im Hinblick auf die Versorgung mit Arzneimitteln. Wie alle Leistungsansprüche der gesetzlichen Krankenversicherung unterliegt er dem allgemeinen **Wirtschaftlichkeitsgebot** in § 12 Abs. 1 SGB V sowie der allgemeinen Qualitätsvorschrift in § 2 Abs. 3 SGB V. 25

Speziell zur Unterstützung der Beurteilung eines zulassungsfremden Einsatzes von Arzneimitteln **(off-label-use)** hat der Gesetzgeber in **§ 35b Abs. 3 SGB V** vorgesehen, dass Expertengruppen beim Bundesinstitut für Arzneimittel und Medizinprodukte zum Stand der wissenschaftlichen Erkenntnis über die Anwendung von zugelassenen Arzneimitteln für Indikationen und Indikationsbereiche, für die sie nach dem Arzneimittelgesetz nicht zugelassen sind, Bewertungen abgeben. 26

§ 129 SGB V regelt umfangreiche Pflichten der Apotheken im Rahmen der Abgabe von Arzneimitteln an Versicherte der gesetzlichen Krankenversicherung. 27

B. Auslegung der Norm

I. Regelungsgehalt und Bedeutung der Norm

Der Arzneimittelsektor repräsentiert innerhalb der gesetzlichen Krankenversicherungen einen der **ausgabenträchtigsten Bereiche**: Mit einem Ausgabenvolumen von über 25 Mrd. € machte er im Jahr 2005 einen Anteil an den Gesamtausgaben von knapp 18% aus und übersteigt damit die Ausgaben für ärztliche Behandlungen.[19] Gleichzeitig ist eine ständige **Zunahme der Ausgaben** der Krankenkassen für Arzneimittel festzustellen. 1994 lagen die Ausgaben für Arzneimittel bei rund 15 Mrd. €, 11 Jahre später im Jahr 2005 bei über 25 Mrd. €.[20] Neben neuen, innovativen und teuren Arzneimitteln sind hierfür in erster Linie das Verschreibungsverhalten und die Arzneimitteldisziplin der Versicherten verantwortlich. 28

Die Norm bildet die **Grundlage** für Leistungsansprüche der Versicherten der gesetzlichen Krankenversicherung auf eine Versorgung mit Arzneimitteln. Präzisiert und eingegrenzt wird der Anspruch durch weitere Normen, vor allem durch **§ 34 SGB V** und die entsprechenden **AMRL** des Gemeinsamen Bundesausschusses. Für bestimmte Arzneimittel wird lediglich ein **Festbetrag bzw. ein Höchstbetrag** durch die Krankenkassen übernommen. Für alle übrigen Arzneimittel sind durch die Versicherten **Zuzahlungen** zu erbringen. 29

---

17 BGBl I 2005, 3632.

18 Veröffentlicht im BAnz 1993, Nr. 246, 11 155; zuletzt geändert am 16.05.2006, veröffentlicht im BAnz 2006, Nr. 156, 5774, in Kraft getreten am 20.08.2006

19 Bundesministerium für Gesundheit, Gesetzliche Krankenversicherung – Kennzahlen und Faustformeln – Stand: 13.09.2006.

20 Bundesministerium für Gesundheit, Gesetzliche Krankenversicherung – Kennzahlen und Faustformeln – Stand: 13.09.2006.

30 Bemerkenswert ist, dass es **lediglich negative Ausgrenzungen** bestimmter Arzneimittel und sonstiger Produkte gibt, eine positive Festlegung eines Katalogs von innerhalb der gesetzlichen Krankenversicherung erbringbaren Arzneimitteln dagegen nicht. Wiederholte Bestrebungen hierzu (vgl. den früheren § 33a SGB V zur **Positivliste**) wurden aufgegeben.[21] Der Gesetzgeber hofft, dass neue Regelungen die Einführung einer Positivliste entbehrlich machen.[22] Hierzu zählen finanzielle Anreize zur Steuerung des Verordnungsverhaltens, veränderte Wirtschaftlichkeitsprüfungen, eine Nutzenbewertung von Arzneimitteln durch das Institut für Qualität und Wirtschaftlichkeit im Gesundheitswesen, eine neue Festbetragsregelung für patentgeschützte Arzneimittel sowie die grundsätzliche Herausnahme nicht verschreibungspflichtiger Arzneimittel und so genannter Lifestyle-Arzneimittel aus dem Leistungskatalog der gesetzlichen Krankenversicherung.

31 Das verzweifelte Bemühen des Gesetzgebers, die **Ausgabensteigerungen** im Arzneimittelsektor **zu bremsen,** dokumentiert sich besonders in dem durch das GKV-WSG neu geschaffenen Absatz 2a mit der darin geschaffenen Möglichkeit der **Höchstbetragsfestsetzung**. Damit hat der Gesetzgeber zusätzlich zu dem relativ neuen Steuerungsinstrument der Festbetragsregelung nach § 35 SGB V ein weiteres Instrument etabliert, das aber im Gegensatz hierzu bei der Preisfestlegung **keinen Vergleich** zwischen den bereits vorhandenen und auf dem Markt befindlichen Arzneimitteln vornimmt, sondern allein eine **individuelle Kosten-Nutzenbewertung** für die konkrete Festlegung des Erstattungshöchstbetrages ausreichen lässt.

II. Normzweck und Systematische Stellung

32 Die Norm ist im dritten Kapitel und damit im Leistungsrecht der gesetzlichen Krankenversicherung angesiedelt. Sie gehört zu den fundamentalen Leistungen bei Krankheit.

33 Wie alle Leistungsansprüche der Versicherten ist auch der Anspruch auf Versorgung mit Arzneimitteln ein **konkretisierungsbedürftiges Rahmenrecht**.[23] Erst durch die vertragsärztliche Verordnung (§§ 15 Abs. 1, 73 Abs. 2 Nr. 7 SGB V) konkretisiert sich der Anspruch auf einen im individuellen Einzelfall gegen die Krankenkasse unmittelbar durchsetzbaren Anspruch.

III. Tatbestandsmerkmale

1. Arzneimittel

a. Allgemein

34 Weder die Norm selbst noch das SGB V enthalten eine Definition des Arzneimittelbegriffs.

35 Trotz des gleichen Wortlauts betont die Rechtsprechung die **Unabhängigkeit des Arzneimittelbegriffs des SGB V** von dem des **AMG**, obwohl zwischen beiden Materien vielfältige Verknüpfungen bestehen (vgl. Rn. 44 ff.).

36 Unter Geltung der Vorläufervorschrift in § 182 RVO verwandte das BSG einen rein **funktional-finalen Arzneimittelbegriff**. Es entschied, dass für einen an Hausstaubmilbenallergie leidenden Versicherten Produkte zur Erkennung und Vernichtung von Hausstaubmilben Arznei- oder Heilmittel sind.[24] In der Entscheidung lehnte das Gericht es ausdrücklich ab, den Arzneimittelbegriff des AMG für das Recht der gesetzlichen Krankenversicherung zu übernehmen. Später schloss das Gericht nicht aus, dass ein **Heilwasser** Arzneimittel i.S.v. § 31 SGB V sein kann.[25]

37 Nach der aktuellen Definition der Rechtsprechung sind Arzneimittel **Substanzen, deren bestimmungsgemäße Wirkung darin liegt, Krankheitszustände zu heilen oder zu bessern**.[26] Aus dieser Definition lassen sich die charakteristischen Einzelmerkmale wie folgt ableiten:

38 Erforderlich ist eine **Wirkung auf den menschlichen Körper**. Vor allem im Gegensatz zu den Heilmitteln erfolgt dies bei Arzneimitteln durch eine **Verstoffwechselung**. Wie die Wirkung erzielt wird, z.B. innerlich durch Einnahme oder äußerlich durch Einreiben, ist insoweit unerheblich.

---

21 *Axer*, NZS 2001, 225.

22 BT-Drs. 15/1525, S. 86.

23 BSG v. 19.11.1996 - 1 RK 15/96 - BSGE 79, 257 = SozR 3-2500 § 13 Nr. 13.

24 BSG v. 21.11.1991 - 3 RK 18/90 - SozR 3-2200 § 182 Nr. 11.

25 BSG v. 27.09.1994 - 8 RKn 9/92 - Kompaß 1994, 684; hiervon abweichend: BSG v. 09.12.1997 - 1 RK 23/95 - BSGE 81, 240 = SozR 3-2500 § 27 Nr. 9.

26 BSG v. 18.05.1978 - 3 RK 11/77 - BSGE 46, 179 = SozR 2200 § 182 Nr. 32; BSG v. 09.12.1997 - 1 RK 23/95 - BSGE 81, 240 = SozR 3-2500 § 27 Nr. 9.

Bestimmungsgemäß muss die Wirkung erzielt werden. Ein Anspruch auf ein Arzneimittel in der gesetzlichen Krankenversicherung ist ohne zugrunde liegende ärztliche Behandlung nicht vorstellbar. 39

Zur Heilung oder Besserung von Krankheitszuständen muss die Arzneimittelversorgung erfolgen. 40
Hierunter sind alle Stadien einer Krankheitsbehandlung nach § 27 Abs. 1 SGB V zu verstehen. Demzufolge kommt eine Arzneimittelversorgung **auch** zur **Krankheitsprävention oder -diagnose** in Betracht. Dagegen fehlt die Arzneimitteleigenschaft Substanzen und Präparaten, die lediglich mittelbar oder unspezifisch eingesetzt werden. Diese sind dem allgemeinen Lebensbedarf zuzuordnen.

b. Arzneimittelbegriff der AMRL

Die AMRL haben bezüglich einer Definition des Arzneimittelbegriffs allenfalls **indizielle Wirkung**: 41
Dem sie erlassenden Gemeinsamen Bundesausschuss kommt nach der Rechtsprechung nicht die Befugnis zu, Inhalt und Grenzen des Arzneimittelbegriffs festzulegen.[27]

Nr. 3 der AMRL stellt für die grundsätzliche Leistungsfähigkeit von Arzneimitteln auf deren **Verkehrsfähigkeit nach dem AMG** ab. 42

c. Arzneimittel – Beziehung zum AMG

§ 2 AMG enthält eine umfangreiche Definition des arzneimittelrechtlichen Arzneimittelbegriffs. 43

Die Rechtsprechung des BSG verknüpft die leistungsrechtlichen Regelungen des § 31 Abs. 1 SGB V 44
mit arzneimittelrechtlichen Bestimmungen des AMG unter zwei Aspekten:

Zum einen schulden die Krankenkassen keine Leistungen, die nach der Rechtsordnung verboten sind 45
(Gedanke der **Einheit der Rechtsordnung**). Demzufolge besteht ein Anspruch auf Arzneimittel in der gesetzlichen Krankenversicherung nur, soweit das Arzneimittel **nach dem AMG verkehrsfähig gemäß § 21 Abs. 1 AMG ist**. Das ist vor allem dann der Fall, wenn das Arzneimittel arzneimittelrechtlich zugelassen ist.[28] Umgekehrt besteht kein Anspruch, wenn das In-Verkehr-Bringen eines Fertigarzneimittels nach dem AMG zulassungspflichtig ist, aber noch keine Zulassung vorliegt.[29] Trotz des Fehlens einer arzneimittelrechtlichen Zulassung in Deutschland ist die Verkehrsfähigkeit eines Arzneimittels allerdings gegeben, soweit das Arzneimittel zulässigerweise im Wege des **Einzelimports gemäß § 73 Abs. 3 AMG** importiert wurde.

Zum anderen gilt auch im Rahmen der Arzneimittelversorgung das **Wirtschaftlichkeitsgebot** des § 12 46
Abs. 1 SGB V. Die Bestimmungen des SGB V stehen insoweit in einem Abhängigkeitsverhältnis zu den Zulassungsregelungen des AMG, als die Zulassung eines Arzneimittels nach dem AMG als Mindestvoraussetzung für eine im Rahmen der GKV geforderte wirtschaftliche Verordnungsweise i.S.v. § 12 Abs. 1 SGB V zu sehen ist.[30]

Durch diese Abhängigkeit des Leistungsanspruchs nach dem SGB V von der Verkehrsfähigkeit des 47
Arzneimittels nach dem AMG entsteht eine Lücke bei sog. **Rezepturarzneimitteln.** Anders als Fertigarzneimittel, die nach § 4 Abs. 1 AMG im Voraus hergestellt und in einer zur Abgabe an den Verbraucher bestimmten Packung in den Verkehr gebracht werden, werden Rezepturarzneimittel vom Zulassungserfordernis nach § 21 Abs. 1 AMG nicht erfasst. Hier behilft sich die Rechtsprechung, indem sie die der Rezepturarzneimitteltherapie zugrunde liegende ärztliche Behandlung als sog. **Pharmakotherapie** dem Erlaubnisvorbehalt des § 135 Abs. 1 SGB V unterwirft.[31] Dem ließe sich entgegenhalten, dass solche Pharmakotherapien nach den Regelungen des Gemeinsamen Bundesausschusses nicht dem Anwendungsbereich der Richtlinie Methoden vertragsärztliche Versorgung (früher: BUB-RL) unterfallen. Nach wie vor definiert der Gemeinsame Bundesausschuss nur abrechnungsfähige ärztliche und zahnärztliche Leistungen als neue Untersuchungs- und Behandlungsmethoden im Sinne von § 135 Abs. 1 Satz 1 SGB V, soweit sie so nach den Einheitlichen Bewertungsmaßstäben nicht abrechnungsfähig sind (vgl. Punkt C. I. § 9 der Verfahrensordnung des Gemeinsamen Bundesausschusses). Die

[27] BSG v. 24.01.1990 - 3 RK 18/88 - BSGE 66, 163 = SozR 3-2200 § 182 Nr. 1; BSG v. 10.05.1990 - 6 RKa 15/89 - BSGE 67, 36 = SozR 3-2500 § 27 Nr. 2; BSG v. 08.06.1993 - 1 RK 21/91 - BSGE 72, 252 = SozR 3-2200 § 182 Nr. 17; BSG v. 09.12.1997 - 1 RK 23/95 - BSGE 81, 240 = SozR 3-2500 § 27 Nr. 9.

[28] BSG v. 08.06.1993 - 1 RK 21/91 - BSGE 72, 252 = SozR 3-2200 § 182 Nr. 17; BSG v. 08.03.1995 - 1 RK 8/94 - SozR 3-2500 § 31 Nr. 3; BSG v. 04.04.2006 - B 1 KR 12/04 R - ZfS 2006, 147-148.

[29] BSG v. 23.07.1998 - 1 KR 19/96 R - BSGE 82, 233 = SozR 3-2500 § 31 Nr. 5.

[30] BSG v. 08.03.1995 - 1 RK 8/94 - SozR 3-2500 § 31 Nr. 3; hierzu auch BVerwG v. 02.07.1979 - I C 9.75 - BVerwGE 58, 167.

[31] BSG v. 23.07.1998 - 1 KR 19/96 R - BSGE 82, 233 = SozR 3-2500 § 31 Nr. 5; BSG v. 28.03.2000 - B 1 KR 11/98 R - BSGE 86, 54 = SozR 3-2500 § 135 Nr. 14.

Verordnung eines Arzneimittels fällt nicht hierunter. Trotz der auch in der Literatur geäußerten Kritik an der Einbeziehung von Pharmakotherapien in den Anwendungsbereich von § 135 Abs. 1 Satz 1 SGB V[32] ist dem Vorgehen des Bundessozialgerichts zuzustimmen. Anderenfalls entstünde bei der Verordnung von Rezepturarzneimitteln eine nicht zu schließende Lücke, da einerseits das AMG nicht greift und andererseits die ärztliche Leistung der Verordnung eines Arzneimittels zu pauschal gefasst ist, um sie per se als neue ärztliche Behandlungsmethode im Sinne von § 135 Abs. Satz 1 SGB V zu qualifizieren.

d. Anwendungsbezogenheit des Arzneimittelbegriffs – Off-label-use

48 Sowohl dem Arzneimittelbegriff der gesetzlichen Krankenversicherung als auch dem des AMG ist eine **Anwendungsbezogenheit immanent**. Eine Substanz oder ein Präparat erlangt seinen Charakter als Arzneimittel erst durch die mit seinem Einsatz verfolgte Zielsetzung der Krankenbehandlung. **§ 2 Abs. 1 Satz 1 Nr. 1 AMG** definiert Arzneimittel als Stoffe und Zubereitungen aus Stoffen, die **dazu bestimmt sind**, durch Anwendung am oder im menschlichen oder tierischen Körper u.a. Krankheiten, Leiden, Körperschäden oder krankhafte Beschwerden zu heilen, zu lindern, zu verhüten oder zu erkennen. Demzufolge wird in der verwaltungsgerichtlichen Rechtsprechung die Arzneimitteleigenschaft eines Stoffes oder einer Stoffzubereitung grundsätzlich dann bejaht, wenn es sich nach seinem Erscheinungsbild aus der Sicht eines durchschnittlich informierten Verbrauchers als zur Heilung, Linderung oder Verhütung von Krankheiten bestimmt darstellt.[33] Ebenso wie dem Arzneimittelbegriff des § 2 Abs. 1 Satz 1 Nr. 1 AMG ist dem der arzneimittelrechtlichen Zulassung nach § 25 AMG zugrunde liegenden Begriff der **therapeutischen Wirksamkeit** eine Anwendungsbezogenheit immanent.[34] Die Relativität des Arzneimittelbegriffs des AMG im Hinblick auf die Anwendung des Präparats wird auch in der Systematik des AMG deutlich. Nach § 29 Abs. 2a Nr. 1 AMG ist bereits die **Änderung der Angaben** nach den §§ 10, 11 und 11a AMG u.a. über die **Anwendungsgebiete** zustimmungspflichtig, soweit es sich nicht um die Zufügung einer oder Veränderung in eine Indikation handelt, die einem anderen Therapiegebiet zuzuordnen ist.

49 Auch das **europäische Arzneimittelrecht** verknüpft die Eigenschaft als Arzneimittel mit dem seinem Einsatz zugrunde liegenden Anwendungsgebiet und sieht Genehmigungs- und Neuzulassungspflichten für den Fall einer Änderung der Grundlagen der Zulassung eines Arzneimittels vor. Von besonderem Interesse ist der in diesem Zusammenhang relevante Anatomie-/Therapie-/Chemie-Code (**A.T.C.-Code**). Hierbei handelt es sich um ein von der Weltgesundheitsorganisation (WHO) herausgegebenes Regelwerk zur Einstufung und Klassifizierung von Arzneimitteln. Es umfasst fünf Stufen, die eine von Stufe zu Stufe speziellere Einordnung eines Arzneimittels erlauben.

50 In der Praxis dokumentiert sich die Anwendungsbezogenheit des Arzneimittelbegriffs und des arzneimittelrechtlichen Zulassungsverfahrens darin, dass die Angaben zu einem Arzneimittel (das „**label**") in den Fachinformationen und in der Packungsbeilage sein Anwendungsgebiet, seine Anwendungsart, den Kreis der damit zu behandelnden Personen usw. enthalten müssen.

51 Soll ein Präparat jenseits der Anwendung eingesetzt werden, für die es den Charakter als Arzneimittel trägt, spricht man von **off-label-use**, zu Deutsch: etikettenfremder Einsatz.

52 **Kein off-label-use** liegt demnach vor, wenn das betreffende Präparat **arzneimittelrechtlich nicht verkehrsfähig** ist. Das ist insbesondere dann der Fall, wenn es **überhaupt (noch) nicht arzneimittelrechtlich zugelassen** ist. In diesem Fall richtet sich der Leistungsanspruch nach den Grundsätzen der **Arzneimittelversorgung in notstandsähnlichen Situationen** (vgl. Rn. 59).

53 Der off-label-use ist **arzneimittelrechtlich nicht verboten**, da das Präparat als Arzneimittel in Verkehr gebracht werden darf. Seine zulassungsüberschreitende Anwendung unterfällt nicht dem Verkehrsverbot nach § 21 Abs. 1 AMG, da die Anwendung des Arzneimittels nicht von der Legaldefinition des In-Verkehr-Bringens in § 4 Abs. 17 AMG erfasst wird.[35]

54 Hielt die frühere Rechtsprechung des Bundessozialgerichts das Fehlen einer anwendungsbezogenen Zulassung eines Arzneimittels für den Leistungsanspruch des Versicherten in der gesetzlichen Krankenversicherung für irrelevant[36], verknüpft ihn die aktuelle Rechtsprechung unter dem Aspekt des

---

32 *Schwerdtfeger*, SGb 2000, 154.

33 BVerwG v. 18.12.1997 - 3 C 46/96 - BVerwGE 106, 90.

34 *Rehmann*, AMG, 1. Aufl. 1999, § 25 Rn. 7; *Schuster*, Pharma Recht 1981, 57; *Henning*, NJW 1978, 1671, 1673.

35 BVerwG v. 02.12.1993 - 3 C 42/91 - BVerwGE 94, 341 zu Tierarzneimitteln; OVG Münster v. 20.02.1997 - 13 A 568/95 - NJW 1998, 847 unter Aufgabe der früheren eigenen a.A. im Beschl. v. 20.10.1987 - 13 B 2506/87 - NJW 1989, 792; *Pabel*, NJW 1989, 759.

36 BSG v. 05.07.1995 - 1 RK 6/95 - BSGE 76, 194 = SozR 3-2500 § 27 Nr. 5.

Nachweises der Wirtschaftlichkeit (vgl. Rn. 46) mit der anwendungsbezogenen arzneimittelrechtlichen Zulassung[37]. Demzufolge ist ein **off-label-use zu Lasten der gesetzlichen Krankenversicherung grundsätzlich ausgeschlossen.**[38]

Da jedoch in weiten Bereichen der Medizin ein dringendes Bedürfnis nach einem off-label-use besteht, vor allem in der Krebs- und AIDS-Therapie und bei Kindern, lässt die Rechtsprechung des Bundessozialgerichts **Ausnahmen vom Verbot** des off-label-use zu Lasten der gesetzlichen Krankenversicherung unter bestimmten, engen Voraussetzungen zu. 55

Ein off-label-use zu Lasten der gesetzlichen Krankenversicherung kommt danach in Betracht, wenn 56

- das off-label einzusetzende Arzneimittel **arzneimittelrechtlich verkehrsfähig** ist (vgl. Rn. 52),
- es um die Behandlung einer **schwerwiegenden** (lebensbedrohlichen oder die Lebensqualität auf Dauer nachhaltig beeinträchtigenden) **Erkrankung** geht,
- **keine andere Therapie** verfügbar ist und
- aufgrund der Datenlage die **begründete Aussicht** besteht, dass mit dem betreffenden Präparat ein **Behandlungserfolg** (kurativ oder palliativ) erzielt werden kann. Damit Letzteres angenommen werden kann, müssen Forschungsergebnisse vorliegen, die erwarten lassen, dass das Arzneimittel für die betreffende Indikation zugelassen werden kann. Davon kann ausgegangen werden, wenn entweder die Erweiterung der Zulassung bereits beantragt ist und die Ergebnisse einer kontrollierten klinischen Prüfung der **Phase III** (gegenüber Standard oder Placebo) veröffentlicht sind und eine klinisch relevante Wirksamkeit respektive einen klinisch relevanten Nutzen bei vertretbaren Risiken belegen oder außerhalb eines Zulassungsverfahrens gewonnene **Erkenntnisse veröffentlicht** sind, die über Qualität und Wirksamkeit des Arzneimittels in dem neuen Anwendungsgebiet zuverlässige, wissenschaftlich nachprüfbare Aussagen zulassen und auf Grund deren in den einschlägigen Fachkreisen **Konsens** über einen voraussichtlichen Nutzen in dem vorgenannten Sinne besteht. Diese Voraussetzung ist verneint worden für das Arzneimittel Cabaseril® in Bezug auf die Behandlung des **Restless-Legs-Syndroms.**[39]

Diese Rechtsprechung erlaubt einen angemessenen **Ausgleich** zwischen medizinischen Interessen und dem Schutz des behandelnden Arztes einerseits und des Betroffenen andererseits vor einer unwirksamen, u.U. sogar gefährlichen Behandlung. Zugleich verhindert sie eine Umgehung des arzneimittelrechtlichen Zulassungsverfahrens. 57

Es kann allerdings nicht übersehen werden, dass die Gesamtproblematik des off-label-use in der gesetzlichen Krankenversicherung aus tatsächlichen Gründen nur unbefriedigend gelöst werden kann. Dies betrifft vor allem **Unterschiede bei stationärer und ambulanter Behandlung**. Während ein off-label-use im stationären Bereich wegen der nicht im Einzelnen nachvollziehbaren Abrechnung durch die Krankenhausapotheke zu Lasten der gesetzlichen Krankenversicherung faktisch möglich ist und tatsächlich vielfach praktiziert wird, ist er im ambulanten Bereich auch faktisch ausgeschlossen, weil hier die Krankenkasse die konkrete Behandlung nachvollziehen und ihre Leistung hierfür unterbinden kann. In einem derartigen Fall eines zunächst stationär und später ambulant durchgeführten off-label-use hat das **BVerfG** eine den Grundsätzen des BSG folgende fachgerichtliche Entscheidung im einstweiligen Rechtsschutz aufgehoben.[40] Dabei hat das BVerfG hervorgehoben, dass im Hinblick auf Art. 2 Abs. 2 Satz 1 GG in Verbindung mit Art. 19 Abs. 4 Satz 1 GG wegen der lebensbedrohlichen gesundheitlichen Situation des Betroffenen im einstweiligen Rechtsschutzverfahren eine besonders intensive und nicht nur summarische Prüfung der Erfolgsaussichten der Hauptsache oder besser eine Folgenabwägung vorzunehmen ist. 58

e. Arzneimittelversorgung in notstandsähnlichen Situationen

Liegen die Voraussetzungen eines off-label-use nicht vor, weil das einzusetzende Medikament keine wirksame nationale oder EU-weite Zulassung hat, kommt gleichwohl ein entsprechender Versorgungsanspruch unter dem Aspekt der **notstandsähnlichen Situation** in Betracht.[41] 59

Das **BVerfG** hat in seinem Beschluss vom 06.12.2005[42] festgestellt, dass ärztliche Behandlungsmethoden nicht vom Leistungsumfang der gesetzlichen Krankenversicherung ausgeschlossen werden können, wenn 60

---

[37] BSG v. 30.09.1999 - B 8 KN 9/98 KR R - BSGE 85, 36 = SozR 3-2500 § 27 Nr. 11.

[38] BSG v. 19.03.2002 - B 1 KR 37/00 R - BSGE 89, 184 = SozR 3-2500 § 31 Nr. 8.

[39] BSG v. 26.09.2006 - B 1 KR 27/05 R - KrV 2006, 322.

[40] BVerfG v. 22.11.2002 - 1 BvR 1586/02 - NJW 2003, 1236 = NZS 2003, 253.

[41] BSG v. 04.04.2006 - B 1 KR 7/05 R - A&R 2006, 220-223.

[42] BVerfG v. 06.12.2005 - 1 BvR 347/98 - SozR 5-2500 § 27 Nr. 5.

- es um die Behandlung einer lebensbedrohlichen oder regelmäßig tödlich verlaufenden Krankheit geht,
- eine allgemein anerkannte, dem medizinischen Standard entsprechende Therapie nicht zur Verfügung steht und
- hierdurch eine nicht ganz entfernt liegende Aussicht auf Heilung oder auf eine spürbare positive Einwirkung auf den Krankheitsverlauf besteht.

61 Diese aus dem Grundrecht auf Leben und Gesundheit in Art. 2 Abs. 2 GG und aus der allgemeinen Handlungsfreiheit in Art. 2 Abs. 1 GG abgeleitete Feststellung ist **auch auf die Arzneimittelversorgung** in der gesetzlichen Krankenversicherung **zu übertragen.**[43] Hierbei sind aber bei der Prüfung der explizit genannten 3 Voraussetzungen folgende Aspekte **besonders zu beachten**:

62 Anders als beim off-label-use reicht eine schwerwiegende Erkrankung in Form einer „nur" die Lebensqualität auf Dauer nachhaltig beeinträchtigenden, nicht lebensbedrohlichen Form, nicht aus.[44]

63 Neue Behandlungsmethoden einschließlich einer neuartigen Arzneimittelversorgung bergen nicht nur Chancen, sondern auch Risiken. Da es für einen Versorgungsanspruch wegen notstandsähnlicher Situation im Gegensatz zu dem im Rahmen eines zulässigen off-label-use nicht darauf ankommt, dass das einzusetzende Medikament eine arzneimittelrechtliche Zulassung besitzt, sind an die **Prüfung der drohenden Nebenwirkungen besonders strenge Maßstäbe** anzulegen. Dies gilt insbesondere dann, wenn das einzusetzende Medikament kein Stadium der nationalen oder EU-weiten Arzneimittelzulassung erreicht hat und damit insbesondere noch keine pharmakologisch-toxische Prüfung stattgefunden hat. Liegt eine internationale arzneimittelrechtliche Zulassung des Präparates vor, ist zu überprüfen, inwieweit eine Vergleichbarkeit des dortigen Zulassungsverfahrens mit dem nationalen oder EU-weiten Zulassungsverfahren besteht.

64 Jede Aufweichung der systematischen Zusammenhänge birgt die **Gefahr einer Umgehung**. Für den Hersteller bietet der flächendeckende Einsatz seines Präparats wegen notstandsähnlicher Situation oder auch im Rahmen eines off-label-use die Chance, ohne kostenträchtiges arzneimittelrechtliches Zulassungsverfahren und unter zumindest unklaren Haftungsverhältnissen sein Produkt zu vertreiben. Es ist daher zu prüfen, ob Anhaltspunkte dafür bestehen, dass über den Umweg des Einsatzes wegen notstandsähnlicher Situation ein arzneimittelrechtliches Zulassungsverfahren umgangen werden soll.

65 Voraussetzung ist, dass es um die **Behandlung einer lebensbedrohlichen, regelmäßig tödlich verlaufenden Krankheit** geht. Diese Voraussetzung ist bejaht worden für die **Duchenne'sche Muskeldystrophie**, die in einem stets fortschreitenden Ausmaß zum Tod des Betroffenen vor dem 20. Lebensjahr führt[45], für ein **Dickdarm-Karzinom**, das sich bereits im **Stadium III** befand und selbst nach dessen Entfernung die statistische Überlebenswahrscheinlichkeit erheblich herabgesetzt war[46], nicht dagegen bei einem **Prostatakarzinom im Anfangsstadium ohne Hinweis auf metastatische Absiedlungen**[47]. Ebenfalls ist dieses Kriterium **nicht erfüllt**, wenn es bei einer Krankheit (**Friedreich'sche Ataxie**) eine günstige statistische Überlebenswahrscheinlichkeit bei langjähriger Symptomstabilität ohne Progredienz gibt und daher dem Versicherten zugemutet werden kann, Heilungschancen aus dem stetig voranschreitenden medizinischen Fortschritt zu schöpfen.[48]

66 Die im Raum stehende Arzneimittelversorgung muss **alternativlos** sein. Es dürfen keine gleichwertigen anerkannten Behandlungsmethoden zur Verfügung stehen, um das Therapieziel zu erreichen. Demzufolge wurde die Versorgung mit Illomedin® wegen der anderweitigen Versorgungsmöglichkeit mit Prostazyklin – etwa Epoprostenol® – verneint.[49] Zu beachten sind aber die **Besonderheiten des Einzelfalls**. Alternativlosigkeit kann etwa auch dann angenommen werden, wenn zwar abstrakt anerkannte Behandlungsalternativen zur Verfügung stehen, diese aber im konkreten Fall wegen **des Bestehens erheblicher Nebenwirkungen** (die abstrakte Gefahr von Nebenwirkungen ist regelmäßig nicht ausreichend) oder wegen **Ausschöpfung der Therapiemöglichkeiten** („Patient ist austherapiert") nicht mehr angewandt werden können.[50]

---

[43] BSG v. 04.04.2006 - B 1 KR 7/05 R - A&R 2006, 220-223.
[44] BSG v. 26.09.2006 - B 1 KR 14/06 R - KrV 2006, 322.
[45] BVerfG v. 06.12.2005 - 1 BvR 347/98 - SozR 5-2500 § 27 Nr. 5.
[46] BSG v. 04.04.2006 - B 1 KR 7/05 R - A&R 2006, 220-223.
[47] BSG v. 04.04.2006 - B 1 KR 12/05 R - GesR 2006, 421-426.
[48] BSG v. 14.12.2006 - B 1 KR 12/06 R.
[49] BSG v. 26.09.2006 - B 1 KR 1/06 R - SGb 2006, 663-664.
[50] Vgl. hierzu BSG v. 07.11.2006 - B 1 KR 24/06 R - KrV 2006, 352 - LITT Therapie.

Schließlich muss die Arzneimittelversorgung eine **nicht ganz entfernt liegende Aussicht auf Heilung oder auf eine spürbare positive Einwirkung auf den Krankheitsverlauf** begründen. Dieses Kriterium verlangt eine **Nutzen-Schaden-Abwägung** im konkreten Einzelfall **anhand eines sich aus der konkreten Krankheits- und Behandlungssituation ergebenden Maßstabes**, d.h. je aussichtsloser die Situation ist, desto eher kann eine Therapie mit dem beanspruchten Medikament zu Lasten der gesetzlichen Krankenversicherung angezeigt sein.[51] 67

2. Apothekenpflicht (Absatz 1 Satz 1)

Die mit Wirkung zum **01.07.1997** wirksam gewordene Festschreibung der Apothekenpflicht[52] grenzt den Kreis der leistungsfähigen Arzneimittel weiter ein. Arzneimittelrechtlich dürfen Arzneimittel im Sinn von § 2 Abs. 1 oder Abs. 2 Nr. 1 AMG nur über Apotheken in Verkehr gebracht werden. Hiervon bestehen nach § 44 AMG und nach der auf § 45 Abs. 1 AMG gestützten Rechtsverordnung Ausnahmen. Hierunter fallen vor allen Dingen Badesubstanzen, Pflanzenprodukte, Pflaster und Desinfektionsmittel. 68

Die Apothekenpflicht hat angesichts der in § 34 Abs. 1 Satz 1 SGB V normierten **Verschreibungspflicht** der im Rahmen der gesetzlichen Krankenversicherung erbringbaren Arzneimittel an Bedeutung verloren. Relevanz behält sie lediglich für Arzneimittel der OTC-Liste oder für Arzneimittel, die bei Kindern und Jugendlichen angewandt werden sollen. 69

3. Verbandmittel, Harn- und Bluttestreifen (Absatz 1 Satz 1)

Unter Verbandmitteln sind Materialien zu verstehen, die der Fertigung eines Verbandes dienen, z.B. Wundauflagen, Pflaster, Sprühpflaster, Mullbinden und Kompressen.[53] Harn- und Bluttestreifen werden zur Durchführung von Schnelltestverfahren flüssiger biologischer Proben eingesetzt. 70

4. Aminosäuren, Eiweißhydrolysate, Elementardiäten und Sondennahrung (Absatz 1 Satz 2)

Die Vorschrift bestätigt den Grundsatz, dass die Versorgung mit Mitteln des allgemeinen Lebensbedarfs nicht zum Leistungsumfang der gesetzlichen Krankenversicherung zählt. Dies gilt auch dann, wenn der Versicherte krankheitsbedingt nur eine besondere Kost zu sich nehmen kann.[54] Die ausdrückliche Aufnahme der genannten Substanzen erfolgte im Hinblick auf die Rechtsprechung des BSG, wonach solche Produkte keine Arzneimittel sind.[55] Nach **Nr. 20.1 lit. i AMRL** bestehen hier **Ausnahmen** für Aminosäuremischungen und Eiweißhydrolysate bei angeborenen Enzymmangelkrankheiten, Elementardiäten (Gemische von Nahrungsgrundbausteinen, Vitaminen und Spurenelementen) bei Morbus Crohn, Kurzdarmsyndrom, stark Untergewichtigen mit Mukoviszidose, bei Patienten mit chronisch terminaler Niereninsuffizienz unter eiweißarmer Ernährung und bei Patienten mit konsumierenden Erkrankungen sowie medizinisch indizierter Sondennahrung. 71

Nach Nr. 15.2.1. AMRL sind **Aminosäuremischungen** diätetische Lebensmittel für besondere medizinische Zwecke (bilanzierte Diäten im Sinne der Diätverordnung). Sie bestehen überwiegend aus qualitativ und quantitativ definierten Gemischen von Aminosäuren und sind nicht für die Verwendung als einzige Nahrungsquelle geeignet. Entsprechend der Zweckbestimmung können gesetzlich vorgeschriebene Mineralstoffe, Vitamine, Spurenelemente sowie zugelassene Zusatz- und Aromastoffe und Kohlenhydrate als Füll- oder Geschmacksstoffe enthalten sein. Soweit dies medizinisch notwendig ist, können Aminosäuremischungen auch Fette und Kohlenhydrate enthalten. 72

Gemäß Nr. 15.2.2 AMRL sind **Eiweißhydrolysate** diätetische Lebensmittel für besondere medizinische Zwecke (bilanzierte Diäten im Sinne der Diätverordnung), bestehend aus abgebauten Proteinen (niedermolekularen Proteinkomponenten in Form von freien Aminosäuren, Oligopeptiden [2-10 Aminosäuren] und Peptiden). Sie sind nicht für die Verwendung als einzige Nahrungsquelle geeignet. Enthalten sein können entsprechend ihrer Zweckbestimmung gesetzlich vorgeschriebene Mineralstoffe, Vitamine, Spurenelemente sowie zugelassene Zusatz- und Aromastoffe und Kohlenhydrate als Füll- oder Geschmacksstoffe. 73

---

[51] BSG v. 04.04.2006 - B 1 KR 7/05 R - A&R 2006, 220-223.

[52] 2. GKV-NOG v. 23.06.1997, BGBl I 1997, 1520.

[53] *Pschyrembel*, Klinisches Wörerbuch, 254. Aufl. 2002, Stichwort: Verbände.

[54] BSG v. 09.12.1997 - 1 RK 23/95 - BSGE 81, 240 = SozR 3-2500 § 27 Nr. 9.

[55] BSG v. 09.12.1997 - 1 RK 23/95 - BSGE 81, 240 = SozR 3-2500 § 27 Nr. 9.

74 Nach Nr. 15.2.3 AMRL sind **Elementardiäten** diätetische Lebensmittel für besondere medizinische Zwecke (bilanzierte Diäten im Sinne der Diätverordnung), die – unabhängig von der Molekulargröße – oral zuzuführende Gemische aus Proteinen (auch hochhydrolysierte Proteine), Aminosäuren, Kohlenhydraten, Fetten, Mineralstoffen, Spurenelementen und Vitaminen enthalten und die als einzige Nahrungsquelle geeignet sind (so genannte Trinknahrung).

75 Gemäß Nr. 15.2.4 AMRL sind **Sondennahrungen** diätetische Lebensmittel für besondere medizinische Zwecke (bilanzierte Diäten im Sinne der Diätverordnung), die bei einer individuell gewählten Zusammensetzung und Dosierung als einzige Nahrungsquelle zur Ernährung über die Sonde bestimmt sind.

5. Arzneimittelähnliche Produkte (Absatz 1 Satz 3)

76 Durch die 2002 in Kraft getretene Vorschrift wollte der Gesetzgeber **klarstellend** eine Anspruchsgrundlage für arzneimittelähnliche Medizinprodukte schaffen, die **vor dem In-Kraft-Treten des Medizinproduktegesetzes** vom 01.01.1995 in den Regelungsbereich des **AMG** einbezogen waren.[56] Hierbei handelt sich insbesondere um viskoelastische Substanzen (Hyaluronsäure), einige Spüllösungen (z.B. Ringer-Lösung) für Nase und Augen oder künstliche Tränen. Ehemalige **Geltungsarzneimittel** nach § 2 Abs. 2 in der am 31.12.1994 geltenden Fassung des AMG, wie z.B. Implantate oder Herzschrittmacher, fallen nach der Gesetzesbegründung nicht unter den Stoffbegriff und können daher nicht mittels dieser Regelung in die ambulante Arzneimittelversorgung einbezogen werden.

6. Ausnahmen von der Leistungspflicht durch unmittelbare gesetzliche Bestimmungen

a. Verschreibungspflicht (§ 34 Abs. 1 Satz 1 SGB V)

77 Isoliert auf den Wortlaut des § 31 Abs. 1 Satz 1 SGB V und nach der **früheren Rechtslage** war der Anspruch der Versicherten auf Versorgung mit Arzneimitteln von der arzneimittelrechtlichen Verschreibungspflicht unabhängig. **Seit 2004** gehört jedoch gemäß § 31 Abs. 1 Satz 1 SGB V i.V.m. **§ 34 Abs. 1 Satz 1 SGB V** die Verschreibungspflicht zu den grundsätzlichen Anspruchsvoraussetzungen auf Versorgung mit Arzneimitteln. Ausgenommen hiervon ist nach § 34 Abs. 1 Satz 5 SGB V nur die Behandlung von Kindern und Jugendlichen mit Entwicklungsstörungen.

78 Als Ausnahme von der Ausnahme legt der Gemeinsame Bundesausschuss in der sog. **OTC-Liste** nicht-verschreibungspflichtige Arzneimittel fest, die doch im Rahmen der gesetzlichen Krankenversicherung zu erbringen sind.

b. Bagatellkrankheiten (§ 34 Abs. 1 Satz 6 SGB V)

79 Ausgenommen von der Leistungspflicht sind gemäß § 34 Abs. 1 Satz 6 SGB V Arzneimittel zur Behandlung von Bagatellerkrankungen Erwachsener.

c. Lifestyle-Präparate (§ 34 Abs. 1 Satz 7 SGB V)

80 Ebenfalls nicht vom Leistungsumfang der gesetzlichen Krankenversicherung gedeckt ist gemäß § 34 Abs. 1 Satz 7 SGB V die Versorgung mit sog. Lifestyle-Präparaten.

7. Ausnahmen von der Leistungspflicht durch Rechtsverordnung

a. § 34 Abs. 2 SGB V

81 Gemäß § 34 Abs. 2 SGB V können Arzneimittel durch Rechtsverordnung von der Leistungspflicht ausgeschlossen werden. Hiervon wurde bislang kein Gebrauch gemacht.

b. Ausschluss unwirtschaftlicher Arzneimittel (§ 34 Abs. 3 SGB V)

82 Durch die auf § 34 Abs. 3 SGB V gestützte **Verordnung über unwirtschaftliche Arzneimittel in der gesetzlichen Krankenversicherung** vom 21.02.1990[57], zuletzt geändert durch die Verordnung zur Änderung der Verordnung über unwirtschaftliche Arzneimittel in der gesetzlichen Krankenversicherung vom 16.11.2000[58], sind Arzneimittel von einer Leistungspflicht ausgeschlossen, die im Hinblick

---

[56] BT-Drs. 14/6281, S. 41.

[57] BGBl I 1990, 301.

[58] BGBl I 2000, 1593.

auf das Therapieziel als unwirtschaftlich anzusehen sind oder deren therapeutischer Nutzen nicht nachgewiesen ist.

8. Ausnahmen von der Leistungspflicht durch AMRL (Absatz 1 Satz 1 Alternative 2)

Für den Gemeinsamen Bundesausschuss besteht die Möglichkeit, bestimmte Arzneimittel durch die AMRL vom Leistungsumfang der gesetzlichen Krankenversicherung auszuschließen. Dem ist er unter **lit. G der AMRL** nachgekommen. 83

Nach Absatz 1 Satz 4 besteht gleichwohl für einen Vertragsarzt die Möglichkeit, ein durch die AMRL ausgeschlossenes Arzneimittel mit Begründung zu Lasten der gesetzlichen Krankenversicherung **ausnahmsweise in einem medizinischen Einzelfall** zu verordnen. Dagegen können Arzneimittel, die gesetzlich vom Leistungsumfang der gesetzlichen Krankenversicherung ausgeschlossen sind, grundsätzlich auch nicht in Ausnahmefällen zu deren Lasten verordnet werden. 84

9. Apothekenwahlrecht (Absatz 1 Satz 5)

Versicherte können jede Apotheke frei wählen, die Arzneimittel als Sachleistung auf Grund des Rahmenvertrags nach § 129 Abs. 2 SGB V abgibt. Das Recht des Versicherten, sich **gegenüber der Krankenkasse freiwillig zur Inanspruchnahme ausgewählter Apotheken**, z.B. in vereinbarten Versorgungsformen und in der integrierten Versorgung, zu verpflichten, bleibt hiervon unberührt.[59] 85

10. Festbetrags-Arzneimittel (Absatz 2)

Nach § 31 Abs. 2 Satz 1 SGB V tragen die Krankenkassen bei Arzneimitteln, für die nach § 35 SGB V oder § 35a SGB V ein Festbetrag festgesetzt ist, die Kosten **nur bis zur Höhe dieses Betrags**. Hierdurch soll die Verwendung des günstigsten vergleichbaren Arzneimittels gefördert werden. 86

Neu ist die seit Mai 2006 bestehende Möglichkeit für Krankenkassen, mit pharmazeutischen Unternehmen, die Festbetragsarzneimittel anbieten, **Rabatt-Vereinbarungen nach § 130a Abs. 8 SGB V** abzuschließen. 87

11. Höchstbetrags-Arzneimittel (Absatz 2a)

Über die Festbetragsregelung in Absatz 2 hinaus wurde durch das GKV-WSG ein neues Regulationsverfahren in Form einer Höchstbetragsfestsetzung für nicht von einer Festbetragsregelung erfasste Arzneimittel geschaffen. 88

a. Ausnahmen von der Höchstbetragsfestsetzung (Absatz 2a Satz 7)

Von der Höchstbetragsfestsetzung nicht erfasst werden Arzneimittel, deren Kosteneffektivität feststeht, oder zu deren Einsatz es keine zweckmäßige Therapiealternative gibt. Letzteres soll nach der Gesetzesbegründung[60] angenommen werden, wenn bei einem Verzicht auf die Anwendung des innovativen Arzneimittels keine andere zweckmäßige Therapie verfügbar ist. Dies ist regelmäßig bei Arzneimitteln zur Behandlung seltener Krankheiten (orphan drugs) der Fall. 89

b. Grundlagen der Höchstbetragsfestsetzung (Absatz 2a Sätze 3, 4, 5)

Der Höchstbetrag für ein innovatives Arzneimittel kann auf zwei Arten festgesetzt werden: Aufgrund einer Kosten-Nutzen-Bewertung oder einvernehmlich mit dem Hersteller. 90

Die Höchstbetragsfestsetzung erfolgt in einem **ersten Schritt** aufgrund eines **Kosten-Nutzen Vergleichs** nach § 35b Abs. 1 Satz 3 SGB V. 91

In einem **zweiten Schritt** sind die **Entwicklungskosten** des Arzneimittels angemessen zu berücksichtigen. Der Umfang der Berücksichtigung soll sich daraus ergeben, inwieweit das Arzneimittel **innovativ** ist, also eine **patientenrelevante therapeutische Verbesserung** darstellt.[61] Insoweit soll auf Erfahrungen in anderen europäischen Ländern mit der Preisfestsetzung von Arzneimitteln zurückgegriffen werden. Nach dem ursprünglichen Regelungsentwurf sollten zudem die Entwicklungskosten bei einer internationalen Vermarktung des Arzneimittels nur anteilig bezogen auf den deutschen Markt berücksichtigt werden.[62] 92

Der Höchstbetrag kann nach Satz 5 auch **einvernehmlich mit dem Hersteller** festgesetzt werden. 93

---

[59] BT-Drs. 15/1525, S. 84.
[60] BT-Drs. 16/4247, S. 31.
[61] BT-Drs. 16/3100, S. 101.
[62] BT-Drs. 16/3100, S. 9.

c. Verfahren der Höchstbetragsfestsetzung

94 Die Kosten-Nutzen-Bewertung als Grundlage für die Höchstbetragsfestsetzung kann nach Absatz 2a Satz 8 frühestens erstellt werden, sobald hinreichende Erkenntnisse über die Wirksamkeit des Arzneimittels nach den Grundsätzen der evidenzbasierten Medizin vorliegen können. Hierdurch soll den Fachkreisen genügend Zeit für die Sammlung valider Erkenntnisse eingeräumt werden.[63] Realistischer ist jedoch, dass Hintergrund für die Regelung die Annahme des Gesetzgebers ist, dass der Hersteller des innovativen Arzneimittels für die Erstellung entsprechender Studien zeitnah sorgen soll.[64]

d. Beteiligung des Herstellers (Absatz 2a Satz 2)

95 Dem pharmazeutischen Unternehmen ist **Gelegenheit zur Stellungnahme** zu geben. Diese kann im Idealfall zu einer einvernehmlichen Höchstbetragsfestsetzung führen.

e. Festsetzung des Höchstbetrags (Absatz 2a Satz 1)

96 Die Festsetzung des Höchstbetrags erfolgt mit bundesweiter Wirkung durch eine gemeinsame Entscheidung der Spitzenverbände der Krankenkassen gemäß § 213 Abs. 2 SGB V. Hiervon unberührt bleibt die Möglichkeit einzelner Krankenkassen, mit dem pharmazeutischen Unternehmen Rabattverträge abzuschließen.[65]

12. Zuzahlungspflicht (Absatz 3)

97 Anstelle der bisherigen an der Packungsgröße orientierten Zuzahlungsregelungen für Arzneimittel beläuft sich die Zuzahlung nun auf **10%**, jedoch **höchstens 10 €** und **mindestens 5 €** je abgegebenes Mittel, jedoch **nicht mehr als die Kosten** des Mittels.

98 Die Zuzahlungspflicht besteht auch für **Schwerbeschädigte i.S.d. BVG**, soweit sie als Mitglieder einer gesetzlichen Krankenkasse Arzneimittel für die Behandlung von Nichtschädigungsfolgen beanspruchen.[66]

99 Aufgrund der im **Mai 2006** in Kraft getretenen Änderungen durch das Gesetz zur Verbesserung der Wirtschaftlichkeit in der Arzneimittelversorgung vom 26.04.2006[67] können die Spitzenverbände der Krankenkassen durch Beschluss nach § 213 Abs. 2 SGB V Arzneimittel, deren Apothekeneinkaufspreis einschließlich Mehrwertsteuer mindestens um 30% niedriger als der jeweils gültige Festbetrag ist, der diesem Preis zugrunde liegt, **von der Zuzahlung freistellen**, wenn hieraus Einsparungen zu erwarten sind. Zum 15.10.2006 fielen **2.687** Arzneimittel unter diese Regelung und waren damit zuzahlungsfrei. Der Gesetzgeber erhofft sich von der Regelung, dass dadurch der Versorgungsanteil mit preisgünstigen Arzneimitteln erhöht wird.[68]

100 Zusätzlich kann die Krankenkasse gemäß Absatz 3 Satz 5 bei Arzneimitteln, für die eine Rabattregelung nach § 130a Abs. 8 SGB V besteht, die Zuzahlung halbieren oder ganz aufheben, wenn hieraus Einsparungen zu erwarten sind. Hierdurch soll bei den Versicherten der Anreiz geschaffen werden, bevorzugt die von einer Rabattregelung erfassten Arzneimittel zu wählen.

13. Packungsgröße (Absatz 4)

101 Mitentscheidend für die Wirtschaftlichkeit in der Arzneimittelversorgung ist die Packungsgröße der abzugebenden Arzneimittel. Bei deren Festlegung muss ein angemessener Ausgleich zwischen der medizinisch notwendigen Mindestmenge und der verwaltungspraktikablen Höchstmenge getroffen werden. Absatz 4 sieht hierzu eine Ermächtigung zur Regelung durch Rechtsverordnung vor, von der durch die Rechtsverordnung vom 09.09.1993[69] Gebrauch gemacht wurde.

14. Realisierung des Anspruchs

102 Da es sich bei dem Anspruch auf Versorgung mit Arzneimitteln um ein **konkretisierungsbedürftiges Rahmenrecht** handelt, bedarf er zu seiner Realisierung einer Konkretisierung im individuellen Einzel-

[63] BT-Drs. 16/3100, S. 102.
[64] In diesem Sinn auch BT-Drs. 16/4247, S. 32.
[65] BT-Drs. 16/3100, S. 101.
[66] BSG v. 11.10.1994 - 1 RK 34/93 - BSGE 75, 167 = SozR 3-2500 § 31 Nr. 2.
[67] BGBl I 2006, 984.
[68] BT-Drs. 16/691, S. 15.
[69] BGBl I 1993, 1557.

fall. Wegen des allgemeinen Arztvorbehalts in § 15 Abs. 1 Satz 1 SGB V kann dies grundsätzlich nur durch einen Arzt erfolgen.

Zur weiteren unmittelbaren Realisierbarkeit des Anspruchs im Wege der Sachleistungsgewährung ist eine **vertragsärztliche Verordnung** gemäß § 73 Abs. 2 Nr. 7 SGB V auf dem entsprechenden Formblatt (sog. Kassenrezept) erforderlich.[70] Durch Vorlage des Kassenrezepts kann der Versicherte das Arzneimittel in einer Apotheke oder im Versandhandel (vgl. Rn. 105) zu Lasten der Krankenkasse erhalten. 103

Verfügt der Versicherte nicht über ein Kassenrezept, kommt eine unmittelbare Sachleistungsgewährung zu Lasten der Krankenkasse nicht in Betracht.[71] Dies schließt allerdings nicht aus, dass der Versicherte im Wege der **Kostenerstattung** seinen Anspruch realisieren kann. Dies gilt über die Möglichkeit der **generellen Wahl** der Kostenerstattung nach § 13 Abs. 2 Satz 1 SGB V hinaus. Weigert sich bspw. ein Vertragsarzt, ein bestimmtes Arzneimittel auf Kassenrezept zu verordnen, weil er sich z.B. nicht sicher ist, ob es „verschreibungsfähig" ist, kann sich der Versicherte direkt an die Krankenkasse wenden und unter den Voraussetzungen des § 13 Abs. 3 SGB V, also bei einem **Notfall** oder **nach einer vorherigen Befassung/Ablehnung durch die Krankenkasse**, Kostenerstattung verlangen. Daher bedarf es nicht des in der Literatur diskutierten Umwegs einer „gerichtlichen Veranlassung" des Vertragsarztes auf Ausstellung eines Kassenrezepts.[72] Zugleich ist damit sichergestellt, dass eine Kostenerstattung aufgrund einer Eigenbeschaffung eines Arzneimittels mittels Privatrezept grundsätzlich ausgeschlossen ist. In diesem Fall fehlt es regelmäßig an der mit Ausnahme eines akuten Notfalls erforderlichen vorherigen Befassung der Krankenkasse mit dem Leistungsbegehren und dessen Ablehnung nach § 13 Abs. 3 SGB V. 104

Infolge der grundlegenden Rechtsänderungen durch das GMG ist nunmehr auch in Deutschland **ab dem 01.01.2004** der **Versandhandel** von Arzneimitteln erlaubt, soweit die **Apotheke** über eine **Erlaubnis** verfügt (§ 43 Abs. 1 AMG, § 11a ApoG). **Der grenzüberschreitende Versandhandel** ist nach § 73 Abs. 1 Nr. 1a AMG im Falle des Versandes an den Endverbraucher zulässig, wenn das Arzneimittel zur Anwendung am oder im menschlichen Körper bestimmt ist und von einer Apotheke eines Mitgliedstaates der Europäischen Union oder eines anderen Vertragsstaates des Abkommens über den Europäischen Wirtschaftsraum, welche für den Versandhandel nach ihrem nationalen Recht, soweit es dem deutschen Apothekenrecht im Hinblick auf die Vorschriften zum Versandhandel entspricht, oder nach dem deutschen Apothekengesetz befugt ist, entsprechend den deutschen Vorschriften zum Versandhandel oder zum elektronischen Handel versandt wird. In einer **Eilentscheidung** zur Frage des **Werbens einer Krankenkasse** bei ihren Versicherten für den Bezug von Arzneimitteln im Wege des Versandhandels hat das SG Frankfurt am Main ein Unterlassungsgebot erlassen, da die Möglichkeit des Bezuges im Versandhandel nicht gleichzusetzen sei mit einer entsprechenden Versorgungsmöglichkeit im Rahmen der gesetzlichen Krankenversicherung.[73] Hier seien insbesondere die geltenden Rahmenverträge nach § 129 SGB V zu beachten. 105

C. Praxishinweise

Die aktuellsten Versionen der **AMRL** sind auch im Internet auf der Homepage des Gemeinsamen Bundesausschusses unter http://www.g-ba.de verfügbar. 106

Zur Bestimmung, ob ein **off-label-use** eines Arzneimittels vorliegt, kann auf die Beschreibung des betreffenden Arzneimittels in der sog. Roten Liste® zurückgegriffen werden. Allerdings sind die dortigen Angaben nicht verbindlich und u.U. redaktionell gekürzt (vgl. § 2 Abs. 3 der Grundsätze für die Rote Liste®). Verbindliche Angaben, u.a. zu den Anwendungsgebieten eines Arzneimittels, enthalten die sog. **Fachinformationen**, zu deren Bereitstellung § 11a AMG verpflichtet. Die Fachinformationen können im Internet unter http://www.fachinfo.de oder schriftlich über ECV-Edito Cantor Verlag – Fachinfo-Service –, Postfach 12 55, 88322 Aulendorf/Württ. bezogen werden. 107

Eine aktuelle **Liste der zuzahlungsfreien Arzneimittel** (Absatz 3 Satz 4) kann auf der Homepage der Spitzenverbände der Krankenkassen (http://www.gkv.info) heruntergeladen werden. 108

---

[70] BSG v. 16.12.1993 - 4 RK 5/92 - BSGE 73, 271 = SozR 3-2500 § 13 Nr. 4.

[71] BSG v. 19.11.1996 - 1 RK 15/96 - SozR 3-2500 § 13 Nr. 13.

[72] *Höfler* in: KassKomm, SGB V, 44. Ergänzungslieferung, 2004, § 31 Rn. 5.

[73] SG Frankfurt/Main v. 09.08.2006 - S 21 KR 429/06 ER - GewArch 2006, 478-482.

109 Praktische Schwierigkeiten bereitet immer wieder der Umgang mit Kostenerstattungsansprüchen von Versicherten, die sich in Eigeninitiative, teilweise mit Privatrezepten, Arzneimittel besorgt haben und nun die Erstattung der entsprechenden Kosten verlangen. Das entsprechende Begehren ist zwar nicht von vornherein erfolglos. Es setzt aber die Erfüllung der Voraussetzungen für einen Kostenerstattungsanspruch nach § 13 Abs. 2 SGB V (Wahl der Kostenerstattung) oder nach § 13 Abs. 3 SGB V (Notfall oder vorherige Befassung der Krankenkasse und Leistungsablehnung) voraus.

§ 32 SGB V Heilmittel

(Fassung vom 14.11.2003, gültig ab 01.01.2004)

(1) Versicherte haben Anspruch auf Versorgung mit Heilmitteln, soweit sie nicht nach § 34 ausgeschlossen sind. Für nicht nach Satz 1 ausgeschlossene Heilmittel bleibt § 92 unberührt.

(2) Versicherte, die das achtzehnte Lebensjahr vollendet haben, haben zu den Kosten der Heilmittel als Zuzahlung den sich nach § 61 Satz 3 ergebenden Betrag an die abgebende Stelle zu leisten. Dies gilt auch, wenn Massagen, Bäder und Krankengymnastik als Bestandteil der ärztlichen Behandlung (§ 27 Satz 2 Nr. 1) oder bei ambulanter Behandlung in Krankenhäusern, Rehabilitations- oder anderen Einrichtungen abgegeben werden. Die Zuzahlung für die in Satz 2 genannten Heilmittel, die als Bestandteil der ärztlichen Behandlung abgegeben werden, errechnet sich nach den Preisen, die für die Krankenkasse des Versicherten nach § 125 für den Bereich des Vertragsarztsitzes vereinbart sind. Bestehen insoweit unterschiedliche Preisvereinbarungen, hat die Krankenkasse einen durchschnittlichen Preis zu errechnen. Die Krankenkasse teilt die anzuwendenden Preise den Kassenärztlichen Vereinigungen mit, die die Vertragsärzte darüber unterrichten.

Gliederung

A. Basisinformationen

1 Die Norm gibt den Versicherten der gesetzlichen Krankenversicherung einen für Erwachsene zuzahlungspflichtigen Anspruch auf Versorgung mit Heilmitteln. Begrenzt wird der Anspruch durch § 34 SGB V und die entsprechenden Heilmittel-RL des Gemeinsamen Bundesausschusses.

I. Textgeschichte/Gesetzgebungsmaterialien

2 Ein Anspruch auf Heilmittel war in dem grundlegenden Anspruch auf Krankenhilfe gemäß **§ 182 Abs. 1 Nr. 1 lit. b RVO** enthalten. Die Norm sah vor, dass als Krankenhilfe Krankenpflege u.a. in Form von Heilmitteln gewährt wird. § 32 SGB V ist seit der Schaffung des SGB V im Jahr **1989** darin enthalten. Die Vorschrift wurde danach wiederholt geändert:

3 Mit Wirkung vom **01.01.1993** wurde durch das Gesundheitsstrukturgesetz vom 21.12.1992[1] Absatz 2 Satz 2 geändert und die Sätze 3-5 eingefügt.

4 Mit Wirkung vom **01.07.1997** wurde Absatz 2 Satz 1 durch Art. 17 des 2. GKV-Neuordnungsgesetzes – 2. GKV-NOG – vom 23.06.1997[2] geändert.

5 Mit Wirkung vom **01.01.2004** wurde durch das GKV-Modernisierungsgesetz – GMG – vom 14.11.2003[3] Absatz 1 Satz 2 eingefügt und Absatz 2 Satz 1 durch Art. 1 Nr. 19 geändert.

II. Vorgängervorschriften

6 Die Norm geht auf **§ 182 Abs. 1 Nr. 1 lit. b RVO** zurück.

[1] BGBl I 1992, 2266.
[2] BGBl I 1997, 1520.
[3] BGBl I 2003, 2190.

III. Parallelvorschriften

7 **§ 30 SGB VII** enthält für das Recht der gesetzlichen Unfallversicherung eine Definition des Heilmittelbegriffs.

IV. Untergesetzliche Normen und Vorschriften

8 Richtlinien des Gemeinsamen Bundesausschusses über die Verordnung von Heilmitteln in der vertragsärztlichen Versorgung (**Heilmittel-RL**) in der Fassung vom 01.12.2003/16.03.2004.[4]

V. Systematische Zusammenhänge

9 Auf leistungserbringungsrechtlicher Seite sind die Beschränkung auf zugelassene Leistungserbringung gemäß **§ 124 Abs. 1 SGB** V und der Ausschluss neuer Heilmittel durch **§ 138 SGB V** zu beachten.

B. Auslegung der Norm

I. Regelungsgehalt und Bedeutung der Norm

10 Die Norm gibt den Versicherten der gesetzlichen Krankenversicherung einen Anspruch auf Versorgung mit Heilmitteln. Hierunter sind **persönliche Dienstleistungen** zu sehen, weshalb die Bezeichnung mit **Heilleistungen** treffender wäre. Begrenzt wird der umfassende Anspruch lediglich durch **Leistungsausschlüsse** nach § 34 SGB V und durch die Heilmittel-RL. Neue Heilmittel sind gemäß § 138 SGB V bis zu ihrer Anerkennung durch den Gemeinsamen Bundesausschuss grundsätzlich von einer Leistungspflicht ausgeschlossen. Heilmittel sind für Erwachsene zuzahlungspflichtig.

II. Normzweck und systematische Stellung

11 Die Vorschrift ist im dritten Kapitel und damit im **Leistungsrecht** der gesetzlichen Krankenversicherung angesiedelt. Sie präzisiert den in § 27 Abs. 1 Satz 2 SGB V genannten allgemeinen Anspruch auf Heilmittel im Rahmen der **Krankenbehandlung**. Dementsprechend bestimmt Nr. 7 der Heilmittel-RL, dass Heilmittel zu Lasten der Krankenkassen nur verordnet werden, wenn sie notwendig sind

- eine Krankheit zu heilen, ihre Verschlimmerung zu verhüten oder Krankheitsbeschwerden zu lindern,
- eine Schwächung der Gesundheit, die in absehbarer Zeit voraussichtlich zu einer Krankheit führen würde, zu beseitigen,
- einer Gefährdung der gesundheitlichen Entwicklung eines Kindes entgegenzuwirken oder
- Pflegebedürftigkeit zu vermeiden oder zu mindern.

12 Der Anspruch auf Heilmittel bedarf einer **vertragsärztlichen Verordnung**, vgl. § 73 Abs. 2 Nr. 7 SGB V.

III. Tatbestandsmerkmale

1. Heilmittel (Absatz 1 Satz 1)

13 Das SGB V enthält keine Definition des Heilmittelbegriffs. Nach der Rechtsprechung des BSG sind Heilmittel **persönliche medizinische Dienstleistungen**. Dabei stützt sie sich vor allem auf eine Definition des Heilmittelbegriffs im Recht der gesetzlichen Unfallversicherung. Nach **§ 30 SGB VII** sind Heilmittel alle ärztlich verordneten Dienstleistungen, die einem Heilzweck dienen oder einen Heilerfolg sichern und nur von entsprechend ausgebildeten Personen erbracht werden dürfen. Hierzu gehören insbesondere Maßnahmen der physikalischen Therapie sowie der Sprach- und Beschäftigungstherapie. Da sich diese Gesetzesformulierungen ausdrücklich an der Praxis der gesetzlichen Krankenversicherung orientieren[5], bestehen nach Auffassung des Bundessozialgerichts keine Bedenken, diese Begriffsdefinition auf das Recht der gesetzlichen Krankenversicherung zu übertragen[6]. Die Begriffsdefinition beendet gewisse Unsicherheiten bei der Beschreibung von Heilmitteln. Noch beim In-Kraft-Treten des

---

[4] Veröffentlicht im BAnz 2004, Nr. 106a, in Kraft getreten am 01.07.2004; zuletzt geändert am 21.12.2004, veröffentlicht im BAnz 2005; Nr. 61, 4995, in Kraft getreten am 02.04.2005.

[5] BT-Drs. 13/2204, S. 83.

[6] BSG v. 28.06.2001 - B 3 KR 3/00 R - SozR 3-2500 § 33 Nr. 41.

SGB V ging der Gesetzgeber davon aus, dass der Heilmittelbegriff auch sächliche Heilmittel umfasse.[7] Dieses Verständnis zeigt sich in der noch heute gültigen Formulierung von § 124 Abs. 1 SGB V, der von Heilmitteln, die als Dienstleistungen abgegeben werden, spricht. Früher wurden auch Einlagen, Bruchbänder, Kompressionsstrümpfe, Leibbinden als Heilmittel qualifiziert.[8] Nach heutigem Verständnis handelt es sich hierbei vielmehr um Hilfsmittel.

Nach Nr. 6 der Heilmittel-RL sind **Heilmittel** persönlich zu erbringende medizinische Leistungen. 14
Heilmittel sind

- die einzelnen Maßnahmen der Physikalischen Therapie,
- die einzelnen Maßnahmen der Podologischen Therapie,
- die einzelnen Maßnahmen der Stimm-, Sprech- und Sprachtherapie,
- die einzelnen Maßnahmen der Ergotherapie.

Maßnahmen der **Physikalischen Therapie** entfalten ihre Wirkung insbesondere nach physikalisch-biologischem Prinzip durch überwiegend von außen vermittelte kinetische, mechanische, elektrische und thermische Energie. Bei Bädern und Inhalationen können auch chemische Inhaltsstoffe mitwirken.[9] Hierunter fallen verschiedene Formen der **medizinischen Massage**, der **manuellen Lymphdrainage**, der **Bewegungstherapie,** die **Traktionsbehandlung**, die **Elektrotherapie/-stimulation**, **Kohlensäurebäder** und **Kohlensäuregasbäder** (Voll- oder Teilbäder), die **Inhalationstherapie**, die **Thermotherapie** (Wärme-/Kältetherapie) sowie **standardisierte Kombinationen** von Maßnahmen der Physikalischen Therapie. 15

Maßnahmen der **Podologischen Therapie** dienen der Behandlung krankhafter Veränderungen am Fuß infolge Diabetes mellitus (diabetisches Fußsyndrom). Hierzu zählen Schädigungen der Haut und der Zehennägel bei nachweisbaren Gefühls- und/oder Durchblutungsstörungen der Füße (Makro-, Mikroangiopathie, Neuropathie, Angioneuropathie).[10] 16

Maßnahmen der **Stimm-, Sprech- und Sprachtherapie** entfalten ihre Wirkung auf phoniatrischen und neurophysiologischen Grundlagen und dienen dazu, die Kommunikationsfähigkeit, die Stimmgebung, das Sprechen, die Sprache und den Schluckakt bei krankheitsbedingten Störungen wiederherzustellen, zu verbessern oder eine Verschlimmerung zu vermeiden.[11] 17

Maßnahmen der **Ergotherapie** (Beschäftigungs- und Arbeitstherapie) dienen der Wiederherstellung, Entwicklung, Verbesserung, Erhaltung oder Kompensation der krankheitsbedingt gestörten motorischen, sensorischen, psychischen und kognitiven Funktionen und Fähigkeiten.[12] Sie bestehen aus verschiedenen Formen der **motorisch-funktionellen Behandlung**, einer **sensomotorisch-perzeptiven Behandlung**, eines **Hirnleistungstrainings** bzw. einer **neuropsychologisch orientierten Behandlung**, einer **psychisch-funktionellen Behandlung** und einer **ergänzenden Thermotherapie** (Wärme/Kältetherapie). 18

Die Heilmittel-RL enthalten zudem den indikationsbezogenen Katalog verordnungsfähiger Heilmittel nach § 92 Abs. 6 SGB V (sog. **Heilmittelkatalog**), der nach Nr. 8 Heilmittel-RL regelt: 19

- die Indikationen, bei denen Heilmittel verordnungsfähig sind,
- die Art der verordnungsfähigen Heilmittel bei diesen Indikationen,
- die Menge der verordnungsfähigen Heilmittel je Diagnosengruppe und
- die Besonderheiten bei Wiederholungsverordnungen (Folgeverordnungen).

Neue Heilmittel sind nach § 138 SGB V vom Leistungsumfang der gesetzlichen Krankenversicherung solange ausgeschlossen, bis der Gemeinsame Bundesausschuss ihren therapeutischen Nutzen anerkannt und in entsprechenden Richtlinien Empfehlungen für die Sicherung der Qualität bei der Leistungserbringung abgegeben hat. Dem entspricht Nr. 14 der Heilmittel-RL. 20

a. Abgrenzung zu Hilfsmitteln

Die Qualifizierung von Sachen und Behandlungen als Hilfsmittel oder Heilmittel im Sinne der gesetzlichen Krankenversicherung hat die Rechtsprechung wiederholt beschäftigt.[13] Früher wurden sächliche 21

---

7 BR-Drs. 200/88, S. 173.

8 *Wagner* in: Krauskopf, Soziale Krankenversicherung – Pflegeversicherung, 54. Lief. 2006, § 32 Rn. 6.

9 Nr. 17A der Heilmittel-RL.

10 Nr. 17B der Heilmittel-RL.

11 Nr. 18 der Heilmittel-RL.

12 Nr. 20 der Heilmittel-RL.

13 BSG v. 28.06.2001 - B 3 KR 3/00 R - SozR 3-2500 § 33 Nr. 41 mit einer ausführlichen Darstellung der Gesetzes- und Rechtsprechungsentwicklung.

Mittel nur dann als Hilfsmittel bewertet, wenn sie dem unmittelbaren Ausgleich einer Körperfunktion dienten. Demzufolge wurden antiallergene Matratzen- und Kissenbezüge als Heilmittel aufgefasst.[14] Die zwischen dem 1. und 3. Senat weitgehend koordinierte jüngste Rechsprechung des Bundessozialgerichts definiert demgegenüber **Heilmittel als persönliche medizinische Dienstleistungen** und **Hilfsmittel als sächliche Mittel**. Sie stützt sich auf die entsprechenden Definitionen im Recht der gesetzlichen Unfallversicherung in den §§ 30 f. SGB VII. Nach § 30 SGB VII sind Heilmittel alle ärztlich verordneten Dienstleistungen, die einem Heilzweck dienen oder einen Heilerfolg sichern und nur von entsprechend ausgebildeten Personen erbracht werden dürfen. Hierzu gehören insbesondere Maßnahmen der physikalischen Therapie sowie der Sprach- und Beschäftigungstherapie. Gemäß § 31 Abs. 1 SGB VII sind demgegenüber Hilfsmittel alle ärztlich verordneten Sachen, die den Erfolg der Heilbehandlung sichern oder die Folgen von Gesundheitsschäden mildern oder ausgleichen. Dazu gehören insbesondere Körperersatzstücke, orthopädische und andere Hilfsmittel, einschließlich der notwendigen Änderung, Instandsetzung und Ersatzbeschaffung sowie der Ausbildung im Gebrauch der Hilfsmittel.

b. Abgrenzung zu Arzneimitteln

22 Heilmittel und Arzneimittel haben ihre beabsichtigte Einwirkung auf den menschlichen Organismus gemeinsam. Sie unterscheiden sich darin, dass Arzneimittel diese Wirkung über eine unmittelbare **Verstoffwechslung ihrer Wirkstoffe** erreichen, während Heilmittel zur äußeren Einwirkung auf den Körper bestimmt sind und/oder von speziell ausgebildeten Personen als Dienstleistung erbracht werden.[15] Das **Auftragen einer Salbe** ist damit regelmäßig als Einsatz eines Arzneimittels zu werten, soweit die Salbe die therapeutisch erwünschten Wirkstoffe enthält. Demgegenüber kann das **Einreiben** einer Creme – unabhängig von einer Qualifikation als Maßnahme der Behandlungspflege gemäß § 37 Abs. 1 SGB V – dann als Heilmittel angesehen werden, wenn die beabsichtigte Wirkweise nicht in der Verstoffwechslung eines Wirkstoffes, sondern in der Vermittlung eines Körperkontakts beim Einreiben besteht (zu einem entsprechenden Leistungsausschluss vgl. Rn. 27).

23 § 34 Abs. 5 SGB V enthält ebenso wie Nr. 12 der Heilmittel-RL ein **Umgehungsverbot**: Beim Vorliegen von geringfügigen Gesundheitsstörungen dürfen Heilmittel anstelle der nach § 34 Abs. 1 SGB V von der Verordnung ausgeschlossenen Arzneimittel nicht ersatzweise verordnet werden. Dies gilt insbesondere für Maßnahmen der Physikalischen Therapie zur Anwendung bei Erkältungskrankheiten.

2. Ausschluss durch RL des Gemeinsamen Bundesausschusses (Absatz 1 Satz 2)

24 Nach der **bis Ende 2003** geltenden Rechtslage war ein Leistungsausschluss bestimmter Heilmittel grundsätzlich nur durch die auf § 34 Abs. 2 und 3 SGB V gestützten Rechtsverordnungen möglich. Dem Bundesausschuss fehlte damals eine entsprechende Möglichkeit des Leistungsausschlusses durch die Heilmittel-RL.

25 **Ab 2004** besteht nunmehr gemäß § 32 Abs. 1 Satz 2 SGB V auch für den Gemeinsamen Bundesausschuss über die ihm durch § 92 SGB V zugewiesenen Befugnisse Richtlinien zu erlassen die Möglichkeit, bestimmte Heilmittel vom Leistungsumfang der gesetzlichen Krankenversicherung auszuschließen.

26 Der gesetzlichen Ermächtigung entsprechend enthält die **Anlage zu den Heilmittel-RL** eine Liste von **Maßnahmen**, deren therapeutischer Nutzen nach Maßgabe der BUB-Richtlinie nicht nachgewiesen ist, **Indikationen**, bei denen der Einsatz von Maßnahmen, deren therapeutischer Nutzen nachgewiesen ist, nicht anerkannt ist und Maßnahmen, die der **persönlichen Lebensführung** zuzuordnen sind.

27 Im Einzelnen sind danach ausgeschlossen (Stand 21.12.2004):

- als **Maßnahmen**, deren therapeutischer Nutzen nach Maßgabe der Richtlinie Methoden vertragsärztlicher Versorgung (früher: BUB-Richtlinie) nicht nachgewiesen ist:
  - Hippotherapie[16],
  - isokinetische Muskelrehabilitation,
  - Höhlentherapie,
  - Musik- und Tanztherapie,

[14] BSG v. 10.05.1995 - 1 RK 18/94 - SozR 3-2500 § 33 Nr. 15, ausdrücklich aufgegeben durch BSG v. 08.02.2000 - B 1 KR 3/99 - USK-2000-20.

[15] BSG v. 05.07.2005 - B 1 KR 12/03 R - USK 2005-70.

[16] BSG v. 19.03.2002 - B 1 KR 36/00 R - SozR 3-2500 § 138 Nr. 2.

- Magnetfeldtherapie ohne Verwendung implantierter Spulen (Magnetfeldgeräte zur Anwendung bei der invasiven Elektroosteostimulation unterliegen den Regelungen über die Verordnung von Hilfsmitteln),
- Fußreflexzonenmassage,
- Akupunktmassage,
- Atlas-Therapie nach Arlen,
- Mototherapie,
- Zilgrei-Methode,
- Atemtherapie nach Middendorf,
- konduktive Förderung nach Petö[17];

• als **Indikationen**, bei denen der Einsatz von Maßnahmen, deren therapeutischer Nutzen nachgewiesen ist, nicht anerkannt ist:
- Entwicklungsbedingte Sprechunflüssigkeit im Kindesalter,
- Stimmtherapie bei nicht krankhaftem Verlauf des Stimmbruchs,
- alle psychotherapeutischen Behandlungsformen, die Regelungsgegenstand der Psychotherapie-Richtlinien sind,
- Störungen wie Lese- und Rechtschreibschwäche, sonstige isolierte Lernstörungen;

• als Maßnahmen, die der **persönlichen Lebensführung** zuzuordnen sind:
- Massage des ganzen Körpers (Ganz- bzw. Vollmassagen),
- Massage mittels Gerät/Unterwassermassage mittels automatischer Düsen,
- Teil- und Wannenbäder, soweit sie nicht nach den Vorgaben des Heilmittelkataloges verordnungsfähig sind,
- Sauna, römisch-irische und russisch-römische Bäder,
- Schwimmen und Baden, auch in Thermal- und Warmwasserbädern,
- Maßnahmen, die der Veränderung der Körperform (z.B. Bodybuilding) oder dem Fitness-Training dienen,
- Maßnahmen, die ausschließlich der Anreizung, Verstärkung und Befriedigung des Sexualtriebes dienen sollen.

3. Zuzahlung

Vom **01.01.1989 bis 30.06.1997** hatten erwachsene Versicherte **10%** der Kosten des Heilmittels als Zuzahlung zu entrichten. 28

Vom **01.07.1997 bis 31.12.2003** betrug die Zuzahlung für Erwachsene **15%** der Kosten des Heilmittels. 29

Ab dem 01.01.2004 haben erwachsene Versicherte wieder eine Zuzahlung in Höhe von **10%** der Kosten des Heilmittels und für jede ärztliche Verordnung eine zusätzliche Zuzahlung von **10 €** zu leisten. 30

IV. Verfahren der Heilmittelversorgung

Der Leistungsanspruch nach § 32 SGB V repräsentiert – wie nahezu alle Leistungsansprüche des SGB V – ein ausfüllungsbedürftiges Rahmenrecht. Eine Konkretisierung des allgemeinen Anspruchs auf ein bestimmtes Heilmittel erfolgt durch die nach § 73 Abs. 2 Nr. 7 SGB V erforderliche, vertragsärztliche **Verordnung**.[18] 31

Gemäß § 124 Abs. 1 SGB V dürfen Heilmittel, die als Dienstleistungen abgegeben werden, insbesondere Leistungen der physikalischen Therapie, der Sprachtherapie oder der Ergotherapie, an Versicherte nur von **zugelassenen Leistungserbringern** abgegeben werden. 32

C. Praxishinweise

Die aktuellsten Versionen der Heilmittel-RL sind auch im Internet auf der Homepage des Gemeinsamen Bundesausschusses unter www.g-ba.de verfügbar. 33

[17] Hierzu BSG v. 03.09.2003 - B 1 KR 34/01 R - SozR 4-2005 § 18 Nr. 1.

[18] BSG v. 16.12.1993 - 4 RK 5/92 - SozR 3-2500 § 32 Nr. 2.

§ 33 SGB V Hilfsmittel

(Fassung vom 26.03.2007, gültig ab 01.04.2007)

(1) Versicherte haben Anspruch auf Versorgung mit Hörhilfen, Körperersatzstücken, orthopädischen und anderen Hilfsmitteln, die im Einzelfall erforderlich sind, um den Erfolg der Krankenbehandlung zu sichern, einer drohenden Behinderung vorzubeugen oder eine Behinderung auszugleichen, soweit die Hilfsmittel nicht als allgemeine Gebrauchsgegenstände des täglichen Lebens anzusehen oder nach § 34 Abs. 4 ausgeschlossen sind. Der Anspruch auf Versorgung mit Hilfsmitteln zum Behinderungsausgleich hängt bei stationärer Pflege nicht davon ab, in welchem Umfang eine Teilhabe am Leben der Gemeinschaft noch möglich ist; die Pflicht der stationären Pflegeeinrichtungen zur Vorhaltung von Hilfsmitteln und Pflegehilfsmitteln, die für den üblichen Pflegebetrieb jeweils notwendig sind, bleibt hiervon unberührt. Für nicht durch Satz 1 ausgeschlossene Hilfsmittel bleibt § 92 Abs. 1 unberührt. Der Anspruch umfasst auch die notwendige Änderung, Instandsetzung und Ersatzbeschaffung von Hilfsmitteln, die Ausbildung in ihrem Gebrauch und, soweit zum Schutz der Versicherten vor unvertretbaren gesundheitlichen Risiken erforderlich, die nach dem Stand der Technik zur Erhaltung der Funktionsfähigkeit und der technischen Sicherheit notwendigen Wartungen und technischen Kontrollen. Wählen Versicherte Hilfsmittel oder zusätzliche Leistungen, die über das Maß des Notwendigen hinausgehen, haben sie die Mehrkosten und dadurch bedingte höhere Folgekosten selbst zu tragen.

(2) Versicherte haben bis zur Vollendung des 18. Lebensjahres Anspruch auf Versorgung mit Sehhilfen entsprechend den Voraussetzungen nach den Absatz 1. Für Versicherte, die das 18. Lebensjahr vollendet haben, besteht der Anspruch auf Sehhilfen, wenn sie auf Grund ihrer Sehschwäche oder Blindheit, entsprechend der von der Weltgesundheitsorganisation empfohlenen Klassifikation des Schweregrades der Sehbeeinträchtigung, auf beiden Augen eine schwere Sehbeeinträchtigung mindestens der Stufe 1 aufweisen; Anspruch auf therapeutische Sehhilfen besteht, wenn diese der Behandlung von Augenverletzungen oder Augenerkrankungen dienen. Der Gemeinsame Bundesausschuss bestimmt in Richtlinien nach § 92, bei welchen Indikationen therapeutische Sehhilfen verordnet werden. Der Anspruch auf Versorgung mti Sehhilfen umfaßt nicht die Kosten des Brillengestells.

(3) Anspruch auf Versorgung mit Kontaktlinsen besteht für anspruchsberechtigte Versicherte nach Absatz 2 nur in medizinisch zwingend erforderlichen Ausnahmefällen. Der Gemeinsame Bundesausschuss bestimmt in den Richtlinien nach § 92, bei welchen Indikationen Kontaktlinsen verordnet werden. Wählen Versicherte statt einer erforderlichen Brille Kontaktlinsen und liegen die Voraussetzungen des Satzes 1 nicht vor, zahlt die Krankenkasse als Zuschuß zu den Kosten von Kontaktlinsen höchstens den Betrag, den sie für eine erforderliche Brille aufzuwenden hätte. Die Kosten für Pflegemittel werden nicht übernommen.

(4) Ein erneuter Anspruch auf Versorgung mit Sehhilfen nach Absatz 2 besteht für Versicherte, die das vierzehnte Lebensjahr vollendet haben, nur bei einer Änderung der Sehfähigkeit um mindestens 0,5 Dioptrien; für medizinisch zwingend erforderliche Fälle kann der Gemeinsame Bundesausschuss in den Richtlinien nach § 92 Ausnahmen zulassen.

(5) Die Krankenkasse kann den Versicherten die erforderlichen Hilfsmittel auch leihweise überlassen. Sie kann die Bewilligung von Hilfsmitteln davon abhängig machen, daß die Versicherten sich das Hilfsmittel anpassen oder sich in seinem Gebrauch ausbilden lassen.

(6) Die Versicherten können alle Leistungserbringer in Anspruch nehmen, die Vertragspartner ihrer Krankenkasse oder nach § 126 Abs. 2 versorgungsberechtigt sind. Hat die Krankenkasse Verträge nach § 127 Abs. 1 über die Versorgung mit bestimmten Hilfsmitteln geschlossen, erfolgt die Versorgung durch einen Vertragspartner, der den Versicherten von der Krankenkasse zu benennen ist. Abweichend von Satz 2 können Versicherte ausnahmsweise einen anderen Leistungserbringer wählen, wenn ein berechtigtes Interesse besteht; dadurch entstehende Mehrkosten haben sie selbst zu tragen.

(7) Die Krankenkasse übernimmt die jeweils vertraglich vereinbarten Preise. Erfolgt die Versorgung auf der Grundlage des § 126 Abs. 2 durch einen Leistungserbringer, der nicht Vertragspartner der Krankenkasse ist, trägt die Krankenkasse die Kosten in Höhe des niedrigsten Preises, der für eine vergleichbare Leistung mit anderen Leistungserbringern vereinbart wurde, bei Hilfsmitteln, für die ein Festbetrag festgesetzt wurde, höchstens bis zur Höhe des Festbetrags.

(8) Versicherte, die das 18. Lebensjahr vollendet haben, leisten zu jedem zu Lasten der gesetzlichen Krankenversicherung abgegebenen Hilfsmittel als Zuzahlung den sich nach § 61 Satz 1 ergebenden Betrag zu dem von der Krankenkasse zu übernehmenden Betrag an die abgebende Stelle. Der Vergütungsanspruch nach Absatz 7 verringert sich um die Zuzahlung; § 43b Abs. 1 Satz 2 findet keine Anwendung. Die Zuzahlung bei zum Verbrauch bestimmten Hilfsmitteln beträgt 10 vom Hundert des insgesamt von der Krankenkasse zu übernehmenden Betrags, jedoch höchstens 10 Euro für den gesamten Monatsbedarf.

Gliederung

A. Basisinformationen

Die Norm regelt den Anspruch der Versicherten auf die Versorgung mit Hilfsmitteln in der gesetzlichen Krankenversicherung. Begrenzt wird der Anspruch durch § 34 SGB V und die entsprechenden Hilfsmittel-RL des Gemeinsamen Bundesausschusses. 1

I. Textgeschichte/Gesetzgebungsmaterialien

Ein Anspruch auf Hilfsmittel war in dem grundlegenden Anspruch auf Krankenhilfe gemäß den **§§ 182 Abs. 1 Nr. 1 lit. b und c, 182b, 182g RVO** enthalten. § 33 SGB V ist seit der Schaffung des SGB V im Jahr **1989** darin enthalten. Die Vorschrift wurde danach wiederholt geändert: 2

3 Mit Wirkung vom **01.01.1997** wurde Absatz 1 Satz 3 (jetzt: Satz 7) durch Art. 2 Nr. 9 lit. a des Gesetzes zur Entlastung der Beiträge in der gesetzlichen Krankenversicherung (Beitragsentlastungsgesetz – BeitrEntlG) v. 01.11.1996[1] angefügt und in Absatz 4 der frühere Satz 1 gem. Art. 2 Nr. 9 lit. b des BeitrEntlG aufgehoben.

4 Mit Wirkung vom **01.07.1997** wurde Absatz 2 Satz 3 durch Art. 1 Nr. 10 nach Maßgabe des Art. 17 des Zweiten Gesetzes zur Neuordnung von Selbstverwaltung und Eigenverantwortung in der gesetzlichen Krankenversicherung v. 23.06.1997[2] angefügt.

5 Mit Wirkung vom **01.07.2001** wurde Absatz 1 Satz 1 durch Art. 5 – Sozialgesetzbuch – Neuntes Buch – (SGB IX) Rehabilitation und Teilhabe behinderter Menschen vom 19.06.2001[3] geändert.

6 Mit Wirkung vom **01.01.2004** wurde die Vorschrift insgesamt durch das Gesetz zur Modernisierung der gesetzlichen Krankenversicherung – GMG – vom 14.11.2003[4] umfassend geändert.

7 Mit Wirkung vom **01.04.2007** wurde Absatz 1 durch Artikel 1 Nr. 17 des Gesetzes zur Stärkung des Wettbewerbs in der gesetzlichen Krankenversicherung (GKV-Wettbewerbsstärkungsgesetzes – GKV-WSG) vom 26.03.2007[5] neu gefasst. Sätze 4-7 des bisherigen Absatzes 1 wurden Absatz 2. Der bisherige Absatz 2 wurde aufgehoben. Nach Absatz 5 wurden die Absätze 6-8 eingefügt.

II. Vorgängervorschriften

8 Die Norm geht auf die §§ **182 Abs. 1 Nr. 1 lit. b und c, 182b, 182g RVO** zurück. Die Vielzahl an Vorläufernormen erklärt sich aus der damaligen Differenzierung in Hilfsmittel und Brillen.

III. Parallelvorschriften

9 **§ 31 SGB VII** enthält für das Recht der gesetzlichen Unfallversicherung eine Definition des Hilfsmittelbegriffs.

IV. Untergesetzliche Normen und Vorschriften

10 Richtlinien des Bundesausschusses der Ärzte und Krankenkassen über die Verordnung von Hilfsmitteln in der vertragsärztlichen Versorgung (**Hilfsmittel-RL**) in der Fassung vom 17.06.1992.[6]

11 Hilfsmittelverzeichnis der Spitzenverbände der Krankenkassen unter Federführung des IKK-Bundesverbandes, Stand: 30.09.2006 (**Hilfsmittelverzeichnis**), im Internet herunterzuladen unter www.ikk.de.

V. Systematische Zusammenhänge

12 Auf leistungserbringungsrechtlicher Seite ist die Beschränkung auf zugelassene Leistungserbringung gemäß **§ 126 Abs. 1 SGB V** zu beachten. Bedeutsam sind ferner die Vorschriften hinsichtlich des Hilfsmittelverzeichnisses in **§ 128 SGB V** und hinsichtlich der Qualitätssicherung bei Hilfsmitteln nach **§ 139 SGB V**.

B. Auslegung der Norm

I. Regelungsgehalt und Bedeutung der Norm

13 Die Norm gibt den Versicherten der gesetzlichen Krankenversicherung einen Anspruch auf Versorgung mit Hilfsmitteln. Hierunter sind **sächliche medizinische Leistungen** zu verstehen. Begrenzt wird der umfassende Anspruch lediglich durch **Leistungsausschlüsse** nach § 34 SGB V und durch die Hilfsmittel-RL. Hilfsmittel sind für Erwachsene zuzahlungspflichtig.

---

1 BGBl I 1996, 1631.
2 BGBl I 1997, 1520.
3 BGBl I 2001, 1046.
4 BGBl I 2003, 2190.
5 BGBl I 2007, 378.
6 Veröffentlicht im BAnz 1992, Nr. 183b, zuletzt geändert am 19.10.2004, veröffentlicht im BAnz 2005, Nr. 2, 89, in Kraft getreten am 06.01.2005.

II. Normzweck und Systematische Stellung

Die Vorschrift ist im dritten Kapitel und damit im **Leistungsrecht** der gesetzlichen Krankenversicherung angesiedelt. Sie präzisiert den in § 27 Abs. 1 Satz 2 Nr. 3 SGB V genannten allgemeinen Anspruch auf Hilfsmittel im Rahmen der **Krankenbehandlung**. 14

Zu seiner Realisierung bedarf der Anspruch auf Hilfsmittel einer **vertragsärztlichen Verordnung**, vgl. § 73 Abs. 2 Nr. 7 SGB V. 15

III. Tatbestandsmerkmale

1. Hilfsmittel (Absatz 1 Satz 1)

Unter Hilfsmitteln versteht die Vorschrift **Hörhilfen, Körperersatzstücke, orthopädische und andere Hilfsmittel**, die im Einzelfall erforderlich sind, um den Erfolg der Krankenbehandlung zu sichern, einer drohenden Behinderung vorzubeugen oder eine Behinderung auszugleichen. 16

a. Abgrenzung zu Heilmitteln

Hilfsmittel sind demnach – dem Begriff entsprechend – **nur Sachen**. Hierdurch unterscheiden sie sich von **Heilmitteln** (besser: Heilleistungen), bei denen die **persönliche medizinische Dienstleistung** im Vordergrund steht. Die Qualifizierung von Sachen und Behandlungen als Hilfsmittel oder Heilmittel im Sinne der gesetzlichen Krankenversicherung hat die Rechtsprechung wiederholt beschäftigt.[7] Früher wurden sächliche Mittel nur dann als Hilfsmittel bewertet, wenn sie dem unmittelbaren Ausgleich einer Körperfunktion dienten. Demzufolge wurden antiallergene Matratzen- und Kissenbezüge als Heilmittel aufgefasst.[8] Die zwischen dem 1. und 3. Senat weitgehend koordinierte jüngste Rechsprechung des Bundessozialgerichts definiert demgegenüber **Heilmittel als persönliche medizinische Dienstleistungen** und **Hilfsmittel als sächliche Mittel**. Sie stützt sich auf die entsprechenden Definitionen im Recht der gesetzlichen Unfallversicherung in den §§ 30 f. SGB VII. 17

b. Abgrenzung zu Arzneimitteln

Zwar sind auch Arzneimittel als Sachen anzusehen. Von Hilfsmitteln i.S.d. § 33 Abs. 1 SGB V unterscheiden sie sich jedoch darin, dass sie ihren therapeutischen Zweck durch die **Verstoffwechselung** ihrer Wirkstoffe entfalten. Demzufolge ist Einfachzucker (D-Ribose) kein Hilfsmittel, sondern ein Arzneimittel.[9] 18

c. Hörhilfen

Hörhilfen dienen als Hilfsmittel einer wirkungsvollen **Minderung einer auditiven Kommunikationsbehinderung**. 19

d. Körperersatzstücke

Entsprechend dem gesetzlichen verwandten Begriff sind als Körperersatzstücke solche Sachen anzusehen, die ein nicht vorhandenes oder verlorenes Körperteil ersetzen. Hierunter fallen in erster Linie **Prothesen für Arme oder Beine, Glasaugen u.Ä.** 20

e. Orthopädische Hilfsmittel

Hilfsmittel sind auch orthopädische Vorrichtungen, die im Bereich des **Stütz- und Bewegungsapparates** eingesetzt werden. 21

f. Andere Hilfsmittel

Andere Hilfsmittel sind solche, die wegen der Beeinträchtigung einer anderen Körperfunktion als der orthopädischen, insbesondere eines Sinnesorganes, eine ausgleichende Funktion haben. 22

Nr. 7 der Hilfsmittel-RL präzisiert, dass Hilfsmittel zu Lasten der Krankenkassen nur verordnet werden, wenn sie notwendig sind 23

- den Erfolg der Krankenbehandlung zu sichern oder eine Behinderung auszugleichen,

---

7 BSG v. 28.06.2001 - B 3 KR 3/00 R - SozR 3-2500 § 33 Nr. 41 mit einer ausführlichen Darstellung der Gesetzes- und Rechtsprechungsentwicklung.

8 BSG v. 10.05.1995 - 1 RK 18/94 - SozR 3-2500 § 33 Nr. 15, ausdrücklich aufgegeben durch BSG v. 08.02.2000 - B 1 KR 3/99 - USK 2000-20.

9 BSG v. 04.04.2006 - B 1 KR 12/04 R - Die Leistungen Beilage 2006, 131-132.

- eine Schwächung der Gesundheit, die in absehbarer Zeit voraussichtlich zu einer Krankheit führen würde, zu beseitigen,
- einer Gefährdung der gesundheitlichen Entwicklung eines Kindes entgegenzuwirken oder Pflegebedürftigkeit zu vermeiden oder zu mindern.

g. Hilfsmitteleinteilung im Hilfsmittelverzeichnis

24 Das **Hilfsmittelverzeichnis** der Spitzenverbände der Krankenkassen unterscheidet Hilfsmittel i.S.v. § 33 SGB V in Anlehnung an das **Therapieziel** in folgende 34 Produktgruppen:

01 Absauggeräte
02 Adaptionshilfen
03 Applikationshilfen
04 Badehilfen
05 Bandagen
06 Bestrahlungsgeräte
07 Blindenhilfsmittel
08 Einlagen
09 Elektrostimulationsgeräte
10 Gehhilfen
11 Hilfsmittel gegen Dekubitus
12 Hilfsmittel bei Tracheostoma
13 Hörhilfen
14 Inhalations- und Atemtherapiegeräte
15 Inkontinenzartikel
16 Kommunikationshilfen
17 Hilfsmittel zur Kompressionstherapie
18 Krankenfahrzeuge
19 Krankenpflegeartikel
20 Lagerungshilfen
21 Messgeräte für Körperzustände/-funktionen
22 Mobilitätshilfen
23 Orthesen
24 Prothesen
25 Sehhilfen
26 Sitzhilfen
27 Sprechhilfen
28 Stehhilfen
29 Stomaartikel
30 Schienen
31 Schuhe
32 Therapeutische Bewegungsgeräte
33 Toilettenhilfen
99 Verschiedenes

25 Nach der ständigen Rechtsprechung des BSG hat das Hilfsmittelverzeichnis nicht die Aufgabe, abschließend als Positivliste darüber zu befinden, welche Hilfsmittel der Versicherte im Rahmen der Krankenbehandlung beanspruchen kann. Es stellt damit für die Gerichte nur eine **unverbindliche Auslegungshilfe** dar.[10] Daran ändert auch nichts, dass nach Nr. 8 der Hilfsmittel-RL des Gemeinsamen Bundesausschusses Hilfsmittel zu Lasten der Krankenkassen nur verordnet werden dürfen, sofern sie im Hilfsmittelverzeichnis aufgeführt sind. Die darin ausgesprochene Bindung der Ärzte an das nach § 128 SGB V allein von den Spitzenverbänden der Krankenkassen erstellte Hilfsmittelverzeichnis ist nicht von der Ermächtigungsgrundlage in § 92 Abs. 1 Nr. 6 SGB V gedeckt.[11] Daran hat sich auch durch die durch das GMG vorgenommene Einfügung von § 33 Abs. 1 Satz 2 SGB V nichts geändert.[12]

---

[10] BSG v. 23.08.1995 - 3 RK 7/95 - SozR 3-2500 § 33 Nr. 16; BSG v.17.01.1996 - 3 RK 16/95 - SozR 3-2500 § 33 Nr. 20; BSG v. 29.09.1997 - 8 RKn 27/96 - SozR 3-2500 § 33 Nr. 25.

[11] BSG v. 16.041998 - B 3 KR 9/97 R - SozR 3-2500 § 33 Nr. 27.

[12] BSG v. 03.08.2006 - B 3 KR 25/05 R - SuP 2006, 782-788.

Entscheidend für die Qualifikation eines Gegenstands als Hilfsmittel und damit für einen Anspruch auf Versorgung damit ist demzufolge der mit seinem Einsatz verbundene **Zweck** (vgl. Rn. 28 und Rn. 29). 26

h. Zubehör

Der Hilfsmittelanspruch umfasst auch als ungeschriebenes Tatbestandsmerkmal einen Anspruch auf Gewährung von **Zubehör,** um den bestimmungsgemäßen Gebrauch des Hilfsmittels zu ermöglichen bzw. zu erhalten.[13] Hierunter fällt vor allem die erstmalige Ausstattung von Energieträgern (**Batterien oder Akkus**).[14] **Ausgenommen** sind solche Zubehörteile, deren Erwerb der **Eigenverantwortung** der Versicherten unterfällt, z.B. neue Hörgerätebatterien. 27

2. Krankenbehandlung (Absatz 1 Satz 1)

Gegenstände, die unmittelbar der Krankheitsbehandlung dienen, indem von ihnen ein **therapeutischer Erfolg** erhofft wird, sind Hilfsmittel. Hierunter fallen vor allem orthopädische Mittel, wie Stützen und Haltevorrichtungen (z.B. Krücken). **Keine Hilfsmittel** sind in diesem Zusammenhang solche Mittel, die eine Krankenbehandlung überhaupt erst ermöglichen (z.B. Autositz zum regelmäßigen Transport eines Patienten). Hier kann sich die Hilfsmitteleigenschaft aber aus dem angestrebten Zweck des Behinderungsausgleichs ergeben.[15] 28

3. Behinderungsausgleich und -vorbeugung (Absatz 1 Satz 1)

Hilfsmittel können auch solche Sachen sein, die eine bestehende Behinderung ausgleichen oder einer drohenden Behinderung vorbeugen. Menschen sind nach **§ 2 Abs. 1 Satz 1 SGB IX behindert**, wenn ihre **körperliche Funktion**, **geistige Fähigkeit** oder **seelische Gesundheit** mit hoher Wahrscheinlichkeit länger als sechs Monate von dem für das Lebensalter typischen Zustand **abweicht** und daher ihre **Teilhabe am Leben in der Gesellschaft** beeinträchtigt ist. Von Behinderung bedroht sind Menschen, wenn die Behinderung zu erwarten ist (§ 2 Abs. 1 Satz 2 SGB IX). 29

a. Wesentliche Normabweichung

Einen Hilfsmittelanspruch auslösen kann grundsätzlich nur eine **wesentliche** Normabweichung. Die **Haarlosigkeit beim Mann** stellt aufgrund der gesellschaftlichen Akzeptanz der Kahlköpfigkeit von Männern im Gegensatz zur Frau keine wesentliche Normabweichung dar.[16] 30

b. Funktionsausgleich

Das beanspruchte Hilfsmittel muss das von der Behinderung betroffene Körperteil nicht rekonstruieren oder die von der Behinderung betroffene Körperfunktion nicht vollständig ersetzen, sondern es genügt, wenn es einen **Ausgleich für den entsprechenden Funktionsverlust** bringt.[17] Auch ein indirekter Funktionsausgleich, etwa durch die akustische Zur-Verfügung-Stellung von Texten bei Blindheit des Versicherten, ist ausreichend. 31

Die zu ersetzende oder auszugleichende Funktion muss sich auf bestimmte, dem Versicherungsschutz in der gesetzlichen Krankenversicherung entsprechende **Grundbedürfnisse** beziehen. 32

Elementare Grundbedürfnisse des täglichen Lebens sind: **Ernährung, Körperpflege**, selbständige **Haushaltsführung, Kommunikation, Informationsbedürfnis** und **Mobilität** in einem grundsätzlich eng gesteckten Rahmen der häuslichen Mobilität oder soweit sie zum Aufsuchen von Ärzten und Therapeuten erforderlich ist. 33

Die Bestimmung, ob ein Bedürfnis anzuerkennen ist, kann nur im jeweiligen **Einzelfall** erfolgen. Für die Anerkennung eines elementaren Grundbedürfnisses spricht die Auferlegung von Pflichten, deren Erfüllung durch die Behinderung beeinträchtigt ist, z.B. die Schulpflicht. Insgesamt ist bei **Kindern und Heranwachsenden** ein großzügigerer Maßstab anzulegen, um ihrer weiteren Entwicklung Rechnung zu tragen. 34

Nicht als Grundbedürfnisse anerkannt sind das selbständige Führen eines Kraftfahrzeuges und zumindest bei Erwachsenen das Zurücklegen längerer Wegstrecken bspw. durch Fahrradfahren.[18] 35

---

[13] BSG v. 18.05.1978 - 3 RK 47/77 - BSGE 46, 183 = SozR 2200 § 182b Nr. 7.
[14] BSG v. 18.05.1978 - 3 RK 47/77 - BSGE 46, 183 = SozR 2200 § 182b Nr. 7.
[15] BSG v. 16.09.2004 - B 3 KR 19/03 R - BSGE 93, 176 = SozR 4-2500 § 33 Nr. 7.
[16] BSG v. 18.02.1981 - 3 RK 49/79 - SozR 2200 § 182b Nr. 18.
[17] BSG v. 08.06.1994 - 3/1 RK 13/93 - SozR 3-2500 § 33 Nr. 7.
[18] BSG v. 16.09.1999 - B 3 KR 9/98 R - SozR 3-2500 § 33 Nr. 32.

36 **Ebenfalls keinen** Anspruch auf ein Hilfsmittel lösen Folgen der Behinderung auf privatem, beruflichem oder gesellschaftlichem Gebiet aus.

37 Im Bereich der **Mobilität** muss die Hilfsmittelversorgung nur gewährleisten, dass der **erwachsene Versicherte** sich **in der eigenen Wohnung bewegen** und die Wohnung verlassen kann, um bei einem **kurzen Spaziergang** „an die frische Luft zu kommen" oder um die üblicherweise im Nahbereich der Wohnung liegenden Stellen zu erreichen, an denen **Alltagsgeschäfte** zu erledigen sind.[19] Besonderheiten des Wohnortes sind auch dann für die Hilfsmitteleigenschaft nicht maßgeblich, wenn Alltagsgeschäfte außerhalb der Reichweite liegen, die ein Rollstuhlfahrer regelmäßig erreichen kann.[20] Für **Kinder und Heranwachsende** gilt auch hinsichtlich der Mobilität ein großzügigerer Maßstab: Für sie kommt es darauf an, durch die Hilfsmittelversorgung sich einen gewissen körperlichen Freiraum gefahrlos zu erschließen.[21]

4. Verhältnismäßigkeit der Hilfsmittelversorgung

38 Die erstrebte Hilfsmittelversorgung muss im Einzelfall geeignet, erforderlich und angemessen sein, um dem allgemeinen Wirtschaftlichkeitsgebot der gesetzlichen Krankenversicherung zu genügen.

a. Eignung

39 Die **Geeignetheit** des erstrebten Hilfsmittels beurteilt sich nach dem dadurch auszugleichenden Funktionsverlust. Hilfsmittel, die die Situation des Versicherten nicht verbessern, z.B. ein Elektro-Rollstuhl, den der Versicherte – auch unter Inanspruchnahme von Angehörigen[22] – nicht selbst bedienen kann, sind bereits nicht geeignet. Zur Einschränkung, soweit ein elementares Grundbedürfnis betroffen ist, vgl. Rn. 45.

b. Erforderlichkeit

40 Im Rahmen der **Erforderlichkeit** der Hilfsmittelversorgung ist zu prüfen, inwieweit der Versicherte bereits mit entsprechenden oder ähnlichen Hilfsmitteln ausgestattet ist und das erstrebte Hilfsmittel eine Überversorgung darstellt.

41 Die Erforderlichkeit des Hilfsmittels wird grundsätzlich nicht dadurch ausgeschlossen, dass der erstrebte Funktionsausgleich durch **Familienmitglieder** oder **sonstige Angehörige** des Versicherten erreicht werden kann.[23] Die Eigenverantwortung der Versicherten in der gesetzlichen Krankenversicherung geht nicht so weit, vor der Krankenversicherung zunächst die Familienmitglieder in Anspruch zu nehmen. Inwieweit eine **Familienversicherung** des behinderten Versicherten beim Angehörigen eine im Rahmen der Hilfsmittelversorgung anzurechnende Pflicht zur Krankenbetreuung vermittelt, ist umstritten.[24] Die Rechtsprechung bejaht dies, wenn daneben familienrechtliche Unterhaltsvorschriften ein gewisses Maß an Betreuung vorschreiben, z.B. die Hilfe im Haushalt.[25] Umgekehrt muss sich der Versicherte eine Hilfeleistung durch eine andere Person im Rahmen der Hilfsmittelversorgung anrechnen lassen, wenn sie bereits eine Leistung der Krankenversicherung darstellt, etwa im Rahmen der **häuslichen Krankenpflege**.

42 In diesem Zusammenhang stellt die Versorgung von Versicherten bei **vollstationärem Aufenthalt in einer Pflegeeinrichtung** ein bedeutsames Problemfeld dar. Hier gilt im Grundsatz, dass kein Anspruch auf Hilfsmittelversorgung im Recht der gesetzlichen Krankenversicherung besteht, soweit der Versicherte in der stationären Einrichtung mit entsprechenden Hilfsmitteln **bereits angemessen versorgt** ist. Dabei kommt es nicht auf die individuellen Verhältnisse der jeweiligen Pflegeeinrichtung an. Solche Hilfsmittel, von denen erwartet werden kann, dass sie in einer Pflegeeinrichtung vorgehalten werden, oder die aufgrund ordnungsrechtlicher Bestimmungen bspw. im Zusammenhang mit der gewerberechtlichen Zulassung als Pflegeeinrichtung vorgehalten werden müssen, können grundsätzlich **nicht über den Umweg der Krankenversicherung** beansprucht werden. Anhaltspunkte für die ordnungsgemäße Ausstattung von Pflegeeinrichtungen bietet auch die „Gemeinsame Verlautbarung der Spitzenverbände der Krankenkassen/Pflegekassen zur Ausstattung von Pflegeheimen mit Hilfsmit-

---

[19] BSG v. 11.01.2006 - B 3 KR 44/05 B

[20] BSG v. 16.09.1999 - B 3 KR 8/98 - SozR 3-2500 § 33 Nr. 31.

[21] BSG v. 10.11.2005 - B 3 KR 31/04 R - SozR 4-2500 § 33 Nr. 10.

[22] Vgl. hierzu BSG v. 24.05.2006 - B 3 KR 12/05 R - SGb 2006, 530.

[23] BSG v. 17.01.1996 - 3 RK 38/94 - SozR 3-2500 § 33 Nr. 18.

[24] Vgl. *Höfler* in: KassKomm, SGB V, 50. Ergänzungslieferung, 2006, § 33 Rn. 18b f.

[25] BSG v. 17.01.1996 - 3 RK 38/94 - SozR 3-2500 § 33 Nr. 18.

teln“ vom 26.05.1997.[26] Dementsprechend können herkömmliche **Pflegebetten** oder **Transportrollstühle zum Transport innerhalb der Pflegeeinrichtung**[27] grundsätzlich nicht als Hilfsmittel der gesetzlichen Krankenversicherung beansprucht werden. Anders verhält es sich hingegen mit Hilfsmitteln, die **individuell angepasst** werden müssen oder so **außergewöhnlich** sind, dass sie nicht zum grundlegenden Inventar einer stationären Pflegeeinrichtung gezählt werden können. Demzufolge sind pflegebedürftige Krankenversicherte auch bei vollstationärer Unterbringung in einem Pflegeheim von der Krankenkasse mit einer behinderungsgerechten **Dekubitusmatratze** auszustatten, wenn diese nach ärztlicher Verordnung zur Behandlung eines akuten oder zur Vermeidung eines unmittelbar drohenden Druckgeschwürs erforderlich ist.[28] Die Versorgung mit einem **eigenen Rollstuhl** kommt trotz eines vollstationären Heimaufenthalts in Betracht, wenn er im Einzelfall zur Befriedigung eines Grundbedürfnisses (Kommunikation, Vermeidung von Vereinsamung) durch die Ermöglichung von Spaziergängen mit Familienangehörigen erforderlich ist.[29]

Dementsprechend hat der Gesetzgeber in § 33 Abs. 1 Satz 2 HS. 2 SGB V n.F. ausdrücklich klargestellt, dass Pflegeeinrichtungen zur Vorhaltung von Hilfsmitteln und Pflegehilfsmitteln, die für den üblichen Pflegebetrieb jeweils notwendig sind, verpflichtet sind. 43

Soll mit dem beanspruchten Hilfsmittel das **Aufsuchen von Ärzten und Therapeuten** ermöglicht werden, ist zu prüfen, ob die Fahrtkosten für Krankenfahrten u.U. günstiger sind als das Hilfsmittel.[30] 44

c. Angemessenheit

Schließlich muss das Hilfsmittel auch dem erstrebten Zweck angemessen sein. **Kosten und Nutzen** der Hilfsmittelversorgung müssen in einem angemessenen Verhältnis stehen. Vor allem bei der Ermittlung des Nutzens sind aber wiederum die spezifischen Besonderheiten des Einzelfalls im Hinblick auf die durch das Hilfsmittel zu befriedigenden Bedürfnisse zu beachten: So kann etwa der **erhebliche Gebrauchsvorteil** einer computergestützten Beinprothese (C-Leg) in Form einer erhöhten Stand- und Gehsicherheit deren erheblich höhere Kosten gegenüber einer konventionellen Prothese rechtfertigen.[31] 45

Problematisch ist in diesem Zusammenhang jedoch der von der Rechtsprechung vorgenommene Ausschluss einer Hilfsmittelversorgung im Fall **fehlender Rehabilitationsfähigkeit** des Versicherten.[32] Geht es um ein elementares Grundbedürfnis, etwa in Form der Teilnahme am familiären oder menschlichen Zusammenleben durch die Ermöglichung eines bloßen Mit-Am-Tisch-Sitzens, ist die Verweigerung eines hierzu erforderlichen Hilfsmittels unter Hinweis auf eine fehlende Verbesserung der medizinischen Gesamtsituation des Versicherten vor dem Hintergrund der **Menschenwürdegarantie** nach Art. 1 Abs. 1 GG kaum zu rechtfertigen. 46

Demzufolge hat der Gesetzgeber in § 33 Abs. 1 Satz 2 HS. 2 SGB V n.F. im Hinblick auf die Rechtsprechung des Bundessozialgerichts[33] klargestellt, dass der Versorgungsanspruch zumindest bei stationärer Pflege[34] nicht davon abhängt, in welchem Umfang eine Teilnahme am Leben der Gemeinschaft noch möglich ist. 47

5. Kein allgemeiner Gebrauchsgegenstand des täglichen Lebens (Absatz 1 Satz 1)

Eine Hilfsmittelversorgung ist ausgeschlossen, wenn das Hilfsmittel als allgemeiner Gebrauchsgegenstand des täglichen Lebens anzusehen ist. Dieser Leistungsausschluss trägt dem Gedanken der **Eigenverantwortung** in der gesetzlichen Krankenversicherung und der **Kausalität** zwischen Funktionsverlust und Hilfsmittel Rechnung. 48

Zur Bewertung, ob es sich bei einem Gegenstand um einen allgemeinen Gebrauchsgegenstand des täglichen Lebens handelt, hat die Rechtsprechung des BSG auf dessen Verbreitung und dessen Kosten abgestellt. 49

---

[26] BSG v. 10.02.2000 - B 3 KR 17/99 R - SozR 3-2500 § 33 Nr. 36.
[27] BSG v. 10.02.2000 - B 3 KR 26/99 R - BSGE 85, 287 = SozR 3-2500 § 33 Nr. 37.
[28] BSG v. 24.09.2002 - B 3 KR 15/02 R - SozR 3-2500 § 33 Nr. 47.
[29] BSG v. 10.02.2000 - B 3 KR 26/99 R - BSGE 85, 287 = SozR 3-2500 § 33 Nr. 37.
[30] BSG v. 11.01.2006 - B 3 KR 44/05 B.
[31] BSG v. 06.06.2002 - B 3 KR 68/01 R - SozR 3-2500 § 33 Nr. 44; BSG v. 16.09.2004 - B 3 KR 20/04 R - BSGE 93, 183 = SozR 4-2500 § 33 Nr. 8.
[32] BSG v. 22.07.2004 - B 3 KR 5/03 R - SozR 4-2500 § 33 Nr. 5.
[33] BT-Drs. 16/3100, S. 102.
[34] BT-Drs. 16/4247, S. 32.

50 Die neuere Rechtsprechung des BSG hat dagegen **das Verbreitungs- und Kostenkriterium aufgegeben.**[35] Danach kommt es ausschließlich darauf an, ob das Mittel **spezifisch der Bekämpfung einer Krankheit oder dem Ausgleich einer Behinderung dient**. Was daher regelmäßig auch von Gesunden benutzt wird, fällt auch bei hohen Kosten nicht in die Leistungspflicht der Krankenversicherung. Zur Ermittlung des Vorliegens der Eigenschaft eines Hilfsmittels der Krankenversicherung ist danach allein auf die **Zweckbestimmung** des Gegenstands abzustellen, die einerseits aus der **Sicht der Hersteller**, andererseits aus der **Sicht der tatsächlichen Benutzer** zu bestimmen ist. Geräte, die für die speziellen Bedürfnisse kranker oder behinderter Menschen entwickelt sowie hergestellt worden sind und die ausschließlich oder ganz überwiegend auch von diesem Personenkreis benutzt werden, sind nicht als allgemeine Gebrauchsgegenstände des täglichen Lebens anzusehen; das gilt selbst dann, wenn sie millionenfach verbreitet sind (z.B. Brillen, Hörgeräte). Umgekehrt ist ein Gegenstand auch trotz geringer Verbreitung in der Bevölkerung und trotz hohen Verkaufspreises als allgemeiner Gebrauchsgegenstand des täglichen Lebens einzustufen, wenn er schon von der Konzeption her nicht vorwiegend für Kranke und Behinderte gedacht ist.[36] Nach dieser neuen Definition ist zweifelhaft, ob sich Versicherte für die Versorgung mit Gegenständen mit Doppelcharakter (z.B. orthopädische Schuhe) einen Eigenanteil anrechnen lassen müssen.[37]

6. Kasuistik

51 **Arbeitssicherheitsschuhe**, die behinderungsbedingt individuell orthopädisch angepasst werden müssen und nur am Arbeitsplatz getragen werden, sind keine Hilfsmittel im Sinne der gesetzlichen Krankenversicherung, sondern müssen vom Träger der beruflichen Rehabilitation geleistet werden.[38]

52 **Autositz:** Ein schwenkbarer Autositz kann ein Hilfsmittel sein, wenn er ausschließlich zum Transport zu Ärzten und Therapeuten verwandt wird.[39]

53 **Baby-Rufanlage:** Eine Baby-Rufanlage kann für hörbehinderte Eltern ein Hilfsmittel der gesetzlichen Krankenversicherung sein.[40] Allerdings kommt es auf die Beschaffenheit im Einzelfall an, inwieweit hier nicht ein Gebrauchsgegenstand des täglichen Lebens angenommen werden kann.

54 **Batterien:** Hörgerätebatterien sind gemäß der auf § 34 Abs. 4 SGB V gestützten Verordnung vom Leistungsumfang ausgeschlossen.[41]

55 **Blattwendegerät:** s. Lesegeräte (Rn. 71).

56 **Blindenführhund:** Ein Blindenführhund ist ein Hilfsmittel i.S.d. gesetzlichen Krankenversicherung.[42] Eine frühere Versorgung mit einem Blindenführhund führt nicht automatisch zu einem Anspruch auf Ersatzbeschaffung.[43]

57 **Braillezeile:** s. Lesegeräte (Rn. 71).

58 **C-Leg:** Eine Oberschenkelprothese mit computergesteuertem künstlichem Kniegelenk kann aufgrund von Gebrauchsvorteilen gegenüber einer herkömmlichen Prothese Hilfsmittel sein.[44]

59 **Computer:** s. Personal Computer (Rn. 76).

60 **Dickungsmittel**, die die Funktion haben, flüssige Nahrung in breiige Nahrung umzuformen und dadurch die Nahrungsaufnahme zu ermöglichen, sind nicht der Hilfsmittel-, sondern systematisch der Arzneimittelversorgung zuzuordnen.[45]

61 **Dreirad:** s. Fahrrad (Rn. 65).

62 **Einmalwindeln** können Hilfsmittel sein, wenn ihre Benutzung die Teilnahme am gesellschaftlichen Leben ermöglicht.[46]

---

35 BSG v. 16.09.1999 - B 3 KR 1/99 R - BSGE 84, 266 = SozR 3-2500 § 33 Nr. 33.

36 BSG v. 16.09.1999 - B 3 KR 1/99 R - BSGE 84, 266 = SozR 3-2500 § 33 Nr. 33.

37 BSG v. 28.09.1976 - 3 RK 9/76 - BSGE 42, 229 = SozR 2200 § 182b Nr. 2.

38 BSG v. 26.07.1994 - 11 RAr 115/93 - SozR 3-4100 § 56 Nr. 15.

39 BSG v. 26.02.1991 - 8 RKn 13/90 - SozR 3-2500 § 33 Nr. 3; BSG v. 16.09.2004 - B 3 KR 19/03 R - BSGE 93, 176 = SozR 4-2500 § 33 Nr. 7.

40 BSG v. 12.10.1988 - 3/8 RK 36/87 - SozR 2200 § 182b Nr. 37.

41 BSG v. 08.06.1994 - 3/1 RK 54/93 - BSGE 74, 232 = SozR 3-2500 § 33 Nr. 9.

42 BSG v. 25.02.1981 - 5a/5 RKn 35/78 - BSGE 51, 206 = SozR 2200 § 182b Nr. 19.

43 BSG v. 20.11.1996 - 3 RK 5/96 - BSGE 79, 261 = SozR 3-2500 § 33 Nr. 21.

44 BSG v. 06.06.2002 - B 3 KR 68/01 R - SozR 3-2500 § 33 Nr. 44; BSG v. 16.09.2004 - B 3 KR 20/04 R - BSGE 93, 183 = SozR 4-2500 § 33 Nr. 8.

45 BSG v. 05.07.2005 - B 1 KR 12/03 R - SGb 2005, 517.

46 BSG v. 07.03.1990 - 3 RK 15/89 - BSGE 66, 245 = SozR 3-2500 § 33 Nr. 1.

Elektrofahrzeug mit 2 Sitzen: Ein zweisitziges Elektrofahrzeug kann Hilfsmittel sein, wenn sich der Versicherte hierdurch und unter Mithilfe von Familienangehörigen einen persönlichen Freiraum erschließen kann.[47] 63

Elektromobil (Shop-Rider): Ein Elektromobil kann ein Hilfsmittel sein, soweit es sich gegenüber einem Elektrorollstuhl als wirtschaftlicher erweist.[48] 64

Fahrräder: Tandem-Therapiefahrrad als Hilfsmittel früher anerkannt für einen schwer körperlich und geistig behinderten Jugendlichen, der ständig auf Hilfe angewiesen ist und keine langen Wegstrecken zu Fuß zurücklegen kann.[49] Ebenfalls bejaht für ein **Therapie-Dreirad**, das einem 10-jährigen, schwer gehbehinderten Kind über einen bloßen Fahrradersatz hinaus die Erlangung eines altersangemessenen körperlichen Freiraums ermöglicht.[50] Abgelehnt dagegen, wenn eine gewisse Gehstrecke noch möglich ist, das Hilfsmittel damit nur anstelle eines Fahrrades eingesetzt werden soll.[51] Ebenfalls abgelehnt, wenn das Therapie-Tandem der Befriedigung eines übersteigerten Bewegungsdrangs dienen soll.[52] 65

Fahrrad-Rollstuhl-Kombination: s. Rollstuhl (Rn. 79). 66

Farberkennung: Ein Gerät zur Farberkennung kann Hilfsmittel sein, wenn es einem blinden Versicherten ermöglicht, gleichförmige Gegenstände anhand ihrer Farbe zu unterscheiden.[53] 67

Hörgeräte sind grundsätzlich Hilfsmittel im Sinne der gesetzlichen Krankenversicherung. Ob bei einem hochgradig hör- und sehbehinderten Versicherten (Usher Syndrom) eine besondere Ausstattung mit Kugel- und Richtmikrofon zu leisten ist, wurde bislang unter Hinweis auf das Vorhandensein von Hörgeräten mit digitaler Funktionsweise im Hilfsmittelverzeichnis verneint.[54] Eine höchstrichterliche Entscheidung hierzu steht aus.[55] 68

Kraftfahrzeug: Weder ein Kraftfahrzeug selbst noch seine behinderungsgerechte Ausstattung gehören zum Leistungsumfang der gesetzlichen Krankenversicherung, da das eigenständige Führen eines Kraftfahrzeugs kein Grundbedürfnis i.S.d der gesetzlichen Krankenversicherung darstellt.[56] Demzufolge gehört auch die Ausrüstung eines PKW mit einer Ladevorrichtung für einen Rollstuhl nicht zum Leistungsumfang.[57] 69

Krankenbett: Ein Krankenbett gehört auch dann zum Leistungsumfang der gesetzlichen Krankenversicherung, wenn es auch der Erleichterung der Pflege des Versicherten dient. Als reines Pflegehilfsmittel wäre es dagegen ausgeschlossen, wenn es im konkreten Fall allein der Erleichterung der Pflege durch die Pflegeperson dient.[58] 70

Lesegeräte können Hilfsmittel sein. Ein **Bildschirmlesegerät** ist als Hilfsmittel anerkannt, wenn hierdurch die Behinderung in nicht unwesentlichem Umfang ausgeglichen werden kann.[59] Ein **elektronisches Lese-Sprechgerät** kann ebenfalls Hilfsmittel sein.[60] Eine **Braillezeile**, die für Blinde den Text eines PCs in Blindenschrift mechanisch darstellen kann, ist als Hilfsmittel grundsätzlich vom Leistungsumfang der gesetzlichen Krankenversicherung gedeckt.[61] Gleiches gilt für ein **Blattwendegerät**.[62] 71

---

[47] BSG v. 24.05.2006 - B 3 KR 12/05 R - SGb 2006, 530.
[48] BSG v. 03.11.1999 - B 3 KR 16/99 R - SozR 3-1200 § 33 Nr. 1.
[49] BSG v. 29.09.1997 - 8 RKn 27/96 - SozR 3-2500 § 33 Nr. 25; BSG v. 13.05.1998 - B 8 KN 13/97 R - SozR 3-2500 § 33 Nr. 28.
[50] BSG v. 23.07.2002 - B 3 KR 3/02 R - SozR 3-2500 § 33 Nr. 46.
[51] BSG v. 16.09.1999 - B 3 KR 9/98 R - SozR 3-2500 § 33 Nr. 32.
[52] BSG v. 26.03.2003 - B 3 KR 26/02 R - SozR 4-2500 § 33 Nr. 2.
[53] BSG v. 17.01.1996 - 3 RK 38/94 - SozR 3-2500 § 33 Nr. 18.
[54] LSG Baden-Württemberg v. 08.03.2005 - L 11 KR 1913/04.
[55] Das Revisionsverfahren B 3 KR 10/05 R endete durch einen Vergleich.
[56] BSG v. 06.08.1998 - B 3 KR 3/97 R - SozR 3-2500 § 33 Nr. 29.
[57] BSG v. 26.03.2003 - B 3 KR 23/02 R - BSGE 91, 60 = SozR 4-2500 § 33 Nr. 3.
[58] BSG v. 25.01.1995 - 3/1 RK 63/93 - SozR 3-2500 § 33 Nr. 13.
[59] BSG v. 21.11.1991 - 3 RK 43/89 - SozR 3-2500 § 33 Nr. 4.
[60] BSG v. 23.08.1995 - 3 RK 7/95 - SozR 3-2500 § 33 Nr. 16.
[61] BSG v. 16.04.1998 - B 3 KR 6/97 R - SozR 3-2500 § 33 Nr. 26.
[62] BSG v. 26.03.1980 - 3 RK 61/79 - BSGE 50, 77 = SozR 2200 § 182b Nr. 17.

72 **Liegedreirad:** Ein Liegedreirad stellt einen allgemeinen Gebrauchsgegenstand des täglichen Lebens dar. Eine Versorgung mit einer **behindertengerechten Zusatzausrüstung** kommt dagegen in Betracht, soweit der Versicherte hierdurch anstelle eines ansonsten erforderlichen Elektrorollstuhls einen Nahbereich erschließen will.[63]

73 **Luftreinigungsgeräte** können bei Allergie als Hilfsmittel vom Leistungsumfang umfasst sein, soweit sie nicht als Gebrauchsgegenstände des täglichen Lebens zu qualifizieren sind.[64] Nach neuerer Rechtsprechung kommt es darauf an, ob das konkret beanspruchte Gerät von der Konzeption her vorwiegend für Kranke und/oder Behinderte entwickelt sowie hergestellt ist und ausschließlich oder ganz überwiegend von diesem Personenkreis benutzt wird.[65]

74 **Mikroportanlage:** Eine Mikroportanlage, die die Signale eines Mikrofons direkt an das Hörgerät des Versicherten sendet, stellt für einen Erwachsenen kein Hilfsmittel dar, wenn sie nur dazu dient, bei Veranstaltungen in großen Räumen besser zu hören, und der Versicherte im Übrigen mit einem Hörgerät ausreichend versorgt ist.[66]

75 **Orthopädische Schuhe** sind nach früherer Rechtsprechung zugleich Hilfsmittel und Gebrauchsgegenstände des täglichen Lebens. Ob dies aufgrund der neueren Rechtsprechung des BSG noch gilt und sich Versicherte bei der Versorgung mit orthopädischen Schuhen einen „Eigenanteil" anrechnen lassen müssen[67], ist zweifelhaft (vgl. Rn. 50).

76 **Personal Computer:** Die **behinderungsgerechte Ausstattung** eines herkömmlichen PC (nicht der PC selbst) kann als Hilfsmittel zum Leistungsumfang der gesetzlichen Krankenversicherung zählen[68], wenn es z.B. für ein häusliches Hirnleistungstraining erforderlich ist[69]. Auch die Ausstattung eines blinden Schülers mit einer speziellen Notebookanlage kann dem Leistungsumfang der gesetzlichen Krankenversicherung unterfallen.[70] Dagegen gehört ein handelsüblicher PC nicht zum Leistungsumfang, da er als allgemeiner Gebrauchsgegenstand des täglichen Lebens zu werten ist. Ebenfalls nicht zum Leistungsumfang gehört ein Notebook einschließlich behindertengerechter Software, soweit es für Studienzwecke eines erwachsenen Versicherten eingesetzt werden soll.[71]

77 **Perücke:** Eine Perücke kann für eine an totalem Haarverlust leidende Frau ein Hilfsmittel sein.[72]

78 **Reha-Kinderwagen:** Ein Reha-Kinderwagen kann auch von einem an übersteigertem Bewegungsdrang (Erethie) leidenden Kind beansprucht werden, wenn seine Bewegungsfreiheit erst durch die Einschränkung des krankhaften Bewegungsdrangs gesichert und dadurch das gefahrlose Erschließen eines gewissen körperlichen Freiraums ermöglicht wird.[73]

79 **Rollstuhl:** Ein Rollstuhl ist in der Regel ein im Rahmen der Krankenversicherung zu leistendes Hilfsmittel[74], wobei die Versorgung damit im Einzelfall, vor allem bei vollstationärer Pflege aufgrund der Vorhaltepflicht des Pflegeheims nicht erforderlich sein kann. Eine **Fahrrad-Rollstuhl-Kombination (Rollstuhlboy)** gehört zum Leistungsumfang, soweit sie unter Berücksichtigung der Auswirkungen der Behinderung und der konkreten Betreuungssituation des Versicherten erforderlich ist.[75] Eine mechanische Zugvorrichtung (**Rollstuhl-Bike**) kann bei einem 14-jährigen, querschnittsgelähmten Jugendlichen Hilfsmittel sein[76], nicht dagegen bei einem Erwachsenen[77].

80 **Schreibtelefon:** Ein Schreibtelefon gehört als Hilfsmittel zum Leistungsumfang der gesetzlichen Krankenversicherung, wenn auch die übrigen Familienmitglieder gehörlos und mit einem Schreibtelefon erreichbar sind[78] oder die Gefahr der Vereinsamung droht[79].

---

[63] BSG v. 24.05.2006 - B 3 KR 16/05 R - SGb 2006, 529-530.
[64] BSG v. 17.01.1996 - 3 RK 16/95 - SozR 3-2500 § 33 Nr. 20.
[65] BSG v. 16.09.1999 - B 3 KR 1/99 R - BSGE 84, 266 = SozR 3-2500 § 33 Nr. 33.
[66] BSG v. 03.11.1999 - B 3 KR 3/99 R - SozR 3-2500 § 33 Nr. 34.
[67] BSG v. 28.09.1976 - 3 RK 9/76 - BSGE 42, 229 = SozR 2200 § 182b Nr. 2.
[68] BSG v. 06.02.1997 - 3 RK 1/96 - SozR 3-2500 § 33 Nr. 22.
[69] BSG v. 28.06.2001 - B 3 KR 3/00 R - BSGE 88, 204 = SozR 3-2500 § 33 Nr. 41.
[70] BSG v. 22.07.2004 - B 3 KR 13/03 R - SozR 4-2500 § 33 Nr. 6.
[71] BSG v. 30.01.2001 - B 3 KR 10/00 R - SozR 3-2500 § 33 Nr. 40.
[72] BSG v. 23.07.2002 - B 3 KR 66/01 R - SozR 3-2500 § 33 Nr. 45.
[73] BSG v. 10.11.2005 - B 3 KR 31/04 R - SozR 4-2500 § 33 Nr. 10.
[74] BSG v. 10.11.2005 - B 3 P 10/04 R - SozR 4-3300 § 40 Nr. 2.
[75] BSG v. 08.06.1994 - 3/1 RK 13/93 - SozR 3-2500 § 33 Nr. 7.
[76] BSG v. 16.04.1998 - B 3 KR 9/97 R - SozR 3-2500 § 33 Nr. 27.
[77] BSG v. 16.09.1999 - B 3 KR 8/98 R - SozR 3-2500 § 33 Nr. 31.
[78] BSG v. 03.11.1993 - 1 RK 42/92 - SozR 3-2500 § 33 Nr. 5.
[79] BSG v. 25.10.1995 - 3 RK 30/94 - SozR 3-2500 § 33 Nr. 17.

Sessel: Ein elektrisch verstellbarer Sessel ist als Gebrauchsgegenstand des täglichen Lebens anzusehen und gehört daher nicht zu den Hilfsmitteln i.S.d. gesetzlichen Krankenversicherung.[80] 81

Spannungsumwandler: Ein anlässlich einer Urlaubsreise ins Ausland erforderlicher Spannungsumwandler zum Betrieb eines Hilfsmittels (Überdruckbeatmungsgerät) kann nicht als Hilfsmittel beansprucht werden.[81] 82

Tandem-Therapiefahrrad: s. Fahrrad (Rn. 65). 83

Telefax: Ein Telefaxgerät wurde in dem Fall als Hilfsmittel anerkannt, in welchem es einem gehörlosen Kind die Kommunikation mit seinem berufstätigen Vater ermöglichte und keine sonstigen Bezugspersonen vorhanden waren.[82] Für das Jahr 1994 wurde ein Telefaxgerät nicht als Gebrauchsgegenstand des täglichen Lebens angesehen. 84

Treppenlifte, die fest mit einem Gebäude verbunden sind, sind keine Hilfsmittel im Sinne der gesetzlichen Krankenversicherung.[83] 85

Vojta-Liege: Eine Vojta-Liege kann zur Unterstützung der Behandlung nach Vojta Hilfsmittel im Sinn der gesetzlichen Krankenversicherung sein. Allerdings sind kostengünstigere, gleichwertige Alternativen zu prüfen.[84] 86

7. Leistungsausschluss nach § 34 Abs. 4 SGB V (Absatz 1 Satz 1)

Die Vorschrift verweist auf die Ermächtigung zum Ausschluss von Heil- und Hilfsmitteln durch Rechtsverordnung in § 34 Abs. 4 SGB V. Hiervon wurde durch die **Verordnung über Hilfsmittel** von geringem therapeutischen Nutzen oder geringem Abgabepreis in der GKV vom 13.12.1989[85] Gebrauch gemacht. Zu den Einzelheiten vgl. die Kommentierung zu § 34 SGB V Rn. 32. 87

8. Definition des Leistungsumfangs durch Hilfsmittel-RL (Absatz 1 Satz 3)

Eine weitere Definition des Leistungsumfangs erfolgt über die Hilfsmittel-RL des Gemeinsamen Bundesausschusses, was § 33 Abs. 1 Satz 3 SGB V ausdrücklich klarstellt. 88

Dagegen kommt dem Hilfsmittelverzeichnis der Spitzenverbände nach wie vor keine bindende Wirkung zu (vgl. Rn. 25). 89

9. Instandhaltung (Absatz 1 Sätze 4, 5)

Vom Leistungsumfang gedeckt sind die **notwendige Änderung, Instandsetzung und Ersatzbeschaffung von Hilfsmitteln sowie die Ausbildung in deren Gebrauch**. Gemäß § 33 Abs. 5 Satz 2 SGB V kann die Krankenkasse die Hilfsmittelversorgung davon abhängig machen, dass sich der Versicherte in ihrem Gebrauch **ausbilden** lässt. 90

Ebenfalls vom Leistungsumfang erfasst sind alle **laufenden Kosten**, die sich aus einem bestimmungsgemäßen Gebrauch des Hilfsmittels ergeben und die nicht der Eigenverantwortung des Versicherten zugerechnet werden können. Hierunter fallen die Kosten für eine gesetzlich vorgeschriebene **Haftpflichtversicherung** zum Betrieb eines Elektrorollstuhls.[86] Auch die Kosten für **Strom zum Aufladen** des Akkus eines Elektrorollstuhls sind vom Leistungsumfang der gesetzlichen Krankenversicherung gedeckt.[87] **Nicht** hierzu zählen die Kosten für **Pflegemittel für Kontaktlinsen** (§ 33 Abs. 3 Satz 4 SGB V) und die Kosten für **Hörgerätebatterien** (vgl. die auf § 34 Abs. 4 SGB V gestützte Verordnung über Hilfsmittel von geringem therapeutischen Nutzen oder geringem Abgabepreis in der GKV vom 13.12.1989[88]). 91

Auch die nach dem Stand der Technik zur Erhaltung der Funktionsfähigkeit und der technischen Sicherheit notwendigen **Wartungen und technischen Kontrollen** gehören zum Leistungsumfang, soweit sie zum **Schutz der Versicherten** vor unvertretbaren Risiken erforderlich sind. Hierbei sind die Vorgaben der **Medizinprodukte-Betreiberverordnung** zu berücksichtigen.[89] 92

[80] BSG v. 22.08.2001 - B 3 P 13/00 R - SozR 3-3300 § 40 Nr. 7.
[81] BSG v. 06.02.1997 - RK 3/96 - SozR 3-2500 § 33 Nr. 23.
[82] BSG v. 17.01.1996 - 3 RK 39/94 - BSGE 77, 209 = SozR 3-2500 § 33 Nr. 19.
[83] BSG v. 06.08.1998 - B 3 KR 14/97 R - SozR 3-2500 § 33 Nr. 30.
[84] BSG v. 03.08.2006 - B 3 KR 25/05 R - SuP 2006, 782-788.
[85] BGBl I 1989, 2237.
[86] BSG v. 14.09.1994 - 3/1 RK 56/93 - SozR 3-2500 § 33 Nr. 11.
[87] BSG v. 06.02.1997 - 3 RK 12/96 - BSGE 80, 93 = SozR 3-2500 § 33 Nr. 24.
[88] BGBl I 1989, 2237.
[89] BT-Drs. 16/3100, S. 102.

93 Soweit sich Versicherte Hilfsmittel besorgt haben, die das Maß des Notwendigen übersteigen, haben sie nach Absatz 1 Satz 5 nicht nur die bei der Beschaffung entstehenden Mehrkosten, sondern auch die eventuell höheren Folgekosten zu tragen.

10. Sehhilfen (Absatz 2)

94 Ab dem 01.01.2004 haben nur noch Versicherte vor Vollendung des 18. Lebensjahres und schwer Sehbeeinträchtigte Anspruch auf Sehhilfen.

a. Versorgung von Kindern und Jugendlichen

95 Kinder und Jugendliche haben nach wie vor einen grundsätzlich uneingeschränkten Anspruch auf Sehhilfen, da einem normalen Sehvermögen eine besondere Bedeutung für die weitere Entwicklung zukommt und bestimmte Sehfehler später nicht oder nur schwer korrigierbar sind. Zu beachten ist aber, dass die Kosten eines **Brillengestells** nach § 33 Abs. 2 Satz 3 SGB V nicht vom Leistungsanspruch umfasst sind und auch bei Kindern und Jugendlichen eine Versorgung mit Kontaktlinsen nur in Ausnahmefällen in Betracht kommt.

b. Versorgung von Erwachsenen

96 Infolge der Änderungen durch das **GMG** haben erwachsene Versicherte ab dem 01.01.2004 nur in medizinisch zwingend notwendigen Ausnahmefällen einen Anspruch auf Versorgung mit Sehhilfen. Solche Ausnahmefälle sind anzunehmen, wenn Versicherte aufgrund ihrer Sehschwäche oder Blindheit, entsprechend der von der Weltgesundheitsorganisation (WHO) empfohlenen Klassifikation des Schweregrades der Sehbeeinträchtigung (WHO Technical Report Series No. 518, 1973), auf beiden Augen eine schwere Sehbeeinträchtigung mindestens der Stufe 1 aufweisen. Nach dem ICD-10 Kodierungsschlüssel betrifft dies Versicherte, die unter
- Sehschwäche beider Augen (Diagnoseschlüssel H54.2),
- Blindheit eines Auges und Sehschwäche des anderen Auges (Diagnoseschlüssel H54.1) oder
- Blindheit beider Augen (Diagnoseschlüssel H54.0) leiden[90].

97 Der grundsätzliche Leistungsausschluss von Sehhilfen für Erwachsene kann analog dem Ausschluss neuer Untersuchungs- und Behandlungsmethoden nicht legitimiert werden. Vielmehr besteht an der grundsätzlichen medizinischen Notwendigkeit von Sehhilfen auch nach den Gesetzesmaterialien kein Zweifel. Der Leistungsausschluss kann sich daher nur über den Gedanken der **Eigenverantwortung** (§ 1 Satz 2 SGB V) rechtfertigen. Demzufolge gibt der Gesetzgeber auch als Begründung an, dass viele Versicherte bereit seien, die 70% bis 80% der Gesamtkosten, die den Sachleistungsanteil der Krankenkasse in Höhe von ca. 50 € übersteigen, selbst zu tragen.[91]

c. Sehhilfen

98 Als Sehhilfen kommen in Betracht:
- Brillengläser,
- Kontaktlinsen und
- andere vergrößernde Sehhilfen (z.B. Lupen, Lupenbrillen, Fernrohrbrillen, elektronisch vergrößernde Sehhilfen), soweit durch die Verordnung von Brillengläsern oder von Kontaktlinsen das Lesen normaler Zeitungsschrift nicht erreicht werden kann. Andere Lesehilfen (z.B. Bettlesegerät, Blattwendegerät) sind in der Regel keine Sehhilfen, sondern können Hilfsmittel sein.

d. Therapeutische Sehhilfen

99 Von dem grundsätzlichen Leistungsausschluss für Erwachsene ausgenommen sind **therapeutische Sehhilfen**, wenn diese der Behandlung von Augenverletzungen oder Augenerkrankungen dienen. Nach den Gesetzesmaterialien fallen hierunter insbesondere Irislinsen bei Irisanomalien bzw. bei entstellenden Augen, Okklusionsschalen und Schielkapseln zum Einsatz bei Schielbehandlungen wegen Amblyopie sowie Uhrglasverbände zum Einsatz bei unvollständigem Lidschluss z.B. infolge einer Gesichtslähmung, um das Austrocknen der Hornhaut zu vermeiden.[92] Die Hilfsmittel-RL nennen als therapeutische Sehhilfen in Nr. 60 ff.:
- Lichtschutz mit einer 75%igen Transmission oder weniger,

[90] BT-Drs. 15/1525, S. 85.
[91] BT-Drs. 15/1525, S. 85.
[92] BT-Drs. 15/1525, S. 85.

- UV-Kantenfilter (400 nm),
- Kantenfilter (540 bis 660 nm),
- horizontale Prismen in Gläsern ab 3 Prismendioptrien und Folien mit prismatischer Wirkung ab 3 Prismendioptrien (Gesamtkorrektur auf beiden Augen),
- organisches Glas mit sphärischen Flächen,
- organisches Glas mit sphäro-torischen Flächen,
- Okklusionskapseln bei Amblyopie, d.h. einer funktionellen Schwachsichtigkeit mit Herabsetzung der zentralen Sehschärfe ohne erkennbaren pathologischen Befund,
- Okklusionsfolien bei Amblyopie, d.h. einer funktionellen Schwachsichtigkeit mit Herabsetzung der zentralen Sehschärfe ohne erkennbaren pathologischen Befund,
- Okklusionspflaster bei Amblyopie, d.h. einer funktionellen Schwachsichtigkeit mit Herabsetzung der zentralen Sehschärfe ohne erkennbaren pathologischen Befund,
- Uhrglasverbände bei unvollständigem Lidschluss, z.B. infolge einer Gesichtslähmung, um das Austrocknen der Hornhaut zu vermeiden.

e. Kosten des Brillengestells

Die Kosten des Brillengestells sind auch bei Bestehen eines Anspruchs auf Sehhilfe gemäß § 33 Abs. 2 Satz 3 SGB V hiervon nicht umfasst. Der Leistungsausschluss entspricht der ab dem 01.01.1997 gültigen Rechtslage. Davor war der Leistungsanspruch insoweit auf 20 DM beschränkt.[93] **100**

11. Kontaktlinsen (Absatz 3)

Selbst wenn ein Anspruch auf Versorgung mit Sehhilfen nach § 33 Abs. 2 SGB V besteht, sind Kontaktlinsen **nur in medizinisch zwingenden Ausnahmefällen** vom Leistungsumfang umfasst. **101**

a. Indikationen

Entsprechend der Ermächtigung in § 33 Abs. 3 Satz 2 SGB V hat der Gemeinsame Bundesausschuss die entsprechenden Versorgungsvoraussetzungen in Nr. 58 f. der Hilfsmittel-RL definiert. Danach kommt eine Kontaktlinsenversorgung bei folgenden **Indikationen** in Betracht: **102**

- Myopie ab 8,0 dpt,
- Hyperopie ab 8,0 dpt,
- irregulärer Astigmatismus, wenn damit eine um mindestens 20 % verbesserte Sehstärke gegenüber Brillengläsern erreicht wird,
- Astigmatismus rectus und inversus ab 3,0 dpt,
- Astigmatismus obliquus (Achslage 45 ø +/- 30 ø, bzw. 135 ø +/- 30 ø) ab 2 dpt,
- Keratokonus,
- Aphakie,
- Aniseikonie (bei gleicher oder wenig differenter Refraktion beider Augen muss eine Aniseikoniemessung nach einer anerkannten reproduzierbaren Bestimmungsmethode erfolgen und dokumentiert werden),
- Anisometropie ab 2,0 dpt.

b. Wahlrecht

Haben Versicherte einen Anspruch auf Versorgung mit Sehhilfen und liegen die Voraussetzungen für eine Kontaktlinsenversorgung nicht vor, können sie gleichwohl Kontaktlinsen wählen, müssen dann aber die im Vergleich zu den Kosten einer Brille entstehenden **Mehrkosten** selbst tragen. **103**

c. Leistungsausschluss für Pflegemittel

Pflegemittel für Kontaktlinsen sind nicht vom Leistungsumfang der gesetzlichen Krankenversicherung umfasst. Hierzu gehören die **Mittel zur Desinfektion, Neutralisierung und Proteinentfernung**, auch wenn sie unerlässlich sind, um die Kontaktlinsen in einem gebrauchsfähigen Zustand zu erhalten.[94] Die Norm unterscheidet nicht zwischen medizinisch erforderlichen Kontaktlinsen und solchen, die im Wege des Wahlrechts gekauft wurden. **104**

---

[93] Hierzu BSG v. 14.09.1994 - 3/1 RK 36/93 - BSGE 75, 74 = SozR 3-2500 § 33 Nr. 12.

[94] BSG v. 09.03.1994 - 3/1 RK 11/93 - SozR 3-2500 § 33 Nr. 6.

12. Neuversorgung mit Sehhilfen (Absatz 4)

105 Auch für **Jugendliche ab Vollendung des 14. Lebensjahres** und erst recht für Erwachsene besteht ein erneuter Anspruch auf Sehhilfen nach § 33 Abs. 1 SGB V nur in Fällen einer **Verschlechterung der Sehfähigkeit um mindestens 0,5 dpt**. Nach Nr. 55.2 der Hilfsmittel-RL liegt eine Änderung der Gläserstärke um 0,5 dpt auch dann vor, wenn die Gläserstärke für das eine Auge um 0,25 dpt zugenommen und die für das andere Auge um 0,25 dpt abgenommen hat. Bei **Kurzsichtigkeit** ist eine Verordnung auch dann möglich, wenn sich mit den Folgegläsern eine Verbesserung der Sehschärfe um mindestens 20% erzielen lässt.

13. Modalitäten der Hilfsmittelversorgung (Absatz 5 Satz 1)

106 Die Krankenkasse erfüllt den gegen sie gerichteten Anspruch der Versicherten in der Regel mit der Zur-Verfügung-Stellung des beanspruchten Hilfsmittels über zugelassene Leistungserbringer. Ob der Versicherte an dem Hilfsmittel Eigentum erwirbt, hängt von den Umständen des Einzelfalls ab. Dies kann in der Regel bei solchen Hilfsmitteln angenommen werden, die individuell besonders angepasst werde müssen. Allerdings kann die Krankenkasse den Versorgungsanspruch des Versicherten auch dadurch erfüllen, indem sie ihm das Hilfsmittel gemäß § 33 Abs. 5 Satz 1 SGB V **leihweise** zur Verfügung stellt. Hierfür kommen jedoch nur solche Hilfsmittel in Betracht, die nicht besonders individuell angepasst werden müssen, z.B. herkömmliche Krücken oder Rollstühle.

14. Inanspruchnahme von Leistungserbringern (Absatz 6)

107 Nach Absatz 6 Satz 1 können Versicherte nur noch solche Leistungserbringer wählen, die über die nach § 127 Abs. 1-3 SGB V n.F. abgeschlossenen Verträge **Vertragspartner ihrer Krankenkasse** sind. Erfolgte der Vertragsschluss im Wege einer **Ausschreibung** gemäß § 127 Abs. 1 SGB V n.F., ist der zuständige Leistungserbringer dem Versicherten von seiner Krankenkasse gemäß Absatz 6 Satz 2 zu benennen. In der **Übergangszeit bis 31.12.2008** können auch Leistungserbringer gewählt werden, die nach bisherigem Recht gemäß § 126 SGB V a.F. leistungsberechtigt waren.

108 Ausnahmsweise können Versicherte gemäß Absatz 6 Satz 3 auch **andere Leistungserbringer** wählen, wenn sie hieran ein **berechtigtes Interesse** haben. In diesem Fall sind die Mehrkosten vom Versicherten zu tragen. Die so formulierte Gesetzessystematik ist schwer durchschaubar: Trotz Vorliegens eines berechtigten Interesses soll der Versicherte gleichwohl die entstehenden Mehrkosten tragen. Ob der Gesetzgeber damit eine **Abkehr von der bisherigen Rechtslage** wollte, muss bezweifelt werden. Diese sah vor, dass im Fall des Bestehens von Einzelverträgen der Krankenkassen mit Leistungserbringern nach § 127 Abs. 2 Satz 1 SGB V a.F. gewährleistet sein muss, dass die **Versicherten hierdurch in für sie zumutbarer Weise versorgt** werden können. Nach den Gesetzesmotiven[95] sollte sich die Zumutbarkeit der Versorgung an der jeweiligen Art des Hilfsmittels orientieren. Bei Verbrauchsgütern, wie z.B. Inkontinenzartikeln, soll es keiner Wohnortnähe des Leistungserbringers bedürfen, sofern eine zeitnahe Anlieferung gewährleistet ist. Bei Hilfsmitteln, die einer individuellen Beratung und Anpassung bedürfen, z.B. Orthesen und Prothesen, soll dagegen eine Zumutbarkeit nicht bei Wohnortnähe des Leistungserbringers angenommen werden. Zur **neuen Rechtslage** führen die Gesetzesmaterialien[96] lediglich aus, dass ein berechtigtes Interesse auch in der Entscheidung für eine aufwendigere Versorgung liegen kann.

15. Leistung der Krankenkasse (Absatz 7)

109 In Konsequenz der Begrenzung der Leistungserbringer auf Vertragspartner gemäß Absatz 6 Satz 1 legt Absatz 7 Satz 1 fest, dass die Krankenkasse die **vertraglich vereinbarten Preise** übernimmt.

110 Nimmt der Versicherte in der Übergangszeit einen lediglich **versorgungsberechtigten Leistungserbringer** in Anspruch, übernimmt die Krankenkasse nach Absatz 7 Satz 2 nur die Kosten in Höhe des niedrigsten Preises, der mit den Vertragspartnern vereinbart wurde. Ist für das Hilfsmittel ein Festbetrag festgesetzt worden, bildet er die Obergrenze.

---

95 BT-Drs. 15/1525, S. 85.

96 BT-Drs. 16/3100, S. 103.

16. Zuzahlung (Absatz 8)

Infolge der Änderungen durch das GMG haben ab dem 01.01.2004 **alle Versicherten**, die das 18. Lebensjahr vollendet haben, eine **Zuzahlung** zur Hilfsmittelversorgung zu zahlen. Sie beträgt **mindestens 5 und höchstens 10 € je Hilfsmittel**, allerdings nicht mehr als die Kosten des Hilfsmittels. Die Zuzahlung ist an die das Hilfsmittel **abgebende Stelle** zu leisten. **Der Vergütungsanspruch** verringert sich um die Zuzahlung. Die Zuzahlung ist damit nicht auf die über dem Festbetrag oder dem vertraglich festgelegten Preis liegenden Kosten anzurechnen. Für die Anwendung des § 43b Abs. 1 SGB V besteht insoweit kein Raum[97], was nunmehr durch Absatz 8 Satz 2 Halbsatz 2 klargestellt wurde. 111

Eine Sonderregelung besteht für solche Hilfsmittel, die zum **Verbrauch** bestimmt sind. Hierunter fallen insbesondere Inkontinenzartikel, die regelmäßig in großer Stückzahl verbraucht werden: Hier sind 10% des jeweiligen Packungspreises, höchstens aber 10 € je Monatsbedarf je Indikation zu leisten. Die letztere Höchstbegrenzung stellt sicher, dass sich keine Benachteiligung aus einer bestimmten Verpackungsweise des benötigten Hilfsmittels ergibt. So werden die zur Behandlung von Stomapatienten erforderlichen Basisplatten und Stomaplatten häufig getrennt voneinander verpackt.[98] 112

Systematisch handelt es sich bei dem Anspruch auf Zuzahlung um einen **privatrechtlichen Anspruch** des Leistungserbringers, der einen Teil seiner Gesamtvergütung ausmacht. Demzufolge obliegt die Durchsetzung des Zuzahlungsanspruchs und liegt das entsprechende Risiko beim Leistungserbringer. Gegenüber der Krankenkasse kann er einen ausgefallenen Anspruch nicht ersatzweise geltend machen.[99] Die das Hilfsmittel abgebende Stelle hat die Zuzahlung einzuziehen. Sie trägt das Inkassorisiko.[100] 113

C. Praxishinweise

Die aktuellsten Versionen der Hilfsmittel-RL sind auch im Internet auf der Homepage des Gemeinsamen Bundesausschusses unter www.g-ba.de verfügbar. 114

---

[97] So auch *Höfler* in: KassKomm, SGB V, 45. Ergänzungslieferung, 2004, § 33 Rn. 56; a.A. *Adelt* in: LPK-SGB V, § 33 Rn. 48.

[98] BT-Drs. 15/1525, S. 85.

[99] BSG v. 07.12.2006 - B 3 KR 29/05 R.

[100] BT-Drs. 16/3100 S. 103

§ 34 SGB V Ausgeschlossene Arznei-, Heil- und Hilfsmittel

(Fassung vom 26.03.2007, gültig ab 01.04.2007)

(1) Nicht verschreibungspflichtige Arzneimittel sind von der Versorgung nach § 31 ausgeschlossen. Der Gemeinsame Bundesausschuss legt in den Richtlinien nach § 92 Abs. 1 Satz 2 Nr. 6 erstmals bis zum 31. März 2004 fest, welche nicht verschreibungspflichtigen Arzneimittel, die bei der Behandlung schwerwiegender Erkrankungen als Therapiestandard gelten, zur Anwendung bei diesen Erkrankungen mit Begründung vom Vertragsarzt ausnahmsweise verordnet werden können. Dabei ist der therapeutischen Vielfalt Rechnung zu tragen. Der Gemeinsame Bundesausschuss hat auf der Grundlage der Richtlinie nach Satz 2 dafür Sorge zu tragen, dass eine Zusammenstellung der verordnungsfähigen Fertigarzneimittel erstellt, regelmäßig aktualisiert wird und im Internet abruffähig sowie in elektronisch weiterverarbeitbarer Form zur Verfügung steht. Satz 1 gilt nicht für:

1. **versicherte Kinder bis zum vollendeten 12. Lebensjahr,**
2. **versicherte Jugendliche bis zum vollendeten 18. Lebensjahr mit Entwicklungsstörungen.**

Für Versicherte, die das achtzehnte Lebensjahr vollendet haben, sind von der Versorgung nach § 31 folgende verschreibungspflichtige Arzneimittel bei Verordnung in den genannten Anwendungsgebieten ausgeschlossen:

1. **Arzneimittel zur Anwendung bei Erkältungskrankheiten und grippalen Infekten einschließlich der bei diesen Krankheiten anzuwendenden Schnupfenmittel, Schmerzmittel, hustendämpfenden und hustenlösenden Mittel,**
2. **Mund- und Rachentherapeutika, ausgenommen bei Pilzinfektionen,**
3. **Abführmittel,**
4. **Arzneimittel gegen Reisekrankheit.**

Von der Versorgung sind außerdem Arzneimittel ausgeschlossen, bei deren Anwendung eine Erhöhung der Lebensqualität im Vordergrund steht. Ausgeschlossen sind insbesondere Arzneimittel, die überwiegend zur Behandlung der erektilen Dysfunktion, der Anreizung sowie Steigerung der sexuellen Potenz, zur Raucherentwöhnung, zur Abmagerung oder zur Zügelung des Appetits, zur Regulierung des Körpergewichts oder zur Verbesserung des Haarwuchses dienen. Das Nähere regeln die Richtlinien nach § 92 Abs. 1 Satz 2 Nr. 6.

(2) Das Bundesministerium für Gesundheit kann im Einvernehmen mit dem Bundesministerium für Wirtschaft und Technologie durch Rechtsverordnung mit Zustimmung des Bundesrates von der Versorgung nach § 31 weitere Arzneimittel ausschließen, die ihrer Zweckbestimmung nach üblicherweise bei geringfügigen Gesundheitsstörungen verordnet werden. Dabei ist zu bestimmen, unter welchen besonderen medizinischen Voraussetzungen die Kosten für diese Mittel von der Krankenkasse übernommen werden. Bei der Beurteilung von Arzneimitteln der besonderen Therapierichtungen wie homöopathischen, phytotherapeutischen und anthroposophischen Arzneimitteln ist der besonderen Wirkungsweise dieser Arzneimittel Rechnung zu tragen.

(3) Das Bundesministerium für Gesundheit kann im Einvernehmen mit dem Bundesministerium für Wirtschaft und Technologie durch Rechtsverordnung mit Zustimmung des Bundesrates von der Versorgung nach § 31 unwirtschaftliche Arzneimittel ausschließen. Als unwirtschaftlich sind insbesondere Arzneimittel anzusehen, die für das Therapieziel oder zur Minderung von Risiken nicht erforderliche Bestandteile enthalten oder deren Wirkungen wegen der Vielzahl der enthaltenen Wirkstoffe nicht mit ausreichender Sicherheit beurteilt werden können oder deren therapeutischer Nutzen nicht nachgewiesen ist. Absatz 2 Satz 3 gilt entsprechend. Für nicht durch Rechtsverordnung nach Satz 1 ausgeschlossene Arzneimittel bleibt § 92 unberührt.

(4) Das Bundesministerium für Gesundheit kann durch Rechtsverordnung mit Zustimmung des Bundesrates Heil- und Hilfsmittel von geringem oder umstrittenem therapeutischen Nutzen oder geringem Abgabepreis bestimmen, deren Kosten die Krankenkasse nicht übernimmt. Die Rechtsverordnung kann auch bestimmen, inwieweit geringfügige Kosten der notwendigen Änderung, Instandsetzung und Ersatzbeschaffung sowie der Ausbildung im Gebrauch der Hilfsmittel von der Krankenkasse nicht übernommen werden. Die Sätze 1 und 2 gelten nicht für die Instandsetzung von Hörgeräten und ihre Versorgung mit Batterien bei Versicherten, die das achtzehnte Lebensjahr noch nicht vollendet haben. Absatz 2 Satz 3 gilt entsprechend. Für nicht durch Rechtsverordnung nach Satz 1 ausgeschlossene Heil- und Hilfsmittel bleibt § 92 unberührt.

(5) Die Absätze 1 bis 3 gelten entsprechend für Heilmittel nach § 32, wenn sie im Anwendungsgebiet der ausgeschlossenen Arzneimittel verwendet werden.

(6) Pharmazeutische Unternehmer können beim Gemeinsamen Bundesausschuss Anträge zur Aufnahme von Arzneimitteln in die Zusammenstellung nach Absatz 1 Satz 2 und 4 stellen. Die Anträge sind ausreichend zu begründen; die erforderlichen Nachweise sind dem Antrag beizufügen. Sind die Angaben zur Begründung des Antrags unzureichend, teilt der Gemeinsame Bundesausschuss dem Antragsteller unverzüglich mit, welche zusätzlichen Einzelangaben erforderlich sind. Der Gemeinsame Bundesausschuss hat über ausreichend begründete Anträge nach Satz 1 innerhalb von 90 Tagen zu bescheiden und den Antragsteller über Rechtsmittel und Rechtsmittelfristen zu belehren. Eine ablehnende Entscheidung muss eine auf objektiven und überprüfbaren Kriterien beruhende Begründung enthalten. Für das Antragsverfahren sind Gebühren zu erheben. Das Nähere insbesondere zur ausreichenden Begründung und zu den erforderlichen Nachweisen regelt der Gemeinsame Bundesausschuss.

Gliederung

A. Basisinformationen

1 Die Norm grenzt den Anspruch auf Versorgung mit Arznei-, Verband-, Heil- und Hilfsmitteln nach den §§ 31 Abs. 1, 32, 33 Abs. 1 SGB V ein.

I. Textgeschichte/Gesetzgebungsmaterialien

2 Die Vorschrift ist seit In-Kraft-Treten des SGB V im Jahr **1989** darin enthalten. Sie wurde danach wiederholt geändert:

3 Mit Wirkung vom **01.01.1992** wurden die Absätze 2-4 grundlegend durch das Zweite Gesetz zur Änderung des Fünften Buches Sozialgesetzbuch vom 20.12.1991[1] geändert.

4 Mit Wirkung vom **07.11.2001** wurden Absatz 2 Satz 1 und Absatz 3 Satz 1 sowie Absatz 4 Satz 1 durch Art. 216 Nr. 2 lit. b der Siebten Zuständigkeitsanpassungs-Verordnung vom 29.10.2001[2] geändert.

5 Mit Wirkung vom **01.01.2004** wurde die Vorschrift durch das GKV-Modernisierungsgesetz – GMG – vom 14.11.2003[3] und durch Art. 204 Nr. 2 lit. a der Achten Zuständigkeitsanpassungsverordnung vom 25.11.2003[4] umfassend geändert.

6 Mit Wirkung vom **01.04.2007** wurde durch Art. 1 Nr. 17a des Gesetzes zur Stärkung des Wettbewerbs in der gesetzlichen Krankenversicherung (GKV-Wettbewerbsstärkungsgesetzes – GKV-WSG) vom 26.03.2007[5] Absatz 1 Satz 4 neu gefasst und Absatz 6 angefügt.

II. Vorgängervorschriften

7 Die Vorschrift geht auf **§ 182f RVO** zurück. Die damalige Vorschrift enthielt eine Ermächtigung zum Erlass einer Rechtsverordnung über den Ausschluss von Arzneimitteln oder Arzneimittelgruppen, Verband- und Heilmitteln, die üblicherweise bei geringfügigen Gesundheitsstörungen verordnet werden.

III. Untergesetzliche Normen und Vorschriften

8 **Verordnung über unwirtschaftliche Arzneimittel** in der gesetzlichen Krankenversicherung vom 21.02.1990[6], geändert durch Art. 8 § 21 des Gesundheitseinrichtungen-Neuordnungs-Gesetzes – GNG – vom 24.06.1994[7] und die Verordnung zur Änderung der Verordnung über unwirtschaftliche Arzneimittel in der gesetzlichen Krankenversicherung vom 16.11.2000.[8]

9 **Verordnung über Hilfsmittel** von geringem therapeutischen Nutzen oder geringem Abgabepreis in der GKV vom 13.12.1989.[9]

IV. Systematische Zusammenhänge

10 Gemäß **§ 93 Abs. 1 SGB V** soll der Gemeinsame Bundesausschuss in regelmäßigen Zeitabständen u.a. die durch Rechtsverordnung aufgrund des § 34 Abs. 2 und 3 SGB V ganz oder für bestimmte Indikationsgebiete von der Versorgung nach § 31 SGB V ausgeschlossenen Arzneimittel in einer Übersicht zusammenstellen.

B. Auslegung der Norm

I. Regelungsgehalt und Bedeutung der Norm

11 Die Norm grenzt die Leistungsansprüche der Versicherten auf Arznei-, Verband-, Heil- und Hilfsmittel nach den §§ 31 Abs. 1, 32, 33 Abs. 1 SGB V durch **unmittelbar gesetzlich angeordnete Leistungsausschlüsse** ein und ermächtigt hierzu auch zum Erlass weiterer Rechtsverordnungen. Der Arzneimittelsektor repräsentiert innerhalb der gesetzlichen Krankenversicherungen einen der **ausgabenträchtigsten Bereiche**: Mit einem Ausgabenvolumen von über 25 Mrd. € machte er im Jahr 2005 einen An-

---

1 BGBl I 1991, 2325.
2 BGBl I 2001, 2785.
3 BGBl I 2003, 2190.
4 BGBl I 2003, 2304.
5 BGBl I 2007, 378.
6 BGBl I 1990, 301.
7 BGBl I 1994, 1416.
8 BGBl I 2000, 1593.
9 BGBl I 1989, 2237.

teil an den Gesamtausgaben von knapp 18% aus und übersteigt damit die Ausgaben für ärztliche Behandlungen.[10] Gleichzeitig ist eine ständige **Zunahme der Ausgaben** der Krankenkassen für Arzneimittel festzustellen: 1994 lagen die Ausgaben für Arzneimittel bei rund 15 Mrd. €, 11 Jahr später im Jahr 2005 bei über 25 Mrd. €.[11] Neben neuen, innovativen und teuren Arzneimitteln sind hierfür in erster Linie das Verschreibungsverhalten und die Arzneimitteldisziplin der Versicherten verantwortlich. Der Gesetzgeber hat wiederholt versucht, durch Steuerungsmodelle hier einzugreifen. Das umfangreichste, die Begrenzung des Leistungsanspruchs auf solche Arzneimittel, die in einer **Positivliste** genannt sind (vgl. § 33a SGB V a.F.), wurde nach wiederholten Bemühungen aufgegeben. Der größte Einschnitt ist durch den zum Jahresbeginn 2004 wirksam gewordenen Ausschluss nichtverschreibungspflichtiger Arzneimittel durch das GKV-Modernisierungsgesetz erfolgt.

II. Normzweck und Systematische Stellung

Die Norm ist im dritten Kapitel und damit im Leistungsrecht der gesetzlichen Krankenversicherung angesiedelt. Ihrem Zweck als Begrenzung entsprechend folgt sie den grundlegenden Leistungsansprüchen auf Arznei-, Verband-, Heil- und Hilfsmittel nach den §§ 31 Abs. 1, 32, 33 Abs. 1 SGB V. 12

III. Tatbestandsmerkmale

1. Verschreibungspflicht (Absatz 1 Satz 1)

Seit 2004 sind nicht verschreibungspflichtige Arzneimittel (sog. **OTC-Präparate**) grundsätzlich von einer Versorgung ausgeschlossen. Welche Arzneimittel der Verschreibungspflicht unterliegen, regeln die §§ 48 f. AMG. 13

Als Begründung führte der Gesetzgeber die Beobachtung an, dass nichtverschreibungspflichtige Arzneimittel vielfach ohne Rezept abgegeben würden. Da sich diese Arzneimittel im unteren Preisbereich von weniger als 11 € bewegten, sei die Herausnahme aus dem Leistungskatalog der gesetzlichen Krankenversicherung sozial gerechtfertigt.[12] 14

a. Ausnahmen von der Verschreibungspflicht

Allerdings gehören nichtverschreibungspflichtige Arzneimittel in vielen Bereichen der Medizin zur grundlegenden Standardtherapie. Bekanntestes Beispiel dürfte der Einsatz von Acetylsalicylsäure-Präparaten (Aspirin®) zur Herzinfarktvor- bzw. -nachsorge sein. Vom Grundsatz der Verschreibungspflicht bestehen daher nach § 34 Abs. 1 Satz 2 SGB V vom Gemeinsamen Bundesausschuss in den **AMRL** zu definierende **Ausnahmen** für nichtverschreibungspflichtige Arzneimittel, die bei der **Behandlung schwerwiegender Erkrankungen als Therapiestandard** gelten. Unter schwerwiegenden Erkrankungen versteht der Gesetzgeber beispielhaft die **Onkologie**, die **Nachsorge nach einem Herzinfarkt** und die **Behandlung des Klimakteriums.**[13] Nach Buchst. F Nr. 16.2 AMRL ist eine Krankheit schwerwiegend, wenn sie lebensbedrohlich ist oder wenn sie aufgrund der Schwere der durch sie verursachten Gesundheitsstörung die Lebensqualität auf Dauer nachhaltig beeinträchtigt. Nach Buchst. F Nr. 16.3 der AMRL gilt ein Arzneimittel als Therapiestandard, wenn der therapeutische Nutzen zur Behandlung der schwerwiegenden Erkrankung dem allgemein anerkannten Stand der medizinischen Erkenntnisse entspricht. Unter Nr. 16.4 nennen die AMRL 43 Wirkstoffe und Wirkstoffzusammensetzungen nebst Indikationsbeschreibungen, auf die diese Voraussetzungen zutreffen. Die entsprechenden Bestimmungen in Nr. 16.1-16.6 der AMRL sind nach Nr. 16.7 AMRL abschließend. 15

Bei der Definition der ausnahmsweise verordnungsfähigen nichtverschreibungspflichtigen Arzneimittel hat der Gemeinsame Bundesausschuss gemäß § 34 Abs. 1 Satz 3 SGB V der therapeutischen Vielfalt Rechnung zu tragen. Aufgrund ihres Ansatzes und ihrer Wirkweise ist hier ein konventioneller Nachweis ihrer Wirksamkeit vielfach nicht zu führen. 16

---

[10] Bundesministerium für Gesundheit, Gesetzliche Krankenversicherung – Kennzahlen und Faustformeln – Stand: 13.09.2006.

[11] Bundesministerium für Gesundheit, Gesetzliche Krankenversicherung – Kennzahlen und Faustformeln – Stand: 13.09.2006.

[12] BT-Drs. 15/1525, S. 86.

[13] BT-Drs. 15/1525, S. 86.

17 Bis zum In-Kraft-Treten der Ausnahmebestimmungen in den AMRL konnte der Vertragsarzt **ausnahmsweise** nach den Kriterien von § 34 Abs. 1 Satz 2 SGB V nichtverschreibungspflichtige Arzneimittel gemäß § 31 Abs. 1 Satz 4 SGB V a.F. verordnen.

18 Eine Zusammenstellung der nach Absatz 1 Satz 2 verordnungsfähigen Fertigarzneimittel ist vom Gemeinsamen Bundesausschuss gemäß Absatz 1 Satz 4 in elektronischer und damit leicht zugänglicher und verbreitbarer Form zu erstellen und zu pflegen. Sie soll der Transparenz bei den verordnenden Ärzten dienen.[14]

19 Vom Grundsatz der Verschreibungspflicht bestehen nach § 31 Abs. 1 Satz 5 SGB V **Ausnahmen für Kinder bis 12 Jahre und Jugendliche bis 18 Jahre mit Entwicklungsstörungen**.

b. Verfahren in Ausnahmefällen

20 Nach In-Kraft-Treten der Ausnahmebestimmungen in den AMRL kann der Vertragsarzt **mit Begründung** unter Bezeichnung der Indikation auch nichtverschreibungspflichtige Arzneimittel zu Lasten der gesetzlichen Krankenversicherung verordnen. Zu seinem eigenen Schutz vor Regressforderungen hat er die Behandlung genau zu dokumentieren.

2. Gesetzlicher Leistungsausschluss von Bagatellarzneimitteln (Absatz 1 Satz 6)

21 § 31 Abs. 1 Satz 6 SGB V schließt als unmittelbarer gesetzlicher Leistungsausschluss verschreibungspflichtige **Bagatellarzneimittel** von der Leistungspflicht der gesetzlichen Krankenversicherung aus. Dies gilt nur für **erwachsene Versicherte** und für **bestimmte Anwendungsgebiete**. Durch den Leistungsausschluss nichtverschreibungspflichtiger Arzneimittel durch das GKV-Modernisierungsgesetz – GMG – hat sich die Bedeutung dieses Leistungsausschlusses reduziert.

22 **Umschreibung und Definition** von den vom Leistungsausschluss erfassten Bagatellerkrankungen sind vor allem hinsichtlich der Erkältungskrankheiten und grippalen Infekte nicht unproblematisch. Die Spitzenverbände der Krankenkassen und die Kassenärztliche Bundesvereinigung haben sich insoweit auf **Anwendungsempfehlungen** verständigt.[15] Problematisch bleibt der grundlegende Ansatz, weil er möglicherweise die **Versicherten davon abhält**, bei vermeintlichen Erkrankungen, die sich aber durchaus als schwerwiegend herausstellen können, zum Arzt zu gehen.

23 Seine letztendlich auch verfassungsrechtliche Legitimation erfährt der Leistungsausschluss bei Bagatellerkrankungen durch die Gedanken der **Eigenverantwortung** und **Eigenvorsorge**.

3. Gesetzlicher Leistungsausschluss von Lifestyle-Präparaten (Absatz 1 Sätze 7-9)

24 Die durch das GKV-Modernisierungsgesetz – GMG – aufgenommene Vorschrift greift den schon früher in den AMRL des Bundesausschusses vorgenommenen Leistungsausschluss auf[16] und stellt ihn **ab 2004** auf eine unmittelbar gesetzliche Regelung. Die davor geltenden Leistungsausschlüsse durch die AMRL wurden von der Rechtsprechung für unwirksam erklärt, da der Bundesausschuss mit der hierdurch vorgenommenen Definition des Krankheitsbegriffs bzw. mit dem verbindlichen Ausschluss bestimmter Gruppen von Arzneimitteln seine Kompetenz überschritten habe.[17] Von dem Leistungsausschluss nach § 34 Abs. 1 Satz 7-9 SGB V erfasst werden im Wesentlichen Arzneimittel zur Behandlung der **erektilen Dysfunktion** und/oder der **Anreizung** und/oder **Steigerung der sexuellen Potenz** (Bsp. Viagra®), zur Behandlung von Befunden, die lediglich Folge **natürlicher Alterungsprozesse** sind und deren Behandlung medizinisch nicht notwendig ist, zur Anwendung bei **kosmetischen Befunden**, deren Behandlung in der Regel medizinisch nicht notwendig ist, zur **Tabakrauchentwöhnung** (Nikotinentwöhnung), zur **Abmagerung** oder zur **Zügelung des Appetits** oder der **Regulierung des Gewichts**, zur Anregung des **Haarwuchses**.

25 Seine Rechtfertigung findet der Leistungsausschluss darin, dass die **Art der persönlichen Lebensführung**, eine **individuelle Bedürfnisbefriedigung** oder die **Aufwertung des Selbstwertgefühls** nicht mehr zu Lasten der Solidargemeinschaft der gesetzlichen Krankenkassen erfolgen soll.

---

14 BT-Drs. 16/4247, S. 32.

15 DÄ 1983, 25.

16 BT-Drs. 15/1525, S. 86.

17 BSG v. 10.05.2005 - B 1 KR 25/03 R - BSGE 94, 302 (Viagra); BSG v. 30.09.1999 - B 8 KN 9/98 KR R - BSGE 85, 36 (SKAT); BSG v. 16.11.1999 - B 1 KR 9/97 R - BSGE 85, 132 (medizinische Fußpflege).

4. Erweiterter Ausschluss durch Rechtsverordnung (Absatz 2)

§ 34 Abs. 2 SGB V ermächtigt das Bundesministerium für Gesundheit und Soziale Sicherung im Einvernehmen mit dem Bundesministerium für Wirtschaft und Arbeit durch Rechtsverordnung mit Zustimmung des Bundesrates **weitere Bagatellarzneimittel** auszuschließen. Die Rechtsverordnung muss medizinische **Ausnahmefälle** berücksichtigen und bei Arzneimitteln der **besonderen Therapierichtungen** wie homöopathischen, phytotherapeutischen und anthroposophischen Arzneimitteln ihrer besonderen Wirkungsweise, die vielfach einem konventionellen Wirksamkeitsnachweis entgegensteht, Rechnung tragen. 26

Von der Ermächtigung zum Erlass einer Rechtsverordnung zum Ausschluss weiterer Arzneimittel bei Bagatellerkrankungen wurde **bislang kein Gebrauch gemacht**. 27

5. Ausschluss unwirtschaftlicher Arzneimittel durch Rechtsverordnung (Absatz 3)

Durch die auf § 34 Abs. 3 SGB V gestützte **Verordnung über unwirtschaftliche Arzneimittel** in der gesetzlichen Krankenversicherung vom 21.02.1990[18], zuletzt geändert durch die Verordnung zur Änderung der Verordnung über unwirtschaftliche Arzneimittel in der gesetzlichen Krankenversicherung vom 16.11.2000[19], sind Arzneimittel von einer Leistungspflicht ausgeschlossen, die im Hinblick auf das Therapieziel als unwirtschaftlich anzusehen sind oder deren therapeutischer Nutzen nicht nachgewiesen ist. Die Rechtsverordnung muss bei Arzneimitteln der **besonderen Therapierichtungen** wie homöopathischen, phytotherapeutischen und anthroposophischen Arzneimitteln ihrer besonderen Wirkungsweise, die vielfach einem konventionellen Wirksamkeitsnachweis entgegensteht, Rechnung tragen. Die gesetzliche Ermächtigungsnorm ist mit dem GG vereinbar.[20] 28

Die Verordnungsermächtigung in § 34 Abs. 3 SGB V **konkurriert** mit der Richtlinienkompetenz des Gemeinsamen Bundesausschusses.[21] Der durch das GKV-Modernisierungsgesetz – GMG – eingefügte § 34 Abs. 3 Satz 4 SGB V löst das Konkurrenzverhältnis im Sinne eines **Vorrangverhältnisses** auf: Soweit ein Arzneimittel nicht durch die auf § 34 Abs. 4 SGB V gestützte Rechtsverordnung vom Leistungsumfang ausgeschlossen ist, kann dieser Ausschluss durch die AMRL des Gemeinsamen Bundesausschusses erfolgen. 29

Der Ausschluss unwirtschaftlicher Arzneimittel konkretisiert das die gesamte Krankenversicherung umfassende **Wirtschaftlichkeitsgebot** gemäß § 12 Abs. 1 SGB V. 30

Gemäß **§ 93 Abs. 1 SGB V** soll der Gemeinsame Bundesausschuss in regelmäßigen Zeitabständen die nach § 34 Abs. 1 SGB V oder durch Rechtsverordnung auf Grund des § 34 Abs. 2 und 3 SGB V ganz oder für bestimmte Indikationsgebiete von der Versorgung nach § 31 SGB V ausgeschlossenen Arzneimittel in einer **Übersicht** zusammenstellen. Die Übersicht ist im Bundesanzeiger bekannt zu machen. 31

6. Ausschluss von Heil- und Hilfsmitteln durch Rechtsverordnung (Absatz 4)

Analog dem Ausschluss von Arzneimitteln sieht § 34 Abs. 4 SGB V eine Ermächtigung zum Ausschluss von Heil- und Hilfsmitteln durch Rechtsverordnung vor. Hiervon wurde durch die **Verordnung über Hilfsmittel** von geringem therapeutischen Nutzen oder geringem Abgabepreis in der GKV vom 13.12.1989[22] Gebrauch gemacht. 32

Danach sind folgende **sächliche Mittel mit geringem oder umstrittenem therapeutischen Nutzen** von der Versorgung ausgeschlossen: 33

- Kompressionsstücke für Waden und Oberschenkel; Knie- und Knöchelkompressionsstücke,
- Leibbinden (Ausnahme: bei frisch Operierten, Bauchwandlähmung, Bauchwandbruch und bei Stoma-Trägern),
- Handgelenkriemen, Handgelenkmanschetten,
- Applikationshilfen für Wärme und Kälte,
- Afterschließbandagen,
- Mundsperrer,

[18] BGBl I 1990, 301.

[19] BGBl I 2000, 1593.

[20] BSG v. 16.07.1996 - 1 RS 1/94 - BSGE 79, 41 = SozR 3-2500 § 34 Nr. 5.

[21] Vgl. hierzu BSG v. 10.05.2005 - B 1 KR 25/03 R - BSGE 94, 302 (Viagra); BSG v. 30.09.1999 - B 8 KN 9/98 KR R - BSGE 85, 36 (SKAT); BSG v. 16.11.1999 - B 1 KR 9/97 R - BSGE 85, 132 (medizinische Fußpflege).

[22] BGBl I 1989, 2237.

- Penisklemmen,
- Rektophore,
- Hysterophore (Ausnahme: bei inoperablem Gebärmuttervorfall).

34 Ferner sind folgende **sächliche Mittel mit geringem Abgabepreis** von der Versorgung ausgeschlossen:

- Alkoholtupfer,
- Armtragetücher,
- Augenbadewannen,
- Augenklappen,
- Augentropfpipetten,
- Badestrümpfe, auch zum Schutz von Gips- und sonstigen Dauerverbänden,
- Brillenetuis,
- Brusthütchen mit Sauger,
- Druckschutzpolster (Ausnahme: Dekubitusschutzmittel),
- Einmalhandschuhe (Ausnahme: sterile Handschuhe zur regelmäßigen Katheterisierung und unsterile Einmalhandschuhe bei Querschnittsgelähmten mit Darmlähmung zur Darmentleerung),
- Energieversorgung bei Hörgeräten für Versicherte, die das 18. Lebensjahr vollendet haben,
- Fingerlinge,
- Fingerschienen,
- Glasstäbchen,
- Gummihandschuhe,
- Ohrenklappen,
- Salbenpinsel,
- Urinflaschen,
- Zehen- und Ballenpolster, Zehenspreizer.

35 Der frühere Ausschluss **elektrischer Milchpumpen** war von der Ermächtigung nicht gedeckt, da aufgrund ihres hohen Anschaffungspreises von über 150 DM nicht von einem Mittel mit geringem Abgabepreis gesprochen werden konnte.[23] Demgegenüber hat der Ausschluss von **Hörgerätebatterien** auch bei Verursachung nicht geringfügiger Kosten Bestand.[24]

7. Umgehungsverbot (Absatz 5)

36 § 34 Abs. 5 SGB V schließt eine Umgehung des Leistungsausschlusses für Arzneimittel durch eine entsprechende Anwendung als Heilmittel aus.

8. Verfahren zur Aufnahme eines Arzneimittels in Zusammenstellungen (Absatz 6)

37 Zur Umsetzung der europäischen **Transparenzrichtlinie** 89/105/EWG[25] sieht Absatz 6 ein **gebührenpflichtiges Verfahren** zur Aufnahme von Arzneimitteln in die Richtlinien nach Absatz 1 Sätze 2 und 4 vor. Aus den von den pharmazeutischen Unternehmern nach Absatz 6 Satz 2 vorzulegenden Nachweisen muss sich **einwandfrei, methodisch und inhaltlich nachvollziehbar** ergeben, dass das Arzneimittel die Kriterien für die Aufnahme in die Zusammenstellungen erfüllt.[26] Die näheren Einzelheiten sind vom Gemeinsamen Bundesausschuss festzulegen.

38 Der Gesetzgeber reagiert mit dieser Regelung auf ein Urteil des **Europäischen Gerichtshofs**[27], das den von dem Leistungsausschluss betroffenen Herstellern nicht verschreibungspflichtiger Arzneimittel ein auf die Transparenzrichtlinie gestütztes Recht auf eine **begründete Bescheiderteilung** über einen Antrag in die Liste ausnahmsweise verordnungsfähiger Arzneimittel eingeräumt hat.

---

[23] BSG v. 28.09.1993 - 1 RK 37/92 - SozR 3-2500 § 34 Nr. 2.
[24] BSG v. 25.10.1994 - 3/1 RK 57/93 - SozR 3-2500 § 34 Nr. 3 m.w.N.
[25] BT-Drs. 16/4247, S. 32.
[26] BT-Drs. 16/4247, S. 32.
[27] EuGH v. 26.10.2006 - C-317/05 - ABl EU 2006, Nr C 326, 17 = Pharma Recht 2006, 533.

IV. Rechtsmittel gegen Leistungsausschlüsse

1. Für den Versicherten

Die aufgrund der unmittelbaren gesetzlichen Regelung in § 34 Abs. 1 SGB V erfolgten Leistungsausschlüsse können gerichtlich nur im Rahmen eines gerichtlich initiierten **konkreten Normenkontrollverfahrens** gemäß Art. 100 GG gerichtlich überprüft werden. Dagegen unterliegen alle auf Rechtsverordnungen gestützten Leistungsausschlüsse nach § 34 Abs. 2-4 SGB V der uneingeschränkten gerichtlichen Kontrolle im Hinblick auf die Einhaltung der Ermächtigungsnorm (**Inzidenzkontrolle**). 39

2. Für den Vertragsarzt

Verordnet der Vertragsarzt ein ausgeschlossenes Arznei-, Heil- oder Hilfsmittel, findet im Rahmen eines gerichtlichen Verfahrens über die Rechtmäßigkeit eines eventuellen Regresses analog Rn. 39 eine **Inzidenzkontrolle** der auf § 34 Abs. 2-4 SGB V gestützten Rechtsverordnungen statt. 40

3. Für Hersteller von Arznei- und Hilfsmitteln und Erbringer von Heilmitteln

Leistungsausschlüsse betreffen die Rechte von Herstellern von Arznei- und Hilfsmitteln und Erbringern von Heilmitteln.[28] Zur Gewährleistung **effektiven Rechtsschutzes** müssen sie daher von jenen gerichtlich, u.U. auch im Verfahren des einstweiligen Rechtsschutzes, überprüfbar sein.[29] Materiell kommt den Leistungsausschlüssen eine **objektiv die Berufsausübung** der Hersteller und Erbringer regelnde Tendenz zu, weshalb sie vorrangig am Grundrecht der freien Berufsausübung nach Art. 12 GG zu messen sind. 41

C. Praxishinweise

Die aktuellsten Versionen der AMRL sind auch im Internet auf der Homepage des Gemeinsamen Bundesausschusses unter www.g-ba.de verfügbar. 42

---

28 BVerfG v. 20.09.1991 - 1 BvR 879/90 - SozR 3-2500 § 34 Nr. 1.

29 BSG v. 16.07.1996 - 1 RS 1/94 - SozR 3-2500 § 34 Nr. 5.

§ 35 SGB V Festbeträge für Arznei- und Verbandmittel

(Fassung vom 26.04.2006, gültig ab 01.05.2006, gültig bis 30.06.2008)

(1) Der Gemeinsame Bundesausschuss bestimmt in den Richtlinien nach § 92 Abs. 1 Satz 2 Nr. 6, für welche Gruppen von Arzneimitteln Festbeträge festgesetzt werden können. In den Gruppen sollen Arzneimittel mit

1. denselben Wirkstoffen,

2. pharmakologisch-therapeutisch vergleichbaren Wirkstoffen, insbesondere mit chemisch verwandten Stoffen,

3. therapeutisch vergleichbarer Wirkung, insbesondere Arzneimittelkombinationen,

zusammengefaßt werden; unterschiedliche Bioverfügbarkeiten wirkstoffgleicher Arzneimittel sind zu berücksichtigen, sofern sie für die Therapie bedeutsam sind. Die nach Satz 2 Nr. 2 und 3 gebildeten Gruppen müssen gewährleisten, daß Therapiemöglichkeiten nicht eingeschränkt werden und medizinisch notwendige Verordnungsalternativen zur Verfügung stehen; ausgenommen von diesen Gruppen sind Arzneimittel mit patentgeschützten Wirkstoffen, deren Wirkungsweise neuartig ist oder die eine therapeutische Verbesserung, auch wegen geringerer Nebenwirkungen, bedeuten. Als neuartig gilt ein Wirkstoff, solange derjenige Wirkstoff, der als erster dieser Gruppe in Verkehr gebracht worden ist, unter Patentschutz steht. Der Gemeinsame Bundesausschuss ermittelt auch die nach Absatz 3 notwendigen rechnerischen mittleren Tages- oder Einzeldosen oder anderen geeigneten Vergleichsgrößen. Für die Vorbereitung der Beschlüsse nach Satz 1 durch die Geschäftsstelle des Gemeinsamen Bundesausschusses gilt § 106 Abs. 4a Satz 3 und 7 entsprechend. Soweit der Gemeinsame Bundesausschuss Dritte beauftragt, hat er zu gewährleisten, dass diese ihre Bewertungsgrundsätze und die Begründung für ihre Bewertungen einschließlich der verwendeten Daten offen legen. Die Namen beauftragter Gutachter dürfen nicht genannt werden.

(1a) Für Arzneimittel mit patentgeschützten Wirkstoffen kann abweichend von Absatz 1 Satz 4 eine Gruppe nach Absatz 1 Satz 2 Nr. 2 mit mindestens drei Arzneimitteln gebildet und ein Festbetrag festgesetzt werden, sofern die Gruppenbildung nur für Arzneimittel erfolgt, die jeweils unter Patentschutz stehen. Ausgenommen von der Gruppenbildung nach Satz 1 sind Arzneimittel mit patentgeschützten Wirkstoffen, die eine therapeutische Verbesserung, auch wegen geringerer Nebenwirkungen, bedeuten. Die Sätze 1 und 2 gelten entsprechend für Arzneimittelkombinationen, die Wirkstoffe enthalten, die in eine Festbetragsgruppe nach Absatz 1 oder 1a Satz 1 einbezogen sind oder die nicht neuartig sind.

(1b) Eine therapeutische Verbesserung nach Absatz 1 Satz 3 zweiter Halbsatz und Absatz 1a Satz 2 liegt vor, wenn das Arzneimittel einen therapierelevanten höheren Nutzen als andere Arzneimittel dieser Wirkstoffgruppe hat und deshalb als zweckmäßige Therapie regelmäßig oder auch für relevante Patientengruppen oder Indikationsbereiche den anderen Arzneimitteln dieser Gruppe vorzuziehen ist. Bewertungen nach Satz 1 erfolgen für gemeinsame Anwendungsgebiete der Arzneimittel der Wirkstoffgruppe. Ein höherer Nutzen nach Satz 1 kann auch eine Verringerung der Häufigkeit oder des Schweregrads therapierelevanter Nebenwirkungen sein. Der Nachweis einer therapeutischen Verbesserung erfolgt aufgrund der Fachinformationen und durch Bewertung von klinischen Studien nach methodischen Grundsätzen der evidenzbasierten Medizin, soweit diese Studien allgemein verfügbar sind oder gemacht werden und ihre Methodik internationalen Standards entspricht. Vorrangig sind klinische Studien, ins-

besondere direkte Vergleichsstudien mit anderen Arzneimitteln dieser Wirkstoffgruppe mit patientenrelevanten Endpunkten, insbesondere Mortalität, Morbidität und Lebensqualität, zu berücksichtigen. Die Ergebnisse der Bewertung sind in der Begründung zu dem Beschluss nach Absatz 1 Satz 1 fachlich und methodisch aufzubereiten, sodass die tragenden Gründe des Beschlusses nachvollziehbar sind. Vor der Entscheidung sind die Sachverständigen nach Absatz 2 auch mündlich anzuhören. Vorbehaltlich einer abweichenden Entscheidung des Gemeinsamen Bundesausschusses aus wichtigem Grund ist die Begründung des Beschlusses bekannt zu machen, sobald die Vorlage nach § 94 Abs. 1 erfolgt, spätestens jedoch mit Bekanntgabe des Beschlusses im Bundesanzeiger. Ein Arzneimittel, das von einer Festbetragsgruppe freigestellt ist, weil es einen therapierelevanten höheren Nutzen nur für einen Teil der Patienten oder Indikationsbereiche des gemeinsamen Anwendungsgebietes nach Satz 1 hat, ist nur für diese Anwendungen wirtschaftlich; das Nähere ist in den Richtlinien nach § 92 Abs. 1 Satz 2 Nr. 6 zu regeln.

(2) Sachverständigen der medizinischen und pharmazeutischen Wissenschaft und Praxis sowie der Arzneimittelhersteller und der Berufsvertretungen der Apotheker ist vor der Entscheidung des Gemeinsamen Bundesausschusses Gelegenheit zur Stellungnahme zu geben; bei der Beurteilung von Arzneimitteln der besonderen Therapierichtungen sind auch Stellungnahmen von Sachverständigen dieser Therapierichtungen einzuholen. Die Stellungnahmen sind in die Entscheidung einzubeziehen.

(3) Die Spitzenverbände der Krankenkassen setzen gemeinsam und einheitlich den jeweiligen Festbetrag auf der Grundlage von rechnerischen mittleren Tages- oder Einzeldosen oder anderen geeigneten Vergleichsgrößen fest. Die Spitzenverbände der Krankenkassen gemeinsam können einheitliche Festbeträge für Verbandmittel festsetzen. Für die Stellungnahmen der Sachverständigen gilt Absatz 2 entsprechend.

(4) (weggefallen)

(5) Die Festbeträge sind so festzusetzen, daß sie im allgemeinen eine ausreichende, zweckmäßige und wirtschaftliche sowie in der Qualität gesicherte Versorgung gewährleisten. Sie haben Wirtschaftlichkeitsreserven auszuschöpfen, sollen einen wirksamen Preiswettbewerb auslösen und haben sich deshalb an möglichst preisgünstigen Versorgungsmöglichkeiten auszurichten; soweit wie möglich ist eine für die Therapie hinreichende Arzneimittelauswahl sicherzustellen. Die Festbeträge sind mindestens einmal im Jahr zu überprüfen; sie sind in geeigneten Zeitabständen an eine veränderte Marktlage anzupassen. Der Festbetrag für die Arzneimittel in einer Festbetragsgruppe nach Absatz 1 Satz 2 Nr. 1 sowie erstmals zum 1. April 2006 auch nach den Nummern 2 und 3 soll den höchsten Abgabepreis des unteren Drittels des Intervalls zwischen dem niedrigsten und dem höchsten Preis einer Standardpackung nicht übersteigen. Dabei müssen mindestens ein Fünftel aller Verordnungen und mindestens ein Fünftel aller Packungen zum Festbetrag verfügbar sein; zugleich darf die Summe der jeweiligen Vomhundertsätze der Verordnungen und Packungen, die nicht zum Festbetrag erhältlich sind, den Wert von 160 nicht überschreiten. Bei der Berechnung nach Satz 4 sind hochpreisige Packungen mit einem Anteil von weniger als 1 vom Hundert an den verordneten Packungen in der Festbetragsgruppe nicht zu berücksichtigen. Für die Zahl der Verordnungen sind die zum Zeitpunkt des Berechnungsstichtages zuletzt verfügbaren Jahresdaten des Arzneimittelindexes der gesetzlichen Krankenversicherung zu Grunde zu legen.

(6) Für das Verfahren zur Festsetzung der Festbeträge gilt § 213 Abs. 2 und 3.

(7) Die Festbeträge sind im Bundesanzeiger bekanntzumachen. Klagen gegen die Festsetzung der Festbeträge haben keine aufschiebende Wirkung. Ein Vorverfahren findet nicht statt. Eine gesonderte Klage gegen die Gruppeneinteilung nach Absatz 1 Satz 1 bis 3, gegen die rechnerischen mittleren Tages- oder Einzeldosen oder anderen geeigneten Vergleichsgrößen nach Absatz 1 Satz 4 oder gegen sonstige Bestandteile der Festsetzung der Festbeträge ist unzulässig.

(8) Bis zum 31. Dezember 2003 finden die Absätze 1 bis 7 mit Ausnahme der Verweisung in § 36 Abs. 3 und zur Vorbereitung der Festsetzung von Festbeträgen, die ab dem 1. Januar 2004 gelten sollen, keine Anwendung. Die nach Absatz 7 und § 35a Abs. 5 bekannt gemachten Festbeträge für verschreibungspflichtige Arzneimittel sind entsprechend den geänderten Handelszuschlägen der Arzneimittelpreisverordnung, zuletzt geändert durch Artikel 24 des Gesetzes vom 14. November 2003 (BGBl. I S. 2190), umzurechnen; die umgerechneten Festbeträge finden ab dem 1. Januar 2004 Anwendung. Für die Umrechnung sind keine Stellungnahmen von Sachverständigen einzuholen. Die Spitzenverbände der Krankenkassen machen die Umrechnung der Festbeträge bis zum 1. Dezember 2003 bekannt; § 35a Abs. 5 Satz 1 gilt entsprechend. Die umgerechneten Festbeträge nach Satz 2 sowie die auf Grund der §§ 35 und 35a bekannt gemachten Festbeträge für nicht verschreibungspflichtige Arzneimittel in der zuletzt gültigen Fassung bleiben so lange gültig, bis sie neu bestimmt, angepasst oder aufgehoben werden.

§ 35: Nach Maßgabe der Entscheidungsformel mit dem GG vereinbar gem. BVerfGE v. 17.12.2002; 2003 I 126 - 1 BvL 28/95 ua -

Gliederung

A. Basisinformationen

1 Die Norm regelt das Verfahren der Bildung von **Festbeträgen für Arzneimittel.** Die Festbetragsfestsetzung entfaltet über § 31 Abs. 2 und § 33 Abs. 2 Satz 1 SGB V ihre Bedeutung als Einschränkung des Leistungsanspruchs der Versicherten.

I. Textgeschichte/Gesetzgebungsmaterialien

2 Die Vorschrift war bei In-Kraft-Treten des SGB V im Jahr **1989** darin enthalten. Sie wurde danach wiederholt geändert:

3 Von besonderer Bedeutung ist die **vorübergehende Änderung der Zuständigkeiten** im Rahmen der Festbetragsfestsetzung durch das Gesetz zur Anpassung der Regelungen über die Festsetzung von Festbeträgen für Arzneimittel in der gesetzlichen Krankenversicherung (Festbetrags-Anpassungsgesetz – FBAG) vom 27.07.2001.[1] Die Zuständigkeit ging in der Zeit vom **03.08.2001 bis zum 31.12.2003** in Form einer Rechtsverordnungsermächtigung auf das zuständige Bundesministerium über.

[1] BGBl I 2001, 1948.

Mit Wirkung vom **20.11.2003** wurden durch das GKV-Modernisierungsgesetz – GMG – vom 14.11.2003[2] Absatz 1 Satz 1 und 5, Absatz 1a, Absatz 2 Satz 1 und Absatz 8 Satz 1 geändert, Absatz 4 aufgehoben sowie Absatz 5 Sätze 4-6 und Absatz 8 Sätze 2-5 eingefügt. 4

Mit Wirkung vom **17.02.2006** wurden durch das Gesetz zur Verbesserung der Wirtschaftlichkeit in der Arzneimittelversorgung vom 26.04.2006[3] die früheren Sätze 5 und 6 zu den Sätzen 6 und 7 und in Absatz 5 Satz 4 geändert und Satz 5 eingefügt. 5

Mit Wirkung vom **01.05.2006** wurden durch das Gesetz zur Verbesserung der Wirtschaftlichkeit in der Arzneimittelversorgung vom 26.04.2006[4] Absatz 1 Satz 3 Halbsatz 2 geändert und Absatz 1 Sätze 6-8, Absatz 1a Satz 3 sowie Absatz 1b eingefügt. 6

Mit Wirkung vom **01.07.2008** wurde durch Artikel 1 Nr. 18 des Gesetzes zur Stärkung des Wettbewerbs in der gesetzlichen Krankenversicherung (GKV-Wettbewerbsstärkungsgesetzes – GKV-WSG) vom 26.03.2007[5] Absatz 3 neu gefasst. 7

II. Vorgängervorschriften

Es existieren **keine** Vorgängervorschriften. 8

III. Parallelvorschriften

§ 35a SGB V regelt für die Zeit vom 03.08.2001 bis zum 31.12.2003 ein abweichendes Verfahren der Festsetzung von Festbeträgen. 9

IV. Untergesetzliche Normen und Vorschriften

Anlage 2 der Richtlinien des Bundesausschusses der Ärzte und Krankenkassen über die Verordnung von Arzneimitteln in der vertragsärztlichen Versorgung („Arzneimittel-Richtlinien/AMR) i.d.F. vom 31.08.1993[6], zuletzt geändert am 16.05.2006[7]. 10

V. Systematische Zusammenhänge

Die Ansprüche der Versicherten sind bei der Festsetzung eines Festbetrags für die entsprechende Leistung auf diesen beschränkt. Bei der Wahl eines über den Festbetrag hinausgehenden Mittels hat der Versicherte die Mehrkosten selbst zu tragen. 11

Für **Arznei- und Verbandmittel** regelt § 31 Abs. 2 SGB V die Begrenzung des Leistungsanspruchs, für **Hilfsmittel** § 33 Abs. 2 Satz 1 SGB V. 12

VI. Ausgewählte Literaturhinweise

Axer, Europäisches Kartellrecht und nationales Krankenversicherungsrecht, NZS 2002, 57; *Koenig*, Staatshaftung und Festbeträge, NZS 2001, 617; *Schelp*, Zur Verfassungsmäßigkeit der Festbetragsregelung für Arzneimittel (§ 35 SGB V), NZS 1997, 155. 13

B. Auslegung der Norm

I. Regelungsgehalt und Bedeutung der Norm

Der Arzneimittelsektor repräsentiert innerhalb der gesetzlichen Krankenversicherungen einen der **ausgabenträchtigsten Bereiche**: Mit einem Ausgabenvolumen von über 25 Mrd. € machte er im Jahr 2005 einen Anteil an den Gesamtausgaben von knapp 18% aus und übersteigt damit die Ausgaben für ärztliche Behandlungen.[8] Gleichzeitig ist eine ständige **Zunahme der Ausgaben** der Krankenkassen für Arzneimittel festzustellen: 1994 lagen die Ausgaben für Arzneimittel bei rund 14

---

[2] BGBl I 2003, 2190.

[3] BGBl I 2006, 984.

[4] BGBl I 2006, 984.

[5] BGBl I 2007, 378.

[6] BAnz Nr. 246, 11.155.

[7] BAnz Nr. 156, 5774.

[8] Bundesministerium für Gesundheit, Gesetzliche Krankenversicherung – Kennzahlen und Faustformeln – Stand: 13.09.2006.

15 Mrd. €, 11 Jahr später im Jahr 2005 bei über 25 Mrd. €.[9] Neben neuen, innovativen und teuren Arzneimitteln sind hierfür in erster Linie das Verschreibungsverhalten und die Arzneimitteldisziplin der Versicherten verantwortlich.

15 Mit der Festbetragsregelung hat der Gesetzgeber ein **neues Steuerungsinstrument** in die gesetzliche Krankenversicherung eingeführt. Seine wirtschaftliche Bedeutung ist erheblich: Im Mai 2001 ging der Gesetzgeber von einer jährlichen Einsparung der Krankenkassen in Höhe von 3 Mrd. DM aus.[10] Allein durch die zum 01.04.2006 wirksam gewordenen Änderungen durch das Gesetz zur Verbesserung der Wirtschaftlichkeit in der Arzneimittelversorgung erhofft sich der Gesetzgeber ein Einsparvolumen bis Ende 2006 von 1 Mrd. €.[11]

II. Normzweck und systematische Stellung

16 Leistungen der gesetzlichen Krankenversicherung werden den Versicherten – von Zuzahlungen abgesehen – gemäß § 2 Abs. 2 SGB V grundsätzlich kostenfrei als Sachleistung zur Verfügung gestellt. Dieser **Sachleistungsgrundsatz** birgt jedoch ein fundamentales Strukturdefizit der gesetzlichen Krankenversicherung: Die **Leistungsinanspruchnahme** kann über den Preis der Leistung **nicht reguliert** werden. Die Versicherten kennen i.d.R. den Preis der von ihnen in Anspruch genommenen medizinischen Dienst- und Sachleistungen nicht. Umgekehrt haben die Erbringer solcher Leistungen, u.a. auch die Hersteller von Arznei- und Hilfsmitteln, ein natürliches wirtschaftliches Interesse an der Steigerung ihrer Gewinne. Beide Aspekte führen dazu, dass das **ökonomische Prinzip der Preisfestsetzung durch Angebot und Nachfrage im System der gesetzlichen Krankenversicherung nicht** oder nur sehr eingeschränkt funktioniert. Dieses Ergebnis wird dadurch verstärkt, dass die **Marktsituation** für die Versicherten als Nachfrager aufgrund fehlender Informationen **nicht transparent** ist. Zusammenfassend können die Versicherten der GKV weder ihr Verhalten an den von ihnen verursachten Kosten ausrichten noch besteht für sie die Möglichkeit der Kostenreduzierung durch Inanspruchnahme preisgünstiger Alternativen. Schließlich ist auch auf das in der Gesundheitsökonomie diskutierte Phänomen der **angebotsinduzierten Nachfrage** hinzuweisen: Da die Inanspruchnahme medizinischer Leistungen für die Versicherten grundsätzlich kostenfrei ist, kann bei ihnen die Motivation entstehen, für ihre allenfalls mittelbar als Gegenleistung erbrachten Beitragszahlungen ein Optimum an Leistung(en) herauszuholen. Dabei wird dieses Phänomen durch die Einfachheit der Inanspruchnahme der Angebote (Vielzahl von Herstellern und Leistungserbringern, Vielfalt von Arznei- und Hilfsmitteln, leichter Zugang durch gute Infrastruktur) verstärkt. Konsequenz all dieser Faktoren ist die **Tendenz einer stets fortschreitenden Verteuerung medizinischer Dienst- und Sachleistungen**, die zu der durch den medizinischen Fortschritt bedingten Leistungs- und Kostenzunahme hinzukommt.

17 Diesem fundamentalen Strukturdefizit der gesetzlichen Krankenversicherung will der Gesetzgeber vor allem durch das **neue Steuerungsinstrument** der Festbetragsregelung entgegenwirken.

18 Gegen die Festbetragsregelung hatte das Bundessozialgericht **verfassungsrechtliche Bedenken** im Hinblick auf ihren in die Berufsfreiheit der Arzneimittelhersteller und Hilfsmittelerbringer und in die Grundrechte der Versicherten eingreifenden Charakter.[12] Das **Bundesverfassungsgericht** teilte diese Bedenken nicht[13]: Hinsichtlich der Arzneimittelhersteller und Hilfsmittelerbringer liege schon kein Eingriff in Art. 12 Abs. 1 GG vor, da die Festbetragsregelung lediglich deren Marktchancen betreffe und daher das Grundrecht allenfalls durch mittelbar faktische Auswirkungen im Sinne eines Reflexes berühre. In die Berufsausübungsfreiheit der Ärzte und die Handlungsfreiheit der Versicherten greife die Festbetragsregelung dagegen ein. Hinsichtlich der Ärzte folge dies 1. aus der Verpflichtung zur wirtschaftlichen Verordnungsweise, die sich auf die Therapiefreiheit auswirke, und 2. aus der Hinweispflicht gegenüber den Versicherten auf die Übernahme der Mehrkosten. Der Eingriff sei jedoch rechtmäßig. Die Festbetragsfestsetzung sei eine Maßnahme des Verwaltungsvollzuges. Das hierzu erforderliche Verwaltungsverfahren sei durch den Gesetzgeber verfassungsrechtlich ausreichend bestimmt festgelegt und ausgestaltet. Auch die gesetzlichen Vorgaben für die Festbetragsfestsetzung durch Verwaltungsakte in Form von Allgemeinverfügungen seien ausreichend bestimmt.

---

[9] Bundesministerium für Gesundheit, Gesetzliche Krankenversicherung – Kennzahlen und Faustformeln – Stand: 13.09.2006.

[10] BT-Drs. 14/6041, S. 1.

[11] BT-Drs. 16/194, S. 2.

[12] BSG v. 14.06.1995 - 3 RK 20/94, 3 RK 21/94 und 3 RK 23/94 - NZS 1995, 502 = SozSich 1995, 274.

[13] BVerfG v. 17.12.2002 - 1 BvL 28/95, 1 BvL 29/95 und 1 BvL 30/95 - BVerfGE 106, 275.

Auch der **europarechtliche Kontext** der Festbetragsregelungen war umstritten. Das Landessozialgericht Nordrhein-Westfalen[14] hatte dem EuGH im Wege des Vorabentscheidungsverfahrens (Art. 234 EGV) Fragen zur europarechtlichen Zulässigkeit der Festbetragsregelung vorgelegt. Auch das Oberlandesgericht Düsseldorf[15] und der Bundesgerichtshof[16] hatten dem EuGH entsprechende Fragen zugeleitet. Ihnen lag die Fragestellung zugrunde, ob die Krankenkassen bzw. ihre Verbände bei der Festbetragsfestsetzung als Unternehmen im Sinne des europäischen Wettbewerbsrechts (Art. 81, 82 EGV) anzusehen seien und durch die Festbetragsregelung möglicherweise eine Wettbewerbsbeschränkung erfolge. 19

Schließlich stieß die Festbetragsregelung auch auf **kartellrechtliche Einwände**, die 2001 dazu führten, dass das Bundeskartellamt den Spitzenverbänden der Krankenkassen die Festbetragsfestsetzung untersagte. 20

Der **Europäische Gerichtshof** hielt die Festbetragsregelung dagegen für gemeinschaftsrechtlich unbedenklich.[17] Indem die Spitzenverbände der Krankenkassen Festbeträge festsetzten nähmen sie eine **soziale Aufgabe** wahr und agierten **nicht als Unternehmensvereinigungen** i.S.d. Art. 81 Abs. 1 EGV. 21

III. Tatbestandsmerkmale

1. Gruppenbildung (Absatz 1)

a. Zuständigkeit des Gemeinsamen Bundesausschusses

Nach § 35 Abs. 1 SGB V kommt dem **Gemeinsamen Bundesausschuss** als **Vorstufe** zur eigentlichen Festbetragsfestsetzung die Aufgabe zu, in den Richtlinien nach § 92 Abs. 1 Satz 2 Nr. 6 SGB V festzulegen, für welche Gruppen von Arzneimitteln Festbeträge festgesetzt werden können. 22

b. Gruppenbildung

Dabei soll die **Gruppenbildung** die Bandbreite von einem unmittelbaren Vergleich anhand des verwandten Wirkstoffs bis hin zu einer nur mittelbaren Vergleichbarkeit über den Vergleich der Wirkung erfolgen. Konkret sollen in den Gruppen Arzneimittel mit 23

- denselben Wirkstoffen,
- pharmakologisch-therapeutisch vergleichbaren Wirkstoffen, insbesondere mit chemisch verwandten Stoffen,
- therapeutisch vergleichbarer Wirkung, insbesondere Arzneimittelkombinationen,

zusammengefasst werden.

Die Schwierigkeit der Gruppenbildung steigt von Stufe zu Stufe an: 24

- Arzneimittel mit **denselben Wirkstoffen** sind über ihre **chemische Identität** festzustellen. Allerdings ist trotz der Wirkstoffidentität nach § 35 Abs. 1 Satz 2 HS. 2 SGB V eine unterschiedliche **Bioverfügbarkeit** zu berücksichtigen, sofern sie für die Therapie bedeutsam ist.
- Arzneimittel mit **pharmakologisch-therapeutisch vergleichbaren Wirkstoffen** enthalten keine chemisch identischen, sondern lediglich verwandte Stoffe.
- Schließlich bilden die Arzneimittel und Arzneimittelkombinationen mit lediglich **therapeutisch vergleichbarer Wirkung** die unschärfste Vergleichsgruppe.

c. Ausreichende Therapieoptionen

Die nach Satz 2 Nr. 2 und 3 gebildeten Gruppen müssen gewährleisten, dass **Therapiemöglichkeiten nicht eingeschränkt** werden und medizinisch notwendige Verordnungsalternativen zur Verfügung stehen. Diese Anforderungen bieten ein Einfallstor für Streitigkeiten mit Herstellern von Arzneimitteln und Arzneimittelkombinationen, da jenen die Behauptung offen steht, die besondere Wirkstoffkombination unterscheide sie von vergleichbaren Produkten und mache das Mittel einer Vergleichsgruppe nicht zugänglich. 25

---

[14] LSG Nordrhein-Westfalen v. 28.09.2000 - L 5 KR 11/95.

[15] OLG Düsseldorf v. 18.05.2001 - U (Kart) 28/00 - nicht veröffentlicht - zitiert nach *Axer*, Europäisches Kartellrecht und nationales Krankenversicherungsrecht, NZS 2002, 57 Fn. 5.

[16] BGH v. 03.07.2001 - KZR 31/99 - VersR 2001, 1361.

[17] EuGH v. 16.03.2004 - C-264/01, C-306/01, C-354/01 und C-355/01 - ABl EU 2004, Nr. C 94, 2.

d. Ausnahmen für Arzneimittel mit patentgeschützten Wirkstoffen

26 Von der Gruppenbildung sind Arzneimittel mit **patentgeschützten Wirkstoffen**, deren Wirkungsweise neuartig ist oder die eine therapeutische Verbesserung – auch wegen geringerer Nebenwirkungen – bedeuten, ausgenommen. Als Ausnahme von der Ausnahme sieht § 35 Abs. 1a SGB V ein besonderes Verfahren der Gruppenbildung für solche Arzneimittel vor. Wann ein Arzneimittel eine therapeutische Verbesserung bringt, definiert § 35 Abs. 1b SGB V.

27 Als **neuartig** gilt ein Wirkstoff, solange derjenige Wirkstoff, der als erster dieser Gruppe in Verkehr gebracht worden ist, unter Patentschutz steht.

e. Ermittlung der Dosierungen

28 Über die Gruppenbildung hinaus kommt dem Gemeinsamen Bundesausschuss die Aufgabe zu, die mittleren rechnerischen mittleren Tages- oder Einzeldosen oder andere geeignete Vergleichsgrößen festzusetzen, soweit sie für die Festbetragsfestsetzung nach § 35 Abs. 3 SGB V erforderlich sind.

f. Verfahren der Gruppenbildung

29 Für die Vorbereitung der Beschlüsse nach Satz 1 durch die Geschäftsstelle des Gemeinsamen Bundesausschusses gilt für die **Arbeit der Geschäftsstelle** § 106 Abs. 4a Sätze 3 und 7 entsprechend. Durch den Einsatz der dortigen hauptamtlichen Beschäftigten soll das Festbetragsgruppenbildungsverfahren **beschleunigt** werden. Soweit der Gemeinsame Bundesausschuss Dritte beauftragt, hat er zu gewährleisten, dass diese ihre Bewertungsgrundsätze und die Begründung für ihre Bewertungen einschließlich der verwendeten Daten offen legen. Die Namen beauftragter Gutachter dürfen nicht genannt werden.

2. Gruppenbildung für Arzneimittel mit patentgeschützten Wirkstoffen (Absatz 1a)

30 Für Arzneimittel mit patentgeschützten Wirkstoffen kann abweichend von Absatz 1 Satz 4 eine Gruppe nach Absatz 1 Satz 2 Nr. 2 mit mindestens drei Arzneimitteln gebildet und ein Festbetrag festgesetzt werden, sofern die Gruppenbildung nur für Arzneimittel erfolgt, die **jeweils unter Patentschutz** stehen. Ausgenommen von der Gruppenbildung nach Satz 1 sind Arzneimittel mit patentgeschützten Wirkstoffen, die eine therapeutische Verbesserung, auch wegen geringerer Nebenwirkungen, bedeuten. Die Sätze 1 und 2 gelten entsprechend für Arzneimittelkombinationen, die Wirkstoffe enthalten, die in eine Festbetragsgruppe nach Absatz 1 oder 1a Satz 1 einbezogen sind oder die nicht neuartig sind.

31 Wann eine therapeutische Verbesserung gegeben ist, definiert § 35 Abs. 1b SGB V.

3. Therapeutische Überlegenheit (Absatz 1b)

32 Mit dem zum 01.05.2006 eingefügten Absatz 1b ist der Gesetzgeber Problemen bei der Definition der therapeutischen Überlegenheit eines Arzneimittels nachgekommen. Danach liegt eine **therapeutische Verbesserung** vor, wenn das Arzneimittel einen **therapierelevanten höheren Nutzen** als andere Arzneimittel dieser Wirkstoffgruppe hat und deshalb als **zweckmäßige Therapie** regelmäßig oder auch für relevante Patientengruppen oder Indikationsbereiche den anderen Arzneimitteln dieser Gruppe vorzuziehen ist. Die entsprechenden Bewertungen erfolgen für **gemeinsame Anwendungsgebiete der Arzneimittel der Wirkstoffgruppe**. Ein **höherer Nutzen** kann auch eine Verringerung der Häufigkeit oder des Schweregrads therapierelevanter **Nebenwirkungen** sein. Der Nachweis einer therapeutischen Verbesserung erfolgt aufgrund der Fachinformationen und durch Bewertung von klinischen Studien nach methodischen Grundsätzen der **evidenzbasierten Medizin**, soweit diese Studien allgemein verfügbar sind oder gemacht werden und ihre Methodik internationalen Standards entspricht. Vorrangig sind klinische Studien, insbesondere direkte Vergleichsstudien mit anderen Arzneimitteln dieser Wirkstoffgruppe mit patientenrelevanten Endpunkten, insbesondere Mortalität, Morbidität und Lebensqualität, zu berücksichtigen. Die Ergebnisse der Bewertung sind in der Begründung zu dem Beschluss nach Absatz 1 Satz 1 fachlich und methodisch aufzubereiten, sodass die tragenden Gründe des Beschlusses nachvollziehbar sind. Vor der Entscheidung sind die Sachverständigen nach Absatz 2 auch mündlich anzuhören.

4. Gelegenheit zur Stellungnahme (Absatz 2)

33 **Vor der Entscheidung** des Gemeinsamen Bundesausschusses über die Festbetragsgruppenbildung ist **Sachverständigen** der medizinischen und pharmazeutischen Wissenschaft und Praxis sowie der **Arzneimittelhersteller** und der Berufsvertretungen der **Apotheker** Gelegenheit zur Stellungnahme zu ge-

ben. Dabei sind bei der Beurteilung von Arzneimitteln der **besonderen Therapierichtungen** auch Stellungnahmen von Sachverständigen dieser Therapierichtungen einzuholen. Die Stellungnahmen müssen in die Entscheidung einbezogen werden.

Zur **Form der Stellungnahmen** enthält Absatz 2 keine Bestimmung. Im Umkehrschluss aus Absatz 1b Satz 7 folgt jedoch, dass diese **grundsätzlich schriftlich** zu erfolgen haben und nur im Fall der Beurteilung einer therapeutischen Überlegenheit nach Absatz 1b **auch eine mündliche Anhörung** stattfinden muss. 34

5. Zuständigkeit für die Festbetragsfestsetzung (Absatz 3)

Anders als für die Festbetragsgruppenbildung sind für die konkrete Festbetragsfestsetzung die **Spitzenverbände der Krankenkassen** zuständig. Sie setzen gemeinsam und einheitlich den jeweiligen **Festbetrag** auf der Grundlage von rechnerischen mittleren Tages- oder Einzeldosen oder anderen geeigneten Vergleichsgrößen fest. Darüber hinaus können sie gemeinsam einheitliche **Festbeträge für Verbandmittel** festsetzen. Vor der Entscheidung ist **Sachverständigen** nach Absatz 2 Gelegenheit zur Stellungnahme zu geben. 35

6. Inhaltliche Anforderungen an die Festbetragsfestsetzung (Absatz 5)

Der Zielsetzung des neuen Steuerungsinstruments in der gesetzlichen Krankenversicherung entsprechend sind die Festbeträge so festzusetzen, dass sie **einerseits im Allgemeinen eine ausreichende, zweckmäßige und wirtschaftliche sowie in der Qualität gesicherte Versorgung gewährleisten**, andererseits aber **Wirtschaftlichkeitsreserven ausschöpfen**. Ein hierdurch ausgelöster **Preiswettbewerb** ist gesetzgeberisch ausdrücklich erwünscht. Konkret soll daher eine Ausrichtung an der möglichst preisgünstigen Versorgungsmöglichkeit erfolgen, die aber eine für die Therapie hinreichende Arzneimittelauswahl sicherstellt. 36

Mit dem Auftrag, eine ausreichende Versorgung zu gewährleisten, kommt die Regelung auch einem **verfassungsrechtlichen Gebot** nach: Das Bundesverfassungsgericht hat in seiner Entscheidung zur Verfassungsmäßigkeit der Festbetragsregelung[18] ausdrücklich darauf hingewiesen, dass trotz der Festbetragsregelung der **Sachleistungsgrundsatz** in der gesetzlichen Krankenversicherung nicht aufgegeben wurde: Danach muss im Arzneimittelsektor eine **für die Therapie ausreichende Vielfalt** erhalten bleiben; im Hilfsmittelsektor muss die Versorgung mit ausreichenden, zweckmäßigen und in der Qualität gesicherten Hilfsmitteln als Sachleistung gewährleistet sein. Demnach stelle es einen **Rechtsverstoß gegen die §§ 35 und 36 SGB V** dar, wenn Versicherte ein benötigtes Arznei- oder Hilfsmittel nicht mehr ohne Eigenbeteiligung in Form einer über den Festbetrags hinausgehenden Eigenleistung erhalten können. Ein derartiger Rechtsverstoß wäre von den Sozialgerichten im Rahmen der Prüfung eines Versorgungsanspruchs der Versicherten zu prüfen. 37

Die Festbeträge sind mindestens **einmal im Jahr zu überprüfen** und ggf. an eine veränderte Marktlage anzupassen. 38

Mit Wirkung zum **17.02.2006** trat für die Festbetragsgruppen nach Absatz 1 Satz 2 Nr. 2 und Nr. 3 erstmals die Regelung in Kraft, nach der wie bei den Festbeträgen für die Arzneimittel in einer Festbetragsgruppe nach Absatz 1 Satz 2 Nr. 1 der **höchste Abgabepreis das untere Drittel des Intervalls zwischen dem niedrigsten und dem höchsten Preis einer Standardpackung nicht übersteigen** soll. Dabei müssen mindestens ein Fünftel aller Verordnungen und mindestens ein Fünftel aller Packungen zum Festbetrag verfügbar sein; zugleich darf die Summe der jeweiligen Vomhundertsätze der Verordnungen und Packungen, die nicht zum Festbetrag erhältlich sind, den Wert von 160 nicht überschreiten. Bei der Berechnung nach Satz 4 sind **hochpreisige Packungen** mit einem Anteil von weniger als 1 vom Hundert an den verordneten Packungen in der Festbetragsgruppe nicht zu berücksichtigen. Für die Zahl der Verordnungen sind die zum Zeitpunkt des Berechnungsstichtages zuletzt verfügbaren Jahresdaten des Arzneimittelindexes der gesetzlichen Krankenversicherung zu Grunde zu legen. 39

7. Verfahren der Spitzenverbände untereinander (Absatz 6)

Für das Verfahren zur Festsetzung der Festbeträge gilt für die Beschlussfassung durch die Spitzenverbände der Krankenkassen § 213 Abs. 2 und 3 SGB V. 40

[18] BVerfG v. 17.12.2002 - 1 BvL 28/95, 1 BvL 29/95 und 1 BvL 30/95 - BVerfGE 106, 275.

8. Bekanntmachungen und Rechtsbehelfe (Absatz 7)

41 Da die Festbetragsfestsetzungen nach Absatz 7 Satz 1 als Allgemeinverfügungen zu qualifizieren sind, sind sie im **Bundesanzeiger** bekanntzumachen.

a. Rechtsbehelfe der Versicherten

42 Abstrakte Klagen der Versicherten gegen Festbetragsregelungen dürften mangels Klagebefugnis unzulässig sein. Davon unberührt bleiben Klagen der Versicherten, die im konkreten Einzelfall ihren Leistungsanspruch auf Arzneimittel durch die Festbetragsregelung verletzt sehen. Im Rahmen einer derartigen Klage ist das Festbetragsfestsetzungsverfahren inzident zu prüfen.

b. Rechtsbehelfe der Arzneimittelhersteller

43 Soweit Arzneimittelhersteller von einer Festbetragsfestsetzung bzgl. eines ihrer Produkte betroffen sind, steht ihnen der Klageweg offen. Klagen gegen die Festsetzung der Festbeträge haben **keine aufschiebende Wirkung**. Ein **Vorverfahren findet nicht statt**.

44 **Zwischenschritte** im Rahmen der Festbetragsfestsetzung, wie die Gruppeneinteilung nach Absatz 1 Sätze 1-3, die Ermittlung der rechnerischen mittleren Tages- oder Einzeldosen oder anderer geeigneter Vergleichsgrößen oder sonstiger Bestandteile, sind **nicht eigenständig anfechtbar**.

9. Übergangsregelungen (Absatz 8)

45 Vom **03.08.2001 bis zum 31.12.2003** finden die Absätze 1-7 mit Ausnahme der Verweisung in § 36 Abs. 3 SGB V und zur Vorbereitung der Festsetzung von Festbeträgen, die ab dem 01.01.2004 gelten sollen, keine Anwendung. Insoweit gilt **§ 36a SGB V**.

46 Die nach Absatz 7 und § 35a Abs. 5 SGB V bekannt gemachten Festbeträge für verschreibungspflichtige Arzneimittel sind entsprechend den geänderten Handelszuschlägen der **Arzneimittelpreisverordnung**, die zuletzt entscheidend durch Artikel 24 des Gesundheitsmodernisierungsgesetzes – GMG – vom 14.11.2003[19] geändert wurden, **umzurechnen**; die umgerechneten Festbeträge finden ab dem 01.01.2004 Anwendung.

IV. Rechtsfolgen

47 Die Festbetragsfestsetzung entfaltet über **§ 31 Abs. 2 SGB V** ihre Wirkung auf den Leistungsanspruch der Versicherten.

C. Praxishinweise

48 Der Gemeinsame Bundesausschusses dokumentiert auf seiner Homepage unter www.g-ba.de alle Änderungen der als Anlage 2 zu den AMRL ergangenen Festbetragsgruppenbildung (s. vertragsärztliche Versorgung – Richtlinien – Arzneimittel-Richtlinien).

49 Die IKK Krankenkasse bietet auf ihrer Homepage www.ikk.de unter der Rubrik für Medizinberufe ein umfangreiches und aktuelles Downloadangebot im Zusammenhang mit der Festbetragsfestsetzung in der gesetzlichen Krankenversicherung an.

D. Reformbestrebungen

50 Im Hinblick auf die Schaffung eines einheitlichen Spitzenverbands Bund der Krankenkassen ist durch Art. 1 Nr. 18 des Referentenentwurfs eines Gesetzes zur Stärkung des Wettbewerbs in der GKV (**GKV-Wettbewerbsstärkungsgesetz – GKV-WSG**) eine sprachliche Anpassung von § 35 SGB V vorgesehen.

---

[19] BGBl I 2003, 2190.

§ 35a SGB V Rechtsverordnung zu Festbeträgen für Arzneimittel

(Fassung vom 31.10.2006, gültig ab 08.11.2006, gültig bis 30.06.2008)

(1) Abweichend von § 35 wird das Bundesministerium für Gesundheit bis zum 31. Dezember 2003 ermächtigt, im Einvernehmen mit dem Bundesministerium für Wirtschaft und Technologie durch Rechtsverordnung ohne Zustimmung des Bundesrates

1. einmalig die Festbeträge für Arzneimittel anzupassen,

2. im Ausnahmefall bei sachlich gebotenem Änderungsbedarf, insbesondere bei neuem wissenschaftlichem Erkenntnisstand oder infolge gerichtlicher Entscheidungen, Gruppen von Arzneimitteln neu zu bestimmen und für diese Festbeträge festzusetzen.

Der Gemeinsame Bundesausschuss übermittelt dem Bundesministerium für Gesundheit auf dessen Verlangen Stellungnahmen zu Fragen der Gruppenbildung nach Satz 1 Nr. 2.

(2) Die Festbeträge sind so anzupassen und festzusetzen, dass sie im Allgemeinen eine ausreichende, zweckmäßige und wirtschaftliche sowie in der Qualität gesicherte Versorgung gewährleisten. Sie haben Wirtschaftlichkeitsreserven auszuschöpfen, sollen einen wirksamen Preiswettbewerb auslösen und haben sich deshalb an möglichst preisgünstigen Versorgungsmöglichkeiten auszurichten. Dabei müssen mindestens ein Drittel aller Verordnungen und mindestens ein Viertel aller Packungen einer Gruppe zum Festbetrag verfügbar sein; zugleich darf die Summe der jeweiligen Vomhundertsätze der Verordnungen und Packungen, die nicht zum Festbetrag erhältlich sind, den Wert von 100 nicht überschreiten. Bei der Anpassung nach Absatz 1 Satz 1 Nr. 1 dürfen die Festbeträge höchstens um 27,5 vom Hundert abgesenkt werden. Berechnungsstichtag für die Anpassung der Festbeträge nach Absatz 1 Satz 1 Nr. 1 ist der 1. Juli 2000. Es sind die Verordnungsdaten des Arzneimittelindex der gesetzlichen Krankenversicherung des Jahres 1999 zugrunde zu legen; sie sind im Rahmen der Anhörung zu der Rechtsverordnung zur Verfügung zu stellen.

(3) Sofern Gruppen nach Absatz 1 Satz 1 Nr. 2 gebildet werden, sollen Arzneimittel mit

1. denselben Wirkstoffen,

2. pharmakologisch-therapeutisch vergleichbaren Wirkstoffen, insbesondere mit chemisch verwandten Stoffen,

3. therapeutisch vergleichbarer Wirkung, insbesondere Arzneimittelkombinationen,

zusammengefasst werden; unterschiedliche Bioverfügbarkeiten wirkstoffgleicher Arzneimittel sind zu berücksichtigen, sofern sie für die Therapie bedeutsam sind. Dabei sind auch die notwendigen rechnerischen mittleren Tages- oder Einzeldosen oder andere geeignete Vergleichsgrößen festzulegen. Die nach Satz 1 Nr. 2 und 3 gebildeten Gruppen müssen gewährleisten, dass Therapiemöglichkeiten nicht eingeschränkt werden und medizinisch notwendige Verordnungsalternativen zur Verfügung stehen. Für Arzneimittel mit patentgeschützten Wirkstoffen, die nach dem 31. Dezember 1995 zugelassen worden sind, werden Festbeträge der Gruppen nach Satz 1 Nr. 2 und 3 nicht gebildet. Ausgenommen von der Gruppenbildung nach Satz 1 Nr. 2 und 3 sind ferner Arzneimittel mit patentgeschützten Wirkstoffen, deren Wirkungsweise neuartig ist und die eine therapeutische Verbesserung, auch wegen geringerer Nebenwirkungen, bedeuten. Als neuartig gilt ein Wirkstoff, solange derjenige Wirkstoff, der als erster dieser Wirkstoffklasse in Verkehr gebracht worden ist, unter Patentschutz steht.

(4) Die Spitzenverbände der Krankenkassen, der Gemeinsame Bundesausschuss, die pharmazeutischen Unternehmer und die für die Wahrnehmung der wirtschaftlichen Interessen gebildete maßgebliche Spitzenorganisation der Apotheker sind verpflichtet, dem Bundesministerium für Gesundheit die zur Wahrnehmung seiner Aufgaben nach Absatz 1 Satz 1 erforderlichen Informationen zu übermitteln und auf Verlangen notwendige Auskünfte zu erteilen.

(5) Die Spitzenverbände der Krankenkassen erstellen und veröffentlichen Übersichten über sämtliche Festbeträge und die betroffenen Arzneimittel und übermitteln diese im Wege der Datenübertragung dem Deutschen Institut für medizinische Dokumentation und Information zur abruffähigen Veröffentlichung im Internet. Die Übersichten sind vierteljährlich zu aktualisieren.

(6) Die bisher festgesetzten Festbeträge und gebildeten Gruppen gelten bis zu ihrer Änderung durch Rechtsverordnung nach Absatz 1 Satz 1 fort.

(7) Über die Gültigkeit einer Verordnung nach Absatz 1 Satz 1 entscheidet auf Antrag das Landessozialgericht Berlin. Den Antrag kann jede natürliche oder juristische Person, die geltend macht, durch die Rechtsvorschrift oder deren Anwendung in ihren Rechten verletzt zu sein oder in absehbarer Zeit verletzt zu werden, innerhalb von zwei Jahren nach Bekanntmachung der Rechtsvorschrift stellen. Er ist gegen die Bundesrepublik Deutschland, vertreten durch das Bundesministerium für Gesundheit, zu richten. Das Gericht entscheidet durch Urteil. Kommt das Gericht zu der Überzeugung, dass die Rechtsvorschrift ganz oder teilweise ungültig ist, so erklärt es sie in entsprechendem Umfang für nichtig; in diesem Fall ist die Entscheidung allgemein verbindlich und die Entscheidungsformel vom Antragsgegner ebenso zu veröffentlichen, wie die Rechtsvorschrift bekannt gemacht wurde. Das Gericht kann auf Antrag eine einstweilige Anordnung erlassen, wenn dies zur Abwehr schwerer Nachteile oder aus anderen wichtigen Gründen dringend geboten ist. Die Klage hat keine aufschiebende Wirkung. § 160 des Sozialgerichtsgesetzes findet Anwendung.

(8) Die durch Rechtsverordnung bestimmten Gruppen und angepassten oder festgesetzten Festbeträge werden gegenstandslos, wenn nach dem 31. Dezember 2003 eine Neubestimmung, Anpassung oder Festsetzung von Gruppen oder Festbeträgen nach dem dann geltenden Verfahren erfolgt.

Gliederung

A. Basisinformationen

1 Die Norm regelt **für die Zeit vom 03.08.2001 bis zum 31.12.2003** in **Abweichung von § 35 SGB V** das Verfahren der Bildung von Festbeträgen für Arzneimittel. Hierzu ermächtigt sie das Bundesministerium für Gesundheit und Soziale Sicherung, Festbeträge durch Rechtsverordnung festzusetzen.

I. Textgeschichte/Gesetzgebungsmaterialien

Die Norm wurde durch das Gesetz zur Anpassung der Regelungen über die Festsetzung von Festbeträgen für Arzneimittel in der gesetzlichen Krankenversicherung (Festbetrags-Anpassungsgesetz – FBAG) vom 27.07.2001[1] **mit Wirkung vom 03.08.2001** in das SGB V eingefügt. 2

Mit Wirkung vom **28.11.2003** wurden durch die Achte Zuständigkeitsanpassungsverordnung vom 25.11.2003[2] Absatz 1 Satz 1, Absatz 1 Satz 2 und Absatz 4 und Absatz 7 Satz 3 geändert. 3

Mit Wirkung vom **01.07.2008** wurde durch Artikel 1 Nr. 19 des Gesetzes zur Stärkung des Wettbewerbs in der gesetzlichen Krankenversicherung (GKV-Wettbewerbsstärkungsgesetzes – GKV-WSG) vom 26.03.2007[3] Absatz 5 Satz 1 neu gefasst. 4

II. Untergesetzliche Normen und Vorschriften

Aufgrund der in § 35a SGB V vorgesehenen Ermächtigung erging die **Festbetragsanpassungsverordnung (FAVO)** vom 01.11.2001[4] mit Wirkung vom 09.11.2001. 5

III. Systematische Zusammenhänge

Die Norm regelt für einen begrenzten Zeitraum ein von **§ 35 SGB V abweichendes** Festbetragsfestsetzungsverfahren. 6

B. Auslegung der Norm

I. Regelungsgehalt und Bedeutung der Norm

Die Norm hält an dem **neuen Steuerungsinstrument** der Festbetragsfestsetzung fest. Früher im Verfahren nach § 35 SGB V festgesetzte Festbeträge **gelten nach Absatz 6 weiter**. Für Neuanpassungen sieht die Norm ein geändertes Verfahren im **Rechtsverordnungsweg** mit der **Zuständigkeit des Bundesministeriums für Gesundheit und Soziale Sicherung** vor. 7

II. Normzweck und Systematische Stellung

Die Vorschrift wurde im Hinblick auf zwischenzeitliche **verfassungsrechtliche und kartell-/europarechtliche Bedenken** am Festbetragsfestsetzungsverfahren nach § 35 SGB V geschaffen. Durch die darin vorgesehene Ermächtigung zur Festsetzung von Festbeträgen durch Rechtsverordnung sollten verfassungsrechtliche Zweifel an der in § 35 SGB V vorgesehenen Zuständigkeit des Bundesausschusses und der Spitzenverbände der Krankenkassen bis zu einer Klärung ausgeräumt werden. 8

III. Tatbestandsmerkmale

1. Zuständigkeit und Verfahren (Absatz 1)

a. Gruppenbildung

Anders als im Verfahren nach § 35 SGB V wird nicht der Gemeinsame Bundesausschuss mit der Gruppenbildung vergleichbarer Arzneimittel beauftragt, sondern das **Bundesministerium für Gesundheit und Soziale Sicherung**. Es wird nach Absatz 1 Nr. 2 ermächtigt **durch Rechtsverordnung**, im Ausnahmefall bei sachlich gebotenem Änderungsbedarf, insbesondere bei neuem wissenschaftlichem Erkenntnisstand oder infolge gerichtlicher Entscheidungen, Gruppen von Arzneimitteln neu zu bestimmen. 9

---

[1] BGBl I 2001, 1948.
[2] BGBl I 2003, 2304.
[3] BGBl I 2007, 378.
[4] BGBl I 2001, 2897.

b. Festbetragsfestsetzung

10 Ebenfalls in Abweichung zu § 35 SGB V werden mit der konkreten Festbetragsfestsetzung nicht die Spitzenverbände der Krankenkassen, sondern **wiederum das Bundesministerium für Gesundheit und Soziale Sicherung** betraut. Es wird nach Absatz 1 Nr. 1 ermächtigt, **durch Rechtsverordnung einmalig die Festbeträge** für Arzneimittel **anzupassen** und nach Absatz 1 Nr. 2 im Fall einer Gruppenneubildung durch Rechtsverordnung insoweit die **Festbeträge neu festzusetzen.**

c. Unterstützung durch den Gemeinsamen Bundesausschuss

11 Im Ausnahmefall der **Gruppenneubildung** hat der Gemeinsame Bundesausschuss auf Verlangen des Bundesministeriums für Gesundheit und Soziale Sicherung diesbezügliche **Stellungnahmen** abzugeben.

2. Inhaltliche Anforderungen an die Festbetragsfestsetzung (Absatz 2)

12 Insoweit wird grundlegend auf die Kommentierung zu § 35 SGB V verwiesen.

13 Bemerkenswert ist die Begrenzung der Festbetragsanpassung auf ein Absenkungsniveau von **höchstens 27,5%.** Berechnungsstichtag für die Anpassung der Festbeträge nach Absatz 1 Satz 1 Nr. 1 ist der 01.07.2000.

3. Verfahren der Neubildung von Gruppen (Absatz 3)

14 Insoweit wird grundlegend auf die Kommentierung zu § 35 SGB V verwiesen.

4. Beteiligung des Gemeinsamen Bundesausschusses und der Spitzenverbände der Krankenkassen (Absatz 4)

15 Die Spitzenverbände der Krankenkassen, der Gemeinsame Bundesausschuss, die pharmazeutischen Unternehmer und die für die Wahrnehmung der wirtschaftlichen Interessen gebildete maßgebliche Spitzenorganisation der Apotheker sind verpflichtet, dem Bundesministerium für Gesundheit und Soziale Sicherung die zur Wahrnehmung seiner Aufgaben nach Absatz 1 Satz 1 erforderlichen **Informationen zu übermitteln** und auf Verlangen **notwendige Auskünfte** zu erteilen.

5. Veröffentlichungspflicht (Absatz 5)

16 Die Veröffentlichung der Festbetragsfestsetzung übernimmt nicht das Bundesministerium für Gesundheit und soziale Sicherung, sondern **verbleibt bei den Spitzenverbänden der Krankenkassen**. Sie erstellen und veröffentlichen Übersichten über sämtliche Festbeträge und die betroffenen Arzneimittel und übermitteln diese im Wege der Datenübertragung dem Deutschen Institut für medizinische Dokumentation und Information zur abruffähigen Veröffentlichung im Internet. Die Übersichten sind vierteljährlich zu aktualisieren.

6. Fortgeltung der bisherigen Festbetragsfestsetzungen und Gruppenbildungen (Absatz 6)

17 Die bisher festgesetzten Festbeträge und gebildeten Gruppen **gelten** bis zu ihrer Änderung durch Rechtsverordnung nach Absatz 1 Satz 1 **fort**.

7. Gerichtliche Rechtsbehelfe (Absatz 7)

18 Absatz 7 schafft eine im Sozialgerichtsgesetz nicht vorgesehene Möglichkeit einer **Normenkontrollklage**. Die Klage hat **keine aufschiebende Wirkung**. Hierüber entscheidet das **Landessozialgericht Berlin**. Auf Beklagtenseite ist die Bundesrepublik Deutschland, vertreten durch das Bundesministerium für Gesundheit und Soziale Sicherung, zu beteiligen. Im Fall der Rechtswidrigkeit der Rechtsverordnung ist diese insoweit für nichtig zu erklären. Die Entscheidung wirkt allgemein verbindlich. Die Entscheidungsformel ist ebenso wie die Rechtsverordnung zu veröffentlichen.

19 Es besteht die Möglichkeit des Erlasses einer **einstweiligen Anordnung**, wenn dies zur Abwehr schwerer Nachteile oder aus anderen wichtigen Gründen dringend geboten ist.

20 Als Rechtsmittel gegen die Entscheidung des Landessozialgerichts Berlin ist grundsätzlich die **Revision** statthaft.

8. Entfallen der aufgrund § 35a SGB V getroffenen Festsetzungen (Absatz 8)

Die im Ausnahmeverfahren nach § 35a SGB V durch Rechtsverordnung bestimmten Gruppen und angepassten oder festgesetzten Festbeträge werden **gegenstandslos**, wenn nach dem 31.12.2003 im Verfahren nach **§ 35 SGB V** eine Neubestimmung, Anpassung oder Festsetzung von Gruppen oder Festbeträgen erfolgt. 21

IV. Rechtsfolgen

Insoweit wird grundlegend auf die Kommentierung zu § 35 SGB V verwiesen. 22

C. Praxishinweise

Die Homepage des Gemeinsamen Bundesausschusses unter www.g-ba.de dokumentiert unter Vertragsärztliche Versorgung – Richtlinien – Arzneimittel-Richtlinien Änderungen der als Anlage 2 zu den AMRL ergangenen Festbetragsgruppenbildung nebst Dosis-Berechnung. 23

Die ikk Krankenkasse bietet auf ihrer Homepage www.ikk.de unter der Rubrik für Medizinberufe ein umfangreiches und aktuelles Downloadangebot im Zusammenhang mit der Festbetragsfestsetzung in der gesetzlichen Krankenversicherung an. 24

D. Reformbestrebungen

Im Hinblick auf die Schaffung eines einheitlichen Spitzenverbands Bund der Krankenkassen ist durch Art. 1 Nr. 19 des Referentenentwurfs eines Gesetzes zur Stärkung des Wettbewerbs in der GKV (**GKV-Wettbewerbsstärkungsgesetz – GKV-WSG)** eine sprachliche Anpassung von § 35a SGB V vorgesehen. 25

§ 35b SGB V Bewertung des Nutzens und der Kosten von Arzneimitteln

(Fassung vom 26.03.2007, gültig ab 01.04.2007)

(1) Das Institut für Qualität und Wirtschaftlichkeit im Gesundheitswesen kann nach § 139b Abs. 1 und 2 beauftragt werden, den Nutzen oder das Kosten-Nutzen-Verhältnis von Arzneimitteln zu bewerten. Bewertungen nach Satz 1 können für jedes erstmals verordnungsfähige Arzneimittel mit patentgeschützten Wirkstoffen sowie für andere Arzneimittel, die von Bedeutung sind, erstellt werden. Die Bewertung erfolgt durch Vergleich mit anderen Arzneimitteln und Behandlungsformen unter Berücksichtigung des therapeutischen Zusatznutzens für die Patienten im Verhältnis zu den Kosten. Beim Patienten-Nutzen sollen insbesondere die Verbesserung des Gesundheitszustandes, eine Verkürzung der Krankheitsdauer, eine Verlängerung der Lebensdauer, eine Verringerung der Nebenwirkungen sowie eine Verbesserung der Lebensqualität, bei der wirtschaftlichen Bewertung auch die Angemessenheit und Zumutbarkeit einer Kostenübernahme durch die Versichertengemeinschaft, angemessen berücksichtigt werden. Das Institut bestimmt auftragsbezogen über die Methoden und Kriterien für die Erarbeitung von Bewertungen nach Satz 1 auf der Grundlage der in den jeweiligen Fachkreisen anerkannten internationalen Standards der evidenzbasierten Medizin und der Gesundheitsökonomie. Das Institut gewährleistet bei der auftragsbezogenen Erstellung von Methoden und Kriterien und der Erarbeitung von Bewertungen hohe Verfahrenstransparenz und eine angemessene Beteiligung der in § 35 Abs. 2 und § 139a Abs. 5 Genannten. Das Institut veröffentlicht die jeweiligen Methoden und Kriterien im Internet. Die Sätze 3 bis 7 gelten auch für bereits begonnene Nutzenbewertungen.

(2) Die Bewertungen nach Absatz 1 werden dem Gemeinsamen Bundesausschuss als Empfehlung zur Beschlussfassung nach § 92 Abs. 1 Satz 2 Nr. 6 zugeleitet. Sie sind in geeigneten Abständen zu überprüfen und erforderlichenfalls anzupassen. Bei Vorliegen neuer wissenschaftlicher Erkenntnisse ist die Bewertung auf Antrag der Hersteller zu überprüfen.

(3) Für die Abgabe von Bewertungen zum Stand der wissenschaftlichen Erkenntnis über die Anwendung von zugelassenen Arzneimitteln für Indikationen und Indikationsbereiche, für die sie nach dem Arzneimittelgesetz nicht zugelassen sind, beruft das Bundesministerium für Gesundheit Expertengruppen beim Bundesinstitut für Arzneimittel und Medizinprodukte. Absatz 2 Satz 1 gilt entsprechend. Eine entsprechende Bewertung soll nur mit Zustimmung des pharmazeutischen Unternehmens erstellt werden.

(4) Gesonderte Klagen gegen Bewertungen nach den Absätzen 1 und 3 sind unzulässig.

Gliederung

A. Basisinformationen

Die Norm regelt die Bewertung von Arzneimitteln durch das Institut für Qualität und Wirtschaftlichkeit im Gesundheitswesen. 1

I. Textgeschichte/Gesetzgebungsmaterialien

Die Vorschrift wurde durch das Gesundheitsmodernisierungsgesetz – GMG – vom 14.11.2003[1] **mit Wirkung vom 01.01.2004** in das SGB V eingefügt. 2

Mit Wirkung vom **01.04.2007** wurde durch Artikel 1 Nr. 20 des Gesetzes zur Stärkung des Wettbewerbs in der gesetzlichen Krankenversicherung (GKV-Wettbewerbsstärkungsgesetzes – GKV-WSG) vom 26.03.2007[2] Absatz 1 neu gefasst und Absatz 2 geändert. 3

II. Systematische Zusammenhänge

Regelungen zur Schaffung eines fachlich unabhängigen, rechtsfähigen, wissenschaftlichen Instituts für Qualität und Wirtschaftlichkeit im Gesundheitswesen enthält **§ 139a SGB V**. 4

B. Auslegung der Norm

I. Regelungsgehalt und Bedeutung der Norm

Die Norm enthält **zwei neue Regelungsformen** in Bezug auf Arzneimittel durch das neu gegründete Institut für Qualität und Wirtschaftlichkeit im Gesundheitswesen: Zum einen die **Nutzenbewertung,** zum anderen die Bewertung des sog. **off-label-use** von Arzneimitteln. 5

II. Normzweck und Systematische Stellung

Obwohl die Vorschrift systematisch im Anschluss an die Festbetragsregelungen verortet ist, entfaltet sie ihre Wirkung hinsichtlich der Nutzenbewertung ausschließlich über ihren **Einfluss in die AMRL** des Gemeinsamen Bundesausschusses. 6

III. Tatbestandsmerkmale

1. Bewertungen von Arzneimitteln (Absatz 1)

a. Tätigwerden bei Auftrag

Das Institut für Qualität und Wirtschaftlichkeit im Gesundheitswesen wird **nur bei Beauftragung** durch den **Gemeinsamen Bundesausschuss** oder durch das zuständige **Bundesministerium** nach § 139b Abs. 1 und 2 SGB V tätig. 7

b. Umfang der Bewertungen

Das bislang gültige Recht erlaubte dem Institut lediglich eine Nutzenbewertung eines Arzneimittels. Somit konnte das Institut bisher nur feststellen, ob das geprüfte Arzneimittel einen **therapie- bzw. patientenrelevanten Zusatznutzen** aufweist, konnte diesen aber nicht in Relation zu den dadurch verursachten Kosten setzen. Aufgrund der Änderungen durch das GKV-WSG ist ihm **nunmehr auch eine Bewertung des Kosten-Nutzen-Verhältnisses** möglich. Hierdurch wollte der Gesetzgeber eine **Lücke im bisherigen Recht** schließen.[3] 8

c. Stufenzuordnung bei reiner Nutzenbewertung

Der Gesetzgeber[4] geht davon aus, dass eine Nutzenbewertung mit Zuordnung der Arzneimittel zu einer der folgenden **Stufen** sinnvoll ist: 9

- Arzneimittel mit verbesserter Wirkung, deren Wirkstoffe einem neuen Wirkprinzip unterliegen (Stufe A),

[1] BGBl I 2003, 2190.
[2] BGBl I 2007, 378.
[3] BT-Drs. 16/3100, S. 103.
[4] BT-Drs. 15/1525, S. 88 f.

- Arzneimittel mit verbesserter Wirkung, die dem Wirkprinzip eines bereits zugelassenen Arzneimittels entsprechen (Stufe B),
- Arzneimittel ohne verbesserte Wirkung, deren Wirkstoff einem neuen Wirkprinzip unterliegt oder dem Wirkprinzip eines bereits zugelassenen Arzneimittels entspricht (Stufe C).

10 Maßgebend für die Nutzenbewertung ist die Feststellung von Referenzkriterien: In den Stufen A und B ist als Referenz in erster Linie **die für ein zugelassenes Indikationsgebiet etablierte bestmögliche Therapie**, in den Stufen B und C (darüber hinaus) ein **Referenzarzneimittel** heranzuziehen. In jedem Fall setzt eine positive Nutzenbewertung voraus, dass eine **maßgebliche therapeutische Verbesserung** im Vergleich zu den bisher in der Regel verordneten Arzneimitteln erzielbar ist.

11 Gemäß Absatz 1 Satz 8 gelten die Regeln der Verhältnisbeurteilung und Maßstabsbildung auch für bereits begonnene Verfahren einer Nutzenbewertung.

d. Kriterien der Kosten-Nutzen-Bewertung (Absatz 1 Sätze 3 f.)

12 Bei der Kosten-Nutzen-Bewertung ist der sich aus dem Vergleich mit anderen (Arzneimittel-)Therapien ergebende Zusatznutzen ins Verhältnis zu den (Mehr-)Kosten der zu prüfenden neuen Therapie zu setzen.

13 In die Feststellung des **Patienten-Nutzen** sind entsprechend der Zielvorgabe in § 27 Abs. 1 Satz 1 SGB V insbesondere die Verbesserung des Gesundheitszustands, eine Verkürzung der Krankheitsdauer, eine Verlängerung der Lebensdauer, eine Verringerung der Nebenwirkungen sowie eine Verbesserung der Lebensqualität einzubeziehen. Hierfür sollen wissenschaftlich validierte Verfahren angewandt werden, die auf objektiv ableitbaren Kriterien beruhen.[5]

14 Bei der Feststellung der **(Mehr-)Kosten** sollen nach dem Gesetzeswortlaut die Angemessenheit und Zumutbarkeit der Kostenübernahme durch die Versichertengemeinschaft angemessen berücksichtigt werden.

15 Trotz des Bemühens des Gesetzgebers, dem Institut Kriterien für eine Kosten-Nutzen-Bewertung an die Hand zu geben, kann nicht geleugnet werden, dass deren Umsetzung in die Praxis ganz **erhebliche Schwierigkeiten** verursachen wird.

e. Verfahren und Maßstabsbildung (Absatz 1 Sätze 5 ff.)

16 Das Institut soll anlässlich eines Bewertungsverfahrens hierauf zugeschnittene Methoden und Kriterien entwickeln und diese transparent machen. Hierzu sind Sachverständige der medizinischen und pharmazeutischen Wissenschaft und Praxis sowie der Arzneimittelhersteller und der Berufsvertretungen der Apotheker sowie ggfs. Sachverständige der besonderen Therapierichtungen (§ 35 Abs. 2 SGB V) und Sachverständige der gesundheitsökonomischen Wissenschaft und Praxis, die für die Wahrnehmung der Interessen der Patientinnen und Patienten und der Selbsthilfe chronisch kranker und behinderter Menschen maßgeblichen Organisationen sowie der Beauftragte der Bundesregierung für die Belange der Patientinnen und Patienten (§ 139a Abs. 5 SGB V) zu beteiligen.

2. Verwendung der Bewertungen (Absatz 2)

17 Die Bewertungen nach Absatz 1 sollen nach ihrer Zuleitung an den Gemeinsamen Bundesausschuss als **Empfehlungen im Rahmen der AMRL** verwandt werden. Daher entfalten sie keine unmittelbaren rechtlichen Wirkungen, sondern sind lediglich im Rahmen der Richtlinienerarbeitung und -überarbeitung **zu beachten**. Die Bewertungen sind regelmäßig zu **überprüfen** und ggf. **anzupassen**. Dies kann auch durch den **Hersteller** eines Arzneimittels bei Vorliegen neuer wissenschaftlicher Erkenntnisse veranlasst werden.

18 Speziell bei der Adaption der Kosten-Nutzen-Bewertung ergeben sich verfassungsrechtliche Anforderungen: Zwar bestehen keine grundsätzlichen verfassungsrechtlichen Bedenken gegen eine **Wirtschaftlichkeitsbetrachtung** im Sinne von § 12 SGB V[6], wie sie sich in der Kosten-Nutzen-Bewertung nach Absatz 1 manifestiert. Im Hinblick auf die in der gesetzlichen Krankenversicherung bestehende **Versicherungspflicht (Art. 2 Abs. 1 GG)** und wegen des **Schutzes von Leben und Gesundheit (Art. 2 Abs. 2 GG)** ergeben sich jedoch gerade in Fällen schwerwiegender bis lebensbedrohlicher Erkrankungen und/oder therapeutisch nicht anders behandelbarer Krankheiten besondere Anforderungen an einen Leistungsausschluss aufgrund einer negativen Kosten-Nutzen-Bewertung.

---

5 BT-Drs. 16/4247, S. 32.

6 BVerfG v. 06.12.2005 -1 BvR 347/98 - BVerfGE 115, 25, 45.

3. Bewertungen zum off-label-use von Arzneimitteln (Absatz 3)

Zum Problem des **off-label-use** in der gesetzlichen Krankenversicherung wird auf die Kommentierung zu § 31 SGB V verwiesen. Nach Absatz 3 sollen **Expertengruppen beim Bundesinstitut für Arzneimittel und Medizinprodukte** zum Stand der wissenschaftlichen Erkenntnis über die Anwendung von zugelassenen Arzneimitteln für Indikationen und Indikationsbereiche, für die sie nach dem Arzneimittelgesetz nicht zugelassen sind, Bewertungen abgeben. 19

Ist die Zielsetzung einer wissenschaftlichen Aufbereitung des off-label-use von Arzneimitteln sicherlich sinnvoll, **vermischt** Absatz 3 in nicht unbedenklicher Weise **Elemente des Arzneimittelzulassungsrechts mit dem Recht der gesetzlichen Krankenversicherung**: Deutlich wird dies am **Zustimmungserfordernis des pharmazeutischen Unternehmens** zu einer entsprechenden (den off-label-use bejahenden) Bewertung. Sie ist erforderlich, um eine eventuelle **Haftung** des Instituts für eine den off-label-use bejahende Bewertung auszuschließen. Stimmt nämlich der Arzneimittelhersteller einer solchen Bewertung zu, unterwirft er sich einer verschuldensunabhängigen Haftung gemäß **§ 84 AMG**, da er mit seiner Zustimmung die Verwendung des Arzneimittels als bestimmungsgemäßen Gebrauch akzeptiert. Vor diesem Hintergrund stellt sich die Frage, warum ein Arzneimittelhersteller einer den off-label-use bejahenden Bewertung durch das Institut zustimmen sollte. Denkbar wäre allenfalls, dass er sich die mit einer Erweiterung der bestehenden Zulassung seines Arzneimittels entstehenden Kosten spart und mit einer positiven Bewertung einen neuen Absatzmarkt erschließt. 20

Bemerkenswert ist in diesem Zusammenhang, dass eine Expertengruppe nach dem Gesetzeswortlaut **lediglich beim Bundesinstitut für Arzneimittel und Medizinprodukte** gebildet werden soll. Beim **Paul-Ehrlich-Institut**, das nach § 77 Abs. 2 AMG für Sera, Impfstoffe, Blutzubereitungen, Knochenmarkzubereitungen, Gewebezubereitungen, Allergene, Gentransfer-Arzneimittel, somatische Zelltherapeutika, xenogene Zelltherapeutika und gentechnisch hergestellte Blutbestandteile arzneimittelrechtlich zuständig ist, soll eine solche Expertengruppe nach der gesetzlichen Konzeption dagegen nicht eingesetzt werden. 21

4. Ausschluss des Rechtswegs gegen Bewertungen (Absatz 4)

Gemäß Absatz 4 sind die Nutzenbewertungen nach Absatz 1 und 3 nicht eigenständig anfechtbar, weil sie gemäß Absatz 2 nur den Charakter von Empfehlungen für die AMRL haben und sie keine unmittelbaren Auswirkungen im Rahmen der Bewertung eines off-label-use von Arzneimitteln haben. 22

IV. Rechtsfolgen

Unmittelbare Rechtsfolgen ergeben sich aus den Bewertungen des Instituts nicht. 23

§ 35c SGB V Zulassungsüberschreitende Anwendung von Arzneimitteln in klinischen Studien

(Fassung vom 26.03.2007, gültig ab 01.04.2007)

Außerhalb des Anwendungsbereichs des § 35b Abs. 3 haben Versicherte Anspruch auf Versorgung mit zugelassenen Arzneimitteln in klinischen Studien, sofern hierdurch eine therapierelevante Verbesserung der Behandlung einer schwerwiegenden Erkrankung im Vergleich zu bestehenden Behandlungsmöglichkeiten zu erwarten ist, damit verbundene Mehrkosten in einem angemessenen Verhältnis zum erwarteten medizinischen Zusatznutzen stehen, die Behandlung durch einen Arzt erfolgt, der an der vertragsärztlichen Versorgung oder an der ambulanten Versorgung nach den §§ 116b und 117 teilnimmt, und der Gemeinsame Bundesausschuss der Arzneimittelverordnung nicht widerspricht. Eine Leistungspflicht der Krankenkasse ist ausgeschlossen, sofern das Arzneimittel auf Grund arzneimittelrechtlicher Vorschriften vom pharmazeutischen Unternehmer kostenlos bereitzustellen ist. Der Gemeinsame Bundesausschuss ist mindestens zehn Wochen vor dem Beginn der Arzneimittelverordnung zu informieren; er kann innerhalb von acht Wochen nach Eingang der Mitteilung widersprechen, sofern die Voraussetzungen nach Satz 1 nicht erfüllt sind. Das Nähere, auch zu den Nachweisen und Informationspflichten, regelt der Gemeinsame Bundesausschuss in den Richtlinien nach § 92 Abs. 1 Satz 2 Nr. 6. Leisten Studien nach Satz 1 für die Erweiterung einer Zulassung einen entscheidenden Beitrag, hat der pharmazeutische Unternehmer den Krankenkassen die Verordnungskosten zu erstatten. Dies gilt auch für eine Genehmigung für das Inverkehrbringen nach europäischem Recht.

Gliederung

A. Basisinformationen

1 Die Norm regelt die zulassungsüberschreitende Versorgung mit Arzneimitteln im Rahmen klinischer Studien.

I. Textgeschichte/Gesetzgebungsmaterialien

2 Die Vorschrift wurde mit Wirkung vom **01.04.2007** durch Artikel 1 Nr. 20a des Gesetzes zur Stärkung des Wettbewerbs in der gesetzlichen Krankenversicherung (GKV-Wettbewerbsstärkungsgesetzes – GKV-WSG) vom 26.03.2007[1] in das SGB V eingefügt.

II. Parallelvorschriften

3 **§ 35b Abs. 3 SGB V** regelt den zulassungsüberschreitenden Arzneimitteleinsatz **außerhalb** klinischer Studien.

III. Systematische Zusammenhänge

4 Die Norm präzisiert den Anspruch der Versicherten auf Versorgung mit Arzneimitteln gemäß **§ 31 SGB V**. Über **§ 35b Abs. 3 SGB V** hinaus regelt er den Versorgungsanspruch bei Teilnahme an einer klinischen Studie.

---

[1] BGBl I 2007, 378.

B. Auslegung der Norm

I. Regelungsgehalt und Bedeutung der Norm

Ein zulassungsüberschreitender **off-label-use von Arzneimitteln zu Lasten der gesetzlichen Krankenversicherung ist grundsätzlich ausgeschlossen** (vgl. die Kommentierung zu § 31 SGB V Rn. 54). 5

II. Normzweck und systematische Stellung

Die Norm soll Anreize dafür schaffen, zugelassene Arzneimittel über ihren Zulassungsbereich hinaus **für neue Anwendungsbereiche und Anwendungsarten** klinisch zu prüfen. Sie soll dem Umstand Rechnung tragen, dass in der Medizin ein off-label-use von Arzneimitteln in vielem die einzige Behandlungsmöglichkeit darstellt. Vor allem bei **seltenen Krankheiten** oder **Krankheiten von Kindern** versagt das reguläre Arzneimittelzulassungsverfahren, weil es für den Hersteller **wirtschaftlich nicht sinnvoll** ist, die erweiterte Zulassung eines Arzneimittels zu betreiben. Hier versucht die Norm, zumindest in **klinischen Prüfungen**, die nicht vom Hersteller, sondern von **klinischen Forschern** initiiert wurden, die Kosten der Arzneimittel über die gesetzliche Krankenversicherung zu finanzieren.[2] 6

III. Tatbestandsmerkmale

1. Klinische Studien (Satz 1)

a. Off-label-use eines zugelassenen Arzneimittels

Vom Leistungsanspruch umfasst ist nur ein **bereits zugelassenes** Arzneimittel, das außerhalb seines Zulassungsbereichs eingesetzt werden soll (off-label-use). Nicht hierunter fallen klinische Studien mit (noch) nicht zugelassenen Arzneimitteln. Deren Abgabe an Krankenhäuser und Ärzte hat gemäß § 47 Abs. 1 Nr. 2 lit. g AMG kostenlos zu erfolgen. 7

b. Anforderungen an klinische Studie

In formaler Hinsicht muss die Studie von einem zur vertragsärztlichen Versorgung oder einem zur ambulanten Versorgung im Krankenhaus bzw. in einer Hochschule (§§ 116b, 117 SGB V) **zugelassenen Arzt** durchgeführt werden. 8

Inhaltlich muss im Rahmen der Studie die **Erwartung einer therapierelevanten Verbesserung des Gesundheitszustands** bestehen. Die **Kosten** der Arzneimittelversorgung müssen in einem angemessenen Verhältnis zum **Zusatznutzen** stehen. 9

Dem **Gemeinsamen Bundesausschuss** muss die beabsichtigte Arzneimittelverordnung zehn Wochen vorher angezeigt werden. Er kann **bis zwei Wochen vor Behandlungsbeginn** der Verordnung **widersprechen**. 10

2. Ausschluss bei arzneimittelrechtlicher Leistungspflicht (Satz 2)

Eine Leistungspflicht der Krankenkassen ist ausgeschlossen, soweit arzneimittelrechtliche Bestimmungen eine kostenlose Abgabe des Arzneimittels vorschreiben. **§ 47 Abs. 1 Nr. 2 lit. g AMG** sieht eine kostenlose Abgabepflicht für Arzneimittel vor, die zur klinischen Prüfung bestimmt sind. 11

3. Verfahren (Sätze 3 f.)

Das Verfahren wurde bewusst unbürokratisch ausgestaltet.[3] Die klinische Prüfung ist lediglich anzuzeigen. Dem Gemeinsamen Bundesausschuss kommt nur die Aufgabe zu, einer angezeigten klinischen Prüfung ggf. zu widersprechen. 12

4. Erstattungspflichten des Herstellers (Sätze 5 f.)

Die Regelung der Erstattungspflicht soll verhindern, dass sich Hersteller eines Arzneimittels die zu Lasten der gesetzlichen Krankenversicherung gewonnenen Erkenntnisse zu Eigen machen und **wirtschaftlich** im Rahmen einer Erweiterung der Zulassung des Arzneimittels **verwerten**. Ist dies der Fall und dokumentiert sich dieses Vorgehen in einem neuen Zulassungsverfahren, hat der Hersteller den Krankenkassen die Verordnungskosten zu **erstatten**. 13

---

[2] BT-Drs. 16/4247, S. 33.

[3] BT-Drs. 16/4247, S. 33.

IV. Rechtsfolgen

14 Teilnehmer einer klinischen Studie zum off-label-use eines Arzneimittels haben nach Anzeige der Studie beim Gemeinsamen Bundesausschuss und Fehlen eines Widerspruchs einen **Leistungsanspruch gegen ihre Krankenkasse** auf Versorgung mit dem Arzneimittel.

§ 36 SGB V Festbeträge für Hilfsmittel

(Fassung vom 26.03.2007, gültig ab 01.04.2007, gültig bis 30.06.2008)

(1) Die Spitzenverbände der Krankenkassen bestimmen gemeinsam und einheitlich Hilfsmittel, für die Festbeträge festgesetzt werden. Dabei sollen unter Berücksichtigung des Hilfsmittelverzeichnisses nach § 139 in ihrer Funktion gleichartige und gleichwertige Mittel in Gruppen zusammengefasst und die Einzelheiten der Versorgung festgelegt werden. Den Spitzenorganisationen der betroffenen Hersteller und Leistungserbringer ist unter Übermittlung der hierfür erforderlichen Informationen innerhalb einer angemessenen Frist vor der Entscheidung Gelegenheit zur Stellungnahme zu geben; die Stellungnahmen sind in die Entscheidung einzubeziehen.

(2) Die Spitzenverbände der Krankenkassen setzen gemeinsam und einheitlich für die Versorgung mit den nach Absatz 1 bestimmten Hilfsmitteln einheitliche Festbeträge fest. Absatz 1 Satz 3 gilt entsprechend. Die Hersteller und Leistungserbringer sind verpflichtet, den Spitzenverbänden der Krankenkassen auf Verlangen die zur Wahrnehmung der Aufgaben nach Satz 1 und nach Absatz 1 Satz 1 und 2 erforderlichen Informationen und Auskünfte, insbesondere auch zu den Abgabepreisen der Hilfsmittel, zu erteilen.

(3) § 35 Abs. 5 und 7 gilt entsprechend.

(4) Für das Verfahren nach Absatz 1 und 2 gilt § 213 Abs. 2 entsprechend.

§ 36: Nach Maßgabe der Entscheidungsformel mit dem GG vereinbar gem. BVerfGE v. 17.12.2002; 2003 I 126 - 1 BvL 28/95 u. a. -

Gliederung

A. Basisinformationen

Die Norm regelt das Verfahren der Bildung von Festbeträgen für **Hilfsmittel**. Die Festbetragsfestsetzung entfaltet über § 33 Abs. 2 Satz 1 SGB V ihre Bedeutung für den Leistungsanspruch der Versicherten. 1

I. Textgeschichte/Gesetzgebungsmaterialien

Die Vorschrift war beim In-Kraft-Treten des SGB V im Jahr **1989** darin enthalten. Sie wurde danach wiederholt geändert: 2

Mit Wirkung vom **01.01.1997** wurde durch Art. 2 Nr. 10 des Beitragsentlastungsgesetzes – BeitrEntlG – vom 01.11.1996[1] Absatz 2 Satz 2 aufgehoben und der frühere Satz 3 zu Satz 2. 3

Mit Wirkung vom **01.07.2001** wurde Absatz 1 Satz 3 durch Art. 5 Nr. 10 nach Maßgabe des Art. 67 des Sozialgesetzbuches – Neuntes Buch – (SGB IX) vom 19.06.2001[2] geändert. 4

Mit Wirkung vom **03.08.2001** wurde Absatz 3 durch Art. 1 Nr. 4 des Festbetrags-Anpassungsgesetzes – FBAG – vom 27.07.2001[3] geändert. 5

---

1 BGBl I 1996, 1631.
2 BGBl I 2001, 1046.
3 BGBl I 2001, 1948.

6 Mit Wirkung vom **01.01.2004** wurde die Vorschrift durch das Gesundheitsmodernisierungsgesetz – GMG – vom 14.11.2003[4] umfassend geändert.

7 Mit Wirkung vom **01.04.2007** wurden die Absätze 1 und 2 durch Artikel 1 Nr. 21 des Gesetzes zur Stärkung des Wettbewerbs in der gesetzlichen Krankenversicherung (GKV-Wettbewerbsstärkungsgesetzes – GKV-WSG) vom 26.03.2007[5] neu gefasst.

II. Parallelvorschriften

8 **§ 35 SGB V** regelt die Festsetzung von Festbeträgen für Arzneimittel.

III. Untergesetzliche Normen und Vorschriften

9 Beschlüsse der Spitzenverbände der Krankenkassen über die Bildung von Festbetragsgruppen für Einlagen, Hörhilfen, Inkontinenzhilfen, Hilfsmittel zur Kompressionstherapie, Sehhilfen und Stomaartikel vom 01.12.2004[6], zum Teil geändert durch Beschlüsse über Festbeträge vom 11.05.2006[7].

IV. Systematische Zusammenhänge

10 Der Leistungsanspruch der Versicherten auf Hilfsmittel ist nach § 33 Abs. 2 Satz 1 SGB V bei Festlegung eines Festbetrags für das Hilfsmittel auf diesen begrenzt.

B. Auslegung der Norm

I. Regelungsgehalt und Bedeutung der Norm

11 Zur grundlegenden Bedeutung des neuen Steuerungsinstruments der Festbetragsfestsetzung wird auf die Kommentierung zu § 35 SGB V verwiesen. § 36 SGB V dehnt dieses Steuerungsinstrument auch auf die Versorgung mit Hilfsmitteln aus.

II. Normzweck und Systematische Stellung

12 Hierzu wird auf die Kommentierung zu § 35 SGB V verwiesen.

III. Tatbestandsmerkmale

1. Gruppenbildung (Absatz 1)

a. Gruppenbildung

13 Anders als bei den Arzneimitteln nehmen die **Spitzenverbände der Krankenkassen** bei Hilfsmitteln auch die **Gruppenbildung** der vergleichbaren Hilfsmittel vor. Hierbei sollen in ihrer Funktion gleichartige und gleichwertige Mittel in Gruppen zusammengefasst werden. Eine Orientierung hierfür soll das **Hilfsmittelverzeichnis** nach § 139 SGB V bieten.

b. Gelegenheit zur Stellungnahme

14 Den Spitzenorganisationen der betroffenen Hersteller und Leistungserbringer ist unter Zurverfügungstellung der relevanten Informationen **Gelegenheit zur Stellungnahme** zur Gruppenbildung zu geben. Die Stellungnahmen sind in die Entscheidung einzubeziehen.

2. Festbetragsfestsetzung (Absatz 2)

15 Nachdem die Zuständigkeit für die Festbetragsfestsetzung durch das Gesundheitsmodernisierungsgesetz – GMG – **auf Bundesebene** hochgezont wurde, setzen die Spitzenverbände der Krankenkassen für die Versorgung mit den nach Absatz 1 bestimmten Hilfsmitteln einheitliche Festbeträge fest. Nach der bis Ende März 2007 gültigen Rechtslage war **unklar**, ob die Festbetragsfestsetzung **nur das Hilfsmittel als solches** oder auch **weitere Leistungen**, die mit seiner Bereitstellung einhergehen – also z.B. die Anpassung eines Hilfsmittels – erfasst. Der Gesetzgeber hat durch das GKV-WSG klargestellt, dass

---

[4] BGBl I 2003, 2190.

[5] BGBl I 2007, 378.

[6] BAnz 2004, Nr. 235a.

[7] BAnz 2006, Nr. 112.

der Festbetrag nicht nur das Hilfsmittel als solches erfassen soll, sondern auch die „**Versorgung**“ hiermit, also auch noch **weitere im Zusammenhang mit der Zurverfügungstellung des Hilfsmittels erforderliche Leistungen.**[8]

Dem Auftrag zur Festbetragsfestsetzung sind die Spitzenverbände der Krankenkassen durch Beschlüsse über die Bildung von Festbetragsgruppen für Einlagen, Hörhilfen, Inkontinenzhilfen, Hilfsmittel zur Kompressionstherapie, Sehhilfen und Stomaartikel vom 01.12.2004[9], geändert durch Beschlüsse vom 20.06.2006[10] nachgekommen. 16

Auch im Rahmen der Festbetragsfestsetzung sind nunmehr die Hersteller und Leistungserbringer nach Absatz 2 Satz 3 verpflichtet, die hierzu erforderlichen Auskünfte zu erteilen. 17

3. Verfahren (Absatz 3)

Die Verfahrensbestimmungen nach § 35 Abs. 5 und 7 SGB V gelten entsprechend. 18

4. Verfahren der Spitzenverbände (Absatz 4)

Auch hinsichtlich des Verfahrens der Spitzenverbände untereinander gilt **§ 213 Abs. 2 SGB V** entsprechend. 19

IV. Rechtsfolgen

Die Festbetragsfestsetzung entfaltet über **§ 33 Abs. 2 Satz 1 SGB V** ihre Wirkung auf den Leistungsanspruch der Versicherten. 20

C. Praxishinweise

Die ikk Krankenkasse bietet auf ihrer Homepage www.ikk.de unter der Rubrik für Medizinberufe ein umfangreiches und aktuelles Downloadangebot im Zusammenhang mit der Festbetragsfestsetzung in der gesetzlichen Krankenversicherung an. 21

---

[8] BT-Drs. 16/3100, S. 104.

[9] BAnz 2004, Nr. 235a.

[10] BAnz 2006, Nr. 112.

§ 37 SGB V Häusliche Krankenpflege

(Fassung vom 14.06.2007, gültig ab 01.04.2007)

(1) Versicherte erhalten in ihrem Haushalt, ihrer Familie oder sonst an einem geeigneten Ort, insbesondere in betreuten Wohnformen, Schulen und Kindergärten, bei besonders hohem Pflegebedarf auch in Werkstätten für behinderte Menschen neben der ärztlichen Behandlung häusliche Krankenpflege durch geeignete Pflegekräfte, wenn Krankenhausbehandlung geboten, aber nicht ausführbar ist, oder wenn sie durch die häusliche Krankenpflege vermieden oder verkürzt wird. § 10 der Werkstättenverordnung bleibt unberührt. Die häusliche Krankenpflege umfaßt die im Einzelfall erforderliche Grund- und Behandlungspflege sowie hauswirtschaftliche Versorgung. Der Anspruch besteht bis zu vier Wochen je Krankheitsfall. In begründeten Ausnahmefällen kann die Krankenkasse die häusliche Krankenpflege für einen längeren Zeitraum bewilligen, wenn der Medizinische Dienst (§ 275) festgestellt hat, daß dies aus den in Satz 1 genannten Gründen erforderlich ist.

(2) Versicherte erhalten in ihrem Haushalt, ihrer Familie oder sonst an einem geeigneten Ort, insbesondere in betreuten Wohnformen, Schulen und Kindergärten, bei besonders hohem Pflegebedarf auch in Werkstätten für behinderte Menschen als häusliche Krankenpflege Behandlungspflege, wenn diese zur Sicherung des Ziels der ärztlichen Behandlung erforderlich ist; der Anspruch umfasst verrichtungsbezogene krankheitsspezifische Pflegemaßnahmen auch in den Fällen, in denen dieser Hilfebedarf bei der Feststellung der Pflegebedürftigkeit nach den §§ 14 und 15 des Elften Buches zu berücksichtigen ist. § 10 der Werkstättenverordnung bleibt unberührt. Der Anspruch nach Satz 1 besteht über die dort genannten Fälle hinaus ausnahmsweise auch für solche Versicherte in zugelassenen Pflegeeinrichtungen im Sinne des § 43 des Elften Buches, die auf Dauer, voraussichtlich für mindestens sechs Monate, einen besonders hohen Bedarf an medizinischer Behandlungspflege haben. Die Satzung kann bestimmen, dass die Krankenkasse zusätzlich zur Behandlungspflege nach Satz 1 als häusliche Krankenpflege auch Grundpflege und hauswirtschaftliche Versorgung erbringt. Die Satzung kann dabei Dauer und Umfang der Grundpflege und der hauswirtschaftlichen Versorgung nach Satz 4 bestimmen. Leistungen nach den Sätzen 4 und 5 sind nach Eintritt von Pflegebedürftigkeit im Sinne des Elften Buches nicht zulässig. Versicherte, die nicht auf Dauer in Einrichtungen nach § 71 Abs. 2 oder 4 des Elften Buches aufgenommen sind, erhalten Leistungen nach Satz 1 und den Sätzen 4 bis 6 auch dann, wenn ihr Haushalt nicht mehr besteht und ihnen nur zur Durchführung der Behandlungspflege vorübergehender Aufenthalt in einer Einrichtung oder in einer anderen geeigneten Unterkunft zur Verfügung gestellt wird.

(3) Der Anspruch auf häusliche Krankenpflege besteht nur, soweit eine im Haushalt lebende Person den Kranken in dem erforderlichen Umfang nicht pflegen und versorgen kann.

(4) Kann die Krankenkasse keine Kraft für die häusliche Krankenpflege stellen oder besteht Grund, davon abzusehen, sind den Versicherten die Kosten für eine selbstbeschaffte Kraft in angemessener Höhe zu erstatten.

(5) Versicherte, die das 18. Lebensjahr vollendet haben, leisten als Zuzahlung den sich nach § 61 Satz 3 ergebenden Betrag, begrenzt auf die für die ersten 28 Kalendertage der Leistungsinanspruchnahme je Kalenderjahr anfallenden Kosten an die Krankenkasse.

(6) Der Gemeinsame Bundesausschuss legt in Richtlinien nach § 92 fest, an welchen Orten und in welchen Fällen Leistungen nach den Absätzen 1 und 2 auch außerhalb des Haushalts und der Familie des Versicherten erbracht werden können. Er bestimmt darüber hinaus das Nähere über Art und Inhalt der verrichtungsbezogenen krankheitsspezifischen Pflegemaßnahmen nach Absatz 2 Satz 1.

Gliederung

A. Basisinformationen

I. Gesetzgebungsmaterialien

§ 37 SGB V erweitert eine Regelung, die schon in der RVO existierte. Der Gesetzgeber des Gesundheitsreformgesetzes sah es nicht als die Aufgabe der gesetzlichen Krankenversicherung an, die Probleme der Pflegebedürftigkeit insgesamt zu lösen. Das wurde mit dem Ziel, den Krankenkassen Spielräume für die Senkung der Beitragssätze zu eröffnen, als nicht vereinbar angesehen. Demgegenüber schien es notwendig und vertretbar, mit begrenztem Finanzvolumen einen deutlich **abgrenzbaren Sektor** aus der Gesamtproblematik, nämlich die **ambulante häusliche Pflege**, in den Leistungskatalog der gesetzlichen Krankenversicherung aufzunehmen.[1] 1

Zweck der Leistung ist es, dass der Versicherte möglichst frühzeitig in den häuslichen Bereich zurückkehrt. Es soll ein Anreiz geschaffen werden, die teure Krankenhausbehandlung zu vermeiden oder zu verkürzen. Deshalb wurde die Vermeidungspflege als Regelleistung der gesetzlichen Krankenversicherung ausgestaltet und sollte zunächst an keine zeitliche Begrenzung gebunden sein.[2] Die **zeitliche Begrenzung** wurde in der Folge auf Vorschlag des Ausschusses für Arbeit und Sozialordnung (11. Ausschuss) aufgenommen, um den vorübergehenden Charakter der häuslichen Krankenpflege zu dokumentieren.[3] Insbesondere **psychisch Kranke** sollten einen Anspruch auf häusliche Krankenpflege bekommen. Ein Vorstoß des Bundesrates, einen zusätzlichen Absatz über die Geltung des § 37 (im Entwurf § 36) SGB V für sozialpsychiatrische Krankenpflege in **therapeutischen Wohngemeinschaften und betreutem Einzelwohnen** auch durch Sozialarbeiter und Fachkräfte mit spezifischer Qualifikation zu schaffen,[4] wurde nicht Gesetz.[5] Die Gewährung von häuslicher Krankenpflege sollte ausgeschlossen sein, wenn der Versicherte keinen eigenen Hausstand hat. Nach dem Willen des Gesetzgebers sollte Absatz 2 die Möglichkeit eröffnen, Pflegehilfsmittel pauschal abzugelten.[6] 2

[1] BT-Drs. 11/2237, S. 2, 145.
[2] BT-Drs. 11/2237, S. 20.
[3] BT-Drs. 11/3480, S. 54.
[4] BT-Drs. 11/2237, S. 176.
[5] BT-Drs. 11/2493, S. 60.
[6] BT-Drs. 11/2237, S. 20.

3 § 37 Abs. 2 SGB V wurde bereits im Jahre 1990 neu gefasst[7] und dessen Satz 4 mit Wirkung vom 01.04.1995 angefügt.[8] Die Möglichkeit der Erweiterung der Leistungen bei der Sicherungspflege nach § 37 Abs. 2 SGB V gibt den Krankenkassen eine Chance zur eigenverantwortlichen Gestaltung der **Leistungen durch Satzung**,[9] die auf Teilbereiche beschränkt ist.

4 Mit dem Gesundheitsmodernisierungsgesetz vom 14.11.2003 wurde die **Zuzahlungsregelung** in Absatz 5 und Absatz 2 Satz 1 Halbsatz 2 und Satz 2 eingefügt.[10] Mit dem 2. Satz im Absatz 2 sollten Wohnungslose erfasst werden, die nach der bisherigen Rechtslage vorsorglich ins Krankenhaus eingewiesen wurden, um Bettruhe und Behandlungserfolg zu sichern. Behandlungspflege in besonderen Einrichtungen zur Betreuung von Obdachlosen wird damit möglich. Voraussetzung war, dass die Aufnahme in die **besondere Einrichtung** nicht dauerhaft ist, sondern speziell der Durchführung der Behandlungspflege dient.[11] Die ausdrückliche Aufnahme von Kompressionsstrümpfen in den Leistungsumfang nach Absatz 2 beruht auf einem Vorschlag des Ausschusses für Gesundheit und soziale Sicherung (13. Ausschuss)[12] und ist eine Reaktion auf die Rechtsprechung des BSG zu diesem Problembereich.

II. Vorgängervorschriften

5 § 37 SGB V tritt die Nachfolge von **§ 185 RVO** an und konkretisiert dessen Inhalt. Im Gegensatz zu § 37 SGB V sah die RVO keine zeitliche Begrenzung für die Vermeidungspflege vor. Die Sicherungspflege war nur als Satzungs-, nicht aber als Regelleistung vorgesehen. § 185 Abs. 2 RVO findet sich fast wörtlich in § 37 Absatz 3 wieder. Nunmehr ist auch die hauswirtschaftliche Versorgung in § 37 Abs. 1 SGB V ausdrücklich genannt. § 37 Abs. 4 SGB V ist die redaktionell überarbeitete Version von § 185 Abs. 3 RVO.

III. Parallelvorschriften

6 § 37 SGB V steht im engen Zusammenhang mit den §§ 13 ff. SGB XI. Die Vorschrift bedarf insofern der Abgrenzung, denn es kann im Einzelfall zu möglichen Ansprüchen sowohl gegen die Pflegekasse als auch gegen die Krankenkasse kommen.[13] Während § 14 Abs. 4 SGB XI die einzelnen Pflegeverrichtungen in einem Katalog aufzählt, spricht § 37 Abs. 1 und 2 SGB V nur von Grund-, Behandlungspflege und hauswirtschaftlicher Versorgung und ist damit in seinem Geltungsbereich umfassender. § 14 SGB XI regelt ebenso wie § 37 Abs. 1 (und Abs. 2 in Verbindung mit der Satzung) SGB V die Grundpflege und die hauswirtschaftliche Versorgung (§ 14 Abs. 4 Ziffer 1-3 bzw. Ziffer 4 SGB XI). Die §§ 13 Abs. 2 SGB XI und 37 Abs. 2 Satz 1 HS. 2 und Satz 4 SGB V regeln, welche Vorschriften im Einzelfall anzuwenden sind. Nach § 13 Abs. 2 SGB XI bleiben die Leistungen der häuslichen Krankenpflege nach § 37 SGB V unberührt. Letztere gehen insofern den Leistungen nach dem SGB XI vor, als beide Vorschriften Ansprüche gewähren. Wenn sowohl ein Anspruch auf Grundpflege nach § 37 Abs. 1 SGB V als auch auf Pflegeleistungen nach § 14 SGB XI besteht, ist zunächst die Krankenkasse leistungspflichtig. Anders verhält es sich gemäß § 37 Abs. 2 Satz 4 SGB V bei der Sicherungspflege. Die Satzungsleistungen der Grundpflege und hauswirtschaftlichen Versorgung sind ausgeschlossen, wenn Pflegebedürftigkeit nach dem SGB XI eingetreten ist. Schwierigkeiten bei der Abgrenzung entstehen weniger in diesem Bereich als im Hinblick auf die Frage der Zuordnung einer Leistung zur Behandlungs- oder Grundpflege (vgl. dazu Rn. 35 ff., Rn. 49 ff.). Zur Lösung dieser Schwierigkeiten ist auf die Zielrichtung der Leistungen der Krankenversicherung gegenüber denjenigen aus der sozialen Pflegeversicherung abzustellen.[14] Während die häusliche Pflege nach § 37 SGB V die Krankheit des Versicherten behandeln oder lindern soll, bezweckt die **Pflegeversicherung**, den Pflegebedürftigen Hilfe zu leisten, damit sie ein möglichst selbständiges und selbstbestimmtes Leben führen können.[15]

---

7 BGBl I 1990, 1211.

8 BGBl I 1994, 1014.

9 BT-Drs. 13/6087, S. 24.

10 BGBl I 2003, 2190.

11 BT-Drs. 15/1525, S. 90.

12 BT-Drs. 15/1584, S. 6.

13 Vgl. dazu ausführlich *Udsching* in: Festschrift 50 Jahre BSG, 2004, S. 691 ff.

14 Vgl. zur Abgrenzung von Pflege nach dem SGB XI und Krankenpflege nach § 37 SGB V: *Igl*, SGb 1999, 111, *Udsching* in: Festschrift 50 Jahre BSG, 2004, 691 ff.

15 *Höfler* in: KassKomm, SGB V, § 37 Rn. 2a.

Von der Ausnahme des Anziehens von Kompressionsstrümpfen abgesehen, das sowohl nach § 37 Abs. 2 Satz 1 HS. 2 SGB V Teil der Behandlungspflege bei der Sicherungspflege sein als auch zur Feststellung der Pflegebedürftigkeit nach dem SGB XI berücksichtigt werden kann, kann dieselbe Leistung nur entweder von der Pflegekasse bei der Feststellung der Pflegebedürftigkeit berücksichtigt werden oder von der Krankenkasse als Teil der häuslichen Krankenpflege gewährt werden.[16]

§ 198 RVO sieht häusliche **Pflege bei Schwangerschaft und Entbindung** vor. Dort ist Voraussetzung, dass die Pflege wegen der Schwangerschaft bzw. Entbindung erforderlich ist. Da Schwangerschaft und Entbindung ein natürlicher Vorgang und keine Krankheit sind, kommt ein Anspruch aus § 37 SGB V nicht in Betracht. Sofern die Schwangerschaft oder Entbindung allerdings eine Krankheit im Sinne des § 27 SGB V mit Arbeitsunfähigkeit zur Folge haben, ist § 37 SGB V und nicht § 198 RVO anzuwenden.[17] 7

Für die gesetzliche **Unfallversicherung** findet sich eine Parallelvorschrift in § 32 SGB VII. Danach kann auch in der Unfallversicherung ein Anspruch auf Krankenpflege zur Vermeidung von Krankenhausbehandlung bestehen. Ausdrückliche Voraussetzung ist insofern, dass das Ziel der Heilbehandlung durch die Vermeidung von Krankenhausbehandlung nicht gefährdet wird. § 32 Abs. 3 SGB VII schließt den Anspruch auf häusliche Krankenpflege ausdrücklich aus, wenn sie einem Haushaltsangehörigen zuzumuten ist und formuliert insofern deutlicher als § 37 Abs. 3 SGB V die Voraussetzungen für den Anspruchsausschluss. 8

§ 35 **Bundesversorgungsgesetz** (BVG) gewährt Beschädigten nach den Vorschriften über Kriegsopfer eine Pflegezulage. Voraussetzung ist, dass sie hilflos sind. Ähnlich wie § 14 SGB XI knüpft das Gesetz für die Definition der Hilflosigkeit an die Verrichtungen des täglichen Lebens an und bezieht sich damit auf den Bedarf an Grundpflege und häuslicher Versorgung. § 26c BVG sieht darüber hinaus die Hilfe zur Pflege für den Zeitraum von bis zu sechs Monaten vor, auch wenn Hilflosigkeit nicht eingetreten ist oder ein vorübergehender Pflegebedarf, der auch die Behandlungspflege umfasst, eintritt. Die Vorschriften sind z.B. auch bei der Versorgung von Gewaltopfern (§ 1 Opferentschädigungsgesetz – OEG), bei der Entschädigung von Impfschäden (§ 60 Infektionsschutzgesetz) und in der Soldatenversorgung (§§ 81 ff. Soldatenversorgungsgesetz) anzuwenden. 9

Auch die Regelungen über die **Sozialhilfe** enthalten Vorschriften darüber, wann einem Bedürftigem Pflege im Krankheitsfall zu gewähren ist. Nach den §§ 61 ff. SGB XII wird Hilfe zur Pflege gewährt. Die Leistung ist in erster Linie als Zusatzleistung zur Pflege nach dem SGB XI und damit als Hilfe zur Grundpflege ausgestaltet. Sie wird gewährt, wenn Pflegebedürftigkeit voraussichtlich mehr als sechs Monate besteht. Allerdings sieht § 61 Abs. 1 Satz 2 SGB XII auch die Hilfe zur Pflege bei Krankheit und Behinderung außerhalb der Grundpflege vor, wenn die Pflegebedürftigkeit voraussichtlich weniger als sechs Monate bestehen wird. Der Begriff der Grundpflege wird – ähnlich wie nach dem SGB XI und nach § 26c BVG – in § 61 Abs. 5 SGB XII durch einen Katalog definiert. Die Hilfe zur Pflege nach dem SGB XII ist gemäß § 66 SGB XII subsidiär gegenüber den Leistungen nach dem SGB V.[18] 10

IV. Untergesetzliche Normen und Verwaltungsvorschriften

Der Gemeinsame Bundesausschuss hat gemäß § 92 Abs. 1 Nr. 6, Abs. 7 SGB V in **Richtlinien die Verordnung der häuslichen Krankenpflege und deren ärztliche Zielsetzung (HKP-Richtlinien)** sowie die Zusammenarbeit des Arztes mit dem Leistungserbringer der Krankenpflege geregelt.[19] Die Richtlinien stellen klar, dass sowohl somatische als auch psychische und psychosomatische Erkrankungen einen Anspruch auf Krankenpflege nach sich ziehen können. Darüber hinaus hat der Gemeinsame Bundesausschuss in einem ausführlichen Anhang einzelne Leistungen der Behandlungs-, der 11

[16] Vgl. BSG v. 17.03.2005 - B 3 KR 9/04 R - SozR 4-2500 § 37 Nr. 3, das den Versicherten nunmehr ein Wahlrecht zwischen Leistungen der Krankenpflege nach § 37 SGB V und der Berücksichtigung einer spezifischen Leistung bei der Feststellung der Pflegekasse nach dem SGB XI einräumt. LSG Bayern v. 13.09.2006 - L 4 KR 232/06 ER; vgl. dazu Rn. 35 ff.

[17] *Dalheimer*, WzS 1990, 213, 125 zur Haushaltshilfe nach § 38 SGB V.

[18] Vgl. aber bei der Abgrenzung von eigenem Haushalt und Unterbringung in einem Wohnheim mit betreutem Wohnen BSG v. 01.09.2005 - B 3 KR 19/04 R - SozR 4-2500 § 37 Nr. 5.

[19] Richtlinien über die Verordnung von häuslicher Krankenpflege vom 16.02.2000, zuletzt geändert mit Beschluss zur psychiatrischen Krankenpflege vom 15.02.2005, abgedruckt in *Aichberger* Ergänzungsband, Engelmann (Hrsg.) Gesetzliche Krankenversicherung – soziale Pflegeversicherung unter Nr. 515, zu finden auf der Homepage des Gemeinsamen Bundesausschusses: www.g-ba.de, zur Problematik der Richtlinie zur häuslichen Krankenpflege *Plantholz*, NZS 2001, 177 ff.

Grundpflege und der hauswirtschaftlichen Versorgung zugeordnet und geregelt, wie und in welcher Anzahl die einzelnen Maßnahmen verordnet werden können.[20] Ebenso wie für neue Untersuchungs- und Behandlungsmethoden gemäß § 135 SGB V sind die HKP-Richtlinien für die Leistungserbringer verbindlich und nur darauf zu überprüfen, ob der Gemeinsame Bundesausschuss die Grenzen seiner Ermächtigung überschritten hat. Allerdings kann trotz eines Ausschlusses einer bestimmten Leistung durch die Bestimmungen der Richtlinien ein Anspruch auf Leistungen der Krankenpflege bestehen, wenn sich im Einzelfall ergibt, dass der konkrete Leistungsfall vom Gemeinsamen Bundesausschuss nicht berücksichtigt worden ist.[21]

12 Nach § 132a SGB V legen die Spitzenverbände der Krankenkassen gemeinsam mit den Spitzenorganisationen der Pflegedienste **Rahmenempfehlungen** über die häusliche Krankenpflege fest. Diese regeln den Inhalt der häuslichen Krankenpflege, die Eignung der Leistungserbringer, Maßnahmen zur Qualitätssicherung, die Zusammenarbeit mit den Ärzten und Krankenhäusern, die Wirtschaftlichkeit der Leistungserbringung und die Vergütungsgrundsätze. Solche Rahmenempfehlungen wurden – soweit erkennbar – bisher nicht abgegeben.

13 Darüber hinaus können die **Satzungen der Krankenversicherungen** nach § 37 Abs. 2 Sätze 3 und 4 SGB V bei der Sicherungspflege zusätzlich zur Behandlungspflege Grundpflege und hauswirtschaftliche Versorgung gewähren und regeln, wie lange und in welchem Umfang diese gewährt werden. Davon haben die Krankenversicherungsträger auch Gebrauch gemacht.[22]

V. Systematische Zusammenhänge

14 § 37 SGB V regelt ähnlich wie die §§ 37a und 38 SGB V eine **Nebenleistung zur Hauptleistung der Krankenbehandlung**. Die häusliche Krankenpflege kann neben der Haushaltshilfe gewährt werden. In diesem Fall ist die Krankenpflege nur auf die Grund- und Behandlungspflege, nicht aber auf die hauswirtschaftliche Versorgung bezogen, sofern sie den gleichen Sachverhalt betreffen. Allerdings geht die Haushaltshilfe nach § 38 SGB V weiter als die hauswirtschaftliche Versorgung nach § 37 SGB V. Während § 37 SGB V auf die Bedürfnisse des Versicherten für seine eigene hauswirtschaftliche Versorgung abstellt, dient die Haushaltshilfe der Sicherstellung der hauswirtschaftlichen Versorgung der übrigen Haushaltsangehörigen, insbesondere der haushaltsangehörigen Minderjährigen oder hilfebedürftigen Kindern.

15 Die Beziehungen zu den Leistungserbringern regelt § 132a SGB V über den Weg einer Rahmenempfehlung. Welche Anforderungen an die Leistungserbringer zu stellen sind, regelt das Gesetz nicht.

16 § 37 SGB V steht auch im Zusammenhang mit den Regelungen zu den Heil- und Hilfsmitteln nach den §§ 32 ff. SGB V. Häusliche Krankenpflege dient gegebenenfalls deren Anwendung.

VI. Ausgewählte Literaturhinweise

17 *Dörbandt*, Haushaltshilfe in der gesetzlichen Krankenversicherung, Grundlagen und Materialien für die Praxis, 2. Aufl. 2005; *Dörbandt*, Häusliche Krankenpflege als Leistung der gesetzlichen Krankenversicherung, Sankt Augustin 2000; *Eicher*, Schwerpflegebedürftigkeit als leistungsauslösendes Moment in der Gesetzlichen Krankenversicherung, SGb 1990, 129-137; *Fichte,* Die rechtliche Abgrenzung des Behandlungsfalls vom Pflegefall, ZfS 1994, 296-301; *Foerster/Pampel-Jabrane*, „Häuslich" muss nicht immer zu Hause sein, ZFSH/SGB 2000, 214-217; *Grünenwald*, Versorgung der Versicherten der Krankenkassen mit häuslicher Krankenpflege, ZfS 1997, 329-332; *Gunder*, Zahlmeister Krankenkasse – Bindungswirkung ärztlicher Entscheidungen, ErsK 1996, 405-407; *Igl*, Die unbehelfliche Abgrenzung der Leistungen häuslicher Krankenpflege nach dem SGB V und häuslicher Pflege nach dem SGB XI, SGb 1999, 111-119; *Keß*, Leistungen bei häuslicher Krankenpflege, der Haushaltshilfe sowie bei Schwerpflegebedürftigkeit, ErsK 1991, 406-412, 501, 504; *Kesselheim*, Aktuelle Fragen bei Pflegebedürftigkeit – juristische Aspekte, MedSach 2000, 40-43; *Plantholz*, Aktuelle leistungsrechtli-

[20] Vgl. zur Gültigkeit dieser Festlegung BSG v. 17.03.2005 - B 3 KR 9/04 R - SozR 4-2500 § 37 Nr. 3 und B 3 KR 35/04 R - SozR 4-2500 § 37 Nr. 4, BSG v. 26.01.2006 - B 3 KR 4/05 R - SozR 4-0000; zur Umsetzung der Richtlinie: *Plantholz*, PflR 2000, 367.

[21] Vgl. BSG v. 26.01.2006 - B 3 KR 4/05 R - SozR 4-0000 zu Blutzuckermessungen bei Diabetes mellitus mit Folgeerkrankungen an den Nerven der Hände.

[22] Z.B. § 19 der Satzung der Techniker Krankenkasse (Stand: 01.01.2004), § 11 II Satzung BKK mhplus (Stand: 24.06.2004), § 13 II Satzung BKK Heilberufe (Stand: April 2004), § 25 Satzung Krankenkasse für den Gartenbau (Stand: 01.01.2003).

che Probleme der häuslichen Krankenpflege, PflR 2005, 3-12; *Plantholz/Ludwig*, § 37 Abs. 3 SGB V – ein Nebenschauplatz der häuslichen Krankenpflege?, PflR 1999, 198-205; *Pöld-Krämer*, Wer gewährleistet die Behandlungspflege in stationären Einrichtungen der Behindertenhilfe?, RdLH 2006, 110-114; *Poske*, Hauspflege, Baden-Baden 1990; *Richter,* Behandlungspflege, 2. Aufl. Hannover 2004; *Richter/Bohlken*, Zur Frage des Genehmigungsvorbehalts bei Leistungen der häuslichen Krankenpflege, NZS 2000, 236-240; *Udsching*, Schnittstellen von gesetzlicher Kranken- und sozialer Pflegeversicherung, Festschrift 50 Jahre Bundessozialgericht, 2004, 691-708.

B. Auslegung der Norm

I. Regelungsgehalt und Bedeutung der Norm

In Ergänzung zum umfassenden Anspruch auf ärztliche Versorgung zur Behandlung einer Krankheit gibt § 37 SGB V Versicherten, die nicht von ihren Haushaltsmitangehörigen versorgt und gepflegt werden können, Anspruch auf Leistungen der häuslichen Krankenpflege durch Leistungserbringer der gesetzlichen Krankenversicherung gemäß § 132a SGB V. Es besteht kein umfassender Anspruch auf Krankenpflege, vielmehr wird er nur in den Grenzen des Gesetzes gewährt. Das Gesetz unterscheidet insofern in zweifacher Weise. Einerseits wird zwischen Behandlungspflege, Grundpflege und hauswirtschaftlicher Versorgung unterschieden. Andererseits bestehen jeweils unterschiedliche Regelungen für Pflege zur Vermeidung oder Verkürzung von Krankenhausbehandlung (Vermeidungspflege) und für eine solche zur Sicherung der ärztlichen Behandlung (Sicherungspflege). Während die Krankenhausvermeidungspflege alle drei Bereiche der Pflege als Regelleistung beinhaltet, wird bei der Sicherungspflege nur die Behandlungspflege als Regelleistung, die übrigen Bereiche gegebenenfalls als Satzungsleistung gewährt. Im Grundsatz wird die Krankenpflege als Sachleistung gewährt, es kann aber auch ein Anspruch auf Kostenerstattung bestehen, wenn der Versicherte sich die Leistung selbst beschafft. 18

II. Normzweck

1. Krankenhausersatzpflege

Die Krankenhausersatzpflege verfolgt einerseits den Zweck, die Krankenbehandlung sicherzustellen, wenn die Krankenhausbehandlung – etwa aus Kapazitäts- oder persönlichen Gründen – nicht möglich ist. Auch soll sie dem Wunsch vieler Versicherter Rechnung tragen, so schnell wie möglich in ihre **häusliche Umgebung zurückzukehren**. Bei psychisch Kranken kann die Krankenhausersatzpflege – zusammen mit der Soziotherapie nach § 37a SGB V – zu einer Reintegration des Versicherten in seine Umgebung führen. 19

Außerdem und vor allem dient die Krankenhausersatz oder -vermeidungspflege der **Kostenbegrenzung**, denn Krankenhausbehandlung ist regelmäßig erheblich teurer als die häusliche Krankenpflege, so dass eine Vermeidung derselben durch Anreize zur Behandlung und Pflege zu Hause auch der Vermeidung der entsprechenden Kosten dient. 20

2. Pflege zur Sicherung der ärztlichen Behandlung

Einerseits macht § 37 Abs. 2 SGB V – im Gegensatz zu seinem Vorgänger § 185 RVO – die Leistung der Krankenpflege zur Sicherung der ambulanten ärztlichen Behandlung zu einer Regelleistung und schränkt damit den Regelungsspielraum im Rahmen der Selbstverwaltung der gesetzlichen Krankenversicherungen ein. Die Sicherung der ärztlichen Versorgung durch Unterstützung der Behandlung durch Pflegefachkräfte für die Behandlungspflege wird aber häufig auch die Länge und Intensität der ärztlichen Behandlung (Hausbesuche) verringern und damit der Kostenbegrenzung dienen.[23] 21

---

[23] Vgl. *Mengert* in: Peters, Handbuch KV (SGB V), § 37 Rn. 19 f.

III. Vermeidungspflege

1. Versicherte

22 Versicherte nach den §§ 5-§ 10 SGB V haben einen Anspruch auf Leistungen der häuslichen Krankenpflege. Leistungsberechtigt ist nicht nur der Stammversicherte, sondern jedes Familienmitglied nach § 10 SGB V. Ein nachgehender Anspruch nach § 19 Abs. 2 SGB V, das heißt ein Anspruch nach Beendigung der Mitgliedschaft bis zu einem Monat, ist möglich.

2. Haushalt und Familie

23 Eine allgemein gültige Definition von Haushalt und Familie gibt das SGB V nicht. Die Führung eines **Haushalts** beinhaltet aber eine selbständige häusliche, familienhafte Lebensführung im wirtschaftlichen Sinne.[24] Das BSG hat in zwei Entscheidungen aus den Jahren 2002[25] und 2005 auf den Sinn und Zweck des § 37 SGB V und dessen Vorgänger in § 185 RVO abgestellt. Haushalt ist danach die wohnungsmäßige familienhafte Wirtschaftsführung. Dieser wird zum „eigenen" Haushalt, wenn der Betreffende die Kosten der Lebens- und Wirtschaftsführung im Wesentlichen selbst trägt.[26] Dem Haushalt immanent ist eine gewisse Dauer der Lebensführung in der entsprechenden Einrichtung (Haus, Wohnung, Heim) und die Befriedigung der Grundbedürfnisse wie Nahrung, Kleidung, Wohnung, Körperpflege und Gesundheit der Haushaltsangehörigen mit Hilfe der im Haushalt vorhandenen Geldmittel und Güter.[27] Kinder haben in der Regel keinen eigenen Haushalt, sondern gehören zum Haushalt der Eltern bzw. der sie betreuenden Personen. Insofern kommt allerdings eine Pflege in der Familie in Betracht.

24 Einen Anspruch auf Krankenpflege nach § 37 SGB V hatte ein Versicherter bisher dann nicht, wenn er in einer **Einrichtung des betreuten Wohnens** wohnte, bei der er neben einem Mietvertrag auch einen Betreuungsvertrag mit dem Träger abgeschlossen hat, in dem letzterer sich verpflichtete, die notwendigen Maßnahmen (im konkreten Fall die Medikamentengabe) auch ohne zusätzliche Vergütung zu gewähren.[28] Demgegenüber konnte Krankenpflege zu gewähren sein, wenn der Versicherte in einer **Wohngemeinschaft** lebt.[29] Allerdings kam es dann darauf an, ob dem Betroffenen eine eigenverantwortliche Wirtschaftsführung möglich ist, er sich wirtschaftlich selbst versorgen kann. Ein Bewohner eines **Seniorenheims** führt dann einen eigenen Haushalt, wenn er innerhalb des Heims eigenständige Verrichtungen des Haushalts ausüben kann.[30] Insofern kam es darauf an, ob der Betroffene mit dem Heimträger einen Mietvertrag ausgehandelt hat (wie es z.B. beim betreuten Wohnen denkbar ist) oder ob die Leistung des Heims aufgrund eines Pflegesatzes vergütet wird. Im letzteren Fall wird das Heim in der Regel nicht nur Wohnung, sondern auch andere Dienstleistungen, wie z.B. Wäsche, Reinigung, Mahlzeiten u.Ä., zur Verfügung stellen, und der Bewohner ist verpflichtet, diese Angebote nach seinen Möglichkeiten wahrzunehmen.[31] Es ist auf die **eigenständige Lebensführung** abzustellen. Merkmal für die Eigenständigkeit der Haushaltsführung ist der eigenverantwortliche Einkauf von Lebensmitteln, das Mitspracherecht bei der Entscheidung über weitere Mitbewohner in einer Wohngemeinschaft oder die Möglichkeit selbst Nahrung zuzubereiten.[32] Der eigenständige Haushalt ist jedenfalls nicht deshalb ausgeschlossen, weil der Versicherte unter Betreuung steht oder weil in der Wohngemeinschaft die Mehrzahl der Bewohner ebenfalls der häuslichen Krankenpflege bedarf und diese für alle vom gleichen Pflegedienst bereitgestellt wird. Das BSG hat in einer Entscheidung zur Anrechnung von Rentenversicherungszeiten für die Pflegeperson außerdem auf die Zielrichtung des Aufenthalts in einer bestimmten Einrichtung abgestellt. Soll der Versicherte vor allem zur Pflege untergebracht werden (weil er nicht mehr in der Lage ist, den Haushalt selbständig zu führen und seinen Grundbedürfnissen Genüge zu tun), so ist ein Anspruch auf darüber hinausgehende Pflege zu verneinen.[33]

---

24 SG Berlin v. 23.07.2002 - S 82 KR 2539/01 - PflR 2003, 364; *Schultes*, SGb 1999, 471, 472.

25 BSG v. 21.11.2002 - B 3 KR 13/02 R - BSGE 90, 143 = SozR 3-2500 § 37 Nr. 5 S. 33.

26 BSG v. 01.09.2005 - B 3 KR 19/04 R - SozR 4-2500 § 37 Nr. 5.

27 LSG Niedersachsen-Bremen v. 28.06.2006 - L 4 KR 92/03; *Töns*, BKK 1986, 273, 275.

28 BSG v. 28.05.2003 - B 3 KR 32/02 R - SozR 4-2500 § 37 Nr. 2, kritisch: Gutachten des Vereins für öffentliche und private Fürsorge, NDV 2006, 478 ff.

29 LSG Berlin v. 05.05.2004 - L 9 KR 759/01; LSG Bayern v. 27.11.2003 - L 4 KR 88/01.

30 LSG Nordrhein-Westfalen v. 05.02.2004 - L 16 KR 4/03 - PflR 2005, 44.

31 So der Fall BSG v. 01.09.2005 - B 3 KR 19/04 R- SozR 4-2500 § 37 Nr. 5, kritisch dazu *Pöld-Krämer*, RdLH 2006, 110.

32 LSG Niedersachsen-Bremen v. 28.06.2006 - L 4 KR 92/03.

33 BSG v. 12.05.1998 - B 5/4 RA 6/97 R - SGb 1999, 469.

Mit Wirkung zum 01.04.2007 hat der Gesetzgeber weitere Tatbestandsmerkmale zugefügt. Die Unsicherheit darüber, wann beim betreuten Wohnen Krankenpflege durch die GKV zu gewähren ist, hat er im Sinne des betreuten Wohnens entschieden. Krankenpflege in betreuten Wohnformen ist jetzt ausdrücklich in die Leistungspflicht der gesetzlichen Krankenkassen eingeschlossen.[34] Außerdem hat der Gesetzgeber die ständige Rechtsprechung umgesetzt und Krankenpflege in Schulen und Kindergärten in den Leistungsbereich aufgenommen. Darüber hinaus hat er die Leistungspflicht der gesetzlichen Krankenversicherung im Sinne der Regelungen des SGB IX ausgeweitet. Krankenpflege ist nunmehr bei hohem Pflegebedarf auch in Werkstätten für behinderte Menschen zu leisten. Was besonders hoher Pflegebedarf bedeutet, definiert das Gesetz nicht näher. Gemeint sind damit Versicherte, deren Pflege mit den ohnehin vorhandenen Einrichtungen und dem Personal einer Werkstatt für behinderte Menschen nicht ausreichend sichergestellt werden kann. Darüber hinaus werden in Absatz 6 die Kompetenzen des Gemeinsamen Bundesausschusses nach § 92 SGB V erweitert. Er kann zusätzlich zu den ausdrücklich im Gesetz vorgesehenen Einrichtungen weitere Orte bestimmen, an denen die häusliche Krankenpflege zu erbringen ist, obwohl sie sich im Haushalt oder in der Familie des Versicherten im eigentlichen Sinne befinden.[35] 25

Auch den Begriff der **Familie** definiert das Gesetz nicht näher. Dieser Begriff darf wegen § 2 Abs. 2 SGB I nicht zu eng verstanden werden. Eine Familie ist nicht nur die klassische Familie (Vater, Mutter, Kinder), sondern dazu gehören alle familienhaften Bindungen, die durch eine Verwandtschaft im Sinne der §§ 1589 ff. BGB[36] oder einer dieser entsprechenden Beziehung verbunden sein muss. Die familienhafte Bindung setzt einen gewissen Zusammenhalt voraus, der dem einer Familie, wie sie in Art. 6 GG geschützt ist, entspricht. In einer Familie können auch Pflegekinder, Enkelkinder bzw. Großeltern, nichteheliche Kinder (sofern sie mit dem betreffenden Elternteil in einem Haushalt leben) und Lebenspartner nach dem Lebenspartnerschaftsgesetz gepflegt werden. Eine nichteheliche Lebensgemeinschaft stellt im Grundsatz keine Familie gemäß § 37 Abs. 1 SGB V dar. Allerdings können Partner einer nicht ehelichen Lebensgemeinschaft einen gemeinsamen Haushalt haben, in dem eine/r der Partner gepflegt wird. 26

Von der Frage, ob der zu pflegende Versicherte im Haushalt oder in der Familie gepflegt wird, ist die Frage abzugrenzen, wo die **einzelne Pflegeleistung** erbracht werden soll. § 37 SGB V trifft eine Regelung zur Frage, ob der Versicherte allgemein im Haushalt oder in der Familie in Abgrenzung zur stationären Krankenhaus- oder Heimpflege gepflegt wird. Das schließt aber Leistungen nicht aus, die auch außerhalb dieses Bereichs erbracht werden. Insofern darf die Regelung nicht zu eng verstanden werden. So kann ein Kind, das zwar zusammen mit seinen Eltern in einem Haushalt wohnt, aber auch außerhalb – etwa in der Schule oder im Kindergarten – krankenpflegerische Leistungen benötigt, diese von der Krankenkasse verlangen, obwohl die einzelnen Leistungen nicht im eigentlichen Sinne im Haushalt oder in der Familie erbracht werden.[37] 27

3. Ärztliche Behandlung

Der Anspruch auf häusliche Krankenpflege setzt eine **Krankheit** im Sinne des § 27 SGB V (vgl. die Kommentierung zu § 27 SGB V) voraus. Allerdings muss die Krankheit ärztliche Behandlung erfordern, Arbeitsunfähigkeit allein begründet keinen Anspruch auf Krankenpflege. Nach dem eindeutigen Wortlaut des § 27 Abs. 1 Satz 3 SGB V reicht insofern eine psychische Erkrankung aus.[38] § 37 Abs. 1 Satz 1 SBG V gewährt nämlich Krankenpflege nur „neben ärztlicher Behandlung“, sie ist also mit dieser zu verbinden. Dabei kann eine ärztliche Behandlung nur eine solche sein, die auch zu Lasten der Krankenkasse erfolgt. Das ist in der Regel eine vertragsärztliche. Ausnahmen bei Systemversagen, z.B. in Notfällen, sind denkbar, § 76 Abs. 1 Satz 2 SGB V. 28

---

[34] GKV-Wettbewerbsstärkungsgesetz BGBl I 2007, 378, 384; zur Begründung des § 37 Abs. 2 SGB V vgl. BT-Drs. 16/3100, S. 90 ff.

[35] Vgl. BT-Drs. 16/3100, S. 104.

[36] LSG Niedersachsen-Bremen v. 28.06.2006 - L 4 KR 92/03.

[37] BSG v. 21.11.2002 - B 3 KR 13/02 R - SozR 3-2500 § 37 Nr. 5 = BSGE 90, 143 = SGb 2003, 578 mit Anmerkung *Rolfs*, SGb 2003, 581; BSG v. 10.11.2005 - B 3 KR 42/04 R.

[38] Vgl. schon BSG v. 26.03.1980 - 3 RK 47/79 - BSGE 50, 73, 77 zu § 185 RVO.

4. Notwendigkeit von Krankenhausbehandlung

29 Die Pflege als Krankenhausersatzpflege kommt nur in Betracht, wenn sie als Ersatz für eine eigentlich **gebotene Krankenhausbehandlung** eingesetzt wird. Es reicht insofern nicht aus, dass der Versicherte sonst ambulant im Krankenhaus behandelt werden würde, vielmehr muss die Gebotenheit der Behandlung gerade in der Erforderlichkeit der speziellen Mittel des Krankenhauses bei der stationären Behandlung liegen.[39] Das ergibt sich aus der Notwendigkeit einer Abgrenzung zwischen der Pflege nach § 37 Abs. 1 SGB V und einer solchen nach § 37 Abs. 2 SGB V.

30 Jede **ambulante Behandlung mit unterstützender Krankenpflege** dient im Ergebnis der Vermeidung der Pflege im Krankenhaus, denn durch die Pflege daheim wird die Pflege im Krankenhaus vermieden. Andererseits setzt auch die klinikvermeidende häusliche Krankenpflege voraus, dass sie die ärztliche Behandlung zu sichern imstande ist, denn die Gebotenheit der Krankenhausbehandlung muss durch die Gewährung der Krankenpflege entfallen.[40] In gewisser Weise widerspricht sich hier das Gesetz selbst, denn nach § 39 SGB V ist eine Krankenhausbehandlung dann nicht erforderlich, wenn das Behandlungsziel auch unter Einsatz häuslicher Krankenpflege erreicht sein kann.[41]

31 Insofern muss zwischen der Pflege mangels Ausführbarkeit der Krankenhausbehandlung und derjenigen zur Vermeidung oder Verkürzung der Krankenhausbehandlung unterschieden werden. **Nicht ausführbar** ist eine Krankenhausbehandlung, wenn entweder in der Person des versicherten Patienten **Hinderungsgründe** entgegenstehen (z.B.: er ist nicht transportfähig oder seine psychische Erkrankung verändert sich negativ, wenn er sein häusliches Umfeld verlassen muss) oder es an der Verfügbarkeit von Krankenhausbehandlung fehlt (Bettenmangel).[42] In diesen Fällen müssen die allgemeinen Voraussetzungen von § 39 SGB V erfüllt sein, der Versicherte also eigentlich der speziellen Mittel des Krankenhauses einschließlich der ständigen Verfügbarkeit eines Arztes bedürfen.[43]

32 Sofern Krankenpflege zur **Vermeidung von Krankenhausbehandlung** gewährt werden soll, muss das Ziel der Behandlung ebenso gut oder besser oder schneller erreicht werden können wie bzw. als im Krankenhaus.[44] Es ist darauf abzustellen, dass der Versicherte im Prinzip der **speziellen Mittel der Krankenhausbehandlung** und Pflege bedarf, diese speziellen Mittel aber auch in seinem eigenen Haushalt durch entsprechend geschulte Pflegekräfte bereitgestellt werden können, ohne das Behandlungsziel zu gefährden. Der Versicherte darf deshalb nicht der besonderen Mittel des Krankenhauses wie z.B. der ständigen Bereitschaft eines Arztes wegen der Möglichkeit des Auftretens eines Notfalls bedürfen, sondern nur derjenigen der Pflege im Krankenhaus.[45] Das gilt allerdings auch, wenn eine ständige Bereitschaft einer Pflegeperson notwendig ist.

33 Teilweise wird die Meinung vertreten, dass das Merkmal der „Gebotenheit" der Krankenhausbehandlung etwas anderes meint als die „Erforderlichkeit" der Krankenhausbehandlung nach § 39 SGB V.[46] Dem ist das BSG mit dem überzeugenden Argument entgegengetreten, dass die Worte „erforderlich" und „geboten" in diesem Zusammenhang weder einen unterschiedlichen Wortsinn haben noch vom Gesetzgeber nach den Gesetzesmaterialien in verschiedener Weise verwendet wurden.[47]

34 Krankenhausbehandlung ist auch dann nicht mehr geboten, wenn der Versicherte **austherapiert** ist. Das gilt selbst dann, wenn er zum Überleben weiterhin der Unterstützung durch medizinische Maßnahmen bedarf. In diesem Fall kann eine Krankenhausersatzpflege nicht mehr gewährt werden. Der Versicherte ist vielmehr auf Leistungen nach § 37 Abs. 2 SGB V und solche nach dem SGB XI verwiesen.[48] Das ergibt sich daraus, dass der Anspruch grundsätzlich auf vier Wochen beschränkt ist. Darin hat der Gesetzgeber seine Absicht zum Ausdruck gebracht, den Anspruch auf Krankenhausersatzpflege nur in akuten Fällen zu gewähren. Von einem akuten Fall kann dann nicht mehr ausgegangen werden, wenn eine weitere Therapie nicht mehr möglich ist bzw. keine Besserung oder Linderung mehr verspricht.

---

39 BSG v. 14.07.1977 - 3 RK 60/75 - SozR 2200 § 185 Nr. 1.

40 BSG v. 20.04.1988 - 3/8 RK 16/86 - SozR 2200 § 185 Nr. 5.

41 *Eicher*, SGb 1990, 129, 131.

42 Vgl. *Höfler* in: KassKomm, SGB V, § 37 Rn. 6.

43 Vgl. zu den besonderen Kriterien der Notwendigkeit von Krankenhausbehandlung bei psychiatrisch Kranken *Fichte*, ZfS 1994, 296-301 und BSG v. 16.02.2005 - B 1 KR 18/03 R - SozR 4-2500 § 39 Nr. 4.

44 *Adelt* in: LPK-SGB V, § 37 Rn. 18.

45 BSG v. 20.04.1988 - 3/8 RK 16/86 - SozR 2200 § 185 Nr. 5.

46 *Mengert* in: Peters, Handbuch KV (SGB V), § 37 Rn. 41 f.

47 BSG v. 28.01.1999 - B 3 KR 4/98 R - SozR 3-2500 § 37 Nr. 1.

48 BSG v. 28.01.1999 - B 3 KR 4/98 R - SozR 3-2500 § 37 Nr. 1.

5. Umfang der Vermeidungspflege

Die Krankenhausersatzpflege besteht nach § 37 Abs. 1 Satz 2 SGB V aus Behandlungs- und Grundpflege sowie hauswirtschaftlicher Versorgung. Sofern ein konkreter Bestandteil der Pflege bereits durch Leistungen der sozialen Pflegeversicherung abgedeckt war und § 13 SGB XI nicht eingreift, wird diese Leistung auch bei Auftreten einer Krankheit neben der Pflegebedürftigkeit nicht mehr gewährt, sie ist nicht mehr notwendig.[49] 35

Die Begriffe der Behandlungs- und Grundpflege sowie der hauswirtschaftlichen Versorgung definiert das Gesetz nicht. Zu deren Auslegung kann in einem ersten Schritt auf die Kataloge aus dem SGB XI und XII zurückgegriffen werden, die einen Anhaltspunkt für die Auslegung des Begriffs geben, ohne diese allerdings abschließend zu klären. Zur **Grundpflege** gehören die allgemeinen pflegerischen Maßnahmen nicht medizinischer Art, die nicht unmittelbar der Krankenbehandlung, sondern vielmehr der Aufrechterhaltung der Funktionen des täglichen Lebens dienen. Dazu gehört die Befriedigung körperlicher, seelischer und geistiger Grundbedürfnisse.[50] Das sind z.B. das Betten und Lagern, die Körperpflege, Hilfen bei der Körperhygiene, Nahrungsaufnahme, Körpertemperaturmessung, Beobachten der psychischen Verfassung. 36

Behandlungspflege befasst sich demgegenüber mit der Behandlung des krankhaften Zustands. Hier steht der Heilzweck im Vordergrund.[51] Sie ist speziell auf den Krankheitszustand des Versicherten ausgerichtet und trägt dazu bei, die Krankheit zu heilen, ihre Verschlimmerung zu verhüten oder Krankheitsbeschwerden zu verhindern oder zu lindern. Insofern ist sie die die ärztliche Behandlung ergänzende nichtärztliche Heilhilfsleistung, die von medizinischem Hilfspersonal oder Laien erbracht werden kann.[52] Dazu gehören z.B. die Verabreichung von Medikamenten oder Injektionen einschließlich der Kontrolle von deren Wirkung, das Anlegen von Verbänden, die Katheterisierung, Einläufe, Spülungen, Dekubitusversorgung, Krisenintervention insbesondere bei psychiatrischer Krankenpflege, Sicherung ärztlicher Besuche und Feststellung des jeweiligen Krankenstandes. Zur Behandlungspflege kann auch die Beobachtung des Erkrankten zählen, wenn der Gesundheitszustand die Möglichkeit in sich birgt, dass ärztliche oder pflegerische Maßnahmen zur Abwendung von Krankheitsverschlimmerungen eventuell erforderlich, aber konkret nicht voraussehbar sind.[53] 37

Die **hauswirtschaftliche Versorgung** umfasst das Führen des Haushalts des Versicherten in Bezug auf dessen persönliche Bedürfnisse[54] (nicht: der weiteren Haushaltsangehörigen, vgl. § 38 SGB V). Die Abgrenzung zwischen den einzelnen Bereichen kann in seinen Einzelheiten schwierig sein, es bedarf ihrer aber für die Krankenhausvermeidungspflege nur in Ausnahmefällen (vgl. dazu detaillierter Rn. 49 ff.). 38

Krankenpflege kann nur gewährt werden, wenn der Versicherte damit **einverstanden** ist.[55] Wenn er – aus nachvollziehbaren Gründen – die Krankenhausbehandlung wählt, kann ihm häusliche Krankenpflege nicht aufgezwungen werden. Allerdings setzt das voraus, dass ein Krankenhausbehandlungsanspruch und damit die Voraussetzungen des § 39 SGB V ebenso erfüllt sind wie diejenigen des § 37 SGB V. Bei Betreuten ist gegebenenfalls die Zustimmung des Betreuers einzuholen, § 36 SGB I. Nachvollziehbare Gründe können sich aus der konkreten Lebenssituation einschließlich der Wohnumgebung oder der Art der Erkrankung ergeben. 39

6. Dauer des Anspruchs

§ 37 Abs. 1 Satz 3 SGB V beschränkt den Anspruch grundsätzlich auf **vier Wochen**. Aus der grundsätzlichen Beschränkung auf vier Wochen ist zu erkennen, dass akute Fälle gemeint sind. In Abgrenzung zur sozialen Pflegeversicherung sind deshalb Versicherte nicht erfasst, die dauerhaft der Pflege 40

---

49 *Adelt* in: LPK-SGB V, § 37 Rn. 5.

50 BSG v. 30.09.1993 - 4 RK 1/92 - BSGE 73, 146, 153 = SozR 3-2500 § 53 Nr. 4 S. 25; *Eicher*, SGb 1990, 129, 130.

51 BSG v. 30.10.2001 - B 3 KR 27/01 R - SGb 2002, 694, 696; BSG v. 13.06.2006 - B 8 KN 4/04 KR R; *Höfler* in: KassKomm, SGB V, § 37 Rn. 22.

52 BSG v. 13.06.2006 - B 8 KN 4/04 KR R; vgl. auch *Mengert* in: Peters, Handbuch KV (SGB V), § 37 Rn. 35; ähnlich auch *Mrozynski*, SGb 1997, 565, 568; *Eicher*, SGb 1990, 129, 130.

53 BSG v. 10.11.2005 - B 3 KR 38/04 R - SozR 4-0000.

54 BSG v. 30.09.1993 - 4 RK 1/92 - BSGE 73, 146, 153; *Eicher*, SGb 1990, 129, 130.

55 *Mengert* in: Peters, Handbuch KV (SGB V), § 37 Rn. 27.

bedürfen.[56] Diese Patienten können allenfalls einen Anspruch auf Behandlungspflege nach § 37 Abs. 2 SGB V und auf Grundpflege und hauswirtschaftliche Versorgung nach dem SGB XI oder nach der Satzung ihrer Krankenkasse haben.

41 Da akute Fälle nicht in jedem konkreten Einzelfall auf vier Wochen beschränkt sind, kann in **Ausnahmefällen** auch für eine längere Dauer Krankenpflege gewährt werden. In diesem Fall muss die Krankenkasse gemäß §§ 37 Abs. 1 Satz 3, 275 SGB V den MDK einschalten, um festzustellen, ob Krankenhausbehandlung noch geboten ist. Die Vorschrift ist als **Ermessensvorschrift** ausgestaltet („kann die Krankenkasse"). Nach Feststellung der Gebotenheit der Krankenhausbehandlung hat die Krankenkasse also abzuwägen, ob die weitere Gewährung gerechtfertigt ist. Als Ermessenserwägungen kommen dabei insbesondere die Gründe für die Gewährung der häuslichen Krankenpflege in Betracht. Sofern die Krankenhausbehandlung nicht ausführbar ist, etwa weil entsprechende Bettenkapazitäten fehlen, kann das Ermessen der Krankenkasse sich auf Null reduzieren, wenn der Versicherte sonst ohne entsprechende Behandlung und Betreuung verbliebe. In den übrigen Fällen wird es auch darauf ankommen, ob der Versicherte nunmehr besser im Krankenhaus weiter behandelt wird, um den Behandlungserfolg schnell sicherzustellen. Die Bewilligung der Krankenpflege über die gesetzliche Frist von vier Wochen hinaus setzt nach § 37 Abs. 1 Satz 4 SGB V einen entsprechenden Antrag voraus.[57]

IV. Sicherungspflege

1. Erforderlichkeit zur Sicherung der ärztlichen Behandlung

42 § 37 Abs. 2 SGB V gibt Versicherten einen Anspruch auf Behandlungspflege zur Sicherung des Erfolgs der ärztlichen Behandlung. Ebenso wie § 37 Abs. 1 SGB V regelt das Gesetz hier eine **akzessorische Leistung**, denn es ist nur insofern Krankenpflege zu leisten als auch entsprechende ärztliche Behandlung auf Kosten der Krankenkasse stattfindet, die unterstützt werden kann.

43 Während § 37 Abs. 1 SGB V von einer „Gebotenheit" der Krankenhausbehandlung spricht, muss nach § 37 Abs. 2 SGB V die Krankenpflege **„erforderlich"** sein. Diese Worte haben keinen unterschiedlichen Wortsinn. Allerdings kann man im Rahmen von Absatz 2 nicht denselben Maßstab anlegen wie bei Absatz 1. Sofern nämlich Krankenpflege zwingend ist, um die ärztliche Behandlung zu sichern, wird man in der Regel auch zu dem Ergebnis kommen müssen, dass der Versicherte der besonderen pflegerischen Mittel des Krankenhauses bedarf und folglich die Voraussetzungen für § 37 Abs. 1 SGB V erfüllt sind. Das BSG stellt deshalb darauf ab, dass die Krankenpflege **im hohen Grade zweckmäßig** sein muss.[58] Das kann z.B. deshalb der Fall sein, weil die Pflegekraft Behandlungsleistungen erbringen kann, die sonst durch den Arzt erbracht werden müssten. Die Krankenpflege ist aber mehr als eine sinnvolle Unterstützung der ärztlichen Behandlung. Sie muss zur Sicherung des Behandlungserfolgs unvermeidbar oder unentbehrlich sein.[59]

44 Die häusliche Krankenpflege ist vom behandelnden Arzt zu verordnen. Die Krankenkasse ist im Verhältnis zum Versicherten an die **Verordnung des Arztes** in Bezug auf die gewählten Pflegemittel zunächst gebunden. Sie kann dem Versicherten gegenüber deshalb nicht geltend machen, dass z.B. das Arzneimittel, das im Rahmen des häuslichen Pflege verabreicht werden soll, unwirtschaftlich ist, um damit den Anspruch auf Krankenpflege insgesamt abzulehnen.[60] Das **Prüfungsrecht** der Krankenkasse **beschränkt** sich im Verhältnis zum Versicherten auf die Fragestellung, ob die Krankenpflege erforderlich ist, um die konkrete Pflegemaßnahme durchzuführen und ob ein im Haushalt lebender Dritter die Maßnahme übernehmen kann. Demgegenüber kann sich der Leistungserbringer der häuslichen Krankenpflege nicht auf die ärztliche Verordnung berufen, wenn ihm bekannt ist, dass die Krankenkasse die Gewährung eines Teils der verordneten Pflegeleistungen abgelehnt hat.[61]

45 Mit Hilfe des Merkmals der Sicherung der ärztlichen Behandlung lässt sich auch das vermeintliche **Spannungsverhältnis zwischen § 37 SGB V und § 34 SGB V** in der Fassung des Gesundheitsmodernisierungsgesetzes lösen.[62] Nach § 34 Abs. 1 SGB V und der dazugehörigen **Arzneimittel-Richtlinie**

---

[56] BSG vom 28.01.1999 - B 3 KR 4/98 R - SozR 3-2500 § 37 Nr. 1.

[57] *Richter/Bohlken*, NZS 2000, 236, 239.

[58] BSG v. 20.04.1988 - 3/8 RK 16/86 - SozR 2200 § 185 Nr. 5.

[59] *Adelt* in: LPK-SGB V, § 37 Rn. 27.

[60] LSG Sachsen-Anhalt v. 06.06.2002 - L 4 KR 44/00 - PflR 2003, 217; zur Einschätzungsprärogative des Vertragsarztes vgl. *Steege* in: Festschrift 50 Jahre Bundessozialgericht, 2004, 517 ff.

[61] BSG v. 24.09.2002 - B 3 KR 2/02 R - PflR 2003, 360.

[62] Dazu *Plantholz*, PflR 2005, 3, 9 ff.

des Gemeinsamen Bundesausschusses[63] sind verordnungspflichtige und apothekenpflichtige Arzneimittel zu unterscheiden. Soweit Vertragsärzte verordnungspflichtige Arzneimittel verschreiben und zu deren Verabreichung häusliche Krankenpflege verordnen, ergeben sich keine Besonderheiten. Allerdings ist auch die Konstellation denkbar, dass Vertragsärzte einem Versicherten nicht verordnungsfähige Arzneimittel empfehlen (oder auf einem „grünen" Rezept verschreiben) und zu deren Verabreichung häusliche Krankenpflege verordnen. Hier kommt es einzig und allein darauf an, ob die häusliche Krankenpflege zur Unterstützung der ärztlichen Behandlung (nicht: zur Unterstützung der Arzneimitteltherapie als solcher) notwendig ist. Aus der Neuregelung des § 34 SGB V lässt sich nämlich nicht der Grundsatz entnehmen, dass der Ausschluss bestimmter Arzneimittel aus dem Leistungskatalog der gesetzlichen Krankenversicherung auch andere damit im Zusammenhang stehende Leistungen, wie die häusliche Krankenpflege zu deren Verabreichung, ausschließen sollte.[64]

2. Haushalt, Familie und Einrichtungen

Der **Haushalt** ist der Ort der privaten Lebens- und Wirtschaftsführung. Das Vorliegen eines eigenen Haushalts ist anhand der Eigentums- und Besitzverhältnisse an Wohnung und Hausrat sowie anhand der Kostentragung für die Wirtschafts- und Lebensführung zu beurteilen.[65] Mehrere Haushaltsangehörige müssen nicht miteinander verwandt oder verschwägert sein, vielmehr können im Rahmen einer Wohngemeinschaft sowohl ein gemeinsamer Haushalt als auch verschiedene bestehen.[66] Anders ist das allerdings dann, wenn eine Wohngemeinschaft ausschließlich zu therapeutischen Zwecken gegründet wird. Abgrenzungskriterien sind die Ausgestaltung des Mietvertrags und eines eventuell zusätzlich bestehenden Betreuungsvertrags, Heimvertrags o.Ä. sowie die eigenen Gestaltungsbefugnisse des Versicherten im Haushalt (Mitbestimmung bei der Auswahl der Mitbewohner, Teilnahme an der Haushaltsführung, eigenständige Wirtschaftsführung; vgl. dazu schon Rn. 23 ff.). 46

Sofern ein Versicherter keinen eigenen Haushalt hat oder mehr hat, kann er häusliche Krankenpflege beanspruchen, wenn er in seiner **Familie** gepflegt wird. Die Pflege in der Familie ist weit zu verstehen. Darunter fallen auch entferntere Verwandte und Verschwägerte gemäß § 1589 f. BGB und gegebenenfalls der Haushalt des eingetragenen Lebenspartners. Eine nicht eheliche Lebensgemeinschaft gilt bisher nicht als Familie.[67] Allerdings wird der Versicherte im Rahmen der nicht ehelichen Lebensgemeinschaft in der Regel am Haushalt beteiligt sein. Es kann auch ein Familienband durch gemeinsame Kinder bestehen. 47

Häusliche Krankenpflege kann schließlich nach § 37 Abs. 2 Satz 2 SGB V auch in **speziellen Einrichtungen** gewährt werden. Hier hat der Gesetzgeber offenbar vor allem an die Unterbringung Obdachloser gedacht. Diese haben keinen eigenen Haushalt und werden in aller Regel auch nicht in der Familie gepflegt. Das hat in der Vergangenheit zur Einweisung in das Krankenhaus geführt, um die Behandlung einer Krankheit zu sichern.[68] Vom Wortlaut der Vorschrift sind sowohl Obdachlosenheime als auch solche Einrichtungen erfasst, die speziell für die Krankenpflege bestehen. Diese sind von Einrichtungen nach § 71 SGB XI abzugrenzen, also solchen, in denen eine dauerhafte Unterbringung erfolgt. Die Unterbringung in einem solchen Heim darf nur vorübergehend sein. § 37 Abs. 2 Satz 2 SGB V ist allerdings nicht nur auf Obdachlose anzuwenden sondern auch auf diejenigen Versicherten, die eigentlich in ihrer Familie gepflegt werden sollen. Die Vorschrift gibt Versicherten einen Anspruch, wenn ihr Haushalt nicht mehr besteht. Das bedeutet, dass sie entweder gar nicht oder in der Familie gepflegt werden. Denkbar ist also auch, dass ein Versicherter später in der Familie gepflegt werden soll, die entsprechenden Voraussetzungen aber noch nicht geschaffen worden sind und der Versicherte nach Auflösung seines Haushalts vorübergehend in Pflege in einer entsprechenden Einrichtung untergebracht wird. Keine Einrichtungen im Sinne des § 37 Abs. 2 SGB V sind Heime, in denen die Betroffenen sta- 48

---

[63] In Kraft getreten zum 01.04.2004, zu finden unter www.g-ba.de.

[64] So zu Recht *Plantholz*, PflR 2005, 3, 10 f., der den Gegensatz zu Mitteln wie Viagra herstellt, die nach dem Gesetzeszweck des § 34 Abs. 1 Satz 8 SGB V insgesamt aus grundsätzlichen Erwägungen nicht mehr durch die gesetzliche Krankenversicherung zu leisten sein sollten, während die Neuregelung des § 34 SGB V vor allem der Kostenbegrenzung dient. Das ergibt sich auch daraus, dass einzelne nicht verordnungsfähige Medikamente zur Behandlung bestimmter Erkrankungen doch als verordnungsfähig angesehen werden können (z.B. Blutverdünnung durch Aspirin).

[65] BSG v. 10.07.1969 - 7 RKg 17/66 - BSGE 30, 28 zum BKGG.

[66] LSG Berlin v. 05.05.2004 - L 9 KR 759/01.

[67] *Höfler* in: KassKomm, SGB V, § 37 Rn. 16.

[68] BT-Drs. 15/1525, S. 90.

tionär untergebracht sind. Ein wichtiges Indiz ist in diesem Zusammenhang die Ausgestaltung der Unterbringung und die Feststellung, ob das betroffene Heim als Heim im Sinne des Heimgesetzes anerkannt ist.[69]

49 Leistungen der gesetzlichen Krankenversicherung sind grundsätzlich auch beim Aufenthalt in einer Einrichtung nach den §§ 71 Abs. 4, 43a SGB XI zu gewähren. Die pauschale Abgeltung der Pflegeleistungen nach § 43a SGB XI steht dem Anspruch eines krankenversicherten Pflegebedürftigen auf Leistungen der häuslichen Krankenpflege ebenfalls nicht entgegen. Ein Versicherter hat allerdings dann keinen eigenen Haushalt in einer Behinderteneinrichtung, wenn eine umfassende Versorgung von der Einrichtung durchgeführt wird.[70] Mit dem Wettbewerbsstärkungsgesetz ist dem zweiten Absatz ein weiterer Satz angefügt worden. Nunmehr muss Krankenpflege zu Lasten der GKV auch gewährt werden, wenn ein Versicherter sich dauerhaft, d.h. mehr als sechs Monate in einer Pflegeeinrichtung nach § 43 SGB XI befindet. Voraussetzung ist, dass ein besonders hoher Pflegebedarf besteht. Ebenso wie in Absatz 1 Satz 1 und in Absatz 2 Satz 1 spezifiziert hier das Gesetz nicht, wann ein besonders hoher Pflegebedarf anzunehmen ist. Der Wortlaut „besonders" spricht aber dafür, dass der Pflegebedarf über den in Pflegeeinrichtungen üblichen Rahmen hinaus gehen muss. Dort übliche Pflege durch das Personal ist von § 37 SGB V nicht erfasst. Ist allerdings über die Heimpflege hinaus Pflege zu leisten, muss die GKV dafür einstehen.[71]

50 Zusätzlich zu den Einrichtungen hat der Gesetzgeber mit dem GKV-Wettbewerbsstärkungsgesetz ebenso wie im ersten Absatz des § 37 SGB V im Absatz 2 eine Unsicherheit beseitigt und klargestellt, dass auch die Sicherungspflege in betreuten Wohnformen, Schulen, Kindergärten und bei besonders hohem Pflegebedarf auch in Werkstätten für behinderte Menschen erfolgen kann. Die Krankenkassen sind zur Leistung verpflichtet.[72]

3. Umfang des gesetzlichen Anspruchs

51 Der gesetzliche Anspruch auf Sicherungspflege ist auf die **Behandlungspflege** beschränkt. Diese ist im Einzelfall von Grundpflege und hauswirtschaftlicher Versorgung – wie sie in Absatz 1 genannt sind – abzugrenzen, die entweder als Satzungsleistungen oder gar nicht gewährt werden können. Die Behandlungspflege bezeichnet dabei die die ärztliche Behandlung ergänzenden nichtärztlichen Heilmaßnahmen. Zur Behandlungspflege gehören alle Pflegemaßnahmen, die nur durch eine bestimmte Krankheit verursacht werden, speziell auf den Krankheitszustand des Versicherten ausgerichtet sind und dazu beitragen, die Krankheit zu heilen, ihre Verschlimmerung zu verhüten oder Krankheitsbeschwerden zu verhindern oder zu lindern, wobei diese Maßnahmen typischerweise nicht von einem Arzt, sondern von Vertretern medizinischer Hilfsberufe oder auch von Laien erbracht werden.[73] Die Grundpflege enthält demgegenüber Leistungen nicht medizinischer Art, die Handgriffe ersetzen, die der gesunde Mensch im Ablauf des täglichen Lebens auch verrichten müsste. Die hauswirtschaftliche Versorgung bezeichnet schließlich die Leistungen, die in der unmittelbaren (Wohn-)Umgebung des Versicherten erbracht werden müssen, wie etwa das Zubereiten von Speisen und die Reinigung von Wäsche, Geschirr und Wohnung (vgl. dazu schon Rn. 35 ff.).

52 Auch wenn eine Maßnahme letztlich der Durchführung der Behandlung dient, gehört sie nicht zur Behandlungspflege, wenn sie eine Maßnahme betrifft, die als solche der **Grundpflege** zuzuordnen ist. Mit anderen Worten kann eine Leistung von einer solchen der Grundpflege nicht aus Gründen des Einzelfalls zu einer Behandlungspflege werden. Das BSG hat in einer Entscheidung deshalb Sicherungspflege versagt, wenn der Versicherte bei der Inanspruchnahme einer Behandlung beim Arzt oder Physiotherapeuten der Hilfe beim Aus- und Ankleiden bedarf.[74]

53 Seine frühere Rechtsprechung, dass ein Anspruch auch für die Behandlungspflege nur besteht, wenn die Leistung nicht in **notwendigem Zusammenhang mit den Leistungen der Grundpflege** nach dem SGB XI steht[75], hat das BSG modifiziert.[76] Aus der Neufassung des § 37 Abs. 2 SGB V in Bezug auf

[69] BSG v. 01.09.2005 - B 3 KR 19/04 R - SozR 4-2500 § 37 Nr. 5.

[70] LSG Schleswig-Holstein v. 26.4.2006 - L 5 KR 143/04.

[71] GKV-Wettbewerbsstärkungsgesetz BGBl I 2007, 378, 384; vgl. BT-Drs. 16/3100, S. 104.

[72] Vgl. BT-Drs. 16/3100, S. 105.

[73] BSG v. 17.03.2005 - B 3 KR 9/04 R - SozR 4-2500 § 37 Nr. 3.

[74] BSG v. 20.05.2003 - B 1 KR 23/01 R - SozR 4-2500 § 32 Nr. 1.

[75] BSG v. 30.10.2001 - B 3 KR 2/01 R - SozR 3-2500 § 37 Nr. 3 = SGb 2002, 570 mit Anmerkung *Spieß*, SGb 2002, 572 f.

[76] BSG v. 17.03.2005 - B 3 KR 9/04 R - SozR 4-2500 § 37 Nr. 3 mit Anmerkung *Koch*, jurisPR-SozR 1/2006, Anm. 3.

das An- und Ausziehen von Kompressionsstrümpfen, die inzwischen vom Gesetz ausdrücklich als Teil der Behandlungspflege angesehen wurden, hat es geschlossen, dass der Gesetzgeber eine Leistung selbst dann als eine solche der GKV ansehen wollte, wenn sie bereits bei der Feststellung der Pflegebedürftigkeit nach dem SGB XI berücksichtigt wurde. Die Abgrenzung der Verrichtungen kann sich im Einzelfall allerdings als schwierig erweisen.[77] So können sich beispielsweise Bewegungsübungen als Teil der Pflege zur Mobilität eines Versicherten darstellen, der eigentlich zur Grundpflege gehört, gleichzeitig aber eine Maßnahme der Krankengymnastik sein, die zur Behandlung einer konkreten Erkrankung eingesetzt wird. In diesem Fall muss sie von entsprechend geschultem Personal durchgeführt werden und kann nicht Teil der Krankenpflege im Sinne des § 37 SGB V sein.[78] Ein Teil der Behandlungspflege sind solche Bewegungsübungen dann, wenn es nicht lediglich darum geht, bei einer bettlägerigen Person die Gelenke „durchzubewegen“, sondern auch die Verschlimmerung einer Krankheit (im konkreten Fall: Arthrose) zu verhüten.[79] Der Gesetzgeber hat nunmehr an dieser Stelle eingehakt und § 37 Abs. 2 Satz 1 SGB V wieder neu gefasst. Der Anspruch auf Behandlungspflege umfasst krankheitsspezifische verrichtungsbezogene Pflegemaßnahmen auch in den Fällen, in denen der Pflegebedarf bereits bei der Pflegebedürftigkeit nach dem SGB XI zu berücksichtigen ist.[80]

Besondere Fragen stellen sich bei der **Medikamentengabe**. Eine Vielzahl von Medikamenten muss 54
oder soll im unmittelbaren zeitlichen Zusammenhang mit der Nahrung eingenommen werden. Es wurde deshalb argumentiert, dass aufgrund des zeitlichen Zusammenhangs die Gabe von Medikamenten nicht Teil der Behandlungspflege sondern Teil der Grundpflege ist.[81] Das Problem verschärft sich dann, wenn der Versicherte durch eine **Sonde** ernährt wird und die Medikamente mit der Nahrung vermischt werden.[82] Hier ist zu differenzieren. Einerseits kann eine Leistung der Grundpflege nicht dadurch zur Behandlungspflege werden, dass sie im konkreten Einzelfall auch der Behandlung dient. Das muss aber andererseits auch umgekehrt gelten: Eine Maßnahme der Behandlungspflege kann nicht dadurch zur Grundpflege werden, dass sie im konkreten Einzelfall mit Maßnahmen der Grundpflege verbunden ist, die Verbindung aber nicht zwingend ist. Es kann insofern auch nicht ausreichen, dass die Einnahme von Medikamenten mit der Nahrung nur der sog. „Compliance“, also der Einhaltung des Therapieplans, dient.[83] Schließlich ist zu beachten, dass es nicht zu Doppelleistungen kommen soll, wie sich unzweifelhaft aus § 13 SGB XI und § 37 Abs. 2 Satz 1 SGB V ergibt. Das BSG räumt den Versicherten deshalb inzwischen bei verrichtungsbezogenen Maßnahmen der Behandlungspflege ein Wahlrecht ein, ob sie eine Zuordnung zur Behandlungspflege oder zur Grundpflege wünschen. Sie üben das Wahlrecht aus, indem sie Pflegegeld, Pflegesachleistungen oder Kombinationsleistungen bei der Pflegekasse beantragen.[84]

4. Satzungsleistungen und ihre Grenzen

§ 37 Abs. 2 Satz 3 SGB V räumt den Krankenkassen die Möglichkeit ein, Grundpflege und hauswirt- 55
schaftliche Versorgung auch im Rahmen der Behandlungssicherungspflege zu gewähren. Voraussetzung ist die Festlegung eines entsprechenden Anspruchs in der Satzung. Dabei kann die Satzung nicht nur das **Ob dieser Leistungen** regeln, sondern auch die **Dauer** und den **Umfang** einer solchen Leistung. Die Satzung kann nur Ansprüche, nicht aber **Ermessensleistungen** vorsehen.[85]

§ 37 Abs. 2 Satz 4 SGB V versagt die Möglichkeit von Leistungen der Grundpflege und hauswirt- 56
schaftlichen Versorgung, wenn der Versicherte **pflegebedürftig** im Sinne des SGB XI ist, auch als Satzungsleistung. Dann kann er – auch wenn die Satzung seiner Krankenkasse eigentlich die Grundpflege und hauswirtschaftliche Versorgung vorsieht – nur noch Behandlungspflege von seiner Krankenkasse

---

77 Vgl. zu einzelnen Leistungen *Höfler* in: KassKomm, SGB V, § 37 Rn. 23b.

78 BSG v. 13.06.2006 - B 8 KN 4/04 KR R.

79 BSG v. 17.03.2005 - B 3 KR 35/04 R - SozR 4-2500 § 37 Nr. 4; ebenso, aber zweifelnd, ob es entsprechende Fälle überhaupt geben kann: BSG v. 13.06.2006 - B 8 KN 4/04 KR R - juris Rn. 24.

80 GKV-Wettbewerbsstärkungsgesetz BGBl I 2007, 378; zur Begründung des § 37 Abs. 2 SGB V vgl. BT-Drs. 16/3100, S. 104 ff.

81 Beispiel nach BSG v. 17.03.2005 - B 3 KR 8/04 R.

82 Beispiel nach BSG v. 17.03.2005 - B 3 KR 9/04 R - SozR 4-2500 § 37 Nr. 3; LSG Nordrhein-Westfalen v. 04.12.2003 - L 5 KR 23/03 - PflR 2004, 423.

83 *Plantholz*, PflR 2005, 3, 6.

84 BSG v. 17.03.2005 - B 3 KR 9/04 R - SozR 4-2500 § 37 Nr. 3 mit Anmerkung *Koch*, jurisPR-SozR 1/2006, Anm. 3.

85 *Mengert* in: Peters, Handbuch KV (SGB V), § 37 Rn. 50.

erhalten. Das gilt selbst dann, wenn die Grundpflege und die Behandlungspflege schwer voneinander zu trennen sind oder die Aufteilung in Grund- und Behandlungspflege im Einzelfall schwer zu realisieren und sogar unwirtschaftlich ist.[86] In diesen Fällen kann der Versicherte aber nach der neuen Rechtsprechung des BSG wählen, ob eine bestimmte Leistung der Behandlungspflege zur Berechnung des Pflegebedarfs in der sozialen Pflegeversicherung oder aber als Leistung der gesetzlichen Krankenversicherung im Rahmen des Anspruchs auf häusliche Pflege nach § 37 Abs. 2 SGB V berücksichtigt werden soll.[87]

V. Pflege durch im Haushalt lebende Person

57 Nach § 37 Abs. 3 SGB V besteht der Anspruch auf häusliche Krankenpflege nur, soweit eine im Haushalt lebende Person die Pflege nicht übernehmen kann. Eine **im Haushalt lebende** Person muss dabei nicht unbedingt ein Mitglied der Familie des Versicherten sein. Sie muss allerdings Bestandteil des Haushalts sein. Das setzt eine gewisse **Kontinuität** voraus. Es reicht also nicht aus, dass eine Person sich besuchsweise im Haushalt aufhält oder vorübergehend in diesen aufgenommen wird.[88] Vielmehr muss sie dem Haushalt des Versicherten ständig angehören. Insofern ist auf den Haushalt des Versicherten selbst abgestellt worden und darauf, ob die betreffende Person und der Versicherte über das bloße Wohnen hinaus in einer **Wohn- und Lebensgemeinschaft** verbunden sind.[89] Daran ändert eine vorübergehende Ortsabwesenheit der betreffenden Person nichts.[90] Es reicht allerdings nicht aus, dass eine Person, die im selben Haus wohnt wie der Versicherte, die Pflege übernehmen könnte. Ein gemeinsamer Haushalt wird nicht dadurch begründet, dass die Pflegeperson in ihrer im gleichen Haus gelegenen Wohnung die Mahlzeiten für den Versicherten zubereitet.[91] Ebenso wenig kann es ausreichen, dass sich eine Person nur zu Zwecken der Pflege (als Grundpflege nach dem SGB XI) im Haus aufhält. So kann das Personal eines häuslichen Pflegedienstes ebenso wenig wie Angehörige, die die Grundpflege eines Versicherten rund um die Uhr sicherstellen, nicht schon allein deshalb als Teil des Haushalts angesehen werden. Es kommt vielmehr auf die gemeinsame Lebensführung an.

58 Voraussetzung für die Übernahme der Pflege durch einen Haushaltsangehörigen ist aber, dass ihm diese **zumutbar** ist. Für die Beurteilung der Zumutbarkeit kann es im Einzelfall darauf ankommen, in welchem Verhältnis der Versicherte zum Haushaltsangehörigen steht. Während angestellten Haushaltsangehörigen je nach Qualifikation wenig Pflegeleistungen zumutbar sind, ist bei Familienangehörigen, insbesondere bei Ehepartnern und Eltern, eine **selbstverantwortliche Eigenleistung der Familie** zu fordern und zumutbar. Familienangehörige müssen im Grundsatz alles in ihren Kräften Stehende tun, um neben den vorhandenen Leistungen der Krankenkasse (z.B. Hilfsmittel) zur Behebung des Krankheitszustands ihrer Angehörigen beizutragen,[92] denn § 37 Abs. 3 SGB V ist Ausdruck des Vorrangs der Eigenhilfe des Versicherten.[93]

59 § 37 Abs. 3 SGB V kann allerdings nicht zu Lasten des Versicherten weit ausgelegt werden. Nach § 2 Abs. 2 SGB I sind die Vorschriften des SGB im Zweifel so zu verstehen, dass die sozialen Rechte möglichst weitgehend verwirklicht werden. Die Sicherung des ärztlichen Behandlungsziels gibt den Ausschlag. Der Anspruch ist deshalb nicht schon dann ausgeschlossen, wenn ein Haushaltsangehöriger nicht nur Hilfe leisten kann, sondern erst dann, wenn er das auch tut. Insofern ist ein Einverständnis zwischen Pflegendem und zu Pflegendem erforderlich. Insbesondere im **Intimbereich** ist es wegen des besonderen Schutzes der **Menschenwürde** nach Art. 1 Abs. 1 GG weder dem Versicherten noch seinen Haushaltsangehörigen zuzumuten, Krankenpflege zu übernehmen, obwohl etwa eine ausreichende Vertrauensbasis nicht besteht.[94] Je weniger die Pflegeleistung in den Bereich der Intimpflege geht, desto geringer ist der Maßstab für die Zumutbarkeit.

---

86 BSG v. 28.01.1999 - B 3 KR 4/98 R - SozR 3-2500 § 37 Nr. 1.

87 BSG v. 17.03.2005 - B 3 KR 9/04 R - SozR 4-2500 § 37 Nr. 3.

88 BSG v. 22.04.1987 - 8 RK 22/85 - SozR 2200 § 185b Nr. 11, v. 07.03.1990 - 3 RK 16/89 - SozR 3-2200 § 185b Nr. 1.

89 BSG v. 15.03.1988 - 4/11a RA 14/87 - BSGE 63, 79, 82.

90 BSG v. 30.06.1966 - 12 RJ 162/64 - BSGE 25, 109.

91 BSG v. 30.03.2000 - B 3 KR 23/99 R - SozR 3-2500 § 37 Nr. 2 = BSGE 86, 101.

92 BSG v. 14.07.1977 - 3 RK 60/75 - SozR 2200 § 185 Nr. 1, v. 10.11.1977 - 3 RK 68/76 - SozR 2200 § 185 Nr. 2.

93 BSG v. 30.03.2000 - B 3 KR 23/99 R - SozR 3-2500 § 37 Nr. 2 = BSGE 86, 101.

94 BSG v. 30.03.2000 - B 3 KR 23/99 R - SozR 3-2500 § 37 Nr. 2.

Darüber hinaus richtet sich die Zumutbarkeit für die Haushaltsangehörigen nach ihrer persönlichen Situation. Ähnlich wie bei der Haushaltshilfe nach § 38 SGB V muss die betreffende Person persönlich in der Lage sein, die Krankenpflege zu übernehmen und ihr dürfen anderweitige Verpflichtungen nicht entgegenstehen. Das bedeutet zunächst, dass sie die **persönlichen Voraussetzungen**, wie z.B. die Reife und körperliche Konstitution, mitbringt, um die mit der Krankenpflege verbundenen Aufgaben ordnungsgemäß wahrzunehmen. Dabei ist auf den konkreten Versicherten mit seiner individuellen Erkrankung in ihrem tatsächlichen Umfang abzustellen. Der Haushaltsangehörige muss in der Lage sein, die konkret erforderlichen Hilfeleistungen im Rahmen der Krankenpflege zu erbringen,[95] ohne dass es insofern darauf ankommt, ob er eine entsprechende berufliche Qualifikation (z.B. Krankenpfleger) hat. Das Gesetz verlangt nicht, dass sich Versicherte mit einer behelfsmäßigen Überbrückung der Krankenpflege während der Dauer von deren Erforderlichkeit zufrieden geben. 60

Weiterhin muss der dritten Person die Krankenpflege insofern zuzumuten sein als ihr keine **anderen Verpflichtungen** entgegenstehen. § 37 SGB V weist dem Versicherten zwar eine gewisse Eigenverantwortung zu, verlangt aber nicht, dass die in der Familie herrschende Rollenverteilung aufgegeben wird und z.B. kleine Kinder nicht mehr betreut werden, sondern z.B. in einen Hort gegeben werden, oder dass die weitere im Haushalt lebende Person ihre Arbeit oder Schulausbildung aufgibt, um die Krankenpflege durchzuführen.[96] Demgegenüber ist es einer im Haushalt lebenden Person zumutbar, gegebenenfalls in der arbeits- bzw. schulfreien Zeit Pflegeleistungen (vor allem im Bereich der hauswirtschaftlichen Versorgung) zu übernehmen.[97] Das gilt auch während eines Tarifurlaubs.[98] Demgegenüber ist die im Haushalt lebende Person nicht verpflichtet, unbezahlten Sonderurlaub in Anspruch zu nehmen, um den Versicherten zu pflegen.[99] Auch ist der im Haushalt lebenden Person ein gewisses Maß an jährlichem Erholungsurlaub ohne Verpflichtung zur Krankenpflege zuzubilligen. 61

§ 37 Abs. 3 SGB V begrenzt den Anspruch auf häusliche Krankenpflege nicht nur dem Grunde, sondern auch der **Höhe** nach. „Soweit ein Haushaltsangehöriger die Pflege nicht leisten kann" bedeutet nicht nur, dass ein Anspruch insgesamt ausgeschlossen ist, wenn ein Haushaltsangehöriger die Hilfe leistet und diese ihm zumutbar ist. Es bedeutet auch, dass es dazu kommen kann, dass ein Haushaltsangehöriger die Hilfe nicht insgesamt leisten kann, wohl aber einen Teil, wie z.B. die hauswirtschaftliche Versorgung und Teile der Grundpflege. In diesen Fällen besteht der Anspruch gegen die gesetzliche Krankenversicherung nur für die Bestandteile, die dem Haushaltsangehörigen nicht zumutbar sind. Im Einzelfall kann diese Regelung dazu führen, dass Haushaltsangehörige auch Teile der Behandlungspflege (z.B. Insulinspritzen – sog. Laien- oder einfache Behandlungspflege[100]) erbringen müssen, denn § 37 Abs. 3 SGB V grenzt nicht nur den Anspruch auf Grund- sondern auch denjenigen auf Behandlungspflege ein. 62

VI. Kostenerstattung für selbstbeschaffte Kraft

Gemäß §§ 2 Abs. 2 und 13 Abs. 1 SGB V haben Versicherte im Grundsatz einen Anspruch auf Krankenpflege als **Sachleistung** gegen ihre Krankenkassen. Die Krankenkassen müssen deshalb den Versicherten Krankenpflege durch Stellen einer Pflegekraft zur Verfügung stellen. Dazu schließen sie gemäß § 132a SGB V Verträge mit einzelnen Pflegekräften oder entsprechenden Einrichtungen. Als Pflegekraft kommen in erster Linie Personen in Betracht, die eine entsprechende berufliche Qualifikation erworben haben. Allerdings schließt das Gesetz Verträge mit berufsrechtlich nicht anerkannten Pflegekräften nicht aus, die trotz fehlender formaler Qualifikation die erforderlichen Fähigkeiten haben.[101] 63

---

[95] Das ist er z.B. für die konkrete Verrichtung dann nicht, wenn er wegen einer Phobie nicht in der Lage ist, Spritzen zu verabreichen. Vgl. SG Koblenz v. 27.06.2002 - S 8 KR 18/01 - PflR 2004, 35.

[96] BSG v. 07.11.2000 - B 1 KR 15/99 R - SozR 3-2500 § 38 Nr. 3, v. 07.03.1990 - 3 RK 16/89 - SozR 3-2200 § 185b Nr. 1.

[97] BSG v. 30.03.1977 - 5 RKn 20/76 - SozR 2200 § 185b Nr. 2 = BSGE 43, 236.

[98] BSG v. 28.01.1977 - 5 RKn 32/76 - SozR 2200 § 185b Nr. 1 = BSGE 43, 170.

[99] BSG v. 01.07.1997 - 2 RU 24/95 - SozR 3-2200 § 569a Nr. 1 S. 5; v. 23.11.1995 - 1 RK 11/95 - SozR 3-2500 § 38 Nr. 1 = BSGE 77, 102; offen gelassen BSG v. 07.11.2000 - B 1 KR 15/99 R - SozR 3-2500 § 38 Nr. 3 jeweils zur Haushaltshilfe.

[100] *Plantholz/Ludwig*, PflR 1999, 198, 199 unter Bezugnahme auf BSG v. 17.04.1996 - 3 RK 28/95 - SozR 3-2500 § 53 Nr. 10.

[101] BSG v. 26.03.1980 - 3 RK 47/79 - BSGE 50, 73, 75.

64 § 37 Abs. 4 SGB V gibt den Versicherten eine über § 13 Abs. 3 SGB V hinausgehende Möglichkeit, für häusliche Krankenpflege **Kostenerstattung** zu verlangen.[102] Während § 13 Abs. 3 SGB V den Anspruch auf Erstattung von Kosten für selbst beschaffte Leistungen an die Unaufschiebbarkeit der Leistung oder die zu Unrecht erfolgte Ablehnung der Leistung durch die Krankenkasse knüpft, fordert § 37 Abs. 4 SGB V, dass die Krankenkasse die Leistung nicht stellen kann oder Grund besteht, davon abzusehen. Der Anspruch nach § 13 Abs. 3 SGB V gewährt die Erstattung der gesamten notwendigen Kosten. Nach § 37 Abs. 4 SGB V kann die Erstattung der angemessenen Kosten verlangt werden. Die Krankenkasse kann dann die Sachleistung nicht erbringen, wenn ihr die entsprechenden **Kapazitäten** fehlen, sie also nicht ausreichend Pflegekräfte zur Verfügung hat, die ihr gegenüber vertraglich gebunden sind. Ein solcher Mangel kann vor allem wegen der örtlichen Verhältnisse oder wegen der Spezialität der Erkrankung im Einzelfall auftreten. **Grund von der Stellung einer Pflegekraft abzusehen**, besteht insbesondere, wenn der Versicherte sich die notwendige Pflege kostengünstiger verschaffen kann oder eine besondere persönliche Beziehung zwischen dem Versicherten und der selbst beschafften Pflegekraft besteht, die z.B. wegen der Art der Erkrankung für eine erfolgreiche Pflege notwendig ist. Denkbar ist das beispielsweise bei psychischen Erkrankungen. Es bedarf besonderer Gründe, wenn die Inanspruchnahme besonders qualifizierten Personals im Einzelfall als unzumutbar angesehen werden soll.[103]

65 § 37 Abs. 4 SGB V schließt aber die Anwendung von **§ 13 Abs. 3 SGB V** nicht aus.[104] Beide Vorschriften betreffen unterschiedliche Sachverhalte. Während § 37 Abs. 4 SGB V den Fall regelt, dass die Krankenkasse grundsätzlich das Vorliegen der Voraussetzungen des Absatzes 1 oder 2 und damit ihre Leistungspflicht vor Inanspruchnahme der Krankenpflege anerkannt hat und von der Gewährung von Sachleistungen entweder absieht oder diese ihr nicht möglich ist, regelt § 13 Abs. 3 SGB V den Fall, dass die Kasse von vornherein das Vorliegen der Voraussetzungen des § 37 Abs. 1 und 2 SGB V verneint hat oder mit der Sache wegen Unaufschiebbarkeit gar nicht befasst war.

66 Die Gewährung von Kostenerstattung nach § 37 Abs. 4 SGB V setzt voraus, dass der Versicherte einen entsprechenden **Antrag** stellt.[105] Das ergibt sich daraus, dass die Kasse weder darüber entscheiden kann, ob sie eine Pflegekraft zur Verfügung stellen kann noch ob Grund besteht, davon abzusehen, wenn sie keine Kenntnis von der Notwendigkeit der Krankenpflege hat. Außerdem ist das Antragserfordernis nach § 19 SGB IV ein allgemeiner Rechtsgrundsatz, der in den dort genannten Bereichen der Sozialversicherung gilt. Auch die Richtlinien bestimmen ein Antragserfordernis.[106] Der Antrag ist an keine Form gebunden.

67 § 37 Abs. 4 SGB V setzt für selbst beschaffte Pflegekräfte ebenso wenig voraus, dass die selbst beschaffte Kraft bestimmte formale **Voraussetzungen** erfüllt, wie für von der Kasse gestellte Pflegekräfte. Sie muss deshalb weder eine bestimmte Ausbildung absolviert haben, noch eine entsprechende Pflege bereits vorher durchgeführt haben. Allerdings wird man zu fordern haben, dass die selbst beschaffte Kraft die persönliche Eignung für die fachgerechte Pflege des Versicherten mitbringt. Das bedeutet, dass sie in der Lage sein muss, die für die Behandlung des konkreten Krankheitsfalls notwendigen Maßnahmen durchzuführen sofern sie Behandlungspflege leistet. Für die Leistungen der Grundpflege wird sie zumindest in der Lage sein müssen durch Pflegemaßnahmen die Krankheit nicht negativ zu beeinflussen (z.B. durch falsches Bewegen beim Anziehen) und den Grundbedürfnissen des Versicherten gerecht zu werden.

68 Die Krankenkasse hat die Kosten in **angemessener Höhe** zu erstatten. Die Angemessenheit der Höhe bestimmt sich nach der Schwere der Krankheit, dem Bedarf an Pflege auf der einen und nach den Verpflichtungen des Pflegenden gegenüber dem Versicherten (z.B. Unterhaltspflicht) auf der anderen Seite.

---

[102] Vgl. BSG v. 03.08.206 - B 3 KR 24/05 R - PflR 2006, 527-533 auch zur Fälligkeit der Vergütungsansprüche der Pflegedienste.

[103] LSG Nordrhein-Westfalen v. 09.08.2006 - L 11 KR 19/06.

[104] Vgl. BSG v. 28.01.1999 - B 3 KR 4/98 R - SozR 3-2500 § 37 Nr. 1; so wohl auch BSG v. 03.08.2006 - B 3 KR 25/05 R - juris Rn. 20 ff.

[105] BSG v. 26.03.1980 - 3 RK 47/79 - SozR 2200 § 185 Nr. 4; LSG Potsdam v. 11.10.2006 - L 24 KR 2/05.

[106] Dabei kann man sich allerdings die Frage stellen, ob der Gemeinsame Bundesausschuss überhaupt die Kompetenz hat, über das Antragserfordernis in den Richtlinien eine Regelung zu schaffen, vgl. *Richter/Bohlken*, NZS 2000, 236, 238 f.

VII. Zuzahlung

Mit dem Gesundheitsmodernisierungsgesetz von 2003 wurde mit Wirkung ab 01.01.2004 auch für die Haushaltshilfe eine Zuzahlungsregelung unter Hinweis auf § 61 Abs. 1 SGB V eingeführt.[107] 69

VIII. Richtlinien

Mit der Ausdehnung der Krankenpflege auch auf Orte außerhalb von Haushalt und Familie des Versicherten sind Befugnisse des Gemeinsamen Bundesausschusses eingeführt worden. Er bestimmt nunmehr, an welchen Orten außer den bereits in den Absätzen 1 und 2 genannten Krankenpflege erbracht werden muss. Daneben regelt er das Nähere über die Art und den Inhalt der krankheitsspezifischen Pflegemaßnahmen nach Absatz 2. Der Gemeinsame Bundesausschuss ist also dazu berufen, hier eine genauere Definition zu finden oder die krankheitsspezifischen Pflegemaßnahmen in einem Katalog aufzuführen.[108] 70

C. Reformbestrebungen

Die soziale Pflegeversicherung ist immer wieder in der Reformdiskussion. Da die Gestalt der anstehenden Reform bisher wenig Konturen hat, wird man abwarten müssen, welche Auswirkungen mögliche Veränderungen in der sozialen Pflegeversicherung auf den Anspruch und die Gewährung von häuslicher Krankenpflege nach § 37 SGB V haben werden. 71

D. Praxishinweise

Nach der Rechtsprechung des BSG ist über jeden Verordnungszeitraum der häuslichen Krankenpflege gesondert zu entscheiden.[109] Das führt dazu, dass die Krankenkasse einzelne Verwaltungsakte über die Gewährung der Krankenpflege erlässt, die auch einzeln angefochten werden können. Sofern sie die einzelnen Bewilligungsabschnitte nicht selbst in einem Verwaltungsakt oder Widerspruchsbescheid zusammenfasst, kann der Versicherte sie auch nur einzeln anfechten. Die einzelnen Bewilligungen werden nicht gemäß § 96 SGG Gegenstand eines gegen einen Bescheid über einen anderen Bewilligungsabschnitt anhängigen Rechtsstreits. 72

---

[107] Dazu detailliert im Bezug auf die Sozialhilfe: *Hammel*, ZfSH/SGB 2004, 323-345.

[108] GKV-Wettbewerbsstärkungsgesetz BGBl I 2007, 378, 384; zur Begründung des § 37 Abs. 2 SGB V vgl. BT-Drs. 16/3100, S. 104 ff.

[109] BSG v. 21.11.2002 - B 3 KR 13/02 R - SozR 3-2500 § 37 Nr. 5.

§ 37a SGB V Soziotherapie

(Fassung vom 14.11.2003, gültig ab 01.01.2004)

(1) Versicherte, die wegen schwerer psychischer Erkrankung nicht in der Lage sind, ärztliche oder ärztlich verordnete Leistungen selbständig in Anspruch zu nehmen, haben Anspruch auf Soziotherapie, wenn dadurch Krankenhausbehandlung vermieden oder verkürzt wird oder wenn diese geboten, aber nicht ausführbar ist. Die Soziotherapie umfasst im Rahmen des Absatzes 2 die im Einzelfall erforderliche Koordinierung der verordneten Leistungen sowie Anleitung und Motivation zu deren Inanspruchnahme. Der Anspruch besteht für höchstens 120 Stunden innerhalb von drei Jahren je Krankheitsfall.

(2) Der Gemeinsame Bundesausschuss bestimmt in den Richtlinien nach § 92 das Nähere über Voraussetzungen, Art und Umfang der Versorgung nach Absatz 1, insbesondere

1. **die Krankheitsbilder, bei deren Behandlung im Regelfall Soziotherapie erforderlich ist,**
2. **die Ziele, den Inhalt, den Umfang, die Dauer und die Häufigkeit der Soziotherapie,**
3. **die Voraussetzungen, unter denen Ärzte zur Verordnung von Soziotherapie berechtigt sind,**
4. **die Anforderungen an die Therapiefähigkeit des Patienten,**
5. **Inhalt und Umfang der Zusammenarbeit des verordnenden Arztes mit dem Leistungserbringer.**

(3) Versicherte, die das 18. Lebensjahr vollendet haben, leisten als Zuzahlung je Kalendertag der Leistungsinanspruchnahme den sich nach § 61 Satz 1 ergebenden Betrag an die Krankenkasse.

Gliederung

A. Basisinformationen

I. Gesetzgebungsmaterialien

1 § 37a SGB V wurde durch Gesetz vom 22.12.1999[1] mit Wirkung vom 01.01.2000 neu in das SGB V eingefügt. Absatz 2 wurde mit Gesetz vom 14.11.2003[2] mit Wirkung ab dem 01.01.2004 geändert, mit dem auch der dritte Absatz eingefügt wurde.

2 Der Gesetzgeber wollte mit der Regelung des § 37a SGB V die besonderen Bedürfnisse psychisch Kranker berücksichtigen, die häufig nicht in der Lage seien, Krankenkassenleistungen selbständig in Anspruch zu nehmen. Psychische Erkrankungen führten zu immer wiederkehrenden stationären Auf-

[1] BGBl I 1999, 2626.
[2] BGBl I 2003, 2190.

enthalten, die vor allem im Sinne der Kostenersparnis für die Krankenkassen vermieden werden sollten.[3] § 37a SGB V ist das Ergebnis eines **Modellversuchs** der Krankenkassen zu soziotherapeutischen Maßnahmen aus dem Jahre 1995. Dabei wurde erstens erkannt, dass in die ambulante Behandlung psychischer Erkrankungen der soziale Aspekt im Sinne der Beziehung des Kranken zu seiner Umgebung einzubeziehen ist. Zweitens wurden die soziotherapeutischen Maßnahmen als Komplexleistung konzipiert, in der einzelne Leistungen zu einer Einheit zusammengefasst werden.[4]

Nach Auffassung des Gesetzgebers setzte die Soziotherapie einen **Behandlungsplan** voraus, der verschiedene Behandlungselemente zur komplexen Leistung „Soziotherapie" integriert. Der Anspruch auf Soziotherapie sollte schwer psychisch kranken aber therapiefähigen Personen vorbehalten bleiben und als Ziel die Selbständigkeit des Betroffenen vor Augen haben. Die Regelungen der Einzelheiten hat der Gesetzgeber dem Gemeinsamen Bundesausschuss überlassen. Dabei sollte der Katalog des Bundesausschusses nicht abschließend sein, sondern eine **Aufzählung von Indikationen** enthalten, bei denen die Soziotherapie regelmäßig angewandt wird. 3

Mit dem GKV-Modernisierungsgesetz (GMG) wurde zusätzlich die **Zuzahlungspflicht** entsprechend dem Gesamtaufwand pro Tag der Leistungsinanspruchnahme eingeführt.[5] 4

II. Vorgänger- und Parallelvorschriften

Eine Vorgängervorschrift für den § 37a SGB V gab es nicht. Vielmehr enthält er ein im Jahre 2000 neu eingeführtes Institut zwischen Krankenpflege und Haushaltshilfe. Mit § 37a SGB V wurde in § 92 Abs. 1 Satz 2 Nr. 6 SGB V die Richtlinienkompetenz der Bundesausschüsse und in § 132b SGB V die Möglichkeit der Verträge zwischen Krankenkassen und Leistungserbringern zur Versorgung mit Soziotherapie geregelt. Die Spitzenverbände der Krankenkassen legen danach gemeinsam und einheitlich die Anforderungen an die Leistungserbringer der Soziotherapie fest. § 37a SGB V ist Folge der zunehmenden Erkenntnis, dass auch psychisch Kranke nicht nur verwahrt, sondern auch geheilt werden können. Er ist Ausdruck des in § 27 Abs. 1 Satz 3 SGB V niedergelegten Grundsatzes, dass den Bedürfnissen psychisch Kranker besonders Rechnung zu tragen ist. 5

Auch das SGB XI, insbesondere dessen § 14 Abs. 2 Nr. 3, berücksichtigt die besonderen Bedürfnisse psychisch Kranker und geistig behinderter Menschen. Eine solche Erkrankung kann zu Pflegebedürftigkeit im Sinne des § 14 SGB XI führen. Ein Anspruch auf Leistungen der Pflegeversicherung schließt aber – ähnlich wie bei der häuslichen Krankenpflege – einen Anspruch auf Soziotherapie nach § 37a SGB V nicht aus. Die Soziotherapie ist nämlich auf die Koordinierung der Inanspruchnahme von Leistungen der gesetzlichen Krankenversicherung gerichtet, während die Pflege nach dem SGB XI die Zielrichtung einer Sicherung der Grundbedürfnisse zum Gegenstand hat.[6] 6

Parallel zu § 37a SGB V wurde die integrierte Versorgung nach den §§ 140a ff. SGB V eingeführt, die im Bereich der psychiatrischen und psychotherapeutischen Leistungen durch Zusammenfassung der Leistungserbringer zu einem ähnlichen Effekt führen kann wie die Soziotherapie, indem der einzelne Patient und Versicherte seine Leistungserbringer und Ansprechpartner an einem Ort findet. 7

III. Untergesetzliche Normen

Entsprechend seiner ihm in den §§ 37a und 92 Abs. 1 Satz 2 Nr. 6 SGB V eingeräumten Kompetenzen hat der Bundesausschuss der Ärzte und Krankenkassen (jetzt: gemeinsamer Bundesausschuss) Richtlinien über die Durchführung der Soziotherapie in der vertragsärztlichen Versorgung (**Soziotherapie-Richtlinien**)[7] erlassen. Sie regeln Voraussetzungen, Art und Umfang der Leistung „Soziotherapie" im Rahmen der gesetzlichen Krankenversicherung. Als Ziel der Soziotherapie wird dort der Abbau psychosozialer Defizite durch Motivierungsarbeit und strukturierte Trainingsmaßnahmen sowie der Aufbau der Fähigkeit des Versicherten genannt, erforderliche Leistungen zu akzeptieren und selbständig in Anspruch zu nehmen. Die Richtlinie konkretisiert den Begriff der schweren psychischen Erkran- 8

3 Sog. Drehtüreffekt, BT-Drs. 14/1245, S. 5b.

4 *Mrozynski* in: Wannagat, SGB V, § 37a Rn. 27 ff.; *Reumschüssel-Wienert*, RuP 2002, 156 f.

5 BT-Drs. 15/1525, S. 90.

6 Z.B. BSG v. 22.08.2001 - B 3 P 13/00 R - SozR 3-3300 § 40 Nr. 7; BSG v. 05.08.1999 - B 3 P 1/99 R - SozR 3-3300 § 15 Nr. 8 sowie die Kommentierung zu § 37 SGB V Rn. 6 und die Kommentierung zu § 37 SGB V Rn. 49 ff.

7 BAnz 2001, Nr. 217; abgedruckt im Aichberger Ergänzungsband, *Engelmann* (Hrsg.), Gesetzliche Krankenversicherung und soziale Pflegeversicherung, Nr. 523.

kung und stellt einen Indikationskatalog für Krankheiten auf, bei denen Soziotherapie verordnet werden kann. Sie bestimmt den Leistungsinhalt der Soziotherapie und regelt, wer unter welchen Voraussetzungen Soziotherapie verordnen darf. Insbesondere werden Regelungen getroffen, wie ein soziotherapeutischer Behandlungsplan auszusehen hat und wie die verschiedenen Leistungserbringer zusammenzuwirken haben. Nach der Richtlinie bedarf die Verordnung von Soziotherapie der vorherigen Genehmigung durch die Krankenkasse.

IV. Empfehlungen für Leistungserbringer

9 Entsprechend § 132b SGB V haben die Spitzenverbände der Krankenkasse im Anschluss an die Soziotherapie-Richtlinien **Empfehlungen für die Anforderungen an Leistungserbringer für die Soziotherapie** abgegeben.[8] Danach werden als Soziotherapeuten Sozialarbeiter und Sozialarbeiterinnen und Sozialpädagogen und -pädagoginnen sowie Fachkrankenschwestern und -pfleger für Psychiatrie zugelassen, die Erfahrung in der ambulanten und stationären psychiatrischen Versorgung haben. Sie müssen Nachweise über spezifische Kenntnisse im psychiatrischen Bereich, über Motivationsarbeit mit psychiatrisch Kranken und in der Dokumentation von Behandlungen, eine Einbindung in einen gemeindepsychiatrischen oder vergleichbaren Verbund sowie geeignete Räumlichkeiten nachweisen.

V. Systematische Zusammenhänge

10 Der Gesetzgeber hat die Soziotherapie konsequent zwischen dem Anspruch auf häusliche Krankenpflege und demjenigen auf Haushaltshilfe geregelt. Entgegen dem etwas missverständlichen Begriff der Soziotherapie handelt es sich hier nämlich nicht in erster Linie um eine Therapie zur sozialen Wiedereingliederung des Versicherten[9], die besser im Zusammenhang mit der ärztlichen Behandlung oder des Anspruchs auf Heil- und Hilfsmittel geregelt worden wäre, sondern um **unterstützende Leistungen zur Inanspruchnahme von Krankenbehandlung**. Zwar sollen die psychosozialen Defizite des Patienten ausgeglichen werden, das eigentliche Ziel ist es aber zu erreichen, dass der Kranke die von der Krankenkasse angebotenen ambulanten Leistungen zur Behandlung seiner Erkrankung selbständig in Anspruch nimmt. Insofern besteht ein Zusammenhang mit § 43 SGB V, denn § 37a SGB V enthält – ähnlich wie dieser – unterstützende Maßnahmen der Krankenbehandlung[10] und hat eine teilweise rehabilitative Aufgabenstellung.[11] Wie beim Anspruch auf häusliche Krankenpflege wird die Soziotherapie zur Vermeidung oder Verkürzung von Krankenhausbehandlung bzw. dann gewährt, wenn eine Krankenhausbehandlung nicht möglich ist. Wie bei der Haushaltshilfe erhält der Versicherte zusätzliche Leistungen, die nicht unmittelbar der Behandlung der Krankheit dienen, um den Erfolg der Behandlung zu sichern und zu ermöglichen.

VI. Ausgewählte Literaturhinweise

11 *Mrozynski,* Rehabilitationsleistungen – Integrierte Versorgung im gegliederten System, Überlegungen zum SGB IX, SGb 2001, 277-286; *ders.*, Die Verbesserung der Zusammenarbeit im ambulanten und stationären Bereich der psychischen Versorgung, RuP 2000, 188-194; *Oldiges,* Der Patient im Mittelpunkt – auch der chronisch Kranke?, KrV 2000, 62-66; *Reumschüssel-Wienert,* Soziotherapie, RuP 2002, 156-161; *Rosenthal,* Soziotherapie, WzS 2002, 71-75.

B. Auslegung der Norm

I. Regelungsgehalt und Bedeutung der Norm

12 Nach § 37a SGB V wird eine Leistung gewährt, die vor allem eine Koordination der verschiedenen Leistungserbringer mit dem Ziel der Verselbständigung des Patienten zum Inhalt hat. Schon durch das Gesetz ist diese Leistung auf den eng umschriebenen Personenkreis der schwer psychisch Kranken be-

[8] Empfehlungen vom 29.11.2001, zu finden im Internet unter www.soziotherapie-berlin.de/Gem.Empfehlungen Soziotherapievom29.11.2001.pdf (Stand: 22.02.2005); dazu *Rosenthal*, WzS 2002, 71, 84 f.

[9] *Höfler* in: KassKomm-SGB, SGB V § 37a Rn. 2.

[10] *Mrozynski* in: Wannagat, SGB V § 37a Rn. 3.

[11] *Reumschüssel-Wienert*, RuP 2002, 156, 158; zur schwierigen Abgrenzung von Akut- und Rehabilitationsbehandlung bei psychischen Erkrankungen vgl. BSG v. 20.01.2005 - B 3 KR 9/03 R - SozR 4-2500 § 112 Nr. 4.

grenzt. Die Leistung wird entsprechend den Vorgaben des Absatzes 2 durch die Soziotherapie-Richtlinien konkretisiert. Der Versicherte wird im Rahmen des § 61 Abs. 1 SGB V durch Zuzahlungen in Anspruch genommen.

Entsprechend dem eng gefassten Kreis der Leistungsberechtigten hat die Soziotherapie keinen hohen statistischen Stellenwert. Zwar haben viele Neurologen und Psychiater die Genehmigung zur Verordnung von Soziotherapie, jedoch stehen dem wenige Leistungserbringer gegenüber.[12] Im Juli 2003 waren in Hessen z.B. nur fünf Soziotherapeuten zur Versorgung zugelassen.[13] 13

II. Normzweck

Zweck der Einführung des § 37a SGB V in das Gesetz war einerseits die Unterstützung psychisch Kranker, vor allem aber die Vermeidung von Krankenhausbehandlung. Es soll der Effekt vermieden werden, dass schwer psychisch Kranke, die nicht zur selbständigen Inanspruchnahme von ambulanten Leistungen in der Lage sind, fast automatisch nach Entlassung aus einem Krankenhaus wieder eingewiesen wurden (sog. „**Drehtüreffekt**"). Das gilt in besonderem Maße für psychisch Kranke, denen die Krankheitseinsicht fehlt und die deshalb auch nicht in der Lage sind, sich entsprechend dieser Einsicht an Behandlungsmaßnahmen selbständig zu beteiligen und sie zur Heilung oder Besserung der Krankheit in Anspruch zu nehmen. Zu diesem Zweck wird ihnen ein Leistungserbringer zur Seite gestellt, der die Leistungen koordiniert und mit ihnen ein entsprechendes Training zur selbständigen Inanspruchnahme von Leistungen durchführt. Letztendlich soll durch die Soziotherapie die kostenintensive Krankenhausbehandlung vermieden und damit den Krankenkassen Kosten erspart werden. 14

III. Tatbestandsmerkmale

1. Schwere psychische Erkrankung

Soziotherapie kann Versicherten verordnet werden, die an einer schweren psychischen Erkrankung leiden. Welche Erkrankungen als **psychische Erkrankung** zu bezeichnen sind, definiert § 37a SGB V nicht. Der Begriff ist ähnlich wie in § 27 Abs. 1 Satz 3 SGB V (siehe die Kommentierung zu § 27 SGB V) auszulegen. Eine psychische Erkrankung ist danach ein regelwidriger Geisteszustand, der einer ärztlichen Heilbehandlung bedarf oder Arbeitsunfähigkeit zur Folge hat.[14] Eine rein körperliche Erkrankung reicht nicht. Unter den Begriff der psychischen Erkrankung fallen andererseits auch nicht nur solche Erkrankungen, die sich ausschließlich im psychischen Bereich abspielen, sondern auch diejenigen organischen Erkrankungen, die Auswirkungen auf die geistige Gesundheit haben. Die Erkrankung muss ihrer Art nach der Behandlung und Therapie zugänglich sein, d.h. die Art der Erkrankung darf nicht ausschließen, dass der Versicherte durch Behandlung und entsprechende Trainings- und Motivationsmaßnahmen in die Lage versetzt wird, selbständig ärztliche und sonstige Leistungen in Anspruch zu nehmen. 15

Schwer ist eine psychische Erkrankung, die im Vergleich zu anderen zu einer weit überdurchschnittlichen Abweichung vom Leitbild des gesunden Menschen führt und die natürlichen menschlichen Funktionen und Lebensäußerungen in großem Umfang einschränkt.[15] Maßgebliches Kriterium ist dabei das zweite Tatbestandsmerkmal des § 37a Abs. 1 Satz 1 SGB V. Die Krankheit muss dazu führen („wegen"), dass der Versicherte nicht in der Lage ist, ärztliche oder ärztlich verordnete Leistungen selbständig in Anspruch zu nehmen, d.h. seine Selbsthilfefähigkeit muss beeinträchtigt, nicht aber beseitigt sein. Ärztliche Leistungen sind dabei solche, die von Ärzten und deren Hilfspersonal ausgeführt werden (§ 28 SGB V). Ärztlich verordnete Leistungen sind demgegenüber Tätigkeiten durch andere Heilberufe (z.B. Psychotherapie, Ergotherapie, Krankengymnastik). Der Versicherte ist dann nicht in der **Lage, diese Leistungen selbständig in Anspruch zu nehmen** und damit schwer psychisch krank, wenn die Erkrankung Auswirkungen hat auf die Einsichtsfähigkeit, die Fähigkeit, strukturiert und planerisch zu denken und vorzugehen oder auf die Fähigkeit Krisen, z.B. durch die Inanspruchnahme von 16

[12] Vgl. *Reumschüssel-Wienert*, RuP 2002, 156, 159 auch zur Frage der Verfügbarkeit der zu koordinierenden Leistungen sowie BSG v. 13.05.2004 - B 3 KR 18/03 R - SozR 4-2500 § 39 Nr. 2.

[13] Information der Kassenärztlichen Vereinigung Hessen, www.kv-hessen.de (Stand: 22.02.2005).

[14] BT-Drs 11/2237, S. 1790, BSG v. 23.11.1971 - 3 RK 26/70 - BSGE 33, 202.

[15] *Höfler* in: KassKomm-SGB, SGB V, § 37a Rn. 4.

Hilfe, zu bewältigen, und der Versicherte deshalb einen Arzt nicht aus eigenem Antrieb konsultieren oder Medikamente ordnungsgemäß einnehmen kann.[16] Das Unvermögen, die genannten Leistungen abzurufen, muss ausschließlich auf der schweren psychischen Erkrankung beruhen.

17 § 37a Abs. 2 Nr. 2 SGB V sieht vor, dass die Soziotherapie-Richtlinien insbesondere einen Katalog der **Krankheitsbilder** aufstellen sollen, bei denen im Regelfall eine Soziotherapie erforderlich ist. Mit der Formulierung „im Regelfall" wird klargestellt, dass es sich bei diesem Katalog nicht um eine abschließende Aufstellung handelt. Vielmehr ist es möglich, dass neben den dort genannten Indikationen andere Erkrankungen, die ähnliche Störungen hervorrufen, einen Anspruch auf Soziotherapie nach sich ziehen. Die Soziotherapie-Richtlinien sehen eine Indikation zur Soziotherapie bei Erkrankungen aus dem schizophrenen Formenkreis und bei affektiven Störungen vor. Zur Darstellung, welche anderen Erkrankungen gegebenenfalls der Soziotherapie zugänglich sind, stellen die Soziotherapie-Richtlinien einen Katalog derjenigen Fähigkeitsstörungen auf, die Erkrankungen immanent sind, die einer Soziotherapie bedürfen. Diese Störungen beziehen sich auf die Fähigkeit, strukturiert, planerisch und realitätsbezogen zu denken und zu handeln, Einschränkungen in der Kontakt- und Konfliktlösungsfähigkeit, den kognitiven Fähigkeiten einschließlich des problemlösenden Denkens und die Einsicht in die Krankheitssymptomatik und deren Behandlungsbedürftigkeit.

18 Die Schwere der Erkrankung wird nach den Soziotherapie-Richtlinien nach der sog. **GAF-Skala**[17] bemessen. Dabei legen die Richtlinien einen Oberwert fest, bis zu dem Soziotherapie verordnet werden darf. Erkrankungen, die mehr als den Wert 40 auf dieser Skala erreichen, werden nicht als schwere psychische Erkrankung eingeordnet. Soziotherapie wird dann nicht erbracht.

19 Voraussetzung des § 37a SGB V ist weiterhin, dass sich der Versicherte wegen dieser Erkrankung in **vertragsärztlicher Behandlung** befindet. Weder reichen eine Behandlung auf privatärztlicher Basis[18] noch die bloße Verwahrung in einer entsprechenden Einrichtung aus.

2. Vermeidung von Krankenhausbehandlung und Unausführbarkeit der Krankenhausbehandlung

20 Soziotherapie darf nur verordnet werden, wenn dadurch die **Krankenhausbehandlung vermieden** oder verkürzt wird oder wenn die Krankenhausbehandlung nicht durchführbar ist. Dieses Tatbestandsmerkmal entspricht den Voraussetzungen für die häusliche Krankenpflege und ist entsprechend wie in § 37 SGB V (vgl. die Kommentierung zu § 37 SGB V) auszulegen. Im Gegensatz zu § 37 SGB V ist die Soziotherapie allerdings nicht auf vier Wochen, sondern auf 120 Stunden pro Krankheitsfall beschränkt.

IV. Leistungsinhalt

21 Der Inhalt der Leistung „Soziotherapie" wird in § 37a Abs. 1 Satz 2 SGB V definiert. Danach umfasst die Soziotherapie die **Koordinierung der verordneten Leistungen** sowie die Anleitung und Motivation zu deren Inanspruchnahme. Soziotherapie ist also neben und zusätzlich zu den Leistungen nach den §§ 27 ff. SGB V zu gewähren. Während die Koordination ihrem Wortlaut nach eine eigene Leistung des Leistungserbringers ist, bezieht sich die **Anleitung und Motivation** zu deren Inanspruchnahme mehr auf eine Hilfe zur Selbsthilfe. Der Versicherte soll entsprechend dem gesetzlichen Ziel der Vorschrift in die Lage versetzt werden, die verordneten oder ärztlichen Leistungen nach Ende der Soziotherapie selbst koordiniert in Anspruch zu nehmen. Keine Soziotherapie ist die konkrete körperliche Hilfe (z.B. beim An- und Auskleiden vor der Inanspruchnahme von Physiotherapie) bei der Inanspruchnahme von ärztlich verordneten Leistungen.[19] Sie ist auch keine allgemeine Lebenshilfe z.B. zur Strukturierung des Tagesablaufs des Versicherten[20], sondern muss sich auf die medizinischen Komponenten des Tagesablaufs beziehen[21]. Die Soziotherapie ist insofern von der Betreuung im Sinne des § 1896 BGB abzugrenzen. Letztere setzt einen Ausschluss der Selbsthilfefähigkeit in der konkreten Le-

[16] *Zipperer* in: GKV-Komm, SGB V, § 37a Rn 4.
[17] Global Assessment of Function Scale, www.soziotherapie-berlin.de/gaf.pdf (Stand: 22.02.2005).
[18] *Bestermann* in: Peters, Handbuch KV (SGB V), § 37a Rn. 10.
[19] BSG v. 20.05.2003 - B 1 KR 23/01 R - SozR 4-2500 § 37 Nr. 1; vorhergehend LSG Berlin v. 25.07.2001 - L 9 KR 125/99.
[20] *Zipperer* in: GKV-Komm, SGB V, § 37a Rn. 8.
[21] *Mrozynski* in: Wannagat, SGB V, § 37a Rn. 4.

benssituation des Erkrankten in Bezug auf Angelegenheiten des täglichen Lebens voraus, während § 37a SGB V ausschließlich an der Möglichkeit zur Inanspruchnahme medizinischer Leistungen anknüpft.[22]

Die **Soziotherapie-Richtlinien** spezifizieren entsprechend dem gesetzlichen Auftrag nach § 37a Abs. 2 Nr. 2 SGB V diese Inhaltsbestimmung. Sie orientieren sich an dem gesetzlich vorgegebenen Ziel der Befähigung des Versicherten zur selbständigen Inanspruchnahme der Leistungen. Dabei unterscheiden die Soziotherapie-Richtlinien zwischen immer zu erbringenden Leistungen und solchen, die je nach Einzelfall zusätzlich zu erbringen sind. Die immer zu erbringenden Leistungen betreffen insbesondere die Koordination der in Anspruch zu nehmenden Leistungen unter Einbeziehung des Umfelds des Versicherten. Zunächst ist durch den verordnenden Arzt, den soziotherapeutischen Leistungserbringer und den Patienten ein sog. Betreuungsplan zu erstellen. Dieser enthält Anamnese, Diagnose, Befund, die angestrebten Therapieziele, die vorgesehenen therapeutischen Maßnahmen, deren zeitliche Strukturierung und die Prognose.[23] Die Koordination soll nicht nur die aktive Hilfe und Begleitung umfassen, sondern auch die Anleitung zur Selbsthilfe. Insbesondere im Rahmen der Anleitung zur Selbsthilfe gehört zu den immer zu erbringenden Leistungen nach den Soziotherapie-Richtlinien auch die Arbeit im sozialen Umfeld. Die Familie, Freunde und Bekannten sollen bei der Arbeit ebenso einbezogen werden wie etwa vorhandene sog. komplementäre Dienste (z.B. Selbsthilfegruppen). Während der Soziotherapie hat der Leistungserbringer schließlich die Art der Arbeit und deren Verlauf zu dokumentieren. 22

Je nach der konkreten Situation des Versicherten können darüber hinaus Motivationstraining, Training zur handlungsrelevanten Willensbildung, Anleitung zur Verbesserung der Krankheitswahrnehmung und Hilfe in Krisensituationen erbracht werden. 23

In der Regel wird die Soziotherapie als **Einzelmaßnahme** erbracht. Die Soziotherapie-Richtlinien sehen aber in besonderen Fällen auch eine Gruppentherapie vor. 24

Soziotherapie wird ausschließlich zur Koordinierung der **Leistungen nach dem SGB V,** nicht aber zusätzlich zu Leistungsansprüchen aus den anderen Bereichen des Sozialversicherungsrechts, z.B. aus dem SGB III, gewährt. 25

V. Verordnung der Leistung

Die Befugnis zur Verordnung der Leistung bedarf nach Nr. 15 der Soziotherapie-Richtlinien der **Genehmigung durch die kassenärztliche Vereinigung.** Dabei kann diese Befugnis grundsätzlich Ärzten mit der Gebietsbezeichnung Psychiatrie und Nervenheilkunde erteilt werden. Andere Vertragsärzte – insbesondere wohl die Hausärzte – müssen die Patienten an einen entsprechenden Arzt mit der Befugnis zur Verordnung der Soziotherapie überweisen, wenn sie eine solche für notwendig halten. 26

Darüber hinaus sehen die Richtlinien eine **Sonderbefugnis anderer Vertragsärzte** zur Verordnung von höchstens drei Therapieeinheiten vor, wenn der überweisende Arzt der Auffassung ist, dass der Versicherte nach Art seiner Erkrankung nicht in der Lage ist, eine Überweisung zu einem mit der Befugnis zur Verordnung von Soziotherapie ausgestatteten Psychiater wahrzunehmen. 27

Die Verordnung von Soziotherapie bedarf nach Nr. 25 der Soziotherapie-Richtlinien der **Genehmigung durch die Krankenkasse** des Versicherten. Einer Empfehlung des Ausschusses für Gesundheit, das Genehmigungserfordernis vorzusehen[24], war der Gesetzgeber nicht nachgekommen. Vielmehr hat er diese Möglichkeit dem Bundesausschuss überlassen, § 37a Abs. 2 Nr. 3 SGB V.[25] 28

VI. Leistungsumfang

§ 37a Abs. 1 Satz 3 SGB V beschränkt den Anspruch auf Soziotherapie auf höchstens 120 Stunden je **Krankheitsfall** innerhalb von drei Jahren. Der Begriff des Krankheitsfalls ist nicht gleichzusetzen mit dem Begriff des Versicherungsfalls. Ein Versicherungsfall im Sinne der gesetzlichen Krankenversicherung ist die Notwendigkeit der Behandlung im Sinne des § 27 SGB V. Nach § 27 SGB V wird die Behandlung unabhängig von der Ursache der Krankheit gewährt. Der Begriff des Krankheitsfalls stellt 29

---

22 *Mrozynski* in: Wannagat, SGB V, § 37a Rn. 5.

23 Nr. 19.1 Soziotherapie-Richtlinien.

24 Beschlussempfehlung und Bericht des Ausschusses für Gesundheit, zum GKV-GRG 2000, BT-Drs. 14/1977, S. 16.

25 Zu den Bedenken gegenüber einer Übertragung von Regelungskompetenzen auf Ausschüsse s. *Borchert*, NZS 2004, 287 ff.; *Jung*, KrV 2000, 52 ff.

demgegenüber nach seinem Wortlaut auf die konkrete Krankheit ab, die entweder fortdauernd oder wiederkehrend der Behandlung bedarf. Ähnlich wie beim Anspruch auf Krankengeld nach § 48 SGB V und beim Anspruch auf häusliche Krankenpflege nach § 37 SGB V kommt es auf die Ursache der Erkrankung an. Zweck der Regelung ist eine mengenmäßige Begrenzung der Leistungspflicht der gesetzlichen Krankenversicherung. Die Höhe der verordnungsfähigen Stundenzahl zeigt, dass damit nicht jede einzelne Verordnung oder jeder einzelne Fall der Behandlungsbedürftigkeit gemeint ist, sondern die gesamte Behandlung wegen derselben Erkrankung innerhalb eines Zeitraums von drei Jahren. Ein Krankheitsfall bezeichnet damit nicht den einzelnen Fall der Behandlungsbedürftigkeit wegen einer beliebigen Krankheit, sondern die Vielzahl der Zeitpunkte, in denen ein Versicherter wegen ein und derselben Erkrankung der Behandlung bedarf. Folglich werden nach § 37a Abs. 1 Satz 3 SGB V höchstens 120 Stunden Soziotherapie wegen derselben Erkrankung innerhalb von drei Jahren gewährt. Entsprechend definieren die Soziotherapie-Richtlinien den Begriff des Krankheitsfalls als eine Phase der Behandlungsbedürftigkeit bei einer der im Indikationskatalog aufgeführten Krankheiten von bis zu drei Jahren.

30 Nach § 37a Abs. 3 SGB V leistet der Versicherte **Zuzahlungen** je Kalendertag der Leistungsinanspruchnahme. Der Betrag ergibt sich aus § 61 Satz 1 SGB V.[26]

31 **Dauer und Häufigkeit** der einzelnen Therapiestunden richtet sich nach den Bedürfnissen des Versicherten im Einzelfall. Wenn sich herausstellt, dass das Therapieziel nicht oder vorzeitig erreicht wird, besteht kein weiterer Anspruch. Besteht während des Soziotherapiezeitraums eine Krankenhausbehandlungsbedürftigkeit trotz Soziotherapie, so wird die Soziotherapie unterbrochen.[27] Nach Beendigung der Krankenhausbehandlungsbedürftigkeit wird sie bei fortbestehendem Bedarf aufgrund der gegebenenfalls noch gültigen Verordnung wieder aufgenommen. Im Zweifel hat der verordnende Vertragsarzt die weitere Erforderlichkeit der Therapie festzustellen.

C. Praxishinweise

32 Die Initiative zur Verordnung einer Soziotherapie wird in äußerst seltenen Fällen vom Versicherten ausgehen. Auch sein soziales Umfeld, insbesondere seine Familie, wird selten Kenntnis von dieser Möglichkeit haben. Sofern die Initiative nicht vom Hausarzt oder von einem Krankenhaus im Anschluss an eine stationäre Behandlung ausgeht, wird wohl auch die Krankenkasse aufgerufen sein, in diesen speziellen Fällen auf die Versicherten zuzugehen und gegebenenfalls eine entsprechende Leistung in Zusammenarbeit etwa mit dem Hausarzt vorzuschlagen.[28]

[26] Dazu ausführlich *Hammel*, ZfSH/SGB 2004, 323-345.

[27] *Berstermann* in: Peters, Handbuch KV (SGB V), § 37a Rn. 27.

[28] Vgl. dazu *Krasney*, SGb 2003, 609 ff.

§ 37b SGB V Spezialisierte ambulante Palliativversorgung

(Fassung vom 26.03.2007, gültig ab 01.04.2007, gültig bis 30.06.2008)

(1) Versicherte mit einer nicht heilbaren, fortschreitenden und weit fortgeschrittenen Erkrankung bei einer zugleich begrenzten Lebenserwartung, die eine besonders aufwändige Versorgung benötigen, haben Anspruch auf spezialisierte ambulante Palliativversorgung. Die Leistung ist von einem Vertragsarzt oder Krankenhausarzt zu verordnen. Die spezialisierte ambulante Palliativversorgung umfasst ärztliche und pflegerische Leistungen einschließlich ihrer Koordination insbesondere zur Schmerztherapie und Symptomkontrolle und zielt darauf ab, die Betreuung der Versicherten nach Satz 1 in der vertrauten häuslichen Umgebung zu ermöglichen. Dabei sind die besonderen Belange von Kindern zu berücksichtigen.

(2) Versicherte in stationären Pflegeeinrichtungen im Sinne von § 72 Abs. 1 des Elften Buches haben in entsprechender Anwendung des Absatzes 1 einen Anspruch auf spezialisierte Palliativversorgung. Die Verträge nach § 132d Abs. 1 regeln, ob die Leistung nach Absatz 1 durch Vertragspartner der Krankenkassen in der Pflegeeinrichtung oder durch Personal der Pflegeeinrichtung erbracht wird; § 132d Abs. 2 gilt entsprechend.

(3) Der Gemeinsame Bundesausschuss nach § 91 Abs. 4 bestimmt in den Richtlinien nach § 92 bis zum 30. September 2007 das Nähere über die Leistungen, insbesondere

1. **die Anforderungen an die Erkrankungen nach Absatz 1 Satz 1 sowie an den besonderen Versorgungsbedarf der Versicherten,**
2. **Inhalt und Umfang der spezialisierten ambulanten Palliativversorgung einschließlich von deren Verhältnis zur ambulanten Versorgung und der Zusammenarbeit der Leistungserbringer mit den bestehenden ambulanten Hospizdiensten und stationären Hospizen (integrativer Ansatz); die gewachsenen Versorgungsstrukturen sind zu berücksichtigen,**
3. **Inhalt und Umfang der Zusammenarbeit des verordnenden Arztes mit dem Leistungserbringer.**

Gliederung

A. Basisinformationen

I. Textgeschichte/Gesetzgebungsmaterialien

Die Vorschrift zur ambulanten Palliativversorgung ist durch das **Gesetz zur Stärkung des Wettbewerbs in der gesetzlichen Krankenversicherung (GKV-WSG)** vom 26.03.2007[1] eingeführt worden 1

[1] BGBl I 2007, 378.

und mit Wirkung zum 01.04.2007 in Kraft getreten. Der Gesetzgeber hat damit eine neue Leistungsform geschaffen.

2 Erklärtes Ziel der Einführung von § 37b SGB V ist es, dem Wunsch der Menschen zu entsprechen, in Würde und möglichst in der eigenen häuslichen Umgebung zu sterben. Er trägt der Erkenntnis des Zwischenberichts der Enquetekommission „Ethik und Recht der modernen Medizin" zur „Verbesserung der Versorgung Schwerstkranker und Sterbender in Deutschland durch Palliativmedizin und Hospizarbeit" vom 22.06.2005[2] Rechnung, dass dieses Ziel in Deutschland bisher nicht in einer diesem **humanitären Anspruch** genügenden Weise erreicht werde. Insbesondere sei bezeichnend, dass ein Großteil der Menschen im Krankenhaus versterbe und nicht bis zum Tode in der vertrauten häuslichen Umgebung betreut werde.

3 In dem ursprünglichen Gesetzentwurf der Großen Koalition fehlte in Absatz 1 der Zusatz zu den besonderen Bedürfnissen der Kinder, obwohl die parallele Regelung in § 39a SGB V eine solche Regelung gerade einführte.[3] Auf der Grundlage der **Ausschussberatungen**[4] ist § 37b Abs. 1 SGB V um einen weiteren Satz erweitert worden. Die im Rahmen der Ausschussberatungen vorgenommene Ergänzung diente der Angleichung an die entsprechende Regelung in § 39a SGB V.

4 Gesetzesmaterialien zu der Vorschrift finden sich in BT-Drs. 16/3100, S. 10 und BT-Drs. 16/4200, S. 22.

II. Vorgängervorschriften

5 Eine Vorgängerregelung zu § 37b SGB V existiert nicht. Er reagiert auf Bedürfnisse, die sich im Rahmen der ambulanten Krankenpflege nach § 37 SGB V, der Hospizleistungen nach § 39a SGB V und an der Schnittstelle zur gesetzlichen Pflegeversicherung ergeben haben.

III. Parallelvorschriften

6 Sterbebegleitung wird auch für schwerkranke Pflegebedürftige in Alten- und Pflegeheimen nach den **Vorschriften der sozialen Pflegeversicherung** geleistet, wonach für die Pflegeheime entsprechend den Maßstäben und Grundsätzen zur Sicherung und Weiterbildung der Pflegequalität gemäß § 80 SGB XI i.V.m. mit den Vereinbarungen nach § 75 SGB XI die Verpflichtung besteht, für eine qualifizierte Sterbebegleitung zu sorgen.

7 Auch **§ 39a SGB V** betrifft die Begleitung sterbenskranker Menschen und deren palliativ-medizinische Behandlung. Soweit er stationäre Hospizleistungen betrifft, findet § 37b SGB V daneben keine Anwendung. Wenn Hospizleistungen entsprechend § 39a Abs. 2 SGB V ambulant erbracht werden, kann ergänzend auf den Anspruch nach § 37b SGB V zurückgegriffen werden.

IV. Systematische Zusammenhänge

8 Der Gesetzgeber hat die **Versorgungslücke** zwischen der häuslichen Krankenpflege (§ 37 SGB V), der Krankenhausbehandlung (§ 39 SGB V), der vollstationären Pflege der sozialen Pflegeversicherung (§ 43 SGB XI) und den Leistungen der ambulanten, teilstationären und vollstationären Hospize nach § 39a SGB V durch Einführung der besonderen ambulanten Pflege für sterbenskranke Menschen mit besonderen Bedürfnissen geschlossen.

9 Während § 39a SGB V die Arbeit der **ambulanten Hospizdienste** durch einen Zuschuss zu ihrer Arbeit durch die gesetzliche Krankenversicherung unterstützen soll (vgl. die Kommentierung zu § 39a SGB V Rn. 19), die die psychosoziale und spirituelle Begleitung der Versicherten sichern, stellt § 37b SGB V die Pflege und Behandlung der darin beschriebenen Patientengruppen zur Verfügung. § 39a SGB V sieht Leistungen für alle sterbenskranken Versicherten vor, während § 37b SGB V denjenigen Personenkreis im Auge hat, der besonderer Unterstützung bedarf.

10 § 37b SGB V reiht sich in die Leistungen der ambulanten Krankenpflege, aber auch der ambulanten Krankenbehandlung durch Ärzte ein. Nach der Gesetzesbegründung soll die Palliativpflege eine Gesamtleistung durch Ärzte und Krankenpfleger sein, die eine **Spezialisierung in der Palliativbehandlung** haben. Sie geht also über die einfache Krankenpflege nach § 37 SGB V hinaus, bleibt aber hinter der Soziotherapie des § 37a SGB V und den Hospizleistungen des § 39a SGB V insofern zurück als

[2] BT-Drs. 15/5858.
[3] BT-Drs. 16/3100, S. 10.
[4] BT-Drs. 16/4200, S. 22.

hier nur medizinische, nicht aber spirituelle Bedürfnisse des Kranken ins Auge gefasst werden. Allerdings soll § 37b SGB V nach dem Willen des Gesetzgebers ähnlich wie § 37a SGB V auch die Organisation der palliativen Behandlung umfassen.[5]

§ 37b SGB V wird ergänzt durch den **Richtlinienauftrag** in § 92 Abs. 7a SGB V und die Vorschrift zur Organisation und Vertragsschließung mit entsprechenden ambulanten Diensten in **§ 132d SGB V**, die ebenfalls durch das GKV-WSG neu eingeführt wurden. 11

V. Ausgewählte Literaturhinweise

Roßbruch, Gesetzgebung im Blindflug – „... denn sie wissen nicht, worüber sie abstimmen", PflR 2007, 101-102; *Broll/Broll*, Das GKV-WSG auf der Zielgeraden, KH 2007, 91. 12

B. Auslegung der Norm

I. Regelungsgehalt und Bedeutung der Norm

Absatz 1 enthält die Voraussetzungen und Abwicklungsgrundsätze für Fallgestaltungen, in denen eine spezialisierte ambulante Palliativversorgung in Betracht kommt. Es handelt sich um Fälle, in denen ein besonderer Betreuungsbedarf von Sterbenden besteht, ohne dass dieser Bedarf zwingend Krankenhausbehandlung erfordert. Ausdrückliches gesetzliches Ziel ist die Ermöglichung der Betreuung in der häuslichen Umgebung. Die Palliativversorgung ist auf Versicherte beschränkt, die an einer nicht heilbaren Erkrankung im fortgeschrittenen Stadium leiden. Auf die besonderen Bedürfnisse in dieser Weise erkrankter Kinder ist Rücksicht zu nehmen. 13

Absatz 2 ermöglicht eine Leistungserbringung auch bei Versicherten, die Anspruch auf medizinische Behandlungspflege gegen die gesetzliche Pflegeversicherung haben. Er stellt die Ansprüche gegen die gesetzliche Pflegeversicherung nach dem SGB XI und die gesetzliche Krankenversicherung nach § 37b SGB V nebeneinander. 14

Absatz 3 enthält eine Ermächtigung an den Gemeinsamen Bundesausschuss nach § 91 SGB V, einerseits die relevanten Erkrankungen zu definieren, andererseits den Inhalt der entsprechenden Versorgung zu umschreiben und zu regeln, welches Verhältnis zur ambulanten Versorgung besteht und wie die Zusammenarbeit der Leistungserbringer mit den bestehenden Hospizdiensten auszugestalten ist. 15

Der Gesetzgeber geht offenbar davon aus, dass ein Zehntel aller Sterbenskranken einer entsprechenden Versorgung bedarf, so dass der Norm nach seinem Willen nach einer gewissen Anlaufzeit eine hohe **Bedeutung** zukommen sollte.[6] Der Gesetzgeber nennt als Anhaltspunkt einen Bedarf eines Teams von acht Vollzeitkräften auf ca. 250.000 Versicherte.[7] 16

II. Normzweck

§ 37b SGB V soll **humanitären Zwecken** dienen. Er soll das Ziel vieler Menschen erreichen helfen, in Würde und in der eigenen häuslichen Umgebung zu sterben. Zugleich soll er verhindern, dass diese Menschen sich in die stationäre Krankenhausbehandlung begeben müssen, um nicht allein zu Hause zu sterben oder die eigene medizinische Versorgung – z.B. mit Schmerzmitteln – sicherstellen zu können. 17

§ 37b SGB V **ergänzt** den Anspruch auf **Krankenpflege** nach § 37 SGB V ebenso wie die nach § 39a SGB V zu erbringenden **ambulanten Hospizleistungen**. Über die bereits bis zu seiner Einführung in das Gesetz bestehenden Leistungen hinaus soll § 37b SGB V nicht nur die Möglichkeit der gesonderten Berechnung von palliativen Leistungen nach EBM festlegen[8], sondern auch eine Spezialisierung der Leistungserbringer in diesem oft menschlich schwierigen Bereich der ambulanten Krankenversorgung sichern. 18

III. Leistungsvoraussetzungen (Absatz 1 Sätze 1 und 2)

Versicherte, die an einer Krankheit leiden, die nicht heilbar ist, einen fortschreitenden Verlauf hat und bereits fortgeschritten ist, haben einen Anspruch auf die neue Leistung der spezialisierten ambulanten Palliativversorgung, wenn sie eine besonders aufwändige Versorgung benötigen und die Lebenserwartung begrenzt ist. Absatz 1 Satz 1 stellt also insgesamt **fünf besondere** (neben den allgemeinen Leistungs-)**Voraussetzungen** auf, die kumulativ erfüllt sein müssen, damit ein Anspruch bejaht werden 19

5 BT-Drs. 16/3100, S. 105.
6 BT-Drs. 16/3100, S. 105.
7 BT-Drs. 16/3100, S. 145 zu § 132d SGB V.
8 Vgl. BT-Drs. 16/3100, S. 144 zu § 132d SGB V.

kann: Versicherte müssen an einer unheilbaren Krankheit leiden, die Krankheit muss fortschreiten, sie muss im fortgeschrittenen Stadium sein, die Lebenserwartung begrenzen und dazu führen, dass der Versicherte einer besonders aufwändigen Versorgung bedarf.

20 Neben den persönlichen Voraussetzungen muss die Leistung nach Absatz 1 Satz 2 von einem Arzt verordnet und von der Krankenkasse genehmigt worden sein.

1. Unheilbare Krankheit

21 Der Begriff der Krankheit entspricht demjenigen in § 27 SGB V. **Krankheit** im Sinne des § 27 Abs. 1 Satz 1 SGB V ist „ein regelwidriger Körper- oder Geisteszustand, der die Notwendigkeit ärztlicher Heilbehandlung oder – zugleich oder allein – Arbeitsunfähigkeit zur Folge hat" (vgl. die Kommentierung zu § 27 SGB V Rn. 31 m.w.N.).

22 **Unheilbar** ist eine Krankheit, wenn sie mit den Mitteln der Medizin nicht geheilt werden kann, bei der also das in § 27 Abs. 1 Satz 1 SGB V genannte Ziel der Heilung der Krankheit nicht erreicht werden kann. Wann das Ziel der Heilung erreicht werden kann, bestimmt sich nach den Erkenntnissen der medizinischen Wissenschaft. Insofern ist auf die allgemeinen Vorschriften abzustellen. Bei der Definition der Frage, ob eine Krankheit heilbar ist, muss die Leistung, die auf die Heilung der Krankheit abzielt, nach dem **allgemein anerkannten Stand der medizinischen Erkenntnisse** unter Berücksichtigung des medizinischen Fortschritts wirksam sein (§ 2 Abs. 1 Satz 3 SGB V). Das bedeutet, dass alle von der gesetzlichen Krankenversicherung nach dem SGB V zur Verfügung zu stellenden Leistungen keine Aussicht auf **Beseitigung des krankhaften Zustands** versprechen dürfen.

23 Unter den Begriff der unheilbaren Krankheiten fallen nicht nur die hier offensichtlich in erster Linie ins Visier genommenen Tumorerkrankungen im fortgeschrittenen Stadium und tödlich verlaufenden Viruserkrankungen, wie z.B. HIV, sondern auch Erbkrankheiten, Mucoviszidose oder Muskeldystrophien. Eine Erkrankung kann auch dann unheilbar sein, wenn sie nicht zum Tode führt.[9]

24 Eine Palliativbehandlung im Sinne des § 37b SGB V ist nicht ausgeschlossen, wenn der Versicherte zum berühmten **letzten Strohhalm** greift und eine Behandlung beginnt, von der er sich entgegen den medizinischen Erkenntnissen eine Erfolgsaussicht verspricht. Wer also noch auf den Wunderheiler hofft, kann trotzdem die Palliativversorgung in Anspruch nehmen.

25 Welche Erkrankungen im Einzelnen als unheilbar einzustufen sind, hat der Gesetzgeber nicht selbst geregelt, sondern dem Gemeinsamen Bundesausschuss überlassen (§ 37b Abs. 3 SGB V).

2. Fortschreitende Erkrankung

26 Das Merkmal der fortschreitenden Erkrankung schließt Versicherte von der Leistungsberechtigung aus, deren Erkrankung zum **Stillstand** gekommen ist. Allerdings unterscheidet § 37b Abs. 1 Satz 1 SGB V nicht nach allgemein fortschreitenden Erkrankungen und solchen Erkrankungen, die im Einzelfall fortschreiten. Da aber eine Verkürzung der Lebenserwartung ebenfalls Voraussetzung für den Anspruch ist, muss die zu behandelnde Erkrankung sich in Richtung auf die **Lebensbeendigung weiterentwickeln** bzw. ein Stadium erreicht haben, das auch ohne weitere **Verschlimmerung** der Erkrankung in absehbarer Zeit zum Tode führt.

27 Das Fortschreiten der Erkrankung grenzt die erste Voraussetzung der Unheilbarkeit weiter ein. Es sind viele Krankheiten denkbar, die zwar unheilbar sind (wie z.B. Allergien, denen auch mit einer Desensibilisierung nicht begegnet werden kann, Hauterkrankungen), aber auf einem einmal eingetretenen Niveau verbleiben. Fortschreitend sind Krankheiten, die nicht bei einem bestimmten Krankheitsniveau stehen bleiben, sondern immer schlimmer werden. Das sind insbesondere Krebserkrankungen, viele Stoffwechselkrankheiten, Muskeldystrophien und Viruskrankheiten, für die bisher kein Serum gefunden wurde. Für Viren, die bereits zur Infektion geführt haben, reicht das Vorhandensein eines Impfstoffs nicht aus, denn bei Eintritt der Erkrankung ist es für den Einsatz des Impfstoffs regelmäßig zu spät.

28 Das Kriterium des Fortschreitens grenzt die Erkrankungen im Sinne des § 37b SGB V von den **schweren Behinderungen** ab, die z.B. durch vorgeburtliche oder auch spätere Schädigung eintreten, aber nicht schlimmer werden, sondern „nur" zu einem kontinuierlichen besonderen Pflegebedarf führen.

---

[9] Vgl. z.B. das Urteil des BSG v. 04.04.2006 - B 1 KR 12/04 R - SozR 4-2500 § 27 Nr. 7.

3. Fortgeschrittenes Stadium

Die fortschreitende Erkrankung muss weiterhin schon ein fortgeschrittenes Stadium erreicht haben. Hier wird der Kreis der Anspruchsberechtigten weiter eingegrenzt. Der Versicherte, der an einer unheilbaren Krankheit leidet, die auch schlimmer wird, aber das schlimmste Stadium nicht erreicht hat, hat keinen Anspruch auf Leistungen nach § 37b SGB V. Nun scheint der Begriff des fortgeschrittenen Stadiums sehr dehnbar zu sein und bedarf sicher der Konkretisierung durch Richtlinien nach § 37b Abs. 3 SGB V. Dennoch ist auch eine Umschreibung aufgrund des Gesetzes möglich. Palliativmedizin wird hier und allgemein als die angemessene medizinische Versorgung von Menschen mit einer nicht heilbaren, weit fortgeschrittenen Erkrankung definiert, deren Lebenserwartung begrenzt ist. Die **Kontrolle von** Schmerzen und anderen **Symptomen** sowie Betreuung bei psychischen, sozialen und spirituellen Problemen stehen im Vordergrund, um die Lebensqualität der Patienten und ihrer Angehörigen zu verbessern.[10] 29

Für die Definition ist erneut auf die allgemeinen Regelungen zur Krankenbehandlung zurückzugreifen. Ziel der Krankenbehandlung nach § 27 Abs. 1 Satz 1 SGB V ist es unter anderem, eine Verschlimmerung zu verhüten oder Krankheitsbeschwerden zu lindern. § 37b SGB V erfasst nur Behandlungen, die nicht mehr die Verhütung der Verschlimmerung zum Gegenstand haben. Leistungen nach § 37b SGB V können nur noch zum Ziel haben, **Krankheitsbeschwerden zu lindern**. Die Verkürzung der Lebenserwartung ist weitere Voraussetzung und damit Anhaltspunkt für die Definition des fortgeschrittenen Stadiums. Fortgeschritten ist das Stadium, wenn es **unumkehrbar auf das Lebensende zugeht** und die Linderung der Symptome bei der Behandlung im Vordergrund steht. 30

Bei den Tumorerkrankungen hat sich z.B. die TNM-Klassifikation durchgesetzt, aus der sich in der Regel herauslesen lässt, ob eine Heilung im Sinne einer langjährigen Symptomfreiheit möglich ist oder ob aufgrund der Größe des Tumors und aufgrund der Art und der Lage von Metastasen die Behandlung auf die Linderung von Symptomen beschränkt bleibt. Bei Viruserkrankungen wie HIV ist das Stadium erreicht, wenn auch Medikamente zur Begrenzung der Vermehrung des Virus eine Ausbreitung und die damit verbundene Immunschwäche nicht mehr verhindern können. 31

Welche weiteren Krankheiten und in welchem Stadium das Kriterium der fortgeschrittenen Erkrankung erfüllen, ist vom Gemeinsamen Bundesausschuss festzulegen, der bis 30.09.2007 in Richtlinien nach den §§ 37b Abs. 3, 92 Abs. 7a SGB V entsprechende Regelungen zu treffen hat. 32

4. Begrenzte Lebenserwartung

Die vierte Voraussetzung für den Anspruch auf Versorgung mit spezialisierter ambulanter Palliativbehandlung ist die begrenzte Lebenserwartung. Begrenzte Lebenserwartung in Zusammenhang mit dem Kriterium der fortgeschrittenen Erkrankung bedeutet, dass die Krankheit **in absehbarer Zeit zum Tode führen** muss. Bei Tumoren, die ein unheilbares Stadium erreicht haben, ist diese Voraussetzung ebenso unproblematisch wie bei Viruserkrankungen mit tödlichem Ausgang. Aber schon bei letzteren ist die Eindeutigkeit dann eingeschränkt, wenn man bedenkt, dass der Übergang des HIV in AIDS mit tödlichem Ausgang fließend ist. Auch insofern hilft die Zusammenschau mit den übrigen Voraussetzungen weiter. Das Stadium muss fortgeschritten sein, darf also auch einer Verhütung der Verschlimmerung nicht mehr zugänglich sein. 33

Für die Definition der begrenzten Lebenserwartung kann auf die Rechtsprechung des Bundessozialgerichts zur Umsetzung des Beschlusses des Bundesverfassungsgerichts vom 06.12.2005 zurückgegriffen werden.[11] Es ist zunächst genau festzustellen, welche Erkrankung beim Versicherten vorliegt. Dann ist zu prüfen, ob diese Erkrankung ihrer Art nach und nach den medizinischen Erkenntnissen in der Regel zum Tod führt. Sodann ist in Bezug auf den Einzelfall mit den Mitteln der ärztlichen Kunst zu prüfen, mit welcher **Prognose** die Erkrankung den Tod zur Folge hat.[12] Ein möglicherweise tödlicher Ausgang in **ferner Zukunft** ist – auch wenn eine Verschlimmerung nicht verhütet werden kann, weil die Medizin keine entsprechenden Mittel bereithält – nicht ausreichend, um eine Palliativversorgung im Sinne des § 37b SGB V zu rechtfertigen.[13] Notwendig ist also die ärztliche Beurteilung, dass die Krankheit beim konkreten Versicherten in absehbarer Zeit zum Tode führen wird. 34

---

[10] Definition des G-BA, www.g-ba.de/institution/sys/glossar/100/ (am 28.05.2007).

[11] BVerfG v. 06.12.2005 - 1 BvR 347/98 - BVerfGE 115, 25 = SozR 4-2500 § 27 Nr. 5.

[12] Vgl. BSG v. 07.11.206 - B 1 KR 24/06 R - juris Rn. 28 ff. - NJW 2007, 1385-1391 ("Laserinduzierte Interstitielle Thermotherapie" (LITT)).

[13] Vgl. zum Anspruch auf nicht allgemein anerkannte Leistungen BSG v.14.12.2006 - B 1 KR 12/06 R - ASR 2007, 82-84.

5. Notwendigkeit einer besonders aufwändigen Versorgung

35 Schließlich ist die fünfte Voraussetzung für einen Anspruch auf spezialisierte ambulante Palliativversorgung die Notwendigkeit einer besonders aufwändigen Versorgung. Diese Voraussetzung grenzt den Anspruch auf Fälle ein, in denen eine „normale" **Behandlung durch den Vertragsarzt und ambulante Pflegedienste nicht ausreichend** ist. Der Aufwand kann nach dem Willen des Gesetzgebers dadurch entstehen, dass aufgrund der besonderen Schwere der Erkrankung und der Häufigkeit der auftretenden Symptome ein besonderer Zeitaufwand notwendig ist.[14] Denkbar ist aber auch, dass das besondere Augenmerk auf die Teamarbeit zu richten ist, dass also ein besonderer Bedarf an Koordinierung und Zusammenarbeit unter den Mitgliedern des spezialisierten Teams besteht oder dass eine spezielle Ausbildung für die medizinische Betreuung dieser Art der Erkrankung notwendig ist. Aus dem Gesetzeswortlaut ergibt sich allerdings nicht, dass nur die Erkrankung Ursache für den besonderen Aufwand sein muss, die auch zum Tode führt. Denkbar ist auch, dass zwar die tödliche Krankheit nicht zu einem besonderen Aufwand bei der palliativen Versorgung führt, dass aber **andere Krankheiten**, die beim Versicherten vorliegen, wie z.B. eine Demenz mit Verwirrungszuständen, den besonderen Aufwand bedingen.

36 Die Notwendigkeit des besonderen Aufwands stellt klar, dass nicht jeder Versicherte in der Situation, in der nur noch eine Behandlung der Symptome in Betracht kommt, Anspruch auf spezialisierte ambulante Palliativversorgung hat. Das Wort „besondere" impliziert eine Situation, die vom „üblichen" Patienten abweicht, der „nur noch" palliativ behandelt wird. Der „normale" Patient kann mit ambulanter ärztlicher Behandlung und Krankenpflege nach § 37 SGB V ausreichend behandelt werden. Der Gesetzgeber selbst geht nur von ungefähr 10 Prozent der Versicherten aus, die sterbenskrank sind.[15]

6. Verordnung durch einen Arzt

37 Schließlich muss die Behandlung durch einen Arzt verordnet werden. Der verordnende Arzt kann nicht nur ein **Vertragsarzt**, sondern auch ein **Krankenhausarzt** sein. Damit ist sichergestellt, dass die Palliativversorgung zeitnah nach Entlassung aus dem Krankenhaus zur Verfügung steht. Die Krankenkasse muss die Versorgung genehmigen.

IV. Umfang der Leistung (Absatz 1 Satz 3)

38 Welchen Umfang die Leistungen der spezialisierten ambulanten Palliativversorgung haben sollen, regelt das Gesetz in Absatz 1 Satz 2. Die Leistung umfasst **ärztliche und pflegerische** Leistungen, also die **medizinische Behandlung**. Sie umfasst nicht die Hospizleistungen, die in § 39a SGB V abschließend **geregelt sind. Es geht also um medizinische, nicht aber um psychosoziale oder spirituelle Begleitung des Sterbens.**

39 Ambulante palliative Behandlung ist eine **Gesamtleistung mit ärztlichen und pflegerischen Anteilen**, die bei Bedarf auch **rund um die Uhr** erbracht werden kann. Die Leistung ist primär medizinisch ausgerichtet und umfasst die Befreiung oder Linderung von Symptomen wie z.B. Schmerzen, Luftnot, Übelkeit, Erbrechen, Verstopfung, Verwirrtheit und Depressionen.[16] Die Gesamtleistung kann von allen möglichen Leistungserbringern erbracht werden. Dazu gehören **ambulante Pflegedienste, Vertragsärzte, medizinische Versorgungszentren, Krankenhäuser, Hospize und Pflegeeinrichtungen** nach dem SGB XI, die gegebenenfalls miteinander kooperieren sollen.[17]

40 **Ziel** der ambulanten spezialisierten Palliativversorgung ist die **Betreuung des Versicherten zu Hause**. Das bedeutet, eine Palliativversorgung kommt dann nicht in Betracht, wenn er stationär untergebracht ist, es sei denn es liegen die Voraussetzungen des Absatzes 2 vor. Das bedeutet, dass eine stationäre oder teilstationäre Behandlung im Hospiz nach § 39a SGB V einen Anspruch aus § 37b SGB V ausschließt. Demgegenüber soll die ambulante Hospizversorgung nach § 39a Abs. 2 SGB V gerade die spezialisierte ambulante Palliativversorgung nach § 37b SGB V ergänzen.

41 Das Nähere zum Umfang der Palliativversorgung bestimmt in diesem Rahmen der Gemeinsame Bundesausschuss (§ 37b Abs. 3 SGB V).

---

14 BT-Drs. 16/3100, S. 105.

15 BT-Drs. 16/3100, S. 105.

16 So BT-Drs. 16/3100, S. 105.

17 BT-Drs. 16/3100, S. 144.

V. Besondere Belange von Kindern (Absatz 1 Satz 3)

Nach Absatz 1 Satz 3 sollen bei der ambulanten spezialisierten Palliativversorgung die besonderen Belange von Kindern berücksichtigt werden. Ähnlich wie in der neuen Fassung des § 39a SGB V, wird auch in § 37b SGB V der Erkenntnis Rechnung getragen, dass man Erwachsene, die möglicherweise sogar schon ein hohes Lebensalter erreicht haben, nicht mit Kindern über einen Kamm scheren kann. Kinder in der Situation, in der nur noch eine palliative Behandlung in Betracht kommt, haben ebenso besondere Bedürfnisse wie in allen anderen Lebenssituationen. Bei der Versorgung muss ihren Belangen z.B. durch besondere Kinderkrankenschwestern oder pädiatrisch ausgebildete Ärzte Rechnung getragen werden. 42

VI. Spezialisierte ambulante Palliativversorgung in stationären Pflegeeinrichtungen (Absatz 2)

Bisher ging man davon aus, dass die besondere Behandlung in der Situation der tödlich verlaufenden Krankheit durch Pflegeeinrichtungen im Rahmen der medizinischen Behandlungspflege sichergestellt werden kann. Das Personal der Pflegeeinrichtungen nach § 72 SGB XI sollte die Pflege auch dann sicherstellen, wenn sie eines besonderen Aufwands bedurfte. In diesen Fällen konnte eine ambulante Behandlung durch einen Vertragsarzt in Betracht kommen, häufig blieb es dem Pflegeheim überlassen, die Betreuung – mit einer entsprechenden Kostenbelastung der Betreuten – sicherzustellen oder den Versicherten in ein Krankenhaus zu bringen. Der Gesetzgeber hat der Erkenntnis Rechnung getragen, dass eine aufwändige palliative Behandlung einer entsprechenden Spezialisierung im Team bedarf, und klargestellt, dass der **Anspruch auf Palliativversorgung nach § 37b SGB V neben dem Anspruch auf Pflege nach dem SGB XI** steht. Der Versicherte muss nicht wählen, welche Art der Pflege er möchte, sondern er hat einen Anspruch auf beides. 43

Die ambulante spezialisierte Palliativversorgung kann durch die Pflegeeinrichtung selbst erbracht werden. Das setzt aber eine entsprechende Spezialisierung der Pflegekräfte und die Beschäftigung eines **spezialisierten Arztes** oder zumindest einen Kooperationsvertrag mit einem solchen und spezielle Kenntnisse des Pflegepersonals voraus. Die stationären Einrichtungen müssen im Rahmen der Palliativversorgung dieselben Voraussetzungen erfüllen wie ambulante Teams.[18] Leistungen der spezialisierten ambulanten Palliativversorgung können nur erbracht werden, wenn die Voraussetzungen des Absatzes 1 Sätze 1 und 2 erfüllt sind. 44

VII. Richtlinien (Absatz 3)

Der Gesetzgeber hat es dem Gemeinsamen Bundesausschuss überlassen, die Anforderungen an die Erkrankung im Sinne des § 37b Abs. 1 Satz 1 SGB V, den Inhalt und Umfang der Palliativversorgung und dessen Verhältnis zur ambulanten Versorgung sowie die Zusammenarbeit der Leistungserbringer in Richtlinien zu regeln. Auch die Zusammenarbeit zwischen dem verordnenden Arzt und dem Leistungserbringer der Palliativversorgung hat der Gemeinsame Bundesausschuss festzulegen. Der Gemeinsame Bundesausschuss ist also damit befasst, die **Krankheiten zu bestimmen**, bei denen eine Palliativversorgung in Betracht kommt, und die **Strukturen festzulegen**, in denen diese Leistung erbracht werden kann. 45

Der Gesetzgeber hat dem Gemeinsamen Bundesausschuss bis zum **30.09.2007** Zeit gegeben, um diesem Regelungsauftrag nachzukommen. Er hat deshalb am 15.03.2007 einen Aufruf gestartet mit der Aufforderung an alle maßgeblichen Organisationen, zu erklären, ob sie in das Stellungnahmeverfahren einbezogen werden sollen.[19] 46

Eine Grenze der Regelungsbefugnis des G-BA hat der Gesetzgeber insofern gezogen, als bereits **gewachsene Strukturen** der ambulanten Palliativversorgung berücksichtigt werden sollen. Die Richtlinien des Gemeinsamen Bundesausschusses dürfen also nicht dazu führen, dass die existierenden Strukturen vollständig zerschlagen werden. Das bedeutet allerdings nicht, dass es dem G-BA vollständig verwehrt wäre, an gewachsenen Strukturen zu rütteln. Er darf nur das derzeit bestehende Netz nicht vollständig zerstören und umkrempeln. 47

---

[18] BT-Drs. 16/3100, S. 105.

[19] G-BA, BAnz 2007, Nr. 74, 4071 vom 19.04.2007, zu finden auch unter www.g-ba.de (am 28.05.2007).

§ 38 SGB V Haushaltshilfe

(Fassung vom 14.11.2003, gültig ab 01.01.2004)

(1) Versicherte erhalten Haushaltshilfe, wenn ihnen wegen Krankenhausbehandlung oder wegen einer Leistung nach § 23 Abs. 2 oder 4, §§ 24, 37, 40 oder § 41 die Weiterführung des Haushalts nicht möglich ist. Voraussetzung ist ferner, daß im Haushalt ein Kind lebt, das bei Beginn der Haushaltshilfe das zwölfte Lebensjahr noch nicht vollendet hat oder das behindert und auf Hilfe angewiesen ist.

(2) Die Satzung kann bestimmen, daß die Krankenkasse in anderen als den in Absatz 1 genannten Fällen Haushaltshilfe erbringt, wenn Versicherten wegen Krankheit die Weiterführung des Haushalts nicht möglich ist. Sie kann dabei von Absatz 1 Satz 2 abweichen sowie Umfang und Dauer der Leistung bestimmen.

(3) Der Anspruch auf Haushaltshilfe besteht nur, soweit eine im Haushalt lebende Person den Haushalt nicht weiterführen kann.

(4) Kann die Krankenkasse keine Haushaltshilfe stellen oder besteht Grund, davon abzusehen, sind den Versicherten die Kosten für eine selbstbeschaffte Haushaltshilfe in angemessener Höhe zu erstatten. Für Verwandte und Verschwägerte bis zum zweiten Grad werden keine Kosten erstattet; die Krankenkasse kann jedoch die erforderlichen Fahrkosten und den Verdienstausfall erstatten, wenn die Erstattung in einem angemessenen Verhältnis zu den sonst für eine Ersatzkraft entstehenden Kosten steht.

(5) Versicherte, die das 18. Lebensjahr vollendet haben, leisten als Zuzahlung je Kalendertag der Leistungsinanspruchnahme den sich nach § 61 Satz 1 ergebenden Betrag an die Krankenkasse.

Gliederung

A. Basisinformationen

I. Gesetzgebungsmaterialien

1 § 38 SGB V war im SGB V – zunächst als § 37 SGB V – bereits bei seiner Einführung im Jahre 1989 enthalten. Zweck der Neuregelung war die Straffung der Vorschrift gegenüber der Vorgängervorschrift in der RVO. Eine Haushaltshilfe sollte nicht mehr gewährt werden, wenn der ausfallende Ehegatte nicht in der gesetzlichen Krankenversicherung versichert war, und der Anspruch auf sie auf Fälle bestimmter Leistungen der gesetzlichen Krankenversicherung beschränkt wird. Mit der Möglichkeit der Satzungsregelung in Absatz 2 sollte den Krankenkassen die zusätzliche Möglichkeit von Ermessens-

leistungen in anderen Fällen eingeräumt werden, die aber notwendig zur Voraussetzung haben müssen, dass der Haushalt aufgrund einer Erkrankung nicht weitergeführt werden kann.[1]

Die Vorschrift wurde zweimal **geändert**. Im Jahre 1992 wurde die Altersgrenze im Absatz 1 Satz 2 von acht auf zwölf Jahre angehoben.[2] Darin wurde eine familienpolitische Maßnahme gesehen,[3] die auf einen Vorschlag aus dem Bundesrat schon bei Einführung des SGB V zurückgeht.[4] Mit dem Gesundheitsmodernisierungsgesetz vom 14.11.2003 wurde mit Wirkung ab 01.01.2004 die Zuzahlungsregelung des Absatzes 5 angefügt.[5] 2

II. Vorgängervorschriften

Bereits die RVO sah in § 185b die Gewährung von Haushaltshilfe im Falle der stationären Behandlung vor. Im Gegensatz zu § 38 SGB V enthielt sie einen Anspruch auf Haushaltshilfe auch, wenn dem Ehegatten des Versicherten die Weiterführung des Haushalts nicht möglich war. **§ 185b RVO** setzte – wie die ursprüngliche Fassung von § 38 SGB V – die Altersgrenze für die im Haushalt lebenden Kinder auf acht Jahre fest. Die Möglichkeiten für eine Regelung in der Satzung der jeweiligen Krankenkasse waren differenzierter und enger ausgestaltet. So konnte die Satzung für andere Fälle einen Anspruch auf Haushaltshilfe vorsehen, dabei aber die Altersgrenze für das zu betreuende Kind nicht anders regeln als im Gesetz vorgesehen. Einzige Ausnahme von diesem Grundsatz war der Fall, dass gleichzeitig häusliche Krankenpflege gewährt wurde. § 185b RVO sah auch eine andere Formulierung bezüglich der Behandlung vor. Während § 38 SGB V eine Krankenhausbehandlung voraussetzt, formulierte § 185b RVO: „wegen Aufenthalts in einem Krankenhaus…" 3

III. Parallelvorschriften

§ 199 RVO regelt unter Verweis auf § 38 SGB V die Haushaltshilfe bei **Schwangerschaft und Entbindung**. Dort ist Voraussetzung, dass der Haushalt wegen der Schwangerschaft bzw. Entbindung nicht fortgesetzt werden kann. Da Schwangerschaft und Entbindung ein natürlicher Vorgang und keine Krankheit sind, kommt ein Anspruch aus § 38 SGB V nicht in Betracht. Sofern die Schwangerschaft oder Entbindung allerdings eine Krankheit im Sinne des § 27 SGB V mit Arbeitsunfähigkeit zur Folge haben, ist § 38 SGB V und nicht § 199 RVO anzuwenden.[6] 4

§ 20 SGB VIII gibt die Möglichkeit der **Hilfe in besonderen Lebenslagen**, wenn ein Elternteil, der die überwiegende Betreuung des Kindes übernommen hatte, u.a. aus gesundheitlichen Gründen ausfällt. Die Hilfe besteht in der Unterstützung des verbliebenen Elternteils oder gegebenenfalls der Versorgung des Kindes im eigenen Haushalt oder außerhalb desselben. § 20 SGB VIII ist gegenüber § 38 SGB V subsidiär, soweit sie denselben Sachverhalt erfassen.[7] 5

Im **Sozialhilferecht** ist ebenfalls die Hilfe zur Weiterführung des Haushalts vorgesehen (§ 70 SGB XII). Auch diese Leistung ist gegenüber der Haushaltshilfe nach § 38 SGB V nachrangig. 6

§ 39 SGB IX ergänzt § 38 SGB V. Sofern der verhinderte Versicherte Angehörige seines Haushalts **gepflegt** hat, kommt für die Dauer von höchstens vier Wochen die Gewährung einer Ersatzpflegekraft in Betracht. 7

Nach den §§ 44 Abs. 1 Nr. 6, 54 SGB IX, auf die z.B. die §§ 28 SBG VI und 42 SGB VII verweisen, wird Haushaltshilfe auch bei **Leistungen der medizinischen Rehabilitation** gewährt.[8] 8

IV. Untergesetzliche Normen und Verwaltungsvorschriften

§ 38 Abs. 2 SGB V sieht die Möglichkeit vor, dass Krankenkassen in ihren Satzungen weitergehende Ansprüche auf die Gewährung von Haushaltshilfe aufnehmen. Von dieser Möglichkeit haben die Krankenkassen verschiedentlich Gebrauch gemacht und gewähren einen Anspruch auf Haushaltshilfe auch 9

---

1 BT-Drs. 11/2237, S. 177.

2 BGBl I 1991, 2325.

3 BR-Drs. 539/91.

4 BT-Drs. 11/2493, S. 16, BR-Drs. 200/88, S. 43, dazu *Mengert* in: Peters, Handbuch KV (SGB V), § 38 Rn. 7, 10a.

5 BGBl I 2003, 2190.

6 *Dalheimer*, WzS 1990, 213, 125.

7 Zum Ganzen *Stein*, ZfJ 1991, 579.

8 Zur Haushaltshilfe in gesetzlicher Krankenversicherung und sozialem Entschädigungsrecht: *Dahm*, Kompass 2000, 337 f.

in Fällen von Krankheit ohne Krankenhausbehandlung[9] oder auch, wenn das zu betreuende Kind das 12. Lebensjahr bereits überschritten hat.[10]

10 Die Spitzenverbände der Krankenkasse haben in verschiedenen Besprechungen Grundsätze für die Gewährung der Haushaltshilfe aufgestellt.[11]

V. Systematische Zusammenhänge

11 § 38 SGB V regelt ähnlich wie § 37a SGB V eine Nebenleistung zur Hauptleistung der Krankenbehandlung. Die Möglichkeit der Haushaltshilfe zieht sich wie ein roter Faden durch das Leistungsrecht bei stationären Behandlungen. Die Haushaltshilfe kann neben der häuslichen Krankenpflege gewährt werden. In diesem Fall ist die Krankenpflege nur auf die Grund- und Behandlungspflege, nicht aber die hauswirtschaftliche Versorgung bezogen. Die Beziehungen zu den Leistungserbringern regelt § 132 SGB V, der den Krankenkassen die Möglichkeit gibt, entweder selbst zur Haushaltshilfe geeignete Personen einzustellen oder mit Leistungserbringern, Einrichtungen und Unternehmen entsprechende Verträge zur Leistungserbringung zu schließen. Welche Anforderungen an die Leistungserbringer zu stellen sind, regelt das Gesetz nicht.

VI. Ausgewählte Literaturhinweise

12 *Dalheimer*, Der Anspruch auf Hauhaltshilfe nach § 38 SGB V und § 199 RVO, WzS 1990, 213-225; *Fastabend/Schneider,* Das Leistungsrecht der Gesetzlichen Krankenversicherung, Berlin 2004, 214-218; *Keß*, Leistungen bei häuslicher Krankenpflege, der Haushaltshilfe sowie bei Schwerpflegebedürftigkeit, ErsK 1991, 406-412, 501, 504; *Stein,* §§ 38 SGB V und 20 SGB VIII – ein Vergleich, ZfJ 1991, 579-582.

B. Auslegung der Norm

I. Regelungsgehalt und Bedeutung der Norm

13 § 38 SGB V verpflichtet die Krankenkassen zur Haushaltshilfe, wenn ein Versicherter sich zur Behandlung oder Vorbeugung und Rehabilitation in stationärer Behandlung befindet. Gleichzeitig eröffnet er den Krankenkassen einen Spielraum zur Regelung weitergehender Ansprüche in der Satzung. Der dem Grunde nach bestehende Sachleistungsanspruch kann sich in einen Kostenerstattungsanspruch umwandeln, wenn die Krankenkasse die Leistung nicht erbringen kann. § 38 SGB V geht davon aus, dass zwischen Angehörigen desselben Haushalts Solidarität herrscht, so dass ihr Einsatz als Haushaltsführer vorrangig ist.

II. Normzweck

14 Hauptmotiv für die Einführung des § 185b RVO und ihm nachfolgend des § 38 SGB V war die vom Gesetzgeber gesehene Gefahr, dass Versicherte Krankenhausbehandlung und ähnliche Leistungen nicht in Anspruch nehmen könnten, weil ihr Haushalt nicht gesichert und die Kinder nicht versorgt seien. Um Haushalt und Kinderbetreuung nicht zum Hindernis für die ärztliche Versorgung werden zu lassen, sollte Eltern diese Sorge genommen werden. Unabhängig von der Gefahr, keine stationäre Behandlung in Anspruch nehmen zu können, antwortet § 38 SGB V auf eine **spezielle Bedarfssituation.**[12]

III. Anspruch auf Haushaltshilfe (Absatz 1)

15 Einen Anspruch auf Haushaltshilfe kraft Gesetzes haben Personen, die versichert sind, und sich wegen einer Krankheit im Sinne des § 27 SGB V in einer der in § 38 SGB V genannten Arten von Behandlung befinden.

---

9 Z.B. Satzung AOK Saarland, vgl. *Stein*, ZfJ 1991, 579, 580.

10 Z.B. § 20 Satzung der Techniker Krankenkasse Stand: 01.01.2004.

11 Z.B. ErsK 1990, 290.

12 BSG v. 07.11.2000 - B 1 KR 15/99 R - juris Rn. 13 - SozR 3-2500 § 3 Nr. 3.

1. Versicherter

16 Nach § 38 SGB V haben Versicherte Anspruch auf Haushaltshilfe. Wer Versicherter ist, regeln die §§ 5, 9 und 10 SGB V. Dabei meint § 38 SGB V nicht das versicherte Mitglied der gesetzlichen Krankenversicherung, sondern den in ihr **Leistungsberechtigten**. Daher ist Anspruchsinhaber des Anspruchs auf Haushaltshilfe z.B. das gemäß § 10 SGB V mitversicherte Familienmitglied und nicht der Stammversicherte.[13]

2. Krankenhausbehandlung oder sonstige Leistung

a. Krankenhausbehandlung

17 Anders als sein Vorgänger § 185b RVO formuliert § 38 SGB V nicht „wegen Aufenthalts in einem Krankenhaus". Vielmehr ist Voraussetzung für die Gewährung von Haushaltshilfe nach § 38 Abs. 1 SGB V die „Krankenhausbehandlung". § 38 SGB V enthält damit seinem Wortlaut nach keine eindeutige Regelung dazu, ob eine **ambulante Behandlung** in einem Krankenhaus ausreichend ist, um einen Anspruch auf Haushaltshilfe auszulösen. § 39 Abs. 1 Satz 1 SGB V sieht als Krankenhausbehandlung eine solche voll-, teil-, vor- oder nachstationärer sowie ambulanter Art vor. Ginge man aufgrund des unmittelbaren systematischen Zusammenhangs davon aus, dass § 38 Abs. 1 und § 39 Abs. 1 Satz 1 SGB V den Begriff der Krankenhausbehandlung gleichbedeutend verstehen, so müsste man zu dem Ergebnis kommen, dass der Anspruch auf Haushaltshilfe auch besteht, wenn der Versicherte wegen einer ambulanten Behandlung im Krankenhaus an der Führung des Haushalts gehindert ist. Dennoch hat das BSG mit überzeugenden Argumenten entschieden, dass eine ambulante Behandlung im Krankenhaus einen Anspruch nach § 38 Abs. 1 Satz 1 SGB V nicht auslöst.[14] Zunächst ist auch § 39 SGB V nicht völlig eindeutig, da sein Absatz 1 Satz 3 zu den Leistungen bei Krankenhausbehandlung die Unterkunft und Verpflegung und damit Bestandteile der **stationären Behandlung** zählt. Allen übrigen in § 38 SGB V aufgezählten Leistungen, die einen Anspruch auf Haushaltshilfe nach sich ziehen können, ist außerdem gemeinsam, dass sie definitionsgemäß entweder eine stationäre Unterbringung mit Verpflegung oder aber die Anwesenheit in einem anerkannten Kurort und damit die komplette Abwesenheit des für den Haushalt ausfallenden Versicherten vom Haushalt voraussetzen. Eine kurzfristige, d.h. nur stundenweise Abwesenheit des Versicherten von seinem Haushalt ist dagegen bei diesen Leistungen nicht der Regelfall, sondern die Ausnahme, wenn z.B. der Kurort sehr nahe am Heimatort liegt. Daher kann „Krankenhausbehandlung" im Zusammenhang mit den anderen aufgezählten Leistungen nur die stationäre Behandlung im Krankenhaus bedeuten.[15] Aus den Gesetzesmaterialien zu § 38 SGB V ergibt sich kein Hinweis darauf, dass die Formulierungsänderung gegenüber § 185b RVO auch eine inhaltliche Änderung nach sich ziehen sollte. Mit § 38 SGB V wollte der Gesetzgeber nur eine Konkretisierung, nicht aber eine Änderung gegenüber § 185b RVO bewirken.[16] Demgegenüber ist der Anspruch auf Haushaltshilfe bei **teilstationärer Krankenhausbehandlung** nicht von vorneherein ausgeschlossen,[17] denn auch diese führt – solange sie erfolgt – zu einer Ortsabwesenheit des Versicherten und der von § 38 SGB V geforderten speziellen Bedarfssituation.

18 Zur Krankenhausbehandlung können auch Leistungen der künstlichen Befruchtung,[18] sofern sie stationär durchgeführt werden, und die nicht rechtswidrige Sterilisation und der nicht rechtswidrige Schwangerschaftsabbruch gehören.

b. Sonstige Leistung nach Katalog

19 Neben der Krankenhausbehandlung sieht § 38 SGB V die Haushaltshilfe bei ambulanten und stationären Vorsorgeleistungen in einem anerkannten Kurort (§ 23 SGB V), bei Muttervorsorge und Mutter-Kind-Kuren (§ 24 SGB V), bei häuslicher Krankenpflege zur Krankenhausvermeidung (§ 37 SGB V), bei einer ambulanten oder stationären Rehabilitation in einer anerkannten Rehaeinrichtung und bei einer medizinischen Rehabilitation für Mütter vor. Der Katalog ist abschließend. Sofern eine Art der Behandlung in diesem Katalog nicht erfasst ist, kann für den Ausfall des Haushaltsführenden allenfalls nach den Satzungsregeln der jeweiligen Krankenkasse Haushaltshilfe gewährt werden. Keine

[13] BSG v. 25.06.2002 - B 1 KR 22/01 R - juris Rn. 11 - SozR 3-2500 § 38 Nr. 4.

[14] BSG v. 25.06.2002 - B 1 KR 22/01 R - SozR 3-2500 § 38 Nr. 4.

[15] So BSG v. 25.06.2002 - B 1 KR 22/01 R - juris Rn. 14 - SozR 3-2500 § 38 Nr. 4.

[16] BSG v. 25.06.2002 - B 1 KR 22/01 R - juris Rn. 16 - SozR 3-2500 § 38 Nr. 4.

[17] *Dalheimer*, WzS 1990, 213, 214.

[18] *Schmidt* in: Peters, Handbuch KV (SGB V), § 27a Rn. 170.

Voraussetzung für die Gewährung von Haushaltshilfe gemäß § 38 SGB V ist es, dass die Krankenkasse die Kosten für die Behandlung allein trägt. Ausreichend ist, dass die Krankenkasse z.B. die Kosten der badeärztlichen Behandlung bei einer Kur trägt, selbst wenn sie sich nicht an Unterbringungs- und Verpflegungskosten beteiligt.[19]

c. Stationäre Unterbringung als Begleitperson

20 Einzige Ausnahme von diesem Grundsatz der Endgültigkeit des Katalogs bildet die stationäre Unterbringung als Begleitperson nach § 11 Abs. 3 SGB V.[20] In diesen Fällen wird der Versicherte als medizinisch **notwendige Begleitperson** eines Versicherten stationär mit in das Krankenhaus aufgenommen. Zwar wird der Haushaltsführende selbst nicht behandelt jedoch ist seine Mitaufnahme aus medizinischen Gründen notwendig, um die Behandlung eines Dritten zu sichern. Hier besteht eine ähnliche Konstellation wie bei der Krankenhausbehandlung des Versicherten unmittelbar, so dass § 38 SGB V entsprechend angewandt werden kann. Tritt die **spezifische Bedarfssituation** beim Versicherten aus diesem Grund ein, hat er Anspruch auf Nebenleistungen wie die Haushaltshilfe als würde er selbst stationär behandelt. Die Bedarfssituation setzt aber voraus, dass ein anderes Kind als das behandelte im Haushalt lebt, das betreut werden muss. Der Anspruch auf Leistungen steht auch dem ausfallenden Leistungsberechtigten und nicht dem behandelten Dritten zu.[21] Das ist jedenfalls dann der Fall, wenn sowohl der behandelte Dritte als auch der ausfallende Haushaltsangehörige in der gleichen Krankenversicherung versichert sind,[22] muss aber in gleicher Weise gelten, wenn der behandelte Dritte bei einer anderen Krankenkasse versichert ist, denn insofern besteht die von § 38 SGB V in den Blick genommene Bedarfssituation beim Versicherten, der an der Haushaltsführung gehindert ist, in gleicher Weise.

3. Unmöglichkeit der Weiterführung des Haushalts

a. Haushalt

21 Unter Haushalt ist die **private Wirtschafts- und Lebensführung** einschließlich der Kinderbetreuung zu verstehen, mit der Grundbedürfnisse wie Ernährung, Kleidung, Körperpflege, Hygiene, Ruhe und Schlaf befriedigt werden.[23] Der Haushalt muss auf eine gewisse Dauer angelegt sein. Maßgeblich ist die Haushaltsführung des Leistungsberechtigten, so dass z.B. ein – auch längerer – Besuch oder ein gemeinsamer Urlaub für die Haushaltsführung nicht ausreichen.[24] Deshalb führen getrennt lebende Ehegatten in der Regel keinen gemeinsamen Haushalt, so dass es für die Unmöglichkeit der Haushaltsführung auf den Haushalt des tatsächlich ausfallenden Ehegatten ankommt.

b. Weiterführung

22 Grundvoraussetzung für die Unmöglichkeit der Weiterführung des Haushalts ist zunächst, dass der Anspruchsinhaber den **Haushalt objektiv nicht führen kann**. Nicht erforderlich ist demgegenüber, dass der Versicherte vor seiner Erkrankung den Haushalt geführt hat. Es reicht vielmehr aus, dass die Planung des Haushalts dergestalt geregelt werden sollte, dass der Versicherte den Haushalt führen sollte und daran durch die eine stationäre Behandlung notwendig machende Erkrankung gehindert ist. Die bisherige Haushaltsführung muss also nicht mehr weiter fortgesetzt werden können. Insofern bezieht der Wortteil „weiter“ in dem Wort „Weiterführung“ nicht auf die haushaltsführende Person, sondern auf den **Haushalt selbst**.[25] Es kommt auch nicht darauf an, ob der Versicherte den Haushalt allein oder überwiegend geführt hat. Insofern ist es ausreichend für den Anspruch, dass der Versicherte den Haushalt zusammen mit anderen führt.[26]

---

19 *Dalheimer*, WzS 1990, 213, 215, *Mrozynski* in: Wannagat, SGB V, § 38 Rn. 4.

20 BSG v. 23.11.1995 - 1 RK 11/95 - SozR 3-2500 § 38 Nr. 1 = BSGE 77, 102.

21 *Fastabend/Schneider*, Das Leistungsrecht der gesetzlichen Krankenversicherung, Rn. 194.

22 BSG v. 23.11.1995 - 1 RK 11/95 - SozR 3-2500 § 38 Nr. 1.

23 BSG v. 23.03.1983 - 3 RK 66/81 - SozR 2200 § 199 Nr. 3; *Fastabend/Schneider*, Das Leistungsrecht der gesetzlichen Krankenversicherung, Rn. 195; *Höfler* in: KassKomm, SGB V, § 38 Rn. 8.

24 *Dalheimer*, WzS 1990, 213, *Keß*, ErsK 1991, 406.

25 BSG v. 07.11.2000 - B 1 KR 15/99 - juris Rn. 12 - SozR 3-2500 § 38 Nr. 3.

26 *Fastabend/Schneider*, Das Leistungsrecht in der gesetzlichen Krankenversicherung, Rn. 195.

c. Unmöglichkeit

23 Dem Versicherten muss die Führung des Haushalts **objektiv** unmöglich sein, d.h. er darf nicht mehr in der Lage sein, die private Lebensführung aufrechtzuerhalten. Grund für die Unmöglichkeit der Haushaltsführung muss die Krankenhausbehandlung bzw. die weitere in § 38 SGB V aufgezählte in Anspruch genommene Leistung sein. Insofern muss ein Ursachenzusammenhang zwischen Erkrankung und nicht durchgeführter Weiterführung des Haushalts bestehen, der Behandlungszustand oder die Ortsabwesenheit des Versicherten müssen die Unmöglichkeit der Weiterführung des Haushalts bedingen.

24 Die Haushaltsführung ist demgegenüber nicht unmöglich geworden, wenn eine **andere Person**, die z.B. den Haushalt zuvor geführt hat und nach der gemeinsamen Planung die Haushaltsführung zunächst an die versicherte Person abgeben sollte, den Haushalt weiterführen kann.

4. Hilfebedürftiges Kind im Haushalt

a. Kind

25 Der Anspruch auf Gewährung von Haushaltshilfe setzt weiterhin voraus, dass ein hilfebedürftiges Kind im Haushalt lebt. Der Begriff des Kindes bezieht sich dabei nicht auf die nicht volljährige Person, sondern auf die Beziehung dieser Person zum Versicherten. Dabei ist der Begriff des Kindes aus den sozialrechtlichen Vorschriften zu entnehmen. Entsprechend den Definitionen in § 56 Abs. 2 SGB I, § 25 Abs. 4 SGB V fällt darunter jedes leibliche, adoptierte, Pflegekind, Enkel, Stiefkind und sogar Geschwisterkind, wenn es im Haushalt des Versicherten lebt. Insofern kommt es nicht darauf an, ob das Kind überhaupt krankenversichert ist oder ob es nach § 10 SGB V familienversichert ist. Maßgeblich ist allein, ob das Kind im Haushalt lebt.

b. Im Haushalt lebend

26 Das hilfebedürftige Kind muss **in den Haushalt aufgenommen** sein. Es darf nicht nur vorübergehend – etwa zur kurzfristigen Pflege wegen Verhinderung der es sonst betreuenden Personen – im Haushalt des Versicherten sein, sondern muss **Teil der auf Dauer angelegten Lebensführung** sein. Insofern teilt das Kind die Hausgemeinschaft des Versicherten. Nicht ausreichend ist deshalb, wenn z.B. die versicherte und an der Haushaltsführung gehinderte Großmutter das Kind tagsüber betreut, während die Eltern arbeiten, es aber allabendlich in den Haushalt der Eltern zurückkehrt und dort Kleidung untergebracht ist, das Bett steht u.Ä.

27 Das Gesetz schließt allerdings nach seinem Wortlaut nicht aus, dass ein Kind in **verschiedenen Haushalten** lebt, es also mehrere Personen gibt, mit denen es eine gemeinsame Lebensführung teilt. Denkbar ist das Leben in verschiedenen Haushalten, beispielsweise, wenn die Eltern sich getrennt haben, aber das ihnen nach den Vorschriften des Zivilrechts zustehende persönliche Sorgerecht und das Aufenthaltsbestimmungsrecht auch gemeinsam in der Weise ausüben, dass sich das Kind in beiden Haushalten regelmäßig zur Erfüllung seiner Grundbedürfnisse aufhält. Nicht ausreichend ist allerdings insofern, dass der eine Elternteil das Kind zwar regelmäßig, aber nur besuchsweise bei sich unterbringt oder zwar täglich stundenweise betreut, aber nachts immer wieder zum anderen Elternteil bringt. Eine Betreuung in zwei verschiedenen Haushalten besteht auch dann nicht, wenn ein Elternteil das alleinige Aufenthaltsbestimmungsrecht hat und das Kind sich überwiegend bei diesem aufhält. Insofern bildet das Leben in verschiedenen Haushalten in der Praxis die Ausnahme.

c. Hilfebedürftigkeit

28 Schließlich verlangt § 38 Abs. 1 SGB V die Hilfebedürftigkeit des Kindes. Das Gesetz geht dabei davon aus, dass ein Kind, das das 12. Lebensjahr noch nicht vollendet hat, allein wegen seines **geringen Alters** der Hilfe bedarf. Die Krankenkassen können in ihren Satzungen sogar eine höhere Altersgrenze vorsehen. Vollendet das Kind nach Beginn der Haushaltshilfe das zwölfte Lebensjahr, wird die Leistung nach § 38 Abs. 1 Satz 2 SGB V für diesen Versicherungsfall weitergewährt.[27]

29 Sofern das Kind das zwölfte Lebensjahr vollendet hat und auch die Satzung keine darüber hinausgehenden Ansprüche einräumt, kann Haushaltshilfe nur gewährt werden, wenn das zu betreuende Kind **behindert und auf Hilfe angewiesen** ist. Vor In-Kraft-Treten des SGB IX hat das BSG eine Behinderung als Abweichung der Verfassung des Kindes vom körperlichen, geistigen oder seelischen Normalzustand in medizinisch bedeutsamer Weise definiert und klargestellt, dass dazu eine unterdurchschnitt-

[27] *Dalheimer*, WzS 1990, 213, *Keß*, ErsK 1991, 406.

liche Begabung, Unkonzentriertheit, Nervosität, Labilität und ein Rückstand in der geistigen Entwicklung nicht ausreichend sind.[28] Nunmehr befindet sich eine gesetzliche Definition des Begriffs der Behinderung im SGB IX. Eine **Behinderung** liegt nach § 2 Abs. 1 SGB IX vor, wenn die körperliche Funktion, geistige Fähigkeit oder seelische Gesundheit mit hoher Wahrscheinlichkeit länger als sechs Monate von dem für das Lebensalter typischen Zustand abweicht. Insofern sind auch hier die bloße Nervosität oder ein Rückstand in der Entwicklung allein nicht ausreichend, um eine Behinderung anzunehmen. Vielmehr sind insofern die Kriterien der §§ 2 und 69 SGB IX sowie die nach ständiger Rechtsprechung des BSG[29] als antizipiertes Sachverständigengutachten zu beachtenden Anhaltspunkte für die ärztliche Gutachtertätigkeit im Sozialen Entschädigungsrecht und nach dem Schwerbehindertenrecht des Bundesministerium für Gesundheit und Soziale Sicherung[30] heranzuziehen. Danach wird z.B. das so genannte Aufmerksamkeitsdefizitsyndrom als Behinderung anerkannt, sofern es das Kind in seinen sozialen Einordnungsmöglichkeiten maßgeblich einschränkt.[31] Eine Schwerbehinderung, also einen Grad der Behinderung von wenigstens 50, verlangt das Gesetz nicht.

30 Das zu betreuende Kind muss nicht nur behindert, sondern auch auf Hilfe **angewiesen** sein. Dabei ist der Begriff der Hilfebedürftigkeit in § 38 SGB V nicht identisch mit dem Begriff der Pflegebedürftigkeit nach § 14 SGB XI oder der Hilflosigkeit nach § 33b Abs. 3 EStG. Auf Hilfe angewiesen ist ein Kind, wenn bei der Lebensführung objektiv Hilfe erforderlich wird, z.B. für Ernährung, Körperpflege oder seelische Betreuung.[32]

31 § 38 SGB V trifft keine eindeutige Abgrenzung zu § 10 SGB V. Nach dem Wortlaut bleibt also unklar, ob Haushaltshilfe nur unter der Voraussetzung gewährt werden kann, dass das Kind auch in die **Familienversicherung** aufgenommen werden kann. Es muss danach außerstande sein, sich selbst zu unterhalten und – sofern es das achtzehnte Lebensjahr vollendet hat – ununterbrochen familienversichert gewesen sein. Ein Blick auf den Unterschied im Wortlaut zeigt aber schon, dass es auf die Möglichkeit der Einbeziehung in die Familienversicherung nicht ankommen kann. Im Gegensatz zu § 10 SGB V stellt § 38 SGB V nicht darauf ab, ob das Kind außerstande ist, sich selbst zu unterhalten, sondern nur darauf, ob es hilfebedürftig ist. Insofern besteht ein gradueller Unterschied. Eine Person, die z.B. eine körperliche Behinderung hat, kann durchaus bei Kleidung oder Ernährung hilfebedürftig sein, muss deshalb aber nicht außerstande sein, sich zu unterhalten.[33] Darüber hinaus verwenden die §§ 10 und 38 SGB V nicht nur verschiedene Altersgrenzen, sondern haben auch eine unterschiedliche Zweckrichtung. Während § 10 SGB V die Absicherung der Kinder – auch der behinderten Kinder – und die Entlastung der Familie im Blick hat,[34] soll § 38 SGB V dem konkreten Bedarf des Versicherten dienen. Er verlangt deshalb auch nicht, dass das zu betreuende Kind in die Familienversicherung einbezogen ist.[35] Die Notwendigkeit der Familienversicherung kann deshalb nicht durch eine zu restriktive Auslegung des § 38 SGB V quasi durch die Hintertür wieder eingeführt werden.

32 Nicht berücksichtigt ist in § 38 SGB V auch die Situation einer schweren akuten Erkrankung des zu betreuenden Kindes.[36] Insofern ist der Versicherte gegebenenfalls auf Leistungen nach § 20 SGB VIII verwiesen, sofern in der Satzung kein entsprechender Anspruch vorgesehen ist.

IV. Anspruch auf Haushaltshilfe kraft Satzung (Absatz 2)

33 Neben dem Anspruch auf Haushaltshilfe unmittelbar aus dem Gesetz, gestattet § 38 Abs. 2 SGB V den Krankenkassen weitergehende Ansprüche in ihrer Satzung zu regeln. Damit wird die Gestaltungsfreiheit der Krankenkassen gestärkt und ihnen die Möglichkeit gegeben, sich durch weitergehende Ansprüche gegenüber anderen Kassen einen Vorteil bei der Werbung um Versicherte zu schaffen. **Inhalt der Satzungsregelung** kann insbesondere eine höhere Altersgrenze oder ein Anspruch auf Haushaltshilfe in anderen Fällen (z.B. für bestimmte Fälle der ambulanten Behandlung, besondere familiäre Belastungen, Hilfebedürftigkeit des Kindes wegen akuter schwerer Erkrankung) sein. Bezüglich dieser

[28] BSG v. 31.01.1979 - 11 RA 19/78 - SozR 2200 § 1237b Nr. 3.
[29] Zuletzt BSG v. 18.09.2003 - B 9 SB 3/02 R - SozR 4-3250 § 69 Nr. 3 = BSGE 91, 205.
[30] www.bmgs.bund.de/download/broschueren/k710.pdf.
[31] Nr. 26.3 der Anhaltspunkte.
[32] *Höfler* in: KassKomm, SGB V, § 38 Rn. 24.
[33] Zum Begriff „außerstande sich selbst zu unterhalten" vgl. die Kommentierung zu § 10 SGB V Rn. 24.
[34] Vgl. zum Sinn und Zweck des § 10 SGB V die Kommentierung zu § 10 SGB V Rn. 12.
[35] So zu Recht *Höfler* in: KassKomm, SGB V, § 38 Rn. 25.
[36] *Dalheimer*, WzS 1990, 213, 218.

Ansprüche kann die Satzung auch Dauer und Umfang der Leistung bestimmen. Voraussetzung für die Ansprüche nach der Satzung ist nach dem eindeutigen Wortlaut des § 38 Abs. 2 SGB V das Vorliegen einer Krankheit. Der Wortlaut des § 38 Abs. 2 SGB V schließt die Ausgestaltung der Satzungsleistung als Ermessensleistung ebenso aus[37] wie den Verzicht auf die Einschränkungen der Absätze drei und vier. Letztere beziehen sich auch auf die Leistungen nach dem zweiten Absatz.

V. Ausschluss des Anspruchs (Absatz 3)

1. Im Haushalt lebende Person

§ 38 Abs. 3 BGB schließt den Anspruch auf Gewährung einer Haushaltshilfe dann aus, wenn eine im Haushalt lebende Person den Haushalt fortführen kann. Es verlangt damit eine gewisse Mitwirkung der im Haushalt lebenden Personen an der Heilbehandlung.[38] Die Vorschrift setzt ebenso wie Absatz 1 eine gemeinsame Lebensführung voraus. Eine Person lebt deshalb dann nicht im Haushalt, wenn sie zwar im gleichen Haus wohnt, aber etwa eine eigene Wohnung hat, oder sie in derselben Wohnung lebt, aber das Zusammenleben sich auf die gemeinsame Nutzung der sanitären Anlagen und der Küche beschränkt. Dagegen ist die Volljährigkeit der betreffenden Person nicht notwendig. Die im Haushalt lebende Person kann deshalb auch ein weiteres im Haushalt lebendes älteres (Geschwister-)Kind sein, das in der Lage ist, den Haushalt zu führen.[39] 34

2. Möglichkeit des Weiterführens des Haushalts

Die betreffende Person muss in der Lage sein, den Haushalt zu führen. Das bedeutet zunächst, dass sie von ihren **persönlichen Voraussetzungen**, wie z.B. ihrer Reife, aber auch ihrer körperlichen Konstitution, in der Lage ist, die mit der Haushaltsführung verbundenen wesentlichen Aufgaben ordnungsgemäß wahrzunehmen. Dabei ist auf den konkreten Haushalt in seinem tatsächlichen Umfang abzustellen. Das Gesetz verlangt nicht, dass sich Versicherte mit einer behelfsmäßigen Überbrückung der Haushaltsführung während der Dauer etwa eines stationären Aufenthalts zufrieden geben. 35

Weiterhin muss der dritten Person die Haushaltsführung **zuzumuten** sein. § 38 SGB V weist dem Versicherten zwar eine gewisse Eigenverantwortung zu, verlangt aber nicht, dass die in der Familie herrschende Rollenverteilung aufgegeben wird oder dass die weitere im Haushalt lebende Person ihre Arbeit oder Schulausbildung aufgibt, um den Haushalt zu führen.[40] Demgegenüber ist es einer im Haushalt lebenden Person zumutbar, in der arbeits- bzw. schulfreien Zeit den Haushalt zu führen.[41] Das gilt auch während eines Tarifurlaubs.[42] Demgegenüber ist die im Haushalt lebende Person nicht verpflichtet, unbezahlten Sonderurlaub in Anspruch zu nehmen, um den Haushalt zu führen.[43] 36

VI. Leistungsumfang – Sachleistung

Die Haushaltshilfe wird als Sachleistung gewährt. Das bedeutet, dass die Krankenkasse eine Haushaltshilfe stellt. Näheres wird durch die gemäß § 132 SGB V abgeschlossenen **Verträge** geregelt.[44] 37

§ 38 SGB V enthält – anders als die §§ 37 und 37a SGB V – keine zeitliche Begrenzung des Anspruchs auf Haushaltshilfe. Die Haushaltshilfe unterliegt deshalb nur dem Wirtschaftlichkeitsgebot des § 12 SGB V. Sie ist nicht auf einen Acht-Stunden-Tag begrenzt und es findet sich auch keine Begrenzung auf die Betreuung der Kinder, die das 12. Lebensjahr noch nicht vollendet haben. Wenn die Voraussetzungen erfüllt sind, besteht der Anspruch vielmehr für den gesamten Haushalt in dem Umfang, in dem 38

---

[37] *Mengert* in: Peters, Handbuch KV (SGB V), § 38 Rn. 55.

[38] *Höfler* in: KassKomm, SGB V, § 38 Rn. 13, BSG v. 22.04.1987 - 8 RK 22/85 - SozR 2200 S 185b Nr. 11.

[39] *Dalheimer*, WzS 1990, 213, 219; *Fastabend/Schneider*, Leistungsrecht der Gesetzlichen Krankenversicherung, Rn. 196.

[40] BSG v. 07.11.2000 - B 1 KR 15/99 R - SozR 3-2500 § 38 Nr. 3.

[41] BSG v. 30.03.1977 - 5 RKn 20/76 - SozR 2200 § 185b Nr. 2 = BSGE 43, 236.

[42] BSG v. 28.01.1977 - 5 RKn 32/76 - SozR 2200 § 185b Nr. 1 = BSGE 43, 170.

[43] BSG v. 01.07.1997 - 2 RU 24/95 - SozR 3-2200 § 569a Nr. 1 S. 5; BSG v. 23.11.1995 - 1 RK 11/95 - SozR 3-2500 § 38 Nr. 1 = BSGE 77, 102; offen gelassen BSG v. 07.11.2000 - B 1 KR 15/99 R - SozR 3-2500 § 38 Nr. 3.

[44] Vgl. dazu *Keß*, ErsK 1991, 501 ff.

ein anderes Haushaltsmitglied ihn nicht weiterführen kann. Die Möglichkeit der Haushaltsführung durch ein anderes Haushaltsmitglied in dessen arbeits- bzw. schulfreier Zeit begrenzt den Anspruch der Höhe nach.

39 Der Anspruch ist weiterhin in seinem Umfang insofern begrenzt, als er nur soweit besteht, wie das ausfallende Haushaltsmitglied den Haushalt auch geführt hat. Sofern der Haushalt von mehreren Personen arbeitsteilig geführt wurde, kann auch nur der Teil durch Haushaltshilfe ersetzt werden, der vorher der ausfallenden Person oblegen hat.

VII. Kostenerstattung (Absatz 4)

1. Voraussetzungen

40 § 38 Abs. 4 Satz 1 SGB V gibt Versicherten einen Anspruch auf Kostenerstattung für eine **selbstbeschaffte Haushaltshilfe**, wenn die Krankenkasse keine Haushaltshilfe stellen kann oder Grund besteht davon abzusehen. Ob die Krankenkasse eine Haushaltshilfe stellen kann, ist einerseits eine Frage der **Kapazität**. So können beispielsweise in ländlichen Gebieten nicht ausreichend Leistungserbringer vorhanden sein, so dass der Versicherte selbst eine Haushaltshilfe beschaffen muss. Andererseits kann es auch eine Frage der **Zeit** sein. Ein Versicherter, der sich notfallmäßig in Krankenhausbehandlung begeben muss, kann in der Regel nicht erst eine Entscheidung seiner Krankenkasse über die Gewährung von Haushaltshilfe abwarten bevor er die Weiterführung des Haushalts insbesondere auch im Interesse der zu betreuenden Kinder regelt und sich dazu selbst eine Haushaltshilfe beschafft. Zwar ist nicht abschließend geklärt, ob der Versicherte in den Fällen des § 38 Abs. 4 Satz 1 Alt. 1 SGB V zunächst einen Antrag auf Haushaltshilfe stellen muss. § 38 SGB V sieht ein solches Antragserfordernis jedenfalls nicht ausdrücklich vor. Jedoch spricht der Wortlaut der Vorschrift dafür, denn die Entscheidung der Krankenkasse, ob sie eine Haushaltshilfe stellen kann, kann nur getroffen werden, wenn die Krankenkasse mit dieser Frage im Rahmen eines Antrags befasst wird. Die Gewährung von Haushaltshilfe ohne **vorherigen Antrag** stößt auch auf praktische Schwierigkeiten. Erstens kann eine Krankenkasse, die keine Kenntnis von der Notwendigkeit einer Haushaltshilfe hat, diese auch nicht gewähren. Zweitens wird der Versicherte in der Regel auch nicht wissen, ob die Krankenkasse eine Haushaltshilfe stellen kann, wenn er sich nicht wenigstens zuvor bei dieser danach erkundigt hat. Insofern ist zumindest in den Fällen der mangelnden Kapazität der Haushaltshilfe ein vorheriger Antrag auf Stellung einer Haushaltshilfe bei der Krankenkasse zu fordern. Sofern die Haushaltshilfe aus Zeitgründen nicht gewährt werden kann, kann ein Antrag vor eigener Beschaffung der Haushaltshilfe in der Regel nicht gefordert werden. Hier kann der Versicherte oder eine andere im Haushalt lebende Person den Antrag später mit Wirkung für die Zukunft stellen, so dass der Krankenkasse auch insofern die Möglichkeit der Entscheidung bleibt. Lediglich in den Fällen, in denen dem Versicherten bekannt ist, dass die Krankenkasse aus Kapazitätsgründen keine Haushaltshilfe stellen kann, wird man vom Antragserfordernis absehen können. Allerdings ist insofern zu fordern, dass der Versicherte – etwa infolge einer entsprechenden Auskunft der Krankenkasse – positiv weiß, dass die Krankenkasse keine Hilfe stellen kann. Eine vorherige Ablehnung aus Kapazitätsgründen kann nur dann ausreichen, wenn dem Versicherten aus anderen Gründen bekannt ist, dass sich an den Kapazitätsengpässen keine Änderung ergeben hat.[45] Insofern ist es nicht ausreichend, dass die Krankenkasse in einem vorhergehenden Leistungsfall Haushaltshilfe nicht als Sachleistung gewährt hat, sondern die Kosten für eine selbstbeschaffte Kraft ersetzt hat, denn dieses ist in der Praxis auch über die Voraussetzungen des § 38 Abs. 4 SGB V hinaus der Regelfall und keine Indikation dafür, dass die Kasse in späteren Fällen keine Sachleistung gewähren wird.[46]

41 Weiterhin besteht ein Anspruch auf Kostenerstattung, wenn die Krankenkasse Grund hat, **von der Stellung einer Haushaltshilfe abzusehen**. Der wichtigste Anwendungsfall dieser Vorschrift ist derjenige, in dem die selbstbeschaffte Kraft geringere Kosten verursacht als es eine gestellte Kraft tut und damit dem Wirtschaftlichkeitsgebot Rechnung getragen wird, § 12 SGB V. Ein weiterer Grund kann es sein, dass ein Haushaltsmitglied den Haushalt weiterführt, obwohl es ihm eigentlich nicht zuzumuten wäre (vgl. Rn. 36). In diesem Fall hat wohl in der Regel das Kindeswohl und die Kontinuität der Haushaltsführung Vorrang vor der Sachleistung. Die Frage, ob ein Grund bestand, von der Stellung einer Haushaltshilfe abzusehen, ist eine Rechtsfrage und als solche gerichtlich nachprüfbar.

---

[45] BSG v. 23.11.1995 - 1 RK 11/95 - SozR 3-2500 § 38 Nr. 1 = BSGE 77, 102.

[46] Wenn sie z.B. im Rahmen von § 132 SGB V Verträge mit Leistungserbringern geschlossen hat.

2. Umfang der Kostenerstattung

In den Fällen des § 38 Abs. 4 Satz 1 SGB V erstattet die Krankenkasse die Kosten für die Haushaltsführung in **angemessener Höhe**. Dabei hat sie dem Wirtschaftlichkeitsgebot Rechnung zu tragen. Die angemessenen Kosten werden in der Regel diejenigen sein, die die Krankenkasse für eine eigene Haushaltshilfe hätte aufwenden müssen, sofern eine solche verfügbar gewesen wäre. Insofern kann sie sich am geltenden Tarif orientieren. Allerdings kann sie die Erstattung der Kosten nicht allein deshalb verweigern, weil sie über den tariflich üblichen liegen, wenn sie eine Haushaltshilfe aus Kapazitätsgründen nicht stellen konnte und eine günstigere Haushaltshilfe nicht beschafft werden konnte. Insofern kommt es gegebenenfalls auf die ortsüblichen Entgelte für Haushaltshilfen an.[47] 42

Die Erstattung der Kosten ist auf diejenigen Kosten beschränkt, die für die Weiterführung des eigenen Haushalts angefallen ist. Die **Kosten einer anderweitigen Unterbringung** des Kindes, z.B. die Kurzzeitpflege eines behinderten und pflegebedürftigen Kindes, sind demgegenüber nicht von § 38 Abs. 4 SGB V erfasst, da sie keine Weiterführung des Haushalts beinhalten. Die Versicherten sind insofern auf die Leistungen der gesetzlichen Pflegeversicherung für das Kind beschränkt.[48] Davon kann dann eine Ausnahme geboten sein, wenn die Krankenkasse keine Haushaltshilfe zur Verfügung stellen kann und sich der Versicherte auch nicht selbst eine solche beschaffen kann. Dann hat die Krankenkasse allerdings nur die tatsächlich angefallenen Kosten (z.B. Entgelt für die Kindertagesstätte) in angemessener Höhe zu erstatten. 43

3. Ausschluss der Kostenerstattung

Nach § 38 Abs. 4 Satz 2 SGB V ist eine Kostenerstattung, die nach § 38 Abs. 4 Satz 1 SGB V eigentlich zu gewähren wäre, ausgeschlossen, wenn Verwandte oder Verschwägerte bis zum zweiten Grade den Haushalt weitergeführt haben. Das Gesetz geht insofern davon aus, dass die Haushaltshilfe aufgrund familiärer Bindungen geleistet wird. 44

a. Verwandte und Verschwägerte bis 2. Grades

Wer bis zum zweiten Grad verwandt oder verschwägert ist, bestimmt sich nach den §§ 1589 f. BGB. Danach sind bis zum zweiten Grad verwandt Geschwister, Eltern, Kinder, Großeltern und Enkel, nicht aber Onkel, Tanten, Cousins und Cousinen. Bis zum zweiten Grad verschwägert sind Schwiegereltern, Schwiegerkinder und Schwager i.S.v. Ehegatten der Geschwister oder Geschwistern des Ehegatten. Auf Ehegatten einschließlich der früheren Ehegatten ist die Vorschrift entsprechend anzuwenden,[49] wenn sie in einem ähnlichen Näheverhältnis zum Versicherten oder den zu betreuenden Kindern stehen wie Verwandte und Verschwägerte bis zum zweiten Grad. Das ist insbesondere dann der Fall, wenn es sich bei den zu betreuenden Kindern um eigene Kinder des früheren Ehegatten handelt oder er mit ihnen als Pflege- bzw. Stiefkindern schon vorher zusammen in einem Haushalt gelebt hat. Die Vorschrift ist auch auf Lebenspartner nach dem Lebenspartnerschaftsgesetz entsprechend anzuwenden, da hier ein ähnliches Näheverhältnis besteht wie bei Verwandten und Verschwägerten bis zum zweiten Grad. 45

b. Dennoch erstattete Kosten

Die Krankenkasse kann auch in den Fällen des § 38 Abs. 4 Satz 2 SGB V Kosten erstatten. Diese Leistung steht allerdings in ihrem pflichtgemäßen Ermessen, das von den Gerichten auch nur auf Ermessensfehler überprüft werden kann. Das Ermessen ist als Entschließungsermessen ausgestaltet, die Krankenkasse kann also nur entscheiden, ob sie die Leistung gewährt. Ein Ermessen bezüglich der Höhe der Leistung besteht nicht. Letztere ergibt sich aus dem Gesetz. 46

Erstattungsfähig sind insofern die **Fahrtkosten** zum Haushalt und der **Verdienstausfall** der Haushaltshilfe. Die Grenze für die Haushaltshilfe bildet das Wirtschaftlichkeitsgebot, § 12 SGB V, das seine Ausprägung in § 38 Abs. 4 SGB V a.E. gefunden hat, der die Leistung auf die Höhe beschränkt, die in einem angemessenen Verhältnis zu den sonst für eine Ersatzkraft entstehenden Kosten steht. Insofern kann die Krankenkasse dem besonderen Verhältnis des Verwandten zum Versicherten und den betreuten Kindern Rechnung tragen ohne deshalb überhöhte Kosten aufwenden zu müssen. 47

---

47 LSG Niedersachsen v. 31.05.2000 - L 4 KR 44/98.

48 BSG v. 01.07.2003 - B 1 KR 13/02 R - RdLH 2004, 67.

49 BSG v. 16.11.1999 - B 1 KR 16/98 R - SozR 3-2500 § 38 Nr. 2.

48 **Verdienstausfall** ist auch den Versicherten zu gewähren, **für** die **eine im Haushalt lebende Person** den Haushalt weiterführt, obwohl ihr es eigentlich **nicht zumutbar** war, indem sie z.B. unbezahlten Urlaub genommen hat. Voraussetzung ist insofern aber, dass die im Haushalt lebende Person wie eine Haushaltshilfe tätig wird, die Tätigkeit also vorübergehend ist und keine Neuregelung der Haushaltsführung stattfindet. Das Bundessozialgericht hat insofern eine Grenze von zwei Monaten für maßgeblich angesehen, da für diesen Zeitraum ein Versicherter in der gesetzlichen Krankenversicherung unbezahlten Urlaub nehmen könne ohne seinen Anspruch auf Leistungen zu verlieren.[50]

VIII. Zuzahlung (Absatz 5)

49 Mit dem Gesundheitsmodernisierungsgesetz von 2003 wurde mit Wirkung ab 01.01.2004 auch für die Haushaltshilfe eine Zuzahlungsregelung unter Hinweis auf § 61 Abs. 1 SGB V eingeführt.[51]

---

[50] BSG v. 07.11.2000 - B 1 KR 15/99 R - juris Rn. 19 ff. - SozR 3-2500 § 38 Nr. 3.

[51] Dazu detailliert im Bezug auf die Sozialhilfe: *Hammel*, ZfSH/SGB 2004, 323-345.

§ 39 SGB V Krankenhausbehandlung

(Ursprünglich kommentierte Fassung vom 09.12.2004, gültig ab 01.10.2005, gültig bis 27.12.2007)

(1) Die Krankenhausbehandlung wird vollstationär, teilstationär, vor- und nachstationär (§ 115a) sowie ambulant (§ 115b) erbracht. Versicherte haben Anspruch auf vollstationäre Behandlung in einem zugelassenen Krankenhaus (§ 108), wenn die Aufnahme nach Prüfung durch das Krankenhaus erforderlich ist, weil das Behandlungsziel nicht durch teilstationäre, vor- und nachstationäre oder ambulante Behandlung einschließlich häuslicher Krankenpflege erreicht werden kann. Die Krankenhausbehandlung umfaßt im Rahmen des Versorgungsauftrags des Krankenhauses alle Leistungen, die im Einzelfall nach Art und Schwere der Krankheit für die medizinische Versorgung der Versicherten im Krankenhaus notwendig sind, insbesondere ärztliche Behandlung (§ 28 Abs. 1), Krankenpflege, Versorgung mit Arznei-, Heil- und Hilfsmitteln, Unterkunft und Verpflegung; die akutstationäre Behandlung umfasst auch die im Einzelfall erforderlichen und zum frühestmöglichen Zeitpunkt einsetzenden Leistungen zur Frührehabilitation.

(2) Wählen Versicherte ohne zwingenden Grund ein anderes als ein in der ärztlichen Einweisung genanntes Krankenhaus, können ihnen die Mehrkosten ganz oder teilweise auferlegt werden.

(3) Die Landesverbände der Krankenkassen, die Verbände der Ersatzkassen, die Deutsche Rentenversicherung Knappschaft-Bahn-See und die See-Krankenkasse gemeinsam erstellen unter Mitwirkung der Landeskrankenhausgesellschaft und der Kassenärztlichen Vereinigung ein Verzeichnis der Leistungen und Entgelte für die Krankenhausbehandlung in den zugelassenen Krankenhäusern im Land oder in einer Region und passen es der Entwicklung an (Verzeichnis stationärer Leistungen und Entgelte). Dabei sind die Entgelte so zusammenzustellen, daß sie miteinander verglichen werden können. Die Krankenkassen haben darauf hinzuwirken, daß Vertragsärzte und Versicherte das Verzeichnis bei der Verordnung und Inanspruchnahme von Krankenhausbehandlung beachten.

(4) Versicherte, die das achtzehnte Lebensjahr vollendet haben, zahlen vom Beginn der vollstationären Krankenhausbehandlung an innerhalb eines Kalenderjahres für längstens 28 Tage den sich nach § 61 Satz 2 ergebenden Betrag je Kalendertag an das Krankenhaus, das diesen Betrag an die Krankenkasse weiterleitet. Die innerhalb des Kalenderjahres bereits an einen Träger der gesetzlichen Rentenversicherung geleistete Zahlung nach § 32 Abs. 1 Satz 2 des Sechsten Buches sowie die nach § 40 Abs. 6 Satz 1 geleistete Zahlung sind auf die Zahlung nach Satz 1 anzurechnen.

(5) Die See-Krankenkasse kann für kranke Seeleute, die ledig sind und keinen Haushalt haben, über den Anspruch nach Absatz 1 hinaus Unterkunft und Verpflegung in einem Seemannsheim erbringen. Absatz 4 gilt.

§ 39 SGB V Krankenhausbehandlung

(Fassung vom 19.12.2007, gültig ab 28.12.2007, gültig bis 30.06.2008)

(1) Die Krankenhausbehandlung wird vollstationär, teilstationär, vor- und nachstationär (§ 115a) sowie ambulant (§ 115b) erbracht. Versicherte haben Anspruch auf vollstationäre Behandlung in einem zugelassenen Krankenhaus (§ 108), wenn die Aufnahme nach Prüfung durch das Krankenhaus erforderlich ist, weil das Behandlungsziel nicht durch teilstationäre, vor- und nachstationäre oder ambulante Behandlung einschließlich häuslicher Krankenpflege erreicht werden kann. Die Krankenhausbehandlung umfaßt im Rahmen des Versorgungsauftrags des Krankenhauses alle Leistungen, die im Einzelfall nach Art und Schwere der Krankheit für die medizinische Versorgung der Versicherten im Krankenhaus notwendig sind, insbesondere ärztliche Behandlung (§ 28 Abs. 1), Krankenpflege, Versorgung mit Arznei-, Heil- und Hilfsmitteln, Unterkunft und Verpflegung; die akutstationäre Behandlung umfasst auch die im Einzelfall erforderlichen und zum frühestmöglichen Zeitpunkt einsetzenden Leistungen zur Frührehabilitation.

(2) Wählen Versicherte ohne zwingenden Grund ein anderes als ein in der ärztlichen Einweisung genanntes Krankenhaus, können ihnen die Mehrkosten ganz oder teilweise auferlegt werden.

(3) Die Landesverbände der Krankenkassen, die Verbände der Ersatzkassen *und* die Deutsche Rentenversicherung Knappschaft-Bahn-See gemeinsam erstellen unter Mitwirkung der Landeskrankenhausgesellschaft und der Kassenärztlichen Vereinigung ein Verzeichnis der Leistungen und Entgelte für die Krankenhausbehandlung in den zugelassenen Krankenhäusern im Land oder in einer Region und passen es der Entwicklung an (Verzeichnis stationärer Leistungen und Entgelte). Dabei sind die Entgelte so zusammenzustellen, daß sie miteinander verglichen werden können. Die Krankenkassen haben darauf hinzuwirken, daß Vertragsärzte und Versicherte das Verzeichnis bei der Verordnung und Inanspruchnahme von Krankenhausbehandlung beachten.

(4) Versicherte, die das achtzehnte Lebensjahr vollendet haben, zahlen vom Beginn der vollstationären Krankenhausbehandlung an innerhalb eines Kalenderjahres für längstens 28 Tage den sich nach § 61 Satz 2 ergebenden Betrag je Kalendertag an das Krankenhaus, das diesen Betrag an die Krankenkasse weiterleitet. Die innerhalb des Kalenderjahres bereits an einen Träger der gesetzlichen Rentenversicherung geleistete Zahlung nach § 32 Abs. 1 Satz 2 des Sechsten Buches sowie die nach § 40 Abs. 6 Satz 1 geleistete Zahlung sind auf die Zahlung nach Satz 1 anzurechnen.

(5) *(weggefallen)*

Hinweis: § 39 SGB V in der Fassung vom 09.12.2004 wurde durch Art. 5 Nr. 3 des Gesetzes vom 19.12.2007 (BGBl I 2007, 3024) i.V.m. der Bek. vom 28.12.2007 (BGBl I 2007, 3305) mit Wirkung vom 28.12.2007 geändert. Die Autoren passen die Kommentierungen bei Bedarf an die aktuelle Rechtslage durch Aktualisierungshinweise an.

Gliederung

A. Basisinformationen

I. Textgeschichte/Gesetzgebungsmaterialien

Die Bestimmung wurde durch das GRG[1] zum **01.01.1989** eingeführt.[2] 1

Durch das GSG[3] wurden mit Wirkung vom **01.01.1993** in § 39 SGB V die Absätze 1 und 4 neu gefasst und Absatz 3 Satz 3 redaktionell geändert.[4] Die Neufassung des § 39 Abs. 1 SGB V erfolgte, um – parallel zur Einfügung der §§ 115a, 115b SGB V – dem neuen Leistungsspektrum der Krankenhäuser Rechnung zu tragen und den Vorrang der teilstationären, vor- und nachstationären sowie ambulanten Behandlung zu verdeutlichen. Dazu wurden in § 39 Abs. 1 SGB V die Sätze 1 und 2 in ihrer Reihenfolge ausgetauscht, im neuen Satz 1 neben der voll- und teilstationären die vor- und nachstationäre sowie ambulante Behandlung zum Leistungsspektrum der Krankenhäuser gezählt und im neuen Satz 2 der Nachrang der Krankenhausbehandlung gegenüber anderen Versorgungsformen auf die vollstationäre Behandlung beschränkt. Die redaktionelle Änderung des § 39 Abs. 3 Satz 3 SGB V („Vertragsärzte" statt „Kassenärzte") war der neuen Begriffswahl des Gesetzes geschuldet. § 39 Abs. 4 SGB V wurde durch die Zusammenfassung der bisherigen Sätze 1-3 zum neuen Satz 1 übersichtlicher gefasst; darüber hinaus wurde die Zuzahlung zum 01.01.1993 von 10 DM auf 11 DM und zum 01.01.1994 auf 12 DM erhöht. 2

Das BeitrEntlG[5] strich zum **01.01.1997** in § 39 Abs. 4 SGB V durch Zusammenfassung der Sätze 1 und 3 die obsolet gewordene Bestimmung über die Zuzahlungshöhe, die im Jahre 1993 gegolten hatte.[6] Durch das 2. GKV-NOG[7] wurde zum **01.07.1997** in § 39 Abs. 4 Satz 1 SGB V die Zuzahlung von 12 DM auf 17 DM erhöht.[8] 3

§ 39 Abs. 1 Satz 3 SGB V wurde durch das SGB IX[9] mit Wirkung vom **01.07.2001** ein zweiter Halbsatz angefügt, in dem klar gestellt wurde, dass die akutstationäre Krankenhausbehandlung auch Leistungen zur Frührehabilitation umfasst.[10] 4

Der Zuzahlungsbetrag in § 39 Abs. 4 Satz 1 SGB V wurde durch das 8. Euro-EinführungsG[11] zum **01.01.2002** auf 9 € umgestellt.[12] Zum **01.01.2004** wurde die Zuzahlungsregelung in § 39 Abs. 4 SGB V 5

[1] Gesundheits-Reformgesetz vom 10.12.1988, BGBl I 1988, 2477.

[2] Materialien: Gesetzentwurf, BT-Drs. 11/2237, S. 150 f., 177 f.; Stellungnahme des Bundesrates, BT-Drs. 11/2493, S. 16; Gegenäußerung der Bundesregierung, BT-Drs. 11/2493, S. 60; Bericht des Ausschusses für Arbeit und Sozialordnung BT-Drs. 11/3480, S. 55.

[3] Gesundheitsstrukturgesetz vom 21.12.1992, BGBl I 1992, 2266.

[4] Materialien: Gesetzentwurf, BT-Drs. 12/3608, S. 67, 70 f., 81 f.; Bericht des Ausschusses für Gesundheit, BT-Drs. 12/3937, S. 12.

[5] Beitragsentlastungsgesetz vom 01.11.1996, BGBl I 1996, 1631.

[6] Materialien: Gesetzentwurf, BT-Drs. 13/4615, S. 10.

[7] 2. GKV-Neuordnungsgesetz vom 23.06.1997, BGBl I 1997, 1520.

[8] Materialien: Beschlussempfehlung und Bericht des Ausschusses für Gesundheit, BT-Drs. 13/7264, S. 60.

[9] Sozialgesetzbuch Neuntes Buch vom 19.06.2001, BGBl I 2001, 1046.

[10] Materialien: Gesetzentwurf, BT-Drs. 14/5074, S. 117 f.

[11] Art. 1 des Gesetzes zur Umstellung von Gesetzen und anderen Vorschriften auf dem Gebiet des Gesundheitswesens auf Euro vom 23.10.2001 (BGBl I 2001, 2702).

[12] Materialien: Gesetzentwurf, BT-Drs. 14/5930, S. 15.

durch das GMG[13] neu gefasst: In § 39 Abs. 4 Satz 1 SGB V wurde die Dauer der Zuzahlung von 14 auf 28 Tage verlängert und für ihre Höhe auf § 61 Satz 2 SGB V verwiesen. Zudem wurde in § 39 Abs. 4 Satz 2 SGB V die irreführende Verweisung auf § 40 Abs. 5 Satz 2 SGB V durch die korrekte Verweisung auf § 40 Abs. 6 Satz 1 SGB V ersetzt.[14]

6 § 39 Abs. 3 Satz 1 SGB V wurde mit Wirkung vom **01.10.2005** redaktionell an die Organisationsreform in der gesetzlichen Rentenversicherung angepasst, in deren Folge die Bundesknappschaft in der Deutschen Rentenversicherung Knappschaft-Bahn-See aufging.[15] Eine weitere Anpassung des § 39 Abs. 3 Satz 1 SGB V – diesmal an die Neustrukturierung der Krankenkassenverbände – nahm das GKV-WSG[16] zum **01.07.2008** vor; demnach ist das Verzeichnis der Krankenhausleistungen und -entgelte nicht mehr unter Beteiligung der Verbände der Ersatzkassen, sondern der Ersatzkassen selbst zu erstellen.[17]

II. Vorgängervorschriften

7 § 39 SGB V geht auf **§ 184 RVO** und **§ 481 RVO** zurück. Dabei entspricht § 39 Abs. 1 SGB V im Wesentlichen § 184 Abs. 1 RVO.[18] Allerdings verzichtete der Gesetzgeber des GRG darauf festzuschreiben, dass die Krankenhausbehandlung zeitlich unbegrenzt gewährt wird. Auch wurde im Hinblick auf § 27 Abs. 1 Satz 1 SGB V die Aufzählung der zulässigen Behandlungsziele als überflüssig empfunden. Dafür wurde der Vorrang der ambulanten Behandlung durch den zusätzlichen Hinweis auf die häusliche Krankenpflege verdeutlicht (§ 39 Abs. 1 Satz 2 SGB V).[19] Außerdem wurde klar gestellt, welche Leistungen die Krankenhausbehandlung umfasst (§ 39 Abs. 1 Satz 3 SGB V). Die Mehrkostenregelung bei der Wahl des Krankenhauses (§ 39 Abs. 2 SGB V) hat der Gesetzgeber mit gewissen Modifikationen aus § 184 Abs. 2 RVO übernommen. Dagegen gab es für das Verzeichnis stationärer Leistungen und Entgelte (§ 39 Abs. 3 SGB V) kein Vorbild in der RVO. Die Zuzahlungsregelung in § 39 Abs. 4 SGB V geht auf § 184 Abs. 3 RVO zurück. Vorgängervorschrift zu der in § 39 Abs. 5 SGB V geregelten Unterbringung in einem Seemannsheim ist § 481 RVO.

III. Parallelvorschriften

8 Im Unfallversicherungsrecht ist die Krankenhausbehandlung in **§ 33 SGB VII** geregelt. Dabei entspricht § 33 Abs. 1 SGB VII von seiner Struktur her – abgesehen von der Einbeziehung stationärer Rehabilitationsleistungen – weitgehend der ursprünglichen Fassung des § 39 Abs. 1 SGB V. Insbesondere wird auch im Unfallversicherungsrecht stationäre Behandlung in einem Krankenhaus nur dann erbracht, wenn das Behandlungsziel nicht anders erreicht werden kann (§ 33 Abs. 1 Satz 1 SGB VII). Eine Besonderheit stellt allerdings die besondere unfallmedizinische Krankenhausbehandlung nach § 33 Abs. 3 SGB VII dar.

9 Pendant der Mehrkostenregelung des § 39 Abs. 2 SGB V ist im Bereich der vertragsärztlichen Versorgung die Bestimmung des **§ 76 Abs. 2 SGB V**, wobei allerdings beide Vorschriften nicht völlig deckungsgleich sind.

IV. Untergesetzliche Normen

10 Der in § 39 SGB V geregelte Leistungsanspruch der Versicherten auf Krankenhausbehandlung wird von den **Krankenhausbehandlungs-Richtlinien** des Gemeinsamen Bundesausschusses[20] nur indirekt beeinflusst; denn Gegenstand dieser Richtlinien ist – entsprechend der gesetzlichen Ermächtigung in § 92 Abs. 1 Satz 2 Nr. 6 SGB V – unmittelbar nur das Verordnungsverhalten der Vertragsärzte. Dage-

---

[13] GKV-Modernisierungsgesetz vom 14.11.2003, BGBl I 2003, 2190.

[14] Materialien: Gesetzentwurf, BT-Drs. 15/1525, S. 90; Bericht des Ausschusses für Gesundheit und Soziale Sicherung, BT-Drs. 15/1600, S. 13.

[15] Art. 6 Nr. 3 des Gesetzes zur Organisationsreform in der gesetzlichen Rentenversicherung (RVOrgG) vom 09.12.2004, BGBl I 2004, 3243. Dazu die Begründung im Gesetzentwurf, BT-Drs. 15/3654, S. 86.

[16] GKV-Wettbewerbsstärkungsgesetz vom 26.03.2007, BGBl I 2007, 378.

[17] Materialien: Gesetzentwurf, BT-Drs. 16/3100, S. 102 mit S. 90 und 160.

[18] Weil insoweit keine wesentlichen Unterschiede bestehen, kann im Grundsatz die frühere Rechtsprechung zu § 184 Abs. 1 RVO weiter herangezogen werden (BSG v. 16.02.2005 - B 1 KR 18/03 R - juris Rn. 12 - BSGE 94, 161).

[19] Vgl. BT-Drs. 11/2237, S. 177.

[20] In der Fassung vom 24.03.2003 (BAnz 2003, Nr. 188, 22577).

gen entfalten die **Richtlinien** des Gemeinsamen Bundesausschusses **zu Untersuchungs- und Behandlungsmethoden im Krankenhaus**[21] auch für die Versicherten unmittelbare Rechtswirkungen; Untersuchungs- und Behandlungsmethoden, die durch diese Richtlinien aus der Krankenhausbehandlung ausgeschlossen sind (§ 137a Abs. 2 Satz 2 SGB V), können Versicherte nicht beanspruchen. Denkbar ist auch, dass der Anspruch auf Krankenhausbehandlung durch **zweiseitige Verträge nach § 112 SGB V** ausgestaltet wird; für Maßnahmen der künstlichen Befruchtung sieht dies jedenfalls § 112 Abs. 2 Satz 1 Nr. 6 SGB V vor.

V. Systematische Zusammenhänge

11 Die in § 39 Abs. 1 SGB V geregelte Krankenhausbehandlung ist eine Form der Krankenbehandlung, auf die gemäß **§ 11 Abs. 1 Nr. 4 SGB V** Versicherte nach Maßgabe der §§ 27-52 SGB V Anspruch haben. Während § 11 SGB V in seinem Absatz 1 nur einen Überblick über die im Gesetz an anderer Stelle eingeräumten Anspruchsnormen gibt, enthalten seine anderen Absätze Regelungen von unmittelbarer Bedeutung für die einzelnen Leistungsansprüche; insbesondere räumt **§ 11 Abs. 3 SGB V** bei stationärer Krankenhausbehandlung einen Anspruch auf Mitaufnahme einer Begleitperson ein. Eigentliche Grundlage des Anspruchs auf Krankenhausbehandlung ist **§ 27 Abs. 1 Sätze 1 und 2 Nr. 5 SGB V**. Erst im Zusammenhang mit § 27 Abs. 1 SGB V ergibt § 39 SGB V eine vollständige Anspruchsgrundlage. Dies bedeutet freilich nicht, dass alle Voraussetzungen in diesen beiden Bestimmungen zu finden wären. Vielmehr wird der Anspruch auf Krankenhausbehandlung auch von einer Reihe weiterer Regelungen bestimmt: So gilt das Wirtschaftlichkeitsgebot des **§ 12 Abs. 1 SGB V**, auch wenn § 39 Abs. 1 Satz 2 SGB V für die vollstationäre Behandlung als besondere Ausprägung dieses Gebots verstanden werden kann. Für den Behandlungsstandard gilt der Grundsatz des **§ 2 Abs. 1 Satz 3 SGB V** sowie – soweit es um ärztliche Behandlung geht – des § 28 Abs. 1 Satz 1 SGB V; verfahrensmäßig ist bei der Feststellung des Behandlungsstandards **§ 137c SGB V** zu beachten. Die Krankenhausbehandlung ist als Sach- und Dienstleistung (Naturalleistung) zu erbringen (**§ 2 Abs. 2 Satz 1 SGB V**); Kostenerstattung anstelle der Naturalleistung ist nur gestattet, soweit dies im Gesetz vorgesehen ist (**§ 13 Abs. 1 SGB V**). Neben diesen allgemeinen Regelungen sind für den Anspruch auf Krankenhausbehandlung auch die Bestimmungen des Leistungserbringungsrechts, insbesondere die §§ 107 ff. SGB V, von Bedeutung. So darf die Krankenhausbehandlung gemäß **§ 108 SGB V** nur in zugelassenen Krankenhäusern erbracht werden. Die allgemeinen Bedingungen der Krankenhausbehandlung sind nach **§ 112 Abs. 2 Nr. 1 SGB V** in zweiseitigen Verträgen zu regeln. Wie die Verweisungen in § 39 Abs. 1 Satz 1 SGB V zeigen, haben bestimmte Formen der Krankenhausbehandlung in den **§§ 115a, 115b SGB V** eine nähere Regelung erfahren, die auch von Bedeutung für die Leistungsansprüche der Versicherten ist; Gleiches gilt auch für den nicht ausdrücklich in § 39 Abs. 1 Satz 1 SGB V erwähnten **§ 116b SGB V**. Die Krankenkasse ist verpflichtet, erforderlichenfalls die (medizinischen) Voraussetzungen sowie Art und Umfang der Krankenhausbehandlung durch den MDK prüfen zu lassen (**§ 275 Abs. 1 Nr. 1 SGB V**).

12 § 39 Abs. 2 SGB V baut auf der Vorschrift des **§ 73 Abs. 4 Sätze 3 und 4 SGB V** auf, die wiederum hinsichtlich des Verzeichnisses der stationären Leistungen und Entgelte auf § 39 Abs. 3 SGB V Bezug nimmt. Bei der Frage, ob ein zwingender Grund im Sinne des § 39 Abs. 2 SGB V vorliegt, ist **§ 2 Abs. 2 Satz 2 SGB V** zu beachten.

13 Die Zuzahlungsregelung des § 39 Abs. 4 SGB V wird ergänzt durch **§ 43b Abs. 1 SGB V** und durch die **§§ 61, 62 SGB V**.

VI. Ausgewählte Literaturhinweise

14 *Tier/Flasbarth*, Zur Vertretbarkeit der Aufnahmeentscheidung des Krankenhausarztes, GesR 2006, 481-487; *Degener-Hencke*, Rechtliche Möglichkeiten der ambulanten Leistungserbringung durch Krankenhäuser, VSSR 2006, 93-100; *Noftz*, Anmerkung zu BSG v. 13.05.2004 - B 3 KR 18/03 R - SGb 2005, 290-293; *Ulmer*, Krankes Abrechnungsverfahren der Kliniken?, NZS 2005, 456-461; *Becker/Walser*, Krankenhausleistungen im grenzüberschreitenden Dienstleistungsverkehr, NZS 2005, 449-456; *Sieper*, Die konkrete Behandlungsalternative, GesR 2005, 62-65; *Fuchs*, Frührehabilitation im Krankenhaus, SozSich 2005, 168-174; *Steege*, Die Konkretisierung des Krankenbehandlungsanspruchs im Sachleistungsprinzip der gesetzlichen Krankenversicherung, in: Festschrift 50 Jahre BSG, 2004, S. 517-532; *Bienert*, Anscheinsbeweis, Amtsermittlungsgrundsatz und Krankenhausfälle,

[21] In der Fassung vom 21.03.2006 (BAnz 2006, Nr. 111, 4466).

SGb 2004, 160-165; *Udsching*, Probleme der Verzahnung von ambulanter und stationärer Krankenbehandlung, NZS 2003, 411-417; *Pilz*, Die „Schlüsselstellung" des Krankenhausarztes; NZS 2003, 350-356; *Wenner*, Schwachstellen und Reformbedarf im Leistungs- und Leistungserbringerrecht der Krankenversicherung: Trennung der Versorgungsbereiche und Leistungsansprüche der Versicherten, GesR 2003, 129-138; *Weig/Gelhausen*, Psychiatrische und sozialrechtliche Anmerkungen zur Frage Behandlungs- versus Pflegefall in der allgemeinen Psychiatrie, SGb 1996, 576-583.

B. Auslegung der Norm

I. Regelungsgehalt und Bedeutung der Norm

15 § 39 SGB V regelt in seinen Absätzen 1-4 den Anspruch auf Krankenhausbehandlung nicht in alle Einzelheiten. Vielmehr trifft das Gesetz in dieser Vorschrift nur **einzelne**, wenn auch wichtige **Regelungen über** Voraussetzungen und Inhalt des **Anspruchs auf Krankenhausbehandlung**. Die Krankenhausbehandlung ist eine spezielle Form der Krankenbehandlung (vgl. § 27 Abs. 1 Satz 2 Nr. 5 SGB V). Für den Krankenhausbehandlungsanspruch ist daher auf die allgemeinen Bestimmungen über die Krankenbehandlung zurückzugreifen, soweit § 39 Abs. 1-4 SGB V nichts Abweichendes regelt. So ist Grundlage des Anspruchs auf Krankenhausbehandlung nicht § 39 Abs. 1 SGB V allein, sondern erst in Verbindung mit § 27 Abs. 1 Sätze 1 und 2 Nr. 5 SGB V.

16 Dabei ist zu beachten, dass der **Begriff der Krankenhausbehandlung**[22] in § 39 SGB V – wie überhaupt im SGB V – in unterschiedlicher Weise verwandt wird: Einmal wird damit umfassend die „Behandlung im Krankenhaus" (so in § 27 Abs. 1 Satz 2 Nr. 5 SGB V oder in § 39 Abs. 1 Satz 1 SGB V), das andere Mal eng nur die „stationäre Behandlung mit Unterkunft und Verpflegung" (so in § 39 Abs. 1 Satz 3 SGB V) bezeichnet. Vielfach wird der Begriff der Krankenhausbehandlung aber auch nur als rechtstechnischer Ausdruck zur Abgrenzung von der vertragsärztlichen Versorgung (so z.B. in den §§ 107, 108, 113, 137c SGB V) verwandt.

17 Regelungen über die **Voraussetzungen** des Krankenbehandlungsanspruchs enthält § 39 SGB V in Absatz 1 Satz 2 nur für die stationäre Behandlung. Aber auch insoweit ist in § 39 SGB V nur eine besondere Voraussetzung geregelt, nämlich der Nachrang der vollstationären Versorgung gegenüber allen anderen Behandlungsformen. Die wichtigste allgemeine Voraussetzung, dass ein regelwidriger Körper- oder Geisteszustand vorliegen muss, der einer Behandlung bedarf, wobei nur bestimmte Behandlungsziele verfolgt werden dürfen, ergibt sich dagegen aus § 27 Abs. 1 Satz 1 SGB V.

18 Während die Voraussetzungen des Krankenbehandlungsanspruchs in § 39 SGB V nur rudimentär geregelt sind, enthält diese Vorschrift wesentlich mehr Regelungen über den **Inhalt** dieses Anspruchs. So bestimmt § 39 Abs. 1 Satz 1 SGB V, in welchen **Formen** die Krankenhausbehandlung erbracht werden kann. Da diese auch Formen der ambulanten Versorgung umfassen kann, ist die Krankenhausbehandlung als stationäre Versorgung heute nicht mehr richtig bezeichnet.[23] Von ihrem **Umfang** her stellt die Krankenhausbehandlung nach § 39 Abs. 1 Satz 3 SGB V eine komplexe Dienst- und Sachleistung bestehend aus ärztlicher Behandlung, pflegerischen Leistungen, Versorgung mit Arznei-, Heil- und Hilfsmitteln sowie Unterkunft und Verpflegung dar. Nicht aus § 39 SGB V ergibt sich dagegen, welcher **Standard** bei der Krankenhausbehandlung zu beachten ist. Insoweit gilt in der Sache § 2 Abs. 1 Satz 3 SGB V, wobei für die ärztliche Behandlung § 28 Abs. 1 Satz 2 SGB V ergänzend herangezogen werden kann; verfahrensmäßig ist bei der Feststellung des Behandlungsstandards § 137c SGB V zu beachten.

19 Auch die **Wahl des Krankenhauses** hat in § 39 SGB V nur eine teilweise Regelung erfahren. § 39 Abs. 2 SGB V ermächtigt die Krankenkassen, den Versicherten die Mehrkosten aufzuerlegen, die durch die Wahl eines von der ärztlichen Einweisung (vgl. § 73 Abs. 4 Satz 3 SGB V) abweichenden Krankenhauses entstehen. Hieraus ergibt sich implizit, dass die Versicherten grundsätzlich eine Wahlfreiheit haben. Der Beeinflussung ihrer Wahlentscheidung dient auch das in § 39 Abs. 3 SGB V vorgesehene Verzeichnis stationärer Leistungen und Entgelte.

20 § 39 Abs. 4 SGB V regelt die **Zuzahlung**, die Versicherte bei Inanspruchnahme vollstationärer Krankenhausbehandlung zu leisten haben, dem Grunde und der Dauer nach. Die Höhe der Zuzahlung ergibt sich seit dem GMG aus § 61 Satz 2 SGB V. Weitere Einzelheiten über die Zuzahlung sind in § 43b Abs. 1 SGB V und in § 62 SGB V geregelt.

---

[22] Zu diesem Begriff aus Sicht des Europarechts: *Becker/Walser*, NZS 2005, 449, 450 ff.

[23] *Mrozynski* in: Wannagat, SGB V, § 39 Rn. 1.

Eine eigenständige Leistung, die nichts mit der Krankenhausbehandlung zu tun hat, stellt die Unterkunft und Verpflegung in einem **Seemannsheim** dar, die nach § 39 Abs. 5 SGB V erkrankten, ledigen Seeleuten ohne eigenen Hausstand gewährt werden kann. 21

II. Normzweck

Der Gesetzgeber hat in § 39 SGB V den Anspruch auf Krankenhausbehandlung nicht in allen Einzelheiten geregelt. Daher ist auch **kein übergreifender Normzweck** erkennbar. Vielmehr liegen den einzelnen Regelungen, die § 39 SGB V enthält, verschiedene Zwecke zugrunde. 22

Der Hauptzweck des **§ 39 Abs. 1 SGB V** besteht in der **Abgrenzung** der Krankenhausbehandlung **von anderen Formen der Krankenbehandlung**, vor allem von der ambulanten Behandlung. Das Recht der gesetzlichen Krankenversicherung war lange Zeit von einer weitgehenden Abschottung der stationären Behandlung im Krankenhaus von der ambulanten Versorgung durch die Vertragsärzte gekennzeichnet.[24] Bei der Abgrenzung zwischen diesen beiden Versorgungsbereichen stellte das Gesetz nicht formal darauf ab, wo die fragliche Behandlung erfolgt. Vielmehr hatte es die Krankenhäuser auf die stationäre Versorgung beschränkt, diese ihnen aber auch vorbehalten.[25] Letzteres gilt noch immer. Die stationäre Krankenhausbehandlung kann nur durch zugelassene Krankenhäuser erbracht werden (§§ 39 Abs. 1 Satz 2, 108 SGB V).[26] Dagegen sind die Krankenhäuser seit dem In-Kraft-Treten des GSG (01.01.1993) auf die stationäre Versorgung nicht mehr beschränkt. 23

Wie **§ 39 Abs. 1 Satz 1 SGB V** zeigt, ist das Leistungsspektrum der Krankenhäuser inzwischen um bestimmte Formen der ambulanten Versorgung erweitert. Zweck dieser Erweiterung des Leistungsspektrums der Krankenhäuser war es, im aufwendigsten Versorgungsbereich der gesetzlichen Krankenversicherung die Wirtschaftlichkeit zu erhöhen. Dies sollte, da in der weitgehenden und starren Trennung zwischen ambulanter und stationärer Versorgung eine wesentliche strukturelle Ursache für mangelnde Wirtschaftlichkeit gesehen wurde, durch eine Flexibilisierung dieser Trennung und eine bessere Verzahnung beider Versorgungsbereiche erreicht werden.[27] Zwar blieben beide Versorgungsbereiche weiterhin getrennt. Durch die Schaffung ambulanter Formen der Krankenhausbehandlung sollte jedoch die **Nachfrage nach stationären Leistungen verringert** werden, um Einsparungen im Bereich der stationären Versorgung zu erzielen. Ziel der Öffnung der Krankenhäuser für die ambulante Versorgung war die Kostensenkung.[28] 24

Der in **§ 39 Abs. 1 Satz 2 SGB V** statuierte Nachrang der (voll-)stationären Behandlung konkretisiert das Wirtschaftlichkeitsgebot (§ 12 Abs. 1 SGB V).[29] § 39 Abs. 1 Satz 2 SGB V trägt dem Umstand Rechnung, dass die (voll-)stationäre Behandlung die in der Regel aufwendigste Form der Krankenbehandlung ist.[30] Als eine der kostenintensivsten Leistungen der gesetzlichen Krankenversicherung soll die stationäre Krankenhausbehandlung nur als letztes, äußerstes Mittel in den wirklich notwendigen, nicht durch andere Maßnahmen behandelbaren Fällen eingesetzt werden.[31] Deswegen soll der Versicherte **möglichst spät** in ein Krankenhaus (voll-)stationär **aufgenommen** und **möglichst früh** wieder **entlassen** werden.[32] Auch wenn § 39 Abs. 1 Satz 2 SGB V auf Wirtschaftlichkeitserwägungen beruht, sind diese in den Text der Bestimmung nicht derart eingeflossen, dass die (voll-)stationäre Behandlung nur dann gegenüber anderen Behandlungsformen nachrangig wäre, wenn diese im Einzelfall wirtschaftlicher sind. 25

Die **freie Wahl des Krankenhauses** ist in **§ 39 Abs. 2 und 3 SGB V** aus Gründen der Wirtschaftlichkeit gewissen Einschränkungen unterworfen.[33] Diese dienen zugleich der Absicherung der Krankenhausplanung, die von dem in einem bestimmten Gebiet zu versorgenden Bedarf ausgeht und sich daher 26

---

[24] Näher dazu *Wenner*, GesR 2003, 129 ff.; *Udsching*, NZS 2003, 411 ff.

[25] Gewisse Ausnahmen bestehen bei der belegärztlichen Versorgung (§ 121 SGB V) und bei der Behandlung in Praxiskliniken (§ 115 Abs. 2 Nr. 1 SGB V).

[26] Daher sind ambulant durchgeführte Operationen mit anschließendem stationären Aufenthalt des Versicherten nicht der ambulanten vertragsärztlichen Versorgung zuzurechnen (BSG v. 08.09.2004 - B 6 KA 14/03 R - SozR 4-2500 § 39 Nr. 3).

[27] *Noftz* in: Hauck/Noftz, SGB V, K § 39 Nr. 45.

[28] Vgl. BT-Drs. 12/3608, S. 102 f. zu §§ 115a und 115b.

[29] Vgl. BT-Drs. 11/2237, S. 177.

[30] Vgl. *Noftz* in: Hauck/Noftz, SGB V, K § 39 Rn. 13.

[31] BSG v. 07.11.2006 - B 1 KR 32/04 R - juris Rn. 43 - GesR 2007, 276-283.

[32] *Sommer* in: Jahn, SGB für die Praxis, § 39 SGB V Rn. 5.

[33] Vgl. BT-Drs. 11/2237, S. 151, 177 f.

mit einer uneingeschränkten Mobilität der Patienten nicht vereinbaren lässt. Die Einschränkungen, denen nach § 39 Abs. 2 und 3 SGB V die Wahlfreiheit der Versicherten unterliegt, sind moderat. § 39 Abs. 2 SGB V, der an § 73 Abs. 4 Satz 3 SGB V anknüpft, lässt die Wahl jedes beliebigen Krankenhauses zu, erlegt aber den Versicherten unter bestimmten Umständen die Mehrkosten auf, die durch die Wahl eines weiter entfernten Krankenhauses entstehen können. Eine noch weichere **Steuerung des Inanspruchnahmeverhaltens** der Versicherten ist mit der Regelung des § 39 Abs. 3 SGB V bezweckt. Durch das darin vorgesehene Verzeichnis stationärer Leistungen und Entgelte soll eine erhöhte Leistungs- und Kostentransparenz hergestellt werden.[34] Über das Gebot, dieses Verzeichnis zu beachten, soll bewirkt werden, dass verstärkt preisgünstigere Krankenhäuser gewählt werden.[35]

27 Die **Zuzahlungen** nach **§ 39 Abs. 4 SGB V** stellen eine Form der Selbstbeteiligung dar, wie sie das SGB V auch bei anderen Leistungen kennt.[36] Bei der Zuzahlung handelt es sich um eine pauschale Beteiligung an den Gesamtkosten der Krankenhausbehandlung ohne direkten oder indirekten Bezug zu dem jeweiligen Kostenaufwand der Krankenkasse oder zur konkreten Ersparnis des Versicherten.[37] In erster Linie stellt sie ein **Instrument zur Steuerung** des Kostenbewusstseins der Versicherten und ihres Leistungsverhaltens dar.[38]

28 Zweck der Sonderregelung des **§ 39 Abs. 5 SGB V** ist es, hauswirtschaftlich unversorgten Seeleuten durch die Verschaffung von Unterkunft und Verpflegung in einem **Seemannsheim** eine sinnvolle **Krankenbehandlung** überhaupt erst zu **ermöglichen.**[39] Das Gesetz spricht damit Seeleuten wegen einer bei ihnen typischen Bedarfslage Leistungen zu, die anderen Versicherten nicht gewährt werden.[40]

III. Formen der Krankenhausbehandlung

29 Die Krankenhausbehandlung wird gemäß § 39 Abs. 1 Satz 1 SGB V **vollstationär, teilstationär, vor- und nachstationär** sowie **ambulant** erbracht. Damit umfasst die Krankenhausbehandlung anders als nach dem bis zum 31.12.1992 geltenden Recht auch bestimmte Formen der ambulanten Versorgung und ist daher als stationäre Versorgung nicht mehr richtig bezeichnet.[41] Bis zum 31.12.1992 beschränkte der damalige Satz 2 des § 39 Abs. 1 SGB V die Krankenhausbehandlung ausdrücklich auf die (voll- und teil-)stationäre Versorgung. Hiermit hat das GSG gebrochen und in der zu § 39 Abs. 1 Satz 1 SGB V gewordenen Vorschrift die Krankenhausbehandlung um bestimmte Formen der ambulanten Versorgung erweitert, um die strikt getrennten Bereiche der ambulanten und stationären Krankenbehandlung stärker zu verzahnen.[42]

30 **Leistungsrechtlich** eröffnet § 39 Abs. 1 Satz 1 SGB V den Versicherten den unmittelbaren Zugang nicht nur zur stationären, sondern auch zur ambulanten Behandlung im Krankenhaus. Unter welchen Voraussetzungen Versicherte eine ambulante Behandlung im Krankenhaus in Anspruch nehmen dürfen, regelt § 39 Abs. 1 Satz 1 SGB V allerdings nicht. Dies ergibt sich vielmehr aus dem **Leistungserbringerrecht** (vgl. §§ 115a Abs. 1 und 2 SGB V, 115b Abs. 1, 116b Abs. 1-4 SGB V).

31 Wann eine Krankenhausbehandlung voll- oder teilstationär, vor- oder nachstationär oder ambulant erfolgt, wird in § 39 Abs. 1 Satz 1 SGB V **nicht definiert**. Lediglich die Begriffe der vor- und nachstationären Behandlung werden an anderer Stelle im Gesetz näher bestimmt (§ 115a Abs. 1 Nr. 1 und 2 SGB V). Von der Ermächtigung in § 16 Nr. 2 KHG, die allgemeinen stationären und teilstationären Krankenhausleistungen von den vor- und nachstationären sowie ambulanten Leistungen abzugrenzen, hat die Bundesregierung bisher keinen Gebrauch gemacht.

1. Voll- und teilstationäre Krankenhausbehandlung

32 Die **stationäre** Krankenhausbehandlung zeichnet sich gegenüber der ambulanten Versorgung durch eine **besondere Intensität der Betreuung** aus – und zwar sowohl in zeitlicher als auch in sachlicher

[34] *Wagner* in: Krauskopf, SGB V, § 39 Rn. 2.

[35] BT-Drs. 11/2237, S. 177 f.; *Schmidt* in: Peters, Handbuch KV (SGB V), § 39 Rn. 260.

[36] *Höfler* in: KassKomm, SGB V, § 39 Rn. 51.

[37] BSG v. 19.02.2002 - B 1 KR 32/00 R - BSGE 89, 167, 171; BSG v. 23.02.2000 - B 5 RJ 6/99 R - BSGE 85, 293, 297.

[38] BSG v. 23.02.2000 - B 5 RJ 6/99 R - BSGE 85, 293, 297 m.w.N.

[39] *Noftz* in: Hauck/Noftz, SGB V, K § 39 Rn. 142.

[40] *Höfler* in: KassKomm, SGB V, § 39 Rn. 59.

[41] *Mrozynski* in: Wannagat, SGB V, § 39 Rn. 1.

[42] Zur Problematik der Trennung und den Problemen der Verzahnung dieser Versorgungsbereiche: *Wenner*, GesR 2003, 129 ff.; *Udsching*, NZS 2003, 411 ff.

Hinsicht. In zeitlicher Hinsicht darf sich die stationäre Betreuung nicht nur auf einen unbedeutenden Teil des Tages wie bei der ambulanten Krankenbehandlung beschränken.[43] Weil eine Behandlung jedenfalls dann stationär ist, wenn sich der Patient ununterbrochen Tag und Nacht im Krankenhaus zur Behandlung aufhält,[44] umfasst sie auch Unterkunft und Verpflegung.[45] In sachlicher Hinsicht eröffnet die stationäre Krankenhausbehandlung mit der physischen und organisatorischen Eingliederung[46] des Patienten in das spezifische Versorgungssystem des Krankenhauses Interventionsmöglichkeiten, die bei ambulanter Behandlung nicht gegeben sind.

Im Hinblick auf die vielfältigen Übergangsformen zwischen stationärer und ambulanter Behandlung im Krankenhaus erblickt das BSG das maßgebende Merkmal zur Abgrenzung der (voll- und teil-)stationären von der ambulanten Behandlung in der (geplanten) **Aufenthaltsdauer**.[47] Dies gilt jedenfalls für Operationen. Dagegen soll es bei nicht operativen Behandlungen entscheidend darauf ankommen, in welchem **Umfang** neben der Dauer der Behandlung der Patient die **Infrastruktur** des Krankenhauses **in Anspruch nimmt**.[48] 33

Demnach liegt eine **vollstationäre** Behandlung vor, wenn die physische und organisatorische Eingliederung des Patienten in das spezifische Versorgungssystem des Krankenhauses sich zeitlich über **mindestens einen Tag und eine Nacht** erstreckt.[49] Dabei kommt es maßgeblich auf den **Behandlungsplan** des Krankenhausarztes an.[50] Die Entscheidung zum Verbleib des Patienten über Nacht wird in der Regel zu Beginn der Behandlung getroffen, kann aber im Einzelfall auch noch später erfolgen, so dass aus einer ursprünglich ambulant geplanten Maßnahme eine vollstationäre Behandlung werden kann.[51] Dagegen soll aus einer vollstationär geplanten Behandlung keine ambulante Maßnahme werden, wenn der Patient auf eigenes Betreiben das Krankenhaus noch am selben Tag wieder verlässt[52] oder die stationäre Behandlung aus medizinischen Gründen vorzeitig abgebrochen werden muss.[53] Eine Behandlung kann aber auch allein aufgrund ihrer **Intensität** vollstationär sein. Dies trifft insbesondere auf die intensivmedizinische Behandlung zu; diese erfolgt grundsätzlich vollstationär.[54] 34

Bei der **teilstationären** Behandlung werden nur Teilbereiche einer vollstationären Behandlung erbracht. Sie stellt daher eine Übergangsform zwischen vollstationärer und ambulanter Behandlung dar.[55] Die teilstationäre Behandlung erfordert – ebenso wie die vollstationäre – die Aufnahme (Rn. 77) in das Krankenhaus, dessen medizinisch-organisatorische Infrastruktur aber nur zeitlich beschränkt in An- 35

---

43 Vgl. BVerwG v. 22.05.1975 - V C 19.74 - BVerwGE 48, 228, 230.

44 BSG v. 04.03.2004 - B 3 KR 4/03 R - juris Rn. 21 - BSGE 92, 223.

45 Zwar wurde in den Unterbringungsleistungen seit jeher ein wichtiges Abgrenzungskriterium zur ambulanten Krankenbehandlung erblickt (vgl. BVerwG v. 18.10.1984 - 1 C 36.83 - BVerwGE 70, 201, 203). Doch wird damit das Wesen der stationären Krankenhausbehandlung nicht richtig erfasst. Auch die stationäre Krankenhausbehandlung ist in erster Linie Krankenbehandlung und dient daher zuallererst der Verfolgung therapeutischer Ziele; Unterkunft und Verpflegung sind dabei nur Nebenaspekte.

46 Zu diesem Gesichtspunkt: BT-Drs. 12/3608, S. 82; BSG v. 09.10.2001 - B 1 KR 15/00 R - SozR 3-2200 § 197 Nr. 2 S. 4 f.; BSG v. 19.02.2002 - B 1 KR 32/00 R - BSGE 89, 167, 169; BSG v. 04.03.2004 - B 3 KR 4/03 R - juris Rn. 19 - BSGE 92, 223; BSG v. 08.09.2004 - B 6 KA 14/03 R - SozR 4-2500 § 39 Nr. 3 Rn. 10.

47 BSG v. 04.03.2004 - B 3 KR 4/03 R - juris Rn. 21 - BSGE 92, 223; BSG v. 08.09.2004 - B 6 KA 14/03 R - SozR 4-2500 § 39 Nr. 3 Rn. 10; BSG v. 17.03.2005 - B 3 KR 11/04 R - juris Rn. 8 - SozR 4-2500 § 39 Nr. 5; BSG v. 28.02.2007 - B 3 KR 17/06 R - juris Rn. 16 - SGb 2007, 220.

48 So nunmehr einschränkend BSG v. 28.02.2007 - B 3 KR 17/06 R - juris Rn. 17 f. - SGb 2007, 220.

49 BSG v. 04.03.2004 - B 3 KR 4/03 R - juris Rn. 21 - BSGE 92, 223; BSG v. 08.09.2004 - B 6 KA 14/03 R - juris Rn. 10 - SozR 4-2500 § 39 Nr. 3; BSG v. 17.03.2005 - B 3 KR 11/04 R - juris Rn. 8 - SozR 4-2500 § 39 Nr. 5. Zurückhaltender: BSG v. 28.02.2007 - B 3 KR 17/06 R - juris Rn. 16 ff. - SGb 2007, 220.

50 So der 3. Senat des BSG (BSG v. 04.03.2004 - B 3 KR 4/03 R - juris Rn. 21, 23 f. - BSGE 92, 223; BSG v. 17.03.2005 - B 3 KR 11/04 R - juris Rn. 9 - SozR 4-2500 § 39 Nr. 5; BSG v. 28.02.2007 - B 3 KR 17/06 R - juris Rn. 16 - SGb 2007, 220). Der 6. Senat des BSG hat dieses Kriterium nicht ausdrücklich übernommen (vgl. BSG v. 08.09.2004 - B 6 KA 14/03 R - juris Rn. 10 - SozR 4-2500 § 39 Nr. 3).

51 BSG v. 04.03.2004 - B 3 KR 4/03 R - juris Rn. 23 - BSGE 92, 223.

52 BSG v. 04.03.2004 - B 3 KR 4/03 R - juris Rn. 24 - BSGE 92, 223; BSG v. 17.03.2005 - B 3 KR 11/04 R - juris Rn. 9 - SozR 4-2500 § 39 Nr. 5.

53 BSG v. 17.03.2005 - B 3 KR 11/04 R - juris Rn. 11 - SozR 4-2500 § 39 Nr. 5.

54 BSG v. 28.02.2007 - B 3 KR 17/06 R - juris Rn. 19, 21 - SGb 2007, 220.

55 Bei der medizinischen Rehabilitation werden die teilstationären Leistungen der ambulanten Rehabilitation zugerechnet und nur die vollstationären Leistungen als stationäre Rehabilitation angesehen (BSG v. 05.07.2000 - B 3 KR 12/99 R - BSGE 87, 14, 18 ff.).

spruch genommen wird.[56] Die teilstationäre Behandlung unterscheidet sich von der vollstationären und der ambulanten im Wesentlichen durch eine **regelmäßige, aber nicht durchgehende Anwesenheit** des Patienten im Krankenhaus. Herkömmlicherweise kennzeichnet die teilstationäre Behandlung eine zeitliche Beschränkung der Behandlung auf den Tag, wobei die Nacht zu Hause verbracht wird (Tageskliniken), oder auf den Abend und die Nacht, wobei sich der Patient tagsüber in seinem normalen Umfeld bewegt (Nachtkliniken). Dabei erstreckt sich die teilstationäre Krankenhausbehandlung aufgrund der im Vordergrund stehenden Krankheitsbilder regelmäßig **über einen längeren Zeitraum**, während dessen die medizinisch-organisatorische Infrastruktur eines Krankenhauses benötigt wird, ohne dass eine ununterbrochene Anwesenheit des Patienten im Krankenhaus notwendig ist.[57] Dabei neigt das BSG dazu, für die teilstationäre Behandlung eine **tägliche** Versorgung im Krankenhaus zu fordern.[58] Behandlungen, die in der Regel nicht täglich, wohl aber in mehr oder weniger kurzen Intervallen erfolgen, wie etwa bei Dialysepatienten, stellen einen Grenzfall zwischen teilstationärer und ambulanter Krankenhausbehandlung dar, sind aber eher zur ambulanten Behandlung zu zählen.[59] Allerdings erwägt das BSG inzwischen, nicht nur Behandlungen an mehreren aufeinander folgenden Tagen oder Nächten, sondern auch **Intervallbehandlungen**, d.h. Behandlungen für eine bestimmte Periode mit tageweisen Unterbrechungen, als teilstationär anzusehen.[60] Zur Erleichterung der Abgrenzung sieht das Gesetz einen Katalog von Leistungen vor, die in der Regel teilstationär erbracht werden können (§ 112 Abs. 2 Satz 1 Nr. 2 SGB V).

36 Die Maßgeblichkeit der Aufenthaltsdauer steht in einem Spannungsverhältnis zu der Rechtsprechung, nach der ambulant durchgeführte Leistungen dann der stationären Versorgung zuzurechnen sind, wenn sie **nach Art und Schwere der Erkrankung für** die medizinische **Versorgung** des Versicherten **im Krankenhaus erforderlich** sind, im Hinblick auf eine bevorstehende stationäre Behandlung und unter der Verantwortung eines im Krankenhaus tätigen Arztes erbracht werden sowie eine ansonsten erforderliche stationäre Leistung ersetzen, an ihre Stelle treten oder diese überflüssig machen.[61]

2. Vor- und nachstationäre Behandlung

37 Der Begriff der vor- und der nachstationären Behandlung wird in § 115a SGB V näher bestimmt. Während es Zweck der **vorstationären** Behandlung ist, die vollstationäre Behandlung vorzubereiten oder ihre Notwendigkeit zu klären (§ 115a Abs. 1 Nr. 1 SGB V), dient die **nachstationäre** Behandlung dazu, den Erfolg einer vollstationären Behandlung zu sichern oder zu festigen (§ 115a Abs. 1 Nr. 2 SGB V). Da vor- und nachstationäre Behandlung ohne Unterkunft und Verpflegung erfolgen (§ 115a Abs. 1 HS. 1 SGB V) und in beiden Fällen die Behandlung auf einen kurzen Zeitraum beschränkt ist (vgl. § 115a Abs. 2 Sätze 1 und 2 SGB V), handelt es sich bei ihnen um Formen der ambulanten Behandlung im Krankenhaus.[62] Wegen ihres funktionalen und zeitlichen Zusammenhangs mit der vollstationären Behandlung sind die vor- und nachstationären Leistungen jedoch der Krankenhausbehandlung zugeordnet worden.[63]

---

[56] BSG v. 28.02.2007 - B 3 KR 17/06 R - juris Rn. 21 - SGb 2007, 220; *Degener-Hencke*, VSSR 2006, 93, 96 f.

[57] BSG v. 04.03.2004 - B 3 KR 4/03 R - juris Rn. 22 - BSGE 92, 223.

[58] Vgl. BSG v. 04.03.2004 - B 3 KR 4/03 R - juris Rn. 22 - BSGE 92, 223. Kritisch *Trefz*, SGb 2005, 46, 47 und *Thier*, KH 2006, 969 ff.

[59] BSG v. 04.03.2004 - B 3 KR 4/03 R - juris Rn. 22 - BSGE 92, 223. Kritisch *Treftz*, SGb 2005, 46, 47 f. Zur Zuordnung der Dialysebehandlung siehe bereits BSG v. 20.12.1983 - 6 RKa 15/82 - BSGE 56, 111, 114 f.; BSG v. 20.12.1978 - 3 RK 40/78 - BSGE 47, 285, 286 f., wonach allein der – wenn auch mehrere Stunden dauernde – Anschluss an das Dialysegerät nicht zu einer stationären Versorgung führt. Vgl. auch § 2 Abs. 2 Satz 3 BPflV; § 2 Abs. 2 Satz 3 KHEntgG.

[60] BSG v. 28.02.2007 - B 3 KR 17/06 R - juris Rn. 21 - SGb 2007, 220. Noch weitergehend *Thier*, KH 2006, 969, 973 f., nach dem auch eine Behandlung im Rahmen eines einzigen Tagesaufenthaltes teilstationär sein kann; was allerdings dazu führt, dass die teilstationäre von der ambulanten Behandlung praktisch nicht mehr abgegrenzt werden kann.

[61] BSG v. 22.06.1994 - 6 RKa 34/93 - BSGE 74, 263, 265.

[62] Vgl. *Höfler* in: KassKomm, SGB V, § 39 Rn. 3; *Noftz* in: Hauck/Noftz, SGB V, K § 39 Rn. 51; *Schmidt* in: Peters, Handbuch KV (SGB V), § 39 Rn. 142 („quasi-ambulant"); *Mrozynski* in: Wannagat, SGB V, § 39 Rn. 25 („ambulant, ggf. aber auch teilstationär").

[63] *Noftz* in: Hauck/Noftz, SGB V, K § 39 Rn. 51.

3. Ambulante Behandlung

Ambulant ist eine Behandlung, die nicht von derselben Intensität ist wie die (voll- oder teil-)stationäre Behandlung (vgl. Rn. 32). Eine in diesem Sinne ambulante Behandlung kann durch Krankenhäuser nicht allein in dem Fall des ambulanten Operierens erfolgen, auf den § 39 Abs. 1 Satz 1 SGB V durch die Verweisung auf § 115b SGB V ausdrücklich Bezug nimmt. Ambulante Behandlung ist in Krankenhäusern vielmehr auch in weiteren Fällen zulässig.[64] Nämlich: 38

- in medizinischen Versorgungszentren (§ 95 Abs. 1 SGB V),
- durch ermächtigte Krankenhausärzte (§ 116 SGB V),
- bei (vertragsärztlicher) Unterversorgung (§ 116a SGB V),
- innerhalb strukturierter Behandlungsprogramme (§ 116b Abs. 1 SGB V) sowie bei hochspezialisierten Leistungen, seltenen Erkrankungen und besonderen Krankheitsverläufen (§ 116b Abs. 2-5 SGB V),
- durch Hochschulambulanzen (§ 117 SGB V), psychiatrische Institutsambulanzen (§ 118 SGB V) und sozialpädiatrische Zentren (§ 119 SGB V) sowie
- im Rahmen der integrierten Versorgung (§§ 140a ff. SGB V).

Allerdings zählt die ambulante Behandlung im Krankenhaus nicht in allen dieser Fälle zur Krankenhausbehandlung im Sinne des § 39 SGB V. Vielmehr sind in einigen Fällen die Krankenhäuser, einzelne ihrer Einrichtungen oder ihrer Ärzte in die **vertragsärztliche Versorgung** einbezogen (§§ 95 Abs. 1, 116, 116a, 117-119 SGB V). Dies gilt auch für die ambulante Behandlung in Praxiskliniken (§ 115 Abs. 2 Nr. 1 SGB V).[65] Erfolgt die ambulante Behandlung im Rahmen der vertragsärztlichen Versorgung, ist § 39 SGB V unanwendbar. Für die Durchführung der Behandlung gelten die Bestimmungen des Vertragsarztrechts; insbesondere gilt der Erlaubnisvorbehalt des § 135 SGB V. 39

Erfolgt die ambulante Behandlung dagegen ohne Einbeziehung des Krankenhauses, einzelner seiner Einrichtungen oder Ärzte in die vertragsärztliche Versorgung, mithin kraft des Status als zugelassenes Krankenhaus (ggf. zuzüglich eine besonderen Zulassung), so handelt es sich bei ihr um eine **Krankenhausbehandlung** im Sinne des § 39 SGB V. Dies ist beim ambulanten Operieren (§ 115b SGB V), bei Behandlungen im Sinne des § 116b SGB V und im Rahmen der integrierten Versorgung (§§ 140a ff. SGB V) der Fall. In diesen Fällen ist § 39 SGB V anwendbar, dessen Regelungen allerdings vielfach nur bei (voll-)stationärer Versorgung greifen (so § 39 Abs. 1 Satz 2, Abs. 4 SGB V); eine gewisse Bedeutung hat § 39 Abs. 1 Satz 3 SGB V. Anzuwenden sind die leistungserbringerrechtlichen Bestimmungen über die Krankenhausbehandlung; insbesondere gilt lediglich der Verbotsvorbehalt des § 137c SGB V. 40

Eine Zwitterstellung weist die **belegärztliche Behandlung** (§ 121 SGB V) auf. Sie erfolgt zwar voll- oder teilstationär, ist aber bezüglich der Leistungen der Belegärzte Gegenstand der vertragsärztlichen Versorgung (vgl. § 121 Abs. 2 und 3 SGB V). Hinsichtlich der den Belegärzten von dem jeweiligen Krankenhaus bereitgestellten Dienste, Einrichtungen und Mittel ist sie jedoch Teil der Krankenhausbehandlung im Sinne des § 39 SGB V.[66] Im Hinblick hierauf sind auf die belegärztliche Behandlung grundsätzlich die Regelungen des § 39 SGB V anwendbar. 41

IV. Anspruch auf (voll- und teil-)stationäre Krankenhausbehandlung

Entgegen dem Eindruck, den § 39 Abs. 1 Satz 2 SGB V erweckt, wird darin der Anspruch auf (voll-)stationäre Krankenhausbehandlung nicht vollständig, sondern nur in einem – wenn auch wichtigen – Teilaspekt geregelt: dem Nachrang der vollstationären Behandlung gegenüber allen anderen Behandlungsarten. § 39 SGB V trifft ohnehin nur einzelne Regelungen über Voraussetzungen und Inhalt des Anspruchs auf Krankenhausbehandlung. Daher ist für den Krankenhausbehandlungsanspruch auf die **allgemeinen Bestimmungen über die Krankenbehandlung zurückzugreifen**, soweit in § 39 Abs. 1-4 SGB V nichts Abweichendes geregelt ist. So ergibt sich bereits aus § 11 Abs. 1 Nr. 4 SGB V und § 27 Abs. 1 Satz 1 SGB V, dass nur Versicherte Anspruch auf Krankenhausbehandlung haben. Aus § 108 SGB V folgt, dass Krankenhausbehandlung nur durch zugelassene Krankenhäuser erbracht werden darf. Auch der Anspruch auf Krankenhausbehandlung setzt gemäß § 27 Abs. 1 Satz 1 SGB V 42

[64] Zu den verschiedenen Formen der ambulanten Leistungserbringung durch Krankenhäuser näher *Degener-Hencke*, VSSR 2006, 93 ff.

[65] Nur hinsichtlich der stationären Leistungen wird in der Praxisklinik Krankenhausbehandlung i.S.d. § 39 SGB V erbracht (*Schiller*, NZS 1999, 325, 326).

[66] *Noftz* in: Hauck/Noftz, SGB V, K § 39 Rn. 44.

das Bestehen einer Krankheit einschließlich ihrer Behandlungsbedürftigkeit voraus. Hieran anknüpfend verlangt § 39 Abs. 1 Satz 2 SGB V für die (voll-)stationäre Versorgung, dass das Behandlungsziel nur auf diese Weise erreicht werden kann. Im Folgenden wird auf die **Besonderheiten** eingegangen, die gegenüber den allgemeinen Bestimmungen über die Krankenbehandlung bestehen.

1. Versicherter

43 Anspruch auf Krankenhausbehandlung haben nur **Versicherte**. Dies ergibt sich bereits aus § 11 Abs. 1 Nr. 4 SGB V sowie § 27 Abs. 1 Satz 1 SGB V und wird in § 39 Abs. 1 Satz 2 SGB V für die (voll-)stationäre Behandlung lediglich wiederholt. In Ausnahmefällen können Leistungen auch für **andere Personen** erbracht werden, so bei der Mitaufnahme einer Begleitperson nach § 11 Abs. 3 SGB V oder bei anderen Nebenleistungen, wie etwa der Versorgung des Organspenders[67] oder des gesunden Neugeborenen nach der Entbindung.[68]

2. Zugelassenes Krankenhaus

44 Krankenhausbehandlung darf grundsätzlich nur durch ein zugelassenes Krankenhaus erbracht werden, d.h. durch eine Einrichtung, die ein **Krankenhaus** (vgl. die Kommentierung zu § 107 SGB V) im krankenversicherungsrechtlichen Sinne darstellt (§ 107 Abs. 1 SGB V) und die zur Versorgung der Versicherten **zugelassen** (vgl. die Kommentierung zu § 108 SGB V) ist (§ 108 SGB V). Dass die Krankenhausbehandlung grundsätzlich nur in zugelassenen Krankenhäusern erbracht werden darf, ergibt sich aus § 108 SGB V und gilt daher für alle Formen der Krankenhausbehandlung. Es ist folglich ohne Belang, dass in § 39 Abs. 1 Satz 2 SGB V die Beschränkung auf zugelassene Krankenhäuser nur für die vollstationäre Behandlung ausdrücklich erwähnt wird.

45 Eine Zulassung von ausländischen Krankenhäusern sieht das Gesetz nicht vor. Daher ist eine Krankenhausbehandlung im **Ausland** grundsätzlich nicht möglich. § 13 Abs. 4 SGB V ermöglicht aber unter bestimmten Voraussetzungen die Inanspruchnahme von Leistungserbringern in anderen Mitgliedstaaten der Europäischen Union bzw. des Europäischen Wirtschaftsraums. Aus § 13 Abs. 5 SGB V ergibt sich, dass zu den Leistungen, die im Wege der Kostenerstattung im europäischen Ausland in Anspruch genommen werden können, auch Krankenhausleistungen gehören.[69] Darüber hinaus kommt eine Behandlung in einem ausländischen Krankenhaus – von den durch das zwischen- und überstaatliche Recht gedeckten Fällen abgesehen – nur in Betracht, wenn die Voraussetzungen der §§ 17 oder 18 SGB V vorliegen.[70]

46 In **Notfällen** darf die Krankenhausbehandlung auch durch nicht zugelassene Krankenhäuser als Naturalleistung erbracht werden. Zwar können grundsätzlich nur zugelassene Leistungserbringer Sachleistungen erbringen. In Notfällen greift diese Beschränkung aber nicht. Dies ist für den ambulanten Bereich seit langem geklärt und hat in § 76 Abs. 1 Satz 2 SGB V seinen Ausdruck gefunden. Für die stationäre Versorgung kann nichts anderes gelten, auch wenn weder § 39 SGB V noch § 108 SGB V eine dem § 76 Abs. 1 Satz 2 SGB V entsprechende Klarstellung enthält. Soweit und solange ein Notfall besteht, d.h. soweit und solange die erforderliche Behandlung allein in einem nicht zugelassenen Krankenhaus rechtzeitig und in ausreichendem Maße erbracht werden kann, wird das nicht zugelassene Krankenhaus in das Naturalleistungssystem der gesetzlichen Krankenversicherung einbezogen.[71] Es erbringt dann seine Leistungen nach denselben Grundsätzen, wie sie für die zugelassenen Krankenhäuser gelten.[72] Da damit die Notfallbehandlung eines Kassenpatienten durch ein nicht zugelassenes Krankenhaus als Naturalleistung zu Lasten der Krankenversicherung erfolgt, kommt ein Anspruch auf Erstattung der Kosten einer stationären Notfallbehandlung aus § 13 Abs. 3 SGB V grundsätzlich nicht in Betracht.[73]

3. Erforderlichkeit stationärer Krankenhausbehandlung

47 Nach § 39 Abs. 1 Satz 2 SGB V besteht Anspruch auf vollstationäre Behandlung nur, wenn die Aufnahme nach Prüfung durch das Krankenhaus erforderlich ist, weil das Behandlungsziel nicht durch teilstationäre, vor- und nachstationäre oder ambulante Behandlung einschließlich häuslicher Kranken-

---

67 BSG v. 16.07.1996 - 1 RK 15/95 - BSGE 79, 53, 54; BSG v. 12.12.1972 - 3 RK 47/70 - BSGE 35, 102, 103 f.

68 BSG v. 12.11.1985 - 3 RK 25/84 - SozR 2200 § 199 Nr. 4 S. 45.

69 Zu den europarechtlichen Fragen, die sich in diesem Zusammenhang stellen, siehe nur *Becker/Walser*, NZS 2005, 449 ff.

70 *Zipperer* in: GKV-Komm, SGB V, § 39 Rn. 11.

71 Vgl. BSG v. 23.10.1996 - 4 RK 2/96 - BSGE 79, 190, 193.

72 *Sommer* in: Jahn, SGB für die Praxis, § 39 SGB V Rn. 25.

73 BSG v. 09.10.2001 - B 1 KR 6/01 R - BSGE 89, 39, 41 f.

pflege erreicht werden kann. Damit ist die **vollstationäre** Krankenhausbehandlung **nachrangig** gegenüber allen anderen Arten der Krankenbehandlung. Zur vorrangigen ambulanten Versorgung zählt neben der Behandlung in der Arztpraxis auch die ärztliche Behandlung in der Wohnung des Versicherten, ggf. in Kombination mit häuslicher Krankenpflege (§ 37 SGB V); ferner gehört dazu die ärztliche Versorgung und sonstige medizinische Betreuung der Bewohner von Pflegeheimen, von Einrichtungen der Behindertenhilfe und von sonstigen Heimen oder Anstalten.[74]

Der Nachrang der vollstationären Behandlung trägt deren Bedeutung als medizinisch intensivster und aufwendigster Form der Krankenbehandlung Rechnung[75] und stellt eine besondere Ausprägung des **Wirtschaftlichkeitsgebots** (§ 12 Abs. 1 SGB V) dar.[76] Dennoch kommt es bei der Anwendung des § 39 Abs. 1 Satz 2 SGB V nicht darauf an, welche Behandlung im Einzelfall preiswerter ist. Vielmehr kann eine vollstationäre Krankenhausbehandlung auch dann wegen ihres Nachrangs ausgeschlossen sein, wenn das Behandlungsziel durch eine teurere ambulante Behandlung erreicht werden kann. 48

Der Nachrang gegenüber der ambulanten Versorgung – einschließlich der vor- und nachstationären Behandlung – gilt als Ausprägung des Wirtschaftlichkeitsgebots auch ohne ausdrückliche Erwähnung in § 39 Abs. 1 Satz 2 SGB V für die **teilstationäre** Behandlung.[77] Dies entspricht der Rechtslage bis zum 31.12.1992, von der das GSG insoweit nicht abweichen wollte. Bis zum 31.12.1992 betraf die Vorgängerbestimmung zum jetzigen § 39 Abs. 1 Satz 2 SGB V den gesamten Anspruch auf Krankenhausbehandlung, die damals nur voll- oder teilstationär erbracht werden konnte (§ 39 Abs. 1 Satz 1 SGB V i.d.F. des GRG), vgl. Rn. 2. Mit der Neufassung des § 39 Abs. 1 Satz 2 SGB V wollte das GSG die Nachrangigkeit der vollstationären Behandlung herausstreichen – und zwar gerade im Verhältnis zur teilstationären Behandlung. Damit sollte die teilstationäre Behandlung aber nicht in weiterem Umfang als bisher ermöglicht werden.[78] Daher ist auch die teilstationäre Behandlung nachrangig gegenüber allen Formen der ambulanten Versorgung. 49

Kein Vor- oder Nachrang besteht dagegen zwischen der **ambulanten** Behandlung innerhalb und derjenigen außerhalb des Krankenhauses.[79] 50

Für § 39 Abs. 1 Satz 2 SGB V hat sich der Begriff der **Krankenhausbehandlungsbedürftigkeit** eingebürgert. Damit ließ sich zwar die Rechtslage bis zum 31.12.1992 treffend umschreiben. Seit In-Kraft-Treten des GSG ist dies jedoch ungenau, weil die Krankenhausbehandlung nunmehr auch Formen der ambulanten Behandlung umfasst. Für diese Formen der Krankenhausbehandlung gilt § 39 Abs. 1 Satz 2 SGB V jedoch nicht. 51

Die (voll- oder teil-)stationäre Behandlung in einem Krankenhaus ist dann erforderlich, wenn die notwendige medizinische Versorgung nur mit den besonderen Mitteln des Krankenhauses durchgeführt werden kann und eine ambulante ärztliche Versorgung nicht ausreicht, um eine Krankheit zu erkennen, zu heilen, ihre Verschlimmerung zu verhüten oder Krankheitsbeschwerden zu lindern.[80] Dabei ist die Erforderlichkeit der stationären Krankenhausbehandlung davon abhängig, dass die Behandlung primär dazu dient, eine Krankheit zu erkennen, zu heilen, ihre Verschlimmerung zu verhüten oder Krankheitsbeschwerden zu lindern, und dass gerade bezogen auf eines dieser Behandlungsziele die besonderen Mittel des Krankenhauses erforderlich sind.[81] Ob eine stationäre Krankenhausbehandlung erforderlich ist, bemisst sich mithin einerseits nach den mit der Behandlung verfolgten **Zielen** (vgl. hierzu Rn. 53 ff.) und andererseits nach den **Mitteln**, die zur Erreichung des Behandlungsziels eingesetzt werden müssen (vgl. hierzu Rn. 62 ff.). Dies ist immer anhand der Umstände des **konkreten Einzelfalles** 52

---

[74] BSG v. 13.05.2004 - B 3 KR 18/03 R - juris Rn. 16 - BSGE 92, 300.

[75] *Noftz* in: Hauck/Noftz, SGB V, K § 39 Rn. 13.

[76] Vgl. BT-Drs. 11/2237, S. 177.

[77] *Höfler* in: KassKomm, SGB V, § 39 Rn. 15. Vgl. *Schneider* in: Schulin, Handbuch des Sozialversicherungsrechts, Bd. 1, § 22 Rn. 373. So auch § 2 Abs. 4 Satz 1 Krankenhausbehandlungs-Richtlinien.

[78] Vgl. BT-Drs. 12/3608, S. 81 f.

[79] So auch *Noftz* in: Hauck/Noftz, SGB V, K § 39 Rn. 90.

[80] BSG v. 16.02.2005 - B 1 KR 18/03 R - juris Rn. 13 - BSGE 94, 161; BSG v. 13.05.2004 - B 3 KR 18/03 R - juris Rn. 9, 16 - BSGE 92, 300; BSG v. 11.04.2002 - B 3 KR 24/01 R - SozR 3-2500 § 109 Nr. 9 S. 60 f.; BSG v. 17.05.2000 - B 3 KR 33/99 R - BSGE 86, 166, 168; BSG v. 28.01.1999 - B 3 KR 4/98 R - BSGE 83, 254, 259; BSG v. 23.04.1996 - 1 RK 20/95 - BSGE 78, 154, 157 f.; BSG v. 12.11.1985 - 3 RK 33/84 - SozR 2200 § 184 Nr. 28 S. 41; BSG v. 12.11.1985 - 3 RK 45/83 - BSGE 59, 116, 117; BSG v. 12.12.1979 - 3 RK 13/79 - BSGE 49, 216, 217; BSG v. 25.01.1979 - 3 RK 83/78 - SozR 2200 § 184 Nr. 11 S. 17; BSG v. 10.10.1978 - 3 RK 81/77 - BSGE 47, 83, 85; BSG v. 27.08.1968 - 3 RK 27/65 - BSGE 28, 199, 201 f.

[81] BSG v. 04.04.2006 - B 1 KR 32/04 R - juris Rn. 18 - GesR 2006, 472-475; BSG v. 13.05.2004 - B 3 KR 18/03 R - juris Rn. 16 - BSGE 92, 300; BSG v. 17.05.2000 - B 3 KR 33/99 R - BSGE 86, 166, 168.

zu beurteilen (vgl. hierzu Rn. 72 ff.). Die sachlichen Voraussetzungen für die **Aufnahme** in das Krankenhaus hat nach ausdrücklicher Anordnung des § 39 Abs. 1 Satz 2 SGB V das Krankenhaus selbst zu **prüfen** (vgl. hierzu Rn. 77 ff.).

a. Zielgerichtete Krankenbehandlung

53 Wie alle anderen Ansprüche auf Krankenbehandlung setzt auch derjenige auf stationäre Krankenhausbehandlung voraus, dass eine Krankheit vorliegt, also ein regelwidriger Körper- oder Geisteszustand, der behandlungsbedürftig ist, wobei die Behandlung eines der in § 27 Abs. 1 Satz 1 SGB V genannten Ziele verfolgen muss. Hieraus folgt, dass die Krankenhausbehandlung eine **zielgerichtete Behandlung** sein muss. Es reicht daher nicht aus, dass ein Versicherter unter einer Krankheit leidet; vielmehr muss diese einer Behandlung zugänglich sein und ihrer bedürfen. Dies gilt nicht nur bei Beginn der Behandlung, sondern während ihrer ganzen Dauer. Krankenhausbehandlung ist dann nicht mehr erforderlich, wenn das Behandlungsziel erreicht wurde oder wenn sich herausstellt, dass das Behandlungsziel nicht mehr erreicht werden kann.[82] Dabei dürfen mit einer stationären Krankenhausbehandlung nur **bestimmte Behandlungsziele** verfolgt werden, nämlich – wie sich aus § 27 Abs. 1 Satz 1 SGB V ergibt – Erkennung und Heilung einer Krankheit, Verhütung ihrer Verschlimmerung und Linderung von Krankheitsbeschwerden. Der Versicherte kann nur gesundheitliche Maßnahmen fordern, die gezielt der Krankheitsbehandlung dienen, d.h. medizinisch indiziert und von einem Behandlungsziel geprägt sind.[83]

54 Die Frage, ob überhaupt eine **behandlungsbedürftige Krankheit** vorliegt, steht streng genommen vor der Frage, ob eine stationäre Krankenhausbehandlung erforderlich ist oder eine ambulante Versorgung ausreicht.[84] Allerdings sich lässt beides – (allgemeine) Behandlungsbedürftigkeit und (besondere) Erforderlichkeit des Einsatzes des Krankenhauses als Behandlungsmittel – nicht immer scharf unterscheiden, weil die Behandlungsbedürftigkeit nur mit Blick auf die zu Gebote stehenden Behandlungsmittel beurteilt werden kann.

55 Besonderheiten ergeben sich für den Anspruch auf stationäre Krankenhausbehandlung daraus, dass diese mit Unterkunft und Verpflegung (Unterbringung) auch Leistungen umfasst, die für sich allein keine therapeutische Zielsetzung verfolgen. Obwohl Unterkunft und Verpflegung Kennzeichen der stationären Krankenhausbehandlung sind (vgl. Rn. 32),[85] besteht auf diese nicht schon deshalb Anspruch, weil der Versicherte der Unterbringung in einer Einrichtung bedarf. Vielmehr kommt es darauf an, aus welchen Gründen die Unterbringung erforderlich ist. Dabei genügt es aufgrund der Zielgerichtetheit der Krankenhausbehandlung nicht, dass die Unterbringung wegen einer Krankheit erfolgt. Notwendig ist vielmehr, dass der Krankenhausaufenthalt **zur Behandlung** einer Krankheit **medizinisch erforderlich** ist.[86]

56 Daher reichen **andere Unterbringungsgründe** selbst dann nicht aus, wenn sie auf eine Krankheit zurückzuführen sind.[87] Das bedeutet:

- **Pflegebedürftigkeit** allein begründet keinen Anspruch auf stationäre Behandlung in einem Krankenhaus.[88] Zwar ist Pflegebedürftigkeit krankheitsbedingt (vgl. § 14 Abs. 1 und 2 SGB XI). Doch stellt die bloße Pflege, d.h. die Hilfe bei den Verrichtungen des täglichen Lebens (vgl. § 14 Abs. 1

---

82 BSG v. 23.03.1988 - 3 RK 9/87 - BSGE 63, 107, 111.

83 Vgl. BSG v. 15.03.1995 - 6 RKa 1/94 - BSG SozR 3-2500 § 118 Nr. 1 S. 4 f.

84 BSG v. 12.11.1985 - 3 RK 45/83 - BSGE 59, 116, 117.

85 Vgl. auch § 39 Abs. 1 Satz 3 SGB V und § 107 Abs. 1 Nr. 4 SGB V.

86 Vgl. BSG v. 12.05.2005 - B 3 KR 30/04 R - juris Rn. 6 - SozR 4-5565 § 14 Nr. 9; BSG v. 16.02.2005 - B 1 KR 18/03 R - juris Rn. 13 - BSGE 94, 161; BSG v. 20.01.2005 - B 3 KR 9/03 R - juris Rn. 20 - BSGE 94, 139; BSG v. 13.05.2004 - B 3 KR 18/03 R - juris Rn. 16 - BSGE 92, 300; BSG v. 26.02.1992 - 1 RK 4/91 - USK 92130; BSG v. 12.11.1985 - 3 RK 33/84 - SozR 2200 § 184 Nr. 28 S. 41; BSG v. 12.12.1979 - 3 RK 13/79 - BSGE 49, 216, 218 f.; BSG v. 25.01.1979 - 3 RK 83/78 - SozR 2200 § 184 Nr. 11 S. 15; BSG v. 10.10.1978 - 3 RK 81/77 - BSGE 47, 83, 85 f.; BSG v. 22.02.1974 - 3 RK 79/72 - BSGE 37, 130, 133; BSG v. 23.01.1973 - 3 RK 55/71 - BSGE 35, 133, 136.

87 BSG v. 04.04.2006 - B 1 KR 32/04 R - juris Rn. 18 (insoweit nicht in GesR 2006, 472); BSG v. 12.11.1985 - 3 RK 33/84 - SozR 2200 § 184 Nr. 28 S. 40 f.; BSG v. 24.01.1990 - 3 RK 7/89 - USK 9015; BSG v. 12.10.1988 - 3/8 RK 19/86 - USK 8888 (insoweit nicht in SozR 1500 § 75 Nr. 71).

88 BSG v. 16.02.2005 - B 1 KR 18/03 R - juris Rn. 13 - BSGE 94, 161; BSG v. 20.01.2005 - B 3 KR 9/03 R - juris Rn. 20 - BSGE 94, 139; BSG v. 13.05.2004 - B 3 KR 18/03 R - juris Rn. 16 - BSGE 92, 300; BSG v. 12.11.1985 - 3 RK 33/84 - SozR 2200 § 184 Nr. 28 S. 41; BSG v. 12.12.1979 - 3 RK 13/79 - 49, 216, 217 f.; BSG v. 25.01.1979 - 3 RK 83/78 - SozR 2200 § 184 Nr. 11 S. 17 f.; BSG v. 10.10.1978 - 3 RK 81/77 - BSGE 47, 83, 86 f. Vgl. auch BGH v. 09.05.2000 - VI ZR 173/99 - NJW 2000, 3429, 3430.

und 4 SGB XI), keine spezifische Maßnahme einer medizinischen Behandlung dar. Entscheidend ist daher, ob die erforderlichen Pflegemaßnahmen Teil einer zielgerichteten medizinischen Behandlung sind oder ob die Pflege im Wesentlichen nur (noch) um ihrer selbst willen erbracht wird.[89] Aber selbst wenn die notwendige Pflege gewisse therapeutische Leistungen umfasst, bedeutet dies nicht, dass damit bereits stationäre Krankenhausbehandlung notwendig ist. Dies ist nur dann der Fall, wenn solche Maßnahmen allein mit den besonderen Mitteln eines Krankenhauses (Rn. 62) möglich sind.[90]

- Ebenso wenig reicht es aus, wenn ein Versicherter aus Verwahrungsgründen, d.h. zur **Verhinderung von Selbst- oder Fremdgefährdungen**, in einer Einrichtung untergebracht werden muss.[91] Dies gilt selbst dann, wenn die Gefährdung der eigenen oder anderer Personen krankheitsbedingt ist.[92] Medizinischen Behandlungszwecken dient weder die Verwahrung nach dem Unterbringungsrecht der Länder[93] noch diejenige zur Besserung und Sicherung aufgrund des StGB.[94] Dementsprechend kann ein Versicherter nicht bereits deshalb eine stationäre Behandlung in einem Krankenhaus beanspruchen, weil das Vormundschaftsgericht seine dortige Unterbringung nach § 1906 Abs. 2 BGB genehmigt hat.[95]
- Ebenso verhält es sich, wenn **allgemeine soziale, humanitäre oder familiäre Gründe** für eine stationäre Betreuung sprechen.[96] Auch insoweit gilt, dass die Krankenhausbehandlung aus medizinischen Gründen erforderlich sein muss. Soziale Erwägungen allgemeiner Art oder familiäre Umstände können einen Anspruch auf stationäre Krankenhausbehandlung nicht begründen.[97] Gleiches gilt für Maßnahmen, die der allgemeinen Betreuung und Eingliederung in das gesellschaftliche, berufliche und soziale Leben dienen.[98] Diese hat die gesetzliche Krankenversicherung ebenso wenig zur Aufgabe wie sonstige wegen einer Krankheit notwendig werdende Hilfen im Bereich der Lebensführung.[99] Ebenso wenig genügt es, wenn ein Krankenhausaufenthalt der allgemeinen Besserung des Befindens dient.[100]

Weil sich der Anspruch auf stationäre Krankenhausbehandlung allein nach medizinischen Gesichtspunkten richtet, kann er nicht damit begründet werden, dass die Unterbringung eines Versicherten in einer Einrichtung geboten ist, aber der im Einzelfall notwendige **Platz in einer geeigneten Einrichtung** (noch) **nicht** zur Verfügung steht.[101] Hieran ändern weder hoher pflegerischer Aufwand[102] noch Schwierigkeiten bei der Umstellung auf die Pflege[103] etwas. 57

---

[89] BSG v. 10.10.1978 - 3 RK 81/77 - BSGE 47, 83, 85; BSG v. 25.01.1979 - 3 RK 83/78 - SozR 2200 § 184 Nr. 11 S. 15 f.; BSG v. 11.08.1983 - 5a RKn 22/82 - SozR 2200 § 184 Nr. 22 S. 32 f.; BSG v. 23.03.1988 - 3 RK 9/87 - BSGE 63, 107, 110 f.; BSG v. 30.10.1990 - 8 RKn 2/89 - USK 9052.

[90] BSG v. 20.03.1984 - 8 RK 28/83 - USK 8453.

[91] BSG v. 12.11.1985 - 3 RK 33/84 - SozR 2200 § 184 Nr. 28 S. 40 f.; BSG v. 23.01.1973 - 3 RK 55/71 - BSGE 35, 133, 136.

[92] Wie etwa bei Infektions- oder psychischen Erkrankungen (vgl. *Zipperer* in: GKV-Komm, SGB V, § 39 Rn. 4).

[93] BSG v. 12.10.1988 - 3/8 RK 19/86 - USK 8888 (insoweit nicht in SozR 1500 § 75 Nr. 71); BSG v. 12.11.1985 - 3 RK 33/84 - SozR 2200 § 184 Nr. 28 S. 41; BSG v. 24.05.1972 - 3 RK 1/70 - SozR Nr. 35 zu § 184 RVO; BSG v. 26.05.1970 - 3 RK 45/69 - SozR Nr. 28 zu § 184 RVO; BSG v. 26.05.1970 - 3 RK 45/69 - SozR Nr. 23 zu § 184 RVO; BSG v. 18.06.1968 - 3 RK 63/66 - BSGE 28, 114, 117.

[94] BSG v. 23.01.1973 - 3 RK 55/71 - BSGE 35, 133, 134.

[95] BSG v. 13.05.2004 - B 3 KR 18/03 R - juris Rn. 10 ff. - BSGE 92, 300. Mit Recht kritisch zu dem Umfang der diesbezüglichen Ausführungen des BSG: *Noftz*, SGb 2005, 290, 291.

[96] BSG v. 24.01.1990 - 3 RK 7/89 - USK 9015; BSG v. 12.11.1985 - 3 RK 33/84 - SozR 2200 § 184 Nr. 28 S. 42 f.; BSG v. 21.10.1980 - 3 RK 33/79 - USK 80211; BSG v. 12.12.1979 - 3 RK 13/79 - BSGE 49, 216, 218. Vgl. auch BGH v. 09.05.2000 - VI ZR 173/99 - NJW 2000, 3429, 3430 f.

[97] BSG v. 12.12.1979 - 3 RK 13/79 - BSGE 49, 216, 218.

[98] BSG v. 15.03.1995 - 6 RKa 1/94 - BSG SozR 3-2500 § 118 Nr. 1 S. 4 f.

[99] BSG v. 12.03.1996 - 1 RK 33/94 - SozR 3-2500 § 27 Nr. 6 S. 18 f.; BSG v. 16.11.1999 - B 1 KR 9/97 R - BSGE 85, 132, 138 f.

[100] BSG v. 19.02.2002 - B 1 KR 16/00 R - SozR 3-2500 § 92 Nr. 12 S. 68.

[101] BSG v. 23.04.1996 - 1 RK 10/95 - USK 96173; BSG v. 26.02.1992 - 1 RK 4/91 - USK 92130; BSG v. 24.01.1990 - 3 RK 7/89 - USK 9015; BSG v. 03.07.1985 - 3 RK 17/84 - USK 85160; BSG v. 12.03.1985 - 3 RK 15/84 - USK 85141; BSG v. 12.12.1979 - 3 RK 13/79 - BSGE 49, 216, 217 f.

[102] BSG v. 20.3.1984 - 8 RK 28/83 - USK 8453.

[103] BGH v. 09.05.2000 - VI ZR 173/99 - NJW 2000, 3429, 3430.

58 Zwar können Unterbringungsgründe wie Pflege, Verwahrung und allgemeine soziale Ziele für sich allein einen Anspruch auf stationäre Krankenhausbehandlung nicht begründen. Wenn aber ein Versicherter an einer Krankheit leidet, die einer medizinischen Behandlung bedarf, wird sein Anspruch auf stationäre Krankenhausbehandlung **nicht** schon **dadurch ausgeschlossen**, dass er zugleich aus anderen Gründen (z.B. zur Pflege oder zur Verwahrung) in einer Einrichtung untergebracht ist.[104] Lediglich bei der strafrechtlichen Unterbringung ruht im Allgemeinen der Leistungsanspruch (§ 16 Abs. 1 Nr. 4 SGB V). Dass ein Versicherten, der aus anderen Gründen in einer Einrichtung untergebracht ist, einer medizinischen Behandlung bedarf, bedeutet allerdings noch nicht, dass er deshalb Anspruch auf stationäre Krankenhausbehandlung hat. Dies ist vielmehr nur dann der Fall, wenn die notwendige medizinische Behandlung ambulant nicht durchgeführt werden kann.[105]

59 Stationäre Krankenhausbehandlung darf auch dann nicht geleistet werden, wenn Ziel der Behandlung die **medizinische Rehabilitation** ist.[106] Schwierigkeiten bereitet dabei, dass die stationäre Krankenhausbehandlung ebenso wie die stationäre medizinische Rehabilitation auf die Behandlung von Krankheiten und damit auf eines der in § 27 Abs. 1 Satz 1 SGB V aufgeführten Behandlungsziele gerichtet ist.[107] Allerdings weisen beide eine unterschiedliche Akzentsetzung auf: Die stationäre Versorgung im Krankenhaus wird im Gesetz auch als **akutstationäre** Behandlung bezeichnet (§ 39 Abs. 1 Satz 3 HS. 2 SGB V); dagegen dient die stationäre medizinische Rehabilitation – gegebenenfalls, aber nicht zwingend im Anschluss an die akutstationäre Behandlung (vgl. § 107 Abs. 2 Nr. 1 lit. b SGB V) – der **Entwicklung eigener Abwehr- und Heilungskräfte** (vgl. § 107 Abs. 2 Nr. 2 SGB V) und damit der Beseitigung, Minderung oder zumindest dem Ausgleich der Folgen einer Behinderung oder Pflegebedürftigkeit (vgl. § 11 Abs. 2 Satz 1, § 107 Abs. 2 Nr. 1 lit. b SGB V).[108] Demnach ist eine stationäre Krankenhausbehandlung ausgeschlossen, wenn nicht eine akute medizinische Behandlung,[109] sondern die Stabilisierung des – schon erreichten – Zustandes sowie die Hilfestellung zur Entwicklung eigener Abwehr- und Heilungskräfte erforderlich ist.[110] Hieran ändert sich nichts dadurch, dass die vollstationäre Versorgung im Krankenhaus auch Leistungen zur **Frührehabilitation** umfasst (§ 39 Abs. 1 Satz 3 HS. 2 SGB V); denn dies ist nur solange der Fall, wie eine Akutbehandlung erforderlich ist (vgl. näher hierzu Rn. 87). Obwohl demnach bei den Behandlungszielen Unterschiede bestehen, grenzt das BSG stationäre Krankenhausbehandlung sowie stationäre medizinische Rehabilitation in erster Linie nach der Art der Einrichtung und deren spezifischen Mittel, vor allem nach der Funktion der Ärzte innerhalb der Behandlung, ab (vgl. näher hierzu Rn. 67).[111]

60 Daraus, dass die stationäre Versorgung im Krankenhaus Akutbehandlung ist, folgt nicht, dass diese nur bei akuten Erkrankungen, nicht aber bei **chronischen Leiden** erforderlich sein kann.[112] Die Dauer einer

---

104 BSG v. 01.04.1993 - 1 RK 16/92 - USK 9334; BSG v. 12.03.1985 - 3 RK 15/84 - USK 85141; BSG v. 27.11.1980 - 8a/3 RK 60/78 - BSGE 51, 44, 47; BSG v. 25.01.1979 - 3 RK 83/78 - SozR 2200 § 184 Nr. 11 S. 15; BSG v. 23.01.1973 - 3 RK 55/71 - BSGE 35, 133, 133 f.; BSG v. 18.06.1968 - 3 RK 63/66 - BSGE 28, 114, 117.

105 BSG v. 12.10.1988 - 3/8 RK 19/86 - USK 8888 (insoweit nicht in SozR 1500 § 75 Nr. 71); BSG v. 12.11.1985 - 3 RK 33/84 - SozR 2200 § 184 Nr. 28 S. 40 f.; BSG v. 12.03.1985 - 3 RK 15/84 - USK 85141; BSG v. 20.03.1984 - 8 RK 42/82 - USK 8443; BSG v. 21.10.1980 - 3 RK 33/79 - USK 80211; BSG v. 12.12.1979 - 3 RK 84/78 - USK 79223.

106 Vgl. BSG v. 20.01.2005 - B 3 KR 9/03 R - juris Rn. 10 - BSGE 94, 139; BSG v. 13.05.2004 - B 3 KR 18/03 R - juris Rn. 16 - BSGE 92, 300. Vgl. auch BSG v. 10.08.1989 - 4 RK 1/88 - USK 89146; BSG v. 12.10.1988 - 3/8 RK 15/87 - SozR 2200 § 184 Nr. 32 S. 50; BSG v. 27.11.1980 - 8a/3 RK 60/78 - BSGE 51, 44, 46 ff.; BSG v. 15.02.1978 - 3 RK 29/77 - BSGE 46, 41, 45.

107 Mit Ausnahme der Erkennung von Krankheiten, die nach § 107 Abs. 2 Nr. 1 lit. b SGB V nicht Ziel der stationären medizinischen Rehabilitation ist.

108 Zu der herkömmlichen Phaseneinteilung von vorangehender Akutbehandlung und nachfolgender Rehabilitation kritisch *Plute*, VSSR 2003, 97, 109 ff.

109 BSG v. 13.05.2004 - B 3 KR 18/03 R - juris Rn. 16 - BSGE 92, 300. Vgl. auch BSG v. 16.02.2005 - B 1 KR 18/03 R - juris Rn. 25 - BSGE 94, 161; BSG v. 20.01.2005 - B 3 KR 9/03 R - juris Rn. 21 - BSGE 94, 139; BSG v. 19.11.1997 - 3 RK 21/96 - SozR 3-2500 § 107 Nr. 1 S. 7.

110 *Noftz* in: Hauck/Noftz, SGB V, K § 39 Rn. 81.

111 Vgl. BSG v. 19.11.1997 - 3 RK 21/96 - SozR 3-2500 § 107 Nr. 1 S. 7 f.; BSG v. 29.01.1991 - 4 RA 56/89 - SozR 3-2200 § 1243 Nr. 2 S. 5 f.; BSG v. 10.08.1989 - 4 RK 1/88 - USK 89146; BSG v. 12.10.1988 - 3/8 RK 15/87 - SozR 2200 § 184 Nr. 32 S. 50; BSG v. 27.11.1980 - 8a/3 RK 60/78 - BSGE 51, 44, 46 ff.; BSG v. 15.02.1978 - 3 RK 29/77 - BSGE 46, 41, 45.

112 Vgl. BSG v. 16.10.1968 - 3 RK 59/65 - SozR Nr. 21 zu § 184 RVO Bl. Aa 14.

Krankheit spricht für sich allein nicht gegen deren Behandlungsbedürftigkeit.[113] Allerdings kann bei lang anhaltenden Leiden ein chronifizierter Dauerzustand vorliegen, der nicht mehr wesentlich medizinisch beeinflussbar ist. Aus diesem Grunde besteht bei **Dauerleiden** oder **chronischen Erkrankungen**, die jahrelang ohne nennenswerten Erfolg behandelt worden sind, eine Vermutung dafür, dass sie keiner aussichtsreichen Behandlung mehr zugänglich sind.[114] Ob dies der Fall ist, muss in jedem Einzelfall anhand des gegenwärtigen Stands der medizinischen Erkenntnisse beurteilt werden. Früher ging man in der Medizin davon aus, dass bei lang anhaltenden psychiatrischen Leiden eine nicht mehr therapierbare Dauerschädigung besteht; heute werden demgegenüber selbst chronische psychische Erkrankungen als medizinisch beeinflussbar angesehen.[115]

Besondere Schwierigkeiten werfen **psychiatrische Leiden** auf. Bei ihnen überschneiden sich die auf- 61
gezeigten Gesichtspunkte vielfach. Es genügt nicht, dass ein psychisch Erkrankter krankheitsbedingt in einer Einrichtung untergebracht werden muss; vielmehr muss er auch einer medizinischen Behandlung bedürfen (vgl. Rn. 55). Aus diesem Grunde reicht es nicht aus, wenn die Unterbringung allein der Pflege oder Verwahrung dient; ebenso wenig ist die allgemeine psychosoziale Betreuung und Eingliederung oder die allgemeine Hilfe bei der Lebensführung Sache eines Krankenhauses (vgl. Rn. 56). Dies gilt nicht allein für die vollstationäre, sondern auch für die teilstationäre Versorgung: Auch in Tages- und Nachtkliniken muss eine medizinische Behandlung erfolgen; andernfalls würden Nachtkliniken die Funktion von Übergangs- und Wohnheimen wahrnehmen.[116] Soweit eine psychische Erkrankung chronifiziert ist, stellt sich die Frage, ob sie überhaupt (noch) einer medizinischen Behandlung fähig und bedürftig ist (vgl. Rn. 60). Ist dies der Fall, muss eine Akutbehandlung und nicht eine medizinische Rehabilitation erforderlich sein (vgl. Rn. 59). Doch selbst wenn ein psychiatrisches Leiden einer solchen medizinischen Behandlung zugänglich ist und ihrer auch bedarf, darf für die Erreichung der Behandlungsziele die ambulante Versorgung nicht ausreichen; dies beurteilt sich nach den Mitteln, die dem Krankenhaus zur Verfügung stehen (vgl. hierzu sogleich Rn. 62 ff.).

b. Besondere Mittel des Krankenhauses

Ob (voll- oder teil-)stationäre Krankenhausbehandlung im Sinne des § 39 Abs. 1 Satz 2 SGB V erfor- 62
derlich ist, bemisst sich nicht allein nach den mit der Behandlung verfolgten Zielen (vgl. hierzu Rn. 53 ff.), sondern auch und vor allem nach den Mitteln, die zur Erreichung der Behandlungsziele eingesetzt werden müssen. Die stationäre Behandlung im Krankenhaus ist nur dann erforderlich, wenn die notwendige medizinische Versorgung allein mit Hilfe der **besonderen Mitteln eines Krankenhauses** durchgeführt werden kann.[117] Diese Mittel müssen über die Möglichkeiten der ambulanten Versorgung

---

[113] Vgl. BSG v. 10.10.1978 - 3 RK 81/77 - BSGE 47, 83, 86; BSG v. 25.01.1979 - 3 RK 83/78 - SozR 2200 § 184 Nr. 11 S. 16.

[114] BSG v. 12.11.1985 - 3 RK 45/83 - BSGE 59, 116, 118; BSG v. 24.01.1990 - 3 RK 7/89 - USK 9015; BSG v. 16.02.2005 - B 1 KR 18/03 R - juris Rn. 17 - BSGE 94, 161; BGH v. 09.05.2000 - VI ZR 173/99 - NJW 2000, 3429, 3430. Zurückhaltender: BSG v. 20.01.2005 - B 3 KR 9/03 R - juris Rn. 21 - BSGE 94, 139.

[115] BSG v. 16.02.2005 - B 1 KR 18/03 R - juris Rn. 18 - BSGE 94, 161; BSG v. 20.01.2005 - B 3 KR 9/03 R - juris Rn. 14 - BSGE 94, 139.

[116] *Noftz* in: Hauck/Noftz, SGB V, K § 39 Rn. 88.

[117] BSG v. 16.02.2005 - B 1 KR 18/03 R - juris Rn. 13 f. - BSGE 94, 161; BSG v. 20.01.2005 - B 3 KR 9/03 R - juris Rn. 12 - BSGE 94, 139; BSG v. 13.05.2004 - B 3 KR 18/03 R - juris Rn. 9, 16 - BSGE 92, 300; BSG v. 11.04.2002 - B 3 KR 24/01 R - SozR 3-2500 § 109 Nr. 9 S. 60 f.; BSG v. 17.05.2000 - B 3 KR 33/99 R - BSGE 86, 166, 168; BSG v. 28.01.1999 - B 3 KR 4/98 R - BSGE 83, 254, 259; BSG v. 23.04.1996 - 1 RK 20/95 - BSGE 78, 154, 157 f.; BSG v. 23.04.1996 - 1 RK 10/95 - USK 96173; *Fastabend/Schneider*, Das Leistungsrecht der gesetzlichen Krankenversicherung, 2004, Rn. 214; *Höfler* in: KassKomm, SGB V, § 39 Rn. 15; *Noftz* in: Hauck/Noftz, SGB V, K § 39 Rn. 72; *Schmidt* in: Peters, Handbuch KV (SGB V), § 39 Rn. 97; *Zipperer* in: GKV-Komm, SGB V, § 39 Rn. 5. So bereits zum Recht der RVO: BSG v. 04.05.1994 - 1 RK 3/93 - USK 9471; BSG v. 01.04.1993 - 1 RK 16/92 - USK 9334; BSG v. 26.02.1992 - 1 RK 4/91 - USK 92130; BSG v. 30.10.1990 - 8 RKn 2/89 - USK 9052; BSG v. 29.01.1991 - 4 RA 56/89 - SozR 3-2200 § 1243 Nr. 2 S. 6; BSG v. 30.10.1990 - 8 RKn 2/89 - USK 9052; BSG v. 12.10.1988 - 3/8 RK 19/86 - USK 8888 (insoweit nicht in SozR 1500 § 75 Nr. 71); BSG v. 23.03.1988 - 3 RK 9/87 - BSGE 63, 107, 111; BSG v. 09.12.1986 - 8 RK 28/85 - SozR 2200 § 205 Nr. 61 S. 167 f.; BSG v. 12.11.1985 - 3 RK 33/84 - SozR 2200 § 184 Nr. 28 S. 41; BSG v. 12.11.1985 - 3 RK 45/83 - BSGE 59, 116, 117; BSG v. 03.07.1985 - 3 RK 17/84 - USK 85160; BSG v. 12.03.1985 - 3 RK 15/84 - USK 85141; BSG v. 16.11.1984 - 8 RK 33/84 - USK 84213; BSG v. 20.03.1984 - 8 RK 28/83 - USK 8453; BSG v. 01.02.1983 - 3 RK 33/81 - USK 8303; BSG v. 17.08.1982 - 3 RK 73/79 - SozR 5435 Allg. Nr. 2 S. 5; BSG v. 21.10.1980 - 3 RK 33/79 - USK 80211; BSG v. 12.12.1979 - 3 RK 13/79 - BSGE 49, 216, 217; BSG v. 25.09.1979 - 3 RK 92/78 - USK 79156; BSG v. 25.01.1979 - 3 RK 83/78 - SozR 2200 § 184 Nr. 11 S. 17.

hinausgehen.[118] Soweit die ambulante Versorgung für die Erreichung der Behandlungsziele ausreicht, besteht – bereits nach dem Wortlaut des Gesetzes (§ 39 Abs. 1 Satz 2 SGB V) – kein Anspruch auf stationäre Krankenhausbehandlung. Ein solcher Anspruch ist dagegen auch dann gegeben, wenn zwar einzelne Behandlungsmaßnahmen ambulant durchgeführt werden könnten, aber das Behandlungsziel nur gemeinsam mit anderen Maßnahmen, die eine stationäre Unterbringung voraussetzen, zu erreichen ist.[119] Inhaltlich entspricht dies dem Recht der RVO, weshalb im Grundsatz die Rechtsprechung zur § 184 RVO weiter herangezogen werden kann.[120] Das Recht des SGB V geht lediglich insoweit über dasjenige der RVO hinaus, als die Möglichkeiten der vollstationären Behandlung auch über diejenigen der teilstationären hinausgehen müssen.

63 Zu den besonderen Mitteln des Krankenhauses zählen nach der Rechtsprechung des BSG

- eine **apparative Mindestausstattung**,
- **geschultes Pflegepersonal** und
- ein **jederzeit präsenter bzw. rufbereiter Arzt**.[121]

64 Dabei wird weder der Einsatz all dieser Mittel vorausgesetzt noch genügt die Erforderlichkeit lediglich eines der Mittel. Vielmehr ist eine **Gesamtbetrachtung** aller Umstände des Einzelfalls vorzunehmen,[122] bei der nicht nur den Behandlungszielen und -möglichkeiten – unter Beachtung der allgemein anerkannten wissenschaftlichen Erkenntnisse[123] –, sondern auch der Art und Schwere der Krankheit, dem Gesundheitszustand des Versicherten und den mit der Behandlung verbundenen Risiken Bedeutung zukommt.[124] Entscheidend ist immer, ob eine Behandlung, wie sie der Versicherte benötigt, nur im Rahmen der medizinisch-organisatorischen Infrastruktur eines Krankenhauses möglich ist.[125]

65 Die Erforderlichkeit einer (voll-)stationären Behandlung wird in vielen Fällen durch die besondere **apparative Ausstattung** des Krankenhauses begründet sein. Denn die aufwendigeren medizinisch-technischen Leistungen werden vielfach in Krankenhäusern erbracht. Allerdings sind diese Leistungen den Krankenhäusern keineswegs von Rechts wegen vorbehalten. Ob sich die apparative Ausstattung des

---

[118] BSG v. 16.02.2005 - B 1 KR 18/03 R - juris Rn. 13 - BSGE 94, 161; BSG v. 20.01.2005 - B 3 KR 9/03 R - juris Rn. 20 - BSGE 94, 139; BSG v. 13.05.2004 - B 3 KR 18/03 R - juris Rn. 16 - BSGE 92, 300; BSG v. 23.04.1996 - 1 RK 10/95 - USK 96173; BSG v. 26.02.1992 - 1 RK 4/91 - USK 92130; BSG v. 30.10.1990 - 8 RKn 2/89 - USK 9052; BSG v. 24.01.1990 - 3 RK 7/89 - USK 9015; BSG v. 12.11.1985 - 3 RK 33/84 - SozR 2200 § 184 Nr. 28 41; BSG v. 12.11.1985 - 3 RK 45/83 - BSGE 59, 116, 118 f.; BSG v. 03.07.1985 - 3 RK 17/84 - USK 85160; BSG v. 12.03.1985 - 3 RK 15/84 - USK 85141; BSG v. 16.11.1984 - 8 RK 33/84 - USK 84213; BSG v. 20.03.1984 - 8 RK 28/83 - USK 8453; BSG v. 01.02.1983 - 3 RK 33/81 - USK 8303; BSG v. 17.08.1982 - 3 RK 73/79 - SozR 5435 Allg. Nr. 2 S. 5; BSG v. 21.10.1980 - 3 RK 33/79 - USK 80211; BSG v. 12.12.1979 - 3 RK 13/79 - BSGE 49, 216, 217; BSG v. 25.01.1979 - 3 RK 83/78 - SozR 2200 § 184 Nr. 11 S. 17.

[119] Vgl. BSG v. 01.02.1983 - 3 RK 33/81 - USK 8303; BSG v. 25.07.1979 - 3 RK 48/78 - USK 79110.

[120] Vgl. BSG v. 16.02.2005 - B 1 KR 18/03 R - juris Rn. 12 - BSGE 94, 161; BSG v. 23.04.1996 - 1 RK 10/95 - USK 96173; BSG v. 26.02.1992 - 1 RK 4/91 - USK 92130; BSG v. 24.01.1990 - 3 RK 7/89 - USK 9015.

[121] BSG v. 07.07.2005 - B 3 KR 40/04 R - GesR 2005, 558, 559; BSG v. 16.02.2005 - B 1 KR 18/03 R - juris Rn. 14 und 24 - BSGE 94, 161; BSG 20.01.2005 - B 3 KR 9/03 R - juris Rn. 12 - BSGE 94, 139; BSG v. 13.5.2004 - B 3 KR 18/03 R - juris Rn. 16 - BSGE 92, 300; BSG v. 11.04.2002 - B 3 KR 24/01 R - SozR 3-2500 § 109 Nr. 9 S. 60 f.; BSG v. 28.01.1999 - B 3 KR 4/98 R - BSGE 83, 254, 259; BSG v. 23.04.1996 - 1 RK 10/95 - USK 96173. So bereits zu § 184 RVO: BSG v. 04.05.1994 - 1 RK 3/93 - USK 9471; BSG v. 26.02.1992 - 1 RK 4/91 - USK 92130; BSG v. 29.01.1991 - 4 RA 56/89 - SozR 3-2200 § 1243 Nr. 2 S. 6; BSG v. 30.10.1990 - 8 RKn 2/89 - USK 9052; BSG v. 12.10.1988 - 3/8 RK 19/86 - USK 8888 (insoweit nicht in SozR 1500 § 75 Nr. 71); BSG v. 12.11.1985 - 3 RK 33/84 - SozR 2200 § 184 Nr. 28 S. 41 f.; BSG v. 20.03.1984 - 8 RK 28/83 - USK 8453; BSG v. 21.10.1980 - 3 RK 33/79 - USK 80211; BSG v. 10.10.1978 - 3 RK 81/77 - BSGE 47, 83, 85; BSG v. 28.08.1970 - 3 RK 74/67 - BSGE 31, 279, 282; BSG v. 18.11.1969 - 3 RK 24/68 - USK 69109; BSG v. 27.08.1968 - 3 RK 27/65 - BSGE 28, 199, 202. Siehe auch BSG v. 15.02.1978 - 3 RK 29/77 - BSGE 46, 41, 45.

[122] BSG v. 07.07.2005 - B 3 KR 40/04 R - GesR 2005, 558, 559; BSG v. 16.02.2005 - B 1 KR 18/03 R - juris Rn. 14 - BSGE 94, 161; BSG v. 20.01.2005 - B 3 KR 9/03 R - juris Rn. 12 - BSGE 94, 139; BSG v. 13.05.2004 - B 3 KR 18/03 R - juris Rn. 16 - BSGE 92, 300; BSG v. 30.10.1990 - 8 RKn 2/89 - USK 9052; BSG v. 12.10.1988 - 3/8 RK 19/86 - USK 8888 (insoweit nicht in SozR 1500 § 75 Nr. 71); BSG v. 12.11.1985 - 3 RK 33/84 - SozR 2200 § 184 Nr. 28 S. 41 f.

[123] BSG v. 16.02.2005 - B 1 KR 18/03 R - juris Rn. 25 - BSGE 94, 161.

[124] BSG v. 25.01.1979 - 3 RK 83/78 - SozR 2200 § 184 Nr. 11 S. 17; *Noftz* in: Hauck/Noftz, SGB V, K § 39 Rn. 79. Vgl. auch § 4 Abs. 2 und 3 Krankenhausbehandlungs-Richtlinien.

[125] BSG v. 16.02.2005 - B 1 KR 18/03 R - juris Rn. 25 - BSGE 94, 161.

Krankenhauses von der ambulanten Versorgung abhebt, bestimmt sich vielmehr nach dem Stand der Medizintechnik und der Verbreitung medizinisch-technischer Geräte außerhalb des Krankenhauses.[126] Doch selbst wenn eine Behandlung medizinisch-technisch gesehen ambulant durchführbar ist, kann im Einzelfall der Gesundheitszustand des Versicherten einen (voll-)stationären Krankenhausaufenthalt erforderlich machen.[127] Der Einsatz krankenhausspezifischer Geräte kann – vor allem bei psychiatrischer Behandlung – völlig in den Hintergrund treten und allein der notwendige Einsatz von Ärzten, therapeutischen Hilfskräften und Pflegepersonal sowie die Art der Medikation die Notwendigkeit einer stationären Behandlung begründen.[128]

Zwar zählt **geschultes** (nichtärztliches) **Pflegepersonal** zu den besonderen Mitteln des Krankenhau- 66
ses.[129] Die Notwendigkeit der ständigen Betreuung durch solches Personal macht aber für sich allein eine stationäre Krankenhausbehandlung nicht erforderlich.[130] Dies folgt bereits daraus, dass sich die Erforderlichkeit stationärer Krankenhausbehandlung allein nach medizinischen Gesichtspunkten richtet, die erforderlichen Pflegemaßnahmen daher Teil einer zielgerichteten medizinischen Behandlung sein müssen und nicht nur um ihrer selbst willen erbracht werden dürfen (vgl. Rn. 56 ff.). Doch selbst wenn medizinisch indizierte oder geprägte (nichtärztliche) Hilfeleistungen, d.h. Behandlungspflege,[131] notwendig sind, führt dies nicht schon dazu, dass deswegen stationäre Krankenhausbehandlung gerechtfertigt wäre. Denn Behandlungspflege kann, wie § 37 Abs. 2 SGB V zeigt, auch außerhalb des Krankenhauses erbracht werden.[132] Soweit die ständig erforderliche Betreuung durch geschultes Pflegepersonal bei anderweitiger Unterbringung gewährleistet sein kann, besteht kein Anspruch auf stationäre Krankenhausbehandlung.[133]

Entscheidende Bedeutung kommt daher dem **jederzeit präsenten bzw. rufbereiten Arzt** zu. Damit 67
wird für die stationäre Versorgung im Krankenhaus eine besondere Intensität der ärztlichen Betreuung verlangt. Soweit dabei von der Erforderlichkeit einer besonderen ärztlichen Präsenz die Rede ist, ist damit gemeint, dass im Rahmen der laufenden Behandlung ein jederzeit rufbereiter Arzt benötigt wird.[134] Es ist also nicht notwendig, dass ein Arzt alle Behandlungsmaßnahmen selbst vornimmt. Vielmehr genügt die **ständige Bereitschaft eines Arztes**, Maßnahmen des Pflegepersonals sachkundig zu überwachen, diesem fachkundige Anweisungen zu geben und gegebenenfalls selbst einzugreifen.[135]

---

[126] Vgl. BSG v. 28.01.1999 - B 3 KR 4/98 R - BSGE 83, 254, 259.

[127] Vgl. BSG v. 19.11.1997 - 3 RK 21/96 - SozR 3-2500 § 107 Nr. 1 S. 7.

[128] BSG v. 07.07.2005 - B 3 KR 40/04 R - GesR 2005, 558, 559; BSG v. 16.02.2005 - B 1 KR 18/03 R - juris Rn. 15 - BSGE 94, 161; BSG v. 20.01.2005 - B 3 KR 9/03 R - juris Rn. 12 - BSGE 94, 139; BSG v. 13.05.2004 - B 3 KR 18/03 R - juris Rn. 16 - BSGE 92, 300. So schon BSG v. 12.11.1985 - 3 RK 33/84 - SozR 2200 § 184 Nr. 28 S. 42.

[129] BSG v. 27.08.1968 - 3 RK 27/65 - BSGE 28, 199, 202; BSG v. 10.10.1978 - 3 RK 81/77 - BSGE 47, 83, 85; BSG v. 21.10.1980 - 3 RK 33/79 - USK 80211; BSG v. 20.03.1984 - 8 RK 28/83 - USK 8453; BSG v. 12.03.1985 - 3 RK 15/84 - USK 85141; BSG v. 12.11.1985 - 3 RK 33/84 - SozR 2200 § 184 Nr. 28 S. 41 f.; BSG v. 12.10.1988 - 3/8 RK 19/86 - USK 8888 (insoweit nicht in SozR 1500 § 75 Nr. 71); BSG v. 10.08.1989 - 4 RK 1/88 - USK 89146; BSG v. 30.10.1990 - 8 RKn 2/89 - USK 9052.

[130] BSG v. 21.10.1980 - 3 RK 33/79 - USK 80211; BSG v. 12.11.1985 - 3 RK 33/84 - SozR 2200 § 184 Nr. 28 S. 42; BSG v. 12.10.1988 - 3/8 RK 19/86 - USK 8888 (insoweit nicht in SozR 1500 § 75 Nr. 71); BSG v. 12.03.1985 - 3 RK 15/84 - USK 85141.

[131] Zum Begriff der Behandlungspflege BSG v. 30.03.2000 - B 3 KR 23/99 R - BSGE 86, 101, 103; BSG v. 27.08.1998 - B 10 KR 4/97 R - BSGE 82, 27, 32 ff.; BSG v. 30.09.1993 - 4 RK 1/92 - BSGE 73, 146, 151.

[132] Vgl. BSG v. 20.03.1984 - 8 RK 28/83 - USK 8453.

[133] So für die Betreuung durch psychiatrisch geschultes Pflegepersonal: BSG v. 12.03.1985 - 3 RK 15/84 - USK 85141; BSG v. 12.11.1985 - 3 RK 33/84 - SozR 2200 § 184 Nr. 28 S. 42.

[134] BSG v. 27.08.1968 - 3 RK 27/65 - BSGE 28, 199, 202; BSG v. 18.11.1969 - 3 RK 24/68 - USK 69109; BSG v. 28.08.1970 - 3 RK 74/67 - BSGE 31, 279, 282; BSG v. 10.10.1978 - 3 RK 81/77 - BSGE 47, 83, 85; BSG v. 21.10.1980 - 3 RK 33/79 - USK 80211; BSG v. 28.02.1985 - 8 RK 37/84 - USK 8538; BSG v. 12.03.1985 - 3 RK 15/84 - USK 85141; BSG v. 12.11.1985 - 3 RK 33/84 - SozR 2200 § 184 Nr. 28 S. 42; BSG v. 12.10.1988 - 3/8 RK 19/86 - USK 8888 (insoweit nicht in SozR 1500 § 75 Nr. 71); BSG v. 30.10.1990 - 8 RKn 2/89 - USK 9052; BSG v. 29.01.1991 - 4 RA 56/89 - SozR 3-2200 § 1243 Nr. 2 S. 6; BSG v. 26.02.1992 - 1 RK 4/91 - USK 92130; BSG v. 01.04.1993 - 1 RK 16/92 - USK 9334; BSG v. 04.05.1994 - 1 RK 3/93 - USK 9471; BSG v. 23.04.1996 - 1 RK 10/95 - USK 96173; BSG v. 28.01.1999 - B 3 KR 4/98 R - BSGE 83, 254, 259; BSG v. 11.04.2002 - B 3 KR 24/01 R - SozR 3-2500 § 109 Nr. 9 S. 60 f. ; BSG v. 13.5.2004 - B 3 KR 18/03 R - juris Rn. 16 - BSGE 92, 300; BSG 20.01.2005 - B 3 KR 9/03 R - juris Rn. 12 - BSGE 94, 139; BSG v. 16.02.2005 - B 1 KR 18/03 R - juris Rn. 14 und 24 - BSGE 94, 161.

[135] BSG v. 20.03.1984 - 8 RK 28/83 - USK 8453.

Dagegen reicht es nicht aus, wenn ein Arzt in mehr oder weniger großen Abständen den Zustand des Patienten sowie die pflegerischen Maßnahmen kontrollieren und dem Pflegepersonal Anweisungen erteilen muss.[136] Ebenso wenig genügt es, wenn die sofortige Zuziehung eines Arztes nur ausnahmsweise, d.h. in größeren Zeitabständen, bei gelegentlichen krisenhaften Zuspitzungen erforderlich ist, selbst wenn diese lebensbedrohlich sein sollten.[137] Denn in derartigen Fällen ist eine ambulante Versorgung mit gelegentlicher Hinzuziehung von Notärzten oder kurzfristigen Krankenhauseinweisungen möglich. Gleiches gilt für eine medikamentöse Therapie; diese vermag nur dann eine stationäre Krankenhausbehandlung zu rechtfertigen, wenn sie eine ständige ärztliche Kontrolle voraussetzt,[138] was vor allem bei akuten Erkrankungen oder akuten Krankheitsschüben, kaum aber bei Dauerleiden der Fall sein wird.[139] Unschädlich ist, wenn nichtärztliche Pflegekräfte und Therapeuten in größerem Umfang zur Behandlung herangezogen werden, solange ihr Einsatz der ärztlichen Behandlung untergeordnet ist.[140] Von einer stationären Krankenhausbehandlung kann dagegen nicht mehr gesprochen werden, wenn die ärztliche Behandlung nur noch einen die pflegerischen und sonstigen Maßnahmen begleitenden Charakter hat.[141] Prägendes Kennzeichen für ein Krankenhaus ist, dass in ihm die **ärztliche Behandlung im Vordergrund** steht[142] – und zwar vor allem qualitativ, d.h. von ihrer Intensität her,[143] nicht aber unbedingt quantitativ.[144] Hierdurch unterscheidet sich die stationäre Krankenhausbehandlung von der stationären medizinischen Rehabilitation, bei der die Betreuung durch nichtärztliche Fachkräfte der ärztlichen Behandlung neben- oder gar übergeordnet ist.[145] Dabei gründet das besondere Gewicht, das der Betreuung durch Ärzte im Krankenhaus zukommt, in der Dominanz ärztlicher Leistungen und Entscheidungen in der Akutphase der Patientenversorgung.[146]

68 Mit diesen besonderen Mitteln hat die Rechtsprechung des BSG noch unter Geltung der RVO ohne gesetzliche Definition Begriffsmerkmale des Krankenhauses entwickelt, die nicht nur dazu dienten, dieses von der ambulanten medizinischen Versorgung, sondern auch von der stationären medizinischen Rehabilitation abzugrenzen.[147] **Kernelemente dieser Rechtsprechung** hat der Gesetzgeber des GRG **in das SGB V übernommen**. Den Gesichtspunkt, dass prägendes Kennzeichen für das Krankenhaus

---

[136] BSG v. 20.03.1984 - 8 RK 28/83 - USK 8453.

[137] BSG v. 23.04.1996 - 1 RK 10/95 - USK 96173; BSG v. 01.04.1993 - 1 RK 16/92 - USK 9334; BSG v. 26.02.1992 - 1 RK 4/91 - USK 92130; BSG v. 12.11.1985 - 3 RK 45/83 - BSGE 59, 116, 119; BSG v. 12.11.1985 - 3 RK 33/84 - SozR 2200 § 184 Nr. 28 S. 42; BSG v. 12.03.1985 - 3 RK 15/84 - USK 85141; *Mrozynski* in: Wannagat, SGB V, § 39 Rn. 36; *Noftz* in: Hauck/Noftz, SGB V, K § 39 Rn. 75.

[138] BSG v. 24.01.1990 - 3 RK 7/89 - USK 9015; BSG v. 12.11.1985 - 3 RK 45/83 - BSGE 59, 116, 119; BSG v. 12.03.1985 - 3 RK 15/84 - USK 85141.

[139] BSG v. 12.03.1985 - 3 RK 15/84 - USK 85141; siehe auch BSG v. 12.10.1988 - 3/8 RK 15/87 - SozR 2200 § 184 Nr. 32 S. 49 f.

[140] BSG v. 30.10.1990 - 8 RKn 2/89 - USK 9052; BSG v. 12.10.1988 - 3/8 RK 19/86 - USK 8888 (insoweit nicht in SozR 1500 § 75 Nr. 71); BSG v. 27.11.1980 - 8a/3 RK 60/78 - BSGE 51, 44, 47 f.; BSG v. 25.01.1979 - 3 RK 83/78 - SozR 2200 § 184 Nr. 11 S. 15 f.; BSG v. 15.02.1978 - 3 RK 29/77 - BSGE 46, 41, 45.

[141] BSG v. 29.01.1991 - 4 RA 56/89 - SozR 3-2200 § 1243 Nr. 2 S. 6; BSG v. 30.10.1990 - 8 RKn 2/89 - USK 9052; BSG v. 12.10.1988 - 3/8 RK 19/86 - USK 8888 (insoweit nicht in SozR 1500 § 75 Nr. 71); BSG v. 12.11.1985 - 3 RK 45/83 - BSGE 59, 116, 118 f.; BSG v. 12.11.1985 - 3 RK 33/84 - SozR 2200 § 184 Nr. 28 S. 42; siehe auch BSG v. 27.11.1980 - 8a/3 RK 60/78 - BSGE 51, 44, 47 f.; BSG v. 15.02.1978 - 3 RK 29/77 - BSGE 46, 41, 45.

[142] BSG v. 19.11.1997 - 3 RK 21/96 - SozR 3-2500 § 107 Nr. 1 S. 7 f.; BSG v. 29.01.1991 - 4 RA 56/89 - SozR 3-2200 § 1243 Nr. 2 S.6; BSG v. 11.12.1990 - 1 RA 3/89 - BSGE 68, 61, 63; BSG v. 27.11.1990 - 3 RK 17/89 - BSGE 68, 17, 18; BSG v. 30.10.1990 - 8 RKn 2/89 - USK 9052; BSG v. 10.08.1989 - 4 RK 1/88 - USK 89146; BSG v. 12.10.1988 - 3/8 RK 15/87 - SozR 2200 § 184 Nr. 32 S. 49 f.; BSG v. 27.11.1980 - 8a/3 RK 60/78 - BSGE 51, 44, 46.

[143] Vgl. BSG v. 11.04.2002 - B 3 KR 24/01 R - SozR 3-2500 § 109 Nr. 9 S. 61; BSG v. 29.01.1991 - 4 RA 56/89 - SozR 3-2200 § 1243 Nr. 2 S. 6; BSG v. 12.08.1987 - 8 RK 22/86 - USK 87130; BSG v. 27.11.1980 - 8a/3 RK 60/78 - BSGE 51, 44, 46; BSG v. 28.08.1970 - 3 RK 74/67 - BSGE 31, 279, 282.

[144] BSG v. 11.08.1983 - 5a RKn 22/82 - SozR 2200 § 184 Nr. 22 S. 33 – siehe aber auch BSG v. 11.12.1990 - 1 RA 3/89 - BSGE 68, 61, 63 f.

[145] BSG v. 10.08.1989 - 4 RK 1/88 - USK 89146; BSG v. 14.05.1985 - 4a RJ 13/84 - SozR 1300 § 105 Nr. 1 S. 5; BSG v. 27.11.1980 - 8a/3 RK 60/78 - BSGE 51, 44, 47 f.; BSG v. 15.02.1978 - 3 RK 29/77 - BSGE 46, 41, 45.

[146] *Genzel/Siess*, MedR 1999, 1, 7.

[147] Vgl. BSG v. 27.08.1968 - 3 RK 27/65 - BSGE 28, 199, 202; BSG v. 28.08.1970 - 3 RK 74/67 - BSGE 31, 279, 282. Vgl. auch BSG v. 24.11.1967 - 3 RK 20/65 - SozR Nr. 19 zu § 184 RVO Bl. Aa 12; BSG v. 16.10.1968 - 3 RK 59/65 - SozR Nr. 21 zu § 184 RVO Bl. Aa 14.

eine im Vordergrund stehende ärztliche Behandlung ist,[148] hat er in § 107 Abs. 1 SGB V aufgenommen und dort für Krankenhäuser – im Gegensatz zu stationären medizinischen Rehabilitationseinrichtungen (§ 107 Abs. 2 SGB V) – ein jederzeit verfügbares ärztliches Personal und ein Vorwiegen ihrer Leistungen gefordert.[149] Darüber hinaus ist der Gesetzgeber des GRG davon ausgegangen, auch schon mit § 39 Abs. 1 Satz 3 HS. 1 SGB V deutlich gemacht zu haben, dass der Schwerpunkt der Krankenhausbehandlung im Unterschied zur stationären medizinischen Rehabilitation auf der ärztlichen Behandlung und weniger auf der pflegerischen Versorgung und der Anwendung von Hilfsmitteln liegt.[150] Dies kommt im Normtext des § 39 Abs. 1 Satz 3 HS. 1 SGB V indessen nur sehr unvollkommen zum Ausdruck; eher wird darin die Krankenhausbehandlung als eine komplexe medizinische Versorgung umschrieben.[151] Immerhin bestätigen die Legaldefinitionen der Begriffe des Krankenhauses und der Rehabilitationseinrichtung (vgl. die Kommentierung zu § 107 SGB V) in § 107 Abs. 1 und 2 SGB V die von der Rechtsprechung anhand der Intensität der ärztlichen Behandlung vorgenommene Differenzierung zwischen Krankenhausbehandlung und anderen Behandlungen.[152]

Bei der Behandlung **psychiatrischer Leiden** neigt das BSG neuerdings dazu, die Rolle der Ärzte sehr 69
weit zurückzudrängen. Schon seit langem war anerkannt, dass bei der Behandlung psychischer Erkrankungen der Einsatz von krankenhausspezifischen Geräten in den Hintergrund treten und allein schon der notwendige Einsatz von Ärzten, therapeutischen Hilfskräften und Pflegepersonal sowie die Art der Medikation eine stationäre Krankenhausbehandlung begründen kann.[153] Dabei wurde allerdings nicht auf das Erfordernis eines ständig rufbereiten Arztes verzichtet.[154] Selbst die Notwendigkeit einer ständigen Betreuung durch psychiatrisch geschultes nichtärztliches Personal wurde für nicht ausreichend gehalten.[155]

Hiervon rückt das BSG in seiner neuesten Rechtsprechung ab. Danach soll Versicherten mit schweren 70
psychiatrischen Leiden ein Anspruch auf stationäre Krankenhausbehandlung zuzubilligen sein, wenn nur auf diese Weise ein notwendiger **komplexer Behandlungsansatz** erfolgversprechend verwirklicht werden kann, d.h. wenn es auf das Zusammenwirken eines **multiprofessionellen Teams** aus Diplom-Psychologen, Sozialpädagogen, Ergotherapeuten und Bewegungstherapeuten sowie fachlich besonders geschultem und erfahrenem psychiatrischem Krankenpflegepersonal unter fachärztlicher Leitung im Rahmen eines Gesamtbehandlungsplans ankommt.[156] Dabei soll weder ein ständig rufbereiter Arzt vonnöten sein[157] noch notwendigerweise die ärztliche Betreuung im Vordergrund stehen;[158] viel-

---

[148] Vgl. BSG v. 19.11.1997 - 3 RK 21/96 - SozR 3-2500 § 107 Nr. 1 S. 7 f.; BSG v. 29.01.1991 - 4 RA 56/89 - SozR 3-2200 § 1243 Nr. 2 S. 6; BSG v. 11.12.1990 - 1 RA 3/89 - BSGE 68, 61, 63; BSG v. 27.11.1990 - 3 RK 17/89 - BSGE 68, 17, 18; BSG v. 30.10.1990 - 8 RKn 2/89 - USK 9052; BSG v. 10.08.1989 - 4 RK 1/88 - USK 89146; BSG v. 12.10.1988 - 3/8 RK 15/87 - SozR 2200 § 184 Nr. 32 S. 49 f.; BSG v. 12.11.1985 - 3 RK 45/83 - BSGE 59, 116, 118; BSG v. 27.11.1980 - 8a/3 RK 60/78 - BSGE 51, 44, 46.

[149] So wird in BT-Drs. 11/2237, S. 197 betont, dass in Krankenhäusern die intensive, aktive und fortdauernde ärztliche Betreuung im Vordergrund steht und die Pflege in aller Regel der ärztlichen Behandlung untergeordnet ist, während in Rehabilitationseinrichtungen die pflegerische Betreuung der ärztlichen Behandlung eher gleichwertig nebengeordnet ist.

[150] BT-Drs. 11/2237, S. 177.

[151] Was allerdings auch der Rechtsprechung des BSG entsprach (vgl. BSG v. 22.02.1974 - 3 RK 79/72 - BSGE 37, 130, 133; BSG v. 09.12.1986 - 8 RK 28/85 - SozR 2200 § 205 Nr. 61 S. 167).

[152] BSG v. 29.01.1991 - 4 RA 56/89 - SozR 3-2200 § 1243 Nr. 2 S. 6; vgl. auch BSG v. 19.11.1997 - 3 RK 1/97 - BSGE 81, 189, 194 sowie BSG v. 28.02.2007 - B 3 KR 17/06 R - juris Rn. 12 - SGb 2007, 220.

[153] BSG v. 12.11.1985 - 3 RK 33/84 - SozR 2200 § 184 Nr. 28 S. 42; BSG v. 12.10.1988 - 3/8 RK 19/86 - USK 8888 (insoweit nicht in SozR 1500 § 75 Nr. 71); BSG v. 30.10.1990 - 8 RKn 2/89 - USK 9052; BSG v. 04.05.1994 - 1 RK 3/93 - USK 9471; BSG v. 13.05.2004 - B 3 KR 18/03 R - juris Rn. 16 - BSGE 92, 300 juris Rn. 16.

[154] BSG v. 04.05.1994 - 1 RK 3/93 - USK 9471.

[155] BSG v. 21.10.1980 - 3 RK 33/79 - USK 80211; BSG v. 12.03.1985 - 3 RK 15/84 - USK 85141; BSG v. 12.11.1985 - 3 RK 33/84 - SozR 2200 § 184 Nr. 28 S. 42; BSG v. 12.10.1988 - 3/8 RK 19/86 - USK 8888 (insoweit nicht in SozR 1500 § 75 Nr. 71); BSG v. 30.10.1990 - 8 RKn 2/89 - USK 9052.

[156] BSG v. 20.01.2005 - B 3 KR 9/03 R - juris Rn. 15 - BSGE 94, 139; BSG v. 16.02.2005 - B 1 KR 18/03 R - juris Rn. 16 - BSGE 94, 161; BSG v. 07.07.2005 - B 3 KR 40/04 R - GesR 2005, 558, 559. So bereits *Mrozynski* in: Wannagat, SGB V, § 39 Rn. 36.

[157] BSG v. 16.02.2005 - B 1 KR 18/03 R - juris Rn. 24 - BSGE 94, 161.

[158] BSG v. 20.01.2005 - B 3 KR 9/03 R - juris Rn. 18 - BSGE 94, 139; BSG v. 07.07.2005 - B 3 KR 40/04 R - GesR 2005, 558, 559.

mehr darf schwerpunktmäßig nichtärztliches Personal zum Einsatz kommen.[159] Unverzichtbar soll nur sein, dass das multiprofessionelle Team ärztlich geleitet und die Gesamtbehandlung maßgeblich ärztlich verantwortet wird.[160] Begründet wurde diese Neukonzeption in erster Linie mit neueren Entwicklungen in der Psychiatrie.[161] Zur normativen Abstützung berief sich das BSG zudem auf § 27 Abs. 1 Satz 3 SGB V, der als Auslegungsregel gebiete, dass die bestehenden gesetzlichen Möglichkeiten auch bei psychischen Erkrankungen voll ausgeschöpft würden.[162]

71 Diese Neukonzeption ist **nicht von Bedenken frei**. Auch wenn § 39 Abs. 1 Satz 2 SGB V gerade mit den besonderen Mitteln des Krankenhauses eine – positiv zu wertende – Entwicklungsoffenheit aufweist,[163] so findet diese doch ihre Grenzen im Gesetz. Erstaunlicherweise ist das BSG nicht darauf eingegangen, dass Kernelemente der Rechtsprechung, von der es abweicht, kodifiziert sind (vgl. Rn. 68). Die vom BSG vorgenommene weitgehende Zurückdrängung des Arztes aus der stationären Krankenhausbehandlung lässt sich nur schwer mit dem Begriff des Krankenhauses vereinbaren, wie er in § 107 Abs. 1 SGB V Gesetz geworden ist. Darüber vermag auch die Auslegungsregelung des § 27 Abs. 1 Satz 3 SGB V nicht hinwegzuhelfen; denn die volle Ausschöpfung der bestehenden gesetzlichen Möglichkeiten findet in den Definitionsmerkmalen des Krankenhauses in § 107 Abs. 1 SGB V ihre Grenzen.[164] Allerdings ist zu bedenken, dass sich auch nach dieser Neukonzeption die stationäre Krankenhausbehandlung sowohl von der stationären Rehabilitation als auch vom ambulanten Bereich abgrenzen lässt. Gegenüber der Rehabilitation zeichnet sich die Krankenhausbehandlung weiterhin dadurch aus, dass bei ihr eine Akutbehandlung erforderlich ist.[165] Und im ambulanten Bereich lässt sich ein komplexer Behandlungsansatz in Form eines kombinierten und abgestimmten Zusammenwirkens eines multiprofessionellen Teams derzeit kaum realisieren.[166] Dieser Gesichtspunkt, das Schließen einer ambulanten **Versorgungslücke**, vermag die der Neukonzeption zugrunde liegende Abweichung von § 107 Abs. 1 SGB V zu rechtfertigen (vgl. Rn. 75).

c. Konkrete Betrachtungsweise

72 Ob die notwendige medizinische Versorgung nur mit den besonderen Mitteln des Krankenhauses durchgeführt werden kann, ist immer anhand der **Umstände des konkreten Einzelfalls** zu beurteilen. Dies ergibt sich daraus, dass mit dem Behandlungsziel, das nach § 39 Abs. 1 Satz 2 SGB V nur durch eine (voll- oder teil-)stationäre Krankenhausbehandlung erreichbar sein darf, der durch die Erkrankung konkretisierte medizinische Versorgungsbedarf (§ 27 Abs. 1 Satz 1 SGB V) des Versicherten bezeichnet ist. Das Erfordernis einer konkreten Betrachtungsweise hat aber auch in § 39 Abs. 1 Satz 3 SGB V seinen Niederschlag gefunden, indem dort der Inhalt der Krankenhausbehandlung mit den Leistungen umschrieben wird, die im Einzelfall nach Art und Schwere der Krankheit für die medizinische Versorgung notwendig sind. Maßgeblich ist daher nicht allein, ob eine Behandlung im Allgemeinen nur im Krankenhaus durchgeführt werden kann – etwa weil sie aufgrund der allgemein mit ihr verbundenen Risiken nach den Regeln der ärztlichen Kunst nur stationär erbracht werden darf. Vielmehr kann eine medizinische Versorgung, die als solche nach dem allgemein anerkannten Stand der medizinischen Erkenntnisse auch ambulant vorgenommen werden darf, gleichwohl aufgrund besonderer Gegebenheiten des Einzelfalls eine stationäre Krankenhausbehandlung erfordern.[167] Dabei kommt es vor allem auf den

[159] BSG v. 16.02.2005 - B 1 KR 18/03 R - juris Rn. 23 - BSGE 94, 161; BSG v. 20.01.2005 - B 3 KR 9/03 R - juris Rn. 18 - BSGE 94, 139.

[160] BSG v. 04.04.2006 - B 1 KR 32/04 R - juris Rn. 21 (insoweit nicht in GesR 2006, 472). Vgl. auch BSG v. 07.07.2005 - B 3 KR 40/04 R - GesR 2005, 558, 559.

[161] BSG v. 20.01.2005 - B 3 KR 9/03 R - juris Rn. 14 ff. - BSGE 94, 139; BSG v. 16.02.2005 - B 1 KR 18/03 R - juris Rn. 17 ff. - BSGE 94, 161 jeweils unter Bezugnahme auf *Weig/Gelhausen*, SGb 1996, 576 ff.

[162] BSG v. 20.01.2005 - B 3 KR 9/03 R - juris Rn. 14 - BSGE 94, 139; BSG v. 16.02.2005 - B 1 KR 18/03 R - juris Rn. 11, 19 - BSGE 94, 161.

[163] Vgl. *Eichenhofer*, SGb 2005, 708, 709.

[164] Gleiches gilt für das PsychThG (so aber wohl BSG v. 16.02.2005 - B 1 KR 18/03 R - juris Rn. 19 - BSGE 94, 161), durch das die psychologischen Psychotherapeuten keineswegs zu Ärzten geworden sind. Auch die PsychPV (dazu BSG v. 16.02.2005 - B 1 KR 18/03 R - juris Rn. 23 - BSGE 94, 161) vermag eine Abweichung vom Gesetzesrecht nicht zu rechtfertigen.

[165] Vgl. BSG v. 16.02.2005 - B 1 KR 18/03 R - juris Rn. 25 - BSGE 94, 161.

[166] *Mrozynski* in: Wannagat, SGB V, § 39 Rn. 36.

[167] Vgl. BSG v. 19.11.1997 - 3 RK 21/96 - SozR 3-2500 § 107 Nr. 1 S. 7.

Gesundheitszustand des Versicherten an. Denn für die Entscheidung, medizinische Behandlungen ambulant oder stationär durchzuführen, sind in erster Linie Risikoabwägungen ausschlaggebend.[168]

Die somit gebotene konkrete Betrachtungsweise schließt allerdings den Rückgriff auf allgemeine Regeln und Erkenntnisse nicht aus. So sieht das Gesetz in § 115b Abs. 1 Satz 1 Nr. 1 SGB V die Vereinbarung eines **Katalogs ambulant durchführbarer Behandlungen** vor. In Anlage 1 zum Vertrag über ambulantes Operieren und stationsersetzende Eingriffe im Krankenhaus (AOP-Vertrag) vom 17.08.2006 wurden Leistungen gekennzeichnet, die regelmäßig ambulant erbracht werden können. Die Aufführung einer Leistung in dieser Anlage bedeutet indessen nicht, dass sie ambulant erbracht werden muss (§ 2 Abs. 2 AOP-Vertrag). Zwar können Leistungen allenfalls als in der Regel ambulant durchzuführen gekennzeichnet werden (§ 3 Abs. 2 AOP-Vertrag). Eine derartige Kennzeichnung ist jedoch nicht völlig ohne Belang, da von ihr nur aus gewichtigen Gründen abgewichen werden kann (zu solchen Gründen vgl. § 3 Abs. 3 AOP-Vertrag). Ein **Katalog von Kriterien für die Notwendigkeit stationärer Behandlung** ist in der Anlage 2 der Gemeinsamen Empfehlungen zum Prüfverfahren nach § 17c KHG vom 15.04.2004 geschaffen worden. Liegen die darin aufgeführten G-AEP[169]-Kriterien vor, ist eine vollstationäre Krankenhausbehandlung im Rahmen der Fehlbelegungsprüfung[170] nach § 17c KHG als notwendig anzusehen (§ 4 Abs. 2 Nr. 1 Satz 2 der Gemeinsamen Empfehlungen). 73

Aus dem Erfordernis einer konkreten Betrachtungsweise hat der **3. Senat des BSG** eine folgenreiche Erweiterung des Leistungsanspruchs abgeleitet. Danach soll die Frage der Erforderlichkeit einer Krankenhausbehandlung nicht abstrakt anhand der eine Krankenhausbehandlung umschreibenden Merkmale, sondern stets konkret mit Blick auf die in Betracht kommenden **ambulanten Behandlungsalternativen** zu beantworten sein. Daraus folgert der 3. Senat des BSG, dass es nicht ausreicht, von theoretisch vorstellbaren, besonders günstigen Sachverhaltskonstellationen auszugehen, die den weiteren Krankenhausaufenthalt entbehrlich erscheinen lassen, sondern dass zu prüfen ist, welche ambulanten Behandlungsalternativen im Einzelfall konkret zur Verfügung stehen, weil nur so die kontinuierliche medizinische Versorgung eines Versicherten gewährleistet werden kann.[171] Die Entscheidung des Krankenhausarztes, die stationäre Behandlung fortzusetzen, hat die Krankenkasse als vertretbar hinzunehmen, solange sie die Behandlungsalternativen nicht **konkret und nachprüfbar aufgezeigt** hat – und zwar sowohl dem Versicherten als auch dem Krankenhausarzt gegenüber.[172] Der 3. Senat des BSG hat diese Rechtsprechung inzwischen dahin gehend präzisiert, dass stationäre Krankenhausbehandlung immer dann notwendig ist, wenn nach Prüfung des Krankenhausarztes zur Behandlung einer Krankheit neben ärztlicher Behandlung die Betreuung durch hinreichend geschulte medizinische Hilfskräfte in geschützter Umgebung erforderlich ist und andere bedarfsgerechte Einrichtungen weder flächendeckend vorhanden sind noch im Einzelfall konkret zur Verfügung stehen.[173] Demnach kann ein Anspruch auf stationäre Krankenhausbehandlung auch in Fällen bestehen, in denen die notwendige medizinische Versorgung ambulant möglich ist. Zur Rechtfertigung dieser Rechtsprechung hat sich der 3. Senat des BSG zunächst auf die Naturalleistungs- (§ 2 Abs. 2 SGB V) und Beratungspflicht (§ 14 SGB I) der Krankenkasse berufen[174] und später ausgeführt, die verschiedenen in § 27 Abs. 1 Satz 2 SGB V genannten Leistungen zur Krankenbehandlung seien nicht institutionell abzugrenzen, sondern bedarfsbezogen einzusetzen;[175] außerdem entspräche der Aufgabenstellung der Krankenversicherung 74

[168] BSG v. 07.11.2006 - B 1 KR 24/06 R - juris Rn. 35 - NJW 2007, 1385-1391; BSG v. 04.04.2006 - B 1 KR 5/05 R - SozR 4-2500 § 13 Nr. 8 Rn. 27.

[169] German Appropriateness Evaluation Protocol.

[170] Näher dazu *Quaas*, NZS 2002, 454 ff.

[171] BSG v. 13.05.2004 - B 3 KR 18/03 R - juris Rn. 18 - BSGE 92, 300; BSG v. 07.07.2005 - B 3 KR 40/04 R - GesR 2005, 558, 559 f.

[172] BSG v. 13.05.2004 - B 3 KR 18/03 R - juris Rn. 19 ff. - BSGE 92, 300. Dieser Neukonzeption zustimmend: *Sieper*, GesR 2005, 62 ff.

[173] BSG v. 03.08.2006 - B 3 KR 1/06 S - juris Rn. 8 - Sozialrecht aktuell 2006, 215-216.

[174] BSG v. 13.05.2004 - B 3 KR 18/03 R - juris Rn. 19 - BSGE 92, 300. Außerdem hat der 3. Senat des BSG auf den gesetzlichen Auftrag, zur Sicherstellung einer sozialen Betreuung und Beratung der Versicherten im Krankenhaus sowie eines nahtlosen Übergangs von der Krankenhausbehandlung zur Rehabilitation oder Pflege vertragliche Regelungen zu treffen (§ 112 Abs. 2 Satz 1 Nr. 4 und 5 SGB V), hingewiesen (BSG v. 13.05.2004 - B 3 KR 18/03 R - juris Rn. 22 - BSGE 92, 300).

[175] BSG v. 03.08.2006 - B 3 KR 1/06 S - juris Rn. 9 - Sozialrecht aktuell 2006, 215-216.

(§ 1 Satz 1 SGB V), dem Nachrang der Sozialhilfe (§ 2 Abs. 1 SGB XII) und dem Günstigkeitsprinzip des § 2 Abs. 2 SGB I eine Auslegung, die Versorgungslücken vermeidet.[176]

75 Dieser Neukonzeption des 3. Senats ist der **1. Senat des BSG** zunächst in einem obiter dictum gefolgt,[177] hat ihr sodann nur in engen Ausnahmefällen – etwa um einen vorübergehenden Versorgungsnotstand zu vermeiden – Bedeutung zugesprochen[178] und sich schließlich von ihr vollständig abgewandt sowie den Großen Senat des BSG angerufen.[179] Dabei wirft der 1. Senat dem 3. Senat des BSG vor, dessen Rechtsprechung zum Aufzeigen ambulanter Behandlungsalternativen lasse es zu, dass ein Anspruch auf stationäre Krankenhausbehandlung selbst dann besteht, wenn das Behandlungsziel aus medizinischen Gründen auf andere Weise erreicht werden kann.[180] Dies widerspreche nicht nur der bisherigen Rechtsprechung des BSG, sondern lasse sich auch nicht mit § 39 Abs. 1 Satz 2 SGB V vereinbaren, wonach bei der Frage, ob ein Versicherter der stationären Krankenhausbehandlung bedarf, **allein** auf **medizinische Gründe** abzustellen und die stationäre Krankenhausbehandlung subsidiär gegenüber allen anderen Behandlungsformen sei.[181] Das dem SGB V zugrunde liegende System abgestufter Leistungsansprüche der Versicherten, innerhalb dessen die kostenintensive stationäre Krankenhausbehandlung nur ultima ratio sei, würde durchbrochen, wenn neben medizinischen Gründen wesentlich auf krankenversicherungsfremde Gesichtspunkte abzustellen wäre, wie z.B. das persönliche Umfeld des Betroffenen oder die Versorgung mit Unterbringungseinrichtungen zur Gefahrenabwehr und Pflegeheimen.[182] Die Neukonzeption des 3. Senats des BSG sei auch nicht erforderlich, um den Belangen der Versicherten Rechnung zu tragen. Denn werde ein Versicherter in ein Krankenhaus zur stationären Behandlung aufgenommen, obwohl die Voraussetzungen dafür nicht erfüllt seien, genieße er Vertrauensschutz, bis die Krankenkasse die (weitere) Inanspruchnahme der Leistung ablehne (vgl. hierzu näher Rn. 101); werde die stationäre Behandlung trotz Ablehnung durch die Krankenkasse fortgesetzt, so könne das Krankenhaus nur dann beim Versicherten Rückgriff nehmen, wenn es seine wirtschaftliche Aufklärungspflicht beachtet habe.[183] Es sei nicht Aufgabe der Krankenkassen, Plätze für betreutes Wohnen oder für psychisch kranke Behinderte zu schaffen, die wegen Fremd- oder Selbstgefährdung aus Gründen der öffentlichen Sicherheit und Ordnung unterzubringen seien. Umgekehrt sei es Sache der Krankenkassen, Mängel in der ambulanten medizinischen Versorgung zu vermeiden oder zu beheben; versagten sie hierbei mit der Folge, dass die an sich mögliche ambulante Behandlung nicht erbracht werden könne, also eine **Versorgungslücke** bestehe, sei Krankenhausbehandlung medizinisch notwendig.[184]

76 In der Tat weicht die **Neukonzeption des 3. Senats** nicht nur von der bisherigen Rechtsprechung des BSG ab, sondern **lässt sich** auch **mit dem Gesetz nicht vereinbaren**.[185] Dass der 3. Senat über die bisherige Rechtsprechung des BSG hinausgegangen ist, hat er selbst erkannt; allerdings hat er betont, von dieser nicht abgekehrt zu sein, sondern sie nur fortentwickelt zu haben.[186] Dies lässt sich allerdings so nicht halten, denn nach der bisherigen Rechtsprechung des BSG richtete sich der Anspruch auf stationäre Krankenhausbehandlung allein nach medizinischen Gesichtspunkten und konnte nicht damit begründet werden, dass die Unterbringung eines Versicherten in einer Einrichtung geboten ist, aber der im Einzelfall notwendige Platz in einer geeigneten Einrichtung nicht zur Verfügung steht (vgl. Rn. 56 ff.). Allein dies entspricht dem Gesetz. Wie die Krankenbehandlung im Allgemeinen (§ 27 Abs. 1 Satz 1 SGB V) hat das Gesetz auch die (stationäre) Krankenhausbehandlung als eine zielgerichtete (finale) Leistung ausgestaltet. Es reicht daher nicht aus, dass eine Krankheit ursächlich (kausal) für einen stationären Aufenthalt im Krankenhaus ist; der stationäre Krankenhausaufenthalt muss vielmehr

---

[176] BSG v. 03.08.2006 - B 3 KR 1/06 S - juris Rn. 7 - Sozialrecht aktuell 2006, 215-216.

[177] BSG v. 16.02.2005 - B 1 KR 18/03 R - juris Rn. 15 und 25 - BSGE 94, 161.

[178] BSG v. 04.04.2006 - B 1 KR 32/04 R - juris Rn. 38 - GesR 2006, 472.

[179] BSG v. 07.11.2006 - B 1 KR 32/04 R - juris Rn. 38 - GesR 2007, 276-283.

[180] BSG v. 07.11.2006 - B 1 KR 32/04 R - juris Rn. 15 - GesR 2007, 276-283.

[181] BSG v. 07.11.2006 - B 1 KR 32/04 R - juris Rn. 23, 28 - GesR 2007, 276-283.

[182] BSG v. 07.11.2006 - B 1 KR 32/04 R - juris Rn. 39 f., 42 - GesR 2007, 276-283.

[183] BSG v. 07.11.2006 - B 1 KR 32/04 R - juris Rn. 47 ff. - GesR 2007, 276-283.

[184] BSG v. 07.11.2006 - B 1 KR 32/04 R - juris Rn. 50 - GesR 2007, 276-283.

[185] Ebenfalls ablehnend: *Noftz*, SGb 2005, 290, 292 f.

[186] So ausdrücklich BSG v. 03.08.2006 - B 3 KR 1/06 S - juris Rn. 6 - Sozialrecht aktuell 2006, 215-216; BSG v. 07.07.2005 - B 3 KR 40/04 R - GesR 2005, 558, 560. Siehe auch BSG v. 13.05.2004 - B 3 KR 18/03 R - juris Rn. 17 - BSGE 92, 300.

auch zur Behandlung einer Krankheit medizinisch erforderlich sein (vgl. Rn. 55).[187] Dies beurteilt sich nach der spezifischen Leistungsfähigkeit des Krankenhauses, das das Gesetz neben anderen personellen und sächlichen Mitteln zur Krankenbehandlung vorsieht (§ 27 Abs. 1 Satz 2 SGB V). Dabei ist, wie § 39 Abs. 1 Satz 2 SGB V ausdrücklich anordnet, eine stationäre Behandlung im Krankenhaus nur dann erforderlich, wenn sich das Ziel einer Krankenbehandlung nicht durch andere Behandlungsmittel erreichen lässt. Die Auffassung des 3. Senats des BSG, die verschiedenen in § 27 Abs. 1 Satz 2 SGB V genannten Leistungen zur Krankenbehandlung seien nicht institutionell abzugrenzen, sondern bedarfsbezogen einzusetzen,[188] ist zumindest ungenau. § 27 Abs. 1 Satz 2 SGB V differenziert bei den verschiedenen Leistungen in erster Linie nach Personen (Ärzte), Sachen (Zahnersatz, Arznei-, Heil- und Hilfsmittel) und Institutionen (Krankenhäuser), mithin nach verschiedenen personellen und sächlichen Mitteln, nicht aber – mit Ausnahme der medizinischen Rehabilitation – nach verschiedenen Bedarfslagen. Darüber hinaus ist die Deckung aller krankheitsbedingter Bedarfe keineswegs Sache der gesetzlichen Krankenversicherung, vielmehr unterliegt ihr Leistungskatalog sehr wohl Einschränkungen.[189] Hierzu zählt auch, dass die stationäre Krankenhausbehandlung nur dann in Betracht kommt, wenn die Inanspruchnahme der besonderen Mittel des Krankenhauses und damit seiner spezifischen Leistungsfähigkeit zur Erreichung der Ziele der Krankenbehandlung, also aus medizinischen Gründen, erforderlich ist – und zwar gerade im Vergleich zu den Möglichkeiten der ambulanten Versorgung (§ 39 Abs. 1 Satz 2 SGB V). Die Neukonzeption des 3. Senats des BSG lässt sich ferner nicht mit dem Erfordernis einer konkreten Betrachtungsweise rechtfertigen. Denn dieses besagt nur, dass die medizinische Notwendigkeit der vollstationären Krankenhausbehandlung immer anhand der Umstände des konkreten Einzelfalls zu beurteilen ist (vgl. Rn. 72), nicht aber, dass in diese Beurteilung auch nichtmedizinische Gesichtspunkte einzubeziehen sind. Hierzu führt aber die vom 3. Senat des BSG den Krankenkassen auferlegte Pflicht zum Aufzeigen ambulanter Behandlungsalternativen. Eine Rechtsgrundlage für eine derartige Pflicht sucht man vergeblich. Soweit sich der 3. Senat des BSG auf die Naturalleistungs- und Beratungspflicht der Krankenkassen beruft, beschreitet er Neuland. Aus der Beratungspflicht nach § 14 SGB I sind derart weitreichende Spontanbetreuungspflichten bisher nicht abgeleitet worden. Daran vermag auch das Naturalleistungsprinzip (§ 2 Abs. 2 SGB V) nichts zu ändern. Weder die darin wurzelnde Sicherstellungsverantwortung der Krankenkassen noch der darauf beruhende Regelungsauftrag in § 112 Abs. 2 Nr. 4 und 5 SGB V bietet eine Grundlage dafür, dass die Krankenkassen für ihre Versicherten ein umfassendes und ganzheitliches Behandlungs- und Pflegekonzept zu entwerfen hätten, wie es die Neukonzeption des 3. Senats des BSG voraussetzt.[190] Vielmehr schließt das Gesetz die damit verbundenen Eingriffe in die ärztliche Behandlung gerade aus (vgl. § 275 Abs. 5 Satz 2 SGB V).[191]

d. Prüfung durch das Krankenhaus

Die Erforderlichkeit der stationären Aufnahme in das Krankenhaus ist – worauf § 39 Abs. 1 Satz 2 SGB V ausdrücklich hinweist – vom Krankenhaus eigenverantwortlich zu prüfen. Dabei ist unter **Aufnahme in das Krankenhaus** die physische und organisatorische Eingliederung des Patienten in dessen 77

[187] Anders verhält es sich bei der Unterbringung im Seemannsheim (§ 39 Abs. 5 SGB V). Diese setzt nur (kausal) das Vorliegen einer Krankheit voraus, verlangt aber gerade nicht, dass die Unterbringung (final) der Behandlung einer Krankheit dient (näher dazu Rn. 135). Die Neukonzeption des 3. Senats führt dazu, dass die stationäre Krankenhausbehandlung an diese Leistung angeglichen wird.

[188] BSG v. 03.08.2006 - B 3 KR 1/06 S - juris Rn. 7, 9 - Sozialrecht aktuell 2006.

[189] Zur Verfassungsmäßigkeit der Abgeschlossenheit des Leistungskatalogs der gesetzlichen Krankenversicherung siehe nur BSG v. 04.04.2006 - B 1 KR 12/04 R - juris Rn. 28 ff. - SozR 4-2500 § 27 Nr. 7.

[190] Vgl. LSG Schleswig v. 11.05.2005 - L 5 KR 42/04 - juris Rn. 22; LSG Schleswig v. 12.04.2005 - L 5 KR 37/04 - juris Rn. 26; LSG Schleswig v. 21.09.2004 - L 1 KR 58/03 - juris Rn. 31; LSG Schleswig v. 21.09.2004 - L 1 KR 115/03 - in juris Rn. 23. Diese Konsequenzen übersieht *Sieper*, GesR 2005, 62 ff., der die größere Verantwortung der Krankenkassen, die sich aus der Neukonzeption des 3. Senats des BSG ergibt, uneingeschränkt begrüßt. Demgegenüber weist *Noftz*, SGb 2005, 290, 292, auf die beschränkten Erkenntnisquellen der Krankenkassen hin, denen nach der Rechtsprechung des 3. Senats nicht das Recht zur unmittelbaren Einsicht in die Behandlungsunterlagen zusteht (vgl. BSG v. 28.05.2003 - B 3 KR 10/02 R - juris Rn. 14 - SozR 4-2500 § 109 Nr. 1; BSG v. 23.07.2002 - B 3 KR 64/01 R - BSGE 90, 1, 4).

[191] Aus wettbewerbsrechtlichen Gründen kritisch zu der Benennungspflicht *Ulmer*, NZS 2005, 456, 458.

spezifisches Versorgungssystem zu verstehen.[192] Maßgeblich hierfür ist nicht die formelle Erfassung des Versicherten durch die Krankenhausverwaltung, sondern nur, ob der Versicherte sich mit dem Willen des Krankenhauses in diesem aufhält. Daher erfolgt die Aufnahme eines Kindes, das in einem Krankenhaus geboren wird, mit der Vollendung der Geburt.[193] Die Aufnahme in das Krankenhaus bezeichnet nicht nur den Beginn der Krankenhausbehandlung. Vielmehr ist ein Versicherter solange in das Krankenhaus aufgenommen, wie er in dessen Versorgungssystem physisch und organisatorisch eingegliedert ist. Daher verpflichtet § 39 Abs. 1 Satz 2 SGB V das Krankenhaus, die Erforderlichkeit der stationären Behandlung nicht nur bei deren Beginn, sondern während ihrer gesamten Dauer zu prüfen.

78 Die **Prüfungspflicht**, die § 39 Abs. 1 Satz 2 SGB V den Krankenhäusern auferlegt, ist im Zusammenhang mit § 73 Abs. 2 Nr. 7, Abs. 4 SGB V zu sehen. Das Gesetz geht davon aus, dass die stationäre Krankenhausbehandlung im Regelfall vom Vertragsarzt verordnet wird. In Hinblick hierauf stellt § 39 Abs. 1 Satz 2 SGB V klar, dass sich das Krankenhaus auf die Beurteilung des Vertragsarztes nicht verlassen darf, sondern die Erforderlichkeit der stationären Krankenhausbehandlung eigenverantwortlich zu prüfen hat.[194] Dies gilt selbstverständlich auch dann, wenn der stationären Aufnahme keine vertragsärztliche Verordnung vorausgeht. Mit § 39 Abs. 1 Satz 2 SGB V wird eine Pflicht verdeutlicht, die sich bereits aus § 12 Abs. 1 Satz 2 SGB V ergibt, der allen Leistungserbringern untersagt, Leistungen, die nicht notwendig oder unwirtschaftlich sind, zu bewirken (vgl. auch § 2 Abs. 4 SGB V). Die mit dem GSG eingefügte Einschränkung, dass die Aufnahme „nach Prüfung durch das Krankenhaus" erforderlich sein muss, geht jedoch über die allgemeinen Regelungen zur Gewährleistung der Wirtschaftlichkeit hinaus und unterwirft die Krankenhäuser einer besonderen Prüfungspflicht für die typischerweise finanziell aufwendige stationäre Behandlung.[195] Ziel dieser Änderung durch das GSG war es nicht, den Freiraum der Krankenhäuser zu erweitern, sondern im Gegenteil strengeren Voraussetzungen zu unterwerfen.[196]

79 § 39 Abs. 1 Satz 2 SGB V behält die Prüfung der Erforderlichkeit der stationären Krankenhausbehandlung nicht dem Krankenhaus vor. Der Prüfungspflicht des Krankenhauses entspricht **kein ausschließliches Prüfungsrecht**. Vielmehr verbleibt die Entscheidung über die Leistungsbewilligung bei der Krankenkasse.[197] Diese hat nicht nur das alleinige Recht, rechtsverbindlich über den Anspruch des Versicherten auf Krankenhausbehandlung zu entscheiden (vgl. Rn. 100).[198] Vielmehr ändert § 39 Abs. 1 Satz 2 SGB V auch nichts daran, dass die Krankenkasse berechtigt ist, selbständig zu prüfen, ob die Voraussetzungen für die Inanspruchnahme von stationärer Krankenhausbehandlung erfüllt sind (vgl. § 275 Abs. 1 Nr. 1 SGB V). Eine Bindung der Krankenkasse an die vom Krankenhaus getroffenen tatsächlichen Feststellungen lässt sich auch aus § 39 Abs. 1 Satz 2 SGB V nicht herleiten (vgl. Rn. 101).[199]

4. Umfang und Inhalt der Krankenhausbehandlung

80 Der Umfang der Krankenhausbehandlung ergibt sich hinsichtlich ihrer **Dauer** nur indirekt aus dem Gesetz (vgl. Rn. 91 ff.). In **inhaltlicher** Hinsicht wird er in § 39 Abs. 1 Satz 3 SGB V näher umschrieben als eine komplexe medizinische Versorgung (vgl. Rn. 81 ff.), zu der auch gewisse rehabilitative Leistungen zählen (vgl. Rn. 86 ff.). Die Erwähnung des § 28 Abs. 1 SGB V in § 39 Abs. 1 Satz 3 SGB V gibt zum Behandlungsstandard einen Hinweis (vgl. Rn. 83 und Rn. 89 f.).

---

192 BSG v. 09.10.2001 - B 1 KR 15/00 R - SozR 3-2200 § 197 Nr. 2 S. 4 f.; BSG v. 19.02.2002 - B 1 KR 32/00 R - BSGE 89, 167, 169; BSG v. 04.03.2004 - B 3 KR 4/03 R - juris Rn. 19 - BSGE 92, 223; BSG v. 28.02.2007 - B 3 KR 17/06 R - juris Rn. 21 - SGb 2007, 220. So auch BT-Drs. 12/3608, S. 82.

193 BSG v. 11.03.1987 - 8 RK 19/85 - BSGE 61, 197, 202.

194 Siehe nur BSG v. 23.04.1996 - 1 RK 20/95 - BSGE 78, 154, 155; BSG v. 21.08.1996 - 3 RK 2/96 - SozR 3-2500 § 39 Nr. 4 S. 20.

195 Vgl. BT-Drs. 12/3608, S. 81; *Schneider* in: Schulin, Handbuch des Sozialversicherungsrechts, Bd. 1, § 22 Rn. 378; BSG v. 04.04.2006 - B 1 KR 32/04 R - juris Rn. 35 (insoweit nicht in GesR 2006, 472).

196 So zu Recht BSG v. 07.11.2006 - B 1 KR 32/04 R - juris Rn. 34 - GesR 2007, 276-283.

197 So bereits BSG v. 09.06.1998 - B 1 KR 18/96 R - BSGE 82, 158, 161.

198 Insoweit weichen 1. und 3. Senat des BSG nicht voneinander ab (vgl. BSG v. 07.11.2006 - B 1 KR 32/04 R - juris Rn. 34 und 36 - GesR 2007, 276-283; BSG v. 03.08.2006 - B 3 KR 1/06 S - juris Rn. 10 - Sozialrecht aktuell 2006, 215-216).

199 Dahingehend aber BSG v. 03.08.2006 - B 3 KR 1/06 S - juris Rn. 10 - Sozialrecht aktuell 2006, 215-216.

a. Komplexe medizinische Versorgung

Gemäß § 39 Abs. 1 Satz 3 SGB V umfasst die Krankenhausbehandlung **alle Leistungen**, die im Einzelfall nach Art und Schwere der Krankheit **für die medizinische Versorgung** des Versicherten **notwendig** sind. § 39 Abs. 1 Satz 3 HS. 1 SGB V zählt die typischen (Einzel-)Leistungen des Krankenhauses auf: ärztliche Behandlung, Krankenpflege, Versorgung mit Arznei-, Heil- und Hilfsmitteln, Unterkunft und Verpflegung. Wie das Wort „insbesondere" deutlich macht, ist diese Aufzählung nicht abschließend. Weitere, nicht aufgezählte Leistungen müssen aber für die medizinische Versorgung notwendig sein. Dies sind grundsätzlich nur medizinische Leistungen. Dazu gehören aber auch Maßnahmen, die mit den medizinischen Leistungen in einem notwendigen Zusammenhang stehen, wie etwa die Unterkunft und Verpflegung bei einem stationären Aufenthalt (§ 39 Abs. 1 Satz 3 HS. 1 SGB V), die Mitaufnahme einer Begleitperson (§ 11 Abs. 3 SGB V) oder die soziale Betreuung und Beratung der Versicherten (vgl. § 112 Abs. 2 Nr. 4 SGB V). Wie aus § 39 Abs. 1 Satz 3 HS. 2 SGB V hervorgeht, umfasst die stationäre Krankenhausbehandlung auch bestimmte rehabilitative Leistungen (vgl. näher Rn. 86 ff.). 81

Die Krankenhausbehandlung wird nicht durch den isolierten Einsatz einzelner Leistungen gekennzeichnet. Sie stellt vielmehr eine **komplexe medizinische Versorgung** dar, deren Besonderheit gerade in dem integrierten Zusammenwirken verschiedener Einzelleistungen besteht.[200] Die verschiedenen Einzelleistungen werden aber auch im Rechtssinne zu einer untrennbaren Gesamtleistung zusammengefasst. Die Krankenhausbehandlung ist eine einheitliche, komplexe Gesamtleistung, die nicht in die Einzelleistungen, aus denen sie besteht, aufgeteilt werden kann.[201] Aus diesem Grunde sind auf die Krankenhausbehandlung die für Arznei-, Heil- und Hilfsmittel geltenden Festbetrags-, Zuzahlungs- und Ausschlussregelungen nicht anzuwenden.[202] Keine komplexe Gesamtleistung ist jedoch die vor- und nachstationäre Behandlung (vgl. § 115a Abs. 2 Satz 5 SGB V). 82

Wie der Verweis auf § 28 Abs. 1 SGB V deutlich macht, gilt für die **ärztliche Behandlung** im Krankenhaus der gleiche Qualitätsstandard wie im vertragsärztlichen Bereich (zum Behandlungsstandard vgl. Rn. 89 f.). Auch im Krankenhaus haben die behandelnden Ärzte die Regeln der ärztlichen Kunst zu beachten (§ 28 Abs. 1 Satz 1 SGB V). Darüber hinaus haben sie die von ihnen angeordneten Hilfeleistungen anderer Personen zu verantworten (§ 28 Abs. 1 Satz 2 SGB V). Der Gesetzgeber des GRG ist davon ausgegangen, mit § 39 Abs. 1 Satz 3 SGB V deutlich gemacht zu haben, dass der Schwerpunkt der Krankenhausbehandlung im Unterschied zur stationären medizinischen Rehabilitation auf der ärztlichen Behandlung und weniger auf der pflegerischen Versorgung und der Anwendung von Hilfsmitteln liegt.[203] Dies hat jedoch im Normtext des § 39 Abs. 1 Satz 3 SGB V keinen nennenswerten Niederschlag gefunden. Lediglich der Verweis auf den gesamten ersten Absatz des § 28 SGB V deutet in diese Richtung. 83

Mit der Beschränkung auf den **Rahmen des Versorgungsauftrags** (vgl. die Kommentierung zu § 109 SGB V) stellt § 39 Abs. 1 Satz 3 SGB V klar, dass die weit gefasste Umschreibung des Inhalts der Krankenhausbehandlung (alle für die medizinische Versorgung notwendigen Leistungen) nicht den Zulassungsstatus des jeweiligen Krankenhauses erweitert. Dieses darf nur die Einzelleistungen erbringen, für die es zur Versorgung der Versicherten zugelassen ist. Soweit es über medizinische Behandlungsmöglichkeiten, die seinem Versorgungsauftrag entsprechen, nicht verfügt, muss das Krankenhaus die betreffenden Einzelleistungen durch Dritte erbringen lassen.[204] Hiervon gehen § 2 Abs. 2 Satz 2 Nr. 2 KHEntgG und § 2 Abs. 2 Satz 2 Nr. 2 BPflV aus, nach denen zu den allgemeinen Krankenhausleistungen auch die vom Krankenhaus veranlassten Leistungen Dritter gehören. Allerdings sind die vom Krankenhaus veranlassten Leistungen Dritter nur dann Leistungen des Krankenhauses, wenn sie sich im Rahmen seines Versorgungsauftrags bewegen.[205] 84

---

[200] Vgl. BSG v. 22.02.1974 - 3 RK 79/72 - BSGE 37, 130, 133; BSG v. 09.12.1986 - 8 RK 28/85 - SozR 2200 § 205 Nr. 61 S. 167; BSG v. 22.07.2004 - B 3 KR 21/03 R - juris Rn. 18 - BSGE 93, 137; *Noftz* in: Hauck/Noftz, SGB V, K § 39 Rn. 112; *Mrozynski* in: Wannagat, SGB V, § 39 Rn. 36; *Schmidt* in: Peters, Handbuch KV (SGB V), § 39 Rn. 100; *Höfler* in: KassKomm, SGB V, § 39 Rn. 26.

[201] BSG v. 22.07.2004 - B 3 KR 21/03 R - juris Rn. 18 - BSGE 93, 137; *Noftz* in: Hauck/Noftz, SGB V, K § 39 Rn. 112; *Schneider* in: Schulin, Handbuch des Sozialversicherungsrechts, Bd. 1, § 22 Rn. 362.

[202] *Zipperer* in: GKV-Komm, SGB V, § 39 Rn. 16; *Noftz* in: Hauck/Noftz, SGB V, K § 39 Rn. 112.

[203] BT-Drs. 11/2237, S. 177.

[204] *Noftz* in: Hauck/Noftz, SGB V, K § 39 Rn. 113; *Zipperer* in: GKV-Komm, SGB V, § 39 Rn. 14.

[205] Näher dazu *Schulz/Mertens*, MedR 2006, 191, 194. Vgl. auch BSG v. 28.02.2007 - B 3 KR 17/06 R - juris Rn. 23 - SGb 2007, 220.

85 Die Regelung des Umfangs der Krankenhausbehandlung in § 39 Abs. 1 Satz 3 SGB V gilt grundsätzlich **für alle Formen der Krankenhausbehandlung.**[206] Jedoch kommen einzelne Leistungen bei bestimmten Formen der Krankenhausbehandlung nicht in Betracht. So ist die ambulante Krankenhausbehandlung zwar auch eine komplexe medizinische Versorgung; doch kann sie ihrem Wesen nach Unterkunft und Verpflegung nicht mit umfassen.

b. Frührehabilitation

86 **Sinn und Zweck** der Regelung zur Frührehabilitation in § 39 Abs. 1 Satz 3 HS. 2 SGB V ist es nicht, den Krankenhäusern die eigenständige Erbringung von medizinischen Rehabilitationsleistungen zu ermöglichen. Die Regelung dient vielmehr allein dazu, klarzustellen, dass im Rahmen der akutstationären Krankenhausbehandlung die Chancen der medizinischen Rehabilitation konsequent genutzt werden sollen, ohne dass dadurch Rehabilitationsmaßnahmen in Rehabilitationseinrichtungen – insbesondere Anschlussheilbehandlungen (§ 107 Abs. 2 Nr. 1 lit. b SGB V) – ersetzt werden sollen.[207]

87 Das Gesetz spricht in § 39 Abs. 1 Satz 3 HS. 2 SGB V mit Bedacht davon, dass die akutstationäre Behandlung auch Leistungen zur Frührehabilitation umfasst. Damit findet erstmals ausdrücklich im Gesetz die akute Behandlungsbedürftigkeit als dasjenige Merkmal der Krankenhausbehandlung Erwähnung, das diese von der medizinischen Rehabilitation abgrenzt (vgl. Rn. 59). Dieses Abgrenzungsmerkmal wird nicht dadurch aufgegeben und den Krankenhäuser nicht – entgegen § 111 Abs. 6 SGB V – das Gebiet der medizinischen Rehabilitation eröffnet, dass nach § 39 Abs. 1 Satz 3 HS. 2 SGB V die akutstationäre Behandlung auch bestimmte – nämlich frühzeitig einsetzende – medizinische Rehabilitationsmaßnahmen umfasst. Vielmehr ergibt sich aus § 39 Abs. 1 Satz 3 HS. 2 SGB V, dass diese rehabilitativen Leistungen von den Krankenhäusern allein dann erbracht werden dürfen, wenn sie **im Rahmen einer stationären Akutbehandlung** durchgeführt werden. Frührehabilitative Leistungen können von den Krankenhäusern nur als integraler Bestandteil der eigentlichen akutstationären Behandlung erbracht werden. Sollen Leistungen zur Frührehabilitation Gegenstand der Krankenhausbehandlung sein, müssen sie daher innerhalb der für die Akutbehandlung erforderlichen Verweildauer erfolgen; eine Verlängerung der Verweildauer vermögen sie nicht zu rechtfertigen.[208] Ohne akutstationären Behandlungsbedarf dürfen frührehabilitative Leistungen im Krankenhaus nicht durchgeführt werden.[209] Mit dem Erfordernis eines akut-„stationären" Behandlungsbedarfs wird auch deutlich gemacht, dass frührehabilitative Leistungen nicht zum Umfang ambulanter Krankenhausbehandlungen zählen.

88 Hieraus ergibt sich, dass die Frührehabilitation **nicht vollständig den Krankenhäusern zugeordnet** ist. Für die Frührehabilitation sind die Krankenhäuser nur solange zuständig, wie ein akutstationärer Interventionsbedarf besteht. Ist dies nicht oder nicht mehr der Fall, haben auch frühzeitig einsetzende medizinische Rehabilitationsmaßnahmen in Rehabilitationseinrichtungen zu erfolgen.[210]

c. Behandlungsstandard

89 Auch die Krankenhausbehandlung muss den in § 2 Abs. 1 Satz 3 SGB V für die gesamte Krankenversicherung festgelegten Qualitätskriterien genügen.[211] Danach müssen Qualität und Wirksamkeit der Leistungen dem **allgemein anerkannten Stand der medizinischen Erkenntnisse** entsprechen. In entsprechender Weise legt § 28 Abs. 1 SGB V, auf den § 39 Abs. 1 Satz 3 SGB V ausdrücklich Bezug nimmt, für die ärztliche Behandlung fest, dass diese nach den Regeln der ärztlichen Kunst durchzuführen ist. Eine Behandlung entspricht dann dem allgemein anerkannten Stand der medizinischen Erkenntnisse, wenn über ihre Wirksamkeit und Zweckmäßigkeit in den einschlägigen medizinischen Fachkreisen Konsens besteht.[212] Dies setzt im Regelfall voraus, dass über Qualität und Wirksamkeit der Behandlung zuverlässige, wissenschaftlich nachprüfbare Aussagen gemacht werden können (näher dazu vgl. die Kommentierung zu § 2 SGB V). Die Berücksichtigung des **medizinischen Fortschritts**, die

---

[206] *Noftz* in: Hauck/Noftz, SGB V, K § 39 Rn. 110.
[207] BT-Drs. 14/5074, S. 117.
[208] Vgl. BT-Drs. 14/5074, S. 117 f.
[209] *Fuchs*, SozSich 2005, 168, 172.
[210] *Fuchs*, SozSich 2005, 168, 171.
[211] BSG v. 22.07.2004 - B 3 KR 21/03 R - juris Rn. 10 - BSGE 93, 137; BSG v. 19.02.2003 - B 1 KR 1/02 R - BSGE 90, 289, 291; BSG v. 19.02.2002 - B 1 KR 16/00 R - SozR 3-2500 § 92 Nr. 12 S. 71 f.; BSG v. 19.11.1997 - 3 RK 6/96 - BSGE 81, 182, 187 f.
[212] BSG v. 13.12.2005 - B 1 KR 21/04 R - juris Rn. 22, 29 - SozR 4-2500 § 18 Nr. 5; BSG v. 19.02.2002 - B 1 KR 16/00 R - SozR 3-2500 § 92 Nr. 12 S. 71 f.; BSG v. 16.06.1999 - B 1 KR 4/98 R - BSGE 84, 90, 96.

§ 2 Abs. 1 Satz 3 SGB V vorschreibt, bedeutet nicht, dass auch Anspruch auf solche Behandlungen besteht, deren Wirksamkeit und Zweckmäßigkeit noch erforscht wird, über die somit noch keine gesicherten medizinischen Erkenntnisse vorliegen. Vielmehr wird damit nur klargestellt, dass die Versicherten grundsätzlich Anspruch auf diejenige Behandlung haben, die dem neuesten Stand der medizinischen Erkenntnisse entspricht.[213] Grundlagenforschung und klinische Studien dürfen daher grundsätzlich nicht zulasten der gesetzlichen Krankenversicherung durchgeführt werden.[214] Von diesem Grundsatz macht allerdings § 137c Abs. 2 Satz 2 HS. 2 SGB V für den Krankenhausbereich eine Ausnahme.[215]

Die **Prüfung und Entscheidung** darüber, ob eine im Krankenhaus angewandte Untersuchungs- oder Behandlungsmethode nach dem allgemein anerkannten Stand der medizinischen Erkenntnisse als wirksam und zweckmäßig einzuschätzen ist und damit dem geforderten Versorgungsstandard entspricht, obliegt gemäß § 137c SGB V dem **Gemeinsamen Bundesausschuss**. Demnach ist die Frage des medizinischen Nutzens und der wissenschaftlichen Akzeptanz von Untersuchungs- und Behandlungsmethoden auch im Krankenhausbereich durch einen sachverständigen Ausschuss abschließend und verbindlich zu klären und nicht von Fall zu Fall einer Entscheidung durch die Krankenkasse oder das Gericht zu überlassen.[216] Insoweit gleicht die Rechtslage derjenigen in der ambulanten vertragsärztlichen Versorgung (vgl. § 135 SGB V). Ein Unterschied besteht allerdings insoweit, als das Gesetz im Krankenhausbereich auf einen Erlaubnisvorbehalt für neue Untersuchungs- und Behandlungsmethoden verzichtet. Das Fehlen eines Erlaubnisvorbehalts in § 137c SGB V hat zur Folge, dass im Krankenhaus grundsätzlich auch neuartige Verfahren keiner vorherigen Zulassung bedürfen, sondern zulasten der Krankenversicherung angewendet werden können, solange der Gemeinsame Bundesausschuss sie nicht ausgeschlossen hat.[217] Der sachliche Grund für diese unterschiedliche rechtliche Behandlung besteht darin, dass der Gesetzgeber die Gefahr des Einsatzes zweifelhafter oder unwirksamer Maßnahmen wegen der internen Kontrollmechanismen und der anderen Vergütungsstrukturen im Krankenhausbereich geringer eingestuft hat als bei der Behandlung durch einzelne niedergelassene Ärzte.[218] Zu den weiteren Einzelheiten wird auf die Kommentierung zu § 137c SGB V verwiesen. 90

d. Dauer

Der Anspruch auf Krankenhausbehandlung ist **zeitlich unbegrenzt**. Anders als in § 184 Abs. 1 RVO ist dies in § 39 SGB V nicht mehr ausdrücklich geregelt. Die Regelung in der RVO war nur historisch verständlich, weil die Krankenhauspflege – wie die Krankenhausbehandlung in der RVO noch hieß – ursprünglich eine zeitlich befristete Leistung war.[219] Diese Regelung ist vom GRG nicht in den § 39 SGB V übernommen worden, weil sie entbehrlich erschien. 91

Nach dem Recht des SGB V kann Krankenhausbehandlung solange beansprucht werden, wie ihre materiell-rechtlichen Voraussetzungen vorliegen. Dabei ist **ausschlaggebend** für die Dauer des Anspruchs die **medizinische Notwendigkeit** der Krankenhausbehandlung.[220] Diese ist dann nicht mehr gegeben, wenn das Behandlungsziel erreicht wurde oder wenn sich herausstellt, dass das Behandlungsziel nicht mehr oder auf eine vorrangige andere Weise erreicht werden kann.[221] Damit ist selbst ein langjähriger stationärer Krankenhausaufenthalt von der Krankenkasse zu gewähren, solange eine Krankenbehandlung notwendig ist und gleichgeeignete, aber weniger kostenaufwendige Behandlungsalternativen nicht zur Verfügung stehen.[222] 92

---

[213] BSG v. 19.11.1997 - 3 RK 6/96 - BSGE 81, 182, 187.

[214] BSG v. 22.07.2004 - B 3 KR 21/03 R - juris Rn. 11 - BSGE 93, 137.

[215] BSG v. 22.07.2004 - B 3 KR 21/03 R - juris Rn. 16 ff. - BSGE 93, 137, wonach sich diese Ausnahme aber auf die Anwendung von Untersuchungs- und Behandlungsmethoden beschränkt und nicht auch für klinische Studien mit noch nicht zugelassenen Arzneimitteln gilt (kritisch dazu *Fuhrmann/Zimmermann*, NZS 2005, 352 ff.).

[216] BSG v. 19.02.2003 - B 1 KR 1/02 R - juris Rn. 10 ff. - BSGE 90, 289.

[217] BSG v. 19.02.2003 - B 1 KR 1/02 R - juris Rn. 13 - BSGE 90, 289.

[218] BSG v. 04.04.2006 - B 1 KR 12/05 R - juris Rn. 25 - SozR 4-2500 § 27 Nr. 8; BSG v. 19.02.2003 - B 1 KR 1/02 R - juris Rn. 13 - BSGE 90, 289.

[219] Zur Rechtsentwicklung siehe nur BSG v. 17.08.1982 - 3 RK 73/79 - SozR 5435 Allg. Nr. 2 S. 7; *Schmidt* in: Peters, Handbuch KV (SGB V), § 39 Rn. 204 f.

[220] *Schmidt* in: Peters, Handbuch KV (SGB V), § 39 Rn. 207.

[221] BSG v. 23.03.1988 - 3 RK 9/87 - BSGE 63, 107, 111.

[222] BSG v. 07.07.2005 - B 3 KR 40/04 R - GesR 2005, 558, 560.

93 Wie lange die Krankenhausbehandlung medizinisch notwendig ist, ist anhand der **Umstände des konkreten Einzelfalls** zu beurteilen. Die somit gebotene konkrete Betrachtungsweise schließt allerdings nicht den Rückgriff auf allgemeine Erkenntnisse aus, insbesondere auf **Erfahrungswerte über** die **Verweildauer** bei bestimmten Krankheitsbildern. Ob eine Vermutung für die Notwendigkeit der Behandlung spricht, wenn sich die Verweildauer im Krankenhaus im Rahmen solcher Erfahrungswerte hält,[223] hängt von der Validität der Erfahrungswerte ab. In intertemporaler Hinsicht wird diese erheblich dadurch in Frage gestellt, dass nach Einführung von Fallpauschalen ein drastischer Rückgang der Verweildauer zu beobachten war.[224] Auch die vom BSG in einer Entscheidung vertretene Auffassung, der erste Anschein der Notwendigkeit der Dauer einer Krankenhausbehandlung könne nicht dadurch erschüttert werden, dass auf eine statistisch festgestellte allgemeine Überschreitung der durchschnittlichen Verweildauer verwiesen werde,[225] beruht offenbar auf Zweifeln an der Validität der konkret ins Feld geführten statistischen Daten.[226]

V. Verfahrensrechtliche Fragen

94 Die Inanspruchnahme von Krankenhausbehandlung wirft gewisse verfahrensrechtliche Fragen auf, die einerseits auf der Natur dieser Leistung beruhen und andererseits in der lediglich rahmenartigen Ausgestaltung des Anspruchs auf sie wurzeln. Zwar sieht das Gesetz vor, dass auch über den Anspruch auf Krankenhausbehandlung in einem durch einen Leistungsantrag (vgl. Rn. 95 ff.) eingeleiteten Verwaltungsverfahren entschieden wird (vgl. Rn. 98 ff.). Die **Natur der** von den Krankenhäusern zu erbringenden **Leistungen** und die Situationen, in denen sie zu erbringen sind, erfordern aber gewisse Ausnahmen von diesen allgemeinen verfahrensrechtlichen Anforderungen. Weitere Besonderheiten ergeben sich aus dem Umstand, dass der Anspruch auf Krankenhausbehandlung im Gesetz – wie überhaupt der Anspruch auf Krankenbehandlung – als **Rahmenrecht** ausgestaltet ist.[227] Nur in den seltenen Fällen, in denen eine einzige Maßnahme eine reale Chance zur Erreichung des Behandlungsziels bietet, verdichtet sich das Rahmenrecht zum echten Anspruch.[228] Im Regelfall bedarf es dagegen weiterer Konkretisierungsschritte, bis sich aus dem Rahmenrecht herleiten lässt, auf welche Behandlungsmaßnahme der Versicherte einen Anspruch hat.[229] Die Konkretisierung erfolgt nicht allein und nicht einmal vorrangig durch Verwaltungsakte der Krankenkassen, sondern in erster Linie durch andere rechtliche und tatsächliche Handlungen, wozu vor allem die Behandlungsentscheidungen der Leistungserbringer zählen. Dies wirft die Frage nach deren rechtlicher Bedeutung auf (vgl. Rn. 101).

1. Leistungsantrag

95 Die Krankenhausbehandlung erfordert als Leistung der gesetzlichen Krankenversicherung grundsätzlich einen Antrag des Versicherten (vgl. § 19 Satz 1 SGB IV). Dieser Leistungsantrag hat allerdings nur **verfahrensrechtliche** Bedeutung. D.h. Krankenhausbehandlung wird nicht von Amts wegen, sondern nur auf Antrag gewährt. Dagegen ist der Leistungsantrag **nicht materiell-rechtliche** Anspruchsvoraussetzung. D.h. der Krankenhausbehandlungsanspruch entsteht nicht erst mit der Antragstellung, sondern kann bereits vorher entstanden sein (vgl. § 40 Abs. 1 SGB I). Folglich müsste auch eine rückwirkende Leistungsgewährung möglich sein. Dem steht jedoch das Naturalleistungsprinzip (§ 2 Abs. 2 SGB V) entgegen. Denn rein tatsächlich können Sach- und Dienstleistungen nicht für die Vergangen-

---

223 So BSG v. 21.11.1991 - 3 RK 32/89 - BSGE 70, 20, 24; *Schmidt* in: Peters, Handbuch KV (SGB V), § 39 Rn. 208;

224 Vgl. *Mrozynski* in: Wannagat, SGB V, § 39 Rn. 12.

225 BSG v. 13.12.2001 - B 3 KR 11/01 R - BSGE 89, 104, 108. Näher zu dem in dieser Entscheidung angenommenen Anscheinsbeweis vgl. Rn. 107.

226 So hat das BSG darauf hingewiesen, dass nicht eine Standardbehandlung streitig war, für die es allgemeine Erfahrungswerte über die erforderliche Behandlungsdauer geben könnte (BSG v. 13.12.2001 - B 3 KR 11/01 R - BSGE 89, 104, 107).

227 BSG v. 09.06.1998 - B 1 KR 18/96 R - BSGE 82, 158, 161 f.; BSG v. 23.10.1996 - 4 RK 2/96 - BSGE 79, 190, 192; BSG v. 21.08.1996 - 3 RK 2/96 - SozR 3-2500 § 39 Nr. 4 S. 19; BSG v. 23.04.1996 - 1 RK 20/95 - BSGE 78, 154, 155 f. Siehe auch BSG v. 16.09.1997 - 1 RK 28/95 - BSGE 81, 54, 60 f.; BSG v. 16.09.1997 - 1 RK 32/95 - BSGE 81, 73, 78 f.; BSG v. 20.03.1996 - 6 RKa 62/94 - BSGE 78, 70, 85 f.; BSG v. 16.12.1993 - 4 RK 5/92 - BSGE 73, 271, 278 ff. Näher dazu *Steege* in: Festschrift 50 Jahre BSG, 2004, S. 517 ff.

228 BSG v. 20.03.1996 - 6 RKa 62/94 - BSGE 78, 70, 85 f.

229 BSG v. 16.12.1993 - 4 RK 5/92 - BSGE 73, 271, 279.

heit erbracht werden.[230] Für die Vergangenheit kommt lediglich die Erstattung der Kosten für eine selbst beschaffte Krankenhausbehandlung in Betracht, sofern die dafür geltenden Voraussetzungen (§ 13 Abs. 3 SGB V) erfüllt sind.

96 Auch wenn dem Leistungsantrag bei der Krankenhausbehandlung somit eine Bedeutung zukommt, die derjenigen einer materiell-rechtlichen Anspruchsvoraussetzung vergleichbar ist,[231] so stellt die Rechtsprechung an ihn doch **keine** besonders **hohen Anforderungen**:

- Zum einen hindert eine geringfügig **verspätete** Antragstellung die Kostenübernahme durch die Krankenkasse nicht. Dies gilt nicht nur in Notfällen. Auch in sonstigen Fällen, in denen sich der Leistungsantrag aus zeitlichen oder anderen triftigen Gründen verzögert hat, kann es der Krankenkasse verwehrt sein, sich auf die Säumnis zu berufen.[232]
- Zum andern ist keine besondere **Form** zu beachten. Die Krankenhausbehandlung muss nicht vom Versicherten ausdrücklich beantragt werden. Es genügt schlüssiges Verhalten. So wird in der Weiterleitung der ärztlichen Verordnung an die Krankenkasse regelmäßig ein Leistungsantrag zu sehen sein.[233] Auch ist es nicht zwingend, dass der Leistungsantrag durch den Versicherten selbst gestellt wird. Vielmehr ist es denkbar, dass das an die Krankenkasse gerichtete Ersuchen des Krankenhauses um Kostenübernahme als Leistungsantrag der Versicherten gewertet wird.[234]

97 In der **Praxis** spielt der Leistungsantrag keine große Rolle. Ein Leistungsantrag bei der Krankenkasse ist entbehrlich, wenn der Versicherte Krankenhausbehandlung innerhalb des Naturalleistungssystems, d.h. durch ein zugelassenes Krankenhaus (§ 108 SGB V), in Anspruch nimmt. Dann ist der Anspruch des Versicherten erfüllt und etwaige Streitigkeiten über die Erbringung und Vergütung der Leistung sind zwischen Krankenkasse und Krankenhaus auszutragen. Für den im Grundsatz erforderlichen Leistungsantrag genügt bei der Inanspruchnahme der Krankenhausbehandlung als Naturalleistung die Einhaltung des hierfür vorgesehenen Beschaffungswegs. Von Versicherten, die diesen Beschaffungsweg einhalten, kann eine zusätzliche Antragstellung gegenüber der Krankenkasse nicht erwartet werden.[235]

2. Leistungsbewilligung und unmittelbare Inanspruchnahme

98 Wie § 12 Abs. 1 Satz 2 SGB V zeigt, bedarf die Gewährung von Leistungen der gesetzlichen Krankenversicherung im **Grundsatz** der **vorherigen Bewilligung** durch die Krankenkasse.[236] Dies schließt die Verpflichtung zur Durchführung eines Verwaltungsverfahrens mit ein. Das Ergebnis der vorherigen Prüfung der Behandlungsnotwendigkeit muss dem Versicherten in der Form des Verwaltungsakts mitgeteilt werden.

99 Dieser Grundsatz gilt zwar auch für die Krankenhausbehandlung. Dennoch setzt diese nicht zwingend eine Bewilligung der Krankenkasse voraus.[237] Denn die vorherige Entscheidung der Krankenkasse über den Leistungsanspruch wird nur bei zeitlich planbaren Krankenhausbehandlungen möglich sein.[238] Dagegen scheidet in Notfällen und bei anderen akuten Krankheitszuständen, die einen Aufschub nicht dulden, aus Sachgründen eine vorherige Prüfung der Anspruchsvoraussetzungen durch die Krankenkasse von vornherein aus.[239] In diesen Fällen kann der Versicherte die Krankenhausbehand-

---

[230] BSG v. 09.06.1998 - B 1 KR 18/96 R - BSGE 82, 158, 160.

[231] So ausdrücklich BSG v. 09.06.1998 - B 1 KR 18/96 R - BSGE 82, 158, 160.

[232] BSG v. 09.06.1998 - B 1 KR 18/96 R - BSGE 82, 158, 160; *Höfler* in: KassKomm, SGB V, § 39 Rn. 38.

[233] *Schmidt* in: Peters, Handbuch KV (SGB V), § 39 Rn. 293; *Höfler* in: KassKomm, SGB V, § 39 Rn. 39; *Wagner* in: Krauskopf, SGB V, § 39 Rn. 9; *Mrozynski* in: Wannagat, SGB V, § 39 Rn. 6.

[234] BSG v. 24.11.1987 - 3 RK 7/87 - USK 87136. Anders aber BSG v. 11.10.1979 - 3 RK 72/78 - USK 79162. Zum Ganzen siehe auch *Höfler* in: KassKomm, SGB V, § 39 Rn. 39.

[235] *Wagner* in: Krauskopf, SGB V, § 39 Rn. 9.

[236] BSG v. 17.02.2004 - B 1 KR 4/02 R - juris Rn. 16 - SozR 4-1200 § 66 Nr. 1.

[237] BSG v. 23.03.1988 - 3 RK 9/87 - BSGE 63, 107, 108.

[238] Aus diesem Grunde ist auf dem Vordruck „Verordnung von Krankenhausbehandlung" (Muster 2 der Vordruckvereinbarung = Anlage 2 zum BMV-Ä bzw. EKV-Ä) der Genehmigungsvorbehalt zugunsten der Krankenkasse vermerkt, auf den der Vertragsarzt den Versicherten bei Aushändigung der Verordnung hinweisen soll (Ziffer 5 der Erläuterungen zur Vordruckvereinbarung).

[239] Vgl. BSG v. 17.02.2004 - B 1 KR 4/02 R - juris Rn. 16 - SozR 4-1200 § 66 Nr. 1. Dagegen beruht der Verzicht auf vorherige Bewilligungen in der ambulanten vertragsärztlichen Versorgung eher auf der großen Zahl der Behandlungsfälle und damit auf Praktikabilitätserwägungen (vgl. BSG v. 09.06.1998 - B 1 KR 18/96 R - BSGE 82, 158, 162).

lung **ausnahmsweise** auch ohne vorherige Bewilligung **unmittelbar in Anspruch** nehmen. Die Inanspruchnahme von Krankenhausbehandlung setzt also nicht notwendig einen Verwaltungsakt voraus, schließt diesen aber auch nicht aus.[240]

100 Die Bewilligung der Krankenhausbehandlung obliegt **allein** der **Krankenkasse.**[241] Deren Leistungspflicht wird weder durch die vertragsärztliche Verordnung (§ 73 Abs. 2 Nr. 7, Abs. 4 SGB V) noch durch die Aufnahmeentscheidung des zugelassenen Krankenhauses (§ 39 Abs. 1 Satz 2 SGB V) begründet.[242] Weder der Vertragsarzt noch der Krankenhausarzt ist befugt, Rechtsentscheidungen über das Bestehen oder Nichtbestehen von Leistungsansprüchen zu treffen oder gar hierüber Verwaltungsakte zu erlassen.[243] Vielmehr hat allein die Krankenkasse darüber zu befinden, ob dem Versicherten ein bestimmter Anspruch auf Krankenbehandlung zusteht oder nicht.[244] Dass dies dem Leitbild des Gesetzes entspricht, zeigt § 275 Abs. 1 Nr. 1 SGB V. Die Entscheidungsgewalt darüber, ob stationäre Krankenhausbehandlung erforderlich ist, liegt demnach allein bei der Krankenkasse.[245]

101 Etwas anderes ergibt sich auch nicht aus der Schlüsselstellung, die den Krankenhausärzten[246] wie den Vertragsärzten[247] bei der **Konkretisierung von Leistungsansprüchen** der Versicherten zugebilligt wird. Zwar sind die in das System der gesetzlichen Krankenversicherung einbezogenen ärztlichen Leistungserbringer berechtigt, mit der Planung und Durchführung der erforderlichen Behandlungsmaßnahmen den vom Gesetz als Rahmenrecht ausgestalteten Leistungsanspruch des Versicherten in fachlich-medizinischer Hinsicht zu konkretisieren.[248] Die Krankenkasse hat für diese Behandlung selbst dann einzustehen, wenn der Vertrags- oder Krankenhausarzt bei der Konkretisierung den vom geltenden Recht gezogenen Rahmen überschreitet. Dies rührt indessen weder daher, dass der Arzt Rechtsentscheidungen zu treffen und dem Versicherten Leistungen zu bewilligen hätte,[249] noch beruht es darauf, dass die Krankenkasse an die tatsächlichen Feststellungen der ärztlichen Leistungserbringer gebunden wäre.[250] Vielmehr folgt die Einstandspflicht der Krankenkasse für rechtswidrige Behandlungsentscheidungen des Vertrags- oder Krankenhausarztes daraus, dass der **Versicherte grundsätzlich** auf die Rechtmäßigkeit der Leistungserbringung **vertrauen** darf; sein Vertrauen ist nur dann nicht

---

240 BSG v. 23.04.1996 - 1 RK 20/95 - BSGE 78, 154, 158; BSG v. 12.10.1988 - 3/8 RK 19/86 - USK 8888 (insoweit nicht in SozR 1500 § 75 Nr. 71); BSG v. 23.03.1988 - 3 RK 9/87 - BSGE 63, 107, 108.

241 BSG v. 09.06.1998 - B 1 KR 18/96 R - BSGE 82, 158, 161; BSG v. 11.10.1988 - 3/8 RK 20/87 - NJW 1989, 2350, 2351; *Steege* in: Festschrift 50 Jahre BSG, 2004, S. 517, 519 ff.

242 BSG v. 09.06.1998 - B 1 KR 18/96 R - BSGE 82, 158, 161.

243 BSG v. 08.11.2005 - B 1 KR 18/04 R - juris Rn. 28 - SozR 4-2500 § 44 Nr. 7; BSG v. 08.11.2005 - B 1 KR 30/04 R - juris Rn. 25 - BSGE 95, 219; BSG v. 09.06.1998 - B 1 KR 18/96 R - BSGE 82, 158, 161. In dieser Richtung auch BSG v. 23.10.1996 - 4 RK 2/96 - BSGE 79, 190, 194, wenn dort den ärztlichen Leistungserbringern die Kompetenz abgesprochen wird, dem Versicherten ein Recht auf objektiv ungerechtfertigte Leistungen zuzuerkennen. Anderer Ansicht offenbar BSG v. 21.08.1996 - 3 RK 2/96 - SozR 3-2500 § 39 Nr. 4 S. 21, wenn dort in einem obiter dictum davon die Rede ist, dass die Krankenkasse die durch den Krankenhausarzt mit der Konkretisierung erfolgte rechtswidrige Leistungsbewilligung gegenüber dem Versicherten nach § 45 SGB X zurücknehmen muss.

244 BSG v. 09.10.2001 - B 1 KR 26/99 R - BSGE 89, 34, 39; BSG v. 09.06.1998 - B 1 KR 18/96 R - BSGE 82, 158, 161; BSG v. 18.05.1989 - 6 RKa 10/88 - BSGE 65, 94, 97; BSG v. 11.10.1988 - 3/8 RK 20/87 - NJW 1989, 2350, 2351; *Steege* in: Festschrift 50 Jahre BSG, 2004, S. 517, 521 und 524.

245 Insoweit besteht Übereinstimmung zwischen dem 1. Senat (BSG v. 07.11.2006 - B 1 KR 32/04 R - juris Rn. 45 - GesR 2007, 276-283) und dem 3. Senat (BSG v. 03.08.2006 - B 3 KR 1/06 S - juris Rn. 10 - Sozialrecht aktuell 2006, 215-216).

246 BSG v. 21.08.1996 - 3 RK 2/96 - SozR 3-2500 § 39 Nr. 4 S. 20; BSG v. 24.09.2003 - B 8 KN 2/02 KR R - juris Rn. 15 - SozR 4-5565 § 14 Nr. 4. Siehe auch *Pilz*, NZS 2003, 350 ff.

247 BSG v. 27.06.2001 - B 6 KA 66/00 R - SozR 3-2500 § 106 Nr. 53 S. 295; BSG v. 06.09.2000 - B 6 KA 46/99 R - SozR 3-2500 § 106 Nr. 51 S. 274; BSG v. 17.01.1996 - 3 RK 26/94 - BSGE 77, 194, 209; BSG v. 30.11.1994 - 6 RKa 14/93 - BSGE 75, 220, 222 f.; BSG v. 16.12.1993 - 4 RK 5/92 - BSGE 73, 271, 283.

248 BSG v. 16.12.1993 - 4 RK 5/92 - BSGE 73, 271, 278 ff.; BSG v. 23.04.1996 - 1 RK 20/95 - BSGE 78, 154, 155 f.; BSG v. 21.08.1996 - 3 RK 2/96 - SozR 3-2500 § 39 Nr. 4 S. 19 f.; BSG v. 09.06.1998 - B 1 KR 18/96 R - BSGE 82, 158, 161; BSG v. 17.05.2000 - B 3 KR 33/99 R - BSGE 86, 166, 169.

249 So aber in einem obiter dictum BSG v. 21.08.1996 - 3 RK 2/96 - SozR 3-2500 § 39 Nr. 4 S. 21.

250 Vgl. BSG v. 08.11.2005 - B 1 KR 18/04 R - juris Rn. 28 - SozR 4-2500 § 44 Nr. 7; BSG v. 08.11.2005 - B 1 KR 30/04 R - juris Rn. 25 - BSGE 95, 219. Auch in BSG v. 23.10.1996 - 4 RK 2/96 - BSGE 79, 190, 194; BSG v. 16.12.1993 - 4 RK 5/92 - BSGE 73, 271, 282 wurde nur von einer Bindung an die medizinische Erkenntnis des „ordnungsgemäß“ handelnden Vertragsarztes ausgegangen.

schutzwürdig, wenn er wusste oder wissen musste, dass die Voraussetzungen für die veranlasste oder durchgeführte Behandlung nicht vorliegen.[251] Damit ist die ärztliche Behandlungsentscheidung, soweit mit ihr festgelegt wird, für welche Behandlung die Krankenkasse einzustehen hat, durchaus von rechtlicher Bedeutung. Doch ist diese nicht mit derjenigen eines Bewilligungsbescheides vergleichbar. So muss die Krankenkasse, um das Vertrauen des Versicherten zu zerstören, diesem ihre Einwendungen gegen die weitere Konkretisierung des Leistungsanspruchs durch den Krankenhausarzt mitteilen oder mitteilen lassen,[252] ohne dass es hierfür eines Verwaltungsaktes bedarf.[253] Hierdurch kann nur verhindert werden, dass künftig eine Leistungspflicht gegenüber dem Versicherten entsteht; nachträgliche Einwendungen gegen ihre Leistungspflicht kann die Krankenkasse dagegen – außer im Fall des Missbrauchs durch den Versicherten – nur gegenüber dem Krankenhaus geltend machen.[254]

Trifft die Krankenkasse eine Entscheidung über die Bewilligung von Krankenhausbehandlung, so hat diese **gegenüber** dem **Versicherten**, nicht aber gegenüber dem Krankenhaus zu ergehen. Denn nur der Versicherte ist Inhaber des Leistungsanspruchs. Eine dem Krankenhausträger erteilte **Kostenzusage** (vgl. die Kommentierung zu § 109 SGB V) stellt keine – auch keine konkludente – Leistungsbewilligung gegenüber dem Versicherten dar.[255] Zwar ist das Bestehen eines Leistungsanspruchs Voraussetzung für die Abgabe einer Kostenübernahmeerklärung gegenüber dem Krankenhausträger. Doch ist der Anspruch des Krankenhausträgers auf Zahlung der Behandlungskosten nicht identisch mit dem Anspruch des Versicherten auf Krankenhausbehandlung.[256] Darüber hinaus hat die Kostenübernahmeerklärung nur die Funktion, im Verhältnis zum Krankenhaus klarzustellen, dass die Krankenkasse – bis zu einem eventuell genannten Termin – Bedenken gegen das Rahmenrecht und dessen Konkretisierung durch das Krankenhaus nicht erheben wird.[257] Ein solcher ausdrücklicher Einwendungsverzicht stellt aber seinem Sinn und Zweck nach keine Bewilligungsentscheidung dar.[258] 102

Selbst wenn die Krankenkasse über den Leistungsanspruch im Verhältnis zum Versicherten durch Verwaltungsakt entschieden hat, entfaltet dieser nur eine **eingeschränkte Bindungswirkung**. Denn derartige Entscheidungen stehen unter dem (stillschweigenden) gesetzlichen Vorbehalt des jederzeitigen Widerrufs mit Wirkung für die Zukunft, weil der Anspruch auf Krankenhausbehandlung von dem Grundsatz geprägt ist, dass die Behandlungsmaßnahmen dem jeweiligen Bedarf anzupassen und daher stets abhängig von den aktuellen Verhältnissen, von dem gegenwärtigen Krankheitszustand sowie den gegenwärtigen Behandlungsmöglichkeiten sind.[259] Weil die Festlegung in einem Bewilligungsbescheid nicht über den jeweiligen (konkreten) Behandlungsbedarf hinaus in die Zukunft reicht, kann eine dennoch (abstrakt) erklärte Leistungszusage jederzeit – und zwar unabhängig von einer rechtlichen oder tatsächlichen Änderung – widerrufen werden.[260] Dies ist allerdings keine Besonderheit der Krankenhausbehandlung. Bereits der Anspruch auf Krankenbehandlung sträubt sich aufgrund seiner Bedarfsorientierung gegen verbindliche Festlegungen.[261] 103

---

[251] BSG v. 09.10.2001 - B 1 KR 26/99 R - BSGE 89, 34, 39; BSG v. 09.06.1998 - B 1 KR 18/96 R - BSGE 82, 158, 161 ff.; BSG v. 23.10.1996 - 4 RK 2/96 - BSGE 79, 190, 194 f.; BSG v. 23.04.1996 - 1 RK 20/95 - BSGE 78, 154, 156. Siehe auch BSG v. 24.09.1996 - 1 RK 26/95 - SozR 3-2500 § 30 Nr. 8 S. 33 f.

[252] BSG v. 23.04.1996 - 1 RK 20/95 - BSGE 78, 154, 156.

[253] So aber BSG v. 13.05.2004 - B 3 KR 18/03 R - juris Rn. 20 - BSGE 92, 300, das dies aus dem – abzulehnenden – Erfordernis des Aufzeigens einer konkreten Behandlungsalternative ableitet (vgl. hierzu Rn. 74 ff.).

[254] BSG v. 23.04.1996 - 1 RK 20/95 - BSGE 78, 154, 155 f.

[255] BSG v. 23.04.1996 - 1 RK 20/95 - BSGE 78, 154, 158 f.; BSG v. 09.12.1987 - 8 RK 10/87 - SozR 2200 § 184 Nr. 30 S. 47 f. Anders noch BSG v. 20.01.1982 - 8/8a RK 13/80 - SGb 1984, 21, 22 (insoweit nicht in BSGE 53, 62).

[256] BSG v. 09.12.1987 - 8 RK 10/87 - SozR 2200 § 184 Nr. 30 S. 47; BSG v. 20.01.1982 - 8/8a RK 13/80 - BSGE 53, 62, 64.

[257] BSG v. 23.04.1996 - 1 RK 20/95 - BSGE 78, 154, 159. In BSG v. 17.05.2000 - B 3 KR 33/99 R - BSGE 86, 166, 170; BSG v. 13.12.2001 - B 3 KR 11/01 R - BSGE 89, 104, 106; BSG v. 28.05.2003 - B 3 KR 10/02 R - juris Rn. 10 - SozR 4-2500 § 109 Nr. 1; BSG v. 12.11.2003 - B 3 KR 1/03 R - juris Rn. 9 - SozR 4-2500 § 112 Nr. 2 wird der Einwendungsausschluss damit begründet, dass mit der (vorbehaltslosen) Kostenzusage ein deklaratorisches Schuldanerkenntnis abgegeben wird, das darüber hinaus auch zu einer Beweislastumkehr führen kann.

[258] BSG v. 23.04.1996 - 1 RK 20/95 - BSGE 78, 154, 159.

[259] BSG v. 23.03.1988 - 3 RK 9/87 - BSGE 63, 107, 109 ff.; BSG v. 23.04.1996 - 1 RK 20/95 - BSGE 78, 154, 158. Vgl. auch BSG v. 20.11.1996 - 3 RK 5/96 - BSGE 79, 261, 268.

[260] BSG v. 23.04.1996 - 1 RK 20/95 - BSGE 78, 154, 158.

[261] Vgl. BSG v. 16.11.1999 - B 1 KR 9/97 R - BSGE 85, 132, 133 ff.

3. Gerichtliche Kontrolldichte und ärztliche Einschätzungsprärogative

104 Das Gesetz räumt den Versicherten einen Rechtsanspruch auf Krankenhausbehandlung ein (vgl. § 27 Abs. 1 Sätze 1 und 2 Nr. 5 SGB V).[262] Damit müsste es **in vollem Umfang gerichtlich überprüfbar** sein, ob die Voraussetzungen für die Gewährung von Krankenhausbehandlung vorliegen. Dem steht allerdings die rahmenartige Ausgestaltung des Anspruchs auf Krankenhausbehandlung entgegen (vgl. Rn. 94). Denn begründet das Gesetz mit den Vorschriften über die Krankenbehandlung keine unmittelbar durchsetzbaren Einzelansprüche, sondern stellt lediglich einen Anspruchsrahmen zur Verfügung, der durch weitere Konkretisierungsschritte ausgefüllt werden muss,[263] so führt dies zwangsläufig zu Einschränkungen der gerichtlichen Kontrolldichte.[264] Dies betrifft gerade die Behandlungsentscheidung des an der Versorgung der Versicherten teilnehmenden Arztes. Dieser ist befugt, innerhalb des gesetzlichen Rahmens mit Einverständnis des Versicherten Art und Umfang der Behandlung in medizinischer Hinsicht eigenverantwortlich festzulegen und damit die Leistungspflicht der Krankenkasse für diese verbindlich zu konkretisieren.[265] Eine Fehlentscheidung liegt nur dann vor, wenn der Arzt den gesetzlichen Rahmen – wozu insbesondere die Regeln der ärztlichen Kunst (§ 28 Abs. 1 Satz 1 SGB V) zählen – überschreitet.

105 Der **3. Senat** des BSG geht in seiner Rechtsprechung davon aus, dass die Entscheidung des Krankenhausarztes, eine stationäre Behandlung durchzuführen, von der Krankenkasse hingenommen werden muss, sofern sie medizinisch **vertretbar** ist.[266] Dabei ist diese Behandlungsentscheidung stets aus vorausschauender Sicht unter Zugrundelegung der im Entscheidungszeitpunkt (subjektiv) bekannten oder auch nur (objektiv) erkennbaren Umstände zu beurteilen.[267] Die Entscheidung ist dann nicht vertretbar, wenn sie im Widerspruch zur allgemeinen oder besonderen ärztlichen Erfahrung steht oder medizinische Standards verletzt.[268] Insoweit ist dem behandelnden Krankenhausarzt eine **Einschätzungsprärogative** eingeräumt.[269] Die zunächst hierfür gebrauchte Bezeichnung als Anscheinsbeweis[270] hält der

---

262 Bis zum 31.12.1973 stand die Gewährung von Krankenhauspflege – wie damals die Krankenhausbehandlung bezeichnet wurde – im Ermessen der Krankenkassen. Dazu und zu den starken Einschränkungen, denen nach der damaligen Rechtsprechung der Ermessensspielraum der Krankenkassen unterlag: BSG v. 10.10.1978 - 3 RK 81/77 - BSGE 47, 83, 85.

263 *Steege* in: Festschrift 50 Jahre BSG, 2004, S. 517, 518 f.

264 *Wahl*, Kooperationsstrukturen im Vertragsarztrecht, 2001, S. 63.

265 *Steege* in: Festschrift 50 Jahre BSG, 2004, S. 517, 525 und 527.

266 BSG v. 13.12.2001 - B 3 KR 11/01 R - BSGE 89, 104, 106; BSG v. 28.05.2003 - B 3 KR 10/02 R - juris Rn. 9 - SozR 4-2500 § 109 Nr. 1; BSG v. 13.05.2004 - B 3 KR 18/03 R - juris Rn. 22 - BSGE 92, 300; BSG v. 20.01.2005 - B 3 KR 9/03 R - juris Rn. 21 - BSGE 94, 139; BSG v. 12.05.2005 - B 3 KR 30/04 R - juris Rn. 8 - SozR 4-5565 § 14 Nr. 9; BSG v. 12.05.2005 - B 3 KR 32/04 R - juris Rn. 5 - SozR 4-2500 § 69 Nr. 1; BSG v. 07.07.2005 - B 3 KR 40/04 R - GesR 2005, 558, 561; BSG v. 03.08.2006 - B 3 KR 1/06 S - juris Rn. 10 - Sozialrecht aktuell 2006, 215-216; BSG v. 28.09.2006 - B 3 KR 23/05 R - juris Rn. 12 (insoweit nicht in GesR 2007, 83). Dahingehend bereits BSG v. 17.05.2000 - B 3 KR 33/99 R - BSGE 86, 166, 170 f. Dagegen ist in BSG v. 21.08.1996 - 3 RK 2/96 - SozR 3-2500 § 39 Nr. 4 S. 19 ff. nicht von „Vertretbarkeit", sondern von „Vertretenmüssen" im Sinne eines Schuldvorwurfs die Rede.

267 BSG v. 21.08.1996 - 3 RK 2/96 - juris Rn. 20 - SozR 3-2500 § 39 Nr. 4; BSG v. 17.05.2000 - B 3 KR 33/99 R - BSGE 86, 166, 169; BSG v. 13.05.2004 - B 3 KR 18/03 R - juris Rn. 22 - BSGE 92, 300; BSG v. 20.01.2005 - B 3 KR 9/03 R - juris Rn. 21 - BSGE 94, 139; BSG v. 12.05.2005 - B 3 KR 30/04 R - juris Rn. 8 - SozR 4-5565 § 14 Nr. 9; BSG v. 12.05.2005 - B 3 KR 32/04 R - juris Rn. 5 - SozR 4-2500 § 69 Nr. 1; BSG v. 07.07.2005 - B 3 KR 40/04 R - GesR 2005, 558, 560; BSG v. 03.08.2006 - B 3 KR 1/06 S - juris Rn. 10 - Sozialrecht aktuell 2006, 215-216; BSG v. 28.09.2006 - B 3 KR 23/05 R - juris Rn. 12 (insoweit nicht in GesR 2007, 83).

268 BSG v. 13.05.2004 - B 3 KR 18/03 R - juris Rn. 22 - BSGE 92, 300; BSG v. 20.01.2005 - B 3 KR 9/03 R - juris Rn. 21 - BSGE 94, 139; BSG v. 12.05.2005 - B 3 KR 30/04 R - juris Rn. 8 - SozR 4-5565 § 14 Nr. 9; BSG v. 03.08.2006 - B 3 KR 1/06 S - juris Rn. 10 - Sozialrecht aktuell 2006, 215-216; BSG v. 28.09.2006 - B 3 KR 23/05 R - juris Rn. 12 (insoweit nicht in GesR 2007, 83).

269 BSG v. 12.05.2005 - B 3 KR 30/04 R - juris Rn. 8 - SozR 4-5565 § 14 Nr. 9; BSG v. 07.07.2005 - B 3 KR 40/04 R - GesR 2005, 558, 560; BSG v. 03.08.2006 - B 3 KR 1/06 S - juris Rn. 10 - Sozialrecht aktuell 2006, 215-216. In der Sache war bereits mit dem Begriff der Vertretbarkeit der Aufnahmeentscheidung eine Einschätzungsprärogative eingeräumt (*Thier/Flasbarth*, GesR 2006, 481, 483).

270 BSG v. 13.12.2001 - B 3 KR 11/01 R - BSGE 89, 104, 108 f.; BSG v. 28.05.2003 - B 3 KR 10/02 R - juris Rn. 11 f. - SozR 4-2500 § 109 Nr. 1; BSG v. 24.09.2003 - B 8 KN 2/02 KR R - juris Rn. 16 - SozR 4-5565 § 14 Nr. 4; BSG v. 24.09.2003 - B 8 KN 3/02 KR R - juris Rn. 23 - SozR 4-5565 § 14 Nr. 5.

3. Senat des BSG inzwischen für missverständlich.[271] Zudem hat er klargestellt, dass die Einschätzungsprärogative des Krankenhausarztes nicht dazu führt, neben der objektiven Erforderlichkeit der (stationären) Krankenhausbehandlung eine weitere Alternative zu eröffnen, um den Leistungsanspruch des Versicherten zu begründen.[272] Auch besagt sie nicht, dass der Krankenhausarzt über das Bestehen des Leistungsanspruchs eine Rechtsentscheidung zu treffen hätte.[273] Vielmehr bewirkt die Einschätzungsprärogative eine Bindung der Krankenkasse an die tatsächlichen Feststellungen des Krankenhausarztes.[274]

Dieser Rechtsprechung ist der **1. Senat** des BSG entgegengetreten und hat deswegen den Großen Senat angerufen. Nach seiner Auffassung ist dem Krankenhausarzt keine gerichtlich nur eingeschränkt überprüfbare Einschätzungsprärogative zuzubilligen; vielmehr hat im Streitfall das **Gericht voll zu überprüfen**, ob das Behandlungsziel nach den im Behandlungszeitpunkt verfügbaren Informationen allein aus medizinischen Gründen nicht durch andere Maßnahmen der Krankenbehandlung erreicht werden kann.[275] Weder könne der Leistungsanspruch des Versicherten von der jeweiligen Einschätzung eines Krankenhausarztes abhängig sein noch dessen Einschätzung Auswirkungen auf die Entscheidungsbefugnisse der Krankenkasse haben; deren Kompetenz, über den Naturalleistungsanspruch des Versicherten zu entscheiden, wäre sonst nur noch rein formaler Natur.[276] Etwas anderes ergebe sich auch nicht daraus, dass oft verschiedene Maßnahmen ärztlichen Handelns den gesetzlichen Anforderungen genügten. Denn dann habe der versicherte Patient hierüber aufgeklärt zu werden und die Auswahl zu treffen.[277] Der behandelnde Arzt sei ausreichend dadurch geschützt, dass auf die den Regeln der ärztlichen Kunst entsprechende und verfügbare Informationslage im jeweiligen Behandlungszeitpunkt abgestellt werde.[278] 106

In der Tat kann der Rechtsprechung des 3. Senats des BSG nicht in vollem Umfang gefolgt werden. Zutreffend – und vom 1. Senat auch nicht in Frage gestellt[279] – ist, dass die Erforderlichkeit der Krankenhausbehandlung ex ante, d.h. aus **vorausschauender Sicht** unter Zugrundelegung der im Zeitpunkt der Behandlung bekannten oder erkennbaren Umstände zu beurteilen ist. Nur dies entspricht der finalen Struktur des Behandlungsanspruchs (vgl. Rn. 53). Ebenso zutreffend ist es, die ärztliche Behandlungsentscheidung daran zu messen, ob sie mit der allgemeinen oder besonderen **ärztlichen Erfahrung** und **medizinischen Standards** vereinbar ist. Von der Maßgeblichkeit der Regeln der ärztlichen Kunst bei der Beurteilung der Erforderlichkeit stationärer Krankenhausbehandlung geht auch der 1. Senat aus.[280] Dem 3. Senat ist auch – entgegen dem 1. Senat[281] – darin zuzustimmen, dass diese Beurteilung **nicht voll richterlich nachprüfbar** ist.[282] Dies folgt daraus, dass das Gesetz dem Versicherten nur ein Rahmenrecht auf Krankenhausbehandlung einräumt, das sich im Regelfall erst durch weitere Konkretisierungsschritte zu einem echten Anspruch verdichtet (vgl. Rn. 94). Dieses Rechtskonkretisierungskonzept würde mit der Annahme einer uneingeschränkten gerichtlichen Kontrolldichte hinfällig. Für dieses Konzept sprechen aber – trotz der dagegen erhobenen Einwände[283] – weiterhin gute Gründe. Denn es trifft nach wie vor zu, dass es sich im Regelfall allein mit Hilfe des Gesetzes nicht beantworten lässt, welche konkrete Behandlung die Krankenkasse in einer bestimmten Krankheitssituation schul- 107

---

[271] BSG v. 12.05.2005 - B 3 KR 30/04 R - juris Rn. 8 - SozR 4-5565 § 14 Nr. 9. Statt von einem Anscheinsbeweis war bereits bei *Pilz*, NZS 2003, 350, 356 von einer Einschätzungsprärogative die Rede.

[272] BSG 07.07.2005 - B 3 KR 40/04 R - GesR 2005, 558, 560; BSG v. 03.08.2006 - B 3 KR 1/06 S - juris Rn. 10 - Sozialrecht aktuell 2006, 215-216.

[273] BSG v. 03.08.2006 - B 3 KR 1/06 S - juris Rn. 10 - Sozialrecht aktuell 2006, 215-216. Anders dagegen BSG v. 21.08.1996 - 3 RK 2/96 - SozR 3-2500 § 39 Nr. 4 S. 21.

[274] BSG v. 07.07.2005 - B 3 KR 40/04 R - GesR 2005, 558, 560; BSG v. 03.08.2006 - B 3 KR 1/06 S - juris Rn. 10 - Sozialrecht aktuell 2006, 215-216.

[275] BSG v. 07.11.2006 - B 1 KR 32/04 R - juris Rn. 16, 45, 51 ff. - GesR 2007, 276-283.

[276] BSG v. 07.11.2006 - B 1 KR 32/04 R - juris Rn. 53 - GesR 2007, 276-283.

[277] BSG v. 07.11.2006 - B 1 KR 32/04 R - juris Rn. 54 - GesR 2007, 276-283.

[278] BSG v. 07.11.2006 - B 1 KR 32/04 R - juris Rn. 55 - GesR 2007, 276-283.

[279] Vgl. BSG v. 07.11.2006 - B 1 KR 32/04 R - juris Rn. 45, 55 - GesR 2007, 276-283. Der 1. Senat richtet sich nur gegen die – vom 3. Senat nicht vertretene – Ansicht, dass die Notwendigkeit der Krankenhausbehandlung nicht im Nachhinein beurteilt werden könne. Diese Ansicht lässt sich aus dem Erfordernis einer vorausschauenden Betrachtungsweise nicht ableiten.

[280] BSG v. 07.11.2006 - B 1 KR 32/04 R - juris Rn. 45, 55 - GesR 2007, 276-283.

[281] BSG v. 07.11.2006 - B 1 KR 32/04 R - juris Rn. 45, 51 ff. - GesR 2007, 276-283.

[282] So auch *Noftz*, SGb 2005, 290, 291.

[283] Siehe nur *Neumann* in: Schnapp/Wigge, Handbuch des Vertragsarztrechts, § 13 Rn. 11 ff.

det. Vielmehr ist dies Ergebnis eines komplexen Abwägungsprozesses, der in erheblichem Umfang der Behandlungsentscheidung des an der Versorgung der Versicherten teilnehmenden Arztes überlassen ist.[284] Zwar hat der Vertrags- oder Krankenhausarzt weder Rechtsentscheidungen über den Leistungsanspruch des Versicherten zu treffen (vgl. Rn. 100 f.)[285] noch ist die Krankenkasse an dessen tatsächliche Feststellungen gebunden (vgl. Rn. 101).[286] Dies bedeutet aber nicht, dass die Behandlungsentscheidung des Arztes keinerlei rechtliche Wirkungen hätte. Vielmehr ist, soweit das Gesetz Spielräume lässt, der Krankenhausarzt wie auch der Vertragsarzt befugt, mit Einverständnis des versicherten Patienten Art und Umfang der Behandlung in medizinischer Hinsicht eigenverantwortlich festzulegen.[287] Mit dieser Konkretisierung gestaltet der Krankenhausarzt in Kooperation mit dem Versicherten dessen Behandlungsanspruch mit Wirkung für die Krankenkasse aus.[288] Dabei ist der Krankenhausarzt durch Zubilligung eines Beurteilungsspielraumes keineswegs jeglicher Bindungen enthoben; vielmehr hat er sich innerhalb des ihm vom Gesetz gezogenen Rahmens zu bewegen.[289] Nicht gefolgt werden kann dem 3. Senat jedoch, soweit er eine **Beweislastumkehr** vornimmt.[290] Zwar billigt er der Beurteilung des Krankenhausarztes über Notwendigkeit und Dauer der Krankenhausbehandlung nicht mehr die Wirkung eines Anscheinsbeweises zu, der nur durch substantiierte Einwendungen der Krankenkasse erschüttert werden kann.[291] Dieser Ansatz stand ohnehin auf tönernen Füßen. Ganz abgesehen davon, dass der Anscheinsbeweis nicht nur zu einer Umkehr der Beweislast führt, kann auch nicht davon die Rede sein, dass die Beurteilung des Krankenhausarztes typischerweise richtig ist.[292] Der terminologische Wechsel vom Anscheinsbeweis zur Einschätzungsprärogative diente aber nicht dazu, die Annahme einer Beweislastumkehr aufzugeben. Vielmehr spricht der 3. Senat mit Bedacht davon, dass die Krankenkasse die Behandlungsentscheidung des Krankenhausarztes hinzunehmen hat, soweit sie nicht nachweisen kann, dass diese nicht vertretbar ist. Es gibt jedoch keinen stichhaltigen Grund dafür, dass nicht der Versicherte – bzw. im Vergütungsstreit das Krankenhaus – die Beweislast für die anspruchsbegründenden Umstände, zu denen auch die Erforderlichkeit der stationären Krankenhausbehandlung zählt, zu tragen hat.[293] Aus der Prüfungspflicht, die dem Krankenhaus nach § 39 Abs. 1 Satz 2 SGB V obliegt, lässt sich eine Umkehr der Beweislast schon deshalb nicht ableiten, weil sie kein exklusives Prüfungsrecht begründet (vgl. Rn. 77 ff.). Eine Bindung an die tatsächlichen Feststellungen des Krankenhausarztes – die im Übrigen zum Vollbeweis und nicht nur zu einer Beweislastumkehr führen müsste – lässt sich mit der Verpflichtung der Krankenkasse, ein unklares Leistungsgeschehen nach Maßgabe des § 275 SGB V durch den MDK überprüfen zu lassen,[294] nicht vereinbaren. Auch der Um-

[284] Vgl. *Steege* in: Festschrift 50 Jahre BSG, 2004, S. 517, 518. Dass die Konkretisierung des Krankenbehandlungsanspruchs ein voraussetzungsvoller Prozess ist, der hochkomplexe Entscheidungen erfordert, wird auch von Kritikern des Rechtskonkretisierungskonzepts eingeräumt (vgl. *Francke*, SGb 1999, 5, 7).

[285] Hiervon geht auch der 3. Senat aus (BSG v. 03.08.2006 - B 3 KR 1/06 S - juris Rn. 10 - Sozialrecht aktuell 2006, 215-216).

[286] So zu Recht BSG v. 04.04.2006 - B 1 KR 32/04 R - juris Rn. 34 - GesR 2006, 472-475. Anderer Ansicht BSG v. 03.08.2006 - B 3 KR 1/06 S - juris Rn. 10 - Sozialrecht aktuell 2006, 215-216.

[287] *Steege* in: Festschrift 50 Jahre BSG, 2004, S. 517, 527.

[288] Hiervon scheint auch der 1. Senat des BSG auszugehen, wenn er ausführt, genügten mehrere Behandlungsmaßnahmen den gesetzlichen Anforderungen, habe regelmäßig der versicherte Patient hierüber aufgeklärt zu werden und die Auswahl zu treffen (BSG v. 07.11.2006 - B 1 KR 32/04 R - juris Rn. 54 - GesR 2007, 276-283). Dass bei der Entwicklung des Rechtskonkretisierungskonzepts ein Bestimmungs- oder Wahlrecht des Versicherten ausdrücklich abgelehnt worden war (BSG v. 16.12.1993 - 4 RK 5/92 - BSGE 73, 271, 278), steht dem nicht entgegen. Denn der in diesem Zusammenhang dem an der Versorgung der Versicherten teilnehmenden Arzt zugesprochene Status eines Beliehenen wird auch nicht mehr vertreten.

[289] So mit Recht *Thier/Flasbarth*, GesR 2006, 481, 485 f.

[290] Zustimmend, jedoch ohne nähere Begründung: *Ulmer*; NZS 2005, 456, 459 ff.

[291] So noch BSG v. 13.12.2001 - B 3 KR 11/01 R - BSGE 89, 104, 108 f.; BSG v. 28.05.2003 - B 3 KR 10/02 R - juris Rn. 11 f. - SozR 4-2500 § 109 Nr. 1 sowie BSG v. 24.09.2003 - B 8 KN 2/02 KR R - juris Rn. 16 - SozR 4-5565 § 14 Nr. 4; BSG v. 24.09.2003 - B 8 KN 3/02 KR R - juris Rn. 23 - SozR 4-5565 § 14 Nr. 5.

[292] So zu Recht *Bienert*, SGb 2004, 160, 161 ff.

[293] Der Welle von Vergütungsklagen, in deren Zusammenhang der 3. Senat des BSG seine Rechtsprechung entwickelt hat (zu dieser Klagewelle näher *Pilz*, NZS 2003, 350), konnte zwar so begegnet werden. Diese – sicher beabsichtigten – Auswirkungen in der Praxis taugen aber nicht als rechtliche Begründung für die vorgenommene Beweislastumkehr.

[294] Vgl. BSG v. 08.11.2005 - B 1 KR 18/04 R - juris Rn. 28 - SozR 4-2500 § 44 Nr. 7; BSG v. 08.11.2005 - B 1 KR 30/04 R - juris Rn. 25 - BSGE 95, 219 zu der Wirkung der bei der Arbeitsunfähigkeit im Gesetz immerhin ausdrücklich vorgesehenen „ärztlichen Feststellung" (§ 46 Satz 1 Nr. 2 SGB V).

stand, dass es eine objektiv richtige Maßnahme im Bereich ärztlichen Handelns oft nicht gibt und der Arzt die zivil- wie strafrechtliche Verantwortung für sein Handeln trägt,[295] rechtfertigt eine Umkehr der Beweislast nicht. Von ersterem geht zwar auch das Rechtskonkretisierungskonzept aus, dem es entspricht, die Behandlungsentscheidungen des Krankenhausarztes nur darauf zu überprüfen, ob dieser den ihm vom Gesetz gezogen Rahmen überschritten hat. Hat aber der Krankenhausarzt diesen Rahmen überschritten, kann seine fehlerhafte Behandlungsentscheidung die Krankenkasse nicht binden – und zwar auch nicht vorübergehend, bis diese die Fehlentscheidung nachweisen kann. Etwas anderes ergibt sich auch nicht aus der zivil- und strafrechtlichen Verantwortung des Krankenhausarztes. Denn zum einen stellt diese den behandelnden Arzt von der Beachtung der Regeln der ärztlichen Kunst, d.h. des im Zeitpunkt der Behandlung geltenden medizinischen Standards seines Fachgebiets, nicht frei;[296] zum anderen knüpft sie, soweit bei der Behandlung Spielräume bestehen, an die Pflicht des Arztes zur umfassenden Aufklärung des Patienten an.[297] Ein Wertungswiderspruch zwischen Delikts- und Strafrecht auf der einen und Krankenversicherungsrecht auf der anderen Seite ist daher nicht zu befürchten.[298] Schließlich gebieten auch nicht die Interessen des Versicherten eine Umkehr der Beweislast. Nimmt ihn ein Krankenhaus zur stationären Behandlung auf, obwohl die medizinischen Voraussetzungen dafür nicht erfüllt sind, genießt der Versicherte grundsätzlich Vertrauensschutz, bis die Krankenkasse ihm gegenüber die (weitere) Leistungserbringung ablehnt (vgl. näher Rn. 101). Hält das Krankenhaus trotz Ablehnung der Krankenkasse die Voraussetzungen des Anspruchs für erfüllt, muss es den Versicherten über die wirtschaftlichen Folgen aufklären, die er zu tragen hat, wenn sich die Richtigkeit der Position der Krankenkasse bestätigen sollte.[299] Demgegenüber entspricht es einer zutreffenden **Risikoverteilung**, wenn das Krankenhaus wie jeder, der Vergütungsansprüche geltend macht, die Beweislast für das Vorliegen aller anspruchsbegründenden Voraussetzungen zu tragen hat, wozu auch das Bestehen eines Leistungsanspruchs des Versicherten und damit die medizinische Notwendigkeit der Krankenhausbehandlung gehört. Hat das Krankenhaus bei seiner Beurteilung der Anspruchsvoraussetzungen auf medizinischem Gebiet versagt, hat es die Konsequenzen zu tragen.[300] Es geht nicht an, durch eine Umkehr der Beweislast die Prüfung der Erforderlichkeit stationärer Krankenhausbehandlung ins Leere gehen und damit uneffektiv werden zu lassen.[301]

VI. Wahl des Krankenhauses, Auferlegung der Mehrkosten

§ 39 Abs. 2 SGB V geht auf § 184 Abs. 2 RVO zurück. Darin war bestimmt, dass der Versicherte unter **108** den Krankenhäusern, die für die Krankenhauspflege vorgesehen sind, frei wählen konnte (§ 184 Abs. 2 Satz 1 RVO); nahm er ohne zwingenden Grund ein anderes als eines der nächsterreichbaren geeigneten Krankenhäuser in Anspruch, so hatte der Versicherte die Mehrkosten zu tragen (§ 184 Abs. 2 Satz 2 RVO). Im Gegensatz zur Vorgängernorm des § 184 Abs. 2 RVO hat der Gesetzgeber in § 39 Abs. 2 SGB V auf eine ausdrückliche Bestimmung verzichtet, dass der Versicherte die freie Wahl unter den zugelassenen Krankenhäusern hat. In der Sache aber weicht das Recht des SGB V insoweit jedoch nicht von demjenigen der RVO ab. Vielmehr setzt auch § 39 Abs. 2 SGB V voraus, dass der Versicherte das **Krankenhaus frei wählen** darf.[302] Für das ambulante Operieren ist dies immerhin ausdrücklich in § 76 Abs. 1 Satz 1 SGB V geregelt. Die freie Wahl des Krankenhauses unterliegt jedoch Einschränkungen. Grundsätzlich darf nur unter den zugelassenen Krankenhäuser gewählt werden (vgl. § 108 SGB V – zu den Ausnahmen vgl. Rn. 45 f.). Aus Gründen der Wirtschaftlichkeit schränkt § 39 Abs. 2 und 3 SGB V die Wahlfreiheit weiter ein. Dabei baut § 39 Abs. 2 SGB V auf der Vorschrift des

[295] So BSG v. 03.08.2006 - B 3 KR 1/06 S - juris Rn. 10 - Sozialrecht aktuell 2006, 215-216; BSG v. 07.07.2005 - B 3 KR 40/04 R - GesR 2005, 558, 560; BSG v. 12.05.2005 - B 3 KR 30/04 R - juris Rn. 8 - SozR 4-5565 § 14 Nr. 9; BSG v. 20.01.2005 - B 3 KR 9/03 R - juris Rn. 21 - BSGE 94, 139; BSG v. 13.05.2004 - B 3 KR 18/03 R - juris Rn. 22 - BSGE 92, 300.

[296] Vgl. BGH v. 06.05.2003 - VI ZR 259/02 - NJW 2003, 2311, 2313; BGH v. 21.11.1995 - VI ZR 341/94 - NJW 1996, 779, 780; BGH v. 29.11.1994 - VI ZR 189/93 - NJW 1995, 776, 777; BGH v. 20.09.1988 - VI ZR 37/88 - NJW 1989, 767, 768.

[297] Siehe nur BGH v. 13.06.2006 - VI ZR 323/04 - NJW 2006, 2477, 2478; BGH v. 15.03.2005 - VI ZR 313/03 - NJW 2005, 1718; BGH v. 14.09.2004 - VI ZR 186/03 - NJW 2004, 3703, 3704.

[298] So auch BSG v. 07.11.2006 - B 1 KR 32/04 R - juris Rn. 54 - GesR 2007, 276-283.

[299] BSG v. 07.11.2006 - B 1 KR 32/04 R - juris Rn. 48 - GesR 2007, 276-283.

[300] Vgl. BSG v. 18.07.2006 - B 1 KR 9/05 R - juris Rn. 13 - SGb 2006, 530.

[301] So aber BSG v. 07.07.2005 - B 3 KR 40/04 R - GesR 2005, 558, 560.

[302] *Noftz* in: Hauck/Noftz, SGB V, K § 39 Rn. 114.

§ 73 Abs. 4 Satz 3 SGB V auf, ohne aber die Bestimmung des Krankenhauses dem einweisenden Arzt zu übertragen.[303] Vielmehr dient die Bezugnahme auf die ärztliche Einweisung in der Mehrkostenregelung des § 39 Abs. 2 SGB V allein dazu, das Vertrauen des Versicherten in die Angaben in der ärztlichen Verordnung zu schützen.

109 Mit Einführung des SGB V wurde die Mehrkostenregelung grundlegend umgestaltet und zwar in zweierlei Weise: Während § 184 Abs. 2 Satz 2 RVO noch vorsah, dass den Versicherten die Mehrkosten in jedem Fall aufzuerlegen waren, räumt § 39 Abs. 2 SGB V den Krankenkassen ein Ermessen ein, um den Verhältnissen des Einzelfalls gerecht werden zu können.[304] § 39 Abs. 2 SGB V weicht aber nicht nur auf der Rechtsfolgenseite, sondern auch bei den tatbestandlichen Voraussetzungen von der Vorgängernorm ab. Während nach § 184 Abs. 2 Satz 2 RVO Mehrkosten durch die Wahl eines anderen als eines der nächsterreichbaren geeigneten Krankenhäuser entstanden sein mussten, stellt § 39 Abs. 2 SGB V darauf ab, ob die Mehrkosten von der Wahl eines anderen als eines in der ärztlichen Einweisung genannten Krankenhauses herrühren. Damit hat die Mehrkostenregelung in § 39 Abs. 2 SGB V eine **versichertenfreundliche Umgestaltung** erfahren. Nach dem Recht des SGB V kann – anders als unter Geltung der RVO – der Versicherte bei der Wahl des Krankenhauses auf die Angaben in der ärztlichen Verordnung vertrauen, ohne eine Belastung mit Mehrkosten befürchten zu müssen. Allein für die ärztliche Verordnung von Krankenhausbehandlung sieht das Gesetz vor, dass darin die beiden nächsterreichbaren geeigneten Krankenhäuser anzugeben sind (§ 73 Abs. 4 Satz 3 SGB V). Verstößt der einweisende Vertragsarzt gegen diese Pflicht und weist den Versicherten in ein weiter entferntes Krankenhaus ein, so kann dies zwar zu einem Regress der Krankenkasse gegen ihn führen.[305] Dem Versicherten, der ein solches Krankenhaus gewählt hat, können die dadurch entstandenen Mehrkosten jedoch nicht auferlegt werden.

110 Die Mehrkostenregelung des § 39 Abs. 2 SGB V gilt für **alle Formen der Krankenhausbehandlung**, mithin nicht nur für die voll- oder teilstationäre, sondern auch für die vor- und nachstationäre sowie die ambulante Krankenhausbehandlung. Dies trifft auch auf das in § 76 Abs. 1 SGB V erwähnte ambulante Operieren zu. Für dieses ist die Mehrkostenregelung des § 76 Abs. 2 SGB V nicht anwendbar, da diese Regelung allein für die vertragsärztliche Versorgung gilt, zu der die ambulante Krankenhausbehandlung aber nicht zählt (vgl. Rn. 40).

111 Tatbestandliche Voraussetzung für die Auferlegung von Mehrkosten ist zunächst, dass der Versicherte ein anderes als in der ärztlichen Einweisung genanntes Krankenhaus wählt, mithin eine **Abweichung von der vertragsärztlichen Verordnung**. Die Mehrkostenregelung greift damit nur, wenn der Inanspruchnahme von Krankenhausbehandlung überhaupt eine Verordnung vorausgeht. Dies wird nur bei zeitlich planbaren Behandlungen der Fall sein, nicht aber in Notfällen. Indem die Mehrkostenregelung eine von der ärztlichen Einweisung abweichende Wahl voraussetzt, knüpft sie nicht unmittelbar an die Inanspruchnahme eines anderen als des nächsterreichbaren geeigneten Krankenhauses an. Vielmehr kann die Wahl eines weiter entfernten Krankenhauses nur dann zu einer Belastung des Versicherten mit den dadurch entstandenen Mehrkosten führen, wenn der einweisende Arzt seiner Pflicht aus § 73 Abs. 4 Satz 3 SGB V genüge getan und in seiner Verordnung die beiden nächsterreichbaren, für die vorgesehene Behandlung geeigneten Krankenhäuser angegeben hat. Hat der einweisende Arzt entgegen dieser Verpflichtung ein weiter entferntes Krankenhaus genannt, so können dem Versicherten, der dieses Krankenhaus gewählt hat, Mehrkosten nicht auferlegt werden.[306]

112 Ferner darf für die Abweichung von der vertragsärztlichen Verordnung kein **zwingender Grund** bestehen. Ein zwingender Grund liegt dann vor, wenn das Aufsuchen eines der in der Verordnung genannten Krankenhäuser dem Versicherten unter Berücksichtigung aller Umstände des Einzelfalles nicht zumutbar ist.[307] Dies ist zunächst immer dann der Fall, wenn die in der Verordnung angegebenen Krankenhäuser weiter entfernt als das gewählte oder für die erforderliche Behandlung ungeeignet sind. Es widerspräche dem Sinn und Zweck der Mehrkostenregelung, die Abweichung von solchen gegen die Maßgaben des § 73 Abs. 4 Satz 3 SGB V verstoßenden Verordnungen zu sanktionieren. Ein zwingender Grund für die Wahl eines anderen Krankenhauses kann aber auch dann bestehen, wenn der einweisende Arzt in seiner Verordnung pflichtgemäß die beiden nächsterreichbaren und für den konkreten Behandlungsfall geeigneten Krankenhäuser angegeben hat. Zwingende Gründe können dann unter an-

[303] So aber *Höfler* in: KassKomm, SGB V, § 39 Rn. 31.
[304] BT-Drs. 11/2237, S. 177.
[305] *Noftz* in: Hauck/Noftz, SGB V, K § 39 Rn. 116; *Hess* in: KassKomm, SGB V, § 73 Rn. 34.
[306] Vgl. *Noftz* in: Hauck/Noftz, SGB V, K § 39 Rn. 116.
[307] Vgl. *Zipperer* in: GKV-Komm, SGB V, § 39 Rn. 24.

derem sein: die Entfernung des Krankenhauses von den nächst erreichbaren Verwandten oder anderen Bezugspersonen, die Störung des Vertrauensverhältnisses zu dem Krankenhaus auf Grund eigener Erfahrungen, der Erfahrungen nahe stehender Personen oder aufgrund von Skandalen, relevante religiöse Bedürfnisse (§ 2 Abs. 3 Satz 2 SGB V) sowie ähnliche Wünsche oder Belange des Versicherten, die bei Abwägung mit dem Wirtschaftlichkeitsgebot angemessen sind.[308]

Schließlich setzt § 39 Abs. 2 SGB V voraus, dass **Mehrkosten** entstanden sind. Hierunter fallen alle **113** höheren Aufwendungen, die durch die abweichende Wahl eines Krankenhauses verursacht worden sind. Dazu zählen nicht allein höhere Kosten für die eigentliche Krankenhausbehandlung, sondern auch höhere Nebenkosten etwa für Transport oder für die Unterbringung einer Begleitperson.[309]

Liegen diese Voraussetzungen vor, kann die Krankenkasse gemäß § 39 Abs. 2 SGB V dem Versicher- **114** ten die Mehrkosten ganz oder teilweise auferlegen. Bei der Ausübung ihres **Ermessens** wird die Krankenkasse die Höhe der entstandenen Mehrkosten mit den – nicht bereits zwingenden – Gründen, die den Versicherten zu seiner Wahl bewogen haben, abzuwägen haben.[310] Bei dieser Abwägung ist auch der Wertung des § 33 Satz 2 SGB I zu beachten.[311]

§ 39 Abs. 2 SGB V berechtigt die Krankenkassen nur zur **Auferlegung** von Mehrkosten, nicht jedoch **115** zur Ablehnung der Krankenhausbehandlung oder zur Durchbrechung des Naturalleistungsprinzips. Die Krankenhausbehandlung ist auch dann zulasten der Krankenkasse als Naturalleistung zu erbringen, wenn sie infolge der Wahl des Versicherten mit höheren Kosten verbunden ist.[312] Auch der Vergütungsanspruch des gewählten Krankenhauses bleibt unberührt. Die Krankenkasse ist nicht berechtigt, das Krankenhausentgelt auf den Betrag zu kürzen, der für die Behandlung in einem der Krankenhäuser zu zahlen wäre, die in der vertragsärztlichen Verordnung genannt sind. Die Krankenkasse darf sich vielmehr allein an ihren Versicherten halten und ihm die durch seine Wahl verursachten Mehrkosten auferlegen, d.h. deren Erstattung verlangen.

VII. Verzeichnis der Krankenhausleistungen und -entgelte

§ 39 Abs. 3 SGB V verpflichtet die Krankenkassen, ein Verzeichnis der Krankenhausleistungen und **116** -entgelte zu erstellen. **Zweck dieses Verzeichnisses** ist es, die Leistungs- und Kostentransparenz im Krankenhausbereich zu erhöhen, um auf diese Weise eine verstärkte Inanspruchnahme preisgünstigerer Krankenhäuser zu erreichen.[313] Ebenso wie die Mehrkostenregelung des § 39 Abs. 2 SGB V dient auch das in § 39 Abs. 3 SGB V vorgesehene Verzeichnis der Steuerung der Krankenhauswahl. Jedoch handelt es sich bei ihm um ein weicheres Steuerungsmittel, weil es seine Ziele durch Information von Versicherten und Vertragsärzten zu erreichen sucht. Immerhin aber stellt § 39 Abs. 3 SGB V klar, dass die **Krankenkassen berechtigt** sind, durch Herstellen von Transparenz über Krankenhausleistungen und durch Bereitstellen entsprechender Informationen das Inanspruchnahmeverhalten ihrer Versicherten und die Verordnungsweise der Vertragsärzte zu beeinflussen.

Der **Inhalt** des Verzeichnisses wird im Gesetz mit Bedacht nicht abschließend beschrieben.[314] Viel- **117** mehr räumt dieses den Krankenkassen einen relativ weiten Freiraum ein: In dem Verzeichnis sind die Leistungen und Entgelte für die Krankenhausbehandlung – allerdings nur in zugelassenen Krankenhäusern – aufzuführen (§ 39 Abs. 3 Satz 1 SGB V); dabei sind die Entgelte so zusammenzustellen, dass sie miteinander verglichen werden können (§ 39 Abs. 3 Satz 2 SGB V). Damit können in das Verzeichnis alle **kostenrelevanten Leistungsdaten** aufgenommen werden, soweit diese einen Vergleich zwischen den Krankenhäusern zulassen. Dabei hängt die Kostenrelevanz von Leistungsdaten vom jeweiligen Krankenhausentgeltrecht ab. Weil dieses früher mit tagesgleichen Pflegesätzen, die für jedes

---

[308] *Noftz* in: Hauck/Noftz, SGB V, K § 39 Rn. 117; *Mrozynski* in: Wannagat, SGB V, § 39 Rn. 43; *Sommer* in: Jahn, SGB für die Praxis, § 39 SGB V Rn. 23.

[309] Vgl. BSG v. 23.03.1983 - 3 RK 3/82 - BSGE 55, 37, 39 zu den Fahrkosten.

[310] *Noftz* in: Hauck/Noftz, SGB V, K § 39 Rn. 117; *Wagner* in: Krauskopf, SGB V, § 39 Rn. 22.

[311] Vgl. *Zipperer* in: GKV-Komm, SGB V, § 39 Rn. 25.

[312] *Schmidt* in: Peters, Handbuch KV (SGB V), § 39 Rn. 233.

[313] BT-Drs. 11/2237, S. 177 f.; *Schneider* in: Schulin, Handbuch des Sozialversicherungsrechts, Bd. 1, § 22 Rn. 391; *Wagner* in: Krauskopf, SGB V, § 39 Rn. 2; *Zipperer* in: GKV-Komm, SGB V, § 39 Rn. 28; *Schmidt* in: Peters, Handbuch KV (SGB V), § 39 Rn. 260; *Noftz* in: Hauck/Noftz, SGB V, K § 39 Rn. 131.

[314] Vgl. BT-Drs. 11/2237, S. 178. Auf die detaillierteren Vorgaben, die im Referentenentwurf noch vorgesehen waren, wurde im Gesetzentwurf schließlich verzichtet (dazu *Schmidt* in: Peters, Handbuch KV (SGB V), § 39 Rn. 268 f.).

Krankenhaus individuell vereinbart waren,[315] einen Vergleich zwischen den Krankenhäusern praktisch nicht zuließ, war in der Vergangenheit kaum mehr möglich als eine Aufstellung der jeweiligen Verweildauer bei einzelnen Krankheitsbildern.[316] Mit der Einführung des diagnose-orientierten Fallpauschalensystems (auch: DRG-Fallpauschalensystem)[317] sind Kostenvergleiche zwischen den Krankenhäusern wesentlich leichter geworden.[318]

118 Der Begriff der Krankenhausbehandlung in § 39 Abs. 3 Satz 1 SGB V ist gleichbedeutend mit demjenigen in § 39 Abs. 1 Satz 1 SGB V. Daher hat sich das Verzeichnis auf **alle Formen der Krankenhausbehandlung** zu erstrecken, mithin sich nicht auf die (voll- und teil-)stationäre Krankenhausbehandlung zu beschränken, sondern auch die ambulante Krankenhausbehandlung zu erfassen.[319] Dass in dem Klammerzusatz des § 39 Abs. 3 Satz 1 SGB V von „stationären Leistungen und Entgelten" die Rede ist, stellt ein redaktionelles Versehen dar. In der ursprünglichen Fassung des GRG stimmte der Klammerzusatz mit seiner Umschreibung in § 39 Abs. 3 Satz 1 SGB V noch überein, weil damals die Krankenhausbehandlung nur (voll- oder teil-)stationär möglich war (vgl. Rn. 29). Seit der Erweiterung des Leistungsspektrums der Krankenhäuser durch das GSG, die ihren Ausdruck in der jetzt gültigen Fassung des § 39 Abs. 1 Satz 1 SGB V fand, trifft dies nicht mehr zu. Aus der versehentlich unterbliebenen Anpassung des Klammerzusatzes folgt jedoch nicht, dass in § 39 Abs. 3 Satz 1 SGB V ein engerer Begriff der Krankenhausbehandlung verwendet wird.

119 Das Verzeichnis ist für ein **Land oder** eine **Region** zu erstellen. Dabei ist unter Region nicht nur ein Teilbereich eines Landes zu verstehen. Vielmehr kann eine Region im Sinne des § 39 Abs. 3 Satz 1 SGB V auch ein länderübergreifender Raum sein,[320] der durch derartige Verflechtungen gekennzeichnet ist, die ein Verzeichnis für diesen Gesamtraum sinnvoll erscheinen lassen. Denkbar ist dies insbesondere bei Stadtstaaten und ihrem Einzugsbereich in den Nachbarländern. Der Gesetzgeber ist davon ausgegangen, dass sogar **bundesweite** Verzeichnisse in Betracht kommen, nämlich bei ungewöhnlichen oder sehr schwierigen Krankenhausbehandlungen, etwa bei Transplantationen.[321]

120 Das Verzeichnis ist von den jeweiligen Landesverbänden der Krankenkassen (§ 206 SGB V), den Ersatzkassen (bis 30.06.2008: den Verbänden der Ersatzkassen), der Deutschen Rentenversicherung Knappschaft-Bahn-See und der See-Krankenkasse gemeinsam **zu erstellen** und an die Entwicklung **anzupassen**. Soweit die landwirtschaftlichen Krankenkassen die Aufgaben eines Landesverbands der Krankenkassen wahrnehmen (§ 36 KVLG 1989), sind sie an der Erstellung und Anpassung der Verzeichnisse zu beteiligen.[322] Mit der ferner vorgesehenen **Mitwirkung** der jeweiligen Landeskrankenhausgesellschaft (§ 108a SGB V) und Kassenärztlichen Vereinigungen verlangt das Gesetz nicht deren Zustimmung oder Einverständnis, sondern lediglich deren Beteiligung durch rechtzeitige und umfassende Information, ausreichende Gelegenheit zur Stellungnahme und deren Berücksichtigung.[323] Bei Verletzung dieser Verfahrensrechte kann die Landeskrankenhausgesellschaft bzw. Kassenärztliche Vereinigung den Rechtsweg einschreiten, ohne dadurch eine inhaltliche Überprüfung des Verzeichnisses erreichen zu können.[324]

121 Das Verzeichnis entfaltet seine **Wirkungen** vor allem dadurch, dass es Entscheidungsgrundlage sowohl für die Krankenkassen – die neben diesem kassenartenübergreifenden Verzeichnis kein eigenes schaffen dürfen – als auch für die Versicherten und Vertragsärzte ist. Die Krankenkassen haben darauf hinzuwirken, dass die Vertragsärzte das Verzeichnis bei der Verordnung von Krankenhausbehandlung und die Versicherten es bei der Wahl des Krankenhauses beachten (§ 39 Abs. 3 Satz 3 SGB V). Sanktionen für den Fall der Nichtbeachtung durch den Versicherten sieht das Gesetz nicht vor. Insoweit handelt es sich bei dem Verzeichnis nach § 39 Abs. 3 SGB V um ein wesentlich weicheres Steuerungsmittel als bei der Mehrkostenregelung des § 39 Abs. 2 SGB V. Für den Vertragsarzt kann die Nichtbeach-

---

315 Zu dem Vergütungssystem nach der BPflV vom 21.08.1985 (BGBl I 1985, 1666) und der BPflV vom 26.09.1994 (BGBl I 1994, 2750) näher *Tuschen/Treftz*, KHEntgG, 2004, S. 74 ff.

316 *Mrozynski* in: Wannagat, SGB V, § 39 Rn. 41.

317 Durch das FPG vom 23.04.2002 (BGBl I 2002, 1412). Näher dazu *Tuschen/Treftz*, KHEntgG, 2004, S. 103 ff.

318 Vgl. *Schmidt* in: Peters, Handbuch KV (SGB V), § 39 Rn. 290.

319 *Zipperer* in: GKV-Komm, SGB V, § 39 Rn. 31; *Noftz* in: Hauck/Noftz, SGB V, K § 39 Rn. 133.

320 So auch *Noftz* in: Hauck/Noftz, SGB V, K § 39 Rn. 132.

321 BT-Drs. 11/2237, S. 178. Dem zustimmend *Zipperer* in: GKV-Komm, SGB V, § 39 Rn. 29; *Noftz* in: Hauck/Noftz, SGB V, K § 39 Rn. 132.

322 So im Ergebnis auch *Zipperer* in: GKV-Komm, SGB V, § 39 Rn. 32.

323 *Noftz* in: Hauck/Noftz, SGB V, K § 39 Rn. 130; *Zipperer* in: GKV-Komm, SGB V, § 39 Rn. 34.

324 Unklar insoweit *Zipperer* in: GKV-Komm, SGB V, § 39 Rn. 34.

tung des Verzeichnisses jedoch im Rahmen von Wirtschaftlichkeitsprüfungen (§ 106 SGB V) Konsequenzen haben, wobei allerdings zu bedenken ist, dass er an das Verzeichnis nicht strikt gebunden ist, sondern es nur zu berücksichtigen hat (§ 73 Abs. 4 Satz 4 SGB V). Als Entscheidungsgrundlage für die Krankenkassen kann das Verzeichnis viel einschneidendere Wirkungen haben. Denn die Krankenkassen haben es bei der Bewilligung von Krankenhausbehandlung zu berücksichtigen. Dabei ist es denkbar, dass sie auf der Grundlage der Angaben in dem Verzeichnis die Behandlung in einem bestimmten Krankenhaus wegen Unwirtschaftlichkeit (§ 12 Abs. 1 SGB V) ablehnen. Der Gesetzgeber ist davon ausgegangen, dass aus diesem Grunde sogar gegenüber dem Krankenhaus die Kostenübernahme verweigert werden kann.[325]

VIII. Zuzahlung

§ 39 Abs. 4 SGB V erlegt Versicherten, die das 18. Lebensjahr vollendet haben, bei vollstationärer Krankenhausbehandlung eine Zuzahlungspflicht auf. Diese Zuzahlungspflicht ist noch unter Geltung der RVO zum 01.01.1983 eingeführt,[326] zum 01.01.1989 in das SGB V übernommen und seither hinsichtlich ihrer Höhe und Dauer mehrfach geändert worden (vgl. Rn. 2 ff.). 122

1. Zweck

Die Zuzahlung nach § 39 Abs. 4 SGB V stellt eine Form der Selbstbeteiligung dar, wie sie das SGB V auch bei anderen Leistungen kennt.[327] Wie andere Formen der Selbstbeteiligung soll auch die Zuzahlung bei vollstationärer Krankenhausbehandlung zur **Kostensenkung** in der gesetzlichen Krankenversicherung beitragen.[328] Dabei steht nicht das finanzielle Volumen der Zuzahlungen aller Versicherten im Vordergrund, auch wenn fiskalische Gründe bei Einführung der Zuzahlung ausschlaggebend waren.[329] Vielmehr ist die Zuzahlung nach § 39 Abs. 4 SGB V in erster Linie ein Instrument zur **Steuerung des Leistungsverhaltens** der Versicherten: Es soll deren Kostenbewusstsein stärken und sie zu einer wirtschaftlichen Inanspruchnahme von Leistungen veranlassen.[330] 123

Allerdings hat bei den Beratungen des GRG auch die häusliche Ersparnis eine Rolle gespielt, die für den Versicherten mit der freien Unterkunft und Verpflegung während der stationären Maßnahme verbunden ist.[331] Dennoch dient die Zuzahlung **nicht** lediglich dem **Ausgleich eines** wirtschaftlichen **Vorteils** des Versicherten bei Inanspruchnahme einer vollstationären Krankenhausbehandlung. Dem steht entgegen, dass es sich bei der Zuzahlung um eine pauschale Beteiligung an den Gesamtkosten der Krankenhausbehandlung handelt, die keinen direkten oder indirekten Bezug zur konkreten Ersparnis des Versicherten hat.[332] 124

2. Voraussetzungen und Inhalt

a. Versicherte ab vollendetem 18. Lebensjahr

Der Zuzahlungspflicht unterliegen nach § 39 Abs. 4 Satz 1 SGB V alle Versicherten, die das 18. Lebensjahr vollendet haben, **unabhängig vom Versicherungsstatus**. Daher zählen zu den zuzahlungspflichtigen Versicherten auch die gemäß § 10 SGB V versicherten Familienangehörigen. Dagegen unterliegen der Zuzahlungspflicht Versicherte unter 18 Jahren selbst dann nicht, wenn sie, etwa auf Grund eines Beschäftigungsverhältnisses, in einem eigenständigen Versicherungsverhältnis zur Krankenkasse stehen.[333] Die Zuzahlungspflicht trifft nur den Versicherten selbst, nicht auch seine aus medizinischen Gründen notwendige Begleitperson (§ 11 Abs. 3 SGB V).[334] 125

---

325 Vgl. BT-Drs. 11/2237, S. 177 f.

326 Durch das HBegleitG vom 20.12.1982 (BGBl I 1982, 1857).

327 *Höfler* in: KassKomm, SGB V, § 39 Rn. 51.

328 *Höfler* in: KassKomm, SGB V, § 39 Rn. 51; *Schmidt* in: Peters, Handbuch KV (SGB V), § 39 Rn. 412.

329 Vgl. BT-Drs. 9/2074, S. 99, BT-Drs. 11/2237, S. 178.

330 Vgl. BSG v. 07.12.2006 - B 3 KR 29/05 R - juris Rn. 21 - KrV 2007, 60; BSG v. 23.02.2000 - B 5 RJ 6/99 R - BSGE 85, 293, 297; *Schneider* in: Schulin, Handbuch des Sozialversicherungsrechts, Bd. 1, § 22 Rn. 397; *Höfler* in: KassKomm, SGB V, § 39 Rn. 51; *Schmidt* in: Peters, Handbuch KV (SGB V), § 39 Rn. 412.

331 Vgl. BT-Drs. 11/3480, S. 55.

332 BSG v. 19.02.2002 - B 1 KR 32/00 R - BSGE 89, 167, 171; BSG v. 23.02.2000 - B 5 RJ 6/99 R - BSGE 85, 293, 296 f.

333 *Höfler* in: KassKomm, SGB V, § 39 Rn. 55.

334 *Zipperer* in: GKV-Komm, SGB V, § 39 Rn. 38a.

126 Das **18. Lebensjahr** ist mit dem Ablauf des Tages vor dem 18. Geburtstag **vollendet** (§ 188 Abs. 2 i.V.m. § 187 Abs. 2 Satz 2 BGB). Wird ein Versicherter während des Krankenhausaufenthalts 18 Jahre alt, hat er von seinem 18. Geburtstag an die Zuzahlung zu leisten.[335]

b. Vollstationäre Krankenhausbehandlung

127 Die Zuzahlungspflicht besteht, wie § 39 Abs. 4 Satz 1 SGB V ausdrücklich bestimmt, nur bei **vollstationärer Krankenhausbehandlung**. Ausgenommen von der Zuzahlungspflicht sind damit alle anderen Formen der Krankenhausbehandlung, also teilstationäre, vor- und nachstationäre sowie ambulante Behandlungen im Krankenhaus. Folglich sind bei Behandlungen, die nicht vollstationär durchgeführt werden, wie der Dialyse, Zuzahlungen nicht zu leisten.[336] Ebenso wenig unterliegen der Zuzahlungspflicht vollstationäre Behandlungen im Krankenhaus, auf die nicht nach § 27 Abs. 1 SGB V i.V.m. § 39 Abs. 1 SGB V ein Anspruch besteht. Daher ist bei einer stationären Entbindung im Sinne des § 197 RVO für den Entbindungstag und die anschließenden ersten sechs Tage des Krankenhausaufenthaltes keine Zuzahlung zu leisten. Gleiches gilt für den Krankenhausaufenthalt vor der Entbindung im Rahmen der Leistungen bei Schwangerschaft und Mutterschaft.[337]

c. Höhe und Dauer

128 Die **Höhe** der Zuzahlung ist seit ihrer Einführung wiederholt geändert worden. Ursprünglich betrug sie 5 DM je Kalendertag.[338] Bereits das GRG sah vor, dass ab 01.01.1991 die Zuzahlung 10 DM beträgt.[339] Zum 01.01.1993 wurde die Zuzahlung auf 11 DM, zum 01.01.1994 auf 12 DM,[340] zum 01.07.1997 auf 17 DM[341] und zum 01.01.2002 auf 9 €[342] je Kalendertag erhöht. Seit der Neufassung durch das GMG zum 01.01.2004 verweist § 39 Abs. 4 Satz 1 SGB V hinsichtlich der Höhe der Zuzahlung auf § 61 Satz 2 SGB V. Danach betragen die Zuzahlungen zu stationären Maßnahmen **10 € je Kalendertag**. Im Gegensatz zu dem bis zum 31.12.2003 geltenden Recht, nach dem bei der Zuzahlung zu vollstationärer Krankenhausbehandlung eine Befreiung nicht vorgesehen war, bezieht das seit 01.01.2004 geltende Recht auch diese Zuzahlung in die Belastungsgrenzen des § 62 SGB V ein.[343]

129 Die Zuzahlungspflicht besteht für jeden Kalendertag, an dem der Versicherte die vollstationäre Krankenhausbehandlung in Anspruch nimmt. Da der Gesetzestext keine Einschränkung enthält, zählt jeder Tag, an dem diese Voraussetzungen, sei es auch nur kurzzeitig, erfüllt sind. Daher ist die Zuzahlung **für jeden angefangenen Behandlungstag**, mithin auch für den Aufnahme- und den Entlassungstag, zu entrichten.[344]

130 Die **Dauer** der Zuzahlungspflicht ist seit dem 01.01.2004 auf längstens **28 Tage** (bis 31.12.2003: 14 Tage) **innerhalb eines Kalenderjahres** begrenzt. Dauert die vollstationäre Krankenhausbehandlung länger als 28 Tage, entfällt vom 29. Tag an die Zuzahlung. Mehrere Krankenhausaufenthalte innerhalb eines Kalenderjahres sind zusammenzurechnen, weshalb die Zuzahlungspflicht entfällt, soweit bereits für eine frühere Krankenhausbehandlung innerhalb desselben Kalenderjahres Zuzahlungen zu leisten waren. Erstreckt sich eine Krankenhausbehandlung ununterbrochen über das Ende des Kalenderjahres hinaus, soll mit Beginn des neuen Kalenderjahres nicht erneut eine Zuzahlungspflicht entstehen, wenn die Höchstdauer von 28 Tagen im alten Kalenderjahr bereits erreicht war; dies soll sich daraus ergeben, dass nach § 39 Abs. 4 Satz 1 SGB V die Zuzahlung vom Beginn der vollstationären Krankenhausbehandlung an zu leisten ist.[345] Folgerichtig müsste bei einer Krankenhausbehandlung, die sich

---

335 *Zipperer* in: GKV-Komm, SGB V, § 39 Rn. 39.

336 *Sommer* in: Jahn, SGB für die Praxis, § 39 SGB V Rn. 28; *Zipperer* in: GKV-Komm, SGB V, § 39 Rn.38.

337 *Zipperer* in: GKV-Komm, SGB V, § 39 Rn.41.

338 § 184 Abs. 3 RVO i.d.F. des HBegleitG vom 20.12.1982 (BGBl I 1982, 1857); § 39 Abs. 4 Satz 1 SGB V i.d.F. des GRG.

339 § 39 Abs. 4 Satz 4 SGB V i.d.F. des GRG.

340 § 39 Abs. 4 Satz 1 und 3 SGB V i.d.F. des GSG.

341 § 39 Abs. 4 Satz 1 SGB V i.d.F. des 2. GKV-NOG.

342 § 39 Abs. 4 Satz 1 SGB V i.d.F. des 8. Euro-EinführungsG vom 23.10.2001 (BGBl I 2002, 2702).

343 Zu den verfassungsrechtlichen Fragen, die zuvor das Fehlen einer Härtefallregelung aufgeworfen hatte, vgl. BSG v. 12.10.1988 - 3/8 RK 15/87 - SozR 2200 § 184 Nr. 32 S. 50 ff.; BSG v. 22.02.1989 - 8/5a RKn 23/87 - USK 89149.

344 BSG v. 19.02.2002 - B 1 KR 32/00 R - BSGE 89, 167, 169.

345 Vgl. *Höfler* in: KassKomm, SGB V, § 39 Rn. 57a; *Schmidt* in: Peters, Handbuch KV (SGB V), § 39 Rn. 425; *Zipperer* in: GKV-Komm, SGB V, § 39 Rn. 44; *Wagner* in: Krauskopf, SGB V, § 39 Rn. 33; *Mrozynski* in: Wannagat, SGB V, § 39 Rn. 49; *Sommer* in: Jahn, SGB für die Praxis, § 39 SGB V Rn. 29.

ununterbrochen über den Jahreswechsel hinaus erstreckt, dann, wenn die Höchstdauer im alten Kalenderjahr noch nicht erreicht war, nur für die fehlende Zeit eine Zuzahlungspflicht bestehen.[346] Dies überzeugt nicht. § 39 Abs. 4 Satz 1 SGB V unterwirft nicht einzelne Krankenhausaufenthalte einer höchstens 28-tägigen Zuzahlungspflicht, sondern alle vollstationären Krankenhausbehandlungen innerhalb eines Kalenderjahres. Da Bezugspunkt der Höchstdauer von 28 Tagen immer das Kalenderjahr ist, muss mit jedem neuen Kalenderjahr diese Höchstdauer von neuem zu laufen beginnen. Für Krankenhausaufenthalte, die sich über den Jahreswechsel hinaus erstrecken, sind hiervon keine Ausnahmen zu machen.[347]

Anzurechnen auf die Zuzahlung sind nach § 39 Abs. 4 Satz 2 SGB V Zuzahlungen, die innerhalb desselben Kalenderjahres bereits für bestimmte stationäre medizinische Rehabilitationsmaßnahmen des Renten- (§ 32 Abs. 1 Satz 2 SGB VI) oder Krankenversicherungsträgers (§ 40 Abs. 6 Satz 1 SGB V) geleistet wurden. Einbezogen in die Anrechnung sind nur **Zuzahlungen für Anschlussheilbehandlungen**, d.h. für stationäre medizinische Rehabilitationsmaßnahmen, die unmittelbar im Anschluss an Krankenhausbehandlung notwendig sind (§ 32 Abs. 1 Satz 2 SGB VI; § 40 Abs. 6 Satz 1 SGB V). Durch diese Anrechnung soll eine Überbelastung der Versicherten vermieden werden. Im Zuge des GMG war ursprünglich die Streichung dieser Anrechnung beabsichtigt worden, weil das gleiche Ziel durch die Einbeziehung der Zuzahlung für die vollstationäre Krankenhausbehandlung in die Belastungsgrenzen des § 62 SGB V erreicht werde.[348] Auf die Streichung der Anrechung ist dann allerdings im Verlauf der Gesetzesberatungen verzichtet worden.[349] 131

3. Zahlungsweg und Verrechnung

Die Zuzahlung ist, wie § 39 Abs. 4 Satz 1 SGB V ausdrücklich bestimmt, an das Krankenhaus zu leisten, das diese an die Krankenkasse weiterzuleiten hat. Entsprechendes gilt gemäß § 43b Abs. 1 Satz 1 SGB V allgemein bei Zahlungen von Versicherten an Leistungserbringer. Dadurch, dass das Gesetz das **Krankenhaus** zum **Zahlungsempfänger** bestimmt, wird dieses **nicht** zum **Gläubiger** der Zuzahlung; vielmehr steht der Anspruch auf die Zuzahlung allein der Krankenkasse zu.[350] Die Tatsache, dass diese ungeachtet des Zahlungsweges Inhaberin des Zahlungsanspruchs ist, wird durch § 43b Abs. 1 Satz 2 SGB V verdeutlicht, wonach die Krankenkasse die Zuzahlung bei deren Nichteinbringlichkeit selbst vom Versicherten einzuziehen hat und damit das Inkassorisiko trägt.[351] Das Krankenhaus führt lediglich einen **gesetzlichen Inkassoauftrag** aus.[352] Es ist gemäß § 43b Abs. 1 Satz 1 SGB V verpflichtet, die Zuzahlung einzuziehen. Dazu muss es die Zuzahlung berechnen, sie dem Versicherten in Rechnung stellen und den Geldbetrag entgegennehmen. Zahlt der Versicherte nicht, hat ihn das Krankenhaus gesondert schriftlich zur Zahlung aufzufordern; unterbleibt auch dann noch die Zahlung, ist der weitere Einzug Sache der Krankenkasse (§ 43b Abs. 1 Satz 2 SGB V). 132

Die Zuzahlung hat auch Auswirkungen auf den Vergütungsanspruch des Krankenhauses. Dieses hat nämlich nach § 43 Abs. 1 Satz 2 SGB V die entrichteten Zuzahlungen **mit** ihrem eigenen **Vergütungsanspruch** zu **verrechnen**, d.h. aufzurechnen. Die Abrechnung der Zuzahlungen der Versicherten hat damit nicht getrennt von derjenigen der Vergütung des Krankenhauses zu erfolgen.[353] Der Vergütungsanspruch des Krankenhauses erlischt durch die gesetzlich angeordnete Aufrechnung allerdings nur insoweit, als der Versicherte tatsächlich an das Krankenhaus Zuzahlungsbeträge entrichtet hat. 133

---

[346] *Sommer* in: Jahn, SGB für die Praxis, § 39 SGB V Rn. 29.

[347] So auch *Noftz* in: Hauck/Noftz, SGB V, K § 39 Rn. 140.

[348] BT-Drs. 15/1525, S. 10 und 90.

[349] BT-Drs. 15/1584, S. 6 und BT-Drs. 15/1600, S. 13.

[350] *Schneider* in: Schulin, Handbuch des Sozialversicherungsrechts, Bd. 1, § 22 Rn. 402; *Höfler* in: KassKomm, SGB V, § 39 Rn. 51; *Wagner* in: Krauskopf, SGB V, § 39 Rn. 35; *Zipperer* in: GKV-Komm, SGB V, § 39 Rn. 47. So auch bereits zum Recht der RVO BSG v. 14.01.1987 - 8 RK 17/86 - SozR 1500 § 51 Nr. 44 S. 75 f.; BSG v. 12.09.1984 - 8 RK 35/84 - SozR 2200 § 372 Nr. 1 S. 2 f.

[351] Vgl. BSG v. 07.12.2006 - B 3 KR 29/05 R - juris Rn. 22 - KrV 2007, 60.

[352] *Höfler* in: KassKomm, SGB V, § 39 Rn. 52 und § 43b SGB V Rn. 6.

[353] Zu dem hiervon abweichenden früheren Recht vgl. BSG v. 12.09.1984 - 8 RK 35/84 - SozR 2200 § 372 Nr. 1 S. 2 ff.

IX. Unterbringung in einem Seemannsheim

134 Gemäß § 39 Abs. 5 Satz 1 SGB V kann die See-Krankenkasse kranken Seeleuten, die ledig und ohne Hausstand sind, Unterkunft und Verpflegung in einem Seemannsheim gewähren. Es handelt sich dabei um eine für die gesetzliche Krankenversicherung untypische Leistung, weil sie **keine medizinischen Mittel** umfasst.[354] Vielmehr soll durch die Unterbringung in einem Seemannsheim bei hauswirtschaftlich unversorgten Seeleuten eine sinnvolle Krankenbehandlung überhaupt erst ermöglicht werden (vgl. Rn. 28).

135 Leistungsberechtigt sind **Seeleute** im Sinne des § 13 Abs. 1 Satz 2 SGB V, die bei der See-Krankenkasse nach § 176 SGB V versichert sind. Diese müssen **hauswirtschaftlich unversorgt**, nämlich ledig und ohne eigenen Haushalt sein. Voraussetzung ist ferner, dass sie **krank** im Sinne des Rechts der gesetzlichen Krankenversicherung (§ 27 Abs. 1 Satz 1 SGB V) sind. Hierzu muss neben einem regelwidrigen Körper- oder Geisteszustand auch Behandlungsbedürftigkeit vorliegen.[355] Da die Leistung, wie es in § 39 Abs. 5 Satz 1 SGB V heißt, „über den Anspruch nach Absatz 1" hinaus gewährt werden kann, ist sie auch nicht an dessen Voraussetzungen gebunden. Es brauchen daher nicht – wie bei der vollstationären Krankenhausbehandlung gemäß § 39 Abs. 1 Satz 2 SGB V – die Möglichkeiten der ambulanten Versorgung ausgeschöpft zu sein. Vielmehr dient die Unterbringung in einem Seemannsheim gerade der Absicherung einer ambulanten medizinischen Behandlung; dagegen besteht für sie bei einer vollstationären Krankenhausbehandlung, die ja Unterkunft und Verpflegung mit umfasst (vgl. Rn. 32, Rn. 34), kein Bedürfnis. Die Krankheit ist allerdings nur Grund für die Unterbringung im Seemannsheim; die Unterbringung selbst braucht keinen Zielen der Krankenbehandlung zu dienen. Zu weit geht es jedoch hieraus abzuleiten, dass auch noch krankheitsbedingte Pflegebedürftigkeit vorliegen muss.[356]

136 Die Gewährung der Leistung steht im pflichtgemäßen **Ermessen** der See-Krankenkasse. Sie wird dann ausscheiden, wenn vollstationäre Krankenhausbehandlung erforderlich ist, weil diese die in einem Seemannsheim zu erbringenden Leistungen – Unterkunft und Verpflegung – einschließt. Dagegen kann der Aufenthalt in einem Seemannsheim mit einer ambulanten oder teilstationären Krankenhausbehandlung einhergehen.[357] Gewährt werden darf Unterkunft und Verpflegung ausschließlich in einem **Seemannsheim**; eine Unterbringung in einer anderen Einrichtung scheidet aus. Das Seemannsheim stellt kein Krankenhaus im Sinne des Rechts der gesetzlichen Krankenversicherung (§ 107 Abs. 1 SGB V) dar. Gesetzliche Regelungen darüber, welche Einrichtungen als Seemannsheime zugelassen sind, gibt es nicht.

137 Aus § 39 Abs. 5 Satz 2 SGB V ergibt sich, dass während des Aufenthalts in einem Seemannsheim unter den Voraussetzungen, in der Höhe und Dauer sowie im Rahmen von § 39 Abs. 4 SGB V eine **Zuzahlung** zu leisten ist (vgl. hierzu Rn. 122 ff.).

C. Praxishinweise

138 **Gerichtliche Auseinandersetzungen** zwischen dem Versicherten und seiner Krankenkasse über den (Leistungs-)Anspruch auf Krankenhausbehandlung sind nur in zwei Konstellationen denkbar:

- Entweder der Versicherte klagt auf Gewährung einer noch **ausstehenden Behandlung als Naturalleistung**
- oder er begehrt die **Erstattung der Kosten einer bereits selbst** auf eigene Rechnung **beschafften Behandlung** (§ 13 Abs. 3 Satz 1 SGB V).

Konnte er dagegen im Zeitpunkt der Behandlung davon ausgehen, die Leistung als Kassenpatient zu den Bedingungen der gesetzlichen Krankenversicherung zu erhalten, kann eine eigene Zahlungsverpflichtung gegenüber dem Krankenhaus nicht entstehen. In diesem Fall muss das Krankenhaus einen etwaigen Streit über die Leistungspflicht der Krankenkasse unmittelbar mit dieser austragen. Denn der Versicherte ist nicht berechtigt, die Feststellung der Leistungspflicht der Krankenkasse gegenüber dem

[354] *Noftz* in: Hauck/Noftz, SGB V, K § 39 Rn. 142.

[355] *Schmidt* in: Peters, Handbuch KV (SGB V), § 39 Rn. 434.

[356] So aber *Zipperer* in: GKV-Komm, SGB V, § 39 Rn. 56 und ihm folgend *Noftz* in: Hauck/Noftz, SGB V, K § 39 Rn. 143.

[357] *Mrozynski* in: Wannagat, SGB V, § 39 Rn. 50.

Leistungserbringer zu betreiben.[358] Auch das Kostenerstattungsverfahren bietet keine Handhabe dafür, die Leistungspflicht der Krankenkasse losgelöst von einer tatsächlichen Kostenbelastung allein im Interesse des Leistungserbringers abstrakt klären zu lassen und diesem damit einen eigenen Prozess zu ersparen.[359]

Zu einem Rechtsstreit zwischen dem Versicherten und seiner Krankenkasse über einen Anspruch auf Krankenhausbehandlung ist der Krankenhausträger nicht notwendig **beizuladen**.[360] Ebenso wenig ist die Beiladung des Versicherten zu einem Abrechnungsstreit zwischen Krankenhausträger und Krankenkasse notwendig. 139

[358] BSG v. 09.10.2001 - B 1 KR 6/01 R - BSGE 89, 39, 44. Anders noch: BSG v. 09.06.1998 - B 1 KR 18/96 R - BSGE 82, 158, 159 f.; BSG v. 23.10.1996 - 4 RK 2/96 - BSGE 79, 190, 191 f.; BSG v. 12.10.1988 - 3/8 RK 19/86 - SozR 1500 § 75 Nr. 71 S. 81 ff.

[359] BSG v. 28.03.2000 - B 1 KR 21/99 R - BSGE 86, 66, 75; BSG v. 09.10.2001 - B 1 KR 6/01 R - BSGE 89, 39, 44. Siehe aber auch BSG v. 16.02.2005 - B 1 KR 18/03 R - juris Rn. 9 - BSGE 94, 161, wobei in dem dortigen Fall genau genommen aufgrund des drohenden Rückgriffs des Sozialhilfeträgers eine eigene finanzielle Betroffenheit vorgelegen hatte.

[360] BSG v. 12.10.1988 - 3/8 RK 19/86 - SozR 1500 § 75 Nr. 71 S. 81 ff.; Abweichung von BSG v. 19.03.1986 - 8 RK 15/85 - SozR 1500 § 75 Nr. 59 S. 63 f. Die vom 3. Senat des BSG neuerdings geforderte Benennung konkreter ambulanter Behandlungsalternativen (vgl. Rn. 74), müsste folgerichtig dazu führen, dass die Beiladung des Krankenhauses zum Leistungsstreit und des Versicherten zum Vergütungsstreit notwendig ist (*Noftz*, SGb 2005, 290, 292; *Sieper*, GesR 2005, 62, 65).

§ 39a SGB V Stationäre und ambulante Hospizleistungen

(Fassung vom 26.03.2007, gültig ab 01.04.2007, gültig bis 30.06.2008)

(1) Versicherte, die keiner Krankenhausbehandlung bedürfen, haben im Rahmen der Verträge nach Satz 4 Anspruch auf einen Zuschuß zu stationärer oder teilstationärer Versorgung in Hospizen, in denen palliativ-medizinische Behandlung erbracht wird, wenn eine ambulante Versorgung im Haushalt oder der Familie des Versicherten nicht erbracht werden kann. Die Höhe des Zuschusses ist in der Satzung der Krankenkasse festzulegen. Er darf kalendertäglich 6 vom Hundert der monatlichen Bezugsgröße nach § 18 Abs. 1 des Vierten Buches nicht unterschreiten und unter Anrechnung der Leistungen anderer Sozialleistungsträger die tatsächlichen kalendertäglichen Kosten nach Satz 1 nicht überschreiten. Die Spitzenverbände der Krankenkassen gemeinsam und einheitlich vereinbaren mit den für die Wahrnehmung der Interessen der stationären Hospize maßgeblichen Spitzenorganisationen das Nähere über Art und Umfang der Versorgung nach Satz 1. Dabei ist den besonderen Belangen der Versorgung in Kinderhospizen ausreichend Rechnung zu tragen und in der Rahmenvereinbarung nach Satz 4 vorzusehen, dass Kinderhospize mit nicht mehr als 5 vom Hundert der zuschussfähigen Kosten nach Satz 1 belastet bleiben. Der Kassenärztlichen Bundesvereinigung ist Gelegenheit zur Stellungnahme zu geben. In den über die Einzelheiten der Versorgung nach Satz 1 zwischen Krankenkassen und Hospizen abzuschließenden Verträgen ist zu regeln, dass im Falle von Nichteinigung eine von den Parteien zu bestimmende unabhängige Schiedsperson den Vertragsinhalt festlegt. Einigen sich die Vertragspartner nicht auf eine Schiedsperson, so wird diese von der für die vertragschließende Krankenkasse zuständigen Aufsichtsbehörde bestimmt. Die Kosten des Schiedsverfahrens tragen die Vertragspartner zu gleichen Teilen.

(2) Die Krankenkasse hat ambulante Hospizdienste zu fördern, die für Versicherte, die keiner Krankenhausbehandlung und keiner stationären oder teilstationären Versorgung in einem Hospiz bedürfen, qualifizierte ehrenamtliche Sterbebegleitung in deren Haushalt, der Familie oder stationären Pflegeeinrichtungen erbringen. Voraussetzung der Förderung ist außerdem, dass der ambulante Hospizdienst

1. **mit palliativ-medizinisch erfahrenen Pflegediensten und Ärzten zusammenarbeitet sowie**
2. **unter der fachlichen Verantwortung einer Krankenschwester, eines Krankenpflegers oder einer anderen fachlich qualifizierten Person steht, die über mehrjährige Erfahrung in der palliativ-medizinischen Pflege oder über eine entsprechende Weiterbildung verfügt und eine Weiterbildung als verantwortliche Pflegefachkraft oder in Leitungsfunktionen nachweisen kann.**

Der ambulante Hospizdienst erbringt palliativ-pflegerische Beratung durch entsprechend ausgebildete Fachkräfte und stellt die Gewinnung, Schulung, Koordination und Unterstützung der ehrenamtlich tätigen Personen, die für die Sterbebegleitung zur Verfügung stehen, sicher. Die Förderung nach Satz 1 erfolgt durch einen angemessenen Zuschuss zu den notwendigen Personalkosten, der sich insbesondere nach dem Verhältnis der Zahl der qualifizierten Ehrenamtlichen zu der Zahl der Sterbebegleitungen bestimmt. Die Ausgaben der Krankenkassen für die Förderung nach Satz 1 sollen insgesamt im Jahr 2002 für jeden ihrer Versicherten 0,15 Euro umfassen und jährlich um 0,05 Euro bis auf 0,40 Euro im Jahr 2007 ansteigen; dieser Betrag ist in den Folgejahren entsprechend der prozentualen Veränderung der monatlichen Bezugsgröße nach § 18 Abs. 1 des Vierten Buches anzupassen. Die Spitzenverbände der Krankenkassen gemeinsam und einheitlich vereinbaren mit den für die Wahrnehmung der

Interessen der ambulanten Hospizdienste maßgeblichen Spitzenorganisationen das Nähere zu den Voraussetzungen der Förderung sowie zu Inhalt, Qualität und Umfang der ambulanten Hospizarbeit. Dabei ist den besonderen Belangen der Versorgung von Kindern durch ambulante Hospizdienste ausreichend Rechnung zu tragen.

Gliederung

A. Basisinformationen

I. Normgeschichte

Die mit der Etablierung der Hospizbewegung in Deutschland geschaffenen stationären Einrichtungen bzw. ambulanten Dienste sollen im Rahmen der Sterbebegleitung zentrale Aufgaben erfüllen; zum einen werden für den Personenkreis der unheilbar Kranken Leistungen angeboten, die dem sterbenden Menschen ein möglichst würdevolles und selbstbestimmtes Leben bis zum Ende ermöglichen sollen, und zum anderen soll vermieden werden, dass solche Versicherten in ihrer letzten Lebensphase im Krankenhaus oder Pflegeheim verbleiben müssen. Dem sterbenskranken Menschen muss es ermöglicht werden, in seiner vertrauten Umgebung zu verbleiben und durch seine Angehörigen bis zum Ableben betreut und gepflegt zu werden. Die Schwerpunkte der Hospizarbeit erstrecken sich dabei auf Hilfestellungen bei der psycho-sozialen Begleitung der Sterbenden und ihrer Angehörigen, bei der Auseinandersetzung mit dem bevorstehenden Tod und der Unterstützung aller Betroffenen bei der Bewältigung unerledigter Probleme.[1] 1

Lange Zeit wurde die moderne Hospizbewegung nicht nur wegen der ethischen Vorbehalte der Kirchen ignoriert, sondern auch gesellschafts- und sozialpolitisch tabuisiert, sodass eine gesetzliche Verankerung der Finanzierung der Hospize nicht durchsetzbar war. Einzelne Krankenkassen konnten die Hospizeinrichtungen nur mit Zuschüssen finanziell unterstützen.[2] Erst die Institutionalisierung der Hospizbewegung durch die Gründung eines Dachverbandes für ambulante, teilstationäre und stationäre Hospize zur Bundesarbeitsgemeinschaft Hospiz (BAG Hospiz) im Jahre 1992[3] und die steigende Akzeptanz bei den Kirchen und in der Gesellschaft verhalfen der Hospizbewegung in Deutschland zum Durchbruch. 2

§ 39a SGB V ist durch Art. 1 Nr. 12 des 2. GKV-Neuordnungsgesetzes (NOG)[4] vom 23.06.1997 in das Leistungsrecht des SGB V eingefügt worden und gemäß Art. 19 Abs. 3 rückwirkend zum 01.01.1997 3

[1] *Graf* in: Gesprächskreis Sozialpolitik „Sterben in Würde", Friedrich Ebert Stiftung, S. 27.
[2] BT-Drs. 13/7264, S. 60.
[3] BT-Drs. 15/5858, S. 29.
[4] BGBl I 1997, 1520.

in Kraft getreten. Durch Art. 2 Nr. 3, 6 des Pflegeleistungs-Ergänzungsgesetzes (PflEG)[5] vom 14.12.2001 wurde Absatz 2 mit Wirkung vom 01.01.2002 angefügt; der bis dahin gültige Wortlaut des § 39a SGB V wurde Absatz 1. Die Überschrift des Absatzes 1 wurde entsprechend geändert.

4 Durch das Gesetz zur Stärkung des Wettbewerbs in der gesetzlichen Krankenversicherung (GKV-Wettbewerbsstärkungsgesetz – GKV-WSG)[6] vom 02.02.2007 sind mit Wirkung vom 01.04.2007 die besonderen Belange der Versorgung in den ambulanten und stationären Kinderhospizen ausreichend zu berücksichtigen. Ferner wurde im Falle der Nichteinigung der Vertragsparteien über einen Abschluss der stationären Rahmenvereinbarung eine Schiedsperson implementiert, die notfalls auch von der Aufsichtsbehörde bestimmt werden kann.

5 Die Neuregelung für den Bereich der stationären Kinderhospize geht zurück auf den Bericht der Enquete-Kommission des Deutschen Bundestages „Ethik und Recht der modernen Medizin – Verbesserung der Versorgung Schwerstkranker und Sterbender in Deutschland durch Palliativmedizin und Hospizarbeit".[7]

II. Parallelvorschriften

6 Die Sterbebegleitung wird auch für schwerkranke Pflegebedürftige in den Alten- und Pflegeheimen nach den Vorschriften der sozialen Pflegeversicherung geleistet, wonach für die Pflegeheime entsprechend den Maßstäben und Grundsätzen zur Sicherung und Weiterbildung der Pflegequalität gemäß § 80 SGB XI i.V.m. mit den Vereinbarungen nach § 75 SGB XI die Verpflichtung besteht, für eine qualifizierte Sterbebegleitung zu sorgen.

III. Systematische Einordnung

7 Der Gesetzgeber hat die Versorgungslücke zwischen der häuslichen Krankenpflege (§ 37 SGB V), der Krankenhausbehandlung (§ 39 SGB V) und der vollstationären Pflege der sozialen Pflegeversicherung (§ 43 SGB XI) mit der Einführung von Leistungen der ambulanten, teilstationären und vollstationären Hospize und den jeweiligen Finanzierungsmodalitäten nach § 39a SGB V geschlossen.

IV. Literaturhinweise

8 *Mehrere Autoren* in: Sich Einlassen und Loslassen, ökumenischer Hospizkongress 1999 in Würzburg, Neue Universität; Hospizarbeit in Diakonie und Kirche-Reflexionen und Konkretionen, Diakonisches Werk der EKD, Stuttgart 2002; Gesprächskreis Sozialpolitik „Sterben in Würde", Friedrich Ebert Stiftung, Bonn 2005.

B. Auslegung der Norm

I. Regelungsgehalt

9 Unter bestimmten Voraussetzungen zahlen die Krankenkassen **einen Zuschuss zu stationärer oder teilstationärer Versorgung in Hospizen.** Neben diesem Zuschuss kommen Leistungen nach § 37 SGB V während des Aufenthalts in einer stationären Hospizeinrichtung nicht in Betracht. Voraussetzung für den Zuschuss zu stationärer oder teilstationärer Versorgung in Hospizen ist, dass die Versicherten keiner Krankenhausbehandlung bedürfen. Ferner muss im Hospiz palliativ-medizinische Behandlung erbracht werden und eine ambulante Versorgung im Haushalt oder der Familie des Versicherten nicht möglich sein.

10 Die Höhe des Zuschusses ist in der Satzung der Krankenkasse innerhalb des gesetzlich vorgegebenen Rahmens festzulegen. Der Zuschuss darf kalendertäglich 6 v.H. der monatlichen Bezugsgröße nach § 18 Abs. 1 SGB IV[8] nicht unterschreiten. Unter Anrechnung der Leistungen anderer Sozialleistungsträger darf er die tatsächlichen kalendertäglichen Versorgungskosten nicht überschreiten.

11 Die Spitzenverbände der Krankenkassen haben die Aufgabe, gemeinsam und einheitlich mit den für die Wahrnehmung der Interessen der stationären Hospize maßgeblichen Spitzenorganisationen das Nähere über Art und Umfang der Versorgung zu vereinbaren. Dabei sind Aussagen insbesondere über die

[5] BGBl I 2004, 3728.
[6] BT-Drs. 16/3100.
[7] BT-Drs. 15/5858.
[8] Seit 2006:147 €.

Höhe der berücksichtigungsfähigen Kosten, den anspruchsberechtigten Personenkreis, die Notwendigkeit und den Umfang einer Verordnung des Hospizaufenthalts, die Dauer der Bezuschussung sowie über den Vorrang/Nachrang gegenüber anderen Leistungen (z.B. Leistungen nach dem SGB XI) zu treffen.

Der KBV ist Gelegenheit zur Stellungnahme zu geben, insbesondere weil die ärztliche Behandlung im Hospiz durch Vertragsärzte erfolgt und damit Teil der ambulanten ärztlichen Behandlung ist. 12

Mit der Vorschrift des § 39a Abs. 2 SGB V ist eine Mitfinanzierung der qualifizierten ehrenamtlichen Sterbebegleitung im Rahmen ambulanter Hospizversorgung durch die Krankenkassen eingeführt worden. Damit werden die Behandlungs- und Pflegeleistungen der gesetzlichen Krankenversicherung im häuslichen Bereich, die in erster Linie in vertragsärztlicher und in häuslicher Krankenpflege bestehen, um einen **nicht-medizinischen Aspekt** ergänzt.[9] 13

Die Einführung der Förderung von ambulanten Hospizdiensten trägt dem GKV-Grundsatz **„ambulant vor stationär“** Rechnung. 14

Nach § 39a Abs. 2 Satz 1 SGB V haben nur diejenigen ambulanten Hospizdienste Anspruch auf Förderung durch die Krankenkassen, die Versicherte (bei denen weder die Notwendigkeit einer Krankenhausbehandlung noch einer Aufnahme in ein stationäres Hospiz besteht) mit **qualifizierter ehrenamtlicher Sterbebegleitung** versorgen. Durch die weiteren **qualitativen Anforderungen** in den Rahmenvereinbarungen nach Satz 6 wird der Kreis der förderungsberechtigten Hospizdienste näher bestimmt. 15

Die ambulanten Hospizdienste sollen durch die Förderungsregelung in die Lage versetzt werden, den Aufbau der Einsatzbereitschaft von qualifizierten ehrenamtlich Tätigen auf eine gesicherte finanzielle Basis zu stellen. 16

Der ambulante Hospizdienst muss in der **fachlichen Verantwortung** einer beruflich bzw. fachlich qualifizierten Person stehen. Die fachliche Verantwortung kann durch Krankenschwestern und Krankenpfleger oder andere fachlich qualifizierte Personen (z.B. ausgebildete Sozialarbeiter oder Sozialpädagogen) mit Berufsabschluss und entsprechender Erfahrung und Weiterbildung gewährleistet werden. Im Übrigen ist es erforderlich, dass der ambulante Hospizdienst mit palliativ-medizinisch erfahrenen Pflegediensten und Ärzten zusammenarbeitet. Die Bestimmung der näheren Einzelheiten des Leistungsgeschehens und der Fördervoraussetzungen erfolgt durch die Rahmenvereinbarungen nach § 39a Abs. 2 Satz 6 SGB V. Den Krankenkassen und den Verbänden der Krankenkassen sowie den Hospizorganisationen auf Landesebene ist es unbenommen, neben gemeinsamen und einheitlichen Regelungen auf Bundesebene auch Vereinbarungen über die Art und Weise der Förderung auf Landesebene zu treffen.[10] 17

II. Erläuterung und Zweck der Norm

Ziel der **stationären Hospizarbeit** ist es, eine Pflege und Begleitung (palliativ-medizinische Behandlung und Pflege) anzubieten, welche die Lebensqualität des sterbenden Menschen verbessert, seine Würde nicht antastet und aktive Sterbehilfe ausschließt. 18

Die Mehrzahl der Sterbenskranken wünscht sich, zu Hause in ihrer vertrauten Umgebung sterben zu dürfen. Jedoch nimmt die Zahl der alleinstehenden Menschen kontinuierlich zu, auch Angehörige fühlen sich mit der schweren Aufgabe, Sterbende zu Hause zu begleiten, überfordert. Sterbende und Angehörige brauchen deshalb Begleitung und Unterstützung, insbesondere benötigen die sterbenden Menschen eine schmerztherapeutische Behandlung, psychosoziale und spirituelle Unterstützung sowie eine Entlastung im Alltag. Im Vordergrund der **ambulanten Hospizarbeit** steht aus diesem Grund die Betreuung im Haushalt oder in der Familie mit dem Ziel, sterbenden Menschen ein möglichst würdevolles und selbstbestimmtes Leben bis zum Ende zu ermöglichen. Der palliative Versorgungsbedarf soll in seiner Art und von seinem Umfang her durch den Einsatz ehrenamtlich tätiger Personen und weiterer ambulanter Versorgungsformen im Haushalt oder in der Familie erfüllt werden.[11] Die Regelung in § 39a Abs. 2 SGB V beinhaltet **keinen individuellen Rechtsanspruch des Versicherten** auf Leistungen der ambulanten Hospizversorgung.[12] Vielmehr werden die ambulanten Hospizdienste 19

---

[9] BT-Drs. 14/7154, S. 27.

[10] BT-Drs. 14/7473, S. 22.

[11] Präambel sowie § 2 Abs. 2 der Rahmenvereinbarung nach § 39a Abs. 2 Satz 6 SGB V zu den Voraussetzungen der Förderung sowie zu Inhalt, Qualität und Umfang der ambulanten Hospizarbeit vom 03.09.2002, in der Fassung vom 17.01.2006.

[12] *Höfler* in: KassKomm, SGB V, Ergänzungslieferung 37, August 2002, zu § 39a Rn. 16.

durch eine pauschale finanzielle Förderung durch die Krankenkassen unterstützt. Die Vorschrift stützt den verankerten Grundsatz ambulant vor stationär, stärkt damit den kostengünstigeren ambulanten Bereich und begrenzt die Anforderungen an den Ausbau stationärer Angebote.[13]

III. Stationäre Hospizversorgung

1. Leistungsvoraussetzungen (Absatz 1 Satz 1)

20 Die gesetzlichen Voraussetzungen für einen Leistungsanspruch auf stationäre Hospize sind in Satz 1 festgelegt und werden durch die Rahmenvereinbarung der Vereinbarungspartner nach Satz 4 konkretisiert.

a. Ausschluss bei Krankenhausbehandlung nach § 39 SGB V

21 Den Anspruch auf Zuschuss haben nur diejenigen Versicherten, die keiner Krankenhausbehandlung nach § 39 SGB V bedürfen.

22 Die Versorgung in einer Hospizeinrichtung ist nicht primär auf die Akutbehandlung bei einer bestehenden Krankheit gerichtet, vielmehr möchte man in diesen Einrichtungen die letzte Lebensphase für die sterbenden Menschen durch Linderung der Krankheitsbeschwerden möglichst erträglich gestalten.

b. Rahmenvereinbarung nach Absatz 1 Satz 4

23 Unter der Berücksichtigung der amtlichen Begründung[14] obliegt den Vereinbarungspartnern insbesondere die Festlegung des Kreises der anspruchsberechtigten Versicherten und der Bedingungen, die von Einrichtungen erfüllt werden müssen, um als stationäre Hospize im Sinne des § 39a Abs. 1 SGB V gelten zu können.

24 Im Gemeinsamen Rundschreiben der Spitzenverbände der Krankenkassen (vom 17.06.1997) zum 1. und 2. NOG wird bereits auf die Notwendigkeit von Absprachen über die Höhe der berücksichtigungsfähigen Kosten, die Notwendigkeit und den Umfang einer Verordnung eines Hospizaufenthaltes, die Frage der Dauer der Bezuschussung und des Vorrangs/Nachrangs gegenüber anderen Leistungsträgern (z.B. nach dem SGB XI) hingewiesen.

25 Der Rahmenvereinbarung nach § 39a Abs. 1 Satz 4 SGB V über Art und Umfang sowie zur Sicherung der Qualität der stationären Hospizversorgung vom 13.03.1998 i.d.F. vom 09.02.1999 (der Spitzenverbände der Krankenkassen und der BAG Hospiz e.V.) beinhaltet neben Begriffsdefinition und Zielsetzung von stationären Hospizen insbesondere die Festlegung über den Kreis der Anspruchsberechtigten und den Versorgungsumfang.

2. Ziele, Begriffsdefinition, Kostenaufteilung

26 Oberstes **Ziel** der Hospizarbeit ist es, dem sterbenden Menschen ein möglichst würdevolles und selbstbestimmtes Leben bis zum Ende zu ermöglichen. Im Zentrum der Hospize stehen die **Wünsche und Bedürfnisse der Sterbenden** und ihrer Angehörigen.

27 Die **stationären Hospize** sind selbständige Einrichtungen (baulich, organisatorisch und wirtschaftlich) mit eigenständigem Versorgungsauftrag; d.h., sie sollen für Patienten mit unheilbaren Krankheiten in der letzten Lebensphase palliativ-medizinische Behandlungen erbringen. Es ist ausgeschlossen, dass ein stationäres Hospiz Bestandteil einer stationären Pflegeeinrichtung ist, weil die in § 71 SGB XI aufgeführten Anforderungen an stationäre Pflegeeinrichtungen insoweit nicht ausreichend sind.

28 Die Einrichtung soll höchstens 16 Plätze umfassen, damit ein familiärer Charakter entsteht; die räumliche Gestaltung ist auf die Bedürfnisse schwerkranker sterbender Menschen auszurichten. Damit eine palliativ-medizinische, palliativ-pflegerische, soziale sowie geistig-seelische Versorgung gewährleistet wird, bedarf es darüber hinaus einer besonderen Ausstattung.

29 Anstelle einer vollstationären Hospizversorgung soll eine **teilstationäre Versorgung** die erforderliche Entlastung und Unterstützung der Patienten und der Angehörigen gewährleisten, sodass der Patient möglichst lange in seiner häuslichen Umgebung verbleiben kann.[15]

---

[13] BT-Drs. 14/6754, S. 1.

[14] BT-Drs. 13/7264, S. 55, 60-61.

[15] Stellungsnahme der BAG Hospiz zu den Empfehlungen für Qualitätsanforderungen an stationäre Hospize vom 13.06.1997.

Das **teilstationäre Hospiz** ist ähnlich wie ein Hospiz ausgerüstet, eine Betreuung wird aber nur tagsüber geleistet. Die ärztliche Betreuung wird in der Regel durch die Hausärzte der Patienten fortgesetzt. Nachts kehren die Patienten in ihre häusliche Umgebung zurück. 30

Die **Kosten** für die stationären bzw. teilstationären Hospizeinrichtungen werden durch Eigenleistung des Versicherten, Spenden und ehrenamtliches Engagement aufgebracht. 31

3. Vorraussetzungen

Für einen Anspruch auf stationäre Hospizversorgung müssen sowohl die persönlichen als auch die institutionellen Voraussetzungen erfüllt sein. 32

Persönliche Voraussetzungen für die Aufnahme ist die Erkrankung eines Patienten, die progredient verläuft und bereits ein weit fortgeschrittenes Stadium erreicht hat und bei der eine Heilung ausgeschlossen ist. Eine palliativ-medizinische Behandlung ist notwendig oder wird vom Patienten gewünscht. Die Lebenserwartung der Patienten ist zumeist auf wenige Wochen oder Monate begrenzt. Eine palliativ-medizinische Behandlung kommt regelmäßig bei den Krankheitsbildern einer fortgeschrittenen Krebserkrankung, AIDS, Nervensystemerkrankung mit fortschreitenden Lähmungen und Endzustand einer chronischen Erkrankung von Nieren, Lungen, Herz und Verdauungstrakt in Betracht. 33

Die **institutionelle Voraussetzung** ist erfüllt, wenn eine ambulante Versorgung nicht mehr ausreichend ist. Ist der aus der Erkrankung resultierende Versorgungsbedarf an palliativ-medizinischer und palliativ-pflegerischer Behandlung so groß, dass er von Art und Umfang her die Möglichkeit von Laienhilfe (Angehörige, Ehrenamtliche) und ergänzenden ambulanten Versorgungsformen (vertragsärztliche Versorgung, häusliche Krankenpflege, ambulante Hospizversorgung etc.) sowie der Finalpflege und Sterbebegleitung in stationären Pflegeeinrichtungen regelmäßig übersteigt, ist die Aufnahme in eine stationäre Hospizeinrichtung indiziert. 34

Die Erfüllung der persönlichen und institutionellen Voraussetzungen wird grundsätzlich vom Medizinischen Dienst der Krankenversicherung (MDK) überprüft. 35

4. Notwendigkeit, Versorgungsumfang, Bedarfssatz

Die **Notwendigkeit der stationären Hospizversorgung** wird vorab durch den Vertragsarzt oder Krankenhausarzt bestätigt. Die Leistung ist zunächst auf 4 Wochen begrenzt. Bei der Überprüfung einer weiterhin bestehenden Notwendigkeit über die Leistungsdauer von 4 Wochen ist zu prüfen, ob eventuell eine Entlassung nach Hause möglich ist. Die Möglichkeit könnte dann bestehen, wenn sich der Zustand des Patienten trotz des schweren Krankheitsbildes stabilisiert hat. 36

Versorgungsumfang: Unterkunft und Verpflegung, palliativ-medizinische und palliativ-pflegerische Leistungen, soziale und geistig-seelische Leistungen, Sterbe- und Trauerbegleitung ganztägig (vollstationär), Sterbe- und Trauerbegleitung tagsüber bzw. nachts (teilstationär). 37

Nach § 7 Abs. 1 der stationären Rahmenvereinbarung ist die Basis für die Bemessung der Entgelte für teilstationäre und stationäre Hospize ein **leistungsgerechter tagesbezogener Bedarfssatz.** Basis für die Entgelte sind die durchschnittlich an einem Tag zu erstellenden Leistungen. Der tagesbezogene Bedarfssatz muss für die Zukunft vereinbart werden, d.h. eine Umlagefinanzierung ist nicht vorgesehen. 38

a. Stationäre oder teilstationäre Unterbringung, wenn eine häusliche Versorgung nicht möglich ist

Der individuelle Anspruch eines Versicherten auf Unterbringung in einem stationären/teilstationären Hospiz besteht, wenn keine Krankenhausbehandlung erforderlich und ambulante Versorgung im Haushalt und/oder Familie nicht möglich ist. 39

Die stationäre Aufnahme in ein Hospiz erfolgt also immer dann, wenn die Intensität der Behandlungspflege und der Hilfebedarf bei den regelmäßig wiederkehrenden Verrichtungen des täglichen Lebens so groß geworden sind, dass die notwendigen Hilfeleistungen nicht erbracht werden können.[16] 40

b. Palliativ-medizinische Behandlung

Die Versorgung in einem Hospiz muss auf palliativ-medizinische Behandlung ausgerichtet sein. Die palliativ-medizinischen und palliativ-pflegerischen Leistungen sollen durch Linderung der Krankheitsbeschwerden die letzte Lebensphase des Patienten erträglich gestalten. Sie sind nicht primär darauf gerichtet, das Leben zu verlängern. Im Zentrum stehen die Behandlung der körperlichen Beschwerden 41

[16] *von Radowitz*, Bundesarbeitsgemeinschaft Hospiz, Schreiben vom 23.07.1997 an die Spitzenverbände der Krankenkassen zur Vorbereitung der Rahmenvereinbarung nach § 39a SGB V.

(Schmerztherapie, Symptomkontrolle) und die Linderung der damit verbundenen psychischen Leiden unter Berücksichtigung sozialer und ethischer Gesichtspunkte.[17] Die Patienten, die einer stationären Hospizversorgung bedürfen, sind in einer akuten Krise, in der sofortige stationäre Aufnahme, ständige ärztliche Präsenz und ggf. interdisziplinäre ärztliche Zusammenarbeit geboten ist. Die ärztliche Versorgung wird dabei überwiegend durch die Hausärzte der Patienten oder durch mit dem Hospiz kooperierende niedergelassene Ärzte sichergestellt.

5. Finanzierung durch Zuschuss (Absatz 1 Sätze 2 und 3)

42 Basis für die Finanzierung teilstationärer und stationärer Hospize sind die von ihnen zu erstellenden Leistungen sowie die daraus resultierenden (vereinbarten) tagesbezogenen Bedarfssätze (vgl. Rn. 38). Die sich aus der Erstellung der Leistungen für palliativ-medizinische Behandlung, Grund- und Behandlungspflege einschließlich palliativ-pflegerischer Versorgung, soziale Betreuung einschließlich Sterbe- und Trauerbegleitung sowie für Unterkunft und Verpflegung ergebenden Kosten (= tagesbezogene Bedarfsätze) der Hospize werden im Rahmen einer Mischfinanzierung durch Zuschüsse der Krankenkassen, durch die Pflegeversicherung sowie durch Eigenleistung des Versicherten (oder der Sozialhilfeträger), Spenden und ehrenamtliche Leistungen aufgebracht.

43 Nach § 7 Abs. 6 der Rahmenvereinbarung nach § 39a Abs. 1 Sätze 1 und 4 SGB V müssen die (kalendertäglichen) Kosten zu mindestens 10% aus Eigenmitteln der teilstationären und stationären Hospize bestritten werden. Der Eigenbeitrag der Hospize kann sich aus Spenden und ehrenamtlicher Arbeit zusammensetzen, er darf dem Versicherten jedoch nicht ganz oder teilweise in Rechnung gestellt werden.

44 Die Versicherten erhalten bei der Erfüllung des Anspruchs auf stationäre Hospizversorgung eine i.S.v. § 2 Abs. 2 SGB V abweichende **Leistung als Zuschuss**, der sich aber nicht direkt auf die palliativ-medizinische Behandlung erstreckt, sondern auf die gesamte Hospizversorgung. Die Krankenkasse muss bei der Festlegung des Zuschusses daher nicht prüfen, wie groß der palliativ-medizinische Anteil ist.[18]

45 Die Höhe des Zuschusses der Krankenkasse ist in der Satzung innerhalb des gesetzlich vorgegebenen Rahmens festzusetzen. Der Zuschuss darf kalendertäglich 6% der monatlichen Bezugsgröße nach § 18 SGB IV nicht unterschreiten. Unter Anrechnung der Leistungen andere Sozialleistungsträger darf er die tatsächlichen kalendertäglichen Versorgungskosten jedoch nicht überschreiten.

46 Die Finanzierung eines teilstationären bzw. stationären Hospizes im Überblick:

vereinbarter tagesbezogener Bedarfssatz (§ 39a Abs. 1 Sätze 1 und 4 SGB V i.V.m. der Rahmenvereinbarung)
– 10% Eigenmittel (Spenden, ehrenamtliche Arbeit usw.) der Hospize
– Leistungen der sozialen Pflegeversicherung
– Leistungen der gesetzlichen Krankenkasse

= Eigenanteil des Versicherten (oder des Sozialhilfeträgers)

6. Berücksichtigung der besonderen Belange der Versorgung in Kinderhospizen (Absatz 1 Satz 5)

47 Es ist der ausdrückliche Wille des Gesetzgebers, die besonderen Belange der Versorgung in Kinderhospizen ausreichend zu berücksichtigen.[19]

48 Um die Versorgung schwerstkranker und sterbender Kinder zu verbessern, sind auf der Bundesebene bestehende Rahmenvereinbarungen zu stationären Hospizleistungen nach Inhalt, Art, Umfang und Qualität so auszugestalten, dass sie den besonderen Belangen von Kindern ausreichend Rechnung tragen. Von besonderer Bedeutung können dabei die gegenüber anderen Hospizen höheren Infrastruktur- und Personalkosten sein. Berücksichtigung muss auch die längere Verweildauer in dem Hospiz und die Einbindung der Familienangehörigen des Kindes in die Hospizarbeit finden.[20]

a. Finanzierungsregelung für Kinderhospize

49 Der allgemein von den stationären Hospizen aufzubringende Eigenanteil am tagesbezogenen Bedarfssatz beträgt einheitlich 10%. Um den Belangen der Kinderhospize besser gerecht zu werden, soll zukünftig bei stationären Kinderhospizen dieser Eigenanteil nur noch 5% des täglichen Bedarfssatzes be-

[17] § 3 Abs. 2 der Rahmenvereinbarung nach § 39a Satz 4 SGB V über die Art und Umfang sowie zur Sicherung der Qualität der stationären Hospizversorgung vom 13.03.1998, i.d.F. vom 09.02.1999.
[18] *Höfler* in: KassKomm, SGB V, Ergänzungslieferung 37, August 2002, zu § 39a Rn. 32.
[19] BR-Drs. 75/07, S. 10.
[20] BT-Drs. 16/3100; Art. 1 Nr. 25 lit. a und b.

tragen. Durch diese Regelung soll der Ausbau der Kinderhospizarbeit unterstützt und insbesondere die Abhängigkeit von Spenden und ehrenamtlicher Mitarbeit für stationäre Kinderhospize verringert werden. Der Kostenanteil, der nicht über die Krankenkasse, die Pflegeversicherung oder ggf. durch die Sozialhilfe getragen wird, soll deswegen nur noch höchstens 5% der vertraglich vereinbarten tagesbezogenen Bedarfssätze betragen. Ein vollständiger Verzicht auf einen Anteil an den Kosten würde den Hospizgedanken zuwiderlaufen, der im Wesentlichen auf ehrenamtlichem Engagement beruht.

b. Stationäre Kinderhospize und besondere Belange in der Versorgung

Stationäre Kinderhospize sind selbständige Einrichtungen (mit höchstens 16 Plätzen) mit eigenständigem Versorgungsauftrag, die für junge Menschen mit unheilbaren Krankheiten ab infauster Diagnose die Behandlung und Pflege nach „palliative-care“[21] sowie die soziale Betreuung der Eltern und Geschwisterkinder erbringen können. Anstelle der vollstationären Hospizversorgung kann die palliativ-medizinische Behandlung und soziale Betreuung als besondere Form der stationären Versorgung auch **teilstationär** erfolgen. Die räumliche Gestaltung der Einrichtung (z.B. Kinderzimmer, Spielzimmer, Elternzimmer, Gemeinschaftsraum für Familien) ist auf die Bedürfnisse schwerkranker sterbender junger Menschen auszurichten. 50

Kinder bedürfen intensiver Pflege und Betreuung, weil oftmals Vernunft und Einsicht fehlen, sodass die **Personalausstattung** (-schlüssel) in einem Kinderhospiz höher ist als in Hospizen für Erwachsene. Die Krankheitsbilder im Kindes- und Jugendalter unterscheiden sich mehrheitlich von denen der Erwachsenen. Der Krankheitsprozess dauert in der Regel mehrere Jahre.[22] 51

Die **besonderen Belange der Versorgung** in einem stationären Kinderhospiz müssen sich in der Rahmenvereinbarung nach Satz 4 wiederfinden. Ebenso ist der Personenkreis der Kinder und Jugendlichen mit ihren unheilbaren Diagnosen in den Vereinbarungen zu deklarieren. In diesem Zusammenhang wird die **Anspruchsbegrenzung auf die Vollendung des 18. Lebensjahres** nicht als zweckmäßig erachtet, weil Erkrankungen im Kinder- und Jugendalter sich oft über das 18. Lebensjahr hinaus auswirken können.[23] 52

Darüber hinaus stellt die Verschlimmerung des Krankheitsverlaufs bzw. die Stabilisierung des Gesundheitszustandes bei Kindern keinen kontinuierlichen Prozess dar, so dass **Mehrfachaufenthalte** durch plötzliche Krisensituationen notwendig sein können. Auch die Kostenübernahme für den finanziellen Mehraufwand aufgrund der erforderlichen Mitaufnahme der Eltern bzw. der Geschwisterkinder gehört zu den besonderen Belangen, die verbindlich zu regeln sind. 53

Die **derzeitig gültige Rahmenvereinbarung** nach § 39a Abs. 1 Satz 4 SGB V über Art und Umfang sowie zur Sicherung der Qualität der stationären Hospizversorgung vom 13.03.1998 in der Fassung vom 09.02.1999 berücksichtigt bereits diese besonderen Belange der Versorgung in Kinderhospizen ausreichend, insbesondere beinhaltet sie bereits Regelungen über den versorgenden Personenkreis der Kinder, die Qualitätsanforderungen und über die Mehrfachaufenthalte.[24] 54

7. Stellungnahme durch die KBV (Absatz 1 Satz 6)

Die (vertrags-)ärztliche Behandlung in einer Hospizeinrichtung erfolgt zumeist durch den Vertragsarzt. Sie ist dadurch Bestandteil der ambulanten ärztlichen Behandlung, auf die jeder Versicherte einen Anspruch hat. Aus dieser Tatsache resultiert das Recht der KBV, vor dem Abschluss der Rahmenvereinbarungen nach Satz 4 eine Stellungnahme abzugeben. 55

8. Schiedsperson (Absatz 1 Sätze 6 und 7)

Die Regelung zur Schiedsperson ist dem Bereich der häuslichen Krankenpflege (§ 132a SGB V) nachgebildet. Die vertragliche Umsetzung erfolgt insofern in Analogie dazu. 56

---

[21] Lat. Pallium = Mantel. Palliativ = (symptom)lindernd (ohne zu heilen). Palliative Care (Palliativbetreuung) bedeutet die aktive und umfassende Behandlung, Pflege und Begleitung von Patienten ab dem Zeitpunkt, da ihre Krankheit nicht mehr auf eine kurative (heilungsorientierte) Behandlung anspricht.

[22] Eckpunkte und Erläuterungen des Bundesverbandes Kinderhospiz e.V. vom 24.05.2006.

[23] Besprechungsergebnis der Spitzenverbände der Krankenkassen mit dem Bundesverband Kinderhospiz e.V. am 24.05.2006.

[24] Auffassung der Spitzenverbände der Krankenkassen, Besprechungsergebnis vom 14.02.2006 zu Punkt 6.

9. Abgrenzung der stationären Hospize zu Pflegeheimen und Krankenhäusern

57 Die Versorgung in einem teilstationären oder stationären Hospiz muss auf palliativ- medizinische Behandlung ausgerichtet sein. Das unterscheidet die Hospizeinrichtungen von Krankenhausbehandlung und von anderen Einrichtungen, die zwar auch sterbende Menschen versorgen, aber nicht das auf palliativ-medizinische Behandlung ausgerichtete Leistungsspektrum eines Hospizes vorhalten. Im Vordergrund der Hospizversorgung steht die Schmerzlinderung und die Sterbebegleitung, weniger die medizinischen Behandlungsmaßnahmen.[25]

58 Ein Zuschuss nach § 39a Abs. 1 SGB V kann neben Leistungen der vollstationären Pflege nach § 43 SGB XI beansprucht werden, wenn das Hospiz ein zugelassenes Pflegeheim nach § 71 Abs. 2 SGB XI ist.

IV. Ambulante Hospizversorgung

1. Förderungsvoraussetzungen (Absatz 2 Sätze 1 und 2)

59 Die unheilbar Kranken bedürfen gerade in der letzten Lebensphase einer menschenwürdigen, **qualifizierten Sterbebegleitung**, die auch im Haushalt des Sterbenden, der Familie oder im Pflegeheim erfolgen kann.

60 Dabei kann der Sterbenskranke keinen individuellen Anspruch auf ambulante Hospizversorgung verwirklichen, weil der Gesetzgeber in diesem Bereich nur eine institutionelle Förderung der ambulanten Hospizdienste durch die Krankenkassen vorsieht. Gefördert wird inhaltlich die **ehrenamtliche Sterbebegleitung** im häuslichen Bereich, die professionelle, d.h. berufsmäßige oder zu Erwerbszwecken ausgeübte Betreuungsleistung schließt den institutionellen Anspruch auf einen Zuschuss dagegen aus.

61 Die gesetzlichen Voraussetzungen für die **Förderung der ambulanten Hospizdienste** sind in den Sätzen 1 und 2 des Absatzes 2 festgelegt und werden durch die Rahmenvereinbarungen der Vereinbarungspartner nach Satz 6 konkretisiert.

a. Ambulante ehrenamtliche Sterbegleitung

62 Die Förderung eines ambulanten Hospizdienstes durch die Krankenkassen nach § 39a Abs. 2 Satz 1 SGB V kann nur dann erfolgen, wenn sich die zu betreuenden Versicherten im Endstadium einer Erkrankung befinden und **einer Krankenhausbehandlung, einer stationären oder teilstationären Versorgung in einem Hospiz nicht (mehr) bedürfen**, weil diese Leistungen für die sterbenskranken Menschen nicht mehr erfolgversprechend sind.[26]

63 Damit genügend geeignete ehrenamtliche Kräfte zur Verfügung stehen, ist die Zahlung angemessener Aufwandsentschädigungen unschädlich[27]; diese stellen keine Bezahlung für die Ausübung des Ehrenamtes dar. Es muss sich bei der Betreuungsleistung jedoch um eine **qualifizierte** ehrenamtliche Sterbebegleitung handeln, was eine laienhafte Tätigkeit ohne jede Anleitung und Überwachung ausschließt.

b. Institutionelle Voraussetzungen

64 Ein ambulanter Hospizdienst kann nur dann finanziell gefördert werden, wenn er über entsprechend ausgebildete Fachkräfte und über in der Sterbebegleitung geschulte ehrenamtlich Tätige verfügt.

65 Der Hospizdienst darf keine direkten Pflegeleistungen erbringen. Dies ist Aufgabe der ambulanten Pflegedienste. Eine Konkurrenzsituation zwischen Hospizdienst und Pflegedienst wird damit ausgeschlossen. Andererseits sind Pflegedienste keine Hospizdienste, denn ein ambulanter Hospizdienst besteht notwendigerweise aus professionellen Fachkräften und geschulten ehrenamtlich Tätigen.[28]

c. Befähigung ehrenamtlicher Hospizhelfer[29]

66 Die Vorbereitungskurse für ehrenamtliche Bewerber umfassen 120 Stunden.[30] In dieser Zeit sollen ehrenamtliche Mitarbeiter optimal qualifiziert werden, um hinreichend auf die Wünsche und Bedürfnisse

---

25 *Orlowski/Rau/Schermer/Wasem/Zipperer* in: GKV-Komm, SGB V, Oktober 2006, § 39a Rn. 4.

26 *Wagner* in: Krauskopf, SGB V, Mai 2006, § 39a Rn. 11.

27 *Höfler* in: KassKomm, SGB V, Ergänzungslieferung 37, August 2002, § 39a Rn. 18.

28 BR-Drs. 578/00, S. 3.

29 Vgl. BT-Drs. 15/5858, S. 30, Nr. 6.4.

30 Es existieren verschiedene, konkurrierende Ausbildungskonzepte. Diese Empfehlung bezieht sich auf die Vorbereitungskurse von Hospizhelfern der BAG Hospize.

des Sterbenden und seines näheren Umfelds eingehen zu können. Um den komplexen Anforderungen der Hospizarbeit gewachsen zu sein, wird erwogen, dass für die **Qualifikation ehrenamtlicher Helfer** dieselben Mindestanforderungen gelten wie für Pflegekurse nach § 45 SGB XI. Für Bewerber zur Hospizarbeit sind **keine beruflichen Qualifikationen** notwendig, vorherige Erfahrungen im Umgang mit sterbenden Menschen sind keine Voraussetzung. Bedingung ist die Übereinstimmung des Bewerbers mit dem der Hospizbewegung zugrunde liegenden Menschenbild sowie den Werthaltungen und Grundüberzeugungen.

In **vier Stufen** werden die werdenden Sterbebegleiter auf ihre Arbeit und den Umgang mit sterbenden Patienten vorbereitet: 67

- Zunächst erfolgt die Auseinandersetzung mit der eigenen Biographie und Identität anhand der jeweils eigenen Erfahrungen mit Trauer, Sterben und Tod.
- In einem zweiten Schritt erfolgt eine umfassende Information über das Hospizkonzept und die Lebensbedürfnisse sterbender Menschen und ihrer Angehörigen.
- Anschließend erfolgt die Aufklärung über die Arbeitsweise des Hospizes im interdisziplinären Team, Stellung und Selbstverständnis des Ehrenamtes sowie über die notwendigen Rechts- und Versicherungsfragen.
- Abschließend werden Praktika in Krankenhäusern, Altenpflegeheimen und ambulanten bzw. stationären Einrichtungen für schwerkranke oder sterbende Menschen absolviert.

2. Zuschuss (Absatz 2 Sätze 4 und 5)

Die Einführung der institutionellen Förderung von ambulanten Hospizdiensten lehnt sich rechtssystematisch an die Regelungen der Selbsthilfeförderung nach § 20 Abs. 4 SGB V an.[31] Nach § 39a Abs. 2 Satz 4 SGB V sollen die ambulanten Hospizdienste einen angemessenen Zuschuss zu den notwendigen Personalkosten, welche für die Gewinnung, Vorbereitung, Koordination und Begleitung ehrenamtlicher Hospizkräfte, für die Vernetzung mit anderen Diensten sowie für palliativ-pflegerische Beratung entstehen, erhalten. Mit dieser Zuschussregelung in Verbindung mit den angemessenen Personalkosten wird dem Umstand Rechnung getragen, dass es sich bei der ambulanten Hospizarbeit um eine gesellschaftliche Aufgabe handelt, deren Förderung nicht ausschließlich den Kassen zugewiesen werden darf.[32] Um den ambulanten Hospizdiensten eine Anpassung ihrer Strukturen und Arbeitsweisen zu ermöglichen, wird eine Steigerung des Förderbetrages von 0,15 € im Jahre 2002 auf bis 0,40 € im Jahr 2007 festgelegt. Weitere Finanzquellen in der Mischfinanzierung sind etwa Mitgliedsbeiträge, Spenden, Sponsorengelder und Zuschüsse öffentlicher Gebietskörperschaften. 68

Der Förderungsbetrag für die Personalkosten der hauptamtlichen Kräfte wird nach **Leistungseinheiten** ermittelt, die sich nach der Anzahl der im Vorjahr tätigen Ehrenamtlichen und nach der Anzahl der geleisteten Sterbebegleitungen nach Ländern errechnen.[33] 69

Kritiker sehen in § 39a Abs. 2 SGB V eine unzureichende Finanzierungsgrundlage, die Mittel für Verwaltungsaufgaben – wie beispielsweise den Kontakt mit Bestattungsunternehmen und die zu leistende Trauerarbeit sowie Palliativberatung von Alten- und Pflegeheimen – außer Acht lässt.[34] 70

3. Rahmenvereinbarung (Absatz 2 Satz 6)

Die Vorschrift des § 39a Abs. 2 Satz 6 SGB V sieht vor, dass die Spitzenverbände der Krankenkassen mit den Spitzenorganisationen der ambulanten Hospizdienste das Nähere vereinbaren zu den Voraussetzungen der Förderung sowie Inhalt, Qualität und Umfang der ambulanten Hospizarbeit. 71

Mit der Rahmenvereinbarung vom 03.09.2002, in der Fassung vom 17.01.2006, ist man dieser gesetzlichen Aufforderung nachgekommen. In den Rahmenbedingungen sind die Fördergrundsätze und Förderungsmodalitäten für ambulante Hospizdienste festgelegt, in denen weitere Finanzierungsbedingungen sowie Vorgaben zu Inhalt, Qualität und Umfang der ambulanten Hospizarbeit ausformuliert sind. 72

---

[31] Stellungnahme der Spitzenverbände der Krankenkassen zum Gesetzesentwurf des Bundesrates vom 26.07.2001 (BT-Drs. 14/6754) vom 14.11.2001.

[32] BR-Drs. 433/01, S. 3 und 4.

[33] Siehe § 6 Inhalt, Dauer und Verfahren der Förderung der aktuellen ambulanten Rahmenvereinbarung vom 17.01.2006.

[34] BT-Drs. 15/5858, S. 34, Zwischenbericht der Enquete-Kommission zur Verbesserung der Versorgung Schwerstkranker und Sterbender in Deutschland durch Palliativmedizin und Hospizarbeit.

a. Ziel der Förderung

73 Die Krankenkassen leisten einen angemessenen Zuschuss zu den notwendigen Personalkosten des ambulanten Hospizdienstes für die palliativ-pflegerische Beratung durch entsprechend ausgebildete Fachkräfte sowie für die Gewinnung, Schulung, Koordination und Unterstützung der ehrenamtlich tätigen Personen, die für die Sterbebegleitung zur Verfügung stehen.

b. Grundsätze der Förderung

74 Es werden nur diejenigen ambulanten Hospizdienste gefördert, die die Regelungen der Rahmenvereinbarung erfüllen und für Versicherte qualifizierte ehrenamtliche Sterbebegleitung in deren Haushalt, der Familie oder stationärem Pflegeheim erbringen. Dabei ist u.a. Voraussetzung für die Förderung, dass die ambulanten Hospizdienste seit einem Jahr bestehen und Sterbebegleitung geleistet haben, Teil einer vernetzten Versorgungsstruktur im regionalen Gesundheits- und Sozialsystem sind und mit mindestens einem zugelassen Pflegedienst und approbierten Arzt zusammenarbeiten.

c. Inhalt ambulanter Hospizarbeit

75 Ambulante Hospize erbringen Sterbebegleitung sowie palliativ-pflegerische Beratung. Angehörige der sterbenden Menschen sollen nach Möglichkeit in die Begleitung miteinbezogen werden.

76 Die Behandlung der körperlichen Beschwerden obliegt jedoch den zugelassenen Ärzten und Pflegediensten.

d. Qualität der ambulanten Hospizarbeit

77 Die ambulante Hospizarbeit muss qualitativ dem jeweiligen allgemeinen Stand der wissenschaftlichen Erkenntnisse entsprechen. Dabei sollten die individuellen Wünsche und Bedürfnisse des sterbenden Menschen in dem Maße berücksichtigt werden, dass in der letzten finalen Lebensphase ein Höchstmaß an persönlicher Lebensqualität ermöglicht wird. Der ambulante Hospizdienst muss daher bestrebt sein, verantwortlich Maßnahmen für die Sicherung der Qualität festzulegen und durchzuführen.

e. Personelle Mindestvoraussetzung[35]

78 Der ambulante Hospizdienst muss **eine festangestellte verantwortliche Kraft** beschäftigen, die mindestens die Erlaubnis zur Führung der Berufsbezeichnung Krankenschwester, Krankenpfleger, Kinderkrankenschwester oder Kinderkrankenpfleger entsprechend den Bestimmungen des Gesetzes über die Berufe in der Krankenpflege in der jeweils gültigen Fassung besitzt. Alternativ besteht die Möglichkeit einer abgeschlossenen Universitäts- bzw. Fachhochschulausbildung aus dem Bereich Pflege, Sozialpädagogik oder Sozialarbeit; andere abgeschlossene Studiengänge oder Berufsausbildungen sind im Einzelfall zu prüfen. Zudem muss die Fachkraft eine mindestens dreijährige hauptberufliche Tätigkeit in ihrem Beruf ausgeübt haben.

f. Inhalt, Dauer und Verfahren der Förderung

79 Die Förderung der ambulanten Hospizdienste erfolgt als Zuschuss zu den Personalkosten der Fachkraft. Der Fachkraft obliegt u.a. die palliativ/pflegerische und psychosoziale Beratung sterbender Menschen und deren Angehöriger sowie die Zusammenarbeit mit den übrigen vernetzten Strukturen, insbesondere mit dem palliativ-medizinischen Arzt bzw. dem palliativ-pflegerischen Pflegedienst (vgl. § 3 Abs. 3 der Rahmenvereinbarung). Der Personalkostenzuschuss wird insbesondere auch für die palliativ-pflegerische Beratung geleistet.

4. Sterbebegleitung durch ambulante Hospizdienste in stationären Pflegeeinrichtungen

80 Bei der Sterbebegleitung im stationären Pflegebereich handelt es sich um eine originäre Aufgabe der stationären Einrichtung selbst. Sofern dennoch in Einzelfällen durch ambulante Hospize Sterbebegleitung in stationären Pflegeeinrichtungen erbracht werden, sind diese Sterbebegleitungen – als Zuschuss zu den Personalkosten der Fachkräfte – förderungsfähig.[36]

---

[35] Vgl. § 5 der Rahmenvereinbarung nach § 39a Abs. 2 Satz 6 SGB V zwischen den Spitzenverbänden der Krankenkassen und den Spitzenorganisationen ambulanter Hospizdienste zu den Voraussetzungen der Förderungen sowie Inhalt, Qualität und Umfang der ambulanten Hospizarbeit vom 03.09.2002 i.d.F. vom 17.01.2006.

[36] Vgl. § 6 Abs. 2 der Rahmenvereinbarung nach § 39a Abs. 2 Satz 6 SGB V zwischen den Spitzenverbänden der Krankenkassen und den Spitzenorganisationen ambulanter Hospizdienste zu den Voraussetzungen der Förderungen sowie Inhalt, Qualität und Umfang der ambulanten Hospizarbeit vom 03.09.2002 i.d.F. vom 17.01.2006.

5. Ausreichende Berücksichtigung der besonderen Belange in der Versorgung von Kindern durch ambulante Hospizdienste

Die ambulanten Kinderhospize müssen über eine besondere Ausstattung verfügen, um hinsichtlich der speziellen Bedürfnisse von schwerstkranken Kindern die sach- und fachkundige palliativ-medizinische, palliativ-pflegerische, soziale und geistig-seelische Versorgung zu gewährleisten. Die aktuelle Rahmenvereinbarung vom 17.01.2006 zur ambulanten Hospizversorgung nach § 39a Abs. 2 Satz 6 SGB V berücksichtigt die besonderen Belange in der Versorgung von schwerstkranken Kindern. 81

§ 40 SGB V Leistungen zur medizinischen Rehabilitation

(Fassung vom 26.03.2007, gültig ab 01.04.2007, gültig bis 30.06.2008)

(1) Reicht bei Versicherten eine ambulante Krankenbehandlung nicht aus, um die in § 11 Abs. 2 beschriebenen Ziele zu erreichen, erbringt die Krankenkasse aus medizinischen Gründen erforderliche ambulante Rehabilitationsleistungen in Rehabilitationseinrichtungen, für die ein Versorgungsvertrag nach § 111 besteht, oder, soweit dies für eine bedarfsgerechte, leistungsfähige und wirtschaftliche Versorgung der Versicherten mit medizinischen Leistungen ambulanter Rehabilitation erforderlich ist, durch wohnortnahe Einrichtungen. Leistungen nach Satz 1 sind auch in stationären Pflegeeinrichtungen nach § 72 Abs. 1 des Elften Buches zu erbringen.

(2) Reicht die Leistung nach Absatz 1 nicht aus, erbringt die Krankenkasse stationäre Rehabilitation mit Unterkunft und Verpflegung in einer nach § 20 Abs. 2a des Neunten Buches zertifizierten Rehabilitationseinrichtung, mit der ein Vertrag nach § 111 besteht. Wählt der Versicherte eine andere zertifizierte Einrichtung, mit der kein Versorgungsvertrag nach § 111 besteht, so hat er die dadurch entstehenden Mehrkosten zu tragen. Die Krankenkasse führt nach Geschlecht differenzierte statistische Erhebungen über Anträge auf Leistungen nach Satz 1 und Absatz 1 sowie deren Erledigung durch.

(3) Die Krankenkasse bestimmt nach den medizinischen Erfordernissen des Einzelfalls Art, Dauer, Umfang, Beginn und Durchführung der Leistungen nach den Absätzen 1 und 2 sowie die Rehabilitationseinrichtung nach pflichtgemäßem Ermessen. Leistungen nach Absatz 1 sollen für längstens 20 Behandlungstage, Leistungen nach Absatz 2 für längstens drei Wochen erbracht werden, es sei denn, eine Verlängerung der Leistung ist aus medizinischen Gründen dringend erforderlich. Satz 2 gilt nicht, soweit die Spitzenverbände der Krankenkassen gemeinsam und einheitlich nach Anhörung der für die Wahrnehmung der Interessen der ambulanten und stationären Rehabilitationseinrichtungen auf Bundesebene maßgeblichen Spitzenorganisationen in Leitlinien Indikationen festgelegt und diesen jeweils eine Regeldauer zugeordnet haben; von dieser Regeldauer kann nur abgewichen werden, wenn dies aus dringenden medizinischen Gründen im Einzelfall erforderlich ist. Leistungen nach den Absätzen 1 und 2 können nicht vor Ablauf von vier Jahren nach Durchführung solcher oder ähnlicher Leistungen erbracht werden, deren Kosten auf Grund öffentlich-rechtlicher Vorschriften getragen oder bezuschusst worden sind, es sei denn, eine vorzeitige Leistung ist aus medizinischen Gründen dringend erforderlich. § 23 Abs. 7 gilt entsprechend.

(4) Leistungen nach den Absätzen 1 und 2 werden nur erbracht, wenn nach den für andere Träger der Sozialversicherung geltenden Vorschriften mit Ausnahme des § 31 des Sechsten Buches solche Leistungen nicht erbracht werden können.

(5) Versicherte, die eine Leistung nach Absatz 1 oder 2 in Anspruch nehmen und das achtzehnte Lebensjahr vollendet haben, zahlen je Kalendertag den sich nach § 61 Satz 2 ergebenden Betrag an die Einrichtung. Die Zahlungen sind an die Krankenkasse weiterzuleiten.

(6) Versicherte, die das achtzehnte Lebensjahr vollendet haben und eine Leistung nach Absatz 1 oder 2 in Anspruch nehmen, deren unmittelbarer Anschluß an eine Krankenhausbehandlung medizinisch notwendig ist (Anschlußrehabilitation), zahlen den sich nach § 61 Satz 2 ergebenden Betrag für längstens 28 Tage je Kalenderjahr an die Einrichtung; als unmittelbar gilt der Anschluß auch, wenn die Maßnahme innerhalb von 14 Tagen beginnt, es sei denn, die Einhaltung dieser Frist ist aus zwingenden tatsächlichen oder medizinischen Gründen nicht möglich. Die innerhalb des Kalenderjahres

bereits an einen Träger der gesetzlichen Rentenversicherung geleistete kalendertägliche Zahlung nach § 32 Abs. 1 Satz 2 des Sechsten Buches sowie die nach § 39 Abs. 4 geleistete Zahlung sind auf die Zahlung nach Satz 2 anzurechnen. Die Zahlungen sind an die Krankenkasse weiterzuleiten.

(7) Die Spitzenverbände der Krankenkassen legen gemeinsam und einheitlich und unter Beteiligung der Arbeitsgemeinschaft nach § 282 (Medizinischer Dienst der Spitzenverbände der Krankenkassen) Indikationen fest, bei denen für eine medizinisch notwendige Leistung nach Absatz 2 die Zuzahlung nach Absatz 6 Satz 1 Anwendung findet, ohne daß es sich um Anschlußrehabilitation handelt. Vor der Festlegung der Indikationen ist den für die Wahrnehmung der Interessen der stationären Rehabilitation auf Bundesebene maßgebenden Organisationen Gelegenheit zur Stellungnahme zu geben; die Stellungnahmen sind in die Entscheidung einzubeziehen.

Gliederung

A. Basisinformationen

I. Textgeschichte/Gesetzgebungsmaterialien

Die Leistungsregelung des § 40 SGB V zu medizinischen ambulanten und stationären Rehabilitationsmaßnahmen wurde mit Wirkung vom 01.01.1989 durch das GRG[1] eingeführt und hat seither zahlreiche Änderungen[2] erfahren; hervorzuheben sind: 1

Durch das BeitrEntlG[3] wurden zum 01.01.1997 neben Änderungen der Zuzahlungsregelungen[4] die Dauer der medizinischen Rehabilitationsmaßnahmen im Regelfall von vier auf drei Wochen reduziert[5] und die Wiederholungsintervalle von drei auf vier Jahre verlängert[6]. § 40 Abs. 7 SGB V, der die Festlegung von Indikationen regelt, in denen Zuzahlungen nach § 40 Abs. 6 Satz 1 zu leisten sind, wurde durch das 2. GKV-NOG[7] mit Wirkung vom 01.07.1997 angefügt. 2

Eine grundlegende Umgestaltung[8] erfuhr § 40 SGB V im Rahmen der präziseren Abgrenzung der Rehabilitationsleistungen von denen der Vorsorge und der Krankenbehandlung zum 01.01.2000 durch die Änderungen mit In-Kraft-Treten des GKV-Gesundheitsreformgesetzes 2000[9]. § 40 Abs. 1 SGB V stellt nunmehr eine spezielle Rechtsgrundlage für ambulante Rehabilitationsleistungen in Rehabilitati- 3

---

[1] Gesundheits-Reformgesetz vom 20.12.1988, BGBl I 1988, 2477.
[2] Zur Textgeschichte vgl. ausführlich *Schmidt* in: Peters, Handbuch KV (SGB V), § 40 Rn. 1-38.
[3] Beitragsentlastungsgesetz vom 01.11.1996, BGBl I 1996, 1631.
[4] Neufassung des Absatzes 5, Anfügung des Absatzes 6.
[5] Änderung des Absatzes 3 Satz 1.
[6] Änderung des Absatzes 3 Satz 2.
[7] Zweites GKV-Neuordnungsgesetz vom 23.06.1997, BGBl I 1997, 1520.
[8] Neufassung der Absätze 1 und 3, Änderung der Absätze 2, 4, 5 und 6.
[9] Gesetz zur Reform der gesetzlichen Krankenversicherung ab dem Jahr 2000 vom 22.12.1999, BGBl I 1999, 2626.

onseinrichtungen gemäß § 111 SGB V oder in wohnortnahen Einrichtungen dar, bezieht sich seither aber nicht mehr auf ambulante Rehabilitationskuren; diese sind vielmehr den ambulanten Vorsorgeleistungen nach § 23 Abs. 2 SGB V zugeordnet.[10] Für die – seit 01.01.2000 auch bei Leistungen nach § 40 Abs. 1 SGB V – vom Versicherten grundsätzlich zu erbringenden Zuzahlungen verweist § 40 Abs. 5 Satz 1, Abs. 6 Satz 1 SGB V in der Fassung des GKV-Modernisierungsgesetzes (GMG)[11] seit 01.01.2004 auf den sich nach § 61 Satz 2 SGB V ergebenden Betrag.

4 Durch das GKV-Wettbewerbsstärkungsgesetz (GKV-WSG)[12] sind die ambulanten und stationären Leistungen zur medizinischen Rehabilitation mit Wirkung vom 01.04.2007 zu Pflichtleistungen der Krankenkassen erklärt worden, so dass die Ausgaben für diese Leistungen risikostrukturausgleichsfähig werden; bereits die bisherige Formulierung des Gesetzes war richtiger Ansicht nach nicht im Sinne eines Ermessensspielraumes der Krankenkassen hinsichtlich des „Ob" der Leistungserbringung verstanden worden.[13] Die Neuformulierung von § 40 Abs. 1 Satz 1 SGB V ermöglicht nunmehr auch die **mobile Rehabilitation** als Sonderform der ambulanten Rehabilitation, der neu angefügte § 40 Abs. 1 Satz 2 SGB V stellt klar, dass ambulante Rehabilitation auch für Pflegebedürftige in stationären Pflegeeinrichtungen nach § 72 SGB XI zu erbringen ist. Nach § 40 Abs. 2 SGB V n.F. müssen stationäre Rehabilitationseinrichtungen zukünftig über eine Zertifizierung nach § 20 Abs. 2a SGB XI verfügen. Versicherte können nunmehr auch zertifizierte stationäre Rehabilitationseinrichtungen ohne Versorgungsvertrag nach § 111 SGB V in Anspruch nehmen, haben ggf. anfallende Mehrkosten dann aber selbst zu tragen. Zur besseren Transparenz haben die Krankenkassen ab 01.04.2007 nach Geschlecht differenzierte statistische Erhebungen über die Antragstellung und Bewilligung von ambulanten und stationären Leistungen zur medizinischen Rehabilitation nach § 40 Abs. 1 und 2 SGB V durchzuführen.

5 Erst zum 01.08.2008[14] wird die bisherige Aufgabe der Spitzenverbände der Krankenkassen, in Leitlinien indikationsspezifische Regeldauern und Indikationen für die verminderte Zuzahlung festzulegen, auf den Spitzenverband Bund der Krankenkassen übertragen. Bis zur Verabschiedung neuer Indikationen für die verminderte Zuzahlung durch den Spitzenverband Bund der Krankenkassen gilt die bisherige „Indikation für die Erhebung der verminderten Zuzahlung gemäß § 40 Abs. 7 SGB V bei ambulanten und stationären Rehabilitationsmaßnahmen vom 16.10.1997 i.d.F. vom 01.01.2004" weiter (§ 217f Abs. 5 SGB V).[15]

II. Vorgängervorschriften

6 Eine § 40 Abs. 2 SGB V entsprechende Regelung enthielt § 184 RVO, hinsichtlich ambulanter Rehabilitationsmaßnahmen war § 187 Abs. 1 Satz 1 Nr. 3 RVO Vorläufer.

III. Parallelvorschriften

7 Das in seinen wesentlichen Teilen am 01.07.2001 in Kraft getretene **SGB IX**[16] vom 19.06.2001[17] weist den einzelnen Rehabilitationsträgern (§ 6 SGB IX) die relevanten Leistungsgruppen (§ 5 SGB IX) zusammenfassend-deklaratorisch zu, hinsichtlich Zuständigkeit und Leistungsvoraussetzungen bleiben aber die für den jeweiligen Rehabilitationsträger geltenden Leistungsgesetze maßgeblich (§ 7 Satz 2 SGB IX). Demgegenüber sind die Vorschriften des SGB IX über Ziele, Art, Umfang und Ausführung der Rehabilitationsleistungen für alle Rehabilitationsträger verbindlich, soweit sich nicht aus den Spezialgesetzen Abweichendes ergibt (§ 7 Satz 1 SGB IX sowie für die gesetzliche Krankenversicherung § 11 Abs. 2 Satz 3 SGB V).[18] Zur Zuständigkeit anderer Leistungsträger wird auf die Ausführungen zur **Subsidiaritätsklausel** verwiesen (vgl. Rn. 34).

---

10 Vgl. hierzu die Begründung zum Fraktions-Entwurf BT-Drs. 14/1245, S. 66 zu Nr. 21.

11 Gesetz zur Modernisierung der gesetzlichen Krankenversicherung vom 14.11.2003, BGBl I 2003, 2190.

12 Gesetz zur Stärkung des Wettbewerbs in der gesetzlichen Krankenversicherung vom 26.03.2007, BGBl I 2007, 378.

13 Offen gelassen allerdings von BSG v. 25.03.2003 - B 1 KR 33/01 R - juris Rn. 14 - SozR 4-1500 § 54 Nr. 1.

14 Vgl. Art. 46 Abs. 9 GKV-WSG.

15 Leitlinien zur indikationsspezifischen Regeldauer existieren bisher wegen fehlender valider Datengrundlage nicht.

16 Sozialgesetzbuch - Rehabilitation und Teilhabe behinderter Menschen, zu dessen Auswirkungen im Krankenversicherungsrecht vgl. auch das Gemeinsame Rundschreiben der Spitzenverbände der Krankenkassen vom 18.06.2001 - http://www.g-k-v.com/index.php unter „Rundschreiben".

17 BGBl I 2001, 1046.

18 *Noftz* in: Hauck/Noftz, SGB V, § 40 Rn. 9a.

IV. Richtlinien, Empfehlungen

Der Gemeinsame Bundesausschuss (§ 91 SGB V) hat am 16.03.2004 die „Richtlinien über Leistungen zur medizinischen Rehabilitation (**Rehabilitations-Richtlinien**) nach § 92 Abs. 1 Satz 2 Nr. 8 SGB V" verabschiedet, die am 01.04.2004 in Kraft getreten sind[19]. Sie schaffen die Rahmenbedingungen für eine strukturierte Kooperation von Vertragsärzten und Krankenkassen bei der Beratung und Einleitung notwendiger Leistungen zur medizinischen Rehabilitation im Einzelfall; insbesondere regeln sie die Organisation der Verordnung der genehmigungspflichtigen Leistung zur medizinischen Rehabilitation zu Lasten der gesetzlichen Krankenversicherung durch den Vertragsarzt. 8

Die Spitzenverbände der Krankenkassen (§ 213 SGB V) haben auf Grund des § 40 Abs. 7 SGB V in Verbindung mit § 213 Abs. 2 SGB V gemeinsam und einheitlich „Indikationen für die Erhebung der verminderten **Zuzahlung** gemäß § 40 Abs. 7 SGB V bei ambulanten und stationären Rehabilitationsmaßnahmen vom 16.10.1997"[20] festgelegt (vgl. Rn. 41). 9

Zusammen mit 26 Spitzenorganisationen der Leistungserbringer haben sie ferner eine „Gemeinsame **Rahmenempfehlung** für ambulante und stationäre Vorsorge- und Rehabilitationsleistungen auf der Grundlage des § 111a SGB V[21] vom 12.05.1999"[22] geschlossen, in der die Begriffe „Vorsorge" und „Rehabilitation" konkretisiert und voneinander abgegrenzt werden. 10

In ihrer Vereinbarung **„Abhängigkeitserkrankungen"** vom 04.05.2001[23] haben die Spitzenverbände der Krankenkassen und der Verband Deutscher Rentenversicherungsträger sowie der Gesamtverband der landwirtschaftlichen Alterskassen mit Wirkung zum 01.07.2001 ihre Zusammenarbeit bei der Akutbehandlung (Entzugsbehandlung) und medizinischen Rehabilitation (Entwöhnungsbehandlung) Abhängigkeitskranker neu geregelt[24] (vgl. hierzu Rn. 37). 11

Mit den für die Wahrnehmung der Vorsorge- und Rehabilitationseinrichtungen maßgeblichen Spitzenorganisationen haben die Spitzenverbände der Krankenkassen in der zum 01.04.2004 in Kraft getretenen „Vereinbarung zur Qualitätssicherung und Qualitätsmanagement in der stationären Vorsorge und Rehabilitation nach § 137d SGB V"[25] konkrete Anforderungen der externen **Qualitätssicherung** und des internen Qualitätsmanagements festgelegt. 12

Auf der Ebene der Bundesarbeitsgemeinschaft für Rehabilitation haben die Spitzenverbände der Kranken-, Renten- und Unfallversicherung sowie die Kassenärztliche Bundesvereinigung **Rahmenempfehlungen**[26] zur ambulanten medizinischen Rehabilitation geschlossen, die sich aufteilen in einen Allgemeinen Teil[27] sowie Besondere Teile zur kardiologischen, muskuloskeletalen und neurologischen ambulanten Rehabilitation[28], ferner zur dermatologischen, psychischen und psychosomatischen sowie onkologischen ambulanten Rehabilitation[29]. Die Spitzenverbände der Krankenkassen haben diese durch eine Rahmenempfehlung zur ambulanten geriatrischen Rehabilitation[30] ergänzt. 13

Für die nach § 275 Abs. 2 Nr. 1 SGB V vor Bewilligung von medizinischen Leistungen zur Rehabilitation regelmäßig erforderliche Begutachtung durch den Medizinischen Dienst der Krankenversicherung (MDK) sind die vom Beschlussgremium nach § 213 SGB V am 12.03.2001 beschlossenen **Begutachtungs-Richtlinien „Vorsorge und Rehabilitation"** sowie die ergänzende **Begutachtungshilfe „Geriatrische Rehabilitation"** vom 12.12.2002 maßgeblich.[31] 14

---

[19] Veröffentlicht im Bundesanzeiger Nr. 63 vom 31.03.2004, S. 6769; www.g-ba.de unter „Vertragsärztliche Versorgung", „Richtlinien".

[20] Zum 01.01.2004 wegen der Änderung der Zuzahlungsregelungen durch das GMG (vgl. Rn. 3 am Ende) neu gefasst; zum Beispiel http://www.vdak.de/reha_zuzahlungen.htm.

[21] Rechtsgrundlage ist seit 01.08.2002 (Änderung durch das 11. SGB V-Änderungsgesetz vom 26.07.2002, BGBl I 2002, 2874) § 111b SGB V.

[22] Zum Beispiel http://www.vdak.de/rahmenempfehlung111a.htm.

[23] *Stähler/Wimmer*, DRV 2002, 58, 64 ff.; zum Beispiel http://www.vdak.de/abhaengigkeits_ve.htm.

[24] Zusammenfassung der bisherigen „Suchtvereinbarung" vom 20.11.1978 sowie der „Empfehlungsvereinbarung Ambulante Rehabilitation Sucht" vom 29.01.1991 in der Fassung vom 05.11.1996.

[25] Zum Beispiel http://www.vdak.de/qs_vereinbarung.htm.

[26] Zum Beispiel http://www.vdak.de/bar_konzept.htm.

[27] Stand 20.10.2000, am 22.01.2004 neu gefasst auf der Basis der Internationalen Klassifikation der Funktionsfähigkeit, Behinderung und Gesundheit (ICF) der WHO.

[28] Stand 20.10.2000.

[29] Alle Stand 22.01.2004.

[30] Stand 01.01.2004; zum Beispiel http://www.vdak.de/re_amb_ger_reha.htm.

[31] Beide zum Beispiel unter http://www.vdak.de/mdk_begut.htm.

V. Systematische Zusammenhänge und Abgrenzung

15 § 40 SGB V enthält Einzelregelungen zu medizinischen ambulanten Rehabilitationsleistungen und stationärer Rehabilitation in Rehabilitationseinrichtungen. Daneben sehen die §§ 41-43 SGB V weitere Rehabilitationsleistungen der gesetzlichen Krankenversicherung vor. Im Verhältnis zur stationären Rehabilitation nach § 40 Abs. 2 SGB V ist § 41 SGB V (medizinische Rehabilitation für Mütter und Väter) die spezielle Anspruchsnorm. Nach § 42 SGB V kann auch unabhängig von einer stationären Behandlung nach den §§ 39 Abs. 2, 40 Abs. 2 SGB V Belastungserprobung und Arbeitstherapie als Leistung der medizinischen Rehabilitation erbracht werden. Der von § 43 SGB V erfasste Anspruch auf ergänzende Leistungen zur Rehabilitation ermöglicht die Gewährung von weiteren im Einzelfall zur Abrundung der medizinischen Rehabilitation erforderlichen Maßnahmen.

16 Die Leistungen der **medizinischen Rehabilitation**[32] stellen einen Teilbereich der zur umfassenden Integration körperlich, geistig oder seelisch behinderter Menschen erforderlichen Bemühungen dar, die § 5 SGB IX aufschlüsselt. Die dort aufgeführten Leistungen zur Teilhabe am Arbeitsleben (berufliche Rehabilitation) und zur Teilhabe am Leben in der Gemeinschaft (soziale Rehabilitation) fallen nicht in den Zuständigkeitsbereich der gesetzlichen Krankenversicherung[33]. Die medizinische Rehabilitation steht bei idealtypischer Grenzziehung neben Prävention (Vorsorge) und Krankenbehandlung (Akuttherapie). Allerdings wird diese Grenzziehung weder vom Gesetz[34] immer durchgehalten noch lässt sie sich in der medizinischen Praxis strikt einhalten[35]. So kommen Methoden der kurativen Medizin auch in Rehabilitationsmaßnahmen zur Anwendung, umgekehrt erfasst die akutstationäre Behandlung auch die im Einzelfall erforderlichen und zum frühestmöglichen Zeitpunkt einsetzenden Leistungen zur Frührehabilitation (§ 39 Abs. 1 Satz 3 letzter Teilsatz SGB V). Für die Abgrenzung entscheidend ist dann das in der jeweiligen Behandlungsphase dominierende Behandlungsziel.[36] Als mit den Leistungen nach § 40 SGB V verfolgte Behandlungsziele benennt § 11 Abs. 2 Satz 1 SGB V: die Abwendung, Beseitigung, Minderung oder den Ausgleich einer Behinderung oder Pflegebedürftigkeit, die Verhütung ihrer Verschlimmerung oder die Milderung ihrer Folgen. Nicht von den Krankenkassen zu erbringen sind Leistungen der **aktivierenden Pflege** nach Eintritt von Pflegebedürftigkeit (§§ 11 Abs. 2 Satz 2, 107 Abs. 2 Nr. 1 Buchstabe b SGB V). Der Zusammenhang der Leistungen der medizinischen Rehabilitation mit den medizinischen Vorsorgeleistungen wird auch durch die gemeinsame Budgetierung der Kosten für stationäre medizinische Rehabilitationsleistungen und stationäre medizinische Vorsorgeleistungen gemäß § 23 Abs. 8 SGB V deutlich.

17 Als **Nebenansprüche** bei Gewährung von medizinischen Rehabilitationsleistungen kommt insbesondere[37] die Übernahme der erforderlichen Reisekosten nach Maßgabe der §§ 44 Abs. 1 Nr. 5, 53 SGB IX als Sondervorschrift zu § 60 SGB V (vgl. dessen Absatz 5), von Haushaltshilfe (§ 38 SGB V, §§ 44 Abs. 1 Nr. 6, 54 SGB IX) sowie – bei stationärer Rehabilitation – die Gewährung von Krankengeld (§ 44 Abs. 1 SGB V) sowie Mitaufnahme einer Begleitperson (§ 11 Abs. 3 SGB V) in Betracht.

VI. Literaturhinweise

18 *Dorenburg/Jäckel/Korsukewitz*, Qualitätssicherung und Leitlinien in der medizinischen Rehabilitation, DRV 2004, 273-286, *Farin/Jäckel*, Qualitätssicherung in der medizinischen Rehabilitation, BKK 2001, 376-381; *Gadomski*, Frührehabilitation im Krankenhaus, BKK 2000, 110-115; *Gerwinn/Wegener*, Weiterentwicklung der Rehabilitation, DRV 2004, 297-313; *Grünenwald*, Rahmenempfehlungen für ambulante und stationäre medizinische Vorsorge- und Rehabilitationsleistungen, SozVers 1997, 203-205; *Hasenbein/Wallesch*, Entscheidungen in der Rehabilitationssachbearbeitung einer Krankenkasse, Rehabilitation 2003, 354-362; *Hüllen*, Medizinische Rehabilitation, BKK 1999, 141-145; *Jäckel*, Bedarfsgerechte Rehabilitation, BKK 2003, 234-237; *Jung*, Ambulante und stationäre Reha-Leistungen in der GKV, BKK 1997, 378-389; *Kamps/Kiesecker*, Rechtsprobleme der stationären Rehabilitation, MedR 2002, 504-509; *Kingreen*, Die grenzüberschreitende Inanspruchnahme und Erbringung von medizinischen Rehabilitationsleistungen, ZESAR 2006, 210-215; *Klosterhuis/*

32 Vgl. zu Zielen der Leistungen zur medizinischen Rehabilitation und den insbesondere in Betracht kommenden Einzelmaßnahmen § 26 Abs. 1-3 SGB IX.

33 Zu den Schwierigkeiten der Abgrenzung *Noftz* in: Hauck/Noftz, SGB V, § 40 Rn. 13.

34 Vgl. nur § 27 SGB IX, § 39 Abs. 1 Satz 3 HS. 2 SGB V, § 13 Abs. 2 Nr. 1 SGB VI.

35 Zutreffend *Schmidt* in: Peters, Handbuch KV (SGB V), § 40 Rn. 64 ff., 70 ff.

36 *Gadomski*, BKK 2000, 110, 113.

37 Vgl. ergänzend *Noftz* in: Hauck/Noftz, SGB V, § 40 Rn. 72 ff.

Winnefeld, Anschlussheilbehandlung – der direkte und unkomplizierte Weg in die Rehabilitation, DAngVers 2002, 385-395; *Koch*, Medizinische Rehabilitation – Versorgungsbereich im Wandel, BKK 2003, 241-249; *Müller/Dreesen*, Entwicklung von Kuren und Rehabilitationsleistungen in der gesetzlichen Krankenversicherung, SozVers 1998, 281-288; *Mrozynski*, Leistungsabgrenzung; in der medizinischen Rehabilitation, SGb 1999, 437-443; *ders.*, Förderung und Rehabilitation von Kindern zwischen Kranken- und Pflegeversicherung sowie Jugend- und Sozialhilfe, in: Die Verantwortung des sozialen Rechtsstaats für Personen mit Behinderung und für die Rehabilitation, 2001, 117-130 (Sozialpolitik in Europa, Band 7); *Richter-Reichhelm*, Hochwertiges Netz ambulanter Rehabilitationszentren ist gefordert, BKK 2003, 230-233, *Schneider/Sip*, Auswirkungen des SGB IX auf die Leistungen der Kranken- und Pflegeversicherung, SF-Medien Nr. 142, 29-43, Nr. 143, 57-68 und Nr. 144, 13-32; *Steinke*, Rehabilitation im Wandel, BKK 1998, 581-588; *Stock*, Die neue Vereinbarung „Abhängigkeitserkrankungen" und das PsychThG, PsychR 2002, 6-10; *Sunder*, Abgrenzungsfragen der medizinischen Rehabilitation nach dem SGB IX, NDV 2002, 332-338; *von Törne*, Sektorale Sonderrolle der Rehabilitation noch zeitgemäß?, BKK 2000, 102-109; *von Törne/Hüllen*, Mehr ambulante Rehabilitation – aber keine Reha „light", BKK 2006, 576-580; *Trapphagen*, Ambulante Rehabilitation aus Sicht der GKV, KrV 2001, 57-61; *Welti*, Rechtliche Grundlagen der pflegevermeidenden Rehabilitation, PKR 2003, 8-13.

B. Auslegung der Norm

I. Allgemeiner Regelungsgehalt

§ 40 SGB V regelt Voraussetzungen und Inhalt des nach § 11 Abs. 2 SGB V bestehenden **Anspruchs** 19
auf medizinische Leistungen zur Rehabilitation. Ausgehend vom biopsychosozialen Krankheitsmodell der Internationalen Klassifikation der Schädigungen, Fähigkeitsstörungen und Beeinträchtigungen (ICIDH) der WHO besteht das Ziel der medizinischen Rehabilitation darin, voraussichtlich nicht nur vorübergehende oder bereits manifeste Beeinträchtigungen in der Teilhabe am schulischen, beruflichen und gesellschaftlichen Leben als Folge einer Schädigung durch frühzeitige Einleitung geeigneter Rehabilitationsleistungen zu vermeiden, zu beseitigen bzw. zu vermindern oder eine Verschlimmerung zu verhüten. Sind Fähigkeitsstörungen nicht mehr ausreichend beeinflussbar, so gilt es den Versicherten zu befähigen, mit diesen im Alltag zu leben. Es wird eine möglichst selbständige und unabhängige Lebensführung angestrebt. Darüber hinaus ist bei drohender oder bereits eingetretener Pflegebedürftigkeit Ziel der Rehabilitation, die Selbsthilfe- bzw. Selbstbestimmungsfähigkeit soweit wie möglich zu erhalten oder wiederherzustellen. Die medizinische Rehabilitation ist angezeigt bei Versicherten, die als Folge einer Schädigung rehabilitationsbedürftig sind und eine komplexe, interdisziplinäre Versorgung benötigen. Rehabilitationsbedürftigkeit besteht, wenn voraussichtlich nicht nur vorübergehende Fähigkeitsstörungen vorliegen oder eine Beeinträchtigung droht oder bereits manifest ist und die nicht nur vorübergehende Fähigkeitsstörung oder drohende oder bereits manifeste Beeinträchtigung allein durch Einzelmaßnahmen der kurativen Versorgung oder deren Kombination nicht vermieden, beseitigt, vermindert oder deren Verschlimmerung verhütet werden kann.[38]

Beim Vorliegen der Voraussetzungen werden die medizinischen Rehabilitationsleistungen als **Sach-** 20
leistung (unter Berücksichtigung der Zuzahlungspflicht nach den Absätzen 5 bis 7) aufgrund Antragstellung (§ 19 Satz 1 SGB IV) des Versicherten erbracht. Sie werden vom Vertragsarzt nach Maßgabe der Rehabilitations-Richtlinien des Gemeinsamen Bundesausschusses (vgl. Rn. 8) im Rahmen der vertragsärztlichen Versorgung zu Lasten der Krankenkasse verordnet (§ 73 Abs. 2 Satz 1 Nr. 5 und 7 SGB V). Unter Bezug auf die Entscheidungsbefugnis der Krankenkasse nach § 40 SGB V handelt es sich rechtlich um die vertragsärztliche Verordnung einer durch die Krankenkasse genehmigungspflichtigen Leistung. Leistungen des § 40 SGB V werden gemäß Absatz 4 der Vorschrift (vgl. Rn. 34 ff.) grundsätzlich nachrangig gegenüber denen anderer Leistungsträger gewährt und kommen erst in Betracht, wenn die ambulante Krankenbehandlung nicht ausreicht, um die Ziele des § 11 Abs. 2 SGB V zu erreichen. Auch zwischen den ambulanten Leistungen zur medizinischen Rehabilitation (Absatz 1) und den stationären Rehabilitationsleistungen (Absatz 2) besteht ein Verhältnis des Vor- und Nachrangs. Anders als bei Krankenhäusern (§ 39 SGB V), Hospizen (§ 39a SGB V) und Pflegeeinrichtungen (§§ 41, 43 SGB XI) differenziert § 40 SGB V bei der medizinischen Rehabilitation lediglich zwi-

[38] Zum Vorstehenden s. „Gemeinsame Rahmenempfehlung für ambulante und stationäre Vorsorge- und Rehabilitationsleistungen auf der Grundlage des § 111a SGB V" (vgl. Rn. 10) Nr. 2.2, 3.2.

schen ambulanter und stationärer Rehabilitation, die „teilstationäre" Rehabilitation, die in ortsnahen Zentren zumeist in der Form der „Tages-Klinik" angeboten wird[39], ist ein Unterfall der ambulanten Rehabilitation[40].

II. Ambulante Rehabilitationsleistungen nach Absatz 1

1. Leistungsinhalt

21 § 40 Abs. 1 SGB V ist seit der Neufassung mit Wirkung vom 01.01.2000 (vgl. Rn. 3) Rechtsgrundlage[41] für ambulante Rehabilitationsleistungen, das heißt solche, die ohne Unterkunft und Verpflegung (und deshalb in der Regel wohnortnah) gewährt werden. Ebenso wie stationäre Rehabilitationsleistungen (vgl. Rn. 24 ff.) werden die ambulanten Leistungen der Rehabilitation als **Komplexmaßnahme** erbracht, bei der die im Einzelfall erforderlichen therapeutischen Interventionen (z.B. Krankengymnastik, Bewegungs-, Sprach- und Beschäftigungstherapie, Psychotherapie und Hilfsmittelversorgung[42]) aufgrund eines ärztlichen Behandlungsplanes (vgl. § 107 Abs. 2 Nr. 2 SGB V) zu einem in sich verzahnten Gesamtkonzept zusammengefasst werden.[43] Die isolierte Abgabe von Heilmitteln fällt hingegen unter die Krankenbehandlung.[44] Mit der Neufassung des § 40 Abs. 1 Satz 1 SGB V durch das GKV-WSG (vgl. Rn. 4) wird die **mobile Rehabilitation** als Sonderform der ambulanten Rehabilitation ermöglicht. Dies erlaubt etwa bei der geriatrischen Rehabilitation für ältere Menschen den Einsatz mobiler Reha-Teams. Zum Ermessen der Krankenkasse hinsichtlich des „Wie" der Leistungserbringung vgl. § 40 Abs. 3 SGB V (dazu Rn. 28).

2. Leistungsvoraussetzungen

22 Neben dem krankenversicherungsrechtlichen Status als **Versicherter** ist nach § 40 Abs. 1 SGB V Leistungsvoraussetzung, dass eine ambulante Krankenbehandlung (also Einzelleistungen nach den §§ 27 ff. SGB V) nicht ausreicht, um die in § 11 Abs. 2 SGB V beschriebenen Ziele zu erreichen. Allgemein muss daher die Komplexmaßnahme der medizinischen Rehabilitation notwendig sein, um eine Behinderung oder Pflegebedürftigkeit abzuwenden, sie nach Eintritt zu beseitigen, zu mindern, auszugleichen, ihre Verschlimmerung zu verhüten oder ihre Folgen zu mildern. § 40 Abs. 1 Satz 2 SGB V stellt klar, dass ambulante Rehabilitation auch für Pflegebedürftige in stationären Pflegeeinrichtungen nach § 72 Abs. 1 SGB XI in Betracht kommt. Die **Erforderlichkeit** der Leistung ist gegeben, wenn die bestehenden Funktionseinschränkungen oder Beeinträchtigungen der Beeinflussung durch die Mittel der medizinischen Rehabilitation zugänglich sind und die in Betracht kommende Leistung eine gewisse Aussicht auf Erfolg verspricht.[45] Die medizinische Notwendigkeit hat die Kasse in der Regel[46] durch den Medizinischen Dienst der Krankenversicherung (MDK) prüfen zu lassen (§ 275 Abs. 2 Nr. 1 SGB V).[47]

3. Leistungserbringer

23 Die ambulanten Leistungen zur medizinischen Rehabilitation werden in Rehabilitationseinrichtungen (§ 107 Abs. 2 SGB V) erbracht, für die ein **Versorgungsvertrag** nach § 111 SGB V besteht. **Wohnortnahe Einrichtungen** (so genannte Reha-Zentren) dürfen nur in Anspruch genommen werden, soweit dies für eine bedarfsgerechte, leistungsfähige und wirtschaftliche Versorgung mit medizinischen Leistungen ambulanter Rehabilitation erforderlich ist. Die Anforderungen an solche „wohnortnahen

---

39 *Noftz* in: Hauck/Noftz, SGB V, § 40 Rn. 24a.

40 BSG v. 05.07.2000 - B 3 KR 12/99 R - juris Rn. 21 ff. - SozR 3-2500 § 40 Nr. 3; *Schmidt* in: Peters, Handbuch KV (SGB V), § 40 Rn. 160.

41 Zum bis zur Neuregelung bestehenden Streit, ob die Kassen ambulante Reha-Komplexleistungen bewilligen durften, vgl. *Schmidt* in: Peters, Handbuch KV (SGB V), § 40 Rn. 97.

42 Vgl. die nicht abschließende Aufzählung in § 26 Abs. 2, 3 SGB XI sowie Nr. 5.2 der „Gemeinsamen Rahmenempfehlung für ambulante und stationäre Vorsorge- und Rehabilitationsleistungen auf der Grundlage des § 111a SGB V vom 12.05.1999" (vgl. Rn. 10).

43 *Schmidt* in: Peters, Handbuch KV (SGB V), § 40 Rn. 104 ff.

44 BSG v. 05.07.2000 - B 3 KR 12/99 R - juris Rn. 25 - SozR 3-2500 § 40 Nr. 3.

45 *Schmidt* in: Peters, Handbuch KV (SGB V), § 40 Rn. 185.

46 Zu den Ausnahmen vgl. Anhang 1 der Begutachtungs-Richtlinien „Vorsorge und Rehabilitation" (vgl. hierzu Rn. 14).

47 Vgl. hierzu die Begutachtungs-Richtlinien „Vorsorge und Rehabilitation" (vgl. Rn. 14).

Zentren" sind gesetzlich nicht geregelt[48]. Aus den für die Inanspruchnahme erforderlichen zusätzlichen Voraussetzungen und dem erhöhten Stellenwert der ambulanten medizinischen Rehabilitation folgt jedoch, dass grundsätzlich alle in den §§ 107 Abs. 2 Nr. 1 Buchstabe b, Nr. 2, 111 Abs. 2 Nr. 1 und 2, 70 Abs. 1 SGB V vorgesehenen Voraussetzungen erfüllt sein müssen.[49] Dies bedeutet nach § 107 Abs. 2 Nr. 2 SGB V insbesondere, dass die Einrichtung fachlich-medizinisch unter ständiger ärztlicher Verantwortung[50] stehen und unter Mitwirkung von besonders geschultem Personal darauf eingerichtet sein muss, den Gesundheitszustand der Patienten nach einem ärztlichen Behandlungsplan vorwiegend durch Anwendung von Heilmitteln einschließlich Krankengymnastik, Bewegungstherapie, Sprachtherapie oder Arbeits- und Beschäftigungstherapie, ferner durch andere geeignete Hilfen, auch durch geistige und seelische Einwirkungen, zu verbessern und den Patienten bei der Entwicklung eigener Abwehr- und Heilungskräfte zu helfen. Für Leistungen der ambulanten medizinischen Rehabilitation nach § 40 Abs. 1 SGB V kommen vornehmlich solche Einrichtungen in Betracht, die die Versicherten täglich erreichen können; jedoch ist nicht ausgeschlossen, dass sie an einem vom Wohnort nicht täglich erreichbaren Ort selbst für Unterkunft und Verpflegung sorgen und von dort aus die ambulanten Maßnahmen in Anspruch nehmen.[51]

III. Stationäre Rehabilitation nach Absatz 2

1. Leistungsinhalt

Wie bei ambulanten Leistungen zur medizinischen Rehabilitation, die seit 01.01.2000[52] der stationär erbrachten medizinischen Rehabilitation nachgebildet wurden, erfasst § 40 Abs. 2 SGB V eine interdisziplinäre **Komplexleistung** (vgl. Rn. 21) mit dem wesentlichen Unterschied, dass die Versicherten auch in der Rehabilitationseinrichtung wohnen und ihnen dementsprechend alle Hauptmahlzeiten in der Einrichtung zur Verfügung gestellt werden.[53] 24

Eine besondere Form der stationären Rehabilitation sind die in § 111 Abs. 2 SGB V einbezogenen **Anschlussheilbehandlungen (AHB)**, § 40 Abs. 6 Satz 1 SGB V verwendet den Begriff **Anschlussrehabilitation**[54]. Gemeint sind damit stationäre Rehabilitationsleistungen in „krankenhausähnlicher" Form, die bei Krankheiten eines höheren Schweregrades mit gravierenden Folgen[55] in (möglichst) nahtlosem Anschluss an die Akutbehandlung im Krankenhaus stattfinden.[56] 25

2. Leistungsvoraussetzungen

Die Leistungsvoraussetzungen der stationären medizinischen Rehabilitation entsprechen denen der ambulanten Leistungen zur medizinischen Rehabilitation (vgl. Rn. 22). Die vollstationäre Rehabilitation nach § 40 Abs. 2 SGB V darf aber erst bewilligt werden, wenn ambulante Maßnahmen nach § 40 Abs. 1 SGB V nicht ausreichen; diese setzen insbesondere eine ausreichende Mobilität des Versicherten voraus, um die in zumutbarer Entfernung liegende Rehabilitationseinrichtung zu erreichen[57]. Stationäre Maßnahmen können insbesondere wegen Art oder Ausmaß der Schädigungen oder Fähigkeitsstörungen oder wegen stark ausgeprägter Multimorbidität oder bei Notwendigkeit der Herausnahme aus dem sozialen Umfeld angezeigt sein.[58] Die **Erforderlichkeit** der stationären Rehabilitation hat die 26

---

48 Auf die beabsichtigte Regelung in § 125a des Gesetzentwurfs zur GKV-Gesundheitsreform (BT-Drs. 14/1245, S. 20) wurde im Verlaufe des Gesetzgebungsverfahrens zur Vermeidung einer Zustimmungspflichtigkeit des Bundesrates verzichtet.

49 *Noftz* in: Hauck/Noftz, SGB V, § 40 Rn. 25; zur Zulassung solcher Einrichtungen vgl. BSG v. 05.07.2000 - B 3 KR 12/99 R - SozR 3-2500 § 40 Nr. 3; kritisch hierzu *Schmidt* in: Peters, Handbuch KV (SGB V), § 40 Rn. 124.

50 Vgl. hierzu BSG v. 27.11.1990 - 3 RK 17/89 - SozR 3-2200 § 184a Nr. 1.

51 *Höfler* in: KassKomm-SGB, SGB V, § 40 Rn. 9.

52 Rechtsänderung mit In-Kraft-Treten des GKV-Gesundheitsreformgesetzes (vgl. Rn. 3).

53 *Schmidt* in: Peters, Handbuch KV (SGB V), § 40 Rn. 164.

54 Zur Frage der Gleichstellung der Begriffe *Schmidt* in: Peters, Handbuch KV (SGB V), § 40 Rn. 269.

55 Vgl. den Indikationskatalog des VDR in DRV 1994, 527 ff.

56 Näher dazu *Schmidt* in: Peters, Handbuch KV (SGB V), § 40 Rn. 147 ff.

57 S. Nr. 4.2 der „Gemeinsamen Rahmenempfehlung für ambulante und stationäre Vorsorge- und Rehabilitationsleistungen auf der Grundlage des § 111a SGB V" (vgl. Rn. 10).

58 Nr. 4.2 der „Gemeinsamen Rahmenempfehlung für ambulante und stationäre Vorsorge- und Rehabilitationsleistungen auf der Grundlage des § 111a SGB V".

Kasse im Regelfall durch den Medizinischen Dienst der Krankenversicherung (MDK) prüfen zu lassen (§ 275 Abs. 2 Nr. 1 SGB V), Ausnahmen gelten insbesondere bei Verlegung vom Krankenhaus in die Rehabilitationsklinik zur Durchführung einer Anschlussheilbehandlung (vgl. Rn. 25)[59].

3. Leistungserbringer

27 Die stationäre medizinische Rehabilitation nach § 40 Abs. 2 SGB V muss in einer nach § 20 Abs. 2a SGB XI zertifizierten Rehabilitationseinrichtung (§ 107 Abs. 2 SGB V) erfolgen, mit der ein Versorgungsvertrag nach § 111 SGB V besteht. Die Anforderungen an ein einrichtungsinternes Qualitätsmanagement und das Verfahren zur Zertifizierung sind von den Spitzenverbänden der Rehabilitationsträger auf der Ebene der Bundesarbeitsgemeinschaft für Rehabilitation (BAR) gemäß § 20 Abs. 2a SGB XI noch festzulegen. Bis zur Verabschiedung konkreter Vorgaben zur Zertifizierung können stationäre Rehabilitationseinrichtungen, mit denen ein Versorgungsvertrag nach § 111 SGB V besteht bzw. als abgeschlossen gilt, für die Durchführung von Leistungen zur medizinischen Rehabilitation übergangsweise weiter belegt werden. Versicherte können zukünftig auch zertifizierte stationäre Rehabilitationseinrichtungen, mit denen kein Versorgungsvertrag nach § 111 SGB V besteht, in Anspruch nehmen, wie sich aus § 40 Abs. 2 Satz 2 SGB V i.d.F. des GKV-WSG (vgl. Rn. 4) ergibt. Gegebenenfalls anfallende Mehrkosten im Vergleich zu der von der Krankenkasse bestimmten geeigneten Rehabilitationseinrichtung, mit der ein Versorgungsvertrag nach § 111 SGB V besteht, sind vom Versicherten zu tragen. Bei der Vergleichsberechnung sind insbesondere die Vergütungssätze und die Reisekosten zu berücksichtigen. Bis zur Zertifizierung von Rehabilitationseinrichtungen nach § 20 Abs. 2a SGB XI können berechtigte Wünsche (vgl. Rn. 28) der Versicherten bei der Auswahl der Rehabilitationseinrichtung nur berücksichtigt werden, sofern ein Versorgungsvertrag besteht. Im Falle der **Selbstbeschaffung** der Leistungen durch die Versicherten gelten § 13 Abs. 3 Satz 2 SGB V, § 15 SGB IX (vgl. hierzu Rn. 39). Für **Auslandsmaßnahmen** kommt eine ausnahmsweise (§ 16 Nr. 1 SGB V) Leistungsgewährung nach den §§ 13 Abs. 4, 18 SGB V in Betracht.

IV. Regelungen des Absatzes 3

1. Ermessensausübung durch die Krankenkasse

28 Gemäß § 40 Abs. 3 Satz 1 SGB V bestimmt die Krankenkasse nach den medizinischen Erfordernissen des Einzelfalles Art, Dauer, Umfang, Beginn und Durchführung der Leistungen nach den Absätzen 1 und 2 sowie die Rehabilitationseinrichtung nach pflichtgemäßem **Ermessen**; das Ermessen bezieht sich also auf das „Wie" der Leistungserbringung, während dem Grunde nach auf die Leistungen nach § 40 SGB V bei Vorliegen der Leistungsvoraussetzungen ein Rechtsanspruch besteht (vgl. Rn. 20). Das bezüglich der Art und Weise der Leistungserbringung bestehende Auswahlermessen lässt der Kasse nach § 39 Abs. 1 SGB I, § 54 Abs. 2 Satz 2 SGG einen Freiraum, unter verschiedenen Rechtsfolgen nach Zweckmäßigkeitsgesichtspunkten unter Berücksichtigung der Einzelfallverhältnisse auszuwählen. Berechtigten **Wünschen** der Versicherten ist aber Rechnung zu tragen (§ 9 Abs. 1 SGB IX[60]). Auswahlgesichtspunkte sind auch Kostenerwägungen, jedoch darf der dem Grunde nach gegebene Rechtsanspruch durch die Auswahlentscheidung nicht verkürzt werden.[61] Ermessensfehlerhaft sind Entscheidungen, soweit sie den im Einzelfall gegebenen medizinischen Erfordernissen nicht Rechnung tragen.[62]

2. Leistungsdauer

29 § 40 Abs. 3 Satz 2 SGB V begrenzt im Regelfall die Leistungsdauer ambulanter medizinischer Rehabilitationsleistungen auf längstens **20 Behandlungstage**, diejenige der stationären medizinischen Rehabilitation auf längstens **drei Wochen**[63]; für versicherte **Kinder**, die das 14. Lebensjahr noch nicht vollendet haben, beträgt die Regeldauer stationärer Maßnahmen vier bis sechs Wochen (§ 40 Abs. 3

---

59 Vgl. – auch zu weiteren Ausnahmen – Anhang 1 der Begutachtungs-Richtlinien „Vorsorge und Rehabilitation" (vgl. Rn. 14).

60 Lex specialis zu § 33 Satz 2 SGB I.

61 *Schmidt* in: Peters, Handbuch KV (SGB V), § 40 Rn. 246 ff.

62 *Höfler* in: KassKomm-SGB, SGB V, § 40 SGB V Rn. 21.

63 Kritisch zur daraus – unter Berücksichtigung von fünf Behandlungstagen pro Woche – resultierenden längeren Regeldauer ambulanter Leistungen *Schmidt* in: Peters, Handbuch KV (SGB V), § 40 Rn. 208.

Satz 5 in Verbindung mit § 23 Abs. 7 SGB V). Eine **Verlängerung**[64] ist aus dringenden medizinischen Gründen möglich (§ 40 Abs. 3 Satz 2 letzter Teilsatz). Sie kommt nicht nur wegen ansonsten drohender erheblicher gesundheitlicher Nachteile, sondern schon dann in Betracht, wenn das Ziel der Maßnahme innerhalb der bewilligten Dauer nicht erreicht wurde, bei einer Verlängerung aber mit hinreichender Erfolgsaussicht erreichbar ist.[65]

Anstelle der gesetzlich vorgeschriebenen Regeldauer von längstens 20 Tagen (ambulante medizinische Rehabilitationsleistungen) bzw. drei Wochen (stationäre Rehabilitation) können die Spitzenverbände der Krankenkassen (§ 213 SGB V) gemeinsam und einheitlich nach § 40 Abs. 3 Satz 3 SGB V in **Leitlinien** indikationsspezifische Regeldauern festlegen, von denen nur abgewichen werden darf, wenn dies aus dringenden medizinischen Gründen im Einzelfall erforderlich ist. Von dieser durch das GKV-Gesundheitsreformgesetz 2000 (vgl. Rn. 3) zum 01.01.2000 geschaffenen Kompetenz wurde bislang kein Gebrauch gemacht. Vor Verabschiedung entsprechender Leitlinien zur indikationsspezifischen Regeldauer, die als Satzungsrecht Normcharakter haben[66], sind die für die Wahrnehmung der Interessen der ambulanten und stationären Rehabilitationseinrichtungen auf Bundesebene maßgeblichen Spitzenorganisationen anzuhören. 30

3. Wiederholungsintervall

Nach § 40 Abs. 3 Satz 4 SGB V können ambulante medizinische Rehabilitationsleistungen ebenso wie Leistungen der stationären Rehabilitation grundsätzlich nicht vor Ablauf einer **Vierjahresfrist** nach Durchführung solcher oder ähnlicher Leistungen erbracht werden, deren Kosten auf Grund öffentlich-rechtlicher Vorschriften getragen oder bezuschusst worden sind. Die Frist beginnt am Tag nach Beendigung der vorausgegangenen Maßnahme und endet mit Ablauf des Tages vor demjenigen, der nach seiner Benennung dem Anfangstag der Frist entspricht (§ 26 Abs. 1 SGB X in Verbindung mit den §§ 187 Abs. 1, 188 Abs. 2, 3 BGB). 31

Die **Anrechenbarkeit** betrifft solche öffentlich-rechtliche Leistungen, die ebenfalls zur medizinischen Rehabilitation bestimmt waren, zum Beispiel Rehabilitationsleistungen des Rentenversicherungsträgers (§§ 15, 31 SGB VI), des Unfallversicherungsträgers (§ 33 SGB VII), der Versorgungsverwaltung (§ 11 BVG) oder des Sozialhilfeträgers (§ 48 SGB XII), dagegen werden insbesondere medizinische Vorsorgeleistungen wegen der unterschiedlichen Zielsetzung nicht erfasst[67]. 32

Ausnahmsweise dürfen Leistungen nach Absatz 1 oder 2 vor Ablauf des Vierjahreszeitraums erbracht werden, wenn dies aus medizinischen Gründen dringend erforderlich ist. Dies kommt insbesondere bei schweren Erkrankungen in Betracht, deren Nachwirkungen behandlungsbedürftig sind, etwa bei Anschlussrehabilitationsmaßnahmen. 33

V. Subsidiarität der Krankenversicherungsleistung nach Absatz 4

1. Regelungsgehalt

Nach § 40 Abs. 4 SGB V ist die **Zuständigkeit** der gesetzlichen Krankenversicherung für die ambulante oder stationäre Rehabilitation grundsätzlich nachrangig gegenüber „solchen“ (das heißt medizinischen Rehabilitations-) Leistungen, die andere **Sozialversicherungsträger**[68] erbringen können. Nach dem klaren Wortsinn genügt die rechtliche Befugnis, die Leistung zu bewilligen, so dass bereits die verfahrensrechtliche Ermessensposition der Versicherten gegenüber dem anderen Träger zum Nachrang der gesetzlichen Krankenversicherung führt;[69] auf die tatsächliche Erbringung der Leistung kommt es nicht an.[70] Die Subsidiarität nach § 40 Abs. 4 SGB V hat die Krankenkasse im Verfahren der Zuständigkeitsklärung nach § 14 SGB IX mit zu prüfen (§ 14 Abs. 1 HS. 2 SGB IX). 34

---

64 Die rechtlich mögliche Verkürzung wird tatsächlich kaum vorkommen, vgl. *Noftz* in: Hauck/Noftz, SGB V, § 40 Rn. 62.

65 *Schmidt* in: Peters, Handbuch KV (SGB V), § 40 Rn. 211.

66 *Noftz* in: Hauck/Noftz, SGB V, § 40 Rn. 62b; kritisch *Schmidt* in: Peters, Handbuch KV (SGB V), § 40 Rn. 214.

67 *Noftz* in: Hauck/Noftz, SGB V, § 40 Rn. 64; *Schmidt* in: Peters, Handbuch KV (SGB V), § 40 Rn. 218.

68 Neben Leistungen nach dem BVG bleibt die Zuständigkeit der Krankenkassen erhalten, vgl. zum Erstattungsanspruch bei Erbringung einer Badekur zur Erhaltung der Pflegefähigkeit nach dem BVG BSG v. 16.11.1999 - B 1 KR 17/98 R - SozR 3-2500 § 40 Nr. 2.

69 *Noftz* in: Hauck/Noftz, SGB V, § 40 Rn. 30.

70 *Schmidt* in: Peters, Handbuch KV (SGB V), § 40 Rn. 224.

35 Kraft ausdrücklicher Regelung in § 40 Abs. 4 SGB V gilt der Nachrang der gesetzlichen Krankenversicherung nicht im Verhältnis zu sonstigen Leistungen zur Rehabilitation nach § 31 SGB VI, zum Beispiel Nach- und Festigungskuren wegen Geschwulsterkrankungen, Kinderheilbehandlungen. Die Zuständigkeiten der Träger der gesetzlichen Krankenversicherung und der gesetzlichen Rentenversicherung bestehen insoweit gleichrangig nebeneinander.[71]

2. Zuständigkeit anderer Sozialversicherungsträger

36 Im Verhältnis zur gesetzlichen **Unfallversicherung** schließt schon die Regelung des § 11 Abs. 4 SGB V stets eine Leistungsgewährung der gesetzlichen Krankenversicherung aus, wenn die Leistungen als Folge eines Arbeitsunfalls oder einer Berufskrankheit zu erbringen sind. Im Verhältnis zur **Arbeitslosenversicherung** kommt dem Nachrang der gesetzlichen Krankenversicherung keine Bedeutung zu, weil sich die Zuständigkeit der Bundesagentur für Arbeit auf Leistungen zur Teilhabe am Arbeitsleben beschränkt (§§ 3 Abs. 1 und 3, 18, 160 ff. SGB III, §§ 3 Nr. 2 und 3, 6 Abs. 1 Nr. 2 SGB IX). Auch im Verhältnis zur gesetzlichen **Pflegeversicherung** besteht kein Nachrang, weil die Pflegeversicherung – mit Ausnahme vorläufiger Leistungen (§ 32 SGB XI) – grundsätzlich auch nach Eintritt von Pflegebedürftigkeit für die Erbringung medizinischer Leistungen zur Rehabilitation nicht zuständig ist (§§ 5, 12 Abs. 2, 18, 31 SGB XI, §§ 4 Abs. 1 Nr. 2, 6 Abs. 1, 8 Abs. 1 und 3, 26 Abs. 1 Nr. 2 SGB IX); lediglich die aktivierende Pflege unterfällt der Zuständigkeit der Pflegeversicherung (§ 28 Abs. 4 SGB XI, § 11 Abs. 2 Satz 2 SGB V).

37 Der in § 40 Abs. 4 SGB V geregelte Nachrang der gesetzlichen Krankenversicherung betrifft deshalb insbesondere das Verhältnis zu den Trägern der gesetzlichen **Rentenversicherung**[72]. Diese erbringen nach den §§ 9 ff., 15 SGB VI, §§ 5 Nr. 1, 6 Abs. 1 Nr. 4 SGB IX vorrangig gegenüber den Krankenkassen Leistungen der medizinischen Rehabilitation, wenn die persönlichen und versicherungsrechtlichen Voraussetzungen erfüllt sind. Kein Vorrang besteht bei Leistungen nach § 31 SGB VI (vgl. Rn. 35). Zu beachten ist jedoch die Begrenzung des Leistungsumfangs der gesetzlichen Rentenversicherung nach § 13 Abs. 2 SGB VI. Danach erbringt der Träger der Rentenversicherung – mit Ausnahme interkurrenter Erkrankungen – in der Phase der akuten Behandlungsbedürftigkeit keine Leistungen der medizinischen Rehabilitation (§ 13 Abs. 2 Nr. 1 SGB VI), ebenso nicht wenn diese an Stelle einer sonst erforderlichen Krankenhausbehandlung erforderlich sind (§ 13 Abs. 2 Nr. 2 SGB VI), was in der Praxis allerdings kaum denkbar ist[73]. Zur Zuständigkeit bei Abhängigkeitskranken[74] haben Kranken- und Rentenversicherungsträger in ihrer Vereinbarung **„Abhängigkeitserkrankungen"** vom 04.05.2001 (vgl. Rn. 11) Regelungen dahin gehend getroffen, dass die **Entzugsbehandlung** (Entgiftung) zumeist stationär in Krankenhäusern, aber gegebenenfalls auch ambulant durch Vertragsärzte (§ 4 Abs. 1 und Anlage 3 der Vereinbarung) zu Lasten der Krankenversicherung erfolgt, die möglichst nahtlos (§§ 4 Abs. 2, 6 Abs. 2 der Vereinbarung) sich anschließende **Entwöhnungsbehandlung** (ambulant oder stationär, §§ 1 Abs. 3, 3 Abs. 3 und Anlage 3 der Vereinbarung) hingegen grundsätzlich (bei Vorliegen der persönlichen und versicherungsrechtlichen Voraussetzungen nach den §§ 10, 11 SGB VI) in Trägerschaft der Rentenversicherung durchgeführt wird.

38 Bei ungeklärter Zuständigkeit ist das mit In-Kraft-Treten des SGB IX zum 01.07.2001 eingeführte Verfahren der **Zuständigkeitsklärung** nach § 14 SGB IX zu beachten. Danach hat der zuerst mit der Angelegenheit befasste Träger binnen zwei Wochen seine Zuständigkeit zu prüfen und bejahendenfalls den Rehabilitationsbedarf unverzüglich, bei Notwendigkeit eines Gutachtens innerhalb von drei Wochen, festzustellen (§ 14 Abs. 1 Satz 1, Abs. 2 und 4 SGB IX); verneinendenfalls hat er den Antrag umgehend dem nach seiner Auffassung zuständigen Träger zuzuleiten, für den die gleiche Regel gilt (§ 14 Abs. 1 Satz 2, Abs. 2 Satz 3 SGB IX). Besteht Klärungsbedarf zur Ursache der Behinderung, so verlängert dies die Frist nicht, gegebenenfalls hat der ohne Kausalitätsprüfung zuständige Träger die Bearbeitung zu übernehmen (§ 14 Abs. 1 Satz 3 SGB IX). Leistungen unzuständiger Träger werden nach Maßgabe von § 14 Abs. 4 Sätze 1 und 3 SGB IX erstattet. Bei Nichteinhaltung der in § 14 Abs. 2 SGB IX genannten Fristen ohne hinreichenden Grund und entsprechende Mitteilung an den Versicherten (§ 15 Abs. 1 Satz 1 SGB IX) kann dieser dem Rehabilitationsträger nach § 15 Abs. 1 Satz 2

[71] *Noftz* in: Hauck/Noftz, SGB V, § 40 Rn. 32.

[72] Zutreffend *Noftz* in: Hauck/Noftz, SGB V, § 40 Rn. 29.

[73] Zur deshalb erfolgten Streichung der entsprechenden Regelung in § 40 Abs. 4 SGB V durch das GKV-Gesundheitsreformgesetz 2000 vgl. *Schmidt* in: Peters, Handbuch KV (SGB V), § 40 Rn. 229 ff.

[74] Früher oft problematisch, vgl. die bei *Höfler* in: KassKomm-SGB, SGB V, § 40 Rn. 32 genannten Einzelfälle.

SGB IX eine angemessene Frist setzen und dabei erklären, dass er sich nach Ablauf der Frist die Leistung selbst beschaffe. Den dann gegebenen Erstattungsanspruch regelt § 15 Abs. 1 Sätze 3 und 4 SGB IX (vgl. § 13 Abs. 3 Satz 2 SGB V).

VI. Zuzahlungsregelungen der Absätze 5 bis 7

Sowohl für die medizinischen Leistungen der ambulanten Rehabilitation (§ 40 Abs. 1 SGB V) als auch **39**
für die stationäre Rehabilitation (§ 40 Abs. 2 SGB V) müssen Versicherte, die das 18. Lebensjahr vollendet haben, je Kalendertag grundsätzlich zeitlich unbegrenzt eine **Zuzahlung**[75] als Eigenbeteiligung an den Kosten der Rehabilitation erbringen (§ 40 Abs. 5 Satz 1 SGB V)[76], deren **Höhe** durch Verweis auf § 61 Satz 2 SGB V (derzeit) 10 € beträgt. Zuzahlungsempfänger ist die jeweilige Rehabilitationseinrichtung, die das Geld an die Krankenkasse weiterzuleiten hat (§ 40 Abs. 5 Satz 2, Abs. 6 Satz 3 SGB V); Form der Weiterleitung ist zwingend die Verrechnung, § 43b Abs. 1 Satz 1 SGB V. Die Zuzahlung ist pauschal für jeden angefangenen Behandlungstag zu erbringen, also auch für den **Aufnahme-** und den **Entlassungstag**[77], soweit nicht die Regelungen des § 62 SGB V zur Belastungsgrenze greifen.

Begrenzt wird die Dauer der Zuzahlung für die Leistungen der ambulanten und stationären medizini- **40**
schen Rehabilitation auf längstens 28 Tage je Kalenderjahr – unter **Anrechnung** der Zuzahlungen zu stationären medizinischen Leistungen der Rentenversicherung sowie zur vollstationären Krankenhausbehandlung (§ 40 Abs. 6 Satz 2 SGB V) – in Fällen der **Anschlussrehabilitation** (vgl. Rn. 25), das heißt bei medizinisch notwendiger Rehabilitation unmittelbar im Anschluss an eine Krankenhausbehandlung (§ 40 Abs. 6 Satz 1 HS. 1 SGB V), regelmäßig spätestens innerhalb von 14 Tagen nach Krankenhausentlassung (§ 40 Abs. 6 Satz 2 HS. 2 SGB V). Wird diese Frist überschritten, darf die Zuzahlung nur dann begrenzt werden, wenn ihre Einhaltung aus zwingenden tatsächlichen, zum Beispiel wenn ein Platz in einer geeigneten Einrichtung nicht sofort verfügbar ist, oder medizinischen (fehlende sofortige Rehabilitationsfähigkeit) Gründen nicht möglich war (§ 40 Abs. 6 Satz 2 HS. 2 a.E. SGB V).

Eine Begrenzung der Zuzahlungsdauer wie bei der Anschlussrehabilitation eröffnet § 40 Abs. 7 Satz 1 **41**
SGB V in Verbindung mit den nach dieser Vorschrift von den Spitzenverbänden der Krankenkassen unter Beteiligung der Arbeitsgemeinschaft nach § 282 SGB V (Medizinischer Dienst der Spitzenverbände der Krankenkassen – MDS) nach Anhörung der für die Wahrnehmung der Interessen der ambulanten und stationären Rehabilitation maßgebenden Organisationen gemäß § 40 Abs. 7 SGB V festgelegten „Indikationen für die Erhebung der verminderten Zuzahlung gemäß § 40 Abs. 7 SGB V bei ambulanten und stationären Rehabilitationsmaßnahmen vom 16.10.1997 in der Fassung vom 01.01.2004“[78]. Nach dem Wortlaut des Gesetzes ist zwar nur für die stationäre Rehabilitation eine solche Indikationsfestlegung möglich, da aber in Folge des GKV-Gesundheitsreformgesetzes 2000 (vgl. Rn. 3) die Zuzahlungspflicht auch für Leistungen nach § 40 Abs. 1 SGB V eingeführt wurde, dürfte es sich bei der unterbliebenen Anpassung des Absatzes 7 um ein gesetzgeberisches Versehen handeln.[79] Die von den Spitzenverbänden aufgestellten Indikationen betreffen insbesondere Entwöhnungsbehandlungen von Suchtkranken (Nr. 1.1 bei ambulanter Rehabilitation, Nr. 2.1 bei stationärer Rehabilitation), Rehabilitationsmaßnahmen wegen psychischen Erkrankungen mit Ausnahme von neurotischen und psychosomatischen Erkrankungen (Nr. 1.2 bzw. Nr. 2.2), geriatrische Rehabilitationsmaßnahmen (Nr. 1.3 bzw. Nr. 2.3), vorzeitige Wiederholungsmaßnahmen aus medizinischen Gründen (Nr. 1.4 bzw. Nr. 2.4), ferner Rehabilitationsmaßnahmen im Anschluss an häusliche Krankenpflege (Nr. 1.5 bzw. Nr. 2.5) oder Operation (Nr. 1.6 bzw. Nr. 2.6) und Langzeitrehabilitation (Nr. 1.7 bzw. Nr. 2.7).

---

75 Zur Rechtsnatur s. *Noftz* in: Hauck/Noftz, SGB V, § 40 Rn. 67; *Schmidt* in: Peters, Handbuch KV (SGB V), § 40 Rn. 256.

76 Zur Rechtsentwicklung vgl. *Schmidt* in: Peters, Handbuch KV (SGB V), § 40 Rn. 252 ff., 259 ff.

77 BSG v. 19.02.2002 - B 1 KR 32/00 R - SozR 3-2500 § 40 Nr. 4.

78 Vgl. Rn. 9; zur Rechtsnatur – Satzungsrecht – vgl. *Noftz* in: Hauck/Noftz, SGB V, § 40 Rn. 70b.

79 *Noftz* in: Hauck/Noftz, SGB V, § 40 Rn. 70c.

§ 41 SGB V Medizinische Rehabilitation für Mütter und Väter

(Fassung vom 26.03.2007, gültig ab 01.04.2007)

(1) Versicherte haben unter den in § 27 Abs. 1 genannten Voraussetzungen Anspruch auf aus medizinischen Gründen erforderliche Rehabilitationsleistungen in einer Einrichtung des Müttergenesungswerks oder einer gleichartigen Einrichtung; die Leistung kann in Form einer Mutter-Kind-Maßnahme erbracht werden. Satz 1 gilt auch für Vater-Kind-Maßnahmen in dafür geeigneten Einrichtungen. Rehabilitationsleistungen nach den Sätzen 1 und 2 werden in Einrichtungen erbracht, mit denen ein Versorgungsvertrag nach § 111a besteht. § 40 Abs. 2 Satz 1 und 2 gilt nicht; § 40 Abs. 2 Satz 3 gilt entsprechend.

(2) § 40 Abs. 3 und 4 gilt entsprechend.

(3) Für Versicherte, die das achtzehnte Lebensjahr vollendet haben und eine Leistung nach Absatz 1 in Anspruch nehmen, zahlen je Kalendertag den sich nach § 61 Satz 2 ergebenden Betrag an die Einrichtung. Die Zahlungen sind an die Krankenkasse weiterzuleiten.

(4) (weggefallen)

Gliederung

A. Basisinformationen

I. Textgeschichte/Gesetzgebungsmaterialien

1 Besondere Rehabilitationsleistungen für eine spezielle Gruppe von Versicherten (Mütter und – seit 01.08.2002[1] – Väter) wurden mit Wirkung vom 01.01.1989 durch das GRG[2] ebenso wie die mit präventiver Zielsetzung für denselben Personenkreis erbrachten Vorsorgeleistungen des § 24 SGB V zur Sicherung der zuvor nach allgemeinen Regelungen[3] durchgeführten Maßnahmen des Müttergenesungswerkes in der Sondervorschrift des § 41 SGB V erstmals gesetzlich geregelt[4].

2 Von den seitherigen Änderungen[5] sind die durch das 11. SGB V-ÄndG[6] besonders hervorzuheben, durch das mit Wirkung vom 01.08.2002 Väter in den Kreis der Leistungsberechtigten einbezogen wurden und die Möglichkeit der Beschränkung des Leistungsumfangs auf einen bloßen Kostenzuschuss in Satzungsbestimmungen der Kassen[7] beseitigt wurde. Ferner müssen die Leistungen des § 41 SGB V seither in Einrichtungen erfolgen, mit denen ein Versorgungsvertrag besteht; über die Erfahrungen mit den Änderungen hatten die Spitzenverbände der Krankenkassen dem Deutschen Bundestag bis Ende des Jahres 2005 nach dem angefügten Absatz 4 der Vorschrift zu berichten; dieser Absatz ist mit Wirkung vom 01.04.2007 durch das GKV-WSG (vgl. Rn. 4) aufgehoben worden, nachdem sich die ohnehin nur einmalig für das Jahr 2005 angelegte Berichtspflicht erledigt hat.

3 Für die Zuzahlungspflicht volljähriger Versicherter verweist § 41 Abs. 3 SGB V in der Fassung des GKV-Modernisierungsgesetzes (GMG)[8] auf den sich nach § 61 Satz 2 SGB V ergebenden Betrag.

[1] Änderung durch Art. 1 Nr. 2 Buchstabe b des 11. SGB V-ÄndG.
[2] Gesundheits-Reformgesetz vom 20.12.1988, BGBl I 1988, 2477.
[3] §§ 187 Abs. 1 Nr. 3, 184a RVO.
[4] Vgl. die Begründung des Gesetzesentwurfs, BT-Drs. 11/2237, S. 180 zu § 40 des Entwurfs.
[5] Zur Textgeschichte ausführlich *Schmidt* in: Peters, Handbuch KV (SGB V), § 41 Rn. 1 ff.
[6] Gesetz zur Verbesserung der Vorsorge und Rehabilitation für Mütter und Väter (11. SGB V-Änderungsgesetz) vom 26.07.2002, BGBl I 2002, 2874.
[7] Vgl. hierzu BSG v. 16.12.2003 - B 1 KR 12/02 R - SGb 2004, 174.
[8] Gesetz zur Modernisierung der gesetzlichen Krankenversicherung vom 14.11.2003, BGBl I 2003, 2190.

Durch das GKV-Wettbewerbsstärkungsgesetz (GKV-WSG)[9] sind die Leistungen zur medizinischen Rehabilitation für Mütter und Väter mit Wirkung vom 01.04.2007 zu Pflichtleistungen der Krankenkassen erklärt worden, so dass die Ausgaben für diese Leistungen risikostrukturausgleichsfähig werden; bereits bisher war ein Ermessensspielraum der Krankenkassen hinsichtlich des „Ob" der Leistungserbringung bei Vorliegen der gesetzlichen Anspruchsvoraussetzungen nicht angenommen worden. Mit dem Hinweis auf die nicht geltende Regelung des § 40 Abs. 2 Satz 1 SGB V wird klargestellt, dass bei Leistungen zur medizinischen Rehabilitation für Mütter und Väter ambulante Behandlungsmöglichkeiten nicht ausgeschöpft sein müssen, wenn das angestrebte Rehabilitationsziel nicht mit diesen Maßnahmen zu erreichen ist. 4

II. Systematische Zusammenhänge und Abgrenzung

Ebenso wie die mit Ausnahme der Zielsetzung deckungsgleiche Regelung des § 24 SGB V gewährt § 41 SGB V Müttern und Vätern eine zielgruppenspezifische Form von stationären Maßnahmen. Dabei hat die idealtypische Unterscheidung zwischen Leistungen zur Vorsorge (§ 24 SGB V) und zur Rehabilitation (§ 41 SGB V) praktisch keine wesentliche Bedeutung, weil beide Formen zumeist in denselben Einrichtungen erbracht werden.[10] Im Verhältnis zur stationären medizinischen Rehabilitation nach § 40 Abs. 2 SGB V ist § 41 SGB V die spezielle Anspruchsnorm, jedoch kommen grundsätzlich auch Leistungen nach § 40 Abs. 2 SGB V für versicherte Mütter und Väter in Betracht[11]. Als **Nebenansprüche** kommen wie bei der stationären Rehabilitation nach § 40 Abs. 2 SGB V (vgl. die Kommentierung zu § 40 SGB V Rn. 17) insbesondere Krankengeldzahlung und Reisekostenübernahme in Betracht. 5

III. Literaturhinweise

Bengel/Brombacher/Landerer/Strittmatter, Die Inanspruchnehmerinnen von Mutter-Kind-Kuren, Rehabilitation 1997, 176-184; *Bublitz*, Spezialkuren für Mütter, DOK 1990, 741-744; *Dokter*, Zielgruppen und Effektivität von Müttergenesungskuren, BKK 1996, 588-594; *Zuleeg*, 40 Jahre Deutsches Müttergenesungswerk, RsDE Nr. 11, 55-64. 6

B. Auslegung der Norm

I. Regelungsgehalt und Normzweck

§ 41 SGB V zielt darauf ab, die weitere Erbringung von Maßnahmen mit rehabilitativer Zielsetzung zu gewährleisten, wie sie das Müttergenesungswerk (neben denen mit präventivem Charakter nach § 24 SGB V) entwickelt hat, um dem besonderen medizinischen und psychosozialen Rehabilitationsbedarf von Müttern aufgrund der Belastung durch Schwangerschaft, Geburt, Pflege und Erziehung von Kindern Rechnung zu tragen.[12] Traditionell werden die Leistungen in drei Formen (Kuren allein für Mütter, Mutter-Kind-Kuren sowie Schwerpunktkuren) erbracht.[13] Auch Väter kommen seit der Änderung durch das 11. SGB V-ÄndG (vgl. Rn. 2) als Anspruchsinhaber[14], allerdings beschränkt auf Vater-Kind-Maßnahmen (§ 41 Abs. 1 Satz 2 SGB V)[15], in Betracht. 7

II. Anspruchsvoraussetzungen

Den **anspruchsberechtigten Personenkreis** definiert § 41 SGB V nicht. Aus der Gesetzesüberschrift („Medizinische Rehabilitation für Mütter und Väter") sowie dem Normzweck ergibt sich, dass die Maßnahmen für Versicherte bestimmt sind, die tatsächlich pflegerische, betreuende und erzieherische 8

[9] Gesetz zur Stärkung des Wettbewerbs in der gesetzlichen Krankenversicherung vom 26.03.2007, BGBl I 2007, 378

[10] *Noftz* in: Hauck/Noftz, SGB V, § 41 Rn. 6a unter Hinweis auf die Gesetzesbegründung.

[11] *Noftz* in: Hauck/Noftz, SGB V, § 41 Rn. 7; *Schmidt* in: Peters, Handbuch KV (SGB V), § 41 Rn. 41.

[12] *Schmidt* in: Peters, Handbuch KV (SGB V), § 41 Rn. 11, 13.

[13] Näher *Noftz* in: Hauck/Noftz, SGB V, § 41 Rn. 21 ff.

[14] Zur Frage, ob Väter schon vor dieser Rechtsänderung im Wege verfassungskonformer Auslegung anspruchsberechtigt waren, vgl. *Noftz* in: Hauck/Noftz, SGB V, § 41 Rn. 12a.

[15] Zutreffend *Schmidt* in: Peters, Handbuch KV (SGB V), § 41 Rn. 21; anders jedoch *Noftz* in: Hauck/Noftz, SGB V, § 41 Rn. 12a unter Heranziehung der Gesetzesüberschrift und der Regelung in § 111a Abs. 1 Satz 1 SGB V.

Aufgaben mit den hiermit verbundenen besonderen Belastungen wahrnehmen, wie sie für die traditionelle Mutterrolle kennzeichnend sind.[16] Auf die biologische Abstammung des Kindes und dessen Alter kommt es nicht entscheidend an, die so genannte funktionelle Mutterschaft reicht aus[17]. Auch bei Einbeziehung von Kindern (Mutter-Kind- bzw. Vater-Kind-Maßnahmen) ist Anspruchsinhaber stets der Elternteil, nur dieser muss die versicherungsrechtlichen Voraussetzungen erfüllen[18].

9 In medizinischer Hinsicht stellt § 41 Abs. 1 Satz 1 SGB V durch die Verweisung auf § 27 Abs. 1 Satz 1 SGB V auf das Vorliegen von Krankheitserscheinungen beim Anspruchsinhaber ab. Die Rehabilitationsmaßnahme des § 41 SGB V als Komplexleistung (vgl. die Kommentierung zu § 40 SGB V Rn. 21) muss notwendig sein, um eine von den besonderen Belastungen der funktionellen Mutterschaft (vgl. Rn. 7) herrührende Krankheit zu erkennen, zu heilen, ihre Verschlimmerung zu verhüten oder Krankheitsbeschwerden zu lindern. Da die Maßnahmen des § 41 SGB V nicht der Akutbehandlung dienen, sondern rehabilitativen Charakter haben, sind auch die Behandlungsziele des § 11 Abs. 2 SGB V einzubeziehen.[19] Danach haben Versicherte Anspruch auf Leistungen zur medizinischen Rehabilitation, die notwendig sind, um eine Behinderung oder Pflegebedürftigkeit abzuwenden, zu beseitigen, zu mindern, auszugleichen, ihre Verschlimmerung zu verhüten oder ihre Folgen zu mildern. Die medizinische **Erforderlichkeit** hat die Kasse durch den Medizinischen Dienst der Krankenversicherung (MDK) prüfen zu lassen, § 275 Abs. 2 Nr. 1 SGB V.[20] Sie fehlt insbesondere dann, wenn eine ambulante Krankenbehandlung (also Einzelleistungen nach den §§ 27 ff. SGB V) ausreicht; ein Vorrang ambulanter Rehabilitationsmaßnahmen wie bei § 40 SGB V besteht jedoch bei den Leistungen des § 41 SGB V nicht, dies stellt § 41 Abs. 1 Satz 4 HS. 1 SGB V i.d.F. des GKV-WSG (vgl. Rn. 4) mit dem Hinweis auf die nicht geltende Regelung des § 40 Abs. 2 Satz 1 SGB V ausdrücklich klar. Leistungen zur medizinischen Rehabilitation für Mütter und Väter werden stets in stationärer Form erbracht.[21]

III. Leistungserbringer

10 Die Sonderform der Medizinischen Rehabilitation für Mütter und Väter wird nach § 41 Abs. 1 Satz 1 SGB V in einer Einrichtung des Müttergenesungswerkes oder einer (nach Funktion, Zielrichtung, Struktur und inhaltlichen Schwerpunkten[22]) gleichartigen Einrichtung erbracht, Vater-Kind-Maßnahmen erfolgen in dafür geeigneten Einrichtungen (§ 41 Abs. 1 Satz 2 SGB V). Voraussetzung ist seit dem 01.08.2002[23], dass mit der Einrichtung ein Versorgungsvertrag nach § 111a SGB V besteht. Dessen Abschluss wird allerdings zu Gunsten von Alteinrichtungen nach Maßgabe des § 111a Abs. 2 SGB V im Umfang der bisher erbrachten Leistungen gesetzlich fingiert. Im Übrigen gelten durch die Verweisung in § 111a Abs. 1 Satz 2 SGB V auf die Regelungen der §§ 111 Abs. 2, 4 Sätze 1 und 2 und Abs. 5 sowie 111b SGB V im Wesentlichen die gleichen Voraussetzungen wie für die sonstigen Vorsorge- und Rehabilitationseinrichtungen (vgl. die Kommentierung zu § 40 SGB V Rn. 27 und die Kommentierung zu § 40 SGB V Rn. 23). Als Grundlage für die nach § 111a SGB V abzuschließenden Verträge haben die Spitzenverbände der Krankenkassen gemeinsam und einheitlich unter Beteiligung des Medizinischen Dienstes der Spitzenverbände der Krankenkassen, der Elly-Heuss-Knapp-Stiftung, des Deutschen Müttergenesungswerks (MGW) und des Bundesverbandes Deutscher Privatkrankenanstalten e.V. (BDPK) mit Wirkung zum 01.08.2003 ein bundeseinheitliches „Anforderungsprofil für stationäre Rehabilitationseinrichtungen nach § 111a SGB V, die Leistungen zur medizinischen Rehabilitation nach § 41 SGB V erbringen", vereinbart[24]. Für Maßnahmen in Einrichtungen ohne Vertrag

[16] *Schmidt* in: Peters, Handbuch KV (SGB V), § 41 Rn. 34.

[17] *Höfler* in: KassKomm-SGB, SGB V, § 41 Rn. 4 f.

[18] *Noftz* in: Hauck/Noftz, SGB V, § 41 Rn. 23 (auch zur Frage der Kostenverteilung bei Rehabilitationsbedarf des bei einer anderen Kasse versicherten Kindes).

[19] *Schmidt* in: Peters, Handbuch KV (SGB V), § 41 Rn. 38.

[20] Vgl. hierzu die Begutachtungs-Richtlinie „Vorsorge und Rehabilitation" (vgl. die Kommentierung zu § 40 SGB V Rn. 14).

[21] *Schmidt* in: Peters, Handbuch KV (SGB V), § 41 Rn. 40.

[22] *Noftz* in: Hauck/Noftz, SGB V, § 41 Rn. 24.

[23] Einfügung des Satzes 3 des § 41 Abs. 1 SGB V durch das 11. SGB V-ÄndG (vgl. Rn. 2).

[24] Zum Beispiel unter www.vdak.de/reha.htm „Stationäre Rehabilitation", „Anforderungsprofil für stationäre Rehabilitationseinrichtungen nach § 111a SGB V, die Leistungen zur medizinischen Rehabilitation nach § 41 SGB V erbringen".

dürfen die Krankenkassen grundsätzlich keine Leistungen gewähren. Im Falle der Selbstbeschaffung durch die Versicherten gelten § 13 Abs. 3 Satz 2 SGB V, § 15 SGB IX (vgl. hierzu die Kommentierung zu § 40 SGB V Rn. 38).

IV. Sonstiges

Zu beachten ist die **Subsidiarität** der Zuständigkeit der Krankenkassen nach den §§ 41 Abs. 2, 40 Abs. 4 SGB V, die – obwohl das SGB VI eine vergleichbare Sonderform der medizinischen Rehabilitation nicht ausdrücklich regelt – aufgrund eines Anspruchs von Müttern und Vätern aufgrund der allgemeinen Regelungen der §§ 9 Abs. 1, 15 Abs. 1 SGB VI insbesondere gegenüber dem Träger der gesetzlichen Rentenversicherung von Bedeutung sein kann[25] (vgl. ergänzend die Kommentierung zu § 40 SGB V Rn. 34 ff. und die Kommentierung zu § 40 SGB V Rn. 37). **11**

Zum **Ermessen** der Krankenkasse, beschränkt auf das „Wie“ der Leistungserbringung (§§ 41 Abs. 2, 40 Abs. 3 Satz 1 SGB V), gelten die Ausführungen zu § 40 SGB V (vgl. die Kommentierung zu § 40 SGB V Rn. 28) ebenso entsprechend wie zur **Leistungsdauer** (vgl. die Kommentierung zu § 40 SGB V Rn. 29 f. bezüglich der stationären Rehabilitation) und zum **Wiederholungsintervall** (vgl. die Kommentierung zu § 40 SGB V Rn. 31 ff.), da § 41 Abs. 2 SGB V auf § 40 Abs. 3 und 4 SGB V insgesamt verweist. **12**

Beim Vorliegen der Leistungsvoraussetzungen werden die „Rehabilitationsleistungen für Mütter und Väter“ als **Sachleistung** aufgrund Antragstellung (§ 19 Satz 1 SGB IV) des Versicherten erbracht und vom Vertragsarzt nach Maßgabe der Rehabilitations-Richtlinien des Gemeinsamen Bundesausschusses (vgl. hierzu die Kommentierung zu § 40 SGB V Rn. 8) im Rahmen der vertragsärztlichen Versorgung zu Lasten der Krankenkasse verordnet (§ 73 Abs. 2 Satz 1 Nr. 5 und 7 SGB V). Die Regelung über die **Zuzahlungspflicht** der volljährigen Versicherten entspricht § 40 Abs. 5 SGB V (vgl. die Kommentierung zu § 40 SGB V Rn. 39), eine Zuzahlungsbegrenzungsmöglichkeit wie nach § 40 Abs. 6 und 7 SGB V besteht jedoch nicht. **13**

---

[25] *Noftz* in: Hauck/Noftz, SGB V, § 41 Rn. 15.

§ 42 SGB V Belastungserprobung und Arbeitstherapie

(Fassung vom 20.12.1988, gültig ab 01.01.1989)

Versicherte haben Anspruch auf Belastungserprobung und Arbeitstherapie, wenn nach den für andere Träger der Sozialversicherung geltenden Vorschriften solche Leistungen nicht erbracht werden können.

Gliederung

A. Basisinformationen

I. Textgeschichte

1 Die seit 01.01.1989 mit In-Kraft-Treten des GRG[1] geltende und bisher unverändert gebliebene Regelung des § 42 SGB V entspricht weitgehend der früheren Regelung in § 182d RVO über die im Übergangsbereich zwischen medizinischer und beruflicher Rehabilitation befindlichen Maßnahmen der Belastungserprobung und Arbeitstherapie.

II. Systematische Zusammenhänge und Abgrenzung

2 Die Vorschrift begründet einen Rechtsanspruch auf Belastungserprobung und Arbeitstherapie auch soweit diese nicht Bestandteil einer Gesamtleistung nach den §§ 39 oder 40 SGB V sind, sondern als selbständige Maßnahme ambulant oder stationär erbracht werden[2]; der Anspruch ist von den Trägern der gesetzlichen Krankenversicherung allerdings nur nachrangig zu befriedigen. Die **Belastungserprobung** dient der Ermittlung vorhandener Leistungspotentiale und der Grenzen der Belastbarkeit, Ziel der **Arbeitstherapie** ist die Verbesserung der Belastbarkeit und die Wiederherstellung oder Entwicklung von Fähigkeiten, die für die berufliche Wiedereingliederung benötigt werden. Anders als die berufliche Rehabilitation richtet sie sich aber nicht an den Anforderungen eines konkreten Berufes aus. Die Arbeitstherapie ist von der **Beschäftigungstherapie** abzugrenzen, die als aktivierendes Behandlungsverfahren zu den Heilmitteln im Sinne von § 32 SGB V zählt[3] und primär der Wiederherstellung gestörter Funktionen zwecks Wiedereingliederung in das Alltagsleben dient.

III. Parallelvorschriften

3 Zur Bedeutung des am 01.07.2001 in Kraft getretenen **SGB IX**[4] wird auf die Ausführungen zu § 40 SGB V (vgl. die Kommentierung zu § 40 SGB V Rn. 7) Bezug genommen; hinsichtlich der Zuständigkeit anderer Leistungsträger auf diejenigen zur **Subsidiaritätsklausel** (vgl. Rn. 7 ff.).

IV. Literaturhinweise

4 *Bublitz*, Ein wichtiger Baustein in der modernen Rehabilitation: Die Ergotherapie, ErsK 1993, 108-111; *Mrozynski*, Berufliche Rehabilitation und behinderungsgerechte Arbeit, SGb 1993, 103-111; *ders.*, Abgrenzungsfragen zur Arbeitstherapie, Die Rehabilitation 1988, 22-27.

---

1 Gesundheits-Reformgesetz vom 20.12.1988, BGBl I 1988, 2477.

2 Vgl. *Schmidt* in: Peters, Handbuch KV (SGB V), § 42 Rn. 9; *Noftz* in: Hauck/Noftz, SGB V, § 42 Rn. 11.

3 *Schmidt* in: Peters, Handbuch KV (SGB V), § 42 Rn. 14 lässt offen, ob auch die Arbeitstherapie zu den Heilmitteln zu rechnen ist, denn jedenfalls gehe § 42 SGB V als Anspruchsgrundlage vor.

4 Sozialgesetzbuch - Rehabilitation und Teilhabe behinderter Menschen vom 19.06.2001, BGBl I 2001, 1046, 1047.

B. Auslegung der Norm

I. Regelungsgehalt

§ 42 SGB V gewährt einen Rechtsanspruch auf Belastungserprobung und Arbeitstherapie auch soweit diese nicht als unselbständiger Bestandteil einer stationären Behandlung nach den §§ 39, 40 Abs. 2 SGB V, sondern unabhängig hiervon als selbständige Leistung ambulant oder stationär[5] – zumeist in Einrichtungen nach § 107 Abs. 2 SGB V – erbracht werden. 5

II. Anspruchsvoraussetzungen

Neben dem krankenversicherungsrechtlichen Status als **Versicherter** folgt aus der Rechtsnatur als Leistung der medizinischen Rehabilitation, dass die allgemeinen Voraussetzungen nach § 11 Abs. 2 Satz 1 SGB V (vgl. hierzu die Kommentierung zu § 40 SGB V Rn. 22 und die Kommentierung zu § 40 SGB V Rn. 26) zu beachten sind, d.h. Belastungserprobung bzw. Arbeitstherapie müssen zur Bekämpfung oder Überwindung einer Krankheit oder Behinderung erforderlich sein. Die Leistungen werden vom Vertragsarzt nach § 73 Abs. 2 Satz 1 Nr. 5 und 7 SGB V verordnet und unter ärztlicher Überwachung aufgrund eines Behandlungsplanes erbracht[6]. 6

III. Subsidiarität

Ein Anspruch nach § 42 SGB V besteht nach Halbsatz 2 der Vorschrift nur, wenn die Leistungen nicht nach den für andere Träger der Sozialversicherung geltenden Vorschriften erbracht werden können. Wie bei der Regelung des § 40 Abs. 4 SGB V (vgl. die Kommentierung zu § 40 SGB V Rn. 34) genügt die rechtliche Befugnis, die Leistung zu bewilligen, auf die tatsächliche Erbringung der Leistung kommt es nicht an. Der **Nachrang** beschränkt sich allerdings auf Fälle, in denen § 42 SGB V Anspruchsgrundlage ist; wird Belastungserprobung oder Arbeitstherapie als unselbständiger Bestandteil einer stationären Behandlung nach den §§ 39 oder 40 Abs. 2 SGB V erbracht, ist die Krankenkasse auch dann leistungspflichtig, wenn andere Sozialversicherungsträger die Leistung ebenfalls erbringen müssten[7]. 7

Der Nachrang der Krankenkassen wirkt sich insbesondere im Verhältnis zur gesetzlichen **Rentenversicherung** aus, die nach den §§ 9 ff., 15 Abs. 1 Satz 1 SGB VI in Verbindung mit § 26 Abs. 2 Nr. 7 SGB IX ebenfalls Belastungserprobung und Arbeitstherapie als Leistung der medizinischen Rehabilitation erbringt, wenn die persönlichen und versicherungsrechtlichen Voraussetzungen erfüllt sind. 8

Im Verhältnis zur gesetzlichen **Unfallversicherung** schließt schon § 11 Abs. 4 SGB V eine Konkurrenzsituation aus, im Verhältnis zur **Arbeitslosenversicherung** und zur **Pflegeversicherung** kann auf die Ausführungen zu § 40 SGB V (vgl. die Kommentierung zu § 40 SGB V Rn. 36) Bezug genommen werden; zum Verfahren der **Zuständigkeitsklärung** wird auf die Kommentierung zu § 40 SGB V Rn. 38 verwiesen. Kein Nachrang besteht gegenüber Ansprüchen des sozialen Entschädigungsrechts, insoweit gilt § 10 Abs. 7 BVG. 9

IV. Belastungserprobung

Mit Hilfe der Maßnahmen der Belastungserprobung wird, zumeist mittels Austestung, die körperliche und geistig-seelische Leistungsbreite des Versicherten, seine soziale Anpassungsfähigkeit und sein Können ermittelt. Hierdurch sollen die beruflichen Eingliederungschancen und die Belastbarkeit auf Dauer im Berufsleben abgeklärt werden. Die Ergebnisse der Erprobungsmaßnahmen bilden die Grundlage für die Auswahl der im Einzelfall noch erforderlichen weiteren Therapieschritte.[8] Das Gesetz gibt keine bestimmte **Dauer** vor, je nach den Erfordernissen des Einzelfalls können die Tests innerhalb von Stunden durchführbar sein oder – etwa bei der Prüfung der Dauerbelastbarkeit – mehrere Wochen in Anspruch nehmen.[9] Als **Leistungserbringer** kommen insbesondere Rehabilitationseinrichtungen im 10

---

[5] Vgl. *Höfler* in: KassKomm, SGB V, § 42 Rn. 4 m.w.N.

[6] Deshalb scheidet etwa ein Krafttraining in einem Sportcenter als Maßnahme der Belastungstherapie aus (LSG Nordrhein-Westfalen v. 14.12.1989 - L 16 Kr 7/89).

[7] *Schmidt* in: Peters, Handbuch KV (SGB V), § 42 Rn. 37.

[8] *Schmidt* in: Peters, Handbuch KV (SGB V), § 42 Rn. 29.

[9] *Schmidt* in: Peters, Handbuch KV (SGB V), § 42 Rn. 32.

Sinne des § 107 Abs. 2 SGB V in Betracht. Kann der Rehabilitand die Einrichtung täglich von seiner Wohnung aus aufsuchen, genügt die ambulante Durchführung[10].

V. Arbeitstherapie

11 Ziel der Arbeitstherapie ist die Verbesserung der Belastbarkeit im Arbeitsleben sowie die Erhaltung und Entwicklung von Fähigkeiten und Fertigkeiten, die für die berufliche Wiedereingliederung benötigt werden.[11] Wichtige Bestandteile des Leistungstrainings sind Arbeitsqualität und Arbeitstempo unter möglichst realitätsnahen Arbeitsbedingungen. Die Arbeitstherapie ist jedoch berufsneutral, das heißt anders als die berufliche Rehabilitation im Sinne der Leistungen zur Teilhabe am Arbeitsleben nach den §§ 33 ff. SGB IX ist sie nicht auf ein bestimmtes Tätigkeitsfeld ausgerichtet. Zumeist wird die Arbeitstherapie in Rehabilitationseinrichtungen im Sinne des § 107 Abs. 2 SGB V erbracht. Sofern sie dadurch nicht zur Berufstherapie wird, kommt aber auch eine in einen Betrieb ausgelagerte Arbeitstherapie in Betracht[12], ein Beschäftigungsverhältnis wird hierdurch selbst bei Zahlung einer Vergütung als Leistungsanreiz nicht begründet.[13]

---

[10] *Schmidt* in: Peters, Handbuch KV (SGB V), § 42 Rn. 33.

[11] *Schmidt* in: Peters, Handbuch KV (SGB V), § 42 Rn. 22.

[12] *Schmidt* in: Peters, Handbuch KV (SGB V), § 42 Rn. 26.

[13] *Höfler* in: KassKomm, SGB V, § 42 Rn. 7.

§ 43 SGB V Ergänzende Leistungen zur Rehabilitation

(Fassung vom 14.11.2003, gültig ab 01.01.2004, gültig bis 30.06.2008)

(1) Die Krankenkasse kann neben den Leistungen, die nach § 44 Abs. 1 Nr. 2 bis 6 sowie nach §§ 53 und 54 des Neunten Buches als ergänzende Leistungen zu erbringen sind,

1. solche Leistungen zur Rehabilitation ganz oder teilweise erbringen oder fördern, die unter Berücksichtigung von Art oder Schwere der Behinderung erforderlich sind, um das Ziel der Rehabilitation zu erreichen oder zu sichern, aber nicht zu den Leistungen zur Teilhabe am Arbeitsleben oder den Leistungen zur allgemeinen sozialen Eingliederung gehören,

2. wirksame und effiziente Patientenschulungsmaßnahmen für chronisch Kranke erbringen; Angehörige und ständige Betreuungspersonen sind einzubeziehen, wenn dies aus medizinischen Gründen erforderlich ist,

wenn zuletzt die Krankenkasse Krankenbehandlung geleistet hat oder leistet.

(2) Die Krankenkasse kann aus medizinischen Gründen in unmittelbarem Anschluss an eine Krankenhausbehandlung oder stationäre Rehabilitation erforderliche sozialmedizinische Nachsorgemaßnahmen für chronisch kranke oder schwerstkranke Kinder, die das zwölfte Lebensjahr noch nicht vollendet haben, erbringen oder fördern, wenn die Nachsorge wegen der Art, Schwere und Dauer der Erkrankung notwendig ist, um den stationären Aufenthalt zu verkürzen oder die anschließende ambulante ärztliche Behandlung zu sichern. Die Nachsorgemaßnahmen umfassen die im Einzelfall erforderliche Koordinierung der verordneten Leistungen sowie Anleitung und Motivation zu deren Inanspruchnahme. Angehörige und ständige Betreuungspersonen sind einzubeziehen, wenn dies aus medizinischen Gründen erforderlich ist. Die Spitzenverbände der Krankenkassen bestimmen gemeinsam und einheitlich das Nähere zu den Voraussetzungen sowie zu Inhalt und Qualität der Nachsorgemaßnahmen.

Gliederung

A. Basisinformationen

I. Textgeschichte

Die durch das GRG[1] mit In-Kraft-Treten des SGB V geschaffene Vorschrift entsprach in ihrer ursprünglichen Fassung im Wesentlichen der Vorgängerregelung des § 193 RVO und ermöglichte den gesetzlichen Krankenkassen die Erbringung von Rehabilitationssport (§ 43 Nr. 1 SGB V a.F.) sowie 1

[1] Gesundheits-Reformgesetz v. 20.12.1988, BGBl I 1988, 2477.

von sonstigen Leistungen zur Erreichung oder Sicherung des Rehabilitationsziels (§ 43 Nr. 2 SGB V a.F.) als ergänzende Leistungen zur Rehabilitation. Nach zwischenzeitlichen Ergänzungen durch das 2. GKV-NOG[2] und das GKVRefG2000[3] – u.a. Einfügung der jetzigen Nr. 2 des Absatzes 1 als Nr. 3 – wurde die Vorschrift mit In-Kraft-Treten des SGB IX[4] zum 01.07.2001[5] grundlegend umgestaltet.

2 Als Komplementärvorschrift zu den Regelungen des SGB IX bezieht sie sich nunmehr auf ergänzende Leistungen zur Rehabilitation, die „neben" denen des § 44 Abs. 1 Nr. 1-6 und der §§ 53, 54 SGB IX erbracht werden können; § 43 Nr. 1 SGB V a.F. über Rehabilitationssport und Funktionstraining wurde gestrichen (vgl. jetzt § 44 Abs. 1 Nr. 3 und 4 SGB IX; vgl. Rn. 11 f.), die Nr. 2 und 3 a.F. wurden in Nr. 1 und 2 geändert. Durch das GMG[6] wurde mit Wirkung vom 01.01.2004 Absatz 2 angefügt, der die Erbringung von sozialmedizinischen **Nachsorgemaßnahmen** für chronisch kranke oder schwerstkranke Kinder bis zum vollendeten 12. Lebensjahr im Anschluss an eine stationäre Behandlung ermöglicht.

3 Durch das GKV-Wettbewerbsstärkungsgesetz (GKV-WSG)[7] wird mit Wirkung zum 01.08.2008 die bisher den Spitzenverbänden der Krankenversicherung obliegende Verpflichtung, das Nähere zu den Voraussetzungen sowie zu Inhalt und Qualität von sozialmedizinischen Nachsorgemaßnahmen zu bestimmen, auf den Spitzenverband Bund der Krankenkassen übertragen. Bis zur Verabschiedung neuer Vorgaben durch den Spitzenverband Bund der Krankenkassen gilt die bisherige „Rahmenvereinbarung der Spitzenverbände der Krankenkassen zu Voraussetzungen, Inhalt und zur Qualität sozialmedizinischer Nachsorgemaßnahmen nach § 43 Abs.2 SGB V vom 01.07.2005" weiter (§ 217 f Abs. 5 SGB V).

II. Vorgängervorschrift

4 Für § 43 SGB V in der ursprünglichen am 01.01.1989 in Kraft getretenen Fassung war § 193 RVO Vorgänger.

III. Verwaltungsvorschriften

5 § 43 Abs. 2 Satz 4 SGB V sieht vor, dass die Spitzenverbände der Krankenkassen (§ 213 SGB V) gemeinsam und einheitlich das Nähere zu den Voraussetzungen sowie zu Inhalt und Qualität der Nachsorgemaßnahmen bestimmen; aufgrund dieser zum 01.01.2004 in Kraft getretenen Bestimmung ist das Verfahren nach § 213 Abs. 2 und 3 SGB V bisher noch nicht abgeschlossen.

IV. Systematische Zusammenhänge und Abgrenzung

6 Ergänzende Leistungen zur Rehabilitation sind von den Trägern der gesetzlichen Krankenversicherung akzessorisch zu einer zuvor als Hauptleistung von ihnen erbrachten „Krankenbehandlung" in erster Linie nach den Bestimmungen des § 44 Abs. 1 Nr. 2-6 sowie der §§ 53, 54 SGB IX zu erbringen. Diese betreffen Versicherungsbeiträge und Beitragszuschüsse, Rehabilitationssport, Funktionstraining, Reisekosten, Betriebs- oder Haushaltshilfe und Kinderbetreuungskosten. Als Auffangnorm ermöglicht § 43 Abs. 1 Nr. 1 SGB V daneben generalklauselartig weitere ergänzende Rehabilitationsleistungen in besonders gelagerten Einzelfällen ohne diese konkret oder beispielhaft aufzuzählen.[8] § 43 Abs. 1 Nr. 2 SGB V gibt die Rechtsgrundlage für Patientenschulungen für chronisch Kranke, § 43 Abs. 2 SGB V für sozialmedizinische Nachsorgemaßnahmen zu Gunsten von chronisch kranken oder schwerstkranken Kindern im Anschluss an eine Krankenhausbehandlung oder stationäre Rehabilitation. **Selbsthilfe** der Versicherten wird nach Maßgabe von § 20 Abs. 4 SGB V, § 29 SGB IX gefördert und fällt nicht unter den Anwendungsbereich des § 43 SGB V.

---

2 2. GKV-Neuordnungsgesetz v. 23.06.1997, BGBl I 1997, 1520.

3 GKV – Gesundheitsreformgesetz 2000 v. 22.12.1999, BGBl I 1999, 2626.

4 Sozialgesetzbuch – Rehabilitation und Teilhabe behinderter Menschen vom 19.06.2001, BGBl I 2001, 1046.

5 Art. 68 Abs. 1 i.V.m. Abs. 2-7 des Gesetzes v. 19.06.2001.

6 GKV-Modernisierungsgesetz v. 14.11.2003, BGBl I 2003, 2190.

7 Gesetz zur Stärkung des Wettbewerbs in der gesetzlichen Krankenversicherung vom 26.03.2007, BGBl I 2007, 378.

8 Zum geringen praktischen Anwendungsbereich vgl. *Noftz* in: Hauck/Noftz, SGB V, § 43 Rn. 35.

V. Literaturhinweise

Bieritz-Harder, „Übungen zur Stärkung des Selbstbewusstseins“ – eine neue Leistung in der Rehabilitation, NDV 2002, 213-219; *Biller*, Therapie- und Schulungsprogramm für Patienten mit Hypertonie, KrV 1998, 405-408; *Dietrich*, Zwischen Medizin und Marketing – Die Unterstützung von Sportangeboten durch die gesetzliche Krankenversicherung, SVFAng Nr. 136, 75-90; *Epping/Hoppmann*, Entgeltersatzleistungen ohne „klassischen“ Versicherungsfall, WzS 2000, 289-298 und 326-334; *Grühn*, Die Gesundheitsreform 2000 und ihre Auswirkungen auf die gesundheitliche Versorgung von Frauen, SGb 2000, 531-537; *Marburger*, SGB IX – Auswirkungen auf die Arbeit gesetzlicher Krankenkassen. Die Leistungen 2001, 449-454; *Metzinger*, Sport auf Kassenrezept?, KrV 2006, 167-169; *Mrozynski*, Leistungsabgrenzung in der medizinischen Rehabilitation, SGb 1999, 437-443; *Schumacher*, Krankenversicherung – Kostenübernahme von Funktionstraining unter therapeutischer Anleitung – rheumakranke Versicherte, RdLH 2003, 71; *Szczepanski*, Neuer Vertrag verbessert Möglichkeiten der Asthmaschulung, BKK 2001, 437-448. 7

B. Auslegung der Norm

I. Allgemeiner Regelungsgehalt

Sowohl die im Eingangssatz des § 43 Abs. 1 SGB V in Bezug genommenen, in § 44 Abs. 1 Nr. 2-6 SGB IX im Einzelnen aufgezählten, als auch die sonstigen ergänzenden Leistungen zur Rehabilitation nach § 43 Abs. 1 Nr. 1 und 2 sowie Absatz 2 SGB V werden von den gesetzlichen Krankenkassen als **Pflichtleistungen** erbracht. Dies gilt trotz der von der Regelung in § 44 Abs. 1 SGB IX („werden … ergänzt“) abweichenden Formulierung in § 43 Abs. 1 und 2 SGB V („kann … erbringen“) auch für die ergänzenden Leistungen nach dieser Vorschrift. Insbesondere § 11 Abs. 2 Satz 1 SGB V („Versicherte haben auch Anspruch auf … andere ergänzende Leistungen“) verdeutlicht ihre Natur als Rechtsanspruchsleistungen, so dass sich das Ermessen der Krankenkasse auf das „Wie“ der Leistungserbringung beschränkt.[9] Die Leistungen können sowohl als **Sachleistung** als auch in der Form der **Geldleistung** (vollständige oder teilweise Kostenübernahme) gewährt werden. **Anspruchsinhaber** ist der behinderte oder von Behinderung im Sinne des § 2 Abs. 1 Satz 1 SGB IX bedrohte Versicherte. 8

II. Ergänzende Leistungen nach dem SGB IX

Mit dem Hinweis auf das SGB IX verweist der Eingangssatz von § 43 Abs. 1 SGB V auf die dort im Einzelnen aufgeführten ergänzenden Leistungen zur Rehabilitation für Behinderte und von Behinderung bedrohte Menschen im Sinne der §§ 1, 2 Abs. 1 SGB IX. 9

1. Sozialversicherungsbeiträge sowie Beitragszuschüsse

Nach § 44 Abs. 1 Nr. 2a-e SGB IX werden Beiträge sowie Beitragszuschüsse nach Maßgabe der gesetzlichen Regelungen in den einzelnen Sozialversicherungszweigen gewährt. Die Vorschrift hat lediglich deklaratorische Funktion. 10

2. Rehabilitationssport

Die Kosten eines aufgrund (vertrags-)ärztlicher Verordnung (§ 73 Abs. 2 Satz 1 Nr. 5 bzw. 6 SGB V) in Gruppen unter ärztlicher Betreuung und Überwachung stattfindenden Rehabilitationssports unter ausdrücklicher Einbeziehung von Übungen für behinderte oder von Behinderung bedrohte Frauen und Mädchen, die der Stärkung des Selbstbewusstseins dienen, werden nach § 44 Abs. 1 Nr. 3 SGB IX getragen. Hierzu haben die Rehabilitationsträger, u.a. die gesetzlichen Krankenkassen, und verschiedene Behindertensportverbände nach Beratungen auf der Ebene der Bundesarbeitsgemeinschaft für Rehabilitation (BAR) die „**Rahmenvereinbarung** über den **Rehabilitationssport** und das Funktionstraining vom 01.10.2003“[10] geschlossen. Danach wirkt Rehabilitationssport mit den Mitteln des Sports und sportlich ausgerichteter Spiele ganzheitlich auf die behinderten und von Behinderung bedrohten Menschen ein, die über die notwendige Mobilität sowie physische und psychische Belastbarkeit für Übungen in der Gruppe verfügen (Nr. 2.2, a.a.O.). Ziel ist, ihre Ausdauer und Kraft zu stärken, Koordination 11

[9] *Noftz* in: Hauck/Noftz, SGB V, § 43 Rn. 6; a.A. *Schmidt* in: Peters, Handbuch KV (SGB V), § 43 Rn. 63: dem Grunde nach Ermessensleistungen.

[10] Z.B. unter www.vdak-aev.de/rehasport.htm.

und Flexibilität zu verbessern, das Selbstbewusstsein insbesondere auch von behinderten und von Behinderung bedrohten Frauen und Mädchen zu stärken und Hilfe zur Selbsthilfe zu bieten; Hilfe zur Selbsthilfe hat das Ziel, die eigene Verantwortung des behinderten oder von Behinderung bedrohte Menschen für seine Gesundheit zu stärken und ihn zum langfristigen, selbstständigen und eigenverantwortlichen Bewegungstraining – z.B. durch weiteres Sporttreiben in der bisherigen Gruppe bzw. im Verein auf eigene Kosten – zu motivieren (Nr. 2.3, a.a.O.). Die **Erforderlichkeit** für Rehabilitationssport ist grundsätzlich so lange gegeben, wie der behinderte oder von Behinderung bedrohte Mensch während der Übungsveranstaltung auf eine fachkundige Leitung angewiesen ist (Nr. 4.1, a.a.O.). In der gesetzlichen Krankenversicherung wird Rehabilitationssport grundsätzlich längstens für 50 Übungseinheiten in einem Zeitraum von 18 Monaten übernommen, bei schwerer Beeinträchtigung der Beweglichkeit/Mobilität und bestimmten schweren Erkrankungen beträgt der Leistungsumfang 120 Übungseinheiten in einem Zeitraum von 36 Monaten, für Rehabilitationssport in **Herzgruppen** grundsätzlich 90 Übungseinheiten in einem Zeitraum von 24 Monaten mit Verlängerungsmöglichkeit in Abhängigkeit vom Schweregrad der Herzkrankheit (Nr. 4.4 i.V.m. Nr. 4.4.2-4.4.3, a.a.O.). Allgemein ist aufgrund qualifizierter ärztlicher Bescheinigung (Nr. 15.2, a.a.O.) eine Verlängerung der Leistungsdauer möglich, wenn die Motivation zur langfristigen Durchführung des Übungsprogramms in Eigenverantwortung krankheits- oder behinderungsbedingt nicht oder noch nicht gegeben ist (Nr. 4.4.1, a.a.O.). **Rehabilitationssportarten** sind in erster Linie Gymnastik, Leichtathletik, Schwimmen sowie Bewegungsspiele in Gruppen (Nr. 5.1, a.a.O.). Nach Maßgabe der Regelungen der Rahmenvereinbarung bedürfen die Rehabilitationssportgruppen einer **Anerkennung** (Nr. 8, a.a.O.), die ärztliche Betreuung und Überwachung der Teilnehmer erfolgt grundsätzlich durch den behandelnden Arzt, die Betreuung der Sportgruppe durch einen (anderen) Arzt, der die Teilnehmer und den Übungsleiter bei Bedarf während der Übungsveranstaltung berät; in Herzgruppen ist die ständige persönliche Anwesenheit eines betreuenden Arztes erforderlich (Nr. 12.1 und 12.2, a.a.O.).

3. Funktionstraining

12 Nach § 44 Abs. 1 Nr. 4 SGB IX wird ärztlich verordnetes Funktionstraining in Gruppen unter fachkundiger Anleitung und Überwachung als ergänzende Leistung zur medizinischen Rehabilitation erbracht. Die in Rn. 11 besprochene „**Rahmenvereinbarung** über den Rehabilitationssport und das **Funktionstraining**“ bestimmt, dass das organorientierte Funktionstraining besonders mit den Mitteln der Krankengymnastik und/oder der Ergotherapie gezielt auf spezielle körperliche Strukturen (Muskeln, Gelenke usw.) der behinderten oder von Behinderung bedrohten Menschen einwirkt, die über die notwendige Mobilität sowie physische und psychische Belastbarkeit für bewegungstherapeutische Übungen in der Gruppe verfügen (Nr. 3.2, a.a.O.). Ziel ist der Erhalt und die Verbesserung von Funktionen sowie das Hinauszögern von Funktionsverlusten einzelner Organsysteme/Körperteile, die Schmerzlinderung, die Beweglichkeitsverbesserung und die Hilfe zur Selbsthilfe; Letztere hat zum Ziel, die eigene Verantwortlichkeit des behinderten oder von Behinderung bedrohten Menschen für seine Gesundheit zu stärken und ihn zum langfristigen, selbstständigen und eigenverantwortlichen Bewegungstraining im Sinne eines angemessenen Übungsprogramms auf eigene Kosten, z. B. durch die weitere Teilnahme an Bewegungsangeboten, zu motivieren (Nr. 3.3, a.a.O.). Die **Leistungsdauer** des Funktionstrainings umfasst in der gesetzlichen Krankenversicherung grundsätzlich 12 Monate; bei schwerer Beeinträchtigung der Beweglichkeit/Mobilität aufgrund bestimmter schwerer Erkrankungen beträgt die Leistungsdauer 24 Monate (Nr. 4.4.4, a.a.O.). Eine Verlängerung ist nach Nr. 4.4.1 in Verbindung mit Nr. 15.2. der Rahmenvereinbarung wie beim Rehabilitationssport (vgl. Rn. 11) möglich. **Funktionstrainingsarten** sind insbesondere Trockengymnastik und Wassergymnastik. Funktionstrainingsgruppen bedürfen der **Anerkennung** (Nr. 9, a.a.O.). Eine ärztliche Überwachung und Betreuung ist nicht erforderlich, fachkundige Anleitung und Überwachung reichen aus.

4. Reisekosten

13 Nach den §§ 44 Abs. 1 Nr. 5, 53 SGB IX als Sondervorschrift zu § 60 SGB V (vgl. dessen Absatz 5) werden die im Zusammenhang mit der Ausführung einer Leistung zur medizinischen Rehabilitation[11] entstehenden Fahr-, Verpflegungs- und Übernachtungskosten übernommen. Eingeschlossen sind die Kosten eines behinderungsbedingt erforderlichen besonderen Beförderungsmittels bzw. einer erforderlichen Begleitperson, einer mangels anderweitiger Betreuungsmöglichkeit notwendigen Mitnahme von

[11] Nicht möglich ist die Übernahme von Reisekosten aus Anlass singulärer **ergänzender** Rehabilitationsleistungen, vgl. *Noftz* in: Hauck/Noftz, SGB V, § 43 Rn. 60.

Kindern sowie für den erforderlichen Gepäcktransport. Dauern die Rehabilitationsmaßnahmen länger als acht Wochen, sind zusätzlich die Reisekosten für in der Regel zwei Familienheimfahrten je Monat, ersatzweise für Besuche von Angehörigen zu übernehmen (§ 53 Abs. 3 i.V.m. Abs. 2 SGB IX).

5. Haushalts- oder Betriebshilfe und Kinderbetreuungskosten

Ist dem Versicherten wegen der Ausführung einer Leistung zur medizinischen Rehabilitation die Weiterführung des Haushalts nicht möglich, so besteht nach den §§ 44 Abs. 1 Nr. 6, 54 Abs. 1 SGB IX unter den der Regelung des § 38 Abs. 1, 3 und 4 SGB V entsprechenden Voraussetzungen ein Anspruch auf **Haushaltshilfe**, an seiner Stelle auf Übernahme der Kosten für die Mitnahme oder anderweitige Unterbringung des Kindes (§ 54 Abs. 2 SGB IX). Die Übernahme von unvermeidlichen **Kinderbetreuungskosten** regelt § 54 Abs. 3 SGB IX. Im Bereich der landwirtschaftlichen Sozialversicherung verbleibt es bei den dortigen Regelungen über **Betriebs- und Haushaltshilfe** (§ 54 Abs. 3 SGB IX). 14

III. Ergänzende medizinische Leistungen nach Absatz 1 Nr. 1

1. Inhalt

Als Auffangnorm hat § 43 Abs. 1 Nr. 1 SGB V den Zweck, bei Bedarf für alle im Einzelfall zur Erreichung des Rehabilitationszieles erforderlichen ergänzenden Leistungen eine Rechtsgrundlage zu schaffen. In Betracht kommen nur solche medizinischen[12] Leistungen, die nicht schon anderweitig gesetzlich geregelt sind, so dass nicht etwa Heil- und Hilfsmittel unter Umgehung der Voraussetzungen der §§ 32, 33 SGB V als ergänzende Leistungen zur Rehabilitation erbracht werden können.[13] Ausdrücklich ausgeschlossen sind Leistungen zur Teilhabe am Arbeitsleben (§§ 33 ff. SGB IX) oder zur allgemeinen sozialen Eingliederung (§§ 55 ff. SGB IX: Leistungen zur Teilhabe am Leben in der Gemeinschaft)[14]. Ansonsten kommt jede Maßnahme in Betracht, die sich im Einzelfall als zur Erreichung oder Sicherung des Rehabilitationserfolges geeignet und erforderlich erweist.[15] 15

2. Voraussetzungen

Ergänzende Leistungen zur Rehabilitation nach § 43 Abs. 1 Nr. 1 SGB V setzen das Vorliegen einer **Behinderung** (§ 2 Abs. 1 Satz 1 SGB IX) beim Versicherten voraus, das heißt eine mit hoher Wahrscheinlichkeit länger als sechs Monate dauernde Abweichung der körperlichen Funktion, geistigen Fähigkeit oder seelischen Gesundheit von dem für das Lebensalter typischen Zustand, durch die die Teilhabe am Leben in der Gesellschaft beeinträchtigt ist. Aus dem akzessorischen Charakter der ergänzenden Leistungen (oben Rn. 6) folgt, dass ein **Zusammenhang** mit der als Hauptleistung erbrachten Krankenbehandlung (hier gemeint: Leistung der medizinischen Rehabilitation) bestehen muss, deren Erfolg gesichert werden soll. Ein Anspruch besteht nach § 43 Abs. 1 HS. 2 SGB V nur dann, wenn zuletzt die Krankenkasse Krankenbehandlung geleistet hat. Die **Zuständigkeit** der Krankenkasse entfällt, wenn vor der fraglichen ergänzenden Leistung zuletzt ein anderer Rehabilitationsträger Leistungen erbracht hat.[16] Damit wird der Forderung des § 4 Abs. 2 Satz 2 SGB IX nach möglichst vollständiger Leistungserbringung durch einen einzigen Rehabilitationsträger Rechnung getragen. Zugleich bewirkt die nur subsidiäre Zuständigkeit der gesetzlichen Krankenversicherung für ambulante und stationäre medizinische Rehabilitationsleistungen gemäß § 40 Abs. 4 SGB V als rehabilitative Hauptleistungen (dazu die Kommentierung zu § 40 SGB V Rn. 34 ff.) auch einen Nachrang der Kassen für die ergänzenden Leistungen des § 43 Abs. 1 Nr. 1 SGB V. 16

Die ergänzenden Leistungen zur Rehabilitation gemäß § 43 Abs. 1 Nr. 1 SGB V müssen dem **Wirtschaftlichkeitsgebot** (§§ 2 Abs. 1 und 4, 12 Abs. 1 SGB V) entsprechen: Sie müssen nach Art und Schwere der Behinderung erforderlich sein, um das Ziel der Rehabilitation zu erreichen oder zu sichern. Dies schließt eine angemessene Relation zwischen Kosten und zu erwartendem Erfolg ein. Die 17

---

[12] Zur Abgrenzung zu nicht-medizinischen Leistungen vgl. LSG Rheinland-Pfalz v. 19.09.2006 -L 1 KR 65/04 - juris Rn. 32 ff.

[13] *Noftz* in: Hauck/Noftz, SGB V, § 43 Rn. 11; *Schmidt* in: Peters, Handbuch KV (SGB V), § 43 Rn. 48.

[14] Keine ergänzende Leistung zur Rehabilitation ist deshalb etwa der Förderunterricht zur Beseitigung einer Legasthenie, LSG Baden-Württemberg v. 28.01.2000 - L 4 KR 4592/98 - E-LSG KR-169.

[15] *Schmidt* in: Peters, Handbuch KV (SGB V), § 43 Rn. 51.

[16] *Noftz* in: Hauck/Noftz, SGB V, § 43 Rn. 33.

Leistungen bedürfen der vertragsärztlichen Verordnung (§ 73 Abs. 2 Nr. 5-7 SGB V) und der Bewilligung der Krankenkasse, die die medizinische Notwendigkeit durch den Medizinischen Dienst der Krankenversicherung (MDK) gemäß § 275 Abs. 1 Nr. 1 SGB V gutachtlich prüfen lassen kann.

3. Leistungsbewilligung

18 Wie bei den Leistungen zur medizinischen Rehabilitation nach den §§ 40, 41 SGB V beschränkt sich das **Ermessen** der Krankenkasse auf das „Wie" der Leistungserbringung (vgl. Rn. 8 und die Kommentierung zu § 40 SGB V Rn. 28). Der insoweit eröffnete Spielraum der Kassen ist weit, weil Vorgaben sowohl über die Art der Leistung wie zu Form und Umfang fehlen.[17] Zu berücksichtigen sind die Wunsch- und Wahlrechte der Versicherten (§ 9 SGB IX), die besonderen Bedürfnisse von Frauen (§ 1 Satz 2 SGB IX), Kindern (§§ 1 Satz 2, 4 Abs. 3 SGB IX), Müttern und Vätern (§ 9 Abs. 1 Satz 3 SGB IX) sowie seelisch behinderten oder von einer solchen Behinderung bedrohten Menschen (§ 10 Abs. 3 SGB IX). Auch Kostenerwägungen sind einzubeziehen.[18]

IV. Patientenschulung nach Absatz 1 Nr. 2

1. Inhalt

19 Die mit Wirkung vom 01.01.2000 als Nr. 3 eingeführte, seit dem 01.07.2001 als Nr. 2 (seit 01.01.2004 Abs.1 Nr. 2) bezifferte Regelung (zur Textgeschichte vgl. Rn. 1) bildet eine eigenständige Rechtsgrundlage zur Erbringung wirksamer und effizienter Patientenschulungsmaßnahmen für chronisch Kranke. Bei medizinischer Notwendigkeit – etwa wegen Hilflosigkeit des Versicherten – sind Angehörige und ständige Betreuungspersonen einzubeziehen. In Betracht kommt zum Beispiel die Schulung von Eltern zur Durchführung häuslicher krankengymnastischer Übungen ihrer behinderten Kinder.[19] Die Schulung kann für Patientengruppen oder einzelne Kranke erbracht werden.[20]

2. Voraussetzungen

20 Die Patientenschulungen nach § 43 Abs. 1 Nr. 2 SGB V setzen das Vorliegen einer **chronischen Erkrankung** voraus. Eine Erkrankung ist chronisch, wenn sie sich mit der Folge des ständigen Vorhandenseins oder regelmäßigen Eintritts von Erscheinungsformen dauerhaft verfestigt hat.[21] Anders als bei ergänzenden Leistungen nach § 43 Abs. 1 Nr. 1 SGB V muss die Schulung nicht der Sicherung des Erfolgs einer anderweitigen rehabilitativen Hauptleistung dienen, sondern kann als isolierte rehabilitative Maßnahme selbständig erbracht werden.[22] Dass die Schulung wirksam und effektiv sein muss, ergibt sich schon aus dem Gebot der Wirtschaftlichkeit (§ 12 SGB V).[23] Die **Zuständigkeit** der gesetzlichen Krankenkasse ist gegeben, wenn diese zuletzt Krankenbehandlung geleistet hat oder leistet (§ 43 Abs. 1 letzter Teilsatz SGB V). Zur **Leistungsbewilligung** kann auf die Ausführungen zu § 43 Abs. 1 Nr. 1 SGB V verwiesen werden (vgl. Rn. 18).

V. Nachsorgemaßnahmen nach Absatz 2

1. Inhalt

21 Sozialmedizinische Nachsorgemaßnahmen für chronisch kranke oder schwerstkranke Kinder hat der Gesetzgeber zum 01.01.2004 (vgl. Rn. 1) in das Leistungsspektrum der gesetzlichen Krankenversicherung aufgenommen. Die bisherige Vorgabe des § 132c SGB V, gemeinsam und einheitlich in Empfehlungen die Anforderungen an die Leistungserbringer sozialmedizinischer Nachsorgemaßnahmen festzulegen, ist durch das GKV-WSG (vgl. Rn. 3) ab 01.04.2007 entfallen. Die Leistungen umfassen die im Einzelfall erforderliche Koordinierung der verordneten Leistungen sowie Anleitung und Motivation zu deren Inanspruchnahme (§ 43 Abs. 2 Satz 2 SGB V) und sollen die häufig sehr schwierige Situation

---

[17] Vgl. *Schmidt* in: Peters, Handbuch KV (SGB V), § 43 Rn. 64 f., der abweichend allerdings auch das „Ob" der Leistungserbringung einbezieht.

[18] *Noftz* in: Hauck/Noftz, SGB V, § 43 Rn. 7.

[19] *Noftz* in: Hauck/Noftz, SGB V, § 43 Rn. 38.

[20] Vgl. den vom BKK-Bundesverband mit der Arbeitsgemeinschaft Asthmaschulung im Kinder- und Jugendalter e. V. geschlossenen Rahmenvertrag vom 30.03.2001, BKK 2001, 442 ff.

[21] *Noftz* in: Hauck/Noftz, SGB V, § 43 Rn. 19.

[22] *Schmidt* in: Peters, Handbuch KV (SGB V), § 43 Rn. 42.

[23] Zutreffend *Höfler* in: KassKomm-SGB, SGB V, § 43 Rn. 10.

vieler Eltern und Betreuungspersonen mit der Behandlungssituation im häuslichen Bereich nach der Entlassung der betroffenen Kinder aus der Akutversorgung in einer spezialisierten Kinderklinik erleichtern.[24] Die Eltern sind in der Regel unvorbereitet mit der Krankheit oder Behinderung ihres Kindes konfrontiert worden und häufig damit überfordert, sich richtige Hilfen zu holen. Erforderlichenfalls (§ 43 Abs. 2 Satz 3 SGB V) sollen sie durch Information, Beratung und Anleitung befähigt werden, langfristig eine Vielzahl von Betreuungselementen für ihr Kind selbständig zu übernehmen. Durch die im Einzelfall erforderliche Koordinierung der verordneten Leistungen sowie die Anleitung und Motivierung zur Inanspruchnahme werden stationäre Aufenthalte verkürzt oder durch die Sicherung der ambulanten Behandlung wird eine erneute stationäre Aufnahme vermieden. Dies soll sowohl dem Wohl des Kindes und seiner Familie als auch der Entlastung der gesetzlichen Krankenversicherung dienen. Die Kasse kann die Nachsorgemaßnahmen im Wege der Sachleistung erbringen oder diese fördern, das heißt bezuschussen (Geldleistung). Gemäß § 43 Abs. 2 Satz 4 SGB V haben die Spitzenverbände der Krankenkassen in einer **Rahmenvereinbarung vom 01.07.2005** Einzelheiten zu Voraussetzungen sowie Inhalt und Qualität der Nachsorgemaßnahmen geregelt.[25]

2. Voraussetzungen

Die **Leistungsberechtigung** besteht für chronisch kranke (vgl. Rn. 20) oder schwerstkranke versicherte Kinder, die bei Beginn der Nachsorge das 12. Lebensjahr noch nicht vollendet haben. Die Nachsorgemaßnahmen kommen nur in unmittelbarem **Anschluss** an eine Krankenhausbehandlung (§ 39 SGB V) oder eine stationäre Rehabilitation (§ 40 Abs. 2 SGB V) in Betracht, setzen mithin mit der Entlassung des Kindes aus der Klinik bzw. Rehabilitationseinrichtung ein. Die Erstverordnung der sozialmedizinischen Nachsorgemaßnahme erfolgt im Regelfall durch den behandelnden Arzt des Krankenhauses oder der Rehabilitationseinrichtung bereits während der stationären Behandlung/Rehabilitation oder im Einzelfall noch innerhalb von 14 Tagen nach Entlassung aus der Einrichtung; wird die Leistung nicht während der Krankenhausbehandlung oder der Rehabilitation veranlasst, kann die Verordnung innerhalb einer Frist von bis zu 6 Wochen nach Abschluss der stationären Behandlung/Rehabilitation auch durch den behandelnden Vertragsarzt erfolgen.[26] Die Verordnung ist vom Erziehungsberechtigten zu unterschreiben und der Krankenkasse unverzüglich zur Genehmigung vorzulegen; da die Notwendigkeit der Leistungen primär vom Bedarf des Kindes abhängt, ist immer die Krankenkasse zuständig, bei der das Kind versichert ist.[27] 22

Leistungsvoraussetzung ist die **Notwendigkeit** der Nachsorge zur Verkürzung des stationären Aufenthaltes oder zur Sicherung der anschließenden ambulanten ärztlichen Behandlung wegen Art, Schwere und Dauer der Erkrankung. Die Indikation zur Inanspruchnahme von sozialmedizinischen Nachsorgemaßnahmen nach § 43 Abs. 2 SGB V ergibt sich entweder aus der Kombination von schweren Beeinträchtigungen der Funktionsfähigkeit nach der von der WHO verabschiedeten Internationalen Klassifikation der Funktionsfähigkeit, Behinderung und Gesundheit (ICF) – Schädigung, Beeinträchtigung der altersentsprechenden Aktivitäten/Teilhabe – sowie der Notwendigkeit eingreifender, komplexer Interventionen bei gleichzeitiger erschwerter Organisation der erforderlichen Unterstützung oder dem Finalstadium einer Erkrankung, in dem ein erhöhter Bedarf an Koordination komplexer Interventionen sowie von Motivierung und Unterstützung der Angehörigen eines sterbenden Kindes vorausgesetzt wird.[28] 23

3. Leistungsinhalt

Sozialmedizinische Nachsorgemaßnahmen umfassen die erforderliche Analyse des Versorgungsbedarfs einschließlich der Planung, Organisation und Durchführung einer interdisziplinären und multiprofessionellen Abstimmung der am Versorgungsprozess Beteiligten; die Koordinierung der verordneten Leistungen einschließlich Anbahnung und Vermittlung von Kontakten zum weiterbehandelnden Vertragsarzt und sonstigen Leistungserbringern und Leistungsträgern sowie Strukturierung und Sicherstellung der Kommunikation zwischen allen an der Versorgung Beteiligten; schließlich die Anleitung und Motivierung zur Inanspruchnahme der verordneten Leistungen durch Förderung des Krank- 24

[24] Vgl. die Begründung des Gemeinsamen Gesetzentwurfs der Fraktionen SPD, CDU/CSU und BÜNDNIS 90/DIE GRÜNEN BT-Drs. 15/1525, S. 90 f. zu Nr. 33 (§ 43).

[25] http://www.vdak.de/vertragspartner/vorsorge-rehabilitation/sozialmed_nachsorge/index.htm.

[26] Nr. 5 der Rahmenvereinbarung vom 01.07.2005, vgl. Rn. 21.

[27] Nr. 5 der Rahmenvereinbarung vom 01.07.2005, vgl. Rn. 21.

[28] Zu den Einzelheiten s. den Anhang der Rahmenvereinbarung vom 01.07.2005, vgl. Rn. 21.

heitsverständnisses, Unterstützung bei der Bewältigung alltagsbezogener Aufgaben und krankheitsbezogener Versorgungsaufgaben, Erläuterung der Aufgaben verschiedener Leistungserbringer, Ermutigung der Eltern und des Kindes zu selbständigen Aktivitäten. Je nach Bedarf werden die sozialmedizinischen Nachsorgemaßnahmen sowohl aufsuchend als auch in der Nachsorgeeinrichtung durchgeführt.

4. Leistungsumfang und Leistungsdauer

25 Nach Nr. 4 der Rahmenvereinbarung vom 01.07.2005 (vgl. Rn. 21) kommen sozialmedizinische Nachsorgemaßnahmen nur in Betracht, wenn ein Leistungsumfang von mindestens 6 sozialmedizinischen Nachsorgeeinheiten angezeigt ist; von diesen müssen mindestens 3 im häuslichen Umfeld erbracht werden. Eine sozialmedizinische Nachsorgeeinheit beträgt 60 Minuten, die maßnahmebezogen in kleinere Zeiteinheiten aufgeteilt werden kann; Fahrzeiten sind nicht enthalten. Je nach Bedarf können auch mehrere sozialmedizinische Nachsorgeeinheiten an einem Tag erbracht werden. Im Regelfall umfasst die sozialmedizinische Nachsorge maximal 20 sozialmedizinische Nachsorgeeinheiten in einem Zeitraum von 6-12 Wochen. Kann in begründeten Ausnahmefällen das Nachsorgeziel nicht mit den regulären sozialmedizinischen Nachsorgeeinheiten innerhalb des vorgegebenen Zeitraums erreicht werden, ist eine einmalige Verlängerung um bis zu 10 sozialmedizinische Nachsorgeeinheiten auf der Grundlage einer begründeten Folgeverordnung möglich. Nur bei veränderter Ausgangssituation, etwa bei Ausfall der bisherigen Bezugsperson, kommen erneute sozialmedizinische Nachsorgemaßnahmen im Anschluss an eine erneute Krankenhausbehandlung oder Rehabilitationsmaßnahme wegen derselben Indikation(en) in Betracht.

§ 43a SGB V Nichtärztliche sozialpädiatrische Leistungen

(Fassung vom 19.06.2001, gültig ab 01.07.2001)

Versicherte Kinder haben Anspruch auf nichtärztliche sozialpädiatrische Leistungen, insbesondere auf psychologische, heilpädagogische und psychosoziale Leistungen, wenn sie unter ärztlicher Verantwortung erbracht werden und erforderlich sind, um eine Krankheit zum frühestmöglichen Zeitpunkt zu erkennen und einen Behandlungsplan aufzustellen; § 30 des Neunten Buches bleibt unberührt.

Gliederung

A. Basisinformationen

I. Textgeschichte/Gesetzgebungsmaterialien

1 Sozialpädiatrische Leistungen – das sind solche mit dem Ziel, Schädigungen oder Störungen in der körperlichen, geistig-seelischen und sozialen Entwicklung von Kindern frühzeitig zu erkennen, zu verhindern, zu heilen oder in ihren Auswirkungen zu mindern (vgl. Rn. 13) – wurden erstmals mit In-Kraft-Treten des GRG[1] zum 01.01.1989 über **§ 119 SGB V**[2] unter bestimmten Voraussetzungen in das Leistungsspektrum der gesetzlichen Krankenversicherung aufgenommen. Durch das 2. Änderungsgesetz zum SGB V[3] wurde an die Stelle der leistungsrechtlichen Regelung des § 119 Abs. 2 SGB V a.F., der gestrichen wurde[4], mit Wirkung vom 01.01.1992 **§ 43a SGB V** eingefügt[5].

2 Mit dieser Vorschrift wird korrespondierend zum Leistungserbringungsrecht[6] im Leistungsrecht ein Anspruch von versicherten Kindern auf nichtärztliche sozialpädiatrische Leistungen gewährt, um mit ihrer Hilfe die Frühdiagnostik von Krankheiten zu ermöglichen.[7] Der letzte Halbsatz wurde mit In-Kraft-Treten des SGB IX[8] zum 01.07.2001 angefügt.[9]

II. Parallelvorschriften

3 § 30 Abs. 1 Satz 1 Nr. 2 SGB IX betrifft insbesondere nichtärztliche sozialpädiatrische, psychologische, heilpädagogische und psychosoziale Leistungen, die nach Inhalt und Zielsetzung denen des § 43a SGB V entsprechen[10], so dass diese Vorschrift nur für die anderen Träger der Rehabilitation von eigenständiger Bedeutung ist. Weitergehende Ansprüche auch gegen die Krankenkassen, soweit diese zuständige Rehabilitationsträger sind, können sich jedoch aus § 30 Abs. 1 Satz 1 Nr. 1 SGB IX und § 30 Abs. 2 SGB IX ergeben.

4 § 30 Abs. 1 Satz 1 Nr. 1 SGB IX erfasst medizinische Leistungen zur Früherkennung und Frühförderung behinderter und von Behinderung bedrohter Kinder von fachübergreifend arbeitenden Diensten und Einrichtungen, betrifft mithin nicht die von § 43a SGB V geregelten Leistungen.

5 § 30 Abs. 2 SGB IX bezieht nicht ärztliche therapeutische, psychologische, heilpädagogische, sonderpädagogische, psychosoziale Leistungen und die Beratung der Erziehungsberechtigten in interdiszip-

---

1 Gesundheits-Reformgesetz v. 20.12.1988, BGBl I 1988, 2477, 2482.

2 Sozialgesetzbuch – Fünftes Buch – (SGB V) Gesetzliche Krankenversicherung.

3 Zweites Gesetz zur Änderung des SGB V v. 20.12.1991, BGBl 1991, 2325.

4 Art. 1 Nr. 28 2. SGB V-ÄndG.

5 Art. 1 Nr. 12 2. SGB V-ÄndG.

6 Ermächtigung sozialpädiatrischer Zentren zur ambulanten sozialpädiatrischen Behandlung von Kindern nach § 119 SGB V.

7 Vgl. die Begründung zum Regierungsentwurf zum damaligen § 128, BT-Drs. 11/2237, S. 202.

8 Sozialgesetzbuch – Neuntes Buch – (SGB IX) Rehabilitation und Teilhabe behinderter Menschen.

9 Art. 5 Nr. 14 SGB IX v. 19.06.2001, BGBl I 2001, 1046.

10 Vgl. die Begründung des Fraktions-Entwurfs zum SGB IX, BT-Drs. 14/5074, S. 107 zu Nr. 30.

linären Frühförderstellen in den Leistungsanspruch auch dann ein, soweit sie nicht unter ärztlicher Verantwortung zu erbringen sind und soweit sie erforderlich sind, um die Behinderung durch gezielte Förder- und Behandlungsmaßnahmen auszugleichen oder zu mildern. Die Regelung erfasst damit über § 43a SGB V hinaus **therapeutische** Leistungen; insoweit weicht zwar das Leistungssystem des SGB V im Sinne des § 7 Satz 1 SGB IX von dem des SGB IX ab, jedoch bleibt § 30 SGB IX gemäß § 43a HS. 2 SGB V ausdrücklich „unberührt“[11].

III. Systematische Zusammenhänge

6 § 43a SGB V erweitert als **Ausnahmevorschrift** den Zuständigkeitsbereich der gesetzlichen Krankenversicherung auf ärztlich verantwortete nichtmedizinische sozialpädiatrische Maßnahmen für versicherte Kinder, beschränkt auf die **Frühdiagnostik** von Krankheiten und die Aufstellung eines **Behandlungsplanes**, soweit die betroffenen Kinder nicht von geeigneten Ärzten oder in Frühförderstellen behandelt werden können.[12] Für die anschließende Behandlung im Rahmen des Behandlungsplanes gelten die allgemeinen Vorschriften.[13] Die Krankenkassen haben deshalb insbesondere die (kinder-)ärztliche Versorgung zu gewährleisten, **nicht** jedoch für die sozialpädiatrischen **therapeutischen** Leistungen aufzukommen.[14] Der Anspruch nach § 43a SGB V ist von dem auf Früherkennung von Krankheiten (§ 26 SGB V) gerichteten diagnostischen ärztlichen Maßnahmen abzugrenzen, ferner von den für Kinder erbrachten Leistungen der Prävention (§ 20 SGB V), Vorsorge (§ 23 SGB V) und medizinischen Rehabilitation (§§ 40, 41, 43 SGB V). Die Maßnahmen der **sozialen Eingliederung** fallen nicht in den Zuständigkeitsbereich der gesetzlichen Krankenversicherung.[15]

IV. Literaturhinweise

7 *Breitmeier*, Sozialpädiatrische Zentren, KH 1992, 538-543; *Jung*, Ambulante und stationäre Reha-Leistungen in der GKV, BKK 1997, 378-389; *Lachwitz*, Regelung der Frühförderung im Sozialgesetzbuch Neuntes Buch (SGB IX), RdLH 2001, 108-110; *Lubecki*, Sozialpädiatrische Versorgung, DOK 1992, 851-853; *Mrozynski*, Komplexe Bedarfslagen im gegliederten System des Sozialrechts, Sozialer Fortschritt 1999, 189-196; *Petrich*, Mehr Frühbehandlung in Sozialpädiatrischen Zentren, BArbl. 4/1989, 14-15; *Schulin*, Krankenversicherungsrechtliche Beurteilung von Leistungen in Sozialpädiatrischen Zentren, Gutachten im Auftrag der Deutschen Gesellschaft für Sozialpädiatrie, 1995; *Sunder*, Abgrenzungsfragen der medizinischen Rehabilitation nach dem SGB IX, NDV 2002, 332-338; *Wilmerstadt*, Integration behinderter Kinder in die Gesellschaft fördern, SuP 2001, 781-786.

B. Auslegung der Norm

I. Regelungsgehalt und Normzweck

8 § 43a SGB V enthält eine Rechtsgrundlage für die ambulante Inanspruchnahme nichtärztlicher sozialpädiatrischer Leistungen, die zuvor im Leistungsrecht der gesetzlichen Krankenversicherung fehlte.[16] Anspruchsberechtigt sind versicherte Kinder. Ihnen verschafft § 43a SGB V einen **Rechtsanspruch** auf nichtärztliche sozialpädiatrische Leistungen, die als Sachleistungen in sozialpädiatrischen Zentren[17] zu erbringen sind, wenn die Krankheit nach ihrer Art, Schwere und Dauer nicht von geeigneten Ärzten und Frühförderstellen[18] diagnostiziert werden kann[19].

9 Der im Wortlaut zum Ausdruck kommende Normzweck besteht darin, eine Krankheit zum frühestmöglichen Zeitpunkt zu erkennen (**Frühdiagnostik**) und einen **Behandlungsplan** aufzustellen; die Behandlung selbst wird von § 43a SGB V jedoch nicht erfasst[20].

---

[11] So zutreffend *Schmidt* in: Peters, Handbuch KV (SGB V), § 43a Rn. 22 unter Hinweis auf die Gesetzesbegründung BT-Drs. 14/5074, S. 118; anders *Noftz* in: Hauck/Noftz, SGB V, § 43a Rn. 20d.

[12] Vgl. § 119 Abs. 2 SGB V.

[13] §§ 15 Abs. 1, 27 ff. SGB V.

[14] Siehe jedoch § 30 SGB IX zur Frühförderung als darüber hinausgehende Komplexleistung zu Lasten der gesetzlichen Krankenversicherung.

[15] BSG v. 31.03.1998 - B 1 KR 12/96 R - juris Rn. 20 - USK 98145.; LSG Rheinland-Pfalz v. 19.09.2006 - L 1 KR 65/04 - juris Rn. 32 ff.

[16] Begründung des Gesetzentwurfs, vgl. BT-Drs. 12/1363, S. 6.

[17] § 119 Abs. 1 SGB V.

[18] Siehe § 30 Abs. 2 SGB IX zu den interdisziplinären Frühförderstellen.

[19] § 119 Abs. 2 Satz 1 SGB V.

[20] Hierzu näher *Noftz* in: Hauck/Noftz, SGB V, § 43a Rn. 10.

II. Anspruchsvoraussetzungen

Anspruchsberechtigt sind „versicherte Kinder", wobei eine auf der Familienversicherung[21] beruhende Versicherteneigenschaft zwar die Regel, jedoch nicht zwingend ist[22]. Eine Altersobergrenze wurde nicht normiert[23]. Regelmäßig fallen sozialpädiatrische Leistungen des § 43a SGB V schon wegen der beabsichtigten frühestmöglichen Krankheitserkennung jedoch für Kinder in jüngeren Jahren an[24]. 10

Die nichtärztlichen sozialpädiatrischen Leistungen müssen **erforderlich** sein, um eine Krankheit[25] zum frühestmöglichen Zeitpunkt zu erkennen und einen Behandlungsplan aufzustellen. Diese **Erforderlichkeit** hängt von Art, Schwere und Dauer der drohenden oder bereits eingetretenen Erkrankung ab. Die Einschaltung der sozialpädiatrischen Zentren kommt erst in Betracht, wenn Diagnose und Behandlungsplan nicht von niedergelassenen Ärzten, gegebenenfalls unter Heranziehung nichtärztlicher Fachkräfte, insbesondere in den fortbestehenden Frühförderstellen, aufgestellt werden können.[26] 11

Die Leistungen müssen unter **ärztlicher Verantwortung**[27] erbracht werden. Dies bedeutet, der Arzt muss die sozialpädiatrische Leistung anordnen und nach den jeweiligen Umständen anleiten und überwachen. Allerdings ist die ärztliche Verantwortung bezogen auf die eigentliche Erbringung der nichtärztlichen sozialpädiatrischen Leistungen durch grundsätzlich selbständig und eigenverantwortlich handelnde Angehörige nichtärztlicher Heilberufe lediglich als stark abgestufte Mitverantwortung notwendig.[28] 12

III. Nichtärztliche sozialpädiatrische Leistungen

§ 43a SGB V hebt als nichtärztliche sozialpädiatrische Leistungen lediglich **beispielhaft** psychologische, heilpädagogische und psychosoziale Leistungen hervor. Allgemein sind unter **sozialpädiatrischen Leistungen** die Maßnahmen der Kinderheilkunde unter besonderer Betonung der sozialen Bezüge in fachübergreifender Zusammenarbeit von Ärzten, Psychologen, Sozial- und Heilpädagogen, Logopäden, Spieltherapeuten, Krankengymnasten und Krankenschwestern entsprechend ihren jeweiligen Berufsbildern zu verstehen. Dabei gilt § 43a SGB V nur für ambulante Leistungen der nichtärztlichen Therapeuten und Heilpersonen.[29] Das Konzept der Sozialpädiatrie ist ganzheitlich ausgerichtet, erfordert die interdisziplinäre Zusammenarbeit zwischen (Kinder-)Ärzten und den spezialisierten Vertretern anderer Fachrichtungen[30] und beruht auf der Erkenntnis, dass Behinderungen grundsätzlich nicht auf ein Organ begrenzt werden können[31]. 13

Die Leistungen nach § 43a SGB V werden, soweit erforderlich[32], in ermächtigten[33] **sozialpädiatrischen Zentren** erbracht. Hierbei handelt es sich um kinderärztlich geleitete Einrichtungen, die sich auf Frühdiagnostik und -behandlung behinderter Kinder spezialisiert haben.[34] Können zugelassene Kinderärzte die sozialpädiatrische Behandlung sicherstellen, besteht zur Ermächtigung von Einrichtungen kein Raum.[35] Zur Verbesserung der sozialpsychiatrischen Versorgung von Kindern und Jugendlichen haben die Vertragspartner des Bundesmantelvertrages Ärzte-/Ersatzkassen besondere Maßnahmen im Ersatzkassenbereich vereinbart.[36] 14

---

[21] § 10 SGB V.

[22] Auch andere Versicherungstatbestände, z. B. die freiwillige Versicherung nach § 9 SGB V, kommen in Betracht.

[23] Dies ergibt sich für den Regelfall der Familienversicherung aber aus § 10 Abs. 2 SGB V.

[24] Vgl. näher *Noftz* in Hauck/Noftz, SGB V, § 43a Rn. 10.

[25] Vgl. § 27 SGB V.

[26] *Schmidt* in: Peters, Handbuch KV (SGB V), § 43a Rn. 14, 18 unter Hinweis auf § 119 Abs. 2 SGB V.

[27] Ebenso die §§ 15 Abs. 1 Satz 2, 28 Abs. 1 Satz 2 SGB V für sonstige Hilfeleistungen nichtärztlicher Heilpersonen.

[28] So zutreffend *Noftz* in: Hauck/Noftz, SGB V, § 43a Rn. 15.

[29] *Höfler* in: KassKomm, SGB V, § 43a Rn. 8.

[30] Vgl. die Begründung des Regierungs-Entwurfs zum GRG, BT-Drs. 11/2237, S. 202 zu § 128.

[31] *Petrich*, BArbl. 4/1989, 14.

[32] § 119 Abs. 2 Satz 1 SGB V.

[33] § 119 Abs. 1 SGB V.

[34] *Petrich*, BArbl. 4/1989, 14.

[35] BSG v. 30.11.1994 - 6 RKa 32/93 - SozR 3-2500 § 119 Nr. 1.

[36] So genannte Sozialpsychiatrie-Vereinbarung, gültig ab 01.07.1994, DÄBl. 1994, 1468.

§ 43b SGB V Zahlungsweg

(Fassung vom 22.12.2006, gültig ab 01.01.2007)

(1) Leistungserbringer haben Zahlungen, die Versicherte zu entrichten haben, einzuziehen und mit ihrem Vergütungsanspruch gegenüber der Krankenkasse zu verrechnen. Zahlt der Versicherte trotz einer gesonderten schriftlichen Aufforderung durch den Leistungserbringer nicht, hat die Krankenkasse die Zahlung einzuziehen.

(2) Zuzahlungen, die Versicherte nach § 28 Abs. 4 zu entrichten haben, hat der Leistungserbringer einzubehalten; sein Vergütungsanspruch gegenüber der Krankenkasse, der Kassenärztlichen oder Kassenzahnärztlichen Vereinigung verringert sich entsprechend. Die nach § 83 zu entrichtenden Vergütungen verringern sich in Höhe der Summe der von den mit der Kassenärztlichen oder Kassenzahnärztlichen Vereinigung abrechnenden Leistungserbringern nach Satz 1 einbehaltenen Zuzahlungen. Absatz 1 Satz 2 gilt nicht im Falle der Leistungserbringung und Abrechnung im Rahmen von Gesamtverträgen nach den §§ 82 und 83. In den Fällen des Satzes 3 haben die Kassenärztliche oder Kassenzahnärztliche Vereinigung im Auftrag der Krankenkasse die Einziehung der Zuzahlung zu übernehmen, wenn der Versicherte trotz einer gesonderten schriftlichen Aufforderung durch den Leistungserbringer nicht zahlt. Sie können hierzu Verwaltungsakte gegenüber den Versicherten erlassen. Klagen gegen Verwaltungsakte nach Satz 5 haben keine aufschiebende Wirkung. Ein Vorverfahren findet nicht statt. In den Bundesmantelverträgen kann ein von Satz 4 abweichendes Verfahren vereinbart werden; das Nähere zum Verfahren nach den Sätzen 1, 2 und 4 bis 7 ist in den Bundesmantelverträgen zu vereinbaren.

Gliederung

A. Basisinformationen

I. Textgeschichte

1 Nachdem bis dahin die Gestaltung des Abrechnungsverfahrens den Leistungserbringern und Krankenkassen bzw. ihren Verbänden überlassen blieb, wurde durch das GSG[1] mit Wirkung vom 01.01.1993[2] die Regelung des § 43b Abs. 1 SGB V zur Klärung möglicher Zweifelsfälle bei Geldleistungen der Versicherten[3] ursprünglich als alleiniger Text der Vorschrift eingefügt. Als Folgeregelung zu § 28 Abs. 4 SGB V (sog. Praxisgebühr) wurde der zu Absatz 1 gewordenen bisherigen Regelung durch das GMG[4] mit Wirkung vom 01.01.2004[5] der Absatz 2 angefügt[6], der die Einziehung und Abrechnung der Praxisgebühr besonders regelt; die Neufassung mit Wirkung vom 01.01.2007 durch das Vertragsarztrechtsänderungsgesetz (VÄndG)[7] ermöglicht Kassenärztlichen und Kassenzahnärztlichen Vereinigun-

[1] Gesundheitsstrukturgesetz v. 21.12.1992, BGBl I 1992, 2266.

[2] Art. 33 Abs. 1 i.V.m. Abs. 2-7 GSG.

[3] Siehe Begründung des Regierungsentwurfs, BR-Drs. 560/92, S. 109; Gemeinsamer Entwurf der Fraktionen CDU/CSU, SPD und FDP, BT-Drs. 12/3608, S. 8.

[4] GKV-Modernisierungsgesetz v. 14.11.2003, BGBl I 2003, 2190.

[5] Art. 37 GMG.

[6] Art. 1 Nr. 34 GMG.

[7] Gesetz zur Änderung des Vertragsarztrechts und anderer Gesetze v. 22.12.2006, BGBl I 2006, 3439.

gen, den Anspruch auf die Praxisgebühr durch Verwaltungsakt gegenüber den Versicherten geltend zu machen, wenn diese trotz einer gesonderten schriftlichen Aufforderung durch den Leistungserbringer nicht zahlen (§ 43b Abs.2 Sätze 4-7 SGB V).

II. Systematische Zusammenhänge

§ 43b SGB V betrifft Verpflichtungen der Leistungserbringer in Zusammenhang mit Zuzahlungspflichten der Versicherten, die aus den jeweiligen Bestimmungen des Leistungsrechts resultieren. Die Regelung in Absatz 1 über die Verrechnung setzt voraus, dass die Leistungserbringer ihr Entgelt ausschließlich von den Krankenkassen verlangen können, die ihrerseits Inhaberin des Zuzahlungsanspruches gegen die Versicherten sind.[8] Da die zur Einbehaltung der „Praxisgebühr" des § 28 Abs. 4 SGB V verpflichteten Vertragsärzte, -zahnärzte und Psychotherapeuten ihre Vergütung regelmäßig von den Kassenärztlichen bzw. Kassenzahnärztlichen Vereinigungen erhalten, bedurfte es insoweit einer besonderen Regelung des Abrechnungsverfahrens.[9] 2

III. Literaturhinweise

Arndt/von Langsdorff, Müssen Vertragsärzte bei der Praxisgebühr das Inkassorisiko tragen?, BE Ärztebl. 2003, 406; *Elsner/Weimar*, Offene Fragen zum Kostenersatz des Arztes für die Einbehaltung der „Praxisgebühr", GesR 2004, 120-124; *Ganse*, Fahrkostenerstattung im Zusammenhang mit einer Krankenhausbehandlung, KH 2004, 489-492; *Hadank*, Zuzahlungen für Hilfsmittel, ErsK 2004, 88-89; *Hagedorn*, Die Praxisgebühr ist mit dem Grundgesetz unvereinbar!, SGb 2004, 404-407; *Linke*, Praxisgebühr auf dem Prüfstand, NZS 2004, 186-190; *Rixen*, Der Leistungserbringer als Inkassobüro, SGb 2004, 2-13; *Zuck*, Die Praxisgebühr – das wahre Unwort des Jahres, NJW 2004, 1091. 3

B. Auslegung der Norm

I. Regelung des Absatzes 1

1. Anwendungsbereich

§ 43b Abs. 1 SGB V gilt für Zahlungen der Versicherten bei der Gewährung von Sachleistungen, auf die materiell-rechtlich die Krankenkassen Anspruch haben. Erfasst werden nach dem systematischen Standort der Vorschrift die in den §§ 27-43a SGB V geregelten **Zuzahlungen**, insbesondere zu den Kosten von Arznei- und Verbandsmitteln nach § 31 Abs. 3 SGB V, der Heilmittel nach § 32 Abs. 2 SGB V, bei Inanspruchnahme häuslicher Krankenpflege nach § 37 Abs. 5 SGB V, von Soziotherapie nach § 37a Abs. 3 SGB V und von Haushaltshilfe gemäß § 38 Abs. 5 SGB V, ferner bei Krankenhausbehandlung gemäß § 39 Abs. 4 SGB V, bei ambulanten oder stationären Rehabilitationsmaßnahmen nach § 40 Abs. 5 SGB V und bei der medizinischen Rehabilitation für Mütter und Väter nach § 41 Abs. 3 SGB V. Darüber hinaus findet die Regelung analoge Anwendung auf die Zuzahlung der Versicherten zu Vorsorgemaßnahmen gemäß §§ 23 Abs. 6 und 24 Abs. 3 SGB V. Als **Leistungserbringer** zur Einziehung verpflichtet sind mithin die Personen und Einrichtungen, die die genannten Leistungen erbringen. 4

Nicht erfasst werden Zahlungen der Versicherten, die diese den Leistungserbringern und nicht den Krankenkassen schulden. Hierzu zählen etwa der Versichertenanteil bei der kieferorthopädischen Behandlung nach § 29 SGB V, ferner Zahlungen an Leistungserbringer für Festbeträge übersteigende Leistungen, z.B. für Arzneimittel nach § 32 Abs. 2 SGB V oder für Hilfsmittel gemäß § 33 Abs. 2 SGB V.[10] Auch der Eigenanteil der Versicherten an **Fahrkosten** gemäß § 60 SGB V fällt nicht unter § 43b Abs. 1 SGB V, bei Fahrten von Rettungsdiensten zieht die Krankenkasse unmittelbar die Zuzahlung ein (§ 60 Abs. 2 Satz 2 SGB V), die „**Praxisgebühr**" nach § 28 Abs. 4 SGB V fällt unter Absatz 2 der Vorschrift. 5

---

[8] *Höfler* in: KassKomm, SGB V, § 43b Rn. 2.

[9] *Schmidt* in: Peters, Handbuch KV (SGB V), § 43b Rn. 8.

[10] Vgl BSG v. 07.12.2006 - B 3 KR 29/05 R - juris Rn. 19 ff.

2. Einzugsverpflichtung

6 § 43b Abs. 1 Satz 1 SGB V begründet in Form eines gesetzlichen Inkassoauftrags[11] eine Verpflichtung der Leistungserbringer, die Zuzahlung der Versicherten einzuziehen, das heißt sie haben bei Abgabe der Leistung den Versicherten zur Entrichtung der Zuzahlung aufzufordern und diese entgegenzunehmen.[12] Allerdings besteht kein **Zurückbehaltungsrecht** des Leistungserbringers bis zur Zuzahlung des Versicherten.[13] Zahlt dieser nicht sofort, ist er vom Leistungserbringer gesondert schriftlich zur Zahlung aufzufordern (§ 43b Abs. 1 Satz 2 SGB V). Bleibt diese **Zahlungsaufforderung** erfolglos, das heißt ist eine dem Versicherten gesetzte Frist oder in Ermangelung dessen eine angemessene Frist abgelaufen, ohne dass die Zahlung erbracht wurde, geht die Pflicht zur Einziehung der Forderung auf die Krankenkasse über. Diese hat den Festsetzungsbescheid zu erlassen und damit die Grundlage für eine womöglich erforderliche zwangsweise Beitreibung der Forderung nach § 66 SGB X zu schaffen.[14]

3. Verrechnung

7 Die von den Versicherten entrichteten Zuzahlungen haben die Leistungserbringer mit ihrem Vergütungsanspruch gegen die Krankenkasse zu verrechnen, das heißt bei Rechnungsstellung gegenüber der Krankenkasse abzuziehen. Diese **Verrechnung** ist die gesetzlich bestimmte Form der „Weiterleitung" der Zuzahlung, wie sie in §§ 39 Abs. 4 Satz 1 und 40 Abs. 5 Satz 2 SGB V normiert ist.

II. Einziehung der Praxisgebühr nach Absatz 2

1. Allgemeines

8 Für die von den Versicherten nach § 28 Abs. 4 SGB V zu entrichtende „Praxisgebühr" bei der ersten Inanspruchnahme des Arztes, Zahnarztes oder Psychotherapeuten im jeweiligen Quartal regelt § 43b Abs. 2 Satz 1 HS. 1 SGB V die Pflicht der angesprochenen Leistungserbringer zum **Einbehalt** (besser „zur Einziehung"[15]) besonders. Erst wenn ihnen die Zahlungen der Versicherten tatsächlich zugeflossen ist, verringert sich ihr Vergütungsanspruch (im Regelfall) gegenüber der Kassenärztlichen bzw. Kassenzahnärztlichen Vereinigung, ausnahmsweise gegenüber der Krankenkasse (etwa bei Teilnahme an der Hausarzt zentrierten Versorgung nach § 73b SGB V) entsprechend, § 43b Abs. 2 Satz 1 HS. 2 SGB V). In Höhe der von den mit den Kassenärztlichen bzw. Kassenzahnärztlichen Vereinigungen abrechnenden Leistungserbringern einbehaltenen Zuzahlungen verringert sich die von den Krankenkassen nach § 83 SGB V zu entrichtende Gesamtvergütung (§ 43b Abs. 2 Satz 2 SGB V).

2. Besonderheiten des Einziehungsverfahrens

9 Soweit die Leistungserbringer – wie regelmäßig – im Rahmen von Gesamtverträgen (§§ 82, 83 SGB V) tätig werden, schließt § 43b Abs. 2 Satz 3 SGB V ausdrücklich die Geltung von § 43b Abs. 1 Satz 2 SGB V aus, das heißt auch bei Nichtzahlung der Praxisgebühr durch den Versicherten nach gesonderter schriftlicher Aufforderung geht die Einziehungsverpflichtung nicht auf die Krankenkasse über.

10 Auf Grund der mit Wirkung vom 01.01.2007[16] eingefügten Sätze 3-7 des § 43bAbs. 2 SGB V wurde das Verfahren zur Geltendmachung der Praxisgebühr gegenüber säumigen Versicherten entscheidend vereinfacht: Zahlt der Versicherte die Praxisgebühr trotz einer gesonderten Aufforderung durch den Leistungserbringer nicht, übernimmt die Kassenärztliche oder Kassenzahnärztliche Vereinigung die Einziehung der Zuzahlung im Auftrag der Krankenkasse (§ 43bAbs. 2 Satz 4 SGB V). Hierzu kann sie gegenüber dem Versicherten einen Verwaltungsakt erlassen (§ 43bAbs. 2 Satz 5 SGB V), gegen den kein Vorverfahren stattfindet (§ 43bAbs. 2 Satz 7 SGB V) und eine Klage keine aufschiebende Wir-

[11] *Höfler* in: KassKomm, SGB V, § 43b Rn. 6.

[12] Zur Verhängung von Disziplinarmaßnahmen gegen einen Vertragsarzt wegen Nichteinziehung der Praxisgebühr vgl SG Marburg v. 15.03.2006 - S 12 KA 25/05.

[13] BSG v. 16.12.1993 - 4 RK 5/92 - juris Rn. 70 - SozR 3-2500 § 13 Nr. 4; *Schmidt* in: Peters, Handbuch KV (SGB V), § 43b Rn. 22.

[14] *Schmidt* in: Peters, Handbuch KV (SGB V), § 43b Rn. 36.

[15] *Schmidt* in: Peters, Handbuch KV (SGB V), § 43b Rn. 36.

[16] Art. 8 Abs. 1 VÄndG (vgl. Rn. 1).

kung hat (§ 43bAbs. 2 Satz 6 SGB V). Nach dem zeitgleich eingefügten Absatz 1 a des § 192 Sozialgerichtsgesetz (SGG)[17] werden dem Versicherten zudem Gerichtskosten auferlegt, wenn er ohne triftige Gründe, das heißt missbräuchlich, gegen den Verwaltungsakt klagt.

Im Übrigen haben die Partner der Bundesmantelverträge die Einzelheiten des Verfahrens nach § 43bAbs. 2 Sätze 1 und 2 sowie 4-7 SGB V zu regeln (§ 43b Abs. 2 Satz 8 HS. 2 SGB V); sie können gemäß § 43b Abs. 2 Satz 8 HS. 1 SGB V auch ein von § 43bAbs. 2 Satz 4 SGB V abweichendes Einzugsverfahren vereinbaren. Der Bundesmantelvertrag-Ärzte (BMV-Ä) und der Bundesmantelvertrag-Ärzte-/Ersatzkassen (EKV-Ä) bestimmen, dass Versicherte, die die Praxisgebühr nicht sofort entrichtet haben, zunächst vom Arzt schriftlich zur Zahlung aufgefordert werden; die entstehenden Portokosten werden von der zuständigen Krankenkasse erstattet. Leisten die Versicherten die Zahlung auf die Aufforderung hin innerhalb der vom Arzt gesetzten Frist nicht, übernimmt die Kassenärztliche Vereinigung den Einzug der Praxisgebühr. Sie fordert den Versicherten erneut schriftlich mit Fristsetzung zur Zahlung auf. Zahlt der Versicherte wiederum nicht, führt die Kassenärztliche Vereinigung Vollstreckungsmaßnahmen durch. Bleiben diese erfolglos, entfällt die Verrechnung dieser Zuzahlung mit der Gesamtvergütung. Die Krankenkassen erstatten der Kassenärztlichen Vereinigung begrenzt auf 0,2% der Behandlungsfälle, in denen eine Zuzahlung nach § 28 Abs. 4 SGB V zu erheben ist, je durchgeführtem Mahnverfahren die entstehenden Portokosten sowie je 3, 50 €; sie tragen ferner die den Kassenärztlichen Vereinigungen für die gerichtliche Durchsetzung der Zuzahlung nach § 28 Abs. 4 SGB V entstehenden Kosten (§ 18 Abs. 5, 5a BMV-Ä bzw. § 21 Abs. 5, 5 EKV-Ä).[18] Demgegenüber regeln der Bundesmantelvertrag-Zahnärzte (BMVZ) und der Ersatzkassenvertrag-Zahnärzte (EKVZ), dass bei unterbliebener Zahlung der Praxisgebühr durch den Versicherten trotz schriftlicher Zuzahlungsaufforderung des Leistungserbringers die zuständige Krankenkasse den weiteren Zuzahlungseinzug übernimmt (§ 8a Abs. 13 BMVZ bzw. § 13 Abs. 13 EKVZ).[19] 11

[17] Vgl. Art. 4 VÄndG (vgl. Rn. 1).

[18] www.kbv.de und dann über die Links „Rechtsquellen“, „Bundesmantelverträge“.

[19] www.kzbv.de und dann über die Links „Rechtsquellen“, „Gesetze, Verordnungen etc.“.

Zweiter Titel: Krankengeld

§ 44 SGB V Krankengeld

(Fassung vom 26.03.2007, gültig ab 01.04.2007, gültig bis 31.12.2008)

(1) Versicherte haben Anspruch auf Krankengeld, wenn die Krankheit sie arbeitsunfähig macht oder sie auf Kosten der Krankenkasse stationär in einem Krankenhaus, einer Vorsorge- oder Rehabilitationseinrichtung (§ 23 Abs. 4, §§ 24, 40 Abs. 2 und § 41) behandelt werden. Die nach § 5 Abs. 1 Nr. 2a, 5, 6, 9, 10 oder 13 sowie die nach § 10 Versicherten haben keinen Anspruch auf Krankengeld; dies gilt nicht für die nach § 5 Abs. 1 Nr. 6 Versicherten, wenn sie Anspruch auf Übergangsgeld haben, und für Versicherte nach § 5 Abs. 1 Nr. 13, soweit sie abhängig und nicht nach den §§ 8 und 8a des Vierten Buches geringfügig beschäftigt sind.

(2) Die Satzung kann für freiwillig Versicherte den Anspruch auf Krankengeld ausschließen oder zu einem späteren Zeitpunkt entstehen lassen.

(3) Der Anspruch auf Fortzahlung des Arbeitsentgelts bei Arbeitsunfähigkeit richtet sich nach arbeitsrechtlichen Vorschriften.

Gliederung

A. Basisinformationen

I. Textgeschichte/Gesetzgebungsmaterialien

1 Die Vorschrift ist am 01.01.1989 mit der Einführung des **Gesundheitsreformgesetzes** (GRG) vom 20.12.1988[1] in Kraft getreten und seither nicht wesentlich geändert worden. Ursprünglich sah der Referentenentwurf die Regelung als § 40 SGB V vor, der Regierungsentwurf als § 43 SGB V. Dieser entsprach bereits im Wesentlichen dem Gesetz gewordenen § 44 SGB V. Absatz 1 der Vorschrift wurde während der Ausschussberatungen klarstellend dahin gehend ergänzt, dass ein Krankengeldanspruch auch während einer stationären Kur für Mütter bestehen soll.

2 Durch § 44 Abs. 1 Satz 2 HS. 2 SGB V wurde klargestellt, dass Teilnehmer an berufsfördernden Rehabilitations-Maßnahmen entsprechend dem bisherigen § 494 Satz 1 RVO bei Arbeitsunfähigkeit Krankengeld nur erhalten können, wenn sie Anspruch auf Übergangsgeld haben.

3 **Nicht in das SGB V aufgenommen** wurde die ursprünglich als § 44 Abs. 3 SGB V geplante Regelung der Krankengeldgewährung bei Arbeitsunfähigkeit in Folge eines nicht rechtswidrigen Schwangerschaftsabbruchs oder einer nicht rechtswidrigen Sterilisation. Diese Regelung verblieb zunächst in der RVO (§ 200f Satz 3 RVO), ist mittlerweile jedoch durch § 24b Abs. 2 Satz 2 SGB V auch in das SGB V übernommen worden. Durch den vorläufigen Verbleib der Reglung in der RVO wurde Absatz 4 des Entwurfs zu Absatz 3 des Gesetzes.

[1] BGBl I 1988, 2477.

Durch das **Gesetz zur Vereinfachung der Verwaltungsverfahren** im Sozialrecht (Verwaltungsvereinfachungsgesetz) vom 21.03.2005 wurde der Anspruch auf Krankengeld für die nach § 5 Abs. 1 Nr. 2a SGB V pflichtversicherten **Empfänger von Arbeitslosengeld II** rückwirkend zum 01.01.2005 (also zur Einführung des SGB II) abgeschafft. Der betreffende Personenkreis erhält stattdessen auch im Falle krankheitsbedingter Arbeitsunfähigkeit weiterhin Arbeitslosengeld II, jedenfalls so lange nicht festgestellt ist, dass der Hilfebedürftige nicht erwerbsfähig ist, §§ 7 Abs. 1 Nr. 2, 8, 44a SGB II. 4

Mit Wirkung vom 01.04.2007 wurden aufgrund des Gesetzes zur Stärkung des Wettbewerbs in der gesetzlichen Krankenversicherung (GKV-WSG) vom 26.03.2007[2] Personen versicherungspflichtig, die keinen anderweitigen Anspruch auf Absicherung im Krankheitsfall haben und entweder zuletzt gesetzlich krankenversichert waren oder bisher nicht gesetzlich oder privat krankenversichert waren, es sei denn, sie gehören zu dem gemäß § 5 Abs. 5 SGB V nicht versicherungspflichtigen Kreis der hauptberuflich selbständig Erwerbstätigen oder sind gemäß § 6 Abs. 1 und 2 SGB V versicherungsfrei, vgl. § 5 Abs. 13 SGB V in der seit 01.04.2007 geltenden Fassung des GKV-WSG. Diese seit 01.04.2007 versicherungspflichtigen Personen haben aufgrund einer durch das GKV-WSG zugleich erfolgten Ergänzung des § 44 Abs. 1 Satz 2 SGB V keinen Anspruch auf Krankengeld, es sei denn, sie sind abhängig und nicht nach den §§ 8 und 8a SGB IV geringfügig beschäftigt. Hintergrund des Krankengeldausschlusses für diesen Personenkreis ist der Umstand, dass es sich überwiegend um Personen handelt, denen bei Arbeitsunfähigkeit kein Arbeitsentgelt entgeht.[3] 5

II. Vorgängervorschriften

Die Regelung des § 44 Abs. 1 SGB V geht auf § 182 Abs. 1 Nr. 2 und § 186 RVO zurück. § 44 Abs. 2 SGB V hat § 215 RVO zum Vorgänger. 6

III. Parallelvorschriften

Vorschriften, die die Gewährung von Geldleistungen für krankheitsbedingten Lohnausfall regeln, finden sich auch in anderen Arbeits- und Sozialgesetzen. So bestimmt § 3 EntgFG, dass ein Arbeitnehmer, welcher durch Arbeitsunfähigkeit infolge Krankheit an seiner Arbeitsleistung verhindert wird, ohne dass ihn ein Verschulden trifft, Anspruch auf **Entgeltfortzahlung im Krankheitsfall durch den Arbeitgeber** für die Zeit der Arbeitsunfähigkeit bis zur Dauer von sechs Wochen hat. 7

Für die **Bezieher von Arbeitslosengeld** regelt § 126 SGB III entsprechend, dass ein Arbeitsloser, der während des Bezugs von Arbeitslosengeld infolge Krankheit arbeitsunfähig wird, ohne dass ihn ein Verschulden trifft, oder der während des Bezugs von Arbeitslosengeld auf Kosten der Krankenkasse stationär behandelt wird, dadurch nicht den Anspruch auf Arbeitslosengeld für die Zeit der Arbeitsunfähigkeit oder stationären Behandlung bis zur Dauer von sechs Wochen verliert (Leistungsfortzahlung). 8

Für die **Unfallversicherung** bestimmt § 45 SGB VII, dass Verletztengeld erbracht wird, wenn Versicherte infolge eines Versicherungsfalles, also infolge eines **Arbeitsunfalls** oder einer **Berufskrankheit** (§ 7 SGB VII), arbeitsunfähig werden oder wegen einer Maßnahme der Heilbehandlung eine ganztägige Erwerbstätigkeit nicht ausüben können und wenn sie unmittelbar vor Beginn der Arbeitsunfähigkeit oder der Heilbehandlung Anspruch auf Arbeitsentgelt bzw. Arbeitseinkommen oder auf eine der in § 45 Abs. 1 Nr. 2 SGB VII genannten Leistungen der Sozialversicherung hatten. 9

IV. Richtlinien

Am 01.12.2003 hat der Gemeinsame Bundesausschuss (vgl. § 91 SGB V) neue „Richtlinien über die Beurteilung der Arbeitsunfähigkeit und die Maßnamen zur stufenweisen Wiedereingliederung" (**Arbeitsunfähigkeits-Richtlinien**) beschlossen, welche am 01.01.2004 in Kraft getreten sind und zuletzt mit Wirkung zum 23.12.2006 geändert wurden. Neben einer Definition der Arbeitsunfähigkeit und Maßstäben zu deren Bewertung (§§ 2,3 Arbeitsunfähigkeits-Richtlinien) finden sich dort Regelungen zur Feststellung (§ 4) und Bescheinigung (§§ 5, 6) der Arbeitsunfähigkeit, zum Zusammenwirken mit anderen Einrichtungen, insbesondere dem Medizinischen Dienst der Krankenversicherung (§ 7) und zur Wiedereingliederung gemäß § 74 SGB V (Anlage: Empfehlungen zur Umsetzung der stufenweisen Wiedereingliederung). In Anbetracht des Umstandes, dass die **Feststellung der Arbeitsunfähigkeit** für den Versicherten, den Arbeitgeber und die Versichertengemeinschaft erhebliche Bedeutung hat, 10

---

[2] BGBl I 2007, 378.

[3] BT-Drs. 16/3100, S. 107.

sollen die Richtlinien ein **standardisiertes Verfahren** für die Praxis etablieren und die Zusammenarbeit zwischen Arzt, Krankenkasse und Medizinischem Dienst verbessern (§ 1 Abs. 2 Arbeitsunfähigkeits-Richtlinien).

V. Systematische Zusammenhänge

11 Die Leistungen bei Krankheit, die im Fünften Abschnitt des Dritten Kapitels „Leistungen der Krankenversicherung" zusammengefasst sind, gliedern sich in die **Krankenbehandlung** (§§ 27-43a SGB V) und das **Krankengeld** (§§ 44-51 SGB V). Diese beiden Leistungstypen sind einander im Rechtssinne gleichwertig[4], auch wenn wirtschaftlich (im Sinne des Anteils an den Leistungsausgaben der Krankenkassen) die Bedeutung des Krankengeldes gegenüber den Ausgaben für die übrigen Leistungen stetig gesunken ist[5]. Nach § 2 Abs. 2 SGB V erhalten die Versicherten die Leistungen der Krankenversicherung als Sach- oder Geldleistungen (vgl. auch § 11 SGB I). Krankengeld wird ausschließlich als Geldleistung gewährt.

12 Die §§ 44-51 SGB V regeln den Krankengeldanspruch **dem Grunde** (§§ 44 und 46 SGB V), **der Höhe** (§§ 47-47b SGB V) und **der Dauer** (§§ 48-51 SGB V) nach. § 45 SGB V eröffnet mit dem Kinderpflege-Krankengeld eine weitere Anspruchsgrundlage für die Gewährung von Krankengeld und stellt damit ein Supplement zu § 44 SGB V dar, welcher als Grundnorm die Anspruchsvoraussetzungen regelt. Entstehen und Beginn des Anspruchs auf Krankengeld regelt § 46 SGB V; die Regelungen zu Höhe und Berechnung finden sich in den §§ 47-47b SGB V. Grundnorm für die Dauer des Krankengeldbezuges ist § 48 SGB V, während die §§ 49 und 50 SGB V Anordnungen bezüglich des Ruhens, des Ausschlusses und der Kürzung des Krankengeldes in erster Linie im Falle des Zusammentreffens mit anderen Leistungen treffen. § 51 SGB V schließlich regelt den Wegfall des Krankengeldes im Falle des Unterlassens einer Antragstellung auf Maßnahmen zur Rehabilitation bei erheblicher Minderung oder Gefährdung der Erwerbsfähigkeit und grenzt damit die Versicherungsfälle der Krankheit und der Erwerbsunfähigkeit gegeneinander ab.

VI. Ausgewählte Literaturhinweise

13 *Becker*, Konturen des Begriffs der Arbeitsunfähigkeit, SozSich 2004, 134-139; *Boerner*, Das Krankheitsrisiko des Arbeitnehmers im deutschen Arbeits- und Sozialversicherungsrecht, ZESAR 2003, 266-271; *Joussen*, Krankengeld und Arbeitslosigkeit, ZfSH/SGB 2002, 458-463; *Koppenfels*, Die Entgeltfortzahlung im Krankheitsfall an der Schnittstelle von Arbeits- und Sozialrecht, NZS 2002, 241-247; *Marburger*, Erhaltung der Mitgliedschaft in der gesetzlichen Krankenversicherung, Die Beiträge 2002, 577-581; *Winkler*, Krankheit bei Arbeitslosigkeit, info also 2000, 11-19.

B. Auslegung der Norm

I. Regelungsgehalt und Bedeutung der Norm

14 § 44 SGB V ist die **zentrale Regelung für den Entgeltersatz in Geld bei krankheitsbedingtem Lohnausfall**. Der Anspruch steht nach § 44 Abs. 1 Satz 1 SGB V grundsätzlich jedem Versicherten zu, die Ausnahmen sind in Absatz 1 Satz 2 geregelt. Danach **steht Krankengeld nicht** zu:

- Personen, die Arbeitslosengeld II beziehen (§ 5 Abs. 1 Nr. 2a SGB V),
- Personen, die in Einrichtungen der Jugendhilfe für eine Erwerbstätigkeit befähigt werden sollen (§ 5 Abs. 1 Nr. 5 SGB V),
- Teilnehmern an berufsfördernden Maßnahmen zur Rehabilitation (§ 5 Abs. 1 Nr. 6 SGB V), es sei denn sie haben Anspruch auf Übergangsgeld (§ 44 Abs. 1 Satz 2 HS. 2 SGB V),
- Studenten (§ 5 Abs. 1 Nr. 9 SGB V),
- Personen, die eine in Studien- oder Prüfungsordnungen vorgeschriebene berufspraktische Tätigkeit ohne Arbeitsentgelt verrichten (§ 5 Abs. 1 Nr. 10 HS. 1 SGB V),
- Personen, die zu ihrer Berufsausbildung ohne Arbeitsentgelt beschäftigt werden (§ 5 Abs. 1 Nr. 10 HS. 1 SGB V),
- Auszubildenden des Zweiten Bildungsweges, die sich in einem förderungsfähigen Teil eines Ausbildungsabschnitts nach dem Bundesausbildungsförderungsgesetz befinden (§ 5 Abs. 1 Nr. 10 HS. 2 SGB V),
- familienversicherten Ehegatten und Kindern (§ 10 SGB V),

[4] *Schmidt* in: Peters, Handbuch KV (SGB V), § 44 Rn. 6.

[5] *Wagner* in: GK-SGB V, § 44 Rn. 3 ff.

- Personen, die keinen anderweitigen Anspruch auf Absicherung im Krankheitsfall haben und zuletzt gesetzlich krankenversichert waren oder bisher nicht gesetzlich oder privat krankenversichert waren und nicht wegen § 5 Abs. 5 oder § 6 Abs. 1, 2 SGB V nicht versicherungspflichtig bzw. versicherungsfrei sind (§ 5 Abs. 1 Nr. 13 SGB V), es sei denn, sie sind abhängig und nicht nach den §§ 8, 8a SGB IV geringfügig beschäftigt (§ 44 Abs. 1 Satz 2 HS. 2 SGB V).

Des Weiteren **endet ein Anspruch auf Krankengeld** gemäß § 50 SGB V vom Beginn bestimmter Leistungen an; nach dem Beginn dieser Leistungen entsteht kein neuer Krankengeldanspruch. Es handelt sich um die folgenden Leistungen: 15

- Rente wegen voller Erwerbsminderung, Erwerbsunfähigkeit oder Vollrente wegen Alters aus der gesetzlichen Rentenversicherung (§ 50 Abs. 1 Satz 1 Nr. 1 SGB V),
- Ruhegehalt, das nach beamtenrechtlichen Vorschriften oder Grundsätzen gezahlt wird (§ 50 Abs. 1 Satz 1 Nr. 2 SGB V),
- Vorruhestandsgeld nach den §§ 5 Abs. 3, 50 Abs. 1 Satz 1 Nr. 3 SGB V,
- Leistungen, die ihrer Art nach den in den Nr. 1 und 2 genannten Leistungen vergleichbar sind, wenn sie von einem Träger der gesetzlichen Rentenversicherung oder einer staatlichen Stelle im Ausland gezahlt werden (§ 50 Abs. 1 Satz 1 Nr. 4 SGB V) oder wenn sie nach den ausschließlich für das in Artikel 3 des Einigungsvertrages genannte Gebiet geltenden Bestimmungen gezahlt werden (§ 50 Abs. 1 Satz 1 Nr. 5 SGB V).

Sind die versicherungsrechtlichen Voraussetzungen erfüllt, so wird der Anspruch auf Krankengeld veranlasst durch 16

- Arbeitsunfähigkeit, deren Ursache in einer Krankheit begründet ist,
- stationäre Behandlung in einem Krankenhaus auf Kosten der Krankenkasse,
- stationäre Behandlung in einer Vorsorge- oder Rehabilitationseinrichtung auf Kosten der Krankenkasse.

II. Normzweck

Das Krankengeld ist Ersatz für das im Falle der Arbeitsunfähigkeit und der gleichgestellten Tatbestände dem Versicherten entgangene regelmäßige Arbeitsentgelt; es hat damit **Entgeltersatzfunktion.**[6] § 47 Abs. 3 SGB V, welcher regelt, dass die Satzung bei nicht kontinuierlicher Arbeitsverrichtung und -vergütung abweichende Bestimmungen zur Zahlung und Berechnung des Krankengeldes vorsehen kann, stellt das noch einmal ausdrücklich klar („... die sicherstellen, dass das Krankengeld seine Entgeltersatzfunktion erfüllt."). Für den Versicherten sichert das Krankengeld damit die persönliche Existenz, wenn Lohn oder Gehalt nicht oder nicht mehr gezahlt wird. Das Krankengeld ist demnach eine Leistung zur wirtschaftlichen Sicherung bei Krankheit im Sinne des § 4 Abs. 2 Satz 1 Nr. 2 SGB I und stellt das Pendant zur Krankenbehandlung nach den §§ 27 ff. SGB V dar, bei welcher es sich um eine Gesundheitsleistung im Sinne von § 4 Abs. 2 Satz 1 Nr. 1 SGB I handelt. 17

§ 44 Abs. 2 SGB V ermöglicht bei freiwillig Versicherten den Ausschluss oder die zeitliche Begrenzung des Anspruchs auf Krankengeld. Grund dafür ist die Überlegung, dass freiwillig Versicherte zu den Personengruppen gehören, die typischerweise bei Eintritt einer Arbeitsverhinderung **nicht sofort auf die Gewährung von Sozialleistungen angewiesen** sind, sondern aus eigenen Mitteln den Wegfall des Arbeitseinkommens jedenfalls für einen bestimmten Zeitraum überbrücken können.[7] 18

III. Anspruch auf Krankengeld (Absatz 1)

Nach Absatz 1 der Vorschrift besteht der Anspruch (ausschließlich) für Versicherte. Diese müssen infolge Krankheit arbeitsunfähig sein oder auf Kosten der Krankenkasse stationär in einem Krankenhaus, einer Vorsorge- oder Rehabilitationseinrichtung behandelt werden. 19

1. Anspruchsberechtigter Personenkreis

a. Versicherungsverhältnis

Rechtsgrund für die Gewährung des Krankengeldes ist die mitgliedschaftliche Zugehörigkeit zu einer Krankenkasse – also das **Versicherungsverhältnis.**[8] In Betracht kommt jede Versicherung kraft Gesetzes, sei es als Pflichtmitgliedschaft gemäß § 5 SGB V oder als freiwillige Versicherung gemäß § 9 20

---

[6] BSG v. 17.09.1986 - 3 RK 51/84 - SozR 2200 § 185c Nr. 3.

[7] BSG v. 28.09.1993 - 1 RK 34/92 - SozR 3-2500 § 44 Nr. 4; BSG v. 31.01.1995 - 1 RK 1/94 - SozR 3-2500 § 45 Nr. 1.

[8] BSG v. 05.10.1977 - 3 RK 35/75 - SozR 2200 § 183 Nr. 11; BSG v. 15.01.1986 - 3 RK 7/85 - juris Rn. 15.

SGB V. Denn vorbehaltlich der Reglung in § 44 Abs. 2 SGB V haben **grundsätzlich auch freiwillig versicherte Mitglieder** Anspruch auf Krankengeld. Im Falle der Pflichtmitgliedschaft wird vor allem eine Versicherung aufgrund **versicherungspflichtiger Beschäftigung** in Betracht kommen (§ 5 Abs. 1 Nr. 1 SGB V). Bei den Empfängern von Leistungen nach dem SGB III, die gemäß § 5 Abs. 1 Nr. 2 SGB V versicherungspflichtig sind, ist zu beachten, dass zunächst die Leistung nach dem SGB III gemäß § 126 SGB III für sechs Wochen weitergezahlt wird. Die Regelung lehnt an die Entgeltfortzahlung im Krankheitsfall an und dient der Vermeidung des Wechsels des Leistungsträgers im Falle kurzzeitiger Arbeitsunfähigkeit.

21 Teilnehmer an **berufsfördernden Maßnahmen zur Rehabilitation**, die gemäß § 5 Abs. 1 Nr. 6 SGB V versicherungspflichtig sind, können Anspruch auf Krankengeld haben, wenn sie Anspruch auf Übergangsgeld haben. Gleiches gilt für die nach § 5 Abs. 13 SGB V versicherungspflichtigen Personen, die keinen anderweitigen Krankenversicherungsschutz genießen und zuletzt gesetzlich krankenversichert waren oder bisher nicht gesetzlich oder privat krankenversichert waren, soweit sie abhängig und nicht nach den §§ 8, 8a SGB IV geringfügig beschäftigt sind (Absatz 1 Satz 2 HS. 2). Die praktische Relevanz dieser Regelung dürfte gering sein, da die Beschäftigten, die ein Arbeitsentgelt aus einer mehr als geringfügigen Beschäftigung beziehen, in der Regel bereits über § 5 Abs. 1 SGB V versicherungspflichtig sind und die nach § 6 Abs. 1 und 2 SGB V Versicherungsfreien ohnehin nicht von der Versicherungspflicht nach § 5 Abs. 13 SGB V erfasst sind.

22 **Behinderte** sind nach § 5 Abs. 1 Nr. 7 und Nr. 8 SGB V versicherungspflichtig, wenn sie in anerkannten Werkstätten für Behinderte oder in anerkannten Blindenwerkstätten oder für diese in Heimarbeit tätig sind oder wenn sie in Anstalten, Heimen oder gleichartigen Einrichtungen regelmäßig eine Leistung erbringen, die mindestens einem Fünftel der Leistung eines voll erwerbsfähigen Beschäftigten entspricht. In diesem Fall hängt der grundsätzlich mögliche Anspruch auf Krankengeld davon ab, ob dem Behinderten Anspruch auf beitragspflichtiges Arbeitsentgelt entgeht, ob er also die Voraussetzungen des § 47 SGB V erfüllen kann.[9]

23 Soweit § 7 Abs. 3 SGB IV das **Fortbestehen einer Beschäftigung gegen Arbeitsentgelt** auch während einer Fortdauer des Beschäftigungsverhältnisses ohne Anspruch auf Arbeitsentgelt **für längstens einen Monat fingiert**, liegen die Voraussetzungen der Versicherungspflicht nach § 5 Abs. 1 SGB V aufgrund dieser Fiktion weiterhin vor, so dass auch ein Anspruch auf Krankengeld während dieser Zeit entstehen kann. Praktischer Anwendungsfall für die Vorschrift des § 7 Abs. 3 SGB IV ist neben (rechtmäßigem) **Streik oder Aussperrung** insbesondere die Vereinbarung **unbezahlten Urlaubs**. Wird der Versicherte daher während eines unbezahlten Urlaubs von noch nicht einmonatiger Dauer krankheitsbedingt arbeitsunfähig, so entsteht ein Krankengeldanspruch ab dem auf die Feststellung der Arbeitsunfähigkeit folgenden Tag (§ 46 Satz 1 Nr. 2 SGB V). Hat jedoch die Mitgliedschaft wegen eines länger als einen Monat andauernden unbezahlten Urlaubs geendet, so kann sie erst wieder entstehen, wenn der Arbeitnehmer wieder in das Beschäftigungsverhältnis eintritt (§ 186 Abs. 1 SGB V). Erfolgt wegen der fortbestehenden Arbeitsunfähigkeit kein Wiedereintritt in das Beschäftigungsverhältnis, so entsteht wegen fehlender Versicherungspflicht kein neuer Krankengeldanspruch. Dies gilt auch, wenn der Arbeitgeber während der ersten 6 Wochen der Krankheit Entgeltfortzahlung geleistet hat.[10] Etwas anderes gilt allerdings dann, wenn ein bestimmter Termin für den Wiederbeginn des Beschäftigungsverhältnisses vereinbart ist, sofern der Arbeitsnehmer ab diesem Tag einen (tarif- oder einzelvertraglichen) **Anspruch auf Entgeltfortzahlung** hat. In diesem Fall besteht trotz Arbeitsunfähigkeit zum Zeitpunkt der vereinbarten Wiederaufnahme der Beschäftigung ein Beschäftigungsverhältnis und es beginnt die Mitgliedschaft.[11]

24 Wird dagegen beim Antritt des unbezahlten Urlaubs bereits Krankengeld bezogen, so gilt die Fiktion des § 7 Abs. 3 Satz 1 SGB I nach § 7 Abs. 3 Satz 2 SGB I nicht. Dies ist auch folgerichtig, da in diesem Fall schon gemäß § 192 Abs. 1 Nr. 2 SGB V die Mitgliedschaft erhalten bleibt. Die Vorschrift verlängert lediglich die Mitgliedschaft, fingiert jedoch keinen Tatbestand versicherungspflichtiger Beschäftigung, so dass **Mitgliedschaften nach § 192 Abs. 1 Nr. 2 SGB V ihrerseits keinen Anspruch auf Krankengeld begründen** können.[12]

---

[9] *Höfler* in: KassKomm, SGB V, § 44 Rn. 4.

[10] BSG v. 15.12.1994 - 12 RK 17/92 - SozR 3-2500 § 186 Nr. 2; BSG v. 08.08.1995 - 1 RK 28/94 - juris Rn. 17 f.

[11] *Baier* in: Krauskopf, SGB V, § 186 Rn. 8.

[12] BSG v. 08.08.1995 - 1 RK 21/94 - SozR 3-2200 § 200 Nr. 4; *Höfler* in: KassKomm, SGB V, § 44 Rn. 4b.

Die frühere Rechtsprechung des BSG, nach welcher ein **missglückter Arbeitsversuch** ein versicherungspflichtiges Beschäftigungsverhältnis und damit auch Leistungsansprüche nicht entstehen ließ, wurde inzwischen aufgegeben.[13] Ein missglückter Arbeitsversuch lag danach vor, wenn objektiv feststand, dass der Beschäftigte bei Aufnahme der Arbeit zu ihrer Verrichtung nicht fähig war oder er die Arbeit nur unter schwerwiegender Gefährdung seiner Gesundheit – etwa unter der Gefahr einer weiteren Verschlimmerung seines Leidens – würde verrichten können und wenn er die Arbeit entsprechend der darauf zu gründenden Erwartung vor Ablauf einer wirtschaftlich ins Gewicht fallenden Zeit aufgegeben hat.[14] Der Rechtsprechung ist im Hinblick darauf aufgegeben worden, dass das SGB V **keine Vorschriften enthält, nach denen die Versicherungspflicht von bestimmten gesundheitlichen Voraussetzungen oder von der Arbeitsfähigkeit des Beschäftigten abhängt**. Auch aus dem Zweck oder der Systematik der Regelungen über die Versicherungspflicht und die Mitgliedschaft in der Krankenversicherung lässt sich die in Rede stehende Einschränkung nicht herleiten.[15] 25

Zur Vermeidung von Manipulationen und zur **Missbrauchsabwehr** ist allerdings im begründeten Einzelfall zu prüfen, ob tatsächlich ein **entgeltliches Beschäftigungsverhältnis** im Sinne des § 5 Abs. 1 Nr. 1 SGB V begründet wurde. Das richtet sich nicht nur nach den Angaben oder Erklärungen der Betroffenen, sondern insbesondere danach, ob die tatsächlichen Verhältnisse insgesamt den Schluss auf die ernstliche Absicht rechtfertigen, die mit einer Tätigkeit in einem Arbeitsverhältnis verbundenen gegenseitigen rechtlichen Verpflichtungen einzugehen. Ein versicherungspflichtiges Beschäftigungsverhältnis ist insbesondere dann zu verneinen, wenn ein **Scheingeschäft im Sinne des § 117 BGB** vorliegt, mit dem ein Beschäftigungsverhältnis lediglich vorgetäuscht werden soll, um Leistungen der Krankenversicherung zu erlangen.[16] Versicherungspflicht tritt auch dann nicht ein, wenn ein Arbeitnehmer ein Arbeitsverhältnis von vornherein mit der Absicht eingeht, die Tätigkeit unter Berufung auf die ihm bekannte Arbeitsunfähigkeit nicht anzutreten oder alsbald wieder aufzugeben. Legen die Umstände des Falles ein **missbräuchliches Verhalten oder eine Manipulation** zu Lasten der Krankenkasse nahe, so bedarf es einer sorgfältigen Aufklärung der näheren Umstände. Besteht bereits bei der Arbeitsaufnahme Arbeitsunfähigkeit, ist dieses bekannt und wird die Arbeit alsbald aufgegeben, gibt es darüber hinaus eine familiäre oder verwandtschaftliche Beziehung zwischen den Arbeitsvertragsparteien, fehlt ein schriftlicher Arbeitsvertrag, weicht die Lohnhöhe vom üblichen Rahmen ab, so sind **Zweifel an der Begründung einer Versicherungspflicht** gegeben. Weitere Verdachtsmomente können der Verlust eines anderweitigen Versicherungsschutzes oder eine rückwirkende Anmeldung bei der Krankenkasse nach zwischenzeitlichem Auftreten einer kostenaufwendigen Erkrankung sein.[17] 26

b. Leistungsausschlüsse

Bei bestimmten Gruppen von Versicherten **kommt ein Lohnausfall nicht in Betracht**, insbesondere weil die Versicherung nicht im Zusammenhang mit einer Erwerbstätigkeit begründet worden ist. Diesen Versicherten fehlt es an einem Bedürfnis für einen Entgeltersatz. Nach § 44 Abs. 1 Satz 2 SGB V erhalten deshalb Personengruppen, deren Versicherung auf folgenden Rechtsgrundlagen beruht, kein Krankengeld: 27

- Versicherte auf Grund von § 5 Abs. 1 Nr. 2a SGB V: Personen, die Arbeitslosengeld II beziehen,
- Versicherte auf Grund von § 5 Abs. 1 Nr. 5 SGB V: Personen, die in Einrichtungen der Jugendhilfe für eine Erwerbstätigkeit befähigt werden sollen,
- Versicherte auf Grund von § 5 Abs. 1 Nr. 6 SGB V: Teilnehmer an berufsfördernden Maßnahmen zur Rehabilitation, es sei denn sie haben Anspruch auf Übergangsgeld (§ 44 Abs. 1 Satz 2 HS. 2 SGB V),
- Versicherte auf Grund von § 5 Abs. 1 Nr. 9 SGB V: Studenten,
- Versicherte auf Grund von § 5 Abs. 1 Nr. 10 HS. 1 SGB V: Personen, die eine in Studien- oder Prüfungsordnungen vorgeschriebene berufspraktische Tätigkeit ohne Arbeitsentgelt verrichten,
- Versicherte auf Grund von § 5 Abs. 1 Nr. 10 HS. 1 SGB V: Personen, die zu ihrer Berufsausbildung ohne Arbeitsentgelt beschäftigt werden,

[13] BSG v. 04.12.1997 - 12 RK 3/97 - SozR 3-2500 § 5 Nr. 37.
[14] Vgl. nur BSG v. 11.05.1993 - 12 RK 36/91 - SozR 3-2200 § 165 Nr. 10.
[15] BSG v. 04.12.1997 - 12 RK 3/97 - SozR 3-2500 § 5 Nr. 37; BSG v. 29.09.1998 - B 1 KR 10/96 R - SozR 3-2500 § 5 Nr. 40.
[16] BSG v. 04.12.1997 - 12 RK 3/97 - SozR 3-2500 § 5 Nr. 37.
[17] Zu alledem ausführlich: BSG v. 29.09.1998 - B 1 KR 10/96 R - SozR 3-2500 § 5 Nr. 40.

- Versicherte auf Grund von § 5 Abs. 1 Nr. 10 HS. 2 SGB V: Auszubildende des Zweiten Bildungsweges, die sich in einem förderungsfähigen Teil eines Ausbildungsabschnitts nach dem Bundesausbildungsförderungsgesetz befinden,
- Versicherte auf Grund von § 10 SGB V: familienversicherte Ehegatten und Kinder,
- Versicherte auf Grund von § 5 Abs. 1 Nr. 13 SGB V: Personen, die keinen anderweitigen Anspruch auf Krankengeld haben und zuletzt gesetzlich krankenversichert waren oder bisher nicht gesetzlich oder privat krankenversichert waren, es sei denn, sie sind abhängig und nicht nach den §§ 8, 8a SGB IV geringfügig beschäftigt (§ 44 Abs. 1 Satz 2 HS. 2 SGB V).

28 Vielen dieser Ausschlusstatbestände kann eine versicherungspflichtige Beschäftigung vorausgehen, die ihrerseits einen Anspruch auf Krankengeld begründen konnte. In solchen Fällen ist § 192 Abs. 1 Nr. 2 SGB V zu beachten, der regelt, dass die Mitgliedschaft Versicherungspflichtiger während eines laufenden Krankengeldbezuges bzw. solange ein Anspruch auf Krankengeld besteht, fortbesteht. Solange dies der Fall ist kann einer der genannten Mitgliedschaftstatbestände ohne Anspruch auf Krankengeld nicht entstehen.

29 **Weitere Leistungsausschlüsse** finden sich in § 50 Abs. 1 Satz 1 SGB V. Bei den dort genannten Personengruppen handelt es sich um Versicherte, deren Versicherungsverhältnis dem Grunde nach mit Krankengeldanspruch versehen ist, die jedoch bereits dauerhaft andere Leistungen erhalten, durch die sie ihren Lebensunterhalt vollumfänglich sicherstellen können. Ein zeitlich deckungsgleicher Bezug von Entgeltersatzleistungen wäre insoweit sozialpolitisch nicht zweckmäßig. Es handelt sich im Einzelnen um **die Bezieher der folgenden Leistungen:**

- Rente wegen **voller Erwerbsminderung, Erwerbsunfähigkeit oder Vollrente wegen Alters** aus der gesetzlichen Rentenversicherung (§ 50 Abs. 1 Satz 1 Nr. 1 SGB V),
- **Ruhegehalt**, das nach beamtenrechtlichen Vorschriften oder Grundsätzen gezahlt wird (§ 50 Abs. 1 Satz 1 Nr. 2 SGB V),
- **Vorruhestandsgeld** nach den §§ 5 Abs. 3, 50 Abs. 1 Satz 1 Nr. 3 SGB V,
- Leistungen, die ihrer Art nach den in den Nr. 1 und 2 genannten Leistungen vergleichbar sind, wenn sie von einem Träger der gesetzlichen Rentenversicherung oder einer staatlichen Stelle im Ausland gezahlt werden (§ 50 Abs. 1 Satz 1 Nr. 4 SGB V) oder wenn sie nach den ausschließlich für das in Artikel 3 des Einigungsvertrages genannte Gebiet geltenden Bestimmungen gezahlt werden (§ 50 Abs. 1 Satz 1 Nr. 5 SGB V).

30 In **Ausnahmefällen** kommt eine Versagung des Krankengeldes bei Vorliegen der Voraussetzungen des § 52 SGB V in Betracht. Nach dieser Vorschrift kann die Krankenkasse das Krankengeld ganz oder teilweise versagen, wenn der Versicherte sich eine Krankheit vorsätzlich oder bei einem von ihm begangenen Verbrechen oder vorsätzlichen Vergehen zugezogen hat. Die Entscheidung steht also im **Ermessen** der Krankenkasse.

2. Maßgeblicher Zeitpunkt

31 Die **Versicherteneigenschaft** muss, um einen Anspruch auf Krankengeld begründen zu können, **zum Zeitpunkt des Eintritts der Arbeitsunfähigkeit** vorliegen. Eine (vorherige) Mitgliedschaft mit dem Eintritt der Krankheit ist nicht notwendig erforderlich. Ist der bereits Erkrankte zum Zeitpunkt des Krankheitsbeginns noch nicht Mitglied der gesetzlichen Krankenversicherung, so besteht ein Krankengeldanspruch, wenn der Erkrankte später durch Aufnahme einer versicherungspflichtigen Beschäftigung Mitglied einer Krankenkasse wird und erst dann bei ihm Arbeitsunfähigkeit eintritt.[18] Entsprechendes muss auch für den Anspruch auf Krankengeld bei stationärer Behandlung gelten. Andererseits genügt es im Falle der Beendigung der Mitgliedschaft Versicherungspflichtiger (§ 19 Abs. 2 SGB V), wenn der Versicherungsfall der Krankheit noch während der Mitgliedschaft, die **Arbeitsunfähigkeit indes erst in der Zeit des nachgehenden Versicherungsschutzes** von einem Monat eintritt.[19] Bis zum Ende der Monatsfrist besteht dann Anspruch auf Krankengeld.

---

[18] BSG v. 05.10.1977 - 3 RK 35/75 - SozR 2200 § 183 Nr. 11.

[19] *Höfler* in: KassKomm, SGB V, § 44 SGB Rn. 6.

3. Krankheit

Nach dem für den Bereich der gesetzlichen Krankenversicherung geltenden Krankheitsbegriff ist eine Krankheit ein **regelwidriger Zustand** des Körpers, des Geistes oder der Seele, der **behandlungsbedürftig** ist und/oder zugleich oder ausschließlich **Arbeitsunfähigkeit zur Folge** hat. Regelwidrig ist dabei ein Zustand, der vom Leitbild des gesunden Menschen abweicht. Wegen der Einzelheiten und einzelner Fallgestaltungen wird auf die Kommentierung zu § 27 SGB V verwiesen. 32

Zum regelwidrigen Zustand muss **alternativ** nur die **Behandlungsbedürftigkeit** oder die **Arbeitsunfähigkeit** hinzutreten. Behandlungsbedürftigkeit besteht, wenn durch die Heilbehandlung die Arbeitsfähigkeit erhalten oder wiederhergestellt werden kann oder wenn Schmerzen oder Beschwerden verhindert, behoben oder gelindert werden können.[20] Allerdings braucht Behandlungsbedürftigkeit bei Eintritt der Arbeitsunfähigkeit nicht gegeben zu sein. Auch ein regelwidriger Körper-, Geistes- oder Seelenzustand, der nicht behebbar ist und keine Beschwerden hervorruft, kann zum Eintritt von Arbeitsunfähigkeit und damit zum Anspruch auf Krankengeld führen.[21] Da die Krankheit selbst nur dann Ursache der Arbeitsunfähigkeit sein kann, wenn sie beim Eintritt der Arbeitsunfähigkeit bereits besteht, reduziert sich im Ergebnis der Begriff der Krankheit im Sinne des § 44 SGB V auf den **regelwidrigen Körper-, Geistes- oder Seelenzustand**. Dem steht nicht entgegen, dass die Arbeitsunfähigkeit einerseits zur Definition des Krankheitsbegriffes und andererseits als weitere Anspruchsvoraussetzung für den Anspruch auf Krankengeld verwendet wird.[22] 33

Kein Anspruch auf Krankengeld besteht, wenn die Krankheit auf einem Arbeitsunfall oder einer Berufskrankheit beruht. In diesen Fällen besteht kein Leistungsanspruch nach dem SGB V (vgl. § 11 Abs. 4 SGB V). 34

4. Arbeitsunfähigkeit

Nach § 44 Abs. 1 Satz 1 SGB V haben Versicherte Anspruch auf Krankengeld, „wenn die Krankheit sie arbeitsunfähig macht". Arbeitsunfähigkeit liegt nach der allgemeinen Begriffsbestimmung der ständigen Rechtsprechung des BSG, welche auch von § 2 Abs. 1 der Arbeitsunfähigkeits-Richtlinien übernommen wurde, vor, wenn der Versicherte seine **zuletzt vor Eintritt des Versicherungsfalles konkret ausgeübte Tätigkeit** nicht mehr oder nur auf die Gefahr hin, seinen Zustand zu verschlimmern, verrichten kann.[23] Diese „Arbeitsunfähigkeit im Sinne der Krankenversicherung" gilt auch in anderen sozialrechtlichen Normbereichen, so etwa in § 45 SGB VII für den Bereich der Unfallversicherung oder gemäß § 16 Abs. 1 lit. a BVG für den Bereich des sozialen Entschädigungsrechts. Auch stimmt der arbeitsrechtliche Begriff der Arbeitsunfähigkeit als Grundlage der Beurteilung des Entgeltfortzahlungsanspruches mit dem krankenversicherungsrechtlichen überein (vgl. § 3 Abs. 1 EntgFG). 35

Indes ist Versicherungsfall für den Anspruch auf Krankengeld nicht die Arbeitsunfähigkeit, sondern **Versicherungsfall** ist – wie auch im Falle der Krankenbehandlung – die **Krankheit**. Die **Arbeitsunfähigkeit** tritt für den Anspruch auf Krankengeld als **anspruchsauslösendes Merkmal** hinzu.[24] Während die Krankheit selbst als „Versicherungsfall" noch nicht notwendig in einem Bezug zum in Ansehung des Arbeitsplatzes notwendigen Leistungsvermögen und damit zum Lohnausfall des Versicherten steht, dokumentiert die Arbeitsunfähigkeit gewissermaßen die situative Veränderung im Hinblick auf das Leistungsvermögen des Versicherten und damit im Hinblick auf seine Fähigkeit, mittels seiner Arbeitskraft seinen Lebensunterhalt zu verdienen. 36

a. Maßgebliche Tätigkeit bei Arbeitnehmern

Aus dem Sinn und Zweck des Krankengeldes als Lohnersatzleistung ergibt sich auch der Anknüpfungspunkt dafür, auf welche Tätigkeit abzustellen ist. Dies kann grundsätzlich nur die **vor Eintritt der Arbeitsunfähigkeit unmittelbar ausgeübte Beschäftigung** sein. Diese Beschäftigung ist regelmäßig durch eine Vielzahl von Faktoren gekennzeichnet (Qualifikation, Arbeitszeitregelung etc.), anhand derer festzustellen ist, ob der Versicherte sie unter Berücksichtigung seines Gesundheitszustandes noch oder wieder ausüben kann. Dabei kann nicht nur auf den Arbeitsvertrag abgestellt werden. Der Versicherte ist nicht erst dann arbeitsunfähig, wenn er alle ihm vom Arbeitgeber aufgrund Direktions- 37

---

[20] *Gerlach* in: Hauck/Noftz, SGB V, § 44 Rn. 21 m.w.N.

[21] BSG v. 23.11.1971 - 3 RK 26/70 - BSGE 33, 202, 203.

[22] *Schmidt* in: Peters, Handbuch KV (SGB V), § 44 Rn. 113.

[23] Zuletzt BSG v. 14.02.2001 - B 1 KR 30/00 R - SozR 3-2500 § 44 Nr. 9, vgl. auch die Nachweise bei *Höfler* in: KassKomm, SGB V, § 44 Rn. 10.

[24] *Wagner* in: GK-SGB V, § 44 Rn. 6.

rechts zuweisbaren Aufgaben (zu denen er potentiell verpflichtet werden könnte) nicht mehr ausführen kann, sondern bereits dann, wenn er die **konkret zugewiesene Arbeit** (zu der er aktuell verpflichtet ist) nicht mehr ausüben kann.[25] Das gilt für die gesamte Dauer der Arbeitsunfähigkeit, jedenfalls bei fortbestehendem Arbeitsverhältnis. **Auch bei langwierigen Erkrankungen** und folglich langfristigem Krankengeldbezug richtet sich die Beurteilung der Arbeitsunfähigkeit einheitlich nach der zuletzt ausgeübten Tätigkeit.

38 Dies bedeutet, dass der Versicherte sich grundsätzlich weder auf eine andere Tätigkeit bei demselben Arbeitgeber noch auf eine ähnlich geartete Tätigkeit bei einem anderen Arbeitgeber verweisen lassen muss. Allerdings ist auch im Rahmen eines fortbestehenden Arbeitsverhältnisses die **Beendigung der Arbeitsunfähigkeit möglich, obwohl die letzte konkrete Arbeit nicht wieder aufgenommen werden kann**, wenn nämlich dem Versicherten vom Arbeitgeber in Ausübung seines Direktionsrechts ein anderer Arbeitsplatz im Betrieb zugewiesen wird, dem er gesundheitlich gewachsen ist und den er im Rahmen seines Arbeitsverhältnisses wahrzunehmen hat. Jedoch muss der Arbeitgeber eine Versetzung konkret angeboten haben. Ferner muss der zugewiesene Arbeitsplatz den arbeitsrechtlichen Grundsätzen einer zulässigen „Versetzung" entsprechen. Danach kommt die Zuweisung eines anderen Arbeitsplatzes aufgrund des Direktionsrechts des Arbeitgebers nur insoweit in Betracht, als der Arbeitsvertrag dem Arbeitgeber überhaupt einen Spielraum bei der Bestimmung von Art und Ort der Arbeitsleistung belässt. Fehlt es an einem derartigen Spielraum und würde die zugewiesene Arbeit eine Änderung des Arbeitsverhältnisses im Sinne einer Änderungskündigung voraussetzen, ist die Verweisung unzulässig. Von einer zulässigen Verweisung ist vielmehr nur dort zu sprechen, wo der Wechsel des Arbeitsplatzes vom Arbeitgeber einseitig im Rahmen seines Direktionsrechts angeordnet werden kann. Versetzungen mit nicht nur unerheblichen Auswirkungen auf die Entlohnung sind im Allgemeinen unzulässig, es sei denn, dass dem Arbeitgeber das Recht zu einer derartigen Versetzung besonders eingeräumt ist. Auch eine Versetzung an einen in einer anderen Ortschaft gelegenen Betrieb oder Betriebsteil braucht sich der Arbeitnehmer regelmäßig nicht gefallen zu lassen, es sei denn, dass dies im Arbeitsvertrag vorgesehen ist. Auch im Übrigen ist der Arbeitgeber bei der Ausübung des Direktionsrechts nicht frei, sondern darf dieses nur nach billigem Ermessen ausüben.[26]

39 **Endet** nach Eintritt der Arbeitsunfähigkeit das **Beschäftigungsverhältnis**, ändert sich allerdings der rechtliche Maßstab insofern, als für die Beurteilung der Arbeitsunfähigkeit nicht mehr die konkreten Verhältnisse an dem letzten Arbeitsplatz maßgebend sind, sondern nunmehr **abstrakt auf die Art der zuletzt ausgeübten Beschäftigung abzustellen** ist. Der Versicherte darf dann auf gleich oder ähnlich geartete Tätigkeiten „verwiesen" werden, wobei aber der Kreis möglicher Verweisungstätigkeiten entsprechend der Funktion des Krankengelds eng zu ziehen ist. Handelt es sich bei der zuletzt ausgeübten Tätigkeit um einen anerkannten Ausbildungsberuf, so scheidet eine Verweisung auf eine außerhalb dieses Berufs liegende Beschäftigung aus. Auch eine Verweisungstätigkeit innerhalb des Ausbildungsberufs muss, was die Art der Verrichtung, die körperlichen und geistigen Anforderungen, die notwendigen Kenntnisse und Fertigkeiten sowie die Höhe der Entlohnung angeht, mit der bisher verrichteten Arbeit **im Wesentlichen übereinstimmen**, so dass der Versicherte sie ohne größere Umstellung und Einarbeitung ausführen kann. Dieselben Bedingungen gelten bei ungelernten Arbeiten, nur dass hier das Spektrum der zumutbaren Tätigkeiten deshalb größer ist, weil die Verweisung nicht durch die engen Grenzen eines Ausbildungsberufs eingeschränkt ist.[27]

40 Wechselt der Versicherte während der Arbeitsunfähigkeit freiwillig seine Tätigkeit, so endet die Arbeitsunfähigkeit, wenn die neue Beschäftigung tatsächlich aufgenommen wird. Tritt danach erneut Arbeitsunfähigkeit ein, so ist bei deren Prüfung nun nicht mehr von der zuerst ausgeübten Tätigkeit, sondern von der zuletzt ausgeübten Tätigkeit auszugehen.[28]

---

[25] *Gerlach* in: Hauck/Noftz, SGB V, § 44 Rn. 44, s.a. § 2 Abs. 1 Satz 2 der Arbeitsunfähigkeits-Richtlinien.

[26] Zu alledem: BSG v. 07.08.1991 - 1/3 RK 28/89 - SozR 3-2200 § 182 Nr. 9 m.w.N.

[27] BSG v. 14.02.2001 - B 1 KR 30/00 R - SozR 3-2500 § 44 Nr. 9, vgl. auch § 2 Abs. 4 Satz 1 der Arbeitsunfähigkeitsrichtlinien.

[28] *Gerlach* in: Hauck/Noftz, SGB V, § 44 Rn. 56.

b. Maßgebliche Tätigkeit bei Arbeitslosen

Ist der Versicherte bereits **bei Eintritt der Arbeitsunfähigkeit arbeitslos**, so fehlt der Bezugspunkt der vor Eintritt der Arbeitsunfähigkeit unmittelbar ausgeübten Beschäftigung. Insoweit ist aber entschieden danach zu differenzieren, ob die Arbeitslosigkeit während der Arbeitsunfähigkeit eintritt (vgl. Rn. 377) oder ob die Arbeitslosigkeit bereits vor Eintritt der Arbeitsunfähigkeit besteht. Nur Versicherte, auf die die letztgenannte Konstellation zutrifft, sind als Arbeitslose krankenversichert. 41

Im Hinblick auf die **Zumutbarkeitskriterien des § 121 Abs. 3 SGB III war** seit dem In-Kraft-Treten des SGB III am 01.04.1997 zweifelhaft, ob und gegebenenfalls für welchen Zeitraum dem Arbeitslosen nach Beendigung der Beschäftigung ein „Berufsschutz" zusteht. Nach § 121 Abs. 3 SGB III ist eine Beschäftigung einem Arbeitslosen insbesondere dann nicht zumutbar, wenn das daraus erzielte Arbeitsentgelt erheblich niedriger ist als das der Bemessung des Arbeitslosengeldes zugrunde liegende Arbeitsentgelt, wobei in den ersten drei Monaten der Arbeitslosigkeit eine Minderung um mehr als 20 Prozent und in den folgenden drei Monaten um mehr als 30 Prozent dieses Arbeitsentgelts nicht zumutbar ist; ab dem siebten Monat der Arbeitsunfähigkeit ist eine Beschäftigung nur dann nicht zumutbar, wenn das daraus erzielte Nettoeinkommen unter Berücksichtigung der Werbungskosten niedriger ist als das Arbeitslosengeld. Das BSG hatte in einer jüngeren Entscheidung zumindest die Möglichkeit in Betracht gezogen, während der ersten sechs Monate der Arbeitslosigkeit könne Arbeitsunfähigkeit auch dann vorliegen, wenn der Versicherte zwar noch leichte Arbeiten des allgemeinen Arbeitsmarktes vollschichtig verrichten könne, er jedoch in seiner letzten Beschäftigung so viel verdient habe, dass ihm mit leichten Arbeiten des allgemeinen Arbeitsmarktes eine Verdiensteinbuße von mehr als 20 vH entstanden wäre.[29] Diesen Gedankenansatz hat das BSG jedoch nicht weiterverfolgt. Nach der jüngsten Entscheidung zur Frage der Arbeitsunfähigkeit bei Arbeitslosen liegt krankheitsbedingte Arbeitsunfähigkeit im Falle des Eintritts der Erkrankung bei bestehendem Arbeitslosengeld-Anspruch unabhängig von der Dauer der Arbeitslosigkeit vor, wenn der Arbeitslose gesundheitlich nicht (mehr) in der Lage ist, auch leichte Arbeiten in dem zeitlichen Umfang zu verrichten, für den er sich zuvor zwecks Erlangung des Arbeitslosengeld-Anspruches zur Verfügung gestellt hat. Dabei darf die Krankenkasse im Regelfall davon ausgehen, dass sich der Arbeitslose auch für leichte Arbeiten der Arbeitsverwaltung zur Verfügung gestellt hat. Lediglich in begründeten Ausnahmefällen muss die Krankenkasse prüfen, mit welchem gesundheitlichen Leistungsvermögen (und/oder ggf. mit welchem zeitlichen Umfang) sich der Arbeitslose der Arbeitsvermittlung zur Verfügung gestellt hat.[30] Dieser Auffassung ist beizupflichten. Zum einen handelt es sich bei der Regelung des § 121 Abs. 3 SGB III nicht um einen „Berufsschutz" im Sinne der Fortschreibung der früheren Rechtsprechung zu den damals im Rahmen des AFG geltenden Zumutbarkeitskriterien[31], sondern lediglich um einen „Verdienstschutz". Fachlich sind dagegen dem Arbeitslosen nach § 121 Abs. 1 SGB III **alle seiner Arbeitsfähigkeit entsprechenden Beschäftigungen (also auch unterwertige) zumutbar**, und zwar vom Beginn der Arbeitslosigkeit an. Einen „Berufsschutz" im Sinne der früheren Zumutbarkeits-Anordnung gibt es daher seit In-Kraft-Treten des SGB III nicht mehr[32]. Zum anderen handelt es sich bei der Frage, ob entsprechende offene Stellen (mit einer entsprechenden Verdienstmöglichkeit) zur Verfügung stehen, klassischerweise um ein **Risiko der Arbeitslosenversicherung** und nicht um ein solches der Krankenversicherung. Auch aus rechtssystematischen Gründen kommt daher ein Abstellen auf die Zumutbarkeitskriterien des § 121 SGB III bei der Frage nach der Arbeitsunfähigkeit nicht in Betracht.[33] 42

Diese Rechtsprechung wird seit 23.12.2006 auch durch die Arbeitsunfähigkeits-Richtlinien umgesetzt. Nach § 2 Abs. 3 der Arbeitsunfähigkeitsrichtlinien sind Arbeitslose arbeitsunfähig, die nicht in der Lage sind, leichte Arbeiten in einem zeitlichen Umfang zu verrichten, für den sie sich bei der Agentur für Arbeit zur Verfügung gestellt haben. Nach der früheren Fassung sollten Arbeitslose dagegen arbeitsunfähig sein, wenn sie aufgrund einer Erkrankung nicht mehr in der Lage waren, leichte Tätigkeiten an mindestens 15 Wochenstunden zu verrichten. Hierzu hatte das BSG bereits entschieden, dass die **15-Stunden-Grenze** nicht galt, wenn sich der Versicherte vollschichtig der Arbeitsvermittlung zur Verfügung gestellt hatte. In diesem Fall sei der Arbeitslose bereits dann arbeitsunfähig, wenn er Arbeiten im zeitlichen Umfang einer Vollzeittätigkeit nicht mehr verrichten könne. Dies folge daraus, dass 43

---

[29] BSG v. 22.03.2005 - B 1 KR 22/04 R - juris Rn. 23.

[30] BSG v. 04.04.2006 - B 1 KR 21/05 R.

[31] Vgl. zum alten Recht z.B. BSG v. 03.11.1993 - 1 RK 10/93 - SozR 3-2500 § 48 Nr. 5.

[32] Ähnlich schon in einer früheren Entscheidung: BSG v. 19.09.2002 - B 1 KR 11/02 R.

[33] Ähnlich bereits *Joussen*, ZfSH/SGB 2002, 458, 562.

das Gesetz eine **Teil-Arbeitsunfähigkeit** nicht kenne. In der Entscheidung klang bereits an, dass das BSG insoweit für eine Abweichung von dem Grundsatz, dass eine Teil-Arbeitsunfähigkeit nicht existiert, eine gesetzliche Regelung für erforderlich erachtete.[34]

c. Stufenweise Wiedereingliederung

44 Kann der Versicherte seine Tätigkeit lediglich in Teilbereichen oder nur für einige Stunden täglich ausüben, so ist er deshalb nicht wieder arbeitsfähig, auch nicht teilweise. Denn eine **Teilarbeitsunfähigkeit ist im Gesetz nicht vorgesehen**. Entweder der Versicherte kann seine Tätigkeit weiter ausüben – dann ist er arbeitsfähig, oder aber er ist wegen Krankheit hierzu nicht in der Lage – dann ist er arbeitsunfähig. Die stufenweise Wiedereingliederung gemäß § 74 SGB V soll dem Umstand Rechnung tragen, dass der Versicherte durchaus in Teilbereichen bzw. stundenweise (wieder) in der Lage sein kann, seiner Tätigkeit nachzugehen. Jedoch ist der Versicherte während der stufenweisen Wiedereingliederung **weiterhin arbeitsunfähig**. Lediglich der Anspruch auf Krankengeld ruht, soweit für die Arbeitsleistung ein Entgelt bezahlt wird (§ 49 Abs. 1 Nr. 1 SGB V).

5. Kausalität

45 Da das Krankengeld Lohnersatz für das Arbeitsentgelt ist, welches in Folge der Arbeitsunfähigkeit ausfällt, muss die Arbeitsunfähigkeit bzw. der Lohnausfall **auf der Krankheit beruhen**. Entsteht aus anderen Gründen eine Arbeitsverhinderung oder wäre der Lohnausfall auch ohne die Krankheit eingetreten, so entsteht kein Anspruch auf Krankengeld. Allerdings ist es nicht notwendig, dass die Krankheit die alleinige Ursache der Arbeitsunfähigkeit war. Die **Theorie der wesentlichen Bedingung** gilt auch in der Krankenversicherung. Danach genügt es, dass die Krankheit im Verhältnis zu anderen Einzelbedingungen wegen ihrer besonderen Beziehung zum Erfolg dessen Eintritt wesentlich mitbewirkt hat. Beruht die Arbeitsunfähigkeit darauf, dass ein notwendiges Hilfsmittel zur Reparatur gegeben werden muss, so ist die Krankheit, die zur Notwendigkeit der Hilfsmittelversorgung geführt hat (im entschiedenen Fall: Beinverkürzung in Folge Kinderlähmung), ursächlich für die Arbeitsunfähigkeit.[35]

46 Beruht die Arbeitsverhinderung auf einem **Beschäftigungsverbot** aus seuchenhygienischen Gründen, so ist entscheidend, ob die Krankheit das Leistungsvermögen des Versicherten so einschränkt, dass er nicht in der Lage wäre, seine Arbeit zu verrichten. Ist dies der Fall, dann ist die Krankheit im Sinne der wesentlichen Bedingung ursächlich für die Arbeitsunfähigkeit. Liegt hingegen ein Beschäftigungsverbot aufgrund eines Krankheitsverdachts vor und ist das Leistungsvermögen nicht oder nur geringfügig eingeschränkt, so ist keine Kausalität gegeben. Ein Ausgleich für den Verdienstausfall des Versicherten erfolgt dann ausschließlich über § 56 Abs. 1 des Infektionsschutzgesetzes, der eine Entschädigung in Höhe des Krankengeldanspruchs vorsieht.

47 Ein Arztbesuch oder eine Therapiemaßnahme allein bedingen noch keine Arbeitsunfähigkeit, jedenfalls dann nicht, wenn der Versicherte ohne den Arztbesuch/die Therapiemaßnahme seine Arbeit hätte fortsetzen können.[36] Die Arbeitsunfähigkeitsrichtlinien bestimmen insoweit, dass Arbeitsunfähigkeit u.a. nicht vorliegt

- für Zeiten, in denen ärztliche Behandlungen zu diagnostischen oder therapeutischen Zwecken stattfinden, ohne dass diese Maßnahmen selbst zu einer Arbeitsunfähigkeit führen (§ 3 Abs. 2, 2. Spiegelstrich Arbeitsunfähigkeits-Richtlinien),
- bei Inanspruchnahme von Heilmitteln (§ 3 Abs. 2, 3. Spiegelstrich Arbeitsunfähigkeits-Richtlinien),
- bei Teilnahme an ergänzenden Leistungen zur Rehabilitation oder rehabilitativen Leistungen anderer Art (§ 3 Abs. 2, 4. Spiegelstrich Arbeitsunfähigkeits-Richtlinien).

48 Auch hinsichtlich der beiden letztgenannten Alternativen ist allerdings zu berücksichtigen, dass Arbeitsunfähigkeit nur dann nicht vorliegt, wenn der Versicherte ohne die betreffende Maßnahme seine Arbeit hätte verrichten können.

49 Kann die Arbeit selbst noch verrichtet werden, fehlt es aber krankheitsbedingt an der Fähigkeit, den **Weg von und zu der Arbeitsstätte** zurückzulegen, so liegt krankheitsbedingte Arbeitsunfähigkeit vor. Denn zu den Bedingungen der bei der Beurteilung der Arbeitsunfähigkeit maßgeblichen Tätigkeit gehören auch die Anforderungen, die an den Gesundheitszustand im Zusammenhang mit dem Arbeitsweg gestellt werden.[37] Aus Gründen der Praktikabilität kann bei Arbeitslosen insoweit auf die im Rah-

---

[34] BSG v. 07.12.2004 - B 1 KR 5/03 R - juris Rn. 30.

[35] BSG v. 23.11.1971 - 3 RK 26/70 - SozR Nr. 48 zu § 182 RVO.

[36] *Gerlach* in: Hauck/Noftz, SGB V, § 44 Rn. 28.

[37] *Gerlach* in: Hauck/Noftz, SGB V, § 44 Rn. 34.

men der Beurteilung von Erwerbsunfähigkeit/voller Erwerbsminderung entwickelten Grundsätze des BSG zur Wegefähigkeit Rückgriff genommen werden. Danach sind ausgehend von der Benutzung öffentlicher Verkehrsmittel für den Weg zur Arbeitsstelle vom Versicherten von seiner Wohnung zum Verkehrsmittel sowie vom Verkehrsmittel zur Arbeitsstelle und zurück Fußwege zurückzulegen. Die Arbeitsfähigkeit von Arbeitslosen setzt damit die Fähigkeit voraus, viermal täglich Strecken von mehr als 500 m mit zumutbarem Zeitaufwand zu Fuß zu bewältigen und zweimal täglich mit öffentlichen Verkehrsmitteln fahren zu können. Bei der Beurteilung der Mobilität sind alle dem Versicherten zur Verfügung stehenden Hilfsmittel und Beförderungsmöglichkeiten (z.B. die zumutbare Benutzung eines eigenen PKW) zu berücksichtigen.[38]

Beschäftigungsverbote nach dem MuSchG setzen ebenso wie der Krankengeldanspruch eine ärztliche Feststellung voraus. Das bedeutet indes nicht, dass in jedem Fall zugleich Arbeitsunfähigkeit vorliegt. So bestimmt auch § 3 Abs. 2, 6. Spiegelstrich der Arbeitsunfähigkeits-Richtlinien, dass Arbeitsunfähigkeit nicht (notwendig) vorliegt, wenn Beschäftigungsverbote nach dem Infektionsschutzgesetz oder dem Mutterschutzgesetz ausgesprochen wurden. Ob dies der Fall ist, ist vielmehr **individuell festzustellen**. Insbesondere dann, wenn der Gesundheitszustand der Schwangeren, der Schwangerschaftsverlauf und die Schwangerschaftsbeschwerden keine Besonderheiten aufweisen und das Beschäftigungsverbot auf Besonderheiten der Arbeit, des Arbeitsplatzes oder des Arbeitsweges beruht, liegt keine Arbeitsunfähigkeit vor. Treten jedoch im Verlauf der Schwangerschaft **ungewöhnliche Schwangerschaftsbeschwerden oder sonstige Gesundheitsstörungen** auf, so liegt Arbeitsunfähigkeit vor. Das Konkurrenzverhältnis ist vom Gesetz so gelöst, dass Mutterschaftslohn nur im Falle des ausschließlichen Vorliegens eines Beschäftigungsverbotes, also ohne bestehende Arbeitsunfähigkeit zu zahlen ist, § 11 MuSchG. Liegt dagegen Arbeitsunfähigkeit vor, so besteht Anspruch auf Krankengeld.[39] 50

Im Falle unbezahlten Urlaubs fehlt es an der Kausalität zwischen der Arbeitsunfähigkeit und dem Lohnausfall. Ursache für den Lohnausfall ist vielmehr die Urlaubsabrede. Zum Fortbestehen der Arbeitsunfähigkeit über das vereinbarte Ende des unbezahlten Urlaubs hinaus vgl. Rn. 23. 51

6. Stationäre Behandlung

Anstelle der Arbeitsunfähigkeit kann auch eine stationäre Behandlung den Anspruch auf Krankengeld begründen. Regelmäßig wird zugleich Arbeitsunfähigkeit vorliegen, zwingend ist dies aber im Hinblick auf den Krankengeldanspruch nicht. In Betracht kommt eine stationäre Behandlung 52

- in einem Krankenhaus (§ 39 SGB V),
- in einer Vorsorge- oder Rehabilitationseinrichtung bei medizinischer Vorsorge (§ 24 Abs. 4 SGB V),
- in einer Vorsorge- oder Rehabilitationseinrichtung bei Vorsorgeleistungen für Mütter (§ 24 SGB V),
- in einer Vorsorge- oder Rehabilitationseinrichtung bei medizinischer Rehabilitation (§ 40 Abs. 2 SGB V),
- in einer Vorsorge- oder Rehabilitationseinrichtung bei medizinischer Rehabilitation für Mütter (§ 41 SGB V).

Soweit § 39 SGB V auch die Möglichkeit **teil- sowie vor- und nachstationärer Behandlung** vorsieht, kommt es für die Frage, ob Anspruch auf Krankengeld besteht, darauf an, ob der Versicherte durch die Krankenhausbehandlung gehindert ist, seinen Lebensunterhalt durch die zuletzt ausgeübte Erwerbstätigkeit zu bestreiten. Analog zum Anspruch auf Krankengeld wegen Arbeitsunfähigkeit, bei dem eine Teil-Arbeitsunfähigkeit nicht existiert, genügt eine Teilbeanspruchung des Versicherten durch den Krankenhausaufenthalt für die Entstehung des Anspruchs auf Krankengeld dann, **wenn durch sie im Ergebnis die Ausübung der bisherigen Erwerbstätigkeit nicht mehr möglich ist.**[40] 53

Weitere Voraussetzung ist, dass der Versicherte **auf Kosten der Krankenkasse** im Krankenhaus bzw. der Vorsorge- oder Rehabilitationseinrichtung behandelt wird. Die Krankenkasse muss an der Finanzierung der Maßnahme zumindest beteiligt sein; wird die stationäre Behandlung dagegen durch einen anderen Leistungsträger (Rentenversicherungsträger, Berufsgenossenschaft) gewährt, entfällt der Anspruch auf Krankengeld. Ob der Versicherte einen **Rechtsanspruch** auf die Kostenübernahme durch 54

38 Unter Bezugnahme auf BSG v. 28.08.2002 - B 5 RJ 8/02 R: SG Dortmund v. 26.01.2005 - S 13 KR 293/03 - juris Rn. 27; vgl. auch die zustimmende Anmerkung von *Hillmann*, juris-PR-SozR 26/2005, Anm. 4.

39 LSG Baden-Württemberg v. 31.01.2003 - L 4 KR 2790/01 - juris Rn. 17 f., vgl. auch BSG v. 09.09.1999 - B 11 AL 77/98 R - SozR 3-4100 § 103 Nr. 19.

40 *Höfler* in: KassKomm, SGB V, § 44 Rn. 23a; *Schmidt* in: Peters, Handbuch KV (SGB V), § 44 Rn. 40.

die Krankenkasse haben muss, ist umstritten.[41] Hier dürfte entscheidend sein, ob sich **aus der Sicht des Versicherten** der stationäre Aufenthalt als **Maßnahme der Krankenversicherung** darstellt. Der Versicherte selbst ist in den Prozess um die Kostenübernahme nicht involviert, so dass er von der Kostenübernahmeerklärung[42] keine Kenntnis erhält. Auf diese kann daher nicht abgestellt werden. Soweit ein begünstigender **Verwaltungsakt** – beispielsweise über die Gewährung einer Rehabilitationsmaßnahme – gegenüber dem Versicherten ergeht, genügt dieser für das Entstehen des Krankengeldanspruches, auch wenn er nicht mit dem materiellen Recht im Einklang steht.[43] Ergeht aber kein Verwaltungsakt gegenüber dem Versicherten, wie dies in Fällen der stationären Krankenhausbehandlung gemäß § 39 SGB V regelmäßig der Fall ist, so muss die **tatsächliche Gewährung der stationären Leistung** für die Entstehung des Anspruchs auf Krankengeld genügen, wenn der Versicherte aus seiner Sicht alles Erforderliche getan hat, um rechtmäßig stationäre Leistungen in Anspruch nehmen zu können (z.B. Vorlage einer ärztlichen Verordnung sowie der Krankenversicherungskarte). Nur so ist dem Zweck der wirtschaftlichen Absicherung bei Krankenhausbehandlung Genüge getan.

7. Weitere Krankengeldansprüche

55 **§ 24b Abs. 2 Satz 2 SGB V** sieht vor, dass ein Anspruch auf Krankengeld besteht, wenn Versicherte wegen einer nicht rechtswidrigen Sterilisation oder eines nicht rechtswidrigen Abbruchs der Schwangerschaft durch einen Arzt arbeitsunfähig werden, es sei denn, es besteht ein Anspruch auf Krankengeld nach § 44 Abs. 1 SGB V. Bei stationärer Behandlung in einem Krankenhaus sowie bei krankheitsbedingter Arbeitsunfähigkeit besteht bereits ein Anspruch auf Krankengeld nach § 44 Abs. 1 SGB V, so dass die Vorschrift des § 24b SGB V ausschließlich dann eingreift, wenn die Arbeitsunfähigkeit **allein auf der nicht rechtswidrigen Sterilisation oder dem nicht rechtswidrigen Abbruch der Schwangerschaft** beruht.

56 Bezieher von Arbeitslosengeld behalten nach **§ 126 SGB III** im Falle des durch den Arbeitslosen nicht verschuldeten Eintritts von Arbeitsunfähigkeit in Folge Krankheit während des Bezugs von Arbeitslosengeld oder der stationären Behandlung auf Kosten der Krankenkasse während des Bezugs von Arbeitslosengeld den Anspruch auf Arbeitslosengeld für die Zeit der Arbeitsunfähigkeit oder stationären Behandlung bis zur Dauer von sechs Wochen. Nach Ablauf dieser **Leistungsfortzahlung** hat von der 7. Krankheitswoche an die Krankenkasse unter den Voraussetzungen des § 44 SGB V Krankengeld zu gewähren.

IV. Ausschluss und Beschränkung des Anspruchs (Absatz 2)

57 Gemäß § 44 Abs. 2 SGB V kann das Krankengeld für freiwillig Versicherte durch die **Satzung ausgeschlossen** werden. Die Satzung kann auch eine **zeitliche Einschränkung** des Krankengeldes in der Weise vorsehen, dass der Krankengeldanspruch erst zu einem späteren Zeitpunkt beginnt. Besteht nach der Satzung kein Anspruch auf Krankengeld oder ist der Anspruch durch die Satzung beschränkt, so ist für die betreffenden Versichertengruppen der Beitragssatz als „Gegenleistung" entsprechend zu ermäßigen, **§ 243 Abs. 1 SGB V**. Hat das freiwillige Mitglied **Anspruch auf Entgeltfortzahlung** für mindestens 6 Wochen, wie dies bei freiwillig versicherten Arbeitnehmern regelmäßig der Fall ist, so kommt ein Ausschluss oder eine Begrenzung des Anspruchs auf Krankengeld durch Satzungsregelung nicht in Betracht. Denn für diese Mitglieder gilt gemäß § 241 Satz 2 und Satz 3 SGB V zwingend der allgemeine Beitragssatz. Kommt aber für diese Mitglieder ein ermäßigter Beitragssatz nicht in Betracht, so verstieße eine Beschränkung oder ein Ausschluss des Krankengeldanspruchs gegen das Solidarprinzip.[44]

58 Die Regelung ist **verfassungsgemäß**. Bei selbständig Erwerbstätigen geht der Gesetzgeber grundsätzlich von einem geringeren Schutzbedürfnis als bei (pflichtversicherten und/oder mit Anspruch auf Entgeltfortzahlung versehenen) Arbeitnehmern aus, weil dieser Personenkreis durch seine Dispositionsmöglichkeiten auch bessere Möglichkeiten der Vorsorge (z.B. Bildung von Rücklagen oder Abschluss einer privaten Krankenversicherung) und damit der Überbrückung kürzerer Wartezeiten besitzt. Aus diesem Grund wurde den selbständig Erwerbstätigen auch nur das Recht zur freiwilligen Krankenversicherung zugestanden. Es verstößt nicht gegen Verfassungsrecht, dass der Gesetzgeber dabei grund-

---

[41] Bejahend *Höfler* in: KassKomm, SGB V, § 44 Rn. 23a, verneinend *Schmidt* in: Peters, Handbuch KV (SGB V), § 44 Rn. 40.

[42] Auf die *Schmidt* in: Peters, Handbuch KV (SGB V), § 44 Rn. 40 abstellen will.

[43] Ebenso *Höfler* in: KassKomm, SGB V, § 44 Rn. 23a.

[44] BSG v. 25.06.1991 - 1 RR 6/90 - SozR 3-2500 § 241 Nr. 1.

sätzlich alle Selbständigen gegenüber den pflichtversicherten Beschäftigten als weniger schutzbedürftig angesehen hat. Wird die Satzung daher den allgemeinen Maßstäben des Art. 3 GG gerecht, so ist eine entsprechende auf § 44 Abs. 2 SGB V beruhende Satzungsregelung verfassungsrechtlich nicht zu beanstanden.[45]

Die Regelung ist **abschließend**, d.h. weder sind in Bezug auf das Krankengeld andere Maßnahmen als völliger Ausschluss oder späterer Beginn zulässig, noch sind einschränkende Maßnahmen hinsichtlich der übrigen Leistungen des § 11 SGB V zulässig.[46] Während der spätere Beginn der Krankengeldzahlung insbesondere bei Selbständigen in Betracht kommt (vgl. Rn. 57), wird der Ausschluss des Krankengeldanspruches insbesondere für nicht erwerbstätige freiwillig Versicherte in Betracht kommen, bei denen eine Krankheit ohnehin keinen Einkommensausfall verursacht.[47] 59

V. Anspruch auf Fortzahlung des Arbeitsentgelts (Absatz 3)

Soweit § 44 Abs. 3 SGB V bestimmt, dass sich der Anspruch auf Fortzahlung des Arbeitsentgelts bei Arbeitsunfähigkeit nach arbeitsrechtlichen Vorschriften richtet, enthält die Vorschrift keine eigenständige materiell-rechtliche Regelung; der Verweis auf arbeitsrechtliche Vorschriften ist **lediglich informatorischer Natur**. Zu verweisen ist insoweit insbesondere auf § 616 BGB sowie auf das EntgFG. Wird das Arbeitsentgelt fortgezahlt, so ruht der Anspruch auf Krankengeld nach § 49 Abs. 1 Nr. 1 SGB V. Bei bestehendem Entgeltfortzahlungsanspruch führt die Weigerung des Arbeitgebers, das Arbeitsentgelt fortzuzahlen, zu einem Anspruch auf Krankengeld, da § 49 Abs. 1 Nr. 1 SGB V nur bei tatsächlichem Bezug des Arbeitsentgelts das Krankengeld zum Ruhen bringt. Der Entgeltanspruch geht dann gemäß § 115 SGB X auf die leistende Krankenkasse über. 60

VI. Rechtsfolgen

Gemäß **§ 190 Abs. 2 SGB V** endet die Mitgliedschaft versicherungspflichtig Beschäftigter mit Ablauf des Tages, an dem das Beschäftigungsverhältnis gegen Arbeitsentgelt endet. Tritt erst nach diesem Zeitpunkt Arbeitsunfähigkeit ein, so kommt lediglich ein **nachgehender Leistungsanspruch** auch für die Gewährung von Krankengeld für längstens einen Monat auf der Grundlage des **§ 19 SGB V** in Betracht. 61

Andererseits bleibt nach **§ 192 Abs. 1 Nr. 2 SGB V** jedoch die Mitgliedschaft Versicherungspflichtiger (und damit die Grundlage für den Krankengeldanspruch) erhalten, solange u.a. Anspruch auf Krankengeld besteht. Tritt daher vor dem Ende der versicherungspflichtigen Beschäftigung Arbeitsunfähigkeit ein, so bleibt die Mitgliedschaft bis zum Ende der Arbeitsunfähigkeit – und im äußersten Fall bis zur Erschöpfung des Krankengeldanspruchs – erhalten. Zu beachten ist insoweit jedoch, dass der Anspruch auf Krankengeld im Falle der Arbeitsunfähigkeit gemäß § 46 Nr. 2 SGB V erst von dem Tag an entsteht, der auf den Tag der ärztlichen Feststellung der Arbeitsunfähigkeit folgt. Es stellt sich daher die Frage, ob es für die Anwendbarkeit des Regelung des § 192 Abs. 1 Nr. 2 SGB V nur auf das **Vorliegen von Arbeitsunfähigkeit** ankommt[48] oder auch darauf, dass die **Arbeitsunfähigkeit ärztlich festgestellt** wurde. Insbesondere aus Gründen der Praktikabilität ist der letztgenannten Auffassung der Vorzug zu geben. Die Zahlung von Krankengeld, insbesondere aber auch die Frage, ob jemand Mitglied einer Krankenkasse ist, ist in der Regel wegen ihrer Bedeutung schnell und klar zu beantworten. Würde man der Auffassung folgen, dass die Frage, ob ein Krankengeldanspruch im Sinne des § 192 Abs. 1 Nr. 2 SGB V besteht, allein vom tatsächlichen Vorliegen von Arbeitsunfähigkeit abhängen würde, so würde man den Status „Mitgliedschaft" von einer medizinisch schwierigen Frage abhängig machen und deren Klärung in eine ungewisse Zukunft verlegen. Dies gilt insbesondere, weil derartige Feststellungen mit zunehmendem Zeitablauf immer fragwürdiger werden.[49] 62

---

[45] BSG v. 28.09.1993 - 1 RK 34/92 - SozR 3-2500 § 44 Nr. 4; BSG v. 05.01.2006 - B 1 KR 68/05 B - juris Rn. 4; BSG v. 30.05.2006 - B 1 KR 15/05 R - juris Rn. 9 ff.

[46] *Höfler* in: KassKomm, SGB V, § 44 Rn. 28 f.

[47] Vgl. *Gerlach* in: Hauck/Noftz, SGB V, § 44 Rn. 82.

[48] So *Gerlach* in: Hauck/Noftz, SGB V, § 44 Rn. 94 f.

[49] So LSG Mecklenburg-Vorpommern v. 13.02.2002 - L 4 KR 18/01 - juris Rn. 40 ff.

C. Praxishinweise

I. Verwaltungsverfahren

63 Die Einleitung eines Verwaltungsverfahrens wird in der Regel durch eine Handlung des Versicherten veranlasst, also insbesondere durch **Einreichung eines Auszahlungsscheines oder durch eine Meldung** der Arbeitsunfähigkeit gemäß § 49 Nr. 5 SGB V. Das Vorliegen eines Antrags ist indes keine materielle Anspruchsvoraussetzung für den Bezug von Krankengeld, wie auch § 49 Nr. 5 SGB V zeigt, sondern dient nur der Einleitung des Verwaltungsverfahrens.

64 Nach Eingang des Antrags prüft die Krankenkasse die **Anspruchsvoraussetzungen**. Hierbei sind die Vorschriften des SGB X zu beachten, insbesondere die §§ 20 ff. SGB X. Grundsätzlich kann sich die Beklagte aller Beweismittel des § 21 SGB X bedienen. Die Gewährung oder Ablehnung von Krankengeld erfolgte durch **Verwaltungsakt**, wobei im Falle der Gewährung von Krankengeld dieser üblicherweise nicht durch förmlichen Bescheid ergeht, sondern der Verwaltungsakt „schlüssig“ durch die **Auszahlung** der Leistung bekannt gegeben wird. Ist Grundlage der Bewilligung eine auf einen bestimmten Zeitraum beschränkte Arbeitsunfähigkeitsbescheinigung, so ist die Bewilligung durch Auszahlung dahin gehend auszulegen, dass der Anspruch auf den in der Arbeitsunfähigkeitsbescheinigung bescheinigten Zeitraum befristet sein soll. Werden keine weiteren Arbeitsunfähigkeitbescheinigungen vorgelegt, so **endet der Krankengeldanspruch mit dem Ablauf der bescheinigten Dauer der Arbeitsunfähigkeit**, ohne dass die Bewilligung nach § 48 SGB X aufgehoben werden müsste.[50]

II. Arbeitsunfähigkeitsbescheinigung

65 Auch wenn sich die Krankenkasse im Rahmen des Verwaltungsverfahrens sämtlicher in § 21 SGB X genannter Beweismittel bedienen kann, so wird regelmäßig der Beweis der Arbeitsunfähigkeit jedoch durch die **Vorlage der ärztlichen Arbeitsunfähigkeitsbescheinigung** geführt. Bei Zweifeln an der Arbeitsunfähigkeit wird die Krankenkasse ein Gutachten des Medizinischen Dienstes der Krankenversicherung einholen. Hierzu wird sie aufgrund der Vorschrift des § 275 Abs. 1 Nr. 3b SGB V regelmäßig verpflichtet sein. Nach dieser Vorschrift sind die Krankenkassen in den gesetzlich bestimmten Fällen oder wenn es nach Art, Schwere, Dauer oder Häufigkeit der Erkrankung oder nach dem Krankheitsverlauf erforderlich ist, verpflichtet, zur Beseitigung von Zweifeln an der Arbeitsunfähigkeit eine gutachterliche Stellungnahme des Medizinischen Dienstes der Krankenversicherung einzuholen. Ein Verzicht auf eine gutachterliche Stellungnahme des medizinischen Dienstes der Krankenversicherung wird danach allenfalls dann in Betracht kommen, wenn sich aus dem Zusammenhang ohne weiteres ergibt, das die Arbeitsunfähigkeitsbescheinigung falsch ist, etwa weil sie auf einem **Irrtum oder einer Verwechslung** beruht. Allerdings kommt der ärztlichen Feststellung kein höherer Beweiswert zu als anderen Beweismitteln, insbesondere ist die Krankenkasse an die ärztliche Feststellung nicht gebunden.[51] Liegen jedoch – wie dies üblicherweise der Fall ist – außer der ärztlichen Feststellung keine weiteren Beweismittel vor, so kann diese zeitnah regelmäßig nur durch eine Stellungnahme des Medizinischen Dienstes relativiert werden. Unterlässt daher die Krankenkasse die Einholung einer Stellungnahme durch den Medizinischen Dienst, so kann dies im sozialgerichtlichen Verfahren zu einer Umkehr der Beweislast zu Lasten der Krankenkasse führen.[52]

66 Die Ausstellung der Arbeitsunfähigkeitsbescheinigung erfolgt im Rahmen der **vertragsärztlichen Versorgung**, § 73 Abs. 2 Nr. 9 SGB V. An die Feststellung der Arbeitsunfähigkeit und deren Bescheinigung sind wegen der arbeits- und sozialversicherungsrechtlichen Bedeutung für den Versicherten und für die Versichertengemeinschaft besondere Anforderungen zu stellen. § 31 Bundesmantelvertrag-Ärzte bestimmt ausdrücklich, dass die Arbeitsunfähigkeit nur auf Grund einer ärztlichen Untersuchung bescheinigt werden darf. Jedoch gehört nicht nur die ärztliche Untersuchung zu den vertragsärztlichen Pflichten; § 31 Bundesmantelvertrag-Ärzte nimmt ausdrücklich die Arbeitsunfähigkeits-Richtlinie in Bezug, so dass der Vertragsarzt auch zu deren Berücksichtigung verpflichtet ist. So ist beispielsweise der Versicherte vom Arzt zur aktuell ausgeübten Tätigkeit und den damit verbundenen Anforderungen und Belastungen zu befragen, § 2 Abs. 5 Arbeitsunfähigkeits-Richtlinien. Im Falle, dass die Arbeitsunfähigkeit länger dauert als in der Erstbescheinigung angegeben, sind vor Ausstellung einer weiteren ärztlichen Bescheinigung die aktuellen Verhältnisse zu prüfen, § 5 Abs. 2 Arbeitsunfähig-

[50] *Höfler* in: KassKomm, SGB V, § 44 Rn. 27.

[51] BSG v. 08.11.2005 - B 1 KR 18/04 R - juris Rn. 20.

[52] LSG Berlin v. 21.04.2004 - L 15 KR 172/01 - juris Rn. 22; vgl. auch BSG v. 08.11.2005 - B 1 KR 18/04 R - juris Rn. 26 ff.

keits-Richtlinien. Des Weiteren ist der Arzt verpflichtet, dem Medizinischen Dienst auf Anfrage in der Regel innerhalb von drei Werktagen Auskünfte und krankheitsspezifische Unterlagen zur Verfügung zu stellen, § 7 Abs. 1 Arbeitsunfähigkeits-Richtlinien.

Grundsätzlich soll die Arbeitsunfähigkeit für eine vor der ersten Inanspruchnahme des Arztes liegende Zeit nicht bescheinigt werden. Eine **Rückdatierung** des Beginns der Arbeitsunfähigkeit auf einen vor dem Behandlungsbeginn liegenden Tag ist ebenso wie eine **rückwirkende Bescheinigung** über das Fortbestehen der Arbeitsunfähigkeit nur ausnahmsweise und nur nach gewissenhafter Prüfung und in der Regel nur bis zu zwei Tagen zulässig, § 5 Abs. 3 Arbeitsunfähigkeits-Richtlinien. Die Bescheinigung für die Zahlung von Krankengeld soll in der Regel nicht für einen mehr als sieben Tage zurückliegenden und nicht mehr als zwei Tage im voraus liegenden Zeitraum erfolgen, wobei längere Zeiträume der Arbeitsunfähigkeit bescheinigt werden können, wenn dies aufgrund der Erkrankung oder eines besonderen Krankheitsverlaufs offensichtlich sachgerecht ist, § 6 Abs. 2 Arbeitsunfähigkeits-Richtlinien. Ist der Kranke entgegen ärztlicher Anordnung und ohne triftigen Grund länger als eine Woche nicht zur Behandlung gekommen, so ist die Bescheinigung über die letzte Arbeitsunfähigkeitsperiode zu versagen, § 6 Abs. 3 Satz 1 Arbeitsunfähigkeits-Richtlinien. 67

Auf Anforderung der Krankenkasse, in der Regel jedoch frühestens nach einer kumulativen Zeitdauer der Arbeitsunfähigkeit eines Erkrankungsfalles von 21 Tagen, hat der Vertragsarzt vollständig und in der Regel innerhalb von drei Werktagen weitere Informationen und **Anfragen der Krankenkasse** zu beantworten, § 4 Abs. 3 Arbeitsunfähigkeits-Richtlinien. Derartige Anfragen bereiten regelmäßig eine Einschaltung des Medizinischen Dienstes vor. Dieser ist dann seinerseits zur **Einholung von Auskünften** berechtigt, § 7 Abs. 1 Arbeitsunfähigkeits-Richtlinien. Das Gutachten des Medizinischen Dienstes ist grundsätzlich verbindlich, der Vertragsarzt kann jedoch bei Meinungsverschiedenheiten unter schriftlicher Darlegung seiner Gründe bei der Krankenkasse eine erneute Entscheidung auf Basis eines zweiten Gutachtens beantragen, § 7 Abs. 2 Arbeitsunfähigkeits-Richtlinien. Damit sind für den Arzt die **Interventionsmöglichkeiten** beendet. Klagt dagegen der Versicherte vor dem Sozialgericht auf Gewährung von Krankengeld, so ist das Gericht weder an die Arbeitsunfähigkeitsbescheinigung des behandelnden Arztes noch an das Gutachten des Medizinischen Dienstes noch an ein etwaiges Zweitgutachten gebunden. Es wird im Zweifel ein eigenes Gutachten einholen. 68

III. Fälle mit Auslandsberührung

Solange der Versicherte sich im Ausland aufhält, **ruht der Anspruch auf Krankengeld** grundsätzlich und zwar auch dann, wenn der Versicherte dort während eines vorübergehenden Aufenthalts erkrankt, § 16 Abs. 1 Nr. 1 SGB V. Etwas anderes gilt nur dann, wenn sich der Versicherte nach Eintritt der Arbeitsunfähigkeit **mit Zustimmung der Krankenkasse** im Ausland aufhält, § 16 Abs. 4 SGB V. Ist der Versicherte im Ausland beschäftigt und erkrankt er während dieser Beschäftigung, so ist nach § 17 SGB V der Arbeitgeber für die Leistungsgewährung zuständig; die Krankenkasse hat dem Arbeitgeber die Kosten indes zu erstatten. 69

Für Versicherte, die sich im Europäischen Ausland aufhalten, ist die EWG-VO 1408/71, insbesondere Art. 19 und Art. 22 zu beachten. Art. 19 EWG-VO 1408/71 regelt u.a., dass ein Arbeitnehmer oder Selbständiger, der im Gebiet eines anderen Mitgliedstaates wohnt, in dem Staat in dem er wohnt, Geldleistungen, also auch Krankengeld, vom zuständigen Träger nach den für diesen Träger geltenden Rechtsvorschriften erhält. Art. 22 EWG-VO 1408/71 regelt den entsprechenden Anspruch für Personen, die sich nur vorübergehend in einem anderen Mitgliedstaat aufhalten bzw. mit Genehmigung der zuständigen Krankenkasse nach Eintritt von Arbeitsunfähigkeit sich in das Gebiet eines anderen Mitgliedstaates begeben. Grundsätzlich sind im Falle des Eintritts von Arbeitsunfähigkeit oder deren Fortdauer in einem anderen Mitgliedstaat sowohl der Träger der Krankenversicherung als auch das Gericht an die **Feststellung der Arbeitsunfähigkeit durch den Versicherungsträger eines EU-Landes gebunden**, es sei denn, die Krankenkasse hat von ihrem Recht Gebrauch gemacht, den Versicherten durch einen Arzt ihrer Wahl untersuchen zu lassen, Art. 18 Abs. 5 EWG-VO 574/72. Der Versicherte ist dabei allerdings nicht verpflichtet, zur Untersuchung in den Staat zurückzukehren, in dem der für ihn zuständige Krankenversicherungsträger seinen Sitz hat. Der Träger kann stattdessen entweder einen Arzt in den betreffenden Mitgliedstaat entsenden oder sich eines dort ansässigen Arztes bedienen. Verweigert der Versicherte die Untersuchung, ist die Krankenkasse an die vom Träger des Wohnortes getroffene Feststellung nicht gebunden.[53] 70

---

[53] EuGH v. 12.03.1987 - C-22/86 - EuGHE 1987, 1339.

71 Die Bindung an die Entscheidung des ausländischen Krankenversicherungsträgers aufgrund EU-Rechts gilt ausschließlich für EU-Staaten. Aus Sozialversicherungsabkommen lässt sich eine derartige Bindung nicht ohne weiteres ableiten. Die entsprechenden Regelungen der Sozialversicherungsabkommen sind vielmehr im Einzelfall zu betrachten und unter besonderer Berücksichtigung des Wortlautes auszulegen.[54]

[54] BSG v. 26.02.1992 - 1/3 RK 13/90 - SozR 3-2200 § 182 Nr. 12.

§ 45 SGB V Krankengeld bei Erkrankung des Kindes

(Fassung vom 26.07.2002, gültig ab 01.08.2002)

(1) Versicherte haben Anspruch auf Krankengeld, wenn es nach ärztlichem Zeugnis erforderlich ist, daß sie zur Beaufsichtigung, Betreuung oder Pflege ihres erkrankten und versicherten Kindes der Arbeit fernbleiben, eine andere in ihrem Haushalt lebende Person das Kind nicht beaufsichtigen, betreuen oder pflegen kann und das Kind das zwölfte Lebensjahr noch nicht vollendet hat oder behindert und auf Hilfe angewiesen ist. § 10 Abs. 4 und § 44 Abs. 1 Satz 2 gelten.

(2) Anspruch auf Krankengeld nach Absatz 1 besteht in jedem Kalenderjahr für jedes Kind längstens für 10 Arbeitstage, für alleinerziehende Versicherte längstens für 20 Arbeitstage. Der Anspruch nach Satz 1 besteht für Versicherte für nicht mehr als 25 Arbeitstage, für alleinerziehende Versicherte für nicht mehr als 50 Arbeitstage je Kalenderjahr.

(3) Versicherte mit Anspruch auf Krankengeld nach Absatz 1 haben für die Dauer dieses Anspruchs gegen ihren Arbeitgeber Anspruch auf unbezahlte Freistellung von der Arbeitsleistung, soweit nicht aus dem gleichen Grund Anspruch auf bezahlte Freistellung besteht. Wird der Freistellungsanspruch nach Satz 1 geltend gemacht, bevor die Krankenkasse ihre Leistungsverpflichtung nach Absatz 1 anerkannt hat, und sind die Voraussetzungen dafür nicht erfüllt, ist der Arbeitgeber berechtigt, die gewährte Freistellung von der Arbeitsleistung auf einen späteren Freistellungsanspruch zur Beaufsichtigung, Betreuung oder Pflege eines erkrankten Kindes anzurechnen. Der Freistellungsanspruch nach Satz 1 kann nicht durch Vertrag ausgeschlossen oder beschränkt werden.

(4) Versicherte haben ferner Anspruch auf Krankengeld, wenn sie zur Beaufsichtigung, Betreuung oder Pflege ihres erkrankten und versicherten Kindes der Arbeit fernbleiben, sofern das Kind das zwölfte Lebensjahr noch nicht vollendet hat oder behindert und auf Hilfe angewiesen ist und nach ärztlichem Zeugnis an einer Erkrankung leidet,

a) die progredient verläuft und bereits ein weit fortgeschrittenes Stadium erreicht hat,

b) bei der eine Heilung ausgeschlossen und eine palliativmedizinische Behandlung notwendig oder von einem Elternteil erwünscht ist und

c) die lediglich eine begrenzte Lebenserwartung von Wochen oder wenigen Monaten erwarten lässt.

Der Anspruch besteht nur für ein Elternteil. Absatz 1 Satz 2 und Absatz 3 gelten entsprechend.

(5) Anspruch auf unbezahlte Freistellung nach den Absätzen 3 und 4 haben auch Arbeitnehmer, die nicht Versicherte mit Anspruch auf Krankengeld nach Absatz 1 sind.

Gliederung

A. Basisinformationen

I. Textgeschichte/Gesetzgebungsmaterialien

1 Die Vorschrift ist am 01.01.1989 mit der Einführung des Gesundheitsreformgesetzes (GRG) vom 20.12.1988[1] in Kraft getreten. Die Vorschrift wurde seither dreimal geändert. Mit Wirkung vom 01.01.1992 wurden durch das Zweite Gesetz zur Änderung des Fünften Buches Sozialgesetzbuch vom 20.12.1991[2] **auch Kinder zwischen Vollendung des 8. und des 12. Lebensjahres** in den Kreis der den Krankengeldanspruch auslösenden betreuungsbedürftigen Kinder einbezogen. Zugleich wurde die Anspruchsdauer verlängert. Durch das Gesetz zur Einführung des SGB IX vom 19.06.2001[3] wurde mit Wirkung vom 01.07.2001 die Altersgrenze für **behinderte und auf Hilfe angewiesene Kinder** ganz aufgehoben. Schließlich wurden durch das Gesetz zur Sicherung der Betreuung und Pflege **schwerstkranker Kinder** vom 26.07.2002[4] mit Wirkung vom 01.08.2002 die Absätze 4 und 5 eingefügt.

II. Vorgängervorschriften

2 Die Regelung geht unmittelbar auf § 185c RVO zurück, wobei nach der RVO im Gegensatz zur Regelung in § 45 Abs. 1 SGB V jedoch nicht erforderlich war, dass auch das erkrankte Kind im Rahmen der gesetzlichen Krankenversicherung gegen Krankheit versichert war.

III. Parallelvorschriften

3 Für den Bereich der **Unfallversicherung** ordnet § 45 Abs. 4 SGB VII im Falle der Beaufsichtigung, Betreuung oder Pflege eines durch einen Versicherungsfall im Sinne der gesetzlichen Unfallversicherung verletzten Kindes die entsprechende Geltung des § 45 SGB V an.

4 Für **Beamte** regelt § 12 der Sonderurlaubsverordnung, dass Urlaub unter Fortzahlung der Besoldung an bis zu 4 Arbeitstagen im Urlaubsjahr gewährt wird bei schwerer Erkrankung eines Kindes unter zwölf Jahren oder eines behinderten und auf Hilfe angewiesenen Kindes. Für die Bezieher von Arbeitslosengeld regelt § 126 Abs. 2 SGB III eine Leistungsfortzahlung im Falle einer erforderlichen Beaufsichtigung, Betreuung oder Pflege eines erkrankten Kindes des Arbeitslosen bis zur Dauer von 10, bei allein erziehenden Arbeitslosen bis zur Dauer von 20 Tagen für jedes Kind in jedem Kalenderjahr.

IV. Richtlinien

5 § 3 Abs. 2, 1. Spiegelstrich der Arbeitsunfähigkeits-Richtlinien in der seit dem 01.01.1994 geltenden Fassung vom 01.12.2003 stellt noch einmal ausdrücklich klar, dass eine **eigene Arbeitsunfähigkeit** des Versicherten nicht vorliegt bei Beaufsichtigung, Betreuung oder Pflege eines erkrankten Kindes. Satz 2 bestimmt, dass die Bescheinigung hierfür auf dem vereinbarten Vordruck (Muster 21) zu erfolgen habe, der dem Arbeitgeber vorzulegen sei und zur Vorlage bei der Krankenkasse zum Bezug von Krankengeld ohne Vorliegen einer Arbeitsunfähigkeit des Versicherten berechtige.

V. Systematische Zusammenhänge

6 Das Kinderpflege-Krankengeld nach § 45 SGB V eröffnet neben § 44 SGB V eine **weitere Anspruchsmöglichkeit** auf Krankengeld und stellt damit eine Ergänzung des § 45 SGB V dar. Die übrigen Regelungen zum Krankengeld, insbesondere zur Höhe (§§ 47-47b SGB V) gelten für das Kinderpflege-Krankengeld ebenso wie für das Krankengeld nach § 44 SGB V.

7 Darüber hinaus begründet § 45 Abs. 3 SGB V einen **arbeitsrechtlichen Anspruch auf Freistellung** von der Arbeit. Dieser gilt gemäß § 45 Abs. 5 SGB V auch für Arbeitnehmer, die nicht mit Anspruch

[1] BGBl I 1988, 2477.
[2] BGBl I 1991, 2325.
[3] BGBl I 2001, 1046.
[4] BGBl I 2002, 2872.

auf Krankengeld versichert sind. Liegt eigene Arbeitsunfähigkeit des Arbeitnehmers parallel zum Anspruch auf Kinderpflege-Krankengeld vor, so geht der Anspruch nach § 44 SGB V demjenigen nach § 45 SGB V vor.[5]

VI. Ausgewählte Literaturhinweise

Hoppmann/Epping, Entgeltersatzleistungen ohne „klassischen" Versicherungsfall, WzS 2000, 289-298; *Kießling/Jünemann*, Dienstbefreiung, Entgeltfortzahlung und Kündigung bei Erkrankung des Kindes, DB 2005, 1684-1690; *Straub*, Krankengeld und Fernbleiben von der Arbeit wegen eines kranken Kindes, ZfSH/SGB 1993, 190-194; *Twesten*, Entgeltfortzahlung/Krankengeldzahlung bei Erkrankung eines Kindes, Die Leistungen 1996, 577-580. 8

B. Auslegung der Norm

I. Regelungsgehalt und Bedeutung der Norm

§ 45 SGB V eröffnet Versicherten einen zeitlich beschränkten Anspruch auf Lohnersatz gegenüber dem Träger der Krankenversicherung. Die Voraussetzungen im Einzelnen: 9

- Nach ärztlichem Zeugnis ist es erforderlich, dass der Versicherte zur Beaufsichtigung, Betreuung oder Pflege eines erkrankten Kindes der Arbeit fernbleibt.
- Das Kind ist versichert.
- Eine andere, im selben Haushalt lebende Person kann das Kind nicht beaufsichtigen, betreuen oder pflegen.
- Das Kind hat das zwölfte Lebensjahr noch nicht vollendet oder ist behindert und auf Hilfe angewiesen.

Als Kinder gelten dabei nach § 10 Abs. 4 SGB V, dessen Geltung § 45 Abs. 1 Satz 2 SGB V ausdrücklich anordnet, auch **Stiefkinder und Enkel**, die das Mitglied überwiegend unterhält, sowie **Pflegekinder**. Stiefkinder in diesem Sinne sind auch Kinder des Lebenspartners des Mitglieds (§ 10 Abs. 4 Satz 3 SGB V). Angenommene Kinder gelten bei Erfüllung der Voraussetzungen als Kinder des Annehmenden und nicht mehr als Kinder der leiblichen Eltern (§ 10 Abs. 4 Satz 2 SGB V).

Liegen die Voraussetzungen vor, so billigt die Vorschrift dem versicherten Arbeitnehmer arbeitsrechtlich zugleich einen Anspruch auf **unbezahlte Freistellung** zeitlich befristet auf die Dauer des Anspruchs auf Krankengeld zu, soweit nicht bereits ein Anspruch auf bezahlte Freistellung besteht, vgl. § 45 Abs. 3 Satz 1 SGB V. Bezüglich der Höhe und Berechnung des Kinderpflege-Krankengeldes gelten dieselben Regelungen wie für das Krankengeld nach § 44 SGB V, es gelten daher auch hinsichtlich des Kinderpflege-Krankengeldes die §§ 47 ff. SGB V. 10

Absatz 2 der Vorschrift regelt die **Dauer des Anspruchs**, die sich nach der Anzahl der Kinder – je Kind 10 Arbeitstage im Kalenderjahr – und nach dem Familienstand des Versicherten – Alleinerziehende haben den doppelten Anspruch – richtet und eine absolute Obergrenze pro Kalenderjahr – 25 bzw. 50 Tage – bestimmt. 11

Absatz 3 regelt den **arbeitsrechtlichen Anspruch auf unbezahlte Freistellung**, der allerdings einem etwaigen Anspruch auf bezahlte Freistellung nachrangig ist. Der Freistellungsanspruch ist nicht vertraglich abdingbar oder einschränkbar (Absatz 3 Satz 3). Erfolgt die Freistellung jedoch ohne Rechtsgrund, so kann der Arbeitgeber eine bereits gewährte Freistellung auf einen eventuell eintretenden späteren Freistellungsanspruch anrechnen (Absatz 3 Satz 2). 12

Absatz 4 sichert dem Versicherten ein längerfristiges Krankengeld bei **schwerer unheilbarer Erkrankung des Kindes** zu. Die zeitliche Begrenzung des Absatzes 2 gilt für den Anspruch nach Absatz 4 nicht. Der Anspruch besteht nur für einen Elternteil und nur in Fällen, in denen das Kind nach ärztlichem Zeugnis an einer progredient verlaufenden, in weit fortgeschrittenem Stadium befindlichen Erkrankung leidet, bei der eine Heilung ausgeschlossen und eine palliativ-medizinische Behandlung notwendig oder erwünscht ist und eine begrenzte Lebenserwartung von Wochen oder wenigen Monaten zu erwarten ist. Die Anspruchsvoraussetzungen entsprechen denen der stationären und ambulanten Hospizleistungen (§ 39a SGB V). Durch diesen Ansatz soll klar gestellt werden, dass der Anspruch insbesondere auch bestehen soll, wenn das Kind in einem Kinderhospiz stationär versorgt wird oder ambulante Leistungen eines Hospizdienstes erhält.[6] Auch hier gilt bezüglich des anspruchsberechtigten 13

---

[5] *Schmidt* in: Peters, Handbuch KV (SGB V), § 45 Rn. 79.

[6] BT-Drs. 14/9031, S. 3.

Personenkreises der Verweis auf § 10 Abs. 4 SGB V. Ebenso haben auch diese betroffenen versicherten Arbeitnehmer einen Anspruch auf Freistellung gegenüber dem Arbeitgeber (§ 45 Abs. 4 Satz 3 SGB V).

14 Absatz 5 ordnet schließlich an, dass der Freistellungsanspruch gegenüber dem Arbeitgeber nach Absatz 3 und Absatz 4 auch für Versicherte gilt, die keinen Anspruch auf Krankengeld haben.

II. Normzweck

15 Die Einführung einer **familienpolitischen Komponente** in die Regelungen über den Bezug von Krankengeld ist einerseits auf eine verstärkte **Erwerbstätigkeit beider Elternteile**, andererseits auf eine zunehmende **Lockerung des Familienverbandes** im Hinblick auf Großeltern und andere nicht zur unmittelbaren Kernfamilie gehörende Familienangehörige im Sinne einer räumlichen Trennung der ursprünglichen Großfamilie zurückzuführen.[7] Dieser familienbezogene Normzweck der Förderung des Familienverbandes wird durch die Entgeltersatzfunktion des Kinderpflege-Krankengeldes erreicht: Das Pflegekrankengeld soll den Lohn ersetzen, der wegen der Betreuung des Kinds dem Versicherten entgeht. Ergänzt wird dieser Lohnersatz durch den arbeitsrechtlichen Freistellungsanspruch, der auch dann gegeben ist, wenn der Anspruch auf den Lohnersatz nicht besteht. Eine **besondere familienhafte Komponente** zeigt sich in Absatz 4 der Vorschrift, der einen unbegrenzten Anspruch auf Krankengeld bei schwerer und unheilbarer Erkrankung des Kindes schafft, welcher eine dauerhafte Versorgung des Kindes durch einen nahen Angehörigen bei dessen Berufstätigkeit überhaupt erst ermöglicht.

III. Tatbestandsmerkmale

1. Voraussetzungen des zeitlich begrenzten Anspruchs (Absatz 1)

a. Voraussetzungen hinsichtlich der Person des Anspruchsberechtigten

16 Auch wenn die Formulierung „Versicherte haben Anspruch" darauf schließen lassen könnte, dass allen Versicherten der Anspruch auf Kinderpflege-Krankengeld zusteht, so kommen nach dem Sinn und Zweck der Regelung nur solche Versicherten als anspruchsberechtigt in Betracht, die **mit Anspruch auf Krankengeld versichert** sind. Dies folgt auch daraus, dass der Krankengeldanspruch an ein Fernbleiben von der Arbeit geknüpft ist, das Krankengeld für Arbeitstage gezahlt wird und auch der Freistellungsanspruch gegen den Arbeitgeber nur bei einem Arbeitnehmer denkbar ist.

17 **Nicht anspruchsberechtigt** sind daher Selbständige, Leistungsempfänger nach dem SGB III, Rentner und freiwillig Versicherte, bei denen ein Krankengeldanspruch kraft Satzung ausgeschlossen ist (vgl. § 44 Abs. 2 SGB V).[8] Jedenfalls für letzteren Personenkreis hat das BSG den Anspruch auf Kinderpflege-Krankengeld ausdrücklich verneint.[9] Die Versicherung mit Anspruch auf Krankengeld muss im Zeitpunkt des erstmaligen Fernbleibens von der Arbeit vorliegen, denn das Fernbleiben von der Arbeit tritt an die Stelle des Eintritts der Arbeitsunfähigkeit i.S.d. § 44 SGB V.[10]

18 Sofern beide Elternteile die persönlichen Voraussetzungen des § 45 SGB V erfüllen, kann jeder der beiden den Anspruch für jedes Kind geltend machen. Alleinerziehenden steht zum Ausgleich die doppelte Anspruchshöchstdauer zu.

b. Voraussetzungen hinsichtlich der Person des Kindes

19 Nicht nur der Anspruchsberechtigte, auch **das Kind selbst** muss gegen Krankheit **gesetzlich versichert** sein[11], sei es aufgrund eigener Versicherung (z.B. als Bezieher einer Waisenrente oder aufgrund freiwilliger Versicherung, vgl. § 10 Abs. 3 SGB V), sei es – was regelmäßig der Fall sein wird – im Rahmen der **Familienversicherung** nach § 10 SGB V. Durch die Verweisung auf § 10 Abs. 4 SGB V wird klargestellt, dass zu den Kindern auch die Stiefkinder – zu diesen gehören gemäß § 10 Abs. 4 Satz 3 SGB V auch die Kinder des Lebenspartners des Versicherten – sowie Enkel gehören, die der Anspruchsberechtigte überwiegend unterhält, sowie Pflegekinder, die mit dem Anspruchsberechtigten durch ein auf Dauer angelegtes Pflegeverhältnis mit häuslicher Gemeinschaft wie Kinder mit Eltern

---

7 *Schmidt* in: Peters, Handbuch KV (SGB V), § 45 Rn. 10.

8 *Gerlach* in: Hauck/Noftz, SGB V, § 45 Rn. 4.

9 BSG v. 31.01.1995 - 1 RK 1/94 - SozR 3-2500 § 45 Nr. 1.

10 *Höfler* in: KassKomm, SGB V, § 45 Rn. 3.

11 Zur Verfassungsmäßigkeit dieser Beschränkung: BSG v. 31.03.1998 - 1 KR 9/96 R - SozR 3-2500 § 45 Nr. 2.

verbunden sind (§ 56 Abs. 2 Nr. 2 SGB I), und Kinder, die mit dem Ziel der Annahme als Kind in die Obhut des Anspruchsberechtigten aufgenommen sind, sofern die zur Annahme erforderliche Einwilligung der Eltern erteilt ist.

Das Kind ist berücksichtigungsfähig, wenn es entweder das **zwölfte Lebensjahr noch nicht vollendet** hat oder **behindert und auf Hilfe angewiesen** ist. Das Lebensalter ist unter entsprechender bzw. sinngemäßer Anwendung der §§ 187 f. BGB zu bestimmen. Vollendet das Kind das zwölfte Lebensjahr bei laufendem Bezug von Kinderpflege-Krankengeld, so endet der Anspruch mit dem Zeitpunkt der Vollendung des zwölften Lebensjahres, es sei denn, das Kind erfüllt auch die zweite Alternative der Behinderung nebst Hilfebedürftigkeit. Diese zweite Alternative kann indes nur das Anspruchsmerkmal der fehlenden Vollendung des zwölften Lebensjahres des Kindes ersetzen, die übrigen in der Person des Kindes erforderlichen Voraussetzungen müssen auch bei dieser Tatbestandsalternative vorliegen. 20

Wann eine **Behinderung** vorliegt, ergibt sich aus § 2 Abs. 1 SGB IX, wonach Menschen behindert sind, wenn ihre körperliche Funktion, geistige Fähigkeit oder seelische Gesundheit mit hoher Wahrscheinlichkeit länger als sechs Monate von dem für das Lebensalter typischen Zustand abweichen und daher ihre Teilhabe am Leben in der Gesellschaft beeinträchtigt ist. Die Abweichungen und Beeinträchtigungen gegenüber einem durchschnittlich entwickelten Kind gleichen Alters müssen zwar hinreichend augenfällig und feststellbar sein; auf eine medizinische Relevanz oder gar einen Krankheitswert kommt es hingegen ebenso wenig an, wie auf den Grad der Behinderung. „Auf Hilfe angewiesen" ist das behinderte Kind, wenn es objektiv dauerhafte und regelmäßige über das altersübliche Maß hinausgehende Hilfe bei einzelnen Verrichtungen des täglichen Lebens benötigt.[12] 21

Das Kind muss im **Haushalt des Versicherten** leben. Dies folgt sinngemäß aus der Anspruchsvoraussetzung, dass eine andere im Haushalt lebende Person das Kind nicht pflegen kann. Wird daher ein Elternteil als Begleitperson mit in das Krankenhaus aufgenommen, kommt ein Anspruch auf Kinderpflege-Krankengeld nicht in Betracht. Da die stationäre Behandlung jedoch gemäß § 11 Abs. 3 SGB V die aus medizinischen Gründen notwendige Mitaufnahme einer Begleitperson umfasst, kann ein eigener Anspruch auf Krankengeld gemäß § 44 Abs. 1 Satz 1 Alt. 2 SGB V geltend gemacht werden.[13] 22

c. Erkrankung des Kindes und Betreuungsbedarf

Während Versicherungsfall nach § 44 SGB V die Erkrankung des Versicherten ist, stellt § 45 SGB V auf den Eintritt einer Erkrankung beim Kind ab. Der Krankheitsbegriff ist derjenige des § 27 Abs. 1 SGB V. Nach dem für den Bereich der gesetzlichen Krankenversicherung geltenden Krankheitsbegriff ist eine Krankheit ein **regelwidriger Zustand** des Körpers, des Geistes oder der Seele, der **behandlungsbedürftig** ist. Die weitere vom Krankheitsbegriff erfasste Alternative der durch den regelwidrigen Zustand verursachten Arbeitsunfähigkeit ist bei Kindern nicht relevant. Regelwidrig ist ein Zustand, der vom Leitbild des gesunden Menschen abweicht. 23

In Folge der Erkrankung muss ein **Bedarf der Beaufsichtigung, Betreuung oder Pflege** des Kindes durch den Versicherten veranlasst sein. Auch insoweit gilt die in der gesetzlichen Krankenversicherung maßgebliche Kausallehre von der wesentlichen Bedingung, wobei eine **Mitverursachung** schon deshalb ausreicht, weil bei Kindern auch ohne Erkrankung eine natürliche Notwendigkeit einer Betreuung besteht. Zur Beaufsichtigung gehören **Obhut und Fürsorge**. Der Begriff der Pflege umfasst nicht nur die Krankenpflege, sondern vielmehr die **gesamte Versorgung** des Kindes; die Betreuung beinhaltet auch notwendige Begleitung bei Arztbesuchen.[14] 24

Sowohl die Erkrankung als auch der Betreuungsbedarf müssen **durch ärztliches Zeugnis belegt** sein. Die Ausstellung erfolgt im Rahmen der kassenärztlichen Versorgung (§ 73 Abs. 2 Nr. 9 SGB V), wobei die Schriftform üblich, aber im Rahmen des § 45 SGB V nicht zwingend vorgeschrieben ist. Für den Kassenarzt ist die Verwendung des Vordrucks nach Muster 21 der Vordruckvereinbarung jedoch verbindlich (Ziff. 1.1 der Vordruckvereinbarung). 25

Die Erkrankung des Kindes sowie auch in deren Folge der Betreuungsbedarf müssen das Fernbleiben des Versicherten von der Arbeit erforderlich machen. Dabei tritt das Fernbleiben von der Arbeit an die Stelle der Arbeitsunfähigkeit, die nach § 44 SGB V den Krankengeldanspruch auslöst. Verrichtet der Versicherte üblicherweise seine Arbeit zu Hause, so genügt eine Verhinderung der Arbeitsleistung auf Grund von Krankheit und Betreuungsbedarf des Kindes.[15] 26

---

[12] Vgl. *Schmidt* in: Peters, Handbuch KV (SGB V), § 45 Rn. 22 f.

[13] *Höfler* in: KassKomm, SGB V, § 45 Rn. 8; *Hoppmann/Epping*, WzS 2000, 289, 297; abweichend: *Wagner* in: GK-SGBV, § 45 Rn. 8 f.; LSG Berlin v. 12.03.1986 - L 9 KR 29/85 - Breith 1987, 9.

[14] *Wagner* in: GK-SGBV, § 45 Rn. 8.

[15] *Höfler* in: KassKomm, SGB V, § 45 Rn. 12.

27 Lebt im Haushalt **eine andere Person**, die an Stelle des Versicherten die Beaufsichtigung, Betreuung oder Pflege des Kindes übernehmen kann, so entfällt der Anspruch auf Kinderpflege-Krankengeld. Der Begriff des Haushalts bestimmt sich dabei wie in § 37 SGB V als häusliche, wohnungsmäßige, familienhafte Wirtschaftsführung.[16] Die andere Person muss jedoch körperlich und geistig für die Aufgabe geeignet und ihr gewachsen sein. Volljährigkeit wird dafür zwar nicht vorausgesetzt, es ist jedoch zu prüfen, ob die in Betracht kommende Person ihren Fähigkeiten nach in der Lage ist, die **anfallenden Aufgaben ordnungsgemäß zu erfüllen**. Dies ist insbesondere bei älteren Geschwistern, aber auch bei anderen Personen, die aufgrund ihres Lebensalters oder eigener körperlicher Gebrechen in ihren Fähigkeiten eingeschränkt sein können, nicht ohne weiteres der Fall.

2. Krankengeld als Inhalt des Anspruchs

28 Der Anspruch auf das Kinderpflege-Krankengeld entsteht mit dem Vorliegen der Voraussetzungen des § 45 Abs. 1 SGB V, d.h. bei Vorliegen der übrigen Voraussetzungen mit dem **ersten Tag des Fernbleibens von der Arbeit**. Eine Wartezeit entsprechend § 46 Satz 1 SGB V, der ein Entstehen des Anspruchs erst am Tag, der auf den Tag der ärztlichen Feststellung der Arbeitsunfähigkeit folgt, vorsieht und damit zu einem Karenztag führt, ist in § 45 SGB V nicht vorgesehen. Auch § 48 SGB V, der die Dauer des Krankengeldanspruchs regelt, ist auf den Anspruch auf Kinderpflege-Krankengeld nicht anwendbar.[17] Die Anwendung der §§ 50-52 SGB V ist schon nach deren Regelungsgehalt ausgeschlossen. Anwendbar sind allerdings die Ausschlusstatbestände des § 44 Abs. 1 Satz 2 SGB V. Keinen Anspruch auf Kinderpflege-Krankengeld haben danach

- Personen, die Arbeitslosengeld II beziehen (§ 5 Abs. 1 Nr. 2a SGB V),
- Personen, die in Einrichtungen der Jugendhilfe für eine Erwerbstätigkeit befähigt werden sollen (§ 5 Abs. 1 Nr. 5 SGB V),
- Teilnehmer an berufsfördernden Maßnahmen zur Rehabilitation (§ 5 Abs. 1 Nr. 6 SGB V), es sei denn sie haben Anspruch auf Übergangsgeld (§ 44 Abs. 1 Satz 2 HS. 2 SGB V),
- Studenten (§ 5 Abs. 1 Nr. 9 SGB V),
- Personen, die eine in Studien- oder Prüfungsordnungen vorgeschriebene berufspraktische Tätigkeit ohne Arbeitsentgelt verrichten (§ 5 Abs. 1 Nr. 10 HS. 1 SGB V),
- Personen, die zu ihrer Berufsausbildung ohne Arbeitsentgelt beschäftigt werden (§ 5 Abs. 1 Nr. 10 HS. 1 SGB V),
- Auszubildende des Zweiten Bildungsweges, die sich in einem förderungsfähigen Teil eines Ausbildungsabschnitts nach dem Bundesausbildungsförderungsgesetz befinden (§ 5 Abs. 1 Nr. 10 HS. 2 SGB V),
- familienversicherte Ehegatten und Kinder (§ 10 SGB V).

29 Die Ruhensvorschriften des § 46 Abs. 1 SGB V sind bis auf § 46 Abs. 1 Nr. 5 SGB V gleichfalls anwendbar, daher ruht der Anspruch auf Kinderpflege-Krankengeld, soweit und solange

- der Versicherte **beitragspflichtiges Arbeitsentgelt** erhält (hier insb. wegen Anspruchs auf Entgeltfortzahlung gegen den Arbeitgeber), es sei denn, es handelt sich um Einmalzahlungen (§ 49 Abs. 1 Nr. 1 SGB V),
- der Versicherte **Elternzeit** nach dem BErzGG in Anspruch nimmt, es sei denn der Anspruch auf Kinderpflege-Krankengeld ist vor dem Beginn des Erziehungsurlaubs entstanden, (vgl. § 49 Abs. 1 Nr. 2 SGB V),
- der Versicherte **Versorgungskrankengeld, Übergangsgeld, Unterhaltsgeld, Kurzarbeitergeld oder Winterausfallgeld** bezieht (§ 49 Abs. 1 Nr. 3 SGB V) bzw. vergleichbare Leistungen von einem Träger der Sozialversicherung oder einer staatlichen Stelle im Ausland bezieht (§ 49 Abs. 1 Nr. 4 SGB V) oder Mutterschaftsgeld oder Arbeitslosengeld bezieht oder der Anspruch wegen einer Sperrzeit nach dem SGB III ruht (§ 49 Abs. 1 Nr. 3a SGB V),
- eine Arbeitsleistung aufgrund von Zeiten einer **Freistellung von der Arbeitsleistung** gemäß § 7 Abs. 1a SGB V nicht geschuldet wird (§ 46 Abs. 1 Nr. 6 SGB V).

Die Ruhensvorschrift des § 49 Abs. 1 Nr. 5 SGB V (fehlende Meldung der Arbeitsunfähigkeit) ist dagegen nicht anwendbar, da sich aus § 45 Abs. 1 SGB V ergibt, dass der Anspruch mit dem Vorliegen der dort genannten Voraussetzungen mit dem ersten Tag des Fernbleibens von der Arbeit entstehen soll.[18]

---

[16] BSG v. 30.03.2000 - B 3 KR 23/99 R - SozR 3-2500 § 37 Nr. 2.

[17] So auch zu § 185c RVO: BSG v. 22.10.1980 - 3 RK 56/79 - SozR 2200 § 185c Nr. 2.

[18] Vgl. auch BSG v. 22.10.1980 - 3 RK 56/79 - juris Rn. 19 - SozR 2200 § 185c Nr. 2.

3. Dauer des Anspruchs (Absatz 2)

Für **jedes Kind** besteht in **jedem Kalenderjahr** einen Anspruch auf Kinderpflege-Krankengeld für **10 Arbeitstage**. Leben also in der Familie des Versicherten mehrere Kinder, so besteht der Anspruch für jedes der versicherten Kinder innerhalb der Altersgrenze. Für jeweils einen Versicherten ist der Anspruch jedoch im Kalenderjahr **auf insgesamt 25 Arbeitstage begrenzt**. Sind **beide Eltern** versichert, so kann jeder von ihnen im Kalenderjahr für jedes versicherte Kind bis zu 10 Arbeitstage, insgesamt jedoch maximal je 25 Arbeitstage, Kinderpflege-Krankengeld in Anspruch nehmen. Die Bezugszeit kann dabei unterbrochen werden, so dass das Kinderpflege-Krankengeld im Kalenderjahr mehrmals in Anspruch genommen werden kann, bis die Höchstbezugsdauer je Kind bzw. insgesamt erreicht ist. Nach einem Besprechungsergebnis der Spitzenverbände der Krankenkassen vom 29.06.1994[19] zur Sicherstellung einer einheitlichen Verfahrensweise im Interesse einer familienorientierten Handhabung soll eine Übertragung von Ansprüchen zwischen versicherten Ehegatten zugelassen sein, wenn ein Ehegatte aus beruflichen Gründen die Betreuung nicht übernehmen kann und der Arbeitgeber des anderen Ehegatten den Freistellungsanspruch des § 45 Abs. 3 SGB V nochmals gegen sich gelten lässt. In einem solchen Fall soll die Krankenkasse des tatsächlich betreuenden Elternteils Kinderpflege-Krankengeld ohne Einwände zahlen, nachdem die Krankenkasse des anderen Elternteils zuvor den Grundanspruch und die Dauer des Anspruchs auf Kinderpflege-Krankengeld bestätigt hat. 30

Bei **allein erziehenden** Versicherten verdoppelt sich der Anspruch, so dass diesen Kinderpflege-Krankengeld im Kalenderjahr für **bis zu 20 Arbeitstage für jedes versicherte Kind**, bei mehreren versicherten Kindern für **insgesamt bis zu 50 Arbeitstage** zusteht. Allein erziehend sind solche Väter oder Mütter, die mit ihrem Kind, für das ihnen die Personensorge nach bürgerlichem Recht zusteht, in einem Haushalt leben. Grundsätzlich steht die Personensorge für die gemeinsamen Kinder nach § 1626 BGB regelmäßig beiden Eltern ehelicher Kinder zu. Mütter nicht ehelicher Kinder sind dagegen gemäß § 1705 BGB allein zur Personensorge berechtigt. Gleiches gilt gemäß § 1681 BGB für verwitwete Mütter oder Väter. Im Falle der Scheidung oder des Getrenntlebens ist derjenige Elternteil zur Personensorge berechtigt, dem vom Familiengericht das Personensorgerecht übertragen wurde, §§ 1671, 1672 BGB. Liegt eine Entscheidung des Familiengerichts noch nicht vor, so ist auf die tatsächlichen Verhältnisse abzustellen, wobei üblicherweise die schlüssigen Angaben des sich des Rechts der Personensorge berühmenden Elternteils ausreichen.[20] 31

4. Höhe und Berechnung des Kinderpflege-Krankengeldes

Höhe und Berechnung der Leistung richten sich dem Grunde nach nach § 47 SGB V. Jedoch wird das Kinderpflege-Krankengeld im Gegensatz zum Krankengeld nach § 44 SGB V **für Arbeitstage** und nicht für Kalendertage gewährt. Insoweit verdrängt § 45 Abs. 2 SGB V die Regelung in § 47 Abs. 1 Satz 6 SGB V. Folglich ist der kalendertägliche Krankengeldbetrag auf den arbeitstäglichen Betrag des Kinderpflege-Krankengeldes umzurechnen. Denn auch das Kinderpflege-Krankengeld hat sich in Folge seiner Lohnersatzfunktion an dem tatsächlich entgangenen regelmäßigen Arbeitsentgelt zu orientieren. Insbesondere bei **teilzeitbeschäftigten Versicherten** ist nach der Rechtsprechung des BSG das Regelentgelt daher auf den Arbeitstag zu beziehen, in dem das monatliche Arbeitsentgelt durch die Zahl der monatlichen Arbeitstage geteilt wird.[21] Ob bei Vollzeitbeschäftigungen ebenso zu verfahren ist, oder ob das nach Monaten bemessene Arbeitsentgelt regelhaft durch 30 Kalendertage zu teilen ist[22], lässt die Entscheidung ausdrücklich offen. In der Literatur wird überwiegend gefordert, das Kinderpflege-Krankengeld, um die Vollzeitbeschäftigten gegenüber den Teilzeitbeschäftigten nicht zu benachteiligen, stets nach Arbeitstagen zu bemessen[23]. In der Praxis haben sich die Spitzenverbände der Krankenkassen darauf geeinigt, das Kinderpflege-Krankengeld bei Versicherten, deren Arbeitsentgelt nicht nach Monaten bemessen ist, **nach Arbeitstagen** zu bemessen. Wird das Arbeitsentgelt nach Monaten bemessen, so wird die Berechnung danach vorgenommen, ob der Arbeitgeber seine Berechnungen aufgrund von Arbeitstagen, Kalendertagen oder pauschal mit 30 Tagen pro Monat vornimmt.[24] 32

---

[19] DOK 1994, S. 656.

[20] *Gerlach* in: Hauck/Noftz, SGB V, § 45 Rn. 15c.

[21] BSG v. 17.09.1986 - 3 RK 51/84 - SozR 2200 § 185c Nr. 3.

[22] So noch BSG v. 22.10.1980 - 3 RK 56/79 - SozR 2200 § 185c Nr. 2.

[23] So: *Höfler* in: KassKomm, SGB V, § 45 Rn. 18; *Gerlach* in: Hauck/Noftz, SGB V, § 45 Rn. 14; abweichend *Schmidt* in: Peters, Handbuch KV (SGB V), § 45 Rn. 73.

[24] Ergebnisse der Spitzenverbände der Krankenkassen über Fragen aus dem Leistungsrecht v. 26./27.05.1987, DOK 1987, S. 502, 503 f.

33 Das Kinderpflege-Krankengeld wird für Arbeitstage gezahlt, also für Tage, an denen sonst gearbeitet worden wäre. Der Arbeitstag wird daher so bemessen, wie er an dem Tag der Kinderbetreuung nach der arbeitsvertraglichen Vereinbarung zu leisten gewesen wäre. Das wird insbesondere bei Teilzeitbeschäftigten relevant. Wenn lediglich eine **stundenweise Freistellung** von der Arbeit in Anspruch genommen wurde (beispielsweise im Rahmen einer arbeits- oder tarifvertraglichen Möglichkeit zur bezahlten Freistellung), nicht jedoch ein ganzer Arbeitstag, und ein Antrag auf Kinderpflege-Krankengeld für diesen Tag nicht gestellt wurde, so wird dieser Tag **nicht auf den Kinderpflege-Krankengeldbezug angerechnet**. Dies stellt – jedenfalls sofern nur eine stundenweise Freistellung erfolgte, die nicht einem vollen Arbeitstag entspricht – keinen unzulässigen Verzicht des Versicherten nach § 46 Abs. 2 SGB I dar.[25] Nur im Falle eines Verzichts bei Inanspruchnahme einer Freistellung für einen vollen Arbeitstag liegt eine Umgehung der Ruhensvorschrift des § 49 Nr. 1 SGB V vor (vgl. Rn. 29).

5. Freistellung von der Arbeit (Absatz 3)

34 Um sicherzustellen, dass der Versicherte der Arbeit fernbleiben kann, ohne die arbeitsvertraglich vereinbarte Pflicht zur Arbeitsleistung zu verletzen, gewährt § 45 Abs. 3 SGB V ihm im Falle eines bestehenden Anspruchs auf Kinderpflege-Krankengeld einen **Anspruch auf unbezahlte Freistellung von der Arbeit** gegen den Arbeitgeber. Dieser Anspruch ist **nicht abdingbar**. Er besteht so lange, wie Anspruch auf Kinderpflege-Krankengeld besteht. Ein Anspruch auf bezahlte Freistellung (aus Arbeitsvertrag, Tarifvertrag oder Betriebsvereinbarung) geht dem Anspruch auf unbezahlte Freistellung vor. Der Anspruch auf unbezahlte Freistellung besteht auch für Arbeitnehmer, die nicht mit Anspruch auf Krankengeld versichert sind (§ 45 Abs. 5 SGB V).

35 § 45 Abs. 3 Satz 2 SGB V bietet dem Arbeitgeber die Möglichkeit, eine zu Unrecht gewährte Freistellung auf einen später eintretenden Freistellungsanspruch des Versicherten anzurechnen. Diese Befugnis zur **Verrechnung von Freistellungstagen** gilt unabhängig vom Kalenderjahr und unabhängig davon, ob dasselbe Kind oder ein anderes Kind des Versicherten den berechtigten späteren Freistellungsanspruch auslöst. Auch kommt es nicht darauf an, ob der Versicherte bereits einen Leistungsantrag bei der Krankenkasse gestellt hat oder nicht. Dass die Verrechnung zu unterbleiben hat, wenn der Arbeitgeber die Anspruchsvoraussetzungen nicht geprüft hat und sich nicht hat nachweisen lassen[26], lässt sich dem Gesetz nicht entnehmen. Die diesbezüglichen Anforderungen an den Arbeitgeber dürfen auch in Anbetracht des Umstandes, dass ein unabdingbarer Anspruch des Versicherten auf die begehrte Freistellung besteht, nicht überspannt werden. Üblicherweise wird sich der Arbeitgeber auf die Angabe des Versicherten, das Kind sei betreuungsbedürftig erkrankt und die Vorlage einer Bescheinigung werde in Kürze erfolgen, verlassen dürfen.

36 Ein Anspruch auf **bezahlte Freistellung** geht dem Anspruch auf unbezahlte Freistellung vor. Ein solcher Anspruch auf bezahlte Freistellung beruht in der Regel auf § 616 Satz 1 BGB, kann sich aber auch aus Tarifvertrag, Betriebsvereinbarung oder dem Arbeitsvertrag selbst ergeben. Zur Ermittlung der Dauer des Freistellungsanspruchs nach § 616 BGB wurde früher auf die Zeitspanne des § 45 Abs. 2 SGB V a.F. zurückgegriffen und ein Anspruch auf bezahlte Freistellung gegen den Arbeitgeber im Umfang von 5 Tagen pro Kind angenommen. Bei dieser Zeitspanne verbleibt es auch nach der Erweiterung der Anspruchsdauer des Kinderpflege-Krankengeldes.[27] Gewährt der Arbeitgeber dem Versicherten Freistellung von der Arbeit unter Fortzahlung des Arbeitsentgelts, so ruht zugleich der Anspruch des Versicherten auf das Kinderpflege-Krankengeld nach § 49 Nr. 1 SGB V. Die Tage der bezahlten Freistellung werden aber auf die Anspruchsdauer nach § 45 Abs. 2 SGB V angerechnet, eine **Kumulierung erfolgt nicht**.[28]

6. Anspruch ohne zeitliche Begrenzung (Absatz 4)

37 Unter den Voraussetzungen des Absatzes 4 besteht ein zeitlich unbegrenzter Anspruch auf Kinderpflege-Krankengeld. Auch für diesen Anspruch ist Voraussetzung, dass der Berechtigte über eine **Versicherung mit Krankengeldberechtigung** verfügt. Dies folgt aus der Bezugnahme auf § 45 Abs. 1 Satz 2 und Abs. 3 SGB V, vgl. § 45 Abs. 4 Satz 3 SGB V. Hinsichtlich des Kindes gelten zum einen die Voraussetzungen des Absatzes 1. Es muss sich daher um ein Kind des Versicherten handeln, wobei

---

[25] BSG v. 17.09.1986 - 3 RK 25/85 - juris Rn. 11 - USK 8693.

[26] So etwa *Wagner* in: GK-SGB V, § 45 Rn. 23.

[27] *Gerlach* in: Hauck/Noftz, SGB V, § 45 Rn. 21; *Wagner* in: GK-SGB V, § 45 Rn. 25.

[28] *Wagner* in: GK-SGB V, § 45 Rn. 26.

auch hier Kinder im Sinne des § 10 Abs. 4 SGB V zu berücksichtigen sind (vgl. Rn. 19). Ferner darf das Kind das zwölfte Lebensjahr noch nicht vollendet haben oder es muss behindert und auf Hilfe angewiesen sein (vgl. hierzu Rn. 20).

Nicht notwendig ist dagegen, dass das Kind im Haushalt des Versicherten lebt und dort betreut wird. 38
Diese Voraussetzung gilt im Rahmen des § 45 Abs. 4 SGB V nicht, weil die Vorschrift gerade auch die Betreuung durch die Eltern bei **stationärer Versorgung in einem Krankenhaus bzw. in einem Kinderhospiz** sicherstellen soll.[29]

Zusätzlich zur Erkrankung des Kindes (vgl. Rn. 23 ff.) muss diese Erkrankung **progredient verlaufen** 39
und bereits ein **fortgeschrittenes Stadium** erreicht haben (Satz 1 lit. a), eine **Heilung muss ausgeschlossen** und eine **palliativ-medizinische Behandlung** notwendig oder von einem Elternteil erwünscht sein (Satz 1 lit. b), und die Erkrankung muss lediglich eine **begrenzte Lebenserwartung** von Wochen oder wenigen Monaten erwarten lassen (Satz 1 lit. c). Auf diesen zusätzlichen schwerwiegenden Erkrankungszustand muss sich auch das ärztliche Zeugnis erstrecken, wobei eine begrenzte Lebenserwartung von wenigen Wochen oder Monaten dann prognostiziert ist, wenn nach ärztlicher Auffassung der Tod des Kindes innerhalb etwa der nächsten 6 Monate eintreten wird.[30] Diese Voraussetzungen entsprechen den Voraussetzungen der Hospizaufnahme nach § 2 der „Rahmenvereinbarung nach § 39a Abs. 4 SGB V" und den Voraussetzungen für die Inanspruchnahme ambulanter Hospizdienste nach der Präambel der „Rahmenvereinbarung nach § 39a Abs. 2 Satz 6 SGB V zu den Voraussetzungen der Förderung sowie zu Inhalt, Qualität und Umfang der ambulanten Hospizarbeit". Danach reichen selbst schwerste und unheilbare Erkrankungen des Kindes nicht aus, vielmehr muss nach der ärztlichen Prognose die Krankheit **in naher Zukunft zum Tode des Kindes führen**. Außerdem müssen aufgrund der Auswirkungen der Erkrankung **palliativ-medizinische Maßnahmen** notwendig oder mindestens von einem Elternteil erwünscht sein. Diese können im Haushalt oder in der Familie ggf. unter Einschaltung ambulanter Hospizdienste erbracht werden (vgl. § 39a Abs. 2 SGB V) oder, wenn dies nicht möglich ist, stationär oder teilstationär in einem Hospiz (§ 39a Abs. 1 SGB V).

Der Inhalt des Anspruchs ist auch hier Kinderpflege-Krankengeld in der üblichen Höhe; jedoch ist der 40
Anspruch **zeitlich nicht begrenzt**. Das gilt auch dann, wenn das Kind länger lebt als nach der Prognose zu erwarten war.

[29] BT-Drs. 14/9031, S. 3.

[30] Vgl. *Höfler* in: KassKomm, SGB V, § 45 Rn. 18 f.

§ 46 SGB V Entstehen des Anspruchs auf Krankengeld

(Fassung vom 20.12.1988, gültig ab 01.01.1989, gültig bis 31.12.2008)

Der Anspruch auf Krankengeld entsteht

1. **bei Krankenhausbehandlung oder Behandlung in einer Vorsorge- oder Rehabilitationseinrichtung (§ 23 Abs. 4, §§ 24, 40 Abs. 2 und § 41) von ihrem Beginn an,**
2. **im übrigen von dem Tag an, der auf den Tag der ärztlichen Feststellung der Arbeitsunfähigkeit folgt.**

Für die nach dem Künstlersozialversicherungsgesetz Versicherten entsteht der Anspruch auf Krankengeld von der siebten Woche der Arbeitsunfähigkeit an. Der Anspruch auf Krankengeld für die in Satz 2 genannten Versicherten entsteht bereits vor der siebten Woche der Arbeitsunfähigkeit zu dem von der Satzung bestimmten Zeitpunkt, spätestens jedoch mit Beginn der dritten Woche der Arbeitsunfähigkeit, wenn der Versicherte gegenüber der Künstlersozialkasse eine entsprechende Erklärung abgibt und solange diese Erklärung nicht widerrufen wird. Die Erklärung kann nur mit Wirkung vom Beginn eines auf ihren Eingang folgenden Kalendermonats an abgegeben und nur zum Ende eines Kalendermonats widerrufen werden. Leistungen nach Satz 3 sind nicht für Versicherungsfälle zu erbringen, die vor dem Eingang der Erklärung bei der Künstlersozialkasse eingetreten sind.

Gliederung

A. Basisinformationen

I. Textgeschichte/Gesetzgebungsmaterialien

1 Die Vorschrift ist am 01.01.1989 mit der Einführung des Gesundheitsreformgesetzes (GRG) vom 20.12.1988[1] in Kraft getreten. Die Vorschrift bestand in der ursprünglichen Fassung nur aus den Sätzen 1 und 2. Noch am Tag des Gesetzesbeschlusses wurden jedoch die Sätze 3-5 durch das Gesetz zur Änderung des KSVG vom 20.12.1988[2] eingefügt.

II. Vorgängervorschriften

2 Die Vorschrift geht auf § 182 Abs. 3 RVO zurück. Ursprünglich sah § 182 RVO **Karenztage** zwischen dem Beginn der Arbeitsunfähigkeit und dem Beginn der Krankengeldzahlung vor, die nur bei längerer Arbeitsunfähigkeit entfielen; zunächst handelte es sich um 4 Karenztage[3], später um zwei Tage[4]. Die heute noch relevante Änderung des § 182 RVO erfolgte 1961 mit dem Gesetz zur Änderung und Ergänzung des Verbesserungsgesetzes vom 12.07.1961[5]. Nunmehr begann der Krankengeldanspruch mit

[1] BGBl I 1988, 2477.
[2] BGBl I 1988, 2606.
[3] Gesetz v. 12.06.1956, BGBl I 1956, 500.
[4] Gesetz zur Verbesserung der wirtschaftlichen Sicherung der Arbeiter im Krankheitsfall v. 26.06.1957, BGBl I 1957, 649.
[5] BGBl I 1961, 913.

dem auf den Tag der ärztlichen Feststellung folgenden Tag, womit die **Karenzzeit auf einen Tag reduziert** wurde und nicht mehr der Beginn der Arbeitsunfähigkeit, sondern deren **ärztliche Feststellung** entscheidend war. Der Karenztag entfiel bei einer auf Arbeitsunfall oder Berufskrankheit beruhenden Arbeitsunfähigkeit.

Diese Regelung wurde mit § 46 Satz 1 Nr. 2 SGB V im Wesentlichen übernommen; lediglich die Sonderregelung im Hinblick auf Arbeitsunfall und Berufskrankheit unterblieb wegen des Leistungsausschlusses der GKV bei Zuständigkeit der Unfallversicherung gemäß § 11 Abs. 4 SGB V. Die Regelung des § 46 Abs. 1 Nr. 1 SGB V wurde unverändert aus § 182 RVO[6] übernommen. 3

§ 46 Satz 2 SGB V entspricht § 182 Abs. 3 Satz 2 RVO i.d.F. des KSVG vom 27.07.1981[7]. Die Begründung für die für Personen, die nach dem **KSVG** versichert sind, geltende Karenzzeit von 6 Wochen ist in deren **besonderen Einkommensverhältnissen** sowie darin zu sehen, dass eine **missbräuchliche Inanspruchnahme des Krankengeldes möglichst vermieden** werden soll.[8] Die Möglichkeit einer durch Satzung zu schaffenden Sonderregelung für Künstler und Publizisten, § 46 Sätze 3-5 SGB V, bestand nach der RVO dagegen noch nicht; sie wurde mit dem In-Kraft-Treten des GRG durch das Gesetz zur Änderung des KSVG vom 20.12.1988[9] neu geschaffen. 4

III. Parallelvorschriften

Wird der Versicherte in Folge eines Versicherungsfalles der Unfallversicherung, also in Folge eines Arbeitsunfalls oder einer Berufskrankheit (vgl. § 7 SGB VII) arbeitsunfähig, so steht ihm gemäß § 45 SGB VII **Verletztengeld** zu. Das Verletztengeld wird gemäß § 46 Abs. 1 SGB VII von dem Tag an gezahlt, ab dem die Arbeitsunfähigkeit ärztlich festgestellt wird. Ein Karenztag tritt danach im Gegensatz zum Krankengeldbezug nach § 46 SGB V nicht ein. 5

Wird ein Arbeitsloser während des Bezuges von Arbeitslosengeld in Folge Krankheit arbeitsunfähig, ohne dass ihn ein Verschulden trifft oder wird er während des Bezuges von Arbeitslosengeld stationär behandelt, so verliert er gemäß § 126 SGB III dadurch nicht den **Anspruch auf Arbeitslosengeld** für die Dauer der Arbeitsunfähigkeit oder stationären Behandlung **bis zur Dauer von sechs Wochen**. Auch für diesen Personenkreis ist ein Karenztag mithin nicht vorgesehen. Die Vorschrift selbst – und damit auch der Anspruch auf Leistungsfortzahlung nach dem SGB III – setzt das Vorliegen einer Arbeitsunfähigkeitsbescheinigung für die Entstehung des Anspruchs nicht zwingend voraus. Es kommt damit hinsichtlich der Leistungsfortzahlung nur auf das Bestehen einer Arbeitsunfähigkeit, nicht jedoch auf das Vorliegen einer ärztlichen Feststellung der Arbeitsunfähigkeit an. Allerdings erlegt die Vorschrift des § 311 SGB III dem Arbeitslosen eine Pflicht zur Anzeige der Arbeitsunfähigkeit und zur Vorlage einer ärztlichen Bescheinigung auf. 6

IV. Richtlinien

In den am 01.01.2004 neu in Kraft getretenen „Richtlinien über die Beurteilung der Arbeitsunfähigkeit und die Maßnahmen zur stufenweisen Wiedereingliederung" (**Arbeitsunfähigkeits-Richtlinien**) des Gemeinsamen Bundesausschusses finden sich neben einer Definition der Arbeitsunfähigkeit und Maßstäben zu deren Bewertung (§§ 2, 3 Arbeitsunfähigkeits-Richtlinien) auch Regelungen zur Feststellung (§ 4) und Bescheinigung (§§ 5, 6) der Arbeitsunfähigkeit, die im Hinblick auf den Zeitpunkt des § 46 Satz 1 Nr. 2 SGB V relevant werden. 7

V. Systematische Zusammenhänge

Die Vorschrift ist im Zusammenhang mit **§ 40 Abs. 1 SGB I** zu sehen, welcher bestimmt, dass Ansprüche auf Sozialleistungen entstehen, sobald ihre im Gesetz oder auf Grund eines Gesetzes bestimmten Voraussetzungen vorliegen. Eine derartige **Bestimmung trifft § 46 SGB V**. 8

---

[6] I.d.F. des Gesetzes zur Änderung und Ergänzung des Verbesserungsgesetzes v. 12.07.1961, BGBl I 1961, 913.

[7] BGBl I 1981, 705.

[8] BT-Drs. 9/26 S. 23

[9] BGBl I 1988, 2606.

9 Darüber hinaus ist die Norm in engem Zusammenhang mit der Grundnorm für den Krankengeldanspruch, § 44 SGB V, zu sehen: Während letztere Norm den Anspruch auf Krankengeld dem Grunde nach regelt und eine auf Krankheit beruhende Arbeitsunfähigkeit soweit ausreichen lässt, bestimmt § 46 SGB V den Zeitpunkt, in dem der Zahlungsanspruch beginnt und setzt dabei zusätzlich das Vorliegen einer ärztlichen Feststellung der Arbeitsunfähigkeit voraus.

VI. Reformvorhaben

10 Durch das Gesetz zur Stärkung des Wettbewerbs in der gesetzlichen Krankenversicherung (GKV-WSG) vom 26.03.2007[10] wird mit Wirkung vom 01.01.2009 u.a. den in der Künstlersozialversicherung Versicherten durch § 53 Abs. 5 SGB V in der ab 01.01.2009 geltenden Fassung das Recht eingeräumt, durch die Wahl eines entsprechenden von den Krankenversicherungsträgern anzubietenden Tarifs spätestens mit Beginn der dritten Woche der Arbeitsunfähigkeit Krankengeld zu beziehen. Das Verfahren macht die Regelungen zur Abgabe einer entsprechenden Erklärung und zu deren Widerruf entbehrlich. § 46 Satz 3 letzter HS. SGB V lautet daher ab 01.01.2009: „wenn der Versicherte bei seiner Krankenkasse einen Tarif nach § 53 Abs. 5 SGB V gewählt hat." Die Sätze 4 und 5 entfallen ab diesem Zeitpunkt.

VII. Ausgewählte Literaturhinweise

11 *Borchert*, Die Arbeitsunfähigkeitsbescheinigung, DOK 1990, 643-648; *Götzenberger*, Krankengeld – Lohnersatzleistung der gesetzlichen Krankenkassen, SozVers 1993, 207-215; *Marburger*, Die soziale Sicherung der selbständigen Künstler und Publizisten, ZfS 2001, 225-234; *Mayerhofer*, Karenztage und versicherungsrechtliche Lösung, NZA 1993, 400-403.

B. Auslegung der Norm

I. Regelungsgehalt und Bedeutung der Norm

12 § 46 Satz 1 SGB V regelt den **Zeitpunkt**, von dem an Anspruch auf die Zahlung des Krankengeldanspruchs besteht. Im Falle der Krankenhausbehandlung und der Behandlung in einer Vorsorge- oder Rehabilitationseinrichtung entsteht der Anspruch mit dem **Beginn der Behandlung**, § 46 Satz 1 Nr. 1 SGB V. In anderen Fällen entsteht der Anspruch auf Krankengeld hingegen erst **von dem Tag an, der auf den Tag der ärztlichen Feststellung der Arbeitsunfähigkeit folgt**. Diese Regelung bedingt die **Entstehung eines Karenztages**, denn für den Tag der Feststellung der Arbeitsunfähigkeit selbst besteht kein Anspruch auf die Zahlung von Krankengeld.

13 Für den Personenkreis der nach dem KSVG Versicherten trifft Satz 2 eine abweichende Regelung. Danach entsteht für **Künstler und Publizisten** der Anspruch auf Krankengeld erst **mit Beginn der siebten Woche der Arbeitsunfähigkeit**. Die Karenzzeit ist auch bei wiederholter Arbeitsunfähigkeit jeweils erneut zu berücksichtigen; eine „Anrechnung" bereits berücksichtigter Karenztage oder -wochen findet auch bei einer Fortsetzungserkrankung, bei der mehreren Phasen von Arbeitsunfähigkeit dieselbe Erkrankung zu Grunde liegt, nicht statt.[11] Die Wartezeit gilt **sowohl bei Arbeitsunfähigkeit in Folge Krankheit als auch bei Krankenhausbehandlung** bzw. Behandlung in Vorsorge- oder Reha-Einrichtungen. Die Krankenkasse kann in ihrer **Satzung** einen früheren Termin für den Krankengeldbeginn bestimmen, wobei dann spätestens mit Beginn der dritten Woche der Arbeitsunfähigkeit der Krankengeldanspruch zu beginnen hat, wenn der Versicherte gegenüber der Künstlersozialkasse eine entsprechende **Erklärung** abgibt und solange diese nicht widerrufen wird. Die Erklärung und der Widerruf können nur innerhalb der Fristen des § 46 Satz 4 SGB V abgegeben werden. Die Erklärung wird daher erst mit Beginn des auf den Eingang der Erklärung bei der Künstlersozialkasse folgenden Monats wirksam, der Widerruf kann nur zum Ende eines Kalendermonats wirksam werden. Die Erklärung erstreckt sich auch nur auf Leistungsfälle, die **nach ihrem Eingang** bei der Künstlersozialkasse entstehen, § 46 Satz 5 SGB V.

---

[10] BGBl I 2007, 378.

[11] *Gerlach* in: Hauck /Noftz, SGB V, § 46 Rn. 2.

II. Normzweck

§ 46 Satz 1 SGB V dient der **Vereinfachung des Verfahrens** der Krankengeldgewährung und der **Missbrauchsabwehr**. Insbesondere soll eine rückwirkende Feststellung der Arbeitsunfähigkeit verhindert werden.[12] § 46 Sätze 2-5 SGB V sehen mit Rücksicht auf die besonderen Einkommensverhältnisse der betroffenen Versicherten eine Karenzzeit von sechs Wochen vor und dienen der Abwehr von missbräuchlicher Inanspruchnahme der Krankengeldleistung.[13] 14

III. Beginn des Krankengeldanspruchs (Satz 1)

Nach § 44 SGB V entsteht der Anspruch auf Krankengeld **dem Grunde nach** bereits dann, wenn die Krankheit den Versicherten arbeitsunfähig macht oder er auf Kosten der Krankenkasse im Krankenhaus oder einer Vorsorge- oder Rehaeinrichtung behandelt wird. Demgegenüber bestimmt § 46 Satz 1 SGB V, wann der **Anspruch auf Zahlung des Krankengeldes** entsteht. Die Vorschrift differenziert danach, ob die Krankenbehandlung stationär oder ambulant erfolgt. Für den besonderen Personenkreis der nach dem KSVG Versicherten treffen die Sätze 2-5 sodann abweichende Regelungen. 15

1. Beginn bei Krankenhausbehandlung (Satz 1 Nr. 1)

Bei Krankenhausbehandlung (§ 39 SGB V) oder Behandlung in einer Vorsorge- oder Rehabilitationseinrichtung (§§ 23 Abs. 4, 24, 40 Abs. 2 und 41 SGB V) beginnt der Krankengeldanspruch **ohne Karenztag vom Beginn der Behandlung an**, also mit der **Aufnahme des Versicherten** im Krankenhaus bzw. in der Vorsorge- oder Rehaeinrichtung. Da § 46 Satz 1 Nr. 1 SGB V pauschal auf „Krankenhausbehandlung" Bezug nimmt, muss es sich nicht um eine stationäre Krankenhausbehandlung handeln. Krankenhausbehandlung liegt vielmehr bereits immer dann vor, wenn die Krankenkasse nach § 39 SGB V die Kosten der Krankenhausbehandlung trägt. Auch im Falle einer ambulanten Operation gemäß § 39 SGB V i.V.m. § 115b SGB V entsteht danach der Krankengeldanspruch mit Beginn der Behandlung, d.h. mit der Aufnahme des Versicherten im Krankenhaus. Gleiches gilt bei teilstationärer Krankenhausbehandlung.[14] Im Falle des ambulanten Operierens ist jedoch zu berücksichtigen, dass bei dem Versicherten zugleich eine Krankheit vorliegen muss, die diesen arbeitsunfähig macht, denn nach § 44 Abs. 1 SGB V begründet der ambulante Krankenhausaufenthalt allein, im Gegensatz zum stationären Krankenhausaufenthalt, keinen Anspruch auf Krankengeld. 16

Wann im Falle der Behandlung in einer **Vorsorge- oder Rehabilitationseinrichtung** der Krankengeldanspruch entsteht, ergibt sich aus der Verweisung auf die §§ 23 Abs. 4, 24, 40 Abs. 2 und 41 SGB V. Danach muss die Krankenkasse nach diesen Vorschriften **Kostenträger** sein oder im Falle der §§ 24, 41 SGB V **zumindest einen Zuschuss zu den Kosten** leisten. 17

Entscheidend für die Entstehung des Zahlungsanspruchs ist die **Aufnahme in das Krankenhaus oder die Vorsorge- oder Rehaeinrichtung**. Für den Tag der Aufnahme ist bereits Krankengeld zu zahlen, auch wenn die Aufnahme nicht frühmorgens, sondern erst im Laufe des Tages erfolgt. Weder ist für diese Tatbestandsalternative Arbeitsunfähigkeit oder deren Feststellung erforderlich, noch kommt es zum Eintritt eines Karenztages. 18

2. Beginn bei Arbeitsunfähigkeit (Satz 1 Nr. 2)

a. Allgemeines

Liegt kein Fall der stationären Behandlung vor, so entsteht der Anspruch auf die Zahlung von Krankengeld **von dem Tag an, der auf den Tag der ärztlichen Feststellung der Arbeitsunfähigkeit folgt**. Das gilt selbst dann, wenn die Arbeitsunfähigkeit nachgewiesenermaßen bereits wesentlich früher eingetreten ist. Auch wenn der Beginn der Arbeitsunfähigkeit auf der ärztlichen Bescheinigung zu einem früheren Zeitpunkt angegeben (die Bescheinigung also rückdatiert) ist, so ist entscheidend für den Beginn der Leistung dennoch der Tag der ärztlichen Feststellung der Arbeitsunfähigkeit. 19

Bei der Regelung des § 46 Satz 1 Nr. 2 SGB V handelt es sich um eine **Ausschlussregelung**, die die Krankenkasse davon entbinden soll, die Voraussetzungen einer verspätet geltend gemachten Arbeitsunfähigkeit oder einer nachträglichen Bescheinigung im Nachhinein aufklären zu müssen. Die Krankenkasse soll die Möglichkeit erhalten, die Arbeitsunfähigkeit **zeitnah durch den medizinischen** 20

---

[12] BSG v. 18.03.1966 - 3 RK 58/62 - BSGE 24, 278, 279.

[13] BT-Drs. 9/26, S. 23.

[14] *Gerlach* in: Hauck/Noftz, SGB V, § 46 Rn. 7.

Dienst der Krankenversicherung (MDK) prüfen zu lassen. Dies dient einerseits der Vermeidung von Leistungsmissbrauch und setzt andererseits die Krankenkasse in die Lage, gegebenenfalls Maßnahmen zur Wiederherstellung der Arbeitsfähigkeit des Versicherten einleiten zu können. Die Erlangung der ärztlichen Feststellung der Arbeitsunfähigkeit gehört zu den **Obliegenheiten des Versicherten**. Die Folgen einer unterbliebenen oder nicht rechtzeitig getroffenen ärztlichen Feststellung sind deshalb von dem Versicherten selbst zu tragen. Mögliche Härten hat der Gesetzgeber dabei bewusst in Kauf genommen. Daher gilt die Regelung selbst dann, wenn der Versicherte seinen Arzt zu Beginn der Arbeitsunfähigkeit nicht angetroffen hat und deshalb die Arbeitsunfähigkeit erst später festgestellt wird[15].

21 Eine **Ausnahme** ist grundsätzlich nur möglich, wenn der Versicherte wegen Geisteskrankheit **geschäftsunfähig und ein gesetzlicher Vertreter nicht vorhanden** war und wenn der Versicherte auf Grund dieses Umstandes nicht in der Lage gewesen ist, die für die Feststellung der Arbeitsunfähigkeit obligatorischen Handlungen vorzunehmen. In diesen eng begrenzten Fällen ist dann ausnahmsweise der Beginn der Arbeitsunfähigkeit für den Krankengeldbeginn maßgebend.[16] Dasselbe dürfte auch gelten, wenn der Versicherte sich in einer vergleichbaren Situation befindet, die aber so außergewöhnlich und dringlich sein muss, dass sie ihn gewissermaßen **handlungsunfähig** macht. Als Beispiele werden in der Literatur Bergunfälle mit Rettung erst nach einigen Tagen und Ohnmachtsunfälle Alleinstehender mit Auffindung erst Tage später genannt. Normale, alltägliche Erschwernisse, eine ärztliche Feststellung der Arbeitsunfähigkeit zu erlangen (z.B. Wochenende) rechtfertigen dagegen keine Ausnahme.[17]

22 Ein **weiterer Ausnahmefall** kann vorliegen, wenn die ärztliche Feststellung der Arbeitsunfähigkeit ausschließlich aus Gründen unterbleibt, die dem **Verantwortungsbereich des Vertragsarztes** oder den sonstigen zur Sicherstellung der vertragsärztlichen Versorgung berufenen Personen oder Einrichtungen zuzuordnen sind. Hat der Versicherte in einem solchen Fall **alles in seiner Macht stehende und ihm zumutbare** getan, um seine Ansprüche zu wahren, ist mithin die ärztliche Fehlbeurteilung ausschließlich dem vertragsärztlichen Verantwortungsbereich zuzuordnen, so ist dieser Umstand von der Krankenkasse zu vertreten.[18] Der Versicherte muss seine Ansprüche allerdings innerhalb der zeitlichen Grenzen des § 49 Abs. 1 Nr. 5 SGB V nach Erlangung der Kenntnis von der Fehlbeurteilung bei der Krankenkasse geltend machen. Eine Behauptung „ins Blaue hinein", die Beurteilung des Vertragsarztes sei falsch gewesen, genügt dabei nicht; es muss vielmehr eine **sichere Befundlage** dafür vorliegen, dass die frühere Feststellung falsch war. Schließlich setzt der besondere Vertrauenstatbestand, den der Versicherte in einem solchen Fall für sich beanspruchen kann, voraus, dass er gerade auf einer fehlerhaften Einschätzung des Vertragsarztes beruht. Aus einer divergierenden Beurteilung des Vertragsarztes einerseits und des MDK andererseits, wie sie gerade in Streitfällen regelmäßig vorkommt, kann hingegen ein derartiger Vertrauenstatbestand nicht erwachsen.[19]

23 Die Regelung führt de facto zu einem Karenztag, weil für den Tag der ärztlichen Festsstellung der Arbeitsunfähigkeit selbst kein Krankengeld zu gewähren ist. Das gilt selbst dann, wenn zwischen zwei festgestellten Arbeitsunfähigkeitszeiten nur eine kurze Phase der Arbeitsfähigkeit lag, und zwar auch, wenn die Arbeitsunfähigkeit jeweils durch dieselbe Erkrankung verursacht wurde. Allerdings ist die **praktische Bedeutung des Karenztages** wegen der Regelungen zur Entgeltfortzahlung im Krankheitsfall **gering**.

b. Ärztliche Feststellung der Arbeitsunfähigkeit

24 Die Arbeitsunfähigkeit kann durch jeden Arzt festgestellt werden. Weder muss es sich um einen Vertragsarzt handeln, noch um den behandelnden Arzt des Versicherten. Feststellungen nichtärztlichen Hilfspersonals, also beispielsweise eines Sanitäters oder der Arzthelferin, genügen dagegen nicht. Die Ausstellung der ärztlichen Bescheinigung erfolgt, wenn ein Vertragsarzt tätig wird, im Rahmen der vertragsärztlichen Versorgung, § 73 Abs. 1 Nr. 9 SGB V.

---

[15] BSG v. 18.03.1966 - 3 RK 58/62 - BSGE 24, 278, 280.
[16] BSG v. 22.06.1966 - 3 RK 14/64 - BSGE 25, 76, 79.
[17] *Wagner* in: SK-SGB V, § 46 Rn. 23; *Gerlach* in: Hauck/Noftz, SGB V, § 46 Rn. 12.
[18] BSG v. 17.08.1982 - 3 RK 28/81.
[19] BSG v. 08.11.2005 - B 1 KR 30/04 R.

Die Feststellung darf nur **aufgrund ärztlicher Untersuchung** erfolgen, § 4 Abs.1 Arbeitsunfähigkeits-Richtlinien, § 31 BMV-Ä. Die Arbeitsunfähigkeitsrichtlinien enthalten weitere Einzelheiten zur Durchführung der Feststellung der Arbeitsunfähigkeit und zum Inhalt der Bescheinigung. Weitere Einzelheiten finden sich in der Kommentierung zu § 44 SGB V Rn. 65 ff. 25

Grundsätzlich soll die Arbeitsunfähigkeit für eine vor der ersten Inanspruchnahme des Arztes liegende Zeit nicht bescheinigt werden. Eine **Rückdatierung** des Beginns der Arbeitsunfähigkeit auf einen vor dem Behandlungsbeginn liegenden Tag ist ebenso wie eine **rückwirkende Bescheinigung** über das Fortbestehen der Arbeitsunfähigkeit nur ausnahmsweise und nur nach gewissenhafter Prüfung und in der Regel nur an bis zu zwei Tagen zulässig, § 5 Abs. 3 Arbeitsunfähigkeits-Richtlinien. Die Bescheinigung für die Zahlung von Krankengeld soll in der Regel nicht für einen mehr als sieben Tage zurückliegenden und nicht mehr als zwei Tage im Voraus liegenden Zeitraum erfolgen, wobei längere Zeiträume der Arbeitsunfähigkeit bescheinigt werden können, wenn dies aufgrund der Erkrankung oder eines besonderen Krankheitsverlaufs offensichtlich sachgerecht ist, § 6 Abs. 2 Arbeitsunfähigkeits-Richtlinien. Handelt es sich allerdings um eine Erstbescheinigung, so führt eine Rückdatierung nicht zu einer Bewilligung von Krankengeld für den Zeitraum, der vor dem Zeitpunkt der ärztlichen Feststellung der Arbeitsunfähigkeit liegt. Denn die ärztliche Feststellung der Arbeitsunfähigkeit ist nach § 46 Abs. 1 Nr. 2 SGB V formale Voraussetzung für den Beginn des Krankengeldanspruchs, eine Bewilligung für einen Zeitraum vor der Feststellung kommt daher grundsätzlich nicht in Betracht (vgl. Rn. 19 f.) 26

Nach § 2 Abs. 5 der Arbeitsunfähigkeits-Richtlinien hat der Arzt den Versicherten zur **aktuell ausgeübten Tätigkeit** und den damit verbundenen Anforderungen und Belastungen zu befragen. Diese Befragung dient der Feststellung, ob der Versicherte in Anbetracht seines Gesundheitszustandes **seiner letzten Beschäftigung** noch nachgehen kann oder nicht. Denn nur über diese medizinischen Voraussetzungen der Arbeitsunfähigkeit kann der Arzt eine Feststellung treffen, während der Begriff der Arbeitsunfähigkeit selbst ein Rechtsbegriff und als solcher der ärztlichen Feststellung nicht zugänglich ist.[20] Die Verwendung des Begriffes der Arbeitsunfähigkeit durch den Arzt ist einerseits nicht erforderlich, andererseits aber üblich und auch nicht zu beanstanden, weil der Rechtsbegriff der Arbeitsunfähigkeit den Kassenärzten im Allgemeinen bekannt ist und von ihnen zutreffend angewendet wird. 27

Gestaltet sich im Einzelfall die Frage, **welche Beschäftigung für die Beurteilung der Arbeitsunfähigkeit maßgeblich** ist, schwierig oder treten Fragen im Zusammenhang mit der Kausalität zwischen Krankheit und Arbeitsunfähigkeit auf (vgl. die Kommentierung zu § 44 SGB V Rn. 45 ff.) so wird die zuständige Krankenkasse die ärztliche Aussage zur Arbeitsunfähigkeit des Versicherten besonders sorgfältig prüfen müssen. Die Feststellung der Arbeitsunfähigkeit dient dem Versicherten als Beweismittel zur Begründung des Krankengeldanspruchs. Regelmäßig wird er damit den Beweis auch führen können, jedoch kann sich die Krankenkasse sämtlicher Beweismittel des § 21 SGB X bedienen. Der Arbeitsunfähigkeitsbescheinigung kommt in diesem Zusammenhang **kein höherer Beweiswert** zu als anderen Beweismitteln. Insbesondere ist die Krankenkasse auch an die ärztliche Feststellung nicht gebunden, auch dann nicht wenn sie von einem Vertragsarzt erteilt wurde.[21] Bei Zweifeln an der Arbeitsunfähigkeit wird die Krankenkasse ein Gutachten des Medizinischen Dienstes der Krankenversicherung einholen. Hierzu ist sie aufgrund der Vorschrift des § 275 Abs. 1 Nr. 3 lit. b SGB V regelmäßig verpflichtet. Nach dieser Vorschrift sind die Krankenkassen in den gesetzlich bestimmten Fällen oder wenn es nach Art, Schwere, Dauer oder Häufigkeit der Erkrankung oder nach dem Krankheitsverlauf erforderlich ist, verpflichtet, zur Beseitigung von Zweifeln an der Arbeitsunfähigkeit eine **gutachterliche Stellungnahme des Medizinischen Dienstes der Krankenversicherung** einzuholen. Ein Verzicht auf eine gutachterliche Stellungnahme des medizinischen Dienstes der Krankenversicherung kann danach allenfalls in Betracht kommen, wenn sich aus dem Zusammenhang ohne weiteres ergibt, dass die Arbeitsunfähigkeitsbescheinigung falsch ist, etwa weil sie auf einem **Irrtum oder einer Verwechslung** beruht. Im Übrigen kommt der ärztlichen Feststellung der Arbeitsunfähigkeit die Bedeutung einer ärztlich-gutachterlichen Stellungnahme zu, die grundsätzlich nur durch eine entsprechende Stellungnahme des Medizinischen Dienstes relativiert werden kann. Weichen die Einschätzungen des Vertragsarztes und des Arztes des medizinischen Dienstes voneinander ab, so sehen § 62 Abs. 4 BMV-Ä und § 7 Abs. 2 der Arbeitsunfähigkeits-Richtlinien ein besonderes Verfahren vor. Danach kann der Vertragsarzt unverzüglich nach Kenntnisnahme der abweichenden Beurteilung unter schriftlicher Darlegung seiner Gründe bei der Krakenkasse eine erneute Entscheidung auf Basis eines **Zweit-** 28

[20] *Wagner* in: GK-SGB V § 46 Rn. 14.

[21] BSG v. 08.11.2005 - B 1 KR 18/04 R - juris Rn. 20.

gutachtens beantragen. Macht der Arzt von dieser Möglichkeit keinen Gebrauch, so soll grundsätzlich das Gutachten des medizinischen Dienstes verbindlich sein, § 7 Abs. 2 Satz 1 Arbeitsunfähigkeits-Richtlinien.

3. Sonderregelung für selbständige Künstler und Publizisten (Satz 2)

29 Für die nach dem KSVG Versicherten beginnt der Anspruch auf Krankengeld grundsätzlich erst vom Beginn der siebten Woche der Arbeitsunfähigkeit an. Es tritt also für diese Versicherten eine **Karenzzeit von sechs Wochen** ein. Hierbei kommt es allerdings – im Gegensatz zur Regelung des § 46 Satz 1 SGB V – **nicht auf den Zeitpunkt der ärztlichen Feststellung der Arbeitsunfähigkeit, sondern auf den Beginn der Arbeitsunfähigkeit an**. Die Karenzzeit tritt auch dann ein, wenn es sich um einen Fall der stationären Behandlung handelt. Auch bei Wiederholungserkrankungen oder wenn sich an eine Arbeitsunfähigkeit eine neue Arbeitsunfähigkeit unmittelbar anschließt, beginnt die Karenzzeit erneut. Dies ergibt sich unmittelbar aus dem Gesetzeswortlaut und entspricht der Intention des Gesetzgebers, die besonderen Einkommensverhältnisse der betroffenen Versicherten zu berücksichtigen und missbräuchlicher Inanspruchnahme entgegenzuwirken.[22]

30 Nach § 46 Sätze 3-5 SGB V können die in der KSVG Versicherten jedoch – sofern die Satzung ihrer Krankenkasse diese Möglichkeit eröffnet – den Anspruchsbeginn auf einen in der **Satzung bestimmten früheren Termin vorverlegen**. Der Anspruch auf Krankengeld beginnt dann **spätestens mit dem Beginn der dritten Woche** der Arbeitsunfähigkeit. Voraussetzung für diesen früheren Beginn des Krankengeldbezuges ist neben einer entsprechenden Bestimmung in der Satzung der Krankenkasse, dass der Versicherte gegenüber der Künstlersozialkasse eine **entsprechende Erklärung abgegeben und diese nicht widerrufen** hat. Die Erklärung gilt von dem Beginn des auf ihren Eingang bei der Künstlersozialkasse folgenden Monats an bis zum Ende des Kalendermonats, in dem sie widerrufen wird. Für Versicherungsfälle, die vor dem Eingang der Erklärung bei der Künstlersozialkasse eingetreten sind, sind vor dem Ablauf der Karenzzeit von sechs Wochen keine Leistungen zu erbringen, § 46 Satz 5 SGB V. Da die Regelung auf den Versicherungsfall abstellt, führt bereits der Eintritt der Krankheit vor Eingang der Erklärung bei der Künstlersozialkasse zu einem Leistungsausschluss, selbst wenn die Arbeitsunfähigkeit erst später eingetreten ist.[23] Entscheidet sich der Versicherte für den früheren Leistungsbeginn, so ist gemäß § 16 Abs. 1 Satz 2 KSVG statt des allgemeinen Beitragssatzes der erhöhte Beitragssatz nach § 242 SGB V zu zahlen.

C. Praxishinweise

31 Besondere Probleme treten oft mit Bescheinigungen auf, die **im Ausland ausgestellt** wurden. Grundsätzlich kommt den Arbeitsunfähigkeitsbescheinigungen ausländischer Ärzte nicht zwangsläufig ein geringerer Beweiswert als denjenigen der im Inland praktizierenden Ärzte zu. Bei Ärzten, die mit den medizinischen Voraussetzungen für den Rechtsbegriff der Arbeitsunfähigkeit nicht vertraut sind, kann jedoch nicht ohne weiteres davon ausgegangen werden, dass der Begriff zutreffend verwendet wird. Dies gilt insbesondere, wenn die erhobenen Befunde nicht oder nicht hinreichend mitgeteilt werden. Schwierigkeiten, die sich aus der **Feststellung der maßgeblichen Tätigkeit** (vgl. die Kommentierung zu § 44 SGB V Rn. 37 ff.) und aus **Kausalitätsproblemen** (vgl. die Kommentierung zu § 44 SGB V Rn. 45 ff.) ergeben, sind im Zusammenhang mit ausländischen Arbeitsunfähigkeitsbescheinigungen ebenso bzw. in noch stärkerem Umfang zu berücksichtigen wie bei Bescheinigungen, die von Vertragsärzten ausgestellt wurden. Daher ist im Zusammenhang mit ausländischen Arbeitsunfähigkeitsbescheinigungen die Inanspruchnahme des Medizinischen Dienstes der Krankenversicherung von besonderer Relevanz.

32 Für Versicherte, die sich im Europäischen Ausland aufhalten, ist die EWG-VO 1408/71, insbesondere Art. 19 und Art. 22 zu beachten. Art. 19 EWG-VO 1408/71 regelt u.a. dass ein Arbeitnehmer oder Selbständiger, der im Gebiet eines anderen Mitgliedstaates wohnt, in dem Staat in dem er wohnt, Geldleistungen, also auch Krankengeld, vom zuständigen Träger nach den für diesen Träger geltenden Rechtsvorschriften erhält. Art. 22 EWG-VO 1408/71 regelt den entsprechenden Anspruch für Personen, die sich nur vorübergehend in einem anderen Mitgliedstaat aufhalten bzw. mit Genehmigung der zuständigen Krankenkasse nach Eintritt von Arbeitsunfähigkeit sich in das Gebiet eines anderen Mitgliedstaates begeben. Grundsätzlich sind im Falle des Eintritts von Arbeitsunfähigkeit oder deren Fort-

---

[22] BT-Drs. 8/3172, S. 26.

[23] *Höfler* in: KassKomm, SGB V, § 46 Rn. 10.

dauer in einem anderen Mitgliedstaat sowohl der Träger der Krankenversicherung als auch das Gericht an die **Feststellung der Arbeitsunfähigkeit durch den Versicherungsträger eines EU-Landes gebunden**, es sei denn, die Krankenkasse hat von ihrem Recht Gebrauch gemacht, den Versicherten durch einen Arzt ihrer Wahl untersuchen zu lassen, Art. 18 Abs. 5 EWG-VO 574/72. Der Versicherte ist dabei allerdings nicht verpflichtet, zur Untersuchung in den Staat zurückzukehren, in dem der für ihn zuständige Krankenversicherungsträger seinen Sitz hat. Der Träger kann stattdessen entweder einen Arzt in den betreffenden Mitgliedstaat entsenden oder sich eines dort ansässigen Arztes bedienen. Verweigert der Versicherte die Untersuchung, ist die Krankenkasse an die vom Träger des Wohnortes getroffene Feststellung nicht gebunden.[24]

Die Bindung an die Entscheidung des ausländischen Krankenversicherungsträgers aufgrund EU-Rechts gilt **ausschließlich für EU-Staaten**. Aus Sozialversicherungsabkommen lässt sich eine derartige Bindung nicht ohne weiteres ableiten. Die entsprechenden Regelungen der Sozialversicherungsabkommen sind vielmehr im Einzelfall zu betrachten und unter besonderer Berücksichtigung des Wortlautes auszulegen.[25] 33

[24] EuGH v. 12.03.1987 - C-22/86 - EuGHE 1987, 1339.

[25] BSG v. 26.02.1992 - 1/3 RK 13/90 - SozR 3-2200 § 182 Nr. 12.

§ 47 SGB V Höhe und Berechnung des Krankengeldes

(Fassung vom 21.03.2005, gültig ab 30.03.2005)

(1) Das Krankengeld beträgt 70 vom Hundert des erzielten regelmäßigen Arbeitsentgelts und Arbeitseinkommens, soweit es der Beitragsberechnung unterliegt (Regelentgelt). Das aus dem Arbeitsentgelt berechnete Krankengeld darf 90 vom Hundert des bei entsprechender Anwendung des Absatzes 2 berechneten Nettoarbeitsentgelts nicht übersteigen. Für die Berechnung des Nettoarbeitsentgelts nach Satz 2 ist der sich aus dem kalendertäglichen Hinzurechnungsbetrag nach Absatz 2 Satz 6 ergebende Anteil am Nettoarbeitsentgelt mit dem Vomhundertsatz anzusetzen, der sich aus dem Verhältnis des kalendertäglichen Regelentgeltbetrages nach Absatz 2 Satz 1 bis 5 zu dem sich aus diesem Regelentgeltbetrag ergebenden Nettoarbeitsentgelt ergibt. Das nach Satz 1 bis 3 berechnete kalendertägliche Krankengeld darf das sich aus dem Arbeitsentgelt nach Absatz 2 Satz 1 bis 5 ergebende kalendertägliche Nettoarbeitsentgelt nicht übersteigen. Das Regelentgelt wird nach den Absätzen 2, 4 und 6 berechnet. Das Krankengeld wird für Kalendertage gezahlt. Ist es für einen ganzen Kalendermonat zu zahlen, ist dieser mit dreißig Tagen anzusetzen. Bei der Berechnung des Regelentgelts nach Satz 1 und des Nettoarbeitsentgelts nach den Sätzen 2 und 4 sind die für die jeweilige Beitragsbemessung und Beitragstragung geltenden Besonderheiten der Gleitzone nach § 20 Abs. 2 des Vierten Buches nicht zu berücksichtigen.

(2) Für die Berechnung des Regelentgelts ist das von dem Versicherten im letzten vor Beginn der Arbeitsunfähigkeit abgerechneten Entgeltabrechnungszeitraum, mindestens das während der letzten abgerechneten vier Wochen (Bemessungszeitraum) erzielte und um einmalig gezahltes Arbeitsentgelt verminderte Arbeitsentgelt durch die Zahl der Stunden zu teilen, für die es gezahlt wurde. Das Ergebnis ist mit der Zahl der sich aus dem Inhalt des Arbeitsverhältnisses ergebenden regelmäßigen wöchentlichen Arbeitsstunden zu vervielfachen und durch sieben zu teilen. Ist das Arbeitsentgelt nach Monaten bemessen oder ist eine Berechnung des Regelentgelts nach den Sätzen 1 und 2 nicht möglich, gilt der dreißigste Teil des im letzten vor Beginn der Arbeitsunfähigkeit abgerechneten Kalendermonat erzielten und um einmalig gezahltes Arbeitsentgelt verminderten Arbeitsentgelts als Regelentgelt. Wenn mit einer Arbeitsleistung Arbeitsentgelt erzielt wird, das für Zeiten einer Freistellung vor oder nach dieser Arbeitsleistung fällig wird (Wertguthaben nach § 7 Abs. 1a des Vierten Buches), ist für die Berechnung des Regelentgelts das im Bemessungszeitraum der Beitragsberechnung zugrundeliegende und um einmalig gezahltes Arbeitsentgelt verminderte Arbeitsentgelt maßgebend; Wertguthaben, die nicht gemäß einer Vereinbarung über flexible Arbeitszeitregelungen verwendet werden (§ 23b Abs. 2 des Vierten Buches), bleiben außer Betracht. Bei der Anwendung des Satzes 1 gilt als regelmäßige wöchentliche Arbeitszeit die Arbeitszeit, die dem gezahlten Arbeitsentgelt entspricht. Für die Berechnung des Regelentgelts ist der dreihundertsechzigste Teil des einmalig gezahlten Arbeitsentgelts, das in den letzten zwölf Kalendermonaten vor Beginn der Arbeitsunfähigkeit nach § 23a des Vierten Buches der Beitragsberechnung zugrunde gelegen hat, dem nach Satz 1 bis 5 berechneten Arbeitsentgelt hinzuzurechnen.

(3) Die Satzung kann bei nicht kontinuierlicher Arbeitsverrichtung und -vergütung abweichende Bestimmungen zur Zahlung und Berechnung des Krankengeldes vorsehen, die sicherstellen, daß das Krankengeld seine Entgeltersatzfunktion erfüllt.

(4) Für Seeleute gelten als Regelentgelt die beitragspflichtigen Einnahmen nach § 233 Abs. 1. Für Versicherte, die nicht Arbeitnehmer sind, gilt als Regelentgelt der kalendertägliche Betrag, der zuletzt vor Beginn der Arbeitsunfähigkeit für die Beitragsbemessung aus Arbeitseinkommen maßgebend war. Für nach dem Künstlersozialversicherungsgesetz Versicherte ist das Regelentgelt aus dem Arbeitseinkommen zu berechnen, das der Beitragsbemessung für die letzten zwölf Kalendermonate vor Beginn der Arbeitsunfähigkeit zugrunde gelegen hat; dabei ist für den Kalendertag der dreihundertsechzigste Teil dieses Betrages anzusetzen. Die Zahl dreihundertsechzig ist um die Zahl der Kalendertage zu vermindern, in denen eine Versicherungspflicht nach dem Künstlersozialversicherungsgesetz nicht bestand oder für die nach § 234 Abs. 1 Satz 3 Arbeitseinkommen nicht zugrunde zu legen ist. Die Beträge nach § 226 Abs. 1 Satz 1 Nr. 2 und 3 bleiben außer Betracht.

(5) (weggefallen)

(6) Das Regelentgelt wird bis zur Höhe des Betrages der kalendertäglichen Beitragsbemessungsgrenze berücksichtigt.

Gliederung

A. Basisinformationen

I. Textgeschichte

§ 47 SGB V ist am 01.01.1989 in der Fassung des Art. 1 Gesetz zur Strukturreform im Gesundheitswesen vom 20.12.1988 (GRG)[1] und Art. 2 Nr. 3 Gesetz zur Änderung des KSVG vom 20.12.1988 (KSVGÄndG)[2] in Kraft getreten. 1

[1] BGBl I 1988, 2477.
[2] BGBl I 1988, 2606.

2 Absatz 1 Sätze 1 und 2 wurden mit Wirkung vom 01.01.1997 geändert durch Art. 2 Nr. 14a, 14b Gesetz zur Entlastung der Beiträge in der gesetzlichen Krankenversicherung vom 01.11.1996 (Beitragsentlastungsgesetz).[3] Das Krankengeld wurde von zuvor 80% auf 70% des Regelentgeltes, höchstens jedoch auf 90% des Nettoarbeitsentgeltes begrenzt.

3 Durch Art. 2 Nr. 1 Gesetz zur sozialrechtlichen Behandlung von einmalig gezahltem Arbeitsentgelt vom 12.12.1996 (SoBehArbEntgG)[4] wurde in Absatz 4 Satz 5 die Verweisung auf § 227 SGB V durch § 23a SGB IV ersetzt.

4 Durch Art. 3 Nr. 1 Gesetz zur sozialrechtlichen Absicherung flexibler Arbeitszeitregelungen vom 06.04.1998 (ArbZAbsichG)[5] wurden mit Wirkung vom 01.01.1998 in Absatz 2 die Sätze 4 und 5 eingefügt.

5 Mit den durch Art. 2 Nr. 1a, 1b Gesetz zur Neuregelung der sozialversicherungsrechtlichen Behandlung von einmalig gezahltem Arbeitsentgelt vom 21.12.2000 (Einmahlzahlungs-Neuregelungsgesetz)[6] mit Wirkung vom 22.06.2000 eingefügten § 47 Abs. 1 Sätze 3 und 4, Abs. 2 Satz 6 SGB V werden nunmehr auch Einmalzahlungen bei der Berechnung des Krankengeldes berücksichtigt. Durch Art. 2 Nr. 1c Einmalzahlungs-Neuregelungsgesetz wurde zugleich Absatz 4 Satz 5 mit Wirkung vom 22.06.2000 geändert.

6 Absatz 5 wurde aufgehoben mit Wirkung vom 01.07.2001 durch Art. 5 Nr. 16 Sozialgesetzbuch – Neuntes Buch – (SGB IX) Rehabilitation und Teilhabe behinderter Menschen vom 19.06.2001.[7]

7 In Absatz 1 wurde Satz 8 mit Wirkung vom 01.04.2003 eingefügt durch Art. 3 Nr. 3 Zweites Gesetz für moderne Dienstleistungen am Arbeitsmarkt vom 23.12.2002 (ArbMDienstLG 2).[8]

8 Absatz 4 wurde mit Wirkung vom 30.03.2005 um den Zusatz „aus Arbeitseinkommen" durch Art. 4 Nr. 2 Gesetz zur Vereinfachung der Verwaltungsverfahren im Sozialrecht vom 21.03.2005 (Verwaltungsvereinfachungsgesetz) ergänzt.[9]

II. Vorgängervorschriften

9 Höhe, Berechnung und Zahlung des Krankengeldes waren bis zum 31.12.1988 in § 182 Abs. 4-9 RVO geregelt. Bezüglich der Berechnung des Krankengeldes von Seeleuten fand sich in § 479 Abs. 2a RVO eine spezielle Regelung. Inhaltliche Änderungen ergaben sich mit der Überführung der genannten Normen in das SGB V nicht.

10 Die Regelungen des Absatzes 4 Sätze 3 und 4, die die Berechnung des Krankengeldes für nach dem Künstlersozialersicherungsgesetz Versicherte betreffen, fanden sich in der RVO noch nicht. Vielmehr galten nach § 182 Abs. 6 Satz 1 RVO für alle Nichtarbeitnehmer einheitliche Regelungen.

11 Ebenfalls keine Vorgängervorschrift existiert zu der in Absatz 3 geregelten Satzungsermächtigung bezüglich besonderer Arbeitsformen.

III. Systematische Zusammenhänge

12 Während in den §§ 44 ff. SGB V die Voraussetzungen für das Entstehen eines Anspruchs auf Krankengeld und in den §§ 48 ff. SGB V die Einzelheiten bezüglich Dauer, Ruhen, Ausschluss, Kürzung und Wegfall des Anspruchs geregelt sind, enthält § 47 SGB V die Bestimmungen zur Höhe, Berechnung und Zahlung des Krankengeldes.

13 § 47 SGB V regelt die Höhe und Berechnung des Krankengeldes für Arbeitnehmer (Absätze 1, 2), Seeleute (Absatz 4 Satz 1), Nichtarbeitnehmer (Absatz 4 Satz 2) sowie für Künstler und Publizisten (Absatz 4 Sätze 3, 4). Für anspruchsberechtigte **Bezieher** von **Arbeitslosen- und Unterhaltsgeld** sowie von **Kurzarbeiter- und Winterausfallgeld** enthält **§ 47b SGB V spezielle Berechnungsvorschriften**.

---

[3] BGBl I 1996, 1631.
[4] BGBl I 1996, 1859.
[5] BGBl I 1998, 688.
[6] BGBl I 2000, 1971.
[7] BGBl I 2001, 1046.
[8] BGBl I 2002, 4621.
[9] BGBl I 2005, 818.

Für die Berechnung des Krankengeldes in der **Übergangszeit vom 01.01.1997 bis zum 21.06.2000** trifft **§ 47a SGB V spezielle Regelungen**. Dabei bestimmen Absatz 1 und Absatz 2 Satz 1 die **Anwendung des § 47 SGB V in der Fassung ab 22.06.2000** für die am 21.06.2000 noch nicht unanfechtbar beschiedenen Krankengeldansprüche bzw. für die über den 21.06.2000 hinausgehende Bezugszeit. 14

Die **Anpassung des Krankengeldes** richtet sich seit dem 01.07.2001 nach der allgemeinen Bestimmung des **§ 50 SGB IX**. 15

IV. Leitentscheidungen

Beschluss des Bundesverfassungsgerichts vom 11.01.1995 - 1 BvR 892/88 - SozR 3-2200 § 385 Nr. 6 (Verfassungswidrigkeit der Nichtberücksichtigung einmalig gezahlten Arbeitsentgeltes bei der Krankengeldberechnung; vgl. Rn. 57 ff.); Beschluss des Bundesverfassungsgerichts vom 17.02.1997 - 1 BvR 1903/96 - SozR 3-2500 § 47 Nr. 8 (Verfassungsmäßigkeit der Herabsetzung der Krankengeldhöhe auf 70% des Regelentgeltes und Begrenzung auf 90% des Nettoarbeitsentgeltes; vgl. Rn. 20); Beschluss des Bundesverfassungsgerichts vom 24.05.2000 - 1 BvL 1/98 - SozR 3-2400 § 23a Nr. 1 (erneute Feststellung der Verfassungswidrigkeit der Nichtberücksichtigung einmalig gezahlten Arbeitsentgeltes bei der Krankengeldberechnung; vgl. Rn. 58); Urteil des Bundessozialgerichts vom 22.06.1973 - 3 RK 90/71 - SozR § 182 Nr. 59 (Bemessungszeitraum bei aufeinander folgenden und durch Arbeitsunfähigkeiten unterbrochenen Beschäftigungen; vgl. Rn. 35); Urteil des Bundessozialgerichts vom 13.07.1977 - 3 RK 22/76 - SozR 2200 § 182 Nr. 22 (keine Berücksichtigung nachträglicher Lohnerhöhungen bei der Krankengeldberechnung; vgl. Rn. 44); Urteil des Bundessozialgerichts vom 28.11.1979 - 3 RK 103/78 - SozR 2200 § 182 Nr. 59 (Berücksichtigung von Überstunden bei der Krankengeldberechnung; vgl. Rn. 54); Urteil des Bundessozialgerichts vom 25.06.1991 - 1/3 RK 6/90 - SozR 3-2200 § 182 Nr. 8 (Maßgeblichkeit des letzten abgerechneten Entgeltabrechnungszeitraumes bei Umwandlung eines Vollzeitarbeitsverhältnisses in eine Teilzeitbeschäftigung; vgl. Rn. 31); Urteil des Bundessozialgerichts vom 30.03.2004 - B 1 KR 32/02 R - SozR 4-2500 § 47 Nr. 1 (Maßgeblichkeit des tatsächlich erzielten Arbeitseinkommens bei der Krankengeldberechnung für selbständig Erwerbstätige; vgl. Rn. 87 ff.); Urteil des Bundessozialgerichts vom 21.02.2006 - B 1 KR 11/05 R - SozR 4-2500 § 47 Nr. 3 (verfassungskonforme Reduktion des § 47 Abs. 1 Satz 4 SGB V bei krankheitsbedingt nicht zu zahlenden Sonderzuwendungen; vgl. Rn. 115). 16

Urteil des Bundessozialgerichts vom 14.12.2006 - B 1 KR 11/06 R - SozR 4-2500 § 47 Nr. 7 (Vermutung eines der Beitragsbemessungsgrundlage entsprechenden Regelentgelts bei hauptberuflich Selbständigen; vgl. Rn. 89.1). 16.1

V. Ausgewählte Literaturhinweise

Schlegel, Verfassungsmäßigkeit der Beitragserhebung auf Einmalzahlungen ab 1. Januar 1997?, NZS 1997, 201; *Ebsen*, Sozialversicherungsrechtliche Behandlung einmaligen Arbeitsentgelts – zugleich eine Fallstudie zum Verhältnis von Bundesverfassungsgericht und Gesetzgebung, NZS 1997, 441; *Waschull*, Die Erhebung von Sozialversicherungsbeiträgen aus sog. Einmalzahlungen – Sisyphos des Verfassungsrechts?, NZS 2001, 113 ff.; *Biehl*, Mindestkrankengeld für hauptberuflich selbständig Erwerbstätige – systemkonform oder ein Verstoß gegen die Entgeltersatzfunktion des Krankengeldes?, SGb 2004, 678 ff., 738 ff. 17

B. Regelungsgehalt und Bedeutung der Norm

§ 47 SGB V regelt die Höhe und Berechnung des Krankengeldes. Dabei wird die **Entgeltersatzfunktion** des Krankengeldes in den Vordergrund gestellt. Dem Versicherten soll das wegen krankheitsbedingter Arbeitsunfähigkeit entgehende Arbeitsentgelt oder Arbeitseinkommen ersetzt werden.[10] Das Krankengeld wird in Höhe eines bestimmten Prozentsatzes des zu ermittelnden Regelentgeltes gezahlt. Es wird durch mehrere Regelungen begrenzt, damit vermieden wird, dass ein Versicherter durch den Bezug der Entgeltersatzleistung besser gestellt wird, als wenn er Arbeitsentgelt erzielen würde. 18

Aus Gründen der Verwaltungsvereinfachung und Praktikabilität wird bei der Berechnung des Krankengeldes das **zuletzt vor Beginn der Arbeitsunfähigkeit abgerechnete** – und damit feststehende – **Arbeitsentgelt** zugrunde gelegt. 19

[10] BSG v. 14.02.2001 - B 1 KR 1/00 R - SozR 3-2500 § 44 Nr. 8.

C. Höhe und Berechnung des Krankengeldes

I. Grundsatz

20 Das Krankengeld wird grundsätzlich in Höhe von 70% des sog. **Regelentgeltes** gezahlt.[11] Das zu ermittelnde Regelentgelt wird dabei nur bis zur Höhe des Betrages der kalendertäglichen Beitragsbemessungsgrenze berücksichtigt. Nach der Ermittlung von 70% des Regelentgeltes ist eine **1. Vergleichsberechnung** erforderlich, denn das Krankengeld darf nicht über 90% des Nettoarbeitsentgeltes betragen. Der Anspruch des Versicherten besteht daher in Höhe des niedrigeren Betrages. Dieser darf jedoch auch nicht das ohne die Berücksichtigung des einmalig gezahlten Arbeitsentgeltes errechnete Nettoarbeitsentgelt übersteigen. Insoweit ist eine **2. Vergleichsberechnung** durchzuführen. Die Vergleichsberechnungen entfallen lediglich bei der Krankengeldberechnung für Selbständige.

II. Ermittlung des Regelentgeltes

21 Nach der Legaldefinition des § 47 Abs. 1 Satz 1 SGB V ist unter Regelentgelt das erzielte regelmäßige (Brutto-)Arbeitsentgelt und Arbeitseinkommen, soweit es der Beitragsberechnung unterliegt, zu verstehen.

1. Bemessungszeitraum (Absatz 2 Satz 1)

22 Grundlage für die Berechnung des Regelentgeltes ist das im letzten **Entgeltabrechnungszeitraum vor Beginn der Arbeitsunfähigkeit** erzielte Arbeitsentgelt.

a. Entgeltabrechnungszeitraum

23 Entgeltabrechnungszeitraum ist der Zeitraum, für den der Betrieb üblicherweise die **Lohnabrechnung abgeschlossen** hat. Es kommt nicht darauf an, ob der Versicherte seinen Lohn auch schon erhalten hat. Ausreichend ist, dass das Arbeitsentgelt ohne weitere Rechenoperationen ausgezahlt oder überwiesen werden kann.[12]

24 Der Versicherte muss nicht für den gesamten Bemessungszeitraum Arbeitsentgelt beanspruchen können; es genügt vielmehr, wenn für einen Teil des Bemessungszeitraumes Arbeitsentgelt abgerechnet worden ist. Fehlzeiten, z.B. wegen unbezahlten Urlaubs etc., sind insoweit unschädlich.

25 In den Entgeltabrechnungszeitraum fallen auch die Zeiten, in denen der Versicherte trotz fehlender Arbeitsleistung Entgelt erhalten hat, also insbesondere Zeiten der Entgeltfortzahlung und des bezahlten Urlaubs. Eine der Krankengeldgewährung unmittelbar vorausgehende und auf derselben ununterbrochenen Arbeitsunfähigkeit beruhende Entgeltfortzahlung ist allerdings bei der Berechnung des Krankengeldes nicht zu berücksichtigen. Diese Zeit dieser Entgeltfortzahlung liegt gerade nicht vor Eintritt der Arbeitsunfähigkeit.[13]

26 Der Abrechnungszeitraum muss sich über **mindestens 4 Wochen** erstrecken. Zweck dieser Mindestdauer ist es, möglichst zuverlässig das regelmäßige Arbeitsentgelt zu ermitteln und Zufallsergebnisse zu vermeiden. Erstreckt sich der letzte Abrechnungszeitraum nicht über diese Mindestdauer, ist in der Regel ein weiter zurückliegender abgerechneter Zeitraum für die Beurteilung heranzuziehen.

27 Soweit der betriebsübliche Entgeltabrechnungszeitraum stets kürzer als 4 Wochen ist, sind mehrere Entgeltabrechnungszeiträume so zusammenzurechnen, dass sich ein Zeitraum von mindestens 4 Wochen ergibt.[14]

28 Ein **Sonderfall** liegt vor, wenn ein sonst nicht Erwerbstätiger nach Aufnahme einer **für wenige Tage vereinbarten Aushilfstätigkeit** arbeitsunfähig wird. Da weder ein abgerechneter Entgeltabrechnungszeitraum für die Aushilfstätigkeit vorliegt, noch auf einen früheren Entgeltabrechnungszeitraum bei einem anderen Arbeitgeber zurückgegriffen werden kann, ist für die Berechnung des Regelentgeltes der für die Aushilfstätigkeit vereinbarte Lohn zugrunde zu legen. Dieser ist wegen des sich aus Absatz 2 Satz 1 ergebenden Mindestbemessungszeitraumes von 4 Wochen durch 28 (Kalendertage) zu teilen.[15]

---

[11] Bis zum 31.12.1996 wurde das Krankengeld noch in Höhe von 80% des Regelentgeltes gewährt. Zu der Änderung ist es durch das Beitragsentlastungsgesetz vom 01.11.1996 gekommen.

[12] BSG v. 25.06.1991 - 1/3 RK 6/90 - SozR 3-2200 § 182 Nr. 8.

[13] BSG v. 20.01.1982 - 3 RK 7/81 - SozR 2200 § 182 Nr. 79.

[14] „Gemeinsames Rundschreiben der Spitzenverbände der Sozialleistungsträger" v. 12.05.1987, Gliederungspunkt 1.1.1.1. (3).

[15] BSG v. 23.03.1999 - B 2 U 16/98 R - SozR 3-2200 § 561 Nr. 2; BSG v. 19.08.2003 - B 2 U 46/02 R - SozR 4-2700 § 47 Nr. 1.

b. Vor Beginn der Arbeitsunfähigkeit

Auf die **Verhältnisse vor Beginn der Arbeitsunfähigkeit** ist abzustellen, damit möglichst schnell und mit möglichst wenig Verwaltungsaufwand eine Entscheidung über die Höhe des zeitlich nur begrenzt zu gewährenden Krankengeldes getroffen werden kann. Käme es dagegen auf das dem Versicherten während der Arbeitsunfähigkeit entgehende Arbeitsentgelt an, wäre dies sehr viel schwieriger festzustellen. Es müssten hypothetische Berechnungen und ggf. Nachberechnungen angestellt werden.[16] Außerdem soll das Krankengeld nur den wirtschaftlichen Status des Versicherten sichern, der zuletzt vor Eintritt der Arbeitsunfähigkeit tatsächlich bestanden hat.[17] 29

Die von § 47 SGB V gewählte Berechnungsmethode, die erst nach dem Bemessungszeitraum wirksam werdende Änderungen der Lohnsituation außer Betracht lässt, kann sich sowohl zu Gunsten als auch zu Lasten des Versicherten auswirken. 30

Bei **Umwandlung eines Vollzeitarbeitsverhältnisses in eine Teilzeitbeschäftigung** ist das im letzten abgerechneten Entgeltabrechnungszeitraum erzielte Arbeitsentgelt auch dann ausschlaggebend, wenn bereits vor oder bei Eintritt der Arbeitsunfähigkeit die Änderung des Arbeitsverhältnisses eingetreten ist.[18] 31

Der letzte abgerechnete Entgeltzeitraum vor Eintritt der Arbeitsunfähigkeit ist auch dann für die Berechnung des Krankengeldes maßgeblich, wenn ein **Arbeitgeberwechsel** stattgefunden hat und die Arbeitsunfähigkeit im neuen Arbeitsverhältnis eingetreten ist, bevor in diesem ein neuer Entgeltzeitraum abgerechnet wurde.[19] Eine etwaige durch den Arbeitgeberwechsel bedingte Änderung der Einkommenssituation wird nicht berücksichtigt. Der insoweit abweichenden Ansicht der Spitzenverbände der Sozialleistungsträger[20] ist entgegenzuhalten, dass sich bei Einbeziehung des schon feststehenden niedrigeren oder höheren Entgeltes die Höhe des Krankengeldes nicht mehr nach den vorher entrichteten Beiträgen richtet.[21] Auch stellt der Gesetzeswortlaut nicht auf eine Kontinuität des Beschäftigungsverhältnisses ab. 32

Entsprechendes gilt, wenn ein Arbeitsverhältnis beendet und ein **neues Arbeitsverhältnis** mit **demselben Arbeitgeber** begründet wird.[22] 33

Ein vor Beginn der Arbeitsunfähigkeit noch nicht abgerechneter Entgeltabrechnungszeitraum kann insbesondere auch dann nicht als Bemessungszeitraum berücksichtigt werden, wenn sich die Berechnung des Krankengeldes verzögert oder später ohnehin überprüft wird und die Lohnabrechnung der Krankenkasse inzwischen vorliegt. Der Bemessungszeitraum muss vielmehr von vornherein unverrückbar festliegen.[23] 34

Eine **Ausnahme** wird bei **aufeinander folgenden und durch Arbeitsunfähigkeiten unterbrochenen Beschäftigungen** gemacht: Auch wenn nach der ersten Arbeitsunfähigkeit noch kein weiterer Entgeltabrechnungszeitraum abgerechnet worden ist, soll grundsätzlich das Arbeitsentgelt vor der letzten und noch andauernden Arbeitsunfähigkeit maßgeblich sein, und zwar auch dann, wenn diese „Zwischenbeschäftigung" nicht mindestens 4 Wochen gedauert hat. Für die fehlende Zeit ist dann das Entgelt eines gleichartig Beschäftigten desselben Betriebes heranzuziehen.[24] Hierdurch soll vermieden werden, dass bei wiederholten Arbeitsunfähigkeiten ggf. auf weit zurückliegende Entgeltabrechnungszeiträume zurückgegriffen wird, die der Höhe des aktuellen Arbeitsentgeltes nicht mehr entsprechen. Dies wäre mit der Entgeltersatzfunktion des Krankengeldes nicht in Einklang zu bringen. 35

Entsprechendes muss gelten, wenn ein erstmalig (nach langer Zeit) Erwerbstätiger vor Ablauf des ersten Entgeltabrechnungszeitraumes arbeitsunfähig wird. 36

---

16 Vgl. BSG v. 25.06.1991 - 1/3 RK 6/90 - SozR 3-2200 § 182 Nr. 8; BSG v. 24.08.1976 - 8 RU 16/76 - SozR 2200 § 561 Nr. 3.

17 BSG v. 05.07.2005 - B 1 KR 7/04 R - juris Rn. 16.

18 BSG v. 25.06.1991 - 1/3 RK 6/90 - SozR 3-2200 § 182 Nr. 8 (für nach Kalendermonaten bemessenes Arbeitsentgelt).

19 LSG Saarland v. 22.06.2005 - L 2 KR 24/03 - juris Rn. 25 (mit eingehender Begründung).

20 „Gemeinsames Rundschreiben der Spitzenverbände der Sozialleistungsträger" v. 12.05.1987, Gliederungspunkt 1.1.1.1.2.1.

21 Vgl. auch BSG v. 25.06.1991 - 1/3 RK 6/90 - SozR 3-2200 § 182 Nr. 8.

22 LSG Saarland v. 22.06.2005 - L 2 KR 24/03 - juris Rn. 25; offen gelassen durch BSG v. 25.06.1991 - 1/3 RK 6/90 - SozR 3-2200 § 182 Nr. 8.

23 BSG v. 20.01.1982 - 3 RK 7/81 - SozR 220 § 182 Nr. 79.

24 BSG v. 22.06.1973 - 3 RK 90/71 - SozR § 182 Nr. 59.

37 Bei einem **irrtümlich arbeitsfähig geschriebenen** Versicherten, der kurzzeitig eine Arbeit wieder aufgenommen hatte, bevor er erneut arbeitsunfähig geschrieben wurde, ist das Krankengeld unter Berücksichtigung des Arbeitsentgeltes vor der Arbeitsunfähigkeit und nicht etwa unter Zugrundelegung des zwischendurch erzielten Arbeitsentgeltes zu zahlen.[25] (Anmerkung: In der Regel ist jedoch die (spätere) Behauptung eines früheren Beginns der Arbeitsunfähigkeit unbeachtlich.[26] Dies gilt jedenfalls dann, wenn der Versicherte seine Obliegenheit, für eine zeitgerechte Feststellung der geltend gemachten Arbeitsunfähigkeit zu sorgen, nicht erfüllt hat.)[27]

38 Der **Entgeltabrechnungszeitraum** muss vor Beginn der Arbeitsunfähigkeit nicht nur abgerechnet, sondern auch **abgelaufen** sein. Das Arbeitsentgelt ist nicht schon dann „erzielt", wenn es etwa aufgrund einer (teilweisen) Vorauszahlung ausgezahlt worden ist. Vielmehr muss es auch durch entsprechende Arbeitsleistung verdient, also erarbeitet worden sein (vgl. aber Rn. 25).[28]

2. Laufend erzieltes Arbeitsentgelt

39 Für die Ermittlung des Regelentgeltes ist zunächst nur das im Bemessungszeitraum erzielte **laufende Entgelt** zu berücksichtigen. **Einmalig gezahltes Arbeitsentgelt** nach § 23a SGB IV bleibt vorerst außer Betracht (Absatz 2 Satz 1 HS. 2).

a. Arbeitsentgelt

40 Abzustellen ist auf das gem. §§ 220 ff., 226 ff. SGB V der Beitragsberechnung unterliegende Arbeitsentgelt. Die Solidargemeinschaft soll nur insoweit aufkommen, als der Versicherte seinerseits einen Beitrag geleistet hat (Versicherungsprinzip). Dabei ist unerheblich, ob die Beiträge tatsächlich abgeführt worden sind oder nicht. Entscheidend ist allein die **Beitragspflicht**.[29]

41 Arbeitsentgelt sind alle Einnahmen aus einer Beschäftigung (vgl. § 14 Abs. 1 SGB IV, ArEV).[30] Hierunter fallen somit auch Urlaubsentgelte und Entgeltfortzahlungen.[31] Wird das Arbeitsentgelt im Krankheitsfall in abgesenkter Höhe fortgezahlt, ist das ungekürzte Arbeitsentgelt Grundlage für die Krankengeldberechnung.[32]

42 **Tarifliches Urlaubsgeld** ist nur ausnahmsweise als laufendes Arbeitsentgelt zu berücksichtigen, wenn es monatlich gezahlt wird und in seiner Höhe von den im jeweiligen Abrechnungszeitraum geleisteten Arbeitsstunden abhängt.[33] Im Übrigen ist es als einmalig gezahltes Entgelt bei der Krankengeldberechnung zu berücksichtigen (vgl. Rn. 57 ff.).

43 Bei **Mehrfachbeschäftigungen** sind grundsätzlich die erzielten Arbeitsentgelte zusammenzurechnen, solange infolge der Erkrankung in allen Beschäftigungen Arbeitsunfähigkeit besteht und kein Arbeitsentgelt gewährt wird.[34]

b. Tatsächlich erzielt

44 Das Arbeitsentgelt muss vor Beginn der Arbeitsunfähigkeit **tatsächlich erzielt** worden sein, d.h. es muss dem Versicherten zugeflossen sein.[35] **Rückwirkende Lohnerhöhungen** sind nicht zu berücksichtigen, da diese dem Versicherten im Bemessungszeitraum gerade noch nicht zur Verfügung standen. Dies gilt selbst dann, wenn die rückwirkenden Veränderungen bereits bei Eintritt der Arbeitsunfähigkeit absehbar sind.[36] Der Krankenkasse soll eine zeitnahe und rasche Feststellung des Krankengeldes möglich sein.

---

[25] BSG v. 17.08.1982 - 3 RK 28/81 - SozR 2200 § 182 Nr. 84.
[26] BSG v. 19.09.2002 - B 1 KR 11/02 R - SozR 3-2500 § 44 Nr. 10.
[27] Vgl. BSG v. 08.2.2000 - B 1 KR 11/99 R - SozR 3-2500 § 49 Nr. 4.
[28] BSG v. 24.07.1985 - 8 RK 14/84 - SozR 2200 § 182 Nr. 99.
[29] *Höfler* in: KassKomm, SGB V, § 47 Rn. 15.
[30] BSG v. 25.07.1979 - 3 RK 74/78 - SozR 2200 § 182 Nr. 49.
[31] BSG v. 20.01.1982 - 3 RK 7/81 - SozR 2200 § 182 Nr. 79.
[32] *Vay* in: Krauskopf, Soziale Krankenversicherung. Pflegeversicherung, § 47 Rn. 18.
[33] BSG v. 03.03.1994 - 1 RK 17/93 - SozR 3-2500 § 47 Nr. 5.
[34] BSG v. 21.03.1974 - 8 RU 81/73 - SozR 2200 § 560 Nr. 1.
[35] BSG v. 30.06.1981 - 5b/5 RJ 156/80 - SozR 2200 § 1241 Nr. 18; BSG v. 19.05.1982 - 11 RA 47/81 - SozR 2200 § 1241 Nr. 22.
[36] BSG v. 13.07.1977 - 3 RK 22/76 - SozR 2200 § 182 Nr. 22.

Anders verhält es sich mit Lohnansprüchen, die allein wegen **fehlerhafter Berechnung** durch den Arbeitgeber im Bemessungszeitraum zunächst nicht erfüllt wurden. Diese werden – wenn sie nachträglich von dem Arbeitgeber erfüllt werden – rückwirkend in den Bemessungszeitraum einbezogen.[37] Fehlerhaft zu niedrig ermitteltes, aber zu keinem Zeitpunkt ausgezahltes Arbeitsentgelt ist demgegenüber nicht zu berücksichtigen.[38] Hintergrund für diese Differenzierung ist, dass aus dem tatsächlich (nach-)gezahlten beitragspflichtigen Arbeitsentgelt auch Beiträge zu entrichten sind. Bleiben die nachentrichteten Beiträge unberücksichtigt, steht der Versicherte in unbilliger Weise schlechter als derjenige, dessen Arbeitgeber sogleich ordnungsgemäß geleistet hat. Insoweit müssen Praktikabilitätserwägungen bei der Krankengeldberechnung zurücktreten. 45

Aus zu Unrecht nicht (nach-)gezahltem Arbeitsentgelt werden dagegen weder Beiträge abgeführt, noch steht dieses Arbeitsentgelt dem Versicherten zu irgendeinem Zeitpunkt für seinen Lebensunterhalt zur Verfügung. Eine Einbeziehung in die Krankengeldberechnung ist daher nicht geboten. 46

Entsprechendes muss gelten, wenn der Arbeitgeber dem Versicherten Arbeitsentgelt **rechtswidrig vorenthält**, im Rahmen einer nachträglichen Vertragserfüllung später aber nachzahlt. Dies ist z.B. auch dann der Fall, wenn sich der Arbeitgeber nach unwirksamer Kündigung des Arbeitsverhältnisses in **Annahmeverzug** befindet.[39] Nimmt der Arbeitnehmer dabei zwischenzeitlich anderweitige Beschäftigungen auf, wirkt sich dies nicht zu seinem Nachteil aus.[40] 47

c. Keine Berücksichtigung der Besonderheiten der Gleitzone (Absatz 1 Satz 8)

Die **Besonderheiten der Gleitzone** sind gem. Absatz 1 Satz 8 bei der Berechnung des Regelentgeltes sowie des Nettoarbeitsentgeltes **nicht zu berücksichtigen**. 48

Nach § 20 Abs. 2 SGB IV gelten seit dem 01.04.2003 für Arbeitnehmer, die eine versicherungspflichtige Beschäftigung mit einem Arbeitsentgelt innerhalb der Gleitzone von 400,01 € bis 800,00 € ausüben, besondere Regelungen für die Ermittlung der beitragspflichtigen Einnahmen (vgl. die §§ 226 Abs. 4, 249 Abs. 4 SGB V). Während der Arbeitgeberbeitrag unverändert bleibt, zahlen „Gleitzonen-Arbeitnehmer" nur einen reduzierten Beitragsanteil. Hierzu wird mit Hilfe einer Formel das tatsächliche Arbeitsentgelt in ein fiktives niedrigeres umgerechnet, aus dem dann der Beitragsanteil des Arbeitnehmers ermittelt wird. 49

Da sich nach dem Willen des Gesetzgebers diese Vergünstigung auf der Beitragserhebungsseite nicht andererseits nachteilig auf die Berechnung des Regelentgeltes auswirken soll, ist bei der Berechnung des Regelentgeltes nicht das fiktiv reduzierte Entgelt, sondern das volle tatsächlich erzielte Entgelt zugrunde zu legen. 50

3. Ermittlung des Stundenlohns (Absatz 2 Satz 1)

Das im Bemessungszeitraum ermittelte laufend erzielte Arbeitsentgelt ist zur Ermittlung des Stundenlohns durch die Zahl der Stunden zu teilen, für die es gezahlt wurde. 51

4. Ermittlung des täglichen Regelentgeltes (Absatz 2 Satz 2)

Der unter 3. ermittelte Stundenlohn ist auf den Tageslohn umzurechnen. Hierzu wird der Stundenlohn mit den **regelmäßigen wöchentlichen Arbeitsstunden** multipliziert und das Ergebnis durch 7 (Wochentage) dividiert. 52

Um auch bei dieser Berechnung einen möglichst breiten Querschnitt zu erhalten, ist auf die Wochenarbeitsstundenzahl abzustellen, die sich betrachtet auf die **letzten 13 Wochen oder 3 Monate** ergibt.[41] Entscheidend ist, wie viele Arbeitsstunden durchschnittlich (nicht typischerweise!) in einem entsprechenden Zeitraum anfallen.[42] Entsprechend der Berechnung des Arbeitsentgeltes sind dabei auch die Stunden, für die Entgelt ohne Arbeitsleistung gezahlt worden ist, einzubeziehen. 53

Auch **Überstunden**, die **regelmäßig** geleistet wurden, sind zu berücksichtigen. Entscheidend ist dabei nicht, ob die Überstunden ohne Eintritt der Arbeitsunfähigkeit künftig geleistet worden wären. Überstunden gelten als **regelmäßig**, wenn sie mindestens während der letzten 13 Wochen oder 3 Monate 54

---

37 BSG v. 16.02.2005 - B 1 KR 19/03 R - juris Rn. 21 - SozR 4-2500 § 47 Nr. 2.

38 BSG v. 05.07.2005 - B 1 KR 7/04 R - juris Rn. 17; BSG v. 20.01.1982 - 3 RK 7/81 - SozR 2200 § 182 Nr. 79.

39 Vgl. BSG v. 16.02.2005 - B 1 KR 19/03 - SozR 4-2500 § 47 Nr. 2.

40 BSG v. 16.02.2005 - B 1 KR 19/03 - juris Rn. 17 - SozR 4-2500 § 47 Nr. 2.

41 BSG v. 01.06.1994 - 7 Rar 40/93 - SozR 3-4100 § 59 Nr. 5.

42 BSG v. 23.01.1973 - 3 RK 22/77 - SozR § 182 Nr. 57.

ohne längere Unterbrechungen geleistet wurden.[43] An einer regelmäßigen Verrichtung von Mehrarbeitsstunden fehlt es, wenn in dem Ausgangszeitraum von 3 Monaten bzw. 13 Wochen während eines Monats oder 4 bzw. 5 Wochen nicht jeweils wenigstens eine volle Mehrarbeitsstunde geleistet worden ist.[44]

55 Ist der Versicherte noch nicht 3 Monate bzw. 13 Wochen in dem Betrieb beschäftigt, ist bei der Ermittlung der Arbeitsstunden auf einen gleichartig Beschäftigten abzustellen.[45]

56 Das tägliche (laufende) Regelentgelt lässt sich nach folgender **Formel** berechnen:

$$\frac{\text{(Stundenlohn x wöchentliche Arbeitsstunden)}}{7} = \text{Regelentgelt/Tageslohn}$$

5. Ermittlung des Hinzurechnungsbetrages für einmalig gezahltes Arbeitsentgelt (Absatz 2 Satz 6)

a. Rechtliche Entwicklung

57 Einmalig gezahltes Arbeitsentgelt wurde nach dem früheren § 47 Abs. 2 Satz 1 SGB V bei der Ermittlung des Regelentgeltes außer Acht gelassen. Dies hat das BVerfG insoweit als mit Art. 3 Abs. 1 GG unvereinbar angesehen, als andererseits das einmalig gezahlte Arbeitsentgelt nach § 227 SGB V a.F., § 164 SGB VI a.F. zu Sozialversicherungsbeiträgen heranzuziehen war.[46]

58 Der Gesetzgeber schaffte daraufhin in § 47a SGB V zunächst einen Anspruch auf zusätzliches Krankengeld, wobei die getroffene Regelung jedoch praktisch keinen Anwendungsbereich hatte und einer erneuten Prüfung des BVerfG ebenfalls nicht standhielt.[47] Dem Gesetzgeber wurde aufgegeben, bis zum 30.06.2001 eine verfassungskonforme Regelung zu treffen. Dabei stellte ihm das BVerfG frei, dies entweder durch eine Änderung der Berücksichtigung einmalig gezahlten Arbeitsentgeltes auf der Beitrags- oder aber auf der Leistungsseite zu erreichen. Andernfalls hätte § 23a SGB IV nicht mehr als Grundlage für die Heranziehung von Einmalzahlungen zu Sozialversicherungsbeiträgen herangezogen werden dürfen.

59 Mit dem danach durch das Gesetz zur Neuregelung der sozialversicherungsrechtlichen Behandlung von einmalig gezahltem Arbeitsentgelt vom 21.12.2000 (Einmalzahlungs-Neuregelungsgesetz)[48] mit Wirkung vom 22.06.2000 eingefügten § 47 Abs. 2 Satz 6 SGB V trug der Gesetzgeber der Entscheidung des BVerfG Rechnung, indem nunmehr auch Einmalzahlungen bei der Berechnung der Höhe des Krankengeldes zu berücksichtigen sind. § 47a SGB V enthält seitdem eine Übergangsvorschrift für die Berechnung des Krankengeldes in Leistungsfällen aus der Übergangszeit vom 01.01.1997 bis zum 21.06.2000 (vgl. die Kommentierung zu § 47a SGB V Rn. 16 ff.).

b. Geltende Rechtslage

60 **Einmalzahlungen i.S.d. § 23a SGB IV** sind nunmehr bei der Ermittlung des Regelentgeltes gemäß Absatz 2 Satz 6 dem nach Absatz 2 Sätze 1-5 berechneten Arbeitsentgelt hinzuzurechnen **(kumuliertes Regelentgelt)**. Auf diese Weise wirken sich der Beitragsberechnung unterliegende Einmalzahlungen für die Versicherten im Sinne des Äquivalenzprinzips auch in leistungsrechtlicher Hinsicht durch die Erhöhung des Regelentgelts und damit des Krankengeldanspruchs aus. Entsprechend seines prozentualen Anteils ist der Hinzurechnungsbetrag nach Absatz 1 Sätze 3 und 4 auch für die Berechnung des Nettoarbeitsentgeltes zu berücksichtigen (vgl. Rn. 112).

61 Unter einmalig gezahltem Arbeitsentgelt sind Zuwendungen zu verstehen, die dem Arbeitsentgelt zuzurechnen sind und nicht für die Arbeit in einem einzelnen Entgeltabrechnungszeitraum gezahlt werden (§ 23a Abs. 1 Satz 1 SGB IV; z.B. **Weihnachtsgratifikationen, Gewinnanteile, zusätzlich zum Urlaubsentgelt gewährtes Urlaubsgeld**).

[43] BSG v. 28.11.1979 - 3 RK 103/78 - SozR 2200 § 182 Nr. 59; BSG v. 20.11.2003 - B 13 RJ 17/03 R - SGb 2004, 111.

[44] BSG v. 01.06.1994 - 7 RAr 40/93 - SozR 3-4100 § 59 Nr. 5 mit weiteren Nachweisen.

[45] BSG v. 23.01.1973 - 3 RK 22/70 - SozR § 182 Nr. 57; BSG v. 28.11.1979 - 3 RK 103/78 - SozR 2200 § 182 Nr. 59.

[46] BVerfG v. 11.01.1995 - 1 BvR 892/88 - SozR 3-2200 § 385 Nr. 6.

[47] BVerfG v. 24.05.2000 - 1 BvL 1/98 - SozR 3-2400 § 23a Nr. 1.

[48] BGBl I 2000, 1971.

Zur Ermittlung des Hinzurechnungsbetrages durch die Einmalzahlungen ist das **in den letzten 12 Monaten erzielte einmalige Arbeitsentgelt** zusammenzurechnen. Der **360. Teil** der Summe ist der maßgebliche Hinzurechnungsbetrag. 62

6. Ermittlung des kumulierten Regelentgeltes (Absatz 2 Satz 6)

Die Summe des unter **4.** ermittelten Regelentgeltes/Tageslohns und des unter **5.** ermittelten 360. Teils der Einmalzahlungen ergibt das kumulierte (und damit das ausschlaggebende) Regelentgelt. 63

Formel:

$$\frac{\text{Stundenlohn x wöchentliche Arbeitsstunden}}{7} + \text{360. Teil der Einmalzahlungen} = \text{kumuliertes Regelentgelt}$$

Das Krankengeld ist grundsätzlich in Höhe von **70%** des kumulierten Regelentgeltes zu leisten (vgl. aber Rn. 76, Rn. 101 ff.). 64

7. Besonderheit bei nach Monaten bemessenem Arbeitsentgelt oder in sonstigen Fällen (Absatz 2 Satz 3)

a. Grundsatz

Ist das Arbeitsentgelt nach Monaten bemessen oder kann aus sonstigen Gründen die unter 6. dargestellte Berechnung nicht erfolgen, wird als Regelentgelt der 30. Teil des monatlichen Entgeltes angenommen. Einmalig gezahltes Arbeitsentgelt wird dabei nicht berücksichtigt, es ist gegebenenfalls von dem monatlichen Entgelt abzuziehen. 65

Im Übrigen gelten die **Berechnungsgrundsätze des Absatzes 2 Sätze 1 und 2** entsprechend. 66

b. Nach Monaten bemessenes Arbeitsentgelt (Absatz 2 Satz 3 Alternative 1)

Nach Monaten bemessen im Sinne von Absatz 2 Satz 3 Alternative 1 ist Arbeitsentgelt dann, wenn seine Höhe weder von den im Monat geleisteten Arbeitsstunden noch von dem Erfolg oder Ergebnis der Arbeitsleistung abhängig ist. Bemessungseinheit muss vielmehr ein Monat sein. Dies ist insbesondere bei Angestellten mit Monatsgehalt der Fall. 67

Nach Monaten bemessen ist Arbeitsentgelt dagegen nicht schon dann, wenn es monatlich abgerechnet oder ausgezahlt wird. 68

Werden neben dem fest vereinbarten Monatsentgelt Überstunden geleistet oder neben dem Gehalt Provisionen erarbeitet, wird dadurch die Berechnungsmethode nicht beeinflusst.[49] 69

c. Sonstige Fälle (Absatz 2 Satz 3 Alternative 2)

Absatz 2 Satz 3 Alternative 2 betrifft die übrigen Fälle, in denen die Berechnung des Regelentgeltes nach Absatz 2 Sätze 1, 2 nicht möglich ist, weil das Arbeitentgelt nicht einer Stundenzahl zugeordnet werden kann. Dies gilt insbesondere bei **erfolgsbezogenen Vergütungen** (z.B. Akkord, Provision) oder **Vergütungen nach Stücken** (z.B. Heimarbeit). 70

d. Bemessungszeitraum

Bemessungszeitraum ist in diesen Fällen der **letzte vor der Arbeitsunfähigkeit abgerechnete Kalendermonat**. Dieser bleibt auch dann maßgeblich, wenn sich anschließend noch vor Beginn der Arbeitsunfähigkeit Änderungen bezüglich der Höhe des Arbeitsentgeltes oder der Ausgestaltung des Arbeitsverhältnisses ergeben. 71

Auch vor dem letzten abgerechneten Kalendermonat zugeflossene Prämien- oder Provisionszahlungen finden bei der Ermittlung des Regelentgeltes grundsätzlich keine Berücksichtigung.[50] 72

Ist bei Beginn der Arbeitsunfähigkeit noch kein Kalendermonat abgerechnet worden, kann bei nach Monaten bemessenem Arbeitsentgelt in der Regel problemlos das arbeitsvertraglich festgelegte Monatsgehalt zugrunde gelegt werden. In Fällen, in denen sich aus der bisherigen (kurzzeitigen) Arbeits- 73

---

[49] Vgl. BSG v. 05.03.2002 - B 2 U 13/01 R - ZfS 2002, 242.

[50] BSG v. 05.03.2002 - B 2 U 13/01 R - ZfS 2002, 242.

leistung keine verlässliche Hochrechnung vornehmen lässt, ist das Entgelt einer Vergleichsperson zugrunde zu legen.[51]

8. Flexible Arbeitszeit (Absatz 2 Sätze 4 und 5)

74 Die Berechnung des Regelentgeltes in den Fällen der flexiblen Arbeitszeiten wird in Absatz 2 Sätze 4 und 5 geregelt. Das für die Zeit der Freistellung erarbeitete, jedoch nicht ausgezahlte Arbeitsentgelt (Wertguthaben) bleibt bei der Berechnung des Regelentgeltes außer Betracht. Hierdurch soll sichergestellt werden, dass Versicherte Krankengeld auf Basis des tatsächlich gezahlten Arbeitsentgeltes erhalten.

75 Wird das Wertguthaben nicht vereinbarungsgemäß verwendet, so bleibt es bei der Krankengeldberechnung unberücksichtigt.

9. Beitragsbemessungsgrenze (Absatz 6)

76 Das Regelentgelt wird lediglich bis zur Höhe der kalendertäglichen Beitragsbemessungsgrenze (§ 223 Abs. 3 SGB V i.V.m. § 6 Abs.1 Nr. 1 SGB V) berücksichtigt. Andernfalls käme es zu Ungleichheiten zwischen der Leistungs- und Beitragsbemessung, denn das Krankengeld würde unter Berücksichtigung auch des Entgeltes gezahlt, für das keinerlei Beiträge abgeführt werden. Die Solidargemeinschaft käme somit für Beträge auf, für die sie keine Gegenleistung erhält.

77 Die **Begrenzung** durch die Beitragsbemessungsgrenze **betrifft** das **kumulierte Regelentgelt** (vgl. Rn. 63).

78 Abzustellen ist dabei auf die **am letzten Tage des Bemessungszeitraumes maßgebliche Beitragsbemessungsgrenze.**[52] Gegen die Auffassung, es komme auf die bei Beginn der Arbeitsunfähigkeit maßgebliche Beitragsbemessungsgrenze an[53], spricht, dass sich nach der gesetzlichen Konzeption die Krankengeldberechnung stets nach dem Bemessungszeitraum richtet. Das Regelentgelt bestimmt sich nach dem Bemessungszeitraum und kann daher richtigerweise auch nur durch die in diesem Zeitraum maßgebliche Beitragsbemessungsgrenze begrenzt werden. Auch das Nettoarbeitsentgelt, das nach Absatz 1 Sätze 2, 4 das Regelentgelt begrenzt, wird für den jeweiligen Bemessungszeitraum bestimmt. Auf den Eintritt der Arbeitsunfähigkeit kommt es dagegen lediglich für die rückblickende Bestimmung des Bemessungszeitraumes an. Eine Abweichung von diesem Prinzip bei der Bestimmung der maßgeblichen Beitragsbemessungsgrenze ist daher nicht sachgerecht.

79 Spätere **Änderungen** der Beitragsbemessungsgrenze **bleiben unberücksichtigt.**[54] Änderungen der Höhe des Krankengeldes können allein im Rahmen der Anpassung nach § 50 SGB X erfolgen (vgl. Rn. 117 ff.).

III. Besonderheiten bei Seeleuten, Nichtarbeitnehmern, Künstlern und Publizisten (Absatz 4)

80 Absatz 4 trifft spezielle Regelungen für die Berechnung des Krankengeldes von Seeleuten, Nichtarbeitnehmern sowie Künstlern und Publizisten, um den Besonderheiten hinsichtlich der Einkommens- bzw. Einnahmenverhältnisse dieser Personengruppen gerecht zu werden.

1. Seeleute (Absatz 4 Satz 1)

81 Für Seeleute setzt Absatz 4 Satz 1 das Regelentgelt mit den beitragspflichtigen Einnahmen i.S.d. § 233 Abs. 1 SGB V fest.

82 Die Begrenzung des Krankengeldes nach Absatz 1 Satz 2 auf 90% des Nettoarbeitsentgeltes findet auch für Seeleute Anwendung.[55]

---

[51] So auch *Höfler* in: KassKomm, SGB V, § 47 Rn. 25 a.

[52] Vgl. BSG v. 17.03.1983 - 11 RA 8/82 - SozR 2200 § 1241 Nr. 25; BSG v. 29.05.1980 - 9 RV 6/79 - SozR 3100 § 16a Nr. 2; so auch *Kruse* in: LPK-SGB V, § 47 Rn. 11; *Vay* in: Krauskopf, Soziale Krankenversicherung. Pflegeversicherung, § 47 Rn. 35.

[53] BSG v. 22.06.1979 - 3 RK 22/78 - SozR 2200 § 182 Nr. 46; *Schmidt* in: Peters, Handbuch KV (SGB V), § 47 Rn. 47.

[54] BSG v. 22.06.1979 - 3 RK 22/78 - SozR 2200 § 182 Nr. 46.

[55] BSG v. 27.05.1997 - 2 RU 28/96 - SozR 3-2200 § 561 Nr. 1.

2. Nichtarbeitnehmer (Absatz 4 Satz 2)

Für Versicherte, die nicht Arbeitnehmer, aber zum Bezug von Krankengeld berechtigt sind, ist das Regelentgelt nicht auf der Grundlage eines Bemessungszeitraumes zu ermitteln. Es wird vielmehr auf den zuletzt vor Beginn der Arbeitsunfähigkeit für die Beitragsbemessung maßgeblichen kalendertäglichen Betrag der Einkünfte abgestellt. 83

Die Beträge nach § 226 Abs. 1 Satz 1 Nr. 2 und 3 SGB V bleiben dabei außer Betracht (Satz 6). 84

a. Begriffsbestimmung

Nichtarbeitnehmer im Sinne von Absatz 4 Satz 2 sind insbesondere **selbständig Tätige**, die freiwillig in der gesetzlichen Krankenversicherung versichert sind.[56] 85

Geht ein Versicherter **sowohl** einer **krankenversicherungspflichtigen Beschäftigung** als auch einer **selbständigen Tätigkeit** nach, ist die Krankengeldberechnung für beide Tätigkeiten getrennt vorzunehmen und ein **summiertes Krankengeld** zu zahlen. 86

b. Maßgeblichkeit des erzielten Arbeitseinkommens

Abzustellen ist auf das Arbeitseinkommen, das **zuletzt vor Beginn der Arbeitsunfähigkeit** für **die Beitragsbemessung maßgeblich** gewesen ist. 87

Für die Berechnung des Krankengeldes kommt es dabei auf das tatsächlich erzielte Arbeitseinkommen und **nicht** etwa auf **das für die Beitragsberechnung maßgebende Mindesteinkommen** nach § 240 Abs. 4 Satz 1 SGB V („fiktives Mindesteinkommen") an.[57] Dies ergibt sich aus der klarstellenden Einfügung der Worte „**aus Arbeitseinkommen**" in Satz 2 durch das Gesetz zur Vereinfachung der Verwaltungsverfahren im Sozialrecht vom 21.03.2005 (Verwaltungsvereinfachungsgesetz).[58] 88

Lag das tatsächlich erzielte Einkommen unter dem für die Beitragserhebung maßgeblichen fiktiven Mindesteinkommen, so wird dennoch das Krankengeld anhand des (niedrigeren) tatsächlichen Einkommens ermittelt. 89

Allerdings ist bei freiwillig versicherten hauptberuflich Selbständigen im Sinne einer **widerlegbaren Vermutung** bei der Krankengeldberechnung das Regelentgelt zugrunde zu legen, das dem Betrag entspricht, aus dem zuletzt vor Eintritt der Arbeitsunfähigkeit Beiträge entrichtet worden sind. Hiervon kann nur dann abgewichen und die Vermutung widerlegt werden, wenn konkrete Anhaltspunkte dafür vorliegen, dass dieser Betrag erkennbar nicht der tatsächlichen wirtschaftlichen Situation des Versicherten vor der Arbeitsunfähigkeit entspricht. Dies ist dann der Fall, wenn eine **evidente Diskrepanz** zwischen **tatsächlichem Einkommen** und **Beitragsbemessungsgrundlage** besteht. Wenn z.B. der Beitragsbemessung ein Arbeitseinkommen nach der Mindestbeitragsbemessungsgrenze zugrunde lag, drängt sich die Vermutung auf, dass die Beitragsbemessung das tatsächliche Arbeitseinkommen nicht widerspiegelt. Die geforderte evidente Diskrepanz dürfte dann regelmäßig vorliegen (LSG Berlin-Potsdam v. 29.06.2007 - L 24 KR 517/06 - juris Rn. 33). Auch wenn die Beiträge zu einem erheblichen Teil nicht aus Arbeitseinkommen, sondern aus sonstigen beitragspflichtigen Einnahmen entrichtet worden sind, kann die Vermutung widerlegt sein. In diesen (Ausnahme-)Fällen ist eine konkrete Ermittlung des vor Eintritt der Arbeitsunfähigkeit erzielten Arbeitseinkommens erforderlich, wobei den Versicherten nach § 60 Abs. 1 SGB I eine Mitwirkungspflicht trifft und die Krankenkasse gegebenenfalls die Amtshilfe des zuständigen Finanzamtes in Anspruch nehmen kann. In den übrigen Fällen kann ohne weitere Tatsachenermittlung auf die zuletzt maßgebliche Beitragsbemessungsgrundlage als Regelentgelt abgestellt werden (BSG v. 14.12.2006 - B 1 KR 11/06 R - SozR 4-2500 § 47 Nr. 7). Das BSG rechtfertigt diese Abweichung von dem Grundsatz, dass das Krankengeld nicht höher sein darf als der tatsächliche krankheitsbedingte Verdienstausfall (Einkommensersatzfunktion), neben dem Wortlaut von Absatz 4 Satz 2 auch mit dem Erfordernis der **Verwaltungspraktikabilität**. Hierbei ist insbesondere zu berücksichtigen, dass das Krankengeld in der Regel der Sicherung des Lebensunterhaltes dient und daher möglichst zügig ausgezahlt werden muss. Angesichts der Schwierigkeiten bei der Ermittlung des Arbeitseinkommens Selbständiger könnte dies häufig nicht sichergestellt werden, wäre eine konkrete Einkommensermittlung stets erforderlich. 89.1

---

[56] Zu weiteren Beispielen vergleiche *Schmidt* in: Peters, Handbuch KV (SGB V), § 47 Rn. 129.

[57] BSG v. 30.03.2004 - B 1 KR 32/02 R - SozR 4-2500 § 47 Nr. 1; BSG v. 07.12.2004 - B 1 KR 17/04 R.

[58] BGBl I 2005, 818.

90 Falls **kein Einkommen** erzielt worden ist, **scheidet** dementsprechend trotz Beitragszahlung ein Anspruch auf **Krankengeldgewährung aus**. Ein Verstoß gegen Verfassungsrecht ist hierin nicht zu erblicken.[59]

91 Eine positive Berücksichtigung von **Einkünften aus Kapitalvermögen** bei der Krankengeldhöhe ist mit der Entgeltersatzfunktion des Krankengeldes unvereinbar.[60]

92 Stimmen aus der Literatur, die eine **beitragsbezogene Berechnung** des Krankengeldes befürworten[61], ist entgegenzuhalten, dass sich die aus einer einschränkenden Auslegung von Absatz 4 Satz 2 ergebende einkommensbezogene Krankengeldberechnung zwingend aus der **Entgeltersatzfunktion** des Krankengeldes ergibt. Allein die durch die Arbeitsunfähigkeit ausfallenden Einkünfte sollen durch das Krankengeld ersetzt und ausgeglichen werden. Die Einschränkung ist geboten, weil Versicherte durch Arbeitsunfähigkeit keinesfalls besser gestellt werden dürfen.[62]

93 Die für freiwillig Versicherte geltende Mindestbeitragshöhe verfolgt im Übrigen nicht den Zweck, deren wirtschaftliche Leistungsfähigkeit genauer zu erfassen. Vielmehr soll durch sie verhindert werden, dass sich freiwillige Kassenmitglieder mit geringen Einkünften zu Lasten der Solidargemeinschaft der Pflichtversicherten einen Krankenversicherungsschutz zu unangemessen niedrigen Beiträgen verschaffen können.[63]

94 Durch die Beitragszahlungen wird außerdem nicht nur die Anwartschaft für einen Anspruch auf Krankengeld erworben. Der Versicherungsschutz geht vielmehr weiter. Das Krankengeld macht lediglich einen Teilbereich der Versicherung aus.

95 Im Übrigen steht es dieser Versichertengruppe frei, sich statt für die gesetzliche für eine private Krankenversicherung zu entscheiden.

c. Kein Vergleich mit Nettoeinkommen oder Beitragsbemessungsgrenze

96 Das Nettoeinkommen der Nichtarbeitnehmer ist bei der Ermittlung des Regelentgeltes nach Absatz 4 Satz 2 nicht zu berücksichtigen. Insoweit entfällt die Vergleichsberechnung nach Absatz 1 Sätze 2 und 4.

97 Auch eine Begrenzung des Regelentgeltes durch die Beitragsbemessungsgrenze nach Absatz 6 entfällt bei den Nichtarbeitnehmern. Jenseits der Beitragsbemessungsgrenze liegende Einkünfte werden bei der Beitragsbemessung nach Absatz 4 Satz 2 von vornherein nicht berücksichtigt.

3. Künstler/Publizisten (Absatz 4 Sätze 3 und 4)

98 Für Künstler und Publizisten, die nach dem Künstlersozialversicherungsgesetz versichert sind, wird grundsätzlich auf das Arbeitseinkommen abgestellt, das der Beitragsbemessungsgrenze für die letzten 12 Kalendermonate vor Eintritt der Arbeitsunfähigkeit zugrunde gelegen hat. Die hierbei anzusetzende Zahl von 360 Kalendertagen ist um die Anzahl von Tagen zu vermindern, in denen keine Versicherungspflicht nach dem Künstlersozialversicherungsgesetz bestanden hat oder für die nach § 234 Abs. 1 Satz 3 SGB V Arbeitseinkommen nicht zugrunde zu legen ist. Diese besondere Ermittlungsmethode soll den häufigen Schwankungen in den Einkünften dieser Personengruppe Rechnung tragen, indem ein längerer Bemessungszeitraum angesetzt wird.[64]

99 Die Beträge nach § 226 Abs. 1 Satz 1 Nr. 2 und 3 SGB V bleiben dabei außer Betracht (Satz 6).

4. Sonderproblem: Eintritt der Arbeitsunfähigkeit bei ruhendem Arbeitslosengeldanspruch

100 Die leistungsrechtlichen Vorschriften des Krankenversicherungsrechts enthalten keine Regelung über Höhe und Berechnung des Krankengeldes während des Ruhens des Arbeitslosengeldanspruchs nach den §§ 143 ff. SGB III. Die Sondervorschrift des § 47b SGB V betrifft nur Fälle, in denen die Arbeitsunfähigkeit während des Bezuges von Arbeitslosengeld eintritt. Der Versicherte, der bei ruhendem Arbeitslosengeldanspruch arbeitsunfähig wird, unterfällt grundsätzlich dem Personenkreis des § 47 Abs. 4 Satz 2 SGB V, denn er ist kein Arbeitnehmer. Er ist jedoch wie ein Arbeitsloser mit Leistungs-

---

[59] BSG v. 30.03.2004 - B 1 KR 32/02 R - SozR 4-2500 § 47 Nr. 1.

[60] BSG v. 07.12.2004 - B 1 KR 17/04 R - juris Rn. 15.

[61] Vgl. *Biehl*, Mindestkrankengeld für hauptberuflich selbständig Erwerbstätige – systemkonform oder ein Verstoß gegen die Entgeltersatzfunktion des Krankengeldes?, SGb 2004, 678 ff., 738 ff.

[62] Vgl. BVerfG v. 11.01.1995 - 1 BvR 892/88 - SozR 3-2200 § 385 Nr. 6.

[63] BSG v. 30.03.2004 - B 1 KR 32/02 R - SozR 4-2500 § 47 Nr. 1 mit weiteren Nachweisen.

[64] Vgl. *Widekamp* in: GKV-Komm, SGB V, § 47 Rn. 10.

bezug zu behandeln. Das Krankengeld ist demgemäß nach **dem fiktiven Arbeitslosengeld** und nicht etwa nach dem zuletzt (vor Arbeitslosmeldung und Ruhen des Leistungsanspruchs) erzielten Arbeitsentgelt zu berechnen.[65] Ohne den Eintritt der Arbeitsunfähigkeit ist der Lebensstandard des Versicherten nämlich durch das Niveau der Lohnersatzleistung Arbeitslosengeld gekennzeichnet (vgl. die Kommentierung zu § 47b SGB V Rn. 34).

IV. Ermittlung des Nettoarbeitsentgeltes

Die Ermittlung des Nettoarbeitsentgeltes ist zum einen erforderlich, da der als 70% des Regelentgeltes ermittelte Betrag nicht 90% des Nettoarbeitsentgeltes übersteigen darf, Absatz 1 Satz 2 (**1. Vergleichsberechnung**). Diese Begrenzung der Lohnersatzleistung ist mit dem GG vereinbar.[66] 101

Zum anderen darf das Krankengeld nicht das Nettoarbeitsentgelt ohne Einmalzahlungen übersteigen, Absatz 1 Satz 4 (**2. Vergleichsberechnung**). 102

Zu beachten ist, dass diese Begrenzung **nicht bei** der Berechnung des Krankengeldes von **Selbständigen** gilt.[67] Dies folgt daraus, dass es bei Arbeitseinkommen Selbständiger keine vergleichbaren gesetzlichen Abzüge wie beim Arbeitslohn gibt. 103

1. Begriffsdefinition

Das **Nettoarbeitsentgelt** ist das dem Versicherten im letzten abgerechneten Entgeltzeitraum gezahlte und **um die gesetzlichen Abzüge geminderte Arbeitsentgelt**. Bei den gesetzlichen Abzügen handelt es sich um die vom Arbeitgeber abzuführenden Steuern und Beiträge. Diese sind für jeden Versicherten individuell zu ermitteln.[68] 104

Beiträge zur **freiwilligen Kranken-, Pflege- oder Rentenversicherung** sowie andere Abzüge, die allein auf freiwilligen Verpflichtungen beruhen (z.B. Beiträge zu berufsständischen Versicherungs- oder Versorgungseinrichtungen), fallen nach h.M. nicht unter die gesetzlichen Abzüge.[69] 105

Für die Berechnung des Krankengeldes für **Grenzgänger** von EG-Staaten ist Art. 20 VO (EWG) 1408/71 zu beachten. Die gesetzlichen Abzüge sind so zu ermitteln, als wohnten die Grenzgänger im Inland. 106

2. Berechnungsgrundsätze

Bei der Ermittlung des Nettoarbeitsentgeltes gelten die Grundsätze über die Ermittlung des Regelentgeltes entsprechend. 107

Auch für das Nettoarbeitsentgelt kommt es allein auf die Verhältnisse vor Eintritt der Arbeitsunfähigkeit an. Ein später durchgeführter **Lohnsteuerausgleich** ist ebenso wenig wie **Freibeträge**, die nicht in der Steuerkarte eingetragen worden sind, zu berücksichtigen.[70] Hierdurch werden ermittlungsaufwendige Berechnungsprobleme und fachfremde steuerrechtliche Prüfungen seitens der Krankenkassen vermieden.[71] 108

Als problematisch hat das BSG diese Berechnungsweise unter Berücksichtigung der Regelungen des Rechts der Europäischen Gemeinschaft in dem Fall eines italienischen Versicherten (**Wanderarbeitnehmer**) angesehen, der in Deutschland arbeitet, während seine Ehefrau in Italien wohnt.[72] In der genannten Konstellation wird in der Steuerkarte des Wanderarbeitnehmers zunächst die – insoweit ungünstigere –Steuerklasse II eingetragen. Die günstigere Steuerklasse III wird nur auf Antrag und unter qualifizierten Voraussetzungen eingetragen, wohingegen bei dem mit Ehepartner in Deutschland lebenden Arbeitnehmer quasi automatisch die günstigere Steuerklasse III eingetragen wird. Das BSG hat das Verfahren ausgesetzt, um insoweit eine Entscheidung des EuGH einzuholen. 109

---

[65] LSG Nordrhein-Westfalen v. 31.01.2002 - L 16 KR 40/01 - Breith 2002, 833.

[66] BVerfG v. 17.02.1997 - 1 BvR 1903/96 - SozR 3-2500, § 47 Nr. 8.

[67] Wohl aber bei Seeleuten, vgl. BSG v. 27.05.1997 - 2 RU 28/96 - SozR 3-2500 § 47 Nr. 7.

[68] Vgl. BSG v. 05.07.2005 - B 1 KR 7/04 R - juris Rn. 12.

[69] Vgl. *Vay* in: Krauskopf, Soziale Krankenversicherung. Pflegeversicherung, § 47 Rn. 12; *Höfler* in: KassKomm, SGB V, § 47 Rn. 7, jeweils mit weiteren Nachweisen.

[70] BSG v. 23.03.1977 - 4 RJ 177/75 - SozR 2200 § 1241 Nr. 3; BSG v. 10.05.1977 - 11 RA 110/76 - SozR 2200 § 1241 Nr. 4.

[71] BSG v. 05.07.2005 - B 1 KR 7/04 R - juris Rn. 39.

[72] BSG v. 05.07.2005 - B 1 KR 7/04 R.

109.1 Der EuGH hat inzwischen entschieden, dass das Gemeinschaftsrecht – genauer Art. 3 Abs. 1 EWGVO 1408/71 – der bisherigen Krankengeldberechnung für Wanderarbeitnehmer, die eine rückwirkende Berücksichtung des nachträglichen, nur auf ausdrücklichen Antrag hin möglichen Steuerklassenwechsels ausschließt, entgegensteht (EuGH v. 18.01.2007 - C-332/05 - Slg. 2007 S. I-00569). Bei der Ermittlung der Krankengeldhöhe im Falle eines Wanderarbeitnehmers, dessen Ehegatte im Herkunftsland verblieben ist, ist daher abweichend von den allgemeinen Grundsätzen die nachträgliche Berichtigung der Lohnsteuerklasse rückwirkend zu berücksichtigen und dasjenige Nettoarbeitsentgelt maßgeblich, das einem von den Familienverhältnissen her vergleichbaren Beschäftigten im Inland zuerkannt wird (BSG v. 24.05.2007 - B 1 KR 3/07 R - juris Rn. 21, 24). Die entsprechende Korrektur hat auf der Grundlage eines Überprüfungsantrages nach § 44 SGB X zu erfolgen (BSG v. 24.05.2007 - B 1 KR 3/07 R - juris Rn. 23).

3. Keine Berücksichtigung der Besonderheiten der Gleitzone (Absatz 1 Satz 8)

110 Die **Besonderheiten der Gleitzone** nach § 20 Abs. 2 SGB IV sind gem. Absatz 1 Satz 8 auch bei der Berechnung des Nettoarbeitsentgeltes **nicht zu berücksichtigen** (vgl. hierzu Rn. 48).

111 Im Rahmen der Berechnung des Nettoarbeitsentgeltes und damit bei der Ermittlung der gesetzlichen Abzüge ist demnach nicht das nach §§ 226 Abs. 4, 249 Abs. 4 SGB V fiktiv reduzierte, sondern das volle tatsächlich erzielte Arbeitsentgelt zugrunde zu legen.

4. Berechnung des kumulierten Nettoarbeitsentgeltes

112 Bei der **Berechnung des (kumulierten) Nettoarbeitsentgeltes** ist wie folgt vorzugehen:[73]

113 Bei dem nach Absatz 2 Sätze 1-5 ermittelten Regelentgelt (ohne Einmalzahlungen) handelt es sich um einen Bruttobetrag. Dieser ist in einen Nettobetrag umzurechnen. Im Folgenden ist zu ermitteln, wie viel Prozent des ermittelten Nettobetrages das Regelentgelt ausmacht. Der 360. Teil der Einmalzahlungen ist mit diesem Prozentsatz zu multiplizieren, denn so erhält man den Nettobetrag dieser Einmalzahlungen. Der Nettobetrag der Einmalzahlung addiert mit dem Nettobetrag des Regelentgeltes ergibt das maßgebliche kumulierte Nettoarbeitsentgelt.

5. Erste Vergleichsberechnung (Absatz 1 Satz 2)

114 90% des kumulierten Nettoarbeitsentgeltes sind mit den 70% des kumulierten Regelentgeltes zu vergleichen. Der niedrigere Betrag ist für die Krankengeldhöhe maßgeblich.

6. Zweite Vergleichsberechnung (Absatz 1 Satz 4)

115 Das Krankengeld (also der sich im Vergleich der 70% des kumulierten Regelentgeltes und der 90% des kumulierten Nettoarbeitsentgeltes ergebende niedrigere Betrag) darf nach dem Gesetzeswortlaut grundsätzlich das Nettoarbeitsentgelt ohne Einmalzahlungen nicht übersteigen. Auch hier ist also der sich im Vergleich ergebende niedrigere Betrag maßgeblich. Das Bundessozialgericht hält jedoch eine verfassungskonforme Reduktion des § 47 Abs. 1 Satz 4 SGB V in den Fällen für erforderlich, in denen der Arbeitnehmer zu mehr als einem Drittel Einmalzahlungen erhalten hat, die bei länger dauernder krankheitsbedingter Arbeitsunfähigkeit nicht mehr zu zahlen sind.[74] In diesen Fällen besteht nicht die Gefahr, dass der Versicherte durch die Kumulation von Krankengeld und gleichwohl gewährten Sonderzuwendungen einen wirtschaftlichen Vorteil erhält, der ihn besser stellt als vor der Arbeitsunfähigkeit. Eine Begrenzung des Krankengeldes auf 100% des Nettoarbeitsentgeltes ohne Einmalzahlungen ist daher in der genannten Konstellation nicht vorzunehmen. Es ist vielmehr Krankengeld in Höhe von 90% des kumulierten kalendertäglichen Nettoarbeitsentgeltes zu gewähren. Bei der Begrenzung des Krankengeldes auf 100% des Nettoarbeitsentgeltes ohne Einmalzahlungen verbleibt es dagegen, wenn sich die Einmalzahlungen zu mindestens zwei Dritteln aus Vergütungsbestandteilen zusammensetzen, die der Arbeitgeber im Falle krankheitsbedingter Arbeitsunfähigkeit allenfalls kürzen, aber nicht gänzlich verweigern darf. Da dem Versicherten die Einmalzahlungen des Arbeitgebers dann jedenfalls zum Teil neben dem Krankengeld zufließen und dieses auch nicht zum Ruhen bringen (vgl. § 49 Abs. 1 Nr. 1 HS. 2 SGB V), ist die Begrenzung des Krankengeldes nicht zu beanstanden.

---

[73] Vgl. hierzu ausführlich *Kruse* in: LPK-SGB V, § 47 Rn. 6.

[74] BSG v. 21.02.2006 - B 1 KR 11/05 R - SozR 4-2500 § 47 Nr. 3.

V. Kurzschema zur Berechnung des Krankengeldes

Die unter **II-IV** detailliert beschriebenen Einzelschritte lassen sich vereinfacht in folgendem Kurzschema zusammenfassen: 116

(1) **Ermittlung 70% des Regelentgeltes**
   (a) Bemessungszeitraum (Absatz 2 Satz 1)
   (b) Ermittlung des laufenden täglichen Regelentgeltes (Absatz 2 Sätze 1-5)
   (c) Ermittlung des Hinzurechnungsbetrages der Einmalzahlungen (Absatz 2 Satz 6)
   (d) Ermittlung des kumulierten Regelentgeltes (= Summe b. und c.; Absatz 2 Satz 6)
   (e) Vergleich des kumulierten Regelentgeltes mit dem Höchstregelentgelt (Absatz 6)
   (f) Ermittlung der 70% des niedrigeren Betrages nach e.

(2) **Ermittlung 90% des Nettoarbeitsentgeltes (nicht bei Selbständigen!)**
   (a) Ermittlung des laufenden täglichen Nettoarbeitsentgeltes ohne Einmalzahlungen (Nettobetrag des unter 1. b. ermittelten laufenden täglichen Regelentgeltes)
   (b) Ermittlung des Nettohinzurechnungsbetrages der Einmalzahlungen
   (c) Ermittlung des kumulierten Nettoarbeitsentgeltes (= Summe a. und b.)
   (d) Ermittlung der 90% des Betrages nach c.

(3) **Vergleich 70% des Regelentgeltes mit 90% des kumulierten Nettoarbeitsentgeltes (Absatz 1 Satz 2)**
   Der sich im Vergleich der nach 1. f. und 2. d. ermittelten Beträge ergebende niedrigere Betrag ist maßgeblich.

(4) **Vergleich mit 100% des Nettoarbeitsentgeltes ohne Einmalzahlungen (Absatz 1 Satz 4)**
   Der nach 3. ermittelte niedrigere Betrag ist mit dem unter 2a. ermittelten Betrag zu vergleichen, wenn sich die Einmalzahlungen zu mindestens zwei Dritteln aus Vergütungsbestandteilen zusammensetzen, die der Arbeitgeber im Falle krankheitsbedingter Arbeitsunfähigkeit allenfalls kürzen, aber nicht gänzlich verweigern darf. Der niedrigere Betrag ist dann maßgeblich. Er ist das kalendertägliche **Bruttokrankengeld**. Erhält der Arbeitnehmer zu mehr als einem Drittel Einmalzahlungen, die bei länger dauernder krankheitsbedingter Arbeitsunfähigkeit nicht mehr zu zahlen sind, entfällt diese zweite Vergleichsberechnung.

(5) **Berechnung des Nettokrankengeldes aus dem nach 4. ermittelten Bruttokrankengeld**

VI. Anpassung des Krankengeldes

Um bei länger andauerndem Leistungsbezug im Wesentlichen eine Übereinstimmung der Entgeltersatzleistungen mit der sich ändernden wirtschaftlichen Lage zu gewährleisten, sind diese Leistungen regelmäßig anzupassen. 117

Bis zum 31.06.2001 regelte Absatz 5 die Anpassung des Krankengeldes. Mit der Einführung des SGB IX zum 01.07.2001 wurde diese Vorschrift aufgehoben.[75] Nunmehr gilt für die Anpassung von Entgeltersatzleistungen allgemein § 50 SGB IX. 118

1. Frühere Regelung (Absatz 5 a.F.)

Nach dem bis 30.06.2001 geltenden Absatz 5 erhöhte sich das Krankengeld jeweils ein Jahr nach dem Ende des Bemessungszeitraumes um den Prozentsatz, um den die Renten der gesetzlichen Rentenversicherung anzupassen gewesen wären (Absatz 5 Sätze 1 und 2 a.F.). Das angepasste Krankengeld wurde auf 70% der Beitragsbemessungsgrenze begrenzt (Absatz 5 Satz 3 a.F.). Für die Zeit vom 01.07.2000 bis 30.06.2002 galten Sonderregelungen (Absatz 5 Satz 4 a.F.) 119

2. § 50 SGB IX

Seit dem 01.07.2001 wird die Anpassung von Entgeltersatzleistungen allgemein in § 50 SGB IX geregelt. Die Vorschrift lautet: 120

§ 50 Anpassung der Entgeltersatzleistungen

---

[75] Art. 5 Nr. 16 Sozialgesetzbuch – Neuntes Buch – (SGB IX) Rehabilitation und Teilhabe behinderter Menschen vom 19.06.2001, BGBl I 2001, 1046.

(1) Die dem Krankengeld, Versorgungskrankengeld, Verletztengeld und Übergangsgeld zugrunde liegende Berechnungsgrundlage wird jeweils nach Ablauf eines Jahres seit dem Ende des Bemessungszeitraums entsprechend der Veränderung der Bruttolohn- und -gehaltssumme je durchschnittlich beschäftigten Arbeitnehmer vom vorvergangenen zum vergangenen Kalenderjahr an die Entwicklung der Bruttoarbeitsentgelte angepasst.

(2) Der Anpassungsfaktor errechnet sich, indem die Bruttolohn- und -gehaltssumme je durchschnittlich beschäftigten Arbeitnehmer für das vergangene Kalenderjahr durch die Bruttolohn- und -gehaltssumme für das vorvergangene Kalenderjahr geteilt wird; § 68 Abs. 6 und § 121 Abs. 1 des Sechsten Buches gelten entsprechend.

(3) Das Bundesministerium für Gesundheit und Soziale Sicherung gibt jeweils zum 30.06. eines Kalenderjahres den Anpassungsfaktor, der für die folgenden zwölf Monate maßgebend ist, im Bundesanzeiger bekannt.

121 Die Anpassung erfolgt von Amts wegen.

122 Die wichtigste Änderung gegenüber der früheren Regelung in Absatz 5 liegt darin, dass **nicht** mehr das **Krankengeld, sondern** vielmehr die diesem zugrunde liegende Berechnungsgrundlage und damit das **Regelentgelt angepasst** wird.

VII. Satzungsermächtigung (Absatz 3)

123 Durch die Satzungsermächtigung in Absatz 3 können Krankenkassen bei nicht kontinuierlicher Arbeitsverrichtung oder -vergütung abweichende Bestimmungen zur Zahlung und Berechnung des Krankengeldes treffen. Hierdurch soll die Möglichkeit geschaffen werden, besondere Arbeitsformen, wie z.B. das sog. Job-Sharing, bei der Krankengeldgewährung zu berücksichtigen, etwa durch die Verlängerung der Bemessungszeiträume.

D. Zahlung des Krankengeldes (Absatz 1 Sätze 6 und 7)

124 Nach Absatz 1 Satz 6 wird das Krankengeld grundsätzlich für Kalendertage gezahlt, also auch für Tage, die keine Arbeitstage sind. Die Regelung zwingt nicht zu einer täglichen Auszahlung.[76]

125 Eine Vereinfachung gilt nach Absatz 1 Satz 7 wenn sich die Zahlung über einen vollen Kalendermonat erstreckt. In diesen Fällen ist der Kalendermonat unabhängig von seiner tatsächlichen Länge mit 30 Tagen anzusetzen. Sobald jedoch das Krankengeld auch nur für einen Tag des Monats nicht geleistet wird, bleibt es bei der Zahlung für die tatsächlichen Kalendertage.

[76] BSG v. 13.05.1992 - 1 RK 26/91 - SozR 3-1200 § 53 Nr. 5.

§ 47a SGB V Krankengeldübergangsregelung

(Fassung vom 21.12.2000, gültig ab 22.06.2000)

(1) Für Ansprüche auf Krankengeld, die vor dem 22. Juni 2000 entstanden sind und über die am 21. Juni 2000 noch nicht unanfechtbar entschieden war, ist § 47 in der ab dem 22. Juni 2000 geltenden Fassung für Zeiten nach dem 31. Dezember 1996 entsprechend anzuwenden.

(2) Für Ansprüche, über die vor dem 22. Juni 2000 bereits unanfechtbar entschieden wurde, erfolgt die Erhöhung nach Absatz 1 nur für Zeiten vom 22. Juni 2000 an bis zum Ende der Leistungsdauer. Entscheidungen über Ansprüche auf Krankengeld, die vor dem 22. Juni 2000 unanfechtbar geworden sind, sind nicht nach § 44 Abs. 1 des Zehnten Buches zurückzunehmen.

(3) Abweichend von § 266 Abs. 2 Satz 3 werden die Ausgaben der Krankenkassen nach Absatz 1 und Absatz 2 Satz 1 für die Zeit bis zum 31. Dezember 2000 bei der Ermittlung der standardisierten Leistungsausgaben nicht berücksichtigt. Der Beitragsbedarf nach § 266 Abs. 2 Satz 2 ist um die Ausgaben nach Satz 1 zu erhöhen.

Gliederung

A. Basisinformationen

I. Textgeschichte

§ 47a SGB V wurde mit Wirkung vom 01.01.1997 durch Art. 2 Nr. 2 des Gesetzes zur sozialrechtlichen Behandlung von einmalig gezahltem Arbeitsentgelt vom 12.12.1996 (Einmalzahlungsgesetz) eingefügt.[1] 1

Die Vorschrift wurde neu gefasst mit Wirkung vom 22.06.2000 durch Art. 2 Nr. 2, Art. 6 Satz 3 des Gesetzes zur Neuregelung der sozialversicherungsrechtlichen Behandlung von einmalig gezahltem Arbeitsentgelt vom 21.12.2000 (Einmalzahlungs-Neuregelungsgesetz).[2] Sie enthält nunmehr lediglich eine Übergangsregelung. 2

II. Vorgängervorschriften

Eine Vorgängerregelung zu § 47a SGB V existiert nicht. 3

III. Systematische Zusammenhänge

§ 47a SGB V trifft spezielle Regelungen für Berechnung des Krankengeldes in der Übergangszeit vom 01.01.1997 bis zum 21.06.2000. Dabei bestimmen Absatz 1 und Absatz 2 Satz 1 die **Anwendung des § 47 SGB V in der Fassung ab 22.06.2000** für die am 21.06.2000 noch nicht unanfechtbar beschiedenen Krankengeldansprüche bzw. für die über den 21.06.2000 hinausgehende Bezugszeit. 4

Absatz 2 Satz 2 enthält bezüglich der Rücknahme der am 21.06.2000 bereits unanfechtbaren Bewilligungsbescheide eine **Spezialregelung zu § 44 Abs. 1 SGB X.** 5

Die aus Absatz 1 und Absatz 2 Satz 1 resultierenden Ausgaben der Krankenkassen werden gem. **Absatz 3** in **Abweichung von § 266 Abs. 2 Satz 3 SGB V** nach § 266 Abs. 2 Satz 2 SGB V behandelt. 6

---

[1] BGBl I 1996, 1859.

[2] BGBl I 2000, 1971.

IV. Leitentscheidungen

7 Beschlüsse des BVerfG vom 24.05.2000 - 1 BvL 1/98 - SozR 3-2400 § 23a Nr. 1, 1 BvL 4/98 und 1 BvL 15/99 (Verstoß des Einmalzahlungs-Neuregelungsgesetzes gegen den Gleichheitssatz nach Art. 3 Abs. 1 GG; vgl. Rn. 11); Urteil des BSG vom 25.03.2003 - B 1 KR 36/01 R - SozR 4-1500 § 67 Nr. 1 (Wiedereinsetzung in den vorigen Stand bei fehlerhaften Auskünften der Krankenkassen trotz § 47a, Verfassungsmäßigkeit der Übergangsregelung; vgl. Rn. 23 f.).

V. Ausgewählte Literaturhinweise

8 *Schlegel*, Verfassungsmäßigkeit der Beitragserhebung auf Einmalzahlungen ab 1. Januar 1997?, NZS 1997, 201; *Ebsen*, Sozialversicherungsrechtliche Behandlung einmaligen Arbeitsentgelts – zugleich eine Fallstudie zum Verhältnis von Bundesverfassungsgericht und Gesetzgebung, NZS 1997, 441.

B. Regelungsgehalt und Bedeutung der Norm

9 § 47a SGB V regelte **zunächst** einen **Anspruch auf zusätzliches Krankengeld**.

10 Dies war erforderlich geworden, nachdem es das BVerfG als mit Art. 3 Abs. 1 GG unvereinbar angesehen hatte, dass einmalig gezahltes Arbeitsentgelt einerseits zwar nach § 227 SGB V a.F., § 164 SGB VI a.F. zu Sozialversicherungsbeiträgen heranzuziehen war, andererseits aber bei der Berechnung kurzfristiger Entgeltersatzleistungen, wie z.B. auch des Krankengeldes, unberücksichtigt bleiben sollte.[3] Die § 227 SGB V a.F. und § 164 SGB VI a.F. wurden daraufhin m.W.v. 01.01.1997 aufgehoben und durch § 23a SGB IV ersetzt, der seitdem die beitragsrechtliche Behandlung von einmalig gezahltem Arbeitsentgelt regelt. Auf der leistungsrechtlichen Seite wurde einmalig gezahltes Arbeitsentgelt nach § 47a SGB V a.F. berücksichtigt. Versicherte hatten danach einen Anspruch auf ein zusätzliches Krankengeld, soweit allein wegen krankheitsbedingter Arbeitsunfähigkeit einmalig gezahltes Arbeitsentgelt ausfiel und nach § 23a SGB IV beitragspflichtig gewesen wäre (Satz 1 a.F.). Ein Anspruch bestand nicht für den Teil des einmalig gezahlten Arbeitsentgeltes, der vom Arbeitgeber wegen krankheitsbedingter Zeiten der Arbeitsunfähigkeit gekürzt worden war oder nach dem Entgeltfortzahlungsgesetz hätte gekürzt werden können (Satz 2 a.F.).

11 Der Anspruch auf zusätzliches Krankengeld lief jedoch leer, denn die Regelung hatte praktisch keinen Anwendungsbereich. Die Vorschrift hielt daher einer erneuten Prüfung des BVerfG ebenfalls nicht stand.[4] Dem Gesetzgeber wurde aufgegeben, bis zum 30.06.2001 eine verfassungskonforme Regelung durch eine Änderung der Behandlung von einmalig gezahltem Arbeitsentgelt entweder auf der Beitrags- oder aber auf der Leistungsseite zu treffen. Andernfalls hätte § 23a SGB IV nicht mehr als Grundlage für die Heranziehung von Einmalzahlungen zu Sozialversicherungsbeiträgen herangezogen werden dürfen. Zugleich wurde der Gesetzgeber verpflichtet, durch geeignete Regelungen sicherzustellen, dass rückwirkend in Leistungsfällen ab dem 01.01.1997 einmalig gezahltes Arbeitsentgelt, für das Beiträge entrichtet worden waren, bei der Berechnung des Krankengeldes berücksichtigt wird, soweit über die Leistungsgewährung noch nicht bestandskräftig entschieden wurde.

12 Durch den danach eingefügten § 47 Abs. 2 Satz 6 SGB V trug der Gesetzgeber der Entscheidung des BVerfG Rechnung, indem nunmehr auch Einmalzahlungen bei der Berechnung der Höhe des Krankengeldes zu berücksichtigen sind (vgl. die Kommentierung zu § 47 SGB V Rn. 61). Seitdem enthält § 47a SGB V lediglich eine Übergangsvorschrift.

13 **Heute** enthalten **Absatz 1 und 2 Übergangsregelungen** für die Höhe und Berechnung des Krankengeldes in Leistungsfällen aus der **Zeit vom 01.01.1997 bis zum 21.06.2000.** Der Stichtag 21.06.2000 ist maßgeblich, da an diesem Tag die Entscheidung des BVerfG (vgl. Rn. 11) wirksam geworden ist.

14 **Absatz 3** enthält spezielle Regelungen zur Berücksichtigung der aufgrund von Absatz 1 und Absatz 2 Satz 1 zu leistenden Nachzahlungen im **Risikostrukturausgleich** nach § 266 SGB V.

15 Die praktische Bedeutung der Vorschrift insgesamt nimmt, wie sich den Stichtagen in den drei Absätzen entnehmen lässt, immer weiter ab.

---

3 BVerfG v. 11.01.1995 - 1 BvR 892/88 - SozR 3-2200 § 385 Nr. 6.

4 BVerfG v. 24.05.2000 - 1 BvL 1/98 - SozR 3-2400 § 23a Nr.1.

C. Übergangsregelung (Absätze 1 und 2)

I. Behandlung noch nicht unanfechtbar entschiedener Altfälle (Absatz 1)

Bestand bereits vor dem 22.06.2000 ein Anspruch auf Krankengeld, über den am 21.06.2000 noch nicht unanfechtbar entschieden war, erfolgt die Krankengeldberechnung für Zeiten nach dem 31.12.1996 nach § 47 SGB V in der ab 22.06.2000 geltenden Fassung, also unter Berücksichtigung der Einmalzahlungen. 16

Ein Anspruch auf Krankengeld besteht, wenn alle erforderlichen Voraussetzungen nach den §§ 44 ff. SGB V am 21.06.2000 bereits vorgelegen haben. Es muss ein **Auszahlungsanspruch** bestanden haben. Ein gegebenenfalls nach § 49 SGB V ruhender Anspruch auf Krankengeld genügt nicht.[5] 17

Über diesen Anspruch darf am 21.06.2000 noch nicht bestandskräftig entschieden worden sein. Dies ist dann der Fall, wenn entweder noch gar keine Entscheidung der Krankenkasse getroffen worden ist oder aber gegen die Entscheidung Rechtsbehelfe oder Rechtsmittel eingelegt worden sind, über die noch nicht abschließend entschieden worden ist. 18

Die Neuberechnung erfolgt nur für die Zeit nach dem 31.12.1996, da nach der Entscheidung des BVerfG vom 11.01.1995, in der die unterschiedliche Behandlung einmaliger Arbeitsentgelte beitragsrechtlich einerseits und leistungsrechtlich andererseits erstmals als verfassungswidrig beurteilt worden ist, das damalige Recht bis zum 31.12.1996 weiter angewandt werden durfte. 19

II. Behandlung bereits unanfechtbar entschiedener Altfälle (Absatz 2)

Ist über einen Krankengeldanspruch vor dem 22.06.2000 bereits unanfechtbar entschieden worden, erfolgt gem. **Absatz 2 Satz 1** die Erhöhung nach Absatz 1, also die Krankengeldberechnung unter Heranziehung der geänderten Berechnungsvorschriften, nur für die Bezugszeiten ab dem 22.06.2000 bis zum Ende des Leistungsbezuges. 20

Eine Berücksichtigung der geänderten Rechtslage kommt demnach nur in Fällen in Betracht, in denen sich der Krankengeldbezug über den Stichtag 21.06.2000 hinaus erstreckt. War der Krankengeldbezug dagegen am 22.06.2000 schon beendet, kommt eine Neuberechnung nicht mehr in Betracht. Für Krankengeldansprüche, die erst am 22.06.2000 oder später entstehen, kommt ohnehin bereits die Neuregelung des § 47 SGB V zur Anwendung.[6] 21

Nach **Absatz 2 Satz 2** kommt in den am Stichtag bereits unanfechtbar entschiedenen Altfällen eine **Neuberechnung nach § 44 SGB X** nicht in Betracht. Andernfalls wäre die in Satz 1 normierte zeitliche Begrenzung der (rückwirkenden) Anwendung des neu gefassten § 47 SGB V wirkungslos. 22

Der Gesetzgeber war berechtigt, in Anbetracht der schlechten Finanzsituation der Krankenkassen und der bei einer rückwirkenden Anwendung der neuen Berechnungsvorschriften drohenden hohen Nachzahlungen, von der Grundregel des § 44 SGB X abzuweichen und damit der Rechtssicherheit Vorrang vor der materiellen Gerechtigkeit für die Vergangenheit einzuräumen. In dem Ausschluss der Korrekturmöglichkeit nach § 44 SGB X liegt keine mit dem Grundgesetz unvereinbare Rückwirkung.[7] 23

Einen Anspruch auf **Wiedereinsetzung in den vorigen Stand** bei Versäumen der Widerspruchs- oder Klagefrist schließt Absatz 2 Satz 2 jedoch nicht aus.[8] 24

D. Berücksichtigung der Nachzahlung im Risikostrukturausgleich (Absatz 3)

Nach Absatz 3 werden abweichend von § 266 Abs. 2 Satz 3 SGB V Ausgaben der Krankenkassen, die sich aus den Nachzahlungen nach Absatz 1 und Absatz 2 Satz 1 für die Zeit bis zum 31.12.2000 ergeben, bei der Ermittlung der standardisierten Leistungsausgaben nicht berücksichtigt. Vielmehr sind die entsprechenden Ausgaben dem Beitragsbedarf nach § 266 Abs. 2 Satz 2 SGB V hinzuzurechnen. 25

Durch diese Regelung sollen Wettbewerbsverzerrungen vermieden werden, die entstünden, wenn die anfallenden Nachzahlungen in die standardisierten Leistungsausgaben aufgenommen würden und damit im Durchschnittswert allen Krankenkassen gleichmäßig zugute kämen. Dies würde die Krankenkassen, die keine oder nur geringe Nachtzahlungen zu leisten hätten gegenüber den anderen begünsti- 26

5 *Höfler* in: KassKomm, SGB V, § 47a Rn. 4.
6 Vgl. BT-Drs. 14/4371, S. 16.
7 BSG v. 25.03.2003 - B 1 KR 36/01 R - SozR 4-1500 § 67 Nr. 1.
8 BSG v. 25.03.2003 - B 1 KR 36/01 R - SozR 4-1500 § 67 Nr. 1.

gen. Mit der Berücksichtigung der Nachzahlungen im Beitragsbedarf nach § 266 Abs. 2 Satz 2 SGB V wird sichergestellt, dass für jede Krankenkasse die von ihr tatsächlich zu erbringenden Nachzahlungen gesondert erfasst und berücksichtigt werden.[9]

[9] Vgl. BT-Drs. 14/4371, S. 16 f.

§ 47b SGB V Höhe und Berechnung des Krankengeldes bei Beziehern von Arbeitslosengeld, Unterhaltsgeld oder Kurzarbeitergeld

(Fassung vom 24.04.2006, gültig ab 01.01.2007)

(1) Das Krankengeld für Versicherte nach § 5 Abs. 1 Nr. 2 wird in Höhe des Betrages des Arbeitslosengeldes oder des Unterhaltsgeldes gewährt, den der Versicherte zuletzt bezogen hat. Das Krankengeld wird vom ersten Tage der Arbeitsunfähigkeit an gewährt.

(2) Ändern sich während des Bezuges von Krankengeld die für den Anspruch auf Arbeitslosengeld oder Unterhaltsgeld maßgeblichen Verhältnisse des Versicherten, so ist auf Antrag des Versicherten als Krankengeld derjenige Betrag zu gewähren, den der Versicherte als Arbeitslosengeld oder Unterhaltsgeld erhalten würde, wenn er nicht erkrankt wäre. Änderungen, die zu einer Erhöhung des Krankengeldes um weniger als zehn vom Hundert führen würden, werden nicht berücksichtigt.

(3) Für Versicherte, die während des Bezuges von Kurzarbeitergeld arbeitsunfähig erkranken, wird das Krankengeld nach dem regelmäßigen Arbeitsentgelt, das zuletzt vor Eintritt des Arbeitsausfalls erzielt wurde (Regelentgelt), berechnet.

(4) Für Versicherte, die arbeitsunfähig erkranken, bevor in ihrem Betrieb die Voraussetzungen für den Bezug von Kurzarbeitergeld nach dem Dritten Buch erfüllt sind, wird, solange Anspruch auf Fortzahlung des Arbeitsentgelts im Krankheitsfalle besteht, neben dem Arbeitsentgelt als Krankengeld der Betrag des Kurzarbeitergeldes gewährt, den der Versicherte erhielte, wenn er nicht arbeitsunfähig wäre. Der Arbeitgeber hat das Krankengeld kostenlos zu errechnen und auszuzahlen. Der Arbeitnehmer hat die erforderlichen Angaben zu machen.

(5) Bei der Ermittlung der Bemessungsgrundlage für die Leistungen der gesetzlichen Krankenversicherung ist von dem Arbeitsentgelt auszugehen, das bei der Bemessung der Beiträge zur gesetzlichen Krankenversicherung zugrunde gelegt wurde.

(6) In den Fällen des § 232a Abs. 3 wird das Krankengeld abweichend von Absatz 3 nach dem Arbeitsentgelt unter Hinzurechnung des Winterausfallgeldes berechnet. Die Absätze 4 und 5 gelten entsprechend.

Gliederung

A. Basisinformationen

I. Textgeschichte

1 § 47b SGB V wurde mit Wirkung ab 01.01.1998 durch Art. 5 Nr. 2 des Gesetzes zur Reform der Arbeitsförderung vom 24.03.1997 (AFRG)[1] eingefügt.

2 Mit Art. 3 Nr. 4 des Zweiten Gesetzes für moderne Dienstleistungen am Arbeitsmarkt vom 23.12.2002 (ArbMDienstLG 2)[2] wurde der frühere Absatz 1 Satz 3 mit Wirkung vom 01.01.2003 aufgehoben.

3 Nachdem mit Art. 5 Nr. 5 des Vierten Gesetzes für moderne Dienstleistungen am Arbeitsmarkt vom 24.12.2003 (ArbMDienstLG 4)[3] zunächst die Anwendung der Berechnungsvorschrift auf Empfänger von Arbeitslosengeld II erstreckt worden war, wurde dies mit Wirkung vom 01.01.2005 durch Art. 4 Nr. 2a des Gesetzes zur Vereinfachung der Verwaltungsverfahren im Sozialrecht vom 21.03.2005 (Verwaltungsvereinfachungsgesetz)[4] wieder abgeändert. Aufgrund der durch das Verwaltungsvereinfachungsgesetz ebenfalls erfolgten Änderung des § 44 Abs. 1 Satz 2 SGB V, wonach Empfänger von Arbeitslosengeld II als Versicherte i.S.v. § 5 Abs. 1 Nr. 2a SGB V keinen Anspruch auf Krankengeld haben, war die zwischenzeitliche Regelung obsolet geworden.

II. Vorgängervorschriften

4 Vor Einfügung des § 47b SGB V regelte **§ 158 AFG** die Höhe und Berechnung des Krankengeldanspruchs von Arbeitslosengeld-, Arbeitslosenhilfe- und Unterhaltsgeldbeziehern. Die entsprechenden Regelungen für die Bezieher von Kurzarbeiter- und Winterausfallgeld fanden sich in **§ 164 AFG**.

III. Systematische Zusammenhänge

5 § 47b SGB V enthält eine Sondervorschrift zur Höhe und Berechnung des Krankengeldes für Bezieher von Arbeitslosen-, Unterhalts-, Kurzarbeiter- und Winterausfallgeld und ist insoweit **spezieller als § 47 SGB V**.

6 Bezüglich des **Leistungsbeginns** findet sich in **Absatz 1 Satz 2** eine **gegenüber § 46 SGB V speziellere Regelung**.

7 **Absatz 2** enthält bezüglich der **Berücksichtigung von Änderungen** in den für den Anspruch auf Arbeitslosen- oder Unterhaltsgeld maßgeblichen Verhältnissen des Versicherten eine **Sondervorschrift zu § 48 SGB X**.

8 Für Entstehung, Dauer, Ruhen, Ausschluss, Kürzung und Wegfall des Krankengeldanspruchs für Leistungsbezieher nach dem SGB III gelten die allgemeinen Regelungen in den §§ 44, 45, 48-51 SGB V.

9 Abzugrenzen ist der Krankengeldanspruch nach § 47b SGB V von dem in **§ 126 SGB III** geregelten (vorrangigen) Anspruch auf **Leistungsfortzahlung bei Arbeitsunfähigkeit**. Letztere wird durch die Bundesagentur für Arbeit bis zur Dauer von sechs Wochen erbracht. Durch den Anspruch auf Lohnfortzahlung bei Arbeitsunfähigkeit soll den Beteiligten ein Wechsel des Leistungsträgers für 6 Wochen erspart werden.[5]

---

1 BGBl I 1997, 594.
2 BGBl I 2002, 4621.
3 BGBl I 2003, 2954.
4 BGBl I 2005, 818.
5 *Behrend* in: Eicher/Schlegel, SGB III, § 125 Rn. 76.

IV. Leitentscheidungen

Urteil des BSG vom 22.06.1979 - 3 RK 71/77 - SozR 4100 § 164 Nr. 2 (Abgrenzung der Anwendungsbereiche von § 164 Abs. 1 und 2 AFG, vgl. Rn. 55, Rn. 64 ff.); Urteil des BSG vom 21.09.1995 - 11 RAr 35/95 - SozR 3-4100 § 105b Nr. 2 (Maßgeblichkeit der Arbeitslosengeldhöhe bei Anspruchserschöpfung während Leistungsfortzahlung nach § 126 SGB III, vgl. Rn. 30); Urteil des BSG vom 28.09.1993 - 1 RK 46/92 - SozR 3-4100 § 158 Nr. 1 (Maßgeblichkeit der Höhe des zuletzt bezogenen Arbeitslosengeldes bei Arbeitsunfähigkeit für zunächst verbliebenes Restleistungsvermögen; vgl. Rn. 29); Urteil des BSG vom 30.03.2004 - B 1 KR 30/02 R - SGb 2004, 354 (Unschädlichkeit einer Erklärung nach § 428 Abs. 2 SGB III, vgl. Rn. 20). 10

V. Ausgewählte Literaturhinweise

Winkler, Krankheit bei Arbeitslosigkeit, info also 2000, 11. 11

B. Regelungsgehalt und Bedeutung der Norm

Durch die speziellen Regelungen des § 47b SGB V soll sichergestellt werden, dass das Niveau der Krankengeldleistung an Empfänger von Leistungen nach dem SGB III den besonderen Bedingungen dieser Leistungen angepasst wird. Während das Krankengeld bei Beschäftigten als Entgeltersatzleistung den krankheitsbedingten Ausfall des bei Eintritt der Arbeitsunfähigkeit bezogenen Arbeitsentgelts ausgleichen soll, stellt sich in der Krankenversicherung der Arbeitslosen das Krankengeld nicht als Ersatz für Lohnausfall, sondern als Ersatz für eine entgehende Leistung wegen Arbeitslosigkeit dar.[6] 12

Im Grundsatz gilt, dass die von § 47b SGB V erfassten Versicherten durch die Arbeitsunfähigkeit nicht schlechter gestellt werden sollen, als wenn sie arbeitsfähig wären. Anders als nach § 47 SGB V erhalten die Versicherten das Krankengeld grundsätzlich in Höhe ihrer zuletzt bezogenen Leistung. 13

C. Höhe und Berechnung des Krankengeldes bei Beziehern von Arbeitslosen- oder Unterhaltsgeld (Absätze 1 und 2)

I. Höhe des Krankengeldes (Absatz 1 Satz 1)

Versicherte nach § 5 Abs. 1 Nr. 2 SGB V erhalten Krankengeld in **Höhe des zuletzt bezogenen Arbeitslosen- oder Unterhaltsgeldes**. 14

1. Versicherte nach § 5 Abs. 1 Nr. 2 SGB V

Versicherte nach § 5 Abs. 1 Nr. 2 SGB V sind Bezieher von Arbeitslosen- oder Unterhaltsgeld und Personen, die Arbeitslosen- oder Unterhaltsgeld nur deshalb nicht beziehen, weil der Anspruch aufgrund einer Sperrzeit (vgl. § 144 SGB III) oder einer Urlaubsabgeltung (vgl. § 143 Abs. 2 SGB III) ruht. An der Versicherung nach § 5 Abs. 1 Nr. 2 SGB V ändert auch die rückwirkende Aufhebung des entsprechenden Leistungsbescheides oder Rückforderung der erbrachten Leistungen nichts. 15

2. Eintritt der Arbeitsunfähigkeit während des Bezuges von Arbeitslosen- bzw. Unterhaltsgeld

Mit dem Verweis auf § 5 Abs. 1 Nr. 2 SGB V wird klargestellt, dass die spezielle Vorschrift des § 47b SGB V nur Anwendung findet, wenn die Arbeitsunfähigkeit während des Bezuges von Arbeitslosen- oder Unterhaltsgeld (bzw. während des Ruhens wegen Sperrzeit oder Urlaubsabgeltung) eintritt. 16

Bei Eintritt der Arbeitsunfähigkeit vor oder nach Bezug entsprechender Leistungen bleibt es bei der Berechnung des Krankengeldes nach § 47 SGB V. 17

Eine Ausnahme gilt allerdings nach § 19 Abs. 2 Satz 1 SGB V. Endet die Versicherungspflicht nach § 5 Abs. 1 Nr. 2 SGB V besteht nach dieser Norm für längstens einen weiteren Monat ein Anspruch auf Leistungen (und damit auch auf Krankengeld), solange keine Erwerbstätigkeit ausgeübt wird. 18

Auch ein Versicherter, der neben **Teilarbeitslosengeld nach § 150 SGB III** eine versicherungspflichtige Beschäftigung ausübt, kann bei Arbeitsunfähigkeit Krankengeld beziehen, das bzgl. der Beschäftigung nach § 47 SGB V und bzgl. des Teilarbeitslosengeldes nach § 47b SGB V ermittelt wird. 19

Eine Erklärung nach **§ 428 Abs. 2 SGB III** steht dem Bezug von Krankengeld nicht entgegen.[7] 20

---

[6] BSG v. 30.12.2004 - B 1 KR 27/03 - juris Rn. 7.

[7] BSG v. 30.03.2004 - B 1 KR 30/02 R - SGb 2004, 354.

3. Höhe des zuletzt bezogenen Arbeitslosen- oder Unterhaltsgeldes

21 Zuletzt bezogen ist die Leistung, die der Versicherte **unmittelbar vor dem tatsächlichen Bezug des Krankengeldes** erhalten hat. Es kommt nicht auf die Leistungshöhe bei Eintritt der Arbeitsunfähigkeit an.[8]

22 Für die Höhe ist der Leistungsbetrag des letzten bindend gewordenen **Bewilligungsbescheides** maßgeblich.[9] Es kommt weder darauf an, ob die Zahlung tatsächlich erfolgt ist, noch darauf, ob die Bewilligung der Höhe und dem Grunde nach rechtmäßig gewesen ist. Etwas anderes gilt nur, wenn die bindend gewordene Bewilligungsentscheidung nachträglich nach den §§ 44 ff. SGB X abgeändert wird.

23 Diese praktikable und verwaltungsvereinfachende Lösung sieht sich zwar dem Einwand ausgesetzt, Verwaltungsfehler würden hierdurch zu Lasten der Versichertengemeinschaft perpetuiert. Zu berücksichtigen ist aber, dass – wäre der Versicherte nicht arbeitsunfähig geworden – ebenfalls Leistungen zu Unrecht weiter erbracht worden wären, da die fehlerhafte Berechnung möglicherweise gar nicht aufgefallen oder aber nach den §§ 44 ff. SGB X eine Abänderung der Bewilligung und Rückforderung der Leistungen nicht möglich gewesen wären. Zudem kann von den Krankenkassen nicht erwartet werden, die bindenden Entscheidungen der Träger der Arbeitslosenversicherung auf ihre Richtigkeit hin zu überprüfen.

24 Gegen den Leistungsanspruch durchgeführte **Verrechnungen** oder **Aufrechnungen (§§ 51, 52 SGB I)** sind für die Berechnung der Höhe des Krankengeldes ebenso wenig erheblich wie **Abzweigungen, (Ver-)Pfändungen** oder **Übertragungen (§§ 48, 53 SGB I)**.[10]

25 Da für die Bemessung des Krankengeldes die durch die Arbeitsunfähigkeit weggefallenen Leistungen maßgeblich sind, bleiben **Leistungen nach dem SGB II**, die unabhängig vom Krankengeldbezug gewährt werden (§ 25 Satz 2 SGB II), bei der Bemessung unberücksichtigt.[11]

26 Ist auf den Leistungsanspruch ein **Nebeneinkommen nach § 141 SGB III** angerechnet worden, hat dies keinen Einfluss auf den Krankengeldanspruch, wenn das Einkommen aus einer **krankenversicherungsfreien Beschäftigung** erzielt worden ist, denn nach den §§ 49, 50 SGB V führt ein Einkommen aus nichtversicherungspflichtiger Beschäftigung nicht zur Kürzung des Krankengeldes. Soweit das Nebeneinkommen durch die Arbeitsunfähigkeit entfällt, besteht bereits deshalb kein Grund das Krankengeld zu kürzen.

27 Wird neben dem Arbeitslosengeldbezug eine **krankenversicherungspflichtige Beschäftigung** ausgeübt und das Arbeitslosengeld gemäß § 141 SGB III gemindert, wird bei Arbeitsunfähigkeit das Krankengeld in der geminderten Höhe des Arbeitslosengeldes geleistet. Daneben kann jedoch ein **Anspruch auf Krankengeld aus der versicherungspflichtigen Beschäftigung** bestehen, der nach den allgemeinen Regeln des **§ 47 SGB V** zu berechnen ist. Entsprechendes gilt bei Bezug von Unterhaltsgeld neben einer krankenversicherungspflichtigen Beschäftigung.

28 War zunächst Arbeitslosigkeit eingetreten und ist das **Arbeitsverhältnis nachträglich verlängert** worden, richtet sich die Höhe des Krankengeldes dennoch nach dem Arbeitslosengeld, wenn die Arbeitsunfähigkeit während des Verlängerungszeitraumes eingetreten ist.[12]

29 Die Höhe des Krankengeldes richtet sich auch dann nach § 47b SGB V, wenn sich ein Versicherter, der für seine bisherige Berufstätigkeit arbeitsunfähig ist, nach Erschöpfung des Krankengeldanspruchs der **Arbeitsvermittlung mit dem Restleistungsvermögen zur Verfügung stellt** und anschließend auch bezüglich des Restleistungsvermögens **arbeitsunfähig** wird. Ausschlaggebend für die Krankengeldhöhe ist dann die Höhe des zuletzt bezogenen Arbeitslosengeldes.[13]

30 Bei Erschöpfung des Anspruchs auf Arbeitslosengeld während der Leistungsfortzahlung **nach § 126 SGB III** richtet sich die Höhe des Krankengeldes nach der Höhe des Arbeitslosengeldes.[14] Der Versicherte ist nicht zunächst bis zum Ausschöpfen des sechswöchigen Fortzahlungszeitraumes auf die Arbeitslosenhilfe bzw. das Arbeitslosengeld II zu verweisen, mit der Folge, dass sich die Krankengeldhöhe nach dieser zuletzt bezogenen (und in der Regel geringeren) Leistung richten würde.[15]

---

8 *Gerlach* in: Hauck/ Noftz, SGB V, § 47b Rn. 7; *Höfler* in: KassKomm, SGB V, § 47b Rn. 9.

9 BSG v. 18.10.1991 - 9b RAr 18/90 - SozR 3-1400 § 4 Nr. 7.

10 *Höfler* in: KassKomm, SGB V, § 47b Rn. 11; *Geiger*, info also 2004, 6; *Winkler*, info also 2000, 11, 17.

11 *Vay* in: Krauskopf, Soziale Krankenversicherung. Pflegeversicherung, § 47b Rn. 8.

12 BSG v. 23.03.1983 - 3 RK 20/82 - USK 8331.

13 BSG v. 28.09.1993 - 1 RK 46/92 - SozR 3-4100 § 158 Nr. 1; anders noch BSG v. 02.02.1984 - 8 RK 43/82 - SozR 4100 § 158 Nr. 6.

14 BSG v. 21.09.1995 - 11 RAr 35/95 - SozR 3-4100 § 105b Nr. 2.

15 A.A. wohl: *Gerlach* in: Hauck/Noftz, SGB V, § 47b Rn. 7; *Vay* in: Krauskopf, Soziale Krankenversicherung. Pflegeversicherung, § 47b Rn. 9.

Nach § 47b SGB V umfasst der Krankengeldanspruch nicht etwaige von der Agentur für Arbeit zusätzlich zum Arbeitslosengeld übernommene **Lebensversicherungsprämien.**[16] 31

4. Ausnahme bei Minderung wegen verspäteter Meldung nach § 140 SGB III

Eine Abweichung von dem Grundsatz, dass sich die Höhe des Krankengeldes nach dem zuletzt bezogenen Arbeitslosengeld richtet, gilt bei Eintritt der Arbeitsunfähigkeit während oder unmittelbar nach einer **Minderung des Arbeitslosengeldes wegen verspäteter Meldung nach § 140 SGB III**. Diese Verminderung hat **keine Minderung des Krankengeldes** zur Folge.[17] Das Gesetz enthält insoweit zwar keine spezielle Regelung. Aus dem Charakter des § 140 SGB III als Sanktionsvorschrift für eine verspätete Arbeitslosmeldung und den durch eine Verzögerung der Vermittlungsbemühungen der Versichertengemeinschaft hypothetisch entstandenen Schaden folgt jedoch, dass das verminderte Arbeitslosengeld nicht für die Krankengeldberechnung heranzuziehen ist. Einerseits handelt es sich bei der Minderung nach § 140 SGB III um eine Sonderform der Aufrechnung mit einer Schadensersatzpauschale, die grundsätzlich für die Krankengeldberechnung unerheblich ist (vgl. Rn. 24). Zudem darf nicht unberücksichtigt bleiben, dass von dem geminderten Arbeitslosengeldbetrag weiterhin der volle Beitrag zur Krankenversicherung abgeführt wird. Darüber hinaus passt der andernfalls erforderliche Antrag auf volle Auszahlung des Krankengeldes nach Tilgung des Minderungsbetrages nicht in die Systematik des § 47b SGB V, da eine zur Erhöhung des Krankengeldbetrages führende Änderung der „maßgeblichen Verhältnisse des Versicherten" nach Absatz 2 Satz 1 in dem Wegfall der Minderung nicht zu sehen ist (vgl. Rn. 38).[18] 32

5. Auswirkung von Sperrzeiten nach § 144 SGB III

Bei **Sperrzeiten** kommt ein Leistungsbezug wegen der Ruhensvorschrift des **§ 49 Abs. 1 Nr. 3** SGB V erst nach dem Ende der Sperrzeit in Betracht. 33

Erhält ein Arbeitsloser **keine Leistungen aufgrund einer direkt an die Beschäftigung anschließenden Sperrzeit** und wird er noch während der Sperrzeit oder direkt im Anschluss an diese arbeitsunfähig, so ist das Krankengeld in Höhe des **fiktiven Arbeitslosengeldanspruchs** zu gewähren, der ohne die Sperrzeit zuletzt vor der Arbeitsunfähigkeit bestanden hätte.[19] Die Bemessung des Krankengeldes nach dem zuletzt erzielten Arbeitsentgelt würde dem Sinn des § 47b SGB V, einen Ausgleich für die entgehende Entgeltersatzleistung zu gewähren, zuwiderlaufen (vgl. die Kommentierung zu § 47 SGB V Rn. 97). Entsprechendes muss bei Ruhen des Leistungsanspruchs wegen Urlaubsabgeltung nach § 143 Abs. 2 SGB III gelten.[20] 34

II. Beginn der Krankengeldzahlung (Absatz 1 Satz 2)

Anders als nach § 46 Satz 1 Nr. 2 SGB V wird das Krankengeld bereits vom Beginn der Arbeitsunfähigkeit an gewährt. Auf den Zeitpunkt der ärztlichen Feststellung der Arbeitsunfähigkeit kommt es nicht an. Durch diese Regelung soll ein lückenloser Anschluss des Krankengeldes an den Leistungsbezug nach dem SGB III für kranke Arbeitslose gesichert werden.[21] 35

Für die Dauer der Leistungsfortzahlung nach § 126 SGB III ruht der Anspruch auf Krankengeld ebenso wie bei Versicherten, deren Arbeitslosen- oder Unterhaltsgeldanspruch wegen einer Sperrzeit oder Urlaubsabgeltung ruht (vgl. § 49 Abs. 1 Nr. 3, 3a SGB V). Der Krankengeldbezug beginnt erst mit Wegfall der Ruhensvoraussetzungen. 36

III. Änderung der für den Leistungsanspruch maßgeblichen Verhältnisse (Absatz 2)

Ändern sich während des Krankengeldbezuges die Verhältnisse, die für die Höhe des Anspruchs auf Arbeitslosen- oder Unterhaltsgeld maßgeblich waren, ist diese Änderung auf Antrag des Versicherten bei der Bemessung des Krankengeldes zu berücksichtigen. 37

---

16 BSG v. 07.05.2002 - B 1 KR 38/00 R - SozR 3-2500 § 47b Nr. 1.

17 A.A.: Besprechungsergebnis der Spitzenverbände der Krankenkassen vom Juli 2003, Die Ersatzkasse 2003, 341.

18 Vgl. hierzu eingehend: *Geiger*, info also 2004, 6.

19 *Höfler* in: KassKomm, SGB V, § 47b Rn. 12.

20 *Höfler* in: KassKomm, SGB V, § 47b Rn. 12.

21 *Winkler*, info also 2000, 11, 15.

1. „Maßgebliche Verhältnisse des Versicherten"

38 Beachtlich können nur Änderungen in den Verhältnissen des Versicherten sein. Hierzu gehören u.a. Änderungen des Familienstandes, der Steuerklasse oder des anzurechnenden Einkommens. Änderungen beispielsweise der Leistungssätze können dagegen nicht zu einer Neuberechnung des Krankengeldes führen.

39 Unerheblich ist, ob es sich um dauerhafte Änderungen handelt.

2. Antragspflicht

40 Der erforderliche Antrag hat verfahrensauslösende Wirkung im Sinne des § 19 Satz 1 SGB IV. Es handelt sich nicht um eine materiell-rechtliche Anspruchsvoraussetzung.[22]

41 Für die Antragstellung gilt **keine Frist**, so dass das Krankengeld ggf. nachträglich mit Wirkung ab dem Zeitpunkt der entsprechenden Änderung nachberechnet und nachgezahlt werden muss.

42 Um eine Nachforderungsverpflichtung der Krankenkassen für weit zurückliegende Zeiträume zu vermeiden, erscheint es sachgerecht, in Anlehnung an §§ 44 Abs. 4 Satz 1, 48 Abs. 4 Satz 1, 113 Abs. 1 SGB X und § 25 Abs. 1 Satz 1 SGB IV, für **höchstens vier Jahre** ein höheres Krankengeld nachzuzahlen.[23]

3. „Bagatellgrenze" (Absatz 2 Satz 2)

43 Änderungen, die zu einer Erhöhung des Krankengeldes von weniger als 10% führen würden, sind unbeachtlich.

44 Die Bagatellgrenze von 10% kann auch dadurch erreicht werden, dass **mehrere Änderungen** zusammen geltend gemacht werden, die zwar nicht einzeln für sich, jedoch **kumulativ** miteinander zu einer Erhöhung von mindestens 10% des letzten Zahlbetrages führen. Es kann sich daher anbieten, einen entsprechenden Änderungsantrag erst dann zu stellen, wenn noch weitere Änderungen hinzugekommen sind.

45 Die Krankenkassen und die Bundesagentur für Arbeit sind angesichts dieser Steuerungsmöglichkeiten verpflichtet, die Versicherten auf deren Antrags- und Dispositionsmöglichkeiten hinzuweisen, sobald Umstände bekannt werden, die Anlass für eine Krankengelderhöhung geben könnten.[24]

4. Änderungen zu Lasten des Versicherten

46 Neuberechnungen zum Nachteil des Berechtigten sind nicht vorgesehen, da Änderungen nur auf Antrag berücksichtigt werden.[25] Ergibt sich bei der aufgrund eines Änderungsantrages nach Absatz 1 Satz 2 durchgeführten Berechnung statt einer Erhöhung des Krankengeldes eine Minderung, so wird das Krankengeld in der bisherigen Höhe weitergezahlt. Auch bei fehlerhafter Berechnung des Arbeitslosen- oder Unterhaltsgeldes zugunsten des Berechtigten bleibt es bei dem Krankengeld in Höhe des gezahlten Betrages. Zu unterscheiden ist hiervon jedoch der Fall, dass die Leistungen rückwirkend nach §§ 44 ff. SGB X neu berechnet und zurückgefordert werden (vgl. Rn. 22).

47 Streitig ist, ob vorteilhafte Änderungen, die noch während des Krankengeldbezuges wieder entfallen, zu einer Minderung des Krankengeldanspruchs führen können.[26]

48 Dies dürfte zumindest in den Fällen anzunehmen sein, in denen sich bereits bei der Antragstellung der Wegfallzeitpunkt der Änderung konkret bestimmen und festlegen lässt.

IV. Anpassung des Krankengeldes?

49 Eine Anpassung des Krankengeldes für die Bezieher von Arbeitslosen-, Unterhalts-, Kurzarbeiter- oder Winterausfallgeld ist in § 47b SGB V nicht (mehr) ausdrücklich vorgesehen.

1. Frühere Rechtslage

50 Das Krankengeld der Leistungsbezieher war nach Absatz 1 Satz 3 in der bis zum 31.12.2002 geltenden Fassung an die allgemeine Lohn- und Gehaltsentwicklung anzupassen.

---

[22] *Höfler* in: KassKomm, SGB V, § 47b Rn. 22.

[23] So auch *Höfler* in: KassKomm, SGB V, § 47b Rn. 22.

[24] *Vay* in: Krauskopf, Soziale Krankenversicherung. Pflegeversicherung, § 47b Rn. 11.

[25] *Winkler*, info also 2000, 11, 17.

[26] Vgl. *Schmidt* in: Peters, Handbuch KV (SGB V), § 47b Rn. 30 mit weiteren Nachweisen.

Dem Normweck des § 47b SGB V entsprechend richtete sich die Anpassung des Krankengeldes für Leistungsbezieher, anders als die des Krankengeldes für Beschäftigte (§ 47 SGB V), nach den Regelungen im SGB III, genauer nach § 138 SGB III. 51

2. Geltende Rechtslage

Durch das Erste Gesetz für moderne Dienstleistungen am Arbeitsplatz vom 23.12.2002 (ArbMDienstLG)[27] wurde zunächst § 138 SGB III angesichts der Haushaltslage aufgehoben.[28] Eine Dynamisierung des Arbeitslosen- und Unterhaltsgeldes findet nicht mehr statt. Als Folge wurde auch die entsprechende Verweisungsnorm in Absatz 1 Satz 3 durch das Zweite Gesetz für moderne Dienstleistungen am Arbeitsplatz vom 23.12.2002 (ArbMDienstLG 2)[29] mit Wirkung ab 01.01.2003 aufgehoben. 52

Es verbleibt nunmehr kein Raum und insbesondere auch kein Anlass für eine Dynamisierung des Krankengeldes. Die Krankengeldbezieher nach § 47b SGB V sollen schließlich nicht besser gestellt werden, als wenn sie weiterhin Leistungen nach dem SGB III erhielten.[30] Soweit teilweise in der Literatur nunmehr eine Anpassung des Krankengeldes für Leistungsbezieher nach § 50 SGB IX befürwortet wird,[31] kann dem nach dem zuvor Gesagten nicht gefolgt werden. 53

D. Höhe und Berechnung des Krankengeldes bei Beziehern von Kurzarbeiter- oder Winterausfallgeld (Absätze 3, 4 und 6)

Durch die speziellen Regelungen für die Bezieher von Kurzarbeiter- oder Winterausfallgeld (vgl. §§ 169 ff., 214 f. SGB III) soll sichergestellt werden, dass das Krankengeld nicht aufgrund des betriebs- oder witterungsbedingten Arbeitsausfalls gemindert, sondern der Versicherte vielmehr so gestellt wird, als sei es nicht zu dem Arbeitsausfall gekommen.[32] 54

Auch wenn dies nicht eindeutig aus dem Wortlaut hervorgeht, findet **Absatz 3** nur Anwendung, wenn **kein Anspruch auf Entgeltfortzahlung im Krankheitsfall** gegen den Arbeitgeber besteht. **Besteht** ein **solcher Anspruch**, findet **Absatz 4** Anwendung, unabhängig davon, ob die Arbeitsunfähigkeit bereits vor oder erst nach dem Arbeitsausfall eingetreten ist.[33] 55

Ein Anspruch auf **Auszahlung** des Krankengeldes entsteht, wenn und soweit eine Entgelt- oder Leistungsfortzahlung nicht (mehr) verlangt werden kann. Ansonsten ruht der Krankengeldanspruch nach § 49 Abs. 1 Nr.1, 3 SGB V. 56

I. Eintritt der Arbeitsunfähigkeit während des Bezuges von Kurzarbeiter- oder Winterausfallgeld (Absatz 3)

1. Grundsatz

Für Versicherte ohne Anspruch auf Entgeltfortzahlung im Krankheitsfall, die mit Beginn oder während des Bezuges von Kurzarbeiter- oder Winterausfallgeld arbeitsunfähig erkranken, wird das Krankengeld nach dem **regelmäßigen Arbeitsentgelt** berechnet, das sie **zuletzt vor Eintritt des Arbeitsausfalls** erzielt haben (**Regelentgelt, vgl. § 47 Abs. 1 Satz 1 SGB V**). 57

Anders als nach § 47 Abs. 2 SGB V kommt es für die Berechung des Regelentgeltes **nicht** auf den letzten abgerechneten Entgeltzeitraum **vor Beginn der Arbeitsunfähigkeit** an. Dies hätte eine Verminderung des Krankengeldes zur Folge, denn das Kurzarbeiter- und Winterausfallgeld sind regelmäßig niedriger als das vor dem Arbeitsausfall erzielte Entgelt. Der erkrankte Arbeitnehmer wäre schlechter gestellt als wenn es nicht zu dem Arbeitsausfall gekommen wäre. Aus diesem Grund ist auf das regelmäßige Arbeitsentgelt abzustellen, das der Berechtigte vor dem Arbeitsausfall, der zu dem Bezug des Kurzarbeiter- oder Winterausfallgeldes geführt hat, erzielt hat. 58

---

27 BGBl I 2002, 4607.

28 Vgl. Fraktionsentwurf, BT-Drs. 15/25, S. 31.

29 BGBl I 2002, 4621.

30 So auch *Höfler* in: KassKomm, SGB V, § 47b Rn. 19; *Vay* in: Krauskopf, Soziale Krankenversicherung. Pflegeversicherung, § 47b Rn. 13.

31 So z.B. *Gerlach* in: Hauck/Noftz, SGB V, § 47b Rn. 10.

32 BSG v. 22.06.1979 - 3 RK 71/77 - SozR 4100 § 164 Nr. 2.

33 BSG v. 22.06.1979 - 3 RK 71/77 - SozR 4100 § 164 Nr. 2.

2. Höchstbetrag

59 Es kann vorkommen, dass das nach Absatz 3 berechnete Krankengeld höher ausfällt als die im Falle der Arbeitsfähigkeit erzielte Summe von Kurzlohn und Kurzarbeiter- bzw. Winterausfallgeld. Da der arbeitsunfähige Versicherte nach dem Normzweck der gesamten Krankengeldvorschriften aber niemals besser gestellt werden darf, als der nicht erkrankte Versicherte, ist in einem solchen Fall das Krankengeld auf die Summe von Kurzlohn und Kurzarbeiter- bzw. Winterausfallgeld zu begrenzen.[34]

II. Eintritt der Arbeitsunfähigkeit vor Bezug des Kurzarbeiter- oder Winterausfallgeldes (Absatz 4)

60 Der Anwendungsbereich von Absatz 4 ist auf **Zeiträume** beschränkt, in denen sich **Entgeltfortzahlung** im Krankheitsfall und **Arbeitsausfall** wegen Kurzarbeit oder Schlechtwetter **überschneiden**. Nicht entscheidend kommt es entgegen des Wortlautes darauf an, ob die Arbeitsfähigkeit bereits vor Erfüllung der Voraussetzungen für den Bezug von Kurzarbeiter- oder Winterausfallgeld eingetreten ist.

61 Erkrankt ein Versicherter arbeitsunfähig, bevor in seinem Betrieb die Voraussetzungen für die Gewährung von Kurzarbeiter- oder Winterausfallgeld erfüllt werden, gilt Folgendes:

62 Der Arbeitnehmer erhält zunächst von seinem Arbeitgeber Entgeltfortzahlung im Krankheitsfall. Dieser Anspruch vermindert sich, sobald in dem Betrieb die Voraussetzungen für die Gewährung von Kurzarbeiter- oder Winterausfallgeld erfüllt werden (vgl. § 4 Abs. 3 EFZG). Ab dann erhält der Versicherte nach Absatz 4 neben der (gekürzten) Entgeltfortzahlung Krankengeld in Höhe des Kurzarbeiter- oder Winterausfallgeldes, das er ohne die Arbeitsunfähigkeit erhalten würde (vgl. §§ 178, 214 Abs. 2 SGB III). Er erhält also ein **Teil-Krankengeld**. Im Übrigen ruht der Krankengeldanspruch nach § 49 Abs. 1 Nr. 1 SGB V. Auf diese Weise wird der Versicherte so gestellt, als sei er nicht arbeitsunfähig erkrankt.[35]

63 Mit dem Ende des Anspruchs auf Entgeltfortzahlung im Krankheitsfall gelten für die Höhe und Berechnung des Krankengeldes wieder die allgemeinen Regelungen des § 47 SGB V.

64 Entsprechendes gilt aber auch dann, wenn der Versicherte mit Entgeltfortzahlungsanspruch während des Bezuges von Kurzarbeiter- oder Winterausfallgeld arbeitsunfähig erkrankt. Auch dann erhält er zunächst den gekürzten Lohn vom Arbeitgeber weiter und daneben das Teil-Krankengeld in Höhe des (fiktiven) Kurzarbeiter- bzw. Winterausfallgeldes.[36] Mit Ende des Entgeltfortzahlungsanspruches ist dann das nach Absatz 3 zu berechnende Krankengeld zu gewähren.

65 Der Arbeitgeber hat das Krankengeld kostenlos zu berechnen und auszuzahlen (Satz 2). Er erhält diese Leistungen von der Krankenkasse erstattet. Der Arbeitnehmer hat die erforderlichen Angaben zu machen (Satz 3).

66 Besteht dagegen **kein Anspruch auf Entgeltfortzahlung** im Krankheitsfall und tritt die **Arbeitsunfähigkeit vor Beginn des Kurzarbeiter- bzw. Winterausfallgeldes** ein, ist durchgehend das nach **§ 47 SGB V** zu berechnende Krankengeld zu gewähren.[37]

III. Sonderregelung für die Bezieher von Winterausfallgeld in den Fällen des § 232a Abs. 3 SGB V (Absatz 6)

67 Absatz 6 Satz 1 enthält eine **von Absatz 3 abweichende Sonderregel** für die Berechnung des Krankengeldes beim Bezug von Winterausfallgeld in den Fällen des § 232a Abs. 3 SGB V. Sie gilt für die Winterausfallgeldbezieher, die gegen ihre Arbeitgeber nach dem SGB III für die Ausfallstunden Anspruch auf Arbeitsentgelt haben, das unter Anrechnung des Winterausfallgeldes zu zahlen ist. Das Krankengeld wird in diesen Fällen nach dem vom Arbeitgeber gezahlten Arbeitsentgelt zuzüglich des Winterausfallgeldes berechnet. Es ist also nicht das vor dem Arbeitsausfall erzielte Regelentgelt maßgeblich. Auf diese Weise wird die vorherige Kürzung des Arbeitsentgeltes um das Winterausfallgeld voll ausgeglichen und eine Schlechterstellung des Arbeitnehmers durch den Arbeitsausfall verhindert. Absätze 4 und 5 gelten in diesen Fällen entsprechend (Absatz 6 Satz 2).

---

[34] Vgl. *Höfler* in: KassKomm, SGB V, § 47b Rn. 27.

[35] BSG v. 22.06.1979 - 3 RK 71/77 - SozR 4100 § 164 Nr. 2.

[36] BSG v. 22.06.1979 - 3 RK 71/77 - SozR 4100 § 164 Nr. 2.

[37] Vgl. *Vay* in: Krauskopf, Soziale Krankenversicherung. Pflegeversicherung, § 47b Rn. 19.

E. Bemessungsgrundlage bei anderen Leistungen (Absatz 5)

Absatz 5 bestimmt die Bemessungsgrundlage für neben dem Krankengeld zu erbringende einkommensabhängige Leistungen der gesetzlichen Krankenversicherung. 68

Durch den Verweis auf das Arbeitsentgelt, das der Beitragsbemessung zugrunde liegt (vgl. hierzu § 232a SGB V), wird klar gestellt, dass nicht allein von dem Kurzlohn, sondern von dem Kurzlohn zuzüglich des sich aus § 232a Abs. 2 SGB V ergebenden Betrages auszugehen ist. 69

Die Vorschrift dürfte jedoch obsolet sein, denn mit Ausnahme des Krankengeldes und des Mutterschaftsgeldes, für welches Sonderreglungen bestehen, werden keine weiteren Leistungen der gesetzlichen Krankenversicherung nach dem Einkommen des Versicherten berechnet.[38] 70

F. Zahlung des Krankengeldes

Mangels einer speziellen Regelung bezüglich der Zahlungsweise wird den Beziehern von Arbeitslosen-, Unterhalts-, Kurzarbeiter- und Winterausfallgeld das Krankengeld nach den allgemeinen Regeln des § 47 Abs. 1 Sätze 6 und 7 SGB V gewährt. Danach wird das Krankengeld grundsätzlich für Kalendertage gezahlt. Nur wenn sich die Zahlung über einen vollen Kalendermonat erstreckt ist zur Vereinfachung dieser Kalendermonat unabhängig von seiner tatsächlichen Länge mit 30 Tagen anzusetzen. 71

[38] Vgl. *Höfler* in: KassKomm, SGB V, § 47b Rn. 32.

§ 48 SGB V Dauer des Krankengeldes

(Fassung vom 20.12.1988, gültig ab 01.01.1989)

(1) Versicherte erhalten Krankengeld ohne zeitliche Begrenzung, für den Fall der Arbeitsunfähigkeit wegen derselben Krankheit jedoch für längstens achtundsiebzig Wochen innerhalb von je drei Jahren, gerechnet vom Tage des Beginns der Arbeitsunfähigkeit an. Tritt während der Arbeitsunfähigkeit eine weitere Krankheit hinzu, wird die Leistungsdauer nicht verlängert.

(2) Für Versicherte, die im letzten Dreijahreszeitraum wegen derselben Krankheit für achtundsiebzig Wochen Krankengeld bezogen haben, besteht nach Beginn eines neuen Dreijahreszeitraums ein neuer Anspruch auf Krankengeld wegen derselben Krankheit, wenn sie bei Eintritt der erneuten Arbeitsunfähigkeit mit Anspruch auf Krankengeld versichert sind und in der Zwischenzeit mindestens sechs Monate

1. nicht wegen dieser Krankheit arbeitsunfähig waren und

2. erwerbstätig waren oder der Arbeitsvermittlung zur Verfügung standen.

(3) Bei der Feststellung der Leistungsdauer des Krankengeldes werden Zeiten, in denen der Anspruch auf Krankengeld ruht oder für die das Krankengeld versagt wird, wie Zeiten des Bezugs von Krankengeld berücksichtigt. Zeiten, für die kein Anspruch auf Krankengeld besteht, bleiben unberücksichtigt.

§ 48 Abs. 2: Mit dem GG vereinbar gem. BVerfGE v. 24.3.1998 I 1526 - 1 BvL 6/92 -

Gliederung

A. Basisinformationen

I. Textgeschichte/Gesetzgebungsmaterialien

1 Die Vorschrift ist am 01.01.1989 mit der Einführung des Gesundheitsreformgesetzes (GRG) vom 20.12.1988[1] in Kraft getreten und seither nicht geändert worden.

II. Vorgängervorschriften

2 Vorgängervorschrift ist § 183 RVO, wobei § 48 Abs. 1 und Abs. 3 SGB V dem bisherigen Recht entsprechen. Die Regelung in **§ 48 Abs. 2 SGB V ist neu geschaffen** worden. Im früheren Recht war eine derartige Regelung nicht vorgesehen, jedoch gab es umfangreiche höchstrichterliche Rechtsprechung zum Wiederaufleben des Krankengeldanspruchs bei Beginn einer neuen Blockfrist. Die Kriterien für das Wiederaufleben des Krankengeldanspruchs wurden dabei äußerst weit ausgelegt. So war es nach dem bisherigen Recht möglich, dass auch Rentenantragsteller, freiwillige Mitglieder, die ihre Berufs-

[1] BGBl I 1988, 2477.

tätigkeit aufgegeben hatten oder Pensionsansprüche besaßen, Berufsunfähigkeitsrentner und Waisenrentner in einigem Ausmaß viele Male nacheinander eine Bezugszeit von 78 Wochen in Anspruch nehmen konnten.[2] Sinn und Zweck der Einführung des § 48 Abs. 2 SGB V war es danach, den Anreiz für eine Inanspruchnahme des Krankengeldes als Dauerleistung mit Rentenersatzfunktion zu beseitigen.[3]

III. Parallelvorschriften

Für das **Verletztengeld** sieht § 46 Abs. 3 Satz 2 Nr. 3 SGB VII gleichfalls eine Begrenzung auf 78 Wochen vom Beginn der auf dem Versicherungsfall beruhenden Arbeitsunfähigkeit an vor; der Verletztengeldanspruch endet jedoch nicht vor dem Ende der stationären Behandlung des Versicherten. Bei Wiedererkrankung wird gemäß § 48 SGB VII u.a. hinsichtlich des 78-Wochen-Zeitraumes nicht auf den Beginn der ersten Arbeitsunfähigkeit, sondern auf den der Wiedererkrankung abgestellt. 3

IV. Systematische Zusammenhänge

Während die §§ 44 und 46 SGB V den Anspruch auf Krankengeld dem Grunde nach regeln und die §§ 47-47b SGB V Regelungen über die Höhe treffen, ist § 48 SGB V die zentrale Regelungsnorm zur **Dauer des Krankengeldanspruchs**. Gegenüber § 19 SGB V ist § 48 Abs. 1 Satz 1 HS. 1 SGB V lex specialis mit der Folge, dass ein bereits entstandener Krankengeldanspruch nicht durch den Eintritt von Umständen endet, die normalerweise zu einem Erlöschen des Leistungsanspruchs führen. Folglich bleibt durch einen bestehenden Anspruch auf Krankengeld auch die Mitgliedschaft Versicherungspflichtiger erhalten (§ 192 Abs. 1 Nr. 2 SGB V). 4

V. Ausgewählte Literaturhinweise

Becker, Konturen des Begriffs der Arbeitsunfähigkeit, SozSich 2004, 134-139; *Boerner*, Das Krankheitsrisiko des Arbeitnehmers im deutschen Arbeits- und Sozialversicherungsrecht, ZESAR 2003, 266-271; *Borchert*, Die Arbeitsunfähigkeitsbescheinigung, DOK 1990, 643-648; *Götzenberger*, Krankengeld – Lohnersatzleistung der gesetzlichen Krankenkassen, SozVers 1993, 207-215; *Koppenfels*, Die Entgeltfortzahlung im Krankheitsfall an der Schnittstelle von Arbeits- und Sozialrecht, NZS 2002, 241-247; *Marburger*, Erhaltung der Mitgliedschaft in der gesetzlichen Krankenversicherung, Die Beiträge 2002, 577-581. 5

B. Auslegung der Norm

I. Regelungsgehalt und Bedeutung der Norm

Nach § 48 Abs. 1 Satz 1 SGB V ist die **Anspruchsdauer** für den Bezug von Krankengeld **grundsätzlich nicht begrenzt**. Für jeden Fall der Arbeitsunfähigkeit **wegen derselben Krankheit** ist die Bezugsdauer indes auf **78 Wochen innerhalb von 3 Jahren** beschränkt. Hat der Versicherte für 78 Wochen Krankengeld wegen derselben Krankheit bezogen, so kann er nach Beginn eines neuen Dreijahreszeitraumes **erneut einen Anspruch auf Krankengeld** wegen derselben Krankheit erwerben (§ 48 Abs. 2 SGB V). Voraussetzung ist allerdings, dass der Versicherte 6

- bei Eintritt der erneuten Arbeitsunfähigkeit mit Anspruch auf Krankengeld versichert war,
- in der Zwischenzeit mindestens sechs Monate nicht wegen dieser Krankheit arbeitsunfähig war,
- in dieser Zwischenzeit mindestens sechs Monate erwerbstätig war oder (bei Arbeitslosigkeit) der Arbeitsvermittlung zur Verfügung stand.

§ 48 Abs. 3 SGB V trifft Regelungen über die im Rahmen des § 48 Abs. 2 SGB V anzurechnenden Zeiten. 7

Die Regelung hat ihren Ausgangspunkt in der **Risikoverteilung zwischen Kranken- und Rentenversicherung**. Das Krankengeld soll den Lohn nur bei vorübergehender Arbeitsunfähigkeit ersetzen. Die dauernde Unfähigkeit zur Ausübung einer Erwerbstätigkeit soll dagegen in die Leistungspflicht des Rentenversicherungsträgers fallen, der bei Eintritt des Versicherungsfalles mit einer Rente wegen Erwerbsminderung einzustehen hat. 8

---

2 Vgl. etwa BSG v. 03.06.1981 - 3 RK 6/80 - USK 81105; BSG v. 03.06.1981 - 3 RK 10/80 - USK 81111.

3 *Wagner* in: GK-SGB V, § 48 Rn. 19.

II. Normzweck und Systematische Stellung

9 Im Grunde ist mit der Gewährung von Krankengeld (nur) der Zielgedanke verbunden, einen **vorübergehenden Ausfall von Arbeitsentgelt** im Falle kurzfristiger Arbeitsunfähigkeit zu ersetzen. Die dauerhafte Unfähigkeit zur Ausübung einer Erwerbstätigkeit fällt dagegen klassischerweise in die Zuständigkeit des Rentenversicherungsträgers, der dann mit einer Rente wegen Erwerbsminderung auf Dauer den Lebensunterhalt derer sicherstellt, die diesen nicht mehr selbst durch Erwerbstätigkeit verdienen können. Diese Risikoverteilung ist auch für Versicherte ohne bestehende Rentenanwartschaft verfassungsrechtlich nicht zu beanstanden.[4] Dem scheint der Leitgedanke des § 48 Abs. 1 Satz 1 HS. 1 SGB V zunächst zu widersprechen. Der Grundsatz der Krankengeldzahlung ohne zeitliche Begrenzung, der der wirtschaftlichen Absicherung des Versicherten dient, wird jedoch gerade wegen der Risikoabgrenzung zur Rentenversicherung für eine Vielzahl, wenn nicht die überwiegende Mehrheit der längerfristig erkrankten Versicherten wieder eingeschränkt. Die Einschränkung, die der Grundsatz der unbegrenzten Bezugsdauer durch die Höchstbezugsdauer von 78 Wochen für die auf derselben Krankheit beruhende Arbeitsunfähigkeit erfährt, dient gerade der **finanziellen Entlastung der Krankenkassen bei Dauerleiden**, die zutreffender dem Risikobereich der Rentenversicherung zuzuordnen sind. Jedoch wirkt die Regelung durch diesen Aufbau in sich widersprüchlich. Das Wiederaufleben des Anspruchs bei Bestehen eines einheitlichen Grundleidens in Intervallen führt zusätzlich zu einem komplizierten System schwer voneinander abzugrenzender Fallgruppen.[5]

10 Dem Sinn und Zweck nach müssen die Regelungen des § 48 SGB V auch für den Anspruch auf Krankengeld wegen stationärer Behandlung gemäß § 44 Abs. 1 Satz 1 HS. 2 SGB V gelten, auch wenn der Wortlaut nur auf eine Beschränkung der Anspruchsdauer im Falle der Arbeitsunfähigkeit wegen derselben Krankheit zuzutreffen scheint. Regelmäßig wird auch im Falle der stationären Behandlung gleichzeitig Arbeitsunfähigkeit vorliegen, so dass § 48 SGB V ohnehin Anwendung findet. Selbst wenn jedoch im Einzelfall stationäre Behandlung ohne Arbeitsunfähigkeit vorliegt, ist § 48 SGB V entsprechend anzuwenden, sofern die stationäre Behandlung durch dieselbe zu Grunde liegende Krankheit verursacht wird.[6]

III. Grundsatz: Unbegrenzte Dauer (Absatz 1 Satz 1 Halbsatz 1)

11 Das Krankengeld wird gemäß Absatz 1 Satz 1 Halbsatz 1 der Vorschrift **ohne zeitliche Begrenzung** gewährt, also im Falle des § 44 Abs. 1 SGB V für die gesamte Zeit der auf Krankheit beruhenden Arbeitsunfähigkeit bzw. für die gesamte Dauer des Krankenhausaufenthalts. Nach **§ 192 Abs. 1 Nr. 2 SGB V** bleibt die Mitgliedschaft Versicherungspflichtiger (und damit die Grundlage für den Krankengeldanspruch) erhalten, solange u.a. Anspruch auf Krankengeld besteht. Der Anspruch auf Krankengeld endet daher auch nicht durch den Eintritt von Tatbeständen, die ansonsten das Ende der Mitgliedschaft herbeiführen würden. Tritt daher vor dem Ende der versicherungspflichtigen Beschäftigung Arbeitsunfähigkeit ein, so **bleibt die Mitgliedschaft im äußersten Fall bis zur Erschöpfung des Krankengeldanspruchs erhalten**. Endet jedoch der Anspruch auf Krankengeld durch die Beendigung der Arbeitsunfähigkeit oder der Krankenhausbehandlung, so müssen bei erneuter Arbeitsunfähigkeit oder Krankenhausbehandlung erneut die Voraussetzungen des § 44 SGB V, also insbesondere auch die Versicherteneigenschaft, gegeben sein. Hat dagegen die Mitgliedschaft inzwischen geendet, weil die Voraussetzungen für die Erhaltung der Mitgliedschaft wegen des Wegfalls des Anspruchs auf Krankengeld nicht mehr vorlagen, so kommt bei erneutem Eintritt von Arbeitsunfähigkeit und/oder Krankenhausbehandlungsbedürftigkeit lediglich ein **nachgehender Leistungsanspruch** auch für die Gewährung von Krankengeld für längstens einen Monat auf der Grundlage des **§ 19 SGB V** in Betracht.

---

[4] BVerfG v. 24.03.1998 - 1 BvL 6/92 - BVerfGE 97, 378.

[5] *Höfler* in: KassKomm, SGB V, § 48 Rn. 1a.

[6] *Höfler* in: KassKomm, SGB V, § 48 Rn. 3a.

IV. Zeitliche Begrenzung bei Arbeitsunfähigkeit auf Grund derselben Krankheit (Absatz 1 Satz 1 Halbsatz 2)

Für den Fall, dass die Arbeitsunfähigkeit auf **derselben Krankheit** beruht, besteht ein Anspruch auf Krankengeld jedoch nicht ohne zeitliche Begrenzung, sondern **lediglich für 78 Wochen innerhalb von je drei Jahren**, gerechnet vom Tage des Beginns der Arbeitsunfähigkeit an. Das Hinzutreten einer weiteren Krankheit während der bestehenden Arbeitsunfähigkeit verlängert die Bezugsdauer nicht (§ 48 Abs. 1 Satz 2 SGB V). 12

Der Anspruch auf Krankengeld wegen derselben Krankheit kann unter den Voraussetzungen des § 48 Abs. 1, Abs. 2 SGB V wieder aufleben. Demgegenüber begründet das Auftreten einer neuen Krankheit einen weiteren Krankengeldanspruch und setzt einen neuen Dreijahreszeitraum mit einer Bezugszeit von höchstens 78 Wochen in Lauf. 13

1. Dieselbe Krankheit

Die zeitliche Begrenzung des Anspruchs tritt dann ein, wenn die Arbeitsunfähigkeit auf derselben Krankheit beruht. Die Vorschrift stellt danach nicht auf eine ohne Unterbrechung fortdauernde Arbeitsunfähigkeit, also nicht auf ein Fortbestehen des Leistungsfalls ab, sondern auf ein Fortbestehen der dem Leistungsfall zugrunde liegenden Krankheit. Dieselbe Krankheit liegt vor, wenn es sich um ein **im ursächlichen Sinne einheitliches Krankheitsgeschehen** handelt. Das ist der Fall, solange die Krankheit **nicht ausgeheilt** ist und immer wieder zu behandlungsbedürftigen und/oder Arbeitsunfähigkeit bedingenden Krankheitserscheinungen bzw. Krankheitsbeschwerden führt. Es kommt dagegen nicht darauf an, ob die Krankheitserscheinungen stets in gleicher Weise und ohne zeitliche Unterbrechung fortbestehen. Dieselbe Krankheit kann auch dann noch fortbestehen, wenn Arbeitsunfähigkeit und/oder Behandlungsbedürftigkeit (vorübergehend) entfallen sind, also der ursprüngliche Leistungsfall bereits abgeschlossen ist. Für die Frage, ob die erneute Arbeitsunfähigkeit auf derselben Krankheit wie die vorangegangene Arbeitsunfähigkeit beruht, kommt es daher **allein auf das Krankheitsgeschehen** selbst an.[7] 14

Erforderlich ist allerdings, dass eine **identische Krankheitsursache** vorliegt. Dass die gleiche oder eine gleichartige Krankheit nach ihrer Ausheilung später erneut auftritt (z.B. grippaler Infekt, Angina), reicht dagegen nicht aus. Identität der Krankheitsursache liegt z.B. vor im Falle eines Rückfalls bei **nicht ausgeheilten** entzündlichen, rheumatischen oder tuberkulösen Krankheiten, inneren Erkrankungen oder **schubweise auftretenden** Krankheiten wie z.B. Psychosen oder Multipler Sklerose[8]. Ebenso liegt eine identische Krankheitsursache vor bei **nicht behobenen Grundleiden**, bei denen in gewissen zeitlichen Abständen Krankheitsschübe auftreten, die Behandlungsbedürftigkeit und/oder Arbeitsunfähigkeit auslösen.[9] 15

Degenerative Wirbelsäulenveränderungen stellen dieselbe Krankheit in diesem Sinne so lange dar, als Behandlungsbedürftigkeit und Arbeitsunfähigkeit nicht für eine längere Zeit behoben sind und deshalb noch nicht von einem **beschwerdefreien Zustand von gewisser Dauer** gesprochen werden kann. Degenerative Veränderungen an der gesamten Wirbelsäule, die sich in gleichartigen Beschwerden in mehreren Wirbelsäulenabschnitten äußern, stellen ein **einheitliches Grundleiden** dar. Es liegt demzufolge auch dann dieselbe Krankheit vor, wenn von den in kürzeren Zeitabständen auftretenden Beschwerden die einzelnen Wirbelsäulenabschnitte unterschiedlich stark betroffen sind.[10] 16

Der Begriff derselben Krankheit ist vom **Versicherungsfall** der Krankheit gemäß § 44 SGB V präzise abzugrenzen. Der Versicherungsfall der Krankheit erfordert zur Bewirkung eines Anspruchs auf Leistungen zusätzlich Arbeitsunfähigkeit oder Behandlungsbedürftigkeit, so dass ohne weiteres der **Leistungsfall** auf Grund des Wegfalls von Arbeitsunfähigkeit und/oder Behandlungsbedürftigkeit beendet sein kann, während eine später (erneut) eintretende Arbeitsunfähigkeit wegen der dargelegten Identität der Krankheitsursache gleichwohl auf „derselben Krankheit" beruht.[11] 17

---

[7] BSG v. 12.10.1988 - 3/8 RK 28/87 - juris Rn. 12.

[8] Vgl. zur Fortsetzungserkrankung im Arbeitsrecht: BAG v. 04.12.1985 - 5 AZR 656/84 - USK 85140.

[9] BSG v. 07.12.2004 - B 1 KR 10/03 R - juris Rn. 16.

[10] BSG v. 12.10.1988 - 3/8 RK 28/87 - juris Rn. 13.

[11] *Höfler* in: KassKomm, SGB V, § 48 Rn. 4.

2. Hinzutretende Krankheit

18 Tritt während der auf einer Krankheit beruhenden Arbeitsunfähigkeit eine weitere Krankheit hinzu, so wird die **Leistungsdauer nicht verlängert** (§ 48 Abs. 1 Satz 2 SGB V). Unter einer „hinzugetretenen" Krankheit in diesem Sinne ist ein Krankheitsgeschehen zu verstehen, bei dem eine **andere medizinische Ursache** feststellbar ist. Ob die hinzugetretene Krankheit für sich betrachtet ebenfalls Arbeitsunfähigkeit verursachen würde, ist nicht entscheidend; auch wenn dies der Fall ist, treten die Folgen des § 48 Abs. 1 Satz 2 SGB V ein.[12] Die Krankheit muss während einer aufgrund einer anderen Erkrankung **bereits bestehenden Arbeitsunfähigkeit** hinzutreten. Dass (noch) Krankengeld gezahlt wird, ist dagegen nicht Voraussetzung.[13] Ein „Hinzutreten während der Arbeitsunfähigkeit" liegt auch dann vor, wenn zeitgleich mit dem Vorliegen oder Wiedervorliegen einer zur Arbeitsunfähigkeit führenden ersten Erkrankung unabhängig von dieser Krankheit zugleich eine weitere Krankheit die Arbeitsunfähigkeit des Versicherten bedingt. Es reicht insoweit aus, dass die Krankheiten **zumindest an einem Tag zeitgleich** nebeneinander bestanden haben.[14] Ist die Arbeitsunfähigkeit dagegen beendet und tritt eine neue Krankheit am Tag nach dem Ende der Arbeitsunfähigkeit ein, so liegt keine hinzugetretene Krankheit im Sinne des § 48 Abs. 1 Satz 2 SGB V vor, selbst wenn inzwischen die Arbeit nicht wieder aufgenommen wurde.[15]

19 Entfällt wegen der zuerst aufgetretenen Krankheit die Arbeitsunfähigkeit und wird die fortbestehende Arbeitsunfähigkeit nur noch von der „hinzugetretenen" Krankheit verursacht, so sind bei der Feststellung der Höchstbezugsdauer für das Krankengeld **auch die Vorerkrankungszeiten** wegen der zuerst eingetretenen Krankheit anzurechnen. Die hinzugetretene Erkrankung verlängert also auch bei Fortfall der Ersterkrankung die Leistungsdauer von höchstens 78 Wochen ab dem ersten Tag der (zunächst nur) auf der Ersterkrankung beruhenden Arbeitsunfähigkeit nicht. Die schon bestehende, also „dieselbe" Krankheit und die hinzugetretene Krankheit **bilden vielmehr eine Einheit**, ohne dass es darauf ankommt, ob die hinzugetretene allein oder nur zusammen mit der ersten Krankheit Arbeitsunfähigkeit herbeiführt.[16] Die weitere Krankheit verlängert nicht die Leistungsdauer und setzt auch nicht – wie eine nach Beendigung der vorhergehenden Arbeitsunfähigkeit eingetretene neue Krankheit mit erneuter Arbeitsunfähigkeit – einen neuen Dreijahreszeitraum in Gang. Bedeutsam wird die hinzugetretene Krankheit allerdings, wenn sie in einem neuen Dreijahreszeitraum **allein Arbeitsunfähigkeit** bewirkt. In diesem Fall ist nämlich mit der hinzugetretenen als „derselben" Krankheit die **Bezugszeit von 78 Wochen wegen dieser Krankheit in der vorhergehenden Blockfrist noch nicht verbraucht**. Dann kann ein Krankengeldanspruch für die neue Blockfrist nicht an § 48 Abs. 2 SGB V scheitern. Denn diese Vorschrift ist nur auf Versicherte anzuwenden, die im letzten Dreijahreszeitraum „wegen derselben Krankheit" für 78 Wochen Krankengeld bezogen haben.[17]

3. Dreijahreszeitraum

20 Der Dreijahreszeitraum wird nach dem Grundsatz der starren Rahmenfrist (Blockfrist) bestimmt. Der erstmalige Eintritt einer Arbeitsunfähigkeit wegen derselben Krankheit setzt eine **Kette unmittelbar aufeinander folgender Dreijahreszeiträume** in Gang, innerhalb derer – bei Vorliegen der der weiteren Voraussetzungen – jeweils bis zu 78 Wochen Krankengeld gewährt werden kann.[18] Die Blockfrist beginnt mit dem Tage des **erstmaligen Eintritts der Arbeitsunfähigkeit** wegen der ihr zu Grunde liegenden Krankheit, unabhängig davon, ob ein Anspruch auf Zahlung von Krankengeld bestand oder nicht. Voraussetzung ist allerdings, dass zum Zeitpunkt des erstmaligen Eintritts der Arbeitsunfähigkeit ein Anspruch auf Krankengeld dem Grunde nach bestand. Mit dem Eintritt der Arbeitsunfähigkeit wird daher auch dann eine Blockfrist in Lauf gesetzt, wenn der Zahlungsanspruch in Folge des Zusammentreffens mit einer anderen Leistung ruhte. Nach Ablauf des ersten und jedes weiteren Dreijahreszeitraumes schließt unmittelbar die nächste Blockfrist an.

---

[12] *Höfler* in: KassKomm, SGB V, § 48 Rn. 7b.

[13] BSG v. 29.09.1998 - B 1 KR 2/97 R - SozR 3-2500 § 48 Nr. 8.

[14] BSG v. 08.11.2005 - B 1 KR 27/04 R - juris Rn. 16.

[15] *Wagner* in: GK-SGB V, § 48 Rn. 6.

[16] BSG v. 08.12.1992 - 1 RK 8/92 - SozR 3-2500 § 48 Nr. 3.

[17] BSG v. 07.12.2004 - B 1 KR 10/03 R - juris Rn. 20; BSG v. 29.09.1998 - B 1 KR 2/97 R - SozR 3-2500 § 48 Nr. 8; BSG v. 08.12.1992 - 1 RK 8/92 - SozR 3-2500 § 48 Nr. 3; BSG v. 26.11.1991 - 1/3 RK 19/90 - USK 91164.

[18] Vgl. BSG v. 09.12.1986 - 8 RK 27/84 - SozR 2200 § 183 Nr. 51; *Höfler* in: KassKomm, SGB V, § 48 Rn. 5.

Jede neue, also nicht „dieselbe“ Krankheit löst einen **neue Kette** von Dreijahreszeiträumen mit einer entsprechenden Höchstbezugsdauer für den Bezug von Krankengeld aus. 21

V. „Wiederaufleben“ des Anspruchs

Entsteht der Krankengeldanspruch nicht erstmalig bzw. erneut auf Grund einer neuen Krankheit, sondern **lebt er auf Grund derselben Krankheit**, auf Grund derer bereits eine Blockfrist in Lauf gesetzt wurde, **wieder auf**, so kann dies entweder zum Hintergrund haben, dass der Krankengeldanspruch im letzten Dreijahreszeitraum **nicht voll ausgeschöpft** wurde. Dann richtet sich der Krankengeldanspruch nach § 48 Abs. 1 SGB V. Demgegenüber trifft § 48 Abs. 2 SGB V Regelungen über das **Wiederaufleben** des Krankengeldanspruchs in einer neuen Blockfrist, wenn der Anspruch auf Krankengeld in dem ersten Dreijahreszeitraum bis zu der Höchstbezugsdauer von 78 Wochen **bereits vollständig ausgeschöpft** war. 22

Das Wiederaufleben ist einerseits zu unterscheiden vom Auftreten einer neuen Krankheit, die einen neuen Leistungsfall entstehen lässt und einen neuen Dreijahreszeitraum in Lauf setzt. Andererseits ist das Wiederaufleben aber auch gegen den Fortbestand des Anspruchs innerhalb der Dreijahresfrist abzugrenzen.[19] 23

1. Bei Nichtausschöpfung der Höchstbezugsdauer (Absatz 1)

Wurde der Krankengeldanspruch im letzten Dreijahreszeitraum **nicht vollständig ausgeschöpft**, so richtet sich das Wiederaufleben des Anspruchs nach § 48 Abs. 1 SGB V. Zum einen sind hier Fälle erfasst, in denen der Versicherte in einer neuen Blockfrist wegen einer in der ersten Blockfrist hinzugetretenen Krankheit arbeitsunfähig wird. In diesem Fall hat der Versicherte im letzten Dreijahreszeitraum **nicht wegen derselben Krankheit** Krankengeld bezogen, die Bezugszeit von 78 Wochen wegen dieser (in der ersten Blockfrist hinzugetretenen) Krankheit im vorhergehenden Dreijahreszeitraum noch nicht verbraucht. Dann kann ein Krankengeldanspruch für die neue Blockfrist auch nicht an § 48 Abs. 2 SGB V scheitern. Denn diese Vorschrift ist ausschließlich auf Versicherte anzuwenden, die im letzten Dreijahreszeitraum „wegen derselben Krankheit“ für 78 Wochen Krankengeld bezogen haben. Da die Vorschrift des § 48 Abs. 1 SGB V inhaltlich mit der Regelung des § 183 Abs. 2 RVO a.F. übereinstimmt, wendet die Rechtsprechung die Grundsätze, die sie zum alten Recht entwickelt hat, auch für die Anwendung des § 48 Abs. 1 SGB V an. Danach muss der Versicherte bei Beginn einer neuen Blockfrist die bestehende Arbeitsunfähigkeit der Krankenkasse **melden**. Ferner ist es erforderlich, dass der Arbeitsunfähige der Krankenkasse als Mitglied angehört: Ob es sich um eine **Mitgliedschaft** mit oder ohne Krankengeldanspruch handelt, spielt dagegen – im Gegensatz zu den Fällen, in denen § 48 Abs. 2 SGB V Anwendung findet – keine Rolle.[20] 24

Des Weiteren ist, wenn der Krankengeldanspruch im ersten Dreijahreszeitraum **nicht vollständig ausgeschöpft** wurde, im neuen Dreijahreszeitraum der Krankengeldanspruch erneut nach § 48 Abs. 1 SGB V zu beurteilen. Es besteht dann erneut ein Anspruch auf Krankengeld mit einer Höchstbezugsdauer von 78 Wochen.[21] Dies gilt selbst dann, wenn die Rahmenfrist bei der ersten Inanspruchnahme des Krankengeldes nur in geringfügigem Umfang nicht ausgeschöpft wurde.[22] 25

2. Bei Erfüllung der Voraussetzungen des Absatzes 2

§ 48 Abs. 2 SGB V findet dagegen ausschließlich dann Anwendung, wenn der Versicherte im letzten Dreijahreszeitraum **wegen derselben Krankheit bereits 78 Wochen Krankengeld bezogen** hat. Als letzter Dreijahreszeitraum ist nicht notwendigerweise derjenige zu verstehen, der dem gegenwärtigen Dreijahreszeitraum unmittelbar vorangeht; es kann sich vielmehr auch um einen weiter zurückliegenden Dreijahreszeitraum handeln, in dem der Versicherte Krankengeld bezogen hat. 26

Probleme, die sich aus dem Fehlen von Übergangsvorschriften im Hinblick auf die versichertenfreundliche Auslegung der bisherigen Regelung durch die Rechtsprechung und der daraus folgenden unechten Rückwirkung ergaben, gehören der Vergangenheit an. Das Bundesverfassungsgericht hat insoweit klar gestellt, dass der Gesetzgeber verfassungsrechtlich nicht verpflichtet war, solche Versicherte von der Einschränkung des Anspruchs auf Krankengeld in § 48 Abs. 2 SGB V auszunehmen, bei denen der 27

---

19 *Höfler* in: KassKomm, SGB V, § 48 Rn. 3.

20 BSG v. 08.12.1992 - 1 RK 8/92 - SozR 3-2500 § 48 Nr. 3.

21 *Höfler* in: KassKomm, SGB V, § 48 Rn. 8b; BSG v. 29.09.1998 - B 1 KR 2/97 R - SozR 3-2500 § 48 Nr. 8.

22 Zur Kritik an dieser Regelung vgl. nur *Höfler* in: KassKomm, SGB V, § 48 Rn. 8c.

Versicherungsfall vor dem In-Kraft-Treten dieser Vorschrift eingetreten ist und die auf Dauer arbeitsunfähig sind. Verfassungsrechtlich ist der Gesetzgeber nicht gehalten, die **Lücke im Schutz der gesetzlichen Rentenversicherung**, die im Falle des Eintritts der Erwerbsunfähigkeit vor der Erfüllung von Wartezeiten besteht, durch die lebenslange Zahlung von Krankengeld zu schließen. Für die nach altem Recht bestehende Ungleichbehandlung von Arbeitsunfähigen mit Rentenanwartschaft, deren Anspruch auf Krankengeld zur Vermeidung von Doppelleistungen ausgeschlossen war, und den Arbeitsunfähigen ohne Rentenanwartschaft, die sich jedoch durch wieder aufgelebtes Krankengeld in Höhe von 80 vom Hundert des letzten Bruttobemessungsentgelts (bis 31.12.1996; seitdem: 70 vom Hundert, vgl. § 47 SGB V) wirtschaftlich besser stellen konnten, war ein rechtfertigender Grund nicht ersichtlich.[23]

28 § 48 Abs. 2 SGB V bestimmt, dass nach einem Krankengeldbezug von 78 Wochen wegen derselben Krankheit im letzten Dreijahreszeitraum nach Beginn einer neuen Blockfrist bei Arbeitsunfähigkeit wegen dieser Krankheit ein **neuer Anspruch auf Krankengeld** besteht, wenn der Versicherte bei Eintritt der erneuten Arbeitsunfähigkeit mit Anspruch auf Krankengeld versichert ist und er zwischen dem Ende der letzten Arbeitsunfähigkeit wegen derselben Krankheit und dem Eintritt der neuen Arbeitsunfähigkeit mindestens sechs Monate nicht wegen dieser Krankheit arbeitsunfähig war und erwerbstätig war oder der Arbeitsvermittlung zur Verfügung stand. Der Anspruch ist danach an mehrere Voraussetzungen gebunden:

- Bestehen eines **Versicherungsverhältnisses mit Anspruch auf Krankengeld** im Zeitpunkt des Eintritts der erneuten Arbeitsunfähigkeit,
- **Zeitraum von sechs Monaten** zwischen dem Ablauf des Krankengeldanspruchs nach 78-wöchigem Bezug und dem erneuten Eintritt von Arbeitsunfähigkeit wegen derselben Krankheit **ohne Arbeitsunfähigkeit wegen derselben Krankheit**,
- **Zeitraum von sechs Monaten** zwischen dem Ablauf des Krankengeldanspruchs nach 78-wöchigen Bezug und dem erneuten Eintritt von Arbeitsunfähigkeit wegen derselben Krankheit **mit Erwerbstätigkeit oder – bei Arbeitslosigkeit – Verfügbarkeit.**

a. Versicherungsverhältnis mit Anspruch auf Krankengeld

29 Das Bestehen eines **Versicherungsverhältnisses mit Anspruch auf Krankengeld** ist **zum Zeitpunkt des Eintritts der erneuten Arbeitsunfähigkeit** erforderlich. Diese Regelung schließt Versicherte aus, die inzwischen eine Leistung nach § 50 SGB V erhalten. Es handelt sich dabei um die folgenden Leistungen:

- Rente wegen voller Erwerbsminderung, Erwerbsunfähigkeit oder Vollrente wegen Alters aus der gesetzlichen Rentenversicherung (§ 50 Abs. 1 Satz 1 Nr. 1 SGB V),
- Ruhegehalt, das nach beamtenrechtlichen Vorschriften oder Grundsätzen gezahlt wird (§ 50 Abs. 1 Satz 1 Nr. 2 SGB V),
- Vorruhestandsgeld nach den §§ 5 Abs. 3, 50 Abs. 1 Satz 1 Nr. 3 SGB V,
- Leistungen, die ihrer Art nach den in den Nrn. 1 und 2 genannten Leistungen vergleichbar sind, wenn sie von einem Träger der gesetzlichen Rentenversicherung oder einer staatlichen Stelle im Ausland gezahlt werden (§ 50 Abs. 1 Satz 1 Nr. 4 SGB V) oder wenn sie nach den ausschließlich für das in Artikel 3 des Einigungsvertrages genannte Gebiet geltenden Bestimmungen gezahlt werden (§ 50 Abs. 1 Satz 1 Nr. 5 SGB V).

30 Des Weiteren sind auch die freiwillig Versicherten vom Wiederaufleben des Krankengeldanspruchs ausgenommen, für die die **Satzung** einen Krankengeldanspruch ausschließt (§ 44 Abs. 2 SGB V, vgl. die Kommentierung zu § 44 SGB V Rn. 57 ff.)

b. Zeitraum von sechs Monaten ohne Arbeitsunfähigkeit

31 Die Vorschrift verlangt weiterhin, dass zwischen dem Ablauf des Krankengeldanspruchs nach einer Bezugsdauer von 78 Wochen und dem erneuten Eintritt von Arbeitsunfähigkeit wegen derselben Krankheit ein Zeitraum von mindestens sechs Monaten liegt, in dem der Versicherte **nicht wegen dieser Krankheit arbeitsunfähig** war. Der Sechs-Monats-Zeitraum muss nicht zusammenhängend verlaufen, jedoch beginnt er erst zu laufen, wenn die Arbeitsunfähigkeit aufgrund der Krankheit, die zur Erschöpfung des Leistungsanspruchs geführt hat, beendigt ist. Weder kommt es insoweit auf den Zeitpunkt des Endes des Anspruchs auf Zahlung von Krankengeld noch auf den Verlauf der Blockfrist an. Damit ist ein erneuter Krankengeldanspruch praktisch ausgeschlossen, wenn seit dem Beginn der Ar-

[23] BVerfG v. 24.03.1998 - 1 BvL 6/92 - SozR 3-2500 § 48 Nr. 7.

beitsunfähigkeit diese wegen derselben Krankheit fortbesteht. Allerdings muss der zeitweise Wegfall der Arbeitsunfähigkeit **nicht zwangsläufig auf einer Verbesserung des Gesundheitszustandes** beruhen, er kann ebenso darauf zurückzuführen sein, dass die Arbeitsunfähigkeit nicht mehr an der letzten Beschäftigung gemessen wird. Letzteres kann darauf beruhen, dass der Versicherte sich nunmehr auf eine andere Tätigkeit verweisen lassen muss oder dass er nunmehr eine leidensgerechtere Beschäftigung aufgenommen hat, die den Maßstab für die Beurteilung der Arbeitsunfähigkeit abgibt (vgl. die Kommentierung zu § 44 SGB V Rn. 37 ff.).[24]

c. Zeitraum von sechs Monaten mit Erwerbstätigkeit oder Verfügbarkeit

Schließlich ist Voraussetzung für das Wiederaufleben des Krankengeldanspruchs nach § 48 Abs. 2 SGB V, dass der Versicherte für mindestens sechs Monate entweder **erwerbstätig** war oder der **Arbeitsvermittlung zur Verfügung** stand. Erwerbstätigkeit liegt vor, wenn eine Beschäftigung gegen Arbeitsentgelt oder eine Tätigkeit als Selbstständiger mit Arbeitseinkommen ausgeübt wird. Die Teilnahme an einer Umschulung als Maßnahme der beruflichen Rehabilitation mit Bezug von Übergangsgeld ist in diesem Sinne Erwerbstätigkeit.[25] 32

Da eine Beschäftigung oder Tätigkeit in der Sozialversicherung jedoch nur dann von Bedeutung ist, wenn sie nicht wegen geringer Entlohnung oder wegen Kurzfristigkeit versicherungsfrei bleibt, kann mit der Ausübung einer **geringfügigen Tätigkeit** im Sinne des § 8 SGB IV das Wiederaufleben nicht herbeigeführt werden.[26] Die Erwerbstätigkeit muss nicht ununterbrochen ausgeübt werden; Zeiträume der Erwerbstätigkeit können auch mit Zeiten zusammengerechnet werden, in denen der Versicherte der Arbeitsvermittlung zur Verfügung stand.[27] 33

Alternativ zur Erwerbstätigkeit genügt es auch, wenn der Versicherte mindestens sechs Monate lang der Arbeitsvermittlung zur Verfügung steht. Während unter Geltung des AFG hierfür objektive und subjektive Verfügbarkeit sowie Erreichbarkeit erforderlich waren, stellt § 119 Abs. 1 Nr. 3 SGB III nunmehr darauf ab, dass der Arbeitslose den „**Vermittlungsbemühungen der Agentur für Arbeit**" zur Verfügung steht. Dies ist gemäß § 119 Abs. 5 SGB V dann der Fall, wenn der Versicherte 34

- eine versicherungspflichtige, mindestens 15 Stunden wöchentlich umfassende zumutbare Beschäftigung unter den üblichen Bedingungen des für ihn in Betracht kommenden Arbeitsmarktes ausüben kann und darf,
- Vorschlägen der Agentur für Arbeit zur beruflichen Eingliederung zeit- und ortsnah Folge leisten kann,
- bereit ist, jede versicherungspflichtige, mindestens 15 Stunden wöchentlich umfassende zumutbare Beschäftigung anzunehmen und auszuüben,
- bereit ist, an Maßnahmen der beruflichen Eingliederung in das Erwerbsleben teilzunehmen.

Ungeklärt ist, ob daneben Eigenbemühungen des Versicherten i.S.v. § 119 Abs. 1 Nr. 2 SGB III erforderlich sind.[28] Die Frage dürfte jedoch, da das Bemühen, die eigene Beschäftigungslosigkeit zu beenden, eng mit der Bereitschaft, jede zumutbare Beschäftigung auszuüben, verbunden ist, von geringer praktischer Bedeutung sein. 35

Wie auch im Falle einer Erwerbstätigkeit ist es nicht erforderlich, dass die Zeiten der Verfügbarkeit ununterbrochen bestehen; auch eine Zusammenrechnung mit Zeiträumen der Erwerbstätigkeit ist möglich. Die Verfügbarkeit wird nicht dadurch gehindert, dass der Versicherte weiterhin seine bisherige Tätigkeit aufgrund derselben Krankheit nicht ausüben könnte, sofern die Krankheit ihn noch in die Lage versetzt, irgendeine zumutbare Beschäftigung i.S.d. § 121 SGB III auszuüben. 36

d. Meldung der Arbeitsunfähigkeit

Im Hinblick auf die **Meldung der Arbeitsunfähigkeit**, ohne die der Anspruch auf Krankengeld gemäß § 49 Abs. 1 Nr. 5 SGB V ruht, ist das durch den Beginn einer neuen Rahmenfrist ermöglichte Wiederaufleben des Krankengeldanspruchs im Ergebnis wie eine erneute Arbeitsunfähigkeit zu behandeln. Ohne die entsprechende Meldung ruht der Anspruch, wie es zu Beginn einer jeden Arbeitsunfähigkeit 37

---

[24] *Wagner* in: GK-SGB V, § 48 Rn. 23.

[25] BSG v. 03.11.1993 - 1 RK 10/93 - SozR 3-2500 § 48 Nr. 5.

[26] Ebenso: *Höfler* in: KassKomm, SGB V, § 48 Rn. 9e; *Gerlach* in: Hauck/Noftz, SGB V, § 48 Rn. 20; a.A. *Wagner* in: GK-SGB V, § 48 Rn. 25.

[27] *Höfler* in: KassKomm, SGB V, § 48 Rn. 9e.

[28] So etwa *Höfler* in: KassKomm, SGB V, § 48 Rn. 9 f.

vorgeschrieben ist: Das gilt auch bei Anwendung des § 48 Abs. 2 SGB V, so dass sinngemäß auch die nach Beginn einer neuen Rahmenfrist zwar unverändert fortbestehende, aber erneut zu meldende Arbeitsunfähigkeit angesprochen ist.[29]

3. Anzurechnende Zeiten (Absatz 3)

38 § 48 Abs. 3 SGB V bestimmt, dass **ruhende oder versagte Leistungen als bezogen gelten**. Auf die Höchstbezugsdauer von 78 Wochen sind daher Zeiten anzurechnen, in denen der Anspruch auf Krankengeld ruhte, wobei insbesondere ein Ruhen auf Grund von § 49 SGB V in Betracht kommt. Eine weitere Ruhensvorschrift findet sich in § 16 SGB V. Des Weiteren sind Zeiten anzurechnen, in denen der Anspruch wegen des Vorliegens der Voraussetzungen des § 52 SGB V oder wegen fehlender Mitwirkung (§§ 60 ff. SGB I) versagt wurde.

39 Nicht berücksichtigt werden gemäß § 48 Abs. 3 Satz 2 SGB V dagegen Zeiten, in denen **kein Anspruch auf Krankengeld bestand**. Dies können Zeiten sein, in denen eine freiwillige Versicherung bei Ausschluss eines Krankengeldanspruches durch die Satzung (§ 44 Abs. 2 SGB V) bestand, Zeiten vor der ärztlichen Feststellung der Arbeitsunfähigkeit (§ 46 Abs. 1 Satz 1 Nr. 2 SGB V), Zeiten, in denen der Anspruch der nach dem KSVG Versicherten noch nicht entstanden war (§ 46 Abs. 1 Satz 2 SGB V), sowie Zeiten, in denen der Krankengeldanspruch wegen Bezugs einer der Leistungen des § 50 SGB V nicht mehr bestand. Letzteres gilt unabhängig davon, ob dem Versicherten der so genannte Spitzbetrag verbleibt oder nicht.[30] Bei einer Kürzung gemäß § 50 Abs. 2 SGB V besteht daher der Anspruch wenigstens teilweise noch, so dass diese Bezugszeiten angerechnet werden.

VI. Anspruchsdauer und Ende der Mitgliedschaft

40 Gemäß **§ 190 Abs. 2 SGB V** endet die Mitgliedschaft versicherungspflichtig Beschäftigter mit Ablauf des Tages, an dem das Beschäftigungsverhältnis gegen Arbeitsentgelt endet. Jedoch bleibt nach **§ 192 Abs. 1 Nr. 2 SGB V** die Mitgliedschaft Versicherungspflichtiger (und damit die Grundlage für den Krankengeldanspruch) erhalten, solange u.a. ein Anspruch auf Krankengeld besteht. Tritt daher vor dem Ende der versicherungspflichtigen Beschäftigung Arbeitsunfähigkeit ein, so bleibt die Mitgliedschaft bis zum Ende der Arbeitsunfähigkeit – und im äußersten Fall bis zur Erschöpfung des Krankengeldanspruchs – erhalten. Zu beachten ist insoweit jedoch, dass der Anspruch auf Krankengeld im Falle der Arbeitsunfähigkeit gemäß § 46 Nr. 2 SGB V erst von dem Tag an entsteht, der auf den Tag der ärztlichen Feststellung der Arbeitsunfähigkeit folgt. Es stellt sich daher die Frage, ob es für die Anwendbarkeit der Regelung des § 192 Abs. 1 Nr. 2 SGB V nur auf das **Vorliegen von Arbeitsunfähigkeit** ankommt[31], oder auch darauf, dass die **Arbeitsunfähigkeit ärztlich festgestellt** wurde. Insbesondere aus Gründen der Praktikabilität ist der letztgenannten Auffassung der Vorzug zu geben. Die Zahlung von Krankengeld, insbesondere aber auch die Frage, ob jemand Mitglied einer Krankenkasse ist, ist in der Regel wegen ihrer Bedeutung schnell und klar zu beantworten. Folgte man dagegen der Auffassung, dass ein Krankengeldanspruch im Sinne des § 192 Abs. 1 Nr. 2 SGB V allein vom tatsächlichen Vorliegen von Arbeitsunfähigkeit abhängt, so wäre der Status „Mitgliedschaft" von einer medizinisch schwierigen Frage abhängig, deren Klärung erst in einer ungewissen Zukunft erfolgen könnte. Dies gilt insbesondere, weil derartige Feststellungen mit zunehmendem Zeitablauf immer fragwürdiger werden.[32]

41 Tritt dagegen die Arbeitsunfähigkeit erst nach der Beendigung des Beschäftigungsverhältnisses ein oder wird sie erst nach dem Ausscheiden aus der versicherungspflichtigen Beschäftigung ärztlich festgestellt, so kommt lediglich ein **nachgehender Leistungsanspruch** auch für die Gewährung von Krankengeld für längstens einen Monat auf der Grundlage des **§ 19 SGB V** in Betracht. Dies gilt unabhängig davon, ob der Versicherungsfall, also die Krankheit, vor oder nach dem Ende der Beschäftigung eingetreten ist. Beginnt die Arbeitsunfähigkeit erst später als einen Monat nach Beendigung des Beschäftigungsverhältnisses, so kommt ein Anspruch auf Krankengeld nicht mehr in Betracht.

---

29 BSG v. 29.09.1998 - B 1 KR 7/98 R - juris Rn. 15.
30 BSG v. 08.12.1992 - 1 RK 9/92 - SozR 3-2500 § 48 Nr. 4.
31 So: *Gerlach* in: Hauck/Noftz, SGB V, § 44 Rn. 94 f.
32 So: LSG Mecklenburg-Vorpommern v. 13.02.2002 - L 4 KR 18/01 - juris Rn. 40 ff.

C. Praxishinweise

Die Gewährung von Krankengeld erfolgt durch **Verwaltungsakt**. Dies gilt auch dann, wenn die Bewilligung nur mündlich oder durch Mitteilung in Form eines Auszahlungsscheines oder gar nur durch konkludente Handlung (Überweisung des Geldes) erfolgt. In der Regel gewährt die Krankenkasse Krankengeld dabei für einen **bestimmten (Abrechnungs-)Zeitraum**. Bei einer Krankengeldgewährung wegen Arbeitsunfähigkeit wird in der Krankengeldbewilligung auch die Entscheidung gesehen werden können, dem Versicherten einen Krankengeldanspruch für die laufende Zeit der vom Kassenarzt bestätigten Arbeitsunfähigkeit zuzugestehen. Mit der Krankengeldbewilligung wird demnach zugleich über das – vorläufige – Ende der Krankengeldbezugszeit entschieden. Wenn der Versicherte keine weiteren Arbeitsunfähigkeitsbescheinigungen beibringt, **endet der Anspruch auf Krankengeld** mit Ablauf der zuletzt bescheinigten Arbeitsunfähigkeitszeit; eines Entziehungsbescheides nach § 48 SGB X bedarf es dann nicht.[33] 42

[33] BSG v. 16.09.1986 - 3 RK 37/85 - SozR 2200 § 182 Nr. 103.

§ 49 SGB V Ruhen des Krankengeldes

(Fassung vom 05.12.2006, gültig ab 01.01.2007)

(1) Der Anspruch auf Krankengeld ruht,

1. soweit und solange Versicherte beitragspflichtiges Arbeitsentgelt oder Arbeitseinkommen erhalten; dies gilt nicht für einmalig gezahltes Arbeitsentgelt,

2. solange Versicherte Elternzeit nach dem Bundeselterngeld- und Elternzeitgesetz in Anspruch nehmen; dies gilt nicht, wenn die Arbeitsunfähigkeit vor Beginn der Elternzeit eingetreten ist oder das Krankengeld aus dem Arbeitsentgelt zu berechnen ist, das aus einer versicherungspflichtigen Beschäftigung während der Elternzeit erzielt worden ist,

3. soweit und solange Versicherte Versorgungskrankengeld, Übergangsgeld, Unterhaltsgeld oder Kurzarbeitergeld beziehen,

3a. solange Versicherte Mutterschaftsgeld oder Arbeitslosengeld beziehen oder der Anspruch wegen einer Sperrzeit nach dem Dritten Buch ruht,

4. soweit und solange Versicherte Entgeltersatzleistungen, die ihrer Art nach den in Nummer 3 genannten Leistungen vergleichbar sind, von einem Träger der Sozialversicherung oder einer staatlichen Stelle im Ausland erhalten,

5. solange die Arbeitsunfähigkeit der Krankenkasse nicht gemeldet wird; dies gilt nicht, wenn die Meldung innerhalb einer Woche nach Beginn der Arbeitsunfähigkeit erfolgt,

6. soweit und solange für Zeiten einer Freistellung von der Arbeitsleistung (§ 7 Abs. 1a des Vierten Buches) eine Arbeitsleistung nicht geschuldet wird.

(2) Absatz 1 Nr. 3 und 4 ist auch auf einen Krankengeldanspruch anzuwenden, der für einen Zeitraum vor dem 1. Januar 1990 geltend gemacht wird und über den noch keine nicht mehr anfechtbare Entscheidung getroffen worden ist. Vor dem 23. Februar 1989 ergangene Verwaltungsakte über das Ruhen eines Krankengeldanspruchs sind nicht nach § 44 Abs. 1 des Zehnten Buches zurückzunehmen.

(3) Auf Grund gesetzlicher Bestimmungen gesenkte Entgelt- oder Entgeltersatzleistungen dürfen bei der Anwendung des Absatzes 1 nicht aufgestockt werden.

(4) Erbringt ein anderer Träger der Sozialversicherung bei ambulanter Ausführung von Leistungen zur medizinischen Rehabilitation Verletztengeld, Versorgungskrankengeld oder Übergangsgeld, werden diesem Träger auf Verlangen seine Aufwendungen für diese Leistungen im Rahmen der nach § 13 Abs. 2 Nr. 7 des Neunten Buches vereinbarten gemeinsamen Empfehlungen erstattet.

Gliederung

A. Basisinformationen

I. Textgeschichte/Gesetzgebungsmaterialien

Die Vorschrift ist zum 01.01.1989 durch das Gesundheits-Reformgesetz (GRG)[1] eingeführt und seitdem wiederholt geändert worden. 1

Ab dem 01.01.1990 hatte der Gesetzgeber als Reaktion auf den Beschluss des BVerfG vom 09.11.1988[2] in § 49 Abs. 1 Nrn. 3 und 4 SGB V einen Anspruch auf den sog. **Krankengeldspitzbetrag** geschaffen und gleichzeitig in Absatz 2 eine Übergangsregelung eingeführt.[3] Der Anspruch auf Krankengeld ruhte danach nur „soweit" eine der aufgeführten Entgeltersatzleistungen bezogen wurde. Diese Begünstigung galt so nur bis zum 31.12.1996. Durch Einfügen von § 49 Abs. 1 Nr. 3a SGB V unter gleichzeitiger Änderung des Absatzes 1 Nr. 3 ab dem 01.01.1997 wurde sie für den Bezug von Mutterschaftsgeld, Verletztengeld, Arbeitslosengeld und Arbeitslosenhilfe wieder beseitigt.[4] Das BSG hat daraufhin unter Hinweis, der Gesetzgeber habe mit Schaffung des bereits am 01.01.1991 in Kraft getretenen § 11 Abs. 4 SGB V[5] (heute: § 11 Abs. 5 SGB V) entschieden, die Krankenversicherung von Leistungen für anderweitig versicherte Risiken aus Arbeitsunfall oder Berufskrankheit freizustellen, seine bisherige Rechtsprechung aufgegeben und einen Verfassungsverstoß verneint.[6] 2

Ab dem 01.01.1992 ist redaktionell im Zuge der Herstellung der Deutschen Einheit in § 49 Abs. 1 Nr. 4 SGB V die Formulierung „außerhalb des Geltungsbereichs dieses Gesetzbuches" in diejenige „im Ausland" geändert[7] und zum 01.01.1996 unter Anpassung der gleichzeitig geänderten §§ 74 Abs. 2 Satz 1 Nr. 2, 81 ff. AFG in Abs. 1 Nr. 4 der Begriff „Schlechtwettergeld" durch „Winterausfallgeld" ersetzt worden[8]. 3

Durch Einführung von § 49 Abs. 3 SGB V zum 01.01.1998 hat der Gesetzgeber sichergestellt, dass aufgrund gesetzlicher Bestimmungen gesenkte Entgelt- oder Entgeltersatzleistungen durch den Bezug von Krankengeld nicht zu Lasten der GKV aufgestockt werden dürfen.[9] Rückwirkend zum 01.01.1998 wurde § 49 Abs. 1 Nr. 6 SGB V eingeführt.[10] Danach ruht das Krankengeld bei einer flexiblen Arbeitszeitregelung für Zeiten der Freistellung von der Arbeitsleistung. Es folgten weitere rein redaktionelle Änderungen in § 49 Abs. 1 Nr. 3 SGB V („SGB III" statt „AFG")[11] und in Nr. 2 („Erziehungszeit" statt „Erziehungsurlaub", „in Anspruch nehmen" statt „erhalten")[12], zudem wurden im Zuge der Neuord- 4

---

[1] BGBl I 1988, 2477, hierzu: BT-Drs. 11/2237.

[2] BVerfG v. 09.11.1988 - 1 BvL 22/84, 1 BvL 71/86, 1 BvL 9/87 - SozR 183 Nr. 54.

[3] Art. 4 Nr. 5 Gesetz zur Reform der gesetzlichen Rentenversicherung (RRG) v. 18.12.1989, BGBl I 1989, 2261, hierzu: BT-Drs. 11/5530, S. 60 f.

[4] Art. 4 Nr. 2 Gesetz zur Einordnung des Rechts der gesetzlichen Unfallversicherung in das Sozialgesetzbuch (UVEG) v. 07.08.1996, BGBl I 1996, 1254, hierzu: BT-Drs. 13/2204, S. 124.

[5] Art. 79 Abs. 1 und 4 GRG.

[6] BSG v. 25.06.2002 - B 1 KR 13/01 R - SozR 3-2500 § 49 Nr. 6 (zur früheren Rechtsprechung vgl. z.B. BSG v. 23.11.1995 - 1 RK 13/94 - SozR 3-2500 § 11 Nr. 1).

[7] Art. 1 Nr. 14 Zweites Gesetz zur Änderung des Fünften Buches Sozialgesetzbuch v. 20.12.1991, BGBl I 1991, 2325.

[8] Art. 2 Nr. 10 Zweites Gesetz zur Änderung des Arbeitsförderungsgesetzes im Bereich des Baugewerbes v. 15.12.1995, BGBl I 1995, 1809.

[9] Art. 2 Nr. 15 Gesetz zur Entlastung der Beiträge in der gesetzlichen Krankenversicherung (BeitrEntG) v. 01.11.1996, BGBl I 1996, 1631, hierzu: BT-Drs. 13/5099, S. 17.

[10] Art. 3 Nr. 2 Gesetz zur sozialen Absicherung flexibler Arbeitszeitregelungen v. 06.04.1998, BGBl I 1998, 688, hierzu: BT-Drs. 13/9818, S. 13.

[11] Art. 2 Nr. 1 Zweites Gesetz zur Änderung des Dritten Buches Sozialgesetzbuch (2. SGB III-ÄndG) v. 21.07.1999, BGBl I 1999, 1648.

[12] Art. 19 Nr. 3 Gesetz zur Änderung des Begriffs „Erziehungsurlaub" v. 30.11.2000, BGBl I 2000, 1638.

nung der Vorschriften zum **Übergangsgeld** zum 01.07.2001 durch Schaffung von § 49 Abs. 4 SGB V Erstattungsansprüche anderer Sozialversicherungsträger angefügt[13].

5 Soweit durch das „Vierte Gesetz für moderne Dienstleistungen am Arbeitsmarkt“[14] zum 01.01.2005 in § 49 Abs. 1 Nr. 3a SGB V „Arbeitslosenhilfe“ durch „**Arbeitslosengeld II**“ ersetzt worden ist, wurde diese Änderung rückwirkend durch eine völlige Neuregelung des § 25 SGB II wieder gegenstandslos.[15] Zunächst sollte durch Einführung des § 25 Abs. 2 SGB II die Zahlung von Arbeitslosengeld II bei Arbeitsunfähigkeit nach Ablauf der Sechswochenfrist weiter als Vorschuss auf das Krankengeld erfolgen. Diese Vorschusspflicht wurde durch das Verwaltungsvereinfachungsgesetz rückwirkend aufgehoben, da erwerbsfähige Hilfebedürftige bei Bestehen von Arbeitsunfähigkeit (Erkrankung) – bei Vorliegen der sonstigen Voraussetzungen – so lange Arbeitslosengeld II beziehen können, wie vom Vorliegen von Erwerbsfähigkeit nach § 8 SGB II auszugehen sei.[16]

6 Wirksam zum 01.01.2005 wurde in § 49 Abs. 1 Nr. 3a SGB V durch das Verwaltungsvereinfachungsgesetz ein Sperrzeittatbestand eingeführt und als ruhensfähige Entgeltersatzleistung das „**Verletztengeld**“ gestrichen.[17] Diese Gesetzesänderung, die nach den Gesetzesmaterialien (wegen des ohnehin eingreifenden § 11 Abs. 5 SGB V (bis 01.04.2007 Absatz 4)) nur eine „redaktionelle Änderung“ bedeuten sollte[18], wird vom BSG[19] in ihrer möglichen Tragweite auf die Ruhensanrechnung bei der Krankengeldhöchstdauer (§ 48 Abs. 3 Satz 1 SGB V) zu Recht kritisch beurteilt. Der damit in § 49 Abs. 1 Nr. 3 SGB V überflüssig gewordene Sperrzeittatbestand wurde zum 30.03.2005 gestrichen, genau wie der Zusatz in der Nr. 1 „soweit sie zusammen mit Krankengeld das Nettoarbeitsentgelt nicht übersteigen“.[20] Die letztere Änderung trägt der Einführung des § 23c SGB IV Rechnung, wonach Zusatzleistungen des Arbeitgebers (z.B. Firmen- und Belegschaftsrabatte, vermögenswirksame Leistungen, Kontoführungsgebühren, Telefonanschlüsse, Prämien zu Direktversicherungen) nicht als beitragspflichtiges Arbeitsentgelt gelten, soweit diese Einnahmen mit dem Krankengeld das Nettoarbeitsentgelt (§ 47 Abs. 1 SGB V) nicht übersteigen.[21]

7 Zum 01.01.2007 erfuhr § 49 SGB V nur zwei redaktionelle Änderungen: Als Folge der Umgestaltung des Systems der Förderung der ganzjährigen Beschäftigung und des damit einhergehenden Wegfalls des **Winterausfallgeldes** wurde zunächst in § 49 Abs. 1 Nr. 3 SGB V diese Entgeltersatzleistung gestrichen[22] und in § 49 Abs. 1 Nr. 2 SGB V wurde die Angabe „Bundeserziehungsgeldgesetz“ durch „Bundeselterngeld- und Elternzeitgesetz“ ersetzt[23]. Das zum 01.04.2007 in Kraft getretene Gesetz zur Stärkung des Wettbewerbs in der gesetzlichen Krankenversicherung (GKV-WSG)[24] bedingte keine Änderung der Norm.

II. Vorgängervorschriften

8 Rechtsvorgänger des § 49 SGB V bis 1989 waren die §§ 183 Abs. 6, 189, 200c Abs. 1 und 216 RVO; das heute in § 49 Abs. 1 Nr. 4 SGB V geregelte Ruhen beim Bezug von ausländischen Entgeltersatzleistungen hat keinen gesetzlichen Vorläufer.[25]

13 Art. 5 Nr. 17 Sozialgesetzbuch – Neuntes Buch – (SGB IX) v. 19.06.2001, BGBl I 2001, 1046, hierzu: BT-Drs. 14/5074, S. 118.

14 Art. 5 Nr. 6 Gesetz v. 24.12.2003, BGBl I 2003, 2954, hierzu: BT-Drs. 15/1516, S. 72.

15 Art. 4 Nr. 3c, Art. 32 Abs. 6 Gesetz zur Vereinfachung der Verwaltungsverfahren im Sozialrecht (Verwaltungsvereinfachungsgesetz) v. 21.03.2005, BGBl I 2005, 818, hierzu: BT-Drs. 15/4751, S. 44 und 45.

16 BT-Drs. 15/4751, S. 44.

17 Art. 4 Nr. 3b Verwaltungsvereinfachungsgesetz.

18 BT-Drs. 15/4228, S. 26.

19 BSG v. 08.11.2005 - B 1 KR 33/03 R - SozR 4-2500 § 48 Nr. 2; vgl. dazu auch Spitzenverbände der gesetzlichen Krankenkassen v. 10.03.2006, WzS 2006, 220.

20 Art. 4 Nr. 3 Verwaltungsvereinfachungsgesetz.

21 BT-Drs. 15/4228, S. 22 und 25.

22 Art. 4 Nr. 2 Gesetz zur Förderung ganzjähriger Beschäftigung v. 24.04.2006, BGBl I 2006, 984, hierzu: BT-Drs. 16/429, S. 18.

23 Art. 2 Abs. 19 Gesetz zum Elterngeld und zur Elternzeit (BEEG) v. 05.12.2006, BGBl I 2006, 2748.

24 GKV-WSG v. 26.01.2007, BGBl I 2007, 378.

25 Hierzu: BT-Drs. 11/2237, S. 181.

III. Parallelvorschriften

Für Versicherte der landwirtschaftlichen Krankenversicherung enthalten die §§ 12 Abs. 1, 13 Abs. 4 KVLG 1989 eigenständige Ruhensregelungen beim Krankengeldbezug. Im Leistungsrecht der GKV ordnet § 16 SGB V unter den dort genannten Voraussetzungen das Ruhen von Ansprüchen an, was allerdings durch die §§ 17, 18 SGB V teilweise wieder eingeschränkt wird. Bei einem Aufenthalt im Ausland ist zudem § 16 Abs. 4 SGB V zu beachten; im Übrigen gilt auch in diesen Fällen § 49 SGB V. 9

Zur Vermeidung **sozialpolitisch unerwünschter Doppelleistungen** bestehen in den Sozialgesetzbüchern zahlreiche weitere Ruhenstatbestände. Zu erwähnen ist hier vor allem das Arbeitsförderungsrecht.[26] Leistungen bei Schwangerschaft und Mutterschaft (§§ 195 ff. RVO) ruhen nach den Vorschriften des SGB V (§ 195 Abs. 2 Satz 1 RVO). Dies gilt nicht für Mutterschaftsgeld (§ 200 RVO), hier enthält § 200 Abs. 4 RVO eine Spezialregelung. 10

Eine dem § 49 Abs. 1 Nr. 1 SGB V entsprechende (Anrechnungs-)Regelung besteht in der gesetzlichen Unfallversicherung (vgl. § 52 Nr. 1 SGB VII).[27] Daneben finden sich in den §§ 89 f. SGB VI in der gesetzlichen Rentenversicherung vergleichbare Regelungen zum Zusammentreffen von Renten und Einkommen.[28] 11

IV. Systematische Zusammenhänge

§ 49 Abs. 1 Nr. 1 SGB V trifft zunächst eine Konkurrenzregelung zum gleichzeitigen Aufeinandertreffen von Krankengeld mit Arbeitsentgelt und Arbeitseinkommen. Daneben bildet die Vorschrift mit den §§ 50, 51 SGB V ein gemeinsames **Regelungssystem** zum zeitgleichen Nebeneinander von Krankengeld und anderen Leistungsansprüchen. Im Gegensatz zur gesetzlichen Rentenversicherung, die bei dauerhaft eintretender Erwerbsminderung den Versicherten Entgeltersatzleistungen zur Verfügung zu stellen hat, betrifft die Ruhensanordnung in § 49 SGB V danach nur Fälle einer vorübergehenden, d.h. behandlungsfähigen Gesundheitsstörung, wie sich z.B. auch an der Möglichkeit der Krankenkassen zeigt, bei dauerhaften gravierenden gesundheitlichen Beeinträchtigungen den Krankengeldbezug über § 51 SGB V zu beenden.[29] Anders als beim Ausschluss und der Kürzung des Krankengeldes (§ 50 SGB V) oder dessen Wegfall (§ 51 SGB V) besteht beim Ruhen der Leistungsanspruch weiter. Das **Stammrecht** bleibt erhalten, der Anspruch darf nur nicht erfüllt und Krankengeld nicht ausgezahlt werden.[30] Entsprechend werden bei der Feststellung der **Höchstbezugsdauer des Krankengeldes** deshalb Ruhenszeiten voll berücksichtigt (§ 48 Abs. 3 SGB V), andererseits bleibt die **Mitgliedschaft** erhalten (§ 192 Abs. 1 Nr. 2 SGB V); **Beiträge** sind vom Mitglied während des Ruhens grundsätzlich nicht zu leisten (§ 224 Abs. 1 Satz 1 SGB V)[31]. 12

Darin liegt keine verfassungswidrige Benachteiligung sog. **Mehrfachversicherter**, die an sich aufgrund ihrer Beitragszahlung Leistungen aus mehreren Versicherungszweigen beanspruchen könnten. Ruhensregelungen, die eine sozialpolitisch unerwünschte Kumulierung zweckidentischer Leistungen aus verschiedenen Sozialversicherungszweigen verhindern sollen, sind nach der Rechtsprechung des BVerfG selbst dann mit dem allgemeinen Gleichheitsgrundsatz (Art. 3 Abs. 1 GG) vereinbar, wenn unterschiedlich hohe Leistungen zu zahlen wären; ausreichend ist, wenn eine anderweitige „adäquate soziale Absicherung" besteht.[32] Voraussetzung und damit Ansatzpunkt der rechtlichen Überprüfung ist allerdings, dass die rechtlichen Rahmenbedingungen für eine solche Differenzierung eine ausreichende 13

---

[26] §§ 142, 143, 143a SGB III; zum Ruhen bei Sperrzeit und bei Arbeitskämpfen, §§ 144, 146 SGB III, darüber hinaus: vgl. z.B. § 31 Abs. 1 FRG, § 53 Abs. 1 SGB VII und § 34 SGB XI.

[27] Dazu BSG v. 14.12.2006 - B 1 KR 11/06 R - zur Veröffentlichung vorgesehen in SozR 4.

[28] Vgl. auch § 52 SGB IX zum Übergangsgeld.

[29] BSG v. 08.11.2005 - B 1 KR 27/04 R - SozR 4-2500 § 48 Nr. 3; vgl. auch *Noftz* in: Hauck/Haines, SGB V, § 49 Rn. 6 und § 50 Rn. 6.

[30] BSG v. 29.06.1994 - 1 RK 45/93 - SozR 3-2500 § 48 Nr. 33.

[31] Vgl. aber Einschränkungen in § 224 Abs. 1 Satz 2 SGB V, zur nachträglichen Beitragsfreiheit/-pflicht: BSG v. 12.12.1990 - 12 RK 35/89 - SozR 3-2200 § 381 Nr. 1 (keine Beitragspflicht, wenn sich nachträglich trotz Zahlung von Verletztengeld herausstellt, dass kein Arbeitsunfall vorgelegen hat); zum umgekehrten Fall, dass zunächst Krankengeld gezahlt worden ist: BSG v. 17.12.1996 - 12 RK 45/95 - SozR 3-2500 § 251 Nr. 1.

[32] BVerfG v. 15.06.1971 - 1 BvR 88/69, 1 BvR 496/69 - BVerfGE 31, 185; BVerfG v. 11.03.1980 - 1 BvL 20/76, 1 BvR 826/76 - SozR 4100 § 168 Nr. 12.

sachliche Rechtfertigung enthalten.[33] Die Trennung der Risikobereiche von gesetzlicher Kranken- und Unfallversicherung und das Ziel, die GKV von Leistungen für betriebsbedingte Gesundheitsschäden freizustellen, reichen hierfür jedenfalls i.d.F. des GRG vom 20.12.1988 aus.[34]

V. Ausgewählte Literaturhinweise

14 *Zetl*, Krankengeldbezüge und Beschäftigungsverbote nach dem Mutterschutzgesetz, ZMV 2007, 62-64; *Roßmeißl/Krutzki*, 8-mal aktuelle Rechtsprechung zu den Komplexen Krankengeld und Mitgliedschaft in der Gesetzlichen Krankenversicherung, ASR 2006, 120-122; *Legde*, Vorrangiger Anspruch des Arbeitslosen auf Krankengeld wegen Arbeitsunfähigkeit – Arbeitslosengeldbezug aufgrund Nahtlosigkeit – Ruhen des Arbeitslosengeldes oder Krankengeldes – Dauer der Leistungsfortzahlung, SGb 2005, 186-188; *Epping*, Übergang des Entgeltfortzahlungsanspruchs, Die Leistungen 2003, 321-326; *von Koppenfels*, Die Entgeltfortzahlung im Krankheitsfall an der Schnittstelle von Arbeits- und Sozialrecht, NZS 2002, 241-247; *Twesten*, Entgeltfortzahlung – Krankengeld Konkurrenzprobleme?, ZfS 2000, 3-6.

B. Auslegung der Norm

I. Regelungsgehalt und Bedeutung der Norm

15 Der Anspruch auf Krankengeld ruht in den in § 49 Abs. 1 SGB V aufgezählten Tatbeständen. Krankengeld hat **Lohnersatzfunktion.**[35] Ein Anspruch auf Krankengeld ist grundsätzlich nur dann begründet, wenn infolge der Arbeitsunfähigkeit Einkünfte entfallen. Der Anspruch ruht, soweit und solange Versicherte für denselben Zeitraum beitragspflichtiges Arbeitsentgelt oder Arbeitseinkommen (§ 49 Abs. 1 Nr. 1 SGB V) erhalten oder deren Einkünfte durch die in § 49 Abs. 1 Nr. 2-4 SGB V genannten Leistungen ersetzt werden. Dabei reicht es aus, wenn der Anspruch auf Arbeitslosengeld wegen einer Sperrzeit nach dem SGB III ruht (§ 49 Abs. 1 Nr. 3a SGB V). Konsequenterweise ruht der Krankengeldbezug auch in Fällen, in denen Versicherte wegen einer Freistellung von der Arbeitsleistung trotz Erkrankung keine Einkommenseinbuße haben können (§ 49 Abs. 1 Nr. 6 SGB V).

16 Systemfremd, da nicht auf einen Ausschluss von sozialpolitisch unerwünschten Doppelleistungen gerichtet, enthält § 49 Abs. 1 Nr. 5 SGB V eine Sanktion für Meldeversäumnisse. Solange die Krankenkasse aufgrund fehlender Meldung binnen Wochenfrist keine Kenntnis vom Eintritt bzw. Bestehen von Arbeitsunfähigkeit hat (oder haben kann), ist sie aufgrund des Ruhens des Krankengeldanspruchs grundsätzlich nicht zur Leistung verpflichtet.

17 Die Übergangsvorschrift in § 49 Abs. 2 SGB V betrifft die durch das RRG zum 01.01.1990 vorgenommenen Änderungen (vgl. Rn. 2) und hat heute keine praktische Bedeutung mehr.

18 § 49 Abs. 3 SGB V stellt sicher, dass die vom Gesetzgeber vorgegebenen Verminderungen von Entgelt- und Entgeltersatzleistungen im vorgegebenen Umfang stattfinden und nicht zu Lasten der GKV durch Zahlungen des Arbeitgebers ausgeglichen werden. § 49 Abs. 4 SGB V normiert bei Leistungen zur medizinischen Rehabilitation einen Erstattungsanspruch anderer Träger der Sozialversicherung gegen die Krankenkasse.

II. Normzweck

19 Durch die Anordnung des Ruhens des Krankengeldbezuges in § 49 SGB V soll der gleichzeitige Bezug von Arbeitsentgelt und Arbeitseinkommen sowie ein Doppelbezug von zweckidentischen Sozialleistungen verhindert werden. Dogmatisch korrekt ruht der Anspruch auf Krankengeld zudem, wenn während der Arbeitsunfähigkeit ohnehin kein **Arbeitseinkommensverlust** droht. Normzweck des § 49 SGB V ist damit in erster Linie der Ausschluss einer **Überversorgung** arbeitsunfähig erkrankter Versicherter[36], die in ihrer wirtschaftlichen Lebensgrundlage gesichert, aber gerade nicht durch eine Kumulierung konkurrierender Leistungen besser gestellt werden sollen. Eine solche Besserstellung liegt begriffsnotwendig nur bei zweckidentischen Doppelleistungen („soweit“) und zeitlicher Übereinstimmung („solange“) vor.

[33] BVerfG v. 09.11.1988 - 1 BvL 22/84, 1 BvL 71/86, 1 BvL 9/87 - SozR 2200 § 183 Nr. 54.
[34] BSG v. 25.06.2002 - B 1 KR 13/01 R - SozR 3-2500 § 49 Nr. 6.
[35] Vgl. bereits BSG v. 14.02.2001 - B 1 KR 1/00 R - SozR 3-2500 § 44 Nr. 8.
[36] BVerfG v. 11.07.1980 - 1 BvR 491/80 - SozR 2200 § 183 Nr. 33; *Höfler* in: KassKomm, SGB V, § 49 Rn. 2.

Die Anordnung des Ruhens des Anspruchs auf Krankengeld erfasst – soweit die tatbestandlichen Voraussetzungen jeweils vorliegen – sowohl **Pflicht- als auch gleichermaßen freiwillig Versicherte**.[37] Gleichzeitig regelt § 49 SGB V inhaltlich das Verhältnis der GKV zu den anderen Trägern der Sozialversicherung. Leistungskonkurrenzen werden so gegeneinander abgegrenzt, hierdurch bedingte finanzielle Be- und Entlastungen werden durch Erstattungsansprüche (§ 49 Abs. 3 SGB V, §§ 102 f. SGB X) ausgeglichen. 20

III. Tatbestandsmerkmale

1. Ruhen bei Erhalt von Arbeitsentgelt oder Arbeitseinkommen (Absatz 1 Nr. 1)

Soweit und solange Versicherte beitragspflichtiges Arbeitsentgelt oder Arbeitseinkommen erhalten, ruht der Anspruch auf Krankengeld. Bei Erhalt von Arbeitsentgelt oder Arbeitseinkommen soll Krankengeld als zusätzliche Lohnersatzleistung nicht gezahlt werden. Begriffsnotwendig fehlt es in derartigen Fällen bereits mangels relevanter Einkommensverluste an einer durch die Zahlung von Krankengeld auszugleichenden wirtschaftlichen Bedarfssituation. 21

Wie bei der Beitrags- und Regelentgeltberechnung[38] verwendet § 49 Abs. 1 Nr. 1 SGB V den Begriff des **Arbeitsentgelts**. Dieser ist in § 14 Abs. 1 Satz 1 SGB IV definiert und gilt damit auch für die GKV (§ 1 Abs. 1 Satz 1 SGB IV). Hierzu zählen „alle laufenden oder einmaligen Einnahmen aus einer Beschäftigung gleichgültig, ob ein Rechtsanspruch auf die Einnahmen besteht, unter welcher Bezeichnung oder in welcher Form sie geleistet werden und ob sie unmittelbar aus der Beschäftigung oder im Zusammenhang mit ihr erzielt werden".[39] Gemeint sind damit alle Bruttoentgelte aus unselbständiger Arbeit (Beschäftigung i.S.d. § 7 SGB IV), also der Verdienst vor Abzug der Lohnsteuer und der Arbeitnehmeranteile der Beiträge zur Sozialversicherung sowie zur Bundesagentur für Arbeit.[40] Dies folgt aus § 14 Abs. 1 Satz 3 SGB IV, wonach steuerfreie Aufwandsentschädigungen und die in § 3 Nr. 26 EStG genannten steuerfreien Einnahmen nicht als Arbeitsentgelt gelten. 22

Zum Ruhen des Krankengeldes führt nur der Bezug „laufenden" Arbeitsentgelts, **einmalig gezahltes Arbeitsentgelt** (§ 23a SGB IV) lässt somit den Anspruch auf Krankengeld unberücksichtigt (§ 49 Abs. 1 Nr. 1 letzter HS. SGB V). Das zum Ende eines Jahres gezahlte Weihnachtsgeld oder einmalig gezahlte Gewinnbeteiligungen für das Vorjahr bleiben als einmalige Zuwendungen ebenso wie das Urlaubsgeld ohne Einfluss auf den Krankengeldanspruch. Das Gleiche gilt für eine Urlaubsabgeltung (§ 7 Abs. 4 BUrlG), weil damit nicht Arbeitsentgelt, sondern bezahlte Freizeit ersetzt wird.[41] 23

Mit Einführung des § 23c SGB IV durch das BeitrEntG sind entsprechend der bisherigen langjährigen Praxis der Sozialversicherer **Zusatzleistungen des Arbeitgebers**, die während des Bezugs von Krankengeld erbracht werden[42], von der Beitragspflicht ausgenommen worden und führen damit – soweit sie das Nettoarbeitsentgelt (§ 47 Abs. 1 SGB V) nicht übersteigen – nicht zum Ruhen des Krankengeldanspruchs.[43] Der um den Beitragszuschuss für Beschäftigte verminderte Beitrag freiwillig Versicherter zur GKV und zur Pflegeversicherung ist allerdings zu berücksichtigen.[44] Diese Regelung trägt dem Umstand Rechnung, dass solche Zusatzleistungen, die nur eine konkrete, krankheitsbedingte Bedarfssituation abdecken sollen, nicht in die Berechnungsgrundlage späterer Sozialleistungen einfließen sollen und damit z.B. zu höheren Rentenanwartschaften im Alter führen. 24

Praktisch wichtigster Anwendungsfall des § 49 Abs. 1 Nr. 1 SGB V ist die nach den §§ 3 f. EntgFG zu leistende **Entgeltfortzahlung** im Krankheitsfall. Tarifvertragliche oder einzelvertragliche Vereinbarungen zur Entgeltfortzahlung sind zu berücksichtigen.[45] Dies gilt auch für einzelvertragliche Verein- 25

---

[37] BSG v. 14.11.1996 - 2 RU 5/96 - SozR 3-2500 § 49 Nr. 3.

[38] §§ 47 Abs. 1 Satz 1 und Abs. 6, 226 Abs. 1 SGB V.

[39] Vgl. dazu im Einzelnen *Werner* in: jurisPK-SGB IV, § 14.

[40] Zur Berechnung des Arbeitseinkommens bei sog. Nettolohnvereinbarungen: BSG v. 12.11.1975 - 3/12 RK 8/74 - SozR 2200 § 160 Nr. 2; BSG v. 13.10.1993 - 2 RU 41/92 - SozR 3-2400 § 14 Nr. 7.

[41] St. Rspr.: BSG v. 30.05.2006 - B 1 KR 26/05 R - SozR 4-2500 § 49 Nr. 4; BSG v. 27.06.1984 - 3 RK 9/83 - SozR 2200 § 189 Nr. 5.

[42] Vgl. dazu BAG v. 26.03.2003 - 5 AZR 186/02 - DB 2003, 1796 -1797.

[43] Zum alten Recht vgl. insbesondere Berechnungsbeispiele bei *Vay* in: Krauskopf, SozKV, SGB V, § 49 Rn. 15.

[44] BT-Drs. 15/4228, S. 22.

[45] Zur Verfassungsmäßigkeit der Anrechnung selbst eines arbeitsvertraglich vereinbarten 6-monatigen Entgeltfortzahlungszeitraums auf den Krankengeldhöchstbezug (§ 48 Abs. 3 SGB V): LSG NRW v. 14.09.2006 - L 5 KR 116/05 - weiterer Verfahrensgang: B 1 KR 149/06 B, noch rechtshängig.

barungen zur Entgeltfortzahlung bei Erkrankung eines Kindes (Krankengeldanspruch nach § 45 Abs. 1 SGB V).[46]

26 Der Anspruch auf Krankengeld ruht nach § 49 Abs. 1 Nr. 1 SGB V nur, „soweit" beitragspflichtiges Arbeitsentgelt erhalten wird. Ist das Krankengeld niedriger als das Arbeitsentgelt, z.B. bei Teilzeitbeschäftigung, so besteht Anspruch auf Krankengeld nur in Höhe des Differenzbetrages.[47] Im Sonderfall der **stufenweisen Wiedereingliederung** in das Erwerbsleben (§ 74 SGB V, § 28 SGB IX) ist zu differenzieren: Will ein arbeitsunfähig erkrankter Versicherter im Rahmen seiner gesundheitlichen Möglichkeiten seine Beschäftigung teil(stufen-)weise wieder aufnehmen, bedarf dies arbeitsrechtlich wegen der vom Arbeitsvertrag abweichenden Beschäftigung der Zustimmung des Arbeitgebers, Entgeltansprüche entstehen grundsätzlich nicht.[48] Wird demgemäß kein Arbeitsentgelt gezahlt, greift die Ruhensanordnung des § 49 Abs. 1 Nr. 1 SGB V nicht, vielmehr ist – bei Vorliegen der sonstigen Voraussetzungen – Krankengeld in voller Höhe zu zahlen; ein Erstattungsanspruch nach § 115 Abs. 1 SGB X gegen den Arbeitgeber steht der Krankenkasse nicht zu. Soweit, was in der Praxis nicht selten der Fall ist, der Arbeitgeber freiwillig oder aufgrund vertraglicher Verpflichtung eine Vergütung gewährt, löst dies die Ruhenswirkung des § 49 Abs. 1 Nr. 1 SGB V aus; der Anspruch auf Krankengeld ruht ganz oder zumindest teilweise.

27 Der Anspruch auf Krankengeld ruht nur, „solange" Versicherte Arbeitsentgelt „erhalten". Maßgebend ist damit nur der **tatsächliche Bezug**[49], unerheblich ist, aus welchen Gründen der Arbeitgeber nicht leistet. Der bloße Anspruch auf Arbeitsentgelt reicht nicht aus; erfüllt der Arbeitgeber den Anspruch auf Arbeitsentgelt zu Unrecht nicht, ist die Krankenkasse zur vollen Zahlung des Krankengeldes verpflichtet, ihr wächst allerdings unter den Voraussetzungen des § 115 Abs. 1 SGB X ein Erstattungsanspruch gegen den Arbeitgeber zu.[50]

28 Ein Sonderproblem stellt sich beim **Erhalt rückständiger Gehaltsforderungen**, etwa im Wege eines arbeitsgerichtlichen Vergleichs bei Annahmeverzug des Arbeitgebers. Zunächst ist in diesen Fällen zu klären, ob es sich bei der Zahlung tatsächlich um eine mit dem Krankengeld konkurrierende Leistung handelt. Abfindungen, die dem Versicherten als Entschädigung für den Wegfall künftiger Verdienstmöglichkeiten (Verlust des Arbeitsplatzes) gezahlt werden, können nicht als beitragspflichtiges Arbeitsentgelt i.S.d. § 14 SGB IV angesehen werden, weil sie ihre Grundlage nicht mehr in der beendeten Beschäftigung haben.[51] Tatbestandsvoraussetzung für ein Ruhen des Krankengeldanspruchs bei Erhalt des Arbeitsentgelts ist zudem eine zeitliche Kongruenz („solange"), d.h., der Zeitraum des Krankengeldbezugs und des Arbeitsentgeltbezugs müssen deckungsgleich sein.[52] Liegen diese Voraussetzungen vor, ist wie folgt zu differenzieren: Beim laufenden Krankengeldbezug ist aufgrund der Bindungswirkung des § 39 Abs. 2 SGB X die bereits erfolgte Krankengeldbewilligung als Verwaltungsakt mit Dauerwirkung nach § 48 Abs. 1 Satz 1 SGB X aufzuheben, da mit dem Ruhen nach § 49 Abs. 1 Nr. 1 SGB V eine wesentliche Änderung eingetreten ist. Für die Vergangenheit kann die Krankenkasse unter den Voraussetzungen des § 48 Abs. 1 Satz 2 Nr. 3 i.V.m. Satz 3 SGB V in analoger Anwendung das Ruhen des Krankengeldanspruchs rückwirkend anordnen.[53] Eine direkte Anwendung dieser Vorschrift scheidet aus, da die Regelung ausdrücklich nur den Fall nennt, dass das erzielte Einkommen zum Wegfall und nicht lediglich zum Ruhen des durch Bescheid bewilligten Anspruchs führt. Hierin liegt eine Durchbrechung des sog. Zuflussprinzips beim Krankengeld, die vom BSG nur in engen Grenzen zur Schließung von Gesetzeslücken für möglich gehalten wird.[54]

---

46 Sächsisches LSG v. 20.01.1998 - L 1 KR 3/97 - AuA 1998, 355.

47 *Höfler* in: KassKomm, SGB V, § 49 Rn. 3.

48 BAG v. 13.06.2006 - 9 AZR 229/05 - NZA 2007, 91-94; BAG v. 29.01.1992 - 5 AZR 37/91 - BAGE 272; LSG NRW v. 28.03.2006 - L 1 AL 8/06.

49 Es genügt allerdings, wenn die Gehaltsforderungen über eine Aufrechnung das Erlöschen von Gegenforderungen des Arbeitgebers zur Folge haben: BSG v. 29.06.1994 - 1 RK 45/93 - SozR 3-1300 § 48 Nr. 33.

50 Zur Schadensersatzpflicht des Arbeitgebers bei Weiterbeschäftigung eines Versicherten in Kenntnis eines Krankengeldbezuges: OLG Düsseldorf v. 18.09.1998 - 22 U 183/97 - NZA-RR 1999, 10-12.

51 BSG v. 21.02.1990 - 12 RK 20/88 - SozR 3-2400 § 14 Nr. 2.

52 Vgl. bereits BSG v. 20.03.1984 - 8 RK 4/83 - SozR 2200 § 189 Nr. 4.

53 BSG v. 26.10.1998 - B 2 U 35/97 R - HVBG-Info 1998, 3301-3307 (Verletztengeld), offen gelassen noch BSG v. 29.06.1994 - 1 RK 45/93 - SozR 3-1300 § 48 Nr. 33.

54 Ablehnend bei rückwirkender Auflösung einer Altersteilzeitvereinbarung: BSG v. 14.12.2006 - B 1 KR 5/06 R - zur Veröffentlichung vorgesehen in SozR 4, dazu *Sommer*, jurisPR-SozR 7/2007, Anm. 5.

Nach dem Wortlaut des § 49 Abs. 1 Nr. 1 SGB V ruht schließlich der Anspruch auf Krankengeld nicht in den Fällen, wenn ein arbeitsunfähiger Versicherter ohne Rechtsmissbrauch aus persönlichen Gründen sein Beschäftigungsverhältnis kündigt und deshalb keine Lohnfortzahlung erhält. Auch für eine analoge Anwendung dieser Vorschrift ist kein Raum, denn es fehlt an einer planwidrigen, unbeachtlichen Gesetzeslücke, die durch richterliche Rechtsfortbildung geschlossen werden könnte.[55] Das Gleiche gilt regelmäßig im Falle eines **Abfindungsvergleichs**, z.B. mit dem Unfallschädiger bzw. mit dessen Haftpflichtversicherung.[56] Der Abfindungsvergleich wirkt aufgrund des Forderungsübergangs nach § 116 SGB X nicht zu Lasten der Krankenkasse, der Dritte ist praktisch kaum gutgläubig, weil die bloße Kenntnis der Arbeitnehmereigenschaft des Verletzten nach den §§ 407 Abs. 1, 412 BGB dies regelmäßig ausschließt.[57] Besteht ausnahmsweise Gutgläubigkeit, kommt es maßgeblich auf die Gründe für den Verzicht an, wobei der Verschuldensmaßstab umstritten ist.[58] Anhaltspunkt hierfür ist § 52 SGB V, der auf Vorsatz als Verschuldensnorm abstellt.[59] Richtig dürfte sein, in Form einer umfassenden Interessenbewertung darauf abzustellen, ob der Versicherte ohne oder mit triftigem Grund verzichtet hat.[60] 29

Der Anspruch auf Krankengeld ruht ferner, solange und soweit ein Versicherter während seiner Arbeitsunfähigkeit **Arbeitseinkommen** erhält (§ 49 Abs. 1 Nr. 1 SGB V). Das auch für die Ermittlung des Regelentgelts (§ 47 Abs. 2, 3 und 6 SGB V) maßgebliche Arbeitsentgelt wird in § 15 Abs. 1 Satz 1 SGB IV definiert als „der nach den allgemeinen Gewinnerzielungsvorschriften des Einkommensteuerrechts ermittelte Gewinn aus einer selbständigen Tätigkeit“[61], so dass auch sozialversicherungsrechtlich auf das Kalenderjahr als dem steuerrechtlich maßgeblichen Veranlagungszeitraum abzustellen ist (vgl. § 25 Abs. 1 EStG).[62] Wird ein versicherter hauptberuflich Selbständiger arbeitsunfähig, und stellt er seine bisherige Mitarbeit im Unternehmen vollständig ein, ist regelmäßig anzunehmen, dass er für diese Zeit kein Arbeitseinkommen erzielt.[63] Ist ausnahmsweise das zum Ruhen des Krankengeldanspruchs führende Arbeitseinkommen konkret zu ermitteln, können sich entgegen einer weit verbreiteten Praxis die Krankenkassen grundsätzlich nicht auf die Vorlage des letzten **Steuerbescheides** beschränken, zumal dieser regelmäßig an einen schon länger vor Eintritt der Arbeitsunfähigkeit zurückliegenden Zeitpunkt anknüpft. Das Arbeitsentgelt ist in diesen Fällen von den Krankenkassen von Amts wegen (§ 20 SGB X) auf Grund der steuerlich vorgeschriebenen Aufzeichnungen (vgl. z.B. § 60 EStG) zu ermitteln.[64] Hierzu sind die Krankenkassen regelmäßig auf die tätige Mithilfe des Versicherten angewiesen. Diesem obliegt es gemäß § 60 Abs. 1 SGB I, alle Tatsachen anzugeben, auf Verlangen der zuständigen Krankenkasse der Erteilung der erforderlichen Auskünfte durch Dritte (z.B. Steuerberater) zuzustimmen, Beweismittel zu bezeichnen (Gewinn- und Verlustrechnung, Buchführungsunterlagen usw.), diese auf Verlangen vorzulegen oder ihrer Vorlage zuzustimmen. Kommt der Versicherte seinen Obliegenheiten nicht nach, kann die Krankenkasse die Zahlung des Krankengeldes bis zur Nachholung der Mitwirkung ganz oder teilweise versagen (vgl. § 66 Abs. 1 SGB I). Zur rechtlichen Auswertung der eingereichten steuerlichen Unterlagen kann es sich nach Auffassung des BSG „anbieten“, dass die Krankenkasse die Amtshilfe des zuständigen Finanzamtes in Anspruch nimmt. Bei einem im Betrieb mitarbeitenden Versicherten komme (hilfsweise) auch eine Schätzung in Betracht, wobei es nahe liege, dem Versicherten in derartigen Fällen bis zum Abschluss der erforderlichen Ermittlungen und deren Auswertungen gemäß § 42 Abs. 1 SGB I einen Vorschuss auf das Krankengeld zu gewähren.[65] 30

---

55 So ausdrücklich LSG Niedersachsen-Bremen v. 27.08.2002 - L 4 KR 138/00 - Breith 2003, 1-3.

56 BSG v. 13.05.1992 - 1/3 RK 10/90 - SozR 3-2200 § 189 Nr. 1.

57 BSG v. 13.05.1992 - 1/3 RK 10/90 - SozR 3-2200 § 189 Nr. 1; zur sog. Ausgleichsquittung und der Überwachung von Ausschlussfristen: BSG v. 16.12.1980 - 3 RK 40/79 - SozR 2200 § 189 Nr. 2.

58 Vgl. BSG v. 16.12.1980 - 3 RK 27/79 - SozSich 1981, RsprNr 3566.

59 *Höfler* in: KassKomm, SGB V, § 49 Rn. 7, der allerdings wohl jede Verschuldensform ausreichen lässt.

60 So auch *Noftz* in: Hauck/Noftz, SGB V § 49 Rn. 46.

61 Die Vorschrift gilt nach § 1 Abs. 1 Satz 1 SGB IV auch für die gesetzliche Krankenversicherung.

62 Vgl. dazu im Einzelnen *Fischer* in: jurisPK-SGB IV, § 15.

63 BSG v. 14.12.2006 - B 1 KR 11/06 R - zum Abdruck vorgesehen in SozR 4; in Fortführung zu BSG v. 30.03.2004 - B 1 KR 32/02 - SozR 4-2500 § 47 Nr. 1.

64 BSG v. 14.12.2006 - B 1 KR 11/06 R - juris Rn. 14 - zum Abdruck vorgesehen in SozR 4.

65 BSG v. 14.12.2006 - B 1 KR 11/06 R - juris Rn. 15 - zum Abdruck vorgesehen in SozR 4.

2. Ruhen bei Inanspruchnahme von Elternzeit (Absatz 1 Nr. 2)

31 Der Anspruch auf Krankengeld ruht, solange Versicherte Elternzeit nach dem BEEG in Anspruch nehmen (§ 49 Abs. 1 Nr. 1 HS. 1 SGB V). Mit der Einführung des BEEG zum 01.01.2007 (vgl. Rn. 7) wurde die Vorschrift dem neuen Recht angepasst.

32 **Elternzeit** (bis 2001: Erziehungszeit) verschafft abhängig Versicherten die Möglichkeit, sich ihrem neugeborenen, zur Pflege oder zur Adoption aufgenommenen Kind zu widmen und schafft ein nicht abdingbares Recht[66] auf völlige – unbezahlte – Freistellung von der vertraglichen Arbeit. Das Arbeitsverhältnis ruht in dieser Zeit. Rechtsgrundlage sind die §§ 15, 16 BEEG, die inhaltlich bis auf eine sprachliche Überarbeitung[67] weitgehend den Vorgängervorschriften der §§ 15, 16 BErzGG entsprechen.[68] Ein Recht auf Elternzeit steht grundsätzlich nur Arbeitnehmerinnen und Arbeitnehmern (§ 15 Abs. 1 Satz 1 BEEG) unter den dort genannten Voraussetzungen zu. Selbständige oder Beschäftigte, die z.Zt. der Geburt oder Annahme des Kindes keine Arbeitnehmer sind, haben keinen Anspruch auf Elternzeit; § 49 Abs. 1 Nr. 2 SGB V schließt für diesen Personenkreis deshalb den Krankengeldbezug nicht aus.[69]

33 Der Anspruch auf Krankengeld ruht erst ab dem Zeitpunkt, in dem Versicherte die Elternzeit tatsächlich **„in Anspruch nehmen"**. Regelmäßig ist dies bei Arbeitnehmern mit der Geburt des Kindes bzw. bei Arbeitnehmerinnen mit dem Ende der Mutterschutzfrist (§ 6 Abs. 1 MuSchG)[70] der Fall, ein späterer, individueller Beginn ist möglich.[71] Als individuelles Gestaltungsrecht steht den Berechtigten im Rahmen der §§ 15, 16 BEEG frei, wer von ihnen und für welche Zeiträume Elternzeit nimmt. Die Elternzeit kann ganz oder teilweise von einem Elternteil allein in Anspruch genommen werden; die Eltern können sich diese Zeit aber auch untereinander aufteilen oder diese vollständig gemeinsam nutzen. Mütter und Väter haben je einen Anspruch auf Elternzeit bis zur Vollendung des dritten Lebensjahres des Kindes. Ein Anteil von bis zu 12 Monaten kann auch auf die Zeit bis zum achten Geburtstag des Kindes übertragen werden, wenn der Arbeitgeber zustimmt.[72] Mehrlingsgeburten oder eine kurze Geburtsfolge verändern den für jedes Kind separat bestehenden Anspruch auf Elternzeit nicht.[73] Sofern die Erklärungsfristen des § 16 Abs. 1 und 2 BEEG eingehalten sind, legen die Berechtigten in einer gegenüber dem Arbeitgeber abzugebenden schriftlichen Erklärung selbst auch die Dauer der Elternzeit fest. Diese endet dann zum vorbestimmten Zeitpunkt, sie kann – mit Zustimmung des Arbeitgebers – vorzeitig beendet oder im Rahmen des § 15 Abs. 2 BEEG verlängert werden (§ 16 Abs. 3 BEEG). Stirbt das Kind während der Elternzeit, endet diese spätestens 3 Wochen nach dem Tode des Kindes (§ 16 Abs. 4 BEEG). Der Arbeitgeber hat die Elternzeit zu bescheinigen (§ 16 Abs. 1 Satz 6 BEEG).

34 Von der tatsächlichen Inanspruchnahme bis zur Beendigung der Elternzeit ruht der Anspruch auf Krankengeld. Dies ist mangels (ersatzfähigen) Verdienstausfalls auf Seiten der Versicherten auch sachgerecht und entspricht vollinhaltlich dem Normzweck des Krankengeldes, nur das durch Arbeitsunfähigkeit (oder stationäre Behandlung) entfallene Arbeitsentgelt zu ersetzen.[74] Ohne die Ruhensanordnung stände diesen Versicherten ein Krankengeldanspruch zu, obwohl während der Elternzeit kein Arbeitsentgelt erzielt wird, denn das Versicherungsverhältnis bleibt nach § 192 Abs. 1 Abs. 2 SGB V, solange Elternzeit in Anspruch genommen wird, trotz Ruhen des Arbeitsverhältnisses erhalten.[75]

---

66 § 15 Abs. 2 Satz 6 BEEG.

67 BT-Drs. 16/1889, S. 27.

68 Zum Übergangsrecht für vor dem 01.01.2007 geborene Kinder, vgl. § 27 Abs. 2 BEEG.

69 *Noftz* in: Hauck/Noftz, SGB V, § 49 Rn. 37, *Vay* in: Krausskopf, SozKV, SGB V, § 49 Rn. 22, der allerdings zu Recht in Rn. 19 darauf hinweist, dass die Ruhenswirkung selbst dann eintritt, wenn Elternzeit zu Unrecht gewährt worden ist.

70 *Bruns*, FamRZ 2007, 251-254, hält die geschlechtsabhängige Anrechnung von Mutterschutzfrist und Erholungsurlaub in den §§ 15 Abs. 2 Satz 2, 16 Abs. 1 Satz 4 BEEG für verfassungsrechtlich bedenklich.

71 Zur Möglichkeit, Erziehungsurlaub (§ 15 BErzGG a.F.) nach Ende einer Arbeitsunfähigkeit erst zu beginnen, BAG v. 17.10.1990 - 5 AZR 10/90 - BAGE 66, 126-133.

72 § 15 Abs. 2 und 3 BEEG, zu nicht leiblichen Kindern: § 15 Abs. 2 Satz 5 BEEG.

73 § 15 Abs. 2 Satz 3 BEEG.

74 So zuletzt m.w.N. BSG v. 14.12.2006 - B 1 KR 9/06 - zur Veröffentlichung vorgesehen in SozR 4.

75 Zur Beitragspflicht vgl. insbesondere die §§ 224 Abs. 1 Sätze 1 und 2, 234 Abs. 1 Satz 2 SGB V; andererseits BSG v. 24.11.1992 - 12 RK 44/92 - SozR 3-2500 § 224 Nr. 3 (freiwillige Krankenversicherung), BSG v. 29.06.1993 - 12 RK 30/90 - SozR 3-2500 § 224 Nr. 4; BSG v. 23.06.1994 - 12 RK 7/94 - SozR 3-2500 § 192 Nr. 2 (Krankenversicherung der Studenten).

Anders liegt der Fall in den in § 49 Abs. 1 Nr. 2 HS. 2 SGB V normierten zwei Ausnahmevarianten: Der Gesetzgeber verneint einen sozialpolitisch unerwünschten Doppelbezug von Leistungen, wenn die Arbeitsunfähigkeit vor Beginn der Elternzeit eingetreten ist (1. Alternative) oder wenn Arbeitsentgelt aufgrund einer – nach dem BEEG zulässigen – versicherungspflichtigen Beschäftigung während der sog. Elternteilzeit entfällt (2. Alternative). 35

Nach § 49 Abs. 1 Nr. 2 HS. 2 SGB V 1. Alternative ruht der Anspruch auf Krankengeld nicht, wenn die Arbeitsunfähigkeit **vor Beginn der Elternzeit** eingetreten ist. Dies entspricht dem – vom BSG inzwischen allerdings aufgegebenen – Grundsatz, dass das Krankengeld den wirtschaftlichen Status des Versicherten sichern soll, der zuletzt vor Eintritt der Arbeitsunfähigkeit tatsächlich bestand; spätere Entgeltänderungen können schon tatsächlich diesen Status nicht mehr berühren.[76] Erkrankt danach eine Versicherte während der Schutzfrist nach § 6 Abs. 1 MuSchG und vor dem nach § 16 Abs. 1 Satz 1 BEEG mitgeteilten Beginn der Elternzeit arbeitsunfähig, ist Krankengeld zu zahlen.[77] Im Übrigen ist der Beginn der Arbeitsunfähigkeit unerheblich: Sie kann vor oder nach der Entbindung, sowie vor oder nach dem Zeitpunkt der Mitteilung der Beanspruchung von Elternzeit (§ 16 Abs. 1 Satz 1 BEEG) gegenüber dem Arbeitgeber eintreten, maßgebend ist allein der Zeitraum vor Beginn der Elternzeit.[78] Da der Gesetzgeber auf den „Eintritt“ der Arbeitsunfähigkeit abstellt, knüpft § 49 Abs. 1 Nr. 2 HS. 2 SGB V 1. Alternative anders als beim Anspruch auf Krankengeld nicht auf den Zeitpunkt der ärztlichen Feststellung bzw. auf den Beginn den Krankengeldzahlung (§ 46 Satz 1 SGB V) an.[79] 36

Schließlich ruht das Krankengeld nach § 49 Abs. 1 Nr. 2 HS. 2 SGB V 2. Alternative ebenfalls nicht, wenn es aus dem Arbeitsentgelt zu berechnen ist, das durch die Ausübung einer versicherungspflichtigen **(Teilzeit-)Beschäftigung** während der Elternzeit erzielt worden ist (sog. Elternteilzeit). Neben der Elternzeit, in der das Arbeitsverhältnis ruht, lässt das BEEG unter den Voraussetzungen des § 15 Abs. 5 bis 7 BEEG und unter Beachtung der zeitlichen Grenzen in Absatz 4 (nicht mehr als 30 Wochenstunden) eine Teilzeitarbeit ausdrücklich zu.[80] Würde in diesen Fällen der Anspruch auf Krankengeld ruhen, wäre dies mit der Einkommensersatzfunktion des Krankengeldes nicht zu vereinbaren, da die Versicherten nicht wirtschaftlich bei Arbeitsunfähigkeit abgesichert wären. 37

3. Ruhen beim Bezug von Versorgungskrankengeld, Übergangsgeld, Unterhaltsgeld oder Kurzarbeitergeld (Absatz 1 Nr. 3)

§ 49 Abs. 1 Nr. 3 SGB V ordnet das Ruhen des Anspruchs auf Krankengeld an, soweit und solange Versicherte Versorgungskrankengeld, Übergangsgeld, Unterhaltsgeld oder Kurzarbeitergeld beziehen. Erforderlich ist damit sowohl eine inhaltlich-umfängliche („soweit“) als auch eine zeitliche („solange“) Übereinstimmung zwischen den verdrängenden Leistungen und dem Krankengeld. Voraussetzung für das Ruhen ist sowohl nach § 49 Abs. 1 Nr. 3 SGB V als auch nach Absatz 1 Nr. 3a dieser Vorschrift, dass die dort genannten Sozialleistungen tatsächlich „bezogen“ werden; ein bloßer Rechtsanspruch auf diese Leistungen genügt nicht.[81] Wird das Krankengeld ausgezahlt und nachträglich ein – zeitgleicher – Anspruch auf eine der Leistungen nach § 49 Abs. 1 Nr. 3 oder 3a SGB V festgestellt, ist zu differenzieren: Für die Vergangenheit regelt sich die Verhinderung des sozialpolitisch nicht gewollten Doppelbezugs von zweckidentischen Sozialleistungen im **Erstattungsverfahren** zwischen den beteiligten 38

---

[76] So zum Krankengeld beim Übergang von Voll- zur Teilzeit noch BSG v. 25.06.1991 - 1/3 RK 6/90 - SozR 3-2200 § 182 Nr. 8 m.w.N.; neuerdings: BSG v. 14.12.2006 - B 1 KR 9/06 R - zur Veröffentlichung vorgesehen in SozR 4 (Strukturkurzarbeitergeld Null); zur vergleichbaren Regelung beim Ausschluss und Kürzung des Krankengeldes: § 50 Abs. 2 letzter HS. SGB V.

[77] Dazu bereits BAG v. 17.10.1990 - 5 AZR 10/90 - BAGE 66, 126-133 mit kritischer Anmerkung *Künzl*, EwiR 1991, 399-400.

[78] *Vay* in: Krauskopf, SozKV, SGB V, § 49 Rn. 20.

[79] *Noftz* in: Hauck/Noftz, SGBV, § 49 Rn. 36; *Vay* in: Krauskopf, SozKV, SGB V, § 49 Rn. 20.

[80] Teilzeitarbeit kann selbst noch beantragt werden, wenn zuvor nur die völlige Freistellung von der vertraglichen Arbeit in Anspruch genommen worden war: BAG v. 09.05.2006 - 9 AZR 278/05 - NJW 2006, 3595-3599.

[81] Vgl. bereits BSG v. 09.12.1976 - 2 RU 39/76 - SozR 2200 § 1504 Nr. 3; davon zu unterscheiden sind die Fälle, in denen das Gesetz einen Vorrang einer Leistung anordnet, hier ist der Anspruch dem Bezug einer Leistung gleichzusetzen: BSG v. 03.06.2004 - B 11 AL 55/03 R - SozR 4-4300 § 125 Nr. 1 (Vorrang des Krankengeldes für das nach § 125 SGB III zu zahlende Arbeitslosengeld); BSG v. 30.03.2004 - B 1 KR 30/02 R - SozR 4-2500 § 44 Nr. 1 (Krankengeldanspruch bei eingeschränkter Leistungsbereitschaft nach § 428 SGB III).

Leistungsträgern[82]; gegenüber dem Versicherten gilt der Anspruch in diesen Fällen regelmäßig nach § 107 Abs. 1 SGB X als erfüllt. Davon getrennt zu sehen ist die beitragsrechtliche Rückabwicklung in Fällen einer nachträglichen Leistungsbewilligung.[83] Bereits ausgezahltes Krankengeld kann nur unter den Voraussetzungen der §§ 45, 48, 50 SGB X zurückgefordert werden.[84] Beim noch laufenden Krankengeldbezug ist für die Zukunft wie bei der Auszahlung rückständiger Gehaltsforderungen zu verfahren und die bereits erfolgte Krankengeldbewilligung als Leistung mit Dauerwirkung nach § 48 Abs. 1 Satz 1 SGB X aufzuheben (vgl. Rn. 28). Eine analoge Anwendung des § 49 Abs. 1 Nrn. 3 und 3a SGB V ist nur beim Vorliegen einer planwidrigen Gesetzeslücke möglich, wobei die Rechtsprechung des BSG hier sehr enge Grenzen zieht.[85] Da der Anspruch auf Krankengeld nur „soweit" ruht, wie Versicherte eine der in § 49 Abs. 1 Nr. 3 SGB V aufgeführten Sozialleistungen beziehen, haben diese seit dem 01.01.1990 hinsichtlich dieser Leistungen wieder Anspruch auf Auszahlung des sog. Krankengeldspitzbetrages (vgl. dazu bereits Rn. 2).[86]

39 Der Anspruch auf Krankengeld ruht nach § 49 Abs. 1 Nr. 3 Alt. 1 SGB V zunächst beim Bezug von **Versorgungskrankengeld** (früher: Übergangsgeld). Der Anspruch auf Versorgungskrankengeld ergibt sich aus den §§ 16 f. BVG; Besonderheiten bestehen hinsichtlich möglicher Erstattungsansprüche der Krankenkassen. Hier hat der Gesetzgeber ab dem 01.01.1994 in den §§ 19, 20 BVG eine Pauschalregelung erlassen.[87] Der Krankengeldanspruch ruht bis zur Höhe des Differenzbetrages bei einer durch Schädigungsfolgen bedingten Arbeitsunfähigkeit auch dann, wenn durch das Hinzutreten einer nicht schädigungsbedingten Erkrankung, die für sich allein ebenfalls Arbeitsunfähigkeit verursacht hätte, stationäre Krankenhausbehandlung notwendig ist, denn den Beschädigten steht in diesen Fallkonstellationen Versorgungskrankengeld zu.[88]

40 **Übergangsgeld** (§ 49 Abs. 1 Nr. 3 Alt. 2 SGB V) erhalten Versicherte für die Dauer einer Leistung zur medizinischen Rehabilitation, bei Leistungen zur Teilhabe am Arbeitsleben oder bei sonstigen Leistungen zur Teilhabe als Entgeltersatzleistung zur wirtschaftlichen Absicherung als ergänzende – akzessorische – Leistung zur Rehabilitation. Rechtsgrundlage hierfür sind die §§ 44 Abs. 1 Nr. 1, 46 f. SGB IX, §§ 160 f. SGB III, §§ 20 f. SGB VI und §§ 49 f. SGB VII[89]; ein Anspruch auf sog. Ersatz- oder vorgezogenes Übergangsgeld beseht seit dem 01.01.2001 nicht mehr.[90] Bei Leistungen zur medizinischen Rehabilitation sind die besonderen Erstattungsansprüche in § 49 Abs. 4 SGB V zu beachten. Zu einer – häufig vorher nicht bedachten – Herabsetzung des Regelentgelts (§ 47 Abs. 1 Satz 1 SGB V) und damit des Krankengeldes kommt es, wenn ein Versicherter eine Leistung zur Teilhabe am Arbeitsleben gesundheitsbedingt mit der Folge weiterer Arbeitsunfähigkeit abbrechen muss. Der Anspruch auf Krankengeld ruht nur, „solange" Übergangsgeld bezogen wird. Mit dem Wegfall des Übergangsgeldes nach Abbruch der Leistung zur Teilhabe am Arbeitsleben lebt ein vormals bestehender Anspruch auf Krankengeld nicht in gleicher Höhe wieder auf, es besteht vielmehr nur noch ein im Vergleich zum Übergangsgeld weiter reduzierter Anspruch auf Krankengeld, dessen Höhe sich nur noch

---

82 Regelmäßig über § 103 SGB X: vgl. BSG v. 13.09.1984 - 4 RJ 37/83 - SozR 1300 § 103 Nr. 2; LSG NRW v. 27.09.2001 - L 2 KN 287/00 KR (vorgezogenes Übergangsgeld); aber auch über § 105 SGB X: vgl. BSG v. 26.10.1998 - B 2 U 34/97 R - SozR 3-2200 § 539 Nr. 43 (Leistungskonkurrenz bei Krankenhausbehandlung mit dem Unfallversicherungsträger); BSG v. 23.09.1997 - 2 RU 37/96 - SozR 3-1300 § 105 Nr. 4 (nachträglich anerkannte Berufskrankheit) – in Fällen des § 49 Abs. 1 Nr. 3 SGB V. a.F.; zum Übergangsgeld nach dem SGB IX: § 49 Abs. 4 SGB V.

83 Zum nachträglichen Anspruch auf Verletztengeld: BSG v. 17.12.1996 - 12 RK 45/95 - SozR 3-2500 § 251 Nr. 1; zum umgekehrten Fall: BSG v. 12.12.1990 - 12 RK 35/89 - SozR 3-2200 § 381 Nr. 1.

84 *Höfler* in: KassKomm, SGB V, § 49 Rn. 22a.

85 BSG v. 30.05.2006 - B 1 KR 26/05 - SozR 4-2500 § 49 Nr. 4 (Urlaubsabgeltung); BSG v. 26.10.1998 - B 2 U 34/97 R - SozR 3-2200 § 539 Nr. 43 (Leistungskonkurrenz zur gesetzlichen Unfallversicherung).

86 Zur Rechtslage zwischen dem 01.01.1982 bis zum 31.12.1989 vgl. BSG v. 16.05.1995 - 9 RV 5/94 - USK 9512.

87 §§ 19, 20 BVG eingeführt zum 01.01.1994 durch Art. 4 des 2. Gesetzes zur Änderung des Opferentschädigungsgesetzes (OEGÄndG2) v. 21.07.1993, BGBl I 1262; zum mittlerweile überholten Erstattungsanspruch einer Krankenkasse auch auf den Spitzbetrag: BSG v. 16.05.1995 - 9 RV 5/94 - USK 9512.

88 BSG v. 23.02.1987 - 9a RV 22/86 - SozR 3100 § 16 Nr. 4.

89 Vgl. aber § 11 Abs. 5 SGB V.

90 §§ 20 Abs. 3 und 4, 25 Abs. 2 SGB VI wurden durch Art. 1 Nrn. 3 und 5 Gesetz zur Reform der Renten wegen verminderter Erwerbsfähigkeit v. 20.12.2000 gestrichen; vgl. auch Änderung in § 116 SGB VI (Art. 1 Nr. 33), zum Übergangsrecht § 301 Abs. 1 Satz 2 SGB VI.

aus 80 v.H. des Regelentgelts berechnet, das der Berechnung des Übergangsgeldes zugrunde lag (§§ 47 Abs. 1, Abs. 4 Satz 2 SGB V i.V.m. § 235 Abs. 1 Satz 1 SGB V).[91]

Die 3. Alternative des § 49 Abs. 1 Nr. 3 SGB V, das Ruhen des Anspruchs auf Krankengeld beim Bezug von **Unterhaltsgeld**, ist mit dem Wegfall der §§ 153 f. SGB III obsolet geworden.[92] Unterhaltsgeld stand Versicherten bei Voll- oder Teilzeitmaßnahmen im Rahmen beruflicher Weiterbildungsförderung zu. Anstelle von Unterhaltsgeld wird nunmehr Arbeitslosengeld gezahlt (§§ 117 Abs. 1 Nr. 2, 120, 124a SGB III), so dass sich das Ruhen des Krankengeldanspruchs in diesen Fällen nur noch nach § 49 Abs. 1 Nr. 3a SGB V richtet. 41

Schließlich ruht nach § 49 Abs. 1 Nr. 3 Alt. 4 SGB V der Anspruch auf Krankengeld beim Bezug von **Kurzarbeitergeld** (§§ 169 f. SGB III). Das bis zum 31.03.2006 gezahlte Winterausfallgeld ging in dem breiter gefassten Ansatz eines Saison-Kurzarbeitergeldes (§ 175 SGB III) als Sonderform des Kurzarbeitergeldes auf.[93] Auch die 4. Alternative dieser Vorschrift ist in der Praxis weitgehend überholt: Arbeitnehmer, die während des Bezuges von Kurzarbeitergeld arbeitsunfähig erkranken, erhalten nach § 172 Abs. 1 Nr. 3 und Abs. 1a SGB III nur Kurzarbeitergeld, solange Anspruch auf Fortzahlung des Arbeitsentgeltes im Krankheitsfall besteht oder ohne den Arbeitsausfall bestehen würde, zudem gelten für diesen Personenkreis die speziellen Krankengeldregelungen des § 47b Abs. 3 und 4 SGB V.[94] 42

4. Ruhen beim Bezug von Mutterschaftsgeld oder Arbeitslosengeld oder wenn der Anspruch wegen einer Sperrzeit nach dem SGB III ruht (Absatz 1 Nr. 3a)

§ 49 Abs. 1 Nr. 3a SGB V ordnet das Ruhen des Anspruchs auf Krankengeld für die Zeit des Bezuges von **Mutterschaftsgeld** und Arbeitslosengeld an. Das Gleiche gilt, wenn der Anspruch wegen einer Sperrzeit nach dem SGB III ruht. Der Anspruch ruht im Gegensatz zu den in § 49 Abs. 1 Nr. 3 SGB V aufgeführten Leistungen unabhängig von der Höhe der bezogenen Leistung. Die Fassung des Gesetzes lässt keinen Raum für eine Auslegung, die den Ruhenstatbestand auf den Betrag der bezogenen Leistung beschränkt. In der Gesetzesbegründung findet sich der ausdrückliche Hinweis, dass beim Bezug von Mutterschaftsgeld und Arbeitslosengeld nicht gleichzeitig Krankengeld bezogen werden darf.[95] 43

Der Anspruch auf Krankengeld ruht, solange Versicherte Mutterschaftsgeld beziehen. Nach § 200 Abs. 1 RVO[96] erhalten weibliche Mitglieder einer gesetzlichen Krankenkasse, die bei Arbeitsunfähigkeit Anspruch auf Krankengeld haben oder denen wegen der Schutzfristen nach den §§ 3 Abs. 2, 6 Abs. 1 MuSchG kein Arbeitsentgelt gezahlt wird, Mutterschaftsgeld. Die Anspruchsdauer ergibt sich aus § 200 Abs. 3 RVO. Danach wird Mutterschaftsgeld, soweit es sich nicht um Mehrlings- oder Frühgeburten handelt, für die letzten sechs Wochen vor der (vom Arzt festgestellten mutmaßlichen) Entbindung gezahlt. Die Höhe des Mutterschaftsgeldes ergibt sich aus § 200 Abs. 2 RVO a.F.[97] 44

Nach § 49 Abs. 1 Nr. 3a SGB V ruht der Anspruch auf Krankengeld, solange Versicherte **Arbeitslosengeld** beziehen. Die Regelvoraussetzungen des Arbeitslosengeldes sind in den §§ 117 f. SGB III normiert. Das SGB III enthält in § 143 Abs. 1 Satz 1 Nr. 2 SGB III seinerseits eine Ruhensanordnung beim Bezug von Krankengeld. Das insoweit bestehende Konkurrenzverhältnis ist dahin aufzulösen, dass der Krankengeldanspruch nur während des Zeitraums ruht, in dem Arbeitslosengeld während der ersten sechs Wochen einer Arbeitsunfähigkeit gemäß § 126 SGB III (Leistungsfortzahlung bei Arbeitsunfähigkeit) fortzuzahlen ist.[98] Im Übrigen kommt die Arbeitslosengeldruhensregelung des § 142 Abs. 1 Satz 1 Nr. 2 SGB III, die dem früheren § 118 Abs. 2 AFG entspricht, zum Tragen. 45

---

[91] Bayrisches LSG v. 12.10.2006 - L 5 KR 81/06 - juris.

[92] §§ 153 f. SGB III aufgehoben durch Art. 1 Nr. 62 und 86 Drittes Gesetz für moderne Dienstleistungen am Arbeitsmarkt v. 23.12.2003, BGBl I 2003, 2848; dazu *Vay* in: Krauskopf, SozKV, SGB V, § 49 Rn. 29.

[93] §§ 209, 214 SGB III gestrichen durch Art. 1 Nr. 15 Gesetz zur Förderung ganzjähriger Beschäftigung v. 24.04.2006, BGBl I 2006, 984.

[94] Dazu *Vay* in: Krauskopf, SozKV, SGB V, § 49 Rn. 28.

[95] BT-Drs. 13/2204, S. 124 und 125.

[96] Die Regelung von Mutterschaftsgeld in § 13 Abs. 1 MuSchG hat für Mitglieder der gesetzlichen Krankenkassen nur deklaratorische Bedeutung: BSG v. 16.02.2005 - B 1 KR 13/03 R - SozR 4-2200 § 200 Nr. 2; BSG v. 09.11.1977 - 3 RK 63/76 - SozR 7830 § 13 Nr. 3.

[97] Zur Verfassungsmäßigkeit des vom Arbeitgeber zu zahlenden Zuschusses zum Mutterschaftsgeld: BVerfG v. 18.11.2003 - 1 BvR 302/96 - BVerfGE 109, 64-69.

[98] BSG v. 14.12.2006 - B 1 KR 6/06 R - zum Abdruck vorgesehen in SozR 4; BSG v. 08.11.2005 - B 1 KR 30/04 R - SozR 4-2500 § 44 Nr. 8; BSG v. 03.06.2004 - B 11 AL 55/03 R - SozR 4-4300 § 125 Nr. 1; BSG v. 14.02.2001 - B 1 KR 30/00 R - SozR 3-2500 § 44 Nr. 9.

46 Dies hat zur Folge, dass es für die Beurteilung einer Arbeitsunfähigkeit unerheblich ist, ob der Versicherte sich arbeitslos meldet und sein Einverständnis mit einer Vermittlung in einen anderen Beruf erklärt. Nach der Rechtsprechung des BSG bleiben bei Eintritt der Arbeitslosigkeit während des Krankengeldbezuges die Zumutbarkeitskriterien des Arbeitsförderungsrechts außer Betracht.[99] Hält eine Krankenkasse einen Versicherten rechtswidrig für arbeitsfähig, zahlt deshalb kein Krankengeld und drängt ihn faktisch, Arbeitslosengeld zu beantragen, schließt der Arbeitslosengeldbezug grundsätzlich den – rückwirkenden – Anspruch auf Krankengeld nicht aus, da ansonsten das in § 142 Abs. 1 Satz 1 Nr. 2 SGB III angeordnete Ruhen des Arbeitslosengeldes leer laufen würde.[100] Das Krankengeld ist dazu bestimmt, den krankheitsbedingten Ausfall des bei Eintritt der Arbeitsunfähigkeit bezogenen Arbeitsentgelts oder sonstigen Erwerbsersatzeinkommens auszugleichen; es behält seine Funktion, solange die Unfähigkeit zur Verrichtung der zuletzt ausgeübten oder einer vergleichbaren Erwerbstätigkeit andauert. Allein die in der Arbeitslosmeldung liegende Bereitschaft, eine dem verbliebenen Leistungsvermögen entsprechende Arbeit aufzunehmen, beseitigt deshalb den für den Krankengeldanspruch maßgebenden Bezug zu der früheren Beschäftigung nicht; dies ist erst mit der tatsächlichen Aufnahme einer neuen beruflichen Tätigkeit der Fall. Stellen sich somit nachträglich die Einstellung des Krankengeldanspruchs und damit die Zahlung von Arbeitslosengeld als rechtswidrig dar, steht der Bundesagentur für Arbeit ein **Erstattungsanspruch** gegen die Krankenkasse zu, während der Versicherte Anspruch auf Auszahlung des Differenzbetrages zwischen dem Arbeitslosengeld und dem höheren Krankengeld hat.[101] Trotz des scheinbar entgegenstehenden Wortlauts ruht der Anspruch auf Krankengeld ebenfalls nicht, wenn der Versicherte zugleich einen Anspruch auf Arbeitslosengeld nach der sog. **Nahtlosigkeitsregelung**[102] des § 125 SGB III – früher § 105a AFG – hat.[103] Die Krankenkasse ist zur Zahlung von Krankengeld aus § 44 SGB V vorrangig verpflichtet, denn § 125 SGB III betrifft nur die Beziehung zwischen dem Versicherten und der Bundesagentur für Arbeit sowie dem Rentenversicherungsträger. Insoweit unterliegt es keinen rechtlichen Bedenken, im Verhältnis Versicherter zur Krankenkasse von Arbeitsunfähigkeit, im Verhältnis zwischen Versichertem und der Bundesagentur für Arbeit von der Fiktion des § 125 SGB III auszugehen, wobei durch § 142 Abs. 1 Satz 1 Nr. 2 SGB III sichergestellt ist, dass das Arbeitslosengeld in diesen Fällen ruht.

47 Schließlich findet § 49 Abs. 1 Nr. 3a SGB V auf Krankengeldansprüche von nach § 5 Abs. 1 Nr. 2 SGB V versicherten Arbeitslosen keine Anwendung, die nach Vollendung des 58. Lebensjahres ihre Arbeitsbereitschaft mit der **Erklärung nach § 428 SGB III** eingeschränkt haben.[104] Ein Arbeitsloser ist arbeitsunfähig, wenn er aus gesundheitlichen Gründen der Arbeitsvermittlung (objektiv) nicht zur Verfügung steht.[105] Verliert ein Arbeitsloser aus gesundheitlichen Gründen diese – objektive – Möglichkeit, gebietet es der Sinn und Zweck der Krankenversicherung der Arbeitslosen – allerdings wegen § 126 SGB III erst nach der sechswöchigen Leistungsfortzahlung durch die Bundesagentur für Arbeit – trotz eingeschränkter subjektiver Verfügbarkeit (§ 119 Abs. 4 und 5 Nrn. 3 und 4 SGB III), Krankengeld zum Ausgleich des Wegfalls der Geldleistungen der Arbeitslosenversicherung zu zahlen. Noch nicht höchstrichterlich geklärt ist, ob ein Versicherter einen Anspruch auf Krankengeld für die Zeit nach Erschöpfung seines Anspruchs auf Arbeitslosengeld hat, wenn er während des Bezuges dieser Leistung arbeitsunfähig erkrankte und ein Anspruch auf eine andere Sozialleistung – hier: Arbeitslosenhilfe (§§ 190 f. SGB III a.F.) – wegen der krankheitsbedingt fehlenden Verfügbarkeit versagt wurde.[106]

48 Hat ein Arbeitnehmer sich versicherungswidrig verhalten, ohne dafür einen wichtigen Grund zu haben, ruht der Anspruch auf Arbeitslosengeld für die Dauer der **Sperrzeit** (§ 144 Abs. 1 Satz 1 SGB III). Für diese Fälle bestimmt § 49 Abs. 1 Nr. 3a letzter HS. SGB V, dass der Anspruch auf Krankengeld ebenfalls ruht. Arbeitslose, die während einer Sperrzeit erkranken, haben damit keinen Anspruch auf Aus-

[99] BSG v. 14.02.2001 - B 1 KR 30/00 R - SozR 3-2500 § 44 Nr. 9 m.w.N.

[100] BSG v. 14.12.2006 - B 1 KR 6/06 R - zum Abdruck vorgesehen in SozR 4; BSG v. 08.02.2000 - B 1 KR 11/99 R - SozR 3-2500 § 49 Nr. 9; BSG v. 10.03.1987 - 3 RK 31/86 - SozR 2200 § 183 Nr. 52 (§ 105b AFG).

[101] BSG v. 14.12.2006 - B 1 KR 6/06 R - zum Abdruck vorgesehen in SozR 4; BSG v. 08.11.2005 - B 1 KR 30/04 R - SozR 4-2500 § 46 Nr. 8; BSG v. 14.02.2001 - B 1 KR 30/00 R - SozR 3-2500 § 44 Nr. 9.

[102] Dazu BSG v. 09.09.1999 - B 11 AL 13/99 R - SozR 3-4100 § 105a Nr. 7.

[103] BSG v. 03.06.2004 - B 11 AL 55/03 R - SozR 4-4300 § 125 Nr. 1; dazu *Grimme*, jurisPR-SozR 5/2005, Anm. 1; der Erstattungsanspruch der Bundesagentur für Arbeit gegen die Krankenkasse ergibt sich aus § 104 SGB X.

[104] BSG v. 30.03.2004 - B 1 KR 30/02 R - SozR 4-2500 § 44 Nr. 1.

[105] So bereits BSG v. 19.09.2002 - B 1 KR 11/02 R - SozR 3-2500 § 44 Nr. 10.

[106] Bejahend: LSG Bayern v. 08.03.2007 - L 4 KR 160/05 - juris, Revision anhängig unter B 1 KR 12/07 R.

zahlung des Krankengeldes. Dies ist sachgerecht, da andernfalls diese Arbeitslosen gegenüber gesunden Arbeitslosen begünstigt und der Zweck der Sperrzeit unterlaufen würde. Es besteht auch dogmatisch in diesen Fällen kein Grund, die Ruhensanordnung in Frage zu stellen, denn die Einkünfte – hier: Arbeitslosengeld – entfallen nicht gesundheits-, sondern verhaltensbedingt. Abweichend vom Regelfall ruht der Anspruch auf Krankengeld daher auch ausnahmsweise ohne tatsächlichen Leistungsbezug. Die Krankenkasse überprüft nicht eigenständig die Voraussetzungen des § 144 SGB III, sie ist vielmehr an die Entscheidung der Bundesagentur für Arbeit gebunden (Tatbestandswirkung).[107] § 49 Abs. 1 Nr. 3a letzter HS. SGB V ist allein auf die Sperrzeitregelung in § 144 SGB III beschränkt. Zwar bestimmen die §§ 143 Abs. 2, 143a Abs. 1 Satz 5 SGB III, dass der Anspruch auf Arbeitslosengeld auch im Falle einer gezahlten Urlaubsabgeltung ruht, was jedoch nicht zum Ruhen des Krankengeldanspruchs führt; eine analoge Anwendung findet ihre Grenzen in der Gegenüberstellung der Vorschriften der Arbeitslosen- und der Krankenversicherung.[108]

5. Ruhen bei Erhalt vergleichbarer ausländischer Leistungen (Absatz 1 Nr. 4)

Soweit und solange Versicherte Entgeltersatzleistungen, die ihrer Art nach den in Nr. 3 genannten Leistungen vergleichbar sind, von einem Träger der Sozialversicherung oder einer staatlichen Stelle im **Ausland** erhalten, ruht der Anspruch auf Krankengeld (§ 49 Abs. 1 Nr. 4 SGB V). Die Vorschrift bestimmt, dass eine Sozialleistung, die ein ausländischer Träger bewilligt hat, bei der laufenden Zahlung von Krankengeld in gleicher Weise berücksichtigt wird wie eine vergleichbare inländische Leistung, um so Besserstellungen zu vermeiden.[109] Normzweck ist danach die Verhinderung von Doppelleistungen auch „über die Grenzen hinweg".[110] Vergleichbare Regelungen finden sich in § 50 Abs. 1 Satz 1 Nr. 4 SGB V, § 142 Abs. 3 SGB III, § 97 Abs. 1 SGB VI (mit Verweisung auf § 18a SGB IV) und in § 98 Abs. 1 SGB VII. Über und zwischenstaatliches Recht geht § 49 Abs. 1 Nr. 4 SGB V vor (§ 30 Abs. 2 SGB I), das Gemeinschaftsrecht ist nur beschränkt anwendbar (hier insbesondere Art. 12 Abs. 2 Verordnung (EWG) 1408/71).[111] 49

Soweit § 49 Abs. 1 Nr. 4 SGB V vom Wortlaut nur auf „die in Nr. 3 genannten Leistungen" abstellt, handelt es sich um ein Versehen des Gesetzgebers bei Einfügung der Nr. 3a zum 01.01.1997.[112] Es besteht Einigkeit, dass die Vorschrift **auch für die in § 49 Abs. 1 Nr. 3a SGB V aufgeführten Leistungen** gilt.[113] Vergleichbar sind diejenigen ausländischen Leistungen, wenn sie „in ihrem Kern den typischen Merkmalen der inländischen Erwerbsersatzeinkommen entsprechen, d.h. in ihrer Funktion gleichwertig sind".[114] Erforderlich ist eine Gegenüberstellung der jeweiligen Bezugstatbestände.[115] Bei wiederkehrenden ausländischen Leistungen mit Einkommens- bzw. Lohnersatzfunktion ist dies regelmäßig der Fall.[116] Erforderlich ist ferner, dass die Leistung von einem ausländischen Träger der Sozialversicherung oder einer staatlichen Stelle erfolgt. 50

Die Höhe der ausländischen Leistung ist für das Ruhen des Krankengeldanspruchs grundsätzlich unerheblich („soweit und solange"), was auch für mit der Nr. 3a vergleichbare Leistungen gilt.[117] Solange Bezug oder Vergleichbarkeit der ausländischen Leistung noch fraglich ist, ruht der Anspruch auf Kran- 51

---

[107] *Vay* in: Krauskopf, SozKV, SGB V, § 49 Rn. 33.

[108] BSG v. 30.05.2006 - B 1 KR 26/05 R - SozR 4-2500 § 49 Nr. 4; zum Versicherungsverhältnis während der Zeit der Urlaubsabgeltung: BSG v. 26.06.2007 - B 1 KR 19/06 R - zitiert nach BSG Terminsbericht Nr. 37/07.

[109] BSG v. 24.07.1997 - 11 RAr 95/96 - SozR 3-4100 § 142 Nr. 1 (niederländische WAO-Rente beim Bezug von Arbeitslosenhilfe).

[110] *Marschner* in: GK-SGB V, § 49 Rn. 21.

[111] Dazu: EuGH v. 14.03.1978 - C-98/77 - SozR 6050 Art. 46 Nr. 8; EuGH v. 21.10.1975 - 24/75 - SozR 6050 Art. 46 Nr. 1; EuGH v. 06.12.1973 - C-140/73 - EuGHE 1973, 1449-1457.

[112] Art. 4 Nr. 2 Gesetz zur Einordnung des Rechts der gesetzlichen Unfallversicherung in das Sozialgesetzbuch (UVEG) v. 07.08.1996, BGBl I 1996, 1254, hierzu: BT-Drs. 13/2204, S. 124.

[113] *Noftz* in: Hauck/Noftz, SozKV, SGB V, § 49 Rn. 41; *Vay* in: Krauskopf, SozKV, SGB V, § 49 Rn. 34.

[114] BSG v. 06.03.1991 - 13/5 RJ 39/90 - SozR 3-2400 § 18a Nr. 2 (zu § 1281 Abs. 1 Satz 1 RVO).

[115] BSG v. 24.07.1997 - 11 RAr 95/96 - SozR 3-4100 § 142 Nr. 1 (niederländische WAO-Rente beim Bezug von Arbeitslosenhilfe).

[116] *Noftz* in: Hauck/Noftz, SozKV, SGB V § 49 Rn. 42 m.w.N.

[117] *Noftz* in: Hauck/Noftz, SozKV, SGB V, § 49 Rn. 42; einschränkend *Vay* in: Krauskopf, SozKV, SGB V, § 49 Rn. 35; *Marschner* in: GK-SGB V, § 49 Rn. 22.

kengeld nicht. Die Krankenkasse wird sich – praktisch regelmäßig – im Rahmen zwischenstaatlicher Abkommen um eine Bestätigung bei der zuständigen ausländischen Stelle bemühen und ggf. unter Vorbehalt leisten.[118]

6. Ruhen bei unterlassener Meldung der Arbeitsunfähigkeit (Absatz 1 Nr. 5)

52 § 49 Abs. 1 Nr. 5 SGB V durchbricht den bisher dargestellten Normzweck, sozialpolitisch unerwünschte Doppelleistungen zu verhindern, und begründet eine (Melde-)Obliegenheit des Versicherten. Der Anspruch auf Krankengeld ruht, solange die Arbeitsunfähigkeit der Krankenkasse nicht gemeldet wird; dies gilt nicht, wenn die Meldung innerhalb einer Woche nach Beginn der Arbeitsunfähigkeit erfolgt.

53 Mit dieser Regelung soll ebenso wie mit der Ausschlussregelung des § 46 Satz 1 Nr. 2 SGB V[119] sichergestellt werden, dass die Krankenkassen nicht die Voraussetzungen eines verspätet geltend gemachten Krankengeldanspruchs im Nachhinein aufklären müssen und so die Möglichkeit erhalten, die Arbeitsunfähigkeit zeitnah durch Einschaltung des MDK (§ 275 SGB V) überprüfen zu lassen, um Leistungsmissbräuchen entgegentreten und Maßnahmen zur Wiederherstellung der Arbeitsfähigkeit einleiten zu können.[120] Bereits begriffsnotwendig ist für einen solchen Schutz der Krankenkassen bei einer **stationären Behandlung** kein Raum, § 49 Abs. 1 Nr. 5 SGB V findet auf diese Fälle keine Anwendung.[121] Bei stationärer Krankenhausbehandlung entsteht nach § 46 Satz 1 Nr. 1 SGB V ein möglicher Krankengeldanspruch vom Beginn der Behandlung an, was nicht mit Arbeitsunfähigkeit gleichzusetzen ist (etwa im Fall der stationären Behandlung zur Feststellung einer Krankheitsursache). Dogmatisch korrekt knüpft der Wortlaut des § 49 Abs. 1 Nr. 5 SGB V denn auch nur an den Begriff der Arbeitsunfähigkeit an.

54 Die Meldung der Arbeitsunfähigkeit ist eine reine **Tatsachenmitteilung**.[122] Über den Wortlaut des § 49 Abs. 1 Nr. 5 SGB V hinaus verlangt das BSG zu Recht, dass der Krankenkasse die ärztliche Feststellung der Arbeitsunfähigkeit vorgelegt wird, weil die Tatsachenmitteilung nur so ihren Zweck erfüllt.[123] Die Arbeitsunfähigkeit kann durch alle Ärzte festgestellt werden; es muss sich nicht notwendig um den behandelnden Arzt oder einen zugelassenen Vertragsarzt handeln. Maßgebend ist, dass der Arzt feststellt, dass der Versicherte krank ist und deshalb weder seine letzte noch eine ähnliche Tätigkeit verrichten kann.[124] Die Feststellung der Arbeitsunfähigkeit kann auch durch einen **ausländischen Arzt** erfolgen.[125] § 49 Abs. 1 Nr. 5 SGB V findet auch auf diese Fälle Anwendung, jedoch sind die Ruhensanordnung in § 16 Abs. 4 SGB V und das über- und zwischenstaatliche Recht zu beachten.[126]

55 Die Meldeobliegenheit der Arbeitsunfähigkeit in § 49 Abs. 1 Nr. 5 SGB V ist anders als in § 46 Satz 1 Nr. 2 SGB V nicht auf die erstmalige Bewilligung von Krankengeld beschränkt. Ein Bedürfnis nach Überprüfung besteht auch, wenn die **Krankschreibung befristet** ist[127], wenn der Krankengeldanspruch **mit Beginn eines neuen Dreijahreszeitraums** (§ 48 Abs. 1 und 2 SGB V) wieder auflebt[128]

[118] Zum Verfahren und zu möglichen Erstattungs- und Rückforderungsansprüchen: *Marschner* in: GK-SGB V, § 49 SGB V, Rn. 22 und 23; *Vay* in: Krauskopf, SozKV, SGB V, § 49 Rn. 35.

[119] Dazu: *Meyerhoff* in: jurisPK-SGB V, § 46 Rn. 19 f.

[120] BSG v. 08.11.2005 - B 1 KR 30/04 R - SozR 4-2500 § 46 Nr. 1; BSG v. 08.02.2000 - B 1 KR 11/99 R - SozR 3-2500 § 49 Nr. 4.

[121] Wie hier: *Höfler* in: KassKomm, SGB V, § 49 Rn. 19 (auch mit Hinweis auf § 45 SGB V); *Vay* in: Krauskopf, SozKV, SGB V, § 49 Rn. 38.

[122] BSG v. 12.11.1985 - 3 RK 35/84 - SozR 2200 § 216 Nr. 8.

[123] BSG v. 12.11.1985 - 3 RK 35/84 - SozR 2200 § 216 Nr. 8; kritisch hierzu: *Höfler* in: KassKomm, SGB V, § 49 Rn. 18, *Schmidt* in: Handbuch der Krankenversicherung, § 49 SGB V Rn. 103; wobei dieser Streit aufgrund des § 5 Abs. 1 Satz 5 EFZG für Arbeitnehmer keine praktische Bedeutung haben dürfte.

[124] BSG v. 24.02.1976 - 5 RKn 26/75 - SozR 2200 § 182 Nr. 12; zum Beweiswert einer solchen ärztlichen Feststellung: BSG v. 08.11.2005 - B 1 KR 18/04 R - SozR 4-2500 § 44 Nr. 7.

[125] BSG v. 26.02.1992 - 1/3 RK 13/90 - SozR 3-2200 § 182 Nr. 12; LSG NRW v. 14.08.2006 - L 11 KR 16/06 - juris.

[126] Vgl. etwa § 8 Abs. 1 der Durchführungsvereinbarung zum Abkommen zwischen der Bundesrepublik Deutschland und der Republik Türkei über Soziale Sicherheit v. 30.04.1964, BGBl II 1965, 1588; für Versicherte, die sich im EU-Ausland aufhalten: Art. 19, 22 Verordnung (EWG) 1408/71.

[127] BSG v. 26.06.2007 - B 1 KR 37/06 R - zitiert nach BSG-Terminsbericht 31/07 (hinzugetretene Erkrankung); BSG v. 26.06.2007 - B 1 KR 8/07 R - zitiert nach BSG-Terminsbericht 31/07 (Verlängerung der Krankschreibung); BSG v. 16.12.2003 - B 1 KR 24/02 B - juris, mit Anmerkung *Becker*, jurisPR-SozR 16/2004, Anm. 2; BSG v. 08.02.2000 - B 1 KR 11/99 R - SozR 3-2500 § 49 Nr. 4.

[128] BSG v. 17.04.1970 - 3 RK 41/69 - SozR Nr. 49 zu § 183 RVO.

oder nach jeder **leistungsfreien Zeit**[129]. Die Kasse ist in den letztgenannten Fällen grundsätzlich nicht verpflichtet, den Versicherten auf seine Meldeobliegenheit hinzuweisen, es sei denn, es liegt ein konkretes Beratungsbegehren des Versicherten vor.[130] Schließlich muss ein Versicherter rechtzeitig vor Fristablauf seine – weiterhin bestehende – Arbeitsunfähigkeit ärztlich feststellen lassen und der Krankenkasse melden, wenn ein anderer Arzt die Krankschreibung beendet hat.[131]

Schließlich muss die Arbeitsunfähigkeit der Krankenkasse **„gemeldet"** werden, d.h. der Kasse tatsächlich zugehen. So trägt z.B. der Versicherte das Risiko, wenn die Meldung – trotz rechtzeitiger Aufgabe – auf dem Postweg verloren geht[132] oder wenn er sie an einen unzuständigen anderen Sozialleistungsträger sendet[133]. Etwas anderes gilt, wenn der Versicherte darauf vertrauen durfte, dass die Arbeitsunfähigkeitsmeldung an die Krankenkasse weitergeleitet wird. Dies ist grundsätzlich bei Versicherten mit Anspruch auf Entgeltfortzahlung im Krankheitsfall und bei Arbeitslosengeldempfängern (Versicherung nach § 5 Abs. 1 Nr. 2 SGB V) der Fall: Nach § 5 Abs. 1 Satz 5 EFZG muss bei einem Arbeitnehmer, der Mitglied einer gesetzlichen Krankenkasse ist, die ärztliche Bescheinigung einen Vermerk des behandelnden Arztes darüber enthalten, dass der Krankenkasse unverzüglich eine Bescheinigung über die Arbeitsunfähigkeit mit Angaben über den Befund und die voraussichtliche Dauer der Arbeitsunfähigkeit übersandt wird. Solche Versicherten dürfen grundsätzlich darauf vertrauen, dass ihre Arbeitsunfähigkeitsbescheinigung an die zuständige Krankenkasse weitergeleitet wird, etwaige **Organisationsmängel** fallen in den Risikobereich der Kasse.[134] Dabei kann sich ein Vertragsarzt seiner Meldepflicht nicht dadurch entziehen, dass er den für die Krankenkasse bestimmten Vordruck dem Versicherten aushändigt.[135] Damit ist die praktische Bedeutung der Meldefrist erheblich geringer geworden[136], der in der Meldeobliegenheit des § 49 Abs. 1 Nr. 5 SGB V verankerte Grundsatz der Eigenverantwortung trifft aber noch in vollem Umfang auf Selbständige zu. 56

Der Anspruch auf Krankengeld ruht „nicht, wenn die Meldung innerhalb einer Woche nach Beginn der Arbeitsunfähigkeit erfolgt" (§ 49 Abs. 1 Nr. 5 HS. 2 SGB V). Die Vorschrift bewirkt damit mittelbar eine **Meldefrist**[137], die nach § 26 Abs. 1 und 3 SGB X i.V.m. den §§ 187 Abs. 1, 188 Abs. 2 BGB zu berechnen ist: Sie beginnt mit dem Tage, der auf den des tatsächlichen Eintritts der Arbeitsunfähigkeit folgt und endet eine Woche später mit dem Ablauf des Tages, der dem Tag entspricht, an dem die Arbeitsunfähigkeit eingetreten ist – bzw. am nächsten Werktag bei Fristende auf einem Samstag, Sonn- oder Feiertag. Es handelt sich hierbei um eine (materielle) Ausschlussfrist, auf die § 27 Abs. 5 SGB X anzuwenden ist.[138] Obwohl das BSG zuletzt hierauf nicht mehr ausdrücklich hingewiesen hat[139], läuft die Frist nicht bei **Geschäfts-** (§§ 104 f. BGB) oder **Handlungsunfähigkeit (§ 36 SGB I, § 11 SGB X)**. Anders liegt der Fall aber bei einem unter Betreuung (§§ 1896 f. BGB) stehenden Versicherten, wenn der Betreuer die Versäumnis der Meldefrist erkannte oder bei Anwendung der erforderlichen Sorgfalt hätte erkennen können.[140] 57

Als Rechtsfolge einer unterbliebenen oder nicht rechtzeitigen Meldung ordnet § 49 Abs. 1 Nr. 5 SGB V das Ruhen des Krankengeldanspruchs an. Diese Regelung ist **strikt anzuwenden**[141], sie gilt 58

---

[129] LSG NRW v. 02.02.2006 - L 16 (2) KR 72/05 - juris; BSG v. 08.02.2000 - B 1 KR 11/99 R - SozR 3-2500 § 49 Nr. 4; BSG v. 19.10.1983 - 3 RK 29/82 - SozR 2200 § 216 Nr. 7; BSG v. 20.09.1974 - 3 RK 31/73 - SozR 2200 § 182 Nr. 7.

[130] LSG NRW v. 02.02.2006 - L 16 (2) KR 72/05 - juris.

[131] BSG v. 12.11.1985 - 3 RK 35/84 - SozR 2200 § 216 Nr. 8.

[132] BSG v. 24.06.1969 - 3 RK 64/66 - SozR Nr. 8 zu § 216 RVO.

[133] § 16 Abs. 2 Satz 2 SGB I, § 28 SGB X finden im Rahmen des § 49 Abs. 1 Nr. 5 SGB V keine Anwendung: BSG v. 28.10.1981 - 3 RK 59/80 - SozR 2200 § 216 Nr. 5; BSG v. 22.02.1989 - 8 RKn 8/88 - SozR 2200 § 216 Nr. 11.

[134] BSG v. 08.11.2005 - B 1 KR 30/04 R - SozR 4-2500 § 46 Nr. 1; BSG v. 28.10.1981 - 3 RK 59/80 - SozR 2200 § 216 Nr. 5.

[135] LSG NRW v. 26.08.2004 - L 16 KR 324/03 - ASR 2006, 32-34.

[136] So ausdrücklich *Höfler* in: KassKomm, SGB V, § 49 Rn. 21.

[137] *Noftz* in: Hauck/Noftz, SozKV, SGB V, § 49 Rn. 63.

[138] Allgemeine Meinung: vgl. *Höfler* in: KassKomm, SGB V, § 49 Rn. 20; *Noftz* in: Hauck/Noftz, SozKV, SGB V, § 49 Rn. 63; jeweils m.w.N.

[139] Vgl. aber nunmehr ausdrücklich wieder BSG v. 26.06.2007 - B 1 KR 8/07 R - zitiert nach BSG-Terminsbericht 37/07; zuvor bereits BSG v. 04.10.1973 - 3 RK 26/72 - SozR Nr. 11 zu § 216.

[140] BSG v. 22.01.1964 - 3 RK 9/64 - SozR Nr. 38 zu § 67 SGG; LSG Berlin v. 05.07.2000 - L 9 KR 88/99 - BtPrax 2001, 126-128.

[141] BSG v. 08.11.2005 - B 1 KR 30/04 - SozR 4-2500 § 46 Nr. 1; BSG v. 08.02.2000 - B 1 KR 11/99 R - SozR 3-2500 § 49 Nr. 4.

selbst, wenn die Leistungsvoraussetzungen im Übrigen zweifelsfrei gegeben waren und dem Versicherten keinerlei Verschulden an dem unterbliebenen oder nicht rechtzeitigen Zugang der Meldung zur Last gelegt werden konnte.[142] Damit wird verhindert, dass Krankenkassen im Nachhinein auf die Behauptung, in Wirklichkeit habe Arbeitsunfähigkeit bestanden, die oft schwierigen tatsächlichen Verhältnisse aufklären müssen. Deshalb kann z.B. ein Versicherter, der das Ende der bescheinigten Arbeitsunfähigkeit akzeptiert und über Monate hinweg Leistungen wegen Arbeitslosigkeit bezieht, die er bei Arbeitsunfähigkeit nicht hätte erhalten dürfen, nicht mehr mit der nachträglichen Behauptung gehört werden, er sei in der gesamten Zeit zu Unrecht als arbeitslos statt – richtigerweise – als arbeitsunfähig behandelt worden.[143]

59 Diese strikte Anwendung des § 49 Abs. 1 Nr. 5 SGB V stößt insbesondere bei der medizinischen **Fehleinschätzung eines Vertragsarztes**[144] an ihre Grenzen. Das BSG[145] verneint daher nunmehr trotz fehlender oder verspäteter Meldung der Arbeitsunfähigkeit ein Ruhen des Anspruchs auf Krankengeld nach § 49 Abs. 1 Nr. 5 SGB V, wenn der Versicherte

- alles **in seiner Macht Stehende und ihm Zumutbare** getan hat, um seine Ansprüche zu wahren,
- er aber daran durch eine **von der Krankenkasse zu vertretende Fehleinschätzung** (z.B. durch die Fehlbeurteilung der Arbeitsunfähigkeit eines Vertragsarztes und des MDK) gehindert wurde und
- er – zusätzlich – seine Rechte bei der Kasse **unverzüglich** (spätestens innerhalb der zeitlichen Grenzen des § 49 Abs. 1 Nr. 5 HS. 2 SGB V) nach Erlangung der Kenntnis von dem Fehler geltend macht.

Unter diesen engen Voraussetzungen kann die Unrichtigkeit der ärztlichen Beurteilung ggf. auch durch die nachträgliche Einschätzung eines anderen Gutachters nachgewiesen werden und der Versicherte ausnahmsweise, trotz fehlender Meldung der Arbeitsunfähigkeit, Krankengeld nachträglich beanspruchen.[146]

60 Der Versicherte erfüllt die ihm übertragene Obliegenheit, für eine zeitgerechte Feststellung der Arbeitsunfähigkeit zu sorgen, wenn er einen zur Diagnostik und Behandlung befugten Arzt aufsucht und seine Beschwerden schildert, um eine ärztliche Feststellung der Arbeitsunfähigkeit als Voraussetzung des Anspruchs auf Krankengeld zu erreichen. Es überschreitet das Zumutbare, dem Versicherten aufzuerlegen, sich unter Berufung auf den Grundsatz der freien Arztwahl (§ 76 Abs. 1 SGB V) unter Vorlage der Krankenversicherungskarte (§ 15 Abs. 2 SGB V) so lange um (vertrags-)ärztliche Diagnostik zu bemühen, bis (endlich) ein Arzt die Arbeitsunfähigkeit bescheinigt. Bei divergierenden Beurteilungen zwischen Vertragsarzt und MDK erwächst kein schutzwürdiges Vertrauen auf Seiten des Versicherten, diesem verbleibt nur, seine Rechte im Verwaltungs- und ggf. Gerichtsverfahren weiter zu verfolgen. Demgegenüber fällt die objektive Fehlbeurteilung eines an der vertragsärztlichen Versorgung teilnehmenden Arztes und des MDK in den Verantwortungsbereich der Krankenkasse, auf ein irgendwie geartetes Verschulden kommt es nicht an. Objektive Fehler liegen z.B. vor, wenn erst zu einem späteren Zeitpunkt (etwa weil neue diagnostische Erkenntnisse durch eine spätere ärztliche Begutachtung nunmehr zur Verfügung stehen) deutlich wird, dass die medizinischen Voraussetzungen der Arbeitsunfähigkeit vorlagen. Es reicht allerdings nicht aus, quasi „ins Blaue hinein" einen solchen Fehler zu behaupten, dieser muss vielmehr durch präzise ärztliche Bescheinigungen nachgewiesen sein.[147] Der Ausnahmecharakter dieses Rechts, eine nachträgliche Korrektur der einmal getroffenen Entschei-

[142] BSG v. 08.02.2000 - B 1 KR 11/99 R - SozR 3-2500 § 49 Nr. 4 m.w.N.

[143] BSG v. 08.11.2005 - B 1 KR 30/04 R - SozR 4-2500 § 46 Nr. 1 unter Verweis auf BSG v. 19.09.2002 - B 1 KR 11/02 R - SozR 3-2500 § 44 Nr. 10; zur rechtswidrigen Beendigung der Arbeitsunfähigkeit durch die Krankenkasse vgl. Rn. 46.

[144] Zur unzutreffenden rechtlichen Bewertung der Arbeitsunfähigkeit durch die Krankenkasse vgl. bereits BSG v. 08.02.2000 - B 1 KR 11/99 R - SozR 3-2500 § 49 Nr. 4.

[145] BSG v. 08.11.2005 - B 1 KR 30/04 R - SozR 4-2500 § 46 Nr. 1.

[146] In diesen Fällen ist der Bescheid über die zeitlich befristete Krankengeldzahlung nach § 44 SGB X zurückzunehmen und der Versicherte hat – im Falle eines zwischenzeitlichen Arbeitslosengeldbezugs – Anspruch auf Auszahlung des Differenzbetrages zwischen dem Arbeitslosengeld und dem höheren Krankengeld unter Beachtung der zeitlichen Grenze des § 44 Abs. 4 SGB X, dazu: BSG v. 08.11.2005 - B 1 KR 30/04 R - SozR 4-2500 § 46 Nr. 1.

[147] Das Risiko der Nichterweislichkeit der tatsächlichen Voraussetzungen der Arbeitsunfähigkeit trägt nach dem Grundsatz der objektiven Beweislast der Versicherte: BSG v. 11.08.2005 - B 1 KR 30/04 R - SozR 4-2500 § 46 Nr. 1.

dung über die Arbeitsunfähigkeit herbeizuführen, bedingt indessen, dass der Versicherte nach Kenntnis des Fehlers, innerhalb der durch § 49 Abs. 1 Nr. 5 HS. 2 SGB V gezogenen Grenzen reagiert, und die Arbeitsunfähigkeit binnen einer Woche der Krankenkasse meldet.

7. Ruhen bei Freistellung von der Arbeitsleistung (Absatz 1 Nr. 6)

§ 49 Abs. 1 Nr. 6 SGB V ordnet das Ruhen des Anspruchs auf Krankengeld an, „soweit und solange für Zeiten einer Freistellung von der Arbeitsleistung (§ 7 Abs. 1a SGB IV) eine Arbeitsleistung nicht geschuldet wird". Die Vorschrift betrifft danach eine Arbeitsunfähigkeitszeit in einer Phase, in der der Versicherte keine Arbeitsleistung mehr schuldet und gleichzeitig Arbeitseinkommen bezieht. In einer solchen Konstellation bedarf es schlechterdings nicht des Schutzes der Sozialversicherung; der Anspruch auf Krankengeld ruht, da kein Einkommensverlust droht. 61

Praktisch einziger Anwendungsbereich ist die im sog. **Blockmodell** geleistete Altersteilzeit (§ 2 Abs. 2 Nr. 1 AltTZG), in dem sich die nach § 2 Abs. 1 Nr. 2 AltTZG geforderte Halbierung der Arbeitszeit durch eine Phase der Vollarbeit (Arbeitsblock) und der Freistellung von der Arbeit (Freizeitblock) ergibt.[148] Mit dem Beginn des Freizeitblocks ist das aktive Erwerbsleben – regelmäßig – beendet, der Versicherte schuldet keine Arbeitsleistung mehr und erhält unabhängig von seiner gesundheitlichen Leistungsfähigkeit Arbeitsentgelt aus dem im Arbeitsblock angesammelten Wertguthaben (§ 7 Abs. 1a SGB V) zuzüglich des sog. Aufstockungsbetrages (§ 3 Abs. 1 Satz 1 Nr. 1a AltTZG). Der Gesetzgeber fingiert in § 7 Abs. 1a SGB IV für diesen Personenkreis in der Zeit der Freistellung eine Beschäftigung gegen Entgelt; Sozialversicherungsbeiträge[149] sind auch in dieser Zeit entsprechend der Fälligkeit der jeweiligen anteiligen Arbeitsentgelte zu zahlen (§ 23b SGB IV).[150] Im Freizeitblock besteht danach durchgehend und unabhängig von einer möglichen Arbeitsunfähigkeit Anspruch auf Arbeitsentgelt, so dass § 49 Abs. 1 Nr. 6 SGB V zur Vermeidung von Doppelleistungen für diesen Zeitraum – vollkommen sachgerecht – das Ruhen des Krankengeldanspruchs anordnet.[151] 62

Voraussetzung für ein Ruhen des Krankengeldanspruchs nach § 49 Abs. 1 Nr. 6 SGB V ist mithin eine Freistellung von der Arbeitsleistung bei einer Vereinbarung nach § 7 Abs. 1a SGB IV. Nach dieser Vorschrift besteht im Falle einer Freistellung eine Beschäftigung gegen Entgelt (nur), wenn 63

- für diese Zeit Arbeitsentgelt fällig ist, das mit einer vor oder nach diesen Zeiten erbrachten Arbeitsleistung erzielt wird (Wertguthaben),
- die Freistellung auf Grund einer schriftlichen Vereinbarung erfolgt,
- die Höhe der für die Zeit der Freistellung und des für die vorausgegangenen zwölf Kalendermonate monatlich fälligen Arbeitsentgelts nicht unangemessen voneinander abweichen und
- diese Arbeitsentgelte ein Siebtel der monatlichen Bezugsgröße (§ 18 SGB IV) übersteigen.

Das von § 49 Abs. 1 Nr. 6 SGB V als Rechtsfolge angeordnete Ruhen des Anspruchs auf Krankengeld ist damit auf die Zeit vom Beginn der Freistellung bis zu deren Ende („solange") beschränkt, eine anteilige Auszahlung des Wertguthabens nach § 7 Abs. 1a SGB V („soweit") ist in Fällen dieser Art praktisch ausgeschlossen.[152] Probleme in der Praxis bestehen, wenn der Versicherte in dem Arbeitsblock arbeitsunfähig erkrankt.[153] U.U. verzögert sich in diesen Fällen der Beginn des Freizeitblocks; bei laufendem Krankengeldbezug besteht bei rückwirkender Auflösung des Wertguthabens etwa durch eine gesundheitlich bedingte Aufhebung der Altersteilzeitvereinbarung während des Arbeitsblocks grundsätzlich kein Anspruch auf Neuberechnung des Krankengeldes.[154]

---

[148] Diese Form der Alterzeitzeit hat über den 01.01.2010 hinaus Bedeutung, da nach § 16 AltTZG zum 31.12.2009 nur die nach § 4 AltTZG geförderte Alterteilzeit ausläuft.

[149] Da in dieser Form der Altersteilzeit während der Zeit der vollständigen Freistellung von der Arbeitsleistung eine Beschäftigung gegen Entgelt fortbesteht und insofern der Anspruch auf Krankengeld durchgehend ruht, sind Beiträge zur Krankenversicherung nur nach dem geminderten Beitragssatz (§ 243 Abs. 1 SGB V) zu entrichten: BSG v. 25.08.2004 - B 12 KR 22/02 R - SozR 4-2500 § 243 Nr. 1; anders noch BT-Drs. 13/9818, S. 13.

[150] BT-Drs. 13/9741, S. 10.

[151] *Vay* in: Krauskopf, SozKV, SGB V, § 49 Rn. lässt es ausdrücklich dahinstehen, ob es aufgrund des § 49 Abs. 1 Nr. 1 SGB V überhaupt einer derartigen Regelung bedurfte; im Ergebnis offen gelassen auch BSG v. 25.08.2004 - B 12 KR 22/02 R - juris Rn. 26 - SozR 4-2500 § 243 Nr. 1.

[152] BSG v. 25.08.2004 - B 12 KR 22/02 R - SozR 4-2500 § 243 Nr. 1; *Höfler* in: KassKomm, SGB V, § 49 Rn. 21b.

[153] Zu diesem sog. Störfall: *Stief*, Die neue Altersteilzeit in der Praxis, 2000, S. 26 f. und 75 f.

[154] BSG v. 14.12.2006 - B 1 KR 5/06 R - zum Abdruck vorgesehen in SozR 4.

8. Übergangsregelung (Absatz 2)

64 Den in § 49 Abs. 2 SGB V geregelten **Übergangsvorschriften** kommt heute keine praktische Bedeutung mehr zu. Sie betreffen Krankengeldfälle mit Anspruch auf den sog. Krankengeldspitzbetrag (vgl. Rn. 2) vor dem 01.01.1990. § 49 Abs. 2 Satz 1 SGB V betrifft Fälle der Nrn. 3 und 4, in denen eine Verwaltungsentscheidung entweder noch nicht getroffen wurde oder noch anfechtbar (§ 77 SGG) ist; Satz 2 beschränkt die Rücknahme (§ 44 Abs. 1 SGB X) vor dem 23.02.1989[155] ergangener Verwaltungsakte.

9. Verminderung von Entgeltersatzleistungen (Absatz 3)

65 § 49 Abs. 3 SGB V stellt sicher, dass die vom Gesetzgeber vorgegebenen Verminderungen von Entgelt- und Entgeltersatzleistungen im vorgegebenen Umfang stattfinden und nicht zu Lasten der Gesetzlichen Krankenversicherung durch Zahlungen des Arbeitgebers ausgeglichen werden.[156] Mit der Bezugnahme auf „bei Anwendung des Absatzes 1" sind das Arbeitsentgelt in Absatz 1 Nr. 1 und die Entgeltersatzleistungen in Absatz 1 Nrn. 3-4 gemeint. Mit der Einführung des § 23c SGB IV (vgl. Rn. 24) und der Überführung des Unterhaltsgeldes in das Arbeitslosengeld (vgl. Rn. 41) sind die praktisch bedeutendsten Anwendungsbereiche dieser Vorschrift weggefallen.[157] Aufgrund gesetzlicher Bestimmungen wird eine Leistung gesenkt, wenn durch ein Gesetz die Regeln über die Leistungen geändert und dadurch die Leistungen niedriger werden, z.B. durch eine Senkung des Vomhundertsatzes.[158] *Noftz*[159] misst § 49 Abs. 3 SGB V eine privatrechtsgestaltende Wirkung bei (Verbot nach § 134 BGB, § 58 Abs. 1 SGB I für öffentlich-rechtliche Verträge). Liegen die tatbestandsmäßigen Voraussetzungen des Absatzes 3 vor, so dürfen bei Anwendung des Absatzes 1 die gesenkten Entgelt- oder Entgeltersatzleistungen nicht durch Krankengeld aufgestockt, also keine Spitzbeträge zum ganzen oder teilweisen Ausgleich der Kürzungen gezahlt werden.[160] Damit wird ausgeschlossen, dass durch die in § 49 Abs. 1 Nrn. 1, 3 und 4 SGB V verwendete „Soweit"-Klausel eine Kürzung anderer Leistungen automatisch mit einer Erhöhung des Krankengeldes kompensiert würde.

10. Erstattungsansprüche bei ambulanter Ausführung von Leistungen zur medizinischen Rehabilitation (Absatz 4)

66 Zweck des § 49 Abs. 4 SGB IX war es, einen **Ausgleich zwischen den Krankenkassen und anderen Sozialversicherungsträgern** zu schaffen. Die Vorschrift ist im Zusammenhang mit der Neuordnung der Vorschriften zum Übergangsgeld zum 01.07.2001 zu sehen.[161] Der Gesetzgeber erwartete eine finanzielle Belastung anderer Sozialleistungsträger durch die Ausweitung des Übergangsgeldanspruchs, da diese Leistung dem Grund nach bei medizinischen Leistungen zur Rehabilitation gegeben sei, unabhängig davon, ob Arbeitsunfähigkeit bestehe oder die Betroffenen wegen der Leistung an der Ausübung einer ganztägigen Erwerbstätigkeit gehindert seien.[162] § 45 Abs. 7 SGB IX enthält eine identische Regelung.

67 Tatsächlich entfaltet die Vorschrift derzeit noch keine Wirkung, denn es bestehen immer noch **keine gemeinsamen Empfehlungen der Rehabilitationsträger nach § 13 Abs. 2 Nr. 7 SGB IX**.[163] Dem Grunde nach wird ein solcher Erstattungsanspruch nach § 49 Abs. 4 SGB V voraussetzen, dass

- Leistungen zur medizinischen Rehabilitation ambulant erbracht werden[164],
- gleichzeitig Arbeitsunfähigkeit nach § 44 SGB V vorliegt,

---

155 Zustellungsdatum des Beschlusses des BVerfG v. 09.11.1988 - 1 BvL 22/84, 1 BvL 71/86, 1 BvL 9/87 - SozR 183 Nr. 54.

156 BT-Drs. 13/5099, S. 17 (zu Art. 2 Nr. 14a).

157 Vgl. die §§ 136, 151 Abs. 2 Nr. 2, 157 Abs. 1 Nr. 2 SGB III a.F.

158 *Höfler* in: KassKomm, SGB V, § 49 Rn. 25.

159 *Noftz* in: Hauck/Noftz, SozKV, SGB V, § 49 Rn. 63a.

160 *Höfler* in: KassKomm, SGB V, § 49 Rn. 26.

161 Art. 5 Nr. 17 Sozialgesetzbuch – Neuntes Buch – (SGB IX) v. 19.06.2001, BGBl I 2001, 1046, hierzu: BT-Drs. 14/5074, S. 118.

162 BT-Drs. 14/5074, S. 118.

163 Hierauf hat bereits *Höfler* in: KassKomm, SGB V, § 49 Rn. 29 hingewiesen; allgemein zu in Betracht kommenden Erstattungsansprüchen anderer Sozialversicherungsträger: *Vay* in: Krauskopf, SozKV, SGB V, § 49 Rn. 51 f.

164 Im Krankenversicherungsrecht umfasst die ambulante Rehabilitation auch die teilstationäre Leistungserbringung: BSG v. 05.07.2000 - B 3 KR 12/99 R - SozR 3-2500 § 40 Nr. 3.

- ein Anspruch auf Entgeltfortzahlung nach § 9 EFZG oder Leistungsfortzahlung nach § 126 SGB III nicht (mehr) gegeben ist und
- ein Anspruch auf Krankengeld dem Grunde nach (noch) besteht.[165]

Der Erstattungsanspruch ist antragsabhängig („auf Verlangen“).

IV. Rechtsfolgen

Die in § 49 Abs. 1 Nrn. 1 bis 6 SGB V genannten Tatbestände führen zum vollständigen oder teilweisen („soweit und solange“) Ruhen des Anspruchs auf Krankengeld. Das Stammrecht bleibt erhalten, der Anspruch darf nur nicht erfüllt und Krankengeld nicht ausgezahlt werden. Entsprechend werden bei der Feststellung der Höchstbezugsdauer des Krankengeldes deshalb Ruhenszeiten voll berücksichtigt (§ 48 Abs. 3 SGB V), andererseits bleibt die Mitgliedschaft erhalten (§ 192 Abs. 1 Nr. 2 SGB V); Beiträge sind vom Mitglied während des Ruhens grundsätzlich nicht zu leisten, § 224 Abs. 1 Satz 1 SGB V (vgl. m.w.N. in Rn. 12). **68**

[165] Dazu: *Vay* in: Krauskopf, SozKV, SGB V, § 49 Rn. 50.

§ 50 SGB V Ausschluß und Kürzung des Krankengeldes

(Fassung vom 20.12.2000, gültig ab 01.01.2001)

(1) Für Versicherte, die

1. Rente wegen voller Erwerbsminderung, Erwerbsunfähigkeit oder Vollrente wegen Alters aus der gesetzlichen Rentenversicherung,

2. Ruhegehalt, das nach beamtenrechtlichen Vorschriften oder Grundsätzen gezahlt wird,

3. Vorruhestandsgeld nach § 5 Abs. 3,

4. Leistungen, die ihrer Art nach den in den Nummern 1 und 2 genannten Leistungen vergleichbar sind, wenn sie von einem Träger der gesetzlichen Rentenversicherung oder einer staatlichen Stelle im Ausland gezahlt werden,

5. Leistungen, die ihrer Art nach den in den Nummern 1 und 2 genannten Leistungen vergleichbar sind, wenn sie nach den ausschließlich für das in Artikel 3 des Einigungsvertrages genannte Gebiet geltenden Bestimmungen gezahlt werden,

beziehen, endet ein Anspruch auf Krankengeld vom Beginn dieser Leistungen an; nach Beginn dieser Leistungen entsteht ein neuer Krankengeldanspruch nicht. Ist über den Beginn der in Satz 1 genannten Leistungen hinaus Krankengeld gezahlt worden und übersteigt dieses den Betrag der Leistungen, kann die Krankenkasse den überschießenden Betrag vom Versicherten nicht zurückfordern. In den Fällen der Nummer 4 gilt das überzahlte Krankengeld bis zur Höhe der dort genannten Leistungen als Vorschuß des Trägers oder der Stelle; es ist zurückzuzahlen. Wird eine der in Satz 1 genannten Leistungen nicht mehr gezahlt, entsteht ein Anspruch auf Krankengeld, wenn das Mitglied bei Eintritt einer erneuten Arbeitsunfähigkeit mit Anspruch auf Krankengeld versichert ist.

(2) Das Krankengeld wird um den Zahlbetrag

1. der Altersrente, der Rente wegen Erwerbsminderung oder der Landabgaberente aus der Alterssicherung der Landwirte,

2. der Rente wegen teilweiser Erwerbsminderung, oder Berufsunfähigkeit oder der Teilrente wegen Alters aus der gesetzlichen Rentenversicherung,

3. der Knappschaftsausgleichsleistung oder der Rente für Bergleute oder

4. einer vergleichbaren Leistung, die von einem Träger oder einer staatlichen Stelle im Ausland gezahlt wird,

5. von Leistungen, die ihrer Art nach den in den Nummern 1 bis 3 genannten Leistungen vergleichbar sind, wenn sie nach den ausschließlich für das in dem in Artikel 3 des Einigungsvertrages genannten Gebiets geltenden Bestimmungen gezahlt werden,

gekürzt, wenn die Leistung von einem Zeitpunkt nach dem Beginn der Arbeitsunfähigkeit oder der stationären Behandlung an zuerkannt wird.

Gliederung

A. Basisinformationen

I. Textgeschichte/Gesetzgebungsmaterialien

Die Vorschrift ist zum 01.01.1989 durch das **Gesundheitsreformgesetz** (GRG)[1] eingefügt und seitdem – vornehmlich aus redaktionellen Gründen zur Anpassung an neue Begriffe der gesetzlichen Rentenversicherung – wiederholt geändert worden. Der Gesetzgeber übernahm weitgehend die Vorgängerregelung des § 183 Abs. 3 und 5 RVO[2] und überschrieb die Vorschrift mit „Wegfall und Kürzung des Krankengeldes". 1

Im Zuge der Deutschen Einheit wurde zum **01.08.1991** jeweils in den Absätzen 1 und 2 eine Nr. 5 eingefügt, um vergleichbare Rentenleistungen aus der ehemaligen DDR mit zu erfassen.[3] Eine redaktionelle Änderung als Folge der Einführung des SGB VI trat zum **01.01.1992** in Kraft[4]: In § 50 Abs. 1 Satz 1 Nr. 1 SGB V wurde „Altersruhegeld" durch „Vollrente wegen Alters" ersetzt; Absatz 2 Nr. 2 und Nr. 3 SGB V durch „Rente wegen Berufsunfähigkeit oder Teilrente wegen Alters" bzw. „Knappschaftsausgleichsleistung nach § 98a RKG oder Bergmannsrente nach § 45 Abs. 1 Nr. 1 RKG" neu gefasst. Gleichzeitig wurde in § 50 Abs. 1 Satz 1 Nr. 4 und Abs. 2 Nr. 4 SGB V die Formulierung „außerhalb des Geltungsbereichs dieses Gesetzbuches" durch „im Ausland" ersetzt.[5] Als weitere rein redaktionelle Anpassung an die teilweise neuen Leistungsbezeichnungen im geänderten System der Alterssicherung für Landwirte (ALG) wurde zum **01.01.1995** § 50 Abs. 2 Nr. 1 SGB V geändert („der Altersrente, der Rente wegen Erwerbsunfähigkeit … aus der Alterssicherung der Landwirte" statt zuvor „des Altersgeldes, vorzeitigen Altersgeldes … aus der Altershilfe für Landwirte").[6] 2

Als Reaktion auf die Entscheidung des BSG v. 15.12.1993[7], wonach aufgrund von Zweck und Entstehungsgeschichte § 50 Abs. 1 SGB V nur in Fällen anwendbar sei, in denen der Bezug einer der dort genannten Leistungen **erst nach Entstehung des Krankengeldanspruchs** beginne, hat der Gesetzgeber mit Wirkung vom **19.05.1995** § 50 Abs. 1 SGB V grundlegend überarbeitet[8], um „jeglichen Krankengeldbezug neben den in der Vorschrift genannten Leistungen auszuschließen"[9]. In der Überschrift wurde „Wegfall" durch „Ausschluss" ersetzt, Absatz 1 Satz 1 neu gefasst („Für Versicherte, … endet ein Anspruch auf Krankengeld" statt „Versicherte haben … keinen Anspruch auf Krankengeld") und Absatz 1 Satz 4 neu eingefügt.[10] Ihre bislang letzte Änderung erfuhr die Vorschrift zum **01.01.2001** durch das Gesetz zur Reform der Renten wegen verminderter Erwerbsfähigkeit[11]: § 50 Abs. 1 Satz 1 Nr. 1 SGB V (Rente wegen voller Erwerbsminderung" statt „Rente wegen Erwerbsunfähigkeit") und § 50 Abs. 2 Nr. 1 („Erwerbsminderung" statt „Erwerbsunfähigkeit") und Nr. 2 (Einfügung „teilweise 3

[1] BGBl I 1988, 2477.

[2] So ausdrücklich: BT-Drs. 11/2237, S. 181 f., zur Übertragbarkeit der zu § 183 RVO ergangenen Rechtsprechung auf § 50 SGB V: BSG v. 29.09.1998 - B 1 KR 5/97 R - SozR 3-2500 § 50 Nr. 5.

[3] Art. 6 Nr. 3 lit. a und b Gesetz zur Herstellung der Rechtseinheit in der gesetzlichen Renten- und Unfallversicherung (RÜG) v. 25.07.1991, BGBl I 1991, 1606, hierzu: BT-Drs. 12/405, S. 152.

[4] Art. 4 Nr. 6 lit. a und b Gesetz zur Reform der gesetzlichen Rentenversicherung (RRG 1992) v. 18.12.1989, BGBl I 1989, 2261, hierzu: BT-Drs. 11/4124, S. 211.

[5] Art. 1 Nr. 15 lit. a und b Zweites Gesetz zur Änderung des Fünften Buches Sozialgesetzbuch (2. SGB V-ÄndG) v. 20.12.1991, BGBl I 1991, 2325.

[6] Art. 4 Nr. 2 Gesetz zur Reform agrarsozialer Sicherung (ASRG 1995) v. 29.07.1994, BGBl I 1994, 1890, hierzu: BT-Drs. 12/5700, S. 93.

[7] BSG v. 15.12.1993 - 1 RK 25/93 - NZS 1994, 316-317; zwischenzeitlich überholt: BSG v. 30.05.2006 - B 1 KR 14/05 R - USK 2006-11; zur Kritik an der damaligen Rechtsprechung: *Noftz* in: Hauck/Noftz, SozKV, SGB V, § 50 Rn. 18 m.w.N.

[8] Art. 8 Abs. 1, Art. 1 Nr. 2 Drittes Gesetz zur Änderung des Fünften Buches Sozialgesetzbuch (3. SGB V-ÄndG) v. 10.05.1995, BGBl I 1995, 678, hierzu: BT-Drs. 13/340, S. 9.

[9] BT-Drs. 13/340, S. 9, wonach die Einfügung von Absatz 1 Satz 4 „zur Klarstellung" diene.

[10] Gleichzeitig wurde § 50 Abs. 1 Satz 1 Nr. 5 SGB V (aber nicht die vergleichbare Regelung in Absatz 2 Nr. 5) geändert („für das … genannte Gebiet" statt „genannten Gebietes").

[11] Art. 5 Nr. 1 lit. a und b Gesetz zur Reform der Renten wegen verminderter Erwerbsfähigkeit v. 20.12.2000, BGBl I 2000, 1827, hierzu: BT-Drs. 14/4230, S. 31.

Erwerbsminderung“) SGB V wurden redaktionell dem geänderten Rentenrecht des SGB VI bzw. dem ALG angepasst.[12]

II. Vorgängervorschriften

4 § 50 Abs. 1 SGB V entsprach bis zu seiner Änderung durch das 3. SGBV-ÄndG[13] inhaltlich weitgehend § 183 Abs. 3 RVO, die Kürzungsanordnung in § 50 Abs. 2 SGB V der in § 183 Abs. 5 RVO getroffenen Regelung. Nicht übernommen hat der Gesetzgeber die Regelung in § 183 Abs. 4 RVO, wonach weiterarbeitende Rentner immerhin noch einen Anspruch auf Krankengeld von „höchstens sechs Wochen, gerechnet vom Tag des Beginns der Arbeitsunfähigkeit an“ hatten. Keine Rechtsvorgänger haben die Einbeziehung des Ruhegehalts nach beamtenrechtlichen Vorschriften oder Grundsätzen (§ 50 Abs. 1 Satz 1 Nr. 2 SGB V), die Einbeziehung von vergleichbaren ausländischen Renten (§ 50 Abs. 1 Satz 1 Nr. 4, Abs. 2 Nr. 4 SGB V) sowie – begriffsnotwendig – der vergleichbaren Rentenleistungen aus der ehemaligen DDR (§ 50 Abs. 1 Satz 1 Nr. 5 und Abs. 2 Nr. 5 SGB V). Ebenfalls fehlte § 50 Abs. 1 Satz 4 SGB V (Anspruch auf Krankengeld nach Wegfall der verdrängenden Leistung), wobei dessen Anwendungsbereich im Hinblick auf dessen systematische Nähe zu § 48 SGB V ohnehin stark eingeschränkt ist.[14]

III. Parallelvorschriften

5 Für Versicherte der landwirtschaftlichen Krankenversicherung enthält § 13 Abs. 4 KVLG 1989 beim Bezug von Krankengeld eine ausdrückliche Verweisung auf § 50 SGB V. In der gesetzlichen Krankenversicherung bestehen in § 19 Abs. 1-3 SGB V spezielle Regelungen zum Erlöschen des Leistungsanspruchs[15], Anknüpfungspunkt dort ist allerdings die Beendigung der Mitgliedschaft und nicht das Bestehen anderer Leistungsansprüche mit Einkommensersatzcharakter.

6 Das deutsche Sozialversicherungsrecht kennt **kein einheitliches System zur Anrechnung von teil- oder vollen Doppelleistungen**: Im Arbeitsförderungsrecht wird regelmäßig das Ruhen des Anspruchs auf Arbeitslosengeld beim Bezug anderer Sozialleistungen angeordnet (§§ 142-143a SGB III[16]); in der gesetzlichen Rentenversicherung regeln einerseits § 89 SGB VI das Zusammentreffen mehrerer Renten für den selben Zeitraum, andererseits die §§ 93-94, 97 Abs. 3-4 SGB VI das Zusammentreffen mit anderen Leistungsansprüchen; nach § 46 Abs. 3 Sätze 1 und 2 Nr. 2 SGB VII endet der Anspruch auf Verletztengeld „mit dem Tag, der dem Tag vorausgeht, an dem ein Anspruch auf Übergangsgeld besteht“ bzw. „mit Beginn der in § 50 Abs. 1 Satz 1 SGB V genannten Leistungen“; Anrechnungsvorschriften beim Bezug vergleichbarer in- und ausländischer Sozialleistungen finden sich in den §§ 52 Nr. 2 und 98 SGB VII, das Zusammentreffen mehrerer Rentenansprüche aus der gesetzlichen Unfallversicherung ist in den §§ 59, 68 Abs. 3 und 71 Abs. 2 SGB VII geregelt; beim Bezug von Übergangsgeld bestimmt § 52 Abs. 1 Nr. 3-8, Abs. 2-3 SGB IX eine Anrechnung entsprechender öffentlich-rechtlicher Leistungen; Gleiches gilt nach § 16f Abs. 3-5 BVG und § 3 OEG.

IV. Systematische Zusammenhänge

7 Aufgrund der Komplexität eines fehlenden einheitlichen Systems der Anrechnung von teilweisen und vollen Doppelleistungen im deutschen Sozialversicherungsrecht bedarf es in jedem Einzelfall einer Gegenüberstellung der jeweiligen Bezugstatbestände, um festzustellen, welche Leistung **ruht** (vgl. z.B. § 49 SGB V, § 142 SGB III), **nicht zu leisten oder anrechenbar** ist (vgl. z.B. §§ 89, 93-94, 97 Abs. 3-4 SGB VI) oder **wegfällt bzw. gekürzt** wird (z.B. § 50 SGB V).[17] Genau wie § 49 SGB V be-

---

[12] Inhaltsgleiche Regelungen sahen bereits Art. 1, 5 Nr. 3, 14 und 33 Abs. 3 Gesetz zur Reform der gesetzlichen Rentenversicherung (RRG 1999) v. 16.12.1999, BGBl I 1997, 2998, vor, die jedoch durch Art. 1 Sozialversicherungs-Korrekturgesetz (SozVers-KorrekturG) v. 19.12.1998, BGBl I 1998, 3843, aufgehoben und durch Art. 22 Nr. 1 Gesetz zur Reform der Renten wegen verminderter Erwerbsfähigkeit v. 20.12.2000, BGBl I 2000, 1827, wurden.

[13] Art. 8 Abs. 1, Art. 1 Nr. 2 Drittes Gesetz zur Änderung des Fünften Buches Sozialgesetzbuch (3. SGB V-ÄndG) v. 10.05.1995, BGBl I 1995, 678, hierzu: BT-Drs. 13/340, S. 9.

[14] BSG v. 29.09.1998 - B 1 KR 5/97 R - SozR 3-2500 § 50 Nr. 5; *Höfler* in: KassKomm, SGB V, § 50 Rn. 7a f.

[15] Vgl. auch § 35 SGB XI, § 147 SGB III.

[16] Vgl. auch §§ 144, 146 SGB III zum Ruhen bei Sperrzeit oder bei Arbeitskämpfen.

[17] *Noftz* in: Hauck/Noftz, SozKV, SGB V, § 50 Rn. 6, spricht von einer „interpretierenden Harmonisierung“ unterschiedlicher Leistungsansprüche.

zweckt § 50 SGB V bezogen auf den Anspruch auf Krankengeld, **Doppelleistungen** zweckidentischer, zeitgleicher Sozialleistungen anderer Träger und Stellen zu verhindern, um eine Überversorgung des Versicherten auszuschließen.[18] Zu diesem Zweck bildet die Vorschrift danach zusammen mit den §§ 49 und 51 SGB V ein **einheitliches Regelungssystem** in der gesetzlichen Krankenversicherung: § 49 SGB V betrifft die Konkurrenz von Krankengeld mit Einkommen und mit kurz- bis mittelfristigen Einkommensersatzleistungen, während § 50 SGB V eine Regelung für Versicherte trifft, die – regelmäßig – dauerhaft ganz oder teilweise aus dem Erwerbsleben ausgeschieden sind. Ergänzt werden die §§ 49 und 50 SGB V um § 51 SGB V, der den Übergang des Anspruchs auf Krankengeld zu anderen Sozialleistungen, insbesondere zu Leistungen aus der gesetzlichen Rentenversicherung, regelt.

Hinsichtlich der systematischen Zusammenhänge ist zwischen den Rechtsfolgen aus § 50 Abs. 1 und 2 **8**
SGB V zu unterscheiden: Mit dem Ende des Anspruchs auf Krankengeld aufgrund einer verdrängenden (vollen) Versorgung durch eine der in § 50 Abs. 1 SGB V aufgeführten (Renten-)Leistungen endet der Anspruch auf Krankengeld und die Mitgliedschaft in der gesetzlichen Krankenversicherung bleibt – anders als beim Ruhen nach § 49 Abs. 1 SGB V – nicht mehr über § 192 Abs. 1 Nr. 2 SGB V erhalten. Im Falle einer Weiterversicherung (z.B. als Rentenbezieher (KVdR) nach § 5 Abs. 1 Nr. 12 SGB V) ohne Anspruch auf Krankengeld ist nur noch der ermäßigte Beitragssatz (§ 243 SGB V) zu entrichten. Ebenfalls im Gegensatz zu § 49 SGB V, bei dem das Stammrecht erhalten bleibt und der Anspruch nur nicht erfüllt und Krankengeld nicht ausgezahlt werden darf[19], fällt mit dem Bezug einer in § 50 Abs. 1 Satz 1 SGB V genannten (Renten-)Leistung der Anspruch auf Krankengeld in vollem Umfang, also auch hinsichtlich seiner Voraussetzungen einschließlich des **Stammrechts**, weg.[20] Dies hat seinen Grund darin, dass neben der „Vollrente", also u.a. neben Rente wegen voller Erwerbsminderung oder einer Vollrente wegen Alters, der Versicherte – typischerweise – aus dem Erwerbsleben ausgeschieden ist und grundsätzlich keinen Anspruch auf Krankengeld mehr haben soll.[21] **Verfassungsrechtlich** ist diese Regelungsanordnung nicht zu beanstanden. Insbesondere sind Regelungen, die eine Doppelversorgung mit Leistungen gleicher Zweckbestimmung verhindern sollen, verfassungsrechtlich grundsätzlich nicht zu beanstanden.[22] Demgegenüber misst der Gesetzgeber den in § 50 Abs. 2 SGB V aufgeführten Leistungen nur eine teilweise Erwerbsersatzeinkommensfunktion[23] zu und lässt den Anspruch auf Krankengeld nur in Höhe des Zahlbetrages der verdrängenden Leistung wegfallen („wird… gekürzt"). Der Anspruch auf Krankengeld fällt damit nicht weg, er wird nur (ggf. auf den vollen Zahlbetrag) gekürzt. Systematisch ist der – gekürzte – Anspruch auf Krankengeld damit vergleichbar mit den Rechtsfolgen in § 49 SGB V; aufgrund der – regelmäßigen – Endgültigkeit der Kürzung bestehen aber strukturelle Unterschiede.[24]

V. Ausgewählte Literaturhinweise

Lelle/Keller, Zuerkennung von Renten – Auswirkungen auf den Krankengeldbezug, SF-Medien 2005 **9**
Nr. 13, 33-47; *Marburger*, Wechselbeziehung bei Anspruch auf Krankengeld, Rente und Arbeitsentgelt für Arbeitnehmer des öffentlichen Dienstes, DÖD 2004, 265-269; *Reddig*, Erstattungsansprüche der Krankenkassen gegen den Rentenversicherungsträger – Zusammentreffen von Krankengeld und Rente (Teile 1 und 2), SVFAng 2002 Nr. 130, 13-26 und Nr. 131, 17-27.

[18] BT-Drs. 13/340, S. 9; BSG v. 29.09.1998 - B 1 KR 5/97 R - SozR 3-2500 § 50 Nr. 5; BSG v. 08.12.1992 - 1 RK 9/92 - SozR 3-2500 § 48 Nr. 4; zur Rechtslage nach der RVO: BSG v. 18.12.1963 - 3 RK 40/63 - SozR Nr. 9 zu § 183 RVO; BSG v. 26.03.1963 - 3 RK 20/62 - SozR Nr. 6 zu § 183 RVO.

[19] BSG v. 29.06.1994 - 1 RK 45/93 - SozR 3-2500 § 48 Nr. 33.

[20] BSG v. 08.12.1992 - 1 RK 9/92 - SozR 3-2500 § 48 Nr. 4; BSG v. 26.03.1963 - 3 RK 20/62 - SozR Nr. 6 zu § 183 RVO.

[21] Zum Sonderfall eines wiederauflebenden Krankengeldanspruchs, wenn ein früherer Anspruch auf Krankengeld nach einem zwischenzeitlich beendeten Bezug einer Rente wegen voller Erwerbsminderung nicht ausgeschöpft ist: BSG v. 29.09.1998 - B 1 KR 5/97 R - SozR 3-2500 § 50 Nr. 5 (dort Rente wegen Erwerbsunfähigkeit).

[22] BVerfG v. 11.03.1980 - 1 BvL 20/76, 1 BvR 826/76 - SozR 4100 § 168 Nr. 12; BSG v. 08.11.2005 - B 1 KR 33/03 R - SozR 4-2500 § 48 Nr. 2; BSG v. 30.05.2006 - B 1 KR 14/05 R - USK 2006-11.

[23] BSG v. 04.05.1994 - 1 RK 37/93 - SozR 3-2500 § 50 Nr. 1; BSG v. 11.07.1967 - 3 RK 93/95 - SozR Nr. 24 zu § 183 RVO.

[24] *Noftz* in: Hauck/Noftz, SozKV, SGB V, § 50 Rn. 9.

B. Auslegung der Norm

I. Regelungsgehalt und Bedeutung der Norm

10 Nach § 50 Abs. 1 SGB V endet ein Anspruch auf Krankengeld vom Beginn der in Satz 1 aufgezählten Entgeltersatzleistungen von öffentlichen Trägern und Stellen. Hierzu gehören Rente wegen voller Erwerbsminderung, Erwerbsunfähigkeit oder Vollrente wegen Alters; Ruhegehalt, das nach beamtenrechtlichen Vorschriften oder Grundsätzen gezahlt wird; Vorruhestandsgeld bei einer Versicherung nach § 5 Abs. 3 SGB V (Übergangsregelung); vergleichbare Rentenleistungen aus dem Ausland und aus der ehemaligen DDR (Übergangsregelung). § 50 Abs. 1 Sätze 2 und 3 SGB V enthält Bestimmungen über die Erstattungspflicht des Versicherten gegenüber seiner Krankenkasse bei einer Überzahlung des Krankengeldes: nach Satz 2 verbleibt der sog. **Krankengeldspitzbetrag** beim Versicherten, während Satz 3 die Rückzahlung bereits erbrachter Krankengeldzahlungen im Falle eines vergleichbaren ausländischen Rentenbezugs auf der Grundlage einer fiktiven Vorschusszahlung („gilt ... bis zur Höhe der dort genannten Leistungen als Vorschuss") anordnet. Wird eine der in § 50 Abs. 1 Satz 1 SGB V genannten Leistungen nicht mehr gezahlt, so entsteht nach § 50 Abs. 1 Satz 4 SGB V ein Anspruch auf Krankengeld (nur), wenn das Mitglied bei Eintritt einer erneuten Arbeitsunfähigkeit mit Anspruch auf Krankengeld versichert ist.

11 Nach § 50 Abs. 2 SGB V wird das Krankengeld um den Zahlbetrag der in diesem Absatz genannten Leistungen (Altersrente, Rente wegen Erwerbsminderung, Landabgaberente aus der Alterssicherung für Landwirte; Rente wegen teilweiser Erwerbsminderung, Berufsunfähigkeit oder Teilrente wegen Alters; Knappschaftsausgleichsleistung oder Rente für Bergleute, vergleichbare ausländische Renten mit Teilsicherungsfunktion oder solche aus der ehemaligen DDR) gekürzt, wenn die Leistung von einem Zeitpunkt **nach Beginn der Arbeitsunfähigkeit oder stationärer Behandlung** an zuerkannt wird. Der Gesetzgeber misst diesen (Renten-)Leistungen nur eine wirtschaftliche Teilsicherungsfunktion zu, so dass deren Bezug nicht zum gänzlichen Wegfall des Anspruchs auf Krankengeld führen soll (ggf. aber Kürzung „auf Null"[25], wenn die verdrängende Leistung den Zahlbetrag des Krankengeldes übersteigt). Dem Versicherten soll zumindest zur Absicherung seiner wirtschaftlichen Situation ein Betrag in Höhe des vollen Krankengeldanspruchs verbleiben.[26]

II. Normzweck

12 § 50 SGB V behandelt das Zusammentreffen von Krankengeld und Rente bzw. rentenähnlichem Erwerbsersatzeinkommen. Die Vorschrift soll den **Doppelbezug** zweckidentischer, zeitgleicher Sozialleistungen anderer Träger und Stellen verhindern.[27] Unabhängig vom tatsächlichen Zahlbetrag der in § 50 Abs. 1 Satz 1 SGB V genannten (Renten-)Leistungen begrenzt der Gesetzgeber zugunsten der Krankenkassen die Bezugsdauer des Krankengeldes, da er diesen Leistungen volle Erwerbsersatzeinkommensfunktion beimisst und den an sich bestehenden Anspruch auf Krankengeld beendet.[28] Daher besteht die Ausschlusswirkung des § 50 Abs. 1 Satz 1 SGB V, **gleichgültig, ob Krankengeld schon bewilligt war und ausgezahlt** worden ist.[29] Werden Leistungen nach § 50 Abs. 1 Satz 1 SGB V für zurückliegende Zeiten bewilligt, fällt auch der Anspruch auf Krankengeld rückwirkend weg; auch hier macht es rechtlich keinen Unterschied, ob das Krankengeld bereits ausgezahlt worden ist oder nach § 49 SGB V der Anspruch geruht hat, allerdings darf die Krankenkasse den Unterschiedsbetrag zwischen der Rentenleistung und dem bereits ausgezahlten, höheren Krankengeld nicht von dem Versicherten zurückfordern.[30]

---

25 *Vay* in: Krauskopf, SozKV, SGB V, § 50 Rn. 23.

26 *Marschner* in: GK-SGB V, § 50 Rn. 39.

27 BT-Drs. 13/340, S. 9; BSG v. 29.09.1998 - B 1 KR 5/97 R - SozR 3-2500 § 50 Nr. 5; BSG v. 08.12.1992 - 1 RK 9/92 - SozR 3-2500 § 48 Nr. 4; zur Rechtslage nach der RVO: BSG v. 18.12.1963 - 3 RK 40/63 - SozR Nr. 9 zu § 183 RVO; BSG v. 26.03.1963 - 3 RK 20/62 - SozR Nr. 6 zu § 183 RVO.

28 Dies gilt insbesondere bei weiterarbeitenden Rentnern: BSG v. 30.05.2006 - B 1 KR 14/05 R - USK 2006-11.

29 BSG v. 26.03.1963 - 3 RK 20/62 - SozR Nr. 6 zu § 183 RVO; nochmals bestätigt BSG v. 08.12.1992 - 1 RK 9/92 - SozR 3-2500 § 48 Nr. 4.

30 BSG v. 27.07.2006 - B 1 KR 68/06 B - juris; BSG v. 30.05.2006 - B 1 KR 14/05 R - USK 2006-11; LSG NRW v. 03.05.2001 - L 5 KR 30/00 - EzS 90/257.

Entsprechend dem Normzweck wird der Anspruch auf Krankengeld beim Bezug von Leistungen, denen der Gesetzgeber nur eine teilweise Einkommensersatzfunktion beimisst, nur gekürzt (§ 50 Abs. 2 SGB V), wobei allerdings dem **Zeitpunkt der Zuerkennung der konkurrierenden Leistung** maßgebende Bedeutung zukommt (§ 50 Abs. 2 HS. 1 SGB V). Die verdrängende Leistung muss „nach dem Beginn der Arbeitsunfähigkeit oder der stationären Behandlung an zuerkannt“ werden, da es andernfalls zu einer nicht gerechtfertigten Benachteiligung des Versicherten kommen würde. Bei einer Zuerkennung der verdrängenden Leistung vor – oder gleichzeitig – mit dem Beginn der Arbeitsunfähigkeit oder der stationären Behandlung wirkt sich die Minderung der Leistungsfähigkeit üblicherweise schon auf die Höhe des Anspruchs auf Krankengeld über § 47 SGB V aus, so dass es nicht gerechtfertigt wäre, den insoweit bereits reduzierten Anspruch auf Krankengeld nochmals zu kürzen.[31] Das BSG legt den Normzweck des § 50 SGB V zudem sehr eng aus und hat über den Wortlaut der Vorschrift hinaus eine **analoge Anwendung** auf andere Leistungen mit Erwerbsersatzeinkommenscharakter stets abgelehnt.[32] 13

III. Tatbestandsmerkmale

1. Ausschluss des Krankengeldes (Absatz 1)

Für Versicherte, die eine in § 50 Abs. 1 Satz 1 SGB V aufgeführte Leistung beziehen, endet ein Anspruch auf Krankengeld vom Beginn dieser Leistung an; nach Beginn dieser Leistung besteht ein neuer Krankengeldanspruch nicht. 14

a. Rente wegen Erwerbsminderung, Erwerbsunfähigkeit oder Vollrente wegen Alters aus der gesetzlichen Rentenversicherung (Absatz 1 Satz 1 Nr. 1)

§ 50 Abs. 1 Satz 1 Nr. 1 SGB V misst Vollrenten wegen Alters (§ 42 Abs. 1 SGB VI) und Vollrenten wegen Erwerbsminderung aus der gesetzlichen Rentenversicherung eine den Anspruch auf Krankengeld verdrängende Wirkung zu. Es sind dies zunächst die **Rente wegen voller Erwerbsminderung** (§ 43 Abs. 2 SGB VI), **Rente wegen Erwerbsunfähigkeit** mit einem Rentenbeginn vor dem 01.01.2001 (§ 44 Abs. 1 SGB VI a.F.[33] i.V.m. § 302b SGB VI) bzw. ab dem 01.01.1992 (§ 302a SGB VI)[34]. Unerheblich ist, ob die Rente un- oder nur befristet geleistet wird (§§ 100 Abs. 1, 102 Abs. 1 SGB VI).[35] Die Streitfrage, ob der Bezug sog. **vorgezogenen Übergangsgeldes** nach den §§ 20 Abs. 3 und 4, 25 Abs. 2 SGB VI a.F. einem (verdrängenden) Rentenbezug gleichzustellen ist, bedarf nach der Streichung dieser Vorschriften zum 01.01.2001 keiner weiteren Erörterung mehr.[36] **Renten wegen Alters**[37] sind die **Regelaltersrente** (§ 35 SGB VI), die **Altersrente für langjährige Versicherte** (§§ 36, 236 SGB VI) und die **Altersrente für schwerbehinderte Menschen** (§§ 37, 236a SGB VI), die **Altersrente wegen Arbeitslosigkeit oder nach Altersteilzeit** (§ 237 SGB VI), die **Altersrente für Frauen** (§ 237a SGB VI) und die **Altersrente für langjährig unter Tage beschäftigte Bergleute** (§§ 40, 238 SGB VI)[38], unabhängig, ob diese aufgrund vorzeitiger Inanspruchnahme mit ei- 15

---

[31] Allgemeine Meinung: *Höfler* in: KassKomm, SGB V, § 50 Rn. 12; *Noftz* in: Hauck/Noftz, SozKV, SGB V, § 50 Rn. 9; zum früheren Recht noch: BSG v. 18.12.1963 - 3 RK 29/63 - SozR 8 zu § 183 RVO.

[32] BSG v. 01.07.2003 - B 1 KR 6/02 R - SozR 4-2500 § 50 Nr. 1 (Bezug einer Gesamtversorgung von der Versorgungsanstalt der Deutschen Bundespost (VAP-Bezug)); BSG v. 23.04.1996 - 1 RK 19/95 - SozR 3-2500 § 50 Nr. 4 (Invalidenrente durch eine ärztliche Versorgungseinrichtung); BSG v. 04.05.1994 - 1 RK 37/93 - SozR 3-2500 § 50 Nr. 1 (Produktionsaufgabenrente); zum früheren Recht allerdings: BSG v. 15.11.1979 - 11 RK 2/79 - SozR 1500 § 150 Nr. 11 und BSG v. 20.01.1982 - 3 RK 20/81 - SozR 2200 § 183 Nr. 41 (Altersgeld, vorzeitiges Altersgeld oder Landabgabenrente nach GAL).

[33] § 44 SGB VI i.d.F. vom 30.12.2000 gestrichen durch Art. 1 Nr. 1 lit. c Gesetz zur Reform der Renten wegen verminderter Erwerbsfähigkeit v. 20.12.2000, BGBl I 2000, 1827.

[34] Bei diesen Renten aus der ehemaligen DDR (Rentenbeginn vor dem 31.12.1991) bestimmt die Höhe des Hinzuverdienstes (§ 302a Abs. 2 SGB VI) die Zuordnung zur Erwerbsunfähigkeits- bzw. zur Berufsunfähigkeitsrente.

[35] *Höfler* in: KassKomm, SGB V, § 50 Rn. 3.

[36] §§ 20 Abs. 3 und 4, 25 Abs. 2 SGB VI wurden durch Art. 1 Nr. 3 und Nr. 5 Gesetz zur Reform der Renten wegen verminderter Erwerbsfähigkeit v. 20.12.2000 gestrichen; vgl. auch Änderung in § 116 SGB VI (Art. 1 Nr. 33), zum Übergangsrecht § 301 Abs. 1 Satz 2 SGB VI.

[37] Zur Reform der Renten wegen Alters zum 01.01.2008: Art. 1 Gesetz zur Anpassung der Regelaltersgrenze an die demografische Entwicklung und zur Stärkung der Finanzgrundlagen der gesetzlichen Rentenversicherung (RV-Altersgrenzenanpassungsgesetz) v. 20.04.2007, BGBl I 2007, 554.

[38] Zum Übergangsrecht § 302 Abs. 1-4 SGB VI.

nem Rentenabschlag (§ 77 Abs. 2 Satz 1 Nr. 2 SGB VI) belegt sind.[39] Voraussetzung zur Anwendung des § 50 Abs. 1 Satz 1 Nr. 1 SGB V ist, dass die Altersrente als Vollrente (§ 42 Abs. 1 SGB VI) geleistet wird. Macht der Versicherte von der Möglichkeit des § 42 Abs. 2 SGB VI Gebrauch, kann der Teilrentenbezug nicht mit einem – krankengeldverdrängenden – (vollen) Erwerbsersatzeinkommen gleichgesetzt werden; diese Renten unterfallen mit ihrem Zahlbetrag allein der Kürzungsvorschrift des § 50 Abs. 2 Nr. 2 SGB V.

b. Ruhegehalt nach beamtenrechtlichen Vorschriften oder Grundsätzen (Absatz 1 Satz 1 Nr. 2)

16 Der Anspruch auf Krankengeld endet nach § 50 Abs. 1 Satz 2 SGB V, wenn **Ruhegehalt nach beamtenrechtlichen Vorschriften oder Grundsätzen** gezahlt wird, obwohl es sich hierbei nicht um eine konkurrierende Sozialleistung handelt. Mangels gesetzlicher Grundlage hatte das BSG[40] unter Geltung der RVO den Ausschluss des Anspruchs von Krankengeld bei einem Bezug von Ruhegehalt nach beamtenrechtlichen Vorschriften noch abgelehnt; diese Rechtsprechung ist mit Einführung des § 50 Abs. 1 Satz 1 Nr. 2 SGB V (vgl. Rn. 1) überholt.[41] Das BSG[42] legt unter Hinweis auf § 229 Abs. 1 SGB V den Begriff des Ruhegehaltes nach beamtenrechtlichen Vorschriften oder Grundsätzen sehr eng aus. Danach wird der Anspruch auf Krankengeld nur durch eine Versorgung ausgeschlossen, die sich in **Leistungsvoraussetzungen, Berechnung und Finanzierung** eng an beamtenrechtliche Vorschriften anlehnt. Dies gelte beispielsweise für die Pensionen von Abgeordneten, Bundesministern und Parlamentarischen Staatssekretären, weil entsprechende Gesetze auf eine „sinngemäße Anwendung" der für Beamte geltenden versorgungsrechtlichen Vorschriften verweisen, soweit in den wenigen vorhandenen Bestimmungen keine abweichenden Regelungen enthalten seien.[43] Abzugrenzen sind diese Regelungen von einer tarifvertraglich abgesicherten Versorgung und von vom Arbeitgeber finanzierten Zusatz- oder Ersatzleistungen. Daher fällt die **betriebliche Altersvorsorge** und die **Zusatzversorgung im öffentlichen Dienst** einschließlich der von der Versorgungsanstalt der Deutschen Bundespost gezahlten sog. VAP-Gesamtversorgung nicht unter den Anwendungsbereich des § 50 Abs. 1 Satz 1 Nr. 2 SGB V.[44]

c. Vorruhestandsgeld (Absatz 1 Satz 1 Nr. 3)

17 § 50 Abs. 1 Satz 1 Nr. 3 SGB V beendet den Anspruch auf Krankengeld mit dem Bezug von **Vorruhestandsgeld**. Diese Regelung hat nur noch Übergangscharakter. Zwar gelten nach § 5 Abs. 3 SGB V weiterhin Bezieher von Vorruhestandsgeld als gegen Arbeitsentgelt beschäftigt, wenn sie unmittelbar vor Bezug des Vorruhestandsgeldes versicherungspflichtig beschäftigt waren und das Vorruhestandsgeld mindestens in Höhe von 65 v.H. des Bruttoarbeitsentgelts im Sinne des § 3 Abs. 2 VRG[45] gezahlt wird. Für die Zeit ab dem **01.01.1989** ist nach § 14 VRG das Gesetz jedoch nur noch anzuwenden, wenn die Voraussetzungen erstmals vor diesem Zeitpunkt vorgelegen haben.

18 Für die ab dem 01.01.1989 in Kraft getretene Nachfolgeregelung des AltTZG[46] findet § 50 Abs. 1 Satz 1 SGB V keine Anwendung: Es liegt durchgehend eine versicherungspflichtige Beschäftigung vor[47] und der Gesetzgeber hat nunmehr eine eigenständige Regelung für das in der Praxis dominierende

---

[39] Zur vergleichbaren Problematik bei Rente wegen voller Erwerbsminderung, § 77 Abs. 2 Satz 1 Nr. 3 SGB VI; dazu: BSG v. 16.05.2006 - B 4 RA 22/05 R - SozR 4-2600 § 77 Nr. 3.

[40] BSG v. 21.09.1983 - 8 RK 1/82 - SozR § 183 Nr. 45 (von der Rentenversicherungspflicht befreiter ehemaliger Berufssoldat).

[41] Allgemeine Meinung: *Höfler* in: KassKomm, SGB V, § 50 Rn. 3a; *Vay* in: Krauskopf, SozKV, SGB V, § 50 Rn. 12.

[42] BSG v. 01.07.2003 - B 1 KR 6/02 R - SozR 4-2500 § 50 Nr. 1; dazu: Anm. *Hillmann*, jurisPR-SozR 6/2003, Anm. 3.

[43] Vgl. § 26 Abs. 1 AbgG; § 13 Abs. 2 BMinG, auf den in § 6 ParlStG verwiesen wird.

[44] BSG v. 01.07.2003 - B 1 KR 6/02 R - SozR 4-2500 § 50 Nr. 1; dazu auch *Höfler* in: KassKomm, SGB V, § 50 Rn. 3a.

[45] In Kraft seit dem 01.01.1985, eingeführt durch Art. 4 Nr. 3 Gesetz zur Erleichterung des Übergangs vom Arbeitsleben in den Ruhestand v. 13.04.1984, BGBl I 1984, 601.

[46] AltTZG v. 20.12.1988, BGBl I 1988, 2343; aktuell: AltTZG 1996 v. 23.07.1996, BGBl I 1996, 1078.

[47] Vgl. § 7 Abs. 1a SGB IV (für Zeiten einer Freistellung von der Arbeitsleistung).

sog. **Blockmodel** in § 49 Abs. 1 Nr. 6 SGB V getroffen und das Ruhen des Anspruchs auf Krankengeld „soweit und solange für Zeiten einer Freistellung von der Arbeitsleistung (§ 7 Abs. 1a SGB IV) eine Arbeitsleistung nicht geschuldet wird" angeordnet.

d. Vergleichbare ausländische Rentenleistungen (Absatz 1 Satz 1 Nr. 4)

§ 50 Abs. 1 Satz 1 Nr. 4 SGB V ordnet das Ende des Anspruchs auf Krankengeld an, wenn (Renten-)Leistungen, die ihrer Art nach mit den in den Nr. 1 und 2 genannten Leistungen vergleichbar sind, von einem Träger der gesetzlichen Rentenversicherung oder einer anderen Stelle im **Ausland** gezahlt werden. Vergleichbare Regelungen finden sich in § 49 Abs. 1 Nr. 4 SGB V, § 142 Abs. 3 SGB III, § 97 Abs. 1 SGB VI (mit Verweisung auf § 18a SGB IV) und in § 98 Abs. 1 SGB VII. **Über- und zwischenstaatliches Recht geht** § 50 Abs. 1 Satz 1 Nr. 4 SGB V **vor** (§ 30 Abs. 2 SGB I), das Gemeinschaftsrecht ist nur beschränkt anwendbar (hier insbesondere Art. 12 Abs. 2 Verordnung (EWG) 1408/71).[48] Soweit das BSG[49] noch am 17.02.1982 entschieden hat, ein deutscher Rentenversicherungsträger sei nicht befugt, die ihm von einem Rentenversicherungsträger eines anderen EG-Mitgliedstaates als Verbindungs- und Zahlstelle zur Auszahlung übermittelte Rente ohne Zustimmung des ausländischen Trägers einzubehalten und der Krankenkasse nach § 183 Abs. 3 RVO zu übermitteln, dürfte diese Rechtsprechung mit der Einführung des § 50 Abs. 1 Satz 3 SGB V gegenstandslos geworden sein.[50] 19

Ihrer Art nach vergleichbar sind ausländische Rentenleistungen, die aus Gründen einer aufgehobenen beruflichen Leistungsfähigkeit oder wegen Alters von einem ausländischen Rentenversicherungsträger oder einer vergleichbaren Stelle gezahlt werden. Das Gleiche gilt für Versorgungsbezüge von Versicherten, die aus dem Dienst ausländischer Staaten, Gemeinden oder öffentlich-rechtlicher Anstalten ausgeschieden sind. Maßgebend ist, ob den Renten bzw. den Versorgungsbezügen der **gleiche Leistungsgrund** zugrunde liegt, sie von **ähnlichen Voraussetzungen** abhängig sind und ob sie **vergleichbaren innerstaatlichen Zielsetzungen** entsprechen.[51] Die Höhe der ausländischen (Renten- oder Versorgungs-)Leistung ist unerheblich, wie sich aus der Bezugnahme auf Nr. 1 und 2 ergibt.[52] 20

Nicht vergleichbar sind laufende Zahlungen **ausländischer Privatversicherungen**, gleichgültig gegen welches Risiko sich der Berechtigte durch Abschluss eines Versicherungsvertrages gesichert hatte, und laufende Zahlungen eines früheren Arbeitgebers, es sei denn, die Leistungen erfolgen aufgrund eines öffentlich-rechtlichen Versicherungssystems, das den Arbeitgeber bei Verwirklichung bestimmter Risiken leistungspflichtig macht.[53] 21

e. Leistungen aus der ehemaligen DDR (Absatz 1 Satz 1 Nr. 5)

§ 50 Abs. 1 Satz 1 Nr. 5 SGB V betrifft vergleichbare Rentenleistungen aus der ehemaligen DDR, z.B. die sog. Invalidenrente[54] des früheren **DDR-Rentenrechts**. Die Bedeutung der Vorschrift nimmt stetig ab, da inzwischen die meisten Sonder- und Zusatzversorgungssysteme der ehemaligen DDR in das geltende Rentenrecht überführt wurden und seither unter § 50 Abs. 1 Satz 1 Nr. 1 und 2 SGB V tatbestandlich einzuordnen sind. Die Vorschrift betraf die Versicherten, deren Rente in der Zeit vom 01.01.1992 bis zum 30.06.1995 begonnen hat. Nach Art. 30 § 5 Einigungsvertrag war diese Rente noch nach den Grundsätzen des Rentenrechts der ehemaligen DDR zu zahlen, wenn sich nur hieraus ein Rentenanspruch oder eine höhere Rente als nach dem SGB VI ergab.[55] 22

---

48 Dazu: EuGH v. 14.03.1978 - C-98/77 - SozR 6050 Art. 46 Nr. 8; EuGH v. 21.10.1975 - C-24/75 - SozR 6050 Art. 46 Nr. 1; EuGH v. 06.12.1973 - C-140/73 - EuGHE 1973, 1449-1457.

49 BSG v. 17.02.1982 - 1 RJ 42/81 - SozR 6050 Art. 12 Nr. 6.

50 So auch *Vay* in: Krauskopf, SozKV, SGB V, § 50 Rn. 16, der allerdings die Entscheidung inhaltlich in Frage stellt.

51 LSG Baden-Württemberg v. 28.11.1997 - L 4 Kr 1483/97 - E-LSG-139 (französische Invaliditätsrente); BSG v. 24.07.1997 - 11 RAr 95/96 - SozR 3-4100 § 142 Nr. 1 (niederländische WAO-Rente beim Bezug von Arbeitslosengeld); BSG v. 06.03.1991 - 13/5 RJ 39/90 - SozR 3-2400 § 18a Nr. 2 (gemäß dem amerikanischen Social Security Act bezogene Altersrente).

52 So auch *Höfler* in: KassKomm, SGB V, § 50 Rn. 3c.

53 *Kummer* in: Schulin, Handbuch des Sozialversicherungsrechts, Bd. 1, § 23 Rn. 181.

54 Heute Art. 2 § 7 RÜG.

55 *Höfler* in: KassKomm, SGB V, § 50 Rn. 3d; BR-Drs. 197/91, S. 152.

f. Beginn der Leistungen (Absatz 1 Satz 1 Halbsatz 1)

23 Für Versicherte, die eine der in § 50 Abs. 1 Satz 1 SGB V genannten (Renten-)Leistungen beziehen, endet ihr Anspruch auf Krankengeld **„vom Beginn dieser Leistung an“** (§ 50 Abs. 1 Satz 1 HS. 1 SGB V). Darunter ist der Zeitpunkt zu verstehen, von dem an die (Renten-)Leistung tatsächlich beansprucht werden kann.[56] Insoweit ist grundsätzlich nicht auf das Vorliegen der materiellen Anspruchsvoraussetzungen, sondern allein auf die im **Bewilligungsbescheid** oder ggf. im Gerichtsurteil getroffene Regelung abzustellen.[57] Wird der Bewilligungsbescheid – etwa im Rahmen der Dispositionsbefugnis des Versicherten[58] oder nach den §§ 45 oder 48 SGB X vom Rentenversicherungsträger[59] – rückwirkend wieder zurückgenommen oder aufgehoben, wird die Rechtsfolge des § 50 Abs. 1 Satz 1 SGB V nicht ausgelöst bzw. lebt der Anspruch auf Krankengeld wieder auf.[60] Dabei kommt es grundsätzlich nicht auf die „wahre Rechtslage“ an, entscheidend ist allein, ob und seit wann eine verdrängende Leistung zugebilligt, wieder zurückgenommen oder aufgehoben ist. Die Krankenkasse ist grundsätzlich an die Entscheidung des zuständigen Leistungsträgers gebunden.[61] Mit dieser Bindungswirkung soll ein Streit zwischen den Leistungsträgern über die Rechtmäßigkeit der Leistungsbewilligung bzw. -versagung vermieden werden.

24 Als weitere Folge dieser **Bindungswirkung** hat die Krankenkasse unter Beachtung der Höchstbezugsdauer (§ 48 SGB V) einem Versicherten bis zur Zuerkennung seiner Rente Krankengeld zu zahlen, selbst wenn zu erwarten steht, dass dieser Anspruch rückwirkend wieder entfällt und ein möglicher Erstattungsanspruch (§ 103 SGB X) geringer sein wird als das ausgezahlte Krankengeld.[62] Dies ist im Ergebnis auch sachgerecht, denn solange nicht verbindlich feststeht, das ein Anspruch auf eine der in § 50 Abs. 1 Satz 1 SGB V genannten Leistungen tatsächlich besteht, ist der Versicherte wirtschaftlich auf die Zahlung des Krankengeldes angewiesen; dies gilt selbst dann, wenn etwa erst im Klageweg eine Rente wegen teilweiser Erwerbsminderung in eine wegen voller Erwerbsminderung umgewandelt wird.[63] Trotz dieser angestrebten **Nahtlosigkeitsregelung beim Übergang vom Krankengeld in die Rente** kann im Einzelfall eine Versorgungslücke entstehen, da von der bescheidmäßigen Feststellung bis zur tatsächlichen Zahlung der Rente ein gewisser Zeitraum verstreichen kann. Diese Lücke wird nach überwiegender Meinung durch eine – antragsabhängige – **Vorschusspflicht** (§ 42 SGB I) des Rentenversicherungsträgers geschlossen.[64]

25 Nicht mehr notwendig ist, dass die verdrängende Leistung erst zeitlich nach dem Anspruch auf Krankengeld entsteht (**„bezogen wird)**“. Das BSG hatte unter Hinweis auf die Entstehungsgeschichte von § 50 Abs. 1 Satz 1 SGG zunächst vertreten, dass dessen Anwendung auf Fälle beschränkt sei, in denen der Anspruch auf Krankengeld schon bestand, bevor der verdrängende Rentenanspruch oder eine andere dort genannte Leistung begann und damit an seiner entsprechenden Rechtsprechung zu § 183 Abs. 3 RVO festgehalten.[65] Mit dem 3. SGB V-ÄndG (vgl. Rn. 3) hat das BSG diese Rechtsprechung ausdrücklich aufgegeben.[66] Zur Begründung seiner aktuellen Rechtsprechung führt das BSG an, der

---

56 BSG v. 09.08.1995 - 13 RJ 43/94 - SozR 3-2500 § 50 Nr. 3; BSG v. 25.01.1995 - 12 RK 51/93 - SozR 3-2400 § 26 Nr. 6; BSG v. 08.12.1992 - 1 RK 9/92 - SozR 3-2500 § 48 Nr. 4; § 183 RVO stellte auf die „Zubilligung“ der Rente ab, dazu: BSG v. 10.07.1979 - 3 RK 87/77 - SozR 2200 § 183 Nr. 25.

57 BSG v. 01.09.1999 - B 13 RJ 49/98 R - SozR 3-1300 § 86 Nr. 3; BSG v. 08.07.1998 - B 13 RJ 49/96 R - SozR 3-2600 § 99 Nr. 2.

58 BSG v. 09.08.1995 - 13 RJ 43/94 - SozR 3-2500 § 50 Nr. 3; zur Aufforderung, einen bereits gestellten Rentenantrag nicht zurückzunehmen: LSG Baden-Württemberg v. 09.03.2007 - L 4 R 1006/06 - juris, Revision anhängig: B 13 R 37/07 R.

59 BSG v. 01.04.1993 - 1 RK 10/92 - SozR 3-2200 § 183 Nr. 6.

60 Allgemeine Meinung: *Höfler* in: KassKomm, SGB V, § 50 Rn. 6; *Kummer* in: Schulin, Handbuch des Sozialversicherungsrechts, Bd. 1, § 23 Rn. 173 f.; *Noftz* in: Hauck/Noftz, SozKV, SGB V § 50 Rn. 33, jeweils m.w.N.

61 BSG v. 01.04.1993 - 1 RK 10/92 - SozR 3-2200 § 183 Nr. 6; BSG v. 11.07.1974 - 4 RJ 225/73 - SozR 2200 § 183 Nr. 1; zum Sonderfall, dass der Versicherte vor Erteilung eines Bewilligungsbescheides verstirbt: BSG v. 10.07.1979 - 3 RK 87/77 - SozR 2200 § 183 Nr. 25.

62 *Höfler* in: KassKomm, SGB V, § 50 Rn. 7; *Vay* in: Krauskopf, SozKV, SGB V, § 50 Rn. 18.

63 BSG v. 17.04.1970 - 3 RK 75/69 - SozR Nr. 50 zu § 183 RVO (Umwandlung einer Rente wegen Berufsunfähigkeit in eine wegen Erwerbsunfähigkeit)

64 *Höfler* in: KassKomm, SGB V, § 50 Rn. 7; *Marschner* in: GK-SGBV, § 50 Rn. 22, jeweils m.w.N.

65 BSG v. 15.12.1993 - 1 RK 25/93 - NZS 1994, 316-317; zur Rechtsprechung zu § 183 Abs. 3 RVO: BSG v. 18.03.1966 - 3 RK 98/63 - SozR Nr. 13 zu § 183 RVO; BSG v. 11.08.1966 - 3 RK 32/64 - SozR Nr. 17 zu § 183 RVO.

66 BSG v. 27.07.2006 - B 1 KR 68/06 B - juris; BSG v. 30.05.2006 - B 1 KR 14/05 R - USK 2006-11.

Gesetzgeber habe nunmehr jeglichen Anspruch auf Krankengeld bei zeitgleichem Bezug einer der in § 50 Abs. 1 Satz 1 SGB V genannten (Renten-)Leistungen ausgeschlossen.[67] In der Literatur findet diese Rechtsprechung aus „berechtigten, sozialpolitischen Überlegungen" heraus Zustimmung[68], auch wenn nicht verkannt wird, dass damit bei einigen Fallgestaltungen (z.B. bei weiterarbeitenden Rentnern mit einer geringen (Voll-)Rente aus der gesetzlichen Rentenversicherung) keine befriedigende Lösung gefunden worden sei. Dem ist zuzustimmen: Praktisch bedeutet dies für den genannten Personenkreis, dass sie für den Fall einer krankheitsbedingten Arbeitsunfähigkeit außerhalb der gesetzlichen Krankenversicherung privat Vorsorge treffen müssen, was regelmäßig nicht zuletzt aufgrund ihres Alters oder ihrer eingeschränkten beruflichen Leistungsfähigkeit schwer fallen dürfte.

g. Rechtsfolgen– Ausschluss des Krankengeldes nach Absatz 1

Der Anspruch auf Krankengeld fällt mit dem – zeitgleichen – Bezug einer der in § 50 Abs. 1 Satz 1 26
SGB V genannten Leistungen **in vollem Umfang** weg, also auch hinsichtlich seiner Voraussetzungen **einschließlich des Stammrechts** (vgl. Rn. 8). Aufgrund der Bindungswirkung des § 39 Abs. 2 SGB X bedarf der gesetzlich vorgeschriebene Leistungsausschluss einer verwaltungsrechtlichen Umsetzung, um wirksam zu werden.[69] Der der Bewilligung des Krankengeldanspruchs zugrunde liegende Verwaltungsakt ist mithin von der Krankenkasse nach § 48 Abs. 1 Sätze 1 und 2 Nr. 3 SGB X aufzuheben, wobei regelmäßig in der Geltendmachung einer Rückforderung die entsprechende Rücknahme/Aufhebung des leistungsbewilligenden Verwaltungsaktes zu sehen sein dürfte.[70] Da die Krankenkasse dem Berechtigten regelmäßig bis zur bestandskräftigen Leistungsentscheidung (ggf. rechtskräftigen Gerichtsentscheidung) über die verdrängende Leistung Krankengeld in voller Höhe zu zahlen hat (vgl. Rn. 24), kommt es fast stets zu Überzahlungen. § 50 Abs. 1 Sätze 1-4 SGB V regelt nur – zudem nicht abschließend –, wie im Verhältnis der Krankenkasse zu dem Versicherten diese Überzahlung abzuwickeln ist:

Ist das Krankengeld höher als die seinen Ausschluss verursachende Leistung, darf die Krankenkasse 27
nach § 50 Abs. 1 Satz 2 SGB V den überschießenden Betrag (sog. **Krankengeldspitzbetrag**) vom Versicherten nicht zurückfordern.[71] Dabei gründet sich das Rückforderungsverbot des Krankengeldspitzbetrages in dem Vertrauensschutz des Versicherten, der sich auf den rechtmäßigen Bezug des Krankengeldes und dessen Verbrauch einstellen durfte. Mit dieser Vorschrift wird die leistungsrechtliche Rückabwicklung nach den §§ 48 Abs. 1 Satz 2 Nr. 3, 50 SGB X zugunsten des Versicherten eingeschränkt; gleichzeitig entbindet sie die Krankenkasse, von dem – hinsichtlich der Erfolgsaussichten – zweifelhaften Versuch, einen Rückforderungsanspruch wegen zu Unrecht geleisteten Krankengeldes durchsetzen zu müssen.[72] Die Vorschrift des § 50 Abs. 1 Satz 2 SGB V stellt demnach **keine eigene Anspruchsgrundlage** dar, sondern **nur einen Einwand** des Versicherten gegen die Rückforderung tatsächlich ausgezahlten Krankengeldes bezogen auf den Krankengeldspitzbetrag.[73] Umgekehrt haben Versicherte keinen Anspruch aus § 50 Abs. 1 Satz 2 SGB V auf Auszahlung dieses Spitzbetrages, wenn die Krankenkasse kein Krankengeld gezahlt hat. Dies ergibt sich sowohl aus dem Wortlaut („ist Krankengeld … gezahlt worden") als auch aus dem dargestellten Zweck der Vorschrift. Ein solcher Anspruch besteht nicht einmal dann, wenn das Krankengeld rechtswidrig nicht ausgezahlt worden ist.[74] In der Praxis bedeutet dies, dass in derartigen Fällen regelmäßig nur im Wege des einstweiligen Rechtsschutzes (§ 86b Abs. 2 Satz 2 SGG) ein Anspruch auf Krankengeld realisiert werden kann.

Eine weitere Einschränkung der §§ 48 Abs. 1 Satz 1 Nr. 3, 50 SGB X – diesmal zu Gunsten der Kran- 28
kenkassen – enthält **§ 50 Abs. 1 Satz 3 SGB V**. Zur Erleichterung von Abrechnung und Erstattung von Überzahlungen beim Bezug von ausländischen Renten nach § 50 Abs. 1 Satz 1 Nr. 4 SGB V schafft die Vorschrift eine vereinfachte Erstattungsmöglichkeit der Krankenkasse gegenüber dem Versicherten. Bei einem rückwirkenden Bezug einer vergleichbaren, ausländischen Leistung gilt das gezahlte

[67] Vgl. BT-Drs. 13/340, S. 9.

[68] *Höfler* in: KassKomm, SGB V, § 50 Rn. 5.

[69] LSG Schleswig-Holstein v. 18.05.2004 - L 1 KR 53/03 - juris; LSG NRW v. 22.05.2000 - L 16 KR 113/98 - juris.

[70] BSG v. 10.03.1987 - 3 RK 7/86 - SozR 1300 § 50 Nr. 15.

[71] BSG v. 27.07.2006 - B 1 KR 68/06 B - juris; BSG v. 25.01.1995 - 12 RK 51/93 - SozR 3-2400 § 26 Nr. 6; BSG v. 08.12.1992 - 1 RK 9/92 - SozR 3-2500 § 48 Nr. 4.

[72] *Kummer* in: Schulin, Handbuch des Sozialversicherungsrechts, Bd. 1, § 23 Rn. 184 m.w.N.

[73] LSG NRW v. 03.05.2001 - L 5 KR 30/00 - EzS 90/257.

[74] BSG v. 08.03.1990 - 3 RK 9/89 - SozR 3-2200 § 183 Nr. 1, auch ein sog. Herstellungsanspruch wird zu Recht abgelehnt.

Krankengeld nur „**als Vorschuss**“ auf die Leistung des ausländischen Trägers oder der ausländischen Stelle und kann damit vereinfacht zurückgefordert werden.[75] Die **Vorschussfiktion** war notwendig, nachdem das BSG[76] die Verrechnungsmöglichkeit derartiger Leistungen außerhalb von Sozialversicherungsabkommen stark eingeschränkt hat. Zu Gunsten des Versicherten gilt aber auch insoweit § 50 Abs. 1 Satz 2 SGB V: Die Rückforderung beschränkt sich auf die Höhe der Nachzahlung für den mit dem Krankengeld belegten Zeitraum; der **Krankengeldspitzbetrag** verbleibt auch hier beim Versicherten.[77]

29 Da § 50 Abs. 1 Satz 1 SGB V, anders als § 49 Abs. 1 SGB V, nicht nur ein vorübergehendes „Ruhen“ des Anspruchs auf Krankengeld anordnet, sondern als Rechtsfolge bestimmt, dass der Anspruch auf Krankengeld mit Beginn einer der in Nr. 1-5 genannten (Renten-)Leistungen „endet“, entsteht „nach Beginn dieser Leistungen ein neuer Krankengeldanspruch nicht“ (**§ 50 Abs. 1 Satz 1 HS. 2 SGB V**). Ergänzend ist in **§ 50 Abs. 1 Satz 4 SGB V** festgelegt, dass nach dem Ende der verdrängenden (Renten-)Leistung ein Anspruch auf Krankengeld (nur) entsteht, wenn der Versicherte bei Eintritt einer neuen Arbeitsunfähigkeit mit Anspruch auf Krankengeld versichert ist. Endet der Bezug dieser Leistung, etwa bei einer nach § 102 Abs. 1 Satz 1 SGB VI befristeten Rente wegen voller Erwerbsminderung oder bei Umwandlung einer solchen Rente in eine Rente wegen teilweiser Erwerbsminderung[78], besteht ein (neuer) Anspruch auf Krankengeld nur, wenn der Versicherte zum Zeitpunkt der **neuen Arbeitsunfähigkeit** mit Anspruch auf Krankengeld[79] versichert ist. Dabei darf es sich nach dem Wortlaut des § 50 Abs. 1 Satz 4 SGB V nicht um dieselbe, ununterbrochene Arbeitsunfähigkeit handeln, die dem vorher ausgeschlossenen Anspruch auf Krankengeld zugrunde lag.[80]

30 Lag **ununterbrochene Arbeitsunfähigkeit** vor, ist, wenn die verdrängende (Renten-)Leistung nicht mehr gezahlt wird, wie folgt zu differenzieren: Wurde, was nicht selten vor Inanspruchnahme dieser Leistung in der Praxis der Fall sein dürfte[81], die Höchstbezugsdauer von 78 Wochen (§ 48 Abs. 1 Sätze 1 und 2 SGB V) Krankengeldbezug vollständig ausgeschöpft[82], lebt der Anspruch auf Krankengeld nur unter den besonderen Voraussetzungen nach § 48 Abs. 2 SGB V wieder auf.[83] War andererseits die Höchstbezugsdauer nach Wegfall der verdrängenden Leistung noch nicht ausgeschöpft, lebt der Anspruch auf Krankengeld unabhängig von § 50 Abs. 1 Satz 4 SGB V unter den vereinfachten Voraussetzungen nach § 48 Abs. 1 SGB V wieder auf.[84] Neben der ununterbrochen bestehenden Arbeitsunfähigkeit und dem Wegfall der verdrängenden Leistung ist für ein solches Wiederaufleben des Anspruchs auf Krankengeld Voraussetzung, dass der Versicherte als Mitglied einer Krankenkasse angehört und seine Arbeitsunfähigkeit der Kasse meldet (§ 49 Abs. 1 Nr. 5 SGB V). Dabei ist gleichgültig, ob es sich um eine Mitgliedschaft mit oder ohne Anspruch auf Krankengeld handelt.[85] Grund für diese weitgehende **Verdrängung** des § 50 Abs. 1 Satz 4 SGB V **durch § 48 SGB V** ist neben der Entstehungsgeschichte der Normzweck der Vorschrift. Das BSG wendet aufgrund der inhaltlichen Nähe zur Vorgängervorschrift seine frühere Rechtsprechung zu § 183 Abs. 3 RVO weiter auch auf den Fall des wiederauflebenden Krankengeldanspruchs nach § 50 Abs. 1 Satz 4 SGB V an und hält eine weitergehende Ausschlusswirkung für Versicherte, die in keiner vorausgegangenen Rahmenfrist (§ 48 Abs. 2

---

75 *Vay* in: Krauskopf, SozKV, SGB V § 50 Rn. 21.

76 BSG v. 17.02.1982 - 1 RJ 42/81 - SozR 6050 Art. 12 Nr. 6.

77 So zu Recht: *Marschner* in: GK-SGB V, § 50 Rn. 33.

78 Dazu BSG v. 11.07.1967 - 3 RK 93/65 - SozR Nr. 24 zu § 183 RVO.

79 Zum versicherungsrechtlichen Ausschluss eines Anspruchs auf Krankengeld: § 44 Abs. 1 Satz 2 und Abs. 2 SGB V.

80 BSG v. 29.09.1998 - B 1 KR 5/97 R - SozR 3-2500 § 50 Nr. 5; *Höfler* in: KassKomm, SGB V, § 50 Rn. 7c.

81 So *Noftz* in: Hauck/Noftz, SozKV, SGB V, § 50 Rn. 51.

82 Beim Krankengeld werden auf die Bezugszeit von 78 Wochen Zeiten nicht angerechnet, in denen der Anspruch auf Krankengeld rückwirkend weggefallen ist, auch wenn dem Versicherten aus dem Krankengeldbezug der Krankengeldspitzbetrag nach § 50 Abs. 1 Satz 2 SGB V verbleibt: BSG v. 08.12.1992 - 1 RK 9/92 - SozR 3-2500 § 48 Nr. 4 (vgl. auch § 48 Abs. 3 Satz 2 SGB V).

83 BSG v. 29.09.1998 - B 1 KR 5/97 - SozR 3-2500 § 50 Nr. 5; zustimmend: *Höfler* in: KassKomm, SGB V, § 50 Rn. 7b; *Noftz* in: Hauck/Noftz, SozKV, SGB V, § 50 Rn. 50 f.; *Vay* in: Krauskopf, SozKV, SGB V, § 50 Rn. 22.

84 BSG v. 29.09.1998 - B 1 KR 5/97 - SozR 3-2500 § 50 Nr. 5.

85 BSG v. 08.12.1992 - 1 RK 8/92 - SozR 3-2500 § 48 Nr. 3; BSG v. 02.02.1983 - 3 RK 63/80 - EzS 90/116; *Noftz* in: Hauck/Noftz, SozKV, SGB V, § 50 Rn. 52; zu undifferenziert *Marschner* in: GK-SGB V, § 50 Rn. 19, der eine Versicherung mit Anspruch auf Krankengeld fordert.

SGB V) wegen derselben Krankheit Krankengeld von 78 Wochen bezogen hatten, mit dem Zweck des § 50 Abs. 1 SGB V für unvereinbar.[86]

Nicht in § 50 Abs. 1 SGB V geregelt ist die Abwicklung von **Überzahlungen im Verhältnis Krankenkasse zu den anderen Sozialversicherungsträgern** bzw. den vergleichbaren ausländischen Stellen. Hier verbleibt es bei den allgemeinen Regelungen, insbesondere den §§ 102 f. SGB X. Soweit Krankengeld geleistet wurde und der Anspruch nachträglich nach § 50 Abs. 1 SGB V entfällt, wendet das BSG[87] ausnahmslos zur Erstattung der Überzahlung § 103 SGB X an. Dieser **Erstattungsanspruch** wird normalerweise aus der vom anderen Leistungsträger vorläufig einbehaltenen Leistung befriedigt, denn nach § 107 SGB X gilt der Anspruch auf (rückständige) Rente in Höhe des Erstattungsanspruchs durch die Zahlung von Krankengeld als erfüllt.[88] Geht es lediglich um die Verteilung leistungsrechtlicher Verpflichtungen zwischen zwei Versicherungsträgern, ist der Versicherte in einem möglichen Erstattungsstreitverfahren nicht nach § 75 Abs. 2 SGG notwendig beizuladen.[89] Hat der zuständige Leistungsträger ausnahmsweise nach § 103 Abs. 1 HS. 2 SGB X bereits mit befreiender Wirkung die Rente an den Versicherten ausgezahlt, ist die Krankenkasse auf eine Rückforderung gegen den Versicherten nach den §§ 48 Abs. 1 Satz 2 Nr. 3, 50 Abs. 1 SGB V beschränkt, wobei § 50 Abs. 1 Satz 2 SGB V zu beachten ist. Auch im Erstattungsstreitverfahren ist die Krankenkasse inhaltlich an den Inhalt des Bewilligungsbescheides gebunden (vgl. Rn. 24); lediglich bei offensichtlich fehlerhaften Bewilligungsbescheiden kann die Pflicht zur engen Zusammenarbeit (§ 86 SGB X) diese Bindungswirkung durchbrechen.[90] Ausgleichsansprüche gegen andere öffentlich-rechtliche Leistungsträger – vor allem bei Leistungen nach § 50 Abs. 1 Satz 1 Nr. 2 SGB V – richten sich nach dem allgemeinen **öffentlich-rechtlichen Erstattungsanspruch**.[91] Gegenüber ausländischen Leistungsträgern (§ 50 Abs. 1 Satz 1 Nr. 4 SGB V) können Ausgleichs- und Erstattungsansprüche nach dem über- und zwischenstaatlichen Recht bestehen; der Ausgleich findet ansonsten nur im Verhältnis Krankenkasse zum Versicherten statt, § 50 Abs. 1 Satz 3 SGB V (vgl. Rn. 28). 31

2. Kürzung des Krankengeldes (Absatz 2)

Im Gegensatz zum Wegfall des Anspruchs auf Krankengeld nach § 50 Abs. 1 SGB V ist das Krankengeld nach § 50 Abs. 2 SGB V beim Bezug einer dort genannten Leistung (nur) um den Zahlbetrag dieser Leistung zu kürzen. Der Gesetzgeber misst diesen Leistungen nur eine Teilsicherungsfunktion zu, d.h., dem Versicherten soll wenigstens zur Absicherung seiner wirtschaftlichen Situation ein Betrag in Höhe des vollen Krankengeldanspruchs verbleiben.[92] Ist der Anspruch auf die konkurrierende Leistung ausnahmsweise höher als der Anspruch auf Krankengeld, reduziert sich der Anspruch „auf Null" bei grundsätzlich fortbestehendem Krankengeldanspruch.[93] 32

a. Renten nach dem ALG (Absatz 2 Nr. 1)

Nach § 50 Abs. 2 Nr. 1 SGB V ist der Anspruch auf Krankengeld um den Zahlbetrag der **Altersrente nach Vollendung des 65. Lebensjahres**[94] nach § 11 ALG, der **vorzeitigen Altersrente** nach § 12 33

---

86 BSG v. 29.09.1998 - B 1 KR 5/97 - SozR 3-2500 § 50 Nr. 5 unter ausdrücklichem Verweis auf BSG v. 11.07.1967 - 3 RK 92/65 - SozR Nr. 23 zu § 183 RVO, BSG v. 11.07.1967 - 3 RK 93/65 - SozR Nr. 24 zu § 183 RVO.

87 BSG v. 01.09.1999 - B 13 RJ 49/98 R - SozR 3-1300 § 86 Nr. 3; BSG v. 08.07.1998 - B 13 RJ 49/96 R - SozR 3-2600 § 99 Nr. 2; BSG v. 09.08.1995 - 13 RJ 43/94 - SozR 3-2500 § 50 Nr. 3; BSG v. 25.01.1995 - 12 RK 51/93 - SozR 3-2500 § 50 Nr. 2; zur Rechtslage nach der RVO: BSG v. 01.04.1993 - 1 RK 10/92 - SozR 3-2200 § 183 Nr. 6.

88 Es bleibt bei der Beitragspflicht zur Rentenversicherung während des Krankengeldbezuges auch dann, wenn nachträglich Rente wegen Erwerbsunfähigkeit bewilligt wird, BSG v. 25.01.1995 - 12 RK 51/93 - SozR 3-2400 § 26 Nr. 6.

89 BSG v. 01.04.1993 - 1 RK 10/92 - SozR 3-2200 § 183 Nr. 6; anders aber: BSG v. 12.06.1986 - 8 RK 61/84 - SozR 1500 $ 75 Nr. 60; BSG v. 15.11.1989 - 5 RJ 41/89 - SozR 1500 § 75 Nr. 80.

90 BSG v. 01.09.1999 - B 13 RJ 49/98 R - SozR 3-1300 § 86 Nr. 3; BSG v. 08.07.1998 - B 13 RJ 49/96 R - SozR 3-2600 § 99 Nr. 2; BSG v. 01.04.1993 - 1 RK 10/92 - SozR 3-2200 § 183 Nr. 6.

91 Dazu: *Noftz* in: Hauck/Noftz, SozKV, § 50 Rn. 60.

92 *Marschner* in: GK-SGB V, § 50 Rn. 39.

93 *Vay* in: Krauskopf, SozKV, SHB V, § 50 Rn. 23.

94 Zur Reform der Renten wegen Alters zum 01.01.2008: Art. 17 Gesetz zur Anpassung der Regelaltersgrenze an die demografische Entwicklung und zur Stärkung der Finanzgrundlagen der gesetzlichen Rentenversicherung (RV-Altersgrenzenanpassungsgesetz) v. 20.04.2007, BGBl I 2007, 554.

ALG, der **Rente wegen Erwerbsminderung** nach § 13 ALG[95] (bis zum 31.12.2000: Rente wegen Erwerbsunfähigkeit) sowie der **Landabgabenrente** nach § 121 ALG zu kürzen. Vor dem In-Kraft-Treten des SGB V (vgl. Rn. 1) bewirkten diese Leistungen noch den vollständigen Wegfall des Anspruchs auf Krankengeld, der Gesetzgeber stuft sie nunmehr nur noch als Leistungen mit Teilsicherungsfunktion ein; die entsprechende Rechtsprechung des BSG[96] ist damit überholt. Wegen des Bezuges einer Produktionsaufgabenrente nach § 8 FELEG darf der Anspruch auf Krankengeld weder in direkter noch in analoger Anwendung des § 50 Abs. 2 Nr. 1 SGB V gekürzt werden, denn diese Leistung hat eher den Charakter einer zweckgebundenen Zahlung und damit keine Lohnersatzfunktion i.S.d. § 50 Abs. 2 SGB V.[97]

b. Rente wegen teilweiser Erwerbsminderung, Berufsunfähigkeit oder Teilrente wegen Alters (Absatz 2 Nr. 2)

34 Renten aus der gesetzlichen Rentenversicherung mit einer Krankengeld verdrängenden Teilsicherungsfunktion führen nach § 50 Abs. 1 Nr. 2 SGB V zu einer Kürzung des Krankengeldes. Es sind dies zunächst die **Rente wegen teilweiser Erwerbsminderung** (§§ 43 Abs. 1, 240 SGB VI), **Rente wegen Berufsunfähigkeit** mit einem Rentenbeginn vor dem 01.01.2001 (§ 43 Abs. 1 SGB IV a.F.[98] i.V.m. § 302b SGB VI) bzw. ab dem 01.01.1992 (§ 302a SGB VI).[99] Unerheblich ist genau wie in § 50 Abs. 1 Satz 1 Nr. 1 SGB VI, ob die Rente un- oder nur befristet geleistet wird (§§ 100 Abs. 1, 102 Abs. 1 SGB VI).[100] Wird eine der in § 50 Abs. 1 Satz 1 Nr. 1 SGB V aufgeführten **Renten wegen Alters** (vgl. Rn. 15) nicht als Vollrente nach § 42 Abs. 1 SGB VI, sondern nach Absatz 2 dieser Vorschrift nur als **Teilrente** gezahlt, unterfällt sie mit ihrem Zahlbetrag allein der Kürzungsvorschrift des § 50 Abs. 2 Nr. 2 SGB V.[101] Eine direkte oder analoge Ausweitung des § 50 Abs. 1 Nr. 2 SGB V auf Leistungen aus **berufsständischen Versorgungswerken** scheidet aus.[102] Die Vorschrift erfasst nur Renten aus der gesetzlichen Rentenversicherung, so dass der Bezug einer Invalidenrente aus einem ärztlichen Versorgungswerk trotz des identischen Leistungszwecks nicht zur Kürzung des Krankengeldes führt.

c. Knappschaftsausgleichsleistung oder Rente für Bergleute (Absatz 2 Nr. 3)

35 § 50 Abs. 2 Nr. 3 SGB V ordnet die Kürzung des Krankengeldes beim Bezug einer **Rente für Bergleute** (§ 45 SGB VI)[103], **Knappschaftsausgleichsleistung** (§ 239 SGB VI)[104] und umgewandelter **Bergmannsrenten und Bergmannsvollrenten** aus der ehemaligen DDR mit einem Rentenbeginn vor dem 01.01.1992 (§ 302a Abs. 3 SGB VI) an. Das Krankengeld wird nur um den Differenzbetrag der Renten gekürzt, wenn einem Empfänger einer Rente für Bergleute zusätzlich während des Bezugs von Krankengeld eine Rente wegen teilweiser Erwerbsminderung zuerkannt wird.[105]

d. Vergleichbare ausländische Leistungen und Leistungen aus der ehemaligen DDR (Absatz 2 Nr. 4 und 5)

36 Kommt den (Renten-)Leistungen nach § 50 Abs. 1 Satz 1 Nr. 4 und 5 SGB V (vgl. dazu Rn. 19 f. und Rn. 22) keine volle, sondern nur eine teilweise Erwerbsersatzeinkommensfunktion zu, ordnet § 50 Abs. 2 Nr. 4 und 5 SGB V nicht mehr den Wegfall, sondern nur die Kürzung des Krankengeldan-

---

[95] § 13 Abs. 1 Satz 3 ALG schließt eine Rente wegen voller Erwerbsminderung für Landwirte i.S.d. § 1 Abs. 3 ALG aus.

[96] BSG v. 20.01.1982 - 3 RK 20/81 - SozR 2200 § 183 Nr. 41; BSG v. 15.11.1979 - 11 RK 2/79 - SozR 1500 § 150 Nr. 21.

[97] BSG v. 04.05.1994 - 1 RK 37/93 - SozR 3-2500 § 50 Nr. 1.

[98] § 43 SGB VI i.d.F. vom 30.12.2000 neu gefasst durch Art. 1 Nr. 10 Gesetz zur Reform der Renten wegen verminderter Erwerbsfähigkeit v. 20.12.2000, BGBl I 2000, 1827.

[99] Bei diesen Renten aus der ehemaligen DDR (Rentenbeginn vor dem 31.12.1991) bestimmt die Höhe des Hinzuverdienstes (§ 302a Abs. 2 SGB VI) die Zuordnung zur Erwerbsunfähigkeits- bzw. zur Berufsunfähigkeitsrente.

[100] *Höfler* in: KassKomm, SGB V, § 50 Rn. 10b; zum Übergangsrecht § 302 Abs. 1-4 SGB VI.

[101] Zur späteren Umwandlung einer Rente: BSG v. 17.04.1970 - 3 RK 75/69 - SozR Nr. 50 zu § 183 RVO (Umwandlung einer Rente wegen Berufsunfähigkeit in eine wegen Erwerbsunfähigkeit).

[102] BSG v. 23.04.1996 - 1 RK 19/95 - SozR 3-2500 § 50 Nr. 4.

[103] Vgl. auch § 242 SGB VI, früher: Bergmannsrente (§ 45 Abs. 1 Nr. 1 RKG).

[104] Früher § 98a RKG; zur früheren Rechtsprechung zur RVO: BSG v. 25.03.1971 - 5 RKn 58/69 - SozR Nr. 59 zu § 183 RVO.

[105] So zum Recht nach dem RKG: BSG v. 25.11.1981 - 5a/5 RKn 8/80 - SozR 2200 § 183 Nr. 40.

spruchs an. Voraussetzung hierfür ist, dass der Leistung nach Auslegung der zugrunde liegenden Anspruchsvoraussetzungen nur Teilsicherungsfunktion beizumessen ist.

e. Zuerkennung nach dem Beginn der Arbeitsunfähigkeit oder der stationären Behandlung (Absatz 2 Halbsatz 2)

Die konkurrierende Leistung muss **nach Beginn der Arbeitsunfähigkeit** (§ 44 Abs. 1 SGB V) oder der **stationären Behandlung** (§ 46 Abs. 1 SGB V) zuerkannt werden (§ 50 Abs. 2 HS. 2 SGB V), wobei die „**Zuerkennung**" mit dem „Beginn" der Leistung nach § 50 Abs. 1 Satz 1 HS. 1 SGB V übereinstimmt (dazu bereits Rn. 23 f.). Sachlich nachvollziehbarer Grund hierfür ist der Schutz von Versicherten vor einer doppelten Herabstufung (vgl. Rn. 13). Maßgebend ist auch hier nicht das Datum der Verwaltungsentscheidung, sondern der Zeitpunkt, von dem an aufgrund des Bewilligungsbescheides die Leistung tatsächlich beansprucht werden kann. Wenn bei einer rückwirkenden Bewilligung der maßgebende Leistungsbeginn auf einen Zeitpunkt vor Beginn der Arbeitsunfähigkeit oder der stationären Behandlung fällt, ist Krankengeld ungekürzt weiter zu zahlen.[106] Der Gesetzeswortlaut („**nach Beginn**") stellt eindeutig klar, dass selbst ein gleichzeitiger Beginn von Arbeitsunfähigkeit oder stationärer Behandlung und konkurrierender Leistung für die Rechtsfolge des § 50 Abs. 2 SGB V nicht ausreicht, auch hier ist Krankengeld ungekürzt zu zahlen.[107] Dies gilt mit der herrschenden Meinung auch, wenn der Anspruch auf Krankengeld vor Beginn der Arbeitsunfähigkeit oder stationären Behandlung nach § 49 Abs. 1 SGB V ruhte.[108] 37

f. Rechtsfolgen – Kürzung des Krankengeldes nach Absatz 2

Unabhängig von der Art der Mitgliedschaft wird der Krankengeldanspruch bei Vorliegen der tatbestandlichen Voraussetzungen des § 50 Abs. 2 SGB V um den Zahlbetrag der konkurrierenden Leistung gekürzt. Maßgebend ist der **Nettozahlbetrag**[109], auch deswegen werden solche Leistungen, wenn oder soweit sie ruhen, nicht berücksichtigt.[110] Die Kürzung beginnt mit Zuerkennung der konkurrierenden Leistung; sie endet, wenn die Leistung nicht mehr erbracht wird, etwa bei Wegfall einer befristeten Rente (§ 102 Abs. 1 SGB VI). Die Voraussetzungen des § 50 Abs. 2 SGB V sind für jede Arbeitsunfähigkeit gesondert zu prüfen.[111] Soweit Erstattungsansprüche der Krankenkasse bestehen, gelten die Ausführungen zu § 50 Abs. 1 SGB V (vgl. Rn. 31). 38

---

[106] So bereits BSG v. 18.12.1963 - 3 RK 29/63 - SozR Nr. 8 zu § 183 RVO.

[107] Allgemeine Meinung: *Höfler* in: KassKomm, SGB V, § 50 Rn. 12; *Noftz* in: Hauck/Noftz, SozKV, SGB V, § 50 Rn. 70; jeweils m.w.N.

[108] Wie hier: *Höfler* in: KassKomm, SGB V, § 50 Rn. 12; *Noftz* in: Noftz/Hauck, SozKV, SGB V, § 50 Rn. 70; a.A. *Kummer* in: Schulin, Handbuch des Sozialversicherungsrechts, Bd. 1, § 23 Rn. 198, mit Hinweis auf *Lekon*, Die Leistungen 1991, 121, 128.

[109] LSG Schleswig-Holstein v. 19.10.2005 - L 5 KR 88/04 - juris; LSG NRW v. 16.09.1999 - L 16 KR 41/98 - juris.

[110] *Noftz* in: Hauck/Noftz, SozKV, SGB V, § 50 Rn. 72 m.w.N. zur Berechnung.

[111] *Vay* in: Krauskopf, SozKV, SGB V, § 50 Rn. 24.

§ 51 SGB V Wegfall des Krankengeldes, Antrag auf Leistungen zur Teilhabe

(Fassung vom 19.06.2001, gültig ab 01.07.2001)

(1) Versicherten, deren Erwerbsfähigkeit nach ärztlichem Gutachten erheblich gefährdet oder gemindert ist, kann die Krankenkasse eine Frist von zehn Wochen setzen, innerhalb der sie einen Antrag auf Leistungen zur medizinischen Rehabilitation und zur Teilhabe am Arbeitsleben zu stellen haben. Haben diese Versicherten ihren Wohnsitz oder gewöhnlichen Aufenthalt im Ausland, kann ihnen die Krankenkasse eine Frist von zehn Wochen setzen, innerhalb der sie entweder einen Antrag auf Leistungen zur medizinischen Rehabilitation und zur Teilhabe am Arbeitsleben bei einem Leistungsträger mit Sitz im Inland oder einen Antrag auf Rente wegen voller Erwerbsminderung bei einem Träger der gesetzlichen Rentenversicherung mit Sitz im Inland zu stellen haben.

(2) Erfüllen Versicherte die Voraussetzungen für den Bezug der Regelaltersrente oder Altersrente aus der Alterssicherung der Landwirte bei Vollendung des 65. Lebensjahres, kann ihnen die Krankenkasse eine Frist von zehn Wochen setzen, innerhalb der sie den Antrag auf diese Leistung zu stellen haben.

(3) Stellen Versicherte innerhalb der Frist den Antrag nicht, entfällt der Anspruch auf Krankengeld mit Ablauf der Frist. Wird der Antrag später gestellt, lebt der Anspruch auf Krankengeld mit dem Tag der Antragstellung wieder auf.

Gliederung

A. Basisinformationen

I. Textgeschichte/Gesetzgebungsmaterialien

1 Die Vorschrift ist zum **01.01.1989** durch das Gesundheitsreformgesetz (GRG)[1] eingefügt und ohne wesentliche inhaltliche Änderungen bisher sechs Mal an die Terminologie zeitgleicher Änderungen im Rehabilitations- und Rentenrecht angepasst worden.

2 Zum **01.01.1992** wurde § 51 Abs. 1 Satz 1 SGB V im Zuge der Einführung des SGB VI sprachlich an die geänderten Vorschriften über die persönlichen Voraussetzungen für Leistungen zur Rehabilitation nach § 10 SGB VI und Absatz 2 redaktionell an die neuen Bezeichnungen im SGB VI angepasst.[2] Statt „Sind Versicherte … als erwerbsunfähig anzusehen, kann ihnen …“ heißt es nun in Absatz 1 Satz 1 „Versicherte, deren Erwerbsfähigkeit … erheblich gefährdet oder gemindert ist…“, während in Absatz 2 die Worte „des Altersruhegeldes … und haben sie das fünfundsechzigste Lebensjahr vollendet …“ durch „Regelaltersrente … bei Vollendung des 65. Lebensjahres“ ersetzt wurde. Gleichzeitig wurden im Zuge der Deutschen Einheit in § 50 Abs. 1 Satz 2 SGB V die Formulierungen „Geltungsbereich dieses Gesetzbuches“ gestrichen und durch „im Ausland“ ersetzt.[3]

---

[1] BGBl I 1988, 2477.

[2] Art. 4 Nr. 7 lit. a und b Gesetz zur Reform der gesetzlichen Rentenversicherung (RRG 1992) v. 18.12.1989, BGBl I 1989, 2261 hierzu: BT-Drs. 11/4124, S. 211.

[3] Art. 1 Nr. 16 Zweites Gesetz zur Änderung des Fünften Buches Sozialgesetzbuch (2. SGB V-ÄndG) v. 20.12.1991, BGBl I 1991, 2325.

Als weitere rein redaktionelle Anpassung an die teilweise neuen Leistungsbezeichnungen im geänderten System der Alterssicherung für Landwirte (ALG) wurde zum **01.01.1995** in § 51 Abs. 2 SGB V der Begriff „Altersgeld" durch „Altersrente aus der Alterssicherung der Landwirte" ersetzt.[4] Zum **01.01.2001** wurde § 51 Abs. 1 Satz 2 SGB V im Zuge der Reform der Renten wegen verminderter Erwerbsfähigkeit sprachlich angepasst und „Rente wegen Erwerbsunfähigkeit" durch „Rente wegen voller Erwerbsminderung" ersetzt.[5] Ihre bislang letzte, ebenfalls rein redaktionelle Änderung erfuhr die Vorschrift zum **01.07.2001** durch eine sprachliche Anpassung an das neue Rehabilitationsrecht im neu geschaffenen SGB IX: In der Überschrift wurden „Antrag auf Rehabilitation" durch „Antrag auf Leistungen zur Teilhabe" und in § 50 Abs. 1 Satz 1 und 2 SGB V „Maßnahmen zur Rehabilitation" durch „Leistungen zur medizinischen Rehabilitation und zur Teilhabe am Arbeitsleben" ersetzt.[6] 3

II. Vorgängervorschriften

§ 51 SGB V entspricht mit redaktionellen Änderungen im Wesentlichen den bis zum 31.12.1988 geltenden Regelungen in § 183 Abs. 7 und 8 RVO[7]; § 51 Abs. 1 Satz 2 SGB V (Aufenthalt im Ausland) ist neu. Entfallen ist die Verpflichtung in § 183 Abs. 7 Satz 1 RVO, den Rehabilitationsantrag (nur) beim Rentenversicherungsträger zu stellen, denn für diese Maßnahmen können auch andere Rehabilitationsträger (heute: § 6 Abs. 1 SGB IX, §§ 12, 19, 21, 22-24, 28, 29 SGB I) in Betracht kommen.[8] Das BSG hält aufgrund der inhaltlichen Nähe von § 51 SGB V zu der Vorgängervorschrift seine bisherige Rechtsprechung zu § 183 RVO grundsätzlich weiter für anwendbar.[9] 4

III. Parallelvorschriften

Die Ermächtigung der Krankenkassen, sanktionsbewährt Versicherte zu einem bestimmten Tun oder Unterlassen zu veranlassen, findet seine allgemeine Regelung in § 66 SGB I (Leistungsverweigerung bei fehlender – zumutbarer (§ 65 SGB I) – Mitwirkung). Spezielle Mitwirkungspflichten finden sich für die gesetzliche Krankenversicherung in den §§ 198 – 206 SGB V (Melde-, Auskunfts- und Mitteilungspflichten). Auch soweit solche Vorschriften inhaltsgleich mit § 66 SGB I sind, gehen diese nach § 37 SGB I der allgemeineren Regelung vor. 5

Eine mit § 51 SGB V vergleichbare Vorschrift findet sich in § 125 Abs. 2 Satz 1 SGB III, wonach die Agentur für Arbeit Arbeitslose aufzufordern hat, „innerhalb eines Monats einen Antrag auf Leistung zur medizinischen Rehabilitation oder zur Teilhabe am Arbeitsleben zu stellen". Neben dem fehlenden Entschließungsermessen („hat ... aufzufordern") unterscheiden sich allerdings auch die Rechtsfolgen des § 125 Abs. 2 SGB III von denen des § 51 SGB V, hier insbesondere nach Absatz 3 dieser Vorschrift. 6

IV. Systematische Zusammenhänge

§ 51 SGB V komplettiert das Regelungssystem der §§ 49 und 50 SGB V zur Vermeidung zweckidentischer, sozialpolitisch unerwünschter Doppelleistungen von Krankengeld mit zeitgleichen Einkommen und Einkommensersatzleistungen.[10] Die Vorschrift regelt den **Übergang des Anspruchs auf Krankengeld zu anderen Sozialleistungen**, insbesondere zu Leistungen aus der gesetzlichen Rentenversicherung. An der Schnittstelle mehrerer Sozialleistungen besteht damit bezogen auf den Anspruch auf Krankengeld ein Regelungssystem im Sinne eines Vor- und Nachrangs konkurrierender Leistungen.[11] Damit wird gleichzeitig die **Dispositionsmöglichkeit** der Versicherten eingeschränkt, um z.B. 7

---

4 Art. 4 Nr. 3 Gesetz zur Reform agrarsozialer Sicherheit (ASRG 1995) v. 29.07.1994, BGBl I 1994, 1890, hierzu: BT-Drs. 12/5700, S. 93.

5 Art. 5 Nr. 2 Gesetz zur Reform der Renten wegen verminderter Erwerbsfähigkeit v. 20.12.2000, BGBl I 2000, 1827, hierzu BT-Drs. 14/4230, S. 31.

6 Art. 5 Nr. 18 lit. a und b Sozialgesetzbuch - Neuntes Buch - (SGB IX) v. 19.06.2001, BGBl I 2001, 1046, hierzu BT-Drs. 14/5074, S. 118.

7 Zur Entwicklungsgeschichte dieser Vorschrift: *Noftz* in: Hauck/Noftz, SozKV, SGB V, § 50 Rn. 8 f.; *Marschner*, GK-SGB V, § 51 Rn. 2, jeweils m.w.N.

8 BT-Drs. 11/2237, S. 182 (zu § 50).

9 BSG v. 07.12.2004 - B 1 KR 6/03 R - SozR 4-2500 § 51 Nr. 1; BSG v. 09.08.1995 - 13 RJ 43/94 - SozR 3-2500 § 50 Nr. 3.

10 Dazu: BSG v. 08.11.2005 - B 1 KR 27/04 R - SozR 4-2500 § 48 Nr. 3; BSG v. 29.09.1998 - B 1 KR 5/97 R - SozR 3-2500 § 50 Nr. 5, jeweils m.w.N.

11 *Noftz* in: Hauck/Noftz, SGB V, § 51 Rn. 4.

Manipulationsmöglichkeiten zum Nachteil der Versichertengemeinschaft der Krankenversicherung möglichst auszuschließen.[12] Zu Gunsten der Krankenkasse kann die Aufforderung nach § 51 Abs. 1 SGB V nicht nur die Verpflichtung zur Zahlung des Krankengeldes zeitlich einschränken, gleichzeitig wird damit der Erstattungsanspruch der Krankenkasse gegen den Rehabilitationsträger inhaltlich konkretisiert.[13]

8 § 51 Abs. 1 SGB V steht in einem engen systematischen Zusammenhang mit **§ 116 Abs. 2 SGB VI**, wonach der Antrag auf Leistungen zur Teilhabe die Fiktion eines Rentenantrags bewirkt, wenn eine erfolgreiche Rehabilitation nicht zu erwarten ist oder die erbrachten Rehabilitationsleistungen nicht erfolgreich waren.[14] In dieser Regelung verwirklicht sich zwar in besonderer Weise der Grundsatz „Rehabilitation vor Rente" (heute: § 8 Abs. 1 und 2 SGB IX)[15]; im Verhältnis zum Anspruch auf Krankengeld entfaltet diese Fiktion jedoch auch eine belastende Wirkung: Kommt der Versicherte der Aufforderung der Krankenkasse nach und stellt innerhalb der gesetzten Frist einen Antrag auf Leistungen zur Teilhabe, endet mit der Bewilligung einer Rente wegen voller Erwerbsminderung für die Zukunft noch vor Ablauf der Höchstbezugsdauer (§ 48 SGB V) der Anspruch auf das regelmäßig höhere Krankengeld (§ 50 Abs. 1 Satz 1 Nr. 1 SGB V).[16] Stellen Versicherte innerhalb der Frist den Antrag nicht (§ 50 Abs. 3 Satz 1 SGB V), entfällt der Anspruch auf Krankengeld mit Ablauf der Frist. Mit Wegfall des Anspruchs auf Krankengeld **endet auch die Mitgliedschaft** zur Krankenkasse, wenn sie über § 192 Abs. 1 Nr. 2 SGB V durch die Zahlung von Krankengeld erhalten wurde. Dies kann erhebliche Bedeutung für den Krankenversicherungsschutz des Versicherten haben, im ungünstigsten Fall stehen ihm nur noch **nachgehende Ansprüche** auf Krankenbehandlung aus § 19 Abs. 2 SGB V für längstens einen Monat nach dem Ende der Mitgliedschaft zu. Wird der Antrag später doch noch gestellt, lebt der Antrag auf Krankengeld zwar mit dem Tage der Antragstellung wieder auf (§ 51 Abs. 3 Satz 2 SGB V), in der Literatur ist jedoch hoch umstritten und zumindest zu § 51 Abs. 3 Satz 2 SGB V noch nicht höchstrichterlich geklärt, ob damit gleichzeitig auch der Anspruch auf Mitgliedschaft mit Anspruch auf alle Leistungen der gesetzlichen Krankenversicherung oder nur der Zahlungsanspruch auf Krankengeld gemeint ist (vgl. dazu Rn. 28).

V. Ausgewählte Literaturhinweise

9 *Finkenbusch*, Aufforderung zum Antrag auf Leistungen zur Teilhabe, WzS 2004, 257-266; *Lelle/Keller*, Zuerkennung von Renten – Auswirkungen auf den Krankengeldbezug, SF-Medien Nr. 153, 33-47 (2005); *Marburger*, Aufforderung durch die Krankenkasse zur Stellung eines Rentenantrages oder eines Antrages auf Rehabilitationsleistungen, Teil 1 und 2, Die Leistungen 2005, 449-453 und 513-518; *Sip*, Dauer des Krankengeldanspruchs, SF-Medien Nr. 161, 65-88 (2007).

B. Auslegung der Norm

I. Regelungsgehalt und Bedeutung der Norm

10 Versicherten, deren Erwerbsfähigkeit nach ärztlichem Gutachten erheblich gefährdet oder gemindert ist, kann die Krankenkasse nach § 51 Abs. 1 Satz 1 SGB V eine Frist von 10 Wochen setzen, innerhalb der sie einen Antrag auf Leistungen zur medizinischen Rehabilitation und zur Teilhabe am Arbeitsleben (**§ 5 Nrn. 1 und 2 SGB IX**) zu stellen haben. Innerhalb der gleichen Frist kann die Krankenkasse Versicherten mit einem Wohnsitz oder einem gewöhnlichen Aufenthalt im Ausland auferlegen, einen solchen Antrag auf Teilhabe oder einen Antrag auf Rente wegen voller Erwerbsminderung bei einem inländischen Leistungsträger zu stellen (§ 51 Abs. 1 Satz 2 SGB V). Erfüllen Versicherte die Voraussetzungen für den Bezug einer Regelaltersrente nach dem SGB VI oder einer Altersrente nach dem ALG, kann die Krankenkasse nach § 50 Abs. 2 SGB V diese innerhalb der gleichen Frist auffordern, einen Rentenantrag zu stellen. Stellen die Versicherten trotz der Aufforderung innerhalb der Frist kei-

---

[12] BSG v. 07.12.2004 - B 1 KR 6/03 R - SozR 4-2500 § 51 Nr. 1.

[13] BSG v. 04.06.1981 - 3 RK 32/80 - ErsK 1981, 413.

[14] BSG v. 01.09.1999 - B 13 RJ 49/98 R - SozR 3-1300 § 86 Nr. 3.

[15] BSG v. 12.05.1998 - B 5/4 RA 36/97 R - SozR 3-2600 § 75 Nr. 1.

[16] Lediglich für das bereits ausgezahlte Krankengeld darf die Krankenkasse nach § 50 Abs. 1 Satz 2 SGB V den überschießenden Betrag (Krankengeldspitzbetrag) nicht zurückfordern.

nen Antrag, entfällt der Anspruch auf Krankengeld mit Ablauf der Frist (§ 50 Abs. 3 Satz 1 SGB V). Wird der Antrag später gestellt, lebt der Anspruch auf Krankengeld mit dem Tag der Antragstellung wieder auf (§ 50 Abs. 3 Satz 2 SGB V).

II. Normzweck

11 § 51 SGB V will i.V.m. § 50 Abs. 1 Satz 1 Nr. 1 SGB V zum einen die doppelte Gewährung von Sozialleistungen vermeiden und zum anderen eine sachgerechte Abgrenzung der Leistungszuständigkeit von Kranken- und insbesondere Rentenversicherung dahin vornehmen, dass die **Rentenzahlungen Vorrang vor den Krankengeldleistungen** haben, weil es in erster Linie Aufgabe der Rentenversicherung ist, bei dauerhafter Erwerbsminderung mit Leistungen einzutreten.[17] Der Krankenkasse wird durch die Aufforderung und Fristsetzung nach § 51 Abs. 1 Satz 1 SGB V das Recht eingeräumt, Einfluss auf den Beginn der antragsabhängigen Leistung (§ 19 SGB IV, §§ 115 Abs. 1 Satz 1, 116 Abs. 2 SGB VI, § 44 Abs. 1 ALG) zu nehmen (z.B. § 99 SGB VI, § 30 Abs. 1 ALG) und einen Wegfall ihrer Leistungszuständigkeit für das Krankengeld schon vor Erreichen der Anspruchshöchstdauer (§ 48 SGB V) zu bewirken. Um der Krankenkasse diesen Vorteil zu erhalten, hat das BSG in ständiger Rechtsprechung bereits unter Geltung der RVO entschieden, dass der Versicherte diesen Antrag wirksam nur noch mit Zustimmung der Krankenkasse zurücknehmen oder beschränken kann.[18] Diese Rechtsprechung ist auch unter Geltung des § 51 SGB V aufrechterhalten worden.[19]

III. Tatbestandsmerkmale

1. Aufforderung zur Antragstellung (Absatz 1)

12 Eine wirksame Aufforderung zur Stellung eines Antrags auf Leistungen zur Teilhabe setzt nach § 50 Abs. 1 Satz 1 SGB V einen Anspruch auf Krankengeld, das Vorliegen einer erheblichen Gefährdung oder Minderung der Erwerbsfähigkeit, ein ärztliches Gutachten, die Ausübung von Ermessen auf Seiten der Krankenkasse und eine Fristsetzung tatbestandlich voraus.

a. Anspruch auf Krankengeld

13 Eine rechtmäßige Aufforderung, einen Antrag auf Leistungen zur Teilhabe zu stellen, setzt zunächst nach Sinn und Zweck der Vorschrift zwingend einen **Anspruch auf Krankengeld** voraus (Umkehrschluss aus § 50 Abs. 3 SGB V).[20] Nicht erforderlich ist, dass das Krankengeld tatsächlich ausgezahlt wird. Die Aufforderung nach § 51 Abs. 1 Satz 1 SGB V ist danach auch bereits möglich, solange der Versicherte noch Entgeltfortzahlung (§§ 3 f. EntgFG) von seinem Arbeitgeber bezieht und der Anspruch auf Krankengeld nach § 49 Abs. 1 Nr. 1 SGB V ruht.

b. Erhebliche Gefährdung oder Minderung der Erwerbsfähigkeit

14 Eine erhebliche **Gefährdung der Erwerbsfähigkeit oder Minderung der Erwerbsfähigkeit** liegt vor, wenn entweder der gesundheitliche Zustand des Versicherten so schlecht ist, dass mit einer dauerhaften Minderung oder dem Verlust seiner Erwerbsfähigkeit gerechnet werden muss oder eine solche Minderung bereits eingetreten ist.[21] Hierbei handelt es sich nach der aktuellen Rechtsprechung des BSG[22] nicht um die gleichen Kriterien, die für die Erfüllung der Leistungsvoraussetzungen einer Rente wegen Erwerbsminderung (§ 43 Abs. 1 und 2 SGB VI) maßgebend sind. Ein Anspruch auf Leistungen zur Teilhabe am Arbeitsleben setzt danach nicht (mehr) voraus, dass der Versicherte in einem Ausbildungsberuf tätig war und Berufsschutz genießt. Es ist vielmehr maßgebend auf die persönlichen Verhältnisse des Versicherten, also auf dessen aktuelle körperliche sowie geistige Konstitution und die daraus resultierende gesundheitliche Einschränkung seiner beruflichen Leistungsfähigkeit abzustellen. In Abgrenzung zur Akuterkrankung liegt eine dauerhafte Minderung oder Gefährdung vor, wenn diese

---

[17] BSG v. 07.12.2004 - B 1 KR 6/03 R - SozR 4-2500 § 51 Nr. 1; *Höfler* in: KassKomm, SGB V, § 51 Rn. 2.

[18] BSG v. 04.06.1981 - 3 RK 50/80 - SozR 2200 § 1248 Nr. 33; BSG v. 04.06.1981 - 3 RK 32/80 - ErsK 1981, 413.

[19] BSG v. 07.12.2004 - B 1 KR 6/03 R - SozR 4-2500 § 51 Nr. 1; BSG v. 09.08.1995 - 13 RJ 43/94 - SozR 3-2500 § 50 Nr. 3.

[20] H.M.: *Finkenbusch*, WzS 2004, 257 (258); *Höfler* in: KassKomm, SGB V, § 51 Rn. 4.

[21] *Niesel* in: KassKomm, SGB VI, § 10 Rn. 4 f.

[22] BSG v. 17.10.2006 - B 5 RJ 15/05 R - zum Abdruck vorgesehen in SozR 4; BSG v. 29.03.2006 - B 13 RJ 37/05 R - SozR 4-2600 § 10 Nr. 1.

voraussichtlich länger als sechs Monate bestehen wird (Anlehnung an § 101 Abs. 1 SGB VI); unabhängig davon, wie lange sie bereits besteht.[23] Diese Voraussetzungen entsprechen den persönlichen Voraussetzungen für Leistungen zur Teilhabe nach § 10 Abs. 1 Nr. 1 SGB VI. Nicht erwähnt in § 51 Abs. 1 Satz 1 SGB V sind die in § 10 Abs. Nr. 2 SGB VI normierten Erfolgsaussichten der Leistung zur Teilhabe. Die Krankenkasse kann daher – ausgehend vom Normzweck vollkommen sachgerecht – Versicherte selbst bei fehlender Erfolgsaussicht zur Antragstellung auffordern, um über die Umdeutung nach § 116 Abs. 2 SGB VI eine Entscheidung des Rentenversicherungsträgers über einen Anspruch auf Rente wegen verminderter Erwerbsfähigkeit herbeizuführen.[24]

c. Nach ärztlichem Gutachten

15 Die Beurteilung, ob die Erwerbsfähigkeit erheblich gefährdet oder gemindert ist, muss auf Grund eines **ärztlichen Gutachtens** erfolgen. Dabei muss es sich um mehr als ein Attest oder eine ärztliche Bescheinigung handeln, vielmehr ist notwendig, dass die erhobenen Befunde – zumindest summarisch – wiedergegeben werden und sich der Arzt – soweit es sich um ein sozialmedizinisches Gutachten handelt – zu den nach seiner Auffassung durch die festgestellten Gesundheitsstörungen bedingten Leistungseinschränkungen und ihrer voraussichtlichen Dauer äußert.[25] Der Gutachter darf sich nicht darauf beschränken, nur das Ergebnis seiner Überlegungen mitzuteilen, vielmehr muss das Gutachten aus sich heraus **verständlich** und für diejenigen, die Verwaltungsentscheidungen möglicherweise überprüfen, **nachvollziehbar** sein. Der Gutachter braucht kein Vertragsarzt zu sein, selbst der behandelnde Arzt des Versicherten kann das Gutachten verfassen. Regelmäßig wird allerdings in der Praxis von der Krankenkasse der MDK (§ 275 SGB V) zur Erstellung eines Gutachtens eingeschaltet. Dabei kann es in geeigneten Fällen sogar ausreichen, wenn vorliegende Befunde nur nach Aktenlage gutachterlich ausgewertet werden.

d. Ermessen der Krankenkasse

16 In der Entscheidung, ob die Krankenkasse ihren Versicherten zur Antragstellung auffordert, ist sie nicht völlig frei, sie hat diese Entscheidung nach **pflichtgemäßem Ermessen** („kann") zu treffen.[26] Dabei handelt es sich nicht allein um ein Entschließungsermessen („ob").[27] Die Krankenkasse muss alle Umstände des Einzelfalls sorgfältig abwägen und sich insbesondere bewusst sein, dass ihre Verwaltungsentscheidung nicht nur zum Wegfall des Krankengeldanspruchs führen und die Kassenmitgliedschaft beenden kann, sondern auch darüber hinaus für den Versicherten in der Regel einschneidende Bedeutung hat, da sie dessen Ausscheiden aus dem Berufsleben zur Folge haben kann. Es gelten die allgemeinen Grundsätze (§ 39 Abs. 1 SGB I, § 35 Abs. 1 Satz 3 SGB X). Dem Interesse der Krankenkasse am Übergang der Leistungszuständigkeit auf den Rentenversicherungsträger ist nach dem Normzweck (vgl. Rn. 11) des § 51 SGB V grundsätzlich Vorrang einzuräumen. Im Einzelfall kann jedoch der Versicherte ein berechtigtes Interesse am Hinausschieben des Rentenbeginns (§ 116 Abs. 2 SGB VI) bzw. der Antragstellung haben, welches das der Krankenkasse überwiegt. Der Wunsch, statt der regelmäßig geringeren Rente ein höheres Krankengeld bis zum Ablauf der Höchstbezugsdauer (§ 48 SGB V) beziehen zu wollen, reicht allein hierfür allerdings nicht aus. Noch nicht höchstrichterlich geklärt, aber im Ergebnis wohl zu bejahen ist, ob ein allein ein zu erwartender Rentenabschlag (§ 77 Abs. 2 SGB VI) in diesem Sinne grundsätzlich dem Interesse der Krankenkasse an einer Leistungsbegrenzung bei Bezug einer Rente wegen Erwerbsminderung nachrangig ist.[28] Ein **überwiegendes privates Interesse** kommt nach der Rechtsprechung vor allem in Betracht, wenn „eine erhebliche Verbesserung" des Rentenanspruchs erreicht werden kann, z.B. durch eine eventuell noch mögliche Erfüllung der Voraussetzungen für eine Erhöhung der Rentenbemessungsgrundlage.[29] Beachtlich in diesem Sinne kann auch sein, wenn ein Rentenantrag nach tarifvertraglichen Regelungen automatisch zum Arbeitsplatzverlust führen würde, wenn der Anspruch auf Betriebsrente durch einen frühzeitigen Rentenbeginn verloren ginge, wenn eine qualifizierte Wartezeit (§ 50 Abs. 2-4 SGB VI) noch nicht er-

---

[23] BSG v. 22.09.1981 - 1 RJ 12/80 - SozR 2200 § 1237a Nr. 19 (eingebrachte Leiden).

[24] *Vay* in: Krauskopf, SozKV, SGB V, § 51 Rn. 3.

[25] BSG v. 07.08.1991 - 1/3 RK 26/90 - SozR 3-2200 § 183 Nr. 2.

[26] BSG v. 07.12.2004 - B 1 KR 6/03 R - SozR 4-2500 § 51 Nr. 1; BSG v. 07.08.1991 - 1/3 RK 26/90 - SozR 3-2200 § 183 Nr. 2; BSG v. 04.06.1981 - 3 RK 50/80 - SozR 2200 § 1248 Nr. 33.

[27] *Noftz* in: Hauck/Noftz, SozKV, SGB V, § 51 Rn. 33.

[28] Vgl. aber BSG v. 16.05.2006 - B 4 RA 22/05 R - SozR 4-2600 § 77 Nr. 3.

[29] BSG v. 04.06.1981 - 3 RK 50/80 - SozR 2200 § 1248 Nr. 33.

reicht ist oder wenn die versicherungsrechtlichen Voraussetzungen für eine Mitgliedschaft in der KVdR (§ 5 Abs. 1 Nr. 11 SGB V) noch erfüllbar sind.[30] Als weiterer Aspekt ist zu berücksichtigen, ob der Anspruch auf Krankengeld ohnehin in absehbarer Zeit erschöpft und damit das finanzielle Ausmaß möglicher Einbußen der Krankenkasse überschaubar ist. Ergibt sich bei alledem, dass den Interessen keiner Seite deutlich der Vorrang einzuräumen ist, kann auch der Umstand den Ausschlag geben, ob der Krankenkasse im Zusammenhang mit der Aufforderung zur Antragstellung nach § 51 SGB V gegenüber dem Versicherten Beratungsfehler bzw. Anhörungsmängel anzulasten sind oder ob sie selbst ihren Pflichten durchgehend beanstandungsfrei nachgekommen ist.[31]

e. Entscheidung und Fristsetzung

Die Fristsetzung nach § 51 Abs. 1 Satz 1 SGB V erfolgt durch einen **belastenden Verwaltungsakt**.[32] Der Versicherte ist vorher anzuhören (§ 24 SGB X), es gelten die allgemeinen Vorschriften (§§ 31 f. SGB X). Einer besonderen Form bedarf die Fristsetzung grundsätzlich nicht (§ 33 Abs. 2 SGB X), sie sollte jedoch zweckmäßig schriftlich erfolgen und dem Versicherten zugestellt werden. 17

Ungeschriebenes Tatbestandsmerkmal des § 51 Abs. 1 Satz 1 SGB V ist eine **Belehrung über die Rechtsfolgen** nach Absatz 3 der Vorschrift.[33] Angesichts der Rechtsfolgen, die ein Vorgehen der Krankenkasse nach § 51 Abs. 1 Satz 1 SGB V auslöst, muss ein Versicherter eindeutige Klarheit darüber erhalten, welche Konsequenzen für ihn mit einer daraufhin erfolgenden Beantragung von Leistungen zur Teilhabe verbunden sind. Dazu ist mit Rücksicht auf die Beratungspflicht des Sozialleistungsträgers (§ 14 SGB I) insbesondere eine Information über die sich als Rechtsfolge ergebene mögliche Einstellung des Krankengeldes nach Ablauf des Zehn-Wochen-Zeitraums gemäß § 51 Abs. 3 SGB V erforderlich. Ebenso nötig ist ein Hinweis darauf, dass der Versicherte mit seiner ihm durch das Vorgehen der Krankenkasse nach § 51 Abs. 1 SGB V abverlangten Entscheidung, ob er einen Antrag auf Leistungen zur Teilhabe stellt oder nicht, vor die Situation gestellt sein kann, damit nicht mehr ohne weiteres frei über seine Rentenantragstellung entscheiden zu können.[34] Verletzt die Krankenkasse diese Beratungspflicht, ist dies nach den Grundsätzen über den sozialrechtlichen Herstellungsanspruch zu kompensieren.[35] U.U. ist einem Versicherten danach nochmals die Möglichkeit von der Krankenkasse zu eröffnen, eine Entscheidung herbeizuführen, ob diese zustimmen will, dass der auf die Aufforderung nach § 51 Abs. 1 Satz 1 SGB V hin gestellte Antrag auf Leistungen zur Teilhabe nicht zugleich i.S.d. § 116 Abs. 2 SGB VI als Rentenantrag wirken soll. 18

Der Versicherte hat auf Grund einer wirksamen Aufforderung nach § 51 Abs. 1 Satz 1 SGB V den Antrag auf Leistungen zur Teilhabe innerhalb einer **Frist von 10 Wochen** zu stellen. Die Frist beginnt mit dem Tag der Bekanntgabe (§ 37 SGB X) des Verwaltungsaktes, wenn kein anderer Beginn festgesetzt wird (§ 26 Abs. 2 SGB X); sie endet nach Ablauf von zehn Wochen (Berechnung nach § 26 Abs. 1 SGB X i.V.m. § 188 BGB, § 26 Abs. 3 SGB X).[36] 19

Hat ein Versicherter bereits von sich aus einen Antrag auf Leistungen zur Teilhabe oder einen Rentenantrag gestellt, hält die herrschende Meinung zur Einschränkung der Dispositionsbefugnis eine **nachgeschobene Aufforderung** an den Versicherten mit dem Normzweck des § 51 Abs. 1 Satz 1 SGB V für rechtlich zulässig.[37] Hierin liegt keine Verletzung der vom Gesetzgeber vorgegebenen Zehn-Wochen-Frist, da die Dispositionsfreiheit durch die nachgeschobene Aufforderung nur für die Zukunft eingeschränkt wird und ein Vertrauensschutz auf Zahlung des (meist) höheren Krankengeldes bis zur Höchstbezugsdauer (§ 48 SGB V) nicht besteht.[38] Nicht erfasst sind bereits getätigte Dispositionen des 20

---

[30] Beispiele nach BSG v. 07.12.2004 - B 1 KR 6/03 R - SozR 4-2500 § 51 Nr. 1; *Niesel* in: KassKomm, SGB VI, § 116 Rn. 17 m.w.N.

[31] BSG v. 07.12.2004 - B 1 KR 6/03 R - SozR 4-2500 § 51 Nr. 1.

[32] BSG v. v. 07.12.2004 - B 1 KR 6/03 R - SozR 4-2500 § 51 Nr. 1; BSG v. 04.06.1981 - 3 RK 50/80 - SozR 2200 § 1248 Nr. 33; zur vergleichbaren Problematik im Arbeitsförderungsrecht: BSG v. 17.12.2002 - B 7 AL 18/02 R - SozR 3-4300 § 202 Nr. 3; BSG v. 27.07.2000 - B 7 AL 42/99 R - SozR 3-4100 § 134 Nr. 22.

[33] BSG v. 07.12.2004 - B 1 KR 6/03 R - SozR 4-2500 § 51 Nr. 1; *Noftz* in: Hauck/Noftz, SozKV, SGB V, § 51 Rn. 21.

[34] BSG v. 07.12.2004 - B 1 KR 6/03 R - SozR 4-2500 § 51 Nr. 1; BSG v. 09.08.1995 - 13 RJ 43/94 - SozR 3-2500 § 50 Nr. 3.

[35] BSG v. 07.12.2004 - B 1 KR 6/03 R - SozR 4-2500 § 51 Nr. 1.

[36] Dazu: *Höfler* in: KassKomm, SGB V, § 51 Rn. 11.

[37] BSG v. 01.09.1999 - B 13 RJ 49/98 R - SozR 3-1300 § 86 Nr. 3; BSG v. 09.08.1995 - 13 RJ 43/94 - SozR 3-2500 § 50 Nr. 3; *Höfler* in: KassKomm, SGB V, § 51 Rn. 13.

[38] LSG Baden-Württemberg v. 09.03.2007 - L 4 R 1006/06 - juris, Revision anhängig: B 13 R 37/07 R.

Versicherten.[39] Inhaltlich sollte die Krankenkasse gegenüber dem Versicherten klarstellen, dass nicht die Stellung eines neuen Antrags auf Leistungen zur Teilhabe verlangt wird, sondern dass sie ihn auffordert, den einmal gestellten Antrag nicht zurückzunehmen oder zu beschränken.[40]

f. Rechtsfolgen

21 Mit der Aufforderung nach § 51 Abs. 1 Satz 1 SGB V konkretisiert die Krankenkasse ihren möglichen Erstattungsanspruch (§ 103 SGB X) gegen den Rehabilitationsträger.[41] Gleichzeitig ist die an sich bestehende Dispositionsfreiheit des Versicherten über seinen Antrag auf Leistungen zur Teilhabe/Rentenantrag stark eingeschränkt. Dieser kann nicht mehr mit Wirkung gegenüber der Krankenkasse seinen Antrag zurücknehmen oder inhaltlich beschränken; hierfür bedarf er deren Zustimmung. Ihm steht allerdings das Recht zu, von der Krankenkasse die Zustimmung für mögliche Dispositionen zu verlangen, das ggf. gerichtlich durchsetzbar ist.[42] Ebenso wie bei der Aufforderung zur Antragstellung muss die Krankenkasse über die Erteilung oder Versagung der Zustimmung nach pflichtgemäßem Ermessen unter Beachtung der gleichen Maßstäbe entscheiden; zu einem möglichen Streitverfahren ist der Rentenversicherungsträger nach § 75 Abs. 2 SGG notwendig beizuladen.[43]

2. Aufforderung bei Auslandsaufenthalt (Absatz 1 Satz 2)

22 Haben Versicherte ihren **Wohnsitz oder gewöhnlichen Aufenthaltsort** (§ 30 Abs. 1 SGB I) im Ausland, kann die Krankenkasse unter den gleichen Voraussetzungen wie in § 50 Abs. 1 Satz 1 SGB V diesen eine Zehn-Wochen-Frist zur Stellung eines Antrags auf Leistungen zur Teilhabe oder eines Antrags auf Rente wegen Erwerbsminderung bei einem inländischen Sozialversicherungsträger stellen. Der Gesetzgeber wollte mit dieser Regelung verhindern, dass die im Ausland lebenden Versicherten gegenüber anderen – inländischen – Versicherten bessergestellt sind.[44] Der Wortlaut der Vorschrift scheint der Krankenkasse ein Wahlrecht zuzugestehen, alternativ zum Antrag auf eine Leistung zur Teilhabe oder zum Rentenantrag, aber auch ausschließlich nur zur Rentenantragstellung auffordern zu können.[45] Tatsächlich dürfte allerdings kein grenzenloses Wahlrecht bestehen, es verbleibt auch hier beim Grundsatz des § 8 Abs. 2 SGB IX: Leistungen zur Teilhabe haben Vorrang vor Rentenleistungen. Dabei sind allerdings die besonderen versicherungsrechtlichen Voraussetzungen für diesen Personenkreis bei der Entscheidung der Krankenkasse miteinzubeziehen. So verlangen z.B. die §§ 110 Abs. 2, 111 Abs. 1 SGB VI[46] (bzw. die §§ 41 Abs. 1 und 2, 42 Abs. 1 ALG) für Leistungen zur Teilhabe von Berechtigten mit einem gewöhnlichen Aufenthalt im Ausland grundsätzlich eine im Antragsmonat erfolgte Pflichtbeitragsentrichtung. Diese Voraussetzung dürften ohnehin nur ins Ausland entsandte Arbeitnehmer im Falle der Ausstrahlung (§ 4 Abs. 1 SGB IV) oder sich vorübergehend im Ausland aufhaltende versicherte Selbständige (§ 4 Abs. 2 SGB IV) erfüllen.[47] Hinzu kommt, dass trotz Streichung des § 14 SGB VI[48], der Rehabilitationsleistungen grundsätzlich nur im Inland vorsah, eine Leistung zur Teilhabe nach dem neu geschaffenen § 18 SGB IX vornehmlich weiterhin im Inland angeboten wird. Es macht schlicht keinen Sinn, einen Versicherten, der die versicherungsrechtlichen Voraussetzungen für eine Leistung zur Teilhabe nicht erfüllt, zu einem Antrag auf diese Leistungen aufzufordern. Gleiches gilt, falls der Versicherte ersichtlich nicht bereit sein sollte, zur Durchführung dieser Leistung ins Inland zurückzukehren.[49] In diesen Fällen ist es im Rahmen des geforderten pflichtgemäßem Ermessen („kann") zulässig, den im Ausland lebenden Versicherten direkt zur Rentenantragstellung aufzufordern; maßgebend sind aber auch hier die jeweiligen Umstände des Einzelfalls.

---

39 BSG v. 01.09.1999 - B 13 RJ 49/98 R - SozR 3-1300 § 86 Nr. 3; BSG v. 09.08.1995 - 13 RJ 43/94 - SozR 3-2500 § 50 Nr. 3.

40 *Höfler* in: KassKomm, SGB V, § 51 Rn. 13.

41 BSG v. 04.06.1981 - 3 RK 32/80 - ErsK 1981, 413.

42 BSG v. 07.12.2004 - B 1 KR 6/03 R - SozR 4-2500 § 51 Nr. 1.

43 BSG v. 07.12.2004 - B 1 KR 6/03 R - SozR 4-2500 § 51 Nr. 1.

44 BT-Drs. 11/2237, S. 182 (zu § 50).

45 Noch h.M.: *Höfler* in: KassKomm, SGB V, § 51 Rn. 12; differenzierend: *Noftz* in: Hauck/Noftz, SozKV, SGB V, § 51 Rn. 38; *Vay* in: Krauskopf, SozKV, SGB V, § 50 Rn. 10 f., jeweils m.w.N.

46 Vgl. aber § 110 Abs. 3 SGB VI zum über- und zwischenstaatlichen Recht.

47 *Noftz* in: Hauck/Noftz, SozKV, SGB V, § 51 Rn. 38.

48 Art. 6 Nr. 11 Sozialgesetzbuch – Neuntes Buch – (SGB IX) v. 19.06.2001, BGBl I 2000, 1046.

49 *Vay* in: Krauskopf, SozKV, SGB V, § 51 Rn. 11.

3. Fristsetzung bei Regelaltersrente oder Altersrente nach dem ALG (Absatz 2)

Nach § 51 Abs. 2 SGB V kann die Krankenkasse einem Versicherten, der die versicherungsrechtlichen Voraussetzungen für den Bezug der **Regelaltersrente** (§ 35 SGB VI[50]) bzw. der **Altersrente aus der Alterssicherung der Landwirte** (§ 11 ALG[51]) erfüllt, direkt zur Rentenantragstellung auffordern. Grund hierfür ist, dass im SGB V eine § 117 Abs. 2 SGB III vergleichbare Regelung fehlt und der Anspruch auf Krankengeld nicht mit Vollendung des 65. Lebensjahr endet.[52] § 50 Abs. 2 SGB V enthält eine abschließende Regelung und erfasst nur die beiden ausdrücklich genannten Rentenarten; die Krankenkasse darf nicht zur Beantragung einer anderen Rente wegen Alters auffordern.[53] Ebenfalls nicht erfasst sind beamtenrechtliche Versorgungsbezüge.[54] Hinsichtlich der Tatbestandsmerkmale und der Rechtsfolge enthält § 50 Abs. 2 SGB V die gleichen Voraussetzungen wie § 50 Abs. 1 Satz 1 SGB V mit der Besonderheit, dass die Krankenkasse zumindest summarisch die versicherungsrechtlichen Voraussetzungen für einen Rentenbezug prüfen muss, um nicht zu offensichtlich unbegründeten Anträgen aufzufordern.[55] 23

4. Rechtsfolgen der Fristsetzung (Absatz 3)

§ 51 Abs. 3 SGB V regelt ausdrücklich nur den Fall einer unterbliebenen Antragstellung, während sich die Folgen einer fristgerechten Antragstellung aus den §§ 49 und 50 SGB V ergeben. Danach ist wie folgt zu differenzieren: 24

Hat der Versicherte nach Aufforderung durch die Krankenkasse innerhalb der Frist einen Antrag auf Leistungen zur Teilhabe oder einen Rentenantrag gestellt, hat die Krankenkasse im Rahmen der leistungsrechtlichen Vorschriften des SGB V bis zur (bestandskräftigen) Entscheidung über den Antrag Krankengeld weiterzuzahlen. Wird die beantragte Leistung abgelehnt, verbleibt es grundsätzlich bei ihrer Leistungspflicht.[56] Der Versicherte ist grundsätzlich nicht gegenüber der Krankenkasse zur Geltendmachung von Rechtsbehelfen verpflichtet.[57] 25

Bewilligt der angegangene Leistungsträger eine Leistung zur Teilhabe und zahlt Übergangsgeld[58], ruht der Anspruch auf Krankengeld nach § 49 Abs. 1 Nr. 3 SGB V. Bewilligt der Rentenversicherungsträger eine Rente, endet – je nach Rentenart – der Anspruch auf Krankengeld nach § 50 Abs. 1 Satz 1 SGB V bzw. wird nach § 50 Abs. 2 Nrn. 1 oder 2 SGB V um den Zahlbetrag der Rente gekürzt. 26

Ein Sonderfall stellt sich in der Praxis, wenn der Versicherte zwar innerhalb der gesetzten Frist einen Antrag auf Teilhabe stellt, sich aber anschließend bei Anwendung des § 116 Abs. 2 SGB VI durch den Rentenversicherungsträger weigert, einen formellen Rentenantrag zu stellen oder eine Leistung zur medizinischen Rehabilitation gar nicht erst antritt. Dieser Fälle werden von § 51 Abs. 3 SGB V nicht erfasst. Zu lösen sind sie über die allgemeine **Mitwirkungspflicht nach § 66 SGB I.**[59] Unter den dort genannten Voraussetzungen kann die Krankenkasse die fehlende Mitwirkungshandlung grundsätzlich erzwingen. Soweit für die Anwendung des § 66 SGB V auf solche Fälle kein Bedarf gesehen wird, verkennt diese Auffassung, dass der Rentenversicherungsträger seinerseits die von ihm zu erbringende Leistung nach § 66 SGB I versagen darf, was unmittelbar zur Weiterzahlung des Anspruchs auf Krankengeld führen würde. Ein solches Ergebnis wäre mit dem Vorrang von Rentenzahlungen gegenüber dem Krankengeld (vgl. Normzweck, Rn. 11) nicht zu vereinbaren. 27

Kommt der Versicherte innerhalb der gesetzten Frist der Aufforderung zur Antragstellung nicht nach oder nimmt er seinen Antrag ohne Zustimmung der Krankenkasse zurück, **entfällt der Anspruch auf Krankengeld** nach **§ 51 Abs. 3 Satz 1 SGB V** mit Ablauf der Zehn-Wochen-Frist. Mit Wegfall des Anspruchs auf Krankengeld endet auch die Mitgliedschaft zur Krankenkasse, wenn sie über § 192 Abs. 1 Nr. 2 SGB V durch die Zahlung von Krankengeld erhalten wurde. Aus dem Mitgliedschaftsver- 28

---

[50] Bis zum 31.12.1991 § 1248 Abs. 5 RVO, § 25 Abs. 5 AVG.

[51] Bis zum 31.12.1994 § 2 Abs. 1 GAL.

[52] Vgl. bereits BSG v. 21.09.1983 - 8 RK 1/82 - SozR 2200 § 183 Nr. 45.

[53] A.M.: *Höfler* in: KassKomm, SGB V, § 51 Rn. 7; *Vay* in: Krauskopf, SozKV, SGB V, § 51 Rn. 12.

[54] BSG v. 21.09.1983 - 8 RK 1/82 - SozR 2200 § 183 Nr. 45.

[55] *Marschner* in: GK-SGB V, § 51 Rn. 14.

[56] Zur Bindungswirkung nicht offensichtlich fehlerhafter Bescheide: BSG v. 01.09.1999 - B 13 RJ 49/98 R - SozR 3-1300 § 86 Nr. 3.

[57] *Marschner* in: GK-SGB V, § 51 Rn. 22.

[58] Vgl. die §§ 44 Abs. 1 Nr. 1, 46 f. SGB IX, §§ 160 f. SGB III, §§ 20 f. SGB VI und §§ 49 f. SGB VII.

[59] LSG NRW v. 22.05.2003 - L 16 KR 182/02 - juris; ablehnend im Einzelfall LSG Baden-Württemberg v. 11.07.2006 - L 11 KR 936/06.

hältnis bestehen dann nur noch nachgehende Ansprüche nach § 19 Abs. 2 SGB V. Genau wie in § 50 Abs. 1 SGB V bedarf dieser gesetzliche Leistungsausschluss einer verwaltungsrechtlichen Umsetzung.[60]

29 Nach **§ 51 Abs. 3 Satz 2 SGB V** lebt der Anspruch auf Krankengeld wieder auf, wenn der Versicherte den Antrag später doch noch stellt; Krankengeld wird erst vom Tag der nachgeholten Antragstellung ab wieder gezahlt („lebt ... mit dem Tag der Antragstellung wieder auf"). In der Literatur ist jedoch hoch umstritten und zumindest zu § 51 Abs. 3 Satz 2 SGB V noch nicht höchstrichterlich geklärt, ob damit gleichzeitig auch der Anspruch auf Mitgliedschaft mit Anspruch auf alle Leistungen der gesetzlichen Krankenversicherung oder nur der Zahlungsanspruch auf Krankengeld gemeint ist. Die wohl herrschende Meinung lehnt ein derartiges **Wiederaufleben der (vollen) Mitgliedschaft** zu Recht ab.[61] Die Gegenmeinung stellt vornehmlich darauf ab, dass mit der nachgeholten Antragstellung der Sanktionszweck des § 51 SGB V vollumfänglich erfüllt sei und ein Ende der Mitgliedschaft die Sanktionswirkung überdauern würde.[62] Dem ist entgegenzuhalten, dass der Versicherte vollumfänglich von der Krankenkasse – bei wirksamer Aufforderung – über die Rechtsfolgen einer verspäteten Antragstellung informiert war. Ebenso spricht der Wortlaut des § 53 Abs. 3 Satz 2 SGB V gegen eine wiederaufgelebte Mitgliedschaft; dort ist ausdrücklich nur auf den „Anspruch auf Krankengeld" abgestellt. Eine andere Auslegung von § 51 Abs. 3 Satz 2 SGB V stände zudem im Widerspruch zu § 192 Abs. 1 Nr. 2 SGB V, wonach die Mitgliedschaft nur durch „den Anspruch auf Krankengeld" erhalten bleibt, der nach § 51 Abs. 3 Satz 1 SGB V gerade entfallen ist. Es kann zudem keine ungewollte Regelungslücke unterstellt werden, die Problematik stellte sich bereits unter Geltung der RVO und es ist nichts dafür ersichtlich, dass der Gesetzgeber dies mit der Einführung des GRG zum 01.01.1989 übersehen hätte.[63] Schließlich ist ein Wiederaufleben des Anspruchs auf Krankengeld, wie § 19 Abs. 1 SGB V zeigt, unabhängig von einer möglichen Mitgliedschaft. In jedem Fall ist aber für ein Wiederaufleben des Anspruchs auf Krankengeld zu fordern, dass die Arbeitsunfähigkeit nach jeder Leistungsunterbrechung der Krankenkasse nach § 49 Abs. 1 Nr. 5 SGB V neu gemeldet werden muss.[64]

---

[60] *Noftz* in: Hauck/Noftz, SozKV, SGB V, § 51 Rn. 56.

[61] *Noftz* in: Hauck/Noftz, SozKV, SGB V, § 51 Rn. 61; *Vay* in: Krauskopf, SozKV, SGB V, § 51 Rn. 13; zum früheren Recht: BSG v. 02.10.1970 - 3 RK 71/67 - SozR Nr. 54 zu § 183 RVO.

[62] *Höfler* in: KassKomm, SGB V, § 51 Rn. 18; *Marschner* in: GK-SGB V, § 51 Rn. 30 (ohne weitere Begründung anders aber *ders.*, Die Leistungen 2005, 513 (514)).

[63] *Noftz* in: Hauck/Noftz, SozKV, SGB V, § 51 Rn. 61.

[64] BSG v. 08.02.2000 - B 1 KR 11/99 R - SozR 3-2500 § 49 Nr. 4; BSG v. 19.10.1983 - 3 RK 29/82 - SozR 2200 § 216 Nr. 7; BSG v. 20.09.1974 - 3 RK 31/73 - SozR 2200 § 182 Nr. 7.

Dritter Titel: Leistungsbeschränkungen

§ 52 SGB V Leistungsbeschränkung bei Selbstverschulden

(Fassung vom 26.03.2007, gültig ab 01.04.2007)

(1) Haben sich Versicherte eine Krankheit vorsätzlich oder bei einem von ihnen begangenen Verbrechen oder vorsätzlichen Vergehen zugezogen, kann die Krankenkasse sie an den Kosten der Leistungen in angemessener Höhe beteiligen und das Krankengeld ganz oder teilweise für die Dauer dieser Krankheit versagen und zurückfordern.

(2) Haben sich Versicherte eine Krankheit durch eine medizinisch nicht indizierte Maßnahme wie zum Beispiel eine ästhetische Operation, eine Tätowierung oder ein Piercing zugezogen, hat die Krankenkasse die Versicherten in angemessener Höhe an den Kosten zu beteiligen und das Krankengeld für die Dauer dieser Behandlung ganz oder teilweise zu versagen oder zurückzufordern.

Gliederung

A. Basisinformationen

I. Textgeschichte/Gesetzgebungsmaterialien

1. Leistungsbeschränkung bei Vorsatz oder Straftat nach Absatz 1

§ 52 SGB V (der jetzige Absatz 1) wurde – wie das gesamte SGB V – durch das Gesetz zur Strukturreform im Gesundheitswesen (Gesundheits-Reformgesetz – GRG) vom 20.12.1988[1] eingeführt (Art. 1 GRG[2]). 1

Der Wortlaut geht zurück auf den Gesetzentwurf der Fraktionen der CDU/CSU und FDP vom 03.05.1988[3]. Diese Fassung wurde unverändert in den Gesetzentwurf der Bundesregierung vom 2

[1] BGBl I 1988, 2477.

[2] BGBl I 1988, 2477, 2495-2496.

[3] BT-Drs. 11/2237, S. 24 (§ 51).

15.06.1988[4] übernommen und hat auch im weiteren Gesetzgebungsverfahren keine Änderung erfahren (vgl. die Stellungnahme des Bundesrates vom 10.06.1988[5] sowie die Beschlussempfehlung des Ausschusses für Arbeit und Sozialordnung vom 15.11.1988[6]).

3 Die Vorschrift trat am 01.01.1989 in Kraft (Art. 79 Abs. 1 GRG[7]). Im Beitrittsgebiet gilt sie seit dem 01.01.1991 (vgl. § 308 Abs. 1 Satz 1 SGB V[8]).

4 Durch das Gesetz zur Stärkung des Wettbewerbs in der gesetzlichen Krankenversicherung (GKV-Wettbewerbsstärkungsgesetz – GKV-WSG) vom 26.03.2007[9] wurde zum 01.04.2007 mit Einführung von § 52 Abs. 2 SGB V der bisherige § 52 SGB V zu Absatz 1 dieser Vorschrift (Art. 1 Nr. 31 lit. a GKV-WSG[10]).

2. Leistungsbeschränkung bei ästhetischen Maßnahmen nach Absatz 2

5 § 52 Abs. 2 SGB V wurde durch das Gesetz zur Stärkung des Wettbewerbs in der gesetzlichen Krankenversicherung (GKV-Wettbewerbsstärkungsgesetz – GKV-WSG) vom 26.03.2007[11] eingeführt (Art. 1 Nr. 31 lit. b GKV-WSG[12]) und ist zum 01.04.2007 in Kraft getreten (Art. 46 Abs. 1 GKV-WSG[13]).

6 Der Wortlaut geht zurück auf den Gesetzentwurf der Fraktionen der CDU/CSU und SPD vom 24.10.2006[14] bzw. der Bundesregierung vom 20.12.2006[15]. Der Wortlaut hat im weiteren Gesetzgebungsverfahren keine Änderung erfahren (vgl. die Beschlussempfehlung des Ausschusses für Gesundheit vom 31.01.2007[16] sowie den Beschluss des Bundesrates vom 02.02.2007[17]).

7 Der von der Fraktion DIE LINKE (Änderungsantrag Nr. 3: „Artikel 1 Nr. 31 entfällt.“)[18] und der Fraktion BÜNDNIS 90/DIE GRÜNEN (Änderungsantrag Nr. 2: „In Artikel 1 ist die Nummer 31 zu streichen.“)[19] beantragte Verzicht auf diese Neu-Regelung wurde im – federführenden[20] – Ausschuss für Gesundheit mit den Stimmen der Fraktionen der CDU/CSU, SPD und FDP abgelehnt.[21]

II. Vorgängervorschriften

8 Die Regelung des § 52 Abs. 1 SGB V geht im Wesentlichen zurück auf **§ 192 Abs. 1 RVO** (aufgehoben durch Art. 5 Nr. 2 GRG[22]). Nach dieser Vorgängervorschrift konnte den Mitgliedern durch die Sat-

---

4 BT-Drs. 11/2493, S. 6 (§ 51).
5 BT-Drs. 11/2493, S. 7, 18 (§ 51).
6 BT-Drs. 11/3320, S. 34/35 (§ 51).
7 BGBl I 1988, 2477, 2596.
8 Diese durch den Einigungsvertrag angefügt Vorschrift wurde inzwischen mit Wirkung vom 01.01.2001 aufgehoben.
9 BGBl I 2007, 378.
10 BGBl I 2007, 378, 386.
11 BGBl I 2007, 378.
12 BGBl I 2007, 378, 386.
13 BGBl I 2007, 378, 471.
14 BT-Drs. 16/3100, S. 12.
15 BT-Drs. 16/3950, S. 7.
16 BT-Drs. 16/4200, S. 25.
17 BR-Drs. 75/07, S. 11/12.
18 BT-Drs. 16/4247, S. 12.
19 BT-Drs. 16/4247, S. 20.
20 Der von den Fraktionen der CDU/CSU und der SPD eingebrachte Entwurf des Gesetzes zur Stärkung des Wettbewerbs in der Gesetzlichen Krankenversicherung (GKV-Wettbewerbsstärkungsgesetz – GKV-WSG) – BT-Drs. 16/3100 – wurde in der Ersten Beratung des Deutschen Bundestages am 27.10.2006 zur federführenden Beratung an den Ausschuss für Gesundheit – und zur Mitberatung an den Innenausschuss, den Rechtsausschuss, den Finanzausschuss, den Ausschuss für Wirtschaft und Technologie, den Ausschuss für Ernährung, Landwirtschaft und Verbraucherschutz, den Ausschuss für Arbeit und Soziales, den Verteidigungsausschuss, den Ausschuss für Familie, Senioren, Frauen und Jugend, den Ausschuss für Bildung, Forschung und Technikfolgenabschätzung sowie – ausschließlich gemäß § 96 der Geschäftsordnung – an den Haushaltsausschuss überwiesen (siehe Deutscher Bundestag – Stenografischer Bericht – 61. Sitzung – Plenarprotokoll 16/61, S. 5993 (D) und S. 5994 (A)); ebenso wurde der Gesetzentwurf der Bundesregierung – BT-Drs. 16/3950 – in der Ersten Beratung des Deutschen Bundestages am 17.01.2007 an diese Ausschüsse überwiesen (siehe Deutscher Bundestag – Stenografischer Bericht – 75. Sitzung – Plenarprotokoll 16/75, S. 7487 (B) und S. 7503 (D)).
21 BT-Drs. 16/4247, S. 11 und 19/20.
22 BGBl I 1988, 2477, 2552.

zung das Krankengeld gekürzt oder ganz versagt werden, wenn sie sich ihre Krankheit vorsätzlich zugezogen hatten.[23] Die Neuregelung des § 52 Abs. 1 SGB V legt demgegenüber die tatbestandlichen Voraussetzungen einer diesbezüglichen Leistungsbeschränkung selbst fest und überlässt dies nicht mehr einer Satzungsregelung.

Weitergehend als im bisherigen Recht bezieht sich die Leistungsbeschränkung nicht nur auf vorsätzlich zugezogene Krankheiten, sondern darüber hinaus auch auf solche Erkrankungen, die sich Versicherte bei einem von ihnen begangenen Verbrechen oder vorsätzlichen Vergehen zugezogen haben.[24] 9

Außerdem wird im Wortlaut der Vorschrift neben der auch bisher schon ausdrücklich genannten Möglichkeit, das Krankengeld ganz oder teilweise zu versagen, nun auch dessen Rückforderung eingeräumt. Und schließlich wird den Krankenkassen darüber hinaus neu die Option eingeräumt, die Versicherten auch an den Kosten für andere Leistungen in angemessener Höhe zu beteiligen.[25] 10

Die mit dem GKV-WSG eingeführte – neue – Regelung des § 52 Abs. 2 SGB V knüpft – als Spezialregelung – an die, bisher alleinige und jetzt auch weiterhin in § 52 Abs. 1 SGB V zu findende unveränderte Normierung einer Leistungsbeschränkung bei Selbstverschulden an (zu den Einzelheiten zum von Absatz 1 abweichenden Inhalt siehe Rn. 26). Eine dieser besonderen – die allgemeine Anordnung des § 52 Abs. 1 SGB V ergänzende – Neu-Regelung entsprechende Vorgängervorschrift gibt es allerdings nicht. 11

III. Parallelvorschriften

Im Recht der gesetzlichen Rentenversicherung ist in **§ 103 SGB VI** der Ausschluss eines Rentenanspruchs bei absichtlicher Herbeiführung einer gesundheitlichen Beeinträchtigung normiert. Während für die Anwendung von Alternative 1 des § 52 Abs. 1 SGB V allerdings bereits Vorsatz in Bezug auf die Krankheitsverursachung genügt, ist für die Sanktion des § 103 SGB VI Absicht erforderlich.[26] Der Anspruchsausschluss tritt dort außerdem bereits kraft Gesetzes ein, anders als der Krankenversicherungsträger hat der Rentenversicherungsträger nach § 103 SGB VI kein Ermessen.[27] 12

Auch im sozialen Entschädigungsrecht finden sich entsprechende Leistungsausschlüsse bei (absichtlicher) Verursachung einer (Militär-, Wehr- oder Zivildienst bedingten) Schädigung. Eine absichtlich herbeigeführte Schädigung gilt nach **§ 1 Abs. 4 BVG** nicht als Schädigung im Sinne des Bundesversorgungsgesetzes. Ebenso gilt nach **§ 81 Abs. 7 SVG** bzw. nach **§ 47 Abs. 7 Satz 3 ZDG** eine vom Beschädigten absichtlich herbeigeführte gesundheitliche Schädigung nicht als Wehrdienst- bzw. Zivildienstbeschädigung. **§ 2 Abs. 1 Satz 1 OEG** ordnet an, dass Leistungen zu versagen sind, wenn der Geschädigte die Schädigung verursacht hat oder wenn es aus sonstigen Gründen, insbesondere in dem eigenen Verhalten des Anspruchstellers liegenden Gründen unbillig wäre, Entschädigung zu gewähren. 13

Die Parallelvorschrift im Rentenversicherungsrecht zu Alternative 2 des § 52 Abs. 1 SGB V findet sich in **§ 104 SGB VI**. Danach kann der Rentenversicherungsträger die Rente – ganz oder teilweise – versagen, wenn der Rentenberechtigte sich die für eine entsprechende Rentenleistung erforderliche gesundheitliche Beeinträchtigung bei einem Verbrechen oder vorsätzlichen Vergehen zugezogen hat. Anders als in § 52 Abs. 1 SGB V muss allerdings grundsätzlich nach § 104 Abs. 1 Satz 2 SGB VI ein strafgerichtliches Urteil vorliegen.[28] 14

Ebenso findet sich im Recht der gesetzlichen Unfallversicherung eine Alternative 2 des § 52 Abs. 1 SGB V entsprechende Vorschrift in **§ 101 Abs. 2 SGB VII**, die inhaltlich im Wesentlichen dem § 104 SGB VI entspricht.[29] 15

Auch im Recht der Privatversicherung finden sich ähnliche Regelungen. So ist etwa der Versicherer – nach **§ 61 VVG** – von der Verpflichtung zur Leistung frei, wenn der Versicherungsnehmer den Versicherungsfall vorsätzlich herbeiführt. Auch haftet er – nach **§ 130 Satz 1 VVG** – nicht für einen Schaden, der von dem Versicherungsnehmer vorsätzlich verursacht wird. 16

---

[23] Zur Entstehungsgeschichte und den Änderungen des § 192 RVO siehe *Schmidt* in: Peters, Handbuch KV (SGB V), § 52 Rn. 1.

[24] Siehe auch die Gesetzesbegründung in BT-Drs. 11/2237, S. 182 (zu § 51).

[25] Siehe auch die Gesetzesbegründung in BT-Drs. 11/2237, S. 182 (zu § 51).

[26] Dazu im Einzelnen *Reyels* in: jurisPK-SGB VI, § 103 Rn. 31.

[27] Siehe *Reyels* in: jurisPK-SGB VI, § 103 Rn. 47 m.w.N.

[28] Dazu *Reyels* in: jurisPK-SGB VI, § 104 Rn. 32 und zu den Ausnahmen *Reyels* in: jurisPK SGB VI, § 104 Rn. 36.

[29] Dazu *Reyels* in: jurisPK-SGB VII, § 101 Rn. 46.

17 Nicht unerwähnt soll in diesem Zusammenhang die Regelung des **§ 3 Abs. 1 Satz 1 EntgFG** bleiben. Einen Anspruch auf Entgeltfortzahlung im Krankheitsfall durch den Arbeitgeber für die Zeit der Arbeitsunfähigkeit bis zur Dauer von sechs Wochen hat ein Arbeitnehmer, der an seiner Arbeitsleistung durch Arbeitsunfähigkeit infolge Krankheit verhindert wird, wenn ihn kein Verschulden trifft – also nur bei unverschuldeter Arbeitsunfähigkeit.

18 Eine systematische Nähe zu § 52 Abs. 1 SGB VI hat schließlich die im Recht der Arbeitsförderung zu findende Sperrzeitregelung des **§ 144 Abs. 1 Satz 1 und Satz 2 Nr. 1 SGB III** bei Arbeitsaufgabe ohne wichtigen Grund.[30]

19 Parallelvorschriften zu **§ 51 Abs. 2 SGB V** gibt es – anders als zu § 51 Abs. 1 SGB V – nicht.

IV. Systematische Zusammenhänge

20 § 52 Abs.1 SGB V stand – seit Einführung durch das Gesundheits-Reformgesetz (vgl. Rn. 1) und bis zum GKV-Wettbewerbsstärkungsgesetz – GKV-WSG (vgl. Rn. 4) als einzige Vorschrift – im Dritten Titel – **Leistungsbeschränkungen** – am Ende des Fünften Abschnitts – **Leistungen bei Krankheit** – und bezieht sich aufgrund dieser systematischen Stellung – ebenso wie Absatz 2 – auf alle – aber auch nur die – in diesem Abschnitt geregelten Leistungen. Mit dem GKV-WSG wurde § 52 SGB V um einen 2. Absatz erweitert (vgl. Rn. 4) und § 52a SGB V in den Fünften Abschnitt eingefügt (vgl. hierzu die Kommentierung zu § 52a SGB V Rn. 1). § 52 Abs. 2 SGB V regelt einen besonderen Anwendungsfall der **Leistungsbeschränkung bei Selbstverschulden** und steht daher in direktem Zusammenhang mit der – systematisch vorgehenden – allgemeinen Regelung des § 52 Abs. 1 SGB V.

V. Ausgewählte Literaturhinweise

21 *Künnell*, Leistungsbeschränkung nach § 52 SGB V, DOK 1990, 333-336; *ders.*, Zur Diskussion: Leistungsbeschränkung nach § 52 SGB V, Die Leistungen 1991, 41-46; *Marburger*, Gesetzliche Krankenversicherung: Keine Leistungsgewährung bei Privatunfällen?, Die Leistungen 2006, 257-264; *ders.*, Nochmals: Leistungsbeschränkung nach § 52 SGB V, DOK 1990, 571-573; *Mihm*, Sozialversicherungsrechtliche Aspekte in Freizeit und Profisport – Ansprüche und verschuldens- sowie risikoabhängige Grenzen, SpuRt 1995, 18-23; *Rompf*, Selbstverschulden im Krankenversicherungsrecht, SGb 1997, 105-110; *Schwede*, Sportverletzungen im Sozialversicherungsrecht, NZS 1996, 562-565; *Voelzke*, Die Herbeiführung des Versicherungsfalls im Sozialversicherungsrecht, 2004.

B. Auslegung der Norm

I. Regelungsgehalt und Bedeutung der Norm

22 Die Vorschrift des **§ 52 Abs. 1 SGB V** – mit der Überschrift „Leistungsbeschränkung bei Selbstverschulden" – räumt den Krankenkassen die Möglichkeit ein, nach pflichtgemäßem Ermessen entsprechende Leistungsbeschränkungen vorzunehmen, wenn sich Versicherte eine Krankheit entweder vorsätzlich oder bei einem von ihnen begangenen Verbrechen oder vorsätzlichen Vergehen zuziehen. Mögliche Leistungseinschränkungen sind nach der ausdrücklichen gesetzlichen Anordnung in § 52 Abs. 1 SGB V die – vollständige oder teilweise – Versagung oder Rückforderung des Krankengeldes bzw. die angemessene Beteiligung an den Kosten der Leistungen, welche die Krankenkassen bei Krankheit nach den Vorschriften des Fünften Abschnitts des Dritten Kapitels des Fünften Buches des Sozialgesetzbuches zu erbringen haben – neben dem Krankengeld nach den §§ 44 ff. SGB V im Zweiten Titel sind dies die Leistungen der Krankenbehandlung nach den §§ 27 ff. SGB V im Ersten Titel.

23 Da die Regelung am Ende des Fünften Abschnitts – im Dritten Titel – steht, bezieht sie sich nur auf die in diesem Abschnitt geregelten Leistungen (vgl. Rn. 20). Eine – entsprechende oder analoge – Anwendung auf andere Leistungen des SGB V kommt nicht in Betracht[31], da § 52 Abs. 1 SGB V als **Ausnahmevorschrift** eng auszulegen ist[32].

---

[30] Ausführlich dazu *Voelzke*, Die Herbeiführung des Versicherungsfalls im Sozialversicherungsrecht, 2004 (Dissertation).

[31] *Zipperer* in: GKV-Komm, SGB V, § 52 Rn. 2.

[32] *Höfler* in: KassKomm, SGB V, § 52 Rn. 3; *Schwede*, NZS 1996, 562, 563; vgl. auch *Reyels* in: jurisPK-SGB VI, § 103 Rn. 25 sowie *Reyels* in: jurisPK-SGB VI, § 104 Rn. 23 – jeweils m.w.N.

Anders als nach der Vorgängervorschrift des § 192 RVO gilt die Regelung nun unmittelbar für alle Krankenkassen, ohne dass – wie nach dem bisherigen Recht (vgl. Rn. 8) – eine Umsetzung durch die Satzung erfolgen muss.[33] 24

In der Praxis der Krankenkassen – und auch der Gerichte der Sozialgerichtsbarkeit – hat die Vorschrift bislang keine große Bedeutung gehabt.[34] Die Krankenkassen sehen oft – zu Unrecht – wegen der Beweisschwierigkeiten davon ab, § 52 Abs. 1 SGB V anzuwenden.[35] 25

Während nach § 51 Abs. 1 SGB V den Krankenkassen im Falle eines – dort näher beschriebenen – Selbstverschuldens ein Ermessen in Bezug auf die Leistungsbeschränkung eingeräumt ist, verpflichtet **§ 52 Abs. 2 SGB V** die Krankenkassen zu einer Kostenbeteiligung der Versicherten und zur Versagung bzw. Rückforderung von Krankengeld bei Auftreten von Krankheiten infolge einer medizinisch nicht indizierten Maßnahme. 26

Diese **Verpflichtung** nach § 52 Abs. 2 SGB V gilt für alle Krankenkassen unmittelbar und bedarf insbesondere keiner Umsetzung durch eine Satzung. 27

Die Bundesregierung rechnet allein in Bezug auf die Folgekosten für Schönheitsoperationen für die gesetzliche Krankenversicherung mit einer jährlichen Entlastung in Höhe von rund 0,05 Mrd. €.[36] 28

II. Normzweck

Mit der Möglichkeit der **Leistungsbeschränkung bei Selbstverschulden** – so ausdrücklich die Überschrift des § 52 SGB V – werden die bereits in § 1 SGB V angesprochenen Prinzipien der Solidarität und Eigenverantwortung ausgeformt. Die Versichertengemeinschaft soll hierdurch einerseits vor unzumutbaren Belastungen durch unsolidarisches Verhalten geschützt werden.[37] Gleichzeitig wird damit insbesondere die Mitverantwortung des Versicherten für seine Gesundheit betont.[38] 29

Eine allgemeine Pflicht zur Gesunderhaltung kennt das Gesetz zwar nicht[39], ebenso wenig existiert im Sozialversicherungsrecht ein Verbot der Selbstschädigung[40]. Grundsätzlich ist es für die Leistungsverpflichtung der Krankenversicherungsträger auch völlig unerheblich, wie und von wem ggf. eine Krankheit verursacht worden ist.[41] Die Leistungen der gesetzlichen Krankenversicherung werden grundsätzlich – ebenso wie Leistungen anderer Zweige der gesetzlichen Sozialversicherung – verschuldensunabhängig gewährt.[42] Aus § 52 SGB V lässt sich weder eine allgemeine Erfolgsvermeidungspflicht ableiten, noch besteht hier eine „Gefährdungshaftung".[43] Ein Eigenverschulden bleibt daher ohne ausdrückliche gesetzliche Anordnung leistungsrechtlich folgenlos.[44] 30

Die Versichertengemeinschaft allerdings auch in Fällen einer vorsätzlichen Selbstschädigung sowie in den Fällen eines groben Verstoßes gegen die Rechtsordnung durch die Begehung von Straftaten eintreten zu lassen, erscheint nicht gerechtfertigt. Mit der in **§ 52 Abs. 1 SGB V** den Krankenkassen eingeräumten Möglichkeit zu einer Leistungsbeschränkung wird auch dem Versicherungsprinzip Rechnung getragen, welches die Gewährung von Leistungen für selbst herbeigeführte Versicherungsfälle nicht zulässt.[45] 31

Mit der Verpflichtung aller Krankenkassen nach **§ 52 Abs. 2 SGB V** zur Einschränkung des Leistungsumfangs der gesetzlichen Krankenversicherung in Bereichen, in denen aufgrund medizinisch nicht notwendiger Eingriffe Behandlungsbedürftigkeit entsteht, wird von den Versicherten mehr Eigenverant- 32

---

33 *Schellhorn* in: GK-SGB V, § 52 Rn. 3.

34 *Marburger*, Die Leistungen 2006, 257; *Noftz* in: Hauck/Noftz, SGB V, § 52 Rn. 4.

35 *Marburger*, DOK 1990, 571, 573.

36 Siehe dazu die Gesetzesbegründung – C. Finanzielle Auswirkungen – in: BT-Drs. 16/3100, S. 210/211.

37 *Noftz* in: Hauck/Noftz, SGB V, § 52 Rn. 3.

38 *Zipperer* in: GKV-Komm, SGB V, § 52 Rn. 1; *Schellhorn* in: GK-SGB V, § 52 Rn. 1.

39 So ausdrücklich das LSG Hessen v. 02.04.1992 - L 1 Kr 95/91 - Meso B 310/111, S. 168.

40 *Voelzke*, Die Herbeiführung des Versicherungsfalls im Sozialversicherungsrecht, 2004, S. 130.

41 BSG v. 12.11.1985 - 3 RK 48/83 - BSGE 59, 119 = SozR 2200 § 182 Nr. 101; *Schmidt* in: Peters, Handbuch KV (SGB V), § 52 Rn. 7.

42 BSG v. 30.01.1963 - 3 RK 4/61 - BSGE 18, 257 = SozR Nr. 13 zu § 184 RVO; *Marburger*, Die Leistungen 2006, 257.

43 *Mihm*, SpuRt 1995, 18, 20.

44 *Schulin* in: Schulin, Handbuch des Sozialversicherungsrechts, Bd. 1, § 6 Rn. 53.

45 *Höfler* in: KassKomm, SGB V, § 52 Rn. 2.

wortung eingefordert.[46] Damit wird – ebenso wie bei der Zuzahlungs-Regelung für chronisch kranke Versicherte – eine besondere Verpflichtung der Versicherten gegenüber der Versichertengemeinschaft zu gesundheitsbewusstem und eigenverantwortlichem Verhalten besonders betont.

33 Die Übernahme der Kosten für die Behandlung der durch medizinisch nicht notwendige Schönheitsoperationen, Piercings und Tätowierungen entstehenden – oft gravierenden – Gesundheitsstörungen[47] ist deshalb nicht sachgerecht, weil sich Versicherte, die derartige Maßnahmen durchführen lassen, aus eigenem Entschluss den gesundheitlichen Risiken aussetzen.[48]

III. Leistungsbeschränkung bei Selbstverschulden nach Absatz 1

34 Die Möglichkeit einer Leistungsbeschränkung besteht nach § 52 Abs. 1 SGB V zum einen, wenn sich Versicherte eine Krankheit vorsätzlich zugezogen haben; zum anderen ist dies dann der Fall, wenn sie sich die Krankheit bei einem von ihnen begangenen Verbrechen oder vorsätzlichen Vergehen zugezogen haben. Beide Alternativen stehen jeweils unabhängig nebeneinander, für das Eintreten der Rechtsfolgen genügt das Vorliegen einer von ihnen.[49]

1. Versicherte

35 § 52 Abs. 1 SGB V bezieht die Leistungsbeschränkung bei Selbstverschulden auf alle Versicherten. Der Personenkreis der in der gesetzlichen Krankenversicherung Versicherten ergibt sich aus dem Zweiten Kapitel des SGB V. Hierzu zählen **Versicherungspflichtige** (§ 5 SGB V) – die weder nach § 6 SGB V oder § 7 SGB V kraft Gesetzes versicherungsfrei noch nach § 8 SGB V von der Versicherungspflicht befreit sind – sowie **freiwillig Versicherte** (§ 9 SGB V) und **Familienversicherte** (§ 10 SGB V).[50]

36 Der Personenkreis ist damit weiter als nach bisherigem Recht. Die Vorgängervorschrift des § 192 RVO beschränkte sich auf Mitglieder (vgl. Rn. 8) und war auf Familienversicherte nicht anwendbar.

2. Krankheit

37 Unter Krankheit im Sinne des Rechts der gesetzlichen Krankenversicherung wird in der Rechtsprechung ein regelwidriger, vom Leitbild des gesunden Menschen abweichender Körper- oder Geisteszustand umschrieben, der ärztlicher Behandlung bedarf oder den Betroffenen arbeitsunfähig macht.[51] Dabei kommt nicht jeder körperlichen Unregelmäßigkeit Krankheitswert im Rechtssinne zu, eine Krankheit liegt nur vor, wenn der Versicherte in seinen Körperfunktionen beeinträchtigt wird oder wenn die anatomischen Abweichungen entstellend wirken.[52]

38 Wiedererkrankung und Folgeerkrankung fallen auch unter diesen Krankheitsbegriff.[53] Als **Wiedererkrankung** ist dabei das nochmalige Auftreten der ursprünglichen Krankheit im selben Erscheinungsbild anzusehen – also ein Rückfall.[54] Bei der **Folgeerkrankung** handelt es sich dagegen um eine Krankheit, die zwar infolge der ursprünglichen Krankheit eingetreten ist, sich jedoch im Erscheinungsbild von dieser unterscheidet.[55] Auch beim Auftreten einer Wiedererkrankung oder einer Folgeerkrankung kommt eine Leistungsbeschränkung nach § 52 Abs. 1 SGB V in Betracht, sofern sich die Wie-

---

46 So ausdrücklich die – allgemeine – Gesetzesbegründung in: BT-Drs. 16/3100, S. 86 und 87.

47 Vgl. z.B. impu!se Nr. 51 – 2.Quartal 2006/Juni – Newsletter zur Gesundheitsförderung der Landesvereinigung für Gesundheit Niedersachsen e.V. – abrufbar als Download unter www.gesundheit-nds.de – Veröffentlichungen – Newsletter IMPU!SE.

48 So auch die – spezielle – Gesetzesbegründung in BT-Drs. 16/3100, S. 108.

49 *Schellhorn* in: GK-SGB V, § 52 Rn. 4.

50 Weitere Einzelheiten (auch zu Beginn und Ende der Versicherteneigenschaft) vgl. die Kommentierung zu § 27 SGB V Rn. 22.

51 BSG v. 19.10.2004 - B 1 KR 3/03 R - juris Rn. 12 - SozR 4-2500 § 27 Nr. 3; BSG v. 19.10.2004 - B 1 KR 9/04 R - juris Rn. 12; BSG v. 19.10.2004 - B 1 KR 28/02 R - juris Rn. 13 - SozR 4-2500 § 27 Nr. 2; dazu *Meyerhoff*, jurisPR-SozR 17/2005, Anm. 3; ausführlich zum Krankheitsbegriff *Höfler* in: KassKomm, SGB V, § 27 Rn. 9 ff.; vgl. auch die Kommentierung zu § 27 SGB V Rn. 31; *Schmidt* in: Peters, Handbuch KV (SGB V), § 52 Rn. 22; *Mihm*, SpuRt 1995, 18, 20; *Eicher*, DOK 1989, 757, 758.

52 BSG v. 19.10.2004 - B 1 KR 3/03 R - juris Rn. 13 - SozR 4-2500 § 27 Nr. 3; BSG v. 19.10.2004 - B 1 KR 9/04 R - juris Rn. 13; BSG v. 19.10.2004 - B 1 KR 28/02 R - juris Rn. 14 - SozR 4-2500 § 27 Nr. 2.

53 *Noftz* in: Hauck/Noftz, SGB V, § 52 Rn. 8 m.w.N.

54 *Rompf*, SGb 1997, 105, 109.

55 *Rompf*, SGb 1997, 105, 109.

dererkrankung als Folge eines ununterbrochenen Kausalverlaufs der ursprünglich vorsätzlich oder bei einer Straftat zugezogenen Krankheit darstellt bzw. wenn die Folgeerkrankung auf dieselbe Ursache wie die ursprüngliche Krankheit zurückzuführen ist und zwischen beiden ein innerer Zusammenhang besteht.[56]

3. Zuziehen

Zur Anwendung der Sanktionsmöglichkeiten des § 52 Abs. 1 SGB V müssen sich Versicherte eine 39
Krankheit – vorsätzlich oder bei einer in der Vorschrift beschriebenen Straftat – zugezogen haben. Sich eine Krankheit zuziehen bedeutet, dass Versicherte durch **eigenes Handeln** eine Ursache für die Erkrankung setzen.[57] In welcher Weise sich ein Versicherter die Krankheit zuzieht ist unerheblich, dies verlangt nicht zwingend ein **aktives Tun**, sondern kann **auch** durch ein – pflichtwidriges – **Unterlassen** geschehen.[58]

Eine Handlungspflicht ergibt sich entgegen einer in der Literatur anzutreffenden Auffassung[59] aller- 40
dings nicht aus § 63 SGB I. Die gesetzliche Anordnung des § 63 SGB I, sich auf Verlangen des zuständigen Leistungsträgers einer Heilbehandlung zu unterziehen, setzt das Vorliegen einer Krankheit bereits voraus, während im Anwendungsbereich der Vorschrift des § 52 Abs. 1 SGB V die Erkrankung erst hervorgerufen wird. Beide Regelungsbereiche sind damit voneinander getrennt und überschneiden sich grundsätzlich nicht.[60] Bei einem Verstoß gegen die **Mitwirkungspflicht** des **§ 63 SGB I** richten sich die Folgen ausschließlich nach § 66 SGB I.[61]

Eine Krankheit ist dann im Sinne von § 52 Abs. 1 SGB V zugezogen, wenn zwischen den Verhalten 41
des Versicherten und der Krankheit ein **ursächlicher Zusammenhang** besteht.[62] Dieser Kausalzusammenhang zwischen vorsätzlicher Handlung bzw. Straftat und Krankheit ist – wie auch sonst im Sozialrecht – nach der Theorie der wesentlichen Bedingung zu beurteilen, das Handeln muss also jedenfalls eine **wesentliche (Mit-)Ursache** für die Erkrankung sein.[63] § 52 Abs. 1 SGB V greift nicht, wenn die Krankheit ganz oder überwiegend durch andere Umstände hervorgerufen worden ist.[64] Da das Handeln des Versicherten nicht die alleinige Ursache sein muss, ist es für die Anwendung des § 52 Abs. 1 SGB V ausreichend, wenn die Krankheit durch sein Handeln nur deshalb hervorgerufen werden konnte, weil der Versicherte entsprechend disponiert war oder sich in geschwächter körperlicher bzw. seelischer Verfassung befunden hat.[65]

Der Versicherte muss sich die Krankheit **selbst zuziehen**. Die Herbeiführung einer Krankheit bei ei- 42
nem Dritten fällt nicht unter § 52 Abs. 1 SGB V.[66] Auch für die Schädigung der Gesundheit eines Kindes, welches der Versicherte beaufsichtigt, betreut oder pflegt, gilt nichts anderes. Selbst wenn man hier eine planwidrige Lücke des Gesetzes annehmen mag, kann diese – wegen des Ausnahmecharakters des § 52 Abs. 1 SGB V (vgl. Rn. 23) – nicht im Wege der Analogie geschlossen werden.[67] Ebenso bleiben – anders als bei Alternative 2 (vgl. Rn. 54) – **Handlungen Dritter**, die eine Krankheit bei einem Versicherten hervorrufen, außer Betracht. Eine Ausnahme muss nur dann gelten, wenn der Versicherte sich zur Realisierung seiner eigenen Absicht eines Dritten bedient.[68]

---

56 *Rompf*, SGb 1997, 105, 109.

57 *Schmidt* in: Peters, Handbuch KV (SGB V), § 52 Rn. 26.

58 *Höfler* in: KassKomm, SGB V, § 52 Rn. 5; *Schmidt* in: Peters, Handbuch KV (SGB V), § 52 Rn. 14.

59 *Noftz* in: Hauck/Noftz, SGB V, § 52 Rn. 8; *Höfler* in: KassKomm, SGB V, § 52 Rn. 19.

60 *Zipperer* in: GKV-Komm, SGB V, § 52 Rn. 11; *Krauskopf* in: Krauskopf, SGB V, § 52 Rn. 14.

61 *Kampe* in: jurisPK-SGB I, § 63 Rn. 12; *Schmidt* in: Peters, Handbuch KV (SGB V), § 52 Rn. 29.

62 *Höfler* in: KassKomm, SGB V, § 52 Rn. 4; *Schellhorn* in: GK-SGB V, § 52 Rn. 6; *Dalichau/Grüner*, SGB V, § 52 Anm. 1; siehe auch LSG Sachsen v. 09.10.2002 - L 1 KR 32/02 - juris Rn. 24.

63 *Schmidt* in: Peters, Handbuch KV (SGB V), § 52 Rn. 24 und 26; *Noftz* in: Hauck/Noftz, SGB V, § 52 Rn. 8.

64 Vgl. zum Parallelproblem der absichtlichen Herbeiführung einer Erwerbsminderung im Rentenversicherungsrecht *Reyels* in: jurisPK-SGB VI, § 103 Rn. 37.

65 Ebenso *Schmidt* in: Peters, Handbuch KV (SGB V), § 52 Rn. 26.

66 *Schmidt* in: Peters, Handbuch KV (SGB V), § 52 Rn. 27.

67 So aber *Schmidt* in: Peters, Handbuch KV (SGB V), § 52 Rn. 27 (die dort zitierte Entscheidung betraf aber eine ganz andere Fallgestaltung).

68 *Schmidt* in: Peters, Handbuch KV (SGB V), § 52 Rn. 28; vgl. hierzu auch *Reyels* in: jurisPK-SGB VI, § 103 Rn. 38.

4. Vorsätzlich (Alternative 1)

43 § 52 Abs. 1 SGB V verlangt – anders als § 103 SGB VI bei der Minderung der Erwerbsfähigkeit[69] – nicht die absichtliche Herbeiführung der Krankheit. Die Vorschrift sieht eine Leistungsbeschränkung **bei jeder Art des Vorsatzes** vor, vorsätzliches Handeln reicht vom bedingten Vorsatz bis zur Absicht.[70]

44 Erfasst sind damit also der dolus directus (direkter Vorsatz) – ersten und zweiten Grades (Absicht bzw. gesteigerter Vorsatz und einfacher Vorsatz) – als auch der dolus eventualis (bedingter bzw. Eventualvorsatz).[71] Notwendig aber auch ausreichend ist daher, dass der Versicherte die Krankheit – mag er sie auch nicht gewünscht haben – **zumindest billigend in Kauf genommen** hat.[72]

45 Hingegen kann die bloße – auch grobe – **Fahrlässigkeit nicht** zur Leistungsbeschränkung nach § 52 Abs. 1 SGB V führen.[73] Die Fälle, in denen ein Versicherter die Möglichkeit des Eintretens einer Erkrankung aufgrund seiner Handlung erkennt, aber darauf vertraut, dass diese nicht eintreten werde, scheiden daher aus dem Anwendungsbereich dieser Norm aus.[74]

46 Der Vorsatz muss bei Alternative 1 des § 52 Abs. 1 SGB V auf die Herbeiführung der Krankheit gerichtet sein[75] (anders bei Alternative 2 – vgl. Rn. 53). Erforderlich – aber auch ausreichend – ist die **bewusste Zufügung** eines körperlichen oder seelischen Schadens, die daraus folgende Krankheit braucht so nicht gewollt zu sein.[76] Hierbei genügt es, wenn sich der Versicherte – auch wenn er sich keine konkrete Vorstellung über Art und Ausmaß einer infolge seines Handelns eintretenden Gesundheitsschädigung macht – im Allgemeinen der schädigenden Wirkung seiner Handlung bewusst gewesen ist.[77] War die Krankheit in diesem Sinne gewollt, kommt es im Übrigen auf den möglichen Zweck oder Beweggrund nicht an; ebenso wenig von Belang ist, ob die Handlung erlaubt ist oder etwa gegen ein (Straf-)Gesetz verstößt.[78]

47 Bei einem sog. Tatbestandsirrtum (**Irrtum über Tatumstände** – § 16 Abs. 1 Satz 1 StGB) kommt aber schon mangels Vorsatz eine Leistungsbeschränkung nach § 52 Abs. 1 SGB V nicht in Betracht.[79]

48 Dies gilt ebenso beim sog. **Erlaubnistatbestandsirrtum** – also bei irrtümlicher Annahme des Vorliegens der Voraussetzungen eines – tatsächlichen – Rechtfertigungsgrundes. Auch dieser führt zum Ausschluss des Vorsatzes. Die Rechtsprechung und die herrschende Lehre im Strafrecht – und diese Grundsätze sind im Sozialversicherungsrecht bei der Beurteilung des Vorsatzes heranzuziehen[80] – vertritt dazu die Auffassung, dass ein Irrtum über die tatsächlichen Voraussetzungen eines Rechtfertigungsgrundes entweder von den Rechtsfolgen her oder unmittelbar ebenso wie ein Tatbestandsirrtum zu behandeln ist.[81]

49 Da der Täter – jedenfalls subjektiv – mit der gesetzlichen Entscheidung über Recht und Unrecht konform geht, muss der Irrtum über die Voraussetzungen eines Rechtfertigungsgrundes zu den gleichen Konsequenzen führen wie ein Tatbestandsirrtum.[82] Der Irrtum über die Voraussetzungen eines Rechtfertigungsgrundes ist qualitativ der gleiche wie ein Tatbestandsirrtum, bei dem der Handlungsunwert vorsätzlicher Tat aufgehoben wird, weil der Täter schon die Rechtsgutsverletzung nicht will; beim **Rechtfertigungsirrtum** will er diese zwar, doch fehlt hier der sonst durch den Vorsatz begründete Handlungsunwert, weil der Täter davon ausgeht, das Rechtsgut infolge einer rechtfertigenden Sachlage verletzen zu dürfen, sein Wille daher ebenso wenig auf die Verwirklichung eines Erfolgsunwertes im

---

69 Dazu *Reyels* in: jurisPK-SGB VI, § 103 Rn. 31.

70 BSG v. 14.01.1987 - 8 RK 35/85 - juris Rn. 12 a.E. - BSGE 61, 117 = SozR 2200 § 192 Nr. 2.

71 *Rompf*, SGb 1997, 105, 105.

72 *Noftz* in: Hauck/Noftz, SGB V, § 52 Rn. 10 m.w.N.

73 *Krauskopf* in: Krauskopf, SGB V, § 52 Rn. 3; *Künnell*, Die Leistungen 1991, 41, 42.

74 *Schneider* in: Schulin, Handbuch des Sozialversicherungsrechts, Bd. 1, § 22 Rn. 462; *Zipperer* in: GKV-Komm, SGB V, § 52 Rn. 4.

75 *Höfler* in: KassKomm, SGB V, § 52 Rn. 5a; *Rompf*, SGb 1997, 105, 106.

76 *Zipperer* in: GKV-Komm, SGB V, § 52 Rn. 3; *Schmidt* in: Peters, Handbuch KV (SGB V), § 52 Rn. 23.

77 *Marburger*, DOK 1990, 571, 571; *Schellhorn* in: GK-SGB V, § 52 Rn. 5.

78 *Künnell*, Die Leistungen 1991, 41, 42; *Krauskopf* in: Krauskopf, SGB V, § 52 Rn. 3.

79 *Noftz* in: Hauck/Noftz, SGB V, § 52 Rn. 11

80 So schon *Wannagat*, Lehrbuch des Sozialversicherungsrechts, I. Band, S. 216.

81 Vgl. nur *Cramer/Sternberg-Lieben* in: Schönke/Schröder, § 16 Rn. 16; *Tröndle/Fischer*, § 16 Rn. 19 und Vorb. § 13 Rn. 27.

82 *Cramer/Sternberg-Lieben* in: Schönke/Schröder, § 16 Rn. 18; *Cramer/Heine* in: Schönke/Schröder, Vorb. § 25 Rn. 32.

Sinne eines den Gegenstand rechtlicher Missbilligung darstellenden Sachverhalts gerichtet ist wie beim Tatbestandsirrtum.[83] Die zu § 105 SGB VI vertretene vereinzelte abweichende Meinung überzeugt nicht.[84]

5. Bei einem Verbrechen oder vorsätzlichem Vergehen (Alternative 2)

Die Leistungsbeschränkung des § 52 Abs. 1 SGB V kommt auch in Betracht, wenn sich Versicherte eine Krankheit infolge eines Verbrechens oder eines vorsätzlichen Vergehens zugezogen haben. **Verbrechen** sind rechtswidrige Taten, die im Mindestmaß mit Freiheitsstrafe von einem Jahr oder darüber bedroht sind (§ 12 Abs. 1 StGB). **Vergehen** sind rechtswidrige Taten, die mit einer geringeren Freiheitsstrafe oder mit Geldstrafe bedroht sind (§ 12 Abs. 2 StGB). Hierbei bleiben nach § 12 Abs. 3 StGB Schärfungen oder Milderungen, die nach den Vorschriften des Allgemeinen Teils des StGB oder für besonders schwere oder minder schwere Fälle vorgesehen sind, außer Betracht. 50

Bei Verbrechen kommt es nach dem Wortlaut des § 52 Abs. 1 SGB V nicht darauf an, ob Vorsatz oder (nur) Fahrlässigkeit anzunehmen ist, um die Sanktionsmöglichkeit anzuwenden. Dies ist deshalb entbehrlich, weil ein Verbrechen stets Vorsatz voraussetzt.[85] Bei Vergehen ist dies aber nicht der Fall, so dass es einer ausdrücklichen Erwähnung im Tatbestand der Vorschrift bedurfte. Ein Vergehen kommt für die in § 52 Abs. 1 SGB V vorgesehene Leistungsbeschränkung nur dann in Frage, wenn dieses **vorsätzlich** begangen wurde. Fahrlässigkeit reicht bei einem Vergehen also demnach nicht aus. Einer Leistungsbeschränkung bei nur fahrlässigem Handeln steht außerdem auch schon das Übereinkommen Nr. 102 der Internationalen Arbeitsorganisation über die Mindestnormen der sozialen Sicherheit vom 28.06.1952[86] entgegen.[87] 51

Auch Alternative 2 des § 52 Abs. 1 SGB V ermöglicht die Beschränkung von Leistungen der gesetzlichen Krankenversicherung **bei jeder Art des Vorsatzes**, also sowohl beim dolus directus als auch beim dolus eventualis.[88] Notwendig aber auch ausreichend ist daher, dass der Versicherte bei der Begehung der Tat deren Erfolg – mag er ihn auch nicht gewünscht haben – zumindest billigend in Kauf genommen hat (vgl. auch Rn. 44). 52

Hierbei muss sich der erforderliche Vorsatz allerdings – anders als bei Alternative 1 des § 52 Abs. 1 SGB V (vgl. Rn. 46) – nur auf die strafbare Handlung beziehen, nicht jedoch auf den Eintritt eines Gesundheitsschadens bzw. die Verwirklichung des Versicherungsfalls.[89] Es muss auch hier aber ebenso ein **ursächlicher Zusammenhang** zwischen der Straftat und der infolge dessen eingetretenen Krankheit vorliegen[90], die Gesundheitsschädigung muss kausal auf die Tathandlung zurückgehen[91] (hierzu näher Rn. 41). 53

Der Versicherte kann die Tat als **Täter** (§ 25 Abs. 1 StGB) oder auch – gemeinschaftlich mit anderen – als **Mittäter** (§ 25 Abs. 2 StGB) begangen haben. Für die Leistungsbeschränkung nach § 52 Abs. 1 SGB V reicht es aber auch aus, wenn er als **Anstifter** (§ 26 StGB) oder **Gehilfe** (§ 27 Abs. 1 StGB) beteiligt war.[92] Er muss sich – anders als bei Alternative 1 (vgl. Rn. 42) – die Gesundheitsschädigung nicht selbst zugefügt haben.[93] 54

Ein **strafgerichtliches Urteil** – wie es die Vorschrift des § 104 SGB VI für die Versagung von Renten wegen Erwerbsminderung in der gesetzlichen Rentenversicherung verlangt[94] – oder gar ein rechtskräftiges strafgerichtliches Urteil – wie es die Norm des § 101 SGB VII für den Ausschluss oder die Minderung von Leistungen der gesetzlichen Unfallversicherung voraussetzt[95] – ist nach dem Wortlaut des 55

---

[83] *Lenckner* in: Schönke/Schröder, Vorb. § 13 Rn. 19.

[84] Näher dazu *Reyels* in: jurisPK-SGB VI, § 105 Rn. 30.

[85] *Höfler* in: KassKomm, SGB V, § 52 Rn. 6 m.w.N.; *Zipperer* in: GKV-Komm, SGB V, § 52 Rn. 6.

[86] BGBl II 1957, 1321; die Ratifizierung des Übereinkommens durch die Bundesrepublik Deutschland erfolgte am 21.02.1958.

[87] BSG v. 24.04.1980 - 9 RVg 1/79 - juris Rn. 17 - BSGE 50, 95 = SozR 3800 § 2 Nr. 2; *Schellhorn* in: GK-SGB V, § 52 Rn. 8.

[88] *Höfler* in: KassKomm, SGB V, § 52 Rn. 7.

[89] *Schellhorn* in: GK-SGB V, § 52 Rn. 10; *Noftz* in: Hauck/Noftz, SGB V, § 52 Rn. 14; *Sieg*, SGb 1992, 337, 337.

[90] *Schneider* in: Schulin, Handbuch des Sozialversicherungsrechts, Bd. 1, § 22 Rn. 463; *Rompf*, SGb 1997, 105, 108.

[91] LSG Sachsen v. 09.10.2002 - L 1 KR 32/02 - juris Rn. 25.

[92] *Höfler* in: KassKomm, SGB V, § 52 Rn. 10; *Krauskopf* in: Krauskopf, SGB V, § 52 Rn. 6.

[93] Krauskopf in: Krauskopf, SGB V, § 52 Rn. 5.

[94] Dazu *Reyels* in: jurisPK-SGB VI, § 104 Rn. 32.

[95] Dazu *Reyels* in: jurisPK-SGB VII, § 101 Rn. 56.

§ 52 Abs. 1 SGB V **nicht erforderlich**[96]. Wenn ein solches Urteil allerdings vorliegt, so hat der Krankenversicherungsträger dies – ebenso wie die Sozialgerichte – zu beachten. Ein solches Urteil kann einer Entscheidung nach § 52 Abs. 1 SGB V als Beweismittel – und zwar als **Urkunde** i.S.v. § 21 Abs. 1 Satz 2 Nr. 3 SGB X – zugrunde gelegt werden.

56 Die herrschende Ansicht in der Literatur misst einem vorliegenden strafgerichtlichen Urteil **Tatbestandwirkung** für die Entscheidung nach § 52 Abs. 1 SGB V zu.[97] Dem ist allerdings **nicht** zu folgen, da dies eine (ausdrückliche) gesetzlichen Anordnung voraussetzt, an der es hier – ebenso wie bei § 105 SGB VI – und anders als bei § 104 Abs. 1 Satz 1 SGB VI oder § 101 Abs. 2 Satz 1 SGB VII – gerade fehlt.[98]

57 Die Feststellungen des Strafgerichts entbinden die Krankenkassen – ebenso wie die Sozialgerichte – nicht von der eigenen Verpflichtung, den Sachverhalt von Amts wegen zu erforschen. Anlass dazu besteht allerdings durchaus nur dann, wenn Umstände vorliegen, die Bedenken begründen und **weitere Ermittlungen** notwendig erscheinen lassen.[99]

58 Eine Leistungsbeschränkung nach Alternative 2 des § 52 Abs. 1 SGB V ist nur dann möglich, wenn das begangene Verbrechen oder vorsätzliche Vergehen nicht ausnahmsweise durch Rechtfertigungsgründe gedeckt ist und darüber hinaus schuldhaft begangen wurde. Alle drei Elemente des strafrechtlichen Deliktsaufbaus – **Tatbestand, Rechtswidrigkeit und Schuld** – müssen auch hier für die Anwendung der Sanktionsmöglichkeit erfüllt sein.[100] Liegen aber Rechtfertigungsgründe (vgl. Rn. 59) oder Schuldausschließungsgründe (vgl. Rn. 64) vor, ist der Tatbestand des § 52 Abs. 1 SGB V nicht erfüllt.[101]

6. Rechtswidrigkeit

59 Die Tat ist rechtwidrig, wenn nicht im Einzelfall ausnahmsweise ein **Rechtfertigungsgrund** eingreift. In einem solchen Fall kommt eine Versagung von Krankengeld oder die Beteiligung an den Kosten der Krankenbehandlung nicht in Frage. Im Tatbestand des § 52 Abs. 1 SGB V muss dies nicht zusätzlich ausdrücklich bestimmt werden, denn eine Handlung, die – schon objektiv – nicht gegen die Rechtsordnung verstößt, kann nicht mit einem rechtlichen Nachteil belegt sein.[102] Dies ergibt sich schon unmittelbar aus der Begriffsbestimmung für Verbrechen und Vergehen in § 12 Abs. 1 bzw. Abs. 2 StGB.[103] Der abweichenden Auffassung, die diesen Umstand lediglich bei der Ermessensausübung berücksichtigen will[104], ist daher nicht zu folgen[105].

60 Eine in **Notwehr** (§ 32 StGB) begangene Tat beeinträchtigt den Leistungsanspruch eines Versicherten nach dem SGB V daher nicht.[106] Eine solche Tat ist nach der ausdrücklichen Anordnung des Gesetzgebers im StGB nicht rechtswidrig.

61 Aus demselben Grund kommt es ebenfalls nicht zur Beschränkung des Leistungsanspruchs nach § 52 Abs. 1 SGB V, wenn ein **rechtfertigender Notstand** (§ 34 StGB) gegeben ist.[107] Auch dann entfällt nämlich nach der ausdrücklichen Anordnung des Gesetzgebers im StGB die Rechtswidrigkeit einer Tat.

---

[96] *Höfler* in: KassKomm, SGB V, § 52 Rn. 12; *Noftz* in: Hauck/Noftz, SGB V, § 52 Rn. 17.

[97] *Künnell*, DOK 1990, 333, 333; *ders.*, Die Leistungen 1991, 41, 42; *Rompf*, SGb 1997, 105, 108; *Noftz* in: Hauck/Noftz, SGB V, § 52 Rn. 17; *Schmidt* in: Peters, Handbuch KV (SGB V), § 52 Rn. 43; *Krauskopf* in: Krauskopf, SGB V, § 52 Rn. 6; dem hat sich das LSG Sachsen v. 09.10.2002 - L 1 KR 32/02 - juris Rn. 26 - angeschlossen; unklar bleibt *Zipperer* in: GKV-Komm, SGB V, § 52 Rn. 6.

[98] Ebenso *Keller*, jurisPR-SozR 9/2005, Anm. 6 m.w.N. (C.3); vgl. auch LSG Rheinland-Pfalz v. 19.12.1975 - L 6 J 100/74 - juris Leitsatz 1 - zu § 1277 Abs. 1 Satz 2 RVO (Vorläufervorschrift des § 105 SGB VI); siehe dazu *Reyels* in: jurisPK-SGB VI, § 105 Rn. 57.

[99] LSG Rheinland-Pfalz v. 15.09.1980 - L 2 J 86/80 - Breith. 1981, 598, 600.

[100] *Höfler* in: KassKomm, SGB V, § 52 Rn. 11.

[101] *Krauskopf* in: Krauskopf, SGB V, § 52 Rn. 7.

[102] BSG v. 01.06.1982 - 1 RA 45/81 - juris Rn. 12 - SozR 2200 § 1277 Nr. 5.

[103] Hierauf weist *Schmidt* in: Peters, Handbuch KV (SGB V), § 52 Rn. 32 zutreffend hin.

[104] So *Künnell*, DOK 1990, 333, 333f.; *ders.*, Die Leistungen 1991, 41, 44.

[105] Ebenso *Schmidt* in: Peters, Handbuch KV (SGB V), § 52 Rn. 33.

[106] *Höfler* in: KassKomm, SGB V, § 52 Rn. 11; *Schmidt* in: Peters, Handbuch KV (SGB V), § 52 Rn. 33.

[107] *Schmidt* in: Peters, Handbuch KV (SGB V), § 52 Rn. 34; *Höfler* in: KassKomm, SGB V, § 52 Rn. 11.

Ebenso kommt bei der sog. **Putativnotwehr** eine Leistungsbeschränkung nach § 52 Abs. 1 SGB V nicht in Betracht, da es auch insoweit nach der im Strafrecht vorherrschenden Auffassung schon am Tötungsvorsatz fehlt (vgl. Rn. 49). Eine solche Handlung bietet deshalb ebenfalls keine Grundlage für die Krankengeldversagung oder Kostenbeteiligung. 62

Ist eine Tat durch einen Rechtfertigungsgrund gedeckt, scheidet damit auch ein „Umsteigen" auf Alternative 1 des § 52 Abs. 1 SGB V aus.[108] 63

7. Schuld

An einem vorwerfbaren vorsätzlichen Verhalten i.S.d. § 52 Abs. 1 SGB V fehlt es auch, wenn der Erfolg des Verhaltens in einem Zustand herbeigeführt wurde, der die **Verantwortlichkeit** für dieses Handeln – ganz (vgl. Rn. 66) und nicht nur teilweise (vgl. Rn. 67) – ausschließt.[109] Liegen Schuldausschließungsgründe vor, so ist der Tatbestand des § 52 Abs. 1 SGB V – ebenso wie beim Vorliegen von Rechtfertigungsgründen – nicht erfüllt.[110] Der abweichenden Auffassung, die diesen Umstand lediglich bei der Ermessensausübung berücksichtigen will[111], ist daher nicht zu folgen[112]. 64

Die Leistungsbeschränkung des § 52 Abs. 1 SGB V greift nur, wenn – auch wenn dies im Normtext ebenso wenig wie bei der Rechtswidrigkeit ausdrücklich zum Ausdruck gebracht worden ist (vgl. Rn. 59) – neben dem Vorsatz und der Rechtwidrigkeit darüber hinaus ein – strafrechtlicher – **Schuldvorwurf** erhoben werden kann. 65

Liegt bei Begehung der Tat **Schuldunfähigkeit** wegen seelischer Störung nach § 20 StGB vor, schließt dies die Anwendung des § 52 Abs. 1 SGB V aus. Hier wird es außerdem in der Regel wegen der dem Täter aus biologischen Gründen fehlenden Zurechnungsfähigkeit bereits an der vorsätzlichen Tatbestandsverwirklichung fehlen.[113] 66

Etwas anderes gilt aber für den Fall, dass die Fähigkeit des Täters, das Unrecht der Tat einzusehen oder nach dieser Einsicht zu handeln, nicht – wie im Falle einer nach § 20 StGB bestehenden Schuldunfähigkeit – ausgeschlossen, sondern bei Begehung der Tat nur erheblich vermindert war. Eine **verminderte Schuldfähigkeit** führt nach § 21 StGB nur zu einer Strafmilderung. Eine Beschränkung der Leistungen ist in diesem Fall möglich, (bloß) verminderte Schuldfähigkeit schließt die Anwendung von § 52 Abs. 1 SGB V nicht aus.[114] 67

Auch wenn dem Täter nur eine **geringe Schuld** anzulasten ist, kommt eine Beschränkung der Leistungen bei vorsätzlicher und rechtwidriger Handlung nach § 52 Abs. 1 SGB V in Betracht. Die Leistungsbeschränkung ist ohne Rücksicht auf den Grad der Schuldfähigkeit möglich, das Ausmaß der individuellen Schuld ist lediglich beim Ermessen zu berücksichtigen[115] (vgl. Rn. 95). 68

Fehlte dem Täter bei Begehung der Tat die Einsicht, Unrecht zu tun, und konnte er diesen Irrtum nicht vermeiden, so handelt er ohne Schuld (**Verbotsirrtum** – § 17 Satz 1 StGB). In diesem Fall kommt deshalb eine Leistungsbeschränkung nach § 52 Abs. 1 SGB V ebenfalls nicht in Frage.[116] 69

Ebenso wenig kommt auch eine Leistungsbeschränkung nach § 52 Abs. 1 SGB V in Betracht, wenn ein **entschuldigender Notstand** (§ 35 Abs. 1 Satz 1 StGB) vorliegt.[117] Nach der ausdrücklichen Anordnung des Gesetzgebers im StGB entfällt hier der Schuldvorwurf. 70

Entsprechendes muss bei der **Überschreitung der Notwehr** (§ 33 StGB) gelten.[118] Wenn der Täter die Grenzen der Notwehr aus Verwirrung, Furcht oder Schrecken überschreitet, wird er nicht bestraft. Da- 71

---

[108] *Noftz* in: Hauck/Noftz, SGB V, § 52 Rn. 9.

[109] LSG Rheinland-Pfalz v. 15.09.1980 - L 2 J 86/80 - Breith. 1981, 598, 599; bestätigt durch BSG v. 26.11.1981 - 5b/5 RJ 138/80 - SozR 2200 § 1277 Nr. 3 und BVerfG v. 17.05.1982 - 1 BvR 43/82 - SozR 2200 § 1277 Nr. 4; BSG v. 01.06.1982 - 1 RA 45/81 - juris Rn. 15 - SozR 2200 § 1277 Nr. 5 und LSG NRW v. 05.02.1999 - L 14 RA 39/98 - juris Rn. 18.

[110] *Krauskopf* in: Krauskopf, SGB V, § 52 Rn. 7; *Höfler* in: KassKomm, SGB V, § 52 Rn. 11.

[111] So *Marburger*, DOK 1990, 571, 572.

[112] Ebenso *Schmidt* in: Peters, Handbuch KV (SGB V), § 52 Rn. 35.

[113] *Schmidt* in: Peters, Handbuch KV (SGB V), § 52 Rn. 36.

[114] LSG Sachsen v. 09.10.2002 - L 1 KR 32/02 - juris Rn. 27; *Schmidt* in: Peters, Handbuch KV (SGB V), § 52 Rn. 37 m.w.N.

[115] *Schellhorn* in: GK-SGB V, § 52 Rn. 11.

[116] *Noftz* in: Hauck/Noftz, SGB V, § 52 Rn. 15; *Schmidt* in: Peters, Handbuch KV (SGB V), § 52 Rn. 38; ebenso *Reyels* in: juris PK-SGB VI, § 105 Rn. 40.

[117] *Krauskopf* in: Krauskopf, SGB V, § 52 Rn. 7; Noftz in: Hauck/Noftz, SGB V, § 52 Rn. 15.

[118] A.A. *Schmidt* in: Peters, Handbuch KV (SGB V), § 52 Rn. 33.

mit wird zwar die Schuld nicht verneint, der Täter wird aber deshalb nicht bestraft, weil – nach dieser gesetzgeberischen Entscheidung – die Vorwerfbarkeit seines Verhaltens entfällt. Für die Frage der Leistungsbeschränkung nach § 52 Abs. 1 SGB V kommt es aber nicht auf das Ausmaß der Schuld an (dazu schon Rn. 68). Die vom Gesetzgeber getroffene strafrechtliche Wertentscheidung gilt auch für das Sozialversicherungsrecht.[119]

72 Hat der Versicherte seine Tat rechtwidrig zumindest bedingt vorsätzlich begangen, ist eine Leistungseinschränkung aber auch dann möglich, wenn bei ihm **mildernde Umstände i.S.d. Strafrechts** vorliegen.[120] Dadurch wird nämlich weder der Handlungsunwert der Tat noch die Vorwerfbarkeit des Verhaltens aufgehoben.

73 Ein Strafmilderungsgrund ist bei § 52 Abs. 1 SGB V damit ebenso unbeachtlich wie auch eine nur geringe Schuld (vgl. Rn. 68). Ein minder schwerer Fall des Totschlags (§ 213 StGB) oder sonstige **besondere gesetzliche Milderungsgründe** (vgl. § 49 StGB) stehen dem daher nicht entgegen.[121] Sie können die Schuld – ebenso wenig wie den Vorsatz oder die Rechtswidrigkeit – der Tat beseitigen.

8. Einzelne Anwendungsfälle

74 Der – praktisch eher selten vorkommende – Fall der **Selbstverstümmelung** erfüllt ohne Zweifel die Voraussetzungen des § 52 Abs. 1 SGB V. Hier ist das Handeln gerade auf die Herbeiführung des Gesundheitsschadens gerichtet.[122]

75 Bei dem **Versuch einer Selbsttötung** dürfte die Anwendung des § 52 Abs. 1 SGB V in der Regel ausscheiden. In der überwiegenden Zahl der Fälle sind die Tatbestandsvoraussetzungen für eine Leistungsbeschränkung vermutlich bereits deshalb nicht erfüllt, weil der Suizidversuch üblicherweise unter Ausschluss der freien Willensbildung – und daher nicht vorsätzlich (vgl. dazu Rn. 66) – erfolgte.[123] Die Folgen eines missglückten Selbsttötungsversuchs fallen auch deshalb in der Regel nicht unter § 52 Abs. 1 SGB V, da die Absicht des Versicherten so gut wie immer ausschließlich auf das Auslöschen seines Lebens und nicht auf die Herbeiführung einer Gesundheitsbeeinträchtigung gerichtet ist.[124] Auch im Arbeitsrecht ist aus diesem Grunde anerkannt, dass eine infolge eines missglückten Selbsttötungsversuchs eingetretene Arbeitsunfähigkeit unverschuldet ist, so dass der Arbeitgeber in aller Regel auch dann zur Entgeltfortzahlung verpflichtet ist.[125] Sollte im Einzelfall einmal doch – bedingter – Vorsatz anzunehmen sein, so wird eine sorgfältige Ermessensprüfung notwendig sein.[126]

76 Ebenso bleibt auch häufig in den Fällen einer **Alkohol- oder Drogenabhängigkeit** für eine freie Willensbildung kein Raum mehr.[127] Trunksucht bzw. Alkoholismus ist mittlerweile nach der höchstrichterlichen Rechtsprechung als Krankheit anerkannt.[128] Und es gibt auch keinen Erfahrungssatz, wonach eine krankhafte Alkoholabhängigkeit in der Regel selbst verschuldet ist.[129] Es fehlt in der Regel an der Vorwerfbarkeit, weil es dem Suchtkranken gerade an der Fähigkeit zur willentlichen Steuerung mangelt.[130] Dies gilt grundsätzlich auch für sonstige Suchterkrankungen.[131] Es kommt allerdings immer auf den Einzelfall an. In Ausnahmefällen mag durchaus vorsätzliches Handeln anzunehmen sein.

77 Regelmäßig führt auch eine anderweitige **risikobehaftete Lebensführung** – wie dies etwa bei übermäßigem Essen, Rauchen oder anhaltendem Bewegungsmangel anzunehmen sein könnte – nicht zu einer Leistungseinschränkung nach § 52 Abs. 1 SGB V, da in der Regel zumeist Vorsatz – also die Bil-

---

119 Ebenso *Reyels* in: jurisPK-SGB VI, § 105 Rn. 42.

120 *Schellhorn* in: GK-SGB V, § 52 Rn. 11.

121 *Höfler* in: KassKomm, SGB V, § 52 Rn. 11.

122 Vgl. *Reyels* in: jurisPK-SGB VI, § 103 Rn. 39.

123 Ausführlich dazu *Schmidt* in: Peters, Handbuch KV (SGB V), § 52 Rn. 54; *Künnell*, Die Leistungen 1991, 41, 42.

124 So auch *Rompf*, SGb 1997, 105, 107, der allerdings dennoch Vorsatz annimmt.

125 BAG v. 28.02.1979 - 5 AZR 611/77 - juris Rn. 15-25 - AP Nr. 44 zu § 1 LohnFG = BAGE 31, 331.

126 *Höfler* in: KassKomm, SGB V, § 52 Rn. 5b.

127 Noftz in: Hauck/Noftz, SGB V, § 52 Rn. 12.

128 Seit BSG v. 18.06.1968 - 3 RK 63/66 - SozR Nr. 28 zu § 182 RVO = BSGE 28, 114; *Rompf*, SGb 1997, 105, 107.

129 *Schmidt* in: Peters, Handbuch KV (SGB V), § 52 Rn. 45; siehe hierzu *Legleitner* in: jurisPK-BGB, § 616 Rn. 9 m.w.N.; bedenklich sind daher die Ausführungen in der Entscheidung des LSG Rheinland-Pfalz v. 21.06.1976 - L 2 J 43/75 - Breith. 1976, 928, 929.

130 *Rompf*, SGb 1997, 105, 107; *Schmidt* in: Peters, Handbuch KV (SGB V), § 52 Rn. 46.

131 Vgl. *Schmidt* in: Peters, Handbuch KV (SGB V), § 52 Rn. 49.

ligung der gesundheitlichen Beeinträchtigung – nicht nachweisbar sein wird und – auch bewusste – Fahrlässigkeit gerade nicht ausreicht, um eine Versagung von Krankengeld oder eine Beteiligung an den Krankenbehandlungskosten nach § 52 Abs. 1 SGB V zu rechtfertigen.[132]

Dies gilt auch für die **Ausübung gefährlicher Sportarten**, bei denen es erfahrungsgemäß häufiger zu nicht unerheblichen Verletzungen kommen kann.[133] Das Bundessozialgericht hat bereits zur Vorgängervorschrift des § 192 RVO ausgeführt, dass eine Sonderbehandlung von Sportunfällen sich nicht damit rechtfertigen lasse, dass die Teilnahme an sportlichen Veranstaltungen – namentlich an Fußballwettkämpfen – erhöhte gesundheitliche Gefahren mit sich bringe.[134] Von einem vorwerfbaren Verhalten des Versicherten könne hier nicht die Rede sein. Wer Sport treibt, setzt sich zwar häufig einem Verletzungsrisiko aus, er hofft aber dennoch regelmäßig darauf, dass dessen Eintritt in seinem Fall vermieden werden kann.[135] Ausnahmsweise wird man – bedingten – Vorsatz annehmen müssen bei Sportarten, bei denen auch bei Beachtung aller Regeln und Vorsichtsmaßnahmen Verletzungen unmöglich vermieden werden können.[136] 78

Die gewollte **Teilnahme an tätlichen Auseinandersetzungen** kann im Einzelfall zu einer Leistungsbeschränkung für die Folgen dabei auftretender Verletzungen nach Alternative 1 des § 52 Abs. 1 SGB V führen. Es sind hier Umstände denkbar, unter denen nach menschlichem Ermessen ausgeschlossen ist, dass eine Beteiligung daran ohne Verletzungen möglich ist.[137] Bei einer vorsätzlichen Beteiligung an einer Schlägerei kann unter Umständen auch eine Leistungsbeschränkung nach Alternative 2 des § 52 Abs. 1 SGB V in Betracht kommen.[138] 79

Bei einem Menschen, der – bewusst – mit einer anderen Person, die an einer **HIV-Infektion** leidet, Geschlechtsverkehr hat, und sich nicht ausreichend gegen eine Ansteckung schützt (also z.B. kein Kondom benutzt), können die Voraussetzungen von Alternative 1 des § 52 Abs. 1 SGB V erfüllt sein.[139] Aber auch hier kann der Vorsatz fehlen.[140] Es ist daher auch hier eine ganz sorgfältige Prüfung vorzunehmen. 80

Auch bei **Reisen** in gefährdete Gebiete – gemeint sind wohl gefährliche Gebiete – wird eine Anwendung des § 52 Abs. 1 SGB V in der Kommentarliteratur für möglich gehalten, aber in der Regel abgelehnt, weil ein Vorsatz nicht feststellbar sein dürfte.[141] Auch hier kommt es – wie bei allen hier genannten Beispielen – auf die konkreten Umstände des Einzelfalls an. 81

Entsprechend zu beantworten ist auch die Frage, ob ein **wissenschaftlicher Selbstversuch** zur Leistungsbeschränkung nach § 52 Abs. 1 SGB V führen kann.[142] Rechnet etwa ein Forscher mit gefährlichen Nebenwirkungen eines neu entwickelten Präparates und infolgedessen auch mit einer entsprechenden Schädigung seiner Gesundheit, entschließt sich im Interesse der Forschung aber trotzdem zum Selbstversuch, so handelt er mit Vorsatz. Auch wenn er schädliche Nebenwirkungen nur für sehr unwahrscheinlich hält, und diese aber dennoch – im Interesse des wissenschaftlichen Fortschritts – in Kauf nimmt, handelt er vorsätzlich im Sinne des § 52 Abs. 1 SGB V. 82

Bei **Schönheitsoperationen** erstreckt sich der Vorsatz in der Regel nicht auf eventuell dabei auftretende gesundheitsschädigende Folgen, anders kann dies jedoch bei ausgesprochen riskanten Eingriffen sein.[143] Im Übrigen ist die Frage der Leistungsbeschränkung bei solchen seit 01.04.2007 nach § 52 Abs. 2 SGB V zu beurteilen (vgl. Rn. 108). 83

---

[132] *Noftz* in: Hauck/Noftz, SGB V, § 52 Rn. 12; *Höfler* in: KassKomm, SGB V, § 52 Rn. 5b; *Krauskopf* in: Krauskopf, SGB V, § 52 Rn. 4; *Schmidt* in: Peters, Handbuch KV (SGB V), § 52 Rn. 50 (in Bezug auf Rauchen); *Rompf*, SGb 1997, 105, 107 (auch zum Rauchen).

[133] Ausführlich *Mihm*, SpuRt 1995, 18-23; *Schwede*, NZS 1996, 562, 563 (er verweist zutreffend auf den restriktiven Charakter).

[134] BSG v. 20.03.1959 - 3 RK 13/55 - BSGE 9, 232, 237.

[135] *Schmidt* in: Peters, Handbuch KV (SGB V), § 52 Rn. 56 m.w.N.; *Schneider* in: Schulin, Handbuch des Sozialversicherungsrechts, Bd. 1, § 22 Rn. 462; *Rompf*, SGb 1997, 105, 108; *Schwede*, NZS 1996, 562, 563.

[136] Vgl. *Schmidt* in: Peters, Handbuch KV (SGB V), § 52 Rn. 58.

[137] Näher dazu *Schmidt* in: Peters, Handbuch KV (SGB V), § 52 Rn. 59.

[138] Einzelheiten dazu bei *Schmidt* in: Peters, Handbuch KV (SGB V), § 52 Rn. 60.

[139] *Zipperer* in: GKV-Komm, SGB V, § 52 Rn. 5; wohl auch *Künnell*, Die Leistungen 1991, 41, 42.

[140] *Schneider* in: Schulin, Handbuch des Sozialversicherungsrechts, Bd. 1, § 22 Rn. 462; *Schmidt* in: Peters, Handbuch KV (SGB V), § 52 Rn. 55.

[141] *Krauskopf* in: Krauskopf, SGB V, § 52 Rn. 4; *Höfler* in: KassKomm, SGB V, § 52 Rn. 5b.

[142] Vgl. *Reyels* in: jurisPK-SGB VI, § 103 Rn. 43.

[143] *Höfler* in: KassKomm, SGB V, § 52 Rn. 5b; ausführlich dazu *Eicher*, DOK 1989, 757-763.

84 Die freiwillige **Sterilisation** und der nicht rechtwidrige **Schwangerschaftsabbruch** fallen nicht in den Anwendungsbereich des § 52 Abs. 1 SGB V, weil früher § 200g Satz 2 RVO die Geltung der Vorläuferregelung des § 192 RVO ausdrücklich ausschloss, und eine Änderung insoweit vom Gesetzgeber nicht gewollt war.[144]

85 Die **Weigerung, sich ärztlich behandeln zu lassen**, ist keine vorsätzliche Herbeiführung einer Krankheit nach § 52 Abs. 1 SGB V (vgl. schon Rn. 40).[145] Eine entsprechende oder analoge Anwendung scheidet wegen des Ausnahmecharakters dieser Vorschrift aus.[146] Hier kommt allenfalls die Möglichkeit einer Entziehung des Krankengeldes unter den Voraussetzungen des § 66 Abs. 2 SGB I in Betracht.[147]

IV. Rechtsfolgen bei Selbstverschulden nach Absatz 1

86 Bei Vorliegen der tatbestandlichen Voraussetzungen ist die Krankenkasse nach § 52 Abs. 1 SGB V ermächtigt, Krankengeld zu versagen bzw. – sofern es schon gezahlt worden ist – dieses zurückzufordern und – auch kumulativ[148] – den Versicherten an den Kosten für Sachleistungen zu beteiligen. Der Leistungsanspruch des Versicherten – das so genannte Stammrecht[149] – besteht weiterhin, es kommt hier nur zu einer (teilweisen) Versagung bestimmter Leistungen bzw. einer (angemessenen) Kostenbeteiligung. Insbesondere darf die Krankenkasse **keine Sachleistungen** – wie z.B. die (ambulante) Krankenbehandlung oder die (stationäre) Krankenhausbehandlung – unter Hinweis auf das Selbstverschulden im Sinne des § 52 Abs. 1 SGB V des Versicherten **verweigern.**[150] Dies ergibt sich schon aus dem eindeutigen Wortlaut der Vorschrift, und wegen ihres Ausnahmecharakters kommt eine Ausdehnung auf andere als die ausdrücklich benannten Fälle auch nicht in Betracht[151] (vgl. auch Rn. 23 m.w.N.)

1. Versagung und Rückforderung des Krankengeldes

87 Die Krankenkassen können nach § 52 Abs. 1 SGB V – wie schon nach bisherigem Recht (Rn. 8) – das Versicherten für die Dauer einer Erkrankung zustehende Krankengeld (§ 44 SGB V) – ganz oder teilweise – versagen, es ihnen also nicht bewilligen bzw. auszahlen, wenn sie sich die Krankheit vorsätzlich oder bei einem vom ihnen begangenen Verbrechen oder vorsätzlichen Vergehen zugezogen haben.

88 Die **Versagung des Krankengeldes** kommt nur für die Dauer der tatsächlich auf das Verhalten der Versicherten zurückzuführenden Krankheit in Betracht, zwischen dem Handeln der Versicherten und der konkreten Erkrankung muss ein ursächlicher Zusammenhang bestehen[152] (vgl. Rn. 41).

89 Sofern das Krankengeld – was sicher häufig wegen der aufgrund der existenzsichernden Funktion von Sozialleistungen in § 17 Abs. 1 Nr. 1 SGB I normierten Pflicht zur zügigen Leistungsgewährung[153] der Fall sein wird – bereits ausgezahlt worden sein sollte, kann die Krankenkasse dieses nach § 52 Abs. 1 SGB V auch zurückfordern.

90 Die mit dieser Vorschrift eingeräumte Möglichkeit der **Rückforderung des Krankengeldes** stellt eine besondere Regelung im Sinne des § 37 Satz 1 SGB I dar. Es handelt sich dabei also um eine gesetzlich bestimmte Ausnahme zu den §§ 44 ff. SGB X.[154] Die Krankenkasse kann damit das Rückforderungsrecht insbesondere unabhängig von den Voraussetzungen für die Rücknahme eines Verwaltungsaktes

---

144 Einzelheiten dazu bei *Höfler* in: KassKomm, SGB V, § 52 Rn. 3; vgl. *Zipperer* in: GKV-Komm, SGB V, § 52 Rn. 2.

145 Vgl. auch BSG v. 19.06.1979 - 5 RJ 122/77 - SozR 2200 § 1277 Nr. 2; *Kampe* in: jurisPK-SGB I, § 63 Rn. 12.

146 Vgl. BSG v. 30.06.1997 - 8 RKn 21/96 - juris Rn. 29; LSG NRW v. 27.10.1998 - L 18 (2) KN 158/97 - juris Rn. 40.

147 Vgl. BSG v. 19.06.1979 - 5 RJ 122/77 - SozR 2200 § 1277 Nr. 2; vgl. dazu *Kampe* in: jurisPK-SGB I, § 66 Rn. 20-32.

148 *Noftz* in: Hauck/Noftz, SGB V, § 52 Rn. 1.

149 *Höfler* in: KassKomm, SGB V, § 52 Rn. 14; *Schmidt* in: Peters, Handbuch KV (SGB V), § 52 Rn. 65.

150 So schon das BSG v. 30.01.1963 - 3 RK 4/61 - BSGE 18, 257 = SozR Nr. 13 zu § 184 RVO.

151 BSG v. 30.01.1963 - 3 RK 4/61 - BSGE 18, 257 = SozR Nr. 13 zu § 184 RVO; *Schieckel*, SGb 1964, 338 (Anm. hierzu).

152 *Höfler* in: KassKomm, SGB V, § 52 Rn. 16.

153 *Mönch-Kalina* in: jurisPK-SGB I, § 17 Rn. 11.

154 LSG Sachsen v. 09.10.2002 - L 1 KR 32/02 - juris Rn. 25; *Schneider* in: Schulin, Handbuch des Sozialversicherungsrechts, Bd. 1, § 22 Rn. 465; *Künnell*, DOK 1990, 333, 335; *Schmidt* in: Peters, Handbuch KV (SGB V), § 52 Rn. 66; *Noftz* in: Hauck/Noftz, SGB V, § 52 Rn. 20 m.w.N.

nach § 45 SGB X geltend machen. Der Versicherte kann sich deshalb nicht mit Erfolg darauf berufen, er habe darauf vertraut, das Krankengeld behalten zu dürfen, und dieses gutgläubig verbraucht.[155] Auch im Verhältnis zu § 50 SGB X ist § 52 Abs. 1 SGB V die speziellere Norm.[156]

2. Beteiligung an den Kosten der Leistungen

Die Leistungsbeschränkung bezieht sich nicht mehr – wie dies bisher nach dem § 192 RVO der Fall war (vgl. Rn. 8) – nur auf das Krankengeld, sondern umfasst jetzt auch die in einem – im Sinne von § 52 Abs. 1 SGB V selbstverschuldeten – Krankheitsfall erbrachten Sachleistungen. Hier kann die Krankenkasse zwar **nicht die Behandlung verweigern**[157] (vgl. dazu auch Rn. 86), aber die Versicherten können insoweit zu einer angemessenen Kostenbeteiligung herangezogen werden. Zu einer teilweisen Verweigerung der Leistung ist die Krankenkasse auch dann nicht befugt, wenn die geschuldete Sachleistung ihrem Umfang nach teilbar ist.[158] 91

Die **Beteiligung an den Kosten** ist bei allen Leistungen des Fünften Abschnitts des SGB V (vgl. zur systematischen Stellung der Vorschrift Rn. 20) – mit Ausnahme des extra in der Norm erwähnten Krankengeldes – möglich[159], denen die Behandlung der wesentlich ursächlich auf das Verhalten der Versicherten zurückzuführenden Krankheit zugrunde liegt, auch bei Leistungen, bei denen sonst keine Kostenbeteiligung vorgesehen ist[160]. Die Heranziehung zu den Kosten wird in aller Regel nicht bereits vor Beginn einer Behandlung möglich sein, nach § 52 Abs. 1 SGB V ist daher die rückwirkende bzw. nachträgliche Beteiligung an den Kosten zulässig.[161] 92

3. Ermessen („ganz oder teilweise" bzw. „in angemessener Höhe")

Die Versagung bzw. Rückforderung des Krankengeldes und die Kostenbeteiligung ist nicht zwingend, die Krankenkassen haben hier – ebenso wie die Rentenversicherungsträger nach § 104 Abs. 1 Satz 1 SGB VI[162] und die Unfallversicherungsträger nach § 101 Abs. 2 Satz 1 SGB VII[163] – **Ermessen** auszuüben. 93

Die Entscheidung über die Leistungsbeschränkung nach § 52 Abs. 1 SGB V hat die Krankenkasse nach pflichtgemäßem Ermessen unter **Berücksichtigung aller Umstände des Einzellfalles** zu treffen.[164] § 52 Abs. 1 SGB V räumt den Krankenkassen – auch nach der Begründung des Gesetzentwurfs[165] – nicht nur ein Entschließungsermessen („ob") sondern auch ein Auswahlermessen („wie") ein[166]. Nach § 39 Abs. 1 Satz 1 SGB I ist das durch § 52 Abs. 1 SGB V eingeräumte Ermessen entsprechend dem Zweck der Ermächtigung auszuüben und es sind die gesetzlichen Grenzen des Ermessens einzuhalten. 94

Nach der Gesetzesbegründung[167] soll sich die Krankenkasse bei ihrer Entscheidung unter **Abwägung der Umstände des Einzelfalles** mit den wohlverstandenen Interessen der Versichertengemeinschaft ausdrücklich daran orientieren, ob und in welchem Umfang die Leistungsbeschränkung dem Versicherten oder die uneingeschränkte Leistungserbringung der Krankenkasse zuzumuten ist. Dabei sollen insbesondere der Grad des Verschuldens, die Höhe der Aufwendungen der Krankenkasse, die finanzielle Leistungsfähigkeit des Versicherten und seine Unterhaltsverpflichtungen zu berücksichtigen sein.[168] 95

Am Ende dieses sorgfältig vorzunehmenden Abwägungsprozesses können dann eine vollständige oder teilweise Versagung des Krankengeldes sowie eine angemessene Beteiligung an den Kosten der Krankenbehandlung ebenso wie das vollständige Absehen von einer entsprechenden Leistungsbeschränkung stehen. 96

---

[155] *Künnell*, DOK 1990, 333, 335; *Zipperer* in: GKV-Komm, SGB V, § 52 Rn. 8.
[156] *Höfler* in: KassKomm, SGB V, § 52 Rn. 17.
[157] *Schellhorn* in: GK-SGB V, § 52 Rn. 18; *Noftz* in: Hauck/Noftz, SGB V, § 52 Rn. 21 m.w.N.
[158] *Schmidt* in: Peters, Handbuch KV (SGB V), § 52 Rn. 61.
[159] *Höfler* in: KassKomm, SGB V, § 52 Rn. 15; *Schmidt* in: Peters, Handbuch KV (SGB V), § 52 Rn. 62.
[160] *Schellhorn* in: GK-SGB V, § 52 Rn. 18.
[161] *Schmidt* in: Peters, Handbuch KV (SGB V), § 52 Rn. 63.
[162] Siehe *Reyels* in: jurisPK-SGB VI, § 104 Rn. 50.
[163] Siehe *Reyels* in: jurisPK-SGB VII, § 101 Rn. 84.
[164] BSG v. 14.01.1987 - 8 RK 35/85 - juris Rn. 12 a.E. - BSGE 61, 117 = SozR 2200 § 192 Nr. 2.
[165] Dort heißt es ausdrücklich „ob und in welchem Umfang"- siehe BT-Drs. 11/2237, S. 182 (zu § 51).
[166] *Noftz* in: Hauck/Noftz, SGB V, § 52 Rn. 19.
[167] BT-Drs. 11/2237, S. 182 (zu § 51).
[168] BT-Drs. 11/2237, S. 182 (zu § 51).

97 Die Versagung des Krankengeldes ist teilweise oder vollständig möglich. Letzteres kommt aber nur in schwer wiegenden Fällen in Betracht, etwa bei einer absichtlichen Schädigung.[169]

98 Die Gesetzesformulierung („in angemessener Höhe zu beteiligen“) macht hingegen deutlich, dass eine volle Kostenbeteiligung vom Gesetzgeber nicht vorgesehen wurde.[170] Eine volle Kostenabwälzung auf den Versicherten ist daher selbst dann nicht möglich, wenn sie nach dem Grad seiner Verantwortlichkeit und seiner finanziellen Leistungsfähigkeit eigentlich durchaus zumutbar wäre.[171]

99 Die getroffene Entscheidung ist von der Krankenkasse zu begründen und sie ist durch die Sozialgerichte überprüfbar.[172] Der pauschale Hinweis auf die „eingehende Prüfung der Sach- und Rechtslage“ genügt dabei nicht.[173] Nach § 35 Abs. 1 Satz 3 SGB X muss die in dem Verwaltungsakt zu gebende **Begründung** der Ermessensentscheidung die Gesichtspunkte erkennen lassen, von denen die Krankenkasse bei der Ausübung ihres Ermessens ausgegangen ist.[174] Die Entscheidung der Krankenkasse ist nur eingeschränkt überprüfbar. Nur Ermessensfehler oder Ermessensmissbrauch[175] können hier zu einer Aufhebung des entsprechenden Bescheides führen.

100 Ob die Voraussetzungen des § 52 Abs. 1 SGB V auf der Tatbestandsseite erfüllt sind, ist eine Rechts- und Tatfrage, die einer vollständigen gerichtlichen Überprüfung zugänglich ist.[176] Eine **gerichtliche Überprüfung** der Ermessensentscheidung auf der Rechtsfolgenseite ist aber darauf beschränkt, zu kontrollieren, ob die gesetzlichen Grenzen des Ermessens eingehalten wurden, und ob von dem eingeräumten Ermessen in einer dem Zweck der Ermächtigung entsprechenden Weise Gebrauch gemacht worden ist (vgl. § 54 Abs. 2 Satz 2 SGG und auch § 114 Satz 1 VwGO). Das Gericht darf hier insbesondere nicht sein Ermessen an die Stelle des Ermessens der Krankenkasse setzen.[177]

101 Das Gericht darf die Krankenkasse – abgesehen einmal von dem seltenen Ausnahmefall einer Ermessensreduzierung auf Null[178] – nicht zum Erlass eines Verwaltungsaktes mit bestimmtem Inhalt verurteilen, sondern kann den angefochtenen Bescheid nur aufheben und ggf. zu einer Neubescheidung – unter Beachtung der Rechtsauffassung des Gerichts – verurteilen.[179]

4. Verfahren

102 Über die Versagung oder Rückforderung des Krankengeldes bzw. die Kostenbeteiligung ist von der Krankenkasse eine **Entscheidung durch Verwaltungsakt** zu treffen.[180] Dieser muss inhaltlich hinreichend bestimmt sein (§ 33 Abs. 1 SGB X) und ist mit einer Begründung zu versehen (§ 35 Abs. 1 Satz 1 SGB X). In dieser Begründung sind die wesentlichen tatsächlichen und rechtlichen Gründe mitzuteilen, die die Krankenkasse zu ihrer Entscheidung bewogen haben (§ 35 Abs. 1 Satz 2 SGB X), außerdem muss die Begründung hier, weil es sich um eine Ermessensentscheidung handelt, auch die maßgeblichen Gesichtpunkte erkennen lassen, von denen die Krankenkasse bei der Ausübung ihres Ermessens ausgegangen ist (§ 35 Abs. 1 Satz 3 SGB X).

103 Da durch eine Entscheidung der Krankenkasse nach § 52 Abs. 1 SGB V in die gesetzlichen Rechte des Versicherten eingegriffen wird, ist er vorher anzuhören.[181] Die Pflicht der Krankenkasse zur **Anhörung des Versicherten** vor Erlass eines entsprechenden Verwaltungsaktes ergibt sich aus dem Anspruch auf rechtliches Gehör (Art. 103 Abs. 1 GG). Dem Versicherten ist daher vorher Gelegenheit zu geben, sich zu den für die – beabsichtigte – Entscheidung von der Krankenkasse für erheblich gehaltenen Tatsachen zu äußern (§ 24 Abs. 1 SGB X).

---

[169] *Schmidt* in: Peters, Handbuch KV (SGB V), § 52 Rn. 69.
[170] *Schellhorn* in: GK-SGB V, § 52 Rn. 18; *Noftz* in: Hauck/Noftz, SGB V, § 52 Rn. 21 m.w.N.
[171] *Krauskopf* in: Krauskopf, SGB V, § 52 Rn. 11.
[172] *Künnell*, DOK 1990, 333, 334; *ders.*, Die Leistungen 1991, 41, 44.
[173] LSG Hessen v. 02.04.1992 - L 1 Kr 95/91 - Meso B 310/111.
[174] *Höfler* in: KassKomm, SGB V, § 52 Rn. 18 m.w.N.
[175] Einzelheiten hierzu bei *Wagner* in: jurisPK-SGB I, § 39 Rn. 16 ff.
[176] *Schmidt* in: Peters, Handbuch KV (SGB V), § 52 Rn. 11.
[177] Vgl. nur *Keller* in: Meyer-Ladewig/Keller/Leitherer, SGG, § 54 Rn. 31.
[178] Vgl. dazu *Wagner* in: jurisPK-SGB I, § 39 Rn. 30 ff.
[179] Vgl. nur *Castendiek* in: Hk-SGG, § 54 Rn. 60.
[180] Vgl. nur *Schmidt* in: Peters, Handbuch KV (SGB V), § 52 Rn. 72.
[181] Vgl. nur *Noftz* in: Hauck/Noftz, SGB V, § 52 Rn. 22; LSG Sachsen v. 09.10.2002 - L 1 KR 32/02 - juris Rn. 23.

Die **Beweislast** für das Vorliegen der tatbestandlichen Voraussetzungen des § 52 Abs. 1 SGB V liegt – nach den auch sonst im sozialverwaltungsrechtlichen bzw. -gerichtlichen Verfahren geltenden allgemeinen Beweislastregeln[182] – bei der Krankenkasse[183]. Es handelt sich nicht etwa um eine subjektive Beweisführungslast, sondern um die objektive Beweis- oder Feststellungslast.[184] **104**

Die Krankenkassen haben den Sachverhalt von Amts wegen aufzuklären (Untersuchungs- bzw. Amtsermittlungsgrundsatz – § 20 SGB X). Hierbei trifft den Versicherten aber auch – wie im gesamten Sozial(versicherungs)recht – eine **Mitwirkungspflicht** (§ 60 SGB I).[185] Bei einem Verstoß gegen die Mitwirkungspflicht kann die Krankenkasse allerdings nicht gestützt hierauf die Leistungsbeschränkungen des § 52 Abs. 1 SGB V aussprechen, die Folgen einer Verletzung der Mitwirkungspflicht ergeben sich allein aus § 66 SGB I (vgl. Rn. 40). **105**

V. Leistungsbeschränkung bei Selbstverschulden nach Absatz 2

Die Pflicht zur – angemessenen – Kostenbeteiligung der Versicherten bzw. zur – teilweisen oder vollständigen – Versagung oder Rückforderung des Krankengeldes besteht für die Krankenkassen nach § 51 Abs. 2 SGB V bei den Folgen von medizinisch nicht indizierten Maßnahmen. Beispielhaft im Gesetz genannt sind ausdrücklich ästhetische Operationen (sog. Schönheitsoperationen[186]), Tätowierungen oder Piercings. Dieser Katalog ist daher – anders als es die Gesetzesbegründung vermuten lässt[187] – nicht abschließend. **106**

1. Versicherte

§ 52 Abs. 2 SGB V bezieht die Leistungsbeschränkung bei Selbstverschulden – ebenso wie § 52 Abs. 1 SGB V – auf alle Versicherten. Der Personenkreis der in der gesetzlichen Krankenversicherung Versicherten ergibt sich aus dem Zweiten Kapitel des SGB V. Hierzu zählen **Versicherungspflichtige** (§ 5 SGB V) – die weder nach § 6 SGB V oder § 7 SGB V kraft Gesetzes versicherungsfrei noch nach § 8 SGB V von der Versicherungspflicht befreit sind – sowie **freiwillig Versicherte** (§ 9 SGB V) und **Familienversicherte** (§ 10 SGB V).[188] **107**

2. Krankheit

Unter Krankheit im Sinne des Rechts der gesetzlichen Krankenversicherung wird in der Rechtsprechung ein regelwidriger, vom Leitbild des gesunden Menschen abweichender Körper- oder Geisteszustand verstanden, der ärztlicher Behandlung bedarf oder den Betroffenen arbeitsunfähig macht.[189] Dabei kommt nicht jeder körperlichen Unregelmäßigkeit Krankheitswert im Rechtssinne zu, eine Krankheit liegt nur vor, wenn der Versicherte in seinen Körperfunktionen beeinträchtigt wird oder wenn die anatomischen Abweichungen entstellend wirken.[190] **108**

Wiedererkrankung und Folgeerkrankung fallen auch unter diesen Krankheitsbegriff.[191] Als **Wiedererkrankung** ist dabei das nochmalige Auftreten der ursprünglichen Krankheit im selben Erscheinungsbild anzusehen – also ein Rückfall.[192] Bei der **Folgeerkrankung** handelt es dagegen um eine Krank- **109**

---

[182] *Höfler* in: KassKomm, SGB V, § 52 Rn. 14; *Schmidt* in: Peters, Handbuch KV (SGB V), § 52 Rn. 48.

[183] *Schneider* in: Schulin, Handbuch des Sozialversicherungsrechts, Bd. 1, § 22 Rn. 461; *Künnell*, DOK 1990, 333, 335.

[184] *Schmidt* in: Peters, Handbuch KV (SGB V), § 52 Rn. 72.

[185] *Marburger*, DOK 1990, 571, 573.

[186] So ausdrücklich in der Gesetzesbegründung: BT-Drs. 16/3100, S. 108.

[187] In der BT-Drs. 16/3100, S. 108, sind ausschließlich die im Gesetz genannten Beispielsfälle aufgeführt, ohne einen Hinweis darauf, dass es sich hierbei nur um Beispiele handelt. Es entsteht dadurch der Eindruck, die Aufzählung sei abschließend.

[188] Weitere Einzelheiten (auch zu Beginn und Ende der Versicherteneigenschaft) vgl. die Kommentierung zu § 27 SGB V Rn. 22.

[189] BSG v. 19.10.2004 - B 1 KR 3/03 R - juris Rn. 12 - SozR 4-2500 § 27 Nr. 3; BSG v. 19.10.2004 - B 1 KR 9/04 R - juris Rn. 12 - ZfS 2005, 15-17; BSG v. 19.10.2004 - B 1 KR 28/02 R - juris Rn. 13 - SozR 4-2500 § 27 Nr. 2; dazu *Meyerhoff*, jurisPR-SozR 17/2005, Anm. 3; ausführlich zum Krankheitsbegriff *Höfler* in: KassKomm, SGB V, § 27 Rn. 9 ff.; vgl. auch die Kommentierung zu § 27 SGB V Rn. 31; *Schmidt* in: Peters, Handbuch KV (SGB V), § 52 Rn. 22; *Mihm*, SpuRt 1995, 18, 20; *Eicher*, DOK 1989, 757, 758.

[190] BSG v. 19.10.2004 - B 1 KR 3/03 R - juris Rn. 13 - SozR 4-2500 § 27 Nr. 3; BSG v. 19.10.2004 - B 1 KR 9/04 R - juris Rn. 13 - ZfS 2005, 15-17; BSG v. 19.10.2004 - B 1 KR 28/02 R - juris Rn. 14 - SozR 4-2500 § 27 Nr. 2.

[191] *Noftz* in: Hauck/Noftz, SGB V, § 52 Rn. 8 m.w.N.

[192] *Rompf*, SGb 1997, 105, 109.

heit, die zwar infolge der ursprünglichen Krankheit eingetreten ist, sich jedoch im Erscheinungsbild von dieser unterscheidet.[193] Auch beim Auftreten einer Wiedererkrankung oder einer Folgeerkrankung kommt eine Leistungsbeschränkung nach § 52 Abs. 2 SGB V – ebenso wie nach § 52 Abs. 1 SGB V – in Betracht, sofern sich die Wiedererkrankung als Folge eines ununterbrochenen Kausalverlaufs mit der medizinisch nicht indizierten Maßnahme darstellt bzw. wenn die Folgeerkrankung auf dieselbe Ursache wie die ursprüngliche Krankheit zurückzuführen ist und zwischen beiden ein innerer Zusammenhang besteht.[194]

3. Zuziehen

110 Zur Anwendung der Sanktion des § 52 Abs. 2 SGB V muss sich der Versicherte eine Krankheit – durch eine medizinisch nicht indizierte Maßnahme – zugezogen haben. Sich eine Krankheit zuziehen bedeutet, durch **eigenes Handeln** eine Ursache für die Erkrankung zu setzen.[195] Ein Versicherter muss die medizinisch nicht notwendige Maßnahme aber nicht selbst – an sich – durchgeführt haben, ausreichend sein muss hier als zurechenbares Verhalten der – dann in die Tat umgesetzte – Entschluss, eine solche Maßnahme an sich, von einem Dritten, vornehmen zu lassen.

111 Eine Krankheit ist dann im Sinne von § 52 Abs. 2 SGB V – ebenso wie dies bei § 52 Abs. 1 SGB V der Fall ist – zugezogen, wenn zwischen dem Verhalten des Versicherten und der Krankheit ein **ursächlicher Zusammenhang** besteht.[196] Dieser Kausalzusammenhang zwischen einer medizinisch nicht indizierten Maßnahme und einer Krankheit ist – wie auch sonst im Sozialrecht – nach der Theorie der wesentlichen Bedingung zu beurteilen, das Handeln muss also jedenfalls eine **wesentliche (Mit-)Ursache** für die Erkrankung sein.[197] § 52 Abs. 2 SGB V greift – ebenso wie § 52 Abs. 1 SGB V – dann nicht, wenn die Krankheit ganz oder überwiegend durch andere Umstände hervorgerufen worden ist.

112 Der Versicherte muss sich die Krankheit grundsätzlich selbst zuziehen. **Handlungen Dritter**, die eine Krankheit bei einem Versicherten hervorrufen, bleiben hier aber – anders als bei § 52 Abs. 1 SGB V – nicht außer Betracht, da die medizinisch erforderlichen Maßnahmen – insbesondere die im Gesetz ausdrücklich beispielhaft genannten ästhetischen Operationen, Tätowierungen und Piercings – gerade typischerweise nicht von den Versicherten selbst, sondern von Dritten vorgenommen werden.

4. Medizinisch nicht indizierte Maßnahme

113 Was eine „medizinisch nicht indizierte Maßnahme" ist, ist weder im Gesetz geregelt noch der Gesetzesbegründung[198] zu entnehmen. Gemeint ist damit eine **aus medizinischer Sicht nicht notwendige Behandlung**. Der Gesetzgeber nennt hier – nur beispielhaft – die ästhetische Operation (sog. Schönheitsoperation[199]), die Tätowierung oder das Piercing. Bei keiner dieser Maßnahmen ist aus medizinischer Sicht eine Behandlung erforderlich. Entscheidend dürfte also darauf abzustellen sein, dass **keine Behandlungsbedürftigkeit** bestand. Notwendig ist eine medizinische Behandlung nur in den Fällen, in denen sie vorgenommen wird, um eine Krankheit zu erkennen, zu heilen, ihre Verschlimmerung zu verhüten oder Krankheitsbeschwerden zu lindern (vgl. § 27 Abs. 1 Satz 1 SGB V).

114 Welche Maßnahmen – außer den ausdrücklich genannten – hier in Betracht zu ziehen sind, ist weder dem Gesetzgebungsverfahren noch – soweit ersichtlich – der veröffentlichten Literatur zu entnehmen. Ob die Praxis hier außer den im Gesetz genannten Beispielen der ästhetischen Operationen, Tätowierungen und Piercings weitere Fälle für die Anwendung dieser Sanktion finden wird, bleibt abzuwarten. Wegen des Ausnahmecharakters dieser Norm ist hier allerdings Zurückhaltung angebracht. Sicher fällt in den Anwendungsbereich dieser Vorschrift **nicht jedwedes krankheitsverursachende Verhalten** von Versicherten – wie zum Beispiel das Rauchen und Trinken von Alkohol oder übermäßiges Essen sowie die Ausübung gefährlicher Sportarten. Die im Anhörungsverfahren insoweit von den Verbänden

[193] *Rompf*, SGb 1997, 105, 109.

[194] *Rompf*, SGb 1997, 105, 109.

[195] *Schmidt* in: Peters, Handbuch KV (SGB V), § 52 Rn. 26.

[196] *Höfler* in: KassKomm, SGB V, § 52 Rn. 4; *Schellhorn* in: GK-SGB V, § 52 Rn. 6; *Dalichau/Grüner*, SGB V, § 52 Anm. 1; siehe auch LSG Sachsen v. 09.10.2002 - L 1 KR 32/02 - juris Rn. 24.

[197] *Schmidt* in: Peters, Handbuch KV (SGB V), § 52 Rn. 24 und 26.; *Noftz* in: Hauck/Noftz, SGB V, § 52 Rn. 8.

[198] BT-Drs. 16/3100, S. 108.

[199] So ausdrücklich in der Gesetzesbegründung: BT-Drs. 16/3100, S. 108.

geäußerten Befürchtungen[200] sind daher ebenso wenig begründet wie die diesbezüglichen Ausführungen in den Änderungsanträgen der Fraktionen DIE LINKE und BÜNDNIS 90/DIE GRÜNEN[201].

5. Einzelne Anwendungsfälle

115 Das Gesetz nennt als Beispiele die ästhetischen Operationen, Tätowierungen und Piercings. Ästhetische Operationen – üblicherweise **Schönheitsoperationen** genannt – dienen grds. allein der Korrektur äußerer Körpermerkmale, ohne dass insoweit ein krankhafter Zustand gegeben ist. Die Korrektur abstehender Ohren, unschöner Nasen, zu kleiner oder zu großer Brüste und Fettabsaugen sowie Gesichtslifting oder das Aufspritzen der Lippen mit Botox, um dem aktuellen Schönheitsideal zu entsprechen, ist mit erheblichen Gesundheitsrisiken verbunden, deren Behandlung zum Teil erhebliche Kosten verursacht. Diese Maßnahmen können zu Verletzungen der Nerven, Muskeln und größerer Blutgefäße führen, es kann zu Thrombosen und Lungenembolien kommen, bei Brustvergrößerungen ist eine Kapselfibrose möglich, die Nasenkorrektur kann dauerhafte Atemschwierigkeiten zur Folge haben, und generell sind Wundheilungsstörungen, Narbenwucherungen und Hautverfärbungen möglich.

116 Als weitere Beispiele sind in der Norm ausdrücklich **Tätowierungen und Piercings** genannt. Bei Tätowierungen handelt es sich – ebenso wie bei Schönheitsoperationen – um dauerhafte Körpermodifikationen, die mit gesundheitlichen Komplikationen verbunden sein können. Mit Tätowierungen werden eine ganze Reihe von ansteckenden Krankheiten und schädlichen Gesundheitswirkungen in Verbindung gebracht: so etwa Virusinfektionen wie Hepatitis oder HIV, bakterielle Infektionen wie Grindflechte, Pilzinfektionen, allergische Reaktionen wie Hautreizungen oder Nesselausschlag sowie andere Hautkrankheiten wie z.B. Psoriasis.[202] Auch beim Piercing reichen die gesundheitlichen Risiken von allergischen Hautreaktionen über Infektionen bis hin zu AIDS.[203]

VI. Rechtsfolgen bei Selbstverschulden nach Absatz 2

117 Bei Vorliegen der genannten tatbestandlichen Voraussetzungen ist die Krankenkasse nach § 52 Abs. 2 SGB V – anders als nach § 52 Abs. 1 SGB V („kann“) – nicht nur ermächtigt, sondern verpflichtet („hat“), Krankengeld zu versagen bzw. – sofern es schon gezahlt worden ist – dieses zurückzufordern und – auch kumulativ[204] – den Versicherten an den Kosten für Sachleistungen zu beteiligen.

118 Der Leistungsanspruch des Versicherten – das sogenannte Stammrecht[205] – besteht auch hier weiterhin, es kommt nur zu einer (teilweisen) Versagung bestimmter Leistungen bzw. einer (angemessenen) Kostenbeteiligung. **Sachleistungen** – wie z.B. die (ambulante) Krankenbehandlung oder die (stationäre) Krankenhausbehandlung – darf die Krankenkasse unter Hinweis auf das Selbstverschulden im Sinne des § 52 Abs. 2 SGB V des Versicherten allerdings **nicht verweigern**.[206] Dies ergibt sich schon aus dem eindeutigen Wortlaut der Vorschrift, wegen ihres Ausnahmecharakters kommt eine Ausdehnung auf andere als die ausdrücklich benannten Folgen – ebenso wie bei § 52 Abs. 1 SGB V – auch nicht in Betracht (vgl. Rn. 86).

---

[200] Etwa die Gemeinsame Stellungnahme des AOK-Bundesverbandes, des BKK Bundesverbandes, des IKK-Bundesverbandes, der See-Krankenkasse, des Bundesverbandes der landwirtschaftlichen Krankenkassen, des Verbandes der Angestellten-Krankenkassen und des Arbeiter-Ersatzkassen-Verbandes (Ausschussdrucksache 0129(48) vom 03.11.2006).

[201] Siehe den Bericht des Ausschusses für Gesundheit vom 01.02.2007 in: BT-Drs. 16/4247, S. 12/13 bzw. 20.

[202] Siehe dazu EU-Pressemeldung IP/03/1033 vom 17.07.2003 „EU-Forschung untersucht Gesundheitsrisiken in Verbindung mit Tätowierungen und Piercings“ – abrufbar unter www.2m2-haut.de – Die Präventionskampagne Haut – UV der öffentlichen Hand – Schüler-Unfallversicherung – Piercing und Tätowierung – Weiterführende Informationen.

[203] Siehe EU-Nachrichten Nr. 27 vom 24.07.2003 „Körperkult mit hohem Gesundheitsrisiko“ – abrufbar unter www.2m2-haut.de – Die Präventionskampagne Haut – UV der öffentlichen Hand – Schüler-Unfallversicherung – Piercing und Tätowierung – Weiterführende Informationen.

[204] *Noftz* in: Hauck/Noftz, SGB V, § 52 Rn. 1.

[205] *Höfler* in: KassKomm, SGB V, § 52 Rn. 14; *Schmidt* in: Peters, Handbuch KV (SGB V), § 52 Rn. 65.

[206] So schon das BSG v. 30.01.1963 - 3 RK 4/61 - BSGE 18, 257 = SozR Nr. 13 zu § 184 RVO.

1. Versagung und Rückforderung des Krankengeldes

119 Die Krankenkassen müssen (hier besteht also – anders als bei Absatz 1 – kein Ermessen) nach § 52 Abs. 2 SGB V das Versicherten für die Dauer einer Erkrankung zustehende Krankengeld (§ 44 SGB V) – ganz oder teilweise (insoweit besteht also – wie bei Absatz 1 – Ermessen) – versagen, es ihnen also nicht bewilligen bzw. auszahlen, wenn sie sich die Krankheit durch eine medizinisch nicht indizierte Maßnahme zugezogen haben.

120 Die **Versagung des Krankengeldes** kommt nur für die Dauer der tatsächlich auf das Verhalten der Versicherten zurückzuführenden Krankheit in Betracht, zwischen dem Handeln der Versicherten und der konkreten Erkrankung muss ein ursächlicher Zusammenhang bestehen.[207]

121 Sofern das Krankengeld – was sicher häufig wegen der aufgrund der existenzsichernden Funktion von Sozialleistungen in § 17 Abs. 1 Nr. 1 SGB I normierten Pflicht zur zügigen Leistungsgewährung[208] der Fall sein wird – bereits ausgezahlt worden sein sollte, kann die Krankenkasse dieses nach § 52 Abs. 2 SGB V – ebenso wie nach § 52 Abs. 1 SGB V – auch zurückfordern.

122 Die mit dieser Vorschrift eingeräumte Möglichkeit der **Rückforderung des Krankengeldes** stellt eine besondere Regelung im Sinne des § 37 Satz 1 SGB I dar. Es handelt sich dabei also um eine gesetzlich bestimmte Ausnahme zu den §§ 44 ff. SGB X.[209] Die Krankenkasse kann damit das Rückforderungsrecht insbesondere unabhängig von den Voraussetzungen für die Rücknahme eines Verwaltungsaktes nach § 45 SGB X geltend machen. Der Versicherte kann sich deshalb nicht mit Erfolg darauf berufen, er habe darauf vertraut, das Krankengeld behalten zu dürfen, und dieses gutgläubig verbraucht.[210] Auch im Verhältnis zu § 50 SGB X ist § 52 Abs. 2 SGB V – ebenso wie § 52 Abs. 1 SGB V (siehe Rn. 90) – die speziellere Norm.[211]

2. Beteiligung an den Kosten der Leistungen

123 Die Leistungsbeschränkung bezieht sich nicht nur auf das Krankengeld, sondern umfasst auch die in einem – im Sinne von § 52 Abs. 2 SGB V selbstverschuldeten – Krankheitsfall erbrachten Sachleistungen.

124 Hier kann die Krankenkasse zwar **nicht die Behandlung verweigern**[212], aber die Versicherten sind insoweit zu einer angemessenen Kostenbeteiligung heranzuziehen. Zu einer teilweisen Verweigerung der Leistung ist die Krankenkasse auch dann nicht befugt, wenn die geschuldete Sachleistung ihrem Umfang nach teilbar ist.[213]

125 Die **Beteiligung an den Kosten** ist bei allen Leistungen des Fünften Abschnitts des SGB V – mit Ausnahme des extra in der Norm erwähnten Krankengeldes – möglich,[214] denen die Behandlung einer wesentlich ursächlich auf das Verhalten der Versicherten zurückzuführenden Krankheit zugrunde liegt, auch bei Leistungen, bei denen sonst keine Kostenbeteiligung vorgesehen ist.[215] Die Heranziehung zu den Kosten wird in aller Regel nicht bereits vor Beginn einer Behandlung möglich sein, nach § 52 Abs. 2 SGB V ist daher auch die rückwirkende bzw. nachträgliche Beteiligung an den Kosten zulässig.[216]

3. Ermessen („ganz oder teilweise" bzw. „in angemessener Höhe")

126 Anders als nach § 52 Abs. 1 SGB V ist in § 52 Abs. 2 SGB V die Versagung bzw. Rückforderung des Krankengeldes und die Kostenbeteiligung zwingend, die Krankenkassen haben hier daher hinsichtlich des Ob der Leistungseinschränkung kein Ermessen. Sie haben also **kein Entschließungsermessen**.

[207] *Höfler* in: KassKomm, SGB V, § 52 Rn. 16.
[208] *Mönch-Kalina* in: jurisPK-SGB I, § 17 Rn. 11.
[209] LSG Sachsen v. 09.10.2002 - L 1 KR 32/02 - juris Rn. 25; *Schneider* in: Schulin, Handbuch des Sozialversicherungsrechts, Bd. 1, § 22 Rn. 465; *Künnell*, DOK 1990, 333, 335; *Schmidt* in: Peters, Handbuch KV (SGB V), § 52 Rn. 66; *Noftz* in: Hauck/Noftz, SGB V, § 52 Rn. 20 m.w.N.
[210] *Künnell*, DOK 1990, 333, 335; *Zipperer* in: GKV-Komm, SGB V, § 52 Rn. 8.
[211] *Höfler* in: KassKomm, SGB V, § 52 Rn. 17.
[212] *Schellhorn* in: GK-SGB V, § 52 Rn. 18; *Noftz* in: Hauck/Noftz, SGB V, § 52 Rn. 21 m.w.N.
[213] *Schmidt* in: Peters, Handbuch KV (SGB V), § 52 Rn. 61.
[214] *Höfler* in: KassKomm, SGB V, § 52 Rn. 15; *Schmidt* in: Peters, Handbuch KV (SGB V), § 52 Rn. 62.
[215] *Schellhorn* in: GK-SGB V, § 52 Rn. 18.
[216] *Schmidt* in: Peters, Handbuch KV (SGB V), § 52 Rn. 63.

Die Entscheidung über den Umfang einer Leistungsbeschränkung nach § 52 Abs. 2 SGB V hat die Krankenkasse aber – ebenso wie nach Absatz 1 – nach pflichtgemäßem Ermessen unter Berücksichtigung aller Umstände des Einzelfalles zu treffen. § 52 Abs. 2 SGB V räumt den Krankenkassen **Auswahlermessen** („wie") ein. Nach § 39 Abs. 1 Satz 1 SGB I ist das eingeräumte Ermessen entsprechend dem Zweck der Ermächtigung auszuüben und es sind die gesetzlichen Grenzen des Ermessens einzuhalten. 127

Am Ende dieses sorgfältig vorzunehmenden Abwägungsprozesses kann dann eine vollständige oder teilweise Versagung des Krankengeldes sowie eine angemessene Beteiligung an den Kosten der Krankenbehandlung, nicht aber das vollständige Absehen von einer entsprechenden Leistungsbeschränkung stehen. Die Gesetzesformulierung macht deutlich, dass eine volle Kostenbeteiligung vom Gesetzgeber nicht vorgesehen wurde.[217] 128

Die getroffene Entscheidung ist von der Krankenkasse zu begründen, und sie ist durch die Sozialgerichte überprüfbar.[218] Nach § 35 Abs. 1 Satz 3 SGB X muss die in dem Verwaltungsakt zu gebende **Begründung** der Ermessensentscheidung die Gesichtspunkte erkennen lassen, von denen die Krankenkasse bei der Ausübung ihres Ermessens ausgegangen ist.[219] Die Entscheidung der Krankenkasse ist nur eingeschränkt überprüfbar. Nur Ermessensfehler oder Ermessensmissbrauch[220] können hier zu einer Aufhebung des entsprechenden Bescheides führen. 129

Ob die Voraussetzungen des § 52 Abs. 2 SGB V auf der Tatbestandsseite erfüllt sind, ist eine Rechts- und Tatfrage, die einer vollständigen gerichtlichen Überprüfung zugänglich ist.[221] Eine **gerichtliche Überprüfung** der Ermessensentscheidung auf der Rechtsfolgenseite ist aber darauf beschränkt, zu kontrollieren, ob die gesetzlichen Grenzen des Ermessens eingehalten wurden und ob von dem eingeräumten Ermessen in einer dem Zweck der Ermächtigung entsprechenden Weise Gebrauch gemacht worden ist (vgl. § 54 Abs. 2 Satz 2 SGG und auch § 114 Satz 1 VwGO). Das Gericht darf hier insbesondere nicht sein Ermessen an die Stelle des Ermessens der Krankenkasse setzten.[222] 130

Das Gericht darf die Krankenkasse – abgesehen einmal von dem seltenen Ausnahmefall einer Ermessensreduzierung auf Null[223] – nicht zum Erlass eines Verwaltungsaktes mit bestimmtem Inhalt verurteilen, sondern kann den angefochtenen Bescheid nur aufheben und ggf. zu einer Neubescheidung – unter Beachtung der Rechtsauffassung des Gerichts – verurteilen.[224] 131

4. Verfahren

Über die Versagung oder Rückforderung des Krankengeldes bzw. die Kostenbeteiligung ist von der Krankenkasse eine **Entscheidung durch Verwaltungsakt** zu treffen.[225] Dieser muss inhaltlich hinreichend bestimmt sein (§ 33 Abs. 1 SGB X) und ist mit einer Begründung zu versehen (§ 35 Abs. 1 Satz 1 SGB X). In dieser Begründung sind die wesentlichen tatsächlichen und rechtlichen Gründe mitzuteilen, die die Krankenkasse zu ihrer Entscheidung bewogen haben (§ 35 Abs. 1 Satz 2 SGB X), außerdem muss die Begründung hier, weil es sich – hinsichtlich des Umfangs der Leistungseinschränkung – um eine Ermessensentscheidung handelt, auch die maßgeblichen Gesichtspunkte erkennen lassen, von denen die Krankenkasse bei der Ausübung ihres Ermessens ausgegangen ist (§ 35 Abs. 1 Satz 3 SGB X). 132

Da durch eine Entscheidung der Krankenkasse nach § 52 Abs. 2 SGB V in die gesetzlichen Rechte des Versicherten eingegriffen wird, ist er vorher anzuhören.[226] Die Pflicht der Krankenkasse zur **Anhörung des Versicherten** vor Erlass eines entsprechenden Verwaltungsaktes ergibt sich aus dem Anspruch auf rechtliches Gehör (Art. 103 Abs. 1 GG). Dem Versicherten ist daher vorher Gelegenheit zu geben, sich zu den für die – beabsichtigte – Entscheidung von der Krankenkasse für erheblich gehaltenen Tatsachen zu äußern (§ 24 Abs. 1 SGB X). 133

---

217 *Schellhorn* in: GK-SGB V, § 52 Rn. 18; *Noftz* in: Hauck/Noftz, SGB V, § 52 Rn. 21 m.w.N.

218 *Künnell*, DOK 1990, 333, 334; *ders.*, Die Leistungen 1991, 41, 44.

219 *Höfler* in: KassKomm, SGB V, § 52 Rn. 18 m.w.N.

220 Einzelheiten hierzu bei *Wagner* in: jurisPK-SGB I, § 39 Rn. 16 ff.

221 *Schmidt* in: Peters, Handbuch KV (SGB V), § 52 Rn. 11.

222 Vgl. nur *Keller* in: Meyer-Ladewig/Keller/Leitherer, SGG, § 54 Rn. 31.

223 Vgl. dazu *Wagner* in: jurisPK-SGB I, § 39 Rn. 30 ff.

224 Vgl. nur *Castendiek* in: Hk-SGG, § 54 Rn. 60.

225 Vgl. nur *Schmidt* in: Peters, Handbuch KV (SGB V), § 52 Rn. 72.

226 Vgl. nur *Noftz* in: Hauck/Noftz, SGB V, § 52 Rn. 22; LSG Sachsen v. 09.10.2002 - L 1 KR 32/02 - juris Rn. 23.

134 Die **Beweislast** für das Vorliegen der tatbestandlichen Voraussetzungen des § 52 Abs. 2 SGB V liegt – nach den auch sonst im sozialverwaltungsrechtlichen bzw. -gerichtlichen Verfahren geltenden allgemeinen Beweislastregeln[227] – bei der Krankenkasse.[228] Es handelt sich nicht etwa um eine subjektive Beweisführungslast, sondern um die objektive Beweis- oder Feststellungslast.[229]

135 Die Krankenkassen haben den Sachverhalt von Amts wegen aufzuklären (Untersuchungs- bzw. Amtsermittlungsgrundsatz – § 20 SGB X). Hierbei trifft den Versicherten aber auch – wie im gesamten Sozial(versicherungs-)recht – eine **Mitwirkungspflicht** (§ 60 SGB I).[230] Bei einem Verstoß gegen diese Mitwirkungspflicht kann die Krankenkasse allerdings nicht gestützt hierauf eine Leistungsbeschränkung nach § 52 Abs. 2 SGB V aussprechen, die Folgen einer Verletzung der Mitwirkungspflicht ergeben sich allein aus § 66 SGB I.

C. Praxishinweise

136 Sind **polizeiliche, staatsanwaltschaftliche oder strafgerichtliche Ermittlungsakten** vorhanden, sollten diese für eine Entscheidung nach § 52 Abs. 1 SGB V im Wege der Amtshilfe (§ 3 Abs. 1 SGB X) beigezogen werden.[231] Ebenso sollte ggf. eine **Auskunft des Arbeitgebers** eingeholt werden. Zu derartigen Maßnahmen wird der Versicherte aufgrund seiner Mitwirkungspflicht grds. seine Zustimmung erteilen müssen (§ 60 Abs. 1 Satz 1 Nr. 1 SGB I), allenfalls in Ausnahmefällen – etwa aus wichtigem Grund (§ 65 Abs. 1 Nr. 2 SGB I) – wird er ein Ablehnungsrecht haben.

137 Eine **förmliche Zustellung** von Entscheidungen nach § 52 SGB V ist gesetzlich zwar nicht vorgeschrieben, dürfte aber aus Gründen des – sonst von den Versicherten leicht zu bestreitenden – Nachweises über den Zugang **zweckmäßig** sein.[232]

138 Widerspruch und Anfechtungsklage gegen einen Bescheid nach § 52 SGB V haben grds. aufschiebende Wirkung (§ 86a Abs. 1 Satz 1 SGG). Im Falle der – teilweisen oder vollständigen – **Versagung des Krankengeldes** nach § 52 SGB V hat eine entsprechende **Klage keine aufschiebende Wirkung**. Bei Anfechtungsklagen in Angelegenheiten der Sozialversicherung bei Verwaltungsakten, die eine laufende Leistung herabsetzen oder entziehen, entfällt nämlich die aufschiebende Wirkung (§ 86a Abs. 2 Nr. 3 SGG).

D. Reformbestrebungen

139 Immer wieder – auch schon vor Einführung der Regelung des § 52 Abs. 2 SGB V – wird vorgeschlagen, die Leistungen der gesetzlichen Krankenversicherung zu begrenzen, wenn Versicherte beispielsweise wegen ungesunder Lebensweise (Rauchen, Trinken usw.) oder auch im Zusammenhang mit Sportveranstaltungen krank werden. Bislang haben solche Bestrebungen – ungeachtet der Frage, ob derartige rechtliche Regelungen überhaupt in rechtsstaatlichen Anforderungen genügender Form möglich sind – jedenfalls noch keinen Eingang ins Krankenversicherungsrecht gefunden.

140 Ob mit Einführung der zwingenden Leistungseinschränkung nach § 52 Abs. 2 SGB V diese grundsätzliche ablehnende Haltung bereits aufgegeben wurde und daher zukünftig auch weitere Anwendungsbereiche für eine Leistungsbeschränkung im Recht der gesetzlichen Krankenversicherung ernsthaft diskutiert werden, bleibt abzuwarten. Die insoweit im Gesetzgebungsverfahren von den Fraktionen DIE LINKE[233] und BÜNDNIS 90/DIE GRÜNEN[234] bereits geäußerten Bedenken sind sicher nicht gänzlich unbegründet.

---

[227] *Höfler* in: KassKomm, SGB V, § 52 Rn. 14; *Schmidt* in: Peters, Handbuch KV (SGB V), § 52 Rn. 48.

[228] *Schneider* in: Schulin, Handbuch des Sozialversicherungsrechts, Bd. 1, § 22 Rn. 461; *Künnell*, DOK 1990, 333, 335.

[229] *Schmidt* in: Peters, Handbuch KV (SGB V), § 52 Rn. 72.

[230] *Marburger*, DOK 1990, 571, 573.

[231] Ebenso *Marburger*, DOK 1990, 571, 573.

[232] So auch *Künnell*, DOK 1990, 333, 336; *ders.*, Die Leistungen 1991, 41, 45.

[233] BT-Drs. 16/4247, S. 12/13.

[234] BT-Drs. 16/4247, S. 20.

§ 52a SGB V Leistungsausschluss

(Fassung vom 26.03.2007, gültig ab 01.04.2007)

Auf Leistungen besteht kein Anspruch, wenn sich Personen in den Geltungsbereich dieses Gesetzbuchs begeben, um in einer Versicherung nach § 5 Abs. 1 Nr. 13 oder auf Grund dieser Versicherung in einer Versicherung nach § 10 missbräuchlich Leistungen in Anspruch zu nehmen. Das Nähere zur Durchführung regelt die Krankenkasse in ihrer Satzung.

Gliederung

A. Basisinformationen

I. Textgeschichte/Gesetzgebungsmaterialien

§ 52a SGB V wurde durch das Gesetz zur Stärkung des Wettbewerbs in der gesetzlichen Krankenversicherung (GKV-Wettbewerbsstärkungsgesetz – GKV-WSG) vom 26.03.2007[1] eingeführt (Art. 1 Nr. 32 GKV-WSG[2]) und ist zum 01.04.2007 in Kraft getreten (Art. 46 Abs. 1 GKV-WSG[3]). 1

Der Wortlaut geht zurück auf den Gesetzentwurf der Fraktionen der CDU/CSU und SPD vom 24.10.2006.[4] bzw. der Bundesregierung vom 20.12.2006.[5] Der Wortlaut hat im weiteren Gesetzgebungsverfahren keine Änderung erfahren (vgl. die Beschlussempfehlung des Ausschusses für Gesundheit vom 31.01.2007[6] sowie den Beschluss des Bundesrates vom 02.02.2007[7]). 2

Der Änderungsvorschlag des Bundesrates, die Durchführung nicht der Satzung der einzelnen Krankenkassen zu überlassen, sondern diese durch Rechtsverordnung des Bundesministeriums für Gesundheit zu regeln, weil nur eine bundeseinheitlich geltende Durchführungsverordnung sicherstellen könne, dass für alle Krankenkassen die gleichen Einzelheiten der Durchführung gelten,[8] wurde von der Bundesregierung abgelehnt mit der Begründung, die Selbstverwaltung der Krankenkasse könne wegen der Sachnähe vor Ort selbst am besten beurteilen, wie der Leistungsausschluss durchgeführt werde.[9] 3

II. Vorgängervorschriften

Einen Vorläufer für diese Regelung gibt es nicht. Die zugrunde liegende Problematik kann auch erst durch die bzw. wegen der Ergänzung des § 5 Abs. 1 SGB V um die – ebenfalls zum 01.04.2007 eingeführte – neue Nr. 13 (Art. 1 Nr. 2 lit. a sublit. cc GKV-WSG[10]) durch das Gesetz zur Stärkung des Wettbewerbs in der gesetzlichen Krankenversicherung (GKV-Wettbewerbsstärkungsgesetz – GKV-WSG) auftreten. 4

---

[1] BGBl I 2007, 378.
[2] BGBl I 2007, 378, 386.
[3] BGBl I 2007, 378, 471.
[4] BT-Drs. 16/3100, S. 12.
[5] BT-Drs. 16/3950, S. 7.
[6] BT-Drs. 16/4200, S. 26.
[7] BR-Drs. 75/07, S. 12.
[8] BR-Drs. 755/06 (Beschluss) vom 15.12.2006, S. 22 = BT-Drs. 16/3950, S. 14.
[9] BT-Drs. 16/4020, S. 2.
[10] BGBl I 2007, 378, 378.

III. Parallelvorschriften

5 Ebenfalls zum 01.04.2007 wurde durch das Gesetz zur Stärkung des Wettbewerbs in der gesetzlichen Krankenversicherung (GKV-Wettbewerbsstärkungsgesetz – GKV-WSG) mit **§ 33a SGB XI** eine Regelung gleichen Inhalts – entsprechend dem Grundsatz Pflege- folgt Krankenversicherung[11] – in das Recht der sozialen Pflegeversicherung eingefügt (Art. 8 Nr. 7 GKV-WSG[12]).

IV. Systematische Zusammenhänge

6 § 52a SGB V wurde durch das Gesetz zur Stärkung des Wettbewerbs in der gesetzlichen Krankenversicherung (GKV-Wettbewerbsstärkungsgesetz – GKV-WSG) in den Dritten Titel – **Leistungsbeschränkungen** – am Ende des Fünften Abschnitts – **Leistungen bei Krankheit** – eingefügt und bezieht sich deshalb, ebenso wie § 52 SGB V (vgl. die Kommentierung zu § 52 SGB V Rn. 20), aufgrund dieser systematischen Stellung auf alle – aber auch nur die – in diesem Abschnitt geregelten Leistungen.

B. Auslegung der Norm

I. Regelungsgehalt und Bedeutung der Norm

7 Die Vorschrift des § 52a SGB V – mit der Überschrift „Leistungsausschluss“ – räumt den Krankenkassen nach Satz 1 die Möglichkeit ein, entsprechende Leistungsbeschränkungen vorzunehmen, wenn Personen ihren Wohnsitz oder ihren gewöhnlichen Aufenthalt in Deutschland lediglich deshalb begründen, um Leistungen der gesetzlichen Krankenversicherung in Anspruch zu nehmen.[13] Nach Satz 2 des § 52a SGB V haben die Krankenkassen Satzungsregelungen für die Durchführung dieses Leistungsausschlusses zu erlassen.

II. Normzweck

8 Mit dem **Leistungsausschluss** – so ausdrücklich die **Überschrift** des § 52a SGB V – soll die Solidargemeinschaft der Versicherten, ebenso wie bei § 52 SGB V (vgl. hierzu die Kommentierung zu § 52 SGB V Rn. 29), vor nicht zumutbaren Belastungen durch unsolidarisches Verhalten – hier in Form der missbräuchlichen Inanspruchnahme von Leistungen für Personen im Rahmen der durch das GKV-WSG neu eingeführten Versicherungspflicht nach § 5 Abs. 1 Nr. 13 SGB V – geschützt werden.[14]

III. Tatbestandsmerkmale

1. Personenkreis

9 Durch Art. 1 Nr. 2 lit. a sublit. cc des Gesetzes zur Stärkung des Wettbewerbs in der gesetzlichen Krankenversicherung (GKV-Wettbewerbsstärkungsgesetz – GKV-WSG) wurde – durch eine Ergänzung des § 5 Abs. 1 SGB V um die neue Nr. 13[15] – eine Versicherungspflicht für Personen eingeführt, die keinen anderweitigen Anspruch auf Absicherung im Krankheitsfall haben und die entweder zuletzt gesetzlich krankenversichert waren oder die bisher nicht – gesetzlich oder privat – versichert waren[16] (zu den einzelnen Ausnahmen für hauptberuflich selbständig Tätige siehe § 5 Abs. 5 SGB V (vgl. die Kommentierung zu § 5 SGB V Rn. 104) und für versicherungsfreie Personen siehe § 6 Abs. 1 SGB V (vgl. die Kommentierung zu § 6 SGB V Rn. 11) und § 6 Abs. 2 SGB V (vgl. die Kommentierung zu § 6 SGB V Rn. 52)). Für Familienangehörige dieses Personenkreises kommt darüber hinaus eine Familienversicherung nach § 10 SGB V in Betracht (zu den Einzelheiten vgl. die Kommentierung zu § 10 SGB V).

---

[11] BT-Drs. 16/3100, S. 185.
[12] BGBl I 2007, 378, 445.
[13] So ausdrücklich die Gesetzesbegründung in BT-Drs. 16/3100, S. 108.
[14] So ausdrücklich die Gesetzesbegründung in BT-Drs. 16/3100, S. 108.
[15] BGBl I 2007, 378, 378.
[16] Näher hierzu *Schlegel*, jurisPR-SozR 4/2007, Anm. 4.

2. Missbräuchliche Inanspruchnahme

10 Die Vorschrift des **§ 52a Satz 1 SGB V** verlangt eine missbräuchliche Inanspruchnahme von Leistungen. Diese dürfte nach der Intention des Gesetzes bereits darin zu sehen sein, wenn sich eine Person allein deswegen in die Bundesrepublik Deutschland – also den Geltungsbereich des SGB V (vgl. § 30 Abs. 1 SGB I[17]) – begibt, sie also gerade deshalb nach Deutschland einreist, um Leistungen der gesetzlichen Krankenversicherung zu erhalten. Eine darüber hinausgehende **Missbräuchlichkeit** dürfte nicht zu fordern sein.

3. Durchführung (Satzungsregelung)

11 Das Nähere zur **Durchführung** dieser Vorschrift haben nach **§ 52a Satz 2 SGB V** die Krankenkassen – also die jeweilige Vertreterversammlung im Rahmen ihrer gesetzlich eingeräumten Satzungsautonomie[18] nach § 33 Abs. 1 Satz 1 SGB IV – zu regeln. Eine Notwendigkeit hierfür ist nicht ersichtlich.

IV. Rechtsfolgen

1. Ausschluss des Anspruchs auf Leistungen

12 Die missbräuchlicher Inanspruchnahme von Leistungen führt nach § 52a Satz 1 SGB V zu einem **vollständigen Leistungsausschluss**. Nach der eindeutigen Gesetzesformulierung ist keine Begrenzung auf besonders teure Maßnahmen vorgesehen. Der Wortlaut der Vorschrift macht insoweit keine Einschränkung, sondern ordnet zwingend – insbesondere auch ohne Ermessen – den Leistungsausschluss an.

13 In der Gesetzesbegründung sind beispielhaft aufwändige, hochtechnisierte Operationen wie Organtransplantationen genannt, und weiter ausgeführt, dass die zur Behandlung akuter Erkrankungen und Schmerzzustände erforderliche ärztliche und zahnärztliche Behandlung von dem Leistungsausschluss dagegen nicht betroffen sein soll.[19] Damit kann der eindeutige **Wortlaut** aber nicht eingeschränkt werden. Die Beispiele geben aber einen Hinweis darauf, in welchen Fällen eher nicht von einer missbräuchlichen Inanspruchnahme auszugehen sein dürfte. Bei akut auftretenden Krankheiten wird man nämlich – jedenfalls in der Regel – nicht von einer planmäßigen Einreise zur Erschleichung von Leistungen der gesetzlichen Krankenversicherung ausgehen können. Bei besonders aufwändigen – insbesondere kostenträchtigen – Maßnahmen liegt eine solche Annahme aber schon näher.

2. Ersatz der Kosten für gewährte Leistungen

14 Sofern sich die Missbräuchlichkeit der Inanspruchnahme von Leistungen der gesetzlichen Krankenversicherung erst später – also nach deren Gewährung – herausstellt, kann die Krankenkasse vom Versicherten nach den allgemeinen Vorschriften (vgl. §§ 45, 50 SGB X) Ersatz für diese Leistungen fordern.[20] Ein eventuell vorliegender Leistungsbescheid muss zunächst nach § 45 SGB X aufgehoben werden, bevor – im Falle einer Geldleistung (vgl. § 50 Abs. 1 Satz 2 SGB X) – ein **Rückforderungsbescheid** nach § 50 Abs. 1 Satz 1 SGB X erlassen werden kann. Sofern nicht eine Geldleistung gezahlt wurde, findet eine Erstattung der gewährten Sach- und Dienstleistungen gemäß § 50 Abs. 1 Satz 2 SGB X in Geld statt. Bei einer Leistungsgewährung ohne Bescheid hat die Krankenkasse – unter entsprechender Berücksichtigung des § 45 SGB X (vgl. § 50 Abs. 2 Satz 2 SGB X) – einen ebensolchen **Erstattungsbescheid** nach § 50 Abs. 2 Satz 1 SGB X zu erlassen.

C. Praxishinweise

15 Die **Feststellungs- und Beweislast** für das Vorliegen der gesetzlichen Voraussetzungen eines Leistungsausschlusses nach § 52a SGB V – also für die Missbräuchlichkeit der Inanspruchnahme von Leistungen – trägt grds. – nach den allgemeinen Beweislastregeln – die Krankenkassen. Diese haben den gesamten Sachverhalt von Amts wegen aufzuklären (Untersuchungs- bzw. **Amtsermittlungsgrundsatz**, § 20 SGB X). Den Anspruchsteller trifft hierbei allerdings – wie im gesamten Sozial(versicherungs)recht – eine **Mitwirkungspflicht** (§ 60 SGB I).

---

[17] Dazu *Schlegel* in: jurisPK-SGB I, § 30 Rn. 9 und 28.

[18] Dazu *Schneider-Danewitz* in: jurisPK-SGB IV, § 33 Rn. 27.

[19] BT-Drs. 16/3100, S. 108.

[20] So ausdrücklich die Gesetzesbegründung in BT-Drs. 16/3100, S. 108.

Sechster Abschnitt: Selbstbehalt, Beitragsrückzahlung

§ 53 SGB V Wahltarife

(Fassung vom 26.03.2007, gültig ab 01.04.2007, gültig bis 31.12.2008)

(1) Die Krankenkasse kann in ihrer Satzung vorsehen, dass Mitglieder jeweils für ein Kalenderjahr einen Teil der von der Krankenkasse zu tragenden Kosten übernehmen können (Selbstbehalt). Die Krankenkasse hat für diese Mitglieder Prämienzahlungen vorzusehen.

(2) Die Krankenkasse kann in ihrer Satzung für Mitglieder, die im Kalenderjahr länger als drei Monate versichert waren, eine Prämienzahlung vorsehen, wenn sie und ihre nach § 10 mitversicherten Angehörigen in diesem Kalenderjahr Leistungen zu Lasten der Krankenkasse nicht in Anspruch genommen haben. Die Prämienzahlung darf ein Zwölftel der jeweils im Kalenderjahr gezahlten Beiträge nicht überschreiten und wird innerhalb eines Jahres nach Ablauf des Kalenderjahres an das Mitglied gezahlt. Die im dritten und vierten Abschnitt genannten Leistungen mit Ausnahme der Leistungen nach § 23 Abs. 2 und den §§ 24 bis 24b sowie Leistungen für Versicherte, die das 18. Lebensjahr noch nicht vollendet haben, bleiben unberücksichtigt.

(3) Die Krankenkasse hat in ihrer Satzung zu regeln, dass für Versicherte, die an besonderen Versorgungsformen nach § 63, § 73b, § 73c, § 137f oder § 140a teilnehmen, Tarife angeboten werden. Für diese Versicherten kann die Krankenkasse eine Prämienzahlung oder Zuzahlungsermäßigungen vorsehen.

(4) Die Krankenkasse kann in ihrer Satzung vorsehen, dass Mitglieder für sich und ihre nach § 10 mitversicherten Angehörigen Tarife für Kostenerstattung wählen. Sie kann die Höhe der Kostenerstattung variieren und hierfür spezielle Prämienzahlungen durch die Versicherten vorsehen. § 13 Abs. 2 Satz 2 bis 4 gilt nicht.

(5) Die Krankenkasse kann in ihrer Satzung die Übernahme der Kosten für Arzneimittel der besonderen Therapierichtungen regeln, die nach § 34 Abs. 1 Satz 1 von der Versorgung ausgeschlossen sind, und hierfür spezielle Prämienzahlungen durch die Versicherten vorsehen.

(6) u. (7) (am 1.1.2009 in Kraft)

(8) Die Mindestbindungsfrist für Wahltarife mit Ausnahme der Tarife nach Absatz 3 beträgt drei Jahre. Abweichend von § 175 Abs. 4 kann die Mitgliedschaft frühestens zum Ablauf der dreijährigen Mindestbindungsfrist gekündigt werden. Die Satzung hat für Tarife ein Sonderkündigungsrecht in besonderen Härtefällen vorzusehen. Die Prämienzahlung an Versicherte darf bis zu 20 vom Hundert, für einen oder mehrere Tarife einschließlich Prämienzahlungen nach § 242 30 vom Hundert der vom Mitglied im Kalenderjahr getragenen Beiträge mit Ausnahme der Beitragszuschüsse nach § 106 des Sechsten Buches sowie § 257 Abs. 1 Satz 1, jedoch nicht mehr als 600 Euro, bei einem oder mehreren Tarifen einschließlich Prämienzahlungen nach § 242 900 Euro jährlich betragen. Satz 4 gilt nicht für Versicherte, die Teilkostenerstattung nach § 14 gewählt haben. Mitglieder, deren Beiträge vollständig von Dritten getragen werden, können nur Tarife nach Absatz 3 wählen.

(9) Die Aufwendungen für jeden Wahltarif müssen aus Einnahmen, Einsparungen und Effizienzsteigerungen, die durch diese Maßnahmen erzielt werden, finanziert werden. Die Krankenkassen haben regelmäßig, mindestens alle drei Jahre über diese Einsparungen gegenüber der zuständigen Aufsichtsbehörde Rechenschaft abzulegen.

(Die nachfolgenden Absätze 6 und 7 treten erst zum 01.01.2009 mit folgendem Wortlaut in Kraft:)

(6) Die Krankenkasse hat in ihrer Satzung für die in § 44 Abs. 2 Nr. 2 und 3 sowie den in § 46 Satz 2 genannten Mitgliedern Tarife anzubieten, die einen Anspruch auf Krankengeld entsprechend § 46 Satz 1 oder zu einem späteren Zeitpunkt entstehen lassen, für die in § 46 Satz 2 genannten Versicherten nach dem Künstlersozialversicherungsgesetz jedoch spätestens mit Beginn der dritten Woche der Arbeitsunfähigkeit. Sie hat hierfür entsprechend der Leistungserweiterung Prämienzahlungen des Mitglieds vorzusehen.

(7) Die Krankenkasse kann in ihrer Satzung für bestimmte Mitgliedergruppen, für die sie den Umfang der Leistungen nach Vorschriften dieses Buches beschränkt, der Leistungsbeschränkung entsprechende Prämienzahlung vorsehen.

Gliederung

A. Basisinformationen

I. Textgeschichte/Gesetzgebungsmaterialien

1 § 53 SGB V mit seiner hier dargestellten Regelung der Wahltarife geht auf GKV-WSG vom 26.03.2007[1] zurück. Die Absätze 1-5 des § 53 SGB V sind am 01.04.2007 in Kraft getreten (vgl. Art. 46 Abs. 1 GKV-WSG), die Absätze 6 und 7 (Wahltarife „Erweiterter Krankenbezug" und Wahltarif für Personen mit bloßer Teilkostenerstattung) werden am 01.01.2009 in Kraft treten (vgl. Art 47 Abs. 10 GKV-WSG).

II. Vorgängervorschriften

2 § 53 SGB V wurde durch das GKV-WSG vollkommen neu gestaltet. Allerdings hatte bereits das GMG vom 14.11.2003[2] mit Wirkung ab 01.01.2004 mit den §§ 53 und 54 SGB V (a.F.) Vorschriften über Selbstbehalte und Beitragsrückerstattungen in das GKV-System aufgenommen. Die bisher in zwei Normen geregelten Selbstbehalt und Beitragsrückerstattungen wurden durch das GKV-WSG in § 53 SGB V geregelt, § 54 SGB V a.F. wurde gestrichen.

3 § 53 Abs. 1 SGB V n.F. eröffnet den Krankenkassen die Möglichkeit, für alle Versicherten[3] durch Satzung **Selbstbehalte** einzuführen. Eine vergleichbare Möglichkeit sah vor dem 01.04.2007 der mit „Selbstbehalt" überschriebene § 53 Abs. 1 SGB V a.F. vor.

4 § 53 Abs. 2 SGB V n.F. eröffnet für alle Mitglieder bei der Nichtinanspruchnahme von GKV-Leistungen eine Prämienzahlung. Eine vergleichbare Regelung war vor dem 01.04.2006 für freiwillige Mitglieder in § 54 SGB V a.F. in Form von **Beitragsrückerstattungen** vorgesehen.

5 Selbstbehalte und Beitragsrückerstattungen waren nach den §§ 53, 53 SGB V a.F. freiwilligen Mitgliedern und ihren nach § 10 SGB V versicherten Angehörigen vorbehalten. Bereits bei den Selbstbehalten und Beitragsrückerstattungen alten Rechts ging es nach der Gesetzesbegründung des GMG darum, den (freiwillig) Versicherten mehr Möglichkeiten einzuräumen, „eigenverantwortlich an der Höhe ihrer Beiträge mitzuwirken".[4]

III. Verwaltungsvorschriften

6 Das **Bundesversicherungsamt** (BVA) hat zur Umsetzung des GKV-WSG unter dem 13.03.2007 ein Rundschreiben an alle bundesunmittelbaren Krankenkassen mit rechtlichen Hinweisen auf die beabsichtigte **Genehmigungspraxis** des BVA herausgegeben (nachfolgend: BVA-Rundschreiben; Fundstelle: http://www.bva.de/Fachinformationen/Krankenversicherung/Rundschreiben).

IV. Systematische Zusammenhänge

1. Regelungssystematik der Norm

7 § 53 SGB V sieht verschiedene Wahltarife vor, die jeweils eine leistungsrechtliche und eine finanzielle Komponente haben. Die Aufnahme von Wahltarifen nach den Absätzen 1, 2, 4-7 steht im **Ermessen der Krankenkasse**. Lediglich der Wahltarif „Besondere Versorgungsformen" (§ 53 Abs. 3 SGB V) muss von jeder Krankenkasse angeboten werden.

8 Der Versicherte erhält eine Prämienzahlung seitens seiner Krankenkasse als finanziellen Anreiz

- wenn er bestimmte nach dem GKV zu den Regelleistungen gehörende Leistungen selbst – jedenfalls zum Teil – finanziert (**Selbstbehalt – Absatz 1**),
- wenn er Regelleistungen nicht in Anspruch nimmt (**ganzjährige Nichtinanspruchnahme von Leistungen – Absatz 2**),
- wenn er sich für die **Teilnahme an bestimmten besonderen Versorgungsformen (Absatz 3)** entscheidet, von denen sich der Gesetzgeber einen effektiveren Einsatz der finanziellen Mittel erhofft, oder
- wenn die Krankenkasse für bestimmte Mitgliedergruppen **Leistungsbeschränkungen** vorgenommen hat (**Absatz 7**).

9 Hingegen muss der Versicherte zusätzlich zu seiner Beitragszahlung weitere Prämien an die Krankenkassen zahlen,

---

1 BGBl I 2007, 378.
2 BGBl I 2003, 2190.
3 BT-Drs. 16/3100, S. 108 zu Nr. 33, § 53.
4 Vgl. BT-Drs. 15/1525, S. 91 zu Nr. 35.

- wenn er von der Möglichkeit des **Kostenerstattungsverfahrens** Gebrauch macht (**Absatz 4**),
- wenn er einen Wahltarif wählt, der die Übernahme der **Kosten für Arzneimittel der besonderen Therapierichtungen** vorsieht, wenn diese an sich nach § 34 Abs. 1 Satz 1 SGB V von der Versorgung und Lasten der GKV ausgeschlossen sind, oder
- wenn er bzgl. des Krankengeldes einen Wahltarif wählt, der – gemessen am regulären Beginn des Anspruchs auf Krankengeld – eine **Leistungsvorverlegung** bedeutet (**Absatz 6**).

Absatz 8 regelt **Mindestbindungsfristen** für die einzelnen Wahltarife und **Absatz 9** regelt ein Verbot der **Quersubventionierung von Wahltarifen**. 10

2. Wegfall des „Kassen-Wettbewerbs“ durch Beitragssatzgestaltung

Die Einführung der Wahltarife nach § 53 SGB V ist untrennbar mit dem **beitragsrechtlichen Paradigmenwechsel des GKV-WSG** verbunden. Ab 01.01.2009 werden nicht mehr die Krankenkassen, sondern die Bundesregierung den Beitragssatz bundeseinheitlich für alle Kassen festsetzen. Damit werden letzte Beitragssatzunterschiede zwischen den Krankenkassen beseitigt. Der Beitragssatz als „Anreiz“ für einen Kassenwechsel der Versicherten scheidet damit – abgesehen vom kassenindividuellen Zusatzbeitrag – aus.[5] Zugleich verlieren die Krankenkassen mit dem Recht der autonomen Beitragssatzgestaltung ein wesentliches Instrument der Regelung eigener Angelegenheiten. 11

Als Gegengewicht hierzu erhalten sie als neue Instrumente u.a. die Möglichkeit, Wahltarife einzurichten, um sich von anderen Krankenkassen abzuheben und das Kassenwahlrecht der Versicherten beeinflussen zu können. 12

Unter den Kassen hatten sich früher bekanntlich gravierende **Unterschiede in den Beitragssätzen** entwickelt. Im Jahre 1980 beanstandete daher ein Mitglied einer AOK den Beitragssatz seiner Kasse. Diesem Beitragssatz konnte er damals – anders als Angestellte – nicht durch einen Kassenwechsel ausweichen. Das BSG hatte für 1985 **Beitragssätze zwischen 7,0 v.H. und 14,4 v.H.** bei einem durchschnittlichen Beitragssatz von 11,73 v.H. ermittelt, die Beitragssatzunterschiede für verfassungsrechtlich bedenklich angesehen, sich aber nicht zu einer Vorlage an das BVerfG entschließen können.[6] Der Versicherte legte gegen das BSG-Urteil Verfassungsbeschwerde ein. Während – oder vielleicht auch weil – die Sache in Karlsruhe lag, schuf der Gesetzgeber mit dem GSG ab 1994 den **Risikostrukturausgleich** (RSA) und ab 1996 Kassenwahlrechte. Das BVerfG würdigte diesen gesetzgeberischen Akt positiv und wies die Verfassungsbeschwerde 1994 zurück.[7] Das BVerfG stellte dabei aber klar, dass die Ungleichbehandlung der Versicherten verschiedener Krankenkassen durch unterschiedlich hohe Beitragssätze in der Vergangenheit verfassungsrechtlich bedenklich gewesen sei. Beitragssatzunterschiede seien, solange sich der Einzelne dieser Belastung nicht durch die Wahl einer anderen Kasse entziehen könne, nicht mehr gerechtfertigt, wenn sie ein **unangemessenes Ausmaß** erreichten. Unterschiede in den Leistungen der Kassen könnten wegen ihres geringen Ausmaßes verschieden hohe Beiträge kaum rechtfertigen. 13

Dem so formulierten **Gebot der Beitragssatzgerechtigkeit** hatte das GSG mittlerweile Rechnung getragen und damit verhindert, dass Vorschriften der RVO und des SGB für verfassungswidrig erklärt wurden. Ziel des GSG war es, eine gerechtere Beitragsbelastung der Versicherten zu erreichen und Wettbewerbsverzerrungen zwischen den Kassen abzubauen. Mittel hierzu waren die **Kassenwahlrechte und der Finanzausgleich des RSA.**[8] Diese Entscheidung ist Dreh- und Angelpunkt der Kassenwahlrechte und der Ausgleichsmechanismen unter den Kassen. 14

Künftig wird die Bundesregierung in der GKV einen **bundeseinheitlichen Beitragssatz** für alle Kassen festsetzen. Zwar trat die auf das GKV-WSG zurückgehende Neufassung des § 241 SGB V bereits am 01.4.2007 in Kraft (vgl. Art. 46 Abs. 1 GKV-WSG), jedoch ordnet der Wortlaut des „neuen“ § 241 Abs. 2 SGB V an, dass die Beitragsfestsetzung durch die Bundesregierung erstmals zum 01.1.2009 erfolgt. 15

Sämtliche Beiträge fließen künftig in einen **Gesundheitsfonds** und gelangen von dort in Form von **Mittelzuweisungen** an die einzelnen Krankenkassen. 16

Die Kassen haben auf der Beitragsseite ab 01.1.2009 nur noch die Möglichkeit, durch **Vermeidung des kassenindividuellen Zusatzbeitrags** auf ihre Attraktivität und Leistungsfähigkeit hinzuweisen und ggf. „damit zu werben“. Kassen, die mit der Mittelzuweisungen nicht auskommen, müssen 17

---

[5] *Schlegel*, SozSich 2006, 378 ff.

[6] BSG v. 22.05.1985 - 12 RK 15/83 - BSGE 58, 134, 139 = SozR 2200 § 385 Nr. 14, S. 60.

[7] BVerfG v. 08.02.1994 - 1 BvR 1237/85 - BVerfGE 89, 365 = SozR 3-2200 § 385 Nr. 4.

[8] BT-Drs. 12/3608, S. 117 zu Nr. 126 Abs. 1.

ab 01.01.2009 einen kassenindividuellen, vom Mitglied unmittelbar an die Kasse zu zahlenden (§ 251 Abs. 6 SGB V; kein Quellenabzug[9]) Zusatzbeitrag von **maximal 1 v.H.** der Bemessungsgrundlage erheben (vgl. § 242 SGB V n.F.). Übersteigt der Zusatzbeitrag den Betrag von 8 €/Monat nicht, kann die Kasse pauschal 8 € verlangen, ohne das individuelle Einkommen prüfen zu müssen (vgl. § 242 SGB V in seiner ab 01.01.2009 geltenden Fassung, zum Inkrafttreten vgl. Art. 46 Abs. 10 GKV-WSG).[10]

3. Einführung neuer Versorgungsformen zur Effizienzsteigerung

18 Das Sach- und Dienstleistungsprinzip der GKV war in der Vergangenheit untrennbar mit einem strengen korporativen System verbunden, das durch ein engmaschiges Netz vertraglicher Strukturen unterhalb des formellen Gesetzesrechts gekennzeichnet ist. **Kritik am korporativen System**[11] hat in den vergangenen Jahren vor allem der Sachverständigenrat geübt.[12] Bemängelt wurden insbesondere unzureichende Qualitäts- und Leistungsanreize für die ärztlichen Leistungserbringer und ein Nebeneinander von Unter- und Überversorgung. Der Sachverständigenrat empfahl zwar nicht, das GKV-System künftig ganz dem **Markt und Strukturen des Wettbewerbs** zu überlassen, sprach sich aber für die Einführung „von dezentralen Wettbewerbsprozessen in Form selektiver Vertragsverhandlungen zwischen KKen und Leistungserbringern" aus.

19 Der Gesetzgeber ist diesem Votum durch **Einführung sog. neuer Versorgungsformen** teilweise gefolgt. Das GKV-System geht im Grundsatz weiterhin von korporativen – also letztlich hoheitlich planenden – Grundstrukturen aus, ergänzt oder durchbricht dieses jedoch vereinzelt durch **Selektivverträge** als Handlungsinstrument des freien Marktes. Mit der Möglichkeit zum Abschluss von Einzelverträgen setzt der Gesetzgeber auf Wettbewerb.

4. Wahltarife als Mittel des „Wettbewerbs" und zur Flankierung neuer Versorgungsformen

20 In der Gesetzesbegründung zu § 53 SGB V heißt es, die Wahlfreiheit der Versicherten der GKV solle erhöht werden, weil sie Voraussetzung für mehr Transparenz und Wettbewerb zwischen den Kassen sei.[13] Um die Versicherten zur Nutzung der neuen Versorgungsformen anzuhalten bzw. die Versicherten sonst zu einem „sparsamen" Umgang mit Gesundheitsleistungen zu veranlassen, scheint sich der Gesetzgeber nicht auf die Einsichtsfähigkeit der Versicherten verlassen zu wollen. Er vertraut nicht darauf, dass die Versicherten von selbst aus rein altruistischen Motiven zum Wohle der Versichertengemeinschaft sparsam mit Leistungen der GKV umgehen und nur die unbedingt notwendigen Leistungen in Anspruch nehmen. Vielmehr soll sich die Inanspruchnahme besonders wirtschaftlicher Versorgungsformen und sparsames „Konsumverhalten" der Versicherten auch für den einzelnen Versicherten durch finanzielle Anreize individuell auswirken bzw. soll die Inanspruchnahme von Arzneimitteln der besonderen Therapierichtungen mit besonderen Aufwendungen verbunden werden.

21 Dem Gesetz geht es bei den Wahltarifen nicht nur um sog. Wettbewerb zwischen den Krankenkassen, sondern in begrenztem Umfang – wie der Wahltarif „Kostenerstattung" (§ 53 Abs. 4 SGB V) zeigt – auch um einen „Wettbewerb" mit der privaten Krankenversicherung.

22 Wahltarife sollen den Versicherten finanzielle Anreize bieten, sich für sog. neue Versorgungsformen zu entscheiden, von denen sich der Gesetzgeber eine wirtschaftlichere Behandlung der Versicherten verspricht.

5. Rechtsnatur der Prämienzahlung

a. Prämienzahlungen an den Versicherten: keine Beitragsermäßigung oder Beitragsrückerstattung

23 Bei den an den Versicherten im Rahmen von Wahltarifen gezahlten Prämien handelt es sich nicht um die Rückzahlung zuvor zu Recht oder zu Unrecht entrichteter Beiträge. Vielmehr spielt sich die Prämienzahlung an den Versicherten ausschließlich auf der **„Leistungsseite"** des Versicherungsverhältnisses ab. Die Beitragstragungs- und Beitragszahlungspflicht der Versicherten und ihrer Arbeitgeber oder sonstiger Träger bleibt von der Prämienzahlung unberührt. Handelte es sich bei den von der Kranken-

[9] Vgl. § 252 SGB V, dazu BT-Drs. 16/300, S. 474 zu Nr. 171, § 252, lit. b).

[10] Kritisch hierzu *Schlegel*, SozSich 2006, 378 ff.

[11] Zusammenfassend *Knieps* in: Schnapp/Wigge, Handbuch des Vertragsarztrechts, 2. Aufl. 2006, § 12 I Rn. 1 ff. mit zahlreichen Nachw.

[12] Gutachten des Sachverständigenrates zur Begutachtung der Entwicklung im Gesundheitswesen, z.B. 2005.

[13] BT-Drs. 16/3100, S. 108 zu Nr. 33, § 53.

kasse gezahlten Prämien um die **Rückerstattung zuvor entrichteter Beiträge**, stünde man vor der Frage, ob auch nicht diese Dritten an der Zahlung partizipieren müssten, wie dies bei der Erstattung zu Unrecht entrichteter Beiträge der Fall ist.

Wie bereits nach § 53 SGB V i.d.F. des GMG ist z.B. der Selbstbehalt allein vom Versicherten aufzubringen. Er soll daher für den Arbeitgeber oder sonstige neben dem Versicherten zur Beitragstragung Verpflichtete (z.B. Träger der Rentenversicherung bei versicherten Rentnern) keine Beitragsvorteile mit sich bringen.[14] Während § 53 SGB V a.F. noch von einer „Ermäßigung der Beiträge" und § 53 SGB V a.F. von „Beitragsrückzahlung" sprach, wird diese **Terminologie** in § 53 SGB V nF. bewusst vermieden. So heißt es in der Gesetzesbegründung zum GKV-WSG ausdrücklich, der Begriff „Beitragserstattung" werde nicht mehr verwendet: „Da die Krankenkassen keine Beiträge mehr erheben, können sie keine Beiträge mehr erstatten".[15] 24

b. Prämienzahlungen durch den Versicherten

Will der Versicherte Kostenerstattung in Anspruch nehmen (§ 53 Abs. 4 SGB V), ausgeschlossene Arzneimittel der besonderen Therapierichtungen in Anspruch nehmen (Wahltarif „ausgeschlossene Arzneimittel"; § 53 Abs. 5 SGB V) oder Krankengeld bereits mit Beginn der dritten Woche der Arbeitsunfähigkeit beziehen (Wahltarif „früherer Krankengeldbezug"; § 53 Abs. 6 SGB V), hat er hierfür eine besondere Prämie zu bezahlen. Bei dieser Prämie handelt es sich m.E. um einen **Sonder- oder Zusatzbeitrag** für die Möglichkeit, im Bedarfsfall (Versicherungsfall) zusätzliche Leistungen in Anspruch zu nehmen. 25

V. Ausgewählte Literaturhinweise

Beckschäfer, Die Wahltarife nach § 53 SGB V in der Aufsichtspraxis des Bundesversicherungsamtes, Die ErsK 2007, 233; *Isensee*, Wahltarif „Krankenhauskomfort" - Chefarztbehandlung und Ein-/Zweibettzimmer als Wahlleistungen der Kasse – Sicht des Sozial- und des Verfassungsrechts, NZS 2007, 449; *Krause/Günster*, Wahltarife in der GKV aus Sicht der IKK Niedersachsen, Die Krankenversicherung 2007, 227; *Schlegel*, GKV-Wettbewerbsstärkungsgesetz und Selbstverwaltung aus sozialrechtlicher Sicht, SozSich 2006, 378 ff.; *Winkel*, Die neuen Wahl-Tarife der gesetzlichen Kassen, SozSich 2007, 110. 26

B. Auslegung der Norm

I. Rechtsnatur der Wahltarife

1. Gestaltungsrecht

Krankenkassen können ihren Mitgliedern und deren familienversicherten Angerhörigen Wahltarife anbieten. Dabei handelt es sich um satzungsrechtlich vorgesehene Rechte und Pflichten, die an bestimmte Sachverhalte anknüpfen, und vom Versicherten durch Ausübung eines ihm zustehenden Gestaltungsrechts begründet werden. Es besteht kein Zwang, von einem Wahltarif Gebrauch zu machen. Eine vertragliche Konstruktion des Wahltarifs ist im Gesetz nicht angelegt. 27

Das Gesetz enthält keine Regelungen dazu, wie der Versicherte von den Wahltarifen Gebrauch macht. M.E. handelt es sich um die Ausübung eines Gestaltungsrechtes durch eine entsprechende **einseitige Willenserklärung** des Mitglieds. Erfolgt die Erklärung, werden die sich aus dem SGB V ergebenden Rechte und Pflichten des Mitglieds und seiner Familienversicherten modifiziert bzw. um die im entsprechenden Wahltarif vorgesehenen Rechte und Pflichten ergänzt. 28

Dieses Gestaltungsrecht kann bei den Wahltarifen „Selbstbehalt" (Absatz 1), „Kostenerstattung" (Absatz 4), „Ausgeschlossene Arzneimittel der besonderen Therapieformen" (Absatz 5) und „früherer Krankengeldbezug" (Absatz 6) nur vom Mitglied und mit Wirkung sowohl für sich als auch für seine familienversicherten Angehörigen ausgeübt werden. Demgegenüber geht das Gesetz beim Wahltarif „Besondere Versorgungsformen" (§ 53 Abs. 3 SGB V) offenbar davon aus, dass jeder einzelne Versicherte das Wahlrecht ausüben kann und auch familienversicherte Angehörige in den Genuss von Prämienzahlungen kommen können. 29

---

[14] Vgl. Gesetzesbegründung zum GMG, BT-Drs. 15/1525, S. 91 zu Nr. 35, § 53; ähnlich Gesetzesbegründung zum GKV-WSG.

[15] Vgl. BT-Drs. 16/3100, S. 108 zu Nr. 33, § 53 Abs. 2.

2. Eingeschränktes Wahlrecht bei Sozialleistungsempfängern (Absatz 8 Satz 6)

30 Mitglieder, deren Beiträge vollständig von Dritten getragen werden, können nur den Wahltarif „Besondere Versorgungsformen“ nach § 53 Abs. 3 SGB V wählen (§ 53 Abs. 8 Satz 6 SGB V). In der Gesetzesbegründung wird hierzu ausgeführt, diesem Personenkreis, zu dem z.b. Alg-II-Empfänger gehören, seien Wahltarife für Selbstbehalte, Kostenerstattung usw. verschlossen. Angesichts niedriger, i.d.R. nicht kostendeckender Beiträge würden Prämienzahlungen für diesen Personenkreis deren Finanzierungsanteil noch weiter absenken. Dies sei im Vergleich zu den Versicherten, die hohe Beiträge zahlten, nicht sachgerecht sei.[16]

31 Auch hier ist fraglich, wie die Prämienzahlungen an diesen – selbst keine Beträge zahlenden – Personenkreis bemessen werden.

II. Wahltarif „Selbstbehalte“ (Absatz 1)

1. Begriff Selbstbehalt

a. Selbstbehalte und Kostenerstattung

32 Die Einführung des Wahltarifs „Selbstbehalt“ steht im Ermessen der jeweiligen Krankenkasse, vgl. Wortlaut des § 53 Abs. 1 SGB V: „Die Krankenkassen kann in ihrer Satzung ...“.

33 Der Begriff des Selbstbehalts stammt ursprünglich aus dem Bereich der **privaten Krankenversicherung** und ist dort systemgemäß aufs Engste mit dem Begriff der Kostenerstattung verbunden. Er bedeutet, dass der Versicherte nach erfolgter Inanspruchnahme von Leistungen, deren Kosten er durch Zahlung gegenüber dem jeweiligen Leistungserbringer zunächst selbst getragen hat, nur zum Teil Kostenerstattung durch den Versicherungsträger erhält und er einen Teil der aufgewandten Kosten endgültig selbst tragen muss, d.h. er die Kostenlast teilweise „selbst behält“.

34 Dabei sind verschiedene **Hauptmodelle** denkbar:

- Der Versicherte trägt einen **prozentualen Anteil** der Kosten selbst, d.h. ohne die Möglichkeit der Kostenerstattung, z.B. Erstattungssatz 90 v.H. der nachgewiesenen Kosten.
- Die Kostenerstattungspflicht des Versicherungsträges setzt erst ein, wenn innerhalb einer bestimmten Abrechnungsperiode, z.B. innerhalb eines Kalenderjahres, ein bestimmter Sockelbetrag für medizinische Leistungen – **betragsmäßiger Schwellenwert** – (z.B. 500 €) überschritten wird, bis zu dem die Kostenlast beim Versicherten verbleibt, z.B. Kostenerrechnung über 600 €: Versicherter erhält nur 100 € Kostenerstattung.

35 Im **Bereich der GKV** wurde – nach dem Vorbild der privaten Krankenversicherung – die Möglichkeit zu satzungsrechtlichen Selbstbehalten durch das 2. GKV-Neuordnungsgesetz eröffnet. Die Krankenkassen konnten danach in ihrer Satzung einen Selbstbehalt vorsehen, bis zu dem ein Versicherter für ein Kalenderjahr einen Teil der Kosten selbst übernehmen konnte, wenn er zugleich Kostenerstattung gewählt hatte. Zugleich musste eine entsprechende Beitragsermäßigung für den Versicherten vorgesehen werden. Diese Möglichkeit wurde durch das Solidaritätsstärkungsgesetz zum 01.01.1999 zunächst aufgehoben und durch das GKV-Modernisierungsgesetz[17] für freiwillige Mitglieder aber wieder eingeführt.

36 Das GKV-Wettbewerbsstärkungsgesetz lässt es nunmehr seit 01.04.2007 zu, dass Krankenkassen in ihrer Satzung **Selbstbehalte für alle Mitglieder** vorsehen.

37 Anknüpfungspunkt des Selbstbehalts sind im Kostenerstattungsmodell die dem Versicherten vom Leistungserbringer für die Leistungen in Rechnung gestellten **tatsächlichen Kosten**, die sich ohne weiteres aus der entsprechenden Rechnung (regelmäßig nach GOÄ oder GOZ) ergeben.

b. Selbstbehalte im Sachleistungssystem

38 Anders als bis zum 31.03.2003 ist der Selbstbehalt beim Wahltarif nach § 53 Abs. 1 SGB V nicht mehr nur freiwilligen Mitgliedern vorbehalten und auch nicht mehr daran gekoppelt, dass das Mitglied Kostenerstattung gewählt hat. In der Gesetzesbegründung zum GKV-WSG heißt es ausdrücklich, die Erfahrungen der Krankenkassen hätten gezeigt, dass auch im Sachleistungssystem Selbstbehaltetarife realisierbar seien.[18]

---

[16] BT-Drs. 16/3100, S. 109 zu Nr. 33, § 53 Abs. 7 des Entwurfs.

[17] Vgl. dazu BT-Drs. 15/1525, S. 91 zu § 53 des Entwurfs.

[18] BT-Drs. 16/3100, S. 108 zu Nr. 33, § 53 Abs. 1 des Entwurfs.

Fraglich ist, ob es sich bei der Formulierung des § 53 Abs. 1 SGB V – Klammerzusatz – um eine Legaldefinition handelt. Jedenfalls spricht das Gesetz davon, dass ein Selbstbehalt vorliegt, wenn der Versicherte einen „Teil der von der Krankenkassen zu tragenden Kosten“ übernimmt. 39

Selbstbehalt im Sachleistungssystem setzt voraus, dass der Versicherte, der die Leistung „in Natur“ erhält und dafür (außer ggf. einer Zuzahlung) gegenüber dem Leistungserbringer keine Zahlungen zu leisten hat, **Zahlungen an die Krankenkasse** leistet. Andernfalls könnte es nicht zu einem Selbstbehalt, d.h. zu einer Beteiligung des Versicherten an Kosten kommen, die nach dem Grundgedanken des GKV-Systems an sich von der Krankenkasse zu tragen sind. 40

Die Schwerfälligkeit dieses Verfahrens ist evident, zumal die Vorteile des Sachleistungsprinzips (Vermeidung von Verwaltungsaufwand, Vermeidung von Zahlungsströmen) teilweise außer Kraft Gesetz werden: Der Versicherte hat sich einerseits durch Zahlungen an seine Krankenkassen an den Kosten der von ihm in Anspruch genommenen (Sach-)Leistungen selbst zu beteiligen (Geldzahlungsanspruch der Kasse). Anderseits hat er einen zwingend Anspruch auf Prämienzahlung (Geldleistungsanspruch des Versicherten), welcher der Höhe nach begrenzt ist (vgl. dazu Rn. 158). Insoweit legen Selbstbehalte und Prämienzahlung **Verrechungsmodelle** nahe. **Abrechnungstechnisch** ist es deshalb naheliegend, die vom Versicherten geschuldeten Zahlungen mit der von der Krankenkasse geschuldeten Prämienzahlung „zu verrechnen“, also eine **Aufrechnung** durchzuführen. 41

c. Einzelfragen

Knispel hat in seiner Kommentierung zu § 54 SGB V a.F.[19] zu Recht darauf hingewiesen, dass die Frage, ob und in welchem Umfang der Versicherte oder seine Familienangehörigen Leistungen in Anspruch genommen haben, die **Führung vollständiger Versichertenkonten** voraussetzt. Durch das GKV-Gesundheitsreformgesetz 2000 wurde jedoch mit Wirkung vom 01.01.2000 der frühere § 299 SGB V, der die Leistungserbringer zur Zweck der Beitragserstattung verpflichtete hatte, die Abrechnungsdaten versichertenbezogen zu übermitteln, gestrichen,[20] so dass jedenfalls bei Inanspruchnahme von Sach- und Dienstleistungen unklar ist, wie die Krankenkassen Kenntnis von den maßgeblichen Leistungen an die einzelnen Versicherten erhalten. 42

Das BVA lässt es zu, dass **vertrags(zahn)ärztliche Leistungen ohne Verordnungsfolgen** nicht in die Bemessungsgrundlage des Selbstbehalts eingehen, für den Wahltarif also nicht relevant sind (BVA-Rundschreiben, dort unter II. 2, vgl. Rn. 6). Zur Begründung wird ausgeführt, dass diese Leistungen durch die Kopfpauschale gegenüber der KV bzw. der KZV abgegolten seien. Diese Begründung überzeugt nicht, zumal auch bei Vergütung der ärztlichen Leistungserbringer durch **Kopfpauschalen** den Krankenkasse Kosten entstehen. Zwar wird es durch die Zahlung der Kopfpauschale vermieden, die bei Arzt- oder Zahnarztbesuchen im Einzelnen erbrachten Leistungen konkret zu ermitteln und dem einzelnen Versicherten zuzuordnen. Indessen will der Wahltarif „Selbstbehalt“ Versicherte insgesamt zu sorgsamem und wirtschaftlichem Umgang mit sämtlichen Leistungen der GKV anhalten; insoweit ist kein sachlicher Grund erkennbar, den gesamten Bereich der pauschal vergüteten ambulanten ärztlichen Behandlung von vornherein aus der Selbstbehaltregelung auszunehmen. Zumindest ist es Krankenkassen rechtlich nicht verwehrt, auch derartige Leistungen in die Bemessung des Selbstbehalts einzubeziehen. 43

Insoweit könnte es sich anbieten, für ambulante und stationäre Behandlung zumindest **Pauschalen** anzusetzen. Diese dürfen jedoch „nicht aus der Luft gegriffen“ sein, sondern müssen bei typisierenden Betrachtungsweise dem **tatsächlichen Aufwand** entsprechen, den Krankenkassen für entsprechende Versicherte im Durchschnitt aufzuwenden haben; Anhaltspunkte können insoweit die in den RSA für die einzelnen Versichertengruppen einzustellenden Durchschnittswerte bilden. Pauschalen sollten zudem nur dort angesetzt werden, wo die Ermittlung der tatsächlichen Kosten **unverhältnismäßigen Verwaltungsaufwand** verursachen würde. 44

Zuzugeben ist, dass es aus Gründen der **Verwaltungsökonomie** wenig sinnvoll erscheinen kann, zur Ermittlung eines Selbstbehalts enormen Verwaltungsaufwand zu betreiben, der durch die Kopfpauschalenregelung gerade vermieden werden soll. Dies spricht dafür, **sektorale Begrenzungen**, d.h. auf bestimmte Leistungsgruppen Wahltarife „Selbstbehalte für Arznei-, Heil- und Hilfsmittel“ zuzulassen. 45

Fraglich ist weiter, ob bestimmte Leistungen, vor allem Präventionsleistungen (vgl. Rn. 63) in Anspruch genommen werden können, ohne dass dies die Prämienzahlung gefährdet. Eine entsprechende Klausel sieht § 53 Abs. 2 SGB V beim Wahltarif „Nichtinanspruchnahme von Leistungen“, nicht aber 46

[19] *Knispel* in: Peters, Krankenversicherung, SGB V, § 54 Rn. 20 zu § 54 SGB V a.F.

[20] Vgl. BT-Drs. 14/1245, S. 105.

beim Wahltarif „Selbstbehalt" vor. Leistungen nach dem 3. und 4. Abschnitt des 3. Kapitels mit Ausnahmen der Leistungen nach § 23 Abs. 2 SGB V und §§ 24 bis 24b SGB V sowie Leistungen für Versicherte, die das 18. Lebensjahr noch nicht vollendet haben, können bei § 53 Abs. 2 SGB V in Anspruch genommen werden, ohne dass hierdurch die Prämienzahlung ausgeschlossen wird. Im Interesse der auf lange Sicht „kostensparenden" **Präventionsleistungen** sollte es den Krankenkassen – wie vom BVA offenbar praktiziert (BVA-Rundschreiben, dort unter II.2, vgl. Rn. 6) – gestattet werden, diese in entsprechender Anwendung des § 53 Abs. 2 Satz 3 SGB V auch beim Wahltarif „Selbstbehalt" unberücksichtigt zu lassen.[21]

47 Das Gesetz macht keine Vorgaben, wie der Selbstbehalt inhaltlich auszugestalten ist. Mindest- oder Höchstgrenzen für den Selbstbehalt sind gesetzlich nicht vorgesehen. Aus **wirtschaftlichen Erwägungen** heraus wird sich ein Versicherter regelmäßig nur dann auf einen Selbstbehalt einlassen, wenn er das Risiko der eigenen Kostenbelastung im Verhältnis zu der zu erwartenden Prämienzahlung als günstig ansieht, d.h. wenn er auch bei unvorhersehbar hohen Krankheitskosten nur mit einer maßvoll über dem Prämienvorteil liegenden Eigenbeteiligung rechnen muss. Das wirtschaftliche Kalkül der Krankenkasse wird sein, dass die Gesamtsumme der Prämienzahlungen für alle Teilnehmer am entsprechenden Wahltarif geringer ist als die Summe der Beträge, welche die Versicherten als Selbstbehalt an die Kasse zahlen.

48 Die AOK Baden-Württemberg beispielsweise stellt von vornherein die satzungsrechtlich vorgesehene Prämienzahlung (sog. **Bonus**) gleichsam als **Verrechnungsposen** in einer Kontokorrentrechnung der pauschalen Kostenbeteiligung des Versicherten gegenüber, die für jeden Arztkontakt mit einer Arzneimittelverordnung oder einem Krankenhausaufenthalt vorgesehen ist. Als Härteregelung ist vorgesehen, dass die vom Versicherten nach Verrechnung verbleibende Eigenbeteiligung in der höchsten Einkommensgruppe auf 120 €/Jahr begrenzt wird.

49 Der Wahltarif „Selbstbehalt" wird teilweise mit einer **Wette um niedrige Gesundheitskosten** verglichen, die der Versicherte mit seiner Kasse abschließe.[22] So biete eine AOK einen Tarif an, bei dem sie einen gut verdienenden Versicherten verpflichte, die ersten 575 € seiner Gesundheitsaufwendungen selbst zu tragen. Dafür erhalte er einen Bonus von 500 €. Der Versicherte gewinne die 500 €, wenn er im Kalenderjahr überhaupt keine Leistungen in Anspruch nehme. Der mögliche Verlust bei der Inanspruchnahme von Leistungen im Wert von über 575 € im Kalenderjahr sei stets auf 75 € beschränkt.

d. Kritik

50 Selbstbehalte sind ein klassisches Gestaltungsmittel der privaten Krankenversicherung (PKV), durch das sich das mit dem Selbstbehalt verringerte, vom Versicherungsunternehmen zu tragende Kostenrisiko für den Versicherte im Form geringerer Versicherungsprämien auszahlt. Dem herkömmlichen System der GKV sind Selbstbehalte im Grundsatz fremd. Anders als die PKV kommt es in der GKV nicht auf das individuelle Krankheitsrisiko an, vielmehr ist das System durch die Erhebung der Beiträge nach wirtschaftlicher Leistungsfähigkeit vom sozialen Ausgleich beherrscht. Selbstbehalte relativieren diese GKV-Grundprinzipen der GKV: Selbstbehalte lassen in der GKV das individuelle Krankheitsrisiko relevant werden. Während vor allem junge, gesunde Versicherte durch die Wahl eines Selbstbehalts angesichts geringen Krankheitsrisikos Prämienzahlungen erhalten können, werden ältere, vor allem chronisch kranke Versicherte die Bedingungen einer Prämienzahlung auf Grund Selbstbehalts kaum erfüllen können.[23]

e. Persönlicher Geltungsbereich des Wahltarifs

51 § 53 Abs. 1 SGB V spricht im Gegensatz zu den Absätzen 2 und 4 des § 53 SGB V nur vom **Mitglied**, nicht auch von dessen nach § 10 SGB V versicherten Angehörigen. Fraglich ist damit, ob es für den Selbstbehalt nur auf die vom Mitglied selbst in Anspruch genommenen Leistungen ankommt oder auch die **Familienversicherten** gewährten Leistungen zu berücksichtigen sind. Wortlaut und Systematik sprechen dagegen, die Familienangehörigen gewährten Leistungen einzubeziehen; diese Auslegung der Norm würde zudem das Problem lösen, dass § 53 Abs. 1 SGB V – anders als § 53 Abs. 2 Satz 3

---

[21] So auch *Knispel* in: Peters, Krankenversicherung, SGB V, § 53 Rn. 13 zu § 53 SGB V a.F.

[22] *Winkel*, SozSich 2007, 110.

[23] Zur Kritik auch in *Peters*, Handbuch der Krankenversicherung, SGB V, § 53 Rn. 6 ff., Stand März 2005 zu § 53 SGB V a.F.

SGB V für den Wahltarif „Nichtinanspruchnahme von Leistungen" – keine Schutzvorkehrungen dagegen trifft, dass aus wirtschaftlichen Gründen auf Arztbesuche etc. bei Erkrankung von Kindern verzichtet wird (vgl. hierzu Rn. 66).

Gerade hier zeigt sich die systemfremde Wirkung von Selbstbehalten: Für familienversicherte Angehörige sind – anders als in der PKV – keine erhöhten oder zusätzlichen Beiträge zu zahlen. Nimmt das Mitglied den Wahltarif „Selbstbehalt" in Anspruch, kann es bei geringer Inanspruchnahme von Leistungen durch das Mitglied selbst zu einer Prämienzahlung kommen, obgleich „aus dieser Versicherung" ggf. an Familienangehörige mit hohen Krankheitsrisiko erhebliche – insoweit solidarisch finanzierte – Leistungen zu gewähren sind, die, wären sie zu berücksichtigen, eine Prämienzahlung an das Mitglied ausschlössen. 52

2. Abrechnungszeitraum

Abrechnungszeitraum ist das jeweilige **Kalenderjahr**, unabhängig vom Beginn der Mitgliedschaft. 53 Allerdings kann bei unterjähriger Vereinbarung der Geltung des „Tarifs Selbstbehalt" für Selbstbehalte und Prämienzahlungen nur auf die Zeit ab Vereinbarung des Wahltarifs bis zum Ablauf des Kalenderjahres abgestellt werden. Unterjährige Zeiträume sind anteilig zu berücksichtigten.

3. Bindungsfrist

Die Mindestbindungsfrist beträgt gem. § 53 Abs. 8 Satz 1 SGB V **drei Jahre**. Einzelheiten vgl. unter 54 Rn. 150.

III. Wahltarif „Nichtinanspruchnahme von Leistungen" (Absatz 2)

1. Begriff der Nichtinanspruchnahme

a. Finanzielle Belastung der Krankenkasse

Die Einführung des Wahltarifs „Selbstbehalt" steht im Ermessen der jeweiligen Krankenkasse, vgl. 55 Wortlaut des § 53 Abs. 1 SGB V: „Die Krankenkassen kann in ihrer Satzung ..."

Gegenstand des Wahltarifs nach § 53 Abs. 2 SGB V ist die Nichtinanspruchnahme von Leistungen zu 56 Lasten der Krankenkasse, wobei bestimmte Leistungen in Anspruch genommen werden können, ohne dass dies zum Anspruchsverlust führt (dazu Absatz 2 Satz 3). Eine dem § 53 Abs. 2 SGB V vergleichbare Vorschrift enthielt bis zum 31.03.2007 der mit „Beitragsrückzahlung" überschriebene und freiwilligen Mitgliedern vorbehaltene § 54 SGB V a.F.

Das Mitglied oder seine nach § 10 SGB V versicherten Angehörigen erfüllen die tatbestandliche Vor- 57 aussetzung des § 53 Abs. 2 Satz 1 SGB V n.F. unzweifelhaft dann, wenn **überhaupt kein Konsum von Gesundheitsleistungen** oder ein nach Absatz 2 Satz 3 „unschädlicher" Konsum von Leistungen vorliegt, d.h. wenn es an der Gewährung von Sach- und Dienstleistungen fehlt, sei es, weil die betreffenden Personen nicht krank sind und solcher Leistungen nicht bedürfen, oder sie zwar krank sind, aber nicht zum Arzt gehen und auch sonst keine Leistungen veranlassen.

Der Tatbestand ist aber auch dann erfüllt, wenn das Mitglied oder seine nach § 10 SGB V versicherten 58 Angehörigen zwar krank sind, sich in ärztliche oder zahnärztliche Behandlung begeben und ärztliche und zahnärztliche sowie veranlasste Leistungen in Anspruch genommen werden, dies aber nicht „zu Lasten der Krankenkasse" geschieht, weil diese vom Mitglied und seinen Angehörigen trotz Versicherungsschutzes in der GKV nicht als Versicherungsleistungen, sondern von vornherein aufgrund „privatrechtlichen Vertrages" in Anspruch genommen wurden, um sich die Prämienzahlung zu erhalten. Die **Inanspruchnahme privatärztlicher Leistungen** statt Inanspruchnahme von GKV-Leistungen (einschließlich selbst bezahlter Arznei, Heil- und Hilfsmittel) unterliegt insoweit der Dispositionsbefugnis des Mitglieds unter ökonomischen Aspekten.

b. „Haftungsgemeinschaft" Familie

Folgeprobleme werden sich bei § 53 Abs. 2 SGB V daraus ergeben, dass das Mitglied nur begrenzten 59 Einfluss auf das **„Konsumverhalten" der Familienversicherten** hat. Aus Sicht der Krankenkassen kommt es allein darauf an, ob aus der Versicherung des Mitglieds während eines gesamten Kalenderjahres als dem maßgeblichen Betrachtungszeitraum (vgl. Rn. 61) GKV-Leistungen in Anspruch genommen worden sind. Dabei ist es in Verhältnis zwischen Mitglied/Krankenkasse rechtlich unbeachtlich, dass das Mitglied selbst möglicherweise keinen Einfluss oder nur geringen darauf hat, ob und welche Leistungen seine nach § 10 SGB V versicherten (erwachsenen) Angehörigen in Anspruch nehmen.

Unerheblich ist in diesem öffentlich-rechtlichen Rechtsverhältnis auch, dass die Angehörigen möglicherweise keine **Rücksicht auf das Interesse des Mitglieds** nehmen, sich z.B. durch eine selbst bezahlte Privatbehandlung von Bagatellen die Prämienzahlungen zu erhalten.

60 **Zivilrechtlich** (unterhaltsrechtlich) müssen m.E. die durch § 53 SGB V sowohl im Individualinteresse des Mitglieds als auch im Interesse der Leistungsfähigkeit der GKV Gestaltungsmöglichkeiten des Versicherten zu entsprechenden Rücksichtnahmepflichten der Familienangehörigen gegenüber dem Mitglied führen, deren Verletzung ggf. den anteiligen Verlust (Maßstab: Prämienzahlung; Prämien-Verlust) von Unterhaltsansprüchen nach sich ziehen kann.

2. Abrechnungszeitraum

61 Abrechnungszeitraum ist jeweils das **Kalenderjahr**, vgl. Wortlaut des Satzes 1: „... in diesem Kalenderjahr...". Werden während des gesamten Kalenderjahres GKV-Leistungen nicht in Anspruch genommen, wird die Prämienzahlung fällig. Dies gilt auch dann, wenn das Mitglied oder seine Angehörigen die in diesem Kalenderjahr medizinisch notwendig gewordenen GKV-Leistungen in das nächste Kalenderjahr „verschoben" haben, um sich die Prämienzahlung zu erhalten. Das Gesetz nimmt dabei – anders als bei den Leistungen nach Absatz 2 Satz 3 – offenbar in Kauf, dass dieses Hinausschieben notwendiger ärztlicher Leistungen etc. möglicherweise medizinisch betrachtet unverantwortlich oder unwirtschaftlich ist.

3. Prämien-unschädliche Inanspruchnahme von Leistungen

a. Allgemeines

62 Die Entscheidung für den Wahltarif nach § 53 Abs. 2 SGB V soll nicht dazu führen, dass auf medizinisch wirksame Vorsorge-Untersuchungen verzichtet wird, um sich die Prämienzahlung zu erhalten. Aus diesem Grund können nach § 53 Abs. 2 Satz 3 SGB V folgende Leistungen zu Lasten der GKV in Anspruch genommen werden, ohne dass dies der Prämienzahlung entgegensteht: Leistungen nach dem 3. und 4. Abschnitt des 3. Kapitels mit Ausnahmen der Leistungen nach § 23 Abs. 2 SGB V und §§ 24 bis 24b SGB V sowie Leistungen für Versicherte, die das 18. Lebensjahr noch nicht vollendet haben.

b. Präventionsleistungen

63 Bei den im 3. Abschnitt genannten Leistungen handelt es sich im Wesentlichen um **präventive Leistungen**, die den Zweck haben, es erst gar nicht zu bestimmten Erkrankungen kommen zu lassen. Im Einzelnen können folgen Leistungen prämienunschädlich in Anspruch genommen werden:

- § 20a SGB V Betriebliche Gesundheitsförderung,
- § 20b SGB V Prävention arbeitsbedingter Gesundheitsgefahren,
- § 20c SGB V Förderung der Selbsthilfe,
- § 20d SGB V Primäre Prävention durch Schutzimpfungen,
- § 22 SGB V Verhütung von Zahnerkrankungen (Individualprophylaxe),
- § 23 SGB V Medizinische Vorsorgeleistungen mit Ausnahme ambulanter Kurmaßnahmen nach § 23 Abs. 2 SGB V,
- § 21 SGB V Verhütung von Zahnerkrankungen (Gruppenprophylaxe).

64 Zwar im 3. Abschnitt des 3. Kapitels genannt, jedoch nicht prämien-unschädlich sind Leistungen nach § 24 SGB V (Medizinische Vorsorge für Mütter und Väter), § 24a SGB V (Empfängnisverhütung) und § 24b SGB V (Schwangerschaftsabbruch und Sterilisation).

c. Leistungen zur Früherkennung von Krankheiten

65 Bei den im 4. Abschnitt des 3. Kapitels genannten Leistungen handelt es sich im Wesentlichen um **Leistungen zur Früherkennung von Krankheiten**: § 25 SGB V Gesundheitsuntersuchungen und § 26 Kinderuntersuchungen.

d. Leistungen an Minderjährige – Kinderschutz-Klausel

66 Sämtliche Leistungen an Versicherte, die das 18. Lebensjahr noch nicht vollendet haben, sind prämien-unschädlich. Mit dieser dem **Kindeswohl** dienenden Vorschrift soll insbesondere verhindert werden, dass Eltern mit ihren (kranken) Kindern nur deshalb nicht zum Arzt gehen, um die Prämienzahlung nicht zu gefährden.

Dabei stellt sich die Frage, ob die **Kinder-Klausel** des Wahltarifs nur gilt, wenn es sich bei dem Versicherten um ein nach § 10 SGB V **familienversichertes Kind** des Mitglieds handelt, oder ob auch dann, wenn es um eine **eigenständige Versicherung** des Minderjährigen geht. Der Wortlaut der Norm sieht eine Beschränkung auf Familienversicherte nicht vor, jedoch ist Folgendes zu bedenken: Wählt ein eigenständig Versicherter, der das 18. Lebensjahr noch nicht vollendet hat (z.B. 16-jähriger Auszubildender) den Wahltarif nach § 53 Abs. 2 SGB V, kann er nach dem Wortlaut der Norm unbeschränkt Leistungen in Anspruch nehmen, ohne dass hierdurch die Prämienzahlung ausgeschlossen würde. Im Ergebnis führte dies bei solchen Versicherten zu einer generell um rund 1/12-tel verbilligten Krankenversicherung, ohne dass der Krankenkasse ein entsprechender Vorteil (Leistungseinsparung) entgegenstünde. Sachliche Gründe hierfür sind nicht ersichtlich. 67

M.E. gilt die Kindesklausel daher nur, wenn es um Leistungen an Versicherte geht, die ihre Ansprüche aus einer Versicherung nach § 10 SGB V ableiten, nicht hingegen, wenn Minderjährige Versicherungsschutz auf Grund einer eigenständigen Versicherung (z.B. als Auszubildende) genießen. Die Satzungen der Krankenkassen sollten den Wahltarif soweit auf Fälle der zuerst genannten Art begrenzen. 68

4. Prämienzahlung

Prämienberechtigt kann nur das Mitglied selbst sein, nicht seine familienversicherten Angehörigen (vgl. Wortlaut § 53 Abs. 1 Satz 2 SGB V). 69

Die Krankenkasse kann satzungsrechtlich eine Prämienzahlung von **maximal einem Zwölftel der im Kalenderjahr gezahlten Beiträge** vorsehen. Geringere Prämienzahlungen sind satzungsrechtlich möglich, werden von den Versicherten jedoch kaum als attraktiv angesehen werden. § 53 Abs. 2 Satz 2 SGB V spricht von den im Kalenderjahr „gezahlten" Beiträgen; anders ist dies in der allgemeinen Norm des § 53 Abs. 8 Satz 3 SGB V, welche die Kappungsgrenze der Prämienzahlung an Versicherte für alle Wahl-Tarife regelt; dort ist nur von den vom Mitglied „im Kalenderjahr getragenen Beiträgen" die Rede. Für die Hauptgruppe der versicherungspflichtig Beschäftigten werden die Beiträge vom Arbeitgeber gezahlt, vom Arbeitnehmer jedoch nur zur Hälfte getragen. 70

Fraglich ist, ob § 53 Abs. 3 Satz 2 SGB V die allgemeine Regelung der Prämienzahlung in § 53 Abs. 8 Satz 4 SGB V vollständig verdrängt oder ob zur Vermeidung von Wertungswidersprüchen § 53 Abs. 2 Satz 2 und Abs. 8 Satz 4 SGB V parallel ausgelegt werden muss, so dass in beiden Fällen nur eine Prämienzahlung bzgl. der vom Versicherten getragenen Beiträge möglich ist und eine anteilige Erstattung z.B. der **Arbeitgeberanteile** ausscheidet (vgl. dazu Rn. 162). Das BVA lässt es zu, die Prämien bei § 53 Abs. 2 SGB V auch unter Einbeziehung der Arbeitgeberanteile zu berechnen (vgl. BVA Rundschreiben unter II.3, Rn. 6). Keine Zweifel können darüber bestehen, dass der **maximale Erstattungssatz** für den Wahltarif „Nichtinanspruchnahme" von Leistungen (maximal 1/12-tel der im Kalenderjahr gezahlten Beiträge) von der in § 53 Abs. 8 Satz 4 geregelten Kappungsgrenze abweicht. Da zudem nicht anzunehmen ist, dass der Wahltarif nach § 53 Abs. 2 SGB V für Versicherte wirtschaftlich deutlich unattraktiver ausgestaltet werden sollte als die Tarife nach den Absätzen 1, 3 und 4, ist § 53 Abs. 2 Satz 2 SGB V insgesamt als lex specialis anzusehen und mit dem BVA entsprechend dem Wortlaut des § 53 Abs. 2 SGB V auf die insgesamt gezahlten Beträge und nicht auf die vom Mitglied getragenen Beitragsanteile abzustellen. 71

Nach dem Wortlaut der Norm müssen die Beiträge (tatsächlich) gezahlt worden sein, d.h. der bloße Beitragsnachweis bei **erwiesener Nichtzahlung** der Beiträge kann nicht zur Prämienzahlung führen. Abzustellen ist auf sämtliche Beiträge, unabhängig von der Bemessungsgrundlage und der Art der Beiträge (Pflichtbeiträge, freiwillige Beiträge). 72

Nach dem Wortlaut der Norm soll es bzgl. der Prämienzahlung auf die **„im Kalenderjahr"** gezahlten Beiträge ankommen. Andererseits kommt es bei den nicht in Anspruch genommenen Leistungen auf das Kalenderjahr an. Um einen **Gleichlauf von „Beitrags- und Leistungsseite"** zu ermöglichen, kann es m.E. bei dem Beiträgen nicht darauf ankommen, ob sie noch „im Kalenderjahr" gezahlt worden sind. Dies würde zu Ungleichbehandlungen führen, die mit dem Zweck des § 53 Abs. 2 SGB V nicht gerechtfertigt werden können. So sind die Pflichtbeiträge der Arbeitnehmer am drittletzten Bankarbeitstag fällig (vgl. § 23 Abs. 1 Satz 2 SGB IV), werden also auch bzgl. der Dezember-Beiträge regelmäßig noch im Dezember und damit im maßgeblichen Kalenderjahr gezahlt. Nachträgliche Korrekturen im Folgemonat sind jedoch auch insoweit wegen der Prognose des Arbeitgebers (vgl. § 23 Abs. 1 Satz 3 SGB IV) nicht ausgeschlossen. Sonstige Beiträge können bis zum 15. des Folgemonats gezahlt werden (vgl. § 23 Abs. 1 Satz 4 SGB IV). 73

74 Nach Sinn und Zweck ist bei der Auslegung des § 53 Abs. 2 Satz 2 SGB V bzgl. der Frage, auf welche Beiträge es ankommt, auf das **Für-Prinzip** abzustellen (Beiträge für das zurückliegende Kalenderjahr). Zweitens muss die tatsächliche Zahlung der Beiträge für das zurückliegende Kalenderjahr feststehen. Drittens kommt es nicht darauf an, dass die Beträge tatsächlich noch während des zurückliegenden Jahres gezahlt worden sind; ausreichend ist vielmehr auch, dass die Beitragszahlung rechtmäßig gemäß § 23 SGB IV erfolgt ist.

IV. Wahltarif „Teilnahme an besonderen Versorgungsformen" (Absatz 3)

1. Pflicht zur Einrichtung des Wahltarifs

75 Anders als die Wahltarife nach den Absätzen 1, 2, 4-7, deren satzungsrechtliche Aufnahme im Ermessen der Krankenkasse steht (vgl. Wortlaut „... kann ..."), muss jede Krankenkasse einen Wahltarif mit entsprechender Prämienzahlung für Versicherte vorsehen, die an besonderen Versorgungsformen nach den § 63 SGB V (Modellvorhaben), §§ 73b, 63 SGB V (Hausarztzentrierte Versorgung), §§ 73c, 63 SGB V (besondere ambulante Versorgung), §§ 137f, 63 SGB V (Disease-Management-Programme für Chroniker) oder § 140a SGB V (Integrierte Versorgung) teilnehmen.

76 Andererseits muss aufgrund des Verbots der Quersubventionierung (§ 53 Abs. 9 Satz 1 SGB V; vgl. Rn. 167) die Prämienzahlung durch entsprechende Einsparungen oder Effizienzsteigerungen erwirtschaftet werden. Gelingt dies nicht, kann m.E. von der Krankenkasse zur Vermeidung einer Quersubventionierung auch nicht die Einrichtung und Beibehaltung eines entsprechenden Wahltarifs verlangt werden. Insoweit geht die durch das Verbot der Quersubventionierung zu gewährleistende finanzielle Gleichbehandlung der Versicherten dem Interesse der Krankenkasse, Versicherte zur (freiwilligen) Teilnahme an besonderen Versorgungsformen gerade mittels finanzieller Anreize zu bewegen, vor.

2. Besondere Versorgungsformen

a. Modellvorhaben

77 Die Krankenkassen und ihre Verbände können zur Verbesserung der Qualität und der Wirtschaftlichkeit der Versorgung sog. Modellvorhaben zur Weiterentwicklung der Verfahrens-, Organisations-, Finanzierungs- und Vergütungsformen der Leistungserbringung durchführen. Sie können dabei von den Vorschriften des 4. Kapitels (Leistungserbringerrecht, §§ 67-140h SGB V) und des 10. Kapitels (Versicherungs- und Leistungsdaten, Datenschutz und Datentransparenz, §§ 284-305b SGB V) sowie von Vorschriften des Krankenhausgesetzes (KHG) abweichen.

b. Hausarztzentrierte Versorgung (§ 73b SGB V)

78 Bei der sog. hausarztzentrierten Versorgung nach § 73b SGB V verpflichtet sich der Versicherte gegenüber seiner Krankenkasse schriftlich, aus einem Kreis ausgewählter Hausärzte nur einen bestimmten Hausarzt in Anspruch zu nehmen und weitere ambulante fachärztliche Versorgung (Ausnahme: Augen- und Frauenärzte) nur auf Überweisung dieses von ihnen ausgewählten Hausarztes in Anspruch zu nehmen.

79 Um Versicherte zur Teilnahme an der hausarztzentrierten Versorgung zu bewegen, konnten die Krankenkasse in ihrer Satzung finanzielle Anreize bisher durch Verzicht auf Zuzahlungen oder Beitragsermäßigungen setzen. An die Stelle dieser Anreize tritt der Wahltarif „Besondere Versorgungsformen" nach § 53 Abs. 3 SGB V, der mit Prämienzahlungen verbunden sein muss.

80 Die Krankenkassen sind seit 01.04.2007 verpflichtet, die hausarztzentrierte Versorgung anzubieten. Dieser Pflicht kommen sie durch Abschluss entsprechender Verträge nach. Als **Vertragspartner** kommen in Betracht: Einzelne vertragsärztliche Leistungserbringer i.S.v. § 73 Abs. 1a SGB V, die an der hausärztlichen Versorgung teilnehmen; Gemeinschaften dieser Leistungserbringer oder Träger von Einrichtungen der hausärztlichen Versorgung – sog. Managementgesellschaften. Es besteht kein Anspruch auf Vertragsschluss, so dass die Krankenkassen im Grundsatz bei der Auswahl ihrer die Mindestanforderungen erfüllenden Vertragspartner frei sind.

81 Hinsichtlich der **inhaltlichen Ausgestaltung der hausarztzentrierten Versorgung** haben die Krankenkassen und ihre Vertragspartner praktisch keine Gestaltungsfreiheit. Das Gesetz schreibt vor, dass im Rahmen der hausarztzentrierten Versorgung z.B. die Teilnahme der Hausärzte an strukturierten Qualitätszirkeln zur Arzneimitteltherapie, die Behandlung nach evidenzbasierten, praxiserprobten Leitlinien und die Einführung eines indikationsgestützten und wissenschaftlich anerkannten Qualitätsmanagements sichergestellt sein muss. Das Nähere – die Einzelheiten der hausarztzentrierten Versor-

gung, insbesondere auch die Vergütung – wird in den Gesamtverträgen geregelt (vgl. § 73b Abs. 5 SGB V), also von den Verbänden der Krankenkassen und den KVen, nicht von der einzelnen Kassen und Vertragsärzten. Nennenswerter Spielraum für eine individuelle Ausgestaltung des Vertrages über die hausarztzentrierte Versorgung besteht damit nicht. Vielmehr ist der Vertragsinhalt durch Normsetzungsverträge festgelegt. Zur **Finanzierung** ist in den Gesamtverträgen eine Bereinigung der Gesamtvergütung vorzunehmen. Kommt es dabei nicht zu einer Einigung unter den Vertragspartnern der Gesamtverträge, können sowohl die einzelnen Krankenkassen als auch die an der hausarztzentrierten Versorgung teilnehmenden Ärzte das Schiedsamt anrufen (§ 73b Abs. 67 SGB V).

Nicht alle **Hausärzte** sind schon kraft Gesetzes zu dieser besonderen Versorgungsform berechtigt, son- 82 dern erst durch einen entsprechenden Vertragsschluss. Die in § 73b Abs. 4 SGB V geregelt Pflicht der Krankenkasse, „die Aufforderung zur Abgabe eines Angebots ist unter Bekanntgabe objektiver Auswahlkriterien öffentlich auszuschreiben", kommt dem „offenen Vergabeverfahren" nach § 98 Abs. 1 GWB nahe, bei dem eine unbeschränkte Anzahl von Unternehmen öffentlich zur Abgabe von Angeboten aufgefordert wird. Die invitatio ad offerendum beschränkt sich allerdings im Wesentlichen darauf, dass der Hausarzt sein Interesse an der Teilnahme an der von dritter Seite vorgegebenen hausarztzentrierten Versorgung bekundet. Die Vertragsbedingungen selbst ergeben sich im Wesentlichen aus den Gesamtverträgen.

c. Besondere ambulante ärztliche Versorgung (§ 73c SGB V)

Das GKV-WSG führte mit § 73c SGB V die besondere ambulante ärztliche Versorgung ein. Vorbild 83 der Regelung ist die hausarztzentrierte Versorgung. Anders als bei der hausarztzentrierten Versorgung besteht jedoch keine Pflicht der KK, die besondere ambulante ärztliche Versorgung anzubieten.

Kommen als Vertragspartner bei der hausarztzentrierten Versorgung im Grundsatz nur Hausärzte i.S.v. 84 § 73 Abs. 1a SGB V in Betracht, sind es bei der besonderen ambulanten ärztlichen Versorgung nach § 73c SGB V auch **andere vertragsärztliche Leistungserbringer**, Gemeinschaften oder Trägereinrichtungen solcher Leistungserbringer.

Es besteht **kein Kontrahierungszwang** für die Kassen. Wie bei der hausarztzentrierten Versorgung ist 85 ein **Ausschreibungsverfahren** vorgeschrieben (vgl. § 73c Abs. 3 Satz 3 SGB V). Die Anreizstrukturen und Bindungen an bestimmten Leistungserbringer entsprechen denjenigen bei der hausarztzentrierten Versorgung. Kommt eine Vereinbarung über eine Bereinigung der Gesamtvergütung nicht zustande, entscheidet auch hier das Schiedsamt (§ 73c Abs. 6 SGB V). Die Regelung der qualitativen und personellen Anforderungen an die Teilnehmer der besonderen ambulanten ärztlichen Versorgung sowie deren Vergütung ist auch hier nicht Gegenstand des Einzelvertrages, sondern der Gesamtverträge (vgl. § 73c Abs. 4 SGB V).

d. Strukturierte Behandlungsprogramme bei chronischen Krankheiten (§ 137f SGB V)

Disease-Management geht auf Gesundheits- bzw. Krankheitsmanagement – sog. Managed Care – in 86 den USA zurück, das auf eine bessere, koordinierte und strukturierte Versorgung bei chronischen Erkrankungen abzielt.

Gesetzliche Grundlage der **Disease-Management-Programm** (DMP) **in der GKV** waren zunächst 87 die Vorschriften über den **Risikostrukturausgleich** (RSA), die dafür sorgen sollen, dass Krankenkassen sich gezielt um chronisch Kranke kümmern, ohne dadurch im Kassenwettbewerb finanzielle Nachteile zu erleiden. Krankenkassen, deren Versicherte erfolgreich an DMP teilnehmen, erhalten höhere Ausgleichszahlungen aus dem RSA. Ziel dieser Koppelung von RSA und DMP ist, die hohen Behandlungskosten für chronisch Kranke unter den einzelnen Krankenkassen „gerechter" zu verteilen und einen Anreiz für die Kassen zu schaffen, möglichst vielen ihrer Versicherten DMP anzubieten.

DMP müssen gesetzlich festgelegten **Qualitätskriterien** entsprechen. Die Zulassung der einzelnen 88 Programme – **Akkreditierung** – erfolgt durch das Bundesversicherungsamt. Das Institut für Qualität und Wirtschaftlichkeit (IQWIG) im Gesundheitswesen erarbeitet für den Gemeinsamen Bundesausschuss (G-BA) die an DMP zu stellenden **wissenschaftlichen Anforderungen**. Da der Gesetzgeber die DMP als „lernendes System" gestaltet hat, muss der G-BA die Rahmenvorgaben der Programme regelmäßig überprüfen und bei neuen wissenschaftlichen Erkenntnissen Empfehlungen zur Aktualisierung vorlegen.

Ziel der DMP ist es – grob skizziert – chronisch kranke Patienten durch eine aufeinander abgestimmte 89 und kontinuierliche Betreuung gezielt zu behandeln. Diagnostik und Therapie der DMP folgen den Kriterien der **evidence-based medicine** und sind entsprechend zu dokumentieren. Wesentlicher Bestandteil der DMP sind strukturierte, evaluierte und zielgruppenspezifische **Schulungsprogramme**, die den eigenverantwortlichen Umgang der Patienten mit ihrer Erkrankung trainieren. Dabei liegt der medizinische Schwerpunkt in der Vorbeugung, um Folgeerkrankungen zu vermeiden. Nach Idealvorstellungen soll im Rahmen der deutschen GKV dem **Hausarzt** die Rolle des Disease-Managers zukommen, der die Fallsteuerung (Case Management) koordiniert, um die Behandlung durch Fachärzte, Krankenhäuser, Rehabilitationseinrichtungen, Therapeuten, Pflegedienste und andere Leistungserbringer abzustimmen.

90 Die Teilnahme an einem DMP ist für Patienten und Ärzte freiwillig, setzt allerdings die aktive Teilnahme des Patienten voraus. Anreize für den Versicherten sind Prämienzahlungen. § 53 Abs. 3 SGB V stellt auf Versicherte ab. Ergibt sich aus einer Mitgliedschaft Versicherungsschutz nicht nur für das Mitglied, sondern auch für Familienversicherte (§ 10 SGB V), muss nicht notwendig das **Mitglied** an einem strukturierten Behandlungsprogramm teilnehmen. M.E reicht es für die Prämienzahlung aus, wenn ein **familienversicherter Chroniker** an einem solchen Behandlungsprogramm teilnimmt.

91 Rechtliche Grundlagen für DMP bestehen z.B. für **Diabetes mellitus Typ 1 und Typ 2**, **koronare Herzkrankheiten**, **Brustkrebs**, **Asthma bronchiale** und **chronisch obstruktive Lungenerkrankungen**.

e. Integrierte Versorgung (§§ 140a ff. SGB V)

92 Während es bei Disease-Management-Programmen (DMP) primär um die evidenzbasierte medizinische Gestaltung der Versorgungsprozesse geht, verfolgt die Integrierte Versorgung (IV) neue integrierte Anbieterstrukturen jenseits der Regelungsbefugnis der Kassenärztlichen Vereinigungen (KVen) in der ambulanten Versorgung, sektorübergreifend und durch die Ausdehnung von Leistungsanbietern wie Gesundheitszentren in andere Leistungssektoren. Ziel der mit dem GKV-Reformgesetz 2000 eingeführten Integrierten Versorgung (IV) ist die verschiedene Leistungssektoren übergreifende oder eine **interdisziplinär-fachübergreifende Versorgung der Versicherten** außerhalb des allgemeinen Leistungserbringerrechts des 4. Kapitels. Die IV soll – so *v. Schwanenflügel* fast poetisch – „Brücken über die Gräben der Sektoren schlagen".[24] Vor allem erfolgt die Vergütung für Leistungen innerhalb der IV außerhalb der ökonomischen Befugnisse der KVen durch Verträge mit den gesetzlichen Krankenkassen.

93 **Vertragspartner** eines sog. Einzelvertrages der Krankenkassen über die IV können u.a. einzelne, zur vertragsärztlichen Versorgung zugelassene Ärzte, Zahnärzte oder sonstige nach dem 4. Kapitel berechtigte Leistungserbringer sein, des Weiteren Träger zugelassener Krankenhäuser, Träger stationärer Vorsorge und Reha-Einrichtungen, mit denen ein Versorgungsvertrag nach § 111 SGB V besteht, Träger medizinischer Versortungszentren oder Gemeinschaften der vorgenannten Leistungserbringer und deren Gemeinschaften. Mit dem GKV-WSG kommen auch Pflegekassen und zugelassene Pflegeeinrichtungen als Vertragpartner der KK in Betracht. Für Krankenhäuser wurde die Möglichkeit eröffnet, im Rahmen der IV auch hochspezialisierte ambulante Leistungen nach § 116b SGB IV zu erbringen (§ 140b Abs. 4 SGB V). Die für die IV benötigten Arzneimittel sollen vorrangig durch Verträge mit Pharmazeutischen Unternehmen beschafft werden (§ 140 Abs. 1 SGB V), die besondere Preisnachlässe vorsehen (sog. Rabattverträge, § 130a Abs. 8 SGB V). Die Kassenärztlichen Vereinigungen sind an der IV nicht beteiligt.

94 Im Vertrag über die integrierte Versorgung sind zwingend zu regeln: das Versorgungsangebot, die Voraussetzungen seiner Inanspruchnahme und die Vergütung. Die **Teilnahme** an der integrierten Versorgung ist für den Versicherten **freiwillig**. Die Krankenkassen konnten Versicherten hierfür bis 31.03.2007 eine Zuzahlungsermäßigung gewähren (§ 65a Abs. 2 SGB V). An die Stelle dieses Anreizes ist seit 01.04.2007 der Wahltarif „Besondere Versorgungsformen" getreten.

3. Bindungsfrist

95 Die Mindestbindungsfrist an den Wahltarif „Besondere Versorgungsformen" beträgt – anders als bei den Wahltarifen sonst – nicht drei, sondern nach § 53 Abs. 8 Satz 1 SGB V **nur ein Jahr**. Dies hängt damit zusammen, dass der Versicherte an seine Entscheidung, an besonderen Versorgungsformen teilzunehmen, ebenfalls nur ein Jahr gebunden ist (vgl. z.B. § 73b SGB V).

---

[24] v. *Schwanenflügel*, NZS 2006, 285, 287.

4. Prämienzahlung

Prämienberechtigt sind beim Wahltarif „Besondere Versorgungsformen“ nicht nur Mitglieder, sondern alle Versicherten,[25] also auch familienversicherte Angehörige (vgl. Wortlaut des § 53 Abs. 3 Satz 2 SGB V). 96

Auch für die Prämienzahlung an Versicherte gelten die Kappungsgrenzen (vgl. Rn. 158) des § 53 Abs. 8 Satz 4 SGB V. Fraglich ist, wie die **Prämienzahlungen** an den – selbst keine Beträge zahlenden – **familienversicherten Angehörigen** bemessen werden. Nach dem Wortlaut des § 53 Abs. 8 SGB V ist als Bemessungsgrundlage der Prämie (vgl. Rn. 162) auch in diesem Fall grundsätzlich von den vom Mitglied getragenen Beiträgen auszugehen. 97

Fraglich ist weiter, wie in solchen Fällen die Kappungsgrenzen (vgl. Rn. 158) ermittelt werden. Das Gesetz spricht davon, dass „die Prämienzahlung an Versicherte“ die in § 53 Abs. 8 Satz 4 SGB V genannten Kappungsgrenzen nicht überschreiten darf. Der Wortlaut lässt sowohl die Auslegung zu, dass hierbei die Prämienzahlungen an das Mitglied und seine familienversicherten Angehörigen insgesamt als Summe betrachtet werden (**Gesamtbetrachtung**) oder die Prämienzahlung an jede Person je für sich bis zur Kappungsgrenze geleistet werden kann (**Einzelbetrachtung**). Gegen eine Einzelbetrachtung spricht, dass dabei die Situation eintreten könnte, dass „an eine Familie“ durch „**Prämienkumulation**“ mehr Prämienzahlungen geleistet als vom Mitglied Beiträge getragen werden. Indessen scheint das Gesetz selbst diesen Fall hinnehmen zu wollen. Für die Einzelbetrachtung spricht sowohl der Anreizcharakter des Wahltarifs, der zur „vorbildlichen Teilnahme an den besonderen Versorgungsformen“ anhalten soll, als auch die Vorschrift des § 53 Abs. 8 Satz 6 SGB V; danach können sogar Versicherte, die selbst gar keine Beiträge tragen, Wahltarife nach § 53 Abs. 3 SGB V wählen. 98

5. Zuzahlungsermäßigung

Die Krankenkasse kann an Stelle einer Prämienzahlung als Anreiz für Versicherte, besondere Versorgungsformen in Anspruch zu nehmen, auch eine Ermäßigung der Zuzahlungen vorsehen. Insoweit gibt es keine spezielle „wahltarifliche Obergrenze der Ermäßigungen“ wie sie § 53 Abs. 8 Satz 4 SGB V für Prämienzahlungen vorsieht. Indessen gilt für Zuzahlungen die allgemeine Belastungsgrenze des § 62 SGB V. Dabei wird bei der Personengruppe, die besondere Versorgungsformen wählt, sehr oft eine chronische Krankheit vorliegen, so dass die Belastungsobergrenze nicht 2 v.H., sondern 1 v.H. der jährlichen Bruttoeinnahmen zum Lebensunterhalt[26] betragen wird. 99

V. Wahltarif „Kostenerstattung“ (Absatz 4)

1. Kostenerstattung nach § 13 Abs. 2 SGB V und auf Grund Wahltarifs

Schon vor dem 01.04.2007 konnten Versicherte nach § 13 Abs. 2 SGB V anstelle der Sach- und Dienstleistungen Kostenerstattung wählen. Zur Entwicklung vgl. die Kommentierung zu § 13 SGB V. Diese Vorschrift wurde durch das GKV-WSG nicht aufgehoben. Vielmehr wurde zusätzlich zu der Kostenerstattung nach § 13 Abs. 2 SGB V die Möglichkeit satzungsrechtlicher Kostenerstattungs-Wahltarife nach § 53 Abs. 4 SGB V eingeführt. Versicherte können Kostenerstattung nach beiden Varianten in Anspruch nehmen, jedoch ist dies m.E. nicht zeitgleich möglich. Versicherte, die Kostenerstattung wünschen, müssen sich für eine der beiden Möglichkeiten entscheiden. 100

In beiden Fällen werden keine Sach- und Dienstleistungen erbracht. Vielmehr zahlt und trägt der Versicherte die Kosten medizinischer Leistungen zunächst selbst. Er lässt sich diese sodann in dem Umfang erstatten, der in § 13 Abs. 2 Sätze 9 und 11 SGB V i.V.m. Satzung bzw. im satzungsrechtlichen Wahltarif vorgesehen ist. 101

Der wesentliche Unterschied zwischen der Kostenerstattung nach § 13 Abs. 2 SGB V und derjenigen auf Grund Wahltarifs liegt zunächst darin, dass der Versicherte bei **§ 13 Abs. 2 SGB V** über den **regulären Krankenversicherungsbeitrag** hinaus keine besonderen Prämien oder Beiträge zu zahlen hat, er andererseits aber wegen der gesetzlich vorgeschriebenen Abschläge (Verwaltungsaufwand, fehlende Wirtschaftlichkeitsprüfung, vgl. § 13 Abs. 2 Satz 10 SGB V) auch keine 100%-ige Kostenerstattung erhält. Die Kostenerstattung auf Grund **Wahltarifs** sieht dagegen vor, dass der Versicherte für die 102

[25] Vgl. BT-Drs. 16/3100, S. 108 zu Nr. 33, § 53 Abs. 3.

[26] Zur Bestimmung der „Bruttoeinnahmen zum Lebensunterhalt“ vgl. BSG v. 26.06.2007 - B 1 KR 41/06 R - USK 2007-44: Berücksichtigung von Kinderfreibeträgen für alle Kinder; BSG v. 19.09.2007 - B 1 KR 1/07 R - USK 2007-54: Vermögensumschichtungen und fiktive Einnahmen; BSG v. 19.09.2007 - B 1 KR 7/07 R - Die Leistungen Beilage 2008, 19-26: Abschreibungen – AfA.

Kostenerstattung zusätzlich zum Krankenversicherungsbeitrag eine „**spezielle Prämienzahlung**" leistet. Bereits hieraus ergibt sich, dass nach der Vorstellung des Gesetzes die Kostenerstattung auf Grund Wahltarifs für den Versicherten auf der Leistungsseite Vorteile gegenüber einer Kostenerstattung nach § 13 Abs. 2 SGB V aufweisen muss. Andernfalls wäre eine Kostenerstattung auf Grund Wahltarifs für Versicherte wirtschaftlich unvernünftig.

103 Das Verhältnis des Wahltarifs zu § 13 Abs. 2 SGB V wird durch dasjenige der Spezialität gekennzeichnet, wobei § 13 Abs. 2 SGB V der allgemeinere Tatbestand ist, der durch § 53 Abs. 4 SGB V in der Weise modifiziert wird, dass durch die höhere Prämienzahlung eine Kostenerstattung bis 100% erreicht werden kann. Indessen ist es ausgeschlossen, im Rahmen des § 53 Abs. 4 SGB V andere als die nach § 13 Abs. 2 SGB V zugelassenen Leistungserbringer in Anspruch zu nehmen oder andere als im Leistungskatalog der GKV vorgesehenen Leistungen zu versprechen.

2. Leistungsumfang

a. Erstattungsfähige Leistungen bei der Kostenerstattung nach § 13 Abs. 2 SGB V

104 Hat der Versicherte anstelle der Sach- und Dienstleistungen Kostenerstattung nach § 13 Abs. 2 SGB V gewählt, ergeben sich bereits aus dem Gesetz mehrere **Einschränkungen des Leistungsumfangs**:

105 Weil der Kostenerstattungsanspruch an die Stelle des vom Gesetz als Regelfall vorgesehenen Anspruchs auf Sach- und Dienstleistungen (vgl. § 2 Abs. 2 Satz 1 SGB V) tritt, kann er sich nur auf solche ärztlichen, zahnärztlichen Leistungen usw. erstrecken, die zum Leistungskatalog des SGB V gehören. Man könnte insoweit von einem **substitutiven Kostenerstattungsanspruch** sprechen, der nur Leistungen erfasst, die der Kläger auch im Sach- und Dienstleistungswege erhalten könnte, also **keine sachliche Leistungsausweitung** bedeutet.

106 Anspruch auf Erstattung besteht höchstens in Höhe der Vergütung, welche die Krankenkasse bei Erbringung als Sachleistung zu tragen hätte (§ 13 Abs. 2 Satz 9 SGB V): **Höhenbegrenzung** auf den potentiellen Vergütungsanspruch der Kassen(zahn)ärztlichen Vereinigung.

107 Nach § 13 Abs. 2 Satz 8 SGB V ist die Inanspruchnahme von Leistungserbringern nach § 95b Abs. 3 Satz 1 SGB V ausgeschlossen; dabei handelt es sich um Ärzte oder Zahnärzte, die durch **kollektiven Zulassungsverzicht** auf ihre Zulassungen verzichtet haben. Eine Inanspruchnahme sonstiger Leistungserbringer, die im 4. Kapitel nicht genannt werden (**nicht zugelassene Vertragsärzte**, Leistungserbringer, mit denen keine vertraglichen Vereinbarungen über die Leistungserbringung zu Lasten der Krankenkassen bestehen usw.), ist nur nach vorheriger Zustimmung der Krankenkasse möglich (vgl. § 13 Abs. 2 Satz 6 SGB V; zum Anspruch auf Zustimmung vgl. § 13 Abs. 2 Satz 7 SGB V).

b. Erstattungsfähige Leistungen bei Wahltarif „Kostenerstattung"

108 Der Gesetzgeber hat mit § 53 Abs. 4 SGB V neben der Kostenerstattung nach § 13 Abs. 2 SGB V ein weiteres eigenständiges Regelungsinstrument zur Kostenerstattung eingeführt, das für Versicherte gegenüber der Kostenerstattung nach § 13 Abs. 2 SGB V in Hinblick auf die höheren Kosten des Wahltarifs („zusätzlich Prämienzahlung") ökonomisch nur sinnvoll ist, wenn **leistungsrechtliche Vorteile des Wahltarifs** festzustellen sind. Daraus darf allerdings nicht der Schluss gezogen werden, dass der Gesetzgeber damit das System der GKV partiell verlassen und ein „Quasi-privatrechtliches Zusatzversicherungssystem innerhalb der GKV" schaffen wollte.

109 In § 53 Abs. 4 Satz 3 SGB V ist vielmehr angeordnet, dass (nur) die Sätze 2-4 des § 13 Abs. 2 SGB V nicht gelten. Diese Sätze betreffen nur die Informationspflichten der Krankenkasse und deren schriftliche Bestätigung durch den Versicherten.

110 Aus dem Umstand, dass beim Wahltarif „Kostenerstattung" durch § 53 Abs. 4 Satz 3 SGB V ausdrücklich nur die Regelungen der Sätze 2-4 des § 13 Abs. 2 SGB V ausgeschlossen sind, muss als argumentum e contrario der Schluss gezogen werden, dass die übrigen Vorschriften des § 13 Abs. 2 SGB V, vor allem Satz 1, Anwendung finden, soweit nicht § 53 SGB V ausdrücklich speziellere Regelungen bereithält.

111 Die Systematik des Gesetzes spricht dafür, dass es auch beim Wahltarif „Kostenerstattung" im Grundsatz nur um die im **Leistungskatalog der GKV** vorgesehenen Leistungen gehen kann, auf die im Regelfall ein Sach- und Dienstleistungsanspruch besteht. Die Regelung in § 53 Abs. 4 SGB V einerseits und § 53 Abs. 5 SGB V andererseits zeigt, dass das Gesetz einen eigenständigen Wahltarif vorsieht, wenn es darum geht, Versicherten Anspruch auf aus der Leistungspflicht der Krankenkassen ausgeschlossene Arzneimittel der besonderen Therapierichtungen einzuräumen will (vgl. § 53 Abs. 5 SGB V).

c. Spezialproblem: Chefarztbehandlung und Einzelzimmer

In der **Gesetzesbegründung** wird es als möglich angesehen, dass dem Versicherten in einem Wahltarif „Kostenerstattung" der 2,3-fache Satz nach GoA/GoZ erstattet wird. Diese Tarifmöglichkeit stärke die Wettbewerbssituation der GKV gegenüber der privaten Krankenversicherung.[27] 112

Die Gesetzesbegründung hat indessen im Gesetzeswortlaut keinen unmittelbaren Niederschlag gefunden. Wortlaut und Systematik schießen es m.E. aus, Versicherten im Rahmen des Wahltarifs Anspruch auf Leistungen einzuräumen, die medizinisch nicht notwendig sind. Ein unlösbarer Widerspruch zu § 13 Abs. 2 Satz 1 SGB V tritt damit nicht auf, zumal der Leistungskatalog der GKV einer Behandlung der Versicherten durch **Chefärzte** (bei Vergütung nach den allg. GKV-Grundlagen, Zahlung von Fallpauschalen an das Krankenhaus etc.) oder der „Unterbringung in einem **„Ein- oder Zweibettzimmer"** gesetzlich nicht grundsätzlich entgegensteht. Im Gegenteil: Die Vorschriften des SGB V und des nachgeordneten Vertragsrechts lassen Chefarztbehandlung und Unterbringung in einem Ein- oder Zweibettzimmer im Rahmen des Sach- und Dienstleistungsprinzips nicht nur zu, sondern verlangen diese geradezu, wenn hierfür zwingende medizinische Gründe vorliegen. Zwar mag es traditionell so sein, dass die **Chefarztbehandlung** in der Praxis bisher weitgehend über Privatbehandlung und private Krankenversicherungen abgewickelt wird. Ein rechtliches Privileg der privaten Krankenversicherung, als Versicherungsleistung „Chefarztbehandlung" oder die „Unterbringung in einem „Ein- oder Zweibettzimmer" anbieten zu dürfen, lässt sich jedoch rechtlich nicht begründen. 113

Rechtlich problematisch – und zu verneinen – ist allenfalls, ob mit einem entsprechend gestalteten Wahltarif Kostenerstattung „bei Chefarztbehandlung" oder „mit Einzelzimmer" Versicherte bei grundsätzlicher Krankenhausbehandlungsbedürftigkeit auch dann einen Anspruch auf entsprechende persönliche Betreuung durch Chefärzte bzw. Unterbringung in einem Einzel- oder Doppelzimmer erhalten, wenn dies medizinisch nicht erforderlich ist (unklar insoweit das BVA Rundschreiben; dort unter II.5, vgl. Rn. 6). 114

Gegen die rechtliche Möglichkeit einer derartigen Satzungsgestaltung spricht weniger das Interesse der **privaten Versicherungswirtschaft**, dass sich die Krankenkassen aus dieser bisherigen faktischen „Marktposition" der privaten Krankenversicherung (Cherarztbehandlung) „heraushalten". Entscheidend ist vielmehr, dass nach **§ 194 Abs. 1a SGB V** Chefarztbehandlung und „Einzel- oder Zweibettzimmer" Gegenstand sog. **Kooperationsverträge** der Krankenkassen mit privaten Versicherungsunternehmen sein können, deren es nicht bedürfte, wenn die Krankenkassen diese Leistungen generell und ohne Rücksicht auf ihre medizinische Notwendigkeit selbst als Satzungsleistungen anbieten dürften. Außerdem würden mit einem satzungsrechtlichen Anspruch auf medizinisch nicht notwendige Leistungen die Grundsätze des § 13 Abs. 1 SGB V und des § 12 Abs. 1 Satz 2 SGB V verlassen werden. Schließlich ist es verfassungsrechtlich zweifelhaft, ob der Gesetzgeber selbst (im SGB V) unter Berufung auf den **Kompetenztitel Sozialversicherung** (Art. 74 Abs. 1 Nr. 12 GG) eine gesetzliche Regelung treffen könnte, wonach Versicherte gegen Zahlung eines Zusatzbeitrages Anspruch auf Chefarztbehandlung oder Einzelzimmer erwerben können, ohne dass ein spezifisches medizinisches Bedürfnis hiefür festgestellt werden müsste. Insoweit hat *Isensee* beachtliche Gründe dafür angeführt, dass Wahlleistungen wie „Chefarztbehandlung" oder „Einzelzimmer" den Gattungsbegriff charakterisierende Merkmale der sozialen Schutzbedürftigkeit und des solidarischen Ausgleichs verlassen, jedenfalls dann, wenn sie das Maß des medizinisch Notwendigen überschreiten und durch Zusatzprämien erkauft werden müssen.[28] 115

Im Übrigen ist nicht davon auszugehen, dass der Gesetzgeber den Krankenkassen das Recht zur Gestaltung von Wahltarifen in einer Weise einräumen wollte, die den bisherigen Status der Krankenkassen in Bezug auf das **Europäische Kartell-, Wettbewerbs- und Beihilferecht** gefährden könnte. Krankenkassen werden vom EuGH bisher nicht dem europäischen Wettbewerbsrecht unterworfen. Der EuGH folgt im Wettbewerbsrecht des EGV bekanntlich einem funktionalen, tätigkeitsbezogenen Unternehmensbegriff. In der Rs. Höfner und Elsner hat der EuGH klargestellt, dass der Begriff des Unternehmens im Rahmen des Wettbewerbsrechts jede wirtschaftliche Tätigkeit ausübende Einheit erfasst, unabhängig von ihrer Rechtsform und der Art ihrer Finanzierung.[29] Das Europäische Wettbewerbsrecht (Kartell- und Beihilferecht) gilt damit im Grundsatz auch für öffentliche Unternehmen (Art. 86 Abs. 1 EG). Jedoch üben die Träger der Sozialversicherung nach der Rechtsprechung des EuGH im Leistungsbereich, d.h. im Verhältnis zwischen Sozialversicherungsträger und Versicherten, keine wirt- 116

---

[27] Vgl. BT-Drs. 16/3100, S. 108, 109 zu Nr. 33, § 53 Abs. 4 des Entwurfs.

[28] *Isensee*, NZS 2007, 449, 453.

[29] EuGH v. 23.04.1991 - C-41/90 - Slg 1991, I-1979 = SozR 3–6030 Art. 86 Nr. 21 - Rs. Höfner und Elsner.

schaftliche Tätigkeit im Sinne des europäischen Wettbewerbsrechts aus. Gesetzliche Krankenkassen, die einen **rein sozialen Zweck** verfolgen, nur die Gesetze anwenden und keine Möglichkeit haben, auf die **Höhe der Beiträge**, die Verwendung der Mittel und die Bestimmung des Leistungsumfangs Einfluss zu nehmen, üben eine auf dem Grundsatz der Solidarität beruhende Tätigkeit ohne Gewinnerzielungsabsicht aus. Auch die Leistungen werden kraft Gesetzes und unabhängig von der Höhe der Leistungen erbracht.[30]

117 Hieran hat der EuGH bisher auch im Verhältnis der Krankenkassen zu den Leistungserbringern festgehalten. Den Nachfrageaspekt als solchen hat der EuGH nicht beleuchtet. Im Festbetragsurteil (Rs. AOK Bundesverband./.Ichtyol-Gesellschaft Cordes)[31] hatte er u.a. auf Vorlage des BGH zu klären, ob die Wettbewerbsvorschriften des EGV auf die Spitzenverbände der Krankenkassen Anwendung finden, soweit diese im Arzneimittelbereich Festbeträge festsetzen, bis zu deren Kosten die von ihnen vertretenen Krankenkassen die Kosten des Arzneimittels übernehmen. Der EuGH verneint dies, weil die Krankenkassen insoweit keine wirtschaftliche Tätigkeit ausübten. Er nimmt Bezug auf seine Charakterisierung der Krankenkassen in der Rs. Poucet und Pistre und unterstreicht die „rein soziale Aufgabe" der Krankenkassen. Sie hätten die Pflicht, die ihnen gesetzlich vorgeschriebenen Leistungen nach den Grundsätzen der Wirtschaftlichkeit zu erbringen, d.h. so effizient und kostengünstig wie möglich. Die Krankenkassenverbände verfolgten bei der Festsetzung von Festbeträgen kein eigenes Interesse, das sich von dem rein sozialen Zweck der Krankenkassen trennen ließe. Im Ergebnis verneint der EuGH die Unternehmereigenschaft der Krankenkassen sinngemäß mit dem Argument, dass die Kassen bei der Festbetragsfestsetzung gar nicht anders könnten und keine andere Wahl hätten.

118 Anders könnte die Bewertung in Bereichen ausfallen, in denen Krankenkassen größere Spielräume zustehen, bei denen der Gesetzgeber nur noch den Rahmen vorgibt und den Krankenkassen auch zwecks Förderung von Wettbewerb freie Hand lässt. Je größer der **Handlungsspielraum** der einzelnen Krankenkasse im Bereich des Leistungsangebots und der Beitragsseite (Bonusmodelle usw.) ist, desto mehr wächst sie in **eigene wirtschaftliche Tätigkeit** hinein. Je mehr die Sozialversicherungsträger nach Prinzipien und Gesichtspunkten der privaten Versicherungswirtschaft agieren dürfen und sich jedenfalls vom Staat geduldet so verhalten („Wettbewerbsgebaren der Krankenkassen"), desto eher liegt eine wirtschaftliche und keine soziale Tätigkeit vor, mit der Folge, dass das europäische Wettbewerbsrecht zur Anwendung gelangen kann. Es ist nicht ersichtlich, dass das Gesetz mit dem Wahltarif „Kostenerstattung" diesen Weg beschreiten wollte.

d. 100%-ige Kostenerstattung

119 Wahltarife mit einer 100%-igen Kostenerstattung dürften zulässig sein, so dass im Hinblick auf die zusätzliche Prämienzahlung auf Abschläge in Hinblick auf Verwaltungskosten und fehlende Wirtschaftlichkeitsprüfung verzichtet werden kann.

3. Prämienzahlung durch Versicherte

120 Der Wahltarif „Kostenerstattung" setzt eine zusätzliche „**spezielle Prämienzahlung durch die Versicherten**" voraus. Angesichts dieses Wortlauts der Norm könne zweifelhaft sein, ob spezielle Prämien nur vom Mitglied oder zusätzlich auch von den nach § 10 SGB V versicherten Angehörigen zu zahlen sind. Letzteres ist im Hinblick auf den Regelungszweck der Familienversicherung trotz ihrer rechtlich eigenständigen Ausgestaltung auszuschließen.

121 Zwar ist der Versicherungsschutz der nach § 10 SGB V familienversicherten Angehörigen eines Mitglieds nicht mehr als Anspruch des Mitglieds zu Gunsten Dritter ausgestaltet. Vielmehr genießen **Familienversicherte** eigene Rechte und können ihren Anspruch selbst geltend machen. Dennoch ändert dies nichts daran, dass es sich bei der Familienversicherung um ein zum Rechtsverhältnis des Mitglieds **akzessorisches Versicherungsverhältnis** handelt, das in seinem Bestand an die Versicherung des Mitglieds geknüpft ist. Nach dem Zweck der Familienversicherung, den **Familienaufwand** zu mindern (vgl. § 6 SGB I), dürfen für familienversicherte Angehörige weder (zusätzliche) Beiträge erhoben werden (vgl. 3 Satz 3 SGB V) noch an die Bemessungsgrundlage ein nach der Zahl der Familienangehörigen gestaffelter Beitragssatz angelegt werden (vgl. § 234 Abs. 2 Satz 2 SGB V).

---

30 EuGH v. 17.02.1993 - C-159/91 und C-160/91 - Slg. 1993, I-637 Rn. 6, 16-18 - Rs. Poucet und Pistre.

31 EuGH v. 16.03.2004 - C-264/01 u.a. - NJW 2004, 2723 ff. – Rs. AOK Bundesverband./.Ichtyol-Gesellschaft Cordes.

Zwar fallen die im Wahltarif fällig werdenden „speziellen Prämienzahlungen“ nicht unmittelbar unter den Begriff der Beiträge oder einer Betragsstaffelung. Sie würden den genannten Verboten der §§ 3 Satz 3, 243 Abs. 2 Satz 3 SGB V aber zuwiderlaufen, wenn sie im Rahmen des Wahltarifs nicht nur vom Mitglied, sondern je gesondert von jedem versicherten Familienangehörigen verlangt werden dürften. Denn die Zusatzprämien wären im Regelfall Teil der Familienlasten, die durch die Familienversicherung gerade gemindert werden sollen. Diese Entlastung liefe für das Mitglied auch dann leer, wenn man die zusätzlichen Prämien als zivilrechtlichen Aufwand für Unterhaltskosten ansieht. 122

4. Bindungsfrist

Die Mindestbindungsfrist an den Wahltarif „Kostenerstattung“ beträgt drei Jahre (§ 53 Abs. 8 Satz 1 SGB V). 123

VI. Wahltarif „Arzneimittel der besonderen Therapierichtungen“ (Absatz 5)

1. Arzneimittel der besonderen Therapierichtungen

a. Leistungsausschluss

Zwar gehören **Fertigarzneimittel** im **Grundsatz** zu den von der Leistungspflicht der gesetzlichen Krankenversicherung nach den §§ 27 Abs. 1 Satz 2 Nr. 1, 31 Abs. 1 Satz 1 SGB V erfassten Arzneimitteln. 124

Eine **Ausnahme vom Ausschluss** gilt jedoch für nicht **verschreibungspflichtige Arzneimittel**. Diese sind in der Regel von der Versorgung ausgeschlossen (§ 34 Abs. 1 SGB V), es sei denn der G-BA hat in Richtlinien nach § 92 Abs. 1 Satz 2 Nr. 6 SGB V festgelegt, dass das konkrete nicht verschreibungspflichtige Arzneimittel ausnahmsweise zu Lasten der GKV verordnet werden kann. § 34 Abs. 1 Satz 2 SGB V ermächtigt den G-BA zu bestimmen, welche nicht verschreibungspflichtigen Arzneimittel bei der Behandlung schwerwiegender Erkrankungen als Therapiestandard gelten und deshalb zur Anwendung bei diesen Erkrankungen mit Begründung des Vertragsarztes ausnahmsweise verordnet werden können. Hiervon hat der G-BA Gebrauch gemacht und seine Arzneimittel-Richtlinien mit Beschluss vom 16.03.2004 um einen Abschnitt F ergänzt.[32] 125

Zweck des Ausschlusses der nicht verschreibungspflichtigen Arzneimittel aus der Leistungspflicht der GKV durch das GMG war es, den Versicherten einen Teil der (finanziellen) Verantwortung für ihre Gesundheit selbst zu überlassen. Der Gesetzgeber hielt es für zumutbar, nicht verschreibungspflichtige Arzneimittel selbst zu bezahlen. Er ging davon aus, dass die nicht verschreibungspflichtigen Arzneimittel im Durchschnitt 11 € pro Packung kosteten. Dieser Betrag könne von den Versicherten aufgebracht werden. Dagegen hielt er die eigene Finanzierung nicht mehr für zumutbar, wenn Versicherte an einer schweren Erkrankung leiden, die schon aus anderen Gründen einen hohen finanziellen Aufwand erfordert. Als Beispiele für besonders schwerwiegende Erkrankungen nennt er z.B. die Onkologie, die Nachsorge nach Herzinfarkt und die Behandlung des Klimakteriums.[33] 126

Zu den nicht verschreibungspflichtigen Arzneimitteln gehören vor allem viele Arzneimittel der **Homöopathie** sowie der **Anthroposophie**. 127

b. Eigene Kostentragungspflicht

Liegt eine Ausnahme vom Ausschluss (vgl. Rn. 125) nicht verschreibungspflichtiger Arzneimittel im Sinne von § 34 Abs. 1 Satz 2 SGB V nicht vor und kommt eine Leistungsgewährung zu Lasten der GKV auch nicht ausnahmsweise nach den Grundsätzen des Beschlusses des BVerfG vom 06.12.2005[34] zur verfassungskonformen Auslegung der Vorschriften des SGB V bei regelmäßig tödlich verlaufenden Krankheiten in Betracht, hat der Versicherte die Kosten dieser Arzneimittel selbst zu tragen. 128

c. Wahltarifliche Ausnahme vom Ausschluss

Der auf Vorschlag des Ausschusses für Gesundheit[35] ins Gesetz aufgenommene Wahltarif „Arzneimittel der besonderen Therapierichtungen“ des § 53 Abs. 5 SGB V lässt es zu, dass nach § 34 Abs. 1 SGB V ausgeschlossene Arzneimittel zu Lasten der GKV verordnet werden. **§ 2 Abs. 1 Satz 3 SGB V** ist jedoch auch im Rahmen dieses Wahltarifes zu beachten. 129

---

32 Bekanntmachung vom 19.03.2004, BAnz 2004, 1784 A.

33 BT-Drs. 15/1525, S. 86.

34 BVerfG v. 06.12.2005 - 1 BvR 347/98 - BVerfGE 115, 15 ff .= SozR 4-2500 § 27 Nr. 5.

35 Vgl. BT-Drs. 16/4200, S. 26 und Bericht BT-Drs. 16/4247, S. 35 zu Nr. 33, § 53 Abs. 4 des Entwurfs.

2. Prämienzahlung

130 Der „Preis" für den Wahltarif ist eine zusätzliche „spezielle Prämienzahlung" durch die Versicherten. Zum Begriff des Versicherten speziell im Hinblick auf familienversicherte Angehörige vgl. die Ausführungen zum akzessorischen Versicherungsverhältnis in Rn. 121.

3. Bindungsfrist

131 Die Mindestbindungsfrist an den Wahltarif „Arzneimittel der besonderen Therapierichtungen" beträgt drei Jahre (§ 53 Abs. 8 Satz 1 SGB V).

VII. Wahltarif „Krankengeld" (Absatz 6)

1. Krankengeldansprüche freiwillig Versicherter – Rechtslage bis 31.12.2008

132 Nach § 44 Abs. 2 SGB V kann die Satzung der Krankenkasse für freiwillig Versicherte den Anspruch auf Krankengeld ausschließen oder zu einem späteren Zeitpunkt entstehen lassen. Die Bestimmung ermächtigt Krankenkassen, leistungsbeschränkende Satzungsregelungen zu treffen, und umreißt die unteren Grenzen der möglichen Leistungseinschränkung.[36] § 44 Abs. 2 SGB V lässt es zu, freiwillig Versicherten in der Satzung das Recht einzuräumen, zwischen dreierlei zu wählen:[37]

- Versicherungsschutz ohne Krankengeld-Anspruch mit ermäßigtem Beitragssatz,
- Versicherungsschutz mit allgemeinem Beitragssatz mit Krankengeld-Anspruch beginnend nach Ablauf von (mindestens) sechs Wochen nach dem allgemeinen gesetzlichen Entstehungszeitpunkt sowie
- Versicherungsschutz mit erhöhtem Beitragssatz mit Krankengeld-Anspruch beginnend vor Ablauf von sechs Wochen nach dem allgemeinen gesetzlichen Entstehungszeitpunkt.

133 Die Differenzierung der Beitragssätze nach dem Krankengeldrisiko ist noch bis zum 31.12.2008 in den §§ 241 Satz 3, 242 und 243 Abs. 1 Alt. 1 SGB V abschließend geregelt. Es handelt sich um eine gesetzlich zugelassene Ausnahme vom Grundsatz des sozialen Ausgleichs (vgl. § 3 Satz 2 SGB V)[38], so dass die Krankenkassen nicht ermächtigt sind, in ihren Satzungen Zwischenstufen des Beitragssatzes zu schaffen, die das Gesetz nicht kennt[39].

134 Nach § 241 Abs. 1 Satz 1 SGB V in seiner bis 31.12.2008 geltenden, durch das GKV-WSG ab 01.04.2007 geänderten Fassung (bisheriger Text des § 241 SGB V wurde insoweit unverändert zu Absatz 1 des § 241 SGB V) sind die Beiträge nach einem Beitragssatz zu erheben, der in Hundertsteln der beitragspflichtigen Einnahmen in der Satzung festgesetzt wird. Soweit nichts Abweichendes bestimmt ist, zahlen Mitglieder Beiträge nach dem allgemeinen Beitragssatz (§ 241 Abs. 1 Satz 2 SGB V). Dieser Beitragssatz gilt nach § 241 Abs. 1 Satz 3 SGB V insbesondere auch für Mitglieder, die bei Arbeitsunfähigkeit (AU) für mindestens sechs Wochen Anspruch auf Fortzahlung ihres Arbeitsentgelts oder einer die Versicherungspflicht begründenden Sozialleistung haben. Für Mitglieder, die nicht für mindestens sechs Wochen einen solchen Anspruch haben, ist der allgemeine Beitragssatz nach § 242 SGB V entsprechend zu erhöhen. Der Beitragssatz ist nach § 243 Abs. 1 SGB V schließlich entsprechend zu ermäßigen, wenn kein Anspruch auf Krankengeld besteht oder wenn die Krankenkasse den Umfang der Leistungen für einzelne Mitgliedergruppen aufgrund von Vorschriften des SGB V beschränkt.

2. Rechtsänderungen durch das GKV-WSG

135 Der Wortlaut des § 241 SGB V in seiner bis 31.03.2008 geltenden Fassung wurde ab 01.04.2007 zu § 241 Abs. 1 SGB V und gilt in dieser Fassung bis 31.12.2008 (vgl. Art. 1 Nr. 159 GKV-WSG). Mit Wirkung vom 01.01.2009 wird die in § 241 Abs. 1 SGB V bislang geregelte Beitragsstaffelung aufgehoben. Der allgemeine Beitragssatz (§ 241 Abs. 2 SGB V) wird künftig ebenso durch die Bundesregierung festgelegt wie der ermäßigte Beitragssatz (§ 243 Abs. 3 SGB V). Danach gilt ab 01.01.2009 Folgendes:

---

[36] Vgl. BSG v. 28.09.1993 - 1 RK 34/92 - SozR 3-2500 § 44 Nr. 4 S. 6.

[37] Zum Ganzen vgl. BSG v. 19.09.2007 - B 1 A 4/06 R.

[38] BSG v. 25.06.1991 - 1 RR 6/90 - BSGE 69, 72, 74 = SozR 3-2500 § 241 Nr. 1 S. 3.

[39] BSG v. 25.06.1991 - 1 RR 6/90 - BSGE 69, 72, 74 = SozR 3-2500 § 241 Nr. 1 S. 3; BSG v. 10.05.1995 - 1 RR 2/94 - BSGE 76, 93, 94 = SozR 3-2500 § 242 Nr. 2 S. 4.

Der **ermäßigte Beitragssatz** gilt u.a. für Mitglieder, die keinen Anspruch auf Krankengeld haben. Kraft Gesetzes ist ein **Ausschluss des Anspruchs auf Krankengeld** insbesondere bei hauptberuflich selbständig Erwerbstätigen (vgl. § 44 Abs. 2 Nr. 2 SGB IV in seiner ab 01.01.2009 geltenden Fassung) sowie bei nach § 5 Abs. 1 Nr. 1 SGB V versicherten Beschäftigten vorgesehen, die bei Arbeitsunfähigkeit nicht für mindestens sechs Wochen Anspruch auf Fortzahlung des Arbeitsentgelts haben (vgl. § 44 Abs. 2 Nr. 3SGB IV in seiner ab 01.01.2009 geltenden Fassung). 136

3. Wahltarif „Krankengeld für Personen ohne gesetzlichen Krankengeldanspruch“

a. Persönlicher Geltungsbereich

§ 53 Abs. 6 knüpft zunächst an den Ausschluss des gesetzlichen Krankengeldanspruches für die **in § 44 Abs. 2 Nr. 2 und 3 SGB V genannten Personengruppen an**. Das sind 137

- **hauptberuflich selbständig Erwerbstätige** (Nr. 2) und
- abhängig Beschäftigte, die bei Arbeitsunfähigkeit nicht für mindestens sechs Wochen Anspruch auf Fortzahlung des Arbeitsentgelts haben (Nr. 3): **Beschäftigte ohne (vollen) Entgeltfortzahlungsanspruch**.

Weiter knüpft die Vorschrift an **§ 44 Satz 2 SGB V** an, und erfasst damit **Künstler** nach dem Künstlersozialversicherungsgesetz, die Anspruch auf Krankengeld (erst) von der siebten Woche der Arbeitsunfähigkeit an erhalten können. 138

Für diese Personsenkreise hat das GKV-WSG mit § 53 Abs. 6 SGB V mit Wirkung ab 01.01.2009 die Möglichkeit eines besonderen Wahltarifs „Erweiterter Krankengeldbezug“ geschaffen.[40] Die Versicherten haben hierfür nicht einen erhöhten Beitragssatz zu zahlen, sondern die in § 53 Abs. 6 SGB V vorgesehenen besonderen Prämien.[41] 139

b. Beginn des Krankengeldes

Die Wahltarife können einen Beginn des Krankengeldes **„entsprechend § 46 Satz 1 SGB V“** oder **zu einem späteren Zeitpunkt** vorsehen. 140

Bei Künstlern ist der späteste Krankengeldbeginn in § 53 Abs. 6 Satz 1 SGB V auf den Beginn der dritten Woche der Arbeitsunfähigkeit festgelegt. Daraus ergibt sich, dass bei den in § 44 Abs. 2 Nr. 2 und 3 SGB V genannte Personengruppen der Krankengeldanspruch satzungsrechtlich auch noch nach der dritten Woche der Arbeitsunfähigkeit beginnen kann. 141

Bei einem Beginn gemäß § 46 Satz 1 SGB V ist zu differenzieren. 142

- Kann der Versicherte nicht arbeiten, weil bei ihm eine **Krankenhausbehandlung** oder Behandlung in einer **Vorsorge- oder Reha-Einrichtung** stattfindet, entsteht der Anspruch auf Krankengeld vom Beginn der Maßnahme an (§ 46 Satz 1 Nr. 1 SGB V).
- Ansonsten entsteht der Krankengeldanspruch von dem Tag an, der auf den Tag der ärztlichen Feststellung der Arbeitsunfähigkeit folgt (§ 46 Satz 1 Nr. 2 SGB V).

§ 46 Satz 1 Nr. 2 SGB V stellt nicht auf den Zeitpunkt des „wirklichen“ oder vom Arzt attestierten Beginns der Arbeitsunfähigkeit[42], sondern auf den Tag ab, der auf den Tag der ärztlichen Feststellung folgt. Das ist der Tag, der sich an jenen anschließt, an dem ein Arzt selbst tatsächlich Arbeitsunfähigkeit festgestellt hat. Dies führt faktisch zu einem **Karenztag.** Die in § 5 Abs 3 Satz 2 der AU-Richtlinien des G-BA geregelte Befugnis von Vertragsärzten, im Ausnahmefall Arbeitsunfähigkeit auch rückwirkend zu attestieren, ist ohne Belang. Unerheblich ist auch, wenn der Arzt am Untersuchungstag einen früheren Beginn der Arbeitsunfähigkeit bescheinigt. 143

4. Prämienzahlung

Versicherte, die vom Wahltarif „Krankengeld“ Gebrauch machen, habe hierfür besondere Prämien zu zahlen. Staffelt die Krankenkasse den Beginn des Anspruchspruchs zeitlich, ist auch die Prämienzahlung entsprechend zu staffeln. 144

---

40 BSG v. 19.09.2007 - B 1 A 4/06 R - juris Rn. 25.

41 Vgl. Gesetzesbegründung BT-Drs. 16/3100, S. 181, 182 zu Nr. 29b, § 243 des Entwurfs und SW. 109 zu Nr. 33, § 53 Abs. 5 des Entwurfs.

42 Vgl. BSG v. 08.11.2005 - B 1 KR 30/04 R - BSGE 95, 219 = SozR 4-2500 § 46 Nr. 1, jeweils Rn. 14.

VIII. Wahltarif für Dienstordnungsangestellte (Absatz 7)

1. Teilkostenerstattung für Dienstordnungsangestellte

145 Mit ihrer Formulierung **„bestimmte Mitgliedergruppen" mit nur beschränktem Leistungsanspruch** zielt die Vorschrift auf sog. Dienstordnungsangestellte ab.

146 Nach § 14 SGB V können sog. Dienstordnungsangestellte der Krankenkassen und ihrer Verbände bisher Teilkostenerstattung wählen. Die Satzung kann für DO-Angestellte bestimmen, dass an die Stelle der nach dem SGB V vorgesehenen Leistungen ein Anspruch auf Teilkostenerstattung tritt. Für diese Personen lässt § 243 Abs. 1 SGB V noch bis zum 31.12.2008 einen ermäßigten Beitragssatz zu. Mit Wirkung vom 01.01.2009 wird § 243 SGB V mit der Möglichkeit eines ermäßigten Beitragssatzes für diesen Personenkreis aufgehoben.

147 In der Gesetzesbegründung zu § 53 Abs. 7 SGB V (= Absatz 6 des Entwurfs) wird ausgeführt, anstelle des wegfallenden ermäßigten Beitragssatzes könnten die Krankenkassen eine „Prämienrückzahlung in einem der Leistungsbeschränkung entsprechenden Umfang vorsehen".[43]

2. Prämienzahlung

148 § 53 Abs. 7 SGB V schreibt für die betroffene Personengruppe „der Leistungsbeschränkung entsprechende Prämienzahlungen" vor, ohne diese der Höhe nach zu begrenzen (vgl. § 53 Abs. 8 Satz 5 SGB V). Der Sache nach scheint es darum zu gehen, Personen, die trotz des regulären Krankenversicherungsbeitrags nach Wegfall des ermäßigten Beitragssatzes nur Teilkostenerstattung erhalten, den von ihnen selbst zu tragenden Rest der Kosten für Krankenbehandlung, Krankenhausbehandlung, Arzneimittel usw. im Wege der Prämienzahlung wieder zurückzuzahlen.

3. Bindungsfrist

149 Die Mindestbindungsfrist an den Wahltarif für Dienstordnungsangestellte beträgt drei Jahre (§ 53 Abs. 8 Satz 1 SGB V).

IX. Bindungsfristen (Absatz 8 Sätze 1-3)

1. Mindestbindungsfristen

150 Das Gesetz schreibt für die Wahltarife nach den Absätzen 1, 2, 4-7 eine Mindestbindungsfrist von drei Jahren vor (§ 53 Abs. 8 Satz 1 SGB V). Nur beim Wahltarif „Besondere Versorgungsformen" (§ 54 Abs. 3 SGB V) ist im Hinblick auf die Bindungsfristen an diese Versorgungsformen eine nur einjährige Mindestbindungsfrist vorgesehen.

151 **Zweck** der Regelung ist es ausweislich der Gesetzesbegründung, einen „missbräuchlichen Wechsel zwischen Tarifen je nach Erwartung der Inanspruchnahme von Leistungen zu verhindern".[44] Hieraus und aus dem Wortlaut folgt, dass auch die Satzung längere Bindungsfristen vorsehen kann.

2. Ausschluss eines Kassenwechsels während der Bindungsfrist

152 Versicherte sind an die Wahl der Krankenkasse mindestens 18 Monate lange gebunden. Eine Kündigung ist dann zum Ablauf des übernächsten Kalendermonats möglich, gerechnet vom Monat, in dem das Mitglied die Kündigung erklärt (vgl. § 175 Abs. 4 Sätze 1 und 2 SGB V).

153 Diese Bindung an eine Krankenkasse und damit die **Möglichkeit zum Kassenwechsel** wird durch die Inanspruchnahme von Wahltarifen modifiziert. Nach § 53 Abs. 8 Satz 2 SGB V kann die Mitgliedschaft abweichend von § 175 Abs. 4 SGB V frühestens zum Ablauf der dreijährigen Mindestbindungsfrist gekündigt werden.

3. Sonderkündigungsrechte

154 Nach § 53 Abs. 8 Satz 3 SGB V hat die Satzung für Tarife „Sonderkündigungsrechte in besonderen Härtefällen" vorzusehen. Das Adjektiv „besonderen" deutet darauf hin, dass nur ganz außergewöhnliche Umstände als Härtefall anzusehen sind und nicht jede unerwartete Veränderung in den rechtlichen

[43] BT-Drs. 16/3100, S. 109 zu Nr. 33, § 53 Abs. 6 des Entwurfs.

[44] BT-Drs. 16/3100, S. 109 zu Nr. 33, § 53 Abs. 7 des Entwurfs.

oder tatsächlichen Verhältnissen eine Sonderkündigung rechtfertigt, sondern nur solche, die ein weiteres Festhalten am Tarif unzumutbar machen. Die Satzungen der Krankenkasse sollten hierbei zumindest einige Regelbeispiele für einen „besonderen Härtefall" nennen.

Dabei kann es sich um Fälle handeln, in denen der Versicherte unvorhergesehenerweise nicht mehr in der Lage ist, z.B. wegen Vermögensverfalls oder Arbeitslosigkeit die von ihm zu zahlenden zusätzlichen Prämien aufzubringen. 155

Ebenso liegt ein Härtefall vor, wenn der Versicherungstatbestand wechselt und eine Versicherung, bei der Versicherte die Beiträge bisher jedenfalls selbst zu tragen hatten, zu Gunsten einer Versicherung endet, bei der die Beiträge in vollem Umfang von einem Dritten zu tragen sind (z.B. Eintritt von Alg-II-Bezug oder Sozialhilfebezug). In diesem Fall könnte der Versicherte nämlich nur den Wahltarif „Besondere Versorgungsformen" nach § 53 Abs. 3 SGB V wählen (vgl. § 53 Abs. 8 Satz 6 SGB V). Befindet er sich bei Eintritt dieses Ereignisses in einem anderen Wahltarif als demjenigen für „Besondere Versorgungsformen", muss es ihm möglich sein, sich hiervon durch Kündigung zu lösen. 156

X. Prämienzahlung an Versicherte (Absatz 8 Sätze 4-6)

1. Höchstgrenzen – Kappungsgrenzen

a. Differenzierung nach Kassen mit und ohne Zusatzbeitrag

§ 53 Abs. 8 Satz 4 SGB V legt – in sprachlich katastrophaler Weise – Obergrenzen für die satzungsrechtlichen Prämienzahlungen an Versicherte fest. Der Vorschrift liegt folgende Regelung zu Grunde: Sie differenziert zwischen Kassen, die ab dem Jahr 2009 verpflichtet sind, den **kassenindividuellen Zusatzbeitrag** nach § 242 SGB V zu erheben und Kassen, die ohne diesen Zusatzbeitrag auskommen. Das Gesetz spricht in § 53 Abs. 8 Satz 4 SGB V „unscharf" von einer „**Prämienzahlung nach § 242 SGB V**"; gemeint ist aber offenbar der vom Mitglied nach § 242 SGB V zu erhebende **Zusatzbeitrag**. 157

Es gelten folgende Höchstgrenzen – oder **Kappungsgrenzen**: 158

- Prämienzahlung bei **Kassen ohne Zusatzbeitrag** nach § 242 SGB V: Maximale Prämienzahlung **20 v.H.**, jedoch nicht mehr als **600 €** der vom Mitglied im Kalenderjahr getragenen Beiträge.
- Prämienzahlung bei **Kassen mit Zusatzbeitrag** nach § 242 SGB V: Maximale Prämienzahlung **30 v.H.**, jedoch nicht mehr als **900 €** der vom Mitglied im Kalenderjahr getragenen Beiträge.

Für die maximale Höhe der Prämienzahlung spielt es keine Rolle, ob der Versicherte nur einen Wahltarif gewählt hat oder eine **Kumulation von Wahltarifen** vorliegt. 159

Die Gesetzesbegründung führt als **Zweck der Regelung** aus, die Begrenzung sei erforderlich, um Missbrauchsmöglichkeiten, z.B. für Versicherte, die nur geringe Beiträge zahlen, zu verhindern. Die Begrenzung bewirke zugleich, dass Selbstbehalttarife und Tarife, die für Nichtinanspruchnahme von Leistungen Prämienzahlungen vorsehen, nur eingeschränkt möglich sind. Der Selbstbehalt müsse damit im angemessenen Verhältnis zur Prämienzahlung stehen. Die Kappungsgrenze verhindere, dass Prämienzahlungen in der Kumulation außer Verhältnis zu den gezahlten Beiträgen stehen.[45] 160

Auf die Festlegung von **Mindestgrenzen** für die Prämienzahlung verzichtet das Gesetz. 161

b. Bemessungsgrundlage für Prämienberechnung

Bei der Berechnung werden als Bemessungsgrundlage nur die **vom Mitglied (selbst) getragenen Beiträge** berücksichtigt; die vom Arbeitgeber oder vom Träger der Rentenverssicherung usw. getragenen Beitragsanteile (**Arbeitgeberanteil** etc). werden nach dem Wortlaut des Gesetzes nicht berücksichtigt. 162

Ebenso wenig sind **Beitragszuschüsse nach § 106 SGB VI und § 257 Abs. 1 Satz 1 SGB V** einzubeziehen. Das Gesetz ist insoweit nicht präzise, indem es auf die vom Mitglied getragenen „Beiträge mit Ausnahme der Beitragszuschüsse nach § 106 SGB VI sowie des § 257 Abs. 1 Satz 1 SGB V" abstellt. Bei den Zuschüssen des Arbeitgebers nach § 257 Abs. 1 Satz 1 SGB V bzw. des Rentenversicherungsträgers nach § 106 SGB VI zu einer freiwilligen oder privaten Krankenversicherung handelt es nicht um Beiträge oder Beitragsanteile zur Krankenversicherung. Vielmehr wird der Beitrag der genannten Versicherten für ihre freiwillige gesetzliche oder private Krankenversicherung von diesen allein getragen und gezahlt (vgl. §§ 250, 252 Satz 1 SGB V), jedoch erhalten sie hierzu aus Gründen der Gleichbehandlung mit Pflichtversicherten einen Zuschuss des Trägers der Rentenversicherung bzw. des Arbeitgebers. 163

---

[45] BT-Drs. 16/3100, S. 109 zu Nr. 33, § 53 Abs. 7 des Entwurfs.

164 Man wird dem Gesetz aber wohl entnehmen müssen, dass sowohl die auf Grund § 106 SGB VI als auch die auf Grund § 257 Abs. 1 Satz 1 SGB V an den Versicherten gezahlten Zuschüsse von den vom Versicherten gezahlten und getragenen Beiträgen als Abzugsposten in Abzug zu bringen sind.

2. Besonderheiten bei besonderen Personengruppen

165 Nach § 53 Abs. 8 Satz 5 SGB V gilt Satz 4 nicht für Versicherte, die Teilkostenerstattung nach § 14 SGB V wählen können. Für diese Personengruppe kann die Satzung der Krankenkasse den Wahltarif nach § 53 Abs. 7 SGB V vorsehen. Hierbei handelt es sich in erster Linie um die Dienstordnungsangestellten der Krankenkassen. Einzelheiten vgl. Rn. 148.

166 Für diese Personengruppe schreibt das Gesetz keine satzungsrechtlichen Höchstgrenzen der Prämienzahlung vor. Vielmehr schreibt § 53 Abs. 7 SGB V „der Leistungsbeschränkung entsprechende Prämienzahlungen" vor.

XI. Verbot der Quersubventionierung (Absatz 9)

1. Das Verbot

167 Nach § 53 Abs. 8 Satz 1 SGB V müssen die Aufwendungen für jeden Wahltarif aus Einnahmen, Einsparungen und Effizienzsteigerungen, die durch diese Maßnahmen erzielt werden, finanziert werden. Damit postuliert das Gesetz ein Verbot der Quersubventionierung[46] sowohl der Wahltarife untereinander als auch der Wahltarife durch sonstige Einnahmen der Krankenkassen. D.h. jeder Wahltarif ist hinsichtlich des Quersubventionierungsverbots je für sich zu betrachten.[47]

168 In der Gesetzesbegründung ist davon die Rede, die Betrachtung müsse „zeitraumunabhängig" erfolgen und dürfe nicht mehr (wie offenbar zuvor bei § 65a Abs. 4 SGB V) im Rahmen eines „mittelfristigen Zeitraums" betrachtet werden. Dies würde bedeuten, dass zu jeden Zeitpunkt eine Quersubventionierung ausgeschlossen werden kann. Dies erfordert indessen Berechnungen, Schätzungen und Prognosen, die kaum taggenau vorgenommen werden können. Ausreichend dürfte es daher sein, mangels anderer Anhalspunkte in Gesetz davon auszugehen, dass ebenso wie in den Wahltarifen „Selbstbehalt" und „Nichtinanspruchnahme von Leistungen" jeweils auf das **Kalenderjahr** als dem maßgeblichen Bezugs- und Betrachtungszeitraum auszugehen ist.

169 Zur Sicherung der Einhaltung des Verbots sieht das Gesetz in § 53 Abs. 8 Satz 2 SGB V eine **Berichtspflicht** der Krankenkasse über die Einsparungen vor. Die Berichtspflicht besteht gegenüber der Aufsichtsbehörde. Sinnvoll Rechnung getragen wird dieser Berichtspflicht nur, wenn nicht nur abstrakt die Einsparungen mitgeteilt werden, sondern die Bilanzierung offen gelegt und auch über etwaige Negativposten berichtet wird.

2. Rechtsfolgen bei Verstoß

170 Rechtsfolgen bei Verstoß gegen das Verbot der Quersubventionierung werden im Gesetz nicht genannt. Werden die Aufwendungen nicht durch die mit dem Wahltarif erreichten aus Einnahmen, Einsparungen und Effizienzsteigerungen gedeckt, muss die Krankenkasse ihre Satzung ändern, wenn sie hierdurch die Einhaltung des Verbots erreichen kann. Andernfalls muss sie, wenn dies nicht möglich ist, den Wahltarif „schließen", d.h. die entsprechende Satzungsregelung streichen.

---

[46] So ausdrücklich Gesetzesbegründung, BT-Drs. 16/3100, S. 109 zu Nr. 33, § 53 Abs. 8 des Entwurfs.
[47] BT-Drs. 16/3100, S. 109 zu Nr. 33, § 53 Abs. 8 des Entwurfs.

Siebter Abschnitt: Zahnersatz

§ 55 SGB V Leistungsanspruch

(Fassung vom 15.12.2004, gültig ab 02.01.2005)

(1) Versicherte haben nach den Vorgaben in den Sätzen 2 bis 7 Anspruch auf befundbezogene Festzuschüsse bei einer medizinisch notwendigen Versorgung mit Zahnersatz einschließlich Zahnkronen und Suprakonstruktionen (zahnärztliche und zahntechnische Leistungen) in den Fällen, in denen eine zahnprothetische Versorgung notwendig ist und die geplante Versorgung einer Methode entspricht, die gemäß § 135 Abs. 1 anerkannt ist. Die Festzuschüsse umfassen 50 vom Hundert der nach § 57 Abs. 1 Satz 6 und Abs. 2 Satz 6 und 7 festgesetzten Beträge für die jeweilige Regelversorgung. Für eigene Bemühungen zur Gesunderhaltung der Zähne erhöhen sich die Festzuschüsse nach Satz 2 um 20 vom Hundert. Die Erhöhung entfällt, wenn der Gebisszustand des Versicherten regelmäßige Zahnpflege nicht erkennen lässt und der Versicherte während der letzten fünf Jahre vor Beginn der Behandlung

1. die Untersuchungen nach § 22 Abs. 1 nicht in jedem Kalenderhalbjahr in Anspruch genommen hat und

2. sich nach Vollendung des 18. Lebensjahres nicht wenigstens einmal in jedem Kalenderjahr hat zahnärztlich untersuchen lassen.

Die Festzuschüsse nach Satz 2 erhöhen sich um weitere 10 vom Hundert, wenn der Versicherte seine Zähne regelmäßig gepflegt und in den letzten zehn Kalenderjahren vor Beginn der Behandlung, frühestens seit dem 1. Januar 1989, die Untersuchungen nach Satz 4 Nr. 1 und 2 ohne Unterbrechung in Anspruch genommen hat. Dies gilt nicht in den Fällen des Absatzes 2. Für Versicherte, die nach dem 31. Dezember 1978 geboren sind, gilt der Nachweis für eigene Bemühungen zur Gesunderhaltung der Zähne für die Jahre 1997 und 1998 als erbracht.

(2) Versicherte haben bei der Versorgung mit Zahnersatz zusätzlich zu den Festzuschüssen nach Absatz 1 Satz 2 Anspruch auf einen Betrag in jeweils gleicher Höhe, angepasst an die Höhe der für die Regelversorgungsleistungen tatsächlich anfallenden Kosten, höchstens jedoch in Höhe der tatsächlich entstandenen Kosten, wenn sie ansonsten unzumutbar belastet würden; wählen Versicherte, die unzumutbar belastet würden, nach Absatz 4 oder 5 einen über die Regelversorgung hinausgehenden gleich- oder andersartigen Zahnersatz, leisten die Krankenkassen nur den doppelten Festzuschuss. Eine unzumutbare Belastung liegt vor, wenn

1. die monatlichen Bruttoeinnahmen zum Lebensunterhalt des Versicherten 40 vom Hundert der monatlichen Bezugsgröße nach § 18 des Vierten Buches nicht überschreiten,

2. der Versicherte Hilfe zum Lebensunterhalt nach dem Zwölften Buch oder im Rahmen der Kriegsopferfürsorge nach dem Bundesversorgungsgesetz, Leistungen nach dem Recht der bedarfsorientierten Grundsicherung, Leistungen zur Sicherung des Lebensunterhalts nach dem Zweiten Buch, Ausbildungsförderung nach dem Bundesausbildungsförderungsgesetz oder dem Dritten Buch erhält oder

3. die Kosten der Unterbringung in einem Heim oder einer ähnlichen Einrichtung von einem Träger der Sozialhilfe oder der Kriegsopferfürsorge getragen werden.

Als Einnahmen zum Lebensunterhalt der Versicherten gelten auch die Einnahmen anderer in dem gemeinsamen Haushalt lebender Angehöriger und Angehöriger des Lebenspartners. Zu den Einnahmen zum Lebensunterhalt gehören nicht Grundrenten, die Beschädigte nach dem Bundesversorgungsgesetz oder nach anderen Gesetzen in entsprechender Anwendung des Bundesversorgungsgesetzes erhalten, sowie Renten oder Beihilfen, die nach dem Bundesentschädigungsgesetz für Schäden an Körper und Gesundheit gezahlt werden, bis zur Höhe der vergleichbaren Grundrente nach dem Bundesversorgungsgesetz. Der in Satz 2 Nr. 1 genannte Vomhundertsatz erhöht sich für den ersten in dem gemeinsamen Haushalt lebenden Angehörigen des Versicherten um 15 vom Hundert und für jeden weiteren in dem gemeinsamen Haushalt lebenden Angehörigen des Versicherten und des Lebenspartners um 10 vom Hundert der monatlichen Bezugsgröße nach § 18 des Vierten Buches.

(3) Versicherte haben bei der Versorgung mit Zahnersatz zusätzlich zu den Festzuschüssen nach Absatz 1 Satz 2 Anspruch auf einen weiteren Betrag. Die Krankenkasse erstattet den Versicherten den Betrag, um den die Festzuschüsse nach Absatz 1 Satz 2 das Dreifache der Differenz zwischen den monatlichen Bruttoeinnahmen zum Lebensunterhalt und der zur Gewährung eines zweifachen Festzuschusses nach Absatz 2 Satz 2 Nr. 1 maßgebenden Einnahmegrenze übersteigen. Die Beteiligung an den Kosten umfasst höchstens einen Betrag in Höhe der zweifachen Festzuschüsse nach Absatz 1 Satz 2, jedoch nicht mehr als die tatsächlich entstandenen Kosten.

(4) Wählen Versicherte einen über die Regelversorgung gemäß § 56 Abs. 2 hinausgehenden gleichartigen Zahnersatz, haben sie die Mehrkosten gegenüber den in § 56 Abs. 2 Satz 10 aufgelisteten Leistungen selbst zu tragen.

(5) Die Krankenkassen haben die bewilligten Festzuschüsse nach Absatz 1 Satz 2 bis 7, den Absätzen 2 und 3 in den Fällen zu erstatten, in denen eine von der Regelversorgung nach § 56 Abs. 2 abweichende, andersartige Versorgung durchgeführt wird.

Gliederung

A. Basisinformationen

I. Textgeschichte

Die Vorschrift wurde als Teil des neu gefassten Siebten Abschnittes (Zahnersatz) durch Art. 1 Nr. 36 des Gesetzes zur Modernisierung der gesetzlichen Krankenversicherung (GKV-Modernisierungsgesetz – GMG) vom 14.11.2003[1] in das SGB V eingeführt. 1

Noch vor In-Kraft-Treten am 01.01.2005 (Art. 37 Abs. 8 GMG) wurde § 55 SGB V dreimal geändert. Die erste Änderung erfolgte durch Art. 4 Nr. 3 des Gesetzes zur Einordnung des Sozialhilferechts in das Sozialgesetzbuch vom 27.12.2003.[2] Dadurch wurde in Absatz 2 Satz 2 Nr. 2 das zunächst enthaltene Wort „Bundessozialhilfegesetz" durch die Wörter „Zwölften Buch" ersetzt. Die zweite Änderung nahm das Gesetz zur optionalen Trägerschaft von Kommunen nach dem Zweiten Buch Sozialgesetzbuch (Kommunales Optionsgesetz) vom 30.07.2004[3] vor. Durch Art. 4a des Gesetzes wurde in Absatz 2 Satz 2 Nr. 2 die Wörter „Arbeitslosenhilfe" durch die Wörter „Leistungen zur Sicherung des Lebensunterhalts nach dem Zweiten Buch" ersetzt. Art. 1 Nr. 1 des Gesetzes zur Anpassung der Finanzierung von Zahnersatz vom 15.12.2004 (ZE-FinAnpG)[4] änderte die Vorschrift zum dritten Mal. Mit dieser Änderung wurde die mit dem GMG ursprünglich geplante Ausgliederung des Zahnersatzes aus dem allgemeinen Leistungskatalog der gesetzlichen Krankenversicherung und die Einführung einer obligatorischen Satzungsregelung für Zahnersatz rückgängig gemacht.[5] Dementsprechend mussten die in Absatz 1 Satz 1, Absatz 2 Satz 1, Absatz 3 Satz 1 und 2 und Absatz 5 enthaltenen „Satzungsregelungen" durch „Anspruchsregelungen" ersetzt werden. Damit wurde erreicht, dass der Zahnersatz Teil des Leistungskataloges der gesetzlichen Krankenversicherung blieb. Der Gesetzgeber war nach Erlass des GMG zu der Ansicht gekommen, dass die alleinige Finanzierung des Zahnersatzes durch die Versicherten mit einem einkommensunabhängigen Beitrag und einer Wahlmöglichkeit zwischen gesetzlichen und privaten Krankenversicherern zum einen zu erheblichen praktischen Schwierigkeiten führen würde und zum anderen die Geringverdiener zu stark belasten würde.[6] 2

II. Vorgängervorschriften

Vorgängervorschriften zu § 55 SGB V waren in der RVO § 182 Abs. 1 Nr. 1 lit. d und g RVO und § 182c RVO in der Fassung des Krankenversicherungs-Kostendämpfungs-Ergänzungsgesetzes (KVEG) vom 22.12.1981.[7] Nach § 182 Abs. 1 Nr. 1 lit. d RVO wurde die zahnärztliche Behandlung bei der Versorgung mit Zahnersatz und Zahnkronen wie alle anderen zahnärztlichen Behandlungen als Sachleistung zur Verfügung gestellt. Die anfallenden Kosten wurden grundsätzlich in voller Höhe übernommen. Zugleich wurde in § 182 Abs. 1 Nr. 1 lit. g RVO bestimmt, dass auch Zuschüsse zu den Kosten für zahntechnische Leistungen als Krankenhilfe gewährt wurden. Hierzu regelte ergänzend § 182c Abs. 1 Satz 2 RVO, dass die Höhe der Zuschüsse für Zahnersatz und Zahnkronen durch Satzungsregelung zu bestimmen war. Der Zuschuss durfte aber 60% der Kosten nicht übersteigen.[8] 3

Im SGB V war § 30 die Vorgängervorschrift zu § 55. § 30 SGB V trat mit Wirkung vom 01.01.1989 aufgrund von Art. 1 Nr. 79 Gesundheitsreformgesetz vom 20.12.1988[9] in Kraft. § 30 SGB V war Gegenstand zahlreicher Reformen.[10] Er wurde durch Art. 1 Nr. 17 GMG mit Wirkung zum 01.01.2005 4

---

[1] BGBl I 2003, 2190.

[2] BGBl I 2003, 3022.

[3] BGBl I 2004, 2014.

[4] BGBl I 2004, 3445.

[5] BT-Drs. 15/1525, S. 91; BT-Drs. 15/3681, S. 4.

[6] BT-Drs. 15/3681, S. 4.

[7] BGBl I 1981, 1578; bis 1974 enthielt die RVO keine Vorschriften über die Versorgung mit Zahnersatz. Von 1974 bis zum In-Kraft-Treten des KVEG konnte die Krankenkasse in ihrer Satzung bestimmen, ob sie bei der Versorgung mit Zahnersatz die Kosten übernahm oder lediglich einen Zuschuss gewährte. Das BSG sah deswegen die Versorgung mit Zahnersatz nicht als Sachleistung an, sondern als Leistung eigener Art mit teilweiser oder völliger Kostenerstattung; BSG v. 20.07.1986 - 6 RKa 11/63 - BSGE 25, 116, 119; BSG v. 12.12.1972 - 3 RK 67/70 - BSGE 35, 105, 108; zur bisherigen Rechtslage vgl. *Engelhardt* in: Hauck/Noftz, SGB V, § 30 Rn. 4 ff. (60. Erg. Liefg. V/02).

[8] *Engelhardt* in: Hauck/Noftz, SGB V, § 30 Rn. 5 (60. Erg. Liefg V/02).

[9] BGBl I 1988, 2477.

[10] Dazu ausführlich *Engelhardt* in: Hauck/Noftz, SGB V, § 30 Rn. 6 ff. (60. Erg. Liefg V/02).

(Art. 37 Abs. 8 GMG) aufgehoben. Nach der bis dahin geltenden Fassung des § 30 SGB V erhielt der Versicherte die Leistungen für Zahnersatz als Sachleistung. § 30 Abs. 1 Satz 1 SGB V bestimmte, dass die Versicherten Anspruch auf die medizinisch notwendige Versorgung mit Zahnersatz haben. Nach § 30 Abs. 2 SGB V musste der Versicherte einen prozentualen Anteil an den entstandenen Kosten der Zahnversorgung selbst tragen (Eigenanteil). Der Anteil der Eigenleistung hing wie heute von den eigenen Bemühungen zur Gesunderhaltung der Zähne ab. Der wesentliche Unterschied zur heutigen Rechtslage besteht damit darin, dass sich die Aufwendungen der Kostenträger und Versicherten unter der Geltung des § 30 SGB V nach der tatsächlich im Einzelfall notwendigen Versorgung und den tatsächlich entstandenen Kosten richteten. Hingegen stellen die nach § 55 SGB V maßgebenden befundbezogenen Festzuschüsse nicht auf die medizinisch notwendige Versorgung im Einzelfall ab. Unabhängig von der tatsächlich durchgeführten Versorgung und den tatsächlich entstandenen Kosten erhält der Versicherte nunmehr einen Festzuschuss, der sich auf die vom Gemeinsamen Bundesausschuss festgelegten Befunde und diesen zugeordneten Regelversorgungen bezieht.[11]

III. Systematische Zusammenhänge und Abgrenzungen

5 Die Einordnung der Zahnersatzregeln als Siebter Abschnitt des Dritten Kapitels des SGB V ist unter systematischen Gesichtspunkten fragwürdig. Einerseits hat der Gesetzgeber mit dem GMG in § 27 Abs. 1 Nr. 2a erneut klargestellt, dass der Zahnersatz zur Krankenbehandlung gehört. Dann erscheint es andererseits nicht konsequent, wenn die Bestimmungen über den Zahnersatz aus dem ersten Titel (Krankenbehandlung) des Fünften Abschnitts (Leistungen bei Krankheit) des SGB V herausgenommen werden und als Siebter Abschnitt des SGB V außerhalb der Leistungen bei Krankheit und der Krankenbehandlung aufgenommen werden. Allerdings ist der durch das GMG gewählten Lösung zuzugeben, dass dadurch die Schaffung von „a-§§“ vermieden wurde.

6 Abzugrenzen sind die Zahnersatzleistungen nach § 55 SGB V insbesondere von den zahnärztlichen Behandlungsleistungen gemäß § 28 Abs. 2 SGB V. Die Abgrenzung zwischen diesen beiden Leistungsarten ist vor allem dann schwierig, wenn der Zahnersatz anderen als zahnmedizinischen Zwecken dient oder integrierender Bestandteil einer anderen Behandlung ist. Für den Versicherten ist die Abgrenzung von Bedeutung. Er erhält nur die zahnärztliche Behandlung, nicht aber die Zahnersatzleistungen ohne erheblichen eigenen Anteil.

7 Nach der ständigen Rechtsprechung des BSG sind die Regelungen über den Zahnersatz (§ 55 SGB V, § 30 SGB V a.F.) gegenüber den Regelungen über die zahnärztliche Behandlung (§ 28 Abs. 2 SGB V) die spezielleren Normen.[12] § 55 SGB V (§ 30 SGB V a.F.) regelt die Ansprüche bei der Versorgung mit Zahnersatz abschließend. Dadurch ist ein Rückgriff auf die allgemeinen Regelungen über die Verschaffung zahnärztlicher Behandlung ausgeschlossen.[13] Die Gesetzessystematik geht von der zahnärztlichen Behandlung einerseits und der Versorgung mit Zahnersatz einschließlich der zugehörigen Behandlungsmaßnahmen andererseits als jeweils selbständige Leistungen aus. Diese selbständigen Behandlungsleistungen werden auch nicht dadurch eine einheitliche Leistung, dass sie medizinisch voneinander abhängig sind.[14] Ein möglicher ursächlicher Zusammenhang der zahnprothetischen Versorgung mit anderen Erkrankungen (z.B. Allergien) führt demnach nicht dazu, dass die Leistungen auf Zahnersatz zu Leistungen auf zahnärztliche Behandlung nach § 28 Abs. 2 SGB V werden. Wird der Versicherte mit Zahnersatz versorgt, bleibt die Leistung eine Zahnersatzleistung nach § 55 SGB V auch dann, wenn der Zahnersatz anderen als zahnmedizinischen Zwecken dient oder integrierender Bestandteil einer anderen Behandlung ist.[15] Die Versorgung mit Zahnersatz ist selbst dann eine von der zahnärztlichen Behandlung nach § 28 Abs. 2 SGB V zu trennende Leistung, wenn sie als Mischleistung neben dem Zahnersatz die dafür erforderlichen zahnärztlichen Behandlungsmaßnahmen umfasst.[16]

---

[11] BT-Drs. 15/1525, S. 91; *Kleinebrinker*, KrV 2004, 282.

[12] BSG v. 06.10.1999 - B 1 KR 9/99 R - BSGE 85, 66, 68; BSG v. 08.03.1995 - 1 RK 7/94 - SozR 3-2500 § 30 Nr. 5; BSG v. 29.06.1994 - 1 RK 40/93 - SozR 3-2500 § 30 Nr. 3.

[13] BSG v. 06.10.1999 - B 1 KR 9/99 R - BSGE 85, 66, 68.

[14] BSG v. 06.10.1999 - B 1 KR 9/99 R - BSGE 85, 66, 68; BSG v. 08.03.1995 - 1 RK 7/94 - SozR 3-2500 § 30 Nr. 5.

[15] BSG v. 06.10.1999 - B 1 KR 9/99 R - BSGE 85, 66, 68.

[16] BSG v. 29.06.1994 - 1 RK 40/93 - SozR 3-2500 § 30 Nr. 3.

Eine Ausnahme von der strikten Trennung zwischen zahnärztlichen Behandlungsleistungen (§ 28 Abs. 2 SGB V) und den Zahnersatzleistungen (§ 55 SGB V) ist nur dann geboten, wenn die Notwendigkeit des Zahnersatzes auf einer von der gesetzlichen Krankenversicherung gewährten Erstbehandlung beruht, die sich im Nachhinein als gesundheitsschädlich und damit als hoheitlicher Eingriff in nicht vermögenswerte Rechtsgüter darstellt. Insoweit gebietet Art. 2 Abs. 2 Satz 1 GG eine verfassungskonforme Auslegung der Vorschriften des SGB V dahingehend, dass der Versicherte vom gesetzlichen Eigenanteil freizustellen ist.[17] Eine Erstbehandlung ist als Eingriff in diesem Sinne anzusehen, wenn der behandelnde Arzt bei Einhaltung der Regeln der ärztlichen Kunst verpflichtet war, erstens, eine ihm keinen Spielraum belassende Vorgabe des Leistungs- oder Leistungserbringungsrechts zu beachten und zweitens nur eine bestimmte Untersuchungs- oder Behandlungsmethode anzuwenden war, mit der die Gesundheit des Versicherten dann geschädigt worden ist.[18] 8

Unter Zugrundelegung der Rechtsprechung des BSG sind bei der Abgrenzung der Zahnersatzleistungen (§ 55 SGB V) von der zahnärztlichen Behandlung (§ 28 Abs. 2 SGB V) demnach folgende Kriterien zu beachten: 9

Die Zahnersatzleistungen nach § 55 SGB V sind streng von den zahnärztlichen Behandlungsleistungen nach § 28 Abs. 2 SGB V zu trennen. In § 27 Abs. 1 Satz 2 SGB V und § 73 Abs. 2 Satz 1 SGB V hat dies der Gesetzgeber dadurch klargestellt, dass er die zahnärztliche Behandlung (Nr. 2) und die Zahnersatzleistungen (Nr. 2a) getrennt voneinander als Leistungen zur Krankenbehandlung (§ 27 SGB V) und als vertragsärztliche Versorgung (§ 73 SGB V) aufführt. § 55 SGB V geht § 28 Abs. 2 SGB V als speziellere Norm vor. Bei einer Versorgung mit Zahnersatz ist die Leistung der Krankenkasse auch dann auf den befundbezogenen Festzuschuss beschränkt, wenn der Zahnersatz anderen als zahnmedizinischen Zwecken dient oder integrierender Bestandteil einer anderen Behandlung ist. Die vom Zahnarzt erbrachten Leistungen zur Versorgung mit Zahnersatz sind in solchen Fällen von den anderen zahnärztlichen Leistungen zu trennen und nach den §§ 55 ff. SGB V abzurechnen. Dabei ist zu beachten, dass der Zahnersatz eine komplexe Sachleistung ist.[19] Die neben dem Zahnersatz (im Sinne eines Körperersatzstückes) hierfür erforderlichen zahnärztlichen Behandlungsmaßnahmen unterfallen der Zahnersatzversorgung und damit der Eigenbeteiligungspflicht des Versicherten.[20] Grundsätzlich gehören sämtliche zur Versorgung mit Zahnersatz erforderlichen Begleitleistungen zur Zahnersatzversorgung nach § 55 SGB V. Darunter fallen insbesondere Planung und Vorbereitung des Zahnersatzes, Maßnahmen zur Herstellung und Eingliederung des Zahnersatzes einschließlich erforderlicher Anästhesien[21] und mögliche Anpassungsarbeiten.[22] Lediglich die in § 28 Abs. 2 Satz 1 SGB V ausdrücklich aufgeführten Maßnahmen (konservierend chirurgische Leistungen und Röntgenleistungen) unterfallen ausnahmsweise nicht der Versorgung mit Zahnersatz. Die in dieser Vorschrift enthaltene Aufzählung der Maßnahmen, die nicht zur Zahnersatzversorgung zählen, auch wenn sie damit im Zusammenhang stehen, ist abschließend. Das ergibt sich zunächst aus dem Wortlaut. Des Weiteren ist es ständige Rechtsprechung des BSG, dass seitdem der Gesetzgeber die zahnmedizinischen Ansprüche in den wesentlichen Einzelheiten selbst festgelegt hat, die Krankenkassen und die Gerichte nicht mehr befugt sind, sich bei Zahnersatzleistungen unter Berufung auf besondere medizinische Zusammenhänge über die endgültige gesetzliche Beschränkung auf einen bestimmten Kostenanteil hinwegzusetzen und dem Gesetz damit eine Leistungspflicht ohne Eigenanteil zu entnehmen.[23] Diese Befugnis wäre den Krankenkassen aber eingeräumt, wenn man die Aufzählung in § 28 Abs. 2 Satz 1 SGB V nicht restriktiv und nicht als abschließend auslegen würde.

Abzugrenzen ist die Versorgung mit Zahnersatz auch von der Versorgung mit Hilfsmitteln (§ 27 Abs. 1 Satz 2 Nr. 3 SGB V, § 33 SGB V). Der Zahnersatz ist ein Hilfsmittel. Er ersetzt ein nicht vorhandenes oder verloren gegangenes Körperteil (Zahn). § 55 SGB V ist aber auch gegenüber § 33 SGB V die speziellere Norm. Die Herstellung des Hilfsmittels „Zahnersatz" ist ein Teil der Versorgung mit Zahnersatz. Bei der Versorgung mit Zahnersatz handelt es sich um eine zwar einheitliche, jedoch komplexe 10

---

17 BVerfG v. 14.08.1998 - 1 BvR 897/98 - NJW 1999, 857 f.; BSG v. 06.10.1999 - B 1 KR 9/99 R - BSGE 85, 66, 70.

18 BSG v. 06.10.1999 - B 1 KR 9/99 R - BSGE 85, 66, 70.

19 BSG v. 12.12.1972 - 3 RK 67/70 - BSGE 35, 105, 107; *Höfler* in: KassKomm, SGB V, § 55 Rn. 3; *Wagner* in: Krauskopf, § 55 Rn. 4.

20 BSG v. 29.06.1994 - 1 RK 40/93 - SozR 3-2500 § 30 Nr. 3.

21 A.A. *Leopold* in: Jahn, SGB V, § 55 Rn. 17; *Wagner* in: Krauskopf, SGB V, § 55 Rn. 4.

22 Sowohl auch *Höfler* in: KassKomm, SGB V, § 55 Rn. 12.

23 BSG v. 06.10.1999 - B 1 KR 9/99 R - BSGE 85, 66, 68.

Leistung, die sowohl Elemente rein zahnärztlicher wie auch handwerklicher Tätigkeit enthält.[24] Die Herstellung des Zahnersatzes unterfällt damit der Versorgung mit Zahnersatz nach § 55 SGB V und nicht der Versorgung mit Hilfsmitteln nach § 33 SGB V.

11 Die Abgrenzung der Versorgung mit Zahnersatz zur kieferorthopädischen Behandlung (§ 29 SGB V) erfolgt nach den unter Rn. 6 ff. genannten Kriterien zur Abgrenzung von § 55 SGB V zu § 28 Abs. 2 SGB V. Bei der Abgrenzung zu § 29 SGB V stellen sich die gleichen Fragen wie bei der Unterscheidung zur zahnärztlichen Behandlung nach § 28 Abs. 2 SGB V.

12 Bei der Versorgung mit Zahnersatz sind insbesondere auch die §§ 62, 87 Abs. 1a und 87a SGB V zu beachten. § 87 Abs. 1a Satz 2 SGB V bestimmt, dass der zwischen der KZBV und den Spitzenverbänden der Krankenkassen (§ 213 SGB V) abzuschließende Bundesmantelvertrag Regelungen über den von den Zahnärzten vor der Behandlung zu erstellenden Heil- und Kostenplan enthalten muss. Der Kostenplan muss den Befund, die Regelversorgung und die tatsächlich geplante Versorgung (Therapieplanung) aufzeigen. Aufgrund der gemachten Angaben errechnet der Zahnarzt die zahnärztlichen Gebühren und die zahntechnischen Preise für die vorgesehene Leistung. Insbesondere für den Versicherten ist es dabei wichtig, dass der Zahnarzt den vom Versicherten zu tragenden Eigenanteil für die Regelleistungen nach dem einheitlichen Bewertungsmaßstab abrechnen muss (§ 87 Abs. 1a Satz 1 SGB V). Hingegen kann er bei den über die Regelversorgung hinausgehenden Leistungen (Mehrkosten bei gleichartigem Zahnersatz Absatz 4 und die Kosten bei andersartiger Versorgung Absatz 5) nach der privaten Gebührenordnung (GOZ) liquidieren. Hier hat der Zahnarzt einen vom Patienten nur schwer kontrollierbaren honorartechnischen Spielraum. Nach der GOZ kann die Höhe der Gebühr vom individuellen Schwierigkeitsgrad abhängig gemacht werden. Die Bandbreite bewegt sich vom Einfachsatz bis zum 3,5-fachen Gebührensatz. Allerdings ist ein über den 2,3-fachen Gebührensatz hinausgehender Betrag nur mit einer medizinischen Begründung zulässig. Leistungen des Zahnarztes, die nach dem einheitlichen Bewertungsmaßstab abgerechnet werden (Regelversorgung), werden einzeln angegeben. Hingegen werden Leistungen, die nach der GOZ liquidiert werden, nur in ihrer Gesamtsumme ausgewiesen. Für den Versicherten würde deshalb bei Erhalt einer „GOZ-Rechnung" die Gefahr bestehen, dass die Kosten für ihn nicht transparent sind. Aus diesem Grund ist in dem Heil- und Kostenplan vorgesehen, dass der Zahnarzt auch bei Leistungen, die nach der GOZ abgerechnet werden, detaillierte Angaben über Zahn/Gebiet, GOZ-Nummer, Leistungsbeschreibung, Anzahl und Betrag für die Leistungen machen muss.

13 Hinsichtlich der Finanzierung des Zahnersatzes ist der am 01.07.2005 in Kraft getretene[25] § 241a SGB V von Bedeutung. Die jetzige Fassung des § 241a SGB V „zusätzlicher Beitragssatz" ist maßgeblich von den Diskussionen um die Finanzierung des Zahnersatzes beeinflusst. Die durch das GMG bereits beschlossene Regelung über die pauschale Finanzierung des Zahnersatzes wurde bereits vor ihrem Inkrafttreten wieder rückgängig gemacht.[26] Dafür wurde der zusätzliche Beitragssatz (§ 241a SGB V) von 0,5% auf 0,9% erhöht[27] und sein In-Kraft-Treten auf den 01.07.2005 vorverlegt.[28] Dieser zusätzliche Beitragssatz ist nur von den Versicherten zu tragen. Für diese bedeutet das daher eigentlich eine zusätzliche Belastung von 0,9%. Zum „Ausgleich" bestimmt § 241a Abs. 1 Satz 1 HS. 2 SGB V aber, dass sich die übrigen Beitragssätze in demselben Umfang vermindern. Da die Versicherten von dem allgemeinen Beitragssatz nur die Hälfte tragen, kommen ihnen auch nur 50% der Verminderung des Beitragssatzes zugute. Die Verringerung des allgemeinen Beitragssatzes führt bei den Versicherten somit zu einer Minderbelastung von 0.45%. Demnach erhöht sich insgesamt für den Versicherten die Beitragsbelastung um 0,45% (0,9% Erhöhung – 0,45% Anteil des Versicherten an der Senkung des allgemeinen Beitragssatzes). Im Vergleich zu der zunächst durch das GMG eingeführten einseitigen Beitragssatzerhöhung von 0,5% (Art. 1 Nr. 145 GMG), fällt die Mehrbelastung des Versicherten nunmehr um immerhin 0,05% geringer aus.

---

[24] BSG v. 12.12.1972 - 3 RK 67/70 - BSGE 35, 105, 107.

[25] Art. 1 Nr. 3 lit. b des Gesetzes zur Anpassung der Finanzierung von Zahnersatz v. 15.12.2004 – BGBl I 2004, 3445.

[26] Art. 1 Nr. 1 lit. d ZE-FinAnpG v. 15.12.2004, BGBl I 2004, 3445 hat den § 58 Abs. 1, 2 und 4 – Beitrag für Zahnersatz – und den § 59 Finanzausgleich für härtefallbedingte Mehraufwendungen der Krankenkassen i.d.F. des GMG wieder aufgehoben.

[27] Art. 1 Nr. 1 lit. c ZE-FinAnpG v. 15.12.2004, BGBl I 2004, 3445.

[28] Art. 1 Nr. 3 lit. b ZE-FinAnpG v. 15.12.2004, BGBl I 2004, 3445.

B. Regelungsgehalt und Bedeutung der Norm

I. Regelungsgehalt der Norm

§ 55 SGB V regelt mit den anderen Vorschriften des Siebten Abschnitts die Gewährung von Leistungen für Zahnersatz einschließlich Zahnkronen und Suprakonstruktionen (Zahnersatz).[29] 14

Absatz 1 Satz 1 bestimmt die Voraussetzungen, unter denen die Versicherten dem Grunde nach Anspruch auf befundbezogene Festzuschüsse bei der Versorgung mit Zahnersatz haben.[30] Die Vorschrift kann insofern als „Grundnorm der Zahnersatzregelungen" bezeichnet werden. Es ist demnach zunächst zu prüfen, ob die Tatbestandsmerkmale von Absatz 1 Satz 1 erfüllt sind (Prüfung dem Grunde nach). Erst danach ist festzustellen, in welcher Höhe der befundbezogene Festzuschuss zu gewähren ist (Prüfung der Höhe nach). Die Höhe des Festzuschusses ergibt sich im Wesentlichen aus den übrigen Bestimmungen des § 55 SGB V. 15

Absatz 1 Sätze 2-7 enthalten konkrete Vorgaben zur Höhe der Festzuschüsse.[31] Dabei beträgt die Höhe des Festzuschusses grundsätzlich 50% der festgelegten Preise der jeweiligen Regelversorgung (Satz 2). Durch bestimmte eigene Bemühungen zur Gesunderhaltung seiner Zähne kann der Versicherte erreichen, dass sich der Festzuschuss erhöht (Sätze 3-7). 16

Absatz 2 regelt den Leistungsanspruch bei Härtefällen. Versicherte haben in Fällen einer unzumutbaren Belastung Anspruch auf die doppelten Festzuschüsse und damit auf eine vollständige Übernahme der Kosten der jeweiligen Regelversorgung.[32] 17

Absatz 3 enthält eine gleitende Härtefallregelung. Danach haben diejenigen Versicherten, deren Einkommen die in Absatz 2 festgesetzte Grenze übersteigt, Anspruch auf einen erhöhten Festzuschuss. Dabei gilt die Regel, dass jeder Versicherte maximal nur bis zum Dreifachen des Betrages selbst leisten muss, um den sein Einkommen die in Absatz 2 genannte Grenze übersteigt. 18

Absatz 4 betrifft den Fall, dass bei der Versorgung mit Zahnersatz Mehrkosten dadurch entstehen, dass der Versicherte einen über die Regelversorgung hinausgehenden gleichartigen Zahnersatz wählt. Die entstandenen Mehrkosten hat der Versicherte selbst zu tragen. Sie werden auch nicht nach dem einheitlichen Bewertungsmaßstab abgerechnet, sondern nach der GOZ (§ 87a Satz 1 SGB V). Schuldner der Mehrkosten ist der Versicherte selbst. 19

Absatz 5 regelt die Ansprüche der Versicherten, wenn diese eine von der Regelversorgung abweichende, andersartige Versorgung durchführen lassen.[33] In diesem Fall haben die Versicherten gegenüber ihrer Krankenkasse einen Anspruch auf Erstattung der bewilligten Zuschüsse (Kostenerstattungsprinzip). Eine Abrechnung über die KZV findet dann nicht statt (§ 87 Abs. 1a Satz 8 SGB V). Auch hier ist Schuldner des Zahlungsanspruchs der Versicherte selbst. 20

II. Bedeutung der Norm

Die Bedeutung der Norm liegt insbesondere darin, dass es mit ihrer Einführung durch das GMG zu einem Systemwechsel bei der Abrechnung und Bezuschussung von Zahnersatz durch die GKV gekommen ist. Anstelle der bis Ende 2004 geltenden „therapiebezogenen prozentualen Bezuschussung" wird seit Anfang 2005 ein „befundbezogener Festzuschuss" gezahlt. 21

Im Gegensatz zur therapiebezogenen prozentualen Bezuschussung wird bei den befundbezogenen Festzuschüssen nicht auf die medizinisch notwendige Versorgung im Einzelfall abgestellt, sondern auf prothetische Regelversorgungen bei bestimmten Befunden.[34] Einem bestimmten Befund ist eine bestimmte Regelversorgung zugeordnet. Nach den Kosten dieser Regelversorgung richtet sich der Festzuschuss. Auf die medizinischen Besonderheiten des Einzelfalles kommt es nicht an. Der Festzuschuss beträgt nach Absatz 1 Satz 2 regelmäßig 50% der vereinbarten Preise für die dem Befund zugeordnete Regelversorgung. 22

---

[29] *Höfler* in: KassKomm, SGB V, § 55 Rn. 2.

[30] Vgl. zu der Frage, ob die Vorschriften im Dritten Kapitel als Anspruchsnormen zu qualifizieren sind einerseits: BSG v. 16.12.1993 - 4 RK 5/92 - BSGE 73, 271, 279; BSG v. 24.09.1996 - 1 RK 26/95 - SozR 3-2500 § 30 Nr. 8; BSG v. 16.09.1997 - 1 RK 28/95 - BSGE 81, 54, 61 und andererseits *Höfler* in: KassKomm, SGB V, § 27 Rn. 6.

[31] *Höfler* in: KassKomm, SGB V, § 55 Rn. 2.

[32] BT-Drs. 15/1525, S. 92.

[33] *Höfler* in: KassKomm, SGB V, § 55 Rn. 51.

[34] BT-Drs. 15/1525, S. 91.

23 Die Bestimmung der Befunde und die Zuordnung der zahnprothetischen Regelversorgung, für die Festzuschüsse zu zahlen sind, obliegt dem gemeinsamen Bundesausschuss. Er hat dazu 52 typische Befunde auf der Grundlage des aktuellen zahnmedizinisch wissenschaftlichen Standes definiert. Den Befunden hat er die sich nach der Auswertung von über 20.000 Heil- und Kostenplänen ergebenden zahnärztlichen und zahntechnischen Regelleistungen als die jeweilige Regelversorgung zugeordnet.[35]

24 Der Versicherte ist auf die Regelversorgung nicht festgelegt. Ohne seinen Anspruch auf den nach der Regelversorgung bemessenen Festzuschuss zu verlieren, kann er einen über die Regelversorgung hinausgehenden gleichartigen Zahnersatz (Absatz 4) oder einen von der Regelversorgung abweichenden andersartigen Zahnersatz (Absatz 5) wählen. Bemerkenswert an dieser Dreiteilung (Regelversorgung, gleichartige und andersartige Versorgung) sind die unterschiedlichen Abrechnungswege.[36] Während die Kosten für die Regelversorgung nach dem einheitlichen Bewertungsmaßstab abgerechnet werden, können die zahnärztlichen Leistungen bei gleichartigen oder andersartigen Versorgungen dem Versicherten teilweise oder ganz nach der GOZ (die Laborkosten nach dem einheitlichen Bundesleistungsverzeichnis – BEB) in Rechnung gestellt werden.

25 Inwiefern sich der durch § 55 SGB V herbeigeführte Systemwechsel auf das Versorgungsniveau und die Ausgaben der GKV für Zahnersatzleistungen auswirkt, kann noch nicht abschließend beurteilt werden.[37]

26 Die Ausgaben der GKV für Zahnersatzleistungen sind im Jahr 2005 im Vergleich zum Vorjahr um 32,2% gesunken.[38] Bei der Bewertung dieses erheblichen Ausgabenrückganges ist allerdings zu berücksichtigen, dass schon innerhalb des Jahres 2005 wieder ein Kostenanstieg erfolgte. Noch im 1. Quartal 2005 betrug der Ausgabenrückgang im Vergleich zum Vorjahr 41,1%. Nach Expertenmeinungen ist davon auszugehen, dass sich die Ausgaben der GKV für Zahnersatzleistungen bald wieder dem Niveau vor der Einführung der befundbezogenen Festzuschüsse annähern werden.[39] Insgesamt brachte die GKV im Jahr 2005 für Zahnersatzleistungen 2,5 Mrd. € auf. Die Gesamtausgaben der GKV betrugen rund 135 Mrd. €.[40] Im Vergleich dazu wandte die PKV im Jahr 2005 knapp 1,32 Mrd. für Zahnersatzleistungen auf. Für die PKV entspricht dies gegenüber dem Jahr 2004 einer deutlich über dem Durchschnitt liegenden Ausgabensteigerung von über 4%. Die Gesamtausgaben der PKV lagen 2005 bei rund 17,35 Mrd. €.[41]

27 Nach den ersten Erfahrungen mit dem System der befundbezogenen Festzuschüsse ist u.a. bemerkenswert, dass bei den Neuversorgungen der GOZ-Anteil am zahnärztlichen Honorar im Durchschnitt 62% betrug. Mit anderen Worten, es wurden nur 38% der zahnärztlichen Honorare nach den für die vertragsärztliche Versorgung konzipierten Bema abgerechnet.

28 Dies dürfte auf den mit § 55 SGB V herbeigeführten Systemwechsel zurückzuführen sein. Die im System 2005 jeder Befundklasse zugeordneten Regelversorgungen sind enger gesteckt als die für die Bezuschussung geltenden Richtlinien im System 2004. Das bedeutet, dass die für die Regelversorgung kalkulierten Festzuschüsse bestimmte im System 2004 noch bezuschusste Leistungen aus der „befundbezogenen" Bezuschussung ausgrenzen. Diese nunmehr ausgegrenzten Leistungen werden im System 2005 als gleichartige oder andersartige Versorgungen teilweise oder komplett privat nach der GOZ bzw. dem BEB abgerechnet.[42] Dies führt zu einer stärkeren finanziellen Belastung der Versicherten. Die Spitzenverbände der GKV haben deshalb bereits beantragt, die zahnärztlichen und zahntechnischen Regelleistungen zu stärken.[43]

---

35 *Bever-Breidenbach/Gabe*, BKK 2006, 270; *Kleinebrinker*, KrV 2004, 282.

36 *Bever-Breidenbach/Gabe*, BKK 2006, 270.

37 Vgl. dazu einerseits die von den Spitzenverbänden der GKV in Auftrag gegebene Studie der Planungsgruppe M+M AG „Untersuchung der Auswirkungen befundbezogener Festzuschüsse" und andererseits die Untersuchung des Instituts der deutschen Zahnärzte „Befundbezogene Festzuschüsse als innovatives Steuerungsinstrument in der Zahnmedizin"; zur Studie der Planungsgruppe M+M AG auch *Bever-Breidenbach/Gabe*, BKK 2006, 270 und den Bericht in zm 2006, 832.

38 Statistisches Bundesamt GKV-Statistik KV 45.

39 *Bever-Breidenbach/Gabe*, BKK 2006, 270, 271.

40 Vgl. zu den Gesundheitsdaten die Statistik-CD des BKK Bundesverbandes – Bestellformular unter www.bkk.de/bkk/powerslave.id,497.nodeid.497.html.

41 PKV Publik 2006, 56, 57.

42 Vgl. Studie der Planungsgruppe M+M AG S. 6 und 8.

43 Gemeines Rundschreiben der Spitzenverbände der Krankenkassen v. 17.03.2006 abgedruckt in: Die Leistungen 2006, 360 ff.

C. Auslegung der Norm

Die Norm ist als Spezialregelung zu verstehen, die den in § 27 Abs. 1 Satz 2 Nr. 2a SGB V normierten allgemeinen Anspruch auf Krankenbehandlung durch Versorgung mit Zahnersatz konkretisiert.[44] Sie bestimmt, dass der Anspruch der Versicherten auf die Versorgung mit Zahnersatz durch die Gewährung befundbezogener Festzuschüsse erfüllt wird (**I.**). Absatz 1 Satz 1 legt die Voraussetzungen fest, die vorliegen müssen, damit der Anspruch auf befundbezogene Festzuschüsse bei einer Versorgung mit Zahnersatz gegeben ist (**II.**) Absatz 1 Satz 1 ist insofern Ausgangspunkt der Prüfung. Erst wenn die Tatbestandsvoraussetzungen von Absatz 1 Satz 1 erfüllt sind, kann geprüft werden, in welcher Höhe der befundbezogene Festzuschuss zu bewilligen ist (**III.**), was beim Vorliegen eines Härtefalles zu berücksichtigen ist (**IV.** und **V.**), was gilt, wenn der Versicherte statt der Regelversorgung eine gleichartige (**VI.**) oder andersartige (**VII.**) Versorgung wählt und wie das Verfahren für die Gewährung der Festzuschüsse ausgestaltet ist (**VIII.**). 29

I. Anspruchsinhalt (Absatz 1 Satz 1 – befundbezogene Festzuschüsse)

Nach Absatz 1 Satz 1 haben Versicherte bei der Versorgung mit Zahnersatz einen Anspruch auf befundbezogene Festzuschüsse. Damit ist der Krankenbehandlungsanspruch des Versicherten auf eine Geldleistung der Krankenkasse gerichtet.[45] Der (Klage-)Antrag der Versicherten ist dementsprechend auf die Bewilligung des Festzuschusses zu richten (§ 87 Abs. 1a Satz 7) und nicht auf die Gewährung des medizinisch notwendigen Zahnersatzes. Dies bedeutet nicht, dass es sich bei dem Anspruch auf Festzuschüsse grundsätzlich um einen Kostenerstattungsanspruch handelt (Rn. 33 ff.). 30

Für den Versicherten hat der Anspruch auf Bewilligung des befundbezogenen Festzuschusses den Vorteil, dass dieser nicht auf die medizinisch notwendige Versorgung im Einzelfall abstellt, sondern auf prothetische Regelversorgungen bei bestimmten Befunden. Unabhängig von der tatsächlich durchgeführten Versorgung erhält der Versicherte den auf einen bestimmten Befund bezogenen Festzuschuss. Der Versicherte kann sich deshalb für jede medizinisch anerkannte Versorgungsform entscheiden, ohne den Anspruch auf den Kassenzuschuss zu verlieren.[46] 31

Die für den „Wert" des Anspruchs auf befundbezogene Festzuschüsse maßgeblichen Parameter werden vom Gemeinsamen Bundesausschuss und durch Vereinbarungen zwischen den Kostenträgern und der Leistungserbringerseite festgelegt. Der Gemeinsame Bundesausschuss bestimmt in Richtlinien die Befunde, für die Festzuschüsse gewährt werden (§ 56 Abs. 1 SGB V). Diesen Befunden ordnet er prothetische Regelversorgungen zu. Bei der prothetischen Regelversorgung wird zwischen den zahnärztlichen und den zahntechnischen Leistungen unterschieden. Die Befunde und diesen zugeordnete Regelversorgungen lassen sich übersichtlich aus dem Teil B der Festzuschussrichtlinie des Gemeinsamen Bundesausschusses entnehmen.[47] Der Gemeinsame Bundesausschuss hat sich bei der den Befunden zugeordneten Regelversorgung an den zahnmedizinisch notwendigen zahnärztlichen und zahntechnischen Leistungen orientiert, die zu einer ausreichenden, zweckmäßigen und wirtschaftlichen Versorgung mit Zahnersatz gehören. Nachdem der Gemeinsame Bundesausschuss die Befunde und die dazugehörigen Regelversorgungen bestimmt hat, werden auf Bundes- und auf Landesebene Vereinbarungen über die Höhe der Vergütungen für die Leistungen bei den Regelversorgungen getroffen. Die Spitzenverbände der Krankenkassen gemeinsam und einheitlich und die KZBV vereinbaren die Höhe der Vergütungen für die zahnärztlichen Leistungen der Regelversorgung (§ 57 Abs. 1 Satz 1 SGB V). Auf der Landesebene werden zwischen den gemeinsamen und einheitlich handelnden Landesverbänden der Krankenkassen und den Innungsverbänden der Zahntechniker-Innungen die Höhe der Vergütungen für die zahntechnischen Leistungen bei den Regelversorgungen vereinbart (§ 57 Abs. 2 Satz 1 SGB V). 32

Da der Anspruch des Versicherten gegenüber seiner Krankenkasse bei der Versorgung mit Zahnersatz auf die Geldleistung „befundbezogener Festzuschuss" beschränkt ist, stellt sich die Frage, ob es sich bei diesem Anspruch um einen Sachleistungs- oder Kostenerstattungsanspruch handelt. Die Frage wird unterschiedlich beantwortet. 33

---

[44] Vgl. BSG v. 06.10.1999 - B 1 KR 9/99 R - BSGE 85, 66, 68; *Axer*, NZS 2006, 225, 227.

[45] *Engelhardt* in: Hauck/Noftz, SGB V, § 55 Rn. 35; *Muschallik* in: Schnapp/Wigge, Handbuch des Vertragsarztrechts, § 22 Rn. 12; *Quaas/Zuck*, Medizinrecht, § 29 Rn. 16; *Axer*, NZS 2006, 225, 227.

[46] BT-Drs. 15/1525, S. 92.

[47] www.g-ba.de.

34 Zum Teil wird die Ansicht vertreten, dass es sich bei dem Anspruch um einen Sachleistungsanspruch (eigener Art) handelt.[48] Begründet wird dies zum einen mit dem Wortlaut der Norm. Die Formulierung „Versicherte haben Anspruch auf …" deute auf einen Sachleistungsanspruch hin. Hingegen wähle das Gesetz die Terminologie „zu erstatten" nur in Absatz 5 (andersartige Versorgung), der eindeutig als Kostenerstattungsanspruch zu qualifizieren sei, und in Absatz 3 Satz 2. Zum anderen spreche für einen Sachleistungsanspruch auch, dass die Abrechnung der bewilligten Zuschüsse über die Kassenärztlichen Vereinigungen erfolge. Letztlich sei der Umstand, dass die vertragsärztlichen Leistungen grundsätzlich über den einheitlichen Bewertungsmaßstab und nicht über die GOZ abgerechnet werden, ein Argument für die Annahme eines Sachleistungsanspruches.[49]

35 Einer anderen Meinungsgruppe zufolge ist der Anspruch des Versicherten nach Absatz 1 Satz 1 ein Kostenerstattungsanspruch.[50] Begründet wird dies damit, dass sich der Versicherte die Versorgung mit Zahnersatz selbst zu beschaffen habe und die Behandlungsleistungen auch selbst bezahlen müsse, soweit der Vergütungsanspruch des Zahnarztes nicht durch den Festzuschuss gedeckt sei.[51] Daran ändere auch nichts die Bestimmung, dass der Festzuschuss mit der Kassenzahnärztlichen Vereinigung abzurechnen sei und nicht den Versicherten ausgezahlt werde. Dabei handele es sich lediglich um eine Regelung des Zahlungsweges.[52]

36 Seit dem In-Kraft-Treten des KVEG ordnet das BSG die Leistungen bei Zahnersatz dem Sachleistungsprinzip zu.[53] Die dafür gegebene Begründung des BSG hing davon ab, ob das Gesetz selbst von Kostenerstattung sprach[54] oder einen Anspruch auf Zuschuss bei der Versorgung mit Zahnersatz vorsah. Im ersten Fall qualifizierte das BSG die Kostenerstattung als Folge der vorgesehenen Eigenbeteiligung des Versicherten, nicht aber als Gegenprinzip zu dem Sachleistungssystem. Danach handelte es sich bei der Kostenerstattung lediglich um eine versorgungstechnische Variante des ansonsten im Grundsatz beibehaltenen Sachleistungsprinzips.[55] Im zweiten Fall, den Fällen der gesetzlich bestimmten Zuschussgewährung, vertritt das BSG die Ansicht, dass dort nur der Sachleistungsanspruch eingeschränkt werde.[56] In beiden Fällen hat das BSG aber als Argument für den Sachleistungsanspruch angeführt, dass der Zahnersatz in das System der kassen(zahn)ärztlichen Versorgung eingebunden sei.[57]

37 Die Versorgung mit Zahnersatz durch die Gewährung befundbezogener Festzuschüsse erfolgt als Sachleistung, sofern der Versicherte nicht eine andersartige Versorgung wählt oder ein Fall von Absatz 3 vorliegt. Dies entspricht dem Wortlaut der Norm (Rn. 38) und berücksichtigt, dass das SGB V das Kostenerstattungsprinzip grundsätzlich ausschließt (Rn. 39). Des Weiteren spricht die öffentlich-rechtliche Regelungsdichte (Rn. 40) und der Sinn und Zweck des Sachleistungsprinzips (Rn. 41) für einen Sachleistungsanspruch „Festzuschuss".

38 Der Wortlaut der Norm („Versicherte haben Anspruch auf …") spricht für die Geltung des Sachleistungsprinzips.[58]

39 § 13 Abs. 1 SGB V schließt die Kostenerstattung grundsätzlich aus. Auch deshalb ist davon auszugehen, dass der Gesetzgeber dort, wo er ausnahmsweise vom Sachleistungsgrundsatz abweichen möchte, dies deutlich zum Ausdruck bringt. Dazu gehört aber praktisch als Minimalanforderung, dass er nicht die Formulierung wählt, die er auch bei der unzweifelhaften Geltung des Sachleistungsprinzips verwendet. Der Gesetzgeber hätte zudem aus den Erfahrungen wissen müssen, wie wichtig eine unmiss-

---

[48] *Engelhardt* in: Hauck/Noftz, SGB V, § 55 Rn. 35; *Wagner* in: Krauskopf, SGB V, § 55 Rn. 5 mit einem Hinweis auf BT-Drs. 15/3681, S. 4, die allerdings für die Annahme eines Sachleistungsanspruches keine Argumente liefert.

[49] *Engelhardt* in: Hauck/Noftz, SGB V, § 55 Rn. 35.

[50] *Muschallik* in: Schnapp/Wigge, Handbuch des Vertragsarztrechts, § 22 Rn. 12; *Quaas/Zuck*, Medizinrecht, § 29 Rn. 16; *Boecken*, VSSR 2005, 1, 14 f.; differenzierend *Axer*, NZS 2006, 225, 231 f.

[51] *Quaas/Zuck*, Medizinrecht, § 29 Rn. 16; *Boecken*, VSSR 2005, 1, 15.

[52] *Boecken*, VSSR 2005, 1, 15.

[53] BSG v. 10.04.1990 - 6 RKa 36/89 - SozR 3-2500 § 29 Nr. 1; BSG v. 29.06.1994 - 1 RK 40/93 - SozR 3-2500 § 30 Nr. 3; BSG v. 08.03.1995 - 1 RK 7/94 - SozR 3-2500 § 30 Nr. 5; BSG v. 06.10.1999 - B 1 KR 9/99 R - SozR 3-2500 § 30 Nr. 10.

[54] § 30 SGB V i.d.F. v. 20.12.1988, BGBl I 1988, 2477.

[55] BSG v. 29.06.1994 - 1 RK 40/93 - SozR 3-2500 § 30 Nr. 3.

[56] BSG v. 08.03.1995 - 1 RK 7/94 - SozR 3-2500 § 30 Nr. 5; BSG v. 06.10.1999 - B 1 KR 9/99 R - SozR 3-2500 § 30 Nr. 10.

[57] BSG v. 29.06.1994 - 1 RK 40/93 - SozR 3-2500 § 30 Nr. 3.

[58] *Engelhardt* in: Hauck/Noftz, SGB V, § 55 Rn. 35.

verständliche Formulierung ist, wenn er das Kostenerstattungsprinzip anordnen will. Schon bei Normen, die von der Erstattung der Kosten sprechen, wird zum Teil trotz des Wortlautes von der Geltung des Sachleistungsprinzips gesprochen.[59] Hinzu kommt, dass das BSG in ständiger Rechtsprechung, schon zu Zeiten als das Gesetz von Kostenerstattung sprach, die Versorgung mit Zahnersatz als Sachleistung ansah. Dem Gesetzgeber kann diese Rechtsprechung nicht entgangen sein. Hätte der Gesetzgeber der gefestigten Rechtsprechung des zuständigen Obersten Gerichtshofes des Bundes die Grundlage entziehen wollen, so hätte er dies wohl mit einer eindeutigen Formulierung der Norm getan. Zumindest aber hätte er in den Gesetzesmaterialien seinen Willen kundgetan, durch die Neufassung der Norm eine Änderung der Rechtsprechung – hin zum Kostenerstattungsprinzip – zu erreichen. Dies ist nicht geschehen. Solange das Sachleistungsprinzip ein wesentliches Strukturelement der GKV ist und § 13 Abs. 1 SGB V die Kostenerstattung grundsätzlich ausschließt, sind an den Wortlaut der Norm hohe Anforderungen zu stellen, um aus ihm einen Kostenerstattungsanspruch anzunehmen. Der Wortlaut von Absatz 1 wird diesen Anforderungen nicht gerecht.

Dass der Anspruch des Versicherten auf eine Geldleistung gerichtet ist, spricht nicht gegen die Annahme, dass die Versorgung mit Zahnersatz als Sachleistung erfolgt. Eine Geldleistung kann auch im Rahmen des Sachleistungsprinzips gewährt werden. Sachleistungs- und Kostenerstattungsprinzip unterscheiden sich grundlegend in der Art der Rechtsbeziehungen zwischen den Beteiligten. In beiden Fällen wird zwar ein privatrechtlicher Vertrag zwischen dem Leistungserbringer und dem Versicherten über die betreffende Leistung geschlossen. Beim Sachleistungsanspruch wird aber die Leistungserbringung noch durch weitere gesetzliche und vertragliche Bestimmungen ausgestaltet. Vor allem werden die Vergütungen der Leistungserbringer zwischen diesen und den Krankenkassen bzw. den Verbänden vereinbart. Die Versicherten sind an diesen Vereinbarungen nicht beteiligt. Im Gegensatz dazu verschafft sich der Versicherte beim Instrument der Kostenerstattung die Leistung selbst. Dies macht er durch den Abschluss privatrechtlicher Verträge, die grundsätzlich auch die Vergütungen der Leistungen regeln. Öffentlich-rechtliche Rechtsbeziehungen zwischen ihm und dem Leistungserbringer bestehen nicht.[60] Misst man die Leistungen bei der Versorgung mit Zahnersatz an diesen Differenzierungen, wird deutlich, dass es sich auch bei der Geldleistung „befundbezogener Festzuschuss" um Sachleistungen handelt. Die Versorgung der Versicherten mit Zahnersatz ist in ein komplexes öffentlich-rechtliches Regelungswerk eingebettet. Die Regelversorgungen werden durch den Gemeinsamen Bundesausschuss bestimmt (§ 56 Abs. 1 SGB V). Die Vergütungen der Leistungserbringer sind durch Vereinbarungen auf der Verbändeebene festzulegen (§ 57 SGB V). Im Bundesmantelvertrag zwischen der KZBV und den Spitzenverbänden der Krankenkassen sind insbesondere die Regelungen über die Abrechnung der Kosten und die Erstellung eines Heil- und Kostenplanes zu vereinbaren (§ 87 Abs. 1a SGB V). Dies alles spricht dagegen, dass sich der Versicherte die Leistung verschafft und die Krankenkassen lediglich auf die Erstattung der Kosten in Anspruch nimmt. 40

Auch die mit dem Sachleistungsgrundsatz verfolgten Zwecke erfüllt der Anspruch des Versicherten auf befundbezogene Festzuschüsse. Das Sachleistungsprinzip hat zum einen den Schutz des Versicherten vor mangelnder medizinischer Versorgung infolge der damit eintretenden finanziellen Belastungen zum Ziel. Zum anderen dient es durch die Einflussnahme der das System finanzierenden Krankenkassen, insbesondere auf die Honorierung des Leistungsgeschehens, der Sicherstellung der wirtschaftlichen Versorgung.[61] Der finanziellen Überforderung des Versicherten bei der Versorgung mit Zahnersatz wird mit der Transparenz der Kosten im Heil- und Kostenplan, der Unzulässigkeit des Forderns von Abschlagszahlungen, Vorschüssen und Vorauszahlungen[62] und den Härtefallregelungen vorgebeugt. Die Einflussnahme der Krankenkassen auf die wirtschaftliche Leistungsgewährung wird insbesondere dadurch sichergestellt, dass der Gemeinsame Bundesausschuss die Regelversorgungen festlegt und ihre Verbände die Vereinbarungen über die Vergütung der Leistung schließen. 41

---

[59] § 60 Abs. 1 SGB V Fahrtkosten; BSG v. 29.11.1995 - 3 RK 32/94 - SozR 3-2500 § 133 Nr. 1; BSG v. 03.11.1999 - B 3 KR 4/99 R - SozR 3-2500 § 60 Nr. 4; *Höfler* in: KassKomm, SGB V, § 60 Nr. 15; *Gerlach* in: Hauck/Noftz, SGB V, § 60 Rn. 8 ff.

[60] *Schulin* in: Schulin, Handbuch des Sozialversicherungsrechts, Bd. 1, § 6 Rn. 116 f.

[61] BSG v. 14.03.2001 - B 6 KA 54/00 R - BSGE 88, 20; zur Funktion des Sachleistungsprinzips *Schulin* in: Schulin, Handbuch des Sozialversicherungsrechts, Bd. 1, § 6 Rn. 110 ff.; *Schulin/Igl*, Sozialrecht, Rn. 266 ff.; *Muckel*, Sozialrecht, § 8 Rn. 65; *Steege* in: von Wulffen/Krasney, FS 50 Jahre BSG, 517, 531.

[62] *Engelhardt* in: Hauck/Noftz, SGB V, § 55 Rn. 201.

II. Tatbestandliche Voraussetzungen des Anspruchs auf Gewährung befundbezogener Festzuschüsse (Anspruch dem Grunde nach, Absatz 1 Satz 1)

42 Damit ein Anspruch auf befundbezogene Festzuschüsse gegeben ist, müssen neben den in Absatz 1 Satz 1 normierten Bedingungen die in § 27 Abs. 1 und 2 SGB V festgelegten Voraussetzungen erfüllt sein. Die Regelungen in § 55 SGB V bilden mit denen in § 27 SGB V eine Einheit. § 55 SGB V konkretisiert den in § 27 Abs. 1 Sätze 1 und Satz 2 Nr. 2a SGB V nur umschriebenen Behandlungsanspruch.[63] Die Auslegung der Norm wird durch ihre etwas missglückte Formulierung erschwert.

1. Versicherteneigenschaft

43 Anspruch auf befundbezogene Festzuschüsse haben nur Versicherte. Dies ergibt sich bereits aus § 27 Abs. 1 Satz 1 SGB V. Im Tatbestand von § 55 Abs. 1 Satz 1 SGB V ist es aber noch einmal ausdrücklich aufgenommen worden.[64]

2. Vorliegen einer Krankheit

44 Weitere Voraussetzung für die Gewährung befundbezogener Festzuschüsse ist das Vorliegen einer Krankheit. Nach der ständigen Rechtsprechung des BSG ist unter Krankheit ein regelwidriger vom Leitbild des gesunden Menschen abweichender Körper- oder Geisteszustand zu verstehen, der ärztlicher Behandlung bedarf oder Arbeitsunfähigkeit zur Folge hat.[65] Behandlungsbedürftigkeit liegt vor, wenn durch den regelwidrigen Gesundheitszustand die körperlichen oder geistigen Funktionen in einem so erheblichen Maße eingeschränkt sind, dass ihre Wiederherstellung der ärztlichen Behandlung bedarf.[66] Die Behandlungsbedürftigkeit setzt wiederum die Behandlungsfähigkeit voraus.[67] Diese liegt vor, wenn die Krankheit der ärztlichen Behandlung zugänglich ist.

45 Danach liegt eine Krankheit, die eine zahnprothetische Versorgung erfordert, vor, wenn durch das Fehlen von Zähnen (regelwidriger Körperzustand) die natürlichen Körperfunktionen des Kauens, Beißens oder Sprechens nicht unerheblich gestört sind (Behandlungsbedürftigkeit) und die begründete Aussicht besteht (Behandlungsfähigkeit), dass die Funktionsstörung durch eine zahnprothetische Versorgung behoben, gebessert oder vor Verschlimmerung bewahrt wird.[68] Diese Voraussetzungen können auch schon beim Fehlen einiger Zähne, unter Umständen sogar eines Zahnes, vorliegen.[69] Eine generalisierende Betrachtung ist nicht möglich. Entscheidend ist der Einzelfall.

3. Medizinisch notwendige Versorgung

46 Weitere Anspruchsvoraussetzung ist, dass die Versorgung mit Zahnersatz medizinisch notwendig ist.

47 Das Erfordernis der Notwendigkeit ergibt sich bereits aus den §§ 12 Abs. 1 und 27 Abs. 1 Satz 1 SGB V.[70] Danach ist die Versorgung mit Zahnersatz notwendig, wenn sie zwangsläufig, unentbehrlich oder unvermeidlich ist[71], um das mit ihr verfolgte Ziel der Krankenbehandlung (§ 27 Abs. 1 Satz 1 SGB V) zu erreichen. Da die Krankenbehandlung mit Hilfe von Zahnersatz nur das Ziel haben kann, die Krankheit zu heilen, ihre Verschlimmerung zu verhüten oder ihre Beschwerden zu lindern (§ 27 Abs. 1 Satz 1 SGB V), ist eine ästhetische oder kosmetische Maßnahme nicht notwendig.[72] Nach den Zahnersatzrichtlinien des Gemeinsamen Bundesausschusses ist die Versorgung mit Zahnersatz angezeigt, wenn ein Zahn oder mehrere Zähne fehlen oder zerstört sind und wenn dadurch die Funktionsfähigkeit des Kauorgans beeinträchtigt ist oder beeinträchtigt zu werden droht, z.B. durch Zahnwanderung oder -kippung. Ein neuer Zahnersatz ist nach der Richtlinie nicht angezeigt, wenn der vorhandene Zahnersatz noch funktionstüchtig ist oder die Funktionstüchtigkeit wiederhergestellt werden kann.[73]

---

[63] *Engelhardt* in: Hauck/Noftz, SGB V, § 55 Rn. 20 f.

[64] Vgl. zur Versicherteneigenschaft die Kommentierung zu § 11 SGB V.

[65] BSG v. 10.02.1993 - 1 RK 14/92 - BSGE 72, 96, 98; BSG v. 30.09.1999 - B 8 KN 9/98 KR R - BSGE 85, 36, 38; BSG v. 19.10.2004 - B 1 KR 28/02 R - SozR 4-2500 § 27 Nr. 2, vgl. die Kommentierung zu § 27 SGB V.

[66] *Höfler* in: KassKomm, SGB V, § 27 Rn. 19 m.w.N. zur Rechtsprechung.

[67] BSG v. 13.07.2004 - B 1 KR 11/04 R - SozR 4-2500 § 13 Nr. 4; BSG v. 19.10.2004 - B 1 KR 28/02 R - SozR 4-2500 § 27 Nr. 2.

[68] BSG v. 12.12.1972 - 3 RK 67/70 - BSGE 35, 105, 106.

[69] BSG v. 12.12.1972 - 3 RK 67/70 - BSGE 35, 105, 106.

[70] Vgl. dazu die Kommentierung zu § 12 SGB V und die Kommentierung zu § 27 SGB V.

[71] BSG v. 26.10.1982 - 3 RK 28/82 - SozR 2200 § 182b RVO Nr. 26.

[72] *Höfler* in: KassKomm, SGB V, § 55 Rn. 15; *Engelhardt* in: Hauck/Noftz, SGB V, § 55 Rn. 23.

[73] Zahnersatzrichtlinie v. 08.12.2004, zuletzt geändert am 01.03.2006, abrufbar unter www.g-ba.de.

Die Versorgung mit Zahnersatz muss medizinisch und nicht etwa zahnmedizinisch notwendig sein. Durch diese weite Fassung wird erreicht, dass von der Festzuschussregelung auch die Fälle erfasst werden, bei denen die Versorgung mit Zahnersatz aus anderen als zahnmedizinischen Gründen (z.B. Allergien auf ein verwendetes Füllmaterial) erforderlich ist.[74] Insofern kann der Versicherte die Eigenbeteiligung nicht mit dem Argument vermeiden, dass die Versorgung mit Zahnersatz nicht aus zahnmedizinischen Gründen initiiert sei. Etwas anders gilt wegen des Grundrechts aus Art. 2 Abs. 2 Satz 1 GG nur, wenn die Notwendigkeit des Zahnersatzes auf einer von der GKV gewährten gesundheitsschädlichen Erstbehandlung beruht. Der damit verbundene hoheitliche Eingriff führt dazu, dass dann die Normen des SGB V verfassungskonform dahingehend auszulegen sind, dass der Versicherte von seinem Eigenanteil freizustellen ist.[75] Grundstätlich ist es aber so, dass § 55 Abs. 1 Satz 1 SGB V die Beschränkung des Anspruchs des Versicherten auf den befundbezogenen Festzuschuss an den Gegenstand (Zahnersatz) und nicht an die Ursache des Behandlungsbedarfs knüpft.[76] 48

4. Versorgung mit Zahnersatz

Die befundbezogenen Festzuschüsse werden für die Versorgung mit Zahnersatz einschließlich Zahnkronen und Suprakonstruktionen gezahlt. 49

Unter Zahnersatz im Sinne einer Leistung der GKV versteht man die Ergänzung oder Ersetzung des natürlichen Gebisses oder Teile davon durch Prothesen.[77] Die Prothese ist demnach ein künstlicher Ersatz für nicht mehr vorhandene natürliche Zähne (Totalprothesen) bzw. Zahnteile (Teilprothesen). Zahnersatz gibt es als festen und herausnehmbaren Zahnersatz oder auch als eine Kombination von beiden. 50

Die Formulierung „Zahnersatz einschließlich Zahnkronen und Suprakonstruktionen" könnte dahingehend missverstanden werden, dass Zahnkronen und Suprakonstruktionen jeweils kein Zahnersatz wären. Tatsächlich sind beide Behandlungsmethoden Formen von Zahnersatz.[78] Dies gilt auch für den nicht extra aufgeführten Zahnersatz „Brücke". 51

Die künstliche Zahnkrone ersetzt den über das Zahnfleisch herausragenden Teil des Zahnes, weil die natürliche Krone verunstaltet oder zerstört ist. Nach der Zahnersatzrichtlinie des Gemeinsamen Bundesausschusses sind Zahnkronen insbesondere angezeigt, wenn sich aus dem klinischen und röntgenologischen Befund der erkrankten Zähne einschließlich ihrer Parodontalgewebe ergibt, dass sie nur durch Kronen erhalten werden können.[79] Eine Krone ist grundsätzlich immer dann notwendig, wenn ein Zahn aufgrund seiner starken Zerstörung nicht mehr mit Füllung, Inlay oder Teilkronen versorgt werden kann, aber dennoch erhaltungsfähig und erhaltungswürdig ist. Die Zahnersatzrichtlinien geben auch Fälle vor, in denen die Zahnkronen angezeigt sein können. Insofern unterscheiden sie zwischen „Ist" und „Kann-Regelungen". Nach der Richtlinie ist die Versorgung mit Zahnkronen bei Zähnen nicht angezeigt, wenn sie auf Dauer ohne Antagonisten (Gegenbezahnung) bleiben und für die Verankerung von Zahnersatz nicht benötigt werden.[80] 52

Eine Brücke ist ein von den angrenzenden Zähnen getragener künstlicher Zahnersatz. Sie dient der Versorgung von Zahnlücken. Es können ein, aber auch mehrere fehlende Zähne damit überbrückt werden. Die Vorgehensweise zur Erstellung einer Brücke ähnelt der einer Krone. Der Unterschied liegt in der zusätzlichen Fertigung eines form- und funktionsgerechten Mittelstückes zum Ersatz des fehlenden Zahnes. Die Zahnersatzrichtlinie gibt auch bei der Versorgung mit dem Zahnersatz „Brücke" vor, wann diese angezeigt ist und wann nicht.[81] 53

Suprakonstruktionen sind fest sitzende und/oder herausnehmbare Aufbauten, die auf einem Implantat oder mehreren Implantaten aufgelagert werden, in den mehrere Implantatschrauben und Fassungen in- 54

---

[74] BSG v. 08.03.1995 - 1 RK 7/94 - SozR 3-2500 § 30 Nr. 5; BSG v. 06.10.1999 - B 1 KR 9/99 R - SozR 3-2500 § 30 Nr. 10; BSG v. 23.05.2000 - B 1 KR 3/99 B - SozR 3-2500 § 30 Nr. 11.

[75] BVerfG v. 14.08.1998 - 1 BvR 897/98 - NJW 1999, 857 f.; BSG v. 06.10.1999 - B 1 KR 9/99 R - SozR 3-2500 § 30 Nr. 10.

[76] BSG v. 06.10.1999 - B 1 KR 9/99 R - SozR 3-2500 § 30 Nr. 10.

[77] Zahnärztliche Prothetik = Zahnersatzkunde.

[78] *Höfler* in: KassKomm, SGB V, § 55 Rn. 14.

[79] Zahnersatzrichtlinie Rn. 15 ff.

[80] Zahnersatzrichtlinie Rn. 17.

[81] Zahnersatzrichtlinie Rn. 21 ff.

einander greifen und die individuelle Gestaltung des Zahnersatzes ermöglichen.[82] In welchen Fällen die Versorgung mit Suprakonstruktionen zur Regelversorgung gehört, bestimmt die Zahnersatzrichtlinie.[83]

5. Notwendigkeit der zahnprothetischen Versorgung (überflüssige Wiederholung)

55 Nach der Bestimmung, dass ein Anspruch auf befundbezogene Festzuschüsse nur besteht, wenn die Versorgung mit Zahnersatz medizinisch notwendig ist (3.), wiederholt der Gesetzestext kurze Zeit später diese Voraussetzung, indem er ausführt, dass die „zahnprothetische Versorgung notwendig sein muss". Diese Wiederholung ist ohne Bedeutung. Es ist nicht erkennbar, welche Gesichtspunkte hier noch zu prüfen wären, ohne dass sie bereits bei dem Tatbestandsmerkmal „medizinisch notwendige Versorgung" eine Rolle gespielt hätten. Durch die Verwendung des Begriffes „zahnprothetische Versorgung" statt der zuvor gebrauchten gleichbedeutenden Worte „Versorgung mit Zahnersatz" wirkt sie vielmehr verwirrend. § 55 Satz 1 SGB V ist deshalb ohne die Wiederholung wie folgt zu lesen: „Versicherte haben nach den Vorgaben in den Sätzen 2-7 Anspruch auf befundbezogene Festzuschüsse bei einer medizinisch notwendigen Versorgung mit Zahnersatz einschließlich Zahnkronen und Suprakonstruktionen (zahnärztliche und zahntechnische Leistungen), wenn die geplante Versorgung einer Methode entspricht, die gemäß § 135 Abs. 1 SGB V anerkannt ist."

6. Nach § 135 Abs. 1 SGB V anerkannte Methode

56 Weitere Voraussetzung für den Anspruch auf Gewährung befundbezogener Festzuschüsse ist, dass die geplante Zahnersatzversorgung einer Methode entspricht, die gemäß § 135 Abs. 1 SGB V anerkannt ist.

57 Mit der Formulierung „anerkannt ist" wird bestimmt, dass der Festzuschuss nur für solche Behandlungsmethoden gezahlt wird, die der Gemeinsame Bundesausschuss ausdrücklich anerkannt hat. Dadurch wird erreicht, dass auch solche Versorgungsmethoden, die bereits vor In-Kraft-Treten des § 55 SGB V als abrechnungsfähige zahnärztliche Leistungen im einheitlichen Bewertungsmaßstab aufgeführt waren, dennoch förmlich vom Gemeinsamen Bundesausschuss anerkannt sein müssen, damit sie „festzuschussfähig" sind.[84] Insofern weicht die Regelung von § 135 SGB V ab. Danach werden nur neue Behandlungsmethoden erfasst, nicht jedoch solche, die bereits seit längerem in der vertrags(zahn)ärztlichen Versorgung etabliert sind.[85] Als „neue Methode" für Zwecke des § 135 Abs. 1 Satz 1 SGB V gelten Leistungen, die nicht als abrechnungsfähige ärztliche oder zahnärztliche Leistungen im EBM oder Bema enthalten sind oder deren Art der Erbringung wesentliche Änderungen oder Erweiterungen erfahren hat.[86]

58 Die im Wortlaut von § 55 SGB V zum Ausdruck kommende Abweichung von § 135 Abs. 1 SGB V entspricht den vom Gesetzgeber geäußerten Willen. Danach dürfen die Krankenkassen für nicht nach § 135 Abs. 1 SGB V anerkannte Versorgungsformen keine Festzuschüsse gewähren.[87]

59 Damit der befundbezogene Festzuschuss gewährt werden kann, muss also eine Zahnersatzversorgung gewählt werden, die vom Gemeinsamen Bundesausschuss ausdrücklich (positiv) anerkannt wurde. Die an der Versorgung beteiligten Personen können sich damit nicht darauf berufen, dass die geplante Methode schon seit langer Zeit anerkannt und abrechnungsfähig ist. Dem steht nicht entgegen, dass nach den Absätzen 4 und 5 der befundbezogene Festzuschuss auch dann zu gewähren ist, wenn der Versicherte eine von der Regelversorgung abweichende gleichartige oder andersartige Versorgung wählt. Die gleichartige oder andersartige Versorgung ist eine nach § 135 Abs. 1 SGB V anerkannte Methode, die nur nicht vom Gemeinsamen Bundesausschuss als Regelversorgung bestimmt wurde.

---

[82] *Schomburg* in: Brackmann, SGB V, Kap. 2-320 mit weiteren sehr ausführlichen Darstellungen zu den verschiedenen Versorgungsformen.

[83] Zahnersatzrichtlinie Rn. 36 ff.

[84] *Höfler* in: KassKomm, SGB V, § 55 Rn. 16; *Engelhardt* in: Hauck/Noftz, SGB V, § 55 Rn. 38.

[85] *Engelhardt* in: Hauck/Noftz, SGB V, § 55 Rn. 38.

[86] *Hess* in: KassKomm, SGB V, § 135 Rn. 4.

[87] BT-Drs. 15/1525, S. 92.

III. Die Höhe des zu gewährenden Festzuschusses (Absatz 1 Sätze 2-7 und Absätze 2 und 3)

1. Allgemeines

Absatz 1 Satz 1 regelt den Anspruch des Versicherten auf befundbezogene Festzuschüsse dem Grunde nach. Die Bestimmungen in Absatz 1 Sätze 2-7 und in den Absätzen 2 und 3 bauen darauf auf und legen die (prozentuale) Höhe des zu gewährenden Festzuschusses fest. Dabei stellt Satz 2 den Grundsatz auf, dass die Festzuschüsse 50% der für die Regelversorgung festgesetzten Beträge umfassen (**2.**). Die Sätze 3-6 regeln, unter welchen Voraussetzungen ein Anspruch auf eine höhere Bezuschussung besteht (**3.**, **4.** und **5.**). Satz 7 fingiert für bestimmte Fälle den Nachweis der Zahnpflege (**6.**). **60**

2. Grundsatz: Festzuschüsse umfassen 50 v.H. der festgesetzten Beträge für die Regelversorgung (Absatz 1 Satz 2)

Gemäß Satz 2 umfassen die Festzuschüsse 50 v.H. der nach § 57 Abs. 1 Satz 6 SGB V (zahnärztliche Leistungen) und § 57 Abs. 2 Sätze 6 und 7 SGB V (zahntechnische Leistungen) festgesetzten Beträge für die jeweilige Regelversorgung. Damit bestimmt das Gesetz die festgesetzten Beträge für die jeweilige Regelversorgung als Bezugsgröße für den grundsätzlich zu gewährenden Festzuschuss in Höhe von 50 v.H. Dies sind die Beträge, die die Vertragsparteien auf Bundes- und Landesebene als Vergütungen für die zur Erbringung der Regelversorgungen erforderlichen zahnärztlichen und zahntechnischen Leistungen vereinbart haben. Die Vertragsparteien nach § 57 Abs. 1 Satz 1 und Abs. 2 Satz 1 SGB V setzen die Vergütungen für jede vom Gemeinsamen Bundesausschuss in der Festzuschussrichtlinie bestimmte Regelversorgung fest. **61**

Von der von den Vertragsparteien vereinbarten Vergütung für die zur Durchführung der jeweiligen einschlägigen Regelversorgung erforderlichen zahnärztlichen und zahntechnischen Leistungen erhält der Versicherte 50% als befundbezogenen Festzuschuss. Diesen Betrag bekommt er auf jeden Fall. Er erhält ihn unabhängig von seinen eigenen Bemühungen zur Gesunderhaltung der Zähne und auch unabhängig von seiner finanziellen Leistungsfähigkeit. Diese Faktoren können zwar dazu führen, dass sich der zu gewährende Festzuschuss erhöht. Sie können hingegen, vom seltenen Ausnahmefall des § 52 SGB V abgesehen, aber nicht zur Folge haben, dass der Festzuschuss unter 50% der festgesetzten Beträge fällt. Allerdings erhält der Versicherte auch dann nur den Festzuschuss in Höhe von 50%, wenn die individuellen Aufwendungen zur Behandlung seines zahnmedizinischen Befundes höher sind als die vereinbarten Vergütungen. Der Festzuschuss orientiert sich an den regelmäßigen Aufwendungen der Regelversorgung und nicht an den tatsächlich entstandenen Kosten.[88] **62**

3. Erhöhung des Festzuschusses um 20 v.H. (Absatz 1 Sätze 3 und 4)

Gemäß Satz 3 erhöhen sich die Festzuschüsse nach Satz 2 für eigene Bemühungen der Versicherten zur Gesunderhaltung der Zähne um 20 v.H. Die Regelung hat ebenso wie die anderen „Bonus-Regelungen" den Zweck, die Eigenverantwortung der Versicherten zu stärken.[89] Sie soll die Versicherten motivieren, sich im Rahmen der zum 01.01.1989 eingeführten Vorsorgemaßnahmen regelmäßig untersuchen zu lassen.[90] **63**

Satz 3 enthält keine Tatbestandsvoraussetzungen. Aus ihm ergibt sich lediglich der Normzweck.[91] Die konkreten Tatbestandsmerkmale für die Erhöhung des Festzuschusses um 20 v.H. sind in Satz 4 geregelt. Die Vorschrift in Satz 4 ist umständlich formuliert.[92] Sie beschreibt nicht positiv die Voraussetzungen, bei deren Vorliegen sich der Festzuschuss um 20 v.H. erhöht, sondern formuliert negativ, dass die Erhöhung bei Nichterfüllung der dort genannten Bedingungen entfällt.[93] **64**

Aus der negativen Formulierung („die Erhöhung entfällt ...") in Satz 4 wird zum Teil geschlossen, dass die Krankenkasse die objektive Beweislast treffe, wenn sie dem Versicherten die Erhöhung des Festzuschusses um 20 v.H. verweigert.[94] Ein solches Verständnis wird dem Charakter der Vorschrift nicht **65**

---

[88] *Höfler* in: KassKomm, SGB V, § 55 Rn. 17.
[89] BSG v. 11.10.1994 - 1 RK 50/93 - BSGE 75, 171, 173.
[90] *Engelhardt* in: Hauck/Noftz, SGB V, § 55 Rn. 51.
[91] *Höfler* in: KassKomm, SGB V, § 55 Rn. 20.
[92] *Höfler* in: KassKomm, SGB V, § 55 Rn. 20; *Engelhardt* in: Hauck/Noftz, SGB V, § 55 Rn. 53.
[93] *Engelhardt* in: Hauck/Noftz, SGB V, § 55 Rn. 53.
[94] *Engelhardt* in: Hauck/Noftz, SGB V, § 55 Rn. 54.

gerecht. Satz 4 ist eine Ausnahmeregelung zu dem in Satz 2 enthaltenen Grundsatz, dass die Festzuschüsse 50 v.H. der festgesetzten Beträge für die jeweilige Regelversorgung umfassen. Die Voraussetzungen für das Eingreifen eines Ausnahmetatbestandes muss derjenige beweisen, der sich darauf beruft. Dies ist hier der Versicherte, der aufgrund der in Satz 4 enthaltenen Bonus-Regelung einen höheren befundbezogenen Festzuschuss geltend macht. Die so verstandene Beweislastverteilung dürfte auch den praktischen Bedürfnissen gerecht werden. Der Versicherte, der sich auf die Bonus-Regelung beruft, befindet sich wegen der geplanten Zahnersatzversorgung regelmäßig in zahnärztlicher Behandlung. Seinem Zahnarzt ist es ohne weiteres möglich, anhand des Gebisszustandes und der Krankenunterlagen festzustellen, ob die Voraussetzungen für die Erhöhung des Festzuschusses vorliegen. Der Versicherte kann seiner Beweispflicht damit zunächst mit der Stellungnahme seines Zahnarztes nachkommen. Hat die Krankenkasse Zweifel an den Ergebnissen des Zahnarztes, ist es ihr unbenommen, einen weiteren Zahnmediziner einzuschalten. Dass eine non liquet Situation zu Lasten des Versicherten geht, ist Folge des vom Gesetzgeber bei der Versorgung mit Zahnersatz gewollten Regel-Ausnahme-Prinzips. Hätte er ein anderes Ergebnis gewollt, hätte er als Grundsatz den erhöhten Festzuschuss bestimmt und als Ausnahmen davon geregelt, dass sich der Festzuschuss verringert, wenn der Versicherte seine Zähne nicht regelmäßig gepflegt hat und nicht die Vorsorgeuntersuchungen hat durchführen lassen.

66 Für die hier vertretene Ansicht spricht auch Satz 5. Nach dieser Vorschrift erhöhen sich die Festzuschüsse nach Satz 2 um weitere 10 v.H., wenn der Versicherte seine Zähne regelmäßig gepflegt hat und in den letzten 10 Jahren die Vorsorgeuntersuchungen hat durchführen lassen. Hier liegt die Beweislast für das Eingreifen der weiteren Erhöhung auch dem Wortlaut der Norm nach eindeutig beim Versicherten. Es ist aber kein Grund erkennbar, die Beweislast bei Satz 5 anders zu verteilen als bei Satz 4. Die Vorschrift in Satz 4 ist zweifelsohne unglücklich formuliert. Eine besondere Beweislastregelung kann darin aber nicht gesehen werden.

67 Die Erhöhung des Festzuschusses um 20 v.H. setzt voraus, dass der Versicherte seine Zähne regelmäßig gepflegt hat (Rn. 66) und während der letzten 5 Jahre vor Beginn der Behandlung die Untersuchungen nach § 22 Abs. 1 SGB V in jedem Kalenderhalbjahr (Rn. 68) sowie nach Vollendung des 18. Lebensjahres wenigstens eine zahnärztliche Untersuchung je Kalenderjahr (Rn. 69) in Anspruch genommen hat.[95]

68 Unabhängig vom Alter des Versicherten ist die erste Voraussetzung für den nach den Sätzen 3 und 4 um 20 v.H. erhöhten Festzuschuss, dass der Versicherte seine Zähne regelmäßig gepflegt hat. Den Nachweis einer regelmäßigen Zahnpflege kann der Versicherte durch eine Bestätigung seines Zahnarztes erbringen. Dieser wird seine Beurteilung im Wesentlichen daran orientieren, ob die Zähne und das Zahnfleisch Mängel und Schäden erkennen lassen, die bei ausreichender Mundhygiene und regelmäßiger Zahnpflege vermeidbar oder wesentlich geringer gewesen wären.[96] Nach überwiegender Ansicht dürfen Versäumnisse in der Zahnpflege, die vor dem In-Kraft-Treten des SGB V liegen und zu erkennbaren Gebissschäden geführt haben, nicht berücksichtigt werden, da erst mit dem SGB V an die Zahnpflege bestimmte Rechtsfolgen geknüpft sind.[97] Dies dürfte unter Schutzgesichtspunkten zugunsten des Versicherten wohl richtig sein. Allerdings müsste es auch ohne Bonus-Regelung und Kodifizierung des Mitverantwortungsprinzips (§ 1 Satz 2 SGB V) selbstverständlich gewesen sein, dass die regelmäßige Zahnpflege den Eintritt von Zahnerkrankungen und damit die Notwendigkeit von Zahnersatz verhindern kann.

69 Versicherte, die das sechste, aber noch nicht das 18. Lebensjahr vollendet haben, müssen zusätzlich zu der regelmäßigen Zahnpflege die Untersuchungen nach § 22 Abs. 1 SGB V in jedem Kalenderhalbjahr in Anspruch genommen haben, damit sie einen Anspruch auf den um 20 v.H. erhöhten Festzuschuss haben (Satz 4 Nr. 1). Bei den Untersuchungen nach § 22 Abs. 1 SGB V handelt es sich um die Individualprophylaxe für Kinder und Jugendliche. Sie soll die Verhütung von Zahnerkrankungen verbessern und die rechtzeitige Einleitung zahnerhaltender Maßnahmen fördern.[98] Auf diese Individualprophylaxe haben die Kinder und Jugendlichen einen Rechtsanspruch. Sie gehört zum Leistungskatalog der GKV. Der Anspruch richtet sich auf eine Untersuchung je Kalenderhalbjahr.

---

[95] *Höfler* in: KassKomm, SGB V, § 55 Rn. 21 f.; *Wagner* in: Krauskopf, SGB V, § 55 Rn. 8.

[96] *Engelhardt* in: Hauck/Noftz, SGB V, § 55 Rn. 59.

[97] *Höfler* in: KassKomm, SGB V, § 55 Rn. 21; *Engelhardt* in: Hauck/Noftz, SGB V, § 55 Rn. 60.

[98] *Höfler* in: KassKomm, SGB V, § 22 Rn. 2 f.

Für Versicherte, die das 18. Lebensjahr bereits vollendet haben, ist Voraussetzung für die Inanspruchnahme des um 20% erhöhten Festzuschusses, dass sie sich zusätzlich zu der regelmäßigen Zahnpflege zumindest einmal im Kalenderjahr zahnärztlich untersuchen lassen haben (Satz 4 Nr. 2). Im Gegensatz zu den Kindern und Jugendlichen haben die erwachsenen Versicherten aber keinen Anspruch auf eine individualprophylaktische Untersuchung pro Kalenderjahr. Sie gehört nicht zu dem Leistungskatalog der GKV. Der frühere § 22 Abs. 4 SGB V, der individualprophylaktische Leistungen auch für Erwachsene vorsah, wurde durch Art. 1 Nr. 10 GKV-Gesundheitsreformgesetz 2000 vom 22.12.1999[99] aufgehoben. Die erwachsenen Versicherten sind nunmehr für die Aufrechterhaltung ihrer Zahngesundheit selbst verantwortlich.[100] Dieser Verantwortung müssen sie nachkommen, damit sie den um 20 v.H. erhöhten Festzuschuss beanspruchen können. 70

Den Nachweis über die für den erhöhten Festzuschuss erforderlichen regelmäßigen Kontrolluntersuchungen können die Versicherten durch ihr Bonusheft erbringen. Nach § 3 Abs. 2 SGB V der zwischen KZBV und den Spitzenverbänden der Krankenkassen getroffenen Vereinbarung über Maßnahmen zur Verhütung von Zahnerkrankungen und nach B 13 der Individualprophylaxe–Richtlinien[101] hat der Zahnarzt die Vorsorgeuntersuchungen in das Bonusheft einzutragen. 71

Die für die Erhöhung des Festzuschusses erforderlichen zahnärztlichen Kontrolluntersuchungen (Satz 4 Nr. 1 und Nr. 2) müssen während der letzten fünf Jahre vor Beginn der Behandlung durchgeführt worden sein. Zur Feststellung des Behandlungsbeginns wird zum Teil auf den Zeitpunkt der Ausstellung des Behandlungsplanes abgestellt.[102] Dies entspricht der Rechtsprechung des BSG zum Beginn der kieferorthopädischen Behandlung.[103] Danach beginnt die kieferorthopädische Behandlung mit der Aufstellung des Behandlungsplanes auch dann, wenn die eigentliche Behandlung erst danach beginnt und wichtige Vorbereitungshandlungen schon vor diesem Zeitpunkt liegen. Etwas anderes gilt, wenn zwischen der Aufstellung des Behandlungsplanes und dem tatsächlichen Behandlungsbeginn ein unangemessen langer Zeitraum liegt.[104] 72

Ob diese Rechtsprechung auch für die Versorgung mit Zahnersatz herangezogen werden kann und insofern für die Bestimmung des Behandlungsbeginns auf die Erstellung des Heil- und Kostenplanes abzustellen ist, ist wegen der Bestimmung in § 87 Abs. 1a Satz 3 SGB V zumindest fraglich. Danach hat der Vertragszahnarzt den Heil- und Kostenplan vor Beginn der Behandlung zu erstellen. Dem Wortlaut nach hat die Behandlung damit noch nicht mit der Erstellung des Heil- und Kostenplanes begonnen. 73

Allerdings sprechen insbesondere praktische Erwägungen dafür, auch bei der Versorgung mit Zahnersatz den Behandlungsbeginn mit dem Zeitraum der Erstellung des Heil- und Kostenplanes festzulegen. Auch hier belegt das Datum des Heil- und Kostenplanes in nachprüfbarer Weise die Feststellung der Behandlungsnotwendigkeit sowie den Behandlungswunsch des Versicherten und die Behandlungsbereitschaft des Zahnarztes.[105] 74

Deshalb ist bei der Überprüfung, ob der Versicherte die für den um 20 v.H. erhöhten Festzuschuss erforderlichen Voraussetzungen erfüllt, auf das Datum des Heil- und Kostenplanes abzustellen.[106] Der Rechtsprechung des BSG, dass zwischen der Aufstellung des Behandlungsplanes und dem tatsächlichen Behandlungsbeginn kein unangemessen langer Zeitraum liegen darf, trägt der zwischen den Vertragspartnern des BMV-Z vereinbarte Vordruck zum Heil- und Kostenplan dadurch Rechnung, dass er den Vermerk enthält, dass der Zahnersatz innerhalb von sechs Monaten in der vorgesehenen Weise eingegliedert werden muss.[107] 75

Wegen des eindeutigen Wortlautes in Satz 4 („fünf Jahre vor Beginn der Behandlung"), ist die für den Anspruch auf Erhöhung des Festzuschusses maßgebliche Rahmenfrist der Zeitraum von fünf Zeitjahren und nicht die Frist von fünf Kalenderjahren.[108] 76

99 BGBl I 1999, 2626.
100 BT-Drs. 14/1245, S. 64.
101 www.g-ba.de.
102 *Engelhardt* in: Hauck/Noftz, SGB V, § 55 Rn. 65.
103 BSG v. 09.12.1997 - 1 RK 11/97 - BSGE 81, 245, 246; BSG v. 25.03.2003 - B 1 KR 17/01 R - BSGE 91, 32, 35.
104 BSG v. 25.03.2003 - B 1 KR 17/01 R - BSGE 91, 32, 35.
105 BSG v. 09.12.1997 - 1 RK 11/97 - BSGE 81, 245, 246.
106 *Höfler* in: KassKomm, SGB V, § 55 Rn. 24.
107 Anlage 1 zur Anlage 3 des BMV-Z „Vereinbarung zwischen der KZBV und den Spitzenverbänden der Krankenkassen nach § 87 Abs. 1a SGB V über die Versorgung mit Zahnersatz".
108 *Engelhardt* in: Hauck/Noftz, SGB V, § 55 Rn. 66 f.

77 Erfüllt der Versicherte die in Absatz 1 Sätze 3 und 4 aufgestellten Anforderungen an die eigenen Bemühungen zur Gesunderhaltung der Zähne, erhöht sich der von der Krankenkasse nach Satz 2 zu gewährende Festzuschuss um 20 v.H. Das bedeutet nicht, dass sich der in Satz 2 festgesetzte Vomhundertsatz von 50 v.H. auf 70 v.H. erhöht.[109] Die Erhöhung um 20 v.H. bezieht sich vielmehr auf den tatsächlich zu zahlenden Euro-Betrag. Entsprechen beispielsweise 500 € den in Satz 2 bestimmten 50 v.H. der Kosten für die Regelversorgung, führen die eigenen Bemühungen zur Gesunderhaltung der Zähne (Sätze 3 und 4) dazu, dass der Versicherte statt dieser 500 € nunmehr 600 € als befundbezogenen Festzuschuss erhält. Der von der Krankenkasse zu zahlende prozentuale Anteil an den Kosten der Regelversorgung erhöht sich somit um 10% auf 60%.

78 Wie sich aus der Gesetzesbegründung ergibt, entspricht es dem Willen des Gesetzgebers, dass als Berechnungsbasis der Bonus-Regelungen der Festzuschuss heranzuziehen ist.[110] Dieser Wille des Gesetzgebers hat im Wortlaut der Norm hinreichend Eingang gefunden. Satz 4 spricht eindeutig davon, dass der Festzuschuss nach Satz 2 um 20 v.H. erhöht wird. Der Vomhundertsatz wird anders als in Absatz 2 Satz 5 nicht als Bezugspunkt für die Erhöhung genannt.

4. Erhöhung des Festzuschusses um weitere 10% (Absatz 1 Satz 5)

79 Aufbauend auf der Erhöhung nach den Sätzen 3 und 4 sieht Satz 5 eine Erhöhung des Festzuschusses um weitere 10 v.H. vor. Voraussetzung sind regelmäßige Zahnpflege und die ununterbrochene Inanspruchnahme der in Satz 4 Nr. 1 und Nr. 2 genannten Untersuchungen in den letzten zehn Kalenderjahren vor Beginn der Behandlung, frühestens seit dem 01.01.1989 (dem In-Kraft-Treten des GRG).[111] Hinsichtlich der Anforderungen und des Nachweises der regelmäßigen Zahnpflege gilt das Gleiche wie bei der Erhöhung des Festzuschusses um 20 v.H. nach den Sätzen 3 und 4 (Rn. 67 ff). Satz 5 stellt bei den Vorsorgeuntersuchungen auf die letzten zehn Kalenderjahre (nicht Zeitjahre) vor Beginn der Behandlung ab. Die Erhöhung um 10 v.H. bezieht sich wie die Erhöhung nach Satz 3 um 20 v.H. auf den Festzuschuss und nicht auf den Vomhundertsatz (Rn. 76 f).

80 Liegen die in Satz 5 festgelegten Voraussetzungen vor, erhöhen sich die Festzuschüsse nach Satz 2 um weitere 10 v.H. Das Tatbestandsmerkmal „weitere" bezieht sich auf den in Satz 4 genannten Erhöhungsfaktor von 20 v.H. Erfüllt der Versicherte die in Satz 4 aufgestellten Anforderungen, erhöht sich damit der nach Satz 2 zu gewährende Festzuschuss um 30 v.H. Anknüpfend an das Beispiel in Rn. 76, führen die gesteigerten eigenen Bemühungen zur Gesunderhaltung der Zähne (Satz 5) dazu, dass der Versicherte statt der 500 € nunmehr 650 € als befundbezogenen Festzuschuss erhält. Der von der Krankenkasse zu zahlende prozentuale Anteil an den Kosten der Regelversorgung erhöht sich somit bei Vorliegen der Voraussetzungen des Satzes 5 um 15% auf 65%.

5. Keine Erhöhung der Festzuschüsse für Härtefälle nach Absatz 2 (Absatz 1 Satz 6)

81 Die in den Sätzen 3-5 geregelten Erhöhungen des Festzuschusses bei eigenen Bemühungen zur Gesunderhaltung der Zähne gilt nicht für Härtefälle nach Absatz 2. Für eine Erhöhung der Festzuschüsse besteht bei den Versicherten, die unter die Härtefallregelung nach Absatz 2 fallen, keine Notwendigkeit. Die in Absatz 2 geregelte Verdoppelung der Festzuschüsse deckt die Regelversorgung mit Zahnersatz in vollem Umfang ab.[112] Insofern ist für Bonusregelungen kein Platz mehr.

6. Fiktion für den Nachweis der Zahnpflege (Absatz 1 Satz 7)

82 Nach Satz 7 gilt für Versicherte, die nach dem 31.12.1978 geboren sind, der Nachweis für eigene Bemühungen zur Gesunderhaltung der Zähne (Sätze 3-5) für die Jahre 1997 und 1998 als erbracht. Hintergrund der Regelung ist, dass diese Versichertengruppe vom 01.01.1997 bis zum 31.12.1998 grundsätzlich von der Versorgung mit Zahnersatz ausgeschlossen war.[113] Für sie bestand daher keine Veranlassung, ihre Bemühungen zur Gesunderhaltung der Zähne zu dokumentieren.[114] Ohne die in Satz 7 angeordnete Beweiserleichterung wären diese Versicherten bei den Bonusregelungen ungerechtfertigt benachteiligt.[115]

---

[109] So aber *Schomburg* in: Brackmann, SGB V, Kap. 2-330.

[110] BT-Drs. 15/1525, S. 92.

[111] *Höfler* in: KassKomm, SGB V, § 55 Rn. 24.

[112] BT-Drs. 15/1525, S. 92.

[113] *Engelhardt* in: Hauck/Noftz, SGB V, § 55 Rn. 55.

[114] *Höfler* in: KassKomm, SGB V, § 55 Rn. 23.

[115] *Höfler* in: KassKomm, SGB V, § 55 Rn. 23; *Engelhardt* in: Hauck/Noftz, SGB V, § 55 Rn. 55.

IV. Härtefallregelung – Unzumutbare Belastung (Absatz 2)

1. Allgemeines

Absatz 2 erfasst die Fälle, in denen der Versicherte bei der notwendigen Versorgung mit Zahnersatz (finanziell) unzumutbar belastet wäre, wenn er von den Kosten der Regelversorgung grundsätzlich nur 50% als befundbezogenen Festzuschuss erhalten würde und den Rest selbst bezahlen müsste. Die Regelung ist als Härtefallregelung Ausdruck des Solidarprinzips und soll sicherstellen, dass einkommensschwache Versicherte notwendige Leistungen in vollem Umfang erhalten.[116] Absatz 2 regelt zum einen die Höhe des zusätzlichen Betrages (Satz 1) und zum anderen die Voraussetzungen, die vorliegen müssen, damit eine (Härtefall bedingte) unzumutbare Belastung gegeben ist (Sätze 2-5). Grundvoraussetzung ist aber auch hier, dass der Anspruch dem Grunde nach gegeben ist (Absatz 1 Satz 1). Insofern regelt Absatz 2 nur die Höhe des Festzuschusses. Ist der Anspruch auf befundbezogene Festzuschüsse dem Grunde nach gegeben und liegen auch die Härtefallvoraussetzungen vor, erhält der Versicherte den nach Absatz 2 erhöhten Festzuschuss auch dann, wenn er sich nicht um die Gesunderhaltung seiner Zähne bemüht hat und deshalb keinen Zahnpflegebonus nach Absatz 1 Sätze 3-5 erhalten würde.[117] Von daher schließt Absatz 1 Satz 6 die Bonusregelungen für Versicherte, die unter die Härtefallregelung des Absatzes 2 fallen, konsequenterweise aus. 83

2. Zusätzlicher Festzuschuss (Absatz 2 Satz 1)

Nach Absatz 2 Satz 1 haben Versicherte, die bei der nach Absatz 1 geltenden Festzuschussregelung (Eigenbeteiligung) wirtschaftlich unzumutbar belastet wären, zusätzlich zu den Festzuschüssen nach Absatz 1 Satz 2 Anspruch auf einen Betrag in jeweils gleicher Höhe, angepasst an die Höhe der für die Regelversorgungsleistungen tatsächlich entstandenen Kosten, aber höchstens in Höhe der tatsächlich entstandenen Kosten. 84

Die etwas zu lang geratene und dadurch nicht leicht zu verstehende Formulierung in Absatz 2 Satz 1 wird deutlicher, wenn man sie mit dem Bewusstsein liest, dass damit zwei Ziele erreicht werden sollen. Erstens sollen bei wirtschaftlichen Härtefällen die von den Krankenkassen zu gewährenden Festzuschüsse die gesamten (tatsächlichen) Kosten der Regelversorgung abdecken[118] (Rn. 83 ff.). Zweitens soll der Versicherte aber auch nicht mehr Festzuschüsse erhalten, als die Regelversorgung tatsächlich gekostet hat (Rn. 88). 85

Der Gesetzgeber geht davon aus, dass das erste Ziel grundsätzlich damit erreicht wird, dass der Versicherte zusätzlich zu dem Festzuschuss nach Absatz 1 Satz 2 einen Anspruch auf einen Betrag in jeweils gleicher Höhe hat. Da der Festzuschuss nach Absatz 1 Satz 2 50% der Kosten der Regelversorgung beträgt, ist der Betrag in jeweils gleicher Höhe ebenfalls 50% der Kosten.[119] Der Versicherte erhält mit den 50% aus Absatz 1 Satz 2 und den 50% aus Absatz 1 Satz 1 (als den Betrag in jeweils gleicher Höhe) demnach 100% der Kosten der Regelversorgung. Insofern konnte der Gesetzgeber zu Recht annehmen, dass mit der zusätzlichen Gewährung eines Festzuschusses in Höhe des Betrages des 50%igen Festzuschusses nach Absatz 1 Satz 1 grundsätzlich sichergestellt ist, dass die Krankenkasse die vollständigen Kosten der jeweiligen Regelversorgung übernimmt. 86

Ausnahmsweise ist es aber möglich, dass die tatsächlich entstandenen Kosten der Regelversorgung höher sind als 100% der von den Vertragsparteien nach § 57 Abs. 1 und 2 SGB V vereinbarten Festzuschüsse. Dies ist insbesondere deshalb möglich, weil § 57 Abs. 2 Satz 1 HS. 2 SGB V den Vertragsparteien auf Landesebene einen Entscheidungskorridor einräumt, der es ihnen ermöglicht, die bundeseinheitlichen Preise, die den Festzuschüssen zugrunde gelegt wurden, um bis zu 5% zu überschreiten.[120] Mit dem aus Absatz 1 Satz 2 (50% der Kosten der Regelversorgung) und dem zusätzlich aus Absatz 2 Satz 1 (weitere 50% als Betrag in jeweils gleicher Höhe) gewährten Betrag könnte der Versicherte die tatsächlich entstandenen Kosten der Regelversorgung dann nicht decken. 87

---

[116] BSG v. 11.10.1994 - 1 RK 50/93 - BSGE 75, 171, 173; BSG v. 16.12.2003 - B 1 KR 26/01 R - SozR 4-2500 § 61 Nr. 1.

[117] BSG v. 11.10.1994 - 1 RK 50/93 - BSGE 75, 171, 172.

[118] BT-Drs. 15/1525, S. 92 und der Bericht des Ausschusses für Gesundheit und soziale Sicherung zum Entwurf des Gesetzes zur Anpassung der Finanzierung von Zahnersatz BT-Drs. 15/3865, S. 4.

[119] *Quaas/Zuck*, Medizinrecht, § 29 Rn. 51.

[120] *Engelhardt* in: Hauck/Noftz, SGB V, § 55 Rn. 95.

88 Für solche Ausnahmefälle hat der Gesetzgeber auf Empfehlung des Ausschusses für Gesundheit und soziale Sicherung[121] in Absatz 2 Satz 1 den Zusatz: „angepasst an die Höhe der tatsächlich entstandenen Kosten“ aufgenommen. Dadurch wird sichergestellt, dass in wirtschaftlichen Härtefällen der Versicherte einen Anspruch auf Kostenübernahme in Höhe der für die Regelversorgungsleistungen tatsächlich anfallenden Kosten hat[122] und nicht „nur“ auf 100% der für die Regelversorgung festgelegten Festzuschüsse. Das wäre ohne den Zusatz die Grenze der Krankenkassenleistung gewesen. Diese Auslegung entspricht dem mehrfach kundgetanem Willen des Gesetzgebers.[123]

89 Den Vertragsparteien auf Landesebene ist es nach § 57 Abs. 2 Satz 1 HS. 2 SGB V aber auch möglich, die den Festzuschüssen zugrunde gelegten bundeseinheitlichen Preise um 5% zu unterschreiten. Der nach Absatz 1 Satz 2 und Absatz 2 Satz 1 von der Krankenkasse in wirtschaftlichen Härtefällen zu gewährende Festzuschuss könnte insofern (um 5%) höher sein als die tatsächlich entstandenen Kosten der Regelversorgung. Für solche Fälle begrenzt Absatz 2 Satz 1 den Anspruch des Versicherten auf die tatsächlich entstandenen Kosten der Regelversorgung. Dadurch erreicht der Gesetzgeber sein zweites Ziel, dass der Versicherte durch den Anspruch auf einen Betrag jeweils gleicher Höhe des nach Absatz 1 Satz 2 zu leistenden Festzuschusses nicht mehr erhält, als tatsächlich an Kosten entstehen.

90 Zusammenfassend kann der Anspruch auf den zusätzlichen Betrag nach Absatz 2 Satz 1 dahingehend definiert werden, dass er in der Differenz zwischen dem Festzuschuss des Absatzes 1 Satz 2 und den tatsächlichen Kosten der konkret angefallenen Regelversorgung besteht.[124]

91 Etwas anderes gilt, wenn der von der Härtefallregelung erfasste Versicherte statt der Regelversorgung einen gleich- oder andersartigen Zahnersatz wählt. Der Versicherte erhält dann nur den doppelten Festzuschuss (Absatz 2 Satz 1 Halbsatz 2). Zu beachten ist, dass nach dem eindeutigen Wortlaut der Vorschrift („nur der doppelte Festzuschuss“) in diesen Fällen keine Anpassung des Festzuschusses an die Höhe der für die Regelversorgung tatsächlich anfallenden Kosten erfolgt. Unabhängig von den tatsächlich anfallenden Kosten wird nur der doppelte Festzuschuss gezahlt.[125] Der Versicherte bekommt damit als „Zuschuss“ für die von ihm gewählte gleich- oder andersartige Versorgung den Betrag, der für die jeweilige Regelversorgung festgelegt wurde (50% nach Absatz 1 Satz 2 und 50% nach Absatz 2 Satz 1 Halbsatz 2). Die nach oben mögliche Abweichung i.H.v. 5% wird nicht berücksichtigt.

3. Unzumutbare Belastung (Absatz 2 Sätze 2-5)

a. Allgemeines

92 Der Anspruch auf den zusätzlichen Zuschuss nach Satz 1 setzt voraus, dass der Versicherte durch einen andernfalls von ihm selbst zu tragenden Eigenanteil unzumutbar belastet würde.[126] Wann eine unzumutbare Belastung vorliegt, hat der Gesetzgeber in Absatz 2 Satz 2 Nr. 1-3 abschließend festgelegt.[127] Liegt einer der dort aufgeführten Tatbestände vor, wird eine unzumutbare Belastung angenommen (fingiert).[128] Die in Absatz 2 Satz 2 Nr. 1-3 aufgeführten Fallgruppen erfassen einen Personenkreis, bei dem der Gesetzgeber davon ausgeht, dass dieser wegen seiner geringen finanziellen Mittel nicht in der Lage sein wird, Zuzahlungen zu leisten.[129] Bei Nr. 1 wird eine Einkommensgrenze festgelegt, bis zu der stets eine unzumutbare Belastung unterstellt wird (b).[130] Die Sätze 3-5 flankieren die Nr. 1, indem sie Regelungen enthalten, die bei der Feststellung, ob die relevante Einkommensgrenze überschritten wird, beachtet werden müssen. Hingegen wird bei Nr. 2 und 3 auf den Bezug bestimmter Sozialleistungen abgestellt (c und d). Bezieht der Versicherte solche Sozialleistungen, wird bei ihm das Vorlie-

---

[121] BT-Drs. 15/3834.

[122] BT-Drs. 15/3865, S. 4.

[123] BT-Drs. 15/1525, S. 92; BT-Drs. 15/3865, S. 4.

[124] *Höfler* in: KassKomm, SGB V, § 55 Rn. 30; *Engelhardt* in: Hauck/Noftz, SGB V, § 55 Rn. 93; *Quaas/Zuck*, Medizinrecht, § 49 Rn. 51; a.A. *Muschallik*, Handbuch des Vertragsarztrechtes, § 22 Rn. 17.

[125] BT-Drs. 15/3865, S. 4; *Engelhardt* in: Hauck/Noftz, SGB V, § 55 Rn. 98; *Höfler* in: KassKomm, SGB V, § 55 Rn. 31.

[126] *Höfler* in: KassKomm, SGB V, § 55 Rn. 32.

[127] BSG v. 03.03.1994 - 1 RK 33/93 - SozR 3-2500 § 61 Nr. 3; BSG v. 29.06.1994 - 1 RK 47/93 - SozR 3-2500 § 61 Nr. 5.

[128] BSG v. 03.03.1994 - 1 RK 33/93 - SozR 3-2500 § 61 Nr. 3.

[129] *Engelhardt* in: Hauck/Noftz, SGB V, § 55 Rn. 70.

[130] *Wagner* in: Krauskopf, SGB V, § 55 Rn. 13.

gen einer unzumutbaren Belastung unterstellt. Auf die Höhe der gewährten Sozialleistungen kommt es dann ebenso wenig an, wie auf die Frage, ob die Einnahmen des Versicherten die in Absatz 2 Nr. 1 festgesetzte Einkommensgrenze überschreiten.[131]

Absatz 2 übernimmt die bislang in § 61 SGB V a.F. enthaltenen Regelungen zur unzumutbaren Belastung.[132] Die dazu ergangene Rechtsprechung behält daher weiterhin Gültigkeit.[133] 93

b. Geringe Bruttoeinnahmen zum Lebensunterhalt (Absatz 2 Satz 2 Nr. 1 und Sätze 3-5)

Absatz 2 Satz 2 Nr. 1 fingiert als Grundsatz, dass eine unzumutbare Belastung vorliegt, wenn die anzurechnenden monatlichen Bruttoeinnahmen des Versicherten zum Lebensunterhalt 40 v.H. der monatlichen Bezugsgröße nach § 18 SGB IV nicht überschreiten.[134] 94

Um festzustellen, ob der Versicherte unter die Härtefallregelung der Nr. 1 fällt, sind somit zunächst seine monatlichen Bruttoeinnahmen zum Lebensunterhalt zu ermitteln. Anschließend ist zu prüfen, ob diese Einnahmen die in Nr. 1 festgesetzte Bemessungsgrenze von 40% der monatlichen Bezugsgröße nach § 18 SGB IV übersteigen. Diese Belastungsgrenze ist zu erhöhen, wenn die in Satz 5 genannten Voraussetzungen vorliegen. 95

aa. Monatliche Bruttoeinnahmen

Bei der Ermittlung der monatlichen Bruttoeinnahmen zum Lebensunterhalt kann unterschieden werden zwischen den Einkünften des Versicherten selbst (Rn. 97 ff.) und den Einkünften anderer Personen, die sich der Versicherte als eigenes Einkommen anrechnen lassen muss (2). 96

Der Gesetzgeber hat zu keiner Zeit definiert, was unter dem Begriff „Bruttoeinnahmen zum Lebensunterhalt" zu verstehen ist. In der Begründung zu § 69 Abs. 2 und 3 des Entwurfs des GRG[135] ist zur Umschreibung des Begriffes ausgeführt: „Einnahmen zum Lebensunterhalt sind – wie schon im geltenden Recht (§ 180 Abs. 4 RVO) – die persönlichen Einnahmen, die dem tatsächlichen Lebensunterhalt dienen, also die Einnahmen, die der typischen Funktion des Arbeitsentgeltes beim Pflichtversicherten entsprechen."[136] Deswegen kann nach der Rechtsprechung des BSG zur Bestimmung der Bruttoeinnahmen zum Lebensunterhalt auf die Judikatur zu § 180 Abs. 4 RVO zurückgegriffen werden.[137] 97

Nach der Rechtsprechung des BSG sind den monatlichen Bruttoeinnahmen zum Lebensunterhalt alle Einkünfte (einschl. der gesetzlichen Abzüge[138]) zuzurechnen, die dem Versicherten zur Gestaltung seines allgemeinen Lebensunterhalts zur Verfügung stehen.[139] Wobei die Betonung auf dem Merkmal „allgemein" liegt (Rn. 100). 98

Die Definition des Begriffes „Einnahmen zum Lebensunterhalt" ist weit auszulegen. Sie ist insbesondere weiter zu verstehen, als die inhaltliche Klassifikation bestimmter Einkunftsarten, die nach der Art ihrer Erzielung oder ihrer anderweitigen gesetzlichen Behandlung definiert sind. Unter Einnahmen zum Lebensunterhalt fallen deshalb alle nicht für andere Zwecke gebundenen persönlichen, geldlichen oder geldwerten Zuflüsse an den Versicherten, ohne Rücksicht auf ihre steuer- oder sozialversicherungsrechtliche Behandlung.[140] 99

Wegen der erforderlichen weiten Auslegung gehören zu den Einnahmen zum Lebensunterhalt insbesondere: 100

- das Bruttoarbeitsentgelt[141],
- die Witwengrundrente nach dem BVG[142],

---

[131] BSG v. 04.11.1992 - 1 RK 27/91 - SozR 3-2500 § 61 Nr. 1; BSG v. 29.06.1994 - 1 RK 47/93 - SozR 3-2500 § 61 Nr. 5; *Wagner* in: Krauskopf, SGB V, § 55 Rn. 12.

[132] BT-Drs. 15/1525, S. 92.

[133] *Engelhardt* in: Hauck/Noftz, SGB V, § 55 Rn. 69.

[134] *Höfler* in: KassKomm, SGB V, § 55 Rn. 33.

[135] BT-Drs. 11/2237.

[136] BSG v. 08.12.1992 - 1 RK 11/92 - BSGE 71, 299, 301.

[137] BSG v. 08.12.1992 - 1 RK 11/92 - BSGE 71, 299, 301; *Höfler* in: KassKomm, SGB V, § 55 Rn. 34 f.

[138] BSG v. 28.02.1984 - 12 RK 65/82 - SozR 2200 § 180 Nr. 16.

[139] BSG v. 08.12.1992 - 1 RK 11/92 - BSGE 71, 299, 301; BSG v. 23.02.1988 - 12 RK 34/86 - SozR 2200 § 180 Nr. 39; BSG v. 11.04.1984 - 12 RK 41/82 - SozR 2200 § 180 Nr. 18; BSG v. 25.08.1982 - 12 RK 57/81 - SozR 2200 § 180 Nr. 12; BSG v. 09.12.1981 - 12 RK 29/79 - SozR 2200 § 180 Nr. 8.

[140] BSG v. 24.06.1985 - GS 1/84 - SozR 2200 § 180 Nr. 27.

[141] BSG v. 28.02.1984 - 12 RK 65/82 - SozR 2200 § 180 Nr. 16.

[142] BSG v. 09.12.1981 - 12 RK 29/79 - SozR 2200 § 180 Nr. 8.

- der Ertragsanteil einer so genannten Veräußerungsleibrente[143],
- Einnahmen aus selbständiger Tätigkeit[144],
- der Mietwert für die eigene Wohnung[145],
- grundsätzlich die Abfindung anlässlich der Beendigung des Arbeitsverhältnisses[146],
- die Gewinnanteile eines Kommanditisten[147],
- Einnahmen aus Vermietung und Verpachtung und die laufende Hilfe zum Lebensunterhalt nach dem SGB XII[148].

Bei der Ermittlung der Bruttoeinkommen zum Lebensunterhalt findet ein Ausgleich für negative Einkünfte nicht statt.[149]

101 Da unter die monatlichen Bruttoeinnahmen zum Lebensunterhalt nur die Einnahmen fallen, die für den allgemeinen Lebensunterhalt bestimmt sind, zählen dazu nicht zweckgebundene Sozialleistungen, die einen besonderen schädigungs- oder behinderungsbedingten Mehrbedarf abdecken sollen.[150] Deswegen gehören zu den Einnahmen zum Lebensunterhalt beispielsweise nicht

- die Beschädigten-Grundrente nach dem BVG[151],
- das Wohngeld und das Kindergeld[152],
- das Erziehungsgeld nach dem BErzGG[153] und
- die Verletztenrente aus der gesetzlichen Unfallversicherung, soweit sie bei gleicher MdE der zu gewährenden Grundrente nach dem BVG entspricht[154].

102 Nach Absatz 2 Satz 4 gehören zu den monatlichen Bruttoeinnahmen zum Lebensunterhalt auch nicht die Grundrenten, die Beschädigte nach dem Bundesversorgungsgesetz oder nach anderen Gesetzen in entsprechender Anwendung des Bundesversorgungsgesetzes erhalten, sowie Renten oder Beihilfen, die nach dem Bundesentschädigungsgesetz für Schäden an Körper und Gesundheit gezahlt werden, bis zur Höhe der vergleichbaren Grundrente nach dem Bundesversorgungsgesetz.

bb. Zu berücksichtigender Personenkreis

103 Nach Absatz 2 Satz 3 gelten als Einnahmen zum Lebensunterhalt des Versicherten auch die Einnahmen anderer in dem gemeinsamen Haushalt lebender Angehöriger und Angehöriger des Lebenspartners. Die Einnahmen dieser Personen werden den Versicherten demnach im Wege der Fiktion („gelten“) zugerechnet. Sie gelten als eigenes Einkommen des Versicherten.[155]

104 Die in Absatz 2 Satz 3 für die Feststellung der Unzumutbarkeit angeordnete Hinzurechnung von Einkommen der Angehörigen zu den Einnahmen des Versicherten verstößt nicht gegen das Grundgesetz.[156] Soweit sozialrechtliche Normen Unterhaltsleistungen der Verwandten berücksichtigen, stehen sie im Einklang mit den Grundrechten. Die gesetzliche Unterhaltspflicht von Verwandten gehört zu den Bestandteilen der verfassungsmäßigen Ordnung. Sie verletzt insbesondere weder Art. 6 Abs. 1 GG noch Art. 2 Abs. 1 GG.[157]

---

[143] BSG v. 25.08.1982 - 12 RK 57/81 - SozR 2200 § 180 Nr. 12.
[144] BSG v. 26.11.1984 - 12 RK 32/82 - SozR 2200 § 180 Nr. 19.
[145] BSG v. 27.11.1984 - 12 RK 70/82 - SozR 2200 § 180 Nr. 20.
[146] BSG v. 28.04.1987 - 12 RK 50/85 - SozR 2200 § 180 Nr. 36; BSG v. 23.02.1988 - 12 RK 34/86 - SozR 2200 § 180 Nr. 39.
[147] BSG v. 22.04.1986 - 12 RK 53/84 - SozR 2200 § 180 Nr. 30.
[148] *Engelhardt* in: Hauck/Noftz, SGB V, § 55 Rn. 74.
[149] BSG v. 28.02.1984 - 12 RK 65/82 - SozR 2200 § 180 Nr. 16.
[150] BSG v. 21.10.1980 - 3 RK 53/79 - SozR 2200 § 180 Nr. 5; BSG v. 25.11.1981 - 5a/5 RKn 18/79 - SozR 2200 § 180 Nr. 7; BSG v. 15.12.1983 - 12 RK 70/80 - SozR 2200 § 180 Nr. 15; BSG v. 08.12.1992 - 1 RK 11/92 - BSGE 71, 299, 301.
[151] BSG v. 21.10.1980 - 3 RK 53/79 - SozR 2200 § 180 Nr. 5.
[152] BSG v. 25.11.1981 - 5a/5 RKn 18/79 - SozR 2200 § 180 Nr. 7; BSG v. 09.12.1981 - 12 RK 55/81 - SozR 2200 § 180 Nr. 9; BSG v. 02.06. 1982 - 12 RK 65/81 - SozR 2200 § 180 Nr. 10.
[153] *Höfler* in: KassKomm, SGB V, § 55 Rn. 35.
[154] BSG v. 08.12.1992 - 1 RK 11/92 - BSGE 71, 299, 301.
[155] BSG v. 03.03.1994 - 1 RK 33/93 - SozR 3-2500 § 61 Nr. 3.
[156] BSG v. 03.03.1994 - 1 RK 33/93 - SozR 3-2500 § 61 Nr. 3.
[157] BSG v. 03.03.1994 - 1 RK 33/93 - SozR 3-2500 § 61 Nr. 3.

Die Formulierung von Absatz 2 Satz 3 wirft insbesondere zwei Fragen auf. Zum einen ist fraglich, wo in der Norm der Bezugspunkt für das Tatbestandsmerkmal „anderer Angehöriger“ sein soll (Rn. 106). Die andere und wesentlich problematischere Frage ist, wie der Begriff „Angehöriger des Lebenspartners“ auszulegen ist (3). **105**

Zunächst ist nicht nachvollziehbar, warum Absatz 2 Satz 3 von „anderen“ im gemeinsamen Haushalt lebenden Angehörigen spricht. Die Bezugnahme auf „andere“ Angehörige setzt voraus, dass es bereits zuvor eine Regelung über die Anrechnung von Einkommen eines Angehörigen des Versicherten gibt. Das ist aber nicht der Fall. In der Norm gibt es insofern keinen Bezugspunkt für das Tatbestandsmerkmal „anderer Angehöriger“. Für die Auslegung der Bestimmung ist das aber weniger problematisch. Anstelle des Wortes „anderer“ ist das Wort „der“ zu lesen. **106**

cc. Problem: „Angehörigenbegriff“

Problematisch und umstritten ist, wie der Begriff des Angehörigen auszulegen ist. **107**

Zum Teil wird auf den allgemeinen juristischen Sprachgebrauch abgestellt.[158] Danach sind Angehörige des Versicherten dessen Ehegatte sowie seine Verwandten (§ 1589 BGB) und Verschwägerten (§ 1590 BGB). Der (gleichgeschlechtliche) Lebenspartner und dessen Verwandten sind Angehörige des Versicherten. Nach § 11 Abs. 1 LPartG gilt der Lebenspartner als Familienangehöriger des anderen Lebenspartners. Gem. § 11 Abs. 2 LPartG gelten die Verwandten eines Lebenspartners als mit dem anderen Lebenspartner verschwägert. **108**

Eine andere Ansicht legt den Begriff „Angehöriger“ enger aus und versteht darunter nur die Ehegatten, die (gleichgeschlechtlichen) Lebenspartner und die nach § 10 SGB V versicherten Kinder.[159] **109**

Grundsätzlich ist der Meinung zu folgen, dass der Begriff des Angehörigen i.S.d. allgemeinen juristischen Sprachgebrauches auszulegen ist. Zum einen sollten im Interesse einer anzustrebenden Rechtseinheit Begriffe, die in anderen Rechtsgebieten oder nach dem allgemeinen Sprachgebrauch eine gefestigte Auslegung erfahren haben, auch in den Sozialgesetzbüchern nach Möglichkeit dementsprechend ausgelegt werden. Zum anderen zeigt das Tatbestandsmerkmal „Angehöriger des Lebenspartners“, dass der Gesetzgeber den Anwendungsbereich über den Kreis der Ehegatten (Lebenspartner) und der nach § 10 SGB V versicherten Kinder hinaus erstrecken wollte. Hätte der Gesetzgeber den Anwendungsbereich von Absatz 3 Satz 2 auf die Ehegatten bzw. den (gleichgeschlechtlichen) Lebenspartner und Kinder beschränken wollen, hätte es des Tatbestandsmerkmals „Angehöriger des Lebenspartners“ nicht bedurft. Sowohl die Ehegatten als auch die Kinder und der Lebenspartner (§ 11 Abs. 1 LPartG) fallen unproblematisch unter den Begriff des Angehörigen. **110**

Der Begriff „Angehöriger“ ist demnach grundsätzlich so auszulegen, dass darunter der Ehegatte, der (gleichgeschlechtliche) Lebenspartner (§ 11 Abs. 1 LPartG), die Verwandten (§ 1589 BGB) und die Verschwägerten (§ 1590 BGB) des Versicherten fallen. Deren Einnahmen sind bei der Feststellung der monatlichen Bruttoeinnahmen des Versicherten zu berücksichtigen. **111**

Allerdings betraf das Tatbestandsmerkmal „Angehöriger des Lebenspartners“ einer einschränkenden Auslegung. Dies resultiert daraus, dass es vor dem Hintergrund von Art. 3 Abs. 1 GG zumindest problematisch ist, wenn der heranzuziehende Personenkreis bei (gleichgeschlechtlichen) Lebenspartnern nicht größer wäre als bei Ehegatten. Das wäre aber der Fall, wenn man das Tatbestandsmerkmal „Angehöriger des Lebenspartners“ streng vom Wortlaut und vom allgemeinen juristischen Sprachgebrauch her auslegen würde. Angehörige des Lebenspartners sind dessen Verwandte (§ 1589 BGB) und Verschwägerte (§ 1590 BGB). Demnach würden z.B. auch die Einnahmen der Ehegatten der Geschwister des Lebenspartners berücksichtigt werden. Sie sind mit dem Lebenspartner des Versicherten verschwägert und damit Angehöriger. Die Haftungskette würde sich demnach wie folgt darstellen: **112**
Versicherter -> (1) Lebenspartner (Angehöriger des Versicherten, § 11 Abs. 1 LPartG) -> (2) Geschwister des Lebenspartners (Angehörige des Lebenspartners, § 1589 BGB) -> (3) Ehegatten der Geschwister des Lebenspartners (Angehörige des Lebenspartners, § 1590 BGB).
Der letzte Teil der „Haftungskette“ (Ehegatten der Geschwister des Ehegatten) würde bei der Ehe als „Haftungsgrundlage“ ausscheiden. Zwischen dem Versicherten und dem Ehegatten der Geschwister seines Ehepartners besteht kein Angehörigenverhältnis. Die Haftungskette wäre damit kürzer:
Versicherter -> (1) Ehegatte -> (2) Geschwister des Ehegatten (Angehörige des Versicherten, § 1590 BGB) // Ehegatten der Geschwister des Ehepartners (kein Angehörigenverhältnis; weder nach § 1589 BGB noch nach § 1590 BGB).

---

[158] *Höfler* in: KassKomm, SGB V, § 55 Rn. 38.

[159] Gemeinsames Rundschreiben der Spitzenverbände der Krankenkassen, Die Leistungen 2005, 91, 100.

113 Deswegen muss der Begriff „Angehörige des Lebenspartners" dahingehend ausgelegt werden, dass darunter nur die Verwandten (§ 1589 BGB) des Lebenspartners fallen, sodass entsprechend der Regelung in § 11 Abs. 2 LPartG der Kreis der zu berücksichtigenden Personen auf die Schwägerschaft ausgedehnt wird. Mit der Regelung sollte erreicht werden, dass der durch die Lebenspartnerschaft vermittelte Haftungsverbund genauso groß ist wie der durch die Ehe begründete. Der Verbund sollte bei den Lebenspartnern aber nicht größer sein.

114 Um die Gleichbehandlung zwischen Ehe und Lebenspartnerschaft zu erreichen hätte es des Tatbestandsmerkmales „Angehöriger des Lebenspartners" allerdings nicht einmal bedurft. Wegen den Fiktionen in § 11 LPartG wird erreicht, dass sowohl der Lebenspartner des Versicherten (§ 11 Abs. 1 LPartG) als auch die Verwandten des Lebenspartners (§ 11 Abs. 2 LPartG – Schwägerschaft) unter den Begriff des Angehörigen fallen. Da das Merkmal „Angehörige des Lebenspartners" nicht erforderlich ist, verwirrend ist und wohl auch noch einer verfassungskonformen Auslegung bedarf, sollte es bei nächster Gelegenheit gestrichen werden.

dd. Ergebnis

115 Abschließend kann festgehalten werden, dass unter Angehörigen nach Absatz 2 Satz 3 der Ehepartner (Lebenspartner § 11 Abs. 1 LPartG); die Verwandten (§ 1589 BGB) und die Verwandten des Ehepartners/Lebenspartners (§ 1590 BGB; § 11 Abs. 2 LPartG) fallen.

ee. Nichteheliche oder nicht eingetragene Lebenspartner keine Angehörigen nach Absatz 2 Satz 2

116 Partner einer nichtehelichen Lebensgemeinschaft und der nicht eingetragene (gleichgeschlechtliche) Lebenspartner sind keine Angehörigen i.S.d. Absatzes 2 Satz 3. Ihre Einkünfte werden deshalb bei der Ermittlung der Einnahmen des anderen Partners nicht berücksichtigt.[160]

ff. Gemeinsamer Haushalt

117 Damit die Einnahmen des Angehörigen dem Versicherten zugerechnet werden können, müssen die Angehörigen mit den Versicherten in einem gemeinsamen Haushalt leben. Ein gemeinsamer Haushalt setzt im Allgemeinen ein räumliches Zusammenleben in einem gemeinsamen Haushalt auf längere Dauer voraus. Ein bloß vorübergehendes Zusammenleben begründet keine häusliche Gemeinschaft. Entscheidend ist das tatsächliche Zusammenleben.[161]

gg. Berechnung der Bruttoeinnahmen

118 Bei der Frage, ob eine unzumutbare Belastung i.S.d. Absatzes 2 Satz 2 Nr. 1 vorliegt, ist von den Bruttoeinnahmen des Monats auszugehen, der dem Monat vorausgeht, in dem der Festzuschuss beantragt wird.[162] Liegen Anhaltspunkte dafür vor, dass die Einnahmen in diesem Monat nicht repräsentativ für das Einkommen des Versicherten sind (z.B. durch Sonderzahlungen), muss ein längerer Zeitraum herangezogen werden. Der zu betrachtende Zeitraum muss hinreichend lang sein, um sicherzustellen, dass der Versicherte einerseits nicht übervorteilt wird, andererseits aber auch nicht die Solidargemeinschaft aufgrund „schlechter" Monate des Versicherten unberechtigt belastet wird. Dementsprechend muss auch bei schwankenden Einnahmen zum Lebensunterhalt ein Zeitraum betrachtet werden, in dem sich die Schwankungen erfahrungsgemäß in etwa ausgleichen.[163]

hh. Belastungsgrenze 40% der monatlichen Bezugsgröße nach § 18 SGB IV

119 Damit ein Härtefall angenommen werden kann, dürfen die monatlichen Bruttoeinnahmen des Versicherten 40% der monatlichen Bezugsgröße nach § 18 SGB IV nicht überschreiten. Die ab dem 01.01.2006 maßgebende Bezugsgröße beträgt für die alten Bundesländer 2.450 € und für die neuen Bundesländer 2.065 €.[164] Ein Härtefall ist daher gegeben, wenn die monatlichen Bruttoeinnahmen eines in den alten Bundesländern lebenden Versicherten 980 € (40% von 2.450 €) und das eines in den neuen Bundesländern lebenden Versicherten 826 € (40% von 2.065 €) nicht übersteigen.

---

[160] BSG v. 15.12.1971 - 3 RK 95/68 - SozR 100 § 182 Nr. 49; BSG v. 10.05.1990 - 12/3 RK 23/88 - BSGE 67, 46, 47 ff.; *Udsching* in: Hausmann/Hohloch, Das Recht der nichtehelichen Lebensgemeinschaft, S. 484 f.; *Höfler* in: KassKomm, SGB V, § 55 Rn. 38.

[161] BSG v. 19.10.1977 - 4 RJ 57/76 - BSGE 45, 67, 69 ff.; *Gerlach* in: Hauck/Noftz, SGB V, § 62 Nr. 48.

[162] *Wagner* in: Krauskopf, SGB V, § 55 Rn. 16.

[163] *Wagner* in: Krauskopf, SGB V, § 55 Rn. 16; *Höfler* in: KassKomm, SGB V, § 55 Rn. 39 (mindestens 3 Monate).

[164] Vgl. zu den Sozialversicherungswerten Aichberger 4/11.

ii. Erhöhung der Belastungsgrenze (Absatz 2 Satz 5)

Für Familien enthält Absatz 2 Satz 5 ergänzende Regelungen. Danach erhöht sich der in Abs. 2 Nr. 1 festgesetzte Vomhundertsatz (40% der monatlichen Bezugsgröße) für den ersten im gemeinsamen Haushalt lebenden Angehörigen des Versicherten um 15 v.H. Belastungsgrenze (dann 55% der monatlichen Bezugsgröße) und für jeden weiteren in dem gemeinsamen Haushalt lebenden Angehörigen des Versicherten und des Lebenspartners um 10 v.H. Die Erhöhung der Belastungsgrenze tritt unabhängig davon ein, ob die Angehörigen eigenes Einkommen haben oder nicht.[165] Haben die Angehörigen eigenes Einkommen, so wurde dieses bereits bei der Ermittlung des monatlichen Bruttoeinkommens des Versicherten berücksichtigt. 120

jj. Bezug von Sozialleistungen nach dem Bedürftigkeitsprinzip (Absatz 2 Satz 2 Nr. 2)

Nach Absatz 2 Satz 2 Nr. 2 liegt eine unzumutbare Belastung des Versicherten zur Zahlung eines Eigenanteils an seiner Zahnersatzversorgung auch dann vor, wenn er eine der dort abschließend[166] aufgeführten Sozialleistungen erhält. Die genannten Sozialleistungen haben gemeinsam, dass ihr Bezug die Bedürftigkeit des Empfängers voraussetzt. 121

Bezieht der Versicherte eine in Absatz 2 Satz 2 Nr. 2 aufgezählte Sozialleistung, hat er einen Anspruch auf Gewährung des zusätzlichen Festzuschusses nach Absatz 2 Satz 1. Dies bedeutet, dass die Krankenkasse die gesamten Kosten der Regelversorgung übernehmen muss (vgl. Rn. 83 ff.). Der tatsächliche Bezug der Sozialleistung ist damit die einzige Voraussetzung für den Anspruch auf Gewährung des doppelten Festzuschusses.[167] 122

Der Anspruch auf den doppelten Festzuschuss hängt insbesondere nicht davon ab, ob dem Versicherten wegen seiner Einkommensverhältnisse an sich zugemutet werden könnte, einen Eigenanteil zu tragen. Das ist die Folge der typisierenden Regelung. Der Gesetzgeber wollte damit eine rasche und unbürokratische Verwaltungsentscheidung ermöglichen. Die Regelung knüpft mit dem Bezug zu den Sozialleistungen nach dem Bedürftigkeitsprinzip an relativ einfach nachprüfbare Sachverhalte an, mit denen das Bestehen der Bedürftigkeit als nachgewiesen gelten kann. Denn bevor eine der in Absatz 2 Satz 2 Nr. 2 genannten Sozialleistungen gewährt wird, muss die zuständige Behörde prüfen, ob die Bedürftigkeit gegeben ist.[168] 123

Solange der Versicherte die Sozialleistung bezieht, hat die Krankenkasse davon auszugehen, dass der Versicherte durch den Eigenanteil unzumutbar belastet würde. Insbesondere wenn Anhaltspunkte für einen unrechtmäßigen Bezug der Sozialleistung gegeben sind, kann die Krankenkasse sich aber mit dem zuständigen Leistungsträger in Verbindung setzen, um überprüfen zu lassen, ob der Sozialleistungsbezug zu Recht erfolgt.[169] Diese Bindung an die Entscheidung des zuständigen Trägers der Bedürftigkeit Sozialleistung macht es erforderlich, dass für den Anspruch auf den doppelten Festzuschuss auf den tatsächlichen Bezug der Sozialleistung abgestellt wird.[170] Das Bestehen eines Rechtsanspruches auf Gewährung der Sozialleistung reicht demnach nicht aus.[171] 124

Die Nichtberücksichtigung der Einnahmen des Versicherten, der die aufgeführten Sozialleistungen nach dem Bedürftigkeitsprinzip behält, kann dazu führen, dass Versicherte, deren monatlichen Bruttoeinnahmen zum Lebensunterhalt die Einkommensgrenze des Absatzes 2 Satz 2 Nr. 1 überschreiten und damit tatsächlich nicht bedürftig sind, wegen des (vielleicht auch zu Unrecht) erfolgten Bezuges der Sozialleistungen aber als bedürftig gelten und von der Zuzahlung befreit sind, während Versicherte mit gleichem Einkommen eine Eigenleistung erbringen müssen. Diese unterschiedliche Behandlung ist gerechtfertigt. Die Differenzierung beruht auf sachlichen Gründen. Wie dargestellt wollte der Gesetzgeber eine einfache, typisierende Regelung schaffen. Dadurch sollte eine möglichst gleichmäßige und zügige Erledigung der Härtefallanträge geschaffen werden. Im Rahmen des ihm zustehenden weiten Gestaltungsspielraumes darf der Gesetzgeber eine begünstigende Regelung an die Zugehörigkeit zu ei- 125

---

[165] *Engelhardt* in: Hauck/Noftz, SGB V, § 55 Rn. 80.

[166] BSG v. 04.11.1992 - 1 RK 27/91 - BSGE 71, 221, 226.

[167] *Wagner* in: Krauskopf, SGB V, § 55 Rn. 17.

[168] BSG v. 29.06.1994 - 1 RK 47/93 - SozR 3-2500 § 61 Nr. 5.

[169] BSG v. 29.06.1994 - 1 RK 47/93 - SozR 3-2500 § 61 Nr. 5.

[170] BSG v. 03.03.1994 - 1 RK 33/93 - SozR 3-2500 § 61 Nr. 3; *Engelhardt* in: Hauck/Noftz, SGB V, § 55 Rn. 84; *Wagner* in: Krauskopf, SGB V, § 55 Rn. 17.

[171] *Höfler* in: KassKomm, SGB V, § 55 Rn. 43.

ner Personengruppe knüpfen, die typischerweise bestimmte Voraussetzungen – hier die Bedürftigkeit – erfüllt. Die Regelungen in Absatz 2 Satz 2 Nr. 2 und 3 verstoßen von daher nicht gegen Art. 3 Abs. 1 GG.[172]

c. Unterbringung in einem Heim oder einer ähnlichen Einrichtung (Absatz 2 Satz 2 Nr. 3)

126 Versicherte, die in einem Heim untergebracht sind und für die ein Sozialhilfeträger oder ein Träger der Kriegsopferfürsorge die Kosten der Unterbringung trägt, haben ebenfalls unabhängig von ihren Einkommensverhältnissen Anspruch auf den doppelten Festzuschuss. Wie bei dem Bezug von Sozialleistungen (Nr. 2) wird auch hier davon ausgegangen, dass die gleichfalls einkommensschwachen Bewohner mit den Zahnersatzkosten unzumutbar belastet wären.[173] Entscheidend ist, dass der Versicherte tatsächlich in einem Heim oder einer ähnlichen Einrichtung untergebracht ist. Dass ein Anspruch auf entsprechende Sozialhilfeleistungen besteht, die der Versicherte aber nicht geltend macht, genügt nicht.[174] Trotz der Unabhängigkeit der Leistungsgewährung von der Einkommenssituation des Versicherten verstößt die Regelung wie die in Absatz 2 Satz 2 Nr. 2 nicht gegen Art. 3 Abs. 1 GG.[175]

V. Anspruch auf weiteren flexiblen Zuschuss (gleitende Härtefallregelung, Absatz 3)

127 Abgestimmt auf die individuellen Einkommensverhältnisse räumt Absatz 3 den Versicherten einen Anspruch auf einen weiteren Betrag ein, der die Grenze des doppelten Festzuschusses aber nicht übersteigen kann. Die Regelung wird als gleitende Härtefallregelung bezeichnet, weil die Eigenleistung in Abhängigkeit von der wirtschaftlichen Leistungsfähigkeit des Versicherten steigt. Dadurch wird sichergestellt, dass der Versicherte bei nur geringfügigem Überschreiten der Einkommensgrenze des Absatzes 2 Satz 2 Nr. 1 nicht sofort mit dem vollen Eigenanteil belastet wird.[176] Die Bestimmung bewirkt demnach, dass die Krankenkasse umso weniger der Gesamtlasten übernehmen muss, desto höher die Einkommenslage des Versicherten ist.[177] Damit knüpft die Vorschrift in Absatz 3 an die bisherige Regelung in § 62 Abs. 2a SGB V an und passt sie an die Einführung der befundbezogenen Festzuschüsse an.[178]

128 Die Vorschrift gilt für alle Versicherten, die nicht bereits die Voraussetzungen des Absatzes 2 Satz 2 Nr. 1 erfüllen.[179]

129 Die Höhe des zusätzlich zu gewährenden Betrages richtet sich nach den Bestimmungen in Satz 2. Danach sind zur Berechnung des zusätzlichen Betrages drei Werte heranzuziehen. Als erstes muss das monatliche Bruttoeinkommen ermittelt werden. Dies erfolgt nach den Vorgaben in Absatz 2 Sätze 3 und 4.[180] Zweiter Rechenfaktor ist die Höhe des nach Absatz 1 Satz 2 zu gewährenden Festzuschusses für die geplante Regelversorgung (50% der Kosten der Regelversorgung). Als dritter Wert muss die Belastungsgrenze nach Absatz 2 Satz 2 Nr. 1 (grundsätzlich 40% der monatlichen Bezugsgröße nach § 18 SGB IV) festgestellt werden.

130 Die Berechnung erfolgt dann dadurch, dass zunächst von dem festgestellten monatlichen Bruttoeinkommen die Belastungsgrenze nach Absatz 2 Satz 2 Nr. 1 abgezogen wird. Diese Differenz wird mit drei multipliziert. Das Ergebnis stellt die maximale Eigenbeteiligung des Versicherten dar. Zur Ermittlung des zu gewährenden weiteren Betrages muss dann nur noch die maximale Eigenbeteiligung von dem nach Absatz 1 Satz 2 zu gewährenden Festzuschuss abgezogen werden. Der sich dadurch ergebende Betrag ist der (vorläufige) „weitere Betrag" nach Absatz 3 Satz 1. Der Betrag ist nur ein vorläufiger, weil noch geprüft werden muss, ob er sich im Rahmen der in Absatz 3 Satz 3 festgelegten Grenzen bewegt. Tut er das, kann er als endgültiger „weiterer Betrag" festgestellt und gewährt werden.

---

172 BSG v. 03.03.1994 - 1 RK 33/93 - SozR 3-2500 § 61 Nr. 3; BSG v. 29.06.1994 - 1 RK 47/93 - SozR 3-2500 § 61 Nr. 5.

173 *Engelhardt* in: Hauck/Noftz, SGB V, § 55 Rn. 86.

174 BSG v. 03.03.1994 - 1 RK 33/93 - SozR 3-2500 § 61 Nr. 3.

175 BSG v. 03.03.1994 - 1 RK 33/93 - SozR 3-2500 § 61 Nr. 3; BSG v. 29.06.1994 - 1 RK 47/93 - SozR 3-2500 § 61 Nr. 5.

176 *Wagner* in: Krauskopf, SGB V, § 55 Rn. 19.

177 *Engelhardt* in: Hauck/Noftz, SGB V, § 55 Rn. 101.

178 BT-Drs. 15/1525, S. 92.

179 *Engelhardt* in: Hauck/Noftz, SGB V, § 55 Rn. 100.

180 *Höfler* in: KassKomm, SGB V, § 55 Rn. 48; *Engelhardt* in: Hauck/Noftz, SGB V, § 55 Rn. 102.

Beispielsrechnung: 131
Die für die erforderliche Regelversorgung nach § 57 SGB V vereinbarten Vergütungen betragen insgesamt 3.000 €. Das nach Absatz 2 Satz 3 und 4 ermittelte monatliche Bruttoeinkommen des Versicherten beträgt 1.200 €. Der Versicherte lebt mit keinem Angehörigen zusammen in einem gemeinsamen Haushalt, sodass die Belastungsgrenze nach Absatz 2 Satz 1 Nr. 1 40% der monatlichen Bezugsgröße nach § 18 SGB IV beträgt. Er wohnt in den alten Bundesländern. Von den Bonusregelungen kann er keinen Gebrauch machen. Berechnung des (vorläufigen) „weiteren Betrages“:

	Bruttoeinnahmen	1.200 €
–	Belastungsgrenze (Absatz 2 Satz 2 Nr. 1)	980 €
=	Differenz	220 €
	Differenz x 3 (220 € x 3) = maximale Eigenbeteiligung	660 €
	Festzuschuss nach Absatz 1 (50% der nach § 57 SGB V festgesetzten Beträge)	1.500 €
–	maximale Eigenbeteiligung	660 €
=	(vorläufiger) „weiterer Betrag“	840 €
	Von Krankenkasse zu gewährender Betrag (Festzuschuss nach Absatz 1 Satz 2)	1.500 €
+	(vorläufiger) „weiterer Betrag“	840 €
=	Summe	2.340 €

Abschließend muss noch geprüft werden, ob sich der nach den eben dargelegten Grundsätzen ermittelte (vorläufige) „weitere Betrag“ in den von Absatz 3 Satz 3 gesetzten Grenzen bewegt. Danach ist die Gesamtleistung der Krankenkasse nach den Absätzen 1 und 3 auf das Doppelte des Festzuschusses nach Absatz 1 Satz 2 und auf die Höhe der tatsächlichen Kosten begrenzt.[181] Die Regelung ist erforderlich, da sich der reguläre Festzuschuss bei eigenen Bemühungen zur Gesunderhaltung der Zähne gemäß Absatz 1 Sätze 3-5 auf bis zu 65 v.H. der festgesetzten Beträge für die jeweilige Regelversorgung erhöhen kann.[182] Ohne die in Absatz 3 Satz 3 gesetzte Grenze „doppelter Festzuschuss“ wäre es deswegen möglich, dass die an den Versicherten zu gewährenden Festzuschüsse höher wären als der Betrag, den die Vertragsparteien nach § 57 SGB V als Vergütungen für die befundbezogene Regelversorgung vereinbart haben. Diese Gefahr bestünde insbesondere bei Versicherten, deren monatlichen Bruttoeinnahmen nur knapp über der Belastungsgrenze nach Absatz 2 Nr. 1 (40% der monatlichen Bezugsgröße nach § 18 SGB IV) liegen. 132
Dies lässt sich an der Beispielsrechnung in Rn. 131 verdeutlichen, wenn man das Einkommen um nur 200 € auf 1.000 € senkt und den nach Absatz 1 zu gewährenden Festzuschuss wegen der eigenen Bemühungen zur Gesunderhaltung der Zähne um 15% erhöht.

	Bruttoeinnahmen	1.000 €
–	Belastungsgrenze (Absatz 2 Satz 2 Nr. 1)	980 €
=	Differenz	20 €
	Differenz x 3 (20 € x 3) = maximale Eigenbeteiligung	60 €
	Festzuschuss nach Absatz 1 (50% der nach § 57 SGB V festgesetzten Beträge)	1.500 €
–	maximale Eigenbeteiligung	60 €
=	(vorläufiger) „weiterer Betrag“	1.440 €
	Von Krankenkasse ohne Grenze nach Absatz 3 Satz 3 zu gewährende Festzuschüsse (1.500 € Festzuschuss nach Absatz 1 Satz 2 + 15% wegen eigener Bemühungen zur Gesunderhaltung der Zähne)	1.725 €
+	(vorläufiger) „weiterer Betrag“	1.440 €
=	Summe	3.165 €

Ohne die Grenze in Absatz 3 würde der Versicherte somit 165 € mehr an Festzuschüssen erhalten als die Behandlung nach den Vereinbarungen gemäß § 57 SGB V kostet. Der vorläufige „weitere Betrag“ ist deswegen in Höhe des Betrages zu kürzen, um den das Ergebnis seiner Addition mit dem nach Absatz 1 zu gewährenden Festzuschuss die nach § 57 SGB V vereinbarte Vergütung übersteigt. Im Beispielsfall ist mit der vorläufige „weitere Betrag“ um 165 € zu kürzen, sodass der endgültige „weitere Betrag“ 1.275 € beträgt. 133

[181] *Wagner* in: Krauskopf, SGB V, § 55 Rn. 21.
[182] *Engelhardt* in: Hauck/Noftz, SGB V, § 55 Rn. 106.

134 Zu beachten ist, dass die Höhe des zweifachen Festzuschusses die Grenze unabhängig von den tatsächlich entstandenen Kosten bildet. Deckt der zweifache Festzuschuss die tatsächlich entstandenen Kosten nicht ab, ist die Krankenkasse nicht verpflichtet, die Differenz auszugleichen. Anders als bei einer unzumutbaren Belastung i.S.d. Absatzes 2 erfolgt keine Anpassung des Festzuschusses an die Höhe der für die Regelversorgung tatsächlich anfallenden Kosten.[183] Der Wortlaut der Bestimmung ist diesbezüglich eindeutig.

VI. Mehrkosten bei gleichartigem Zahnersatz (Absatz 4)

135 Nach Absatz 4 müssen Versicherte, die einen über die Regelversorgung hinausgehenden gleichartigen Zahnersatz wählen, die dadurch entstandenen Mehrkosten selbst tragen. Die Regelung folgt damit im Wesentlichen dem früheren § 30 Abs. 3 Satz 2 SGB V.[184]

136 Mit der Wahl einer von der Regelversorgung abweichenden gleichartigen Zahnersatzversorgung verliert der Versicherte nicht den Anspruch auf den befundbezogenen Festzuschuss nach Absatz 1 Satz 2.[185] Diesen erhält er in dem sich aus Absatz 1 Sätzen 2-5 ergebenden Umfang. Der Versicherte ist lediglich verpflichtet, die sich aus der gleichartigen Versorgung ergebenden Mehrkosten selbst zu tragen. Gleichartig ist der Zahnersatz, wenn er die Regelversorgung umfasst, jedoch zusätzliche Versorgungselemente, wie z.B. zusätzliche und andersartige Verankerungs- bzw. Verbindungselemente aufweist. Mehrkosten sind die Kosten, die durch die Erbringung von Leistungen anfallen, die nicht nach § 56 Abs. 2 Satz 10 SGB V aufgelistet sind.[186]

137 Die die Mehrkosten auslösenden zusätzlichen Leistungen werden anders als die Regelversorgungsleistungen auf der Grundlage eines privatrechtlichen Behandlungsvertrages nach der GOZ und der BEB abgerechnet.[187] Der Zahlungsanspruch für die Mehrkosten des Zahnarztes besteht demgemäß gegenüber dem Versicherten und nicht gegenüber der KZV (§ 87a SGB V). Für den Anspruch gegenüber dem Versicherten ist es erforderlich, dass zwischen ihm und dem Zahnarzt vor Beginn der Behandlung eine schriftliche Vereinbarung über die Inanspruchnahme von Mehrleistungen abgeschlossen wurde. Dies ergibt sich aus § 4 Abs. 5 Satz 1 lit. b Satz 3 des BMV-Z. Danach ist über die Erbringung aufwendigeren Zahnersatzes und die entstehenden Mehrkosten vor Beginn der Behandlung eine schriftliche Vereinbarung zu treffen.[188]

VII. Erstattungsanspruch bei andersartiger Versorgung (Absatz 5)

138 Absatz 5 regelt die Ansprüche der Versicherten, wenn diese eine von der Regelversorgung abweichende, andersartige Versorgung durchführen lassen.[189] Eine von der Regelversorgung abweichende andersartige Versorgung liegt vor, wenn eine andere Versorgungsform (beispielsweise Brückenversorgung statt Modellgussprothese) gewählt wird als die, die der Gemeinsame Bundesausschuss für den Befund beschrieben hat.[190]

139 Entsprechend dem geltenden Festzuschusssystem steht dem Versicherten ein Festzuschuss auch dann zu, wenn er eine andersartige Versorgung wählt. Der Versicherte erhält den Festzuschuss unabhängig davon, für welche Versorgungsform er sich entscheidet und welche zahnärztlichen und zahntechnischen Leistungen tatsächlich anfallen.[191] Der Versicherte kann damit gegenüber der Krankenkasse bei der Inanspruchnahme andersartigen Zahnersatzes die Festzuschüsse geltend machen, die ihm nach Absatz 1 und evtl. zusätzlich nach den Absätzen 2 oder 3 zustehen.

140 Wählt der Versicherte eine andersartige Versorgungsform, findet eine Abrechnung über die KZV nicht statt. Der Vergütungsanspruch des Zahnarztes richtet sich ausschließlich gegen den Versicherten. Anspruchsgrundlage ist der zwischen ihm und dem Versicherten geschlossene privatrechtliche Behand-

[183] *Engelhardt* in: Hauck/Noftz, SGB V, § 55 Rn. 106.
[184] BT-Drs. 15/1525, S. 92.
[185] *Axer*, NZS 2006, 225, 226.
[186] BT-Drs. 15/1525, S. 92.
[187] *Wagner* in: Krauskopf, SGB V, § 55 Rn. 22; *Axer*, NZS 2006, 225, 226.
[188] *Engelhardt* in: Hauck/Noftz, SGB V, § 55 Rn. 127.
[189] *Höfler* in: KassKomm, SGB V, § 55 Rn. 51.
[190] Abschnitt B Nr. 5 Abs. 2 Satz 2 der Zahnersatzrichtlinie.
[191] *Axer*, NZS 2006, 225, 226.

lungsvertrag. Der Versicherte hat hingegen gegenüber seiner Krankenkasse einen Anspruch auf Erstattung der bewilligten Festzuschüsse. Es handelt sich daher um einen speziellen Kostenerstattungsanspruch.

VIII. Zum Verfahren

Das Verfahren zur Bewilligung der Festzuschüsse und zur Abrechnung der zahnärztlichen und zahntechnischen Leistungen ist in den §§ 87 und 87a SGB V geregelt. Auf die Kommentierung dieser Vorschriften kann verwiesen werden, sodass hier das Bewilligungs- und Abrechnungsverfahren nur kurz zu skizzieren ist. 141

Vor Beginn der Behandlung hat der Zahnarzt einen kostenfreien Heil- und Kostenplan zu erstellen (§ 87 Abs. 1a Satz 2 SGB V). In dem Behandlungsplan sind der Befund, die Regelversorgung und die tatsächlich geplante Versorgung auch für den Fall einer geplanten gleichartigen (Absatz 4) oder andersartigen (Absatz 5) Versorgung aufzuführen (§ 87 Abs. 1a Satz 2 SGB V). 142

Der fertig ausgefüllte Heil- und Kostenplan wird der Krankenkasse eingereicht. Diese prüft noch vor Beginn der Behandlung den Plan (§ 87 Abs. 1a Satz 4 SGB V). Kommt die Krankenkasse zu dem Ergebnis, dass eine Versorgungsnotwendigkeit besteht, bewilligt sie für den festgestellten Befund die Festzuschüsse gemäß § 55 Abs. 1 und 2 SGB V (§ 87 Abs. 1a Satz 6 SGB V). 143

Nach Abschluss der Behandlung[192] rechnet der Vertragsarzt die von der Krankenkasse im Heil- und Kostenplan bewilligten Festzuschüsse in den Fällen der Regelversorgung und der gleichartigen Versorgung mit der für ihn zuständigen KZV ab (§ 87 Abs. 1a Satz 7 SGB V). Bei einer gleichartigen Versorgung werden die Mehrkosten nicht gegenüber der KZV, sondern gegenüber dem Versicherten selbst abgerechnet (§ 87a Satz 2 SGB V). Schuldner dieses Mehrbetrages ist damit nicht die KZV, sondern der Versicherte selbst. Der Zahnarzt berechnet die Mehrkosten für die gleichartige Versorgung nach der GOZ (§ 87a Satz 1 SGB V). 144

Sofern eine andersartige Versorgung erfolgte, erhält der Versicherte den bewilligten Festzuschuss unmittelbar von seiner Krankenkasse (Absatz 5). Die KZV ist dann von Gesetzes wegen nicht mehr in das Abrechnungsverfahren einbezogen. Vielmehr macht der Vertragszahnarzt selbst seinen Anspruch auf Bezahlung der bei der Behandlung entstandenen Kosten unmittelbar und in vollem Umfang gegenüber dem Versicherten geltend.[193] 145

---

[192] Die Behandlung ist abgeschlossen, wenn der Zahnersatz eingesetzt und damit die Leistung erbracht ist. Dies dürfte erst bei Mängelfreiheit der Fall sein (§ 640 BGB); so *Höfler* in: KassKomm, SGB V, § 55 Rn. 61.

[193] *Axer*, NZS 2006, 225, 228.

§ 56 SGB V Festsetzung der Regelversorgungen

(Fassung vom 26.03.2007, gültig ab 01.04.2007)

(1) Der Gemeinsame Bundesausschuss bestimmt in Richtlinien, erstmalig bis zum 30. Juni 2004, die Befunde, für die Festzuschüsse nach § 55 gewährt werden und ordnet diesen prothetische Regelversorgungen zu.

(2) Die Bestimmung der Befunde erfolgt auf der Grundlage einer international anerkannten Klassifikation des Lückengebisses. Dem jeweiligen Befund wird eine zahnprothetische Regelversorgung zugeordnet. Diese hat sich an zahnmedizinisch notwendigen zahnärztlichen und zahntechnischen Leistungen zu orientieren, die zu einer ausreichenden, zweckmäßigen und wirtschaftlichen Versorgung mit Zahnersatz einschließlich Zahnkronen und Suprakonstruktionen bei einem Befund im Sinne von Satz 1 nach dem allgemein anerkannten Stand der zahnmedizinischen Erkenntnisse gehören. Bei der Zuordnung der Regelversorgung zum Befund sind insbesondere die Funktionsdauer, die Stabilität und die Gegenbezahnung zu berücksichtigen. Zumindest bei kleinen Lücken ist festsitzender Zahnersatz zu Grunde zu legen. Bei großen Brücken ist die Regelversorgung auf den Ersatz von bis zu vier fehlenden Zähnen je Kiefer und bis zu drei fehlenden Zähnen je Seitenzahngebiet begrenzt. Bei Kombinationsversorgungen ist die Regelversorgung auf zwei Verbindungselemente je Kiefer, bei Versicherten mit einem Restzahnbestand von höchstens drei Zähnen je Kiefer auf drei Verbindungselemente je Kiefer begrenzt. Regelversorgungen umfassen im Oberkiefer Verblendungen bis einschließlich Zahn fünf, im Unterkiefer bis einschließlich Zahn vier. In die Festlegung der Regelversorgung einzubeziehen sind die Befunderhebung, die Planung, die Vorbereitung des Restgebisses, die Beseitigung von groben Okklusionshindernissen und alle Maßnahmen zur Herstellung und Eingliederung des Zahnersatzes einschließlich der Nachbehandlung sowie die Unterweisung im Gebrauch des Zahnersatzes. Bei der Festlegung der Regelversorgung für zahnärztliche Leistungen und für zahntechnische Leistungen sind jeweils die einzelnen Leistungen nach § 87 Abs. 2 und § 88 Abs. 1 getrennt aufzulisten. Inhalt und Umfang der Regelversorgungen sind in geeigneten Zeitabständen zu überprüfen und an die zahnmedizinische Entwicklung anzupassen. Der Gemeinsame Bundesausschuss kann von den Vorgaben der Sätze 5 bis 8 abweichen und die Leistungsbeschreibung fortentwickeln.

(3) Vor der Entscheidung des Gemeinsamen Bundesausschusses nach Absatz 2 ist dem Verband Deutscher Zahntechniker-Innungen Gelegenheit zur Stellungnahme zu geben; die Stellungnahme ist in die Entscheidung über die Regelversorgung hinsichtlich der zahntechnischen Leistungen einzubeziehen.

(4) Der Gemeinsame Bundesausschuss hat jeweils bis zum 30. November eines Kalenderjahres die Befunde, die zugeordneten Regelversorgungen einschließlich der nach Absatz 2 Satz 10 aufgelisteten zahnärztlichen und zahntechnischen Leistungen sowie die Höhe der auf die Regelversorgung entfallenden Beträge nach § 57 Abs. 1 Satz 6 und Abs. 2 Satz 6 und 7 in den Abstaffelungen nach § 55 Abs. 1 Satz 2, 3 und 5 sowie Abs. 2 im Bundesanzeiger bekannt zu machen.

(5) § 94 Abs. 1 Satz 2 gilt mit der Maßgabe, dass die Beanstandungsfrist einen Monat beträgt. Erlässt das Bundesministerium für Gesundheit die Richtlinie nach § 94 Abs. 1 Satz 5, gilt § 87 Abs. 6 Satz 4 zweiter Halbsatz und Satz 6 entsprechend.

Gliederung

A. Basisinformationen

I. Textgeschichte

§ 56 SGB V wurde wie § 55 SGB V als Teil des neu gefassten Siebten Abschnitts (Zahnersatz) durch Art. 1 Nr. 36 des GKV-Modernisierungsgesetzes – GMG vom 14.11.2003[1] in das SGB V eingeführt. 1

Die Vorschrift ist gemäß Art. 37 Abs. 1 GMG am 01.01.2004 in Kraft getreten und seitdem nicht geändert worden. 2

II. Vorgängervorschriften

Eine § 56 SGB V vergleichbare Regelung enthielt der durch Art. 1 Nr. 7 des Zweiten Gesetzes zur Neuordnung von Selbstverwaltung und Eigenverantwortung (2. GKV-Neuordnungsgesetz – NOG) vom 23.06.1997[2] eingeführte § 30a SGB V. Er sah die Festsetzung von therapieorientierten Festzuschüssen durch den Bundesausschuss der Zahnärzte und Krankenkassen auf der Grundlage standardisierter Versorgungsformen vor.[3] Die Vorschrift, die am 01.07.1997 in Kraft trat, wurde durch Art. 1 Nr. 4 des Gesetzes zur Stärkung der Solidarität in der gesetzlichen Krankenversicherung vom 19.12.1998 mit Wirkung vom 01.01.1999[4] bereits wieder aufgehoben. 3

III. Systematische Zusammenhänge und Abgrenzungen

§ 56 SGB V ist die notwendige Ergänzung zu dem in § 55 SGB V geregelten Leistungsanspruch auf befundbezogene Festzuschüsse. Er bestimmt, wer die Befunde und die dazugehörigen Regelversorgungen festlegt (Absatz 1), welche Grundlagen dabei heranzuziehen sind (Absatz 2) und welches Verfahren einzuhalten ist (Absätze 3 bis 5). 4

§ 55 SGB V regelt den Anspruch des Versicherten auf befundbezogene Festzuschüsse sowohl bei der Inanspruchnahme der Regelversorgung als auch bei der Wahl einer gleichartigen oder andersartigen Versorgungsform. Dafür ist es erforderlich zu wissen, für welche Befunde welche Regelversorgung gilt. Dies regelt § 56 SGB V, indem er bestimmt, durch wen und wie die Befunde und Regelversorgungen festzulegen sind. Wie diese Regelversorgungen zu vergüten sind, wird dann durch die Vereinbarungen nach § 57 SGB V festgelegt. 5

B. Regelungsgehalt und Bedeutung der Norm

Die Vorschrift regelt die Kompetenz für die Festsetzung der Befunde und der dazugehörigen Regelversorgungen. Damit wird die Grundlage für die Gewährung von Festzuschüssen nach § 55 SGB V geschaffen.[5] Gleichzeitig wird bestimmt, welche besonderen Verfahrensvorschriften der Gemeinsame Bundesausschuss bei der Festsetzung der Befunde und Regelversorgungen zusätzlich zu beachten hat. 6

---

1 BGBl I 2003, 2190.
2 BGBl I 1997, 1520.
3 *Engelhardt* in: Hauck/Noftz, SGB V, § 56 Rn. 3.
4 BGBl I 1998, 3853.
5 *Engelhardt* in: Hauck/Noftz, SGB V, § 56 Rn. 2.

C. Auslegung der Norm

I. Allgemeines

7 § 56 SGB V enthält Regelungen, die entweder aus sich heraus verständlich oder einer juristischen Kommentierung nicht zugänglich sind. Um bloße Wiederholungen des Gesetzestextes und der Gesetzesbegründung zu vermeiden, beschränkt sich die Kommentierung auf einen Überblick. Probleme, die sich möglicherweise im Zusammenhang mit der Rechtsnormqualität der Richtlinien des Gemeinsamen Bundesausschusses oder den Entscheidungswegen ergeben, sind nicht hier aufzuführen, sondern bei den Regelungen über den Gemeinsamen Bundesausschuss (§§ 91 ff. SGB V). Insofern kann auf die dortigen Kommentierungen verwiesen werden.

II. Richtlinienkompetenz des Gemeinsamen Bundesausschusses (Absatz 1)

8 Nach Absatz 1 sind die Befunde und die diesen zuzuordnenden Regelversorgungen in Richtlinien (§ 92 SGB V) zu bestimmen.[6] Seiner durch Absatz 1 auferlegten Pflicht ist der Gemeinsame Bundesausschuss mit der Richtlinie zur Bestimmung der Befunde und der Regelversorgungsleistungen, für die Festzuschüsse nach den §§ 55, 56 SGB V zu gewähren sind (Festzuschuss-Richtlinie),[7] nachgekommen. Die Festzuschuss-Richtlinie ist in zwei Teile gegliedert. Während der Teil A allgemeine Ausführungen enthält, sind in Teil B die Befunde mit der jeweils zugeordneten Regelversorgung aufgelistet. Auch die von den Parteien auf Bundes- und Landesebene getroffenen Vereinbarungen über die Vergütung der erforderlichen Leistungen bei der Regelversorgung sind genannt.

9 Von der Festzuschussrichtlinie ist die Richtlinie über eine ausreichende, zweckmäßige und wirtschaftliche vertragszahnärztliche Versorgung mit Zahnersatz und Zahnkronen (Zahnersatz-Richtlinie) zu unterscheiden.

III. Bestimmung der Befunde und Zuordnung der Regelversorgung (Absatz 2)

10 Die Festsetzung der Regelversorgung erfolgt in zwei Schritten. Als erstes sind die Befunde zu bestimmen, für die Festzuschüsse gewährt werden (Satz 1). Danach sind diesen Befunden Regelversorgungen zuzuordnen (Satz 2).

11 Hinsichtlich der Bestimmung der Befunde ist Satz 1 zu beachten, wonach Grundlage der Bestimmung eine international anerkannte Klassifikation des Lückengebisses sein muss.

12 Die Festlegung der Regelversorgung hat unter Beachtung der Zahnersatz-Richtlinie zu erfolgen.[8] Die Regelungen in den Sätzen 3 bis 9 stellen dabei sicher, dass sich die jeweilige Regelversorgung an dem gegenwärtigen Versorgungsniveau orientiert. Die jeweilige Regelversorgung muss eine konkrete Versorgung abbilden, die in der Mehrzahl der Fälle mit dem entsprechenden Befund unter Beachtung der gesetzlich genannten Kriterien zur Behandlung geeignet ist.[9]

IV. Anhörungspflicht (Absatz 3)

13 Nach Absatz 3 ist dem Verband deutscher Zahntechniker-Innungen Gelegenheit zur Stellungnahme zu geben. Damit wird der Sachverstand des Verbandes nutzbar gemacht, soweit es um zahntechnische Leistungen der Regelversorgung geht.[10]

14 Die Stellungnahme des Verbandes hat der Gemeinsame Bundesausschuss bei der Entscheidung über die Regelversorgung mit einzubeziehen (Absatz 3 Halbsatz 2).

15 Durch die Pflicht die Stellungnahme mit einzubeziehen wird der Sache nach erreicht, dass die Festsetzung der befundbezogenen Regelversorgung im Benehmen mit dem Verband der Zahntechniker-Innungen erfolgt. Unter dem Begriff des „Benehmens“ ist eine Mitwirkungsform zu verstehen, die zwar schwächer ist als die Beteiligungsformen „im Einvernehmen“ und „mit Zustimmung“, aber stärker als

---

[6] Vgl. zur Rechtsnatur der Richtlinien und deren gerichtlichen Überprüfung nur *Engelmann*, MedR 2006, 245, ff.; das BVerfG hat die Frage zur demokratischen Legitimation des Gemeinsamen Bundesausschusses und der rechtlichen Qualität seiner Richtlinien auch jüngst ausdrücklich offen gelassen; BVerfG v. 06.12.2005 - 1 BvR 347/98 - NJW 2006, 891 ff.

[7] Vom 03.11.2004, abrufbar unter www.g-ba.de.

[8] *Engelhardt* in: Hauck/Noftz, SGB V, § 56 Rn. 13.

[9] BT-Drs. 15/1525, S. 92.

[10] BT-Drs. 15/1525, S. 92.

die Mitwirkungsform „nach Anhörung“. Stärker als die „Anhörung“ setzt das „Benehmen“ eine Fühlungnahme voraus, die von dem Willen getragen wird, auch die Belange der anderen Seite zu berücksichtigen und sich mit ihr zu verständigen.[11] Das Benehmen bedarf damit zwar keiner Willensübereinstimmung, verlangt aber ein Mindestmaß an Einflussmöglichkeiten auf die Willensbildung des anderen.[12] Nicht mehr und nicht weniger wird durch Absatz 3 Halbsatz 2 angeordnet.[13]

V. Veröffentlichung der Richtlinie (Absatz 4)

Absatz 4 konkretisiert die in § 94 Abs. 2 SGB V geregelte Verpflichtung des Gemeinsamen Bundesausschusses zur Veröffentlichung der Richtlinien im Bundesanzeiger.[14] Die Regelung dient der Transparenz der vom Gemeinsamen Bundesausschuss getroffenen Entscheidungen. 16

VI. Wirksamwerden der Richtlinie, Ersatzvornahme (Absatz 5)

Absatz 5 regelt die Besonderheiten, die in Abweichung von § 94 SGB V für das Wirksamwerden der Festzuschuss-Richtlinie gelten. 17

§ 94 Abs. 1 Satz 1 SGB V bestimmt, dass die vom Gemeinsamen Bundesausschuss beschlossenen Richtlinien nicht mit Beschlussfassung, sondern erst mit Ablauf der in § 94 Abs. 1 Satz 2 SGB V festgelegten Beanstandungsfrist des Bundesministeriums für Gesundheit (zwei Monate) wirksam werden. § 94 SGB V gilt auch für die Festzuschuss-Richtlinie. Sein Anwendungsbereich erfasst sämtliche vom Gemeinsamen Bundesausschuss beschlossenen Richtlinien. Insofern ist die Formulierung in Absatz 5 „§ 94 Abs. 1 Satz 2 gilt“ etwas missverständlich. Sie erweckt den Eindruck, als ob die Anwendbarkeit des § 94 SGB V extra angeordnet werden müsste, was nicht der Fall ist. Die in § 94 Abs. 1 Satz 2 SGB V festgesetzte Beanstandungsfrist von zwei Monaten verkürzt Absatz 5 Satz 1 als lex specialis auf einen Monat. 18

Absatz 5 Satz 2 stellt sicher, dass für den Fall der nach § 94 Abs. 1 Satz 2 SGB V möglichen Ersatzvornahme des Bundesministeriums für Gesundheit die damit verbundenen Kosten von den Spitzenverbänden der Krankenkassen und der Kassenzahnärztlichen Bundesvereinigung zu tragen sind.[15] 19

---

[11] BAG v. 25.06.1987 - 6 AZR 506/84 - BAGE 55, 393, 400.

[12] BAG v. 13.03.2003 - 6 AZR 557/01 - BB 2003, 1960.

[13] So auch *Engelhardt* in: Hauck/Noftz, SGB V, § 56 Rn. 33 f.

[14] *Engelhardt* in: Hauck/Noftz, SGB V, § 56 Rn. 37.

[15] BT-Drs. 15/1525, S. 93.

§ 57 SGB V Beziehungen zu Zahnärzten und Zahntechnikern

(Fassung vom 15.12.2004, gültig ab 21.12.2004, gültig bis 30.06.2008)

(1) Die Spitzenverbände der Krankenkassen gemeinsam und einheitlich und die Kassenzahnärztliche Bundesvereinigung vereinbaren jeweils bis zum 30. September eines Kalenderjahres für das Folgejahr, erstmalig bis zum 30. September 2004 für das Jahr 2005, die Höhe der Vergütungen für die zahnärztlichen Leistungen bei den Regelversorgungen nach § 56 Abs. 2 Satz 2. Für die erstmalige Vereinbarung ermitteln die Vertragspartner nach Satz 1 den bundeseinheitlichen durchschnittlichen Punktwert des Jahres 2004 für zahnärztliche Leistungen beim Zahnersatz einschließlich Zahnkronen gewichtet nach der Zahl der Versicherten. Soweit Punktwerte für das Jahr 2004 bis zum 30. Juni 2004 von den Partnern der Gesamtverträge nicht vereinbart sind, werden die Punktwerte des Jahres 2003 unter Anwendung der für das Jahr 2004 nach § 71 Abs. 3 maßgeblichen durchschnittlichen Veränderungsrate der beitragspflichtigen Einnahmen aller Mitglieder der Krankenkassen je Mitglied für das gesamte Bundesgebiet festgelegt. Für das Jahr 2005 wird der durchschnittliche Punktwert nach den Sätzen 2 und 3 unter Anwendung der für das Jahr 2005 nach § 71 Abs. 3 maßgeblichen durchschnittlichen Veränderungsrate der beitragspflichtigen Einnahmen aller Mitglieder der Krankenkassen je Mitglied für das gesamte Bundesgebiet festgelegt. Für die folgenden Kalenderjahre gelten § 71 Abs. 1 bis 3 sowie § 85 Abs. 3. Die Beträge nach Satz 1 ergeben sich jeweils aus der Summe der Punktzahlen der nach § 56 Abs. 2 Satz 10 aufgelisteten zahnärztlichen Leistungen, multipliziert mit den jeweils vereinbarten Punktwerten. Die Vertragspartner nach Satz 1 informieren den Gemeinsamen Bundesausschuss über die Beträge nach Satz 6. § 89 Abs. 4 gilt mit der Maßgabe, dass auch § 89 Abs. 1 und 1a entsprechend gilt. Die Festsetzungsfristen nach § 89 Abs. 1 Satz 1 und 3 und Abs. 1a Satz 2 betragen für die Festsetzungen nach den Sätzen 2 bis 4 zwei Monate.

(2) Die Landesverbände der Krankenkassen und die Verbände der Ersatzkassen gemeinsam und einheitlich vereinbaren mit den Innungsverbänden der Zahntechniker-Innungen jeweils bis zum 30. September eines Kalenderjahres, erstmalig bis zum 30. September 2004 für das Jahr 2005, die Höchstpreise für die zahntechnischen Leistungen bei den Regelversorgungen nach § 56 Abs. 2 Satz 2; sie dürfen dabei die nach den Sätzen 2 bis 5 für das jeweilige Kalenderjahr ermittelten bundeseinheitlichen durchschnittlichen Preise um bis zu 5 vom Hundert unter- oder überschreiten. Hierzu ermitteln die Spitzenverbände der Krankenkassen und der Verband der Zahntechniker-Innungen die bundeseinheitlichen durchschnittlichen Preise des Jahres 2004 für zahntechnische Leistungen beim Zahnersatz einschließlich Zahnkronen und Suprakonstruktionen gewichtet nach der Zahl der Versicherten. Sind Preise für das Jahr 2004 nicht vereinbart, werden die Preise des Jahres 2003 unter Anwendung der für das Jahr 2004 nach § 71 Abs. 3 maßgeblichen durchschnittlichen Veränderungsrate der beitragspflichtigen Einnahmen aller Mitglieder der Krankenkassen je Mitglied für das gesamte Bundesgebiet festgelegt. Für das Jahr 2005 werden die durchschnittlichen Preise nach den Sätzen 2 und 3 unter Anwendung der für das Jahr 2005 nach § 71 Abs. 3 maßgeblichen durchschnittlichen Veränderungsrate der beitragspflichtigen Einnahmen aller Mitglieder der Krankenkassen je Mitglied für das gesamte Bundesgebiet festgelegt. Für die folgenden Kalenderjahre gilt § 71 Abs. 1 bis 3. Die für die Festlegung der Festzuschüsse nach § 55 Abs. 1 Satz 2 maßgeblichen Beträge für die zahntechnischen Leistungen bei den Regelversorgungen, die nicht von Zahnärzten erbracht werden, ergeben sich als Summe der bundeseinheitlichen Preise nach den Sätzen 2 bis 5 für die nach § 56 Abs. 2 Satz 10 aufgelisteten zahntechnischen Leistungen. Die Höchstpreise nach Satz 1 und die Beträge nach Satz 6 vermindern sich um 5 vom Hundert für zahntechnische Leistungen, die von Zahnärzten erbracht werden. Die Vertragspartner

nach Satz 2 informieren den Gemeinsamen Bundesausschuss über die Beträge für die zahntechnischen Leistungen bei Regelversorgungen. § 89 Abs. 7 gilt mit der Maßgabe, dass die Festsetzungsfristen nach § 89 Abs. 1 Satz 1 und 3 und Abs. 1a Satz 2 für die Festsetzungen nach den Sätzen 2 bis 4 jeweils einen Monat betragen.

Gliederung

A. Basisinformationen

I. Textgeschichte

§ 57 SGB V wurde wie die §§ 55 und 56 SGB V als Teil des neu gefassten Siebten Abschnitts (Zahnersatz) durch Art. 1 Nr. 36 des GKV-Modernisierungsgesetzes – GMG vom 14.11.2003[1] in das SGB V eingeführt. 1

Die Vorschrift ist gemäß Art. 37 Abs. 1 GMG am 01.01.2004 in Kraft getreten. 2

Durch Art. 2 Nr. 1 des Gesetzes zur Anpassung der Finanzierung von Zahnersatz vom 15.12.2004[2] wurde Absatz 2 Satz 7 geändert. Dort wurde das Wort „die" durch die Wörter „die Höchstpreise nach Satz 1 und die" ersetzt. 3

II. Vorgängervorschriften

Absatz 1 ist neu. Eine vergleichbare Bestimmung enthielt das Recht der gesetzlichen Krankenversicherung bisher nicht. Hingegen ersetzt Absatz 2 § 88 Abs. 2 Satz 1 SGB V a.F. Diese Vorschrift bestimmte, dass die Vergütungen für sämtliche nach dem BEB-Verzeichnis abrechnungsfähigen zahntechnischen Leistungen zwischen den Landesverbänden der Krankenkassen und den Innungsverbänden der Zahntechniker zu vereinbaren waren.[3] 4

III. Systematische Zusammenhänge und Abgrenzungen

Nachdem § 55 SGB V den Anspruch auf befundbezogene Festzuschüsse begründet und § 56 SGB V bestimmt, wie und wer die Befunde und die dazugehörigen Regelversorgungen festlegt, regelt § 57 SGB V, zwischen wem und wie die Preise für die zahnärztlichen und zahntechnischen Leistungen, die für die Regelversorgung erforderlich sind, vereinbart werden. Dabei sind Regelungsgegenstand in Absatz 1 die zahnärztlichen Leistungen, während Absatz 2 die zahntechnischen Leistungen zum Gegenstand hat. 5

B. Regelungsgehalt und Bedeutung der Norm

Die Vorschrift legt die Vertragsabschlusskompetenz für die Vereinbarungen über die Vergütungshöhe der zahnärztlichen und zahntechnischen Leistungen bei den Regelversorgungen fest. Sie regelt damit auch die Beziehungen der Krankenkassen zu Zahnärzten und Zahntechnikern beim Zahnersatz. 6

Engelhardt weist zu Recht darauf hin, dass die Regelung systematisch in das 4. Kapitel des SGB V gehört.[4] Die systematische Stellung von § 57 SGB V im 3. Kapitel des SGB V ist insbesondere im Hinblick auf § 69 SGB V problematisch. § 69 SGB V bestimmt, dass die Rechtsbeziehungen zwischen Krankenkassen und deren Verbänden und der Leistungserbringerseite abschließend in den dort aufgeführten Normen geregelt sind. Mit der systematischen Stellung des § 57 SGB V könnte die Diskussion entstehen, ob der mit § 69 SGB V erreichte Ausschluss des Wettbewerbsrechts – mit Ausnahme der §§ 19-21 GWB - ebenso für die bei der Versorgung mit Zahnersatz bestehenden Rechtsbeziehungen 7

[1] BGBl I 2003, 2190.
[2] BGBl I 2004, 3445.
[3] *Engelhardt* in: Hauck/Noftz, SGB V, § 57 Rn. 4.
[4] *Engelhardt* in: Hauck/Noftz, SGB V, § 57 Rn. 2.

gilt. Allerdings sind auch die durch § 57 vermittelten Rechtsbeziehungen öffentlich-rechtlicher Natur. Auf öffentlich-rechtliche Rechtsbeziehungen ist das privatrechtliche Kartellrecht nach herrschender und richtiger Ansicht nicht anwendbar. Von diesem Grundsatz geht auch § 69 SGB V aus, wenn er über die öffentlich-rechtliche Qualifikation der Rechtsbeziehungen das Wettbewerbsrecht ausschließt. Die durch das GKV-WSG eingeführte entsprechende Anwendung der §§ 19-21 GWB bestätigt dies. Einer entsprechenden Anwendung hätte es nicht bedurft, wenn die Normen des GWB ohnehin auf öffentlich-rechtliche Rechtsbeziehungen anwendbar wären. Die Regelungen finden von daher auch auf die Rechtsbeziehungen der Verbände zu den Zahnärzten und Zahntechnikern bei den für die Zahnersatzversorgung notwendigen Vereinbarungen keine Anwendung.

C. Auslegung der Norm

I. Beziehungen zu den Zahnärzten (Absatz 1)

8 In Absatz 1 Satz 1 werden die Spitzenverbände der Krankenkassen beauftragt, gemeinsam und einheitlich die Vergütungshöhe für die zahnärztlichen Leistungen bei den Regelversorgungen nach § 56 Abs. 2 SGB V mit der Kassenzahnärztlichen Bundesvereinigung zu vereinbaren. Die Vertragsabschlusskompetenz wird damit auf die Bundesebene verlagert. Dies weicht von den Regelungen über die Gesamtverträge ab. Danach vereinbaren die Landesverbände der Krankenkassen mit Wirkung für ihre Mitgliedskassen und die Kassenärztlichen Vereinigungen in den Gesamtverträgen die Höhe der ärztlichen Gesamtvergütung (§ 85 Abs. 2 SGB V i.V.m. § 83 Abs. 1 SGB V). Ausweislich der Gesetzesbegründung war die Verlagerung der Verhandlungsebene notwendig, weil für die Satzungsleistung „Zahnersatz" ein bundeseinheitlicher Beitrag erhoben wird und diesem einheitlichen Beitrag ein einheitlicher Festzuschuss gegenüberstehen muss.[5] Dieser Gesichtspunkt ist mit der „Wende" des Gesetzgebers von der Satzungsleistung „Zahnersatz" zur Regelleistung „Zahnersatz" und der damit verbundenen Aufhebung des § 58 SGB V hinfällig geworden. Insofern erscheint es sachgerecht, die Vertragsabschlusskompetenz wieder – wie auch in Absatz 2 – auf die Landesebene zu delegieren.

9 Ab dem Jahr 2006 gelten gemäß Satz 5 die Regelungen des § 71 Abs. 1-3 SGB V sowie § 85 Abs. 3 SGB V. Dies bedeutet, dass die bis zum 30.09. für das Folgejahr abzuschließenden Vereinbarungen insbesondere die Grundsätze der Beitragssatzstabilität (§ 71 Abs. 1-3 SGB V) und die Regelungen über die Änderungen der Gesamtvergütungen (§ 85 Abs. 3 SGB V) zu beachten haben.

II. Beziehungen zu den Zahntechnikern (Absatz 2)

10 Anders als in Absatz 1 liegt die Vertragskompetenz für die Vereinbarungen über die Preise der zahntechnischen Leistungen auf der Landesebene. Die Landesverbände müssen die Preise gemeinsam und einheitlich verhandeln. Insofern kommt es nicht zu kassenarztspezifischen Preisen. Dass die Vereinbarungen über die Preise für die zahntechnischen Leistungen nicht auf der Bundesebene, sondern auf der Landesebene abzuschließen sind, geht auf die Beschlussempfehlungen des Ausschusses für Gesundheit und soziale Sicherung zurück. Der Gesetzentwurf der Bundesregierung sah noch vor, auch diese Vereinbarungen auf der Bundesebene zu treffen (Art. 1 Nr. 36 § 57). Nach Ansicht des Ausschusses wird mit der Vereinbarung auf Landesebene den voneinander abweichenden Preisen für zahntechnische Leistungen beim Zahnersatz zwischen den einzelnen Ländern Rechnung getragen.[6]

11 Die Abschlussfreiheit der Vertragsparteien auf Landesebene wird insofern eingeschränkt, als sie sich nach dem von den Vertragsparteien auf Bundesebene (Satz 2) vereinbarten Preisniveau zu richten haben. Davon können sie allerdings innerhalb eines Korridors von insgesamt 10 v.H. abweichen (Satz 1 Halbsatz 2).

12 Ab dem Jahr 2006 haben auch die Vertragsparteien auf Landesebene bei ihren Vergütungsvereinbarungen den Grundsatz der Beitragssatzstabilität (§ 71 Abs. 1-3 SGB V) zu beachten (Satz 5).

III. Schiedsregelung

13 Durch die Verweise in Absatz 1 Satz 8 und Absatz 2 Satz 9 auf § 89 Abs. 4 SGB V und § 89 Abs. 7 SGB V wird erreicht, dass die auf Bundesebene gebildeten Schiedsämter die Preise festlegen, sofern sich die Vertragsparteien nicht einigen können. Für die auf Landesebene zu treffenden Vereinbarungen ist das aus der Sicht der Zuständigkeit der Bundesschiedsstelle problematisch.

---

[5] BT-Drs. 15/1525, S. 93.

[6] BT-Drs. 15/1600, S. 19.

Achter Abschnitt: Fahrkosten

§ 60 SGB V Fahrkosten

(Fassung vom 23.12.2003, gültig ab 01.01.2004)

(1) Die Krankenkasse übernimmt nach den Absätzen 2 und 3 die Kosten für Fahrten einschließlich der Transporte nach § 133 (Fahrkosten), wenn sie im Zusammenhang mit einer Leistung der Krankenkasse aus zwingenden medizinischen Gründen notwendig sind. Welches Fahrzeug benutzt werden kann, richtet sich nach der medizinischen Notwendigkeit im Einzelfall. Die Krankenkasse übernimmt Fahrkosten zu einer ambulanten Behandlung unter Abzug des sich nach § 61 Satz 1 ergebenden Betrages nur nach vorheriger Genehmigung in besonderen Ausnahmefällen, die der Gemeinsame Bundesausschuss in den Richtlinien nach § 92 Abs. 1 Satz 2 Nr. 12 festgelegt hat.

(2) Die Krankenkasse übernimmt die Fahrkosten in Höhe des sich nach § 61 Satz 1 ergebenden Betrages je Fahrt übersteigenden Betrages

1. **bei Leistungen, die stationär erbracht werden; dies gilt bei einer Verlegung in ein anderes Krankenhaus nur, wenn die Verlegung aus zwingenden medizinischen Gründen erforderlich ist, oder bei einer mit Einwilligung der Krankenkasse erfolgten Verlegung in ein wohnortnahes Krankenhaus,**
2. **bei Rettungsfahrten zum Krankenhaus auch dann, wenn eine stationäre Behandlung nicht erforderlich ist,**
3. **bei anderen Fahrten von Versicherten, die während der Fahrt einer fachlichen Betreuung oder der besonderen Einrichtungen eines Krankenkraftwagens bedürfen oder bei denen dies auf Grund ihres Zustandes zu erwarten ist (Krankentransport),**
4. **bei Fahrten von Versicherten zu einer ambulanten Krankenbehandlung sowie zu einer Behandlung nach § 115a oder § 115b, wenn dadurch eine an sich gebotene vollstationäre oder teilstationäre Krankenhausbehandlung (§ 39) vermieden oder verkürzt wird oder diese nicht ausführbar ist, wie bei einer stationären Krankenhausbehandlung.**

Soweit Fahrten nach Satz 1 von Rettungsdiensten durchgeführt werden, zieht die Krankenkasse die Zuzahlung in Höhe des sich nach § 61 Satz 1 ergebenden Betrages je Fahrt von dem Versicherten ein.

(3) Als Fahrkosten werden anerkannt

1. **bei Benutzung eines öffentlichen Verkehrsmittels der Fahrpreis unter Ausschöpfen von Fahrpreisermäßigungen,**
2. **bei Benutzung eines Taxis oder Mietwagens, wenn ein öffentliches Verkehrsmittel nicht benutzt werden kann, der nach § 133 berechnungsfähige Betrag,**
3. **bei Benutzung eines Krankenkraftwagens oder Rettungsfahrzeugs, wenn ein öffentliches Verkehrsmittel, ein Taxi oder ein Mietwagen nicht benutzt werden kann, der nach § 133 berechnungsfähige Betrag,**
4. **bei Benutzung eines privaten Kraftfahrzeugs für jeden gefahrenen Kilometer den jeweils auf Grund des Bundesreisekostengesetzes festgesetzten Höchstbetrag für Wegstreckenentschädigung, höchstens jedoch die Kosten, die bei Inanspruchnahme des nach Nummer 1 bis 3 erforderlichen Transportmittels entstanden wären.**

(4) Die Kosten des Rücktransports in das Inland werden nicht übernommen. § 18 bleibt unberührt.

(5) Im Zusammenhang mit Leistungen zur medizinischen Rehabilitation werden Fahr- und andere Reisekosten nach § 53 Abs. 1 bis 3 des Neunten Buches übernommen.

Gliederung

A. Basisinformationen

I. Textgeschichte/Gesetzgebungsmaterialien

1 Die **Einführung** des § 60 SGB V erfolgte zum 01.01.1989 aufgrund des **Gesundheits-Reformgesetzes**[1] (GRG) vom 20.12.1989[2]. **Sinn und Zweck des GRG** im Hinblick auf die Erstattung von Reisekosten war, diese deutlich einzuschränken, indem eine grundsätzliche Beschränkung der Erstattungspflicht auf die bloßen Fahrkosten erfolgte. Eine **Ausnahme** ist seit 01.07.2001 in **§ 60 Abs. 5 SGB V** für Fahr- und Reisekosten im Zusammenhang mit Leistungen zur medizinischen Rehabilitation geregelt. Eine **weitere Ausnahme** ergibt sich bereits seit 01.08.1991 aus § 60 Abs. 4 Satz 2 SGB V in Verbindung mit **§ 18 Abs. 2 SGB V**; § 18 SGB V regelt die Kostenübernahme bei einer Behandlung außerhalb des Geltungsbereichs des Vertrages zur Gründung der Europäischen Gemeinschaft und des Abkommens über den Europäischen Wirtschaftsraum.

2 Die **amtliche Begründung** zu § 60 SGB V[3] lautete: „Die Ausgaben der Gesetzlichen Krankenversicherung für Fahrkosten haben einen Umfang erreicht, der finanziell nicht mehr vertretbar ist. Im Hinblick auf den hohen Grad der Motorisierung, das zumindest im städtischen Bereich dichte Netz öffentlicher Verkehrsmittel und die offenbar weitgehend unkritische Verordnung von Krankenfahrten zu Lasten der Krankenkassen durch Ärzte und Krankenhäuser machen Einschränkungen zwingend erforderlich. Dies gilt insbesondere für Fahrten zur ambulanten Behandlung. Deren Kosten werden künftig nur noch in Ausnahmefällen übernommen."

3 Eine erste Änderung des § 60 SGB V erfolgte zum 01.08.1991 aufgrund des **Renten-Überleitungsgesetzes** (RÜG)[4] vom 25.07.1991[5]: Absatz 4 erhielt einen zweiten Satz, mit dem eine Bezugnahme auf § 18 SGB V erfolgte. Gemäß § 60 Abs. 4 Satz 2 SGB V bleibt die Kostenübernahme bei Behandlung außerhalb des Geltungsbereichs des Vertrages zur Gründung der Europäischen Gemeinschaft und des Abkommens über den Europäischen Wirtschaftsraum unberührt.

4 Eine weitere Änderung erfuhr § 60 Abs. 4 SGB V zum 01.01.1992 aufgrund des Zweiten Gesetzes zur Änderung des SGB V vom 20.12.1991[6]. Dabei handelte es sich jedoch lediglich um eine **redaktionelle Änderung**. Bisher war § 60 Abs. 4 Satz 1 SGB IV dahingehend formuliert, dass Kosten des Rücktransportes in den „**Geltungsbereich dieses Gesetzes**" nicht erstattet würden, fortan lautete es stattdes-

[1] Genaue Gesetzesbezeichnung: Gesetz zur Strukturreform im Gesundheitswesen.
[2] Art. 79 des GRG, BGBl I 1988, 2477.
[3] BT-Drs. 11/2237, S. 186.
[4] Genaue Gesetzesbezeichnung: Gesetz zur Herstellung der Rechtseinheit in der gesetzlichen Renten- und Unfallversicherung.
[5] BGBl I 1991, 1606.
[6] BGBl I 1991, 2325.

sen: „Kosten des Rücktransportes in das **Inland** werden nicht erstattet." Hintergrund für diese redaktionelle Änderung war die zwischenzeitlich erfolgte Wiedervereinigung Deutschlands.

Mit dem **Gesundheitsstrukturgesetz** (GSG)[7] vom 21.12.1992[8] ergänzte der Gesetzgeber § 60 Abs 2 SGB V mit Wirkung vom 01.01.1993 um eine Nr. 4 (Fahrkostenerstattung bei Benutzung eines privaten Kraftfahrzeuges). Des Weiteren nahm § 60 Abs. 3 Nr. 4 SGB V nunmehr auf das Bundesreisekostengesetz Bezug, anstelle die Wegstreckenentschädigung – wie bisher – selbst genau zu beziffern. 5

Eine erneute Änderung erfuhr § 60 SGB V sodann erstmals wieder zum 01.07.1997. Mit dem Zweiten GKG-Neuordnungsgesetz[9] vom 23.06.1997[10] erfolgte eine Anhebung der Höhe des in § 60 Abs. 2 Sätze 1 und 2 SGB V geregelten Eigenanteils von bisher 20 DM auf nunmehr 25 DM. 6

Die Anfügung von Absatz 5 des § 60 SGB V mit Wirkung zum 01.07.2001 war Folge des SGB IX – Rehabilitation und Teilhabe behinderter Menschen – Gesetz vom 19.06.2001 (Art. 5 Nr. 19, Art. 68 Abs. 1 SGB IX)[11]. 7

Die Anpassung aufgrund der Umstellung von DM auf Euro zum 01.01.2002 regelte das Achte Euro-Einführungsgesetz[12] vom 23.10.2001[13] (vgl. Art. 1 Nr. 8, Art. 44). 8

Mit Wirkung vom 30.04.2002 fasste der Gesetzgeber mit dem **Fallpauschalengesetz**[14] (FPG) vom 23.04.2002 § 60 Abs. 2 Satz 1 Nr. 1 SGB V neu, indem ein zweiter Halbsatz angefügt wurde, welcher die Vorschrift um eine Regelung für die Verlegung in nachsorgende Krankenhäuser erweitert (Art. 1 Nr. 1 FPG). 9

Das **GKV-Modernisierungsgesetz** (GMG) vom 14.11.2003[15] mit Wirkung zum 01.01.2004 änderte § 60 Abs. 1 Satz 1 SGB V (Art. 1 Nr. 37 GMG), indem die Notwendigkeit aus **„zwingenden medizinischen Gründen"** eingeführt wurde. Außerdem erfolgte eine Neuregelung des § 60 Abs. 1 Satz 3 SGB V hinsichtlich der Übernahme von Fahrkosten zur ambulanten Behandlung. Des Weiteren wurde der Selbstbehalt des § 60 Abs. 2 Satz 1 SGB V (bisher 13 €) auf den sich aus § 61 Satz 1 SGB V ergebenden Betrag festgesetzt. Darüber hinaus nahm der Gesetzgeber eine Neufassung des § 60 Abs. 2 Satz 1 SGB V vor. Außerdem hatte sich der Gesetzgeber zur Streichung des Tatbestandes betreffend die Übernahme von Fahrkosten in Härtefällen (§ 60 Abs. 2 Satz 2 SGB V a.F.) entschieden und stattdessen in § 60 Abs. 2 Satz 2 SGB V die Zuzahlung neu geregelt. 10

Ebenfalls zum 01.01.2004 trat das **Dritte Gesetz für moderne Dienstleistungen am Arbeitsmarkt** vom 23.12.2003[16] in Kraft, aufgrund dessen die Verweisung in § 60 Abs. 5 SGB V auf § 53 SGB V genauer gefasst wurde (Art. 4 Nr. 1a); nunmehr verweist § 60 Abs. 5 SGB V auf § 53 Abs. 1-3 SGB V. 11

II. Vorgängervorschriften

Anspruchsgrundlage in der **RVO** für die Gewährung von **Reisekosten** war § 194 RVO. Der Gesetzgeber fügte § 194 RVO mit Gesetz vom 07.08.1974[17] ein und schuf damit erstmals eine gesetzliche Anspruchsgrundlage für die Erstattung von Reisekosten. § 194 RVO erfasste nicht nur die reinen Fahrkosten, sondern ermöglichte auch die Erstattung darüber hinausgehender Reisekosten. Gemäß § 194 Abs. 1 Satz 1 RVO wurden die im Zusammenhang mit der Gewährung einer Leistung der Krankenkasse erforderlichen Fahr-, Verpflegungs- und Übernachtungskosten sowie die Kosten des erforderlichen Gepäcktransportes für den Versicherten und eine erforderliche Begleitperson übernommen. Dabei erfolgte die Übernahme von Reisekosten nur, soweit sie je einfache Fahrt mehr als fünf Deutsche Mark betrugen (§ 194 Abs. 1 Satz 2 RVO). § 194 Abs. 1 Satz 3 RVO enthielt die Möglichkeit, durch 12

---

7 Genaue Gesetzesbezeichnung: Gesetz zur Sicherung und Strukturverbesserung der gesetzlichen Krankenversicherung.

8 BGBl I 1992, 2266.

9 Genaue Gesetzesbezeichnung: Zweites Gesetz zur Neuordnung von Selbstverwaltung und Eigenverantwortung in der gesetzlichen Krankenversicherung.

10 BGBl I 1997, 1520.

11 BGBl I 2001, 1046.

12 Genaue Gesetzesbezeichnung: Gesetz zur Umstellung von Gesetzen und anderen Vorschriften auf dem Gebiet des Gesundheitswesens auf Euro.

13 BGBl I 2001, 2702.

14 Genaue Gesetzesbezeichnung: Gesetz zur Einführung des diagnoseorientierten Fallpauschalensystems für Krankenhäuser.

15 BGBl I 2003, 2190.

16 BGBl I 2848, 2888.

17 BGBl I 1974, 1881, 1888.

Satzung eine Kostenerstattung abweichend von § 194 Abs. 1 Satz 2 RVO zu regeln. § 194 Abs. 2 und 3 RVO regelten die Kostenerstattung von Familienheimfahrten des Versicherten bzw. von Besuchsfahrten Angehöriger bei Durchführung einer stationären Leistung von länger als acht Wochen.

13 Vor In-Kraft-Treten der RVO war die Übernahme von Reisekosten nicht gesetzlich geregelt. Dennoch bestand bereits zu Zeiten des KVG eine Verpflichtung der Krankenkassen, Reisekosten als Nebenleistungen in einem gewissen Umfang zu übernehmen.[18] Das BSG sah **Fahrkosten als unselbständige**[19] **bzw. akzessorische**[20] **Nebenleistungen** zu der von den Krankenkassen gewährten damaligen Krankenhilfe (heute Krankenbehandlung) an. Eine Erstattungspflicht der Krankenkassen hinsichtlich Fahrkosten bestand nach der Rechtsprechung, wenn ohne sie die Hauptleistung der Krankenhilfe nicht hätte erbracht werden können.[21]

III. Parallelvorschriften

14 Im **allgemeinen Teil** des Sozialgesetzbuches – SGB I – richtet sich der Ersatz von Fahrkosten, welche im Rahmen der notwendigen Mitwirkung des Versicherten gemäß §§ 61, 62 SGB I entstehen, gemäß **§ 65a SGB I**. Nach dieser Vorschrift sind die dem Versicherten durch das Verlangen der Krankenkasse entstehenden **Auslagen** in angemessenem Umfang zu ersetzen.

15 Im **Recht der Arbeitsförderung** finden sich mehrere Vorschriften hinsichtlich der Erstattung von Fahrkosten. So werden **Kosten für Bewerbungen** bis zu einem Höchstbetrag von 260 € jährlich übernommen (§ 46 Abs. 1 SGB III). Daneben können gemäß § 46 Abs. 2 Satz 1 SGB III als Reisekosten die berücksichtigungsfähigen Fahrkosten übernommen werden. Welche Kosten berücksichtigungsfähig sind und welche Vorgaben im Übrigen zu beachten sind, bestimmt ebenfalls § 46 Abs. 2 SGB III. Was unter **Maßnahmekosten** zu verstehen ist, regelt § 50 SGB III. § 50 Nr. 2 SGB III definiert dabei auch die Fahrkosten als einen Teil der Maßnahmekosten. § 54 SGB III regelt die Gewährung von **Mobilitätshilfen** bei Aufnahme einer Beschäftigung. Im Rahmen der Mobilitätshilfen können nach § 54 Abs. 3 Satz 1 SGB III als Reisekostenbeihilfe die berücksichtigungsfähigen Fahrkosten bis zu einem Betrag von 300 € übernommen werden. Auszubildende haben gemäß § 59 SGB III einen Anspruch auf **Berufsausbildungshilfe**. In diesem Rahmen besteht gemäß § 59 Nr. 3 SGB III ein Anspruch auf die Erstattung von Fahrkosten. In diesem Zusammenhang ist auch § 67 SGB III zu sehen, der in seinem Absatz 1 den Bedarf eines Auszubildenden an Fahrkosten bestimmt. § 79 SGB III enthält eine Definition der **Weiterbildungskosten**, welche nach § 79 Nr. 2 SGB III auch die Fahrkosten umfassen. Bei dem Besuch einer **Bildungsstätte** können Fahrkosten nach § 81 SGB III übernommen werden. Bei **ausbildungsbegleitenden Hilfen** ermöglicht § 246 Nr. 2 SGB III die Gewährung eines Zuschusses zu den anfallenden Fahrkosten.

16 Wird im Rahmen der Gesetzlichen Krankenversicherung die Bestellung einer **Haushaltshilfe** erforderlich, so ermöglicht § 38 Abs. 3 SGB V die Erstattung notwendiger Fahrkosten.

17 Die **Unfallversicherungsträger** haben gemäß § 23 Abs. 2 SGB VII die unmittelbaren Kosten ihrer Aus- und Fortbildungsmaßnahmen sowie die erforderlichen Fahr-, Verpflegungs- und Unterbringungskosten zu tragen. Wird im Rahmen des Unfallversicherungsrechts eine **Ersatzkraft** bestellt, kann die Berufsgenossenschaft die erforderlichen Fahrkosten erstatten, wenn die Erstattung in einem angemessenen Verhältnis zu den sonst für eine Ersatzkraft entstehenden Kosten steht (§ 54 Abs. 4 letzter Halbsatz SGB VII).

18 Im Recht der Rehabilitation und Teilhabe behinderter Menschen regelt § 53 SGB IX die Erstattung von Reisekosten.

19 Im Rahmen der Regelung über die Vergütung ambulanter Pflegeleistungen und der hauswirtschaftlichen Versorgung nach dem **Recht der sozialen Pflegeversicherung** ermöglicht § 89 Abs. 3 SGB XI die Vergütung von Fahrkosten.

---

[18] *Peters*, Handbuch KV (SGB V), § 60 Rn. 2.

[19] BSG v. 24.02.1971 - 3 RK 82/70 - BSGE 32, 225 = SozR Nr. 42 zu § 182 RVO.

[20] BSG v. 10.10.1978 - 3 RK 75/77 - BSGE 47, 79 = SozR 2200 § 194 Nr. 3.

[21] BSG v. 10.10.1978 - 3 RK 75/77 - BSGE 47, 79 = SozR 2200 § 194 Nr. 3.

IV. Untergesetzliche Vorschriften

Zu der seit 01.01.2004 geltenden Fassung des § 60 SGB V hat der Gemeinsame Bundesausschuss auf der Grundlage von § 92 Abs. 1 Satz 2 Nr. 12 SGB V in der Fassung des GKV-Modernisierungsgesetzes vom 14.11.2003 Richtlinien über die Verordnung von Krankentransporten beschlossen, die **Krankentransport-Richtlinien vom 22.01.2004.**[22] 20

V. Systematische Zusammenhänge

§ 60 SGB V ist die einzige Vorschrift des Achten Titels des SGB V betreffend die Erstattung von Fahrkosten. Umfasst werden gemäß § 60 Abs. 1 SGB V die Kosten für Fahrten sowie für Transporte im Sinne des **§ 133 SGB V**. Diese Vorschrift regelt die Versorgung mit Krankentransportleistungen. § 133 SGB V wird auch von § 60 Abs. 3 SGB V, der die Höhe der erstattungsfähigen Fahrkosten bestimmt, in Bezug genommen. 21

Die Krankenkasse übernimmt Fahrkosten zu einer ambulanten Behandlung unter Abzug des sich nach **§ 61 Satz 1 SGB V** ergebenden Betrages nur nach vorheriger Genehmigung in besonderen Ausnahmefällen, die der Gemeinsame Bundesausschuss in den Richtlinien nach **§ 92 Abs. 1 Satz 2 Nr. 12 SGB V**, den Krankentransport-Richtlinien vom 22.01.2004, festgelegt hat. 22

Gemäß § 60 Abs. 4 Satz 2 SGB V bleibt die Regelung des **§ 18 SGB V** über die Kostenübernahme bei einer Behandlung außerhalb des Geltungsbereichs des Vertrages zur Gründung der Europäischen Gemeinschaft und des Abkommens über den Europäischen Wirtschaftsraum unberührt. 23

§ 60 Abs. 5 SGB V nimmt die Vorschrift des **§ 53 Abs. 1-3 SGB IX** für die Frage der Kostenerstattung im Zusammenhang mit Leistungen zur medizinischen Rehabilitation in Bezug. 24

Die Krankenkassen übernehmen gemäß § 60 Abs. 1 Satz 1 SGB V nur Fahrkosten, die im Zusammenhang mit einer der gesetzlich vorgesehenen Hauptleistungen anfallen. Welche Hauptleistungen aus der Gesetzlichen Krankenversicherung zu erbringen sind, regelt **§ 11 SGB V**. Nach § 11 Abs. 1 Nr. 2 SGB V i.V.m. den §§ 20-24b SGB V haben Versicherte Anspruch auf Leistungen zur Verhütung von Krankheiten und von deren Verschlimmerung sowie zur Empfängnisverhütung, bei Sterilisation und bei Schwangerschaftsabbruch. § 11 Abs. 1 Nr. 3 i.V.m. den §§ 25, 26 SGB V regelt den Anspruch auf Leistungen zur Früherkennung von Krankheiten. Nach § 11 Abs. 1 Nr. 4 i.V.m. den §§ 27-52 SGB V besteht Anspruch auf Leistungen zur Behandlung einer Krankheit. Gemäß § 11 Abs. 2 Satz 1 SGB V haben Versicherte auch Anspruch auf Leistungen zur medizinischen Rehabilitation; für die diesbezüglich anfallenden Fahrkosten enthält § 60 Abs. 5 SGB V eine Sonderregelung. 25

Fahrkosten sind von den Krankenkassen nur zu übernehmen, wenn sie im Zusammenhang mit einer Hauptleistung der Krankenversicherung aus zwingenden medizinischen Gründen notwendig sind. Die Fahrt muss also notwendig sein, um eines der Behandlungsziele des **§ 27 SGB V** zu erreichen. 26

Die Verordnung von Krankentransporten ist gemäß **§ 73 Abs. 2 Nr. 7 SGB V** Gegenstand der vertragsärztlichen Versorgung. 27

§ 60 SGB V gilt unmittelbar nur für die im Zusammenhang mit der Inanspruchnahme von Leistungen der Gesetzlichen Krankenversicherung nach den Vorschriften des 3. bis 6. Abschnittes des SGB V anfallenden Fahrkosten. Über § 195 Abs. 2 Satz 1 RVO bzw. § 22 Abs. 2 Satz 1 KVLG ist die Vorschrift jedoch hinsichtlich der im Rahmen der Gewährung von Leistungen nach den **§§ 195-200b RVO** bzw. **§§ 22-31 KVLG** anfallenden Fahrkosten entsprechend anzuwenden. 28

Für das **Beitrittsgebiet** galt bis 30.06.1992 die am 01.01.1991 in Kraft getretene **Übergangsregelung** des **§ 310 Abs. 10 SGB V**, die jedoch nur die Höhe der Kostenübernahme betraf; die Leistungsvoraussetzungen bestimmten sich nach § 60 SGB V. § 310 Abs. 4-11 SGB V wurden durch Art. 1 Nr. 1 des Gesetzes vom 22.12.1999[23] mit Wirkung vom 01.01.2001 aufgehoben. 29

VI. Ausgewählte Literaturhinweise

Abig, Übernahme von Fahrkosten durch die gesetzlichen Krankenkassen in Deutschland und Frankreich, BKK 2003, 148-151; *Eichenhofer*, Abrechnung von Krankentransportleistungen für Pflichtversicherte der gesetzlichen Krankenversicherung auf Sachleistungs- oder Kostenerstattungsprinzip – Beschränkung der Vergütungsansprüche des Leistungserbringers, JZ 1999, 363-365; *Ganse*, Fahrkostenerstattung im Zusammenhang mit einer Krankenhausbehandlung, KH 2004, 489-492; *Klückmann*, 30

---

[22] BAnz 2004, Nr. 18, § 1342s; Näheres zu den Krankentransport-Richtlinien vom 22.01.2004 vgl. Rn. 54 ff.

[23] BGBl I 1999, 2657.

Vergütungsanspruch eines Rettungsdienstes gegen Krankenkasse bei Fehlen vertraglicher Vereinbarungen, jurisPR-SozR 2/2005, Anm. 2; *Moser,* Rechtliche Aspekte weltweiter Krankenrücktransporte (Repatriierung), NJW 1999, 2726 ff.; *Philipp*, Transportkosten bei Zusammenarbeit von chirurgischen Fachkliniken und Nachsorgekliniken, NZS 2001, 129-132.

B. Auslegung der Norm

I. Regelungsgehalt und Bedeutung der Norm

31 In § 60 SGB V sind die gesetzlichen Vorgaben für die Übernahme von Fahrkosten enthalten, welche im Zusammenhang mit seitens der Gesetzlichen Krankenversicherung in Anspruch genommenen Leistungen anfallen. Grundsätzlich ist seit der Einführung des § 60 SGB V die Geltendmachung von über die reinen Fahrkosten hinausgehenden Reisekosten (bspw. Verpflegungs-, Übernachtungs- und Gepäcktransportkosten) ausgeschlossen. Eine Ausnahme gilt nach § 60 Abs. 5 SGB V für Reisekosten, die aufgrund der Durchführung von Leistungen zur medizinischen Rehabilitation anfallen.

32 Die Erstattung von Fahrkosten gehört zu den **Regelleistungen** des SGB V, auf die bei Vorliegen der Tatbestandsvoraussetzungen ein **Rechtsanspruch** besteht (vgl. dazu Rn. 115.). Trotz der gesetzlichen Normierung in § 60 SGB V und zuvor in § 194 RVO hat sich an der vom BSG vor In-Kraft-Treten der RVO vorgenommenen Charakterisierung dieser Leistung als **akzessorische Nebenleistung**[24] nichts geändert.

33 Nach der Rechtsprechung des BSG handelt es sich bei der Übernahme von Fahrkosten grundsätzlich um eine **Sachleistung.**[25] Demzufolge sind die Krankenkassen zur Direktabrechnung mit dem jeweiligen Krankentransportunternehmen verpflichtet. Das BSG führt diesbezüglich aus, dem Wortlaut des § 60 SGB V sei keines der beiden Prinzipien – **Sachleistungs- oder Kostenerstattungsprinzip** – zwingend zu entnehmen; Gleiches gelte für die Materialien des GRG. Der dort benutzte Begriff der „Kostenübernahme" könne in diesem Kontext nicht mit Kostenerstattung gleichgesetzt werden. Auch die Tatsache, dass das Sachleistungsprinzip bei einigen Transportarten nicht umsetzbar sei, spreche nicht dafür, dass auch bei den Krankentransportleistungen, die als Sachleistung gewährt werden könnten, das Kostenerstattungsprinzip anzuwenden sei.

34 Fahrkosten, die aufgrund der **Inanspruchnahme ambulanter Behandlung** anfallen, muss der Versicherte grundsätzlich selbst aufbringen. Ausnahmen gelten dann, wenn die Krankenkasse Fahrkosten zur Inanspruchnahme einer ambulanten Behandlung aufgrund der von dem Gemeinsamen Bundesausschuss ausdrücklich bezeichneten Ausnahmefälle vorher genehmigt hat. Eine weitere Ausnahme gilt für medizinisch notwendige Rettungs- und Krankentransporte.

35 Fallen hingegen in Zusammenhang mit einer **stationären Behandlung** Fahrkosten an, werden diese stets erstattet, wobei die Erstattung nicht davon abhängt, welches Transportmittel benutzt wurde. Allerdings bestimmt sich die Auswahl des Transportmittels nach der medizinischen Notwendigkeit.

36 Die Versicherten werden hinsichtlich der erstattungsfähigen Fahrkosten im Rahmen von **Zuzahlungen gemäß § 61 Satz 1 SGB V** beteiligt.

37 Gemäß § 60 Abs. 5 SGB V in Verbindung mit § 53 Abs. 1-3 SGB IX werden Fahr- und darüber hinaus auch andere Reisekosten von der zuständigen Krankenkasse übernommen, die bei der Durchführung einer Maßnahme zur medizinischen Rehabilitation anfallen; eine Eigenbeteiligung fällt hierbei für den Versicherten nicht an.

II. Normzweck

38 **Regelungsgegenstand** des § 60 SGB V ist die Frage, ob und ggf. in welcher Höhe die aufgrund der Inanspruchnahme einer Leistung der Gesetzlichen Krankenversicherung entstandenen notwendigen Fahrkosten von der zuständigen Krankenkasse erstattet werden.

39 Die Übernahme von Fahrkosten durch die zuständige Krankenkasse ist eine **Regelleistung**, auf die bei Vorliegen der Tatbestandsmerkmale ein **Rechtsanspruch** des Versicherten besteht (vgl. dazu Rn. 115).

---

24 BSG v. 10.10.1978 - 3 RK 75/77 - BSGE 47, 79 = SozR 2200 § 194 Nr. 3; BSG v. 28.03.1979 - 3 RK 92/77 - BSGE 48, 139 = SozR 2200 § 194 Nr. 4.

25 BSG v. 29.11.1995 - 3 RK 32/94 - BSGE 77, 119, 128 f. = SozR 3-2500 § 133 Nr. 1; BSG v. 23.02.1999 - B 1 KR 1/98 R - BSGE 83, 285 = SozR 3-2500.

Zweck der Vorschrift des § 60 SGB V ist die Ermöglichung der Inanspruchnahme von **aus zwingenden medizinischen Gründen notwendigen Leistungen** der Gesetzlichen Krankenversicherung. 40

Sinn und Zweck der Einführung des § 60 SGB V war, die Erstattung von Reisekosten gegenüber der bis 31.12.1988 maßgeblichen Gesetzeslage (§ 194 RVO) deutlich zu verringern, indem eine grundsätzliche Beschränkung der Erstattungspflicht auf die bloßen Fahrkosten erfolgte. Eine weitere Einschränkung im Bereich der Erstattung von Fahrkosten nahm das GMG vom 14.11.2003 vor, nach welchem ein Kostenerstattungsanspruch für Fahrkosten nur noch bei medizinischer Notwendigkeit der in Anspruch genommenen Maßnahme besteht. Außerdem werden die Versicherten an der Finanzierung der Fahrkosten im Rahmen eines Eigenanteiles (Zuzahlung) beteiligt. 41

III. Tatbestandsmerkmale

1. Absatz 1

a. Fahrkosten

Der Begriff der Fahrkosten umfasst nur die reinen **Beförderungskosten**. Beförderungskosten sind die Kosten, die für die Benutzung öffentlicher Verkehrsmittel, Taxen und Mietwagen anfallen. Auch die Kosten, die bei Nutzung eines privaten Fahrzeuges entstehen, fallen unter den Begriff der Fahrkosten. Es besteht allerdings nicht etwa ein Wahlrecht hinsichtlich der Beförderungsart. Vielmehr richtet sich diese nach der **medizinischen Notwendigkeit im Einzelfall** (§ 60 Abs. 1 Satz 2 SGB V). Dabei ist ein **strenger Maßstab** anzulegen.[26] 42

Von den Beförderungskosten sind darüber hinaus die Kosten für Transporte nach § 133 SGB V erfasst. § 133 SGB V regelt die Leistungen des **Rettungsdienstes** und anderer **Krankentransporte**. 43

Auch die für eine Rettungsfahrt zum Krankenhaus anfallenden Kosten gehören mithin zu den Fahrkosten im Sinne des § 60 SGB V. Unter einer **Rettungsfahrt** wird ein Transport verstanden, der erforderlich ist, weil der Versicherte in unmittelbarer Lebensgefahr schwebt oder weil binnen kurzer Zeit eine lebensbedrohliche Verschlechterung des Gesundheitszustandes zu erwarten ist. Die für eine Rettungsfahrt anfallenden Kosten sind abzugrenzen von den Kosten für die Maßnahmen der Lebensrettung als solcher. Das Rettungswesen ist Teil der allgemeinen Gefahrenabwehr, die in den jeweiligen Landesgesetzen geregelt ist. Die Rettungsfahrt beginnt, wenn die kranke bzw. verletzte Person dem Rettungsfahrzeug übergeben wurde.[27] 44

b. Sonstige Reisekosten

Die Erstattung sonstiger Reisekosten wie Übernachtungs-, Verpflegungs- und Gepäcktransportkosten sowie die Kosten von Familienheimfahrten ist von § 60 SGB V nicht mehr vorgesehen. Gleiches gilt für den Ersatz entgangenen Arbeitsentgelts bzw. Arbeitseinkommens (vgl. zu dieser Unterscheidung die §§ 14, 15 SGB IV) oder für die Vergütung von Kosten für eine Begleitperson. 45

c. Fahrkosten im Zusammenhang mit einer Leistung der Krankenkasse

Die Krankenkassen übernehmen gemäß § 60 Abs. 1 Satz 1 SGB V nur Fahrkosten, die im Zusammenhang mit einer gesetzlich vorgesehenen Hauptleistung anfallen. Welche Hauptleistungen aus der Gesetzlichen Krankenversicherung zu erbringen sind, regelt § 11 SGB V. Die Hauptleistung muss die Fahrt verursachen, also eine **rechtlich wesentliche Bedingung**[28] für die Fahrt sein. Fahrkosten stehen in Zusammenhang mit einer Leistung der Krankenkasse, wenn sie erforderlich waren, um den Versicherten an den Ort zu transportieren, an dem die Hauptleistung der Krankenversicherung bestimmungsgemäß zu erbringen war.[29] Grundsätzlich erfasst sind darüber hinaus auch die Kosten des Rücktransports von dem Ort der bestimmungsgemäß erbrachten Kassenleistung zur Wohnung des Versicherten.[30] Dies gilt jedenfalls für den Bereich des Inlands.[31] 46

---

26 Vgl. hierzu die Gesetzesbegründung zum GRG, BR-Drs. 200/88, Teil B, zu § 68 Abs. 1, S. 168.

27 *Gerlach* in: Hauck/Noftz, SGB V, § 60 Rn. 15.

28 BSG v. 10.10.1978 - 3 RK 75/77 - BSGE 47, 79 = SozR 2200 § 194 Nr. 3.

29 BSG v. 09.02.1983 - 5a RKn 24/81 - BSGE 54, 279-281 = SozR 2200 § 194 Nr. 9.

30 BSG v. 09.02.1983 - 5a RKn 24/81 - BSGE 54, 279-281 = SozR 2200 § 194 Nr. 9.

31 BSG v. 09.02.1983 - 5a RKn 24/81 - BSGE 54, 279-281 = SozR 2200 § 194 Nr. 9; Näheres vgl. Rn. 103 ff.

47 Der bestimmungsgemäße Leistungsort befindet sich ebenfalls grundsätzlich im Inland; er richtet sich nach den für die einzelne Leistung geltenden Vorschriften und nach § 12 SGB V (Wirtschaftlichkeitsgebot).

48 Aufgrund des seit 01.01.2004 gültigen Wortlautes des § 60 SGB V haben die Krankenkassen Fahrkosten nunmehr nur noch zu übernehmen, wenn diese im Zusammenhang mit einer Hauptleistung der Krankenkasse **aus zwingenden medizinischen Gründen** notwendig sind. Nach der Gesetzesbegründung[32] soll hierdurch „stärker als bisher auf die medizinische Notwendigkeit der im Zusammenhang mit der Inanspruchnahme einer Kassenleistung erforderlichen Fahrt abgestellt" werden. Auch im Rahmen der bis 31.12.2003 geltenden Fassung bestand ein Anspruch auf die Übernahme von Fahrkosten jedoch nur, wenn die Inanspruchnahme der Hauptleistung medizinisch notwendig war. Der neu gefasste Wortlaut wurde mithin vor allem als Betonung der bereits zuvor geforderten medizinischen Notwendigkeit gewertet.[33] Nach der bis 31.12.2003 geltenden Fassung des § 60 SGB V wurde dem Wort **„notwendig"** entnommen, dass es sich um **zwingend und unvermeidlich entstehende Aufwendungen** handeln musste. Maßgebliche Änderungen bei Anwendung der hinsichtlich der bis 31.12.2003 geltenden Fassung des § 60 SGB V ergangenen Rechtsprechung ergeben sich daher nicht.

49 Die Hauptleistung der Krankenkasse bestimmt grundsätzlich den Umfang der Fahrkosten. Dennoch steht es nicht im Belieben des Versicherten, sich an jedem Ort behandeln zu lassen und dafür die Übernahme der entstehenden Fahrkosten verlangen zu können. Dies stellte das BSG bspw. für den Bereich der Krankenhausbehandlung klar. Es urteilte, dass das dem Versicherten zustehende Wahlrecht hinsichtlich der Krankenhäuser, mit denen Verträge über die Erbringung von Krankenhauspflege bestehen, nicht den Ort der Leistung in der Weise bestimme, dass die Bestimmung die Pflicht der Krankenkasse zur Übernahme der entsprechenden Reise- und Transportkosten nach sich ziehe.[34] Vielmehr habe der Versicherte selbst die Mehrkosten zu tragen, wenn er ohne zwingenden Grund ein anderes als eines der nächst erreichbaren Krankenhäuser in Anspruch nehme.[35]

50 Für den Fall einer Erkrankung am Urlaubsort ergeben sich Unterschiede für das In- und Ausland. Bei Erkrankung am Urlaubsort im Inland gilt nach der Rechtsprechung Folgendes: Wird die während eines vorübergehenden Aufenthalts im Inland außerhalb des Wohnortes des Versicherten auftretende, stationär zu behandelnde Krankheit in einem der nächst erreichbaren geeigneten Krankenhäuser behandelt, so hat der Träger der Krankenversicherung die bei der Krankenhausentlassung zusätzlich entstehenden Kosten für den erforderlichen Rücktransport zum Wohnort zu übernehmen, wenn diese in einem angemessenen Verhältnis zur Hauptleistung standen.[36]

51 Für den Fall der Erkrankung am Urlaubsort im Ausland fielen die Kosten des Rücktransportes nach der Rechtsprechung hingegen nicht einmal unter der Geltung der RVO unter die nach § 194 RVO zu übernehmenden Reisekosten. Die Kosten des Rücktransports eines während eines Auslandsurlaubs erkrankten Versicherten seien vielmehr primär durch die Urlaubsreise entstanden und deshalb von dem Versicherten selbst, nicht aber von der Krankenkasse zu tragen.[37] Das gilt selbst dann, wenn der Versicherte wegen der Art der Erkrankung von dem nach Abkommensrecht leistungsaushelfenden ausländischen Träger keine Krankenbehandlung erhalten konnte und deshalb der Rückflug notwendig wurde.[38] In der seit 01.01.2004 geltenden Fassung des § 60 Abs. 4 Satz 1 SGB V hat der Gesetzgeber diese Rechtsprechung ausdrücklich umgesetzt.

52 Ergänzend zu der Neufassung des § 60 SGB V sind die aufgrund des § 92 Abs. 1 Satz 2 Nr. 12 SGB V in der Fassung des GKV-Modernisierungsgesetzes vom 14.11.2003 seitens des Gemeinsamen Bundesausschusses beschlossenen Krankentransport-Richtlinien vom 22.01.2004 zu berücksichtigen.

53 Wie bisher liegt der Zusammenhang mit einer Hauptleistung der Krankenkasse vor, wenn Zweck der Fahrt ist, den erkrankten Versicherten an den Ort zu transportieren, an dem die Hauptleistung bestimmungsgemäß zu erbringen ist. Sind andere Gründe ursächlich für die Fahrt, besteht keine Leistungspflicht der Krankenkasse. Aus diesem Grund werden die Transportkosten für die Verlegung in ein an-

---

32 BT-Drs. 15/1525, S. 94.

33 *Baier* in: Krauskopf, Soziale Krankenversicherung/Pflegeversicherung, § 60 Rn. 8.

34 BSG v. 23.03.1983 - 3 RK 3/82 - BSGE 55, 37-40 = SozR 2200 § 194 Nr. 10.

35 BSG v. 23.03.1983 - 3 RK 3/82 - BSGE 55, 37-40 = SozR 2200 § 194 Nr. 10.

36 BSG v. 09.02.1983 - 5a RKn 24/81 - BSGE 54, 279-281 = SozR 2200 § 194 Nr. 9.

37 BSG v. 10.10.1978 - 3 RK 75/77 - BSGE 47, 79-83 = SozR 2200 § 194 Nr. 3.

38 BSG v. 10.10.1978 - 3 RK 75/77 - BSGE 47, 79-83 = SozR 2200 § 194 Nr. 3.

deres Krankenhaus nur übernommen, wenn die Verlegung aus zwingenden medizinischen Gründen erfolgt. Erfolgt die Verlegung hingegen nur, um eine wohnortnahe Behandlung des Versicherten durchführen zu können, liegt eine zwingende medizinische Notwendigkeit nicht vor (vgl. dazu Rn. 78 ff.).

Mit § 3 Abs. 2 der **Krankentransport-Richtlinien vom 22.01.2004** hat der Gemeinsame Bundesausschuss klargestellt, dass im Zusammenhang mit einer Leistung der Krankenkasse in der Regel nur die Fahrten auf dem direkten Weg zwischen dem jeweiligen Aufenthaltsort des Versicherten und der nächst erreichbaren geeigneten Behandlungsmöglichkeit notwendig sind. 54

Gemäß § 3 Abs. 1 Satz 3 der Krankentransport-Richtlinien ist eine Verordnung von Beförderungsleistungen zum Zweck der Abstimmung von Terminen, des Erfragens von Befunden und des Abholens von Verordnungen unzulässig. Auch andere persönliche Umstände, die nicht die Krankheit selbst betreffen, rechtfertigen eine Verordnung von Beförderungsleistungen nicht.[39] 55

In Abgrenzung zu § 60 SGB V ist Rechtsgrundlage für die Übernahme notwendiger Fahrkosten, die einem Versicherten in Zusammenhang mit den **Aufgaben des Medizinischen Dienstes** nach § 275 SGB V wegen der Beantragung oder des Bezuges von Sozialleistungen entstehen, **§ 65a SGB I**. 56

d. Notwendigkeit aus zwingenden medizinischen Gründen

Fahrkosten sind von den Krankenkassen nur zu übernehmen, wenn sie im Zusammenhang mit einer Hauptleistung der Krankenversicherung aus zwingenden medizinischen Gründen notwendig sind. Die Fahrt muss also notwendig sein, um eines der **Behandlungsziele des § 27 SGB V** zu erreichen. Gemäß § 27 Abs. 1 Satz 1 SGB V haben Versicherte Anspruch auf Krankenbehandlung, wenn sie notwendig ist, um eine Krankheit zu erkennen, zu heilen, ihre Verschlimmerung zu verhüten oder Krankheitsbeschwerden zu lindern. Eine Notwendigkeit aus zwingenden medizinischen Gründen kann sich daneben auch bei Maßnahmen zur Verhütung und Früherkennung von Krankheiten im Sinne des § 11 Abs. 1 Nr. 2 und 3 SGB V ergeben. 57

Aus zwingenden medizinischen Gründen notwendig sind in der Regel nur die Fahrstrecken vom jeweiligen Aufenthaltsort[40] zur **nächst erreichbaren Behandlungsmöglichkeit**, wenn nicht ein zwingender Grund für eine andere Fahrstrecke gegeben ist. Bei der ambulanten ärztlichen Behandlung und der stationären Behandlung in Krankenhäusern besteht allerdings nach dem in § 76 SGB V niedergelegten **Grundsatz der freien Arztwahl** ein Wahlrecht des Versicherten zwischen den nächst erreichbaren Ärzten und gemäß § 39 SGB V zwischen den nächst erreichbaren Krankenhäusern (zur Begleitperson bei stationären Leistungen vgl. Rn. 77). 58

Maßgebend ist als Ausgangspunkt der Fahrt also der Ort, an dem sich die Notwendigkeit des Transportes ergibt. Zielort der Rückfahrt, welche ebenfalls notwendige Fahrt im Sinne des § 60 SGB V ist, ist in der Regel die Wohnung des Versicherten. Ausnahmsweise kann der Rücktransport auch an einen anderen Ort im Inland erfolgen, wenn dafür ein wichtiger Grund vorliegt und die entstehenden Mehrkosten nicht unangemessen hoch sind, insbesondere nicht in einem unangemessenen Verhältnis zu den Kosten der Hauptleistung stehen.[41] 59

Aus zwingenden medizinischen Gründen kann es auch notwendig sein, die Fahrkosten für eine **Begleitperson** (Familienangehöriger oder Dritter) zu übernehmen, auch wenn dies in § 60 SGB V im Gegensatz zu § 194 RVO a.F. nicht ausdrücklich geregelt ist. Die Notwendigkeit der Begleitung muss durch die Krankheit und die wahrzunehmende Hauptleistung der Krankenkasse wesentlich verursacht sein. In diesem Zusammenhang sind auch die persönlichen Fähigkeiten des jeweiligen Versicherten zugrunde zulegen; dies gilt insbesondere bei älteren Personen und Kindern.[42] 60

e. Medizinisch notwendiges Transportmittel (Absatz 1 Satz 2)

Auch die Frage, welches Transportmittel im jeweiligen Einzelfall der Berechnung der Fahrkostenübernahme zugrunde gelegt wird, bestimmt sich nach der medizinischen Notwendigkeit.[43] Grundsätzlich ist auf das kostengünstigste Transportmittel abzustellen; in der Regel sind mithin die für die Benutzung öffentlicher Verkehrsmittel anfallenden Kosten im Rahmen der Kostenübernahme anzusetzen. Zur Beantwortung der Frage, ob ein anderes Verkehrsmittel medizinisch notwendig ist, bedarf es einer ärztlichen Beurteilung. Dabei ist ein strenger Maßstab anzulegen. Dass ausschließlich medizinische Not- 61

[39] *Gerlach* in: Hauck/Noftz, SGB V, § 60 Rn. 19.
[40] BSG v. 11.08.1983 - 5a RKn 12/82 - BSGE 55, 241-245 = SozR 2200 § 194 Nr. 11.
[41] BSG v. 25.06.1975 - 5 RKn 50/74 - BSGE 40, 88-90 = SozR 2200 § 184 Nr. 2.
[42] BSG v. 09.11.1977 - 3 RK 90/76 - SozR 2200 § 194 Nr. 2.
[43] *Baier* in: Krauskopf, Soziale Krankenversicherung/Pflegeversicherung, § 60 Rn. 9.

wendigkeiten zu berücksichtigen sind, schließt es allerdings nicht aus, bspw. die örtlichen Verkehrsverhältnisse in die Beurteilung einzubeziehen. So kann die Inanspruchnahme öffentlicher Verkehrsmittel deshalb ausgeschlossen sein, weil die dadurch erforderlichen längeren Wartezeiten aufgrund zwingender gesundheitlicher Gründe unzumutbar sind.[44]

62 § 60 Abs. 1 Satz 2 SGB V bezieht sich nach der Rechtsprechung des BSG nicht nur – entsprechend seinem Wortlaut – auf die Wahl des billigsten Transportmittels, sondern – nach seinem Sinn und Zweck – auch auf die Wahl der billigsten Art und Weise seiner Benutzung. Die Krankenkassen sind daher nicht nur berechtigt, sondern sogar verpflichtet, soweit wie möglich gemeinsame Taxi- und Mietwagenfahrten von Versicherten zu organisieren und die Kostenübernahme für entsprechende Alleinfahrten abzulehnen.[45]

f. Fahrkosten zu einer ambulanten Behandlung (Absatz 1 Satz 3)

63 Fahrkosten zu einer ambulanten Behandlung werden nur nach vorheriger Genehmigung in besonderen Ausnahmefällen, die der Gemeinsame Bundesausschuss in den Richtlinien nach § 92 Abs. 1 Satz 2 Nr. 12 SGB V (Krankentransport-Richtlinien) festlegt, übernommen; im Übrigen wird der sich aus § 61 Satz 1 SGB V ergebende Betrag in Abzug gebracht.

64 Die Vorschrift des § 60 Abs. 1 Satz 3 SGB V ist für Fahrkosten zur ambulanten Behandlung bei einem Arzt, in einem Krankenhaus oder bei einem sonstigen Leistungserbringer anwendbar. § 60 Abs. 1 Satz 3 SGB V greift dagegen nicht ein, wenn es sich um eine Rettungsfahrt im Sinne des § 60 Abs. 2 Satz 1 Nr. 2 SGB V, einen qualifizierten Krankentransport gemäß § 60 Abs. 2 Satz 1 Nr. 3 SGB V, eine Leistung zur medizinischen Rehabilitation gemäß § 60 Abs. 5 SGB V oder um eine ambulante Krankenbehandlung gemäß § 60 Abs. 2 Satz 1 Nr. 4 SGB V (einschließlich vor- oder nachstationärer Krankenhausbehandlung oder eine ambulante Operation in einem Krankenhaus) handelt, durch die eine stationäre oder teilstationäre Krankenhausbehandlung vermieden oder verkürzt wird. Die Spezialregelungen des § 60 Abs. 2 SGB V gehen der allgemeinen Vorschrift des § 60 Abs. 1 Satz 3 SGB V nämlich vor.

65 Der Gemeinsame Bundesausschuss hat in § 8 der Krankentransport-Richtlinien als besondere Ausnahmefälle im Sinne des § 60 Abs. 1 Satz 3 SGB V folgende Fallgruppen bestimmt:

66 Voraussetzungen für eine Verordnung und Genehmigung eines Transportes zu einer ambulanten Behandlung sind, dass der Patient mit einem durch die Grunderkrankung vorgegebenen Therapieschema behandelt wird, welches eine hohe Behandlungsfrequenz über einen längeren Zeitraum aufweist und dass diese Behandlung oder der zu dieser Behandlung führende Krankheitsverlauf den Patienten in einer Weise beeinträchtigt, dass eine Beförderung zur Vermeidung von Schaden an Leib und Leben unerlässlich ist.

67 Gemäß der Anlage 2 der Krankentransport-Richtlinien sind diese Voraussetzungen in der Regel bei einer Dialysebehandlung, bei onkologischer Strahlentherapie und onkologischer Chemotherapie in der Regel erfüllt.

68 Eine häufige Behandlungsfrequenz ist ein sachgerechtes Anknüpfungskriterium für einen Anspruch auf Erstattung von Fahrkosten. Durch das Abstellen auf dieses Kriterium wird Art. 3 Abs. 1 GG nicht verletzt.[46] Dabei erfüllen bspw. Kontrollen zur Nachsorge nach einer Herztransplantation, die in achtwöchigen Abständen erforderlich werden, nicht die Voraussetzungen einer „hohen Behandlungsfrequenz" im Sinne der Krankentransport-Richtlinien.[47] Bei einer Substitutionstherapie, für die der Patient täglich die Praxis des behandelnden Arztes aufsuchen muss und hierzu auf öffentliche Verkehrsmittel angewiesen ist, können allerdings die Voraussetzungen für die Übernahme von Fahrkosten erfüllt sein.[48]

69 Nach der Rechtsprechung des BSG ist es verfassungsrechtlich nicht zu beanstanden, dass die Gesetzliche Krankenversicherung den Versicherten Leistungen nur nach Maßgabe eines allgemeinen Leistungskatalogs unter Beachtung des Wirtschaftlichkeitsgebots zur Verfügung stellt, soweit diese Leistungen nicht der Eigenverantwortung der Versicherten zugerechnet werden. Nur das, was in diesen Leistungskatalog fällt, hat die Gesetzliche Krankenversicherung ihren Versicherten zu leisten. Dazu gehört die Übernahme von Fahrkosten aus rein finanziellen Gründen allerdings nicht.[49]

---

44 *Baier* in: Krauskopf, Soziale Krankenversicherung/Pflegeversicherung, § 60 Rn. 9.

45 BSG v. 30.01.2001 - B 3 KR 2/00 R - SozR 3-2500 § 60 Nr. 5.

46 LSG Rheinland-Pfalz v. 17.08.2006 - L 5 KR 65/06, anhängig BSG, Az: B 1 KR 27/06 R.

47 LSG Rheinland-Pfalz v. 17.08.2006 - L 5 KR 65/06, anhängig BSG, Az: B 1 KR 27/06 R.

48 LSG Niedersachsen-Bremen v. 12.08.2004 - L 4 KR 212/04 ER - FEVS 56, 418-420.

49 BSG v. 26.09.2006 - B 1 KR 20/05 R.

Damit Fahrkosten gemäß § 60 Abs. 1 Satz 3 SGB V für die Inanspruchnahme einer ambulanten Behandlung überhaupt übernommen werden können, muss eine **vorherige Genehmigung** vorliegen, die Genehmigung muss also vor der Fahrt erfolgt sein. Bei einer Dauerbehandlung ist es allerdings nicht erforderlich, jede einzelne Fahrt zu genehmigen, sondern es kann eine Genehmigung aller im Rahmen einer konkreten Behandlungsmaßnahme notwendigen Fahrten erfolgen.[50] **70**

Nach § 8 Abs. 3 der Krankentransport-Richtlinien kann die Fahrt zur ambulanten Behandlung einem Versicherten auch dann verordnet und genehmigt werden, wenn dieser einen Schwerbehindertenausweis mit den Merkzeichen „aG" (außergewöhnliche Gehbehinderung), „Bl" (Blindheit) oder „H" (Hilfebedürftigkeit) oder einen Einstufungsbescheid nach dem SGB XI – Pflegeversicherung – in die Pflegestufe 2 oder 3 vorlegt. Ist die Mobilität des Versicherten verglichen mit den in § 8 Abs. 3 der Krankentransport-Richtlinien genannten Fällen in ähnlicher Art und Weise eingeschränkt, genehmigt die Krankenkasse auf ärztliche Verordnung Fahrten zur ambulanten Behandlung auch für Versicherte, die keinen entsprechenden Nachweis besitzen, wenn sie der ambulanten Behandlung über längere Zeit bedürfen. **71**

2. Absatz 2

Die Hauptleistungen der Gesetzlichen Krankenversicherung, für deren Inanspruchnahme Fahrkosten übernommen werden, sind außer in § 60 Abs. 1 Satz 3 SGB V vor allem in § 60 Abs. 2 SGB V geregelt. Da die Übernahme von Fahrkosten nicht bei jeder Art von Hauptleistung zu dem Leistungsumfang gehört, spricht das BSG insoweit von sog. **privilegierten Tatbeständen**.[51] **72**

Die Krankenkassen haben gemäß § 60 Abs. 2 Satz 1 SGB V in den in Absatz 2 abschließend geregelten Fallgruppen Fahrkosten zu übernehmen, soweit diese den in § 61 Satz 1 SGB V geregelten Eigenanteil der Versicherten der im Einzelnen entstehenden Fahrkosten übersteigen. Zuzahlungen, die Versicherte zu leisten haben, betragen gemäß § 61 Satz 1 SGB V zehn v.H. des Abgabepreises, mindestens jedoch 5 € und höchstens 10 €. Die Versicherten haben den Zuzahlungsbetrag grundsätzlich an das Beförderungsunternehmen zu entrichten; dessen Vergütungsanspruch richtet sich also gegen den jeweiligen Versicherten.[52] **73**

Eine analoge Anwendung des § 60 Abs. 2 SGB V auf ähnlich gelagerte, jedoch von § 60 Abs. 2 SGB V nicht direkt erfasste Sachverhalte kommt nach der Rechtsprechung des BSG[53] nicht in Betracht. Für die Annahme einer eine Analogie rechtfertigenden planwidrigen Gesetzeslücke sei weder nach dem Inhalt der Vorschrift noch nach der ihr zugrunde liegenden Regelungsabsicht Raum.[54] **74**

Gemäß § 60 Abs. 2 Satz 1 Nr. 1 SGB V werden Fahrkosten erstattet, die im Zusammenhang mit einer stationär erbrachten Hauptleistung anfallen. **Stationär erbrachte Leistungen** sind Leistungen, die mit Unterkunft und Verpflegung verbunden sind. Erfasst sind mithin vor allem **vollstationäre Behandlungen** in einem Krankenhaus gemäß § 39 Abs. 1 SGB V und in einer Rehabilitationseinrichtung, §§ 40 Abs. 2, 41 Abs. 1 SGB V. Auch in einer Vorsorgeeinrichtung gemäß §§ 23 Abs. 4, 24 Abs. 1 SGB V oder in einer Entbindungsanstalt gemäß § 197 RVO erbrachte vollstationäre Leistungen fallen unter die in § 60 Abs. 2 Satz 1 Nr. 1 SGB V geregelten Leistungen, die stationär erbracht werden. **75**

Neben Fahrkosten für die Inanspruchnahme der genannten vollstationären Leistungen werden auch Fahrkosten im Rahmen **teilstationärer Hauptleistungen** gemäß § 60 Abs. 2 Satz 1 Nr. 1 SGB V übernommen. Zwar hatte § 68 des Gesetzesentwurfes der Bundesregierung[55] noch vorgesehen, dass ausdrücklich nur Fahrkosten im Zusammenhang mit einer vollstationären Behandlung übernommen werden sollten. Daraufhin hatte der Bundesrat in seiner Stellungnahme zum Regierungsentwurf[56] vorgeschlagen, Fahrkosten auch für die Inanspruchnahme teilstationärer Leistungen zu übernehmen. Damit sollte der sich anbahnenden Entwicklung Rechnung getragen werden, dass sich die teilstationäre Versorgung, insbesondere durch die Einrichtung von Tageskliniken, im Ausbau befand.[57] Es ist davon auszugehen, dass der Gesetzgeber der Argumentation des Bundesrates folgen wollte, indem er die Formu- **76**

---

50 *Baier* in: Krauskopf, Soziale Krankenversicherung/Pflegeversicherung, § 60 Rn. 12.

51 *Gerlach* in: Hauck/Noftz, SGB V, § 60 Rn. 24.

52 *Höfler* in: KassKomm, SGB V, § 60 Rn. 20.

53 BSG v. 18.02.1997 - 1 RK 23/96 - SozR 3-2500 § 60 Nr. 1.

54 BSG v. 18.02.1997 - 1 RK 23/96 - SozR 3-2500 § 60 Nr. 1.

55 BR-Drs. 200/88.

56 BT-Drs. 11/2493, Nr. 52, S. 20.

57 *Gerlach* in: Hauck/Noftz, SGB V, § 60 Rn. 26.

lierung wählte, es seien Fahrkosten für die Inanspruchnahme von Leistungen, die stationär erbracht werden, zu übernehmen. Die fehlende Differenzierung zwischen voll- und teilstationären Leistungen spricht dafür, dass voll- und teilstationäre Leistungen insoweit gleichgestellt werden sollten.[58]

77 Gemäß § 11 Abs. 3 SGB V umfassen die Leistungen der Krankenversicherung auch die aus medizinischen Gründen notwendige Mitaufnahme einer **Begleitperson** des Versicherten. Wenn die Voraussetzungen für die Mitaufnahme einer Begleitperson gemäß § 11 Abs. 3 SGB V gegeben sind, werden auch die Fahrkosten der Begleitperson unter Berücksichtigung der Vorgaben des § 60 SGB V übernommen.

78 Für sog. **Verlegungsfahrten zwischen Krankenhäusern** trifft § 60 Abs. 2 Satz 1 HS. 2 SGB V in seiner seit 01.01.2004 geltenden Fassung eine einschränkende Regelung. Danach werden Fahrkosten, die im Zusammenhang mit einer Verlegung in ein anderes Krankenhaus anfallen, nur übernommen, wenn die Verlegung aus zwingenden medizinischen Gründen (zum Begriff der „zwingenden medizinischen Notwendigkeit" vgl. auch Rn. 57 ff.) erforderlich ist, oder bei einer mit Einwilligung der Krankenkasse erfolgten Verlegung in ein wohnortnahes Krankenhaus. Die Gesetzesbegründung verlangt in diesem Zusammenhang, dass die Verlegungsfahrt ausschließlich und allein aus zwingenden medizinischen Gründen geboten ist, als Beispiel werden Notfälle genannt.[59] Eine Verlegung ist auch dann zwingend medizinisch notwendig, wenn sich der Versicherte in Lebensgefahr befindet und das Krankenhaus, in dem er sich aufhält, nicht über die erforderliche personelle oder medizinisch-technische Ausstattung verfügt, um die erforderlichen Behandlungsmaßnahmen zu ergreifen. Mit der Neuregelung der Fahrkostenübernahme bei Verlegungsfahrten zum 01.01.2004 war eine Konzentration auf das medizinisch Gebotene gewollt.

79 Bis 31.12.2003 regelte die Bundespflegesatzverordnung die Ansprüche auf Fahrkosten bei Verlegung in ein anderes Krankenhaus. Danach galt, dass Verlegungsfahrten zwischen Krankenhäusern, die gemeinsam an der Erbringung einer Fallpauschalenleistung beteiligt waren, nicht zusätzlich zu der Fallpauschale von der Krankenkasse zu übernehmen waren. Hintergrund dafür war, dass eine Verlegung, die u.a. aus wirtschaftlichen Interessen der beteiligten Krankenhäuser erfolgte, nicht zu einer Mehrbelastung der Krankenkasse aufgrund der Übernahme von Fahrkosten führen sollte.[60]

80 Kosten, die im Rahmen sog. Verlegungsfahrten entstehen, sind gemäß § 60 Abs. 2 Satz 1 Nr. 1 HS. 2 SGB V auch dann von der Krankenkasse zu übernehmen, wenn die Verlegung in ein wohnortnahes Krankenhaus mit Einwilligung der Krankenkasse erfolgt. Diesbezüglich ging der Gesetzgeber davon aus, dass die Verlegung regelmäßig aus medizinischen Gründen im Interesse des Patienten erforderlich ist.[61]

81 Nach der Rechtsprechung gilt für die im Rahmen sog. Verlegungsfahrten anfallenden Fahrkosten Folgendes: Entstehen durch den Wechsel des Krankenhauses Fahrkosten, so können diese nur übernommen werden, wenn die Verlegung in ein anderes Krankenhaus durch die Art und Weise der Krankenhausbehandlung bedingt wird und aus medizinischen Gründen zwingend notwendig ist. In Betracht kommt bspw., dass das erstbehandelnde Krankenhaus nicht über eine ausreichende Ausstattung an Personal, Geräten oder Räumen für die Weiterbehandlung verfügt.[62]

82 Andere als zwingend medizinische Gründe genügen nicht, um einen Anspruch auf Übernahme der durch den Wechsel des Krankenhauses entstehenden Fahrkosten zu begründen. Einen Anspruch auf Fahrkostenübernahme rechtfertigt mithin bspw. nicht die Verlegung in ein Krankenhaus am Wohnort mit dem Ziel, die familiären Beziehungen zu erleichtern[63], etwas anderes gilt grundsätzlich auch dann nicht, wenn Kleinkinder im Haushalt der Versicherten leben[64]. Bei der Beurteilung, ob die erforderliche, medizinisch ausreichende und zweckmäßige Krankenhauspflege nur in einem bestimmten Krankenhaus erbracht werden kann, ist also grundsätzlich nur auf die auf den Erkrankten bezogene objektive Notwendigkeit abzustellen.[65] Negative Auswirkungen auf Familienangehörige bleiben bei dieser Prüfung unberücksichtigt.[66] Ist für die Verlegung von einem Krankenhaus in ein anderes jedoch die Ge-

[58] *Gerlach* in: Hauck/Noftz, SGB V, § 60 Rn. 26; *Höfler* in: KassKomm, SGB V, § 60 Rn. 17.
[59] FraktEntw BT-Drs. 15/1525, S. 94/95.
[60] *Gerlach* in: Hauck/Noftz, SGB V, § 60 Rn. 28.
[61] FraktEntw BT-Drs. 15/1525, S. 95.
[62] BSG v. 21.02.2002 - 3 KR 4/01 R - SozR 3-2500 § 60 Nr. 6 = NZS 2003, 33-35.
[63] BSG v. 28.03.1979 - 3 RK 92/77 - BSGE 48, 139-142 = SozR 2200 § 194 Nr. 4.
[64] BSG v. 23.03.1983 - 3 RK 3/82 - BSGE 55, 37-40 = SozR 2200 § 194 Nr. 10.
[65] BSG v. 23.03.1983 - 3 RK 3/82 - BSGE 55, 37-40 = SozR 2200 § 194 Nr. 10.
[66] BSG v. 23.03.1983 - 3 RK 3/82 - BSGE 55, 37-40 = SozR 2200 § 194 Nr. 10.

fahr einer ernsthaften psychischen Erkrankung sowie die Beeinträchtigung des Genesungsprozesses durch die Trennung von einer Bezugsperson ausschlaggebend, sind die Kosten eines erforderlichen Krankentransports von der Krankenkasse zu übernehmen.[67]

a. Rettungsfahrten zum Krankenhaus (Absatz 2 Satz 1 Nr. 2)

Für Rettungsfahrten zum Krankenhaus übernimmt die Krankenkasse gemäß § 60 Abs. 2 Satz 1 Nr. 2 SGB V auch dann die Fahrkosten, wenn eine stationäre Behandlung nicht erforderlich ist. **Rettungsfahrten** sind Transporte, die erforderlich werden, weil sich der Versicherte infolge von Verletzungen oder Krankheit in unmittelbarer Lebensgefahr befindet oder sein Gesundheitszustand in kurzer Zeit eine lebensbedrohende Verschlechterung erwarten lässt.[68] Ziel der Rettungsfahrt muss ein Krankenhaus sein, wobei es unerheblich ist, ob dort eine ambulante oder stationäre Behandlung vorgenommen wird. Unerheblich ist des Weiteren, ob das Krankenhaus gemäß § 108 SGB V zugelassen ist.[69] **83**

b. Krankentransporte (Absatz 2 Satz 1 Nr. 3)

Der **Begriff des Krankentransportes** ist in § 60 Abs. 2 Satz 1 Nr. 3 SGB V **legaldefiniert**. Dabei handelt es sich um Fahrten von Versicherten, die während der Fahrt einer fachlichen Betreuung oder der besonderen Einrichtungen eines Krankenkraftwagens bedürfen oder bei denen dies auf Grund ihres Zustandes zu erwarten ist. Der Zielort der Fahrt ist dabei unerheblich.[70] **84**

Eine **fachliche Betreuung** kann durch eine Arzt, Rettungsassistent oder Rettungssanitäter erfolgen. **Besondere Einrichtungen eines Krankenkraftwagens** sind bspw. medizinisch-technische Einrichtungen zur Notfallversorgung wie Beatmungshilfen u.Ä. **85**

Krankenkraftwagen sind für den Krankentransport und die Notfallrettung besonders eingerichtete Fahrzeuge (§ 1 Abs. 2 Nr. 2, § 4 Abs. 6 Personenbeförderungsgesetz – PBefG). Umfasst sind der Krankentransport in Krankentransportwagen und der Rettungstransport in Rettungs- oder Notarztwagen. **86**

c. Fahrten zu ambulanter Krankenbehandlung u.a. anstelle ambulanter Behandlung (Absatz 2 Satz 1 Nr. 4)

Gemäß § 60 Abs. 2 Satz 1 Nr. 4 SGB V übernimmt die Krankenkasse auch Fahrkosten, die für Fahrten von Versicherten zu einer ambulanten Krankenbehandlung bzw. zu einer Behandlung nach § 115a SGB V (vor- und nachstationäre Behandlung in einem Krankenhaus) und § 115b SGB V (ambulante Operation in einem Krankenhaus) anfallen, wenn dadurch eine an sich gebotene vollstationäre oder teilstationäre Krankenhausbehandlung gemäß § 39 SGB V vermieden oder verkürzt wird oder diese nicht ausführbar ist. Die Fahrkostenübernahme erfolgt in diesen Fällen wie bei einer stationären Krankenhausbehandlung. Aus der entsprechenden Formulierung wird geschlussfolgert, dass bei mehrmals erforderlichen Behandlungsterminen innerhalb eines Leistungsfalles, bspw. im Rahmen einer Serienbehandlung, die Eigenbeteiligung des Versicherten auf die erste und letzte Fahrt beschränkt ist.[71] **87**

Voraussetzung für die Anwendbarkeit des § 60 Abs. 2 Satz 1 Nr. 4 SGB V ist, dass durch die ambulante Behandlung eine sonst gebotene stationäre Krankenhausbehandlung – zumindest teilweise – ersetzt wird. Hinsichtlich der im Rahmen einer Dialysebehandlung anfallenden Fahrkosten hat das BSG in diesem Zusammenhang geurteilt, der Umstand, dass die Dialyse wegen der Häufigkeit und der Zeitdauer der Behandlung sowie des erforderlichen personellen und medizinisch-technischen Aufwands einer teilstationären Behandlung vergleichbar sein möge, zwinge nicht dazu, die Dialyse hinsichtlich der Übernahme von Fahrkosten einer stationären Therapie i.S.d. § 60 Abs. 2 Satz 1 Nr. 1 SGB V gleichzusetzen.[72] **88**

Die **vorstationäre Behandlung** ist gemäß § 115a Abs. 2 Satz 1 SGB V auf längstens drei Behandlungstage innerhalb von fünf Tagen vor Beginn der stationären Behandlung begrenzt. Die **nachstationäre Behandlung** darf sieben Behandlungstage innerhalb von 14 Tagen, bei Organübertragungen nach § 9 des Transplantationsgesetzes drei Monate nach Beendigung der stationären Krankenhausbehandlung nicht überschreiten (§ 115a Abs. 2 Satz 2 SGB V). Die Frist von 14 Tagen oder drei Monaten **89**

---

[67] BSG v. 23.03.1983 - 3 RK 3/82 - BSGE 55, 37-40 = SozR 2200 § 194 Nr. 10.

[68] BT-Drs. 11/3480, S. 56; *Höfler* in: KassKomm, SGB V, § 60 Rn. 18.

[69] *Gerlach* in: Hauck/Noftz, SGB V, § 60 Rn. 34.

[70] *Baier* in: Krauskopf, Soziale Krankenversicherung/Pflegeversicherung, § 60 Rn. 19.

[71] *Höfler* in: KassKomm, SGB V, § 60 Rn. 19a.

[72] BSG v. 18.02.1997 - 1 RK 23/96 - SozR 3-2500 § 60 Nr. 1.

kann in medizinisch begründeten Einzelfällen im Einvernehmen mit dem einweisenden Arzt verlängert werden (§ 115 Abs. 2 Satz 3 SGB V). Nachstationäre Behandlungen in diesem Sinne sind allerdings nicht zu einem späteren Zeitpunkt durchgeführte Nachuntersuchungen in einem Krankenhaus, in dem zuvor vollstationär behandelt wurde.[73]

90 Welche Operationen ambulant durchgeführt werden dürfen, haben die Spitzenverbände der Krankenkassen gemeinsam, die Deutsche Krankenhausgesellschaft oder die Bundesverbände der Krankenhausträger gemeinsam und die Kassenärztlichen Bundesvereinigungen zu vereinbaren (§ 115b Abs. 1 Satz 1 Nr. 1 SGB V).

91 Mit der Regelung des § 60 Abs. 2 Satz 1 Nr. 4 SGB V beabsichtigte der Gesetzgeber, Anreize dafür zu schaffen, eine Krankenhausbehandlung entweder kürzer in Anspruch zu nehmen oder sich ambulant behandeln zu lassen.[74]

d. Besonderheiten für Zuzahlung bei Durchführung der Fahrten durch Rettungsdienste (Absatz 2 Satz 2)

92 Werden die Fahrten gemäß § 60 Abs. 2 Satz 1 SGB V von **Rettungsdiensten** durchgeführt, zieht die Krankenkasse den Zuzahlungsbetrag, welcher sich der Höhe nach aus § 61 Satz 1 SGB V ergibt, von dem Versicherten ein.

93 Das BSG[75] hat zu § 60 Abs. 2 Satz 2 SGB V ausgeführt, dass unter „Fahrten von Rettungsdiensten", die von der Einziehung des Versichertenanteils durch den Transporteur befreit sind, lediglich **Rettungsfahrten im funktionellen Sinn** zu verstehen seien. Dabei stelle sich allerdings die Frage der Abgrenzung zu den übrigen Fahrten, die besonders dadurch erschwert werde, dass sich häufig nicht einmal vor Ort eindeutig entscheiden lasse, ob bereits ein Notfall vorliege; auch könne nicht ausgeschlossen werden, dass sich aus einem normalen Krankentransport während der Fahrt ein Notfall entwickele. Weil die Entscheidung schwieriger Abgrenzungsfragen nicht dem Transporteur in der konkreten Situation vor Ort überlassen werden könne, andererseits aber spätestens beim Beginn des Transports seine sozialversicherungsrechtliche Abwicklung feststehen müsse, komme als eindeutiges Unterscheidungsmerkmal nur die Art der Anforderung des Transportes in Betracht. Eine Fahrt, die als Notfalleinsatz bei der Notrufleitstelle angefordert werde oder bei dieser nach den einschlägigen Rettungsdienstvorschriften gemeldet und registriert werden müsse, sei auch versicherungsrechtlich als Rettungsfahrt einzuordnen und abzuwickeln, unabhängig davon, ob die jeweilige Fahrt von einer Hilfsorganisation oder einem sonstigen Transportunternehmer mit Genehmigung zur Durchführung von Rettungsfahrten ausgeführt werde. Keine Rettungsfahrten sind unter Berücksichtigung dieser Rechtsprechung einfache Krankentransporte mit Taxi und Mietwagen. Gleiches gilt für so genannte qualifizierte Krankentransporte, die nicht auf Grund eines Notfalls erfolgen, aber die eine besondere Ausstattung eines Krankenwagens oder die besondere Betreuung durch qualifiziertes Personal erfordern.[76]

3. Höhe der anzuerkennenden Fahrkosten (Absatz 3)

94 Die Verpflichtung der Krankenkassen zur Übernahme von Fahrkosten ist auf das medizinisch Notwendige beschränkt. Bei der Auswahl des jeweiligen Transportmittels ist daher von dem verordnenden Arzt vor allem der Gesundheitszustand des jeweiligen Versicherten zu berücksichtigen. § 4 der Krankentransport-Richtlinien regelt in diesem Zusammenhang, dass bei der Art der Beförderung ausschließlich die zwingende medizinische Notwendigkeit im Einzelfall maßgeblich ist, wobei der Gesundheitszustand des Patienten und dessen Gehfähigkeit zu berücksichtigen sind.

95 Die Reihenfolge der in § 60 Abs. 3 Nr. 1-4 SGB V genannten Verkehrsmittel spiegelt wider, welche Verkehrsmittel aufgrund des **Wirtschaftlichkeitsgebotes** vorrangig zu benutzen sind. In erster Linie sollen die erforderlichen Fahrten mit öffentlichen Verkehrsmitteln durchgeführt werden (§ 60 Abs. 3 Nr. 1 SGB V). Nachrangig soll die Benutzung eines Taxis oder Mietwagens (§ 60 Abs. 3 Nr. 2 SGB V), die Benutzung eines Krankenkraftwagens oder Rettungsfahrzeuges (§ 60 Abs. 3 Nr. 3 SGB V) und die Benutzung eines privaten Kraftfahrzeuges (§ 60 Abs. 3 Nr. 4 SGB V) erfolgen. Im Rahmen des Wirtschaftlichkeitsgebots ist nicht nur das günstigste Verkehrsmittel zu benutzen, sondern

[73] *Gerlach* in: Hauck/Noftz, SGB V, § 60 Rn. 42.

[74] BT-Drs. 12/3608, Teil B, zu Nr. 28.

[75] BSG v. 16.04.1998 - B 3 KR 14/96 R - SozR 3-2500 § 60 Nr. 2.

[76] *Höfler* in: KassKomm, SGB V, § 60 Rn. 20b.

auch die billigste Art und Weise seiner Benutzung zu wählen.[77] Aus diesem Grund hat die Krankenkasse auch, soweit möglich, **Sammelfahrten** zu organisieren und im Gegenzug die Kostenübernahme für Alleinfahrten abzulehnen.[78]

Bei **Benutzung eines öffentlichen Verkehrmittels** (§ 60 Abs. 3 Nr. 1 SGB V) wird der niedrigste Fahrpreis erstattet. Öffentliche Verkehrsmittel sind einer unbeschränkten Öffentlichkeit zur Verfügung stehende Beförderungsmittel, z.B. Eisenbahn, S-Bahn, U-Bahn, Schifffahrtseinrichtungen u.a. 96

Bei der Nutzung öffentlicher Verkehrsmittel muss der Versicherte **Fahrpreisermäßigungen**, die die öffentlichen Verkehrsmittelbetreiber bereithalten, nutzen. Wer als schwerbehinderter Mensch dem Grunde nach Anspruch auf kostenlose Beförderung im öffentlichen Personennahverkehr hat, ist gehalten, bei der Versorgungsverwaltung einen entsprechenden Nachweis zur Inanspruchnahme dieser Vergünstigung zu beantragen; im Fall des Unterlassens kann die Krankenkasse die Übernahme von Fahrkosten verweigern.[79] Fallen für die Nutzung von Fahrpreisermäßigungen weitere Kosten an, z.B. durch den Erwerb einer Bahncard, dürfte dafür Erstattungsfähigkeit zu bejahen sein, wenn der Versicherte die Bahncard nur für die im Zusammenhang mit der Krankenversicherungsleistung erforderliche Bahnfahrt angeschafft hat und die insgesamt zu übernehmenden Fahrkosten dadurch gesenkt werden.[80] 97

Wird dagegen eine Bahncard oder auch eine Netz- oder Zeitkarte angeschafft, weil sie auch für andere Zwecke als nur im Zusammenhang mit der Krankenversicherungsleistung benötigt werden, sind hierfür keine Kosten, auch nicht anteilig, seitens der Krankenkasse zu erstatten.[81] 98

Die Kosten der Beförderung mit höherem Komfort, bspw. für eine Fahrt Erster Klasse bei der Deutschen Bahn AG, sind nur übernahmefähig, wenn gerade diese Beförderungsart medizinisch notwendig ist. Aufpreise für die Benutzung schnellerer Züge können bei gewissen Entfernungen übernommen werden, so dürfte es bspw. angemessen sein, bei einer Entfernung ab 100 km die Kosten für einen IC-Zuschlag zu übernehmen.[82] 99

Fahrkosten für die Benutzung eines Taxis oder Mietwagens sind gemäß § 60 Abs. 3 Nr. 2 SGB V zu übernehmen, wenn ein öffentliches Verkehrsmittel nicht benutzt werden kann. Maßgebend dafür, dass ein öffentliches Verkehrsmittel nicht benutzt werden kann, müssen vor allem medizinische Gründe sein. Auch eine fehlende Anbindung an öffentliche Verkehrsmittel kann jedoch die Notwendigkeit begründen, ein Taxi oder einen Mietwagen zu nutzen. Das Vorliegen medizinischer Notwendigkeit muss durch eine ärztliche Bescheinigung nachgewiesen werden. Die Höhe der zu übernehmenden Fahrkosten ist im Fall des § 60 Abs. 3 Nr. 2 SGB V auf den nach § 133 SGB V berechnungsfähigen Betrag beschränkt. 100

Gemäß § 60 Abs. 3 Nr. 3 SGB V werden **Fahrkosten bei der Benutzung eines Krankenkraftwagens oder Rettungsfahrzeuges** anerkannt, wenn ein öffentliches Verkehrsmittel, ein Taxi oder ein Mietwagen nicht benutzt werden können. Auch diesbezüglich ist wiederum eine ärztliche Verordnung vorzulegen. In Notfällen kann allerdings auf eine ärztliche Verordnung verzichtet werden. Auch im Rahmen des § 60 Abs. 3 Nr. 3 SGB V ist die Höhe der zu erstattenden Fahrkosten auf den nach § 133 SGB V berechnungsfähigen Betrag beschränkt. 101

Nach § 60 Abs. 3 Nr. 4 SGB V wird bei der **Benutzung eines privaten Kraftfahrzeuges** für jeden gefahrenen Kilometer der jeweils auf Grund des Bundesreisekostengesetzes – BRKG – festgesetzte Höchstbetrag für Wegstreckenentschädigung ersetzt, begrenzt allerdings auf den Betrag der Kosten, die bei Inanspruchnahme des nach § 60 Abs. 3 Nr. 1-3 SGB V erforderlichen Transportmittels entstanden wären. Ob es sich bei dem genutzten privaten Kraftfahrzeug um das Fahrzeug des Versicherten oder einer anderen Person handelt, ist dabei unerheblich. Gemäß § 5 Abs. 1 Satz 1 BRKG beträgt die Wegstreckenentschädigung bei der Benutzung eines Kraftfahrzeuges oder eines anderen motorbetriebenen Fahrzeuges 20 Cent je Kilometer zurückgelegter Strecke, höchstens jedoch 130 €. 102

4. Rücktransport aus dem Ausland (Absatz 4)

Gemäß § 60 Abs. 4 Satz 1 SGB V werden Kosten des Rücktransports in das Inland nicht übernommen. **Rücktransport** gemäß § 60 Abs. 4 Satz 1 SGB V ist nach der Rechtsprechung jede Rückreise von einem vorübergehenden Auslandsaufenthalt in das Inland; erfasst wird vor allem auch der Transport zur 103

[77] *Baier* in: Krauskopf, Soziale Krankenversicherung/Pflegeversicherung, § 60 Rn. 24.
[78] BSG v. 30.01.2001 - B 3 KR 2/00 R - SozR 3-2500 § 60 Nr. 5.
[79] *Baier* in: Krauskopf, Soziale Krankenversicherung/Pflegeversicherung, § 60 Rn. 25.
[80] *Höfler* in: KassKomm, SGB V, § 60 Rn. 22a.
[81] BSG v. 05.05.1982 - 9a RV 1/82 - SozR 3100 § 24 Nr. 4.
[82] *Baier* in: Krauskopf, Soziale Krankenversicherung/Pflegeversicherung, § 60 Rn. 25.

Weiterbehandlung im Inland, nicht nur die Rückreise nach dem Abschluss einer Behandlung im Ausland.[83] Rücktransportkosten in das Inland, die wegen einer im Ausland eingetretenen Erkrankung entstehen, darf die Krankenkasse also nicht übernehmen. Hintergrund für diese gesetzgeberische Entscheidung war die Rechtsprechung des BSG, die als wesentliche Ursache für den Rücktransport nicht die Erkrankung am Urlaubsort, sondern die freiwillige Entfernung aus dem Bereich der Krankenkasse angesehen hatte.[84] Der Gesetzgeber hat diese frühere Rechtsprechung, die die Frage der Übernahme von Fahrkosten bei Erkrankungen „außerhalb des Kassenbezirkes" betraf, mit der Gestaltung des § 60 Abs. 4 Satz 1 SGB V verallgemeinert.[85] Das BSG hat Rücktransporte aus dem Ausland in Zusammenhang mit dort eingetretenen Erkrankungen stets nach dem deutschen Krankenversicherungsrecht geprüft und nicht nach den Regeln zwischenstaatlicher Sozialversicherungsabkommen.[86]

104 Das BSG hat klargestellt, dass der Leistungsausschluss für Fahrkosten, die durch den Rücktransport in das Ausland entstehen, weder gegen den allgemeinen Gleichheitssatz des Art. 3 Abs. 1 GG noch die Freizügigkeit innerhalb der EU oder ein europarechtliches Diskriminierungsverbot verstoße.[87]

105 Der Leistungsausschluss nach § 60 Abs. 4 Satz 1 SGB V gilt nicht für Fahrkosten, die aufgrund einer im Ausland durchgeführten Krankenbehandlung entstanden sind, wenn die Krankenbehandlung im Inland nicht durchführbar war und die Krankenkasse die für die Hauptleistung angefallenen Kosten ganz oder teilweise erstattet hat.[88] Dies gilt gemäß § 60 Abs. 4 Satz 2 SGB V in Verbindung mit § 18 SGB V auch für Behandlungen außerhalb der Europäischen Union. Gemäß § 18 Abs. 1 Satz 1 SGB V kann die Krankenkasse die Kosten der erforderlichen Behandlung im Ausland ganz oder teilweise übernehmen, wenn eine dem allgemein anerkannten Stand der medizinischen Erkenntnisse entsprechende Behandlung einer Krankheit nur außerhalb des Geltungsbereichs des Vertrages zur Gründung der Europäischen Gemeinschaft und des Abkommens über den Europäischen Wirtschaftsraum möglich ist.

106 Von § 60 Abs. 4 Satz 1 SGB V unberührt bliebt die Erstattung von Fahrkosten bei Krankenbehandlung im Ausland, wenn der Versicherte im Ausland beschäftigt ist. Gemäß § 17 Abs. 1 Satz 1 SGB V erhalten Mitglieder einer gesetzlichen Krankenkasse, die im Ausland beschäftigt sind und während dieser Beschäftigung erkranken, die ihnen nach dem Dritten Kapitel des SGB V und nach den Vorschriften des Zweiten Abschnitts des Zweiten Buches der Reichsversicherungsordnung zustehenden Leistungen von ihrem Arbeitgeber. Nach § 17 Abs. 2 SGB V hat die Krankenkasse dem Arbeitgeber die diesem nach § 17 Abs. 1 SGB V entstandenen Kosten bis zu der Höhe zu erstatten, in der sie ihr im Inland entstanden wären.

5. Fahr- und Reisekosten im Zusammenhang mit Leistungen zur medizinischen Rehabilitation (Absatz 5)

107 Im Zusammenhang mit Leistungen zur medizinischen Rehabilitation werden Fahr- und andere Reisekosten gemäß § 60 Abs. 5 SGB V nach § 53 Abs. 1-3 SGB IX übernommen. Rechtsgrundlage für den Anspruch des Versicherten auf Übernahme von Fahr- und Reisekosten, die aufgrund der Durchführung einer Maßnahme zur medizinischen Rehabilitation anfallen, ist mithin § 53 Abs. 1-3 SGB IX.

108 Dabei handelt es sich hinsichtlich der Fahrkosten um eine **Spezialregelung** in Zusammenhang mit Leistungen zur medizinischen Rehabilitation. Über § 60 Abs. 5 SGB V in Verbindung mit § 53 Abs. 1 bis 3 SGB IX werden über die reinen Fahrkosten hinaus auch die übrigen Reisekosten übernommen. Die Regelung des § 7 Satz 2 SGB IX, wonach sich die Zuständigkeit und die Voraussetzungen für die Leistungen zur Teilhabe nach den für den jeweiligen Rehabilitationsträger geltenden Leistungsgesetzen richten, gilt somit hinsichtlich der Übernahme von Fahr- und Reisekosten nicht.

109 Gemäß § 53 Abs. 1 SGB IX werden als **Reisekosten** die im Zusammenhang mit der Ausführung einer Leistung zur medizinischen Rehabilitation oder zur Teilhabe am Arbeitsleben erforderlichen **Fahr-, Verpflegungs- und Übernachtungskosten** übernommen; hierzu gehören auch die **Kosten für besondere Beförderungsmittel**, deren Inanspruchnahme wegen Art oder Schwere der Behinderung erforderlich ist, für eine wegen der Behinderung **erforderliche Begleitperson** einschließlich des für die Zeit der Begleitung entstehenden Verdienstausfalls, für **Kinder**, deren Mitnahme an den Rehabilitationsort erforderlich ist, weil ihre anderweitige Betreuung nicht sichergestellt ist, sowie für den erforderlichen

[83] BSG v. 23.02.1999 - B 1 KR 1/98 R - BSGE 83, 285.
[84] BSG v. 24.02.1971 - 3 RK 82/70 - BSGE 32, 225 = SozR Nr. 42 zu § 182 RVO.
[85] *Gerlach* in: Hauck/Noftz, SGB V, § 60 Rn. 65.
[86] *Gerlach* in: Hauck/Noftz, SGB V, § 60 Rn. 65.
[87] BSG v. 23.02.1999 - B 1 KR 1/98 R - BSGE 83, 285-292 = SozR 3-2500 § 60 Nr. 3.
[88] BSG v. 09.11.1977 - 3 RK 90/76 - SozR 2200 § 194 Nr. 2.

Gepäcktransport. Im Rahmen der Übernahme von Kosten des Gepäcktransportes werden die Kosten für das Befördern von bis zu zwei notwendigen Gepäckstücken erstattet, sofern der Transport nicht mit dem privaten Kraftfahrzeug erfolgt.[89]

Für **Kinder**, deren Mitnahme an den Rehabilitationsort erforderlich ist, werden Reisekosten nur übernommen, sofern das Kind das zwölfte Lebensjahr noch nicht vollendet hat. Zwar enthält § 53 Abs. 1-3 SGB IX selbst keine entsprechende Einschränkung, insoweit wird jedoch auf die in § 45 Abs. 1 Satz 1 SGB V für den Bezug von Krankengeld bei Erkrankung eines Kindes normierte Altersgrenze zurückgegriffen.[90] Für behinderte und auf Hilfe angewiesene Kinder ist diese Altersgrenze allerdings nicht anwendbar. 110

Während der Ausführung von Leistungen zur Teilhabe am Arbeitsleben werden Reisekosten gemäß § 53 Abs. 2 Satz 1 SGB IX auch für im Regelfall zwei **Familienheimfahrten** je Monat übernommen. 111

Sinn und Zweck des Verweises in § 60 Abs. 5 SGB V auf die Regelungen in § 53 Abs. 1-3 SGB IX ist nach der Gesetzesbegründung, dass alle Rehabilitationsträger Fahr- und Reisekosten grundsätzlich in dem gleichen Umfang erstatten.[91] 112

Im Rahmen der Übernahme von Fahr- und Reisekosten gemäß § 60 Abs. 5 SGB V in Verbindung mit § 53 Abs. 1-3 SGB IX ist ein Eigenanteil des Versicherten nicht vorgesehen; Fahr- und Reisekosten werden beim Vorliegen der Voraussetzungen von § 53 Abs. 1-3 SGB IX also in voller Höhe übernommen. 113

IV. Rechtsfolgen

Bei der Übernahme von Fahrkosten handelt es sich nicht um selbständige Leistungen, sondern um **Nebenleistungen der Krankenpflege**[92]. 114

Ob § 60 SGB V einen **Rechtsanspruch** auf die Übernahme von Fahrkosten oder lediglich einen **Anspruch auf fehlerfreie Ermessensausübung** begründet, ist von der Art der Hauptleistung abhängig.[93] Der Versicherte hat nach § 60 SGB V einen Rechtsanspruch auf die Übernahme von Fahrkosten, sofern es sich bei der Hauptleistung um eine Anspruchsleistung handelt und zugleich die Voraussetzungen des § 60 SGB V erfüllt sind. Besteht hinsichtlich der Hauptleistung dagegen nur ein Anspruch auf fehlerfreie Ermessenausübung, so gilt Gleiches in Bezug auf die Übernahme von Fahrkosten. 115

Für die Übernahme von Fahrkosten gilt nach der Rechtsprechung das **Sachleistungsprinzip**, auch wenn dem Versicherten Fahrkosten in der Praxis vielfach in Form der Kostenerstattung gewährt werden.[94] 116

In der Literatur[95] wird allerdings gegen die Geltung des Sachleistungsprinzips eingewandt, bei einigen der in § 60 SGB V geregelten Beförderungsarten (etwa der Benutzung eines öffentlichen Verkehrsmittels oder eines privaten Kfz) sei das Sachleistungsprinzip von vornherein nicht durchführbar. § 133 SGB V verpflichte zudem im Gegensatz zu den entsprechenden Regelungen in anderen Leistungserbringerbereichen (z.B. den §§ 125, 127, 132 SGB V) nicht zu Vereinbarungen über die Art und Weise der Leistungserbringung sowie über das Abrechnungsverfahren. 117

Allein aus der Tatsache, dass das Sachleistungsprinzip bei einigen Beförderungsarten nicht umsetzbar ist, ergibt sich jedoch nach der Auffassung des BSG[96] nicht, dass auch bei denjenigen Krankentransportleistungen, die als Sachleistungen gewährt werden können, das Kostenerstattungsprinzip anzuwenden ist. In § 60 SGB V ist keines der beiden Prinzipien zwingend vorgegeben. 118

Auch den Materialien zum Gesetzgebungsverfahren des GRG[97] ist insoweit kein Hinweis zu entnehmen. Der dort verwandte Begriff „Kostenübernahme" kann nach Ansicht des BSG[98] in diesem Zusammenhang nicht mit Kostenerstattung gleichgesetzt werden. 119

---

[89] *Gerlach* in: Hauck/Noftz, SGB V, § 60 Rn. 71.

[90] *Gerlach* in: Hauck/Noftz, SGB V, § 60 Rn. 71.

[91] BT-Drs. 14/5074, Teil B, zu § 53, S. 110.

[92] BSG v. 21.07.1976 - 5 RKnU 5/76 - BSGE 42, 121-123 = SozR 2200 § 1504 Nr. 2.

[93] *Baier* in: Krauskopf, Soziale Krankenversicherung/Pflegeversicherung, § 60 Rn. 5.

[94] BSG v. 29.11.1995 - 3 RK 32/94 - juris Rn. 28 - BSGE 77, 119-130 = SozR 3-2500 § 133 Nr. 1.

[95] Nachweise aus der Literatur in der Entscheidung des BSG v. 29.11.1995 - 3 RK 32/94 - juris Rn. 28 - BSGE 77, 119-130 = SozR 3-2500 § 133 Nr. 1.

[96] BSG v. 29.11.1995 - 3 RK 32/94 - juris Rn. 28 - BSGE 77, 119-130 = SozR 3-2500 § 133 Nr. 1.

[97] BT-Drs. 11/2237, S. 68 f.

[98] BSG v. 29.11.1995 - 3 RK 32/94 - juris Rn. 28 - BSGE 77, 119-130 = SozR 3-2500 § 133 Nr. 1.

120 Letztlich spricht für die Einordnung der Fahrkosten als Sachleistung, dass eine Kostenerstattung nach dem SGB V nur in Ausnahmefällen in Betracht kommt.[99] Das SGB V muss dies ausdrücklich vorsehen.[100] Dort, wo der Gesetzgeber die Kostenerstattung vorgesehen hat, ist dies sonst ausdrücklich unter Verwendung des Begriffs „Kostenerstattung" geschehen (vgl. etwa die §§ 13 Abs. 2, 14, 17 Abs. 2, 29, 30, 37 Abs. 4, 38 Abs. 4 und 64 SGB V).

121 Folge des im Rahmen des § 60 SGB V geltenden Sachleistungsprinzips ist, dass die Krankenkasse gegenüber dem Krankentransportunternehmen zur Direktabrechnung verpflichtet ist.[101] Das Krankentransportunternehmen ist seinerseits auf die Vergütungsansprüche gegen die Krankenkassen beschränkt, eine Vergütungspflicht des Versicherten besteht dagegen nicht.

122 Liegen die Voraussetzungen für die **Verordnung** einer Krankenfahrt bzw. einer Krankentransportleistung vor, so verordnet der behandelnde Arzt die Krankenfahrt bzw. den Krankentransport auf dem vereinbarten Vordruck. Bei der Verordnung ist der Arzt an die Krankentransport-Richtlinien gebunden. Die Verordnung von Krankentransporten ist gemäß § 73 Abs. 2 Nr. 7 SGB V Gegenstand der vertragsärztlichen Versorgung. Die Verordnung soll **vor** der Beförderung ausgestellt werden. Auch bei Schwerstbehinderten können Fahrkosten zu einer ambulanten Behandlung nur nach vorheriger Genehmigung erstattet werden.[102] In Notfällen genügt eine nachträgliche Verordnung. Eine Verordnung ist allerdings nicht notwendig, wenn die Fahrt mit dem privaten Kraftfahrzeug oder mit öffentlichen Verkehrsmitteln erfolgt.

---

[99] BSG v. 29.11.1995 - 3 RK 32/94 - juris Rn. 28 - BSGE 77, 119-130 = SozR 3-2500 § 133 Nr. 1.
[100] BSG v. 30.01.2001 - B 3 KR 2/00 R - juris Rn. 18 - SozR 3-2500 § 60 Nr. 5.
[101] BSG v. 29.11.1995 - 3 RK 32/94 - juris Rn. 28 - BSGE 77, 119-130 = SozR 3-2500 § 133 Nr. 1.
[102] LSG Nordrhein-Westfalen v. 12.07.2004 - L 16 B 33/04 KR ER.

Neunter Abschnitt: Zuzahlungen, Belastungsgrenze

§ 61 SGB V Zuzahlungen

(Fassung vom 30.07.2004, gültig ab 01.01.2005)

Zuzahlungen, die Versicherte zu leisten haben, betragen 10 vom Hundert des Abgabepreises, mindestens jedoch 5 Euro und höchstens 10 Euro; allerdings jeweils nicht mehr als die Kosten des Mittels. Als Zuzahlungen zu stationären Maßnahmen werden je Kalendertag 10 Euro erhoben. Bei Heilmitteln und häuslicher Krankenpflege beträgt die Zuzahlung 10 vom Hundert der Kosten sowie 10 Euro je Verordnung. Geleistete Zuzahlungen sind von dem zum Einzug Verpflichteten gegenüber dem Versicherten zu quittieren; ein Vergütungsanspruch hierfür besteht nicht.

Gliederung

A. Basisinformationen

I. Textgeschichte/Gesetzgebungsmaterialien

Das GKV-Modernisierungsgesetz vom 14.11.2003[1] hat m.W.v. 01.01.2004 das Recht der Zuzahlungen und Selbstbeteiligungen im SGB V grundlegend neu gestaltet und mit einer neuen Überschrift (Zuzahlungen, Belastungsgrenze) versehen. 1

Die bis zum 31.12.1988 in der RVO verstreuten Bestimmungen zu Zuzahlungen und Befreiungen hiervon wurden erstmals durch das Gesundheitsreformgesetz vom 20.12.1988[2] m.W.v. 01.01.1989 in einem eigenen Abschnitt unter der Überschrift „Härtefälle" (§§ 61, 62 SGB V) zusammengefasst. Neben der Neustrukturierung der Regelungen wandelte das Gesundheitsreformgesetz die bis dahin im Ermessen der Krankenkassen stehende Entscheidung über eine Befreiung von den Zuzahlungen in einen Rechtsanspruch der Versicherten um. Ziel war es zu gewährleisten, dass alle Krankenkassen gleiche Maßstäbe anlegen, und so zu verhindern, dass die Härtefallregelungen als Instrument des Wettbewerbs zwischen den Krankenkassen eingesetzt werden.[3] 2

§ 61 SGB V in der bis 31.12.2003 geltenden Fassung legte fest, in welchen Fällen und unter welchen Voraussetzungen Versicherte von ihrer Pflicht zur Kostenbeteiligung vollständig zu befreien waren. Voraussetzung für eine vollständige Befreiung von Zuzahlungen war eine unzumutbare Belastung des Versicherten, die vorlag, wenn die Bruttoeinnahmen zum Lebensunterhalt eine bestimmte Einkommensgrenze nicht überschritten oder der Versicherte bestimmte Sozialleistungen (Hilfe zum Lebensunterhalt nach dem BSHG oder im Rahmen der Kriegsopferfürsorge, Arbeitslosenhilfe, Ausbildungsförderung) bezog. Die Vorschrift war verfassungsgemäß.[4] Nach § 62 SGB V war eine teilweise Befreiung möglich, wenn die dort normierten Belastungsgrenzen für die Zuzahlungen überschritten wurden. 3

§ 61 SGB V a.F. wurde im Zeitraum seiner Geltung zwischen dem 01.01.1989 und 31.12.2003 mehrfach geändert. Diese Änderungen waren überwiegend redaktioneller Art und standen in Zusammenhang mit Änderungen leistungsrechtlicher Vorschriften, wenn diese die Zuzahlungspflicht der Versi- 4

[1] BGBl I 2003, 2190; BT-Drs. 15/1525.
[2] BGBl I 1988, 2477.
[3] BT-Drs. 11/2237, S. 187.
[4] Sächsisches LSG v. 15.04.2003 - L 1 KR 7/02; nachgehend: BSG v. 18.11.2003 - B 1 KR 2/03 BH.

cherten auf neue Leistungen erstreckten (z.B. wurde Absatz 1 Nr. 1 durch das 2. GKV-Neuordnungsgesetz vom 23.06.1997[5] m.W.v. 01.07.1997 tatbestandlich um Hilfsmittel erweitert). Weitere redaktionelle Anpassungen erfolgten durch das 2. SGB III-Änderungsgesetz (Absatz 2 Nr. 2) sowie das Lebenspartnerschaftsgesetz vom 16.02.2001[6], welches m.W.v. 01.08.2001 auch das Einkommen des Lebenspartners und dessen Angehöriger in die Berechnungsvorschriften der Absätze 3 und 4 a.F. aufnahm.

5 Die Möglichkeit einer vollständigen Befreiung von Zuzahlungen und Selbstbeteiligungen wurde durch das GKV-Modernisierungsgesetz m.W.v. 01.01.2004 abgeschafft.[7] § 61 SGB V n.F. regelt jetzt die Höhe der im Dritten Kapitel des SGB V vorgesehenen Zuzahlungen, während sich die Pflicht zur Zuzahlung dem Grunde nach weiterhin aus den Vorschriften ergibt, die den jeweiligen Leistungsanspruch begründen. Diese verweisen nun bezüglich der Zuzahlungshöhe auf § 61 SGB V.

II. Vorgängervorschriften

6 Bis zum In-Kraft-Treten des SGB V waren die für Zuzahlungen geltenden Härtefall-Regelungen den jeweiligen Leistungsnormen zugeordnet. Dies war § 182a Satz 3 RVO a.F. für Arznei-, Verband- und Heilmittel, § 182c Abs. 3 RVO a.F. für Zahnersatz, §§ 184a Abs. 2 Satz 4, 187 Abs. 5 Satz 2 RVO a.F. für Behandlungen in Kur- und Spezialeinrichtungen sowie § 194 Abs. 1 Satz 3 RVO a.F. für Fahrtkosten. Alle diese Regelungen waren als Kann-Leistungen ausgestaltet, die es den Krankenkassen ermöglichten, unterschiedliche Abstufungen (z.B. beim Zahnersatz) vorzusehen.

III. Parallelvorschriften

7 Für die Versorgung mit Pflegehilfsmitteln regelt § 40 Abs. 3 Satz 4 SGB XI, dass Versicherte, die das 18. Lebensjahr vollendet haben, zu den Kosten der Hilfsmittel (mit Ausnahme zum Verbrauch bestimmter Hilfsmittel) eine Zuzahlung von 10%, höchstens jedoch 25 € je Hilfsmittel zu leisten haben. Zur Vermeidung von Härtefällen kann die Pflegekasse Versicherte in entsprechender Anwendung der §§ 61, 62 SGB V von der Zuzahlung befreien (§ 40 Abs. 3 Satz 5 SGB XI). Zwar ist die Befreiungsmöglichkeit dem Wortlaut der Norm zufolge als Ermessensentscheidung der Pflegekasse ausgestaltet, dies dürfte jedoch kaum praktische Bedeutung haben. Ist ein Versicherter von der Zahlung (weiterer) Zuzahlungen nach § 62 SGB V befreit, muss er auch von den Zuzahlungen für technische Pflegehilfsmittel befreit werden.[8] Gem. § 32 Abs. 1 und 2 SGB VI haben Personen, die stationäre Leistungen der medizinischen Rehabilitation oder sonstige stationäre Maßnahmen des Rentenversicherungsträgers in Anspruch nehmen, eine kalendertägliche Zuzahlung entsprechend § 40 Abs. 5 SGB V für längstens 14 Tage zu zahlen.

IV. Systematische Zusammenhänge

8 Während § 61 SGB V die Höhe der Zuzahlungen regelt, ergibt sich die Pflicht zur Leistung von Zuzahlungen weiterhin aus den einzelnen leistungsrechtlichen Normen selbst (z.B. § 31 Abs. 3 Satz 1 und 3 SGB V für Arzneimittel), die bezüglich der Zuzahlungshöhe jeweils auf § 61 SGB V verweisen und regelmäßig festlegen, dass Zuzahlungen nur von Versicherten zu leisten sind, die das 18. Lebensjahr vollendet haben; eine Ausnahme bildet insoweit lediglich § 60 SGB V (Fahrtkosten). Entgegen dem Wortlaut der Gesetzesbegründung fasst § 61 SGB V indes nicht alle, sondern lediglich den größten Teil der Bestimmungen über die Zuzahlungshöhe zusammen. Spezielle Regeln finden sich in § 33 Abs. 8 Satz 3 SGB V, der die Zuzahlungen bei zum Verbrauch bestimmten Hilfsmitteln begrenzt, in den §§ 39 Abs. 4 Satz 2, 40 Abs. 6 Satz 2 SGB V, die eine Anrechnung anderweitig geleisteter Zuzahlungen vorsehen sowie in § 32 Abs. 2 Satz 3 SGB V für im Rahmen der ärztlichen Behandlung abgegebene Heilmittel. Den Einzug der Zuzahlungen regelt § 43b SGB V.

---

[5] BGBl I 1998, 38.

[6] Gesetz zur Beendigung der Diskriminierung gleichgeschlechtlicher Gemeinschaften: Lebenspartnerschaften (Lebenspartnerschaftsgesetz) vom 16.02.2001, BGBl I 2001, 266.

[7] Zu dem bis 31.12.2003 geltenden Recht hatte das BSG ausgeführt, dass der Gesetzgeber von Verfassungs wegen nicht gehalten ist, sämtliche mit der Zuzahlungspflicht verbundenen Belastungen auszugleichen, BSG v. 03.03.1994 - 1 RK 33/93 - SozR 3-2500 § 61 Nr. 3; BSG v. 09.06.1998 - B 1 KR 22/96 - SozR 3-2500 § 61 Nr. 8; BSG v. 19.02.2002 - B 1 KR 20/00 R - SozR 3-2500 § 62 Nr. 1.

[8] *Leitherer* in: KassKomm, SGB XI, § 40 Rn. 32.

Gemeinsam mit § 62 SGB V bestimmt § 61 SGB V Umfang und Grenze der Zuzahlungen bei Krankenbehandlung. Allerdings wird die finanzielle Beteiligung der Versicherten an den Kosten der Krankenbehandlung durch diese Vorschriften nicht abschließend geregelt. Über die Zuzahlungen im eigentlichen Sinne hinaus werden die Versicherten durch weitere Eigenbeteiligungen – etwa beim Zahnersatz (§ 30 SGB V), den Kosten für reproduktionsmedizinische Maßnahmen (§ 27a Abs. 3 Satz 3 SGB V) und verschiedenen Festbetragsregelungen (§§ 35, 36 SGB V) – in die finanzielle Verantwortung genommen. 9

V. Ausgewählte Literaturhinweise

Kruse/Hänlein (Hrsg.), Das neue Krankenversicherungsrecht, 2004. 10

B. Auslegung der Norm

I. Regelungsgehalt und Bedeutung der Norm

§ 61 SGB V normiert die Höhe der zu verschiedenen Leistungen der Krankenbehandlung von den Versicherten zu leistenden Zuzahlungen und differenziert hierbei zwischen verschiedenen Leistungsarten. Grundsätzlich werden nach neuem Recht Zuzahlungen i.H.v. 10% der Kosten bei allen Leistungen erhoben. Bei Heilmitteln und häuslicher Krankenpflege sind zusätzlich 10 € je Verordnung zu leisten, bei stationären Maßnahmen beträgt die Zuzahlung 10 € je Kalendertag (§ 61 Satz 2 SGB V). Für alle übrigen Leistungsarten legt § 61 Satz 1 SGB V fest, dass die Zuzahlungen auch hier grundsätzlich 10% des Abgabepreises betragen, jedoch nicht weniger als 5 € und nicht mehr als 10 €, wobei die Zuzahlung nicht höher sein darf als die Kosten des Mittels selbst. 11

II. Normzweck

§ 61 SGB V in der neuen Fassung des GKV-Modernisierungsgesetzes fasst die Zuzahlungsregelungen zusammen und soll hierdurch der Rechtsklarheit dienen.[9] Dadurch, dass in den einzelnen Zuzahlungsvorschriften auf § 61 SGB V Bezug genommen wird, bedarf es dort keiner Angabe zur Zuzahlungshöhe mehr – diese lässt sich nunmehr auf einen Blick § 61 SGB V entnehmen. Darüber hinaus wurden die Zuzahlungen teilweise deutlich angehoben, neue Zuzahlungen eingeführt (z.B. die sog. „Praxisgebühr", § 28 Abs. 4 Satz 1 SGB V) und die Möglichkeit einer vollständigen Befreiung von Zuzahlungen m.W.v. 01.01.2004 abgeschafft. All dies sind Maßnahmen, die unter dem Aspekt der Neuordnung der Finanzierung des Gesundheitswesens unter Einbindung aller relevanten Beteiligten[10] die Eigenverantwortung und das Kostenbewusstsein der Versicherten stärken sollten. Die Bundesregierung versprach sich mit diesen Änderungen eine Entlastung der gesetzlichen Krankenversicherung um 3,2 Mrd. € jährlich.[11] Ob sich die höheren Zuzahlungen tatsächlich in diesem Umfang auf die Leistungsinanspruchnahme der Versicherten auswirken werden, darf indes angezweifelt werden.[12] 12

III. Tatbestandsmerkmale

1. Zuzahlungen 10% vom Abgabepreis (Satz 1)

Die Höhe der Zuzahlungen richtet sich grundsätzlich nach dem Abgabepreis und beträgt hiervon 10%. Als Abgabepreis gilt dabei der für die Kostentragung durch die Krankenkasse maßgebende Betrag. Hiervon zahlt der Versicherte 13

- bei einem Abgabepreis unter 5 € die tatsächlichen Kosten des Mittels,
- bei einem Abgabepreis zwischen 5 € und 50 € eine Zuzahlung i.H.v. 5 €,
- bei einem Abgabepreis zwischen 50 € und 100 € eine Zuzahlung i.H.v. 10% des Abgabepreises und
- bei einem Abgabepreis ab 100 € eine Zuzahlung i.H.v. 10 €.

In den Anwendungsbereich von § 61 Satz 1 SGB V fallen die folgenden Leistungen: 14

- Arznei- und Verbandmittel sowie durch Beschluss des Gemeinsamen Bundesausschusses in die Arzneimittelversorgung einbezogene Medizinprodukte (§ 31 Abs. 3 Satz 1 und 3 SGB V),

---

[9] BT-Drs. 15/1525, S. 95, zu Nr. 39 (§ 61).
[10] BT-Drs. 15/1525, S. 24.
[11] BT-Drs. 15/1525, S. 171.
[12] Vgl. *Baier* in: Krauskopf, Soziale Krankenversicherung, SGB V, § 61 Rn. 3.

- Hilfsmittel (§ 33 Abs. 8 SGB V),
- Soziotherapie (§ 37 a Abs. 3 SGB V),
- Haushaltshilfe (§ 38 Abs. 5 SGB V),
- Fahrtkosten (§ 60 Abs. 1 Satz 2, Abs. 2 Satz 2 SGB V).

15 Bei Arznei-, Verband- und Hilfsmitteln ist die Zuzahlung zu jedem verordneten Mittel zu leisten, unabhängig davon, ob ein Rezept eine oder mehrere Verordnungen enthält. Die nach altem Recht je nach Packungsgröße bei 4 €, 4,50 € bzw. 5 € liegende Zuzahlung wurde in eine prozentuale Zuzahlung von 10% des Apothekenabgabenpreises umgewandelt und in der Höhe nahezu verdoppelt. Im Festbetragsbereich (§§ 12 Abs. 1, 31 Abs. 2 SGB V) erfüllt die Krankenkasse mit der Zahlung des Festbetrags ihre Leistungspflicht, so dass der Festbetrag eine Obergrenze für die Zuzahlungen setzt. Die Zuzahlungen zu Soziotherapie und Haushaltshilfe, die für jeden Kalendertag der Inanspruchnahme der Leistungen fällig werden, hat das GKV-Modernisierungsgesetz neu eingeführt. Anders als bei der häuslichen Krankenpflege ist für die Haushaltshilfe eine Begrenzung der Zuzahlung auf 28 Tage nicht normiert. Erweitert wurden auch die Zuzahlungen für Hilfsmittel. Bis zum 31.12.2003 waren von den Versicherten Eigenbeteiligungen dann zu zahlen, wenn für bestimmte Hilfsmittel (z.B. Hörgeräte) Festbeträge festgelegt und diese geringer waren als die tatsächlichen Kosten des abgegebenen Hilfsmittels. Darüber hinaus waren Zuzahlungen (in Höhe von 20%) nur für Bandagen, Einlagen und Hilfsmittel zur Kompressionstherapie zu zahlen. Über die Festbeträge hinaus ist nun zu jedem verordneten Hilfsmittel eine Zuzahlung (in Höhe von 10%; jedoch mindestens 5 € und höchstens 10 €) zu leisten. Eine Sonderregelung gilt für zum Verbrauch bestimmte Hilfsmittel, bei denen die Zuzahlung von grundsätzlich 10% pro Packung auf maximal 10 € für den Monatsbedarf je Indikation begrenzt ist.

16 Eine leistungsrechtliche Änderung erfolgte im Bereich der Fahrtkosten, die seit 01.01.2004 nur noch dann übernommen werden, wenn sie im Zusammenhang mit einer Leistung der Krankenkasse aus zwingenden medizinischen Gründen notwendig sind (§ 60 Abs. 1 Satz 1 SGB V). Soweit hiernach eine Kostenbeteiligung der Krankenkasse überhaupt noch in Betracht kommt, richtet sich die finanzielle Eigenbeteiligung der Versicherten nach § 61 Satz 1 SGB V und beträgt 10% der Fahrkosten, jedoch nicht weniger als 5 € und nicht mehr als 10 €.

2. Zuzahlungen für stationäre Maßnahmen (Satz 2)

17 Bei stationären Behandlungen sind Zuzahlungen pro Kalendertag zu leisten, wobei sowohl der Aufnahme- als auch der Entlassungstag unabhängig von der gesamten Dauer des stationären Aufenthalts mitzählen.[13] Bei einer Verlegung in ein anderes Krankenhaus oder in eine Rehabilitationseinrichtung wird die Zuzahlung indes nur einmal fällig. Die Zuzahlungspflicht nach § 61 Satz 2 SGB V besteht für folgende stationäre Maßnahmen:

- medizinische Vorsorgemaßnahmen (§ 23 Abs. 6 Satz 1 SGB V),
- medizinische Vorsorge für Mütter und Väter (§ 24 Abs. 3 Satz 1 SGB V),
- Krankenhausbehandlung für längstens 28 Tage (§ 39 Abs. 4 SGB V),
- medizinische Rehabilitation (§ 40 Abs. 5 Satz 1 SGB V),
- Anschlussrehabilitation für längstens 28 Tage (§ 40 Abs. 6 Satz 1 SGB V),
- medizinische Rehabilitation für Mütter und Väter (§ 41 Abs. 3 SGB V).

18 Gegenüber dem bis 31.12.2003 geltenden Recht wurde die von den Versicherten zu leistende Zuzahlung von 9 € auf nunmehr 10 € pro Kalendertag angehoben. Zudem hat das GKV-Modernisierungsgesetz den Zeitraum, für den Zuzahlungen zu leisten sind, bei stationären Krankenhausaufenthalten sowie Anschlussrehabilitationen von 14 auf 28 Tage kalenderjährlich verdoppelt. Die im Kalenderjahr bereits geleisteten Zuzahlungen für stationären Krankenhausaufenthalt (§ 39 Abs. 4 Satz 2 SGB V), Anschlussrehabilitation (§ 40 Abs. 6 Satz 2 SGB V) sowie medizinische Rehabilitation des Trägers der Rentenversicherung (§ 32 Abs. 1 Satz 2 SGB VI) sind auf die jeweilige Zuzahlungspflicht anzurechnen.

19 Für die medizinische Rehabilitation wird im Regelfall durch die leistungsrechtlichen Begrenzungen von Dauer und Häufigkeit eine Höchstbelastung für die Zuzahlungen vermittelt (§ 40 Abs. 3 Satz 2 SGB V).

20 Durch die Verweisung in § 28 Abs. 4 Satz 1 SGB V regelt § 61 Satz 2 SGB V ebenfalls die Höhe der durch das GKV-Modernisierungsgesetz eingeführten Zuzahlung für die Inanspruchnahme ambulanter ärztlicher, zahnärztlicher oder psychotherapeutischer Behandlung (sog. „Praxisgebühr“). Diese Zuzahlung beträgt für jede erste Inanspruchnahme im Kalendervierteljahr, die nicht auf Überweisung aus

---

[13] BSG v. 19.02.2002 - B 1 KR 32/00 R - SozR 3-2500 § 40 Nr. 4.

demselben Quartal erfolgt, 10 €. Sucht ein Versicherter in einem Quartal mehrere Ärzte ohne Überweisung oder neben Ärzten auch Zahnärzte auf, kann die Praxisgebühr von 10 € in einem Quartal mehrfach anfallen.

3. Zuzahlungen für Heilmittel und häusliche Krankenpflege (Satz 3)

Zum 01.01.2004 wurde die prozentuale Zuzahlung bei Heilmitteln von 15% auf 10% der Kosten – allerdings ohne betragsmäßige Obergrenze – gesenkt. Zusätzlich wurde ein weiterer Zuzahlungsbetrag von 10 € pro Verordnung eines Heilmittels eingeführt. Da Heilmittel typischerweise in Serien (von z.B. 6-mal Krankengymnastik) verordnet werden, stellt die Verordnung einer solchen Serie jeweils eine Verordnung im Sinne der Zuzahlungsregelung dar. Bei Behandlungen mit preiswerten Heilmitteln (wie z.B. Elektrotherapie) oder beim Abbruch von Behandlungsserien kann es zu Situationen kommen, in denen die Zuzahlungshöhe insgesamt über den Kosten des Mittels selbst liegt, was gem. § 61 Satz 1 HS. 2 SGB V ausgeschlossen sein soll. In einem solchen Fall sind evtl. vom Versicherten zuviel geleistete Zuzahlungen vom Heilmittelerbringer zu erstatten.[14] 21

Neu eingeführt wurde auch die Zuzahlung für Leistungen der häuslichen Krankenpflege in Höhe von 10% der Kosten, welche jedoch auf die ersten 28 Tage der Inanspruchnahme im Kalenderjahr begrenzt ist. Auch hier gilt, dass jede Verordnung des Arztes über einen bestimmten Zeitraum (sei es eine Woche oder drei Monate) als eine Verordnung im Sinne der Zuzahlungsregelung anzusehen ist, für die ein zusätzlicher Betrag von 10 € zuzuzahlen ist. 22

4. Einzug der Zuzahlungen und Quittierungspflicht (Satz 4)

Zuzahlungen sind gem. § 43b Abs. 1 SGB V grundsätzlich von den jeweiligen Leistungserbringern einzuziehen und mit deren Zahlungsanspruch gegenüber der Krankenkasse bzw. der Kassenärztlichen oder Kassenzahnärztlichen Vereinigung zu verrechnen. Zahlt der Versicherte trotz einer gesonderten schriftlichen Aufforderung durch den Leistungserbringer nicht, geht die Einziehungspflicht auf die Krankenkasse über (§ 43b Abs. 1 Satz 2 SGB V). Für Hilfsmittel schließt § 33 Abs. 8 Satz 2 HS. 2 SGB V die Einziehung durch die Krankenkasse aus und stellt damit klar, dass der Leistungserbringer das Inkassorisiko trägt[15]. Eine besondere Regelung für die Einziehung der Praxisgebühr trifft § 43b Abs. 2 SGB V i.V.m. den Bundesmantelverträgen (vgl. die Kommentierung zu § 43b SGB V Rn. 8). 23

§ 61 Satz 4 SGB V stellt klar, dass die geleisteten Zuzahlungen von dem Einzugspflichtigen dem zuzahlungspflichtigen Versicherten gegenüber zu quittieren sind, ohne dass hierfür ein Vergütungsanspruch besteht. Soweit die Krankenkassen Zuzahlungen selbst einziehen, sind auch diese dem Versicherten gegenüber zur Quittierung verpflichtet. Die Quittierungspflicht ist für die Feststellung der Belastungsgrenzen nach § 62 SGB V unerlässlich, so dass sie inhaltlich gewissen Mindestanforderungen genügen muss, um den Krankenkasse eine Überprüfung zu ermöglichen. Zu fordern sind diesbezüglich Quittungen, aus denen Vor- und Zuname des Versicherten, Art der Leistung, Zuzahlungsbetrag, Datum der Abgabe und die abgebende Stelle hervorgehen. 24

---

[14] Vgl. Besprechungsergebnis der Spitzenverbände der Krankenkassen vom 11./12.05.2004 unter TOP 3; SGB LR, Leistungsrecht für Krankenkassen (Stand: 01.08.2004), §§ 61-62a SGB V, S. 191.

[15] BT-Drs. 16/3100, S. 103; vgl. BSG v. 07.12.2006 - B 3 KR 29/05 R - SozR 4-2500 § 33 Nr. 14; SGb 2007, 99.

§ 62 SGB V Belastungsgrenze

(Fassung vom 26.03.2007, gültig ab 01.04.2007)

(1) Versicherte haben während jedes Kalenderjahres nur Zuzahlungen bis zur Belastungsgrenze zu leisten; wird die Belastungsgrenze bereits innerhalb eines Kalenderjahres erreicht, hat die Krankenkasse eine Bescheinigung darüber zu erteilen, dass für den Rest des Kalenderjahres keine Zuzahlungen mehr zu leisten sind. Die Belastungsgrenze beträgt 2 vom Hundert der jährlichen Bruttoeinnahmen zum Lebensunterhalt; für chronisch Kranke, die wegen derselben schwerwiegenden Krankheit in Dauerbehandlung sind, beträgt sie 1 vom Hundert der jährlichen Bruttoeinnahmen zum Lebensunterhalt. Abweichend von Satz 2 beträgt die Belastungsgrenze 2 vom Hundert der jährlichen Bruttoeinnahmen zum Lebensunterhalt

1. **für nach dem 1. April 1972 geborene chronisch kranke Versicherte, die ab dem 1. Januar 2008 die in § 25 Abs. 1 genannten Gesundheitsuntersuchungen vor der Erkrankung nicht regelmäßig in Anspruch genommen haben,**
2. **für nach dem 1. April 1987 geborene weibliche und nach dem 1. April 1962 geborene männliche chronisch kranke Versicherte, die an einer Krebsart erkranken, für die eine Früherkennungsuntersuchung nach § 25 Abs. 2 besteht, und die diese Untersuchung ab dem 1. Januar 2008 vor ihrer Erkrankung nicht regelmäßig in Anspruch genommen haben.**

Für Versicherte nach Satz 3 Nr. 1 und 2, die an einem für ihre Erkrankung bestehenden strukturierten Behandlungsprogramm teilnehmen, beträgt die Belastungsgrenze 1 vom Hundert der jährlichen Bruttoeinnahmen zum Lebensunterhalt. Der Gemeinsame Bundesausschuss legt in seinen Richtlinien bis zum 31. Juli 2007 fest, in welchen Fällen Gesundheitsuntersuchungen ausnahmsweise nicht zwingend durchgeführt werden müssen. Die weitere Dauer der in Satz 2 genannten Behandlung ist der Krankenkasse jeweils spätestens nach Ablauf eines Kalenderjahres nachzuweisen und vom Medizinischen Dienst der Krankenversicherung, soweit erforderlich, zu prüfen. Die jährliche Bescheinigung darf nur ausgestellt werden, wenn der Arzt ein therapiegerechtes Verhalten des Versicherten, beispielsweise durch Teilnahme an einem strukturierten Behandlungsprogramm nach § 137f, feststellt; dies gilt nicht für Versicherte, denen das Erfüllen der Voraussetzungen nach Satz 7 nicht zumutbar ist, insbesondere wegen des Vorliegens von Pflegebedürftigkeit der Pflegestufen II und III nach dem Elften Buch oder bei einem Grad der Behinderung von mindestens 60. Das Nähere regelt der Gemeinsame Bundesausschuss in seinen Richtlinien. Die Krankenkassen sind verpflichtet, ihre Versicherten zu Beginn eines Kalenderjahres auf die für sie in diesem Kalenderjahr maßgeblichen Untersuchungen nach § 25 Abs. 1 und 2 hinzuweisen. Das Nähere zur Definition einer schwerwiegenden chronischen Erkrankung bestimmt der Gemeinsame Bundesausschuss in den Richtlinien nach § 92.

(2) Bei der Ermittlung der Belastungsgrenzen nach Absatz 1 werden die Zuzahlungen und die Bruttoeinnahmen zum Lebensunterhalt der mit dem Versicherten im gemeinsamen Haushalt lebenden Angehörigen des Versicherten und des Lebenspartners jeweils zusammengerechnet. Hierbei sind die jährlichen Bruttoeinnahmen für den ersten in dem gemeinsamen Haushalt lebenden Angehörigen des Versicherten um 15 vom Hundert und für jeden weiteren in dem gemeinsamen Haushalt lebenden Angehörigen des Versicherten und des Lebenspartners um 10 vom Hundert der jährlichen Bezugsgröße nach § 18 des Vierten Buches zu vermindern. Für jedes Kind des Versicherten und des Lebenspartners sind die jährlichen Bruttoeinnahmen um den sich nach § 32 Abs. 6 Satz 1 und 2 des Einkommensteuergesetzes ergebenden Betrag zu vermindern;

die nach Satz 2 bei der Ermittlung der Belastungsgrenze vorgesehene Berücksichtigung entfällt. Zu den Einnahmen zum Lebensunterhalt gehören nicht Grundrenten, die Beschädigte nach dem Bundesversorgungsgesetz oder nach anderen Gesetzen in entsprechender Anwendung des Bundesversorgungsgesetzes erhalten, sowie Renten oder Beihilfen, die nach dem Bundesentschädigungsgesetz für Schäden an Körper und Gesundheit gezahlt werden, bis zur Höhe der vergleichbaren Grundrente nach dem Bundesversorgungsgesetz. Abweichend von den Sätzen 1 bis 3 ist bei Versicherten,

1. **die Hilfe zum Lebensunterhalt oder Grundsicherung im Alter und bei Erwerbsminderung nach dem Zwölften Buch oder die ergänzende Hilfe zum Lebensunterhalt nach dem Bundesversorgungsgesetz oder nach einem Gesetz, das dieses für anwendbar erklärt, erhalten,**
2. **bei denen die Kosten der Unterbringung in einem Heim oder einer ähnlichen Einrichtung von einem Träger der Sozialhilfe oder der Kriegsopferfürsorge getragen werden**

sowie für den in § 264 genannten Personenkreis als Bruttoeinnahmen zum Lebensunterhalt für die gesamte Bedarfsgemeinschaft nur der Regelsatz des Haushaltsvorstands nach der Verordnung zur Durchführung des § 28 des Zwölften Buches Sozialgesetzbuch (Regelsatzverordnung) maßgeblich. Bei Versicherten, die Leistungen zur Sicherung des Lebensunterhalts nach dem Zweiten Buch erhalten, ist abweichend von den Sätzen 1 bis 3 als Bruttoeinnahmen zum Lebensunterhalt für die gesamte Bedarfsgemeinschaft nur die Regelleistung nach § 20 Abs. 2 des Zweiten Buches maßgeblich.

(3) Die Krankenkasse stellt dem Versicherten eine Bescheinigung über die Befreiung nach Absatz 1 aus. Diese darf keine Angaben über das Einkommen des Versicherten oder anderer zu berücksichtigender Personen enthalten.

(4) Bei der Versorgung mit Zahnersatz finden § 61 Abs. 1 Nr. 2, Abs. 2 bis 5 und § 62 Abs. 2a in der am 31. Dezember 2003 geltenden Fassung bis zum 31. Dezember 2004 weiter Anwendung.

(5) Die Spitzenverbände der Krankenkassen evaluieren für das Jahr 2006 die Ausnahmeregelungen von der Zuzahlungspflicht hinsichtlich ihrer Steuerungswirkung und legen dem Deutschen Bundestag hierzu über das Bundesministerium für Gesundheit spätestens bis zum 30. Juni 2007 einen Bericht vor.

Gliederung

A. Basisinformationen

I. Textgeschichte/Gesetzgebungsmaterialien

1 § 62 SGB V wurde durch Art. 1 Nr. 40 des GKV-Modernisierungsgesetzes vom 14.11.2003[1] m.W.v. 01.01.2004 neu gefasst und regelt seitdem die Belastungsgrenze für die von den Versicherten zu leistenden Zuzahlungen.

2 In der alten Fassung galt die Vorschrift seit In-Kraft-Treten des SGB V ab 01.01.1989[2] und legte fest, unter welchen Voraussetzungen und in welchem Umfang Versicherte von Zuzahlungen teilweise zu befreien waren, während die Möglichkeit der vollständigen Befreiung in § 61 SGB V a.F. geregelt war. § 62 SGB V a.F. begrenzte den Anwendungsbereich der teilweisen Befreiung auf entstandene Fahrtkosten sowie Zuzahlungen zu Arznei-, Verband- und Heilmitteln und sprach terminologisch davon, dass die Krankenkasse die dem Versicherten oberhalb der Belastungsgrenze entstehenden Kosten zu übernehmen habe. Faktisch bedeutete dies jedoch eine Befreiung von der Pflicht, Zuzahlungen zu leisten. In seiner Ursprungsfassung unterschied § 62 SGB V a.F. bzgl. der Belastungsgrenze nach der Höhe der Bruttoeinnahmen zum Lebensunterhalt: Bis zur Jahresarbeitsentgeltgrenze lag die Belastungsgrenze bei 2%, bei höheren Einnahmen betrug sie 4%. Durch das 2. GKV-Neuordnungsgesetz vom 23.06.1997[3] wurde diese Differenzierung m.W.v. 01.07.1997 aufgehoben und neben einer allgemeinen Belastungsgrenze von 2% eine reduzierte Grenze für Versicherte in Dauerbehandlung (1%) eingeführt. Zu Gunsten chronisch Erkrankter galt zunächst eine niedrigere Belastungsgrenze ab dem zweiten Jahr der Behandlung, wenn im ersten Jahr Zuzahlungen bis zur 2-Prozent-Grenze aufgebracht worden sind. Die Belastungsgrenze bei chronisch Erkrankten wurde ab 01.01.1999[4] schließlich in eine vollständige Befreiung von Fahrtkosten und Zuzahlungen während der weiteren Dauer der Behandlung umgewandelt, wenn der chronisch Kranke ein Jahr lang Zuzahlungen in Höhe von nunmehr lediglich 1% der jährlichen Einnahmen geleistet hatte.[5] Eine redaktionelle Anpassung erfuhr § 62 SGB V a.F. durch das Lebenspartnerschaftsgesetz[6], durch das m.W.v. 01.08.2001 in die Ermittlung der Belastungsgrenze auch die Zuzahlungen und Bruttoeinnahmen des Lebenspartners und seiner Angehörigen einbezogen wurden.

3 Die Neufassung von § 62 SGB V durch das GKV-Modernisierungsgesetz beschränkte ab 01.01.2004 die Anwendung der reduzierten Belastungsgrenze auf schwerwiegende chronische Erkrankungen und führte einen jährlichen Nachweis für die Dauerbehandlung ein. Die bisher von der Zuzahlungspflicht ausgenommenen Empfänger sozialer Leistungen i.S.v. § 61 Abs. 2 SGB V a.F. wurden nunmehr bemessen an der Regelsatzhöhe zur Zuzahlung verpflichtet. Durch Art. 4 Nr. 5 des Gesetzes zur Einordnung des Sozialhilferechts in das SGB vom 27.12.2003[7] wurden die Bezugnahmen auf das BSHG ab 01.01.2005 durch das SGB XII ersetzt. Für das Arbeitslosengeld II folgte die Anpassung zum 01.01.2005 durch die die Anfügung des Satzes 6 (§ 62 Abs. 2 SGB V).[8]

4 Die Regelungen bei chronischer Erkrankung haben durch das GKV-WSG vom 26.03.2007[9] eine wesentliche Änderung erfahren. Die 1-Prozentbelastungsgrenze für Zuzahlungen wird künftig mit der regelmäßigen Wahrnehmung der in § 25 Abs. 1 und 2 SGB V definierten Vorsorgeuntersuchungen verbunden.

5 Mehrfach geändert und den leistungsrechtlichen Vorschriften angepasst wurden zudem die in § 62 Abs. 2a SGB V a.F. enthaltenen Regelungen bzgl. der Lastenverteilung bei der Versorgung mit Zahnersatz (vgl. hierzu Rn. 13, Rn. 63 ff.).

---

[1] BGBl I 2003, 2190.

[2] BGBl I 1988, 2477.

[3] BGBl I 1997, 1518.

[4] Geändert durch das GKV-Solidaritätsstärkungsgesetz vom 19.12.1998, BGBl I 1998, 3853.

[5] Vgl. LSG Schleswig-Holstein v. 09.09.2003 - L 1 KR 81/03, anhängig BSG - B 1 KR 10/04 R.

[6] Gesetz zur Beendigung der Diskriminierung gleichgeschlechtlicher Gemeinschaften: Lebenspartnerschaften (Lebenspartnerschaftsgesetz) vom 16.02.2001, BGBl I 2001, 266.

[7] BGBl I 2003, 3022.

[8] Art. 4 Nr. 1 des Kommunalen Optionsgesetzes vom 30.07.2004, BGBl I 2004, 2012.

[9] BGBl I 2007, 378.

II. Vorgängervorschriften

Eine direkte Vorgängervorschrift zu § 62 SGB V existiert nicht. Wie bei § 61 SGB V ausgeführt, waren die Zuzahlungs- und Härtefallregelungen bis 31.12.1988 unter Geltung der RVO den jeweiligen Leistungsnormen zugeordnet. 6

III. Parallelvorschriften

Während § 40 Abs. 3 Satz 5 SGB XI zur Vermeidung von Härtefällen bei Zuzahlungen zu Pflegehilfsmitteln auf eine entsprechende Anwendung der §§ 61, 62 SGB V verweist, ermächtigt § 32 Abs. 4 SGB VI die Rentenversicherungsträger, festzulegen, unter welchen Voraussetzungen von Zuzahlungen bei stationären und sonstigen Leistungen der Rehabilitation abzusehen ist. Hierzu sind die Richtlinien der Rentenversicherungsträger über die Befreiung von der Zuzahlung bei medizinischen und sonstigen Leistungen zur Rehabilitation[10] erlassen worden. 7

IV. Untergesetzliche Normen

§ 62 Abs. 1 Satz 2 SGB V sieht neben der allgemeinen Belastungsgrenze von 2% für chronisch Erkrankte eine reduzierte Belastungsgrenze von 1% vor. Entsprechend der Ermächtigung in § 62 Abs. 1 Satz 4 SGB V hat der Gemeinsame Bundesausschuss die Richtlinie zur Definition schwerwiegender chronischer Krankheiten im Sinne des § 62 SGB V (Chroniker-Richtlinie) vom 22.01.2004[11] beschlossen. Durch das GKV-WSG trat die Aufgabe hinzu, Ausnahmen von den vorgegebenen Gesundheitsuntersuchungen festzulegen (§ 62 Abs. 1 Satz 5 SGB V).[12] 8

V. Verwaltungsvorschriften

Von großer verwaltungspraktischer Bedeutung sind überdies zahlreiche Gemeinsame Rundschreiben und Besprechungsergebnisse der Spitzenverbände der Krankenkassen, deren Ziel eine weitestgehend einheitliche Praxis der Krankenkassen bei der Anwendung und Auslegung der gesetzlichen Vorschriften ist. Hervorzuheben sind hierbei insbesondere 9

- das Gemeinsame Rundschreiben vom 26.11.2003 zu den leistungsrechtlichen Vorschriften der GKV-Modernisierungsgesetz – GMG,
- das Gemeinsame Rundschreiben der Spitzenverbände der Krankenkassen betr. Einnahmen zum Lebensunterhalt und Gesamteinkommen vom 07.05.2004,
- das Besprechungsergebnis der Spitzenverbände der Krankenkassen zum Leistungsrecht vom 11./12.05.2004.

VI. Systematische Zusammenhänge

Auch nach der Neufassung bilden die §§ 61, 62 SGB V eine systematische Einheit. Neben den Vorschriften des Leistungsrechts, die weiterhin das Bestehen von Zuzahlungspflichten dem Grunde nach normieren, und § 61 SGB V zur Zuzahlungshöhe kommt § 62 SGB V die Funktion zu, die Grenzen der Zuzahlungspflicht der Versicherten zu bestimmen. 10

B. Auslegung der Norm

I. Regelungsgehalt und Bedeutung der Norm

§ 62 SGB V begrenzt die Zuzahlungen der Versicherten zu den Leistungen der gesetzlichen Krankenversicherung auf Zahlungen bis zur Belastungsgrenze. Die Belastungsgrenze richtet sich nach den jeweiligen finanziellen Verhältnissen des Versicherten und seiner Angehörigen und wird haushaltsbezogen durch Zusammenrechnung der Bruttoeinnahmen zum Lebensunterhalt aller Haushaltsangehörigen ermittelt (§ 62 Abs. 2 SGB V). Einkünfte, die zweckgebunden erzielt werden und damit nicht dem Lebensunterhalt dienen (z.B. Beschäftigtengrundrenten nach dem Bundesversorgungsgesetz), werden hierbei nicht berücksichtigt (§ 62 Abs. 2 Satz 4 SGB V). Für jeden Haushaltsangehörigen sind be- 11

---

[10] I.d.F. ab 01.01.1997, abgedruckt bei *Zweng/Scheerer/Buschmann/Dörr*, Handbuch der Rentenversicherung (Stand: 2001) Anhang 1 zu SGB VI, § 32.

[11] BAnz 2004, Nr. 18, 1 343; zuletzt m.W.v. 01.01.2005 geändert am 21.12.2004, BAnz 2004, Nr. 249, 24 743.

[12] Beschl. Änd. d. Chroniker-Richtlinie vom 19.07.2007, BAnz 2007, Nr. 198, 7821.

stimmte Freibeträge abzusetzen (§ 62 Abs. 2 Satz 2 und 3 SGB V). Für einige Personengruppen (z.B. Bezieher von Hilfe zum Lebensunterhalt nach dem SGB XII oder der bedarfsorientierten Grundsicherung nach dem GSiG) richtet sich die Belastungsgrenze nicht nach den tatsächlichen Einnahmen, sondern pauschal nach dem Regelsatz für den Haushaltsvorstand.[13] Die allgemeine dem Versicherten zumutbare Belastungsgrenze liegt bei 2%, sie reduziert sich auf 1% bei chronisch Kranken, die wegen einer schwerwiegenden Krankheit in Dauerbehandlung sind. Wann diese Voraussetzungen erfüllt sind, richtet sich gem. § 62 Abs. 1 Satz 4 SGB V nach einer Richtlinie des Gemeinsamen Bundesausschusses gem. § 92 SGB V – sog. Chroniker-Richtlinie. Mit Erreichen der kalenderjährlich zu ermittelnden Belastungsgrenze erwirbt der Versicherte einen Anspruch auf Befreiung von weiteren Zuzahlungen während des laufenden Kalenderjahres, die Krankenkasse hat dem Versicherten hierüber eine Bescheinigung auszustellen (§ 62 Abs. 3 SGB V).

12 Mit Art. 1 Nr. 37 GKV-WSG vom 26.03.2007[14] hat der Gesetzgeber die Inanspruchnahme der 1-Prozentbelastungsgrenze für schwerwiegend chronisch Erkrankte von dem Nachweis der Vorsorgeuntersuchungen gem. § 25 Abs. 1 und 2 SGB V und einem therapiegerechten Verhalten abhängig gemacht und damit einen Sanktionsmechanismus[15] für die 1-Prozentobergrenze eingeführt.

13 Für die Versorgung mit Zahnersatz und die Kostenbeteiligung der Versicherten hieran enthält § 62 Abs. 4 SGB V eine Übergangsregelung, die bis zum 31.12.2004 die Weitergeltung der §§ 61 Abs. 1 Nr. 2, Abs. 2-5, 62 Abs. 2a SGB V in der bis 31.12.2003 geltenden Fassung vorsah. § 62 Abs. 2a SGB V a.F. enthielt seit 01.01.1992 eine Überforderungsklausel bei Zahnersatz, die bei der Einführung von Festzuschüssen zum 02.01.1998 sowie bei der mit Wirkung zum 01.01.1999 beschlossenen Rückkehr zum Sachleistungsprinzip jeweils neu gefasst wurde. Diese Vorschrift stellte jeweils sicher, dass Versicherte bei einem nur geringfügigen Überschreiten der Einkommensgrenzen des § 61 Abs. 1 Nr. 2 SGB V a.F. nicht sofort den vollen Eigenanteil zu tragen hatten, sondern ihrer wirtschaftlichen Leistungsfähigkeit entsprechend stufenweise an den Kosten des Zahnersatzes beteiligt wurden (Einzelheiten vgl. unter Rn. 63). Durch die bis 31.12.2004 übergangsweise Weitergeltung des alten Rechts soll der Übergang von einer vollständigen Befreiung hin zur mindestens 50%igen Kostenbeteiligung nach § 55 SGB V in der ab 01.01.2005 geltenden Fassung abgeschwächt werden.

II. Normzweck

14 § 62 SGB V regelte bereits seit seinem In-Kraft-Treten zum 01.01.1989 eine Überforderungsklausel, durch die Versicherte zum einen vor einer unangemessenen Kostenbelastung durch Zuzahlungen geschützt, andererseits aber auch mit einem zumutbaren Eigenanteil belastet werden sollen. Diesem Zweck entsprechend orientieren sich die Belastungsgrenzen an den jeweiligen Einkommensverhältnissen des Versicherten. Dem „Gedanken der wirtschaftlichen Gemeinschaft von Personen“[16] Rechnung tragend kommt es dabei nicht auf das individuelle Einkommen einer Person, sondern auf die Bruttoeinnahmen aller in einem gemeinsamen Haushalt lebenden Angehörigen an. Durch das GKV-Modernisierungsgesetz wurden die prozentualen Belastungsgrenzen nicht verändert, allerdings ist die reduzierte Belastungsgrenze von 1% unter verschärften Bedingungen anwendbar. Die Möglichkeit einer vollständigen Befreiung von Zuzahlungen, die bis 31.12.2003 in § 61 SGB V a.F. geregelt war, wurde abgeschafft.[17] Erklärtes Ziel[18] des Gesetzgebers ist es, die der gesetzlichen Krankenversicherung drohende Finanzierungslücke sozial gerecht dadurch zu schließen, dass neben einer Steigerung von Effektivität und Qualität der medizinischen Versorgung auch alle Beteiligten maßvoll in die Sparmaßnahmen einbezogen werden. Nur durch eine angemessene Beteiligung der Versicherten an ihren Krankheitskosten, bei der auf soziale Belange Rücksicht genommen wird, könne – so die Begründung – wei-

---

[13] 2004 je nach Bundesland zwischen 282 € und 297 € monatlich; Verordnung zur Durchführung des § 28 des Zwölften Buches Sozialgesetzbuch (Regelsatzverordnung – RSV) v. 03.06.2004, BGBl 2004, 1067. Regelsätze referiert in Anlage 1 des Gemeinsamen Rundschreibens der Spitzenverbände der Krankenkassen betr. Einnahmen zum Lebensunterhalt und Gesamteinkommen vom 07.05.2004.

[14] BGBl I 2007, 378.

[15] Vgl. BT-Drs. 16/3100 zu Nr. 37, S. 110.

[16] BT-Drs. 11/2237, S. 187.

[17] Zu dem bis 31.12.2003 geltenden Recht hatte das BSG ausgeführt, dass der Gesetzgeber von Verfassungs wegen nicht gehalten ist, sämtliche mit der Zuzahlungspflicht verbundenen Belastungen auszugleichen, BSG v. 03.03.1994 - 1 RK 33/93 - SozR 3-2500 § 61 Nr. 3; BSG v. 09.06.1998 - B 1 KR 22/96 R - SozR 3-2500 § 61 Nr. 8; BSG v. 19.02.2002 - B 1 KR 20/00 R - SozR 3-2500 § 62 Nr. 1.

[18] Gesetzesbegründung zum GKV-Modernisierungsgesetz (GMG), BT-Drs. 15/1525, Allgemeiner Teil, S. 1.

terhin ein hohes Versorgungsniveau bei gleichzeitig angemessenen Beitragssätzen gesichert werden. Dabei geht der Gesetzgeber offensichtlich davon aus, dass allen Personen zugemutet werden kann – in einem begrenzten Umfang – Zuzahlungen zu leisten. Eine mittelbare Abstufung der zumutbaren Belastung unter sozialen Aspekten sollen die Familienkomponente bei dem maßgebenden Familieneinkommen, der spezielle Absetzungsbetrag für Kinder und die fiktiven Bruttoeinnahmen bei Beziehern bestimmter Leistungen (§ 62 Abs. 2 Satz 5 SGB V) bewirken.

Mit der Verbindung von Vorsorge- und Therapieverhalten durch die mit dem GKV-WSG eingeführten § 62 Abs. 1 Sätze 3-9 SGB V soll ein wirtschaftlicher Anreiz zu gesundheitsbewusstem Verhalten gesetzt werden. Vorsorge- und Früherkennungsuntersuchungen sollen in Anspruch genommen werden, weil eine frühzeitige Erkennung und Therapie mit der Aussicht auf einen insgesamt günstigeren Krankheitsverlauf verbunden sei.[19] Auch die Versicherten, die die vorsorgenden Maßnahmen versäumt haben, erhalten einen Anreiz. Sie können durch ihre regelmäßige Mitwirkung an einem strukturierten Disease-Management-Programm (§ 137f SGB V), vorausgesetzt, ein solches wird für die spezielle Erkrankung angeboten, die 1-Prozentbelastungsgrenze in Anspruch nehmen (§ 62 Abs. 1 Satz 4 SGB V). 15

III. Belastungsgrenzen

1. Berücksichtigungsfähige Aufwendungen

Die Belastungsgrenze des § 62 SGB V gilt für alle in den Leistungsnormen der §§ 20 ff. SGB V enthaltenen Zuzahlungen. Bei den in § 62 Abs. 2 Satz 1 SGB V genannten „Zuzahlungen" handelt es sich dabei ausschließlich um Zuzahlungen, die gesetzlich Krankenversicherten abverlangt werden.[20] Hieran hat sich auch durch die Neufassung der Vorschrift nichts geändert. Der sowohl in § 62 Abs. 1 Satz 1 SGB V als auch in Absatz 2 verwendete Begriff der Zuzahlungen kann nicht mit unterschiedlicher Bedeutung verwendet worden sein, so dass bereits der Wortlaut der Vorschrift eine Auslegung verbietet, die krankheitsbezogene Aufwendungen außerhalb des Anwendungsbereichs des SGB V einschließt. Eigenbeteiligungen, die etwa beihilfeberechtigten Personen durch Abzüge von den beihilfefähigen Aufwendungen entstehen, oder die Festbeträge übersteigende Mehrkosten sind in die Berechnung daher nicht einzubeziehen. 16

Zu berücksichtigen sind daher (nur) alle von § 61 SGB V erfassten Zuzahlungen 17

- zur ärztlichen, zahnärztlichen und psychotherapeutischen Behandlung („Praxisgebühr"; § 28 Abs. 4 i.V.m. § 61 Satz 2 SGB V),
- zu Arznei- und Verbandmitteln (§ 31 Abs. 3 i.V.m. § 61 Satz 1 SGB V),
- zu Heilmitteln (§ 32 Abs. 2 i.V.m. § 61 Satz 3 SGB V),
- zu Hilfsmitteln (§ 33 Abs. 2 i.V.m. § 61 Satz 1 SGB V),
- zur häuslichen Krankenpflege (§ 37 Abs. 5 i.V.m. § 61 Satz 1 SGB V),
- zur Soziotherapie (§ 37a Abs. 3 i.V.m. § 61 Satz 1 SGB V),
- zur Haushaltshilfe (§ 38 Abs. 5 i.V.m. § 61 Satz 1 SGB V),
- zur Krankenhausbehandlung (§ 39 Abs. 4 i.V.m. § 61 Satz 2 SGB V),
- zur stationären medizinischen Vorsorge (§ 23 Abs. 6 i.V.m. § 61 Satz 2 SGB V),
- zur medizinischen Vorsorge für Mütter und Väter (§ 24 Abs. 3 i.V.m. § 61 Satz 2 SGB V),
- zur ambulanten oder stationären Rehabilitation (§ 40 Abs. 5 oder 6 i.V.m. § 61 Satz 2 SGB V),
- zur medizinischen Rehabilitation für Mütter und Väter (§ 41 Abs. 3 i.V.m. § 61 Satz 2 SGB V),
- zu Fahrtkosten (§ 60 Abs. 2 Satz 1 i.V.m. § 61 Satz 1 SGB V).

Bei der Ermittlung der Belastungsgrenze unberücksichtigt bleiben die Kostenanteile des Versicherten beim Zahnersatz. Aufgrund der Übergangsregelung in § 62 Abs. 4 SGB V richtete sich die zumutbare Belastung bei Zahnersatz bis 31.12.2004 nach § 62 Abs. 2a SGB V a.F.; ab 01.01.2005 findet insoweit § 55 Abs. 2 SGB V Anwendung. Außer Betracht bleiben darüber hinaus auch Eigenbeteiligungen bzw. Belastungen der Versicherten 18

- für ausgeschlossene Arznei-, Heil- und Hilfsmittel (§ 34 SGB V),
- für Arznei- oder Hilfsmittel, deren Abgabepreis über dem Festbetrag liegt (§§ 1 Abs. 2, 33 Abs. 2 SGB V),
- für den Anteil „Gebrauchsgegenstand" bei Hilfsmitteln (§ 33 Abs. 1 SGB V),
- für Maßnahmen der künstlichen Befruchtung (§ 27 Abs. 3 SGB V),
- für empfängnisverhütende Mittel nach Vollendung des 20. Lebensjahres (§ 24a Abs. 2 SGB V),

---

[19] BT-Drs. 16/3100 zu Nr. 37, S. 110.

[20] Vgl. noch zu § 62 SGB V a.F.: BSG v. 19.02.2002 - B 1 KR 20/00 R - BSG SozR 3-2500 § 62 Nr. 1.

- für nicht zwingend medizinisch notwendige Fahrtkosten (§ 60 Abs. 1 SGB V),
- für die Differenz zwischen dem Zuschuss zu ambulanten Badekuren und den tatsächlich entstandenen Kosten (§ 23 Abs. 2 SGB V),
- für die Differenz zwischen dem Zuschuss zu stationären Hospizleistungen und den tatsächlichen Hospizkosten (§ 39a Abs. 1 SGB V),
- für Leistungen, die ohne ärztliche Verordnung bezogen wurden,
- für Abschläge im Rahmen der Kostenerstattung, z.B. für Verwaltungskosten und fehlende Wirtschaftlichkeitsprüfung,
- für im Ausland in Anspruch genommene Sachleistungen,
- für Leistungen anderer Sozialversicherungsträger.

2. Reduzierte Belastungsgrenze

19 Seit 01.01.2004 sind auch bei Dauerbehandlungen grundsätzlich Zuzahlungen zu leisten, allerdings gilt für chronisch Erkrankte, die wegen einer schwerwiegenden Erkrankung in Dauerbehandlung sind, eine reduzierte Belastungsgrenze von 1%. Dem Wortlaut der Norm lässt sich nicht ganz eindeutig entnehmen, ob die Belastungsgrenze von 1% auch für andere berücksichtigungsfähige Angehörige des Familienhaushalts gilt. Die Krankenversicherungsträger wenden – wohl aus verwaltungsökonomischen Gründen – die reduzierte Belastungsgrenze auf alle Angehörigen des Haushalts an.[21] Demgegenüber wird in der Literatur[22] die Ansicht vertreten, dass es für die übrigen Haushaltsangehörigen bei der allgemeinen Belastungsgrenze verbleibt, sofern diese nicht ebenfalls schwerwiegend chronisch erkrankt sind. Da die Praxis der Krankenkassen für die Versicherten günstiger ist als eine am Wortlaut der Vorschrift orientierte Anwendung, ist zweifelhaft, ob es zu einer gerichtlichen Klärung dieser Frage kommen wird.

a. Schwerwiegende chronische Erkrankung

20 Unter chronischer Krankheit ist eine langwierige, sich langsam entwickelnde und langsam verlaufende Erkrankung zu verstehen, die erfahrungsgemäß zeitlich unbefristet oder über einen längeren Zeitraum hinweg ärztlicher Behandlung bzw. Beobachtung bedarf. Da die Reduzierung der Belastungsgrenze darauf abzielt, die Belastung durch langfristige Zuzahlungen zu verhindern, ist weniger auf die Art der Erkrankung als vielmehr auf die Dauer der Behandlungsbedürftigkeit abzustellen. Darüber hinaus muss es sich seit 01.01.2004 um eine schwerwiegende Krankheit handeln, wobei weder Gesetz noch Begründung Anhaltspunkte dafür liefern, auf welche Aspekte (Krankheitsdauer, Behandlungsnotwendigkeit, Heilungschancen etc.) es dabei ankommt.

21 § 62 Abs. 1 Satz 4 SGB V hat die Definition einer schwerwiegenden chronischen Erkrankung dem Gemeinsamen Bundesausschuss in Richtlinien nach § 92 SGB V übertragen. Nach § 2 Absatz 2 der sog. Chroniker-Richtlinie ist eine Krankheit schwerwiegend chronisch, wenn sie wenigstens ein Jahr lang mindestens einmal pro Quartal ärztlich behandelt wurde (Dauerbehandlung) und entweder

- Pflegebedürftigkeit der Stufe 2 oder 3 nach dem SGB XI vorliegt oder
- ein Grad der Behinderung (GdB) oder eine Minderung der Erwerbsfähigkeit (MdE) von mindestens 60% nach § 30 BVG bzw. § 56 Abs. 2 SGB VII vorliegt, der bzw. die zumindest auch durch diese Krankheit begründet wird, oder
- eine kontinuierliche medizinische Versorgung erforderlich ist, ohne die nach ärztlicher Einschätzung eine lebensbedrohliche Verschlimmerung, eine Minderung der Lebenserwartung oder eine dauerhafte Beeinträchtigung der Lebensqualität zu erwarten ist.

b. Dauerbehandlung

22 Eine Dauerbehandlung ist eine ununterbrochene Behandlung über einen längeren Zeitraum, wobei es auf die Intensität der Behandlung nicht ankommt. Ausreichend sind insoweit die ständige Einnahme von Medikamenten und die regelmäßige ärztliche Kontrolle des Krankheitsverlaufs. § 62 SGB V in der seit 01.01.2004 geltenden Fassung setzt zwar nicht mehr voraus, dass wegen der Krankheit bereits für ein Jahr Zuzahlungen geleistet wurden, es erscheint jedoch sachgerecht, auch weiterhin eine Dauerbe-

---

[21] Vgl. Gemeinsame Verlautbarung vom 19.01.2004 zu Fragen der Umsetzung einzelner Leistungsvorschriften der Spitzenverbände der Krankenkassen auf Grund des § 62 Abs. 1 Satz 4 SGB V; Verwaltungsvereinbarung zu § 62 SGB V der Spitzenverbände der Krankenkassen v. 28.07.2004; ebenso: *Brackmann* in: Handbuch der Sozialversicherung, Band 1/1, Gesetzliche Krankenversicherung, Kap. 2-280.

[22] Z.B. *Baier* in: Krauskopf, Soziale Krankenversicherung, SGB V, § 62 Rn. 24.

handlung i.S.d. Gesetzes dann anzunehmen, wenn die Behandlung voraussichtlich den Zeitraum von einem Jahr überschreiten wird.[23] Beginn der Dauerbehandlung ist die erstmalige ärztliche Feststellung der schwerwiegenden chronischen Erkrankung. Die Chroniker-Richtlinie v. 22.01.2004 verlangt für die Anerkennung einer Dauerbehandlung darüber hinaus, dass die Behandlung der Krankheit bereits seit einem Jahr andauert. Diese einschränkende Auslegung lässt sich dem Wortlaut von § 62 Abs. 1 Satz 2 HS. 2 SGB V indes nicht entnehmen. Hiernach erfüllt der Versicherte bereits in dem Kalenderjahr, in dem festgestellt wird, dass die Krankheit schwerwiegend und chronisch ist und voraussichtlich dauernder Behandlung bedarf, die Voraussetzungen für die Anwendung der niedrigeren Belastungsgrenze.[24]

Die niedrigere Belastungsgrenze gilt, solange die Behandlung wegen der schwerwiegenden chroni- 23
schen Erkrankung andauert. Endet die Dauerbehandlung, gilt wieder die allgemeine Belastungsgrenze von 2%, auch wenn der Versicherte wegen anderer (hinzugetretener) Krankheiten weiter behandlungsbedürftig ist, sofern diese Krankheiten nicht ihrerseits schwerwiegend und chronisch sind. Die Nachweispflicht für die Dauer der Erkrankung wurde m.W.v. 01.01.2004 auf ein Jahr verkürzt. Spätestens nach Ablauf eines Kalenderjahres hat der Versicherte der Krankenkasse die weitere Dauer der Behandlung durch eine ärztliche Bescheinigung[25] nachzuweisen (§ 62 Abs. 1 Satz 3 SGB V), wobei die Entscheidung, ob eine Überprüfung durch den Medizinischen Dienst der Krankenkassen (MDK) eingeleitet wird, im pflichtgemäßen Ermessen der Krankenkasse steht.

c. Vorsorge- und Behandlungsverhalten

Mit der Einfügung der Sätze 3-9 Abs. 1 SGB V hat der Gesetzgeber die 1-Prozentbelastungsgrenze für 24
chronisch Erkrankte (Überforderungsklausel) dahingehend revidiert, dass unabhängig von der bestehenden (wirtschaftlichen) Belastung die Minderung der Zuzahlung davon abhängt, ob der erkrankte Versicherte vor Auftreten und während der Erkrankung die mit § 25 SGB V angebotenen Vorsorgeuntersuchungen bzw. die angebotenen Maßnahmen und Behandlungsprogramme i.S.v. § 137f SGB V nachweislich wahrgenommen hat.

Gemäß Absatz 1 Satz 3 Nr. 1 gilt für ab dem 01.04.1972 Geborene die Obliegenheit, ab dem 25
01.01.2008 die in § 25 Abs. 1 SGB V genannten Untersuchungen nachweislich regelmäßig in Anspruch zu nehmen. Dies gilt bisher für die Früherkennung von Herz-Kreislauf- und Nierenerkrankungen sowie Diabetes.[26] Welche Gesundheitsuntersuchungen ggf. nicht „zwingend" durchgeführt werden müssen, legt der Gemeinsame Bundesausschuss fest (§ 62 Abs. 1 Satz 5 SGB V)[27]. Einzelne Untersuchungen können sowohl gesundheitlich belastend als auch kostenintensiv sein, diesen Umständen Rechnung tragend, soll der Gemeinsame Bundesausschuss Ausnahmen festlegen.[28] Insbesondere das gesundheitliche Risiko durch die Untersuchung selbst wird der Gemeinsame Bundesausschuss unter Beachtung des relativen Verpflichtungscharakters bewerten müssen.

Für die in § 25 Abs. 2 SGB V vorgesehenen Krebsvorsorgeuntersuchungen erfasst Absatz 1 Satz 3 26
Nr. 2 die ab dem 01.04.1962 geborenen Männer und die ab dem 01.04.1987 geborenen Frauen. Bei den Krebserkrankungen besteht ein Indikationsbezug, d.h. wird eine bestimmte Vorsorgeuntersuchung nicht angeboten, kann dem Erkrankten nicht vorgeworfen werden, er habe die angebotenen Untersuchungen nicht in Anspruch genommen. Einen entsprechenden Indikationsbezug hat der Gesetzgeber für die Gesundheitsuntersuchungen i.S.v. § 25 Abs. 1 SGB V nicht festgelegt. Hier soll das grundsätzlich bestehende Risiko eines ungünstigeren Krankheitsverlaufs bei Verabsäumung der Untersuchungen erfasst werden.

Die Vorsorgeuntersuchungen sind in einem für alle Kassen einheitlichen Bonusheft zu führen.[29] 27

Satz 4 eröffnet denjenigen Versicherten, die wegen der Unterlassung der Untersuchungen nach Satz 3 28
Nr. 1 u. 2 SGB V zunächst von der 1-Prozentgrenze ausgeschlossen wurden, bei regelmäßiger Teilnahme an einem für die Krankheit bestehenden strukturierten Behandlungsprogramm die Inanspruchnahme der 1-Prozentbelastungsgrenze.

---

23 So auch *Baier* in: Krauskopf, Soziale Krankenversicherung, SGB V, § 62 Rn. 20.

24 *Baier* in: Krauskopf, Soziale Krankenversicherung, SGB V § 62 Rn. 21.

25 § 3 Abs. 1 Chroniker-Richtlinie.

26 Gesundheitsuntersuchungs-RL v. 24.08.1989, BArbBl 1989, Nr. 10, zuletzt geändert 21.12.2004 m.W.z. 02.04.2005, BAnz 2005, Nr. 61, 4995.

27 Vgl. Beschluss z. Änd. d. Chroniker-RL v. 19.07.2007, BAnz 2007, Nr. 198, 7821.

28 Vgl. BT-Drs. 16/3100 zu Nr. 37, S. 110.

29 BT-Drs. 16/3100 zu Nr. 37, S. 110.

29 Die Obliegenheit zum therapiegerechten Verhalten etwa durch Teilnahme an einem Disease-Management-Programm i.S.v. § 137f SGB V betrifft grundsätzlich alle Versicherten, indem die weitere Bescheinigung der 1-Prozentzuzahlung für Chroniker künftig nur dann ausgestellt werden darf, wenn der Arzt ein therapiegerechtes Verhalten bestätigt (§ 62 Abs. 2 Satz 7 HS. 1 SGB V). Für die bereits chronisch Erkrankten bedeutet dies, dass sie die Regelung nur dann weiter in Anspruch nehmen können, wenn sie sich therapiegerecht verhalten. Von der geminderten Belastungsgrenze soll nicht profitieren, wer seinen Behandlungserfolg gefährdet.[30] In dem folgenden 2. Halbsatz benennt das Gesetz mögliche Ausnahmen von der grundsätzlichen Obliegenheit. Die Teilnahme an einem regelmäßigen Behandlungsprogramm kann dem Versicherten bei Pflegebedürftigkeit (Stufe II und III) oder bei einem Grad der Behinderung von wenigstens 60 (Halbsatz 2) oder auch bei schweren psychischen Erkrankungen nach § 37a SGB V [31] nicht zumutbar sein. Die Ausgestaltung der Einzelheiten wurde dem Gemeinsamen Bundesausschuss übertragen (§ 62 Abs. 1 Satz 8 SGB V). Die Krankenkassen sind verpflichtet, die Versicherten zu Beginn des Kalenderjahres in geeigneter Form auf die für sie empfohlenen Vorsorgeuntersuchungen hinzuweisen (§ 62 Abs. 1 Satz 9 SGB V).

3. Ermittlung der Belastungsgrenze

30 Die Belastungsgrenze wird erreicht, wenn die von dem Versicherten und den Haushaltsangehörigen geleisteten Zuzahlungen den Betrag erreicht haben, der seiner von der Einkommenshöhe abhängigen Belastungsgrenze entspricht. Hierbei sind sämtliche Einkünfte der Haushaltsgemeinschaft einerseits und deren Gesamtbelastung durch krankenversicherungsrechtliche Eigenanteile andererseits einander gegenüberzustellen. Die allgemeine Belastungsgrenze liegt bei 2% der Bruttoeinnahmen zum Lebensunterhalt (§ 62 Abs. 1 Satz 2 SGB V) und ist anzuwenden, wenn die Voraussetzungen für die reduzierte Belastungsgrenze für chronisch Erkrankte nicht vorliegen.

a. Angehörige

31 Die Belastungsgrenze wird nicht individuell für jeden Versicherten, sondern grundsätzlich haushaltsbezogen ermittelt. In die Berechnung gehen daher die im gemeinsamen Haushalt lebenden Angehörigen des Versicherten und des Lebenspartners mit ihren Einnahmen und Zuzahlungen ein (§ 62 Abs. 2 Satz 1 SGB V). Der Kreis der Angehörigen im Sinne des Gesetzes ist nach dem allgemeinen Angehörigenbegriff zu bestimmen. Angehörige sind daher Personen, die mit dem Leistungsberechtigten nach bürgerlich-rechtlichen Vorschriften verwandt oder verschwägert sind (§§ 1589, 1590 BGB). Hierzu zählen auch Lebenspartner (§ 11 Abs. 1 Satz 1 LPartG), deren Verwandte mit dem anderen Lebenspartner verschwägert sind (§ 11 Abs. 2 LPartG). Demgegenüber fallen Verlobte, nicht-eheliche Lebensgefährten[32] und geschiedene Ehegatten oder Lebenspartner nicht unter den Angehörigenbegriff.

32 Unerheblich ist, ob die Angehörigen selbst in der gesetzlichen Krankenversicherung versichert sind oder nicht.[33] Für die u.a. von den Spitzenverbänden der Krankenkassen vertretene – einschränkende – Auffassung[34], Angehörige i.S.v. § 62 Abs. 2 Satz 1 SGB V seien nur die von § 10 SGB V erfassten Familienangehörigen, sprechen weder Wortlaut noch Zweck der Vorschrift. Hätte der Gesetzgeber den Kreis der zu berücksichtigenden Angehörigen auf die „versicherten Angehörigen" i.S.v. § 10 SGB V begrenzen wollen, wäre eine solche Präzisierung ohne weiteres sprachlich möglich gewesen. Auch die Gesetzesbegründung[35] stellt ohne Einschränkung allein auf „den Gedanken der wirtschaftlichen Gemeinschaft von Personen" ab. Die Argumentation der auch in der Literatur vertretenen Gegenmeinung[36], eine so weite Auslegung des Angehörigenbegriffs führe zu sozialpolitisch nicht gewünschten

[30] BT-Drs. 16/3100 zu Nr. 37 bb, S. 111.

[31] BT-Drs. 16/3100 zu Nr. 37 aa, S. 111

[32] So schon die amtl. Begründung BT-Drs. 11/2237, S. 187.

[33] BSG v. 19.02.2002 - B 1 KR 20/00 R - SozR 3-2500 § 62 Nr. 1; LSG NRW v. 27.07.1995 - L 16 KR 223/93 - nachgehend BSG v. 19.11.1996 - 1 RK 18/95 - SozR 3-1500 § 158 Nr. 1.

[34] Gemeinsames Rundschreiben vom 26.11.2003 zu den leistungsrechtlichen Vorschriften der GKV-Modernisierungsgesetz - GMG zu § 62 SGB V Punkt 2.1 Abs. 1 und 4; vgl. *Baier* in: Krauskopf, Soziale Krankenversicherung, SGB V, § 62 Rn. 11.

[35] Begründung des Regierungsentwurfs, BT-Drs. 11/2237, S. 187.

[36] *Zipperer* in: Maaßen/Schermer/Wiegand/Zipperer, Kommentar zum SGB V, § 61 (a.F.) Rn. 19; *Gerlach* in: Hauck/Haines, SGB V, § 61 Rn. 23 ff.; SGB LR Leistungsrecht für Krankenkassen (Stand: 01.08.2004), §§ 61-62a SGB V, S. 22-28; Besprechungsergebnis der Spitzenverbände der Krankenversicherung vom 10.04.1997, BKK 1997, 307.

Ergebnissen und sei auch vom Gesetzgeber nicht gewollt, überzeugt angesichts des klaren Wortlauts der Norm nicht. Bei der Ermittlung der Belastungsgrenzen sind daher alle im gemeinsamen Haushalt lebenden Angehörigen zu berücksichtigen, unabhängig davon, ob sie selbst gesetzlich krankenversichert sind oder keine Zuzahlungen zu leisten haben.

b. Gemeinsamer Haushalt

Die Einnahmen und Selbstbeteiligungen von Angehörigen sind nur dann zu berücksichtigen, wenn diese mit dem Versicherten in einem gemeinsamen Haushalt leben. Das Leben in einem Haushalt erfordert ein räumliches Zusammenleben mit einer gemeinschaftlichen Lebens- und Wirtschaftsführung. Kein gemeinsamer Haushalt besteht mit Personen, die zwar mit in der Wohnung bzw. im Haus wohnen, zum allgemeinen Lebensunterhalt jedoch nur einen Zuschuss geben und ihre Einnahmen im Übrigen für sich allein verbrauchen.[37] Das Zusammenleben muss auf Dauer beabsichtigt und darf nicht nur zufälliger oder vorübergehender Art sein. Kurzfristige Unterbrechungen durch Urlaub und Krankheit sind ebenso unschädlich wie eine vorübergehende auswärtige Unterbringung wegen Schul- oder Berufsausbildung, Studium, Wehr- oder Zivildienst oder Berufstätigkeit, solange der gemeinsame Haushalt weiterhin Lebensmittelpunkt ist, die familiären Beziehungen aufrechterhalten bleiben und eine vollständige Rückkehr in den gemeinsamen Haushalt beabsichtigt und wahrscheinlich ist. Davon kann ausgegangen werden, wenn dort noch ein (erster oder zweiter) Wohnsitz besteht.[38] 33

Bei getrennt lebenden Ehegatten oder Lebenspartnern entfällt mit Aufgabe der gemeinsamen Wohnung auch die Geltung einer gemeinsamen Belastungsgrenze. Kinder von getrennt lebenden Elternpaaren/Lebenspartnern sind bei dem Elternteil zu berücksichtigen, bei dem sie wohnen. Wenn ein Angehöriger aus dem Haushaltsverbund ausscheidet, ist für ihn aufgrund seiner eigenen Einnahmen und Zuzahlungen aus dem gesamten Kalenderjahr die Belastungsgrenze zu ermitteln. Ist für den Familienverbund bereits für den Rest des Kalenderjahres eine Befreiung von den Zuzahlungen erfolgt, kann der ausscheidende Angehörige die Feststellung seiner individuellen Belastungsgrenze beantragen; ansonsten verbleibt es bei den für das Kalenderjahr getroffenen Feststellungen. Auch ein berücksichtigungsfähiger Angehöriger, der im Laufe eines Kalenderjahres stirbt, ist dennoch bei Ermittlung der Belastungsgrenze zu berücksichtigen. Tritt der Tod allerdings nach einer für den Rest des Kalenderjahres erfolgten Befreiung ein, können die hinterbliebenen Angehörigen wegen Änderung der Verhältnisse (§ 48 SGB X) eine Neufeststellung der Belastungsgrenze beantragen. 34

c. Bruttoeinnahmen zum Lebensunterhalt

Der Begriff der Bruttoeinnahmen zum Lebensunterhalt ist in § 62 SGB V auch in der aktuellen Fassung nicht erläutert oder definiert. Die Rechtsprechung des BSG orientiert sich mit Verweis auf die Gesetzesmaterialien an der früheren Rechtsprechung zu § 180 Abs. 4 RVO.[39] Einnahmen zum Lebensunterhalt sollten nach der Begründung des Entwurfs zum GRG vom 20.12.1988 – wie schon nach geltendem Recht (§ 180 Abs. 4 RVO) – die persönlichen Einnahmen, die dem tatsächlichen Lebensunterhalt dienen, also Einnahmen, die der typischen Funktion des Arbeitsentgelts bei Pflichtversicherten entsprechen, sein.[40] Bruttoeinnahmen zum Lebensunterhalt sind daher neben regelmäßigem Arbeitsentgelt, auch Einkünfte aus Land- und Forstwirtschaft, aus Gewerbebetrieb oder aus selbständiger Arbeit, Kapitalerträge und Einkünfte aus Vermietung und Verpachtung, Renten[41], sonstige Geldleistungen aus der Sozialversicherung oder von der Bundesagentur für Arbeit (einschließlich diese Leistungen aufstockende laufende Ausgleichszahlungen des früheren Arbeitgebers[42]) und Sachbezüge (insbesondere für Kost und Wohnung). Familienrechtliche Unterhaltszahlungen an getrennt lebende bzw. geschiedene Ehegatten/Lebenspartner und an die getrennt lebenden Kinder vermindern bei dem Zahlenden und erhöhen bei dem unterhaltsberechtigten Empfänger die Bruttoeinnahmen zum Lebensunterhalt.[43] 35

---

37 So auch: *Zipperer* in: Maaßen/Schermer/Wiegand/Zipperer, Kommentar zum SGB V, § 61 (a.F.) Rn. 18.

38 Vgl. Gemeinsames Rundschreiben vom 26.11.2003 zu den leistungsrechtlichen Vorschriften der GKV-Modernisierungsgesetz - GMG zu § 62 SGB V Punkt 2.1 Abs. 2.

39 Vgl. BSG v. 19.09.2007 - B 1 KR 7/07 - RegNr. 28039 m.N.

40 BT-Drs. 11/2237, S. 187 zu § 69 Abs. 2 u 3.

41 Auch Erwerbsunfähigkeitsrenten und Renten der Versorgungsanstalt des Bundes und der Länder; LSG Berlin v. 11.06.2003 - L 9 KR 968/01.

42 BSG v. 09.06.1998 - B 1 KR 22/96 R - SozR 3-2500 § 61 Nr. 8.

43 Vgl. SG Dortmund v. 19.02.2003 - S 6 KN 41/02 KR.

36 Mit der Rechtsprechung des BSG folgt aus dem Zweck der Regelung, dass die Einnahmen des Kalenderjahres zu berücksichtigen sind, für das die Belastungsgrenze zu errechnen ist. Ein historisches Einkommen stünde regelmäßig nicht mehr zur Verfügung.[44]

37 Bei selbständig Tätigen ist der nach den allgemeinen Gewinnermittlungsvorschriften des Einkommensteuerrechts ermittelte Gewinn (§ 4 EStG = Steuerbescheid) anzusetzen. Da der Steuerbescheid für das laufende Kalenderjahr bei Antragstellung in der Regel nicht vorliegen wird, sind die Einkünfte anhand der steuerlich vorgeschriebenen Aufzeichnungen von der Krankenkasse zu ermitteln (§ 20 SGB X); dem Versicherten obliegt es dabei, alle erforderlichen Auskünfte zu erteilen und ggf. Buchführungsunterlagen, Gewinn- und Verlustrechnung u.Ä. vorzulegen (§ 60 Abs. 1 SGB X).[45] Zu den Einkünften bei Selbständigen zählen auch Privatentnahmen, die der Selbständige zum Lebensunterhalt aus dem Betrieb entnommen hat, auch wenn diese auf Kreditbasis zu Lasten des Betriebes erfolgten.[46] Steuerliche Vergünstigungen wie Werbungskosten und -pauschbeträge (§§ 9, 9a EStG) sind nicht abzugsfähig; auch eine Saldierung zwischen Einnahmen verschiedener Einkunftsarten ist nicht zulässig.[47]

38 Vermögenserträge (z.B. aus Kapitalerträgen, Vermietung und Verpachtung) sind als Bruttoeinnahmen unter Abzug der für die Erzielung notwendigen Aufwendungen zu berücksichtigen. Zum Lebensunterhalt steht dem Versicherten bei Einnahmen aus Vermietung oder Verpachtung das zur Verfügung, was ihm nach Abzug z.B. seiner hierauf begründeten Werbungskosten oder Schuldzinsen für die Finanzierung des Mietobjekts verbleibt.[48] Fiktive Bruttoeinnahmen oder reine Vermögensumschichtungen, wie etwa durch die AfA nach § 7 EStG, sind nicht einzubeziehen.[49] Die verbleibenden Erträge werden in voller Höhe und nicht nur mit dem zum Gesamteinkommen i.S.v. § 16 SGB IV zählenden Betrag angerechnet. Die Berücksichtigung der Aufwendungen wirkt sich auf die Einnahmen im Übrigen wegen der unzulässigen Verrechnung etwaiger Verluste mit anderen Einkünften nicht aus.

39 Arbeitsentgelt und Arbeitseinkommen sind in voller Höhe, also ohne Minderung um gesetzliche Abzüge oder steuerliche Vergünstigungen zu berücksichtigen. Bei Lohnersatzleistungen ist von dem Bruttobetrag einschließlich des Beitragsanteils des Versicherten auszugehen. Die bei den Krankenkassen in der Vergangenheit verbreitete Praxis, die Leistungen auf einen fiktiven Bruttobetrag hochzurechnen, ist unzulässig.[50] Bei Renten gilt die Bruttorente, d.h. der Rentenzahlbetrag ohne Abzug des von dem Rentner zu tragenden Anteils des Kranken- und Pflegeversicherungsbeitrages. Der Beitragszuschuss des Rentenversicherungsträgers (§§ 106, 106a SGB VI) sowie Kindererziehungsleistungen (§§ 294, 294a SGB VI) werden nicht zum Zahlbetrag der Rente gerechnet und zählen deshalb auch nicht zu den Bruttoeinnahmen zum Lebensunterhalt.

40 Einmalige Einnahmen zum Lebensunterhalt, deren Zahlung mit hinreichender Sicherheit mindestens einmal jährlich zu erwarten ist (z.B. Weihnachtsgratifikationen, Urlaubsgeld) sowie Abfindungen sind gleichfalls zu berücksichtigen und gleichmäßig auf alle Monate zu verteilen. Bei Lebensversicherungsverträgen, die von vornherein die Auszahlung eines Kapitalbetrages als einmalige Leistung vorsehen, oder für den Fall, dass die Kapitalleistung aus einem Lebensversicherungsvertrag in einen anderen Vertrag eingesetzt und hieraus eine Rente erzielt wird, ist nur die Rente, nicht jedoch die Abfindung als Einnahme zum Lebensunterhalt zu berücksichtigen, da eine solche Abfindung keinem bestimmten Abfindungszeitraum zugeordnet werden kann.[51]

41 Grundsätzlich nicht zu den Einnahmen zum Lebensunterhalt gehören zweckgebundene Leistungen, die lediglich einen besonderen Mehrbedarf ausgleichen sollen und daher nicht geeignet sind, die wirtschaftliche Leistungsfähigkeit des Betroffenen gegenüber einem gesunden Menschen zu verbessern.[52] Die Zweckgebundenheit braucht sich dabei nicht ausdrücklich aus einer gesetzlichen Regelung zu ergeben, sondern ist nach dem Sinn und Zweck der jeweiligen Leistung zu beurteilen. Erforderlich ist, dass die Leistung durch einen besonderen, in der Person des Leistungsempfängers liegenden Tatbe-

---

44 BSG v. 10.05.2007 - B 10 KR 1/06 R - RdL 2007, 247, 248; BSG v. 19.09.2007 - B 1 KR 7/07 - RegNr. 28039.

45 Vgl. BSG v. 19.09.2007 - B 1 KR 7/07 - RegNr. 28039.

46 LSG Rheinland-Pfalz v. 21.02.1991 - L 5 K 51/90 - ErsK 1992, 158-159.

47 BSG v. 19.09.2007 - B 1 KR 7/07 - RegNr. 28039 mit Verweis auf BSG v. 23.02.1995 - 12 RK 66/93 - BSGE 76, 34 u. BSG v. 23.09.1999 - B 12 KR 12/98 R - SozR 3-2500 § 240 Nr. 31.

48 BSG v. 19.09.2007 - B 1 KR 7/07 - RegNr. 28039.

49 BSG v. 19.09.2007 - B 1 KR 1/07; vgl. BSG v. 19.09.2007 - B 1 KR 7/07 - RegNr. 28039.

50 LSG Baden-Württemberg v. 30.06.2004 - L 11 KR 3151/03 (zum Arbeitslosengeld); LSG Rheinland-Pfalz v. 07.02.2002 - L 5 KR 63/01 (zum Krankengeld).

51 BSG v. 30.03.1995 - 12 RK 10/94 - Breith. 1996, 91.

52 Vgl. BSG v. 21.10.1980 - 3 RK 53/79, 3 RK 13/80, 3 RK 15/80 - USK 80210.

stand (z.B. Krankheit, Verletzung, Behinderung) ausgelöst wird.[53] Hierzu zählen vor allem Leistungen aus öffentlichen Mitteln, die wegen eines krankheits- oder behinderungsbedingten Mehrbedarfs in der Person des Versicherten gezahlt werden[54], z.B. Pflegegeld (§§ 37, 38 SGB XI) und Blindenhilfe (§ 72 SGB XII) sowie Kindergeldleistungen[55] und Wohngeld (§ 32 WoGG).

Verletztenrenten nach dem Recht der gesetzlichen Unfallversicherung sind nur insoweit den Einnahmen zum Lebensunterhalt zuzurechnen, wie sie nicht dem Ausgleich eines unfallbedingten Mehrbedarfs dienen. Unberücksichtigt bleibt daher der Teil der Rente, der zweckgebunden und zur Abdeckung des unfallbedingten Mehrbedarfs bestimmt ist. Mangels anderer geeigneter Anhaltspunkte ist dabei von dem Betrag auszugehen, der bei dem gleichen Grad der Minderung der Erwerbsfähigkeit (MdE) als Beschädigtengrundrente nach § 31 BVG zu gewähren wäre.[56] Da sich die MdE-Sätze nach dem SGB VII und dem BVG unterscheiden, empfehlen die Spitzenverbände der Krankenkassen[57] die kaufmännische Rundung. Beträgt der MdE für die Festsetzung der Verletztenrente 33 1/3%, erfolgt eine Abrundung auf 30% bzgl. des Anrechnungsbetrages für die Grundrente, bei einer MdE von 66 2/3% würde hinsichtlich des Anrechnungsbetrages für die Grundrente auf 70% aufgerundet werden. 42

Keine Einnahmen zum Lebensunterhalt sind auch das Erziehungsgeld nach dem Bundeserziehungsgeldgesetz (§ 8 BErzGG) oder vergleichbaren landesrechtlichen Regelungen, Leistungen der Bundes- und Landesstiftungen „Mutter und Kind – Schutz des ungeborenen Lebens“ und Kindererziehungsleistungen nach den §§ 294 ff. SGB VI (vgl. § 299 SGB VI) und Entschädigungsrenten nach dem Entschädigungsrentengesetz.[58] 43

§ 62 Abs. 2 Satz 4 SGB V nimmt Grundrenten an Beschädigte (nicht aber an Hinterbliebene) nach dem BVG oder nach anderen Gesetzen in entsprechender Anwendung des BVG (z.B. § 1 OEG, § 80 SVG, § 47 ZDG) sowie Renten oder Beihilfen nach dem BEG für Körper- und Gesundheitsschäden nach dem BVG ausdrücklich aus. Allerdings sind Leistungen nach dem BEG nur bis zur Höhe der vergleichbaren Grundrente nach § 31 BVG anrechnungsfrei. Da die Hinterbliebenenrenten nach dem BVG und BEG nicht der Abdeckung schädigungsbedingter Mehraufwendungen dienen, sondern dem Lebensunterhalt der Hinterbliebenen, sind diese Leistungen als Einnahmen nach § 62 Abs. 2 SGB V zu berücksichtigen.[59] 44

Eine nach wie vor gültige Zuordnung von Einkünften zu den Einnahmen zum Lebensunterhalt enthält Anlage 2 des Gemeinsamen Rundschreibens der Spitzenverbände der Krankenkassen betr. Einnahmen zum Lebensunterhalt und Gesamteinkommen vom 07.05.2004. 45

d. Freibetrag für Angehörige

Wie nach der bisherigen Rechtslage auch wird das ermittelte Haushaltseinkommen nach Zahl der Angehörigen um bestimmte Prozentsätze der jährlichen Bezugsgröße nach § 18 SGB IV[60] vermindert (§ 62 Abs. 2 Satz 2 SGB V). Für den ersten im gemeinsamen Haushalt lebenden Angehörigen beträgt der Abzug 15% (2006 und 2007: 4.410 €), für jeden weiteren Angehörigen 10%.[61] Auch wenn sich während des laufenden Kalenderjahres die Zahl der zu berücksichtigenden Angehörigen ändert, bleiben die Familienfreibeträge unverändert. Maßgeblich ist stets die höchste Zahl der Angehörigen im Kalenderjahr. 46

e. Abzugsbetrag bei Kindern

Neu eingeführt wurde durch das GKV-Modernisierungsgesetz ein besonderer Abzugsbetrag für Kinder des Versicherten oder des Lebenspartners (§ 62 Abs. 2 Satz 3 SGB V) in Höhe des Kinderfreibetrages 47

53 *Zipperer* in: Maaßen/Schermer/Wiegand/Zipperer, Kommentar zum SGB V, § 61 (a.F.) Rn. 13.

54 Vgl. Begründung zum Regierungsentwurf zum Gesundheitsreformgesetz, BT-Drs. 11/2237, S. 187.

55 BSG v. 16.12.2003 - B 1 KR 26/01 - SozR 4-2500 § 61 Nr. 1 - anhängig: BVerfG - 1 BvR 1098/04.

56 BSG v. 19.06.1986 - 12 RK 7/85 - BSGE 60, 128; BSG v. 08.12.1992 - 1 RK 11/92 - SozR 3-2500 § 61 Nr. 2.

57 Gemeinsames Rundschreiben der Spitzenverbände der Krankenkassen betr. Einnahmen zum Lebensunterhalt und Gesamteinkommen vom 07.05.2004, Punkt 1.7.

58 Vom 22.04.1992, BGBl I 1992, 906, § 4 dieses Gesetzes.

59 So schon BSG v. 21.10.1980 - 3 RK 21/80 - USK 81300.

60 Gem. § 309 Abs. 1 Nr. 1 SGB V gilt bundeseinheitlich die Bezugsgröße (West).

61 Nach Ansicht des BSG v. 16.12.2003 - B 1 KR 26/01 - SozR 4-2500 § 61 Nr. 1 zu §§ 61, 62 SGB V a.F. werden Kindererziehende nicht verfassungsrechtlich benachteiligt.

nach § 32 Abs. 6 Satz 1 und 2 EStG.[62] Nach dem Wortlaut des Gesetzes tritt dieser Freibetrag, der 2004 und 2005 jeweils 3.648 € beträgt, grundsätzlich an die Stelle des Abzugsbetrages nach § 62 Abs. 2 Satz 2 SGB V, auch wenn das Kind der einzige Angehörige ist und der generelle Abzugsbetrag (4.347 €) höher wäre als der steuerliche Kinderfreibetrag (3.648 €). Es erscheint fraglich, ob der Gesetzgeber die hiermit verbundene Diskriminierung allein erziehender Elternteile erfasst und beabsichtigt hat. Entgegen dem Wortlaut haben sich die Spitzenverbände der Krankenkassen allerdings darauf verständigt, bei Alleinerziehenden für das 1. Kind den höheren Freibetrag nach § 62 Abs. 2 Satz 2 SGB V und für jedes weitere Kind den steuerlichen Kinderfreibetrag zum Abzug zu bringen.[63]

48 § 62 Abs. 2 Satz 3 SGB V definiert den Begriff des Kindes nicht näher und enthält auch keine Altersgrenze für die Anwendung des speziellen Kinderfreibetrages, so dass es allein auf das Kindschaftsverhältnis zu dem Versicherten oder seinem Lebenspartner – unabhängig vom Alter – ankommt. Nur wenn man der Ansicht der Spitzenverbände (vgl. dazu Rn. 32) folgte, dass ohnehin nur familienversicherte Angehörige zur Haushaltsgemeinschaft zählen, ergäbe sich für Kinder eine Altersgrenze mittelbar aus § 10 SGB V.

f. Fiktives Einkommen (SGB XII und SGB II)

49 Bei Versicherten, die Hilfe zum Lebensunterhalt nach dem SGB XII oder im Rahmen der Kriegsopferfürsorge nach dem BVG oder nach anderen Gesetzen in entsprechender Anwendung des BVG oder Leistungen nach dem Gesetz über eine bedarfsorientierte Grundsicherung im Alter oder bei Erwerbsminderung (GSiG) erhalten, ist als Bruttoeinnahme zum Lebensunterhalt für die gesamte Bedarfsgemeinschaft nur der Regelsatz des Haushaltsvorstands nach der Regelsatzverordnung i.S.v. § 28 SGB XII[64] maßgeblich (§ 62 Abs. 2 Satz 5 SGB V). Dies gilt gleichermaßen für Versicherte, bei denen die Kosten der Unterbringung in einem Heim oder einer ähnlichen Einrichtung von einem Träger der Sozialhilfe oder der Kriegsopferfürsorge getragen werden, sowie für den von § 264 SGB V erfassten Personenkreis.[65] Nach Auffassung der Spitzenverbände der Krankenkassen ist in den Fällen des § 62 Abs. 2 Satz 5 SGB V der Familienverbund grundsätzlich als Bedarfsgemeinschaft anzusehen. Wurde bereits durch eine andere Behörde die Bedarfsgemeinschaft festgestellt (z.B. bei Leistungen nach dem SGB II oder SGB XII), ist diese Gemeinschaft auch als Familienverbund anzusehen, es sei denn, sie umfasst mehr Personen, als nach § 62 SGB V berücksichtigungsfähig sind (z.B. nicht-eheliche Lebensgefährten und deren Kinder). Für diese Personen ist die Belastungsgrenze gesondert zu ermitteln.[66]

50 Bei Beziehern von Leistungen zur Sicherung des Lebensunterhalts nach dem SGB II ist als fiktive Bruttoeinnahme zum Lebensunterhalt die Regelleistung nach § 20 Abs. 2 SGB II maßgeblich (§ 62 Abs. 2 Satz 6 SGB V). Eventuelle Leistungen für Mehrbedarf sowie für Unterkunft und Heizung bleiben unberücksichtigt.

51 Die Spitzenverbände der Krankenversicherung wenden die Regelsätze für den Haushaltsvorstand darüber hinaus faktisch als Mindesteinnahmen in weiteren Fällen an, u.a. bei Personen, die keine Einnahmen nachweisen, Selbständigen, deren berücksichtigungsfähiges Einkommen unterhalb des Regelsatzes liegt und Haushalten, in denen auf Grund der Familienabschläge der maßgebende Betrag der Einnahmen zum Lebensunterhalt unterhalb des Regelsatzes liegt.[67] Diese analoge Anwendung von § 62 Abs. 2 Satz 5 SGB V negierte das Bayerische Landessozialgericht mit Urteil vom 26.04.2007[68] und stellte klar, dass mangels Regelungslücke nach Abzug der Freibeträge errechnete negative Einkünfte keinen Raum für die Zuzahlung lassen. Das Urteil ist beim BSG - B 1 KR 20/07 - anhängig.

---

62 Die Gesetzesbegründung (BT-Drs. 15/1525, S. 95) nennt hierzu einen Betrag von 3.648 € (2003), woraus zu schließen ist, dass der (doppelte) Kinderfreibetrag ohne weitere Freibeträge für Betreuungs-, Erziehungs- und Ausbildungsbedarf gemeint ist; vgl. *Baier* in: Krauskopf, Soziale Krankenversicherung, SGB V, § 62 Rn. 27.

63 Gemeinsames Rundschreiben vom 26.11.2003, Anm. zu § 62 SGB V unter Tit. „2.2. Belastungsgrenze der Versicherten" Absätze 2 und 3; vgl. SGB LR, § 62 S. 30-32; ebenso: *Brackmann* in: Handbuch der Sozialversicherung, Band 1/1, Gesetzliche Krankenversicherung, Kap. 2-277.

64 Verordnung zur Durchführung des § 28 des Zwölften Buches Sozialgesetzbuch (Regelsatzverordnung – RSV) v. 03.06.2004, BGBl I 2004, 1067.

65 Dies sind vor allem nicht gesetzlich krankenversicherte Personen.

66 Vgl. SGB LR Leistungsrecht für Krankenkassen (Stand: 01.08.2004), SGB V, §§ 61-62a, S. 29 Punkt (9).

67 So: SGB LR Leistungsrecht für Krankenkassen (Stand: 01.08.2004), SGB V, §§ 61-62a, S. 34-36 unter Hinweis auf die Verwaltungsvereinbarung zu § 62 SGB V vom 28.07.2004, dort Punkt 2.2.; bestätigt d. SG Leipzig v. 04.07.2006 - S 8 KR 236/05 - juris.

68 Bayerisches LSG v. 26.04.2007 - L 4 KR 276/05 - juris.

Bei Regelsätzen seit dem 01.01.2007 von monatlich 347 €[69] entspricht die allgemeine Belastungsgrenze von 2% somit jährlichen Zuzahlungen in Höhe von 83,30 €. Die vielfach erhobenen Einwände, dies stelle für den betroffenen Personenkreis eine verfassungsrechtlich nicht zumutbare Belastung dar, sind bislang von der Rechtsprechung nicht geteilt worden.[70] Auch unter der Geltung der im Jahre 2004 noch niedrigeren Regelsätze für Hilfe zum Lebensunterhalt nach dem BSHG[71] wird überwiegend davon ausgegangen, dass die (Mehr-)Belastung durch Zuzahlungen von den Regelsätzen abgedeckt wird[72] und auch die Gewährung einmaliger Beihilfen bzw. eine darlehensweise Gewährung ausscheidet.[73] 52

IV. Überschreiten der Belastungsgrenze

1. Befreiung von weiteren Zuzahlungen

Wird die Belastungsgrenze im Laufe eines Kalenderjahres erreicht, ist der Versicherte kraft Gesetzes für den Rest des Jahres von weiteren Zuzahlungen zu befreien, ohne dass dies einer konstitutiven Entscheidung der Krankenkasse bedürfte. Maßgeblich sind jeweils die Aufwendungen eines Kalenderjahres. Dies gilt auch dann, wenn das Versicherungsverhältnis erst im Laufe des Kalenderjahres begonnen hat. Für die zeitliche Zuordnung einzelner Zuzahlungen kommt es nicht auf die der Behandlung zu Grunde liegende ärztliche Verordnung, sondern auf den Zeitpunkt an, an dem der Versicherte die Zuzahlung tatsächlich geleistet hat. Mit der Befreiung des Versicherten von den Zuzahlungen sind auch die übrigen berücksichtigungsfähigen Angehörigen, die bei anderen Krankenkassen versichert sind, für den Rest des Kalenderjahres von den Zuzahlungen zu befreien. 53

Bei der Ermittlung der Belastungsgrenze erweist sich als problematisch, dass sich meist erst nach Ablauf des Kalenderjahres die Höhe der erzielten Bruttoeinnahmen zum Lebensunterhalt und damit das Erreichen der Belastungsgrenze zuverlässig ermitteln lässt. Erforderlich ist daher, dass mit etwa gleich bleibenden Einnahmen zu rechnen ist, bzw. deren Jahresbetrag einigermaßen zuversichtlich geschätzt werden kann. Diese Schätzung erfolgt auf Basis der kalenderjährlichen Bruttoeinnahmen unter Einbeziehung voraussichtlich im weiteren Lauf des Kalenderjahres zu erwartender Einnahmen (z.B. Weihnachts- und Urlaubsgeld) und Einkommenssteigerungen (z.B. Rentenanpassungen) vgl. Rn. 37. 54

Eine erneute Prüfung der Belastungsgrenze sollte auf die Fälle beschränkt bleiben, in denen eine wesentliche Änderung der Verhältnisse i.S.v. § 48 SGB X eintritt, z.B. durch Beschäftigungsaufnahme nach Sozialhilfebezug, Heirat oder Tod.[74] Gegebenenfalls müsste die Krankenkasse geleistete Zuzahlungen nachträglich erstatten oder der Versicherte die zu wenig gezahlten Zuzahlungen nachträglich leisten. 55

Viele Krankenkassen setzen § 62 SGB V darüber hinaus verwaltungsökonomisch und versichertenfreundlich in der Weise um, dass sie ihren Versicherten die Möglichkeit bieten, den auf Basis des voraussichtlichen Jahreseinkommens ermittelten Höchstzuzahlungsbetrag zu Jahresanfang zu entrichten. Im Gegenzug erhalten die Versicherten einen Befreiungsausweis, so dass das Sammeln und Einreichen von einzelnen Zuzahlungsbelegen entfällt. Vom Sozialamt unterstützte Heimbewohner haben ab 01.01.2005 einen gesetzlichen Anspruch auf diese Vorgehensweise, da so unzumutbare Härten durch hohe Zuzahlungskosten zu Beginn des Jahres abgefedert werden können. 56

2. Bescheinigung

Über die Befreiung für den Rest des Kalenderjahres hat die Krankenkasse gem. § 62 Abs. 1 Satz 1 HS. 2, Abs. 3 Satz 1 SGB V eine Bescheinigung auszustellen, durch die der Versicherte von weiteren Zuzahlungen freigestellt wird. Diese Bescheinigung dient dem Nachweis gegenüber den Leistungser- 57

[69] Die Regelsatzhöhe § 20 Abs. 2 Satz 1 SGB II wird gem. § 20 Abs. 4 SGB II jeweils zum 01.07. eines Jahres entsprechend dem aktuellen Rentenwert angepasst, Bekanntmachung vom 18.06.2007, BGBl I 2007, 1139; die Neubemessung richtet sich nach § 28 Abs. 3 SGB XII.

[70] LSG Baden-Württemberg v. 01.02.2007 - L 7 SO 4267/05 - FEVS 58, 451-454, anhängig BSG - 11b AS 3/07 R; LSG Berlin-Brandenburg v. 28.09.2006 - L 19 B 751/06 AS ER - juris; LSG Thüringen v. 22.04.2004 - L 6 KR 212/04 ER; Hessischer VGH v. 20.04.2004 - 10 TG 532/04 - ZFSH/SGB 2004, 487-491.

[71] Je nach Bundesland zwischen 282 € und 297 € monatlich.

[72] VG Berlin v. 02.04.2004 - 8 A 69.04 - ZfF 2005, 88-90; OVG Lüneburg v. 09.03.2004 - 12 ME 64/04 - NJW 2004, 1817-1818.

[73] LSG Baden-Württemberg v. 01.02.2007 - L 7 SO 4267/05 - FEVS 58, 451-454; a.A. OVG Lüneburg v. 06.05.2004 - 4 ME 88704 - info also 2004, 173-176.

[74] *Brackmann* in: Handbuch der Sozialversicherung, Band 1/1, Gesetzliche Krankenversicherung, Kap. 2-281.

bringern. Das Gesetz sieht für die Ausstellung der Befreiungsbescheinigung zwar keinen Antrag des Versicherten vor, doch wird die Krankenkasse das Vorliegen der Befreiungsvoraussetzungen regelmäßig erst dann prüfen können, wenn der Versicherte ihr gegenüber seine Einnahmen und die geleisteten Zuzahlungen nachweist. Wie nach altem Recht stellt § 62 Abs. 3 Satz 2 SGB V aus datenschutzrechtlichen Gesichtpunkten klar, dass die Bescheinigung keine Angaben über das Einkommen des Versicherten und die berücksichtigungsfähigen Angehörigen enthalten darf. Mindestbestandteile der Bescheinigung sind hingegen die Angabe der ausstellenden Krankenkasse, Name und Vorname des Versicherten, Geburtsdatum und/oder Versicherungsnummer, das genaue Datum der Ausstellung und der Gültigkeitsdauer.

58 Erfolgt die Befreiung bereits während der laufenden Kalenderjahres, ist auch den berücksichtigungsfähigen Angehörigen eine Befreiungsbescheinigung auszuhändigen. Die Befreiung einer chronisch kranken Person kann hingegen immer nur durch die individuell zuständige Krankenkasse erfolgen.[75]

3. Zuständigkeit

59 Ist ein Versicherter während eines Kalenderjahres bei mehreren Krankenkassen versichert, ist für die Ermittlung der Belastungsgrenze und Ausstellung einer Befreiungsbescheinigung die Krankenkasse zuständig, bei der er zum Zeitpunkt der Antragstellung bzw. am Ende des Kalenderjahres, für das der Antrag gestellt wird, versichert war.[76] Besteht zu diesem Zeitpunkt keine Mitgliedschaft in einer gesetzlichen Krankenkasse, ist die Krankenkasse zuständig, bei der während des Kalenderjahres zuletzt eine Versicherung bestand. Wechselt ein bereits von den Zuzahlungen befreiter Versicherter im laufenden Jahr die Krankenkasse, akzeptiert die neue Krankenkasse die getroffenen Feststellungen und befreit den Versicherten für denselben Zeitraum von weiteren Zuzahlungen. Ein Ausgleich zwischen den beteiligten Krankenkassen findet nicht statt.

60 Wenn die Angehörigen einer Familie in verschiedenen Krankenkassen versichert sind, ist die Krankenkasse zuständig, die zuerst bzgl. einer Zuzahlungsbefreiung angegangen wird. Diese ermittelt die Belastungsgrenze und die Höhe der zu berücksichtigenden Zuzahlungen mit Wirkung auch für die anderen erstattungspflichtigen Krankenkassen. Der ermittelte Erstattungsbetrag wird zwischen den beteiligten Krankenkassen im Verhältnis der Zuzahlungen der einzelnen Versicherten zu dem Gesamtbetrag der Zuzahlungen aller Haushaltsangehörigen aufgeteilt. Jede Krankenkasse erstattet ihren Versicherten den sich hieraus ergebenden Teilbetrag.[77]

4. Erstattungsverfahren

61 Angesichts der aufgezeigten Schwierigkeiten bei der korrekten Ermittlung der Belastungsgrenze wird an Stelle oder neben eine Befreiung für das laufende Kalenderjahr oftmals eine Erstattung der die Belastungsgrenze übersteigenden Aufwendungen des Versicherten und seiner Angehörigen treten. Auch hierzu hat der Versicherte Bruttoeinnahmen und Aufwendungen gegenüber der Krankenkasse nachzuweisen. Die Geltendmachung eines Erstattungsanspruchs ist grundsätzlich auch während des Kalenderjahres möglich, sofern sich zu diesem Zeitpunkt die Belastungsgrenze schon zuverlässig ermitteln lässt. Stirbt der Versicherte oder ein berücksichtigungsfähiger Familienangehöriger, können sowohl die zum Familienverbund gehörenden Angehörigen als auch die sonstigen Erben die Erstattung von Zuzahlungen verlangen, unabhängig davon, ob die Erstattung bereits vor dem Tod beantragt worden ist.[78]

62 Finden sich nach erfolgter Befreiung von weiteren Zuzahlungen bzw. Durchführung des Erstattungsverfahrens weitere Zuzahlungsbelege ein, können diese auch nachträglich bei der Krankenkasse eingereicht werden. Um – insbesondere bei Beteiligung mehrerer Krankenkassen – eine verwaltungsaufwendige Neuberechnung von Teilerstattungsbeträgen zu vermeiden, haben sich die Spitzenverbände der Krankenkassen darauf verständigt, dass die nachträglich eingereichten Belege von der jeweils zuständigen Krankenkasse erstattet werden, ohne dass ein Ausgleich zwischen den beteiligten Kassen stattfindet.[79]

75 *Brackmann* in: Handbuch der Sozialversicherung, Band 1/1, Gesetzliche Krankenversicherung, Kap. 2-282.

76 Verwaltungsvereinbarung zu § 62 SGB V der Spitzenverbände der Krankenkassen vom 28.07.2004.

77 Vgl. *Brackmann* in: Handbuch der Sozialversicherung, Band 1/1, GKV, Kap. 2-283.

78 So: Besprechung der Spitzenverbände der Krankenkassen zum Leistungsrecht am 11./12.10.2004; referiert in: Die Ersatzkasse 2005, S. 34.

79 Besprechung der Spitzenverbände der Krankenkassen zum Leistungsrecht am 11./12.10.2004; referiert in: Die Ersatzkasse 2005, S. 73.

V. Übergangsregelung für Kostenübernahme bei Zahnersatz

Um den Versicherten den Übergang von der nach altem Recht möglichen vollständigen Befreiung von Eigenbeteiligungen auch beim Zahnersatz (§ 61 Abs. 1 Nr. 2 SGB V in der bis 31.12.2003 geltenden Fassung) hin zu einer mindestens 50%igen Kostenbeteiligung zu erleichtern, hat der Gesetzgeber in § 62 Abs. 4 SGB V die Weitergeltung der alten Zuzahlungsregelungen bis zum 31.12.2004 angeordnet. Diese gilt daher nur für Versicherungsfälle, die bis zu diesem Stichtag eingetreten sind. Ab 01.01.2005 finden die neuen Regelungen über Zahnersatz (§§ 55-59 SGB V) Anwendung. 63

1. Vollständige Befreiung

Nach § 61 Abs. 1 Nr. 2 SGB V a.F. ist der von dem Versicherten nach § 30 Abs. 2 SGB V a.F. zu tragende Anteil an den berechnungsfähigen Kosten einer medizinisch notwendigen Versorgung mit Zahnersatz in voller Höhe von der Krankenkasse zu übernehmen, wenn eine unzumutbare Belastung im Sinne von § 61 Abs. 2 SGB V a.F. vorliegt. Im Ergebnis bedeutete dies, dass die Krankenkasse die Kosten des Zahnersatzes in voller Höhe trägt, und zwar auch dann, wenn der Versicherte mangels ausreichender Bemühungen um die Gesunderhaltung seiner Zähne die Voraussetzungen für einen verminderten Eigenanteil (Bonusregelung; § 30 Abs. 2 Sätze 3-6 SGB V) nicht erfüllt.[80] Wann eine unzumutbare Belastung des Versicherten vorliegt, bestimmte § 61 Abs. 2 SGB V a.F. und unterschied hierbei drei Fallgruppen. Während § 61 Abs. 2 Nr. 1 SGB V a.F. eine Einkommensgrenze für die individuelle Befreiung von Zuzahlungen vorsah, legten Nr. 2 und 3 Personenkreise fest, bei denen unabhängig von den individuellen (Einkommens-)Verhältnissen aufgrund des Bezugs von bedürftigkeitsgeprüften Sozialleistungen eine unzumutbare Belastung durch Eigenanteile beim Zahnersatz qua ihres Status zu unterstellen ist. 64

Die Einkommensgrenze für eine Befreiung nach § 61 Abs. 2 Nr. 1 SGB V a.F. richtete sich nach der Zahl der im Haushalt lebenden Angehörigen des Versicherten und wurde in Abhängigkeit der Bezugsgröße nach § 18 SGB IV bestimmt. Der Grundbetrag von 40% der monatlichen Bezugsgröße (2004: 966 €) erhöhte sich nach § 61 Abs. 4 SGB V a.F. für den ersten im Haushalt lebenden Angehörigen um 15% (362,25 €) und für jeden weiteren um 10% (241,50 €) der Bezugsgröße. Die Einnahmen der im gemeinsamen Haushalt lebenden Angehörigen waren zusammenzurechnen, unabhängig davon, ob die Angehörigen selbst gesetzlich krankenversichert oder bereits nach § 61 Abs. 2 SGB V a.F. befreit sind.[81] 65

Die Frage, ob eine Eigenbeteiligung an den Kosten des Zahnersatzes für den Versicherten eine unzumutbare Belastung darstellt, ist anlassbezogen für den jeweiligen Versicherungsfall zu beantworten. Da es sich um die Befreiung von einer einmalig entstehenden Zuzahlung handelt, ist von der Einkommenssituation des dem Befreiungsmonat vorangehenden Kalendermonats auszugehen. Nur wenn diese Betrachtung zu Ergebnissen führt, die nicht den tatsächlichen Verhältnissen entsprechen (z.B. Teillohnzahlung, Weihnachts- oder Urlaubsgeld), ist für die Beurteilung ein längerer Zeitraum heranzuziehen. Bei schwankenden Entgelten muss dieser Zeitraum so bemessen werden, dass davon auszugehen ist, dass sich die Schwankungen erfahrungsgemäß innerhalb dieser Frist ausgleichen (bis zu einem Jahr). 66

Nach § 61 Abs. 2 Nr. 2 SGB V a.F. waren Versicherte vollständig von den Zuzahlungen befreit, die folgende Leistungen erhalten: 67

- Hilfe zum Lebensunterhalt nach den §§ 11-16, 21-24 BSHG; auf Hilfen in besonderen Lebenslagen (§§ 27 ff. BSHG) ist § 61 Abs. 2 Nr. 2 SGB V a.F. indes nicht analog anwendbar[82], ebenso wenig auf Leistungen nach dem GSiG;[83]
- ergänzende Hilfe zum Lebensunterhalt nach § 27a BVG;
- Arbeitslosenhilfe (§§ 190 ff. SGB III);
- Ausbildungsförderung nach dem BAföG oder nach den §§ 59 ff. SGB III; nicht unter die Befreiungsregelung fielen hingegen Maßnahmen anderer Kostenträger (z.B. Unfall- oder Rentenversicherung) oder Förderungen der beruflichen Fortbildung bzw. Umschulung durch die Bundesanstalt für Arbeit.[84]

---

[80] Der Gleichbehandlungsgrundsatz wird hierdurch nicht verletzt: BSG v. 11.10.1994 - 1 RK 50/93 - SozR 3-2500 § 61 Nr. 6.

[81] BSG v. 19.02.2002 - B 1 KR 20/00 R - SozR 3-2500 § 62 Nr. 1.

[82] LSG Schleswig-Holstein v. 17.12.1991 - L 1 Kr 15/91 - NZS 1992, 36.

[83] Vgl. *Baier* in: Krauskopf, Soziale Krankenversicherung, SGB V § 61 (a.F.) Rn. 16.

[84] So auch: BSG v. 04.11.1992 - 1 RK 27/91 - SozR 3-2500 § 61 Nr. 1.

68 Die persönlichen Einkommensverhältnisse spielten darüber hinaus keine Rolle mehr. Wer zwar einen Anspruch auf eine der vorgenannten Leistungen hatte, diese aber nicht erhielt, war nicht nach § 61 Abs. 2 Nr. 2 SGB V a.F. zu befreien, da insoweit allein der tatsächliche Leistungsbezug maßgeblich war.[85] Eine vollständige Befreiung griff nach § 61 Abs. 2 Nr. 3 SGB V a.F. darüber hinaus für Personen, die in einem Alten- oder Pflegeheim oder in einer ähnlichen Einrichtung auf Kosten des Trägers der Sozialhilfe oder der Kriegsopferfürsorge untergebracht sind, auch wenn die Kosten von dem genannten Träger nur zum Teil übernommen wurden.

2. Teilweise Befreiung

69 § 62 Abs. 2a Satz 1 SGB V a.F. beinhaltete eine gleitende Zuzahlungsregelung und definierte die zumutbare Belastungsgrenze als das Dreifache der Differenz zwischen den Einkommensgrenzen nach den §§ 61 Abs. 2 Nr. 1, 4 SGB V a.F. und den tatsächlichen Bruttoeinnahmen zum Lebensunterhalt. Von § 30 Abs. 2 SGB V angeordnete Kostenanteile bis zu dieser Belastungsgrenze hatte der Versicherte selbst zu tragen. Zur Ermittlung des von der Krankenkasse zusätzlich zu übernehmenden Anteils der Zahnersatzkosten ist zunächst die Differenz zwischen den monatlichen Bruttoeinnahmen zum Lebensunterhalt der Bedarfsgemeinschaft und der Einkommensgrenze für die vollständige Befreiung nach § 61 Abs. 2 Nr. 1 i.V.m. Abs. 3 und 4 SGB V a.F. zu berechnen. Dieser Unterschiedsbetrag wird verdreifacht und von dem nach § 30 Abs. 2 SGB V a.F. vom Versicherten zu tragenden Kostenanteil abgezogen. Die Krankenkasse hat dem Versicherten den Betrag zu erstatten, um den der Kostenanteil diese dreifache Differenz übersteigt. Erfüllten Versicherte die Voraussetzungen der sog. Bonusregelung (§ 30 Abs. 2 Sätze 2-5 SGB V a.F.) nicht, erhöhte sich der von ihnen zu tragende Kostenanteil und damit die Belastungsgrenze um 10 bzw. 15 Prozentpunkte (§ 62 Abs. 2a Satz 2 SGB V a.F.). Diese Regelung verhinderte, dass die Härtefallregelung des § 62 Abs. 2a SGB V a.F. durch die Bonusregelung des § 30 Abs. 2 SGB V unterlaufen wird und stellte sicher, dass Versicherte ohne Anspruch auf einen Bonus höhere Leistungen erhielten als Versicherte mit Bonus bei gleich hohen Zahnersatzkosten und Einkommen.

[85] BSG v. 03.03.1994 - 1 RK 33/93 - SozR 3-2500 § 61 Nr. 3.

Zehnter Abschnitt: Weiterentwicklung der Versorgung

§ 63 SGB V Grundsätze

(Fassung vom 14.11.2003, gültig ab 01.01.2004)

(1) Die Krankenkasse und ihre Verbände können im Rahmen ihrer gesetzlichen Aufgabenstellung zur Verbesserung der Qualität und der Wirtschaftlichkeit der Versorgung Modellvorhaben zur Weiterentwicklung der Verfahrens-, Organisations-, Finanzierungs- und Vergütungsformen der Leistungserbringung durchführen oder nach § 64 vereinbaren.

(2) Die Krankenkassen können Modellvorhaben zu Leistungen zur Verhütung und Früherkennung von Krankheiten sowie zur Krankenbehandlung, die nach den Vorschriften dieses Buches oder auf Grund hiernach getroffener Regelungen keine Leistungen der Krankenversicherung sind, durchführen oder nach § 64 vereinbaren.

(3) Bei der Vereinbarung und Durchführung von Modellvorhaben nach Absatz 1 kann von den Vorschriften des Vierten und des Zehnten Kapitels dieses Buches, soweit es für die Modellvorhaben erforderlich ist, und des Krankenhausfinanzierungsgesetzes, des Krankenhausentgeltgesetzes sowie den nach diesen Vorschriften getroffenen Regelungen abgewichen werden; der Grundsatz der Beitragssatzstabilität gilt entsprechend. Gegen diesen Grundsatz wird insbesondere für den Fall nicht verstoßen, daß durch ein Modellvorhaben entstehende Mehraufwendungen durch nachzuweisende Einsparungen auf Grund der in dem Modellvorhaben vorgesehenen Maßnahmen ausgeglichen werden. Einsparungen nach Satz 2 können, soweit sie die Mehraufwendungen überschreiten, auch an die an einem Modellvorhaben teilnehmenden Versicherten weitergeleitet werden. Satz 1 gilt mit der Maßgabe, dass von § 284 Abs. 1 Satz 5 nicht abgewichen werden darf.

(3a) Gegenstand von Modellvorhaben nach Absatz 1, in denen von den Vorschriften des Zehnten Kapitels dieses Buches abgewichen wird, können insbesondere informationstechnische und organisatorische Verbesserungen der Datenverwendung, einschließlich der Erweiterungen der Befugnisse zur Erhebung, Verarbeitung und Nutzung von personenbezogenen Daten sein. Von den Vorschriften des Zehnten Kapitels dieses Buches zur Erhebung, Verarbeitung und Nutzung personenbezogener Daten darf nur mit schriftlicher Einwilligung des Versicherten und nur in dem Umfang abgewichen werden, der erforderlich ist, um die Ziele des Modellvorhabens zu erreichen. Der Versicherte ist vor Erteilung der Einwilligung schriftlich darüber zu unterrichten, inwieweit das Modellvorhaben von den Vorschriften des Zehnten Kapitels dieses Buches abweicht und aus welchen Gründen diese Abweichungen erforderlich sind. Die Einwilligung des Versicherten hat sich auf Zweck, Inhalt, Art, Umfang und Dauer der Erhebung, Verarbeitung und Nutzung seiner personenbezogenen Daten sowie die daran Beteiligten zu erstrecken; die Einwilligung kann widerrufen werden. Erweiterungen der Krankenversichertenkarte, die von § 291 abweichen, sind nur zulässig, wenn die zusätzlichen Daten informationstechnisch von den Daten, die in § 291 Abs. 2 genannt sind, getrennt werden. Beim Einsatz mobiler personenbezogener Speicher- und Verarbeitungsmedien gilt § 6c des Bundesdatenschutzgesetzes entsprechend.

(4) Gegenstand von Modellvorhaben nach Absatz 2 können nur solche Leistungen sein, über deren Eignung als Leistung der Krankenversicherung der Gemeinsame Bundesausschuss nach § 91 im Rahmen der Beschlüsse nach § 92 Abs. 1 Satz 2 Nr. 5 oder im Rahmen der Beschlüsse nach § 137c Abs. 1 keine ablehnende Entscheidung getroffen hat. Fragen der biomedizinischen Forschung sowie Forschungen zur Entwicklung und Prüfung von Arzneimitteln und Medizinprodukten können nicht Gegenstand von Modellvorhaben sein.

(5) Ziele, Dauer, Art und allgemeine Vorgaben zur Ausgestaltung von Modellvorhaben sowie die Bedingungen für die Teilnahme von Versicherten sind in der Satzung festzulegen. Die Modellvorhaben sind im Regelfall auf längstens acht Jahre zu befristen. Verträge nach § 64 Abs. 1 sind den für die Vertragsparteien zuständigen Aufsichtsbehörden vorzulegen. Modellvorhaben nach Absatz 1, in denen von den Vorschriften des Zehnten Kapitels dieses Buches abgewichen werden kann, sind auf längstens fünf Jahre zu befristen; personenbezogene Daten, die in Abweichung von den Regelungen des Zehnten Kapitels dieses Buches erhoben, verarbeitet oder genutzt worden sind, sind unverzüglich nach Abschluss des Modellvorhabens zu löschen. Über Modellvorhaben nach Absatz 1, in denen von den Vorschriften des Zehnten Kapitels dieses Buches abgewichen wird, sind der Bundesbeauftragte für den Datenschutz oder die Landesbeauftragten für den Datenschutz, soweit diese zuständig sind, rechtzeitig vor Beginn des Modellvorhabens zu unterrichten.

(6) Modellvorhaben nach den Absätzen 1 und 2 können auch von den Kassenärztlichen Vereinigungen im Rahmen ihrer gesetzlichen Aufgabenstellung mit den Krankenkassen oder ihren Verbänden vereinbart werden. Die Vorschriften dieses Abschnitts gelten entsprechend.

Gliederung

A. Basisinformationen

I. Textgeschichte/Gesetzgebungsmaterialien

1 § 63 SGB V ist mit Wirkung vom 01.01.1989 aufgrund Art. 1, 79 Abs. 1 Gesundheitsreformgesetz (GRG) vom 20.12.1988 in Kraft getreten.[1] Die Vorschrift enthielt die für alle Erprobungsregelungen geltenden Grundsätze.[2] Mit den §§ 63-68 SGB V erhielten die Krankenkassen die Möglichkeit, bisher nicht vorgesehene Leistungen, Maßnahmen und Verfahren zu erproben, um die gesetzliche Krankenversicherung weiterzuentwickeln. Als **Erprobungsregelungen** waren zugelassen: Kostenerstattung (§ 64 SGB V a.F.), Beitragsrückzahlung (§ 65 SGB V a.F.), Unterstützung der Versicherten bei Behandlungsformen (§ 66 SGB V) und erweiterte Maßnahmen der Gesundheitsförderung (§ 67 SGB V a.F.). Die Erprobung durfte auf höchstens fünf Jahre betrieben werden und war wissenschaftlich zu begleiten (§ 68 SGB V a.F.). Durch Art. 1 Nr. 21, Art. 19 Abs. 6 2. GKV-Neuordnungsgesetzes (2. GKV-NOG) vom 23.06.1997 wurden die §§ 63-65 SGB V mit Wirkung vom 01.07.1997 durch neue Regelungen ersetzt und die §§ 67, 68 SGB V aufgehoben; § 66 SGB V blieb erhalten.[3] Statt von „Erprobungsregelungen" ist seitdem von „Weiterentwicklung der Versorgung" und von „Modellvorhaben" die Rede.

2 Durch die ab 01.07.1997 geltende Fassung des § 63sind die Möglichkeiten neuer Versorgungsformen erheblich erweitert worden: Krankenbehandlung, die im SGB V nicht vorgesehen ist, kann modell-

[1] BGBl I 1988, 2477.
[2] Vgl. Gesetzesbegründung zu Art. 1 § 71 GRG, BT-Drs. 11/2237.
[3] BGBl I 1997, 1520.

weise bezahlt werden; von den Vorschriften des 4. Kapitels (§§ 69-140) kann abgewichen werden, ebenso von denen des Krankenhausfinanzierungsgesetzes. Durch Art. 1 Nr. 11 GKV-Solidaritätsstärkungsgesetz (GKV-SolG) vom 19.12.1998[4] wurde mit Wirkung vom 01.01.1999[5] in **Absatz 5 Satz 1** klargestellt, dass nicht alle Einzelheiten von Modellvorhaben in der Satzung geregelt werden müssen, wohl aber die wesentlichen Gegenstände und Inhalte; außerdem wurde mit **Absatz 5 Satz 3** eine gesetzliche Vorlagepflicht an die Aufsichtsbehörde angefügt. Durch Art. 1 Nr. 23 GKV-Gesundheitsreformgesetz 2000 vom 22.12.1999[6] wurde mit Wirkung vom 01.01.2000[7] in **Absatz 4 Satz 2** die Bezugnahme auf den Ausschuss nach § 137c Absatz 2 und die Beschlüsse nach § 137c Absatz 1 eingefügt. In **Absatz 3 Satz 1** wurden mit Wirkung vom 30.04.2002 durch Art. 1 Nr. 1a, Art. 7 Abs. 1 Gesetz zur Fallpauschalengesetz (FPG) vom 23.04.2002 die Worte „des Krankenhausentgeltgesetzes" eingefügt.[8] Durch Art. 3 Nr. 1, Art. 5 Gesetz zur Änderung des Apothekengesetzes (ApothG-ÄndG) vom 21.08.2002 wurde mit Wirkung vom 28.08.2002 **Absatz 3 Satz 1** erneut geändert, **Absatz 3 Satz 4** angefügt, **Absatz 3a** eingefügt sowie **Absatz 5 Satz 4 und 5** mit angefügt.[9] **Absatz 4 Satz 1** wurde mit Wirkung zum 01.01.2004 geändert durch Art. 1 Nr. 41, Art. 37 Abs. 1 GKV-Modernisierungsgesetz (GMG) vom 14.11.2003.[10]

II. Vorgängervorschriften

§ 181a RVO a.F. ist die Vorgängerregelung bezüglich der Modellvorhaben zu Leistungen der Früherkennung von Krankheiten. Modellvorhaben wurden in der Vergangenheit auch auf **§ 20 Absatz 1 a.F.** gestützt.[11] 3

III. Parallelvorschriften

Die Vorschrift wird ergänzt durch **§ 64 SGB V** (Vereinbarungen mit Leistungserbringern) und **§ 65 SGB V** (Auswertung der Modellvorhaben). Zwar spricht auch **§ 65b Abs. 1 Satz 1 SGB V** von Modellvorhaben, hierbei handelt es sich jedoch nicht um solche i.S.d. §§ 63-§ 65 SGB V. Es wird allerdings auf einen Teil dieser Bestimmungen verwiesen (vgl. § 65 Abs. 1 Satz 3 SGB V). **§ 20 SGB V** ermöglicht satzungsrechtliche Präventionsleistungen und den Arbeitsschutz ergänzende Maßnahmen der betrieblichen Gesundheitsförderung. 4

IV. Literaturhinweise

Dahm, Vertragsgestaltung bei Integrierter Versorgung am Beispiel „Prosper – Gesund im Verbund" – Rechtsgrundlagen der Integrierten Versorgung, vertragliche Umsetzung, Durchführungs- und Gestaltungshinweise –, MedR 2005, 121-126; *Dörning/Lorenz,/Röseler u.a.*, Vorbereitung auf den Ruhestand – Effektivität von stationären Programmen, Prävention durch Krankenkassen 2002, 185-195; *Engels/Metzinger*, Modellvorhaben und Strukturverträge – GKV-Wettbewerb am Rande der Absurdität!, KrV 1998, 200-206; *Fischer*, Chancen offensiv nutzen! – Modellvorhaben und Strukturverträge, ErsK 1998, 37-39; *Fuhrmann/Zimmermann*, Vergütung von Krankenhausbehandlungen im Rahmen der Durchführung von klinischen Arzneimittelstudien – Zur Entscheidung des Bundessozialgerichts vom 22. Juli 2004, Az B 3 KR 21/03 R –, NZS 2005, 352-359; *Glaeske*, Strukturverträge und Modellvorhaben – neue Tätigkeitsfelder für die GKV, Reformoptionen im Gesundheitswesen 1998, 94-124; *Hartmann*, Vorsorge bei Diabetikern – Modellvorhaben zur Früherkennung von Folgeschäden bei Diabetes mellitus in Wolfsburg, BKK 1999, 194-195; *Hunsche/Lauterbach/Mast*, Diabetes Disease Management – Modellvorhaben Focus Siabeticus Leverkusen, BKK 1998, 491-498; *Koenig/Engelmann/Hentschel*, Die wettbewerbsrechtliche Beurteilung von Werbemaßnahmen gesetzlicher Krankenkassen am Beispiel der werbenden Ankündigung von Modellvorhaben, WRP 2003, 831-838; *Krauskopf*, Managed Care – Modellvorhaben – Strukturverträge – Fortschritt?, Die Leistungen 1998, 129-132; *Krimmel*, Strukturverträge und Modellvorhaben aus kassenärztlicher Sicht, Reformoptionen im Gesund- 5

[4] BGBl I 1998, 3853.
[5] Gem. Art. 26 Abs. 2 GKV-SolG.
[6] BGBl I 1999, 2626.
[7] Gem. Art. 22 Abs. 5 GKV-Gesundheitsreformgesetz 2000.
[8] BGBl I 2002, 1412.
[9] BGBl I 2002, 3352.
[10] BGBl I 2003, 2190.
[11] Vgl. *Dörnin/Lorenz/Röseler u.a.*, Prävention durch Krankenkassen 2002, 185 ff.

heitswesen 1998, 125-142; *Nösser*, Wettbewerbsverstoß eines Krankenhauses – Angebot einer Kooperationsvereinbarung an niedergelassene Ärzte für ambulante Kataraktoperationen, Das Krankenhaus 2005, 501-503; *Orlowski*, Modellvorhaben in der gesetzlichen Krankenversicherung, BKK 1997, 110-115; *Renzewitz/Einwag*, Modellvorhaben nach §§ 63 bis 65 SGB V – Chancen, Risiken und Nebenwirkungen für Krankenhäuser, KH 1998, 13-17; *Rychlik*, Gesundheitsökonomie – Grundlagen und Praxis, 1999; *Schauenburg*, Modellvorhaben für die Akupunktur, BKK 2003, 345-347; *Schmeinck*, Chancen und Risiken von Strukturverträgen und Modellvorhaben, Reformoptionen im Gesundheitswesen 1998, 143-149; *Straub*, Das Modellvorhaben der ersten Generation – Bewertung und Konsequenzen, Qualitätsorientierte Vergütungssysteme in der ambulanten und stationären Behandlung 2001, 221-229; *Trampisch/Platz*, Alternative Heilmethode aus dem Reich der Mitte – Gemeinsames Modellvorhaben zur Akupunktur hat begonnen, KrV 2001, 241-243; *Weidenhammer/Streng u.a.*, Aufbau, Realisierung und Datenübersicht einer Beobachtungsstudie im Rahmen des Programms zur Evaluation der Patientenversorgung mit Akupunktur (PEP-AK) des Modellvorhabens der Ersatzkassen, Das Gesundheitswesen 2005, 264-273; *Wiechmann*, Managed Care – Grundlagen, internationale Erfahrungen und Umsetzung im deutschen Gesundheitswesen, 2003; *Windhorst*, Die integrierte Versorgung in der gesetzlichen Krankenversicherung – Gefahr oder Chance für die Gesundheitsversorgung?, 2002; *Witt/Brinkhaus/Jena*, Wirksamkeit, Sicherheit und Wirtschaftlichkeit der Akupunktur – Ein Modellvorhaben mit der Techniker Krankenkasse –, Deutsches Ärzteblatt 2006, 196-202.

B. Auslegung der Norm

I. Regelungsgehalt und Bedeutung der Norm

1. Ermächtigung (Absatz 1)

6 Durch Absatz 1 ist den Krankenkassen und ihren Verbänden die Möglichkeit eingeräumt worden, im Rahmen ihrer gesetzlichen Aufgabenstellung zur Verbesserung der Qualität und der Wirtschaftlichkeit der Versorgung Modellvorhaben (selbst) durchzuführen oder nach § 64 SGB V zu vereinbaren.

7 Adressaten der Norm sind damit neben den Krankenkassen auch deren **Verbände**, d.h. die Landes- und die Bundesverbände sowie die Kassenverbände i.S.v. § 218 SGB V.

8 Die Modellvorhaben der Krankenkassen und ihrer Verbände müssen sich „**im Rahmen ihrer gesetzlichen Aufgabenstellung zur Verbesserung der Qualität und der Wirtschaftlichkeit der Versorgung**" halten. Das bedeutet, dass erklärte Ziele der Modellvorhaben die Qualitätsverbesserung und die Wirtschaftlichkeit der Versorgung zu sein haben. Mit dem jeweiligen Modellvorhaben müssen beide Ziele parallel angestrebt werden. Das bedeutet, dass Vorhaben, die lediglich eine kostenneutrale Qualitätsverbesserung zum Ziel haben, genauso ausscheiden wie reine Kostensenkungsprogramme.

9 Die Modellvorhaben müssen auf dem Gebiet der **Weiterentwicklung** der **Verfahrens-, Organisations-, Finanzierungs- und Vergütungsformen der Leistungserbringung** liegen. Unter Weiterentwicklung im vorgenannten Sinn ist eine Optimierung der bisher noch nicht ausreichend effizienten Prozesse zu verstehen. Diesbezüglich orientiert man sich überwiegend, und damit womöglich zu einseitig, an Erkenntnissen und Erfahrungen betreffend die „**Managed Care**" in den USA und in der Schweiz.[12]

10 Die Krankenkassen und ihre Verbände „**können**" Modellvorhaben durchführen oder vereinbaren. Das bedeutet, es steht in ihrem Ermessen, ob und in welchem Umfang sie dies tun. In der Praxis zeigt sich, dass die Krankenkassen in sehr unterschiedlichem Umfang entsprechende Aktivitäten entfalten. Dabei werden über die Möglichkeit, mit Modellvorhaben zu werben, wettbewerbliche Aspekte eine Rolle spielen.

11 Wenn eine Krankenkasse im Rahmen eines Modellvorhabens für ein Projekt gegenüber ihren Mitgliedern **wirbt** und diese zur Teilnahme auffordert, so liegt kein unzulässiges Handeln unter Ausnutzung einer Standesvergessenheit der sich an dem Projekt beteiligenden Ärzte vor, wenn die Krankenkasse sachlich informierend auf Vorteile des Projekts für den Patienten hinweist und ihm eine Liste der beteiligten Ärzte übermittelt, ohne die Qualifikation dieser Ärzte hervorzuheben.[13]

---

[12] Ausführlich hierzu *Krauskopf* in: Krauskopf, Soziale Krankenversicherung (SGB V), § 63 Rn. 2-11.

[13] OLG München v. 30.11.2000 - 6 U 2849/00 - Magazindienst 2001, 616-622.

2. Abweichungen von gesetzlichen Bestimmungen (Absatz 3)

12 Nach Absatz 3 Satz 1 Halbsatz 1 kann bei der Durchführung von Modellvorhaben nach Absatz 1 **von den Vorschriften des 4.** (§§ 69-140h) und des **10. Kapitels** (§§ 284-305b) des SGB V **abgewichen** werden, soweit es für die Modellvorhaben erforderlich ist. Der Gesetzgeber geht davon aus, dass die Suspendierung der entsprechenden Vorschriften unumgänglich ist.[14]

13 Abweichungen von den Vorschriften des 4. Kapitels (Recht der **Beziehungen zu den Leistungserbringern**) betreffen insbes. die Schnittstellen zwischen ambulanter und stationärer Versorgung, aber auch die Vergütung.

14 Abweichungen von den Vorschriften des 10. Kapitels (**Datenschutz**) werden ggf. erforderlich, weil die Modellvorhaben nach § 65 SGB V wissenschaftlich begleitet und ausgewertet werden müssen. Hierzu ist eine Vielzahl von Daten erforderlich. Wegen der Missbrauchsmöglichkeiten präzisiert und begrenzt Absatz 3a die Abweichungsmöglichkeiten. Außerdem kann – ohne die Einschränkung der Erforderlichkeit – von den Vorschriften des **KHG**, des **KHEntgG** sowie den nach diesen Vorschriften getroffenen Regelungen abgewichen werden. Die „Wahlfreiheit" der Versicherten zwischen verschiedenen Diensten für häusliche Krankenpflege gehört nicht zu den Regelungen, von denen abgewichen werden kann.[15]

15 Nach Absatz 3 Satz 4 gilt Satz 1 mit der Maßgabe, dass von § 284 Abs. 1 Satz 5 SGB V nicht abgewichen werden darf. Diese Vorschrift bestimmt die Geltung des SGB I und des SGB X für die Datenerhebung und die Datenspeicherung. Damit ist klargestellt, dass insbes. der **Sozialdatenschutz** gem. § 35 SGB I, §§ 67 f. SGB X zu beachten ist.

16 Nach Absatz 3 Satz 1 Halbsatz 2 gilt der Grundsatz der **Beitragsstabilität** (§ 71 SGB V) entsprechend. Gegen ihn wird nach Satz 2 insbesondere für den Fall nicht verstoßen, dass durch ein Modellvorhaben entstehende Mehraufwendungen durch nachzuweisende **Einsparungen** auf Grund der in dem Modellvorhaben vorgesehenen Maßnahmen ausgeglichen werden. Das bedeutet, die Modellvorhaben sollen z.B. durch (notgedrungen) erwartete Verrechungsmöglichkeiten kostenneutral sein. (Verrechungsmöglichkeiten zwischen verschiedenen Modellvorhaben bestehen nicht.) In der Praxis dürften durch Modellvorhaben verursachte Einspareffekte nicht immer quantifizierbar sein. Die Vorschrift ist deshalb eher eine mit intendierter Beruhigungsfunktion.

17 Soweit die Einsparungen die Mehraufwendungen überschreiten, können sie auch an die an einem Modellvorhaben beteiligten Versicherten **weitergeleitet** werden (Absatz 3 Satz 3). Damit soll das Interesse der Versicherten an einer wirtschaftlichen gesundheitlichen Versorgung gefördert werden.[16]

3. Verbesserungen der Datenverwendung (Absatz 3a, Absatz 5 Satz 4 und 5)

18 Absatz 3a und Absatz 5 Satz 4 und 5 behandeln Modellvorhaben nach Absatz 1, in denen von den Vorschriften des 10. Kapitels des SGB V abgewichen wird. Hierbei kann es sich nach Absatz 3a Satz 1 insbes. um informationstechnische und organisatorische **Verbesserungen der Datenerhebung**, einschließlich der Erweiterung der Befugnisse zur Erhebung, Verarbeitung und Nutzung von personenbezogenen Daten handeln. Entsprechende Abweichungen bedürfen der **schriftlichen Einwilligung**, d.h. der vorherigen schriftlichen Genehmigung des Versicherten. Sie sind darüber hinaus nur in dem Umfang zulässig, der zur Zielerreichung des Modellvorhabens erforderlich ist (Absatz 3a Satz 2).

19 Im Interesse einer umfassenden Aufklärung zwecks Schaffung einer Entscheidungsbasis für den Versicherten verlangt Absatz 3a Satz 3, dass er vor der Erteilung seiner Einwilligung schriftlich darüber **unterrichtet** wird, inwieweit das Modellvorhaben von den Vorschriften des 10. Kapitels des SGB V abweicht und aus welchen Gründen diese Abweichungen erforderlich sind. Damit hat der Gesetzgeber das Recht des Versicherten auf informationelle Selbstbestimmung ernst genommen. Er zwingt damit incidenter den Träger des Modellvorhabens zur intensiven Prüfung aller relevanten datenschutzrechtlichen Aspekte unter besonderer Beachtung der Notwendigkeitsmaxime.

20 Absatz 3a Satz 4 Halbsatz 1 bestimmt Näheres zur Einwilligung. Diese hat sich auf Zweck, Inhalt, Art, Umfang und Dauer der Erhebung, Verarbeitung und Nutzung der personenbezogenen Daten sowie die daran Beteiligten zu erstrecken. Ohne dass damit die Ausführlichkeit der Unterrichtung durch den Träger des Modellvorhabens genau beschrieben wäre, wird deutlich, dass sie umfangreich zu sein hat. Of-

[14] Vgl. Gesetzesbegründung zu Art. 1 § 63 Abs. 3 2. GKV-NOG, BT-Drs. 13/6087.

[15] BSG v. 24.09.2002 - B 3 A 1/02 R - SozR 3-2500 § 63 Nr. 1.

[16] Vgl. Gesetzesbegründung zu Art. 1 § 63 Abs. 3 2. GKV-NOG, BT-Drs. 13/6087.

fen ist, wer mit den „**Beteiligten**“ gemeint ist. Sinnvollerweise werden damit die mit der Erhebung, Verarbeitung und Nutzung der personenbezogenen Daten des Versicherten beschäftigten Stellen gemeint sein, z.B. die Krankenkasse, der Bundes- bzw. Landesverband, das BMGS.

21 Die Einwilligung kann **widerrufen** werden (Absatz 3a Satz 4 Halbsatz 2). Da eine Frist im Gesetz nicht genannt ist, darf von einem jederzeitigen Widerrufsrecht ausgegangen werden.

22 Von § 291 SGB V abweichende Erweiterungen der **Krankenversichertenkarte** sind gem. Absatz 3a Satz 5 nur zulässig, wenn die zusätzlichen Daten informationstechnisch von den in § 291 Abs. 2 SGB V genannten Daten **getrennt** werden. Gesondert zu speichern wären z.B. Notfalldaten (z.B. Bluter, Diabetiker), Diagnosen und elektronische Rezepte. Die gem. § 291a SGB V bis spätestens 01.01.2006 einzuführende elektronische Gesundheitskarte wird in Absatz 3a (noch) nicht erwähnt.

23 Absatz 3a Satz 6 ordnet die entsprechende Geltung von § 6c BDSG beim Einsatz **mobiler personenbezogener Speicher- und Verarbeitungsmedien** an. D.h. auch in diesem Fall können die Patienten ihr Informations- und Einsichtsrecht geltend machen.

24 Modellvorhaben nach Absatz 1, in denen von den Vorschriften des 10. Kapitels des SGB V abgewichen werden kann, sind **auf längstens fünf Jahre zu befristen** (Absatz 5 Satz 4 Halbsatz 1). Personenbezogene Daten, die in Abweichung von den Regelungen des 10. Kapitels erhoben, verarbeitet oder genutzt worden sind, müssen unverzüglich, d.h. ohne schuldhaftes Zögern, nach Abschluss des Modellvorhabens **gelöscht** werden (Absatz 5 Satz 4 Halbsatz 2). Unter Löschung ist die unwiderrufbare Vernichtung der Daten zu verstehen. Mit diesen Bestimmungen hat der Gesetzgeber den datenschutzrechtlichen Notwendigkeitsgrundsatz konkretisiert.

25 Überdies bestimmt Absatz 4 Satz 5 in den genannten Fällen die **Unterrichtung des Bundesbeauftragten für den Datenschutz oder der Landesbeauftragten für den Datenschutz**, soweit diese zuständig sind. Die Unterrichtung hat rechtzeitig vor Beginn des Modellvorhabens zu erfolgen.

4. Zusätzliche Leistungen zur Verhütung, Früherkennung und Behandlung von Krankheiten (alternative Behandlungsmethoden, Absätze 2 und 4)

26 Absatz 2 ermöglicht den Krankenkassen die (eigene) Durchführung oder Vereinbarung (nach § 64 SGB V) von Modellvorhaben zu Leistungen der **Krankheitsverhütung**, der **Früherkennung** und der **Krankenbehandlung**, die nach den Vorschriften des SGB V oder auf Grund hiernach getroffener Regelungen keine Leistungen der Krankenversicherung sind. Damit ist der Inhalt der Modellvorhaben gegenüber denen nach Absatz 1 klar abgegrenzt. Mit der Begrenzung auf die Kernaufgaben der Krankenversicherung – Verhütung, Früherkennung und Behandlung von Krankheiten – sind andere und Nebenleistungen (vgl. z.B. die §§ 11 Abs. 3, 24a, 60 SGB V) ausgeschlossen.

27 Modellvorhaben zu Leistungen der **Krankheitsverhütung** müssen über die Leistungen nach den §§ 20-24 SGB V hinausgehen. Gleiches gilt für die **Früherkennungs**-Modellvorhaben in Bezug auf die §§ 25 und 26 SGB V. Erforderlich aber ist in diesem Fall eine vorherige genaue wissenschaftliche Analyse über die Sinnhaftigkeit solcher Früherkennungsuntersuchungen und über die Möglichkeit der Flächendeckung. Diese Vorgaben bestanden bereits seit Geltung des § 181a RVO. Bei Früherkennungsuntersuchungen mussten und müssen demnach folgende Voraussetzungen erfüllt sein (vgl. auch § 25 Abs. 3 SGB V):

- Es muss sich um Krankheitsbilder handeln, die wirksam behandelt werden können,
- das Vor- oder Frühstadium dieser Krankheiten muss durch diagnostische Maßnahmen erfassbar sein,
- die Krankheitszeichen müssen medizinisch-technisch genügend eindeutig zu erfassen sein, und
- es müssen genügend Ärzte und Einrichtungen vorhanden sein, die an dem Modellvorhaben teilnehmen.

28 Bezüglich Modellvorhaben nach Absatz 2 ist allgemein zu fordern, dass **tragfähiges Erkenntnismaterial** vorliegt, welches die Erwartung rechtfertigt, dass solche Leistungen nach den Vorschriften des SGB V für eine ausreichende, zweckmäßige und wirtschaftliche Versorgung der Versicherten geeignet sind. Damit sind Modellvorhaben zu medizinischen Leistungen ausgeschlossen, deren Nutzen und Risiken insoweit noch nicht hinreichend beurteilt werden können. Die Durchführung medizinischer **Forschungsaktivitäten** kann nicht Gegenstand von Modellvorhaben sein.[17]

[17] Vgl. Gesetzesbegründung zu Art. 1 § 63 Abs. 2 2. GKV-NOG, BT-Drs. 13/6087.

Gegenstand der Modellvorhaben können nur solche Leistungen sein, über deren Eignung als Leistung der Krankenversicherung der **Gemeinsame Bundesausschuss** nach § 91 SGB V im Rahmen der Beschlüsse nach § 92 Abs. 1 Satz 2 Nr. 5 SGB V oder im Rahmen der Beschlüsse nach § 137c Abs. 1 SGB V **keine ablehnende Entscheidung** getroffen hat (Absatz 4 Satz 1). Solange der Gemeinsame Bundesausschuss sich nicht durch förmlichen Beschluss abschließend zu einer Materie geäußert hat, ist die Einbeziehung in ein Modellvorhaben möglich. Ob sich aus der förmlichen Einbeziehung ein Befassungsmoratorium für den Gemeinsamen Bundesausschuss ergibt, ist mangels einer entsprechenden Regelung fraglich. Zweckmäßigerweise wird eine frühzeitige Konsultierung zwischen Krankenkasse und Gemeinsamem Bundesausschuss stattfinden. Beschlüsse von **Vorgängergremien**, insbes. der Bundesausschüsse Ärzte/Zahnärzte und Krankenkassen haben die gleiche Sperrwirkung. Danach sind auch alternative Behandlungs- und Untersuchungsmethoden aus Modellvorhaben auszunehmen, die bisher in der Anlage 2 zu den Richtlinien nach § 92 Abs. 1 Satz 2 Nr. 5 (BUB-Richtlinien) genannt wurden. Nach der Gesetzesbegründung soll dies aber nicht für die Verfahren nach Anlage 3 zu den BUB-Richtlinien gelten; dort sind Untersuchungs- und Behandlungsmethoden genannt, die der Bundesausschuss mangels ausreichender wissenschaftlicher Unterlagen als nicht zugelassen für die vertragsärztliche Versorgung aufgeführt hat. Modellvorhaben zu solchen Leistungen wären zulässig, wenn tragfähiges Erkenntnismaterial hinsichtlich ihres Nutzens zur Erreichung der damit verbundenen präventiven, diagnostischen oder therapeutischen Ziele, sowie der mit ihrer Erbringung verbundenen gesundheitlichen Risiken vorliegt und Bedarf an zusätzlichen Erkenntnissen hinsichtlich des Nutzens, der Risiken oder Wirtschaftlichkeit dieser Leistungen besteht.[18] Auch die Richtlinien nach § 137c (Bewertung von Untersuchungs- und Behandlungsmethoden im Krankenhaus) sind zu beachten. 29

Das BSG hat am 22.07.2004[19] entschieden, dass **klinische Studien zur Erprobung von noch nicht zugelassenen Arzneimitteln** nicht als Krankenhausbehandlung von den Krankenkassen in der Regel zu vergüten sind. Es hat dies u.a. damit begründet, dass nach § 63 Abs. 4 Satz 1 SGB V als Gegenstand von Modellvorhaben ausgeschlossene Bereiche i.d.R. auch nicht als klinische Studie von der GKV zu finanzieren sind. Die Finanzierung von Modellvorhaben solle nach dem Willen des Gesetzgebers grundsätzlich auf die Bereiche konzentriert werden, die in einem Zusammenhang mit der Aufgabenstellung der Krankenkassen stehen. Dieser Ausschluss mache deutlich, dass der Gesetzgeber jedenfalls dann keine Durchbrechung des Grundsatzes des Verbots der Forschungsfinanzierung durch die GKV zulassen wolle, wenn die Forschungsergebnisse für Pharma- und Medizinproduktehersteller von Nutzen sein können. 30

Absatz 4 Satz 2 nimmt Fragen der **biomedizinischen Forschung** sowie **Forschungen zur Entwicklung und Prüfung von Arzneimitteln und Medizinprodukten** von Modellvorhaben ausdrücklich aus. Bei den Modellversuchen darf außerdem von den gegenwärtigen arzneimittelrechtlichen und apothekenrechtlichen Vorschriften nicht abgewichen werden. 31

Anders als bei den Modellvorhaben nach Absatz 1 sind die **Verbände** keine möglichen Träger der Modellvorhaben, weil sie selbst gegenüber den Versicherten keine Leistungen erbringen. 32

5. Satzung, Befristung, Aufsicht (Absatz 5 Sätze 1 bis 3)

Absatz 5 Satz 1 verlangt die Festlegung der Ziele, Dauer, Art und allgemeinen Vorgaben zur Ausgestaltung von Modellvorhaben sowie die Bedingungen für die Teilnahme von Versicherten in der **Satzung**. Damit werden die Essentialien der Modellvorhaben für jeden Interessierten einsehbar und für die Aufsichtsbehörde überprüfbar. Gemeint sein kann – wegen der Teilnahme der Versicherten – nur die Satzung der Krankenkasse, nicht die eines Verbandes. Für die Entscheidung über die Durchführung eines Modellvorhabens ist folglich die **Vertreterversammlung** zuständig. 33

Die Modellvorhaben sind nach Absatz 5 Satz 2 im Regelfall auf längstens **acht Jahre** zu **befristen**. Für eine ausnahmsweise mögliche längere Laufzeit ist also eine besondere Begründung erforderlich. Die Höchstdauer von acht Jahren soll einerseits genügend Zeit geben, um Erkenntnisse für mögliche gesetzgeberische Konsequenzen zu ziehen, andererseits soll sie verhindern, dass Modellverfahren quasi zu Wahlleistungen einer Krankenkasse führen, um im Wettbewerb mit anderen Krankenkassen einen Vorsprung zu gewinnen.[20] Nach der Gesetzesbegründung soll die zeitliche Höchstgrenze verhindern, dass Modellvorhaben zweckentfremdet und bestimmte Versorgungsstrukturen oder Leistungsangebote dauerhaft ohne Bewertung ihrer Auswirkungen eingeführt werden.[21] 34

---

[18] Vgl. Gesetzesbegründung zu Art. 1 § 63 Abs. 4 2. GKV-NOG, BT-Drs. 13/6087.

[19] BSG v. 22.07.2004 - B 3 KR 21/03 R - SozR 4-2500 § 137c Nr. 2.

[20] *Krauskopf* in: Krauskopf, Soziale Krankenversicherung, § 63 Rn. 23.

[21] Zu Art. 1 § 63 Abs. 5 2. GKV-NOG, BT-Drs. 13/6087.

35 Nach Absatz 5 Satz 3 sind Verträge nach § 64 Abs. 1 SGB V den für die Vertragsparteien zuständigen **Aufsichtsbehörden** vorzulegen. Diese werden sie einer Rechtmäßigkeitsprüfung unterziehen. Die Satzungsbestimmung einer gesetzlichen Krankenkasse über ein Modellvorhaben, wonach die Versicherten Leistungen der häuslichen Krankenpflege nur durch einen von der Krankenkasse selbst betriebenen Pflegedienst in Anspruch nehmen können, ist nicht genehmigungsfähig.[22] Satzungsbestimmungen, die – im Rahmen einer Erprobungsregelung – eine gesetzliche Krankenkasse generell verpflichten, auch bei der Behandlung des Versicherten durch Nichtkassenärzte die Kosten zu erstatten, sind nicht genehmigungsfähig.

6. Verträge mit den Kassenärztlichen Vereinigungen (Absatz 6)

36 Nach Absatz 6 können Modellvorhaben auch von den Kassenärztlichen Vereinigungen im Rahmen ihrer gesetzlichen Aufgabenstellung mit den Krankenkassen oder ihren Verbänden vereinbart werden. In diesem Fall gelten die Vorschriften des zehnten Abschnitts entsprechend. Damit kann die **Initiative** für Modellvorhaben auch von der Kassenärztlichen Vereinigung ausgehen. In diesem Fall müsste auch die **Satzung** der Kassenärztlichen Vereinigung entsprechend angepasst werden.

37 Das OLG Düsseldorf hat mit Urteil vom 16.11.2004[23] Folgendes entschieden: Ein in der Rechtsform einer Stiftung geführtes Krankenhaus handelt nicht wettbewerbswidrig, wenn es in einem Rundschreiben an in seinem Einzugsbereich niedergelassene (Augen-)Ärzte eine Zusammenarbeit bei der Durchführung von Kataraktoperationen unter Übersendung eines entsprechenden Vertragsangebots anträgt, was darin begründet ist, dass es nicht an einem zwischen einer Kassenärztlichen Vereinigung und dem Verband operierender Augenärzte unter Einbeziehung der Krankenkassen geschlossenen Strukturvertrag teilnehmen durfte, in dem ein Modellvorhaben für eine abgestufte, flächendeckende Versorgung mit – ambulanten – Kataraktoperationen für Ersatzkassen-Patienten vereinbart worden war.

II. Normzwecke

38 Die Vorschrift enthält in den Absätzen 1 und 2 i.V.m. Absatz 4 Zielsetzung und Gegenstand der Modellvorhaben zur Weiterentwicklung der Versorgung mit Gesundheitsleistungen. Die Absätze 3 und 3a erlauben die Abweichung von gesetzlichen Bestimmungen. Die Absätze 5 und 6 regeln die rechtlichen Mittel zur Einführung von Modellvorhaben.

C. Praxishinweise

39 Zu den Modellvorhaben der einzelnen Krankenkassen siehe z.B. www.aok.de, www.bkk.de, www.ikk.de, www.vdak-aev.de i.d.R. jeweils über Suchfunktion bei den Mitgliedskrankenkassen.

---

[22] BSG v. 24.09.2002 - B 3 A 1/02 R - SozR 3-2500 § 63 Nr. 1.

[23] OLG Düsseldorf v. 16.11.2004 - I-20 U 30/04, 20 U 30/04 - MedR 2005, 169-172.

§ 64 SGB V Vereinbarungen mit Leistungserbringern

(Fassung vom 14.11.2003, gültig ab 01.01.2004, gültig bis 30.06.2008)

(1) Die Krankenkassen und ihre Verbände können mit den in der gesetzlichen Krankenversicherung zugelassenen Leistungserbringern oder Gruppen von Leistungserbringern Vereinbarungen über die Durchführung von Modellvorhaben nach § 63 Abs. 1 oder 2 schließen. Soweit die ärztliche Behandlung im Rahmen der vertragsärztlichen Versorgung betroffen ist, können sie nur mit einzelnen Vertragsärzten, mit Gemeinschaften dieser Leitungserbringer oder mit Kassenärztlichen Vereinigungen Verträge über die Durchführung von Modellvorhaben nach § 63 Abs. 1 oder 2 schließen.

(2) Die Spitzenverbände der Krankenkassen können mit der Kassenärztlichen Bundesvereinigung in den Bundesmantelverträgen Grundsätze zur Durchführung von Modellvorhaben mit Vertragsärzten vereinbaren. Dabei können Regelungen zu den Voraussetzungen und Bedingungen für die Teilnahme von Vertragsärzten sowie zur Festlegung einer Höchstzahl der zu beteiligenden Ärzte getroffen werden.

(3) Werden in einem Modellvorhaben nach § 63 Abs. 1 Leistungen außerhalb der für diese Leistungen geltenden Vergütungen nach § 85 oder § 85a, der Ausgabenvolumen nach § 84 oder der Krankenhausbudgets vergütet, sind die Vergütungen, die Ausgabenvolumen oder die Budgets, in denen die Ausgaben für diese Leistungen enthalten sind, entsprechend der Zahl und der Risikostruktur der am Modellversuch teilnehmenden Versicherten im Verhältnis zur Gesamtzahl der Versicherten zu verringern; die Budgets der teilnehmenden Krankenhäuser sind dem geringeren Leistungsumfang anzupassen. Kommt eine Einigung der zuständigen Vertragsparteien über die Verringerung der Vergütungen, Ausgabenvolumen oder Budgets nach Satz 1 nicht zustande, können auch die Krankenkassen oder ihre Verbände, die Vertragspartner der Vereinbarung nach Absatz 1 sind, das Schiedsamt nach § 89 oder die Schiedsstelle nach § 18a Abs. 1 des Krankenhausfinanzierungsgesetzes anrufen. Vereinbaren alle gemäß § 18 Abs. 2 des Krankenhausfinanzierungsgesetzes an der Pflegesatzvereinbarung beteiligten Krankenkassen gemeinsam ein Modellvorhaben, das die gesamten mit dem Budget nach § 12 der Bundespflegesatzverordnung oder nach § 3 oder § 4 des Krankenhausentgeltgesetzes vergüteten Leistungen eines Krankenhauses für Versicherte erfaßt, sind die vereinbarten Entgelte für alle Benutzer des Krankenhauses einheitlich zu berechnen.

(4) Die Vertragspartner nach Absatz 1 Satz 1 können Modellvorhaben zur Vermeidung einer unkoordinierten Mehrfachinanspruchnahme von Vertragsärzten durch die Versicherten durchführen. Sie können vorsehen, daß der Vertragsarzt, der vom Versicherten weder als erster Arzt in einem Behandlungsquartal noch mit Überweisung noch zur Einholung einer Zweitmeinung in Anspruch genommen wird, von diesem Versicherten verlangen kann, daß die bei ihm in Anspruch genommenen Leistungen im Wege der Kostenerstattung abgerechnet werden.

Gliederung

A. Basisinformationen

I. Textgeschichte/Gesetzgebungsmaterialien

1 § 64 SGB V ist mit Wirkung vom 01.01.1989 aufgrund Art. 1, 79 Abs. 1 Gesundheitsreformgesetz (GRG) vom 20.12.1988 in Kraft getreten.[1] Die ab 01.07.1997 geltende Fassung erhielt § 64 SGB V durch Art. 1 Nr. 21, Art. 19 Abs. 6 2. GKV-Neuordnungsgesetz (2. GKV-NOG) vom 23.06.1997[2]. **Absatz 1** wurde neu gefasst sowie **Absätze 2 und 3** geändert mit Wirkung vom 01.01.2000 durch Art. 1 Nr. 24, Art. 22 Abs. 5 GKV-Gesundheitsreformgesetz 2000 vom 22.12.1999[3] und dabei insbesondere zugelassen, dass Modellvorhaben außer mit den Kassenärztlichen Vereinigungen auch mit einzelnen Ärzten oder Arzt-Gruppen vereinbart werden können. Infolge der Abschaffung der Arznei- und Heilmittelbudgets und deren Ersetzung durch Ausgabenvolumen (vgl. § 84 SGB V) wurde **Absatz 3 Sätze 1 und 2** geändert und ergänzt mit Wirkung vom 31.12.2001 durch Art. 1 Nr. 1, Art. 4 Arzneimittelbudget-Ablösungsgesetz (ABAG) vom 19.12.2000.[4] In **Absatz 3 Satz 3** wurde mit Wirkung vom 30.04.2002 die Worte „oder nach § 3 oder § 4 des Krankenhausentgeltgesetzes" eingefügt durch Art. 1 Nr. 1b, Art. 7 Abs. 1 Fallpauschalengesetz (FPG) vom 23.04.2002.[5] Absatz 3 Sätze 1 und 2 wurde mit Wirkung vom 01.01.2004 neu gefasst.[6]

II. Parallelvorschriften

2 Die Vorschrift ergänzt **§ 63 SGB V** und wird komplettiert durch **§ 65 SGB V** (Auswertung der Modellvorhaben). Zwar spricht auch § 65b SGB V von Modellvorhaben, hierbei handelt es sich jedoch nicht um solche i.S.d. §§ 63-§ 65 SGB V. Es wird allerdings auf einen Teil dieser Bestimmungen verwiesen (vgl. § 65 Abs. 1 Satz 3 SGB V).

III. Literaturhinweise

3 Siehe die Kommentierung zu § 63 SGB V Rn. 5.

B. Auslegung der Norm

I. Regelungsgehalt und Bedeutung der Norm

1. Verträge mit zugelassenen Leistungserbringern (Absatz I)

4 Absatz 1 Satz 1 greift § 63 Abs. 1 und 2 SGB V auf und beschränkt die möglichen Vertragspartner der Krankenkassen und ihrer Verbände bei der Durchführung von Modellvorhaben auf die **zugelassenen Leistungserbringer** oder Gruppen von ihnen. Satz 2 begrenzt den Kreis der Vertragspartner für den Bereich der ärztlichen Behandlung auf einzelne Vertragsärzte, Gemeinschaften von Vertragsärzten und Kassenärztliche Vereinigungen. Auch im Rahmen eines Modellvorhabens sind die gesetzlichen Krankenkassen generell verpflichtet, nur bei der Behandlung des Versicherten durch Vertragsärzte die Kosten zu erstatten.[7]

5 Die vormalige Beschränkung, Modellvorhaben in der vertragsärztlichen Versorgung nur mit den Kassenärztlichen Vereinigungen oder der Kassenärztlichen Bundesvereinigung (KBV) zu schließen, wurde mit Wirkung vom 01.01.2000 aufgegeben. Unverändert gilt, dass nur zugelassene Leistungserbringer an Modellvorhaben teilnehmen können. Heilpraktiker, Reformhäuser, Sportvereine, Selbsthilfegruppen etc. sind ausgeschlossen. Die Eingrenzung dient der Kontrollierbarkeit und der ökonomischen Steuerung der Modelle.

6 Unter welchen Voraussetzungen der Vertrag mit einem teilnehmenden Arzt z.B. deswegen gekündigt werden kann, weil er keine ausreichende Zahl von Patienten für die Teilnahme an einer Studie bei-

1 BGBl I 1988, 2477.
2 BGBl I 1997, 1520.
3 BGBl I 1999, 2626.
4 BGBl I 2001, 3773.
5 BGBl I 2002, 1412.
6 Durch Art. 1 Nr. 42, Art. 37 Abs. 1 GKV-Modernisierungsgesetz (GMG) vom 14.11.2003, BGBl I 2003, 3773.
7 Vgl. BSG v. 10.02.1993 - 1 RR 1/92 - SozR 3-2500 § 64 Nr. 1.

bringt, hängt von der **Vertragsgestaltung** ab.[8] Dabei stellt der Ausschluss eines Leistungserbringers von einem Modellvorhaben keinen Verwaltungsakt, sondern die **Kündigung eines öffentlich-rechtlichen Vertrages** gemäß § 59 SGB X dar.[9] Dem Widerspruch gegen die Kündigung kommt keine aufschiebende Wirkung nach § 86a Abs. 1 SGG zu. Die Berechtigung zur vorläufig weiteren Teilnahme an dem Modellvorhaben kann im einstweiligen Rechtsschutzverfahren durch Beantragung einer Sicherungsanordnung gemäß § 86b Abs. 2 Satz 1 SGG erwirkt werden.[10]

2. Vereinbarung von Grundsätzen (Absatz 2)

Die Rahmenregelungen für Modellvorhaben in der vertragsärztlichen Versorgung müssen von den Spitzenverbänden der Krankenkassen (§ 213 SGB V) mit der KBV in den Bundesmantelverträgen (BMV) vereinbart werden.[11] Die Regelung stellt sicher, dass Modellvorhaben im vertragsärztlichen Bereich mit den zuständigen Organisationen der Vertragsärzte abgestimmt werden. Dabei können nach Absatz 2 Satz 2 Regelungen zu den Voraussetzungen und Bedingungen für die Teilnahme von Vertragsärzten sowie zur Festlegung einer Höchstzahl der zu beteiligenden Ärzte getroffen werden. Es soll aber auch sichergestellt werden, dass die Modellvorhaben von einer Mindestzahl von Ärzten befürwortet und durchgeführt werden.[12] 7

3. Beachtung der Beitragsstabilität (Absatz 3)

Im Sinne des Grundsatzes der Beitragsstabilität (§ 71 SGB V) soll die Vorschrift verhindern, dass mit Hilfe der Vergütungen im Rahmen von Modellvorhaben Gesamtvergütungen oder Budgets ausgeweitet werden.[13] Absatz 3 Satz 1 regelt, wie die außerhalb der **Gesamtvergütung** (§ 85 SGB V), der **arztgruppenbezogenen Regelleistungsvolumina** (§ 85a SGB V), der Ausgabenvolumina nach den **Arznei- und Heilmittelvereinbarungen** (§ 84 SGB V) sowie der **Krankenhausbudgets** gezahlten Vergütungen auf die entsprechenden Ausgabenpositionen (§§ 84 bis 86 SGB V) anzurechnen sind. Die Gesamtvergütung, die arztgruppenbezogene Regelleistungsvolumina und die Ausgabenvolumina nach den Arznei- und Heilmittelvereinbarungen sind entsprechend der Zahl und der Risikostruktur der am Modellvorhaben teilnehmenden Versicherten zu verringern. Die Budgets der teilnehmenden Krankenhäuser sind entsprechend zu verringern. Letzteres kann sich negativ auf die Teilnahmebereitschaft der Krankenhäuser auswirken, wenn nicht im Gegenzug entsprechende wirtschaftliche Anreize gesetzt werden. 8

Kommt zwischen den Vertragspartnern eine Einigung über die Verringerung der Gesamtvergütung, der arztgruppenbezogene Regelleistungsvolumina, der Ausgabenvolumina nach den Arznei- und Heilmittelvereinbarungen sowie der Krankenhausbudgets nicht zu Stande, können die Beteiligten das **Schiedsamt** nach § 89 SGB V bzw. die **Schiedsstelle** nach § 18a Abs. 1 KHG anrufen (Absatz 3 Satz 2). 9

Absatz 3 Satz 3 bestimmt, dass im Falle eines gemeinsamen Modellvorhabens aller an der Pflegesatzvereinbarung beteiligten Krankenkassen, das die gesamten mit dem Budget nach § 12 BPflV oder nach § 3 oder § 4 KHEntgG vergüteten Leistungen eines Krankenhauses für Versicherte erfasst, die vereinbarten **Entgelte für alle Benutzer des Krankenhauses** einheitlich zu berechnen sind. Der Gesetzgeber geht offenbar davon aus, dass im Regelfall die Krankenkassen gemeinsam ein Modellvorhaben vereinbaren. Sollte nur eine Kassenart ein Modellvorhaben vereinbaren wollen, so wird ein gesondertes Budget mit dem beteiligten Krankenhaus ausgehandelt oder festgesetzt werden müssen. Das führt dann zu unterschiedlichen Pflegesätzen und Pauschalen des Krankenhauses für Patienten dieser Kassenart. 10

---

[8] Siehe LSG Nordrhein-Westfalen v. 19.05.2004 - L 16 B 31/04 KR ER - GesR 2004, 528-530 einerseits und SG Detmold v. 17.02.2004 - S 14 KR 1/04 ER - GesR 2004, 371 andererseits.

[9] Vgl. LSG Nordrhein-Westfalen v. 10.02.2003 - L 16 B 121/02 KR ER - GesR 2003, 150.

[10] LSG Nordrhein-Westfalen v. 10.02.2003 - L 16 B 121/02 KR ER - GesR 2003, 150 und LSG Nordrhein-Westfalen v. 19.05.2004 - L 16 B 31/04 KR ER - GesR 2004, 528-530.

[11] Vgl. z.B. „Rahmenvereinbarung über die Durchführung eines Modellprojektes zur Erprobung der Bedingungen eines Hautkrebsscreenings in der gesetzlichen Krankenversicherung".

[12] Gesetzesbegründung zu Art. 1 § 64 Abs. 2 2. GKV-NOG, BT-Drs. 13/6087.

[13] Gesetzesbegründung zu Art. 1 § 64 Abs. 3 2. GKV-NOG, BT-Drs. 13/6087.

4. Vermeidung unkoordinierter Inanspruchnahme (Absatz 4)

11 Nach Absatz 4 Satz 1 können die Krankenkassen und ihre Verbände mit den (Gruppen von) Leistungserbringern Modellvorhaben zur Vermeidung einer unkoordinierten Mehrfachinanspruchnahme von Vertragsärzten durch die Versicherten durchführen. Diese Möglichkeit entspricht dem Hausarzt-Modell, das beispielsweise die BARMER mit dem Deutschen Hausärzteverband abgeschlossen hat.[14]

12 Absatz 4 Satz 2 nennt ein Beispiel für unkoordinierte Inanspruchnahme und präzisiert, dass die Modellvorhaben in diesen Fällen des „Ärzte-Hoppings" vorsehen können, dass der Vertragsarzt die bei ihm in Anspruch genommenen Leistungen im Wege der Kostenerstattung abrechnet. Diese restriktive Möglichkeit erscheint jedoch wenig praktikabel.[15]

II. Normzwecke

13 § 64 SGB V enthält Detailregelungen zu vereinbarten Modellvorhaben. Absatz 1 regelt, mit wem die Krankenkassen und ihre Verbände Vereinbarungen über Modellvorhaben i.S.v. § 63 SGB V schließen können. Absatz 2 eröffnet die Möglichkeit, auf Bundesebene mit der KBV – und damit zwangsläufig nur für den Bereich der vertragsärztlichen Versorgung – in den Bundesmantelverträgen Grundsätze für die Durchführung von Modellvorhaben, insbesondere zu den Voraussetzungen und Bedingungen für die Teilnahme von Vertragsärzten, zu vereinbaren. Absatz 3 soll der Beitragssatzstabilität dienen und schreibt die Anrechnung der Ausgaben für Modellvorhaben auf Budgets und begrenzte Gesamtvergütungen vor. Für den Konfliktfall ist ein Schiedsverfahren vorgesehen. Absatz 4 ermöglicht Modellvorhaben zur Vermeidung unkoordinierter Mehrfachinanspruchnahme von Vertragsärzten.

C. Praxishinweise

14 Bei der Vertragsgestaltung ist ein besonderes Augenmerk auf die Kündigungsrechte der Krankenkassen bzw. der Verbände zu legen. Es ist – aus deren Sicht – erforderlich, dass insbesondere die rechtzeitige Nennung von teilnehmenden Patienten sowie die Bekanntgabe von Daten als Hauptpflichten ausgestaltet und im Falle der Missachtung mit fristloser Kündigung sanktioniert werden.[16]

D. Reformbestrebungen

15 Absatz 2 der Vorschrift wird gem. Art. 1 Nr. 38 i.V.m. Art. 46 Abs. 9 GKV-Wettbewerbsstärkungsgesetz (GKV-WSG) zum 01.07.2008 aufgehoben.[17]

16 Die Streichung dient nach der Begründung zu Art. 1 Nr. 38 des Regierungsentwurfs zum GKV-WSG der Verschlankung der Aufgaben des neuen Spitzenverbandes Bund der Krankenkassen und der Vergrößerung der Gestaltungsmöglichkeiten der Krankenkassen.[18]

---

[14] www.barmer.de.

[15] Vgl. hierzu *Peters* in: KassKomm-SGB, SGB V, § 64 Rn. 6.

[16] Vgl. hierzu LSG Nordrhein-Westfalen v. 19.05.2004 - L 16 B 31/04 KR ER - GesR 2004, 528-530.

[17] BGBl I 2007, 378.

[18] BT-Drs. 16/3100.

§ 65 SGB V Auswertung der Modellvorhaben

(Fassung vom 23.06.1997, gültig ab 01.07.1997)

Die Krankenkassen oder ihre Verbände haben eine wissenschaftliche Begleitung und Auswertung der Modellvorhaben im Hinblick auf die Erreichung der Ziele der Modellvorhaben nach § 63 Abs. 1 oder Abs. 2 nach allgemein anerkannten wissenschaftlichen Standards zu veranlassen. Der von unabhängigen Sachverständigen zu erstellende Bericht über die Ergebnisse der Auswertung ist zu veröffentlichen.

Gliederung

A. Basisinformationen

I. Textgeschichte/Gesetzgebungsmaterialien

1 § 65 SGB V ist mit Wirkung vom 01.01.1989 aufgrund von Art. 1 und Art. 79 Abs. 1 des Gesundheitsreformgesetzes (GRG) vom 20.12.1988 in Kraft getreten.[1] Damals fand sich in der Vorschrift die Beitragsrückzahlung als Erprobungsregelung. Die ab 01.07.1997 geltende Fassung erhielt § 65 SGB V durch Art. 1 Nr. 21 und Art. 19 Abs. 6 2. GKV-Neuordnungsgesetzes (2. GKV-NOG) vom 23.06.1997.[2]

II. Vorgängervorschrift

2 Eine Vorgängerregelung war der frühere § 68 SGB V. Er wurde durch Art. 1 Nr. 21 2. GKV-NOG aufgehoben.

III. Parallelvorschrift

3 Die Bestimmung hat partielle Parallelen, z.B. in **§ 137f Abs. 4 SGB V**.

IV. Literaturhinweise

4 Siehe die Kommentierung zu § 63 SGB V Rn. 5.

B. Auslegung der Norm

I. Regelungsgehalt und Bedeutung der Norm

1. Wissenschaftliche Begleitung (Satz 1)

5 Die Zwecke der Modellvorhaben erfordern nach Auffassung des Gesetzgebers deren wissenschaftliche Begleitung und Auswertung. Die wissenschaftliche Begleitung erfordert nicht nur ein stabiles Setting, sowie die Beachtung der Erfordernissen der Validität[3] und der Reliabilität, sondern auch die Einhaltung der sonstigen allgemein anerkannten **wissenschaftlichen Standards**. Hierunter sind die Standards zu verstehen, die in den entsprechenden wissenschaftlichen Fachgebieten, vor allem in der Gesundheitsökonomie, überwiegend akzeptiert und angewandt werden.[4] Aus diesen Gründen dürften für die wissenschaftliche Begleitung und Auswertung von Modellvorhaben ausschließlich ausgewiesene Wissen-

[1] BGBl I 1988, 2477.
[2] BGBl I 1997, 1520.
[3] Vgl. Gesetzesbegründung zu Art. 1 § 65 2. GKV-NOG, BT-Drs. 13/6087.
[4] *Höfler* in: KassKomm-SGB, SGB V, § 65 Rn. 3.

schaftler in Betracht kommen.[5] Obwohl dies nicht zwingend ist, erscheint die wissenschaftliche Begleitung und Auswertung durch Externe angeraten. Hierfür spricht auch die Wortwahl des Gesetzgebers („zu veranlassen").

6 Die wissenschaftliche Begleitung sollte sich angesichts der Zielsetzung aller Modellvorhaben (vgl. § 63 Abs. 1 SGB V) nicht auf die Teilnahme von Ärzten beschränken. Es sollten vor allem Gesundheitsökonomen, Betriebswirtschafts- und Organisationswissenschaftler herangezogen werden. Da i.d.R mehrere Wissenschaftler zusammenarbeiten müssen, empfiehlt sich die Beauftragung eines unabhängigen Instituts. Sollten mehrere unabhängige Wissenschaftler beteiligt sein, und diese zu unterschiedlichen Ergebnissen kommen, wäre dies in dem Bericht nach Satz 2 auszuführen.

2. Veröffentlichung (Satz 2)

7 Nach Satz 2 ist der von unabhängigen Sachverständigen zu erstellende Bericht über die Ergebnisse der Auswertung zu veröffentlichen. Die Veröffentlichungspflicht bezieht sich auf Modellvorhaben nach §§ 63, 64 SGB V und solche nach § 65b SGB V.

8 Ob die unabhängigen Sachverständigen (teil-)identisch sein müssen mit den Personen, die die wissenschaftliche Begleitung und Auswertung der Modellvorhaben geleistet haben, ist offen, weil das Merkmal der Unabhängigkeit in Satz 1 nicht genannt wird. Denkbar ist, dass z.B. ein Verband die wissenschaftliche Begleitung und Auswertung durch eigene Bedienstete bzw. ein eigenes Institut vornehmen lässt. Sollte es sich bei der wissenschaftlichen Begleitung und Auswertung nach Satz 1 um eine krankenkassen- oder verbandsinterne gehandelt haben, so müsste der Bericht nach Satz 2 zwangsläufig von anderen – externen – Sachverständigen erstellt werden.

9 **Sachverständiger** i.S.v. Satz 2 kann nur sein, wer zumindest die nach Satz 1 geforderte Qualifikation hat. Das sind Personen, die durch ihre Ausbildung und Praxis die Gewähr dafür bieten, dass nach allgemein anerkannten wissenschaftlichen Standards gearbeitet wird. Das bedeutet, dass zumindest von der verantwortlichen Person der Nachweis wissenschaftlicher Qualifikation gefordert werden muss. Hierunter wird man i.d.R. eine Promotion verstehen.

10 Von der **Unabhängigkeit** des Sachverständigen wird man dann ausgehen können, wenn er nicht im Dienst einer Gruppe oder Organisation steht, die am Ergebnis des Modellvorhabens ein eigenes, insbesondere ein wirtschaftliches Interesse hat und auch sonst keine Anhaltspunkte für eine Parteilichkeit vorliegen.

11 Der **Inhalt** des Berichts hat sich auf „die Ergebnisse der Auswertung" zu beziehen. Dies scheint etwas zu kurz gegriffen. Nach Sinn und Zweck der Veröffentlichungspflicht dürfte eine Beschränkung auf „Ergebnisse" unzureichend sein. Sinnvollerweise wird das gesamte Modellvorhaben zumindest skizzenhaft beschrieben und werden die Ergebnisse nachvollziehbar hergeleitet.

II. Normzwecke

12 Die wissenschaftliche Begleitung der Modellvorhaben soll fundierte Aussagen zur Qualität und zum Zielerreichungsgrad liefern. Der Veröffentlichungszwang soll die Beteiligten veranlassen, überprüfbare Auswertungen und Ergebnisse darzustellen. Außerdem soll die Vorschrift verhindern, dass gleichartige Modellvorhaben von anderen Krankenkassen oder Verbänden wiederholt werden oder unnötig parallel nebeneinander laufen. Schließlich soll sichergestellt werden, dass die Ergebnisse allgemein zugänglich sind und diskutiert werden können.[6]

C. Praxishinweise

13 Nach Sinn und Zweck der Veröffentlichungspflicht sollte der **Zeitpunkt** der Veröffentlichung der frühestmögliche sein.

14 Nach der Systematik und dem Wortlaut der Norm trifft die Veröffentlichungspflicht die Krankenkasse bzw. den Verband. Diese können jedoch auch die Sachverständigen mit der Veröffentlichung beauftragen. Die Veröffentlichung hat so zu erfolgen, dass jedermann ungehindert und umfassend Kenntnis nehmen kann. Diesem Erfordernis ist mit einer Bekanntmachung auf der **Internetseite** der Krankenkasse bzw. des Verbandes genüge getan. Die Veröffentlichung im Internet sollte eine mehrjährige Dauer haben. Daneben sollte die Veröffentlichung auch im Bundesanzeiger oder einem anderen überregionalen Veröffentlichungsorgan erfolgen.

---

[5] A.A. *Höfler* in: KassKomm-SGB, SGB V, § 65 Rn. 4.

[6] Gesetzesbegründung zu Art. 1 § 65 2. GKV-NOG, BT-Drs. 13/6087.

§ 65a SGB V Bonus für gesundheitsbewusstes Verhalten

(Fassung vom 26.03.2007, gültig ab 01.04.2007)

(1) Die Krankenkasse kann in ihrer Satzung bestimmen, unter welchen Voraussetzungen Versicherte, die regelmäßig Leistungen zur Früherkennung von Krankheiten nach den §§ 25 und 26 oder qualitätsgesicherte Leistungen der Krankenkasse zur primären Prävention in Anspruch nehmen, Anspruch auf einen Bonus haben, der zusätzlich zu der in § 62 Abs. 1 Satz 2 genannten abgesenkten Belastungsgrenze hinaus zu gewähren ist.

(2) Die Krankenkasse kann in ihrer Satzung auch vorsehen, dass bei Maßnahmen der betrieblichen Gesundheitsförderung durch Arbeitgeber sowohl der Arbeitgeber als auch die teilnehmenden Versicherten einen Bonus erhalten.

(3) Die Aufwendungen für Maßnahmen nach Absatz 1 müssen mittelfristig aus Einsparungen und Effizienzsteigerungen, die durch diese Maßnahmen erzielt werden, finanziert werden. Die Krankenkassen haben regelmäßig, mindestens alle drei Jahre, über diese Einsparungen gegenüber der zuständigen Aufsichtsbehörde Rechenschaft abzulegen. Werden keine Einsparungen erzielt, dürfen keine Boni für die entsprechenden Versorgungsformen gewährt werden.

Gliederung

A. Basisinformationen

I. Textgeschichte/Gesetzgebungsmaterialien

§ 65a SGB V ist mit Wirkung vom 01.01.2000 aufgrund von Art. 1 Nr. 25 GKV-Gesundheitsreformgesetz 2000 vom 22.12.1999 in Kraft getreten.[1] Die Regelung beschränkte sich auf einen satzungsmäßigen „Versichertenbonus in der hausärztlichen Versorgung" (so die Paragraphenüberschrift). Die Vorschrift wurde durch Art. 1 Nr. 43, Art. 37 Abs. 1 mit Wirkung vom 01.01.2004 gänzlich neu gefasst durch das GKV-Modernisierungsgesetz (GMG) vom 14.11.2003.[2] Durch Art. 1 Nr. 39 i.V.m. Art. 46 Abs. 1 GKV-WSG[3] wurde insbesondere Absatz 1 ergänzt und Absatz 2 aufgehoben. Die Aufhebung stellt eine Folgeregelung zur Einführung von Wahltarifen in § 53 SGB V dar. Eine gesonderte Regelung für Boni wegen der Teilnahme an bestimmten Versorgungsformen wird durch die Einführung spezieller Tarife, die u.a. auch an diese Versorgungsformen anknüpfen, überflüssig. 1

II. Parallelvorschrift

Auch Modellvorhaben nach **§ 63 SGB V** können Bonusregelungen beinhalten. 2

III. Literaturhinweise

Bödeker/Friedel/Friedrichs, Können Bonusleistungen durch Einsparungen erwirtschaftet werden?, BKK 2006, 64-66; *Blöß*, Kassen wollen Prävention fördern, DÄ 2004, 393-396; *Boßmann*, Mit Bonus in die Zukunft ..., Der Kassenarzt 2003, Nr. 1, 18; *Brasch/Klengler*, AktivBonus – Das Bonuspro- 3

[1] BGBl I 1999, 2626.
[2] BGBl I 2003, 2190.
[3] BGBl I 2007, 378.

gramm der Bundesknappschaft, Kompass/BKn 2004, Nr. 5/6, 3-7; *Drupp/Osterholz*, Prospektiver Beitragsbonus – Ein anreizgestütztes Verfahren des betrieblichen Gesundheitsmanagements, SozSich 2003, 295-301; *Clade*, Bonustarife inzwischen mehr nachgefragt, DÄ 2005, A 1098-1100; *Etgeton*, Individuelle Gestaltungsoptionen der Verbraucher im Gesundheitswesen, ZMGR 2005, 3-5; *Kraft*, Die Neuregelung des § 65a SGB V vor dem Hintergrund des „missbräuchlichen" Inanspruchnahmeverhaltens der Patienten – Zugleich ein Beitrag zur Einführung der Patientenkarte –, SozVers 2001, 234-236; *Eberle*, Was bringt der individuelle Präventionsbonus?, GSP 2003, Nr. 11/12, 51-55; *Hübner*, Gesund leben zahlt sich aus, G+G, Nr. 1, 14-15; *Linke*, Selbstbehalt und Bonus in der solidarischen Krankenversicherung?, NZS 2003, 126-130; *Schulte*, GKV-Bonussysteme sind für demente Patienten eine Hürde – Zahnbehandlung dementer Menschen mit Behinderungen, SuP 2003, 702-708; *Sundmacher*, Fördern und Fordern auch in der Gesetzlichen Krankenversicherung?, Sozialer Fortschritt 2006, 168-178; *Vesper-Reich*, Bonusmodelle in der gesetzlichen Krankenversicherung – Ein innovativer Ansatz zur Steuerung des Versichertenverhaltens, BKK 2004, 399-403; *Weber*, Privatversicherungsrechtliche Elemente in der gesetzlichen Krankenversicherung, ZMGR 2005, 29-34; *Zok*, Bonusprogramme und Zusatzversicherungen in der GKV – Ergebnisse einer Repräsentativumfrage unter 3.000 GKV-Mitgliedern –, G+G Beilage 2005, Nr. 1, 1-7.

B. Auslegung der Norm

I. Regelungsgehalt und Bedeutung der Norm

1. Satzungsregelung Bonus bei Inanspruchnahme von Früherkennungs- und Präventionsleistungen (Absatz 1)

4 Nach Absatz 1 kann die Krankenkasse in ihrer Satzung die Voraussetzungen bestimmen, unter denen Versicherte einen Anspruch auf einen Bonus haben, wenn sie regelmäßig Leistungen zur Früherkennung von Krankheiten nach den §§ 25 und 26 SGB V oder qualitätsgesicherte Leistungen der Krankenkasse zur primären Prävention in Anspruch nehmen. Die „Kann-Regelung" macht deutlich, dass es der Krankenkasse offen steht, ob sie entsprechende Bonus-Regelungen auflegt oder nicht. Gleichfalls sind die Zeitpunkte, die Dauer und die Zahl der Programme in das **Ermessen** der jeweiligen Krankenkasse gestellt.

5 Die Regelung muss in der **Satzung** erfolgen. Dadurch wird erreicht, dass die Vertreterversammlung den Bonusregelungen förmlich zustimmen muss, es somit in der Hand der Selbstverwaltung liegt, ob und welche Bonusprogramme angeboten werden. In der Satzung ist zu festzulegen, dass die Teilnahme an den Programmen durch eine Bescheinigung nachgewiesen werden muss. Die Erhebung weiterer Daten, z.B. über die Lebensführung der Versicherten, darf in der Satzung nicht als weitere Voraussetzung vorgesehen werden.[4] Obwohl der Wortlaut der Norm etwas anderes nahe legen könnte, sind auch die **Höhe des Bonus** und der Zahlungszeitpunkt in der Satzung zu bestimmen.

6 Bezüglich der materiellen Voraussetzungen beschränken sich die Bonusprogramme auf die Inanspruchnahme der Leistungen nach den §§ 25 und 26 SGB V sowie qualitätsgesicherte Leistungen der Krankenkasse zur primären Prävention. Zu denken ist an Leistungen zur Primärprävention nach § 20 Abs. 1 SGB V und Schutzimpfungen nach § 20d SGB V.

7 Die genannten Leistungen müssen **„regelmäßig"** in Anspruch genommen werden. Die „Regelmäßigkeit" hat die Krankenkasse zu konkretisieren.

8 Der durch das GKV-WSG angefügte letzte Satzteil soll verdeutlichen, dass in den Satzungen der einzelnen Krankenkassen getroffene Bonusregelungen unabhängig von der für alle Versicherten geltenden abgesenkten Belastungsgrenze nach § 62 SGB V zu handhaben sind.

2. Betriebliche Gesundheitsförderung (Absatz 2)

9 Nach Absatz 2 wird es der Krankenkasse in ihrer Satzung ermöglicht, bei Maßnahmen der betrieblichen Gesundheitsförderung durch den Arbeitgeber sowohl diesem als auch den teilnehmenden Versicherten einen Bonus zu gewähren. Eine Bonuszahlung kommt nicht in Betracht für Maßnahmen, die bereits Gegenstand von Verpflichtungen aus dem Arbeitsschutz sind. Die Bonushöhe darf die Aufwendungen des Arbeitgebers für die betriebliche Gesundheitsförderung nicht übersteigen. Der Bonus kann in Form eines prospektiven Beitragsbonus (z.B. ein Monatsbeitrag) erfolgen, der hälftig dem Arbeit-

[4] Gesetzesbegründung zu Art. 1 Nr. 43 GMG, BT-Drs. 15/1525.

geber und den Beschäftigten zugute kommt.[5] Die Bonusgewährung kann in einem Bonusvertrag geregelt werden. Die konkreten Maßnahmen der betrieblichen Gesundheitsförderung hat der Arbeitgeber der Krankenkasse gegenüber nachzuweisen. Die Satzung sollte auch regeln, wann und in welcher Höhe der Bonus ausgezahlt wird. Einzelheiten sind in Ausführungsbestimmungen zu regeln.

3. Finanzierung und Rechenschaft (Absatz 3)

Absatz 3 Satz 1 legt fest, dass die Aufwendungen nach den Absatz 1 mittelfristig – gemeint ist nach einer gewissen Anlaufphase von allenfalls fünf Jahren[6] – aus Einsparungen und Effizienzsteigerungen finanziert werden, die durch diese Maßnahmen erzielt werden. Einsparungen werden erzielt, wenn der gleiche Nutzen mit geringeren Kosten gewonnen wird, Effizienzsteigerungen, wenn mit gleichen Kosten ein höherer Nutzen erzielt wird. Hier stellt sich ein Problem der Quantifizierbarkeit, sodass die Bestimmung als gesetzgeberische Leitlinie zu verstehen ist. 10

Den Krankenkassen wird in Absatz 3 Satz 2 auferlegt, regelmäßig, mindestens alle drei Jahre, über die genannten Einsparungen der zuständigen Aufsichtsbehörde gegenüber Rechenschaft abzulegen. Welche Rechte die Aufsichtsbehörde in diesem Zusammenhang im Einzelnen hat, bleibt offen. Zweckmäßigerweise wird die Krankenkasse zwecks Prä-Post-Vergleich ihr diesbezügliches statistisches Datenmaterial vorlegen. **Zuständige Aufsichtsbehörde** ist die für die Sozialversicherung zuständige oberste Verwaltungsbehörde des Landes, wenn die Krankenkasse sich nicht über das Gebiet eines Landes oder über das Gebiet von maximal drei Ländern erstreckt, welche das aufsichtführende Land bestimmt haben (vgl. §§ 90 Abs. 2 und 3, 90a SGB IV). Für die anderen, die bundesunmittelbaren Krankenversicherungsträger, ist das Bundesversicherungsamt zuständig (vgl. § 90 Abs. 1 SGB IV). 11

Absatz 3 Satz 3 untersagt die Gewährung von Boni für die entsprechenden Versorgungsformen, wenn **keine Einsparungen** erzielt werden. Die entsprechende Feststellung obliegt zunächst der Krankenkasse, die hierbei eine Einschätzungsprärogative hat. Die Aufsichtsbehörde darf die Gewährung von Boni nur untersagen, wenn das Ausbleiben von Einsparungen objektiv feststeht. 12

II. Normzwecke

§ 65a SGB V will gesundheitsbewusstes Verhalten fördern und dabei mittelfristig Einsparpotentiale erschließen. Absatz 1 ermöglicht das Auflegen von Bonusprogrammen und beschränkt diese Möglichkeit auf die Inanspruchnahme von Früherkennungs- und bestimmte Präventionsleistungen. 13

Absatz 2 will Arbeitgeber und teilnehmende Versicherte für Maßnahmen der betrieblichen Gesundheitsförderung belohnen. Es soll insbesondere auch für den Arbeitgeber ein Anreiz geschaffen werden, sich in der betrieblichen Gesundheitsförderung zu engagieren.[7] 14

Absatz 3 richtet den Fokus auf die Beachtung des Grundsatzes der Wirtschaftlichkeit. Nach einer Anlaufphase dürfen die Bonusmaßnahmen nicht mehr aus allgemeinen Beitragsmitteln getragen werden. 15

C. Praxishinweise

Beispiele der satzungsmäßigen Ausgestaltung von Bonusregelungen finden sich auf den Websites verschiedener Krankenkassen. 16

Bezüglich der Frage, wie die in Absatz 3 vorgesehene Rechenschaftslegung bzw. Evaluation auszusehen hat, gibt es Stellungnahmen der Aufsichtsbehörden (u.a. Schreiben des BVA an die bundesunmittelbaren Krankenkassen vom 19.05.2005). 17

---

[5] Vgl. Gesetzesbegründung zu Art. 1 Nr. 43 GMG, BT-Drs. 15/1525.

[6] Gesetzesbegründung zu Art. 1 Nr. 43 GMG, BT-Drs. 15/1525.

[7] Gesetzesbegründung zu Art. 1 Nr. 43 GMG, BT-Drs. 15/1525.

§ 65b SGB V Förderung von Einrichtungen zur Verbraucher- und Patientenberatung

(Fassung vom 23.10.2001, gültig ab 01.01.2002, gültig bis 30.06.2008)

(1) Die Spitzenverbände der Krankenkassen fördern mit jährlich insgesamt 5.113.000 Euro je Kalenderjahr im Rahmen von Modellvorhaben gemeinsam und einheitlich Einrichtungen zur Verbraucher- oder Patientenberatung, die sich die gesundheitliche Information, Beratung und Aufklärung von versicherten zum Ziel gesetzt haben und die von den Spitzenverbänden als förderungsfähig anerkannt wurden. Die Förderung einer Einrichtung zur Verbraucher- oder Patientenberatung setzt deren Nachweis über ihre Neutralität und Unabhängigkeit voraus. § 63 Abs. 5 Satz 2 und § 65 gelten entsprechend.

(2) Die Spitzenverbände der Krankenkassen haben die Fördermittel nach Absatz 1 Satz 1 durch eine dem Anteil der Mitglieder ihrer Kassenart an der Gesamtzahl aller Mitglieder der Krankenkassen entsprechende Umlage aufzubringen. Das Nähere zur Vergabe der Fördermittel vereinbaren die Spitzenverbände der Krankenkassen gemeinsam und einheitlich.

Gliederung

A. Basisinformationen

I. Textgeschichte/Gesetzgebungsmaterialien

1 § 65b SGB V ist mit Wirkung vom 01.01.2000 aufgrund von Art. 1 Nr. 25, Art. 22 Abs. 5 GKV-Gesundheitsreformgesetz 2000 vom 22.12.1999 in Kraft getreten.[1] In **Absatz 1 Satz 1** wurde der Betrag von 1 Million DM durch Art. 1 Nr. 9, Art. 44 Achtes Euro-Einführungsgesetz vom 23.10.2001 mit Wirkung vom 01.01.2002 durch den Euro-Betrag ersetzt.[2]

II. Parallelvorschriften

2 Die Modellvorhaben nach den **§§ 63-65 SGB V** sind nur dem Namen nach Parallelen zu § 65b SGB V.

III. Literaturhinweise

3 *Damkowski/Görres/Luckey*, Patienten im Gesundheitssystem – Patientenunterstützung und -beratung – Notwendigkeit, Konzepte und Erfahrungen, 1995; *Dehlinger*, Unabhängige Patientenberatung in Deutschland – Erfahrungen aus und Perspektiven nach einer Modellphase mit 30 Projekten –, SozSich 2005, 325-331; *ders.*, Vertrauen ist gut – Beratung ist besser – Modellprojekt zur Patienteninformation –, G+G 2005, Nr. 2, 27-29; *Francke/Mühlenbruch*, Patientenberatung in Deutschland – Zum Ende der Förderphase nach § 65b SGB V, GesR 2004, 161-166; *Gunder*, Förderung der Verbraucher- und Patientenberatung, ErsK 2000, 137-138; *Hölling*, Verbraucher-Patientenberatung nach § 65b SGB V, Waffen-Gleichheit 2002, 119-125; *Krause/Schaeffer*, Unabhängige Patientenberatung und Nutzerinformation in Deutschland – Resultate des dreijährigen Modellvorhabens nach § 65b SGB V, G+G Beilage 2005 Wissenschaft, Nr. 1, 14-22; *Methner*, Versicherten-, Verbraucher- und Pa-

[1] BGBl I 1999, 2626.
[2] BGBl I 2001, 2702.

tientenberatung und die Zukunft des § 65b SGB V, Die Leistungen 2001, 577-582 und 641-646; *Ose/ Hurrelmann/Schaeffer*, Gesundheits- und Patienteninformationszentren an Krankenhäusern, Das Krankenhaus 2005, 495-500; *von Reibnitz/Schnabel/Hurrelmann*, Der mündige Patient – Konzepte zur Patientenberatung und Konsumentensouveränität im Gesundheitswesen, 2001.

B. Auslegung der Norm

I. Regelungsgehalt und Bedeutung der Norm

1. Förderung von Modellvorhaben (Absatz 1)

Absatz 1 Satz 1 verpflichtet die Spitzenverbände der Krankenkassen (vgl. § 213 SGB V) zur Durchführung von Modellvorhaben, die die Förderung von Verbraucher- und Patientenorganisationen bezwecken. Es sollen demnach die bereits vorhandenen Organisationen genutzt werden, um mit dem Einsatz der Fördermittel die Effizienz der Unterstützung und Beratung der Patienten zu steigern. Damit steht § 65b SGB V in einem Spannungsverhältnis zu den Aufgaben der Krankenkassen nach den §§ 13, 14 SGB I und § 20 Abs. 1 SGB V. Da die Kassen über die letztgenannten Vorschriften – anders als bei § 65b SGB V – auch wettbewerblich tätig werden können, stehen sie den Modellvorhaben eher skeptisch gegenüber. Hinzu kommt, dass selbst der Gesetzgeber die Einrichtungen zur Verbraucher- und Patientenberatung nicht unkritisch betrachtet.[3] 4

Modellvorhaben meinen eine exemplarische Erprobung zu einem oder mehreren bestimmten Zwecken. Anders als bei den Modellvorhaben nach §§ 63-65 SGB V werden bei § 65b SGB V die Ziele der Modellvorhaben allerdings nicht ausdrücklich genannt. Aus den im Gesetz genannten Förderungskriterien (vgl. Absatz 1 Satz 1) folgt jedoch, dass es um gesundheitliche Information, Beratung und Aufklärung von Versicherten gehen muss. Hierbei handelt es sich auch um Aufgaben der Krankenkassen gem. §§ 13-15 SGB I. Der Gesetzgeber ist offensichtlich davon ausgegangen, dass seitens der Verbraucher bzw. Patienten ein über die entsprechende Tätigkeit der Krankenkassen und ihrer Verbände hinausgehender Bedarf besteht. Beratung ist jedoch kein Selbstzweck, sondern soll insbesondere das gesundheitliche Verhalten der Versicherten positiv beeinflussen. Weil der Gesetzgeber jedoch nicht sicher sein konnte, ob und ggf. in welchem Umfang eine weitergehende Beratung das gesundheitliche Verhalten positiv beeinflusst, hat er in § 65b SGB V Modellvorhaben – indirekt – nicht nur angeregt, sondern vorgeschrieben. Anders als bei den Modellvorhaben nach den §§ 63-65 SGB V sind satzungsmäßige Festlegungen nicht erforderlich; eine Anzeige an die Aufsichtsbehörde ist nicht vorgeschrieben. Die Förderung ist im Regelfall auf längstens acht Jahre zu befristen (Absatz 1 Satz 3 i.V.m. § 63 Abs. 5 Satz 2 SGB V). Sie ist nach Absatz 1 Satz 3 i.V.m. § 65 SGB V wissenschaftlich zu begleiten und auszuwerten. 5

Im Rahmen dieser Modellvorhaben müssen die Spitzenverbände jährlich insgesamt 5.113.000 € zur Förderung von bestimmten Einrichtungen aufwenden. **Förderung** meint ausschließlich eine finanzielle Unterstützung, nicht jedoch die umfassende Finanzierung. Mit dem in Absatz 1 Satz 1 bestimmten Betrag ist die **Höhe** der Fördermittel verbindlich geregelt. Der Betrag darf nicht über- und nicht unterschritten werden. Letzteres kann dann möglich sein, wenn keine ausreichende Zahl von förderungswürdigen Modellvorhaben erreicht wird. Dieses Problem besteht in praxi nicht. 6

Förderungswürdige Einrichtungen sind nur solche, die sich die gesundheitliche Information, Beratung und Aufklärung zum Ziel gesetzt haben. Mit gesundheitlicher Information ist die Unterrichtung der Versicherten insbesondere über medizinische Tatsachen gemeint, soweit die Versicherten als Verbraucher oder Patienten betroffen sind. Die gesundheitliche Beratung umfasst neben der Information der Versicherten auch Hinweise auf Interessenlagen und das Aufzeigen und Bewerten von Handlungsalternativen. Eine darüber hinausgehende Beratungstätigkeit in anderen Bereichen ist unschädlich, soweit das Rechtsberatungsgesetz beachtet wird. Allerdings ist darauf zu achten, dass ausschließlich die gesundheitliche Beratung gefördert wird. Eine Beratung und Unterstützung in versicherungs- und beitragsrechtlichen Fragen kommt insofern nicht in Betracht. Die gesundheitliche Aufklärung meint eine eher generelle Information der Versicherten ohne Bezug zu einem konkreten Beratungsbedürfnis. Gefördert werden nur Einrichtungen, die von den Spitzenverbänden als förderungswürdig anerkannt worden sind. Nach Absatz 1 Satz 2 haben die Einrichtungen hierzu den Nachweis über ihre Neutralität und Unabhängigkeit zu erbringen. **Neutralität** ist dann zu bejahen, wenn die Beratungsstelle nach ihren 7

[3] Vgl. Gesetzesbegründung zu Art. 1 Nr. 27 GKV-Gesundheitsreform 2000, BT-Drs. 14/1245.

rechtlichen Grundlagen und der tatsächlichen Ausrichtung ihrer Tätigkeit nicht einseitig den Interessen eines Beteiligten dient und die Objektivität sowie Sachlichkeit ihrer Information, Beratung und Aufklärung gewährleistet sind.[4] Es darf keine zielgerichtete Beratung „gegen" die Interessen der Krankenkassen, der Versicherten oder Beteiligter erfolgen. Die **Unabhängigkeit** (Weisungsfreiheit) muss sich vor allem auf Anbieter auf dem Gesundheitsmarkt beziehen. Weitere Kriterien werden hierbei vor allem sein, ob die Tätigkeit objektiv und sachgerecht wahrgenommen wird, die Einrichtung grundsätzlich allen Versicherten und nicht nur einem begrenzten Personenkreis offen steht, die Fördermittel im Ergebnis den Beratung suchenden Versicherten zugute kommen und eine wirtschaftliche Verwendung gewährleistet ist.[5]

8 Die Förderung durch die Spitzenverbände hat gem. Absatz 1 Satz 1 „**gemeinsam und einheitlich**" zu erfolgen, also nach Maßgabe des § 213 Abs. 2 SGB V (siehe hierzu die Kommentierung zu § 213 SGB V Rn. 9); sie soll somit wettbewerbsneutral sein. Fördermaßnahmen einzelner Krankenkassen oder Kassenarten sind daher unzulässig.

2. Aufbringung und Vergabe der Fördermittel (Absatz 2)

9 Die **Mittelaufbringung** ist durch Absatz 2 Satz 1 verbindlich geregelt. Danach sind die Fördermittel durch eine auf die Anzahl der Versicherten der jeweiligen Kassenarten bezogene anteilige Umlage aufzubringen. Im Ergebnis wird also für jeden Versicherten der gleiche Betrag (ca. 10 Cent) aufgebracht. Die Verteilung innerhalb der Kassenart ist nicht gesetzlich geregelt. Auch hier kann die Versichertenzahl als Maßstab für die Aufbringung der Mittel herangezogen werden; denkbar sind aber auch andere Verteilungsmaßstäbe oder die Finanzierung aus der Verbandsumlage.

10 Das Verfahren zur **Vergabe** der Fördermittel ist nach Absatz 2 Satz 2 von den Spitzenverbänden zu vereinbaren. Die Spitzenverbände haben hierzu im Jahr 2000 ein „**Konzept ... zur Umsetzung des § 65b SGB V**" erarbeitet. Darin halten sie grundsätzlich sowohl die Förderung von einzelnen Einrichtungen/Institutionen als auch von Vernetzungsmodellen sowie die Entwicklung von neuen Organisationsformen für möglich. Für die Teilnehmer an den Modellversuchen haben sie hinsichtlich der vom Gesetzgeber geforderten Neutralität und Unabhängigkeit folgende Kriterien aufgestellt: Transparenz in den Finanzstrukturen; Transparenz hinsichtlich der Mitglieder und Träger der Organisation; gesicherte Existenz auch ohne Fördermittel nach § 65b SGB V (grundsätzlich); keine Gewinnorientierung; Gemeinnützigkeitsaspekte (keine Zugangsbeschränkungen, keine Begrenzung des Personenkreises). Als Kriterien für die inhaltlichen Anforderungen an die Modelle/Organisationen sind genannt worden: Gewährleistung einer objektiven und qualitativ gesicherten Information; qualitätsorientierte Zielsetzung; Zielausrichtung, die den Zielen der GKV nicht entgegen stehen darf; ausreichende Erreichbarkeit; Kommunikations- und Kooperationsbereitschaft mit Krankenkassen und GKV-nahen Einrichtungen; Verpflichtung, die Elemente der wissenschaftlichen Begleitung zu unterstützen und sicherzustellen. Es wurde eine Laufzeit der einzelnen Modellförderungen von zwei bis drei Jahren befürwortet. Die Spitzenverbände haben sich des weiteren geeinigt auf eine bundesweite Ausschreibung, die Vorauswahl durch eine interne Arbeitsgruppe, die Endauswahl durch eine mit Vertretern der GKV und Sachverständigen besetzte Jury sowie die finale Förderungsentscheidung für die einzelnen Modellvorhaben durch die gemeinsame Selbstverwaltung der GKV.

11 Seit dem 01.07.2001 fördern die Spitzenverbände u.a. Projekte aus Einrichtungen der freien Wohlfahrtspflege, von Verbraucherzentralen, Sozialverbänden, Selbsthilfeorganisationen und Universitäten.[6] Im November 2004 wurden den Spitzenverbänden der **Abschlussbericht** der wissenschaftlichen Begleitforschung – Evaluation der Modellprojekte zur Patienten- und Verbraucherberatung nach § 65b SGB V – durch die Universität Bielefeld vorgelegt.[7] Hierauf folgte eine kritische interne Bewertung des Abschlussberichts durch die Arbeitsgemeinschaft der Spitzenverbände vom 02.02.2005. U.a. stellten die Spitzenverbände fest, dass die unabhängige Verbraucher- und Patienteninformation für den Nutzer noch nicht ausreichend transparent sei. Es müsse auch noch geklärt werden, ob bei den Versicherten angesichts der bestehenden umfangreichen Beratungs- und Informationsangebote von gesetzlichen Krankenkassen, Ärzten und Selbsthilfe überhaupt Bedarf an weiteren Angeboten bestehe.[8]

---

4 *Höfler* in: KassKomm-SGB, SGB V, § 65b Rn. 8.

5 *Krauskopf*, Soziale Krankenversicherung, SGB V, § 65b Rn. 6.

6 Eine Liste der Einrichtungen findet sich unter www.g-k-v.de.

7 Siehe unter www.g-k-v.de.

8 Eine gemeinsame Presseerklärung der Spitzenverbände vom 11.02.2005 findet sich unter www.g-k-v.de.

II. Normzwecke

12 Durch die Vorschrift werden die Spitzenverbände verpflichtet, gemeinsam und einheitlich Einrichtungen zur Verbraucher- und Patientenberatung finanziell mit einem gesetzlich festgelegten Betrag zu fördern. Damit sollen wettbewerbsneutral Patienten-Organisationen gefördert werden, die sich als effektiv und neutral bei der Beratung und Unterstützung von Versicherten erwiesen haben.[9]

C. Praxishinweise

13 Die Spitzenverbände der Krankenkassen haben am 11.04.2006 mit dem Modellverbund „Unabhängige Patientenberatung Deutschland gGmbH" einen Fördervertrag geschlossen. Träger des Verbundes sind der Sozialverband VdK Deutschland e.V., der Verbraucherzentrale Bundesverband e.V. und der Verbund unabhängige Patientenberatung e.V. Der neugeschaffene Verbund ist Ergebnis einer bundesweiten Ausschreibung der Spitzenverbände aus dem letzten Jahr. Der Verbund soll das von den Spitzenverbänden erarbeitete Modellkonzept umsetzen und bis Ende 2010 der Politik eine durch die wissenschaftliche Begleitforschung abgesicherte Entscheidungsgrundlage über die Zukunft der unabhängigen Patientenberatung geben. Der Modellverbund setzt sich zusammen aus 22 regionalen Beratungsstellen und einer Geschäftsstelle mit Sitz in Berlin. In den Beratungsstellen können die Versicherten und Patienten allgemeine Informationen rund um das Thema Gesundheit erhalten oder sich über Angebote in ihrer Region informieren. Die Geschäftsstelle wird den Modellverbund steuern und z.B. einheitliche Qualitätsstandards entwickeln. Hinzu kommen überregionale Informations- und Beratungsangebote zu ausgewählten Erkrankungen, wie Essstörungen, Allergien bei Kindern oder Krebs. Im Rahmen des Modellvorhabens werden aber auch bestimmte Fragestellungen erprobt. So sollen spezielle Angebote für ältere Menschen und Migranten entwickelt werden. Ende des Jahres 2006 soll der Aufbau des Verbundes abgeschlossen sein.

D. Reformbestrebungen

14 Durch Art. 1 Nr. 40 i.V.m. Art. 46 Nr. 9 GKV-Wettbewerbsstärkungsgesetz (GKV-WSG)[10] wird die Vorschrift zum 01.07.2008 geändert. Die Änderungen folgen aus der Reform der Organisationsstruktur der Verbände und der Bildung des Spitzenverbandes Bund der Krankenkassen (vgl. die Begründung zu Art. 1 Nr. 40 des Regierungsentwurfs zum GKV-WSG).[11]

---

[9] Vgl. Gesetzesbegründung zu Art. 1 Nr. 27 GKV-Gesundheitsreform 2000, BT-Drs. 14/1245.

[10] BGBl I 2007, 378.

[11] BT-Drs. 16/3100.

§ 66 SGB V Unterstützung der Versicherten bei Behandlungsfehlern

(Fassung vom 20.12.1988, gültig ab 01.01.1989)

Die Krankenkassen können die Versicherten bei der Verfolgung von Schadensersatzansprüchen, die bei der Inanspruchnahme von Versicherungsleistungen aus Behandlungsfehlern entstanden sind und nicht nach § 116 des Zehnten Buches auf die Krankenkassen übergehen, unterstützen.

Gliederung

A. Basisinformationen

I. Textgeschichte/Gesetzgebungsmaterialien

1 § 66 SGB V ist mit Wirkung vom 01.01.1989 aufgrund von Art. 1, 79 Abs. 1 Gesundheitsreformgesetz (GRG) vom 20.12.1988 in Kraft getreten.[1] Die Vorschrift hat keinen Vorläufer.

II. Parallelvorschrift

2 § 66 SGB V ist lex specialis im Verhältnis zu **§ 15 SGB I**.

III. Literaturhinweise

3 *Eßer/Heinrich*, Unterstützung der Versicherten bei Behandlungsfehlern (§ 66 SGB V) – Ergebnisse Expertenanhörung, KrV 1994, 68-69; *Hallmann*, BKK-Service „Stärkung der Versichertensouveränität", BKK 2000, 61-63; *Hess*, Unterstützung der Versicherten bei Behandlungsfehlern durch die Krankenkassen; *Hildebrand/Küther/Dreher*, Begutachtung ärztlicher Behandlungsfehler – Neue Aufgabe für den Medizinischen Dienst der Krankenversicherung?, ErsK 1998, 468-470; *Krauskopf*, Patientenschutz im Wettbewerb, Markt und Wettbewerb 2000, 289-291; *Lemke*, Erfahrungen und Perspektiven des Medizinischen Dienstes der Krankenkassen bei der Unterstützung gesetzlich Versicherter bei Verdacht auf Heilbehandlungsfehler, Waffen-Gleichheit 2002, 127-133; *Loos*, Unterstützung der Versicherten und Haftung bei Behandlungsfehlern im Krankenhaus, KH 1992, 233-236; *Marburger*, Beratung bei Behandlungsfehlern, Markt und Wettbewerb 2002, 33-39; *Meinecke*, Unterstützung bei Behandlungsfehlern durch die Krankenkassen, KrV 1994, 315-316; *Mertens/Thomsen*, Beistand für Patienten – Fehlermanagement –, G+G 2005, Nr. 10, 8-9; *Schrinner*, Patientenrechte – Unterstützung der Versicherten bei Behandlungsfehlern, ErsK 2004, 484-486; *Schupeta*, Perinatologische Schadensfälle aus Sicht der Krankenkassen, RPG 1999, 19-22; *Sikorski*, Die Begutachtung von Behandlungsfehlern durch den MDK, MedR 2001, 188-190; *Töbs*, Unterstützung bei vermuteten Behandlungsfehlern – nicht Konfrontation, sondern Kooperation ist die Lösung, KrV 2005, 134-137; *Wöllenstein*, Der informierte Patient aus Sicht der Gesetzlichen Krankenversicherung, Bundesgesundheitsblatt 2004, 941-949.

B. Auslegung der Norm

I. Regelungsgehalt und Bedeutung der Norm

1. Verfolgung von Schadensansprüchen aus Behandlungsfehlern

4 Die Krankenkassen können Versicherte bei der Verfolgung von Schadensersatzansprüchen unterstützen. Mit den Schadensersatzansprüchen im Sinne des § 66 SGB V sind privatrechtliche Schadenser-

[1] BGBl I 1988, 2477.

satzansprüche der Versicherten gegen den Behandler gemeint. Unerheblich ist, ob die privatrechtlichen Schadensersatzansprüche auf vertraglicher oder gesetzlicher Haftung beruhen, und ob die Rechtsverfolgung gerichtlich oder außergerichtlich sein soll. Nach § 116 SGB X auf die Krankenkasse übergegangene Ansprüche scheiden aus, da diese von der Krankenkasse selbst zu verfolgen sind. Somit verbleiben im Rahmen des § 66 SGB V insbesondere Schmerzensgeldansprüche nach § 253 BGB und ein Verdienstausfall. Gemeint sind privatrechtliche Schadensersatzansprüche aus Vertrag oder unerlaubter Handlung. Der Versicherte muss hierzu die Möglichkeit eines Schadensersatzanspruchs plausibel machen. Die konkreten **Erfolgsaussichten** für die Realisierung der Ansprüche sind insofern von Bedeutung, als sich einerseits die Unterstützung auch auf deren Einschätzung erstrecken kann und andererseits die Krankenkasse Art und Intensität der Unterstützung von ihnen abhängig machen kann.[2] Ist für die Krankenkasse nicht erkennbar, dass über die nach § 116 SGB X auf sie übergegangenen Ansprüche hinaus weitere Ansprüche vorhanden sein könnten, scheidet eine Unterstützung aus. Ansonsten kommen vor allem Schmerzensgeldansprüche nach § 253 Abs. 2 BGB und ein Anspruch auf weitergehenden Verdienstausfall in Frage.

Die (vermeintlichen) Schadensersatzansprüche müssen aus Behandlungsfehlern resultieren, die bei der Inanspruchnahme von Leistungen der Krankenversicherung entstanden sind. **Behandlungsfehler** sind alle im Rahmen der Behandlung durchgeführten Handlungen, insbesondere Eingriffe, die sich nach den Grundsätzen und Regeln der beruflichen Kunst des Behandelnden als fehlerhaft darstellen. Behandlungsfehler und Versicherungsleistung müssen unmittelbar zusammenhängen. Dabei genügt eine Kostenbeteiligung der Krankenkasse. Hat der Versicherte andere Leistungen als Kassenleistungen in Anspruch genommen, genügt es, dass sich die Krankenkasse im Rahmen ihrer Leistungspflicht an den Kosten beteiligt (z.B. wenn der Versicherte im Krankenhaus Wahlleistungen in Anspruch genommen und die Krankenkasse sich in Höhe des allgemeinen Pflegesatzes beteiligt hat).[3] 5

I.d.R. machen Versicherte **ärztliche Behandlungsfehler** geltend. Diese liegen vor, wenn die ärztliche Maßnahme die nach dem Standard der ärztlichen Wissenschaft und Erfahrung gebotene Sorgfalt vermissen lässt und darum unsachgemäß erscheint. In der Praxis spielt der Medizinische Dienst der Krankenversicherung (**MDK**) wegen seiner fachlichen Kompetenz bei der Klärung der fachlichen Fragen vor einer Informierung und Beratung der Versicherten eine entscheidende Rolle. Die vom MDK zu beachtenden Maßstäbe für den Umfang der Begutachtung ergeben sich aus den allgemeinen Grundsätzen der Arzthaftung. Es sind deshalb alle das ärztliche Vorgehen im Rahmen der Diagnose, Therapie und Behandlungsorganisation beeinflussenden Tatsachen und Umstände dahingehend zu prüfen, ob sie objektiv und schuldhaft vom geltenden medizinischen Standard abweichen und diese Abweichung beim Patienten einen zurechenbaren Schaden herbeigeführt hat. Die Prüfung erstreckt sich auch auf Tatsachen und Umstände, die einen Aufklärungsfehler und damit eine unwirksame Einwilligung des Patienten begründen, auf den hierauf beruhenden Schaden sowie auf die zur Beweiserleichterung führenden Umstände. Die Begutachtung hat sich aber auf die **medizinischen Sachverhalte** zu beschränken; rechtliche Schlussfolgerungen sind nicht anzustellen.[4] 6

§ 66 SGB V ist **kein Schutzgesetz** i.S.v. § 823 Abs. 2 BGB. Die Norm bietet auch aus diesem Grund keine Handhabe dafür, wirtschaftliche Interessen eines Versicherten im Mängelrügeverfahren auf Antrag einer Krankenkasse zu wahren.[5] 7

2. Unterstützung durch die Krankenkassen

Art und Umfang der möglichen Unterstützung durch die Krankenkassen sind nicht genannt. Als Unterstützung kommt vor allem die **Informierung** des Versicherten über Kenntnisse und Erfahrungen der Krankenkasse in Frage, die ihm die Geltendmachung und Durchsetzung seiner Ansprüche erleichtern oder ermöglichen (z.B. Angabe der Diagnose und Therapie sowie des behandelnden Arztes[6]; Informationen über Kenntnisse und Erfahrungen aus der Durchsetzung und Verfolgung der nach § 116 SGB X übergegangenen Ansprüche).[7] 8

---

[2] A.A. Bayerisches Landessozialgericht v. 09.07.1998 - L 4 KR 4/98.

[3] *Krauskopf*, Soziale Krankenversicherung, SGB V, § 66 Rn. 5.

[4] Vgl. *Sikorski*, MedR 2001, 188-190.

[5] Bayerisches Landessozialgericht v. 20.01.2005 - L 4 KR 25/02.

[6] Vgl. Gesetzesbegründung zu Art. 1 § 74 GRG, BT-Drs. 11/2237.

[7] *Krauskopf*, Soziale Krankenversicherung, SGB V, § 66 Rn. 2.

9 § 66 SGB V erfasst weder die Verfolgung von Ansprüchen anstelle des Versicherten noch die Übernahme der Kosten der Rechtsverfolgung.[8] Auch die Eruierung der Höhe eines Schadensersatzanspruchs fällt nicht in den Aufgabenkreis der Krankenkassen. Gleiches gilt für die Empfehlung bestimmter Sachverständiger. Schon aus haushaltsrechtlichen Gründen sind Ausgaben seitens der Krankenkassen grundsätzlich ausgeschlossen. Die gesetzliche Krankenversicherung darf ihre Mittel nur zur Erfüllung der öffentlich-rechtlichen Aufgaben verwenden. Im Rahmen des § 66 SGB V handelt es sich aber um die Unterstützung privater Interessen. Die gesetzliche Krankenversicherung ist selbst an der Verfolgung von Schadensersatzansprüchen, die nicht unter den Regelungsbereich des § 116 SGB X fallen, grundsätzlich wirtschaftlich nicht interessiert, so dass sie eventuelle damit verbundene Kosten gering zu halten hat.[9] Einen gewissen Verwaltungsaufwand werden die Krankenkassen jedoch nicht nur betreiben dürfen, sondern bei entsprechenden Anfragen von Versicherten ggf. auch betreiben müssen. Überdies ist zu bedenken, dass sie ggf. über den Versicherten Informationen zur Verfolgung eigener Regressansprüche erhalten.

10 Die Unterstützung ist in das pflichtgemäße **Ermessen** der Krankenkasse gestellt. Daraus zu folgern, die Versicherten hätten in der Regel keinen durchsetzbaren Anspruch auf ein Tätigwerden ihrer Krankenkasse,[10] erscheint zu kurz gegriffen. Nach Sinn und Zweck der Ermächtigung wird in den Fällen, in denen ein Forderungsübergang nach § 116 SGB X stattgefunden hat bzw. die Krankenkasse hiervon ausgeht, der Versicherte umfassend zu unterstützen sein. Es liegt im Ermessen der Krankenkasse, bei der Unterstützung zwischen verschiedenen Verwaltungsmaßnahmen unter Zweckmäßigkeitserwägungen auszuwählen. Die Gerichte üben hier lediglich eine Rechtskontrolle aus, d.h. sie prüfen nicht die Zweckmäßigkeit derartiger Verwaltungsakte.[11] Hält die Krankenkasse nach sorgfältiger Prüfung die Voraussetzungen für einen Schadensersatzanspruch nicht für gegeben, scheidet eine Unterstützung aus. Insbesondere in diesem Fall wird die Krankenkasse die datenschutzrechtlichen Bestimmungen zugunsten des vermeintlichen Anspruchsgegners strikt einzuhalten haben. Ob bei der Frage der Unterstützung die Eigeninteressen der Krankenkasse eine entscheidende Rolle spielen dürfen,[12] darf bezweifelt werden.

11 Anders als bei der Förderung von Einrichtungen zur Verbraucher- und Patientenberatung nach § 65b SGB V, ist die Leistung nach § 66 SGB V wettbewerbsgeeignet. Die Krankenkassen können ihr mögliches Engagement bei der Unterstützung der Versicherten bei Behandlungsfehlern als Mittel des **Wettbewerbs** einsetzen.

II. Normzweck

12 Die Vorschrift dient der Verfolgung des vermeintlichen Rechts auf Schadensersatz durch den Versicherten. Sie kann dem Patienten entweder zu dem begehrten Schadensersatz verhelfen, zumindest aber bei der Klärung der Frage behilflich sein, ob ein Behandlungsfehler vorliegt.

C. Praxishinweise

13 Instruktiv ist der von den Spitzenverbänden der gesetzlichen Krankenkassen und dem Medizinischen Dienst der Spitzenverbände erstellte „Leitfaden für die Zusammenarbeit zwischen Krankenkassen/Pflegekassen und MDK bei drittverursachenden Gesundheitsschäden, insbesondere bei Behandlungsfehlern und Pflegefehlern".

14 Die bei der Begutachtung gewonnenen Erkenntnisse können sowohl für Maßnahmen der Qualitätssicherung als auch für die Prüfung und Geltendmachung eigener, im Wege des § 116 SGB X auf die Krankenkasse übergegangener Schadensersatzansprüche Verwendung finden.

15 Der überwiegende Teil der Streitfälle wird außergerichtlich geregelt, vor allem in Einigungsverfahren mit den Versicherungen oder bei den Gutachter- und Schlichtungskommissionen der Ärzte- und Zahnärztekammern.[13] Die **außergerichtlichen Verfahren** haben den Vorteil, dass sie kürzer und für Pati-

[8] Vgl. Gesetzesbegründung zu Art. 1 § 74 GRG, BT-Drs. 11/2237.
[9] So Bayerisches Landessozialgericht v. 09.07.1998 - L 4 KR 4/98.
[10] So Bayerisches Landessozialgericht v. 20.01.2005 - L 4 KR 25/02.
[11] Bayerisches Landessozialgericht v. 09.07.1998 - L 4 KR 4/98.
[12] So *Gerlach* in: Hauck/Noftz, SGB V, § 66 Rn. 5.
[13] Adressen der Gutachterkommissionen und Schlichtungsstellen der Landesärztekammern unter www.bundesaerztekammer.de/20/10Fehler/10Adressen.html.

enten ganz oder weitestgehend kostenfrei sind. Allerdings haben hier die Patienten keinen Einfluss auf die Wahl des medizinischen Gutachters.

Patienten können sich auch an Patientenberatungsstellen, Patienteninitiativen und unabhängige Patientenschutzorganisationen wenden.[14] 16

Über Risiken durch Medizinprodukte informiert das Bundesinstitut für Arzneimittel und Medizinprodukte (BfArM) auf seiner Webseite www.bfarm.de/Medizinprodukte. 17

[14] www.patientenstellen.de; http://homepage.hamburg.de/menschenrechtsbund/patientenschutz.html.

§ 67 SGB V Elektronische Kommunikation

(Fassung vom 14.11.2003, gültig ab 01.01.2004)

(1) Zur Verbesserung der Qualität und Wirtschaftlichkeit der Versorgung soll die papiergebundene Kommunikation unter den Leistungserbringern so bald und so umfassend wie möglich durch die elektronische und maschinell verwertbare Übermittlung von Befunden, Diagnosen, Therapieempfehlungen und Behandlungsberichten, die sich auch für eine einrichtungsübergreifende fallbezogene Zusammenarbeit eignet, ersetzt werden.

(2) Die Krankenkassen und Leistungserbringer sowie ihre Verbände sollen den Übergang zur elektronischen Kommunikation nach Absatz 1 finanziell unterstützen.

Gliederung

A. Basisinformationen

I. Textgeschichte/Gesetzgebungsmaterialien

1 § 67 SGB V ist mit Wirkung vom 01.01.2004 durch Art. 1 Nr. 44, Art. 37 Abs. 1 GKV-Modernisierungsgesetz (GMG) eingefügt worden.[1] Die Vorschrift hat keinen Vorgänger.

II. Parallelvorschrift

2 § 67 SGB V steht in engem Zusammenhang mit **§ 291a SGB V** (Einführung der elektronischen Gesundheitskarte).

III. Literaturhinweise

3 *Hanika*, Bismarck geht online – Der elektronische Geschäftsverkehr in Europa befördert die Modernisierung der nationalen Gesundheitssysteme, MedR 2004, 149-156; *Hümmelink/Böckmann*, Das Aktionsforum Telematik im Gesundheitswesen, DAngVers 2003, 202-208; *Kilian*, Rechtliche Aspekte bei Verwendung von Patientenchipkarten, NJW 1992, 2313-2317; *Meister*, Elektronische Gesundheitskarte – Basis einer neuen Kommunikationsstruktur im Gesundheitswesen, Das Krankenhaus 2005, 741-747; *Neubauer/Neubauer*, Ordnungspolitische Orientierung erforderlich – Neue Versorgungsstrukturen mit Hilfe von IT, FfG 2004, 212-215; *Quade/Goldschmidt*, Kommunikationstechnologien im Überblick – Aktueller Stand, Management von Gesundheitsnetzen 2001, 154-163; *Rummler*, Praktische Erfahrungen bei der Planung und dem Aufbau von Gesundheitsnetzen, Management von Gesundheitsnetzen 2001, 243-252; *Schug*, Aktuelle Entwicklungen und Konsequenzen für Krankenhäuser und Versorgungsverbünde...– Gesundheitstelematik, klinikarzt 2003, 391-397; *Sendatzki*, Elektronisches Rezept – Startrampe für die Telematik in der GKV, BKK 2001, 131-136.

B. Auslegung der Norm

I. Regelungsgehalt und Bedeutung der Norm

1. Übergang zur elektronischen Kommunikation (Absatz 1)

4 Durch die sich rasant entwickelnden Informations- und Kommunikationstechnologien stehen auch die Gesundheitssysteme in einem Wandel. Das Zusammenwachsen der Gesundheitsmärkte, Daten- und

[1] BGBl I 2003, 2190.

Leistungstransparenz wollen im schwer zu überschauenden und kaum beherrschbaren Geflecht divergierender Interessen technisch organisiert, gestaltet und gesichert sein.

Wie stark die Beziehungen der Leistungserbringer untereinander (im Verbund mit integrierter Versorgung, Disease-Management-Programmen etc.) und im Verhältnis zu den Krankenkassen hierdurch verändert werden, bleibt genau so abzuwarten wie die weiteren technischen Möglichkeiten von eHealth-Anwendungen. Zu Elementen wie der Einführung der elektronischen Gesundheitskarte und als eine der Basisanwendungen des elektronischen Rezepts, der korrespondierenden Einführung von elektronischen Heilberufausweisen („Health Professional Cards", HPC) kommt der durch § 67 SGB V skizzierte Übergang zur elektronischen Kommunikation zwischen den Leistungserbringern. 5

Vordergründiges Ziel der Regelung des Absatzes 1 ist die möglichst rasche Ersetzung der papiergebundenen Kommunikation unter den Leistungserbringern durch die elektronische. Damit ist nicht die Kommunikation im umfassenden Sinn gemeint, sondern konkret die **Übermittlung von Befunden, Diagnosen, Therapieempfehlungen und Behandlungsberichten**. 6

Kommunikation **„unter den Leistungserbringern"** meint vor allem die Kommunikation innerhalb einer Gruppe von Leistungserbringern (Ärzten, Krankenhäusern etc.), aber auch die Kommunikation zwischen Mitgliedern verschiedener Gruppen (z.B. im Fall der Überweisung vom Hausarzt in ein Krankenhaus). 7

Obwohl die **Krankenkassen** nicht Objekte des Absatzes 1 sind, soll ihnen und ihren Versicherten das Ergebnis zugute kommen, denn hintergründiger Zweck der Bestimmung ist die Verbesserung der Qualität und der Wirtschaftlichkeit der Versorgung u.a. durch mehr Leistungstransparenz. Allerdings werden die Leistungserbringer nur dann ihre eigenen Anstrengungen forcieren, wenn sie sich wirtschaftliche Vorteile hierdurch versprechen. Diese Partikularinteressen wiederum könnten in einem Spannungsverhältnis mit der gesetzgeberischen Intention stehen. 8

Durch die elektronische Kommunikation kann und soll die Geschwindigkeit der Datenübermittlung gesteigert und vor allem deren **maschinelle Verwertbarkeit** erhöht werden. Dadurch wird das Problem der Datensicherheit virulent. 9

Die Ersetzung der papiergebundenen durch die elektronische Kommunikation soll **„so bald und so umfassend wie möglich"** erfolgen. Dies ist einerseits als dringende und generelle Handlungsaufforderung zu verstehen, und berücksichtigt andererseits, dass die Materie weder in zeitlicher noch in inhaltlicher Hinsicht gesetzestechnisch regelbar ist. Aus diesem Grund handelt es sich um eine relativierte „Soll"-Bestimmung. 10

2. Finanzielle Unterstützung (Absatz 2)

Da der Gesetzgeber offensichtlich davon ausgegangen ist, dass der Übergang zur elektronischen Kommunikation beschleunigt und ausgeweitet werden muss, fordert er nicht nur die Leistungserbringer zur finanziellen Unterstützung auf, sondern auch deren Verbände und überdies die vorgestellten Nutznießer der Entwicklung, nämlich die Krankenkassen, die als Einzige ein unzweifelhaftes Interesse an dem Projekt haben müssen. Dabei vermeidet die Vorschrift betragsmäßige Festlegungen und ist konsequenterweise eine „Soll"-Bestimmung. Da verschiedene „Geldgeber" benannt worden sind, ist ein weites Feld für Verhandlungen (und Blockaden) eröffnet. 11

II. Normzwecke

Bisher auf Papierform aufbauende Informations- und Kommunikationsprozesse sollen so umfassend wie möglich in elektronischer Form erfolgen. Dies ist insbesondere zur Durchführung von Disease-Management-Programmen und für die integrierte Versorgung erforderlich. Zur Förderung der elektronischen Kommunikation sollen auch finanzielle Anreize gesetzt werden.[2] 12

[2] Gesetzesbegründung zu Art. 1 Nr. 44 GMG, BT-Drs. 15/1525.

§ 68 SGB V Finanzierung einer persönlichen elektronischen Gesundheitsakte

(Fassung vom 14.11.2003, gültig ab 01.01.2004)

Zur Verbesserung der Qualität und der Wirtschaftlichkeit der Versorgung können die Krankenkassen ihren Versicherten zu von Dritten angebotenen Dienstleistungen der elektronischen Speicherung und Übermittlung patientenbezogener Gesundheitsdaten finanzielle Unterstützung gewähren. Das Nähere ist durch die Satzung zu regeln.

Gliederung

A. Basisinformationen

I. Textgeschichte/Gesetzgebungsmaterialien

1 § 68 SGB V ist mit Wirkung vom 01.01.2004 durch Art. 1 Nr. 44, Art. 37 Abs. 1 GKV-Modernisierungsgesetz (GMG) eingefügt worden.[1] Die Bestimmung hat keinen Vorläufer.

II. Parallelvorschriften

2 Parallelvorschriften im engeren Sinn gibt es nicht. Die über § 68 SGB V förderungsfähige Gesundheitsakte ist Medium zur Realisierung verschiedener gesetzgeberischer Intentionen, wie der Eigenverantwortung, der Prävention und der Patientensouveränität. Sie ist zu unterscheiden von der elektronischen Gesundheitskarte i.S.v. **§ 291a SGB V**.

III. Literaturhinweis

3 *Hanika*, Bismarck geht online – Der elektronische Rechts- und Geschäftsverkehr in Europa befördert die Modernisierung der nationalen Gesundheitssysteme, MedR 2004, 149-156; *Paland/Riepe*, Politische Aspekte und Ziele der Gesundheitspolitik, Bundesgesundheitsblatt 2005, 623-628; *Potthoff/Mohr/Bartels*, Perspektiven für effizientes Datenmanagement – Elektronische Patientenakte –, Deutsches Ärzteblatt 2005, A 1042-1045.

B. Auslegung der Norm

I. Regelungsgehalt und Bedeutung der Norm

1. Persönliche elektronische Gesundheitsakte

4 Die Bestimmung ermöglicht es den Krankenkassen, ihren Versicherten zu bestimmten von Dritten angebotenen Dienstleistungen finanzielle Unterstützung zu gewähren. Wie die Normüberschrift vorzeichnet, geht es um die sog. persönliche elektronische Gesundheitsakte. Hierbei handelt es sich nach dem Gesetzeswortlaut um „**Dienstleistungen der elektronischen Speicherung und Übermittlung patientenbezogener Gesundheitsdaten**". Welche patientenbezogenen Gesundheitsdaten zu welchen konkreten Zwecken mit welchen konkreten Anwendungsmöglichkeiten gespeichert und übermittelt werden können, wird nicht näher erklärt. Der Gesetzgeber hat den Rahmen lediglich mit der Zielsetzung „zur Verbesserung der Qualität und Wirtschaftlichkeit der Versorgung" und somit weit und vage abgesteckt.

5 In der Praxis handelt es sich um **multifunktionale elektronische Dokumentations-, Erinnerungs- und Informationsdienste**, die aus einer Basisversion und weiteren Modulen bestehen können. Durch

[1] BGBl I 2003, 2190.

Dokumentationsfunktionen können alle bei einem Versicherten durchgeführten Untersuchungen und Behandlungen erfasst und dadurch eventuelle Doppeluntersuchungen und -behandlungen vermieden werden. Durch Erinnerungsdienste kann per E-Mail oder SMS beispielsweise auf Vorsorge- und Impftermine hingewiesen werden. Informationsdienstleistungen können die Gesundheitskompetenz von Versicherten erhöhen. Während die Dokumentationsfunktionen in der Gesetzesbegründung erwähnt werden[2], fehlt ein Hinweis auf konkrete weitergehende Vorstellungen des Gesetzgebers. Die Gesundheitsakte in ihrer in der Praxis angebotenen Ausformung eröffnet die Möglichkeit zur Unterstützung des persönlichen **Gesundheitsmanagements** und zur Dokumentierung der persönlichen Gesundheitsgeschichte. Sie soll den Versicherten dabei helfen, mehr **Eigenverantwortung** für Ihre Gesundheit zu übernehmen. Die Gesundheitsakte kann außerdem z.B. die persönliche elektronische Patientenquittung (Zur-Verfügung-Stellung von Abrechnungsdaten bezüglich Krankenhausaufenthalte, Heil- und Hilfsmittel, Medikamente etc.) und einen Medikamenten-Check-up beinhalten. Teilweise wird der Zugang zur Online-Gesundheitsakte mit der Teilnahme an der integrierten Versorgung verbunden.[3]

2. Finanzielle Unterstützung

Die Krankenkassen können finanzielle Unterstützung gewähren. Damit scheidet eine direkte Dienstleistung durch die Krankenkasse aus. Gleiches gilt für die Übereignung oder Leihe von Hard- oder Software seitens der Krankenkasse. Es muss sich vielmehr um eine von Dritten, i.d.R. von privaten Unternehmen, angebotene Dienstleistung handeln, zu der die Krankenkasse einen finanziellen Beitrag leisten kann. Die mögliche finanzielle Unterstützung ist nicht näher beschrieben. Die Bezeichnung als „Unterstützung" legt nahe, dass es sich um eine Kostenbeteiligung in Form eines **Zuschusses** handeln muss. Die Überschrift der Norm und die Gesetzesbegründung lassen jedoch auch den Schluss zu, dass die Gesundheitsakte vollständig von der Krankenkasse finanziert werden kann. Da die unterschiedlichen Anbieter für ihre verschiedenen Leistungen differenzierte Vergütungen fordern, scheidet eine generelle vollständige Finanzierung durch Zahlungen an Versicherte aus. Geleistet werden kann ein fester Zuschuss, der allerdings nach Umfang und Ausstattung der Serviceleistungen auch gestaffelt sein kann. Angesichts der eher niedrigen Kosten der Gesundheitsakte von ca. 20 € pro Jahr, hat ein Zuschuss eher motivierenden bzw. Anreizcharakter. Die Bezuschussung von Hard- oder Software scheidet aus. 6

Nach Satz 1 muss es sich um Zuschüsse zu **„von Dritten angebotenen"** Dienstleistungen handeln. Hierfür ist es nicht zwingend erforderlich, dass sich der Dritte bereits (direkt) an den Versicherten gewandt hat. Es ist auch möglich, dass der Anbieter die Krankenkasse kontaktiert und diese sich dann an die Versicherten wendet. Aus Gründen der Gleichbehandlung ist zu fordern, dass die Krankenkasse in diesem Fall alle Versicherten bzw. den in der Satzung zu bestimmenden Personenkreis auf ihre Möglichkeiten hinweist. Dies kann nur in genereller Form geschehen, da sich der Hinweis auf bestimmte selektierte Anbieter verbietet. Die Krankenkasse kann sich hierzu der Mitgliederzeitschrift oder anderer geeigneter Veröffentlichungsformen bedienen. Die Zuschussgewährung setzt eine positive Bewertung der Dienstleistungen voraus. Die Krankenkasse muss sich davon überzeugt haben, dass die konkrete Dienstleistung zur Verbesserung der Qualität und der Wirtschaftlichkeit der Versorgung geeignet ist. Soweit sie satzungsmäßige Konkretisierungen getroffen hat, sind diese zu beachten. 7

In der Praxis findet sich ganz überwiegend das Modell der **Kooperation** von Krankenkassen mit einem Anbieter entsprechender Dienstleistungen.[4] Die Krankenkasse finanziert das Angebot „Gesundheitsakte" z.B. durch eine Lizenzgebühr, die sie an den Anbieter entrichtet. Das für den Versicherten kostenlose Angebot erscheint dann quasi als eigenes auf der Homepage der Krankenkasse. Ob diese Form der „Finanzierung" durch den Wortlaut des § 68 SGB V gedeckt ist, darf bezweifelt werden, wenngleich das Modell aus Sicht der Krankenkassen schon aus organisatorischen Gründen vorzugswürdig ist. Durch einen von der Krankenkasse ausgewählten „Kooperationspartner" wird dem Versicherten jedoch nur ein einziger Anbieter kostenfrei offeriert; Auswahlmöglichkeiten bestehen nicht, was unter wettbewerbsrechtlichen Gesichtspunkten problematisch ist. Da die entsprechenden Offerten der Krankenkassen bei gleicher oder ähnlicher Funktionsweise regelmäßig mit der den privaten Dienstleistern direkt angebotenen elektronischen Gesundheitsakte zumindest teilweise deckungsgleich sind, dürfte bei den Versicherten der anbietenden Krankenkassen kein Bedarf an einer zusätzlichen Dienstleistung bestehen. Wegen der Zielsetzung des § 68 SGB V (Wirtschaftlichkeit der Versorgung) kann das Koo- 8

---

2 Gesetzesbegründung zu Art. 1 Nr. 44 GMG, BT-Drs. 15/1525.

3 Siehe www.bkk-pwc.de.

4 Siehe z.B. www.bkk-bbraun.de.

perationsmodell ggf. noch als gesetzeskonform betrachtet werden. Unabdingbar ist jedoch, dass der Dritte als Anbieter der Dienstleistung in Erscheinung tritt. Mit der Finanzierung durch die Krankenkasse darf geworben werden. Die **Satzungsregelungen**[5] müssen den vorgenannten Kriterien entsprechen.

II. Normzwecke

9 Die Vorschrift ermöglicht es den Krankenkassen, zur Verbesserung der Qualität und der Wirtschaftlichkeit der Versorgung, elektronische Gesundheitsakten zu finanzieren. Mit elektronischen Gesundheitsakten, in denen unabhängig von bestehenden Dokumentationspflichten der Behandelnden Kopien wichtiger medizinischer Daten von Patienten gespeichert werden, kann die Information und die Kommunikation im Gesundheitswesen erheblich verbessert werden. Der Versicherte wird in die Lage versetzt, sektorübergreifend den Leistungserbringern relevante medizinische Informationen einschließlich vorheriger Befunde zur Verfügung zu stellen. Dadurch wird die Behandlungsqualität und Sicherheit erhöht, Doppeluntersuchungen können vermieden werden. Elektronische Gesundheitsakten unterstützen somit auch die Zielsetzung, die mit der integrierten Versorgung (§§ 140a ff. SGB V) und der Verzahnung der Hausarzt-/Facharztkommunikation (§ 73 Abs. 1b SGB V) verbunden sind. In der Satzung der Krankenkassen können auch die Qualitätsanforderungen präzisiert und von der Einhaltung dieser Anforderungen die Finanzierung einer solchen Akte abhängig gemacht werden.[6]

C. Praxishinweise

10 Die neuartige Leistung wird in der Praxis noch vielfach nicht zur Kenntnis genommen. Sie hat jedoch erhebliches Potential. So kann sie neben dem persönlichen Gesundheitsmanagement beispielsweise bei der Umsetzung des § 305 SGB V (Patientenquittung) eine Rolle spielen. Auch ist ihre mitgliederbindende und werbende Funktion nicht zu unterschätzen.

11 Für die Akzeptanz seitens der Versicherten wird deren Vertrauen in die Datensicherheit mit ausschlaggebend sein. Das „Wächteramt" liegt hier bei dem privaten Anbieter. In den Schnittfeldern Anbieter/Versicherter/Krankenkasse/Leistungserbringer ist besondere datenschutzrechtliche Aufmerksamkeit gefordert.

---

5 Eine Satzungsregelung kann z.B. unter www.bkk-fahr.de eingesehen werden.

6 Gesetzesbegründung zu Art. 1 Nr. 44 GMG, BT-Drs. 15/1525.

Viertes Kapitel: Beziehungen der Krankenkassen zu den Leistungserbringern

Erster Abschnitt: Allgemeine Grundsätze

§ 69 SGB V Anwendungsbereich

(Fassung vom 26.03.2007, gültig ab 01.04.2007)

Dieses Kapitel sowie die §§ 63 und 64 regeln abschließend die Rechtsbeziehungen der Krankenkassen und ihrer Verbände zu Ärzten, Zahnärzten, Psychotherapeuten, Apotheken sowie sonstigen Leistungserbringern und ihren Verbänden, einschließlich der Beschlüsse des Gemeinsamen Bundesausschusses und der Landesausschüsse nach den §§ 90 bis 94. Die §§ 19 bis 21 des Gesetzes gegen Wettbewerbsbeschränkungen gelten entsprechend; dies gilt nicht für Verträge von Krankenkassen oder deren Verbänden mit Leistungserbringern, zu deren Abschluss die Krankenkassen oder deren Verbände gesetzlich verpflichtet sind und bei deren Nichtzustandekommen eine Schiedsamtsregelung gilt. Die Rechtsbeziehungen der Krankenkassen und ihrer Verbände zu den Krankenhäusern und ihren Verbänden werden abschließend in diesem Kapitel, in den §§ 63, 64 und in dem Krankenhausfinanzierungsgesetz, dem Krankenhausentgeltgesetz sowie den hiernach erlassenen Rechtsverordnungen geregelt. Für die Rechtsbeziehungen nach den Sätzen 1 und 2 gelten im Übrigen die Vorschriften des Bürgerlichen Gesetzbuches entsprechend, soweit sie mit den Vorgaben des § 70 und den übrigen Aufgaben und Pflichten der Beteiligten nach diesem Kapitel vereinbar sind. Die Sätze 1 bis 3 gelten auch, soweit durch diese Rechtsbeziehungen Rechte Dritter betroffen sind.

Gliederung

A. Basisinformationen

§ 69 SGB V war ursprünglich als reine **Einweisungsvorschrift** konzipiert, die zu Beginn des Vierten Kapitels des SGB V klarstellen sollte, welche Rechtsbeziehungen dem Leistungserbringungsrecht des SGB V zuzuordnen sind. Im Laufe der Entwicklung hat die Vorschrift einen inhaltlichen Wandel erfahren. Sie legt heute konstitutiv fest, dass die von ihr erfassten Rechtsbereiche dem öffentlichen Recht zuzuordnen sind, und stellt sich damit als eine Grundnorm des Leistungserbringungsrechts dar. 1

§ 69 SGB V betrifft die Regelungen über die Beziehungen der Krankenkassen und deren Verbänden (im Folgenden nur noch: Krankenkassen) zu den Leistungserbringern und deren Verbänden. Die Vorschrift hatte ihre ursprüngliche Fassung durch das Gesundheits-Reformgesetz (GRG) vom 20.12.1988[1] mit Wirkung vom 01.01.1989 erhalten. Sie lautete: „Dieses Kapitel regelt die Rechtsbeziehungen der Krankenkassen zu Ärzten, Zahnärzten, Krankenhäusern, Apotheken und sonstigen Leistungserbringern". In dieser Fassung hatte die Vorschrift eine reine Ordnungsfunktion ohne materiellen Inhalt. 2

§ 69 SGB V ist in der Folgezeit zunächst auf Grund der gesetzlichen Einbeziehung der Psychotherapeuten als Leistungserbringer in die GKV angepasst worden.[2] 3

Eine **entscheidende Neufassung und Erweiterung** erfuhr § 69 SGB V durch Art. 1 Nr. 26 des Gesetzes zur Reform der gesetzlichen Krankenversicherung ab dem Jahr 2000 (GKV-Gesundheitsreformgesetz 2000) vom 22.12.1999[3] mit der Anfügung der Sätze 2-4 (a.F.). 4

Der Gesetzgeber ordnete im Hinblick auf die rechtswissenschaftliche Diskussion und die Rechtsstreitigkeiten darüber, ob auf die Tätigkeit von Krankenkassen und von Institutionen der vertragsärztlichen Versorgung wie dem (früheren) Bundesausschuss der Ärzte und Krankenkassen die Vorschriften des Kartell- und Wettbewerbsrechts Anwendung finden, die **Rechtsbeziehungen** zwischen Krankenkassen und Leistungserbringern neu. Er wies diese Rechtsbeziehungen in der Neufassung ausdrücklich dem **Sozialversicherungsrecht** und damit dem **öffentlichen Recht** zu. Er bestimmte zugleich, dass es sich insoweit um eine **abschließende Regelung** handelt. Entsprechendes regelte er in dem damaligen Satz 2 (heute: Satz 3) für die Rechtsbeziehungen der Krankenkassen zu den Krankenhäusern und ihren Verbänden. In Satz 3 der damaligen Neufassung des § 69 SGB V normierte er, dass auf die genannten Rechtsbeziehungen die Vorschriften des BGB nur insoweit Anwendung finden, soweit die bürgerlich-rechtlichen Vorschriften mit den Vorgaben des SGB V und den übrigen Aufgaben und Pflichten der Beteiligten nach diesem Kapitel zu vereinbaren seien. Satz 4 (heute: Satz 5) erstreckte die öffentlich-rechtliche Bindung auch auf Rechtsbeziehungen, durch die Rechte Dritter betroffen werden können. 5

Durch das Gesetz zur Einführung des diagnose-orientierten Fallpauschalensystems für Krankenhäuser (Fallpauschalengesetz – FPG) von 23.04.2002[4] sind in Satz 2 (a.F.) mit Wirkung vom 30.04.2002 hinter dem Wort „Krankenhausfinanzierungsgesetz" die Worte „dem Krankenhausentgeltgesetz" eingefügt worden. Eine weitere – allerdings nur marginale – Änderung erfuhr die Vorschrift durch Art. 1 Nr. 45 des Gesetzes zur Modernisierung der gesetzlichen Krankenversicherung.[5] Dabei wurden als Folgeänderung zur Änderung des § 91 SGB V mit der Einführung des Gemeinsamen Bundesausschusses die Begriffe „der Bundes- und Landesausschüsse" durch die „des Gemeinsamen Bundesausschusses und der Landesausschüsse" ersetzt. 6

Von erheblich **größerem Gewicht** ist die durch Art. 1 Nr. 40a des Gesetzes zur Stärkung des Wettbewerbs in der gesetzlichen Krankenversicherung[6] mit Wirkung vom 01.04.2007 vorgenommene Einfügung eines **neuen Satzes 2.** In ihm wird die entsprechende Geltung der §§ 19-21 des Gesetzes gegen Wettbewerbsbeschränkungen (GWB) für bestimmte Arten von Verträgen der Krankenkassen(-verbände) mit Leistungserbringern und deren Verbänden angeordnet. 7

---

1 BGBl I 1988, 2477.

2 Art. 2 des Gesetzes über die Berufe des Psychologischen Psychotherapeuten und des Kinder- und Jugendlichenpsychotherapeuten, zur Änderung des Fünften Buches Sozialgesetzbuch und anderer Gesetze vom 16.06.1998, BGBl I 1998, 1311.

3 BGBl I 1999, 2626.

4 BGBl I 2002, 1412, Art. 1 Nr. 1c.

5 GKV-Modernisierungsgesetz - GMG - vom 14.11.2003, BGBl I 2003, 2190.

6 GKV-Wettbewerbstärkungsgesetz - GKV-WSG - vom 26.03.2007, BGBl I 2007, 378.

I. Gesetzgebungsmaterialien

8 Der durch das GKV-WSG zum 01.04.2007 eingefügte Satz 2 des § 69 SGB V war im Gesetzentwurf der Fraktionen von CDU/CSU und SPD[7] und dem gleichlautenden Gesetzentwurf der Bundesregierung[8] nicht enthalten. Im Verlaufe des Gesetzgebungsverfahrens gab es in der Öffentlichkeit Kritik an der Marktstellung von Krankenkassen, durch die ein funktionierender Wettbewerb behindert würde. Insbesondere das Bundeskartellamt forderte im November 2006 in einer Stellungnahme, die Regelung des § 69 SGB V, aufgrund derer die Krankenkassen von der Anwendung des Kartell- und des Wettbewerbsrechts ausgenommen seien, zu streichen.[9] Der Bundesrat griff dieses Anliegen auf. Daraufhin wurde in der Beschlussempfehlung des BT-Ausschusses für Gesundheit[10] der neue Satz 2 in seiner nunmehr geltenden Fassung aufgenommen.

II. Parallelvorschriften

9 Parallelvorschriften finden sich in anderen Sozialrechtsbereichen nicht, auch nicht im Recht der Pflegeversicherung, das ansonsten im Krankenversicherungsrecht geltende Grundsätze weitgehend übernimmt.

III. Untergesetzliche Normen

10 Untergesetzliche Rechtsnormen, die sich speziell auf die Einweisungsvorschrift des § 69 SGB V beziehen, bestehen nicht.

IV. Ausgewählte Literaturhinweise

11 *Becker*, Maßstäbe für den Wettbewerb unter den Kranken- und Pflegekassen, SSRV 48 (2001), 7-55; *Boecken*, Rechtliche Schranken für die Beschaffungstätigkeit der Krankenkassen im Hilfsmittelbereich nach der Publizierung des Vertragsrechts – insbesondere zum Schutz der Leistungserbringer nur Ungleichbehandlung, NZS 2000, 269-277; *Brixius/Esch,* Rabattverträge im Lichte des Vergaberechts, 2007; *Byok/Jansen*, Die Stellung gesetzlicher Krankenkassen als öffentliche Auftraggeber, NVwZ 2005, 53-56; *Emmerich*, Ausnahmebereich Krankenversicherung? in: Festschrift für Thomas Raiser zum 70. Geburtstag, 2005, 647-659; *K. Engelmann*, Wettbewerb und soziale Krankenversicherung, VSSR 1999, 167-176; *K. Engelmann*, Sozialrechtliche Streitigkeiten zwischen Institutionen der gesetzlichen Krankenversicherung und Leistungserbringern bei wettbewerbs- und kartellrechtlichem Bezug, NZS 2000, 213-222; *K. Engelmann,* Keine Geltung des Kartellvergaberechts für Selektivverträge der Krankenkassen mit Leistungserbringern, SGb 2008, 133-149; *Frenz*, Krankenkassen im Wettbewerbs- und Vergaberecht, NZS 2007, 233-236; *Gassner*, nationaler Gesundheitsmarkt und europäisches Kartellrecht, VSSR 2000, 121-148; *Gaßner/Ahrens*, Anwendbarkeit der Regeln der Fusionskontrolle des GWB bei der Vereinigung gesetzlicher Krankenkassen, SGb 2007, 528–535; *Hänlein/Kruse*, Einflüsse des Europäischen Wettbewerbsrechts auf die Leistungserbringung in der gesetzlichen Krankenversicherung, NZS 2000, 165-176; *Hartmann/Suoglu*, Unterliegen die gesetzlichen Krankenkassen dem Kartellvergaberecht nach §§ 97 ff. GWB, wenn sie Hilfsmittel ausschreiben?, SGb 2007, 404-414; *E. Hauck*, Sozialgericht als Ort für einen geregelten Kassenwettbewerb?, Recht und Politik im Gesundheitswesen (RPG) 2007, 64-70; *Heiermann/Zeiss/Kullack/Blaufuß*, juris Praxis-Kommentar Vergaberecht, 2005; *Heßhaus*, Ausschreibungen durch die gesetzlichen Krankenkassen, VergabeR 2007, 333-342; *Heßhaus/Koch*, Zur Stellung der gesetzlichen Krankenkassen im Kartellvergaberecht – unter besonderer Berücksichtigung der landwirtschaftlichen Krankenkassen, SdL 2006, 331-343; *Hinz*, Neue Versorgungsform in dem Gesundheitsmodernisierungsgesetz (GMG) seit dem 1.1.2004, Die Leistungen 2004, 513-522; *Keßler*, Die gesetzliche Krankenversicherung als Ausnahmebereich im deutschen und europäischen Wettbewerbsrecht im Lichte der neueren Rechtsprechung, WRP 2006, 1283-1287; *Kingreen*, Vergaberechtliche Anforderungen an die sozialrechtliche Leistungserbringung, SGb 2004, 659-669; *Kingreen*, Wettbewerbsrechtliche Aspekte des GKV-Modernisierungsgesetzes, MedR 2004, 188-197; *Knispel*, EG-wettbewerbswidrige Festbetragsfestsetzungen und Arzneimittelrichtlinien?, NZS 2000, 379-385; *Koenig/Chr. Engelmann/Hentschel*, Die Anwend-

[7] BT-Drs. 16/3100.
[8] BT-Drs. 16/3950, 16/4020.
[9] BT-Ausschuss für Gesundheit, Ausschuss-Drs. 0129(131) vom 28.11.2006.
[10] BT-Drs. 16/4200, S. 33, Nr. 40a.

barkeit des Vergaberechts auf die Leistungserbringung im Gesundheitswesen, MedR 2003, 562-569; *Loewenheim/Messen/Riesenkampff*, Kartellrecht, Bd. 2 – GWB, 2006; *Möschel*, Gesetzliche Krankenversicherung und das Kartellrecht, JZ 2007, 601-606; *Natz*, Änderung des § 69 SGB V – ein kartellrechtlicher Wendepunkt?, A&R 2007, 29-31; *Neumann,* Verbannung des Kartell- und Wettbewerbsrechts aus der gesetzlichen Krankenversicherung?, WuW 1999, 961-967; *Otting/Sormani-Bastian*, Die Anwendbarkeit des Vergaberechts im Gesundheitsbereich, ZMGR 2005, 243-250; *Peikert/Kroel*, Das GKV-Gesundheitsreformgesetz 2000 und die Auswirkungen auf kartellrechtliche Streitigkeiten zwischen Leistungserbringern und den Institutionen der gesetzlichen Krankenversicherung und Dritten, insbesondere den Rechtsweg betreffend, MedR 2001, 14-20; *Pietzcker*, Das schwierige Verhältnis von Sozialrecht und Wettbewerbsrecht – § 69 SGB V, in: Boecken/Ruland/Steinmeyer, Sozialrecht und Sozialpolitik in Deutschland und Europa, Festschrift v. Maydell, 2002, 531-547; *Schütz*, Kartellrechtliche Beurteilung von Beschaffungskooperationen im Gesundheitswesen, A&R 2006, 253 ff.; *Sormani-Bastian*, Vergaberecht und Sozialrecht, 2007; *Stelzer*, Die „personalen" Anwendungsbereiche des deutschen und des europäischen primären Wettbewerbsrechts …, SozVers 2000, 141-156; *Sträter/Natz*, Rabattverträge zwischen Krankenkassen und pharmazeutischen Unternehmen, PharmR 2007, 7-13; *Wollenschläger*, Vergaberechtsschutz unterhalb der Schwellenwerte nach der Entscheidung des BVerfG vom 13. Juni 2006: verfassungs- und verwaltungsrechtliche Determinanten, DVBl 2007, 589-599; *Wollenschläger*, Das EU-Vergaberegime für Aufträge unterhalb der Schwellenwerte, NVwZ 2007, 388 ff.

B. Regelungsgehalt und Bedeutung der Norm

Satz 1 der Vorschrift bestimmt, dass im **Bereich der ambulanten Versorgung** die Rechtsbeziehungen der Krankenkassen zu den Leistungserbringern und deren Verbänden in den Vorschriften dieses Kapitels, also in den §§ 69 ff. SGB V sowie in den §§ 63 und 64 SGB V (Modellvorhaben zur Weiterentwicklung der Versorgung) abschließend geregelt werden. Der letzte Halbsatz des Satzes 1 bezieht in die abschließende Regelung die Beschlüsse des Gemeinsamen Bundesausschusses – insbesondere nach § 92 SGB V – und der in § 90 SGB V geregelten Landesausschüsse mit ein, die für die Feststellung von Unterversorgung (§ 100 SGB V) und Überversorgung sowie die Anordnung von Zulassungsbeschränkungen (§ 103 SGB V) zuständig sind. 12

Der durch das GKV-WSG eingefügte neue **Satz 2** der Vorschrift regelt in Halbsatz 1 die entsprechende **Geltung einzelner kartellrechtlicher Vorschriften**, nämlich der §§ 19-21 GWB (Missbrauch einer marktbeherrschenden Stellung, Diskriminierungsverbot, Boykottverbot), für die Rechtsbeziehungen der Krankenkassen zu den in Satz 1 genannten Leistungserbringern. Nach Satz 2 Halbsatz 2 sind von der entsprechenden Geltung der kartellrechtlichen Vorschriften Verträge ausgenommen, zu deren Abschluss die Krankenkassen verpflichtet sind und bei deren Nichtzustandekommen eine Schiedsamtsregelung (vgl. § 89 SGB V) gilt. Damit unterliegen insbesondere Kollektivverträge, zu deren Abschluss die Partner der vertragsärztlichen Versorgung verpflichtet sind und die generell schiedsamtsfähig sind, nicht der Anwendung der §§ 19-21 GWB. 13

Der bisherige Satz 2 ist durch die Einfügung des neuen Satzes 2 nunmehr **Satz 3** geworden. Er greift den Regelungsinhalt des Satzes 1 auf und bezieht ihn auf die in Satz 1 nicht genannten Krankenhäuser und ihre Verbände. Die Vorschrift legt fest, dass auch die Rechtsbeziehungen der Krankenkassen zu den Krankenhäusern und deren Verbänden und damit der **Bereich der stationären Versorgung** abschließend im Vierten Kapitel des SGB V, den §§ 63 und 64 SGB V, dem Krankenhausfinanzierungsgesetz und dem Krankenhausentgeltgesetz sowie den dazu erlassenen Rechtsverordnungen geregelt werden. 14

Gemäß **Satz 4** (bisher Satz 3) der Vorschrift gelten für die in den Sätzen 1 und 3 genannten Rechtsbeziehungen die **Vorschriften des BGB** entsprechend, soweit sie mit den Vorgaben und Verpflichtungen der Beteiligten vereinbar sind. 15

Satz 5 (bisher Satz 4) bestimmt, dass die Sätze 1-3 auch dann gelten, wenn durch die Rechtsbeziehungen zwischen Krankenkassen(-verbänden) und Leistungserbringern und deren Verbänden **Rechte Dritter** betroffen sind. Die Bezugnahme auf die Sätze 1-3 passt nach der Einfügung des neuen Satzes 2 nicht mehr. Die Vorschrift ist vielmehr so zu lesen, dass die Sätze 1, 3 und 4 in Bezug genommen werden. 16

C. Auslegung der Sätze 1 und 3

I. Ambulante Versorgung (Satz 1)

17 Satz 1 des § 69 SGB V betrifft die Rechtsbeziehungen der Krankenkassen zu den Leistungserbringern in der ambulanten Versorgung. Erfasst werden folgende Rechtsbeziehungen:

1. Rechtsbeziehungen der Krankenkassen(-verbände) zu Ärzten, Zahnärzten und Psychotherapeuten und deren Verbänden

18 Diese Rechtsbeziehungen erfassen den **Bereich der ambulanten vertragsärztlichen Versorgung** der Versicherten der gesetzlichen Krankenkassen. Das Sachleistungsprinzip des SGB V (vgl. § 2 Abs. 1 SGB V) gibt vor, dass in der vertragsärztlichen Versorgung die Leistungen gegenüber den Versicherten zur Krankenbehandlung nicht durch die Krankenkassen bzw. deren Bedienstete erbracht werden. Vielmehr müssen sich die Krankenkassen der dazu im Gesetz vorgesehenen Leistungserbringer bedienen (§ 2 Abs. 2 Satz 3 SGB V).

19 **Leistungserbringer** sind zunächst diejenigen Ärzte, Zahnärzte und Psychotherapeuten sowie medizinische Versorgungszentren, die zur Teilnahme an der vertragsärztlichen Versorgung berechtigt (zugelassen) sind. Nach § 95 Abs. 1 Satz 1 SGB V nehmen an der vertragsärztlichen Versorgung zugelassene Ärzte und zugelassene medizinische Versorgungszentren sowie ermächtigte Ärzte und ermächtigte ärztlich geleitete Einrichtungen teil. Die Vorschrift gilt über § 72 Abs. 1 Satz 2 SGB V entsprechend für Zahnärzte und Psychotherapeuten, sofern nichts Abweichendes bestimmt ist.

2. Rechtsbeziehungen der Krankenkassen(-verbände) zu Apotheken und pharmazeutischen Unternehmern

20 Die Beziehungen der Krankenkassen zu Apotheken und pharmazeutischen Unternehmen bzw. deren Verbänden sind in den §§ 129 ff. SGB V geregelt. Maßgebliche Rechtsgrundlage ist insoweit der von den Spitzenverbänden der Krankenkassen und den für die Wahrnehmung der wirtschaftlichen Interessen gebildeten maßgeblichen Spitzenorganisationen der Apotheker gemäß § 129 Abs. 2 SGB V geschlossene Rahmenvertrag (vgl. im Einzelnen die Kommentierung zu § 129 SGB V). Auch die Rechtsbeziehungen der Krankenkassen zu den pharmazeutischen Unternehmern zählen zu den insoweit von § 69 Satz 1 SGB V erfassten Rechtsbeziehungen. Bei den pharmazeutischen Unternehmern handelt es sich um „sonstige" Leistungserbringer i.S.d. des § 69 Satz 1 SGB V. Das Vierte Kapitel des SGB V geht von einem weiten Leistungserbringerbegriff aus, der sich nicht nur auf diejenigen Leistungserbringer bezieht, die im Wege des Sachleistungsprinzips für die Krankenkassen Leistungen unmittelbar gegenüber den Versicherten erbringen. Auch solche Leistungserbringer, die nicht in direktem Kontakt mit den Versicherten stehen,[11] wie die pharmazeutischen Unternehmer, sind Leistungserbringer im aufgezeigten Sinn. Diese werden über die Vergütungsmodalitäten der Arzneimittelversorgung in den §§ 130 ff. SGB V, die sich im Wesentlichen an die pharmazeutischen Unternehmer richten, in das Leistungserbringungsrecht des SGB V miteinbezogen.[12]

3. Rechtsbeziehungen der Krankenkassen(-verbände) zu sonstigen Leistungserbringern

21 Die Beziehungen zu den sonstigen Leistungserbringern sind in den §§ 132 ff. SGB V erfasst. Sie erstrecken sich auf die Versorgung mit **Haushaltshilfe** (§ 132 SGB V), mit **häuslicher Krankenpflege** (§ 132a SGB V), mit **Soziotherapie** (§ 132b SGB V), mit **sozialmedizinischen Nachsorgemaßnahmen** (§ 132c SGB V), mit **Krankentransportleistungen** (§ 133 SGB V) sowie auf die Versorgung mit **Hebammenhilfe** (§ 134a SGB V).

22 Die Rechtsbeziehungen in diesen Bereichen sind in der Weise zu regeln, dass die Krankenkassen (gegebenenfalls auch die Landesverbände der Krankenkassen oder die Verbände der Ersatzkassen) mit geeigneten Personen oder Einrichtungen bzw. mit den maßgeblichen Berufsverbänden Verträge über die jeweilige Versorgungsart schließen, soweit dies für eine bedarfsgerechte Versorgung notwendig ist. Diese Verträge haben dann zum Teil auch Rechtswirkungen für die in den Berufsverbänden erfassten Leistungserbringer.

---

[11] Zu denken ist z.B. an die Zahntechniker, deren Vergütungssystem in den §§ 57 Abs. 2, 88 SGB V geregelt ist.

[12] Ebenso *Quaas/Zuck*, Medizinrecht, 2005, § 10 Rn. 5.

4. Rechtsbeziehungen der Krankenkassen(-verbände) zu Leistungserbringern von Heilmitteln und Hilfsmitteln

Unter den Begriff der „sonstigen Leistungserbringer" fallen auch die Erbringer von **Heilmitteln**. Zu diesen zählen insbesondere Leistungen der physikalischen Therapie, der Sprachtherapie oder der Ergotherapie (vgl. § 124 SGB V). Die Erbringer von **Hilfsmitteln** (§ 126 SGB V) gehören ebenfalls zu den sonstigen Leistungserbringern im Sinne des § 69 Satz 1 SGB V. 23

5. Einbeziehung der Beschlüsse des Gemeinsamen Bundesausschusses und der Landesausschüsse (Satz 1)

Bei der Neufassung des § 69 SGB V durch das GKV-Gesundheitsreformgesetz 2000[13] wurden die Beschlüsse des früheren **Bundesausschusses der Ärzte und Krankenkassen** (nunmehr: Gemeinsamer Bundesausschuss) und der Landesausschüsse gemäß §§ 90-94 SGB V in die „abschließende Regelung" ausdrücklich mit einbezogen. Das ist vor dem Hintergrund zu sehen, dass zu dem Zeitpunkt der Neufassung des § 69 SGB V die Geltung der Richtlinienentscheidungen des damaligen Bundesausschusses der Ärzte und Krankenkassen insbesondere im Verhältnis zu betroffenen Dritten in der juristischen Diskussion und vor allem in der Rechtsprechung der Zivilgerichte umstritten war. Die gesetzliche Regelung wollte klarstellen, dass auch die Beschlüsse des Bundesausschusses der Ärzte und Krankenkassen sowie der Landesausschüsse von der Wirkung der abschließenden Regelung der in Satz 1 genannten Vorschriften – und damit also auch von der Zuweisung der Rechtsmaterie zum Sozialrecht – erfasst werden. 24

II. Stationäre Versorgung (Satz 3)

Entsprechend der für den ambulanten Bereich getroffenen Regelung bestimmt Satz 3 des § 69 SGB V für den **Bereich der stationären Versorgung**, dass auch die Rechtsbeziehungen der Krankenkassen zu den Krankenhäusern und ihren Verbänden abschließend im Vierten Kapitel des SGB V, in den §§ 63, 64 SGB V, dem Krankenhausfinanzierungsgesetz, dem Krankenhausentgeltgesetz sowie den hiernach erlassenen Rechtsverordnungen (z.B. Bundespflegesatzverordnung) geregelt werden. Von der Geltung der Vorschriften werden neben den Krankenhäusern auch Vorsorge- oder Rehabilitationseinrichtungen im Sinne des SGB V erfasst (vgl. die Legaldefinition der Vorsorge- oder Rehabilitationseinrichtungen in § 107 Abs. 2 SGB V). 25

Die Beziehungen der Krankenkassen zu den Krankenhäusern und ihren Verbänden werden in den §§ 107 ff. SGB V geregelt. 26

Auf Bundesebene sind die **Verbände der Krankenhäuser** in der Deutschen Krankenhausgesellschaft (DKG) zusammengeschlossen (§ 108a Satz 2 SGB V). Mitglieder der DKG sind 12 Spitzenverbände von Krankenhausträgern und 16 Landesverbände von Krankenhausträgern (Landeskrankenhausgesellschaft; vgl. § 108a Satz 1 SGB V). 27

III. Rechtsbeziehungen der Krankenkassen(-verbände) zu Krankenhäusern und Vertragsärzten

In den Anwendungsbereich des § 69 Sätze 1 und 3 SGB V fallen auch diejenigen Rechtsbeziehungen, die sich aus den dreiseitigen Rechtsverhältnissen der Krankenkassen zu den Vertragsärzten und den Krankenhäusern ergeben. Diese sind in den §§ 115 ff. SGB V geregelt. Es handelt sich um einen Rechtsbereich, der durch die **Verschränkung von ambulanter und stationärer Leistungserbringung geprägt** ist. Er betrifft z.B. die Durchführung ambulanter Operationen im Krankenhaus (§ 115b SGB V), die ambulante Behandlung durch Krankenhausärzte (§ 116 SGB V), die ambulante Behandlung im Krankenhaus (§ 116b SGB V), die Tätigkeit der Hochschulambulanzen (§ 117 SGB V) sowie von psychiatrischen Institutsambulanzen (§ 118 SGB V). 28

IV. Integrierte Versorgung

Im Rahmen der integrierten Versorgung entstehende Rechtsbeziehungen zwischen Krankenkassen und Leistungserbringern werden ebenfalls vom Anwendungsbereich der Sätze 1 und 3 des § 69 SGB V erfasst. Nach § 140a Abs. 1 Satz 1 SGB V können die Krankenkassen abweichend von den übrigen Re- 29

[13] Vom 22.12.1999, BGBl I 1999, 2626.

gelungen des Vierten Kapitels (§§ 69 ff. SGB V) Verträge über eine verschiedene Leistungssektoren übergreifende Versorgung der Versicherten oder eine interdisziplinär-fachübergreifende Versorgung mit den in § 140b Abs. 1 SGB V genannten Vertragspartnern abschließen.[14]

30 Mit der den Krankenkassen eingeräumten Möglichkeit, außerhalb der ansonsten geltenden Regelungen des Vierten Kapitels des SGB V im Rahmen der **integrierten Versorgung** Verträge zu schließen, wird die **Zuordnung** der sich daraus ergebenden Rechtsbeziehungen zum Leistungserbringungsrecht der §§ 69 ff. SGB V **nicht aufgehoben**. Damit bleibt auch für Streitigkeiten aus Rechtsbeziehungen der Verträge über integrierte Versorgung, die sich zwischen Krankenkassen und den beteiligten Leistungserbringern ergeben, der **Rechtsweg** zu den **Sozialgerichten** bestehen.

V. Nicht vom Anwendungsbereich der Sätze 1 und 3 erfasste Rechtsbeziehungen

1. Sog. Hilfsgeschäfte der Krankenkassen

31 Nicht in den Anwendungsbereich der genannten Vorschrift fallen damit Rechtsbeziehungen von **Krankenkassen zu Dritten**, die sich aus sog. „**Hilfsgeschäften der Verwaltung**" ergeben, also der Beschaffung der für die Verwaltung der Krankenkassen erforderlichen Waren und Dienstleistungen.[15] Auch soweit Krankenkassen über den Rahmen der ihnen übertragenen Aufgaben hinausgehen, werden die sich daraus ergebenden Rechtsbeziehungen nicht von den Regelungen der Sätze 1 und 3 des § 69 SGB V erfasst. Das wäre bei Fallgestaltungen anzunehmen, bei denen die Krankenkassen über Privatunternehmen Krankenhauszusatzversicherungen anbieten würden.[16]

2. Wettbewerb mit privaten Krankenversicherungsunternehmen

32 Auch die Rechtsbeziehungen, die sich aus Konstellationen ergeben, in denen sich die gesetzlichen Krankenkassen im **Wettbewerb** mit **privaten Krankenversicherungsunternehmen** um Versicherte befinden, unterliegen nicht dem Geltungsbereich der Sätze 1 und 3 des § 69 SGB V. Insoweit bestehen zwischen den Marktwettbewerbern keine öffentlich-rechtlichen Rechtsbeziehungen, die eine Anwendung des § 69 Sätze 1 und 3 SGB V gerechtfertigt sein lassen. Damit fallen entsprechende Rechtsstreitigkeiten in die Zuständigkeit der Zivilgerichte.[17]

3. Rechtsbeziehungen von Leistungserbringern untereinander

33 Für die Frage, ob **Rechtsbeziehungen von Leistungserbringern** untereinander dem Privatrecht oder dem öffentlichen Recht zuzuordnen sind, kommt es auf das **jeweilige materielle Recht** an, aus dem sich die Rechtsbeziehungen ergeben.

34 So handelt es sich bei der **Konkurrentenklage** eines niedergelassenen Vertragsarztes gegen die Ermächtigung eines Krankenhausarztes um eine öffentlich-rechtliche Streitigkeit, da sich die gesetzlichen Vorgaben für einen entsprechenden Anspruch aus dem öffentlichen Recht – hier dem SGB V – ergeben.[18] Macht hingegen ein Vertragsarzt gegen einen ebenfalls vertragsärztlich tätigen Konkurrenten einen **Unterlassungsanspruch** wegen wettbewerbsschädlichen Verhaltens geltend, handelt es sich um eine privatrechtliche, nicht um eine öffentlich-rechtliche Streitigkeit.

35 Entsprechendes gilt für den **Zusammenschluss von Leistungserbringern**. Sofern hier keine ausdrückliche öffentlich-rechtliche Regelung besteht, die die Vereinigung von Leistungserbringern regelt, sind die Rechtsbeziehungen dem Privatrecht zuzuordnen. Das gilt auch für den Zusammenschluss von privaten oder im Eigentum der öffentlichen Hand stehenden Leistungserbringern. Demgemäß hat die zivilrechtliche Rechtsprechung z.B. den **Zusammenschluss von Krankenhäusern**, die gemäß § 108 SGB V zur Krankenhausbehandlung zugelassen sind, nach dem GWB beurteilt[19], da diese Rechtsbeziehungen nicht durch § 69 SGB V erfasst werden. Anders stellt sich die Rechtslage allerdings dar, sofern die Rechtsbeziehungen zwischen Institutionen der gesetzlichen Krankenversicherung im SGB V

---

[14] Zu den Voraussetzungen, die Verträge über integrierte Versorgung erfüllen müssen vgl. die Urteile des BSG v. 06.02.2008 - B 6 KA 27/07 R, 5/07 R, 6/07 R, 7/07 R.

[15] *Nordemann* in: Loewenheim/Meessen/Riesenkampff, Kartellrecht Bd. 2, 2006, § 1 GWB Rn. 35, 195.

[16] So noch zur alten Rechtslage: BGH v. 04.04.1975 - KZR 6/74 - BGHZ 64, 232, 234; *Nordemann* in: Loewenheim/Meessen/Riesenkampff, Kartellrecht Bd. 2, 2006, § 1 GWB Rn. 35, 195.

[17] BGH v. 09.11.2006 - I ZB 28/06 - NJW 2007, 1819-1820.

[18] Zur Konkurrentenklage von Vertragsärzten untereinander vgl. zuletzt BSG v. 07.02.2007 - B 6 KA 8/06 R - ZfS 2007, 87.

[19] OLG Düsseldorf v. 11.04.2007 - VI-Kart 6/05 (V) - GesR 2007, 264 = WuW/E DE-R 1958.

geregelt sind. Das gilt auch für die Wettbewerbsbeziehungen gesetzlicher Krankenkassen untereinander und für ihren Zusammenschluss, die sich allein nach öffentlichem Recht beurteilen (vgl. dazu im Einzelnen Rn. 210 und Rn. 219).

D. Geltung von UWG/GWB oder „abschließende Regelung" der Rechtsbeziehungen (Sätze 1 und 3)?

36 Der **eigentliche Regelungsgehalt** der Vorschriften der Sätze 1 und 3 liegt in der Anordnung, dass die Vorschriften des Leistungserbringungsrechts (§§ 69 ff. SGB V) und die weiteren genannten Bestimmungen und Regelungswerke die dort genannten Rechtsbeziehungen „abschließend" regeln.

37 Diese Bestimmungen, die durch das GKV-Gesundheitsreformgesetz 2000[20] eingefügt worden sind, haben Bedeutung vor allem für **zwei Fragestellungen**.

38 Zum einen betrifft die Neufassung die Frage, ob durch die „abschließende Regelung" im Sinne des § 69 Sätze 1 und 3 SGB V die – ggf. entsprechende – **Anwendung des Wettbewerbsrechts** (geregelt im Gesetz gegen den unlauteren Wettbewerb – UWG) **und des Kartellrechts** (geregelt im Gesetz gegen Wettbewerbsbeschränkungen – GWB) auf bestimmte Handlungen von gesetzlichen Krankenkassen und von Institutionen der gemeinsamen Selbstverwaltung von Ärzten und Krankenkassen (Bundesausschuss der Ärzte und Krankenkassen bzw. Gemeinsamer Bundesausschuss) ausgeschlossen worden ist.

39 Zum anderen geht es darum, welcher **Rechtsweg** – zu den Zivil- oder zu den Sozialgerichten – für Rechtsstreitigkeiten gegeben ist, die sich insbesondere aus den Rechtsbeziehungen der Krankenkassen zu Dritten, hier vor allem Unternehmen der Pharmaindustrie, herleiten.

I. Ausdehnung des Wettbewerbsrechts in der Rechtsprechung der Zivilgerichte

40 Über Jahrzehnte hinweg hat sich die Rechtsprechung der Zivilgerichte dahin entwickelt, dass auch hoheitliches Handeln bzw. eine öffentlich-rechtlich geprägte Tätigkeit der Geltung des Wettbewerbs- und des Kartellrechts unterworfen wurde.[21] Diese Entwicklung setzt sich heute hinsichtlich der Anwendung des Vergaberechts fort.[22] Das hat dazu geführt, dass GWB und UWG bei der Auslegung der betroffenen Rechtsbeziehungen einen interpretatorischen Vorrang erhalten haben, der die allgemeinen Regeln über lex spezialis und lex generalis ebenso beiseite drängen kann wie wesentliche Elemente der öffentlich-rechtlichen Ermessenslehre.[23] Eine solche „Rangüberhöhung" des Wettbewerbsrechts[24] findet sich auch in der Stellungnahme des Bundesrates zur Änderung des § 69 SGB V durch das GKV-WSG, in der davon ausgegangen wird, GWB und UWG hätten einen „grundsätzlich universellen Anspruch"[25].

41 Die Forderung nach einer **expansiven Anwendung** insbesondere des GWB[26] wird in der juristischen Literatur intensiv durch Kartell- und Vergaberechtler unterstützt[27]. Dabei stellt sich auch immer die Frage nach der Zuständigkeit der Gerichtsbarkeit. Diese wirkt sich zugleich auf die **Frage der Rechtsmaßstäbe** aus, die bei der Überprüfung des Handelns der betroffenen Institutionen anzuwenden und die je nach Zuordnung zum Privatrecht oder zum öffentlichen Recht unterschiedlich sind.[28]

---

[20] Vom 22.12.1999, BGBl I 1999, 2626.

[21] Vgl. die Nachzeichnung der Rechtsentwicklung bei *Pietzcker*, Das schwierige Verhältnis von Sozialrecht und Wettbewerbsrecht – § 69 SGB V, in: Boecken/Ruland/Steinmeyer, Sozialrecht und Sozialpolitik in Deutschland und Europa, Festschrift v. Maydell, 2002, 531 ff.

[22] Vgl. dazu den Vorlagebeschluss des OLG Düsseldorf an den EuGH zur Frage, ob Vergaberecht auf Leistungsbeschaffungsverträge der gesetzlichen Krankenkassen anzuwenden ist (Beschluss vom 23.05.2007 - VII-Verg 50/06), in dem ohne nähere Begründung ein Vorrang des Kartellvergaberechts vor dem SGB V – hier § 69 SGB V – angenommen wird.

[23] *Pietzcker* in: Boecken/Ruland/Steinmeyer, Sozialrecht und Sozialpolitik in Deutschland und Europa, Festschrift v. Maydell, 2002, 531, 536.

[24] *Pietzcker* in: Boecken/Ruland/Steinmeyer, Sozialrecht und Sozialpolitik in Deutschland und Europa, Festschrift v. Maydell, 2002, 531, 536.

[25] BT-Drs. 16/3950, S. 15 Nr. 20, zu Art. 1 Nr. 40a – neu.

[26] Kritisch dazu auch *E. Hauck*, RPG 2007, 64, 65 f.

[27] Vgl. z.B. *Hartmann/Suoglu*, SGb 2007, 404 f. – zur Anwendbarkeit des Vergaberechts auf Leistungsbeschaffungsverträge von Krankenkassen. So auch *Möschel*, JZ 2007, 601, 606.

[28] *Pietzcker* in: Boecken/Ruland/Steinmeyer, Sozialrecht und Sozialpolitik in Deutschland und Europa, Festschrift v. Maydell, 2002, 531, 540 f.

II. (Entsprechende) Anwendung von UWG und GWB auf Rechtsbeziehungen der Krankenkassen zu Leistungserbringern?

42 Im GWB gilt ein weiter, **funktionaler Unternehmensbegriff.**[29] Für die Annahme der Unternehmenseigenschaft reicht grundsätzlich jede selbstständige, nicht rein private und außerhalb des Erwerbslebens liegende Tätigkeit einer Person in der Erzeugung oder Verteilung von Waren oder gewerblichen Leistungen. Die Rechtsform, in der diese Tätigkeit ausgeübt wird, ist ebenso unerheblich wie die Frage der Gewinnerzielungsabsicht.[30]

43 Aus dem weiten Unternehmensbegriff folgt, dass sowohl GWB als auch UWG auf Handlungen auch solcher **Unternehmen** Anwendung finden, die ganz oder zum Teil **im Eigentum der öffentlichen Hand** stehen oder von ihr verwaltet werden, soweit diese Unternehmen im geschäftlichen Verkehr in Wettbewerbsabsicht tätig sind (§ 130 Abs. 1 GWB).[31] Zur öffentlichen Hand in diesem Sinne gehören ebenso die **gesetzlichen Krankenkassen**,[32] die damit auch mit den Leistungsbeschaffungsverträgen, die sie in Wahrnehmung des krankenversicherungsrechtlichen Sachleistungsprinzips (§ 2 Abs. 2 Satz 1 SGB V) abschließen, grundsätzlich ebenfalls vom Anwendungsbereich des GWB und des UWG erfasst werden können.

44 Soweit die Krankenkassen **fiskalische Hilfsgeschäfte** wahrnehmen, unterliegen sie uneingeschränkt der Geltung von UWG und GWB,[33] da diese Tätigkeiten nicht zu den in § 69 SGB V genannten Rechtsbeziehungen zählen.

III. Zivilgerichtliche Rechtsprechung bis zur Neufassung durch das GKV-Gesundheitsreformgesetz 2000

45 Der Regelungsgehalt der Neufassung des § 69 SGB V durch das GKV-Gesundheitsreformgesetz 2000 vom 22.12.1999 war von Beginn an umstritten. Die Neufassung erfolgte vor dem Hintergrund, dass bis zu diesem Zeitpunkt nicht abschließend geklärt war, ob die **Beziehungen der gesetzlichen Krankenkassen zu den privaten Leistungserbringern** oder Leistungsanbietern dem Privatrecht oder dem öffentlichen Recht zuzuordnen waren und ob bei Rechtsstreitigkeiten, die sich aus diesen Rechtsbeziehungen ergaben, der **Zivilrechtsweg** zu beschreiten **oder** die **Zuständigkeit der Sozialgerichtsbarkeit** gegeben war.[34] Die höchstrichterliche zivilgerichtliche Rechtsprechung hatte die Rechtsbeziehungen der Sozialversicherungsträger zu den Heil- und Hilfsmittellieferanten dem Zivilrecht mit der Begründung zugeordnet, dass die gesetzlichen Krankenkassen als Nachfrager auf dem Markt für Heil- und Hilfsmittel aufträten.[35]

46 Die Zivilgerichte nahmen auf Klagen von betroffenen Dritten des Weiteren ihre Zuständigkeit sowohl für die Überprüfung der **Festsetzung der Arzneimittelfestbeträge** durch die Spitzenverbände der Krankenkassen gemäß § 35 SGB V als auch für die Überprüfung von **Richtlinien des Bundesausschusses** der Ärzte und Krankenkassen (nunmehr: gemeinsamer Bundesausschuss – § 91 SGB V) an und wandten insbesondere die **Vorschriften des Kartellrechts** auf diese Rechtsbeziehungen an.[36] Sie beurteilten dabei die Krankenkassen und ihre Verbände als Unternehmen im Sinne des Kartellrechts und sahen die Entscheidungen der Spitzenverbände der Krankenkassen über die Festsetzung von Festbeträgen für bestimmte Arzneimittel gemäß § 35 SGB V als kartellrechtswidrig an.[37] Das hatte nach der Rechtsprechung der Zivilgerichte zur Folge, dass die Spitzenverbände der Krankenkassen gegenü-

---

[29] Vgl. *Nordemann* in: Loewenheim/Meessen/Riesenkampff, Kartellrecht Bd. 2, 2006, § 1 GWB Rn. 19; *Keßler*, WRP 2006, 1283.

[30] *Nordemann* in: Loewenheim/Meessen/Riesenkampff, Kartellrecht Bd. 2, 2006, § 1 GWB Rn. 20.

[31] Vgl. dazu *Plaß* in: HK-WettbR, 2. Aufl. 2005, E 4 Rn. 3; *Keßler*, WRP 2006, 1283, 1284.

[32] BGH v. 14.05.1998 - I ZB 17/98 - NJW 1998, 3418, 3419.

[33] Vgl. *Heßhaus*, VergabeR 2007, 333.

[34] Vgl. dazu im Einzelnen: *K. Engelmann*, NZS 2000, 213 ff.; vgl. auch *Pietzcker*, Das schwierige Verhältnis von Sozialrecht und Wettbewerbsrecht – § 69 SGB V, in: Boecken/Ruland/Steinmeyer, Sozialrecht und Sozialpolitik in Deutschland und Europa, Festschrift v. Maydell, 2002, 531 ff.

[35] BGH v. 26.10.1961- KZR 1/61 - BGHZ 36, 91 - Gummistrümpfe; BGH v. 10.04.1986 - GmS-OGB 1/85 - BGHZ 97, 312, 313 ff. - orthopädische Hilfsmittel; BGH v. 26.05.1987 - KZR 13/85 - BGHZ 101, 72 - Krankentransportleistungen; vgl. die Nachweise im Einzelnen bei *Götting* in: Loewenheim/Meessen/Riesenkampff, Kartellrecht Bd. 2, 2006, § 130 GWB Rn. 10.

[36] Vgl. die Nachweise bei *K. Engelmann*, NZS 2000, 213.

[37] OLG Düsseldorf v. 28.08.1998 - U (Kart) 19/98 - NZS 1998, 567.

ber Herstellern von Fertigarzneimitteln, denen durch die rechtswidrige Festsetzung von Arzneimittelfestbeträgen Ertragseinbußen entstanden seien, zu Schadensersatz verpflichtet waren.[38]

IV. Änderungen der gesetzlichen Grundlagen durch das GKV-Gesundheitsreformgesetz 2000

Die ersichtlich als Reaktion auf diese Rechtsprechung der Zivilgerichte durch das GKV-Gesundheitsreformgesetz 2000 vorgenommenen Änderungen erfolgten sowohl im materiellen Recht als auch im Prozessrecht. 47

1. Änderung des § 69 SGB V

Auf der **materiellrechtlichen Ebene** wurde § 69 SGB V in der aufgezeigten Weise geändert. Konsequenz dieser Änderung war, dass die Beziehungen der Krankenkassen und ihrer Verbände zu den Leistungserbringern und deren Verbänden sowie die Rechtsbeziehungen, die u. a. von den Beschlüssen des Bundesausschusses der Ärzte und Krankenkassen erfasst wurden, ausdrücklich dem öffentlichen Recht zugeordnet wurden. Das galt auch, soweit durch diese Rechtsbeziehungen Rechte Dritter betroffen waren (§ 69 Satz 5 SGB V (Satz 4 a.F.)). Die Begründung des Gesetzentwurfs zu § 69 SGB V[39] weist mehrfach darauf hin, dass die in § 69 Satz 1 SGB V genannten **Rechtsbeziehungen sozialversicherungsrechtlicher und nicht privatrechtlicher Natur** seien und die Krankenkassen in diesen Rechtsbeziehungen ihren öffentlich-rechtlichen Versorgungsauftrag erfüllten und deshalb nicht als Unternehmen im Sinne des Wettbewerbs- bzw. des Kartellrechts handelten. Auch die sich aus diesen Rechtsbeziehungen ergebenden Rechte Dritter seien sozialversicherungsrechtlicher bzw. verwaltungsrechtlicher Natur mit der Folge, dass für Klagen Dritter aus diesen Rechtsbeziehungen die Sozial- bzw. die Verwaltungsgerichte zuständig seien. 48

2. Änderung des Sozialgerichtsgesetzes

Mit dem GKV-Gesundheitsreformgesetz 2000 wurden zugleich Änderungen des Sozialgerichtsgesetzes (SGG) und des GWB vorgenommen. 49

§ 51 Abs. 2 Satz 1 SGG (damaliger Fassung) lautete danach wie folgt: „Die §§ 87 und 96 des Gesetzes gegen Wettbewerbsbeschränkungen finden keine Anwendung". In dem Bericht des BT-Ausschusses für Gesundheit wurde darauf hingewiesen, dass es sich insoweit um eine klarstellende Folgeregelung zu der in § 69 SGB V enthaltenen Grundsatznorm des nunmehr allein **öffentlich-rechtlich gestalteten Leistungserbringungsrechts** handele. Die Ergänzung stelle auch im SGG klar, dass für die Rechtsstreitigkeiten, die sich aus den in § 69 SGB V geregelten Rechtsbeziehungen ergäben, die Sozialgerichte zuständig seien, soweit die in § 51 Abs. 2 HS. 1 SGG genannten Streitigkeiten betroffen seien.[40] Der Zuweisung dieser Rechtsstreitigkeiten zu den Gerichten der Sozialgerichtsbarkeit liegt die Auffassung des Gesetzgebers zu Grunde, dass die Kontrolle des gesetzlich regulierten, speziell ausgestatteten Wettbewerbs bei den Leistungsbeschaffungsverträgen der Krankenkassen ohne Rechtswegzersplitterung am besten vor den Gerichten erfolgen soll, die mit den systemkonstituierenden Normen der GKV und den Eigenheiten des Gesundheitsmarktes besonders vertraut sind.[41] 50

3. Änderung des GWB

Im Gesetzgebungsverfahren wurden auch kartellrechtliche Vorschriften entsprechend ergänzt. Der Vorschrift des § 87 Abs. 1 GWB, durch die die Zuständigkeit der Landgerichte in Kartellrechtsstreitigkeiten begründet wird, wurde folgender Satz angefügt: „Satz 1 gilt nicht für Rechtsstreitigkeiten aus den in § 69 Fünftes Buch Sozialgesetzbuch genannten Rechtsbeziehungen, auch soweit hierdurch Rechte Dritter betroffen sind". § 96 GWB, der die Geltung der §§ 87 ff. GWB auch für bürgerliche Rechtsstreitigkeiten, die sich insbesondere aus Vorschriften des EG-Vertrages ergeben, anordnet, wurde ebenfalls ergänzt. Ihm wurde folgender Satz angefügt: „Satz 1 gilt auch für Rechtsstreitigkeiten aus den in § 69 Fünftes Buch Sozialgesetzbuch genannten Rechtsbeziehungen, auch soweit hierdurch Rechte Dritter betroffen sind". 51

Damit galt auch insoweit die Regelung des § 87 Abs. 1 Satz 2 GWB, nach der die Zuständigkeit der Landgerichte für Kartellrechtsstreitigkeiten nicht für Rechtsstreitigkeiten begründet war, die sich aus 52

[38] OLG Düsseldorf v. 27.07.1999 - U (Kart) 36/98 - PharmR 1999, 283.

[39] BT-Drs. 14/1245, S. 67, zu Nr. 29.

[40] BT-Drs. 14/1977, S. 189, zu Art. 10a, zu Buchst. b.

[41] *Hauck*, RPG 2007, 64, 70; LSG Nordrhein-Westfalen v. 20.12.2007 - L 16 B 127/07 KR ER.

den in § 69 SGB V genannten Rechtsbeziehungen ergeben. Zur Begründung wurde in dem Ausschussbericht des BT-Ausschusses für Gesundheit ausgeführt[42]: Es handele sich ebenfalls um eine Folgeregelung zu § 69 SGB V, durch die klargestellt werde, dass für die Rechtsstreitigkeiten, die sich aus den in § 69 SGB V genannten Rechtsbeziehungen ergeben, die Sozial- bzw. Verwaltungsgerichte zuständig seien. Die Änderung von § 96 GWB stelle zudem klar, dass die Rechtswegzuweisung zu den Sozial- bzw. Verwaltungsgerichten auch für die sich aus den Art. 85 und 86 (nunmehr: Art. 81 und 82) des EG-Vertrages ergebenden Rechtsstreitigkeiten gelten würden.

4. Unterschiedliche Auffassung über Wirkung der Neuregelungen

53 Die dargestellten Änderungen des § 69 SGB V, des § 51 Abs. 2 SGG sowie der §§ 87 und 96 GWB wurden von einer Auffassung dahin verstanden, dass mit ihnen für die erfassten Rechtsbeziehungen allein die **Zuweisung des Rechtswegs zu den Sozialgerichten** normiert worden sei. Mit der Zuweisung dieser Rechtsmaterie zum öffentlichen Recht sei ein genereller Ausschluss der Anwendbarkeit von UWG und GWB sowie des europäischen Wettbewerbsrechts nicht gewollt gewesen und nicht erfolgt, sodass im Einzelfall deren entsprechende Anwendung zu prüfen sei. Begründet wurde diese Ansicht vor allem damit, dass die Begründung des Gesetzes an mehreren Stellen ausschließlich auf die Zuweisung entsprechender Rechtsstreitigkeiten zur Sozialgerichtsbarkeit abstelle. Des Weiteren sprach nach dieser Ansicht gegen den Ausschluss der Anwendbarkeit von UWG und GWB, dass der nationale Gesetzgeber die Anwendung europäischen Wettbewerbsrechts ohnehin nicht wirksam habe ausschließen können.[43]

54 Die **Gegenmeinung** war der Auffassung, mit der pauschalen Zuweisung der Rechtsmaterie zum öffentlichen Recht und der Betonung der „abschließenden Regelung" in § 69 Sätze 1 und 3 (Satz 2 a.F.) SGB V seien UWG und GWB auf die dort genannten Rechtsbeziehungen generell nicht mehr anwendbar. Das ergebe sich unter anderem aus den Gesetzesmaterialien, in denen ausgeführt werde, dass die Krankenkassen und ihre Verbände in den genannten Rechtsbeziehungen ihren öffentlich-rechtlichen Versorgungsauftrag erfüllten und nicht als Unternehmen im Sinne des Privatrechts einschließlich des Wettbewerbs- und Kartellrechts handelten.[44]

55 Schließlich wurde vertreten, dass die genannten Neuregelungen zwar die Anwendung von UWG und GWB auf die Rechtsbeziehungen der Krankenkassen zu den Leistungserbringern und betroffenen Dritten ausschlössen, dieser Ausschluss jedoch wegen Verstoßes gegen EG-Gemeinschaftsrecht rechtswidrig sei. Ein solcher Ausschluss laufe darüber hinaus ins Leere, da die kartellrechtlichen Vorschriften des EG-Vertrages weiterhin anwendbar seien.[45]

V. Herrschende Auffassung bis zum In-Kraft-Treten des GKV-WSG

56 Zunächst durchgesetzt hat sich die zweite dargestellte Auffassung.

1. Rechtsprechung des BSG

57 In der höchstrichterlichen Rechtsprechung vertrat der für Rechtsstreitigkeiten aus den Rechtsbeziehungen der Krankenkassen zu den sonstigen Leistungserbringern zuständige 3. Senat des **BSG** in ständiger Spruchpraxis die Ansicht, dass **UWG und GWB** auf die Rechtsbeziehungen der Krankenkassen zu den Leistungserbringern **nicht** – weder unmittelbar noch entsprechend noch nach ihren Rechtsgrundsätzen – **anzuwenden** seien.[46] Der Wegfall wettbewerbsrechtlicher Unterlassungsansprüche führe jedoch

---

[42] BT-Drs. 14/1977, S. 189, zu Art. 10a, zu Nr. 1 und 2.

[43] BSG v. 28.06.2000 - B 6 KA 26/99 R - BSGE 86, 223, 229 = SozR 3-2500 § 138 Nr. 1. Aus der Literatur u.a.: *Hänlein/Kruse*, NZS 2000, 165, 173; *Knispel*, NZS 2000, 379, 380; *K. Engelmann*, NZS 2000, 213, 220 f.; *Stelzer*, SozVers 2000, 141, 145; *ders.*, SozVers 2000, 169, 171; *Neumann*, Kartellrechtliche Sanktionen von Wettbewerbsbeschränkungen im Gesundheitswesen, 2000, 141; *Steinmeyer*, Wettbewerbsrecht im Gesundheitswesen, 2000, S. 82 ff.; *Emmerich* in: Damm, Festschrift für Thomas Raiser, 2005, 647, 650; *Emmerich* in: Immenga/Mestmäcker, Wettbewerbsrecht – EG Teil 1, 2007, Art. 81 Abs. EGV Rn. 27 ff.

[44] Vgl. u.a. *Boecken*, NZS 2000, 269, 271; *Neumann*, WuW 1999, 961, 963, 965; *Peikert/Kroel*, MedR 2001, 14, 19.

[45] *Gassner*, VSSR 2000, 121, 144 f.; *Schwerdtfeger*, Die Neufassung des § 69 SGB V im Gesetzentwurf „GKV-Gesundheitsreform 2000" – ein rechtsstaatlicher Rückschritt ohne sachliche Rechtfertigung, 2000, S. 32.

[46] BSG v. 31.08.2000 - B 3 KR 11/98 R - BSGE 87, 95, 99 = SozR 3-2500 § 35 Nr. 1; BSG v. 25.09.2001 - B 3 KR 3/01 R - BSGE 89, 24, 30 ff. = SozR 3-2500 § 69 Nr. 1; BSG v. 13.05.2004 - B 3 KR 2/03 R - SozR 4-2500 § 132a Nr. 1.

nicht dazu, dass die einzelnen Leistungserbringer keine Ansprüche gegen ein sie beeinträchtigendes bzw. gegen ein diskriminierendes Verhalten der Krankenkassen geltend machen könnten. **Unterlassungsansprüche** könnten seit dem 01.01.2000 auf eine Verletzung von Art. 12 und 3 GG gestützt werden, wenn Krankenkassen durch ihr hoheitliches Verhalten das Recht der freien Berufsausübung oder der Gleichbehandlung im Wettbewerb beeinträchtigten. Dabei könne offen bleiben, ob die von der Zivilrechtsprechung entwickelten Grundsätze über die Untersagung unlauteren Wettbewerbs von Seiten der Krankenkassen in vollem Umfang auf die nunmehr ausschließlich öffentlich-rechtlichen Rechtsbeziehungen übertragen werden könnten.[47]

Dem folgte die instanzgerichtliche Rechtsprechung.[48] Sie sah sich allerdings mit der Problematik konfrontiert, dass der Ausschluss auch der entsprechenden Anwendbarkeit von UWG und GWB zur Folge hatte, dass Unterlassungsansprüche den Betroffenen bei Wettbewerbsverstößen oder diskriminierendem Verhalten von Krankenkassen im Verhältnis zu Leistungserbringern nicht weiterhalfen und angemessene Sanktionen rechtswidrigen Verhaltens nicht zur Verfügung standen. 58

Das führte in der instanzgerichtlichen Rechtsprechung zu der Annahme, ein Schadensersatzanspruch eines Leistungserbringers gegen eine gesetzliche Krankenkasse könne sich aus dem Verbot der Ungleichbehandlung ergeben. Daneben wurde als Anspruchsgrundlage für den Schadensersatzanspruch eines Leistungserbringers gegen eine gesetzliche Krankenkasse auch § 69 Satz 3 SGB V (a.F.) i.V.m. der entsprechenden Anwendung des § 242 BGB gesehen. Zur Konkretisierung der sich aus der entsprechenden Anwendung des § 242 BGB ergebenden Rechte und Pflichten könne auf kartellrechtliche Grundsätze zurückgegriffen werden.[49] 59

2. Rechtsprechung des BGH

Auch der **BGH** kam zu dem Ergebnis, dass § 69 SGB V in seiner Neufassung die Anwendung von UWG und GWB auf die Rechtsbeziehungen zwischen Krankenkassen und Leistungserbringern ausschlösse. Bereits in einer Entscheidung vom 02.10.2003[50] führte er – allerdings ohne eingehendere Auseinandersetzung mit der Problematik – aus, dass der Gesetzgeber die im Vierten Kapitel des SGB V genannten Rechtsbeziehungen der Krankenkassen zu den Leistungserbringern, auch soweit sich daraus Rechte Dritter ergäben, ausschließlich sozialversicherungsrechtlich und nicht privatrechtlich geregelt und damit betroffenen Dritten den Rechtsschutz nach dem UWG entzogen habe. Dies schließe auch die zu entscheidende Fallgestaltung ein, in der sich die Rechtsbeziehungen der Krankenkassen zu einer Apotheke nach § 126 SGB V auf das Verhältnis zweier Leistungserbringer (Apotheker und Sanitätshaus) auswirkten. Der Bestimmung des § 126 SGB V komme keine wettbewerbsrechtliche Schutzfunktion zu. 60

Im **Urteil vom 23.02.2006**[51] vertiefte der **BGH** diese Auffassung und legte dar, die Vorschrift des § 69 SGB V schlösse es aus, Handlungen der Krankenkassen und der von ihnen eingeschalteten Leistungserbringer, die der Erfüllung des öffentlich-rechtlichen Versorgungsauftrages gegenüber den Versicherten dienen sollten, nach dem UWG zu beurteilen. Zwar könnte es der Wortlaut des § 69 SGB V nahe legen, diese Bestimmung nur auf die Beurteilung der internen, insbesondere vertraglichen Rechtsbeziehungen der Krankenkassen zu den Leistungserbringern und – im Hinblick auf § 69 Satz 4 SGB V (a.F.) – auf die Auswirkungen dieser Rechtsbeziehungen auf Dritte anzuwenden. Wie aus der Gesetzesbegründung jedoch hervorgehe, hätte mit der Neufassung des § 69 SGB V gerade sichergestellt werden sollen, dass Handlungen der gesetzlichen Krankenkassen und der für sie tätigen Leistungserbringer zur Erfüllung des Versorgungsauftrages gegenüber den Versicherten nur nach öffentlichem Recht beurteilt würden. Damit habe der früheren Rechtsprechung die Grundlage entzogen werden sollen, dass solche (schlicht-hoheitlichen) Handlungen wegen ihrer Auswirkungen auf den Wettbewerb gegebenenfalls eine Doppelnatur haben und dementsprechend auch dem Wettbewerbs- oder Kartellrecht unterliegen könnten. 61

---

[47] BSG v. 25.09.2001 - B 3 KR 3/01 R - BSGE 89, 24, 33 f. = SozR 3-2500 § 69 Nr. 1; kritisch zu dieser Rspr. u.a.: *Emmerich*, Ausnahmebereich Krankenversicherung? in: Damm, Festschrift für Thomas Raiser, 2005, 647 ff.

[48] Vgl. z.B.: LSG Niedersachsen-Bremen v. 20.09.2006 - L 4 KR 123/04 - NdsRpfl 2007, 285-287; LSG Nordrhein-Westfalen v. 09.10.2006 - L 16 B 52/06 KR ER; SG Frankfurt v. 09.08.2006 - S 21 KR 429/06 ER.

[49] LSG Niedersachsen-Bremen v. 20.09.2006 - L 4 KR 123/04.

[50] BGH v. 02.10.2003 - I ZR 117/01 - GRUR 2004, 247, 249.

[51] BGH v. 23.02.2006 - I ZR 164/03 - NZS 2006, 647; dazu *Keßler*, WRP 2006, 1283, 1285.

62 Weiter führte der BGH aus, § 69 SGB V beziehe sich auch auf die Beziehungen von Leistungserbringern untereinander, soweit es um Handlungen in Erfüllung des öffentlich-rechtlichen Versorgungsauftrages der Krankenkassen gehe. Maßnahmen von Krankenkassen zur Gesundheitsförderung und Prävention, mit denen ihren Mitgliedern kostenlose Blutdruck- und Blutzuckermessungen als Vorsorgeuntersuchungen ermöglicht werden sollten, würden vom öffentlich-rechtlichen Versorgungsauftrag der gesetzlichen Krankenkassen umfasst. Bei der Beurteilung ihrer Rechtmäßigkeit sei daher § 69 SGB V zu beachten. Die Anwendbarkeit des § 69 SGB V und damit der Ausschluss der Vorschriften des UWG hänge nicht davon ab, ob die zu beurteilenden Handlungen den Anforderungen des SGB V an das Tätigwerden der Krankenkassen genügten. Es sei gerade Sinn des § 69 SGB V, die Beurteilung der Rechtmäßigkeit von Handlungen der Krankenkassen und der von ihnen eingesetzten Leistungserbringer, die dem öffentlich-rechtlichen Versorgungsauftrag dienen sollten, nur den in dieser Bestimmung aufgeführten Rechtsvorschriften zu unterwerfen und dabei die Anwendung des Wettbewerbsrechts auszuschließen.

3. Rechtsweg zu den ordentlichen Gerichten in bestimmten Konstellationen

63 Umstritten war weiterhin, ob der Rechtsweg zu den Sozialgerichten gemäß § 51 Abs. 1 Nr. 2, Abs. 2 Satz 1 SGG auch für Verfahren eröffnet ist, in denen ein **privates Krankenversicherungsunternehmen** oder eine nach § 8 Abs. 2 Nr. 2-4 UWG klagebefugte Einrichtung mit einer **gesetzlichen Krankenkasse** über die Rechtmäßigkeit von deren **Mitgliederwerbung** streitet.

64 Der BGH entschied hierzu durch **Beschluss vom 09.11.2006**[52], dass es sich bei wettbewerbsrechtlichen Ansprüchen eines privaten Krankenversicherungsunternehmens oder einer nach der genannten Vorschriften des UWG klagebefugten Stelle gegen eine gesetzliche Krankenkasse, die nicht auf einen Verstoß gegen Vorschriften des SGB V, sondern ausschließlich auf wettbewerbsrechtliche Normen gestützt würden, deren Beachtung auch jedem privaten Mitbewerber obliege, **nicht um eine Angelegenheit der gesetzlichen Krankenversicherung** i.S.d. § 51 Abs. 1 Nr. 2, Abs. 2 Satz 1 SGG handele, sondern vielmehr um eine Streitigkeit, für die der Rechtsweg zu den ordentlichen Gerichten nach § 13 GVG eröffnet sei.

4. Ergebnis

65 Mit der Entscheidung des **BGH vom 23.02.2006** hatte sich der Rechtsstandpunkt verfestigt, dass § 69 Sätze 1 und 3 SGB V generell die Anwendbarkeit von UWG und GWB auf öffentlich-rechtliche Handlungen der Krankenkassen, die im Verhältnis zu Leistungserbringern in Wahrnehmung ihres Versorgungsauftrages erfolgen, ausschließt.

E. Einfügung des neuen Satzes 2 in § 69 SGB V durch das GKV-WSG

66 Die Nichtanwendbarkeit von UWG und GWB führte gerade in jüngerer Zeit zu **kritischen Reaktionen** insbesondere im Hinblick darauf, dass Krankenkassen ihre gesetzlich zugelassenen Möglichkeiten bei der Vereinbarung von Rabatten im Arzneimittelbereich wahrnahmen.[53] Anlass war das Vorgehen der 16 AOKen sowie der Techniker-Krankenkasse, die die Pharmaindustrie aufforderten, sich an Rabattverträgen gemäß § 130a Abs. 8 SGB V zu beteiligen.[54] In diesem Zusammenhang ist vertreten worden, dass in dem kollektiven Vorgehen der Krankenkassen ein Verstoß gegen die – nach wie vor anwendbaren – Kartellrechtsvorschriften der Art. 81/82 EG-Vertrag liege.[55]

I. Korrektur der Rechtsprechung durch Änderung des § 69 SGB V

67 Der Gesetzgeber hat die Entscheidung des BGH vom 23.02.2006[56] sowie die im GKV-WSG vorgesehene Erweiterung der Möglichkeiten für die Krankenkassen, im Leistungserbringungsrecht statt der bisherigen Kollektivverträge in größerem Umfang auch Einzelverträge abzuschließen, zum Anlass ge-

---

[52] BGH v. 09.11.2006 - I ZB 28/06 - NJW 2007, 1819 = WRP 2007, 641.

[53] Vgl. Stellungnahme des Bundeskartellamtes, BT-Ausschuss für Gesundheit, Ausschuss-Drs. 0129(131) vom 28.11.2006.

[54] *Schütz*, A&R 2006, 253 ff.

[55] Vgl. *Natz*, A&R 2007, 29 ff; *Sträter/Natz*, PharmR 2007, 7 ff.

[56] BGH v. 23.02.2006 - I ZR 164/03 - NZS 2006, 647

nommen, im GKV-WSG vom 26.03.2007[57] die dargestellte **Rechtsprechung des BSG und des BGH teilweise zu korrigieren**. Durch den neu in § 69 SGB V eingefügten Satz 2 ist die entsprechende Geltung der §§ 19-21 GWB auf die in Satz 1 erfassten Rechtsbeziehungen angeordnet worden.

1. Entstehungsgeschichte der Änderung

Eine Änderung des § 69 SGB V war im ursprünglichen Gesetzentwurf des GKV-WSG nicht vorgesehen. Sie ist erst während des laufenden Gesetzgebungsverfahrens aufgenommen worden. Grund hierfür war eine Initiative des Bundesrates. 68

a. Auffassung des Bundesrates

Der Bundesrat hat in seiner Stellungnahme zum GKV-WSG eine Änderung des § 69 SGB V in der Weise angeregt, dass in Satz 3 der Vorschrift nach den Worten „Vorschriften des bürgerlichen Gesetzbuches" die Worte „sowie des Gesetzes gegen den unlauteren Wettbewerb und des Gesetzes gegen Wettbewerbsbeschränkungen" eingefügt werden.[58] 69

Zur Begründung ist ausgeführt worden, die Möglichkeiten der Krankenkassen zu Rabattverträgen und einzelvertraglichen Regelungen seien ausgeweitet worden. Zugleich bestehe aufgrund der liberalisierten Fusionsmöglichkeiten der Krankenkassen die Gefahr, dass in kürzester Zeit flächendeckende Monopole und Oligopole entstünden. Das könne zur Folge haben, dass vom Gesetzgeber gewünschte Elemente wie Ausschreibungen den Selektionsprozess auf der Anbieterseite drastisch erhöhten. Angesichts der Marktmacht der Krankenkassen sei es zum Schutze der Leistungserbringer erforderlich, die allgemein geltenden Vorschriften des Wettbewerbsrechts für anwendbar zu erklären, soweit nicht spezielle Erfordernisse des Krankenversicherungsrechts dem entgegenstünden. Es sei Aufgabe des gerichtlichen Entscheidungsfindungsprozesses, in Abwägung des Einzelfalles zu entscheiden, ob und inwieweit das Wettbewerbsrecht verbunden mit den von ihm geschützten Interessen aufgrund der Besonderheiten des Gesundheitsmarktes zurücktreten müsse. GWB und UWG hätten einen grundsätzlich universellen Anspruch. Bereits jetzt umfasse das Wettbewerbsrecht eine Vielzahl unterschiedlichster Teilmärkte und es könne und müsse deshalb auch im Bereich des Gesundheitsmarktes zur Anwendung kommen. Umgekehrt müssten auch die Krankenkassen durch die Anwendung des Wettbewerbsrechts geschützt werden. Das liberalisierte Vertragsrecht berge bei monopol- bzw. oligopolartigen Strukturen der Leistungserbringer die dringende Gefahr der Erpressung der Krankenkassen zur Durchsetzung höherer Vergütungen oder Entgelte. 70

b. Gegenäußerung der Bundesregierung

Die Bundesregierung hat der Stellungnahme des Bundesrates hinsichtlich der Anwendung des Diskriminierungs- und Missbrauchsverbots des Wettbewerbsrechts (§§ 19, 20 GWB) auf die Einzelvertragsbeziehungen der Krankenkassen grundsätzlich zugestimmt und eine Prüfung zugesagt, inwieweit weitere Regelungen des Wettbewerbsrechts angewandt werden könnten.[59] 71

c. Übernahme des Änderungsvorschlages durch BT-Ausschuss

Der BT-Ausschuss für Gesundheit hat die Änderung des § 69 SGB V so beschlossen, wie sie Gesetz geworden ist.[60] 72

Im Bericht des BT-Ausschusses für Gesundheit heißt es dazu[61], dass durch die erweiterten Fusionsmöglichkeiten Krankenkassen in einzelnen Regionen einen hohen Marktanteil erlangen könnten. Die Anordnung der entsprechenden Anwendbarkeit der §§ 19-21 GWB gewährleiste, dass die Krankenkassen eine dadurch eventuell entstehende marktbeherrschende Stellung nicht missbrauchten, es zu keiner Diskriminierung der Vertragspartner der Krankenkassen und zu keinen Boykotten komme. Die Änderung führe nicht dazu, dass die Krankenkassen beim Abschluss von Einzelverträgen als Unternehmen zu qualifizieren wären. Sie nähmen auch beim Abschluss von Einzelverträgen eine soziale Aufgabe wahr, die auf dem Grundsatz der Solidarität beruhe und ohne Gewinnerzielungsabsicht ausgeübt werde. Sie erfüllten damit weder nach deutschem noch nach europäischem Recht die Begriffsmerkmale, die von der Rechtsprechung an ein Unternehmen gestellt würden. Über die lediglich „entspre- 73

---

[57] BGBl I 2007, 378.

[58] BT-Drs. 16/3950, S. 15 Nr. 20, zu Art. 1 Nr. 40a – neu.

[59] BT-Drs. 16/4020, zu Nr. 20, zu Art. 1 Nr. 40a – neu.

[60] BT-Drs. 16/4200, S. 33, Nr. 40a.

[61] BT-Drs. 16/4247, S. 35, zu Nr. 40 (§ 69).

chende Anwendbarkeit“ werde klargestellt, dass diese Vorschriften, die an sich an Unternehmen adressiert seien, in der Rechtsfolge auch die Krankenkassen beträfen. Der zweite Halbsatz des Satzes 2 stelle klar, dass bei den kollektivvertraglichen Regelungen das Wettbewerbsrecht keine Anwendung finde. Die Rechtswegzuweisung an die Sozialgerichte gemäß § 51 Abs. 1 Nr. 2 SGG bleibe von der Änderung unberührt.

2. Bewertung der Neufassung

74 Der Gesetzgeber sieht – wie schon bei der Neufassung des § 69 SGB V durch das GKV-Gesundheitsreformgesetz 2000 vom 22.12.1999 – die **Krankenkassen** in den von § 69 SGB V erfassten Rechtsbeziehungen weiterhin **nicht als Unternehmen** i.S.d. Kartellrechts und des Wettbewerbsrechts an, soweit sie in Wahrnehmung ihrer gesetzlich zugewiesenen Versorgungsaufgaben wirtschaftlich tätig werden.

75 Diese Beurteilung des Gesetzgebers steht nicht im Widerspruch dazu, dass Krankenkassen **in anderen Rechtsbeziehungen** durchaus **Unternehmen** im Sinne des Kartells- und des Wettbewerbsrechts sein können. Dem entspricht es, dass allgemein nicht von einem einheitlichen, für die gesamte Rechtsordnung geltenden Unternehmensbegriff ausgegangen werden kann. Bei dem Unternehmensbegriff handelt es sich um einen Zweckbegriff, der nur unter Berücksichtigung der spezifischen Gesetzeszwecke definiert werden und der je nach Zielsetzung des Regelungswerks variieren kann.[62]

76 Auch wenn die Krankenkassen, soweit sie in den in § 69 Sätze 1 und 3 SGB V erfassten Rechtsbeziehungen tätig werden, nicht als Unternehmen i.S.d. Kartell- und des Wettbewerbsrechts handeln, entstehen dennoch **Konfliktlagen** in den Rechtsbeziehungen zwischen Krankenkassen und Leistungserbringern bei Marktbeherrschung der einen oder anderen Seite. Diese können mit dem Instrumentarium, das aus den grundrechtlichen Gewährleistungen des Art. 12 Abs. 1 und des Art. 3 Abs. 1 GG abzuleiten ist, nicht zufriedenstellend gelöst werden. Bei diesem grundrechtlichen Ansatz besteht ein Bedürfnis, auf die Grundsätze des Kartellrechts zurückzugreifen.[63] Das Vorgehen des Gesetzgebers, die entsprechende Geltung einschlägiger Vorschriften des Kartellrechts anzuordnen, war daher folgerichtig, allerdings auch nur halbherzig.

77 Konsequenter wäre es gewesen, wenn der Gesetzgeber eine auf die spezifische Situation in diesem öffentlich-rechtlichen Bereich zugeschnittene **spezifische Wettbewerbsordnung** geschaffen hätte oder schaffen würde.[64] Damit hat sich der Gesetzgeber aber bisher zurückgehalten. Dies beruhte ersichtlich auch auf der Kürze der zur Verfügung stehenden Zeit, nachdem die Problemlage erst während des Gesetzgebungsverfahrens in aller Deutlichkeit erkannt wurde. Hinzu kommt, dass der Gesetzgeber mit allen Maßnahmen, in denen er den Krankenkassen eine unternehmensgleiche Stellung im Wettbewerb zuerkennt, befürchten muss, dass deren Unternehmenseigenschaft im Sinne des europäischen Kartellrechts bejaht wird. Das sollte, wie insbesondere der Begründung des BT-Ausschusses für Gesundheit zu entnehmen ist,[65] vermieden werden.

78 Mit der von ihm gewählten beschränkten halbherzigen Regelung hat der Gesetzgeber jedoch eine Fülle von Fragen aufgeworfen, ohne die bestehende Problematik umfassend zu lösen.

II. Regelungsgehalt des neuen Satzes 2 Halbsatz 1

79 Der neue Satz 2 mit seiner Anordnung der entsprechenden Geltung der §§ 19-21 GWB ist, anders als im Vorschlag des Bundesrates vorgesehen, nicht hinter dem früheren Satz 2, der die Rechtsbeziehungen der Krankenkassen zu den Krankenhäusern und ihren Verbänden betrifft, eingefügt worden, sondern **hinter Satz 1** des § 69 SGB V, der die Rechtsbeziehungen der Krankenkassen zu den Leistungsbeziehern im Bereich der **ambulanten Versorgung** zum Gegenstand hat.

---

[62] *Nordemann* in: Loewenheim/Meessen/Riesenkampff, Kartellrecht Bd. 2, 2006, § 1 GWB Rn. 18.

[63] Für eine Einbeziehung der wettbewerbsrechtlichen Maßstäbe der Diskriminierung, der unsachlichen Behinderung und des Verstoßes gegen die guten Sitten im Wettbewerb auch *Pietzcker* in: Boecken/Ruland/Steinmeyer, Sozialrecht und Sozialpolitik in Deutschland und Europa, Festschrift v. Maydell, 2002, 531, 545.

[64] Zu dieser Forderung bereits: *K. Engelmann*, VSSR 1999, 167; ebenfalls ausgehend von dem Erfordernis einer spezifischen Wettbewerbsordnung: *Knieps* in: Schnapp/Wigge, Handbuch des Vertragsarztrechts, 2. Aufl. 2006, § 12 Rn. 4.

[65] BT-Drs. 16/4247, S. 35, zu Nr. 40 (§ 69).

1. Entsprechende Geltung nur für den ambulanten Bereich

Daraus ist zu schließen, dass der Gesetzgeber keine Notwendigkeit gesehen hat, die entsprechende Geltung der §§ 19-21 GWB für die Rechtsbeziehungen der Krankenkassen zu den Leistungserbringern im stationären Bereich anzuordnen. Der ausschlaggebende Grund hierfür liegt darin, dass bei den **Krankenhausträgern keine entsprechende Schutzbedürftigkeit** besteht, wie sie bei den handwerklich strukturierten Leistungserbringern insbesondere im Hilfsmittelbereich angenommen worden ist. Der Schutz dieser Leistungserbringer war jedoch der maßgebliche Gesichtspunkt für den Bundesrat, eine Anwendung von UWG und GWB auf das Handeln der Krankenkassen zu fordern.[66] 80

Die gesetzliche Regelung ordnet in Halbsatz 1 die **entsprechende Geltung** der §§ 19-21 GWB an. Die Anordnung einer unmittelbaren Anwendung schied aus, da der Gesetzgeber die Krankenkassen und ihre Verbände nicht als Unternehmen im Sinne des § 1 GWB sieht.[67] Damit ist auch eine Zuständigkeit der Kartellbehörden, die bei einer unmittelbaren Geltung der §§ 19-21 GWB in Betracht zu ziehen gewesen wäre, ausgeschlossen.[68] 81

2. Adressaten der Vorschrift

Entgegen der in der Gegenäußerung der Bundesregierung zu dem Änderungsvorschlag des Bundesrates abgegebenen Stellungnahme[69], in der die entsprechende Geltung nur der §§ 19 und 21 GWB angesprochen worden war, hat im weiteren Gesetzgebungsverfahren der BT-Ausschuss für Gesundheit auch die Vorschrift des § 21 GWB, die vor allem das **Boykottverbot** betrifft, in die gesetzliche Regelung einbezogen. Die Möglichkeit eines Boykotts wurde in der Begründung des Änderungsvorschlags des Bundesrates vor allem auf der Seite von Leistungserbringern gesehen.[70] 82

Das zeigt, dass sich § 69 Satz 2 Halbsatz 1 SGB V nicht allein an die Krankenkassen und ihre Verbände als Nachfrager von Leistungen richtet, sondern dass **auch die Leistungserbringerseite** vom Anwendungsbereich der Vorschrift **erfasst** wird. 83

3. Rechtsfolgen- oder Rechtsgrundverweisung?

Die Begründung zu § 69 Satz 2 SGB V spricht davon, dass die Vorschriften des GWB, die an sich an Unternehmen adressiert seien, in der Rechtsfolge auch die Krankenkassen beträfen.[71] Mit dieser Formulierung, die auf eine Rechtsfolge abstellt, ist nicht die Frage geklärt, ob sich die Anordnung der entsprechenden Geltung als Rechtsfolgenverweisung oder als Rechtsgrundverweisung darstellt. Handelte es sich insoweit nur um eine **Rechtsfolgenverweisung**, müssten die tatbestandlichen Voraussetzungen der Vorschriften des GWB, die für entsprechend anwendbar erklärt werden, nicht vorliegen. Eine **Rechtsgrundverweisung** ist anzunehmen, wenn nicht nur auf die Rechtsfolge, sondern auch auf den Tatbestand der anderen Norm verwiesen wird. Die Annahme einer Rechtsfolgenverweisung führte hier jedoch nicht weiter; denn die in Bezug genommenen GWB-Vorschriften enthalten erst die Tatbestände (also die Rechtsgründe), aufgrund derer ein Verhalten der jeweils Betroffenen als kartellrechtswidrig beurteilt werden kann. 84

Zutreffend ist daher davon auszugehen, dass § 69 Satz 2 HS. 1 SGB V eine **(Teil-)Rechtsgrundverweisung** vornimmt mit der Einschränkung, dass es sich bei den Institutionen, auf deren Tätigkeit im Wettbewerb die GWB-Vorschriften Anwendung finden, nicht um Unternehmen handeln muss, sondern dass sie entsprechend auf Krankenkassen und ggf. Krankenkassenverbände anzuwenden sind. 85

Die Qualifizierung als (Teil-)Rechtsgrundverweisung bedeutet, dass bei der entsprechenden Geltung und Anwendung der §§ 19-21 GWB auf die Krankenkassen auch die Voraussetzungen dieser Normen – mit Ausnahme der Unternehmenseigenschaft – gegeben sein müssen, damit deren Rechtsfolgen eintreten. 86

4. Missbrauch einer marktbeherrschenden Stellung (§ 19 GWB)

§ 19 GWB betrifft den Missbrauch einer marktbeherrschenden Stellung und setzt diese jeweils voraus. Diese Vorschrift kommt am ehesten für eine entsprechende Anwendung in dem Gesundheitsmarkt sowohl auf der Nachfrager- als auch auf der Anbieterseite in Betracht. 87

---

[66] BT-Drs. 16/3950, S. 15 Nr. 20, zu Art. 1 Nr. 40a – neu.
[67] Vgl. BT-Drs. 16/4247, S. 50, zu Nr. 40 (§ 69).
[68] *Möschel*, JZ 2007, 601, 604.
[69] BT-Drs. 16/4020, S. 7, zu Nr. 20, zu Art. 1 Nr. 40a – neu.
[70] BT-Drs. 16/3950, S. 15 Nr. 20, zu Art. 1 Nr. 40a – neu.
[71] Bericht des BT-Ausschusses für Gesundheit, BT-Drs. 16/4247, S. 35, zu Nr. 40 (§ 69).

88 § 19 Abs. 1 GWB bestimmt, dass die missbräuchliche Ausnutzung einer marktbeherrschenden Stellung durch ein oder mehrere Unternehmen verboten ist.

89 Absatz 2 der Vorschrift definiert, wann ein **Unternehmen marktbeherrschend** ist. In den Rechtsbeziehungen der Krankenkassen zu den Leistungserbringern im ambulanten Sektor kommt in Frage, dass eine Krankenkasse eine im Verhältnis zu ihren Wettbewerbern überragende Marktstellung hat (Absatz 2 Satz 1 Nr. 2 Halbsatz 1). Die Vorschrift gibt die weiteren Kriterien vor, nach denen zu prüfen ist, ob eine überragende Marktstellung vorliegt. Einschlägig können hier insbesondere der Marktanteil, die Finanzkraft und der Zugang zu den Beschaffungs- oder Absatzmärkten sein.

90 Absatz 3 legt fest, wann eine **Vermutung für eine Marktbeherrschung** eines Unternehmens gegeben ist. Davon ist im Sinne einer Vermutung auszugehen, wenn ein Unternehmen einen Marktanteil von mindestens einem Drittel hat (Absatz 3 Satz 1).

91 Absatz 4 benennt beispielhaft („insbesondere“) bestimmte Situationen, in denen das Gesetz davon ausgeht, dass ein **Missbrauchstatbestand** vorliegt. Im Zusammenhang mit der Tätigkeit von Krankenkassen könnte der Missbrauchstatbestand des Absatzes 4 Nr. 2 in Betracht kommen. Die Vorschrift fordert, dass ein marktbeherrschendes Unternehmen als Anbieter oder Nachfrager einer bestimmten Art von Waren oder gewerblichen Leistungen Entgelte oder sonstige Geschäftsbedingungen fordert, die von denjenigen abweichen, die sich bei wirksamem Wettbewerb mit hoher Wahrscheinlichkeit ergeben würden.

a. Zielrichtung der Vorschrift

92 Die Vorschrift des § 19 GWB passt von der Zielrichtung her nur zum Teil – auch bei nur entsprechender Anwendung – auf die Situation der Krankenkassen im Gesundheitsmarkt. Das hängt damit zusammen, dass die Krankenkassen durch die im GMG und im GKV-WSG zugewiesenen Ermächtigungen gerade die Möglichkeit zum vermehrten Abschluss von Einzelverträgen mit Leistungserbringern oder Gruppen von Leistungserbringern erhalten sollen, um auf einzelvertraglicher Basis Wirtschaftlichkeitsgewinne zu erzielen. Die entsprechende Geltung der Vorschriften des GWB und insbesondere des § 19 GWB dient daher nur dazu, eine missbräuchliche Ausnutzung der Stellung der Krankenkassen auf einem Markt zu verhindern, in denen ihnen aufgrund ihrer Marktmacht eine marktbeherrschende Stellung zukommen kann.

b. Ausnutzung einer marktbeherrschenden Stellung

93 § 19 Abs. 4 GWB erfasst nicht nur den Anbieter-Missbrauch, sondern gilt auch für den **Nachfrager-Missbrauch.**[72] Die Gefahr, dass Krankenkassen eine marktbeherrschende Stellung ausnutzen, kann vor allem dann entstehen, wenn Krankenkassen eines Krankenkassenzweigs sich zusammenschließen, um gegenüber – z.B. nicht industriell strukturierten Betrieben von Leistungserbringern – Preis- und Leistungsbedingungen durchzusetzen, die nicht den Preisen und Geschäftsbedingungen entsprechen, die sich bei einem funktionierenden Markt ergeben würden.

94 Im Bereich der Arzneimittelversorgung ist geltend gemacht worden, Krankenkassen nutzten ihre marktbeherrschende Stellung gegenüber Arzneimittelfirmen in den Fällen aus, in denen sie auf der Rechtsgrundlage des § 130a Abs. 8 SGB V die Möglichkeiten der Einräumung von Arzneimittel-Rabatten umsetzen wollten.[73] Auf die für Rabattverträge ausgeschriebenen Wirkstoffe entfalle ein GKV-Verordnungsvolumen von circa 7,5 Mrd. €, von dem die ausschreibenden AOKen ein Verordnungsvolumen von 3 Mrd. € pro Jahr repräsentierten.[74] Nach den Angaben im Schrifttum hat das Bundeskartellamt die Einleitung eines Untersagungsverfahrens gegen das Vorgehen der AOKen abgelehnt und die Arzneimittelhersteller auf den Rechtsweg verwiesen.

5. Diskriminierungsverbot, Verbot unbilliger Behinderung (§ 20 GWB)

95 § 20 GWB enthält verschiedene Tatbestände, die bereits im Stadium vor dem Entstehen einer marktbeherrschenden Stellung einen funktionierenden Wettbewerb sicherstellen sollen.[75]

96 Absatz 1 der Vorschrift betrifft die **unbillige Behinderung** und sachlich nicht gerechtfertigte Diskriminierung sowohl von Wettbewerbern als auch von Lieferanten und Abnehmern.

---

72 *Götting* in: Loewenheim/Meessen/Riesenkampff, Kartellrecht Bd. 2, 2006, § 19 Rn. 72.

73 *Schütz*, A&R 2006, 253 ff.; *Natz*, A&R 2007, 29 ff; *Sträter/Natz*, PharmR 2007, 7 ff.

74 *Sträter/Natz*, PharmR 2007, 7.

75 Vgl. zum Ganzen: *Götting* in: Loewenheim/Meessen/Riesenkampff, Kartellrecht Bd. 2, 2006, § 20 Rn. 1.

Absatz 2 bezieht sich auf Fälle der **relativen Abhängigkeit** und damit auf solche Gestaltungen, bei denen kleine oder mittlere Unternehmen als Anbieter oder Nachfrager von anderen Unternehmen abhängig sind. 97

Absatz 3 regelt die sog. **passive Diskriminierung** und will verhindern, dass ein Nachfrager seine Marktmacht dazu nutzt, sich Sondervorteile zu verschaffen. 98

Durch die Regelungen der Absätze 4 und 5 sollen kleine und mittlere Unternehmen vor der Behinderung durch einen Wettbewerber mit überlegener Marktmacht geschützt werden. 99

Absatz 6 betrifft die diskriminierende Verweigerung der Aufnahme in Wirtschafts- und Berufsvereinigungen, die zu einer Benachteiligung des Unternehmens im Wettbewerb führen würde. 100

6. Boykottverbot, Verbot sonstigen wettbewerbsbeschränkenden Verhaltens (§ 21 GWB)

Die Vorschrift enthält das Boykottverbot (Absatz 1) und Verbotstatbestände im Zusammenhang mit der Veranlassung zu unerlaubtem Verhalten (Absätze 2-4). 101

Inwieweit ein Anwendungsbereich im Verhältnis der Krankenkassen zu den Leistungserbringern im Bereich der ambulanten Versorgung gegeben ist, muss sich in der Praxis zeigen. 102

7. Rechtsfolgen bei Verstößen gegen die §§ 19-21 GWB

Die §§ 32 ff. GWB regeln die Rechtsfolgen bei Verstößen gegen die §§ 19-21 GWB. In den Regelungen werden vor allem Befugnisse der Kartellbehörden begründet, die gegen diejenigen Unternehmen, die gegen die Verbotsnormen der §§ 19-21 GWB verstoßen haben, **Sanktionen** verhängen können. 103

Die §§ 32 ff. GWB werden in § 69 Satz 2 HS. 1 SGB V nicht für entsprechend anwendbar erklärt, sodass sich die Frage stellt, wie Verstöße gegen die Verbotsnormen der §§ 19-21 GWB sanktioniert werden können. 104

a. Keine Befugnis der Kartellbehörden zum Tätigwerden

Eine **Befugnis der Kartellbehörden**, in Anwendung der §§ 32 ff. GWB Sanktionen gegen Krankenkassen, die gegen die Vorschriften der §§ 19-21 GWB verstoßen, zu verhängen, ist nicht gegeben.[76] Dazu wäre – ebenso wie bei der entsprechenden Geltung der §§ 19-21 GWB geschehen – im Gesetz die Anordnung der entsprechenden Geltung der §§ 32 ff. GWB erforderlich gewesen. 105

Auch angesichts der Entstehungsgeschichte des § 69 SGB V kann nicht davon ausgegangen werden, dass zivilrechtliche Instanzen wie die Kartellbehörden in die Überwachung der Rechtsbeziehungen, die der Erfüllung des öffentlich-rechtlichen Versorgungsauftrags dienen, von Krankenkassen zu Leistungserbringern eingeschaltet werden sollten. Die Entstehungsgeschichte des § 69 SGB V (vgl. Rn. 4 f.) ist gerade dadurch gekennzeichnet, dass sie in verschiedenen Stufen eine Entwicklung der Rechtsbeziehungen hin zum öffentlichen Recht vorgenommen und parallel dazu für Streitigkeiten aus diesen Rechtsbeziehungen den Rechtsweg zu den Sozialgerichten festgeschrieben hat. 106

b. Sanktionen der Verstöße von Krankenkassen gegen die §§ 19-21 GWB durch Aufsichtsmaßnahmen

Versicherungsträger wie die Krankenkassen unterliegen **staatlicher Aufsicht** (§ 87 Abs. 1 Satz 1 SGB IV). Diese erstreckt sich auf die Beachtung von Gesetz und sonstigem Recht, das für Versicherungsträger maßgebend ist. Zu den von den Krankenkassen zu beachtenden gesetzlichen Vorschriften zählen auch die §§ 19-21 GWB. Verletzen Krankenkassen diese Vorschriften, handelt es sich um Verstöße gegen geltendes Recht. Solche Verstöße sind gemäß § 89 Abs. 1 SGB IV durch aufsichtsrechtliche Maßnahmen zu ahnden. 107

Nicht zu verkennen ist, dass sich diese Sanktionen in der Regel als wenig schlagkräftig erweisen, sodass die Notwendigkeit gegeben ist, weitergehende Maßnahmen, die zur Verfügung stehen, in Erwägung zu ziehen. 108

c. Regelungsdefizite bei Verstößen von Leistungserbringern und deren Verbänden gegen die §§ 19-21 GWB

Verstöße gegen die §§ 19-21 GWB in den Rechtsbeziehungen zu den Krankenkassen können auch durch die Leistungserbringer und ihre Verbände erfolgen. Das kann zum Beispiel dadurch geschehen, 109

[76] Ebenso zur mangelnden Zuständigkeit der Kartellbehörden: *Möschel*, JZ 2007, 601, 604.

dass – wie in der Begründung zur Einfügung des § 69 Satz 2 SGB V angesprochen[77] – Verbände von Leistungserbringern im Wege von **Boykottdrohungen** z.B. höhere Vergütungen erstreiten wollen.

110 Hier sind **keine Einwirkungsmöglichkeiten** der Aufsichtsbehörden gegeben, da (private) Verbände (privater) Leistungserbringer nicht der Aufsicht gemäß § 87 SGB IV unterliegen. Das insoweit bestehende Regelungsdefizit ist in geeigneter Weise zu schließen.

8. Schließung der Regelungslücken durch entsprechende Anwendung des § 33 Abs. 1 und 3 GWB?

111 § 69 Satz 2 SGB V mit seiner Anordnung der entsprechenden Geltung der §§ 19-21 GWB ordnet nicht an, welche Rechtsfolgen sich aus diesen Verstößen ergeben. Daraus ergeben sich Regelungsdefizite auf verschiedenen Ebenen.

112 Eines besteht zunächst bei **Wettbewerbsverstößen**, die von **Leistungserbringern** gegenüber Krankenkassen im Rahmen der Rechtsbeziehungen, die von § 69 Satz 1 SGB V erfasst werden, vorgenommen werden. So gilt § 21 GWB bei Boykottmaßnahmen privater Leistungserbringer gegenüber Krankenkassen entsprechend, ohne dass sich hieraus eine unmittelbare Sanktionsmöglichkeit ergibt.

113 Auch im Verhältnis von **Krankenkassen gegenüber Leistungserbringern** liegt eine Regelungslücke vor. Leistungserbringer können zwar gegenüber den Aufsichtsbehörden geltend machen, dass Krankenkassen gegen die §§ 19-21 GWB verstoßen, haben aber nach der bisherigen Rechtslage – von der grundrechtlich abgeleiteten Unterlassungsklage abgesehen – keine effektive Rechtsschutzmöglichkeit, insbesondere beim Sekundärrechtsschutz wie der Geltendmachung von Schadensersatz.

a. Entsprechende Anwendung von § 33 Abs. 1 und 3 GWB

114 Die aufgezeigten Regelungslücken können durch eine entsprechende Anwendung des § 33 Abs. 1 und 3 GWB geschlossen werden.[78]

115 § 33 Abs. 1 GWB gibt den Betroffenen bei Verstößen gegen dieses Gesetz einen **Anspruch auf Beseitigung** und bei Wiederholungsgefahr **auf Unterlassung**. Dieser Anspruch ist geeignet, in den oben aufgezeigten Fällen einzugreifen, in denen aus der gesetzlichen Regelung unmittelbar keine Sanktionsmöglichkeit abzuleiten ist.

116 § 33 Abs. 3 Satz 1 GWB normiert einen **Schadensersatzanspruch** für den Fall, dass ein Verstoß nach § 33 Abs. 1 GWB vorsätzlich oder fahrlässig begangen wird. Auch dieser Schadensersatzanspruch ist geeignet, in Fällen, in denen weitere Sanktionsmöglichkeiten von Gesetzes wegen nicht gegeben sind, die entsprechende Regelungslücke zu schließen.

b. Ergänzende Heranziehung der Grundsätze von UWG und GWB auf Rechtsbeziehungen zwischen Krankenkassen und Leistungserbringern im ambulanten und im stationären Bereich

117 Die Normierung der entsprechenden Anwendbarkeit ausschließlich der §§ 19-21 GWB bedeutet angesichts der Entstehungsgeschichte des § 69 Satz 2 SGB V, dass die weiteren Vorschriften des GWB und die Regelungen des UWG auf die Rechtsbeziehungen der Krankenkassen zu den Leistungserbringern im **ambulanten Bereich** weder unmittelbar noch entsprechend anwendbar sind. Das schließt es jedoch nicht aus, zur Entscheidung von Rechtsstreitigkeiten über Wettbewerbsituationen, in denen sich Krankenkassen und Leistungsträger befinden, im UWG und GWB niedergelegte **Rechtsgrundsätze** heranzuziehen.

118 Entsprechendes gilt für den **stationären Bereich**, der von der gesetzlich angeordneten entsprechenden Geltung der §§ 19-21 GWB nicht erfasst wird. Auch hier können bei vergleichbaren Konfliktlagen Maßstäbe des Wettbewerbs- und des Kartellrechts zur Lösung herangezogen werden.

9. Rechtsweg zu den Sozialgerichten – auch bei Rechtsstreitigkeiten aus Kartellvergaberecht

119 Die durch § 69 Satz 2 HS. 1 SGB V erfolgte Anordnung der entsprechenden Geltung von Vorschriften des GWB führt nicht dazu, dass die sich daraus ergebenden Rechtsstreitigkeiten dem Zivilrecht zuzuordnen wären. Sie beziehen sich ausschließlich auf die Rechtsbeziehungen zwischen Krankenkassen

---

77 BT-Drs. 16/3950, S. 15 Nr. 20, zu Art. 1 Nr. 40a – neu.

78 Zur Anwendung des § 33 Abs. 1 und 3 GWB bei Verstößen gegen EU-Kartellrecht: *Sträter/Natz*, PharmR 2007, 7, 11.

und Leistungserbringern und deren Verbänden im ambulanten Bereich. Diese sind nach § 69 Satz 1 SGB V dem Sozialrecht und damit dem öffentlichen Recht zugeordnet. Hierfür ist über § 51 Abs. 1 Nr. 2, Abs. 2 Sätze 1 und 2 SGG der **Rechtsweg zu den Sozialgerichten** eröffnet. Rechtsschutzmöglichkeiten vor den ordentlichen Gerichten bestehen nicht.[79] Davon geht auch die Begründung des GKV-WSG zur Neuregelung des § 69 SGB V ausdrücklich aus.[80] Dort heißt es: „Die Rechtswegzuweisung an die Sozialgerichte gemäß § 51 Abs. 1 Nr. 2 des Sozialgerichtsgesetzes bleibt von der Änderung unberührt".

Diese **Rechtswegzuweisung** wird von der zivilgerichtlichen Rechtsprechung nach wie vor zum Teil 120
negiert. Ein beredtes Beispiel dafür ist der **Vorlagebeschluss des OLG Düsseldorf** an den EuGH zur Frage, ob **Kartellvergaberecht** auf Leistungsbeschaffungsverträge der gesetzlichen Krankenkassen anzuwenden ist[81]. In der Vorlage wird ohne Auseinandersetzung mit der neueren Rechtsentwicklung insbesondere durch das GKV-WSG und ohne nähere Begründung ein Vorrang des Kartellvergaberechts vor dem SGB V – hier § 69 SGB V – und damit eine **Zuständigkeit der Zivilgerichte** bejaht. Dies ist umso bedenklicher, als durch den Weg der Vorlage an den EuGH die Frage des Rechtsweges in diesem Fall einer Überprüfung durch den BGH entzogen wird.[82] Dem OLG Düsseldorf folgten verschiedene Vergabekammern.[83]

Demgegenüber scheint sich allgemein die Auffassung durchzusetzen, dass für **vergaberechtliche Streitigkeiten** zwischen Krankenkassen und Leistungserbringern der **Rechtsweg zu den Sozialgerichten** gegeben ist.[84] Das LSG Baden-Württemberg hat in einem Beschluss vom 06.02.2008 im Hauptsacheverfahren, das die Ausschreibung von Arzneimittel-Rabattverträgen betrifft, ebenfalls die Zuständigkeit der Gerichte der Sozialgerichtsbarkeit bejaht[85] und die Rechtsbeschwerde an das BSG zugelassen.

III. Regelungsgehalt des neuen Satzes 2 Halbsatz 2

§ 69 Satz 2 HS. 2 SGB V nimmt bestimmte Arten von Verträgen aus dem Anwendungsbereich des 121
Halbsatzes 1 und damit von der entsprechenden Geltung der §§ 19-21 GWB aus. Das sind solche Verträge von Krankenkassen oder deren Verbänden mit Leistungserbringern, zu deren Abschluss die Krankenkassen oder deren Verbände gesetzlich verpflichtet sind und bei deren Nichtzustandekommen eine Schiedsamtsregelung (§ 89 SGB V) gilt. Damit werden Verträge nicht erfasst, die zwar gesetzlich vorgesehen, aber nicht „vorgeschrieben" sind. Die entsprechende Geltung der §§ 19-21 GWB betrifft daher nur die **freiwilligen Verträge**, die Krankenkassen mit Leistungserbringern abschließen.

Die Voraussetzungen der gesetzlichen Verpflichtung zum Abschluss von Verträgen und der Notwen- 122
digkeit einer Schiedsamtsregelung bei Nichtzustandekommen der Verträge müssen **kumulativ** vorliegen. Allerdings bedeutet dies keine echte zusätzliche Voraussetzung, denn – wie § 89 Abs. 1a Satz 1 SGB V zeigt – sind gesetzlich vorgeschriebene Verträge auch immer schiedsamtsfähig. Freiwillige Verträge über Vorhaben in der vertragsärztlichen Versorgung, die ebenfalls als Verträge über die vertragsärztliche Versorgung angesehen werden können, sind nicht schiedsamtsfähig.[86]

Bei Nichteinigung schiedsamtsfähig – und damit von § 69 Satz 2 HS. 1 SGB V nicht erfasst – sind u.a. 123
folgende gesetzlich vorgeschriebene Verträge über die vertragsärztliche Versorgung zwischen Krankenkassen und Leistungserbringern:

- Bundesmantelverträge (§ 82 Abs. 1 SGB V),
- Gesamtverträge (§ 83 SGB V),

[79] So ausdrücklich auch *Möschel*, JZ 2007, 601, 604; *Sträter/Natz*, PharmR 2007, 7, 11.

[80] Bericht des BT-Ausschusses für Gesundheit, BT-Drs. 16/4247, S. 35, zu Nr. 40 (§ 69).

[81] Beschluss vom 23.05.2007 - VII-Verg 50/06, Rn. 60, 74.

[82] Eingehend zum Rechtsweg bei vergaberechtlichen Streitigkeiten zwischen Krankenkassen und Leistungserbringern: *K. Engelmann*, SGb 2008, 133, 147 ff.

[83] 2. Vergabekammer des Bundes v. 15.11.2007 - VK 2 – 102/07; ebenso Vergabekammer bei der Bezirksregierung Düsseldorf v. 31.10.2007 - VK – 31/2007 – L.

[84] LSG Baden-Württemberg v. 04.04.2007 - L 5 KR 518/07 ER-B - juris Rn. 67; OLG Karlsruhe v. 19.11.2007 - 17 VerG 11/07 - juris Rn. 3; SG Stuttgart v. 20.12.2007 - S 10 KR 8404/07 und 8604/07 ER; ebenso LSG Nordrhein-Westfalen v. 20.12.2007 - L 16 B 127/07 KR ER. as BSG hat die zu ihm eingelegte weitere Beschwerde gegen den Beschluss des LSG Nordrhein-Westfalen als unzulässig verworfen, da diese in Eilverfahren nicht statthaft sei (BSG v. 24.01.2008 - B 3 SF 1/08 R).

[85] LSG Baden-Württemberg v. 06.02.2008 - L 5 KR 316/08 B.

[86] Vgl. dazu BSG v. 10.03.2004 - B 6 KA 113/03 B - juris.

- Arznei- und Heilmittelvereinbarung (§ 84 Abs. 1 SGB V),
- Richtgrößenvereinbarung (§ 84 Abs. 6 SGB V),
- Vereinbarung nach § 84 Abs. 7 SGB V,
- Vereinbarungen der Gesamtvergütungen (§ 85 Abs. 1 SGB V),
- Vereinbarungen im Rahmen der Wirtschaftlichkeitsprüfung (§ 106 Abs. 2b SGB V) und der Abrechnungsprüfung (§ 106a Abs. 6 SGB V),
- Vereinbarung nach § 106 Abs. 3 SGB V [87].

Dazu zählen weiter die Vereinbarungen, die als Bestandteile der Bundesmantelverträge gesetzlich vorgeschrieben und schiedsamtsfähig sind. Darunter fallen u.a. die Verträge gemäß §§ 73 Abs. 1c, 87 Abs. 1 Satz 2, Abs. 1a Sätze 1 und 2 SGB V.

124 Nicht schiedsamtfähig sind die Vereinbarungen der **Einheitlichen Bewertungsmaßstäbe** (§ 87 Abs. 1 SGB V), für die mit der Anrufung der Erweiterten Bewertungsausschüsse[88] ein besonderes Schlichtungsverfahren vorgesehen ist, und die **Richtlinien des Gemeinsamen Bundesausschusses**[89], weil diese keine vertraglichen Vereinbarungen darstellen.

F. Geltung europäischen Kartellrechts für die Rechtsbeziehungen zwischen Krankenkassen und Leistungserbringern

125 Das in den Art. 81 ff. EG-Vertrag geregelte europäische Kartell- und Beihilferecht enthält – ebenso wie das deutsche Kartellrecht – Vorschriften über das **Verbot des Missbrauchs marktbeherrschender Stellung** durch Unternehmen. Der Rechtsprechung des EuGH liegt ein funktionaler Unternehmensbegriff zu Grunde. Der Begriff des Unternehmens im Sinne des Wettbewerbsrechts erfasst danach jede Einheit, die eine wirtschaftliche Tätigkeit ausübt, unabhängig von ihrer Rechtsform und der Art ihrer Finanzierung[90], und kann daher grundsätzlich auch Krankenkassen betreffen.

126 Die bisherige Rechtsprechung des EuGH geht diesen Schritt für typische Sozialversicherungssysteme nicht. Er hat vielmehr entschieden, dass Einrichtungen der gesetzlichen Kranken- und Rentenversicherung, die einen rein sozialen Zweck verfolgen und keine wirtschaftliche Tätigkeit ausüben, nicht dem Unternehmensbegriff des europäischen Wettbewerbsrechts unterfallen. Das ist dann anzunehmen, wenn die Einrichtungen keine Möglichkeit haben, auf die Höhe der Beiträge, die Verwendung der Mittel und die Bestimmung des Leistungsumfanges Einfluss zu nehmen, da ihre auf dem Grundsatz der nationalen Solidarität beruhende Tätigkeit ohne Gewinnerzielungsabsicht ausgeübt wird und die Leistungen von Gesetzes wegen unabhängig von der Höhe der Beiträge erbracht werden.[91] Der EuGH hat zudem entschieden, dass die Beurteilung der Einkaufstätigkeit von Einrichtungen der sozialen Sicherheit nicht von dem Verwendungszweck zu trennen ist und der wirtschaftliche bzw. nichtwirtschaftliche Charakter der späteren Verwendung den Charakter der Einkaufstätigkeit bestimmt.[92]

127 Auf der anderen Seite hat der EuGH die Tätigkeit von Einrichtungen, die zwar gesetzliche Systeme der sozialen Sicherheit verwalten, aber die Höhe der Beiträge und der Leistungen selbst bestimmen und nach dem Kapitalisierungsprinzip arbeiten, als eine wirtschaftliche Tätigkeit im Wettbewerb mit privaten Anbietern angesehen, die in den Anwendungsbereich der Wettbewerbsvorschriften des EG-Vertrages fallen.[93]

128 Diese Folgerungen sind bisher vom EuGH für deutsche gesetzliche Krankenkassen, die in der Wahrnehmung ihres Versorgungsauftrages tätig wurden, nicht gezogen worden. Für das Verhältnis der Krankenkassen zu den Leistungserbringern hat der **EuGH** im **Festbetragsurteil**, in dem es um die Rechtmäßigkeit der Festsetzung von Festbeträgen im Arzneimittelbereich durch die Spitzenverbände der Krankenkassen ging (§ 35 Abs. 3 SGB V), entschieden, dass die Krankenkassen insoweit keine wirtschaftliche Tätigkeit ausüben, also in diesem Zusammenhang nicht als Unternehmen im Sinne des Wettbewerbs anzusehen sind. Sie nähmen eine rein soziale Aufgabe wahr und hätten die Pflicht, die

---

[87] Vgl. BSG v. 27.01.1987 - 6 RKa 28/86 - BSGE 61, 146 = SozR 2200 § 368h Nr. 4.

[88] § 87 Abs. 4 SGB V.

[89] Ebenso: *Hess* in: KassKomm, SGB V, § 89 Rn. 5.

[90] EuGH v. 23.04.1991 - C-41/90 - Slg. 1991, I-1979 = SozR 3-6030 Art 86 Nr. 1 - Rs. Höfner und Elsner.

[91] EuGH v. 17.02.1993 - C-159/91 und C-160/91 - Slg. 1993, I-637 - juris Rn. 18 - Rs. Poucet und Pistre.

[92] EuGH v. 11.07.2006 - C-205/03 P - Slg. 2006, I-6295 - juris Rn. 26 - Rs. Fenin.

[93] EuGH v. 16.09.1995 - C-244/94 - Slg. 1995, I-4013 - juris Rn. 17, 22 - Rs. FFSA; EuGH v. 21.09.1999 - C-67/96 - Slg. 1999, I-5751 - R. 81/84 - Rs. Albany. Vgl. zum Ganzen: *v. Danwitz*, Anm. zur Entwicklung der Rechtsprechung des Gerichtshofes auf dem Gebiet des Sozialrechts, 2007, i. E.

ihnen gesetzlich vorgeschriebenen Leistungen nach den Grundsätzen der Wirtschaftlichkeit zu erbringen. Die Krankenkassenverbände verfolgten bei der Festsetzung von Festbeträgen kein eigenes Interesse, das sich von dem rein sozialen Zweck der Krankenkassen trennen ließe.[94]

Die Rechtsprechung des BSG geht zur vergleichbaren Fragestellung, ob die deutsche **gesetzliche Unfallversicherung** gegen das **Monopolverbot** der Art. 81, 82 EG-Vertrag verstößt, im Hinblick auf die Rechtsprechung des EuGH ebenfalls davon aus, dass ein solcher Verstoß nicht gegeben ist, es sich insbesondere bei den deutschen Unfallversicherungsträgern (Berufsgenossenschaften) nicht um Unternehmen im Sinne des europäischen Kartellrechts handelt.[95] 129

Es ist fraglich, ob diese Rechtsprechung angesichts der durch das GMG und insbesondere durch das GKV-WSG eingeräumten größeren Möglichkeiten der Krankenkassen zum Abschluss von Einzelverträgen mit Leistungserbringern für alle Zukunft fortgilt. Im jetzigen Zeitpunkt ist jedoch noch nicht davon auszugehen, dass die bisher getroffenen Maßnahmen zu einer anderen Beurteilung der wettbewerblichen Situation der Krankenkassen durch den EuGH führen würden. Wie **Möschel**[96] im Einzelnen aufzeigt, haben die Reformen der letzten Jahre trotz gegenteiliger Beteuerung eher einen Schritt in Richtung eines noch stärker staatlich administrierenden Gesundheitssystems gemacht. So steht die soziale Aufgabenstellung der gesetzlichen Krankenversicherung unverändert im Vordergrund. Das zeigt sich darin, dass die Beitragshöhe abhängig ist von der Höhe des beitragspflichtigen Einkommens, es zu Umverteilungen inzwischen Besser- und Geringverdienenden sowie zu Umverteilungen zwischen Beitragszahlern und Arbeitslosen sowie Hartz IV-Empfängern kommt. Auch die Leistungen sind unabhängig von der Höhe der entrichteten Beiträge und praktisch gleichgeschaltet. Der Risikostrukturausgleich besteht fort und wird noch weiter ausgedehnt. Den Kassen wird die Finanzierungshoheit nahezu vollständig abgenommen. Über die Höhe der Beiträge entscheidet in Zukunft das Bundesministerium für Gesundheit. Im Ergebnis führt das dazu, dass eine Reihe wettbewerblicher Elemente zurückgedrängt worden sind.[97] 130

Der Gesetzgeber des GKV-WSG ist sich allerdings der Problematik bewusst gewesen, dass sich die Krankenkassen aufgrund ihrer vermehrten Befugnisse zum Abschluss von Einzelverträgen mit Leistungserbringern als Unternehmen im Sinne des Kartellrechts darstellen könnten. So ist in der Gesetzesbegründung zur Änderung des § 69 SGB V ausdrücklich darauf hingewiesen worden, dass diese nicht dazu führe, dass die Krankenkassen beim Abschluss von Einzelverträgen als Unternehmen zu qualifizieren wären. Auch beim Abschluss von Einzelverträgen nähmen die gesetzlichen Krankenkassen eine **soziale Aufgabe** wahr, die auf dem Grundsatz der Solidarität beruhe und ohne Gewinnerzielungsabsicht ausgeübt werde. Sie erfüllten damit weder nach deutschem noch nach europäischem Recht die Begriffsmerkmale, die von der Rechtsprechung an ein Unternehmen gestellt würden.[98] 131

In diesem Zusammenhang ist weiter zu berücksichtigen, dass Art. 86 Abs. 2 EG-Vertrag eine spezifische Ausnahme von der Anwendung der Wettbewerbsvorschriften zulässt. Diese Ausnahmeregelung ist nach der Rechtsprechung des EuGH anzuwenden, wenn besondere Befugnisse erforderlich sind, um die Erfüllung der im allgemeinen wirtschaftlichen Interesse liegenden Aufgabenstellung zu wirtschaftlich annehmbaren Bedingungen zu ermöglichen.[99] Der Gerichtshof gesteht den Mitgliedstaaten angesichts der komplexen Natur der Bewertung solcher Auswirkungen auf die betroffene Leistungssysteme und ihr finanzielles Gleichgewicht ausdrücklich einen weiten Ermessensspielraum zu. Das zeigt auf, dass selbst für den Fall, dass die Wettbewerbsvorschriften des EG-Vertrages auf die Beschaffungstätigkeit der Krankenkassen anzuwenden wären, eine Ausnahmeregelung i.S.d. Art. 86 Abs. 2 EG-Vertrag vorliegen könnte. 132

---

[94] EuGH v. 16.03.2004 - Rs. AOK-Bundesverband C-264/01 u.a. - Slg. 2004, I-2943 = SozR 4-6035 Art. 81 Nr. 1 = NJW 2004, 2723 ff.

[95] BSG v. 11.11.2003 - B 2 U 16/03 R - BSGE 91, 263 = SozR 4-2700 § 150 Nr. 1; BSG v. 09.05.2006 - B 2 U 34/05 R - UV-Recht Aktuell 2006, 456.

[96] *Möschel*, JZ 2007, 601, 603.

[97] *Möschel*, JZ 2007, 601, 603.

[98] Bericht des Ausschusses für Gesundheit, BT-Drs. 16/4247, S. 50, zu Nr. 40 (§ 69).

[99] EuGH v. 21.09.1999 - C-67/96 - Slg. 1999, I-5751 - juris Rn. 107 - Rs. Albany; EuGH v. 17.05.2001 - C-340/99 - Slg. 2001, I-4109 - juris Rn. 54 f. - Rs. TNT Traco; EuGH v. 25.10.2001 - C-475/99 - Slg. 2001, I-8089 - Rs. Ambulanz Glöckner.

G. Anwendung des nationalen Vergaberechts auf Rechtsbeziehungen i.S.d. Sätze 1 und 3

133 Umstritten ist weiterhin, ob die Vorschriften des Kartellvergaberechts (§§ 97 ff. GWB) auf die Leistungsbeschaffungsverträge, die die Krankenkassen in Wahrnehmung ihres Versorgungsauftrages abschließen, Anwendung finden.

134 Beim Vergaberecht handelt es sich um die Gesamtheit der Normen, die ein Träger öffentlicher Verwaltung bei der **Beschaffung von sachlichen Mitteln und Leistungen**, die er zur Erfüllung von Verwaltungsaufgaben benötigt, zu beachten hat.[100] Der Gesetzgeber hat mit dem am 01.01.1999 in Kraft getretenen Vergaberechtsänderungsgesetz vom 26.08.1998[101] das bisher im Haushaltsrecht geregelte Vergaberecht mit einem Teilbereich in das GWB integriert (sog. **Kartellvergaberecht**), ohne dass diese Lösung zwingend vorgegeben war. Die durch das Vergaberechtsänderungsgesetz eingeführte kartellrechtliche Lösung zieht eine Zweiteilung des Vergaberechts in das Kartellvergaberecht und in das allgemeine Vergaberecht nach sich.[102]

135 Das Kartellvergaberecht, das in den §§ 97 ff. GWB geregelt ist, ist nur auf Vergaben mit Beträgen ab bestimmten **Schwellenwerten** anwendbar.[103] Diese orientieren sich an den gemeinschaftsrechtlichen Vorgaben. Gemäß § 2 der zum 01.11.2006 in Kraft getretenen Verordnung über die Vergabe öffentlicher Aufträge (**Vergabeverordnung** – VgV[104]) gelten folgende **Schwellenwerte**: **Bauleistungen**: 5.278.000 €; **Liefer- und Dienstleistungen**: 211.000 €; **Freiberufliche Leistungen**: 137.000 €; **Liefer- und Dienstleistungen im Sektorenleistungsbereich**: 422.000 €.

136 Aufgrund der Schwellenwerte wird allerdings nur ein **geringer Teil** öffentlicher Aufträge **vom Vergaberecht** der §§ 97 ff. GWB **erfasst**.[105] Der größte Teil der Beschaffungen öffentlicher Auftraggeber richtet sich weiterhin nach dem **Haushaltsrecht** von Bund, Ländern und Gemeinden.[106]

137 Für den **Bereich der Sozialversicherung** bestimmt § 22 Abs. 1 der Verordnung über das **Haushaltswesen in der Sozialversicherung** (SVHV), dass vor dem Abschluss von Verträgen über Lieferungen und Leistungen mit Ausnahme der Verträge, die der Erbringung gesetzlicher oder satzungsmäßiger Versicherungsleistung dienen, eine öffentliche Ausschreibung vorzugehen hat. Hiervon soll abgesehen werden, sofern die Natur des Geschäfts oder besondere Umstände dies rechtfertigen. § 22 Abs. 2 SVHV schreibt vor, dass beim Abschluss der Verträge nach einheitlichen Richtlinien zu verfahren ist, wie sie insbesondere in den jeweils geltenden Verdingungsordnungen enthalten sind. Die haushaltsrechtliche Vorschrift über die Beschaffung von Lieferungen und Leistungen der Sozialversicherungsträger **schließt Verträge über Versicherungsleistungen** und damit insbesondere die Leistungsbeschaffungsverträge zwischen Krankenkassen und Leistungserbringern von der **Ausschreibungsverpflichtung** aus.

138 Der **Anwendungsbereich des Kartellvergaberechts** ist eröffnet, wenn ein öffentlicher Auftraggeber i.S.d. § 98 GWB, der nicht nach § 100 Abs. 2 GWB vom Anwendungsbereich des GWB ausgenommen ist, die Vergabe eines öffentlichen Auftrages i.S.d. § 99 GWB beabsichtigt, dessen Wert den nach § 100 Abs. 1 GWB i.V.m. § 2 VgV festgelegten Schwellenwert erreicht oder übersteigt.[107] Für die Qualifizierung als öffentlicher Auftrag ist es unerheblich, ob die zu Grunde liegenden Verträge öffentlich-rechtlicher oder privatrechtlicher Natur sind.[108]

139 Fällt eine Vergabe eines öffentlichen Auftraggebers in den Anwendungsbereich des Vergaberechts der §§ 97 ff. GWB, ergeben sich folgende **grundsätzliche Anforderungen** bei der Auswahl des Vertragspartners:[109] Die öffentlichen Auftraggeber haben bei der Vergabe vorrangig das offene Verfahren an-

[100] BVerfG v. 13.06.2006 - 1 BvR 1160/03 - juris Rn. 2 - NJW 2006, 3701 ff.
[101] BGBl I 1998, 2512.
[102] Vgl. zum Folgenden: BVerfG v. 13.06.2006 - 1 BvR 1160/03 - juris Rn. 9 ff.
[103] § 100 Abs. 1 GWB in Verbindung mit § 2 VgV.
[104] I.d.F. des Gesetzes vom 23.10.2006, BGBl I 2006, 2334.
[105] Nach *Bungenberg* in: Loewenheim/Meessen/Riesenkampff, Kartellrecht, 2006, Bd. 2, vor §§ 97 ff., Rn. 28, machen öffentliche Aufträge unterhalb der Schwellenwerte mehr als die Hälfte aller Beschaffungsmaßnahmen aus. *Heuvels* in: Loewenheim/Meessen/Riesenkampff, Kartellrecht, 2006, Bd. 2, § 102 Rn. 14, verweist darauf, dass im Bereich des Bundeshochbaus im Jahr 2002 bei einem Gesamtvolumen von insgesamt 2,951 Mrd. € lediglich ein Volumen von 13% oberhalb der Schwellenwerte vergeben wurde.
[106] Dazu *Wollenschläger*, DVBl 2007, 589, 590, m.w.N.
[107] *Sormani-Bastian*, Vergaberecht und Sozialrecht, 2007, S. 43.
[108] Vgl. *Burgi*, NVwZ 2007, 383, 384, m.w.N.
[109] Dazu *Otting/Sormani-Bastian*, ZMGR 2005, 243, 246.

zuwenden (§ 101 Abs. 6 Satz 1 GWB), bei dem eine unbeschränkte Anzahl von Unternehmen öffentlich zur Abgabe von Angeboten aufgefordert wird.[110] Die wesentlichen Merkmale des zu vergebenden Auftrages müssen europaweit im Amtsblatt der Europäischen Gemeinschaft bekannt gemacht werden. Des Weiteren sind die Bestimmungen über das Vergabeverfahren einzuhalten. Bei möglichen Rechtsverstößen haben die Bieter einen Anspruch auf Überprüfung des Vergabeverfahrens.

Die maßgeblichen **Verfahrensgrundsätze** sind in § 97 GWB geregelt. Es sind die Grundsätze der Transparenz, der Vergabe im Wettbewerb, der Chancengleichheit aller Teilnehmer eines Vergabeverfahrens, der Eignung der Bieter und das Zuschlagkriterium des wirtschaftlichsten Angebotes. Schließlich sind mittelständische Interessen vornehmlich durch die Teilung der Aufträge in Fach- und Teillose angemessen zu berücksichtigen. 140

Die Auftragsvergabe in Anwendung des Kartellvergaberechts erfolgt in einem **streng formalisierten Verfahren**, das **erhebliche Anforderungen** an Ausgestaltung, Dokumentation und Ablauf des Verfahrens stellt und sowohl auf Auftraggeberseite als auch auf Bieterseite einen großen Aufwand in zeitlicher, personeller und kostenmäßiger Hinsicht nach sich zieht.[111] Aus diesem Grund verwundert es nicht, wenn Bestrebungen bestehen, die Anwendung des Kartellvergaberechts – sofern rechtlich möglich – zu umgehen. Wegen der Kompliziertheit des Kartellvergaberechts und der Komplexität seiner Anwendung beabsichtigte der Gesetzgeber eine Reform des Vergaberechts, die jedoch bisher nicht umgesetzt worden ist.[112]

I. Verfahrens-/Rechtsweg und Rechtsschutz im Vergaberecht

Für die Vergabe öffentlicher **Aufträge oberhalb der Schwellenwerte** besteht eine ausdrückliche Verfahrens-/**Rechtswegzuweisung** durch die §§ 100 Abs. 1, 102 ff. GWB. Auf der ersten Stufe nehmen die Nachprüfung der dem Bund zuzurechnenden Aufträge die beim Bundeskartellamt eingerichteten **Vergabekammern**, die den Ländern zuzurechnenden Aufträge die von diesen eingerichteten Vergabekammern wahr (§ 104 Abs. 1 GWB). Die Vergabekammern üben nach § 105 Abs. 1 GWB ihre Tätigkeit im Rahmen der Gesetze unabhängig und in eigener Verantwortung aus. 141

Das Vergaberecht der §§ 97 ff. GWB ist durch die Einräumung von **Primärrechtsschutz** geprägt. Dem übergegangenen Bieter wird die Vergabeentscheidung so rechtzeitig mitgeteilt, dass er in dem Vergabeverfahren die Rechtmäßigkeit des Vergabeverfahrens durch Anrufung der Vergabekammern überprüfen lassen und so verhindern kann, dass vor der Entscheidung der Vergabekammern ein Zuschlag erteilt wird; denn nach Anrufung der Vergabekammern darf der Auftraggeber gemäß § 115 Abs. 1 GWB den Zuschlag vor einer Entscheidung der Vergabekammern und dem Ablauf einer Beschwerdefrist nicht erteilen. 142

Gegen die Entscheidung der Vergabekammer ist gemäß § 116 GWB die **sofortige Beschwerde zum Oberlandesgericht** eröffnet, die in einer Notfrist von zwei Wochen einzulegen ist (§ 117 Abs. 1 GWB). Die Einlegung der sofortigen Beschwerde entfaltet nach § 118 Abs. 1 Satz 1 GWB aufschiebende Wirkung. 143

Für **vergaberechtliche Streitigkeiten**, die öffentliche Aufträge **unterhalb der Schwellenwerte** betreffen, liegt **keine ausdrückliche Verfahrens-/Rechtswegzuweisung** vor.[113] Streitig war, ob insoweit der Rechtsweg zu den Zivilgerichten gegeben ist, weil es sich um privatrechtliche Verträge mit einem öffentlichen Auftraggeber handele oder ob eine Zuständigkeit der Verwaltungsgerichte besteht, da es sich um unterschiedliche Rechtsverhältnisse mit teils öffentlich-rechtlichem, teils privatrechtlichem Charakter handele, wobei der Streit über die Auswahlentscheidung zu Gunsten eines bestimmten Auftragnehmers öffentlich-rechtlich geprägt und damit die Zuständigkeit der Verwaltungsgerichte gegeben sei.[114] 144

---

[110] § 101 Abs. 2 GWB.

[111] Anschaulich zu Ablauf und Anforderungen des Vergabeverfahrens: *Brixius/Esch*, Rabattverträge im Lichte des Vergaberechts, 2007, 8 ff.

[112] *Bungenberg* in: Loewenheim/Meessen/Riesenkampff, Kartellrecht, 2006, Bd. 2, vor §§ 97 ff. Rn. 47.

[113] Vgl. dazu auch *Bungenberg* in: Loewenheim/Meessen/Riesenkampff, Kartellrecht, 2006, Bd. 2, vor §§ 97 ff., Rn. 30 ff.

[114] Für Zuständigkeit der Zivilgerichte z.B.: VGH Mannheim v. 30.10.2006 - 6 S 1522/06 - Justiz 2007, 244-245; OVG Berlin-Brandenburg v. 28.07.2006 - 1 L 59.06 - DVBl 2006, 1250; für Zuständigkeit der Verwaltungsgerichte z.B.: OVG Münster v. 12.01.2007 - 15 E 1/07 - DVBl 2007, 391; OVG Koblenz v. 14.09.2006 - 2 B 11024/06 - DÖV 2007, 39.

145 Das **BVerwG** hat durch Beschluss vom 02.05.2007[115] entschieden, dass für vergaberechtliche Streitigkeiten, die öffentliche Aufträge unterhalb der Schwellenwerte betreffen, ebenfalls der **Rechtsweg zu den Zivilgerichten** gegeben ist. Dies gelte jedenfalls dann, wenn bei der Entscheidung über die Vergabe eines öffentlichen Auftrages keine gesetzliche Verpflichtung zu bevorzugter Berücksichtigung eines bestimmten Personenkreises zu beachten sei.[116] Die von der öffentlichen Hand abgeschlossenen Werk- und Dienstverträge gehörten ausschließlich dem Privatrecht an. Das Gleiche gelte für das dem Abschluss des Vertrages vorausgehende Vergabeverfahren, das der Auswahl der öffentlichen Hand zwischen mehreren Bietern diene. Mit der Aufnahme der Vertragsverhandlungen entstehe zwischen dem öffentlichen Auftraggeber und den Bietern ein privatrechtliches Rechtsverhältnis, welches bis zur Auftragsvergabe an einen der Bieter andauere.[117]

146 Mit Beschluss vom 13.06.2006[118] hat das **BVerfG** entschieden, dass die **Beschränkung des Primärrechtsschutzes** im Vergaberecht auf Aufträge oberhalb der Schwellenwerte verfassungsrechtlich nicht zu beanstanden ist[119].

II. Anwendung des Vergaberechts auf Leistungsbeschaffungsverträge der Krankenkassen?

1. Sinn und Zweck des Vergaberechts

147 Fraglich ist, ob Sinn und Zweck der Regelung des § 69 SGB V im Widerspruch zur Anwendung von Vergaberecht auf solche Beschaffungsmaßnahmen der Krankenkassen stehen, mit denen sie im Sachleistungssystem der GKV ihre gesetzlich vorgegebenen Aufgaben erfüllen. Beim Vergaberecht handelt es sich nicht um typisches Kartellrecht. Es geht bei ihm nicht wie bei dem Kartellrecht um die Beherrschung von Marktmacht und die Beschränkung marktbeherrschender Stellungen. Regelungsgegenstand des Vergaberechts ist vielmehr die **Formalisierung öffentlicher Auftragsvergabe**. Vergaberecht wendet sich an die öffentlichen Auftraggeber und verlangt von ihnen bei der Beschaffung von Waren, Bau- und Dienstleistungen die **Beachtung bestimmter Grundsätze**, nämlich des Wettbewerbs und der Transparenz sowie der vergaberechtlichen Gleichbehandlung mit dem Ausschluss von Diskriminierungen.[120] Diese Prinzipien könnten auch bei den Leistungsbeschaffungsverträgen der Krankenkassen mit den Leistungserbringern zu beachten sein.

2. Ausschluss des Vergaberechts durch die Sätze 1 und 3?

148 Nicht abschließend geklärt ist, ob mit der Zuweisung der in § 69 Sätze 1 und 3 SGB V genannten Rechtsbeziehungen zum Sozialversicherungsrecht und damit zum öffentlichen Recht und dem daraus folgenden Ausschluss der Anwendbarkeit von UWG und GWB (mit Ausnahme der §§ 19-21 GWB auf die Rechtsbeziehungen des § 69 Satz 1 SGB V) auch das in den §§ 97 ff. GWB geregelte **Kartellvergaberecht** von der Geltung für diese Rechtsbeziehungen ausgeschlossen worden ist.

149 Mit der Zuordnung der Rechtsbeziehungen der Krankenkassen zu den Leistungserbringern zum öffentlichen Recht korrigierte der Gesetzgeber die Rechtsprechung der Zivilgerichte, die die Leistungsbeschaffungsverträge der Krankenkassen mit Leistungserbringern als zivilrechtliche Verträge bewertet und sie damit auch dem Regime insbesondere des Kartellrechts unterworfen hatten. Dies hatte zur Folge gehabt, dass die Rechtsprechung der Zivilgerichte den Verbänden der Krankenkassen Unternehmenseigenschaften im Sinne des Kartellrechts zusprachen und z.B. die auf gesetzlicher Grundlage vorgenommene Festsetzung von Arzneimittelfestbeträgen (§ 35 SGB V) als Verstoß gegen Kartellrecht ansahen. Damit wäre eine wesentliche Steuerungsmöglichkeit zur Kostensenkung im Arzneimittelbereich entfallen. In der Begründung des Entwurfs zum GKV-Gesundheitsreformgesetz 2000 zur Neufassung des § 69 SGB V wird deshalb mehrfach die Nichtanwendbarkeit von Wettbewerbs- und Kartellrecht auf die in § 69 SGB V geregelten Rechtsbeziehungen angesprochen, nicht jedoch der Ausschluss der **Anwendbarkeit des Vergaberechts**.

---

[115] BVerwG v. 02.05.2007 - 6 B 10/07 - VergabeR 2007, 337-341.
[116] BVerwG v. 02.05.2007 - 6 B 10/07 - juris Rn. 5 - VergabeR 2007, 337-341.
[117] BVerwG v. 02.05.2007 - 6 B 10/07 - juris Rn. 6 - VergabeR 2007, 337-341.
[118] BVerfG v. 13.06.2006 - 1 BvR 1160/03 - NJW 2006, 3701.
[119] Eingehend zum Vergaberechtsschutz unterhalb der Schwellenwerte: *Wollenschläger*, DVBl 2007, 589 ff.
[120] Vgl. § 97 Abs. 1 und 2 GWB.

Der Umstand, dass in der Gesetzesbegründung des GKV-Gesundheitsreformgesetzes 2000[121] im Zusammenhang mit der Funktion der Krankenkassen ausschließlich auf den Unternehmensbegriff abgestellt wird, wird als Indiz dafür gewertet, dass der Gesetzgeber die vergaberechtlichen Vorschriften des GWB nicht von der Anwendung auf die Krankenkassen habe ausschließen wollen;[122] denn beim Vergaberecht komme es nicht auf den Unternehmensbegriff, sondern auf den des **öffentlichen Auftraggebers** an und diese Funktion sei gerade nicht angesprochen worden. 150

Dieses Argument überzeugt insofern nicht, weil es dem Gesetzgeber vorrangig darum ging, die Anwendbarkeit von Wettbewerbs- und Kartellrecht auf die Rechtsbeziehungen der Krankenkassen zu den Leistungserbringern auszuschließen. Insofern bestanden kein Anlass und keine Notwendigkeit, zur Frage Stellung zu nehmen, ob die Krankenkassen in den genannten Rechtsbeziehungen als öffentliche Auftraggeber dem Vergaberecht unterliegen.[123] 151

3. Keine unmittelbare Anwendung von Vergaberecht

Ein wesentliches Argument gegen eine unmittelbare Anwendung des Vergaberechts der §§ 97 ff. GWB auf die Rechtsbeziehungen zwischen Krankenkassen und Leistungserbringern ist die Neufassung des § 69 SGB V und die mit ihr verbundenen Begleitänderungen durch das GKV-Gesundheitsreformgesetz 2000, bei denen für Rechtsstreitigkeiten aus diesen Rechtsbeziehungen die ausschließliche Zuständigkeit der Sozialgerichte festgeschrieben wurde. 152

a. Drohende Rechtswegspaltung

Bei einer unmittelbaren Geltung des Kartellvergaberechts für die genannten Rechtsbeziehungen wäre aber für einen Teilbereich – nämlich soweit aus den Rechtsbeziehungen vergaberechtliche Streitigkeiten erwachsen – die **zivilgerichtliche Sonderzuständigkeit** für vergaberechtliche Streitigkeiten nach den §§ 116 ff. GWB gegeben.[124] 153

Eine solche **Rechtswegspaltung** stünde aber diametral dem Anliegen des GKV-Gesundheitsreformgesetzes 2000 mit den in § 69 SGB V und anderen Vorschriften getroffenen Änderungen entgegen und ist abzulehnen.[125] 154

An dieser Ausgangslage haben auch spätere gesetzliche Regelungen nichts geändert. Der Gesetzgeber hat vielmehr in einer bestimmten Fallgestaltung für öffentliche Aufträge, bei denen eine Anwendung von Kartellvergaberecht in Betracht kommen könnte, ausdrücklich normiert, dass die Zuständigkeit der Sozialgerichte auch insoweit bestehen bleibt. Es handelt sich um die Rabattverträge der Krankenkassen mit pharmazeutischen Unternehmen gemäß § 130a Abs. 8 SGB V. 155

§ 130a Abs. 9 SGB V bestimmt hierzu, dass bei Streitigkeiten in Angelegenheiten dieser Vorschrift der **Rechtsweg** vor den Gerichten der **Sozialgerichtsbarkeit** gegeben ist. Es handelt sich im Kern um eine deklaratorische Regelung, da sich die Zuständigkeit der Sozialgerichte für entsprechende Rechtsstreitigkeiten ohnehin aus § 69 Satz 1 SGB V in Verbindung mit § 51 Abs. 2 SGG ergibt. Die Regelung des § 130a Abs. 9 SGB V belegt jedoch, dass der Gesetzgeber selbst nicht von einer unmittelbaren Anwendung der Vorschriften des Vergaberechts auf die Ausschreibung von Rabattverträgen durch Krankenkassen ausgeht. Würde etwas anderes gelten, wäre eine Zuständigkeit der Vergabekammern und der Zivilgerichte begründet. Das ist gerade nicht der Fall. 156

b. Änderung des § 69 SGB V durch GKV-WSG

Ein weiterer Gesichtspunkt spricht gegen die unmittelbaren Geltung des Kartellvergaberechts der §§ 97 ff. GWB für die Rechtsbeziehungen zwischen Krankenkassen und Leistungserbringern. 157

Mit der Änderung des § 69 SGB V durch das GKV-WSG hat der Gesetzgeber in dem neuen Satz 2 allein die **entsprechende Geltung der §§ 19-21 GWB** für die genannten Rechtsbeziehungen angeordnet und dies auch nur für die Rechtsbeziehungen in der ambulanten Versorgung. Im Umkehrschluss ist daraus abzuleiten, dass weitere Vorschriften des GWB – und damit auch das im GWB geregelte Vergabe- 158

[121] Vom 22.12.1999, BGBl I 1999, 2626.

[122] *Sträter/Natz*, PharmR 2007, 7, 12.

[123] *Sormani-Bastian*, Vergaberecht und Sozialrecht, 2007, S. 95.

[124] Vgl. dazu: *Sormani-Bastian*, Vergaberecht und Sozialrecht, 2007, S. 96.

[125] A.A.: *Koenig/Chr. Engelmann/Hentschel*, MedR 2003, 562, 564.

recht der §§ 97 ff. GWB – nicht für die in § 69 Satz 1 SGB V geregelten Rechtsbeziehungen gelten sollen. Andernfalls hätte es einer ausdrücklichen gesetzlichen Regelung bedurft.[126]

III. Anwendung des Vergaberechts durch Einzelverweisung?

159 Allerdings könnte in Betracht kommen, dass das Gesetz bei speziellen Fallgestaltungen aufgrund von Einzelverweisungen auf das **Vergaberecht** Bezug nimmt und seine **Anwendung anordnet**. Eine solche Regelung findet sich z.B. in § 421i SGB III. In dessen Absatz 1 ist bestimmt, dass die Agentur für Arbeit Maßnahmeträger nach einem wettbewerbsrechtlichen Vergabeverfahren mit der Durchführung von Eingliederungsmaßnahmen beauftragen kann. Daraus wird hergeleitet, dass bei der Vergabe von Aufträgen durch die Agentur für Arbeit das Vergaberecht der §§ 97 ff. GWB anzuwenden ist.[127]

160 Der Gesetzgeber hat im SGB V nur in zwei Fällen, in § 137a Abs. 1 SGB V und in § 291b Abs. 1b SGB V, vergleichbare Regelungen getroffen, nämlich die Anwendung des Vergaberechts ausdrücklich vorgeschrieben. Ansonsten sieht das Leistungserbringungsrecht des SGB V in einer Reihe von Fällen (nur) vor, dass Krankenkassen bestimmte Dienst- und sonstige Leistungen **öffentlich auszuschreiben** haben.[128] Die einschlägigen Vorschriften sind zum Teil durch das GKV-WSG geändert worden. Mit dem Begriff der öffentlichen Ausschreibung könnte inzident durch Einzelverweisung auf die Anwendung des Vergaberechts abgestellt worden sein.

1. Rechtslage bis zum GKV-WSG: Keine Bezugnahme auf Vergaberecht

161 Bis zum GKV-WSG war ohne weiteres davon auszugehen, dass mit der Voraussetzung der öffentlichen Ausschreibung oder Bekanntmachung, die in einer Reihe von Vorschriften des Leistungserbringungsrechts des SGB V aufgestellt werden, nicht auf das Vergaberecht des GWB Bezug genommen wurde. In dem Erfordernis der **öffentlichen Ausschreibung** konnte **weder eine Rechtsgrund- noch eine Rechtsfolgenverweisung** gesehen werden.[129] Auszugehen war vielmehr davon, dass der Gesetzgeber allein eine **diskriminierungsfreie Auswahl** unter den in Betracht kommenden Leistungserbringern erreichen wollte. Das verdeutlichte auch die Gesetzesbegründung[130], in der zum Teil ausdrücklich – nur – auf eine diskriminierungsfreie Auswahl abgestellt wurde.

2. Änderung der Rechtslage durch das GKV-WSG?

162 Mit dem GKV-WSG wollte der Gesetzgeber hinsichtlich der Anwendbarkeit des Vergaberechts möglicherweise einen Paradigmenwechsel vornehmen und im Wege einer Rückausnahme vom Anwendungsausschluss des Vergaberechts dieses in Teilbereichen für anwendbar erklären. Er hat lediglich in einer gesetzlichen Regelung (§ 137a Abs. 1 SGB V) die **Anwendbarkeit des Vergaberechts** vorgeschrieben, ist aber bei einer Reihe von Bestimmungen in der Gesetzesbegründung von dessen Anwendbarkeit ausgegangen.

a. Öffentliche Ausschreibung ohne Anwendbarkeit von Vergaberecht

163 Dagegen ist bei einigen Verträgen, die die Krankenkassen mit Leistungserbringern abschließen können, zwar weiterhin eine öffentliche Ausschreibung gesetzlich angeordnet, in der Begründung der Regelungen aber nicht auf die Anwendung des Vergaberechts abgestellt worden. Es handelt sich um folgende Ausschreibungen:

---

126 A.A. nunmehr Vorlagebeschluss des OLG Düsseldorf v. 23.05.2007 - VII-Verg 50/06 an den EuGH zur Frage, ob Kartellvergaberecht auf Leistungsbeschaffungsverträge der gesetzlichen Krankenkassen anzuwenden ist, in dem ohne Auseinandersetzung mit der neueren Rechtsentwicklung insbesondere durch das GKV-WSG und ohne nähere Begründung ein Vorrang des Kartellvergaberechts vor dem SGB V – hier § 69 SGB V – und damit eine Zuständigkeit der Zivilgerichte bejaht wird.

127 *Spellbrink* in: Spellbrink/Eicher, Kasseler Handbuch des Arbeitsförderungsrechts, 2003, § 23 Rn. 6 f.

128 Dazu im Einzelnen: *Sormani-Bastian*, Vergaberecht und Sozialrecht, 2007, S. 97 f.

129 *Sormani-Bastian*, Vergaberecht und Sozialrecht, 2007, S. 98.

130 BT-Drs. 15/1525, S. 97, zu Nr. 49 (§ 73b SGB V): Sie (die Krankenkassen) müssen nicht jeden Hausarzt unter Vertrag nehmen, sondern haben nur mit so vielen Hausärzten diskriminierungsfrei einen Vertrag zu schließen, die für an dieser hausarztzentrierten Versorgung teilnehmende Versicherten notwendig sind. Entsprechend Nr. 50 (zu § 73c SGB V): Die Krankenkassen können zur Durchführung der Versorgungsaufträge – diskriminierungsfrei – Einzelverträge mit Vertragsärzten schließen. Vgl. auch BT-Drs. 15/1525, S. 22, zu § 129 Abs. 5b: Durch die Verpflichtung zur Ausschreibung werden Regelungen getroffen, um eine Gleichbehandlung der Apotheken bei dem Abschluss von Einzelverträgen zu gewährleisten.

b. Beteiligung von Apotheken an vertraglich vereinbarten Versorgungsformen

§ 129 Abs. 5b Satz 1 SGB V, der die öffentliche Ausschreibung von Angeboten über vertraglich vereinbarte Versorgungsformen betrifft, an der sich Apotheken beteiligen können, ist durch das GKV-WSG nicht geändert worden. 164

c. Verträge in der hausarztzentrierten Versorgung und in der besonderen ambulanten ärztlichen Versorgung

In der – durch das GKV-WSG neu geregelten – hausarztzentrierten Versorgung (§ 73b SGB V) schließen die Krankenkassen Verträge mit Leistungserbringern. Der neue Satz 4 in Absatz 4 bestimmt – wie bisher –: „Die Aufforderung zur Abgabe eines Angebots ist unter Bekanntgabe objektiver Auswahlkriterien öffentlich auszuschreiben". 165

In der Begründung des Gesetzentwurfs wird zur Regelung der hausarztzentrierten Versorgung ausgeführt: „Die einzelnen Leistungserbringer haben Entscheidungsfreiheit beim Abschluss von Verträgen und die einzelnen Krankenkassen haben ein willkürfrei auszuübendes Auswahlermessen".[131] 166

Entsprechend heißt es bei der durch das GKV-WSG neu eingeführten „Besonderen ambulanten ärztlichen Versorgung" (§ 73c SGB V) in Absatz 3 Satz 3: „Die Aufforderung zur Abgabe eines Angebots ist unter Bekanntgabe objektiver Auswahlkriterien öffentlich auszuschreiben". 167

Die Begründung des Gesetzentwurfs lautet wie folgt: „Die bedarfsgerechte Auswahl der Vertragspartner hat die Krankenkasse auf der Grundlage öffentlich ausgeschriebener, objektiver Auswahlkriterien vorzunehmen. Diese Regelung entspricht den bereits im geltenden Recht an ähnliche Auswahlentscheidungen gestellten Anforderungen, vgl. § 73b Abs. 2 Satz 2, § 73c Abs. 2 Satz 3 (alt), § 127 Abs. 2 Satz 2"[132]. 168

d. Bewertung

Offen kann in diesem Zusammenhang bleiben, inwieweit die Krankenkassen überhaupt bei der Ausschreibung zur Abgabe der genannten Angebote als **„öffentliche Auftraggeber"** im Sinne des Vergaberechts handeln und ob die Voraussetzungen für öffentliche Aufträge i.S.d. Vergaberechts vorliegen. 169

In der Literatur wird zu den aufgezeigten Verträgen z. T. vertreten, dass auch insoweit Vergaberecht anzuwenden sei. Auf der Rechtsgrundlage der §§ 97 Abs. 6, 98 Nr. 2 GWB in Verbindung mit § 5 Vergabeverordnung sei die Verdingungsordnung für freiberufliche Leistungen anzuwenden, die in § 9 Vergabeverordnung auch die Bekanntmachung des ausgeschriebenen Auftragsinhalt regele und weitere Kriterien für die Ausschreibung festlege.[133] Dieser Auffassung ist nicht zu folgen. 170

Dem stehen nicht nur die **zahlreichen ungelösten Probleme** entgegen, die sich bei diesen Verträgen für die Krankenkassen aus einer Ausschreibungsverpflichtung nach Vergaberecht ergäben,[134] sondern vor allem Sachgründe. 171

Mit dem Begriff der „öffentlichen Ausschreibung" in den genannten Vorschriften wird nicht die Anwendbarkeit von Vergaberecht vorgeschrieben. Seine Anwendung kommt jedenfalls bei den Verträgen nach § 73b SGB V und § 73c SGB V schon deshalb nicht in Betracht, weil sich die öffentliche Ausschreibung nur an einen **beschränkten Kreis** – nämlich den **der zugelassenen ärztlichen Leistungserbringer** – richten kann, außerhalb der vertragsärztlichen Versorgung stehende Dritte also nicht Adressat der Ausschreibung sein können. 172

Der Gesetzgeber verwendet somit hier den Begriff der **öffentlichen Ausschreibung untechnisch** und nicht im Sinne des Vergaberechts, wie er auch in **anderen Normen** von einer **Ausschreibungsverpflichtung** ausgeht, ohne dass vom Regelungsgegenstand her überhaupt eine Ausschreibung nach vergaberechtlichen Grundsätzen in Betracht zu ziehen ist. Dies gilt z.B. für die nach § 98 Abs. 2 Nr. 9 SGB V auszuschreibenden Vertragsarztsitze. Auch bei Nachfolgezulassungen in gesperrten Planungsbereichen ist der Vertragsarztsitz von der Kassenärztlichen Vereinigung in den für ihre amtlichen Bekanntmachungen vorgesehenen Blättern unverzüglich auszuschreiben (§ 103 Abs. 4 Satz 1 SGB V). 173

[131] BT-Drs. 16/3100, S. 112, zu Nr. 45 (§ 73b SGB V).

[132] BT-Drs. 16/3100, S. 114, zu Nr. 46 (§ 73c SGB V).

[133] Zu § 73b SGB V: *Hencke* in: Peters, Handbuch der Krankenversicherung, 19. Aufl., 52. Lieferung, § 73b Rn. 3.

[134] *Hinz*, Die Leistungen 2004, 513, 520 f. unter Hinweis auf die Problematik der Schwellenwerte, der erforderlichen Publikation auf nationaler Ebene in entsprechenden Amtsblättern und überregionalen Zeitungen, der Notwendigkeit, von vornherein festzulegen, in welcher Zahl Hausärzte zur Teilnahme aufgefordert werden sollen.

Auch insoweit kann und braucht eine Ausschreibung nach vergaberechtlichen Grundsätzen nicht durchgeführt zu werden.[135]

174 Ein weiterer Beleg für dieses Verständnis ist die Regelung des § 137a Abs 1 Satz 1 SGB V, der durch das GKV-WSG eingefügt worden ist.[136] Hier heißt es nunmehr ausdrücklich, dass der Gemeinsame Bundesausschuss **im Rahmen eines Vergabeverfahrens** eine fachlich unabhängige Institution beauftragt. Während im Gesetzentwurf des GKV-WSG[137] noch eine **öffentliche Ausschreibung** vorgesehen war, hat der BT-Ausschuss für Gesundheit die Vorschrift in der Weise geändert, die Gesetz geworden ist[138]. Zur Begründung hat der BT-Ausschuss angeführt, die Änderung stelle klar, dass dem Gemeinsamen Bundesausschuss die Durchführung des gesetzlich definierten Vergabeverfahrens mit allen zulässigen Vergabearten ermöglicht werde, ohne auf die öffentliche Ausschreibung, die nur eine mögliche Vergabeart darstelle, gesetzlich festgelegt zu sein.[139] Damit ging die Begründung zu § 137a Abs. 1 Satz 1 SGB V inzident davon aus, dass der Begriff der „öffentlichen Ausschreibung" eine Ausschreibung i.S.d. Vergaberechts meint, ohne dass dies jedoch an anderer Stelle im Gesetz zum Ausdruck gekommen ist.

175 Insgesamt sprechen auch **systematische Gesichtspunkte** dagegen, dass der Gesetzgeber mit dem Begriff der „öffentlichen Ausschreibung" auf die Anwendung des Vergaberechts rekurriert hat.[140] Er hat im SGB V jedes Mal, wenn er die Anwendung des Vergaberechts festschreiben wollte, dies ausdrücklich bestimmt. Das gilt nicht nur für die bereits erwähnte Vorschrift des § 137a SGB V, sondern auch für die Regelung des § 291b Abs. 1b Satz 3 SGB V. Danach hat die Gesellschaft für Telematik bei der Ausschreibung von Verträgen die Vorschriften des Vergaberechts anzuwenden. Die Anwendung des Kartellvergaberechts wird hier ausdrücklich erwähnt.

Im Übrigen wäre es für den Gesetzgeber, wenn er die Anwendung des Vergaberechts auf die Rechtsbeziehungen der Krankenkassen zu den Leistungserbringern gewollt hätte, ein Leichtes gewesen, dies zu erreichen. Es hätte ausgereicht, die Vorschrift des § 22 Abs. 1 der Verordnung über das Haushaltswesen in der Sozialversicherung,[141] die die Erbringung gesetzlicher oder satzungsmäßiger Versicherungsleistungen von der Ausschreibungsverpflichtung ausnimmt, zu streichen.[142] Eine solche Maßnahme ist nicht erfolgt.

176 Es verbleibt damit dabei, dass im Regelungsbereich der §§ 129 Abs. 5b, 73b und 73c SGB V durch eine **öffentliche Ausschreibung unter Bekanntgabe objektiver Auswahlkriterien** (§§ 73b Abs. 4 Satz 4, 73c Abs. 2 Satz 3 SGB V) eine Gleichbehandlung der in Betracht kommenden Leistungserbringer bei dem Abschluss von Einzelverträgen gewährleistet werden soll, ohne dass die Ausschreibung dieser Verträge den Vorgaben des Vergaberechts genügen müssen (vgl. die Kommentierung zu § 73b SGB V Rn. 31). Diese Zielrichtung ist in den Gesetzesbegründungen zu den Vorschriften jeweils entsprechend deutlich geworden.[143]

Hinzu kommt, dass eine Anwendung des Kartellvergaberechts auf bestimmte im Gesundheitsmarkt der GKV zu erbringende Leistungen nicht weiterführt, sofern diese nach innerstaatlichem Recht eine Zulassung voraussetzen.[144] Das zeigt sich am Beispiel der vertragsärztlichen Leistungen. Vorausgesetzt, dass es sich überhaupt um öffentliche Aufträge im Sinne des § 99 Abs. 1 GWB handeln sollte, kommt in den Fällen, in denen eine öffentlichen Ausschreibung oder eine öffentliche Aufforderung zur Abgabe eines Angebotes gesetzlich vorgesehen ist,[145] eine Anwendung des Kartellvergaberechts von

---

135 Zu den Anforderungen an ein faires Verfahren für die Ausgestaltung der Auswahlentscheidung zwischen mehreren Bewerbern für einen Vertragsarztsitz: BSG v. 23.02.2005 - B 6 KA 81/03 R - BSGE 94, 181 = SozR 4-2500 § 103 Nr. 2, jeweils Rn. 22 ff.

136 Art. 1 Nr. 111 GKV-WSG v. 26.03.2007, BGBl I 2007, 378.

137 BT-Drs. 16/3100, S. 34, Nr. 111.

138 BT-Drs. 16/4200, S. 85, Nr. 111.

139 BT-Drs. 16/4247, S. 48, zu Nr. 111 (§ 137a SGB V), zu Abs. 1, zu Satz 1.

140 Dazu im Einzelnen: *K. Engelmann*, SGb 2008, 133, 142 f.

141 Die Verordnung beruht auf der Ermächtigung des § 78 SGB IV.

142 *K. Engelmann*, SGb 2008, 133, 143.

143 Vgl. noch BT-Drs. 15/1525, S. 22, zu § 129 Abs. 5b: Durch die Verpflichtung zur Ausschreibung werden Regelungen getroffen, um eine Gleichbehandlung der Apotheken bei dem Abschluss von Einzelverträgen zu gewährleisten.

144 Neben den vertrags(zahn)ärztlichen/vertragspsychotherapeutischen Leistungen gilt dies auch für Heilmittelleistungen, deren Erbringung eine Zulassung des Leistungserbringers voraussetzt (§ 124 Abs. 1 SGB V).

145 So z.B. bei den Verträgen nach § 73b SGB V (hausarztzentrierte Versorgung) und § 73c SGB V (besondere ambulante ärztliche Versorgung).

vornherein nicht in Betracht. Das gilt auch dann, wenn der einschlägige Schwellenwert des Kartellvergaberechts für Dienstleistungsaufträge[146] überschritten würde. Die öffentliche Ausschreibung zur Abgabe eines Angebots kann sich nämlich nur an einen beschränkten Kreis – den der gemäß § 95 SGB V zugelassenen oder ermächtigten Leistungserbringer – richten. Außerhalb der vertragsärztlichen Versorgung stehende Dritte, also z.B. Ärzte aus anderen EG-Staaten, können nicht Adressat der Ausschreibung sein. Wäre kartellvergaberechtlich eine europaweite Ausschreibung vorgegeben, liefe diese ins Leere.[147]

Angesichts des Beschlusses des BVerfG vom 13.06.2006,[148] nach dem die Nichteinräumung von Primärrechtsschutz bei der Vergabe öffentlicher Aufträge unterhalb der Schwellenwerte verfassungsgemäß ist, kann nicht davon ausgegangen werden, dass durch die Verpflichtung zur Ausschreibung **subjektive Rechte** der Leistungserbringer auf Einhaltung eines **diskriminierungsfreien Verfahrens** begründet werden[149]. 177

3. Anwendbarkeit von Vergaberecht bei weiteren Verträgen

Anders als bei denjenigen Verträgen, in denen mit der Begründung des Gesetzentwurfs zum GKV-WSG die Anwendbarkeit des Vergaberechts nicht in Betracht kommt, wird bei weiteren Verträgen in der Begründung von einer Geltung des Vergaberechts ausgegangen. 178

a. Verträge im Hilfsmittelbereich

§ 127 Abs. 1 Satz 1 SGB V in der Fassung des GKV-WSG bestimmt, dass – soweit dies zur Gewährleistung einer wirtschaftlichen und in der Qualität gesicherten Versorgung zweckmäßig ist – die Krankenkassen, ihre Verbände oder Arbeitsgemeinschaften **im Wege der Ausschreibung** Verträge mit Leistungserbringern oder zu diesem Zweck gebildeten Zusammenschlüssen der Leistungserbringer über die Lieferung einer bestimmten Menge von Hilfsmitteln, die Durchführung einer bestimmten Anzahl von Versorgungen oder die Versorgung für einen bestimmten Zeitraum schließen sollen. Nach § 127 Abs. 2 Satz 1 SGB V kann allerdings von einer Ausschreibung abgesehen werden, wenn diese nicht zweckmäßig ist. Nicht zweckmäßig sind Ausschreibungen in der Regel für Hilfsmittel, die für einen bestimmten Versicherten individuell angefertigt werden, oder für Versorgungen mit hohem Dienstleistungsanteil (§ 127 Abs. 1 Satz 4 SGB V). 179

In der Begründung des Gesetzentwurfs zum GKV-WSG wird hierzu ausgeführt: „Bei den Ausschreibungen sind die jeweils gültigen Vorschriften des Vergaberechts anzuwenden“[150]. 180

b. Rabattverträge bei der Arzneimittelversorgung

Nach § 130a Abs. 8 Satz 1 SGB V können die Krankenkassen oder ihre Verbände mit pharmazeutischen Unternehmern zusätzlich zu den Abschlägen nach den Absätzen 1 und 2 Rabatte für die zu ihren Lasten abgegebenen Arzneimittel vereinbaren. 181

In der Begründung des Gesetzentwurfs zum GKV-WSG heißt es zu dieser – im Wesentlichen unverändert gebliebenen – Vorschrift: „Bei den Ausschreibungen für die Verträge mit pharmazeutischen Unternehmern über Preisnachlässe (Rabatte) auf ihre Produkte sind die jeweils gültigen Vorschriften des Vergaberechts anzuwenden“[151]. 182

Im Rahmen der integrierten Versorgung wird auf die Regelung des § 130a Abs. 8 SGB V Bezug genommen. Durch das GKV-WSG wurde in § 140a Abs. 1 SGB V folgender Satz angefügt: „Die für die ambulante Behandlung im Rahmen der integrierten Versorgung notwendige Versorgung mit Arzneimitteln soll durch Verträge nach § 130a Abs. 8 erfolgen“. 183

In der Begründung des Gesetzentwurfs zum GKV-WSG wird dazu – parallel zur Regelung des § 130a Abs. 8 SGB V – ausgeführt: „Bei den Ausschreibungen für die Verträge mit pharmazeutischen Unternehmern über Preisnachlässe (Herstellerrabatte) auf ihre Produkte sind die jeweils gültigen Vorschriften des Vergaberechts anzuwenden“[152]. 184

---

[146] Er beläuft sich z. Zt. auf 211.000 €.

[147] Zur Forderung eines vergaberechtlichen Mindeststandards bei solchen Ausschreibungen: *Bloch/Bruns*, SGb 2007, 645, 651.

[148] BVerfG v. 13.06.2006 - 1 BvR 1160/03 - NJW 2006, 3701.

[149] *Sormani-Bastian*, Vergaberecht und Sozialrecht, 2007, S. 99.

[150] BT-Drs. 16/3100, S. 141, zu Nr. 93 (§ 127 SGB V).

[151] BT-Drs. 16/3100, S. 144, zu Nr. 97 (§ 130a SGB V).

[152] BT-Drs. 16/3100, S. 152, zu Nr. 119 (§ 140a Abs. 1 SGB V), zu lit. b.

c. Rechtsfolgen aus der Bezugnahme auf Vergaberecht?

185 Den vorstehend angeführten **Begründungen** des Gesetzentwurfes zum GKV-WSG kommt indessen **keine maßgebliche Bedeutung** zu.

186 § 69 SGB V ist – abgesehen von der Vorschrift des Satzes 2, in der die entsprechende Geltung der §§ 19-21 GWB auf die Rechtsbeziehungen der Krankenkassen zu den Leistungserbringern im ambulanten Bereich angeordnet wird – nicht geändert worden. Dass der Gesetzgeber die Regelung des neuen Satzes 2 eingefügt hat, war erforderlich, weil er – aufgrund der in der Rechtsprechung herrschend gewordenen Meinung (vgl. Rn. 56 ff.) – ohne entsprechende Regelung davon ausgehen musste, dass das GWB und das UWG in Gänze keine Anwendung auf die Rechtsbeziehungen fänden.

187 Aus der Einfügung des Satzes 2 in § 69 SGB V ist im Umkehrschluss abzuleiten, dass weitere Vorschriften des GWB – und damit auch das im GWB geregelte Vergaberecht der §§ 97 ff. GWB – nicht für die in § 69 Satz 1 SGB V geregelten Rechtsbeziehungen gelten sollen.

188 Die nach geltender Rechtslage bestehende **Nichtanwendbarkeit des GWB** im Übrigen – mit Ausnahme der in § 69 Satz 2 SGB V in Bezug genommenen Vorschriften – kann nicht durch Passagen in der Begründung des Gesetzentwurfs zum GKV-WSG aufgehoben werden, deren Aussagefähigkeit zudem durch die im Gesetzgebungsverfahren vorgenommene Anordnung der entsprechenden Geltung der §§ 19-21 GWB eingeschränkt ist. Die Aufhebung der Nichtanwendbarkeit des GWB in weiteren Teilen hätte einer ausdrücklichen gesetzlichen Regelung bedurft. Eine solche ist – bis auf die erwähnte Einfügung des Satzes 2, die Vergaberecht nicht betrifft – nicht erfolgt. Somit bleibt es dabei, dass Vergaberecht auf die in § 69 Satz 1 SGB V genannten Rechtsbeziehungen nicht unmittelbar Anwendung findet.

189 Hinzu kommt der bereits oben schon erwähnte Gesichtspunkt, dass die unmittelbare Anwendung des „gültigen" Vergaberechts für von Krankenkassen erteilte Aufträge auch zur Folge hätte, dass formelles Vergaberecht mit der Zuständigkeit der Vergabekammern und der Beschwerde gegen Entscheidungen der Vergabekammern an die Oberlandesgerichte anzuwenden wäre. Das widerspräche wiederum der ausdrücklichen Regelung des § 69 Satz 1 SGB V, des § 51 Abs. 2 SGG und schließlich auch der – deklaratorischen – Rechtswegzuweisung zu den Sozialgerichten in § 130a Abs. 9 SGB V.

d. Ergebnis

190 Im Ergebnis bleibt daher festzuhalten, dass das Vergaberecht der §§ 97 ff. GWB auf die in § 69 Sätze 1 und 3 SGB V erfassten Rechtsbeziehungen nicht unmittelbar anzuwenden ist. Dem steht nicht entgegen, dass im Gesetzgebungsverfahren möglicherweise andere Vorstellungen herrschten, die jedoch in den gesetzlichen Regelungen keinen hinreichenden Ausdruck erfahren haben.

IV. Anwendung des deutschen Kartellvergaberechts im Hinblick auf europarechtliche Gewährleistungen?

191 Gegenüber der hier vertretenen Auffassung, dass wegen der Regelung des § 69 SGB V und anderer Vorschriften die unmittelbare Anwendung des Kartellvergaberechts auf die Leistungsbeschaffungsverträge der Krankenkassen ausgeschlossen ist, wird angeführt, dass dadurch die Geltung europäischen Kartellrechts nicht ausgenommen werden könne. § 69 SGB V sei daher mit Blick auf das europäische Vergaberecht einschränkend dahin auszulegen, dass die im GWB geregelten Vergabevorschriften durch die Regelung des § 69 SGB V nicht verdrängt würden.[153]

Zu fragen ist deshalb, ob aufgrund von Regelungen des europäischen Primärrechts eine Bereichsausnahme, die der Gesetzgeber des SGB V mit § 69für die Leistungsbeschaffungsverträge der Krankenkassen schaffen wollte, zulässig ist. In Betracht kommt hier allein die Vorschrift des Art. 152 Abs. 5 Satz 1 EG-Vertrag. Danach bleibt bei der Tätigkeit der Gemeinschaft im Bereich der Gesundheit der Bevölkerung die Verantwortung der Mitgliedstaaten für die Organisation des Gesundheitswesens und die medizinische Versorgung in vollem Umfang gewahrt. Diese Bestimmung entfaltet gegenüber dem sekundären Gemeinschaftsrecht in Richtlinien eine Sperrwirkung in der Weise, dass nationalstaatliche Regelungen über die Gesundheitsversorgung nicht unterlaufen werden können. Vielmehr sind die sekundärrechtlichen Vorschriften des Gemeinschaftsrechts im Lichte der primärrechtlichen Regelungen des EG-Vertrages auszulegen.[154] Dabei kann die fehlende Regelungskompetenz der EG im Bereich der Gesundheitsversorgung nicht durch eine Anwendung des EG-Vergaberechts übergangen werden.

---

[153] *Kingreen*, SGb 2004, 659, 661; *Wollenschläger*, NZBau 2004, 655; *Heßhaus*, VergabeR 2007, 333, 334.

[154] *Callies/Ruffert*, EUV/EGV, 3. Aufl. 2007, Art. 249 EGV Rn. 15 m.w.N.; *Bauer/Krieger*, NJW 2007, 3672, 3673.

Diese primärrechtlich geforderte Ausnahme führt im Bereich der Rechtsbeziehungen der Krankenkassen zu den Leistungserbringern dazu, dass der Gesetzgeber des SGB V zulässigerweise den Bereich der Versorgungsverträge der Krankenkassen von der Anwendung europäischen Kartellvergaberechts ausnehmen konnte.

Ebenso wie bei der Festsetzung von Festbeträgen für Arzneimittel durch die Krankenkassen-Spritzenverbände gemäß § 35 SGB V, bei denen der EuGH die Eigenschaft der Krankenkassen als wirtschaftliche Unternehmen verneint hat, greift auch bei der Frage, ob die Krankenkassen bei den Leistungsbeschaffungsverträgen als öffentliche Auftraggeber im Sinne europäischen Vergaberechts tätig werden, der Gesichtspunkt durch, dass die Krankenkassen insoweit keine wirtschaftliche Tätigkeit im üblichen Sinne wahrnehmen, die eine Anwendung des Vergaberechts erfordert. Die Krankenkassen üben vielmehr im Rahmen ihrer gesetzlich vorgegebenen Zuständigkeitsbereiche eine soziale Aufgabe aus und haben die Pflicht, die vorgeschriebenen Leistungen nach den Grundsätzen der Wirtschaftlichkeit zu erbringen. Sie haben auch hier kein eigenes Interesse, das sie bei dem Abschluss von Leistungsbeschaffungsverträgen den üblichen Marktteilnehmern gleichstehen lässt und das sich von dem rein sozialen Zweck der Krankenkassen trennen ließe.[155] Hierin liegt auch der Unterschied zu dem Sachverhalt, der der Entscheidung des EuGH vom 13.12.2007[156] zu Grunde lag und bei der es um die Ausschreibung von Reinigungsleistungen durch die GEZ ging. Es steht außer Frage, dass entsprechende Aufträge von Krankenkassen ebenfalls dem Vergaberecht unterliegen. Darin unterscheidet sich jedoch die Situation der Versorgungsverträge.

Hier steht nicht ein funktionierendes Marktgeschehen, sondern die Gewährleistung einer qualitativ hochwertigen und durch die Versicherten finanzierbaren Gesundheitsversorgung im Vordergrund. Insoweit kann sich die Anwendung von Vergaberecht mit seinem strengen formalisierten und zeitaufwändigen Verfahren auf die Leistungsbeschaffungsverträge als kontraproduktiv erweisen und der Zielsetzung des durch das SGB V zur Verfügung gestellten Instrumentariums, den Krankenkassen über eine größere Flexibilität bei der Vertragsgestaltung und Vertragswahrnehmung einen Spielraum zur Erzielung von Wirtschaftlichkeitsreserven zu eröffnen, entgegenstehen.

Das führt zu der weiteren Frage, ob die Krankenkassen überhaupt von dem **persönlichen Anwendungsbereich des Kartellvergaberechts** der §§ 97 ff. GWB erfasst werden[157]. 192

1. Krankenkassen als öffentliche Auftraggeber?

§ 98 GWB definiert den Begriff des öffentlichen Auftraggebers i.S.d. Kartellvergaberechts. Für die Krankenkassen kommt nur die Anwendung des § 98 Nr. 2 in Betracht. Die Auftraggebereigenschaft i.S.d. Vorschrift setzt zunächst voraus, dass **juristische Personen des öffentlichen und privaten Rechts** zu dem besonderen Zweck gegründet worden sind, im **Allgemeininteresse liegende Aufgaben nichtgewerblicher Art** zu erfüllen. Sie müssen zudem **überwiegend staatlich finanziert oder beherrscht** werden. Die genannten Voraussetzungen müssen kumulativ vorliegen.[158] 193

Der Begriff des **öffentlichen Auftraggebers** wird im Kartellvergaberecht **funktional** verstanden. Entscheidend ist, ob die betreffende Institution im Rahmen des jeweiligen Beschaffungsvorgangs als öffentlicher Auftraggeber eingestuft werden kann.[159] Das ist bei den Krankenkassen in Wahrnehmung ihres Versorgungsauftrages zu bejahen. Sie besitzen als juristische Personen des öffentlichen Rechts eine eigene Rechtspersönlichkeit und sind des Weiteren auch zum Zwecke gegründet worden, im Allgemeininteresse liegende Aufgaben zu erfüllen.[160] 194

a. Aufgaben nicht gewerblicher Art?

Umstrittener ist, ob es sich bei den **Aufgaben** der Krankenkassen um solche **nicht gewerblicher Art** handelt.[161] Die Frage stellt sich deshalb, weil die Krankenkassen zueinander im Wettbewerb um Versicherte stehen, seitdem 1996 das Kassenarztrecht für die Versicherten eingeführt worden ist. 195

[155] Vgl. für die Festbetragsfestsetzung: EuGH v. 16.03.2004 - C-264/01 u.a. - NJW 2004, 2723 ff. - Rs AOK-Bundesverband./.Ichtyol-Gesellschaft Cordes; zum Ganzen *Roth*, GRUR 2007, 645, 650 ff.

[156] EuGH v. 13.12.2007 - C-337/06.

[157] Verneinend: BayObLG v. 25.04.2005 - Verg 006/04 - NVwZ 2004, 117; kritisch hierzu: *Byok/Jansen*, NVwZ 2005, 53 ff. Vgl. weiter: *Otting/Sormani-Bastian*, ZMGR 2005, 243, 244 ff.

[158] *Zeiss* in: jurisPK-VergR, § 98 GWB Rn. 21.

[159] *Kingreen*, SGb 2004, 659, 662.

[160] *Heßhaus*, VergabeR 2007, 333, 336; *Heßhaus/Koch*, SdL 2006, 331, 333.

[161] Dazu *Sormani-Bastian*, Vergaberecht und Sozialrecht, 2007, S. 103 ff.

196 Der Begriff der Nichtgewerblichkeit ist nicht legal definiert. Er ist unter Zugrundelegung der Zweckrichtung des Vergaberechts zu konkretisieren und in dem Sinne auszulegen, dass die Aufgabenerfüllung nicht unter dem Druck des Wettbewerbs, sondern kraft einer vom Staat herbeigeführten Sonderstellung erfolgt.[162] Maßgeblich ist, dass der Auftraggeber von den Marktmechanismen entkoppelt ist.[163] Sofern eine Einrichtung von den Bedingungen des Wettbewerbs unabhängig ist, soll die fehlende Selbstkorrektur des Marktes durch eine Bindung an das Vergaberecht ersetzt werden. Damit ist die Nichtexistenz eines entwickelten Wettbewerbs ein Hinweis auf die Nichtgewerblichkeit der Aufgaben.[164]

197 Auch wenn die Krankenkassen als Anbieter von Kassenleistungen im Wettbewerb um Versicherte stehen, ist nicht zu verkennen, dass es sich nicht um einen Wettbewerb handelt, der dem vergleichbar ist, wie er zwischen privaten Wirtschaftsteilnehmern herrscht. Die Krankenkassen unterliegen auch bei ihrem wettbewerblichen Handeln strengeren Vorgaben als private Marktteilnehmer. Der Wettbewerb unter den Krankenkassen soll zudem sozial verträglich sein. Es geht auch nicht um den finanziellen Erfolg der einzelnen Krankenkassen, insbesondere nicht um die Absicht, Gewinn zu erzielen und an Dritte auszuzahlen.

198 Damit kann insgesamt nicht davon ausgegangen werden, dass die Krankenkassen in ihrem Aufgabenbereich der Versorgung der Versicherten dem Wettbewerb im Sinne des Vergaberechts unterliegen. Es handelt sich vielmehr um Aufgaben nichtgewerblicher Art, die sie wahrnehmen.[165]

b. Staatliche Beherrschung der Krankenkassen durch überwiegende Finanzierung?

199 Eine juristische Person des öffentlichen Rechts ist erst dann auch öffentlicher Auftraggeber i.S.d. §§ 97 ff. GWB, wenn sie eine besondere Staatsgebundenheit aufweist[166]. Es ist deshalb zu fragen, ob die Krankenkassen in dem von § 98 Nr. 2 GWB vorausgesetzten Umfang **staatlich beherrscht** werden.

200 Die von der gesetzlichen Regelung vorausgesetzte erforderliche staatliche Beeinflussung der Krankenkassen kann sich darin zeigen, dass eine Gebietskörperschaft im Sinne des § 98 Nr. 1 die Krankenkassen entweder überwiegend finanziert oder über ihre Leitung die Aufsicht ausübt oder mehr als die Hälfte der Mitglieder eines ihrer zur Geschäftsführung oder zur Aufsicht berufenen Organe bestimmt.

201 Eine überwiegende Finanzierung liegt vor, wenn mehr als 50% der Finanzmittel von öffentlichen Auftraggebern nach § 98 Nr. 1, 2 oder 3 GWB herrühren.[167] Die **überwiegende Finanzierung** der Krankenkassen durch andere staatliche Stellen wurde von der bisher wohl h.M. im Hinblick darauf verneint, dass die Krankenkassen nicht durch den Staat selbst finanziert werden, sondern sie sich überwiegend durch die Beiträge ihrer Versicherten finanzieren[168]. Das OLG Düsseldorf hat unter umstrittener Bejahung seiner Zuständigkeit[169] dem EuGH die Frage vorgelegt, ob sich die mittelbare staatliche Finanzierung der gesetzlichen Krankenkassen wegen der vom Staat festgesetzten Rahmenbedingungen als überwiegende Finanzierung i.S.d. genannten Vorschriften darstellt.[170] Nach der Entscheidung des EuGH vom 13.12.2007[171] zur mittelbaren staatlichen Finanzierung von Rundfunkanstalten, die ebenfalls auf eine Vorlage des OLG Düsseldorf hin ergangen ist, ist es trotz der der bestehenden Unterschiede in der Finanzierung der Rundfunkanstalten durch Rundfunkgebühren zur Finanzierung der gesetzlichen Krankenkassen, die im Wesentlichen auf Beiträgen der Versicherten und der Arbeitgeber

---

[162] *Kingreen*, SGb 2004, 659, 662.

[163] *Zeiss* in: jurisPK-VergR, § 98 GWB Rn. 59; vgl. auch *Byok/Jansen*, NVwZ 2005, 53, 54.

[164] *Heßhaus*, VergabeR 2007, 333, 336; *Sormani-Bastian*, Vergaberecht und Sozialrecht, 2007, S. 104.

[165] BayObLG v. 24.05.2004 - Verg 006/04 - NVwZ 2004, 117; *Heßhaus*, VergabeR 2007, 333, 337; *Sormani-Bastian*, Vergaberecht und Sozialrecht, 2007, S. 107. Etwas anderes galt hingegen nach der Rechtsprechung des BayObLG v. 21.10.2004 - Verg 17/04 - VergabeR 2005, 67 ff. - für die frühere Landesversicherungsanstalt Ober- und Mittelfranken. Diese stellte sich als öffentlicher Auftraggeber i.S.d. § 98 Nr. 2 GWB dar.

[166] *Otting/Sormani-Bastian*, ZMGR 2005, 243, 244.

[167] Vgl. *Zeiss* in: jurisPK-VergR, § 98 GWB Rn. 77.

[168] *Kingreen*, SGb 2004, 659, 663; *Heßhaus*, VergabeR 2007, 333, 337 f.; a.A. z.B.: *Sormani-Bastian*, Vergaberecht und Sozialrecht, 2007, S. 107 ff., 111; s. auch OLG Düsseldorf v. 21.07.2006 - VII-Verg 13/06 - VergabeR 2006, 893, das dem EuGH die Frage vorgelegt hat, ob die mittelbare Finanzierung der Rundfunkanstalten durch eine staatlich vorgeschriebene Gebührenzahlung das Tatbestandsmerkmal der „Finanzierung durch den Staat" erfüllt.

[169] Eingehend zum Rechtsweg zu den Sozialgerichten: *K. Engelmann*, SGb 2008, 133, 147 ff.

[170] OLG Düsseldorf v. 23.05.2007 - VII-Verg 50/06.

[171] EuGH v. 13.12.2007 - C-337/06.

beruhen, fraglich, ob der EuGH eine staatliche Finanzierung der Krankenkassen verneinen würde. Der EuGH hat in der Entscheidung dargelegt, dass der Begriff der Finanzierung durch den Staat funktionell zu verstehen sei. Sofern eine Finanzierung gesetzlich vorgesehen und auferlegt und auch die Gebührenhöhe nicht das Ergebnis einer vertraglichen Beziehung zwischen den Beteiligten sei, der Verbraucher auch keine vertraglich vereinbarte Gegenleistung erhalte, sei von einer staatlichen Finanzierung auszugehen.[172]

c. Überwiegende Kontrolle?

Eine Beherrschung im Sinne des § 98 Nr. 2 GWB ist dann gegeben, wenn Stellen i.S.d. § 98 Nr. 1 GWB die Aufsicht über die Leitung des Auftraggebers ausüben oder mehr als die Hälfte der Mitglieder der zur Geschäftsführung oder zur Aufsicht berufenen Organe besetzt haben.[173] Eine solche personelle Einflussnahme bei den Krankenkassen durch den Staat ist in dem erforderlichen Umfang nicht gegeben. Bei ihnen handelt sich um Körperschaften, denen der Staat das Recht der Selbstverwaltung zuerkannt hat (§ 29 Abs. 1 SGB IV). Die Entscheidungsorgane der Körperschaften werden nicht durch den Staat bestimmt, sondern von den Mitgliedern der Körperschaften gewählt. 202

Die staatliche Aufsicht, der die Krankenkassen unterliegen (§ 87 SGB IV), stellt sich als Rechtsaufsicht, nicht als Fachaufsicht dar.[174] Sie ist daher ebenfalls kein Beleg für eine staatliche Beherrschung der Krankenkassen.[175] 203

Zusammenfassend ist festzuhalten, dass im Hinblick auf die jüngste Rechtsprechung des EuGH offen ist, ob die Krankenkassen die Voraussetzungen des § 98 Nr. 2 GWB erfüllen, sie also vom persönlichen Anwendungsbereich der Vorschrift erfasst werden.

2. Arzneimittel-Rabattverträge keine „öffentlichen Aufträge"

Eine Sonderproblematik stellt sich bei den Arzneimittel-Rabattverträgen gemäß § 130a Abs. 8 SGB V. Diese stellen sich nicht als öffentlicher Aufträge im Sinne des § 99 Abs. 1 GWB dar.[176] Ihnen liegt keine Beschaffungssituation zu Grunde. Für die Krankenkassen entsteht durch die Rabattverträge keine Hauptleistungspflicht. Sie erlangen auch keine Verfügungsgewalt über die Arzneimittel. Sie haben keinen Einfluss darauf, dass die Vertragsärzte nur rabattierte Arzneimittel zu Lasten der Krankenkassen verordnen. Auch die Apotheken haben bei mehreren zur Verfügung stehenden rabattierten Arzneimitteln die Entscheidungsfreiheit darüber, welches sie an die Versicherten abgeben. Die Vorteile, die die Krankenkassen aus den Abschluss von Arzneimittel-Rabattverträgen erzielen, ergeben sich nicht unmittelbar aus den Verträgen, sondern aus den sozialrechtlichen Rahmenbedingungen, durch die die pharmazeutischen Unternehmen die Chance erhalten, über Rabattverträge ihren Umsatz zu stabilisieren. Damit fehlt es auch an einer Entgeltlichkeit der Arzneimittel-Rabattverträge.[177] 204

V. Berücksichtigung vergaberechtlicher Grundsätze durch Krankenkassen bei Leistungsbeschaffungsverträgen

Auch wenn das Vergaberecht der §§ 97 ff. GWB und die Verordnung über das Haushaltswesen in der Sozialversicherung auf die Leistungsbeschaffungsverträge der gesetzlichen Krankenkassen mit den Leistungserbringern, die in Wahrnehmung des Versorgungsauftrages der Krankenkassen geschlossen werden, nicht unmittelbar anzuwenden sind, so bedeutet dies nur, dass kein förmliches Vergabeverfahren stattzufinden hat.[178] Es ist jedoch in allen Fällen ein **transparentes, diskriminierungsfreies, verhältnismäßiges und nachprüfbares Auswahlverfahren** durchzuführen.[179] 205

---

[172] EuGH v. 13.12.2007 - C-337/06 - juris Rn. 4 ff.; vgl. dazu auch *K. Engelmann*, SGb 2008, 133, 146.

[173] Vgl. *Zeiss* in: jurisPK-VergR, § 98 GWB Rn. 85.

[174] BSG v. 14.02.2007 - B 1 A 3/06 R - juris Rn. 17 - ZfS 2007, 113-114; *Kingreen*, SGb 2004, 659, 664; *Heßhaus*, VergabeR 2007, 333, 340.

[175] A.A.: *Byok/Jansen*, NVwZ 2005, 53, 55.

[176] Vgl. dazu im Einzelnen: *K. Engelmann*, SGb 2008, 133, 146 f.; Entsprechendes gilt auch z.B. für die Verträge zur integrierten Versorgung.

[177] Ebenso *Brixius/Esch*, Rabattverträge im Lichte des Vergaberechts, 2007, 53.

[178] Zu den Bestrebungen der EU-Kommission, Vergaberecht auch auf öffentliche Aufträge unterhalb der Schwellenwerte anzuwenden, vgl. *Wollenschläger*, NVwZ 2007, 388 f.

[179] So auch *Otting/Sormani-Bastian*, ZMGR 2005, 243, 246.

1. Kein Primärrechtsschutz

206 Ein Anspruch eines Bieters auf Primärrechtsschutz – entsprechend den Regelungen der §§ 102 ff. GWB für Aufträge oberhalb der Schwellenwerte – besteht insoweit nicht.[180] Unterhalb der Schwellenwerte ist kein einfachrechtliches subjektives Recht des erfolglosen Bieters gegeben, das mit einem Primärrechtsschutz durchgesetzt werden könnte. Das hat zur Folge, dass **Primärrechtsschutz** faktisch ganz **ausscheidet**, da zwischenzeitlich der Zuschlag erteilt worden ist.[181]

2. Sekundärrechtsschutz mit Schadensersatz- oder Feststellungsklage

207 Das BVerfG hat es als ausreichend angesehen, dass die erfolglosen Bieter **Sekundärrechtsschutz** in Form einer Schadensersatz- oder Feststellungsklage erlangen können. Dabei müssen die Tatbestandsvoraussetzungen und Rechtsfolgen der Normen, aus denen sich ein Schadensersatzanspruch des erfolglosen Bieters ergeben kann, in einer Weise bestimmt werden, die seinem auf die Beachtung des Art. 3 Abs. 1 GG gerichteten Rechtsschutzinteresse hinreichend Rechnung trägt.[182]

VI. Geltung des Vergaberechts für Leistungserbringer

208 Die Nichtanwendbarkeit des Vergaberechts betrifft nur die Rechtsbeziehungen der Krankenkassen zu den Leistungserbringern.

209 Die Vergabe von Aufträgen durch öffentliche Auftraggeber unterliegt aber ansonsten der Geltung des Vergaberechts der §§ 97 ff. GWB, auch wenn es sich bei den öffentlichen Auftraggebern um Leistungserbringer i.S.d. §§ 69 ff. SGB V handelt. So sind auf die Vergabe von Laborleistungen durch einen kommunalen Krankenhausträger die Vorschriften des Vergaberechts anzuwenden, der Auftrag bei Erreichen des Schwellenwerts für Dienstleistungen also öffentlich auszuschreiben.[183]

H. Beziehungen der Krankenkassen untereinander – Anwendung von Wettbewerbsrecht?

210 Hauptanliegen der Reformen der GKV – insbesondere durch das GMG vom 14.11.2003 und das GKV-WSG vom 26.03.2007 – war es, den **Wettbewerb in der GKV** weiterzuentwickeln. Gewollt war eine Qualitäts- und Effizienzsteigerung durch Intensivierung des Wettbewerbs auf Krankenkassenseite insbesondere durch mehr Vertragsfreiheit der Krankenkassen mit Leistungserbringern.

I. Entsprechende Anwendbarkeit des UWG?

211 Die Krankenkassen, denen im GKV-WSG u.a. die Möglichkeit eingeräumt worden ist, durch Wahltarife versichertengruppenspezifische Angebote zu unterbreiten,[184] stehen damit vermehrt im Wettbewerb untereinander. Es handelt sich um einen Wettbewerb insbesondere um die „guten Risiken" unter den Versicherten, der inhaltlich von der Ausgestaltung des Risikostrukturausgleichs abhängig ist. Das war in erheblichem Umfang auch bisher schon der Fall, wie zahlreiche Rechtsstreitigkeiten über das **Wettbewerbsverhalten der Krankenkassen** untereinander zeigen. Das wirft die Frage auf, ob auf die Rechtsbeziehungen der Krankenkassen untereinander das Wettbewerbsrecht des UWG entsprechend anzuwenden ist, um ein geeignetes Instrumentarium zur Verfügung zu haben, mit dem Verstöße gegen die Grundsätze des lauteren Wettbewerbs wirkungsvoll geahndet werden können.

II. Keine Geltung des § 69 SGB V für Rechtsbeziehungen zwischen Krankenkassen

212 § 69 SGB V erfasst die Rechtsbeziehungen der Krankenkassen untereinander nicht, da die Vorschrift allein Rechtsbeziehungen der Krankenkassen zu den Leistungserbringern betrifft, sodass unmittelbar auf § 69 SGB V die Ablehnung einer entsprechenden Anwendbarkeit des UWG nicht gestützt werden

[180] BVerfG v. 13.06.2006 - 1 BvR 1160/03 - NJW 2006, 3701 ff.

[181] BVerfG v. 13.06.2006 - 1 BvR 1160/03 - Rn. 85 - NJW 2006, 3701 ff.

[182] BVerfG v. 13.06.2006 - 1 BvR 1160/03 - Rn. 82 - NJW 2006, 3701 ff.

[183] OLG Saarbrücken v. 20.09.2006 - 1 Verg 3/06 - GesR 2006, 558.

[184] § 53 SGB V i.d.F. durch das GKV-WSG.

kann. Die **Rechtsbeziehungen der Krankenkassen** untereinander gehören jedoch ebenfalls dem **öffentlichen Recht** an[185], was gegen eine entsprechende Anwendung der dem Zivilrecht zuzuordnenden wettbewerbsrechtlichen Normen oder Maßstäbe sprechen könnte.

III. Rechtsprechung des BSG

Die **Rechtsprechung des BSG**[186] hat es bisher abgelehnt, auf das Wettbewerbsverhalten der Krankenkassen untereinander die Vorschriften des Wettbewerbsrechts oder des bürgerlichen Rechts analog anzuwenden und deshalb einen Schadensersatzanspruch wegen unlauteren Wettbewerbs einer Krankenkasse gegen eine andere abgelehnt. Es liege **keine Regelungslücke** vor. Das Gesetz gehe von der Verpflichtung der Sozialleistungsträger zur Zusammenarbeit aus. Wie bei jeder Handlungspflicht korrespondiere damit eine Pflicht zur Unterlassung von Tätigkeiten, die den vorgegebenen Handlungszielen zuwiderlaufen. Werde deshalb bei der Werbung die Pflicht zur sachbezogenen Information und Rücksichtnahme auf die Belange der anderen Krankenkassen nicht beachtet, kann sich daraus im Umkehrschluss ein Anspruch der beeinträchtigten Krankenkasse auf Unterlassung der unzulässigen Werbemaßnahmen ergeben. Weitere Sanktionen für den Fall der Nichtbeachtung solcher Pflichten seien nur vereinzelt, nicht jedoch für den Fall von Wettbewerbsverstößen vorgesehen. Hinzu trete, dass die Bedeutung des Wettbewerbs zwischen Krankenkassen auf der einen und zwischen Konkurrenten in der gewerblichen Wirtschaft auf der anderen Seite nicht vergleichbar sind und deshalb kein analogiefähiger Tatbestand gegeben sei.[187] 213

1. Zulässigkeit vergleichender Wettbewerbsmaßnahmen

Die Aufsichtsbehörden haben daraus abgeleitet, **vergleichende Wettbewerbsmaßnahmen** zwischen den Krankenkassen seien zwar grundsätzlich zulässig.[188] Die Krankenkassen hatten dabei jedoch auch die allgemeinen Wertmaßstäbe der §§ 1, 3 UWG zu beachten. Die Maßnahmen durften damit nicht irreführend, herabsetzend oder verunglimpfend sein.[189] Die **instanzgerichtliche Rechtsprechung** hat bei der Beurteilung, ob Wettbewerbsverstöße vorliegen, z.T. die Vorschriften des UWG unmittelbar angewandt.[190] 214

2. Wettbewerbsverstöße

Bei **Wettbewerbsverstößen** kann eine betroffene Krankenkasse gegenüber einer anderen nur einen **Unterlassungsanspruch** geltend machen. Für den Fall der Zuwiderhandlung kann über § 198 SGG i.V.m. § 890 Abs. 2 ZPO die **Androhung von Ordnungsmitteln** angeordnet werden,[191] wobei streitig ist, ob gegenüber einer Krankenkasse neben Ordnungsgeld ersatzweise auch Ordnungshaft angeordnet werden kann[192]. 215

3. Bewertung

Die nach der bisherigen Rechtsprechung allein bestehende Möglichkeit von Krankenkassen, bei Wettbewerbsverstößen anderer Krankenkassen deren Unterlassen auch im Klageweg zu erzwingen, hilft ihnen nur im begrenzten Umfang weiter. Insbesondere können sie nicht einen Anspruch auf Ersatz eines ihnen entstandenen Schadens geltend machen. Das führt dazu, dass die **Sanktionsmöglichkeit der Un-** 216

---

[185] BSG v. 31.03.1998 - B 1 KR 9/95 R - BSGE 82, 78, 79. = SozR 3-2500 § 4 Nr. 1 S. 3.

[186] BSG v. 31.03.1998 - B 1 KR 9/95 R - BSGE 82, 78, 81 f. = SozR 3-2500 § 4 Nr. 1 S. 5.

[187] Kritisch zu dieser Rechtsprechung: *Kingreen*, MedR 2004, 188, 189; *Becker*, SSRV 48 (2001), 7, 16 ff.

[188] Vgl. „Gemeinsame Wettbewerbsgrundsätze der Aufsichtsbehörden der gesetzlichen Krankenversicherung vom 19.03.1998" in der Fassung vom 20.10.2000.

[189] LSG Nordrhein-Westfalen v. 06.06.2002 - L 16 KR 57/01 - ZMGR 2005, 58; LSG Nordrhein-Westfalen v. 08.07.2004 - L 2 B 16/04 KR ER - NZS 2005, 370 ff.; LSG Rheinland-Pfalz v. 03.05.2005 - L 1 ER 11/05 KR - ZMGR 2005, 192 ff.; LSG Rheinland-Pfalz v. 25.11.2005 - L 5 ER 99/05 - ZM 2006, Nr. 3, 98; LSG Rheinland-Pfalz v. 14.06.2006 - L 5 ER 57/06 KR - GRUR-RR 2006, 342; LSG für das Saarland v. 21.06.2006 - L 2 B 5/06 KR.

[190] SG Frankfurt v. 09.02.2006 - S 21 KR 103/06 ER - juris Rn. 29.

[191] BSG v. 20.04.1988 - 3/8 RK 4/87 - BSGE 63, 144149 = SozR 2200 § 517 Nr. 11; LSG Nordrhein-Westfalen v. 06.06.2002 - L 16 KR 57/01 - ZMGR 2005, 58.

[192] Bejahend: LSG Nordrhein-Westfalen v. 06.06.2002 - L 16 KR 57/01 - ZMGR 2005, 58; SG Dresden v. 12.07.2006 - S 18 KR 348/06 ER; verneinend: LSG für das Saarland v. 21.06.2006 - L 2 B 5/06 KR.

terlassungsklage für die betroffene Krankenkasse relativ wenig bewirkt, eine effektive Maßnahme zum Schutz gegen Wettbewerbsverstöße fehlt.

217 Um diese **Regelungslücke**, die auf der Grundlage der bisherigen Rechtsprechung des BSG entstanden ist, zu schließen, erscheint es angezeigt, betroffenen Krankenkassen bei Wettbewerbsverstößen anderer Krankenkassen in entsprechender Anwendung des § 9 UWG einen Anspruch auf Ersatz des aus dem Wettbewerbsverstoß entstandenen Schadens zu geben.

218 Die Entwicklung der höchstrichterlichen Rechtsprechung wird insoweit abzuwarten sein.

I. Fusionskontrolle bei Zusammenschlüssen gesetzlicher Krankenkassen

219 Das SGB V regelt in einer Reihe von Vorschriften die Vereinigung (Zusammenschluss) von Krankenkassen. Dabei wird zwischen der freiwilligen Vereinigung und der Vereinigung innerhalb eines Landes auf Antrag unterschieden. Die freiwillige Vereinigung ist für die Ortskrankenkassen in § 144 SGB V, für die Betriebskrankenkassen in § 150 SGB V, für die Innungskrankenkassen in § 160 SGB V und für die Ersatzkassen in § 168a SGB V geregelt. § 145 SGB V bestimmt die Voraussetzungen für die Vereinigung von Ortskrankenkassen innerhalb eines Landes auf Antrag einer Ortskrankenkasse. Nach den genannten Vorschriften war eine Vereinigung nur zwischen den Kassen der jeweiligen Kassenarten möglich.

220 Dies ist durch das GKV-WSG vom 26.03.2007[193] geändert worden. Die mit dem Gesetz neu in das SGB V eingefügte Vorschrift des § 171a SGB V lässt nunmehr die **kassenartenübergreifende Vereinigung** von Krankenkassen zu. Dadurch soll der Prozess der Bildung dauerhaft wettbewerbs- und leistungsfähiger Einheiten dieser Krankenkassen und der Angleichung der Wettbewerbsebenen der Krankenkassen beschleunigt werden.[194]

I. Anwendung der Vorschriften des GWB über Fusionskontrolle?

221 Im Zusammenhang mit der Zulassung kassenartenübergreifender Fusionen geht die Begründung des Gesetzentwurfs zu § 171a SGB V davon aus, dass die Zusammenschlüsse von Krankenkassen nach den Regeln der **Fusionskontrolle des GWB** durch das Bundeskartellamt zu prüfen seien. Das Bundeskartellamt habe bisher schon Vereinigungen von Krankenkassen daraufhin geprüft, ob sie zur Entstehung einer marktbeherrschenden Stellung führten. Bei Entstehung oder Verstärkung einer marktbeherrschenden Stellung könne das Bundeskartellamt kassenartenübergreifende Fusionen untersagen.[195]

222 Das **Bundeskartellamt** hat in seiner Stellungnahme zum Entwurf des GKV-WSG[196] die Auffassung vertreten, dass § 69 SGB V, der als Ausnahmevorschrift eng auszulegen sei, seinem klaren Wortlaut nach sich auf den Anwendungsbereich der Rechtsbeziehungen zwischen Krankenkassen auf der einen und Leistungserbringern auf der anderen Seite beschränke. Zu der rechtlichen Qualifizierung von Zusammenschlüssen zwischen Krankenkassen sei der Norm und auch den Gesetzesmaterialien nichts zu entnehmen. Es hat zugleich vorgeschlagen, in § 171a SGB V folgenden Satz 3 einzufügen: „Die Anwendung der Fusionskontrollvorschriften des Gesetzes gegen Wettbewerbsbeschränkungen durch die zuständige Kartellbehörde bleibt hiervon unberührt." Damit sollte sichergestellt werden, dass eine Kontrolle der Fusion von Krankenkassen durch die Kartellbehörden zulässig ist. Der Vorschlag des Bundeskartellamtes erfolgte vor dem Hintergrund, dass das Bundesversicherungsamt vorgeschlagen hatte, die Begründung zu § 171a SGB V zu streichen, eine Fusionskontrolle für gesetzliche Krankenkassen generell abzulehnen sei.[197] Der Gesetzgeber ist dem Vorschlag des Bundeskartellamtes, § 171a SGB V im oben aufgezeigten Sinn zu ergänzen, nicht gefolgt.

---

193 BGBl I 2007, 378.

194 Begründung zum Gesetzentwurf des GKV-WSG, BT-Drs. 16/3100, S. 155, zu Nr. 130, zu Abs. 1; in diesem Sinne nunmehr auch *Gaßner/Ahrens*, SGb 2007, 528 ff.

195 Begründung zum Gesetzentwurf des GKV-WSG, BT-Drs. 16/3100, S. 156.

196 Bundeskartellamt, Stellungnahme zum Entwurf des GKV-Wettbewerbstärkungsgesetzes, Ausschuss für Gesundheit, Ausschuss-Drs. 0129(131) vom 28.11.2006, S. 14.

197 Bundeskartellamt, Stellungnahme zum Entwurf des GKV-Wettbewerbstärkungsgesetzes, Ausschuss für Gesundheit, Ausschuss-Drs. 0129(131) vom 28.11.2006, S. 11.

II. Abschließende Regelung der Vereinigung von Krankenkassen im SGB V

Die sowohl in der Gesetzesbegründung als auch in der Stellungnahme des Bundeskartellamtes geäußerte Auffassung von der Zulässigkeit der Fusionskontrolle bei dem Zusammenschluss von Krankenkassen und ihnen möglicherweise zugrunde liegenden politischen Vorstellungen entspricht nicht der Rechtslage. 223

Die im **SGB V getroffenen Regelungen** über den Zusammenschluss von Krankenkassen sind **abschließender Natur**. Neben ihnen können die Bestimmungen des Kartellrechts über den Zusammenschluss von Unternehmen (§§ 35 ff. GWB) keine Anwendung finden.[198] 224

1. Genehmigung der Aufsichtsbehörde/Vereinigung durch Rechtsverordnung

Die Vorschriften über die freiwillige Vereinigung von Krankenkassen (§§ 144, 150, 160, 168a, 171a SGB V) sehen ein bestimmtes Verfahren vor. Der Zusammenschluss bedarf in allen Fällen der **Genehmigung** der vor der Vereinigung zuständigen Aufsichtsbehörden. In bestimmten Fällen (§ 145 SGB V für die Ortskrankenkassen, § 168a Abs. 2 SGB V für die Ersatzkassen) erfolgt die Vereinigung durch Rechtsverordnung entweder der jeweiligen Landesregierung (§ 145 Abs. 1 SGB V) oder des Bundesministeriums für Gesundheit (§ 168a Abs. 2 SGB V). Bei der **Vereinigung durch Rechtsverordnung** ist von vornherein völlig ausgeschlossen, dass den Kartellbehörden eine Überprüfungs- und ggf. Verwerfungskompetenz zukommt. Die jeweilige Rechtsverordnung bindet auch die Kartellbehörden. Aber auch soweit der Zusammenschluss nur der **Genehmigung der Aufsichtsbehörden** bedarf, scheidet eine Überprüfungsbefugnis der Kartellbehörden in Anwendung der Vorschriften des GWB über die Fusionskontrolle aus. Dem Genehmigungsakt kommt insoweit konstitutive Bedeutung zu. Eine Einschaltung der Kartellbehörden sieht das SGB V nicht vor. 225

2. Vereinigung von Krankenkassen als öffentlich-rechtlicher Akt

Das verkennen **Gaßner/Ahrens**[199]. Sie gehen zutreffend davon aus, dass die Anwendbarkeit der §§ 35 ff. GWB privatrechtliche Wettbewerbsbeziehungen zwischen den gesetzlichen Krankenkassen voraussetzt. Diesen erforderlichen Wettbewerb sehen sie in einem Wettbewerb um die Versicherten, bei dem es sich zugleich um einen Preiswettbewerb handele.[200] Sie folgern daraus, dass das Verhältnis der Krankenkassen untereinander – jedenfalls soweit es die Fusion von Krankenkassen angeht – als privatrechtlich einzustufen sei, der sich die Krankenkassen bei einem Zusammenschluss auf dem Boden der Gleichordnung gegenüberstünden. Sie würden hierbei nicht als Träger hoheitlicher Gewalt in Wahrnehmung der ihnen durch das SGB übertragenen öffentlichen Aufgaben hoheitlich tätig.[201] 226

Diese Auffassung ist eher fernliegend. (Rechtsfähige) Körperschaften des öffentlichen Rechts – um solche handelt es sich bei den gesetzlichen Krankenkassen (§ 4 Abs. 1 SGB V) – werden bei ihrem Zusammenschluss nicht privatrechtlich tätig, sondern auf dem **Gebiet des öffentlichen Rechts**, das die Voraussetzungen des Zusammenschlusses regelt, hier durch die aufgezeigten Vorschriften des SGB V. Ein einfaches Beispiel belegt das: Gebietskörperschaften, die sich zusammenschließen wollen, handeln, was ersichtlich keiner näheren Begründung bedarf, nicht privatrechtlich. Auch die **Gleichordnung** der Krankenkassen **beim Zusammenschluss** ist kein Argument für ein privatrechtliches Rechtsverhältnis. Gleichordnung besagt nur, dass kein Überordnungs-/Unterordnungsverhältnis vorliegt, das zum Erlass einseitiger Maßnahmen – etwa zum Erlass von Verwaltungsakten – berechtigt.[202] Damit ist schon die Voraussetzung privatrechtlicher Wettbewerbsverhältnisse nicht gegeben und der Argumentation der Verfasser die rechtliche Grundlage entzogen. Es braucht deshalb nicht weiter darauf eingegangen zu werden, dass die Krankenkassen sich auch bei dem Wettbewerb um Mitglieder im Verhältnis zu anderen gesetzlichen Krankenkassen nicht im privatrechtlichen Bereich, sondern auf dem Gebiet des öffentlichen Rechts betätigen.[203] 227

---

[198] Ebenso *E. Hauck*, RPG 2007, 64, 67.

[199] *Gaßner/Ahrens*, SGb 2007, 528, 529.

[200] Nicht berücksichtigt wird dabei, dass durch die gesetzlichen Maßnahmen der letzten Jahre wettbewerbliche Elemente zurückgedrängt worden sind. Dazu *Möschel*, JZ 2007, 601, 603.

[201] *Gaßner/Ahrens*, SGb 2007, 528, 530.

[202] S. dazu im Einzelnen *K. Engelmann* in: von Wulffen, SGB X, 5. Aufl. 2005, § 31 Rn. 6, 12 ff.

[203] BSG v. 31.03.1998 - B 1 KR 9/95 R - BSGE 82, 78, 79. = SozR 3-2500 § 4 Nr. 1 S. 3.

3. Keine Inbezugnahme der Vorschriften des GWB über Fusionskontrolle

228 Im Übrigen würde die Überprüfung eines Zusammenschlusses von Krankenkassen nur im Hinblick auf ihre Stellung auf der **Nachfrageseite** Sinn machen. Denn durch die **Fusionskontrolle** soll die Marktmacht von Unternehmen begrenzt werden, um einen funktionierenden Wettbewerb zu gewährleisten. Soweit die **wirtschaftliche Tätigkeit** der Krankenkassen in den **Rechtsbeziehungen zu** den vom SGB V erfassten **Leistungserbringern** betroffen ist, regelt jedoch § 69 Sätze 1 und 3 des SGB V abschließend, dass es sich um **öffentlich-rechtliche Rechtsbeziehungen** handelt, auf die die Vorschriften des Kartellrechts keine Anwendung finden, mit Ausnahme der §§ 19-21 GWB bezüglich der Beschaffungstätigkeit der Krankenkassen im ambulanten Bereich. Weitere Vorschriften des GWB, insbesondere die über die Fusionskontrolle, werden vom Gesetz gerade nicht in Bezug genommen. Auch die vom Bundeskartellamt in seiner Stellungnahme gewünschte gesetzliche Regelung[204] ist nicht umgesetzt, die Rechtslage damit nicht geändert worden.

229 Auf diesem rechtlichen Hintergrund hat die Rechtsprechung des BSG zutreffend entschieden, dass die **Vereinigung von Krankenkassen**, die durch Rechtsverordnung einer Landesregierung herbeigeführt wurde, allein durch die Verordnung als **konstitutivem Rechtsakt** herbeigeführt wurde.[205] Die Überprüfung des Zusammenschlusses durch die Kartellbehörden war insofern von vornherein nicht in Betracht zu ziehen.

4. Ergebnis

230 Daraus folgt auch insoweit, dass die vom Gesetz in den Vorschriften des SGB V über den Zusammenschluss von den Krankenkassen und die in § 69 SGB V getroffene Festlegung nicht dadurch umgangen werden kann, dass wegen der sich aus Fusionen ergebenden Marktmacht der Krankenkassen die Vorschriften des GWB über die Fusionskontrolle Anwendung finden. Wenn etwas anderes gewollt sein soll, bedarf es insoweit einer ausdrücklichen gesetzlichen Regelung.

J. Entsprechende Anwendung von BGB-Vorschriften (Satz 4)

231 Nach dem jetzigen Satz 4 des § 69 SGB V gelten für die Rechtsbeziehungen nach den Sätzen 1 und 3 im Übrigen die Vorschriften des BGB entsprechend, soweit sie mit den Vorgaben des § 70 SGB V und den übrigen Aufgaben und Pflichten der Beteiligten nach diesem Kapitel vereinbaren sind.

232 Als Hauptfälle einer entsprechenden Anwendung zivilrechtlicher Vorschriften auf die genannten Rechtsbeziehungen haben sich bisher die über die Verjährung von Ansprüchen und über die Verzinsung von Forderungen herausgestellt.

I. Verjährung von Ansprüchen

233 Nach der Neuregelung des Verjährungsrechts im BGB durch das Schuldrechtmodernisierungsgesetz vom 26.11.2001[206] mit Wirkung zum 01.01.2002 war zunächst streitig, ob über § 69 Satz 4 (damals Satz 3) SGB V die generelle **dreijährige Verjährungsfrist des § 195 BGB** in den Fällen, in denen Sozialrecht die Verjährung von Ansprüchen nicht regelt, an die Stelle der „Regelverjährungsfrist" des SGB von grundsätzlich vier Jahren tritt.

234 Das hat die Rechtsprechung des BSG generell verneint und z.B. entschieden, dass für Vergütungsansprüche der Krankenhausbetreiber gegen Krankenkassen für die Behandlung von Kassenpatienten eine **vierjährige Verjährungsfrist** gilt.[207] § 69 Satz 4 (damals Satz 3) SGB V sei vor dem Hintergrund seiner Entstehungsgeschichte einengend so zu interpretieren, dass entsprechend der Regelung des § 61 SGB X über den öffentlich-rechtlichen Vertrag die Vorschriften des BGB nur dann in Analogie ergänzend heranzuziehen seien, wenn sich aus den übrigen Vorschriften des (gesamten) SGB nichts anderes ergebe. § 69 Satz 4 SGB V wolle nach Sinn und Zweck nur das wiederholen, was in § 61 SGB X ohnehin niedergelegt sei. Beabsichtigt sei durch die Neufassung des § 69 SGB V nur die Ausgrenzung des Zivilrechts (einschließlich des Wettbewerbs- und des Kartellrechts) aus den Rechtsbeziehungen

[204] Bundeskartellamt, Stellungnahme zum Entwurf des GKV-Wettbewerbstärkungsgesetzes, Ausschuss für Gesundheit, Ausschuss-Drs. 0129(131) vom 28.11.2006, S. 11.

[205] BSG v. 24.11.1998 - B 1 A 1/96 R - BSGE 83, 118 = SozR 3-2500 § 145 Nr. 1 S. 4.

[206] BGBl I 2001, 3138.

[207] BSG v. 12.05.2005 - B 3 KR 32/04 R - SozR 4-2500 § 69 Nr. 1 = SGb 2006, 56 ff. m. teilweise ablehnender Anmerkung von *Krasney*; vgl. auch BSG v. 28.09.2006 - B 3 KR 20/05 R - SozR 4-1500 § 92 Nr. 3.

zwischen Leistungserbringern und Krankenkassen gewesen. Es finde sich nicht der geringste Hinweis in den Gesetzesmaterialien, dass bei Ausdehnung der öffentlich-rechtlichen Bindungen entgegen dieser Tendenz die Vorschriften des BGB noch in einem größeren Maße herangezogen werden sollten, als es schon in § 61 SGB X vorgesehen gewesen und bis heute vorgesehen sei.[208]

Aufgrund dieser Rechtsprechung, die vom 6. Senat des BSG zustimmend herangezogen worden ist[209], 235
ist davon auszugehen, dass – soweit nicht Parallelen zu anderen Verjährungsvorschriften des SGB zu ziehen sind – in den im SGB nicht geregelten Fällen eine **vierjährige Verjährungsfrist** gilt, also nicht in entsprechender Anwendung des § 195 BGB auf dessen Drei-Jahres-Frist abzustellen ist.[210] Demgemäß hat das BSG bei dem Anspruch auf Herausgabe von Behandlungsunterlagen eines Krankenhauses an den Medizinischen Dienst der Krankenkassen zur Prüfung der Richtigkeit der Abrechnung eines Behandlungsfalles und bei dem Anspruch einer Krankenkasse gegen einen Krankenhausträger auf Erstattung einer zu Unrecht gezahlten Vergütung angenommen, dass diese Ansprüche einer vierjährigen Verjährung unterliegen.[211]

II. Verzugszinsen

Das SGB regelt in einer Reihe von Vorschriften für unterschiedliche Sachverhalte die **Verzinsung von** 236
Forderungen.[212] Fraglich ist, ob die Vorschriften des BGB über die Verzinsung von Forderungen entsprechend anzuwenden sind, wenn im Sozialrecht keine ausdrückliche Regelung über die Verzinsung von Forderungen getroffen worden ist.

1. Verzugszinsen allgemein

Nach allgemeiner Meinung ergibt sich bei schuldhafter Verzögerung von Geldleistungen durch Träger 237
öffentlicher Verwaltung **keine generelle Verpflichtung zur Zahlung von Verzugszinsen,**[213] von der Verzinsungspflicht bei bestimmten öffentlich-rechtlichen Verträgen abgesehen. Die Verzinsung von Geldleistungen richtet sich nach den jeweiligen Einzelregelungen in den verschiedenen Sachgebieten. So ist, sofern nicht untergesetzliche Regelungen etwas anderes bestimmen, z.B. kein Anspruch eines Vertragsarztes auf Verzinsung von Honoraransprüchen gegen die Kassenärztliche Vereinigung gegeben. Auf dieser Linie liegt auch eine Entscheidung des BSG zum Verhältnis Kassenärztliche Vereinigung/Krankenkassen über die Zahlung von Gesamtvergütungsanteilen. Hier hat das BSG einen auf die entsprechende Anwendung von BGB-Vorschriften gestützten Anspruch auf Verzinsung verneint.[214]

2. Anwendung der Verzinsungsvorschriften des BGB auf Leistungsbeschaffungsverträge der Krankenkassen

Im allgemeinen Verwaltungsverfahrensrecht wird die **entsprechende Anwendbarkeit des § 288 BGB** 238
über Verzugszinsen auf **öffentlich-rechtliche Verträge** im Grundsatz bejaht, sofern die Geldleistungspflicht eine vertragliche Hauptleistungspflicht ist, die in einem Gegenseitigkeitsverhältnis zur Leistungspflicht des anderen Vertragspartners steht.[215] Das bedeutet, dass das bloße Vorliegen eines öffentlich-rechtlichen Vertrages für eine über § 61 Satz 2 SGB X folgende entsprechende Anwendung der Verzinsungsvorschriften des BGB nicht ausreicht. Maßgeblich ist vielmehr die Eigenart des jeweiligen Vertragsverhältnisses. Bei öffentlich-rechtlichen Verträgen, die ein **rechtliches und wirtschaftliches Austauschverhältnis** begründen, ist für beide Vertragsparteien ohne weiteres erkennbar, dass die Pflicht zum Schadensersatz wegen Nichterfüllung die notwendige Sekundärverpflichtung zur Primärverpflichtung ist, den Vertrag ordnungsgemäß zu erfüllen.[216]

---

[208] BSG v. 12.05.2005 - B 3 KR 32/04 R - SozR 4-2500 § 69 Nr. 1, Rn. 25.

[209] BSG v. 28.09.2005 - B 6 KA 71/04 R - BSGE 95, 141 Rn. 26 = SozR 4-2500 § 83 Nr. 2 Rn. 34.

[210] Zur entsprechenden Anwendung von Verjährungsvorschriften auf sozialrechtliche Ausschlussvorschriften: BSG v. 06.09.2006 - B 6 KA 40/05 R - juris Rn. 15 - GesR 2007, 174 ff.

[211] BSG v. 28.02.2007 - B 3 KR 12/06 R - ZfS 2007, 116-117.

[212] Vgl. § 44 SGB I für den Anspruch auf Sozialleistungen; § 27 SGB IV für den Erstattungsanspruch bei zu Unrecht entrichteten Beiträgen; § 50 Abs. 2a SGB X für den Erstattungsanspruch bei zu Unrecht erbrachten Leistungen.

[213] *Clausen* in: Knack, VwVfG, 8. Aufl. 2003, § 10 Rn. 3, m.w.N.

[214] BSG v. 28.09.2005 - B 6 KA 71/04 R - BSGE 95, 141 Rn. 25 ff. = SozR 4-2500 § 83 Nr. 2 Rn. 33 ff.

[215] BVerwG v. 15.03.1989 - 7 C 42/87 - BVerwGE 81, 312; *Hennecke* in: Knack, VwVfG, 8. Aufl. 2003, § 62 Rn. 13, 15; *Kopp/Ramsauer*, VwVfG, 9. Aufl. 2005, § 62 Rn. 22; *K. Engelmann* in: von Wulffen, SGB X, 5. Aufl. 2005, § 61 Rn. 4b, m.w.N.

[216] *Hennecke* in: Knack, VwVfG, 8. Aufl. 2003, § 62 Rn. 13.

239 Demgegenüber hatte die **ältere Rechtsprechung des BSG** die Anwendung der Verzinsungsvorschriften des BGB auf öffentlich-rechtliche Verträge abgelehnt.[217]

240 Der **3. Senat des BSG** bejaht nunmehr bei Leistungsbeschaffungsverträgen von Krankenkassen generell einen Verzinsungsanspruch in entsprechender Anwendung zivilrechtlicher Vorschriften. Eine Verzinsungspflicht hatte der Senat zunächst nur für eine bestimmte Konstellation angenommen, nämlich für einen bereicherungsrechtlichen Anspruch eines Krankenhausträgers gegen eine Krankenkasse, da der gleichgerichtete vertragliche Vergütungsanspruch ebenfalls zu verzinsen gewesen sei.[218]

241 In seiner Entscheidung vom 03.08.2006[219] hat der 3. Senat des BSG einem Apotheker für einen öffentlich-rechtlichen Vergütungsanspruch aus einem Arzneimittellieferungsvertrag gegen Krankenkassen, der aufgrund ungerechtfertigter Aufrechnung durch Krankenkassen entstanden war, Verzugszinsen gemäß § 61 Satz 2 SGB X und § 69 Satz 3 SGB V in Verbindung mit der analogen Anwendung der §§ 288 Abs. 1, 286 BGB zugesprochen.

242 Ausschlaggebend dafür waren Erwägungen des Senats, die auf **eine dem Privatrecht vergleichbare Ausgangslage** abstellen. So würden die Krankenkassen bei Krankenhäusern, Rehabilitationseinrichtungen, Apotheken, Heil- und Hilfsmittelerbringen, Pflegediensten sowie sonstigen zugelassenen Leistungserbringern Sach- und Dienstleistungen einkaufen. Der Gesundheitsmarkt stelle sich insoweit als Teil des allgemeinen Wirtschaftslebens dar, in dem die Pflicht zur Zahlung von Verzugszinsen und Prozesszinsen selbstverständlich sei. Trotz der Einordnung der Verträge zwischen Krankenkassen und Apothekern in das SGB V (vgl. § 69 Satz 1 SGB V) bleibe über § 69 Satz 4 (damals Satz 3) SGB V weiterhin das Kaufvertragsrecht entsprechend anwendbar. Die Rechtsbeziehungen zwischen beiden Vertragspartnern seien einem „normalen" BGB-Kaufvertrag durchaus vergleichbar, für den die Verzugsregeln des BGB unbestreitbar Geltung besäßen. Es sei deshalb sachlich kaum zu begründen, weshalb für den Arzneimittellieferungsvertrag heute nicht dieselben Regeln gelten sollten.[220]

243 Die Entscheidung setzt sich allerdings nicht mit der Frage auseinander, ob gerade die gesetzliche Ausgestaltung der Rechtsbeziehungen zwischen Krankenkassen und Leistungserbringern, die ihre Zuordnung zum öffentlichen Recht zur Folge hatte, einer entsprechenden Anwendung zivilrechtlicher Vorschriften über § 69 Satz 4 SGB V entgegensteht. Denn, wie der 3. Senat des BSG bereits früher ausgeführt hat, § 69 Satz 4 (damals Satz 3) SGB V ist einengend so zu interpretieren, dass entsprechend der Regelung des § 61 SGB X über den öffentlich-rechtlichen Vertrag die Vorschriften des BGB nur dann in Analogie ergänzend heranzuziehen sind, wenn sich aus den übrigen Vorschriften des gesamten SGB nichts anderes ergibt. Durch die Neufassung des § 69 SGB V sei nur die Ausgrenzung des Zivilrechts (einschließlich des Wettbewerbs- und des Kartellrechts) aus den Rechtsbeziehungen zwischen Leistungserbringern und Krankenkassen beabsichtigt gewesen.[221]

244 Dem ist zuzustimmen. Damit stehen die Ausführungen im Urteil des BSG vom 03.08.2006[222] in gewissem Widerspruch zur völligen Gleichstellung der von § 69 Satz 1 SGB V erfassten öffentlich-rechtlichen Arzneimittellieferungsverträge mit zivilrechtlichen Kaufverträgen, auch wenn der Entscheidung im Ergebnis aus anderen Gründen zuzustimmen ist.

3. Bewertung

245 In der Literatur ist auf **Differenzen** zwischen den Entscheidungen des 6. und des 3. Senat des BSG hingewiesen und die Entscheidung des 3. Senats so verstanden worden, dass die zivilrechtlichen Verzugszinsenregelungen generell auf die in § 69 SGB V aufgeführten Rechtsbeziehungen anwendbar seien.[223]

246 Diese Auffassung überzeugt nicht. Zum einen besteht kein direkter Widerspruch zwischen der Entscheidung des 6. Senats des BSG über die Verzinsung von Gesamtvergütungsanteilen und der Entscheidung des 3. Senats über die Verzinsung von Forderungen aus einem Apothekenlieferungsvertrag, da diese Entscheidungen unterschiedliche Sachverhalte betreffen. Der Zahlung von Gesamtvergütungsanteilen, die Gegenstand der Entscheidung des 6. Senats des BSG war, liegt gerade **kein synal-**

---

[217] Vgl. die Nachweise bei *K. Engelmann* in: von Wulffen, SGB X, 5. Aufl. 2005, § 61 Rn. 4b.

[218] BSG v. 04.03.2004 - B 3 KR 4/03 R - BSGE 92, 223 = SozR 4-2500 § 39 Nr. 1; ähnlich gelagert BSG v. 13.05.2004 - B 3 KR 2/03 R - SozR 4-2500 § 132a Nr. 1.

[219] BSG v. 03.08.2006 - B 3 KR 7/06 R - SozR 4-2500 § 129 Nr. 3 = SGb 2007, 178 ff. m. Anm. von *Krasney*.

[220] BSG v. 03.08.2006 - B 3 KR 7/06 R - SozR 4-2500 § 129 Nr. 3 Rn. 21.

[221] BSG v. 12.05.2005 - B 3 KR 32/04 R - SozR 4-2500 § 69 Nr. 1 Rn. 25.

[222] BSG v. 03.08.2006 - B 3 KR 7/06 R - SozR 4-2500 § 129 Nr. 3 = SGb 2007, 178 ff. m. Anm. von *Krasney*.

[223] *Krasney*, SGb 2007, 182, 185.

lagmatisches Rechtsverhältnis zu Grunde, sondern ein gesetzlich begründetes Schuldverhältnis, in dem eine Pauschalabgeltung der von den Ärzten erbrachten Leistungen erfolgt, ohne dass die einzelne Leistung einem Gesamtvergütungsanteil zugeordnet werden kann.

Es ist deshalb in Zukunft bei der Frage der Verzinsung von Forderungen weiter danach **zu differenzieren**, ob diese aus öffentlich-rechtlichen Verträgen, die ein **Austauschverhältnis** begründen, herrühren. In diesen Fällen kann über § 69 Satz 4 SGB V in entsprechender Anwendung **zivilrechtlicher Vorschriften** ein **Verzinsungsanspruch** gegeben sein. 247

Handelt es sich dagegen um Forderungen, die nicht aus solchen Rechtsverhältnissen abzuleiten sind, kommt eine entsprechende Anwendung der Verzinsungsvorschriften des BGB weder über § 69 Satz 4 SGB V noch über § 61 Satz 2 SGB X in Betracht. 248

III. Prozesszinsen

Überschaubarer ist die Rechtslage bei Ansprüchen auf Prozesszinsen. 249

1. Rechtsprechung des BSG

Der 6. Senat des BSG hat in der Entscheidung vom 28.09.2005[224] unter Aufgabe seiner bisherigen Rechtsprechung den Kassenärztlichen Vereinigungen bei rückständigen Gesamtvergütungsanteilen, die von den Krankenkassen zu leisten waren, **Prozesszinsen ab Rechtshängigkeit** in entsprechender Anwendung des § 291 BGB zuerkannt. Er hat u.a. darauf hingewiesen, dass nach der Rechtsprechung des BVerwG schon immer im Wege der Zahlungs- oder Verpflichtungsklage geltend gemachte Geldforderungen in entsprechender Anwendung des § 291 BGB zu verzinsen gewesen seien, sofern das einschlägige Fachgesetz keine gegenteilige Regelung enthalten habe. 250

Ähnlich hat der 3. Senat des BSG für die Vergütungsforderung eines zugelassenen Leistungserbringers (hier: Rehabilitationsklinik) gegen eine Krankenkasse für die Versorgung eines Versicherten Ansprüche auf Prozesszinsen gemäß § 61 Satz 2 SGB X in Verbindung mit der entsprechenden Anwendung des § 291 BGB ab dem Tage der Einreichung der Klage zuerkannt.[225] Entgegenstehende frühere Rechtsprechung des BSG sei durch die Rechtsentwicklung überholt. 251

2. Bewertung

In Anbetracht dieser höchstrichterlichen Rechtsprechung ist davon auszugehen, dass bei Ansprüchen, die sich aus den von § 69 SGB V erfassten Rechtsbeziehungen zwischen Krankenkassen und Leistungserbringern ergeben, bei Rechtsstreitigkeiten auch Ansprüche auf **Prozesszinsen** gegeben sind, sofern nicht anders lautende Regelungen normativer oder vertraglicher Art bestehen. 252

IV. Weiterer Anwendungsbereich des Satzes 4?

Das BSG hat es abgelehnt, über § 69 Satz 4 (damals Satz 3) SGB V die Vorschrift des § 281 BGB auf einen Schadensregress wegen mangelhafter zahnprothetischer Behandlung entsprechend anzuwenden. Die Einbindung des Schadensregresses in das öffentlich-rechtliche Gefüge des Vertragsarztrechts stehe der Anwendung von Vorschriften des BGB entgegen.[226] 253

K. Betroffenheit Dritter (Satz 5)

Satz 5 des § 69 SGB V stellt klar, dass die Zuweisung der im Vierten Kapitel des SGB V geregelten Rechtsbeziehungen zwischen Krankenkassen und Leistungserbringern im ambulanten und im stationären Bereich zum Sozialversicherungs- und damit zum öffentlichen Recht auch gilt, soweit durch diese Rechtsbeziehungen **Rechte Dritter** betroffen sind, die nicht in das in den §§ 69 ff. SGB V geregelte System der vertragsärztlichen Versorgung eingebunden sind. Damit sind auch Rechtsstreitigkeiten z.B. von Arzneimittelherstellern gegen Entscheidungen des Gemeinsamen Bundesausschusses (§ 92 SGB V) der Sozialgerichtsbarkeit zugewiesen. 254

---

[224] BSG v. 28.9. 2005 - B 6 KA 71/04 R - BSGE 95, 141 Rn. 30 ff. = SozR 4-2500 § 83 Nr. 2.
[225] BSG v. 23.03.2006 - B 3 KR 6/05 R - SozR 4-7610 § 291 Nr. 3.
[226] BSG v. 29.11.2006 - B 6 KA 21/06 R - SozR 4-5555 § 15 Nr. 1 = GesR 2007, 216 = MedR 2007, 371.

§ 70 SGB V Qualität, Humanität und Wirtschaftlichkeit

(Fassung vom 22.12.1999, gültig ab 01.01.2000)

(1) Die Krankenkassen und die Leistungserbringer haben eine bedarfsgerechte und gleichmäßige, dem allgemein anerkannten Stand der medizinischen Erkenntnisse entsprechende Versorgung der Versicherten zu gewährleisten. Die Versorgung der Versicherten muß ausreichend und zweckmäßig sein, darf das Maß des Notwendigen nicht überschreiten und muß in der fachlich gebotenen Qualität sowie wirtschaftlich erbracht werden.

(2) Die Krankenkassen und die Leistungserbringer haben durch geeignete Maßnahmen auf eine humane Krankenbehandlung ihrer Versicherten hinzuwirken.

Gliederung

A. Basisinformationen

1 § 70 SGB V enthält **allgemeine Grundsätze** für die Leistungserbringung, die zum Teil bereits in anderen Vorschriften des SGB V niedergelegt sind[1] und an anderen Stellen wieder aufgenommen werden.

2 Die Vorschrift hat ihre **ursprüngliche Fassung** durch das Gesundheits-Reformgesetz (GRG) vom 20.12.1988[2] mit Wirkung vom 01.01.1989 erhalten. Eine Änderung erfolgte durch das Gesetz zur Reform der gesetzlichen Krankenversicherung ab dem Jahr 2000 (GKV-Gesundheitsreformgesetz 2000) vom 22.12.1999[3]. In Absatz 1 Satz 2 wurden mit Wirkung vom 01.01.2000 die Worte „in der fachlich gebotenen Qualität sowie“ eingefügt.

I. Vorgängervorschriften

3 Eine Vorgängervorschrift, die in der gleichen Weise wie § 70 SGB V zusammengefasst Grundsätze für die Leistungserbringung aufstellte, existierte in der Reichsversicherungsordnung (RVO) nicht. Verschiedene Elemente der in § 70 SGB V enthaltenen Grundsätze fanden sich in den §§ 182 Abs. 2, 368 Abs. 3 und 368e RVO.

II. Ausgewählte Literaturhinweise

4 *Baltzer*, Das Gebot humaner Krankenbehandlung aus § 70 Abs 2 SGB V – eine Gesetzschimäre?, KHR 2007, 1-6; *Engelhard* in: Engelmann/Schlegel, jurisPK-SGB V, § 12; *Engelmann*, Die Kontrolle medizinischer Standards durch die Sozialgerichtsbarkeit – Zur Anerkennung neuer Untersuchungs- und Behandlungsmethoden und zur Stellung des IQWiG, MedR 2006, 245-259; *Engelmann*, Der Anspruch auf Krankenbehandlung im Hinblick auf das Wirtschaftlichkeitsgebot, in: Jabornegg/Resch/Seewald (Hrsg.), Grenzen der Leistungspflicht für Krankenbehandlung, 2007, S. 109-145; *Hauck*, Ent-

---

1 Vgl. Begründung des Gesetzentwurfs zum GRG, BT-Drs. 11/2237, S. 191, zu § 78.
2 BGBl I 1988, 2477.
3 BGBl I 1999, 2626.

wicklungsperspektiven der gesetzlichen Krankenversicherung (GKV), SGb 2007, 203-209; *Schwartz*, Bedarf und bedarfsgerechte Versorgung aus der Sicht des Sachverständigenrates, GesundhWes 2001, 127-132.

B. Auslegung der Norm

I. Regelungsgehalt und Bedeutung der Norm

§ 70 Abs. 1 und 2 SGB V normiert Vorgaben für die Leistungserbringung in der gesetzlichen Kranken- 5
versicherung. Danach muss die Versorgung der Versicherten bedarfsgerecht und gleichmäßig sein und dem allgemein anerkannten Stand der medizinischen Erkenntnisse entsprechen. Sie hat darüber hinaus ausreichend und zweckmäßig zu sein, darf das Maß des Notwendigen nicht überschreiten und muss in der fachlich gebotenen Qualität sowie wirtschaftlich erbracht werden (Absatz 1). Zudem haben Krankenkassen und Leistungserbringer auf eine humane Krankenbehandlung der Versicherten hinzuwirken (Absatz 2).

II. Normzweck

§ 70 SGB V ist in dem Abschnitt des Vierten Kapitels des SGB V „Allgemeine Grundsätze" enthalten. 6
Das verdeutlicht auch den Zweck der Vorschrift. Sie legt vorab die Grundsätze fest, die die Krankenkassen und die Leistungserbringer bei der Erbringung von Sachleistungen gegenüber den Versicherten in allen Leistungsbereichen zu beachten haben. Diese Grundsätze werden zum Teil an anderer Stelle für den jeweils konkreten Sachverhalt wieder aufgenommen.

III. Gemeinsame Gewährleistungspflicht von Krankenkassen und Leistungserbringern (Absatz 1)

Absatz 1 Satz 1 bestimmt zunächst, dass die Gewährleistung einer Versorgung, die den Vorgaben der 7
Vorschrift entspricht, eine **gemeinsame Aufgabe** von Krankenkassen und von Leistungserbringern ist. Die Vorschrift rekurriert insoweit auf das Sachleistungsprinzip. So stellen nach § 2 Abs. 1 Satz 1 SGB V die Krankenkassen den Versicherten die Leistungen der gesetzlichen Krankenkassen zur Verfügung, soweit diese nicht der Eigenverantwortung der Versicherten zugerechnet werden. Das Zur-Verfügung-Stellen der Leistungen erfolgt nicht durch die Krankenkassen selbst. Diese haben sich vielmehr dazu der im **Sachleistungssystem** der gesetzlichen Krankenversicherung vorgesehenen Leistungserbringer zu bedienen (§ 2 Abs. 2 Satz 3 SGB V).

1. Bedarfsgerechte Versorgung mit Leistungen (Satz 1)

Es ist in erster Linie Aufgabe des Gesetzgebers, die **generellen Voraussetzungen** für eine bedarfsge- 8
rechte Versorgung zu schaffen. Dabei geht es in der Bundesrepublik Deutschland um die Beseitigung von struktureller Unterversorgung und struktureller Überversorgung. Der Gesetzgeber hat zur Beurteilung der Versorgungssituation einen **Sachverständigenrat** zur Begutachtung der Entwicklung im Gesundheitswesen geschaffen, der in seinem im Abstand von zwei Jahren zu erstellenden Gutachten u.a. Prioritäten für den Abbau von Versorgungsdefiziten und bestehenden Überversorgungen aufzeigen soll (§ 142 SGB V)[4].

Absatz 1 Satz 1 gibt Krankenkassen und Leistungserbringern auf, eine **bedarfsgerechte Versorgung** 9
der Versicherten zu gewährleisten. Die hier angesprochene Bedarfsgerechtigkeit betrifft dabei zwei Ebenen, nämlich zum einen, dass eine **ausreichende Anzahl von Leistungserbringern** zur Verfügung stehen muss, um die Versorgung der Versicherten sicherzustellen. Zum anderen müssen auch die **Leistungen**, die in der gesetzlichen Krankenversicherung zur Behandlung von Krankheiten zur Verfügung gestellt werden, **bedarfsgerecht** sein.

a. Bedarfsgerechte Versorgung mit Leistungserbringern

Um eine bedarfsgerechte Versorgung mit (zahn-)ärztlichen/psychotherapeutischen Leistungserbrin- 10
gern gewährleisten zu können, hat das SGB V für den Bereich der ambulanten Versorgung eine **Bedarfsplanung** (§§ 99 ff. SGB V) eingeführt, in der nicht nur Maßnahmen zur Begrenzung von Über-

[4] Dazu *Schwartz*, GesundhWes 2001,127 ff.

versorgung, sondern insbesondere solche zur **Behebung von Unterversorgung** vorgesehen sind (vgl. § 100 SGB V). In der ambulanten Versorgung wird die Bedarfsplanung im Einzelnen durch Richtlinien des Gemeinsamen Bundesausschusses[5] geregelt.

11 In den letzten Jahren haben sich in einigen neuen Bundesländern in Teilbereichen Schwierigkeiten ergeben, eine bedarfsgerechte Versorgung mit Vertragsärzten insbesondere im hausärztlichen Versorgungsbereich sicherzustellen. Neben Maßnahmen, die die zuständigen Kassenärztlichen Vereinigungen eingeleitet haben, hat der Gesetzgeber hierauf mit einer **Liberalisierung des Vertragsarztrechts** reagiert[6] und u.a. in § 95 Abs. 7 Satz 8 SGB V vorgesehen, dass die Beendigungsaltersgrenze von 68 Jahren für eine Zulassung zur vertragsärztlichen Versorgung gemäß § 95 Abs. 7 Satz 3 SGB V dann nicht gilt, wenn der Landesausschuss der Ärzte und Krankenkassen nach § 100 Abs. 1 SGB V festgestellt hat, dass in einem bestimmten Gebiet eines Zulassungsbezirks eine ärztliche Unterversorgung eingetreten ist oder unmittelbar droht. In diesem Fall können Ärzte über das 68. Lebensjahr hinaus eine vertragsärztliche Tätigkeit ausüben.

12 Gesetzliche Vorgaben für eine Bedarfsplanung für den Bereich der **stationären Versorgung** finden sich im SGB V nicht. Dem Bundesgesetzgeber fehlt insoweit die Kompetenz, die Krankenhausversorgung in den Bundesländern zu regeln. Das Krankenhausfinanzierungsgesetz (KHG)[7] gibt den Bundesländern lediglich vor, zur Sicherung einer bedarfsgerechten Versorgung der Bevölkerung mit leistungsfähigen, eigenverantwortlich wirtschaftenden Krankenhäusern Krankenhauspläne und Investitionsprogramme aufzustellen (§ 6 Abs. 1 i.V.m. § 1 Abs. 1 KHG).

b. Bedarfsgerechte Versorgung (Satz 1)

13 Die Verpflichtung von Krankenkassen und Leistungserbringern, eine bedarfsgerechte Versorgung zu gewährleisten, bezieht sich auch auf die **Leistungsseite**. Dazu gehört die Fragestellung, unter welchen Voraussetzungen neue Untersuchungs- und Behandlungsmethoden in den Leistungskatalog der gesetzlichen Krankenversicherung aufzunehmen sind. Die dazu erforderlichen Entscheidungen trifft der Gemeinsame Bundesausschusses gemäß § 135 SGB V (ambulante Versorgung) und § 137c SGB V (stationäre Versorgung).

14 Die Gewährleistung einer bedarfsgerechten Versorgung setzt ausreichende **Finanzmittel** voraus. Damit ist die Finanzierung der gesetzlichen Krankenversicherung angesprochen. Bei ihr handelt es sich um eines der großen Probleme der vergangenen Jahrzehnte, die das Rechtsgebiet der gesetzlichen Krankenversicherung zu einer Dauerreformbaustelle haben werden lassen[8]. Die Bundesrepublik Deutschland nimmt mit ihren Ausgaben für die gesetzliche Krankenversicherung einen Spitzenplatz in der Welt ein. Ihre Finanzierung durch Beiträge sowohl der Arbeitnehmer als auch der Arbeitgeber über ein Jahrhundert hinweg ist beispielhaft. Allerdings führten in den letzten Jahrzehnten vermehrt Maßnahmen des Gesetzgebers, durch die die Beiträge der Versicherten zu den gesetzlichen Krankenkassen vermindert wurden (z.B. Absenkung der Lohnersatzleistungen), zu Einnahmeausfällen. Dies und die in Teilbereichen festzustellenden ständigen Kostensteigerungen verursachen einen zunehmenden Finanzierungsbedarf der gesetzlichen Krankenversicherung, dem auch durch die im GKV-WSG getroffenen Maßnahmen nicht ausreichend Rechnung getragen worden sein dürfte.

15 Die **Gesamtausgaben der gesetzlichen Krankenversicherung** beliefen sich im Jahr 2005 auf insgesamt 143,6 Mrd. €.[9] Dabei ist der prozentuale Anteil ihrer Ausgaben am Bruttoinlandsprodukt relativ konstant geblieben. In den Jahren 1997 bis 2004 schwankte er zwischen 6,3 und 6,8% und betrug im Jahr 2005 6,4%.[10] Im internationalen Vergleich liegt Deutschland mit Gesamtgesundheitsausgaben in Höhe von 10,9% des Bruttoinlandsprodukts an dritter Stelle nach den USA (16,3%) und der Schweiz (11,6%), aber deutlich vor Österreich (9,6%), Frankreich (9,1%), Schweden (9,0%) und Italien (8,4%).

---

[5] Richtlinien über die Bedarfsplanung und die Maßstäbe zur Feststellung von Überversorgung und Unterversorgung in der vertragsärztlichen Versorgung („Bedarfsplanungs-Richtlinien-Ärzte"); Richtlinien über die Bedarfsplanung in der vertragszahnärztlichen Versorgung (Bedarfsplanungs-Richtlinien Zahnärzte).

[6] Gesetz zur Änderung des Vertragsarztrechts und anderer Gesetze (Vertragsarztrechtsänderungsgesetz – VÄndG) vom 22.12.2006 – BGBl I 2006, 3439.

[7] I.d.F der Bekanntmachung vom 10.04.1991, BGBl I 1991, 886.

[8] Vgl. dazu *Hauck*, SGb 2007, 203 ff.

[9] Quelle: Kassenärztliche Bundesvereinigung (Hrsg.), Grunddaten zur vertragsärztlichen Versorgung in Deutschland 2006, Tabelle VI. 2.

[10] Datenquelle: Bundesministerium für Gesundheit, www.die-gesundheitsreform.de.

Von den Gesamtausgaben der gesetzlichen Krankenversicherung entfielen 2005 134,8 Mrd. € auf die **Leistungsausgaben.**[11] Größter Einzelblock waren die Ausgaben im **Krankenhausbereich** in Höhe von 48,9 Mrd. € (= 34,2% der Gesamtausgaben). Die Honorare für die **ambulante vertragsärztliche Versorgung** betrugen 21,6 Mrd. € (= 15,0%). Kosten für die von Vertragsärzten verordneten Arzneimittel fielen in Höhe von 23,8 Mrd. € (= 16,6%) und für Heil- und Hilfsmittel in Höhe von 11,4 Mrd. € (7,9%) an. Damit betrug der auf die ambulante Versorgung entfallende Anteil an den Gesamtausgaben 39,5%. 16

Die Ausgaben der gesetzlichen Krankenversicherung für die **zahnärztliche Behandlung** der Versicherten einschließlich der Kosten für Zahnersatz beliefen sich im Jahr 2005 auf 10,0 Mrd. € (6,9% der Gesamtausgaben)[12]. 17

2. Gleichmäßige Versorgung (Satz 1)

In engem inhaltlichen Zusammenhang mit einer bedarfsgerechten Versorgung steht die Forderung nach einer gleichmäßigen Versorgung, die von den Krankenkassen und den Leistungserbringern sichergestellt werden soll. Zwar handelt es sich bei dieser Vorgabe des Gesetzgebers um mehr als einen reinen Programmsatz. Eine unmittelbare rechtliche Umsetzung erscheint dennoch schwierig, da die Gleichmäßigkeit der Versorgung von einer Reihe von Faktoren abhängt, die nicht überall im selben Maße vorliegen können. So kann z.B. aufgrund der – durch die Erfüllung von Qualitätssicherungsmaßnahmen gesetzlich vorgegebenen – zunehmenden Spezialisierung der Krankenhäuser nicht gewährleistet werden, dass alle Versicherten wohnortnah in einem spezialisierten Krankenhaus versorgt werden können. 18

3. Dem allgemein anerkannten Stand der medizinischen Erkenntnisse entsprechende Versorgung (Satz 1)

Die Forderung nach einer dem allgemein anerkannten Stand der medizinischen Erkenntnisse entsprechenden Versorgung der Versicherten greift für das Leistungserbringungsrecht der §§ 69 ff. SGB V die Vorgabe des § 2 Abs. 1 Satz 3 SGB V auf, nach der Qualität und Wirksamkeit der Leistungen dem allgemein anerkannten Stand der medizinischen Erkenntnisse zu entsprechen und den medizinischen Fortschritt zu berücksichtigen haben. In der gesetzlichen Krankenversicherung kommt der Voraussetzung einer dem „allgemein anerkannten Stand der medizinischen Erkenntnisse“ entsprechenden Versorgung eine zentrale Bedeutung zu. Mit ihr wird festgeschrieben, dass die Versorgung der Versicherten dem **medizinischen Standard** entsprechen muss.[13] 19

Der Gesetzgeber definiert nicht selbst, was unter dem „allgemein anerkannten Stand der medizinischen Erkenntnisse“ zu verstehen ist, sondern überträgt die Konkretisierung dieses Begriffes dem Gemeinsamen Bundesausschuss.[14] Dieser legt auf der Grundlage der von ihm gemäß § 91 Abs. 3 Satz 1 Nr. 1 SGB V beschlossenen Verfahrensordnung der Feststellung des medizinischen Standards die Maßstäbe der **evidenzbasierten Medizin**[15] zu Grunde. Bedeutung hat das vor allem für die Zulassung neuer Untersuchungs- und Behandlungsmethoden zur gesetzlichen Krankenversicherung. 20

Nach der **Rechtsprechung des BSG** entspricht eine (neue) **Untersuchungs- oder Behandlungsmethode** dem allgemein anerkannten Stand der medizinischen Erkenntnisse, wenn die große Mehrheit der einschlägigen Fachleute (Ärzte, Wissenschaftler) die Untersuchungs- oder Behandlungsmethoden befürwortet und – von einzelnen, nicht ins Gewicht fallenden Gegenstimmen abgesehen – über die Zweckmäßigkeit der Methode Konsens besteht. Das setzt im Regelfall voraus, dass über Qualität und Wirksamkeit der Methode zuverlässige, wissenschaftlich nachprüfbare Aussagen gemacht werden können.[16] 21

---

[11] Im Vergleich dazu belief sich der Bundeshaushalt der Bundesrepublik Deutschland im Jahr 2004 auf insgesamt 257 Mrd. €.

[12] Quelle: Kassenärztliche Bundesvereinigung (Hrsg.), Grunddaten zur vertragsärztlichen Versorgung in Deutschland 2006, Tabelle VI. 2.

[13] Vgl. *Engelmann*, MedR 2006, 245, 246.

[14] Dazu im Einzelnen: *Engelmann*, MedR 2006, 245, 251 ff.

[15] Zur evidenzbasierten Medizin: *Engelmann*, MedR 2006, 245, 251 f.

[16] BSG v.16.06.1999 - B 1 KR 4/98 - BSGE 84, 90, 96 f. = SozR 3-2500 § 18 Nr. 4 S. 18 f.; BSG v. 14.02.2001 - B 1 KR 29/00 R - SozR 3-2500 § 18 Nr. 6 S. 23; BSG v. 13.12.2005 - B 1 KR 21/04 R - SozR 4-2500 § 18 Nr. 5 Rn. 22; dazu *Oldörp*, jurisPR-SozR 18/2006, Anm. 4; *Legde*, SGb 2006, 697 ff.

22 Das BSG stellt damit zwar zur Definition des medizinischen Standards weiterhin vordergründig auf das **Vorliegen eines Konsenses** unter den einschlägigen Fachleuten ab[17], greift aber dann auf die Kriterien der evidenzbasierten Medizin zurück, wenn es fordert, dass über die Qualität und Wirksamkeit einer Methode zuverlässige, wissenschaftlich nachprüfbare Aussagen vorhanden sein müssen.

4. Ausreichende und zweckmäßige, das Maß des Notwendigen nicht überschreitende und wirtschaftliche Versorgung der Versicherten (Absatz 1 Satz 2)

23 Im engen inhaltlichen Zusammenhang mit der Gewährleistung einer Versorgung, die dem allgemein anerkannten Stand der medizinischen Erkenntnisse entspricht, stehen die weiteren Voraussetzungen des § 70 Abs. 1 SGB V, die mit den Begriffen „ausreichend und zweckmäßig", „das Maß des Notwendigen nicht überschreitend“ und „wirtschaftlich“ beschrieben sind.[18] Entspricht eine Maßnahme nämlich nicht dem medizinischen Standard, ist sie weder ausreichend noch zweckmäßig noch wirtschaftlich.

a. Ausprägungen des Wirtschaftlichkeitsgebotes

24 Bei den genannten Begriffen des Satzes 2 handelt sich nicht um Gegensätze. Sie stehen in einem untrennbaren inneren Zusammenhang und kennzeichnen inhaltlich das, was insgesamt unter dem **Wirtschaftlichkeitsgebot** zu verstehen ist.[19]

25 Bei der aufgrund des Wirtschaftlichkeitsgrundsatzes[20] bestehenden Verpflichtung zu wirtschaftlichem Handeln handelt es sich um eine **Optimierungsverpflichtung**, der Verfassungsrang zukommt.[21] Sie gilt für alle Bereiche staatlichen Handelns[22] und bindet damit auch den Sachgesetzgeber[23]. Man versteht unter dem Grundsatz der Wirtschaftlichkeit typischerweise, dass die günstigste Relation zwischen dem verfolgten Zweck und den einzusetzenden Mitteln anzustreben ist,[24] wobei der Wirtschaftlichkeitsgrundsatz das Minimal- und das Maximalprinzip umfasst.[25] Das **Minimalprinzip** verlangt, dass ein bestimmtes Ergebnis mit möglichst geringem Mitteleinsatz zu erzielen ist (Effizienz). Nach dem **Maximalprinzip** ist mit einem bestimmten Mitteleinsatz das bestmögliche Ergebnis zu erreichen (Effektivität).[26] Im öffentlichen Recht ist dabei jeweils als Zweck die Erfüllung einer bestimmten öffentlichen Aufgabe anzusehen.[27] Die rechtliche Umsetzung des Wirtschaftlichkeitsgebotes erfolgt mit dem unbestimmten Rechtsbegriff der Wirtschaftlichkeit, bei dessen Ausfüllung auch Einschätzungen und Wertungen eine Rolle spielen.[28] Das kann zur Folge haben, dass bei der Bewertung, ob dem Wirtschaftlichkeitsgebot entsprochen worden ist, die zur Überprüfung berechtigte Instanz in der Kontrolldichte

---

17 Vgl. dazu *Engelmann*, MedR 2006, 245, 253.

18 So auch *Engelhard* in: Engelmann/Schlegel, jurisPK-SGB V, § 12 Rn. 43.

19 *Engelmann* in: Jabornegg/Resch/Seewald (Hrsg.), Grenzen der Leistungspflicht für Krankenbehandlung, 2007, 109, 117; zum Wirtschaftlichkeitsgebot allgemein vgl. auch *Engelhard* in: Engelmann/Schlegel, jurisPK-SGB V, § 12.

20 Allgemein zum Wirtschaftlichkeitsgrundsatz: *Stern*, Das Staatsrecht der Bundesrepublik Deutschland, Band II, 1980, 435 ff.

21 *Schwarz* in: v. Mangoldt/Klein/Starck (Hrsg.), Kommentar zum GG, 5. Aufl., Band 3, 2005, Art. 114 Abs. 2 Rn. 87, m.w.N.; *Burgi* in: Butzer (Hrsg.), Wirtschaftlichkeit durch Organisations- und Verfahrensrecht, 2004, 53, 56.

22 BSG v. 29.02.1984 - 8 RK 27/82 - BSGE 56, 197, 198 f. = SozR 2100 § 69 Nr. 4; *v. Arnim*, Wirtschaftlichkeit als Rechtsprinzip, 1988, 33 ff.; *Pitschas* in: Butzer (Hrsg.), Wirtschaftlichkeit durch Organisations- und Verfahrensrecht, 2004, 31, 34.

23 *Luthe*, Optimierende Sozialgestaltung. Bedarf – Wirtschaftlichkeit – Abwägung, 2001, 323 ff.

24 BVerwG v. 13.09.2005 - 2 WD 31/04 - DÖV 2006, 913 ff.; *Schwarz* in: v. Mangoldt/Klein/Starck (Hrsg.), Kommentar zum GG, 5. Aufl., Band 3, 2005, Art. 114 Abs. 2 Rn. 87; *Heun* in: Dreier, GG, Kommentar, Band III, 2000, Art. 114 Rn. 27, 29; *Schmidt-Jortzig* in: Butzer (Hrsg.), Wirtschaftlichkeit durch Organisations- und Verfahrensrecht, 2004, 17, 20 f., m.w.N.

25 BSG v. 29.02.1984 - 8 RK 27/82 - BSGE 56, 197, 198 f. = SozR 2100 § 69 Nr. 4; *Seewald* in: Schnapp/Wigge, Handbuch des Vertragsarztrechts, § 21 Rn. 114.

26 *Schmidt-Jortzig* in: Butzer (Hrsg.), Wirtschaftlichkeit durch Organisations- und Verfahrensrecht, 2004, 20; *Burgi* in: Butzer (Hrsg.), Wirtschaftlichkeit durch Organisations- und Verfahrensrecht, 2004, 54, m.w.N.

27 *Burgi* in: Butzer (Hrsg.), Wirtschaftlichkeit durch Organisations- und Verfahrensrecht, 2004.

28 *Schmidt-Jortzig* in: Butzer (Hrsg.), Wirtschaftlichkeit durch Organisations- und Verfahrensrecht, 2004, 28.

eingeschränkt ist, weil sie einen Gestaltungs- bzw. Beurteilungsspielraum des Rechtsanwenders zu beachten hat.[29]

In keinem anderen Sozialleistungsbereich wird die Notwendigkeit der Wirtschaftlichkeit der Leistungen so stark betont wie im Recht der gesetzlichen Krankenversicherung.[30] So ist das **Wirtschaftlichkeitsgebot** u.a. in § 2 Abs. 1 Satz 1, Abs. 4 SGB V und § 12 Abs. 1 SGB V festgeschrieben. Nach § 72 Abs. 2 SGB V ist die vertragsärztliche Versorgung durch schriftliche Verträge der Kassenärztlichen Vereinigungen mit den Verbänden der Krankenkassen so zu regeln, dass u.a. eine ausreichende, zweckmäßige und wirtschaftliche Versorgung der Versicherten gewährleistet ist. Zentrale Vorschrift für die Überprüfung der Wirtschaftlichkeit der Behandlungs- und Verordnungsweise der Vertragsärzte in der ambulanten Versorgung ist die Vorschrift des § 106 SGB V, in der Voraussetzungen und Verfahren der Wirtschaftlichkeitsprüfung geregelt werden. 26

Das Gesetz nimmt das bereits in den Allgemeinen Vorschriften (§ 2 Abs. 1, Abs. 4 SGB V) und den Vorschriften des Leistungsrechts (§ 12 SGB V) niedergelegte Wirtschaftlichkeitsgebot im Rahmen des Leistungserbringungsrechts wieder auf, weil ihm gerade im Verhältnis Krankenkassen/Leistungserbringer entscheidende Bedeutung zukommt. In der ambulanten Versorgung nehmen dabei die **ärztlichen Leistungserbringer** (niedergelassene Vertragsärzte/Vertragszahnärzte, medizinische Versorgungszentren) eine **Schlüsselrolle** ein, weil sie nicht nur Leistungen erbringen, sondern vor allem auch in erheblichem Umfang Leistungen zu Lasten der Krankenkassen veranlassen (vgl. Rn. 15). 27

Nach der Rechtsprechung des BSG ist das, was zur Erzielung des Heilerfolges nicht notwendig oder unzweckmäßig ist, begrifflich auch **unwirtschaftlich**.[31] Damit wird das im Wirtschaftlichkeitsgebot angelegte Minimalprinzip angesprochen, das verlangt, dass ein bestimmtes Ergebnis mit möglichst geringem Mitteleinsatz zu erzielen ist. 28

Das Wirtschaftlichkeitsgebot wendet sich jedoch nicht nur an Krankenkassen und Leistungserbringer. Auf seiner Grundlage können auch **Leistungsansprüche** der Versicherten **begrenzt** werden, nämlich auf Erhalt einer medizinisch gleichwertigen, aber kostengünstigeren Behandlungsalternative.[32] Soweit allerdings nur eine einzige Therapie eine reale Chance zur Erzielung des Heilerfolgs ergibt, hat der Versicherte hierauf Anspruch[33]. Entsprechen mehrere Behandlungsmöglichkeiten den Erfordernissen von Eignung und Wirtschaftlichkeit gleichwertig, ist der Versicherte hierüber – durch den Leistungserbringer oder die Krankenkasse – zu informieren.[34] 29

Welche Kosten im Einzelfall bei einer erforderlichen, wirksamen und alternativlosen Behandlung anfallen, ist auch unter der Geltung des Wirtschaftlichkeitsgebotes unbeachtlich. Der Versicherte hat selbst bei außerordentlich hohen Kosten Anspruch auf Behandlung. Grundsätzlich gilt damit, dass die **Wirksamkeit einer Behandlungsmaßnahme** der Berücksichtigung ihrer Wirtschaftlichkeit vorgeht, erforderliche, wirksame und alternativlose Behandlungsmaßnahmen also nicht unter Berufung auf die durch sie verursachten Kosten versagt werden dürfen. 30

b. Fachlich gebotene Qualität der Versorgung

Die durch das GKV-Gesundheitsreformgesetz 2000[35] eingefügte Formulierung „in der fachlich gebotenen Qualität" hebt nach der Begründung des Gesetzentwurfs[36] die Bedeutung hervor, die der Gesetzgeber der Qualität der Versorgung zumisst. 31

---

[29] BSG v. 29.02.1984 - 8 RK 27/82 - BSGE 56, 197, 199 = SozR 2100 § 69 Nr. 4; BVerwG v. 13.09.2005 - 2 WD 31/04 - DÖV 2006, 913 ff.; *Engelhard* in: Engelmann/Schlegel, jurisPK-SGB V, § 12 Rn. 46; vgl. zum Gestaltungsspielraum des Gemeinsamen Bundesausschusses bei der Beurteilung der Wirtschaftlichkeit neuer Untersuchungs- oder Behandlungsmethoden: *Engelmann*, MedR 2006, 245, 256, m.w.N.

[30] Zur Umsetzung des Wirtschaftlichkeitsgebotes durch eine Vielzahl von Einzelmaßnahmen vgl. *Engelmann* in: Jabornegg/Resch/Seewald (Hrsg.), Grenzen der Leistungspflicht für Krankenbehandlung, 2007, 109, 120 ff.

[31] Vgl. bereits BSG v. 29.05.1962 - 6 RKa 24/59 - BSGE 17, 79, 84, insoweit in SozR Nr. 2 zu § 368n RVO nicht abgedruckt; BSG v. 15.05.1963 - 6 RKa 21/60 - BSGE 19, 123, 128 = SozR Nr. 7 zu § 368n RVO; BSG v. 07.12.1966 - 6 RKa 6/64 - BSGE 26, 16, 20 = SozR Nr. 12 zu § 368n RVO.

[32] *Engelhard* in: Engelmann/Schlegel, jurisPK-SGB V, § 12 Rn. 17.

[33] So schon BSG v. 20.03.1996 - 6 RKa 62/94 - BSGE 78, 70, 88 f. = SozR 3-2500 § 92 Nr. 6 S. 45 f.; ebenso BSG v. 31.05.2006 - B 6 KA 13/05 R - SozR 4-2500 § 92 Nr. 5 Rn. 75.

[34] Zur Verpflichtung einer Krankenkasse, die Versicherten bei einem unübersichtlichen Leistungsangebot über die verschiedenen Leistungsmöglichkeiten zu beraten: BSG vom 04.04.2006 - B 1 KR 5/05 R - SozR 4-2500 § 13 Nr. 8 Rn. 14.

[35] Vom 22.12.1999, BGBl I 1999, 2626.

[36] BT-Drs. 14/1245, S. 68, zu Nr. 30.

32 Die Verbesserung der Qualität der Versorgung wird im SGB V in einer Vielzahl von Vorschriften abgesichert, wobei im Vordergrund die Sicherung der **Ergebnisqualität** steht.[37] So haben die Kassenärztlichen Vereinigungen Maßnahmen zur Förderung der Qualität der vertragsärztlichen Versorgung durchzuführen und die Qualität der in der vertragsärztlichen Versorgung erbrachten Leistungen im Einzelfall durch Stichproben zu prüfen (§ 136 SGB V). Gemäß § 135a Abs. 1 SGB V sind die Leistungserbringer zur Sicherung und Weiterentwicklung der Qualität der von ihnen erbrachten Leistungen verpflichtet. Durch das GKV-WSG[38] ist die Bildung bzw. Beauftragung einer fachlich unabhängigen Institution vorgeschrieben worden, die Verfahren zur Messung und Darstellung der Versorgungsqualität für die Durchführung der einrichtungsübergreifenden Qualitätssicherung entwickeln soll (§ 137a Abs. 1 SGB V).

33 Die Spitzenverbände der gesetzlichen Krankenkassen, der Verband der privaten Krankenversicherung, die Bundesärztekammer, die Deutsche Krankenhausgesellschaft sowie die Kassenärztliche Bundesvereinigung sind Träger der **Bundesgeschäftsstelle Qualitätssicherung** (BQS), die im Auftrag des Gemeinsamen Bundesausschusses das Verfahren der **externen vergleichenden Qualitätssicherung** in den deutschen Krankenhäusern (fort)entwickelt.

34 Des Weiteren ist gesetzlich festgelegt, dass sowohl bei den Leistungserbringern im ambulanten Bereich als auch im stationären Bereich einrichtungsintern ein **Qualitätsmanagement** eingeführt und weiterentwickelt wird.[39] Die Konkretisierung dieser gesetzlichen Vorgaben, die auch die Qualität der Leistungserbringung betreffen, hat der Gemeinsame Bundesausschuss in Richtlinien und/oder sog. Vereinbarungen vorzunehmen.[40]

35 In der ambulanten **vertragsärztlichen Versorgung** sichern auch die Regelungen des Einheitlichen Bewertungsmaßstabes für vertragsärztliche Leistungen (EBM-Ä)[41] bei einer Vielzahl von Leistungen eine qualitätsgesicherte Erbringung ab. Nach dem von der Kassenärztlichen Bundesvereinigung herausgegebenem **Qualitätsbericht**[42] unterliegen fast 40% aller vertragsärztlichen Leistungen unter Qualitätssicherungsgesichtspunkten einem Genehmigungsvorbehalt.[43] Diese Entwicklung wird sich bei dem neuen EBM-Ä fortsetzen.[44]

IV. Humane Krankenbehandlung (Absatz 2)

36 Nach der Begründung des Gesetzentwurfs zum GRG[45] trägt § 70 Abs. 2 SGB V, nach dem die Krankenkassen und Leistungserbringer durch geeignete Maßnahmen auf eine humane Krankenbehandlung ihrer Versicherten hinzuwirken haben, der besonderen Bedeutung einer humanen Krankenbehandlung als **tragendem Prinzip der gesetzlichen Krankenversicherung** Rechnung.

37 Die Vorschrift des Absatzes 2 richtet sich an Krankenkassen und Leistungserbringer, begründet also **keine unmittelbaren Ansprüche der Versicherten.**[46] Sie wird deshalb vornehmlich als **Programmsatz** mit der Folge verstanden, dass sich aus ihr konkrete Ansprüche der Versicherten nicht ableiten las-

---

[37] *Hess* in: KassKomm, SGB V, § 70 Rn. 9a.

[38] Vom 26.03.2007, BGBl I 2007, 378.

[39] Vgl. die §§ 135a Abs. 2, 136a, 136b, 137, 137a SGB V.

[40] Vgl. z.B. Vereinbarung von Qualitätssicherungsmaßnahmen bei ambulanten Operationen und bei sonstigen stationsersetzenden Leistungen gemäß § 15 des Vertrages nach § 115b Abs. 1 SGB V; Vereinbarung über die grundsätzlichen Anforderungen an ein einrichtungsinternes Qualitätsmanagement für nach § 108 SGB V zugelassene Krankenhäuser; Vereinbarung über Maßnahmen der Qualitätssicherung für nach § 108 SGB V zugelassene Krankenhäuser; Vereinbarung über Maßnahmen zur Qualitätssicherung der Versorgung von Früh- und Neugeborenen; Richtlinie des Gemeinsamen Bundesausschusses über grundsätzliche Anforderungen an ein einrichtungsinternes Qualitätsmanagement für die an der vertragsärztlichen Versorgung teilnehmenden Ärzte, Psychotherapeuten und medizinischen Versorgungszentren (Qualitätsmanagement-Richtlinie vertragsärztliche Versorgung).

[41] Abgedruckt bei: *Engelmann* (Hrsg.), Gesetzliche Krankenversicherung/Soziale Pflegeversicherung, Nr. 765.

[42] Qualitätsbericht 2006, Oktober 2006, Abschnitt 1.3 „Qualität und Vergütung".

[43] Vgl. dazu BSG v. 07.02.2007 - B 6 KA 8/06 R - juris Rn. 32 m.w.N.

[44] Vgl. den Bericht von *Gerst*, DÄBl 2007, A 1373 f.

[45] BT-Drs. 11/2237, S. 191, zu § 78.

[46] *Baltzer*, KHR 2007, 1, 2.

sen.[47] Trotz des objektiv-rechtlichen Charakters der Verpflichtung zur Herbeiführung einer humanen Krankenbehandlung entfaltet die Vorschrift auch im Verhältnis Krankenkassen-Versicherte Rechtswirkung, allerdings nicht im Sinne eines subjektiven Rechts.

§ 70 Abs. 2 SGB V ist bei der Auslegung, ob und in welcher Weise Versicherte Anspruch auf eine bestimmte Art der Krankenbehandlung haben, als **Auslegungsrichtlinie** zu berücksichtigen. Dabei kommt der Verpflichtung zur Herbeiführung einer humanen Krankenbehandlung gerade Bedeutung bei der **Abwägung mit dem Wirtschaftlichkeitsgebot** zu.[48] Sie wird demgemäß in gerichtlichen Auseinandersetzungen über einen Anspruch auf eine bestimmte Leistung in der Weise herangezogen, dass sie diesen stützen soll.[49] So ist in der obergerichtlichen Rechtsprechung der Anspruch einer Versicherten auf eine weitere Leistung[50] ausdrücklich damit begründet worden, dass es mit einer humanen Krankenbehandlung unvereinbar sei, eine im Übrigen völlig mobile Versicherte innerhalb ihrer Wohnung durch Nichtgewährung einer zweiten Tankfüllung mit Sauerstoff in ihrer Bewegungsfreiheit auf 5,4 Stunden täglich zu begrenzen.[51] 38

[47] Vgl. z.B. Bayerisches LSG v. 09.11.2006 - L 4 KR 75/04 - juris Rn. 23: allgemeiner Rechtsgrundsatz, keine Anspruchsnorm; *Hess* in: KassKomm, SGB V, § 70 Rn. 10. Gegen das Verständnis, dass der Vorschrift keine rechtliche Wirkung zukommt, vgl. *Baltzer*, KHR 2007, 1, 2 ff., der daraus einen das gesamte Leistungsrecht sowie das Verwaltungs- und Gerichtsverfahrensrecht umfassenden Grundsatz ableitet.

[48] Vgl. BSG v. 10.05.2005 - B 1 KR 25/03 R - BSGE 94, 302 = SozR 4-2500 § 34 Nr. 2 Rn. 28, das im Hinblick auf die Verordnung von Viagra in dem Zeitraum bis Ende 2003 bei der Überprüfung der Wirtschaftlichkeit der Verordnung auch den Gesichtspunkt einer humanen Krankenbehandlung anführt.

[49] Vgl. z.B. Bayerisches LSG v. 25.04.2006 - L 5 KR 3/06 - juris Rn. 4: Anspruch auf Kostenerstattung für eine im Rahmen der GKV nicht zugelassene Laserbehandlung; LSG Nordrhein-Westfalen v. 27.04.2005 - L 11 (16) KR 181/02 - juris Rn. 5.

[50] Zweite Tankfüllung mit Flüssigsauerstoff für ein tragbares Sauerstoffsystem bei einer an einer schweren Lungenerkrankung leidenden Versicherten.

[51] - LSG Niedersachsen-Bremen v. 17.03.2004 L 4 KR 217/01 - juris Rn. 5 - NdsRpfl 2004, 307-308.

§ 71 SGB V Beitragssatzstabilität

(Fassung vom 26.03.2007, gültig ab 01.04.2007, gültig bis 31.12.2008)

(1) Die Vertragspartner auf Seiten der Krankenkassen und der Leistungserbringer haben die Vereinbarungen über die Vergütungen nach diesem Buch so zu gestalten, dass Beitragssatzerhöhungen ausgeschlossen werden, es sei denn, die notwendige medizinische Versorgung ist auch nach Ausschöpfung von Wirtschaftlichkeitsreserven ohne Beitragssatzerhöhungen nicht zu gewährleisten (Grundsatz der Beitragssatzstabilität). Ausgabensteigerungen auf Grund von gesetzlich vorgeschriebenen Vorsorge- und Früherkennungsmaßnahmen oder für zusätzliche Leistungen, die im Rahmen zugelassener strukturierter Behandlungsprogramme (§ 137g) auf Grund der Anforderungen der Rechtsverordnung nach § 266 Abs. 7 erbracht werden, verletzten nicht den Grundsatz der Beitragssatzstabilität.

(2) Um den Vorgaben nach Absatz 1 Satz 1 Halbsatz 1 zu entsprechen, darf die vereinbarte Veränderung der jeweiligen Vergütung die sich bei Anwendung der Veränderungsrate für das gesamte Bundesgebiet nach Absatz 3 ergebende Veränderung der Vergütung nicht überschreiten. Abweichend von Satz 1 ist eine Überschreitung zulässig, wenn die damit verbundenen Mehrausgaben durch vertraglich abgesicherte oder bereits erfolgte Einsparungen in anderen Leistungsbereichen ausgeglichen werden. Übersteigt die Veränderungsrate in dem Gebiet der in Artikel 1 Abs. 1 des Einigungsvertrages genannten Länder die Veränderungsrate für das übrige Bundesgebiet, sind abweichend von Satz 1 jeweils diese Veränderungsraten anzuwenden.

(3) Das Bundesministerium für Gesundheit stellt bis zum 15. September eines jeden Jahres für die Vereinbarungen der Vergütungen des jeweils folgenden Kalenderjahres die nach den Absätzen 1 und 2 anzuwendenden durchschnittlichen Veränderungsraten der beitragspflichtigen Einnahme aller Mitglieder der Krankenkassen (§ 267 Abs. 1 Nr. 2) je Mitglied getrennt nach dem gesamten Bundesgebiet, dem Gebiet der in Artikel 1 Abs. 1 des Einigungsvertrages genannten Länder und dem übrigen Bundesgebiet für den gesamten Zeitraum der zweiten Hälfte des Vorjahres und der ersten Hälfte des laufenden Jahres gegenüber dem entsprechenden Zeitraum der jeweiligen Vorjahre fest. Grundlage sind die vierteljährlichen Rechnungsergebnisse der Krankenkassen (KV 45). Die Feststellung wird durch Veröffentlichung im Bundesanzeiger bekannt gemacht. Die Veränderungsraten für den Zeitraum des zweiten Halbjahres 1998 und des ersten Halbjahres 1999 gegenüber dem entsprechenden Vorjahreszeitraum gelten für die Vereinbarungen für das Kalenderjahr 2000 und werden am 4. Januar 2000 im Bundesanzeiger veröffentlicht.

(3a) Abweichend von Absatz 3 gilt für das Jahr 2006 anstelle der vom Bundesministerium für Gesundheit festgestellten Veränderungsraten eine Rate von 0,63 vom Hundert. Für das Jahr 2007 gelten abweichend von den in Absatz 3 vorgesehenen Veränderungsraten je Mitglied die Veränderungsraten je Versicherten, die das Bundesministerium für Gesundheit bis zum 15. September 2006 feststellt und durch Veröffentlichung im Bundesanzeiger bekannt macht. Die Sätze 1 und 2 gelten nur für die Vergütung der Krankenhausleistungen nach dem Krankenhausentgeltgesetz und der Bundespflegesatzverordnung sowie für die Begrenzung der Verwaltungsausgaben der Krankenkassen nach § 4 Abs. 4.

(4) Die Vereinbarungen über die Vergütung der Leistungen nach § 57 Abs. 1 und 2, §§ 83, 85, 85a, 125 und 127 sind den für die Vertragsparteien zuständigen Aufsichtsbehörden vorzulegen. Die Aufsichtsbehörden können die Vereinbarungen bei einem Rechtsverstoß innerhalb von zwei Monaten nach Vorlage beanstanden.

(5) Die Vereinbarungen nach Absatz 4 Satz 1 und die Verträge nach den §§ 73b, 73c und 140a bis 140d sind unabhängig von Absatz 4 auch den für die Sozialversicherung zuständigen obersten Verwaltungsbehörden der Länder, in denen sie wirksam werden, vorzulegen.

Gliederung

A. Grundsatz der Beitragssatzstabilität

In § 71 Abs. 1 SGB V wird der Grundsatz der Beitragssatzstabilität normiert und legal definiert. Die Beachtung des Grundsatzes durch die Vertragspartner von Vergütungsvereinbarungen soll dazu beitragen, Leistungsfähigkeit und Wirtschaftlichkeit der gesetzlichen Krankenversicherung zu erhalten. Aus diesem Grund wird über die Verpflichtung, den Grundsatz der Beitragssatzstabilität zu beachten, die Entwicklung des Beitragssatzes der Krankenkassen im Wesentlichen an die Entwicklung ihrer Einnahmesituation gekoppelt. 1

Der Grundsatz der Beitragssatzstabilität ist – von wenigen Ausnahmen abgesehen – bei allen Vergütungsvereinbarungen in der gesetzlichen Krankenversicherung zu beachten. Er bezieht sich damit allerdings nur auf den Teil der Ausgabensegmente, dem Vergütungsvereinbarungen zwischen Krankenkassen und Leistungserbringern zugrunde liegen. Er wird des Weiteren auch bei der Vergütung für Krankenhausleistungen in Bezug genommen. Er greift jedoch nicht in denjenigen Bereichen, in denen die Kostenentwicklung nicht von Vereinbarungen zwischen Krankenkassen und Leistungserbringern abhängt. Nicht erfasst wird daher z.B. der Bereich der Arzneimittelversorgung. 2

Die Bedeutung des Grundsatzes der Beitragssatzstabilität wird als Folge der mit Wirkung vom 01.01.2009 vorgesehenen Festsetzung der Beitragssätze durch Rechtsverordnung (vgl. dazu Rn. 50) zurückgehen. 3

I. Gesetzgebungsmaterialien

§ 71 SGB V ist durch das Gesundheits-Reformgesetz (GRG) vom 20.12.1988[1] mit Wirkung vom 01.01.1989 in das SGB V aufgenommen worden. Die Vorschrift knüpft an Formulierungen der Reichsversicherungsordnung (RVO) an. So waren z.B. nach § 368f Abs. 2 RVO bei der Vereinbarung der Ge- 4

[1] BGBl I 1988, 2488.

samtvergütung die wirtschaftliche Lage der Krankenkassen und die seit der letzten Festsetzung eines Vergütungsmerkmals eingetretene Veränderung der Grundlohnsumme angemessen zu berücksichtigen. § 71 SGB V ist in der Fassung des Gesetzentwurfes der Bundesregierung zum GRG[2] Gesetz geworden. Die Vorschrift lautete wie folgt: „Die Krankenkassen und die Leistungserbringer haben in den Vereinbarungen über die Vergütung der Leistungen den Grundsatz der Beitragssatzstabilität (§ 141 Abs. 2) zu beachten." Zur Begründung ist im Gesetzentwurf der Bundesregierung ausgeführt,[3] dass durch die Regelung die Leistungsfähigkeit und die Wirtschaftlichkeit der gesetzlichen Krankenversicherung sowie deren Finanzierung zu vertretbaren Beitragssätzen gesichert werden soll. Der eigentliche Grundsatz der Beitragssatzstabilität war in § 141 Abs. 2 SGB V enthalten. Die Norm bestimmte, dass Beitragssatzerhöhungen vermieden werden sollten, es sei denn, die notwendige medizinische Versorgung wäre auch unter Ausschöpfung von Wirtschaftlichkeitsreserven ohne Beitragssatzerhöhungen nicht zu gewährleisten.

5 Durch das Gesundheitsstrukturgesetz (GSG) vom 21.12.1992[4] wurde § 71 SGB V neu gefasst. Der bisherige Satz 1 wurde mit Wirkung zum 01.01.1993 zu Absatz 1. Zugleich wurde ein Absatz 2 angefügt, der in einer zwischenzeitlich überholten Fassung des Art. 33 § 8 GSG bis zum 31.12.1995 galt und in dem eine aufschiebende Wirkung der Beanstandungen von Aufsichtsbehörden wegen Rechtsverstößen vorgesehen war.[5]

6 Mit Wirkung vom 01.01.1996 galt Absatz 2 in einer neuen Fassung.[6] In ihm war die Verpflichtung der Vertragspartner der Vergütungsvereinbarungen enthalten, die Vergütungsvereinbarungen den zuständigen Aufsichtsbehörden vorzulegen, denen bei Rechtsverstößen ein Beanstandungsrecht eingeräumt wurde. In der Begründung des Gesetzentwurfs der Fraktionen von CDU/CSU, SPD und F.D.P. heißt es dazu:[7] Die vorgeschriebene Überprüfung der Vereinbarungen über die Vergütungen durch die zuständige Aufsichtsbehörde dient dazu, die Geltung des Grundsatzes der Beitragssatzstabilität in den Vergütungsverträgen abzusichern. Verletzen die vorgelegten Verträge geltendes Recht, können sie von der Aufsichtsbehörde beanstandet werden.

7 Für das Jahr 1999 hat der Gesetzgeber mit Art. 12 Abs. 1 und 2 des GKV-Solidaritätsstärkungsgesetzes vom 19.12.1998[8] eine Bestimmung eingeführt, die als speziellere der Anwendung des § 71 SGB V vorging und nach der die Vergütungsvereinbarungen bzw. die sie ersetzenden Schiedsamtsentscheidungen unverzüglich den Aufsichtsbehörden vorzulegen waren. Sie sollte dazu dienen, die Einhaltung der Budgetierung der Ausgaben zu gewährleisten.

8 Eine weitere Änderung erfuhr § 71 SGB V durch das GKV-Gesundheitsreformgesetz 2000 vom 22.12.1999.[9] Absatz 1 der Vorschrift wurde neu gefasst, Absatz 2 zu Absatz 4 gemacht und die neuen Absätze 2 und 3 eingefügt.[10] In Absatz 1 wurde die Verweisung auf § 141 Abs. 2 SGB V durch eine Legaldefinition des Grundsatzes der Beitragssatzstabilität ersetzt und klargestellt, dass die Vergütungsvereinbarungen nach diesem Buch und dem Krankenhausfinanzierungsgesetz sowie den nach diesen Vorschriften getroffenen Regelungen erfasst sind. In Absatz 2 wurde die vereinbarte Veränderung der jeweiligen Vergütung an die durchschnittlichen Veränderungsraten der beitragspflichtigen Einnahmen aller Mitglieder der Krankenkassen gekoppelt. In Absatz 3 wurde festgelegt, dass das Bundesministerium für Gesundheit bis zum 15.09. eines jeden Jahres die durchschnittlichen Veränderungsraten der beitragspflichtigen Einnahmen aller Mitglieder der Krankenkassen festlegt.

9 Durch das Fallpauschalengesetz vom 23.04.2002[11] wurde wegen der Umstrukturierung der Krankenhausfinanzierung ihre Einbeziehung in die Regelung des § 71 Abs. 1 SGB V aufgehoben.[12]

[2] BT-Drs. 11/2237, S. 191.
[3] BR-Drs. 200/00, S. 191, zu § 79.
[4] BGBl I 1992, 2266.
[5] Vgl. dazu *Hess* in: KassKomm, SGB V, § 71 Rn. 11.
[6] Art. 1 Nr. 29 GSG.
[7] BT-Drs. 12/3608, S. 83, zu Nr. 29 (§ 71).
[8] BGBl I 1998, 3853.
[9] BGBl I 1999, 2626.
[10] Art. 1 Nr. 28 GKV-Gesundheitsreformgesetz 2000.
[11] BGBl I 2002, 1412.
[12] Art. 1 Nr. 2 Fallpauschalengesetz.

Das Beitragssatzsicherungsgesetz vom 23.12.2002[13] bestimmte, dass in § 71 Abs. 1 Satz 2 SGB V der Vorbehalt für zulässige Ausgabensteigerungen auf zusätzliche Leistungen erstreckt wird, die im Rahmen zugelassener strukturierter Behandlungsprogramme (§ 137g SGB V) erbracht werden.[14] Im Beitragssatzsicherungsgesetz wurde ebenfalls geregelt, dass für die Anpassung der Vergütungsvereinbarungen anstelle der Veränderungsraten des § 71 Abs. 3 SGB V für das Jahr 2003 eine Nullrunde galt. 10

Durch das GKV-Modernisierungsgesetz (GMG) vom 14.11.2003[15] wurde in Absatz 4 Satz 1 an Stelle von § 83 Abs. 1 SGB V mit Wirkung vom 01.01.2004 „§ 57 Abs. 1 und 2, § 83" eingefügt und damit ausdrücklich die Vereinbarungen über die Vergütung zahnärztlicher und zahntechnischer Leistungen erfasst. Diese Angabe wurde durch das GMG mit Wirkung vom 01.01.2007 durch die Angabe „§ 57 Abs. 1 und 2, §§ 83, 85, 85a, 125 und 127" ersetzt. 11

Der durch das Gesetz zur Verbesserung der Wirtschaftlichkeit in der Arzneimittelversorgung vom 26.04.2006[16] eingefügte § 71 Abs. 3a SGB V regelte für die Jahre 2006 und 2007, dass abweichend von den Veränderungsraten nach § 71 Abs. 3 SGB V für die Vergütung der Krankenhausleistungen nach dem Krankenhausentgeltgesetz und der Bundespflegesatzverordnung sowie für die Begrenzung der Verwaltungsausgaben der Krankenkassen abweichende Veränderungsraten gelten. 12

Durch das GKV-Wettbewerbstärkungsgesetz vom 26.03.2007[17] wurde in § 71 Abs. 1 Satz 1 SGB V das Wort „Beitragssatzerhöhungen" durch das Wort „Beitragserhöhungen" ersetzt und nach dem Wort „Wirtschaftlichkeitsreserven" die Wörter „ohne Beitragssatzerhöhungen" gestrichen. Es wurden zudem ein Absatz 5 angefügt, nach dem die in Absatz 4 Satz 1 genannten Vergütungsvereinbarungen sowie die Verträge nach den §§ 73b, 73c und 140a-140d SGB V unabhängig von Absatz 4 den für die Sozialversicherung zuständigen obersten Verwaltungsbehörden der Länder, in denen sie wirksam werden, vorzulegen sind. Damit soll erreicht werden, dass die Länder einen Überblick über die in ihrem Land geltenden vertraglichen Regelungen erhalten. Auf diese Weise könnten sie ihrer Pflicht zur Gewährleistung einer flächendeckenden Gesundheitsversorgung in ihrem Land besser Rechnung tragen.[18] 13

II. Parallelvorschriften

Durch das Fallpauschalengesetz vom 23.04.2002[19] wurde in § 71 Abs. 1 SGB V die Einbeziehung der Vergütung stationärer Leistungen im Krankenhaus aufgehoben. Ihre Bindung an den Grundsatz der Beitragssatzstabilität ist nunmehr in § 17 Abs. 1 Satz 3 Krankenhausfinanzierungsgesetz (KHG) geregelt. Dort ist bestimmt, dass bei der Ermittlung der Pflegesätze der Grundsatz der Beitragssatzstabilität (§ 71 Abs. 1 SGB V) nach Maßgabe des KHG und des Krankenhausentgeltgesetzes zu beachten ist. 14

III. Ausgewählte Literaturhinweise

Plagemann, Zahnersatz – Umbau eines Versorgungsbereichs, GesR 2006, 488-490; *Reuther*, Die Vergütung des Vertragsarztes und die Stabilität des Beitragssatzes, 2006; *Schaks*, Der Grundsatz der finanziellen Stabilität der gesetzlichen Krankenversicherung, 2007. 15

B. Auslegung der Norm

I. Bedeutung des § 71 SGB V

Die Vorschrift des § 71 SGB V steht in dem 1. Abschnitt des Vierten Kapitels des SGB V über „Allgemeine Grundsätze". Das verdeutlicht die Bedeutung, die der Gesetzgeber der Beitragssatzstabilität beimisst. Im Hinblick auf seine Funktion, zur finanziellen Stabilisierung der gesetzlichen Krankenversicherung beizutragen, hat auch die Rechtsprechung den hohen Rang des Grundsatzes betont.[20] 16

---

13 BGBl I 2002, 4637.

14 Art. 1 Nr. 5 Beitragssatzsicherungsgesetz.

15 BGBl I 2003, 2190.

16 BGBl I 2006, 984.

17 BGBl I 2007, 378.

18 Bericht des BT-Ausschusses für Gesundheit, BT-Drs. 16/4247, S. 36, zu Nr. 41, zu lit. b.

19 BGBl I 2002, 1412.

20 Vgl. z.B. BSG v. 19.07.2006 - B 6 KA 44/05 R - SozR 4-2500 § 88 Nr. 1 Rn. 17.

17 Mit der Norm, die durch weitere Regelungen über die Geltung des Grundsatzes der Beitragssatzstabilität ergänzt wird, verknüpft der Gesetzgeber das Anliegen, die Beitragssätze in der gesetzlichen Krankenversicherung zu stabilisieren. Er bindet die Beitragssatzentwicklung an die jährliche Grundlohnsummensteigerung und will so erreichen, dass die Beiträge im Verhältnis zu den Einnahmen der Krankenkassen, die in erster Linie aus den Beiträgen hervorgehen, die Arbeitnehmer und Arbeitgeber auf der Grundlage des erzielten Arbeitsentgeltes zahlen, nicht überproportional steigen. Es wird auf diese Weise eine Proportionalität zwischen Beitragssatzentwicklung bzw. Beitragsentwicklung und Grundlohnsummensteigerung angestrebt. Von der Verpflichtung zur Beitragssatzstabilität sind in § 71 Abs. 1 SGB V zwei Leistungsbereiche ausgenommen und insoweit privilegiert. Es handelt sich um Ausgabensteigerungen aufgrund von gesetzlich vorgeschriebenen Vorsorge- und Früherkennungsmaßnahmen sowie für zusätzliche Leistungen, die im Rahmen strukturierter Behandlungsprogramme nach § 137g SGB V erbracht werden.

II. Grundsatz der Beitragssatzstabilität (Absatz 1 Satz 1 Halbsatz 1)

18 Die Legaldefinition des § 71 Abs. 1 Satz 1 SGB V stellt für Beitragssatzerhöhungen ein **Regel-/Ausnahmeverhältnis** auf. Nach Halbsatz 1 haben die Krankenkassen und die Leistungserbringer die Vereinbarungen über die nach dem SGB V anfallenden Vergütungen so zu gestalten, dass Beitragssatzerhöhungen ausgeschlossen werden. Absatz 1 Satz 1 Halbsatz 2 lässt hiervon eine Ausnahme zu. Beitragssatzerhöhungen können danach dann erfolgen, wenn die notwendige medizinische Versorgung auch nach Ausschöpfung von Wirtschaftlichkeitsreserven ohne Beitragssatzerhöhungen nicht zu gewährleisten ist.

1. Regelungsgehalt des Grundsatzes der Beitragssatzstabilität

19 In der Vergangenheit war für die Anpassung der Gesamtvergütungen nach § 85 Abs. 2 SGB V umstritten, welche Bedeutung der Beachtung des Grundsatzes der Beitragssatzstabilität neben den nach § 85 Abs. 3 Satz 1 SGB V zu berücksichtigen Kriterien – Praxiskosten, die für die vertragsärztliche Tätigkeit aufzuwendende Arbeitszeit, Art und Umfang der ärztlichen Leistungen – zukam. Nach § 85 Abs. 3 Satz 2 SGB V ist bei der Vereinbarung der Veränderungen der Gesamtvergütungen der Grundsatz der Beitragssatzstabilität in Bezug auf das Ausgabenvolumen für die Gesamtheit der zu vergütenden vertragsärztlichen Leistungen zu beachten. Unter bestimmten Voraussetzungen ist eine Überschreitung der Veränderungsraten nach § 71 Abs. 3 SGB V zulässig.

20 Nach der Rechtsprechung des BSG handelt es sich bei dem über die Vereinbarung der Gesamtvergütungen gemäß § 85 Abs. 3 Satz 2 SGB V in Bezug genommenen Grundsatz der Beitragssatzstabilität nicht um einen unverbindlichen Programmsatz, sondern um eine **verbindliche gesetzliche Vorgabe** für die Vergütungsvereinbarungen,[21] deren (Nicht-)Beachtung grundsätzlich der Beanstandung durch die Aufsichtsbehörde und der gerichtlichen Nachprüfung zugänglich ist.[22]

2. Vergütungsvereinbarungen i.S.d. Absatzes 1 Satz 1

21 Absatz 1 Satz 1 erfasst nach seinem Regelungsgehalt alle Vergütungsvereinbarungen nach dem SGB V, die zwischen Krankenkassen und Leistungserbringern geschlossen werden. In Absatz 4 Satz 1 und in Absatz 5 werden spezifische Versorgungsbereiche genannt, deren Vergütungsvereinbarungen dem Grundsatz der Beitragssatzstabilität unterfallen. Diese dort vorgenommene Aufzählung von Leistungsbereichen ist allerdings nicht abschließend und z.T. überholt.

22 Der Grundsatz der Beitragssatzstabilität gilt für Vergütungsvereinbarungen in folgenden, in § 71 Abs. 4 und 5 SGB V genannten Leistungsbereichen:

- Vergütung für zahnärztliche Leistungen (§ 57 Abs. 1 SGB V);
- Vergütung für zahntechnische Leistungen (§§ 57 Abs. 2, 88 Abs. 2[23] SGB V);
- Vergütung im Rahmen gesamtvertraglicher Vereinbarungen (§ 83 SGB V);
- Vereinbarung der Gesamtvergütungen (§ 85 SGB V);

[21] Grundlegend: BSG v. 10.05.2000 - B 6 KA 20/99 R - BSGE 86, 126, 136 = SozR 3-2500 § 85 Nr. 37.

[22] Ebenso auch BSG v. 27.04.2005 - B 6 KA 42/04 R - SozR 4-2500 § 85 Nr. 16 Rn. 13; BSG v. 14.12.2005 - B 6 KA 25/04 R - juris Rn. 18 f.; BSG v. 19.07.2006 - B 6 KA 44/05 R - SozR 4-2500 § 88 Nr. 1 Rn. 15; BSG v. 29.11.2006 - B 6 KA 4/06 R - SozR 4-2500 § 83 Nr. 3 Rn. 29.

[23] Vgl. BSG v. 19.07.2006 - B 6 KA 44/05 R - SozR 4-2500 § 88 Nr. 1: Der Grundsatz der Beitragssatzstabilität gilt auch für die Vergütungsvereinbarungen bei zahntechnischen Leistungen.

- Vereinbarung der Punktwerte zur Vergütung vertragsärztlicher Leistungen (§ 87a SGB V);
- Vereinbarung über Vergütungsstrukturen für Heilmittel (§ 125 SGB V);
- Vereinbarung über die Lieferung von Hilfsmitteln (§ 127 SGB V);
- Vereinbarung über hausarztzentrierte Versorgung (§ 73b SGB V);
- Vereinbarung über besondere ambulante ärztliche Versorgung (§ 73c SGB V);
- Vereinbarung über integrierte Versorgungsformen (§§ 140a-140d SGB V).

Hinzu treten Vergütungsvereinbarungen z.B. für **folgende Leistungen bzw. Leistungsbereiche**, bei denen ebenfalls der Grundsatz der Beitragssatzstabilität zu beachten ist: 23

- Modellvorhaben (§ 64 SGB V);
- Versorgungsverträge mit Krankenhäusern (§ 109 SGB V);
- Versorgungsverträge mit Vorsorge- oder Rehabilitationseinrichtungen (§ 111 SGB V);
- Versorgungsverträge mit Einrichtungen des Müttergenesungswerkes oder gleichartigen Einrichtungen (§ 111a SGB V);
- Verträge über die Vergütung vor- und nachstationärer Behandlung im Krankenhaus (§ 115a SGB V);
- Vergütungsverträge für ambulantes Operieren im Krankenhaus (§ 115b SGB V).

Soweit zwischen Krankenkassen und Leistungserbringern keine Verträge über die Vergütung von Leistungen geschlossen werden, greift mangels entsprechender Rechtsbeziehungen auch der Grundsatz der Beitragssatzstabilität nicht ein. Das gilt z.B. für das Verhältnis der Krankenkassen zu den Apotheken. 24

Kommen gesetzlich vorgeschriebene kollektivvertragliche Vergütungsvereinbarungen nicht zustande, werden diese gemäß § 89 SGB V durch Entscheidungen von Schiedsämtern ersetzt. Auch bei den durch **Schiedsämter festgesetzten Vergütungen**, die als vertragliche Vergütungsvereinbarungen gelten (§ 89 Abs. 1 Satz 5 SGB V), ist der Grundsatz der Beitragssatzstabilität zu beachten. 25

3. Zulässige Ausgabensteigerungen mit Auswirkungen auf den Beitragssatz (Absatz 1 Satz 1 Halbsatz 2)

Die Partner der Vergütungsvereinbarungen, die vom Anwendungsbereich des § 71 Abs. 1 SGB V erfasst werden, sind verpflichtet, eine vom Bundesministerium für Gesundheit nach Absatz 3 vorgegebene Veränderungsrate bei der Änderung der Vergütungen nicht zu überschreiten. Hiervon lässt das Gesetz in § 71 Abs. 1 Satz 1 HS. 2 SGB V eine Ausnahme für den Fall zu, dass andernfalls die notwendige medizinische Versorgung auch nach Ausschöpfung von Wirtschaftlichkeitsreserven ohne Beitragssatzerhöhungen nicht zu gewährleisten ist. 26

Der Gesetzgeber geht damit grundsätzlich davon aus, dass die vorhandenen Finanzierungsmittel der gesetzlichen Krankenkassen zur Gewährleistung einer medizinischen Versorgung, die ausreichend, zweckmäßig und wirtschaftlich ist sowie dem allgemein anerkannten Stand der medizinischen Erkenntnisse entspricht,[24] ausreichen. 27

4. Von der Geltung des Grundsatzes der Beitragssatzstabilität ausgenommene Leistungsbereiche (Absatz 1 Satz 2)

Nach Absatz 1 Satz 2 unterliegen Ausgabensteigerungen für bestimmte Leistungsbereiche nicht dem Grundsatz der Beitragssatzstabilität, auch wenn sie Auswirkungen auf die Höhe des Beitragssatzes haben. Es handelt sich zum einen um Ausgabensteigerungen, die sich aufgrund **gesetzlich vorgeschriebener Vorsorge- und Früherkennungsmaßnahmen** ergeben. Damit soll die Förderung der Inanspruchnahme von Vorsorge- und Früherkennungsmaßnahmen nicht an einer mit ihnen verbundenen Ausgabensteigerung scheitern. 28

Gesetzlich vorgeschrieben sind folgende Vorsorge- und Früherkennungsuntersuchungen: 29

- Primäre Prävention durch Schutzimpfungen (§ 20d SGB V);
- Verhütung von Zahnerkrankungen durch Gruppen- und Individualprophylaxe (§§ 21, 22 SGB V);
- Medizinische Vorsorge für Mütter und Väter (§ 24 SGB V);
- Gesundheitsuntersuchungen (§ 25 SGB V);
- Kinderuntersuchung (§ 26 SGB V);
- Mutterschaftsvorsorge (§§ 195, 196 RVO).

---

[24] Vgl. die §§ 12 Abs. 1, 72 Abs. 2 SGB V.

30 Zum anderen werden zusätzliche Leistungen, die im Rahmen **zugelassener strukturierter Behandlungsprogramme** zur Behandlung chronischer Krankheiten (§ 137g SGB V) aufgrund der Anforderungen der Rechtsverordnung nach § 266 Abs. 7 SGB V erbracht werden, von der Verpflichtung zur Beachtung des Grundsatzes der Beitragssatzstabilität ausgenommen. In Betracht kommen zusätzliche Leistungen, die noch nicht Gegenstand der jeweiligen Vergütungsvereinbarungen waren, wie z.B. zusätzliche Dokumentationsleistungen (§ 137f Abs. 2 Nr. 5 SGB V) oder Schulungen von Versicherten (§ 137f Abs. 2 Nr. 4 SGB V).

5. Weitere Ausnahmen vom Grundsatz der Beitragssatzstabilität/Bindung an Veränderungsrate

31 Das SGB V lässt – über die Regelung des § 71 Abs. 1 SGB V hinausgehend – weitere Ausnahmen von der Bindung an den Grundsatz der Beitragssatzstabilität zu.

a. Integrierte Versorgung (§ 140b Abs. 4 Satz 2 SGB V)

32 Der Grundsatz der Beitragssatzstabilität nach § 71 Abs. 1 SGB V gilt nicht für Vergütungsvereinbarungen im Bereich der integrierten Versorgung (§ 140a SGB V), die bis zum 31.12.2008 abgeschlossen werden (§ 140b Abs. 4 Satz 2 SGB V). Mit dieser Durchbrechung des Grundsatzes der Beitragssatzstabilität soll, wie der Gesetzesbegründung zur Änderung der Vorschrift des § 140b Abs. 4 Satz 2 SGB V zu entnehmen ist,[25] Vertragsabschlüssen zur integrierten Versorgung der Weg bereitet werden. Dies geschehe mit Rücksicht darauf, dass die Vertragspartner der Krankenkassen ein unternehmerisches Risiko eingingen und der Abschluss eines Vertrages der integrierten Versorgung in aller Regel bedinge, dass die Leistungserbringer erhebliche Investitionskosten aufzubringen hätten. Den Krankenkassen solle daher die Möglichkeit eröffnet sein, in Berücksichtigung und Anerkennung des erheblichen Entwicklungs- und Förderungsbedarfs leistungsorientierter integrierter Versorgungs- und Vergütungssysteme zur Überwindung von faktischen Hemmnissen und Defiziten auch finanzielle Mittel einzusetzen. Der Grundsatz der Beitragssatzstabilität werde daher für eine Startphase der integrierten Versorgung ausgesetzt.

b. Steigerung der Gesamtvergütungen wegen Mehrausgaben aufgrund von Beschlüssen des Gemeinsamen Bundesausschusses (§ 85 Abs. 3 Satz 3 SGB V)

33 Bei der Vereinbarung der Gesamtvergütung haben die Vertragspartner den Grundsatz der Beitragssatzstabilität zu beachten. Dies regelt § 85 Abs. 3 Satz 2 SGB V ausdrücklich. Allerdings lässt die Vorschrift zugleich eine Ausnahme zu. Führen Beschlüsse des Gemeinsamen Bundesausschusses nach § 135 Abs. 1 SGB V (Zulassung neuer Untersuchungs- und Behandlungsmethoden) zu Mehrausgaben, können die gemäß § 71 Abs. 3 SGB V festgelegten Veränderungsraten überschritten werden (§ 85 Abs. 3 Satz 3 HS. 1 SGB V). Dabei ist allerdings nach § 85 Abs. 2 Satz 3 HS. 2 SGB V zu prüfen, inwieweit die Mehrausgaben durch Minderausgaben aufgrund eines Wegfalls von Leistungen, die aufgrund einer Prüfung nach § 135 Abs. 1 Sätze 2 und 3 SGB V nicht mehr zu Lasten der Krankenkassen erbracht werden dürfen, ausgeglichen werden können.

III. Veränderungsrate für Vergütungsvereinbarungen (Absatz 2)

1. Kopplung der Vergütungssteigerung an Grundlohnsummenentwicklung (Absatz 2 Satz 1)

34 Absatz 2 Satz 1 legt fest, dass bei der vereinbarten Veränderung der jeweiligen Vergütung eine Veränderungsrate, die nach Absatz 3 vom Bundesministerium für Gesundheit festgestellt wird, nicht überschritten werden darf. Die Vorschrift koppelt also die Steigerung der Vergütungen an die Grundlohnsummenentwicklung und damit an die Entwicklung der Beitragseinnahmen. Bei der Veränderungsrate handelt es sich um eine Obergrenze für die Anpassung von Vergütungsvereinbarungen. Es besteht kein Anspruch der einzelnen Vertragspartner darauf, dass die zulässige Veränderungsrate in vollem Umfang ausgeschöpft wird.

[25] Gesetzesbegründung zum GMG, BT-Drs. 15/1525, S. 190, zu lit. d.

2. Zulässige Überschreitung der Veränderungsrate (Absatz 2 Satz 2)

35 Die nach Satz 1 bei den Vergütungsvereinbarungen zu beachtende Veränderungsrate ist keine starre Grenze. Sie kann nach Satz 2 überschritten werden, wenn die damit verbundenen Mehrausgaben durch vertraglich abgesicherte oder bereits erfolgte Einsparungen in anderen Leistungsbereichen ausgeglichen werden.

36 Es muss sich hierbei allerdings um konkret zu erwartende oder konkret vorhandene Einsparungen handeln. Das wird dadurch verdeutlicht, dass diese vertraglich abgesichert oder bereits erfolgt sein müssen.

3. Höhere Veränderungsraten in den neuen Bundesländern (Absatz 2 Satz 3)

37 Grundsätzlich gilt die nach Absatz 3 vom Bundesministerium für Gesundheit festgestellte bundesdurchschnittliche Veränderungsrate. Eine Ausnahme wird in Absatz 2 Satz 3 für die neuen Bundesländer gemacht. Ergibt nämlich die nach Absatz 3 für die neuen Bundesländer festgestellte Veränderungsrate einen höheren Wert als die für das übrige Bundesgebiet, so sind die für die jeweiligen Rechtskreise festgestellten Veränderungsraten anzuwenden. Das heißt, es gelten für die neuen und die alten Bundesländer die jeweiligen Veränderungsraten. Die Vorschrift will damit gewährleisten, dass die erforderliche Anpassung der Gesamtvergütungen in den neuen Bundesländern, die im Vergleich zu den alten Bundesländern generell niedriger liegen, nicht über den Grundsatz der Beitragssatzstabilität beschränkt wird.

IV. Feststellung der anzuwendenden Veränderungsraten (Absatz 3)

38 Das Bundesministerium für Gesundheit hat bis zum 15.09. eines Jahres die für die Vereinbarungen der Vergütungen des nächsten Kalenderjahres maßgeblichen Veränderungsraten festzustellen (Satz 1). Grundlage hierfür sind die durchschnittlichen Veränderungsraten der beitragspflichtigen Einnahmen aller Mitglieder der Krankenkassen (§ 267 Abs. 1 Nr. 2 SGB V) je Mitglied getrennt nach dem gesamten Bundesgebiet, den neuen Bundesländern und den alten Bundesländern. Ausgangspunkt sind die Einnahmen für den gesamten Zeitraum der 2. Hälfte des Vorjahres und der 1. Hälfte des laufenden Jahres gegenüber dem entsprechenden Zeitraum der jeweiligen Vorjahre. Für das Jahr 2008 sind damit Werte des 2. Halbjahres 2006 und des 1. Halbjahres 2007 maßgeblich.

39 Grundlage der Feststellung sind gemäß Satz 2 die vierteljährlichen Rechnungsergebnisse der Krankenkassen nach der KV 45-Statistik, mit der Schnellmeldungen über die Einnahmen und Ausgaben in der gesetzlichen Krankenversicherung erfolgen. Satz 3 bestimmt, dass die Feststellung durch Veröffentlichung im Bundesanzeiger bekannt gemacht wird.

40 Satz 4 der Vorschrift ist durch Zeitablauf überholt.

V. Sonderregelung für Vergütung von Krankenhausleistungen und für Begrenzung der Verwaltungsausgaben der Krankenkassen in den Jahren 2006 und 2007 (Absatz 3a)

41 Der durch das Gesetz zur Verbesserung der Wirtschaftlichkeit in der Arzneimittelversorgung vom 26.04.2006[26] eingefügte Absatz 3a regelte für die Jahre 2006 und 2007 eine von der Festsetzung nach Absatz 3 abweichende Veränderungsrate für die Vergütung der Krankenhausleistungen sowie für die Begrenzung der Verwaltungsausgaben der Krankenkassen nach § 4 Abs. 4 SGB V.

42 Die Vorschrift ist durch Zeitablauf überholt.

VI. Vorlagepflicht der Vergütungsvereinbarungen an Aufsichtsbehörden (Absatz 4)

1. Erfasste Vergütungsvereinbarungen

43 Um die Geltung des Grundsatzes der Beitragssatzstabilität für die Vergütungsvereinbarungen abzusichern, hat der Gesetzgeber des GSG mit dem früheren Absatz 2, der später zu Absatz 4 geworden ist, eine Vorlagepflicht der Vergütungsvereinbarungen an die Aufsichtsbehörden bestimmt (Satz 1) und zugleich eine Beanstandungsbefugnis der Aufsichtsbehörden festgeschrieben (Satz 2).

---

26 BGBl I 2006, 984.

44 Die Vorlagepflicht bezieht sich nach der Aufzählung der einschlägigen Normen in Satz 1 auf die Vergütungsvereinbarungen von Krankenkassen mit ärztlichen/zahnärztlichen und psychotherapeutischen Leistungserbringern, mit Zahntechnikern und auf die Vergütungsvereinbarungen mit Leistungserbringern von Heil- und Hilfsmitteln und beschränkt sich damit auf die kollektivvertraglichen Vergütungsvereinbarungen. Für andere – hier nicht genannte – Vergütungsverträge besteht somit keine Vorlagepflicht nach Absatz 4.

2. Beanstandung von Vergütungsvereinbarungen

45 Verstöße gegen die Beachtung des Grundsatzes der Beitragssatzstabilität werden über die Befugnis der Aufsichtsbehörden, die von Satz 1 erfassten Vergütungsvereinbarungen bei einem Rechtsverstoß zu beanstanden, sanktioniert. Die Beanstandung einer Vereinbarung führt dazu, dass diese nicht wirksam wird, sich also aus ihr keine Rechtsfolgen ergeben.

46 Gegen eine Beanstandung können die Vertragspartner einer beanstandeten Vereinbarung im Wege der Klage vorgehen. Das gilt auch, soweit bei Nichteinigung über eine Vergütungsvereinbarung ein Schiedsspruch ergeht und dieser beanstandet wird. Eine Kassen(zahn)ärztliche Vereinigung ist auch klagebefugt gegen Bescheide, mit denen das Bundesministerium für Gesundheit gegenüber den seiner Aufsicht unterliegenden Verbänden der Ersatzkassen eine gesamtvertragliche Vereinbarung dieser K(Z)ÄV beanstandet, soweit infolge dieser Beanstandung der Gesamtvertrag nicht gilt.[27]

47 Das Schiedsamt, dessen Schiedsspruch beanstandet wird, hat hingegen keine Anfechtungsbefugnis gegen die Beanstandungsverfügung.[28]

VII. Erweiterte Vorlagepflicht für bestimmte Vergütungsvereinbarungen (Absatz 5)

48 Über die Vorlagepflicht nach Absatz 4 hinaus regelt Absatz 5 die Vorlagepflicht bestimmter Verträge auch an die für die Sozialversicherung zuständigen obersten Verwaltungsbehörden der Länder, in denen sie wirksam werden. Die Vorlagepflicht erstreckt sich auf die Verträge zur hausarztzentrierten Versorgung (§ 73b SGB V), zur besonderen ambulanten ärztlichen Versorgung (§ 73c SGB V) und zur integrierten Versorgung (§§ 140a ff. SGB V). Diese Verträge werden von den Krankenkassen außerhalb des Kollektivvertragssystems geschlossen und können sich deshalb über den Bereich einer Kassenärztlichen Vereinigung – der sich, von Nordrhein-Westfalen abgesehen, mit dem Bereich eines Bundeslandes deckt – erstrecken.

49 Die Vorlagepflicht für diese Einzelverträge soll, wie in der Begründung des Gesetzentwurfs zu dieser Vorschrift ausgeführt worden ist, den Bundesländern einen Überblick über die in ihrem Land geltenden vertraglichen Regelungen verschaffen. Auf diese Weise könnten sie ihrer Pflicht zur Gewährleistung einer flächendeckenden Gesundheitsversorgung in ihrem Land besser Rechnung tragen.[29] Die Vorschrift dient damit der Information der Bundesländer. Folgerichtig ergibt sich aus ihr kein eigenständiges Beanstandungsrecht.

C. Reformmaßnahmen

I. Änderung des Absatzes 1 durch das GKV-WSG zum 01.01.2009

50 § 71 Abs. 1 Satz 1 SGB V erhält durch das GKV-WSG vom 26.03.2007[30] zum 01.01.2009 folgende Fassung: „Die Vertragspartner auf Seiten der Krankenkassen und der Leistungserbringer haben die Vereinbarungen über die Vergütungen nach diesem Buch so zu gestalten, dass Beitragserhöhungen ausgeschlossen werden, es sei denn, die notwendige medizinische Versorgung ist auch nach Ausschöpfung von Wirtschaftlichkeitsreserven nicht zu gewährleisten (Grundsatz der Beitragssatzstabilität)."

[27] BSG v. 17.11.1999 - B 6 KA 10/99 R - SozR 3-2500 § 71 Nr. 1.
[28] BSG v. 10.05.2000 - B 6 KA 20/99 R - BSGE 86, 126, 130 ff. - SozR 3-2500 § 85 Nr. 37.
[29] Bericht des BT-Ausschusses für Gesundheit, BT-Drs. 16/4247, S. 36, zu Nr. 41, zu lit. b.
[30] BGBl I 2007, 378.

II. Auswirkung der Änderung

Dem Grundsatz der Beitragssatzstabilität für die Vergütungsvereinbarungen wird in Zukunft erheblich geringere Bedeutung zukommen. Mit der durch das GKV-WSG vorgenommenen Einführung des Gesundheitsfonds werden die Beitragssätze nicht mehr durch die einzelnen Krankenkassen, sondern mit Wirkung ab 01.01.2009 generell durch Rechtsverordnung festgelegt.[31] Die Krankenkassen sind allein noch berechtigt, einen kassenindividuellen Zusatzbeitrag zu erheben, soweit ihr Finanzbedarf durch die Zuweisungen aus dem Fonds nicht gedeckt ist.[32] 51

Zwar besteht nach der Gesetzesbegründung auch danach noch die Notwendigkeit der Beachtung des Grundsatzes der Beitragssatzstabilität, da von Krankenkassen geschlossene Verträge mit Leistungserbringern auch künftig Auswirkungen auf die Balance zwischen Beitragseinnahmen des Gesundheitsfonds und den Ausgaben der Krankenkassen hätten. Die Krankenkassen müssten deshalb zur Vermeidung überhöhter Ausgaben weiterhin die Beitragssatzstabilität im Auge behalten, sowohl hinsichtlich des allgemeinen Beitragssatzes als auch hinsichtlich des kassenindividuellen Zusatzbeitrages.[33] 52

Nicht zu verkennen ist allerdings, dass die Erhebung eines kassenindividuellen Zusatzbeitrages durch eine Krankenkasse ihre Wettbewerbssituation im Verhältnis zu anderen Krankenkassen verschlechtert. Die Krankenkassen werden daher gezwungen sein, alles zu unternehmen, um die Erhebung kassenindividueller Zusatzbeiträge zu vermeiden. Das zieht notwendigerweise nach sich, dass die Krankenkassen bei allen Vergütungsvereinbarungen bestrebt sein werden, Ausgabensteigerungen zu begrenzen. Der tatsächliche Gestaltungsspielraum der Krankenkassen wird daher mit der Einführung des Gesundheitsfonds und der Festsetzung eines allgemeinen Beitragssatzes durch Rechtsverordnung geringer. 53

[31] § 241 Abs. 2 SGB V, eingefügt durch das GKV-WSG.

[32] § 242 SGB V, eingefügt durch das GKV-WSG.

[33] BT-Drs. 16/3100, S. 111 zu Nr. 41.

Zweiter Abschnitt: Beziehungen zu Ärzten, Zahnärzten und Psychotherapeuten

Erster Titel: Sicherstellung der vertragsärztlichen und vertragszahnärztlichen Versorgung

§ 72 SGB V Sicherstellung der vertragsärztlichen und vertragszahnärztlichen Versorgung

(Fassung vom 09.12.2004, gültig ab 01.10.2005)

(1) Ärzte, Zahnärzte, Psychotherapeuten, medizinische Versorgungszentren und Krankenkassen wirken zur Sicherstellung der vertragsärztlichen Versorgung der Versicherten zusammen. Soweit sich die Vorschriften dieses Kapitels auf Ärzte beziehen, gelten sie entsprechend für Zahnärzte, Psychotherapeuten und medizinische Versorgungszentren, sofern nichts Abweichendes bestimmt ist.

(2) Die vertragsärztliche Versorgung ist im Rahmen der gesetzlichen Vorschriften und der Richtlinien des Gemeinsamen Bundesausschusses durch schriftliche Verträge der Kassenärztlichen Vereinigungen mit den Verbänden der Krankenkassen so zu regeln, daß eine ausreichende, zweckmäßige und wirtschaftliche Versorgung der Versicherten unter Berücksichtigung des allgemein anerkannten Standes der medizinischen Erkenntnisse gewährleistet ist und die ärztlichen Leistungen angemessen vergütet werden.

(3) Für die knappschaftliche Krankenversicherung gelten die Absätze 1 und 2 entsprechend, soweit das Verhältnis zu den Ärzten nicht durch die Deutsche Rentenversicherung Knappschaft-Bahn-See nach den örtlichen Verhältnissen geregelt ist.

(4) (weggefallen)

Gliederung

A. Basisinformationen

I. Textgeschichte/Gesetzgebungsmaterialien

Die aktuelle Fassung der Norm, die auch die neu geschaffenen Medizinischen Versorgungszentren einbezieht, beruht auf dem Gesundheitsmodernisierungsgesetz vom 14.11.2003[1] und gilt ab dem 01.01.2005. Ihr wesentlicher Inhalt fand sich erstmals in § 368 Abs. 1 RVO 1932. Allerdings ist danach Absatz 3 durch Gesetz vom 09.12.2004[2] mit Wirkung zum 01.10.2005 neu gefasst worden. 1

II. Vorgängervorschriften

§§ 368 Abs. 1, 368g Abs. 1 RVO. 2

III. Parallelvorschriften

Parallelvorschriften existieren nicht. Insbesondere sind die Rechtsbeziehungen im stationären Versorgungsbereich und zu den weiteren Leistungserbringern abweichend konzipiert. 3

IV. Systematische Zusammenhänge

Die Vorschrift spiegelt zum Zweck der Erfüllung der in den vorstehenden Kapiteln formulierten Leistungsrechte die insbesondere in den Grundnormen der §§ 2, 12 SGB V enthaltenen Grundsätze wider und überträgt diese mit dem Auftrag der Detailkonkretisierung auf die Normadressaten ambulanter Leistungserbringung. Das Zusammenwirkungsgebot des Absatzes 1 wird für die Kassenärztlichen Vereinigungen in § 75 SGB V weiter konkretisiert. Während die Grundstruktur der kollektivvertraglichen Ausgestaltung der ambulanten Leistungsansprüche durch die Partner der gemeinsamen Selbstverwaltung in Absatz 2 niedergelegt ist, wird jene in den nachfolgenden Vorschriften durch verpflichtende oder freiwillige Regelungsgegenstände nebst inhaltlichen Vorgaben normativ spezialisiert, ohne aber abschließend alle Einzelheiten nach Inhalt und Zweck vorzugeben (Rn. 25). Neben dem Grundnormcharakter kommt der Vorschrift daher als Auffangermächtigungstatbestand besondere Bedeutung zu. Zwar sieht das ambulante Leistungserbringungsrecht Regelungen vor, welche, wie die §§ 13 Abs. 3, 72a, 75 Abs. 1 Satz 3, 89 SGB V, die Rechtsfolgen eines Systemversagens durch Vertragsersetzung (Rn. 75) regeln, jedoch decken diese nicht alle Fallgestaltungen ab. Insbesondere wird die Frage, ob und ggf. welche Ersatzansprüche zwischen den Vertragspartnern bestehen, nicht umfassend geregelt. 4

V. Literaturhinweise

Axer, Normsetzung der Exekutive in der Sozialversicherung (Habilitationsschrift), 2000; *ders.*, Lenkung und Regulierung in der Sozialversicherung zwischen Bundes- und Länderebene, DRV 2005, 542 ff.; *ders.*, Zur demokratischen Legitimation in der gemeinsamen Selbstverwaltung – dargestellt am Beispiel des Bundesausschusses der Ärzte und Krankenkassen, Funktionale Selbstverwaltung und Demokratieprinzip – am Beispiel der Sozialversicherung 2001, 115 ff.; *ders.*, Normenkontrolle und Normerlassklage in der Sozialgerichtsbarkeit, NZS 1997, 10 ff.; *Azzola,* Die Mitwirkungspflichten des zur vertragsärztlichen Versorgung zugelassenen bzw. zur Teilnahme an dieser Versorgung ermächtigten Arztes, ZFSH/SGB 2001, 272 ff.; *Behnsen,* Die Definitionsmacht des Bundesausschusses der Ärzte und Krankenkassen, KrV 1999, 264 ff.; *Boerner,* Normenverträge im Gesundheitswesen (Habilitationsschrift), 2003; *Busse,* Eine Dogmatik der besonderen Therapierichtungen des SGB V, SGb 2000, 61 ff.; *Engelmann,* Untergesetzliche Normsetzung im Recht der gesetzlichen Krankenversicherung durch Verträge und Richtlinien, NZS 2000, 1 (Teil I), 76 (Teil II); *Fiedler,* Angemessenheit der Vergütung – angemessenes Arzthonorar aus der Sicht der Krankenkassen, VSSR 1995, 355 ff.; *Hahne,* Neue Versorgungsformen nach der geplanten Gesundheitsreform, GesR 2003, 257 ff.; *dies.*, Neue Versorgungsformen nach der geplanten Gesundheitsreform, GesR 2003, 257-259; *dies.*, Weiterentwicklung des Gesundheitswesens – Leistungserbringung und Vergütung ärztlicher Leistungen aus der Sicht der Kassenärztlichen Vereinigung, Festschriftenbeitrag aus Perspektiven des Gesundheitswesens 2003, 133 ff. (Festschrift für Bernd Wiegand zum 65. Geburtstag am 26. April 2003); *Hess,* Angemessenheit der Vergütung und angemessenes Arzthonorar – aus der Sicht der ärztlichen Selbstverwaltung, 5

[1] BGBl I 2003, 2190.
[2] BGBl I 2004, 3242.

VSSR 1995, 367 ff.; *ders.*, Die Zukunft des Sicherstellungsauftrages durch die KVen unter Berücksichtigung neuer Versorgungsformen – aus Sicht der Kassenärztlichen Vereinigungen, MedR 2003, 137 ff.; *Hinz*, Der versicherte Patient und der Vertragsarzt im System der gesetzlichen Krankenversicherung, Die Leistungen 2001, 705 ff.; *ders.*, Das Behandlungsverhältnis zwischen Vertragsarzt und Patient in der gesetzlichen Krankenversicherung (Diss.), 2004; *Isensee*, Das Recht des Kassenarztes auf angemessene Vergütung, VSSR 1995, 321 ff.; *Kirchhoff*, Die Rechtsnatur von Verträgen zwischen gesetzlichen Krankenkassen und Leistungserbringern gemäß §§ 69 ff. SGB 5, SGb 2005, 499 ff.; *Luckhaupt*, Das vertragsärztliche Vergütungssystem nach dem GMG, GesR 2004, 266 ff.; *Muschallik*, Die Zukunft des Sicherstellungsauftrages durch die Kassenzahnärztlichen Vereinigungen unter Berücksichtigung neuer Versorgungsformen – aus Sicht der Kassenzahnärztlichen Vereinigungen, MedR 2003, 139 ff.; *Rebscher*, Die Zukunft des Sicherstellungsauftrags und die Zukunft der gemeinsamen Selbstverwaltung – aus Sicht der Krankenkassen, MedR 2003, 145 ff.; *ders.*, Der Sicherstellungsauftrag – seine Einordnung in eine Systematik zentraler ordnungspolitischer Grundentscheidungen, Festschriftenbeitrag aus Perspektiven des Gesundheitswesens 2003, 107 ff. (Festschrift für Bernd Wiegand zum 65. Geburtstag am 26. April 2003); *Schiller/Steinhilper*, Zum Spannungsverhältnis Vertragsarzt/Privatarzt – Darf ein Vertragsarzt Leistungen bei einem Kassenpatienten ablehnen (...), MedR 2001, 29 ff.; *Schimmelpfeng-Schütte*, Der Arzt im Spannungsfeld der Inkompatibilität der Rechtssysteme, MedR 2002, 286-292; *Schmidt-De Caluwe*, Das Behandlungsverhältnis zwischen Vertragsarzt und sozialversichertem Patienten, VSSR 1998, 207 ff.; *Schmiedl*, Das Recht des Vertrags(zahn)arztes auf angemessene Vergütung in Zeiten der Budgetierung, MedR 2002, 116 ff.; *Schneider*, Die Preisfindung für vertragszahnärztliche Leistungen, SGb 2004, 143 ff.; *Schulte*, Beziehungen zu den Leistungserbringern im Gesundheitswesen in den neuen Bundesländern – unter besonderer Berücksichtigung der Versorgung der knappschaftlich Versicherten, Kompaß 1991, 321 ff.; *Schwerdtfeger*, Die Leistungsansprüche der Versicherten im Rechtskonkretisierungskonzept des SGB V, NZS 1998, 97 ff.; *Sodan*, Das Beitragssatzsicherungsgesetz auf dem Prüfstand des Grundgesetzes, NJW 2003, 1761-1766; *ders.*, Normsetzungsverträge im Sozialversicherungsrecht, NZS 1998, 305 ff.; *ders.*, Finanzielle Stabilität der gesetzlichen Krankenversicherung und Grundrechte der Leistungserbringer – eine Einführung, Finanzielle Stabilität der gesetzlichen Krankenversicherung und Grundrechte der Leistungserbringer 2004, 9 ff. (Schriften zum Gesundheitsrecht, Band 1); *Spoerr*, Haben Ärzte ein Recht auf angemessenes Honorar?, MedR 1997, 342 ff.; *Stellpflug*, Der vertragsarztrechtlich geforderte Leistungsumfang in der psychotherapeutischen Praxis, PsychR 2002, 52 ff.; *Wenner*, Maßnahmen zur Qualitätssicherung in der vertragsärztlichen Versorgung auf dem Prüfstand der Rechtsprechung, NZS 2002, 1 ff.; *Wimmer*, Unzulängliche vertragsärztliche Vergütung aus Gemeinwohlgründen?, NZS 1999, 480 ff.; *ders.*, Die sozialgerichtliche Kontrolldichte des Einheitlichen Bewertungsmaßstabes, NZS 2001, 287-293; *Ziegner*, Standardbeschränkungen in der zahnärztlichen Behandlung durch das Wirtschaftlichkeitsgebot?, VSSR 2003, 191-213; *Ziermann*, Abgrenzung der Normsetzungskompetenzen des Bundesausschusses und des (Erweiterten) Bewertungsausschusses im Bereich der zahnmedizinischen Versorgung (...), VSSR 2003, 175 ff.; *dies.*, Sicherstellung der vertragszahnärztlichen Versorgung durch Medizinische Versorgungszentren, MedR 2004, 540 ff.

B. Auslegung der Norm

I. Regelungsgehalt und Bedeutung der Norm

6 Die Vorschrift stellt die **Grundsatz- und Einweisungsnorm** des Rechtes **ambulanter Leistungserbringung** dar, die durch die nachfolgenden Normen des 2. Abschnitts des 4. Kapitels (§§ 72a-106a SGB V) konkretisierend und ausfüllend ergänzt wird.

7 **Absatz 1** Satz 1 sieht eine Verpflichtung der an der ambulanten Versorgung Beteiligten zum Zusammenwirken (**Zusammenwirkungsgebot**) zum Zwecke der Sicherstellung der vertragsärztlichen Versorgung vor. Satz 2 erklärt die für die Ärzte geltenden Vorschriften auch für Zahnärzte und Psychotherapeuten entsprechend anwendbar.

8 **Absatz 2** enthält als Ausprägung der allgemeinen Pflicht zum Zusammenwirken einen **Regelungsauftrag und** eine **Ermächtigungsgrundlage**, den Inhalt und die Durchführung der vertragsärztlichen Versorgung im Rahmen höherrangigen Rechts planend und gestaltend durch öffentlich-rechtliche Verträge bei Wahrung eigener Gruppeninteressen, jedoch im Geiste der gemeinsamen Sicherstellungsverpflichtung zu vereinbaren. Sie begründet die sog. **gemeinsame Selbstverwaltung** von Ärzten und

Krankenkassen. Letztlich bedeutet dies eine Übertragung von Aufgaben und Befugnis zur Regelung des Inhalts der Versorgung unter Verdrängung der unmittelbaren Staatsverwaltung.

Absatz 3 verweist für die Rechtsbeziehungen der Leistungserbringer in der knappschaftlichen Krankenversicherung bedingt auf die Regelungen der Absätze 1 und 2. 9

II. Gemeinsame Selbstverwaltung (Absatz 1)

1. Zusammenwirkungsgebot (Absatz 1 Satz 1)

Absatz 1 Satz 1 verpflichtet die dort Genannten zum Zusammenwirken zum Zwecke der Sicherstellung auf dem Gebiete der verschiedenen Steuerungsebenen ambulanter Versorgung (**gemeinsamer Sicherstellungsauftrag**). 10

Steuerungsebenen des Zusammenwirkens sind: 11

(1a) Zusammenarbeit durch Abschluss von zweiseitigen Verträgen zwischen Ärzten und Kassen auf Bundes- und Landesebene (Kollektivverträge) durch die Kassenärztlichen (Bundes-)Vereinigungen und Kassenverbänden/Einzelkassen oder durch gemeinsam besetzte besondere Gremien. Diesen kommt zu einem erheblichen Teil **normative Wirkung** zu und sie binden rechtssetzend die ärztlichen Leistungserbringer sowie die verbandszugehörigen Krankenkassen (**Normverträge**). Dieses im Begriff der Sicherstellung (Rn. 20) mitenthaltene Element wird durch den nachfolgenden 2. Absatz konkretisierend ausgestaltet.

(1b) Zusammenarbeit im **Gemeinsamen Bundesausschuss** zum Zwecke der **Rechtssetzung** durch Richtlinien, die ihrerseits Bestandteil der Bundesmantelverträge werden.

(2) Zusammenarbeit im Rahmen des **Verwaltungsvollzuges** durch gemeinsam und paritätisch besetzte **Ausschüsse** (Wirtschaftlichkeitsprüfung: Zulassungs- und Beschwerdeausschüsse; Zulassungsentscheidungen: Zulassungs- und Berufungsausschüsse; Feststellung von Überversorgung u.a.: Landesausschüsse).

(3) Rechtstreue **Umsetzung** der den Selbstverwaltungskörperschaften zur **selbständigen Wahrnehmung** übertragenen Befugnisse.

Da die Rechtsbeziehungen zu einem wesentlichen Teil durch die gesetzlichen Vorschriften des SGB V und durch die auf deren Grundlage geschaffenen kollektivvertraglichen Regelungen ausgestaltet werden, erscheint die praktische Regelungswirkung des Absatzes 1 Satz 1 vordergründig zunächst gering. Da das Zusammenwirkungsgebot jedoch ein wesentliches Strukturprinzip enthält, ist die Vorschrift aufgrund des Grundnormcharakters zur Interpretation des Regelungsgehalts der Normen des 2. Abschnitts des 4. Kapitels sowie auch des Kollektivvertragsrechts nicht selten ergänzend heranzuziehen. 12

Die Zweckerreichung erfordert bei Wahrnehmung der Aufgaben der unter Ziffern 1. und 2. genannten Steuerungsebenen eine aktive Kooperation in Gestalt einer **aktiven Förderung** im Rahmen der bestehenden rechtlichen Pflichten. Handlungen, die damit kollidieren, sind mit dem Zusammenwirkungsverbot nicht zu vereinbaren. 13

Die Begründung eines Zusammenwirkungsverbots zwischen den Genannten erscheint auch deshalb notwendig, weil das SGB V im Übrigen die Rechtsbeziehungen von ärztlichen Leistungserbringern und Krankenkasse **getrennt ausgestaltet.**[3] 14

2. Normadressaten

Das Zusammenwirkungsgebot verpflichtet alle Ärzte, Zahnärzte, (nichtärztliche) Psychotherapeuten und Medizinische Versorgungszentren, soweit und solange sie an der vertrags-(zahn)ärztlichen Versorgung teilnehmen. Dagegen sprechen die die Zusammenarbeit betreffenden nachfolgenden Vorschriften die Selbstverwaltungskörperschaften an. 15

In der **vertragsärztlichen Versorgung** sind angesprochen: 16

- die als Ärzte oder psychologische Psychotherapeuten bzw. Kinder- und Jugendlichenpsychotherapeuten approbierten natürlichen Personen, welche gem. § 95 SGB V als Vertragsärzte oder Vertragspsychotherapeuten[4] zugelassen oder
- die gem. § 116 SGB V, § 31 f. ZV-Ä ermächtigt[5] sind, sowie
- die gem. § 95 Abs. 1 SGB V institutionell zugelassenen Medizinischen Versorgungszentren und

[3] *Orlowski* in: Maaßen/Schermer/Wiegand/Zipperer, SGB V, § 72 Rn. 4.

[4] Vgl. § 95 Abs. 10 SGB V.

[5] Ermächtigungstatbestände auf Grund von § 31 Abs. 3 ZV-Ä auch in den ärztlichen Bundesmantelverträgen.

- die gem. §§ 117 ff. SGB V bzw. § 31 Abs. 1 Satz 1 Alt. 2 ZV-Ä institutionell ermächtigten ärztlich geleiteten Einrichtungen.

17 In der **vertragszahnärztlichen Versorgung** werden erfasst

- die als Zahnärzte[6] approbierten natürlichen Personen, die gem. §§ 95, 72 Abs. 1 Satz 2 SGB V als Vertragszahnärzte zugelassen oder
- die gem. §§ 116, 72 Abs. 1 Satz 2 SGB V, § 31 f. ZV-Z ermächtigt[7] sind, sowie
- die gem. §§ 95 Abs. 1, 72 Abs. 1 Satz 2 SGB V institutionell zugelassenen Medizinischen Versorgungszentren ebenso wie
- die gem. § 31 Abs. 1 Satz 1 Alt. 2 ZV-Z institutionell ermächtigten zahnärztlich geleiteten Einrichtungen.

18 **Nicht** zugelassene oder ermächtigte (Zahn-)Ärzte/Psychotherapeuten[8], die im stationären Versorgungsbereich zugelassenen Krankenhäuser oder die weiteren nichtärztlichen Leistungserbringer (Apotheker, Physiotherapeuten usw.) werden nicht erfasst. Dies gilt auch soweit die Krankenhäuser – ohne Ermächtigung – kraft Gesetzes im ambulanten Versorgungsbereich tätig werden.[9]

3. Sicherstellung

19 Sicherstellung der vertragsärztlichen Versorgung bedeutet in diesem Kontext zum einen **Erfüllung** der Ansprüche der gesetzlich Versicherten auf ambulante ärztliche (einschließlich psychotherapeutische) und zahnärztliche Leistungen nach den Vorgaben der §§ 2, 11, 20ff. SGB V und des Kollektivvertragsrechts. Die Krankenkasse schuldet dem Versicherten danach die Zurverfügungstellung[10] der **Sachleistungen** durch die Möglichkeit der Inanspruchnahme einer ausreichenden Anzahl geeigneter Leistender zum Zwecke der Erbringung der versorgungsumfassten Sachleistungen in ausreichender, zweckmäßiger und wirtschaftlicher, aber auch in zumutbarer Art und Weise und damit zu dem geschuldeten Qualitätsstandard (vgl. Rn. 56).

20 Zum anderen umfasst die Sicherstellung – was Absatz 2 dieser Vorschrift konkretisierend zum Ausdruck bringt – eine Ausfüllung des durch das SGB V rudimentär vorgegeben Leistungsrahmens zur Planung, Gestaltung und Fortentwicklung der vertragsärztlichen Versorgung durch **Regelung des Inhaltes und des Umfangs** der zu erbringenden ambulanten Leistungen, einschließlich der Verordnung von Leistungen Dritter (Arznei-, Heil- und Hilfsmittel), und damit die Bestimmung des Inhalts und der Grenzen des **Leistungsanspruchs** des Versicherten, einschließlich der Bestimmung dessen, was ausreichend, zweckmäßig und wirtschaftlich ist.

21 Im Ergebnis bestimmen die in Absatz 1 Genannten über die Selbstverwaltungskörperschaften, denen sie angehören, durch Zusammenarbeit den zu erbringenden Leistungsinhalt und damit den Leistungsanspruch zunächst selbst, um dann durch Wahrnehmung der übertragenen Aufgaben das Bestimmte zu erbringen und den Leistungsanspruch zu erfüllen.

22 Die jüngere kontinuierliche Rechtsentwicklung weist darauf hin, dass der Gesetzgeber Optionen einer Begrenzung des Systems der gemeinsamen Selbstverwaltung prüft. Insbesondere die in § 140a SGB V enthaltene Regelung der integrierten Versorgung sieht den Abschluss von **Einzelverträgen** mit zugelassenen Ärzten und Zahnärzten ohne Beteiligung der Kassenärztlichen Vereinigungen vor. Der Abschluss von Strukturverträgen nach § 73a SGB V scheiterte wohl am mangelnden Interesse der Kassenärztlichen Vereinigungen, die dort noch als Vertragspartner gefordert sind.

4. Entsprechende Geltung für Zahnärzte, Psychotherapeuten und medizinische Versorgungszentren (Absatz 1 Satz 2)

23 Die Vorschriften des vierten Kapitels enthalten im Allgemeinen nur die vertragsärztliche Versorgung und die Ärzte betreffenden Vorgaben. Absatz 1 Satz 2 erklärt die für die Ärzte geltenden Regelungen der §§ 72 ff. SGB V auch für Zahnärzte, Psychotherapeuten und Medizinische Versorgungszentren entsprechend anwendbar, soweit nicht eine spezielle und wirksame abweichende Regelung getroffen ist. Soweit Vorschriften die vertragsärztliche Versorgung zum Inhalt haben, gelten sie – bei Nichtvorliegen abweichender Regelungen – daher entsprechend für die vertragszahnärztliche Versorgung. Die

---

6 Zur Einbeziehung der Dentisten: *Henke* in: Peters, Handbuch KV (SGB V), § 72 Rn. 9.

7 Ermächtigungstatbestände auf Grund von § 31 Abs. 3 ZV-Z auch in den zahnärztlichen Bundesmantelverträgen.

8 Auch nicht im Rahmen des § 75 Abs. 1 Satz 2 SGB V (Notfall); allerdings werden diese hinsichtlich der Vergütung der Notfallleistungen den vertragsärztlichen Vorschriften über die Honorierung unterworfen: BSG v. 24.09.2003 - B 6 KA 51/02 R - SozR 4-2500 § 75 Nr. 2.

9 Vgl. § 115 SGB V.

10 Vgl. § 2 Abs. 1 und 2 SGB V.

Teilnahme der Psychotherapeuten ist ohnehin der vertragsärztlichen Versorgung zugeordnet. Die die (Vertrags-)Ärzte erfassenden Normen finden entsprechend auf die (Vertrags-)Psychotherapeuten, (Vertrags-)Zahnärzte und Medizinischen Versorgungszentren Anwendung. Ebenso gelten die die Kassenärztlichen Vereinigungen (KÄVen) betreffenden Regelungen für die Kassenzahnärztlichen Vereinigungen (KZVen) entsprechend.

Nach dem eindeutigen Wortlaut bezieht sich die entsprechende Anwendung auf das gesamte vierte Kapitel des SGB V (§§ 69-140h SGB V). 24

III. Regelung des Inhalts vertragsärztlicher Versorgung (Absatz 2)

1. Ermächtigungsgrundlage und Regelungsauftrag

Absatz 2 enthält eine sich gleichermaßen sowohl an die Kassenärztlichen Vereinigungen als auch an die Verbände der Krankenkassen[11] richtende **Ermächtigungsgrundlage** und einen **verpflichtenden Regelungsauftrag**, die vertragsärztliche Versorgung durch schriftliche Verträge so zu regeln, dass eine ausreichende, zweckmäßige und wirtschaftliche Versorgung der Versicherten unter Berücksichtigung des allgemeinen Standes der medizinischen Erkenntnisse gewährleistet ist und die ärztlichen Leistungen angemessen vergütet werden. Die zu schließenden Verträge sind allesamt öffentlich-rechtlicher Natur. 25

Damit wird das in § 2 SGB V verankerte **Grundprinzip des Leistungsrechts** erbringungsrechtlich fortgeführt, wonach den Versicherten von den Krankenkassen durch Behandlungs- und Verordnungsentscheidung der Vertragsärzte Sach- und Dienstleistungen unter Beachtung des allgemein anerkannten Stands der medizinischen Erkenntnisse und des medizinischen Fortschritts zu Verfügung gestellt werden, über deren Inhalt, Umfang und nähere Modalitäten der Erbringung Selbstverwaltungskörperschaften der Krankenkassen und der ärztlichen Leistungserbringer nach den Vorschriften des 4. Kapitels Verträge schließen. 26

Schriftliche Verträge i.S.d. Vorschrift sind solche, die als sog. **Bundesmantelverträge** von den Partnern der gemeinsamen Selbstverwaltung auf Bundesebene (Kassen(zahn)ärztliche Bundesvereinigung und Bundesverbände der Regionalkassen bzw. Verbände der Ersatzkassen) als allgemeiner Inhalt der sog. **Gesamtverträge** abgeschlossen werden, die wiederum zwischen den Partnern auf Landesebene (örtliche Kassen(zahn)ärztliche Vereinigung und örtliche Landesverbände der Regionalkassen bzw. Landesvertretungen der Ersatzkassen) vereinbart werden und die die gesamten übrigen Regelungsgegenstände der vertragsärztlichen Versorgung umfassen. Dabei sind die **Richtlinien** des Gemeinsamen Bundesausschusses Bestandteil der Bundesmantelverträge.[12] 27

Der **Ermächtigungsrahmen** wird zugleich sachlich begrenzt einerseits durch die bestehenden „gesetzlichen Vorschriften", insbesondere diejenigen des SGB V nebst den Zulassungsverordnungen, sowie andererseits durch die „Richtlinien des Gemeinsamen Bundesausschusses", denen durch Absatz 2, obwohl ihrerseits Bestandteil der Bundesmantelverträge, im inneren Verhältnis zu den weiteren Bundesmantelverträgen eine höhere **Normenhierarchiestufe** zugesprochen ist. Neben der zu beachtenden höheren Normenhierarchie zuerst der gesetzlichen Vorschriften und nachfolgend der Richtlinien des Gemeinsamen Bundesausschusses gilt im Verhältnis zwischen Bundesmantelverträgen und Gesamtverträgen der verfassungsrechtliche Grundsatz des das Landesrecht brechenden wirksamen Bundesrechts.[13] Inhaltlich hat der Gesetzgeber zwei Regelungsziele (vgl. Rn. 42) vorgegeben und so erkennen lassen, mit welcher Tendenz und welchen Grundsätzen die nähere Ausgestaltung zu erfolgen hat.[14] Die niederstufigen Kollektivverträge dürfen im Regelungsbereich der höherwertigen Rechtsnormen diese ausfüllen und ergänzen, soweit sie nicht mit dem Regelungsgehalt kollidieren bzw. dort eine abschließende Regelung[15] getroffen ist. Eine kollektivvertragliche Regelung ist auch dann rechtswidrig, wenn ein Regelungsgegenstand abschließend einer anderen Rechtskonkretisierungsebene zugewiesen ist.[16] 28

---

[11] Vgl. § 4 Abs. 2 SGB V.

[12] § 92 Abs. 8 SGB V.

[13] Art. 31 GG.

[14] Zum Parlamentsvorbehalt: BVerfG v. 14.07.1998 - 1 BvR 1640/97 - BVerfGE 98, 218, 252; BSG v. 20.10.2004 - B 6 KA 30/03 R - SozR 4-2500 § 85 Nr. 12; BSG v. 20.03.1996 - 6 RKa 21/95 - BSGE 78, 91.

[15] BSG v. 20.01.1999 - B 6 KA 23/98 R - SozR 3-2500 §72 Nr. 8.

[16] BSG v. 20.03.1996 - 6 RKa 21/95 - BSGE 78, 91; beachte auch Vorrang der Einheitlichen Bewertungsmaßstäbe vor sonstigen Bundesmantelverträgen (mit Ausnahme der Richtlinien des Gemeinsamen Bundesausschusses) aufgrund § 87 SGB V.

29 Innerhalb des dargestellten Ermächtigungsrahmens kommt den Vertragspartnern eine weitgehende **Gestaltungsfreiheit** bei der Ausgestaltung der Einzelheiten des Inhalts der vertragsärztlichen Versorgung zu.[17] Diese umfasst im Interesse der Überschaubarkeit und Praktikabilität auch die Vereinbarung von schematisierenden und typisierenden Regelungen, die Ungleichbehandlungen sachlich rechtfertigen können.[18] Dabei bedarf es zwischen unterschiedlichen Vertragspartnern im Grundsatz nicht des Abschlusses von Verträgen mit **kasseneinheitlichem Inhalt**[19], sofern das Gesetz nicht Einheitlichkeit und Gemeinsamkeit anordnet.[20]

30 Die gesetzgeberische Intention **bezweckt** mit diesem abgestuften Rechtskonkretisierungssystem zu gewährleisten, dass die unterschiedlichen Interessen der an der vertragsärztlichen Versorgung beteiligten Gruppen – bei gleichzeitigem Ausschluss von Sondergruppeninteressen – zum ausgewogenen und sachgerechten Ausgleich gebracht und so die getroffenen Vorgaben an die Sicherung eines effizienten, dynamischen und qualitativ hochwertigen Versorgungsniveaus für die Versicherten erreicht und erhalten werden.

31 Durch die auf der Grundlage des § 72 Abs. 2 SGB V (und der diesen ausfüllenden Normen) zu Stande gekommenen Bundesmantel- und Gesamtverträge kann der durch Art. 12 GG vermittelte Schutz des an der Leistungserbringung im System der GKV teilnehmenden Arztes auf Behandlung und Honorierung eingeschränkt werden.[21]

2. Bundesmantel- und Gesamtverträge

32 Bundesmantel- und Gesamtverträge sind auch danach differenzieren, ob das Gesetz den Abschluss eines Vertrages über einen bestimmten Regelungsgegenstand verbindlich vorgibt (**vorgeschriebener Vertrag**), mithin einen konkreten verbindlichen Regelungsauftrag erteilt oder die Partner der gemeinsamen Selbstverwaltung sich ohne ausdrückliche gesetzliche Anordnung vertraglich über einen Regelungsgegenstand der ambulanten ärztlichen Versorgung einigen (nicht vorgeschriebener Vertrag). Die Unterscheidung erscheint im Hinblick auf das Vertragsersetzungssystem des SGB V im Fall des Systemversagens bedeutend (dazu Rn. 75). Ungeachtet der Existenz einer konkret vorgeschriebenen Vertragsabschlusspflicht begründet § 72 Abs. 2 SGB V jedoch immer dann eine generelle Vertragsabschlusspflicht, wenn und soweit sich, etwa durch aktuelle tatsächliche Entwicklungen oder normative Änderungen, die Notwendigkeit zu weiterer Regelung ergibt.

33 Beispiele für ausdrücklich vorgeschriebene Verträge/Vertragsinhalte sind:

- Bundesebene:
  - §§ 92 , 135 Abs. 1, 136a und 136b Abs. 1 und 2 SGB V – Richtlinien des Gemeinsamen Bundesausschusses als Bestandteil der Bundesmantelverträge,
  - §§ 87 Abs. 1, 85 Abs. 4a SGB V – einheitliche Bewertungsmaßstäbe für ärztliche und zahnärztliche Leistungen, einschließlich Kriterien zur Verteilung der Gesamtvergütung u.a. durch besondere Bewertungsausschüsse,
  - §§ 87 Abs. 1 Satz 2, 82 Abs. 1 SGB V – Bundesmantelvertrag als allgemeiner Inhalt der Gesamtverträge, die eine bundeseinheitliche Anwendung erfordern (Organisationsregelungen, Gebührenordnungen, Abrechnungs-, Verordnungs- und Überweisungsregeln),
  - § 73 Abs. 1c SGB V – „Hausarztvertrag",
  - § 76 Abs. 3 SGB V – Vereinbarung zur Eindämmung der Mehrfachinanspruchnahme,
  - § 106 Abs. 2b SGB V – Richtlinien zum Inhalt und zur Durchführung der Wirtschaftlichkeitsprüfung,
  - § 88 Abs. 1 SGB V – Bundesleistungsverzeichnis für die zahntechnischen Leistungen.
- Landesebene:
  - §§ 82 Abs. 2, 83, 85-85d SGB V – Gesamtvergütungs- und Vergütungsverträge, einschließlich Vertrag über die Veränderung der Gesamtvergütung bzw. Vereinbarung arztgruppen- und arztbezogenen Regelleistungsvolumina,
  - § 84 SGB V – Arzneimittel- und Heilmittelvereinbarungen,

[17] St. Rspr.: BSG v. 20.01.1999 - B 6 KA 9/98 R - BSGE 83, 218; BSG v. 08.03.2000 - B 6 KA 12/99 R - SozR 3-2500 § 72 Nr. 11.

[18] BSG v. 08.09.2004 - B 6 KA 82/03 R - SozR 4-5533 Nr. 653 Nr. 1.

[19] BSG v. 08.09.2004 - B 6 KA 18/03 R - SozR 4-2500 § 82 Nr. 1.

[20] Z.B. die §§ 73 Abs. 1c, 106 Abs. 2b und 3, 106a Abs. 5 und 6 SGB V – Prüfungsvereinbarungen.

[21] BSG v. 08.03.2000 - B 6 KA 12/99 R - SozR 3-2500 § 72 Nr. 11; BSG v. 13.05.1998 - B 6 KA 34/97 R - SozR 3-5555 § 10 Nr. 1; BSG v. 31.08.2005 - B 6 KA 6/04 R - SozR 4-2500 § 85 Nr. 21.

- § 73b Abs. 3 SGB V – Hausarztzentrierte Versorgung,
- § 73c SGB V – Besondere Versorgungsaufträge,
- §§ 106 Abs. 3, 106a Abs. 5 SGB V Prüfungsvereinbarungen,
- § 88 Abs. 2 SGB V – Vergütungsvereinbarungen für zahntechnische Leistungen.

Beispiele für nicht ausdrücklich vorgeschriebene Vertragsinhalte: 34

- § 135 Abs. 2 SGB V – Qualitätssicherungsvereinbarungen als Bundesmantelverträge,
- Schmerztherapievereinbarung als Anlage 12 zum BMV-Ä/EK[22],
- § 82 Abs. 1 SGB V – sonstige bundesmantelvertragliche Bestimmungen als allgemeiner Inhalt der Gesamtverträge, die bundeseinheitlich gelten sollen,
- §§ 82 Abs. 2, 83 SGB V – sonstige landesrechtliche Gesamtvertragsbestimmungen, wie ergänzende Abrechnungsdetails oder Bestimmungen über Honorarzuschläge für bestimmte Leistungen[23],
- § 73a Abs. 1 und 2 SGB V – Strukturverträge als Gesamtverträge nebst bundesmantelvertraglichen Rahmenvereinbarungen.

3. Normsetzungsverträge

Erstreckt sich die Bindungswirkung über die Vertragsparteien hinaus auch auf Dritte, liegt ein sog. 35 Normsetzungsvertrag oder **Normvertrag**[24] vor. Normvertragliche Vereinbarungen sind von – auch im gleichen Vertragswerk vorkommenden – Vereinbarungen mit **ausschließlich obligatorischem Inhalt** zu unterscheiden. Jene gelten nur zwischen den vertragsschließenden Körperschaften ohne Wirkungserstreckung auf Dritte. Die Unterscheidung ist anhand des Regelungsinhalts zu treffen und knüpft an die Frage an, ob die Vertragsparteien den Regelungswillen zur Wirkungserstreckung besaßen. Dies wird immer dann anzunehmen sein, wenn Versorgungsinhalte und die Art und Weise ihrer Erbringung Regelungsgegenstand sind. Kraft des Regelungsauftrags des § 72 Abs. 2 SGB V stellen die Mehrzahl der Vereinbarungen solche mit normvertraglicher Wirkung dar. Bei der Rechtsetzung durch Normverträge handelt es sich um eine historisch gewachsene und für das Recht der GKV typische Form der Normerzeugung.[25] Sie erscheint nur in einem Sachleistungssystem denkbar.

Die **unmittelbare Außenwirkung** einer Vereinbarung bzw. einer Richtlinie des Gemeinsamen Bun- 36 desausschusses gegenüber Mitgliedskassen des vertragsschließenden Kassenverbandes und den Mitgliedern der KÄV bzw. den Mitgliedern der in der KÄBV zusammengeschlossenen KÄVen und insbesondere den leistungsberechtigten Versicherten führt zur Qualifikation als untergesetzliche Rechtsnorm (eigener Art). Dabei ist zu beachten, dass die **Richtlinienkompetenz** des Gemeinsamen Bundesausschusses, dessen Richtlinien Teil der Bundesmantelverträge sind, nichts anderes als eine besondere Ausprägung der hier gegenständlichen Regelungsermächtigung sind.

Die Erstreckung der Regelungswirkung auf die genannten Dritten beruht dabei auf mehreren und in- 37 einander greifenden **Transformationsmechanismen**: Hinsichtlich des Inhalts und des Umfangs der den gesetzlich Krankenversicherten gegenüber zu gewährenden Sach- und Dienstleistungen nimmt § 2 Abs. 2 Satz 3 SGB V auf die von den Krankenkassen mit den Leistungserbringern nach dem 4. Kapitel des SGB V zu schließenden Verträge Bezug. Damit wird der Inhalt des Leistungsanspruchs erst durch den Inhalt der Bundesmantel- und Gesamtverträge ausfüllend bestimmt.[26]

Auf der Ärzteseite kommt es zu einer zweifachen, weil sowohl unmittelbar gesetzlichen, als auch sat- 38 zungsrechtlich angeordneten Wirkungserstreckung. Zum einen erklären § 95 Abs. 3 und 4 SGB V die vertraglichen Bestimmungen über die vertragliche Versorgung für den Vertragsarzt, den ermächtigten Arzt bzw. die ermächtigte Einrichtung und die Medizinischen Versorgungszentren für verbindlich. Zum anderen enthalten die Satzungen der KÄVen nach § 81 Abs. 3 SGB V Regelungen, die die Bundesmantelverträge nebst den Richtlinien des Gemeinsamen Bundesausschusses für die jeweilige KÄV und auch ihre Mitglieder für verbindlich erklären.

---

[22] Vergütungszuschlag für Beachtung eines gesteigerten Qualitätsniveaus.

[23] Z.B. Förderungszweck zu Lasten ihrer stationären Erbringung; Zuschläge für ein besonderes Qualitätsniveau.

[24] Instruktiv, auch zur demokratischen Legitimation: BSG v. 09.12.2004 - B 6 KA 44/03 R - SozR 4-2500 § 72 Nr. 2; BSG v. 31.08.2005 - B 6 KA 6/04 R - SozR 4-2500 § 85 Nr. 21; BSG v. 20.01.1999 - B 6 KA 23/98 R - SozR 3-2500 § 72 Nr. 8; zum Begriff: *Axer* in: Schnapp/Wigge, Handbuch des Vertragsarztrechts, 2002, § 7 Nr. 7 ff.

[25] *Engelmann*, NZS 2000, 1, 4.

[26] BSG v. 16.09.1997 - 1 RK 32/95 - SozR 3-2500 § 92 Nr. 7; BSG v. 16.09.1997 - 1 RK 28/95 - BSGE 81, 54; BSG v. 20.03.1996 - 6 RKa 85/95 - SozR 3-5533 Nr. 3512 Nr. 1; vgl. aber BVerfG v. 06.12.2005 - 1 BvR 347/98 - ZFSH/SGB 2006, 20.

39 Auf Kassenseite ordnet § 210 Abs. 2 SGB V eine Regelungserstreckung der Bundesmantelverträge und der Richtlinien des Gemeinsamen Bundesausschusses durch Verbindlichkeitserklärung in der Satzung der Landeskassenverbände für diese und ihre Mitgliedskassen an, während die regional zustande gekommenen Gesamtverträge durch § 83 Satz 1 SGB V unmittelbar mit Wirkung für die Krankenkassen der jeweiligen Kassenart geschlossen werden.

40 Definiert man den Normvertrag als Vereinbarung abstrakt-genereller Regelungen, die gegenüber einer unbestimmten Vielzahl von Normadressaten gelten – als solche kommt wohl nur die nicht bestimmbare Vielzahl der Versicherten und Gleichgestellten in Betracht – wäre sogar (dreifach) zwischen Normverträgen (Regelung des Leistungsanspruchs der Versicherten), Verträgen mit gesetzlich und satzungsrechtlich angeordneter Drittwirkung gegenüber Ärzten und Kassen und sonstigen Vereinbarungen mit nur obligatorischem Inhalt zu differenzieren.

4. Interpretation von Normverträgen

41 Der besondere Charakter der Normverträge gebietet es, die für die Normauslegung anerkannten **Interpretationsmethoden** nur eingeschränkt anzuwenden. Dies beruht auf der den Vertragspartnern eingeräumten Befugnis, die Einzelheiten der vertragsärztlichen Versorgung gemeinsam durch Ausgleich der verschiedenen beteiligten Gruppen, bei Ausschluss von Individualinteressen Einzelner, einvernehmlich zu regeln (bereits Rn. 30). Trotz ihrer normativen Wirkung steht der vertragliche Ausgleich bestehender Interessen im Vordergrund. Dies bedeutet für die Auslegung eine grundsätzliche Unzulässigkeit erweiternder Interpretation über das von den Vertragspartnern Gewollte hinaus. Die Auslegung hat sich nach dem Wortlaut der Vereinbarung zu richten. Erkenntnisquellen außerhalb des Normtextes sind nur dann verwertbar, wenn sie eindeutige Rückschlüsse auf das von den Vertragspartnern Gewollte zulassen.[27] Nur im Falle der Überschreitung des Gestaltungsspielraums (Systemversagen) erscheint eine teleologische oder erweiternde Interpretation ausnahmsweise zulässig.[28]

5. Ausreichende, zweckmäßige und wirtschaftliche Versorgung

42 Als eines von zwei Regelungszielen der kollektiven Normsetzungstätigkeit nennt Absatz 2 die Gewährleistung einer „**ausreichenden, zweckmäßigen und wirtschaftlichen Versorgung** unter Berücksichtigung des allgemeinen Standes der medizinischen Erkenntnisse", wodurch die leistungsrechtlichen Vorgaben des § 2 Abs. 1 SGB V, aber auch des § 12 Abs. 1 SGB V auf das Leistungserbringungsrecht deckungsgleich übertragen werden. Das Regelungsziel wird überdies auch in § 70 Abs. 1 SGB V genannt. Angemessenheit, Zweckmäßigkeit und Wirtschaftlichkeit werden insbesondere durch die Richtlinienentscheidungen des Gemeinsamen Bundesausschusses nach § 92 SGB V und die Empfehlungen nach § 137f SGB V, bezüglich neuer Behandlungs- und Untersuchungsmethoden durch die Anerkennungsentscheidungen nach den §§ 92 Abs. 1 Satz 2 Nr. 5, 135 Abs. 1 SGB V konkretisiert. Daneben sind aber auch die Qualitätssicherungsvereinbarungen[29] auf der Grundlage des § 135 Abs. 2 SGB V und die sonstigen gesamtvertraglichen Vereinbarungen nach den §§ 72 Abs. 2, 82 Abs. 1, 82 SGB V, wie z.B. die sog. „Schmerztherapievereinbarung"[30] oder die sog. „Sozialpsychiatrievereinbarung"[31], zu nennen. Anzuführen sind in diesem Zusammenhang auch die einheitlichen Bewertungsmaßstäbe gem. § 87 SGB V.

43 Ebenso führt das Tatbestandsmerkmal der „Berücksichtigung des **allgemeinen Standes der medizinischen Erkenntnisse**" die leistungsrechtlichen Vorgaben des § 2 Abs. 1 SGB V[32] fort, wobei das dort ebenfalls enthaltene Merkmal der Berücksichtigung des „medizinischen Fortschritts"[33] nicht aufgegriffen wird. Regelungssituativ verwendet das Gesetz anderenorts andere Formulierungen, ohne Abweichendes zu postulieren. So spricht § 87 Abs. 2 Satz 2 SGB V vom „Stand der medizinischen Wissenschaft und Technik" und § 28 Abs. 1 SGB V von den „Regeln der ärztlichen Kunst". Den „jeweiligen Stand der wissenschaftlichen Erkenntnisse in der jeweiligen Therapierichtung" bezüglich neuer Me-

---

[27] Z.B. gemeinsame Kundgaben, Interpretationsbeschlüsse.

[28] Dazu BSG v. 15.11.1995 - 6 RKa 57/94 - SozR 3-5535 Nr. 119 Nr. 1; BSG v. 20.01.1999 - B 6 KA 9/98 R - SozR 3-2500 § 87 Nr. 21.

[29] Z.B. Vereinbarung von Qualifikationsvoraussetzungen gem. § 135 Abs. 2 SGB V zur Ausführung und Abrechnung arthroskopischer Leistungen v. 08.09.1994.

[30] Anl. 12 zum BMV-Ä/EK.

[31] Anl. 11 zum BMV-Ä/EK.

[32] Danach sind auch die Methoden, Arznei- und Heilmittel der besonderen Therapierichtungen zu berücksichtigen.

[33] Nach § 135 Abs. 1 SGB V ist dies Aufgabe des Gemeinsamen Bundesausschusses.

thoden zu beurteilen ist eine durch § 135 Abs. 1 SGB V übertragene Aufgabe, während Absatz 2 hinsichtlich etablierter Methoden auf den „Kenntnis- und Erfahrungsstand der facharztrechtlichen Regelungen“ abstellt.

Eine Kollision des zivilrechtlich gebotenen Facharztstandards mit dem sozialrechtlich vorgeschriebenen und erlaubten Standard wird damit ausgeschlossen: 44

Dienstvertraglich schuldet der Arzt die Einhaltung des zum Behandlungszeitpunkt geltenden **medizinischen Standards**. Das meint dasjenige, was auf dem betreffenden medizinischen Fachgebiet dem gesicherten Stand der Wissenschaft und Technik entspricht und in der medizinischen Praxis zur Behandlung der jeweiligen Gesundheitsstörung anerkannt ist.[34] Der medizinische Standard ist daher mit einem dynamischen Element behaftet. Die einzelnen Fachgruppen der Ärzteschaft determinieren den geltenden Standard durch ihr Handeln selbst. Die Fortentwicklung der medizinischen Erkenntnisse und Überzeugungen verändern ihn permanent.[35] Schuldhaftes Unterschreiten des medizinischen Standards löst Schadensersatzpflichten aus.[36] 45

Die Richtlinien des Gemeinsamen Bundesausschusses und das sonstige Kollektivvertragsrecht, die den Umfang der zu erbringenden Leistungen und auch die Struktur-, Prozess- und Ergebnisqualität regeln, sind dagegen das Ergebnis von Festlegungen der Bundesausschüsse bzw. der Vertragspartner der gemeinsamen Selbstverwaltung, welche nach Verhandlungen und Kompromissen unter Beachtung ökonomischer Aspekte beschlossen werden und deren Anpassung der Neuverhandlung bedarf. 46

Der allgemeine Stand der medizinischen Erkenntnisse gibt keinen einheitlichen ärztlichen Standard bzw. Facharztstandard im Sinne einer festen Grenzlinie vor. Es herrscht das Prinzip der **Gruppenfahrlässigkeit**, d.h. die Ärzte haben, abhängig von ihrem Status, unterschiedlichen Sorgfaltsansprüchen zu genügen. Über den Sorgfaltsbegriff wird der medizinische Standard im Ergebnis zu einer Art **Standardkorridor**, der den Mindeststandard vom Maximalstandard trennt.[37] Die zugelassenen Allgemeinärzte und Vertragsärzte anderer Fachgebiete wird man als eigene Gruppen (Vertragsärzte eines Gebietes) ansehen können, so dass bezüglich jeder Gruppe ein zu bestimmender Sorgfaltsstandard als zu beachtender Stand wissenschaftlicher Erkenntnisse des Faches vorhanden ist. 47

Die öffentlich-rechtliche Vorgabe der Beachtung des Standes medizinischer Erkenntnisse meint genau diesen auch zivilrechtlich geschuldeten Standard der jeweiligen Gruppe. Damit erweist sich eine Vertragsnorm, die eine Unterschreitung des (auch zivilrechtlich geschuldeten) Standards zur Folge hätte, als rechtswidrig und nichtig. Der vom zugelassenen Gebietsarzt (auch) zivilrechtlich geschuldete Facharztstandard erweist sich als öffentlich-rechtliches Regelungsminimum. Umgekehrt vermag das zivilrechtliche Haftungsrecht kein höheres ärztliches Standardniveau als dasjenige vorzugeben, welches zu überschreiten dem Vertragsarzt – etwa aus Gründen der Wirtschaftlichkeit – sozialrechtlich verboten wird.[38] 48

Die Partner der gemeinsamen Selbstverwaltung sind berechtigt, innerhalb des existierenden Korridors des ärztlichen Standards für die Fachgebiete einzeln oder gemeinsam dessen **Niveau zu bestimmen**, wobei freilich der Standard der Gruppe des niedergelassenen Arztes eines Fachgebiets nicht unterschritten werden darf. Erweist sich der Standardinhalt als noch unbestimmt, weil nicht durch entsprechende Leitlinien u.a. bestimmt, besteht eine Konkretisierungs- und Randzeichnungskompetenz. So kann ein geringerer als der Maximalstandard festgeschrieben[39] oder ein höherer als der durch den Vertragsarzt zivilrechtlich geschuldete Standard festgelegt werden. Die kollektivvertraglichen Regelungen wirken dann unmittelbar auf den zivilrechtlich geschuldeten medizinischen Qualitätsstandard ein, soweit sie den dargestellten Anforderungen genügen. 49

Sobald jedoch eine **Unterschreitung** des zum Behandlungszeitpunkt geltenden ärztlichen Mindeststandards der jeweiligen Gruppe evident wird, verstößt die Richtlinie oder der Gesamtvertrag gegen höherrangiges Recht und qualifiziert sich als unwirksam. Rationierungen durch Absenkung der kassenärztlichen Versorgungsstandards stehen somit rechtliche Grenzen entgegen.[40] Dies kann auch dann der 50

---

[34] *Laufs* in: Laufs-Uhlenbruck, Handbuch des Arztrechts, § 99 Rn. 3, 7; *Buchhorn*, MedR 1993, 328.

[35] BGH v. 29.11.1994 - VI ZR 189/93 - NJW 1995, 776; *Laufs* in: Laufs-Uhlenbruck, Handbuch des Arztrechts, § 99 Rn. 3; *Kern*, GesR 2002, 5 f.

[36] *Laufs* in: Laufs-Uhlenbruck, Handbuch des Arztrechts, § 99 Rn. 5.

[37] *Kern*, GesR 2002, S. 5 f.; *Deutsch*, VersR 1998, 261, 263.

[38] *Steffen*, FS für K. Geiß, S. 487, 493.

[39] *Deutsch*, Medizinrecht, Kap. VII 4. Rn. 181; *Laufs* in: Laufs-Uhlenbruck, Handbuch des Arztrechts, § 99 Rn. 8; *Kern*, GesR 2002, S. 5, 8.

[40] Ausführlich: *Uhlenbruck*, MedR 1993, 427 ff.

Fall sein, wenn eine am typischen Behandlungsfall orientierte Vorgabe für in nicht völlig vernachlässigbarer Häufigkeit vorkommende atypische Sondersituationen (Komplikationsfälle) Ausnahmen nicht zulässt.

6. Angemessene Vergütung

51 Als weiteres Regelungsziel bestimmt Absatz 3, dass die vertragsärztliche Versorgung kollektivvertraglich so zu regeln ist, dass die ärztlichen Leistungen angemessen vergütet werden. Weder nach Wortlaut noch nach Sinn und Zweck der Vorschrift ist die Angemessenheit einer bestimmten ärztlichen Leistung oder die angemessene Vergütung eines bestimmten Arztes Gegenstand der Gewährleistung. Bezweckt wird im Interesse der Funktionsfähigkeit des vertragsärztlichen Versorgungssystems die Gewährung einer angemessenen Vergütung in ihrer Ganzheit. Der Norm kommt nur **objektiv-rechtliche Bedeutung** zu. Sie vermittelt kein subjektiv-öffentliches Recht auf eine bestimmte, höhere Vergütung.[41]

52 Allerdings umfasst der Schutz des **Art. 12 GG** einen Anspruch des Arztes auf Honorierung seiner vertragsärztlichen Tätigkeit. Dieser Schutz wird jedoch durch das weitere Regelungsziel der Versorgungssicherstellung in Absatz 2 und die weiteren gesetzlichen Vorgaben eingeschränkt.[42] In diesem Zusammenhang ist zu betonen, dass die Sicherung der finanziellen Stabilität der gesetzlichen Krankenversicherung einen Gemeinwohlbelang von besonders hohem Rang darstellt.[43] Zu deren Schutz enthalten die §§ 85 Abs. 3 ff., 71 SGB V Vorgaben für die Bestimmung und Anpassung der Gesamtvergütung. Die Schwierigkeiten, für eine angemessene Vergütung einerseits zu sorgen, jedoch andererseits die Versorgung angemessen sicherzustellen, kann es erforderlich machen, bei begrenztem Gesamtvergütungsvolumen die beiden Ziele des Absatzes 2 unter Beachtung der weiteren gesetzlichen Vorschriften zueinander in verhältnismäßigen Ausgleich zu bringen.[44]

53 Angesichts dessen wirkt der Schutz des Art. 12 GG (i.V.m. Art. 3 GG) zunächst als Anspruch des Arztes gegen die hierfür zuständige KÄV/KZV auf gerechte Verteilung der von den Kassen geleisteten, jedoch nach § 85 Abs. 3 ff. begrenzten Gesamtvergütungen (**Honorarverteilungsgerechtigkeit**) im Sinne einer gerechten Aufteilung im Verhältnis der Arztgruppen zueinander.[45]

54 Der erforderliche Ausgleich der widerstreitenden Ziele erweist sich erst dann – mit der Folge eines Anspruchs des Arztes auf höheres Honorar durch Honorarstützung bei Gesamtvergütungsverteilung – als **unverhältnismäßig**, wenn in einem fachlichen oder örtlichen Teilbereich kein finanzieller Anreiz mehr besteht, vertragsärztlich tätig zu sein und dadurch dort die Funktionsfähigkeit der vertragsärztlichen Versorgung gefährdet erscheint.[46] Entfällt infolge Stützung der betroffenen Arztgruppe zu Lasten anderer Gruppen für Letztgenannte ebenfalls der Anreiz für die vertragsärztliche Tätigkeit, lässt sich mithin keine Stützung innerhalb der zur Verfügung stehenden Gesamtvergütung organisieren, besteht eine Gesamtvergütungsnachschusspflicht der Krankenkassen.

55 Von diesem Fall abgesehen, vermag der Vertragsarzt im Honorarrechtsstreit nicht mit dem Argument durchzudringen, die zu niedrige Gesamtvergütung verletze ihn in Art. 12 GG.[47] Dagegen erscheint in Honorarstreitigkeiten das Monitum einer rechtswidrig zu niedrigen Bemessung des Vergütungsanteils der eigenen Gruppe gegenüber anderen Arztgruppen oder einer aus sonstigen Gründen ungleichen Honorarverteilung gegenüber Angehörigen der gleichen Gruppe als gangbarer Weg.

IV. Das Leistungsbeziehungssystem des SGB V in der ambulanten Versorgung

1. Das Verhältnis Patient/Krankenkasse – öffentlich-rechtlicher Leistungsanspruch

56 Der im öffentlichen Recht wurzelnde Anspruch des Versicherten gegen seine gesetzliche Krankenkasse ist nicht unmittelbar auf Erbringung einer Leistung, z.B. auf Durchführung von Krankenbehandlung gerichtet. Nach § 2 Abs. 1 Satz 1, Abs. 2 Satz 2 SGB V stellen die Krankenkassen den Versicherten die im 3. Kapitel genannten Leistungen zur Verfügung. Nicht die Heilbehandlung als solche, son-

---

[41] BSG v. 12.10.1994 - 6 RKa 5/94 - SozR 3-2500 § 72 Nr. 5.

[42] BSG v. 13.05.1998 - B 6 KA 34/97 R - SozR 3-5555 § 10 Nr. 1.

[43] BVerfG v. 12.06.1990 - 1 BvR 355/86 - BVerfGE 82, 209; BVerfG v. 14.05.1985 - 1 BvR 449/82 - BVerGE 70, 1; BVerfG v. 31.10.1984 - 1 BvR 35/82 - BVerfGE 68, 193.

[44] BSG v. 31.08.2005 - B 6 KA 6/04 R - SozR 4-2500 § 85 Nr. 21; BSG v. 03.03.1999 - B 6 KA 8/98 R - SozR 3-2500 § 85 Nr. 30.

[45] BSG v. 22.06.2005 - B 6 KA 68/04; BSG v. 09.12.2004 - B 6 KA 44/03 R - SozR 4-2500 § 72 Nr. 2 m.w.N.

[46] St. Rspr.: BSG v. 20.10.2004 - B 6 KA 31/03 R; BSG v. 12.10.1994 - 6 RKa 5/94 - SozR 3-2500 § 72 Nr. 5.

[47] BSG v. 31.08.2005 - B 6 KA 6/04 R - SozR 4-2500 § 85 Nr. 21.

dern der Nachweis eines leistungsbereiten Erbringers wird geschuldet (**Leistungsverschaffung**). Dem Versicherten ist damit (nur) ein subjektives Recht auf Bereitstellung der vorgesehenen Leistungen eingeräumt[48], welche grundsätzlich[49] als Sachleistungen gewährt werden. Der im 3. Kapitel abgesteckte Leistungsrahmen wird nach Inhalt und Umfang durch die zwischen den Partnern der gemeinsamen Sicherstellungen geschlossenen Kollektivverträge, einschließlich der Richtlinien des Gemeinsamen Bundesausschusses konkretisiert (Rn. 37).

Verschaffung bedeutet dabei die **Möglichkeit der Inanspruchnahme**, d.h. eine Bereitstellung der Er- 57
bringung der Sachleistung in ausreichender **Qualität**[50] und in ausreichender **Menge**, welche im ambulanten Versorgungsbereich von in mittelbarer öffentlich-rechtlicher Rechtsbeziehung stehenden Leistungserbringern (Vertragsärzte, ermächtigte Ärzte, medizinische Versorgungszentren etc.) erbracht werden. Um der Verpflichtung gerecht werden zu können, müssen jene ihrerseits ausreichend qualifiziert und in ausreichender Zahl vorhanden sein.

Zumutbarkeitsgesichtspunkte im Zusammenhang mit der Möglichkeit der Inanspruchnahme der 58
Leistungen werden durch das Gesetz nicht angesprochen. So kann die Beurteilung von evtl. Kapazitätsproblemen, z.B. der Frage, welche **Wartezeit** bei spärlich vorhandenen ausreichend qualifizierten Leistungserbringern eines bestimmten Teilgebiets noch als ordnungsgemäße Bereitstellung gelten kann, nur über das Merkmal der Möglichkeit der Inanspruchnahme getroffen werden, dem wiederum das Element der rechtzeitigen Erfüllung einer unaufschiebbaren Behandlung immanent ist. Auch ist die Problematik, welche **Entfernung** zur Inanspruchnahme einer bestimmten Behandlung noch zumutbar erscheint, nur mit Blick auf die Charakteristika der nachgefragten Behandlungsmethode zu lösen. Je seltener eine Behandlungsmethode nachgefragt wird, desto schneller wird eine Bereitstellung eines ausreichenden Behandlungsangebots anzunehmen sein, mit der Folge der Zumutbarkeit der Bewältigung größerer Entfernungen.

Ein Anspruch auf Bereitstellung ambulanter Leistungserbringungsstrukturen bezüglich spezieller Ein- 59
zelleistungen besteht nicht. Denn der Krankenkasse steht es grundsätzlich frei, auf welche **Art und Weise** sie die Möglichkeit der Inanspruchnahme der Leistung sicherstellt. Besteht z.B. Anspruch auf Krankenbehandlung in Gestalt der Durchführung einer bestimmten Operationsleistung, die medizinisch in einer entsprechend ausgestatteten Arztpraxis auch ambulant erbringbar wäre, genügt die Krankenkasse grundsätzlich ihrer Bereitstellungspflicht, wenn sie zwar in zumutbarer Entfernung keinen ambulant leistungsbereiten Vertragsarzt anzubieten vermag, jedoch ein zugelassenes Krankenhaus die Leistung als stationäre Krankenhausbehandlung erbringt. Sofern jedoch die Errichtung einer entsprechenden ambulanten Leistungsstruktur bereits erfolgt ist, besteht ein Anspruch auf Bereitstellung als ambulante Leistung. Der Versicherte darf die Bereitstellung von Krankenhausbehandlung nur fordern, wenn das Ziel ambulant nicht erreicht werden kann.[51]

Eine normvertraglich nicht vorgesehene Leistung kann nicht beansprucht werden. Dabei bleibt zu- 60
nächst unerheblich, ob das Ergebnis auf einer Nichtaufnahme in das Verzeichnis abrechnungsfähiger Leistungen[52] (Einheitlicher Bewertungsmaßstab) trotz positiver Empfehlung des Gemeinsamen Bundesausschusses oder auf dessen negativer oder fehlender Empfehlung beruht. Nach § 135 Abs. 1 SGB V bleiben neue Untersuchungs- und Behandlungsmethoden solange von der ambulanten Versorgung ausgeschlossen, wie der Gemeinsame Bundesausschuss keine positive Empfehlung abgegeben hat.

Allerdings erscheint es nach neuerer Rechtsprechung des Bundesverfassungsgerichts in der extremen 61
Situation einer **krankheitsbedingten Lebensgefahr** weder mit den Grundrechten aus Art. 2 Abs. 1 GG i.V.m. dem Sozialstaatsprinzip noch mit der Schutzpflicht des Staates für das Leben vereinbar, einen gesetzlichen Krankenversicherten, für dessen lebensbedrohliche oder regelmäßig tödlich verlaufende Erkrankung eine allgemein anerkannte, dem medizinischen Standard entsprechende Behandlung nicht zur Verfügung steht, von der Leistung einer von ihm gewählten, ärztlich angewandten Behandlungsmethode auszuschließen, wenn eine nicht ganz entfernt liegende Aussicht auf Heilung oder auf spürbare positive Einwirkung auf den Krankheitsverlauf besteht.[53] Damit wurde für den Leistungsfall der lebensbedrohlichen Erkrankung das Anspruchskonkretisierungskonzept des § 72 Abs. 2 SGB V

---

[48] BGH v. 09.12.1974 - III ZR 131/72 - BGHZ 63, 265, 271 f.

[49] Vgl. § 13 Abs. 2 Kostenerstattung.

[50] Vgl. § 2 Abs. 1 Satz 3 SGB V: allgemein anerkannter Stand der medizinischen Erkenntnisse bzgl. Qualität und Wirksamkeit.

[51] § 39 Abs. 1 SGB V.

[52] Dazu BSG v. 13.11.1996 - 6 RKa 31/95 - BSGE 79, 239.

[53] BVerfG v. 06.12.2005 - 1 BvR 347/98 - ZFSH/SGB 2006, 20.

unter Rückgriff auf einen **Kernbereich der Leistungspflicht** und der durch Art. 2 Abs. 2 Satz 1 GG geforderten Mindestversorgung durchbrochen.

62 Bei Vorliegen einer **Divergenz** zwischen Leistungsanspruch und Sachleistungsverschaffung darf sich der Versicherte unter den Voraussetzungen des § 13 Abs. 3 SGB V die Leistung selbst verschaffen und die Kosten von der Krankenkasse erstattet verlangen (vgl. die Kommentierung zu § 75 SGB V Rn. 56). Dazu kommt es aber nur in den Systemversagensfällen des Fehlschlagens der Sachleistungsverschaffung oder der rechtswidrigen normvertraglichen Ausgestaltung, sofern man die gegen den Kernbereich der Leistungspflicht verstoßende Nichtgewährung der alternativen Heilmethode bei lebensbedrohlicher Erkrankung ebenfalls als Systemversagensfall ansieht. Daneben können Maßnahmen zur Behandlung einer Krankheit, die so selten auftritt, dass ihre systematische Erforschung praktisch ausscheidet, vom Leistungsumfang der gesetzlichen Krankenversicherung nicht allein deshalb ausgeschlossen bleiben, weil der zuständige Bundesausschuss dafür keine Empfehlung abgegeben hat.[54]

2. Das Verhältnis Krankenkasse/Kassen(zahn)ärztliche Vereinigung

63 Die §§ 72 Abs. 1, Abs. 2, 75 SGB V begründen zwischen Kassen(zahn)ärztlichen Vereinigungen und Krankenkassen ein dem öffentlichen Recht zuzurechnendes gesetzliches Schuldverhältnis. Beide schulden sich wechselseitig die Erfüllung normvertraglicher Pflichten. Als Hauptpflicht schuldet die KÄV/KZV auch die Gewährleistung der Sicherstellung einschließlich deren Förderung durch Zusammenarbeit bei der normvertraglichen Ausgestaltung. Die Krankenkasse schuldet ihrerseits neben der Förderung der Sicherstellung durch normvertragliche Zusammenarbeit die pünktliche Zahlung der vereinbarten Gesamtvergütung. Ob daneben der gesetzlichen Pflicht zur Überwachung des vertragsärztlichen Handelns ihrer Mitglieder[55] durch die KÄVen ein subjektiv-rechtlicher Charakter zukommt, ist im Sinne einer Haupt- oder selbständigen Nebenpflicht nicht anzunehmen.[56] Gleichwohl ist eine aus Treu und Glauben resultierende unselbständige Nebenpflicht gerichtet auf Nichtgefährdung der partnerschaftlichen Sicherstellungsbemühung abzuleiten (zu den Leistungsstörungen vgl. im Übrigen die Kommentierung zu § 75 SGB V Rn. 60).

3. Das Verhältnis Vertrags(zahn)arzt/Kassen-(zahn)ärztliche Vereinigung

64 Aufgrund des mitgliedschaftlichen Pflichtenverhältnisses zur örtlichen KÄV/KZV sind Vertrags(zahn)ärzte im Verhältnis zu ihrer KÄV/KZV sämtlichen Satzungsnormen und – kraft satzungsrechtlichem Beachtungs- und Bindungsbefehl[57] – allen normvertraglichen Vereinbarungen nebst den Richtlinien des Bundesausschusses unterworfen. Umgekehrt stehen ihnen aufgrund Teilnahmestatus und KÄV/KZV-Mitgliedschaft gesetzliche und mitgliedschaftliche Rechte, insbesondere ein Vergütungsanspruch gegenüber der KÄV/KZV auf ordnungsgemäße Bewertung erbrachter Leistungen und Teilnahme an der Honorarverteilung, zu. Die Rechtsprechung hat für den Fall schuldhafter Verletzung der die Behandlung regelnden Pflichten partiell Schadensersatzansprüche mit Drittwirkung zugunsten der Krankenkasse anerkannt (zu Sanktions- und Ersatzansprüchen vgl. die Kommentierung zu § 75 SGB V Rn. 55).

4. Das Verhältnis gesetzlich versicherter Patient/Vertrags(zahn)arzt

a. Öffentlich-rechtliche Sachleistungserfüllungspflicht

65 Der in Anspruch genommene Vertragsarzt **konkretisiert** – unter Beachtung der sowohl ihn als auch den Versicherten bindenden untergesetzliche Normen, im Übrigen des geltenden (fach)ärztlichen Standards[58] und des Wirtschaftlichkeitsgebots[59] den gesetzlichen Leistungsanspruch auf ambulante Behandlung – durch diagnostische Abklärung und Therapie- sowie Arzneimittel-/Heilmittelverordnungsentscheidung, ohne dass es weiterer Genehmigung durch die Krankenkasse bedarf.[60] Im Rahmen seines

---

54 BSG v. 19.10.2004 - B 1 KR 27/02 R - BSGE 93, 236; siehe auch BSG v. 16.09.1997 - 1 RK 28/95 - BSGE 81, 54.

55 § 75 Abs. 2 Satz 2 SGB V.

56 SG München v. 21.11.2001 - S 42 KA 83/01.

57 § 81 Abs. 3 SGB V.

58 Siehe auch § 16 BMV-Ä/RK; § 13 Abs. 1 BMV-Ä/EK.

59 §§ 12 Abs. 1, 72 Abs. 2 SGB V.

60 Insofern besteht für den ambulanten Versorgungsbereich eine Ausnahme zum grundsätzlich bestehenden Leistungsgenehmigungsvorbehalt der Kasse; instruktiv: BSG. v. 24.09.2002 - B 3 KR 2/02 R - SozR 3-2500 § 132a Nr. 3.

Teilnahmerechts (Bindung an die Fachgebietsgrenzen durch gebietsbezogene Zulassung, Grenzen der Ermächtigung) erbringt er die fachgebietskonforme diagnostische und therapeutische ambulante Behandlung selbst, soweit sie vom Leistungsspektrum der Praxis umfasst wird, und verordnet ggf. Arznei- oder Heilmittel. Im Übrigen überweist er an das andere Fachgebiet oder, falls ambulante Behandlung nicht möglich oder nicht erreichbar ist, in stationäre Behandlung.

Die zugelassenen und ermächtigten Behandler sind nach § 95 Abs. 3 Satz 3, Abs. 4 Satz 2 SGB V und kraft Mitgliedschaft in der KÄV/KZV zur **Erfüllung des Sachleistungsanspruchs** nach Maßgabe der gesetzlichen und kollektivvertraglichen Vorgaben verpflichtet. Ein Ablehnungsrecht ergibt sich nur im Falle der Ausschöpfung der Aufnahmekapazität im Rahmen der verpflichtend abzuhaltenden Sprechstunden[61] und bei Fehlen der apparativen oder fachlichen Voraussetzungen. Unzulässig ist die Verweigerung einer Sachleistung bei gleichzeitigem Privathonorarverlangen.[62] Im Übrigen dürfen fachgebietskonforme Leistungen nur im Ausnahmefall, d.h. bei tiefgreifenden Störungen des Arzt-/Patientenverhältnisses[63] und aus Zweifeln an der eigenen fachlichen oder apparativ-sachlichen Kapazität verweigert werden.[64] 66

b. Zivilrechtlicher Behandlungsvertrag

Im Verhältnis zum Vertragsarzt besitzt der Patient, der eine Behandlung nach den Regeln der GKV verlangt, keinen öffentlich-rechtlichen Anspruch auf Erbringung der Sachleistung, da insoweit kein öffentlich-rechtliches Schuldverhältnis besteht. 67

Nach ganz h.M. qualifiziert sich die Rechtsbeziehung zwischen dem Vertragsarzt und dem an diesen mit Sachleistungswunsch herantretenden Versicherten als zivilrechtlicher **Behandlungsvertrag** in Gestalt des Dienstvertrags, der regelmäßig mit Behandlungsübernahme zustande kommt. Dessen Inhalt und Reichweite ist dabei in die öffentlich-rechtliche Ordnung der kassenärztlichen Versorgung der Vierer-Beziehung zwischen dem Kassenmitglied, seiner Krankenkasse bzw. deren Verband, der Kassenärztlichen Vereinigung und schließlich des dieser zugehörenden Kassenarztes eingebettet. Man könnte vom Bestehen eines Behandlungsvertrags **nach den Regeln der GKV** sprechen. 68

Die den Leistungsanspruch bestimmenden öffentlich-rechtlichen Vorgaben wirken auf die zivilrechtliche Ebene direkt ein und prägen insoweit das zivilrechtliche Verhältnis mit. Nur in den Grenzen dieses öffentlich-rechtlichen Rahmens erweist sich das Behandlungsverhältnis als privatrechtlich geordnet.[65] Neben der Konturierung des vertraglichen Behandlungsanspruchs durch die Normverträge ist wesentlicher Unterschied zum Privatbehandlungsvertrag das Fehlen einer Gegenleistungsverpflichtung. An Stelle des Patientenhonorars erhält der Vertragsarzt seine Vergütung für die erbrachte Sachleistung von der KÄV/KZV. 69

Zwar erstaunt dogmatisch, warum die Erfüllung des öffentlich-rechtlichen Leistungsanspruches durch den konkretisierenden Vertragsarzt, der als eine Art „Beliehener" auftritt, sich nun in ein privatrechtliches Verhältnis umwandeln soll.[66] Prima facie läge näher, hier auch im Verhältnis des Vertragsarztes zu dem Kassenpatienten eine **öffentlich-rechtliche Sonderbeziehung** anzunehmen, deren Inhalt gesetzlich zu regeln bliebe oder durch Heranziehung zivilrechtlicher Grundsätze zu bestimmen wäre. Ein früher angenommener **Vertrag mit Schutzwirkung** zu Gunsten des Patienten[67] zwischen Arzt und Krankenkasse wirkt äußerst konstruiert, da der Zugelassene zu der Krankenkasse in keinem vertraglichen oder gesetzlichen Schuldverhältnis steht und er auch seine Zulassung durch ein unabhängiges Gremium gemeinsamer Selbstverwaltung erhält. 70

---

[61] § 24 Abs. 2 ZV-Ä, § 17 BMV-Ä/RK; was angemessen ist, richtet sich nach der örtlichen Versorgungssituation.

[62] BSG v. 14.03.2001 - B 6 KA 54/00 R - SozR 3-2500 § 75 Nr. 12.

[63] Siehe § 13 Abs. 6 BMV-Ä/RK.

[64] *Hesral* in: Ehlers (Hrsg.)/Hesral/Reinhold/Steinhilper/von Strachwitz-Helmstatt, Disziplinarrecht und Zulassungsentziehung, Kap. 1 R. 76 ff., 91 ff.

[65] BGH v. 28.04.1987 - VI ZR 171/86 - BGHZ 100, 363; *Steffen*, Neue Entwicklungslinien der BGH-Rechtsprechung zum Arzthaftungsrecht, RWS Skript 137, *Deutsch/Matthies*, Arzthaftungsrecht, RWS Skript 148 S. 7 f.

[66] *Haueisen*, NJW 1956, 1745, 1746; *Krause*, SGb 1982, 425, 429; der darauf hinweist, dass der den Vertragsarzt aufsuchende Patient seinen Leistungsanspruch geltend machen wolle und keinen Vertrag zu schließen beabsichtigt, § 76 Abs. 4 SGB V verpflichte zudem nur den Arzt und nicht den Patienten; zur Fingierung behandlungsvertraglichen Rechtsverhältnisses; *Eberhard*, ATP 171, 316 f; *Hennies*, EN 1960, 2335.

[67] Zum Vertrag mit Schutzwirkung zu Gunsten Dritter: BGH v. 25.03.1986 - VI ZR 90/85 - BGHZ 97, 273, 276; BGH v. 18.03.1980 - VI ZR 247/78 - BGHZ; 76, 259, 261; BGH v. 10.01.1984 - VI ZR 297/81 - BGHZ 89, 250, 254 f.; nicht fortgeführt seit BGH v. 28.04.1987 - VI ZR 171/86 - BGHZ 100, 363, 366; vgl. auch *Krause*, SGb 1982, 425, 429; *Barnewitz*, NJW 1980, 1981.

71 Wohl zur Schließung evtl. Lücken bestimmt § 76 Abs. 4 SGB V, dass die Übernahme der Behandlung durch die Vertragsärzte (und sonstigen Teilnehmer an der ambulanten ärztlichen Versorgung) dem Versicherten gegenüber zur Sorgfalt nach den **Vorschriften des bürgerlichen Vertragsrechts** verpflichtet. Auch dann, wenn man das Zustandekommen eines zivilrechtlichen Behandlungsvertrages grundsätzlich ablehnt oder das wirksame Zustandekommen eines Vertragsverhältnisses im Einzelfall nicht anzunehmen ist, erhält der Patient aufgrund § 76 Abs. 4 SGB V einen direkten und nicht abdingbaren **Anspruch auf Schadensersatz** neben der Leistung (positive Forderungsverletzung) für den Fall des schuldhaften Unterschreitens des gebotenen ärztlichen Standards.[68] Einzige Voraussetzung stellt die faktische Übernahme der Behandlung eines Kassenversicherten durch einen Vertragsarzt dar, sofern der Patient mit der Konsultation erkennbar den Wunsch der Erfüllung seines gesetzlichen Leistungsanspruches (Kassenbehandlung) verfolgt, selbst wenn in dessen Rahmen auch Nichtkassenleistungen erbracht werden.

72 Die Lösungen – zivilrechtlicher Vertrag einerseits und öffentlich-rechtliche Sonderbeziehung andererseits – unterscheiden sich letztlich dadurch, dass der Patient über die Vertragslösung einen Erfüllungsanspruch gegen den Arzt und nicht lediglich Sekundäransprüche bei fehlerhafter Behandlung erwirbt, sowie auch in der Frage, welche Pflichten der Patient gegenüber dem Arzt eingeht.[69] Die Annahme eines zivilrechtlichen Behandlungsvertrages dem Grunde nach besticht bei Betrachtung von zunehmend häufiger werdenden Lebenssachverhalten, in denen Kassen- und Nichtkassenleistungen „gemischt" nachgefragt werden.[70] Gerade hier zeigt sich, dass das öffentlich-rechtliche Krankenversicherungsrecht von einem einheitlichen zivilrechtlichen Behandlungsverhältnis ausgeht.[71] Der Annahme eines bürgerlich-rechtlichen Behandlungsverhältnisses nach den Regeln der GKV ist zuzustimmen.

5. Das Verhältnis Vertrags(zahn)arzt/Krankenkasse

73 Da das dem Leistungsanspruch des Versicherten zugrunde liegende Konkretisierungskonzept der §§ 2, 72 Abs. 2 SGB V von der Trennung der Rechtsbeziehungen geprägt wird, ist anzunehmen, dass Rechtsbeziehungen zwischen Vertragsarzt und Krankenkasse nicht bestehen. Insbesondere steht ihr kein einklagbarer Erfüllungsanspruch auf Sachleistungserbringung gegenüber dem Versicherten zu. Kommt der Vertragsarzt seinen öffentlich-rechtlichen Pflichten nicht nach, bleibt der Krankenkasse nur, die KÄV/KZV aufzufordern, auf ihr Mitglied einzuwirken, oder bei den Zulassungsgremien die Entziehung der Zulassung zu beantragen. Gleichwohl kann sie Versichertenansprüchen aus § 13 Abs. 3 SGB V ausgesetzt sein.

6. Das Verhältnis kassen-(zahn)ärztliche Vereinigung/Versicherter

74 Zwischen KÄV/KZV und Versicherten existieren öffentlich-rechtliche Rechtsbeziehungen nicht.

V. Systemversagen

1. Vertragsersetzung

75 Zur Sicherung der Funktionsfähigkeit der vertragsärztlichen Versorgung, die durch einen vertragslosen Zustand entsteht, sowie zur Wahrung des sozialen Friedens zwischen den Partnern der gemeinsamen Selbstverwaltung, sehen die §§ 88 f. SGB V die Festsetzung des gesetzlich vorgeschriebenen Kollektivvertrags durch Bundes- bzw. Landesschiedsämter vor, falls dieser innerhalb bestimmter Frist nicht zustande kommt oder ein vorgeschriebener Vertrag gekündigt wird. Dabei ist das mit den Vertragspartnern und Unabhängigen besetzte Schiedsamt in gleicher Weise wie die Vertragspartner an höherrangiges Recht gebunden. Auch steht diesem der den Partnern der Selbstverwaltung eingeräumte Gestaltungsspielraum in gleicher Weise zu.

[68] *Hess* in: KassKomm, SGB V, § 76 Rn. 23.

[69] *Krause*, SGb 1982, 425, 431.

[70] Z.B. zahnprothetische Behandlung, wobei im linken Unterkiefer eine Kassenbrücke als Sachleistung und anderenorts aus der Leistungspflicht ausgeschlossene Implantate zeitlich nicht trennbar eingegliedert werden; Suprakonstruktion – für eine Brücke als Kassenleistung bedarf es des Einsatzes eines Implantats als Träger – siehe § 28 Abs. 2 SGB V.

[71] Vgl. § 28 Abs. 2 SGB V: bei Wahl eines gg. Kassenstandard aufwendigeren Zahnersatzes trägt Versicherter Mehrkosten selbst; den Kassenstandard erhält er als Sachleistung mit modifiziertem Zahlungsweg; einheitlicher zivilrechtlicher Behandlungsvertrag hier jedoch mit Vergütungskomponente bzgl. Mehrkosten.

2. Rechtmäßigkeitsprüfung

Bei der Wirksamkeitskontrolle ist zwischen Vereinbarungen mit normvertraglichem Charakter und solchen mit nur obligatorischem Inhalt zu unterscheiden. 76

Sofern es sich um eine ausschließlich obligatorischen Vereinbarung handelt, führen allein die in den §§ 57, 58 SGB X genannten Tatbestände, die die Unwirksamkeit des **öffentlich-rechtlichen Vertrags** regeln, zur Unwirksamkeit bzw. Nichtigkeit. 77

Dagegen schließt eine normvertragliche Vereinbarung die Anwendbarkeit der genannten Vorschriften aus. Vielmehr richtet sich die Beurteilung zur Wirksamkeit nach den Anforderungen, die die Verfassung und das Gesetz an den Erlass **abstrakt-genereller Regelungen** stellen.[72] 78

Ein Normvertrag erweist sich demnach als unrechtmäßig und nichtig, wenn die Vertragsparteien die ihnen zustehende Entscheidungskompetenz und damit ihren Gestaltungsspielraum durch Verstoß gegen Grundrechte (z.B. Art.12 i.V.m. Art. 3 GG) und sonstiges höherrangiges Recht, insbesondere gegen die Vorgaben des SGB V, überschritten oder ihre Gestaltungs- und Bewertungskompetenz missbräuchlich ausgenutzt haben.[73] Die zweckmäßige Ausübung des Gestaltungsspielraums unterliegt dagegen nicht der Rechtmäßigkeitsprüfung. 79

Rechtsfolge der Rechtswidrigkeit einer normvertraglichen Regelung ist deren Unwirksamkeit. Die Vertragspartner können diese durch eine rechtmäßige Vereinbarung ersetzen. Zumindest unechten Rückwirkungen werden Vertrauensschutzaspekte nicht entgegenstehen. Erstrebt ein Drittbetroffener eine Begünstigung, die unter Verstoß gegen das Gleichheitsgebot nur einer anderen Gruppe gewährt worden war (Begünstigungsausschlussregelung), erhält grundsätzlich keine Gruppe die Begünstigung. Nur sofern eine umfassende Regelung beabsichtigt war, wird die Begünstigung ausnahmsweise ausgedehnt werden können.[74] Ebenso dann, wenn ein komplexes Regelungssystem, an dem erkennbar festgehalten werden soll, nur im Falle der Begünstigungsausdehnung konsequent und stimmig bleibt.[75] Gleiches wird anzunehmen sein, wenn zugunsten des Versicherten sich die Begünstigungsausdehnung aufgrund der staatlichen Schutzpflicht für die Rechtsgüter des Art. 2 Abs. 2 Satz 1 GG gebietet.[76] 80

3. Rechtsschutz

Da das sozialgerichtliche Verfahren die Normenkontrollklage nicht kennt, können die durch die normvertragliche Wirkung **Drittbetroffenen**, mithin die Nichtvertragsparteien, Rechtsschutz nur im Wege der Inzidentprüfung im Rahmen einer statthaften Klage gegen einen anderen Rechtsakt (Verwaltungsakt der KÄV gg. Vertragsarzt; Verwaltungsakt einer Krankenkasse gg. Versichertem) oder durch Feststellungsklage[77] hinsichtlich der Anwendbarkeit untergesetzlicher Normen erlangen.[78] Eine unmittelbare Anfechtung des Bundesmantel- oder Gesamtvertrags durch die drittbetroffene Krankenkasse[79], den Versicherten oder einen Vertragsarzt[80] scheitert an der fehlenden Klagebefugnis. Gleiches gilt für die Anfechtung eines durch Schiedsamtentscheidung festgesetzten Vertragsinhalts durch Drittbetroffene. 81

Die Vertragspartner der gemeinsamen Selbstverwaltung können den durch das Schiedsamt festgesetzten Vertragsinhalt anfechten (Anfechtungs- und Neubescheidungsklage zu den Sozialgerichten).[81] 82

---

[72] *Axer* in: Schnapp/Wigge, Handbuch des Vertragsarztrechts, § 7 Rn. 9 ff.

[73] BSG v. 16.05.2001 - B 6 KA 20/00 R - BSGE 88, 126; BSG v. 18.06.1997 - 6 RKa 58/96 - BSGE 80, 256.

[74] Gleichheitsverstoßende Beschränkung einer für mehrere Gruppen gleich einschlägigen Abrechnungsposition auf eine Gruppe: BSG v. 20.01.1999 - B 6 KA 9/98 R - SozR 3-2500 § 87 Nr. 21; allgemein: BVerfG v. 28.11.1967 - 1 BvR 515/63 - BVerfGE 22, 349, 360.

[75] BVerwG v. 25.04.1996 - 2 C 21/95 - BVerwGE 101, 113, 118.

[76] BVerfG v. 06.12.2005 - 1 BvR 347/98 - ZFSH/SGB 2006, 20.

[77] BSG v. 20.03.1996 - 6 RKa 21/95 - BSGE 78, 91; zur Amtshaftung bei Rechtswidrigkeit des Normvertrags: OLG Karlsruhe v. 13.05.2005 - 14 U 164/03 - GesR 2005, 380.

[78] BSG v. 08.05.1996 - 6 RKa 49/95 - BSGE 78, 191; BSG v. 01.07.1992 - 14a/6 RKa 1/90 - BSGE 71, 42, 52.

[79] BSG v. 17.11.1999 - B 6 KA 10/99 - SozR 3-2500 § 71 Nr. 1.

[80] BSG v. 31.08.2005 - B 6 KA 6/04 R - SozR 4-2500 § 85 Nr. 21.

[81] BSG v. 27.04.2005 - B 6 KA 42/04 R - SozR 4-2500 § 85 Nr. 16 m.w.N.

VI. Knappschaftliche Krankenversicherung (Absatz 3)

83 Die Deutsche Rentenversicherung Knappschaft-Bahn-See (Rechtsnachfolger u.a. der früheren Bundesknappschaft) ist auch bezüglich der knappschaftlich Versicherten in das System der vertragsärztlichen Versorgung eingebunden.[82] Sie ist als Trägerin auch der knappschaftlichen Krankenversicherung[83] (bergmännische Krankenversicherung) insoweit Vertragspartner im Kollektivvertragssystem. Ihr wird durch die Vorschrift jedoch gestattet, neben der vertragsärztlichen Versorgung das tradierte **Knappschaftsarztsystem** beizubehalten, das durch sog. Knappschaftsverträge geregelt sein kann. Die Versicherten können sowohl unter den Vertragsärzten als auch den Knappschaftsärzten frei wählen.[84] Wählen sie Behandlung durch die Vertragsärzte, gelten die eben dargestellten Regeln.

[82] Vgl. insbesondere § 4 Abs. 2 SGB V.
[83] § 167 SGB V i.d.F. d. Gesetzes v. 09.12.2004.
[84] § 76 Abs. 5 SGB V.

§ 72a SGB V Übergang des Sicherstellungsauftrags auf die Krankenkassen

(Fassung vom 21.12.1992, gültig ab 01.01.1993, gültig bis 30.06.2008)

(1) Haben mehr als 50 vom Hundert aller in einem Zulassungsbezirk oder einem regionalen Planungsbereich niedergelassenen Vertragsärzte auf ihre Zulassung nach § 95b Abs. 1 verzichtet oder die vertragsärztliche Versorgung verweigert und hat die Aufsichtsbehörde nach Anhörung der Landesverbände der Krankenkassen, der Verbände der Ersatzkassen und der Kassenärztlichen Vereinigung festgestellt, daß dadurch die vertragsärztliche Versorgung nicht mehr sichergestellt ist, erfüllen insoweit die Krankenkassen und ihre Verbände den Sicherstellungsauftrag.

(2) An der Erfüllung des Sicherstellungsauftrags nach Absatz 1 wirkt die Kassenärztliche Vereinigung insoweit mit, als die vertragsärztliche Versorgung weiterhin durch zugelassene oder ermächtigte Ärzte sowie durch ermächtigte ärztlich geleitete Einrichtungen durchgeführt wird.

(3) Erfüllen die Krankenkassen den Sicherstellungsauftrag, schließen die Krankenkassen oder die Landesverbände der Krankenkassen und die Verbände der Ersatzkassen gemeinsam und einheitlich Einzel- oder Gruppenverträge mit Ärzten, Zahnärzten, Krankenhäusern oder sonstigen geeigneten Einrichtungen. Sie können auch Eigeneinrichtungen gemäß § 140 Abs. 2 errichten. Mit Ärzten oder Zahnärzten, die in einem mit anderen Vertragsärzten aufeinander abgestimmten Verfahren oder Verhalten auf ihre Zulassung als Vertragsarzt verzichten (§ 95b Abs. 1), dürfen keine Verträge nach Satz 1 abgeschlossen werden.

(4) Die Verträge nach Absatz 3 dürfen mit unterschiedlichem Inhalt abgeschlossen werden. Die Höhe der vereinbarten Vergütung an Ärzte oder Zahnärzte soll sich an Inhalt, Umfang und Schwierigkeit der zugesagten Leistungen, an erweiterten Gewährleistungen oder eingeräumten Garantien oder vereinbarten Verfahren zur Qualitätssicherung orientieren. Ärzten, die unmittelbar nach der Feststellung der Aufsichtsbehörde nach Absatz 1 Verträge nach Absatz 3 abschließen, können höhere Vergütungsansprüche eingeräumt werden als Ärzten, mit denen erst später Verträge abgeschlossen werden.

(5) Soweit für die Sicherstellung der Versorgung Verträge nach Absatz 3 nicht ausreichen, können auch mit Ärzten und geeigneten Einrichtungen mit Sitz im Ausland Verträge zur Versorgung der Versicherten geschlossen werden.

(6) Ärzte oder Einrichtungen, mit denen nach Absatz 3 und 5 Verträge zur Versorgung der Versicherten geschlossen worden sind, sind verpflichtet und befugt, die für die Erfüllung der Aufgaben der Krankenkassen und die für die Abrechnung der vertraglichen Vergütung notwendigen Angaben, die aus der Erbringung, der Verordnung sowie der Abgabe von Versicherungsleistungen entstehen, aufzuzeichnen und den Krankenkassen mitzuteilen.

Gliederung

A. Basisinformationen

I. Textgeschichte/Gesetzgebungsmaterialien

1 § 72a SGB V wurde durch Art. 1 Nr. 32 i.V.m. Art. 35 GSG 1993[1] mit Wirkung zum 01.01.1993 in das SGB V eingefügt und gilt seither im Wesentlichen unverändert. Die Absätze 1 – 5 wurden erst durch den GSG-Fraktionsentwurf[2] in das Gesetz übernommen. Dies stellte die Reaktion des Gesetzgebers auf Boykottdrohungen von Teilen der Zahnärzteschaft gegen das GSG dar. Absatz 6 wurde erst während der Ausschussberatung[3] angefügt. Durch Art. 1 Nr. 42, Art. 46 Abs. 9 des GKV-WSG v. 26.03.2007[4] wurden die Absätze 1 und 3 m.W.z. 01.07.2008 der künftigen Organisationsstruktur des Krankenkassenwesens angepasst.

II. Vorgängervorschriften

2 Vorgängervorschriften existieren nicht.

III. Systematische Zusammenhänge

3 Die Vorschrift knüpft an § 95b SGB V an, der die Pflichtwidrigkeit eines abgestimmten, auf Verzicht gerichteten Verhaltens der Vertragsärzte ausspricht, und setzt diesen durch Regelung der Rechtsfolgen eines durch kollektive Leistungsverweigerung herbeigeführten Versagens des Regelsystems der vertragsärztlichen Versorgung um (§§ 72, 75 SGB V). Die §§ 140 Abs. 2 Satz 2, 76 Abs. 1 SGB V nehmen auf die Norm Bezug. Gleichwohl erweisen sich die Normierungen der Folgen eines Systemversagens als bruchstückhaft.

IV. Ausgewählte Literaturhinweise

4 *Andres*, Betriebskrankenkassen stellen kieferorthopädische Versorgung in Niedersachsen sicher, BKK 2004, 312; *Galas/Andres*, Krankenkassen stellen kieferorthopädische Versorgung in Niedersachsen sicher, GSP 2004, Nr. 9/10, 35-40; *Neumann*, Leistungserbringer im Spannungsverhältnis von freiem Beruf und gesetzlicher Bindung, Markt und Regulierung 2003, 163-184; *Frehse*, Berechtigung des Arztes zu Ablehnung der Behandlung von Patienten, ARZTuR 2002, 176-177; *Schinnenburg*, Zur Verfassungsmäßigkeit der Sanktionen bei kollektivem Zulassungsverzicht von Vertragsärzten, MedR 2005, 26.

B. Auslegung der Norm

I. Regelungsgehalt und Normzweck

5 Absatz 1 bestimmt die Voraussetzungen, die eine erhebliche Störung des Systems der ambulanten Versorgung gesetzlich Versicherter durch kollektiven Zulassungsverzicht/Leistungsverweigerung der Vertrags(zahn-)ärzte annehmen lassen sowie die damit verbundenen Rechtsfolgen in Gestalt des Übergangs des Sicherstellungsauftrags von den Partnern der gemeinsamen Selbstverwaltung auf die Krankenkassen in alleiniger Verantwortung.

6 Die weiteren Absätze regeln die Befugnisse der Krankenkassen zum Zwecke der subsidiären Erfüllung des auf sie übergegangenen Sicherstellungsauftrags.

II. Tatbestandsmerkmale

1. Erhebliche Systemstörung (Absatz 1)

a. Überblick

7 Der Übergang des Sicherstellungsauftrags knüpft sich an **zwei Voraussetzungen**, die kumulativ vorliegen müssen:

- Verzicht auf die Zulassung in einem aufeinander abgestimmten Verhalten oder Verweigerung der Teilnahme an der Versorgung durch mehr als 50 v.H. der Vertragsärzte oder Vertragszahnärzte in einem Planungsbereich oder einem Zulassungsbezirk und

[1] BGBl I 1992, 2266.
[2] BT-Drs. 12/3608, S. 9.
[3] BT-Drs. 12/3937, Nr. 12 zu § 72a.
[4] BGBl I 2007, 378.

- Feststellung der Aufsichtbehörde nach Anhörung der in Absatz 1 genannten Körperschaften (ab 01.07.2008 sind anstelle der „Verbände der Ersatzkassen" die „Ersatzkassen" anzuhören;[5]), dass dadurch die vertragsärztliche Versorgung nicht mehr gewährleistet ist.

b. Schwellenwert

Die Anzahl der die Leistungserbringung boykottierenden Ärzte muss eine **Schwelle** von über 50 v.H. (mehr als die Hälfte) der Vertragsärzte in einem Planungsbereich oder einem Zulassungsbezirk erreichen, wobei der Zeitpunkt der Feststellung der Aufsichtsbehörde maßgebend ist. Wird die Schwelle nicht überschritten, liegt keine erhebliche Systemstörung vor, die einen Sicherstellungsauftragsübergang auszulösen vermag. Einer Systemstörung von niedrigerem Umfang muss mit anderen Maßnahmen begegnet werden. 8

Die **Bemessungsgrundlage** für die Schwellenwertermittlung bildet die Gesamtzahl der Vertragsärzte in dem Zulassungsbezirk bzw. Planungsbereich, auf den sich die Feststellung bezieht, ohne dass für die Prüfung der Schwellenüberschreitung nach den planungsrechtlich gebildeten Arztgruppen[6] differenziert werden darf. Verzichten beispielsweise 95 v.H. der Zugelassenen einer einzelnen Arztgruppe (Orthopäden, Urologen, Hausärzte usw.) – aber nur diese – auf ihre Zulassung, wird die Schwelle nicht überschritten, es sei denn, die Verzichtenden stellen über 50 v.H. aller Vertragsärzte dar. 9

c. Kollektiver Zulassungsverzicht

Der **Verzicht** auf die Zulassung stellt eine einseitige, an den zuständigen Zulassungsausschuss gerichtete Willenserklärung über die Beendigung der Teilnahme des erklärenden Vertragsarztes (Zulassung) an der vertragsärztlichen Versorgung dar, die grundsätzlich nicht sofort, sondern erst zum Ende des folgenden Kalenderquartals wirksam wird.[7] Für die Prüfung der Schwellenüberschreitung kommt es nach dem Gesetzeswortlaut auf den Zugang der Verzichtserklärung und nicht auf deren Wirksamwerden an. 10

Eine Verzichtserklärung ist bei der Prüfung des Schwellenwertes nur dann zu berücksichtigen, wenn es sich um einen „Verzicht nach § 95b Abs. 1" handelt. Entscheidendes Kriterium für die Frage der Erfassung ist mithin der Umstand, ob der Verzicht in sachlichem Zusammenhang mit einem mit anderen Ärzten **abgestimmten Verfahren** oder **Verhalten** steht. Ein solches liegt vor im Falle einer Massierung von Verzichtserklärungen in engem zeitlichen Zusammenhang aus gemeinsamer Protesthaltung oder zum Zwecke der gemeinsamen Durchsetzung politischer und/oder wirtschaftlicher Ziele durch einen Teil der Ärzteschaft.[8] Indizwirkung besitzt eine Häufung von Verzichtserklärungen, für die ein in der Person der Praxisinhaber liegender Grund nicht erkennbar ist. Dies ist eine im Einzelfall zu treffende Tatsachenwürdigung. Die Verzichtserklärung eines die Altersgrenze erreichenden Praxisinhabers darf, wenn sie nicht unter Hinweis auf die Abstimmung abgegeben wird, nicht eingerechnet werden. Unerheblich ist jedoch, ob die Verzichtserklärungen mit Nachbesetzungsanträgen gem. § 104 Abs. 4 und 6 SGB V verknüpft sind. 11

Bei der Schwellenberechnung sind nur die **Vertragärzte**/Vertragszahnärzte – auch die sog. „job-sharing-Partner"[9] – des geprüften Raums, nicht aber deren Assistenten oder angestellte Ärzte sowie nicht die ermächtigten Ärzte zu berücksichtigen. In Medizinischen Versorgungszentren tätige Vertragsärzte oder dort angestellte Ärzte sind entsprechend ihres bedarfsplanungsrechtlichen Gewichts zu werten.[10] 12

Zum Zeitpunkt der Feststellung bekannt gegebene, nicht angefochtene **Neuzulassungsentscheidungen** müssen, auch bereits vor Ablauf der Fristen des § 19 Abs. 2 und 3 ZVÄ, gegengerechnet werden. 13

d. Verweigerung der vertragsärztlichen Versorgung

Der die Versorgung der Patienten verweigernde Arzt wird als **zweite Alternative** einer verhaltensbedingten Systemstörung genannt. Der verweigernde Vertragsarzt steht dem in abgestimmtem Verhalten verzichtenden Arzt gleich und ist bei der Berechnung des Schwellenwertes zu berücksichtigen. Mithin 14

---

5 Art. 1 Nr. 42, Art. 46 Abs. 9 des GKV-WSG v. 26.03.2007 (BGBl I 2007, 378).

6 Nr. 7 BeplaR-Ä.

7 § 28 Abs. 1 ZVÄ; § 28 Abs. 1 ZVZ.

8 So auch *Hencke* in: Hauck/Haines, SGB V, § 72 Rn. 2.

9 § 101 Abs. 1 Satz 1Nr. 4 SGB V i.V.m. den Bedarfsplanungsrichtlinien.

10 Nr. 38 BeplaR-Ä.

kann die Schwelle infolge einer abgestimmten Massenverweigerung oder einer **Kumulierung** von verzichtenden und verweigernden Ärzten überschritten werden.[11]

15 **Verweigerung** bedeutet in diesem Regelungskontext die pflichtwidrige Nichterfüllung des Sachleistungsanspruchs der Versicherten. Sie kann insgesamt oder nur partiell, etwa in einer Verweigerung von Medikamentenverordnungen oder in der Verweigerung bestimmter Untersuchungs- und Behandlungsmethoden, zu Tage treten. Liegt nur ein partieller Boykott von mehr als der Hälfte der Vertragsärzte eines Raumes vor, muss die Aufsichtsbehörde im Rahmen der Feststellung nach Absatz 2 unter Beachtung des Verhältnismäßigkeitsgrundsatzes entscheiden, ob tatsächlich ein eine erhebliche Systemstörung verursachendes Versorgungsdefizit besteht.

16 Die Verweigerung braucht, wie bereits der Wortlaut der Norm zeigt, nicht auf einem abgestimmten Verfahren oder Verhalten beruhen, welches jedoch in der Regel zugrunde liegen wird. Eine unberechtigte Leistungsverweigerung stellt per se eine vertragsärztliche Pflichtverletzung dar. Dagegen liegt es im Freiheitsbereich des Arztes, seine Teilnahmeerlaubnis zurückzugeben, sofern dies nicht durch ein abgestimmtes Verhalten motiviert wird.[12] Daher kann auch eine auf unterschiedlichen Motiven beruhende Sachleistungsverweigerung aus Rentabilitätsgründen (Kommentierung zu § 72 SGB V Rn. 66), für die keine berechtigten Gründe vorliegen, zusammen bewertet werden und eine erhebliche Systemstörung annehmen lassen.

e. Räumliche Anknüpfung

17 Räumlicher Anknüpfungspunkt für die Schwellenprüfung kann alternativ entweder der Zulassungsbezirk oder ein zu ihm gehörender Planungsbereich (zumeist Landkreise) sein.

18 Die Partner der gemeinsamen Sicherstellung bilden gemeinsam die **Zulassungsbezirke** für ihren Zuständigkeitsbereich.[13] Die regionalen **Planungsbereiche** sind durch den Gemeinsamen Bundesausschuss festgelegt.[14]

f. Feststellung eines Versorgungsdefizits

19 Die **Feststellung** fehlender Versorgungssicherstellung stellt eine besondere Aufsichtsmaßnahme[15] dar. Der Verwaltungsakt ist gerichtlich anfechtbar.[16] Infolge der aufschiebenden Wirkung des Rechtsmittels[17] wird er regelmäßig mit einer Sofortvollzugsanordnung verknüpft werden.

20 Fehlende Sicherstellung meint das Bestehen eines **Versorgungsdefizits** bei der ambulanten Versorgung der Versicherten. Ein Versorgungsdefizit besteht, wenn der Sachleistungsanspruch der Versicherten, auch hinsichtlich einzelner Behandlungsmethoden, in nicht ausreichendem Umfang und in nicht ausreichender Qualität erfüllt werden kann.

21 Der **Verhältnismäßigkeitsgrundsatz** ist zu beachten. Da die im Gesetzestext angegebene Schwelle das Erfordernis einer erheblichen, die Rechtsfolgen rechtfertigenden Systemstörung belegt, muss insbesondere bei kleineren partiellen Versorgungsdefizitsituationen abgewogen werden, inwieweit ein Zuwarten bei Einsatz milderer Mittel oder eine anderweitige Behebung (z.B. leistungsbereite Ärzte im Nachbarplanungsbereich mit freier Kapazität) Erfolg versprechend erscheint.

22 Aus dem Verhältnismäßigkeitsgrundsatz folgt bereits, dass die Feststellung des Versorgungsdefizits **differenziert** bezüglich einer oder mehrerer Arztgruppen und/oder einzelner Versorgungsteile erfolgen kann, wenn mehr als die Hälfte aller örtlichen Vertragsärzte an dessen Verursachung beteiligt sind. Es bedarf keiner Feststellung bezogen auf die örtliche vertragsärztliche Versorgung insgesamt. Sie kann auf einen Zulassungsbezirk oder nur auf einen (oder mehrere) Planungsbereiche bezogen sein. Je größer die Zahl der Leistungsverweigerer, desto geringere Anforderungen an die Lücke werden in sachlicher und räumlicher Hinsicht zu stellen sein.

---

[11] So auch *Orlowski* in: Maaßen/Schermer/Wiegand/Zipperer, SGB V-Komm., § 72a Rn. 2; *Klückmann* in: Hauck/Haines, SGB V, § 72a Rn. 12.

[12] § 95b Abs. 1 SGB V.

[13] §§ 1, 11 ZVÄ; §§ 1, 11 ZVZ.

[14] § 101 Abs. 1 Satz 5 SGB V; Abschnitt Nr. 5 i.V.m. Anlage 3.1 BedarfsplRL-Ä (Zusammenstellung der Planungsbereiche).

[15] § 78 Abs. 1 und 3 SGB V i.V.m. § 89 SGB IV.

[16] § 54 Abs. 3 SGG - Rechtsweg zu den Kassenarztkammern der Sozialgerichte.

[17] § 86a SGG.

Hinsichtlich der Prüfung des Bestehens eines Versorgungsdefizits steht der Aufsichtsbehörde m.E. ein **Beurteilungsspielraum** zu, wie ihn die Rechtsprechung den Zulassungsgremien für die zulassungsrechtliche Bedarfsprüfung einräumt.[18] 23

g. Rechtsfolgen (Absatz 2, Absatz 1 letzter Halbsatz)

aa. Übergang des Sicherstellungsauftrags

Mit der Bekanntgabe des feststellenden Verwaltungsakts geht kraft gesetzlicher Anordnung ohne weiteren Regelungsakt der **Sicherstellungsauftrag** auf die Krankenkassen und ihre (Landes-)Verbände über, die diesen nun grundsätzlich gemeinsam, aber ohne die partnerschaftliche Beteiligung der von ihrer Aufgabe nach § 72 Abs. 2 SGB V suspendierten KÄV/KZV wahrnehmen müssen. 24

Der Übergang erfolgt jedoch nur in den **Grenzen** der getroffenen Feststellung eines Versorgungsdefizits („insoweit"), d.h. nur für die bescheidbefangenen Arztgruppen und Planungsbereiche. Soweit der Sicherstellungsauftrag nicht übergegangen ist, bleibt es bei dem Regelsystem der Sicherstellung durch die gemeinsame Selbstverwaltung. 25

bb. Weitere Rechtsfolgen

Weitere unmittelbare oder mittelbare Rechtsfolgen sind 26

- für den verzichtenden Arzt: Kein Privatliquidationsanspruch gegen den Versicherten, auch nach Wirksamkeit des Verzichts; beschränkter Vergütungsanspruch gegen die Krankenkasse nach Verzichtswirksamkeit[19]; Kontrahierungsausschluss bezüglich der Versorgungsverträge mit Krankenkassen (Absatz 3 Satz 3); Wiederzulassung erst nach sechs Jahren statthaft[20].
- für den (nur) leistungsverweigernden Arzt: Kein Privatliquidationsanspruch bei Behandlung gesetzlich Versicherter, da kraft Zulassung Sachleistungsverpflichtung weiterhin besteht; damit auch keine Kontrahierungsmöglichkeit für Versorgungsverträge nach Absatz 3; disziplinar- und zulassungsrechtliche Folgen[21].
- für die Versicherten: Der grundsätzlich im Falle des Systemversagens eingeräumte Kostenerstattungsanspruch des § 13 Abs. 3 SGB V besteht bei Inanspruchnahme eines verzichtenden Arztes nicht[22] (i.ü. keine Einschränkung des § 13 Abs. 3 SGB V).
- für den pflichtentreuen Arzt: Keine Änderung in Status und Vergütung; mittelbar Konkurrenz durch kassenseitig geschlossene Versorgungsverträge mit einspringenden Leistungserbringern, auch nach Beendigung der Systemstörung (Absatz 1 „insoweit", Absatz 2).

2. Mitwirkung der Kassenärztlichen Vereinigung (Absatz 2)

Absatz 2 ersetzt – in den Grenzen des auf die Krankenkassen übergegangenen Auftrags – die partnerschaftliche Mitwirkungsverpflichtung an der gemeinsamen Sicherstellung (§ 72 Abs. 2 SGB V) nebst der Gewährleistungsverpflichtung (§ 75 Abs. 1 SGB V) der KÄV/KZV durch eine eigene, ergänzende Mitwirkungspflicht. 27

Nicht angesprochen wird der Teil der ambulanten Versorgung, der nicht Gegenstand der aufsichtsbehördlichen Feststellung ist (z.B. nicht betroffene Arztgruppen).[23] Insoweit erfolgte ein Übergang des Sicherstellungsauftrags nach Absatz 1 überhaupt nicht. Diesbezüglich bleibt es bereits danach bei der partnerschaftlichen Mitwirkung im Rahmen des gemeinsamen Sicherstellungsauftrags im Gleichordnungsverhältnis. 28

Die Vorschrift regelt die Stellung der KÄV/KZV nur hinsichtlich desjenigen Teils der Versorgung, der zwar vom Übergang des Sicherstellungsauftrags erfasst ist, jedoch von Vertragsärzten, die sich der Leistungsverweigerung nicht angeschlossen haben, weiterhin ordnungsgemäß erbracht wird. Insoweit 29

---

[18] BSG v. 28.06.2000 - B 6 KA 35/99 R - SozR 3-2500 § 101 Nr. 5; BSG v. 19.03.1997 - 6 RKa 43/96 - SozR 3-2500 § 101 Nr. 1; ein Indiz könnte Nr. 28 BeplaR-Ä sein, wonach eine Unterversorgung bei einer Bedarfsunterschreitung von 50 v.H. (fachärztl. Vers.) bzw. 25 v.H. (hausärztl. Vers.) leistungsbereiter Ärzte vorliegt.

[19] § 95b Abs. 3 SGB V.

[20] § 95b Abs. 2 SGB V.

[21] Praktisch kaum relevant, da KÄV/KZV alleinige Disziplinarhoheit besitzt; Zulassungsentziehungen werden wegen der Gefahr einer weiteren Versorgungsverschlechterung faktisch nur selten in Betracht kommen.

[22] § 95 Abs. 3 SGB V.

[23] A.A. wohl *Hess* in: KassKomm, SGB V, § 72a Rn. 8, der der Vorschrift wohl insoweit deklaratorischen Charakter beimisst.

schafft Absatz 2 eine **Mitwirkungsverpflichtung eigener Art** an der allein auf Kassenseite liegenden Sicherstellungspflicht. Hinsichtlich der Rechtsbeziehungen zwischen der KÄV/KZV und den nicht leistungsverweigernden Vertragsärzten einerseits und im Deckungsverhältnis zwischen KÄV/KZV zu den Krankenkassen andererseits bleibt es bei den allgemeinen gesetzlichen und kollektivvertraglichen Regeln. Dies schließt auch die Zuständigkeit der gemeinsamen Gremien für Zulassungsangelegenheiten und für die Wirtschaftlichkeitsprüfung mit ein. Für die im Bereich der Feststellung leistenden Mitglieder ändert sich im Ergebnis nichts. Gleichwohl handelt es sich nunmehr um eine Mitwirkungspflicht der KÄV/KZV eigener Art, die als ergänzende Mitwirkungspflicht bezeichnet werden kann.[24] Denn innerhalb der Feststellung ist der Sicherstellungsauftrag insgesamt und nicht nur subsidiär hinsichtlich der leistungsverweigernden Gruppe übergegangen.

30 Mit steigender Zahl neu zugelassener Ärzte bzw. mit zunehmendem Rückgang der Verweigerungshaltung wächst die KÄV/KZV quasi wieder in die Erfüllung der Sicherstellung hinein. Besteht ein Versorgungsdefizit nicht mehr, tritt sie wieder in das Regelsystem der gemeinsamen Sicherstellung ein.[25] Aus Gründen der Rechtssicherheit sollte die Feststellung durch die Rechtsaufsichtsbehörde aufgehoben werden.

31 Keine Mitwirkung besteht hinsichtlich der Schließung der Versorgungslücke. Insoweit ist die KÄV/KZV nicht zu beteiligen und hat auch die Interessen ihrer Mitglieder nicht wahrzunehmen.

3. Sicherstellung durch die Krankenkassen (Absätze 3 und 5)

32 Sowohl der einzelnen Regionalkrankenkasse als auch den Landesverbänden der Regionalkrankenkassen bzw. den Ersatzkassenverbänden[26] bzw. ab 01.07.2008 den Ersatzkassen[27] stehen folgende Befugnisse zur Behebung des festgestellten (totalen oder partiellen) Versorgungsdefizits zu:

- Abschluss von Einzelverträgen oder Gruppenverträgen mit anderen Ärzten, Zahnärzten, Krankenhäusern und sonstigen Einrichtungen im **Inland** (Einkaufsmodell);
- Errichtung von Eigeneinrichtungen nach § 140 Abs. 2 SGB V (z.B. Ambulanzen, Polikliniken);
- Abschluss von Einzelverträgen oder Gruppenverträgen mit Ärzten, Zahnärzten, Krankenhäusern und sonstigen Einrichtungen mit Sitz im **Ausland**, aber nur soweit die beiden oben genannten Maßnahmen nicht ausreichen.

33 Mit dem Abschluss der Versorgungsverträge kommen unmittelbare vertragliche **Rechtsverhältnisse** zwischen Kassen und den Leistungserbringern zu Stande. Die im Regelsystem zwischengeschaltete KÄV bleibt außen vor. Eine Zuständigkeit der Zulassungsgremien besteht nicht.

34 Aufgrund der teilweisen Suspendierung vom gemeinsamen Sicherstellungsauftrag sind die Krankenkassen zur anteiligen Kürzung der Gesamtvergütungen berechtigt, soweit die KÄV/KZV nicht an der Sicherstellung nach Absatz 2 mitwirkt.

35 Die Einzel- und Gruppenverträge, die nach h.M. in der Literatur als Dienstverträge des Zivilrechts zu qualifizieren sind[28], müssen von den Kassenverbänden **gemeinsam und einheitlich** abgeschlossen werden, so dass für alle Versicherten im Verhältnis zum selben Leistungserbringer gleiche Bedingungen gelten. § 123 SGB V findet keine Anwendung. Aus der systematischen Stellung des Absatzes 4 ist zu folgern, dass dieser für nach Absatz 5 zu schließende Versorgungsverträge (Ausland) nicht gilt.[29]

36 Als Vertragspartner kommen insbesondere nicht zugelassene Ärzte, in Beschäftigungsverhältnissen stehende Ärzte (Nebentätigkeit), im stationären Bereich zugelassene und nicht zugelassene Krankenhäuser und sonstige Institute (Betriebsambulanzen etc.) in Betracht. Der Abschluss von Verträgen mit Ärzten, die in abgestimmtem Verhalten wirksam auf ihre Zulassung verzichtet hatten, wird ausdrücklich verboten (Satz 3).[30]

---

[24] A.A. *Hess* in: KassKomm, SGB V, Rn. 2; *Orlowski* in: Maaßen/Schermer/Wiegand/Zipperer, SGB V, § 72a Rn. 5.

[25] Vgl. aber die Begr. FraktE-GSG, BT-Drs. 12/3608, S. 83, die m.E. den in Absatz 1 normierten Übergang des Sicherstellungsauftrags nicht berücksichtigt.

[26] §§ 207, 212 Abs. 5 Satz 4 SGB V.

[27] Art. 1 Nr. 42, Art. 46 Abs. 9 des GKV-WSG v. 26.03.2007 (BGBl I 2007, 378).

[28] *Hencke* in: Hauck/Haines, SGB V, § 72 Rn. 4; *Orlowski* in: Maaßen/Schermer/Wiegand/Zipperer, SGB V, § 72a Rn. 6; nach hier vertretender Ansicht handelt es sich um öffentlich-rechtliche Verträge gem. § 55 SGB X gerichtet auf Sachleistungsbereitstellung.

[29] A.A. *Hess* in: KassKomm, SGB V, Rn. 12.

[30] Verweigernde Vertragsärzte, die keine Verzichtserklärung abgegeben haben, sind ohnehin bereits kraft Zulassung zur Behandlung verpflichtet.

4. Vertragsinhalt (Absatz 4)

Den Krankenkassen wird eine umfassende Gestaltungsfreiheit eingeräumt. An die Regelungen des Vertragsarztrechts sind sie gerade nicht gebunden. Eine Beschränkung besteht nur insoweit, als die Leistungsrechte des SGB V, insbesondere das Recht auf freie Arztwahl und Teilhaberechte aus Art. 3 GG, soweit die gleiche Teilhabe nicht in Absatz 4 selbst eingeschränkt wird, zu beachten sind. Ausdrücklich gestattet wird eine differenzierte Gestaltung des Vertragsinhalts im Verhältnis der Leistungserbringer zueinander. Zum Zwecke der Schaffung von Anreizen hinsichtlich eines raschen Zustandekommens von Versorgungsverträgen ist die Vereinbarung unterschiedlicher Vergütungshöhen, gestaffelt nach Abschlussdatum, erlaubt. 37

5. Datenschutz (Absatz 6)

Absatz 6 enthält eine datenschutzrechtliche Legitimation, die aufgrund der partiellen Außerkraftsetzung der Regelungen des Vertragsarztrechts erforderlich wurde. 38

§ 73 SGB V Kassenärztliche Versorgung

(Fassung vom 26.03.2007, gültig ab 01.04.2007, gültig bis 30.06.2008)

(1) Die vertragsärztliche Versorgung gliedert sich in die hausärztliche und die fachärztliche Versorgung. Die hausärztliche Versorgung beinhaltet insbesondere

1. die allgemeine und fortgesetzte ärztliche Betreuung eines Patienten in Diagnostik und Therapie bei Kenntnis seines häuslichen und familiären Umfeldes; Behandlungsmethoden, Arznei- und Heilmittel der besonderen Therapierichtungen sind nicht ausgeschlossen,

2. die Koordination diagnostischer, therapeutischer und pflegerischer Maßnahmen,

3. die Dokumentation, insbesondere Zusammenführung, Bewertung und Aufbewahrung der wesentlichen Behandlungsdaten, Befunde und Berichte aus der ambulanten und stationären Versorgung,

4. die Einleitung oder Durchführung präventiver und rehabilitativer Maßnahmen sowie die Integration nichtärztlicher Hilfen und flankierender Dienste in die Behandlungsmaßnahmen.

(1a) An der hausärztlichen Versorgung nehmen

1. Allgemeinärzte,

2. Kinderärzte,

3. Internisten ohne Schwerpunktbezeichnung, die die Teilnahme an der hausärztlichen Versorgung gewählt haben,

4. Ärzte, die nach § 95a Abs. 4 und 5 Satz 1 in das Arztregister eingetragen sind und

5. Ärzte, die am 31. Dezember 2000 an der hausärztlichen Versorgung teilgenommen haben,

teil (Hausärzte).

Die übrigen Fachärzte nehmen an der fachärztlichen Versorgung teil. Der Zulassungsausschuss kann für Kinderärzte und Internisten ohne Schwerpunktbezeichnung eine von Satz 1 abweichende befristete Regelung treffen, wenn eine bedarfsgerechte Versorgung nicht gewährleistet ist. Kinderärzte mit Schwerpunktbezeichnung können auch an der fachärztlichen Versorgung teilnehmen. Der Zulassungsausschuss kann Allgemeinärzten und Ärzten ohne Gebietsbezeichnung, die im Wesentlichen spezielle Leistungen erbringen, auf deren Antrag die Genehmigung zur ausschließlichen Teilnahme an der fachärztlichen Versorgung erteilen.

(1b) Ein Hausarzt darf mit schriftlicher Einwilligung des Versicherten, die widerrufen werden kann, bei Leistungserbringern, die einen seiner Patienten behandeln, die den Versicherten betreffenden Behandlungsdaten und Befunde zum Zwecke der Dokumentation und der weiteren Behandlung erheben. Die einen Versicherten behandelnden Leistungserbringer sind verpflichtet, den Versicherten nach dem von ihm gewählten Hausarzt zu fragen und diesem mit schriftlicher Einwilligung des Versicherten, die widerrufen werden kann, die in Satz 1 genannten Daten zum Zwecke der bei diesem durchzuführenden Dokumentation und der weiteren Behandlung zu übermitteln; die behandelnden Leistungserbringer sind berechtigt, mit schriftlicher Einwilligung des Versicherten, die widerrufen werden kann, die für die Behandlung erforderlichen Behandlungsdaten und Befunde bei dem Hausarzt und anderen Leistungserbringern zu erheben und für die Zwecke der von ihnen zu erbringenden Leistungen zu verarbeiten und zu nutzen. Der Hausarzt darf die ihm nach den Sätzen 1 und 2 übermittelten Da-

ten nur zu dem Zweck verarbeiten und nutzen, zu dem sie ihm übermittelt worden sind; er ist berechtigt und verpflichtet, die für die Behandlung erforderlichen Daten und Befunde an die den Versicherten auch behandelnden Leistungserbringer mit dessen schriftlicher Einwilligung, die widerrufen werden kann, zu übermitteln. § 276 Abs. 2 Satz 1 Halbsatz 2 bleibt unberührt. Bei einem Hausarztwechsel ist der bisherige Hausarzt des Versicherten verpflichtet, dem neuen Hausarzt die bei ihm über den Versicherten gespeicherten Unterlagen mit dessen Einverständnis vollständig zu übermitteln; der neue Hausarzt darf die in diesen Unterlagen enthaltenen personenbezogenen Daten erheben.

(1c) Die Spitzenverbände der Krankenkassen vereinbaren mit der Kassenärztlichen Bundesvereinigung gemeinsam und einheitlich das Nähere, insbesondere über Inhalt und Umfang der hausärztlichen Versorgung. Die Vertragsparteien regeln die Bedingungen, zu denen Kinderärzte und Internisten ohne Teilgebietsbezeichnung bis zum 31. Dezember 1995 sowohl an der hausärztlichen als auch an der fachärztlichen Versorgung teilnehmen können.

(2) Die vertragsärztliche Versorgung umfaßt die

1. ärztliche Behandlung,

2. zahnärztliche Behandlung und kieferorthopädische Behandlung nach Maßgabe des § 28 Abs. 2,

2a. Versorgung mit Zahnersatz einschließlich Zahnkronen und Suprakonstruktionen, soweit sie § 56 Abs. 2 entspricht,

3. Maßnahmen zur Früherkennung von Krankheiten,

4. ärztliche Betreuung bei Schwangerschaft und Mutterschaft,

5. Verordnung von Leistungen zur medizinischen Rehabilitation,

6. Anordnung der Hilfeleistung anderer Personen,

7. Verordnung von Arznei-, Verband-, Heil- und Hilfsmitteln, Krankentransporten sowie Krankenhausbehandlung oder Behandlung in Vorsorge- oder Rehabilitationseinrichtungen,

8. Verordnung häuslicher Krankenpflege,

9. Ausstellung von Bescheinigungen und Erstellung von Berichten, die die Krankenkassen oder der Medizinische Dienst (§ 275) zur Durchführung ihrer gesetzlichen Aufgaben oder die die Versicherten für den Anspruch auf Fortzahlung des Arbeitsentgelts benötigen,

10. medizinische Maßnahmen zur Herbeiführung einer Schwangerschaft nach § 27a Abs. 1,

11. ärztlichen Maßnahmen nach den §§ 24a und 24b,

12. Verordnung von Soziotherapie.

Die Nummern 2 bis 8, 10 bis 12 sowie 9, soweit sich diese Regelung auf die Feststellung und die Bescheinigung von Arbeitsunfähigkeit bezieht, gelten nicht für Psychotherapeuten.

(3) In den Gesamtverträgen ist zu vereinbaren, inwieweit Maßnahmen zur Vorsorge und Rehabilitation, soweit sie nicht zur kassenärztlichen Versorgung nach Absatz 2 gehören, Gegenstand der kassenärztlichen Versorgung sind.

(4) Krankenhausbehandlung darf nur verordnet werden, wenn eine ambulante Versorgung der Versicherten zur Erzielung des Heil- oder Linderungserfolgs nicht ausreicht. Die Notwendigkeit der Krankenhausbehandlung ist bei der Verordnung zu begründen. In der Verordnung von Krankenhausbehandlung sind in den geeigneten Fällen auch die beiden nächsterreichbaren, für die vorgesehene Krankenhausbehandlung geeigneten Krankenhäuser anzugeben. Das Verzeichnis nach § 39 Abs. 3 ist zu berücksichtigen.

(5) Der an der kassenärztlichen Versorgung teilnehmende Arzt und die ermächtigte ärztlich geleitete Einrichtung sollen bei der Verordnung von Arzneimitteln die Preisvergleichsliste nach § 92 Abs. 2 beachten. Sie können auf dem Verordnungsblatt oder in dem elektronischen Verordnungsdatensatz ausschließen, dass die Apotheken ein preisgünstigeres wirkstoffgleiches Arzneimittel anstelle des verordneten Mittels abgeben. Verordnet der Arzt ein Arzneimittel, dessen Preis den Festbetrag nach § 35 oder § 35a überschreitet, hat der Arzt den Versicherten über die sich aus seiner Verordnung ergebende Pflicht zur Übernahme der Mehrkosten hinzuweisen.

(6) Zur kassenärztlichen Versorgung gehören Maßnahmen zur Früherkennung von Krankheiten nicht, wenn sie im Rahmen der Krankenhausbehandlung oder der stationären Entbindung durchgeführt werden, es sei denn, die ärztlichen Leistungen werden von einem Belegarzt erbracht.

(7) (weggefallen)

(8) Zur Sicherung der wirtschaftlichen Verordnungsweise haben die Kassenärztlichen Vereinigungen und die Kassenärztlichen Bundesvereinigungen sowie die Krankenkassen und ihre Verbände die Vertragsärzte auch vergleichend über preisgünstige verordnungsfähige Leistungen und Bezugsquellen, einschließlich der jeweiligen Preise und Entgelte zu informieren sowie nach dem allgemeinen anerkannten Stand der medizinischen Erkenntnisse Hinweise zu Indikation und therapeutischen Nutzen zu geben. Die Informationen und Hinweise für die Verordnung von Arznei-, Verband- und Heilmitteln erfolgen insbesondere auf der Grundlage der Hinweise nach § 92 Abs. 2 Satz 3, der Rahmenvorgaben nach § 84 Abs. 7 Satz 1 und der getroffenen Arzneimittelvereinbarungen nach § 84 Abs. 1. In den Informationen und Hinweisen sind Handelsbezeichnung, Indikationen und Preise sowie weitere für die Verordnung von Arzneimitteln bedeutsame Angaben insbesondere auf Grund der Richtlinien nach § 92 Abs. 1 Satz 2 Nr. 6 in einer Weise anzugeben, die unmittelbar einen Vergleich ermöglichen; dafür können Arzneimittel ausgewählt werden, die einen maßgeblichen Anteil an der Versorgung der Versicherten im Indikationsgebiet haben. Die Kosten der Arzneimittel je Tagesdosis sind nach den Angaben der anatomisch-therapeutisch-chemischen Klassifikation anzugeben. Es gilt die vom Deutschen Institut für medizinische Dokumentation und Information im Auftrage des Bundesministeriums für Gesundheit herausgegebene Klassifikation in der jeweils gültigen Fassung. Die Übersicht ist für einen Stichtag zu erstellen und in geeigneten Zeitabständen, im Regelfall jährlich, zu aktualisieren. Vertragsärzte dürfen für die Verordnung von Arzneimitteln nur solche elektronischen Programme nutzen, die die Informationen nach den Sätzen 2 und 3 sowie über das Vorliegen von Rabattverträgen nach § 130a Abs. 8 enthalten und die von der Kassenärztlichen Bundesvereinigung für die vertragsärztliche Versorgung zugelassen sind. Das Nähere ist in den Verträgen nach § 82 Abs. 1 bis zum 31. Dezember 2006 zu vereinbaren.

Gliederung

A. Basisinformation

I. Textgeschichte

Die Vorschrift wurde in ihren Grundzügen mit dem SGB V als Art. 1 des Gesundheits-Reformgesetzes (GRG) vom 20.12.1988[1] erlassen und trat am 01.01.1989 in Kraft. Die Vielzahl der Änderungen wird im Interesse der Übersichtlichkeit nach den verschiedenen Regelungsbereichen dargestellt. 1

1. Haus- und fachärztliche Versorgung (Absätze 1-1c)

Absatz 1 Satz 2 sowie die Absätze 1a, 1b und 1c basieren auf den Änderungen durch das Gesundheitsstrukturgesetz (GSG) vom 21.12.1992[2] und ersetzen den in der ursprünglichen Fassung an die Vertragsparteien der Bundesmantelverträge gerichteten Auftrag, Inhalt und Umfang der hausärztlichen Versorgung zu bestimmen. Die am 01.01.1993 in Kraft getretene Konkretisierung war Konsequenz des Umstandes, dass die Selbstverwaltung der Ärzte und Krankenkassen dem Regelungsauftrag des § 73 Abs. 1 Satz 2 SGB V in der Fassung des GRG nicht nachgekommen war. Die Neuregelung sollte die Grundlagen für eine Aufwertung der hausärztlichen Tätigkeit sowie für die vertragsärztliche Bedarfsplanung schaffen.[3] 2

Die Absätze 1a und 1b wurden durch das Gesetz zur Reform der gesetzlichen Krankenversicherung ab dem Jahr 2000 (GKV-Gesundheitsreformgesetz 2000) vom 22.12.1999[4] mit Wirkung vom 01.01.2000 neu gefasst. Die Änderung von Absatz 1a schloss einen Wechsel der Internisten ohne Schwerpunktbezeichnung von der hausärztlichen zur fachärztlichen Versorgung ohne Prüfung der planungsrechtlichen Voraussetzungen für den Fachgebietswechsel (keine Überversorgung) ab 01.01.2001 aus. Außer- 3

---

[1] BGBl I 1988, 2477.
[2] BGBl I 1992, 2266.
[3] Fraktionsentwurf der CDU/CSU, SPD und F.D.P. zu § 73 SGB V, BT-Drs. 12/3608, S. 83 zu Nr. 33.
[4] BGBl I 1999, 2626.

dem wurde die Dokumentationsbefugnis der Hausärzte erweitert und verstärkt sowie auf andere Leistungserbringer ausgedehnt.[5] Eine im Entwurf vorgesehene Änderung des Absatzes 1c[6] entfiel im Vermittlungsausschuss.[7]

4 Das Gesetz zur Modernisierung der gesetzlichen Krankenversicherung (GKV-Modernisierungsgesetz – GMG) vom 14.11.2003[8] ergänzte die Beschreibung der hausärztlichen Versorgung in Satz 2 Nr. 1 ab 01.01.2004 um einen Hinweis auf Behandlungsmethoden, Arznei- und Heilmittel besonderer Therapierichtungen.[9]

2. Umfang der vertragsärztlichen Versorgung (Absatz 2)

5 Der in der ursprünglichen Fassung vom 01.01.1989 neun Punkte umfassende Leistungskatalog wurde mehrfach **ergänzt**.

6 Rückwirkend ab 01.01.1989 nahm der Gesetzgeber die Leistungen zur Herbeiführung einer Schwangerschaft (Künstliche Befruchtung, § 27a SGB V) als **Nr. 10** in den Katalog auf.[10]

7 Die auch nach In-Kraft-Treten des SGB V noch in der RVO geregelten Leistungen zur Empfängnisverhütung (§ 24a SGB V), zum Schwangerschaftsabbruch und zur Sterilisation (§ 24b SGB V) wurden ab 01.10.1995 in das SGB V integriert und als **Nr. 11** in die vertragsärztlichen Leistungen aufgenommen.[11]

8 Das GKV-Gesundheitsreformgesetz 2000 ergänzte Absatz 2 ab 01.01.2000 durch die **Nr. 12** und bezog die Verordnung von Soziotherapie (§ 37a SGB V) in die vertragsärztliche Versorgung ein.[12]

9 Darüber hinaus wurden die Inhalte der vertragsärztlichen Versorgung vielfach **geändert**.

10 Im Zusammenhang mit der Einführung der Pflegeversicherung wurde die nach der ursprünglichen Fassung neben der Verordnung häuslicher Krankenpflege in **Nr. 8** enthaltene Verordnung häuslicher Pflegehilfe ab 01.04.1995 aus der vertragsärztlichen Versorgung herausgenommen.[13]

11 Mit In-Kraft-Treten des SGB IX am 01.07.2001 wurde **Nr. 5** angepasst.[14] Inhaltlich ergab sich keine Änderung.

12 Wesentlich geändert wurde die **Nr. 2** durch das Gesetz zur Modernisierung der gesetzlichen Krankenversicherung (GKV-Modernisierungsgesetz – GMG) vom 14.11.2003[15] mit Wirkung ab 01.01.2005. Die Versorgung mit Zahnersatz wurde aus den Pflichtleistungen der gesetzlichen Krankenversicherung herausgenommen[16] und kann entsprechend § 56 Abs. 2 SGB V nur noch im Rahmen der so genannten Regelversorgung als obligatorische Satzungsleistung erbracht werden. Die Versicherten erhalten dabei anstelle der bisherigen Sachleistung mit prozentualer Eigenbeteiligung nun befundorientierte Festzuschüsse.[17] Um klarzustellen, dass die Versorgung mit Zahnersatz im Rahmen von § 56 Abs. 2 SGB V weiterhin Teil der vertragszahnärztlichen Versorgung ist und die Regeln des Vertragszahnarztrechtes einschließlich des Sicherstellungsauftrages uneingeschränkt zur Anwendung kommen, wurde **Nr. 2a** in den Katalog aufgenommen.[18]

13 Trotz der Gleichstellung der Psychotherapeuten mit den Vertragsärzten seit 01.01.1999 (§ 72 Abs. 1 SGB V) nehmen die Psychotherapeuten nur eingeschränkt an der vertragsärztlichen Versorgung teil. Durch das Gesetz über die Berufe des psychologischen Psychotherapeuten und des Kinder- und Ju-

---

[5] Vgl. BT-Drs. 14/1245, S. 69.
[6] BT-Drs. 14/1245, S. 69.
[7] Beschlussempfehlung des Vermittlungsausschusses, BT-Drs. 14/2369, S. 9.
[8] BGBl I 2003, 2190, 2201.
[9] Zur Begründung Entwurf der Fraktionen SPD, CDU/CSU und Bündnis 90/DIE GRÜNEN, BT-Drs. 15/1525, S. 96.
[10] Art. 2 Nr. 2 KOV-Anpassungsgesetz 1990 vom 26.06.1990, BGBl I 1990, 1211.
[11] SFHÄndG vom 21.08.1995, BGBl I 1995, 1050; zur Entstehungsgeschichte BT-Drs. 13/1850, 13/1851 sowie den Beschluss des BVerfG v. 28.05.1993, BGBl I 1993, 820.
[12] BT-Drs. 14/1245, S. 69.
[13] Art. 4 Nr. 5 PflegeVG vom 26.05.1994, BGBl I 1994, 1014.
[14] Art. 5 Sozialgesetzbuch (SGB) Neuntes Buch (IX) – Rehabilitation und Teilhabe behinderter Menschen – vom 19.06.2001, BGBl I 2001, 1046.
[15] BGBl I 2003, 2190, 2201.
[16] § 30 SGB V wurde mit Wirkung vom 01.01.2005 aufgehoben durch Art. 1 Nr. 17, Art. 37 Abs. 8 GMG.
[17] Zur Begründung siehe den Entwurf der Fraktionen SPD, CDU/CSU und Bündnis 90/DIE GRÜNEN, BT-Drs. 15/1525, S. 76, 91 ff. und 96.
[18] So ausdrücklich die Begründung des Entwurfs, BT-Drs. 15/1525, S. 96.

gendlichenpsychotherapeuten zur Änderung des Fünften Buches Sozialgesetzbuch und anderer Gesetze vom 16.06.1998[19] wurde zum 01.01.1999 **Satz 2** eingefügt, nach dem die Nr. 2-8 und 10-12[20] nicht und Nr. 9 nur eingeschränkt für Psychotherapeuten gelten.[21]

3. Verordnung von Arzneimitteln (Absatz 5)

Die Änderung von **Satz 1** durch das Gesundheitsstrukturgesetz (GSG) vom 21.12.1992[22], mit der auf die Preisvergleiche auf Basis der „Positivliste" nach dem ebenfalls durch das GSG eingeführten § 92a Abs. 8 SGB V Bezug genommen wurde,[23] war an die Veröffentlichung der Preisvergleichsliste gekoppelt. Sie trat nie in Kraft, da § 92a Abs. 8 SGB V durch das 5. SGB V-Änderungsgesetz vom 18.12.1995[24] gestrichen wurde. Hintergrund der Aufhebung von § 92a Abs. 8 SGB V war die politische Auffassung, dass sich der Weg zur Erstellung einer Liste verordnungsfähiger Arzneimittel („Positivliste") als nicht gangbar erwiesen habe und die Neuregelung des Arzneimittelgesetzes nunmehr einen Wirksamkeitsnachweis verlange.[25] 14

Das Gesetz zur Anpassung der Regelungen über die Festsetzung von Festbeträgen für Arzneimittel in der gesetzlichen Krankenversicherung (Festbetrags-Anpassungsgesetz – FBAG) vom 27.07.2001[26] ergänzte in **Satz 2** den Hinweis auf den ebenfalls durch dieses Gesetz eingeführten § 35a SGB V.[27] 15

Das Gesetz zur Begrenzung der Arzneimittelausgaben der gesetzlichen Krankenversicherung (Arzneimittelausgaben-Begrenzungsgesetz – AABG) vom 15.02.2002[28] änderte mit Wirkung vom 23.02.2002 **Satz 1** und fügte einen neuen **Satz 2** ein.[29] Diese Neuregelung trug dem gleichzeitig in § 129 Abs. 1 SGB V eingeführten Auftrag an die Apotheker zur Arzneimittelsubstitution („Aut-idem-Regelung") dadurch Rechnung, dass dem Arzt ermöglicht wurde, diese Substitution auszuschließen. 16

Mit Blick auf die Einführung der elektronischen Gesundheitskarte ab 01.01.2006 wurde **Satz 2** durch einen Hinweis auf den elektronischen Verordnungsdatensatz ergänzt.[30] 17

4. Satzungsleistungen (Absatz 7)

Absatz 7 wurde durch Art. 1 Nr. 23 des Zweiten Gesetzes zur Neuordnung von Selbstverwaltung und Eigenverantwortung in der gesetzlichen Krankenversicherung (2. GKV-Neuordnungsgesetz – 2. GKV-NOG) vom 26.06.1997[31] im Hinblick auf die in § 56 Abs. 1 und 2 SGB V i.d.F. des 2. GKV-NOG vorgesehenen Satzungsleistungen der Krankenkassen eingefügt. Nachdem § 56 SGB V mit Wirkung vom 01.01.1999 aufgehoben wurde[32] und entsprechende Satzungen nach der Übergangsregelung Art. 24 Abs. 2 Satz 2 GKV-SolG längstens bis 31.12.1999 gültig blieben, ist Absatz 7 obsolet. Er wurde deshalb durch Art. 1 Nr. 43 lit. a **Gesetz zur Stärkung des Wettbewerbs in der gesetzlichen Krankenversicherung (GKV-Wettbewerbsstärkungsgesetz – GKV-WSG)** vom 26.03.2007[33] mit Wirkung vom **01.04.2007**[34] aufgehoben. 18

---

[19] BGBl I 1998, 1311.

[20] Mit der Einführung der Nr. 12 durch das GKV-Gesundheitsreformgesetz 2000 zum 01.01.2000 wurde Absatz 2 Satz 2 insoweit ergänzt, Art. 1 Nr. 29 c) bb).

[21] Art. 2 Nr. 6.

[22] BGBl I 1992, 2266.

[23] Vgl. den Entwurf der Fraktionen CDU/CSU, SPD und F.D.P., BT-Drs. 12/3608 S. 10 und Art. 1 Nr. 33 d) sowie Nr. 46 GSG.

[24] BGBl I 1995, 1986.

[25] So die Gesetzesbegründung BT-Drs. 13/2264; vgl. auch den Ausschussbericht BT-Drs. 13/3045.

[26] BGBl I 2001, 1948.

[27] Art. 1 Nr. 5 FBAG.

[28] BGBl I 2002, 684.

[29] Art. 1 Nr. 1 AABG.

[30] Art. 1 Nr. 48 c) GMG vom 14.11.2003, BGBl I 2003, 2190, 2201.

[31] BGBl I 1997, 1520.

[32] Art. 1 Nr. 7 Gesetz zur Stärkung der Solidarität in der gesetzlichen Krankenversicherung (GKV-Solidaritätsstärkungsgesetz – GKV-SolG) vom 19.12.1998, BGBl I 1998, 3853.

[33] BGBl I 2007, 378.

[34] Art. 46 Abs.1 GKV-WSG.

5. Informationspflicht zur Sicherung wirtschaftlicher Verordnungsweise (Absatz 8)

19 Absatz 8 wurde durch Art. 1 Nr. 2 des Gesetzes zur Ablösung des Arznei- und Heilmittelbudgets (Arzneimittelbudget-Ablösegesetz – ABAG) vom 19.12.2001[35] mit Wirkung vom 31.12.2001 angefügt. Nachdem die bis dahin zur Steuerung der Arznei- und Heilmittelausgaben vorgesehene Verringerung der Gesamtvergütungen („Kollektivregress“) bei Budgetüberschreitungen mit erheblichen Umsetzungs- und Akzeptanzproblemen verbunden war, sah die Neuregelung Arzneimittelvereinbarungen vor.[36] Zur Sicherung einer wirtschaftlichen Verordnungsweise wurde auf Anregung des Bundesrats in den Ausschussbeschlüssen eine Informationspflicht der Kassenärztlichen Vereinigungen, der Krankenkassen und ihrer Verbände in Absatz 8 aufgenommen,[37] während der Gesetzentwurf eine Ermessensregelung enthielt.

20 Durch das Gesetz zur Modernisierung der gesetzlichen Krankenversicherung (GKV-Modernisierungsgesetz – GMG) vom 14.11.2003[38] wurden Satz 2 geändert und die Sätze 3-6 angefügt.[39] Die Neuregelung konkretisiert die Informationspflicht und sieht nunmehr als Vergleichsbasis die Kosten der Tagesdosis der einzelnen Arzneimittel entsprechend der Klassifikation der Weltgesundheitsorganisation vor. Mit dem **Gesetz zur Verbesserung der Wirtschaftlichkeit in der Arzneimittelversorgung**[40] fügte der Gesetzgeber mit Wirkung vom 01.05.2006[41] die Sätze 7 und 8 an. Danach dürfen Vertragsärzte nur Computerprogramme verwenden, die diese Informationen berücksichtigen.
Aufgrund von Art 1 Nr. 43 lit. b. aa. **Gesetz zur Stärkung des Wettbewerbs in der gesetzlichen Krankenversicherung (GKV-Wettbewerbsstärkungsgesetz – GKV-WSG)** vom 26.03.2007[42] wurde Satz 1 mit Wirkung vom **01.04.2007**[43] ergänzt. Nunmehr ist auch über die **Bezugsquellen** zu informieren. Außerdem stellt Satz 7 sicher, dass von Vertragsärzten verwendete Computerprogramme über das Vorliegen von Rabattverträgen nach § 130a Abs. 8 SGB V informieren.[44]

II. Vorgängervorschriften

21 § 73 SGB V ist die Zentralnorm zum Inhalt der vertragsärztlichen Versorgung. Vorläufervorschrift war § 368 RVO.

1. Haus- und fachärztliche Versorgung (Absätze 1-1c)

22 Die Trennung der ärztlichen Versorgung in die haus- und in die fachärztliche ist bereits in § 368 Abs. 3 Satz 2 RVO angelegt. Nach dieser Regelung war bei der Bedarfsplanung auf ein ausgewogenes Verhältnis zwischen Haus- und Fachärzten hinzuwirken. Die explizite Gliederung in haus- und fachärztliche Versorgung war erstmals in § 73 Abs. 1 SGB V vorgesehen und wurde erst durch das Gesundheitsstrukturgesetz (GSG) vom 21.12.1992[45] detailliert geregelt.

2. Umfang der vertragsärztlichen Versorgung (Absatz 2)

23 § 368 Abs. 2 Satz 1 RVO beschrieb den Umfang der kassenärztlichen Versorgung im Wesentlichen in gleicher Weise wie Absatz 2 in der ursprünglichen Fassung.

24 Die Leistungen zur Empfängnisverhütung, zum Schwangerschaftsabbruch und zur Sterilisation, die in Absatz 2 Nr. 11 geregelt sind, waren bis 1995 in § 368 Abs. 2 Satz 3 RVO enthalten. Insoweit wurden die Vorschriften der RVO nicht mit Wirkung vom 01.01.1989 aufgehoben.

3. Früherkennungsmaßnahmen im Krankenhaus (Absatz 6)

25 Absatz 6 entspricht § 368 Abs. 2 Satz 2 RVO.

---

35 BGBl I 2001, 3773.
36 Vgl. die Begründung des Gesetzentwurfs BT-Drs. 14/6309 sowie die Beschlussempfehlung und den Bericht des Ausschusses für Gesundheit, BT-Drs. 14/7170.
37 BT-Drs. 14/7170, S. 13.
38 BGBl I 2003, 2190, 2201.
39 Art. 1 Nr. 48 d).
40 BGBl I, 984.
41 Art. 3 Abs. 1 Gesetz zur Verbesserung der Wirtschaftlichkeit in der Arzneimittelversorgung.
42 BGBl I 2007, 378.
43 Art. 46 Abs.1 GKV-WSG.
44 Art. 1 Nr. 43 lit. b. bb. GKV-WSG.
45 BGBl I 1992, 2266.

III. Parallelvorschriften

Bei der gesetzlichen Unfallversicherung (SGB VII) entspricht der Krankenbehandlung (§ 27 SGB V) die Heilbehandlung, deren Umfang in den §§ 27 ff. SGB VII geregelt ist. Zur Durchführung der Heilbehandlung schließen die Unfallversicherungsträger Verträge mit der KBV und der KZBV über die Durchführung der Heilbehandlung, die Vergütung der Ärzte und Zahnärzte und die Art und Weise der Abrechnung (§ 34 Abs. 3 SGB VII).[46] 26

IV. Untergesetzliche Normen/Verträge

Das Leistungserbringungsrecht wie auch das Leistungsrecht der gesetzlichen Krankenversicherung werden durch öffentlich-rechtliche Verträge geprägt, auf Landesebene die **Gesamtverträge** (§ 82 Abs. 2 SGB V) sowie auf Bundesebene die **Bundesmantelverträge** (§ 82 Abs. 1 SGB V). Diese Verträge haben Rechtsnormqualität („**Normenverträge**")[47] und sind für die Vertragsärzte, die Krankenkassen und die Versicherten bindend. Sie konkretisieren als Regelungen der Leistungserbringung zugleich den Leistungsanspruch des Versicherten auf Sachleistungen. 27

§ 73 Abs. 2 SGB V, der den Umfang der vertragsärztlichen Versorgung regelt, wird durch die **Richtlinien des Gemeinsamen Bundesausschusses** nach § 92 SGB V konkretisiert, die nach § 92 Abs. 8 SGB V Bestandteil der Bundesmantelverträge sind. Außerdem enthält § 73 Abs. 1c SGB V eine **spezialgesetzliche Ermächtigung** der Parteien des BMV-Ä zur vertraglichen Regelung der hausärztlichen Versorgung. 28

1. Haus- und fachärztliche Versorgung (Absätze 1-1c)

Auf der Basis von Absatz 1c haben die Spitzenverbände der Krankenkassen und die KBV den **Vertrag über die hausärztliche Versorgung** als Anlage 5 zum BMV-Ä/EKV abgeschlossen.[48] 29

2. Umfang der vertragsärztlichen Versorgung (Absatz 2)

Ärztliche Behandlung (Nr. 1): 30

- Richtlinien über die Bewertung ärztlicher Untersuchungs- und Behandlungsmethoden gem. § 135 Abs. 1 (**BUB-Richtlinien**)[49]
- Richtlinien über die Durchführung der Psychotherapie in der vertragsärztlichen Versorgung (**Psychotherapie-Richtlinien**)[50]

Zahnärztliche und kieferorthopädische Behandlung (Nr. 2): 31

- Richtlinien für eine ausreichende, zweckmäßige und wirtschaftliche vertragszahnärztliche Versorgung (**Behandlungsrichtlinien**)[51]
- Richtlinien für die kieferorthopädische Behandlung[52]
- Richtlinien über die Einführung neuer Untersuchungs- und Behandlungsmethoden und die Überprüfung erbrachter vertragszahnärztlicher Leistungen (**NUB-Richtlinien**)[53]

Versorgung mit Zahnersatz (Nr. 2a): 32

- Richtlinien zur Bestimmung der Befunde und der Regelversorgungsleistungen, für die Festzuschüsse nach den §§ 55, 56 SGB V zu gewähren sind (**Festzuschuss-Richtlinien**)[54]
- Richtlinien für eine ausreichende, zweckmäßige und wirtschaftliche vertragszahnärztliche Versorgung mit Zahnersatz und Zahnkronen (**Zahnersatz-Richtlinien**)[55]

---

[46] Vertrag gem. § 34 Abs. 3 SGB VII zwischen dem Hauptverband der gewerblichen Berufsgenossenschaften, dem Bundesverband der landwirtschaftlichen Berufsgenossenschaften, dem Bundesverband der Unfallkassen einerseits und der Kassenärztlichen Bundesvereinigung andererseits über die Durchführung der Heilbehandlung, die Vergütung der Ärzte sowie die Art und Weise der Abrechnung der ärztlichen Leistungen (Vertrag Ärzte/Unfallversicherungsträger) vom 01.05.2001.

[47] Vgl. *Axer* in: Schnapp/Wigge, Handbuch des Vertragsarztrechts, § 7 Rn. 6 ff.

[48] DÄBl. 41/1993 vom 15.10.1993, S. A-2716, zuletzt geändert m.W. vom 01.10.2000, DÄBl. 27/2000, S. A-1925.

[49] Fassung vom 01.12.2003, BAnz 2004, Nr. 57, 5678, zuletzt geändert am 18.01.2005, veröffentlicht im BAnz 2005, Nr. 90, 7485.

[50] Fassung vom 11.12.1998, BAnz 1999, Nr. 6, 249, zuletzt geändert am 13.04.2005, BAnz 2005, Nr. 110, 9087.

[51] Fassung vom 04.06.2003, BAnz 2003, Nr. 226, 24 966, in Kraft getreten am 01.01.2004.

[52] Fassung vom 04.06./16.09.2003, BAnz 2003, Nr. 226, 24 966, in Kraft getreten am 01.01.2004.

[53] Fassung vom 10.12.1999, BAnz 2000, Nr. 41, 3045, in Kraft getreten am 01.03.2000.

[54] Fassung vom 03.11.2004, BAnz 2004, Nr. 242, 24 463, in Kraft getreten am 01.01.2005.

[55] Fassung vom 08.12.2004, BAnz 2005, Nr. 54, 4094, in Kraft getreten am 01.01.2005.

33 Früherkennungsmaßnahmen (Nr. 3):

- Richtlinien über die Gesundheitsuntersuchungen zur Früherkennung von Krankheiten (**Gesundheitsuntersuchungs-Richtlinien**)[56]
- Richtlinien zur Jugendgesundheitsuntersuchung (**Jugendgesundheitsuntersuchungs-Richtlinien**)[57]
- Richtlinien zur Früherkennung von Krankheiten bei Kindern bis zur Vollendung des 6. Lebensjahres (**Kinder-Richtlinien**)[58]
- Richtlinien über die Früherkennung von Krebserkrankungen (**Krebsfrüherkennungs-Richtlinien**)[59]
- Richtlinien über die Früherkennungsuntersuchungen auf Zahn-, Mund- und Kieferkrankheiten[60]
- Richtlinien über Maßnahmen zur Verhütung von Zahnerkrankungen (**Individualprophylaxe-Richtlinien**)[61]

34 Ärztliche Betreuung bei Schwangerschaft und Mutterschaft (Nr. 4):

- Richtlinien über die ärztliche Betreuung während der Schwangerschaft und nach der Entbindung (**Mutterschafts-Richtlinien**)[62]

35 Medizinische Rehabilitation (Nr. 5):

- Richtlinien über Leistungen zur medizinischen Rehabilitation (**Rehabilitations-Richtlinien**)[63]

36 Arznei-, Heil- und Hilfsmittel (Nr. 7):

- VO über unwirtschaftliche Arzneimittel in der gesetzlichen Krankenversicherung („**Negativliste**")[64]
- VO über Hilfsmittel von geringem therapeutischen Nutzen oder geringem Abgabepreis in der gesetzlichen Krankenversicherung[65]
- Richtlinien über die Verordnung von Arzneimitteln in der vertragsärztlichen Versorgung (**Arzneimittel-Richtlinien**)[66]
- Richtlinien über die Verordnung von Heilmitteln in der vertragsärztlichen Versorgung (**Heilmittel-Richtlinien**)[67]
- Richtlinien über die Verordnung von Hilfsmitteln in der vertragsärztlichen Versorgung (**Hilfsmittel-Richtlinien**)[68]
- Richtlinien über die Verordnung von Krankenfahrten und Krankentransportleistungen (**Krankentransport-Richtlinien**)[69]
- Richtlinien über die Verordnung von Krankenhausbehandlung (**Krankenhausbehandlungs-Richtlinien**)[70]

37 Häusliche Krankenpflege (Nr. 8):

- Richtlinien über die Verordnung von häuslicher Krankenpflege in der vertragsärztlichen Versorgung nach § 92 Abs. 1 Satz 2 Nr. 6 und Abs. 7 SGB V (**Häusliche-Krankenpflege-Richtlinien**)[71]

38 Bescheinigungen und Berichte (Nr. 9):

---

56 Fassung vom 24.08.1989, Bundesarbeitsblatt Nr. 10 vom 29.09.1989, zuletzt geändert am 21.12.2004, BAnz 2005, Nr. 61, 4 995.

57 Fassung vom 26.06.1998, BAnz 1998, Nr. 159, 12 723 und 12 724, zuletzt geändert am 23.10.1998, BAnz 1999, Nr. 16, 947.

58 Fassung vom 26.04.1976, BAnz 1976, Nr. 214, Beilage Nr. 28 vom 11.11.1976, zuletzt geändert am 21.12.2004, BAnz 2005, Nr. 60, 4 833.

59 Fassung vom 26.04.1976, BAnz, Nr. 214 (Beilage) zuletzt geändert am 15.12.2003, BAnz 2004, Nr. 1, 2.

60 Fassung vom 04.06.2003, BAnz 2003, Nr. 226, 24 966, zuletzt geändert am 08.12.2004, BAnz 2005, Nr. 54, 4094.

61 Fassung vom 04.06.2003, BAnz 2003, Nr. 226, 24 966.

62 Fassung vom 10.12.1985, BAnz 1986, Nr. 60 a (Beilage), zuletzt geändert am 24.03.2003, BAnz 2003, Nr. 126, 14 906.

63 Fassung vom 16.03.2004, BAnz 2004, Nr. 63, 6769, zuletzt geändert am 18.01.2005, BAnz 2005, Nr. 58, 4 551.

64 Vom 21.02.1990, BGBl I 1990, 301, zuletzt geändert durch VO vom 09.12.2002, BGBl I 2002, 4554.

65 Vom 13.12.1989, BGBl I 1989, 2237, zuletzt geändert durch VO vom 17.01.1995, BGBl I 1995, 44.

66 Fassung vom 01.10.1997, BAnz 1998, Nr. 9, 372, zuletzt geändert am 19.04.2005, BAnz 2005, Nr. 112, 9258.

67 Fassung vom 01.12.2003/16.03.2004, BAnz 2004, Nr. 106a (Beilage), zuletzt geändert am 21.12.2004, BAnz 2005, Nr. 61, 4995.

68 Fassung vom 17.06.1992, BAnz 1992, Beilage Nr. 183 b, zuletzt geändert am 19.10.2004, BAnz 2005, Nr. 2, 89.

69 Fassung vom 22.01.2004, BAnz 2004, Nr. 18, 1342, zuletzt geändert am 21.12.2004, BAnz 2004, Nr. 41, 2937.

70 Fassung vom 24.03.2003, BAnz 2003, Nr. 188, 22 577.

71 Fassung vom 16.02.2000, BAnz 2000, Nr. 91, 8878, zuletzt geändert am 15.02.2005, BAnz 2005, Nr. 96, 7969.

- Richtlinien über die Beurteilung der Arbeitsunfähigkeit und die Maßnahmen zur stufenweisen Wiedereingliederung (**Arbeitsunfähigkeits-Richtlinien**)[72]

Herbeiführung einer Schwangerschaft (Nr. 10): 39

- Richtlinien über ärztliche Maßnahmen zur künstlichen Befruchtung (**Richtlinien über künstliche Befruchtung**)[73]

Empfängnisverhütung, Schwangerschaftsabbruch und Sterilisation (Nr. 11): 40

- Richtlinien zur Empfängnisregelung und zum Schwangerschaftsabbruch[74]

Soziotherapie (Nr. 12): 41

- Richtlinien über die Durchführung von Soziotherapie in der vertragsärztlichen Versorgung gem. § 37a SGB V in Verbindung mit § 92 Abs. 1 Satz 2 Nr. 6 SGB V (**Soziotherapie-Richtlinien**)[75]

V. Systematische Zusammenhänge

1. Trennung haus- und fachärztlicher Versorgungsbereich

Die grundsätzliche Trennung der hausärztlichen und der fachärztlichen Versorgung wird ergänzt durch die **Strukturverträge** nach § 73a SGB V und die Möglichkeit der **hausarztzentrierten Versorgung** (§ 73b SGB V), bei denen sich die Versicherten verpflichten, ambulante fachärztliche Leistungen nur nach Überweisung durch ihren Hausarzt in Anspruch zu nehmen. 42

Die Trennung der Versorgung wird bei der Regelung der **Honorarverteilung** aufgegriffen. § 85 Abs. 4 Satz 1 SGB V schreibt eine getrennte Verteilung der Gesamtvergütung für die Bereiche der hausärztlichen und der fachärztlichen Versorgung vor. Die Festlegung der Vergütungsanteile der Haus- und der Fachärzte ist in § 85 Abs. 4a SGB V geregelt. 43

Die Trennung ist zugleich Grundlage der **Vergütungsregelungen**. Im **einheitlichen Bewertungsmaßstab** ist für die üblicherweise von den Hausärzten erbrachten Leistungen, insbesondere die Betreuungs-, Koordinations- und Dokumentationsleistungen, eine behandlungsfallbezogene hausärztliche Grundvergütung vorzusehen (§ 87 Abs. 2a Satz 4 SGB V). Außerdem sind die Leistungen in solche der hausärztlichen und der fachärztlichen Versorgung zu gliedern, um sicherzustellen, dass von Hausärzten und Fachärzten jeweils nur hausärztliche oder fachärztliche Leistungen abgerechnet werden dürfen (§ 87 Abs. 2a Sätze 5-7 SGB V). 44

Die Hausärzte bilden eine Arztgruppe bei der arztgruppenspezifischen **Bedarfsplanung** (§ 101 Abs. 5 SGB V). Außerdem sind nach § 101 Abs. 1 Satz 1 Nr. 2 SGB V vom Gemeinsamen Bundesausschuss Bestimmungen über Maßstäbe für eine ausgewogene hausärztliche und fachärztliche Versorgung zu beschließen.[76] 45

Bei der KBV ist außerdem gem. § 79c SGB V ein beratender Fachausschuss für die hausärztliche Versorgung zu bilden. 46

2. Vertragsärztliche Versorgung

§ 73 Abs. 2 SGB V knüpft an die §§ 27 Abs. 1, 28 SGB V an, die den Leistungsanspruch des in der gesetzlichen Krankenversicherung Versicherten beschreiben, und konkretisiert zusammen mit den Richtlinien des Gemeinsamen Bundesausschusses sowie in § 73 Abs. 3-8 SGB V den Inhalt der vertragsärztlichen Versorgung. 47

Der in § 73 Abs. 2 SGB V definierte Umfang der vertragsärztlichen Versorgung ist die Grundlage der **Sicherstellungspflicht der KBV und der KVen** (§ 75 Abs. 1 Satz 1 SGB V). 48

Zur vertragsärztlichen Versorgung gehören auch die stationären belegärztlichen Leistungen (§ 121 SGB V), die aus der Gesamtvergütung bezahlt werden. 49

---

72 In der Fassung vom 01.12.2003, BAnz 2004, Nr. 61, 6501.

73 Fassung vom 14.08.1990, Bundesarbeitsblatt Nr. 12 vom 30.11.1990, zuletzt geändert am 10.10.2004, BAnz 2004, Nr. 243, 24 521.

74 Fassung vom 10.12.1985, BAnz 1986, Nr. 60 a (Beilage), zuletzt geändert am 01.12.2003, BAnz 2004, Nr. 53, 5026.

75 Fassung vom 23.08.2001, BAnz 2001, Nr. 217, 23 735.

76 Siehe die Richtlinien über die Bedarfsplanung sowie die Maßstäbe zur Feststellung von Überversorgung und Unterversorgung in der vertragsärztlichen Versorgung (Bedarfsplanungs-Richtlinien-Ärzte) i.d.F. vom 09.03.1993, zuletzt geändert am 21.12.2004, BAnz 2005, 7485, 7. Abschnitt.

50 Die **Wirtschaftlichkeit** in der vertragsärztlichen Versorgung wird durch den gemeinsamen Prüfungs- und den gemeinsamen Beschwerdeausschuss arztbezogen hinsichtlich der ärztlichen und der ärztlich verordneten Leistungen geprüft (§ 106 SGB V).

51 Außerdem prüfen die KVen und die KKen die **Rechtmäßigkeit** und die **Plausibilität** der vertragsärztlichen Abrechnungen (§106a SGB V).

VI. Ausgewählte Literaturhinweise

52 *Boecken*, Festzuschüsse bei Zahnersatz – insbesondere zu den Fragen ihrer Einbeziehung in die Gesamtvergütung und Budgetierung, VSSR 2005, 1; *Ebsen*, Das System der Gliederung in haus- und fachärztliche Versorgung als verfassungsrechtliches Problem, VSSR 1996, 351; *Herweck-Behnsen*, Das Gliederungsprinzip des § 73 SGB V in seiner gesetzlichen und untergesetzlichen Einzelausgestaltung unter Einbeziehung gesundheitspolitischer, berufsrechtlicher und kassenarztrechtlicher Aspekte, VSSR 1996, 375; *Jörg* in: Schnapp/Wigge, Handbuch des Vertragsarztrechts, 2002, § 10, Der Umfang der vertragsärztlichen Versorgung.

B. Gliederung in die haus- und fachärztliche Versorgung (Absätze 1-1c)

I. Regelungsgehalt und Bedeutung

53 Absatz 1 Satz 1 gibt die Trennung der vertragsärztlichen Versorgung in die hausärztliche und die fachärztliche Versorgung vor. Satz 2 beschreibt – nicht abschließend – den **Inhalt der hausärztlichen Versorgung**.

54 Die hausärztliche Versorgung umfasst im Wesentlichen die dauernde diagnostische und therapeutische Betreuung des Patienten unter Berücksichtigung seines häuslichen und familiären Umfeldes sowie die Koordination diagnostischer, therapeutischer und pflegerischer Maßnahmen und die entsprechende Dokumentation der Behandlungsdaten, Befunde und Berichte aus der ambulanten und der stationären Versorgung. Außerdem soll der Hausarzt präventive und rehabilitative Maßnahmen einleiten oder durchführen.

55 An der hausärztlichen Versorgung nehmen teil Allgemeinärzte, Kinderärzte, Internisten ohne Schwerpunktbezeichnung, sofern sie die Teilnahme an der hausärztlichen Versorgung gewählt haben, Praktische Ärzte (§ 95 Abs. 4 SGB V) und Ärzte ohne Gebietsbezeichnung, d.h. EU-Allgemeinmediziner (§ 95a Abs. 5 SGB V) sowie Ärzte, die am 31.12.2000 an der hausärztlichen Versorgung teilgenommen haben (Absatz 1a). Die übrigen Ärzte nehmen an der fachärztlichen Versorgung teil.

56 Abweichend von diesen Grundsätzen können zur Gewährleistung einer bedarfsgerechten Versorgung nach Absatz 1a Satz 3 auch Kinderärzte und Internisten ohne Schwerpunktbezeichnung befristet zur fachärztlichen Versorgung zugelassen werden, ebenso Kinderärzte mit Schwerpunktbezeichnung (Absatz 1a Satz 4) sowie Allgemeinärzte und Ärzte ohne Gebietsbezeichnung, wenn sie im Wesentlichen spezielle Leistungen erbringen (Absatz 1a Satz 5).

57 Um eine effektive Koordination diagnostischer, therapeutischer und pflegerischer Maßnahmen und eine umfassende Dokumentation durch die Hausärzte zu ermöglichen, schafft Absatz 1b eine Rechtsgrundlage, die es den Hausärzten erlaubt, mit Zustimmung der Patienten Behandlungsdaten und Befunde zum Zweck der Dokumentation und der weiteren Behandlung zu erheben. Zugleich beinhaltet Absatz 1b Satz 2 eine Verpflichtung der Leistungserbringer, den Hausarzt zu erfragen und diesem die Daten zu übermitteln bzw. Daten beim Hausarzt zu erheben. Absatz 1b Sätze 3 und 4 stellen die Zweckbindung dieser Daten sicher.

58 Ergänzend zu den Absätzen 1-1b ermächtigt Absatz 1c die Parteien der Bundesmantelverträge, die Spitzenverbände der Krankenkassen und die KBV, insbesondere Inhalt und Umfang der hausärztlichen Versorgung zu regeln und Übergangsbestimmungen für Kinderärzte und Internisten ohne Gebietsbezeichnung zu treffen.

II. Normzweck

59 Die Gliederung der vertragsärztlichen Versorgung in den hausärztlichen und den fachärztlichen Bereich basiert auf den Ergebnissen der Jahresgutachten des Sachverständigenrates für die Konzertierte Aktion im Gesundheitswesen.[77] Diese Gutachten hatten festgestellt, dass infolge des rasanten Wissens-

---

[77] Sachverständigenrat für die Konzertierte Aktion im Gesundheitswesen, Medizinische und ökonomische Orientierung. Vorschläge für die Konzertierte Aktion im Gesundheitswesen, Jahresgutachten 1987, Baden-Baden 1987; Sachverständigenrat für die Konzertierte Aktion im Gesundheitswesen, Medizinische und ökonomische Orientierung. Vorschläge für die Konzertierte Aktion im Gesundheitswesen, Jahresgutachten 1988, Bonn 1988.

zuwachses in der Medizin und der medizintechnischen Entwicklung eine zunehmende Spezialisierung auch im ambulanten Versorgungsbereich eingetreten sei und deshalb der Anteil der Gebietsärzte deutlich zugenommen habe. Diese Entwicklung verteuere die ambulante Versorgung, da die Zahl der Überweisungen mit der Zahl der Gebietsärzte ansteige und bei ihnen teilweise sehr aufwändige und teure Verfahren und Geräte eingesetzt würden. Zur Sicherung der Qualität und zur Begrenzung der Ausgaben sei deshalb grundsätzlich anstelle des direkten Zuganges zum Gebietsarzt als erstes der Hausarzt zu konsultieren, damit dieser seine Filter- und Verteilerfunktion optimal ausüben könne. Im Jahresgutachten 1989 empfahl der Sachverständigenrat deshalb ein Primärarztsystem, bei dem eine fachärztliche Behandlung grundsätzlich nur auf Anforderung des Primärarztes möglich sei.[78]

Diese Ergebnisse wurden von der Enquetekommission des Bundestages bestätigt.[79] Die Kommission 60
stellte im Verhältnis zwischen medizinischer Grundversorgung und spezialärztlicher Behandlung wesentliche ökonomische Systemmängel bezüglich einer gesundheitspolitisch und ökonomisch sinnvoll abgestuften, koordinierten ambulanten Betreuung wie auch bezüglich der Qualität fest und forderte, dass der Hausarzt zur Vermeidung einer medizinisch fragwürdigen Behandlungsvielfalt und zum Abbau schichtenspezifischer Unterschiede bei der Inanspruchnahme ärztlicher Leistungen ins Zentrum der vertragsärztlichen Versorgung gestellt werde.[80]

Aufgrund der Vorschläge des Sachverständigenrates im Jahresgutachten 1988 sah der Gesetzgeber in 61
§ 73 Abs. 1 SGB V i.d.F. des GRG erstmals die Gliederung der vertragsärztlichen Versorgung in die hausärztliche und die fachärztliche vor, ohne detaillierte Regelungen zu treffen. Inhalt und Umfang der hausärztlichen Versorgung sollten durch die Parteien der Bundesmantelverträge bestimmt werden. Schritte zur Schaffung eines Primärarztsystems wurden nicht ergriffen.

Nachdem die Selbstverwaltung untätig blieb, konkretisierte der Gesetzgeber den gesetzlichen Auftrag 62
durch das GSG[81] und beschrieb erstmals die Funktion der Hausärzte im Sinne eines „gatekeepers", der Doppelleistungen durch eine Dokumentation und Koordination diagnostischer, therapeutischer und pflegerischer Leistungen sowie die Inanspruchnahme medizinisch nicht notwendiger Maßnahmen vermeiden solle.

Das Zugangsrecht des Versicherten zur fachärztlichen Versorgung wurde jedoch nicht beschränkt. § 76 63
Abs. 1 SGB V sieht nach wie vor die freie Arztwahl unter allen zur vertragsärztlichen Versorgung zugelassenen Ärzten, Hausärzten wie Fachärzten, vor. Die Steuerung erfolgt vielmehr über finanzielle Anreize für die Versicherten, primär den Hausarzt zu konsultieren: So entfällt die Zuzahlung nach § 28 Abs. 4 SGB V („Praxisgebühr") bei Inanspruchnahme fachärztlicher Leistungen nur, wenn eine Überweisung aus demselben Quartal vorgelegt wird, die in der Regel der Hausarzt ausstellt. Außerdem kann für Versicherte, die an einer hausarztzentrierten Versorgung nach § 73b SGB V oder an einer integrierten Versorgung nach den §§ 140a ff. SGB V teilnehmen, für die Dauer der Teilnahme die Höhe der Zuzahlungen und der Beiträge ermäßigt werden (§ 65a Abs. 2 SGB V).

Zugleich sollte das Versorgungsangebot durch ein auf die Förderung der Hausärzte ausgerichtetes Ver- 64
gütungssystem gesteuert werden. § 85 Abs. 4 und 4a SGB V sieht deshalb getrennte Honorartöpfe für die hausärztliche und die fachärztliche Versorgung vor. § 87 Abs. 2a SGB V soll eine adäquate Vergütung der Hausärzte durch eine hausärztliche Grundvergütung und spezifisch hausärztliche Leistungen im EBM sicherstellen.

Trotz der gesetzlichen Vorgaben ist die Zahl der Hausärzte im Verhältnis zu den Fachärzten weiter ge- 65
sunken. Im Jahre 2002 betrug der Anteil der Hausärzte lediglich 37,1%, der Anteil der Fachärzte dagegen 62,9%.[82] Nach den Bedarfsplanungsrichtlinien ist jedoch ein Verhältnis von 60% Hausärzte zu 40% Fachärzte angestrebt. Inwieweit die Praxisgebühr oder die hausarztzentrierte Versorgung nach § 73b SGB V Steuerungseffekte bewirken, bleibt abzuwarten.

---

[78] Sachverständigenrat für die Konzertierte Aktion im Gesundheitswesen, Medizinische und ökonomische Orientierung, Vorschläge für die Konzertierte Aktion im Gesundheitswesen, Jahresgutachten 1988, S. 207 ff.

[79] Endbericht „Strukturreform der gesetzlichen Krankenversicherung", BT-Drs. 11/6380 vom 12.02.1990.

[80] Endbericht „Strukturreform der gesetzlichen Krankenversicherung", BT-Drs. 11/6300, S. 62 ff., 72.

[81] BT-Drs. 12/3608, S. 72 und 83; vgl. auch Rn. 2.

[82] Die ärztliche Versorgung in der Bundesrepublik Deutschland zum 31.12.2002, KBV.

III. Inhalt und Umfang der hausärztlichen Versorgung

66 § 73 Abs. 1 Satz 2 SGB V beschreibt den Inhalt der hausärztlichen Versorgung. Er ist aber nicht abschließend („insbesondere"), da den Vertragsparteien der Bundesmantelverträge durch § 73 Abs. 1c Satz 1 SGB V ergänzend eine Regelungskompetenz bezüglich des Inhalts und Umfangs der hausärztlichen Versorgung gegeben wurde.[83]

67 Im Zentrum der hausärztlichen Versorgung steht die **allgemeine und fortgesetzte ärztliche Betreuung des Patienten (Nr. 1)**, die nach § 2 Abs. 3 Nr. 1 des Hausarztvertrages auch die Präsenz mit Dienstbereitschaft außerhalb der Sprechstunden, Hausbesuche und die Notfallversorgung umfasst. Dabei soll der Hausarzt die persönlichen Lebensumstände und das soziale Umfeld des Patienten berücksichtigen.

68 Der Hausarzt kann auch Behandlungsmethoden, Arznei- und Heilmittel besonderer Therapierichtungen einsetzen. Diese Klarstellung übernimmt die allgemeine Regelung von § 2 Abs. 1 Satz 2 SGB V und soll nach den Vorstellungen des Gesetzgebers verdeutlichen, dass gerade in der hausärztlichen Behandlung die ganzheitliche Sicht des Patienten, die psychosomatischen Dimensionen seiner Befindlichkeitsstörung und das sich daraus ergebende Bedürfnis des Patienten nach Zuwendung im Mittelpunkt steht.[84] Besondere Therapierichtungen sind z.B. die Homöopathie und die Phytotherapie.

69 Außerdem besteht die Funktion des Hausarztes in der **Koordination diagnostischer, therapeutischer und pflegerischer Maßnahmen (Nr. 2)**. Dazu gehört vor allem die Überweisung zu Fachärzten („das Einbeziehen ärztlichen Sachverstandes anderer Fachgebiete") und die Integration komplementärer Heilberufe und flankierender Dienste, vor allem der häuslichen Pflege, in die Behandlungsmaßnahmen. Außerdem soll der Hausarzt die Lebensführung des Patienten in gesundheitlicher Hinsicht, auch unter Berücksichtigung der Selbstmedikation, kritisch bewerten.

70 Wie die Koordination soll auch die **Dokumentation, d.h. die Zusammenführung, Bewertung und Aufbewahrung der wesentlichen Behandlungsdaten, Befunde und Berichte aus der ambulanten und stationären Versorgung (Nr. 3)** unwirtschaftliche, medizinisch nicht indizierte (Doppel-)Untersuchungen verhindern. Deshalb sind die Patientendaten aus der ambulanten und stationären Versorgung zu dokumentieren und weiterbehandelnden Vertragsärzten sowie Krankenhausärzten im Rahmen der berufs- und datenschutzrechtlichen Bestimmungen zu übermitteln. Patientendaten sind die notwendigen Behandlungsdaten aus der eigenen Untersuchung oder Behandlung des Versicherten und die wesentlichen Behandlungsdaten und Befunde über den Versicherten, die zum Zwecke der Dokumentation bei den Vertragsärzten, welche den Versicherten weiterbehandeln, erhoben wurden.

71 Die datenschutzrechtlichen Grundlagen für diese Tätigkeit des Hausarztes wurden mit § 73 Abs. 1b SGB V geschaffen. Eine Dokumentation ist **danach nur mit schriftlicher, jederzeit widerruflicher Einwilligung des Versicherten** möglich.

72 Die **Einleitung oder Durchführung präventiver und rehabilitativer Maßnahmen (Nr. 4)** beinhaltet die Gesundheitsförderung und die Krankheitsverhütung, einschließlich individueller Hilfen zum Abbau gesundheitsschädigender Verhaltensweisen, Maßnahmen zur Krankheitsfrüherkennung unter Beachtung der hierzu geltenden Richtlinien, das frühzeitige Erfassen von Hinweisen auf drohende Behinderungen und das Aufzeigen von Strategien zur Krankheitsbewältigung. Zur **Integration nichtärztlicher Hilfen und flankierender Dienste** gehört beispielsweise die Mitarbeit in Selbsthilfegruppen.

73 Der **Umfang der hausärztlichen Versorgung** richtet sich nach der Notwendigkeit des einzelnen Behandlungsfalls.

IV. Teilnehmer an der hausärztlichen Versorgung

74 Der Terminus „Hausarzt" ist in § 73 Abs. 1a Satz 1 SGB V legaldefiniert. Diese Aufzählung ist abschließend, abweichende Regelungen sind nur im Rahmen der Sätze 3-5 möglich. Die übrigen Fachärzte sowie die Psychotherapeuten[85] nehmen an der fachärztlichen Versorgung teil (§ 73 Abs. 1a Satz 2 SGB V).

---

[83] Vertrag über die hausärztliche Versorgung, DÄBl. 41/1993 vom 15.10.1993, S. A-2716, zuletzt geändert m.W. vom 01.10.2000, DÄBl. 27/2000, S. A-1925.

[84] Fraktionsentwurf BT-Drs. 15/1525, S. 96.

[85] Nach § 101 Abs. 4 SGB V bilden die überwiegend oder ausschließlich psychotherapeutisch tätigen Ärzte und die Psychotherapeuten eine Arztgruppe.

1. Allgemeinärzte, Kinderärzte und Ärzte ohne Gebietsbezeichnung

Allgemeinärzte und Kinderärzte nehmen als Fachärzte **ohne Wahlmöglichkeit** an der hausärztlichen Versorgung teil. Dasselbe gilt für Ärzte ohne Gebietsbezeichnung, vor allem Praktische Ärzte (§ 95a Abs. 4 SGB V) und Allgemeinmediziner mit EU-Diplom (§ 95a Abs. 5 Satz 1 SGB V), aber auch die bereits am 31.12.1999 an der hausärztlichen Versorgung teilnehmenden Ärzte. 75

Die Voraussetzungen für die Berechtigung zur Führung einer entsprechenden Facharztbezeichnung sind in den Weiterbildungsordnungen der Länder geregelt (vgl. § 95a Abs. 1 Nr. 2 und Abs. 2 SGB V).[86] 76

2. Internisten ohne Schwerpunktbezeichnung

Internisten nehmen grundsätzlich nur dann an der hausärztlichen Versorgung teil, wenn sie keine Schwerpunktbezeichnung führen und die Teilnahme an der hausärztlichen Versorgung gewählt haben. 77

Die Wahlentscheidung muss gegenüber dem Zulassungsausschuss erklärt werden. Zu beachten ist aber, dass seit 01.01.2001 nach § 101 Abs. 5 Satz 6 SGB V ein Wechsel der Internisten ohne Schwerpunktbezeichnung in die hausärztliche oder fachärztliche Versorgung nur möglich ist, wenn dafür keine Zulassungsbeschränkungen angeordnet sind.[87] 78

3. Sonderbestimmungen

Ist eine bedarfsgerechte Versorgung der Versicherten nicht gewährleistet, kann der Zulassungsausschuss nach **§ 73 Abs. 1a Satz 3 SGB V** abweichend vom Prinzip der Trennung hausärztlicher und fachärztlicher Versorgung Kinderärzten und Internisten ohne Schwerpunktbezeichnung, die an der hausärztlichen Versorgung teilnehmen, befristet die zusätzliche Teilnahme an der fachärztlichen Versorgung genehmigen. 79

Die **bedarfsgerechte Versorgung** ist dann nicht gewährleistet, wenn der allgemeine bedarfsgerechte Versorgungsgrad bei der Arztgruppe der fachärztlichen Internisten (§ 101 Abs. 1 Satz 1 Nr. 1, Satz 2 SGB V) nicht nur vorübergehend unterschritten wird. Nicht ausreichend ist, wenn die Voraussetzungen für eine Sonderbedarfszulassung (§ 102 Abs. 1 Satz 5 SGB V und Nr. 24 der BedarfsplanungsRL) vorliegen, insbesondere ein lokaler Versorgungsbedarf i.S.v. Nr. 24 lit. a der Bedarfsplanungsrichtlinie. In diesen Fällen ist wegen der prinzipiellen Trennung der hausärztlichen und der fachärztlichen Versorgung nur die Sonderzulassung eines fachärztlich tätigen Internisten möglich. Die Praxis, Hausärzte nach dem Auslaufen der Übergangsregelung in § 9 des Hausarztvertrages am 31.12.2002 zur Erbringung von durch § 6 des Vertrages ausgeschlossenen „KO-Leistungen" zu ermächtigen bzw. eine Ausnahmegenehmigung zu erteilen, ist rechtswidrig.[88] Sie verletzt das Trennungsprinzip, dessen Ausprägung § 9 des Hausarztvertrages ist. 80

§ 73 Abs. 1a Satz 4 SGB V eröffnet für Kinderärzte mit Schwerpunktbezeichnung unter Durchbrechung des Trennungsprinzips die Option, auch an der fachärztlichen Versorgung teilzunehmen. Dies gilt bereits aufgrund des Gesetzes, einer Entscheidung des Zulassungsausschusses bedarf es nicht. Damit sollte der besonderen Situation von Kinderkardiologen Rechnung getragen werden, die ohne Teilnahme an der hausärztlichen Versorgung wirtschaftliche Probleme hätten.[89] 81

Abweichend von Satz 1 können **nach § 73 Abs. 1a Satz 5 SGB V** Allgemeinärzte und Ärzte ohne Gebietsbezeichnung auf ihren Antrag zur fachärztlichen Versorgung zugelassen werden, wenn sie im Wesentlichen spezielle Leistungen – z.B. der Psychotherapie, Proktologie, Phlebologie – erbringen. 82

Bei der Auslegung dieses unbestimmten Rechtsbegriffs kann auf die Bedarfsplanungs-Richtlinien Bezug genommen werden, die eine überwiegende psychotherapeutische Tätigkeit ab einem Anteil psychotherapeutischer Leistungen von 50% annehmen.[90] Diese Voraussetzung ist demnach erfüllt, wenn mehr als 50% der vom Arzt abgerechneten Gesamtpunktzahl auf spezielle Leistungen entfallen. 83

---

[86] Siehe Muster-Weiterbildungsordnung von 1992 nach den Beschlüssen des 95. Deutschen Ärztetages 1992 in Köln und Ergänzungen aus den Jahren 1993, 1996 und 1997, Abschnitt I Nr. 1, 15 und 17. Die neue Muster-Weiterbildungsordnung (106. Deutscher Ärztetag) ist bisher erst in Bayern mit Wirkung ab 01.08.2004 umgesetzt worden, Weiterbildungsordnung für Ärzte Bayerns vom 24.04.2004, zuletzt geändert durch die Beschlüsse vom 23.04.2005.

[87] Bis zum 31.12.2000 konnte eine Wahlentscheidung nach § 7 des Hausarztvertrages ohne Bedarfsprüfung nach zwei Quartalen geändert werden.

[88] Ebenso LSG Nordrhein-Westfalen v. 03.03.2004 - L 10 KA 41/03 - MedR 2005, 315.

[89] Vgl. auch die Materialien zum GKV-GRG 2000, BT-Drs. 14/1245, S. 69.

[90] Bedarfsplanungs-Richtlinien Nr. 8 d (1).

4. Verfassungsrechtliche Aspekte

84 Die Trennung der vertragsärztlichen Versorgung in die hausärztliche und die fachärztliche verstößt nicht gegen das Grundgesetz.

85 Art. 74 Abs. 1 Nr. 12 GG gibt dem Bundesgesetzgeber im Rahmen der Kompetenz für die Sozialversicherung auch die Befugnis, das Vertragsarztrecht als Teil des Leistungserbringungsrechts der gesetzlichen Krankenversicherung zu regeln. Damit kann er auch die vertragsärztliche Versorgung in einen hausärztlichen und einen fachärztlichen Bereich gliedern.[91]

86 Grundrechte der Vertragsärzte werden durch die Trennung nicht verfassungswidrig eingeschränkt. Es handelt sich bei diesem Regelungskomplex, der auch die Vergütungsregelungen im EBM auf der Basis von § 87 Abs. 2 und Abs. 2a SGB V umfasst, um Berufsausübungsregelungen im Schutzbereich von Art. 12 Abs. 1 GG, die durch ausreichende Gründe des Gemeinwohls, vor allem der Qualitätssicherung und der Sicherung der Finanzierung, gerechtfertigt sind.[92]

87 Das Bundesverfassungsgericht hat die gegen die Leitentscheidung des BSG[93] gerichtete Verfassungsbeschwerde nicht zur Entscheidung angenommen.[94]

V. Datenschutzrechtliche Bestimmungen

88 § 73 Abs. 1b SGB V ermächtigt die Hausärzte und andere Leistungserbringer, Patientendaten zu erheben und weiterzugeben, um die Koordinationsfunktion des Hausarztes zu gewährleisten.

89 Während sich die Zentralnorm des Sozialgeheimnisses, § 35 SGB I, und die §§ 67 ff. SGB X an die Leistungsträger richten, schafft § 73 Abs. 1b SGB V eine entsprechende Befugnis zur Datenerhebung und -übermittlung für Hausärzte und andere Leistungserbringer, insbesondere mit- und weiterbehandelnde Ärzte. Erst auf dieser Grundlage dürfen Hausärzte zum Zwecke der Dokumentation und der weiteren Behandlung den Versicherten betreffende Behandlungsdaten und Befunde bei anderen Leistungserbringern erheben. Umgekehrt werden nichthausärztliche Leistungserbringer verpflichtet, den Versicherten nach seinem Hausarzt zu fragen und diesem mit Einwilligung des Versicherten die Patientendaten zu übermitteln. Zugleich werden sie berechtigt, ihrerseits Patientendaten vom Hausarzt zu erheben.

90 Dieser Datenaustausch setzt jedoch in der aktuellen Fassung[95] eine **schriftliche Einwilligung des Versicherten** voraus, die insoweit zugleich berufsrechtlich die Entbindung von der ärztlichen Schweigepflicht umfasst.[96] Die Einwilligung ist dem Hausarzt bzw. dem nichthausärztlichen Leistungserbringer zu erteilen. Eine **konkludente Einwilligung** ist nur dann **ausnahmsweise ausreichend**, wenn der Versicherte mit seiner Zustimmung vom Hausarzt an einen anderen Arzt überwiesen wird; in diesem Fall geht der Bundesbeauftragte für den Datenschutz von einer stillschweigenden Zustimmung zur Datenübermittlung an den Hausarzt aus.

91 Die schriftliche Einwilligung gilt für alle Datenerhebungen und -übermittlungen durch den Empfänger bis zum **Widerruf**. Der Widerruf muss aus Gründen der Rechtssicherheit ebenfalls schriftlich erfolgen und an den Empfänger der Einwilligung gerichtet sein.

92 Eine Einwilligung ist nicht erforderlich, wenn der Medizinische Dienst der Krankenkassen nach § 276 Abs. 2 Satz 1 HS. 2 SGB V die erforderlichen Sozialdaten für eine gutachtliche Stellungnahme oder Prüfung anfordert.

93 Bei einem **Wechsel des Hausarztes** ist der bisherige Hausarzt verpflichtet, die gespeicherten Unterlagen mit Einverständnis des Versicherten vollständig an den neuen zu übermitteln.

VI. Ermächtigung zur vertraglichen Ausgestaltung (Absatz 1c)

94 Absatz 1c ermächtigt die Spitzenverbände der Krankenkassen gemeinsam und einheitlich[97], mit der KBV innerhalb der gesetzlichen Vorgaben der Absätze 1 und 1a normkonkretisierende Verträge insbesondere über Inhalt und Umfang der hausärztlichen Versorgung abzuschließen. Der vertragliche Ge-

[91] Ausführlich BSG v. 18.06.1997 - 6 RKa 58/96 - BSGE 80, 257, 258 ff.

[92] BSG v. 18.06.1997 - 6 RKa 58/96 - BSGE 80, 257, 258 ff.

[93] BSG v. 18.06.1997 - 6 RKa 58/96 - BSGE 80, 257, 258 ff.

[94] BVerfG v. 17.06.1999 - 1 BvR 2507/97 - SozR 3-2500 § 73 Nr. 3.

[95] Seit 01.01.2000, GKV-Gesundheitsreformgesetz 2000 vom 22.12.1999, BGBl I 1999, 2626.

[96] Vgl. z.B. § 9 Abs. 2 und 4 der Muster-Berufsordnung für die deutschen Ärztinnen und Ärzte.

[97] Zum Verfahren siehe § 213 Abs. 2 und 3 SGB V.

staltungsspielraum wird jedoch durch die landesrechtlich geregelten Weiterbildungsordnungen insoweit eingeschränkt, als die Gebietsgrenzen der Arztgruppen der Allgemeinmediziner, Internisten und Kinderärzte zu beachten sind.

Die Parteien haben aufgrund dieser Ermächtigung den Vertrag über die hausärztliche Versorgung (Hausarztvertrag; vgl. Rn. 29) geschlossen. Der Ausschluss bestimmter fachärztlicher Leistungen von der Vergütung im Rahmen der hausärztlichen Versorgung durch § 6 des Hausarztvertrages verstößt weder gegen Art. 12 Abs. 1 GG noch gegen sonstiges höherrangiges Recht.[98] Soweit auf der Basis der Übergangsregelung in § 9 Hausarztvertrag bis 31.12.2002 von Hausärzten fachärztliche Leistungen abgerechnet werden konnten, bestand neben der fachärztlichen Leistung kein Anspruch auf die Hausarztpauschale.[99] 95

C. Umfang der vertragsärztlichen Versorgung (Absätze 2-8)

I. Regelungsgehalt und Bedeutung

§ 73 Abs. 2 SGB V ist die Zentralnorm der vertragsärztlichen Versorgung. Gemeinsam mit den vom Gemeinsamen Bundesausschuss erlassenen normkonkretisierenden Richtlinien beschreibt er den **Umfang der vertragsärztlichen Versorgung** und bestimmt zugleich den **Inhalt des Sachleistungsanspruchs des Versicherten**. Außerdem definiert er den Umfang der in § 75 Abs. 1 Satz 1 SGB V enthaltenen **Sicherstellungspflicht der KBV und der KVen**. 96

Da die vertragsärztliche Versorgung nicht nur die ärztliche bzw. zahnärztliche Behandlung, d.h. **die Leistungserbringung durch die Vertrags(zahn)ärzte**, umfasst, sondern auch alle ärztlich verordneten Leistungen – d.h. **die Leistungsvermittlung durch die Vertrags(zahn)ärzte** –, ist sie für den größten Teil der Ausgaben in der GKV maßgebend. 97

Absatz 2 beschreibt zum einen die Inhalte der **Leistungserbringung** durch die Vertrags(zahn)ärzte, die 98

- ärztliche Behandlung (Absatz 2 Nr. 1),
- zahnärztliche Behandlung (Absatz 2 Nr. 2),
- Versorgung mit Zahnersatz einschließlich Zahnkronen (Absatz 2 Nr. 2a)[100],
- Maßnahmen zur Früherkennung von Krankheiten (Absatz 2 Nr. 3),
- ärztliche Betreuung bei Schwangerschaft und Mutterschaft (Absatz 2 Nr. 4),
- medizinischen Maßnahmen zur Herbeiführung einer Schwangerschaft (Absatz 2 Nr. 10) und
- ärztliche Beratung über Fragen der Empfängnisregelung und ärztliche Leistungen zum Schwangerschaftsabbruch und zur Sterilisation (Absatz 2 Nr. 11)

sowie zum anderen die Arten der Leistungsvermittlung durch die

- Verordnung von Leistungen zur medizinischen Rehabilitation (Absatz 2 Nr. 5),
- Anordnung der Hilfeleistung anderer Personen (Absatz 2 Nr. 6),
- Verordnung von Arznei-, Verband-, Heil- und Hilfsmitteln, Krankentransporten sowie Krankenhausbehandlung oder Behandlung in Vorsorge- und Rehabilitationseinrichtungen (Absatz 2 Nr. 7),
- Verordnung häuslicher Krankenpflege (Absatz 2 Nr. 8) und
- Verordnung von Soziotherapie (Absatz 2 Nr. 12).

Hinzu tritt die **Berichts- und Gutachtertätigkeit**, soweit sie die Krankenkassen oder der Medizinische Dienst zur Durchführung ihrer gesetzlichen Aufgaben bzw. der Versicherte für den Anspruch auf Entgeltfortzahlung benötigen (Absatz 2 Nr. 9).

Die zur vertragsärztlichen Versorgung zugelassenen Psychologen, **Psychologischen Psychotherapeuten und Kinder- und Jugendlichenpsychotherapeuten (Psychotherapeuten, § 28 Abs. 3 Satz 1 SGB V)**, sind aufgrund ihrer unterschiedlichen Ausbildung und des unterschiedlichen Berufsbildes nur eingeschränkt berechtigt, an der vertragsärztlichen Versorgung teilzunehmen. § 73 Abs. 2 Satz 2 SGB V beschränkt ihre Tätigkeit deshalb auf die ärztliche Behandlung (Nr. 1) sowie die Ausstellung von Bescheinigungen und die Erstellung von Berichten mit Ausnahme der Arbeitsunfähigkeits-Bescheinigungen (Nr. 9). 99

---

[98] BSG v. 18.06.1997 - 6 RKa 58/96 - BSGE 80, 256.

[99] BSG v. 17.09.1997 - 6 RKa 90/96 - SozR 3-2500 § 87 Nr. 17.

[100] Nach den Materialien (BT-Drs. 15/1525, S. 96) sollte durch die Aufnahme der Nr. 2a verdeutlicht werden, dass die Satzungsleistung „Zahnersatz“ zur zahnärztlichen Versorgung gehört und die Regeln des Vertragszahnarztrechts in vollem Umfang zur Anwendung kommen.

100 **§ 73 Abs. 3 SGB V** sieht vor, in den Gesamtverträgen Maßnahmen zur Vorsorge und zur Rehabilitation über Absatz 2 Nr. 5 und Nr. 7 hinaus in die vertragsärztliche Versorgung einzubeziehen, nämlich die in § 23 Abs. 2 SGB V als Ermessensleistungen vorgesehenen ambulanten Vorsorgeleistungen in anerkannten Kurorten. Abgeschlossen wurden auf dieser Grundlage der Kurarztvertrag Primärkassen und der Kurarztvertrag Ersatzkassen, die weitestgehend inhaltsgleich sind.

101 **§ 73 Abs. 4 SGB V** regelt in Ergänzung zu Absatz 2 Nr. 5, dass **Krankenhausbehandlungen** nur verordnet werden dürfen, wenn die ambulante Versorgung des Versicherten nicht ausreicht, und präzisiert damit den bereits in § 39 Abs. 1 Satz 2 SGB V enthaltenen Grundsatz „ambulant vor stationär". Absatz 4 Satz 2 verpflichtet den Vertragsarzt, die Notwendigkeit der Krankenhausbehandlung in der Verordnung zu begründen, nach Satz 3 muss er die beiden nächsterreichbaren geeigneten Krankenhäuser angeben. Dabei ist das „Verzeichnis stationärer Leistungen und Entgelte" (§ 39 Abs. 3 SGB V) zu berücksichtigen (Satz 4).

102 Die Ausgaben für **Arzneimittel**, die mehr als 15% der Gesamtausgaben der GKV betragen,[101] sollen durch **§ 73 Abs. 5 SGB V** gesteuert werden. Deshalb sollen die verordnenden Vertragsärzte und die ermächtigten ärztlich geleiteten Einrichtungen die **Preisvergleichsliste** nach § 92 Abs. 2 SGB V, die Bestandteil der Arzneimittelrichtlinien ist, bei der Verordnung von Arzneimitteln beachten (Satz 1). Um Einspareffekte zu erzielen, sieht Satz 2 als Regelfall vor, dass die Apotheken entsprechend § 129 Abs. 1 Nr. 1 SGB V ein preisgünstigeres, wirkstoffgleiches Arzneimittel anstelle des verordneten abgeben („aut idem"), wenn der Verordnende dies nicht ausdrücklich auf der Verordnung oder im elektronischen Verordnungsdatensatz ausschließt. Wird ein über dem Festbetrag liegendes Arzneimittel verschrieben, muss der Arzt den Versicherten auf die von ihm zu tragenden Mehrkosten hinweisen.

103 **§ 73 Abs. 6 SGB V** schließt im Rahmen einer Krankenhausbehandlung oder einer stationären Entbindung erbrachte **Früherkennungsmaßnahmen** von der vertragsärztlichen Versorgung aus, soweit sie nicht von einem Belegarzt erbracht wurden.

104 Zur Sicherung einer wirtschaftlichen Verordnungsweise verpflichtet **§ 73 Abs. 8 SGB V** die KVen, die KBV sowie die Krankenkassen und ihre Verbände, die Vertragsärzte über preisgünstige verordnungsfähige Leistungen und Bezugsquellen zu informieren und Hinweise zu Indikation und therapeutischem Nutzen zu geben (Satz 1).

105 Bei **Arzneimitteln** ist die Information nach Absatz 8 Sätze 2-6 auf der Grundlage der Preisvergleichsliste nach § 92 Abs. 2 Satz 3 SGB V als Bestandteil der Arzneimittel-Richtlinien, der Arzneimittelvereinbarungen nach § 84 Abs. 1 SGB V und der entsprechenden Rahmenvorgaben nach § 84 Abs. 7 Satz 1 SGB V auf der Basis der Tagesdosis und der Klassifikation des Deutschen Instituts für medizinische Dokumentation und Information (DIMDI) anzugeben und jährlich zu aktualisieren.

II. Normzweck

106 Während § 73 Abs. 1-1c SGB V die Grundstruktur der vertragsärztlichen Versorgung beschreibt, normiert der Regelungskomplex von § 73 Abs. 2-8 SGB V in den Absätzen 2 und 3 den **Inhalt der vertragsärztlichen Versorgung**. Die Absätze 4, 5, 6 und 8 enthalten **Sonderbestimmungen**, die die Leistungsvermittlung durch die Vertragsärzte zur Kostendämpfung steuern und die notwendigen Informationen gewährleisten sollen.

III. Inhalt der vertragsärztlichen Versorgung

1. Leistungserbringung durch Vertragsärzte und Vertragszahnärzte

107 Im Kern der vertrags(zahn)ärztlichen Versorgung steht die **ambulante ärztliche bzw. zahnärztliche Behandlung** (§ 28 SGB V), die zugelassenen Vertragsärzten und Vertragszahnärzten vorbehalten ist;[102] **Psychotherapie** darf seit der Eingliederung der Psychotherapeuten[103] in das vertragsärztliche System ab 01.01.1999 auch durch Psychologische Psychotherapeuten und Kinder- und Jugendlichenpsychotherapeuten (Psychotherapeuten) erbracht werden (§ 28 Abs. 3 SGB V).

[101] In 2002 15,6% mit einem Volumen von 22,3 Mrd. €, siehe KBV, Grunddaten zur vertragsärztlichen Versorgung 2003, S. 92.

[102] Zum Arztvorbehalt § 15 Abs. 1 Satz 1 SGB V.

[103] Siehe das Psychotherapeutengesetz – PsychThG vom 16.06.1998, BGBl I 1998, 1311.

Werden andere Personen zur **Hilfeleistung** herangezogen, so ist dies nur dann Teil der ärztlichen bzw. zahnärztlichen Behandlung, wenn die Hilfeleistung vom Arzt angeordnet und unter seiner Verantwortung erbracht wird (§ 28 Abs. 1 Satz 2 SGB V). Diese Hilfeleistungen werden dem Arzt als persönlich erbrachte Leistung (§§ 32 Abs. 1 Satz 1, 32a Ä-ZV/ZÄ-ZV) zugerechnet, so dass er insoweit einen Vergütungsanspruch hat. Die anderen Leistungen sind verordnete Drittleistungen, die vom Arzt angeordnet und von Angehörigen von Heilhilfsberufen – z.B. von Masseuren oder Hebammen – erbracht werden. **108**

Die **zahnärztliche Behandlung** umfasst im Rahmen von § 28 Abs. 2 Satz 6 und 7 SGB V und § 29 SGB V auch die **kieferorthopädische Behandlung** für Minderjährige und bei schweren Kieferanomalien. Die Versorgung mit **Zahnersatz** ist nach § 73 Abs. 2 Satz 1 Nr. 2a SGB V trotz der zum 01.01.2005 in Kraft getretenen Neuregelung in den §§ 55-57 SGB V weiterhin Teil der vertragszahnärztlichen Versorgung. Dies hat zur Folge, dass die Regeln des Vertragszahnarztrechts einschließlich des Sicherstellungsauftrages in vollem Umfang anzuwenden sind.[104] **109**

Die **stationäre ärztliche Behandlung** ist nicht Teil der vertragsärztlichen Versorgung. Die Krankenhausbehandlung ist vielmehr eine eigenständige Leistung der Krankenbehandlung neben der ärztlichen Behandlung. Eine Ausnahme gilt nur insoweit, als die Leistung von **belegärztlich tätigen Vertragsärzten** erbracht wird (§ 121 SGB V). **110**

Neben die Untersuchungs- und Behandlungstätigkeit der Vertrags(zahn)ärzte treten die **Vorsorge- und Früherkennungsmaßnahmen.** **111**

Teil der vertragsärztlichen Versorgung sind die medizinischen Vorsorgeleistungen (§ 23 Abs. 1 SGB V), die medizinische Vorsorge für Mütter und Väter (§ 24 SGB V), die Leistungen zur Früherkennung von Krankheiten (Gesundheitsuntersuchungen nach § 25 SGB V und Kinderuntersuchungen nach § 26 SGB V) sowie die ärztliche Betreuung bei Schwangerschaft und Mutterschaft (§§ 195, 196 RVO). Nach **§ 73 Abs. 6 SGB V** sind Früherkennungsmaßnahmen jedoch dann nicht Teil der vertragsärztlichen Versorgung, wenn sie im Rahmen einer **Krankenhausbehandlung** oder einer stationären Entbindung durchgeführt werden. Diese Vorschrift betrifft in erster Linie die Neugeborenenerstuntersuchung bei stationärer Entbindung. Wird ein Kinderarzt zugezogen, so muss dieser seine Leistungen mit dem Krankenhausträger abrechnen. Der Ausschluss gilt jedoch nicht, wenn ein Belegarzt die Leistung erbringt (vgl. § 121 SGB V). **112**

Zur vertragszahnärztlichen Versorgung gehören die Leistungen zur Verhütung von Zahnerkrankungen im Rahmen der Gruppenprophylaxe (§ 21 SGB V) und im Rahmen der Individualprophylaxe (§ 22 SGB V). **113**

Außerdem umfasst die ärztliche Behandlung auch medizinische Maßnahmen zur Herbeiführung einer **Schwangerschaft** (§ 27a SGB V) und ärztliche Maßnahmen zur **Empfängnisverhütung** (§ 24a SGB V), bei **Sterilisation und Schwangerschaftsabbruch** (§ 24b SGB V). **114**

2. Leistungsvermittlung durch die Vertragsärzte und Vertragszahnärzte

Die Leistungsvermittlung erfolgt durch Verordnungen, bei denen auf Veranlassung des Vertrags(zahn)arztes eine Leistung außerhalb der vertrags(zahn)ärztlichen Versorgung durch selbständige Leistungserbringer erbracht wird. Die Verordnung führt im Regelfall unmittelbar zu einem Vergütungsanspruch des Leistungserbringers gegen die Krankenkasse. Zur Kostendämpfung wird die Leistungsvermittlung deshalb durch gesetzliche – z.B. § 73 Abs. 4-8 SGB V – und normvertragliche Regelungen gesteuert. **115**

In Ausnahmefällen genügt die Verordnung jedoch nicht, um einen Leistungs- und Vergütungsanspruch auszulösen. Vielmehr wird die Leistungspflicht der Krankenkassen durch den **Medizinischen Dienst** nach § 275 Abs. 2 SGB V überprüft; dies gilt für alle Vorsorge- und Rehabilitationsleistungen (§§ 23, 24, 40 und 41 SGB V) unter Zugrundelegung eines ärztlichen Behandlungsplans sowie bei der Gewährung häuslicher Krankenpflege über eine Dauer von vier Wochen hinaus. **116**

a. Verordnung von Arznei- und Verbandmitteln

Die vertrags(zahn)ärztliche Versorgung beinhaltet die Verordnung apothekenpflichtiger Arzneimittel (§ 31 SGB V), wobei der Begriff weitestgehend an die Grunddefinition in § 2 Abs. 1 AMG gebunden ist.[105] **117**

---

[104] Vgl. die Materialien zu Nr. 48 (§ 73 SGB V), BT-Drs. 15/1525, S. 96.

[105] Siehe auch Ziff. 3 der Arzneimittel-Richtlinien. Nach der Rechtsprechung der BSG sind orale Kontrazeptiva keine Arzneimittel i.S.d. SGB V, BSG v. 31.08.2000 - B 3 KR 11/98 R - BSGE 87, 95.

118 Die Verordnungsfähigkeit von Arzneimitteln ist durch § 34 SGB V sowie die auf § 34 Abs. 2 und 3 SGB V basierende **Negativliste** (vgl. Rn. 36) begrenzt. Außerdem wird sie durch die **Arzneimittel-Richtlinien** (vgl. Rn. 36) und die hierzu ergangenen Anlagen 1-8 konkretisiert. So enthält z.B. die Anlage 8 die nach § 34 Abs. 1 Satz 7 und 8 SGB V ausgeschlossenen „Life Style Medikamente".

119 Die Verordnungstätigkeit des Vertrags(zahn)arztes wird wegen der besonderen finanziellen Bedeutung und der Intransparenz des Arzneimittelmarktes zusätzlich durch **Absatz 5** gesteuert. So soll der Arzt nach Absatz 5 Satz 1 bei der Verordnung die **Preisvergleichsliste** nach § 92 Abs. 2 SGB V, die Bestandteil der Arzneimittel-Richtlinie ist,[106] beachten. Er ist allerdings nicht verpflichtet, immer das kostengünstigste Medikament zu verordnen, da bei der Beurteilung der Wirtschaftlichkeit der therapeutische Nutzen über dem Preis steht.[107]

120 Absatz 5 Satz 2 sieht zur Ausschöpfung von Wirtschaftlichkeitsreserven in der aktuellen, auf dem AABG (vgl. Rn. 16) beruhenden Fassung zusammen mit § 129 Abs. 1 Satz 1 lit. b SGB V als Regel vor, dass die Apotheken anstelle des verordneten Medikaments ein preisgünstigeres, wirkstoffgleiches abgeben müssen, wenn der Arzt dies nicht ausdrücklich auf der Verordnung ausgeschlossen hat. Damit wurde vom Gesetzgeber das frühere Regel-Ausnahme-Verhältnis umgekehrt, so dass nunmehr die **„Aut-idem-Verordnung"** nicht gesondert gekennzeichnet werden muss.

121 Nach Absatz 5 Satz 3 muss der Vertragsarzt die nach den §§ 35 und 35a SGB V festgesetzten **Festbeträge** beachten, da er den Versicherten darauf hinweisen muss, dass dieser bei der Verordnung von den Festbetrag überschreitenden Arzneimitteln die Mehrkosten tragen muss.

b. Verordnung von Heil- und Hilfsmitteln

122 **Heilmittel** (§ 32 SGB V) sind nach der neueren Rechtsprechung[108], aber auch der neueren Auffassung des Gesetzgebers[109], alle ärztlich verordneten Dienstleistungen, die einem Heilzweck dienen oder einen Heilerfolg sichern und nur von entsprechend ausgebildeten Personen erbracht werden dürfen. **Hilfsmittel** (§ 33 SGB V) sind dagegen Sachleistungen, die zur Bekämpfung einer Krankheit oder zum Ausgleich einer Behinderung erforderlich sind.

123 Wie bei den Arzneimitteln wird die Verordnungsfähigkeit durch die **Negativlisten** nach § 34 Abs. 4 SGB V (vgl. Rn. 36) beschränkt und durch die Heil- und Hilfsmittel-Richtlinien (vgl. Rn. 36) konkretisiert. Außerdem sind die Festbeträge für Hilfsmittel zu beachten.

c. Verordnung von Krankentransport

124 Die Verordnung von Krankentransporten (§ 60 Abs. 2 Satz 1 Nr. 3 SGB V) wird in den Krankentransport-Richtlinien (vgl. Rn. 36) geregelt und ist teilweise von der Genehmigung der KK abhängig.

d. Verordnung von Krankenhausbehandlung

125 Bei der Verordnung sind die Krankenhausbehandlungs-Richtlinien (vgl. Rn. 36) zu beachten.

126 Die Verordnung einer Krankenhausbehandlung (§ 39 SGB V) wird daneben in **Absatz 4** an weitere Voraussetzungen geknüpft. Während § 39 Abs. 1 Satz 2 SGB V den Leistungsanspruch des Versicherten beschränkt, bindet Absatz 4 Satz 1 die Rechtmäßigkeit der Verordnung an den Nachrang der stationären Behandlung. Der Vertragsarzt muss deshalb vor der Verordnung klären, inwieweit durch eine Überweisung zu einem anderen Vertragsarzt notwendige Voruntersuchungen ambulant durchgeführt werden können bzw. eine vorstationäre Behandlung nach § 115a SGB V oder eine ambulante Operation nach § 115b SGB V indiziert ist.

127 Außerdem ist die Notwendigkeit einer Krankenhausbehandlung zu begründen (Absatz 4 Satz 2). In geeigneten Fällen sind die beiden nächsterreichbaren geeigneten Krankenhäuser anzugeben (Satz 3). Ob ein „geeigneter Fall" vorliegt, entscheidet der einweisende Arzt nach der Art der Erkrankung und den medizinisch-technischen Behandlungserfordernissen. Wählt der Versicherte ohne zwingenden Grund ein anderes Krankenhaus, können ihm die Mehrkosten ganz oder teilweise nach § 39 Abs. 2 SGB V auferlegt werden. Erfolgt die Einweisung ohne zwingenden Grund in ein teureres Krankenhaus oder versäumt der Arzt schuldhaft die Angabe der nächsterreichbaren Krankenhäuser, können die Krankenkassen die Mehrkosten im Einzelfall als „sonstigen Schaden" geltend machen.

---

106 Die Preisvergleichsliste ist die Anlage 1 zu den Arzneimittel-Richtlinien. Eine Überarbeitung der Fassung von 1992 steht noch aus.

107 Zu diesem Grundsatz Ziff. 12 der Arzneimittel-Richtlinien.

108 BSG v. 28.06.2000 - B 6 KA 26/99 R - BSGE 86, 223.

109 Vgl. die §§ 30, 31 SGB VII.

Bei der Auswahl geeigneter Krankenhäuser ist nach Satz 4 das Verzeichnis stationärer Leistungen und Entgelte (§ 39 Abs. 3 SGB V) zu berücksichtigen. Allerdings ist der verordnende Vertragsarzt nicht verpflichtet, stets das kostengünstigste Krankenhaus mit der kürzesten Verweildauer auszuwählen, da andere medizinisch-therapeutische Kriterien ebenso zu berücksichtigen sind. Mit der Einführung des pauschalierenden Entgeltsystems („diagnosis-related groups") durch § 17b KHG wird die Steuerung der Verordnungen insoweit entbehrlich. 128

e. Verordnung der Behandlung in Vorsorge- oder Rehabilitationseinrichtungen

Stationäre Vorsorge- (§ 23 Abs. 4 SGB V) und Rehabilitationsleistungen (§ 40 Abs. 2 SGB V) dürfen nur in nach § 111 SGB V zugelassenen Vorsorge- und Rehabilitationseinrichtungen erbracht werden. Die Verordnung von stationären Rehabilitationsleistungen ist Gegenstand der Rehabilitations-Richtlinien (vgl. Rn. 35), weitergehende Rahmenempfehlungen nach § 111b SGB V wurden bisher noch nicht abgegeben. Auch ambulante Rehabilitationsleistungen (§ 40 Abs. 1 SGB V) können unter Berücksichtigung der Rehabilitations-Richtlinien in Einrichtungen, mit denen ein Versorgungsvertrag nach § 111 SGB V besteht, oder in wohnortnahen Einrichtungen verordnet werden. 129

f. Verordnung von Leistungen der medizinischen Rehabilitation

Neben der Verordnung der Behandlung in Vorsorge- und Rehabilitationseinrichtungen (Absatz 2 Nr. 7) bleibt für die Verordnung medizinischer Rehabilitationsleistungen nur der Bereich der ergänzenden Leistungen zur Rehabilitation nach § 43 SGB V, d.h. die Verordnung von **Reha-Sport** nach § 44 Abs. 1 Nr. 3 SGB IX und die Verordnung von **Funktionstraining** (§ 44 Abs. 1 Nr. 4 SGB IX).[110] 130

g. Verordnung häuslicher Krankenpflege

Nach § 37 SGB V kann zur Vermeidung einer Krankenhausbehandlung unter Beachtung der Häusliche-Krankenpflege-Richtlinien (vgl. Rn. 37) häusliche Krankenpflege verordnet werden. 131

h. Verordnung von Soziotherapie

Der Leistungsanspruch (§ 37a SGB V) wird durch die Soziotherapie-Richtlinien (vgl. Rn. 41) inhaltlich ausgestaltet. 132

3. Bescheinigungen und Berichte

Zur vertragsärztlichen Versorgung gehört auch das Ausstellen von Bescheinigungen und Berichten, die die Krankenkassen oder der Medizinische Dienst zur Durchführung gesetzlicher Aufgaben oder die Versicherten für den Anspruch auf Entgeltfortzahlung benötigen. Die Erstellung von **Gutachten**, die aufgrund von Vereinbarungen oder Richtlinien vorgesehen sind, ist ebenfalls Teil der vertragsärztlichen Versorgung. Dies gilt insbesondere für das **Gutachterverfahren** in der Psychotherapie (§ 12 der Anlage 1 zum Bundesmantelvertrag-Ärzte – Psychotherapievereinbarung) und bei der kieferorthopädischen Behandlung (BMV-Z Anlage 6, 9 und 12). 133

IV. Informationsverpflichtung nach Absatz 8

Der Arzt bedarf für eine wirtschaftliche und qualitätsgesicherte Verordnung entsprechender Informationen, die einerseits die Preisvergleichsliste nach § 92 Abs. 2 SGB V sicherstellen soll. Daneben hat der Gesetzgeber durch das ABAG (vgl. Rn. 19) den KBVen, den KVen, den Krankenkassen und deren Verbänden in § 73 Abs. 8 SGB V die **Pflichtaufgabe** übertragen, auch vergleichend über preisgünstige verordnungsfähige Leistungen sowie Indikation und therapeutischen Nutzen sowie die Bezugsquellen zu informieren. Damit soll eine **anbieterunabhängige, durch Mittel der GKV finanzierte Information** der Ärzte sichergestellt werden. Um ein einheitliches Vorgehen bei der Information zu gewährleisten, sieht § 84 Abs. 7 Satz 1 SGB V vor, dass die KBV und die Spitzenverbände der Krankenkassen gemeinsam und einheitlich Rahmenvorgaben für die Inhalte der Information und Hinweise nach Absatz 8 vereinbaren.[111] Von den Ärzten verwendete elektronische Programme zur Verordnung von Arzneimitteln müssen diese anbieterunabhängige Information gewährleisten und über Rabattverträge nach § 130a Abs. 8 SGB V informieren. 134

---

[110] Vgl. Gesamtvereinbarung über den Rehabilitationssport und das Funktionstraining, DÄ 1994, A-667.

[111] Entsprechende Rahmenvorgaben wurden bisher noch nicht vereinbart.

135 Für den Arzneimittelbereich ist Absatz 8 durch das GMG ergänzt worden. Um eine bessere Vergleichbarkeit zu erreichen, sind Handelsbezeichnung, Indikation und Preis von Arzneimitteln, die in einem Indikationsgebiet einen maßgeblichen Anteil an der Patientenversorgung haben, je Tagesdosis nach den Angaben der anatomisch-therapeutisch-chemischen Klassifikation anzugeben. Nicht ausreichend ist die in Satz 6 vorgesehene jährliche Aktualisierung.

136 Die betroffenen **Hersteller** können gegen eine fehlerhafte Information über ihr Produkt klagen. Zuständig sind nach § 51 Abs. 1 Nr. 2 SGG die **Sozialgerichte**, da die Informationspflicht nach § 73 Abs. 8 SGB V eine Angelegenheit der gesetzlichen Krankenversicherung ist. Statthafte Klageart ist die **allgemeine Leistungsklage** ggf. in Form einer Unterlassungsklage, weil die Information schlichtes Verwaltungshandeln ist.

§ 73a SGB V Strukturverträge

(Fassung vom 23.06.1997, gültig ab 01.07.1997, gültig bis 30.06.2008)

(1) Die Kassenärztlichen Vereinigungen können mit den Landesverbänden der Krankenkassen und den Verbänden der Ersatzkassen in den Verträgen nach § 83 Versorgungs- und Vergütungsstrukturen vereinbaren, die dem vom Versicherten gewählten Hausarzt oder einem von ihm gewählten Verbund haus- und fachärztlich tätiger Vertragsärzte (vernetzte Praxen) Verantwortung für die Gewährleistung der Qualität und Wirtschaftlichkeit der vertragsärztlichen Versorgung sowie der ärztlich verordneten oder veranlaßten Leistungen insgesamt oder für inhaltlich definierte Teilbereiche dieser Leistungen übertragen; § 71 Abs. 1 gilt. Sie können für nach Satz 1 bestimmte Leistungen ein Budget vereinbaren. Das Budget umfaßt Aufwendungen für die von beteiligten Vertragsärzten erbrachten Leistungen; in die Budgetverantwortung können die veranlaßten Ausgaben für Arznei-, Verband- und Heilmittel sowie weitere Leistungsbereiche einbezogen werden. Für die Vergütung der vertragsärztlichen Leistungen können die Vertragspartner von den nach § 87 getroffenen Leistungsbewertungen abweichen. Die Teilnahme von Versicherten und Vertragsärzten ist freiwillig.

(2) Die Vertragspartner der Verträge nach § 82 Abs. 1 können Rahmenvereinbarungen zum Inhalt und zur Durchführung der Vereinbarungen nach Absatz 1 treffen, die von den Vertragspartnern nach Absatz 1 unter Berücksichtigung regionaler Bedürfnisse ausgestaltet werden können. Sie schaffen in den Bestimmungen der Bundesmantelverträge die Voraussetzungen zur Durchführung der Verträge nach Absatz 1.

Gliederung

A. Basisinformation

I. Textgeschichte und Gesetzgebungsmaterialien

1 Die Vorschrift wurde durch Art. 1 Nr. 24 des Zweiten Gesetzes zur Neuordnung von Selbstverwaltung und Eigenverantwortung in der gesetzlichen Krankenversicherung (2. GKV-Neuordnungsgesetz – 2. GKV-NOG) vom 23.06.1997[1] eingefügt. Sie war im Entwurf der Regierungsfraktionen[2] nicht enthalten und basiert auf der Beschlussempfehlung des Ausschusses für Gesundheit[3].

2 § 73a SGB V ist am 01.07.1997 in Kraft getreten[4] und gilt seitdem unverändert. Die im Entwurf des Gesetzes zur Reform der gesetzlichen Krankenversicherung ab dem Jahr 2000 (GKV-Gesundheitsreform 2000) vorgesehene Aufhebung wegen der Neuregelung der integrierten Versorgung in den §§ 140a ff.[5] SGB V wurde im Vermittlungsausschuss gestrichen[6].

II. Vorgängervorschriften

3 Die Norm hat keine Vorläufer. Sie schuf erstmalig die Möglichkeit, in den Gesamtverträgen Hausarztmodelle oder Praxisnetze außerhalb von Modellvorhaben nach den §§ 63 ff. SGB V zu regeln.

---

1 BGBl I 1997, 1520.

2 Gesetzesentwurf der Fraktionen der CDU/CSU und FDP, BT-Drs. 13/6087.

3 BT-Drs. 13/7264, S. 19, 63; der Änderungsantrag wurde von den Regierungsfraktionen gestellt.

4 Art. 19 Abs. 6 2. GKV-NOG.

5 Art. 1 Nr. 33, BT-Drs. 14/1245, S. 9, 69.

6 Vgl. BT-Drs. 14/2369, S. 9.

III. Untergesetzliche Normen

4 Die Parteien der Gesamtverträge (§ 82 Abs. 2 SGB V) haben von der Ermächtigung vor allem durch **Verträge über Praxisnetze** Gebrauch gemacht.

5 Viele häufig als „Strukturverträge" bezeichnete Verträge zwischen den Landesverbänden der Krankenkassen und den Kassenärztlichen Vereinigungen basieren **nicht** auf § 73a SGB V. Inhalt dieser Verträge ist überwiegend die Förderung bestimmter Leistungsbereiche, z.B. ambulanter Operationen, durch die Garantie eines festen Punktwerts, wobei die Zahlungen der Krankenkassen i.d.R. außerhalb der Gesamtvergütung geleistet werden.[7]

IV. Systematische Zusammenhänge

6 § 73a SGB V eröffnet den Gesamtvertragsparteien die Möglichkeit, anders als bei Modellvorhaben (§§ 63 ff. SGB V), die auf fünf bzw. acht Jahre zu befristen sind, **unbefristete** Strukturverträge über Hausarztmodelle oder vernetzte Praxen abzuschließen.

7 Die praktische Bedeutung der Regelung sank allerdings mit der Einführung des § 73b SGB V über die hausarztzentrierte Versorgung ab 01.01.2004 und der §§ 140a ff. SGB V über die bis 2006 besonders geförderte[8], sektorenübergreifende integrierte Versorgung.

V. Ausgewählte Literaturhinweise

8 *Schirmer,* Rechtliche Ausgestaltung neuer Versorgungs- und Vergütungsstrukturen nach § 73a SGB V in kassenarztrechtlicher, berufsrechtlicher und wettbewerbsrechtlicher Hinsicht, VSSR 1998, 279; *Orlowski,* Strukturverträge – Perspektiven und Grenzen, Die BKK 1997, 240.

B. Auslegung der Norm

I. Regelungsgehalt und Bedeutung der Norm

9 **Absatz 1** ermöglicht es den Gesamtvertragsparteien, in den Gesamtverträgen neue Versorgungs- und Vergütungsstrukturen zu vereinbaren. Die Vertragskompetenz ist allerdings auf zwei Modalitäten beschränkt, nämlich das **Hausarztmodell** und das Modell der **Praxisnetze** aus Hausärzten und Fachärzten („vernetzte Praxen"). Für diese neuen Versorgungsstrukturen ist nach Absatz 1 Satz 1 wesentlich, dass die Verantwortung für die Qualität und Wirtschaftlichkeit der ärztlichen Versorgung und die ärztlich verordneten oder veranlassten Leistungen ganz oder teilweise für bestimmte Leistungsbereiche auf sie übertragen wird (**Versorgungsverantwortung**). Dabei ist der Grundsatz der Beitragssatzstabilität zu beachten (Satz 1 Halbsatz 2). Die Gesamtvertragsparteien können in den Strukturverträgen Budgets für die Leistungsbereiche vereinbaren, bei denen die Versorgungsverantwortung übertragen wurde. Diese Budgets können auch die ärztlich veranlassten Ausgaben für Arznei-, Verband- und Heilmittel und sonstige Leistungsbereiche umfassen und den Hausärzten bzw. Praxisnetzen damit die **Budgetverantwortung** übertragen. Nach Satz 4 dürfen Strukturverträge vom Einheitlichen Bewertungsmaßstab (EBM) abweichen.

10 Nach Satz 5 ist die **Teilnahme** der Ärzte wie der Versicherten an den Strukturverträgen **freiwillig**.

11 **Absatz 2** gibt den Spitzenverbänden der Krankenkassen und der Kassenärztlichen Bundesvereinigung die Kompetenz zum **Abschluss von Rahmenvereinbarungen** über den Inhalt und die Durchführung von Strukturverträgen. Satz 2 verpflichtet die Partner des Bundesmantelvertrages, diesen so zu modifizieren, dass er der Durchführung der Strukturverträge nicht entgegensteht.

12 Die praktische **Bedeutung** der Norm ist gering. Sie wurde weder von den Gesamtvertragsparteien noch von der Ärzteschaft angenommen. Nach einer Untersuchung im Jahre 2002 basierten die meisten bestehenden Praxisnetze auf Modellvorhaben nach den §§ 63 ff. SGB V, nur 15 dagegen auf Strukturverträgen.[9] Strukturverträge über Hausarztmodelle wurden praktisch keine abgeschlossen. Soweit Hausarztmodelle geschaffen wurden, sind die bisherigen Vereinbarungen entweder als Modellvorhaben nach § 63 SGB V ausgestaltet oder vor allem in jüngerer Zeit als Verträge zur integrierten Versorgung nach den §§ 140a ff. SGB V.[10]

---

[7] Siehe auch *Hess* in: KassKomm, SGB V, § 73a Rn. 8 a und BSG v. 22.06.2005 - B 6 KA 20/05 B - nicht veröffentlicht; auf die Voraussetzungen von Verträgen nach § 73a geht das BSG allerdings nicht ein.

[8] Vgl. die Anschubfinanzierung, § 140d SGB V.

[9] *Kreft,* DÄ 2002, 11.

[10] Vgl. z.B. den Hausarztvertrag der Barmer, hierzu DÄ 2005, A-545.

Aus Sicht der Patienten ist eine Teilnahme an einem Strukturvertrag unattraktiv, weil die Einschränkung der freien Arztwahl nicht durch Vergünstigungen kompensiert wird. Insbesondere sind – anders als bei der hausarztzentrierten Versorgung nach § 73b SGB V – **keine Beitragsboni** möglich (§ 65a Abs. 2 SGB V). 13

II. Normzweck

Die derzeitigen Versorgungsstrukturen im ambulanten Bereich basieren auf dem **Prinzip der freien Arztwahl** unabhängig von dessen Fachgebiet (§ 76 Abs. 1 SGB V). Dies führt – zusammen mit der steigenden Zahl der Gebietsärzte – wegen der **fehlenden Koordinierung** zu unökonomischen Mehrfachinanspruchnahmen sowie zu einer Vielzahl medizinisch nicht indizierter Doppeluntersuchungen. Nachdem der Sachverständigenrat für die konzertierte Aktion im Gesundheitswesen bereits in den Jahresgutachten 1987 und 1988 auf die Probleme der freien Arztwahl hingewiesen und ein Primärarztsystem empfohlen hatte,[11] reagierte der Gesetzgeber zunächst mit der Trennung der hausärztlichen und der fachärztlichen Versorgung (vgl. näher die Kommentierung zu § 73 SGB V Rn. 55 ff.). § 73a schuf für die Gesamtvertragsparteien erstmals die Möglichkeit, durch Strukturverträge **neue Versorgungsformen** zu entwickeln, bei denen die teilnehmenden Versicherten **freiwillig** auf die freie Arztwahl verzichten und sich für einen bestimmten Zeitraum verpflichten, sich medizinisch nur durch einen von ihnen gewählten Hausarzt oder in einem Praxisnetz betreuen zu lassen. Dabei übernehmen die Hausärzte bzw. Praxisnetze die Verantwortung für die Qualität und Wirtschaftlichkeit der vertragsärztlichen Versorgung und der ärztlich verordneten bzw. veranlassten Leistungen im Rahmen eines festgesetzten Budgets. Hierdurch soll der Hausarzt wie ein Primärarzt für eine zweckmäßige, ökonomische Versorgung des Versicherten sorgen und als Wegweiser im Gesundheitssystem Doppeluntersuchungen und Mehrfachleistungen verhindern, die Praxisnetze sollen darüber hinaus sowohl im hausärztlichen als auch im fachärztlichen und stationären Bereich umfassend die ärztliche Behandlung übernehmen. 14

Ziel der Strukturverträge ist eine präzise und damit wirtschaftliche Allokation von Gesundheitsleistungen durch eine möglichst sektorübergreifende Steuerung der Versorgungsabläufe. Strukturverträge sollen nicht neue Mittel erschließen, sondern vorhandene effizienter einsetzen.[12] 15

Allerdings basiert § 73a SGB V auf dem **Primat der Selbstverwaltung** und damit auf **Freiwilligkeit** sowohl für die Gesamtvertragsparteien[13] als auch für die potentiellen Teilnehmer, Ärzte und Versicherte. Da die Gesamtvertragsparteien von dieser Option nicht entsprechend Gebrauch machten, sieht der durch das Gesundheits-ModernisierungsG eingefügte § 73b SGB V nunmehr in Absatz 2 für die Kassen eine Verpflichtung vor, die hausarztzentrierte Versorgung sicherzustellen (vgl. die Kommentierung zu § 73b SGB V). 16

III. Strukturvertrag (Absatz 1)

1. Rechtsnatur

Strukturverträge sind nach Absatz 1 Satz 1 **Teil der Gesamtverträge** (§ 83 SGB V). Damit sind Vertragsparteien zwingend die **Landesverbände der Krankenkassen und die Verbände der Ersatzkassen** einerseits und die **Kassenärztlichen Vereinigungen** andererseits.[14] Demgegenüber können Modellvorhaben nach den §§ 63 ff. SGB V zwischen den Krankenkassen oder ihren Verbänden einerseits und einzelnen Vertragsärzten, Gemeinschaften von Vertragsärzten oder Kassenärztlichen Vereinigungen andererseits vereinbart werden (§ 64 Abs. 1 Satz 2 SGB V), Verträge über die Integrierte Versorgung (§ 140a SGB V) mit einzelnen Vertragsärzten oder deren Gemeinschaften. **Kassenartspezifische** Strukturverträge sind zulässig, da Absatz 1 keine Einschränkung („gemeinsam und einheitlich") enthält. 17

[11] *Sachverständigenrat für die Konzertierte Aktion im Gesundheitswesen*, Medizinische und ökonomische Orientierung. Vorschläge für die Konzertierte Aktion im Gesundheitswesen, Jahresgutachten 1987, Baden-Baden 1987; *Sachverständigenrat für die Konzertierte Aktion im Gesundheitswesen*, Medizinische und ökonomische Orientierung. Vorschläge für die Konzertierte Aktion im Gesundheitswesen, Jahresgutachten 1988, Bonn 1988.

[12] *Orlowski*, Die BKK 1997, 240.

[13] Dies betont vor allem *Orlowski*, Die BKK 1997, 240, 241.

[14] Nicht möglich sind deshalb sog. Einkaufs- oder Einschreibmodelle, bei denen die Kassen Verträge mit einzelnen Vertragsärzten abschließen.

18 Da die Kassenärztlichen Vereinigungen immer Vertragspartner sind, ist der **Sicherstellungsauftrag** (§ 75 SGB V) anders als bei Verträgen über die Integrierte Versorgung nach § 140a SGB V, an denen die Kassenärztlichen Vereinigungen nicht beteiligt sind, **nicht berührt**.

19 Absatz 1 ermächtigt die Gesamtvertragsparteien, **nach Ermessen** Strukturverträge abzuschließen. Er enthält damit eine Option zur Schaffung neuer Versorgungs- und Vergütungsstrukturen, jedoch keine Verpflichtung der Selbstverwaltung. Strukturverträge sind deshalb **nicht schiedsfähig**.[15]

2. Vertragsinhalt

a. Hausarztmodell und Praxisnetze

20 Die Kompetenz zum Abschluss von Strukturverträgen ist anders als bei den Modellvorhaben nach § 63 SGB V und der Integrierten Versorgung (§ 140a ff. SGB V) **beschränkt auf zwei Versorgungsformen**, das Hausarztmodell und das Modell der vernetzten Praxen. In den Strukturverträgen müssen die Gesamtvertragsparteien die Grundsätze des Leistungserbringungsrechts beachten.[16] Nur für den begrenzten Bereich der Vergütung dürfen sie vom einheitlichen Bewertungsmaßstab abweichen (Absatz 1 Satz 4). Die Vertragsparteien müssen den Grundsatz der **Beitragssatzstabilität** (§ 71 SGB V) beachten (Absatz 1 Satz 1 Halbsatz 2). Damit ist eine gezielte Förderung von Strukturverträgen in der Regel ausgeschlossen.[17]

21 Das **Hausarztmodell** ist ein Primärarztmodell auf freiwilliger Basis, bei dem sich der teilnehmende Versicherte verpflichtet, zuerst den von ihm ausgewählten, am Strukturvertrag teilnehmenden Hausarzt zu konsultieren, der die medizinische Betreuung übernimmt und alle weiteren Leistungen koordiniert, um Doppelleistungen sowie medizinisch nicht indizierte Untersuchungen und Therapien zu vermeiden. Zu diesem Zweck können Strukturverträge besondere qualitative Voraussetzungen für die Hausärzte (z.B. Teilnahme an Qualitätszirkeln) und zusätzliche Pflichten (z.B. erweiterte Präsenz- und Dokumentationspflicht, Verpflichtung zur Einholung einer Zweitmeinung vor ärztlicher Veranlassung von Leistungen, insbesondere Krankenhauseinweisungen) enthalten.

22 Das Modell der **vernetzten Praxen** („Praxisnetze") basiert auf einem Verbund von Haus- und Fachärzten, die sich nach den Vorgaben des Strukturvertrages (insbesondere Zahl und Qualifikation der teilnehmenden Ärzte, Maßnahmen zur Qualitätssicherung, Kommunikation und Kooperation der Teilnehmenden, z.B. durch Errichtung einer Leitstelle zur Koordination der Versorgung, Verfahrensregelungen über die Aufnahme und das Ausscheiden von Ärzten) zusammenschließen. Entscheidet sich der Versicherte freiwillig für die Behandlung durch ein solches Sonderversorgungssystem, übernimmt das Praxisnetz die Verantwortung für die fachübergreifende medizinische Betreuung insgesamt oder für bestimmte Teilbereiche, z.B. Onkologie, Diabetologie, Geriatrie[18] und ermöglicht dadurch ein effektiveres desease- bzw. case-management.

23 § 73a SGB V enthält keine Befugnis zur Bedarfsplanung, d.h. zur Beschränkung der Teilnahme. Die Strukturverträge müssen deshalb als Berufsausübungsregelungen (Art. 12 Abs. 1 GG) so gestaltet sein, dass allen Vertragsärzten, die die im Vertrag geregelten Voraussetzungen erfüllen, die Teilnahme offen steht.[19] Berufsrechtlich sind Praxisverbünde in **§ 23d der Musterberufsordnung** 1997, Stand 2004 (MBO-Ä) geregelt. Auch nach § 23d Abs. 1 Satz 2 MBO-Ä soll die Teilnahme an einem Praxisnetz allen dazu bereiten Ärzten ermöglicht werden, Kriterien für eine Beschränkung müssen für den jeweiligen Versorgungsauftrag notwendig sein. Die Verträge sind bei der Ärztekammer vorzulegen.

b. Versorgungsverantwortung

24 Die am Strukturvertrag teilnehmenden Ärzte übernehmen die Verantwortung für die Qualität und Wirtschaftlichkeit der medizinischen Versorgung in größerem Umfang als ein einzelner Vertragsarzt. Zentral ist sowohl beim Hausarztmodell als auch bei Praxisnetzen die Verantwortung für die **Koordination** aller ärztlichen und ärztlich verordneten bzw. veranlassten Leistungen, durch die eine effiziente

---

[15] Siehe auch *Auktor* in: Kruse/Hänlein, Gesetzliche Krankenversicherung, Lehr- und Praxiskommentar, § 73a Rn. 4; *Hencke* in: Peters, Handbuch KV (SGB V), § 73a Rn. 3.

[16] Demgegenüber ist bei Modellvorhaben nach § 63 SGB V eine Abweichung vom Leistungserbringungsrecht (4. Kapitel des SGB V) ebenso möglich (§ 63 Abs. 3 Satz 1 SGB V) wie bei der Integrierten Versorgung (§ 140 b Abs. 4 Satz 1 SGB V).

[17] A.A. *Schirmer*, MedR 1997, 431, 440.

[18] Ausführlich *Schirmer*, MedR 1997, 431, 439.

[19] Vgl. *Hess* in: KassKomm, SGB V, § 73a Rn. 8.

Versorgung des Patienten während der gesamten Behandlung garantiert werden soll. Die Koordination kann sektorübergreifend auch den stationären Bereich umfassen, z.B. bei belegärztlicher Behandlung (§ 121 SGB V).

c. Budgetverantwortung

Die Vereinbarung von Budgets ist nach Absatz 1 Satz 2 fakultativ. Die Versorgungsverantwortung wird jedoch erst durch die Budgetverantwortung effektiv, weil so die Wirtschaftlichkeit der medizinischen Versorgung eines Patienten mit der finanziellen Verantwortung des Arztes gekoppelt wird. Anders als bei der Einzelleistungsvergütung sinkt der Anreiz, zusätzliche, möglicherweise medizinisch nicht indizierte Leistungen zu erbringen. Vor allem kombinierte Budgets, die neben den ärztlichen auch die ärztlich verordneten und veranlassten Leistungen umfassen, können die steuernde Wirkung verstärken. Die Strukturverträge müssen Regelungen enthalten, welche Folgen Budgetüber- oder -unterschreitungen haben.[20] 25

IV. Verträge auf Bundesebene (Absatz 2)

Die Partner der Bundesmantelverträge (§ 82 Abs. 1 SGB V) können Rahmenverträge zum Inhalt und zur Durchführung der Strukturverträge vereinbaren, die eine möglichst bundeseinheitliche Umsetzung gewährleisten sollen, zugleich aber regionalen Besonderheiten ausreichend Raum lassen (Absatz 2 Satz 1).[21] Um Kollisionen der regionalen Strukturverträge mit den bundesmantelvertraglichen Regelungen, z.B. dem Hausarztvertrag, zu verhindern, fordert Absatz 2 Satz 2 die Spitzenverbände der Krankenkassen und die Kassenärztliche Bundesvereinigung auf, in den Bundesmantelverträgen die notwendigen Voraussetzungen zu schaffen.[22] Entsprechende Anpassungen sind bisher nicht erfolgt. 26

V. Rechtsschutz

Da Strukturverträge nicht schiedsfähig sind, haben die Gesamtvertragsparteien keine Rechtsschutzmöglichkeiten. 27

Strukturverträge sind als Teil der Gesamtverträge öffentlich-rechtliche Verträge i.S.v. § 53 Abs. 1 Satz 1 SGB X. Damit sind für Streitigkeiten die **Sozialgerichte** zuständig, soweit die **Teilnahme eines Vertragsarztes** am Strukturvertrag streitig ist (§ 51 Abs. 1 Nr. 2 SGG, Angelegenheiten der Krankenversicherung). Statthafte Klageart ist je nach Ausgestaltung des Strukturvertrages (Teilnahmeerklärung oder Genehmigung) eine Anfechtungs- (bei Ablehnung der Teilnahmeerklärung, Entzug der Teilnahmeberechtigung) oder Verpflichtungsklage (bei Versagung der Genehmigung). 28

Etwaige Streitigkeiten zwischen den Netzteilnehmern aufgrund des **Gesellschaftsvertrages** sind dagegen zivilrechtliche Streitigkeiten, für die die ordentlichen Gerichte zuständig sind. 29

---

[20] Näher zur Ausgestaltung von Budgets *Schirmer*, MedR 1997, 431, 440.

[21] Hierzu z.B. *Orlowski*, Die BKK 1997, 240, 242 f.

[22] *Orlowski*, Die BKK 1997, 240, 242 f.; vgl. auch *Hess* in: KassKomm, SGB V, § 73a Rn. 9.

§ 73b SGB V Hausarztzentrierte Versorgung

(Fassung vom 26.03.2007, gültig ab 01.04.2007)

(1) Die Krankenkassen haben ihren Versicherten eine besondere hausärztliche Versorgung (hausarztzentrierte Versorgung) anzubieten.

(2) Dabei ist sicherzustellen, dass die hausarztzentrierte Versorgung insbesondere folgenden Anforderungen genügt, die über die vom Gemeinsamen Bundesausschuss sowie in den Bundesmantelverträgen geregelten Anforderungen an die hausärztliche Versorgung nach § 73 hinausgehen:

1. **Teilnahme der Hausärzte an strukturierten Qualitätszirkeln zur Arzneimitteltherapie unter Leitung entsprechend geschulter Moderatoren,**
2. **Behandlung nach für die hausärztliche Versorgung entwickelten, evidenzbasierten, praxiserprobten Leitlinien,**
3. **Erfüllung der Fortbildungspflicht nach § 95d durch Teilnahme an Fortbildungen, die sich auf hausarzttypische Behandlungsprobleme konzentrieren, wie patientenzentrierte Gesprächsführung, psychosomatische Grundversorgung, Palliativmedizin, allgemeine Schmerztherapie, Geriatrie,**
4. **Einführung eines einrichtungsinternen, auf die besonderen Bedingungen einer Hausarztpraxis zugeschnittenen, indikatorengestützten und wissenschaftlich anerkannten Qualitätsmanagements.**

(3) Die Teilnahme an der hausarztzentrierten Versorgung ist freiwillig. Die Teilnehmer verpflichten sich schriftlich gegenüber ihrer Krankenkasse, nur einen von ihnen aus dem Kreis der Hausärzte nach Absatz 4 gewählten Hausarzt in Anspruch zu nehmen sowie ambulante fachärztliche Behandlung mit Ausnahme der Leistungen der Augenärzte und Frauenärzte nur auf dessen Überweisung. Der Versicherte ist an diese Verpflichtung und an die Wahl seines Hausarztes mindestens ein Jahr gebunden; er darf den gewählten Hausarzt nur bei Vorliegen eines wichtigen Grundes wechseln. Das Nähere zur Durchführung der Teilnahme der Versicherten, insbesondere zur Bindung an den gewählten Hausarzt, zu weiteren Ausnahmen von dem Überweisungsgebot und zu den Folgen bei Pflichtverstößen der Versicherten, regeln die Krankenkassen in ihren Satzungen.

(4) Zur flächendeckenden Sicherstellung des Angebots nach Absatz 1 haben Krankenkassen allein oder in Kooperation mit anderen Krankenkassen Verträge zu schließen. Die Verträge können abgeschlossen werden mit

1. **vertragsärztlichen Leistungserbringern, die an der hausärztlichen Versorgung nach § 73 Abs. 1a teilnehmen,**
2. **Gemeinschaften dieser Leistungserbringer,**
3. **Trägern von Einrichtungen, die eine hausarztzentrierte Versorgung durch vertragsärztliche Leistungserbringer, die an der hausärztlichen Versorgung nach § 73 Abs. 1a teilnehmen, anbieten,**
4. **Kassenärztliche Vereinigungen, soweit Gemeinschaften nach Nummer 2 sie hierzu ermächtigt haben.**

Ein Anspruch auf Vertragsschluss besteht nicht. Die Aufforderung zur Abgabe eines Angebots ist unter Bekanntgabe objektiver Auswahlkriterien öffentlich auszuschreiben. Soweit die hausärztliche Versorgung der Versicherten durch Verträge nach Satz 1 durchgeführt wird, ist der Sicherstellungsauftrag nach § 75 Abs. 1 eingeschränkt. Die Krankenkassen können den der hausarztzentrierten Versorgung zuzurechnenden Notdienst gegen Aufwendungsersatz, der pauschalisiert werden kann, durch die Kassenärztlichen Vereinigungen sicherstellen lassen.

(5) In den Verträgen nach Absatz 4 sind das Nähere über den Inhalt und die Durchführung der hausarztzentrierten Versorgung, insbesondere die Ausgestaltung der Anforderungen nach Absatz 2, sowie die Vergütung zu regeln. Eine Beteiligung der Kassenärztlichen Vereinigung bei der Ausgestaltung und Umsetzung der Anforderungen nach Absatz 2 ist möglich. Gegenstand der hausarztzentrierten Versorgung dürfen nur solche Leistungen sein, über deren Eignung als Leistung der gesetzlichen Krankenversicherung der Gemeinsame Bundesausschuss nach § 91 im Rahmen der Beschlüsse nach § 92 Abs. 1 Satz 2 Nr. 5 keine ablehnende Entscheidung getroffen hat. Die Einzelverträge können Abweichendes von den Vorschriften dieses Kapitels sowie den nach diesen Vorschriften getroffenen Regelungen regeln. § 106a Abs. 3 gilt hinsichtlich der arzt- und versichertenbezogenen Prüfung der Abrechnungen auf Rechtmäßigkeit entsprechend.

(6) Die Krankenkassen haben ihre Versicherten in geeigneter Weise umfassend über Inhalt und Ziele der hausarztzentrierten Versorgung sowie über die jeweils wohnortnah teilnehmenden Hausärzte zu informieren.

(7) Die Vertragspartner der Gesamtverträge nach § 83 Abs. 1 haben die Gesamtvergütungen nach § 85 Abs. 2 in den Jahren 2007 und 2008 entsprechend der Zahl der an der hausarztzentrierten Versorgung teilnehmenden Versicherten sowie dem in den Verträgen nach Absatz 4 vereinbarten Inhalt der hausarztzentrierten Versorgung zu bereinigen, soweit der damit verbundene einzelvertragliche Leistungsbedarf den nach § 295 Abs. 2 auf Grundlage des einheitlichen Bewertungsmaßstabes für vertragsärztliche Leistungen abgerechneten Leistungsbedarf vermindert. Ab dem 1. Januar 2009 ist der Behandlungsbedarf nach § 87a Abs. 3 Satz 2 entsprechend der Zahl und der Morbiditätsstruktur der an der hausarztzentrierten Versorgung teilnehmenden Versicherten sowie dem in den Verträgen nach Absatz 4 vereinbarten Inhalt der hausarztzentrierten Versorgung zu bereinigen. Kommt eine Einigung über die Verringerung der Gesamtvergütungen nach Satz 1 oder des Behandlungsbedarfs nach Satz 2 nicht zustande, können auch die Krankenkassen, die Vertragspartner der Verträge nach Absatz 4 sind, das Schiedsamt nach § 89 anrufen. Die für die Bereinigungsverfahren erforderlichen arzt- und versichertenbezogenen Daten übermitteln die Krankenkassen den zuständigen Gesamtvertragspartnern.

(8) Die Vertragsparteien nach Absatz 4 können vereinbaren, dass Aufwendungen für Leistungen, die über die hausärztliche Versorgung nach § 73 hinausgehen und insoweit nicht unter die Bereinigungspflicht nach Absatz 7 fallen, aus Einsparungen und Effizienzsteigerungen, die aus den Maßnahmen von Verträgen nach Absatz 4 erzielt werden, finanziert werden.

Gliederung

A. Basisinformation

I. Textgeschichte/Gesetzgebungsmaterialien

1 § 73b SGB V wurde durch Art. 1 Nr. 49 des Gesetzes zur Modernisierung der gesetzlichen Krankenversicherung (GKV-Modernisierungsgesetz – GMG) vom 19.11.2003[1] mit Wirkung vom 01.01.2004[2] eingeführt. Er beruhte auf dem gemeinsamen Gesetzentwurf der Fraktionen SPD, CDU/CSU und BÜNDNIS 90/DIE GRÜNEN vom 08.09.2003[3], in den Ausschussberatungen erfolgte keine Änderung[4]. Die Norm war Teil der Bestrebungen des Gesetzgebers, die Versorgungsstrukturen weiterzuentwickeln. Deshalb wurden die Krankenkassen verpflichtet, flächendeckend hausarztzentrierte Versorgungsformen anzubieten. Dabei hatten sie erstmals die Kompetenz, Direktverträge mit einzelnen Hausärzten oder Gemeinschaften von Hausärzten abzuschließen, um den Gestaltungsspielraum im Versorgungsgeschehen zu vergrößern.[5]

2 Die **Neufassung** der Vorschrift durch Art. 1 Nr. 45 **Gesetz zur Stärkung des Wettbewerbs in der gesetzlichen Krankenversicherung (GKV-Wettbewerbsstärkungsgesetz – GKV-WSG)** vom 26.03.2007[6] mit Wirkung vom **01.04.2007**[7] stellte die hausarztzentrierte Versorgung auf eine neue Grundlage. Zentrales Anliegen des Gesetzgebers war, die bisherige Einbettung der hausarztzentrierten Versorgung in die gesamtvertraglichen Regelungen zu beenden und eine **selektivvertragliche Organisation** zu installieren. Zugleich verpflichtete er die Krankenkassen, eine flächendeckende Versorgung der Versicherten sicherzustellen und substituierte insoweit den Sicherstellungsauftrag der KVen nach § 75 Abs. 1 SGB V. Außerdem legte er gesetzlich Mindestanforderungen für die hausarztzentrierte Versorgung fest, die nach der bisherigen Regelung in den Gesamtverträgen vereinbart werden sollten.[8] Aufgrund der Ausschussberatungen wurden in Absatz 3 Augen- und Frauenärzte von der Notwendigkeit einer Überweisung ausgenommen[9], in Absatz 4 Satz 2 die Nr. 4 angefügt und damit auch Verträge mit den KVen ermöglicht[10], in Absatz 5 Satz 2 eine Beteiligung der KVen bei der Ausgestal-

[1] BGBl I 2003, 2190.

[2] Art. 37 Abs. 1 GMG.

[3] BT-Drs. 15/1525, S. 17, 97. Im ursprünglichen Gesetzentwurf der Regierungsfraktionen SPD und BÜNDNIS 90/DIE GRÜNEN (BT-Drs. 15/1170) war § 73b SGB V nicht vorgesehen. Dieser Entwurf enthielt lediglich in § 67 SGB V die Option für die Versicherten, sich gegenüber ihrer Krankenkasse zu verpflichten, am Hausarztsystem teilzunehmen und Fachärzte nur auf Überweisung in Anspruch zu nehmen (S. 11, 74). Der Abschluss von Einzelverträgen war nur mit Fachärzten möglich (§ 106b SGB V).

[4] Vgl. die Beschlussempfehlung des Ausschusses für Gesundheit und soziale Sicherung (13. Ausschuss), BT-Drs. 15/1584, sowie den Bericht, BT-Drs. 15/1600.

[5] So der Entwurf, BT-Drs. 15/1525, S. 74.

[6] BGBl I 2007, 378.

[7] Art. 46 Abs.1 GKV-WSG.

[8] Vgl. die Begründung des Regierungsentwurfs, BT-Drs. 16/3100, S. 111 f.

[9] Vgl. die Beschlussempfehlung des Ausschusses für Gesundheit (14. Ausschuss), BT-Drs. 16/4200, S. 30 f., und den Bericht, BT-Drs. 16/4247, S. 50 f., sowie die Stellungnahme des Bundesrates zum Gesetzentwurf, BT-Drs. 16/3950, S. 16 und die Gegenäußerung der Bundesregierung, BT-Drs. 16/4020, S. 3.

[10] Vgl. die Beschlussempfehlung des Ausschusses für Gesundheit (14. Ausschuss), BT-Drs. 16/4200, S. 31, und den Bericht, BT-Drs. 16/4247, S. 51, sowie die Stellungnahme des Bundesrates zum Gesetzentwurf, BT-Drs. 16/3950, S. 16 und die Gegenäußerung der Bundesregierung, BT-Drs. 16/4020, S. 3.

tung und Umsetzung der Verträge vorgesehen[11] und Absatz 8 zur Vergütung zusätzlicher Leistungen, die über die hausärztliche Versorgung hinausgehen, hinzugefügt[12].

II. Vorgängervorschriften

Die Regelung ist ein Novum, das erstmalig die hausarztzentrierte Versorgung aus der gesamtvertraglichen Regelungskompetenz herauslöst und **ausschließlich** auf **eine selektivvertragliche (einzelvertragliche) Struktur** stellt. Sie schließt die KVen von der Organisation der hausarztzentrierten Versorgung praktisch aus und begründet eine umfassende Vertragskompetenz der Krankenkassen mit einzelnen Vertragsärzten und deren Gemeinschaften oder entsprechenden Einrichtungen. 3

III. Systematische Zusammenhänge

Die hausärztliche Versorgung ist Gegenstand mehrerer Versorgungsebenen. Den Grundsatz beschreibt § 73 Abs. 1-1c SGB V: Die **Trennung** der vertragsärztlichen Versorgung in den haus- und den fachärztlichen Bereich sowie der **Inhalt der hausärztlichen Versorgung.**[13] Daran knüpfen steuernd die Bedarfsplanung[14] und Vergütungsregelungen[15] an. Unabhängig von dieser Trennung können die Versicherten frei wählen, welchen Vertragsarzt, Hausarzt oder Facharzt sie in Anspruch nehmen (§ 76 SGB V). 4

Neben diesen Grundsatz tritt die seit 1997 in § 73a SGB V eröffnete Möglichkeit der Gesamtvertragsparteien, **Hausarztmodelle** durch Strukturverträge **als Teil der Gesamtverträge** zu implementieren.[16] In diesen Modellen soll der Hausarzt die Versorgungsverantwortung für die Patienten, die durch die freiwillige Teilnahme auf die freie Arztwahl verzichten, übernehmen und koordinierend den Behandlungsablauf steuern. 5

Während die Entwicklung von Hausarztmodellen in Strukturverträgen für die Gesamtvertragsparteien lediglich eine Option ist, **verpflichtete** § 73b SGB V seit 01.01.2004 die Krankenkassen zum Aufbau einer **hausarztzentrierten Versorgung** durch den Abschluss von Einzelverträgen mit besonders qualifizierten Hausärzten, deren Gemeinschaften oder medizinischen Versorgungszentren. Zugleich mussten die Gesamtvertragsparteien zwingend gesamtvertragliche Regelungen über Inhalt und Vergütung vereinbaren. **Seit 01.04.2007** wurde die hausarztzentrierte Versorgung vollständig aus den gesamtvertraglichen Regelungen herausgetrennt und in die **selektivvertragliche Organisation** überführt. Zugleich werden bei Beibehaltung des Grundsatzes der freien Arztwahl – anders als bei den Strukturverträgen nach § 73a SGB V – für die Versicherten **finanzielle Anreize** geschaffen, an der hausarztzentrierten Versorgung teilzunehmen und Fachärzte nur nach Überweisung in Anspruch zu nehmen. § 53 Abs. 3 SGB V verpflichtet die Krankenkassen, entsprechende **Wahltarife** in der Satzung vorzusehen. 6

IV. Ausgewählte Literaturhinweise

Orlowski, Ziele des GKV-Modernisierungsgesetzes (GMG), MedR 2004, 202; *Rehborn,* Erweiterte Vertragskompetenz der Krankenkassen unter besonderer Berücksichtigung der Verträge zur hausarztzentrierten und integrierten Versorgung – Vertragsgestaltungen aus der Sicht niedergelassener Vertragsärzte, VSSR 2004, 157. 7

---

[11] Vgl. die Beschlussempfehlung des Ausschusses für Gesundheit (14. Ausschuss), BT-Drs. 16/4200, S. 31, und den Bericht, BT-Drs. 16/4247, S. 51, sowie die Stellungnahme des Bundesrates zum Gesetzentwurf, BT-Drs. 16/3950, S. 16 und die Gegenäußerung der Bundesregierung, BT-Drs. 16/4020, S. 3.

[12] Vgl. die Beschlussempfehlung des Ausschusses für Gesundheit (14. Ausschuss), BT-Drs. 16/4200, S. 32, und den Bericht, BT-Drs. 16/4247, S. 51, sowie die Stellungnahme des Bundesrates zum Gesetzentwurf, BT-Drs. 16/3950, S. 16 und die Gegenäußerung der Bundesregierung, BT-Drs. 16/4020, S. 3.

[13] Zur Entwicklung vgl. die Kommentierung zu § 73 SGB V Rn. 59 ff.

[14] Vgl. § 101 Abs. 1 Nr. 2, Abs. 5.

[15] Vgl. § 87 Abs. 2a-2c.

[16] Vgl. hierzu die Kommentierung zu § 73a SGB V.

B. Auslegung der Norm

I. Regelungsgehalt und Bedeutung der Norm

8 Nach der **Legaldefinition** in **Absatz 1** ist die hausarztzentrierte Versorgung eine **besondere hausärztliche Versorgung**, die den in Absatz 2 geregelten Anforderungen entspricht.

9 **Absatz 2** beschreibt die über die Regelanforderungen der hausärztlichen Versorgung hinausgehenden **speziellen Mindestanforderungen der hausarztzentrierten Versorgung**. Die teilnehmenden Ärzte bzw. Einrichtungen müssen an strukturierten Qualitätszirkeln zur Arzneimitteltherapie teilnehmen (Nr. 1), die Behandlung nach evidenzbasierten Leitlinien für die hausärztliche Versorgung durchführen (Nr. 2), Fortbildungen zu hausarzttypischen Behandlungsproblemen nachweisen (Nr. 3) und ein einrichtungsinternes, hausarztbezogenes Qualitätsmanagement einführen (Nr. 4).

10 **Absatz 3** sieht entsprechend des Grundsatzes der freien Arztwahl (§ 76 SGB V) vor, dass die diesen Grundsatz einschränkende **Teilnahme** an der hausarztzentrierten Versorgung **für die Versicherten freiwillig** ist. Die freiwillige Selbstbindung der Versicherten, nur einen bestimmten Hausarzt und Fachärzte nur nach Überweisung in Anspruch zu nehmen, erfolgt schriftlich gegenüber der Krankenkasse („**Einschreibemodell**") und ermöglicht dem Hausarzt, seiner Steuerungsverantwortung nachzukommen. Der Versicherte ist an seine Entscheidung **ein Jahr** gebunden und darf den gewählten Hausarzt nur aus einem wichtigen Grund wechseln.

11 **Absatz 3 Satz 4** verpflichtet die Krankenkassen, in die Satzungen (§ 34 SGB IV) Durchführungsbestimmungen im Verhältnis zu den eingeschriebenen Versicherten aufzunehmen, insbesondere hinsichtlich der Bindung an den Hausarzt, zu Ausnahmen vom Überweisungsgebot und zur Sanktion bei Pflichtverstößen des Versicherten.

12 Nach **Absatz 4** können einzelne oder mehrere kooperierende Krankenkassen **Selektivverträge mit** Teilnehmern an der hausärztlichen Versorgung nach § 73 Abs. 1a SGB V, den **Hausärzten**[17] (Nr. 1) und **deren Gemeinschaften** (Nr. 2), **Einrichtungen, die durch Hausärzte eine hausarztzentrierte Versorgung gewährleisten** (Nr. 3) sowie den **KVen, soweit sie von Gemeinschaften der Hausärzte ermächtigt wurden** (Nr. 4) nach einer **Ausschreibung** (Satz 3) schließen. Ein Anspruch auf Abschluss eines Vertrages ist durch Absatz 4 Satz 2 ausgeschlossen, die Krankenkassen haben ein **Auswahlermessen**.

13 Soweit die hausärztliche Versorgung aufgrund von Selektivverträgen durchgeführt wird, wird der **Sicherstellungsauftrag der KVen** (§ 75 Abs. 1 SGB V) durch den der Krankenkassen **substituiert**, wobei die Möglichkeit besteht, den selektivvertraglichen, hausarztzentrierten Notdienst aus Praktikabilitätsgründen gegen Vergütung durch die KVen sicherstellen zu lassen.

14 Die Selektivverträge müssen nach **Absatz 5** den Inhalt und die Durchführung der hausarztzentrierten Versorgung regeln. Dabei sind insbesondere die Mindestanforderungen nach Absatz 2 zu präzisieren und eine angemessene Vergütung zu vereinbaren. Hinsichtlich der Ausgestaltung und Umsetzung der Mindestanforderungen ist eine Beteiligung der KV möglich. Das **Gestaltungsermessen** der Selektivvertragspartner ist durch negative Beschlüsse des Gemeinsamen Bundesausschusses zu neuen Untersuchungs- und Behandlungsmethoden beschränkt (Absatz 5 Satz 3), im Übrigen können die Parteien von den Vorschriften über die Beziehungen zu den Leistungserbringern (4. Kapitel) abweichen.

15 **Absatz 5 Satz 5** verweist bezüglich der **Abrechnungsprüfungspflicht** der Krankenkassen auf § 106a Abs. 3 SGB V und stellt damit auch im selektivvertraglichen Sektor Prüfungen sicher.

16 Eine angemessene **Information der Versicherten** über Inhalt und Ziele der hausarztzentrierten Versorgung und teilnehmende Ärzte bzw. Einrichtungen soll durch **Absatz 6** gewährleistet werden.

17 **Absatz 7** soll eine Doppelfinanzierung vermeiden und sieht deshalb eine **Bereinigung der Gesamtvergütung** um den Betrag vor, der in der hausärztlichen Versorgung durch die haus-arztzentrierte Versorgung eingespart wird. Kommt eine Einigung nicht zustande, können die Krankenkassen das **Schiedsamt** (§ 89 SGB V) anrufen.

18 **Absatz 8** ergänzt Absatz 5 und stellt klar, dass in den Selektivverträgen **zusätzliche Vergütungen** für Leistungen der hausarztzentrierten Versorgung vereinbart werden können, die nicht zur hausärztlichen Versorgung nach dem EBM gehören und deshalb nicht bei der Bereinigung der Gesamtvergütung zu berücksichtigen sind. Diese Zusatzvergütungen sind deshalb **aus Einsparungen und Effizienzsteigerungen** durch die hausarztzentrierte Versorgung, z.B. bei den veranlassten oder verordneten Leistungen, zu finanzieren.

---

[17] Vgl. die Kommentierung zu § 73 SGB V Rn. 74 ff.

Die **sozial- und rechtspolitische Bedeutung** von § 73b SGB V liegt insbesondere darin, dass der Gesetzgeber in der ursprünglichen Fassung aufgrund des GMG **erstmals** vom **Prinzip der Kollektivverträge im Vertragsarztrecht** (Bundesmantelverträge, Gesamtverträge) abwich und den Krankenkassen die **Verpflichtung** auferlegte, **Einzelverträge** mit besonders qualifizierten Hausärzten oder medizinischen Versorgungszentren abzuschließen, wobei allerdings die Regelungskompetenz bezüglich der näheren inhaltlichen Ausgestaltung noch bei den Gesamtvertragsparteien bzw. – fakultativ – bei den Parteien der Bundesmantelverträge lag. Aufgrund der **Neuregelung durch das GKV-WSG** tritt die hausarztzentrierte Versorgung vollständig aus dem Rahmen gesamt- und bundesmantelvertraglicher Regelungen heraus. Sie wird nunmehr **nur noch durch das Gesetz und** im Rahmen des den Krankenkassen eingeräumten Gestaltungs- und Auswahlermessens durch **Selektivverträge** geregelt. Den KVen steht bei der hausarztzentrierten Versorgung kein originäres Recht zum Vertragsabschluss oder zur inhaltlichen Ausgestaltung mehr zu, sie werden nur noch auf Ermächtigung von Gemeinschaften der Hausärzte Vertragspartei. 19

Damit stärkt die Neufassung – neben § 73c SGB V (besondere Versorgungsaufträge) – die **Vertragsfreiheit der Krankenkassen** und nimmt **Elemente des Wettbewerbs zwischen zugelassenen Leistungserbringern, den Hausärzten,** auf: Die Bewerber haben anders als bei der hausärztlichen Versorgung (§ 73 Abs. 1-1c) und der Teilnahme an strukturvertraglichen Hausarztmodellen (§ 73a SGB V) **keinen Anspruch auf Abschluss eines Vertrages** mit den Krankenkassen. 20

II. Normzweck

§ 73b SGB V fordert von den Krankenkassen die flächendeckende Sicherstellung eines Systems, das **neben** das Grundmodell der hausärztlichen Versorgung nach § 73 Abs. 1-1c SGB V und die Option der strukturvertraglichen Hausarztmodelle (§ 73a SGB V) sowie die Modellvorhaben (§§ 63 ff. SGB V) tritt. Mit der Norm sollen die **Versorgungsstrukturen weiterentwickelt**[18] und zwischen den verschiedenen Versorgungsformen ein **Wettbewerb** gefördert werden mit dem Ziel, dass die Patienten jeweils in der ihren Erfordernissen am besten entsprechenden Versorgungsform versorgt werden können. Zugleich sollen Innovationen beschleunigt und Effizienzreserven erschlossen werden.[19] Die Überführung der hausarztzentrierten Versorgung in die selektivvertragliche Organisation durch das GKV-WSG sollte **mehr Vertragsfreiheit für die Krankenkassen** schaffen, um zusätzlich einen **Wettbewerb zwischen den Leistungserbringern** zu ermöglichen.[20] 21

Die bereits in der ursprünglichen Fassung bestehenden **Gestaltungsmöglichkeiten der Krankenkassen**[21], die erstmals einen „Einzelvertrags-Wettbewerb unter dem Dach des Kollektivvertragssystems"[22] erlaubten, werden durch die Herauslösung der hausarztzentrierten Versorgung aus den Kollektivverträgen ab 01.04.2007 wesentlich erweitert. Das Gestaltungsermessen der Selektivvertragsparteien erlaubt auch Abweichungen von den Vorschriften des vierten Kapitels über die Beziehungen zu den Leistungserbringern, außerdem wird nunmehr klargestellt, dass Hausärzte keinen Anspruch auf einen Vertragsschluss haben und die Kassen nach pflichtgemäßem Ermessen entscheiden. Ob die Regelung praktikabel ist, ist in Anbetracht der zu erwartenden **Zersplitterung der hausärztlichen Versorgung** und der Vielzahl unterschiedlicher Selektivverträge zweifelhaft. 22

Die hausarztzentrierte Versorgung schafft ein auf Freiwilligkeit („Einschreibemodell") basierendes **Primärarztsystem**, bei dem der Hausarzt bezüglich der fachärztlichen Behandlung als „Wegweiser"[23] fungiert. Sie weicht damit von den bestehenden Versorgungsstrukturen ab, die auf der freien Arztwahl basieren. 23

---

18 Vgl. die Entwurfsbegründung zum GMG, BT-Drs. 15/1525, S. 74.

19 Vgl. die Entwurfsbegründung zum GMG, BT-Drs. 15/1525, S. 74.

20 Vgl. die Begründung zum Entwurf des GKV-WSG, BT-Drs. 16/3100, S. 86 f. und 90.

21 Vgl. die Entwurfsbegründung zum GMG, BT-Drs. 15/1525, S. 74, sowie S. 97.

22 So *Orlowski*, Ziele des GKV-Modernisierungsgesetzes (GMG), MedR 2004, 202, 204.

23 Die Entwurfsbegründung zum GKV-WSG spricht von der „Steuerungsverantwortung" des Hausarztes, BT-Drs. 16/3100, S. 112.

III. Die hausarztzentrierte Versorgung

24 Die hausarztzentrierte Versorgung tritt **neben** die reguläre hausärztliche Versorgung i.S.v. § 73 Abs. 1-1c SGB V. Sie ist eine **Sonderform** der hausärztlichen Versorgung[24], so dass die allgemeinen Regelungen in **§ 73 Abs. 1-1c SGB V** und in der Anlage 5 zum BMV (Hausarztvertrag)[25] **anzuwenden** sind, wie Absatz 2 Satz 1 ausdrücklich klarstellt.

25 Zusätzlich müssen die Teilnehmer die **in Absatz 2 gesetzlich ausgestalteten Mindestanforderungen** erfüllen, die vom Gesetzgeber zur Verbesserung der Versorgungsqualität und zum Erschließen von Wirtschaftlichkeitsreserven notwendig erachtet werden:[26]

- Teilnahme an strukturierten Qualitätszirkeln zur Arzneimitteltherapie (Nr. 1),
- Behandlung nach für die hausärztliche Versorgung entwickelten evidenzbasierten, praxiserprobten Leitlinien (Nr. 2),
- Teilnahme an Fortbildungen über hausarzttypische Behandlungsprobleme (Nr. 3),
- Einführung eines indikatorengestützten und wissenschaftlich anerkannten Qualitätsmanagements (Nr. 4).

26 Die **Ausgestaltung und Konkretisierung** der Mindestanforderungen obliegt nach Absatz 5 Satz 1 den Vertragspartnern. Sie können in den Verträgen auch weitergehende Anforderungen an die **sachliche Ausstattung** regeln, etwa Mindestanforderungen hinsichtlich der Praxis-EDV, die für eine umfassende Patientendokumentation und Kommunikation unter Berücksichtigung des Datenschutzes erforderlich ist. Außerdem kann das Vorhalten einer **apparativen Mindestausstattung** (z.B. Defibrillator, Akutlabor, Lungenfunktionstest, EKG) verlangt werden.

IV. Selektivvertragliche Sicherstellung der hausarztzentrierten Versorgung

1. Sicherstellungsauftrag der Krankenkassen

27 Abweichend vom allgemeinen Grundsatz, dass die Kassenärztlichen Vereinigungen die Sicherstellung der ambulanten, vertragsärztlichen Versorgung im Rahmen von § 73 Abs. 2 gewährleisten müssen (§ 75 Abs. 1 SGB V), legt Absatz 4 die Verpflichtung zur Sicherstellung der hausarztzentrierten Versorgung den Krankenkassen auf. Der Sicherstellungsauftrag der KV ist insoweit eingeschränkt (Absatz 4 Satz 5). Die Krankenkassen müssen durch **den Abschluss entsprechender Selektivverträge** die **flächendeckende Versorgung aller teilnehmenden Versicherten** sicherstellen, haben umgekehrt aber die Möglichkeit, eine sektorale Überversorgung in der hausarztzentrierten Versorgung zu verhindern, weil sie nicht mit allen qualifizierten Interessenten Verträge abschließen müssen. Absatz 4 Satz 3 schließt einen Anspruch auf Abschluss eines Vertrages explizit aus.

28 Die Sicherstellungspflicht umfasst **auch** den **Notdienst** im Rahmen der hausarztzentrierten Versorgung, wie sich klarstellend aus Absatz 4 Satz 6 ergibt. Aus Praktikabilitätsgründen können die Krankenkassen diesen Notdienst durch die KVen gegen Aufwendungsersatz sicherstellen lassen.

29 In der Praxis zeigte sich vor der Neuregelung, dass das Prinzip der Einzelverträge und der Abschlussfreiheit nicht umgesetzt wurde. So sahen z.B. die Anlagen zu den Bayerischen Gesamtverträgen, die zur hausarztzentrierten Versorgung nach altem Recht abgeschlossen wurden, jeweils eine Teilnahmeberechtigung aller entsprechend qualifizierten Hausärzte vor.[27] Nachdem die aktuelle Regelung ausschließlich eine selektivvertragliche Organisation erlaubt, besteht diese Umgehungsmöglichkeit nicht mehr.

2. Vertragspartner

30 Durch die Neuregelung ab 01.04.2007 wurde der Kreis der Vertragspartner erweitert, das diskriminierende Erfordernis einer „besonderen Qualifikation" ist entfallen. Als Vertragspartner kommen nunmehr in Betracht:

---

24 Absatz 1 spricht von einer „besonderen hausärztlichen Versorgung".

25 Vgl. hierzu die Kommentierung zu § 73 SGB V Rn. 66 ff.

26 Diese Mindestanforderungen waren nach Absatz 2 Sätze 1 und 3 a.F. in den Gesamtverträgen, fakultativ in den Bundesmantelverträgen zu vereinbaren.

27 Vgl. § 2 Abs. 3 Anlage J zum Gesamtvertrag zwischen der Kassenärztlichen Vereinigung Bayerns und der AOK Bayern und § 3 des Vertrages über die hausarztzentrierte Versorgung § 73b SGB V zwischen der Kassenärztlichen Vereinigung Bayerns und dem AEV - Arbeiter-Ersatzkassen-Verband e.V.

- Vertragsärztliche Leistungserbringer (§ 95 Abs. 1 SGB V), d.h. **Hausärzte** nach § 73 Abs. 1a SGB V **und Medizinische Versorgungszentren**, die an der hausärztlichen Versorgung teilnehmen (Nr. 1),
- **Gemeinschaften** der vertragsärztlichen Leistungserbringer (Nr. 2),
- **Träger von Einrichtungen**, die eine hausarztzentrierte Versorgung durch Hausärzte anbieten (Nr. 3),
- **Kassenärztliche Vereinigungen**, soweit sie Gemeinschaften von Hausärzten nach Nr. 2 hierzu ermächtigt haben (Nr. 4).

Während nach der früheren Regelung nur Verträge mit zugelassenen Medizinischen Versorgungszentren vorgesehen waren, erlaubt die Neuregelung nach Nr. 3 nunmehr daneben auch den Abschluss von Selektivverträgen mit **Managementgesellschaften**, die sich verpflichten, die hausarztzentrierte Versorgung mit entsprechend qualifizierten vertragsärztlichen Leistungserbringern durchzuführen.[28] Diese Neuregelung entspricht dem bereits für die integrierte Versorgung geltenden Recht (§ 140b Abs. 1 Nr. 4 SGB V). 31

Die **KVen** haben **kein originäres Recht zur Vertragspartnerschaft**, sie können nur dann Selektivverträge abschließen, wenn sie hierzu von Gemeinschaften der Hausärzte, z.B. einem hausärztlichen Berufsverband, ermächtigt wurden.[29] Im Falle einer Ermächtigung schließen sie den Vertrag mit den Krankenkassen **im eigenen Namen** für die Gemeinschaft. Nachdem die hausarztzentrierte Versorgung nicht Teil der vertragsärztlichen Versorgung i.S.v. § 73 SGB V ist, sind mit einer KV geschlossene selektivvertragliche Regelungen für die vertragsärztlichen Leistungserbringer nicht öffentlich-rechtlich nach § 95 Abs. 3 Satz 3 SGB V bindend. Welche Wirkungen der Selektivvertrag für die Mitglieder der ermächtigenden Gemeinschaft hat, z.B. ein Beitrittsrecht, ist nach dem privatrechtlichen Regelwerk zu beurteilen. 32

Der Aufbau einer selektivvertraglichen hausarztzentrierten Versorgung hat keine Auswirkungen auf die **Bedarfsplanung (§§ 99 ff. SGB V),** da **nur bereits zugelassene Leistungserbringer** als Vertragspartner in Betracht kommen. Durch den Abschluss eines Vertrages ändert sich der **Versorgungsgrad** nicht. Zulassungsrechtlich hat der Vertragsabschluss keine Auswirkungen (vgl. § 20 Abs. 1 Satz 2 Ärzte-ZV). 33

3. Verfahren

Die Krankenkassen haben die **Aufforderung zur Abgabe eines Angebots** unter Bekanntgabe objektiver Auswahlkriterien öffentlich **auszuschreiben**. Dabei ergeben sich die **Auswahlkriterien** aus den im Gesetz festgelegten Mindestanforderungen (Absatz 2) und den von den Krankenkassen vorgegebenen selektivvertraglichen Anforderungen (vgl. Absatz 5 Satz 1). 34

Die **Ausschreibung** ist – entgegen dem Wortlaut – keine „öffentliche“ Ausschreibung, da der Kreis der Berechtigten auf die Hausärzte, die medizinischen Versorgungszentren, deren Gemeinschaften, Managementgesellschaften und die KVen beschränkt ist. Sie muss deshalb keinen vergaberechtlichen Regelungen (GWB) entsprechen.[30] 35

Die Krankenkassen **entscheiden** über einen Vertragsabschluss nach **Ermessen**, da die Bewerber gem. Absatz 4 Satz 3 **keinen Anspruch auf Abschluss eines Vertrages** haben. Bei der Ermessensausübung kommt den Auswahlkriterien die primäre, tatbestandliche Bedeutung zu, bei nach den gesetzlichen und vertraglichen Anforderungen gleich qualifizierten Bewerbern müssen weitere sachliche Differenzierungskriterien herangezogen werden, z.B. eine besondere Praxisausrichtung. In Konkretisierung des allgemeinen Gleichheitsgrundsatzes (Art. 3 Abs. 1 GG) sprechen die Materialien von einer diskriminierungsfreien Auswahl.[31] 36

Die Abschlussfreiheit der Krankenkassen mit Bewerbern für die hausarztzentrierte Versorgung ist **verfassungsrechtlich nicht bedenklich**. Nach der Rechtsprechung des BVerfG zu Art. 12 Abs. 1 GG ist die mögliche Beschränkung der Teilnahme an einer bestimmten Versorgungsform **innerhalb** des Systems der gesetzlichen Krankenversicherung eine **Berufsausübungsregelung**[32], die bereits dann zuläs- 37

[28] Vgl. die Begründung zum Regierungsentwurf, BT-Drs. 16/3100, S. 87.

[29] Vgl. den Bericht des Ausschusses für Gesundheit (14. Ausschuss), BT-Drs. 16/4247, S. 51.

[30] Deshalb überzeugen die Ausführungen von *Hinz*, Neue Versorgungsformen im Gesundheitsmodernisierungsgesetz (GMG) seit dem 01.01.2004, Die Leistungen 2004, 513, 520 f., nicht. Siehe die Regelungen zur Ausschreibung von Vertragsarztsitzen, § 98 Abs. 2 Nr. 9.

[31] BT-Drs. 15/1525, S. 97 und BT-Drs. 16/3100, S. 112.

[32] Vgl. hierzu insbesondere BVerfG v. 23.03.1960 - 1 BvR 216/51 - BVerfGE 11, 30, 42 ff.

sig ist, wenn vernünftige Erwägungen des Gemeinwohls sie zweckmäßig erscheinen lassen[33]. Dies ist anzunehmen, da das mit § 73b SGB V eingeführte Primärarztsystem **Effizienz und Qualität** der ambulanten Versorgung steigern soll.

38 Mit dem Abschluss kommt ein **öffentlich-rechtlicher Vertrag** (§ 53 Abs. 1 Satz 1 SGB X) zustande.

39 Die **Krankenkassen** sind verpflichtet, alle Verträge nach § 73b SGB V **den für die Sozialversicherung zuständigen obersten Verwaltungsbehörden der Länder vorzulegen, in denen sie wirksam werden** (§ 71 Abs. 5 SGB V). Den Ländern soll dadurch ein umfassender Überblick über die im jeweiligen Land geltenden Verträge ermöglicht werden.

4. Vertragsinhalt

40 Gemäß Absatz 5 Satz 1 ist in den Verträgen das Nähere über den **Inhalt** und die **Durchführung** der hausarztzentrierten Versorgung, insbesondere die Ausgestaltung der Anforderungen nach Absatz 2 (vgl. hierzu Rn. 26) zu regeln. Hinsichtlich der Ausgestaltung und Umsetzung dieser Anforderungen ist nach Absatz 5 Satz 2 auch eine **Beteiligung der KVen** möglich, so dass deren Sachverstand bei der Formulierung der Qualitätsanforderungen, aber auch bei der Umsetzung fruchtbar gemacht werden kann. In Betracht kommt vor allem eine **Überprüfung des Vorliegens und der Einhaltung der Qualitätsanforderungen**. Zu regeln sind auch die Folgen von **Verstößen gegen den Selektivvertrag** (z.B. Schadensersatz, Sonderkündigungsrecht).

41 Das **Gestaltungsermessen** der Krankenkassen wird durch Absatz 5 Satz 4 wie bei der integrierten Versorgung[34] dahingehend erweitert, dass sie von den Vorschriften über die Beziehungen zu den Leistungserbringern[35] und den hierzu erlassenen Regelungen, insbesondere den Richtlinien, abweichen dürfen. Eine **Grenze** bilden allerdings negative Entscheidungen des Gemeinsamen Bundesausschusses nach den BUB-Richtlinien (§ 92 Abs. 1 Satz 2 Nr. 5 SGB V) zu bestimmten Leistungen.

5. Vergütungsregelungen

42 Die Vertragsparteien müssen ferner die Vergütung der hausarztzentrierten Versorgung regeln (Absatz 5 Satz 1). Soweit Leistungen Vertragsgegenstand sind, die über die reguläre hausärztliche Versorgung nach § 73 SGB V hinausgehen, erlaubt **Absatz 8** eine Vergütung, die aus den **Einsparungen und Effizienzsteigerungen** finanziert wird. Diese zusätzlichen Leistungen sind damit für die Krankenkassen kostenneutral und stellen bei entsprechender Vergütung für die Ärzte und Einrichtungen einen **Anreiz zur Teilnahme** an der hausarztzentrierten Versorgung dar.

6. Abrechnungsprüfung

43 Da die Einbettung in die Gesamtverträge wie auch der Sicherstellungsauftrag der KV als Grundlage von Prüfungen bei sektoralen Verträgen fehlt, muss durch Absatz 5 Satz 5 eine **Abrechnungsprüfung durch die Krankenkassen** gewährleistet werden. Die Norm verweist insoweit auf **§ 106a Abs. 3 SGB V**. Die Krankenkassen können also das Bestehen ihrer Leistungspflicht im Einzelfall wie auch die Plausibilität der abgerechneten Leistungen überprüfen sowie unkoordinierte Mehrfachinanspruchnahmen (z.B. Einholung einer hausärztlichen Zweitmeinung, Inanspruchnahme von Fachärzten ohne Überweisung) der eingeschriebenen Versicherten feststellen.

44 Die Prüfungsgremien der gemeinsamen Selbstverwaltung[36] sind nach § 106 Abs. 1 SGB V nur für Wirtschaftlichkeitsprüfungen in der vertragsärztlichen Versorgung zuständig, nicht für Prüfungen von Leistungen aufgrund sektoraler Verträge. Dies gilt auch für Abrechnungsprüfungen der KV (§ 106a Abs. 2 SGB V). Damit scheiden auch Maßnahmen nach § 106 Abs. 5 SGB V, insbesondere Honorarkürzungen, und sachlich-rechnerische Richtigstellungen (§ 106a Abs. 2 SGB V) aus. Die Krankenkassen müssen also **vertraglich** sicherstellen, dass **das Honorar bei Abrechnungsverstößen zurückzuzahlen** ist.

45 Sanktionen bei **Verstößen eingeschriebener Versicherter** gegen Bestimmungen über die hausarztzentrierte Versorgung sind in der **Satzung** der Krankenkasse zu regeln. Hausärzte außerhalb der hausarztzentrierten Versorgung oder ohne Überweisung besuchte Fachärzte haben grundsätzlich einen Anspruch auf Vergütung im Rahmen der Gesamtvergütung. Sie müssen jedoch die Behandlung ableh-

---

[33] BVerfG v. 11.06.1958 - 1 BvR 596/56 - BVerfGE 7, 377, 405; aktuell z.B. BVerfG v. 05.12.1995 - 1 BvR 2011/94 - BVerfGE 93, 362.

[34] Vgl. § 140d Abs. 4 Satz 1 SGB V.

[35] Viertes Kapitel des SGB V.

[36] Vgl. § 106 Abs. 4 SGB V.

nen, wenn sie wissen, dass der Versicherte an der hausarztzentrierten Versorgung teilnimmt.[37] Führen sie die Behandlung trotzdem durch, kann die KV ihre Abrechnung sachlich-rechnerisch richtigstellen, da der Versicherte keinen Anspruch auf hausärztliche Behandlung außerhalb der hausarztzentrierten Versorgung hat bzw. ohne Überweisung nicht leistungsberechtigt ist.[38]

V. Teilnahme an der hausarztzentrierten Versorgung

1. Grundstruktur

Die Teilnahme an der hausarztzentrierten Versorgung ist freiwillig. Sie setzt voraus, dass der Versicherte gegenüber der Krankenkasse **schriftlich** erklärt, nur einen von ihm **ausgewählten Hausarzt** aus dem Kreis der an der hausarztzentrierten Versorgung teilnehmenden Leistungserbringer **und ambulante fachärztliche Leistungen nur auf Überweisung** in Anspruch zu nehmen („**Einschreibemodell**"). Durch die Erklärung verzichtet er auf sein Recht zur freien Arztwahl (§ 76 SGB V). Die hausarztzentrierte Versorgung ist also ein **Primärarztsystem**, bei dem der Hausarzt die volle Steuerungs- und vor allem auch Zuweisungsfunktion zur fachärztlichen Versorgung hat. Lediglich die Inanspruchnahme von Augenärzten und Frauenärzten ist ohne Überweisung zulässig (Absatz 3 Satz 2), da diese wie Hausärzte Grundversorgungsfunktionen übernehmen.[39] Außerdem ist eine Überweisung im **Notfall** nicht erforderlich. 46

Mit der Teilnahmeerklärung des Versicherten kommt ein **öffentlich-rechtlicher Vertrag** (§ 53 Abs. 1 Satz 1 SGB X) zustande. Nach Absatz 3 Satz 3 ist der Versicherte an diesen Vertrag mindestens **ein Jahr gebunden**. Der Versicherte darf den Hausarzt in dieser Zeit nur bei Vorliegen eines wichtigen Grundes wechseln (Absatz 3 Satz 3 Halbsatz 2). 47

2. Durchführungsregelungen

Das Nähere zur **Durchführung** der Teilnahme an der hausarztzentrierten Versorgung müssen die Krankenkassen in der **Satzung** regeln. 48

Diese sehen für die Zeit nach Ablauf der Mindestbindungszeit von einem Jahr unterschiedliche **Kündigungsfristen** vor.[40] Ausnahmen von der Bindung an den Hausarzt sind ebenfalls in der Satzung zu regeln, z.B. bei Praxisverlegung, Umzug des Versicherten oder Störung des Vertrauensverhältnisses, das die Weiterbehandlung für eine Seite unzumutbar macht. Ein neuer Hausarzt muss ebenfalls aus dem Kreis der an der hausarztzentrierten Versorgung teilnehmenden Hausärzte ausgewählt werden. Bei einem Wechsel sind die über den Versicherten gespeicherten Unterlagen mit dessen Einverständnis vollständig an den neuen Hausarzt zu übermitteln, damit dieser seine Primärarztfunktion sofort ohne weitere Untersuchungen wahrnehmen kann und Kosten vermieden werden (§ 73 Abs. 1b Satz 5 SGB V).[41] Die Satzung kann weitere **Ausnahmen vom Überweisungsgebot** vorsehen. 49

In der Satzung ist ferner zu regeln, welche Folgen ein **Verstoß gegen die Teilnahmeverpflichtungen** hat, z.B. die **Einholung einer Zweitmeinung** eines weiteren Hausarztes neben der des in der hausarztzentrierten Versorgung gewählten.[42] Die Satzung kann in diesem Zusammenhang auch die **Ermächtigung zum Erlass von Verwaltungsakten** enthalten. Absatz 3 Satz 4 ist als gesetzliche Ermächtigungsgrundlage hinreichend bestimmt, da ausdrücklich auch die „Folgen von Pflichtverstößen" erwähnt werden.[43] Soweit es in der Satzung vorgesehen ist, können also vom Versicherten verursachte zusätzliche Kosten durch Verwaltungsakt festgesetzt werden. 50

---

37 Dies ist allerdings derzeit nicht aus der Krankenversicherungskarte ersichtlich.

38 *Hess*, KassKomm, SGB V, § 76 Rn. 20.

39 Vgl. den Ausschussbericht, BT-Drs. 16/4247, S. 51.

40 Vgl. z.B. Satzung der Barmer, § 31 Abs. 2, Satzung der Techniker, § 22 f Abs. 2.

41 Ebenso die Begründung im Gesetzentwurf, BT-Drs. 15/1545, S. 97. Zur Anwendbarkeit der allgemeinen Regelungen in der hausarztzentrierten Versorgung Rn. 15.

42 Die Gesetzesbegründung weist insoweit darauf hin, dass der Versicherte die Kosten selbst zu tragen hat, weil die Krankenkasse verpflichtet ist, die Gesamtvergütung für eingeschriebene Versicherte zu mindern und deren Behandlung deshalb nicht zu Lasten der Gesamtvergütung erfolgen dürfe, BT-Drs. 16/3100, S. 112.

43 Bedenken in Hinblick auf den Grundsatz des Vorbehalts des Gesetzes oder der Wesentlichkeitstheorie bestehen damit nicht.

3. Information der Versicherten

51 Absatz 6 verpflichtet die Krankenkassen, ihre Versicherten umfassend über Inhalt und Ziele der hausarztzentrierten Versorgung und wohnortnahe teilnehmende Vertragspartner zu informieren.

VI. Bereinigung der Gesamtvergütung/des Behandlungsbedarfs

52 Die Neuregelung sieht **zwingend**[44] eine Bereinigung der Gesamtvergütung auf der Grundlage des einheitlichen Bewertungsmaßstabs bzw. ab 01.01.2009 des morbiditätsbezogenen Behandlungsbedarfs nach § 87a Abs. 3 Satz 2 SGB V vor.[45] Die Krankenkassen müssen die erforderlichen arzt- und versichertenbezogenen Daten den Gesamtvertragspartnern übermitteln (Absatz 7 Satz 4).

53 Diese Bereinigung ist **schiedsamtsfähig (§ 89 SGB V)**, falls eine Einigung nicht zustande kommt.

VII. Rechtsschutz

1. Rechtsschutz der Vertragspartner

54 Zuständig sind die **Sozialgerichte** nach § 51 Abs. 1 Nr. 2 SGG. Begehrt der Betroffene den **Abschluss eines Selektivvertrages**, ist eine **allgemeine Leistungsklage** zu erheben, die auf Vertragsabschluss, d.h. auf Abgabe eines Angebots gerichtet ist. Der Betroffene hat nur einen **Anspruch auf fehlerfreie Ermessensausübung.**

55 Eine **defensive Konkurrentenklage** gegen den Vertragsabschluss der Krankenkasse mit einem Dritten ist bereits **unzulässig**. Der Vertragsabschluss steht nämlich im Ermessen der Krankenkassen, so dass keine einer restriktiven Bedarfsplanung vergleichbare Situation auftreten kann.[46] Eine drittschützende Norm, die die in entsprechender Anwendung von § 54 Abs. 1 Satz 2 SGG erforderliche Klagebefugnis des Konkurrenten begründen könnte, gibt es nicht.

2. Rechtsschutz der eingeschriebenen Versicherten

56 Zuständig sind die **Sozialgerichte** nach § 51 Abs. 1 Nr. 2 SGG. Bei Streitigkeiten über die Durchführung der hausarztzentrierten Versorgung wird regelmäßig ein feststellender (Berechtigung, den Hausarzt zu wechseln) oder ein gestaltender Verwaltungsakt (Rückforderung, Kündigung) ergehen. Der Versicherte kann **Anfechtungs- oder Verpflichtungsklage** erheben.

---

[44] In der früheren Fassung des Absatzes 3 Satz 2 war die Bereinigung fakultativ.

[45] Parallele Regelungen enthalten § 73c Abs. 6 SGB V hinsichtlich der ambulanten Versorgungsaufträge und § 140d Abs. 2 SGB V hinsichtlich der integrierten Versorgung.

[46] Der Beschluss des BVerfG v. 17.08.2004 - 1 BvR 378/00 - SozR 4-1500 § 54 Nr. 4, ist deshalb nicht einschlägig.

§ 73c SGB V Besondere ambulante ärztliche Versorgung

(Fassung vom 26.03.2007, gültig ab 01.04.2007)

(1) Die Krankenkassen können ihren Versicherten die Sicherstellung der ambulanten ärztlichen Versorgung durch Abschluss von Verträgen nach Absatz 4 anbieten. Gegenstand der Verträge können Versorgungsaufträge sein, die sowohl die versichertenbezogene gesamte ambulante ärztliche Versorgung als auch einzelne Bereiche der ambulanten ärztlichen Versorgung umfassen. Für die personellen und sächlichen Qualitätsanforderungen zur Durchführung der vereinbarten Versorgungsaufträge gelten die vom Gemeinsamen Bundesausschuss sowie die in den Bundesmantelverträgen für die Leistungserbringung in der vertragsärztlichen Versorgung beschlossenen Anforderungen als Mindestvoraussetzungen entsprechend.

(2) Die Versicherten erklären ihre freiwillige Teilnahme an der besonderen ambulanten ärztlichen Versorgung durch nach Absatz 3 verpflichtete Leistungserbringer, indem sie sich schriftlich gegenüber ihrer Krankenkasse verpflichten, für die Erfüllung der in den Verträgen umschriebenen Versorgungsaufträge nur die vertraglich gebundenen Leistungserbringer und andere ärztliche Leistungserbringer nur auf deren Überweisung in Anspruch zu nehmen. Der Versicherte ist an diese Verpflichtung mindestens ein Jahr gebunden. Das Nähere zur Durchführung der Teilnahme der Versicherten, insbesondere zur Bindung an die vertraglich gebundenen Leistungserbringer, zu Ausnahmen von dem Überweisungsgebot und zu den Folgen bei Pflichtverstößen der Versicherten, regeln die Krankenkassen in ihren Satzungen.

(3) Die Krankenkassen können zur Umsetzung ihres Angebots nach Absatz 1 allein oder in Kooperation mit anderen Krankenkassen Einzelverträge schließen mit

1. **vertragsärztlichen Leistungserbringern,**
2. **Gemeinschaften dieser Leistungserbringer,**
3. **Trägern von Einrichtungen, die eine besondere ambulante Versorgung nach Absatz 1 durch vertragsärztliche Leistungserbringer anbieten,**
4. **Kassenärztlichen Vereinigungen.**

Ein Anspruch auf Vertragsschluss besteht nicht. Die Aufforderung zur Abgabe eines Angebots ist unter Bekanntgabe objektiver Auswahlkriterien öffentlich auszuschreiben. Soweit die Versorgung der Versicherten durch Verträge nach Satz 1 durchgeführt wird, ist der Sicherstellungsauftrag nach § 75 Abs. 1 eingeschränkt. Die Krankenkassen können den diesen Versorgungsaufträgen zuzurechnenden Notdienst gegen Aufwendungsersatz, der pauschalisiert werden kann, durch die Kassenärztlichen Vereinigungen sicherstellen lassen.

(4) In den Verträgen nach Absatz 3 sind das Nähere über den Inhalt, den Umfang und die Durchführung der Versorgungsaufträge, insbesondere die Ausgestaltung der Qualitätsanforderungen, sowie die Vergütung zu regeln. Gegenstand der Versorgungsaufträge dürfen nur solche Leistungen sein, über deren Eignung als Leistung der gesetzlichen Krankenversicherung der Gemeinsame Bundesausschuss nach § 91 im Rahmen der Beschlüsse nach § 92 Abs. 1 Satz 2 Nr. 5 keine ablehnende Entscheidung getroffen hat. Die Verträge können Abweichendes von den Vorschriften dieses Kapitels sowie den nach diesen Vorschriften getroffenen Regelungen regeln. § 106a Abs. 3 gilt hinsichtlich der arzt- und versichertenbezogenen Prüfung der Abrechnungen auf Rechtmäßigkeit entsprechend.

(5) Die Krankenkassen haben ihre Versicherten in geeigneter Weise umfassend über Inhalt und Ziele der besonderen ambulanten ärztlichen Versorgung nach Absatz 1 sowie der daran teilnehmenden Ärzte zu informieren.

(6) Die Vertragspartner der Gesamtverträge nach § 83 Abs. 1 haben die Gesamtvergütungen nach § 85 Abs. 2 in den Jahren 2007 und 2008 entsprechend der Zahl der nach Absatz 3 teilnehmenden Versicherten sowie dem in einem Vertrag nach Absatz 3 vereinbarten Versorgungsauftrag zu bereinigen, soweit der damit verbundene einzelvertragliche Leistungsbedarf den nach § 295 Abs. 2 auf Grundlage des einheitlichen Bewertungsmaßstabes für vertragsärztliche Leistungen abgerechneten Leistungsbedarf vermindert. Ab dem 1. Januar 2009 ist der Behandlungsbedarf nach § 87a Abs. 3 Satz 2 entsprechend der Zahl und der Morbiditätsstruktur der nach Absatz 3 teilnehmenden Versicherten sowie dem in einem Vertrag nach Absatz 3 vereinbarten Versorgungsauftrag zu bereinigen. Kommt eine Einigung über die Verringerung der Gesamtvergütungen nach Satz 1 oder des Behandlungsbedarfs nach Satz 2 nicht zustande, können auch die Krankenkassen, die Vertragspartner der Verträge nach Absatz 3 sind, das Schiedsamt nach § 89 anrufen. Die für die Bereinigungsverfahren erforderlichen arzt- und versichertenbezogenen Daten übermitteln die Krankenkassen den zuständigen Gesamtvertragspartnern.

Gliederung

A. Basisinformationen

I. Textgeschichte/Gesetzgebungsmaterialien

1 § 73c SGB V wurde durch Art. 1 Nr. 50 des Gesetzes zur Modernisierung der gesetzlichen Krankenversicherung (GKV-Modernisierungsgesetz – GMG) vom 19.11.2003[1] mit Wirkung vom 01.01.2004[2] eingeführt. Er beruhte auf dem gemeinsamen Gesetzentwurf der Fraktionen SPD, CDU/CSU und BÜNDNIS 90/DIE GRÜNEN vom 08.09.2003[3], in den Ausschussberatungen erfolgte keine Änderung[4]. Die Norm war Teil der Bestrebungen des Gesetzgebers, die Versorgungsstrukturen weiterzuentwickeln. Deshalb wurden die Krankenkassen ermächtigt, auf der Grundlage von Gesamtverträgen auch mit einzelnen Vertragsärzten Versorgungsverträge abzuschließen, deren Durchführung besondere qualitative oder organisatorische Anforderungen an die Vertragsärzte stellte.[5] Die Krankenkassen erhielten damit sowohl auf kollektivvertraglicher als auch auf einzelvertraglicher Ebene die Möglichkeit, beson-

[1] BGBl I 2003, 2190.

[2] Art. 37 Abs. 1 GMG.

[3] BT-Drs. 15/1525. Im ursprünglichen Gesetzentwurf der Regierungsfraktionen SPD und BÜNDNIS 90/DIE GRÜNEN (BT-Drs. 15/1170) war § 73c SGB V nicht vorgesehen.

[4] Vgl. die Beschlussempfehlung des Ausschusses für Gesundheit und soziale Sicherung (13. Ausschuss), BT-Drs. 15/1584, sowie den Bericht, BT-Drs. 15/1600.

[5] So der Entwurf, BT-Drs. 15/1525, S. 74.

deren Versorgungsbedürfnissen Rechnung zu tragen. Zugleich sollte einer dezentralen, innovativen Systemweiterentwicklung Raum gegeben werden.[6]

Die **Neufassung** der Vorschrift durch Art. 1 Nr. 46 **Gesetz zur Stärkung des Wettbewerbs in der gesetzlichen Krankenversicherung (GKV-Wettbewerbsstärkungsgesetz – GKV-WSG)** vom 26.03.2007[7] mit Wirkung vom **01.04.2007**[8] stellte die Entwicklung neuer Versorgungsstrukturen auf eine andere Grundlage. Zentrales Anliegen des Gesetzgebers war, die bisherige Einbettung in die gesamtvertraglichen Regelungen zu beenden und eine ausschließlich **einzelvertragliche Organisation** vorzusehen. Der Regierungsentwurf[9] wurde im weiteren Gesetzgebungsverfahren nicht geändert[10]. 2

II. Vorgängervorschriften

Die Regelung hat **keinen Vorläufer**. Sie entwickelt wie § 73b SGB V (hausarztzentrierte Versorgung) das ambulante Versorgungssystem weiter, weil sie neben dem bisher ausschließlich kollektivvertraglichen System (Bundesmantelverträge und Gesamtverträge) den Abschluss von Einzelverträgen („Selektivverträgen") mit Vertragsärzten zulässt. Die in der ursprünglichen Vorschrift vorgesehene gesamtvertragliche Regelung ist in der Neufassung nicht mehr enthalten. 3

III. Systematische Zusammenhänge

Während § 73b SGB V nur die hausärztliche Versorgung regelt, differenziert § 73c SGB V nicht zwischen der haus- und der fachärztlichen Versorgung und umfasst die **ganze ambulante ärztliche Versorgung**. Anders als bei der integrierten Versorgung (§§ 140a ff. SGB V) können keine sektorübergreifenden (ambulant/stationär) Verträge abgeschlossen werden. 4

Die **Entwicklung neuer Versorgungsstrukturen** ist im Gegensatz zur selektivvertraglichen hausarztzentrierten Versorgung **fakultativ.** 5

Für Versicherte, die an neuen Versorgungsstrukturen teilnehmen, sieht **§ 53 Abs. 3 SGB V** finanzielle Anreize vor. Die Krankenkassen müssen entsprechende **Wahltarife** anbieten, die **Prämienzahlungen oder Zuzahlungsermäßigungen** vorsehen. 6

IV. Ausgewählte Literaturhinweise

Orlowski, Ziele des GKV-Modernisierungsgesetzes (GMG), MedR 2004, 202. 7

B. Auslegung der Norm

I. Regelungsgehalt und Bedeutung der Norm

Absatz 1 Sätze 1 und 2 geben den Krankenkassen die Kompetenz, im Rahmen der vertragsärztlichen Versorgung **Versorgungsaufträge** zu vereinbaren, die sowohl die versichertenbezogene gesamte ambulante ärztliche Versorgung als auch einzelne Bereiche der ambulanten ärztlichen Versorgung umfassen. Nach Satz 3 gelten die in den Bundesmantelverträgen und vom Gemeinsamen Bundesausschuss festgesetzten personellen und sächlichen **Qualitätsanforderungen** entsprechend als Mindestanforderungen. 8

Nach **Absatz 2** ist die **Teilnahme** der Versicherten an der besonderen ambulanten Versorgung **freiwillig** und erfolgt durch schriftliche Erklärung für **mindestens ein Jahr**. Die Durchführung der Versorgungsaufträge und die Folgen von Pflichtverstößen müssen die Krankenkassen in der Satzung regeln. Die Versicherten verpflichten sich, unter Verzicht auf die freie Arztwahl (§ 76 SGB V) innerhalb des Versorgungsauftrages nur einen vertraglich gebundenen Leistungserbringer in Anspruch zu nehmen, wenn keine Überweisung vorliegt. 9

Absatz 3 sieht als Vertragspartner der Einzelverträge alle vertragsärztlichen Leistungserbringer, d.h. gem. § 95 Abs. 1 SGB V **Vertragsärzte, ermächtigte Ärzte** und **Medizinische Versorgungszentren** (Nr. 1), deren **Gemeinschaften** (Nr. 2), **Einrichtungen, die besondere Versorgungsangebote durch** 10

6 BT-Drs. 15/1525, S. 97.

7 BGBl I 2007, 378.

8 Art. 46 Abs. 1 GKV-WSG.

9 BT-Drs. 16/3100, S. 14 f., 113 f.

10 Vgl. die Beschlussempfehlung des Ausschusses für Gesundheit (14. Ausschuss), BT-Drs. 16/4200, S. 32 ff., und den Bericht, BT-Drs. 16/4247, S. 51.

vertragsärztliche Leistungserbringer anbieten (Nr. 3) und – anders als bei der hausarztzentrierten Versorgung – die **KVen** vor. Die Krankenkassen müssen eine Ausschreibung durchführen. Ein Anspruch auf Abschluss eines Vertrages ist durch Absatz 3 Satz 2 ausgeschlossen, die Krankenkassen haben ein **Auswahlermessen.**

11 Soweit die ambulante Versorgung aufgrund dieser Einzelverträge durchgeführt wird, wird der **Sicherstellungsauftrag der KVen** (§ 75 Abs. 1 SGB V) durch den der Krankenkassen **substituiert**, wobei die Möglichkeit besteht, den einzelvertraglichen Notdienst aus Praktikabilitätsgründen gegen Vergütung durch die KVen sicherstellen zu lassen.

12 Nach **Absatz 4** müssen die Einzelverträge den Inhalt, den Umfang und die Durchführung der Versorgungsaufträge regeln. Dabei sind insbesondere die Mindestanforderungen hinsichtlich der Qualität zu präzisieren und eine angemessene Vergütung zu vereinbaren. Das **Gestaltungsermessen** der Vertragspartner ist durch negative Beschlüsse des Gemeinsamen Bundesausschusses zu neuen Untersuchungs- und Behandlungsmethoden beschränkt (Absatz 4 Satz 2), im Übrigen können die Parteien seit 01.04.2007 von den Vorschriften über die Beziehungen zu den Leistungserbringern (4. Kapitel) abweichen.

13 **Absatz 4 Satz 4** verweist bezüglich der **Abrechnungsprüfungspflicht** der Krankenkassen auf § 106a Abs. 3 SGB V und stellt damit auch im einzelvertraglichen Sektor **Prüfungen** sicher.

14 Eine angemessene **Information der Versicherten** über Inhalt und Ziele der Versorgungsaufträge und teilnehmende Ärzte bzw. Einrichtungen soll durch **Absatz 5** gewährleistet werden.

15 **Absatz 6** vermeidet eine Doppelfinanzierung und sieht deshalb eine **Bereinigung der Gesamtvergütung** um den Betrag vor, der in der Versorgung im Rahmen von Versorgungsaufträgen eingespart wird. Kommt eine Einigung nicht zustande, können die KVen und die Krankenkassen das **Schiedsamt** (§ 89 SGB V) anrufen.

16 Die **gesundheits- und rechtspolitische Bedeutung** von § 73c SGB V liegt insbesondere darin, dass der Gesetzgeber in der **Neufassung durch das GKV-WSG erstmals** vom **Prinzip der Kollektivverträge im Vertragsarztrecht** (Bundesmantelverträge, Gesamtverträge) abweicht und den Krankenkassen die **Möglichkeit** gibt, unabhängig von kollektivvertraglichen Regelungen **Einzelverträge** abzuschließen. Aufgrund der **Neuregelung** tritt die einzelvertragliche ambulante Versorgung vollständig aus dem Rahmen gesamt- und bundesmantelvertraglicher Regelungen heraus. Sie wird nunmehr **nur noch durch das Gesetz und** im Rahmen des den Krankenkassen eingeräumten Gestaltungs- und Auswahlermessens durch **Einzelverträge** geregelt. Den **KVen** steht dabei anders als bei der hausarztzentrierten Versorgung ein originäres Recht zum Vertragsabschluss zu.

17 Damit soll die Neufassung – neben § 73b SGB V (hausarztzentrierte Versorgung) – die **Vertragsfreiheit der Krankenkassen** stärken und **Elemente des Wettbewerbs zwischen zugelassenen Leistungserbringern** aufnehmen: Die Bewerber haben **keinen Anspruch auf Abschluss eines Vertrages** mit den Krankenkassen.

II. Normzweck

18 Die Vorschrift erlaubt abweichend von der bisherigen kollektivvertraglich geprägten Versorgungsstruktur den Abschluss von **Einzelverträgen mit zugelassenen Leistungserbringern** zur Erfüllung der Versorgungsaufträge. § 73c SGB V ist damit wie § 73b SGB V ein Element zur **Weiterentwicklung der Versorgungsstrukturen.**[11] Nach den Vorstellungen des Gesetzgebers wird durch § 73c SGB V Raum gegeben für eine dezentrale, innovative Systemerweiterung.[12] Außerdem soll durch die Option des Abschlusses von Einzelverträgen der **Wettbewerb** zwischen den Leistungserbringern **intensiviert** werden.[13]

III. Versorgungsaufträge

19 § 73c SGB V korrespondiert mit § 73 Abs. 2 SGB V, der den Umfang der vertragsärztlichen Versorgung regelt und durch die Richtlinien des Bundesausschusses nach § 92 SGB V konkretisiert wird.[14] Wie § 73b SGB V neben der regulären hausärztlichen Versorgung die hausarztzentrierte Versorgung

[11] Vgl. den Gesetzentwurf, BT-Drs. 15/1525, S. 74, zur Neufassung den Gesetzentwurf zum GKV-WSG BT-Drs. 16/3100, S. 113.

[12] BT-Drs. 15/1525, S. 97.

[13] BT-Drs. 16/3100, S. 87.

[14] Zum Umfang der vertragsärztlichen Versorgung vgl. die Kommentierung zu § 73 SGB V Rn. 86 ff.

vorsieht, treten die Versorgungsaufträge nach § 73c SGB V **neben** die reguläre vertragsärztliche Versorgung („Regelversorgung"). Systematisch ist zu beachten, dass die Regelungen des Vierten Kapitels SGB V über die Beziehungen zu den Leistungserbringern und die allgemeinen bundesmantelvertraglichen Vorschriften, auch die Richtlinien des Gemeinsamen Bundesausschusses, die nach § 92 Abs. 8 SGB V Bestandteil der Bundesmantelverträge sind, zur Disposition der Vertragsparteien stehen (vgl. Absatz 4 Satz 3), soweit keine personellen oder sächlichen Qualitätsanforderungen gestellt werden und keine negativen Beschlüsse des Gemeinsamen Bundesausschusses nach den BUB-Richtlinien (§ 92 Abs. 1 Satz 2 Nr. 5 SGB V) ergangen sind.

Versorgungsaufträge müssen über die Mindestvoraussetzungen der Regelversorgung hinaus (Absatz 1 Satz 3) besondere Anforderungen an die **Qualität der Leistungserbringung** enthalten. Die Anforderungen, die für die Zulassung als vertragsärztlicher Leistungserbringer erforderlich sind, reichen nicht. Es müssen von den Vertragspartnern – wie beim Fachkundenachweis oder besonderen Anforderungen an die Strukturqualität im Rahmen von § 135 Abs. 2 SGB V – die **zusätzlichen, von den Vertragsparteien definierten Anforderungen** erfüllt werden. Dies können z.B. bestimmte Organisationsformen, Kooperationsstrukturen und EDV-Strukturen sein oder zur Sicherung bestimmter Qualitätsstandards auch Mindestfallzahlen bei den jeweiligen Leistungen. 20

Gesetzlich vorgesehen sind **allgemeine** und **besondere Versorgungsaufträge** (Absatz 1 Satz 2). 21

Allgemeine Versorgungsaufträge sollen die gesamte ambulante ärztliche Versorgung eines Versicherten umfassen. Diese Versorgungsaufträge können z.B. durch Einzelverträge mit **Praxisnetzen**, in denen Haus- und Fachärzte tätig sind, oder mit **Medizinischen Versorgungszentren**, die gem. § 95 Abs. 1 Satz 2 SGB V per definitionem fachübergreifend sind, erfüllt werden. 22

Besondere Versorgungsaufträge sollen einzelne Bereiche der ambulanten Versorgung umfassen. Sie sind vor allem hinsichtlich der Erbringung von strukturierten Behandlungsprogrammen auf der Basis evidenzbasierter Leitlinien für bestimmte chronische Krankheiten (Diabetes, koronare Herzerkrankungen) denkbar, ebenso für die Versorgung bestimmter Krankheitsbilder in Schwerpunktpraxen (Schmerztherapie, Dialyse). 23

IV. Einzelverträge über Versorgungsaufträge

1. Fakultativer Abschluss

Nach **Absatz 1 Satz 1** haben die Krankenkassen **keine Verpflichtung** zum Aufbau eines flächendeckenden Netzes. Die Regelung schafft lediglich die **Option**, in Einzelverträgen die Entwicklung neuer Versorgungsstrukturen durch Versorgungsaufträge zu organisieren. Nach Auffassung des Gesetzgebers soll im Wettbewerb ermittelt werden, welche Vertragsformen sinnvoll sind.[15] 24

2. Sicherstellungsauftrag der Krankenkassen

Abweichend vom allgemeinen Grundsatz, dass die Kassenärztlichen Vereinigungen die Sicherstellung der ambulanten, vertragsärztlichen Versorgung im Rahmen von § 73 Abs. 2 gewährleisten müssen (§ 75 Abs. 1 SGB V), erlegt Absatz 3 die Verpflichtung zur Sicherstellung den Krankenkassen auf, **soweit** sie von der Möglichkeit einzelvertraglicher **Versorgungsaufträge** Gebrauch gemacht haben (Absatz 3 Satz 4). Der Sicherstellungsauftrag der KV ist diesbezüglich eingeschränkt. Die Sicherstellungspflicht umfasst **auch** den **Notdienst** im Rahmen der Versorgungsaufträge, wie sich klarstellend aus Absatz 3 Satz 5 ergibt. Aus Praktikabilitätsgründen können die Krankenkassen diesen Notdienst durch die KVen gegen Aufwendungsersatz sicherstellen lassen. 25

3. Vertragspartner

Als Vertragspartner kommen nach Absatz 3 Satz 1 in Betracht: 26

- Vertragsärztliche Leistungserbringer (§ 95 Abs. 1 SGB V), d.h. **Haus- und Fachärzte, Medizinische Versorgungszentren** sowie ermächtigte Ärzte (Nr. 1),
- **Gemeinschaften** der vertragsärztlichen Leistungserbringer (Nr. 2),
- **Träger von Einrichtungen**, die eine besondere ambulante Versorgung durch vertragsärztliche Leistungserbringer anbieten (Nr. 3),
- **Kassenärztliche Vereinigungen** (Nr. 4).

[15] Begründung zum Regierungsentwurf, BT-Drs. 16/3100, S. 113.

27 Die Neuregelung der Nr. 3 erlaubt nunmehr auch den Abschluss von Einzelverträgen mit **Managementgesellschaften**, die sich verpflichten, die ambulante Versorgung aufgrund eines Versorgungsauftrags mit entsprechend qualifizierten vertragsärztlichen Leistungserbringern durchzuführen.[16] Dies entspricht dem bereits für die integrierte Versorgung geltenden Recht (§ 140b Abs. 1 Nr. 4 SGB V). Die **KVen** haben **ein originäres Recht zur Vertragspartnerschaft**, sie können anders als in der hausarztzentrierten Versorgung Verträge mit den Krankenkassen abschließen.

28 Der Aufbau einer einzelvertraglichen ambulanten Versorgung hat keine Auswirkungen auf die **Bedarfsplanung (§§ 99 ff. SGB V),** da **nur bereits zugelassene Leistungserbringer** bzw. Einrichtungen, die zugelassene Leistungserbringer beschäftigen, als Vertragspartner in Betracht kommen. Durch den Abschluss eines Vertrages ändert sich der **Versorgungsgrad** nicht. Zulassungsrechtlich hat der Vertragsabschluss keine Auswirkungen (vgl. § 20 Abs. 1 Satz 2 Ärzte-ZV).

4. Verfahren

29 Die Krankenkassen haben die **Aufforderung zur Abgabe eines Angebots** unter Bekanntgabe objektiver Auswahlkriterien öffentlich **auszuschreiben**. Dabei ergeben sich die **Auswahlkriterien** aus den im Gesetz festgelegten Mindestvoraussetzungen (Absatz 1) und den von den Krankenkassen vorgegebenen einzelvertraglichen Anforderungen (vgl. Absatz 4 Satz 1).

30 Die **Ausschreibung** ist entgegen dem Wortlaut keine „öffentliche" Ausschreibung, da der Kreis der Vertragspartner auf die Vertragsärzte, die medizinischen Versorgungszentren, deren Gemeinschaften, Managementgesellschaften und die KVen beschränkt ist. Sie muss deshalb keinen vergaberechtlichen Regelungen (GWB) entsprechen.[17]

31 Die Krankenkassen **entscheiden** über einen Vertragsabschluss nach **Ermessen**, da die Bewerber gem. Absatz 3 Satz 2 **keinen Anspruch auf Abschluss eines Vertrages** haben. Bei der Ermessensausübung kommt den Auswahlkriterien eine tatbestandliche Bedeutung zu, bei nach den gesetzlichen und vertraglichen Anforderungen gleich qualifizierten Bewerbern müssen weitere **sachliche Differenzierungskriterien** herangezogen werden, z.B. eine besondere Praxisausrichtung. In Konkretisierung des allgemeinen Gleichheitsgrundsatzes (Art. 3 Abs. 1 GG) sprechen die Materialien von einer diskriminierungsfreien Auswahl.[18]

32 Die Abschlussfreiheit der Krankenkassen mit Bewerbern für allgemeine und besondere Versorgungsaufträge ist **verfassungsrechtlich nicht bedenklich**. Nach der Rechtsprechung des BVerfG zu Art. 12 Abs. 1 GG ist die mögliche Beschränkung der Teilnahme an einer bestimmten Versorgungsform **innerhalb** des Systems der gesetzlichen Krankenversicherung eine **Berufsausübungsregelung**[19], die bereits dann zulässig ist, wenn vernünftige Erwägungen des Gemeinwohls sie zweckmäßig erscheinen lassen[20]. Davon ist auszugehen, weil die Entwicklung neuer Versorgungsstrukturen in der ambulanten Versorgung Effizienz und Qualität steigern soll.

33 Mit dem Abschluss kommt ein **öffentlich-rechtlicher Vertrag** (§ 53 Abs. 1 Satz 1 SGB X) zustande.

34 Die **Krankenkassen** sind verpflichtet, alle Verträge nach § 73c SGB V **den für die Sozialversicherung zuständigen obersten Verwaltungsbehörden der Länder vorzulegen, in denen sie wirksam werden** (§ 71 Abs. 5 SGB V). Den Ländern soll dadurch ein umfassender Überblick über die im jeweiligen Land geltenden Verträge ermöglicht werden.

5. Vertragsinhalt

35 Der Gesetzgeber hat den Vertragsinhalt so weit als möglich den Vertragsparteien überlassen, um einen qualitätsorientierten Wettbewerb zu fördern.[21] Gemäß Absatz 4 Satz 1 ist in den Verträgen das Nähere über den **Inhalt, den Umfang** und die **Durchführung** der Versorgungsaufträge, insbesondere die Ausgestaltung der Qualitätsanforderungen, zu regeln.

---

16 Vgl. die Begründung zum Regierungsentwurf, BT-Drs. 16/3100, S. 87.

17 Deshalb überzeugen die Ausführungen von *Hinz*, Neue Versorgungsformen im Gesundheitsmodernisierungsgesetz (GMG) seit dem 01.01.2004, Die Leistungen 2004, 513, 520 f., nicht. Siehe die Regelungen zur Ausschreibung von Vertragsarztsitzen, § 98 Abs. 2 Nr. 9.

18 BT-Drs. 16/3100, S. 87 und 114.

19 Vgl. hierzu insbesondere BVerfG v. 23.03.1960 - 1 BvR 216/51 - BVerfGE 11, 30, 42 ff.

20 BVerfG v. 11.06.1958 - 1 BvR 596/56 - BVerfGE 7, 377, 405; aktuell z.B. BVerfG v. 05.12.1995 - 1 BvR 2011/94 - BVerfGE 93, 362.

21 Vgl. BT-Drs. 16/3100, S. 114.

Das **Gestaltungsermessen** der Krankenkassen wird durch Absatz 4 Satz 3 wie bei der integrierten Versorgung[22] dahingehend erweitert, dass sie von den Vorschriften über die Beziehungen zu den Leistungserbringern[23] und den hierzu erlassenen Regelungen, insbesondere den Richtlinien, abweichen dürfen. Eine **Grenze** bilden allerdings die Regelungen über personelle und sächliche **Qualitätsanforderungen**[24] sowie **negative Entscheidungen des Gemeinsamen Bundesausschusses nach den BUB-Richtlinien** (§ 92 Abs. 1 Satz 2 Nr. 5 SGB V) zu bestimmten Leistungen. Die Vertragsparteien müssen ferner die **Vergütung** regeln (Absatz 4 Satz 1). Gesetzliche Vorgaben bestehen nicht. 36

6. Abrechnungsprüfung

Da die Einbettung in die Gesamtverträge wie auch der Sicherstellungsauftrag der KV als Grundlage von Prüfungen bei sektoralen Verträgen fehlt, muss durch Absatz 4 Satz 4 eine **Abrechnungsprüfung durch die Krankenkassen** gewährleistet werden. Die Norm verweist insoweit auf **§ 106a Abs. 3 SGB V**. Die Krankenkassen können also das Bestehen ihrer Leistungspflicht im Einzelfall wie auch die Plausibilität der abgerechneten Leistungen überprüfen sowie unkoordinierte Mehrfachinanspruchnahmen (z.B. Einholung einer hausärztlichen Zweitmeinung, Inanspruchnahme von Fachärzten ohne Überweisung) der teilnehmenden Versicherten feststellen. 37

Die Krankenkassen müssen **vertraglich** sicherstellen, dass **das Honorar bei Abrechnungsverstößen zurückzuzahlen** ist. Die Prüfungsgremien der gemeinsamen Selbstverwaltung[25] sind nämlich nach § 106 Abs. 1 SGB V nur für Wirtschaftlichkeitsprüfungen **in der vertragsärztlichen Versorgung** zuständig, nicht für Prüfungen von Leistungen aufgrund von Einzelverträgen, die KVen dürfen nur die sachliche und rechnerische Richtigkeit der Abrechnungen der **Vertragsärzte** prüfen (§ 106a Abs. 2 Satz 1 SGB V). Damit scheiden bei Einzelverträgen Maßnahmen nach § 106 Abs. 5 SGB V, d.h. vor allem Honorarkürzungen, und sachlich-rechnerische Richtigstellungen aus. 38

Sanktionen bei **Verstößen teilnehmender Versicherter** gegen Bestimmungen über den Versorgungsauftrag sind in der **Satzung** der Krankenkasse zu regeln. Ärzte außerhalb des Versorgungsauftrages oder ohne Überweisung besuchte Fachärzte haben grundsätzlich einen Anspruch auf Vergütung im Rahmen der Gesamtvergütung. Sie müssen jedoch die Behandlung ablehnen, wenn sie wissen, dass der Versicherte an einem Versorgungsauftrag teilnimmt.[26] Führen sie die Behandlung trotzdem durch, kann die KV ihre Abrechnung sachlich-rechnerisch richtigstellen, da der Versicherte keinen Anspruch auf Behandlung außerhalb des Versorgungsauftrages hat bzw. ohne Überweisung nicht leistungsberechtigt ist.[27] 39

V. Teilnahme Versicherter an Versorgungsaufträgen

1. Grundstruktur

Die **Teilnahme** an Versorgungsaufträgen ist **freiwillig**. Sie setzt voraus, dass sich der Versicherte gegenüber der Krankenkasse **schriftlich** verpflichtet, für die Erfüllung der in den Verträgen umschriebenen Versorgungsaufträge **nur Vertragspartner** in Anspruch zu nehmen und **nur nach Überweisung**[28] andere vertragsärztliche Leistungserbringer. Durch die Erklärung verzichtet er im Rahmen des jeweiligen Versorgungsauftrages auf sein Recht zur freien Arztwahl (§ 76 SGB V). 40

Mit der Teilnahmeerklärung des Versicherten kommt ein **öffentlich-rechtlicher Vertrag** (§ 53 Abs. 1 Satz 1 SGB X) zustande. Nach Absatz 2 Satz 2 ist der Versicherte an diesen Vertrag mindestens **ein Jahr gebunden**. 41

2. Durchführungsregelungen

Das Nähere zur **Durchführung** der Teilnahme an Versorgungsaufträgen müssen die Krankenkassen in der **Satzung** regeln (Absatz 2 Satz 3). 42

---

[22] Vgl. § 140d Abs. 4 Satz 1 SGB V.
[23] Viertes Kapitel des SGB V.
[24] Vgl. Absatz 1 Satz 3.
[25] Vgl. § 106 Abs. 4 SGB V.
[26] Dies ist allerdings derzeit nicht aus der Krankenversicherungskarte ersichtlich.
[27] *Hess*, KassKomm, SGB V, § 76 Rn. 20.
[28] Im Notfall ist eine Überweisung nicht erforderlich.

43 So sind für die Zeit nach Ablauf der Mindestbindungszeit von einem Jahr **Kündigungsfristen** festzulegen, ferner **Ausnahmen von der Bindung an die Vertragspartner**, z.B. bei Praxisverlegung, Umzug des Versicherten oder Störung des Vertrauensverhältnisses, das die Weiterbehandlung für eine Seite unzumutbar macht, und **vom Überweisungsgebot**.

44 Die Satzung muss bestimmen, welche Folgen ein **Verstoß gegen die Teilnahmeverpflichtungen** hat, z.B. die **Einholung einer Zweitmeinung** eines nicht vertraglich gebundenen Arztes neben den vertraglichen Leistungserbringern.[29] In Betracht kommen die Auferlegung der zusätzlichen Kosten und ein Sonderkündigungsrecht. Die Satzung kann in diesem Zusammenhang auch die **Ermächtigung zum Erlass von Verwaltungsakten** enthalten. Absatz 2 Satz 3 ist als gesetzliche Ermächtigungsgrundlage hinreichend bestimmt, da ausdrücklich auch die „Folgen von Pflichtverstößen" erwähnt werden.[30] Soweit es in der Satzung vorgesehen ist, können also vom Versicherten verursachte Kosten durch Verwaltungsakt festgesetzt werden.

45 Die Versicherten sind über die Versorgungsaufträge und die Vertragspartner zu informieren (Absatz 5).

VI. Bereinigung der Gesamtvergütung/des Behandlungsbedarfs

46 Die Neuregelung sieht **zwingend**[31] eine Bereinigung der Gesamtvergütung auf der Grundlage des einheitlichen Bewertungsmaßstabs bzw. ab 01.01.2009 des morbiditätsbezogenen Behandlungsbedarfs nach § 87a Abs. 3 Satz 2 SGB V vor.[32] Die Krankenkassen müssen die erforderlichen arzt- und versichertenbezogenen Daten den Gesamtvertragspartnern übermitteln (Absatz 7 Satz 4).

47 Diese Bereinigung ist **schiedsamtsfähig (§ 89 SGB V)**, falls eine Einigung nicht zustande kommt.

VII. Rechtsschutz

1. Rechtsschutz der Vertragspartner

48 Zuständig sind die **Sozialgerichte** nach § 51 Abs. 1 Nr. 2 SGG. Begehrt der Betroffene den **Abschluss eines Einzelvertrages**, ist eine **allgemeine Leistungsklage** zu erheben, die auf Vertragsabschluss, d.h. auf Abgabe eines Angebots gerichtet ist. Der Betroffene hat nur einen **Anspruch auf fehlerfreie Ermessensausübung**.

49 Eine **defensive Konkurrentenklage** gegen den Vertragsabschluss der Krankenkasse mit einem Dritten ist bereits **unzulässig**. Der Vertragsabschluss steht nämlich im Ermessen der Krankenkassen, so dass keine einer restriktiven Bedarfsplanung vergleichbare Situation auftreten kann.[33] Absatz 3 ist keine drittschützende Norm, die die in entsprechender Anwendung von § 54 Abs. 1 Satz 2 SGG erforderliche Klagebefugnis des Konkurrenten begründen könnte.

2. Rechtsschutz der teilnehmenden Versicherten

50 Zuständig sind die **Sozialgerichte** nach § 51 Abs. 1 Nr. 2 SGG. Bei Streitigkeiten über die Durchführung der Versorgungsaufträge wird regelmäßig ein feststellender (Berechtigung zum Wechsel des vertragsärztlichen Leistungserbringers) oder ein gestaltender Verwaltungsakt (Rückforderung, Kündigung) ergehen. Der Versicherte kann **Anfechtungs- oder Verpflichtungsklage** erheben.

---

[29] Die Gesetzesbegründung weist insoweit darauf hin, dass der Versicherte die Kosten für eine Zweitmeinung selbst zu tragen hat, weil die Krankenkasse verpflichtet ist, die Gesamtvergütung für teilnehmende Versicherte zu mindern und deren Behandlung deshalb nicht zu Lasten der Gesamtvergütung erfolgen dürfe, BT-Drs. 16/3100, S. 113 f.

[30] Bedenken in Hinblick auf den Grundsatz des Vorbehalts des Gesetzes oder der Wesentlichkeitstheorie bestehen damit nicht.

[31] In der früheren Fassung des Absatzes 3 Satz 2 war die Bereinigung fakultativ.

[32] Parallele Regelungen enthalten § 73 b Abs. 7 SGB V hinsichtlich der hausarztzentrierten Versorgung und § 140d Abs. 2 SGB V hinsichtlich der integrierten Versorgung.

[33] Der Beschluss des BVerfG v. 17.08.2004 - 1 BvR 378/00 - SozR 4-1500 § 54 Nr. 4, ist deshalb nicht einschlägig.

§ 73d SGB V Verordnung besonderer Arzneimittel

(Fassung vom 26.03.2007, gültig ab 01.04.2007, gültig bis 30.06.2008)

(1) Die Verordnung von Arzneimitteln, insbesondere von Spezialpräparaten mit hohen Jahrestherapiekosten oder mit erheblichem Risikopotenzial, bei denen auf Grund ihrer besonderen Wirkungsweise zur Verbesserung der Qualität ihrer Anwendung, insbesondere hinsichtlich der Patientensicherheit sowie des Therapieerfolgs besondere Fachkenntnisse erforderlich sind, die über das Übliche hinausgehen (besondere Arzneimittel), erfolgt durch den behandelnden Arzt in Abstimmung mit einem Arzt für besondere Arzneimitteltherapie nach Absatz 2 oder durch diesen Arzt. Der Gemeinsame Bundesausschuss bestimmt in den Richtlinien nach § 92 Abs. 1 Satz 2 Nr. 6 das Nähere insbesondere zu Wirkstoffen, Anwendungsgebieten, Patientengruppen, zur qualitätsgesicherten Anwendung und zu den Anforderungen an die Qualifikation der Ärzte nach Absatz 2 für die jeweiligen Arzneimittel. In den Richtlinien ist das Nähere zur Abstimmung des behandelnden Arztes mit einem Arzt nach Absatz 2 zu regeln. In den Richtlinien soll vorgesehen werden, dass die erstmalige Verordnung sowie eine Wiederholung der Verordnung nach Ablauf einer bestimmten Frist von einem Arzt nach Absatz 2 erfolgt, soweit dies zur Gewährleistung der Patientensicherheit, des Therapieerfolgs oder der Wirtschaftlichkeit erforderlich ist. In den Richtlinien sind angemessene Fristen für die Abstimmung des behandelnden Arztes mit einem Arzt für besondere Arzneimitteltherapie nach Satz 1 unter Berücksichtigung des indikationsspezifischen Versorgungsbedarfs vorzusehen sowie das Nähere zur Verordnung ohne vorherige Abstimmung nach Satz 1 in Notfällen.

(2) Ärzte für besondere Arzneimitteltherapie sind im Rahmen der Versorgung der Versicherten tätige Ärzte, die die Voraussetzungen der nach Absatz 1 beschlossenen Richtlinien erfüllen; sie werden durch die Kassenärztliche Vereinigung im Einvernehmen mit den Landesverbänden der Krankenkassen und den Verbänden der Ersatzkassen bestimmt, sofern sie ihre Beziehungen zur pharmazeutischen Industrie einschließlich Art und Höhe von Zuwendungen offen legen. Kommt eine Einigung nach Satz 1 zweiter Halbsatz nicht in angemessener Frist zustande und sind hierdurch bessere Ergebnisse für die Versorgung hinsichtlich der Patientenversorgung und der Wirtschaftlichkeit zu erwarten, kann die Krankenkasse nach vorheriger Ausschreibung durch Vertrag die Wahrnehmung der Aufgabe eines Arztes für besondere Arzneimitteltherapie auf einzelne der nach Satz 1 bestimmten Ärzte beschränken. Die Krankenkasse hat einen Vertrag nach Satz 2 der Kassenärztlichen Vereinigung spätestens zwei Monate vor Vertragsbeginn mitzuteilen. Verträge nach Satz 2 können jeweils mit Wirkung ab Beginn eines Kalenderjahres mit Gültigkeit von mindestens zwei Jahren vereinbart werden. Abweichend von Satz 1 zweiter Halbsatz kann die Krankenkasse nach den §§ 116b und 117 tätige Ärzte mit deren Einvernehmen zu Ärzten für besondere Arzneimitteltherapie bestimmen. Ärzte des medizinischen Dienstes der Krankenversicherung können nicht zu Ärzten für besondere Arzneimitteltherapie bestimmt werden.

(3) Arzneimittel, für die Richtlinien nach Absatz 1 gelten, sind bei der Prüfung der Wirtschaftlichkeit nach § 106 als Praxisbesonderheiten zu berücksichtigen, soweit diese nach Absatz 1 verordnet worden sind. Für die Verordnung von Arzneimitteln im Rahmen von Verträgen nach Absatz 2 Satz 2 und 5 ist die Einhaltung der Richtlinien nach Absatz 1 Satz 2 durch Vereinbarung in diesen Verträgen zu gewährleisten und nicht Gegenstand der Wirtschaftlichkeitsprüfungen nach § 106. Die Krankenkasse ist verpflichtet, der Prüfungsstelle die notwendigen Angaben für die Freistellung von der Wirtschaftlichkeitsprüfung zu übermitteln; die §§ 296 bis 298 gelten entsprechend.

(4) Arzneimittel sind nach den Vorschriften des Absatzes 1 zu verordnen, sobald im Zuständigkeitsbereich einer Kassenärztlichen Vereinigung die Versorgung im Rahmen der auf Grund dieser Vorschrift vorgesehenen Verfahren sichergestellt ist; die Voraussetzungen hierfür sind von der Kassenärztlichen Vereinigung bis zum 31. Dezember 2008 zu schaffen. Die Kassenärztliche Vereinigung gibt den Zeitpunkt in ihrem Mitteilungsblatt bekannt, ab dem das Verfahren nach Absatz 1 Satz 1 gilt.

(5) Die Absätze 1 bis 4 gelten für Diagnostika entsprechend.

Gliederung

A. Basisinformationen

I. Textgeschichte/Gesetzgebungsmaterialien

1 Die Norm ist durch Art. 1 Nr. 47 **Gesetz zur Stärkung des Wettbewerbs in der gesetzlichen Krankenversicherung (GKV-Wettbewerbsstärkungsgesetz – GKV-WSG)** vom 26.03.2007[1] mit Wirkung vom **01.04.2007**[2] eingeführt worden. Sie soll nach der Begründung des Gesetzentwurfes[3] eine **indikationsgerechte Anwendung** und eine **gezielte Kontrolle bei** sehr teuren oder nebenwirkungsintensiven **Medikamenten** gewährleisten. Zu diesem Zweck wurde die ärztliche Verordnung bestimmter Arzneimittel an besondere Bedingungen geknüpft: Sie muss unter Einbeziehung von **Ärzten für besondere Arzneimitteltherapie (Zweitmeinungs-Verfahren)** erfolgen. Der Gemeinsame Bundesausschuss wurde ermächtigt, die betroffenen Medikamente, das Verfahren und die Qualifikation der Ärzte zu bestimmen. Der Entwurf blieb in den Beratungen im Wesentlichen unverändert.[4] Präzisiert wurde die **Definition der „besonderen Arzneimittel" (Absatz 1 Satz 1)**, wobei die hohen Jahrestherapiekosten und das erhebliche Risikopotential als Kriterien aufgenommen wurden. Für das Zweitmeinungs-Verfahren muss der Gemeinsame Bundesausschuss nunmehr angemessene Abstimmungsfristen vorsehen und die Ausnahmen im **Notfall** näher regeln (Absatz 1 Satz 5). Außerdem hat die Änderung des Absatzes 2 Satz 5 die Ärzte in Hochschulambulanzen in den Kreis der Ärzte für besondere Arzneimitteltherapie einbezogen, Satz 6 die Ärzte des Medizinischen Dienstes der Krankenkassen ausgeschlossen.

II. Vorgängervorschriften

2 Die Vorschrift hat keine Vorgänger. Sie knüpft die Verordnung besonderer Arzneimittel **erstmals** an zusätzliche Voraussetzungen, nämlich die Verordnung durch Ärzte für besondere Arzneimitteltherapien unmittelbar oder im Zweitmeinungs-Verfahren. Sie orientiert sich an vergleichbaren Regelungen im Ausland (Österreich, Frankreich, Finnland).[5]

---

[1] BGBl I 2007, 378.
[2] Art. 46 Abs. 1 GKV-WSG.
[3] BT-Drs. 16/3100, S. 115 f.
[4] Vgl. die Beschlussempfehlung des Ausschusses für Gesundheit (14. Ausschuss), BT-Drs. 16/4200, S. 34 f., und den Bericht, BT-Drs. 16/4247, S. 51 ff.
[5] Begründung des Entwurfs, BT-Drs. 16/3100, S. 115.

III. Verwaltungsvorschriften

Der **Gemeinsame Bundesausschuss** muss in den **Arzneimittelrichtlinien** (§ 92 Abs. 1 Satz 2 Nr. 6 SGB V) bestimmen, welche Arzneimittel indikationsbezogen „besondere Arzneimittel" i.S.v. Absatz 1 sind und wie das Verfahren zur Verordnung dieser Arzneimittel gestaltet wird. § 73d SGB V enthält für diesen Umsetzungsauftrag **keine Frist**. 3

IV. Systematische Zusammenhänge

§ 73d SGB V ist lex specialis zu den Vorschriften über die Verordnung von Arzneimitteln (§ 73 Abs. 2 Nr. 7 SGB V, § 29 BMV-Ä, § 15 EKV), soweit „besondere Arzneimittel" verordnet werden. 4

B. Auslegung der Norm

I. Regelungsgehalt und Bedeutung der Norm

In **Absatz 1** wird definiert, für welche Arzneimittel das Sonderverfahren bei der Verordnung (**Zweitmeinung bzw. Verordnung durch Ärzte für besondere Arzneimitteltherapie**) gilt. Satz 1 beschreibt die **besonderen Arzneimittel**. Dies sind Spezialpräparate **mit hohen Jahrestherapiekosten** oder **mit erheblichem Risikopotential**, die hinsichtlich der Patientensicherheit und des Therapieerfolges **besondere Fachkenntnisse** erfordern. Für diese Medikamente ist vorgesehen, dass der behandelnde Arzt die **Zweitmeinung** eines Arztes für besondere Arzneimitteltherapie einholt bzw. dieser unmittelbar verordnet. 5

Welche Wirkstoffgruppen bei welchen Indikationen besondere Arzneimittel i.S.d. Satzes 1 sind, hat der Gemeinsame Bundesausschuss in den **Arzneimittelrichtlinien** festzulegen (Absatz 1 Satz 2), ferner die Qualifikationsanforderungen der Ärzte für besondere Arzneimitteltherapie bezogen auf die jeweiligen Arzneimittel. Nach Absatz 1 Sätze 3-5 ist in den Arzneimittelrichtlinien auch das Verfahren der Verordnung zu regeln. 6

Die **Ärzte für besondere Arzneimitteltherapie** müssen nach Absatz 2 Satz 1 die in den Arzneimittelrichtlinien definierten Voraussetzungen erfüllen und durch die KV im Einvernehmen mit den Landesverbänden der Krankenkassen und den Verbänden der Ersatzkassen bestimmt werden. Außerdem müssen sie ihre Beziehungen zu den Arzneimittelherstellern offen legen. 7

Kommt das Einvernehmen nicht in angemessener Frist zustande, können die Krankenkassen nach Ausschreibung mit Ärzten, die die übrigen Voraussetzungen erfüllen, **Einzelverträge** abschließen, wenn dadurch die Verbesserung der Patientenversorgung und der Wirtschaftlichkeit zu erwarten ist (Absatz 2 Satz 2).[6] 8

In **Krankenhausambulanzen** nach § 116b SGB V und in **Hochschulambulanzen** nach § 117 SGB V tätige Ärzte können die Krankenkassen nach Absatz 2 Satz 5 ohne Einbeziehung der Kassenärztlichen Vereinigung zu Ärzten für besondere Arzneimitteltherapie bestimmen. Ärzte des MDK sind ausgeschlossen (Absatz 2 Satz 6). 9

Absatz 3 stellt klar, dass besondere Arzneimittel bei der **Wirtschaftlichkeitsprüfung** als Praxisbesonderheit zu werten sind. Soweit die Krankenkassen Einzelverträge schließen, müssen sie darin sicherstellen, dass die Arzneimittelrichtlinien eingehalten werden, Wirtschaftlichkeitsprüfungen sind insoweit ausgeschlossen (Absatz 3 Satz 2). Absatz 3 Satz 3 stellt die Übermittlung der notwendigen Daten an die Prüfgremien sicher. 10

Absatz 4 verpflichtet die KVen, **bis spätestens 31.12.2008** sicherzustellen, dass die **Versorgung mit besonderen Arzneimitteln** entsprechend § 73d SGB V erfolgen kann. Der Zeitpunkt, ab dem das Verfahren nach Absatz 1 gilt, ist im Mitteilungsblatt bekanntzugeben, da die Norm erst ab diesem Zeitpunkt, spätestens **ab 2009**, umzusetzen ist. 11

Absatz 5 stellt den Therapeutika **Diagnostika** gleich. 12

II. Normzweck

Die Vorschrift steht im Zusammenhang mit den Regelungen, die den weiteren Anstieg der Arzneimittelkosten verhindern sollen.[7] Sie soll bei kostenintensiven[8] Medikamenten bzw. speziellen Arznei- 13

[6] Die Verträge sind der KV vor Vertragsbeginn mitzuteilen (Absatz 2 Satz 3).

[7] Vgl. die Begründung zum Gesetzentwurf BT-Drs. 16/3100, S. 88 f.

[8] Der Bundesrat spricht in seiner Stellungnahme zum Gesetzentwurf (BT-Drs. 16/3950, S. 17) von 20.000 € Jahrestherapiekosten.

teln mit hohem Nebenwirkungsrisiko einen **gezielten, indikationsgerechten Einsatz** dieser Mittel und eine **bewusste Verlaufskontrolle** gewährleisten. Deshalb wird die Verordnung besonders qualifizierten Ärzten, den **Ärzten für besondere Arzneimitteltherapie**, übertragen, die **alleine oder** neben dem behandelnden Arzt im **Zweitmeinungs-Verfahren** über die Therapie entscheiden. Im Ergebnis soll eine rationale Arzneimitteltherapie, ein optimaler Einsatz der Ressourcen und eine höhere Patientensicherheit erreicht werden.[9]

14 Um die **fachliche Unabhängigkeit der Ärzte für besondere Arzneimitteltherapie** zu sichern, müssen diese vor ihrer Bestellung ihre Beziehungen zur Pharmazeutischen Industrie einschließlich Art und Höhe der Zuwendungen offen legen. Diese Regelung entspricht der für die Beschäftigten beim Institut für Qualität und Wirtschaftlichkeit im Gesundheitswesen (§ 139a Abs. 6 SGB V) und ist nach den bisherigen Erfahrungen mit der Beeinflussung von Ärzten durch die Pharmaindustrie auch dringend erforderlich, um die angestrebten Ziele durch unabhängige Ärzte zu erreichen.

15 Das **Prinzip der freien Arztwahl** (§ 76 SGB V) wird nicht angetastet, da die Verordnung nach wie vor durch den behandelnden Arzt erfolgen kann. Das **Zweitmeinungs-Verfahren** stellt dies sicher.

III. Besondere Arzneimittel

16 Die Gruppe der **besonderen Arzneimittel** ist nicht abschließend im Gesetz definiert, Absatz 1 gibt vielmehr Kriterien vor, anhand derer der Gemeinsame Bundesausschuss in den Arzneimittelrichtlinien Regelungen treffen muss:

- Spezialpräparate mit **hohen Jahrestherapiekosten**,
- Spezialpräparate mit **erheblichem Risikopotential**, bei denen auf Grund ihrer besonderen Wirkungsweise zur Verbesserung der Qualität ihrer Anwendung, insbesondere hinsichtlich der Patientensicherheit sowie des Therapieerfolges, **besondere Fachkenntnisse** erforderlich sind.

17 Der Gesetzentwurf erwähnt ausdrücklich gentechnisch entwickelte und biotechnisch hergestellte Arzneimittel und andere hochwirksame, neue Arzneimitteltherapien sowie Verfahren, die z.B. zur Behandlung von Autoimmun- oder Tumorerkrankungen eingesetzt werden.[10]

18 Der Gemeinsame Bundesausschuss hat in den **Arzneimittelrichtlinien nach § 92 Abs. 1 Satz 2 Nr. 6 SGB V** das Nähere insbesondere zu den **Wirkstoffen, Patientengruppen, zur qualitätsgesicherten Anwendung** bezüglich der jeweiligen Arzneimittel zu regeln. Er hat bisher keine Regelungen getroffen. Eine **Frist** zur Umsetzung ist **nicht vorgesehen**.

IV. Ärzte für besondere Arzneimitteltherapie

19 Als Ärzte für besondere Arzneimitteltherapie können **alle an der vertragsärztlichen Versorgung teilnehmenden Ärzte** bestimmt werden, die die in den Arzneimittelrichtlinien vorgesehenen Qualifikationsvoraussetzungen erfüllen und fachlich unabhängig sind. Die Krankenkassen können außerdem gem. Absatz 2 Satz 5 in Krankenhausambulanzen nach § 116b SGB V und in Hochschulambulanzen nach § 117 SGB V tätige Ärzte zu Ärzten für besondere Arzneimitteltherapie bestellen.

20 Absatz 2 Satz 5 stellt ausdrücklich klar, dass **Ärzte des Medizinischen Dienstes** der Krankenkassen **ausgeschlossen** sind.[11]

1. Qualifikationsanforderungen

21 Die Ärzte für besondere Arzneimitteltherapie müssen **jeweils für bestimmte Arzneimittel unterschiedliche Qualifikationsanforderungen** erfüllen, die vom Gemeinsamen Bundesausschuss in den Arzneimittelrichtlinien[12] arzneimittelbezogen festgelegt wurden (Absatz 1 Satz 2).[13] Die erforderliche Qualifikation muss also von der gemeinsamen Selbstverwaltung nach Abstimmung mit den Fachkreisen geregelt werden.

---

[9] So die Begründung des Gesetzentwurfs, BT-Drs. 16/3100, S. 89.

[10] BT-Drs. 16/3100, S. 115.

[11] Dies ergibt sich schon daraus, dass MDK-Ärzte nicht bei der Versorgung der Versicherten tätig sind.

[12] Nach § 92 Abs. 1 Satz 2 Nr. 6 SGB V.

[13] Bisher wurden noch keine Regelungen getroffen, vgl. Rn. 16.

2. Gewährleistung der fachlichen Unabhängigkeit

Absatz 2 Satz 2 Halbsatz 2 verlangt die **fachliche Unabhängigkeit** der Ärzte für besondere Arzneimitteltherapie. Diese Regelung orientiert sich an § 139a Abs. 6 SGB V, der für die Beschäftigten des Instituts für Qualität und Wirtschaftlichkeit im Gesundheitswesen ebenfalls eine Offenlegung ihrer Beziehungen zu Interessenverbänden, der pharmazeutischen Industrie und der Medizinprodukteindustrie vorsieht. Sie soll die Qualität und Wirtschaftlichkeit der Arzneimittelanwendung sichern. 22

Die **fachliche Unabhängigkeit** setzt bei der besonderen Arzneimitteltherapie voraus, dass die Verbindungen der Ärzte zur Pharmaindustrie transparent sind. Die Regelung sieht deshalb eine **Offenlegung ihrer Beziehungen zur pharmazeutischen Industrie** einschließlich der Art und Höhe der Zuwendungen als Voraussetzung einer Bestellung vor. Der Terminus „Beziehungen" erfasst **alle Kontakte** zur Pharmaindustrie, z.B. die Mitwirkung bei Studien, aber auch die „selbstverständlichen" Kontakte zu den Pharmareferenten, da darüber fachliche Abhängigkeiten verschleiert werden können. **Zuwendungen** sind Geld oder geldwerte Vorteile, z.B. Arzneimittelmuster, Entgelte für sog. Anwendungsstudien. Nur wenn **alle** Beziehungen offen gelegt werden müssen, hat die Kassenärztliche Vereinigung die Möglichkeit, die fachliche Unabhängigkeit der Ärzte für besondere Arzneimitteltherapie effektiv zu überprüfen, ohne dass Verschleierungen möglich sind. 23

3. Verfahren

Die Bestimmung der Ärzte für besondere Arzneimitteltherapie erfolgt durch die **Kassenärztliche Vereinigung im Einvernehmen mit den Landesverbänden der Krankenkassen** und den **Verbänden der Ersatzkassen** (Absatz 2 Satz 1 Halbsatz 2). Nähere Regelungen enthält das Gesetz nicht, die Ausgestaltung obliegt vielmehr der gemeinsamen Selbstverwaltung. 24

Ob Ärzte die **Qualifikationsanforderungen und** die Voraussetzungen an die **fachliche Unabhängigkeit** erfüllen (**fachliche Prüfung**), prüfen die Kassenärztlichen Vereinigungen. Sie unterbreiten den Kassenverbänden nach fachlicher Prüfung Vorschlagslisten geeigneter Ärzte für bestimmte Arzneimittelgruppen. Erteilen die Kassenverbände ihr Einvernehmen, sind die aufgelisteten Ärzte zu Ärzten für besondere Arzneimitteltherapie bestimmt. 25

Die Bestimmung ist ein **mitwirkungsbedürftiger, mehrstufiger Verwaltungsakt**[14]. Die Mitwirkung des Arztes ist notwendig, da er seine fachliche Unabhängigkeit nachweisen muss. Ferner setzt die Bestimmung die Mitwirkung anderer Behörden, nämlich das Einvernehmen der Kassenverbände, voraus. I.d.R. wird die Kassenärztliche Vereinigung eine **Sammelverfügung**[15] **in Form einer Liste** der bestimmten Ärzte erlassen. Nach dem Wortlaut der Regelung hat die Kassenärztliche Vereinigung **kein Ermessen**. Erfüllt ein Arzt die Voraussetzungen, ist er zu bestimmen. 26

Aus Absatz 4 Satz 1 ergibt sich, dass die Kassenärztlichen Vereinigungen die Voraussetzungen für das Zweitmeinungsverfahren **sicherstellen müssen**. Sie haben sicherzustellen, dass regional eine ausreichende Zahl von Ärzten für besondere Arzneimitteltherapie zur Verfügung steht. 27

Kommt ein Einvernehmen zwischen der Kassenärztlichen Vereinigung und den Kassenverbänden in einer angemessenen Frist nicht zustande, so haben die **Krankenkassen** nach **Ausschreibung**[16] die Möglichkeit, einzelne der von den Kassenärztlichen Vereinigungen fachlich geprüften Ärzte[17] **vertraglich** mit den Aufgaben der Ärzte für besondere Arzneimitteltherapie zu betrauen, sofern hierdurch bessere Ergebnisse bei der Patientenversorgung und der Wirtschaftlichkeit zu erwarten sind (Absatz 2 Satz 2).[18] Nach den Materialien ist davon jedenfalls dann auszugehen, wenn die Einhaltung der Arzneimittelrichtlinien hinsichtlich der besonderen Arzneimittel durch diese Verträge besser als durch die Wirtschaftlichkeitsprüfung gewährleistet werden kann.[19] 28

---

[14] Zur Mitwirkungsbedürftigkeit und Mehrstufigkeit vgl. *Engelmann* in: von Wulffen, SGB X, § 31 Rn. 35 und 50.

[15] Zur Sammelverfügung *Kopp/Ramsauer*, VwVfG, § 35 Rn. 105; die Sammelverfügung ist eine Vielzahl gleichlautender Verwaltungsakte an eine feststehende Zahl von Personen.

[16] Die Ausschreibung ist keine „öffentliche" Ausschreibung, da der Kreis der Vertragspartner auf die bei der Versorgung der Versicherten tätigen Ärzte beschränkt ist. Sie muss deshalb keinen vergaberechtlichen Regelungen (GWB) entsprechen. Vgl. auch die Kommentierung zu § 73b SGB V Rn. 31.

[17] Absatz 2 Satz 2 ist falsch formuliert, da er von „einzelnen der nach Satz 1 bestimmten Ärzten" spricht, jedoch voraussetzt, dass das Einvernehmen mit den Kassenverbänden nicht in angemessener Frist zustande kam und deshalb die Bestimmung durch die Kassenärztliche Vereinigung scheiterte. Nach dem Sinn der Regelung können die Krankenkassen Verträge also nur mit von der Kassenärztlichen Vereinigung geprüften Ärzten abschließen.

[18] Die Begründung des Gesetzentwurfs spricht von einer „Öffnungsklausel" für einzelvertragliche Vereinbarungen, BT-Drs. 16/3100, S. 115.

[19] BT-Drs. 16/3100, S. 115.

29 Die Verträge sind **öffentlich-rechtliche Verträge** nach § 53 SGB X. Sie werden jeweils **kalenderjährlich** mit einer Gültigkeitsdauer von **mindestens zwei Jahren** abgeschlossen (Absatz 2 Satz 3) und sind der Kassenärztlichen Vereinigung spätestens zwei Monate vor Vertragsbeginn, d.h. im Oktober des vorangehenden Jahres, mitzuteilen. Nach Absatz 3 Satz 2 ist die Einhaltung der Arzneimittelrichtlinien vertraglich zu gewährleisten und nicht Gegenstand der Wirtschaftlichkeitsprüfung.

30 **Ärzte in Krankenhausambulanzen nach § 116b SGB V** oder **in Hochschulambulanzen nach § 117 SGB V** können die Krankenkassen ohne Einvernehmen der Kassenverbände und nach dem Wortlaut auch ohne Offenlegung ihrer Beziehungen zur pharmazeutischen Industrie[20] zu Ärzten für besondere Arzneimitteltherapie bestimmen, wenn diese ihr **Einvernehmen** erklären (Absatz 2 Satz 5). Diese Regelung ist gesundheitspolitisch verfehlt, weil sie das Prinzip der fachlichen Unabhängigkeit durchbricht.[21] Den Kassen ist deshalb dringend anzuraten, neben dem Einvernehmen der Ärzte auch eine Erklärung über die fachliche Unabhängigkeit als Entscheidungsgrundlage zu fordern. Da nur die Anwendung von Absatz 2 Satz 1 Halbsatz 2 ausgeschlossen ist, sind jeweils die in den Arzneimittelrichtlinien vorgesehenen **Qualifikationsanforderungen zu prüfen** (vgl. Absatz 2 Satz 1 Halbsatz 1).

31 Die Bestimmung durch die Krankenkassen ist – wie die durch die Kassenärztliche Vereinigung – ein **mitwirkungsbedürftiger Verwaltungsakt**, da er das Einvernehmen des Arztes voraussetzt. Die Krankenkasse entscheidet nach **pflichtgemäßem Ermessen**. Dabei ist nach dem Sinn der Regelung die **fachliche Unabhängigkeit das wesentliche Entscheidungskriterium**, zumal in Spezial- und Hochschulambulanzen zahlreiche Arzneimittelstudien durchgeführt werden und ohne Offenlegung erhebliche Zweifel an der fachlichen Unabhängigkeit der bestimmten Ärzte bestehen. Anstelle des Erlasses eines Verwaltungsaktes kann die Krankenkasse auch **öffentlich-rechtliche Verträge** mit den Ärzten abschließen, wie sich aus Absatz 3 Satz 2 ergibt.[22] Ob sie einen Verwaltungsakt erlässt oder einen Vertrag abschließt, steht im pflichtgemäßen Ermessen (§ 54 Abs. 1 Satz 2 SGB X). Vertraglich ist die Einhaltung der Arzneimittelrichtlinien zu gewährleisten. Die Verordnung ist insoweit nicht Gegenstand der Wirtschaftlichkeitsprüfung, wie sich aus Absatz 3 Satz 2 ergibt.

V. Verordnung besonderer Arzneimittel

32 Die Verordnung besonderer Arzneimittel erfolgt entweder durch den behandelnden Arzt in Abstimmung mit einem Arzt für besondere Arzneimitteltherapie oder unmittelbar durch letzteren (Absatz 1 Satz 1). Das **Abstimmungsverfahren** ist näher in den **Arzneimittelrichtlinien** zu regeln (Absatz 1 Satz 3), wobei insbesondere auch **Abstimmungsfristen** sowie Ausnahmen in **Notfällen** bestimmt werden müssen (Absatz 1 Satz 5). Dabei soll vorgesehen werden, dass die Erst- sowie die Folgeverordnungen durch die Ärzte für besondere Arzneimitteltherapie erfolgen, soweit dies zur Gewährleistung der Patientensicherheit, des Therapieerfolges oder der Wirtschaftlichkeit erforderlich ist (Absatz 1 Satz 4). Der Gemeinsame Bundesausschuss hat also insoweit nur ein eingeschränktes Ermessen: Für „erforderliche Fälle" ist grundsätzlich vorzusehen, dass die Verordnung durch den Arzt für besondere Arzneimitteltherapie erfolgt, der behandelnde Arzt darf nur in atypischen Fällen zur Verordnung berechtigt werden.[23]

33 Die Abstimmungsfristen dienen der Versorgungssicherheit, indem sie **angemessene Fristen für die Erteilung der Zweitmeinung** unter Berücksichtigung des indikationsspezifischen Versorgungsbedarfs in den Arzneimittelrichtlinien vorsehen.[24] Bei **Notfällen** ist in den Arzneimittelrichtlinien das Nähere zu Verordnungen durch den behandelnden Arzt ohne Einholung einer Zweitmeinung zu regeln.

---

20 Absatz 2 Satz 5 erlaubt die Bestimmung durch die Krankenkassen „abweichend von Satz 1 Halbsatz 2", in dem die Offenlegung der Beziehungen zur Pharmaindustrie vorgesehen ist.

21 Es ist allerdings nicht davon auszugehen, dass mit der Formulierung vom Prinzip der fachlichen Unabhängigkeit abgewichen werden sollte. Die Materialien enthalten keinen entsprechenden Hinweis. Vermutlich ist die Formulierung ein Redaktionsversehen, das schnellstmöglich korrigiert werden sollte.

22 Absatz 3 Satz 2 spricht von „Verträgen nach Abs. 2 Satz 2 und 5". Auch hier zeigt sich, dass das Gesetz schlampig gefasst wurde, da in Absatz 2 Satz 5 nur von einer „Bestimmung", also einer einseitigen Regelung, gesprochen wird. Rechtlich ist dies unproblematisch, da ein öffentlich-rechtlicher Vertrag nach § 53 Abs. 1 Satz 2 SGB X immer auch anstelle eines Verwaltungsaktes geschlossen werden kann.

23 Zum eingeschränkten Ermessen bei Soll-Vorschriften *Ulmer* in: Hennig, SGG, § 54 Rn. 25; vgl. auch BVerwG v. 12.02.1991 - 1 C 4/89 - BVerwGE 88, 1.

24 BT-Drs. 16/4247, S. 52.

VI. Besondere Arzneimittel in der Wirtschaftlichkeitsprüfung

Werden besondere Arzneimittel nach Absatz 1 Satz 1 im Zweitmeinungsverfahren oder direkt durch den Arzt für besondere Arzneimitteltherapie verordnet, sind sie bei der Prüfung der Wirtschaftlichkeit ärztlich verordneter Leistungen nach § 106 Abs. 2 SGB V als **Praxisbesonderheit** zu berücksichtigen (zur Wirtschaftlichkeitsprüfung vgl. die Kommentierung zu § 106 SGB V). 34

Soweit die Ärzte für besondere Arzneimitteltherapie **aufgrund eines Vertrages** bestellt wurden, schließt Absatz 3 Satz 2 die Wirtschaftlichkeitsprüfung nach § 106 SGB V aus. In den Verträgen ist deshalb die Einhaltung der Arzneimittelrichtlinien zu gewährleisten. Die Krankenkassen haben hier die Möglichkeit, neue effektive Sanktionsmodelle bei Verstößen zu entwickeln, z.B. Vertragsstrafen bis hin zur außerordentlichen Kündigung. 35

Die Krankenkasse hat der Prüfungsstelle die notwendigen Daten für die Freistellung von der Wirtschaftlichkeitsprüfung zu übermitteln (Absatz 3 Satz 3). 36

VII. Gleichstellung von Diagnostika

Absatz 5 stellt hoch spezialisierte, besonders aufwändige Diagnostika Arzneimitteln gleich. Dies betrifft solche, die keine Arzneimittel sind und die nicht im Rahmen der Vorschriften für die Arzneimittelversorgung bereitgestellt werden.[25] 37

VIII. Umsetzung der Regelung und Sicherstellung

Absatz 4 soll garantieren, dass die Patientenversorgung mit besonderen Arzneimitteln auch im Übergangszeitraum gewährleistet ist und durch die Einführung des Verordnungsverfahrens bei besonderen Arzneimitteln keine Versorgungsengpässe für die Versicherten entstehen. Deshalb darf die Regelung des Absatzes 1 erst umgesetzt werden, wenn im Zuständigkeitsbereich einer Kassenärztlichen Vereinigung alle Voraussetzungen sichergestellt sind, d.h. genügend Ärzte für besondere Arzneimitteltherapie bestimmt oder vertraglich einbezogen wurden. Die Versicherten sollen in zumutbarer Entfernung und mit zumutbarer Wartezeit mit besonderen Arzneimitteln versorgt werden.[26] 38

Absatz 4 Satz 1 Halbsatz 2 setzt den kassenärztlichen Vereinigungen eine **Frist zur Erfüllung des Sicherstellungsauftrages** bis **31.12.2008**, so dass das Verfahren nach Absatz 1 spätestens ab 01.01.2009 umgesetzt wird. Der Zeitpunkt, ab dem im Bereich einer Kassenärztlichen Vereinigung das Zweitmeinungsverfahren gilt, ist im Mitteilungsblatt bekanntzugeben (Absatz 4 Satz 2). 39

IX. Rechtsschutzfragen

Begehrt ein Arzt die **Bestimmung als Arzt für besondere Arzneimitteltherapie**, so muss er eine **Verpflichtungsklage** (§ 54 Abs. 1 SGG) gegen die Kassenärztliche Vereinigung erheben. Scheitert die Bestimmung am fehlenden Einvernehmen der Kassenverbände, ist eine isolierte Klage auf Erteilung des Einvernehmens nicht möglich, da die Mitwirkung ein Verwaltungsinternum ist.[27] 40

Dies gilt auch für nach § 116b SGB V und § 117 SGB V tätige Ärzte, die eine Bestimmung nach Absatz 2 Satz 5 begehren. Die Klage ist gegen die Krankenkasse zu richten. Der Kläger hat allerdings nur einen Anspruch auf fehlerfreie Ermessensausübung (§ 54 Abs. 2 Satz 2 SGG). 41

Begehrt der Arzt den Abschluss eines **Vertrages** zur Übertragung der Aufgaben als Arzt für besondere Arzneimitteltherapie, muss er eine **Leistungsklage** (§ 54 Abs. 5 SGG) gegen die Krankenkasse erheben. Der Vertragsabschluss steht jeweils im **Ermessen** der Krankenkassen, so dass nur ein Anspruch auf fehlerfreie Ermessensausübung besteht. 42

Eine **defensive Konkurrentenklage** gegen die Bestimmung eines Arztes zum Arzt für besondere Arzneimitteltherapie ist nicht zulässig, da ein Kläger dadurch nur mittelbar wirtschaftlich betroffen ist.[28] 43

---

[25] BT-Drs. 16/3100, S. 116.

[26] BT-Drs. 16/3100, S. 116.

[27] Vgl. *Engelmann* in: v. Wulffen, SGB X, § 31 Rn. 35 m.w.N.

[28] BSG v. 07.02.2007 - B 6 KA 8/06 R - SGb 2007, 223.

§ 74 SGB V Stufenweise Wiedereingliederung

(Fassung vom 20.12.1988, gültig ab 01.01.1989)

Können arbeitsunfähige Versicherte nach ärztlicher Feststellung ihre bisherige Tätigkeit teilweise verrichten und können sie durch eine stufenweise Wiederaufnahme ihrer Tätigkeit voraussichtlich besser wieder in das Erwerbsleben eingegliedert werden, soll der Arzt auf der Bescheinigung über die Arbeitsunfähigkeit Art und Umfang der möglichen Tätigkeiten angeben und dabei in geeigneten Fällen die Stellungnahme des Betriebsarztes oder mit Zustimmung der Krankenkasse die Stellungnahme des Medizinischen Dienstes (§ 275) einholen.

Gliederung

A. Basisinformation

I. Textgeschichte/Gesetzgebungsmaterialien

1 § 74 SGB V wurde durch Art. 1 des Gesetzes zur Strukturreform im Gesundheitswesen (Gesundheits-Reformgesetz – GRG) vom 20.12.1988[1] eingeführt und ist am 01.01.1989 in Kraft getreten. Er beruht auf § 82 des Entwurfs[2] und wurde in den Ausschussberatungen lediglich dahin gehend ergänzt, dass eine Stellungnahme des Medizinischen Dienstes nur mit Zustimmung der Krankenkasse eingeholt werden kann.[3]

2 Die Vorschrift gilt seitdem unverändert.

II. Parallelvorschriften

3 Das SGB IX enthält in § 28 SGB IX ebenfalls eine Bestimmung über die stufenweise Wiedereingliederung für den Bereich der medizinischen Rehabilitation. § 28 SGB IX gilt für alle Träger, die für Leistungen zur der medizinischen Rehabilitation zuständig sind, d.h. für die Krankenkassen, die Träger der gesetzlichen Unfallversicherung, der gesetzlichen Rentenversicherung, der Kriegsopferversorgung, der Jugendhilfe und der Sozialhilfe (§ 6 SGB IX).

III. Untergesetzliche Normen

4 Die stufenweise Wiedereingliederung ist normvertraglich in den **Richtlinien des Gemeinsamen Bundesausschusses über die Beurteilung der Arbeitsunfähigkeit und die Maßnahmen zur stufenweisen Wiedereingliederung (Arbeitsunfähigkeits-Richtlinien)**[4] geregelt, die Teil des BMV-Ä sind (§ 92 Abs. 8 SGB V).

IV. Systematische Zusammenhänge

5 Das Ausstellen von Arbeitsunfähigkeits-Bescheinigungen ist Teil der vertragsärztlichen Versorgung (§ 73 Abs. 2 Nr. 9 SGB V). § 74 SGB V regelt den Sonderfall der Arbeitsunfähigkeits-Bescheinigung bei teilweiser Leistungsfähigkeit des Versicherten.

---

1 BGBl I 1988, 2477.

2 BT-Drs. 11/2237, S. 30, 192.

3 Siehe den Beschluss des Ausschusses für Arbeit und Sozialordnung (11. Ausschuss), BT-Drs. 11/3320, S. 47, und den Bericht, BT-Drs. 11/3480, S. 58.

4 Fassung vom 01.12.2003, Banz 2004, Nr. 61, 6501.

V. Ausgewählte Literaturhinweise

v. Hoyningen-Huene, Das Rechtsverhältnis zur stufenweisen Wiedereingliederung arbeitsunfähiger Arbeitnehmer, NZA 1992, 49. 6

B. Auslegung der Norm

I. Regelungsgehalt und Bedeutung

§ 74 SGB V ermöglicht es dem behandelnden Arzt, auf der Arbeitsunfähigkeits-Bescheinigung Art und Umfang der Tätigkeiten anzugeben, die der Versicherte trotz der grundsätzlich bestehenden Arbeitsunfähigkeit wieder verrichten kann, sofern dies die Wiedereingliederung in das Erwerbsleben erleichtert. Zur Klärung arbeitsmedizinischer Fragen kann er Stellungnahmen des Betriebsarztes oder mit Zustimmung der Krankenkasse des Medizinischen Dienstes einholen. 7

Eine statistische Erfassung der Wiedereingliederungen gibt es nicht. Die praktische Bedeutung der Norm kann daher nicht bewertet werden. 8

II. Normzweck

Durch eine stufenweise Wiederaufnahme der bisherigen Tätigkeit sollen Versicherte vor allem bei längerer Krankheit schonend trotz noch bestehender Arbeitsunfähigkeit auf die Belastungen dieser Tätigkeit vorbereitet werden. Anders als bei der Belastungserprobung (§ 42 SGB V), die als Maßnahme der medizinischen Rehabilitation der Ermittlung der körperlichen und geistig-seelischen Leistungsbreite dient, muss durch den Arzt festgestellt sein, dass der Versicherte seine bisherige Tätigkeit unter zeitlichen oder leistungsmäßigen Einschränkungen wieder verrichten kann. 9

III. Stufenweise Wiedereingliederung

Eine stufenweise Wiedereingliederung setzt die **Arbeitsunfähigkeit** des Versicherten voraus. Diese liegt nach der ständigen Rechtsprechung des BSG vor, wenn der Versicherte seine zuletzt konkret ausgeübte Arbeit wegen Krankheit nicht mehr verrichten kann.[5] Außerdem ist notwendig, dass das Arbeitsverhältnis des Versicherten fortbesteht („...Wiederaufnahme **ihrer** Tätigkeit...“). 10

Erlaubt nach Einschätzung des Vertragsarztes das wiedergewonnene Leistungsvermögen des Versicherten eine teilweise Verrichtung der bisherigen Tätigkeit, muss er in der Arbeits-unfähigkeits-Bescheinigung Art und Umfang der möglichen Tätigkeiten angeben. Soweit ihm eine Beurteilung nicht abschließend möglich ist, soll er Stellungnahmen des Betriebsarztes bzw. des Medizinischen Dienstes einholen. 11

Eine Wiedereingliederung setzt das **Einverständnis des Versicherten** voraus, wie in Ziff. 8 der „Empfehlungen zur Umsetzung der stufenweisen Wiedereingliederung“, auf die § 8 Arbeitsunfähigkeits-Richtlinien verweist, ausdrücklich geregelt ist. Dies entspricht auch den Vorstellungen des Gesetzgebers.[6] Ferner muss der Arbeitgeber entsprechende Beschäftigungsmöglichkeiten haben, sonst ist die Wiedereingliederung nicht durchführbar (Empfehlungen, Ziff. 6). Der Arbeitgeber soll eine ablehnende Stellungnahme auf der Arbeitsunfähigkeits-Bescheinigung abgeben. 12

IV. Arbeits- und sozialrechtliche Konsequenzen

Während der Wiedereingliederung besteht die Arbeitsunfähigkeit fort, da der Versicherte nicht imstande ist, seine vertraglich geschuldete, zuletzt konkret ausgeübte Arbeit auszuführen. Deshalb sind die **Hauptpflichten aus dem fortbestehenden Arbeitsvertrag**, die Pflicht des Versicherten zur Arbeitsleistung und des Arbeitgebers zur Entgeltzahlung, **suspendiert**. Dies gilt auch bei einer teilweisen Arbeitsleistung. Die Wiedereingliederung dient nämlich – im Gegensatz zum Arbeitsverhältnis – nicht der Leistung von Arbeit im Sinne eines arbeitsvertraglichen Leistungsaustausches, sondern sie gibt dem Versicherten nur Gelegenheit, mit Hilfe einer Betätigung, die gegenüber seinem Arbeitsverhältnis quantitativ und ggf. auch qualitativ geringer ist, zu erproben, ob und wann seine volle Arbeitsfähigkeit wieder hergestellt ist. Deshalb ist Grundlage dieser Tätigkeit ein Rechtsverhältnis sui generis (§ 311 BGB), das **Wiedereingliederungsverhältnis.**[7] In diesem Verhältnis ist weder der Arbeitgeber ver- 13

[5] Z.B. BSG v. 30.05.1967 - 3 RK 15/65 - BSGE 26, 288.

[6] So die Begründung des Gesetzentwurfs, BT-Drs. 11/2237, S. 192.

[7] Ständige Rechtsprechung des BAG, z.B. BAG v. 28.07.1999 - 4 AZR 192/98 - BAGE 92, 140.

pflichtet, eine Tätigkeit des Versicherten als teilweise Arbeitsleistung entgegenzunehmen, noch der Arbeitnehmer gehalten, eine vom Arbeitgeber bestimmte Tätigkeit auszuführen. Die für ein Arbeitsverhältnis charakteristischen Nebenpflichten und -rechte sind also eingeschränkt, der Arbeitgeber hat **kein Weisungsrecht**.[8] Aufgrund eines Wiedereingliederungsvertrages **kann** der Arbeitgeber eine Vergütung zahlen.

14 Da der Versicherte weiter arbeitsunfähig ist, hat er auch während der Wiedereingliederung einen **Anspruch auf Krankengeld** (§ 44 Abs. 1 Satz 1 SGB V). Das Wiedereingliederungsverhältnis ändert am Status des Versicherten nichts. Es ist **kein Beschäftigungsverhältnis** (§ 7 Abs. 1 SGB IV), weil der Versicherte nicht weisungsabhängig ist.[9] Die sozialrechtliche Stellung des Versicherten wird deshalb allein durch die Arbeitsunfähigkeit und den Krankengeldbezug geprägt. Damit besteht während des Krankengeldbezugs grundsätzlich **Versicherungspflicht** in der Rentenversicherung (§ 3 Satz 1 Nr. 3 SGB VI) und der Arbeitslosenversicherung (§ 26 Abs. 2 Nr. 1 SGB III). Ohne Bezug von Krankengeld wird die Arbeitsunfähigkeit in der Rentenversicherung als Anrechnungszeit (§ 58 Abs. 1 Satz 1 Nr. 1 SGB VI) erfasst.

15 Erhält der Versicherte vom Arbeitgeber aufgrund des Wiedereingliederungsvertrages eine Vergütung, ist diese auf das Krankengeld anzurechnen. Da § 49 Abs. 1 Nr. 1 SGB V nur beitragspflichtiges Arbeitsentgelt erfasst, die Vergütung aber nicht beitragspflichtig ist, muss die Vorschrift wegen der identischen Interessenlage analog herangezogen werden.[10]

---

8 BAG v. 28.07.1999 - 4 AZR 192/98 - BAGE 92, 140.

9 Zur Weisungsabhängigkeit als zentrale Voraussetzung für ein Beschäftigungsverhältnis z.B. *Klattenhoff* in: Hauck/Haines, Sozialgesetzbuch SGB IV, § 7 Rn. 10 ff.

10 A.A. *Gagel*, Rehabilitation im Betrieb unter Berücksichtigung des neuen SGB IX – ihre Bedeutung und das Verhältnis von Arbeitgebern und Sozialleistungsträgern, NZA 2001, 988, 989. *Gagel* geht davon aus, dass die Vergütung ein Zuschuss zum Krankengeld ist, der bis zum Nettoarbeitsentgelt unberücksichtigt bleibt und das Ziel hat, den Arbeitnehmer zu motivieren.

§ 75 SGB V Inhalt und Umfang der Sicherstellung

(Fassung vom 26.03.2007, gültig ab 01.07.2007, gültig bis 30.06.2008)

(1) Die Kassenärztlichen Vereinigungen und die Kassenärztlichen Bundesvereinigungen haben die vertragsärztliche Versorgung in dem in § 73 Abs. 2 bezeichneten Umfang sicherzustellen und den Krankenkassen und ihren Verbänden gegenüber die Gewähr dafür zu übernehmen, daß die vertragsärztliche Versorgung den gesetzlichen und vertraglichen Erfordernissen entspricht. Die Sicherstellung umfaßt auch die vertragsärztliche Versorgung zu den sprechstundenfreien Zeiten (Notdienst), nicht jedoch die notärztliche Versorgung im Rahmen des Rettungsdienstes, soweit Landesrecht nichts anderes bestimmt. Kommt die Kassenärztliche Vereinigung ihrem Sicherstellungsauftrag aus Gründen, die sie zu vertreten hat, nicht nach, können die Krankenkassen die in den Gesamtverträgen nach § 85 oder § 87a vereinbarten Vergütungen teilweise zurückbehalten. Die Einzelheiten regeln die Partner der Bundesmantelverträge.

(2) Die Kassenärztlichen Vereinigungen und die Kassenärztlichen Bundesvereinigungen haben die Rechte der Vertragsärzte gegenüber den Krankenkassen wahrzunehmen. Sie haben die Erfüllung der den Vertragsärzten obliegenden Pflichten zu überwachen und die Vertragsärzte, soweit notwendig, unter Anwendung der in § 81 Abs. 5 vorgesehenen Maßnahmen zur Erfüllung dieser Pflichten anzuhalten.

(3) Die Kassenärztlichen Vereinigungen und die Kassenärztlichen Bundesvereinigungen haben auch die ärztliche Versorgung von Personen sicherzustellen, die auf Grund dienstrechtlicher Vorschriften über die Gewährung von Heilfürsorge einen Anspruch auf unentgeltliche ärztliche Versorgung haben, soweit die Erfüllung dieses Anspruchs nicht auf andere Weise gewährleistet ist. Die ärztlichen Leistungen sind so zu vergüten, wie die Ersatzkassen die vertragsärztlichen Leistungen vergüten. Die Sätze 1 und 2 gelten entsprechend für ärztliche Untersuchungen zur Durchführung der allgemeinen Wehrpflicht sowie Untersuchungen zur Vorbereitung von Personalentscheidungen und betriebs- und fürsorgeärztliche Untersuchungen, die von öffentlich-rechtlichen Kostenträgern veranlaßt werden.

(3a) Die Kassenärztlichen Vereinigungen und die Kassenärztlichen Bundesvereinigungen haben auch die ärztliche Versorgung der in den brancheneinheitlichen Standardtarifen nach § 257 Abs. 2a in Verbindung mit § 314 und nach § 257 Abs. 2a in Verbindung mit § 315 Versicherten mit den in diesen Tarifen versicherten ärztlichen Leistungen sicherzustellen. Solange und soweit nach Absatz 3b nichts Abweichendes vereinbart oder festgesetzt wird, sind die in Satz 1 genannten Leistungen einschließlich der belegärztlichen Leistungen nach § 121 nach der Gebührenordnung für Ärzte oder der Gebührenordnung für Zahnärzte mit der Maßgabe zu vergüten, dass Gebühren für die in Abschnitt M des Gebührenverzeichnisses der Gebührenordnung für Ärzte genannten Leistungen sowie für die Leistung nach Nummer 437 des Gebührenverzeichnisses der Gebührenordnung für Ärzte nur bis zum 1,16fachen des Gebührensatzes der Gebührenordnung für Ärzte, Gebühren für die in den Abschnitten A, E und O des Gebührenverzeichnisses der Gebührenordnung für Ärzte genannten Leistungen nur bis zum 1,38fachen des Gebührensatzes der Gebührenordnung für Ärzte, Gebühren für die übrigen Leistungen des Gebührenverzeichnisses der Gebührenordnung für Ärzte nur bis zum 1,8fachen des Gebührensatzes der Gebührenordnung für Ärzte und Gebühren für die Leistungen des Gebührenverzeichnisses der Gebührenordnung für Zahnärzte nur bis zum 2fachen des Gebührensatzes der Gebührenordnung für Zahnärzte berechnet werden dürfen. Für die Vergütung von in den §§ 115b und 116b bis 119 genannten Leistungen gilt Satz 2 entsprechend, wenn diese für die in Satz 1 genannten Versicherten im Rahmen der dort genannten Tarife erbracht werden.

(3b) Die Vergütung für die in Absatz 3a Satz 2 genannten Leistungen kann in Verträgen zwischen dem Verband der privaten Krankenversicherung einheitlich mit Wirkung für die Unternehmen der privaten Krankenversicherung und im Einvernehmen mit den Trägern der Kosten in Krankheits-, Pflege- und Geburtsfällen nach beamtenrechtlichen Vorschriften mit den Kassenärztlichen Vereinigungen oder den Kassenärztlichen Bundesvereinigungen ganz oder teilweise abweichend von den Vorgaben des Absatzes 3a Satz 2 geregelt werden. Für den Verband der privaten Krankenversicherung gilt § 12 Abs. 1d des Versicherungsaufsichtsgesetzes entsprechend. Wird zwischen den Beteiligten nach Satz 1 keine Einigung über eine von Absatz 3a Satz 2 abweichende Vergütungsregelung erzielt, kann der Beteiligte, der die Abweichung verlangt, die Schiedsstelle nach Absatz 3c anrufen. Diese hat innerhalb von drei Monaten über die Gegenstände, über die keine Einigung erzielt werden konnte, zu entscheiden und den Vertragsinhalt festzusetzen. Die Schiedsstelle hat ihre Entscheidung so zu treffen, dass der Vertragsinhalt

1. **den Anforderungen an eine ausreichende, zweckmäßige, wirtschaftliche und in der Qualität gesicherte ärztliche Versorgung der in Absatz 3a Satz 1 genannten Versicherten entspricht,**
2. **die Vergütungsstrukturen vergleichbarer Leistungen aus dem vertragsärztlichen und privatärztlichen Bereich berücksichtigt und**
3. **die wirtschaftlichen Interessen der Vertragsärzte sowie die finanziellen Auswirkungen der Vergütungsregelungen auf die Entwicklung der Prämien für die Tarife der in Absatz 3a Satz 1 genannten Versicherten angemessen berücksichtigt.**

Wird nach Ablauf einer von den Vertragsparteien nach Satz 1 vereinbarten oder von der Schiedsstelle festgesetzten Vertragslaufzeit keine Einigung über die Vergütung erzielt, gilt der bisherige Vertrag bis zu der Entscheidung der Schiedsstelle weiter. Für die in Absatz 3a Satz 1 genannten Versicherten und Tarife kann die Vergütung für die in den §§ 115b und 116b bis 119 genannten Leistungen in Verträgen zwischen dem Verband der privaten Krankenversicherung einheitlich mit Wirkung für die Unternehmen der privaten Krankenversicherung und im Einvernehmen mit den Trägern der Kosten in Krankheits-, Pflege- und Geburtsfällen nach beamtenrechtlichen Vorschriften mit den entsprechenden Leistungserbringern oder den sie vertretenden Verbänden ganz oder teilweise abweichend von den Vorgaben des Absatzes 3a Satz 2 und 3 geregelt werden; Satz 2 gilt entsprechend. Wird nach Ablauf einer von den Vertragsparteien nach Satz 7 vereinbarten Vertragslaufzeit keine Einigung über die Vergütung erzielt, gilt der bisherige Vertrag weiter.

(3c) Die Kassenärztlichen Bundesvereinigungen bilden mit dem Verband der privaten Krankenversicherung je eine gemeinsame Schiedsstelle. Sie besteht aus Vertretern der Kassenärztlichen Bundesvereinigung oder der Kassenzahnärztlichen Bundesvereinigung einerseits und Vertretern des Verbandes der privaten Krankenversicherung und der Träger der Kosten in Krankheits-, Pflege- und Geburtsfällen nach beamtenrechtlichen Vorschriften andererseits in gleicher Zahl, einem unparteiischen Vorsitzenden und zwei weiteren unparteiischen Mitgliedern sowie je einem Vertreter des Bundesministeriums der Finanzen und des Bundesministeriums für Gesundheit. Die Amtsdauer beträgt vier Jahre. Über den Vorsitzenden und die weiteren unparteiischen Mitglieder sowie deren Stellvertreter sollen sich die Vertragsparteien einigen. Kommt eine Einigung nicht zu Stande, gilt § 89 Abs. 3 Satz 4 bis 6 entsprechend. Im Übrigen gilt § 129 Abs. 9 entsprechend. Die Aufsicht über die Geschäftsführung der Schiedsstelle führt das Bundesministerium der Finanzen; § 129 Abs. 10 Satz 2 gilt entsprechend.

(4) Die Kassenärztlichen Vereinigungen und die Kassenärztlichen Bundesvereinigungen haben auch die ärztliche Behandlung von Gefangenen in Justizvollzugsanstalten in Notfällen außerhalb der Dienstzeiten der Anstaltsärzte und Anstaltszahnärzte sicherzustellen, soweit die Behandlung nicht auf andere Weise gewährleistet ist. Absatz 3 Satz 2 gilt entsprechend.

(5) Soweit die ärztliche Versorgung in der knappschaftlichen Krankenversicherung nicht durch Knappschaftsärzte sichergestellt wird, gelten die Absätze 1 und 2 entsprechend.

(6) Mit Zustimmung der Aufsichtsbehörden können die Kassenärztlichen Vereinigungen und Kassenärztlichen Bundesvereinigungen weitere Aufgaben der ärztlichen Versorgung insbesondere für andere Träger der Sozialversicherung übernehmen.

(7) Die Kassenärztlichen Bundesvereinigungen haben

1. **die erforderlichen Richtlinien für die Durchführung der von ihnen im Rahmen ihrer Zuständigkeit geschlossenen Verträge aufzustellen,**
2. **in Richtlinien bis spätestens 30. Juni 2002 die überbezirkliche Durchführung der vertragsärztlichen Versorgung und den Zahlungsausgleich hierfür zwischen den Kassenärztlichen Vereinigungen zu regeln, soweit nicht in Bundesmantelverträgen besondere Vereinbarungen getroffen sind, und**
3. **Richtlinien über die Betriebs-, Wirtschafts- und Rechnungsführung der Kassenärztlichen Vereinigungen aufzustellen.**

Die Richtlinie nach Satz 1 Nr. 2 muss sicherstellen, dass die für die erbrachte Leistung zur Verfügung stehende Vergütung die Kassenärztliche Vereinigung erreicht, in deren Bezirk die Leistung erbracht wurde; eine Vergütung auf der Basis bundesdurchschnittlicher Verrechnungspunktwerte ist zulässig. Die Richtlinie nach Satz 1 Nr. 2 kann auch Regelungen über die Abrechnungs-, Wirtschaftlichkeits- und Qualitätsprüfung sowie über Verfahren bei Disziplinarangelegenheiten bei überörtlichen Berufsausübungsgemeinschaften, die Mitglieder in mehreren Kassenärztlichen Vereinigungen haben, treffen, soweit hierzu nicht in den Bundesmantelverträgen besondere Vereinbarungen getroffen sind.

(7a) Abweichend von Absatz 7 Satz 2 muss die für die ärztliche Versorgung geltende Richtlinie nach Absatz 7 Satz 1 Nr. 2 ab dem 1. Januar 2009 sicherstellen, dass die Kassenärztliche Vereinigung, in deren Bezirk die Leistungen erbracht wurden (Leistungserbringer-KV), von der Kassenärztlichen Vereinigung, in deren Bezirk der Versicherte seinen Wohnort hat (Wohnort-KV), für die erbrachten Leistungen jeweils die entsprechenden Vergütungen der in der Leistungserbringer-KV geltenden Euro-Gebührenordnung nach § 87a Abs. 2 erhält. Dabei ist das Benehmen mit den Spitzenverbänden der Krankenkassen herzustellen.

(8) Die Kassenärztlichen Vereinigungen und die Kassenärztlichen Bundesvereinigungen haben durch geeignete Maßnahmen darauf hinzuwirken, daß die zur Ableistung der Vorbereitungszeiten von Ärzten sowie die zur allgemeinmedizinischen Weiterbildung in den Praxen niedergelassener Vertragsärzte benötigten Plätze zur Verfügung stehen.

(9) Die Kassenärztlichen Vereinigungen sind verpflichtet, mit Einrichtungen nach § 13 des Schwangerschaftskonfliktgesetzes auf deren Verlangen Verträge über die ambulante Erbringung der in § 24b aufgeführten ärztlichen Leistungen zu schließen und die Leistungen außerhalb des Verteilungsmaßstabes nach den zwischen den Kassenärztlichen Vereinigungen und den Einrichtungen nach § 13 des Schwangerschaftskonfliktgesetzes oder deren Verbänden vereinbarten Sätzen zu vergüten.

(10) (weggefallen)

Gliederung

A. Basisinformationen

I. Textgeschichte/Gesetzgebungsmaterialien

1 Die Fassung der Norm beruht im Wesentlichen auf dem GRG v. 20.12.1988[1]. Sie ist seither häufigen Detailänderungen unterworfen gewesen. Absatz 1 Satz 1 und die Absätze 3-6 entsprechen noch der Fassung des GRG. Absatz 1 Satz 2 findet heute Anwendung in der Fassung des Art. 1 Nr. 25 und des Art. 17 des Gesetzes v. 23.06.1997[2]. Die Sätze 3 und 4 wurden durch Art. 1 Nr. 51 des GMG v. 14.11.2003[3] m.W.v. 01.07.1997 eingefügt. Absatz 2 wurde durch Art. 1 Nr. 34 lit. b des GSG v. 21.12.1992[4] der neuen Terminologie (Vertragsarzt statt Kassenarzt) angepasst. Absatz 7 Sätze 1 und 2 erhielt seine heutige Fassung durch Art. 1 Nr. 0 des Gesetzes v. 11.12.2001[5] m.W.v. 01.01.2002. Satz 3 wurde erst durch das VÄndG v. 22.12.2006[6] m.W.v. 01.01.2007 eingefügt. Absatz 8 erscheint i.d.F. des Art. 1 Nr. 34 lit. d des GSG m.W.v. 01.01.1993 bzw. 01.01.1994. Absatz 9 ist durch Art. 4 Nr. 4 des Gesetzes v. 21.08.1995[7] m.W.v. 01.10.1995 aufgenommen worden. Der frühere Absatz 10 wurde m.W.v. 01.01.2000 aufgehoben durch Art. 1 Nr. 30 des Gesetzes v. 22.12.1999[8]. Durch Art. 1 Nr. 48 lit. a und c GKV-WSG[9] v. 26.03.2007 wurde m.W.z. 01.04.2007 Absatz 1 redaktionell angepasst und Absatz 7a neu eingefügt. Gleichzeitig sind durch Art. 1 Nr. 48 lit. b, Art. 46 Abs. 7 GKV-WSG m.W.z. 01.07.2007 die Absätze 3a, 3b und 3c neu geschaffen worden. Diese regeln die Einbeziehung Privatversicherter, die in einheitlichen Standardtarifen versichert sind, in den Gewährleistungsauftrag. Absatz 7a erfährt zum 01.07.2008 (Art. 2 Nr. 8a lit. b, Art. 46 Abs. 9 GKV-WSG) und Absatz 3a zum 01.01.2009 (Art. 2 Nr. 8a lit. a, Art. 46 Abs. 10 GKV-WSG; Umstellung Standardtarif auf Basistarif) jeweils eine redaktionelle Anpassung.

II. Vorgängervorschriften

2 Die Norm ist aus § 368n Abs. 1, 2, 4, 7 RVO hervorgegangen. Der ärztliche Notfalldienst fand sich vormals in § 368 Abs. 3 RVO geregelt.

---

1 BGBl I 1988, 2477.
2 BGBl I 1997, 1520.
3 BGBl I 2003, 2190.
4 BGBl I 1992, 2266.
5 BGBl I 2001, 3526.
6 BGBl I 2006, 3439.
7 BGBl I 1995, 1050.
8 BGBl I 1999, 2626.
9 BGBl I 2007, 378.

III. Parallelvorschriften

Parallelvorschriften existieren nicht. 3

IV. Normverträge

Der Inhalt der Leistungsrechte der Versicherten und der Leistungspflichten der zugelassenen Ärzte ist durch eine Vielzahl von Normverträgen geregelt. 4

V. Systematische Zusammenhänge

In Fortsetzung des Regelungsgehalts des § 72 Abs. 1 und 2 SGB V wird durch § 75 SGB V der Pflichtenkreis der Kassen(zahn)ärztlichen Vereinigungen und ihrer Bundesvereinigungen normiert und durch § 105 SGB V ergänzt. Die Kassen(zahn)ärztlichen Vereinigungen setzen die übertragenen Pflichten durch Satzungsrecht um. Weitere inhaltliche Satzungsvorgaben und Ermächtigungen enthält § 81 SGB V. 5

VI. Ausgewählte Literaturhinweise

Azzola, Die Mitwirkungspflichten des zur vertragsärztlichen Versorgung zugelassenen bzw. zur Teilnahme an dieser Versorgung ermächtigten Arztes, ZFSH/SGB 2001, 272-275; *Clemens*, Der Kassenarzt im Spannungsfeld zwischen der Meinungsfreiheit und beruflichen Sanktionen, Festschrift 50 Jahre Bundessozialgericht 2004, 373-401; *Francke/Schnitzler*, Die Behandlungspflicht des Vertragsarztes bei begrenzten Finanzmitteln – Zur Unzulässigkeit der Verweigerung unrentabler Leistungen, SGb 2002, 84-93; *Großbölting/Jaklin*, Formen ärztlicher Tätigkeit im Vertragsarztrecht, Zulassung und Konkurrentenstreit, NZS 2002, 130-137; *Hess*, Die Zukunft des Sicherstellungsauftrages durch die KVen unter Berücksichtigung neuer Versorgungsformen – aus Sicht der Kassenärztlichen Vereinigungen, MedR 2003, 137-138; *Hinz*, Kassenärztliche Vereinigungen – Rechtsstellung und Aufgaben, Die Leistungen 2003, 1-5; *Kingreen*, Das Leistungserbringungsrecht der gesetzlichen Krankenversicherung nach dem EuGH-Urteil Müller-Faure/van Riet, ZESAR 2003, 199-204; *Kirchhoff*, Die Rechtsnatur von Verträgen zwischen gesetzlichen Krankenkassen und Leistungserbringern gem. §§ 69 ff. SGB V, SGb 2005, 499; *Kluth*, Kassenärztliche Vereinigungen – Körperschaften des öffentlichen Rechts, MedR 2003, 123-128; *ders*., Kassenärztliche Vereinigungen – Körperschaften des öffentlichen Rechts, MedR 2003, 123-128; *Knöpfle*, Zur Zulässigkeit der Übertragung der Aufgaben der Kassenzahnärztlichen Vereinigungen auf die Landeszahnärztekammern, Verfassung, Theorie und Praxis des Sozialstaats 1998, 363-387 (Festschrift für Hans F Zacher zum 70. Geburtstag); *Kroel/Peikert*, Ist der Vertragsarzt verpflichtet bestimmte (nicht kostendeckende) Leistungen zu erbringen?, SGb 2001, 662-666; *Kruse/Kruse*; Die Sicherstellung der ärztlichen Versorgung in der Diskussion, WzS 2003, 129-137; *Looß*, Kooperation und Verzahnung zwischen ambulanter und stationärer Versorgung, KH 1997, 183-189; *Muschallik*, Die Zukunft des Sicherstellungsauftrages durch die Kassenzahnärztlichen Vereinigungen unter Berücksichtigung neuer Versorgungsformen – aus Sicht der Kassenzahnärztlichen Vereinigungen, MedR 2003, 139-144; *Neumann*, Leistungserbringer im Spannungsverhältnis von freiem Beruf und gesetzlicher Bindung, Markt und Regulierung 2003, 163-184; *ders*., Solidarische Wettbewerbsordnung statt Vertragsarztrecht?, NZS 2002, 561-566; *Plagemann*, Kassenärztliche Vereinigung – Anspruch auf Honorierung bei Behandlung heilfürsorgeberechtigter Personen (hier Bundeswehrsoldaten) – unentgeltliche Abrechnung ... , SGb 2000, 688-689; *Rebscher*, Die Zukunft des Sicherstellungsauftrags und die Zukunft der gemeinsamen Selbstverwaltung – aus Sicht der Krankenkassen, MedR 2003, 145-147; *ders*., Der Sicherstellungsauftrag – seine Einordnung in eine Systematik zentraler ordnungspolitischer Grundentscheidungen, Perspektiven des Gesundheitswesens 2003, 107-124 (Festschrift für Bernd Wiegand zum 65. Geburtstag); *Richter-Reichhelm*, Leistungserbringer in der Zukunft – vom Bewahrer zum Unternehmer, RPG 2003, 43-46; *Schiller*, Maulkorb für KVen und Vertragsärzte?, MedR 2003, 661-667; *Schiller/Steinhilper*, Privatärztliche Liquidation – Möglichkeiten und Grenzen bei Leistungen für GKV-Patienten, MedR 1997, 59-64; dies., Zum Spannungsverhältnis Vertragsarzt/Privatarzt – Darf ein Vertragsarzt Leistungen bei einem Kassenpatienten ablehnen, sie aber zugleich privatärztlich anbieten, MedR 2001, 29-33; *Schwerdtfeger*, Die Leistungsansprüche der Versicherten im Rechtskonkretisierungskonzept des SGB V, NZS 1998, 97-103; *Steck*, Rechtsprobleme bei Ärzteverbünden als Auffang- oder Parallelorganisationen zu den Kassenärztlichen Vereinigungen, ZMGR 2005, 87; *Weiß*, Der Vertragsarzt zwischen Freiheit und Bin- 6 dung, NZS 2005, 67; *Wimmer*, Grenzen der Regelungsbefugnis in der vertragsärztlichen Selbstverwaltung, NZS 1999, 113-120; *ders.*, Dürfen Vertragsärzte unrentable Leistungen verweigern?, NZS 2000, 588-590; *Zacharias*, Haftung der Kassenärztlichen Bundesvereinigung für rechtswidrige Beschlüsse des Bewertungsausschusses, JA 2002, 754-757.

7 **Specialiter zu Absatz 1 Satz 2**: *Braun/Weber*, Ambulante Notfallbehandlung im Krankenhaus – Sachleistung oder Kostenerstattung?, NZS 2002, 400-405; *Fehn/Lechleuthner*, Amtshaftung bei notärztlichem Behandlungsfehler, MedR 2000, 114-122; *Gitter*, Zur Einbeziehung des Notarztdienstes in den Sicherstellungsauftrag der kassenärztlichen Vereinigungen, JZ 1993, 906; *Jörg*, Notdienst – Rettungsdienst – Notarztwagendienst – Vertragsarzt – Vergütung – Kassenärztliche Vereinigung – Sicherstellung – Erstversorgung – Fremdanamnese ..., SGb 2003, 698-700; *Kling*, Amtshaftung bei Behandlungsfehlern des Notarztes im Rettungsdiensteinsatz, BGH Report 2003, 323-324; *Kummer*, Haftungspflichten des Arztes und der Trägerkörperschaft im öffentlich-rechtlich organisierten Rettungsdienst, jurisPR-BGHZivilR 42/2004 Anm 5; *Nilges*, Befreiung vom ärztlichen Notfall- und Bereitschaftsdienst, PsychR 2002, 37-41; *Petry,* Amtshaftung des Notarztes im Rettungsdiensteinsatz nach Maßgabe der landesrechtlichen Organisation des Rettungsdienstes, GesR 2003, 204-206; *Rieger*, Vertragsarzt – Chirurg – Befreiung – Notfalldienst – ambulante Operation – postoperative Betreuung, DMW 1997, 875; *Rippel/Thomas*; Vergütung – ambulante Notfallbehandlung – Notfallambulanz – Investitionskostenabschlag, KH 1993, 203.

B. Auslegung der Norm

I. Regelungsgehalt und Bedeutung der Norm

8 Während § 72 Abs. 1 SGB V sowohl die Krankenkassen als auch die unmittelbar an der Sicherstellung der ambulanten Versorgung teilnehmenden Leistungserbringer, jedoch nicht die Kassenärztlichen Vereinigungen, anspricht und zum Zusammenwirken bei der Sicherstellung der ambulanten Versorgung verpflichtet, obgleich nach Absatz 2 deren Ausgestaltung durch kollektivvertragliche Regelung sogleich den Partnern der gemeinsamen Selbstverwaltung im Sinne einer programmatischen Grundentscheidung übertragen wird, wendet sich § 76 SGB V an die Kassen(zahn)ärztlichen Vereinigungen und Kassenärztlichen Bundesvereinigungen als Organisationen der Vertrags(zahn)ärzte, und schließt die „Lücke" des § 72 Abs. 1 SGB V dadurch, dass die Sicherstellung der vertragsärztlichen Versorgung auch zu deren eigener Aufgabe erklärt wird (**Absatz 1 Satz 1**). Klargestellt wird zudem, dass die Sicherstellungspflicht auch die Aufrechterhaltung der Versorgung außerhalb der Praxiszeiten durch Vorhaltung eines Notfall- bzw. Bereitschaftsdienstes umfasst (**Absatz 1 Satz 2**).

9 Die Normadressaten erfüllen die Verpflichtung u.a. durch Erlass des zur Umsetzung erforderlichen Satzungsrechts nebst der Überwachung der Beachtung der Leistungspflichten durch die Mitglieder. Gleichzeitig haben sie aber die Interessen der Mitglieder gegenüber den Krankenkassen zu vertreten (**Absatz 2**).

10 Die **Absätze 3, 4 und 6** erweitern den Personenkreis, dessen Versorgung sicherzustellen ist, über den Kreis der gesetzlich Krankenversicherten hinaus auf andere Personengruppen.

11 **Absatz 5** enthält eine Klarstellung des Sicherstellungsauftrags für die knappschaftlich Krankenversicherten.

12 Die Kassenärztlichen Bundesvereinigungen werden darüber hinaus ermächtigt und verpflichtet, konkret umrissene Regelungsbereiche durch Richtlinien zu regeln (**Absatz 7**).

13 Die **Absätze 8 und 9** enthalten eine weitere Konkretisierung bzw. einen Sondertatbestand des Sicherstellungsauftrags.

II. Normzweck

14 Die Vorschrift konkretisiert die eigenen Aufgaben der Kassenärztlichen Vereinigungen zum Zweck der Sicherstellung der vertragsärztlichen Versorgung und ermächtigt insoweit zum Erlass von Satzungsrecht im Rahmen bestehender materieller Selbstverwaltung.

15 Eine Parallelvorschrift, die explizit die Aufgaben der Krankenkassen und Krankenkassenverbände im System gemeinschaftlicher Sicherstellung normiert, existiert nicht. Im Hinblick auf § 72 Abs. 1 SGB V sowie darauf, dass diese ihren Versicherten bereits leistungsrechtlich die Erfüllung des Leistungsanspruchs schulden, bedarf es einer Parallelregelung nicht unbedingt. Vielmehr ist die Norm als Pendant

zur Leistungspflicht der Kassen gegenüber den Versicherten zu sehen, da die Erstgenannten ihre Pflichten im Grundsatz nur durch die Behandlungs- und Verordnungstätigkeit der in der Kassenärztlichen Vereinigung zwangsorganisierten Vertragsärzte erfüllen können.

III. Sicherstellung als eigene KÄV-Aufgabe (Absatz 1)

1. Sicherstellung und Gewährleistung (Absatz 1 Satz 1)

a. Kassenärztliche Vereinigungen und Kassenärztliche Bundesvereinigungen

Während § 72 Abs. 1 SGB V noch die ambulante Leistungen erbringenden Personen und Einrichtungen zur gemeinschaftlichen Zusammenarbeit zum Zwecke der Sicherstellung verpflichtet, wendet sich die Norm an die öffentlich-rechtlichen Rechtsträger als Zusammenschluss der Leistungserbringer. 16

Kraft Gesetzes sind auf Landesebene zu **Kassenärztlichen Vereinigungen** – KÄV – zusammengeschlossen 17

- die zugelassenen Ärzte nebst den zugelassenen nichtärztlichen Psychotherapeuten,
- die in medizinischen Versorgungszentren angestellten Ärzte und
- die ermächtigten Krankenhausärzte (§ 77 Abs. 1, 3 SGB V).

Die zugelassenen Zahnärzte, ermächtigten Zahnärzte und zahnärztlich tätigen Medizinischen Versorgungszentren sind dagegen zu **Kassenzahnärztlichen Vereinigungen** – KZV – zusammengeschlossen. 18

Da die Mitgliedschaft nur auf natürliche Personen ausgerichtet ist, werden ermächtigte Krankenhausabteilungen oder sonstige Einrichtungen nicht Mitglied. Ihre Bindung an die Regeln der vertragsärztlichen Leistungserbringung ergibt sich nur aufgrund von § 95 Abs. 4 Satz 2 SGB V. 19

Die KÄVen bilden zusammen die Kassenärztliche Bundesvereinigung – KÄBV –, die KZVen zusammen die Kassenzahnärztliche Bundesvereinigung – KZBV – (§ 77 Abs. 4 SGB V). Die Zwangsmitgliedschaft der genannten Personen kann von diesen nicht – es sei denn durch wirksamen Verzicht bzw. Erlöschen der Zulassung/Ermächtigung – gelöst werden. 20

Die Vereinigungen auf Bundes- und Landesebene sind Körperschaften des öffentlichen Rechts (§ 77 Abs. 5 SGB V). Sie besitzen das Recht zur **materiellen Selbstverwaltung** und Satzungsautonomie (§§ 78 Abs. 3 Satz 1, 81 SGB V). Damit besteht das Recht zur eigenverantwortlichen Normsetzung in Gestalt von Satzungsrecht gegenüber denjenigen, die die vertragsärztliche Versorgung erbringen, und im Rahmen **der durch Gesetz übertragenen Aufgaben**, ohne dass es jeweils einer dem Art. 80 Abs. 1 Satz 2 GG entsprechenden Ermächtigung in den Einzelpunkten bedarf.[10] Allein wesentliche Entscheidungen, insbesondere solche mit erheblicher grundrechtsrelevanter Eingriffsqualität, bedürfen einer Regelung durch den Gesetzgeber selbst.[11] Gegenüber Dritten, wie den gesetzlich Versicherten, besteht keine Regelungsmacht, was reflexartige Wirkungen nicht ausschließt. 21

b. Sicherstellungsverpflichtung

Satz 1 erhebt die **Sicherstellung** der vertragsärztlichen Versorgung **im weiteren Sinne** zur eigenen Aufgabe jeder Kassen(zahn)ärztlichen Vereinigung und der beiden Kassenärztlichen Bundesvereinigungen. Sie ist auf zwei Ebenen wahrzunehmen: 22

Zum einen betrifft sie die auf Bundes- und Landesebene vorgesehene Mitwirkung bei der bereits durch § 72 Abs. 2 SGB V geregelten Zusammenarbeit **(gemeinsame Selbstverwaltung)** in Gestalt der gemeinsamen Norm(vertrags)setzung, einschließlich der Mitarbeit im Gemeinsamen Bundesausschuss, sowie der Zusammenarbeit in den durch die Partner gemeinsam besetzten Verwaltungsvollzugsgremien der Landesebene (z.B. Landesausschüsse, Ausschüsse für die Wirtschaftlichkeitsprüfung und Ausschüsse für Zulassungsangelegenheiten). Zumindest im Kontext mit § 72 SGB V erscheinen die Zusammenschlüsse der Vertragsärzte damit auch zur rechtstreuen Mitwirkung an der Wahrnehmung der gemeinsamen Sicherstellungsaufgaben verpflichtet. 23

---

10 *Ebsen* in: Schulin, Handbuch des Sozialversicherungsrechts, Bd. 1, § 7 Rn. 68 ff.

11 BVerfG v. 09.05.1972 - 1 BvR 518/62 - BVerfGE 33, 125, 158 ff.; BVerfG v. 20.10.1982 - 1 BvR 1470/80 - BVerfGE 61, 260, 275; BVerfG v. 14.07.1987 - 1 BvR 537/81 - BVerfGE 76, 171, 184; BVerfG v. 02.03.1993 - 1 BvR 1213/85 - BVerfGE 88, 103, 116; BSG v. 29.09.1993 - 6 RKa 65/91 - BSGE 73,131, 136; *Papier*, VSSR 1990, 123.

24 Zum anderen bedeutet der Begriff der Sicherstellung – insoweit **in einem engeren Sinne** gebraucht – die Durchführung der ambulanten Versorgung zum Zwecke der Erfüllung der Leistungsansprüche der gesetzlich Versicherten in Gestalt der Erbringung ärztlicher Leistungen in bedarfsdeckender Zahl und geschuldeter Qualität. Dies stellt den Kernbereich der Tätigkeit und die alleinige Aufgabe der Kassen(zahn)ärztlichen Vereinigungen und Bundesvereinigungen dar.

25 Zur Bestimmung der **sachlichen Grenzen** der sicherzustellenden vertragsärztlichen Versorgung nimmt die Norm auf den Leistungskatalog des § 73 Abs. 2 SGB V Bezug, der sich als Teilmenge des Anspruchsrahmenkatalogs des § 11 SGB V darstellt. Der eigentliche Leistungs- und Anspruchsinhalt des dort gezogenen Rahmens wird wiederum durch die Richtlinien des Gemeinsamen Bundesausschusses und das zu setzende Normvertragsrecht auf Bundesebene (Bundesmantelverträge) sowie Landesebene (sonstige Gesamtverträge) mit Regelungswirkung gegenüber dem Versicherten und dem Leistungserbringer ausgefüllt (vgl. die Kommentierung zu § 72 SGB V Rn. 26).

26 Während die ermächtigten Einrichtungen der vertragsärztlichen Versorgung zuzurechnen sind, ohne satzungsunterworfen (Rn. 19) zu sein, sind die durch (nicht ermächtigte) Krankenhäuser erbrachten ambulanten Leistungen der §§ 115-115c, 116b SGB V nicht zur vertragsärztlichen, jedoch zur ambulanten Versorgung zu rechnen. Eine unmittelbare Geltung vertragsärztlichen Leistungserbringungsrechts besteht hier weder kraft Satzungsunterworfenheit noch über § 95 SGB V. Rechte und Pflichten werden insoweit in einem öffentlich-rechtlichen Vertrag geregelt.

c. Gewährleistungsverpflichtung

27 Das zweite Element der Sicherstellung in Gestalt der eigentlichen ärztlichen Leistungserbringung hebt die sog. **Gewährleistungspflicht** hervor. Dies bedeutet nicht, dass die Pflicht zur Mitwirkung an der gemeinsamen Sicherstellung nur mit geringerer Intensität besteht. Die Krankenkassen schulden den gesetzlich Versicherten allein die Erfüllung des Anspruchs auf Erbringung der Krankenversicherungsleistungen (§ 2 SGB V). Hingegen ist ihnen eine Erbringung ärztlicher Leistungen, z.B. durch kassenangestellte Ärzte, grundsätzlich nicht erlaubt.[12] Insoweit bedurfte es der Schaffung einer „Deckungsverpflichtung".

28 Gewährleistung bedeutet eine **Einstands- und Garantiepflicht** gegenüber den Krankenkassen sowie den Kassenverbänden, alles ihnen im Rahmen ihrer Aufgaben und Befugnisse mögliche dafür zu tun, dass die vertragsärztliche Versorgung den gesetzlichen und vertraglichen Erfordernissen entspricht. Das meint nichts anderes als die Erfüllung des Leistungsanspruchs durch Erbringung von ambulant-ärztlichen Leistungen nach Umfang, Inhalt und qualitativem Standard, wie er durch die Richtlinien des Gemeinsamen Bundesausschusses, die weiteren normvertraglichen Regelungen und die Regeln der ärztlichen Kunst[13] charakterisiert wird, durch eine ausreichende Anzahl leistungsbereiter und leistungsfähiger Ärzte. Letztlich haben sie die nach § 72 Abs. 2 SGB V vereinbarte Versorgung durch ihre Mitglieder zu erbringen.

29 Wie § 105 Abs. 1 Satz 1 SGB V ergänzt, erschöpft sich die Gewährleistung nicht in der Vorhaltung und Überwachung der Mitglieder. Vielmehr haben die Vereinigungen alle geeigneten finanziellen und sonstigen Maßnahmen zu ergreifen, um die Sicherstellung zu gewährleisten, zu verbessern und zu fördern.

30 Die **Grenzen** der Einstands- und Garantiepflicht der Kassenärztlichen Vereinigungen bestimmen sich nach Inhalt und Reichweite der übertragenen Aufgaben und Befugnisse. Nur in den Grenzen der übertragenen Aufgaben und der Befugnisse müssen diese alles rechtlich Mögliche tun, um auf eine ordnungsgemäße Leistungserbringung hinzuwirken. Dies geschieht durch Weitergabe der Pflichten und Regeln ordnungsgemäßer Leistungserbringung an ihre Mitglieder im Wege des Erlasses von Satzungsrecht, einschließlich ihrer Überwachung, Aufklärung und Beratung. Im Falle des Zuwiderhandelns haben sie durch disziplinarische Einwirkung auf eine ordnungsgemäße Pflichtenerfüllung hinzuwirken.[14] Daneben umfasst die Gewährleistungspflicht auch die ordnungsgemäße Leistungsabrechnung durch sachgerechte Abrechnungsprüfung sowie pünktliche Honorarzahlung nach Honorarverteilung unter Beachtung des auf Art. 12 GG i.V.m. Art. 3 GG fußenden Gebots der Honorarverteilungsgerechtigkeit.

[12] Enge Ausnahme: § 140 SGB V Eigeneinrichtungen; vgl. auch integrierte Versorgung § 140a SGB V; Verträge nach § 72a SGB V.

[13] Gesetzliches Erfordernis: § 2 Abs. 2 Satz 3 SGB V.

[14] Siehe Absatz 2 Satz 2.

Schließlich ist die ordnungsgemäße Führung der Registerakten und die Wahrnehmung der sonstigen gesetzlich und vertraglich übertragenen Verwaltungsaufgaben (z.B. Genehmigungserteilung aufgrund des § 135 Abs. 2 SGB V, Zweigpraxisgenehmigung) erfasst.

Im Falle eines **Systemversagens** erscheint die Gewährleistungspflicht nicht verletzt, wenn dies auf einem Fehlen oder einer Unrechtmäßigkeit einer Vertragsnorm oder einem Versagen der Krankenkasse des Versicherten bzw. des zugehörigen Kassenverbandes (Kassenfehlverhalten) oder eines gemeinsam besetzten Gremiums (Versagen gemeinsamer Selbstverwaltung) beruht. Sofern allerdings ein pflichtwidriges Verhalten bei der Wahrnehmung der Mitwirkungsaufgabe der gemeinsamen Sicherstellung hierfür ursächlich ist, erscheint dieser Teil der Pflicht zur Sicherstellung (i.w.S.) verletzt. 31

2. Not- und Bereitschaftsdienst (Absatz 1 Satz 2)

Satz 2 stellt klar, dass die nach Satz 1 von den Kassenärztlichen und Kassenzahnärztlichen Vereinigungen zu gewährleistende Sicherstellung i.e.S. auch die Aufrechterhaltung der vertragsärztlichen Versorgung für Notfälle in den sprechstundenfreien Zeiten, mithin nachts und am Wochenende bzw. an Feiertagen, umfasst. 32

a. Umfang

Ein **Notfall** liegt vor, wenn eine dringende Behandlungsbedürftigkeit besteht und ein teilnahmeberechtigter Behandler mangels Erreichbarkeit, Umfang des Teilnahmerechts, Qualifikation oder eigener Bereitschaft zur Behandlungsübernahme nicht rechtzeitig zur Verfügung steht (vgl. die Kommentierung zu § 76 SGB V Rn. 22). 33

Aus dem Sicherstellungsauftrag hinsichtlich einer Notfallversorgung gleichsam herausgeschnitten ist durch Satz 2 jedoch der sog. **Rettungsdienst**, der durch die Rettungsdienstgesetze der Länder geregelt ist. Gleichwohl ist die bundesgesetzliche Regelung insoweit offen gehalten, als dem Landesgesetzgeber die (teilweise) Heranziehung der Kassenärzte zum Rettungsdienst freigestellt bleibt.[15] 34

Unter Rettungsdienst versteht man die Notfallrettung in Gestalt der medizinischen Erstversorgung von Verletzten oder Kranken, die sich in Lebensgefahr befinden oder bei denen sehr zeitnah der Eintritt schwerer Gesundheitsschäden zu befürchten ist, mit anschließender Beförderung in fachgerechte Betreuung (**Notarztdienst**).[16] Damit handelt es sich um wesentlich akutere und schwerere Notfallsituationen, die ein sehr zeitnahes Einschreiten erforderlich machen, mithin um Rettungsszenarien, für die auch in den Präsenzzeiten eine vertragsärztliche Behandlung durch Praxisdienst (einschließlich Hausbesuch) nicht als geeignetes Mittel erscheint. Insoweit erweist sich der Begriff des vertragsärztlichen **Bereitschaftsdienstes** gegenüber dem Terminus des Notfalldienstes als passender. 35

Gefordert ist die Vorhaltung **bedarfsgerechter Behandlungskapazitäten** und die Bereitstellung derjenigen Behandlung, die zur Abwendung einer akuten Behandlungsbedürftigkeit notwendig ist, soweit dieser während der Praxispräsenzzeiten durch den Vertragsarzt, ggf. durch sofortigen Hausbesuch, begegnet werden könnte, bis eine Behandlungsübernahme im Rahmen regulärer Sprechstundentätigkeit erfolgen kann. Auch hier kommt den Genannten ein weiter Gestaltungsspielraum bei der Umsetzung der übertragenen Aufgabe zu. 36

Die bedarfsgerechte Notfallversorgung kann durch folgende Maßnahmen bzw. deren Kombination gedeckt werden: 37

- Einrichtung eines ärztlichen Notfall- bzw. Bereitschaftsdienstes zu sprechstundenfreien Zeiten, an dem Vertragsärzte oder hierfür ermächtigte Ärzte teilnehmen und in ihren Praxen, ggf. durch Hausbesuche, zur Verfügung stehen.
- Einrichtung eines mobilen Notfall- bzw. Bereitschaftsdienstes („Taxiarzt").
- Einrichtung einer durch die KÄV betriebenen Notfallpraxis, in der Vertragsärzte oder hierfür ermächtigte Ärzte Dienst tun.
- Für Notfallbehandlungen ermächtigte Krankenhäuser.
- Einrichtung einer Notrufzentrale.

Neben einem **allgemeinen Bereitschaftsdienst** können spezielle **fachärztliche Bereitschaftsdienste** (z.B. Psychiatrie, Gynäkologie) eingerichtet werden. Denkbar wäre auch ein psychotherapeutischer Bereitschaftsdienst. 38

---

[15] Art. 21 BayRDG.

[16] Dies ist beispielsweise in Bayern geschehen – Art. 2 BayRDG.

b. Teilnahmerecht und Teilnahmepflicht am Notfall- und Bereitschaftsdienst

39 Kraft seiner Zulassung ist jeder Vertragsarzt, Vertragszahnarzt und angestellte (Zahn-)Arzt eines medizinischen Versorgungszentrums zur Teilnahme am durch die KÄV bzw. KZV organisierten Notfall- und Bereitschaftsdienst verpflichtet. In Praxen angestellte Ärzte/Assistenten dürfen als nicht Satzungsunterworfene nicht ohne ihr Einverständnis verpflichtet werden.

40 Aus dem in Absatz 1 Sätze 1 und 2 formulierten Sicherstellungsauftrag und den in Notfall- bzw. Bereitschaftsdienstordnungen getroffenen satzungsrechtlichen Verpflichtungen ergibt sich eine **ausreichende Rechtsgrundlage** sowohl für die Einrichtung eines vertragsärztlichen Notfalldienstes als auch für die Verpflichtung der Mitglieder zur Teilnahme.[17] Da das Mitglied gemäß § 95 Abs. 3 SGB V kraft Zulassung/MVZ-Anstellung zur Teilnahme an der vertragsärztlichen Versorgung verpflichtet ist, werden durch die Heranziehung keine neuen berufsrechtlichen Pflichten begründet. Die Gesetzgebungszuständigkeit der Länder für die Regelung der Berufsausübung schließt die aus Art. 74 Nr. 12 GG abzuleitende Befugnis des Bundesgesetzgebers zur Regelung besonderer öffentlich-rechtlicher Berufspflichten der Vertragsärzte nicht aus.[18] Eine aus dem Argument der Unzumutbarkeit (Rn. 45) aus persönlichen Gründen abgeleitete Verletzung des Art. 12 GG wird nur im seltenen Ausnahmefall anzunehmen sein.

41 Auch sind Ärzte **sämtlicher Weiterbildungsgebiete** grundsätzlich verpflichtet, am – allgemeinärztlich-internistisch ausgerichteten – allgemeinen Notfalldienst teilzunehmen, wenn ihr Gebiet nicht durch einen besonderen fachärztlichen Notdienst repräsentiert wird. Kraft ihrer medizinischen Grundausbildung und der Ablegung des ärztlichen Staatsexamens erscheinen im Grundsatz sämtliche Vertragsärzte aller Gebiete gleichermaßen für eine Dienstteilnahme geeignet.[19] Dies gilt nicht mehr, wenn der nicht allgemeinmedizinisch-internistisch tätige Gebietsarzt lange Zeit nicht zum Bereitschaftsdienst herangezogen worden war und deshalb von einer Verflachung entsprechender Kenntnisse auszugehen ist. Dann kann sich eine Heranziehung mangels Ungeeignetheit als unzumutbar darstellen, sofern dem Betroffenen innerhalb einer angemessenen Schonfrist nicht zuzumuten ist, sich medizinisch fortzubilden, wofür die Versorgungssituation mit dienstfähigen Ärzten im Planungsbereich und persönliche Umstände zu würdigen sind.[20]

42 Umgekehrt besteht aus § 95 SGB V kein **subjektives-öffentliches Recht** darauf, im Rahmen des vertragsärztlichen Bereitschaftsdienstes tätig werden zu dürfen.[21] Der Verwaltung ist ein Heranziehungsermessen eingeräumt. Indes gewährt Art. 12 GG i.V.m. Art. 3 GG aber ein derivatives Teilhaberecht, sofern der Ausschluss nicht durch im Rahmen des Ermessens zu treffende sachliche Gründe gedeckt erscheint. Die Notfall- und Bereitschaftsdienstordnung kann hierzu ermessensleitende Regelungen treffen.

c. Berufsrechtliche Parallelregelung

43 Da die Heilberufs- und Kammergesetze der Länder ebenfalls eine Verpflichtung der Ärztekammern zur Organisation eines allgemeinen Notfalldienstes und eine **berufsrechtliche Verpflichtung** der approbierten Ärzte zur Teilnahme hieran enthalten[22], die über die Landesberufsordnungen konkretisiert wird, kommt es in sachlicher Hinsicht zu parallelen Sicherstellungs- und Teilnahmepflichten, die sich nur hinsichtlich des zu versorgenden Personenkreises, einerseits nur gesetzlich Versicherte und Gleichgestellte, andererseits die Gesamtbevölkerung, unterscheiden. Die Rechtsprechung hat eine Kooperation von Landes(zahn)ärztekammer und örtlicher KÄV/KZV zum Zwecke der Aufgabenerfüllung für zulässig erachtet.[23] Hierfür stehen folgende Möglichkeiten zur Verfügung:

- Sicherstellung des Bereitschaftsdienstes allein durch die KÄV/KZV für die Gesamtbevölkerung auf der Grundlage der eigenen Notfall- und Bereitschaftsdienstsatzung (häufigste Variante). Damit können Nichtmitglieder nicht zur Teilnahme verpflichtet werden. Der Sozialrechtsweg ist auch für Teil-

[17] BSG v. 28.10.1992 - 6 RKa 2/92 - SozR 3-2500 § 75 Nr. 2.

[18] BSG v. 12.10.1994 - 6 RKa 29/93 - USK 94139; BVerwG v. 09.06.1982 - 3 C 21/81 - BVerwGE 65, 362.

[19] BSG v. 15.09.1977 - 6 RKa 8/77 - SozR 2200 § 368n Nr. 12 = E 44, 252, 257.

[20] BSG v. 15.09.1977 - 6 RKa 8/77 - SozR 2200 § 368n Nr. 12 = E 44, 252, 257; LSG Niedersachsen v. 25.04.2001 - L 3/5 KA 67/99.

[21] BSG v. 24.01.1974 - 6 RKa 30/73 - USK 7429; BayLSG v. 11.03.1992 - L 12 Ka 51/91 - E-LSG Ka-002.

[22] Wofür den Ländern die ausschließliche Gesetzgebungszuständigkeit übertragen ist; vgl. BVerwG v. 09.06.1982 - 3 C 21/81 - BVerwGE 65, 362.

[23] BSG v. 28.10.1992 - 6 RKa 2/92 - SozR 3-2500 § 75 Nr. 2.

nahmestreitigkeiten zwischen Nichtmitgliedern und KÄV/KZV eröffnet. Auch dann, wenn die Berufsordnung großzügigere Befreiungstatbestände als die Bereitschaftsdienstsatzung enthält, muss sich der Vertragsarzt an den strengeren Pflichten der Satzung messen lassen.[24]

- Sicherstellung des Bereitschaftsdienstes allein durch die (Zahn-)Ärztekammer auf der Grundlage der Heilberufs- und Kammergesetze und der Berufsordnungen. Bei Streitigkeiten ist allein der Verwaltungsrechtsweg zu beschreiten.
- Gemeinsame Durchführung auf der Grundlage des von beiden Rechtsträgern erlassenen Rechts.[25] Die Vertragsärzte werden durch KÄV/KZV (Sozialrechtsweg), die Nichtvertragsärzte durch die (Zahn-)Ärztekammer verpflichtet (Verwaltungsrechtsweg).

d. Befreiung

Die Bereitschaftsdienstssatzungen enthalten zumeist als Ermessenstatbestände ausgestaltete Befreiungstatbestände. Eine Befreiung kann dauernd, befristet oder partiell (niedrigere Einsatzfrequenz) erfolgen. Ungeachtet der Satzungsregelungen können Grundrechte eine Beseitigung der als Belastung empfundenen Heranziehung, damit einen Befreiungsanspruch vermitteln. 44

Eine Verletzung des Art. 12 GG aufgrund einer **Unzumutbarkeit** der zusätzlichen Belastung einer Heranziehung zum Bereitschaftsdienst wird sich nur im seltenen Ausnahmefall begründen lassen, da die überragenden Gemeinwohlbelange der Versorgungssicherstellung bei grundsätzlicher Geeignetheit aller Vertragsärzte die Heranziehung als verhältnismäßig erscheinen lassen.[26] Besondere, über das übliche Maß hinausgehende Belastungen sind hinzunehmen. Erst beim Vorliegen **schwerwiegender Gründe** kann die Grenze überschritten und eine Befreiung geboten sein. 45

Ob schwerwiegende Gründe anzuerkennen sind, bestimmt sich auch danach, ob ohne den Befreiten die Durchführung des Bereitschaftsdienstes gefährdet ist. Somit besteht ein **Bewertungszusammenhang** zwischen Gewichtigkeit und Sicherstellung der Versorgungssituation. Je weniger teilnehmende Ärzte örtlich vorhanden sind, um die zu erwartende Mehrbelastung aufzufangen, desto größer sind die Anforderungen an die Gewichtigkeit. 46

Indes kann sich aus dem Gedanken der Gleichbehandlung von wesentlich Ungleichem (Art. 12 GG i.V.m. Art. 3 GG) ein Befreiungsanspruch ergeben, sofern aus den über die Praxistätigkeit hinausreichenden zusätzlichen Belastungen mit vertragsärztlichen Tätigkeiten eine so **ungleiche Belastung** resultiert, dass ein Festhalten am Bereitschaftsdiensteinsatz aus dem Gleichheitsgebot nicht mehr hinnehmbar erscheint.[27] 47

Höhere Belastungen, die aus der **Praxistätigkeit** resultieren, wie z.B. eine übergroße Kassenpraxis oder eine schwierige oder besondere Patientenklientel, oder aus sonstigen **persönlichen Lebenssituationen**, erscheinen dabei irrelevant.[28] Die gemeinsame Aufgabe aller Kassenärzte erfordert eine Heranziehung aller Mitglieder in gleich belastender Weise. Damit nicht vereinbar erscheint die Berücksichtigung persönlicher Umstände und familiärer Verhältnisse. Solange der Vertragsarzt seiner beruflichen Tätigkeit uneingeschränkt nachgeht, somit die wirtschaftlichen Möglichkeiten des freien Berufes voll nutzt, kann er unter Berufung darauf keine Freistellung auf Kosten anderer begehren, die möglicherweise diese wirtschaftlichen Möglichkeiten nicht derart umfänglich nutzen.[29] Ebenso haben eine **ehrenamtliche Tätigkeit**[30] außerhalb der KÄV/KZV sowie **Nebentätigkeiten**[31] unberücksichtigt zu bleiben. 48

Bei Vorliegen von **Gesundheitsstörungen** ist zu unterscheiden: Besteht eine Erkrankung, die nur bezüglich der Teilnahme am Bereitschaftsdienst, nicht jedoch in Ansehung der Praxistätigkeit einschränkend wirkt (z.B. chronische Darmerkrankung mit gehäufter Notwendigkeit des Toilettenbesuchs und mobiler Bereitschaftsdienst – „Taxiarzt"), wird die Unzumutbarkeitsgrenze überschritten sein. 49

---

[24] SG München v. 27.10.2004 - S 42 KA 5193/02.

[25] BSG v. 28.10.1992 - 6 RKa 2/92 - SozR 3-2500 § 75 Nr. 2.

[26] BSG v. 04.05.1994 - 6 RKa 7/93 - USK 94134.

[27] BSG v. 15.04.1980 - 6 RKa 8/78 - USK 8055.

[28] BSG v. 11.06.1986 - 6 RKa 5/85 - MedR 1987, 122 ff., LSG Baden-Württemberg v. 29.01.1997 - L 5 Ka 1664/96.

[29] BSG v. 11.06.1986 - 6 RKa 5/85 - MedR 1987, 122 ff.

[30] BSG v. 15.04.1980 - 6 RKa 8/78 - USK 8055: Vorstand des Bezirks einer Ärztekammer.

[31] BSG v. 15.04.1980 - 6 RKa 8/78 - USK 8055; LSG NRW v. 15.07.1981 - L 11 KA 37/80.

50 Wird geltend gemacht, dass eine Erkrankung insgesamt leistungsmindernd wirkt und der Umfang der Praxistätigkeit beschränkt werden muss, weil die berufliche Gesamtbelastung zusammen mit der Bereitschaftsdiensttätigkeit nicht bewerkstelligt wird, gilt das zuvor Gesagte entsprechend (vgl. Rn. 48). Erst wenn dem Vertragsarzt aufgrund des Rückgangs seiner Einkommensverhältnisse (Rückgang der Honorareinnahmen aus kassen- und privatärztlicher Tätigkeit) die Delegation des Einsatzes auf einen Vertreter nicht mehr abverlangt werden kann, soll Unzumutbarkeit vorliegen, wenn die Durchführung des Notfalldienstes ohne ihn nicht gefährdet erscheint.[32]

51 Eine mit Notfalldienstverpflichtung verbundene **Belegarzttätigkeit** soll nach älterer Rechtsprechung keinen Befreiungsgrund darstellen.[33] Daran ist nicht festzuhalten, da das SGB V die belegärztliche Tätigkeit als Teil vertragsärztlicher Tätigkeit zur Entlastung der höheren Kosten stationärer Versorgung für besonders förderungswürdig erachtet.[34] Relevant erscheint jedoch nur der Umfang der Notfalleinsatzverpflichtung im Krankenhaus und nicht die eigentliche Belegarzttätigkeit. Eine nicht hinnehmbare ungleiche Belastung ist anzunehmen, wenn nach Art der Leistungen Notfalleinsätze mehr als völlig selten notwendig erscheinen, der Umfang der Dienstfrequenz außer Verhältnis zum Umfang der belegärztlichen Tätigkeit steht und der Belegarzt sich den Notfalleinsatzdienst im Belegkrankenhaus nicht mit anderen Belegärzten oder Krankenhausärzten teilen kann. Gegenüberzustellen ist die unterschiedliche Belastung des zum vertragsärztlichen Bereitschaftsdienst herangezogenen Belegarztes unter Berücksichtigung der Krankenhausnotfalleinsatztätigkeit im Vergleich zu der Notfalldienstbelastung der weiteren örtlichen Vertragsärzte (Mehrbelastung) sowie auch die sich (fiktiv) ergebenden Mehrbelastungen der übrigen Vertragsärzte gegenüber den Belastungen des Belegarztes im Falle der Befreiung vom vertragsärztlichen Bereitschaftsdienst. Die Bereitschaftsdienstsatzungen enthalten regelmäßig großzügigere Befreiungstatbestände für Belegärzte, die sich den Notfalleinsatzdienst im Krankenhaus nicht mit mehreren anderen Ärzten teilen können.

52 Dem **ambulant operierenden** Vertragsarzt, der die postoperative Betreuung durch einen Vertreter sicherstellen kann, ist die volle Heranziehung zum Bereitschaftsdienst nicht unzumutbar.[35]

53 Nimmt ein als Zahnarzt und (ärztlicher) MKG-Chirurg doppelt Zugelassener am vertragszahnärztlichen Notfalldienst teil (**mehrere Bereitschaftsdienste**), ist bei Heranziehung auch zum vertragsärztlichen Pendant der zahnärztliche Bereitschaftsdienst als zusätzliche Belastung aus vertrags(zahn)ärztlicher Tätigkeit zu berücksichtigen.[36] Ziehen sowohl (Zahn-)Ärztekammer als auch KÄV/KZV verpflichtend zu Bereitschaftsdiensten heran, bedarf es ebenfalls einer Belastungsgesamtbetrachtung. Auch die Heranziehung eines Arztes, der bereits am allgemeinen Bereitschaftsdienst teilnimmt, zu einem besonderen fachärztlichen Notfalldienst kann eine ungleiche Belastung darstellen.

e. Bereitschaftsdienstsatzungen

54 Rechtsgrundlage der Bereitschaftsdienstheranziehung sind die §§ 75 Abs. 1, 81 SGB V i.V.m. der jeweiligen Bereitschaftsdienstsatzung. Diese enthalten Regelungen zu den gebildeten Bereitschaftsdiensten, den näheren Bestimmungen der Dienstdurchführung und den Befreiungstatbeständen. Häufig wird eine Delegation des Diensteinsatzes auf einen anderen Arzt (Vertreter), der nicht zugelassen sein muss, erlaubt. Der Delegierende muss für eine Erfüllung der persönlichen Voraussetzungen des Vertreters und eine ordnungsgemäße Durchführung Sorge tragen. Häufig werden regional Bereitschaftsdienstbereiche gebildet und die Vertragsärzte diesen zugeteilt. Die eigentliche Dienstplaneinteilung kann auf Obleute delegiert sein. Bei der Dienstgruppenbildung, der Dienstplaneinteilung und der Befreiung wird es sich regelmäßig um Verwaltungsakte bzw. auch um Allgemeinverfügungen handeln.

3. Leistungsstörungen (Absatz 1 Satz 3)

a. Leistungsstörung

55 Vom Vertragsarzt verursachte Leistungsstörungen werden in der Regel Verletzungen gesetzlicher Leistungserbringerpflichten darstellen (vgl. die Kommentierung zu § 72 SGB V Rn. 66). Durch die doppelte Gebundenheit an den vertragsärztlichen Pflichtenkatalog[37] über gesetzliche und normvertrag-

---

[32] BSG v. 11.06.1986 - 6 RKa 5/85 - MedR 1987, 122 ff.

[33] BSG v. 15.04.1980 - 6 RKa 8/78 - USK 8055; BSG v. 15.09.1977 - 6 RKa 12/77 - SozR 2200 § 368n Nr. 13.

[34] Vgl. § 121 SGB V.

[35] BSG v. 18.10.1995 - 6 RKa 66/94 - USK 95124 unter Hinweis auf die Richtlinien der Bundesärztekammer zur Qualitätssicherung bei ambulanten Operationen.

[36] BSG v. 19.10.1971 - 6 RKa 24/70 - BSGE 33,165.

[37] §§ 95 Abs. 3 u. 4, 81 Abs. 3 SGB V.

liche Bestimmungen sowie Satzungsregelungen werden diese durch die KÄV/KZV oder gemeinsame Gremien sanktioniert. So bringt die Nichterfüllung oder mangelhafte Erfüllung den Vergütungsanspruch in Wegfall. Im Übrigen wird ein unwirtschaftliches Verhalten durch die Gremien gem. § 106 SGB V sanktioniert (Wirtschaftlichkeitsprüfung, Regress sonstiger Schäden). Daneben kann eine Verletzung mitgliedschaftlicher Pflichten[38] Schadensersatzansprüche (Schaden der Krankenkasse) auslösen. Schuldhaften Pflichtverletzungen hat die KÄV/KZV durch Einsatz ihrer Disziplinargewalt entgegenzuwirken.[39] Erweist sich der Arzt als ungeeignet, werden ihm die Zulassungsausschüsse die Zulassung entziehen. Da kein unmittelbares Leistungsverhältnis zwischen Vertragsarzt und Krankenkasse besteht, können sich, außerhalb der im SGB V geregelten Verfahren, Primär- oder Sekundäransprüche nicht ergeben. Im Verhältnis des versicherten Patienten zum Vertragsarzt bestehen Primär- und Sekundäransprüche aufgrund des Behandlungsvertrags nach den Regeln der GKV und nach § 76 Abs. 4 SGB V.

Pflichtverletzungen des Vertragsarztes, die für die Krankenkasse des Versicherten zu einem Schaden geführt haben, lösen keine Haftung der KÄV/KZV aus. Eine dem § 276 BGB entsprechende Haftungsnorm der Gemeinschaft der Kassenärzte durch Minderung der Gesamtvergütung für den Erfüllungsgehilfen bedürfte einer ausdrücklichen Regelung des Gesetzgebers.[40] Auch die nur die Bereitstellung der Sachleistungen schuldende Krankenkasse (vgl. die Kommentierung zu § 72 SGB V Rn. 56) haftet nicht für Kunstfehler des Vertragsarztes. Bei Sachleistungsverweigerung können sich Ansprüche aus § 13 Abs. 3 SGB V ergeben. 56

Da die Kassenärztliche Vereinigung den Krankenkassen gegenüber die Sicherstellung der vertragsärztlichen Versorgung schuldet, kann in der Pflichtverletzung des einzelnen Arztes zugleich eine Verletzung der **eigenen Pflichten der KÄV/KZV** liegen. Dies ist aber nur dann der Fall, wenn die vertragsärztliche Pflichtverletzung durch eine Verletzung der Gewährleistungspflicht mitbedingt wurde (z.B. Verletzung der Überwachungspflicht – trotz bekanntem und andauerndem Fehlverhalten keine Einwirkung auf den Vertragsarzt). 57

b. Zurückbehaltung eines Gesamtvergütungsteils

Die Pflicht zur Sicherstellung ist verletzt, wenn die Kassenärztliche Vereinigung ihren Pflichten nicht nachkommt. Dann stellt sich die Frage nach den Folgen hinsichtlich einer Einwirkung gerichtet auf Wahrnehmung des Auftrags sowie darüber hinaus der Kompensation eines ggf. entstandenen Schadens. 58

Aufbauend auf der in Satz 1 und Satz 2 normierten Sicherstellungs- und Gewährleistungspflicht der Kassenärztlichen Vereinigungen, spricht Satz 3 eine Befugnis der Kassenseite aus, die an sich nach den §§ 85 und 87a SGB V geschuldete Gesamtvergütung teilweise zurückzubehalten, wenn die Kassenärztliche Vereinigung ihrem Sicherstellungsauftrag nicht nachkommt.[41] Bereits nach dem Wortlaut handelt sich nur um ein **vorübergehendes Leistungsverweigerungsrecht** und nicht um ein Aufrechnungsrecht mit einem der Kasse entstandenen Schaden. Darüber hinaus ist nicht davon auszugehen, dass die Norm Einzelverstöße sanktionieren will. Sie setzt vielmehr einen schuldhaften, andauernden und erheblichen Verstoß (z.B. einen Aufruf zum Boykott bestimmter Kassenleistungen) gegen die Sicherstellungspflicht im engeren Sinne voraus. Die Rechtsfolge besteht im Recht der vorübergehenden Einbehaltung eines Anteils der an sich geschuldeten Gesamtvergütung durch sämtliche Kassen, die dem betroffenen Kassenverband zugehörig sind. Der Anteil bestimmt sich unter Beachtung des Verhältnismäßigkeitsgrundsatzes. Das Zurückbehaltungsrecht endet nach Wegfall der Störung. 59

c. Schadensersatz

Nach hier vertretener Auffassung begründet eine schuldhafte Verletzung der Nebenpflichten des gemeinsamen Sicherstellungsauftrags und der Gewährleistungspflicht eine Schadensersatzverpflichtung neben der Leistung. Dabei wird es sich um die Mehrkosten handeln, die die Kasse ggf. dem Versicherten nach § 13 Abs. 3 SGB V zu erstatten hat. Voraussetzung ist eine vorsätzliche oder fahrlässige Ver- 60

---

[38] Bei vertragszahnärztlicher mangelhafter Behandlung von Ersatzkassenpatienten.

[39] § 81 Abs. 5 SGB V.

[40] Wie sie in der früher vorgesehenen Haftung der Gesamtvergütung für eine Überschreitung des Arzneimittelbudgets geschaffen war.

[41] Vgl. auch § 72a SGB V.

letzung der Überwachungs- und Einwirkungspflicht auf die Mitglieder. Sekundärleistungsansprüche zwischen den Partnern gemeinsamer Selbstverwaltung regelt das Gesetz nicht, so dass nach § 69 SGB V ein Rückgriff auf zivilrechtliche Grundsätze erforderlich erscheint.

IV. Interessenwahrnehmung und Überwachung der Mitglieder (Absatz 2)

61 In unmittelbarem Anschluss an die durch Absatz 1 erfolgte Übertragung der Sicherstellung der vertragsärztlichen Versorgung verpflichtet Absatz 2 Satz 1 die KÄVen/KZVen sowie ihre Bundesvereinigungen dazu, die Rechte der Vertragsärzte gegenüber den Krankenkassen wahrzunehmen. Der folgende Satz 2 konkretisiert die Sicherstellungsverpflichtung nochmals dahin gehend, dass diese die Erfüllung der vertragsärztlichen Pflichten durch die zugelassenen Mitglieder zu überwachen und, gegebenenfalls unter Wahrnehmung der Disziplinargewalt, auf diese mit dem Ziel ordnungsgemäßer Pflichterfüllung einzuwirken haben. Insoweit handelt es sich um eine deklaratorische Konturierung dessen, was sich bereits aus dem allgemeinen Gewährleistungsauftrag des Absatzes 1 Satz 1 ergibt (vgl. bereits Rn. 28). Die vermeintliche Janusköpfigkeit der Aufgaben bildet ein nur scheinbar nicht befriedigend auflösbares Spannungsfeld. Vielmehr erwächst dessen Auflösung aus dem Inhalt der übertragenen Sicherstellungsaufgabe.

62 Die Pflicht zur Interessenwahrnehmung **substituiert** die durch die §§ 72 ff. SGB V erfolgte Kappung der Interessenwahrnehmung und Verhandlungsbefugnis des einzelnen Vertragsarztes gegenüber der Krankenkasse, da insoweit weder ein Vertragsverhältnis zu begründen ist noch irgendwelche unmittelbaren Rechtsbeziehungen bestehen. An deren Stelle tritt die **gebündelte Interessenwahrnehmung** und Verhandlungsbefugnis der Körperschaften der Vertragsärzte. Für sich betrachtet dürfen und müssen diese alles tun, um bei den zwingend oder freiwillig zu vereinbarenden untergesetzlichen Normen den größtmöglichen Nutzen für die Mitglieder zu erzielen, wobei der richtige Fokus in der Wahrnehmung des Gesamtinteresses der Mitglieder bei Ausgleich evtl. kollidierender Sonderinteressen einzelner Arztgruppen (z.B. Hausärzte/Fachärzte oder Vertragsärzte/Vertragspsychotherapeuten) liegt. Interessenwahrnehmung gegenüber den Krankenkassen erschöpft sich nicht in der Führung der eigentlichen Vertragsverhandlungen und dem Vertragsabschluss. Sie umfasst auch die Vorbereitung der Verhandlungen durch Schaffung eines Umfeldes, der Gewinnung und Vermittlung von Informationen sowie der vorgelagerten Überzeugungsarbeit einschließlich einer wirksamen Öffentlichkeitsarbeit.

63 Bei der Wahrnehmung der Interessen darf nicht gegen die sich aus der Gewährleistung vertragsärztlicher Versorgung und der Mitwirkung an der gemeinsamen Sicherstellung ergebenden Pflichten verstoßen werden. Die Interessenwahrnehmung stellt daher nur scheinbar einen nicht auflösbaren Widerspruch zur Sicherstellungs- und Gewährleistungspflicht dar.

64 Im Einzelnen bedeutet dies, dass die **abgeschlossenen Gesamtverträge** bzw. die durch das Schiedsamt festgesetzten Vertragsinhalte sowie die Richtlinien des Gemeinsamen Bundesausschusses einzuhalten sind, solange ein solcher Gesamtvertrag nicht wirksam gekündigt ist bzw. nach erfolgter Kündigung nicht gem. § 89 Abs. 1 Satz 4 SGB V fortgilt. Vielmehr ist dessen Einhaltung durch die Mitglieder zu überwachen und bei Nichtbeachtung bei Wahrung des Verhältnismäßigkeitsgrundsatzes mit disziplinarischen Mitteln durchzusetzen.

65 Eine **Pflicht zur Kontrahierung** eines – auch gesetzlich vorgeschriebenen – Vertrags besteht, auch aufgrund einer Treupflicht in Wahrnehmung der Aufgabe der Mitwirkung an der gemeinsamen Sicherstellung nicht, wenn eine Einigung über dessen Inhalt nicht erzielt werden konnte. Allerdings darf dessen Festsetzung durch das Schiedsamt nicht durch treuwidriges Verhalten, etwa durch Rückzug/Nichtbenennung der eigenen Schiedsamtsmitglieder verhindert werden (dann evtl. Schadensersatzpflicht, vgl. Rn. 60).

66 **Sachlich begrenzt** wird die Interessenwahrnehmung zugunsten der Mitglieder auf Angelegenheiten der vertragsärztlichen Versorgung. Eine Vertretungsaufgabe im Sinne einer allgemeinen-berufspolitischen Zielsetzung ist nicht übertragen.[42] Gleichfalls ergibt sich kein Mandat zu allgemeiner wirtschaftlicher Betätigung, soweit diese nicht zur Wahrnehmung der Gewährleistungspflicht oder vertragsärztlicher Interessenvertretung erforderlich ist.[43] Nicht gedeckt ist eine Beteiligung an einer GmbH, die

---

42 *Orlowski* in: SGB V-Komm. § 75 Rn. 31; a.A. *Krauskopf*, SGB V, § 75 Rn. 11.

43 Z.B. Einrichtung und Betrieb einer Bereitschaftsdienstpraxis; Vermietung eines Raumüberhangs im Verwaltungsgebäude.

Träger eines Integrationsvertrags ist[44], oder ein nicht zur Aufgabenerfüllung unerlässlicher Eingriff in den Wettbewerb.[45]

Die Interessenwahrnehmung erfolgt nur gegenüber den gesetzlichen Krankenkassen einschließlich deren Verbände sowie den sonstigen am System der GKV beteiligten Anstalten und Körperschaften.[46] Das meint nicht nur ein Auftreten gegenüber deren Funktions- und Mandatsträgern, sondern auch gegenüber den Kassenmitgliedern. Da diese einen wesentlichen Teil der Öffentlichkeit bilden, darf die Interessenwahrnehmung auch durch eine in **Öffentlichkeitsarbeit** erfolgende Darstellung der Belange der Vertragsärzte erfolgen mit dem Ziel der Beeinflussung der öffentlichen Meinung. Die Grenze zulässiger Aktionen der Öffentlichkeitsarbeit besteht wiederum in der Sicherstellungs- und Gewährleistungsverpflichtung einschließlich der Treuepflicht. Damit sind Aufrufe zum Leistungsboykott und unzutreffende Information der Öffentlichkeit über die Vertrags- und Versorgungslage, im Gegensatz zur Darstellung kritischer, aber nicht schmähender Auffassungen, nicht vereinbar.[47] 67

V. Erweiterung der Sicherstellung (Absätze 3-6)

1. Heilfürsorgeberechtigte/Personaluntersuchungen (Absatz 3)

Die Vorschrift erweitert den Sicherstellungsauftrag auf Personengruppen, die nach **dienstrechtlichen Vorschriften** aufgrund der Gewährung von Heilfürsorge Anspruch auf unentgeltliche ärztliche Versorgung haben (Satz 1). Die Übertragung bezweckt, das funktionierende Versorgungssystem der ambulanten Behandlung gesetzlich Versicherter für andere Gruppen nutzbar zu machen. Die Übertragung beamtenrechtlicher Versorgungsaufgaben auf eine im System der GKV angesiedelte Körperschaft ist verfassungsgemäß und durch Art. 73 Abs. 1, 8 GG, Art. 74a Abs. 1 GG gedeckt.[48] 68

Zu dem **Personenkreis** der nach dienstrechtlichen Vorschriften Heilfürsorgeberechtigten zählen 69

- Bundeswehrangehörige;[49]
- Zivildienstleistende;[50]
- Vollzugsbeamte der Bundespolizei/ Bundesgrenzschutz;[51]
- Vollzugsbeamte der Bereitschaftspolizei der Länder.

Nicht erfasst sind (sonstige) Beamte[52] und Heilfürsorgeberechtigte nach dem Bundesversorgungsgesetz und darauf verweisende soziale Entschädigungsgesetze.[53] 70

Der Sicherstellungsauftrag besteht nur für die ambulante ärztliche, zahnärztliche und psychotherapeutische Versorgung sowie nur **subsidiär**, d.h. soweit die Erfüllung der Heilfürsorge nicht auf andere Weise, z.B. durch einen eigenen ärztlichen Dienst, gedeckt ist (Satz 1 Halbsatz 2). Die Befugnis zur Umfangsbestimmung der Aufgabenübertragung bleibt damit dem Dienstherrn überlassen. 71

Die Rechtsbeziehungen zwischen der Kassen(zahn)ärztlichen Vereinigung bzw. einer Bundesvereinigung und dem Dienstherrn werden ergänzt durch die zwischen diesen mit Wirkung für die Vertrags(zahn)ärzte abgeschlossenen öffentlich-rechtlichen Verträge. Verwaltungsvorschriften des Dienstherrn, die z.B. Leistungsausschlüsse vorsehen, entfalten keine Verbindlichkeit für die Leistungserbringer.[54] 72

Da die **Vergütung** der erbrachten Leistungen so zu erfolgen hat, wie die zu Lasten der Ersatzkassen erbrachten Leistungen (Satz 2), bestimmt sich der Umfang der abrechnungsfähigen Leistungen zu Lasten der besonderen Kostenträger und deren Bewertung nach der vertragsärztlichen und vertragszahnärztlichen Ersatzkassen-Gebührenordnungen (E-GO; BEMA-Z/EK). Der Punktwert bemisst sich nach 73

[44] LSG Baden-Württemberg v. 24.07.2001 - L 5 Ka 5097/00 ER-B - MedR2002, 212.

[45] LSG Berlin v. 05.12.2001 - L 7 KA 17/99 - NZS 2002, 386; *Orlowski* in: SGB V-Komm, § 75 Rn. 30; aber z.B. Information und Beratung der Mitglieder über Arzneimittel und Medizinprodukte hinsichtlich Effizienz und Wirtschaftlichkeit, vgl. BVerwG v. 02.07.1979 - I C 9.75 - BVerwGE 58, 167; *Hess* in: KassKomm, SGB V, § 75 Rn. 33.

[46] BSG v. 02.10.1996 - 6 BKa 54/95 - SozR 3 - 2500 § 75 Nr. 8.

[47] LSG Berlin v. 05.12.2001 - L 7 KA 17/99 - NZS 2002, 386.

[48] BVerfG v. 08.12.1982 - 2 BvL 12/79 - BVerfGE 62, 354; *Hess* in: KassKomm, SGB V, § 75 Rn. 37.

[49] Ärzte: Vertrag v. 31.01.1989; Zahnärzte: Richtlinien des Bundesministers f. Verteidigung v. 01.08.1989.

[50] Ärzte: Vertrag v. 28.02.1989; Zahnärzte: Richtlinien des Bundesministers f. Frauen u. Jugend v. 01.07.2000.

[51] Ärzte: Vertrag v. 31.01.1989; Zahnärzte: Richtlinien des Bundesministers d. Inneren v. 01.10.1999.

[52] Der Beihilfeanspruch verleiht keinen Anspruch auf kostenlose Heilfürsorge.

[53] Gesetzlicher Anspruch besteht aufgrund gesundheitlicher Schädigung und nicht aufgrund Dienstrechts.

[54] BSG v. 08.09.1993 - 14a RKa 13/92 - SozR 3-2500 § 75 Nr. 5.

den Verhältnissen am Ort der Leistungserbringung.[55] Die Leistungen werden außerhalb der Gesamtvergütung und der Honorarverteilung des HVMs bzw. der Honorarverträge vergütet, jedoch über die KÄVen/KZVen abgerechnet, soweit die geschlossenen Verträge keine besonderen Regelungen enthalten. Anknüpfungskriterium ist die für EK-Versicherte zu zahlende Vergütung der erbrachten Leistung. Auszuscheiden haben damit arztbezogene Honorarbemessungsfaktoren (arztbezogene EBM- bzw. HVM/Honorarvertrag-Budgetierungsregelungen). Strittig geblieben ist, inwieweit arztgruppenbezogene (Aufteilung in arztgruppenbezogene Honorarfonds im HVM/Honorarvertrag) und versorgungsbereichsbezogene Honorarverteilungsfaktoren (Aufteilung in hausärztliche und fachärztliche Versorgung) auf den EK-Punktwert zu berücksichtigen sind, zumal viele Leistungen von mehreren Arztgruppen bzw. von Haus- und Fachärzten gleichermaßen abrechnungsfähig sind. M.E. spricht die honorarvertragsfremde Vergütung dafür, den EGO-Punktzahlen denjenigen EK-Punktwert zu Grunde zu legen, der sich vor Aufteilung in haus- und fachärztliche bzw. weitere arztgruppenbezogene Honorarfonds ergibt (Punktwert aller Ärzte). Da die Krankenkassen an der Sicherstellung nicht mitwirken und den Dienstherren keine vergleichbare Stellung eingeräumt ist, handelt es sich um eine (alleinige) **Angelegenheit der Vertrags(zahn)ärzte**. Für Abrechnungsstreitigkeiten in Behandlungsfällen zwischen KV und Vertragsarzt sind die Sozialgerichte zuständig, die in einer Kammerbesetzung mit zwei Vertrags(zahn)ärzten als ehrenamtliche Richter entscheiden.[56]

74 Satz 3 erklärt auch die an sich versorgungsfremden ärztlichen **Personaluntersuchungen** zur Durchführung der allgemeinen **Wehrpflicht**[57] sowie Untersuchungen zur Vorbereitung von Personalentscheidungen und betriebs- und fürsorgeärztliche Untersuchungen zu weiteren subsidiären Sicherstellungsaufgaben, soweit sie von öffentlich-rechtlichen Kostenträgern veranlasst werden, eine Sicherstellung durch Amtsärzte nicht erfolgen kann und diese im Einzelfall einem Vertragsarzt einen Auftrag erteilen. Ergänzende Verträge sind aufgrund der Vielzahl an Auftraggebern bislang nicht geschlossen worden. Gleichwohl ist die Wahrnehmung des Sicherstellungsauftrags nicht vom Abschluss eines Vertrags abhängig. Hinsichtlich der Rechtsbeziehungen und der Vergütung gilt, wie der Verweis auf die Sätze 1 und 2 zeigt, im Übrigen das eben Gesagte (vgl. Rn. 62).

2. Gefangenengesundheitsfürsorge (Absatz 4)

75 Untersuchungs- und Strafgefangene besitzen gem. den §§ 56 ff. StVollzG einen Anspruch auf staatliche **Gesundheitsfürsorge**, der neben Gesundheitsuntersuchungen auch ambulante ärztliche[58] und zahnärztliche Behandlung umfasst. Ein etwaiger Leistungsanspruch aufgrund einer im Einzelfall bestehenden gesetzlichen Krankenversicherung ruht in dieser Zeit (§ 16 Abs. 1 Nr. 4 SGB V), sofern dem Gefangenen nicht die Ausübung eines Beschäftigungsverhältnisses außerhalb der Anstalt gestattet ist.[59]

76 Die Gesundheitsfürsorge wird grundsätzlich durch Anstalts(zahn)ärzte sichergestellt. Absatz 4 Satz 1 erweitert den Sicherstellungsauftrag auf gesundheitsfürsorgeberechtigte Gefangene nur für **Notfallbehandlungen** außerhalb der Dienstzeiten der Anstalts(zahn)ärzte und knüpft so an die Notfallverantwortung des Absatzes 1 Sätze 1 und 2 an. Ein öffentlich-rechtlicher Vertrag ist bisher nicht geschlossen aber auch nicht Bedingung für die Wahrnehmung der Sicherstellungsaufgabe. Satz 2 verweist auf die Regelung über die Leistungsvergütung entsprechend der Behandlung der Ersatzkassen-Versicherten des Absatzes 3 Satz 2.

3. Knappschaftliche Krankenversicherung (Absatz 5)

77 Obwohl bezüglich der Leistungsansprüche der in der knappschaftlichen Krankenversicherung Versicherten ebenfalls sämtliche Vorschriften des SGB V gelten[60], wird das Leistungserbringungsrecht durch die Ausnahmevorschrift des § 72 Abs. 3 SGB V bestimmt (vgl. die Kommentierung zu § 72 SGB V Rn. 83). Darin wird der Deutschen Rentenversicherung Knappschaft-Bahn-See als zuständigem Träger[61] erlaubt, das unter nicht mehr geltendem Recht eingeführte sog. Knappschafts- und Sprengelarztsystem aufrechtzuerhalten, soweit dies nach den örtlichen Verhältnissen der Fall war. Dieses ist regelmäßig durch besondere Knappschaftsverträge geregelt.[62]

---

55 BSG v. 14.05.1997 - 6 RKa 57/96 - SozR 3-2500 § 75 Nr. 9.

56 § 12 Abs. 3 Satz 2 SGG; BSG v. 17.11.1999 - B 6 KA 14/99 R - SozR 3-2500 § 75 Nr. 11.

57 Ärzte: Vertrag v. 31.01.1989; Zahnärzte: Richtlinien des Bundesministers f. Verteidigung v. 01.08.1989.

58 Nicht jedoch psychologisch-psychotherapeutische Behandlung.

59 §§ 39, 62a StVollzG: dann Ruhen des Leistungsanspruchs auf Gefangenengesundheitsfürsorge.

60 § 167 Satz 2 SGB V.

61 § 167 SGB V in der ab 01.10.2005 geltenden Fassung: früher Bundesknappschaft.

62 Vgl. BSG v. 13.05.1998 - B 6 KA 53/97 R - SozR 3-2500 § 85 Nr. 25.

78 Da die knappschaftlich Versicherten ebenfalls gesetzlich Krankenversicherte sind, bedarf es keiner Erweiterung des Sicherstellungsauftrags. Vielmehr schreibt Absatz 5 in Fortsetzung des allgemeinen Gewährleistungsauftrags vor, dass dieser nur insoweit besteht, als die ambulante Versorgung nicht nach den örtlichen Besonderheiten durch Knappschaftsärzte wahrgenommen wird. Gleichwohl wird das Recht des Knappschaftsversicherten auf freie Arztwahl nicht eingeschränkt.[63]

4. Weitere freiwillige Aufgaben (Absatz 6)

79 Nach Absatz 6 können die KÄVen/KZVen und die Bundesvereinigungen mit Zustimmung der jeweiligen Aufsichtsbehörde weitere Aufgaben übernehmen. Eine Verpflichtung dazu besteht nicht. Die Wahrnehmung erfolgt nach Maßgabe eines zu schließenden öffentlich-rechtlichen Vertrags. Beispielhaft werden Versorgungsaufgaben für die Träger der Sozialhilfe genannt. Da § 75 SGB V zu entnehmen ist, dass Aufgabe der Organisationen der Vertragsärzte die ambulante (zahn)ärztliche Heilung und Gesunderhaltung von Personen darstellt, die ihren Gesundheitsversorgungsanspruch in irgendeiner Weise aus dem öffentlichen Recht ableiten, wird es sich nur um Aufgaben der ärztlichen, psychotherapeutischen und zahnärztlichen Versorgung für entsprechende Personenkreise handeln können.[64] Auch zur Erbringung sonstiger Dienste, wie z.B. Forschungsaufträge, ermächtigt die Norm nicht. Der Sicherstellungsauftrag bezüglich der Versicherten und gleichgestellten Personengruppen nebst deren Rechten darf hierdurch nicht eingeschränkt werden.

80 Derzeit werden auf vertraglicher Grundlage auf Bundesebene Versorgungsaufgaben für die Berufsgenossenschaften, Bundesbahnbeamten, Postbeamten, Beamten des Bundeseisenbahnvermögens und auf regionaler vertraglicher Grundlage für die Heilfürsorgeberechtigten nach dem SGB XII durchgeführt.

5. Sondergesetzliche Aufgaben

81 Nach Maßgabe anderer Gesetze stellen die KÄVen/KZVen auch die ambulante Versorgung weiterer Personengruppen sicher. Zu nennen sind die Heilfürsorgeberechtigten nach dem Bundesversorgungsgesetz und darauf verweisenden Gesetzen über die soziale Entschädigung, die im Wege über die gesetzlichen Krankenkassen in das System geschleust werden.[65]

6. Einbeziehung Privatversicherter im Standardtarif/Basistarif (Absätze 3a-3c)

82 Privatversicherte, die ihre Krankheitskosten regelmäßig im Kostenerstattungswege abrechnen, waren bisher in den Gewährleistungsauftrag nicht einbezogen.

83 Nunmehr überträgt **Absatz 3a** den Kassen(zahn)ärztlichen Vereinigungen und der Kassen(zahn)ärztlichen Bundesvereinigung auch die Sicherstellung der ambulanten ärztlichen und zahnärztlichen Versorgung für diejenigen Privatversicherten, die im schon bisher existenten brancheneinheitlichen Standardtarif, im modifizierten Standardtarif sowie – ab 01.01.2009 – im neuen brancheneinheitlichen Basistarif versichert sind (**Satz 1**). Dies ergibt sich aus der Bezugnahme auf § 257 Abs. 2a i.V.m. § 314 bzw. § 257 Abs. 2a i.V.m. § 315 SGB V. Zu erkennen ist ein Einstieg in eine tiefgreifende Änderung des Systems der Krankenversicherungen, die später weiter konturiert werden könnte.

84 Die Gewährleistungspflicht erstreckt sich auf **alle in diesen Tarifen versicherten Leistungen**. Umfang und Inhalt dieser Tarifleistungen bestimmen Inhalt und Grenzen der Gewährleistungspflicht der KÄVen/KZVen und auch des Leistungserbringungsrechts der Zugelassenen.

85 Beim **Standardtarif** handelt es sich um einen besonderen Tarif der privaten Versicherungswirtschaft mit einem gesetzlich begrenzten Höchstbeitrag, dessen Vertragsleistungen mit denjenigen des SGB V vergleichbar sein müssen, soweit auf diese Leistungen ein Anspruch besteht. Es besteht Kontrahierungszwang und das Verbot von Risikozuschlägen bzw. -abschlägen. In der Vergangenheit stand jener bestimmten Privatversichertengruppen offen, die in einen kostengünstigen Tarif wechseln wollten (herkömmlicher Standardtarif; § 257 Abs. 2a Nr. 3 SGB V). Durch § 315 SGB V wurde dieser ab dem 01.04.2007 übergangsrechtlich für weitere Personengruppen geöffnet (modifizierter Standardtarif). Die Tarife erfüllen eine soziale Schutzfunktion.

86 Zum 01.01.2009 tritt an die Stelle des Standardtarifs der brancheneinheitliche **Basistarif** gem. § 12 Abs. 1a Versicherungsaufsichtsgesetz (in der ab dem 01.01.2009 geltenden Fassung; Art. 44 Nr. 12 GKV-WSG). § 12 Abs. 1d VAG in der ab dem 01.01.2009 geltenden Fassung **beleiht** den Verband der

---

[63] §§ 167 Satz 2, 76 SGB V; *Orlowski*, SGB V-Komm, § 75 Rn. 44.

[64] Vgl. *Hencke* in: Peters, Handbuch KV (SGB V), § 75 Rn. 31.

[65] § 18c BVG.

privaten Krankenversicherung damit, Art, Inhalt und Umfang der Leistungen des Basistarifs mit verbindlicher Wirkung gegenüber allen Unternehmen, die substitutive Krankenversicherung betreiben, und mit Wirkung gegenüber den Versicherten festzulegen.

87 Bereits bei einer Versicherung in dem bisherigen brancheneinheitlichen Standardtarif der PKV war die Höhe des Honoraranspruchs in GOÄ[66] und GOZ[67] begrenzt, um damit eine den GKV-Leistungen entsprechende Vergütungshöhe zu erreichen. Da eine Behandlungspflicht außerhalb der vertrags(zahn)ärztlichen Versorgung jedoch nicht bestand, war es zu Behandlungsverweigerungen gekommen. Aus diesem Grund sah sich der Gesetzgeber zur Einbeziehung in den Gewährleistungsauftrag veranlasst.

88 Als **Rechtsfolge** der Einbeziehung sind nunmehr die zugelassenen Ärzte, Psychologischen Psychotherapeuten, Zahnärzte, Medizinischen Versorgungszentren und die Ermächtigten kraft ihres Mitgliedschaftsstatus und der Verpflichtung aus § 95 Abs. 1 und 4 SGB V zur **Behandlungsübernahme** verpflichtet. Die Behandlung darf nur bei Vorliegen eines wichtigen Grundes abgelehnt werden.[68]

89 Daneben besteht eine Bindung an den **Teilnahmestatus** (z.B. Einhaltung der Gebietsgrenzen) und an diejenigen **vertragsärztlichen Pflichten**, die die grundsätzliche Ausübung vertragsärztlicher Tätigkeit betreffen und sich als Folge der Zulassung ergeben (z.B. höchstpersönliche Leistungserbringung; vgl. Ärzte-ZV).

90 Selbstverständlich sind auch die durch **Satzungsrecht** begründeten Pflichten zu beachten. Viele Satzungen erklären das Wirtschaftlichkeitsgebot und den Inhalt des § 2 Abs. 1 Satz 3 SGB V für das gesamte Leistungsverhalten für verbindlich.

91 **Im Übrigen** bestimmt sich die Pflicht zu Art und Weise, Inhalt und Umfang der Leistungserbringung nach den Tarifbedingungen. Ausgehend davon sind die Leistungserbringer **mittelbar** zur Beachtung der gesetzlichen und untergesetzlichen Regeln der ambulanten Versorgung verpflichtet, soweit die Tarifbedingungen auf diese Regelungen der GKV verweisend Bezug nehmen. M.E. ergibt sich aber keine unmittelbare Einwirkung auf das Versicherungsvertragsverhältnis kraft Gesetzes. Da die Tarife nach Umfang und Inhalt im Detail abweichend von den Regeln der GKV ausgestaltet sind (§ 257 Abs. 2a Nr. 2 SGB V fordert nur eine Vergleichbarkeit und keine Deckungsgleichheit), erscheint im Detail ein in engen Grenzen abweichender, zumindest großzügiger Leistungsumfang zulässig.

92 Da Abrechnungsgrundlage die GOÄ/GOZ bleibt, finden die Beschränkungen der Einheitlichen Bewertungsmaßstäbe und der **vertrags(zahn)ärztlichen Gebührenordnungen** keine, auch keine mittelbare Anwendung.

93 Die erbrachten Leistungen werden weiterhin als **Kostenerstattungsleistungen** erbracht, so dass nur solche Abrechnungssatzungsbestimmungen gelten können, die aufgrund des Absatzes 3b vereinbart sind. Eine Pflicht oder ein Recht zur Leistungserbringung als Sachleistung besteht nicht.

94 **Satz 2** regelt den Vergütungsanspruch des Leistungserbringers gegenüber dem Tarifversicherten, wobei die in Absatz 3b genannten Vertragspartner abweichende Vergütungsregelungen vereinbaren können. Solange und soweit abweichende Vereinbarungen nach Absatz 3b erstmalig nicht vereinbart oder festgesetzt sind, verbleibt es bei der Regelung des Satzes 2.

95 Abweichend zu Absatz 3 wird durch Absatz 3a Satz 2 nicht die Vergütung des Ersatzkassenbereichs für anwendbar erklärt. Der Leistungserbringer rechnet mit dem Versicherten, wie bei nicht gesetzlich Versicherten im Übrigen, auf der Grundlage der GOÄ/GOZ ab. Die Norm begrenzt die Vergütungen auf die dort genannten jeweiligen **Höchstgebührensätze**.

96 Um eine einheitliche Vergütungsregelung zu ermöglichen, räumt **Absatz 3b** dem Verband der privaten Krankenversicherung und der Kassen(zahn)ärztlichen Bundesvereinigung oder den Kassen(zahn)ärztlichen Vereinigungen die Befugnis zum Abschluss **öffentlich-rechtlicher Normverträge** mit Drittwirkung für die PKV-Unternehmen und die zugelassenen (Zahn-)Ärzte sowie Medizinischen Versorgungszentren ein. Das Einvernehmen der Beihilfekostenträger ist herzustellen (**Satz 1**). Die Vertragslaufzeit kann befristet werden. Die Vertretungen der Vertragsärzte auf Bundes- und Landesebene müssen sich über die Wahrnehmung der Vertragsabschlusskompetenz verständigen. Schließt eine Bundesvereinigung eine Vereinbarung ohne Vorrangvorbehalt bzgl. einer abweichenden Landesvereinbarung, entfällt die Abschlusskompetenz der KÄVen.

---

66 § 5b GOÄ: 1,7-facher Gebührensatz.

67 § 5a GOZ: 1,7-facher Gebührensatz.

68 *Hesral* in: Ehlers/Reinhold/Steinhlper/v. Strachwitz-Helmstatt, Disziplinarrecht und Zulassungsentziehung, S. 24.

Satz 2 will wohl mit der Bezugnahme auf die Beleihung des Verbandes der privaten Krankenversicherung durch Absatz 1d des § 12 VAG, der insoweit erst zum 01.01.2009 in Kraft tritt, ausdrücken, dass sich die Drittwirkung auf alle substitutiven Krankenversicherungsunternehmen erstreckt, auch wenn diese nicht Verbandsmitglieder sind. Hier besteht legislativer Reparaturbedarf. 97

Die Festlegung **einheitlicher Vergütungen** (zumindest im Gebiet einer KÄV/KZV) ist erforderlich, um eine einheitliche Kalkulation der Risikoprämien zu ermöglichen. Ohne sie wäre eine gezielte Risikoselektion und eine Verzerrung beim vorgesehenen morbiditätsnivellierenden Risikoausgleich zwischen den Versicherungsunternehmen zu befürchten. 98

Unter dieser Prämisse können **Vertragsinhalt** alle von Absatz 3a Satz 2 abweichenden Vergütungsregelungen sein. Denkbar sind die Vereinbarung anderer GOÄ/GOZ-Gebührensätze oder die Anwendung eigener Gebührenregelungen (u.U. mit Budgetkomponenten), die Vereinbarung eines abgekürzten (direkten) Zahlungsweges, die Übernahme eines Abrechnungsservices oder die Entwicklung einer **Wirtschaftlichkeitsprüfung** (Einzelfall). Der Gesetzgeber hat insoweit den Vertragspartnern einen weiten Gestaltungsspielraum eingeräumt. 99

Satz 3 erhebt den nach Satz 1 zu schließenden öffentlich-rechtlichen Vertrag zum vorgeschriebenen Vertrag. Er enthält eine dem § 89 Abs. 1 Satz 1 SGB V nachgebildete Regelung, wonach der eine abweichende Regelung fordernde Beteiligte im Falle der **Nichteinigung** über eine abweichende Vergütungsvereinbarung die nach Absatz 3c gebildete Schiedsstelle anrufen kann. Diese hat (**Satz 4**) innerhalb von drei Monaten den Vertragsinhalt festzusetzen. **Satz 5** trifft Vorgaben zum Inhalt der Schiedsstellenentscheidung. 100

Satz 6 enthält für den Fall der **Vertragsbeendigung** nur eine lückenhafte Regelung. Nach Ablauf der vereinbarten oder festgesetzten Vertragslaufzeit soll der bisherige Vertrag bis zur Schiedsstellenentscheidung fortgelten, sofern keine Einigung über eine Folgeregelung erzielt wird. Nicht geregelt ist der Verhandlungszeitraum bis zu einer Einigung oder einem Scheitern. Nicht geregelt ist auch der Fall der Vertragsbeendigung durch Kündigung. Mit Blick auf § 89 Abs. 1 Sätze 3-4 SGB V wird man annehmen können, dass ab dem Zeitpunkt einer – aus welchem Grund auch immer eintretenden – Vertragsbeendigung bis zur Vereinbarung/Festsetzung einer Anschlussvereinbarung der bisherige Vertrag fortgilt. 101

Die **Sätze 7-8** enthalten Parallelregelungen für Formen ambulanter Leistungserbringung durch Erbringer stationärer Versorgung (Krankenhäuser). 102

Absatz 3c regelt die Bildung jeweils einer **gemeinsamen Schiedsstelle** von Kassenärztlicher Bundesvereinigung und dem Verband der privaten Krankenversicherung einerseits und von Kassenzahnärztlicher Bundesvereinigung und dem Verband der privaten Krankenversicherung andererseits. Landesschiedsstellen sind nicht vorgesehen. 103

VI. Richtlinien der Kassenärztlichen Bundesvereinigungen (Absätze 7 und 7a)

Bei verfassungskonformer Interpretation ermächtigt und verpflichtet die Vorschrift die beiden Kassenärztlichen Bundesvereinigungen zum Erlass **autonomen Satzungsrechts** mit Verbindlichkeit nur gegenüber ihren Mitgliedern (KÄVen/KZVen).[69] Es sind (**Satz 1**) die erforderlichen Regelungen zu erlassen 104

- zur Durchführung der von den Bundesvereinigungen geschlossenen Verträge (Nr. 1),
- zur Regelung der überbezirklichen Durchführung der vertragsärztlichen Versorgung einschließlich des Zahlungsausgleichs zwischen den Landeskörperschaften (Nr. 2) und
- über die Betriebs-, Wirtschafts- und Rechnungsführung der KÄVen/KZVen (Nr. 3).

Die Richtlinien stellen für die KÄVen/KVZen und deren Mitglieder unmittelbar geltende untergesetzliche Rechtsnormen dar, soweit die Bundesvereinigungen höherrangiges Recht nicht verletzen, insbesondere im Rahmen ihrer Zuständigkeit handeln. Verfassungskompetenzrechtlich wäre der Erlass von Einzelweisungen oder bloßen Verwaltungsanweisungen nicht erlaubt. Die nach § 81 Abs. 3 SGB V vorgeschriebene, in der Landessatzung enthaltene, geltungsbegründende Satzungsbestimmung wirkt nur noch deklaratorisch. Die Richtlinien entfalten für die (nicht satzungsunterworfenen) Nichtmitglieder der KÄV/KZV keine Regelungswirkung. 105

---

[69] *Ebsen* in: Schulin, Handbuch des Sozialversicherungsrecht, Bd. 1, § 7, Rn. 25 f, 105, instruktiv auch zur kompetenz- und legitimationsrechtlichen Begründung.

106 **Nr. 1**: Folgende Richtlinien sind zu nennen:

- Richtlinien für Verfahren zur Qualitätssicherung (Qualitätssicherungsrichtlinien der KBV) vom 20.01.2000[70],
- Richtlinien für die Durchführung von Laboratoriumsuntersuchungen in der vertragsärztlichen Versorgung v. 01.01.1991[71],
- Richtlinien der Kassenärztlichen Bundesvereinigung zum EDV-Einsatz zum Zwecke der Arztabrechnung i.d.F.v. 04.12.2003[72],
- Richtlinien der Kassenzahnärztlichen Bundesvereinigung für Verfahren und Maßnahmen zur Qualitätssicherung in der ambulanten vertragszahnärztlichen Versorgung v. 15.10.1998.

107 Zu beachten ist, dass nunmehr die Regelung von Maßnahmen der Qualitätssicherung dem Gemeinsamen Bundesausschuss übertragen ist.[73] Dadurch ist die Gültigkeit einzelner Vorschriften der Richtlinien, insbesondere derjenigen, die einen zu beachtenden Qualitätsstandard regeln, entfallen.

108 **Nr. 2**: Die hierzu erlassenen Regelungen bezwecken den sog. Fremdkassenausgleich. Die Krankenkassen entrichten über ihren Landesverband die Vergütung für die vertragsärztliche Versorgung ihrer Mitglieder an die für sie zuständige KÄV unabhängig davon, ob und in welchem Umfang sich ihre Versicherten von Vertragsärzten behandeln lassen, die dieser KÄV angehören. Umgekehrt rechnet jeder Vertragsarzt alle Behandlungsfälle ausschließlich gegenüber seiner KÄV aufgrund des dort geltenden HVM ab, ohne Rücksicht darauf, ob ein Patient Versicherter einer Kasse ist, mit der seine KÄV einen Gesamtvertrag geschlossen hat. Das hat zwangsläufig zur Folge, dass jede KÄV Gesamtvergütungsanteile erhält, die der Honorierung vertragsärztlicher Leistungen von Mitgliedern anderer KÄVen dienen (Fremdarztfälle), sie auf der anderen Seite aber Leistungen honorieren muss, die wirtschaftlich von für sie fremden Krankenkassen zu bezahlen sind (Fremdkassenfälle), weil der Patient seinen Behandler frei wählen darf.[74] Seit In-Kraft-Treten des Gesetzes zur Einführung des Wohnortprinzips bei Honorarvereinbarungen zum 01.01.2002[75] ist ein Großteil der Verwerfungen gelöst worden. Bis zum 31.12.2009 dürfen die Richtlinien eine Abrechnung nach bundesdurchschnittlichen Verrechnungspunktwerten vorsehen (Absatz 7 **Satz 2**). Ab 01.01.2009 muss die KÄV/KZV, in deren Bezirk die Leistung erbracht wurde, von der KÄV/KZV, in der der Versicherte wohnt, die Vergütung erhalten, die sich aufgrund der in der Leistungserbringer-KV nach § 87a SGB V ab dem 01.01.2009 einzuführenden und ab dann geltenden Euro-Gebührenordnung ergibt (**Absatz 7a**).

109 **Nr. 3**: Nach § 78 Abs. 3 SGB V gelten für das Haushalts- und Rechnungswesen die Vorschriften der §§ 67 ff. SGB IV nur teilweise. Im Übrigen besteht das Recht zur autonomen Regelung. Die erlassenen Richtlinien bezwecken, die Einheitlichkeit der Haushaltsführung der KÄVen/KZVen zu gewährleisten.

VII. Weiterbildungsassistenten (Absatz 8)

110 Die Vorschrift konturiert den Aspekt der **vertragsärztlichen Fort- und Ausbildungssicherung** als Teil der Sicherstellung. Sie verpflichtet dazu, für eine bedarfsgerechte Bereitstellung von Vorbereitungsassistenten- bzw. Weiterbildungsassistentenstellen zu sorgen. Die zukünftige Sicherstellung erscheint gefährdet, wenn für den medizinischen Nachwuchs entsprechende Praxisarbeitsplätze nicht zur Verfügung stehen.

111 Die Ableistung einer zweijährigen **Vorbereitungszeit** als subjektive Zulassungsvoraussetzung kennt nur noch das Zulassungsrecht der Vertragszahnärzte, die in der Regel nicht weitergebildet sind.[76] Der approbierte Arzt ist dagegen nur noch nach Ableistung einer berufsrechtlichen **Weiterbildung**, die zum Führen einer Facharztbezeichnung berechtigt, zulassungsfähig. Nach Maßgabe der Weiterbildungsordnungen der Landesärztekammern kann diese zum Teil in der Praxis eines weiterbildungsberechtigten Vertragsarztes absolviert werden. Eine Vorbereitungszeit muss dann nicht mehr abgeleistet werden.[77]

---

[70] DÄBl 2000 Heft 26, S. A-1843.
[71] DÄBl 1991 Heft 3, S. 97.
[72] DÄBl 2004 Heft 1 u. 2, S. A-67.
[73] §§ 136a, 136b SGB V; aber § 136 SGB V – Qualitätsprüfung als KÄV/KZV-Aufgabe.
[74] Siehe § 76 Abs. 1 SGB V.
[75] BGBl I 2001, 3526.
[76] § 3 Abs. 2 u. 3 ZV-Z.
[77] § 3 ZV-Ä.

Ein Hinwirken kann vorrangig durch fördernde Sicherstellungsmaßnahmen i.S.d. § 105 Abs. 1 SGB V erfolgen. Zwangsverpflichtungen der Mitglieder in Richtung der Schaffung entsprechender Arbeitsplätze mit Gehaltsanspruch kommen vor Art. 12 GG nicht in Betracht. Eine weitere Konturierung mit konkretem Handlungsauftrag erfolgte durch Art. 8 des GKV-Solidaritätsstärkungsgesetzes v. 19.12.1998.[78] Der Vertragsarzt erhielt für einen neu beschäftigten Weiterbildungsassistenten einen hohen Lohnkostenzuschuss. Die Finanzierung teilten sich KÄV und Kassen. 112

VIII. Schwangerschaftsabbruch (Absatz 9)

Die Versicherten besitzen nach § 24b SGB V auch einen Anspruch auf Durchführung eines nicht rechtswidrigen Schwangerschaftsabbruchs. Seine Vornahme darf nur durch solche Leistungserbringer erfolgen, die die fachlichen, sachlichen und apparativen Voraussetzungen des § 13 Abs. 1 Schwangerschaftskonfliktgesetz (SchKG) und des jeweiligen ergänzenden Landesgesetzes erfüllen und eine entsprechende Erlaubnis erhalten haben. 113

Der Gesetzgeber stellt durch Absatz 9 die Durchführung von Schwangerschaftsabbrüchen als Leistung der GKV **außerhalb** des Sicherstellungs- und Gewährleistungssystems des Absatzes 1. Mit den nach dem Schwangerschaftskonfliktgesetz zugelassenen Einrichtungen zur Vornahme des Abbruchs hat die örtliche KÄV auf deren Verlangen ohne Bedarfs- und Eignungsprüfung Einzelverträge (bzw. mit deren Verbänden Gruppenverträge) abzuschließen (subj.-öff. Recht auf Vertragsabschluss). Einer Vertragsarztzulassung bedarf es nicht. Es handelt sich um einen öffentlich-rechtlichen, koordinationsrechtlichen Vertrag gem. § 53 Abs. 1 Satz 1 SGB X[79] gerichtet auf insoweit beschränkte Teilnahme an der vertragsärztlichen Versorgung.[80] Die Vergütung wird ebenfalls in den Verträgen vereinbart. Die Honorierung erfolgt außerhalb der Honorarverteilungssatzung, aber innerhalb der Gesamtvergütung durch die KÄV. Für Zulassungs- und Honorarstreitigkeiten steht der Weg zu den Kammern für Vertragsarztrecht der Sozialgerichte offen, die in der Besetzung mit zwei Vertragsärzten und einem Berufsrichter entscheiden. 114

[78] BGBl I 1998, 3853, zuletzt geändert d. Ges. v. 19.06.2001, BGBl I 2002, 1046.

[79] So auch *Krauskopf* in: Krauskopf, SGB V, § 75 Rn. 26.

[80] Dies mag man als Ermächtigungsvertrag bezeichnen: *Hess* in: KassKomm, SGB V, § 75 Rn. 48.

§ 76 SGB V Freie Arztwahl

(Fassung vom 21.03.2005, gültig ab 30.03.2005)

(1) Die Versicherten können unter den zur vertragsärztlichen Versorgung zugelassenen Ärzten, den medizinischen Versorgungszentren, den ermächtigten Ärzten, den ermächtigten oder nach § 116b an der ambulanten Versorgung teilnehmenden ärztlich geleiteten Einrichtungen, den Zahnkliniken der Krankenkassen, den Eigeneinrichtungen der Krankenkassen nach § 140 Abs. 2 Satz 2, den nach § 72a Abs. 3 vertraglich zur ärztlichen Behandlung verpflichteten Ärzten und Zahnärzten, den zum ambulanten Operieren zugelassenen Krankenhäusern sowie den Einrichtungen nach § 75 Abs. 9 frei wählen. Andere Ärzte dürfen nur in Notfällen in Anspruch genommen werden. Die Inanspruchnahme der Eigeneinrichtungen der Krankenkassen nach § 140 Abs. 1 und 2 Satz 1 richtet sich nach den hierüber abgeschlossenen Verträgen. Die Zahl der Eigeneinrichtungen darf auf Grund vertraglicher Vereinbarung vermehrt werden, wenn die Voraussetzungen des § 140 Abs. 2 Satz 1 erfüllt sind.

(2) Wird ohne zwingenden Grund ein anderer als einer der nächsterreichbaren an der vertragsärztlichen Versorgung teilnehmenden Ärzte, ärztlich geleiteten Einrichtungen oder medizinische Versorgungszentren in Anspruch genommen, hat der Versicherte die Mehrkosten zu tragen.

(3) Die Versicherten sollen den an der vertragsärztlichen Versorgung teilnehmenden Arzt innerhalb eines Kalendervierteljahres nur bei Vorliegen eines wichtigen Grundes wechseln. Der Versicherte wählt einen Hausarzt. Der Arzt hat den Versicherten vorab über Inhalt und Umfang der hausärztlichen Versorgung (§ 73) zu unterrichten; eine Teilnahme an der hausärztlichen Versorgung hat er auf seinem Praxisschild anzugeben.

(3a) Die Partner der Verträge nach § 82 Abs. 1 haben geeignete Maßnahmen zu vereinbaren, die einer unkoordinierten Mehrfachinanspruchnahme von Vertragsärzten entgegenwirken und den Informationsaustausch zwischen vor- und nachbehandelnden Ärzten gewährleisten.

(4) Die Übernahme der Behandlung verpflichtet die in Absatz 1 genannten Personen oder Einrichtungen dem Versicherten gegenüber zur Sorgfalt nach den Vorschriften des bürgerlichen Vertragsrechts.

(5) Die Versicherten der knappschaftlichen Krankenversicherung können unter den Knappschaftsärzten und den in Absatz 1 genannten Personen und Einrichtungen frei wählen. Die Absätze 2 bis 4 gelten entsprechend.

Gliederung

A. Basisinformationen

I. Textgeschichte/Gesetzgebungsmaterialien

Die Vorschrift ist mit dem GRG vom 20.12.1988[1] zum 01.01.1989 in Kraft getreten und gilt seit dem 30.03.2005 in der Fassung des Gesetzes v. 21.03.2005.[2] 1

Die Fortentwicklung des ärztlichen Leistungserbringungsrechts zwang in der Folgezeit zu einer Reihe von Änderungen. Durch Art. 1 Nr. 35a des GSG v. 21.12.1993[3] wurden m.W.v. 01.01.1993 in Absatz 1 Satz 1 der Umbenennung der „kassenärztlichen" Versorgung in die „vertragsärztliche" Versorgung Rechnung getragen sowie die damals neu entwickelten Leistungserbringungsformen (ambulantes Operieren in zugelassenen Krankenhäusern, Vertragspartner nach § 72a Abs. 3 SGB V, Einrichtungen nach § 75 Abs. 9 SGB V[4]) einbezogen. In Absatz 1 Sätze 3 und 4 wurden daneben die Verweisungen auf die Vorschrift über die Eigeneinrichtungen angepasst sowie in Absatz 3 die Empfehlung der Wahl eines Hausarztes nebst dessen Unterrichtungspflicht eingeführt. Zudem wurde Absatz 5 geändert, nachdem es einer ausdrücklichen Regelung betr. die freie Arztwahl für Ersatzkassenversicherte infolge leistungsrechtlicher Gleichschaltung der Kassenarten nicht mehr bedurfte. 2

Absatz 3a wurde zum 01.07.1997 durch Art. 1 Nr. 26 und Art. 17 des Gesetzes v. 23.06.1997[5] eingeführt. Die Anzeigepflichtigkeit der Teilnahme an der hausärztlichen Versorgung schrieb Art. 1 Nr. 31 des Gesetzes v. 21.12.1992[6] m.W.v. 01.01.2000 in Absatz 3 fest. 3

Die Erschaffung des neuen Teilnahmetyps des medizinischen Versorgungszentrums durch das GMG v. 14.11.2003[7] zum 01.01.2004 brachte die Notwendigkeit seiner Nennung als wählbare Einrichtung mit sich. Durch Gesetz vom 21.03.2005[8] wurde m.W.v. 30.03.2005 Absatz 1 Satz 4 an den geänderten § 140 SGB V angepasst. 4

II. Vorgängervorschriften

Die Grundsätze der Vorgängervorschrift des § 368d RVO waren durch das GRG im Wesentlichen übernommen worden. 5

III. Parallelvorschriften

Parallelvorschriften existieren nur auf bundesmantelvertraglicher Ebene. 6

IV. Normvertragsrecht

Die Regelung des Absatzes 1 wird bundesmantelvertraglich in § 13 Abs. 3 BMV-Ä/RK, § 7 Abs. 3 BMV-Ä/EK (= EKV-Ä), § 7 Satz 1 BMV-Z/EK (= EKV-Z) wiederholt und partiell konkretisiert. Auch Absatz 4 ist bundesmantelvertraglich abgebildet (§ 14 Abs. 8 BMV-Ä/RK, § 13 Abs. 2 BMV-Ä/EK (= EKV-Ä), § 4 Abs. 8 BMV-Z/RK). 7

V. Systematische Zusammenhänge

§ 73b SGB V enthält für die dort geregelte besondere Versorgungsform der sog. hausarztzentrierten Versorgung eine Beschränkung der freien Arztwahl. Spezielle Regelungen können sich aus den Verträgen aufgrund von § 140a Abs. 1 SGB V (integrierte Versorgung) und § 73a SGB V (vernetzte Praxen) ergeben. 8

VI. Ausgewählte Literaturhinweise

Zu § 76 Abs. 1, 3, 3a SGB V: *Hinz*, Neue Versorgungsformen im GMG seit dem 01.01.2004, Die Leistungen, 385 ff., 449 ff., 513 ff.; *Linden u.a.*, Der Hausarzt als Gatekeeper, DÄ 2004, A 2600 ff.; *Neumann*, Solidarische Wettbewerbsordnung statt Vertragsarztrecht?, NZS 2002, 561 ff.; *ders.*, Leis- 9

[1] BGBl I 1988, 2477; BT-Drs. 11/2237, 11/2493.
[2] BGBl I 2005, 818.
[3] BGBl I 1993, 2266.
[4] Insoweit m.W.v. 01.10.1995; Gesetz v. 21.08.1995, BGBl I 1995, Nr. 1050.
[5] BGBl I 1997, 1520.
[6] BGBl I 1992, 2626.
[7] BGBl I 2003, 2190.
[8] BGBl I 2005, 818.

tungserbringer im Spannungsverhältnis von freiem Beruf und gesetzlicher Bindung, Markt und Regulierung 2003, 163 ff.; *Stock*, Supermann im Medizinbetrieb? – Der Hausarzt, G+G 2004, Nr. 5, 34 ff.; *Walzik*, Die gesetzliche Krankenversicherung – ein Modell mit Zukunft, ErsK 2003, 346 ff. **Zu Absatz 1 Satz 2**: *Weber*, Ambulante Notfallbehandlung im Krankenhaus – Sachleistung oder Kostenerstattung?, NZS 2002,400 ff. **Zu Absatz 4**: *Eichenhofer*, Die Rolle von öffentlichem und privatem Recht bei der Erbringung sozialer Dienstleistungen, SGb 2003, 365 ff.; *Kretschmer*, Auswirkungen der Regelungen über die Budgetierung in der vertragsärztlichen Versorgung auf die Haftung für ärztliche Behandlungsfehler, ArztR 2003, 144 ff.; *Schimmelpfeng-Schütte*, Der Vertragsarzt zwischen ärztlichem Eid und seinen Pflichten als Leistungserbringer; GesR 2004, 361 ff.; *Wartensleben*, Disease-Management-Programme, Therapiefreiheit und die Frage der Haftung, ArztuR 2003, 153 ff.; *Weiß*, Der Vertragsarzt zwischen Freiheit und Bindung, NZS 2005, 67 ff.; *Ziegner*, Standardbeschränkungen in der zahnärztlichen Behandlung durch das Wirtschaftlichkeitsgebot?, VSSR 2003, 191 ff.

B. Auslegung der Norm

I. Regelungsgehalt und Bedeutung der Norm: Anspruch auf freie Arztwahl (Absatz 1)

1. Personelle Wahlfreiheit (Satz 1)

10 Absatz 1 enthält eine grundsätzliche Regelung zu der Frage, welchen Leistungserbringer der Versicherte zur Erfüllung seines Leistungsanspruchs auf ambulante Versorgung konsultieren darf (**personelle Wahlfreiheit**). Der Regelungsbereich erstreckt sich nicht auf die stationäre Versorgung. Geregelt wird nur das personelle Element des Leistungsanspruchs, mithin „von wem" der gesetzlich Versicherte die Erfüllung seines Leistungsanspruchs gegenüber der Kasse verlangen darf bzw. muss.

11 Die Vorschrift begründet ein **subjektives öffentliches Recht** darauf, aus sämtlichen zugelassenen Teilnehmern an der ambulanten Versorgung, die, mit Ausnahme der Einrichtungen gem. § 311 Abs. 2 SGB V, in Absatz 1 Satz 1 vollständig aufgezählt werden, frei auszuwählen und den Ausgewählten in Anspruch zu nehmen, soweit eine Leistung erforderlich ist (§ 12 Abs. 1 SGB V). Diese personelle Wahlfreiheit darf in ihrem Kernbereich durch untergesetzliche Normen nicht beschnitten werden, sofern die Einschränkung nicht gesetzlich erlaubt ist.

12 Die freie Wahl besteht zunächst unter „den", mithin **allen Vertragsärzten** und über § 72 Abs. 1 Satz 2 SGB V auch unter allen Vertragszahnärzten und allen Vertragspsychotherapeuten, ohne Bindung an den Wohnsitz des Versicherten oder den Praxisort.[9]

13 Innerhalb der Genannten besteht dagegen grundsätzlich **keine Rangfolge** etwa dergestalt, dass zunächst ein Vertragsarzt einer bestimmten Gruppe aufgesucht werden muss, bevor ein anderer Vertragsarzt oder eine zugelassene ärztlich geleitete Einrichtung angegangen werden darf. Damit ist gleichzeitig eine Entscheidung gegen das sog. Primärarztsystem getroffen. Einer primären Konsultation des Hausarztes oder einer hausärztlichen Überweisung bedarf der Versicherte nicht. Der zur fachärztlichen Versorgung zugelassene Teilnehmer darf grundsätzlich unmittelbar in Anspruch genommen werden.[10]

14 Grundsätzlich ebenfalls ohne Bindung an eine Rangfolge darf der Versicherte sich daneben mit seinem Behandlungswunsch wenden an

- alle ermächtigten Ärzte und ärztlich geleiteten Einrichtungen der §§ 116, 116a, 117-119a SGB V, § 31 ZV-Ä, § 31 ZV-Z, §§ 10a, 10b BMV-Z/RK, §§ 5ff. BMV-Ä/RK, §§ 9 ff. BMV-Ä/EK,
- alle medizinischen Versorgungszentren gem. § 95 Abs. 1 Satz 2 ff. SGB V,
- alle zur stationären Behandlung zugelassenen Krankenhäuser, sofern diese nach § 116b SGB V zur ambulanten Behandlung berechtigt sind,
- alle zum ambulanten Operieren gem. § 115b SGB V zugelassenen Krankenhäuser,
- die Eigeneinrichtungen der Krankenkassen, wie Ambulatorien, Krankenhäuser, sonstige Eigenbetriebe, jedoch nur solche des § 140 Abs. 2 Satz 2 SGB V (dabei handelt es sich um **neu errichtete** Eigeneinrichtungen (Rn. 25), die der Erfüllung des ggf. nach § 72a SGB V übergegangenen Sicherstellungsauftrages dienen; Eigeneinrichtungen des § 140 Abs. 1 und Abs. 2 Satz 1 SGB V sind nur nach Maßgabe der Sätze 3 und 4 wählbar),

[9] Aber Absatz 2 u. 3.

[10] Aber § 28 Abs. 4 SGB V – Zuzahlungspflicht.

- die Zahnkliniken, die ebenfalls Eigeneinrichtungen der Krankenkassen darstellen, jedoch heute kaum mehr betrieben werden (aus ihrer gesonderten Darstellung ist zu schließen, dass sie ohne Beschränkung der Sätze 3 und 4 gewählt werden dürfen[11]),
- die Einrichtungen nach § 75 Abs. 9 SGB V (Schwangerschaftsabbruch und Sterilisation),
- die im Systemversagensfall nach § 72a Abs. 3 SGB V vertraglich zur Behandlung Verpflichteten und an
- die nicht mit aufgezählten, aber gleichwohl frei wählbaren Einrichtungen nach § 311 Abs. 2 SGB V.[12]

Im Rahmen der sonstigen Regelungen sind die Angegangenen zur Behandlungsübernahme als Sachleistung verpflichtet und erwerben einen Anspruch auf Teilnahme an der Verteilung der durch die Kassen gezahlten Gesamtvergütung durch die örtlich zuständige KÄV/KZV. 15

Die umfassende personelle Wahlfreiheitsgewährung wird jedoch im Ergebnis durch eine Vielzahl von Vorschriften **eingeschränkt.** Sie betreffen nur selten die personelle Wahlmöglichkeit selbst. Vielmehr beschränken sie den Umfang des Teilnahmerechts des Leistungserbringers an der ambulanten Versorgung gesetzlich Versicherter und die Modalitäten seiner Inanspruchnahme durch den Versicherten. Diese Vorschriften entfalten Bindungswirkung auch gegenüber dem Versicherten (vgl. die Kommentierung zu § 72 SGB V Rn. 37) und regeln gleichzeitig die sonstigen Voraussetzungen des Leistungsanspruchs. Freilich wird dadurch häufig die Wahlfreiheit auch personell reflexartig berührt: 16

Bereits durch Satz 1 wird, außer bei Vorliegen eines Notfalls (Rn. 21), die Wahlfreiheit auf die an der ambulanten Versorgung Teilnahmeberechtigten, bei Ausschluss der sonstigen approbierten Ärzte beschränkt. Einschränkungen der personellen Wahlfreiheit enthält § 76 SGB V zudem in seinem Absatz 1 Satz 3 (beschränkte Inanspruchnahme der Eigeneinrichtungen des § 140 Abs. 1, Abs. 2 Satz 1 SGB V) und auch in Absatz 3 (Arztwechsel). 17

Daneben existieren mannigfache Begrenzungen des Teilnahmerechts der Leistungserbringer. Bestimmte Vertragsarztgruppen dürfen Leistungen nur nach **Überweisung** durch die übrigen Vertragsarztgruppen erbringen.[13] Als Grenzen des Teilnahmerechtes sind zu nennen die Bindung des Vertragsarztes an die inneren **Grenzen seiner Zulassung** (§ 95 Abs. 1 SGB V) in Gestalt der Bindung an die Grenzen des Weiterbildungsgebiets (z.B. darf ein Orthopäde keine fachfremden internistischen, urologischen usw. Leistungen erbringen), der Beschränkung der Behandlungsübernahme aufgrund von gem. Bundesmantelvertrag oder gem. § 135 Abs. 2 SGB V erforderlichen **sonstigen Genehmigungen**, der Beschränkung auf den gewählten **Versorgungsbereich** (hausärztliche oder fachärztliche Versorgung[14]) und der Beschränkungen in den **Gebührenordnungen** (weitere Qualifikationsanforderungen, Erfüllung der Leistungslegenden). Das Behandlungsrecht ermächtigter Ärzte und Institute wird zudem durch den sachlich **beschränkten Umfang der Ermächtigung** bestimmt und kann auch mit einem **Überweisungsvorbehalt** zugunsten bestimmter Vertragsarztgruppen verknüpft sein.[15] 18

Die Modalitäten der Inanspruchnahme („wie") werden auch durch die Bundesmantelverträge, wie die Pflicht zur Vorlage der Chipkarte usw., bestimmt.[16] 19

Die durch den Gesetzgeber nach und nach eingeführten **besonderen Formen** der Versorgungssicherstellung, die außerhalb des Regelsystems stehen, sehen ebenfalls Beschränkungen der freien Arztwahl nach freiwilligem Beitritt des Versicherten vor. Von besonderer Bedeutung ist hier die sog. „integrierte Versorgung", deren nach § 140a Abs. 1 Satz 3 SGB V erfolgte vertragliche Ausgestaltung des Versorgungsangebots die freie Arztwahl in der Regel ebenso beschränken wird wie der Eintritt in ein System „vernetzter Praxen" gem. § 73a SGB V. Die „hausarztzentrierte Versorgung" nach § 73b SGB V baut auf einem Primärarztsystem gleichsam auf. 20

---

[11] *Krauskopf,* SGB V, § 76 Rn. 8, a.A. *Hess* in: KassKomm, SGB V, § 76 Rn. 7.

[12] Ausdrücklich § 13 Abs. 3 BMV-Ä/RK, § 7 Abs. 3 BMV-Ä/EK.

[13] § 13 Abs. 4 Satz 1 BMV-Ä/RK: Ärzte für Laboratoriumsmedizin, Mikrobiologie und Infektionsepidemiologie, Nuklearmedizin, radiologische Diagnostik und Radiologie, Pathologie, Strahlentherapie und Transfusionsmedizin.

[14] Relevant insbesondere für Internisten und Kinderärzte.

[15] Vgl. § 116 Satz 2 SGB V, §§ 31a Abs. 3, 31 Abs. 7 Ärzte-ZV.

[16] Siehe die §§ 13 Abs. 1, 2, 18 Abs. 8 BMV-Ä/RK, § 8 Abs. 1, 2 BMV-Z/RK.

2. Notfall (Absatz 1 Satz 2)

21 Die nicht zur ambulanten Versorgung zugelassenen Ärzte und Einrichtungen dürfen nur in Anspruch genommen werden, sofern ein Notfall vorliegt und soweit die Inanspruchnahme sich als **Notfallbehandlung** darstellt (Satz 2). Die Vorschrift erhebt die durch Nichtzugelassene erbrachten Notfallleistungen zu vertragsärztlichen **Sachleistungen.**[17] Wenn dem Nichtteilnehmer ein Notfallbehandlungsrecht im Sachleistungssystem zugebilligt wird, darf erst recht der Zugelassene seinen Teilnahmeumfang überschreiten, soweit eine Notfallbehandlung erforderlich ist. Satz 2 ermächtigt Versicherte und Behandler jedoch nicht, die Grenzen des vertragsärztlichen Leistungsumfangs, wie sie durch das SGB V und die Richtlinien des Gemeinsamen Bundesausschusses festgelegt sind, zu überschreiten. Eine noch nicht anerkannte Behandlungs- und Untersuchungsmethode (§ 135 SGB V) kann so nicht unter dem Gesichtspunkt der Notfallbehandlung vertragsärztliche Leistung werden, sofern nicht ein Fall des Systemversagens dem Gemeinsamen Bundesausschuss vorliegt (vgl. die Kommentierung zu § 72 SGB V Rn. 60).[18]

22 Ein **Notfall** liegt vor, wenn eine dringende Behandlungsbedürftigkeit besteht und ein teilnahmeberechtigter Behandler mangels Erreichbarkeit, Umfang des Teilnahmerechts, Qualifikation oder eigener Bereitschaft zur Behandlungsübernahme nicht rechtzeitig zur Verfügung steht. Dringende Behandlungsbedürftigkeit ist anzunehmen, wenn aus einer ex-ante-Betrachtung heraus ohne sofortige Behandlung Gefahren für Leib und Leben bestehen oder Schmerzen unzumutbar lange dauern würden.[19] Nimmt der Versicherte aufgrund seiner laienhaften Einschätzung objektiv unzutreffend einen **(vermeintlichen) Notfall** an, sind die durch den nicht zugelassenen Arzt durchgeführten notwendigen Untersuchungen zum Zwecke des Ausschlusses einer sofort behandlungsbedürftigen Erkrankung Notfallbehandlung im Sinne der Vorschrift.[20]

23 Liegt der Fall eines Systemversagens (unaufschiebbare Leistung) ohne dringende Behandlungsbedürftigkeit vor, darf sich der Versicherte unter den Voraussetzungen des § 13 Abs. 3 SGB V außerhalb des Vertragsarztsystems privat behandeln lassen, wobei der Vergütungsanspruch des Arztes sich gegen den Patienten richtet, dem wiederum ein Kostenerstattungsanspruch gegen die Krankenkasse zusteht. Während ein Notfall immer eine **unaufschiebbare Leistung** darstellen wird, gilt dies nicht umgekehrt in jedem Fall. Die Unaufschiebbarkeit ist bereits bei einem geringeren Dringlichkeitsniveau erfüllt und beinhaltet zudem ein Zumutbarkeitskriterium.[21]

24 Den nicht ambulant zugelassenen Ärzten/Krankenanstalten steht dem Grunde und der Höhe nach aus den Vorschriften des Vertragsarztrechts ein **Vergütungsanspruch** auf Honorierung der als Sachleistung erbrachten, notwendigen Notfallleistungen, ggf. unter Vornahme eines durch Satzungsgrundlage gedeckten Verwaltungskostenabschlags und der für bestimmte Krankenhäuser gem. § 120 SGB V vorgesehenen Abschläge, zu.[22] Der Anspruch richtet sich grundsätzlich gegen die örtlich zuständige KÄV/KZV, bei Behandlung durch Erbringer i.S.d. § 120 SGB V gegen die Krankenkasse. Damit werden Notfallleistungen im Ergebnis wie Kassenleistungen (und nicht nach GOÄ/GOZ) honoriert. Weder entsteht ein dienstvertraglicher Vergütungsanspruch gegenüber dem Behandelten noch ein Anspruch aus öffentlich-rechtlicher Geschäftsführung ohne Auftrag oder ein sonstiger Erstattungsanspruch. Eine Wirtschaftlichkeitsprüfung findet insoweit nicht statt. Leistungen, die für die Durchführung der Notfallbehandlung nicht erforderlich waren (vgl. aber Rn. 22), lösen im Übrigen einen Vergütungsanspruch nicht aus.

3. Eigeneinrichtungen der Krankenkassen (Absatz 1 Sätze 3 und 4)

25 Satz 3 knüpft an § 140 SGB V an. Dort wird in Absatz 1 den am 01.01.1989 bestehenden Eigeneinrichtungen der Krankenkassen Bestandsschutz zugesprochen sowie die Voraussetzungen für eine verändernde Anpassung dieser Alteinrichtungen nach Art, Umfang und Ausstattung festgelegt. Auch nach dem früher anwendbaren Recht (§ 368d Abs. 1 RVO) bedurfte es für deren Errichtung einer vertraglichen Vereinbarung. Die Errichtung neuer Eigeneinrichtungen ist heute nur noch unter den Vorausset-

---

17 BayLSG v. 17.10.2002 - L 4 KR 58/02 - KRS 02.052.

18 LSG Nordrhein-Westfalen v. 07.11.2002 - L 16 KR 120/02.

19 BSG v. 24.05.1972 - 3 RK 25/69 - BSGE 34, 172.

20 BSG v. 01.02.1995 - 6 RKa 9/94 - SozR 3-2500 § 76 Nr. 2.

21 LSG Baden-Württemberg v. 25.07.2003 - L 4 KR 32/02; zur Zumutbarkeit und zu § 13 Abs. 3 SGB V vgl. bereits die Kommentierung zu § 72 SGB V Rn. 58.

22 BSG v. 24.09.2003 - B 6 KA 51/02 - SozR 4-2500 § 75 Nr. 2; BSG v. 19.08.1992 - 6 RKa 6/91 - SozR 3-2500 § 120 Nr. 2.

zungen des § 140 Abs. 2 SGB V zulässig. Die Wahlfreiheit der Versicherten wird insoweit beschränkt, als deren Inanspruchnahme nur in den Grenzen der geschlossenen Vereinbarung und der nach § 140 Abs. 1 Satz 2 SGB V eingeräumten Anpassungsbefugnisse in Betracht kommt.

Satz 4 erscheint an dieser Stelle unsystematisch platziert. Er wiederholt im Grunde die Aussage des § 140 Abs. 2 Satz 1 SGB V, wobei klargestellt wird, dass eine rechtswirksame Neuerrichtung nach wie vor eine vertragliche Vereinbarung erfordert. Wie sich aus der Begründung der erst in der Ausschussberatung[23] eingefügten Änderung ergibt, dürfen sich Alteinrichtungen dagegen im Rahmen des § 140 Abs. 1 SGB V verändern, ohne dass es hierfür einer vertraglichen Zustimmung des Gesamtvertragspartners bedarf. 26

II. Mehrkostenübernahme (Absatz 2)

Absatz 2 ermächtigt die Kasse, die Erstattung der ihr im Einzelfall tatsächlich entstandenen Mehrkosten zu verlangen, sofern kein zwingender Grund für die Konsultation eines anderen als eines der nächsterreichbaren Vertragsärzte, ärztlich geleiteten Einrichtungen oder medizinischen Versorgungszentren besteht. Die durch Absatz 1 eingeräumte Freiheit, jeden ambulant Zugelassenen im gesamten Bundesgebiet zu wählen, ist dadurch aber nicht eingeschränkt. Es handelt sich um eine Modifizierung des Wirtschaftlichkeitsprinzips des § 12 SGB V. Die Vorschrift ist derzeit ohne praktische Bedeutung. 27

Mehrkosten können sich aufgrund eines Mehrbetrags an Fahrtkosten ergeben, sofern die Krankenkasse insoweit nach § 60 SGB V leistungspflichtig ist. Daneben kommen nur noch Mehrkosten einer Besuchsbehandlung (höhere Wegepauschale) in Betracht. 28

„Einer der nächsterreichbaren" Vertragsärzte ist ein solcher, bei dessen Inanspruchnahme durch den Versicherten nur geringfügige Mehrkosten gegenüber den Kosten bei Inanspruchnahme des Nächsterreichbaren entstehen.[24] Wird nicht der nächsterreichbare, sondern nur „einer der nächsterreichbaren" Ärzte konsultiert, sind angesichts des klaren Wortlauts Mehrkosten nicht erstattungsfähig. Wer noch zu diesem Kreise zählt, hängt von dem Versorgungsgrad in der entsprechenden Arztgruppe ab und ist Frage des Einzelfalls.[25] 29

Ein **zwingender Grund** besteht, wenn kein nach seinem Teilnahmeprofil geeigneter und leistungsbereiter Behandler in der näheren Umgebung zur Verfügung steht oder das Vertrauensverhältnis zwischen Versichertem und dem örtlichen Behandler so tiefgreifend gestört ist, dass dessen Wahl nicht zumutbar erscheint.[26] 30

III. Arztwechsel, Hausarztwahl (Absatz 3)

1. Vertragsarztwechsel (Satz 1)

Satz 1 verpflichtet den einzelnen Versicherten, innerhalb des gleichen Kalenderquartals sich an die Entscheidung für die Behandlung durch den gewählten Vertragsarzt gebunden zu halten und beschränkt somit die personelle Wahlfreiheit in zeitlicher Hinsicht. Dieses sog. **Quartalsbindungsgebot** wirkt hinsichtlich der gesamten vertragsärztlichen Versorgung und findet sich nicht bezüglich der Wahl eines in einem bestimmten Gebiet zugelassenen Arztes segmentiert. Ein Mehrkostenerstattungsanspruch gegenüber dem zuwider handelnden Versicherten existiert jedoch nicht. Erscheint die Behandlung durch andere Vertragsärzte erforderlich, hat der Gewählte den Versicherten an das andere Gebiet zu überweisen. 31

Aufgrund der „Soll-Verknüpfung" wird deutlich, dass die sog. Quartalsbindung nicht gilt, sofern für einen Arztwechsel ein zwingender Grund (Rn. 30) besteht. Ein solcher ist auch dann anzunehmen, wenn der Versicherte eine Behandlung benötigt, die der Gewählte nicht erbringen kann bzw. darf (z.B. Herzbeschwerden nach Wahl eines Orthopäden wegen Rückenleidens) oder pflichtwidrig eine Überweisungsausstellung verweigert wird. 32

---

[23] BT-Drs. 15/4751, S. 45.

[24] BSG v. 20.01.1982 - 3 RK 72/80 - SozR 2200 § 368d Nr. 4: zumindest überschritten, wenn sie das Siebenfache der Mindestkosten betragen.

[25] A.A. BSG v. 20.01.1982 - 3 RK 72/80 - SozR 2200 § 368d Nr. 4, insoweit unter Hinweis auf den Wortlaut aber abzulehnen.

[26] LSG Niedersachsen v. 26.11.1980 - L 4 Kr 51/78 - Breithaupt 1981, 565.

33 Durch die Einführung des Krankenversicherungskartensystems (§ 291 SGB V) kann die Beachtung des Gebots in der Phase der Leistungsanspruchserhebung nicht kontrolliert werden, weil die Chipkarte entsprechende Informationen nicht speichert. Offensichtlich versuchte der Gesetzgeber mit der Einführung des Absatzes 3a, dem Quartalsbindungsgebot Beachtung zu verschaffen.

34 Spezialregelungen einer längerfristigen Bindung an die Wahlentscheidung enthält § 73b SGB V (hausarztzentrierte Versorgung).

2. Wahl eines Hausarztes (Sätze 2 und 3)

35 Nach Absatz 3 Satz 2 obliegt dem Versicherten die Wahl eines Hausarztes, der in § 73 Abs. 1, 1a SGB V definiert ist. Eine rechtliche Verpflichtung enthält die Norm jedoch nicht.[27] Die Grundsätze der in den Absätzen 1 und 3 geregelten personellen Wahlfreiheit werden nicht eingeschränkt.

36 Der Hausarzt muss seinerseits den Versicherten nach Satz 3 über den in § 73 Abs. 1, 1b und 1c SGB V i.V.m. dem sog. Hausarztvertrag (Anlage 5 BMV-Ä/RK bzw. Anlage 5 BMV-Ä/EK) festgelegten Inhalt und den Umfang der hausärztlichen Versorgung und die Übermittlung von Gesundheitsdaten bei Kooperation mit anderen Vertragsärzten informieren. Ferner wird der an der hausärztlichen Versorgung teilnehmende Vertragsarzt verpflichtet, auch dies auf seinem Praxisschild anzugeben.[28]

IV. Mehrfachinanspruchnahme (Absatz 3a)

37 Der Gesetzgeber gibt den Vertragspartnern der gemeinsamen Selbstverwaltung der Bundesebene auf, der unkoordinierten Mehrfachinanspruchnahme von Leistungserbringern des Absatzes 1 durch vertragliche Vereinbarung von „geeigneten Maßnahmen" entgegenzuwirken und darüber hinaus den Informationsaustausch zwischen den vorbehandelnden und den nachbehandelnden Ärzten zu gewährleisten. Hieran knüpft § 64 Abs. 4 SGB V an, der zur Vereinbarung von Modellvorhaben ermächtigt, bei denen die allgemeinen Regeln des Leistungserbringungsrechts partiell modifiziert werden dürfen. Ohne – eine Novellierung des § 291 SGB V voraussetzende – Änderung der Angaben, die auf den Krankenversicherungskarten gespeichert werden dürfen, ist es den Vertragspartnern aber objektiv unmöglich, einer Mehrfachinanspruchnahme wirksam zu begegnen. Aber auch hinsichtlich der Förderung des Informationsaustausches zwischen Vor- und Nachbehandlern, welcher eine Mehrfachinanspruchnahme nicht verhindern, sondern nur nachträglich offen legen könnte, kam es bisher zu keinem Vertragsabschluss, obwohl es sich um einen gesetzlich vorgeschriebenen Vertrag handelt, der nach § 89 Abs. 1 u. 2 SGB V eigentlich durch das Bundesschiedsamt festzusetzen gewesen wäre. Der Informationsaustausch findet ohnehin seine Grenze in der Zustimmung des Patienten.[29]

V. Arztpflichten bei Behandlungsübernahme (Absatz 4)

38 Die Norm stellt die einzige ausdrückliche Regelung der Rechtsbeziehungen des für die Krankenkasse anspruchserfüllenden Vertragsarztes und dem versicherten Patienten dar, deren Rechtsnatur und Pflichteninhalt lange Zeit erhebliche Schwierigkeiten bereitete. Nach heute h.M. finden die zivilrechtlichen Regeln des Behandlungsvertrags – aber nach den Regeln der GKV – (Dienstvertrag) auch auf die Behandlung gesetzlich Krankenversicherter Anwendung. Auf die Erläuterungen zum Arzt-Patienten-Verhältnis darf verwiesen werden (vgl. die Kommentierung zu § 72 SGB V Rn. 67). Die Vertragsärzte schulden zwar keine erfolgreiche Behandlung, jedoch eine Behandlung nach dem jeweils fachärztlichen anerkannten Standard ärztlicher Kunst, dessen Verletzung zivilrechtliche Sekundäransprüche auslöst.

39 Absatz 4 normiert, dass die Leistungserbringer des Absatzes 1 allein aufgrund der Übernahme der Behandlung nach Sachleistungswunsch des Patienten, aber unabhängig von der zivilrechtlichen Wirksamkeit des Behandlungsvertrags zur Einhaltung der bürgerlich-rechtlichen Sorgfaltspflichten verpflichtet sind. Deren schuldhafte Verletzung löst die gleichen Sekundärleistungsansprüche aus.

VI. Arztwahl in der knappschaftlichen Krankenversicherung (Absatz 5)

40 Die Kassen(zahn)ärztlichen Vereinigungen haben auch die Versorgung in der knappschaftlichen Krankenversicherung zu gewährleisten, soweit diese nicht durch sog. Knappschaftsärzte sichergestellt

---

[27] H.M.: *Hess* in: KassKomm, SGB V, § 76 Rn 21; *Orlowski* in: GKV-Komm, SGB V, § 76 Rn. 44.

[28] Zum Inhalt des Praxisschildes im Übrigen: § 17 Abs. 1 ZV-Ä.

[29] Vgl. § 73 Abs. 1b SGB V.

wird.[30] Die Vorschrift stellt klar, dass die Regeln der personellen Wahlfreiheit der Absätze 2-4 auch für die Versicherten der knappschaftlichen Krankenversicherung entsprechend Anwendung finden. Damit sind die Knappschaftsärzte in die Wahlfreiheit der Versicherten ranggleich einbezogen dergestalt, dass jene als weitere Erbringergruppe gleichberechtigt neben die in Absatz 1 Genannten einschließlich der wählbaren Eigeneinrichtungen der Krankenkassen treten.

[30] §§ 75 Abs. 5, 72 Abs. 3 SGB V und die sog. Knappschaftsverträge; vgl. die Kommentierung zu § 75 SGB V Rn. 77.

Zweiter Titel: Kassenärztliche und Kassenzahnärztliche Vereinigungen

§ 77 SGB V Kassenärztliche Vereinigungen und Bundesvereinigungen

(Fassung vom 26.03.2007, gültig ab 01.01.2007)

(1) Zur Erfüllung der ihnen durch dieses Buch übertragenen Aufgaben der vertragsärztlichen Versorgung bilden die Vertragsärzte für den Bereich jedes Landes eine Kassenärztliche und eine Kassenzahnärztliche Vereinigung (Kassenärztliche Vereinigungen). Soweit in einem Land mehrere Kassenärztliche Vereinigungen mit weniger als 10.000 Mitgliedern bestehen, werden diese zusammengelegt. Sind in einem Land mehrere Kassenzahnärztliche Vereinigungen mit weniger als 5.000 Mitgliedern vorhanden, werden diese ebenfalls zusammengelegt.

(2) Die zu vereinigenden Kassenärztlichen Vereinigungen führen die erforderlichen Organisationsänderungen im Einvernehmen mit den für die Sozialversicherung zuständigen obersten Verwaltungsbehörden der Länder durch. Die Kassenärztlichen Vereinigungen können längstens bis zum 31. Dezember 2006 für die bisherigen Zuständigkeitsbereiche der vereinigten Kassenärztlichen Vereinigungen unterschiedliche Gesamtvergütungen gemäß § 85 Abs. 1 bis 3e vereinbaren und unterschiedliche Verteilungsmaßstäbe gemäß § 85 Abs. 4 anwenden. Im Einvernehmen mit der zuständigen Aufsichtsbehörde können die Vertragspartner nach § 83 gemeinsam eine Verlängerung der in Satz 2 genannten Frist um bis zu vier Quartale vereinbaren, falls dies aus besonderen Gründen erforderlich ist.

(3) Die zugelassenen Ärzte, die im Rahmen der vertragsärztlichen Versorgung in den zugelassenen medizinischen Versorgungszentren tätigen angestellten Ärzte, die bei Vertragsärzten nach § 95 Abs. 9 und 9a angestellten Ärzte und die an der vertragsärztlichen Versorgung teilnehmenden ermächtigten Krankenhausärzte sind Mitglieder der für ihren Arztsitz zuständigen Kassenärztlichen Vereinigung. Voraussetzung der Mitgliedschaft angestellter Ärzte in der für ihren Arztsitz zuständigen Kassenärztlichen Vereinigung ist, dass sie mindestens halbtags beschäftigt sind.

(4) Die Kassenärztlichen Vereinigungen bilden die Kassenärztliche Bundesvereinigung und die Kassenzahnärztliche Bundesvereinigung (Kassenärztliche Bundesvereinigungen). Die Kassenärztlichen Vereinigungen und Kassenärztlichen Bundesvereinigungen können die für sie zuständigen obersten Bundes- und Landesbehörden insbesondere in Fragen der Rechtsetzung kurzzeitig personell unterstützen. Dadurch entstehende Kosten sind ihnen grundsätzlich zu erstatten; Ausnahmen werden in den jeweiligen Gesetzen zur Feststellung der Haushalte von Bund und Ländern festgelegt.

(5) Die Kassenärztlichen Vereinigungen und die Kassenärztlichen Bundesvereinigungen sind Körperschaften des öffentlichen Rechts.

(6) § 94 Abs. 1a bis 4 und § 97 Abs. 1 Satz 1 bis 4 des Zehnten Buches gelten entsprechend.

Gliederung

A. Basisinformationen

I. Textgeschichte/Gesetzgebungsmaterialien

Die Vorschrift des § 77 SGB V ist in Absatz 1 Satz 2 und den Absätzen 2 und 3 durch Art. 1 Nr. 53 des GMG[1] vom 14.11.2003 neugefasst und die Regelung in Absatz 6 über die Vertretung der KVen und der KBV durch den Vorstand mit Wirkung ab 01.01.2005 in § 79 Abs. 5 SGB V aufgenommen worden. Die Regelungen in § 77 Abs. 4 und 5 SGB V in der Fassung des GRG[2] vom 20.12.1988 mit Wirkung ab 01.01.1989 sind durch das GMG unverändert geblieben. 1

Eine Ergänzung von § 77 Abs. 4 SGB V erfolgte mit Art. 4 Nr. 5 des Verwaltungsvereinfachungsgesetzes vom 21.03.2005[3] mit der Einfügung der Sätze 2 und 3 zur Regelung der Unterstützung der zuständigen obersten Bundes- und Landesbehörden durch die KBV und KVen. Mit der Verweisung im neu aufgenommenen § 77 Abs. 6 SGB V gelten die mit Art. 9 Nr. 2 und 3 des Verwaltungsvereinfachungsgesetzes ebenfalls geänderten § 94 Abs. 1a-4 SGB X und § 97 Sätze 1-4 SGB X zur Bildung und Aufsicht von Arbeitsgemeinschaften bzw. einer Aufgabenwahrnehmung durch Dritte entsprechend. Die neuen Bestimmungen gelten gemäß Art. 32 Nr. 1 Verwaltungsvereinfachungsgesetz mit Wirkung ab 30.03.2005. 2

II. Vorgängervorschriften

Vorgängervorschriften finden sich in § 368k Abs. 1 Satz 1, Abs. 2 Sätze 1 und 3, Abs. 3 RVO. 3

III. Parallelvorschriften

Vergleichbare Vorschriften über die Errichtung der Sozialversicherungsträger bestehen für die gesetzliche Krankenversicherung in § 4 Abs. 1 SGB V und für die soziale Pflegeversicherung in § 42 SGB XI. 4

IV. Systematische Zusammenhänge

Für die nach Maßgabe von § 77 Abs. 1 SGB V bestehenden KVen und die KBV finden sich die Bestimmungen zu den Vertreterversammlungen als Selbstverwaltungsorgan in § 79 Abs. 1, 2 und 3 SGB V und für die Wahl der Organe, zu denen neben der Vertreterversammlung auch der nach § 79 Abs. 1 SGB V hauptamtliche Vorstand gehört, in § 80 SGB V. 5

V. Ausgewählte Literaturhinweise

Hinz, Kassenärztliche Vereinigungen – Rechtsstellung und Aufgaben, Die Leistungen 2003, 1. 6

B. Auslegung der Norm

I. Regelungsgehalt und Bedeutung der Norm

Mit § 77 SGB V wird die **Errichtung der KVen und der KBV** geregelt. Die ihnen übertragenen Aufgaben sind in anderen Vorschriften des SGB V bestimmt. Zu den wichtigsten Aufgaben der KVen gehören die Sicherstellung der vertragsärztlichen Versorgung nach den §§ 72 Abs. 2 und 3, 75 SGB V, die Wahrnehmung der Interessen der Vertragsärzte gegenüber den Krankenkassen (§ 75 Abs. 2 Satz 1 SGB V) sowie die Honorarverteilung nach § 85 Abs. 4 SGB V. Der KBV obliegt insbesondere der Abschluss von Verträgen auf Bundesebene (Gesamtverträge und BMV-Ä, §§ 82, 83 SGB V), die Abgabe von Empfehlungen zu Veränderungen der Gesamtvergütungen (§ 86 SGB V), die Vereinbarung des einheitlichen Bewertungsmaßstabes (§ 87 SGB V) sowie die Mitwirkung bei den Richtlinien nach § 92 SGB V und § 135 SGB V des Gemeinsamen Bundesausschusses (§ 91 SGB V). 7

[1] BGBl I 2003, 2190, 2203.

[2] BGBl I 1988, 2477.

[3] BGBl I 2005, 818, 823.

II. Errichtung der Kassenärztlichen Vereinigungen

8 Bereits mit § 77 Abs. 1 SGB V i.d.F. des GRG mit Wirkung zum 01.01.1989 war die Bildung einer KV für den Bereich eines Bundeslandes vorgesehen. Es bestanden aber weiterhin 18 KVen, deren Zahl sich mit den neuen Bundesländern[4] auf 23 erhöhte. In drei Bundesländern bestanden mehr als eine KV (Baden-Württemberg: Nord-Württemberg, Südwürttemberg, Nordbaden, Südbaden; Rheinland-Pfalz: Koblenz, Rheinhessen, Trier, Pfalz; Nordrhein-Westfalen: Nordrhein, Westfalen-Lippe). Diese auch nach dem 01.01.1989 bestehenden mehreren KVen innerhalb eines Bundeslandes sind auf Art. 4 § 2 GKAR[5] vom 17.08.1955 zurückzuführen. Die damals bestehenden KVen konnten mit Zustimmung der für die Sozialversicherung zuständigen Verwaltungsbehörde weiter bestehen. Von der in § 77 Abs. 2 SGB V i.d.F. des GRG vorgesehenen Möglichkeit, die Zustimmung später zu widerrufen, ist nicht Gebrauch gemacht worden. Die Bildung einer gemeinsamen KV für den Bereich mehrerer Bundesländer fand ebenfalls nicht statt.

9 Mit § 77 Abs. 1 i.d.F. des GMG hat der Gesetzgeber die bereits früher erstrebte **Übereinstimmung des Bezirks einer KV mit der Landesgrenze des Bundeslandes** mit Einschränkungen weiter verwirklicht. Nach § 77 Abs. 1 Satz 2 SGB V kann eine zweite KV in einem Bundesland nur dann fortbestehen, wenn in dem Bereich dieses Landes bei der betreffenden KV 10.000 Ärzte oder 5.000 Zahnärzte zugelassen sind. Hierdurch soll sowohl das Fortbestehen sehr kleiner als auch die gesetzliche Einführung zu großer Organisationseinheiten vermieden werden.[6] Von der Zusammenlegung waren die KVen in den Bundesländern Baden-Württemberg und Rheinland-Pfalz betroffen. Für die Durchführung der erforderlichen Organisationsveränderungen hat Art. 35 § 1 GMG eine Frist bis 30.06.2004 bestimmt. Die KVen Nordrhein und Westfalen-Lippe waren mit mehr als 10.000 Ärzten bzw. 5.000 Zahnärzten von der Pflicht der Zusammenlegung ausgenommen. Mit den aus den Zusammenlegungen entstandenen KV Baden-Württemberg und KV Rheinland-Pfalz[7] bestehen somit 17 KVen. Das Selbstverwaltungsrecht (§ 79 SGB V) wird mit den Zusammenlegungen nicht beeinträchtigt, weil dieses nur im Rahmen der bestehenden gesetzlichen Vorschriften besteht.

10 Aus Gründen des Vertrauensschutzes der Vertragsärzte eröffnet § 77 Abs. 2 Satz 2 SGB V den neu gebildeten KVen die Möglichkeit, die bislang für die zusammengelegten KVen geltenden Honorarverteilungsmaßstäbe bis spätestens Ende 2006 sukzessive einander anzunähern.[8]

III. Mitgliedschaft

11 § 77 Abs. 3 SGB V begründet eine **Pflichtmitgliedschaft, die mit dem GG vereinbar** ist. Art. 9 GG wird durch die Zwangsmitgliedschaft in einem öffentlich-rechtlichen Verband nicht berührt. Diese Bestimmung garantiert lediglich die Freiheit, privatrechtliche Vereinigungen zu gründen, ihnen beizutreten oder fernzubleiben. Gegen eine gesetzlich angeordnete Zugehörigkeit zu einer Organisation des öffentlichen Rechts schützt dieses Grundrecht damit nicht. Wohl aber zeigt Art. 2 Abs. 1 GG, dass eine Zwangsmitgliedschaft nur im Rahmen der verfassungsgemäßen Ordnung möglich ist. Danach dürfen öffentlich-rechtliche Verbände nur gegründet werden, um legitime Aufgaben wahrnehmen zu lassen. Dabei ist es Sache des gesetzgeberischen Ermessens zu entscheiden, welche dieser Aufgaben der Staat nicht durch seine Behörden, sondern durch eigens gegründete öffentlich-rechtliche Anstalten oder Körperschaften erfüllt. Eine Prüfung, ob die Wahl der Organisationsform zweckmäßig oder notwendig ist, kann nicht erfolgen.[9] Mit der Begründung einer Zwangsmitgliedschaft wird auch nicht der Zugang zum Arztberuf betroffen, vielmehr handelt es sich um eine Regelung, die sich mittelbar auf die Berufsausübung auswirkt. Berufsausübungsregelungen sind zulässig, wenn vernünftige Erwägungen des Gemeinwohls sie als zweckmäßig erscheinen lassen. Mit der **Sicherstellung der vertragsärztlichen Versorgung** der Versicherten durch die KV (§ 75 Abs. 1 SGB V) wird eine **wichtige öffentliche Auf-**

---

4 Zu den Sonderregelungen zu § 77 SGB V aus Anlass der Herstellung der Deutschen Einheit mit Übergangsregelungen vgl. § 311 Abs. 4 SGB V i.d.F. des Art. 1 Nr. 168 des GSG, BGBl I 1992, 2266, 2302.

5 BGBl I 1955, 513.

6 BT-Drs. 15/1525, S. 98.

7 Wegen der im Zusammenhang hiermit aufgetretener Streitigkeiten und Aufsichtsmaßnahmen nach § 79a SGB V vgl. SG Mainz v. 20.04.2005 - S 2 KA 588/04; LSG Rheinland-Pfalz v. 17.09.2004 - L 5 ER 67/04 KA - SGb 2005, 170.

8 BT-Drs. 15/1525, S. 98.

9 BVerfG v. 29.07.1959 - 1 BvR 394/58 - BVerfGE 10, 89.

gabe der staatlichen Gesundheitspolitik erfüllt. Ein **Organisationszwang** für alle Ärzte, die daran teilnehmen, ist zur sachgemäßen Erfüllung der übertragenen Aufgaben nicht bloß als sinnvoll, sondern als notwendig zu erachten.[10]

Die **Mitgliedschaft** erstreckt sich auf drei Gruppen: 12

- Die **zugelassenen Ärzte:** Hierzu zählen auch die Zahnärzte und Psychotherapeuten. Soweit sich die Vorschriften des Vierten Kapitels des SGB V auf Ärzte beziehen, gelten sie entsprechend für Zahnärzte, Psychotherapeuten und medizinische Versorgungszentren, sofern nichts Abweichendes bestimmt ist (§ 72 Abs. 1 Satz 2 SGB V). Die Voraussetzungen für die Zulassung sind in den §§ 95, 95a, 95c SGB V im Einzelnen geregelt. Die Eintragung in das bei der KV geführte Arztregister ist eine Vorstufe und Voraussetzung für eine Zulassung (§ 95 Abs. 2 SGB V). Die Zulassung bewirkt, dass der Vertragsarzt Mitglied der für seinen Vertragsarztsitz zuständigen KV wird (§ 95 Abs. 3 Satz 1 SGB V). Für die Entscheidungen in Zulassungssachen sind die nach Maßgabe der §§ 96, 97 SGB V gebildeten Zulassungs- bzw. Berufungsausschüsse zuständig.
- Die **in zugelassenen medizinischen Versorgungszentren tätigen angestellten Ärzte:** Medizinische Versorgungszentren sind ärztlich geleitete Einrichtungen, in denen angestellte Ärzte oder Vertragsärzte tätig sind (§ 95 Abs. 1 Satz 2 SGB V). Dabei setzt die Zulassung als medizinisches Versorgungszentrum voraus, dass die Ärzte in das Arztregister nach § 95 Abs. 2 Satz 3 SGB V eingetragen sind. Die Anstellung des Arztes bedarf ebenfalls der Genehmigung des Zulassungsausschusses. Die angestellten Ärzte werden mit der Zulassung des medizinischen Versorgungszentrums Mitglieder der für den Vertragsarztsitz des Versorgungszentrums zuständigen KV (§ 95 Abs. 3 Satz 2 SGB V).
- Die **ermächtigten Krankenhausärzte:** Die Einbeziehung der ermächtigen Krankenhausärzte in den Kreis der Mitglieder der KV mit Wirkung ab 01.01.2005 ist durch das GMG neu eingeführt worden. Die Voraussetzungen für eine Ermächtigung sind in den §§ 116, 116a SGB V, §§ 31, 31a Ärzte-ZV im Einzelnen geregelt. Eine Eintragung in das Arztregister war und ist dabei nicht vorgesehen. Die Bindung der ermächtigten Krankenhausärzte an die Bestimmungen der vertragsärztlichen Versorgung ergibt sich bereits aus dem Status der Ermächtigung und der Bestimmungen in § 95 Abs. 4 Sätze 2, 3 SGB V, wonach die vertraglichen Bestimmungen über die vertragsärztliche Versorgung für sie verbindlich sind. Die vom Gesetzgeber ab 01.01.2005 erfolgte Aufnahme in den Kreis der Mitglieder einer KV erscheint daher konsequent.

Die noch mit § 77 Abs. 3 Satz 2 SGB V i.d.F. des GRG bestehende **außerordentliche Mitgliedschaft** von nichtzugelassenen, aber in das Arztregister eingetragenen Ärzten hat der Gesetzgeber mit dem GMG mit Wirkung ab 01.01.2005 **abgeschafft**. Zu den außerordentlichen Mitgliedern gehörten zum einen ermächtigte Krankenhausärzte, die ihre Eintragung in das Arztregister herbeigeführt hatten, Ärzte, die noch keine Zulassung hatten, oder Vertragsärzte, deren Zulassung beendet war, ohne dass hiervon die Eintragung in das Arztregister berührt wurde (zur Streichung im Arztregister vgl. § 7 Ärzte-ZV). Bis 31.12.2004 waren auch außerordentliche Mitglieder in der **Vertreterversammlung** der KV repräsentiert. § 80 Abs. 1 Sätze 1 und 2 SGB V in der Fassung des GRG vom 20.12.1988 bestimmte, dass die ordentlichen und die außerordentlichen Mitglieder getrennt aus ihrer Mitte in unmittelbarer und geheimer Wahl die Mitglieder der Vertreterversammlung zu wählen hatten, wobei die außerordentlichen Mitglieder höchstens mit einem Fünftel der Mitglieder der Vertreterversammlung vertreten sein durften. Die Mitwirkung der außerordentlichen Mitglieder in der Vertreterversammlung und damit insbesondere auch bei den Beschlussfassungen zu Honorarverteilungsmaßstäben ist mit höherrangigem Recht vereinbar gewesen.[11]

IV. Bundesvereinigungen

Die **KV/KZV bilden jeweils die KBV/KZBV**. Ab 01.01.2005 haben die Bundesvereinigungen aufgrund der Zusammenlegungen nach § 77 Abs. 2 SGB V 17 Mitglieder. Die **Vertragsärzte** selbst sind **nicht Mitglieder** der genannten Bundesvereinigungen. Die Bundesvereinigungen sind auch keine Auf- 13

[10] Zur Verfassungsmäßigkeit von Pflichtmitgliedschaften in öffentlich-rechtlichen Anstalten und Körperschaften vgl. auch BVerfG v. 25.02.1960 - 1 BvR 239/52 - BVerfGE 10, 354 (Bayerische Ärzteversorgung); BVerfG v. 19.12.1962 - 1 BvR 541/57 – BVerfGE 15, 235.

[11] BSG v 09.12.2004 - B 6 KA 44/03 R - SozR 4-2500 § 72 Nr. 2.

sichtsbehörden gegenüber den KVen und haben daher kein Weisungsrecht ihnen gegenüber. Die Aufsicht gegenüber den KVen obliegt gemäß § 78 SGB V der jeweils nach Landesrecht für die Sozialversicherung zuständigen obersten Landesbehörde.

V. Rechtsnatur

14 KV/KZV und KBV/KZBV sind **Körperschaften des öffentlichen Rechts.** Im Rahmen der ihnen zugewiesenen Aufgaben besitzen sie das Recht zur Selbstverwaltung und Satzungsautonomie. Der Mindestinhalt der Satzungen ist in § 81 SGB V geregelt. Aus ihrer Rechtsstellung ergibt sich für die KVen auch ihre Berechtigung, gegenüber den Mitgliedern **hoheitlich, d.h. durch Verwaltungsakt zu handeln**, und die Disziplinargewalt auszuüben (vgl. auch § 81 Abs. 5 SGB V).

15 Durch die Rechtsprechung des Bundesverfassungsgerichts ist geklärt, dass eine juristische Person des öffentlichen Rechts insoweit **nicht grundrechtsfähig** ist, als sie in ihrer Funktion der Wahrnehmung gesetzlich zugewiesener und geregelter öffentlicher Aufgaben durch einen von ihr beanstandeten Akt der öffentlichen Gewalt betroffen ist. Soweit eine KV in ihrer Eigenschaft als Trägerin öffentlicher Aufgaben und somit als Teil der mittelbaren Staatsverwaltung durch einen Hoheitsakt betroffen ist, ist sie nicht Inhaberin von Grundrechten gegen den Staat. Dies gilt auch, soweit die KV **mittelbar** die **Verwirklichung von Grundrechten** der in ihr zusammengeschlossenen Ärzte fördert. Sie wird damit im Innenverhältnis nicht zum grundrechtsgeschützten Sachwalter des Einzelnen. Vielmehr nimmt sie insbesondere bei der ihr gesetzlich zugewiesenen Aufgabe der Honorarverteilung nach § 85 Abs. 4 SGB V als normsetzende Körperschaft hoheitliche Befugnisse gegenüber den in ihr zusammengeschlossenen Mitgliedern wahr.[12]

VI. Unterstützung von Bundes- und Landesbehörden

16 Nach § 77 Abs. 4 Satz 2 SGB V können die KBV und die KVen die obersten Bundes- und Landesbehörden **personell unterstützen.** Damit wurde eine einheitliche Rechtsgrundlage[13] für eine **kurzzeitige – also vorübergehende** – Unterstützung geschaffen. Die für die KBV bzw. die KVen zuständigen obersten Bundes- bzw. Landesbehörden sind in § 78 Abs. 1 SGB V bestimmt (Bundesministerium für Gesundheit und soziale Sicherung bzw. die für die Sozialversicherung zuständigen obersten Verwaltungsbehörden der Länder). Die Unterstützungsberechtigung bezieht sich vor allem auf Fragen der **Rechtsetzung** und damit auf die Gesetzgebung. Damit soll der Austausch und die Einbeziehung von Erkenntnissen der Praxis in die Gesetzgebung im Rahmen von Abordnungen gefördert werden. Für die durch die Unterstützung entstandenen Kosten steht den KVen bzw. der KBV gemäß § 77 Abs. 4 Satz 3 SGB V ein Erstattungsanspruch zu, soweit nicht in den jeweiligen Gesetzen zur Feststellung der Haushalte von Bund und Ländern Ausnahmen festgelegt sind. Mit der Möglichkeit von Ausnahmeregelungen von der Erstattungspflicht, die einerseits die notwendige Transparenz für den jeweiligen Haushaltsgeber sicherstellen und andererseits den Behörden ein gewisses Maß an Flexibilität gewährleisten soll, sieht der Gesetzgeber insbesondere die Belange der Länder ausreichend berücksichtigt.[14]

VII. Gesetzliche Vertretung

17 § 77 Abs. 6 SGB V mit den Regelungen über die **gesetzliche Vertretung** der Körperschaften durch den Vorstand bzw. auch durch einzelne Vorstandsmitglieder wurde mit dem GMG mit Wirkung ab 01.01.2005 aufgehoben und in Zusammenhang mit den Regelungen zur Neustrukturierung der Organe der KVen und der KBV in **§ 79 Abs. 5 SGB V eingefügt.**

---

[12] BVerfG v. 31.10.1984 - 1 BvR 35/82 - BVerfGE 68, 193, 208; BVerfG v. 14.05.1985 - 1 BvR 449/82 - BVerfGE 70, 1, 18; BVerfG v. 20.09.1995 - 1 BvR 597/95 - SozR 3-2500 § 85 Nr. 9; BVerfG v. 09.06.2004 - 2 BvR 1249/03 - SozR 4-2500 § 266 Nr. 7; BVerfG v. 01.07.2004 - 1 BvQ 20/04; zur Vorlage von Unterlagen im Rahmen einer Aufsichtsprüfung: BSG v. 27.02.1997 - 6 BKa 20/96.

[13] BT-Drs. 15/4228, S. 26.

[14] BT-Drs. 15/4228, S. 51.

VIII. Bildung von Arbeitsgemeinschaften

Mit der durch das Verwaltungsvereinfachungsgesetz vom 21.03.2005 in § 77 Abs. 6 SGB V eingefügten Verweisung auf § 94 Abs. 1a-4 SGB X und § 97 Abs. 1 Sätze 1-4 SGB X sind die Regelungen zur **Bildung von Arbeitsgemeinschaften, zur Aufgabenwahrnehmung durch Dritte und zur Unterrichtung der Aufsicht** auch auf die KVen und die KBV anwendbar. 18

Danach können auch die KVen und die KBV im Rahmen der ihnen gesetzlich zugewiesenen Aufgaben insbesondere zur gegenseitigen Unterrichtung, Abstimmung, Koordinierung und Förderung der engen Zusammenarbeit Arbeitsgemeinschaften bilden. Unter Arbeitsgemeinschaften versteht der Gesetzgeber organisatorisch selbständige Einheiten, bei denen es um eine tatsächlich, rechtlich oder finanziell verbindliche Zusammenarbeit geht.[15] Wegen des mit der Aufgabenübertragung verbundenen Einsatzes von Finanzmitteln hat der Gesetzgeber mit § 94 Abs. 1a Satz 2 SGB X eine rechtzeitige und umfassende Unterrichtung der Aufsichtsbehörde vor der Bildung der Arbeitsgemeinschaft normiert. Im Interesse einer Verwaltungsvereinfachung kann die Aufsichtsbehörde gemäß § 94 Abs. 1a Satz 3 SGB X in bestimmten Fällen auf eine Unterrichtung verzichten. Die Aufsichtszuständigkeit über die Arbeitsgemeinschaft bestimmt sich nach § 94 Abs. 2-4 SGB X und erfasst auch bereits bestehende Arbeitsgemeinschaften. Die Aufsicht betrifft nur die Arbeitsgemeinschaft als solche. Ihre Mitglieder unterliegen weiterhin der jeweiligen Aufsicht, die für die KVen und die KBV in § 78 SGB V bestimmt ist. 19

Mit den Regelungen in § 97 Abs. 1 Satz 2 und 3 SGB X zur Verpflichtung des Dritten zur Vorlage bestimmter Unterlagen sowie der Unterrichtungsverpflichtung der Aufsichtsbehörde wird sichergestellt, dass bei einer **Aufgabenwahrnehmung durch Dritte** eine ordnungsgemäße Erfüllung der Aufgaben gewährleistet ist.[16] § 97 Abs. 1 SGB X enthält aber selbst keine Ermächtigung zur Aufgabenübertragung an den Dritten; diese muss in anderen gesetzlichen Vorschriften begründet sein. Die Regelungen über den Auftrag in § 89 Abs. 3-6 SGB X, § 91 Abs. 1-3 SGB X und § 92 SGB X gelten gemäß § 97 Abs. 2 SGB X entsprechend. 20

---

[15] BT-Drs. 15/4228, S. 32.

[16] BT-Drs. 15/4228, S. 33.

§ 77a SGB V Dienstleistungsgesellschaften

(Fassung vom 26.03.2007, gültig ab 01.04.2007)

(1) Die Kassenärztlichen Vereinigungen und die Kassenärztlichen Bundesvereinigungen können zur Erfüllung der in Absatz 2 aufgeführten Aufgaben Gesellschaften gründen.

(2) Gesellschaften nach Absatz 1 können gegenüber vertragsärztlichen Leistungserbringern folgende Aufgaben erfüllen:

1. **Beratung beim Abschluss von Verträgen, die die Versorgung von Versicherten mit Leistungen der gesetzlichen Krankenversicherung betreffen,**
2. **Beratung in Fragen der Datenverarbeitung, der Datensicherung und des Datenschutzes,**
3. **Beratung in allgemeinen wirtschaftlichen Fragen, die die Vertragsarzttätigkeit betreffen,**
4. **Vertragsabwicklung für Vertragspartner von Verträgen, die die Versorgung von Versicherten mit Leistungen der gesetzlichen Krankenversicherung betreffen,**
5. **Übernahme von Verwaltungsaufgaben für Praxisnetze.**

(3) Gesellschaften nach Absatz 1 dürfen nur gegen Kostenersatz tätig werden. Eine Finanzierung aus Mitteln der Kassenärztlichen Vereinigungen oder Kassenärztlichen Bundesvereinigungen ist ausgeschlossen.

Gliederung

A. Basisinformationen

1 Die durch das GKV-Wettbewerbstärkungsgesetz (GKV-WSG) vom 26.03.2007[1] in das SGB V eingefügte Vorschrift ermöglicht es den Kassen(zahn)ärztlichen Vereinigungen – nachfolgend K(Z)ÄVen – sowohl auf regionaler als auch auf Bundesebene, Dienstleistungsgesellschaften zu gründen. Dies war bisher nicht zulässig, auch wenn es bereits vor diesem Zeitpunkt entsprechende Bestrebungen zur Gründung solcher Gesellschaften gab.[2] Damit sollte dem Wunsch der Vertragsärzteschaft Rechnung getragen werden, angesichts der ständig steigenden Managementanforderungen, die sich insbesondere durch die Flexibilisierung der Vertragsstrukturen ergeben, eine verstärkte Beratung und Unterstützung der Leistungserbringer durch die K(Z)ÄVen zu erhalten.[3]

I. Gesetzgebungsmaterialien

2 Die Vorschrift des § 77a SGB V ist während des Gesetzgebungsverfahrens gegenüber dem Gesetzentwurf der Fraktionen der CDU/CSU und SPD[4] nicht geändert worden und gilt seitdem unverändert.

II. Vorgängervorschriften

3 Vorgängervorschriften bestehen nicht.

---

[1] BGBl I 2007, 378.

[2] Vgl. Beschluss der Vertreterversammlung der Kassenärztlichen Bundesvereinigung vom 06.12.2003 zur Gründung von KV-Consults.

[3] Begr. des Gesetzentwurfs zum GKV-WSG, BT-Drs. 16/3100, zu Nr. 49, § 77a.

[4] BT-Drs. 16/3100.

III. Ausgewählte Literaturhinweise

Steck, Rechtsprobleme bei Ärzteverbünden als Auffang- oder Parallelorganisationen zu den Kassenärztlichen Vereinigungen, ZMGR 2005, 87-96. 4

B. Auslegung der Norm

I. Regelungsgehalt und Bedeutung der Norm

Die durch das GKV-WSG eingefügte Neuregelung gestattet es den K(Z)ÄVen erstmals, Dienstleistungsgesellschaften zu gründen. Da es sich bei den **K(Z)ÄVen** um **Körperschaften mit Zwangsmitgliedschaft** (§ 77 Abs. 1 SGB V) handelt und insoweit bei der Beratung und Unterstützung einzelner Leistungserbringer Interessenkonflikte auftreten könnten, können diese Aufgaben nicht den K(Z)ÄVen selbst übertragen werden.[5] 5

Mit der Ermächtigung des § 77a SGB V soll K(Z)ÄVen ermöglicht werden, auch dem einzelnen Leistungserbringer über Dienstleistungsgesellschaften die Beratung und Unterstützung zur Verfügung zu stellen, die angesichts der immer komplexer werdenden Vertragsgestaltungen sowohl auf einzelvertraglicher Ebene als auch bei den vertragsärztlichen Kooperationsformen erforderlich sind. Dienstleistungsgesellschaften werden regelmäßig als sog. **KV-Consults** gegründet.[6] Sie können Vertrags(zahn)ärzte/Vertragspsychotherapeuten betriebswirtschaftlich beraten, für sog. Praxisnetze Verwaltungsaufgaben übernehmen und des Weiteren an der Ausgestaltung von Verträgen, die einzelne Ärzte zum Beispiel mit den Krankenkassen abschließen wollen, mitwirken. 6

Die K(Z)ÄVen können über die KV-Consults damit erstmals auch bei solchen Aufgaben tätig werden, die bisher von Ärzteverbänden/-verbünden, Ärztegenossenschaften o.Ä. wahrgenommen werden. Mit der über die Dienstleistungsgesellschaften gewonnenen größeren Freiheit und Flexibilität bei ihrer Beratertätigkeit können K(Z)ÄVen, ohne dass diese Gesichtspunkte in der Gesetzesbegründung angesprochen werden, ein gewisses Gegengewicht zu den verschiedenen Interessenverbänden der Ärzteschaft aufbauen, die zunehmend die Funktion der K(Z)ÄVen infrage stellen. 7

II. Absatz 1

Die Vorschrift enthält die **Ermächtigung** für die Kassen(zahn)ärztlichen Vereinigungen und Bundesvereinigungen, zur Erfüllung der in Absatz 2 aufgeführten (Dienstleistungs-)Aufgaben Gesellschaften zu gründen. 8

Die Vorschrift schließt nicht aus, dass mehrere K(Z)ÄVen miteinander eine Dienstleistungsgesellschaft gründen. Auch die Gründung einer solchen Gesellschaft gemeinsam durch eine – oder mehrere – K(Z)ÄV mit der Kassen(zahn)ärztlichen Bundesvereinigung ist möglich. 9

Die nach § 77a SGB V zu gründenden Gesellschaften sind **privatrechtlicher Natur**.[7] Sie nehmen also **keine** öffentlich-rechtliche – **hoheitliche** – **Tätigkeit** wahr. Sie werden regelmäßig in der Rechtsform einer GmbH gegründet. 10

III. Absatz 2

Absatz 2 nennt die **Aufgaben**, die Gesellschaften nach Absatz 1 gegenüber **vertragsärztlichen Leistungserbringern** erfüllen können. Die Vorschrift gilt über § 72 Abs. 1 Satz 2 SGB V entsprechend auch für Zahnärzte, Psychotherapeuten und Medizinische Versorgungszentren.[8] Ermächtigte Ärzte und ermächtigte ärztlich geleitete Einrichtungen nehmen gemäß § 95 Abs. 1 Satz 1 SGB V an der vertragsärztlichen Versorgung teil und sind damit ebenfalls ärztliche Leistungserbringer im Sinne der Vorschrift. 11

Der für die Dienstleistungsgesellschaften in Betracht kommende **Aufgabenkatalog** ist **abschließend**.[9] 12

Die in Betracht kommenden Aufgaben sind enumerativ aufgeführt: 13

- Nr. 1. Beratung beim Abschluss von Verträgen, die die Versorgung von Versicherten mit Leistungen der gesetzlichen Krankenversicherung betreffen.
- Nr. 2. Beratung in Fragen der Datenverarbeitung, der Datensicherung und des Datenschutzes.

---

[5] Vgl. dazu: LSG Baden-Württemberg v. 24.07.2001 - L 5 KA 5097/00 ER-B - MedR 2002, 212 ff.

[6] Z.B. KV Nordrhein Consult; KVWL-Consult – vgl. www.kvwl-consult.de.

[7] In diesem Sinne auch: Begr. des Gesetzentwurfs zum GKV-WSG, BT-Drs. 16/3100, zu Nr. 49, § 77a.

[8] Begr. des Gesetzentwurfs zum GKV-WSG, BT-Drs. 16/3100, zu Nr. 49, § 77a.

[9] Begr. des Gesetzentwurfs zum GKV-WSG, BT-Drs. 16/3100, zu Nr. 49, § 77a.

- Nr. 3. Beratung in allgemeinen wirtschaftlichen Fragen, die die Vertragsarzttätigkeit betreffen.
- Nr. 4. Vertragsabwicklung für Vertragspartner von Verträgen, die die Versorgung von Versicherten mit Leistungen der gesetzlichen Krankenversicherung betreffen.
- Nr. 5. Übernahme von Verwaltungsaufgaben für Praxisnetze.

14 Zu den **Aufgaben einer Dienstleistungsgesellschaft** kann danach z.B. die Erstellung von Wirtschaftlichkeitsprognosen gehören. Sie kann auch bei der Anbahnung von Korporationen und bei dem Abschluss von Verträgen tätig werden. Nach der gesetzlichen Regelung sind die Dienstleistungsgesellschaften nicht berechtigt, weitere – nicht in Absatz 2 aufgeführte – Dienstleistungsaufgaben zu übernehmen. Das gilt auch in den Fällen, in denen die KÄVen selbst befugt sind, an bestimmten, mit Krankenkassen abzuschließenden Einzelverträgen teilzunehmen, wie dies z. B. bei der hausarztzentrierten Versorgung (§ 73b Abs. 4 Satz 2 Nr. 4 SGB V) und bei der besonderen ambulanten ärztlichen Versorgung (§ 73c Abs. 3 Satz 1 Nr. 4 SGB V) der Fall ist.

IV. Absatz 3

15 Absatz 3 regelt die Finanzierung der Gesellschaften und zugleich den Ausschluss einer Finanzierung durch die K(Z)ÄVen.

16 **Satz 1** bestimmt, dass die Gesellschaften nur gegen **Kostenersatz** tätig werden dürfen. Das heißt, alle jeweils bei der Tätigkeit der Gesellschaften anfallenden Kosten müssen von denjenigen, die die Dienstleistungen der Gesellschaften in Anspruch nehmen, ersetzt werden. Eine – auch nur mittelbare – Finanzierung durch die K(Z)ÄVen ist nicht zulässig. Das wird zwar ausdrücklich in **Satz 2** nochmals geregelt, wäre aber auch ohne eine solche Regelung nicht zulässig gewesen.[10] Damit scheidet auch die Übernahme von Gründungskosten und von Anschubfinanzierungen für die Gesellschaften durch die K(Z)ÄVen aus.

[10] Vgl. anschaulich: LSG Baden-Württemberg v. 24.07.2001 - L 5 KA 5097/00 ER-B - MedR 2002, 212 ff.

§ 78 SGB V Aufsicht, Haushalts- und Rechnungswesen, Vermögen, Statistiken

(Fassung vom 20.04.2007, gültig ab 08.11.2006)

(1) Die Aufsicht über die Kassenärztlichen Bundesvereinigungen führt das Bundesministerium für Gesundheit, die Aufsicht über die Kassenärztlichen Vereinigungen führen die für die Sozialversicherung zuständigen obersten Verwaltungsbehörden der Länder.

(2) Die Aufsicht über die für den Bereich mehrerer Länder gebildeten gemeinsamen Kassenärztlichen Vereinigungen führt die für die Sozialversicherung zuständige oberste Verwaltungsbehörde des Landes, in dem diese Vereinigungen ihren Sitz haben. Die Aufsicht ist im Benehmen mit den zuständigen obersten Verwaltungsbehörden der beteiligten Länder wahrzunehmen.

(3) Die Aufsicht erstreckt sich auf die Beachtung von Gesetz und sonstigem Recht. Die §§ 88 und 89 des Vierten Buches gelten entsprechend. Für das Haushalts- und Rechnungswesen einschließlich der Statistiken gelten die §§ 67 bis 70 Abs. 1 und 5, §§ 72 bis 77 Abs. 1, §§ 78 und 79a Abs. 1 und 2 in Verbindung mit Abs. 3a, für das Vermögen die §§ 80 und 85 des Vierten Buches, für die Verwendung der Mittel der Kassenärztlichen Vereinigungen § 305b entsprechend.

Gliederung

A. Basisinformationen

I. Textgeschichte/Gesetzgebungsmaterialien

Die Vorschrift des § 78 SGB V wurde mit dem GRG[1] vom 20.12.1988 eingefügt und ist am 01.01.1989 in Kraft getreten. Für den Bundesbereich wurde die Aufsichtszuständigkeit in § 78 Abs. 1 SGB V mit Art. 1 Nr. 37 des GSG[2] vom 21.12.1992 auf den Bundesminister für Gesundheit (vorher Bundesminister für Arbeit und Sozialordnung) übertragen. Mit Art. 216 Nr. 1 der 7. Zuständigkeitsanpassungsverordnung[3] vom 29.10.2001 erfolgte mit Wirkung zum 07.11.2001 die Anpassung der Ressortbezeichnung von Bundesminister für Gesundheit in Bundesministerium für Gesundheit. Die weitere Anpassung in Bundesministerium für Gesundheit und Soziale Sicherung wurde mit Art. 204 Nr. 1 der 8. Zuständigkeitsanpassungsverordnung[4] vom 25.11.2003 mit Wirkung zum 28.11.2003 umgesetzt. 1

Die Regelung über die Aufsicht der für den Bereich mehrerer Länder gebildeten gemeinsamen KVen ist unverändert geblieben, aber bedeutungslos, weil solche nicht bestehen und auch nicht mehr errichtet werden können (vgl. § 77 SGB V). 2

Die mit Art. 5 Nr. 3 des ARFG[5] vom 24.03.1997 und mit Art. 4 Nr. 2 des 1. SGB III-ÄndG[6] vom 16.12.1997 erfolgten Änderungen von § 79 Abs. 3 Satz 2 SGB V mit einer Verweisung auf § 79a 3

---

[1] BGBl I 1988, 2477.
[2] BGBl I 1992, 2266.
[3] BGBl I 2001, 2785.
[4] BGBl I 2003, 2304.
[5] BGBl I 1997, 594.
[6] BGBl I 1997, 2970.

SGB IV sind redaktionell fehlerhaft, weil diese Norm nicht existiert. Art. 4 Nr. 2 des 1. SGB III-ÄndG mit der Bezugnahme auf Absatz 3a bringt aber hinreichend zum Ausdruck, dass nicht § 79a SGB IV, sondern § 79 SGB IV gemeint ist.[7] Mit Art. 1 Nr. 54 des GMG vom 14.11.2003[8] wurde § 78 Abs. 3 SGB V mit Wirkung zum 01.01.2004 um die entsprechende Anwendung von § 305b SGB V ergänzt, so dass für die KVen nunmehr auch die Pflicht zur Veröffentlichung der Verwendung der Mittel gilt. Aufgrund der mit Art. 6 Nr. 5 RVOrgG vom 09.12.2004[9] mit Wirkung zum 01.01.2005 erfolgten Änderung von § 70 SGB IV erfolgte eine redaktionelle Anpassung von § 78 Abs. 3 Satz 3 SGB V.

II. Vorgängervorschriften

4 Mit § 79 SGB V wurden die Vorgängervorschriften in § 368k Abs. 3 Sätze 2 bis 5 RVO übernommen.

III. Parallelvorschriften

5 Regelungen mit der Bestimmung der Aufsichtsbehörden für bundesunmittelbare bzw. landesunmittelbare Versicherungsträger sowie über Art und Umfang der Aufsicht finden sich in § 90 SGB IV und den §§ 87-89 SGB IV.

IV. Systematische Zusammenhänge

6 Die Aufgabenwahrnehmung durch die Aufsichtsbehörde bzw. eines von ihr Beauftragten bei der Verhinderung von Organen der KVen nach § 79a SGB V ist gegenüber den Aufsichtsbefugnissen nach § 78 Abs. 3 Sätze 1, 2 i.V.m. § 89 SGB IV eine spezialgesetzliche Regelung.[10]

V. Ausgewählte Literaturhinweise

7 *Hinz*, Gesamtvertragliche Regelungen und aufsichtsrechtliche Kontrolle nach dem GSG, Die Leistungen 1995, 1; *Schiller/Steinhilper*, Maulkorb für KVen und Vertragsärzte, MedR 2003, 661.

B. Auslegung der Norm

I. Regelungsgehalt und Bedeutung der Norm

8 Mit § 78 Abs. 1 SGB V werden die **Aufsichtsbehörden für die KVen und die KBV** sowie Art und Umfang der Aufsicht geregelt. Die Errichtung der KVen und der KBV als Körperschaften des öffentlichen Rechts ist in § 77 Abs. 1, 4 und 5 SGB V normiert. Die Bestimmung der Aufsichtszuständigkeit für KVen, deren Zuständigkeit sich über mehrere Bundesländer erstreckt, ist ohne Bedeutung. KVen mit einer länderübergreifenden Zuständigkeit haben bis 31.12.2004 nicht bestanden. Sie können auch nicht mehr errichtet werden, weil § 77 Abs. 1 SGB V i.d.F. des GMG nur die Bildung einer KV für ein Bundesland zulässt.

II. Normzweck

9 Die **Aufsichtsmaßnahmen** nach § 78 Abs. 3 SGB V dienen der Durchsetzung der staatlichen Aufsicht und der Behebung von Rechtsverletzungen.

III. Regelungsinhalt

1. Aufsichtsbehörden

10 Für die **KBV** ist als Aufsichtsbehörde das **Bundesministerium für Gesundheit und Soziale Sicherung** bestimmt. Die Aufsicht über die **KVen** ist den für die **Sozialversicherung zuständigen obersten Verwaltungsbehörden der Länder** zugewiesen. Diese ergeben sich aus dem jeweiligen Landesrecht.

---

[7] Insoweit zutreffend: *Vahldiek* in: Hauck/Noftz, SGB V, § 78 Rn. 2; die Kommentierungen von § 78 SGB V in *Krauskopf*, Soziale Krankenversicherung, SGB V; und *Hess* in: KassKomm, SGB V, enthalten bereits im vorangestellten Gesetzeswortlaut § 79 SGB IV und nicht § 79a SGB IV.

[8] BGBl I 2003, 2190.

[9] BGBl I 2004, 3242.

[10] BSG v. 27.06.2001 - B 6 KA 7/00 R - BSGE 88, 193 = SozR 3-2500 § 79a Nr. 1.

2. Umfang der Aufsicht

Mit der Formulierung in § 78 Abs. 3 Satz 1 SGB V, wonach sich die Aufsicht auf die Beachtung von Gesetz und sonstigem Recht erstreckt, ergibt sich bereits, dass nur eine **Rechtsaufsicht** besteht. Eine Überprüfung der **Zweckmäßigkeit** von Selbstverwaltungsentscheidungen ist daher grundsätzlich **nicht zulässig**. Die Beachtung der Gesetze bezieht sich dabei auf die Einhaltung des Grundgesetzes, die Beachtung sonstiger formeller gesetzlicher Vorschriften und hier insbesondere des SGB V sowie von Rechtsverordnungen (z.B. Ärzte-ZV). Die nach § 81 Abs. 3 SGB V für verbindlich erklärten Verträge und Richtlinien sind ebenso zu beachten wie die eigenen Satzungen der KVen bzw. der KBV. 11

Der Aufruf der KV an ihre Mitglieder zur Teilnahme an einer Protestveranstaltung mit kurzfristiger Praxisschließung wegen einer (vermeintlich) zu geringen Vergütung der ärztlichen Leistungen in einer die Krankenkassen diffamierenden Art und Weise, kann wegen der Verletzung des Gebots zur vertrauensvollen Zusammenarbeit mit den Krankenkassen und der Verpflichtung zur Sicherstellung der vertragsärztlichen Versorgung eine Aufsichtsmaßnahme rechtfertigen.[11] 12

Nach § 89 Abs. 1 Satz 1 SGB IV soll dann, wenn durch das Handeln oder Unterlassen eines Versicherungsträgers das Recht verletzt wird, die Aufsichtsbehörde zunächst beratend darauf hinwirken, dass der Versicherungsträger die Rechtsverletzung behebt. Kommt der Aufsichtsunterworfene dem innerhalb angemessener Frist nicht nach, kann die Aufsichtsbehörde ihn verpflichten, die Rechtsverletzung zu beheben. 13

Der Verpflichtungsbescheid der Aufsichtsbehörde setzt in **formeller Hinsicht** eine **Beratung** voraus. Der Erlass einer Verpflichtungsanordnung nach § 89 Abs. 1 Satz 2 SGB IV i.V.m. § 78 Abs. 3 Satz 1 SGB V steht grundsätzlich im **Ermessen der Aufsichtsbehörde**. Die Ermessensentscheidung ist gemäß § 35 Abs. 1 SGB X **zu begründen**. Dabei kann auch die Bezugnahme auf ein zuvor zugeleitetes Beratungsschreiben wie auch der Zusammenhang mit einer Begründung zur Anordnung des Sofortvollzuges nach § 86a Abs. 2 Nr. 5 SGG ausreichend sein.[12] 14

Wegen der weiteren Einzelheiten für die Ausübung der Aufsicht wird im Übrigen auf die Kommentierungen zu § 88 SGB IV und zu § 89 SGB IV verwiesen. 15

Mit der Verweisung in § 78 Abs. 3 Satz 3 SGB V gilt auch § 69 Abs. 2 SGB IV entsprechend. Danach hat der Versicherungsträger bei der Aufstellung und Ausführung des Haushaltsplanes sicherzustellen, dass er die ihm obliegenden Aufgaben unter Berücksichtigung der Wirtschaftlichkeit und Sparsamkeit erfüllen kann. Die Beachtung der **Haushaltsgrundsätze der Wirtschaftlichkeit und Sparsamkeit** sind trotz der begrifflichen Unschärfe rechtliche Gebote, deren Nichtbeachtung mit Aufsichtsmitteln beanstandet werden kann.[13] Bei der Anwendung der Grundsätze der Wirtschaftlichkeit und Sparsamkeit steht den KVen allerdings eine von der Aufsichtsbehörde zu respektierende **Einschätzungsprärogative** zu. Es besteht ein Vorrecht zur konkretisierenden Anwendung dieser Haushaltsgrundsätze, mit dem ein Einschätzungsspielraum verbunden ist. Lediglich eindeutige Grenzüberschreitungen dürfen von der Aufsichtsbehörde als rechtswidrig beanstandet werden. Der Anerkennung einer Einschätzungsprärogative ist in der Rechtsprechung auch bei der Festsetzung von Entschädigungen für Vorstandsmitglieder einer KV bejaht worden. Eine Anwendung von § 41 Abs. 4 Satz 3 SGB IV, wonach die Rechtmäßigkeit einer von einem Sozialversicherungsträger beschlossenen Aufwandsentschädigung für Organmitglieder auch auf deren Angemessenheit zu überprüfen ist, hat das BSG mit Blick auf die strukturellen Unterschiede in der Organisation der Sozialversicherungsträger und der KV, insbesondere wegen der dort ehrenamtlichen Ausübung der Vorstandstätigkeiten, abgelehnt.[14] Insoweit ist darauf hinzuweisen, dass sich hier Änderungen ergeben haben, indem seit 01.01.2005 mit § 79 Abs. 1 Satz 1, Abs. 4 Satz 3 SGB V eine hauptamtliche Ausübung der Tätigkeit von Vorstandsmitgliedern bestimmt ist. 16

Im Übrigen wird für die das Haushalts- und Rechnungswesen betreffenden Regelungen der §§ 67-70 Abs. 1-3 SGB IV, §§ 72-77 Abs. 1 SGB IV, §§ 78, 79 SGB IV und die das Vermögen betreffenden Regelungen in § 80 SGB IV und § 85 SGB IV auf die Kommentierungen des SGB IV Bezug genommen. Die **Feststellung des Haushaltsplanes** obliegt nach § 79 Abs. 3 Nr. 4 SGB V der **Vertreterversammlung**. Die von der KBV nach § 75 Abs. 7 Nr. 3 SGB V aufgestellten Richtlinien über die Betriebs-, Wirtschafts- und Rechnungsführung sind für die KV gemäß § 81 Abs. 3 Nr. 2 SGB V verbindlich. Zu 17

[11] LSG Berlin v. 05.12.2001 - L 7 KA 17/99 - Breith 2002. 495 = NZS 2002, 386.
[12] BSG v. 14.03.2001 - B 6 KA 54/00 R - BSGE 88, 20 = SozR 3-2500 § 75 Nr. 12.
[13] BSG v. 28.06.2000 - B 6 KA 64/98 R - BSGE 86, 203 = SozR 3-2500 § 80 Nr. 4.
[14] BSG v. 28.06.2000 - B 6 KA 64/98 R - BSGE 86, 203 = SozR 3-2500 § 80 Nr. 4.

den nach § 85 Abs. 1 SGB IV von der Aufsichtsbehörde zu genehmigenden Vermögensgeschäften gehört der **Erwerb von Grundstücken**, wobei nach § 85 Abs. 2 SGB IV Ausnahmen, je nach Höhe der veranschlagten Kosten im Verhältnis zum festgestellten Haushaltsvolumen, bestehen. Grundstücksgeschäfte bedürfen nach § 79 Abs. 3 Nr. 7 SGB V einer Beschlussfassung der Vertreterversammlung. Für den Erwerb von Datenverarbeitungsanlagen besteht eine Anzeigepflicht gegenüber der Aufsichtsbehörde (§ 85 Abs. 2 SGB IV). Als ein Geschäft von grundsätzlicher Bedeutung im Sinne von § 79 Abs. 3 Nr. 3 SGB V wird auch hierüber ein Beschluss der Vertreterversammlung notwendig sein. Für die Statistiken gilt § 79 Abs. 1 und 2, Abs. 3a SGB IV (Verweis auf Textgeschichte) entsprechend.

18 Mit der Verweisung in § 78 Abs. 3 Satz 2 SGB V auf § 305b SGB V sind die KVen und die KBV verpflichtet, in ihren Mitgliederzeitschriften in hervorgehobener Weise und gebotener Ausführlichkeit jährlich über die Verwendung ihrer Mittel im Vorjahr und die Verwaltungsausgaben Rechenschaft abzulegen. Für die Mitglieder soll damit eine Informationsgrundlage geschaffen werden.[15]

IV. Rechtsschutz

19 Mit § 54 Abs. 3 SGG besteht für die KVen und die KBV die Möglichkeit, gegen **Aufsichtsanordnungen** eine **Aufsichtsklage** zu erheben. Für die Zulässigkeit der Klage genügt die schlüssige Behauptung der Überschreitung des Aufsichtsrechts.[16] Die Klage hat **aufschiebende Wirkung** sofern nicht die sofortige Vollziehung angeordnet ist (§ 89 Abs. 1 Satz 3 SGB IV, § 86a Abs. 2 Nr. 5 SGG). Ist Letzteres geschehen, kann bei Gericht ein Antrag auf Anordnung der aufschiebenden Wirkung gemäß § 86b Abs. 1 Nr. 2 SGG gestellt werden.

20 Gemäß § 57a Abs. 1 Satz 2 SGG bestimmt sich die **örtliche Zuständigkeit des Gerichts** nach § 57 Abs. 1 SGG. Sie richtet sich damit nach dem Sitz der klagenden KV bzw. KBV.

21 Aufsichtsrechtliche Streitigkeiten rechnen zu den Angelegenheiten der Vertragsärzte im Sinne von § 12 Abs. 3 Satz 2 SGG, wenn Gegenstand der Beanstandung der Aufsichtsbehörde eine Entscheidung eines nur mit Vertragsärzten besetzten Gremiums ist.[17] Vertragsärzte sind von der Mitwirkung als ehrenamtliche Richter auch nicht deshalb ausgeschlossen, weil sie als Mitglied der Vertreterversammlung der KV an einem Beschluss mitgewirkt haben, auf dessen Rechtmäßigkeit es im Gerichtsverfahren ankommt.[18]

---

15 BT-Drs. 15/1525, S. 98.

16 BSG v. 28.06.2000 - B 6 KA 64/98 R - BSGE 86, 203 = SozR 3-2500 § 80 Nr. 4.

17 BSG v. 28.08.1996 - 6 RKa 7/96 - BSGE 79, 105 = SozR 3-2500 § 80 Nr. 2; BSG v. 13.05.1998 - B 6 KA 31/97 R - BSGE 82, 150 = SozR 3-1500 § 60 Nr. 4.

18 BSG v. 13.05.1998 - B 6 KA 31/97 R - BSGE 82, 150 = SozR 3-1500 § 60 Nr. 4.

§ 79 SGB V Organe

(Fassung vom 14.11.2003, gültig ab 01.01.2005)

(1) Bei den Kassenärztlichen Vereinigungen und den Kassenärztlichen Bundesvereinigungen werden eine Vertreterversammlung als Selbstverwaltungsorgan sowie ein hauptamtlicher Vorstand gebildet.

(2) Die Satzungen bestimmen die Zahl der Mitglieder der Vertreterversammlung der Kassenärztlichen Vereinigungen und Kassenärztlichen Bundesvereinigungen. Die Vertreterversammlung der Kassenärztlichen Vereinigungen hat bis zu 30 Mitglieder. Bei mehr als 5.000 Mitgliedern der Kassenärztlichen Vereinigung oder mehr als 2.000 Mitgliedern der Kassenzahnärztlichen Vereinigung kann die Zahl der Mitglieder auf bis zu 40, bei mehr als 10.000 Mitgliedern der Kassenärztlichen Vereinigung oder mehr als 5.000 Mitgliedern der Kassenzahnärztlichen Vereinigung auf bis zu 50 erhöht werden. Die Vertreterversammlung der Kassenärztlichen Bundesvereinigungen hat bis zu 60 Mitglieder.

(3) Die Vertreterversammlung hat insbesondere

1. **die Satzung und sonstiges autonomes Recht zu beschließen,**
2. **den Vorstand zu überwachen,**
3. **alle Entscheidungen zu treffen, die für die Körperschaft von grundsätzlicher Bedeutung sind,**
4. **den Haushaltsplan festzustellen,**
5. **über die Entlastung des Vorstandes wegen der Jahresrechnung zu beschließen,**
6. **die Körperschaft gegenüber dem Vorstand und dessen Mitgliedern zu vertreten,**
7. **über den Erwerb, die Veräußerung oder die Belastung von Grundstücken sowie über die Errichtung von Gebäuden zu beschließen.**

Sie kann sämtliche Geschäfts- und Verwaltungsunterlagen einsehen und prüfen.

(4) Der Vorstand der Kassenärztlichen Vereinigungen und Kassenärztlichen Bundesvereinigungen besteht aus bis zu drei Mitgliedern. Die Mitglieder des Vorstandes vertreten sich gegenseitig. Sie üben ihre Tätigkeit hauptamtlich aus. Wird ein Arzt in den hauptamtlichen Vorstand gewählt, kann er eine ärztliche Tätigkeit als Nebentätigkeit in begrenztem Umfang weiterführen oder seine Zulassung ruhen lassen. Die Amtszeit beträgt sechs Jahre; die Wiederwahl ist möglich. Die Höhe der jährlichen Vergütungen der einzelnen Vorstandsmitglieder einschließlich Nebenleistungen sowie die wesentlichen Versorgungsregelungen sind in einer Übersicht jährlich zum 1. März, erstmalig zum 1. März 2005 im Bundesanzeiger und gleichzeitig getrennt nach den kassenärztlichen und kassenzahnärztlichen Organisationen in den jeweiligen ärztlichen Mitteilungen der Kassenärztlichen Bundesvereinigungen zu veröffentlichen. Die Art und die Höhe finanzieller Zuwendungen, die den Vorstandsmitgliedern im Zusammenhang mit ihrer Vorstandstätigkeit von Dritten gewährt werden, sind dem Vorsitzenden und den stellvertretenden Vorsitzenden der Vertreterversammlung mitzuteilen.

(5) Der Vorstand verwaltet die Körperschaft und vertritt sie gerichtlich und außergerichtlich, soweit Gesetz oder sonstiges Recht nichts Abweichendes bestimmen. In der Satzung oder im Einzelfall durch den Vorstand kann bestimmt werden, dass auch einzelne Mitglieder des Vorstandes die Körperschaft vertreten können.

(6) § 35a Abs. 1 Satz 3 und 4, Abs. 2, 5 Satz 1, Abs. 7 und § 42 Abs. 1 bis 3 des Vierten Buches gelten entsprechend. Die Vertreterversammlung hat bei ihrer Wahl darauf zu achten, dass die Mitglieder des Vorstandes die erforderliche fachliche Eignung für ihren jeweiligen Geschäftsbereich besitzen.

Gliederung

A. Basisinformationen

I. Textgeschichte/Gesetzgebungsmaterialien

1 Die Vorschrift des § 79 SGB V wurde mit Art. 1 GRG[1] vom 20.12.1988 mit Wirkung ab 01.01.1989 eingefügt. Wesentliche Änderungen hat die Vorschrift mit Art. 2 Nr. 3 des **GMG**[2] vom 14.11.2003 mit Wirkung ab 01.01.2005 erfahren. Mit dem GMG hat der Gesetzgeber eine **Neuordnung der inneren Organisation der KV und der KBV** entsprechend der bereits erfolgten Veränderungen im Bereich der gesetzlichen Krankenversicherung vorgenommen, um den gewachsenen Aufgaben gerecht werden zu können.[3] Zu den organisatorischen Veränderungen bei den KV und der KBV gehören u.a.: die Zusammenlegung von KV in Bundesländern mit bisher mehreren KV (§ 77 Abs. 1 Satz 2 SGB V), die Verkleinerung der Vertreterversammlungen (§ 79 Abs. 2 Satz 1 SGB V), die Hauptamtlichkeit und zahlenmäßige Verkleinerung der Vorstände (§ 79 Abs. 4 Sätze 1, 3 SGB V) und das Verhältniswahlrecht bei der Wahl zur Vertreterversammlung (§ 80 Abs. 1 Satz 2 SGB V). Die Verpflichtung zur Veröffentlichung der jährlichen Entschädigungszahlungen an die einzelnen Vorstandsmitglieder wurde bereits vor Inkrafttreten der Organisationsänderungen ab 01.01.2005 mit der Einfügung von § 79 Abs. 5 SGB V mit Art. 1 Nr. 55 des GMG mit Wirkung ab 01.01.2004 vorgenommen.

2 Die Bestimmung über die **Hauptamtlichkeit der Vorstandstätigkeit** gehört zu den wesentlichen Neuregelungen. Eine solche war bereits im Gesetzgebungsverfahren zum GKV-GesundheitsreformG 2000 beabsichtigt gewesen. Anstelle der bisherigen Vertreterversammlung waren ein Verwaltungsrat und ein hauptamtlicher Vorstand mit bis zu drei Mitgliedern vorgesehen.[4] Diese Konzeption wurde noch durch den Bundestagsausschuss für Gesundheit gebilligt.[5] Sie wurde jedoch nicht in die Beschlussempfehlung des Vermittlungsausschusses nach Art. 77 Abs. 2 GG übernommen.[6] Dies ist auf eine Zustimmungsbedürftigkeit des Bundesrates nach Art. 84 Abs. 1 GG zu den Regelungen zur Änderung der inneren Organisation der KV zurückzuführen. Im Gesetzesvorhaben zum GKV-GesundheitsreformG 2000 wurde insoweit letztlich auf Änderungen verzichtet, für die eine Zustimmung des Bundesrates erforderlich gewesen wäre.

II. Vorgängervorschriften

3 Mit § 79 SGB V i.d.F. des GRG waren die Regelungen in § 368l Abs. 1 Satz 1, Abs. 2 Sätze 1 und 3, Abs. 3 RVO übernommen worden.

III. Parallelvorschriften

4 Für die Träger der Sozialversicherung finden sich die Regelungen hinsichtlich der Selbstverwaltungsorgane, der Vertreterversammlungen, der Vorstände, der Satzungen und der Haftung in den §§ 31, 33, 35, 35a SGB IV. Die Aufgaben der Vertreterversammlung in § 77 Abs. 3 SGB V sind im Wesentlichen gleichlautend mit denen des Verwaltungsrats bei den Krankenkassen in § 197 SGB V normiert.

1 BGBl I 1988, 2477.
2 BGBl I 2003, 2190.
3 BT-Drs. 15/1525, S. 152.
4 BT-Drs. 14/1245, S. 71.
5 BT-Drs. 14/1977.
6 BT-Drs. 14/732/99, S. 18.

IV. Ausgewählte Literaturhinweise

Huber, Selbstverwaltung und Systemgerechtigkeit – Zu den Grenzen einer „Professionalisierung" der Leistungsstrukturen Kassenärztlicher Vereinigungen, VSSR 2000, 369; *Maibach-Nagel*, Abschied von rein ehrenamtlicher Selbstverwaltung, ZM 2004, Nr 23, 28; *Steinhilper*, Die Kassenärztlichen Vereinigungen ab 01.01.2005 – Zu einigen Grundzügen der Organisationsänderungen nach dem GMG, GesR 2003, 374; *Ziermann*, Neuregelung der vertragszahnärztlichen Versorgung durch das Gesetz zur Modernisierung der gesetzlichen Krankenversicherung, VSSR 2004, 385. 5

B. Auslegung der Norm

I. Regelungsgehalt und Bedeutung der Norm

Mit § 79 SGB V werden für die als öffentlich-rechtliche Körperschaften ausgestalteten KV und die KBV die Organe bestimmt (Vertreterversammlung und Vorstand, Absatz 1). Deren zahlenmäßige Zusammensetzung wird Satzungsregelungen überlassen, wobei aber Höchstgrenzen gesetzlich vorgegeben sind (Absatz 2 Satz 2, Absatz 4 Satz 1). Die den Vertreterversammlungen vorbehaltenen Aufgaben sind in § 79 Abs. 3 SGB V festgelegt. Die Verwaltung und Vertretung der KV und KBV erfolgt nach Maßgabe von § 79 Abs. 5 SGB V durch den Vorstand. 6

II. Normzweck

Mit § 79 Abs. 1 SGB V ist die Vertreterversammlung als „Legislativorgan" der KV bzw. KBV, zugleich aber auch als Kontrollorgan für den Vorstand ausgestaltet. Die Aufgabe des Vorstandes ist auf die Verwaltung der KV bzw. der KBV beschränkt worden. 7

III. Vertreterversammlung

1. Zusammensetzung

Selbstverwaltungsorgane der KV und der KBV sind die **Vertreterversammlungen**. Während § 79 Abs. 1 i.d.F. des GRG hierzu noch den Vorstand zählte, gehört dieser nach dem Wortlaut von § 79 Abs. 1 SGB V („eine Vertreterversammlung als Selbstverwaltungsorgan") nicht mehr dazu. Die Vertreterversammlung ist damit alleiniges Selbstverwaltungsorgan. 8

Die **Mitgliederzahl** der Vertreterversammlung einer KV ist in der **Satzung** nach § 81 Abs. 1 Nr. 2 SGB V konkret festzulegen. Ihre Anzahl ist grundsätzlich auf 30 Mitglieder beschränkt. Ausnahmen gelten nur für KV mit mehr als 5.000 bzw. 10.000 Mitgliedern bzw. KZV mit mehr als 2.000 bzw. 5.000 Mitgliedern. Hier kann die Mitgliederzahl der Vertreterversammlung auf bis zu 40 bzw. 50 Mitglieder bestimmt werden. Für die **Vertreterversammlung** der KBV ist die **Höchstzahl mit 60 Mitgliedern begrenzt**. Der Gesetzgeber hat der KBV damit die Möglichkeit eingeräumt, gegenüber den KV eine größere Vertreterversammlung einzurichten. Damit soll eine angemessene Repräsentanz der Mitglieder in diesem Gremium erreicht werden können.[7] 9

Mitglieder einer KV sind ab 01.01.2005 die zugelassenen Ärzte, die im Rahmen der vertragsärztlichen Versorgung in den zugelassenen medizinischen Versorgungszentren tätigen angestellten Ärzte und die an der vertragsärztlichen Versorgung teilnehmenden ermächtigten Krankenhausärzte (vgl. die §§ 77 Abs. 3, 95 Abs. 1 SGB V). Die Mitglieder einer KV wählen die Mitglieder der Vertreterversammlung (§ 80 Abs. 1 Satz 1 SGB V). Aus der Mitte der Vertreterversammlung sind der Vorsitzende und sein Stellvertreter zu wählen (§ 80 Abs. 2 Nr. 1 SGB V). 10

2. Aufgaben

In § 79 Abs. 3 SGB V hat der Gesetzgeber erstmals **Aufgaben und Zuständigkeiten** explizit, aber nicht abschließend („insbesondere") aufgeführt, die der Vertreterversammlung vorbehalten sind. Die Regelung entspricht im Wesentlichen den in § 197 SGB V für die Krankenkassen getroffenen Bestimmungen. Der Vertreterversammlung obliegt der **Erlass der Satzung nach § 81 Abs. 1 SGB V**. Mit der Zuständigkeit für die sonstige **autonome Rechtsetzung** steht der Vertreterversammlung neben dem Erlass der Satzung im formellen Sinn auch die Befugnis zur autonomen Rechtsetzung mit Verbindlichkeit für ihre Mitglieder zu. Darüber hinaus gehören zu den Aufgaben der Vertreterversammlung die **Feststellung des Haushalts** und die **Beschlussfassung über Grundstücksgeschäfte** als Ausdruck der Finanzhoheit und die **Kontrolle** des für die Verwaltung der KV allein zuständigen **Vorstands.** Zu den 11

---

[7] BT-Drs. 15/1525, S. 152.

Entscheidungen von grundsätzlicher Bedeutung nach § 79 Abs. 3 Nr. 3 SGB V ist auch der erstmalig zum 30.04.2004 gemäß § 85 Abs. 4 Satz 2 SGB V mit den Landesverbänden der Krankenkassen und den Verbänden der Ersatzkassen zu vereinbarende und vom Vorstand mit Wirkung für die KV abzuschließende Honorarverteilungsmaßstab anzusehen. Der Vertreterversammlung steht auch das Recht zu, sämtliche Geschäfts- und Verwaltungsunterlagen einzusehen und zu prüfen (§ 79 Abs. 3 Satz 2 SGB V). Die Vertreterversammlung ist damit nicht nur **Legislativorgan**, sondern auch **Kontrollorgan**.

IV. Vorstand

1. Zusammensetzung

12 Neben der Vertreterversammlung als Organ der KV bzw. der KBV besteht gemäß § 79 Abs. 1, Abs. 4 Satz 1 SGB V als weiteres Organ der **Vorstand**. Die Anzahl der Vorstandsmitglieder ist ebenfalls in der **Satzung** konkret zu bestimmen (§ 81 Abs. 1 Nr. 2 SGB V) und auf bis zu drei Mitglieder begrenzt. § 80 Abs. 2 Nr. 3 SGB V sieht einen Stellvertreter vor, so dass der Vorstand aus **mindestens zwei Mitgliedern** bestehen muss. Die **Amtszeit** beträgt sechs Jahre (§ 79 Abs. 4 Satz 5 SGB V). Eine Wiederwahl ist möglich.

13 Die Vorstandsmitglieder der KV werden von der Vertreterversammlung gewählt (§ 80 Abs. 2 Nr. 2 SGB V). Der Vorsitzende des Vorstandes und sein Stellvertreter sind anschließend von der Vertreterversammlung zu wählen (§ 80 Abs. 2 Nr. 3 SGB V).

14 Während die Vorstandsmitglieder bisher ehrenamtlich tätig waren, ist ab 01.01.2005 eine **hauptamtliche Ausübung** bestimmt. Mit der Neufassung von § 79 Abs. 1, Abs. 4 Satz 3 SGB V mit dem GMG ist ausdrücklich eine hauptamtliche Tätigkeit gesetzlich vorgegeben. Zur Lösung des Konflikts, sich der Vorstandstätigkeit vollumfänglich zu widmen, dabei aber nicht zugleich der vertragsärztlichen Pflicht, in vollem Umfang der vertragsärztlichen Versorgung der Versicherten genügen zu können, hat der Gesetzgeber zwei Optionen geschaffen. Nach § 79 Abs. 4 Satz 4 SGB V besteht die Möglichkeit, die **Zulassung ruhen** zu lassen. Hierzu wurde § 95 Abs. 5 SGB V erweitert, wonach der Zulassungsausschuss das Ruhen der Zulassung auf Antrag des Arztes, der in den hauptamtlichen Vorstand gewählt ist, anzuordnen hat. Das Vorstandsmitglied kann aber auch seine **ärztliche Tätigkeit in Nebentätigkeit** in begrenztem Umfang weiterführen.

15 Mit der **bis Ende 2004** geltenden Rechtslage bestand die Schwierigkeit, die rechtlichen und wirtschaftlichen Grundlagen der vertragsärztlichen Tätigkeit mit der zeitlichen Beanspruchung durch das Amt als Vorsitzender des Vorstands bzw. dessen Stellvertreter kompatibel zu machen. Zwar müssen Mitglieder des Vorstandes nicht zugleich Vertragsärzte sein, weil sie entgegen der ausdrücklichen Regelung in § 80 Abs. 2 Nr. 1 SGB V für die Wahl des Vorsitzenden der Vertreterversammlung nicht „aus der Mitte" gewählt werden müssen. Es entspricht aber einer langen Tradition, als Vorstand einen Vertragsarzt zu wählen. Diese konnten ihr Amt nicht hauptamtlich ausüben, weil eine hauptberufliche Tätigkeit nicht mit § 20 Ärzte-ZV vereinbar ist. Danach ist für die Ausübung vertragsärztlicher Tätigkeit nicht geeignet, wer wegen eines Beschäftigungsverhältnisses oder wegen anderer nicht ehrenamtlicher Tätigkeit für die Versorgung der Versicherten nicht in erforderlichem Maße zur Vergütung steht. Die Wahrnehmung der Vorstandsfunktion in **ehrenamtlicher Tätigkeit** war indes unschädlich. Den Zulassungsstatus und die vertragsärztliche Praxis zu erhalten war gleichwohl problematisch, ist aber von der Rechtsprechung nicht beanstandet worden.[8] Ein Ruhen der Zulassung für einen Zeitraum von über zwei Jahren (die Amtsdauer betrug vier Jahre und ist ab 01.01.2005 auf sechs Jahre verlängert worden) war wegen der zeitlichen Beschränkung in § 95 Abs. 5 Satz 1 SGB V bedenklich. Das auch mit der nunmehr gegebenen Rechtslage mögliche Ruhen der Zulassung wird jedoch wohl keine praktikable Option darstellen, weil nach der Amtsdauer von sechs Jahren kein Patientenstamm mehr vorhanden sein wird. Dessen Aufrechterhaltung kann aber mit einer ärztlichen Nebentätigkeit in begrenztem Umfang möglich sein. Zudem besteht in diesem Fall die Möglichkeit, die vertragsärztliche Praxis unter Zuhilfenahme eines Vertreters gemäß § 33 Abs. 2 Ärzte-ZV weiterzuführen.

16 Die Vertreterversammlung hat bei ihrer Wahl darauf zu achten, dass die Mitglieder des Vorstandes die **erforderliche fachliche Eignung** für ihren jeweiligen Geschäftsbereich besitzen. Damit soll die Management-Qualifikation der einzelnen Mitglieder des Vorstandes für ihren jeweils eigenverantwortlich zu leitenden Geschäftsbereich gesichert und somit zugleich die Professionalisierung des Vorstandes in seiner Gesamtheit gestärkt werden.[9]

---

[8] BSG v. 28.06.2000 - B 6 KA 64/98 R - BSGE 86, 203 = SozR 3-2500 § 80 Nr. 4.

[9] BT-Drs. 15/1525, S. 152.

2. Aufgaben

17 Zu den **Aufgaben des Vorstands** gehört nach § 79 Abs. 5 SGB V die **Verwaltung der Körperschaft.** Ihm obliegt der **Vollzug der gesetzlichen Vorschriften** und der von der Vertreterversammlung **beschlossenen Entscheidungen**. Der Vorstand vertritt zudem die Körperschaft **gerichtlich und außergerichtlich**. Für die Vertretung durch einzelne Mitglieder bedarf es einer Regelung in der Satzung oder einer Bestimmung im Einzelfall durch den Vorstand. Die Regelung zur Vertretung wurde aus der bis 31.12.2004 geltenden Fassung des § 77 Abs. 6 SGB V i.d.F. des GRG mit Konkretisierungen übernommen und systematisch § 79 SGB V zugeordnet.

18 Mit der Hauptamtlichkeit der Tätigkeit der Vorstandsmitglieder ist konsequenter Weise auch die Festlegung bestimmter **Geschäftsbereiche** für die einzelnen Vorstandsmitglieder verbunden. Innerhalb der vom Vorstand zu erlassenden Richtlinien verwaltet jedes Mitglied des Vorstands seinen Geschäftsbereich eigenverantwortlich. Bei Meinungsverschiedenheiten entscheidet der Vorstand, bei Stimmengleichheit entscheidet der Vorsitzende (§ 79 Abs. 6 Satz 1 SGB V i.V.m. § 35a Abs. 1 Sätze 3 und 4 SGB IV). Für den Vorstand besteht gegenüber der Vertreterversammlung eine **Berichtspflicht** über die Umsetzung von Entscheidungen von grundsätzlicher Bedeutung. Zudem ist er verpflichtet, über die finanzielle Situation und die voraussichtliche Entwicklung zu berichten (§ 79 Abs. 6 Satz 1 SGB V i.V.m. § 35a Abs. 2 SGB IV).

19 Wegen des Vorbehalts der Vertreterversammlung in § 79 Abs. 3 Nr. 3 SGB V zur Entscheidung der Angelegenheiten von grundsätzlicher Entscheidung wird zur effektiven Aufgabenaufteilung zwischen Vertreterversammlung und Vorstand in der Satzung eine Festlegung von bestimmten Sachverhalten mit grundsätzlicher Bedeutung sinnvoll sein. Eine Aushöhlung der Verwaltungszuständigkeit des Vorstandes darf damit nicht einhergehen. Die Erledigung der laufenden Geschäfte gehört jedenfalls in die alleinige Zuständigkeit des Vorstandes und darf nicht beeinträchtigt werden.

V. Veröffentlichkeitsverpflichtung

20 Sowohl für die KV als auch die KBV besteht gemäß § 79 Abs. 4 Satz 6 SGB V eine Verpflichtung zur Veröffentlichung der Höhe der **jährlichen Vergütungen der einzelnen Vorstandsmitglieder** einschließlich Nebenleistungen. Hierzu gehören die laufenden Leistungen wie z.B. die Praxisausfallentschädigung, Aufwandsentschädigung, Sitzungsgelder und Übernahme von Vertreterkosten. Auch die **Versorgungsregelungen** sind in ihren wesentlichen Grundzügen darzustellen. Darunter fallen z.B. Übergangsentschädigungen, Beiträge zur Altersversorgung oder auch eigenständige Versorgungsregelungen. Damit soll erkennbar werden, ob es sich um mit der Rentenversicherung vergleichbare Regelungen handelt oder ob hier andere Regelungen zur Anwendung kommen, die dann mit ihren Berechnungsgrundlagen näher darzustellen sind.[10] Die Veröffentlichung hat im Bundesanzeiger und gleichzeitig in den Mitteilungen der Bundesvereinigungen, getrennt für den kassenärztlichen und den kassenzahnärztlichen Bereich, zu erfolgen und ist somit im „Deutschen Ärzteblatt" und in den „Zahnärztlichen Mitteilungen" vorzunehmen.

21 Der Gesetzgeber hat eine Transparenz für erforderlich gehalten, weil es sich um den Einsatz öffentlicher Mittel handele, die auf gesetzlicher Grundlage erhoben würden. Mit der Regelung soll dem Informationsbedürfnis der Beitragszahler und der Öffentlichkeit Rechnung getragen und gleichzeitig die Möglichkeit für einen Vergleich geschaffen werden.[11]

22 Zu der bis zum 31.12.2004 geltenden Rechtslage der Ausübung der Vorstandsfunktion in ehrenamtlicher Tätigkeit hat das BSG[12] bei einer Entschädigung in Höhe des Betrages, der bei einer hauptamtlichen Tätigkeit hätte gezahlt werden dürfen, eine von der Aufsichtsbehörde geltend gemachte Verletzung des Grundsatzes zur sparsamen und wirtschaftlichen Haushaltsführung (§ 78 Abs. 3 Satz 3 SGB V i.V.m. § 69 Abs. 2 SGB IV) nicht erkannt und hervorgehoben, dass mit Blick auf die strukturellen Unterschiede in der Organisation der Sozialversicherungsträger und der KV die Festsetzungen von Entschädigungen für bei Sozialversicherungsträgern ehrenamtlich Tätigen auf die Entschädigungen von Vorstandsvorsitzenden der KV nicht übertragen werden können. Für die Anwendung der Grundsätze der Wirtschaftlichkeit und Sparsamkeit nach § 69 Abs. 2 SGB IV hat das BSG auf einen Vergleich der Entschädigungen des Vorstands mit den Vergütungen von Führungspersonal bei Krankenkassen mit vergleichbarem regionalen Einzugsbereich abgestellt.

---

[10] BT-Drs. 15/1525, S. 152.

[11] BT-Drs. 15/1525, S. 98.

[12] BSG v. 28.06.2000 - B 6 KA 64/98 R - BSGE 86, 203 = SozR 3-2500 § 80 Nr. 4.

C. Amtsentbindung und Amtsenthebung

23 Mit der Verweisung von § 79 Abs. 6 SGB V auf § 35a Abs. 7 SGB IV gelten für die **Amtsenthebung und Amtsentbindung** eines Mitglieds des Vorstandes bzw. der Vertreterversammlung die Regelungen in § 59 Abs. 2 und 3 SGB IV entsprechend. Eine Amtsentbindung hat danach zu erfolgen, wenn ein wichtiger Grund vorliegt oder wenn die Voraussetzungen der Wählbarkeit nicht vorgelegen haben oder nachträglich weggefallen sind, wobei eine diesbezügliche Mitteilungspflicht des Mitglieds besteht. Bei einem groben Verstoß gegen die Amtspflichten hat eine Amtsenthebung zu erfolgen. Nach § 35a Abs. 7 Satz 2 SGB IV sind auch die Unfähigkeit zur ordnungsgemäßen Geschäftsführung oder Vertrauensentzug Gründe für eine Amtsenthebung oder Amtsentbindung, es sei denn, dass das Vertrauen aus offenbar unsachlichen Gründen entzogen werden soll.

D. Haftung

24 Mit der Verweisung in § 79 Abs. 6 Satz 1 SGB V hat der Gesetzgeber die Regelungen zur **Haftung** der Selbstverwaltungsorgane der Sozialversicherungsträger in § 42 Abs. 1-3 SGB IV für entsprechend anwendbar erklärt. Der in § 42 Abs. 1 SGB IV bestimmten Anwendbarkeit von **§ 839 BGB i.V.m. Art 34 GG** kommt dabei nur deklaratorische Wirkung zu. Diese Vorschriften für die Haftung bei der gegenüber einem Dritten verletzten Amtspflicht (Außenhaftung) gelten unmittelbar, weil bei der Amtshaftung nicht der staatsrechtliche, sondern der haftungsrechtliche Beamtenbegriff maßgebend ist.[13]

25 Die Haftungsregelungen betreffen sowohl die Mitglieder der Vertreterversammlung als auch die Mitglieder des Vorstandes. Die Haftung setzt voraus, dass das Organ im Rahmen hoheitlicher Tätigkeit gehandelt und die einem Dritten gegenüber bestehende Amtspflicht verletzt hat. Hierzu gehört insbesondere die Pflicht der KV zum rechtmäßigen Verwaltungshandeln gegenüber den an der vertragsärztlichen Versorgung teilnehmenden Ärzten. Die Aufhebung eines Verwaltungsaktes bzw. Feststellung der Rechtswidrigkeit eines Verwaltungsaktes im sozialgerichtlichen Verfahren entfaltet im Verfahren über den Schadensersatzanspruch Bindungswirkung.

26 Die amtspflichtwidrige Maßnahme muss schuldhaft begangen worden sein. Nach dem objektivierten Verschuldensmaßstab kommt es für die Verschuldensfrage auf die Kenntnisse und Fähigkeiten an, die für die Führung des übernommenen Amtes im Durchschnitt erforderlich sind. Jedes Organmitglied muss die zur Führung des Amtes notwendigen Rechts- und Verwaltungskenntnisse besitzen oder sich diese verschaffen. Bei Rechtsetzungsakten eines Beschlussorgans haben die ihm angehörenden Mitglieder die Gesetzes- und Rechtslage sorgfältig und gewissenhaft zu prüfen und sich danach aufgrund vernünftiger Überlegungen eine Rechtsmeinung zu bilden.[14] Wenn sich die nach sorgfältiger rechtlicher und tatsächlicher Prüfung gewonnene Rechtsansicht als vertretbar erweist, kann aus der Missbilligung dieser Auffassung durch die Gerichte ein Schuldvorwurf nicht hergeleitet werden. Nach der „Kollegialgerichtsrichtlinie" ist ein Verschulden regelmäßig zu verneinen, wenn ein mit mehreren Rechtskundigen besetztes Kollegialgericht die Amtstätigkeit als objektiv rechtmäßig angesehen hat. Diese Richtlinie ist nach der Rechtsprechung des BGH für die Mitglieder des Bewertungsausschusses (§ 87 SGB V) nicht anwendbar, weil es sich um die Beschlussfassung in einem Gremium handele, das zentral und auf höchster Ebene in der Selbstverwaltung der Ärzte und Krankenkassen mit dem einheitlichen Bewertungsmaßstab Vergütungsgrundlagen zu entwickeln habe. Nach seiner Zusammensetzung sei ein Höchstmaß an Sachkenntnis zu erwarten und die Fähigkeit zu besonders gründlicher Prüfung zu verlangen.[15]

27 Als Schaden der schuldhaften Pflichtverletzung kann der Dritte nur einen unmittelbaren oder mittelbaren Vermögensnachteil geltend machen.[16]

28 Die Frage nach der haftpflichtigen Körperschaft beurteilt sich danach, welche Körperschaft dem Amtsträger das Amt, bei dessen Ausführung er fehlsam gehandelt hat, anvertraut hat, wer – mit anderen Worten – dem Amtsträger die Aufgabe, bei deren Wahrnehmung die Amtspflichtverletzung vorgekommen ist, übertragen hat.[17] Die Haftung für ein amtspflichtwidriges Verhalten der Mitglieder des Bewertungsausschusses hat der BGH mit Blick auf die von ihr entsandten Vertreter auf die KBV über-

---

13 *Zimmerling* in: jurisPK-BGB, § 839.

14 BGH v. 08.10.1992 - III ZR 220/90 - BGHZ 119, 360.

15 BGH v. 14.03.2002 - III ZR 302/00 - BGHZ 150, 172 (Überweisungsverbot von O I.-Leistungen für Laborärzte).

16 BGH v. 13.07.1993 - III ZR 116/92 (abgelehnter Schadensersatzanspruch eines Kassenarztes wegen übermäßiger Heranziehung zum Notfalldienst).

17 BGH v. 14.03.2002 - III ZR 302/00 - BGHZ 150, 172.

geleitet, weil mit dem übereinstimmend geschlossenen Vertrag deren Wille verwirklicht werde.[18] Die Haftungsfrage für den erweiterten Bewertungsausschuss, der durch Mehrheitsentscheidung (§ 87 Abs. 5 SGB V) beschließt, wurde offen gelassen.

Die Haftung der Körperschaft gegenüber Dritten für fiskalische Tätigkeiten des Organmitglieds richtet sich nach den allgemeinen Grundsätzen, so dass eine Haftung für Erfüllungsgehilfen nach § 278 BGB oder aus unerlaubter Handlung (§§ 89, 30, 31, 831 BGB) in Betracht kommt 29

Die **Haftung der Organmitglieder** gegenüber der KV bzw. KBV im **Innenverhältnis** richtet sich nach § 42 Abs. 2 SGB IV. Die Schadensersatzpflicht nach § 42 Abs. 2 SGB IV erfasst die Fälle des Rückgriffs der ersatzpflichtigen Körperschaft, insbesondere für eine vom Organmitglied begangene Amtspflichtverletzung. Darüber hinaus betrifft die Vorschrift auch die Sachverhalte, in denen das Organmitglied seine ihm gegenüber der Körperschaft obliegenden Pflichten verletzt und dadurch bei ihr einen Schaden verursacht hat. Die Haftung im Innenverhältnis gilt sowohl für hoheitliches Handeln als auch für fiskalische Tätigkeiten des Organmitglieds. Mit der Beschränkung der Haftung auf eine vorsätzliche oder grob fahrlässige Verletzung von Pflichten ist bei leicht fahrlässigem Handeln eine Schadensersatzpflicht ausgeschlossen. Für Streitigkeiten nach § 42 Abs. 2 SGB IV ist der Rechtsweg zu den Sozialgerichten gegeben.[19] Der nach § 42 Abs. 3 SGB IV unzulässige **vorherige Haftungsverzicht** dient dem Ziel, die Organmitglieder zu einem sorgfältigen und verantwortungsbewusstem Handeln anzuhalten. 30

---

[18] BGH v. 14.03.2002 - III ZR 302/00 - BGHZ 150, 172.

[19] BSG v. 23.11.1971 - 7/2 RU 206/69 - BSGE 33, 209; BSG v. 10.12.1971 - 11 RLw 13/69 - USK 71212.

§ 79a SGB V Verhinderung von Organen, Bestellung eines Beauftragten

(Fassung vom 14.11.2003, gültig ab 01.01.2005)

(1) Solange und soweit die Wahl der Vertreterversammlung und des Vorstandes nicht zustande kommt oder die Vertreterversammlung oder der Vorstand sich weigern, ihre Geschäfte zu führen, nimmt auf Kosten der Kassenärztlichen Vereinigung oder der Kassenärztlichen Bundesvereinigung die Aufsichtsbehörde selbst oder ein von ihr bestellter Beauftragter die Aufgaben der Kassenärztlichen Vereinigung oder der Kassenärztlichen Bundesvereinigung wahr. Auf deren Kosten werden ihre Geschäfte durch die Aufsichtsbehörde selbst oder durch den von ihr bestellten Beauftragten auch dann geführt, wenn die Vertreterversammlung oder der Vorstand die Funktionsfähigkeit der Körperschaft gefährden, insbesondere wenn sie die Körperschaft nicht mehr im Einklang mit den Gesetzen und der Satzung verwalten, die Auflösung der Kassenärztlichen Vereinigung betreiben oder das Vermögen gefährdende Entscheidungen beabsichtigen oder treffen.

(2) Der Übernahme der Geschäfte durch die Aufsichtsbehörde selbst oder der Einsetzung eines Beauftragten hat eine Anordnung vorauszugehen, mit der die Aufsichtsbehörde der Kassenärztlichen Vereinigung aufgibt, innerhalb einer bestimmten Frist das Erforderliche zu veranlassen. Widerspruch und Klage gegen die Anordnung und die Entscheidung über die Bestellung des Beauftragten oder die Wahrnehmung der Aufgaben der Kassenärztlichen Vereinigung oder der Kassenärztlichen Bundesvereinigung durch die Aufsichtsbehörde selbst haben keine aufschiebende Wirkung. Die Aufsichtsbehörde oder die von ihr bestellten Beauftragten haben die Stellung des Organs der Kassenärztlichen Vereinigung, für das sie die Geschäfte führen.

Gliederung

A. Basisinformationen

I. Textgeschichte/Gesetzgebungsmaterialien

1 Die Vorschrift des § 79a SGB V ist durch Art. 1 Nr. 38 des GSG[1] vom 21.12.1992 mit Wirkung zum 01.01.1993 in der Fassung der Beschlussempfehlung des Gesundheitsausschusses[2] eingefügt worden. Mit Art. 1 Nr. 56 des GMG[3] vom 14.11.2003 erfolgte mit Wirkung zum 01.01.2005 eine redaktionelle Anpassung aufgrund der Änderung von § 79 Abs. 1 SGB V, wonach nur noch die Vertreterversammlung als Selbstverwaltungsorgan besteht, so dass beide Organe der KVen – Vertreterversammlung und Vorstand – in § 79a SGB V aufzunehmen waren.

II. Vorgängervorschriften

2 Es bestehen keine Vorgängervorschriften.

[1] BGBl I 1992, 2266.
[2] BT-Drs. 12/3608, S. 84.
[3] BGBl I 2003, 2190.

III. Systematische Zusammenhänge

Gegenüber den Bestimmungen von § 78 Abs. 1, 3 Satz 2 SGB V i.V.m. den §§ 88, 89 SGB IV ist § 79a SGB V im Sinne einer **lex specialis** eine eigenständige Regelung, von der selbständig Gebrauch gemacht werden kann.[4] 3

IV. Ausgewählte Literaturhinweise

Gaßner/Mente, Rechtliche Fragen der Einsetzung eines „Staatskommissars" bei Kassenärztlichen Vereinigungen, SGb 2005, 421; *Schmidt*, Diktat der Obrigkeit, Der Kassenarzt 2004, 14. 4

B. Auslegung der Norm

I. Regelungsgehalt und Bedeutung der Norm

Für den Fall, dass die Organe der KVen oder der KBV ihre gesetzlichen Aufgaben nicht wahrnehmen (können) bzw. diese gefährden, sieht § 79a Abs. 1 SGB V vor, dass die Aufgaben von den Aufsichtsbehörden bzw. einem von ihnen Beauftragten wahrgenommen werden können. Die Übernahme der Geschäfte setzt nach § 79a Abs. 2 SGB V eine **Aufsichtsanordnung** voraus, der eine Fristsetzung zur Abhilfe vorauszugehen hat. 5

II. Normzweck

Die Regelung dient der **Aufrechterhaltung der Funktionsfähigkeit der vertragsärztlichen Versorgung.** Diese soll nicht dadurch gefährdet werden, dass die Organe ihre Aufgaben nicht wahrnehmen können oder nicht wahrnehmen wollen. 6

III. Verhinderung der Organe

Eine Übernahme der Geschäfte durch die Aufsichtsbehörde setzt eine **Verhinderung der Organe** bei ihren Tätigkeiten voraus. **Aufsichtsbehörden** sind für die KBV das Bundesministerium für Gesundheit und Soziale Sicherung, für die KVen die für die Sozialversicherung zuständigen obersten Verwaltungsbehörden der Länder (§ 78 Abs. 1 SGB V). Zu den Organen gehören nach § 79 Abs. 1 SGB V die **Vertreterversammlungen** und die **Vorstände** der KVen bzw. der KBV. 7

Die Verhinderungen zur Aufgabenwahrnehmung können darin bestehen, dass die Wahl der Organe nach § 80 SGB V nicht zustande kommt und damit eine **Handlungsunfähigkeit** vorliegt (§ 79a Abs. 1 Satz 1 Alt. 1 SGB V) oder aber die Organe zwar bestehen, aber ihre Geschäfte nicht führen, also **handlungsunwillig** sind (§ 79a Abs. 1 Satz 1 Alt. 2 SGB V). 8

Darüber hinaus ist eine Übernahme der Geschäfte auch dann möglich, wenn zwar keine Funktionsunfähigkeit der Organe vorliegt, die Organe aber die **Funktionsfähigkeit der Körperschaft durch ihre Handlungen gefährden.** Als Beispiele nennt § 79a Abs. 1 Satz 2 SGB V eine nicht mehr mit dem Gesetz in Einklang stehende Verwaltung, die Betreibung der Auflösung der Körperschaft und das Vermögen gefährdende Entscheidungen. Sachverhalte, die diese Tatbestände erfüllen können, sind in der in der Gesetzesbegründung[5] wie folgt beschrieben: Die Selbstverwaltungsorgane beteiligen sich an Unternehmungen, die den massenhaften Ausstieg von zugelassenen Vertragsärzten aus dem System der gesetzlichen Krankenversicherung zum Ziel haben. Dies schließe die Fälle ein, in denen einem solchen „Ausstieg das Wort geredet" werde, indem Hinweise und Anleitungen für die Rückgabe der Zulassung und die anschließende privatärztliche Abrechnung gegeben würden, oder wenn Vertragsärzte wiederholt zu Pflichtverletzungen durch offensichtliche Fehlinformationen verleitet und möglicherweise zu für sich selbst existenzgefährdenden Entscheidungen angestiftet würden. Die Funktionsfähigkeit der Körperschaft werde auch dann untergraben, wenn die Beschlussgremien die Höhe der Mitgliedschaftsbeiträge in einem Ausmaß reduzierten und die Absicht evident erscheine lasse, die Arbeit der Körperschaft „auslaufen" zu lassen.[6] 9

---

4 BSG v. 27.06.2001 - B 6 KA 7/00 R - BSGE 88, 193 = SozR 3-2500 § 79a Nr. 1.

5 BT-Drs. 12/3608, S. 84.

6 BT-Drs. 12/3608, S. 84.

10 Aus diesen Beispielen, die von der Vorstellung des Gesetzgebers getragen sind, dass die Organe der KV und KBV nicht die Mitwirkung bzw. die Erfüllung des ihnen obliegenden Sicherstellungsauftrages „verweigern“ oder „hintertreiben“ versuchen dürften[7], ist eine Beschränkung des Tatbestandsmerkmals der Gefährdung der Funktionsfähigkeit in § 79a Abs. 1 Satz 2 SGB V auf Sachverhalte einer bewussten und gewollten Verletzung der ihnen obliegenden Aufgaben nicht abzuleiten. Mit Blick auf das vorrangige Ziel der Vorschrift, die Sicherstellung der vertragsärztlichen Versorgung zu gewährleisten, kann es auf die Handlungsmotivation nicht ankommen, wenngleich diese je nach Sachverhalt, insbesondere der Schwere und den Auswirkungen des Handelns sowie der Dringlichkeit eines Einschreitens für die Aufsichtsbehörde Veranlassung sein kann, nach § 79a SGB V und nicht nach § 78 Abs. 3 Satz 1, 2 SGB V i.V.m. § 89 SGB IV vorzugehen.

11 Eine nicht mehr im Einklang mit den Gesetzen bestehende Verwaltung ist vom BSG[8] bei einer Aufforderung der Vertreterversammlung an die Vertragszahnärzte, die Versicherten der gesetzlichen Krankenkassen nur noch gegen direkte Zahlungen an die Vertragsärzte zu behandeln und sie auf eine Kostenerstattung durch die Krankenkassen zu verweisen, angenommen worden. Das Betreiben zum **Ausstieg aus dem Naturalleistungssystem**[9] stellt einen schwerwiegenden Gesetzesverstoß dar. Unter Gesetzen im Sinne von § 79a Abs. 1 SGB V sind nicht nur formelle Gesetze, also z.B. die Vorschriften des SGB V, sondern auch untergesetzliche Rechtsnormen (normsetzende Verträge, Richtlinien, Satzungen) zu verstehen.

12 Eine Gefährdung der Funktionsfähigkeit der Körperschaft im Sinne von § 79a Abs. 1 Satz 2 SGB V liegt auch dann vor, wenn mehrere in einem Bundesland bestehende KVen der ihnen mit dem GMG in § 77 Abs. 1, Abs. 2 Satz 2 SGB V begründeten Verpflichtung zur Zusammenlegung und der Umsetzung der hierzu erforderlichen Organisationsveränderungen, insbesondere des Erlasses der Satzung nach § 81 Abs. 1 SGB V mit den entsprechenden Wahlordnungsvorschriften als Grundlage für die bis 30.09.2004 (Art. 35 § 2 GMG) zu wählende Vertreterversammlung und dem bis 01.12.2004 (Art. 35 § 3 Satz 1 GMG) zu wählenden Vorstand, nicht nachgekommen sind. Die von der Zusammenlegung betroffenen KVen hatten die gesetzliche Verpflichtung, eine ab 01.01.2005 handlungsfähige gemeinsame KV zu gewährleisten. Die Erfüllung des Gesetzesauftrages oblag den zusammenzulegenden KVen in ihrer Gesamtheit, so dass es nicht auf das Verhalten einer einzelnen KV ankommt. Auch ist nicht erheblich, ob die einzelne KV eine Zusammenlegung absichtlich verhindern wollte oder trotz einer ausreichenden Mitwirkung die erforderlichen Maßnahmen nicht rechtzeitig zustande gekommen sind.[10]

13 Eine **Ermessensausübung** bei der Übernahme der Geschäfte durch die Aufsichtsbehörde bzw. der Bestellung eines Beauftragten ist nach dem Wortlaut von § 79 Abs. 1 Satz 1 SGB V nicht erforderlich.[11] In **materieller Hinsicht** muss die Übernahme der Aufsicht bzw. die Bestellung eines Beauftragten nach den allgemeinen Grundsätzen **verhältnismäßig** sein. Es darf keine mildere, aber gleich wirksame Aufsichtsmaßnahme zur Verfügung stehen. Das Übermaßverbot darf nicht verletzt werden. Maßnahmen nach § 78 Abs. 3 Satz 2 SGB V i.V.m. § 89 SGB IV sind **nicht vorrangig,** weil § 79a SGB V eine eigenständige Regelung darstellt.[12]

IV. Zuständigkeitsübertragung

14 Für die Übernahme der Geschäfte des Organs durch die Aufsichtsbehörde oder einem von ihr bestellten Beauftragten ist eine **Aufsichtsanordnung** erforderlich. Sowohl die Aufsichtsmaßnahme zur Fristsetzung und Abhilfe durch die KV bzw. KBV als auch die Übernahme der Geschäfte durch die Aufsichtsbehörde bzw. die Einsetzung des Beauftragten sind **Verwaltungsakte** im Sinne von § 31 SGB X.[13] Die Übernahme der Geschäfte erfolgt damit nicht kraft Gesetzes. Die Rechtmäßigkeit der Anordnung zur Übernahme der Geschäfte setzt in **formeller Hinsicht** voraus, dass der KV bzw. der KBV gemäß § 79a Abs. 2 Satz 1 SGB V unter **Fristsetzung** aufgegeben wurde, den rechtswidrigen Zustand im Sinne von

[7] BT-Drs. 12/3608, S. 84.
[8] BSG v. 27.06.2001 - B 6 KA 7/00 R - BSGE 88, 193 = SozR 3-2500 § 79a Nr. 1.
[9] Zur Verbindlichkeit der Ausgestaltung der Leistungserbringung als Naturalleistung für die Vertragsärzte vgl. BSG v. 14.03.2001 - B 6 KA 54/00 R - BSGE 88, 20 = SozR 3-2500 § 75 Nr. 12.
[10] LSG Rheinland-Pfalz v. 17.09.2004 - L 5 ER 67/04 KA - SGb 2005, 170.
[11] Offen gelassen in BSG v. 27.06.2001 - B 6 KA 7/00 R - BSGE 88, 193 = SozR 3-2500 § 79a Nr. 1.
[12] BSG v. 27.06.2001 - B 6 KA 7/00 R - BSGE 88, 193 = SozR 3-2500 § 79a Nr. 1.
[13] BSG v. 27.06.2001 - B 6 KA 7/00 R - BSGE 88, 193 = SozR 3-2500 § 79a Nr. 1.

§ 79a Abs. 1 SGB V selbst zu beheben. Eine Mindestfrist ist gesetzlich nicht vorgeschrieben. Ihre Bemessung steht im Ermessen der Aufsichtsbehörde und hat sich an der Dringlichkeit der Maßnahme zu orientieren. Wegen dieser besonderen Verfahrensweise bedarf es einer **vorherigen Beratung**, wie sie in § 89 Abs. 1 Satz 1 SGB IV vorgeschrieben ist, nicht.[14] Darüber hinaus hat die Aufsichtsbehörde wegen des Verwaltungsaktcharakters der Maßnahmen der Begründungspflicht gemäß § 35 Abs. 1 SGB X zu genügen und im Bescheid die (schwerwiegenden) Rechtsverstöße darzustellen.

Die Aufsichtsbehörde bzw. der Beauftragte hat die **Stellung des Organs**, für das die Geschäfte geführt werden. Die Aufgabenwahrnehmung ist damit auf den **Zuständigkeitsbereich** des jeweiligen Organs beschränkt. Der Beauftragte kann aber auch für beide Organe, Vertreterversammlung und Vorstand, bestellt werden, wenn dies erforderlich ist. Für die erforderlichen Kosten hat gemäß § 79a Abs. 1 Satz 2 SGB V die jeweilige KV bzw. die KBV aufzukommen. 15

V. Rechtsschutz

Gegen die Anordnungen der Aufsichtsbehörde ist die **Aufsichtsklage** nach § 54 Abs. 3 SGG möglich. 16 Die Zulässigkeit der Klage setzt die Behauptung der **Überschreitung der Anordnungsbefugnis** voraus. Hierfür reicht der schlüssige Vortrag aus. Bei den Streitigkeiten gegen eine Aufsichtsanordnung sind Kläger und Beklagte juristische Personen des öffentlichen Rechts (§ 77 Abs. 5 SGB V), so dass § 57 Abs. 1 Satz 1 SGG Anwendung findet. § 57a Abs. 1 Satz 2 SGG stellt dies klar. Örtlich zuständig ist damit das Gericht, in dessen Bezirk der Kläger seinen Sitz hat.

Ob ein Widerspruchsverfahren vor Klageerhebung stattzufinden hat, ist zweifelhaft. Gemäß § 78 17 Abs. 1 Satz 2 Nr. 2 SGG bedarf es vor Erhebung einer Anfechtungsklage keines **Vorverfahrens**, wenn der Verwaltungsakt von einer obersten Landesbehörde erlassen ist, es sei denn, das Gesetz schreibt dieses im Einzelfall vor. Ob eine solche Anordnung in der Erwähnung des Widerspruchs in § 79a Abs. 2 Satz 2 SGB V im Zusammenhang mit der Regelung zum Wegfall der aufschiebenden Wirkung des Rechtsbehelfs liegt, erscheint fraglich, weil aus der Gesetzesbegründung[15] nicht erkennbar ist, ob der Gesetzgeber mit der Regelung zum Ausschluss der aufschiebenden Wirkung des Widerspruchs zugleich bewusst eine Ausnahme von § 78 Abs. 1 Satz 2 Nr. 2 SGG gestalten wollte. Mit der ausdrücklichen Erwähnung des Widerspruchs wird unter Beachtung des Wortlauts aber von der Erforderlichkeit eines Vorverfahrens ausgegangen werden müssen.[16] Das BSG hatte diese Frage bislang nicht zu entscheiden. In der Entscheidung zu einer Fortsetzungsfeststellungsklage nach der Erledigung der Aufsichtsanordnung konnte dies offen gelassen werden[17], weil für diese Konstellation allgemein anerkannt ist, dass ein Vorverfahren nach Erledigung nicht mehr erforderlich ist.

Im Unterschied zu den Aufsichtsmaßnahmen nach § 78 Abs. 3 Satz 2 SGB V i.V.m. § 89 Abs. 1 Satz 3 18 SGB IV ist eine **aufschiebende Wirkung von Rechtsbehelfen** nach § 86a Abs. 2 Nr. 4 SGG i.V.m § 79a Abs. 2 Satz 2 SGB V nicht gegeben. Dieser gesetzliche Ausschluss der aufschiebenden Wirkung beruht auf der Einschätzung des Gesetzgebers, dass Gefährdungen der Funktionsfähigkeit der Körperschaften und der Grundlagen für die Erfüllung des Sicherstellungsauftrages unverzüglich abgewendet und etwaige irreparable Folgen verhindert werden müssten.[18] Nach § 86b Abs. 1 Nr. 2 SGG besteht die Möglichkeit, beim Gericht einen Antrag auf Anordnung der aufschiebenden Wirkung zu stellen. Bei einer mit der Vollziehung der Aufsichtsanordnung verbundenen Schaffung vollendeter Tatsachen kommt diesem Antrag besondere Bedeutung zu.

Eine allgemeine Aussage zu den Kriterien, anhand derer die Entscheidung nach § 86b Abs. 1 Nr. 2 19 SGG zu treffen ist, enthält das SGG nicht. Lediglich in § 86a Abs. 3 Satz 2 SGG sind solche vorgegeben, soweit es sich um Entscheidungen über die Anforderung von Beiträgen, Umlagen und sonstigen öffentlichen Abgaben einschließlich der darauf entfallenden Nebenkosten handelt. Insoweit soll gemäß § 86a Abs. 3 Satz 2 SGG die Anordnung der aufschiebenden Wirkung dann erfolgen, wenn ernstliche Zweifel an der Rechtmäßigkeit des angegriffenen Verwaltungsaktes bestehen oder wenn die Vollziehung eine unbillige, nicht durch überwiegende öffentliche Interessen gebotene Härte zur Folge hätte. Insbesondere die Vorschriften zur Regelung des vorläufigen Rechtsschutzes in den §§ 86b Abs. 1

---

[14] BSG v. 27.06.2001 - B 6 KA 7/00 R - BSGE 88, 193 = SozR 3-2500 § 79a Nr. 1.

[15] BT-Drs. 12/3608, S. 84.

[16] Ebenso *Vahldiek* in: Hauck/Noftz, SGB V, § 79a Rn. 9; *Hencke* in: Peters, Handbuch KV (SGB V), § 79a Rn. 10, *Hess* in: KassKomm, SGB V, § 79a Rn. 6.

[17] BSG v. 27.06.2001 - B 6 KA 7/00 R - BSGE 88, 193 = SozR 3-2500 § 79a Nr. 1.

[18] BT-Drs. 12/3609, S. 84.

Nr. 2, 86a Abs. 3 SGG sind in ihrer normativen Ausgestaltung mit den Regelungen in § 80 VwGO vergleichbar, zu denen sich in der verwaltungsgerichtlichen Praxis Rechtsgrundsätze entwickelt haben. In den Fällen nach § 80 Abs. 5 VwGO, soweit es sich also nicht um die Anforderung von öffentlichen Abgaben und Kosten gemäß § 80 Abs. 2 Nr. 1 VwGO handelt, wird für die Erfolgsaussichten des Antrags auf Anordnung der aufschiebenden Wirkung eine Interessenabwägung unter Berücksichtigung der Erfolgsaussichten des Rechtsbehelfs vorgenommen. Lässt sich schon bei summarischer Prüfung eindeutig feststellen, dass der angefochtene Verwaltungsakt offensichtlich rechtswidrig ist, so dass Widerspruch oder Klage Erfolg haben werden, besteht kein öffentliches Interesse an der sofortigen Vollziehung eines Verwaltungsaktes. Umgekehrt kann kein Interesse zugebilligt werden, von der Vollziehung eines offensichtlich rechtmäßigen Verwaltungsaktes verschont zu bleiben, ohne dass es darauf ankommt, ob der Vollzug dringlich ist oder nicht. Sind die Erfolgsaussichten des Rechtsbehelfs offen, sind die durch die Vollziehung des Verwaltungsaktes für den Betroffenen eintretenden Folgen gegen die Interessen der Behörde an der sofortigen Vollziehung abzuwägen.[19] Mit Blick auf die ähnliche Ausgestaltung im SGG und in der VwGO für die Fälle, in denen die aufschiebende Wirkung – wie in § 79a Abs. 2 Satz 2 SGG – generell kraft Gesetzes ausgeschlossen ist, sind die Erfolgsaussichten eines Antrages der KVen bzw. der KBV nach § 86b Abs. 1 Nr. 2 SGG entsprechend der seit Jahrzehnten bestehenden Rechtsprechung der Verwaltungsgerichte zu beurteilen.[20]

20 Bei einem Rechtsstreit über eine Aufsichtsmaßnahme nach § 79a SGB V ist von den Gerichten in der Besetzung mit zwei ehrenamtlichen Richtern aus dem Kreis der Vertragsärzte (§ 12 Abs. 3 Satz 2 SGG) zu entscheiden.[21]

---

[19] *Schmidt* in: Eyermann/Schmidt, Verwaltungsgerichtsordnung, § 80 Rn. 72 ff.

[20] *Wenner*, Neues zum Kostenrecht und beim einstweiligen Rechtsschutz, SozSich 2001, 422, 424; *Kummer*, Das Sechste Gesetz zur Änderung des Sozialgerichtsgesetzes, SGb 2001, 705, 714; zum Regel-Ausnahme-Verhältnis beim gesetzlichen Ausschluss der aufschiebenden Wirkung vgl. *Keller* in: Meyer-Ladewig/Keller/Leitherer, SGG, § 86b Rn. 12a; *Schmidt* in: Eyermann, Verwaltungsgerichtsordnung, § 80 Rn. 77 ff.

[21] BSG v. 27.06.2001 - B 6 KA 7/00 R - BSGE 88, 193 = SozR 3-2500 § 79a Nr. 1.

§ 79b SGB V Beratender Fachausschuß für Psychotherapie

(Fassung vom 14.11.2003, gültig ab 01.01.2005)

Bei den Kassenärztlichen Vereinigungen und der Kassenärztlichen Bundesvereinigung wird ein beratender Fachausschuß für Psychotherapie gebildet. Der Ausschuß besteht aus fünf Psychologischen Psychotherapeuten und einem Kinder- und Jugendlichenpsychotherapeuten sowie Vertretern der Ärzte in gleicher Zahl, die von der Vertreterversammlung aus dem Kreis der Mitglieder ihrer Kassenärztlichen Vereinigung in unmittelbarer und geheimer Wahl gewählt werden. Für die Wahl der Mitglieder des Fachausschusses bei der Kassenärztlichen Bundesvereinigung gilt Satz 2 mit der Maßgabe, daß die von den Psychotherapeuten gestellten Mitglieder des Fachausschusses zugelassene Psychotherapeuten sein müssen. Abweichend von Satz 2 werden für die laufende Wahlperiode der Kassenärztlichen Vereinigungen und der Kassenärztlichen Bundesvereinigung die von den Psychotherapeuten gestellten Mitglieder des Fachausschusses auf Vorschlag der für die beruflichen Interessen maßgeblichen Organisationen der Psychotherapeuten auf Landes- und Bundesebene von der jeweils zuständigen Aufsichtsbehörde berufen. Dem Ausschuß ist vor Entscheidungen der Kassenärztlichen Vereinigungen und der Kassenärztlichen Bundesvereinigung in den die Sicherstellung der psychotherapeutischen Versorgung berührenden wesentlichen Fragen rechtzeitig Gelegenheit zur Stellungnahme zu geben. Seine Stellungnahmen sind in die Entscheidungen einzubeziehen. Das Nähere regelt die Satzung. Die Befugnisse der Vertreterversammlungen der Kassenärztlichen Vereinigungen und der Kassenärztlichen Bundesvereinigung bleiben unberührt.

Gliederung

A. Basisinfomationen

I. Textgeschichte/Gesetzgebungsmaterialien

1 Die Vorschrift des § 79b SGB V wurde mit Wirkung zum 01.01.1999 durch Art. 2 Nr. 7 des Gesetzes über die Berufe des Psychologischen Psychotherapeuten und des Kinder- und Jugendlichenpsychotherapeuten (PsychThG), zur Änderung des Fünften Buches Sozialgesetzbuch und anderer Gesetze[1] vom 16.06.1998 eingefügt. Mit Art. 1 Nr. 57 des GMG[2] vom 14.11.2003 erfolgte mit Wirkung ab 01.01.2005 eine Folgeänderung zu § 77 Abs. 3 SGB V in der Fassung des GMG, mit dem die bisherige Unterscheidung in ordentliche und außerordentliche Mitglieder aufgehoben wurde.[3]

II. Vorgängervorschriften

2 Es bestehen keine Vorgängervorschriften.

III. Parallelvorschriften

3 Für die **hausärztliche Versorgung** bestimmt § 79c SGB V die Bildung eines beratenden Fachausschusses, der allerdings zwingend nur bei der KBV und nicht bei den KVen zu errichten ist.

---

[1] BGBl I 1998, 1311, 1316.
[2] BGBl I 2003, 2190, 2203.
[3] BT-Drs. 15/1525, S. 98.

IV. Ausgewählte Literaturhinweise

4 *Schmidbauer*, Die Rechtsstellung und Aufgaben des Beratenden Fachausschusses für Psychotherapie nach § 79b SGB V, PsychR 2001, 150.

B. Auslegung der Norm

I. Regelungsgehalt und Bedeutung der Norm

5 Mit § 79b SGB V wird sowohl für die **KVen als auch die KBV** die Bildung **beratender Fachausschüsse für Psychotherapie** bestimmt. Bei der mit Wirkung zum 01.01.1999 erfolgten Integration der Psychologischen Psychotherapeuten und Kinder- und Jugendlichenpsychotherapeuten in das System der vertragsärztlichen Versorgung hatte der Gesetzgeber zunächst die Einrichtung des Fachausschusses befristet bis zum Ende der am 01.01.1999 laufenden Wahlperiode beabsichtigt.[4] Die vorgesehene Befristung wurde jedoch nicht realisiert, so dass § 79b SGB V zeitlich unbegrenzt gilt.

II. Normzweck

6 Der Gesetzgeber hat zur Förderung der mit Wirkung zum 01.01.1999 erfolgten Integration der neuen Heilberufe in die KVen und in die KBV die Einrichtung eines beratenden Fachausschusses für Psychotherapie für zweckmäßig erachtet. Damit soll die **Sachkenntnis der Psychotherapeuten** bei der Entscheidungsfindung insbesondere der Selbstverwaltungsorgane gesetzlich verankert werden. Deren Beteiligung war im Gesetzesentwurf noch auf Fragen der Integration der Psychotherapeuten in die vertragsärztliche Versorgung beschränkt.[5] Die im Gesetzesentwurf vorgesehene Regelung mit einer Befristung bis zum Ende der laufenden Wahlperiode der Selbstverwaltungsorgane wurde jedoch nicht als ausreichend angesehen. In der Empfehlung des federführenden Gesundheitsausschusses vom 08.12.1997 wurde dem Bundesrat die Einberufung des Vermittlungsausschusses u.a. vorgeschlagen, weil eine gleichberechtigte Mitwirkung der Psychologischen Psychotherapeuten sowie Kinder- und Jugendlichenpsychotherapeuten in den krankenversicherungsrechtlichen Gremien zur Sicherstellung der psychotherapeutischen Versorgung der Versicherten nicht gegeben und eine dauerhaft angemessene Vertretung der Psychologischen Psychotherapeuten und Kinder- und Jugendlichenpsychotherapeuten sicherzustellen sei.[6] Die am 01.01.1999 abweichend vom Gesetzesentwurf in Kraft getretene Fassung von § 79b SGB V geht auf die nicht näher begründete Beschlussempfehlung des Vermittlungsausschusses vom 04.02.1998 zurück.[7] Die Änderungen gegenüber dem Gesetzesentwurf bestehen in einer Erweiterung der Anzahl der Mitglieder von 6 auf 12 mit einer Einbeziehung der Ärzte, einer Erweiterung des Beteiligungsgegenstandes auf Fragen der Sicherstellung der psychotherapeutischen Versorgung und der Einfügung von § 79b Satz 8 SGB V, wonach die Befugnisse der KVen bzw. KBV unberührt bleiben.

III. Rechtsstellung des Ausschusses

7 Die beratenden Fachausschüsse für Psychotherapie sind weder als juristische Personen gebildet noch kommt ihnen eine **Behördeneigenschaft** zu. Der Behördenbegriff ist in § 1 Abs. 2 SGB X definiert. Danach ist Behörde jede Stelle, die Aufgaben der öffentlichen Verwaltung wahrnimmt. Die Wahrnehmung öffentlicher Aufgaben setzt eine gewisse Selbständigkeit und Eigenverantwortlichkeit voraus. Behörde ist damit jede Stelle, die die Zuständigkeit zur selbständigen Ausübung öffentlich-rechtlicher Verwaltungstätigkeit nach außen hat.[8] Die Funktion der Fachausschüsse für Psychotherapie liegt in der Beratung anderer Organe der KVen bzw. der KBV. Ein Handeln mit Außenwirkung kommt ihnen nach ihrer gesetzlichen Aufgabenbestimmung nicht zu. Damit fehlt es ihnen auch an der in § 70 SGG geregelten **Parteifähigkeit** für ein Gerichtsverfahren. Die Mitglieder des Ausschusses üben die Tätigkeit ehrenamtlich aus. Mit der in § 79b Satz 2 SGB V bestimmten Wahl der Ausschussmitglieder durch die Vertreterversammlungen der KVen bzw. der KBV entspricht die Amtsdauer der Ausschüsse der in § 80 Abs. 3 SGB V geregelten **Amtsdauer** der Vertreterversammlungen von sechs Jahren.

---

[4] BT-Drs. 13/8035, S. 20.
[5] BT-Drs. 13/8035, S. 20.
[6] BR-Drs. 927/01, S. 2.
[7] BT-Drs. 13/9770, S. 2.
[8] *Roos* in: von Wulffen, SGB X, § 1 Rn. 9.

IV. Ausschussmitglieder

Die **Mitglieder** des beratenden Fachausschusses für Psychotherapie – fünf Psychologische Psychotherapeuten, ein Kinder- und Jugendlichenpsychotherapeut und sechs Ärzte – sind von den **Vertreterversammlungen** (§ 79 SGB V) aus dem **Kreis der Mitglieder** in unmittelbarer und geheimer Wahl (vgl. § 80 Abs. 1 Satz 1 SGB V) zu wählen. Wählbar sind damit nur die zugelassenen Ärzte, die im Rahmen der vertragsärztlichen Versorgung in zugelassenen medizinischen Versorgungszentren tätigen angestellten Ärzte und die ermächtigten Krankenhausärzte (§ 77 Abs. 3 SGB V). Für die am 01.01.1999 laufende Wahlperiode hatte der Gesetzgeber davon abweichend in § 79b Satz 4 SGB V eine Berufung der Mitglieder durch die Aufsichtsbehörde vorgesehen. 8

Nach dem Wortlaut von § 79b Satz 2 SGB V müssen die Vertreter der Ärzte nicht psychotherapeutisch tätig sein. Eine diesbezügliche Einschränkung des Mitgliederkreises ist auch den Gesetzesmaterialien nicht explizit zu entnehmen. Nach dem Gesetzesentwurf wurde allerdings die Einbindung der **psychotherapeutisch tätigen Ärzte** in die Fachausschüsse für entbehrlich angesehen, weil sie in den KVen und der KBV bereits integriert seien.[9] Die KVen und die KBV können im Rahmen ihres Gestaltungsspielraums nach § 79b Satz 7 SGB V insoweit konkretisierende Regelungen treffen. Mit Blick auf die den Ausschüssen zukommende Aufgabe, die Sachkenntnis in psychotherapeutischen Belangen einzubringen, haben die KBV, aber auch die meisten KVen den Mitgliederkreis der Fachausschüsse eingegrenzt. 9

Die KBV hat in § 18 ihrer Satzung bestimmt, dass die Vertreter der Ärzte psychotherapeutisch tätige Ärzte sein müssen. Auf Seiten der Psychotherapeuten muss es sich um zugelassene Psychotherapeuten handeln. Die ärztlichen Vertreter in den beratenden Fachausschüssen der KV Rheinland-Pfalz (§ 11 der Satzung), der KV Sachsen (§ 16 der Satzung), der KV Baden-Württemberg (§ 15 der Satzung), der KV Nordrhein (§ 9 der Satzung), der KV Bremen (§ 13c der Satzung) und der KV Schleswig-Holstein (§ 19 der Satzung) müssen ebenfalls psychotherapeutisch tätige Ärzte sein. 10

In den Satzungsregelungen der KV Mecklenburg-Vorpommern (§ 13 der Satzung), der KV Niedersachsen (§ 11a der Satzung), der KV Hessen (§ 11a der Satzung), der KV Thüringen (§ 12 der Satzung) und der KV Bayern (§ 12 der Satzung) ist für die Mitglieder des Fachausschusses für Psychotherapie die Ausübung einer psychotherapeutischen ärztlichen Tätigkeit als Soll-Vorschrift ausgestaltet. 11

Die Bestimmungen der KV Sachsen-Anhalt (§ 11 der Satzung), der KV Hamburg (§ 40a der Satzung), der KV Westfalen-Lippe (§ 18 der Satzung), der KV Berlin (§ 1 der Anlage 3 der Satzung) und der KV Saarland (§ 14 der Satzung) enthalten für die ärztlichen Vertreter der Fachausschüsse für Psychotherapie keine Konkretisierungen. Hier ist lediglich der Wortlaut von § 79b Satz 2 SGB V in den Satzungen aufgenommen. 12

Soweit die Ausschussmitglieder auf Seiten der Ärzte psychotherapeutisch tätige Ärzte sein müssen bzw. sein sollen, ist in Satzungen überwiegend die Ausübung des Vorsitzes im Fachausschuss zwischen den Vertretern der Psychotherapeuten und den Vertretern der Ärzte im jährlichen Wechsel bestimmt (vgl. z.B. § 18 Abs. 2 der Satzung der KBV, § 15 Abs. 2 der Satzung der KV Baden-Württemberg). 13

Darüber hinaus sind in einigen Satzungen auch Inkompatibilitätsregelungen getroffen. Nach § 16 Abs. 6 Satz 1 der Satzung der KBV sind die Mitglieder des Vorstands der KBV in den Fachausschuss nicht wählbar. Die Satzung der KV Thüringen bestimmt in § 12 Abs. 1, dass die Mitglieder des Fachausschusses nicht Mitglieder des Vorstandes oder Vorsitzender bzw. dessen Stellvertreter der Vertreterversammlung sein dürfen. In der KV Bayern sind Mitglieder des Vorstandes der KV und der KBV gemäß § 9 Abs. 4 der Satzung nicht als Mitglieder für den Ausschuss wählbar. Diese Regelungen sind mit Blick auf einen Ausschluss möglicher Interessenkollisionen nicht zu beanstanden. 14

V. Satzungsregelungen

Mit § 79b Satz 7 SGB V ist den KV und der KBV aufgegeben, das Nähere über die Fachausschüsse für Psychotherapie in den Satzungen (§ 81 Abs. 1 SGB V) zu regeln. Hierbei können insbesondere Regelungen zum **Wahlverfahren**, zur **Bestellung bzw. Wahl eines Vorsitzenden des Ausschusses**, zu **Form- und Fristbestimmungen** für die nach § 79b Satz 5 SGB V abzugebenden Stellungnahmen, zu einem **persönlichen Anhörungsrecht der Ausschussvorsitzenden** in den Sitzungen des Vorstands bzw. der Vertreterversammlungen, zur **Öffentlichkeit** der Sitzungen, zu einem **Teilnahmerecht der** 15

---

[9] BT-Drs. 13/8023, S. 10.

Vorstandsmitglieder bzw. des Vorsitzenden der Vertreterversammlung an den Sitzungen des Fachausschusses, zur Gewährung von **Reisekosten bzw. Entschädigungen der Ausschussmitglieder** und zum Erfordernis einer **Geschäftsordnung** des Fachausschusses getroffen werden.

VI. Beteiligungsrecht des Ausschusses

1. Beteiligungsgegenstand

16 Der Fachausschuss ist mit einer **Gelegenheit zur Stellungnahme** vor einer Entscheidung der KV bzw. KBV zu beteiligen. Das Beteiligungsrecht des Ausschusses besteht jedoch nicht uneingeschränkt, sondern ist entsprechend seiner **Zweckrichtung** auf den Bereich der **Sicherstellung der psychotherapeutischen Versorgung** und damit verbundener Fragen von wesentlicher Bedeutung beschränkt. Hierzu zählen Entscheidungen, die eine bedarfsgerechte psychotherapeutische Versorgung sowie die Vergütung psychotherapeutischer Leistungen betreffen.

2. Beteiligungsverfahren

17 Dem Fachausschuss ist gemäß § 79b Satz 5 SGB V vor einer Entscheidung der KV bzw. der KBV **rechtzeitig** Gelegenheit zur Stellungnahme zu geben. Die Informierung, Abgabe und Entgegennahme der Äußerung müssen als äußere Akte prinzipiell vor der entsprechenden Entscheidung erfolgen. Eine bestimmte Vorgehensweise ist im Gesetz nicht vorgeschrieben. Die Satzungen der KV enthalten hierzu teilweise Regelungen, wonach die Stellungnahme schriftlich innerhalb bestimmter Fristen abzugeben ist. Welche Frist angemessen ist, kann aber auch von Art und Umfang des Beteiligungsgegenstandes wie auch von der Dringlichkeit einer Entscheidung abhängig sein.

18 Unter **Entscheidungen im Sinne von § 79b Satz 5 SGB V** sind nicht nur Beschlüsse der Vorstände oder der Vertreterversammlungen über Satzungsregelungen oder sonstiges autonomes Recht der KVen bzw. der KBV zu verstehen. Eine Begrenzung auf Entscheidungen, die die KVen bzw. die KBV autonom treffen können, ist nach Sinn und Zweck der Regelung mit der Einbringung der besonderen Sachkenntnis in psychotherapeutischen Belangen nicht angezeigt. Vielmehr ist eine Beteiligung des Fachausschusses auch dann geboten, wenn die für die Vertragsärzte verbindliche Entscheidung im Wege einer vertraglichen Vereinbarung erfolgt, wie etwa bei dem von der KV gemäß § 85 Abs. 4 Satz 2 SGB V mit den Verbänden der Krankenkassen zu vereinbarenden Honorarverteilungsmaßstab. Gleiches gilt für die unter Mitwirkung der KBV getroffenen Regelungen, wie z.B. den einheitlichen Bewertungsmaßstab gemäß § 87 Abs. 2 SGB V, der vom Bewertungsausschuss, an dem die KBV beteiligt (§ 87 Abs. 1 SGB V) ist, festgesetzt wird.

19 Die Stellungnahmen sind von der KV bzw. KBV gemäß § 79b Satz 6 SGB V in die Entscheidung mit einzubeziehen. Es handelt sich nicht nur um eine Sollbestimmung. Die **Verpflichtung zur Einbeziehung** in die Entscheidung bedeutet eine Anhörungspflicht. Als Körperschaft kann die KV bzw. die KBV die zu fällende Entscheidung jedoch nicht selbst treffen, sondern ist hierzu auf ihre (Selbstverwaltungs-)Organe (§ 79 Abs. 1 SGB V) angewiesen. Die Anhörungsverpflichtung obliegt damit dem zur Entscheidung berufenen Organ, also entweder dem Vorstand oder der Vertreterversammlung. Auch soweit die Psychotherapeuten gemäß § 80 Abs. 1 SGB V in den Vertreterversammlungen repräsentiert sind, ist die Einbeziehung des Fachausschusses wegen der ihm zukommenden besonderen Beratungsfunktion nicht obsolet.

20 Mit der Gelegenheit zur Stellungnahme und deren Einbeziehung bei der Entscheidung ordnet das Gesetz in § 79b Sätze 5 und 6 SGB V eine bestimmte Art der Beteiligung an, die **Parallelen zum Benehmenserfordernis** des bis 31.12.2003 geltenden § 85 Abs. 4 Satz 2 SGB V beim Erlass des Honorarverteilungsmaßstabes zwischen KVen und den betroffenen Krankenkassenverbänden aufweist, mit ihm aber nicht identisch ist. Mit dem Begriff des Benehmens in § 85 Abs. 4 Satz 2 SGB V i.d.F. bis 31.12.2003 war eine Kooperation zwischen KVen und den Krankenkassenverbänden angeordnet, die zwar nicht wie bei einer „Zustimmung" oder einem „Einvernehmen" eine Willensübereinstimmung zwischen entscheidender und beteiligter Stelle erforderte, sich aber auch nicht in einer bloßen Anhörung erschöpfte, die der anzuhörenden Stelle lediglich die Gelegenheit verschaffte, ihre Auffassung zu der beabsichtigten Sachentscheidung darzulegen. Das Benehmen setzte vielmehr außer der – selbstverständlichen – Informierung über das Sachproblem sowie der Abgabe und Entgegennahme der Stellungnahme des Beteiligten stets zugleich eine Fühlungsnahme voraus, die von dem Willen des Entscheidenden getragen sein musste, auch die Belange der anderen Seite zu berücksichtigen und sich mit ihr zu verständigen. Erhebliche Bedenken durften nicht achtlos übergangen werden; aufgetretene Diffe-

renzen waren nach Möglichkeit in beiderseitigem Zusammenwirken, u.U. sogar in gemeinsamer Beratung, zu bereinigen. Die sachliche Zuständigkeit der KV bzw. der zuständigen Vertreterversammlung zur Festsetzung des HVM in alleiniger Entscheidungskompetenz wurde mit dem Erfordernis der Benehmensherstellung indes nicht eingeschränkt.[10]

Für die beratenden Fachausschüsse für Psychotherapie hat der Gesetzgeber mit § 79b Satz 8 SGB V ausdrücklich angeordnet, dass die Befugnisse der Vertreterversammlungen der KVen und der KBV unberührt bleiben. Damit ist eine rechtliche Bindung an die Stellungnahmen der Fachausschüsse ausgeschlossen. Insoweit besteht eine Übereinstimmung zum Benehmenserfordernis. Davon abweichend wird aber eine Kooperation im Sinne einer Verständigung bei der Sachentscheidung schon mit Blick auf die gesetzliche Ausgestaltung nicht angenommen werden können. Die in § 79b Satz 6 SGB V normierte Verpflichtung zur Einbeziehung der abgegebenen Stellungnahme ist ein selbstverständliches Element jeder Anhörungspflicht. Anhörungen haben überhaupt nur dann einen Sinn, wenn mit ihnen die Verpflichtung einhergeht, die Äußerung inhaltlich daraufhin zu prüfen, ob diese Veranlassung gibt, von der beabsichtigten Entscheidung abzusehen und sie ggf. mit anderem Inhalt zu treffen. Für die in § 79b Satz 6 SGB V angeordnete Einbeziehung der Stellungnahme des Fachausschusses in die Entscheidungen ist es somit ausreichend, aber auch erforderlich, dass sich das **zuständige Organ mit den Argumenten befasst und diese mit ggf. widerstreitenden Interessen abwägt**. 21

VII. Rechtsfolgen

Ob ein Verstoß gegen die Pflichten in § 79b Sätze 5, 6 SGB V die Rechtswidrigkeit bzw. bei einem Satzungsbeschluss die Nichtigkeit der getroffenen Entscheidung des Organs zur Folge hat, ist umstritten.[11] 22

Eine Überprüfung der Einhaltung des Beteiligungsrechts kann vom Fachausschuss nicht selbständig gerichtlich geltend gemacht werden. Den Fachausschüssen fehlt für ein gerichtliches Verfahren die Parteifähigkeit nach § 70 SGG. Die Verletzung des Beteiligungsrechts kann aber von einem **Leistungserbringer** der vom Ausschuss repräsentierten (Arzt-)Gruppe bei einem ihm gegenüber auf der Grundlage der Entscheidung getroffenen belastenden Verwaltungsakt im Rahmen einer **gerichtlichen Anfechtung** geltend gemacht werden. Soweit Honorarverteilungsregelungen betroffen sind, hat die Frage nach der Rechtsfolge an Bedeutung verloren, weil der Honorarverteilungsmaßstab nach § 85 Abs. 4 Satz 2 SGB V i.d.F. des GMG von der KV mit den Landesverbänden der Krankenkassen vertraglich zu vereinbaren ist. Der Honorarverteilungsmaßstab ist damit kein autonomer Rechtsetzungsakt der Vertreterversammlung mehr, so dass die davon gleichwohl unberührte Verpflichtung der KV, den Fachausschuss für Psychotherapie in Vorbereitung der Vereinbarung mit den Krankenkassen intern zu beteiligen, keine Rechtswidrigkeit der getroffenen Vergütungsregelungen zu bewirken vermag. 23

Ob den Anforderungen der Einbeziehung der vom Fachausschuss für Psychotherapie abgegebenen Stellungnahme gemäß § 79b Satz 6 SGB V entsprochen wurde, lässt sich z.B. unter Heranziehung von Protokollen der Vertreterversammlungen bzw. des Vorstandes feststellen und nachweisen. Zwar müssen zu den Motiven der getroffenen Entscheidungen keine schriftlichen Dokumentationen vorliegen. Eine Begründungspflicht besteht weder für Satzungsregelungen noch für sonstige untergesetzliche Normen. Aus dem Verfahren muss aber hinreichend deutlich werden, dass die Stellungnahmen mit einbezogen wurden. 24

Wurde dem Ausschuss die Gelegenheit zur Stellungnahme eingeräumt und hat er eine Stellungnahme abgegeben, wird eine Verletzung des Beteiligungsrechts wegen einer nicht genügenden Einbeziehung im Sinne von § 79b Satz 6 SGB V in die Entscheidung ohnehin nur selten in Betracht kommen. Ob das Ergebnis des Entscheidungsprozesses mit höherrangigem Recht in Einklang steht, ist keine Frage der Beteiligung im Sinne von § 79b Satz 6 SGB V, sondern der materiellen Rechtmäßigkeit der Entscheidung. 25

Der Frage nach der Rechtsfolge wird daher allenfalls bei einem Versäumnis der KV bzw. der KBV bei dem in § 79b Satz 5 SGB V geregelten Erfordernis der Gelegenheit zur Abgabe einer Stellungnahme des Ausschusses Relevanz zukommen. Für eine **Gültigkeitsvoraussetzung** für die Entscheidungen der KV bzw. der KBV spricht, dass das Erfordernis zur Gelegenheit einer Stellungnahme im Gesetz zwin- 26

---

[10] BSG v. 21.01.1969 - 6 RKa 27/67 - BSGE 29, 111 = SozR Nr. 12; BSG v. 24.08.1994 - 6 RKa 15/93 - BSGE 75, 37 = SozR 3-2500 § 85 Nr. 7; BSG v. 07.02.1996 - 6 RKa 83/95 - USK 9685.

[11] Bejahend: *Hencke* in: Peters, Handbuch KV (SGB V), § 79b Rn. 5; *Hess* in: KassKomm, SGB V, § 79b Rn. 6; verneinend: *Vahldiek* in: Hauck/Noftz, SGB V, § 79b Rn. 21 ff.

gend und nicht bloß im Sinne einer Sollbestimmung vorgeschrieben ist. Andererseits ist die Funktion des Ausschusses für Psychotherapie vorrangig in einer beratenden und informierenden Funktion anderer Organe zu sehen. Mit Blick auf diese gegenüber den Mitwirkungsformen der Zustimmung, des Einvernehmens und des Benehmens **abgeschwächten Form der Beteiligung ist nicht von einer Rechtswidrigkeit bzw. Nichtigkeit** der getroffenen Entscheidung auszugehen, zumal in § 79b Satz 8 SGB V die Befugnisse der Organe ausdrücklich unberührt bleiben sollen. Versäumnisse der KV bzw. der KBV zur Einhaltung der gesetzlichen Vorschriften in § 79b Sätze 5, 6 SGB V haben aber nicht folgenlos zu bleiben. Die Beachtung der gesetzlichen Vorgaben in § 79b Sätze 5, 6 SGB V sind vom Prüfungsrecht der Aufsichtsbehörde gemäß § 78 Abs. 3 Satz 1 SGB V umfasst. Ihre Einhaltung kann mit den in § 89 SGB V vorgesehenen Mitteln beanstandet und durchgesetzt werden.

§ 79c SGB V Beratender Fachausschuss für hausärztliche Versorgung; weitere beratende Fachausschüsse

(Fassung vom 19.06.2001, gültig ab 01.07.2001)

Bei der Kassenärztlichen Bundesvereinigung wird ein beratender Fachausschuss für die hausärztliche Versorgung gebildet, der aus Mitgliedern besteht, die an der hausärztlichen Versorgung teilnehmen. Weitere beratende Fachausschüsse, insbesondere für rehabilitationsmedizinische Fragen können gebildet werden. Die Mitglieder der beratenden Fachausschüsse sind von der Vertreterversammlung aus dem Keis der Mitglieder der Kassenärztlichen Vereinigungen in unmittelbarer und geheimer Wahl zu wählen. Das Nähere über die beratenden Fachausschüsse und ihre Zusammensetzung regelt die Satzung. § 79b Satz 5 bis 8 gilt entsprechend.

Gliederung

A. Basisinformationen

I. Textgeschichte/Gesetzgebungsmaterialien

1 Die Vorschrift des § 79c SGB V wurde mit Wirkung zum 01.01.2000 durch Art. 1 Nr. 32 des GKV-GesundheitsreformG 2000[1] vom 22.12.1999 neu eingefügt. Im Gesetzesentwurf der Fraktionen SPD und BÜNDNIS 90/DIE GRÜNEN vom 23.05.1999 war die Einrichtung eines **beratenden Ausschusses für die hausärztliche Versorgung** bzw. weiterer Ausschüsse noch nicht vorgesehen.[2] Die Regelungen sind im Gesetzgebungsverfahren erst mit der Beschlussempfehlung des Ausschusses für Gesundheit vom 03.11.1999 eingebracht worden.[3] Die dabei vorgesehene Bildung eines beratenden Fachausschusses für die hausärztliche Versorgung sowohl bei der KBV als auch bei den KVen wurde im Folgenden aber nicht verwirklicht. Mit der Beschlussempfehlung des Vermittlungsausschusses vom 15.12.1999 wurde mit Blick auf eine beabsichtigte Zustimmungsfreiheit im Bundesrat **nur die KBV verpflichtet**, einen beratenden Fachausschuss für die hausärztliche Versorgung einzurichten.[4]

2 Eine Ergänzung des § 79c Satz 2 SGB V erfolgte mit Wirkung zum 01.07.2001 mit Art. 5 Nr. 21 des Sozialgesetzbuches – Neuntes Buch[5] – vom 19.06.2001, indem für die fakultativen Fachausschüsse die Einrichtung eines besonderen Ausschusses für rehabilitationsmedizinische Fragen aufgenommen wurde. Die Ergänzung dient der Stärkung der Bedeutung von Rehabilitation und Teilhabe behinderter Menschen in der vertragsärztlichen Selbstverwaltung.[6]

II. Vorgängervorschriften

3 Es bestehen keine Vorgängervorschriften.

[1] BGBl I 1999, 2626, 2633.
[2] BT-Drs. 14/1245.
[3] BT-Drs. 14/1977, S. 25.
[4] BT-Drs. 14/2369, S. 9.
[5] BGBl I 2001, 1046, 1099.
[6] BT-Drs. 14/5074, S. 118.

III. Parallelvorschriften

4 Eine ähnliche Vorschrift findet sich in § 79b SGB V mit der Einrichtung eines **beratenden Fachausschusses für Psychotherapie**, dessen Bestimmungen zum Beteiligungsverfahren auf die nach § 79c SGB V errichteten beratenden Fachausschüsse entsprechend gelten.

B. Auslegung der Norm

I. Regelungsgehalt und Bedeutung der Norm

5 Mit § 79c Satz 1 SGB V ist die KBV verpflichtet, einen beratenden Fachausschuss für die hausärztliche Versorgung einzurichten. Eine entsprechende Verpflichtung besteht für die KVen nicht. Die Gliederung der vertragsärztlichen Versorgung in die hausärztliche und in die fachärztliche Versorgung ist mit den Regelungen in den § 73 Abs. 1, Abs. 1a, Abs. 1c SGB V vorgegeben. Zur weiteren **Einbindung anderer Arztgruppen** bei den Entscheidungen können gemäß § 79c Satz 2 SGB V bei der KBV, aber auch den KVen **weitere beratende Fachausschüsse** (fakultative Fachausschüsse) gebildet werden.

II. Normzweck

6 Die Regelung dient der **Stärkung der hausärztlichen Versorgung**. Mit der Möglichkeit, auch für andere Arztgruppen besondere Fachausschüsse einzurichten und der mit ihrer Beteiligung verbundenen Verbreiterung der Entscheidungsgrundlagen, dient die Vorschrift auch einem sachgerechten Ausgleich der zwischen den verschiedenen Arztgruppen bestehenden Interessengegensätze.[7] Mit der in § 79c Satz 5 SGB V i.V.m. § 79b Satz 8 SGB V ausgeschlossenen Verbindlichkeit der Stellungnahmen für die KBV bzw. die KVen ist die Aufgabe der Fachausschüsse vorrangig in einer **beratenden Funktion** zu sehen.

III. Fachausschüsse bei der KBV

1. Fachausschuss für die hausärztliche Versorgung

7 Die **Mitglieder** sind gemäß § 79c Satz 3 SGB V von der **Vertreterversammlung der KBV** in geheimer und unmittelbarer Wahl zu wählen (vgl. § 80 Abs. 1 Satz 1 SGB V). Mitglieder des Fachausschusses und damit wählbar können nach dem eindeutigen Wortlaut von § 79c Abs. 1 Satz 1 SGB V nur gemäß § 73 Abs. 1a Satz 1 SGB V an der hausärztlichen Versorgung teilnehmende Ärzte sein. Die Mitglieder des Ausschusses sind gemäß § 79c Satz 3 SGB V aus dem Kreis der **Mitglieder der KV** (§ 77 Abs. 3 SGB V) zu wählen. Die Anzahl der Mitglieder des Ausschusses ist gemäß § 79c Satz 4 SGB V einer **Satzungsregelung der KBV** (§ 81 SGB V) vorbehalten. In § 16 Abs. 1 der Satzung der KBV wurde die Anzahl auf fünf Ärzte festgelegt. Zusätzlich ist bestimmt, dass die an der hausärztlichen Versorgung teilnehmenden Arztgruppen vertreten sein müssen. Damit kann einer Vertretung der in § 73 Abs. 1a SGB V genannten hausärztlichen Arztgruppen, insbesondere der Allgemeinärzte, der Kinderärzte und Internisten Rechnung getragen werden.

2. Beteiligungsgegenstand

8 Der **Beteiligungsgegenstand** für den Fachausschuss für die **hausärztliche Versorgung** ergibt sich aus § 79c Satz 5 SGB V mit der **Verweisung auf § 79b Satz 5 SGB V**. Dem Ausschuss ist damit von der KBV vor der Entscheidung in den die **Sicherstellung der hausärztlichen Versorgung betreffenden wesentlichen Fragen** rechtzeitig Gelegenheit zur Stellungnahme zu geben. Nach § 16 Abs. 3 der Satzung der KBV gehören hierzu insbesondere auf die Gruppe der hausärztlichen Ärzte bezogene Sonderregelungen der Sicherstellung der bedarfsgerechten hausärztlichen Versorgung oder zur Vergütung der hausärztlichen Leistungen.

9 Mit Blick auf die Funktion des Fachausschusses für die hausärztliche Versorgung wird eine Beteiligung vor allem bei der Vorbereitung der Entscheidung über die Zuordnung von Leistungen in den hausärztlichen Versorgungsbereich (§ 87 Abs. 2a Satz 5 SGB V), der Bewertung hausärztlicher Leis-

[7] BT-Drs. 14/1977, S. 104.

tungen im einheitlichen Bewertungsmaßstab (§ 87 Abs. 2, 2a Satz 4 SGB V) sowie bei der Bestimmung des Vergütungsanteils für die hausärztliche Versorgung (§ 85 Abs. 4a Satz 1 SGB V) erforderlich sein.

3. Fakultative Fachausschüsse

Daneben können auch bei der KBV gemäß 79c Satz 2 SGB V **weitere Fachausschüsse** für andere Arztgruppen, z.B. für die fachärztliche Versorgung oder für rehabilitationsmedizinische Fragen, eingerichtet werden, sofern dies zur sachgemäßen Erledigung der Aufgaben als zweckmäßig erachtet wird. Insoweit steht der KBV ein Gestaltungsspielraum zu. Die Einrichtung und Zweckbestimmung von weiteren beratenden Ausschüssen hat gem. § 79c Satz 2 SGB V ebenfalls in der Satzung zu erfolgen. Der in § 79c Satz 2 SGB V besonders erwähnte Fachausschuss für rehabilitationsmedizinische Fragen ist bislang weder von der KBV noch von den KVen gebildet worden. 10

Die KBV hat, wie die meisten KVen im Übrigen auch, einen **beratenden Fachausschuss für die fachärztliche Versorgung** eingerichtet. Der Ausschuss besteht nach § 17 Abs. 1 der Satzung aus fünf Mitgliedern, die als Mitglied einer KV an der fachärztlichen Versorgung teilnehmen müssen. Zu einer ausgewogenen Zusammensetzung des Fachausschusses hat die KBV darüber hinaus vorgesehen, dass unter den Mitgliedern Vertreter der konservativen, operativen und medizinisch-technischen Medizin sowie ein Vertreter der ermächtigten Krankenhausärzte sein müssen. Darüber soll der Ausschuss bei einem Beratungsgegenstand, der nicht durch eine Fachgruppe vertreten werden kann, einen Vertreter dieser Fachgruppe als Sachverständigen hinzuziehen. Ärzte, welche das Fachgebiet der Psychotherapie vertreten, oder Psychotherapeuten sind für den beratenden Fachausschuss für die fachärztliche Versorgung gemäß § 17 Abs. 4 der Satzung der KBV nicht wählbar. 11

IV. Fachausschüsse bei den KVen

Neben dem gemäß § 79b SGB V zwingend einzurichtenden Fachausschuss für Psychotherapie steht den KVen für die Einrichtung weiterer beratender Fachausschüsse anderer Arztgruppen gemäß § 79c Satz 2 SGB V ein **Gestaltungsspielraum** zu. 12

Für die Einrichtung eines Ausschusses mit Festlegung des Aufgabenbereichs und des Beteiligungsgegenstandes wie auch der Zusammensetzung (z.B. Anzahl der Mitglieder) ist eine Regelung in der Satzung erforderlich (§ 81 SGB V). Die Mitglieder des Ausschusses sind auch hier von der Vertreterversammlung aus dem Kreis der Mitglieder der KV zu wählen. 13

Mit Ausnahme der KV Rheinland-Pfalz, der KV Mecklenburg-Vorpommern und der KV Niedersachsen haben alle bestehenden 17 KVen jeweils beratende Fachausschüsse für die hausärztliche und fachärztliche Versorgung eingerichtet. Die Anzahl der Mitglieder ist bei den einzelnen KVen unterschiedlich festgelegt (z.B. jeweils fünf Mitglieder in den KVen Westfalen-Lippe, Bremen, Hessen, Saarland, Thüringen, Sachsen-Anhalt und Sachsen; acht Mitglieder in den KVen Bayern und Baden-Württemberg, 12 Mitglieder in den KVen Schleswig-Holstein und der KV Hamburg). Den Beteiligungsgegenstand der Fachausschüsse für die hausärztliche Versorgung bzw. die fachärztliche Versorgung haben die KVen überwiegend wortgleich mit den von der KBV in den §§ 16, 17 getroffenen Satzungsregelungen bestimmt (z.B. die §§ 10, 11 der Satzung der KV Bayerns). 14

Die KV Niedersachsen hat in § 11b ihrer Satzung einen beratenden Fachausschuss für ermächtigte Ärzte eingerichtet, die nach § 77 Abs. 3 SGB V in der Neufassung des GMG nunmehr auch zu den Mitgliedern der KV gehören. 15

V. Weitere Satzungsregelungen

Mit § 79c Satz 4 SGB V ist der KBV für den von ihr zu errichtenden Fachausschuss für die hausärztliche Versorgung aufgegeben, das Nähere in der Satzung zu regeln. Diese Befugnis steht den KVen für die Einrichtung beratender Fachausschüsse ebenso zu. Hierbei können Regelungen zum **Wahlverfahren, zum Ausschluss der Wählbarkeit von Vorstandsmitgliedern bzw. des Vorsitzenden der Vertreterversammlung**, zur **Bestellung bzw. Wahl eines Vorsitzenden des Ausschusses**, zu **Form- und Fristbestimmungen** für die abzugebenden Stellungnahmen, zu einem **persönlichen Anhörungsrecht der Ausschussvorsitzenden** in den Sitzungen des Vorstands bzw. der Vertreterversammlungen, zur **Öffentlichkeit** der Sitzungen, zu einem **Teilnahmerecht der Vorstandsmitglieder bzw. des Vorsit-** 16

zenden der Vertreterversammlung an Ausschusssitzungen, zur Gewährung von **Reisekosten und Entschädigungen der Ausschussmitglieder** und zum Erfordernis einer **Geschäftsordnung** des Fachausschusses getroffen werden.

VI. Beteiligungsrechte und Rechtsfolgen

17 Für das Beteiligungsverfahren verweist § 79c Satz 5 SGB V auf die für die Fachausschüsse für Psychotherapie maßgeblichen Regelungen in § 79b Sätze 5, 6 und 8 SGB V. Die Rechte der nach Maßgabe von § 79c SGB V errichteten Fachausschüsse entsprechen damit den Rechten der Fachausschüsse für Psychotherapie. Mit der analogen Geltung von § 79b Sätze 5 und 6 SGB V ist die KBV verpflichtet, dem beratenden Fachausschuss für die hausärztliche Versorgung vor der Entscheidung in den die Sicherstellung der hausärztlichen Versorgung berührenden wesentlichen Fragen **rechtzeitig Gelegenheit zur Stellungnahme zu geben**. Seine Stellungnahmen sind in die **Entscheidung miteinzubeziehen.**

18 Dies gilt für die nach Maßgabe von § 79c Satz 2 SGB V aufgrund von Satzungsregelungen gebildeten fakultativen Fachausschüsse ebenso. Haben die KVen oder die KBV von ihrem Gestaltungsrecht insoweit Gebrauch gemacht und weitere Ausschüsse eingerichtet, steht diesen das gleiche Recht auf Beteiligung zu. Der Gegenstand ihrer Beteiligung bestimmt sich nach dem mit der Satzung festgelegten Aufgabenbereich.

19 Wie sich aus der Verweisung auf § 79b Satz 8 SGB V ergibt, bleiben die Befugnisse der Vertreterversammlungen unberührt. Wegen der Einzelheiten des Beteiligungsverfahrens und den Rechtsfolgen bei einer **Verletzung der Anhörungspflicht** wird auf die Ausführungen zu § 79b SGB V verwiesen, die entsprechend gelten (vgl. die Kommentierung zu § 79b SGB V).

§ 80 SGB V Wahlen

(Fassung vom 14.11.2003, gültig ab 01.01.2005)

(1) Die Mitglieder der Kassenärztlichen Vereinigungen wählen in unmittelbarer und geheimer Wahl die Mitglieder der Vertreterversammlung. Die Wahlen erfolgen nach den Grundsätzen der Verhältniswahl auf Grund von Listen- und Einzelwahlvorschlägen. Die Psychotherapeuten wählen ihre Mitglieder der Vertreterversammlung entsprechend den Sätzen 1 und 2 mit der Maßgabe, dass sie höchstens mit einem Zehntel der Mitglieder in der Vertreterversammlung vertreten sind. Das Nähere zur Wahl der Mitglieder der Vertreterversammlung, einschließlich des Anteils der übrigen Mitglieder der Kassenärztlichen Vereinigungen, bestimmt die Satzung.

(1a) Der Vorsitzende und jeweils ein Stellvertreter des Vorsitzenden der Kassenärztlichen Vereinigungen sind Mitglieder der Vertreterversammlung der Kassenärztlichen Bundesvereinigungen. Die Mitglieder der Vertreterversammlungen der Kassenärztlichen Vereinigungen wählen in unmittelbarer und geheimer Wahl aus ihren Reihen die weiteren Mitglieder der Vertreterversammlung der Kassenärztlichen Bundesvereinigungen. Absatz 1 gilt entsprechend mit der Maßgabe, dass die Kassenärztlichen Vereinigungen entsprechend ihrem jeweiligen Anteil ihrer Mitglieder an der Gesamtzahl der Mitglieder der Kassenärztlichen Vereinigungen berücksichtigt werden.

(2) Die Vertreterversammlung wählt in unmittelbarer und geheimer Wahl

1. aus ihrer Mitte einen Vorsitzenden und einen stellvertretenden Vorsitzenden,

2. die Mitglieder des Vorstandes,

3. den Vorsitzenden des Vorstandes und den stellvertretenden Vorsitzenden des Vorstandes.

Der Vorsitzende der Vertreterversammlung und sein Stellvertreter dürfen nicht zugleich Vorsitzender oder stellvertretender Vorsitzender des Vorstandes sein.

(3) Die Mitglieder der Vertreterversammlung der Kassenärztlichen Vereinigungen und der Kassenärztlichen Bundesvereinigungen werden für sechs Jahre gewählt. Die Amtsdauer endet ohne Rücksicht auf den Zeitpunkt der Wahl jeweils mit dem Schluß des sechsten Kalenderjahres. Die Gewählten bleiben nach Ablauf dieser Zeit bis zur Amtsübernahme ihrer Nachfolger im Amt.

Gliederung

A. Basisinformationen

I. Textgeschichte/Gesetzgebungsmaterialien

1 Die Vorschrift des § 80 SGB V ist durch Art. 1 des GRG[1] vom 20.12.1988 mit Wirkung vom 01.01.1989 eingeführt worden. Mit Art. 2 Nr. 8 des Gesetzes über die Berufe des Psychologischen Psychotherapeuten und des Kinder- und Jugendlichenpsychotherapeuten, zur Änderung des Fünften Buches Sozialgesetzbuch und anderer Gesetze[2] vom 16.06.1998 erfolgte mit Wirkung zum 01.01.1999 die Einfügung des § 80 Abs. 1a SGB V, mit dem den Psychotherapeuten ein bestimmter Anteil von Mitgliedern in der Vertreterversammlung abgesichert wurde.

2 Mit Art. 1 Nr. 58 des GMG[3] vom 14.11.2003 erfolgte mit Wirkung ab 01.01.2005 (Art. 37 Abs. 8 GMG) in Zusammenhang mit der **Neustrukturierung der Organe der KVen und der KBV** eine Neufassung von Absatz 1, Absatz 1a und Absatz 3. Mit der **Neubestimmung** des **Mitgliederkreises der KV** in § 77 Abs. 3 i.d.F des GMG und dem **Wegfall der außerordentlichen Mitgliedschaft** ist auch die Regelung der wahlberechtigten Mitglieder für die Vertreterversammlung in § 80 Abs. 1 Satz 1 SGB V angepasst worden, weil die im bisherigen Recht enthaltene Trennung nach ordentlichen und außerordentlichen Mitgliedern nicht mehr erforderlich war. In § 80 Abs. 1 Satz 2 SGB V wurde erstmals das **Verhältniswahlrecht** gesetzlich **verankert**. Bislang war es den KVen überlassen, ob sie nach dem Verhältnis- oder Mehrheitswahlrecht ihre Selbstverwaltungsorgane wählten. Die verbindliche Festlegung des Verhältniswahlrechts hat der Gesetzgeber zum Schutze von kleinen Arztgruppen für erforderlich gehalten, weil beim Mehrheitswahlrecht Minderheitsgruppen im verbandspolitischen Geschehen unterrepräsentiert bleiben könnten. Das Verhältniswahlrecht räume maßgeblichen Interessengruppen die Möglichkeit ein, mit Vertretern auch in den nunmehr verkleinerten Vertreterversammlungen repräsentiert zu sein.[4] Der Anteil der Psychotherapeuten in den Vertreterversammlungen der KVen und der KBV ist wie bisher auf 10% beschränkt.

3 Die Zusammensetzung der **Vertreterversammlung der KBV** wurde mit dem GMG in § 80 Abs. 1a Satz 1 SGB V ebenfalls neu bestimmt. Während nach der bis zum 31.12.2004 geltenden Rechtslage die Mitglieder der Vertreterversammlungen der KVen die Mitglieder der Vertreterversammlungen bei der KBV zu wählen hatten, sind der **Vorsitzende und jeweils ein Stellvertreter des Vorsitzenden der KVen nunmehr kraft Gesetzes** Mitglieder der Vertreterversammlungen der KBV. Die Wahl der übrigen Mitglieder obliegt weiterhin den Vertreterversammlungen der KVen.

4 Mit der Änderung von § 80 Abs. 3 SGB V mit dem GMG wurde die **Amtsdauer** der Vertreterversammlungen von vier auf **sechs Jahre** verlängert.

II. Vorgängervorschriften

5 Die Regelungen des § 80 SGB V i.d.F. des GRG wurden im Wesentlichen von § 368l Abs. 4 Satz 1, Abs. 2 Satz 2, Abs. 4 Sätze 2 und 3, Abs. 5 und 6 RVO übernommen.

III. Parallelvorschriften

6 Vorschriften über die Zusammensetzung und Wahl der Selbstverwaltungsorgane der Sozialversicherungsträger und der Vorstände finden sich in den §§ 43 ff. SGB IV.

IV. Systematische Zusammenhänge

7 Die Regelungen der Wahlen der Mitglieder der Vertreterversammlungen und der Vorstände bei den KVen und der KBV sind in Zusammenhang mit den §§ 79, 80 SGB V zu sehen. Als **Organe der KVen und der KBV** sind in § 79 Abs. 1 SGB V die **Vertreterversammlung und der Vorstand** bestimmt. Die **Anzahl der Mitglieder** der Vertreterversammlung der KVen ist in der **Satzung** zu bestimmen, wobei je nach Größe der KV eine Höchstzahl, bei der KBV auf 60 Mitglieder, vorgegeben ist (§ 79 Abs. 2 SGB V). Die Anzahl der Vorstandsmitglieder ist bei den KVen und der KBV gemäß § 79 Abs. 4 Satz 1 SGB V auf drei Mitglieder begrenzt. Die Regelungen zur Zusammensetzung, Wahl und Zahl der Mitglieder der Organe gehören gemäß § 81 Abs. 1 Nr. 2 SGB V zu den Pflichtbestandteilen der Satzungen.

---

1 BGBl I 1988, 2477.

2 BGBl I 1998, 1311, 1316.

3 BGBl I 2003, 2190, 2203.

4 BT-Drs. 15/1525, S. 98.

V. Ausgewählte Literaturhinweise

Steinhilper, Die Kassenärztlichen Vereinigungen ab 01.01.2005 – Zu einigen Grundzügen der Organisationsänderungen nach dem GMG, GesR 2003, 374; *Hinz*, Verfassungsrechtliche Grundlagen des Wahlrechts, ZfS 2004, 22. 8

B. Auslegung der Norm

I. Regelungsgehalt und Bedeutung der Norm

Mit § 80 SGB V werden die Wahl und die Amtsdauer der Organe der KVen und der KBV geregelt. 9

II. Normzweck

Die wesentlichen Grundlagen der Wahlen der Vertreterversammlungen und Vorstände der KVen und 10
der KBV sind mit § 80 Abs. 1, 1a, 2 SGB V einheitlich normiert. Für alle Wahlen gelten die Grundsätze des Verhältniswahlrechts sowie der unmittelbaren und geheimen Wahl. Soweit im Übrigen nicht bestimmte Vorgaben bestehen, wie z.B. die Höchstgrenze für den Anteil der Mitglieder der Psychotherapeuten in den Vertreterversammlungen, können die KVen und die KBV das Nähere der Wahlen im Rahmen ihrer Satzungsautonomie eigenverantwortlich regeln.

III. Vertreterversammlung der KVen

1. Zusammensetzung und Wahlrecht

Die **Vertreterversammlung** ist gemäß § 79 Abs. 1 SGB V das **alleinige Selbstverwaltungsorgan** 11
der KVen. Die **konkrete Anzahl der Mitglieder** ist in der Satzung zu regeln, darf aber nicht mehr als **30, 40 bzw. 50 Mitglieder**, je nach Größe der KV, überschreiten (§ 79 Abs. 2 SGB V). Das **passive und aktive Wahlrecht** zur Vertreterversammlung ist identisch. Die Mitglieder der Vertreterversammlung sind von den Mitgliedern der KV zu wählen. Der Kreis der Mitglieder einer KV ist in § 77 Abs. 3 SGB V bestimmt. Zu den Mitgliedern der KV gehören danach die **zugelassenen Ärzte und Psychotherapeuten, die ermächtigte Krankenhausärzte sowie die angestellten Ärzte in zugelassenen medizinischen Versorgungseinrichtungen.** Die bis zum 31.12.2004 gemäß § 77 Abs. 3 SGB V i.d.F. des GRG bestehende **außerordentliche Mitgliedschaft** nicht zugelassener, aber in das Arztregister eingetragener Ärzte hat der Gesetzgeber mit dem GMG mit Wirkung zum 01.01.2005 **aufgehoben.** Mit dem daraus folgenden Ausschluss einer Mitgliedschaft besteht auch kein Wahlrecht zur Vertreterversammlung mehr.

Der **Vorsitzende der Vertreterversammlung und sein Stellvertreter** sind gemäß § 80 Abs. 2 Nr. 1 12
SGB V „aus der Mitte" der **Vertreterversammlung zu wählen**. Wahlberechtigt und wählbar sind damit nur die Mitglieder der Vertreterversammlung.

2. Wahlsystem

Mit § 80 Abs. 1 Satz 2 SGB V i.d.F. des GMG ist das **Verhältniswahlrecht auf Grund von Listen-** 13
und Einzelwahlvorschlägen verbindlich eingeführt worden. Zuvor oblag es dem Gestaltungsspielraum der KV, ob nach dem Verhältnis- oder Mehrheitswahlrecht gewählt wurde. Diese Befugnis der KV hat die Rechtsprechung in Einklang mit dem Verfassungsrecht gesehen, zugleich aber hervorgehoben, dass die in Art. 38 GG niedergelegten und in der **Rechtsprechung des BVerfG konkretisierten Wahlrechtsgrundsätze** auch für die Wahlen zu den Selbstverwaltungsorganen der KV gelten.[5] Hieraus folgt auch die Beachtung des **Grundsatzes der Wahlgleichheit**, der aber allein nicht die Entscheidung für ein bestimmtes Wahlsystem vorgibt, sondern lediglich Wirkungen im Rahmen des durch den Normgeber bestimmten Wahlsystems entfaltet.

Mit dem gesetzlich festgelegten Wahlsystem besteht nun auch bei den verkleinerten Vertreterver- 14
sammlungen für Interessengruppen die Möglichkeit einer Repräsentation in der Vertreterversammlung. Eine **Sonderregelung** besteht zugunsten der **Psychotherapeuten** in § 80 Abs. 1 Satz 3 SGB V. Diese **wählen ihre Mitglieder gesondert**, allerdings mit einer Begrenzung auf **höchstens ein Zehntel** der Mitglieder der Vertreterversammlung.

[5] BSG v. 28.01.1998 - B 6 KA 98/96 R - BSGE 81, 268 = SozR 3-2500 § 80 Nr. 3.

15 Auch mit dem neuen Verhältniswahlrecht ist es verfassungsrechtlich nicht zu beanstanden, wenn nicht alle betroffenen ärztlichen (Unter-)Gruppen in der Vertreterversammlung repräsentiert sind. Der Gesetzgeber hat bei der Regelung zur **Organisationsform** und der Ausübung der Hoheitsgewalt und der Schaffung von Organisationsformen der Selbstverwaltung außerhalb der unmittelbaren Staatsverwaltung eine **weite Gestaltungsfreiheit**. Ein Gebot strikter formaler Gleichheit besteht dabei nicht.[6]

16 In der Rechtsprechung[7] ist auch anerkannt, dass **verschiedene Gruppen** von Leistungserbringern trotz bei einzelnen Aufgaben ggf. bestehenden gegensätzlichen Interessen in einer Vertreterversammlung **zusammengefasst** werden können. Gegensätzliche Interessen verschiedener Gruppen, wie sie insbesondere bei der Honorarverteilung bestehen (können), stehen der Zusammenfassung aller vertragsärztlichen und psychotherapeutischen Leistungserbringer in einer Selbstverwaltungskörperschaft nicht entgegen. Das BSG hat in diesem Zusammenhang zu Recht betont, dass mit einer Zusammenfassung eine organisatorisch problematische Aufsplitterung der Leistungserbringer in zahlreiche verschiedene Körperschaften vermieden wird und eine Zusammenfassung mit Blick auf die vielen wichtigen weiteren Aufgaben der KVen (z.B. Sicherstellung und Gewährleistung einer ordnungsgemäßen vertragsärztlichen Versorgung, Interessenvertretung und Öffentlichkeitsarbeit gegenüber Krankenkassen und politischen Institutionen) mit weniger gegensätzlicher Interessenausrichtung eine einheitliche Vertreterversammlung in Fragen der Honorarverteilung für rechtmäßig erachtet.

3. Wahlordnungen

17 Der Gesetzgeber hat den KVen mit § 80 Abs. 1 Satz 4 SGB V aufgegeben, das Nähere zur Wahl der Mitglieder der Vertreterversammlung – unter Beachtung des in § 80 Abs. 1 Satz 2 SGB V vorgegebenen Verhältniswahlsystems – in den Satzungen zu regeln. Hierzu gehört die Bestimmung des Anteils der Mitglieder der Psychotherapeuten (z.B. entsprechend dem Verhältnis ihrer Zahl zur Zahl der ärztlichen Mitglieder), wobei die in § 80 Abs. 1 Satz 3 SGB V festgelegte Beschränkung auf ein Zehntel der Mitglieder der Vertreterversammlung zu beachten ist. Bei der Bestimmung des Anteils der übrigen Mitglieder können z.B. auch bestimmte Anteile für an der haus- bzw. fachärztlichen Versorgung teilnehmende Ärzte vorgesehen werden. Im Rahmen der Satzungsautonomie können Bestimmungen zu einer **Wahlkreiseinteilung, zu Wahlvorschlägen, zur Briefwahl, zur Einrichtung eines Wahlvorstandes und eines Wahlprüfungsausschusses** getroffen werden.

18 Die erforderlichen Regelungen zum Wahlverfahren können unmittelbar in der Satzung nach § 81 Abs. 1 SGB V enthalten sein, werden in der Praxis von den KVen aber überwiegend als sog. **Wahlordnungen** als Teil der Satzungen beschlossen.

19 Aufgrund der Kompetenz die Wahl und Amtsführung zu regeln, ist von der Rechtsprechung der Vertreterversammlung auch die Befugnis zugebilligt worden, in der Satzung die Möglichkeit der Abwahl des Vorstands bei pflichtwidriger Amtsführung vorzusehen.[8] Mit der Neufassung von § 79 Abs. 6 SGB V mit dem GMG und der Verweisung auf § 35a Abs. 7 SGB IV gelten für eine Amtsenthebung bzw. Amtsentbindung eines Vorstandsmitgliedes die Regelungen in § 59 Abs. 2 und 3 SGB IV nunmehr entsprechend, die eine Amtsentbindung bei einer groben Verletzung der Amtspflichten vorsehen.

IV. Vertreterversammlung der KBV

1. Zusammensetzung und Wahlrecht

20 Die Anzahl der Mitglieder der **Vertreterversammlungen der KBV** ist ebenso wie bei den KVen in der Satzung konkret festzulegen, wobei die **Höchstzahl** bei der KBV auf **60 Mitglieder** beschränkt ist (§ 79 Abs. 2 Satz 4 SGB V). Hiervon wurde auch in den Satzungen der KBV Gebrauch gemacht. In Abweichung von bis der zum 31.12.2004 geltenden Rechtslage werden die Mitglieder aber **nur zum Teil gewählt**. Mit der Regelung in § 80 Abs. 1a Satz 1 SGB V sind die **Vorsitzenden der KV und deren Stellvertreter kraft Gesetzes Mitglieder** der Vertreterversammlung der Bundesvereinigungen. Aufgrund der nach § 77 Abs. 1, 2 SGB V erfolgten Zusammenlegung mehrerer KVen in einem Bundesland (betroffen waren die KVen in den Ländern Baden-Württemberg und Rheinland-Pfalz) sind mit

[6] BSG v. 09.12.2004 - B 6 KA 44/03 R - SozR 4-2500 § 72 Nr. 2 unter Bezugnahme auf BVerfG v. 05.12.2002 - 2 BvL 5/98 - BVerfGE 107, 59, 91; BVerfG v. 13.07.2004 - 1 BvR 1298/94 - BVerfGE 111, 191; BVerfG v. 16.12.1975 - 2 BvL 7/74 - BVerfGE 41, 1; BVerfG v. 08.07.1980 - 1 BvR 1472/78 - BVerfGE 54, 363, 388; BVerfG v. 14.01.1986 - 2 BvE 14/83 - BVerfGE 70, 324; BVerfG v. 24.05.1995 - 2 BvF 1/92 - BVerfGE 93, 37.

[7] BSG v. 09.12.2004 - B 6 KA 44/03 R - SozR 4-2500 § 72 Nr. 2.

[8] BSG v. 28.01.1998 - B 6 KA 71/96 B - mit Entscheidungsbesprechung von *Schaarf*, WzS 1998, 204.

den nunmehr bestehenden 17 KVen bereits 34 Mitglieder in den Vertreterversammlungen der KBV kraft Gesetzes bestimmt. Die weiteren 26 Mitglieder sind durch Wahl zu bestimmen. Die Regelungen sollen ein ausgewogenes Verhältnis von haupt- und ehrenamtlicher Tätigkeit in den Vertreterversammlungen der KBV sichern.[9]

Die Anzahl der von der **einzelnen KV zu wählenden Mitglieder** der Vertreterversammlung der KBV ist gemäß § 80 Abs. 1a Satz 3 SGB V nach dem jeweiligen Anteil ihrer Mitglieder an der Gesamtzahl der Mitglieder aller KVen zu bestimmen. Die Wahl hat von den Mitgliedern der Vertreterversammlungen der KVen zu erfolgen. Mit der Verweisung in § 80 Abs. 1a Satz 3 SGB V auf § 80 Abs. 1 SGB V gilt auch die **Sonderregelung** in § 80 Abs. 1 Satz 3 SGB V für die Wahl der Mitglieder der **Psychotherapeuten** in der Vertreterversammlung mit einem Anteil von höchstens einem Zehntel entsprechend. Nach den Gesetzesmaterialien bezieht sich dieser Anteil auf die Gesamtheit der Mitglieder der Vertreterversammlung und nicht nur auf den Anteil der wählbaren Mitglieder.[10] 21

Gemäß § 80 Abs. 2 Nr. 1 SGB V haben die Vertreterversammlungen der KBV „aus ihrer Mitte" einen **Vorsitzenden und einen stellvertretenden Vorsitzenden** zu wählen. Wählbar sind damit nur Mitglieder der Vertreterversammlungen. 22

2. Wahlsystem und Wahlordnung

Für die Wahl der Mitglieder der Vertreterversammlungen der KBV gelten im Übrigen die für die KVen maßgebenden Regelungen in § 80 Abs. 1 Satz 2 und 4 SGB V entsprechend (§ 80 Abs. 1a Satz 3 SGB V). Die nähere Ausgestaltung des Wahlverfahrens unter Beachtung des Verhältniswahlrechts hat damit in den Satzungen der KBV zu erfolgen. 23

V. Vorstand der KVen und der KBV

Zusammensetzung und Wahl: Die nach § 79 Abs. 1, Abs. 4 Satz 3 SGB V hauptamtlich tätigen **Vorstände** sind gemäß § 80 Abs. 2 Nr. 2 SGB V von den **Vertreterversammlungen der KVen bzw. der KBV** zu wählen. Mit der Neuregelung des § 79 Abs. 4 Satz 1 i.d.F. des GMG kann der Vorstand aus bis zu drei Mitgliedern bestehen. Mit der in § 80 Abs. 2 Nr. 3 SGB V vorgesehenen Wahl eines Stellvertreters des Vorstandes muss der Vorstand jedoch aus **mindestens zwei Personen** bestehen. 24

Wählbar in den Vorstand der KVen bzw. der KBV sind nicht nur Mitglieder der KVen, sondern auch **Personen mit anderen Berufen**. Im Gegensatz zu der Regelung in § 80 Abs. 2 Nr. 1 SGB V für die Wahl des Vorsitzenden der Vertreterversammlung ist in § 80 Abs. 2 Nr. 2SGB V eine Wahl des Vorstandes „aus der Mitte" bzw. „aus den Reihen" der Mitglieder der KVen nicht vorgeschrieben. Gemäß § 79 Abs. 6 Satz 2 SGB V ist bei der Wahl jedoch zu beachten, dass die Mitglieder des Vorstands die erforderliche fachliche Eignung für den jeweiligen Geschäftsbereich aufweisen. 25

Mit der Verweisung in § 79 Abs. 6 Satz 1 SGB V auf § 35a Abs. 5 Satz 1 SGB IV ist abweichend zur früheren Rechtslage auch die **Reihenfolge der Wahlen** zum **Vorstand** und **Vorsitzenden des Vorstands** und dessen Stellvertreter vorgegeben, weil sie „aus der Mitte" des Vorstandes zu wählen sind. Mangels entgegenstehender gesetzlicher Vorschriften und allgemeiner Rechtsgrundsätze bleibt es der Satzungsautonomie der KVen und der KBV vorbehalten, eine Regelung über die Erklärung der Annahme der Wahl zu treffen.[11] 26

VI. Inkompatibilität

Mit der Regelung in § 80 Abs. 2 Satz 2 SGB V ist ausgeschlossen, dass der **Vorsitzende der Vertreterversammlung und sein Stellvertreter zugleich Vorsitzender oder Stellvertreter des Vorstandes** sein können. Besteht der Vorstand aufgrund der Satzungsregelung der KVen bzw. der KBV nur aus zwei Mitgliedern – dem Vorsitzenden und dessen Stellvertreter –, kann die Frage nach einer **Inkompatibilität** von Gesetzes wegen nicht auftreten. Bei der nach § 79 Abs. 4 Satz 1 SGB V für den Vorstand auch möglichen Mitgliederzahl von 3 Personen stellt sich jedoch weiterhin die Frage, ob das weitere Vorstandsmitglied der Vertreterversammlung angehören kann. Die Rechtsprechung hat in Abgrenzung zur Vorgängerregelung in § 368l Abs. 1 Satz 2 RVO, wonach Mitglieder des Vorstandes nicht zugleich Mitglieder der Vertreterversammlung sein konnten, und der später mit § 80 Abs. 2 27

---

[9] BT-Drs. 15/1525, S. 99.

[10] BT-Drs. 15/1600, S. 459.

[11] BSG v. 14.10.1992 - 14a/6 RKa 58/91 - BSGE 71, 175 = SozR 3-1500 § 55 Nr. 14; für die Wahl zum hauptamtlichen Vorstand ab 01.01.2005 vgl. SG Mainz v. 20.04.2005 - S 2 KA 588/04.

Satz 2 SGB V vorgenommenen Beschränkung der Inkompatibilität auf die Vorstandsvorsitzenden und Vorsitzende der Vertreterversammlung gefolgert, dass § 80 Abs. 2 Satz 2 SGB V lediglich eine **Mindestgrenze der Unvereinbarkeiten** regelt, demgegenüber aber weitergehende Unvereinbarkeiten mit einer Satzungsregelung der KV nicht ausgeschlossen sind.[12]

28 Der Gesetzgeber hat § 80 Abs. 2 Satz 2 SGB V bei den Reformen des GMG nicht verändert. Mit der Neustrukturierung der internen Organisation der KVen in § 79 SGB V wird an der bisherigen Rechtsprechung des BSG jedoch nicht festgehalten werden können. Nach der Neufassung von § 79 Abs. 1 Satz 1 SGB V mit dem GMG ist die Vertreterversammlung das alleinige Selbstverwaltungsorgan der KVen. Zugleich wurden deren Aufgaben in § 79 Abs. 3 SGB V neu bestimmt, wonach ihr insbesondere die Überwachung des Vorstandes obliegt. Die Vertreterversammlung hat damit nicht mehr nur die Funktion eines Beschlussorgans, sondern ist zugleich Kontrollorgan des Vorstandes. Mit Blick auf diesen Funktionswandel kann eine Kompatibilität der gleichzeitigen Mitgliedschaft in Vorstand und Vertreterversammlung nicht mehr für zulässig erachtet werden.[13]

VII. Geheime und unmittelbare Wahl

29 Die Mitglieder der Vertreterversammlungen der KVen und der KBV (§ 80 Abs. 1 Satz 1, Abs. 1a Satz 2 SGB V), die Vorsitzenden und deren Stellvertreter der Vertreterversammlungen, die Vorstände der KVen und der KBV und die Vorsitzenden der Vorstände und deren Stellvertreter (§ 80 Abs. 2 Nr. 1-3 SGB V) müssen in **unmittelbarer und gemeiner Wahl** gewählt werden.

30 Der Grundsatz der **geheimen Wahl** erfordert, dass eine **Stimmabgabe ohne Einsicht Dritter** möglich ist. Eine öffentliche Abstimmung ist unzulässig.

31 Der Grundsatz der **Unmittelbarkeit der Wahl** schließt eine indirekte Wahl durch Wahlmänner aus und steht jedem Wahlverfahren entgegen, bei dem sich zwischen Wähler und Wahlbewerber nach der Wahlhandlung eine Instanz einschiebt, die nach ihrem Ermessen in der Lage ist, die Vertreter auszuwählen, und damit den Wählern die Möglichkeit nimmt, die **zukünftigen Vertreter durch die Stimmabgabe selbsttätig** zu bestimmen. Eine Bestimmung in der Wahlordnung einer KV, dass bei Einreichung nur eines gültigen Wahlvorschlages die in diesem Wahlvorschlag genannten Kandidaten und deren Stellvertreter in der Reihenfolge des Vorschlages als gewählt gelten (sog. „Friedenswahl"), verstößt gegen das gesetzliche Gebot der unmittelbaren Wahl.[14]

32 Diese Grundsätze gelten nicht nur für die Bestimmung der gewählten Kandidaten unmittelbar nach der Wahlhandlung, sondern ebenso bei der späteren Nachfolge für ausgeschiedene Vertreter. Eine Regelung zum Nachrücken der nächstberufenen Ersatzpersonen bei einem ausscheidenden Mitglied ist danach rechtlich unbedenklich. Die nachrückende Ersatzperson ist durch die Wahlhandlung ebenso unmittelbar gewählt. Das aus dem Wahlrechtsgrundsatz der Unmittelbarkeit abzuleitende **Gebot**, dass **andere Personen als die Wähler** keinen **Einfluss auf die Zusammensetzung** des zu wählenden Organs nehmen dürfen, ist jedoch **verletzt**, wenn z.B. das in den Vorstand gewählte Mitglied aus dem Vorstand ausscheidet und seine Mitgliedschaft in der Vertreterversammlung kraft Satzungsregelung wieder aufleben soll. Die Rechtsfolge des Ausscheidens des nachgerückten Mitglieds der Vertreterversammlung wie auch die Zusammensetzung der Vertreterversammlung ist in diesem Fall nicht mehr auf den unmittelbaren Wählerwillen, sondern auf eine **willentliche Entscheidung des ausscheidenden Vorstandsmitglieds** zurückzuführen.[15]

VIII. Amtsdauer

33 Mit der Änderung von § 80 Abs. 3 SGB V durch das GMG wurde die **Amtsdauer** der Mitglieder der Vertreterversammlungen, ebenso wie in § 79 Abs. 4 Satz 5 SGB V für den Vorstand, von vier auf **sechs Jahre** verlängert. Mit der Beendigung der Amtsdauer zum Schluss des sechsten Kalenderjahres ist klargestellt, dass die Amtsdauer des Organs maßgebend ist. Die Amtsdauer solcher Organmitglieder, die erst durch **Nachrücken** oder Nachwahl im Verlaufe der Wahlperiode in die Vertreterversammlung eingetreten sind, verkürzt sich. Zur **Kontinuität der Amtsführung** bleiben die bisherigen Mitglieder bis zu einer Amtsübernahme der Nachfolger im Amt.

12 BSG v. 28.10.1992 - 6 RKa 69/91 - BSGE 71, 187 = SozR 3-2500 § 80 Nr. 1; BSG v. 28.08.1996 - 6 RKa 7/96 - BSGE 79, 105 = SozR 3-2500 § 80 Nr. 2.

13 Ebenso *Hess* in: KassKomm, SGB V, § 80 Rn. 13; *Steinhilper*, GesR 2003, 374, 376

14 BSG v. 28.05.1965 - 6 RKa 21/63 - BSGE 23, 92.

15 BSG v. 28.08.1996 - 6 RKa 7/96 - BSGE 79, 105 = SozR 3-2500 § 80 Nr. 2.

IX. Übergangsregelungen aus Anlass des GMG

Zur Umsetzung der mit der Neustrukturierung der inneren Organisation der KV vorzunehmenden Veränderungen hat der Gesetzgeber mit dem Zeitpunkt des In-Kraft-Tretens der Regelungen zum 01.01.2005 (Art. 37 Abs. 8 GMG) einheitlich eine neue Amtsperiode festgelegt und für die hierzu erforderlichen Neuwahlen einen Zeitplan vorgegeben: 34

- Bis 30.06.2004: Zusammenlegung mehrerer im Bereich eines Bundeslandes bestehender KVen gemäß § 77 Abs. 1, 2 SGB V (Art. 35 § 1 GMG).
- Bis 30.09.2004: Wahl der neuen Vertreterversammlung der KVen (Art. 35 § 2 GMG).
- Bis 01.12.2004: Wahl des Vorstands der KVen (Art. 35 § 3 GMG).
- Bis 30.11.2004: Wahl der übrigen Mitglieder der Vertreterversammlung der KBV mit konstituierender Sitzung im Dezember 2004 (Art. 35 § 4 GMG).
- Bis 31.03.2005: Wahl des Vorstandes der KBV (Art. 35 § 5 GMG).

Für die im Jahr 2004 durchzuführenden Wahlen waren dabei die Regelungen der §§ 79 Abs. 2, 80 Abs. 1, 1a SGB V in ihrer ab 01.01.2005 geltenden Fassung maßgebend. Zuvor waren die Satzungen und die Wahlordnungen der KVen und der KBV zur Anpassung an die Neuregelungen zu ändern. 35

X. Wahlanfechtung

Fehler bei den Wahlen zur Vertreterversammlung und zum Vorstand können nach § 131 Abs. 4 SGG mit der **Wahlanfechtungsklage** geltend gemacht werden.[16] Das Wahlprüfungsverfahren dient der Gewährleistung der **gesetzmäßigen Zusammensetzung** der Gremien. Dabei kann nach Ablauf der Wahlperiode wegen einer Wiederholungsgefahr bei gleichlautenden (Satzungs-)Bestimmungen eine Fortsetzungsfeststellungsklage zulässig sein. 36

Bestimmt eine Wahlordnung, dass „Einwendungen gegen die Gültigkeit" einer Wahl zur Vertreterversammlung innerhalb einer bestimmten Frist bei dem zur Durchführung der Wahl bestellten Wahlausschuss zu erheben sind, so ist die Wahlanfechtungsklage vor den Gerichten nur zulässig, wenn das Verfahren vor dem Wahlausschuss auf Antrag des Beteiligten stattgefunden hat.[17] Im Übrigen gilt für eine Wahlanfechtungsklage, dass die **Klage innerhalb eines Monats** nach der Bekanntgabe des Wahlergebnisses erhoben werden muss. Die Rechtsprechung hat diese Frist als allgemeinen Rechtsgrundsatz aus anderen gesetzlichen Vorschriften zu Wahlanfechtungsklagen (§ 57 Abs. 3 SGB IV, § 91 BRAGO, § 246 Abs. 1 AktG und § 51 Abs. 1 GenG) abgeleitet.[18] 37

Kraft Sinn und Zwecks des Wahlprüfungsverfahrens führen nur sog. **mandatsrelevante Fehler** zu einer Nichtigkeit der Wahl. Nur Gesetzesverletzungen, die auf die gesetzmäßige Zusammensetzung der Gremien, also auf die konkrete Mandatsverteilung von Einfluss sind oder sein können, sind damit für eine Nichtigkeit relevant. Eine Überprüfung von potentiellen Fehlern bei der Durchführung der Wahl und der Feststellung des Wahlergebnisses ist damit nicht auf solche Vorschriften zu erstrecken, die unter keinem denkbaren Gesichtspunkt die Sitzverteilung beeinflusst haben können (z.B. unterbliebene Kennzeichnung der Wahlbewerber nach Wahlvorschlägen).[19] 38

Die **Feststellung des Status als Mitglied** der Vertreterversammlung kann auch von dem Wahlbewerber mit der Feststellungsklage nach § 55 Abs. 1 Nr. 1 SGG geltend gemacht werden. Die Klage ist gegen die insoweit beteiligungsfähige Vertreterversammlung und nicht gegen die KVen zu richten.[20] 39

---

[16] BSG v. 28.02.1963 - 6 RKa 11/62 - BSGE 18, 278; BSG v. 28.05.1965 - 6 RKa 21/63 - BSGE 23, 92; BSG v. 14.10.1992 - 14a/6 RKa 58/91 - BSGE 71, 175 = SozR 3-1500 § 55 Nr. 14.

[17] BSG v. 28.02.1963 - 6 RKA 11/62 - BSGE 18, 278.

[18] BSG v. 14.10.1992 - 14a/6 RKa 58/91 - BSGE 71, 175 = SozR 3-1500 § 55 Nr. 14.

[19] BSG v. 28.01.1998 - B 6 KA 98/96 R - BSGE 81, 268 = SozR 3-2500 § 80 Nr. 3 unter Bezugnahme auf BSG v. 14.06.1984 - 1/8 RK 18/83 - BSGE 57, 42 = SozR 2100 § 48 Nr. 1.

[20] BSG v. 28.10.1992 - 6 RKa 69/91 - BSGE 71, 187 = SozR 3-2500 § 80 Nr. 1.

§ 81 SGB V Satzung

(Fassung vom 26.03.2007, gültig ab 01.04.2007)

(1) Die Satzung muss insbesondere Bestimmungen enthalten über

1. Namen, Bezirk und Sitz der Vereinigung,

2. Zusammensetzung, Wahl und Zahl der Mitglieder der Organe,

3. Öffentlichkeit und Art der Beschlussfassung der Vertreterversammlung,

4. Rechte und Pflichten der Organe und der Mitglieder,

5. Aufbringung und Verwaltung der Mittel,

6. jährliche Prüfung der Betriebs- und Rechnungsprüfung und Abnahme der Jahresrechnung,

7. Änderung der Satzung,

8. Entschädigungsregelung für Organmitglieder,

9. Art der Bekanntmachungen,

10. die vertragsärztlichen Pflichten zur Ausfüllung des Sicherstellungsauftrags.

Die Satzung bedarf der Genehmigung der Aufsichtsbehörde.

(2) Sollen Verwaltungs- und Abrechnungsstellen errichtet werden, müssen die Satzungen der Kassenärztlichen Vereinigungen Bestimmungen über Errichtung und Aufgaben dieser Stellen enthalten.

(3) Die Satzungen der Kassenärztlichen Vereinigungen müssen Bestimmungen enthalten, nach denen

1. die von den Kassenärztlichen Bundesvereinigungen abzuschließenden Verträge und die dazu gefaßten Beschlüsse sowie die Bestimmungen über die überbezirkliche Durchführung der vertragsärztlichen Versorgung und den Zahlungsausgleich zwischen den Kassenärztlichen Vereinigungen für die Kassenärztlichen Vereinigungen und ihre Mitglieder verbindlich sind,

2. die Richtlinien nach § 75 Abs. 7, § 92 und § 137 Abs. 1 und 4 für die Kassenärztlichen Vereinigungen und ihre Mitglieder verbindlich sind.

(4) Die Satzungen der Kassenärztlichen Vereinigungen müssen Bestimmungen enthalten für die Fortbildung der Ärzte auf dem Gebiet der vertragsärztlichen Tätigkeit, das Nähere über die Art und Weise der Fortbildung sowie die Teilnahmepflicht.

(5) Die Satzungen der Kassenärztlichen Vereinigungen müssen ferner die Voraussetzungen und das Verfahren zur Verhängung von Maßnahmen gegen Mitglieder bestimmen, die ihre vertragsärztlichen Pflichten nicht oder nicht ordnungsgemäß erfüllen. Maßnahmen nach Satz 1 sind je nach der Schwere der Verfehlung Verwarnung, Verweis, Geldbuße oder die Anordnung des Ruhens der Zulassung oder der vertragsärztlichen Beteiligung bis zu zwei Jahren. Das Höchstmaß der Geldbußen kann bis zu Zehntausend Euro betragen. Ein Vorverfahren (§ 78 des Sozialgerichtsgesetzes) findet nicht statt.

Gliederung

A. Basisinformationen

I. Textgeschichte/Gesetzgebungsmaterialien

Die Vorschrift des § 81 SGB V wurde mit Art. 1 des GRG[1] vom 20.12.1988 mit Wirkung zum 01.01.1989 eingeführt. Zur Anpassung an die neue Terminologie wurde mit Art. 1 Nr. 39 des GSG[2] vom 21.12.1992 mit Wirkung ab 01.01.1993 das Wort „kassenärztlich“ durch das Wort „vertragsärztlich“ ersetzt. Mit dem GKV-GesundheitsreformG 2000[3] vom 22.12.1999 hat der Gesetzgeber mit Wirkung ab 01.01.2000 die Regelung zur Qualitätssicherung durch Richtlinien der KBV in § 135 Abs. 3 SGB V durch die §§ 136a, 136b SGB V ersetzt. Die sich hieraus ergebende redaktionelle Änderung der Verweisung in § 80 Abs. 3 Nr. 2 SGB V erfolgte mit Art. 1 Nr. 33 des GKV-GesundheitsreformG 2000. 1

Wegen der zum 01.01.2002 erfolgten Währungsumstellung wurde durch das Achte-Euro-Einführungsgesetz[4] vom 23.10.2001 in § 80 Abs. 5 SGB V für die Disziplinarmaßnahme der Geldbuße das Höchstmaß von 20.000 DM auf 10.000 € angepasst. 2

Mit Art. 1 Nr. 59 des GMG[5] vom 14.11.2003 ist der in § 80 Abs. 1 SGB V enthaltene Katalog über die notwendigen Satzungsinhalte mit Wirkung ab 01.01.2004 (Art. 37 Nr. 1 GMG) mit der Aufnahme der Nr. 9 ergänzt worden. Danach sind in der Satzung der KV nunmehr auch Bestimmungen über die vertragsärztlichen Pflichten zur Ausübung des Sicherstellungsauftrages aufzunehmen. 3

Der Gesetzgeber hat sich hierzu wegen der Beobachtung veranlasst gesehen, dass Vertragsärzte ihre Praxis am Ende des Abrechnungszeitraumes schließen, weil das individuelle Praxisgrenzvolumen erschöpft ist. Dieses Verhalten verletze die sich aus der Zulassung ergebende Pflicht, der vertragsärztlichen Versorgung in vollem Umfang zur Verfügung zu stehen und nicht aus betriebswirtschaftlichen Gründen die Praxis zu schließen. Nach § 32 Abs. 1 Ärzte-ZV komme eine Praxisschließung nur bei Sicherstellung einer Vertretung infrage.[6] 4

Mit Wirkung zum 01.01.2005 hat § 80 Abs. 1 SGB V durch Art. 2 Nr. 4 des GMG vom 14.11.2003[7] eine Neufassung erfahren. Die mit dem GMG mit Wirkung ab 01.01.2004 erfolgte Einfügung von § 80 Abs. 1 Nr. 9 SGB V findet sich nunmehr in Nr. 10 der Regelung. Die notwendigen Satzungsinhalte nach den Nr. 2, 3 und 6 des § 80 Abs. 1 SGB V wurden neu gefasst und die Bestimmung zur Entschädigungsregelung für Organmitglieder (Nr. 8) neu eingefügt. Diese Änderungen beruhen im Wesentlichen auf der mit § 79 SGB V durch dasselbe Gesetz erfolgten Neustrukturierung der Zusammensetzung der Organe der KVen (hauptamtlicher Vorstand, zahlenmäßige Begrenzung der Mitglieder von 5

[1] BGBl I 1988, 2477.
[2] BGBl I 1992, 2266.
[3] BGBl I 1999, 2626.
[4] BGBl I 2001, 2702.
[5] BGBl I 2003, 2190.
[6] BT-Drs. 15/1525, S. 99.
[7] BGBl I 2003, 2190.

Vorstand und Vertreterversammlung) und insbesondere auf der der Vertreterversammlung in § 79 Abs. 3 SGB V neu zugewiesenen Überwachungsfunktion des Vorstandes.

II. Vorgängervorschriften

6 Die Regelung des § 81 SGB V i.d.F. des GRG geht im Wesentlichen auf § 368m RVO zurück.

III. Parallelvorschriften

7 Für die Sozialversicherungsträger ist mit § 34 SGB V die Verpflichtung zum Erlass einer Satzung geregelt.

IV. Systematische Zusammenhänge

8 Der Gesetzgeber hat mit dem Auftrag zur Sicherstellung der vertragsärztlichen Versorgung an die **KVen als Körperschaften des öffentlichen Rechts mit Selbstverwaltungsrecht** die Voraussetzungen für eine autonome Satzungsgebung geschaffen (§§ 77 Abs. 1, 5, 79 Abs. 1, 75 SGB V). **Satzungen** im Sinne der allgemeinen Rechtsquellenlehre sind Rechtsvorschriften, die von einer dem Staat eingeordneten juristischen Person des öffentlichen Rechts im Rahmen der ihr gesetzlich vorgegebenen Autonomie mit Wirksamkeit für die ihr angehörigen und unterworfenen Personen erlassen werden.[8] Die gesetzliche Festlegung des Mindestinhalts nach § 81 SGB V in den Satzungen bedeutet jedoch nicht, dass damit die Verpflichtung und Befugnis zur autonomen Rechtsetzung mit Verbindlichkeit für die Mitglieder erschöpfend vorgegeben ist. Weitere Satzungsbestimmungen sind z.B. in § 79b SGB V für die Einrichtung des Fachausschusses für Psychotherapie vorgeschrieben. Ein Gestaltungsspielraum ist den KVen bei der Einrichtung weiterer beratender Fachausschüsse nach § 79c SGB V eingeräumt. Mit dem Auftrag zur Sicherstellung der vertragsärztlichen Versorgung können die KVen im Rahmen ihrer Satzungsautonomie nicht nur ihre interne Organisation regeln, sondern auch für die Mitglieder materielles Recht setzen. Regelungen dürfen aber immer nur in den Grenzen des höherrangigen Rechts getroffen werden. Die Zulässigkeit eines Eingriffs in die berufliche Betätigung der Mitglieder der KVen ist am Maßstab von Art. 12 Abs. 1 GG zu messen.[9]

V. Ausgewählte Literaturhinweise

9 *Tigges*, Aufbringung und Verwaltung von Mitteln der KV, ZMGR 2005, 137; *Schiller*, Erhebung von Beiträgen und Gebühren durch die Kassenärztlichen Vereinigungen, MedR 2004, 348; *Tettinger*, Zwangsfortbildung und „Ärzte-TüV", GesR 2003, 1; *Auktor*, Der „Chipkartenbykott" – ein legitimes Mittel der Ärzte im Streit mit Krankenkassen?, MedR 2003, 503.

B. Auslegung der Norm

I. Regelungsgehalt und Bedeutung der Norm

10 Mit § 81 Abs. 1, 3, 4 und 5 SGB V werden die **notwendigen Inhalte** der von der Vertreterversammlung der KVen und der KBV zu erlassenden Satzung bestimmt. Mit § 80 Abs. 4 SGB V ist die Verpflichtung zur Fortbildung der Ärzte im Rahmen der vertragsärztlichen Versorgung normiert. Zur Ausübung der Disziplinargewalt der KVen gegenüber ihren Mitgliedern sind nach § 80 Abs. 5 SGB V die Voraussetzungen und das Verfahren zu regeln.

II. Normzweck

11 Den KVen und der KBV steht als Körperschaften des öffentlichen Rechts mit Selbstverwaltung (§§ 77 Abs. 5, 79 Abs. 1 SGB V) eine **Satzungsautonomie** zu. Sie beinhaltet die Befugnis, aufgrund und im Rahmen einer gesetzlichen oder auf Gesetz beruhenden Ermächtigung Angelegenheiten des internen Wirkungskreises der Körperschaft mit verbindlicher Wirkung für ihre Mitglieder im Wege eigenstän-

---

[8] *Ebsen* in: Schulin, Handbuch des Sozialversicherungsrechts, Bd. 1, § 7 Rn. 14.

[9] Zur Regelung der Notfalldienstes BSG v. 15,09.1977 - 6 RKa 8/77 - BSGE 44, 252; zum Honorarverteilungsmaßstab ausführlich BSG v. 09.12.2004 - B 6 KA 44/03 R - SozR 4-2500 § 72 Nr. 2; umfassend zu Berufsregelungen insbesondere für die Tätigkeit als Vertragsarzt: *Clemens* in: Umbach/Clemens, Grundgesetz, Band I, 2002, Anhang zu Art. 12.

diger Rechtsetzung durch generelle Normen im Range unterhalb des Gesetzes zu regeln.[10] Mit § 81 SGB V ist den KVen und der KBV der Erlass einer **Satzung im formellen Sinn** zwingend vorgeschrieben. Die Regelungen in § 81 Abs.1 SGB V zielen auf eine nähere Ausgestaltung der internen Organisation durch die KVen bzw. die KBV. Mit den Vorgaben in § 81 Abs. 3-5 SGB V sollen die Umsetzung des Auftrages zur Sicherstellung der vertragsärztlichen Versorgung und die Ordnung innerhalb der KVen gegenüber ihren Mitgliedern gewährleistet werden.

III. Notwendiger Satzungsinhalt (Absatz 1 Satz 1)

Die **Zuständigkeit zur Beschlussfassung über die Satzung** der KV obliegt gemäß § 79 Abs. 3 Nr. 1 SGB V der **Vertreterversammlung.** Sie ist gemäß § 79 Abs. 1 SGB V das alleinige Selbstverwaltungsorgan der KV. Mit der Satzung wird die **Ordnung innerhalb der Selbstverwaltungskompetenz** geregelt. Der Gesetzgeber hat den KVen dabei Regelungen zu bestimmten Inhalten vorgeschrieben. Hierzu gehören: 12

1. Namen, Bezirk und Sitz der Vereinigung

In der Regel sind der Name und der Bezirk der Vereinigung mit dem Namen des betreffenden Bundeslandes identisch. Nach der gemäß § 77 Abs. 1, 2 SGB V zum 01.01.2005 durchgeführten Zusammenlegung von mehreren KVen in einem Bundesland bestehen nur noch in zwei Bundesländern mehrere KVen. 13

2. Zusammensetzung, Wahl und Zahl der Mitglieder der Organe

Die **Organe der KVen und der KBV** sind in § 79 Abs. 1 SGB V mit der **Vertreterversammlung** und dem **Vorstand** bestimmt. Mit der Neufassung von § 79 Abs. 2 SGB V mit dem GMG wurde die Anzahl der Mitglieder für die Vertreterversammlungen der KVen, je nach Größe der KV, auf 30, 40 oder 50 Mitglieder, für die KBV auf 60 Mitglieder, begrenzt. Die Anzahl der Vorstandsmitglieder wurde auf 3 Personen beschränkt (§ 79 Abs. 4 Satz 1 SGB V). Die Pflicht zur konkreten Festsetzung der Anzahl der Mitglieder durch die Satzung der KVen und der KBV ist bereits mit § 79 Abs. 2 Sätze 1, 4 SGB V normiert. 14

Für die zu treffenden Bestimmungen über die **Wahl der Organe ist § 80 SGB V zu beachten**. In § 80 Abs. 1 SGB V sind bestimmte **Wahlrechtsgrundsätze – unmittelbare und geheime Wahlen** – ausdrücklich genannt. Das Wahlsystem hat der Gesetzgeber mit § 80 Abs. 1 Satz 2 SGB V i.d.F. des GMG erstmals verbindlich festgelegt. Zuvor war die Ausgestaltung des Wahlverfahrens dem Gestaltungsspielraum der KVen überlassen.[11] Mit der Festlegung auf das **Verhältniswahlsystem** auf Grund von Listen- und Einzelwahlvorschlägen ist das bislang praktizierte Mehrheitswahlsystem ausgeschlossen. Die nähere Ausgestaltung des Wahlverfahrens obliegt aber weiterhin den KVen bzw. der KBV. Im Übrigen gelten aber auch hier die in der Rechtsprechung des BVerfG zu Art. 38 GG konkretisierten Wahlrechtsgrundsätze.[12] Die nach § 81 Abs. 1 Nr. 2 SGB V erforderlichen Bestimmungen über die Wahlen werden von der KV in der Praxis überwiegend in sog. **Wahlordnungen** als Bestandteil der Satzungen erlassen. 15

3. Öffentlichkeit und Art des Beschlussfassung der Vertreterversammlung

In welchem Umfang die Vertreterversammlung eine **Öffentlichkeit** der Sitzungen haben will, obliegt ihrem **Ermessen.** Ein vollständiger Ausschluss der Öffentlichkeit kommt hierbei aber nicht in Betracht. Zulässig ist eine **Beschränkung auf die Mitglieder der KV.**[13] Ein Vorbehalt zum Ausschluss der Öffentlichkeit mit Beschluss der Vertreterversammlung in besonderen Angelegenheiten ist ebenfalls nicht zu beanstanden. 16

Die Notwendigkeit von Satzungsregelungen zur **Art der Beschlussfassungen** hat der Gesetzgeber mit dem GMG mit Wirkung ab 01.01.2005 neu aufgenommen. Dabei wird grundsätzlich das Erfordernis einer Beschlussfassung in den **Sitzungen** der Vertreterversammlung angenommen werden können. 17

---

[10] *Funk* in: Schulin, Handbuch des Sozialversicherungsrechts, Bd. 1, § 52 Rn. 32; BSG v. 14.10.1992 - 14a/6 RKa 58/91 - BSGE 71, 175 = SozR 3-1500 § 55 Nr. 14.

[11] BSG v. 28.01.1998 - B 6 KA 98/96 R - BSGE 81, 268 = SozR 3-2500 § 80 Nr. 3.

[12] BSG v. 28.08.1996 - 6 RKa 7/96 - BSGE 79, 105 = SozR 3-2500 § 80 Nr. 3; BSG v. 28.01.1998 - B 6 KA 98/96 R - BSGE 81, 268 = SozR 3-2500 § 80 Nr. 3.

[13] BSG v. 14.10.1992 - 14a/6 RKa 31/91 - SozR 3-2500 § 81 Nr. 3.

Geregelt werden kann auch, ob und unter welchen Voraussetzungen die Stimmabgabe öffentlich (Handzeichen) oder geheim erfolgen kann und unter welchen Voraussetzungen ggf. eine **Beschlussfassung im schriftlichen Verfahren** möglich sein soll.

4. Rechte und Pflichten der Organe und der Mitglieder

18 Für die **Mitglieder** der KV (§ 77 Abs. 3 SGB V) ergeben sich die Rechte und Pflichten zum einen unmittelbar aus den gesetzlichen Vorschriften. So sind z.B. das Wirtschaftlichkeitsgebot gemäß §§ 12, 70 Abs. 1, 72 Abs. 2 SGB V und das Gebot zur persönlichen Leistungserbringung gemäß § 32 Ärzte-ZV zu beachten. Aus der Zulassung nach § 95 SGB V folgt nicht nur das Recht, sondern auch die Pflicht zur Teilnahme an der vertragsärztlichen Versorgung. Die für die vertragsärztliche Versorgung abgeschlossenen Verträge (z.B. des BMV-Ärzte, §§ 82, 83 SGB V) bzw. die von der KBV oder dem Gemeinsamen Bundesausschuss erlassenen Richtlinien (z.B. zur Qualitätssicherung gemäß den §§ 136a, 136b SGB V) werden mit der nach § 81 Abs. 3 SGB V vorgegebenen Verbindlichkeitsbestimmung in der Satzung auf das Mitgliedschaftsverhältnis zwischen dem Mitglied und der KV übertragen. Darüber hinaus sind im Rahmen der Satzungsermächtigung weitere Regelungen zu treffen, die für die Ausübung der vertragsärztlichen Tätigkeiten erheblich sind (z.B. Teilnahme am Notfalldienst, Auskunftserteilung, Fristen für die Einreichung der Quartalsabrechnungen).

19 **Organe der KV und der KBV** sind nach § 79 Abs. 1 SGB V die **Vertreterversammlung** und der **hauptamtliche Vorstand.** Die in der Satzung festzulegenden Aufgaben der Vertreterversammlung ergeben sich aus § 79 Abs. 3SGB V. Dem Vorstand obliegt gemäß § 79 Abs. 5 SGB V die Verwaltung sowie die gerichtliche und außergerichtliche Vertretung der KV. Er hat eine Berichtspflicht über die Umsetzung von Entscheidungen von grundsätzlicher Bedeutung, die finanzielle Situation und voraussichtliche Entwicklung (§ 79 Abs. 6 Satz 1 SGB V i.V.m. § 35a Abs. 2 SGB IV)

5. Aufbringung und Verwaltung der Mittel

20 Die zur gesetzlichen Aufgabenerfüllung benötigten Mittel sind von den Mitgliedern der KV durch Beiträge, in der Regel als **Verwaltungskostenumlage** bezeichnet, aufzubringen. Bei den Beitragsregelungen ist der Gleichbehandlungsgrundsatz zu beachten. Eine Beitragsbemessung nach einem bestimmten **Vomhundertsatz des Vergütungsanspruchs** ist von der Rechtsprechung anerkannt.[14] Auch die Erhebung von Sonderbeiträgen für eine Informationskampagne der KBV zur Öffentlichkeitsarbeit bei geplanten Gesetzesänderungen begegnet keinen Bedenken.[15] Für die Durchführung von Verwaltungsverfahren (z.B. Widerspruch gegen den Honorarbescheid) dürfen wegen § 37 Abs. 1 SGB I, § 64 SGB X keine Gebühren erhoben werden.[16]

6. Betriebs- und Rechnungsprüfung, Jahresabrechnung

21 Diese sind **jährlich** durchzuführen. Die Betriebs- und Rechnungsprüfung kann selbst erfolgen, aber auch einem externen Unternehmen übertragen werden. Die Überwachung des Vorstandes, der die KV verwaltet (§ 79 Abs. 5 SGB V), obliegt der Vertreterversammlung. Sie hat auch über die Entlastung des Vorstandes wegen der Jahresrechnung zu beschließen.

7. Satzungsänderungen

22 Hierbei sind Bestimmungen zu treffen, ob eine **einfache oder qualifizierte Mehrheit** von 2/3 der Mitglieder nach Anwesenheit oder Anzahl der Mitglieder der Vertreterversammlung für eine Beschlussfassung erforderlich ist. Dabei können für bestimmte Satzungsinhalte auch unterschiedliche Mehrheitserfordernisse geregelt werden.

8. Art der Bekanntmachung

23 Das Rechtsstaatsprinzip (Art 20 Abs. 3 GG) erfordert, dass **förmlich gesetzte Rechtsnormen verkündet** werden.[17]

---

[14] BSG v. 19.12.1984 - 6 RKa 8/83 - MedR 1985, 283-286.

[15] LSG Baden-Württemberg v. 26.02.2003 - L 5 KA 1725/02.

[16] BSG v. 14.10.1992 - 14a/6 RKa 3/91 - SozR 3-1300 § 63 Nr. 4.

[17] BVerfG v. 22.11.1983 - 2 BvL 25/81 - BVerfGE 65, 283, 289; BSG v. 17.09.1997 - 6 RKa 36/97 - BSGE 81, 86, 90 = SozR 3-2500 § 87 Nr. 18.

Für Satzungsbestimmungen, aber auch andere Regelungen mit Rechtsnormcharakter (z.B des nach § 85 Abs. 4 SGB V i.d.F. bis 31.12.2004 als Akt autonomer Rechtsetzung erlassenen Honorarverteilungsmaßstabes), die zu ihrer Wirksamkeit einer Bekanntgabe bedürfen, ist die Art der Bekanntmachung zu regeln. Hierfür können das in der Regel herausgegebene **Mitteilungsblatt der jeweiligen KV bzw. der KBV** und auch die Form des **Rundschreibens** bestimmt werden. Zur Veröffentlichung können auch **beide Arten** genannt werden. Eine Regelung, die eine alternative Art der Veröffentlichung vorsieht, entspricht den rechtsstaatlichen Anforderungen dann, wenn beide gleichermaßen geeignet sind, den Betroffenen zuverlässig Kenntnis vom Inhalt der Rechtsnorm zu verschaffen. Diese Funktion ist erfüllt, wenn die alternativen Medien regelmäßig den Rechtsunterworfenen übersandt werden oder sich die Betroffenen von sich aus ohne weiteres von beiden Medien verlässlich Kenntnis verschaffen können. Bedenken gegen Bekanntmachungen von Honorarverteilungsmaßstäben durch Rundschreiben der KVen sind in der Rechtsprechung nicht erkannt worden.[18] 24

Eine Bekanntgabe unter Zuhilfenahme **elektronischer Datenträger** wird mit Blick auf den Adressatenkreis ebenfalls nicht zu beanstanden sein. Erfolgt die Veröffentlichung des Inhalts der einzelnen Normen z.B. unter Beifügung einer CD-ROM, besteht auch hier die Möglichkeit, sich vom Inhalt Kenntnis zu verschaffen. Dem steht nicht entgegen, dass der Text nicht unmittelbar gelesen werden kann, sondern es der Verfügbarkeit eines Computers bedarf. Hieraus ergibt sich keine Hemmschwelle, die eine Kenntnisverschaffung unzumutbar erschweren könnte. Ein Hindernis zur Kenntnisverschaffung könnte allenfalls darin liegen, dass nicht jeder Betroffene über den hierzu erforderlichen Computer verfügt. Ob dies bei Ärzten, die ihre Abrechnungen typischerweise mittels EDV vornehmen, relevant sein kann, mag dahingestellt bleiben. Sofern jedenfalls ein deutlicher Hinweis gegeben wird, dass der Inhalt in Druckausgabe angefordert werden kann, bestehen gegen eine solche Form der Veröffentlichung keine durchgreifenden Bedenken. 25

9. Entschädigungsregelung für Organmitglieder

Organmitglieder sind die Mitglieder der Vertreterversammlungen und die Mitglieder des Vorstandes. Die der Satzung vorbehaltene Regelung zur **Entschädigung für Organmitglieder** bezieht sich aber nur auf die **Mitglieder der Vertreterversammlungen**, die ihr Amt ehrenamtlich ausüben. Bei den den Mitgliedern des Vorstandes zu gewährenden Leistungen handelt es sich demgegenüber um **Vergütungen** für die Ausübung einer hauptamtlichen Tätigkeit (§ 79 Abs. 1, 4 Satz 3 SGB V), die jeweils dienstvertraglich zu regeln und nach § 79 Abs. 4 Satz 6 SGB V jährlich zu veröffentlichen sind. 26

In der Satzung sind die laufenden Entschädigungszahlungen wie z.B. die Praxisausfallentschädigungen, Aufwandsentschädigungen und Sitzungsgelder der Mitglieder der Vertreterversammlung zu bestimmen. 27

10. Vertragsärztliche Pflichten zur Ausfüllung des Sicherstellungsauftrages

Die Regelung in § 80 Abs. 1 Nr. 10 SGB V zur Aufnahme von Bestimmungen über die vertragsärztlichen **Pflichten zur Ausfüllung des Sicherstellungsauftrags** ist mit dem GMG[19] eingeführt worden. Der Gesetzgeber will die Verpflichtung der Vertragsärzte zur Sicherstellung der vertragsärztlichen Versorgung **in der Satzung ausdrücklich hervorgehoben** wissen. Anlass war die Beobachtung von Praxisschließungen zum Quartalsende wegen Ausschöpfung des individuellen Praxisgrenzvolumens.[20] Darin sieht der Gesetzgeber zu Recht eine Verletzung der mit der Zulassung begründeten Pflicht, in vollem Umfang der vertragsärztlichen Versorgung zur Verfügung zu stehen und nicht aus betriebswirtschaftlichen Gründen die Praxis zu schließen. 28

Gemäß § 24 Abs. 2 Ärzte-ZV muss der Vertragsarzt am Vertragsarztsitz seine Sprechstunden halten. Hieraus ergibt sich eine Präsenzpflicht. Der Vertragsarzt ist gemäß § 17 BMV-Ä gehalten, seine Sprechstunden entsprechend dem Bedürfnis nach einer ausreichenden und zweckmäßigen vertragsärztlichen Versorgung und den Gegebenheiten seines Praxisbereiches festzusetzen und seine Sprechstunden auf dem Praxisschild bekanntzugeben. Eine Praxisschließung ohne Sicherstellung einer Vertretung ist nicht zulässig (§ 32 Abs. 1 Ärzte-ZV). Als Vertretungsgründe sind Krankheit, Urlaub, die Teilnahme an ärztlicher Fortbildung oder einer Wehrübung bestimmt. Dauert die Vertretung länger als eine 29

---

[18] BSG v. 09.12.2004 - B 6 KA 44/03 R - SozR 4-2500 § 72 Nr. 2; BSG v. 07.02.1996 - 6 RKa 68/94 - BSGE 77, 288 = SozR 3-2500 § 85 Nr. 11.

[19] Art. 1 Nr. 59, Art. 2 Nr. 4 GMG, BGBl I 2003, 2190, 2203, 2241.

[20] BT-Drs. 15/1525, S. 98.

Woche, so ist sie der KV anzuzeigen. Dementsprechend ist in der Satzung eine konkretisierte Zusammenfassung der sich aus dem Sicherstellungsauftrag ergebenden Pflichten aufzunehmen, wobei insbesondere auch auf die Möglichkeit von Disziplinarmaßnahmen eingegangen werden kann.

11. Sonstige Satzungsbestimmungen

30 In Bezug auf den beratenden Fachausschuss für die hausärztliche Versorgung und die zu errichtenden Fachausschüsse für Psychotherapie gemäß den §§ 79b, 79c SGB V haben die KBV und die KVen das Nähere ebenfalls durch Satzung zu regeln (§ 79b Satz 7 SGB V). Die Einrichtung von weiteren beratenden Fachausschüssen gemäß § 79c Satz 2 SGB V (z.B. für die hausärztliche oder die fachärztliche Versorgung) bei den KVen ist ebenfalls der Regelung durch Satzung vorbehalten (§ 79c Satz 2, 3 SGB V).

IV. Genehmigung durch die Aufsichtsbehörde (Absatz 1 Satz 2)

31 Die Satzung bedarf der Genehmigung der nach § 78 Abs. 1 SGB V zuständigen Aufsichtsbehörde. Im Genehmigungsverfahren ist die Einhaltung der formellen Voraussetzungen nach der eigenen Satzung, z.B. einer ordnungsgemäßen Beschlussfassung, ebenso wie die Beachtung des höherrangigen Rechts (notwendiger Satzungsinhalt) und der übrigen Normen des SGB V zu prüfen. Mit § 78 Abs. 3 Satz 1 SGB V erstreckt sich die Genehmigung als Aufsichtsaufgabe auf die Beachtung von Gesetz und Recht, so dass nur eine **Rechtskontrolle, aber keine Zweckmäßigkeitskontrolle** erfolgen darf. Der Aufsicht ist es allerdings unbenommen, unverbindliche Anregungen zu Zweckmäßigkeitsüberlegungen zu geben. Die Genehmigungspflicht bezieht sich auch auf Änderungen der Satzungen. Satzungsrechtliche Regelungen des Notfalldienstes brauchen von der Aufsichtsbehörde nicht genehmigt zu werden.[21]

V. Abrechnungs- und Verwaltungsstellen (Absatz 2)

32 Bei größeren KVen kann die Einrichtung von sog. Kreis- oder Bezirksstellen zur Aufgabenerledigung zweckmäßig sein. Sie sind **unselbständige Untergliederungen** ohne eigene Rechtspersönlichkeit. Ihre Errichtung und die Aufgaben müssen von der Vertreterversammlung in der Satzung geregelt werden. Die **Zuständigkeiten** von Vertreterversammlung und Vorstand **müssen** dabei **gewahrt bleiben**. Zulässig ist z.B. für bestimmte Aufgaben eine Erledigung im Auftrag des Vorstandes (z.B. zur Durchführung von sachlich-rechnerischen Richtigstellungen, Antragstellungen für Wirtschaftlichkeitsprüfungen, Plausibilitätsprüfungen und Disziplinarmaßnahmen) zu regeln.

VI. Verbindlichkeitsbestimmungen (Absatz 3)

33 Sowohl die in § 81 Abs. 3 Nr. 1 SGB V genannten Verträge bzw. Richtlinien der KBV als auch die in § 81 Abs. 3 Nr. 2 SGB V genannten besonderen Richtlinien sind in der Satzung sowohl für die KVen als auch deren Mitglieder für verbindlich zu erklären. Zu den vertraglichen Bestimmungen im Sinne des § 81 Abs. 3 Nr. 1 SGB V gehören insbesondere der BMV-Ä einschließlich des einheitlichen Bewertungsmaßstabes (§§ 81 Abs. 1, 87 SGB V) sowie die gemäß § 75 Abs. 3-5 SGB V abgeschlossenen Verträge zur Heilfürsorge, zur ärztlichen Behandlung von Gefangenen in Justizvollzugsanstalten und die ärztliche Versorgung in der knappschaftlichen Krankenversicherung. Die Richtlinien über die überbezirkliche Durchführung der vertragsärztlichen Versorgung und den Zahlungsausgleich zwischen den KVen (Fremdkassenausgleich) beruhen auf § 75 Abs. 7 Nr. 2 SGB V. Des Weiteren haben sich die Verbindlichkeitsbestimmungen auf die übrigen Richtlinien nach § 75 Abs. 7 SGB V zur Betriebs-, Wirtschafts- und Rechnungsprüfung, die Richtlinien des Gemeinsamen Bundesausschusses nach § 92 SGB V sowie zur Qualitätssicherung nach den §§ 136a, 136b SGB V zu erstrecken.

VII. Vertragsärztliche Fortbildung (Absatz 4)

34 Die Pflicht zur Teilnahme an der **vertragsärztlichen Fortbildung** bezieht sich auf die Mitglieder der KV. Mit der Neufassung von § 77 Abs. 3 SGB V mit dem GMG und der Erweiterung des Mitgliederkreises auf ermächtigte Krankenhausärzte ist auch dieser Personenkreis zur Fortbildung auf dem Gebiet der vertragsärztlichen Versorgung verpflichtet.

---

[21] BSG v. 15.09.1977 - 6 RKa 8/77 - BSGE 44, 252 = SozR 2200 § 368n Nr. 12.

Daneben ist in **§ 95d SGB V eine Pflicht zur fachlichen Fortbildung** normiert, wobei die KBV im Einvernehmen mit den zuständigen Arbeitsgemeinschaften der Kammern auf Bundesebene den angemessenen Umfang der im Fünfjahreszeitraum notwendigen Fortbildung regelt. Die Fortbildungen im Sinne von § 81 Abs. 4 SGB V und § 95d SGB V sind **nicht identisch**. So umfasst die Fortbildungsverpflichtung nach § 81 Abs. 4 SGB V insbesondere **spezifisch vertragsärztliche Bereiche** wie die Wirtschaftlichkeit der Behandlungs- und Verordnungsweise, die Kenntnisse der vertragsärztlichen Vorschriften, Richtlinien und Verträge und die in der vertragsärztlichen Versorgung anerkannten neuen Untersuchungs- und Behandlungsmethoden. Demgegenüber bezieht sich die Fortbildung nach § 95d SGB V auf die für die **Berufsausübung spezifischen Fachkenntnisse** nach dem aktuellen Stand der wissenschaftlichen Erkenntnisse. 35

Umfang der Teilnahmeverpflichtung sowie Teilnahmenachweise sind in der Satzung der KV auszugestalten, wobei insbesondere auch eine Anrechnung der Nachweise nach § 95d SGB V in Betracht kommt. 36

VIII. Disziplinarmaßnahmen (Absatz 5)

1. Verfassungsgemäßheit des Disziplinarrechts

Nach § 75 Abs. 2 Satz 2 SGB V haben die KVen die Erfüllung der den Vertragsärzten obliegenden Pflichten zu überwachen und die Vertragsärzte, soweit notwendig, unter Anwendung der in § 81 Abs. 5 Satz 1 SGB V vorgesehenen Maßnahmen zur Erfüllung dieser Pflichten anzuhalten. § 81 Abs. 5 Satz 1 SGB V regelt dazu, dass die Satzung der KV die Voraussetzungen und das Verfahren zur Verhängung von Maßnahmen gegen die Mitglieder bestimmen muss, die ihre vertragsärztlichen Pflichten nicht oder nicht ordnungsgemäß erfüllen. Der Umfang dieser Befugnisse ist in § 85 Abs. 5 Satz 1 SGB V festgelegt. Disziplinarmaßnahmen in diesem Sinne sind nach der Aufzählung je nach der Schwere der Verfehlung Verwarnung, Verweis, Geldbuße bis 10.000 € oder die Anordnung des Ruhens der Zulassung bis zu zwei Jahren. 37

Die Geltung des **Disziplinarrechts** im Bereich des Vertragsarztrechts ist **verfassungsgemäß**, insbesondere liegt kein Verstoß gegen das Grundrecht der **Berufsausübungsfreiheit** des Art. 12 Abs. 1 GG vor.[22] Kern einer jeden Disziplinarmaßnahme ist die **Missbilligung eines Verhaltens und der Vorwurf der Verletzung vertragsärztlicher Pflichten**. Disziplinarverfahren dienen daher vorrangig dem Ziel, eine Verletzung vertragsärztlicher Pflichten zu missbilligen. Sie sind zugleich auf die **Aufrechterhaltung des Systems der vertragsärztlichen Versorgung** gerichtet, das der Erfüllung der Leistungsansprüche der Versicherten dient. Als Reaktion auf ein Fehlverhalten soll auf den Vertragsarzt mit der Maßnahme auf die ordnungsgemäße Erfüllung seiner ihm innerhalb des Systems der vertragsärztlichen Versorgung obliegenden Pflichten eingewirkt werden. **Disziplinarmaßnahmen dienen** dabei anders als strafrechtliche Sanktionen **nicht der Vergeltung oder Sühne**.[23] Wegen der vom Strafrecht abweichenden präventiven Zielrichtung sind die disziplinarische und strafrechtliche Verfolgung einer Tat nebeneinander zulässig.[24] Gesetzesverstöße, die in der Eigenschaft als Vertragsarzt ausgeübt werden, denen aber auch zugleich strafrechtliche Relevanz zukommt und/oder die gegen berufsrechtliche Vorschriften verstoßen, sind von einer Sanktionsmöglichkeit nicht ausgenommen. Dies beruht darauf, dass das Verhalten des Vertragsarztes in verschiedenen Rechtskreisen Auswirkungen haben kann. 38

Für die Vereinbarkeit des Disziplinarrechts im Vertragsarztrecht mit dem GG gelten die Erwägungen, mit denen das BVerfG die Verfassungsgemäßheit solcher Regelungen in anderen Berufsbereichen mit dem GG begründet hat, in gleicher Weise.[25] Die den KVen gemäß § 75 Abs. 1 Satz 1 SGB V auferlegte **Gewährleistungsverpflichtung bedingt die Disziplinargewalt der KVen**. Die KVen haben zu gewährleisten, dass die vertragsärztliche Versorgung den gesetzlichen und vertraglichen Erfordernissen entspricht. Diese Verpflichtungen können sie nur erfüllen, wenn ihnen **Sanktionsmöglichkeiten** gegenüber denjenigen Mitgliedern zur Verfügung stehen, die ihre Pflichten als Vertragsarzt nicht ordnungsgemäß erfüllen. 39

---

[22] BSG v. 06.11.2002 - B 6 KA 9/02 - SozR 3-2500 § 81 Nr. 9; BSG v. 14.03.2001 - B 6 KA 36/00 R - SozR 3-2500 § 81 Nr. 7 S. 29; BSG v. 08.03.2000 - B 6 KA 62/98 R - SozR 3-2500 § 81 Nr. 6.

[23] BSG v. 08.03.2000 - B 6 KA 62/98 R - SozR 3-2500 § 81 Nr. 6.

[24] BVerfG v. 12.10.1971 - 2 BvR 65/71 - BVerfGE 32, 4; BVerfG v. 02.05.1967 - 2 BvR 391/64 - BVerfGE 21, 378, 385.

[25] BSG v. 20.03.1996 - 6 BKA 1/96.

40 Auch soweit in § 85 Abs. 1 Satz 1 SGB V nicht konkret geregelt ist, welche Verpflichtungen den Vertragsarzt treffen und welche Sanktion für welches pflichtwidrige Verhalten zu erwarten ist, liegt ein Verstoß gegen das GG, insbesondere gegen Art. 103 Abs. 2 GG, nicht vor. Die **Generalklausel** ist, ebenso wie vom BVerfG für die Bereiche anderer ehrengerichtlicher und disziplinarrechtlicher Sanktionen entschieden[26], gerechtfertigt, weil eine vollständige Aufzählung der Pflichten nicht möglich ist und eine Einzelnormierung – anders als im allgemeinen Strafrecht – auch nicht nötig ist, weil es sich um Normen handelt, die nur einen bestimmten Kreis von Personen betreffen, sich aus der ihnen gestellten Aufgabe ergeben und daher für sie im Allgemeinen leicht erkennbar sind. Diese Grundsätze sind vom BVerfG auf die ärztlichen Berufsordnungen entsprechend angewandt[27] und vom BSG auch auf das vertragsärztliche Disziplinarrecht übertragen worden.[28]

41 Aus und **Sinn und Zweck des Disziplinarrechts** ergeben sich dabei Einschränkungen bei der Verhängung von Maßnahmen. Die den KVen als Selbstverwaltungsaufgabe eingeräumte Disziplinargewalt dient ihrer Hauptaufgabe, der Sicherstellung der vertragsärztlichen Versorgung. Auch das Disziplinarrecht ist damit dem Ziel verpflichtet, nur geeignete Ärzte am Vertragsarztsystem teilnehmen zu lassen, damit die Versorgung entsprechend den gesetzlichen Vorgaben in Gegenwart und Zukunft sichergestellt werden kann. Dieses Ziel kann grundsätzlich **nicht mehr realisiert werden, wenn der Arzt bereits aus dem System der vertragsärztlichen Versorgung ausgeschieden** ist.[29] Die Verhängung von Disziplinarmaßnahmen gegen einen Vertragsarzt setzt damit grundsätzlich voraus, dass dieser noch zur **vertragsärztlichen Versorgung zugelassen** ist. Bei der gerichtlichen Nachprüfung einer bereits festgesetzten Geldbuße führt das anschließende Ausscheiden aus dem besonderen Pflichtenstatus indes nicht zu einer Aufhebbarkeit oder Erledigung der Maßnahme. Für diesen Fall hat die Rechtsprechung verdeutlicht, dass es die Steuerungsfunktion der als gesetzliche Sanktion vorgesehenen Geldbuße ad absurdum führen würde, wenn die Aufrechterhaltung dieses schärferen Disziplinarmittels dadurch in das Belieben des Betroffenen gestellt wäre, sich der Sanktion mit einem Ausscheiden aus dem Vertragsarztverhältnis entziehen zu können. Auch nach dem Wegfall der Zulassung ist eine **verhängte Geldbuße aufrechtzuerhalten**, sofern die disziplinarrechtlichen Voraussetzungen dafür vorgelegen haben.[30]

2. Verletzung vertragsärztlicher Pflichten

42 Die Verhängung einer der in § 81 Abs. 1 Satz 1 SGB V vorgesehenen Disziplinarmaßnahmen setzt tatbestandlich voraus, dass das Mitglied seine **vertragsärztlichen Pflichten schuldhaft** verletzt hat.

43 Der Kreis der Mitglieder einer KV wurde mit der Änderung von § 77 Abs. 3 SGB V mit dem GMG ab 01.01.2005 neu gefasst. Zu den Mitgliedern gehören die zugelassenen Ärzte, aber auch die in zugelassenen medizinischen Versorgungszentren tätigen angestellte Ärzte sowie die zur vertragsärztlichen Versorgung ermächtigten Krankenhausärzte. **Adressat** einer Disziplinarmaßnahme können nur **natürliche Personen** sein, nicht aber Zusammenschlüsse mehrerer Personen (also die Gemeinschaftspraxis) oder ärztlich geleitete Einrichtungen. Soweit mit der Änderung von § 77 Abs. 3 SGB V i.d.F. des GMG nun auch ermächtigte Krankenhausärzte zu den Mitgliedern zählen, stellt dies für den Bereich des Disziplinarrechts keine Änderung der Sachlage dar. Die Verbindlichkeit der vertraglichen Bestimmungen über die vertragsärztliche Versorgung ergibt sich für diesen Personenkreis bereits aus § 95 Abs. 4 Sätze 2, 3 SGB V.

44 Mit Fallgestaltungen zu Verstößen gegen die **vertragsärztlichen Pflichten** hat sich die Rechtsprechung des BSG wiederholt befasst. Die Frage, ob ein Vertragsarzt seine vertragsärztlichen Pflichten verletzt hat, ist dabei **gerichtlich voll überprüfbar**, ohne dass dem Disziplinarorgan – anders als bei der Auswahl der Maßnahme – ein Beurteilungsspielraum zusteht.[31] Bei den verletzten Pflichten muss es sich um solche handeln, die sich aus den vertragsärztlichen Vorschriften ergeben. Hierzu gehören die Vorschriften des SGB V, die für den Vertragsarzt verbindlichen Regelungen mit Normsetzungscharakter, die Richtlinien wie auch die Satzungen der KV.

45 Als vertragsärztliche Pflichtverletzungen sind in der Rechtsprechung des BSG anerkannt:

---

26 BVerfG v. 11.06.1969 - 2 BvR 518/66 - BVerfGE 26, 186, 204.
27 BVerfG v. 09.05.1972 - 1 BvR 518/62 - BVerfGE 33, 164.
28 BSG v. 20.03.1996 - 6 BKa 1/96.
29 BSG v. 08.03.2000 - B 6 KA 62/98 R - SozR 3-2500 § 81 Nr. 6.
30 BSG v. 08.03.2000 - B 6 KA 62/98 R - SozR 3-2500 § 81 Nr. 6.
31 BSG v. 03.09.1987 - 6 RKa 30/86 - SozR 2200 § 368m Nr. 3.

- **Fortdauernde Verstöße gegen das Gebot der Wirtschaftlichkeit der Behandlungsweise** (§§ 70 Abs. 1 Satz 2, 72 Abs. 2 SGB V), die sogar Grundlage für die Entziehung der Zulassung zur vertragsärztlichen Tätigkeit sein können.[32] Dabei ist auch anerkannt, dass die mit der Methode der statistischen Vergleichsprüfung ermittelte Unwirtschaftlichkeit der Behandlungsweise über einen längeren Zeitraum hinweg grundsätzlich geeignet ist, den Vorwurf einer Pflichtverletzung zu begründen.
  Für wie viele Quartale Kürzungsverfahren durchgeführt worden sein müssen, hängt von den Umständen des Einzelfalles ab, insbesondere von der Höhe der Kürzungen und davon, in welchem Maße das Verhalten des Vertragsarztes auf eine unbelehrbare Beharrlichkeit schließen lässt. Vier aufeinanderfolgende Quartale sind unter verschärften Umständen für eine Verwarnung als mildeste Maßnahme ohne Zweifel als ausreichend anzusehen.[33]
  Auch **Kürzungsverfahren**, die Gegenstand eines gerichtlichen Vergleichs oder eines Vergleichs im Verwaltungsverfahren gewesen sind, können Grundlage des Vorwurfs fortdauernder Verstöße gegen das Wirtschaftlichkeitsgebot sein.[34] Allein die Tatsache, dass über Honorarkürzungen ein **Vergleich** geschlossen wurde, ändert nichts daran, dass der betroffene Arzt im jeweiligen Quartal unwirtschaftlich gehandelt hat. Die Auswirkungen des im Einzelfall geschlossenen Vergleichs können aber unterschiedlich sein. Der Vergleich kann zur Beseitigung der Unsicherheit geschlossen worden sein, ob mit Blick auf Praxisbesonderheiten überhaupt eine Unwirtschaftlichkeit der Behandlungsweise feststellbar ist. Im Wege des Vergleichs können aber auch lediglich geringfügige Korrekturen der Kürzungshöhe vorgenommen bzw. die Grenze der Überschreitung der Durchschnittswerte für mehrere Quartale einheitlich bestimmt worden sein. Gerade in der letzten Fallgestaltung kann die verbindlich festgestellte Unwirtschaftlichkeit der Behandlung nicht mit Blick auf den Abschluss eines Vergleichs in Frage gestellt werden.
- **Zuzahlungsverlangen von Versicherten** für die im Rahmen des Naturalleistungssystems (§ 2 Abs. 2 SGB V, § 13 Abs. 1 SGB V) ihnen gegenüber grundsätzlich kostenfrei zu erbringenden vertragsärztlichen Leistungen.[35] Die Krankenkassen stellen die Leistungen, die den Versicherten zustehen, in Form von Dienst- und Sachleistungen der Leistungserbringer zur Verfügung. Zuzahlungen der Versicherten an die Leistungserbringer, auch soweit sie darauf verwiesen werden, sich diese wiederum von ihrer Krankenkasse erstatten zu lassen, widersprechen – außerhalb der im SGB V geregelten Ausnahmen – dem gesetzlich vorgegebenen **Naturalleistungssystem**. Den Versicherten sollen finanzielle Aufwendungen vielmehr grundsätzlich nur in Gestalt der Sozialversicherungsbeiträge entstehen. Werden Behandlungsmaßnahmen von (zusätzlichen) Zahlungen der einzelnen Versicherten abhängig gemacht, verstößt der Vertragsarzt gegen ein zentrales Prinzip der GKV und handelt der von ihm mit der Zulassung gemäß § 95 Abs. 3 Satz 1 SGB V übernommenen Verpflichtung zuwider, die ärztlichen Leistungen gemäß den Bestimmungen über die vertragsärztliche Versorgung zu erbringen. Das Verlangen von Zuzahlungen widerspricht insbesondere auch den in den Bundesmantelverträgen geregelten Verpflichtungen. Nach § 13 Abs. 6 BMV-Ä und § 13 Abs. 4 Satz 1 EKV-Ä darf der Vertragsarzt die Behandlung eines Versicherten nur in begründeten Fällen ablehnen. Nach § 18 Abs. 3 BMV-Ä und § 21 Abs. 3 EKV-Ä darf für vertragsärztliche Leistungen von Versicherten grundsätzlich keine Zuzahlung gefordert werden. Eine Ausnahme gilt gemäß § 32 Abs. 2 Satz 2 SGB V nur für Massagen, Bäder und Krankengymnastik, soweit der Arzt diese als Teil der ärztlichen Leistung erbringt. Bei den Bestimmungen des BMV-Ä und des EKV-Ä handelt es sich um sog. Normverträge, die allgemein und insbesondere auch für den Vertragsarzt verbindlich sind.[36] Finanzielle Aspekte wie eine vermeintlich unzureichende Honorierung einer Einzelleistung im Vertragsarztrecht berechtigen den Arzt nicht, einem Versicherten gesetzlich vorgesehene Leistungen nur außerhalb des Systems der vertragsärztlichen Versorgung zukommen zu lassen oder gänzlich zu verweigern. Für die Leistungen des ambulanten Operierens in der vertragsärztlichen Praxis gilt keine Ausnahme.

---

[32] BSG v. 08.03.2000 - B 6 KA 62/98 R - SozR 3-2500 § 81 Nr. 6; BSG v 02.04.1998 - B 6 KA 22/97 B; BSG v. 28.08.1996 - 6 BKa 22/96; BSG v. 25.10.1989 - 6 RKa 28/88 - BSGE 66, 6 = SozR 2200 § 368a Nr. 24.

[33] BSG v. 02.04.1998 - B 6 KA 22/97 B.

[34] BSG v. 28.08.1996 - 6 BKa 22/96.

[35] BSG v. 14.03.2001 - B 6 KA 36/00 R - SozR 3-2500 § 81 Nr. 7; BSG v. 14.03.2001 - B 6 KA 76/00 B - BE Ärztebl 2001, 230-231.

[36] BSG v. 14.03.2001 - B 6 KA 36/00 R - SozR 3-2500 § 81 Nr. 7 unter Hinweis auf BSG v. 31.01.2001 - B 6 KA 24/00 R - SozR 3-2500 § 135 Nr. 16.

- **Anhaltendes Ignorieren von sachlich begründeten und in gehöriger Form formulierten Bitten und Aufforderungen der KV, bestimmte Unterlagen** (z.B. Behandlungsscheine zur Überprüfung von Zweifeln im Rahmen von Plausibilitätsverfahren, Anforderung von Behandlungsunterlagen eines Versicherten zur Weiterleitung an den aktuell behandelnden Arzt) zu übersenden.[37]
- **Verletzung des Gebots zur vertrauensvollen Zusammenarbeit mit den Institutionen des Vertragsarztrechts** (§§ 4 Abs. 3, 70, 72 Abs. 1 und Abs. 2 SGB V), insbesondere durch unsachliche Äußerungen (Beleidigungen), die eine Zusammenarbeit mit den Institutionen erschweren oder unmöglich machen.[38] Auch ohne ausdrückliche Normierung gehört es zu den vertragsärztlichen Pflichten, in Ausübung der vertragsärztlichen Tätigkeit keine Gesetzesverstöße zu begehen, sei es solche gegen strafrechtliche oder gegen berufsrechtliche Vorschriften.
  Bei dem Vorwurf der wahrheitswidrigen Erklärung oder der Nichterteilung von Auskünften ist zu erwägen, ob darin eine nach Art. 5 Abs. 1 Satz 1 GG grundrechtlich gerechtfertigte **Meinungsäußerung** liegt. Für die Klärung, ob ein Schutz durch Art. 5 Abs. 1 Satz 1 GG gegeben ist und ob er die Äußerung rechtfertigt, muss der Inhalt der Äußerung anhand ihres Wortsinns und ihres Kontextes einschließlich der Begleitumstände ermittelt und auch festgestellt werden, ob eine Tatsachenbehauptung oder ein – tendenziell stärker geschütztes – Werturteil vorliegt. Werturteilen kommt vor allem dann besonderes Gewicht zu, wenn sie ein Thema von allgemeinem Interesse betreffen, was insbesondere bei Äußerungen in Zusammenhang mit aktuellen Diskussionen zu neu eingeführten Vergütungsregelungen der Fall sein kann.[39]

46 Die Verletzung der vertragsärztlichen Pflichten muss **schuldhaft** begangen worden sein.[40] Hierzu gehört nicht nur vorsätzliches, sondern auch fahrlässiges Verhalten. Welche Anforderungen an den Verschuldensvorwurf insbesondere bei fortdauernden Verstößen gegen das Gebot der Wirtschaftlichkeit der Behandlungsweise zu stellen sind, ist einer generellen Festlegung entzogen. Insofern kommt den Entscheidungen der zuständigen Prüfgremien, mit denen der Arzt über seine unwirtschaftliche Behandlungsweise informiert wird, Bedeutung zu. Die Verhängung einer Disziplinarmaßnahme stellt dabei gegenüber der Entziehung der Zulassung gemäß § 95 Abs. 6 SGB V die mildere Sanktion für vertragsärztliche Pflichtverletzungen dar. Die Verhängung einer Disziplinarmaßnahme setzt damit nicht dasselbe Maß an Pflichtwidrigkeit voraus wie die Entziehung der Zulassung, die nur bei groben Pflichtverletzungen zulässig ist.[41]

47 Bei Pflichtverstößen, die so schwer sind, dass sie den **Zulassungsentzug** nach § 95 Abs. 6 SGB V rechtfertigen, ist im Regelfall die vorherige Durchführung bzw. Einleitung eines Disziplinarverfahrens nicht erforderlich.[42] Nur ausnahmsweise, wenn die vertragsärztlichen Institutionen bei der Verfolgung der Pflichtverletzungen keine klare Linie erkennen lassen, ist möglicherweise die vorherige Einleitung eines Disziplinarverfahrens erforderlich.[43] Andererseits kann eine Zulassungsentziehung unzulässig sein, wenn eine Disziplinarmaßnahme als angemessenes und ausreichendes Sanktionsmittel in Betracht kommt. Die Zulassungsentziehung setzt eine gröbliche Verletzung der vertragsärztlichen Pflichten voraus, die dann vorliegt, wenn durch das Verhalten eines Arztes das Vertrauen der KVen und der Krankenkassen insbesondere in die ordnungsgemäße Behandlung der Versicherten und in die Rechtmäßigkeit der Abrechnungen durch diesen Arzt so gestört ist, dass diesen eine weitere Zusammenarbeit mit dem betreffenden Arzt nicht zugemutet werden kann. Er ist dann zur Teilnahme an der vertragsärztlichen Versorgung nicht (mehr) geeignet. Die Funktionsfähigkeit des Leistungssystems der gesetzlichen Krankenversicherung, an dem der Arzt durch seine Zulassung teilnimmt, hängt entscheidend davon ab, dass die KVen und die Krankenkassen auf die ordnungsgemäße Leistungserbringung durch den einzelnen Arzt vertrauen können. Unter Berücksichtigung des Grundsatzes der Verhältnismäßigkeit sowie des Grundrechts der Berufsausübungsfreiheit des Art. 12 Abs. 1 GG darf eine Zulassungsentziehung deshalb nur ausgesprochen werden, wenn sie das einzige Mittel zur Sicherung und zum Schutz der vertragsärztlichen Versorgung ist.[44] Als ein anderes Mittel als die Zulassungsentziehung zur Siche-

---

[37] BSG v. 06.11.2002 - B 6 KA 9/02 R - SozR 3-2500 § 81 Nr. 9.

[38] BSG v. 25.09.1997 - 6 BKa 54/96; BSG v. 08.07.1981 - 6 RKa 17/80 - USK 81172.

[39] BSG v. 11.09.2002 - B 6 KA 36/01 R - SozR 3-2500 § 81 Nr. 8.

[40] BSG v. 08.05.1996 - 6 BKa 67/95; BSG v. 28.08.1996 - 6 BKa 22/96.

[41] BSG v. 28.06.2000 - B 6 KA 1/00 B; BSG v. 25.10.1989 - 6 RKa 28/88 - BSGE 66, 8, 11 = SozR 2200 § 368a Nr. 24; BSG v. 15.04.1986 - 6 RKa 6/85 - BSGE 60, 76, 78 = SozR 2000 § 368a Nr. 15.

[42] BSG v. 05.11.2003 - B 6 KA 54/03 B - BE Ärztebl 2004, 241; BSG v. 24.11.1993 - 6 RKa 70/91 - BSGE 73, 234, 237; BSG v. 25.10.1989 - 6 RKa 28/88 - BSGE 66, 6, 8, 11 = SozR 2200 § 368a Nr. 24.

[43] BSG v. 15.04.1986 - 6 RKa 6/85 - BSGE 60, 76, 78 = SozR 2200 § 369a Nr. 15.

[44] BSG v.19.06.1996 - 6 BKa 25/95 - MedR 1997, 86-88; BSG v. 24.11.1993 - 6 RKa 70/91 - BSGE 73, 234.

rung und zum Schutz der vertragsärztlichen Versorgung kommt dabei insbesondere ein Ruhen der Zulassung, das bis zu zwei Jahren angeordnet werden kann, in Betracht und kann damit eine ähnlich nachhaltige Wirkung wie eine Zulassungsentziehung entfalten.

Vor Erlass einer Disziplinarmaßnahme ist auch eine **vorherige Beratung** des Vertragsarztes nicht erforderlich. Für den Bereich von Wirtschaftlichkeitsprüfungen ist in der Rechtsprechung anerkannt, dass eine Beratung nach § 106 Abs. 5 Satz 2 SGB V bei Überschreitungen des Fachgruppendurchschnitts im Bereich des offensichtlichen Missverhältnisses nicht erforderlich ist. Entsprechendes gilt erst recht für die schuldhafte Verletzung von vertragsärztlichen Pflichten.[45] 48

3. Auswahl der Disziplinarmaßnahme

Bei der Auswahl der Maßnahme ist der Disziplinarausschuss grundsätzlich berechtigt und verpflichtet, 49 nach seinem **Ermessen** zu handeln, so dass die Entscheidung insoweit nur einer **eingeschränkten gerichtlichen Überprüfung** zugänglich ist. Der Verwaltungsakt ist daher nach § 54 Abs. 2 SGG nur bei **Ermessenüberschreitung** oder bei **Ermessenfehlgebrauch** rechtswidrig. Das Gericht hat die Voraussetzungen des Ermessens festzustellen, d.h. insbesondere zu prüfen, ob die Behörde von einem vollständig ermittelten Sachverhalt ausgegangen ist und sich von sachgerechten Erwägungen hat leiten lassen. Die Überprüfung ist dabei auf die **im Verwaltungsakt mitgeteilten Ermessenserwägungen beschränkt.**[46] Eine Änderung der Maßnahme durch die Gerichte ist nicht zulässig.

Disziplinarmaßnahmen sind nach § 81 Abs. 5 Satz 2 SGB V die Verwarnung, der Verweis, die Geld- 50 buße oder die Anordnung des Ruhens der Zulassung bis zu zwei Jahren. Die möglichen Maßnahmen sind dabei **abschließend aufgezählt**. Die Auswahl der Maßnahme hat unter Beachtung des **Verhältnismäßigkeitsgrundsatzes** je nach der Schwere der Verfehlung zu erfolgen. Damit können die Pflichtverletzungen schuldangemessen abgestuft geahndet werden. Die Anordnung des Ruhens als härteste Maßnahme wird sich regelmäßig auf die Existenz der Praxis auswirken. Die Ermessensentscheidung unter Beachtung des Verhältnismäßigkeitsgrundsatzes bedarf hier besonderer Sorgfalt.

Bei der Auswahl der Maßnahme kann bzw. muss bspw. zugunsten des Arztes erwogen werden, ob be- 51 reits Maßnahmen festgesetzt wurden, der Ruhestand bevorsteht oder das Fehlverhalten eingeräumt worden ist. Zum Nachteil können bspw. das Ausmaß der Überschreitungen und die zeitliche Fortdauer der Überschreitungen bei Verstößen gegen das Wirtschaftlichkeitsgebot einbezogen werden. Ein nachgehendes Wohlverhalten im gerichtlichen Verfahren ist unbeachtlich.

Gegen einen pflichtwidrig handelnden Vertragsarzt können **nicht mehrere Disziplinarmaßnahmen** 52 **gleichzeitig verhängt werden.**[47] Ohne eine – hier fehlende – besondere Ermächtigung für die Kumulation mehrerer Maßnahmen besteht wegen des an die jeweilige Intensität des vertragsärztlichen Pflichtenverstoßes gekoppelten abgestuften Sanktionskatalogs keine Rechtfertigung, zugleich mehrere der für sich genommen bereits jeweils einschneidenden Maßnahmen kumulativ festzusetzen.

4. Disziplinarregelungen der KV

Nach § 81 Abs. 5 Satz 1 SGB V müssen die Satzungen der KV die **Voraussetzungen und das Ver-** 53 **fahren zur Verhängung von Disziplinarmaßnahmen** regeln. Diese werden typischerweise in **Disziplinarordnungen** als Bestandteil der Satzung beschlossen.

Die der KV zustehende Disziplinargewalt über ihre Mitglieder kann auf einen **Disziplinarausschuss** 54 übertragen werden. Hierbei kann bestimmt werden, dass der Ausschuss aus einem Vorsitzenden und Beisitzern bestehen kann, wobei der Vorsitzende die Befähigung zum Richteramt haben muss und der Disziplinarausschuss bei seiner Entscheidung unabhängig und an Weisungen nicht gebunden ist. Weiterhin kann das Antragsrecht auf Eröffnung und Durchführung des Disziplinarverfahrens dem Vorstand vorbehalten werden. Zulässig ist auch eine Regelung, wonach der Vorstand gegen die Zurückweisung des Antrages oder Ablehnung eines Verfahrens durch den Disziplinarausschuss Klage erheben kann.

Die Übertragung der der KV als Körperschaft des öffentlichen Rechts zustehenden Disziplinargewalt 55 auf einen bei ihr zu errichtenden Ausschuss, dessen Mitglieder frei von Weisungen des Vorstands und der Vertreterversammlung entscheiden sollen, und dessen Vorsitzender gerade nicht Mitglied der KV

---

[45] BSG v. 01.02.1995 - 6 BKa 3/93.

[46] BSG v. 06.11.2002 - B 6 KA 9/02 R - SozR 3-2500 § 81 Nr. 9; BSG v. 08.03.2000 - B 6 KA 62/98 R - SozR 3-2500 § 81 Nr. 6; BSG v. 20.03.1996 - 6 BKa 1/96, BSG v. 03.09.1987 - 6 RKa 30/86 - BSGE 62, 127, 129 = SozR 2200 § 368m Nr. 3; BSG v. 24.10.1961 - 6 RKa 18/60 - BSGE 15, 161, 167.

[47] BSG v. 08.03.2000 - B 6 KA 62/98 R - SozR 3-2500 § 81 Nr. 6.

sein darf, ist in der Rechtsprechung des BSG anerkannt.[48] Diese Berechtigung beruht auf der ihr zukommenden Satzungsautonomie. Hinsichtlich der **Zusammensetzung des Disziplinarausschusses, insbesondere hinsichtlich des Einsatzes von rechtskundigen Mitgliedern** steht der KV ein weiter Gestaltungsspielraum zu. Die Übertragung der Disziplinargewalt auf selbständige Ausschüsse ist insbesondere deshalb angebracht, weil es sich um gerichtsähnliche Funktionen handelt, deren Ausgliederung aus den Funktionen der Vertreterversammlung und des Vorstands aus Gründen einer objektiven und unbeeinflussten Entscheidung sachdienlich erscheint. Die Übertragung der Disziplinarbefugnis auf eine Stelle, die wegen ihrer weisungsfreien Mitwirkung eines Juristen den Mitgliedern der KV im Allgemeinen Gewissheit verschafft, dass bei ihren Entscheidungen sachfremde Erwägungen ausgeschaltet werden, trägt ebenso den besonderen Anforderungen eines Disziplinarverfahrens Rechnung.

56 Die Einrichtung eines Disziplinarausschusses ist aber nicht notwendig. Als Disziplinarorgan kann auch der regelmäßig nur aus Ärzten bestehende Vorstand einer KV vorgesehen werden. Auch für den Fall der Bildung eines gesonderten Disziplinarausschusses gibt es **keine Verpflichtung, dass darin ein Jurist als Beisitzer mitwirken oder gar den Vorsitz** führen müsste. Den Anforderungen des Rechtsstaatsprinzips wird dadurch ausreichend Rechnung getragen, dass die Möglichkeit des gerichtlichen Rechtsschutzes (Art. 19 Abs. 4 GG) besteht.[49]

57 Aus Gründen der Rechtssicherheit und des Vertrauensschutzes können die KVen Regelungen über **Fristen** zur Festlegung eines angemessenen zeitlichen Verhältnisses zwischen der Kenntnisnahme der Behörde von einem disziplinarrechtlich relevanten Verhalten des Vertragsarztes und einem **Zeitpunkt des behördlichen Eingriffsverbotes** vorsehen. Bei Regelungen, die eine Einleitung des Verfahrens ausschließen, „wenn seit dem Bekanntwerden der Verfehlung bereits zwei Jahre vergangen sind", ist nicht auf den Zeitpunkt abzustellen, in dem Informationen einen Anfangsverdacht rechtfertigen, sondern auf den Zeitpunkt, in dem die Verfehlung bekannt wird.[50] Die Frist beginnt damit erst mit dem Zeitpunkt, in welchem das Verhalten des Vertragsarztes mit der für einen hinreichenden Tatverdacht erforderlichen Wahrscheinlichkeit als Verfehlung beurteilt werden kann. Diese Auslegung einer Ausschlussregelung hat die Rechtsprechung aus dem Wortlaut, aber auch aus Sinn und Zweck der Vorschrift abgeleitet, der darin liegt, dass die Behörde nach Abschluss einer normalen Ermittlungstätigkeit eine hieraus nachteilige Entscheidung nicht ungebührlich verzögert. Demgegenüber würde ein Fristbeginn, welcher auf die früheste Kenntnisnahme einzelner Verdachtsmomente abstellt, eher den Zweck eines zeitlich von der Ermittlungsarbeit der Behörde unabhängigen Ausschlusses verfolgen, wie dies für eigentliche Verjährungsvorschriften typisch ist. Der Fristbeginn muss daher im Einzelfall festgestellt werden.

58 Mit der **Aufhebung eines Disziplinarbescheides** geht die **verfahrenseinleitende Wirkung** des Antrages auch **nicht verloren**.[51] In diesem Fall handelt es sich nicht um die Einleitung eines neuen Verfahrens, sondern um die Fortführung des früheren Verfahrens.

59 Bestimmungen über eine **Verfolgungsverjährung** sind von den KVen nicht zwingend zu treffen.[52]

60 Auch Regelungen zum Hinweis auf eine beabsichtigte Durchführung eines Disziplinarverfahrens bzw. eine **Beratungs**bestimmung, wie sie in § 106 Abs. 5 Satz 2 SGB V im Rahmen von Wirtschaftlichkeitsprüfungen normiert ist, schreibt § 81 Abs. 5 SGB V den KVen nicht vor.[53] Mit den in § 81 Abs. 5 Satz 2 SGB V nach der Schwere der Verfehlung abgestuften Möglichkeiten der Maßnahmen ist eine schuldangemessene Ahndung gewährleistet, wobei auch die Möglichkeit besteht, von einer Maßnahme abzusehen.

61 Mit der Ermächtigung zur Regelung des Verfahrens nach § 81 Abs. 5 Satz 1 SGB V ist den KVen auch gestattet, Vorschriften über die **Kostentragung** einzuführen. Eine Kostenregelung kann in der Form getroffen werden, dass sich der Arzt, dem ein disziplinarisch zu ahndendes Verhalten zur Last fällt, bis zu einem in der Satzung selbst festgelegten Höchstbetrag an den allgemeinen Verfahrenskosten zu beteiligen hat.[54]

---

[48] BSG v. 28.01.2004 - B 6 KA 4/03 R - SozR 4-1500 § 70 Nr. 1; BSG v. 14.03.2001 - B 6 KA 36/00 R - SozR 3-2500 § 81 Nr. 7; BSG v. 29.10.1963 - 6 RKa 10/62 - SozR Nr. 3 zu § 368m RVO.

[49] BSG v. 14.03.2001 - B 6 KA 36/00 R - SozR 3-2500 § 81 Nr. 7.

[50] BSG v. 15.05.1991 - 6 RKa 37/89 - SozR 3-2500 § 81 Nr. 1.

[51] BSG v. 06.11.2002 - B 6 KA 9/02 R - SozR 3-2500 § 81 Nr. 9.

[52] BSG v. 06.11.2002 - B 6 KA 9/02 R - SozR 3-2500 § 81 Nr. 9.

[53] BSG v .08.03.2000 - B 6 KA 62/98 R - SozR 3-2500 § 81 Nr. 6; BSG v. 01.02.1995 - 6 BKa 3/93.

[54] BSG v. 28.08.1996 - 6 BKa 22/96; BSG v. 28.06.2000 - B 6 KA 1/00 B.

Auch für die **schriftliche Absetzung und Zustellung bzw. Bekanntgabe** einer nach mündlicher Verhandlung getroffenen Disziplinarentscheidung an den Vertragsarzt kann eine **Fristbestimmung** getroffen werden. Die Regelung in § 275 Abs. 1 Satz 2 StPO von einer Frist von grundsätzlich fünf Wochen mit weiteren Ausnahmebestimmungen für Strafurteile gilt im vertragsärztlichen Disziplinarrecht nicht.[55] Zwar enthält das insoweit maßgebliche Verwaltungsverfahrensrecht des SGB X keine Regelung. Die Gerichte sind aber generell nicht befugt, aus der Vielzahl gesetzlicher Fristenregelungen in den unterschiedlichen Verfahrensordnungen einzelne Vorschriften auszuwählen und ohne gesetzliche Anordnung auf andere Verfahren anzuwenden. Für die Verfahren der Wirtschaftlichkeitsprüfung nach § 106 SGB V hat das BSG bereits entschieden, dass Bescheide des Beschwerdeausschusses dann als „nicht mit Gründen versehen" im Sinne des § 35 Abs. 1 SGB X zu behandeln sind, wenn sie nicht innerhalb von **fünf Monaten** nach Beschlussfassung zur Zustellung/Bekanntgabe gegeben worden sind. Im Beschluss vom 09.12.2004[56] hat das BSG die Geltung der Fünf-Monats-Frist bei Disziplinarbescheiden nicht ausdrücklich für anwendbar erklärt, weil der Bescheid wenige Tage vor Ablauf dieser Frist zugestellt worden war. Es hat aber zu erkennen gegeben, dass diese Frist den rechtsstaatlichen Erfordernissen und dem Schutz des betroffenen Arztes vor einer überlangen Verfahrensdauer hinreichend Rechnung trägt. 62

5. Rechtsschutz

Klagen von Ärzten, die Entscheidungen des Disziplinarausschusses zum Gegenstand haben, sind nicht gegen diesen, sondern **gegen die KV** als seinen Rechtsträger **zu richten**. Bei dem Disziplinarausschuss handelt es sich um einen allein der KV zuzuordnenden Ausschuss, dessen Entscheidungen der KV als Trägerin des Ausschusses zuzurechnen sind.[57] Dem Disziplinarausschuss kommt in dieser Konstellation auch keine Beteiligungsfähigkeit im Sinne von § 70 Nr. 4 SGG zu. Er ist kein gemeinsames Entscheidungsgremium, weil in ihm keine Vertreter von Krankenkassen mitwirken. 63

Eine Beteiligtenfähigkeit des Disziplinarausschusses hat das BSG bei der besonderen Konstellation eines **In-Sich-Prozesses** zwischen dem Vorstand einer KV und dem Ausschuss bei einer ablehnenden Entscheidung über die beantragte Durchführung eines Disziplinarverfahrens anerkannt.[58] Ein In-Sich-Prozess, bei dem eine Behörde ein gerichtliches Verfahren führt, um die Rechtmäßigkeit einer Entscheidung einer anderen Behörde desselben Rechtsträgers in zuständigkeitsrechtlicher oder sachlich-rechtlicher Hinsicht überprüfen zu lassen, ist unter besonderen Voraussetzungen zulässig. Er kann geführt werden, wenn eine Behörde in eigenen Rechten verletzt sein kann und sich aus dem materiellen Recht klagefähige Rechtspositionen ergeben, kraft derer eine Behörde ähnlich wie ein Bürger ihre Befugnisse gegenüber der staatlichen Hoheitsgewalt verteidigt. Ein solcher Prozess ist aber dann unzulässig, wenn die beteiligten Behörden im Verhältnis von Ausgangs- und Widerspruchsbehörde zueinander stehen[59] oder wenn der Streit durch eine für beide streitenden Behörden gemeinsame Entscheidungsspitze geklärt werden kann.[60] Beide **Ausnahmetatbestände** hat das BSG im Verhältnis von Vorstand und Disziplinarausschuss verneint und maßgeblich darauf abgestellt, ob dem **Disziplinarausschuss ein eigener Rechte- und Pflichtenkreis** eingeräumt ist, den er auch gegenüber den Organen der KV als seinem Rechtsträger zu verteidigen berechtigt ist, und ob der Vorstand seinerseits befugt ist, die Entscheidungen des Ausschusses auf die Vereinbarkeit mit Recht und Gesetz zu überprüfen. Dabei wurde insbesondere hervorgehoben, dass bei Regelungen in der Disziplinarordnung, mit denen der Vorstand im Konfliktfall gegen Entscheidungen des Disziplinarausschusses auf die Möglichkeit der Klage verwiesen werde, eine Unzulässigkeit eines In-Sich-Prozesses die Erfüllung der Gewährleistungsverpflichtung der KV für eine dem Gesetz und den untergesetzlichen Vorschriften entsprechende vertragsärztliche Versorgung (§ 75 Abs. 1 Satz 1 SGB V) gefährden könnte.[61] Beteiligter des Rechtsstreits ist in diesem Fall eines zulässigen In-Sich-Prozesses der Vorstand der KV als ihr Vertretungsorgan und nicht die KV selbst. 64

---

[55] BSG v. 09.12.2004 - B 6 KA 70/04 B.

[56] BSG v. 09.12.2004 - B 6 KA 70/04 B.

[57] BSG v. 28.01.2004 - B 6 KA 4/03 R - SozR 4-1500 § 70 Nr. 1; BSG v. 08.09.1993 - 14a RKa 7/92 - BSGE 73, 66, 67 = SozR 3-2500 § 2 Nr. 2.

[58] BSG v. 28.01.2004 - B 6 KA 4/03 R - SozR 4-1500 § 70 Nr. 1.

[59] BVerwG v. 21.06.1974 - IV C 17.72 - BVerwGE 45, 207.

[60] BSG v. 23.04.1975 - 9 RV 136/74 - BSGE 39, 260.

[61] BSG v. 28.01.2004 - B 6 KA 4/03 R - SozR 4-1500 § 70 Nr. 1.

65 Die Entscheidungen über Disziplinarmaßnahmen sind **ohne** Durchführung eines **Vorverfahrens** anfechtbar. In § 81 Abs. 5 Satz 4 SGB V ist ausdrücklich geregelt, dass ein Vorverfahren nach § 78 SGG nicht stattfindet.

66 Die **gerichtliche Nachprüfung von Disziplinarmaßnahmen** erfolgt in zwei Schritten. Das Vorliegen des **schuldhaften Pflichtenverstoßes** als tatbestandliche Voraussetzung ist **uneingeschränkt nachprüfbar**. Bei der **Auswahl der Maßnahme** steht den Disziplinarorganen ein **Ermessensspielraum** zu. Ergibt sich bei der gerichtlichen Nachprüfung von Pflichtverstößen, dass einige der bei der Verhängung der Maßnahme **zugrunde gelegten Vorwürfe entfallen**, so ist der Bescheid nicht rechtswidrig, wenn die übrigen Vorwürfe die ausgesprochene Maßnahme nach Art und Höhe und Berücksichtigung des Verhältnismäßigkeitsgrundsatzes rechtfertigen und vom Disziplinarorgan dargelegte Ermessenserwägungen nicht entgegenstehen.[62]

67 Die **Statthaftigkeit der Berufung** gegen die erstinstanzliche Entscheidung des Sozialgerichts wegen der Festsetzung einer Geldbuße bis 500 € ist nicht wegen § 144 Abs. 1 Nr. 1 SGG ausgeschlossen.[63] Nach der genannten Vorschrift bedarf die Berufung bei Klagen, die eine Geld- oder Sachleistung oder einen hierauf gerichteten Verwaltungsakt betreffen und bei denen der Wert des Beschwerdegegenstandes 500 € nicht übersteigt, der Zulassung in dem Urteil des SG oder – auf Beschwerde – des Beschlusses des LSG. **Disziplinarbescheide** fallen auch soweit sie eine Geldbuße betreffen, **nicht** in den **Anwendungsbereich von § 144 Abs. 1 Nr. 1 SGG,** weil sie keinen auf eine Geldleistung gerichteten Verwaltungsakt darstellen. Dies ergibt sich aus dem besonderen Charakter der Maßnahme, die eine Reaktion der dem Sicherstellungsauftrag verpflichteten KV auf die Verletzung vertragsärztlicher Pflichten verbunden mit dem Hinwirken auf eine zukünftig ordnungsgemäße Tätigkeit des Vertragsarztes darstellt. Bei anderen Maßnahmen, wie z.B. einer Verwarnung oder einem Verweis, ist die Berufung ebenso statthaft.

68 Für die **Festsetzung des Streitwertes** nach § 197a Abs. 1 SGG i.V.m. § 63 GKG in disziplinarrechtlichen Streitverfahren ist der **Regelwert** des § 52 Abs. 2 GKG maßgebend, weil für die Maßnahmen als solche hinreichende Anhaltspunkte für eine Schätzung des wirtschaftlichen Wertes fehlen. Der Betrag ist um den Betrag einer ggf. **verhängten Geldbuße zu erhöhen**.[64]

69 Die **Klage** gegen die Festsetzung der Disziplinarmaßnahme, insbesondere eines verhängten Ordnungsgeldes oder der Anordnung des Ruhens der Zulassung, hat nach § 86a Abs. 1 SGG **aufschiebende Wirkung**. Die **sofortige Vollziehung** kann nach Maßgabe von § 86a Abs. 2 Nr. 5 SGG mit schriftlicher Begründung des besonderen Interesses an der sofortigen Vollziehbarkeit angeordnet werden. Für den Vertragsarzt besteht in diesem Fall die Möglichkeit, bei Gericht einen Antrag auf Anordnung der aufschiebenden Wirkung der Klage gemäß § 86b Abs. 1 Nr. 2 SGG zu stellen.

---

[62] BSG v. 03.09.1987 - 6 RKa 30/86 - BSGE 62, 127.

[63] BSG v. 11.09.2002 - B 6 KA 36/01 R - SozR 3-2500 § 81 Nr. 8.

[64] BSG v. 01.02.2005 - B 6 KA 70/04 B - SozR 4-1935 § 33 Nr. 1.

§ 81a SGB V Stellen zur Bekämpfung von Fehlverhalten im Gesundheitswesen

(Fassung vom 14.11.2003, gültig ab 01.01.2004)

(1) Die Kassenärztlichen Vereinigungen und die Kassenärztlichen Bundesvereinigungen richten organisatorische Einheiten ein, die Fällen und Sachverhalten nachzugehen haben, die auf Unregelmäßigkeiten oder auf rechtswidrige oder zweckwidrige Nutzung von Finanzmitteln im Zusammenhang mit den Aufgaben der jeweiligen Kassenärztlichen Vereinigung oder Kassenärztlichen Bundesvereinigung hindeuten. Sie nehmen Kontrollbefugnisse nach § 67c Abs. 3 des Zehnten Buches wahr.

(2) Jede Person kann sich in den Angelegenheiten des Absatzes 1 an die Kassenärztlichen Vereinigungen und Kassenärztlichen Bundesvereinigungen wenden. Die Einrichtungen nach Absatz 1 gehen den Hinweisen nach, wenn sie auf Grund der einzelnen Angaben oder der Gesamtumstände glaubhaft erscheinen.

(3) Die Kassenärztlichen Vereinigungen und die Kassenärztlichen Bundesvereinigungen haben zur Erfüllung der Aufgaben nach Absatz 1 untereinander und mit den Krankenkassen und ihren Verbänden zusammenzuarbeiten.

(4) Die Kassenärztlichen Vereinigungen und die Kassenärztlichen Bundesvereinigungen sollen die Staatsanwaltschaft unverzüglich unterrichten, wenn die Prüfung ergibt, dass ein Anfangsverdacht auf strafbare Handlungen mit nicht nur geringfügiger Bedeutung für die gesetzliche Krankenversicherung bestehen könnte.

(5) Der Vorstand hat der Vertreterversammlung im Abstand von zwei Jahren, erstmals bis zum 31. Dezember 2005, über die Arbeit und Ergebnisse der organisatorischen Einheiten nach Absatz 1 zu berichten. Der Bericht ist der zuständigen Aufsichtsbehörde zuzuleiten.

Gliederung

A. Basisinformationen

I. Gesetzgebungsmaterialien

Die Vorschrift des § 81a SGB V wurde mit dem GMG[1] vom 14.11.2003 mit Wirkung zum 01.01.2004 neu in das SGB V eingefügt. Sie stimmt wörtlich mit dem Gesetzesentwurf der Fraktionen SPD, CDU/CSU und BÜNDNIS 90/DIE GRÜNEN vom 08.09.2003 überein.[2] 1

II. Vorgängervorschriften

Vorgängervorschriften existieren nicht. 2

III. Parallelvorschriften

Für die Sozialversicherungsträger besteht mit § 197a SGB V eine gleichlautende Vorschrift. 3

---

[1] BGBl I 2003, 2190.
[2] BT-Drs. 15/1525, S. 18.

IV. Ausgewählte Literaturhinweise

4 *Beeretz*, Abrechnungsprüfung in der vertragsärztlichen Versorgung, ZMGR 2004; 103; *Rixen*, Die Stellen zur Bekämpfung von Fehlverhalten im Gesundheitswesen, ZfSH/SGB 2005, 131-135; *Steinhilper*, Stellen zur Bekämpfung von Fehlverhalten im Gesundheitswesen, MedR 2005, 131-134.

B. Auslegung der Norm

I. Regelungsgehalt und Bedeutung der Norm

5 Die KV und KBV sind für ihren jeweiligen Organisationsbereich verpflichtet, selbständige Ermittlungs- und Prüfungsstellen zur Bekämpfung von Fehlverhalten einzurichten. Werden Fälle oder Sachverhalte bekannt, die auf Unregelmäßigkeiten oder auf eine rechtswidrige oder zweckwidrige Nutzung von Finanzmitteln hindeuten, besteht eine Aufklärungspflicht der genannten Stellen. Die Kompetenz ist dabei auf den jeweiligen Zuständigkeitsbereich der jeweiligen Organisation beschränkt. Mit dem Verweis auf § 63a Abs. 3 SGB X ist sichergestellt, dass zur Aufgabenerfüllung die innerhalb des Zuständigkeitsbereichs erhobenen Daten verwendet werden können.

II. Normzweck

6 Mit der Einrichtung von Prüfungs- und Ermittlungsstellen durch die KV und die KBV sollen der effiziente Einsatz von Finanzmitteln und Selbstreinigungskräfte im Krankenversicherungsbereich gestärkt werden.[3] Der Gesetzgeber misst der konsequenten Bekämpfung von Fehlverhalten ein erhebliches finanzielles Potential zu.[4]

III. Ermittlungs- und Prüfungsstellen

7 Die im Gesetz genannten und von den KV und den KBV zu bildenden organisatorischen Einheiten sind als Ermittlungs- und Prüfungsstellen einzurichten. Mit der vom Gesetzgeber beabsichtigten Selbständigkeit ist eine weisungsfreie Aufgabenwahrnehmung verbunden. Eine Weisungsgebundenheit, etwa von Vorstand oder Vertreterversammlung, welchen Fällen nicht nachzugehen ist, würde die vom Gesetzgeber beabsichtigte „Selbstreinigung“[5] leer laufen lassen können.

8 Die Aufgaben beziehen sich auf die Ermittlung und Feststellung, ob Unregelmäßigkeiten auf eine rechtswidrige oder zweckwidrige Nutzung von Finanzmitteln im Zusammenhang mit den Aufgaben der KV hindeuten. Welche Sachverhalte mit den Begriffen „Unregelmäßigkeiten“ und „zweckwidrige Nutzung von Finanzmitteln“ gemeint sind, ist weder im Gesetz selbst näher definiert noch in der Gesetzesbegründung[6] näher beschrieben. Mit Blick auf die in § 81a Abs. 4 SGB V geregelte Pflicht zur Information der Staatsanwaltschaft bei einem Anfangsverdacht für eine strafbare Handlung ist auf strafrechtlich bewehrte Handlungen abzustellen, wobei hier insbesondere die Vermögensdelikte, wie Betrug, Untreue, aber auch Bestechlichkeit und Vorteilsannahme in Betracht kommen.

9 Der Begriff der Finanzmittel i.S.v. § 81a Abs. 1 SGB V umfasst alle von den KV verwalteten Gelder. Eine Beschränkung auf die an die Ärzte zu verteilende Gesamtvergütung besteht nicht.[7] Hierfür bietet weder der Wortlaut der Norm noch der Gesetzeszweck einen Anhalt. Dieser bezieht sich allgemein auf die Bekämpfung von Fehlverhalten im Gesundheitswesen und nicht ausschließlich auf das Verhalten der Ärzte, so dass auch die Gelder des Verwaltungshaushalts nicht ausgenommen sind.

10 In Bezug auf die Prüfung der Rechts- oder Zweckwidrigkeit der Nutzung der Finanzmittel besteht indes keine umfassende Prüfungskompetenz. Insbesondere ist damit keine rechtliche Überprüfung der von Organen der KV beschlossenen Entscheidungen oder abgeschlossenen Verträge gemeint. Die Prüfung der Rechtmäßigkeit der Aufgabenwahrnehmung durch die Organe der KV ist den Aufsichtsbehörden (§ 78 Abs. 2 SGB V) vorbehalten. Diese sind schon nicht befugt, die Zweckmäßigkeit des Handelns zu überprüfen. Insofern können den Ermittlungsstellen auch keine weiteren Prüfungskompetenzen zugebilligt werden. Ihre Kompetenz erstreckt sich damit nur auf die Frage, ob die Finanzmittel entsprechend den in den Satzungen, Beschlüssen und Verträgen vorgegebenen Zwecken verwendet wurden und z.B. nicht auf „verschleierten Umwegen“ ihrer bestimmungsgemäßen Verwendung entzogen wurden.

---

[3] BT-Drs. 15/1525, S. 99.

[4] BT-Drs. 15/1525, S 173.

[5] BT-Drs. 15/1525, S. 99.

[6] BT-Drs. 15/1525, S. 99.

[7] A.A *Steinhilper*, MedR 2005, 131.

Die Aufgabe der Stellen bezieht sich nach dem Wortlaut von Absatz 1 darauf, den näher beschriebenen Sachverhalten und Fällen „nachzugehen". Entsprechende Sachverhalte müssen also zur Kenntnis gebracht worden sein. Eine von Amts wegen vorzunehmende systematische oder stichprobenhafte Untersuchung von Abrechnungsunterlagen oder Verwaltungsvorgängen ist damit nicht statthaft. 11

Hinweise können insbesondere aber auch von den eigenen Abteilungen der KV oder der Gremien der gemeinsamen Selbstverwaltung veranlasst sein, wenn sich z.B. bei Abrechnungsprüfungen Anhaltspunkte für ein strafbares Verhalten ergeben. 12

Mit dem Verweis von § 81a Abs. 1 Satz 2 SGB V auf § 67c Abs. 3 SGB X ist gewährleistet, dass die Stellen zur Erfüllung der ihnen obliegenden Aufgabe die in der KV erhobenen Daten heranziehen und verwenden können. 13

IV. Anlaufstellen (Absatz 2)

Die KV und KBV sollen als Anlaufstellen und Ansprechpartner für jedermann zur Verfügung stehen. 14 Damit werden insbesondere auch die Patienten als weitere Informationsquellen angesprochen, zum effizienten Einsatz von Finanzmitteln beizutragen. Zu einer sachgerechten Aufgabenerfüllung nach § 81a Abs. 1 SGB V ist die Ermittlungspflicht aber zugleich eingeschränkt. Anhaltspunkte für ein Fehlverhalten i.S.v. Absatz 1 müssen auf Grund der einzelnen Angaben oder Gesamtumstände glaubhaft erscheinen, also hinreichend substantiiert sein. Auch anonymen Hinweisen, die diese Anforderungen erfüllen, ist nachzugehen.

V. Zusammenarbeit (Absatz 3)

Die Pflicht zur Zusammenarbeit zwischen KV, KBV, den Krankenkassen und ihren Verbänden dient 15 dem Erfahrungsaustausch, aber auch dazu, sich wechselseitig Hinweise zu geben. Die Übermittlung von personenbezogenen Daten ist nicht zulässig.

VI. Unterrichtungspflicht (Absatz 4)

Die im Speziellen geregelte Unterrichtungspflicht der KV und KBV an die Staatsanwaltschaft bei ei- 16 nem möglichen Anfangsverdacht für eine strafbare Handlung soll gewährleisten, dass in den entsprechenden Fällen, so z.B. bei einem Abrechnungsbetrug durch Ärzte (§ 263 StGB), nicht nur die internen Mittel der sachlich-rechnerischen Richtigstellung der Abrechnungen und Disziplinarmaßnahmen (vgl. § 81 Abs. 5 SGB V) zur Geltung kommen, sondern auch strafrechtliche Sanktionen realisiert werden können. Die Mitteilungspflicht an den Staatsanwalt ist auf eine unverzügliche Übermittlung ausgerichtet. Insoweit steht es im Ermessen der Stellen, in welchem Umfang ggf. zunächst Ermittlungen zur Überzeugungsbildung angestellt werden. Eine sofortige Mitteilung kann aber insbesondere dann veranlasst sein, wenn bei einer Kenntnis des Ermittlungsvorgangs von der betroffenen Person Beweisvereitelungen zu besorgen sind, deren Verhinderung allein von der Staatsanwalt mit den ihr gegebenen strafprozessualen Mitteln verhindert werden kann.

Ausgenommen von der Mitteilungspflicht sind Fälle von nur geringfügiger Bedeutung für die gesetz- 17 liche Krankenversicherung, die in der Gesetzesbegründung als „Bagatellfälle" bezeichnet sind. Die hierzu abgegebene weitere Begründung, bei solchen Fällen solle kein allgemeines Klima des Misstrauens insbesondere in dem komplexen Verhandlungssystem der gesetzlichen Krankenversicherung erzeugt werden, gibt keinen Aufschluss, unter welchen Voraussetzungen eine nur geringfügige Bedeutung vorliegen soll. Entsprechend der Regelungen in § 248a StGB wird zum einem der Schadensumfang als Kriterium der Geringfügigkeit herangezogen werden können. Der im Strafrecht geltende Betrag von 100 € wird jedoch nicht als maßgeblich Höchstgrenze angesehen werden können, weil § 81 Abs. 4 SGB V auf die geringfügige Bedeutung für die gesetzliche Krankenversicherung abstellt. Mit Blick auf deren Finanzvolumen dürfte für eine Geringfügigkeit auch bei einem deutlich höheren Betrag noch ausgegangen werden können. Auch bei einem für gesetzliche Krankenversicherung nur relativ kleinen Schadensumfang wird eine geringfügige Bedeutung aber bei einer besonderen Begehungsweise (systematische Manipulationen, Zusammenwirken mehrerer Leistungserbringer) nicht mehr vorliegen.

Eine Kompetenz zum Erlass eigener Maßnahmen ist den Ermittlungs- und Prüfungsstellen nicht ein- 18 geräumt. Auch haben die Organe der KV und die Gremien der Gemeinsamen Selbstverwaltung ihre ihnen durch Gesetz und Satzung auferlegten Aufgaben insbesondere zur sachlich-rechnerischen Richtigstellung, Festsetzung von Regressen, Durchführung von Wirtschaftlichkeitsprüfungen und Verhängung von Disziplinarmaßnahmen weiterhin selbständig und uneingeschränkt wahrzunehmen. Auch die Mitteilungspflicht gegenüber der Staatsanwaltschaft kommt ihnen nicht zu. Diese obliegt vielmehr den KV bzw. den KBV, mithin dem Vorstand.

19 Mitteilungen der Ermittlungsstellen an den Vorstand sind aber auch dann veranlasst, wenn sich zwar der Verdacht einer strafbaren Handlung nicht erhärtet hat, der Vorgang aber gleichwohl auf eine Verletzung der vertragsärztlichen Pflichten schließen lässt. Es obliegt dann dem Vorstand, darüber zu befinden, ob und ggf. welche vertragsärztlichen Maßnahmen in Betracht kommen und den Vorgang an die zuständigen Stellen zur weiteren Prüfung weiterzuleiten.

VII. Berichtspflicht (Absatz 5)

20 Die Berichtspflicht an den Vorstand und die Aufsichtsbehörde besteht erstmals zum 31.12.2005, danach im Abstand von zwei Jahren. Sie soll der Arbeit der Prüfungs- und Ermittlungsstellen Transparenz verschaffen. Zu deren Erfüllung wird im Vorfeld eine Dokumentation der jeweiligen Sachverhalte und Fälle zweckmäßig sein.

Dritter Titel: Verträge auf Bundes- und Landesebene

§ 82 SGB V Grundsätze

(Ursprünglich kommentierte Fassung vom 26.03.2007, gültig ab 01.04.2007, gültig bis 27.12.2007)

(1) Den allgemeinen Inhalt der Gesamtverträge vereinbaren die Kassenärztlichen Bundesvereinigungen mit den Spitzenverbänden der Krankenkassen in Bundesmantelverträgen. Der Inhalt der Bundesmantelverträge ist Bestandteil der Gesamtverträge.

(2) Die Vergütungen der an der vertragsärztlichen Versorgung teilnehmenden Ärzte und ärztlich geleiteten Einrichtungen werden von den Landesverbänden der Krankenkassen und den Verbänden der Ersatzkassen mit den Kassenärztlichen Vereinigungen durch Gesamtverträge geregelt. Die Verhandlungen können auch von allen Kassenarten gemeinsam geführt werden.

(3) Die Kassenärztlichen Bundesvereinigungen können mit den Verbänden der Ersatzkassen für nicht bundesunmittelbare Ersatzkassen, der Deutschen Rentenversicherung Knappschaft-Bahn-See, der See-Krankenkasse und dem Bundesverband der landwirtschaftlichen Krankenkassen von § 83 Satz 1 abweichende Verfahren zur Vereinbarung der Gesamtverträge, von § 85 Abs. 1 und § 87a Abs. 3 abweichende Verfahren zur Entrichtung der in den Gesamtverträgen vereinbarten Vergütungen sowie von § 291 Abs. 2 Nr. 1 abweichende Kennzeichen vereinbaren.

§ 82 SGB V Grundsätze

(Fassung vom 19.12.2007, gültig ab 28.12.2007, gültig bis 30.06.2008)

(1) Den allgemeinen Inhalt der Gesamtverträge vereinbaren die Kassenärztlichen Bundesvereinigungen mit den Spitzenverbänden der Krankenkassen in Bundesmantelverträgen. Der Inhalt der Bundesmantelverträge ist Bestandteil der Gesamtverträge.

(2) Die Vergütungen der an der vertragsärztlichen Versorgung teilnehmenden Ärzte und ärztlich geleiteten Einrichtungen werden von den Landesverbänden der Krankenkassen und den Verbänden der Ersatzkassen mit den Kassenärztlichen Vereinigungen durch Gesamtverträge geregelt. Die Verhandlungen können auch von allen Kassenarten gemeinsam geführt werden.

(3) Die Kassenärztlichen Bundesvereinigungen können mit den Verbänden der Ersatzkassen für nicht bundesunmittelbare Ersatzkassen, der Deutschen Rentenversicherung Knappschaft-Bahn-See und dem Bundesverband der landwirtschaftlichen Krankenkassen von § 83 Satz 1 abweichende Verfahren zur Vereinbarung der Gesamtverträge, von § 85 Abs. 1 und § 87a Abs. 3 abweichende Verfahren zur Entrichtung der in den Gesamtverträgen vereinbarten Vergütungen sowie von § 291 Abs. 2 Nr. 1 abweichende Kennzeichen vereinbaren.

Hinweis: § 82 SGB V in der Fassung vom 26.03.2007 wurde durch Art. 5 Nr. 4 des Gesetzes vom 19.12.2007 (BGBl I 2007, 3024) i.V.m. der Bek. vom 28.12.2007 (BGBl I 2007, 3305) mit Wirkung vom 28.12.2007 geändert. Die Autoren passen die Kommentierungen bei Bedarf an die aktuelle Rechtslage durch Aktualisierungshinweise an.

Gliederung

A. Basisinformationen

I. Textgeschichte/Gesetzgebungsmaterialien

1 § 82 SGB V wurde durch Art. 1 **Gesundheitsreformgesetz** vom 20.12.1988[1] in das Sozialgesetzbuch eingefügt. Die Bestimmung trat am 01.01.1989 in Kraft.

2 Absatz 3 der Vorschrift wurde in den Grundzügen seiner jetzigen Fassung durch Art. 1 Nr. 1 **Gesetz zur Einführung des Wohnortprinzips bei Honorarvereinbarungen für Ärzte und Zahnärzte** vom 11.12.2001[2] mit Wirkung vom 01.01.2002 angefügt. Absatz 3 ist außerdem durch Art. 6 Nr. 6 Gesetz zur Organisationsreform in der gesetzlichen Rentenversicherung vom 09.12.2004[3] an den Sprachgebrauch der Veränderung in der Organisationsstruktur der Rentenversicherungsträger angepasst worden. Danach übernimmt nunmehr die Deutsche Rentenversicherung Knappschaft-Bahn-See die Aufgaben der bisherigen knappschaftlichen Krankenversicherung. Während sie hinsichtlich der Versicherten der ehemaligen Seekasse auch die Rentenversicherung durchführt, ist für die Krankenversicherung dieser Versicherten die See-KK verantwortlich (§ 165 Abs. 1 SGB V).

3 Mit Wirkung vom 01.01.2007 ist § 82 Abs. 3 SGB V durch Art 2 Nr. 5 **Gesetz zur Modernisierung der gesetzlichen Krankenversicherung** (GMG) vom 14.11.2003[4] an die ursprünglich vorgesehene Neuregelung des vertragsärztlichen Vergütungssystems in den §§ 85a-85d SGB V angepasst worden. Sie sah bis zum 31.03.2007 für die in Absatz 3 genannten KKn und Verbände die Möglichkeit vor, von den nach § 85a Abs. 2 SGB V (in der bis zum 31.03.2007 geltenden Fassung) getroffenen Vereinbarungen zur Vergütung der vertragsärztlichen Leistungen abzuweichen. Mit Wirkung vom 01.04.2007 ist durch Art. 1 Nr. 51 lit. c GKV-Wettbewerbsstärkungsgesetz (GKV-WSG) v. 26.03.2007[5] m.W.v. 01.04.2007 der Verweis auf § 85a Abs. 2 SGB V durch einen Verweis auf § 87a Abs. 3 SGB V ersetzt worden, nachdem sich die betreffenden Vorschriften zur Neuregelung des vertragsärztlichen Vergütungssystems nunmehr in den §§ 87a ff. SGB V finden.

4 **Gesetzgebungsmaterialien:** Gesetzentwurf der Fraktionen SPD und BÜNDNIS 90/DIE GRÜNEN zur Einführung des Wohnortprinzips bei Honorarvereinbarungen für Ärzte und Zahnärzte;[6] Beschlussempfehlung[7] und Bericht[8] des Ausschusses für Gesundheit; Beschlussempfehlung des Vermittlungsausschusses.[9] Gesetzentwurf der Fraktionen der SPD, CDU/CSU und BÜNDNIS 90/DIE GRÜNEN zum GKV-Modernisierungsgesetz.[10] Bericht des Ausschusses für Gesundheit zum GKV-Wettbewerbsstärkungsgesetz.[11]

II. Vorgängervorschriften

5 Der wesentliche Inhalt des § 82 SGB V war bis zum In-Kraft-Treten der Vorschrift in **§ 368g RVO** geregelt. Diese Bestimmung sah in **§ 368g Abs. 1 RVO** vor, dass die KVen mit den Verbänden der KKn Regelungen über die Vergütung kassenärztlicher Leistungen zu treffen hatten. Anders als heute beinhaltete sie allerdings auch Aussagen über den Inhalt dieser Verträge, nämlich in Gestalt des heute in

[1] BGBl I 1988, 2477.
[2] BGBl I 2001, 3526.
[3] BGBl I 2004, 3242.
[4] BGBl I 2003, 2190.
[5] BGBl I 2007, 378.
[6] BT-Drs. 14/5960.
[7] BT-Drs. 14/6566.
[8] BT-Drs. 14/6595.
[9] BT-Drs. 14/7342.
[10] BT-Drs. 15/1525.
[11] BT-Drs. 16/4247.

§ 72 Abs. 2 SGB V „vor die Klammer“ gezogenen Gebotes der angemessenen Vergütung. Außerdem schrieb **§ 368g Abs. 1 RVO** die Bindung der Vertragspartner an die Richtlinien des Bundesausschusses der Ärzte und Krankenkassen (heute: des Gemeinsamen Bundesausschusses; vgl. § 92 SGB V) vor. Die Vertragsschlusskompetenz war in **§ 368g Abs. 2 RVO** geregelt. Die Kernaussage des § 82 Abs. 1 SGB V (Einbeziehung der Bundesmantelverträge in die Gesamtverträge) war in **§ 368g Abs. 3 RVO** enthalten.

III. Parallelvorschriften

§ 82 ist die Einführungsvorschrift in das vertragsärztliche Vergütungssystem, zu dem es in dieser Form in anderen Rechtsbereichen keine Parallelen gibt. Das Leistungserbringerrecht ist in den anderen Bereichen des Sozialrechts abweichend geregelt. Das SGB V selbst lässt Verträge der KKn bzw. ihrer Verbände in bestimmten Bereichen unmittelbar mit den Leistungserbringern zu (z.B. für Krankenhäuser in § 109 SGB V, für Vorsorge- und Rehabilitationseinrichtungen in § 111 SGB V). Verträge der KKn bzw. ihrer Verbände mit den Verbänden der Leistungserbringer sind z.B. in § 125 Abs. 2 SGB V für Heilmittelerbringer oder in § 127 Abs. 1 SGB V für Hilfsmittelerbringer geregelt. § 72 SGB XI sieht in der sozialen Pflegeversicherung ein System von Einzelverträgen zwischen den Pflegekassen und den Leistungserbringern vor, zu denen nach § 75 SGB XI lediglich Rahmenverträge und Bundesempfehlungen existieren. In der Sozialhilfe bestehen nach § 75 Abs. 3 SGB XII Verträge sowohl mit den Leistungserbringern als auch mit ihren Verbänden. Für die ärztliche Versorgung der Sozialhilfeempfänger verweist § 52 Abs. 3 SGB XII ausdrücklich auf das Leistungserbringerrecht des SGB V und damit auch auf § 82 SGB V.[12] 6

IV. Untergesetzliche Normen

Als untergesetzliche Normen existieren zum einen die in § 82 Abs. 1 SGB V angesprochenen Bundesmantelverträge. Dabei handelt es sich im **vertragsärztlichen** Bereich um den **Bundesmantelvertrag-Ärzte** (BMV-Ä) zwischen der KBV, dem AOK-Bundesverband, dem BKK-Bundesverband, dem IKK-Bundesverband, dem Bundesverband der landwirtschaftlichen KKn, der See-KK und der Bundesknappschaft als Vorgängerin der Deutschen Rentenversicherung Knappschaft-Bahn-See[13] sowie den **Bundesmantelvertrag-Ärzte/Ersatzkassen** (EKV), den die KBV mit dem VdAK und dem AEV abgeschlossen hat.[14] 7

Entsprechende Verträge existieren auch im **vertragszahnärztlichen** Bereich.[15] 8

V. Systematische Zusammenhänge

§ 82 SGB V steht im Vierten Kapitel des SGB V, das mit „Beziehungen der Krankenkassen zu den Leistungserbringern“ überschrieben ist. Dort wiederum ist die Vorschrift im Zweiten Abschnitt („Beziehungen zu Ärzten, Zahnärzten und Psychotherapeuten“) zu Beginn des Dritten Titels („Verträge auf Bundes- und Landesebene“) zu finden. Sie ist damit dem **Leistungserbringerrecht** in der GKV zuzuordnen und hat den Charakter einer **Einführungsvorschrift** in das **Vertragsrecht** der Vertragsärzte. 9

Die vergleichsweise komplizierten Regelungen des Leistungserbringerrechts sind Ausfluss des die GKV beherrschenden **Sachleistungsprinzips**. Nach § 2 Abs. 2 Satz 1 SGB V erhalten die Versicherten die Leistungen der KKn als Sach- und Dienstleistungen. Um diesen Anspruch zu befriedigen, müssen die KKn Verträge mit den Leistungserbringern schließen. Der Bereich der ärztlichen Versorgung sieht dabei keine Einzelverträge, sondern ein System von **Kollektivverträgen** vor,[16] d.h. die Verträge werden mit Wirkung für die KKn und die Vertragsärzte durch ihre Verbände (bzw. die KVen) geschlossen. 10

---

[12] Näher dazu: *Freudenberg* in: Jahn, SGB XII, § 52 Rn. 19 ff.

[13] I.d.F. vom 19.12.1994 (DÄ 1995, A-625), zuletzt geändert mit Wirkung vom 01.07.2007, DÄ 2007, A.1770.

[14] I.d.F. vom 01.07.1994 (DÄ 1994, A-1967), zuletzt geändert mit Wirkung vom 01.07.2007, DÄ 2007, A-1770; zum EKV siehe auch *Schmidt-Bodenstein*, Ersk 1994, 381.

[15] Bundesmantelvertrag-Zahnärzte (BMV-Z) vom 13.11.1985 und Ersatzkassenvertrag-Zahnärzte (EKV-Z), beide zuletzt geändert mit Wirkung vom 01.07.2007.

[16] Näher: *Axer* in: Schapp/Wigge, Handbuch des Vertragsarztrechts, § 7 Rn. 1 ff.

11 Das System der Kollektivverträge ist darüber hinaus durch eine **Normenhierarchie** gekennzeichnet: Den auf regionaler Ebene geschlossenen Gesamtverträgen (§ 82 Abs. 2 SGB V) stehen die auf Bundesebene geschlossenen Bundesmantelverträge gegenüber (§ 82 Abs. 2 Satz 1 SGB V): § 82 SGB V regelt insbesondere in Absatz 1 das Verhältnis dieser Verträge zueinander.

VI. Ausgewählte Literaturhinweise

12 *Boerner*, Normenverträge im Gesundheitswesen – Die Verträge über die vertragsärztliche Versorgung zwischen öffentlichem und privatem Recht –, München, 2003; *Borchert*, Normsetzungskompetenzen im Sozialrecht, NZS 2004, 287-291; *ders*., Die Gestaltungsspielräume der Selbstverwaltung im Vertragsarztrecht, SGb 1997, 201-203; *Clemens*, Normenstrukturen im Sozialrecht – Unfallversicherungs-, Arbeitsförderungs- und Kassenarztrecht, NZS 1994, 337-347; *Engelmann*, Untergesetzliche Normsetzung im Recht der gesetzlichen Krankenversicherung durch Verträge und Richtlinien, NZS 2000, 1-8, 76-84; *Flüchter*, Kollektivverträge und Konfliktlösung im SGB V – Wirksamkeit und Wirkungsweise im Verhältnis zu den vertragsschließenden Verbänden und den einzelnen Kassen und Leistungserbringern –, Diss., Baden-Baden 2000; *Huber/Storr*, Haftung aus verwaltungsrechtlichem Schuldverhältnis zwischen Krankenkasse und Landesverband, VSSR 2006, 245; *Joussen*, Die Legitimation zur Normsetzung in der Exekutiven, besonders im Vertragsarztrecht, durch Normenverträge, SGb 2004, 334-342; *Rixen*, Anm. zu BSG, Urt. v. 31.08.2005 - B 6 KA 6/04 R - SGb 2006, 497-500; *Rompf*, Die Normsetzungsbefugnis der Partner der vertragsarztrechtlichen Kollektivverträge, VSSR 2004, 281-309; *Schmidt-Bodenstein*, Der neue Arzt-/Ersatzkassenvertrag, Ersk 1994, 381-388; *Schnapp*, Gesamtverträge und Schiedsverfahren mit Ersatzkassenbeteiligung, NZS 2003, 1-5; *Sodan*, Normsetzungsverträge im Sozialversicherungsrecht, NZS 1998, 305-313; *Wilk*, Die Rechtsbeziehungen im Vertragsarztwesen unter besonderer Berücksichtigung der Rechtsstellung des Belegarztes, Frankfurt, 2005; *Wimmer*, Grenzen der Regelungsbefugnis in der vertragsärztlichen Selbstverwaltung, NZS 1999, 113-120; *Wigge*, Die Neuregelung der vertragsärztlichen Versorgung der Ersatzkassen durch das Gesundheitsstrukturgesetz vom 21.12.1992 (GSG), VSSR 1993, 37-59.

B. Auslegung der Norm

I. Regelungsgehalt und Bedeutung der Norm

13 **Absatz 1** regelt den Gegenstand der Bundesmantelverträge und ihr Verhältnis zu den Gesamtverträgen.

14 **Absatz 2** schreibt vor, dass die Vereinbarungen über die zentrale Frage der Vergütung vertragsärztlicher Leistungen auf regionaler Ebene, d.h. zwischen den KVen und den Landesverbänden der KKn sowie den Verbänden der Ersk durch Gesamtverträge geschlossen werden.

15 **Absatz 3** trifft eine Sonderregelung für **überbezirkliche KKn**.

16 Im Jahr 2002 sind für die Vergütung vertragsärztlicher Leistungen in der Bundesrepublik Deutschland insgesamt 22,36 Mrd. Euro ausgegeben worden. Das entspricht 16,7% der Gesamtausgaben der GKV.[17]

II. Normzweck

17 Ursprünglich sollte § 82 eine „**Einweisungsvorschrift**" in das Vertragsarztrecht darstellen und zu diesem Zweck die bisher geltenden Grundsätze zusammenfassen und strukturieren.[18] Zumindest das Ziel der Strukturierung ist dabei nur unvollkommen erreicht. So wird z.B. die konkrete Einbeziehung der Deutschen Rentenversicherung Knappschaft-Bahn-See in das Vertragssystem erst unter Berücksichtigung von zwei weiteren Normen verständlich: § 212 Abs. 3 SGB V stellt klar, dass die Deutsche Rentenversicherung Knappschaft-Bahn-See für die knappschaftliche Krankenversicherung die Aufgaben sowohl (bis zum 31.12.2008) eines Bundes- als auch eines Landesverbandes wahrnimmt. Außerdem erschließt sich aus § 83 Satz 3 SGB V, dass die Vorschriften über den Abschluss von Gesamtverträgen für die Deutsche Rentenversicherung Knappschaft-Bahn-See entsprechend gelten, soweit die ärztliche

[17] KBV-Grunddaten 2003.

[18] RegE-GRG, BT-Drs. 11/2237, S. 193 zu § 190.

Versorgung durch Vertragsärzte, d.h. nicht durch Knappschaftsärzte, wahrgenommen wird. Insoweit zeigt sich exemplarisch, dass § 82 SGB V und § 83 SGB V die Funktion, ins Vertragssystem einzuführen, nur gemeinsam erfüllen.

III. Bundesmantelverträge (Absatz 1)

1. Vereinbarung und Inhalt der Bundesmantelverträge (Absatz 1 Satz 1)

a. Vertragspartner

Vertragspartner sind auf der Seite der Vertragsärzte die KBV bzw. die KZBV (§ 77 Abs. 4 Satz 1 SGB V), auf der Seite der KKn die Bundesverbände der KKn, die Deutsche Rentenversicherung Knappschaft-Bahn-See, die Verbände der Erskn und die See-KK (§ 213 Abs. 1 SGB V). 18

b. Gesetzliche Vorgaben für den Inhalt der Bundesmantelverträge

Der Gesetzgeber hat in einer Reihe von Einzelvorschriften den Inhalt der BMVe bestimmt. **Vorgeschrieben** sind Regelungen zur Einziehung der **Praxisgebühr** (§ 43b Abs. 2 Satz 3 SGB V), Inhalt und Umfang der **hausärztlichen Versorgung** (§ 73 Abs. 1c SGB V), die Einführung der **Gesundheitskarte** (§ 291 Abs. 7 und 7b SGB V), Einzelheiten über die **Abrechnung** ärztlicher Leistungen (§§ 295 Abs. 3, 296 Abs. 3 SGB V). 19

Kraft Gesetzes Bestandteil der BMVe sind die Bewertungsmaßstäbe (§ 87 Abs. 1 Satz 1 SGB V), d.h. der EBM und der Bema, außerdem die Richtlinien des Gemeinsamen Bundesausschusses (§ 92 Abs. 8 SGB V). 20

Speziell im **BMV-Z** muss eine Regelung über die Mehrkosten von Zahnersatz und die Erstellung eines kostenfreien Heil- und Kostenplans enthalten sein (§ 87 Abs. 1a SGB V). 21

Ferner besteht die **Möglichkeit**, Regelungen zu schaffen über Modellvorhaben (§ 64 Abs. 2 SGB V; tritt mit dem 01.07.2008 außer Kraft), Rahmenvereinbarungen für Strukturverträge (§ 73a Abs. 2 SGB V), Qualitätssicherung (§ 135 Abs. 2 SGB V) sowie die Ermächtigung zur Erbringung bestimmter ärztlicher Leistungen im Rahmen der vertragsärztlichen Versorgung (§ 31 Abs. 2 Ärzte-ZV, § 31 Abs. 2 Zahnärzte-ZV). 22

Auf der Grundlage dieser Ermächtigungen sind entweder unmittelbar Regelungen in den BMVen oder in gesonderten Vereinbarungen getroffen worden, die kraft ausdrücklicher Anordnung (z.B. § 1 Abs. 2 BMV-Ä, § 1 Abs. 5 EKV) Bestandteil der BMVe sind und ihnen daher im Rang gleichstehen. Hierbei handelt es sich z.B. um die Psychotherapie-Vereinbarung (Anlage 1), die Vordruckvereinbarung (Anlage 2) oder den Vertrag über die hausärztliche Versorgung (Anlage 5). Vergleichbare Anlagen enthalten auch der BMV-Z und der EKV-Z. 23

Nicht Gegenstand der BMVe sind die Vereinbarungen nach § 115b Abs. 1 SGB V und § 137d Abs. 2 SGB V, zumal hieran jeweils Dritte zu beteiligen sind. 24

c. Inhaltliche Ausgestaltung der Bundesmantelverträge

Die Vertragspartner haben bei der Ausgestaltung der BMVe einen **normativen Gestaltungsspielraum.**[19] Sie sind nicht darauf beschränkt, die zwingenden gesetzlichen Vorgaben zu erfüllen, sondern können auch darüber hinausgehende Regelungen treffen. Insbesondere können sie Vereinbarungen zur Qualitätssicherung schließen, welche die Erbringung und Abrechnung bestimmter ärztlicher Leistungen besonders dafür qualifizierten Ärzten vorbehalten. Diese Anforderungen dürfen auch höher sein, als sie die Weiterbildungsordnungen für den Erwerb der Facharzt- oder bestimmter Zusatzbezeichnungen vorsehen.[20] Beispiel für eine solche, allein aufgrund der allgemeinen Ermächtigungsgrundlage der §§ 72 Abs. 1 und 82 Abs. 1 SGB V getroffenen Regelung war die Schmerztherapie-Vereinbarung.[21] 25

Aus **§ 72 Abs. 2 SGB V** folgt die **Regelungsvorgabe**, dass die vertragsärztliche Versorgung im Rahmen der gesetzlichen Vorschriften und der Richtlinien des Gemeinsamen Bundesausschusses (vgl. § 91 Abs. 9 SGB V) so zu regeln ist, dass eine ausreichende, zweckmäßige und wirtschaftliche Versorgung der Versicherten unter Berücksichtigung des allgemein anerkannten Standes der medizinischen 26

---

[19] Zum vergleichbaren Gestaltungsspielraum der Partner des EBMes vgl. im Einzelnen: BSG v. 09.12.2004 - B 6 KA 44/03 R - SozR 4-2500 § 72 Nr. 2; dazu auch *Borchert*, SGb 1997, 201.

[20] BSG v. 20.01.1999 - B 6 KA 23/98 R - SozR 3-2500 § 72 Nr. 8; BSG v. 08.09.2004 - B 6 KA 18/03 R - SozR 34-2500 § 82 Nr. 1; LSG Essen v. 18.02.2004 - L 11 KA 170/02 - www.sozialgerichtsbarkeit.de.

[21] BSG v. 08.09.2004 - B 6 KA 18/03 R - SozR 4-2500 § 82 Nr. 1.

Erkenntnisse gewährleistet ist und die ärztlichen Leistungen angemessen vergütet werden. Die Partner der BMVe dürfen darüber hinaus keine Regelungen treffen, die dem Grundsatz der **Beitragssatzstabilität** (§ 71 Abs. 1 SGB V) zuwiderlaufen.

27 Die **Regelungsbefugnis** der Vertragspartner wird in doppelter Weise **begrenzt**: Sie endet dort, wo ausdrücklich **anderweitige Zuständigkeiten** begründet werden. Das ist z.B. der Fall bei den Arzneimittelvereinbarungen nach § 84 Abs. 1 SGB V oder den Prüfvereinbarungen nach § 106 Abs. 3 SGB V. Im Verhältnis zu den Partnern der Gesamtverträge ist ihr Regelungsspielraum insofern begrenzt, als sie sich nach dem eindeutigen Wortlaut des § 82 Abs. 1 Satz 1 SGB V auf den „**allgemeinen Inhalt**" zu beschränken haben. Die darin zum Ausdruck kommende **Rahmenkompetenz** wird nicht zuletzt auch durch den Begriff „**Mantel**vertrag" unterstrichen. Dementsprechend müssen die BMVe den Partnern der Gesamtverträge einen **substantiellen Regelungsspielraum** belassen. Das Spannungsverhältnis zwischen BMVen und Gesamtverträgen lässt sich dabei durch folgende gegensätzliche Pole beschreiben: Notwendiger und zulässiger Regelungsinhalt der BMVe sind alle solchen Bestimmungen, die erforderlich sind, um die **gleichmäßige Versorgung** der Versicherten (vgl. § 70 Abs. 1 Satz 1 SGB V) **bundeseinheitlich** zu gewährleisten. Demgegenüber müssen die Gesamtvertragspartner ausreichenden Regelungsspielraum behalten, um den **regionalen Besonderheiten** Rechnung tragen zu können. Diese Forderung lässt sich aus der durch selbstständige Landeskörperschaften geprägten Struktur der vertragsärztlichen Versorgung ableiten. Sie wird in § 86 Abs. 2 Satz 2 SGB V unterstrichen und kommt auch in § 73a Abs. 2 Satz 1 SGB V beispielhaft zum Ausdruck.

2. Wirkung und Kontrolle der Bundesmantelverträge

a. Rechtscharakter und Wirkung der Bundesmantelverträge

28 Die BMVe sind **öffentlich-rechtliche Verträge.**[22] Denn sowohl die Vertragsschließenden (öffentlich-rechtliche Körperschaften bzw. Verbände solcher Körperschaften) als auch die Regelungsmaterien sind dem öffentlichen Recht zuzuordnen.

29 Ihrem Charakter nach sind die BMVe **Normsetzungsverträge.**[23] Dieser Begriff ist nicht dahingehend misszuverstehen, dass sich die Vertragspartner in den Verträgen zur Normsetzung verpflichten würden. Vielmehr stellen die Kollektivverträge die Normen selbst auf.

30 Die Verbindlichkeit der BMVe[24] wird in erster Linie über **Satzungsrecht** sichergestellt. So müssen die Satzungen der KVen die Verbindlichkeit der BMVe gegenüber ihren Mitgliedern, den Vertragsärzten, gewährleisten (§ 81 Abs. 3 Nr. 1 SGB V). Eine entsprechende Regelung enthält § 210 Abs. 2 SGB V für die Landesverbände der KKn im Verhältnis zu ihren Mitgliedskassen. Eine zweite „Verbindlichkeitskette" wird über § 82 Abs. 1 Satz 2 SGB V hergestellt. Danach sind die BMVe Bestandteil der Gesamtverträge, an die wiederum die vertragsschließenden Parteien, die KVen und die Landesverbände der KKn sowie die Verbände der Erskn unmittelbar gebunden sind.[25] Auch insoweit haben sie die Verbindlichkeit gegenüber ihren jeweiligen Mitgliedern über Satzungsrecht sicherzustellen.

31 Aus den genannten Vorschriften ergibt sich **keine** unmittelbare **Verbindlichkeitsanordnung** gegenüber den **Versicherten**. Insoweit ist die Rechtslage bei § 82 SGB V anders als bei den Richtlinien des Gemeinsamen Bundesausschusses (vgl. § 91 Abs. 9 SGB V). Die BMVe binden jedoch die KKn und damit auch deren Mitglieder, die Versicherten, sodass die BMVe den Leistungsanspruch des Versicherten zumindest **präzisieren** können. So regelt z.B. § 13 BMV-Ä, dass der Versicherte Krankenbehandlung nur gegen Vorlage der Krankenversicherungskarte oder eines anderen gültigen Behandlungsausweises verlangen kann. Nicht zulässig ist es dagegen, den **materiellen Gehalt** des Leistungsanspruchs über das gesetzlich vorgesehene Maß hinaus zu beschränken. So dürfen die Vertragspartner

[22] *Hess* in: KassKomm, SGB V, § 82 Rn. 7; *Hencke* in: Peters, Handbuch KV (SGB V), § 82 Rn. 3, s. auch *Engelmann* in: v. Wulffen, SGB X, § 53 Rn. 4a ff. m.w.N.

[23] Zu den Voraussetzungen der Normsetzung durch Vertrag im Einzelnen: BSG v. 09.12.2004 - B 6 KA 44/03 R - BSGE 94, 50 Rn 65 ff. m.w.N.; zum Sprachgebrauch BSG v. 16.09.1997 - 1 RK 32/95 - BSGE 81, 73, 81 ff.; BSG v. 08.09.2004 - B 6 KA 37/03 R - SozR 4-5533 Nr. 273 Nr. 1; abweichend davon spricht die arbeitsrechtliche Rechtsprechung im Zusammenhang mit den insoweit vergleichbaren Tarifverträgen von „Normverträgen"; vgl. OVG Münster v. 27.01.1995 - 1 A 3556/92.PVL - NWVBl 1995, 354, 355; zu Rechtsnatur und Legitimation kritisch *Sodan*, NZS 1998, 305, 307 ff.; *Wimmer*, NZS 1999, 113, 114 ff.

[24] Dazu näher *Clemens*, NZS 1994, 337, 346.

[25] Zum Ganzen: *Engelmann*, NZS 2000, 1, 4.

beispielsweise die Verpflichtung zur rechtzeitigen Vorlage der Arbeitsunfähigkeitsbescheinigung im Krankheitsfall (§ 5 Abs. 1 Satz 5 EFZG) nicht von den Vertragsärzten auf die Versicherten abwälzen.[26]

Die Partner der BMVe sind zur **Normsetzung** ausreichend **legitimiert**.[27] Die Berechtigung, verbindliche Regelungen zu setzen, folgt daraus, dass sie durch formelles Gesetz errichtet worden sind und ebenfalls durch formelles Gesetz die Befugnis zur Normsetzung erhalten haben.[28] Dieser Beurteilung kann man nicht mit Erfolg entgegenhalten, die Normsetzung erfolge atypisch über Verträge.[29] Unschädlich ist auch, dass die am **Vertragsschluss** beteiligten **Ersatzkassenverbände** selbst keine öffentlich-rechtlichen Körperschaften, sondern **Vereine** sind. Denn sie unterliegen hinsichtlich ihrer Aufgaben genauso wie die öffentlich-rechtlichen Körperschaften der **Staatsaufsicht**, sodass sie sich materiell nicht wesentlich von diesen Körperschaften unterscheiden.[30] 32

Für die **Durchführung** der BMVen haben die KBVen die erforderlichen Richtlinien zu erlassen (§ 75 Abs. 7 Satz 1 Nr. 1 SGB V). 33

Zum Verfahren bei **Nichtzustandekommen** einer Einigung siehe **§ 89 SGB V**. 34

b. Anwendung der Vorschriften über öffentlich-rechtliche Verträge (§§ 53 ff. SGB X) auf die Bundesmantelverträge

Die §§ 53 ff. SGB X sind auf die BMVe **grundsätzlich anwendbar**.[31] Besonderheiten ergeben sich in erster Linie aus § 37 SGB I. Danach gilt das SGB X nur insoweit, als sich aus einzelnen Büchern des SGB, also auch dem SGB V, nichts anderes ergibt. 35

§ 56 SGB X, der für öffentlich-rechtliche Verträge die **Schriftform** vorschreibt, gilt auch für die BMVe. 36

Darüber hinaus unterliegen die BMVe als Normen dem **Publizitätserfordernis**. Sie werden erst wirksam, wenn sie so veröffentlicht worden sind, dass sich die Normadressaten verlässlich und ohne zumutbare Erschwernisse von ihrem Inhalt Kenntnis verschaffen können.[32] Dabei handelt es sich um ein allgemeines rechtsstaatliches Prinzip. Aus dem Fehlen einer dem § 94 Abs. 2 SGB V (für die Richtlinien des Gemeinsamen Bundesausschusses) vergleichbaren Regelung kann für die BMVe daher nichts anderes hergeleitet werden. Die Verpflichtung zur Veröffentlichung gilt nicht nur für die BMVe selbst, sondern auch für **Anlagen**, **Beilagen** und **Änderungen**. 37

Es gibt keine zwingenden Vorschriften für die **Form** der **Veröffentlichung**. Daher ist es als ausreichend anzusehen, wenn – wie üblich – die Veröffentlichung im Deutschen Ärzteblatt, dem offiziellen Veröffentlichungsorgan der KBV und der BÄK, erfolgt.[33] 38

§ 57 Abs. 1 SGB X kommt **nicht** zur Anwendung. Dem steht nämlich der Charakter der BMVe als Rechtsnormen entgegen. Damit verträgt es sich nicht, die Wirksamkeit der BMVe von der Zustimmung Dritter, insbesondere der Leistungserbringer, abhängig zu machen.[34] 39

§ 58 Abs. 3 SGB X, der den Grundsatz der Gesamtnichtigkeit aufstellt, ist ebenfalls auf die BMVe **unanwendbar**. Auch hier steht ihr Charakter als Rechtsnormen entgegen. Ist eine Regelung unwirksam, können die übrigen Regelungen grundsätzlich aufrechterhalten bleiben. Zur Gesamtnichtigkeit kommt es nur, wenn diese Regelungen ohne die unwirksame Vorschrift keinen sinnvollen und in sich geschlossenen Regelungsgehalt mehr haben.[35] 40

---

[26] Vgl. LSG Essen v. 11.12.2003 - L 16 KR 159/02; LSG Essen v. 25.03.2004 - L5 KR 149/03 - www.sozialgerichtsbarkeit.de.

[27] Eingehend: BSG v. 09.12.2004 - B 6 KA 44/03 R - SozR 4-2500 § 72 Nr. 2.; vgl. auch *Engelmann*, NZS 2000, 76 ff.; *Rompf*, VSSR 2004, 281, 283 ff.; zur Problematik weiter *Borchert*, NZS 2004, 287; *Joussen*, SGb 2004, 334, 337 ff.

[28] Vgl. BVerfG v. 05.12.2002 - 2 BvL 5/98 u.a. - BVerfGE 107, 59, 91 f.

[29] Im Einzelnen: BSG v. 09.12.2004 - B 6 KA 44/03 R - SozR 4-2500 § 72 Nr. 2.

[30] BSG v. 09.12.2004 - B 6 KA 44/03 R - SozR 4-2500 § 72 Nr. 2.

[31] BSG v. 08.04.1992 - 6 RKa 24/90 - BSGE 70, 240, 243 f.; BSG v. 01.07.1992 - 14a/6 RKa 1/90 - BSGE 71, 42, 45; *Hencke* in: Peters, Handbuch KV (SGB V), § 82 Rn. 2 ff.; zum Meinungsstand: *Engelmann* in: v. Wulffen, SGB X, § 53 Rn. 4c.

[32] Vgl. BVerfG v. 22.11.1983 - 2 BvL 25/81 - BVerfGE 65, 283, 291; für den EBM: BSG v. 17.09.1997 - 6 RKa 36/97 - BSGE 81, 86, 90 f.; für HVMe BSG v. 09.12.2004 - B 6 KA 44/03 R - SozR 4-2500 § 72 Nr. 2.

[33] Zum Publizitätserfordernis vgl. BSG v. 09.12.2004 - B 6 KA 44/03 R - SozR 4-2500 § 72 Nr. 2.

[34] BSG v. 08.04.1992 - 6 RKa 24/90 - BSGE 70, 240, 243 f.; ebenso BSG v. 15.03.1995 - 6 RKa 36/93 - BSGE 76, 48, 52; *Engelmann* in: v. Wulffen, SGB X, § 53 Rn. 4d.

[35] Vgl. für Normsetzungsverträge im Tarif- und Betriebsverfassungsrecht: BAG v. 15.05.2001 - 1 ABR 39/00 - NZA 2001, 1154, 1157.

c. Rechtsschutz gegen Bundesmantelverträge

41 Das SGG sieht (anders als z.B. § 47 VwGO) grundsätzlich **kein eigenständiges Normenkontrollverfahren** vor.[36] Aus diesem Grund können die Normadressaten (insbesondere die Vertragsärzte) die Unwirksamkeit des BMV nicht unmittelbar durch Klage gegen die Norm geltend machen.[37] Eine Verkürzung des Rechtsschutzes tritt hierdurch jedoch nicht ein. Denn die Sozialgerichte überprüfen die Normen des BMV **inzidenter**, d.h. im Rahmen der Kontrolle eines Bescheides, bei dessen Erlass die betreffenden Normen im Einzelfall angewandt worden sind. Die Klageart richtet sich in diesem Fall nach dem Begehren der Hauptsache (also i.d.R. Verpflichtungs- oder Anfechtungsklage, ggf. in Kombination mit einer Leistungsklage).

42 **Prüfungsgegenstand** ist insbesondere auch die Vereinbarkeit der Regelungen der BMVe mit **höherrangigem Recht**, vor allem den Vorschriften des SGB und den verfassungsrechtlichen Vorgaben des GG. Rechtswidrige Vorschriften der BMVe dürfen die Sozialgerichte nicht anzuwenden, ohne dass es hierzu einer Richtervorlage nach Art 100 Abs. 1 GG bedürfte (Verwerfungskompetenz der Gerichte für untergesetzliche Rechtsnormen).

43 **Dritte**, d.h. solche Personen, die weder zum Kreis der Vertragsschließenden noch zu den Normunterworfenen zählen, können die Unwirksamkeit von Vorschriften des BMV ebenfalls geltend machen, wenn sie durch diese Vorschriften in ihren Rechten verletzt werden. Hierfür eröffnet **§ 51 Abs. 1 Nr. 2 SGG** den Rechtsweg zu den **Sozialgerichten**. Klageart ist entweder die Feststellungsklage (§ 55 SGG)[38] oder (z.B. bei einem Begehren auf Unterlassung oder Folgenbeseitigung), die allgemeine Leistungsklage (§ 54 Abs. 5 SGG). **Zuständig** ist das SG, in dessen Bezirk die **KBV** ihren Sitz hat, seit dem 01.07.2004 das **SG Berlin**.

IV. Gesamtverträge (Absatz 1 Satz 2, Absatz 2, Absatz 3)

1. Vereinbarung und Inhalt der Gesamtverträge

a. Vertragspartner

44 Die Vertragspartner der Gesamtverträge werden in **§ 83 Satz 1 SGB V** beschrieben: Danach schließen die KVen die Gesamtverträge mit den für ihren Bezirk zuständigen Landesverbänden der KKn und den Verbänden der Erskn. Zu Einzelheiten vgl. Kommentierung zu § 83 SGB V.

45 Nach **§ 82 Abs. 2 Satz 2 SGB V** dürfen die Verhandlungen auf Kassenseite **von allen Kassenarten** gemeinsam geführt werden. Die Regelung ist Ausfluss der gesetzgeberischen Entscheidungen, die bis zum 31.12.1992 bestehenden bundeseinheitlichen Vergütungsvereinbarungen im Ersatzkassenbereich zugunsten einer allgemeinen Regionalisierung aufzugeben und den damit verbundenen möglichen Vorteil einer einheitlichen Verhandlungsposition zu nutzen.[39] § 82 Abs. 2 Satz 2 SGB V beinhaltet die **Möglichkeit**, **nicht** die **Verpflichtung** hierzu. Es kann also bis zum 31.12.2008 (vgl. § 87a SGB V Rn. 34) an der Praxis der getrennten Verhandlungen für den Primär- und den Ersatzkassenbereich festgehalten werden.

46 Das **Gesetz zur Einführung des Wohnortprinzips bei Honorarvereinbarungen für Ärzte und Zahnärzte** (vgl. bereits Rn. 2) hat die Zuständigkeit für den Abschluss der Gesamtverträge neu geregelt. Nunmehr schließen bei den KKn, deren Zuständigkeit sich über den Bezirk einer KV hinaus erstreckt (sog. **überbezirkliche Kassen**), die Landesverbände der KKn und die Verbände der Erskn die Gesamtverträge mit den KVen für alle Mitglieder mit **Wohnsitz** im Bezirk der betreffenden KV (§ 83 Satz 1 SGB V). Von diesem Grundsatz macht **§ 82 Abs. 3 SGB V** für die dort genannten KKn (Deutsche Rentenversicherung Knappschaft-Bahn-See, See-Krankenkasse) bzw. ihre Verbände (VdAK, AEV, Bundesverband der landwirtschaftlichen KKn) eine **Ausnahme**. Danach können sie **vom Wohnortprinzip abweichende** Vereinbarungen treffen. In der Sache wird es damit möglich, für die betroffenen KKn die Vertragsstrukturen mit einer federführenden KV nach dem **Kassensitzprinzip** beizubehalten. Die dementsprechende, bislang gesetzlich nicht abgesicherte **Praxis** kann demgemäß fortgesetzt werden.

---

36 Ausnahme: § 35a Abs. 7 für vom BMGS nach § 35 Abs. 1 Satz 1 erlassene Rechtsverordnungen.

37 BSG v. 15.03.1995 - 6 RKa 36/93 - BSGE 76, 48, 49.

38 Vgl. BSG v. 13.01.1993 - 14a/6 RKa 67/91 - BSGE 72, 15, 17 ff.; BSG v. 20.03.1996 - 6 RKa 21/95 - BSGE 78, 91 f.

39 Hierzu eingehend *Wigge*, VSSR 1993, 37.

Von der Befugnis nach § 82 Abs. 3 SGB V haben **Gebrauch** gemacht: die **Deutsche Rentenversicherung Knappschaft-Bahn-See** aufgrund ihres Sitzes in Bochum mit der KV Westfalen-Lippe, die **See-KK** aufgrund ihres Sitzes in Hamburg mit der KV Hamburg und die **KK für den Gartenbau** aufgrund ihres Sitzes in Kassel mit der KV Hessen. 47

Die Regelung erstreckt sich **nicht** auch auf die sog. **Bundesgesamtvertragskassen**, d.h. die BKKn mit bundesweitem Mitgliederbestand. Hintergrund ist, dass gerade die Versichertenwanderung zu den bundesweit geöffneten BKKn den Wechsel vom Kassensitz- und Wohnortprinzip notwendig gemacht hat.[40] 48

Dem Recht zur Abweichung vom Wohnortprinzip entspricht das Recht, von § 87a Abs. 3 und § 291 Abs. 2 Satz 1 Nr. 1 SGB V abweichende Regelungen zu treffen. 49

b. Bundesmantelverträge als Inhalt der Gesamtverträge

Nach § 82 Abs. 1 Satz 2 SGB V sind die BMVe **Bestandteil** der Gesamtverträge. Das bedeutet, dass sie ohne weiteren Umsetzungsakt die Partner der Gesamtverträge **unmittelbar binden**. Hieraus ergibt sich folgende **Normenhierarchie**: Die Gesamtverträge sind den höherrangingen Regelungen der BMVe, dem positiven Gesetzes- und Verordnungsrecht sowie dem Verfassungsrecht sowie ggf. dem europäischen Recht unterworfen. Über § 87 Abs. 1 Satz 1 SGB V und § 91 Abs. 9 SGB V besteht darüber hinaus eine Bindung an die Bewertungsmaßstäbe und die Richtlinien des Gemeinsamen Bundesausschusses. 50

§ 82 Abs. 2 Satz 1 SGB V ist zu entnehmen, dass in den Gesamtverträgen die **Vergütung** der an der vertragsärztlichen Versorgung teilnehmenden Ärzte und ärztlich geleiteten Einrichtungen zu regeln ist. Hierauf ist die Regelungsbefugnis der Vertragspartner jedoch nicht beschränkt. Gegenstand von Gesamtverträgen können vielmehr alle Regelungen sein, die der Gewährleistung einer ordnungsgemäßen vertragsärztlichen Versorgung dienen.[41] Zum weiteren **Inhalt** der Gesamtverträge vgl. die Kommentierung zu § 83 SGB V Rn. 37 ff. 51

2. Wirkung und Kontrolle der Gesamtverträge

a. Rechtscharakter und Wirkung der Gesamtverträge

Die Gesamtverträge sind wie die BMVe **öffentlich-rechtliche Normsetzungsverträge**. Denn auch sie wirken nicht nur zwischen den Vertragspartnern, sondern entfalten unmittelbare normative Wirkung für Dritte, insbesondere die Mitgliedskassen und die Vertragsärzte.[42] Diese Wirkung ist für die KKn unmittelbar in § 83 Satz 1 SGB V angeordnet („mit Wirkung für") und ergibt sich für die Vertragsärzte mit hinreichender Deutlichkeit aus § 82 Abs. 2 Satz 1 SGB V. 52

Die normative Wirkung tritt **unabhängig** vom **Einverständnis** des einzelnen Vertragsarztes bzw. der einzelnen KK ein.[43] Die Bindung besteht nur dann nicht, wenn bzw. soweit der Gesamtvertrag ausnahmsweise (teil)nichtig ist.[44] Anders als nach § 83 Abs. 1 Satz 4 SGB V i.d.F. des Gesundheitsreformgesetzes müssen die Mitgliedskassen vor Abschluss der Gesamtverträge auch nicht mehr zwingend angehört werden. Eine entsprechende Anhörungspflicht kann allerdings in der Satzung der Landesverbände nach wie vor unbedenklich festgelegt werden. Ihre Verletzung beeinträchtigt die Wirksamkeit des Gesamtvertrages jedoch nicht. 53

Erst recht hat die einzelne KK im Außenverhältnis **kein subjektives öffentliches Recht** auf **Gestaltung** des **Gesamtvertrages**. Sie kann dem Anspruch der KV auf Zahlung der im Gesamtvertrag vereinbarten Gesamtvergütung (§ 85 Abs. 1 Satz 1 SGB V) nicht entgegenhalten, sie halte Regelungen im Gesamtvertrag für unwirksam. Ebenso wenig hat sie einen Anspruch auf Vertragsänderung.[45] 54

Entsprechend sind Vereinbarungen über die Höhe der Gesamtvergütung nicht im Verhältnis zwischen dem Vertragsarzt und der KV zu überprüfen. Die Kontrolle auf Rechtsverstöße erfolgt (nur) durch die Aufsichtsbehörde, deren Beanstandungen die Partner der Gesamtverträge ggf. gerichtlich anfechten können.[46] 55

---

[40] *Hess* in: KassKomm, SGB V, § 83 Rn. 7.

[41] *Hencke* in: Peters, Handbuch KV (SGB V), § 82 Rn. 12.

[42] Für den Vertragsarzt vgl. BSG v. 31.08.2005 - B 6 KA 6/04 R - SozR 4-2500 § 85 Nr. 21; für die KK: BSG v. 28.09. 2005 - B 6 KA 71/04 R - SozR 4-2500 § 83 Nr. 2; *Hess* in: KassKomm, SGB V, § 82 Rn. 10.

[43] Für KKn ausdrücklich: BayLSG v. 12.05.2005 - L 4 KR 118/03 - GesR 2006, 78.

[44] Hierzu *Huber/Storr*, VSSR 2006, 245, 262.

[45] BSG v. 28.09.2005 - B 6 KA 71/04 R - SozR 4-2500 § 83 Nr. 2 m. Anm. *Spiolek*, jurisPR-SozR 10/2006, Anm. 2.

[46] BSG v. 31.08.2005 - B 6 KA 6/04 R - SozR 4-2500 § 85 Nr. 21; zur Problematik auch *Rixen*, SGb 2006, 497 ff.

56 Zur Legitimation der Vertragspartner gelten die unter Rn. 32 dargelegten Grundsätze entsprechend.

57 Zum Verfahren bei **Nichtzustandekommen** des Gesamtvertrages vgl. § 89 SGB V. Zur **Nachwirkung** siehe **§ 89 Abs. 1 Satz 4 SGB V**.

b. Anwendung der Vorschriften über öffentlich-rechtliche Verträge (§§ 53 ff. SGB X) auf die Gesamtverträge

58 Die in Rn. 35 ff. dargelegten Grundsätze gelten entsprechend für die Gesamtverträge.

59 Auch Gesamtverträge unterliegen dem **Publizitätserfordernis**.[47] Es reicht aus, dass die Veröffentlichung in Rundschreiben, allgemeinen Veröffentlichungen oder im Ärzteblatt erfolgt. Dagegen führt die unterbliebene Bekanntmachung der Kündigung eines Gesamtvertrages außerhalb des Anwendungsbereichs des § 89 Abs. 1 Satz 4 SGB V (zwingende Gesamtverträge) nicht zu seiner Fortgeltung.[48]

60 Ausfüllungsbedürftige Vorschriften wie § 85 Abs. 2 SGB V oder § 85 Abs. 4 SGB V können grds. kein Verbotsgesetz i.S.v. § 134 BGB i.V.m. § 58 Abs. 1 SGB X sein.[49]

61 **§ 59 SGB X**, der bei Veränderung der für den Vertragsschluss maßgebenden Umstände eine **Anpassung für die Zukunft** vorsieht, ist aufgrund der Besonderheiten des Vertragsarztrechts ebenfalls **nicht** anwendbar. Grund hierfür ist, dass sich der konkrete Inhalt von Gesamtverträgen häufig erst im Nachhinein feststellen lässt (z.B. erst aufgrund von Schiedssprüchen oder weil die Frage der Vergütung von den Vertragspartnern gänzlich neu geregelt werden muss). Aus diesem Grund findet im vertragsärztlichen Vergütungssystem in diesen Fällen eine Anpassung auch für die Vergangenheit statt.[50] Die Grenze wird durch das rechtsstaatliche **Rückwirkungsverbot** gesetzt.[51]

62 Verweisungen ins allgemeine **Zivilrecht** sind über **§ 61 Satz 2 SGB X** ebenfalls nur **eingeschränkt** möglich:

63 Das allgemeine Prinzip, dass Verträge nur für die von den Vertragsschließenden bestimmte Zeit gelten (z.B. für die Dauer eines Kalenderjahres), wird durch **§ 89 Abs. 1 Satz 4 SGB V** mit der darin angeordneten gesetzlichen **Nachwirkung** durchbrochen.

64 **Verzugszinsen** stehen den Partnern der Gesamtverträge nach § 280 Abs. 2 BGB kraft Gesetzes **nicht** zu.[52] Nach früher h.M. bestand auch kein Anspruch auf **Prozesszinsen**.[53] Der 6. Senat des BSG hat diese Rechtsprechung mit überzeugenden Gründen aufgegeben. Danach können für zurückbehaltene Gesamtvergütungsanteile Prozesszinsen nach § 61 Satz 2 SGB X i.V.m. § 291 BGB geltend gemacht werden, aus Gründen des Vertrauensschutzes allerdings erst für die Zeit ab Verkündung des entsprechenden Urteils, d.h. ab dem 28.09.2005.[54]

65 Ansprüche aus Gesamtverträgen **verjähren** in **vier Jahren**.[55] Für die Wirkung der Verjährung, ihre Unterbrechung und Hemmung finden über § 61 Satz 2 SGB X die allgemeinen Regeln des BGB Anwendung.[56]

c. Rechtsschutz gegen Gesamtverträge

66 Zu **Klagearten** und **Klagebefugnis** vgl. zunächst Rn. 41 ff. Grundsätzlich haben einzelne Vertrags(zahn)ärzte keine Befugnis bzw. kein Recht, eine Gesamtvergütungsvereinbarung anzufechten oder sie inzident im Honorarstreit als rechtswidrig zu beanstanden (vgl. auch Rn. 55).[57]

---

47 Dazu BSG v. 09.12.2004 - B 6 KA 44/03 R - SozR 4-2500 § 72 Nr. 2.

48 LSG Essen v. 25.06.2003 - L 11 KA 99/01.

49 BSG v. 28.09.2005 - B 6 KA 71/04 R - SozR 4-2500 § 83 Nr. 2.

50 BSG v. 05.02.2003 - B 6 KA 6/02 - SozR 4-2500 § 83 Nr. 1; vgl. auch *Dudda*, NZS 1996, 211, 213.

51 Zu den Voraussetzungen einer Rückwirkung von Normverträgen vgl. zuletzt BSG v. 02.11.2005 - B 6 KA 63/04 R (Richtgrößenvereinbarung).

52 Zum Anspruch des Krankenhausträgers gegen die KK auf Verzugszinsen: BSG v. 04.03. 2004 - B 3 KR 4/03 R - BSGE 92, 223.

53 BSG v. 17.11.1999 - B 6 KA 14/99 R - SozR 3-2500 § 75 Nr. 11.

54 BSG v. 28.09.2005 - B 6 KA 71/04 R - SozR 4-2500 § 83 Nr. 2.

55 Zur vierjährigen Verjährungsfrist im Vertragsarztrecht: *Engelmann* in: v. Wulffen, SGB X, § 52 Rn. 4, m.w.N.; zur vierjährigen Verjährung von Vergütungsansprüchen der Krankenhäuser: BSG v. 12.05.2005 - B 3 KR 32/04 R.

56 LSG Stuttgart v. 10.05.2000 - L 5 Ka 1050/99.

57 BSG v. 27.04.2005 - B 6 KA 23/04 R.

Da Gesamtverträge auf Interessenausgleich angelegt sind und Kompromisscharakter haben, sind sie von den Gerichten nur daraufhin zu überprüfen, ob sie die **grundlegenden verfahrensrechtlichen Anforderungen** und in inhaltlicher Hinsicht die **zwingenden rechtlichen Vorgaben** eingehalten haben. Die inhaltliche Kontrolle beschränkt sich mithin darauf, ob der zu Grunde gelegte **Sachverhalt** zutrifft und die Vertragspartner den ihnen zustehenden Gestaltungsspielraum eingehalten, d.h. die maßgeblichen Rechtsmaßstäbe beachtet haben.[58] Zu den maßgeblichen Rechtsmaßstäben gehört insbesondere der **Grundsatz der Beitragssatzstabilität** (§ 71 Abs. 1 SGB V). 67

C. Reformbestrebungen

§ 82 Abs. 2 und 3 SGB V wird mit Wirkung vom 01.07.2008 an die veränderte Struktur der KKn-Verbände (insbesondere die Aufgabe der gesonderten Verbände der Ersatzkassen und der landwirtschaftlichen KKn) angepasst. 68

[58] Dazu BSG v. 09.12.2004 - B 6 KA 44/03 R - SozR 4-2500 § 72 Nr. 2; BSG v. 19.03.1997 - 6 RKa 36/96 - SozR 3-2500 § 85 Nr. 20.

§ 83 SGB V Gesamtverträge

(Fassung vom 09.12.2004, gültig ab 01.01.2006, gültig bis 30.06.2008)

Die Kassenärztlichen Vereinigungen schließen mit den für ihren Bezirk zuständigen Landesverbänden der Krankenkassen und den Verbänden der Ersatzkassen Gesamtverträge mit Wirkung für die Krankenkassen der jeweiligen Kassenart über die vertragsärztliche Versorgung der Mitglieder mit Wohnort in ihrem Bezirk einschließlich der mitversicherten Familienangehörigen. Für die Deutsche Rentenversicherung Knappschaft-Bahn-See gilt Satz 1 entsprechend, soweit die ärztliche Versorgung durch die Kassenärztliche Vereinigung sichergestellt wird. § 82 Abs. 2 Satz 2 gilt entsprechend.

Gliederung

A. Basisinformationen

I. Textgeschichte/Gesetzgebungsmaterialien

1 § 83 SGB V wurde durch Art 1 **Gesundheits-Reformgesetz** vom 20.12.1988[1] in das Sozialgesetzbuch eingefügt. Die Bestimmung trat am 01.01.1989 in Kraft.

2 Die ursprüngliche Fassung sah eine geteilte Zuständigkeit für den Abschluss von Gesamtverträgen vor: Bei KKn, die sich über den Geltungsbereich einer KV hinaus erstreckten, waren die KBVen und der Bundes- oder Landesverband zuständig, dessen Mitglied die betroffene KK war. Bei den anderen KKn wurden die Gesamtverträge von der KV und dem Landesverband der KKn geschlossen. Mit Wirkung vom 01.01.1993 ging die Zuständigkeit auf Kassenseite ausschließlich auf die Landesverbände der KKn und die Verbände der Erskn über (Art 1 Nr. 41 **Gesundheitsstrukturgesetz** vom 21.12.1992).[2]

3 Art 1 Nr. 2 Buchst. a) und b) **Gesetz zur Einführung des Wohnortprinzips bei Honorarvereinbarungen für Ärzte und Zahnärzte** vom 11.12.2001[3] hat § 83 SGB V mit Wirkung vom 01.01.2002 in wesentlichen Teilen neu gefasst. Bis zum 31.12.2001 wurde das Vergütungsrecht im Bereich der **Primärkassen** vom sog. **Kassensitzprinzip**, bei den meist überbezirklich organisierten **Ersatzkassen** dagegen vom **Wohnortprinzip** geprägt. Beim Kassensitzprinzip ist die KV zuständig, in deren Bezirk die Kasse ihren Sitz hat. Dagegen kommt es beim Wohnortprinzip darauf an, in welchem Bezirk der Versicherte wohnt. Daraus wird unmittelbar deutlich, dass KKn, deren Zuständigkeit sich über den Bezirk einer KV hinaus oder gar bundesweit erstreckt, bei Anwendung des Wohnortprinzips unter Umständen eine Vielzahl von Gesamtverträgen schließen müssen. Da andererseits die Gesamtvergütung aber regelmäßig in Form einer **Kopfpauschale** gezahlt wird, erfolgt die Zahlung beim Kassensitzprinzip ggf. an eine andere KV als diejenige, die die vertragsärztliche Versorgung des Versicherten sicherstellt. In solchen Fällen kommt der **Fremdkassenausgleich** zum Tragen, der zumal bei den bundesweit

---

[1] BGBl I 1988, 2477.
[2] BGBl I 2002, 2266.
[3] BGBl I 2001, 3526.

geöffneten BKKn zu zunehmenden Problemen geführt hat. Im Hinblick darauf sollte nach dem Willen der die damalige Bundesregierung tragenden Fraktionen der SPD und Bündnis 90/DIE GRÜNEN eigentlich schon zum 01.01.2002 für alle Kassenarten einheitlich das Wohnortprinzip eingeführt werden.[4] Eine Ausnahmeregelung war lediglich für die Bundesknappschaft (jetzt: Deutsche Rentenversicherung Knappschaft-Bahn-See), die See-KK und die landwirtschaftlichen KKn vorgesehen, wo nach § 82 Abs. 3 SGB V das **Kassensitzprinzip** vereinbart werden **kann**. Demgegenüber schlugen der Bundesrat und ihm folgend der Bundestagsausschuss für Gesundheit vor, das Kassensitzprinzip für die lediglich in einem Land tätigen Primär- und Ersatzkassen beizubehalten.[5] Das führte zur Einfügung des bis zum 31.12.2005 geltenden **Satzes 2**, der lautete: „Soweit sich der Bezirk einer KK nicht über mehr als ein Land erstreckt, schließen abweichend von Satz 1 die für den Bezirk zuständigen KVen mit dem für die KK zuständigen Landesverband oder dem für die Ersk zuständigen Verband Gesamtverträge über die vertragsärztliche Versorgung der Mitglieder einschließlich der mitversicherten Familienangehörigen". Eine weitere Ausnahme ergab sich schließlich im Vermittlungsausschuss, der den Katalog des § 82 Abs. 3 SGB V auf bundesunmittelbare Erskn erweiterte.[6]

Mit Wirkung vom 01.01.2006 ist Satz 2 in der dargestellten Fassung durch Art. 2 Nr. 6 des **Gesetzes zur Modernisierung der gesetzlichen Krankenversicherung** (GMG) vom 14.11.2003[7] aufgehoben worden. Von den in § 82 Abs. 3 SGB V geregelten Ausnahmen abgesehen galt ab diesem Zeitpunkt **einheitlich** das **Wohnortprinzip**. Hintergrund war die Notwendigkeit, zur Neuordnung des vertragsärztlichen Vergütungssystems durch die früheren §§ 85a-85d SGB V (in den wesentlichen Teilen gültig bis zum 31.03.2007) einheitliche **Rahmenbedingungen** zu schaffen.[8] Die vormaligen Sätze 3 und 4 wurden sodann zu den Sätzen 2 und 3. 4

Der gegenwärtige **Satz 2** ist durch Art 6 Nr. 7 **Gesetz zur Organisationsreform in der gesetzlichen Rentenversicherung** vom 09.12.2004[9] an den Sprachgebrauch der Veränderung in der Organisationsstruktur der Rentenversicherungsträger angepasst worden. Danach übernimmt nunmehr die Deutsche Rentenversicherung Knappschaft-Bahn-See die Aufgaben der bisherigen knappschaftlichen Krankenversicherung. Während sie hinsichtlich der Versicherten der ehemaligen Seekasse auch die Rentenversicherung durchführt, ist für die Krankenversicherung dieser Versicherten die See-KK verantwortlich (§ 165 Abs. 1 SGB V). 5

Ursprünglich sah § 83 Abs. 2 SGB V die Vereinbarung von Verfahren zur **Plausibilitätsprüfung** innerhalb der Gesamtverträge vor. Diese Vorschrift ist mit Wirkung vom 01.01.2004 durch Art 1 Nr. 62 **Gesetz zur Modernisierung der gesetzlichen Krankenversicherung** (GMG) vom 14.11.2003[10] gestrichen worden. Da die Plausibilitätsprüfung der Aufdeckung von Abrechnungsfehlern dient, ohne ein eigenständiges Verfahren zur Honorarkürzung zu sein,[11] war es konsequent, die betreffenden Vorschriften in der für die Abrechnungsprüfung in der vertragsärztlichen Versorgung neu geschaffenen Vorschrift des **§ 106a SGB V** zusammenzufassen (vgl. jetzt § 106a Abs. 2 Satz 1 SGB V). 6

Gesetzgebungsmaterialien: vgl. die Kommentierung zu § 82 SGB V Rn. 4. 7

II. Vorgängervorschriften

Der wesentliche Inhalt des § 83 SGB V war bis zum In-Kraft-Treten der Vorschrift in **§ 368g Abs. 2 RVO** geregelt. Vgl. zu Einzelheiten die Kommentierung zu § 82 SGB V Rn. 5. 8

III. Parallelvorschriften

§ 83 SGB V schreibt vor, dass die Einzelheiten der vertragsärztlichen **Versorgung** der gesetzlich Versicherten durch **Gesamtverträge** zu regeln sind. Dass Gegenstand der Gesamtverträge auch die **Vergütung** der vertragsärztlichen Leistungen ist, ergibt sich aus § 82 Abs. 2 SGB V. Regelungen für den Abschluss von Versorgungsverträgen finden sich außerdem in § 109 SGB V für Krankenhäuser, in § 111 SGB V für Vorsorge- und Rehabilitationseinrichtungen, in § 111a SGB V für Einrichtungen des 9

[4] Vgl. FraktE-ArztWohnortG, BT-Drs. 14/5960, S. 3.
[5] BT-Drs. 14/6566, S. 7 zu Nr. 2; BT-Drs. 14/6595, S. 4 zu Nr. 2.3.
[6] BT-Drs. 14/7342, S. 2.
[7] BGBl I 2003, 2190.
[8] Vgl. BT-Drs. 15/1525, S. 153.
[9] BGBl I 2004, 3242.
[10] BGBl I 2003, 2190.
[11] BSG v. 08.03.2000 - B 6 KA 16/99 R - SozR 3-2500 § 83 Nr. 1.

Müttergenesungswerks oder vergleichbare Einrichtungen und in § 72 SGB XI für Pflegeeinrichtungen. Für Einrichtungen der Kinder- und Jugendhilfe ist der Abschluss von Leistungs- und Vergütungsvereinbarungen in § 78b Abs. 1 SGB VIII vorgesehen; für Einrichtungen und Dienste der Sozialhilfe besteht eine entsprechende Vorschrift in § 75 Abs. 3 SGB XII. Für die ärztliche Versorgung der Sozialhilfeempfänger verweist § 52 Abs. 3 SGB XII ausdrücklich auf das Leistungserbringerrecht des SGB V und damit auch auf § 83 SGB V.[12]

IV. Untergesetzliche Normen

10 Als untergesetzliche Normen existieren die in § 83 SGB V geregelten Gesamtverträge. Diese sind gemäß dem für Normen geltenden Publizitätsgebot in den für die Veröffentlichung vorgesehenen Organen der regional zuständigen K(Z)Ven zu veröffentlichen. In Einzelfällen stellen die K(Z)Ven Gesamtverträge oder Teile davon ins Internet ein, häufig aber nur in geschützten Bereichen.

V. Systematische Zusammenhänge

11 § 83 SGB V steht im Vierten Kapitel des SGB V, das mit „Beziehungen der Krankenkassen zu den Leistungserbringern" überschrieben ist. Dort wiederum ist die Vorschrift im Zweiten Abschnitt („Beziehungen zu Ärzten, Zahnärzten und Psychotherapeuten") zu Beginn des Dritten Titels ("Verträge auf Bundes- und Landesebene") zu finden. Sie ist damit dem **Leistungserbringerrecht** der GKV zuzuordnen. Zusammen mit § 85 SGB V regelt sie Versorgung und Vergütung der vertragsärztlichen Leistungen.

12 Die Vergütung der vertragsärztlichen Leistungen erfolgt dabei in **zwei Stufen**. In einem ersten Schritt entrichten die KKn die Gesamtvergütung mit befreiender Wirkung an die KV (§ 85 Abs. 1 Satz 1 SGB V). In einem zweiten Schritt wird die Gesamtvergütung nach Maßgabe der Honorarverteilungsmaßstäbe (vgl. insbesondere § 85 Abs. 4 SGB V) an die Vertragsärzte der jeweiligen KV verteilt. § 83 SGB V betrifft ausschließlich Vereinbarungen zur ersten Stufe.

13 Zur Einordnung ins System der Versorgung der gesetzlich Krankenversicherten vgl. im Übrigen die Kommentierung zu § 82 SGB V Rn. 10.

VI. Beitrittsgebiet

14 § 83 SGB V gilt im Beitrittsgebiet mit der Maßgabe, dass die Verbände der KKn mit den ermächtigten Einrichtungen oder ihren Verbänden im Einvernehmen mit den KVen besondere Verträge schließen können (**§ 311 Abs. 5 SGB V**). Dadurch ist das System der Kollektivverträge zugunsten der Möglichkeit von **Einzelverträgen** eingeschränkt.

VII. Ausgewählte Literaturhinweise

15 Vgl. die Kommentierung zu § 82 SGB V Rn. 12.

B. Auslegung der Norm

I. Regelungsgehalt und Bedeutung der Norm

16 **§ 83 SGB V** regelt in **Satz 1**, dass sich die Zuständigkeit der KVen für den Abschluss von Gesamtverträgen grundsätzlich nach dem **Wohnortprinzip** regelt.

17 **Satz 2** ist eine Sondervorschrift für die **Deutsche Rentenversicherung Knappschaft-Bahn-See** und stellt klar, dass die Regelungen über die Vergütung der vertragsärztlichen Versorgung nur insoweit gelten, als sie die ärztliche Versorgung ihrer Mitglieder über die KV sicherstellen. Die Regelung trägt dem Umstand Rechnung, dass für die Deutsche Rentenversicherung Knappschaft-Bahn-See auch **Knappschaftsärzte** außerhalb der vertragsärztlichen Versorgung tätig werden.

18 **Satz 3** stellt durch Verweis auf **§ 82 Abs. 2 Satz 2 SGB V** klar, dass die **Verhandlungen** über die Gesamtverträge auch von allen Kassenarten **gemeinsam** geführt werden können.

---

[12] Näher dazu: *Freudenberg* in: Jahn, SGB V, § 52 Rn. 19 ff.

Dem Wortlaut nach haben die Regelungen über die genannten **Kompetenzzuweisungen** hinaus auch einen **materiellen** Gehalt, indem sie nämlich den Gegenstand der Gesamtverträge („vertragsärztliche Versorgung") festlegen. Insoweit sind sie allerdings nur in der Gesamtschau mit **§ 82 Abs. 2 Satz 1 SGB V** verständlich, weil dort bestimmt ist, dass auch die **Vergütung** der vertragsärztlichen Leistungen in den Gesamtverträgen zu regeln ist. 19

II. Normzweck

§ 83 SGB V ergänzt § 82 Abs. 2 und 3 SGB V und stellt daher zusammen mit § 82 SGB V die Einführung ins vertragsärztliche Vertragssystem dar. Zu Einzelheiten vgl. die Kommentierung zu § 82 SGB V Rn. 17. 20

Der Hauptzweck des § 83 SGB V besteht in der **Kompetenzzuweisung** für den Abschluss von Gesamtverträgen auf der regionalen Ebene. Bis zum 31.12.1992 wurden die Vergütungsvereinbarungen mit den Ersatzkassenverbänden bundeseinheitlich geschlossen.[13] Mit der Einbeziehung der Erskn in die regionalen Vergütungsvereinbarungen soll den KKn die Möglichkeit gegeben werden, die Vergütungsregelungen auch **kassenartenübergreifend** als **zentrales Steuerungselement** einzusetzen. Durch den deklaratorischen Verweis von Satz 3 auf § 82 Abs. 2 Satz 2 SGB V wird dies nochmals unterstrichen. 21

III. Zuständigkeitsverteilung bei Gesamtverträgen

1. Abschlusskompetenz auf Seiten der Krankenkassen

Zuständig für den Abschluss der Gesamtverträge sind auf Kassenseite die Landesverbände der KKn (§ 207 Abs. 1 SGB V) und die Verbände der Erskn (§ 212 Abs. 5 SGB V). Da die Verbände der Erskn bundesweit strukturiert sind, müssen sie für alle auf der Landesebene abzuschließenden Verträge einen **Bevollmächtigten** mit **Abschlussbefugnis** ernennen (§ 212 Abs. 5 Satz 4 SGB V). Die gesetzliche Vertretungsmacht der Landesverbände und die auf Vollmacht beruhende Vertretungsmacht im Ersatzkassenbereich sind **nicht übertragbar**.[14] Sie können auch im **Außenverhältnis nicht** wirksam **beschränkt** werden (z.B. durch interne Genehmigungsvorbehalte). 22

Örtlich zuständig ist der jeweilige Landesverband der **Kassenart**. Das gilt unabhängig davon, ob die Versicherten Mitglieder einer KK sind, die Mitglied des jeweiligen Landesverbandes ist, oder ob sie bei einer anderen KK derselben Kassenart versichert sind. § 83 Satz 1 SGB V ordnet ausdrücklich die **Bindung** einer KK auch an die von einem fremden Landesverband ihrer Kassenart geschlossenen Gesamtvertrag an.[15] Als Ausgleich dafür haben die Bundesverbände nach Maßgabe des **§ 217 Abs. 5 SGB V** das Verfahren für die Beteiligung derjenigen Landesverbände am Abschluss von Vereinbarungen nach § 83 Satz 1 SGB V zu bestimmen, deren Mitgliedskassen bei diesen Vereinbarungen von einem anderen Landesverband vertreten werden. Verletzungen des Beteiligungsverfahrens berühren die Wirksamkeit des abgeschlossenen Gesamtvertrages allerdings nicht. 23

Maßgebend ist nach § 83 Satz 1 SGB V grundsätzlich das **Wohnortprinzip**. Danach erstreckt sich die Zuständigkeit nur auf die Versorgung derjenigen Mitglieder und ihrer Familienangehörigen, die ihren **Wohnort** im Bezirk der jeweiligen KV haben. 24

Bei **mitversicherten Familienangehörigen** kommt es auf den Wohnort des Mitglieds an. Bei der Berechnung der Gesamtvergütung nach Kopfpauschalen ist diese **mitgliederbezogen** zu zahlen.[16] Demgegenüber hatte der ursprüngliche Gesetzentwurf auf den Versicherten abgestellt.[17] 25

Beispiel: Die vertragsärztliche Versorgung des Versicherten V und seiner mitversicherten Familienangehörigen, die in Köln wohnen und bei der BKK B mit Sitz in Düsseldorf versichert sind, wird durch den Gesamtvertrag zwischen der KV Nordrhein und dem BKK-Landesverband NRW sichergestellt, die Versorgung des bei derselben BKK versicherten W mit Wohnort in Kiel durch den Gesamtvertrag zwischen der KV Schleswig-Holstein und dem BKK-Landesverband Nord. 26

---

[13] Vgl. zur Änderung der Rechtslage durch das GSG eingehend *Wigge*, VSSR 1993, 37.

[14] FraktE-GSG, BT-Drs. 12/3608, S. 85 zu § 83.

[15] Zur Reichweite dieser Bindung vgl. z.B. LSG Baden-Württemberg v. 03.04.2007 - L 5 KA 560/07 ER-B.

[16] BT-Drs. 14/6566, S. 3 zu Nr. 3; BT-Drs. 14/6595, S. 4 zu Nr. 2.3.

[17] BT-Drs. 14/5960, S. 3 zu Art 1 Nr. 3.

27 Der **Fremdkassenausgleich** kommt danach nur noch dann zum Tragen, wenn der Versicherte Leistungen außerhalb des Geltungsbereichs des Gesamtvertrages in Anspruch nimmt (Bsp.: Der Versicherte V aus dem vorigen Beispiel macht Urlaub im Schwarzwald und nimmt dort Leistungen eines Vertragsarztes in Anspruch, der Mitglied der KV Baden-Württemberg ist.).

28 Die **BKKn der Dienstbetriebe des Bundes** (Bundesbahn, Bundespost, Bundesverteidigungsministerium) gehören nach § 212 Abs. 1 Satz 2 SGB V nur dem BKK-Bundesverband, aber keinem Landesverband an. Für sie stellt § 83 Satz 1 SGB V seit dem 01.01.2002 nunmehr klar, dass sie auch durch den jeweils regional zuständigen Landesverband vertreten werden und daher die von diesem vereinbarte Gesamtvergütung an die zuständige KV zahlen. § 217 Abs. 5 SGB V findet auf sie ebenfalls Anwendung.[18]

29 Die **landwirtschaftlichen KKn** und die **Deutsche Rentenversicherung Knappschaft-Bahn-See** nehmen die Aufgaben eines Landesverbandes selbst wahr (§ 36 KVLG bzw. § 212 Abs. 3 SGB V). Sie sind daher am Abschluss des Gesamtvertrages ggf. unmittelbar selbst beteiligt.

30 Für die **Deutsche Rentenversicherung Knappschaft-Bahn-See** gilt darüber hinaus die Sonderregelung des **§ 83 Satz 2 SGB V**. Diese Vorschrift stellt klar, dass § 83 Satz 1 SGB V hinsichtlich der darin begründeten Zuständigkeit bzw. Verpflichtung, Gesamtverträge zu schließen, für die Deutsche Rentenversicherung Knappschaft-Bahn-See nur insoweit gilt, als die Versorgung der Versicherten mit Vertragsärzten durchgeführt wird. Dagegen findet § 83 Satz 1 SGB V auf die ärztliche Versorgung mit **Knappschaftsärzten** keine Anwendung.[19]

31 Die **See-KK** ist ein Spitzenverband, nimmt aber nicht die Aufgaben eines Landesverbandes wahr. Sie kann jedoch eine KK mit der Wahrnehmung ihrer Aufgaben beauftragen (§ 165 Abs. 4 Satz 2 SGB V).

32 Für die landwirtschaftlichen KKn, die Deutsche Rentenversicherung Knappschaft-Bahn-See und die See-KK gilt die Sonderregelung des **§ 82 Abs. 3 SGB V**, die abweichend von § 83 Satz 1 SGB V die Beibehaltung des **Kassensitzprinzips** zulässt.

33 Eine weitere **Ausnahme** vom Wohnortprinzip galt nach **§ 83 Satz 2 SGB V** bis zum 31.12.2005 (a.F.) für KKn, deren Bezirk sich über nicht mehr als ein Land erstreckte. Hier verblieb es beim **Kassensitzprinzip**. Der **Anwendungsbereich** des **Satzes 1** war daher vor dem 01.01.2006 auf diejenigen KKn beschränkt, deren Bezirk sich über mehr als ein Land erstreckt (sog. **überbezirkliche KKn**). Die **Zuordnung** einer **BKK** oder einer **IKK** zu Satz 1 oder Satz 2 a.F. sowie weitere Einzelheiten der Umstellung auf das Wohnortprinzip ergaben sich aus den **Vereinbarungen zur Umsetzung des Gesetzes zur Einführung des Wohnortprinzips bei Honorarvereinbarungen für Ärzte und Zahnärzte** zwischen der KBV einerseits und dem BKK- bzw. IKK-Bundesverband andererseits (Anlagen 14, 16 zum BMV-Ä).[20] Durch die Streichung von Satz 2 a.F. ist gewährleistet, dass grds. jeder KV/KZV immer nur ein Verhandlungspartner für den Abschluss des Gesamtvertrages gegenübersteht.

2. Verhandlungskompetenz auf Seiten der Krankenkassen

34 § 83 Satz 3 SGB V stellt durch den Verweis auf § 82 Abs. 2 Satz 2 SGB V klar, dass die Kassenarten bei allen Gesamtverträgen gemeinsam, aber auch getrennt verhandeln dürfen. In der Praxis kommen gemeinsame Verhandlungen aller Kassenarten, aber auch getrennte Verhandlungen von Primär- und Ersatzkassen und vor allem bei Strukturverträgen auch Gesamtverträge mit allen Kassenarten vor.

3. Verhandlungs- und Abschlusskompetenz auf Seiten der Kassenärztlichen Vereinigungen

35 Die Zuständigkeit der KVen ergibt sich jeweils aus ihrer regionalen Zuständigkeit. Entsprechendes gilt für die KZVen.

IV. Inhalt der Gesamtverträge

1. Regelungsbefugnis der Vertragspartner

36 Die Gesamtverträge müssen die **vertragsärztliche Versorgung** der Versicherten einschließlich der mitversicherten Familienangehörigen (§ 83 Satz 1 SGB V) und die **Vergütung für vertragsärztliche Leistungen** (§ 82 Abs. 2 Satz 1 SGB V) regeln.

---

[18] *Hess* in: KassKomm, SGB V, § 82 Rn. 9.

[19] *Hess* in: KassKomm, SGB V, § 82 Rn. 13.

[20] Zu recherchieren über www.kbv.de.

Außerdem sind in Gesamtverträgen Regelungen über den Inhalt der hausarztzentrierten Versorgung (§ 73b Abs. 3 SGB V) zu treffen. Nach § 73c Abs. 1 SGB V sollen in den Gesamtverträgen Versorgungsaufträge vereinbart werden, deren Durchführung bestimmte qualitative oder organisatorische Anforderungen an die Vertragsärzte stellt (vgl. auch § 2 Abs. 7 BMV-Ä). Nach näherer Maßgabe des § 73a Abs. 1 SGB V können bestimmte Versorgungs- und Vergütungsstrukturen vereinbart werden. Von diesen Regelungsbefugnissen haben die Gesamtvertragspartner z.B. durch Vereinbarungen zur schmerztherapeutischen, onkologischen oder umweltmedizinischen Versorgung Gebrauch gemacht. Außerdem bestehen Gesamtverträge über strukturierte Behandlungsprogramme (sog. DMPs; vgl. § 137f SGB V) z.B. zur Verbesserung der Qualität der ambulanten Versorgung von Typ-2-Diabetikern, von Versicherten mit koronaren Herzerkrankungen oder von Brustkrebspatientinnen. Des Weiteren existieren Strukturverträge zur Förderung ambulanter krankenhausersetzender Operationen. Die Verordnung von Sprechstundenbedarf kann gleichfalls im Wege des Gesamtvertrags geregelt werden. Gegenstand von Gesamtverträgen sind dabei auch solche Vergütungen, die außerhalb der Gesamtvergütung erfolgen (z.B. nach § 85 Abs. 3a Satz 4 SGB V für Sach- und Dienstleistungen bei ambulanten Dialysebehandlungen). § 85 Abs. 2 Satz 4 SGB V sieht die gesamtvertragliche Regelung von Maßnahmen zur Verbesserung der sozialpsychiatrischen Versorgung von Kindern und Jugendlichen vor. 37

2. Schranken der Regelungsbefugnis

Schranken der Regelungsbefugnis ergeben sich in erster Linie aus der Normenhierarchie. Gegenstand der Gesamtverträge kann nur sein, was nicht dem Gemeinsamen Bundesausschuss, dem Bewertungsausschuss oder den Partnern der Bundesmantelverträge zugewiesen ist (vgl. zu Einzelheiten die Kommentierung zu § 82 SGB V Rn. 50). 38

Kein Gesamtvertrag und der gesamtvertraglichen Regelung auch nicht zugänglich sind die **Prüfvereinbarungen** nach § 106 SGB V. 39

3. Inhaltliche Regelungsvorgaben

Gesamtverträge unterliegen als untergesetzliche Normen der Bindung an die gesetzlichen Bestimmungen des Vertragsarztrechts. Dazu gehören: der Grundsatz der Beitragssatzstabilität (§ 71 Abs. 1 Satz 1 SGB V), dessen Geltung auch ausdrücklich für die Anpassung der Gesamtvergütung in § 85 Abs. 3 Satz 1 SGB V hervorgehoben ist, sowie das Gebot der angemessenen Vergütung vertragsärztlicher Leistungen (§ 72 Abs. 2 SGB V). 40

Der Inhalt der BMVe ist Gegenstand der Gesamtverträge (§ 82 Abs. 1 Satz 2 SGB V), woraus unmittelbar eine Bindung der Partner der Gesamtverträge an die BMVe, die Bewertungsmaßstäbe und die Richtlinien des Gemeinsamen Bundesausschusses folgt, die ihrerseits Gegenstand der BMVe sind. 41

4. Inhaltliche Gestaltungsmöglichkeiten

Innerhalb der genannten Schranken und Vorgaben haben die Partner der Gesamtverträge einen **weitgehenden normativen Gestaltungsspielraum**. Auch ohne spezialgesetzliche Ermächtigungsgrundlage (wie § 73c Abs. 1 SGB V) können sie qualitätssichernde Regelungen treffen, die Anforderungen an die Qualifikation des Vertragsarztes oder die Ausstattung seiner Praxis stellen, soweit sie den Charakter von Berufsausübungsregelungen nicht überschreiten und nicht statusrelevant werden.[21] Im Rahmen der Vergütungsregelungen können alle Vereinbarungen getroffen werden, die nicht in Bewertungsmaßstäben oder Gebührenordnungen geregelt sind (z.B. Wegepauschalen oder Wegegebühren). Zulässig ist es z.B., bei der Regelung der belegärztlichen Vergütung einzelne ärztliche Leistungen von der Vergütungsfähigkeit auszuschließen.[22] Ebenso wenig ist die Beschränkung der Tätigkeit von Radiologen auf Überweisungsfälle zu beanstanden.[23] Gegenstand von Gesamtverträgen kann auch die Vereinbarung von Kostenpauschalen für bestimmte Materialien (z.B. Röntgenkontrastmittel) oder Behandlungen sein.[24] Vom normativen Gestaltungsspielraum nicht mehr gedeckt sollen nach einer in der Literatur vertretenen Auffassung Regelungen sein, die Existenz und Funktionsfähigkeit einzelner KKn auf Dauer gefährden.[25] 42

---

[21] Vgl. zu Diabetesstrukturverträgen LSG Essen v. 07.05.2003 - L 11 KA 103/01; LSG Essen v. 09.03.2005 - L 10 KA 10/04 - jeweils sozialgerichtsbarkeit.de.

[22] BSG v. 01.02.1995 - 6 RKa 27/93 - SozR 3-2500 § 121 Nr. 1.

[23] BSG v. 19.12.1984 - 6 RKa 27/83 - BSGE 58, 18, 21 ff.

[24] SG München v. 09.08.2001 - S 33 KA 2031/01 ER - NZS 2002, 51.

[25] *Huber/Storr*, VSSR 2006, 245, 268.

C. Reformbestrebungen

43 § 83 Satz 1 SGB V wird mit Wirkung vom 01.07.2008 an die veränderte Struktur der KKn-Verbände (insbesondere die Aufgabe der gesonderten Verbände der Ersatzkassen und der landwirtschaftlichen KKn) angepasst.

§ 84 SGB V Arznei- und Heilmittelbudget, Richtgrößen

(Ursprünglich kommentierte Fassung vom 26.03.2007, gültig ab 01.04.2007, gültig bis 31.12.2007)

(1) Die Landesverbände der Krankenkassen und die Verbände der Ersatzkassen gemeinsam und einheitlich und die Kassenärztliche Vereinigung treffen zur Sicherstellung der vertragsärztlichen Versorgung mit Arznei- und Verbandmitteln bis zum 30. November für das jeweils folgende Kalenderjahr eine Arzneimittelvereinbarung. Die Vereinbarung umfasst

1. **ein Ausgabenvolumen für die insgesamt von den Vertragsärzten nach § 31 veranlassten Leistungen,**
2. **Versorgungs- und Wirtschaftlichkeitsziele und konkrete, auf die Umsetzung dieser Ziele ausgerichtete Maßnahmen, auch zur Verordnung wirtschaftlicher Einzelmengen (Zielvereinbarungen), insbesondere zur Information und Beratung und**
3. **Kriterien für Sofortmaßnahmen zur Einhaltung des vereinbarten Ausgabenvolumens innerhalb des laufenden Kalenderjahres.**

Kommt eine Vereinbarung bis zum Ablauf der in Satz 1 genannten Frist nicht zustande, gilt die bisherige Vereinbarung bis zum Abschluss einer neuen Vereinbarung oder einer Entscheidung durch das Schiedsamt weiter. Die Landesverbände der Krankenkassen und die Verbände der Ersatzkassen teilen das nach Satz 2 Nr. 1 vereinbarte oder schiedsamtlich festgelegte Ausgabenvolumen ihrem jeweiligen Spitzenverband mit. Die Krankenkasse kann mit Ärzten abweichende oder über die Regelungen nach Satz 2 hinausgehende Vereinbarungen treffen.

(2) Bei der Anpassung des Ausgabenvolumens nach Absatz 1 Nr. 1 sind insbesondere zu berücksichtigen

1. **Veränderungen der Zahl und Altersstruktur der Versicherten,**
2. **Veränderungen der Preise der Arznei- und Verbandmittel,**
3. **Veränderungen der gesetzlichen Leistungspflicht der Krankenkassen,**
4. **Änderungen der Richtlinien des Gemeinsamen Bundesausschusses nach § 92 Abs. 1 Nr. 6,**
5. **der wirtschaftliche und qualitätsgesicherte Einsatz innovativer Arzneimittel,**
6. **Veränderungen der sonstigen indikationsbezogenen Notwendigkeit und Qualität bei der Arzneimittelverordnung auf Grund von getroffenen Zielvereinbarungen nach Absatz 1 Nr. 2,**
7. **Veränderungen des Verordnungsumfangs von Arznei- und Verbandmitteln auf Grund von Verlagerungen zwischen den Leistungsbereichen und**
8. **Ausschöpfung von Wirtschaftlichkeitsreserven entsprechend den Zielvereinbarungen nach Absatz 1 Nr. 2.**

(3) Überschreitet das tatsächliche, nach Absatz 5 Satz 1 bis 3 festgestellte Ausgabenvolumen für Arznei- und Verbandmittel das nach Absatz 1 Nr. 1 vereinbarte Ausgabenvolumen, ist diese Überschreitung Gegenstand der Gesamtverträge. Die Vertragsparteien haben dabei die Ursachen der Überschreitung, insbesondere auch die Erfüllung der Zielvereinbarungen nach Absatz 1 Nr. 2 zu berücksichtigen. Bei Unterschreitung des nach Absatz 1 Nr. 1 vereinbarten Ausgabenvolumens kann diese Unterschreitung Gegenstand der Gesamtverträge werden.

(4) Werden die Zielvereinbarungen nach Absatz 1 Nr. 2 erfüllt, entrichten die beteiligten Krankenkassen auf Grund einer Regelung der Parteien der Gesamtverträge auch unabhängig von der Einhaltung des vereinbarten Ausgabenvolumens nach Absatz 1 Nr. 1 einen vereinbarten Bonus an die Kassenärztliche Vereinigung.

(4a) Eine Vereinbarung nach Absatz 7a findet keine Anwendung, wenn in einer Vereinbarung nach Absatz 1 bis zum 15. November für das jeweils folgende Kalenderjahr Maßnahmen bestimmt sind, die ebenso wie eine Vereinbarung nach Absatz 7a zur Verbesserung der Wirtschaftlichkeit geeignet sind und die einen entsprechenden Ausgleich von Mehrkosten bei Nichteinhaltung der vereinbarten Ziele gewährleisten. Eine Vereinbarung nach Satz 1 oder Absatz 7a findet für einen Vertragsarzt keine Anwendung, soweit er zu Lasten der Krankenkasse Arzneimittel verordnet, für die eine Vereinbarung nach § 130a Abs. 8 mit Wirkung für die Krankenkasse besteht; das Nähere ist in der Vereinbarung nach Absatz 1 Satz 5 zu regeln.

(4b) Die Vorstände der Krankenkassenverbände und der Kassenärztlichen Vereinigungen haften für eine ordnungsgemäße Umsetzung der vorgenannten Maßnahmen.

(5) Zur Feststellung des tatsächlichen Ausgabenvolumens nach Absatz 3 erfassen die Krankenkassen die während der Geltungsdauer der Arzneimittelvereinbarung veranlassten Ausgaben arztbezogen, nicht versichertenbezogen. Sie übermitteln diese Angaben nach Durchführung der Abrechnungsprüfung ihren jeweiligen Spitzenverbänden, die diese Daten kassenartenübergreifend zusammenführen und jeweils der Kassenärztlichen Vereinigung übermitteln, der die Ärzte, welche die Ausgaben veranlasst haben, angehören; zugleich übermitteln die Spitzenverbände diese Daten den Landesverbänden der Krankenkassen und den Verbänden der Ersatzkassen, die Vertragspartner der jeweiligen Kassenärztlichen Vereinigung nach Absatz 1 sind. Ausgaben nach Satz 1 sind auch Ausgaben für Arznei- und Verbandmittel, die durch Kostenerstattung vergütet worden sind. Zudem erstellen die Spitzenverbände der Krankenkassen gemeinsam und einheitlich für jede Kassenärztliche Vereinigung monatliche Berichte über die Entwicklung der Ausgaben von Arznei- und Verbandmitteln und übermitteln diese Berichte als Schnellinformationen den Vertragspartnern nach Absatz 1 insbesondere für Abschluss und Durchführung der Arzneimittelvereinbarung sowie für die Informationen nach § 73 Abs. 8. Für diese Berichte gelten Satz 1 und 2 entsprechend; Satz 2 gilt mit der Maßgabe, dass die Angaben vor Durchführung der Abrechnungsprüfung zu übermitteln sind. Die Kassenärztliche Bundesvereinigung erhält für die Vereinbarung der Rahmenvorgaben nach Absatz 7 und für die Informationen nach § 73 Abs. 8 eine Auswertung dieser Berichte. Die Spitzenverbände der Krankenkassen können eine Arbeitsgemeinschaft nach § 219 mit der Durchführung der vorgenannten Aufgaben beauftragen. § 304 Abs. 1 Satz 1 Nr. 2 gilt entsprechend.

(6) Die Vertragspartner nach Absatz 1 vereinbaren bis zum 15. November für das jeweils folgende Kalenderjahr zur Sicherstellung der vertragsärztlichen Versorgung für das auf das Kalenderjahr bezogene Volumen der je Arzt verordneten Arznei- und Verbandmittel (Richtgrößenvolumen) arztgruppenspezifische fallbezogene Richtgrößen als Durchschnittswerte unter Berücksichtigung der nach Absatz 1 getroffenen Arzneimittelvereinbarung, erstmals bis zum 31. März 2002. Zusätzlich sollen die Vertragspartner nach Absatz 1 die Richtgrößen nach altersgemäß gegliederten Patientengruppen und darüber hinaus auch nach Krankheitsarten bestimmen. Die Richtgrößen leiten den Vertragsarzt bei seinen Entscheidungen über die Verordnung von Arznei- und Verbandmitteln nach dem Wirtschaftlichkeitsgebot. Die Überschreitung des Richtgrößenvolumens löst eine Wirtschaftlichkeitsprüfung nach § 106 Abs. 5a unter den dort genannten Voraussetzungen aus.

(7) Die Kassenärztliche Bundesvereinigung und die Spitzenverbände der Krankenkassen gemeinsam und einheitlich vereinbaren bis zum 30. September für das jeweils folgende Kalenderjahr Rahmenvorgaben für die Inhalte der Arzneimittelvereinbarungen nach Absatz 1 sowie für die Inhalte der Informationen und Hinweise nach § 73 Abs. 8. Die Rahmenvorgaben haben die Arzneimittelverordnungen zwischen den Kassenärztlichen Vereinigungen zu vergleichen und zu bewerten; dabei ist auf Unterschiede in der Versorgungsqualität und Wirtschaftlichkeit hinzuweisen. Von den Rahmenvorgaben dürfen die Vertragspartner der Arzneimittelvereinbarung nur abweichen, soweit dies durch die regionalen Versorgungsbedingungen begründet ist. Die Vertragsparteien nach Satz 1 beschließen mit verbindlicher Wirkung für die Vereinbarungen der Richtgrößen nach Absatz 6 Satz 1 die Gliederung der Arztgruppen und das Nähere zum Fallbezug. Ebenfalls mit verbindlicher Wirkung für die Vereinbarungen der Richtgrößen nach Absatz 6 Satz 2 sollen sie die altersgemäße Gliederung der Patientengruppen und die Krankheitsarten bestimmen. Darüber hinaus können sie für die Vereinbarungen nach Absatz 6 Satz 1 Empfehlungen beschließen. Der Beschluss nach Satz 4 ist bis zum 31. Januar 2002 zu fassen.

(7a) Die Vertragspartner nach Absatz 7 vereinbaren bis zum 30. September für das jeweils folgende Kalenderjahr jeweils als Bestandteil der Vereinbarungen nach Absatz 1 für Gruppen von Arzneimitteln für verordnungsstarke Anwendungsgebiete, die bedeutsam zur Erschließung von Wirtschaftlichkeitsreserven sind, Durchschnittskosten je definierter Dosiereinheit, die sich bei wirtschaftlicher Verordnungsweise ergeben. Bei der Festlegung der Durchschnittskosten je definierter Dosiereinheit sind Besonderheiten unterschiedlicher Anwendungsgebiete zu berücksichtigen. Definierte Dosiereinheiten können auf Grundlage der Klassifikation nach § 73 Abs. 8 Satz 5 festgelegt werden. Das Nähere ist in der Vereinbarung nach Satz 1 zu regeln; dabei können auch andere geeignete rechnerische mittlere Tages- oder Einzeldosen oder andere geeignete Vergleichsgrößen für die Kosten der Arzneimitteltherapie vereinbart werden, wenn der Regelungszweck dadurch besser erreicht wird. Richtlinien nach § 92 Abs. 1 sind zu beachten. Überschreiten die Ausgaben für die vom Arzt verordneten Arzneimittel die Kosten nach Satz 1, hat der Arzt einen Überschreitungsbetrag von mehr als 10 bis 20 vom Hundert entsprechend einem Anteil von 20 vom Hundert, von mehr als 20 vom Hundert bis 30 vom Hundert um 30 vom Hundert und eine darüber hinausgehende Überschreitung zur Hälfte gegenüber den Krankenkassen auszugleichen. Unterschreiten die Ausgaben der von den Ärzten einer Kassenärztlichen Vereinigung insgesamt verordneten Arzneimittel die Durchschnittskosten je definierter Dosiereinheit nach Satz 1, entrichten die Krankenkassen aufgrund der Vereinbarung nach Satz 1 einen Bonus an die Kassenärztliche Vereinigung. Der Bonus ist unter den Vertragsärzten zu verteilen, die wirtschaftlich verordnen und deren Verordnungskosten die Durchschnittskosten je definierter Dosiereinheit nach Satz 1 nicht überschreiten. Über- oder Unterschreitungen stellt der Prüfungsausschuss nach § 106 Abs. 4 nach Ablauf eines Quartals auf der Grundlage der arztbezogenen Schnellinformationen nach Absatz 5 Satz 4 oder aufgrund der Abrechnungsdaten nach § 300 Abs. 2 Satz 4, die dem Prüfungsausschuss zu übermitteln sind, fest; für das weitere Verfahren gilt § 106 Abs. 5 und 5c entsprechend. Arzneimittel, für die die Regelungen dieses Absatzes Anwendung finden, unterliegen nicht der Wirtschaftlichkeitsprüfung nach § 106 Abs. 2; die Richtgrößen sind von den Vertragspartnern nach Absatz 1 entsprechend zu bereinigen. Das Nähere ist in Verträgen nach § 106 Abs. 3 zu vereinbaren. Kommt eine Vereinbarung nach Satz 1 für das jeweils folgende Kalenderjahr bis zum 30. September nicht zustande, gilt für das Schiedsverfahren abweichend von § 89 Abs. 1 Satz 1 eine Frist von zwei Monaten.

(8) Die Absätze 1 bis 4 und 4b bis 7 sind für Heilmittel unter Berücksichtigung der besonderen Versorgungs- und Abrechnungsbedingungen im Heilmittelbereich entsprechend anzuwenden. Veranlasste Ausgaben im Sinne des Absatzes 5 Satz 1 betreffen die während der Geltungsdauer der Heilmittelvereinbarung mit den Krankenkassen abgerechneten Leistungen.

(9) Das Bundesministerium für Gesundheit kann bei Ereignissen mit erheblicher Folgewirkung für die medizinische Versorgung zur Gewährleistung der notwendigen Versorgung mit Arznei- und Verbandmitteln die Ausgabenvolumen nach Absatz 1 Nr. 1 durch Rechtsverordnung mit Zustimmung des Bundesrates erhöhen.

§ 84 SGB V Arznei- und Heilmittelbudget, Richtgrößen

(Fassung vom 26.03.2007, gültig ab 01.01.2008, gültig bis 30.06.2008)

(1) ...

(7a) Die Vertragspartner nach Absatz 7 vereinbaren bis zum 30. September für das jeweils folgende Kalenderjahr jeweils als Bestandteil der Vereinbarungen nach Absatz 1 für Gruppen von Arzneimitteln für verordnungsstarke Anwendungsgebiete, die bedeutsam zur Erschließung von Wirtschaftlichkeitsreserven sind, Durchschnittskosten je definierter Dosiereinheit, die sich bei wirtschaftlicher Verordnungsweise ergeben. Bei der Festlegung der Durchschnittskosten je definierter Dosiereinheit sind Besonderheiten unterschiedlicher Anwendungsgebiete zu berücksichtigen. Definierte Dosiereinheiten können auf Grundlage der Klassifikation nach § 73 Abs. 8 Satz 5 festgelegt werden. Das Nähere ist in der Vereinbarung nach Satz 1 zu regeln; dabei können auch andere geeignete rechnerische mittlere Tages- oder Einzeldosen oder andere geeignete Vergleichsgrößen für die Kosten der Arzneimitteltherapie vereinbart werden, wenn der Regelungszweck dadurch besser erreicht wird. Richtlinien nach § 92 Abs. 1 sind zu beachten. Überschreiten die Ausgaben für die vom Arzt verordneten Arzneimittel die Kosten nach Satz 1, hat der Arzt einen Überschreitungsbetrag von mehr als 10 bis 20 vom Hundert entsprechend einem Anteil von 20 vom Hundert, von mehr als 20 vom Hundert bis 30 vom Hundert um 30 vom Hundert und eine darüber hinausgehende Überschreitung zur Hälfte gegenüber den Krankenkassen auszugleichen. Unterschreiten die Ausgaben der von den Ärzten einer Kassenärztlichen Vereinigung insgesamt verordneten Arzneimittel die Durchschnittskosten je definierter Dosiereinheit nach Satz 1, entrichten die Krankenkassen aufgrund der Vereinbarung nach Satz 1 einen Bonus an die Kassenärztliche Vereinigung. Der Bonus ist unter den Vertragsärzten zu verteilen, die wirtschaftlich verordnen und deren Verordnungskosten die Durchschnittskosten je definierter Dosiereinheit nach Satz 1 nicht überschreiten. Über- oder Unterschreitungen stellt *die Prüfungsstelle* nach § 106 Abs. 4 nach Ablauf eines Quartals auf der Grundlage der arztbezogenen Schnellinformationen nach Absatz 5 Satz 4 oder aufgrund der Abrechnungsdaten nach § 300 Abs. 2 Satz 4, die *der Prüfungsstelle* zu übermitteln sind, fest; für das weitere Verfahren gilt § 106 Abs. 5 und 5c entsprechend. Arzneimittel, für die die Regelungen dieses Absatzes Anwendung finden, unterliegen nicht der Wirtschaftlichkeitsprüfung nach § 106 Abs. 2; die Richtgrößen sind von den Vertragspartnern nach Absatz 1 entsprechend zu bereinigen. Das Nähere ist in Verträgen nach § 106 Abs. 3 zu vereinbaren. Kommt eine Vereinbarung nach Satz 1 für das jeweils folgende Kalenderjahr bis zum 30. September nicht zustande, gilt für das Schiedsverfahren abweichend von § 89 Abs. 1 Satz 1 eine Frist von zwei Monaten.

(8) ...

Hinweis: § 84 SGB V in der Fassung vom 26.03.2007 wurde durch Art. 1 Nr. 53 des Gesetzes vom 26.03.2007 (BGBl I 2007, 378) mit Wirkung vom 01.01.2008 geändert. Die Autoren passen die Kommentierungen bei Bedarf an die aktuelle Rechtslage durch Aktualisierungshinweise an.

Gliederung

A. Basisinformationen

I. Textgeschichte/Gesetzgebungsmaterialien

1 § 84 SGB V wurde durch Art. 1 **Gesundheits-Reformgesetz** vom 20.12.1988[1] in das Sozialgesetzbuch eingefügt. Die Bestimmung trat am 01.01.1989 in Kraft. Sie sah ursprünglich nur die Vereinbarung von arztgruppenspezifischen Richtgrößen für das Volumen verordneter Leistungen vor. Diese Richtgrößen sollten neben der Prüfung nach Durchschnittswerten Grundlage für die Wirtschaftlichkeitsprüfung sein (§ 106 Abs. 2 Satz 1 Nr. 2 SGB V in der Fassung des GRG). Die Vorschrift ist seitdem erheblich umgestaltet worden.[2] Dabei haben insbesondere die **Richtgrößen** ihre Funktion mehrfach geändert.

2 Erstmalig durch § 84 SGB V in der ab dem 01.01.1993 geltenden Fassung von Art. 1 Nr. 42 GSG vom 21.12.1992[3] führte der Gesetzgeber das Instrument des **Budgets** im Sinne einer **Obergrenze** für die insgesamt von den Vertragsärzten (also nicht bezogen auf den einzelnen Arzt) veranlassten Leistungen (Arznei-, Verband- und Heilmittel) ein. Wurde diese Obergrenze überschritten, musste die KV einen Ausgleich gegenüber den KKn sicherstellen. Im Ergebnis führte das dazu, dass alle Vertragsärzte solidarisch für ihr eigenes Leistungsverhalten und dasjenige ihrer Kollegen hafteten (**kollektive Haftung**).[4] Gleichzeitig wurde die Wirtschaftlichkeitsprüfung nach Richtgrößen umgewandelt in eine **Auffälligkeitsprüfung** (§ 106 Abs. 2 Satz 1 Nr. 1 SGB V in der Fassung des GSG). Die Überschreitung bestimmter Vomhundertsätze (15% bzw. 25%) führte zur Prüfung von Amts wegen bzw. zur Erstattung des Mehraufwandes, falls keine Praxisbesonderheiten dargelegt werden konnten (§ 106 Abs. 3 Satz 4, Abs. 5a SGB V) **(individuelle Haftung)**.

3 Im Zuge des **2. GKV-Neuordnungsgesetzes**[5] (mit Wirkung vom 01.07.1997) **verstärkte** der Gesetzgeber den Gesichtspunkt der **individuellen** Haftung, indem er die Vereinbarung der Richtgrößen nach § 84 Abs. 3 SGB V ausdrücklich dem Regime des Grundsatzes der Beitragssatzstabilität (§ 71 Abs. 1 SGB V) unterwarf. Gleichzeitig ordnete er an, dass die Richtgrößenvereinbarungen die **Budgets ablösten**.

4 Diese Wertentscheidung gab der Gesetzgeber schon mit dem **GKV-Solidaritätsstärkungsgesetz**[6] mit Wirkung vom 01.01.1999 wieder auf. Die Budgets traten erneut neben die Richtgrößen, dieses Mal al-

1 BGBl I 1988, 2477.
2 Zur Entwicklung: *Krauskopf*, MedR 1998, 491; *Rath*, MedR 1999, 245; *Sendatzki/Fink*, BKK 1998, 550.
3 BGBl I 1992, 2266.
4 Kritisch zur verfassungsrechtlichen Zulässigkeit: *Boecken*, MedR 2000, 165, 169f.; *Ratzel*; MedR 1996, 180, 181; *Wienke/Sauerborn*, MedR 1996, 243, 247 ff.; gegen die Argumente dieser Autoren: *Spellbrink*, MedR 1997, 65, 66.
5 Vom 23.06.1997 – BGBl I 1997, 1520.
6 Vom 19.12.1998 – BGBl I 1998, 3853.

lerdings mit einem deutlichen Akzent auf der kollektiven Haftung. Jede Überschreitung des Budgets verringerte nunmehr automatisch die Höhe der Gesamtvergütung, wobei dieser Effekt allerdings auf 5% des Budgets begrenzt blieb. Demgegenüber verschärfte das **GKV-Gesundheitsreformgesetz 2000** vom 22.12.1999[7] die Richtwerte für die Wirtschaftlichkeitsprüfung. Nunmehr führte schon eine Überschreitung von 5% zur Prüfung, während ab einer Überschreitung von 15% der Mehraufwand zu erstatten war (§ 106 Abs. 5a SGB V in der Fassung des GKV-Gesundheitsreformgesetzes 2000).

5 Mit dem **Arzneimittel-Ablösungsgesetz (ABAG)** vom 19.12.2001[8] wurde § 84 SGB V erneut grundlegend umgestaltet und erhielt im Wesentlichen die heutige Form.

6 Durch Art. 1 Nr. 84 **Gesetz zur Modernisierung der gesetzlichen Krankenversicherung** vom 14.11.2003[9] sind § 84 Abs. 2 Nr. 4 SGB V an die Terminologie des § 91 SGB V („Gemeinsamer Bundesausschuss") angepasst, die in § 84 Abs. 4 SGB V bislang als Ermessensleistung geregelte Bonusleistung (vgl. Rn. 79 ff.) in eine Pflichtleistung umgewandelt sowie § 84 Abs. 4a und 4b SGB V neu **eingefügt** worden.

7 Mit Art. 1 Nr. 6 **Gesetz zur Verbesserung der Wirtschaftlichkeit in der Arzneimittelversorgung vom 26.04.2006 (AVWG)**[10] ist § 84 SGB V mit Wirkung vom 01.01.2006 wiederum in erheblichen Teilen geändert worden: In § 84 Abs. 1 Satz 3 SGB V ist nunmehr eine Regelung für den Fall getroffen, dass eine Vereinbarung nach Satz 1 nicht fristgerecht zustande kommt. § 84 Abs. 1 Satz 4 SGB V enthält eine **Berichtspflicht** der KKn-Verbände hinsichtlich des vereinbarten Ergebnisses gegenüber dem jeweiligen Spitzenverband. Für die Vereinbarung der **Richtgrößenvolumina** (§ 84 Abs. 6 SGB V) und der **Rahmenvorgaben** (§ 84 Abs. 7 SGB V) sind jährlich einzuhaltende **Fristen** eingeführt worden. Die wesentliche Neuerung besteht in einem **neu** eingefügten **§ 84 Abs. 7a SGB V** sowie einer an diese Bestimmung angepassten **Umgestaltung** des **§ 84 Abs. 4a SGB V**: Danach müssen die Vertragspartner nach **§ 84 Abs. 7 SGB V** in den Arzneimittelvereinbarungen nach § 84 Abs. 1 SGB V **Durchschnittskosten** vereinbaren, die sich bei wirtschaftlicher Verordnung der Arzneimittel ergeben. Das gilt jedoch nur dann, wenn nicht in der Arzneimittelvereinbarung zur Verbesserung der Wirtschaftlichkeit ebenso geeignete Maßnahmen bestimmt sind.

8 Art. 256 Nr. 1 der **Neunten Zuständigkeitsanpassungsverordnung** vom 31.10.2006[11] hat § 84 Abs. 9 an die aktuelle Bezeichnung des Bundesministeriums für Gesundheit angepasst.

9 Weitere Änderungen haben sich mit Wirkung vom 01.04.2007 durch Art. 1 Nr. 53 **GKV-Wettbewerbsstärkungsgesetz (GKV-WSG)** vom 26.03.2007[12] ergeben: In den Zielvereinbarungen nach § 84 Abs. 1 Satz 2 Nr. 2 SGB V können auch Vereinbarungen zur Verordnung wirtschaftlicher Einzelmengen getroffen werden. § 84 Abs. 1 Satz 5 SGB V sieht jetzt die Möglichkeit von **Einzelvereinbarungen** zwischen KKn und Ärzten vor. § 84 Abs. 4a Satz 2 SGB V legt fest, dass Vereinbarungen nach § 84 Abs. 4a Satz 1 SGB V oder nach § 84 Abs. 7a SGB V für Vertragsärzte dann nicht gelten, wenn sie zu Lasten der KKn Arzneimittel verordnen, für die eine Rabattvereinbarung nach § 130a Abs. 8 SGB V mit Wirkung für die KK besteht. In § 84 Abs. 7 Satz 5 SGB V sind die Worte „unter Berücksichtigung der Beschlüsse des Koordinierungsausschusses nach § 137e Abs. 3 Nr. 1" im Hinblick auf die Aufhebung der Vorschrift des § 137e SGB V mit Wirkung vom 01.04.2007 gestrichen worden.

10 **Gesetzgebungsmaterialien**: Gesetzentwurf der Fraktionen SPD und BÜNDNIS 90/DIE GRÜNEN zum Entwurf eines Gesetzes zur Ablösung des Arznei- und Heilmittelbudgets (Arzneimittelbudget-Ablösungsgesetz – ABAG), BT-Drs. 14/6309. Hierzu Beschlussempfehlung und Bericht des Ausschusses für Gesundheit (BT-Drs. 14/7170). Gesetzentwurf der Fraktionen SPD, CDU/CSU und BÜNDNIS 90/DIE GRÜNEN zum Entwurf eines Gesetzes zur Modernisierung der gesetzlichen Krankenversicherung (GKV-Modernisierungsgesetz – GMG), BT-Drs. 15/1525. Hierzu Beschlussempfehlung (BT-Drs. 15/1584) und Bericht (BT-Drs. 15/1600) des Ausschusses für Gesundheit und Soziale Sicherung. Gesetzentwurf der Fraktionen der CDU/CSU und SPD zur Verbesserung der Wirtschaftlichkeit in der Arzneimittelversorgung.[13] Hierzu Beschlussempfehlung und Bericht des Ausschusses

[7] BGBl I 1999, 2626.
[8] BGBl I 2001, 3773.
[9] BGBl I 2003, 2190.
[10] BGBl I 2006, 981.
[11] BGBl I 2006, 2407.
[12] BGBl 2007 I, 378
[13] BT-Drs. 16/194.

für Gesundheit.[14] Gesetzentwurf der Fraktionen der CDU/CSU und SPD zur Stärkung des Wettbewerbs in der gesetzlichen Krankenversicherung (GKV-Wettbewerbsstärkungsgesetz – GKV-WSG).[15]

II. Vorgänger- und Übergangsvorschriften

Zu den Vorgängervorschriften von § 84 SGB V in der jetzigen Fassung vgl. Rn. 1 ff. 11

Aufgrund von Art. 2 ABAG sind die **Verringerungen** der **Gesamtvergütungen** zum Ausgleich der 12
Budgetüberschreitungen **rückwirkend entfallen**. Damit ist der angeordnete Kollektivregress, der bis zum In-Kraft-Treten des ABAG noch nicht umgesetzt war, rückwirkend wirkungslos geworden.

Art. 3 § 1 Abs. 1 Satz 1 ABAG sieht vor, dass die Arzneimittelvereinbarung nach § 84 Abs. 1 SGB V 13
für das Jahr 2002 bis zum 31.03.2002 zu schließen war. Das Ausgabenvolumen war auf der Grundlage der für das Jahr 2001 geltenden Budgetvereinbarung zu bestimmen, aber auf die Versorgungsbedingungen in den KVen nach Maßgabe des § 84 Abs. 2 SGB V auszurichten. Für die Heilmittelvereinbarung gilt Entsprechendes (Art. 3 § 1 Abs. 2 ABAG).

III. Parallelvorschriften

§ 84 SGB V beinhaltet besondere Formen der Steuerung des Verordnungsverhaltens der Vertragsärzte 14
und damit der **veranlassten** Leistungen. Eine Parallelvorschrift hierzu besteht nicht. Eine Vorstandshaftung wie in § 84 Abs. 4b SGB V ist außerdem in § 106 Abs. 4b SGB V und in § 12 Abs. 3 SGB V angeordnet.

IV. Untergesetzliche Normen

Als untergesetzliche Normen auf Bundesebene bestehen die Rahmenvorgaben nach § 84 Abs. 7 15
SGB V und die Vereinbarung nach § 84 Abs. 7a SGB V – Arzneimittel – für das Jahr 2007 vom 19.09.2006[16]. Darüber hinaus werden Vereinbarungen nach § 84 Abs. 1, 6 und 8 SGB V regional geschlossen und veröffentlicht (z.B. Anlage 2 zur Prüfvereinbarung im Bereich der KV Nordrhein)[17].

V. Systematische Zusammenhänge

§ 84 SGB V ist Ausfluss der umfassenden Stellung, die der Vertragsarzt in der ambulanten Versorgung 16
der gesetzlich Krankenversicherten einnimmt, und seiner weitreichenden Verantwortung für die Kostenentwicklung in diesem Leistungsbereich. Nach § 73 Abs. 2 SGB V umfasst die vertragsärztliche Versorgung nämlich nicht nur die ärztliche und zahnärztliche Behandlung (§ 73 Abs. 2 Nr. 1 SGB V, § 73 Abs. 2 Nr. 2 SGB V), sondern auch die Verordnung der Leistungen Dritter. Hierzu gehört insbesondere die Verordnung von Arznei-, Verband- und Heilmitteln (§ 73 Abs. 2 Nr. 7 SGB V). Hier nimmt der Vertragsarzt insoweit eine Schlüsselstellung ein, als seine Verordnung in der Regel den Leistungsanspruch des Versicherten und damit die Kosten für die Versichertengemeinschaft auslöst.

Der Gesetzgeber kennt – in grober Systematik – zwei Wege, das Leistungsverhalten bzw. (im Fall der 17
veranlassten Leistungen) das Verordnungsverhalten des Vertragsarztes zu beeinflussen: Zum einen durch die Beschränkung des zur Verfügung stehenden Vergütungsvolumens, kombiniert mit den verschiedensten Mechanismen, die Anreize für unwirtschaftliches Verhalten zu verringern. Zum anderen durch den individuellen Regress für den Fall, dass es gleichwohl zu unwirtschaftlichem Verhalten kommt.

Diese beiden grundlegenden Strategien prägen auch das Bemühen des Gesetzgebers, die Kosten für 18
veranlasste Leistungen im Bereich der Arznei- und Heilmittel durch § 84 SGB V zu beschränken. § 84 SGB V greift das Instrument der Budgetierung durch die Vereinbarung von Ausgabenvolumina auf, deren Überschreitung zum Gegenstand der Gesamtvergütung wird. Gleichzeitig wird mit der Vereinbarung von Richtgrößenvolumina die Grundlage für die Wirtschaftlichkeitsprüfung und damit den individuellen Regress nach § 106 Abs. 5a SGB V gelegt.

---

[14] BT-Drs. 16/691.

[15] BT-Drs. 16/3100.

[16] DÄ 2007, A-69

[17] www.kvno.de.

VI. Ausgewählte Literaturhinweise

19 *Bartels/Brakmann*, Kostendämpfung und -kontrolle in der Arzneimittelversorgung, GesR 2007, 145-151; *Boecken*, Mengensteuerung durch Budgetregelungen unter Einbeziehung des Globalbudgets, MedR 2000, 165-176; *Clemens*, Der Kampf des Arztes gegen Arzneikostenregresse – Arzneizulassung, Off-Label-Use, Arzneimittel-Richtlinien, Wirtschaftlichkeitsprüfung, Richtgrößen – Personalrecht im Wandel 2006, 193-230; *Dierks*, Praktische und rechtliche Probleme des Arzneimittelbudgets nach § 84 SGB V, Pharma Recht 1998, 40-44; *Engelhard*, Die Richtgrößenprüfung im Vertragsarztrecht, NZS 2004, 572-576; *Francke*, Rechtliche Bewertung der neuen Steuerungsinstrumente am Beispiel der Arzneimittelversorgung und ihre Auswirkungen auf die Therapiefreiheit des Arztes, VSSR 2002, 299-319; *Geis*, Das sozialrechtliche Wirtschaftlichkeitsgebot – kriminalstrafbewehrtes Treuegesetz des Kassenarztes?, GesR 2006, 345-356; *Hansen*, Ausgaben für Arzneimittel künftig gemeinsam steuern, KrV 2001, 195-197; *Herzog*, Zwischen Budget und Haftung, GesR 2007, 8-13; *Krauskopf*, Vom Arzneimittel-Budget zu Richtgrößen, MedR 1998, 491-496; *Peikert*, Richtgrößen und Richtgrößenprüfung nach dem ABAG, MedR 2003, 29-34; *Rath*, Arzneimittelbudget und die neuen Arzneimittel-Richtlinien in der Wirtschaftlichkeitsprüfung, MedR 1999, 245-247; *Ratzel*, Auswirkungen der Arzneimittelbudgetierung, MedR 1996, 180-247; *Schroeder-Printzen*, Konsequenzen aus dem „Gesetz zur Ablösung des Arznei- und Heilmittelbudgets – ABAG" für die Richtgrößenprüfung, NZS 2002, 629-635; *Sendatzki/Fink*, Vom Arzneimittelbudget zu Richtgrößen, BKK 1998, 550-557; *Schimmelpfeng-Schütte*, Die Arzneimittelversorgung im Spannungsfeld der Interessen der gesetzlichen Krankenversicherung und der Pharmaindustrie, GesR 2006, 12-15; *Spellbrink*, Rechtsfolgen der Budgetüberschreitung nach § 84 SGB V, MedR 1997, 65-67; *Staffeld*, Verordnungstransparenz für Deutschlands Vertragsärzte, BKK 2003, 294-299; *Wiedemann/Willaschek*, Das Arzneimittelversorgungswirtschaftlichkeitsgesetz – Motive, Inhalte, rechtliche Bewertung, GesR 2006, 298-307; *Wienke/Sauerborn*, Budgetüberschreitung und Kollektivhaftung (§ 84 SGB V) – eine Rechtmäßigkeitsprüfung, MedR 1996, 243-251; *Wutschel-Monka*, Die Zielvereinbarung im Arzneimittelbereich – erste Erfahrungen in Nordrhein, KrV 2001, 359-360; *Wutschel-Monka/Moggon*, Kassenärztliche Vereinigung und Krankenkassen in Nordrhein einigen sich auf Arzneimittelvereinbarung 2003, KrV 2003, 57-58.

B. Auslegung der Norm

I. Regelungsgehalt und Bedeutung der Norm

20 **Absatz 1** regelt den Abschluss einer Arzneimittelvereinbarung für die Versorgung mit Arznei- und Verbandmitteln. Die Vereinbarung hat drei Kriterien zu erfüllen, nämlich die Vereinbarung von Ausgabenvolumen, Zielvereinbarungen und Sofortmaßnahmen zur Einhaltung des Ausgabenvolumens im laufenden Kalenderjahr. Außerdem ordnet Absatz 1 die Fortgeltung der jeweils „alten" Arzneimittelvereinbarung bis zum Abschluss einer neuen an.

21 **Absatz 2** schreibt die Kriterien vor, nach denen das nach Absatz 1 zu vereinbarende Ausgabenvolumen anzupassen ist.

22 **Absatz 3** beschreibt die Rechtsfolge, die eintritt, wenn das Ausgabenvolumen überschritten wird: Die Überschreitung wird „Gegenstand der Gesamtverträge".

23 **Absatz 4** ist im Gegensatz zu Absatz 3 die positive Sanktion für den Fall, dass die Zielvereinbarungen nach Absatz 1 eingehalten werden. In diesem Fall kommt es zu einer Bonuszahlung.

24 **Absatz 4a** regelt als gegenüber Absatz 7 vorrangige Regelungsmöglichkeit die Vereinbarung von Maßnahmen zur Verbesserung der Wirtschaftlichkeit als Bestandteil der Vereinbarungen nach Absatz 1 und enthält außerdem eine Ausnahmebestimmung für solche Vertragsärzte, die Arzneimittel verordnen, für die eine Rabattvereinbarung besteht.

25 **Absatz 4b** begründet eine persönliche Haftung der Vorstände der KKn-Verbände und der KVen für die ordnungsgemäße Umsetzung der in den Absätzen 1-4a geregelten Maßnahmen.

26 **Absatz 5** ist zu entnehmen, wie die zur Feststellung des Ausgabenvolumens nach Absatz 3 erforderlichen Daten gewonnen und übermittelt werden.

27 **Absatz 6** bildet die Grundlage für die Vereinbarung arztgruppenspezifischer fallbezogener Richtgrößen, die ihrerseits Grundlage für die Ermittlung des Richtgrößenvolumens je Arzt sind, bei dessen Überschreitung es zur Wirtschaftlichkeitsprüfung nach § 106 Abs. 5a SGB V kommt.

Absatz 7 sieht vor, dass die KBV und die Spitzenverbände der KKn Rahmenvorgaben für den Inhalt der Arzneimittel- und der Richtgrößenvereinbarungen zu vereinbaren haben. 28

Absatz 7a bestimmt, dass die Vertragspartner nach Absatz 7 in den Vereinbarungen nach Absatz 1 Durchschnittskosten für die wirtschaftliche Verordnung von Arzneimitteln vereinbaren. 29

Absatz 8 erklärt die Absätze 1-7 auf die Versorgung mit Heilmitteln für entsprechend anwendbar. 30

Absatz 9 regelt ein Interventionsrecht des BMGS für Ereignisse mit erheblicher Folgewirkung, bei denen das Ausgabenvolumen sich als nicht mehr ausreichend erweist. 31

Die **wirtschaftliche Bedeutung** der Vorschrift ist erheblich. Allein von 1991-2002 ist der Umsatz aus der Verordnung nur von Arzneimitteln in der vertragsärztlichen Versorgung von 14,8 auf 22,7 Mrd. € gestiegen. Pro Mitglied sind damit 2002 Arzneimittel im Umfang von 438,90 Euro verordnet worden. Damit lagen die Gesamtausgaben für Arzneimittel über denen für ambulante ärztliche Behandlung. Dabei sind die Kosten für Heil- und Verbandmittel noch nicht eingerechnet. Im gleichen Zeitraum ist dagegen die Zahl der Verordnungen von 1,02 Mrd. auf 761 Mio. gesunken. 32

II. Normzweck

§ 84 SGB V beinhaltet in der vorliegenden Fassung eine neuartige Form der **Leistungssteuerung** im Bereich der **verordneten** Leistungen. Nachdem sich starre Budgetierungen als unwirksam und wegen des Kollektivregresses auch als rechtlich bedenklich erwiesen hatten, versucht der Gesetzgeber nun, eine flexiblere und verstärkt an Leistungsbedarf und Qualität orientierte Form der Ausgabensteuerung zu betreiben. Diese stützt sich auf **drei Säulen**: ein vereinbartes **Ausgabenvolumen**, konkrete **Zielvereinbarungen** als Steuerungsinstrument und **Sofortmaßnahmen** bei erkennbaren Überschreitungen.[18] 33

III. Arzneimittelvereinbarungen (Absätze 1 und 2)

1. Inhalt von Arzneimittelvereinbarungen (Absatz 1)

§ 84 Abs. 1 SGB V regelt den Inhalt der **Arzneimittelvereinbarungen**. Diese beinhalten auch die veranlassten Kosten für die Verordnung von Verbandmitteln. Dagegen ist für Heilmittel in § 84 Abs. 8 SGB V eine gesonderte Regelung geschaffen. Mit dieser Trennung verabschiedet sich der Gesetzgeber von seiner ursprünglichen Praxis, gemeinsame Budgets für die drei genannten Leistungsgruppen vorzusehen.[19] Zur Begründung werden in den Gesetzesmaterialien Datenprobleme und das Bestreben anzugeben, der gemeinsamen Selbstverwaltung erweiterte Entscheidungsspielräume zu eröffnen.[20] 34

a. Abschluss und Wirkung der Arzneimittelvereinbarung

Vertragspartner der Arzneimittelvereinbarung sind die **Landesverbände der KKn** und die **Verbände der Erskn** (vgl. hierzu die Kommentierung zu § 83 SGB V Rn. 23 ff.) einerseits sowie die **KV** andererseits. 35

Die Kassenarten müssen **gemeinsam und einheitlich** verhandeln. Das hat verschiedene Gründe: Andernfalls bestünde die Gefahr, dass für die Ärzte unterschiedliche Vorgaben entstehen. Außerdem müssten einzelne KKn Wettbewerbsnachteile befürchten.[21] Das Gesetz regelt nicht, was im Falle eines Scheiterns der Einigung zwischen den Kassenverbänden geschieht. § 213 Abs. 2 SGB V kommt nicht zur Anwendung, weil er nur für die Spitzenverbände gilt. Die Vorschrift kann auch nicht entsprechend angewandt werden. Denn es fehlt an einer Regelungslücke. Der Gesetzgeber hat die entsprechende Anwendung von § 213 Abs. 2 SGB V auf die Landesverbände ausdrücklich an zwei Stellen geregelt (§ 89 Abs. 3 Satz 2 SGB V und § 123 SGB V). Das spricht gegen eine Analogie auch in anderen Bereichen.[22] 36

Bei den Arzneimittelvereinbarungen handelt es sich um öffentlich-rechtliche Verträge, die ausschließlich die Vertragspartner verpflichten und denen keine normative Wirkung – gegenüber außenstehenden Dritten – zukommt.[23] Sie wirken sich auch nicht unmittelbar auf die Höhe der von den Gesamtvertragspartnern zu vereinbarenden Gesamtvergütung aus. Absatz 3 Satz 1 a.a.O. bestimmt insoweit lediglich, dass Überschreitungen des Ausgabenvolumens für Arznei- und Verbandmittel Gegenstand der Ge- 37

---

[18] Vgl. *Hess* in: KassKomm, SGB V, § 84 Rn. 2.

[19] *Schroeder-Printzen*, NZS 2002, 629, 631.

[20] FraktE-ABAG, BT-Drs. 14/6309, S. 7 zu Allg. Teil II. 7.

[21] *Hess* in: KassKomm, SGB V, § 84 Rn. 3; vgl. auch FraktE-GSG, BT-Drs. 12/3608, S. 85 zu § 84.

[22] *Engelhard* in: Hauck/Noftz, SGB V, § 84 Rn 35; a.A. *Hencke* in: Peters, Handbuch KV (SGB V), § 84 Rn. 7.

[23] Ebenso *Hess* in: KassKomm, SGB V, § 84 Rn. 6

samtverträge sind. Die Vereinbarung des Ausgabenvolumens kann daher nicht auf Anfechtung von Dritten im Klageverfahren überprüft werden. Die Arzneimittelvereinbarungen müssen bis zum 30.11. eines Jahres für das Folgejahr geschlossen werden.[24] Da die Vereinbarungen gesetzlich verpflichtend vorgesehen sind, greift bei Nichteinigung § 89 SGB V ein. Das heißt, die Arzneimittelvereinbarungen sind schiedsfähig. Dies wird durch die Vorschrift des Art. 3a ABAG belegt, die für die erstmalige Vereinbarung die Schiedsfähigkeit ausdrücklich bestimmt hatte. Sofern schon eine Vereinbarung bestanden hat, gilt diese nach der nunmehr ausdrücklichen Regelung des § 84 Abs. 1 Satz 3 SGB V bei Nichteinigung bis zu einer neuen Vereinbarung oder einer Entscheidung des Schiedsamts vorläufig weiter. Eines Rückgriffs auf § 89 Abs. 1 Satz 4 SGB V bedarf es dabei nicht mehr.

38 § 84 Abs. 1 Satz 4 SGB V verpflichtet die Landesverbände der KKn und die Verbände der Erskn, das vereinbarte oder vom Schiedsamt festgelegte Ausgabenvolumen ihrem jeweiligen Spitzenverband **mitzuteilen**. Auf diese Weise sollen die Spitzenverbände stärker in die Verantwortung der Leistungssteuerung miteinbezogen werden.[25]

39 § 84 Abs. 1 Satz 5 SGB V schafft seit dem 01.04.2007 für die KKn die Befugnis, mit Ärzten abweichende oder über die Regelungen nach § 84 Abs. 1 Satz 2 SGB V **hinausgehende Vereinbarungen** zu treffen. Damit wird das Vertragsmonopol der KVen in diesem Bereich aufgeweicht. Nach der Vorstellung des Gesetzgebers sind sämtliche vertraglichen Konstellationen denkbar: Danach können einzelne KKn oder mehrere zu einer Gruppe zusammengeschlossenen KKn einschließlich ihrer Verbände auf der einen Seite Verträge mit einzelnen Ärzten bzw. Gemeinschaftspraxen, Gruppen von Ärzten oder auch der KV auf der anderen Seite schließen.[26]

b. Inhalt der Vereinbarung

40 Der Inhalt der Arzneimittelvereinbarungen ist in § 84 Abs. 1 Satz 2 SGB V geregelt. Im Einzelnen handelt es sich um das **Ausgabenvolumen**, **Zielvereinbarungen** zu Versorgungs- und Wirtschaftlichkeitszielen sowie **Kriterien für Sofortmaßnahmen**.

41 Das **Ausgabenvolumen** (Satz 2 Nr. 1 a.a.O.) umfasst alle von den Vertragsärzten nach § 31 SGB V veranlassten Leistungen für Arznei- und Verbandmittel. Eingeschlossen sind Harn- und Blutteststreifen sowie bei entsprechender Festlegung in den Richtlinien des Gemeinsamen Bundesausschusses (§ 92 Abs. 1 Satz 2 Nr. 6 SGB V) auch Aminosäuremischungen, Eiweißhydrolysate, Elementardiäten und Sondennahrung.[27] Berechnungsgrundlage sind die **arztbezogenen** Ausgaben aller KKn im Bezirk einer KV.[28] Die von ermächtigten Ärzten oder ärztlich geleiteten Einrichtungen im Rahmen der Ermächtigung veranlassten Ausgaben werden einbezogen.

42 Die **Zielvereinbarungen** (Satz 2 Nr. 2 a.a.O.) formulieren **Versorgungsziele** und **Wirtschaftsziele**. [29] Als **Versorgungsziele** kommen in Betracht: Verordnungen von Arzneimitteln zu vermeiden, die nach allgemein anerkanntem Stand der medizinischen Erkenntnisse nicht oder nicht nachgewiesen therapeutisch wirksam sind; die bedarfsgerechte Versorgung bei bestimmten Indikatoren zu gewährleisten (einschließlich des Hinweises auf nichtmedikamentöse Therapien wie Patientenschulungen).[30] **Wirtschaftsziele** können sein: die bevorzugte Verwendung von Generika; bei Analogpräparaten die vorrangige Verordnung bewährter und preisgünstiger Wirkstoffe. Das nach § 84 Abs. 7 SGB V vereinbarte **Zielvereinbarungskonzept** sieht als „Versorgungs- und Wirtschaftlichkeitsziele" – gemeint sind offensichtlich Kennzahlen zur Zielüberprüfung – z.B. die Anteile der Zweitanmelder am generikafähigen Markt, der Me-too-Präparate, der kontrovers diskutierten Arzneimittelgruppen, der reimportfähigen Arzneimittel am reimportfähigen Markt, der Spezialpräparate unter Berücksichtigung des regionalen Versorgungsbedarfs und der Innovationen an.[31] In den Zielvereinbarungen sollen auch Anreize für die Ärzte geschaffen werden, wirtschaftliche Einzelmengen zu verordnen. Auf diese Weise sollen die pharmazeutischen Unternehmer gefordert werden, Großpackungen preisgünstig anzubieten.[32]

[24] Ausnahme: im Jahr 2002 erstmals zum 31.03.2002 (Art. 3 § 1 Satz 1 ABAG).
[25] FraktE-AVWG, BT-Drs. 16/194, S. 9 zu Nr. 5 Buchst. a).
[26] FraktE-GKV-WSG, BT-Drs. 16/3100, S. 117 zu Nr. 53 Buchst. a) Doppelbuchst. dd)
[27] FraktE-ABAG, BT-Drs. 14/6309, S. 7 zu § 84.
[28] *Hess* in: KassKomm, SGB V, § 84 Rn. 4.
[29] Vgl. das Beispiel bei *Hansen*, KrV 2001, 195, 197; dazu auch *Wutschel-Wonka*, KrV 2001, 359.
[30] FraktE-ABAG, BT-Drs. 14/6309, S. 7 zu § 84; kritisch zur praktischen Relevanz der Verordnungsziele *Francke*, VSSR 2002, 299, 304.
[31] Anlage 3 zu den Rahmenvorgaben für das Jahr 2002, DÄ 2002, A-1536, 1538.
[32] FraktE-GKV-WSG, BT-Drs. 16/3100, S. 117 zu Nr. 53 Buchst a) Doppelbuchst. bb)

Die Vereinbarung der genannten Ziele, insbesondere der Wirtschaftsziele, ist rechtlich auch im Verhältnis zu den betroffenen Pharmaunternehmen zulässig. § 84 SGB V ist insoweit ausreichende und vom hohen Gemeinschaftsgut der Finanzierbarkeit des Krankenversicherungssystems gedeckte Ermächtigungsgrundlage.[33] 43

Bei den Zielvereinbarungen handelt es sich ebenso wie bei den Ausgabenvolumen um öffentlich-rechtliche Verträge, die allein die Vertragspartner verpflichten, denen aber keine unmittelbare Außenwirkung zukommt. Mangels unmittelbarer Betroffenheit werden in aller Regel auch die Arzneimittelhersteller nicht klagebefugt sein. 44

Die KVen sind auf der Grundlage von § 84 Abs. 1 Satz 2 Nr. 2 SGB V berechtigt, die Vertragsärzte mit Hilfe sog. „Me-too-Listen“ über patentgeschützte Analogpräparate zu informieren und diese Listen auch über das Internet verfügbar zu machen. Darin liegt insbesondere grundsätzlich kein unzulässiger Eingriff in die ärztliche Therapiefreiheit.[34] Im Hinblick darauf, dass die konkrete Benennung eines in der GKV prinzipiell verordnungsfähigen Arzneimittels in einer solchen Liste einen Eingriff in seine wettbewerbliche Situation darstellt, sind die betroffenen Hersteller befugt, eine gerichtliche Überprüfung der Listen herbeizuführen.[35] 45

Nach § 84 Abs. 1 Satz 2 Nr. 3 SGB V sind Kriterien für eine unterjährige Überwachung der Ausgabenentwicklung zu vereinbaren. Gemeint ist ein kontinuierliches **Controlling** und die Vereinbarung von **Sofortmaßnahmen**, falls eine Überschreitung des Ausgabenvolumens oder eine Verfehlung der vereinbarten Ziele droht. Grundlage des Controllings ist insbesondere die von den Verbänden der KKn monatlich zur Verfügung gestellte **Arzneimittelschnellinformation** (GAmSi).[36] 46

c. Anpassung des Ausgabenvolumens

§ 84 Abs. 2 SGB V regelt, nach welchen Kriterien das vereinbarte Ausgabenvolumen **anzupassen** ist. § 84 Abs. 2 Nr. 1-3 SGB V übernimmt das bis zum In-Kraft-Treten des ABAG geltende Recht. 47

Die Kriterien sind nicht abschließend („insbesondere“).[37] Sie sind auch nicht isoliert zu betrachten, sondern in ihren jeweiligen Wechselwirkungen zu berücksichtigen, zumal sie sich in Teilbereichen ergänzen und überschneiden. Regionalen Besonderheiten kann Rechnung getragen werden. **Unzulässig** ist dagegen die Berücksichtigung **gestiegener Arztzahlen**. Das folgt schon daraus, dass Art. 29 Abs. 1 Satz 3 Nr. 3 Gesundheitsstrukturgesetz ausdrücklich für die Vereinbarung des Arznei- und Heilmittelbudgets 1993 eine „einmalige“ Berücksichtigung dieses Kriteriums vorsah. Von dieser Beschränkung ist auch der Gesetzgeber des ABAG nicht abgerückt.[38] 48

Anpassungen sind **spätestens zum 30.11.** eines jeden Jahres vorzunehmen, können aber **auch unterjährig** erfolgen.[39] **Veränderungen** sind aufgrund dessen nur solche Umstände, die seit den letzten Vereinbarungen eingetreten sind. Für eine darüber hinausgehende Revision der nach § 84 Abs. 1 SGB V getroffenen Vereinbarungen bietet § 84 Abs. 2 SGB V keine Handhabe. 49

Als **Anpassungskriterien** kommen in Betracht: 50

Zahl und Altersstruktur der Versicherten (Nr. 1): Veränderungen in diesem Bereich können sachgerecht berücksichtigt werden, indem das Ausgabenvolumen auf die Zahl der Versicherten z.B. nach Allgemeinversicherten und Rentnern oder nach Altersgruppen aufgeteilt wird.[40] 51

Arzneimittelpreise (Nr. 2): Soweit Festpreise (§§ 31, 35 SGB V) vereinbart sind, hat die Vorschrift wenig Bedeutung. Innovationen werden über Nr. 5 erfasst. 52

---

[33] Vgl. zu wettbewerbsrechtlichen Bedenken im Hinblick auf § 84 SGB V a.F. und vor In-Kraft-Treten des § 69 SGB V OLG Frankfurt v. 02.04.1996 - 11 U (Kart) 61/95 - PharmaR 1996, 416.

[34] H.M.: BayLSG v. 28.02.2007 - L 12 B 450/06 KA ER; LSG Nordrhein-Westfalen v. 12.02.2007 - L 10 B 35/06 KA ER - Breith 2007, 457-466; LSG Nordrhein-Westfalen v. 09.08.2006 - L 10 B 6/06 KA ER - GesR 2007, 74-76; LSG Nordrhein-Westfalen v. 27.06.2006 - L 11 B 31/06 KA ER; jeweils www.sozialgerichtsbarkeit.de

[35] Vgl. zur insoweit ähnlichen Situation der Therapiehinweise des GBA BSG v. 31.05.2006 - B 6 KA 13/05 R - SozR 4-2500 § 92 Nr. 5.

[36] Vgl. www.gamsi.de; nähere Erläuterungen bei *Staffeldt*, BKK 2003, 294.

[37] *Engelhard* in: Hauck/Noftz, SGB V, § 84 Rn. 52; *Hencke* in: Peters, Handbuch KV (SGB V), § 84 Rn. 10.

[38] Vgl. *Engelhard* in Hauck/Noftz, SGB V, § 84 Rn. 52; *Schneider*, Handbuch des Kassenarztrechts, Rn. 546.

[39] Vgl. FraktE-ABAG, BT-Drs. 14/6309, S. 8; *Engelhard* in: Hauck/Noftz, SGB V, § 84 Rn. 59; *Hencke* in: Peters, Handbuch KV (SGB V), § 84 Rn. 10.

[40] *Hess* in: KassKomm, SGB V, § 84 Rn. 10.

53 **Leistungspflicht (Nr. 3):** Veränderungen können sich auch durch die Erweiterungen oder Beschränkungen des Leistungskatalogs, erhöhte Zuzahlungen (§ 61 SGB V) oder bei Bildung neuer Festbeträge ergeben.

54 **Arzneimittelrichtlinien (Nr. 4):** Die Vorschrift ist ein Spezialfall von Änderungen in der Leistungspflicht nach Nr. 3. Sie stellt klar, dass auch Änderungen der Arzneimittelrichtlinien des Gemeinsamen Bundesausschusses (§ 92 Abs. 1 Satz 2 Nr. 6 SGB V) zu berücksichtigen sind.

55 **Innovationen (Nr. 5):** Mit diesem Parameter will der Gesetzgeber den Stellenwert innovativer Arzneimittel in der vertragsärztlichen Versorgung sichern.[41] Innovationen im Sinne der Bestimmung sind nur qualitative Verbesserungen. Die Bewertungen nach § 35b SGB V sind zu berücksichtigen. Dem Problem der Me-too-Präparate kann im Rahmen der Zielvereinbarungen Rechnung getragen werden (vgl. Rn. 42).

56 **Sonstige indikationsbezogene Notwendigkeit und Qualität (Nr. 6):** Mit diesem Parameter stellt der Gesetzgeber klar, dass Veränderungen auf Grund der Umsetzung von Zielvereinbarungen nach § 84 Abs. 1 Satz 2 Nr. 2 SGB V auch zu Anpassungen des Ausgabenvolumens führen können.

57 **Verordnungsumfang (Nr. 7):** Hier sind vor allem sektorale Verschiebungen (z.B. zwischen ambulantem und stationärem Sektor) zu berücksichtigen.

58 **Ausschöpfen von Wirtschaftlichkeitsreserven (Nr. 8):** Insoweit übernimmt die Vorschrift das schon vor In-Kraft-Treten des ABAG geltende Kriterium der Wirtschaftlichkeitsreserven, das bereits bei den Zielvereinbarungen zu berücksichtigen ist. In diesem Sinne stellt Nr. 8 eine Konkretisierung von Nr. 6 dar.

2. Zielgrößenvorgaben (Absätze 7a, 4a)

59 Der durch das AVWG neu eingefügte § 84 Abs. 7a SGB V verpflichtet die Vertragspartner nach § 84 Abs. 7 SGB V, also die KBVen und die Spitzenverbände der KKn, für Gruppen von Arzneimitteln in Anwendungsbereichen mit einem starken Verordnungsvolumen sog. **Zielgrößen** zu vereinbaren. Dabei handelt es sich um **Durchschnittskosten je definierter Dosiseinheit**. Zu denken ist insoweit vor allem an Tagestherapiekosten (Kosten je **defined daily dose – DDD**).[42]

60 Die Zielgrößen müssen den Kosten entsprechen, die sich bei **wirtschaftlicher Verordnungsweise** ergeben. Bei der Festlegung der Wirkstoffgruppen und der entsprechenden Durchschnittskosten sind die Besonderheiten in unterschiedlichen Anwendungsbereichen durch geeignete Differenzierungen zu berücksichtigen (§ 84 Abs. 7a Satz 2 SGB V). Das gilt insbesondere, wenn damit signifikant abweichende durchschnittliche Durchschnittskosten je definierter Dosiseinheit für medizinisch notwendige Verordnungen verbunden sind. Auf diese Weise soll sichergestellt werden, dass die Vertragsärzte durch medizinisch **notwendige** Verordnungen nicht belastet werden.[43]

61 Bei der Vereinbarung nach § 84 Abs. 7a SGB V müssen die Vertragspartner die **ArzneimittelRL** des Gemeinsamen Bundesausschusses gemäß § 92 SGB V **beachten** (§ 84 Abs. 7a Satz 5 SGB V), sind also grundsätzlich an diese RLn gebunden. Sie dürfen ferner die definierten Dosiseinheiten auf der Grundlage der vom Deutschen Institut für medizinische Dokumentation und Information (DIMDI) herausgegebenen Klassifikation in ihrer jeweils gültigen Fassung (§ 73 Abs. 8 Satz 5 SGB V) zu Grunde legen (§ 84 Abs. 7a Satz 3 SGB V).

62 Als **Arzneimittelgruppen** für verordnungsstarke Anwendungsgebiete haben die Vertragspartner in ihrer Vereinbarung vom 19.09.2006 (vgl. Rn. 15) Statine, Protonenpumpen-Inhibitoren, selektive Betablocker, Alpha-Rezeptorenblocker, selektive Serotonin-Rückaufnahme-Inhibitoren, Biophosphonate und Triptane festgelegt und diesen Gruppen sog. **Leitsubstanzen** zugeordnet, bei denen preisgünstige Generika angeboten werden. Durch die in einem detailliert beschriebenen Verfahren vereinbarten Zielgrößen soll angestrebt werden, den Verordnungsanteil dieser Leitsubstanz zu steigern.

63 Die nach Maßgabe des § 84 Abs. 7a SGB V getroffenen Vereinbarungen werden kraft ausdrücklicher Regelung in § 84 Abs. 7a Satz 1 SGB V Bestandteil der Arzneimittelvereinbarungen nach § 84 Abs. 1 SGB V und erlangen auf diese Weise auch gegenüber den regionalen Vertragspartnern **unmittelbare Verbindlichkeit**. Im Hinblick auf die in § 84 Abs. 7a Satz 6 SGB V vorgeschriebenen Sanktionen wirken sie unmittelbar auch gegenüber dem einzelnen Vertragsarzt. Diese Bindung wird auch durch den neugefassten § 84 Abs. 4a Satz 2 SGB V unterstrichen.

---

[41] FraktE-ABAG, BT-Drs. 14/6309, S. 8.

[42] *Hencke* in: Peters, Handbuch KV (SGB V), § 84 Rn. 23a.

[43] Ausschussbericht-AVWG, BT-Drs. 16/691, S. 16.

Die Vereinbarungen nach § 84 Abs. 7a SGB V gelten regional nicht, soweit in der jeweiligen Arzneimittelvereinbarung nach § 84 Abs. 1 SGB V bis zum 15.11. für das folgende Kalenderjahr Maßnahmen bestimmt sind, die ebenso wie eine Vereinbarung nach § 84 Abs. 7a SGB V zur Verbesserung der Wirtschaftlichkeit geeignet sind und einen entsprechenden Ausgleich von Mehrkosten bei Nichteinhaltung der vereinbarten Ziele gewährleisten (§ 84 Abs. 4a Satz 1 SGB V). Insoweit sind die bundeseinheitlichen Vereinbarungen nach § 84 Abs. 7a SGB V also gegenüber den „vor Ort" getroffenen Vereinbarungen **subsidiär**. Das Gesetz enthält keine näheren Vorgaben, wie die Äquivalenz der regionalen Vereinbarungen mit den Vereinbarungen auf Bundesebene festgestellt werden soll. Eine Verpflichtung, Zielgrößen nach denselben Kriterien festzulegen wie auf Bundesebene, besteht jedenfalls nicht. Denkbar erscheint es z.B., arztgruppenbezogen Mindestwerte für die Verordnung von Generika bzw. Höchstwerte für die Verordnung von Me-too-Präparaten zu vereinbaren, soweit damit ein vergleichbarer Steuerungseffekt erzielt wird. 64

Weder die Vereinbarung nach § 84 Abs. 7a SGB V noch eine etwaige regionale Vereinbarung nach § 84 Abs. 4a Satz 1 SGB V finden auf solche Vertragsärzte Anwendung, die zu Lasten der KK Arzneimittel verordnen, für die eine Rabattvereinbarung nach § 130a Abs. 8 SGB V mit Wirkung für die KK besteht (§ 84 Abs. 4a Satz 2 SGB V). Durch diese Regelungen sollen Anreize für die verordnenden Ärzte geschaffen werden, bei der Verordnung bevorzugt Arzneimittel zu berücksichtigen, deren Wirtschaftlichkeit durch Preisvereinbarungen mit pharmazeutischen Unternehmern verbessert wird. Bei bevorzugter Verordnung dieser Arzneimittel wird der Vertragsarzt damit auch von möglichen Sanktionen nach § 84 Abs. 7a SGB V oder auf der Grundlage einer Vereinbarung nach § 84 Abs. 4a SGB V freigestellt. Diese Freistellung gilt auch dann, wenn im Bereich der jeweiligen KV nur die Vereinbarung nach § 84 Abs. 7a SGB V gilt, weil eine Vereinbarung nach § 84 Abs. 4a Satz 1 SGB V nicht zustande gekommen ist. Einzelheiten sind in den individuellen Vereinbarungen nach § 84 Abs. 1 Satz 5 SGB V zu regeln. 65

Die Vereinbarung nach § 84 Abs. 7a Satz 1 SGB V muss bis zum 30.09. für das folgende Kalenderjahr geschlossen werden. Kommt eine Vereinbarung nicht fristgemäß zustande, so findet das **Schiedsverfahren** nach § 89 SGB V mit der Maßgabe statt, dass die dort geregelte Frist von drei Monaten aus Beschleunigungsgründen um einen Monat verkürzt ist. 66

Zielgrößenvereinbarungen nach § 84 Abs. 7a SGB V und nach § 84 Abs. 4a SGB V können von den Gerichten **inzidenter**, z.B. im Rahmen von Prüfmaßnahmen nach § 84 Abs. 7a Satz 6 SGB V, auf ihre Rechtmäßigkeit hin untersucht werden. Den Vertragspartnern steht ein gerichtlich nur beschränkt überprüfbarer Normsetzungsspielraum zu. Dieser umfasst die Prüfung, ob die maßgeblichen Verfahrens- und Formvorschriften eingehalten sind, sich die Vereinbarung auf eine ausreichende Ermächtigungsgrundlage stützen kann und ob die Grenzen des Gestaltungsspielraums eingehalten sind. Dabei kann insbesondere kontrolliert werden, ob die ArzneimittelRLn nach § 92 SGB V beachtet worden sind und ob die Vertragspartner bei ihrer Bewertung in vertretbarer Weise vom aktuellen Stand der medizinisch-pharmakologischen Wissenschaft ausgegangen sind. 67

3. Sanktionsmechanismen

§ 84 SGB V beinhaltet ein differenziertes Instrumentarium an positiven wie negativen Sanktionen. 68

a. Über- und Unterschreitung des Ausgabenvolumens (Absatz 3)

Die Folgen der Überschreitung des Ausgabenvolumens sind durch das ABAG grundlegend neu geregelt worden. Fand zuvor zumindest dem gesetzgeberischen Konzept nach eine zwingende kollektive Haftung der Ärzteschaft statt, wird die Überschreitung nun „Gegenstand der Gesamtverträge" (§ 84 Abs. 3 Satz 1 SGB V). 69

Der Mechanismus des § 84 Abs. 3 Satz 1 SGB V greift ein, wenn das nach § 84 Abs. 5 SGB V **festgestellte Ausgabenvolumen überschritten** wird. In diesem Fall wird die Überschreitung **Gegenstand der Gesamtverträge**, d.h. sie ist in die Verhandlungen über die Gesamtvergütung **einzubeziehen**.[44] Ausgleichsregelungen können auf diese Weise auch unmittelbar in den Gesamtverträgen vereinbart werden. 70

Die Art und Weise der Einbeziehung liegt im **Ermessen** der Vertragspartner. Hinsichtlich des **Ob** der Einbeziehung sind sie allerdings nicht vollständig frei.[45] Unzweifelhaft besteht die Verpflichtung, die Überschreitung im Rahmen der Verhandlungen über den Gesamtvertrag zu **erörtern**.[46] Wenn § 84 71

---

[44] FraktE-ABAG, BT-Drs. 14/6309, S. 8.

[45] Vgl. aber FraktE-ABAG, BT-Drs. 14/6309, S. 8.

[46] *Hencke* in: Peters, Handbuch KV (SGB V), § 84 Rn. 12.

Abs. 3 Satz 1 SGB V darüber hinaus nicht vollständig seinen Sinn verlieren soll, wird man auch von einer **grundsätzlichen Reaktionspflicht** ausgehen müssen, von der lediglich ausnahmsweise abgesehen werden kann. Ein solcher Ausnahmefall kann sich u.U. aus der Ursachenforschung nach § 84 Abs. 3 Satz 2 SGB V ergeben.

72 **Auf welche Weise und in welchem Umfang** die Einbeziehung erfolgt, bedarf einer differenzierten Betrachtung. Dabei ist zu berücksichtigen, dass sich die Überschreitung in den Gesamtverträgen unter Umständen auf die insgesamt zur Verteilung anstehende Gesamtvergütung auswirkt. Ein pauschaler Kollektivregress ungeachtet der Verantwortung für die Überschreitung ist mit diesem gesetzgeberischen Konzept gerade nicht vereinbar. Denkbar sind hingegen die gesamtvertragliche Vereinbarung von Pharmakotherapieberatungen und die Einbeziehung von Einzelregressen in die Vereinbarung der Gesamtverträge.[47] Eine Regelung zu Lasten aller Vertragsärzte wird ausnahmsweise zulässig sein, wenn die Überschreitung darauf zurückzuführen ist, dass die KV ihren Verpflichtungen aus der Zielvereinbarung nicht nachgekommen ist.

73 Die Vertragspartner sind in jedem Fall verpflichtet, eine Ursachenanalyse für die **Ausgabenüberschreitung** durchzuführen (**§ 84 Abs. 3 Satz 2 SGB V**). Das Ergebnis muss in die Erörterungen nach § 84 Abs. 3 Satz 1 SGB V **einfließen**. Besondere Bedeutung bei der Ursachenanalyse soll die Einhaltung der Zielvereinbarungen nach § 84 Abs. 1 Satz 2 Nr. 2 SGB V haben.

b. Vorstandshaftung (Absatz 4b)

74 Die Vorstände der KVen (vgl. § 79 Abs. 4 SGB V) und der Verbände der KKn (§ 209a SGB V i.V.m. § 35a SGB IV) haften für eine ordnungsgemäße Umsetzung der dem § 85 Abs. 4b SGB V „vorgenannten Maßnahmen“. Anders als bei § 106 Abs. 4b SGB V gibt es keine nähere Ausgestaltung über die Durchsetzung des Anspruchs. Es ist schon unklar, wer aktivlegitimiert ist. Anspruchsauslösend ist ein pflichtwidriger Verstoß gegen gesetzgeberische Aufträge nach § 84 Abs. 1-4a SGB V. Im Einzelfall wird sich jedoch der Nachweis eines pflichtwidrigen Verhaltens und vor allem eines daraus entstandenen Schadens kaum führen lassen.

c. Überschreitung der Zielgrößen (Absatz 7a Sätze 6, 9-11)

75 Während § 84 Abs. 3 SGB V die Haftung der Ärzteschaft einer KV insgesamt für die Überschreitung des vereinbarten Ausgabenvolumens regelt, ordnet § 84 Abs. 7a Satz 6 SGB V die Haftung des **einzelnen Vertragsarztes** für den Fall an, dass dieser die nach § 84 Abs. 7a Satz 1 SGB V festgesetzten Zielgrößen überschritten hat. Die Vorschrift kommt mithin nur dann zum Tragen, wenn auf regionaler Ebene keine vorrangige Vereinbarung nach § 84 Abs.4a SGB V getroffen worden ist. Auf die in einer solchen Vereinbarung getroffenen Zielgrößen findet § 84 Abs. 7a Satz 6 SGB V keine Anwendung. Ihre Überschreitung kann vielmehr nur Gegenstand einer Prüfung nach § 106 Abs. 2 SGB V sein. In der Praxis kann z.B. eine Richtgrößenüberschreitung (vgl. § 84 Abs. 6 SGB V) eine Wirtschaftlichkeitsprüfung nach § 106 Abs. 2 Nr. 1 SGB V auslösen, innerhalb derer die Einhaltung regional vorgegebener Zielwerte für Me-too-Präparate oder Generika geprüft wird.

76 Findet die Regelung des § 84 Abs. 7a SGB V unmittelbar Anwendung, muss der Vertragsarzt die Mehrkosten bei einer Überschreitung der festgesetzten Zielgröße ausgleichen, und zwar bei einer Überschreitung von mehr als 10 v.H. bis zu 20 v.H. um 20 v.H., von mehr als 20 v.H. bis 30 v.H. um 30 v.H. und von mehr als 30 v.H. um 50 v.H. der jeweiligen Überschreitung. Unterhalb des Schwellenwertes von 10 v.H. findet ein Ausgleich nicht statt.

77 Die Feststellung einer Überschreitung obliegt gemäß § 84 Abs. 7a Satz 9 SGB V dem Prüfungsausschuss (§ 106 Abs. 4 SGB V). Dieser kann die erforderlichen Daten nach Ablauf des Prüfquartals auf der Grundlage der arztbezogenen Schnellinformationen nach § 84 Abs. 5 Satz 4 SGB V oder aufgrund der Abrechnungsdaten nach § 300 Abs. 4 SGB V feststellen. Hinsichtlich des weiteren Verfahrens verweist § 84 Abs. 7a Satz 9 SGB V auf § 106 Abs. 5 und 5c SGB V.

78 Soweit eine Wirtschaftlichkeitsprüfung nach Maßgabe der besonderen Vorschrift des § 84 Abs. 7a SGB V stattfindet, erfolgt hinsichtlich dieser Arzneimittel keine weitere Prüfung der Wirtschaftlichkeit der Verordnung nach § 106 Abs. 2 SGB V. Damit soll eine doppelte Prüfung vermieden werden. Eine Richtgrößenprüfung nach § 106 Abs. 2 Nr. 1 SGB V hinsichtlich der nicht von § 84 Abs. 7a SGB V erfassten Arzneimittel bleibt aber möglich. Aus diesem Grund müssen die Richtgrößen von den Vertragspartnern der Arzneimittelvereinbarung entsprechend bereinigt werden. Nach der amtlichen Be-

[47] Ebenso *Hess* in: KassKomm, SGB V, § 84 Rn. 24.

gründung soll die Notwendigkeit der Verordnung weiter im Rahmen einer Stichprobenprüfung (§ 106 Abs. 2 Nr. 2 SGB V) geprüft werden können.[48] Das ist insofern zweifelhaft, als § 84 Abs. 7a Satz 10 SGB V auf § 106 Abs. 2 SGB V insgesamt verweist.

d. Bonusregelungen (Absatz 3 Satz 3, Absatz 4, Absatz 4a Satz 2)

In § 84 SGB V ist auch ein **Bonussystem** geregelt, das als Anreiz dienen soll, sowohl die Ausgabenvolumina einzuhalten als auch die Zielvereinbarungen zu erfüllen. **79**

§ 84 Abs. 3 Satz 3 SGB V sieht einen **Bonus** für die **Unterschreitung** des **Ausgabenvolumens** vor. **80** Die Regelung soll den KVen einen zusätzlichen Anreiz bieten, insbesondere durch Information und Beratung ihrer Mitglieder das Ausgabenvolumen unterjährig zu steuern und darüber hinaus auf Grund ihrer besonderen Stellung in der vertragsärztlichen Versorgung auf die Erfüllung der Zielvereinbarungen nach § 84 Abs. 1 Satz 2 Nr. 2 SGB V hinzuwirken.[49] Der durch die Unterschreitung frei werdende Bonusbetrag **kann** (Ermessen) für Maßnahmen der Qualitätssicherung (z.B. die Einrichtung von Qualitätszirkeln), aber auch zur Erhöhung der Gesamtvergütung oder zu Bonuszahlungen an die Vertragsärzte verwendet werden.[50] Das Ermessen ist hier weiter als im Fall der Überschreitung. Auch hinsichtlich des „Ob" der Verwendung sind die Vertragspartner völlig frei. Insbesondere kann aus § 84 Abs. 3 Satz 3 SGB V **kein subjektives Recht** des einzelnen Vertragsarztes auf Verwendung des Bonus in einer bestimmten Weise hergeleitet werden.

§ 84 Abs. 4 SGB V regelt einen **Bonus** für die **Erfüllung** der **Zielvereinbarung**. Dieser Bonus ist un- **81** abhängig von der Regelung in § 84 Abs. 3 Satz 3 SGB V und kann daher auch dann gewährt werden, wenn das Ausgabenvolumen nicht unterschritten worden ist.[51] Anders als bei § 84 Abs. 3 Satz 3 SGB V und im Gegensatz zur Vorläuferregelung des § 84 Abs. 1 Satz 8 SGB V in der Fassung des **GKV-Solidaritätsstärkungsgesetzes** ist die Bonusregelung nach § 84 Abs. 4 SGB V **zwingend**. Sie muss daher von den Vertragspartnern, ggf. im Gesamtvertrag, vereinbart werden. **Anspruchsberechtigt** ist die **KV**, **nicht** der einzelne **Vertragsarzt**. Kommt es nicht zu einer Einigung, greift **§ 89 SGB V** ein.

Eine dritte **Bonusregelung** beinhaltet § 84 Abs. 7a Satz 7 SGB V für den Fall, dass die Ausgaben der **82** von den Ärzten einer KV insgesamt verordneten Arzneimittel die nach § 84 Abs. 7a Satz 1 SGB V vereinbarten **Zielgrößen** (Durchschnittskosten je definierter Dosiseinheit) unterschreiten. In diesem Fall entrichten die KKn auf der Grundlage der Vereinbarung nach § 84 Abs. 7a Satz 1 SGB V an die KV einen Bonus, den diese unter die Vertragsärzte verteilt, die wirtschaftlich verordnen und deren Verordnungskosten die Zielgrößen nicht überschreiten (§ 84 Abs. 7a Satz 8 SGB V). Die Feststellung der an der Verteilung teilnehmenden Ärzte obliegt nach § 84 Abs. 7a Satz 9 SGB V dem Prüfungsausschuss nach § 106 Abs. 4 SGB V. Diese Bonusregelung kommt freilich nur zum Tragen, wenn keine vorrangige regionale Vereinbarung nach § 84 Abs. 4a SGB V getroffen wird. Besteht dagegen eine solche Vereinbarung, verbleibt es bei den Bonusregelungen nach § 84 Abs. 3 und 4 SGB V.

Eine weitere **Bonus**regelung ergab sich aus **§ 84 Abs. 4a Satz 2 SGB V** i.d.F. bis zum In-Kraft-Treten **83** des Abs. 4a i.d.F. des AVWG für Vertragsärzte, die nach dem Ergebnis der Schnellinformationen nach § 84 Abs. 5 Satz 4 SGB V ihr **Richtgrößenvolumen** nach § 84 Abs. 6 Satz 1 SGB V **einhielten**. Die Neufassung des § 84 Abs. 4a SGB V ersetzt diese Möglichkeit zwar. Nach der amtlichen Begründung steht es den Vertragspartnern jedoch frei, auf dieser Grundlage geschlossene Vereinbarungen fortzuführen.[52]

4. Datenerfassung und -übermittlung (Absatz 5)

§ 84 Abs. 5 SGB V ist die Grundlage für das **Controlling** der Arzneimittelvereinbarung. Abweichun- **84** gen des Ist-Zustandes vom Soll-Zustand lassen sich nur bei zuverlässigen Datengrundlagen erheben. § 84 Abs. 5 SGB V regelt hierzu ein kompliziertes Erhebungssystem, das alle wesentlichen Beteiligten einbezieht.

---

[48] FraktE-AVWG, BT-Drs. 16/194, S. 10 zu Nr. 5 Buchst. b).
[49] FraktE-ABAG, BT-Drs. 14/6309, S. 8.
[50] *Engelhard* in: Hauck/Noftz, SGB V, § 84 Rn. 74.
[51] FraktE-ABAG; BT-Drs. 14/6309, S. 8.
[52] Ausschussbericht-AVWG, BT-Drs. 16/691, S. 8.

a. Erfassung der Ausgaben

85 Nach § 84 Abs. 5 Satz 1 und 3 SGB V sind die KKn verpflichtet, die während der Geltungsdauer der Arzneimittelvereinbarung (d.h. kalenderjährlich) veranlassten Ausgaben für Arznei-, Verband- und Heilmittel zu erfassen. Die Einbeziehung der Heilmittel ist konsequent im Hinblick auf § 84 Abs. 8 SGB V. Die Daten werden **arztbezogen** erfasst. Grundlage sind die von den Apotheken übermittelten Abrechnungsdaten (§ 300 SGB V).[53] § 84 Abs. 5 Satz 3 SGB V ordnet ausdrücklich an, dass die im Wege der Kostenerstattung (§ 13 SGB V) veranlassten Daten einzubeziehen sind. Voraussetzung ist jedoch, dass die arztbezogen zu erfassenden Ausgaben einem konkreten Vertragsarzt zugeordnet werden können. Dies wird jedenfalls bei Kostenerstattung nach § 13 Abs. 2 SGB V nicht zu gewährleisten sein.

b. Übermittlung und Zusammenführung der Daten

86 Das in § 84 Abs. 5 Satz 2 SGB V geregelte komplizierte Verfahren soll eine **vollständige** und **valide Datenübermittlung** gewährleisten.[54] Daher werden die Daten nicht unmittelbar von den KKn an die KVen gemeldet, sondern über die Spitzenverbände der KKn, wo sie kassenartenübergreifend zusammengefasst werden. Die gleichzeitige Übermittlung an die Landesverbände der KKn und die Verbände der Erskn stellt sicher, dass die Datengrundlagen auch bei den Vertragspartnern nach § 84 Abs. 1 und 8 SGB V zur Verfügung stehen und zur Vereinbarung der Ausgabenvolumina sowie zur Kontrolle der Zielvereinbarungen eingesetzt werden können.

c. Berichtswesen

87 Die Spitzenverbände der KKn erstellen auf der Grundlage der ihnen nach § 84 Abs. 5 Satz 2 SGB V gemeldeten Daten monatliche Berichte. Diese übermitteln sie den Vertragspartnern nach § 84 Abs. 1 und 8 SGB V als **Schnellinformationen** (§ 84 Abs. 5 Satz 4 SGB V). Die Berichte sind arztbezogen zu verfassen, wie § 84 Abs. 5 Satz 5 SGB V durch Verweis auf § 84 Abs. 5 Satz 1 SGB V klarstellt. Den KVen sind die Daten **vor** Durchführung der **Abrechnungsprüfung** zu übermitteln. Die KBV erhält eine Auswertung der Berichte (§ 84 Abs. 5 Satz 6 SGB V).

d. Arbeitsgemeinschaft

88 Die Spitzenverbände können aus Gründen der Praktikabilität eine Arbeitsgemeinschaft nach § 219 SGB V mit der Erfüllung der ihnen zugewiesenen Aufgaben aus § 84 Abs. 5 SGB V beauftragen (§ 84 Abs. 5 Satz 7 SGB V).

e. Datenschutz, Wirtschaftlichkeitsprüfungen

89 Die erhobenen Daten sind spätestens nach **zwei Jahren zu löschen**. Das ergibt sich durch Verweis von § 84 Abs. 5 Satz 8 SGB V auf § 304 Abs. 1 Satz 1 Nr. 2 SGB V. Die Frist beginnt am Ende des Geschäftsjahres, in dem die verordnete Leistung gewährt oder abgerechnet wurde.[55] Zwar hat der Gesetzgeber einen Verweis auf § 304 Abs. 1 Satz 2 SGB V unterlassen. Jede andere Handhabung wäre jedoch unpraktikabel.

90 **Nicht vorgesehen** oder **verwendbar** ist das Verfahren nach § 84 Abs. 5 SGB V für die **Wirtschaftlichkeitsprüfungen**. Hierfür sind die Datenübermittlungen nach § 286 SGB V und § 287 SGB V maßgebend.[56]

IV. Richtgrößen (Absatz 6)

1. Richtgrößenvereinbarungen (Absatz 6 Sätze 1 und 2)

a. Richtgrößen und Richtgrößenvolumen

91 Erstmals zum 31.03.2002 hatten die Vertragspartner nach § 84 Abs. 1 SGB V auf das Kalenderjahr bezogene **fallbezogene Richtgrößen** als **Durchschnittswerte** zu vereinbaren.

[53] FraktE-ABAG, BT-Drs. 14/6309, S. 9.

[54] FraktE-ABAG, BT-Drs. 14/6309, S. 9.

[55] Wie hier: *Engelhard* in: Hauck/Noftz, SGB V, § 84 Rn. 92; *Hencke* in: Peters, Handbuch KV (SGB V), § 84 Rn. 14.

[56] FraktE-ABAG, BT-Drs. 14/6309, S. 9.

Richtgröße ist das einem Arzt entsprechend seiner Arztgruppe für jeden einzelnen Behandlungsfall in einem Kalenderjahr für die Verordnung von Arznei- und Verbandmitteln einerseits sowie Heilmitteln andererseits zustehende finanzielle Volumen.[57] Dass auch Heilmittel einbezogen sind, ergibt sich aus § 84 Abs. 5 SGB V. Im Hinblick auf den abschließenden Charakter der Aufzählung ist die Vereinbarung von Richtgrößen für andere Leistungen ausgeschlossen. 92

Richtgrößenvolumen ist die Summe aller Richtgrößen je Arzt und Kalenderjahr. Damit handelt es sich um einen **fallzahlbezogenen** Wert. Da das Volumen fallzahlabhängig schwanken kann, entzieht es sich der Vereinbarung in absoluten Zahlen. 93

Die **Kriterien** für die Festlegung der Richtgrößen folgen zum einen unmittelbar aus § 84 Abs. 6 Satz 1 SGB V. Die Richtgrößen sind danach **arztgruppenbezogen** und **fallbezogen** zu vereinbaren, wobei sich sowohl die Arztgruppen als auch „das Nähere zum Fallbezug" verbindlich aus Beschlüssen der KBV und der Spitzenverbände der KKn nach § 84 Abs. 7 Satz 4 SGB V ergeben. Außerdem sind die Richtgrößen regelmäßig („sollen"), d.h. von atypischen Ausnahmefällen abgesehen, nach **Alter** der Patienten und **Krankheitsarten** auszudifferenzieren (§ 84 Abs. 6 Satz 2 SGB V).[58] 94

Die Richtgrößen sind nach **Durchschnittswerten**, d.h. den durchschnittlichen **Bruttoausgaben** für die verordneten Leistungen, festzulegen. Dabei sind die **Arzneimittelvereinbarungen** nach § 84 Abs. 1 SGB V bzw. die **Heilmittelvereinbarungen** nach § 84 Abs. 8 SGB V zu „**berücksichtigen**". Das lässt einerseits ausreichenden Spielraum für eine Unterschreitung der sich aus diesen Vereinbarungen ergebenden Durchschnittswerte, wenn das tatsächliche Ausgabenvolumen niedriger ist als das vereinbarte (z.B. aufgrund der nach § 84 Abs. 1 Nr. 2 SGB V getroffenen Zielvereinbarungen). Dem Gesetz ist andererseits auch kein hinreichender Anhalt dafür zu entnehmen, dass die Arzneimittelvereinbarungen die Obergrenze für Richtgrößenvereinbarungen darstellen müssten.[59] 95

b. Vereinbarung der Richtgrößen

Die Richtgrößen sind von den Vertragspartnern nach § 84 Abs. 1 SGB V zu vereinbaren. Diese Vereinbarungen sind jedoch nicht unmittelbarer Bestandteil der Gesamtverträge.[60] Die Richtgrößenvereinbarung ist ein **öffentlich-rechtlicher Normsetzungsvertrag**.[61] 96

Die Vereinbarung hat getrennt nach Leistungsbereichen zu erfolgen. Anders als bei § 84 Abs. 1 SGB V fehlt die ausdrückliche Verpflichtung, sie gemeinsam und einheitlich zu treffen. Daher sind nach Kassenarten unterschiedliche Richtgrößen grundsätzlich möglich, auch wenn dies aus praktischen Gründen wenig sinnvoll erscheinen mag. Die Vereinbarung ist bis zum Ende eines Kalenderjahres jeweils für das Folgejahr zu treffen.[62] Diese Verpflichtung ergibt sich nach der Rechtsprechung des BSG daraus, dass die Richtgrößen und die daran anknüpfenden Konsequenzen das Verordnungsverhalten des Vertragsarztes regelnd beeinflussen sollen (vgl. § 84 Abs. 6 Satz 3 SGB V: „Sie leiten den Vertragsarzt…"). Eine derartige Steuerungsqualität können Richtgrößenvereinbarungen aber nur dann entfalten, wenn sie bis zum gesetzlich festgelegten Zeitpunkt vereinbart und bekannt gemacht worden sind. Ansonsten entfalteten sie hinsichtlich der als Jahresbudget zu vereinbarenden Richtgrößen eine unzulässige Rückwirkung und sind bereits deshalb unwirksam.[63] 97

Die Vertragspartner sind zum Abschluss **verpflichtet**. Um die Rechtssicherheit für Wirtschaftlichkeitsprüfungen zu erhöhen, müssen die Vereinbarungen bis zum 15.11. für das Folgejahr getroffen werden. Beim Scheitern der Verhandlungen greift **§ 89 SGB V** ein. In diesem Fall hat das **Schiedsamt innerhalb** von **zwei Monaten** zu entscheiden (vgl. Art 3a Satz 1 ABAG). 98

Nach der Rechtsprechung des BSG kommt Richtgrößenvereinbarungen im Hinblick auf die mit ihnen verbundene gewollte Steuerung des Verordnungsverhaltens der Vertragsärzte Wirkung nur ex nunc zu. Werden danach Richtgrößenvereinbarungen während des laufenden Kalenderjahres getroffen oder ergeht während des laufenden Kalenderjahres ein Schiedsspruch zu den Richtgrößen, gelten solange die 99

[57] *Engelhard* in: Hauck/Noftz, SGB V, § 84 Rn 100; *ders.*, NZS 2004, 572, 573.

[58] Eine Gliederung nach Altersgruppen enthalten die Rahmenvorgaben für Richtgrößenvereinbarungen vom 31.01.2002 – DÄ 2002, A-1540, A-1543.

[59] *Schroeder-Printzen*, NZS 2002, 629, 632; instruktiv zur Berechnung von Richtgrößen Bartels/Brakmann, GesR 2007, 145, 147.

[60] *Engelhard* in: Hauck/Noftz, SGB V, § 84 Rn. 107; *Schneider*, Handbuch des Kassenarztrechts, Rn. 736.

[61] LSG Essen v. 14.07.2004 - L 11 KA 174/03 - MedR 2004, 705, 707; *Engelhard* in: Hauck/Noftz, SGB V, § 84 Rn. 159.

[62] BSG v. 02.11.2005 - B 6 KA 63/04 R.

[63] BSG v. 02.11.2005 - B 6 KA 63/04 R; LSG Essen v. 14.7.2004 - L 11 KA 174/03 - MedR 2004, 705, 707.

alten Richtgrößenvereinbarungen fort (§ 89 Abs. 1 Satz 4 SGB V), sofern diese wirksam zu Stande gekommen waren. Für die Durchführung der Wirtschaftlichkeitsprüfung wegen Überschreitung der Richtgrößen ist in solchen Fällen der Geltung zweier verschiedener Richtgrößen während eines Kalenderjahres ein Mischwert pro rata temporis aus den jeweiligen Richtgrößen zu Grunde zu legen.[64]

c. Gerichtliche Kontrolle der Richtgrößenvereinbarungen

100 Da ein eigenständiges Normenkontrollverfahren im SGG nicht existiert, kommt nur eine **Inzidenterkontrolle** der Richtgrößenvereinbarungen in Betracht. Diese erfolgt bei Überprüfung der Entscheidungen nach **§ 106 Abs. 5a SGB V**. Da Richtgrößenvereinbarungen Normsetzungsverträge sind, steht den Vertragspartnern ein gerichtlich nur eingeschränkt überprüfbarer **normativer Gestaltungsspielraum** zu. Dieser kann durch die Gerichte kontrolliert werden auf Einhaltung der Vorgaben vor allem in § 84 Abs. 6 Satz 1 und 2 SGB V. Entscheidend ist, dass die Vertragspartner von **zutreffenden Daten** ausgegangen sind und die **Kriterien** für die Festlegung der Richtgrößen **beachtet** haben.

2. Wirkung der Richtgrößenvereinbarungen

101 Die Richtgrößen sollen den Vertragsarzt bei seinen Entscheidungen über die Verordnung von Arznei-, Verband- und Heilmitteln nach dem Wirtschaftlichkeitsgebot **leiten** (§ 84 Abs. 6 Satz 3 SGB V). Die Gesetzesmaterialien sprechen ebenso wenig präzise von **Orientierungsgrößen**.[65] Tatsächlich sind die Richtgrößen für den Vertragsarzt jedoch von unmittelbarer normativer Verbindlichkeit. Das ergibt sich aus den Konsequenzen, die das Gesetz an ihre Überschreitung knüpft. So liefern die Richtgrößen Maßstäbe für eine Auffälligkeitsprüfung im Rahmen des § 106 Abs. 2 Satz 1 Nr. 1 SGB V. Bei Überschreitung des Richtgrößenvolumens um mehr als 25% hat der Vertragsarzt den sich daraus ergebenden **Mehraufwand** den KKn zu **erstatten**, soweit dieser nicht durch Praxisbesonderheiten begründet ist (**§ 106 Abs. 5a Satz 3 SGB V**).[66] Hierauf nimmt § 84 Abs. 6 Satz 4 SGB V unmittelbar Bezug.

V. Rahmenvorgaben (Absatz 7)

102 § 84 Abs. 7 SGB V regelt die **Rahmenvorgaben** der **KBV** und der **Spitzenverbände der KKn** für die Vereinbarungen nach § 84 Abs. 1 und 8 SGB V sowie § 84 Abs. 6 SGB V.

103 Die Vertragspartner sollen die Arzneimittelvereinbarungen und die Heilmittelvereinbarungen **bundeseinheitlich vorstrukturieren**. Ihre Vorgaben erstrecken sich auf **sämtliche Inhalte** der Vereinbarungen nach § 84 Abs. 1 Satz 2 SGB V. Darüber hinaus haben die Rahmenvorgaben die Arzneimittelverordnungen zwischen den einzelnen Bezirken zu vergleichen und zu bewerten, wobei auf Versorgungsqualität und Wirtschaftlichkeit hinzuweisen ist (§ 84 Abs. 7 Satz 2 SGB V). Der Sache nach handelt es sich dabei um ein **Benchmarking**, das sich am besten KV-Wert orientiert („best-of-class"-Prinzip).[67]

104 Die Rahmenvorgaben werden **gemeinsam und einheitlich** beschlossen (vgl. § 213 Abs. 2 SGB V). Sie gelten jeweils für das nächste Kalenderjahr und damit für den zeitlichen Geltungsbereich der Arznei- und Heilmittelvereinbarungen. Für diese Vereinbarungen sind sie verbindlich. Um den notwendigen zeitlichen Vorlauf für die regionalen Vereinbarungen zu gewährleisten, für die eine Frist bis zum 15.11. gilt, müssen die Rahmenvorgaben bis zum 30.09. für das Folgejahr vorliegen.

105 In **§ 84 Abs. 7 Satz 4-7 SGB V** sind die **Rahmenvorgaben** für die **Richtgrößenvereinbarungen** geregelt.[68] Die Verpflichtung der KBV und der Spitzenverbände der KKn, derartige Rahmenvorgaben zu erlassen, und die Verbindlichkeit dieser Vorgaben ist unterschiedlich ausgestaltet:

106 Die Gliederung nach **Arztgruppen** und das Nähere zum **Fallbezug** waren **verbindlich** (§ 84 Abs. 7 Satz 4 SGB V) bis zum 31.01.2002 zu beschließen (§ 84 Abs. 7 Satz 7 SGB V). Dieser Verpflichtung sind die KBV und die Spitzenverbände der KKn durch die Rahmenvorgaben vom 31.01.2002 nachgekommen.[69] Diese Rahmenvorgaben sind für die Vertragspartner nach den Absätzen 1 und 8 grundsätzlich **verbindlich**. **Abweichungen** müssen ihren Grund in **regionalen Versorgungsbedingungen** haben. § 84 Abs. 7 Satz 3 SGB V gilt insoweit entsprechend.

---

[64] BSG v. 02.11.2005 - B 6 KA 63/04 R.

[65] FraktE-ABAG, BT-Drs. 14/6309, S. 9; vgl. auch *Hencke* in: Peters, Handbuch KV (SGB V), § 84 Rn. 18: „bloße orientierende Richtschnur".

[66] Hierzu auch *Peikert*, MedR 2003, 29, 30 f.

[67] FraktE-ABAG, BT-Drs. 14/6309, S. 9 f.; zum Einsatz des Benchmarking in der Sozialverwaltung *Amshoff/van Stiphout*, BKK 2005, 227; *Riegl*, KrV 2004, 256; *Hansen/Siering*, BKK 2002, 341.

[68] Näher hierzu *Schroeder-Printzen*, NZS 2002, 629, 631.

[69] DÄ 2002, A-1540 (Rahmenvorgaben Arzneimittel), DÄ 2002, A-1543 (Rahmenvorgaben Heilmittel).

Die KBV und die Spitzenverbände der KKn **sollen** darüber hinaus die altersgemäße Gliederung der Patientengruppen und die Krankheitsarten bestimmen (§ 84 Abs. 7 Satz 5 SGB V). Soweit solche Rahmenvorgaben umgesetzt werden, was durch die Rahmenvorgaben vom 31.01.2002 teilweise geschehen ist, haben sie für die Partner der Richtgrößenvereinbarungen denselben Grad an Verbindlichkeit wie die Gliederung nach Arztgruppen und das Nähere zum Fallbezug. 107

Weitere **Empfehlungen** stehen im pflichtgemäßen Ermessen. Der Empfehlungscharakter bedeutet, dass sie für die Richtgrößenvereinbarungen die Verbindlichkeit von **Soll-Bestimmungen** haben. 108

VI. Heilmittel (Absatz 8)

Für die Verordnung von Heilmitteln sind in entsprechender Anwendung von § 84 Abs. 1-4 und 4b-7 SGB V **eigenständige Vereinbarungen** zu treffen. Der Gesetzgeber hält dieses Steuerungselement im Heilmittelbereich für erforderlich, weil allein die Umsetzung der Heilmittelrichtlinien (§ 92 Abs. 1 Satz 2 Nr. 6 SGB V) die Wirtschaftlichkeit und Qualität der Heilmittelversorgung nicht sicherstellen könne.[70] Die besonderen Versorgungs- und Abrechnungsbedingungen im Heilmittelbereich sind zu berücksichtigen (§ 84 Abs. 8 Satz 1 SGB V). Dazu gehört, dass die Leistungen häufig verzögert und langfristig in Anspruch genommen werden, die Abrechnung daher erst später erfolgt und die entsprechenden Daten aufgrund dessen häufig erst mit einiger Verzögerung zur Verfügung stehen.[71] § 84 Abs. 8 Satz 2 SGB V zieht hieraus die Konsequenz: Das Erhebungsverfahren nach § 84 Abs. 5 SGB V richtet sich nicht nach den verordneten, sondern nach den mit den KKn **abgerechneten** Heilmittelleistungen. Die Regelung des § 84 Abs. 4a, 7a SGB V betreffend die Vorgabe von Durchschnittskosten je definierter Dosiseinheit gilt für Heilmittel (naturgemäß) nicht. 109

VII. Verordnungsermächtigung (Absatz 9)

§ 84 Abs. 9 SGB V beinhaltet eine Verordnungsermächtigung zugunsten des BMG aus **Sicherstellungsgründen**. Reicht das Ausgabenvolumen nach § 84 Abs. 1 Satz 2 Nr. 1 SGB V als Folge von Ereignissen mit erheblicher Folgewirkung für die medizinische Versorgung (z.B. Epidemien) nicht aus, um die medizinisch notwendige Versorgung mit Arznei- und Verbandmitteln zu gewährleisten, so kann das Ministerium dieses Ausgabenvolumen durch Rechtsverordnung mit Zustimmung des Bundesrates erhöhen. Einer solchen Erhöhung bedarf es nicht, wenn die Vertragspartner selbst eine Anpassung vornehmen. § 84 Abs. 9 SGB V gilt **nicht** für die **Heilmittelvereinbarung**. Wohl zu Recht geht der Gesetzgeber davon aus, dass sich Epidemien und dergleichen auf das Verordnungsvolumen von Heilmitteln nicht im selben Maße auswirken wie bei Arznei- oder Verbandmitteln.[72] 110

C. Reformbestrebungen

Der Wortlaut des § 84 SGB V wird in Absatz 1 Sätze 1 und 4, Absatz 4b, Absatz 5 Sätze 2, 4 und 7, Absatz 7 Satz 1 zum 01.07.2008 an die Veränderung der Organisationsstruktur im Bereich der KKn angepasst (Ersetzung der „Verbände der Erskn" durch „Erskn" sowie der „Spitzenverbände der KKn" durch den „Spitzenverband Bund der KKn". Bereits mit Wirkung zum 01.01.2008 wird der Wortlaut des Absatzes 7a an die institutionellen Änderungen im Bereich der Wirtschaftlichkeitsprüfung angepasst (Ersetzung von „Prüfungsausschuss" durch „Prüfstelle"). 111

[70] FraktE-ABAG, BT-Drs. 14/6309, S. 10.

[71] Ausschussbericht zum ABAG; BT-Drs. 14/7170, S. 15 zu § 84 Abs. 9 SGB V.

[72] Ausschussbericht zum ABAG, BT-Drs. 14/7170, S. 15 zu § 84 Abs. 10 SGB V.

§ 85 SGB V Gesamtvergütung

(Fassung vom 26.03.2007, gültig ab 01.04.2007, gültig bis 30.06.2008)

(1) Die Krankenkasse entrichtet nach Maßgabe der Gesamtverträge an die jeweilige Kassenärztliche Vereinigung mit befreiender Wirkung eine Gesamtvergütung für die gesamte vertragsärztliche Versorgung der Mitglieder mit Wohnort im Bezirk der Kassenärztlichen Vereinigung einschließlich der mitversicherten Familienangehörigen.

(2) Die Höhe der Gesamtvergütung wird im Gesamtvertrag mit Wirkung für die Krankenkassen der jeweiligen Kassenart vereinbart. Die Gesamtvergütung ist das Ausgabenvolumen für die Gesamtheit der zu vergütenden vertragsärztlichen Leistungen; sie kann als Festbetrag oder auf der Grundlage des Bewertungsmaßstabes nach Einzelleistungen, nach einer Kopfpauschale, nach einer Fallpauschale oder nach einem System berechnet werden, das sich aus der Verbindung dieser oder weiterer Berechnungsarten ergibt. Die Vereinbarung unterschiedlicher Vergütungen für die Versorgung verschiedener Gruppen von Versicherten ist nicht zulässig. Die Vertragsparteien sollen auch eine angemessene Vergütung für nichtärztliche Leistungen im Rahmen sozialpädiatrischer und psychiatrischer Tätigkeit vereinbaren. Die Vergütungen der Untersuchungen nach den §§ 22, 25 Abs. 1 und 2, § 26 werden als Pauschalen vereinbart. Beim Zahnersatz sind Vergütungen für die Aufstellung eines Heil- und Kostenplans nicht zulässig. Soweit die Gesamtvergütung auf der Grundlage von Einzelleistungen vereinbart wird, ist der Betrag des Ausgabenvolumens nach Satz 2 zu bestimmen sowie eine Regelung zur Vermeidung der Überschreitung dieses Betrages zu treffen. Ausgaben für Kostenerstattungsleistungen nach § 13 Abs. 2 und nach § 53 Abs. 4 mit Ausnahme der Kostenerstattungsleistungen nach § 13 Abs. 2 Satz 6 und Ausgaben auf Grund der Mehrkostenregelung nach § 28 Abs. 2 Satz 3 sind auf das Ausgabenvolumen nach Satz 2 anzurechnen.

(2a) Vertragsärztliche Leistungen bei der Substitutionsbehandlung der Drogenabhängigkeit gemäß den Richtlinien des Gemeinsamen Bundesausschusses werden von den Krankenkassen außerhalb der nach Absatz 2 vereinbarten Gesamtvergütungen vergütet.

(2b) Die am 31. Dezember 1992 geltenden Punktwerte für zahnärztliche Leistungen bei Zahnersatz einschließlich Zahnkronen und bei kieferorthopädischer Behandlung werden zum 1. Januar 1993 für die Dauer eines Kalenderjahres um 10 vom Hundert abgesenkt. Ab 1. Januar 1994 erfolgt die Anpassung auf der abgesenkten Basis, wobei sich die Vergütungsanpassung in den Jahren 1994 und 1995 höchstens um den Vomhundertsatz verändern darf, um den sich die nach den §§ 270 und 270a zu ermittelnden beitragspflichtigen Einnahmen der Mitglieder der Krankenkassen je Mitglied verändern; die Vomhundertsätze sind für die alten und neuen Länder getrennt festzulegen. Der Bewertungsausschuß (§ 87) kann anstelle der zum 1. Januar 1993 in Kraft tretenden Absenkung nach Satz 1 eine unterschiedliche Absenkung der Bewertungszahlen der einzelnen Leistungen vornehmen. Dabei ist sicherzustellen, daß die Absenkung insgesamt 10 vom Hundert beträgt. Die Angleichung des Vergütungsniveaus im Beitrittsgebiet gemäß § 311 Abs. 1 Buchstabe a bleibt hiervon unberührt.

(2c) Die Vertragspartner nach § 82 Abs. 1 können vereinbaren, daß für die Gesamtvergütungen getrennte Vergütungsanteile für die an der vertragsärztlichen Versorgung beteiligten Arztgruppen zugrunde gelegt werden; sie können auch die Grundlagen für die Bemessung der Vergütungsanteile regeln. § 89 Abs. 1 gilt nicht.

(3) Die Vertragsparteien des Gesamtvertrages vereinbaren die Veränderungen der Gesamtvergütungen unter Berücksichtigung der Praxiskosten, der für die vertragsärztliche Tätigkeit aufzuwendenden Arbeitszeit sowie der Art und des Umfangs der ärztlichen Leistungen, soweit sie auf einer Veränderung des gesetzlichen oder satzungsmäßigen Leistungsumfangs beruhen. Bei der Vereinbarung der Veränderungen der Gesamtvergütungen ist der Grundsatz der Beitragssatzstabilität (§ 71) in Bezug auf das Ausgabenvolumen für die Gesamtheit der zu vergütenden vertragsärztlichen Leistungen zu beachten. Abweichend von Satz 2 ist eine Überschreitung der Veränderungsraten nach § 71 Abs. 3 zulässig, wenn Mehrausgaben auf Grund von Beschlüssen des Gemeinsamen Bundesausschusses nach § 135 Abs. 1 entstehen; dabei ist zu prüfen, inwieweit die Mehrausgaben durch Minderausgaben auf Grund eines Wegfalls von Leistungen, die auf Grund einer Prüfung nach § 135 Abs. 1 Satz 2 und 3 nicht mehr zu Lasten der Krankenkassen erbracht werden dürfen, ausgeglichen werden können.

(3a) Die nach Absatz 3 zu vereinbarenden Veränderungen der Gesamtvergütungen als Ausgabenvolumen für die Gesamtheit der zu vergütenden vertragsärztlichen Leistungen dürfen sich in den Jahren 1993, 1994 und 1995 höchstens um den Vomhundertsatz verändern, um den sich die nach den §§ 270 und 270a zu ermittelnden beitragspflichtigen Einnahmen der Mitglieder aller Krankenkassen mit Sitz im Bundesgebiet außerhalb des Beitrittsgebiets je Mitglied verändern. Die Veränderungen der Gesamtvergütungen im Jahr 1993 sind auf das entsprechend der Zuwachsrate der beitragspflichtigen Einnahmen nach Satz 1 im Jahr 1992 erhöhte Vergütungsvolumen im Jahr 1991 zu beziehen. Bei der Bestimmung der Gesamtvergütungen der Vertragszahnärzte werden zahnprothetische und kieferorthopädische Leistungen nicht berücksichtigt. Soweit nichtärztliche Dialyseleistungen im Rahmen der vertragsärztlichen Versorgung erbracht werden, werden sie außerhalb der Gesamtvergütungen nach Vergütungssätzen honoriert, die von den kassenärztlichen Vereinigungen und den Landesverbänden der Krankenkassen sowie den Verbänden der Ersatzkassen vereinbart werden; Satz 1 gilt entsprechend. Vergütungszuschläge nach § 135 Abs. 4 sowie Mehrausgaben auf Grund der gesetzlichen Leistungsausweitung in § 22 werden entsprechend der Zahl der erbrachten Leistungen zusätzlich berücksichtigt. Der Teil der Gesamtvergütungen, der auf die in dem einheitlichen Bewertungsmaßstab für Ärzte in den Abschnitten B VI und B VII aufgeführten Zuschläge für Leistungen des ambulanten Operierens sowie die damit verbundenen Operations- und Anästhesieleistungen entfällt, wird zusätzlich zu den in Satz 1 festgelegten Veränderungen im Jahr 1993 um 10 vom Hundert und im Jahr 1994 um weitere 20 vom Hundert erhöht. Der Teil der Gesamtvergütungen, der auf die ärztlichen Leistungen nach den §§ 25 und 26, die ärztlichen Leistungen der Schwangerschafts- und Mutterschaftsvorsorge im Rahmen des § 196 Abs. 1 der Reichsversicherungsordnung sowie die ärztlichen Leistungen im Rahmen der von den Krankenkassen satzungsgemäß übernommenen Schutzimpfungen entfällt, wird zusätzlich zu den in Satz 1 festgelegten Veränderungen in den Jahren 1993, 1994 und 1995 um jeweils 6 vom Hundert erhöht. Zusätzlich zu den nach Satz 1 zu vereinbarenden Veränderungen der Gesamtvergütungen werden die Gesamtvergütungen der Vertragsärzte des Jahres 1995 um einen Betrag erhöht, der 1,71 vom Hundert der Ausgaben der Krankenkassen für ambulante ärztliche Behandlung im Jahre 1993 entspricht; § 72 Abs. 1 Satz 2 gilt nicht.

(3b) Für die Veränderungen der Gesamtvergütungen im Beitrittsgebiet sind die beitragspflichtigen Einnahmen der Mitglieder aller Krankenkassen im Beitrittsgebiet zugrunde zu legen. Die Veränderungen der Gesamtvergütungen für die vertragsärztliche Versorgung im Jahr 1993 sind auf das verdoppelte, um 4 vom Hundert erhöhte Vergütungsvolumen des ersten Halbjahres 1992 zu beziehen. In den Jahren 1993 und 1994

sind die nach Absatz 3a Satz 1 erhöhten Vergütungsvolumina jeweils um weitere 3 vom Hundert, im Jahre 1995 die Vorvergütungsvolumina der Ärzte um weitere 4 vom Hundert zu erhöhen; § 72 Abs. 1 Satz 2 gilt für die Erhöhung im Jahre 1995 nicht. Die Gesamtvergütungen für die zahnärztliche Behandlung ohne Zahnersatz und Kieferorthopädie sind auf das um die Ausweitung der halben Leistungsmenge gegenüber dem Jahr 1991 bereinigte verdoppelte Vergütungsvolumen des ersten Halbjahres 1992 zu beziehen. Die Bereinigung erfolgt in der Weise, daß die halbierten Ausgaben des Jahres 1991 um die für das Jahr 1992 vereinbarte Punktwertsteigerung sowie um die Hälfte der Steigerung der Leistungsmenge erhöht werden. Zugrunde zu legen sind die jahresdurchschnittlichen Punktwerte.

(3c) Weicht die bei der Vereinbarung der Gesamtvergütung zu Grunde gelegte Zahl der Mitglieder von der tatsächlichen Zahl der Mitglieder im Vereinbarungszeitraum ab, ist die Abweichung bei der jeweils folgenden Vereinbarung der Veränderung der Gesamtvergütung zu berücksichtigen. Die Krankenkassen, für die Verträge nach § 83 Satz 1 geschlossen sind, ermitteln hierzu monatlich die Zahl ihrer Mitglieder, gegliedert nach den Bezirken der Kassenärztlichen Vereinigungen, in denen die Mitglieder ihren Wohnsitz haben, und melden diese nach dem in § 79 des Vierten Buches Sozialgesetzbuch festgelegten Verfahren.

(3d) Zur Angleichung der Vergütung der vertragsärztlichen Leistungen je Vertragsarzt im Gebiet der in Artikel 1 Abs. 1 des Einigungsvertrages genannten Länder und dem übrigen Bundesgebiet werden die Gesamtvergütungen nach Absatz 2 im Gebiet der in Artikel 1 Abs. 1 des Einigungsvertrages genannten Länder in den Jahren 2004 bis 2006 zusätzlich zur Erhöhung nach Absatz 3 schrittweise um insgesamt 3,8 vom Hundert erhöht. Die Gesamtvergütungen nach Absatz 2 im übrigen Bundesgebiet werden in den Jahren 2004 bis 2006 schrittweise um insgesamt 0,6 vom Hundert abgesenkt. Die Veränderungen der Gesamtvergütungen der Kassenärztlichen Vereinigungen im Gebiet der in Artikel 1 Abs. 1 des Einigungsvertrages genannten Länder sind im Jahr 2005 auf die nach Satz 1 erhöhte Vergütungssumme des Jahres 2004 zu beziehen. Die Veränderungen der Gesamtvergütungen der Kassenärztlichen Vereinigungen im übrigen Bundesgebiet sind im Jahr 2005 auf die nach Satz 3 abgesenkte Vergütungssumme im Jahr 2004 zu beziehen. Die Regelungen nach den Sätzen 4 und 5 gelten für das Jahr 2006 entsprechend. Die Regelungen dieses Absatzes gelten nicht für das Land Berlin und nicht für die Vergütung vertragszahnärztlicher Leistungen.

(3e) Die Veränderungen der Gesamtvergütungen für die vertragsärztliche Versorgung nach Absatz 3 im Jahr 2004 sind auf das nach Satz 2 bereinigte Vergütungsvolumen des Jahres 2003 zu beziehen. Die Bereinigung umfasst den Anteil der Gesamtvergütungen, der auf Leistungen entfällt, auf die die Versicherten auf Grund der in den §§ 24b und 27a getroffenen Regelungen ab 1. Januar 2004 keinen Anspruch mehr haben.

(4) Die Kassenärztliche Vereinigung verteilt die Gesamtvergütungen an die Vertragsärzte; in der vertragsärztlichen Versorgung verteilt sie die Gesamtvergütungen getrennt für die Bereiche der hausärztlichen und der fachärztlichen Versorgung (§ 73). Sie wendet dabei ab dem 1. Juli 2004 den mit den Landesverbänden der Krankenkassen und den Verbänden der Ersatzkassen erstmalig bis zum 30. April 2004 gemeinsam und einheitlich zu vereinbarenden Verteilungsmaßstab an; für die Vergütung der im ersten und zweiten Quartal 2004 erbrachten vertragsärztlichen Leistungen wird der am 31. Dezember 2003 geltende Honorarverteilungsmaßstab angewandt. Bei der Verteilung der Gesamtvergütungen sind Art und Umfang der Leistungen der Vertragsärzte zu Grunde zu legen; dabei ist jeweils für die von den Krankenkassen einer Kassenart gezahlten Vergütungsbeträge ein Punktwert in gleicher Höhe zu Grunde zu legen. Im Verteilungsmaßstab sind Regelungen zur Vergütung der psychotherapeuti-

schen Leistungen der Psychotherapeuten, der Fachärzte für Kinder- und Jugendpsychiatrie und -psychotherapie, der Fachärzte für Psychiatrie und Psychotherapie, der Fachärzte für Nervenheilkunde, der Fachärzte für psychotherapeutische Medizin sowie der ausschließlich psychotherapeutisch tätigen Ärzte zu treffen, die eine angemessene Höhe der Vergütung je Zeiteinheit gewährleisten. Der Verteilungsmaßstab hat sicherzustellen, das die Gesamtvergütungen gleichmäßig auf das gesamte Jahr verteilt werden. Der Verteilungsmaßstab hat Regelungen zur Verhinderung einer übermäßigen Ausdehnung der Tätigkeit des Vertragsarztes entsprechend seinem Versorgungsauftrag nach § 95 Abs. 3 Satz 1 vorzusehen. Insbesondere sind arztgruppenspezifische Grenzwerte festzulegen, bis zu denen die von einer Arztpraxis erbrachten Leistungen mit festen Punktwerten zu vergüten sind (Regelleistungsvolumina). Für den Fall der Überschreitung der Grenzwerte ist vorzusehen, dass die den Grenzwert überschreitende Leistungsmenge mit abgestaffelten Punktwerten vergütet wird. Widerspruch und Klage gegen die Honorarfestsetzung sowie ihre Änderung oder Aufhebung haben keine aufschiebende Wirkung. Die vom Bewertungsausschuss nach Absatz 4a Satz 1 getroffenen Regelungen sind Bestandteil der Vereinbarungen nach Satz 2. Der Verteilungsmaßstab kann eine nach Versorgungsgraden unterschiedliche Verteilung vorsehen. Die Kassenärztliche Vereinigung stellt den Landesverbänden der Krankenkassen und den Verbänden der Ersatzkassen die für die Vereinbarung des Verteilungsmaßstabes in der vertragsärztlichen Versorgung erforderlichen Daten nach Maßgabe der Vorgaben des Bewertungsausschusses nach Absatz 4a Satz 4 unentgeltlich zur Verfügung. Satz 11 gilt nicht für die vertragszahnärztliche Versorgung.

(4a) Der Bewertungsausschuss (§ 87 Abs. 1 Satz 1) bestimmt Kriterien zur Verteilung der Gesamtvergütungen nach Absatz 4, insbesondere zur Festlegung der Vergütungsanteile für die hausärztliche und die fachärztliche Versorgung sowie für deren Anpassung an solche Veränderungen der vertragsärztlichen Versorgung, die bei der Bestimmung der Anteile der hausärztlichen und der fachärztlichen Versorgung an der Gesamtvergütung zu beachten sind; er bestimmt ferner, erstmalig bis zum 29. Februar 2004, den Inhalt der nach Absatz 4 Satz 4, 6, 7 und 8 zu treffenden Regelungen. Bei der erstmaligen Bestimmung der Vergütungsanteile für die hausärztliche Versorgung nach Satz 1 ist der auf die hausärztliche Versorgung entfallende Anteil an der Gesamtheit des in einer Kassenärztlichen Vereinigung abgerechneten Punktzahlvolumens des Jahres 1996 zu Grunde zu legen; übersteigt in den Jahren 1997 bis 1999 der in einer Kassenärztlichen Vereinigung auf die hausärztliche Versorgung entfallende Anteil der abgerechneten Punkte am gesamten Punktzahlvolumen den entsprechenden Anteil des Jahres 1996, ist von dem jeweils höheren Anteil auszugehen. Veränderungen in der Zahl der an der häuslichen Versorgung teilnehmenden Ärzte in den Jahren nach 1996 sind zu berücksichtigen. Der Bewertungsausschuss bestimmt Art und Umfang, das Verfahren und den Zeitpunkt der Übermittlung der Daten nach Absatz 4 Satz 12.

(4b) Ab einer Gesamtpunktmenge je Vertragszahnarzt aus vertragszahnärztlicher Behandlung einschließlich der kieferorthopädischen Behandlung von 262.500 Punkten je Kalenderjahr verringert sich der Vergütungsanspruch für die weiteren vertragszahnärztlichen Behandlungen im Sinne des § 73 Abs. 2 Nr. 2 um 20 vom Hundert, ab einer Punktmenge von 337.500 je Kalenderjahr um 30 vom Hundert und ab einer Punktmenge von 412.500 je Kalenderjahr um 40 vom Hundert; für Kieferorthopäden verringert sich der Vergütungsanspruch für die weiteren vertragszahnärztlichen Behandlungen ab einer Gesamtpunktmenge von 280.000 Punkten je Kalenderjahr um 20 vom Hundert, ab einer Punktmenge von 360.000 Punkten je Kalenderjahr um 30 vom Hundert und ab einer Punktmenge von 440.000 Punkten je Kalenderjahr um 40 vom Hundert. Satz 1 gilt für ermächtigte Zahnärzte, für bei Vertragszahnärzten nach § 95 Abs. 9 Satz 1 angestellte Zahnärzte und für in medizinischen Versorgungszentren an-

gestellte Zahnärzte entsprechend. Die Punktmengengrenzen bei Berufsausübungsgemeinschaften richten sich nach der Zahl der zahnärztlichen Mitglieder. Die Punktmengen erhöhen sich um 25 vom Hundert für Entlastungs-, Weiterbildungs- und Vorbereitungsassistenten. Bei Teilzeit oder nicht ganzjähriger Beschäftigung verringert sich die Punktmengengrenze nach Satz 1 oder die zusätzlich zu berücksichtigende Punktmenge nach Satz 4 entsprechend der Beschäftigungsdauer. Die Punktmengen umfassen alle vertragszahnärztlichen Leistungen im Sinne des § 73 Abs. 2 Nr. 2. In die Ermittlung der Punktmengen sind die Kostenerstattungen nach § 13 Abs. 2 einzubeziehen. Diese werden den Kassenzahnärztlichen Vereinigungen von den Krankenkassen mitgeteilt.

(4c) Die Kassenzahnärztliche Vereinigung hat die zahnprothetischen und kieferorthopädischen Rechnungen zahnarzt- und krankenkassenbezogen nach dem Leistungsquartal zu erfassen und mit den abgerechneten Leistungen nach § 28 Abs. 2 Satz 1, 3, 7, 9 und den gemeldeten Kostenerstattungen nach § 13 Abs. 2 und nach § 53 Abs. 4 zusammenzuführen und die Punktmengen bei der Ermittlung der Gesamtpunktmenge nach Absatz 4b zugrunde zu legen.

(4d) Die Kassenzahnärztlichen Vereinigungen teilen den Krankenkassen bei jeder Rechnungslegung mit, welche Vertragszahnärzte, welche bei Vertragszahnärzten nach § 95 Abs. 9 Satz 1 angestellten Zahnärzte und welche in medizinischen Versorgungszentren angestellten Zahnärzte die Punktmengengrenzen nach Absatz 4b überschreiten. Dabei ist für diese Zahnärzte die Punktmenge sowie der Zeitpunkt anzugeben, ab dem die Überschreitung der Punktmengengrenzen eingetreten ist. Die Zahl der Entlastungs-, Weiterbildungs- und Vorbereitungsassistenten einschließlich ihrer Beschäftigungsdauer sind, bezogen auf die einzelne Praxis, ebenfalls mitzuteilen.

(4e) Die Kassenzahnärztlichen Vereinigungen haben die Honorareinsparungen aus den Vergütungsminderungen nach Absatz 4b an die Krankenkassen weiterzugeben. Die Durchführung der Vergütungsminderung durch die Kassenzahnärztliche Vereinigung erfolgt durch Absenkung der vertraglich vereinbarten Punktwerte ab dem Zeitpunkt der jeweiligen Grenzwertüberschreitungen nach Absatz 4b. Die abgesenkten Punktwerte nach Satz 2 sind den auf dem Zeitpunkt der Grenzwertüberschreitungen folgenden Abrechnungen gegenüber den Krankenkassen zugrunde zu legen. Überzahlungen werden mit der nächsten Abrechnung verrechnet. Weitere Einzelheiten können die Vertragspartner der Vergütungsverträge (§ 83) regeln.

(4f) Die Krankenkasse hat ein Zurückbehaltungsrecht in Höhe von 10 vom Hundert gegenüber jeder Forderung der Kassenzahnärztlichen Vereinigung, solange die Kassenzahnärztliche Vereinigung ihren Pflichten aus den Absätzen 4c bis 4e nicht nachkommt. Der Anspruch auf Auszahlung der nach Satz 1 einbehaltenen Beträge erlischt, wenn die Kassenzahnärztliche Vereinigung bis zur letzten Quartalsabrechnung eines Jahres ihre Verpflichtungen für dieses Jahr nicht oder nicht vollständig erfüllt.

Gliederung

A. Basisinformationen

I. Textgeschichte/Gesetzgebungsmaterialien

1 § 85 SGB V wurde durch Art. 1 **Gesundheitsreformgesetz** vom 20.12.1988[1] in das SGB eingefügt. Die Vorschrift trat zum 01.01.1989 in Kraft.

2 Die Vorschrift hat zahlreiche Änderungen erfahren, die die verschiedenen Versuche des Gesetzgebers zur Steuerung der vertragsärztlichen Leistungen widerspiegeln. Zuletzt ist die Norm in mehreren Schritten durch das **Gesetz zur Modernisierung der gesetzlichen Krankenversicherung (GMG)** vom 14.11.2003[2] modifiziert worden, hauptsächlich durch Art. 1 Nr. 64 GMG m.W.v. 01.01.2004.

3 **§ 85 Abs. 2 Satz 8 SGB V** ist durch Art. 2 Nr. 7 Buchst. b) bb) GMG an die Änderungen des § 13 SGB V angepasst worden. Die zum selben Zeitpunkt erfolgte Umstellung der Zahnersatzversorgung auf befundbezogene Festzuschüsse hat die Anpassung des **§ 85 Abs. 4b Satz 1 SGB V** erforderlich gemacht (durch Art. 2 Nr. 7 Buchst. c) GMG).

4 Mit Wirkung vom 01.01.2006 ist **§ 85 Abs. 1 Satz 2 SGB V** als Folge der vollständigen Umsetzung des Wohnortprinzips aufgehoben worden. Im Anschluss an die Aufhebung von § 83 Satz 2 SGB V zum selben Zeitpunkt ist in § 85 Abs. 2 Satz 1 SGB V die Unterscheidung zwischen den Gesamtverträgen mit Wirkung für die KKn, für die das Kassensitzprinzip galt, und solchen, für die schon vor dem 01.01.2006 das Wohnortprinzip galt, aufgegeben worden (Art. 2 Nr. 7 lit. a) und lit. b) aa) **GMG**).

5 Art. 256 Nr. 1 der **Neunten Zuständigkeitsanpassungsverordnung** vom 31.10.2006[3] hat § 85 Abs. 4a Satz 5 SGB V mit Wirkung vom 08.11.2006 an die aktuelle Bezeichnung des Bundesministeriums für Gesundheit angepasst.

6 Mit Wirkung vom 01.01.2007 ist § 85 SGB V durch Art. 1 Nr. 4 **Vertragsarztrechtsänderungsgesetz (VÄndG)** vom 22.12.2006[4] an die Neuregelungen zur vertragsärztlichen Berufsausübung angepasst worden. Betroffen waren: Absatz 3d Satz 7, Absatz 4 Satz 6, Absatz 4b Sätze 2, 3, 7 und 8, Absatz 4d Sätze 1 und 3. Der bisherige § 85 Abs. 4b Sätze 4-6 SGB V ist aufgehoben worden.

7 Mit Wirkung vom 01.04.2007 haben sich durch Art. 1 Nr. 54 **GKV-Wettbewerbsstärkungsgesetz (GKV-WSG)** vom 26.03.2007[5] weitere Änderungen ergeben: § 85 Abs. 2 Satz 8 SGB V und § 85 Abs. 4c SGB V sind an die Änderungen im Recht der Kostenerstattung angepasst worden. § 85 Abs. 3d Satz 2 SGB V ist im Hinblick auf die Streichung des § 313a Abs. 3 SGB V aufgehoben worden. § 85 Abs. 4 Satz 11 SGB V sieht nunmehr für die vertragsärztliche (nicht: vertragszahnärztliche) Versorgung eine nach Versorgungsgraden unterschiedliche Honorarverteilung vor. Die KVen müssen nach § 85 Abs. 4 Satz 12 SGB V den KKn-Verbänden die für die Vereinbarung der HVMe erforderlichen Daten zur Verfügung stellen. Der Inhalt der bisherigen Regelungen des § 85 Abs. 4a Sätze 4 und 5

---

1 BGBl I 1988, 2477.
2 BGBl I 2003, 2190.
3 BGBl I 2006, 2407.
4 BGBl I 2006, 3439.
5 BGBl 2007 I, 378

SGB V wird in § 87 Abs. 3f SGB V und § 87 Abs. 3a SGB V übernommen. Der neue § 85 Abs. 4 Satz 4 SGB V regelt die Befugnis des Bewertungsausschusses zu Vorgaben für die Datenübermittlung nach § 85 Abs. 4 Satz 12 SGB V.

8 **Gesetzgebungsmaterialien:** Gesetzentwurf der Fraktionen SPD, CDU/CSU und BÜNDNIS 90/DIE GRÜNEN zum Entwurf eines Gesetzes zur Modernisierung der gesetzlichen Krankenversicherung.[6] Hierzu Beschlussempfehlung[7] und Bericht[8] des Ausschusses für Gesundheit und Soziale Sicherung. Gesetzentwurf der Bundesregierung zur Änderung des Vertragsarztrechts und anderer Gesetze (Vertragsarztrechtsänderungsgesetz – VÄndG).[9] Gesetzentwurf der Fraktionen der CDU/CSU und SPD zur Stärkung des Wettbewerbs in der gesetzlichen Krankenversicherung (GKV-Wettbewerbsstärkungsgesetz – GKV-WSG).[10] Hierzu Bericht des Ausschusses für Gesundheit.[11]

II. Vorgängervorschriften

9 § 85 SGB V beruht im Wesentlichen auf den Vorgängervorschriften des § 368f Abs. 1-3 RVO.

III. Parallelvorschriften

10 § 85 SGB V regelt sowohl die Vergütungsansprüche der KVen gegen die KKn als auch die Vergütungsansprüche der Vertragsärzte gegen die KVen. Parallel- und Nachfolgevorschriften sind zunächst einmal § 87a SGB V und § 87b SGB V, die diese Funktion schrittweise für den vertragsärztlichen Bereich übernehmen. Parallelvorschrift für den Bereich der Zahntechniker ist § 88 Abs. 3 SGB V.

IV. Untergesetzliche Normen

11 Untergesetzliche Normen sind zum einen die regionalen **Gesamtverträge**, die die Regelungen in § 85 Abs. 1, 2 und 3 SGB V umsetzen. Ebenso wie die aufgrund von § 85 Abs. 4 SGB V vereinbarten **Honorarverteilungsmaßstäbe** sind sie in den Publikationsorganen der Ärztekammern bzw. KVen und teilweise auch im Internet außerhalb geschützter Bereiche veröffentlicht.

12 Der **Bewertungsausschuss** hat seine Regelungsverpflichtungen nach **§ 85 Abs. 4a SGB V** wie folgt umgesetzt:

- Festlegung der Vergütungsanteile für haus- und fachärztliche Versorgung: Beschluss vom 16.02.2000[12], zuletzt geändert durch Beschluss in der 84. Sitzung[13];
- Regelungen zur Vergütung psychotherapeutischer Leistungen: Beschluss vom 29.10.2004,[14] DÄ 2005, A-457, zuletzt geändert durch Beschluss in der 99. Sitzung[15];
- Festlegung des Inhalts der Regelungen nach § 85 Abs. 4 Sätze 6-8 SGB V: Beschluss vom 29.10.2004[16].

Darüber hinaus existieren mehrere Beschlüsse zur Festlegung von Regelleistungsvolumina (§ 85 Abs. 4 SGB V).

V. Systematische Zusammenhänge

13 § 85 SGB V regelt die **Vergütungsströme** in der vertragsärztlichen Versorgung. Da die KKn ihren Versicherten die geschuldeten Leistungen als Sach- und Dienstleistungen zur Verfügung stellen, schulden die Versicherten über gesetzlich vorgesehene Zuzahlungen hinaus keine Gegenleistung für in Anspruch genommene vertragsärztliche Leistungen. Diese sind vielmehr von den KKn zu vergüten. Das geschieht in zwei Schritten: Die KKn entrichten die insgesamt geschuldete Vergütung in Form der sog. Gesamtvergütung an die KVen. Erst dort wird der Vergütungsanspruch des Vertragsarztes individualisiert, und zwar auf der Grundlage von zwei Regelwerken: zum einen dem nach Leistungstatbeständen geordneten EBM mitsamt den dort von Bewertungsausschüssen für die Leistungen bzw. Leistungs-

[6] GKV-Modernisierungsgesetz – GMG, BT-Drs. 15/1525.
[7] BT-Drs. 15/1584.
[8] BT-Drs. 15/1600.
[9] BT-Drs. 16/2474.
[10] BT-Drs. 16/3100.
[11] BT-Drs. 16/4247.
[12] DÄ 2000, A-555.
[13] DÄ 2003, A-2750.
[14] DÄ 2005, A-457.
[15] DÄ 2005, A-1007.
[16] DÄ 2004, A-3129.

komplexe getroffenen Bewertungen (§ 87 SGB V) und sodann aufgrund des von den KVen mit den Landesverbänden der KKn und den Verbänden der Erskn vereinbarten Honorarverteilungsmaßstabs (§ 85 Abs. 4 SGB V). Das tatsächliche, aus der Interaktion von Patient und Arzt entstandene Leistungsgeschehen bildet sich im Honoraranspruch des Arztes gegenüber seiner KV daher nur noch mit zahlreichen Modifikationen ab.

VI. Ausgewählte Literaturhinweise

Andreas, EBM-Ä und Honorarverteilungsmaßstäbe haben im SGB V verfassungsmäßige Grundlagen, ArztR 2005, 319-326; *Behnsen*, Die Neuordnung der psychotherapeutischen Versorgung (Teil 2), SGb 1998, 614-621; *Boecken*, Festzuschüsse bei Zahnersatz – insbesondere zu den Fragen ihrer Einbeziehung in die Gesamtvergütung und ihrer Budgetierung, VSSR 2005, 1-20; *Clemens*, Regelungen der Honorarverteilung – Der Stand der Rechtsprechung des BSG, MedR 2000, 17-23; *Dudda*, Vergütungsanpassungen bei Zahnersatz und kieferorthopädischer Behandlung unter Berücksichtigung vorgreiflicher vertraglicher Regelungen, NZS 1996, 211-215; *Harneit*, Die vertragszahnärztliche Vergütung, GesR 2002, 73-79; *Hinz*, Das Gesetz zur Stärkung der Solidarität in der gesetzlichen Krankenversicherung (GKV-Solidaritätsstärkungsgesetz – GKV-SolG) und die Änderungen im Bereich der ambulanten ärztlichen Versorgung und Vergütung, Die Leistungen 1999, 65-70, 129-134; *ders.*, Regelleistungsvolumen – Neue Formen der Gesamtvergütung, Die Leistungen 1997, 577-584; *Isensee*, Verwaltung des Mangels im Gesundheitswesen – verfassungsrechtliche Maßstäbe der Kontingentierung, GS Heinze (2005), 417-435; *Kruse/Kruse*, Die Honorierung der Vertragsärzte in der Diskussion, WzS 2006, 257-264; *Maaß*, Fragen der Proportionalität und des verfassungsrechtlichen Gleichheitssatzes bei Wirtschaftlichkeitsprüfung, Regress und Honorarverteilung in der vertragsärztlichen Praxis, NZS 2000, 109-120; *ders.*, Die Angemessenheit der Vergütung der vertragsärztlichen Leistung, NZS 1998, 13-20; *Muschallik*, Inhalt und Bindungswirkung des Grundsatzes der Beitragssatzstabilität in § 71 Abs. 1, § 141 Abs. 2 SGB V, NZS 1998, 7-13; *Rath*, Vergütung psychotherapeutischer Leistungen, MedR 2001, 60-64; *Reuther*, Die Vergütung des Vertragsarztes und die Stabilität des Beitragssatzes, Bonn 2004; *Rixen*, Zwischen Demokratieprinzip und Prozeduralisierung – mehr Vergütungsgerechtigkeit durch die neuere Rechtsprechung des BSG?, GesR 2005, 433-438; *Scheuffler*, Honorarverteilungsmaßstab (HVM), MedR 1996, 153-157; *Schirmer*, Eingliederung der Psychologischen Psychotherapeuten und Kinder- und Jugendlichenpsychotherapeuten in das System der vertragsärztlichen Versorgung, MedR 1998, 435-454; *Schmiedl*, Das Recht des Vertrags(zahn)arztes auf angemessene Vergütung in Zeiten der Budgetierung, MedR 2002, 116-122; *Schnapp*, Müssen Schiedsämter bei ihren Entscheidungen die Auswirkungen des Risikostrukturausgleichs berücksichtigen?, NZS 2003, 337-341; *Schneider*, Die Preisfindung für vertragszahnärztliche Leistungen, SGb 2004, 143-153; *Wehebrink*, Hat eine Kassenärztliche Vereinigung einen Anspruch auf Verzugszinsen, wenn die Krankenkasse die Gesamtvergütung gemäß § 85 SGB V verspätet leistet?, NZS 2002, 529-533; *Wenner*, Maßnahmen zur Qualitätssicherung in der vertragsärztlichen Versorgung auf dem Prüfstand der Rechtsprechung, NZS 2002, 1-8; *Wimmer*, Unzulängliche vertragsärztliche Vergütung aus Gemeinwohlgründen?, NZS 1999, 480-483; *Ziermann*, Neuregelung der vertragszahnärztlichen Versorgung durch das Gesetz zur Modernisierung der gesetzlichen Krankenversicherung, VSSR 2004, 385-409. 14

B. Auslegung der Norm

I. Regelungsgehalt und Bedeutung der Norm

Absatz 1 regelt die Verpflichtung der KKn, die durch Gesamtvertrag vereinbarte **Gesamtvergütung** für die vertragsärztlichen Leistungen an die KV zu entrichten, sowie den Umfang, in dem die KKn hierdurch von ihren Zahlungsverpflichtungen frei werden. 15

Absatz 2 betrifft im Wesentlichen die Frage, nach welchen Maßstäben sich die **Höhe** der zu zahlenden Gesamtvergütung richtet. 16

Die **Absätze 2a-2c** enthalten Sonderbestimmungen zu Absatz 2: **Absatz 2a** regelt, dass Leistungen zur Substitutionsbehandlung der Drogenabhängigkeit außerhalb der Gesamtvergütung bezahlt werden. **Absatz 2b** betrifft die isolierte Absenkung eines Teils der vertragszahnärztlichen Gesamtvergütung, nämlich für Zahnersatz, zum 01.01.1993. **Absatz 2c** stellt die Aufteilung der Gesamtvergütung in Vergütungsanteile für die beteiligten Arztgruppen ins Ermessen der Partner des Gesamtvertrages. 17

Absatz 3 regelt die jährliche Anpassung der Gesamtvergütung, insbesondere unter Beachtung des Grundsatzes der Beitragssatzstabilität. 18

19 Die **Absätze 3a-3e** enthalten Sonderbestimmungen zu Absatz 3: **Absatz 3a** beinhaltet die strikte Anbindung der Gesamtvergütungen für die Jahre 1993-1995 an die Entwicklung der Grundlohnsumme sowie Ausnahmeregelungen hierzu. **Absatz 3b** und **Absatz 3d** betreffen die Anpassung der Gesamtvergütungen im Beitrittsgebiet. **Absatz 3c** regelt den Fall, dass die tatsächliche von der angenommenen Mitgliederzahl deutlich abweicht und sich daher der Vereinbarung der Gesamtvergütung zu Grunde gelegte Annahmen im Nachhinein als unzutreffend erwiesen haben. **Absatz 3e** regelt für 2004 die Verpflichtung zur Bereinigung der Gesamtvergütung um die Vergütungen für Leistungen, auf die ab dem 01.01.2004 kein Anspruch mehr besteht.

20 **Absatz 4** ist die Grundnorm für die Honorarverteilung. Die Vorschrift regelt zugleich die Verpflichtung zur Stützung der Vergütung für psychotherapeutische Leistungen sowie zur Begrenzung des Abrechnungsvolumens, insbesondere durch die Einführung von Regelleistungsvolumina.

21 **Absatz 4a** begründet die Verpflichtung des Bewertungsausschusses, steuernd in die Honorarverteilung einzugreifen, indem insbesondere Vorgaben für die Trennung von haus- und fachärztlicher Vergütung, die Vergütung psychotherapeutischer Leistungen sowie die Einführung von Regelleistungsvolumina erfolgen.

22 Die **Absätze 4b-4f** beinhalten mit dem Instrument der **Degression** bei Überschreitung näher bestimmter Leistungsmengen einen besonders geregelten Eingriff des Gesetzgebers in die Honorarverteilungsautonomie der KZVen und der KKn.

II. Normzweck

23 § 85 SGB V ist die **zentrale Vorschrift** für die **Honorierung** vertragsärztlicher Leistungen, wird diese Funktion in Zukunft allerdings nur noch für den vertragszahnärztlichen Bereich behalten, weil für die vertragsärztliche Vergütung durch die §§ 87a-87c SGB V ein neues System der Vergütung über eine morbiditätsbedingte Gesamtvergütung sowie arzt- und praxisbezogene Regelleistungsvolumina installiert wird.

24 Die Vorschrift spiegelt eindrucksvoll die verschiedenen Versuche des Gesetzgebers wider, die steigenden Kosten des Gesundheitswesens durch unterschiedliche Instrumentarien in den Griff zu bekommen: Hinsichtlich der Höhe der Gesamtvergütung von der strikten Budgetierung (z.B. § 85 Abs. 3a SGB V) bis zur Anbindung an den Grundsatz der Beitragssatzstabilität (§ 85 Abs. 3 SGB V). Hinsichtlich der Honorarverteilung von unmittelbaren gesetzgeberischen Eingriffen in die regionale Honorarverteilungsautonomie (§ 85 Abs. 4b-4f SGB V) über den Auftrag an den Bewertungsausschuss zu zentralen Vorgaben (§ 85 Abs. 4a SGB V) bis hin zum Auftrag an die Partner des Honorarverteilungsmaßstabes, die vertragsärztliche Vergütung als Mittel der Leistungssteuerung einzusetzen (§ 85 Abs. 4 SGB V).

III. Entrichtung der Gesamtvergütung (Absatz 1)

25 § 85 Abs. 1 SGB V bestimmt, welche Leistungen die KKn als Gegenleistung dafür an die KVen zu erbringen haben, dass diese den Sicherstellungsauftrag für die vertragsärztliche Versorgung wahrnehmen (§ 75 Abs. 1 SGB V i.V.m. § 73 Abs. 2 SGB V). Die Vorschrift stellt klar, dass unmittelbare Leistungen der KKn an die Vertragsärzte grundsätzlich nicht erfolgen, sondern dass für die Verteilung des Honorars an die Vertragsärzte (vorbehaltlich der Mitwirkung der KKn nach § 85 Abs. 4 SGB V) die Verantwortung in erster Linie in den Händen der KVen liegt.

1. Entstehen des Anspruchs auf Gesamtvergütung

a. Anspruchsgrundlage Gesamtvertrag

26 Anspruchsgrundlage für den Anspruch auf Gesamtvergütung ist der nach § 82 Abs. 2 SGB V i.V.m. § 83 SGB V zu vereinbarende **Gesamtvertrag**. Dieser legt insbesondere die Höhe der Gesamtvergütung fest (§ 85 Abs. 2 Satz 1 SGB V). Daneben enthält er aber auch Regelungen zum Zahlungsverfahren (z.B. Fristen, Vorauszahlungen, Leistungsnachweise, Berichtigung, Rückzahlung u.a.).[17]

27 Zum Zustandekommen und wesentlichen Inhalt der Gesamtverträge vgl. die Kommentierung zu § 82 SGB V Rn. 44 ff. und die Kommentierung zu § 83 SGB V Rn. 23 ff.

28 Der Abschluss eines Gesamtvertrages liegt nicht im Belieben der Vertragspartner. Vielmehr greift bei Nichteinigung der Mechanismus des § 89 SGB V (**Schiedsverfahren**) ein.

---

[17] *Hencke* in: Peters, Handbuch KV (SGB V), § 85 Rn. 10.

Vereinbarungen nach § 85 SGB V sind den zuständigen **Aufsichtsbehörden** vorzulegen, die sie innerhalb von zwei Monaten beanstanden können (**§ 71 Abs. 4 SGB V**; vgl. zur Sonderregel für das Jahr 1999 **Art. 12 Abs. 1 GKV-Solidaritätsstärkungsgesetz**). 29

b. Anspruchsinhaber und Anspruchsgegner

Inhaberin des **Anspruchs** auf die Gesamtvergütung ist die **KV**, die damit anders als privatärztliche Verrechnungsstellen nicht lediglich die Funktion einer Zahlstelle übernimmt. Vielmehr erfolgen die Zahlungen der KKn an die KV und der KV an die Vertragsärzte jeweils aufgrund eigenen Leistungszwecks. 30

Anspruchsgegner sind grundsätzlich die KKn, deren Mitglieder im Bezirk der KV ihren **Wohnort** haben (**§ 85 Abs. 1 Satz 1 SGB V, Wohnortprinzip**). KKn, für die Sonderregelungen nach **§ 82 Abs. 3 SGB V** vereinbart worden sind, zahlen die Gesamtvergütung an die KV, in deren Bezirk ihr Kassensitz liegt. Wird nach Maßgabe dieser Regelungen die Gesamtvergütung an eine KV gezahlt, in deren Bezirk die von der Gesamtvergütung erfasste Behandlung nicht stattgefunden hat, greift der **Fremdkassenausgleich** nach den Richtlinien gemäß § 75 Abs. 7 Satz 1 Nr. 2 SGB V ein, wobei als Clearingstelle die KBV/KZBV tätig wird. 31

c. Umfang der Gesamtvergütung

Mit der **Gesamtvergütung** wird das Ausgabenvolumen für die Gesamtheit der zu vergütenden vertragsärztlichen Leistungen vereinbart (§ 85 Abs. 2 Satz 2 SGB V). 32

Der Umfang dieser Leistungen ergibt sich zunächst aus § 73 Abs. 2 SGB V und schließt die nicht in den berechnungsfähigen Leistungen des EBM enthaltenen **Kosten** mit ein.[18] 33

Die Gesamtvergütung deckt nicht nur die Leistungen der Vertragsärzte ab, sondern auch der **ermächtigten Ärzte** und **ärztlich geleiteten Einrichtungen**, der in **§ 120 Abs. 1 Satz 1 SGB V**, **§ 121 Abs. 3 SGB V**[19], **§ 140 SGB V und § 105 Abs. 1 Satz 2 SGB V** genannten sowie der im Notfall (**§ 76 Abs. 1 Satz 2 SGB V**) in Anspruch genommenen Leistungserbringer.[20] 34

Teil der Gesamtvergütung sind auch die Leistungen nach **§ 20 Abs. 2 SGB V**, **§ 21 SGB V**, **§ 22 SGB V**, **§ 25 SGB V**, **§ 26 SGB V** und **§ 196 Abs. 1 RVO**. Sie nehmen nur insoweit eine Sonderstellung ein, als aus ihnen folgende Ausgabensteigerungen nicht den Grundsatz der Beitragssatzstabilität verletzen (§ 71 Abs. 1 Satz 2 SGB V). 35

Jede Vergütung vertragsärztlicher Leistungen **außerhalb** der Gesamtvergütung bedarf einer besonderen gesetzlichen **Ermächtigung**. Solche bestehen z.B. in **§ 64 Abs. 3 SGB V** (Modellvorhaben) und **§ 120 Abs. 2 Satz 1 SGB V** (ambulante Krankenhausleistungen), außerdem in **§ 85 Abs. 2a SGB V** (Substitutionsbehandlung) und **§ 85 Abs. 3a Satz 4 SGB V** (Dialysebehandlung), der entgegen seinem Regelungszusammenhang nicht nur für die Jahre 1993-1995, sondern unbegrenzt gilt.[21] 36

d. Untergang des Anspruchs auf Gesamtvergütung durch Erfüllung oder Aufrechnung

Die Zahlung der KKn an die KV erfolgt **mit befreiender Wirkung**. Sie führt also zur **Erfüllung** im Sinne von § 362 Abs. 1 BGB. Daher sind **Nachforderungen** grundsätzlich **ausgeschlossen**.[22] Die Erfüllungswirkung tritt auch hinsichtlich der Leistungen an solche Patienten ein, deren Mitgliedschaft sich erst im Nachhinein herausstellt oder ändert.[23] 37

Die Wirkung der Erfüllung erstreckt sich auch auf **Dritte**. Sie schließt gesonderte Ansprüche von Leistungserbringern gegen Versicherte für vertragsärztliche Leistungen außerhalb gesetzlicher Sonderregelungen oder in zulässiger Weise getroffener Vereinbarungen aus. Dementsprechend werden **Kostenerstattungsleistungen** auf die Gesamtvergütung angerechnet (§ 85 Abs. 2 Satz 8 SGB V). 38

---

[18] *Engelhard* in: Hauck/Noftz, SGB V, § 85 Rn. 29a.

[19] Vgl. hierzu BSG v. 31.01.2001 - B 6 KA 23/99 R - SozR 3-2500 § 121 Nr. 3.

[20] BSG v. 19.08.1992 - 6 RKa 6/91 - Sozr 3-2500 § 120 Nr. 2; BSG v. 12.10.1994 - 6 RKa 31/93 - SozR 3-2500 § 120 Nr. 4.

[21] *Engelhard* in: Hauck/Noftz, SGB V, § 85 Rn. 32b.

[22] BSG v. 29.01.1997 - 6 RKa 24/96 - SozR 3-2500 § 85 Nr. 19; BSG v. 03.03.1999 - B 6 KA 8/98 R - SozR 3-2500 § 85 Nr. 30; BSG v. 31.08.2005 - B 6 KA 6/04 R.

[23] BSG v. 27.06.2001 - B 6 KA 50/00 R - SozR 3-2500 § 85 Nr. 40.

39 Der Anspruch auf Gesamtvergütung kann auch durch **Aufrechnung** erlöschen (§ 389 BGB), z.B. mit Rückforderungsansprüchen der KKn. Voraussetzung ist aber, dass das Nichtbestehen des Honoraranspruchs gegenüber dem **Vertragsarzt verbindlich festgestellt** ist.[24] Hiervon kann nur dann eine Ausnahme gemacht werden, wenn der betreffende Vertragsarzt zwischenzeitlich nicht mehr an der vertragsärztlichen Versorgung teilnimmt.[25]

e. Einreden gegen den Anspruch

40 **§ 75 Abs. 1 Satz 3 SGB V** gibt den KKn ein teilweises Zurückbehaltungsrecht gegenüber dem Vergütungsanspruch, wenn die KV ihrem Sicherstellungsauftrag aus von ihr zu vertretenden Gründen nicht nachkommt.

41 **Verjährung** tritt vier Jahre nach Ende des Kalenderjahrs ein, in dem der Anspruch entstanden ist.[26] Das ergibt sich aus einer entsprechenden Anwendung von § 45 SGB I, § 113 Abs. 1 SGB X. Im Gesamtvertrag können abweichende Fristen bestimmt werden.

f. Zinsen, Verzugsschaden

42 Bei verspäteter Zahlung kann die KV kraft Gesetzes weder analog § 288 BGB Zinsen[27] noch analog § 280 Abs. 2 BGB Ersatz eines etwaigen Verzugsschadens[28] verlangen. Das Vergütungssystem des SGB ist in sich abgeschlossen und sieht Zinsen nur für Sozialleistungen in § 44 SGB I vor. Es können jedoch in den Gesamtverträgen abweichende Vereinbarungen getroffen werden. Für nach dem 28.09.2005 anhängig gewordene Klagen auf Zahlung der Gesamtvergütung besteht darüber hinaus ein Anspruch auf Prozesszinsen nach Eintritt der Rechtshängigkeit.[29]

g. Rückforderung der Gesamtvergütung

43 Rückforderungsansprüche sind nach allgemeinen **bereicherungsrechtlichen** Grundsätzen in den bestehenden **Leistungsbeziehungen** abzuwickeln, d.h. zwischen KK und KV einerseits sowie zwischen KV und Vertragsarzt andererseits. Auch bei nicht erbrachter Leistung ist damit ein Durchgriff der KK gegen den Vertragsarzt ausgeschlossen.

44 **Anspruchsgrundlage** im Verhältnis zwischen KK und KV ist der **öffentlich-rechtliche Erstattungsanspruch**. Im Verhältnis zwischen KV und Vertragsarzt erfolgt die Rückforderung nach Maßgabe des § 106a SGB V. Darüber hinaus stellt § 106 SGB V einen besonderen Regress in Gestalt der Wirtschaftlichkeitsprüfung dar.

45 Ein Rückforderungsanspruch der KK gegen die KV wegen nicht erbrachter Leistung setzt voraus, dass die Gesamtvergütung nach **Einzelleistungen** erbracht worden ist.[30] Ist sie demgegenüber nach Fall- oder Kopfpauschalen berechnet worden, so besteht kein Rückforderungsanspruch, weil der Leistungszweck der KK nicht in der Vergütung tatsächlich erbrachter Leistungen, sondern der Abdeckung des gesamten Leistungsbedarfs des Mitglieds unabhängig von der tatsächlichen Inanspruchnahme bestanden hat.[31]

46 Soweit ein Rückgriff gegen die KV möglich ist, hat diese **nicht** die **Einrede** der **Entreicherung**, wenn sie selbst keinen Regress beim Vertragsarzt mehr nehmen kann.[32] Grund hierfür ist, dass die KV im Verhältnis zu den KKn die Gewährleistung für eine sorgfältige und wahrheitsgemäße Abrechnung übernommen hat.[33] Im Ergebnis bilden die Vertragsärzte der betroffenen KV damit eine **Haftungsgemeinschaft.**[34]

---

[24] BSG v. 10.05.1995 - 6 RKa 7/94 - SozR 3-5545 § 19 Nr. 1; BSG v. 18.12.1996 - 6 RKa 66/95 - SozR 3-5545 § 19 Nr. 2.

[25] BSG v. 18.12.1996 - 6 RKa 66/95 - SozR 3-5545 § 19 Nr. 2.

[26] Str.; wie hier: *Engelhard* in: Hauck/Noftz, SGB V, § 85 Rn. 119; *Hencke* in: Peters, Handbuch KV (SGB V), § 85 Rn. 11; *Hess* in: KassKomm, SGB V, § 85 Rn. 10; a.A. *Krauskopf* in: Krauskopf, SGB V, § 85 Rn. 5 (30 Jahre).

[27] Vgl. BSG v. 17.11.1999 - B 6 KA 14/99 R - SozR 3-2500 § 75 Nr. 11; BSG v. 20.12.1983 - 6 RKa 19/82 - SozR 1200 § 44 Nr. 10; a.A. *Wehebrink*, NZS 2002, 529.

[28] *Engelhard* in: Hauck/Noftz, SGB V, § 85 Rn. 122; a.A. *Hencke* in: Peters, Handbuch KV (SGB V), § 85 Rn. 11; *Liebold/Zalewski*, § 85 Anm. C 85-11.

[29] BSG v. 28.09.2005 - B 6 KA 71/04 R - SozR 4-2500 § 83 Nr. 2.

[30] BSG v. 01.08.1991 - 6 RKa 9/89 - SozR 3-1300 § 113 Nr. 1; BSG v. 13.01.1993 - 14a/6 RKa 68/91 - SozR 3-2500 § 85 Nr. 3.

[31] Vgl. BSG v. 25.10.1989 - 6 RKa 17/88 - SozR 2200 § 368f Nr. 16.

[32] BSG v. 10.05.1995 - 6 RKa 18/94 - SozR 3-5545 § 24 Nr. 1.

[33] Vgl. BSG v. 21.11.1986 - 6 RKa 5/86 - SozR 2200 § 368f Nr. 11.

[34] BSG v. 10.05.1995 - 6 RKa 18/94 - SozR 3-5545 § 24 Nr. 1.

47 Der Rückforderungsanspruch **verjährt** in vier Jahren, beginnend mit dem Ende des Jahres, in dem er entstanden ist.[35]

2. Höhe der Gesamtvergütung

a. Vereinbarung im Gesamtvertrag (Absatz 2 Satz 1)

48 Die Höhe der Gesamtvergütung wird im **Gesamtvertrag** vereinbart (§ 85 Abs. 2 Satz 1 SGB V). Es muss kein genauer Betrag angegeben sein. Vielmehr reicht es, wenn die Kriterien festgelegt werden, nach denen sich die Gesamtvergütung errechnet.

49 Die Kriterien müssen innerhalb der jeweiligen **Kassenart einheitlich** festgelegt werden. Auf die wirtschaftliche Leistungsfähigkeit der einzelnen KK kommt es dabei nicht an.[36] Ebenso spielt im Rahmen von § 85 SGB V die **Morbiditätsstruktur** der jeweiligen KK **keine Rolle**. Der Ausgleich erfolgt vielmehr über die Honorarverteilung. Das bedeutet, dass letztlich die Vertragsärzte das Morbiditätsrisiko tragen. Insoweit soll § 87a SGB V Abhilfe schaffen.

b. Berechnungsarten (Absatz 2 Sätze 2, 3 und 7)

50 Wie die Gesamtvergütung berechnet wird, steht im **Ermessen** der **Vertragspartner**. Nur § 85 Abs. 2 SGB V in der Fassung von Art. 1 Nr. 28 Buchst. a) **2. GKV-Neuordnungsgesetz**[37] sah für die Zeit vom 01.01.1998 bis zum 31.12.1998 die verbindliche Berechnung nach Regelleistungsvolumina vor, die § 87b SGB V – allerdings in veränderter Form – wieder einführt.

51 Unabhängig von der Berechnungsmethode ist im **Vorhinein** ein **abschließend festgelegtes Honorarvolumen** zu vereinbaren. Das gilt auch für den Fall, dass die Gesamtvergütung nach Einzelleistungen berechnet wird (§ 85 Abs. 2 Satz 7 SGB V). In diesem Fall muss das **Ausgabenvolumen** bestimmt und gleichzeitig eine Regelung getroffen werden, die eine Überschreitung dieses Volumens vermeidet. In der Praxis kann das z.B. durch die Vereinbarung einer **Obergrenze** geschehen.[38]

52 § 85 Abs. 2 Satz 2 SGB V sieht die Vereinbarung der Gesamtvergütung nach Festbeträgen, Einzelleistungen, Kopfpauschalen, Fallpauschalen und Mischformen vor. Die Aufzählung ist **nicht abschließend**.

53 Bei einer Vereinbarung nach **Festbeträgen** wird von vornherein eine Vergütung festgelegt, die für die gesamte Vertragslaufzeit zur Verfügung steht. Spätere Veränderungen (in der Mitgliederstruktur, der Zahl der Leistungserbringer, der Morbidität) können nicht mehr berücksichtigt werden. Eine solche Vereinbarung birgt erhebliche Risiken für beide Seiten, sodass das System in der Praxis bisher keine Bedeutung gewonnen hat.

54 Bei einer Vereinbarung nach **Einzelleistungen** wird die Gesamtvergütung durch Festlegung eines **festen Punktwertes** vereinbart, mit dem anschließend jede Leistung entsprechend ihrer Bewertung in den Bewertungsmaßstäben vergütet wird. Wird die nach § 85 Abs. 2 Satz 7 SGB V zu vereinbarende Obergrenze überschritten, verwandelt sich der feste in einen floatenden Punktwert. Das ändert jedoch nichts am Charakter der Einzelleistungsvergütung (wichtig z.B. für die Zulässigkeit der Rückforderung).[39] Bedeutung gewonnen hat diese Vergütungsform vor allem im vertragszahnärztlichen Bereich.

55 **Kopfpauschalen** errechnen sich aus dem durchschnittlichen Jahresbedarf eines Versicherten nebst Mitversicherten an vertragsärztlichen Leistungen. Zur Berechnung der Gesamtvergütung wird dieser Jahresbedarf mit der durchschnittlichen Mitgliederzahl vervielfältigt. Zu Änderungen in der Mitgliederzahl siehe § 85 Abs. 3c SGB V. Ursprünglich die einzige zulässige Berechnungsform (vgl. § 368f Abs. 2 RVO), ist die Vergütung nach Kopfpauschalen heute noch die gängige Form der Gesamtvergütung im vertragsärztlichen Bereich. Sie verlagert das Morbiditätsrisiko einseitig auf die Vertragsärzte und soll aus diesem Grund durch die morbiditätsbedingte Gesamtvergütung gemäß § 87a SGB V abgelöst werden. Zur Berücksichtigung nicht versicherter Leistungsempfänger nach dem SGB XII und dem AsylbLG siehe § 264 Abs. 6 Satz 1 SGB V.

---

35 BSG v. 01.08.1991 - 6 RKa 9/89 - SozR 3-1300 § 113 Nr. 1; *Hess* in: KassKomm, SGB V, § 85 Rn. 9.

36 *Hencke* in: Peters, Handbuch KV (SGB V), § 85 Rn. 12; *Hess* in: KassKomm, SGB V, § 85 Rn. 13.

37 BGBl 1997 I, 1520.

38 Vgl. BSG v. 27.04.2005 - B 6 KA 23/04 R.

39 BSG v. 25.10.1989 - 6 RKa 17/88 - SozR 2200 § 368f Nr. 16.

56 Bei **Fallpauschalen** wird der Leistungsbedarf nicht pro Versichertem (wie bei Kopfpauschalen), sondern pro Behandlungsfall berechnet. Zum Begriff des Behandlungsfalles siehe § 21 Abs. 1 Satz 1 BMV-Ä, § 9 Abs. 2 Satz 1 BMV-Z. Das Morbiditätsrisiko liegt hier bei der KK, das Risiko des steigenden Leistungsbedarfs je Behandlungsfall bei der KV. Unterschiedlich hohe Fallpauschalen nach Risikohorten sind unzulässig („**eine** Fallpauschale").[40]

57 **Mischformen** sind vor allem aufgrund der Begrenzung der Gesamtvergütung durch versicherungsfremde Kriterien (z.B. Entwicklung der Grundlohnsumme) notwendig geworden. So ist die Einzelleistungsvergütung mit Obergrenzen der Sache nach eine Mischform von Einzelleistungsvergütung und Festbetrag. Ähnliches gilt, wenn Kopf- oder Fallpauschalen an Obergrenzen gekoppelt werden.[41] Zulässig sind auch Mischformen nach Leistungsbereichen, z.B. die Vereinbarung von Fallpauschalen für einzelne Leistungsbereiche des EBM oder Einzelleistungsvergütungen nur für Strukturprogramme.

58 **Keine Mischformen** dürfen für unterschiedliche Arten von Versicherten vereinbart werden (§ 85 Abs. 2 Satz 3 SGB V). Es handelt sich dabei um ein absolutes Differenzierungsverbot.[42] Unterschiedliche Leistungsbewertungen in den Bewertungsmaßstäben nach dem Versichertenstatus (z.B. Rentner oder Familienversicherter) werden von § 85 Abs. 2 Satz 3 SGB V dagegen nicht untersagt.[43]

c. Nichtärztliche Leistungen (Absatz 2 Satz 4)

59 Die Vertragspartner sollen eine angemessene Vergütung für Leistungen nichtärztlicher Leistungserbringer vereinbaren, die in der sozialpädiatrischen oder psychiatrischen Behandlung mit niedergelassenen Ärzten zusammenarbeiten. Die Vereinbarung betrifft nur solche Leistungserbringer, für die keine Spezialregelung gilt (wie z.B. § 120 Abs. 2 Satz 1 SGB V für Institutsambulanzen und sozialpädiatrische Zentren). § 85 Abs. 2 Satz 4 SGB V zielt darauf ab, auch außerhalb der in § 120 SGB V genannten Einrichtungen ein vergleichbar gutes Leistungsangebot zu schaffen.[44]

3. Früherkennungsuntersuchungen (Absatz 2 Satz 5)

60 Nach § 85 Abs. 2 Satz 5 SGB V werden die Vergütungen für die Früherkennungsuntersuchungen nach § 22 SGB V, § 25 Abs. 1 und 2 SGB V und § 26 SGB V als **Pauschalen** vereinbart. Das schließt die Vergütung einzelner, von den Pauschalen nicht erfasster Leistungen nicht aus.[45] Die Pauschalen sind **Bestandteil der Gesamtvergütung**.[46] Damit würden sie an und für sich auch über § 85 Abs. 3 SGB V der Anbindung an den Grundsatz der Beitragssatzstabilität unterliegen. Da eine Budgetierung von Früherkennungsleistungen jedoch nicht gewollt ist, nimmt § 71 Abs. 1 Satz 2 SGB V sie hiervon aus.

d. Zahnersatz und Kieferorthopädie (Absatz 2 Satz 6, Absatz 2b)

61 § 85 Abs. 2 Satz 6 SGB V **untersagt** eine **gesonderte Vergütung** für die Aufstellung von **Heil- und Kostenplänen**. Die Vorschrift betrifft nicht allein die Vereinbarung der **Gesamtvergütung**, sondern richtet sich auch unmittelbar an den **Bewertungsausschuss**[47] und beinhaltet außerdem ein **Verbotsgesetz** im Sinne von § 134 BGB für abweichende privatrechtliche Vereinbarungen zwischen Vertragszahnärzten und Versicherten. Der Vergütungsausschluss gilt auch dann, wenn der Heil- und Kostenplan nicht umgesetzt wird. Ein entsprechendes Abstandnehmen des Versicherten ändert nämlich nichts daran, dass der Plan im Rahmen der vertragszahnärztlichen Versorgung aufgestellt worden ist.[48]

62 § 85 Abs. 2b SGB V sieht für die vertragszahnärztlichen Leistungen des Zahnersatzes und der Kieferorthopädie für das Jahr 1993 eine isolierte Absenkung der Punktwerte um 10% für die Dauer des Kalenderjahres und anschließend die Anpassung auf der Grundlage des abgesenkten Punktwertes[49] vor. Hintergrund war die Annahme des Gesetzgebers, die Punktwerte seien im Verhältnis zu den übrigen

---

[40] *Engelhard* in: Hauck/Noftz, SGB V, § 85 Rn. 96; *Hess* in: KassKomm, SGB V, § 85 Rn. 24; a.A. *Hencke* in: Peters, Handbuch KV (SGB V), § 85 Rn. 17.

[41] Vgl. *Hess* in: KassKomm, SGB V, § 85 Rn. 22.

[42] BSG v. 25.08.1999 - B 6 KA 58/98 R - SozR 3-2500 § 87 Nr. 15; BSG v. 29.01.1997 - 6 RKa 3/96 - SozR 3-2500 § 85 Nr. 34.

[43] *Engelhard* in: Hauck/Noftz, SGB V, § 85 Rn. 105; *Hess* in: KassKomm, SGB V, § 85 Rn. 34.

[44] FraktE-GRG, BT-Drs. 11/2237, S. 193 zu § 93.

[45] *Hess* in: KassKomm, SGB V, § 85 Rn. 26.

[46] *Engelhard* in: Hauck/Noftz, SGB V, § 85 Rn. 108.

[47] *Engelhard* in: Hauck/Noftz, SGB V, § 85 Rn. 110; *Hess* in: KassKomm, SGB V, § 85 Rn. 110.

[48] A.A. *Hencke* in: Peters, Handbuch KV (SGB V), § 85 Rn. 22; zum Problem auch *Zuck*, NJW 1998, 2718, 2719.

[49] BSG v. 28.08.1996 - 6 RKa 89/95 - SozR 3-2500 § 85 Nr. 15.

zahnärztlichen Leistungen zu hoch.[50] Die Regelung hat sich als verfassungsrechtlich unbedenklich erwiesen.[51] Zur späteren erneuten Absenkung der Gesamtvergütung für Zahnersatz und Kieferorthopädie durch Art. 15 Abs. 1 Satz 2 GKV-Solidaritätsstärkungsgesetz vgl. Rn. 104.

Die Vereinbarungen nach § 57 SGB V über zahnärztliche Leistungen beim Zahnersatz erfolgen nach zutreffender Auffassung außerhalb der Gesamtvergütung. Hierfür sprechen die unterschiedlichen Vertragspartner, aber auch die Regelungen des § 85 Abs. 2 Satz 8 SGB V und § 85 Abs. 4b Satz 1 SGB V.[52] 63

e. Kostenerstattung, Mehrkostenregelung (Absatz 2 Satz 8)

Die Partner des Gesamtvertrages müssen Kostenerstattungen, soweit sie anstelle einer Sachleistung erfolgt sind, auf die Gesamtvergütung **anrechnen**. Andernfalls würde das Vergütungsvolumen durch Kostenerstattungen zusätzlich erhöht. 64

Von § 85 Abs. 2 Satz 8 SGB V erfasst sind in erster Linie Kostenerstattungen aufgrund des Wahlrechts der Versicherten nach **§ 13 Abs. 2 Satz 1-3 SGB V**. Sie sind mit dem Betrag auf die Gesamtvergütung anzurechnen, den sie als **Sachleistung** gekostet hätten. Aufgrund dessen ist erst eine nachträgliche Verrechung möglich. In den HVM kann dabei eine Regelung aufgenommen werden, die nur den jeweils behandelnden Arzt belastet. Ebenfalls angerechnet werden Kostenerstattungen nach § 53 Abs. 4 SGB V, d.h. aufgrund entsprechender satzungsmäßiger **Wahltarife**. 65

Bestandteil der Gesamtvergütung sind auch die Leistungen, die bei Anwendung der **Mehrkostenregelung** des **§ 28 Abs. 2 Satz 3 SGB V** auf die KKn entfallen. Die Regelung hat in erster Linie klarstellende Bedeutung.[53] Die bis zum 31.12.2004 ebenfalls noch aufgeführte Alternative der Mehrkosten bei Zahnersatz (§ 30 Abs. 3 Satz 1 SGB V a.F.) ist im Anschluss an die Aufhebung des § 30 SGB V mit Wirkung vom 01.01.2005 gegenstandslos geworden. 66

Von der Anrechnung **ausgenommen** sind dagegen solche Kostenerstattungen, die das System der vertragsärztlichen Vergütung nicht belasten. Dazu gehören Erstattungen nach § 13 Abs. 2 Satz 6 SGB V für Leistungserbringer **außerhalb** des Systems nach Zustimmung der KK sowie nach § 13 Abs. 3 SGB V für ein **Versagen** des Systems.[54] Gleiches gilt, wenn Versicherte nach § 13 Abs. 4 SGB V oder § 13 Abs. 5 SGB V Leistungserbringer im Ausland in Anspruch genommen haben.[55] 67

f. Substitutionsbehandlungen (Absatz 2a)

Substitutionsbehandlungen gemäß den Richtlinien des Gemeinsamen Bundesausschusses[56] werden **außerhalb** der **Gesamtvergütung** vergütet und sind daher weder auf diese anzurechnen noch aus ihr zu vergüten. Damit sollen Substitutionsbehandlungen von Maßnahmen zur Ausgabenbegrenzung verschont bleiben (vgl. § 14 Abs. 4 GKV-Solidaritätsstärkungsgesetz). 68

Das Ziel ist rechtspolitisch zu begrüßen. Seine technische Umsetzung führt jedoch insofern zu einem Systembruch, als die Definition des Begriffs der Gesamtvergütung in § 85 Abs. 2 Satz 2 SGB V („Ausgabenvolumen für die **Gesamtheit** aller vertragsärztlichen Leistungen“) relativiert wird. Zudem trägt die unterschiedliche Regelungstechnik in § 85 Abs. 2a SGB V einerseits und in § 85 Abs. 2 Satz 6 SGB V nicht zur Übersichtlichkeit des Regelungswerks bei. 69

g. Teilung der Gesamtvergütung (Absatz 2c)

§ 85 Abs. 2c SGB V ermöglicht es den Vertragspartnern, nach Arztgruppen getrennte Gesamtvergütungsanteile zu vereinbaren. Die Vereinbarung ist freiwillig, sodass bei Nichteinigung kein Schiedsverfahren nach § 89 SGB V stattfindet. Allerdings schreibt § 85 Abs. 4 Satz 1 2. Halbsatz, Abs. 4a SGB V eine Trennung in haus- und fachärztliche Gesamtvergütung vor. Durch § 85a Abs. 2 SGB V wird die arztgruppenbezogene Berechnung der Vergütung zur Pflicht. 70

---

50 FraktE-GSG, BT-Drs. 12/3608, S. 87.

51 BSG v. 08.05.1996 - 6 RKa 19/95 - SozR 3-2500 § 85 Nr. 13.

52 *Engelhard* in: Hauck/Noftz, SGB V, § 85 Rn. 32j.

53 So auch *Engelhard* in: Hauck/Noftz, SGB V, § 85 Rn. 42c.

54 Ausschussbericht zum GKV-SolG, BT-Drs. 14/24, S. 19 zu § 85.

55 FraktE-GMG, BT-Drs. 15/1525, S. 100.

56 Anlage A Nr. 2 zu den BUB-Richtlinien, zuletzt geändert durch Beschluss vom 01.12.2003 mit Wirkung vom 23.01.2004, BAnz. 2004 Nr. 14, 910.

h. Weitere Regelungen außerhalb von § 85 SGB V

71 Nach § 73b Abs. 4 SGB V haben die KKn Verträge zur flächendeckenden Sicherstellung der **hausarztzentrierten Versorgung** zu schließen. § 73b Abs. 7 SGB V verpflichtet die Parteien der Gesamtverträge zu einer Bereinigung der Gesamtvergütungen um die hierdurch im Rahmen der kollektivvertraglichen Versorgung ersparten Beträge. Eine vergleichbare Regelung enthält § 73c Abs. 6 SGB V für den Bereich der **besonderen ambulanten ärztlichen Versorgung.** § 140d Abs. 2 SGB V regelt für **die Anschubfinanzierung der integrierten Versorgung** eine bedingte Bereinigungspflicht. Nach § 139c Satz 1 SGB V ist das Institut für Qualität und Wirtschaftlichkeit im Gesundheitswesen u.a. durch eine Anhebung der Gesamtvergütung gemäß Festlegung durch den GBA zu finanzieren.

IV. Veränderung der Gesamtvergütung

72 § 85 Abs. 3 SGB V legt die Maßstäbe fest, nach denen die (in der Regel jährliche) Anpassung der Gesamtvergütung zu erfolgen hat. In § 85 Abs. 3a-3e SGB V sind Sonderbestimmungen geregelt.

1. Veränderungsparameter (Absatz 3 Satz 1)

73 § 85 Abs. 3 Satz 1 SGB V legt die **wesentlichen Parameter** fest, nach denen sich die **Veränderung** der Gesamtvergütung beurteilt. Der Begriff der **Veränderung** bezieht sich auf die Anpassung **aller Faktoren**, nach denen die Gesamtvergütung berechnet worden ist.

74 Die Vorschrift enthält unmittelbar keine Regelungen zur erstmaligen Vereinbarung einer Gesamtvergütung. Dieser Umstand kann zumindest theoretisch Bedeutung erlangen, wenn man den Wechsel der Berechnungsmethode nicht als Veränderung, sondern als erstmalige Vereinbarung begreift.[57] In der Praxis wirkt er sich wegen des im einen wie im anderen Fall wirkenden Grundsatzes der Beitragssatzstabilität nicht aus.

75 Die wesentlichen Berechnungsfaktoren sind: **Praxiskosten**, **Arbeitszeit** sowie Art und **Umfang** der ärztlichen **Leistungen**.

a. Praxiskosten

76 Zu den Praxiskosten gehören die Material-, Personal- und Dienstleistungskosten. Praxiskosten sind auch kalkulatorische Kosten einschließlich der Kosten für Investitionen aufgrund des medizinischen Fortschritts. Zumindest ungenau ist dagegen die Formulierung, bei der Anpassung der Gesamtvergütung seien die „Investitionskosten" zu berücksichtigen.[58] Der vollständige Ansatz der Neuanschaffungskosten könnte bei technischen Investitionen in großem Umfang sonst nämlich zu einem plötzlichen vermeidbaren Anstieg der Gesamtvergütung führen.

b. Arbeitszeit

77 Berücksichtigungsfähig sind die Arbeitszeit des Vertragsarztes und seines Praxispersonals für die vertragsärztliche Versorgung der Versicherten. Darüber hinausgehende **ehrenamtliche** Tätigkeiten (z.B. in der Vertreterversammlung der KV) werden **nicht** aus der Gesamtvergütung bezahlt.[59] Maßgebend kann nur die **Gesamtarbeitszeit** sein. Denn die individuelle Arbeitszeit kann sich bei steigenden Arztzahlen verringern, obwohl der Leistungsbedarf insgesamt gleich bleibt.

78 Ein Anstieg der Gesamtvergütung lässt sich mit gestiegener Arbeitszeit nur rechtfertigen, wenn der Anstieg auf einen gewachsenen Versorgungsbedarf der Versicherten zurückgeht. Dies statistisch zu belegen, ist schwierig. Erste Anhaltspunkte können sich aus den Zeitprofilen des EBM 2000plus ergeben (vgl. die Kommentierung zu § 87 SGB V Rn. 61).

c. Art und Umfang der ärztlichen Leistungen

79 Eine Anpassung der Gesamtvergütung kann gerechtfertigt sein durch **gesetzliche** oder **satzungsmäßige** Veränderungen des Leistungskatalogs. Der Begriff „Veränderung" ist neutral und lässt bei einer Reduzierung des Leistungsumfangs (z.B. aufgrund kompensatorischer Einsparungen wegen Wegfalls von Leistungen) auch Anpassungen „nach unten" zu.[60]

---

57 Vgl. zum Streit *Engelhard* in: Hauck/Noftz, SGB V, § 85 Rn. 49 einerseits sowie *Stiller* in: GK-SGB V, § 85 Rn. 28 andererseits.

58 So *Engelhard* in: Hauck/Noftz, SGB V, § 85 Rn. 51 und *Hess* in: KassKomm, SGB V, § 85 Rn. 33.

59 *Engelhard* in: Hauck/Noftz, SGB V, § 85 Rn. 52; *Hencke* in: Peters, Handbuch KV (SGB V), § 85 Rn. 26; *Hess* in: KassKomm V, § 85 Rn. 34.

60 FraktE-GMG, BT-Drs. 15/1525, S. 100 zu Buchst. d).

d. Abweichung der Mitgliederzahl (Absatz 3c)

Nach § 85 Abs. 3c SGB V sind Abweichungen der tatsächlichen Zahl der Mitglieder von derjenigen, die der Vereinbarung der Gesamtvergütung zu Grunde gelegt worden ist, erst bei der jeweils **folgenden** Vereinbarung zu berücksichtigen. 80

2. Beachtung des Grundsatzes der Beitragssatzstabilität (Absatz 3 Sätze 2 und 3)

Bei der Vereinbarung der Veränderungen haben die Partner des Gesamtvertrages den Grundsatz der Beitragssatzstabilität (**§ 71 Abs. 1 SGB V**) in Bezug auf das **Ausgabenvolumen insgesamt** zu **beachten**. 81

a. Grundsatz der Beitragssatzstabilität als verbindliche Obergrenze

Der Grundsatz der Beitragssatzstabilität (§ 71 Abs. 1 SGB V) verpflichtet die Vertragspartner, Vergütungsvereinbarungen so zu gestalten, dass Beitragssatzerhöhungen vermieden werden, es sei denn, die notwendige medizinische Versorgung ist auch nach Ausschöpfen von Wirtschaftlichkeitsreserven nicht zu gewährleisten. Inzwischen ist geklärt, dass diese Vorschrift eine **verbindliche, justiziable Ausgabenobergrenze** darstellt, der Vorrang vor anderen Kriterien zukommt.[61] Gesamtverträge oder sie ersetzende Schiedssprüche, die den Grundsatz der Beitragssatzstabilität nicht beachten, erweisen sich danach als **rechtswidrig**. 82

In der Festlegung dieser Obergrenze liegt kein unangemessener Eingriff in das Grundrecht der ärztlichen Berufsfreiheit (Art. 12 Abs. 1 GG), weil die Erhaltung der finanziellen Stabilität der gesetzlichen Krankenversicherung ein **Gemeinwohlbelang von hoher Bedeutung** ist.[62] 83

b. „Ausgabenvolumen für die Gesamtheit der vertragsärztlichen Leistungen"

Der Grundsatz der Beitragssatzstabilität bezieht sich auf das Ausgabenvolumen für die Gesamtheit der vertragsärztlichen Leistungen. Vertragsärztliche und vertragszahnärztliche Gesamtvergütung sind dabei getrennt zu betrachten. Einsparungen im vertragsärztlichen Bereich können daher überproportionale Ausgabensteigerungen im vertragszahnärztlichen Bereich nicht rechtfertigen. Dagegen gilt § 71 Abs. 1 Satz 1 SGB V bei der Aufteilung der Gesamtvergütung in einen haus- und einen fachärztlichen Teil nicht, erst recht nicht bei der Bildung arztgruppenbezogener Gesamtvergütungen nach § 85 Abs. 2c SGB V. 84

Mit dem Begriff **Ausgabenvolumen** sind alle Parameter gemeint, nach denen die Gesamtvergütung berechnet worden ist. Bei einer Vergütung nach Einzelleistungen unterliegt damit sowohl der Punktwert als auch die Ausgabenobergrenze dem Grundsatz der Beitragssatzstabilität. 85

Maßstab ist auch im Rahmen von § 85 Abs. 3 SGB V die Regelung des **§ 71 Abs. 2 SGB V**. Das wird durch den Begriff „Gesamtheit der vertragsärztlichen Leistungen" klargestellt. Wiewohl die Vorschrift des § 71 Abs. 1 SGB V sich auf den Beitragssatz der einzelnen KKn bezieht,[63] führt die Notwendigkeit von Beitragssatzerhöhungen nur bei **einzelnen KKn** daher nicht zur Rechtswidrigkeit des Gesamtvertrages. 86

c. Veränderung

Mit dem Begriff „Veränderung" hebt der Gesetzgeber auf das **Ausgabenvolumen** des **Vorjahres** ab. Das erschließt sich mit Blick auf § 71 Abs. 2 und 3 SGB V. Das Ausgabenvolumen des Vorjahres hat die **Vermutung der Angemessenheit** für sich, gleichgültig, ob es auf vertraglicher Vereinbarung, Schiedsspruch oder gesetzlicher Festlegung beruht. Auch gesetzliche Vergütungsabsenkungen (wie z.B. durch Art. 15 GKV-Solidaritätsstärkungsgesetz) sind daher die Basis, auf der die Veränderung aufzusetzen hat. Die Absenkung kann bei nachfolgenden Vereinbarungen nur außer Betracht bleiben, wenn sich eine solche Vorgabe ausreichend deutlich dem Gesetz entnehmen lässt.[64] 87

---

[61] BSG v. 10.05.2000 - B 6 KA 20/99 R - SozR 3-2500 § 85 Nr. 37; BSG v. 19.07.2006 - B 6 KA 44/05 R - ZfS 2007, 25-26, vgl. schon *Freudenberg,* Beitragssatzstabilität der gesetzlichen Krankenversicherung, S. 185: „oberstes Globalsteuerungsprinzip des gesamten gesetzlichen Krankenversicherungsrechts".

[62] BVerfG v. 31.10.1984 - 1 BvR 35/82 u.a. - SozR 5495 Art. 5 Nr. 1; BVerfG v. 14.05.1985 - 1 BvR 449/82 u.a. - SozR 2200 § 376d Nr. 1; BVerfG v. 12.06.1990 - 1 BvR 355/86 - BVerfGE 82, 209, 230; BSG v. 10.05.2000 - B 6 KA 20/99 R - SozR 3-2500 § 85 Nr. 37; a.A. noch *Wimmer*, NZS 1999, 480, 481.

[63] Vgl. BSG v. 19.03.1997 - 6 RKa 36/96 - SozR 3-2500 Nr. 20.

[64] BSG v. 27.04.2005 - B 6 KA 42/04 R - SozR 4-2500 § 85 Nr. 16; BSG v. 14.12.2005 - B 6 KA 25/04 R.

d. Ausnahmen vom Grundsatz der Beitragssatzstabilität

88 Veränderungen der Vergütung oberhalb der Veränderungsrate des § 71 Abs. 3 SGB V sind danach nur unter den Voraussetzungen der **gesetzlich** ausdrücklich vorgesehenen **Ausnahmen** zulässig. Diese sind: Gewährleistung der notwendigen medizinischen Versorgung (§ 71 Abs. 1 Satz 1 SGB V), die in § 71 Abs. 1 Satz 2 SGB V ausdrücklich geregelten Ausnahmen, Kompensation gemäß § 71 Abs. 2 Satz 2 SGB V, Mehrausgaben aufgrund von Beschlüssen des Gemeinsamen Bundesausschusses (§ 71 Abs. 3 Satz 3 SGB V). Letzteres kann Bedeutung z.B. für die Fortsetzung gesonderter Vergütungsregelungen (z.B. nach § 73a SGB V) haben.[65]

89 Ausdrücklich in § 85 Abs. 3 Satz 3 SGB V ausgenommen sind **Mehrausgaben auf Grund von Beschlüssen des Gemeinsamen Bundesausschusses** nach § 135 Abs. 1 SGB V. Dabei handelt es sich letztlich insoweit um eine Klarstellung, als die durch den Gemeinsamen Bundesausschuss neu in den Leistungskatalog der gesetzlichen Krankenversicherung aufgenommenen Untersuchungs- und Behandlungsmethoden immer auch „notwendige medizinische Versorgung" im Sinne von § 71 Abs. 1 Satz 1 SGB V sind. Gleichzeitig ist aber auch immer zu prüfen, inwiefern sich durch die Herausnahme von Leistungen finanzielle Entlastungen ergeben.[66]

90 Zu Ausnahmen im Rahmen des West-Ost-Ausgleichs vgl. Rn. 97 ff.

e. Verhältnis des Grundsatzes der Beitragssatzstabilität zu anderen Vergütungsgrundsätzen

91 Bei der Veränderung der Gesamtvergütung ist neben dem Grundsatz der Beitragssatzstabilität auch das Gebot zu beachten, ärztliche Leistungen **angemessen zu vergüten** (§ 72 Abs. 2 SGB V).[67] § 72 Abs. 2 SGB V beinhaltet insoweit allerdings nur ein objektives Gebot, das subjektive Rechte der Vertragsärzte nicht begründet.[68] Etwas anderes gilt nur dann, wenn durch eine zu niedrige Vergütung ärztlicher Leistungen das vertragsärztliche Vergütungssystem als Ganzes oder zumindest in Teilbereichen (z.B. einer Arztgruppe) und als Folge davon auch die berufliche Existenz der am Versorgungssystem teilnehmenden Vertragsärzte gefährdet wird.[69]

92 Im Rahmen der Gesamtabwägung gebührt **§ 71 Abs. 1 SGB V** der **Vorrang** gegenüber § 72 Abs. 2 SGB V.[70]

93 Zu den **Empfehlungen** nach § 86 SGB V vgl. die Kommentierung zu § 86 SGB V Rn. 16 ff.

3. Besonderheiten im Rahmen des West-Ost-Ausgleichs

94 Die Besonderheiten der vertragsärztlichen Vergütung im Beitrittsgebiet machen weitere **Ausnahmen zu § 85 Abs. 3 Satz 2 SGB V** erforderlich.

a. Art. 2 § 2 Abs. 1, Art. 3 ArztWohnortG

95 Nach **Art. 2 § 2 Abs. 1 Gesetz zur Einführung des Wohnortprinzips bei Honorarvereinbarungen für Ärzte und Zahnärzte (ArtzWohnortG)** vom 11.12.2001[71] haben die Partner der Gesamtverträge sicherzustellen, dass die Gesamtvergütung je Mitglied einen in Art. 2 § 2 Abs. 2 ArztWohnortG näher bestimmten Mittelwert nicht unterschreitet. Das gilt unter zwei Voraussetzungen: Einmal muss es sich um sog. **Erstreckungskassen** handeln, also KKn, die ihre Zuständigkeit auf das Beitrittsgebiet erstrecken. Außerdem gilt die Vorschrift nur für KKn, die erstmalig für das Jahr 2002 die Gesamtvergütung nach dem **Wohnortprinzip** vereinbaren.

96 Die Regelung verfolgt zwei Ziele: Die nach Auffassung des Gesetzgebers nicht nachvollziehbaren Unterschiede in der Höhe der Kopfpauschalen sollen abgemildert und das Absinken der Gesamtvergütung beim Wechsel des Versicherten zu einer KK mit niedrigerer Kopfpauschale soll entschärft werden.[72]

---

[65] Vgl. *Hess* in: KassKomm, SGB V, § 85 Rn. 44.

[66] FraktE-GMG, BT-Drs. 15/1525, S. 100 zu Buchst. c).

[67] *Engelhard* in: Hauck/Noftz, SGB V, § 85 Rn. 54 m.w.N.; *Hess* in: KassKomm, SGB V, § 85 Rn. 41; zur Diskussion über die Bedeutung dieses Prinzips *Maaß*, NZS 2000, 109, 117 ff.; *ders.*, NZS 1998, 13; *Schmiedl*, MedR 2002, 116; *Schneider*, SGb 2004, 143, 148.

[68] So schon BSG v. 12.10.1994 - 6 RKa 31/93 - SozR 3-2500 § 72 Nr. 5.

[69] Std. Rspr.; vgl. zuletzt BSG v. 09.12.2004 - B 6 KA 44/03 - SozR 4-2500 § 72 Nr. 2.

[70] BSG v. 10.05.2000 - B 6 KA 20/99 R - SozR 3-2500 § 85 Nr. 37; a.A. *Hencke* in: Peters, Handbuch KV (SGB V), § 85 Rn. 25; *Muschallik*, NZS 1998, 7, 8; *Tiemann*, SGb 1998, 141, 144 ff.; zur Entwicklung und zum Streitstand auch *Engelhard* in: Hauck/Noftz, SGB V, § 85 Rn. 59 ff.

[71] BGBl I 2001, 3526.

[72] Ausschussbericht zum ArztWohnortG, BT-Drs. 14/6595, S. 5 zu Buchst. b).

Art. 3 ArztWohnortG sieht für die Jahre 2002-2004 Erhöhungen der Gesamtvergütung im Beitrittsgebiet um jährlich bis zu 3, höchstens 6 Prozentpunkte über der Veränderungsrate nach § 71 Abs. 3 SGB V vor, sofern die damit verbundenen Mehrausgaben durch Minderausgaben bei den Leistungen von KKn und Leistungserbringern im jeweiligen Land erwirtschaftet werden und die Beitragssatzstabilität durch die Erhöhung nicht gefährdet wird.[73] **97**

b. Absatz 3d

§ 85 Abs. 3d SGB V sieht vor, das Ost-West-Verhältnis der Umsätze je Vertragsarzt im Bundesdurchschnitt **anzugleichen**. Dazu werden die Gesamtvergütungen im Beitrittsgebiet in den Jahren 2004-2006 zusätzlich um insgesamt 3,8% erhöht. Das entspricht einem zusätzlichen Vergütungsvolumen von 119,7 Mio. €.[74] Dem korrespondiert im Interesse einer Kostenneutralität die Absenkung der Gesamtvergütungen in den alten Ländern um insgesamt 0,6 Prozentpunkte; ausgenommen ist Berlin (§ 85 Abs. 3d Satz 7 SGB V). Die jeweils vereinbarte Gesamtvergütung bestimmt die Anpassungsbasis für das Folgejahr. Für 2004 geht § 85 Abs. 3d SGB V dem Art. 3 ArztWohnortG vor (lex posterior). **Über** die in **Absatz 3d** bzw. zuvor Absatz 3b geregelten überproportionalen Anpassungen **hinaus** gibt es (auch für Schiedsämter) **keine Rechtsgrundlage**, die Gesamtvergütungen Ost an das Vergütungsniveau West anzugleichen.[75] Die Regelung gilt nur für Vertragsärzte, nicht dagegen im vertrags**zahn**ärztlichen Bereich. Diese zum **01.01.2007** durch das VÄndG eingefügte Ausnahme soll nach den Gesetzesmaterialien eine „Klarstellung“ sein. Allerdings weist die BReg in der amtlichen Begründung selbst darauf hin, dass ein Landesschiedsamt im Jahr 2006 die Bestimmung des § 85 Abs. 3d SGB V auch auf die vertragszahnärztliche Versorgung angewandt hatte.[76] **98**

4. Bereinigung der Gesamtvergütung (Absatz 3e)

§ 85 Abs. 3e SGB V stellt klar, dass die Gesamtvergütungen 2004 um den Betrag der Gesamtvergütungen 2003 zu bereinigen sind, der im Jahr 2003 noch auf Leistungen der Sterilisation und der künstlichen Befruchtung entfallen ist, soweit die Versicherten darauf ab dem 01.01.2004 keinen Anspruch mehr haben. Herauszurechnen sind also die Beträge, die die Versicherten aufgrund der in diesen Vorschriften angeordneten Selbstbeteiligung künftig selbst zu tragen haben bzw. die Beträge, die für Leistungen aufgewendet worden sind, für die von den KKn künftig keine Kosten mehr übernommen werden. Die Regelung ist eine spezielle Ausformung des Gebotes, Veränderungen des gesetzlichen Leistungsumfangs bei der Anpassung der Gesamtvergütung zu berücksichtigen. **99**

5. Auswirkungen des Risikostrukturausgleichs

Auswirkungen des Risikostrukturausgleichs können bei der Veränderung der Gesamtvergütung nach geltendem Recht nicht berücksichtigt werden.[77] **100**

6. Budgetierungsmaßnahmen

Zum Teil hat der Gesetzgeber in der Vergangenheit selbst Gelegenheit genommen, die Veränderung der Gesamtvergütung in Gestalt von Budgetmaßnahmen zu regeln. Hierdurch ist das Prinzip, die Veränderung in die Hände der gemeinsamen Selbstverwaltung zu legen, jeweils durchbrochen worden. **101**

a. Budgetierungsphase 1993-1995

Für die Jahre 1993-1995 hat der Gesetzgeber die Entwicklung der Ausgaben für die vertragsärztliche Versorgung an die Entwicklung der beitragspflichtigen Einnahmen gekoppelt (§ 85 Abs. 3a und 3b SGB V).[78] Die Vorschriften sind durch Zeitablauf gegenstandslos geworden (mit Ausnahme von § 85 Abs. 3a Satz 4 SGB V). **102**

---

[73] Zur berechtigten Kritik an dieser Regelung: *Engelhard* in: Hauck/Noftz, SGB V, § 85 Rn. 69l.

[74] FraktE-GMG, BT-Drs. 15/1525, S. 100 zu Buchst. g).

[75] BSG v. 16.07.2003 - B 6 KA 29/02 R - BSGE 91, 153 = SozR 3-2500 § 85 Nr. 3 = GesR 2004, 95.

[76] BT-Drs. 16/2474, S. 20.

[77] BSG v. 16.07.2003 - B 6 KA 29/02 R - SozR 4-2500 § 85 Nr. 3 mit zust. Anm. *Axer*, SGb 2004, 436; zum Problem auch *Schnapp*, NZS 2003, 337.

[78] Zu Einzelheiten BSG v. 02.10.1996 - 6 RKa 28/96 - SozR 3-2500 § 85 Nr. 17; BSG v. 29.11.2006 - B 6 KA 4/06 R - ZfS 2007, 26-27 m.w.N.

b. Budgetierungsphase 1999

103 Im Zusammenhang mit der Neuordnung des Vergütungssystems ab 1999 hat der Gesetzgeber für dieses Jahr erneut eine Budgetphase angeordnet (**Art. 14 und 15 GKV-Solidaritätsstärkungsgesetz** v. 19.12.1998[79]). Für Zahnersatz und Kieferorthopädie sah Art. 15 Abs. 1 Satz 2 GKV-SolG sogar eine Absenkung der Vergütungen des Jahres 1997 um 5% vor. Die Vergütungen des Jahres 2000 waren auf der Basis der Budgetierungsphase 1999 fortzuschreiben, einschließlich der Vergütungen auf abgesenktem Niveau.[80]

c. Budget für psychotherapeutische Leistungen 1999

104 Mit dem 01.01.1999 sind die nichtärztlichen Psychotherapeuten ins vertragsärztliche Vergütungssystem eingegliedert worden. Aus diesem Anlass musste für 1999 einmalig ein Budget für psychotherapeutische Leistungen geschaffen werden (Art. 11 Gesetz über die Berufe des Psychologischen Psychotherapeuten und des Kinder- und Jugendlichenpsychotherapeuten, zur Änderung des Fünften Buches Sozialgesetzbuch und anderer Gesetze, in der Fassung von Art. 9 Nr. 1 GKV-Solidaritätsstärkungsgesetz).[81] Die Regelung ist verfassungskonform.[82] Art. 11 Abs. 2 bestimmte für 1999 ein Mindesthonorarniveau, aus dem sich auch gesamtvertraglich eine Nachschussvereinbarung zu Lasten der KKn ergeben konnte.[83]

V. Honorarverteilung (Absatz 4)

105 § 85 Abs. 4 SGB V ist die zentrale Norm für die zweite Stufe der Honorarzahlung, die Auskehrung der Gesamtvergütung an die Vertragsärzte. Gegen die in Gestalt von § 85 Abs. 4 SGB V geschaffene Regelungssystematik bestehen keine durchgreifenden verfassungsrechtlichen Bedenken.[84]

1. Anspruch des Vertragsarztes auf Teilhabe an der Gesamtvergütung (Absatz 4 Satz 1)

106 § 85 Abs. 4 Satz 1 SGB V stellt zunächst klar, dass die KV (nur) die **Gesamtvergütungen** an die Vertragsärzte verteilt. Da die Verteilungsmasse daher begrenzt ist, ist der Anspruch des Vertragsarztes aus § 85 Abs. 4 SGB V von vornherein nur auf eine **gerechte Teilhabe an der Gesamtvergütung** gerichtet.[85] Der Vertragsarzt hat daher auch **keinen** Anspruch auf **Nachschuss** zur Gesamtvergütung.[86]

107 **Vertragsarzt** im Sinne von § 85 Abs. 4 Satz 1 SGB V sind alle an der vertragsärztlichen Versorgung teilnehmenden Leistungserbringer, also auch die ermächtigten Ärzte und ärztlich geleiteten Einrichtungen, die Belegärzte, die nichtärztlichen Psychotherapeuten und die an der Notfallversorgung teilnehmenden Leistungserbringer.

108 Zur **Verteilung** kommt nur die **verteilungsrelevante Gesamtvergütung**, d.h. die Gesamtvergütung nach **Vorwegabzügen**. Zu diesen gehören Verwaltungskosten, Rückstellungen, Sicherstellungen, außerdem die vorab zu befriedigenden Vergütungsansprüche nach § 120 Abs. 1 Satz 1 SGB V, § 76 Abs. 1 Satz 2 SGB V sowie für Fremdarztfälle. Dem Recht der KV, **Rückstellungen** zu bilden, korrespondiert kein Anspruch des Vertragsarztes auf Bildung solcher Rückstellungen für den Fall, dass sich aus der Unwirksamkeit einer Vorschrift des HVM Nachforderungen ergeben.[87]

109 Die Gesamtvergütungen sind **getrennt** für die **hausärztliche** und **fachärztliche** Versorgung zu verteilen. Damit soll ein angemessener Honoraranteil der Hausärzte gesichert werden, den der Gesetzgeber in seiner „Lotsenfunktion" stärken will.[88] Die Kriterien der Verteilung bestimmt der **Bewertungsausschuss (§ 85 Abs. 4a Satz 1 SGB V)**. Vgl. die Beschlüsse des Bewertungsausschusses vom

[79] BGBl I 1998, 3853; dazu *Hinz*, Die Leistungen 1999, 65, 66 ff.
[80] BSG v. 27.04.2005 - B 6 KA 23/04 R.
[81] Näher dazu: *Behnsen*, SGb 1998, 614, 619; *Hinz*, Die Leistungen 1999, 129; *Schirmer*, MedR 1998, 435, 453 f.
[82] BSG v. 06.11.2002 - B 6 KA 21/02 R - SozR 3-2500 § 85 Nr. 49.
[83] BSG v. 28.04.2004 - B 6 KA 62/03 R - Sozr 4-5500 Art. 11 Nr. 1.
[84] Vgl. ausführlich BSG v. 09.12.2004 - B 6 KA 44/03 R - GesR 2005, 307.
[85] BSG v. 03.03.1999 - B 6 KA 8/98 R - SozR 3-2500 § 85 Nr. 30.
[86] BSG v. 03.03.1999 - B 6 KA 8/98 R - SozR 3-2500 § 85 Nr. 30; BSG v. 31.08.2005 - B 6 KA 6/04 R.
[87] BSG v. 18.03.1998 - B 6 KA 16/97 R - SozR 3-1300 § 44 Nr. 23; LSG Essen v. 11.12.2002 - L 11 KA 57/00 - www.sozialgerichtsbarkeit.de.
[88] FraktE GKV-GRG 2000, BT-Drs. 14/1245, S. 56.

16.02.2000,[89] zuletzt geändert durch Beschluss in der 99. Sitzung mit Wirkung vom 01.10.2004.[90] Gegen die Rechtmäßigkeit des Beschlusses bestehen keine durchgreifenden, insbesondere keine verfassungsrechtlichen Bedenken.[91]

Der Anspruch des Vertragsarztes auf Teilhabe an der Gesamtvergütung wird durch die von ihm im Abrechnungszeitraum erbrachten Leistungen **konkretisiert**. Hierzu gibt er eine **Sammelerklärung** ab (Grundlage: § 41 Abs. 3 Satz 1 BMV-Ä, § 35 Abs. 2 BMV-Ä). Darin listet er die von ihm erbrachten Leistungen nach den Vorschriften des EBM vollständig und richtig auf. **Vollständigkeit, Richtigkeit** und **persönliche Leistungserbringung** versichert er mit seiner Unterschrift. Aufgrund dessen besitzt die Sammelerklärung die Vermutung der Richtigkeit. 110

Die Abrechnung wird sodann von der KV auf **sachlich-rechnerische Richtigkeit** geprüft (vgl. § 106a SGB V, § 45 Abs. 1 Satz 1 BMV-Ä), insbesondere auf Beachtung des Regelwerks und hier vor allem des EBM. Aus der Befugnis, Honorarbescheide auch nachträglich zu berichtigen, sowie der Möglichkeit der Wirtschaftlichkeitsprüfung (§ 106 SGB V) folgt, dass die Honorarbescheide der KV an den Vertragsarzt nur **vorläufig** ergehen. 111

2. Honorarverteilungsmaßstab (Absatz 4 Satz 2)

Bei der Verteilung der Gesamtvergütung haben die KVen den Honorarverteilungsmaßstab (HVM) anzuwenden, der seit dem 01.07.2004 mit den Verbänden der KKn vereinbart werden muss. 112

a. Rechtsnatur des Honorarverteilungsmaßstabs

Bis zum 30.06.2004 sind die HVMe als Satzungen erlassen worden,[92] zu denen es lediglich des „**Benehmens**" mit den Verbänden der KKn bedurfte. Hierzu mussten die KKn die Möglichkeit der Stellungnahme haben. Die KVen hatten ihre berechtigten Einwände zur Kenntnis zu nehmen und sie nach Möglichkeit in beiderseitigem Zusammenwirken zu bereinigen.[93] Das Benehmen war an und für sich vor der Beschlussfassung herzustellen, konnte jedoch in Ausnahmefällen, z.B. bei kurzfristig notwendig gewordenen Änderungen, auch noch nachgeholt werden.[94] Der einzelne Vertragsarzt wurde durch Fehler bei der Benehmensherstellung nicht beschwert, wenn nicht gleichzeitig auch sein Honorar fehlerhaft berechnet war.[95] 113

Nunmehr handelt es sich bei den HVMen um **Normsetzungsverträge**, die mit den Landesverbänden der KKn und den Verbänden der Erskn (erstmalig mit Wirkung vom 01.07.2004) gemeinsam und einheitlich geschlossen werden. Zu den Vertragspartnern und zur Problematik des Begriffs „gemeinsam und einheitlich" vgl. die Kommentierung zu § 83 SGB V Rn. 23 ff. und die Kommentierung zu § 84 SGB V Rn. 36. Auf Seiten der KV bedarf es auch weiterhin der Zustimmung der Vertreterversammlung (§ 79 Abs. 3 Nr. 3 SGB V). 114

Bei **Nichteinigung** findet **§ 89 SGB V** (Schiedsverfahren) Anwendung. 115

Für die Übergangsphase (01.01.2004-30.06.2004) gelten die am 31.12.2003 geltenden HVMe weiter. Damit ist den Vertragsärzten für die ersten beiden Quartale 2004 der Einwand der Verletzung der Beobachtungs- und Reaktionspflicht (dazu Rn. 134) grundsätzlich abgeschnitten gewesen.[96] 116

b. Wirkung des Honorarverteilungsmaßstabs

Der HVM wirkt unmittelbar gegenüber den beteiligten Vertragsärzten und den KKn normativ. Das ergibt sich insbesondere im Verhältnis zu den Vertragsärzten daraus, dass er nach dem in § 84 Abs. 4 SGB V zum Ausdruck gekommenen Willen des Gesetzgebers unmittelbar verbindliche Regelungen über ihren Vergütungsanspruch trifft. 117

HVMe werden erst mit **Veröffentlichung** wirksam. Aus diesem Grund dürfen sie grds. nur mit Wirkung für die Zukunft in Kraft gesetzt werden und unterliegen damit an und für sich einem Rückwirkungsverbot. Dieses ist allerdings nicht so streng ausgestaltet wie bei anderen Normen, z.B. beim EBM. So hält das BSG eine rückwirkende Inkraftsetzung des HVM z.B. dann für zulässig, wenn die 118

---

[89] DÄ 2000, A-556.

[90] DÄ 2005, A-1010.

[91] BSG v. 06.09.2006 - B 6 KA 29/05 R - GesR 2007, 169.

[92] Hierzu m.w.N. *Engelhard* in: Hauck/Noftz, SGB V, § 85 Rn. 156 f.

[93] BSG v. 24.08.1994 - 6 RKa 15/93 - SozR 3-2500 § 85 Nr. 7.

[94] BSG v. 24.08.1994 - 6 RKa 15/93 - SozR 3-2500 § 85 Nr. 7; BSG v. 03.03.1999 - B 6 KA 15/98 R - SozR 3-2500 § 85 Nr. 31; vgl. auch *Scheuffler*, MedR 1996, 153, 154 ff.

[95] BSG v. 21.10.1998 - B 6 KA 60/97 R - USK 98181.

[96] *Luckhaupt*, GesR 2004, 266, 269.

Ärzte vorher zeitgerecht auf eine entsprechende Änderung hingewiesen worden sind[97] oder aus anderen Gründen damit rechnen mussten[98], wenn es sich um verhältnismäßig geringfügige Änderungen handelt,[99] oder sich die Änderung nicht auf das Leistungsverhalten des Vertragsarztes auswirken konnte.[100] Insbesondere ist das Vertrauen des Arztes auf den Fortbestand einer Regelung dann nicht schutzwürdig, wenn sie ihm ein Leistungs- und Abrechnungsverhalten ermöglicht hat, das nicht an den Erfordernissen einer wirtschaftlichen und zweckmäßigen Versorgung ausgerichtet war.

119 Die geringeren Anforderungen an die Zulässigkeit einer rückwirkenden Regelung erklären sich vor allem daraus, dass die konkreten Auswirkungen mengenbegrenzender Regelungen oftmals ohnehin erst geraume Zeit nach Ablauf des Abrechnungszeitraums feststehen. Es ist daher zulässig und ggf. auch unumgänglich, dass der Vorstand der KV im HVM ermächtigt wird, die genauen Punktwerte und Vergütungsquoten erst nach Ablauf des Abrechnungszeitraums festzulegen.[101]

120 Eine Honorarbegrenzungsregelung, die noch vor Durchführung der Abrechnung eines Quartals in einen HVM aufgenommen wird, entfaltet i.d.R. nur eine unechte Rückwirkung und ist daher zulässig, wenn ausreichende Gemeinwohlgründe sie erfordern und das schutzwürdige Vertrauen des betroffenen Vertragsarztes auf den Fortbestand der bisherigen Rechtslage nicht überwiegt. Im vertragszahnärztlichen Bereich erwächst entsprechendes Vertrauen u.a. nicht aus der bereits erfolgten Genehmigung von Heil- und Kostenplänen. Ebenso kann sich der Vertrags(zahn)arzt nicht darauf verlassen, dass bei rückwirkender Inkraftsetzung eines HVM während des laufenden Quartals bereits in einer Monatsrechnung geltend gemachte Leistungen ausgenommen werden, nur weil dies im Vorjahr so geregelt worden ist.[102]

121 Ausgeschlossen ist dagegen die rückwirkende Aufhebung eines garantierten Mindestpunktwertes zugunsten eines niedrigeren maximalen Interventionspunktwertes.[103] Wenn die Vertragspartner durch Vereinbarung eines Mindestpunktwertes Vertrauen der betreffenden Vertragsärzte erzeugen, müssen sie sich hieran auch festhalten lassen.

122 Aus dem Charakter der HVMe als Rechtsnormen folgt auch, dass die Rechtswidrigkeit einer einzelnen Bestimmung des HVM nur zur **Teilnichtigkeit** führt.

c. Regelungsbefugnis der Vertragspartner

123 Die Vertragspartner sind bei Vereinbarung der HVMe an **höherrangiges Recht** gebunden. Dazu gehören insbesondere die **Bundesmantelverträge** und der **EBM**, der als Bestandteil des BMV-Ä/EKV Vorrang gegenüber den regionalen Regelungen hat.[104] Ungeachtet ihrer Befugnis, Leistungen mit unterschiedlichen Punktwerten zu vergüten, dürfen die Vertragspartner von den Bewertungsrelationen des EBM nicht abweichen.[105] Ebenso wenig stehen Budgetierungsregelungen des EBM zur Disposition der Vertragspartner.

124 Neben den Honorarverteilungsregeln im engeren Sinne dürfen die HVMe alle im **Zusammenhang** mit der Honorarverteilung erforderlichen Regelungen treffen. Dazu gehören z.B. Vorschriften über die Form und den Zeitpunkt der Abrechnung.

125 So darf der HVM auch ohne ausdrückliche gesetzliche Ermächtigung Fristen für die Vorlage der vertragsärztlichen Abrechnung eines Quartals setzen und als materielle Ausschlussfristen ausgestalten. Allerdings müssen Ausgestaltung und Anwendung derartiger Ausschlussfristen wegen ihrer gravierenden Auswirkungen auf den Honoraranspruch der Vertragsärzte verhältnismäßig sein. Das ist nicht mehr der Fall, wenn alle Abrechnungen, die ohne vorausgehenden Antrag auf Fristverlängerung nach dem Einsendetermin vorgelegt werden, vollständig und endgültig von der Vergütung ausgeschlossen werden, zumal der Vertragsarzt gleichwohl seine oft nicht unerheblichen Praxiskosten zu tragen hat.[106]

---

[97] BSG v. 07.02.1996 - 6 RKa 68/94 - SozR 3-2500 § 85 Nr. 11.

[98] BSG v. 03.03.1999 - B 6 KA 15/98 R - SozR 3-2500 § 85 Nr. 31.

[99] BSG v. 03.03.1999 - B 6 KA 15/98 R - SozR 3-2500 § 85 Nr. 31.

[100] BSG v. 07.02.1996 - 6 RKa 68/94 - SozR 3-2500 § 85 Nr. 11.

[101] BSG v. 03.03.1999 - B 6 KA 15/98 R - SozR 3-2500 § 85 Nr. 31.

[102] BSG v. 29.11.2006 - B 6 KA 42/05 R.

[103] BSG v. 24.09.2003 - B 6 KA 41/02 R - SozR 4-2500 § 85 Nr. 4.

[104] BSG v. 08.03.2000 - B 6 KA 7/99 R - SozR 3-2500 § 87 Nr. 23.

[105] *Schneider*, MedR 1997, 1, 5.

[106] BSG v. 22.06.2005 - B 6 KA 19/04 R - SozR 4-2500 § 85 Nr. 19 m. zust. Anm. *Bieback*, SGb 2006, 376; zur Frage des Vergütungsausschlusses, wenn die Abrechnungsunterlagen wegen einer EDV-Panne unvollständig übermittelt worden sind: SG Stuttgart v. 28.06.2006 - S 10 KA 5811/05.

Der HVM darf auch vorschreiben, welche Unterlagen der Abrechnung beizufügen sind. **Unzulässig** sind dagegen **statusrelevante** Regelungen wie z.B. die Beschränkung bestimmter Arztgruppen auf Überweisungsfälle.[107] 126

Bei der Ausgestaltung des HVM haben die Vertragspartner, abgesehen von der Bindung an höherrangiges Recht, eine **weitgehende Gestaltungsfreiheit**.[108] Dies lässt auch **verallgemeinernde, typisierende** und **pauschalierende Regelungen** zu.[109] Unzulässig ist es allerdings, mit solchen Typisierungen eine ganze Gruppe von Leistungserbringern systematisch zu benachteiligen, ohne dass dies durch den Zweck der Verteilungsregelung geboten wäre oder in seinen Auswirkungen als geringfügig vernachlässigt werden könnte.[110] 127

Die Vertragspartner dürfen dabei Entscheidungskompetenzen nicht beliebig **delegieren**. Vielmehr müssen alle für die Honorarverteilung **wesentlichen** Elemente von ihnen im HVM selbst geregelt werden.[111] Gegen eine Ermächtigung des Vorstandes zu konkretisierenden Regelungen und Einzelfallentscheidungen[112], insbesondere auch zu Ausnahmen in atypischen Fällen[113], bestehen dagegen keine Bedenken. 128

Bei der Neuregelung komplexer Sachverhalte steht den Vertragspartnern ein **erweiterter Gestaltungsspielraum** unter dem Gesichtspunkt der **Anfangs- und Erprobungsregelung** zu.[114] Der erweiterte Spielraum zeigt sich insbesondere in der Befugnis zu gröberen Typisierungen und geringeren Differenzierungen.[115] Eine bereits im Ansatz systemwidrige Regelung ist allerdings von diesem Spielraum nicht mehr gedeckt.[116] 129

Dem erweiterten Spielraum bei Anfangs- und Erprobungsregelungen korrespondiert die **Beobachtungs- und Reaktionspflicht** der Vertragspartner.[117] Sie sind verpflichtet, die Auswirkungen der von ihnen geschaffenen Regelungen zu beobachten und sie nachzubessern oder aufzuheben, wenn sich herausstellt, dass die mit den Regelungen verfolgten **Zwecke nicht erreichbar** oder weggefallen sind oder dass die Anwendung der Norm zu **unzumutbaren Ergebnissen** führt.[118] 130

Eine Korrekturverpflichtung besteht z.B., wenn der Punktwert bei ausschließlich auf Überweisung zu erbringenden Leistungen aus nicht von den betroffenen Ärzten zu verantwortenden Gründen, insbesondere Versorgungs- und Sicherstellungsnotwendigkeiten, um **mindestens 15% niedriger** ist als der Punktwert für den größten Teil der sonstigen Leistungen.[119] 131

Über welchen **Zeitraum** die Vertragspartner einen in diesem Sinne problematischen Zustand beobachten dürfen, hängt von den jeweiligen Umständen ab. Bei unsicherer Datengrundlage werden sie mehrere Quartale abwarten dürfen[120], während klare Daten über Leistungsgeschehen und Zusammenhänge 132

---

[107] Vgl. *Clemens*, MedR 2000, 17, 23 m.w.N. aus der Rechtsprechung.

[108] BSG v. 09.12.2004 - B 6 KA 44/03 R - GesR 2005, 307, 310 f.; BSG v. 10.12.2003 - B 6 KA 54/02 R - SozR 4-2500 § 85 Nr. 5.

[109] BSG v. 20.10.2004 - B 6 KA 30/03 R - SozR 4-2500 § 85 Nr. 12; BSG v. 29.09.1993 - 6 RKa 65/91 - SozR 3-2500 § 85 Nr. 4.

[110] BSG v. 29.09.1993 - 6 RKa 65/91 - SozR 3-2500 § 85 Nr. 4.

[111] BSG v. 03.03.1999 - B 6 KA 15/98 R - SozR 3-2500 § 85 Nr. 31; BSG v. 21.10.1998 - B 6 KA 71/97 R - SozR 3-2500 § 85 Nr. 28.

[112] BSG v. 03.03.1999 - B 6 KA 15/98 R - SozR 3-2500 § 85 Nr. 31.

[113] BSG v. 03.12.1997 - 6 RKa 21/97 - SozR 3-2500 § 85 Nr. 23; BSG v. 21.10.1998 - B 6 KA 65/97 R - SozR 3-2500 § 85 Nr. 27; BSG v. 21.10.1998 - B 6 KA 71/97 R - SozR 3-2500 § 85 Nr. 28; BSG v. 03.03.1999 - B 6 KA 15/98 R - SozR 3-2500 § 85 Nr. 31.

[114] BSG v. 31.01.2001 - B 6 KA 13/00 R - SozR 3-2500 § 85 Nr. 38; BSG v. 13.11.1996 - 6 RKa 15/96 - SozR 3-2500 § 85 Nr. 16.

[115] BSG v. 29.09.1993 - 6 RKa 65/91 - SozR 3-2500 § 85 Nr. 4; BSG v. 13.11.1996 - 6 RKa 15/96 - SozR 3-2500 § 85 Nr. 16.

[116] BSG v. 13.11.1996 - 6 RKa 15/96 - SozR 3-2500 § 85 Nr. 16; LSG Essen v. 21.04.2004 - L 11 KA 145/02 - www.sozialgerichtsbarkeit.de.

[117] Grundlegend: BSG v. 29.01.1997 - 6 RKa 3/96 - SozR 3-2500 § 87 Nr. 15.

[118] BSG v. 09.09.1998 - B 6 KA 55/97 R - SozR 3-2500 § 85 Nr. 26; BSG v. 07.02.1996 - 6 RKa 42/95 - SozR 3-2500 § 85 Nr. 12.

[119] BSG v. 09.09.1998 - B 6 KA 55/97 R - SozR 3-2500 § 85 Nr. 26; vgl. BSG v. 20.10.2004 - B 6 KA 30/03 R - SozR 4-2500 § 85 Nr. 12.

[120] BSG v. 20.10.2004 - B 6 KA 30/03 R - SozR 4-2500 § 85 Nr. 12; BSG v. 31.01.2001 - B 6 KA 13/00 R - SozR 3-2500 § 85 Nr. 38.

auch zu sofortigem Einschreiten zwingen können.[121] Bei Honorarbegrenzungsregelungen (z.B. durch Honorartöpfe) sind die Anforderungen an die Beobachtungs- und Reaktionspflicht desto ausgeprägter, je geringer die Zahl der betroffenen Ärzte bzw. Leistungen ist.[122]

d. Erforderliches Datenmaterial (Absatz 4 Satz 12)

133 Nach § 85 Abs. 4 Satz 12 SGB V muss die KV den Landesverbänden der KKn und den Verbänden der Erskn die für die Vereinbarung des HVM erforderlichen Daten zur Verfügung stellen. Gemeint sind insbesondere kassenartenübergreifende und nach Arztgruppen differenzierte statistische, d.h. nicht personenbezogene Abrechnungsdaten (z.B. zu Honorarumsätzen, Auszahlungspunktwerten und Leistungsmengen).[123] Die Datenübermittlung ist Bestandteil des Sicherstellungsauftrags der KVen. Sie erfolgt daher unentgeltlich, d.h. ohne Anspruch auf Kostenerstattung durch die Verbände.[124]

3. Grundsätze der Honorarverteilung (Absatz 4 Satz 3)

a. Leistungsproportionale Vergütung und Honorarverteilungsgerechtigkeit

134 § 85 Abs. 4 Satz 3 SGB V legt die **wesentlichen Grundsätze** fest, die die Vertragspartner bei Vereinbarung des HVM beachten müssen. Zentrale Bedeutung kommt dabei einmal dem Gebot zu, bei der Verteilung der Gesamtvergütung **Art und Umfang** der Leistungen zu Grunde zu legen (**Grundsatz der leistungsproportionalen Vergütung**).[125] Darüber hinaus sind die Vertragspartner an das aus Art. 12 Abs. 1 GG i.V.m. Art. 3 Abs. 1 GG abzuleitende **Gebot der Honorarverteilungsgerechtigkeit** gebunden.

135 Nach dem Grundsatz der **leistungsproportionalen Vergütung** sind die vertragsärztlichen Leistungen **prinzipiell gleich** zu vergüten. Der Grundsatz der Honorarverteilungsgerechtigkeit beinhaltet, entsprechend seiner Verankerung im verfassungsrechtlichen Gleichheitssatz, einerseits ein **Differenzierungsverbot** („Gleiches gleich") und andererseits ein **Differenzierungsgebot** („Ungleiches ungleich"). Danach dürfen Ärzte oder Arztgruppen nur aus sachlichem Grund ungleich behandelt werden.[126] Andererseits dürfen Ärzte und Arztgruppen, die sich in wesentlich unterschiedlicher Situation befinden, nicht ohne Vorliegen zureichender Gründe gleich behandelt werden.[127] Eine solche ungerechtfertigte Gleichbehandlung hat das BSG z.B. bei einheitlicher Vergütung von Laborleistungen ohne Unterscheidung danach angenommen, ob diese Leistungen (ausschließlich) als Auftragsleistungen erbracht wurden.[128] Ebenso bestehen wesentliche Unterschiede zwischen etablierten Praxen und Anfängerpraxen oder großen Praxen und solchen, die eine Fallzahl oder ein Abrechnungsvolumen unter dem Durchschnitt ihrer Fachgruppe haben. Daher ist es nicht zu beanstanden, wenn der HVM für den Fall einer Überschreitung des Gesamtvergütungsvolumens durch das abgerechnete Volumen Praxen mit höheren Umsätzen stärker begrenzt als umsatzschwächere.[129]

136 § 85 Abs. 4 Satz 3 SGB V lässt sich auch angesichts dieser beiden Grundsätze jedoch nicht die Forderung entnehmen, dass gleiche Leistungen stets gleich, d.h. mit demselben Punktwert, vergütet werden müssten. Vielmehr dürfen die Vertragspartner hiervon aus **sachlichem Grund** abweichen[130], insbesondere zur Erfüllung des Sicherstellungsauftrags der KV oder ihrer sonstigen gesetzlichen und vertraglichen Verpflichtungen[131]. Derartige sachliche Gründe können vor allem darin liegen, eine auf gesetzlicher Budgetierung oder dem Grundsatz der Beitragssatzstabilität beruhende Begrenzung der Gesamtvergütung an die Vertragsärzte weiterzugeben und dabei das Risiko des mit jeder Mengenausweitung

[121] BSG v. 09.09.1998 - B 6 KA 55/97 R - SozR 3-2500 § 85 Nr. 26

[122] BSG v. 20.10.2004 - B 6 KA 30/03 R - SozR 4-2500 § 85 Nr. 12 m. Anm. *Schnapp*, SGb 2005, 548.

[123] FraktE-GKV-WSG, BT-Drs. 16/3100, S. 118.

[124] BT-Drs. 16/4247, S. 39.

[125] Eingehend *Reuther*, VSSR 2003, 155, 158 ff.

[126] BSG v. 07.02.1996 - 6 RKa 68/94 - SozR 3-2500 § 85 Nr. 11; BSG v. 21.10.1998 - B 6 KA 71/97 R - SozR 3-2500 § 85 Nr. 28.

[127] BSG v. 21.10.1998 - B 6 KA 71/97 R - SozR 3-2500 § 85 Nr. 28.

[128] BSG v. 29.09.1993 - 6 RKa 65/91 - SozR 3-2500 § 85 Nr. 4.

[129] BSG v. 14.12.2005 - B 6 KA 17/05 R - SozR 4-2500 § 85 Nr. 22.

[130] BSG v. 20.10.2004 - B 6 KA 30/03 R - SozR 4-2500 § 85 Nr. 12; BSG v. 10.03.2004 - B 6 KA 3/03 R - SozR 4-2500 § 85 Nr. 9; BSG v. 10.12.2003 - B 6 KA 54/02 R - SozR 4-2500 § 85 Nr. 5; BSG v. 13.03.2002 - B 6 KA 1/01 R - SozR 3-2500 § 85 Nr. 44; grundlegend BSG v. 03.12.1997 - 6 RKa 21/97 - SozR 3-2500 § 85 Nr. 23.

[131] Grundlegend BSG v. 29.09.1993 - 6 RKa 65/91 - SozR 3-2500 § 85 Nr. 4.

verbundenen Punktwerteverfalls auf einzelne Arztgruppen zu begrenzen.[132] Ebenso zulässig ist die Erwägung, bei der Gestaltung des HVM einem festen Punktwert und damit dem Gesichtspunkt der Kalkulierbarkeit des ärztlichen Einkommens den Vorzug zu geben.[133] In einer solchen Abweichung vom Grundsatz der leistungsproportionalen Vergütung liegt auch kein Verstoß gegen den jeweiligen Bewertungsmaßstab, weil dieser nur eine generelle Bewertung der einzelnen Leistung vornimmt.

Eine ausdrückliche **Differenzierungserlaubnis** enthält nunmehr **§ 85 Abs. 4 Satz 11 SGB V**. Danach darf der HVM eine nach **Versorgungsgraden** unterschiedliche Verteilung vorsehen. Es dürfen dabei insbesondere auch Zuschläge an Vertragsärzte in von (drohender) Unterversorgung betroffenen Gebieten gezahlt werden. Im Rahmen der Regelleistungsvolumina ab dem 01.01.2009 wird eine entsprechende Differenzierung zur Pflicht (§ 87b Abs. 3 Satz 1 SGB V). Insofern dient § 85 Abs. 4 Satz 11 SGB V auch der Vorbereitung auf die neuen Vergütungsstrukturen. Die Regelung gilt nur für den vertragsärztlichen, nicht auch den vertragszahnärztlichen Bereich (§ 85 Abs. 4 Satz 13 SGB V). 137

Soweit Maßnahmen der Honorarverteilung zu unterschiedlichen Punktwerten führen, müssen für die Leistungen zugunsten der Versicherten **einer** Kassenart Punktwerte in **gleicher** Höhe festgelegt werden (**§ 85 Abs. 4 Satz 3 HS. 2 SGB V**). Die Regelung ist im Zusammenhang mit der Einführung des **Wohnortprinzips** notwendig geworden. Punktwertdifferenzen zwischen **verschiedenen Kassenarten** sind dagegen **nicht auszugleichen**.[134] 138

b. Anforderungen an Abweichungen von der leistungsproportionalen Vergütung

Honorarverteilungsregeln, die im Rahmen von Maßnahmen der Leistungssteuerung vom Grundsatz der leistungsproportionalen Vergütung abweichen, müssen vor dem geschilderten Hintergrund folgende **Voraussetzungen** erfüllen: 139

Sie müssen von einem **sachlichen Grund** gedeckt sein und dürfen ihm auch in ihrer konkreten Ausgestaltung nicht zuwiderlaufen. Letzteres ist z.B. der Fall, wenn eine Regelung Kalkulationssicherheit bezweckt, diese aber nicht erreichen kann, weil sie an Rechengrundlagen anknüpft, die dem Vertragsarzt bei Leistungserbringung noch nicht bekannt sein können.[135] 140

Es ist nicht erforderlich, dass der Vertragsarzt die Auswirkungen abweichender Regelungen in allen Einzelheiten überblicken kann. Vielmehr reicht es aus, dass ihm bei der Leistungserbringung die für die Honorierung maßgeblichen „Rahmendaten" bekannt sind.[136] Im Übrigen nimmt das BSG an, Vertrags(zahn)ärzte besäßen generell die Fähigkeit zum Verständnis auch komplizierter Honorarverteilungsregelungen.[137] 141

Bei **honorarbegrenzenden** Maßnahmen muss **kleinen Praxen** zumindest ein Wachstum bis zum Umsatz einer für ihre Fachgruppe typischen Praxis gestattet werden. Der „typische Umsatz" kann im Sinne eines arithmetischen Mittels der Fachgruppe (Fallzahl oder Honorarvolumen) berechnet werden,[138] aber auch (etwa um atypische „Ausreißer" aus der Betrachtung herauszulassen) nach anderen Berechnungsmethoden, z.B. nach dem Median.[139] Die Möglichkeit zu einem entsprechenden Wachstum darf sich auch nicht bloß als theoretische Chance erweisen. Vielmehr müssen den Praxen Wachstumschancen belassen werden, die es ihnen erlauben, den Fachgruppendurchschnitt **innerhalb von fünf Jahren** zu erreichen.[140] **Anfängerpraxen** muss zumindest für einen begrenzten Zeitraum ein unbeschränktes Wachstum zugestanden werden.[141] 142

---

[132] BSG v. 29.09.1993 - 6 RKa 65/91 - SozR 3-2500 § 85 Nr. 4.

[133] BSG v. 03.12.1997 - 6 RKa 21/97 - SozR 3-2500 § 85 Nr. 23; BSG v. 13.03.2002 - B 6 KA 1/01 R - SozR 3-2500 § 85 Nr. 45; BSG v. 10.12.2003 - B 6 KA 54/02 R - SozR 4-2500 § 85 Nr. 5.

[134] BSG v. 25.08.1999 - B 6 KA 58/98 R - SozR 3-2500 § 85 Nr. 34.

[135] Vgl. BSG v. 13.03.2002 - B 6 KA 48/00 R - SozR 3-2500 § 85 Nr. 44.

[136] BSG v. 14.12.2005 – B 6 KA 17/05 R – SozR 4-2500 § 85 Nr. 22.

[137] BSG v. 14.12.2005 – B 6 KA 17/05 R – SozR 4-2500 § 85 Nr. 22 m.w.N.

[138] BSG v. 21.10.1998 - B 6 KA 71/97 R - SozR 3-2500 § 85 Nr. 28; BSG v. 16.05.2001 - B 6 KA 47/00 R - SozR 3-2500 § 87 Nr. 30; BSG v. 10.12.2003 - B 6 KA 54/02 R - SozR 4-2500 § 85 Nr. 5; BSG v. 10.03.2004 - B 6 KA 3/03 R - SozR 4-2500 § 85 Nr. 9.

[139] BSG v. 28.03.2007 - B 6 KA 9/06 R - ZfS 2007, 144-145; BSG v. 28.03.2007 - B 6 KA 10/06 R - ZfS 2007, 144-145.

[140] BSG v. 10.12.2003 - B 6 KA 54/02 R - SozR 4-2500 § 85 Nr. 5 (für Individualbudgets); BSG v. 10.03.2004 - B 6 KA 3/03 R - SozR 4-2500 § 85 Nr. 9 (für Fallzahlzuwachsbegrenzungen).

[141] BSG v. 21.10.1998 - B 6 KA 71/97 R - SozR 3-2500 § 85 Nr. 28.

143 Typische **Ausnahmen** (z.B. die Wiederaufnahme zulässigerweise unterbrochener Praxistätigkeit) müssen im HVM selbst geregelt werden, während die Regelung atypischer Sonderfälle (z.B. Härtefälle in untypischen Versorgungssituationen[142]) – auch nachdem der Verteilungsmaßstab als Vertrag vereinbart wird[143] – dem Vorstand der KV überlassen bleiben kann (vgl. schon Rn. 1217). Schließlich müssen Sonderregelungen für **Gemeinschaftspraxen** getroffen werden.[144]

4. Fallgruppen der Honorarmaßnahmen

144 Die Anwendung der unter 3. dargelegten Grundsätze wirkt sich auf die Beurteilung der Rechtmäßigkeit bei den verschiedenen, in den vergangenen Jahren entwickelten Maßnahmen zur **Leistungssteuerung** und **Punktwertstabilisierung** aus.

a. Honorartöpfe

145 Die Bildung von **Teilbudgets** im HVM (sog. **Honorartöpfe**) ist grundsätzlich zulässig. Honorartöpfe können verschiedene anerkennenswerte Ziele verfolgen: z.B. die Fortsetzung von Strukturvorgaben des Gesetzes bzw. des EBM[145] oder die Begrenzung der Effekte von Mengenausweitungen auf die dem Topf angehörende Gruppe (ggf. auch zu deren Schutz).[146] Die sachliche Rechtfertigung kann hingegen fehlen, wenn für ganz unterschiedliche Leistungen ein einheitlicher Topf gebildet wird.[147]

146 Honorartöpfe können **fachgruppenbezogen** und **leistungsbezogen**[148] (z.B. für bestimmte radiologische Leistungen wie CT/MRT)[149] gebildet werden. Sie müssen sich nicht an den im EBM-Ä normierten Fachgruppenunterschieden orientieren, dürfen sich aber auch nicht in Widerspruch zu zwingenden Vorgaben des EBM-Ä setzen. Mögen auch gewichtige Gründe für die Bildung fachgruppenbezogener Honorarkontingente sprechen, so ist es nicht zwingend, dass budgetierte und nicht budgetierte Arztgruppen oder Leistungen getrennten Honorartöpfen zugeordnet werden.[150] Zulässig ist die Unterscheidung zwischen **zugelassenen** und **ermächtigten** Ärzten/Einrichtungen.[151] Der Bildung eines fachgruppenbezogenen Honorartopfes steht nicht entgegen, dass die darin zusammengefassten Ärzte (wie Laborärzte oder Radiologen) überwiegend auf Überweisung hin tätig werden.[152] Ebenso dürfen Leistungen in einen Honorartopf einbezogen werden, die einer unzulässigen Mengenausweitung nicht zugänglich sind (wie z.B. Vorsorgeuntersuchungen).[153] Das bedeutet allerdings nicht, dass solche Untersuchungen auch einer zusätzlichen Leistungsmengensteuerung unterworfen werden dürfen. Unbeanstandet geblieben ist auch die Bildung eines einheitlichen Honorartopfs für alle Laborleistungen.[154]

147 Der **Umfang** des arztgruppen- oder leistungsbezogenen Honorartopfs ergibt sich i.d.R. aus dem Anteil des auf ihn entfallenden Honorarvolumens in einem abgeschlossenen Abrechnungszeitraum. Zulässig ist es dabei, die Topfgröße auf der Grundlage eines bestimmten Zeitraums festzuschreiben. Das gilt vor allem, wenn es Gründe zu der Annahme gibt, die Leistungen würden mehr an Honorarzuwächsen als am tatsächlichen Bedarf orientiert.[155]

148 Die Bildung von Honorartöpfen kann auch damit verbunden werden, dass für einzelne Töpfe **unterschiedliche Punktwerte** gelten. Dabei können für einzelne Töpfe feste und für andere Töpfe floatende Punktwerte vorgesehen werden.[156]

---

142 BSG v. 03.03.1999 - B 6 KA 15/98 R - SozR 3-2500 § 85 Nr. 31.

143 Wie hier: *Engelhard* in: Hauck/Noftz, SGB V, § 85 Rn. 160 f.

144 Vgl. BSG v. 16.12.1986 - 6 RKa 3/85 - SozR 2200 § 368f Nr. 12.

145 BSG v. 29.09.1993 - 6 RKa 65/91 - SozR 3-2500 § 85 Nr. 4.

146 BSG v. 09.09.1998 - B 6 KA 55/97 R - SozR 3-2500 § 85 Nr. 26; vgl. zu Einzelheiten *Clemens*, MedR 2000, 17, 18.

147 BSG v. 29.09.1993 - 6 RKa 65/91 - SozR 3-2500 § 85 Nr. 4.

148 BSG v. 03.03.1999 - B 6 KA 15/98 R - SozR 3-2500 § 85 Nr. 31.

149 BSG v. 09.09.1998 - B 6 KA 55/97 R - SozR 3-2500 § 85 Nr. 26.

150 BSG v. 22.06.2005 – B 6 KA 5/04 R – SozR 4-2500 § 85 Nr. 17.

151 BSG v. 20.10.2004 - B 6 KA 30/03 R - SozR 4-2500 § 85 Nr. 12.

152 BSG v. 03.03.1999 - B 6 KA 56/97 R - USK 99102; BSG v. 09.09.1998 - B 6 KA 55/97 R - SozR 3-2500 § 85 Nr. 26.

153 BSG v. 11.09.2002 - B 6 KA 30/01 R - SozR 3-2500 § 85 Nr. 48.

154 BSG v. 11.10.2006 – B 6 KA 46/05 R.

155 BSG v. 03.03.1999 - B 6 KA 56/97 R - USK 99102; BSG v. 07.02.1996 - 6 RKa 68/94 - SozR 3-2500 § 85 Nr. 11; BSG v. 08.03.2000 - B 6 KA 7/99 R - SozR 3-2500 § 87 Nr. 23.

156 Zusammenfassend BSG v. 03.03.1999 - B 6 KA 51/97 R - USK 99101.

149 In allen genannten Fällen unterliegen sowohl die Topfbildung als auch der Topfumfang und schließlich die Entwicklung des Punktwertes der **Anpassungs- und Reaktionspflicht** der Vertragspartner.[157]

150 Bei Auflösung einer **fachübergreifenden Gemeinschaftspraxis** ist das Quartalshonorar der Praxis durch die Zahl der Mitglieder zu teilen und der sich ergebende Betrag dem Honorartopf zuzurechnen, aus dem die einzelnen Mitglieder nunmehr jeweils ihr Honorar erhalten.[158]

b. Leistungsmengenbegrenzungen

151 Regelungen zur Honorarbegrenzung, die sich vor allem an **Punktzahlobergrenzen** oder **Fallwertgrenzen** orientieren, sind in einem HVM grundsätzlich zulässig. Sie führen nicht dazu, dass Leistungen oberhalb der Grenzen gar nicht mehr vergütet würden, sondern bewirken nur, dass bei Überschreiten der Grenze der Punktwert für die einzelne erbrachte Leistung sinkt.[159] Erst recht gilt dies für sog. **Abstaffelungsregelungen**, bei denen ab Überschreiten einer bestimmten Grenze nur ein Prozentsatz des vollen Punktwertes gewährt wird.[160] Einen gesetzlichen Sonderfall der Abstaffelung bilden die Regelleistungsvolumina nach § 87b SGB V. Zulässig ist es daher auch, den größten Teil des Gesamtvergütungsvolumens für eine Honorierung zu vollen Punktwerten zu verwenden und für die restlichen Leistungen geringere Punktwerte vorzusehen.[161]

152 Der sachliche Grund für die Honorarbegrenzung (Leistungsmengenbegrenzung) wird jedoch verfehlt, wenn die Leistungen gar keiner Mengenausweitung oder jedenfalls einer unzulässigen Mengenausweitung nicht zugänglich sind.[162]

153 Die Bildung von Honorartöpfen kann mit Punktzahlobergrenzen **kombiniert** werden.[163] Möglich ist auch die Kombination von Punktzahl- und Fallzahlgrenzwerten. I.d.R. unzulässig sind dagegen reine Fallzahlobergrenzen[164] (zulässig dagegen: Fahlzahlzuwachsbegrenzungen, vgl. Rn. 155).

154 In die Berechnung der jeweiligen Grenzwerte muss wegen des Grundsatzes der Honorarverteilungsgerechtigkeit die Vergütung eines Arztes aus belegärztlicher Tätigkeit miteinbezogen werden.[165]

c. Fallzahlzuwachsbegrenzungen

155 Von § 85 Abs. 4 Sätze 1-3 SGB V und nicht etwa von § 85 Abs. 4 Satz 6 SGB V gedeckt sind **Fallzahlzuwachsbegrenzungen** und honorarbegrenzende Maßnahmen bei Überschreitung des zulässigen Fallzahlzuwachses.[166] Als sachlicher Grund, der eine Abweichung von der leistungsproportionalen Vergütung rechtfertigt, kommt hinzu, dass Ziff. 5 der Vereinbarung der Spitzenverbände der KKn und der KBV zur Einführung der Praxisbudgets zum 01.07.1997[167] (**Praxisbudgetvereinbarung**) zur Absicherung der Praxisbudgets eine entsprechende Ermächtigungsgrundlage enthielt. Dem liegt die Annahme zugrunde, dass auch die Fallzahl grundsätzlich einer Steuerung durch den Vertragsarzt zugänglich ist und jedenfalls große Praxen Fallzahlschwankungen nur in begrenztem Umfang haben.

156 Der sachliche Grund für die Fallzahlzuwachsbegrenzung fehlt jedoch, wenn die Regelung in ihrer konkreten Ausgestaltung den zulässigen Fallzahlzuwachs an die Steigerung des auf die betreffende Arztgruppe entfallenden Anteils an der Gesamtvergütung koppelt. Denn bei einer solchen Gestaltung ist eine verlässliche Kalkulation für den Vertragsarzt zum Zeitpunkt der Leistungserbringung nicht möglich.[168]

157 Zulässig sind danach Regelungen, die bei Praxen mit mehr als 110% der durchschnittlichen Behandlungsfallzahl eingreifen, wenn die Zahl der Behandlungsfälle gegenüber dem Vergleichsquartal des Vorjahres um mehr als 5% ansteigt.[169] Die Voraussetzung des Fallzahlzuwachses von 5% kann, muss

[157] Std. Rspr.; zuletzt: BSG v. 20.10.2004 - B 6 KA 30/03 R - SozR 4-2500 § 85 Nr. 12.
[158] BSG v. 26.06.2002 - B 6 KA 28/01 R - SozR 3-2500 § 85 Nr. 47.
[159] BSG v. 03.12.1997 - 6 RKa 21/97 - SozR 3-2500 § 85 Nr. 23.
[160] BSG v. 03.03.1999 - B 6 KA 15/98 R - SozR 3-2500 § 85 Nr. 31.
[161] BSG v. 08.02.2006 - B 6 KA 25/05 R - SozR 4-2500 § 85 Nr. 23.
[162] BSG v. 11.09.2002 - B 6 KA 30/01 R - SozR 3-2500 § 85 Nr. 48.
[163] BSG v. 03.03.1999 - B 6 KA 15/98 R - SozR 3-2500 § 85 Nr. 31.
[164] BSG v. 03.12.1997 - 6 RKa 21/97 - SozR 3-2500 § 85 Nr. 23.
[165] BSG v. 12.12.2001 - B 6 KA 5/01 R - SozR 3-2500 § 121 Nr. 4.
[166] Vgl. zur Ermächtigung BSG v. 13.03.2002 - B 6 KA 1/01 R - SozR 3-2500 § 85 Nr. 45.
[167] DÄ 1997, A-403.
[168] BSG v. 13.03.2002 - B 6 KA 48/00 R - SozR 3-2500 § 85 Nr. 44 m. Anm. *Stellpflug*, MedR 2002, 598; LSG Essen v. 03.12.2003 - L 11 KA 155/02 – www.sozialgerichtsbarkeit.de.
[169] BSG v. 13.03.2002 - B 6 KA 1/01 R - SozR 3-2500 § 85 Nr. 45.

aber nicht gekoppelt werden an die zusätzliche Bedingung, dass auch im Bereich der gesamten KV oder jedenfalls der betreffenden Arztgruppe die Fallzahlen um 5% gestiegen sind.[170] Möglich sind auch niedrigere Zuwachsraten, wenn sie mit einer Abstaffelung verbunden werden.[171]

158 Bei Fallzahlzuwachsbegrenzungen muss den Praxen ein kontinuierliches Wachstum erhalten bleiben. Erst recht gilt dies für Anfängerpraxen und Praxen mit unterdurchschnittlicher Fallzahl (vgl. Rn. 141).

d. Individualbudgets

159 Der HVM darf Praxen auch ganz oder hinsichtlich einzelner Leistungsbereiche an einem in der Vergangenheit erzielten Honorarvolumen festhalten (**Individualbudget** oder **individuelles Honorarkontingent**).[172] Anders als bei Fallzahlzuwachsbegrenzungen muss mindestens durchschnittlich abrechnenden Praxen auch kein zusätzliches Wachstum gewährt werden. Die Wachstumsmöglichkeiten von Anfängerpraxen und Praxen mit unterdurchschnittlichem Honorarvolumen müssen jedoch erhalten bleiben (vgl. Rn. 145). Bei der Berechnung des in der Vergangenheit erzielten Honorarvolumens ist vom berichtigten Honorar auszugehen, d.h. unter Einbeziehung der Ergebnisse von Abrechnungs- und Wirtschaftlichkeitsprüfungen.[173]

e. Richtgrößen- und Umsatzregelungen

160 Zulässig soll nach der Rechtsprechung auch eine kombinierte Richtgrößen- und Umsatzregelung sein:[174] Für den Fall, dass die zu einem festen Punktwert abgerechneten Honorare das Gesamtvergütungsvolumen überschreiten, erfolgt eine Honorarbegrenzung aus zwei Summanden: Der eine knüpft an ein in der Vergangenheit erwirtschaftetes Honorar, der andere an das Verhältnis zum landesdurchschnittlichen Abrechnungsvolumen an. Indem das Verhältnis von tatsächlichem Abrechnungsvolumen und korrigierter Richtgröße in der Begrenzungsformel mit sich selbst vervielfältigt wird, fallen Honorarkürzungen bei solchen Praxen relativ höher aus, die ihr Abrechnungsvolumen gesteigert haben und/oder mit diesem Abrechnungsvolumen über dem Landesdurchschnitt liegen, wobei die Begrenzung ihrerseits nach oben begrenzt ist.

f. Honorareinbehalte

161 Unbeanstandet gelassen hat das BSG auch Honorareinbehalte im Rahmen der vorläufigen Quartalsabrechnungen, soweit diese sicherstellen sollen, dass das Gesamtvergütungsvolumen zur Honorierung der erbrachten Leistungen mit den vereinbarten Punktwerten ausreicht. Dabei darf ein linearer Einbehalt mit einem progressiven Einbehalt bei umsatzstärkeren Praxen verbunden werden.[175]

g. Honorarbegrenzungsregelungen gemäß Absatz 4 Satz 6

162 § 85 Abs. 4 Satz 6 SGB V beinhaltet den verbindlichen Auftrag an die Vertragspartner, Regelungen zur Begrenzung einer **übermäßigen Ausdehnung der vertragsärztlichen Tätigkeit** vorzusehen. Übermäßig ist das Praxisvolumen eines Arztes dann, wenn angesichts des Umfangs der abgerechneten Leistungen davon auszugehen ist, dass die einzelnen Leistungen nicht mehr in einer der Leistungsbeschreibung entsprechenden Art und Weise erbracht worden sein können.[176] Der Vorschrift kommt heute keine wesentliche Bedeutung mehr zu, weil die bereits beschriebenen Leistungssteuerungsmaßnahmen meist weit im Vorfeld eines solchen schwerwiegenden Befundes eingreifen.

163 Die Vorschriften im HVM müssen den aus der Zulassung folgenden **Versorgungsauftrag** des Vertragsarztes berücksichtigen. Sie haben sicherzustellen, dass Vertragsärzte, die gemäß **§ 95 Abs. 3 Satz 1 SGB V** nur über einen hälftigen Versorgungsauftrag verfügen, nicht über diesen Versorgungsauftrag hinaus tätig werden und entsprechend abrechnen.[177] Dieses vom Gesetzgeber formal in § 85

[170] BSG v. 10.03.2004 - B 6 KA 13/03 R - SozR 4-2500 § 85 Nr. 10.

[171] BSG v. 10.03.2004 - B 6 KA 3/03 R - SozR 4-2500 § 85 Nr. 9.

[172] BSG v. 21.10.1998 - B 6 KA 71/97 R - SozR 3-2500 § 85 Nr. 28; BSG v. 10.12.2003 - B 6 KA 76/03 - SozR 4-2500 § 85 Nr. 6; BSG v. 10.12.2003 - B 6 KA 54/02 R - SozR 4-2500 § 85 Nr. 5.

[173] LSG Essen v. 01.10.2003 - L 11 KA 289/01 – www.sozialgerichtsbarkeit.de.

[174] BSG v. 14.12.2005 - B 6 KA 17/05 R - SozR 4-2500 § 85 Nr. 22.

[175] BSG v. 19.07.2006 – B 6 KA 8/05 R- MedR 2007, 256.

[176] BSG v. 13.03.2002 - B 6 KA 48/00 R - SozR 3-2500 § 85 Nr. 44; BSG v. 13.03.2002 - B 6 KA 1/01 R - SozR 3-2500 § 85 Nr. 45.

[177] RegE-VÄndG, BT-Drs. 16/2474, S. 20.

Abs. 4 Satz 6 SGB V verankerte Kriterium beansprucht Geltung nicht nur bei auf diese Vorschrift gestützten, sondern **auch bei anderweitigen Maßnahmen der Leistungssteuerung und Honorarbegrenzung**.

h. Regelleistungsvolumina (Absatz 4 Sätze 7 und 8)

Nach § 85 Abs. 4 Sätze 7 und 8 SGB V können die Vertragspartner im HVM **Regelleistungsvolumina** 164 vorsehen, innerhalb derer die Leistungen mit einem **festen Punktwert** vergütet werden. Die darüber hinausgehenden Leistungen werden **abgestaffelt**, d.h. mit einem – ggf. stufenweise – niedrigeren Punktwert vergütet. Ziel solcher Regelleistungsvolumina ist, ähnlich wie bei den Praxis- oder Individualbudgets, die **Kalkulationssicherheit** für den Vertragsarzt, die gegenüber den genannten Budgetarten durch die Garantie des festen Punktwertes aber noch erhöht wird. Die Bestimmung der Regelleistungsvolumina erfolgt **arztgruppenspezifisch**.

Auf der Grundlage von § 85 Abs. 4a Satz 1 SGB V hat der Bewertungsausschuss Vorgaben zu den Re- 165 gelleistungsvolumina beschlossen (Beschluss vom 29.10.2004).[178]

i. Punktwertintervention

Maßnahmen der KVen zur **Stützung** des Punktwertes für einzelne Leistungen, Arztgruppen oder Kom- 166 binationen aus beidem können zur Wahrung der **Honorarverteilungsgerechtigkeit** notwendig werden.[179] Hierzu verpflichtet sind die Vertragspartner jedoch nur, wenn die tatsächliche Ungerechtigkeit so groß ist, dass sie bei einer am Gerechtigkeitsgedanken orientierten Betrachtungsweise nicht unberücksichtigt bleiben darf.[180] Das ist z.B. angenommen worden bei **zeitabhängigen, genehmigungspflichtigen psychotherapeutischen Leistungen** (vgl. Rn. 169 ff.), hingegen verneint worden z.B. für radiologische Leistungen[181]. Zulässig war die Einführung eines Mindestpunktwertes für Basislaborleistungen aus dem Gesichtspunkt der Sicherstellung.[182]

Wenn sich eine KV entschließt, bestimmte Leistungen im Rahmen der Honorarverteilung zu **fördern** 167 (z.B. Vorsorgeleistungen), so kann dies durch Bildung eines gesonderten Honorartopfes mit Zuschlägen, Zuschlägen aus einem gesonderten Honorartopf oder durch Bildung eines gesonderten Honorartopfes mit festem bzw. gestütztem Punktwert geschehen.[183]

Seit der gesetzlich vorgeschriebenen Trennung der Vergütungsanteile für die haus- und die fachärztli- 168 che Versorgung dürfen die Beträge für eine Stützung des Punktwertes für bestimmte fachärztliche Leistungen allerdings nur dem Honorartopf für die fachärztliche Versorgung entnommen werden. Ob die Stützungsnotwendigkeit durch das Überweisungsverhalten von Hausärzten begründet worden ist, ist insoweit ohne Bedeutung (hier: Notwendigkeit der Stützung des radiologischen bzw. zytologischen Punktwertes wegen angeblicher höherer hausärztlicher Überweisungsfrequenz).[184]

5. Vergütung psychotherapeutischer Leistungen (Absatz 4 Satz 4)

§ 85 Abs. 4 Satz 4 SGB V verpflichtet die Vertragspartner, für die in der Vorschrift näher bezeichneten 169 Arztgruppen Regelungen zu treffen, die eine **angemessene Höhe der Vergütung je Zeiteinheit** sicherstellen. Die Regelung konkretisiert das Gebot der angemessenen Vergütung (§ 72 Abs. 2 SGB V), begründet anders als diese jedoch ein **subjektives Recht** der betreffenden Vertragsärzte.

Durch § 85 Abs. 4 Satz 4 SGB V begünstigt werden die Psychotherapeuten, die Fachärzte für Kinder- 170 und Jugendpsychiatrie sowie -psychotherapie, die Fachärzte für Psychiatrie und Psychotherapie, die Fachärzte für Nervenheilkunde, die Fachärzte für psychotherapeutische Medizin – bei diesen Facharztgruppen kommt es auf den Anteil der von ihnen erbrachten psychotherapeutischen Leistungen nicht an – und die im Übrigen ausschließlich psychotherapeutisch tätigen Ärzte. In diesem Sinne ausschließlich psychotherapeutisch tätig sind Ärzte, die wenigstens 90% ihres Umsatzes aus psychotherapeutischen Leistungen erzielen (früher Abschn. G IV EBM 1996).

---

[178] DÄ 2004, A-3129.

[179] Zu Einzelheiten *Clemens*, MedR 2000, 17, 21.

[180] *Engelhard* in: Hauck/Noftz, SGB V, § 85 Rn. 198d m.w.N.

[181] BSG v. 03.03.1999 - B 6 KA 8/98 R - SozR 3-2500 § 85 Nr. 30.

[182] BSG v. 31.01.2001 - B 6 KA 13/00 R - SozR 3-2500 § 85 Nr. 38.

[183] BSG v. 07.02.1996 - 6 RKa 61/94 - SozR 3-2500 § 85 Nr. 10; BSG v. 03.03.1999 - B 6 KA 51/97 R - USK 99101.

[184] BSG v. 22.03.2006 - B 6 KA 67/04 R - SozR 4-2500 § 85 Nr. 24.

171 § 85 Abs. 4 Satz 4 SGB V stellt die Konsequenz aus der Rechtsprechung des BSG dar, wonach die KVen im Hinblick auf das Gebot der Honorarverteilungsgerechtigkeit sicherstellen müssen, dass die ärztlichen und nichtärztlichen Psychotherapeuten, die ausschließlich oder ganz überwiegend die zeitgebundenen und genehmigungspflichtigen Leistungen nach Abschn. G IV EBM 1996 erbringen, ein angemessenes Honorar erzielen können.[185] Hintergrund dieser Rechtsprechung war die Erkenntnis, dass die betreffenden Leistungserbringer die Menge der berechnungsfähigen Leistungen nicht oder kaum vermehren können. Ausweitungen der Leistungsmenge durch andere Arztgruppen wirken sich daher besonders zu ihren Lasten aus. Hieraus folgt zwar kein Anspruch auf Leistungsvergütung in einer bestimmten Höhe. Wohl aber muss sichergestellt sein, dass ein Vertragspsychotherapeut, der gesetzlich Versicherte im Rahmen einer voll ausgelasteten Praxis behandelt, wenigstens einen Honorarüberschuss in gleicher Höhe wie eine große Arztgruppe (insbesondere die Allgemeinmediziner seiner KV) erzielt. Das ist in erster Linie durch die Festlegung eines regionalen Mindestpunktwerts zu erzielen. Für die Zeit bis Ende 1998 ist ein Punktwert für genehmigungspflichtige und zeitgebundene Leistungen von 10 Pf errechnet worden.[186] Der jeweilige Mindestpunktwert gilt auch für die Vergütung probatorischer Sitzungen.[187]

172 Nach der Budgetierungsphase des Jahres 1999 (vgl. hierzu Rn. 141) hat der Gesetzgeber daraufhin für die Zeit ab dem 01.01.2000[188] den angemessenen Vergütungsanspruch in § 85 Abs. 4 Satz 4 SGB V geregelt und zudem durch § 85 Abs. 4a Satz 1 a.E. SGB V den Bewertungsausschuss verpflichtet, den Inhalt der entsprechenden Honorarverteilungsregelungen zu bestimmen. Steht eine HVM-Bestimmung mit der Regelung des Bewertungsausschusses nicht in Einklang, ist sie unwirksam.[189] Die Beschlüsse des Bewertungsausschusses ihrerseits haben der Vorgabe des Absatzes 4 Satz 4 zu entsprechen. Da die Regelung unmittelbar an die Rechtsprechung des BSG anknüpft, erfasst sie nur die bereits erwähnten Leistungen. Sie ist auch über die aufgezählten Arztgruppen hinaus nicht auf andere Arztgruppen anwendbar.

173 Den Anforderungen des Absatzes 4 Satz 4 hat der zunächst gefasste Beschluss des Bewertungsausschusses vom 16.02.2000[190] nicht genügt.[191] Der Bewertungsausschuss ist mit Beschluss vom 29.10.2004 daher erneut tätig geworden und hat rückwirkend zum 01.01.2000 neue Regelungen zur Festlegung der angemessenen Höhe der Vergütung getroffen.[192] Auch gegen die Rechtmäßigkeit dieses Beschlusses werden in der Rechtsprechung wieder erhebliche Bedenken erhoben.[193]

6. Gleichmäßige Verteilung der Gesamtvergütung (Absatz 4 Satz 5)

174 Der HVM muss gewährleisten, dass die Gesamtvergütung gleichmäßig über das Jahr verteilt wird. So soll sichergestellt werden, dass auch am Jahresende noch ausreichende Finanzmittel zur Versorgung der Versicherten zur Verfügung stehen.[194]

VI. Vorgaben durch den Bewertungsausschuss

175 § 85 Abs. 4a SGB V beinhaltet Regelungen, die sicherstellen sollen, dass bei der Vereinbarung der HVMe bundesweit einheitliche Vorgaben umgesetzt werden. Verantwortlich hierfür ist der **Bewertungsausschuss** (§ 87 SGB V), unter Umständen auch in der Zusammensetzung des Erweiterten Bewertungsausschusses.[195]

---

185 BSG v. 20.01.1999 - B 6 KA 46/97 R - SozR 3-2500 § 85 Nr. 29; BSG v. 25.08.1999 - B 6 KA 14/98 R - SozR 3-2500 § 85 Nr. 33; BSG v. 12.09.2001 - B 6 KA 58/00 R - SozR 3-2500 § 85 Nr. 41; dazu *Rath*, MedR 2001, 60.

186 Vgl. BSG v. 20.01.1999 - B 6 KA 46/97 R - SozR 3-2500 § 85 Nr. 29; BSG v. 25.08.1999 - B 6 KA 14/98 R - SozR 3-2500 § 85 Nr. 33; BSG v. 12.09.2001 - B 6 KA 58/00 R - SozR 3-2500 § 85 Nr. 41; dazu *Rath*, MedR 2001, 60; zu der Frage, ob der Mindestpunktwert niedriger sein darf, wenn die Umsätze einzelner Arztgruppen weit hinter dem Bundesdurchschnitt zurückbleiben: LSG Berlin-Brandenburg v. 14.06.2006 - L 7 KA 18/02-25.

187 SG Reutlingen v. 10.05.2006 - S 1 KA 201/04.

188 Durch Art. 1 Nr. 36 GKV-SolG.

189 BSG v. 28.01.2004 - B 6 KA 25/03 R - SozR 4-2500 § 85 Nr. 7.

190 DÄ 2000, A-556; Gleiches gilt für den ursprünglich ab 01.07.2002 geltenden Beschluss; DÄ 2002, A-877.

191 BSG v. 28.01.2004 - B 6 KA 52/03 R - BSGE 92, 87 = SozR 4-2500 § 85 Nr. 8 = MedR 2004, 396.

192 DÄ 2005, A-457.

193 Vgl. Schleswig-Holsteinisches LSG v. 13.10.2006 - L 4 KA 4/05 - Breith 2007, 273.

194 FraktE GKV-SolG, BT-Drs. 14/24, S. 19.

195 Beispiel: Beschl. v. 19.12.2002, DÄ 2003, A-218.

Danach hat der Bewertungsausschuss „insbesondere" zu beschließen: Kriterien zur Verteilung der Gesamtvergütung, insbesondere zur Trennung der Versorgungsbereiche (haus- und fachärztlich) und den Inhalt der Regelungen nach § 85 Abs. 4 Satz 4 sowie Sätze 6-8 SGB V. 176

Aus der Formulierung „insbesondere" ergibt sich, dass auch darüber hinausgehende Regelungen getroffen werden können. Soweit der Bewertungsausschuss Regelungen beschließt, die auch Gegenstand eines HVM sein können, bezieht sich seine Regelungskompetenz auf solche Vorgaben, die einer bundeseinheitlichen Regelung bedürfen.[196] 177

Der Bewertungsausschuss bestimmt nach § 85 Abs. 4a Satz 4 SGB V Art und Umfang, Verfahren und Zeitpunkt der Übermittlung der Daten der KVen an die Kassenverbände gemäß § 85 Abs. 4 Satz 12 SGB V. Auf diese Weise soll ein Mindestmaß an bundeseinheitlicher Übermittlungspraxis gewährleistet werden. 178

Die Vorschrift des § 87 Abs. 6 SGB V gilt auch für die Beschlüsse nach § 85 Abs. 4a SGB V. 179

Die bislang in § 85 Abs. 4a Satz 5 SGB V enthaltene Berichtspflicht des Bewertungsausschusses gegenüber dem Bundesgesundheitsministerium ist jetzt in § 87 Abs. 3a Satz 2 SGB V enthalten. 180

VII. Honorarverteilung im vertragszahnärztlichen Bereich

§ 85 Abs. 4b-4f SGB V trifft **Sonderregelungen** für die Honorarverteilung im **vertragszahnärztlichen** Bereich. Entsprechende Degressionsregelungen haben schon vom 01.01.1993 bis zum 30.06.1997 bestanden[197] und sind zum 01.01.1999 wieder eingeführt worden.[198] 181

§ 85 Abs. 4b SGB V beinhaltet die Einführung eines **degressiven Punktwertes** im Sinne einer **Abstaffelungsregelung**. Anders als bei den Abstaffelungsregeln nach Maßgabe des § 85 Abs. 4 Satz 3 SGB V steht hier weniger die Kalkulierbarkeit des vertragsärztlichen Honorars im Vordergrund. Maßgebliche Zwecke sind, der mit übermäßiger Leistungsausweitung verbundenen Gefahr eines Qualitätsverlustes entgegenzuwirken und die KKn an den Kostenvorteilen und Wirtschaftlichkeitsreserven großer zahnärztlicher Praxen zu beteiligen, um auf diese Weise die Stabilität der gesetzlichen Krankenversicherung mit zu sichern.[199] 182

Die Degressionsregelungen haben sich als verfassungskonform erwiesen.[200] Die damaligen Überlegungen tragen auch die gegenwärtige Regelung. 183

1. Berechnung

Nach § 85 Abs. 4b Satz 1 HS. 1 SGB V **verringert** sich die Vergütung bei **Gesamtpunktmengen** je Kalenderjahr und Vertragszahnarzt von 262.500-337.499 Punkte auf 80%, von 337.500-412.499 Punkte auf 70% und darüber auf 60%. Die degressionsfreie Gesamtpunktmenge und die Degressionsstufen sind zum 01.01.2005 für alle Vertragszahnärzte außer den Kieferorthopäden (vgl. zu diesen Rn. 188) abgesenkt worden.[201] Das trägt dem Umstand Rechnung, dass seit diesem Zeitpunkt die Zahnersatzleistungen außerhalb der Gesamtvergütung honoriert werden und daher nicht mehr in die Punktmengenberechnungen für die Degression eingehen. Nachdem Kieferorthopäden hiervon nicht oder kaum profitieren, brauchten sie auch mit Blick auf Art. 3 Abs. 1 GG an der Absenkung zum 01.01.2005 nicht teilzunehmen. Einer weitergehenden Sonderregelung für **Oralchirurgen** bedurfte es nicht.[202] 184

In die Berechnungen der **Punktmengen** einbezogen werden **alle** vertragszahnärztlichen Leistungen (§ 85 Abs. 4b Satz 9 SGB V), auch soweit die Punktmengen auf **Eigenanteile** der Versicherten entfallen.[203] Mit den Punktzahlen abgegoltene **Materialkosten** sind nicht herauszurechnen.[204] Ebenfalls einzubeziehen sind **Kostenerstattungsleistungen** nach § 13 Abs. 2 SGB V und § 53 Abs. 4 SGB V (§ 85 Abs. 4b Satz 10 SGB V). 185

---

[196] *Engelhard* in: Hauck/Noftz, SGB V, § 85 Rn. 204d.

[197] Eingefügt durch Art. 1 Nr. 43 Buchst. h) GSG vom 21.12.1992, BGBl I 1992, 2266; aufgehoben durch Art. 1 Nr. 28 Buchst. e) 2. GKV-NOG vom 23.06.1997, BGBl I 1997, 1520; beim Vollzug der Vorschriften zum degressiven Punktwert waren die Jahrespunktmengen 1997 daher nur zeitanteilig zu berücksichtigen: BSG v. 27.04.2005 - B 6 KA 18/04 R - SozR 4-2500 § 85 Nr. 15.

[198] Art. 1 Nr. 14 Buchst. c) GKV-SolG vom 19.12.1998, BGBl I 1998, 3853.

[199] Vgl. FraktE GKV-SolG, BT-Drs. 14/24; BSG v. 14.05.1997 - 6 RKa 25/96 - SozR 3-2500 § 85 Nr. 22.

[200] BSG v. 14.05.1997 - 6 RKa 25/96 - SozR 3-2500 § 85 Nr. 22.

[201] Kritisch *Muschallik* in: Handbuch des Vertragsarztrechts, § 22 Rn. 37 ff.

[202] BSG v. 29.11.2006 - B 6 KA 23/06 R - MedR 2007, 310.

[203] BSG v. 13.05.1998 - B 6 KA 39/97 R - USK 98151.

[204] BSG v. 14.05.1997 - 6 RKa 25/96 - SozR 3-2500 § 85 Nr. 22.

186 Die Degression bezieht sich auf das **Kalenderjahr** und findet daher **nicht quartalsbezogen** statt. Ist ein Vertragszahnarzt nur einzelne Quartale tätig, so sind die Werte entsprechend zu verringern.[205]

187 Dagegen fließen seit der Umstellung der Zahnersatzversorgung auf befundbezogene Festzuschüsse seit dem **01.01.2005 Zahnersatzleistungen nicht** mehr in die Gesamtpunktmenge ein. Dafür sind die Degressionspunktmengen erheblich abgesenkt worden.[206]

188 Für **Kieferorthopäden** gilt seit dem 01.01.2004 eine spezielle Regelung (§ 85 Abs. 4b Satz 1 HS. 2 SGB V). Hintergrund ist die Absenkung der Punktzahlen für kieferorthopädische Leistungen im Bema um 20%. Bei den übrigen Vertragszahnärzten ist die Degressionsregelung auch für kieferorthopädische Leistungen gleich geblieben, weil ihnen eine entsprechende Punktzahlanhebung im konservierend-chirurgischen Bereich gegenübersteht.

189 Die Punktmenge ist **je Vertragsarzt** zu errechnen. Dies gilt entsprechend für **ermächtigte Zahnärzte** und für Zahnärzte, die bei Vertragszahnärzten nach § 95 Abs. 9 Satz 1 SGB V oder in medizinischen Versorgungszentren **angestellt** sind (§ 85 Abs. 4b Satz 2 SGB V). § 95 Abs. 9 Satz 1 SGB V betrifft nur angestellte Zahnärzte solcher Zahnarztgruppen, für die **keine Zulassungsbeschränkung** angeordnet ist. Besteht dagegen eine Zulassungsbeschränkung, erfolgt die Anstellung also nach § 95 Abs. 9 Satz 2 SGB V, verbleibt es dagegen bei der Leistungsbegrenzung gemäß § 101 Abs. 1 Satz 1 Nr. 5 SGB V, weil die betreffenden angestellten Zahnärzte bei der Bedarfsplanung nicht mitgezählt werden (vgl. § 101 Abs. 1 Satz 1 Nr. 5 HS. 2 SGB V).

190 Bei **Berufsausübungsgemeinschaften** (§ 33 Abs. 2 Zahnärzte-ZV) kommt es auf die Zahl der zahnärztlichen Mitglieder an (§ 85 Abs. 4b Satz 3 SGB V). Damit hat der Gesetzgeber die vormals bei Gemeinschaftspraxen getroffene Unterscheidung zwischen gleichberechtigten und nicht gleichberechtigten Partnern aufgegeben. Da auch der nicht gleichberechtigte Partner in der Bedarfsplanung mitgerechnet wird, haben ihm ebenso wie dem gleichberechtigten Partner und dem angestellten Zahnarzt, der in der Bedarfsplanung berücksichtigt wird, die vollen Punktmengengrenzen zuzustehen.[207]

191 Bei Entlastungs-, Weiterbildungs- und Vorbereitungsassistenten erhöhen sich die Punktmengen um 25%; bei Teilzeit oder nicht ganzjähriger Beschäftigung erfolgt eine anteilige Berücksichtigung entsprechend der Beschäftigungsdauer (§ 85 Abs. 4b Sätze 4 und 5 SGB V).[208]

2. Pflichten der KZVen

192 Die KZVen haben nach § 85 Abs. 4b Satz 8 SGB V die Kostenerstattungsleistungen den KKn zu melden. Sie haben außerdem die abgerechneten Leistungen zusammenzuführen und die Punktmengen bei der Ermittlung der Gesamtpunktmenge nach § 85 Abs. 4b SGB V zu Grunde zu legen (§ 85 Abs. 4c SGB V). Die für die Berechnung der Degression erforderlichen Daten müssen sie den KKn mitteilen (§ 85 Abs. 4d SGB V).

3. Ausgleichsverfahren

193 Die Honorarersparnisse verbleiben nicht bei den KZVen, sondern sind an die KKn abzuführen. Dementsprechend verringert sich die Gesamtvergütung (§ 85 Abs. 4e Satz 1 SGB V). Daraus ergibt sich unmittelbar, dass **erst** die **Degressionskürzungen** an die KKn weiterzugeben sind, **bevor** die **Honorarverteilung** an die Vertragszahnärzte stattfindet.[209]

194 Technisch erfolgt die Vergütungsminderung durch Absenkung der **vereinbarten**[210] Punktwerte (§ 85 Abs. 4e Satz 2 SGB V). Die abgesenkten Punktwerte sind aus praktischen Gründen den Abrechnungen der **Folgequartale** nach den Grenzüberschreitungen zu Grunde zu legen (§ 85 Abs. 4e Satz 3 SGB V). Einzelheiten können vertraglich geregelt werden (§ 85 Abs. 4e Satz 5 SGB V). Soweit der Punktwert des Überschreitungszeitraums noch nicht feststeht, können die KZVen **vorläufige Degressionsbescheide** erlassen.[211]

---

[205] BSG v. 03.12.1997 - 6 RKa 79/96 - USK 97155.

[206] Zur Neuregelung auch *Ziermann*, VSSR 2004, 385, 304 ff.

[207] RegE-VÄndG, BT-Drs. 16/2474, S. 20.

[208] Näher dazu: *Harnelt*, GesR 2002, 73, 75.

[209] BSG v. 21.05.2003 - B 6 KA 25/02 R - SozR 4-2500 § 85 Nr. 2.

[210] BSG v. 15.05.2002 - B 6 KA 25/01 R - SozR 3-2500 § 85 Nr. 46.

[211] BSG v. 15.05.2002 - B 6 KA 25/01 R - SozR 3-2500 § 85 Nr. 46; vgl. auch BSG v. 30.06.2004 - B 6 KA 34/03 - SozR 4-2500 § 85 Nr. 11.

4. Degression und Honorarbegrenzung

Degressionsmaßnahmen schließen zusätzliche Honorarbegrenzungsmaßnahmen nach dem HVM nicht aus. Allerdings müssen ggf. Degressionsabzüge mit dem Honorarabzug nach dem HVM verrechnet werden.[212] 195

5. Zurückbehaltungsrecht

§ 85 Abs. 4f SGB V gibt den KKn ein Zurückbehaltungsrecht in Höhe von 10% gegenüber jeder Forderung der KZV, solange diese ihren Pflichten aus § 85 Abs. 4c-4e SGB V nicht nachkommt. Der einbehaltene Betrag wird fällig, sobald die KZV ihre Pflichten vollständig erfüllt. Geschieht dies nicht bis zur letzten Quartalsabrechnung eines Jahres, erlischt der Anspruch auf Auszahlung der einbehaltenen Beträge (§ 85 Abs. 4f Satz 2 SGB V). 196

VIII. Konkretisierung des Honoraranspruchs durch Honorarbescheid

Erst mit dem **Honorarbescheid** konkretisiert sich der **Leistungsanspruch** des Vertragsarztes auf Auszahlung des festgestellten Honorars. Aus diesem Grund müssen Ansprüche auf höheres Honorar grds. zunächst mit der Verpflichtungs- bzw. Bescheidungsklage erstritten werden. 197

Vor Erlass des Honorarbescheides braucht der Vertragsarzt **nicht angehört** zu werden, weil der Bescheid über die erstmalige Festsetzung des Honorars nicht im Sinne von § 24 Abs. 1 SGB X in seine Rechte eingreift.[213] Einer **Begründung** bedarf der Bescheid im Hinblick auf § 35 Abs. 1 Satz 1 SGB X nur hinsichtlich der wesentlichen Faktoren, die für die Berechnung des Honorars wesentlich sind. Dazu gehört z.B. nicht die vollständige Wiedergabe aller Berechnungsgrundlagen, zumal dann nicht, wenn sie bereits zuvor den Vertragsärzten bekanntgegeben worden sind.[214] 198

Ob die KV einen rechtswidrig zu niedrigen, aber gleichwohl bestandskräftig gewordenen Bescheid für die Vergangenheit **zurücknimmt**, liegt in ihrem **Ermessen** (§ 44 Abs. 2 SGB X). Dabei ist es nicht ermessensfehlerhaft, wenn die KV von einer Rücknahme absieht, um die Belastung der Gesamtvergütung mit Nachzahlungen für die Vergangenheit so gering wie möglich zu halten.[215] 199

Eine **Verzinsung** des Vergütungsanspruchs des Vertragsarztes ist ausgeschlossen.[216] 200

IX. Gerichtliche Kontrolle der Honorarverteilungsmaßstäbe

Die Rechtmäßigkeit des HVM wird **inzidenter** im Rahmen der Kontrolle eines Honorarbescheides geprüft. Abstrakte Normenkontrollklagen gegen HVMe sind unzulässig, weil das SGG anders als § 47 VwGO ein Normenkontrollverfahren nicht kennt. 201

Klagebefugt ist grds. der Vertragsarzt, an den sich der Honorarbescheid richtet, bei einer Gemeinschaftspraxis auch der einzelne Partner, soweit er von dem/den anderen zur Prozessführung ermächtigt ist.[217] 202

Streitgegenstand ist jeweils der angefochtene Abrechnungsbescheid in der Gestalt des Widerspruchsbescheides. Grundsätzlich ist davon auszugehen, dass der **gesamte** Abrechnungsbescheid zur Überprüfung gestellt wird. Eine Teilanfechtung kann ebenso wie eine teilweise Klagerücknahme nur angenommen werden, wenn der Wille des Klägers zur Begrenzung des Streitgegenstandes klar und eindeutig zum Ausdruck gekommen ist.[218] **Folgebescheide** für spätere Quartale werden nicht nach § 96 SGG Verfahrensgegenstand.[219] Eine Einbeziehung in das Verfahren kann daher nur über Klageänderung nach § 99 SGG erfolgen. Ebenfalls nicht Verfahrensgegenstand werden Bescheide, die die KV in Umsetzung eines noch nicht rechtskräftigen, sie zur Neubescheidung verpflichtenden Urteils erlässt.[220] 203

Widerspruch und **Klage** gegen den Honorarbescheid haben nach § 85 Abs. 4 Satz 9 SGB V **keine aufschiebende Wirkung**. 204

---

[212] BSG v. 21.05.2003 - B 6 KA 25/02 R - SozR 4-2500 § 85 Nr. 2.

[213] BSG v. 09.12.2004 - B 6 KA 44/03 R - SozR 4-2500 § 72 Nr. 2.

[214] BSG v. 03.12.1997 - 6 RKa 21/97 - SozR 3-2500 § 85 Nr. 23; BSG v. 09.12.2004 - B 6 KA 44/03 R - SozR 4-2500 § 72 Nr. 2.

[215] BSG v. 22.06.2005 - B 6 KA 21/04 R - SozR 4-1300 § 44 Nr. 6.

[216] BSG v. 13.11.1996 - 6 RKa 78/95 - USK 96160; BSG v. 20.12.1983 - 6 RKa 19/82 - SozR 1200 § 44 Nr. 10.

[217] BSG v. 21.05.2003 - B 6 KA 33/02 R - MedR 2004, 172.

[218] BSG v. 23.02.2005 - B 6 KA 77/03 R - SozR 4-1500 § 92 Nr. 2

[219] BSG v. 07.02.1996 - 6 RKa 61/94 - SozR 3-2500 § 85 Nr. 10; BSG v. 07.02.1996 - 6 RKa 42/95 - SozR 3-2500 § 85 Nr. 12; BSG v. 20.03.1996 - 6 RKa 51/95 - SozR 3-2500 § 87 Nr. 12.

[220] BSG v. 21.10.1998 - B 6 KA 65/97 R - SozR 3-2500 § 85 Nr. 27.

205 Die Verbände der KKn sind jedenfalls dann notwendig beizuladen (§ 75 Abs. 2 SGG), wenn im Tenor eine Verpflichtung der Vertragspartner zur Anpassung des HVM ausgesprochen werden soll (§ 141 Abs. 1 Nr. 1 i.V.m. § 69 Nr. 3 SGG).

206 Honorarstreitigkeiten bleiben Angelegenheiten der Vertragsärzte (§ 12 Abs. 3 Satz 2 SGG) mit der Folge, dass **zwei Vertragsärzte** als ehrenamtliche Richter mitwirken. Die Gegenmeinung[221] übersieht, dass die angegriffene **Verwaltungsstelle**, auf die es maßgeblich ankommt, nach wie vor die KV und damit keine von der gemeinsamen Selbstverwaltung besetzte Verwaltungsstelle ist. Insofern ist die Rechtslage nicht anders, als wenn im Rahmen eines Honorarstreits über die Rechtmäßigkeit einer Norm des EBM gestritten wird.

207 Zur fehlenden Befugnis des Vertragsarztes, die Gesamtvergütungsvereinbarung als Grundlage der Honorarverteilung anzugreifen vgl. die Kommentierung zu § 82 SGB V Rn. 66.

C. Reformbestrebungen

208 Mit Wirkung vom 01.07.2008 werden die entsprechenden Passagen in § 85 SGB V an die dann wirksam werdende geänderte Organisationsstruktur im Bereich der KKn-Verbände angepasst.

209 Mit Wirkung vom 01.01.2009 wird § 85 SGB V durch die dann maßgeblichen Vorschriften der §§ 87a, 87b SGB V im vertragsärztlichen Bereich seine Bedeutung verlieren.

[221] *Luckhaupt*, GesR 2004, 266, 270.

§ 85c SGB V Vergütung ärztlicher Leistungen im Jahr 2006

(Fassung vom 22.12.2006, gültig ab 01.01.2007)

Für Krankenkassen, die im Jahr 2006 die Gesamtvergütung erstmalig nach dem Wohnortprinzip gemäß § 83 Satz 1 vereinbaren, ergibt sich der Ausgangsbetrag für die Vereinbarung der Gesamtvergütung jeweils durch die Multiplikation folgender Faktoren:

1. **des Betrages, der sich bei der Teilung der für das Jahr 2005 geltenden Gesamtvergütung durch die Zahl der Mitglieder der Krankenkasse ergibt,**
2. **der Zahl der Mitglieder der Krankenkasse mit Wohnort im Bezirk der vertragschließenden Kassenärztlichen Vereinigung.**

Die Zahl der Mitglieder der Krankenkasse ist nach dem Vordruck KM 6 der Statistik über die Versicherten in der gesetzlichen Krankenversicherung zum 1. Juli 2005 zu bestimmen.

Gliederung

A. Basisinformationen

I. Textgeschichte/Gesetzgebungsmaterialien

1 § 85c SGB V durch wurde Art. 1 Nr. 65 **Gesetz zur Modernisierung der gesetzlichen Krankenversicherung** vom 14.11.2003[1] in das SGB eingefügt. Die Vorschrift trat zum 01.01.2004 in Kraft. Sie gilt für die Vergütung ärztlicher Leistungen im Jahr 2006.

2 Mit Wirkung vom 01.01.2007 sind durch Art. 1 Nr. 4b **Vertragsarztrechtsänderungsgesetz (VÄndG)** vom 22.12.2006[2] Absatz 1 und Absatz 3 aufgehoben worden. Die gegenwärtige Fassung entspricht daher allein dem früheren Absatz 2.

3 **Gesetzgebungsmaterialien:** Gesetzentwurf der Fraktionen SPD, CDU/CSU und BÜNDNIS 90/DIE GRÜNEN zum Entwurf eines Gesetzes zur Modernisierung der gesetzlichen Krankenversicherung (GKV-Modernisierungsgesetz – GMG), BT-Drs. 15/1525. Hierzu Beschlussempfehlung (BT-Drs. 15/1584) und Bericht (BT-Drs. 15/1600) des Ausschusses für Gesundheit und Soziale Sicherung.

II. Vorgängervorschriften

4 Zu § 85c SGB V als nur für das Jahr 2006 geltender Vorschrift gibt es keine Vorgängervorschriften.

III. Untergesetzliche Normen

5 Untergesetzliche Normen zu § 85c SGB V bestehen nicht.

IV. Systematische Zusammenhänge

6 § 85c SGB V regelt in seiner seit dem 01.01.2007 geltenden Fassung nur noch die Vereinbarung der Gesamtvergütung für KKn, die im Jahr 2006 vom Kassensitz- zum Wohnortprinzip übergehen. Insoweit handelt es sich um eine Spezialvorschrift zu § 85 Abs. 2 SGB V.

---

[1] BGBl I 2003, 2190.
[2] BGBl I 2006, 3439.

B. Auslegung der Norm

I. Regelungsgehalt und Bedeutung der Norm

7 § 85c SGB V regelt die Berechnung der Gesamtvergütung nach § 85 SGB V für die KKn, die 2006 die Gesamtvergütung erstmalig nach dem Wohnortprinzip vereinbaren.

II. Normzweck

8 Der Zweck des § 85c SGB V bestand ursprünglich darin, den Übergang vom System der Gesamtvergütung zu den Regelleistungsvolumina für das Jahr 2006 zu regeln. Die Vorschrift gilt nur im vertragsärztlichen, nicht im vertragszahnärztlichen Bereich.

9 Durch die Aufhebung von Absatz 1 und Absatz 3 hat die Norm wesentlich an Bedeutung verloren.

III. Einführung des Wohnortprinzips 2006

10 § 85c SGB V betrifft die KKn, die durch Wegfall des § 83 Satz 2 SGB V zum 01.01.2006 (vgl. die Kommentierung zu § 83 SGB V Rn. 43) im Jahr 2006 erstmals nach dem **Wohnortprinzip** verhandeln und die Vergütung entrichten müssen. Es handelt sich dabei um die KKn, deren Bezirk sich nicht über mehr als ein Land erstreckt.

11 Der Wechsel vom Kassensitz- zum Wohnortprinzip macht eine Neuberechnung der Gesamtvergütung erforderlich. Dazu wird die Gesamtvergütung 2005 durch die Gesamtzahl der Mitglieder geteilt. Der sich daraus ergebende Pro-Kopf-Betrag wird mit der Zahl der Mitglieder je KV-Bezirk vervielfältigt. Die Mitgliederzahl ergibt sich aus dem Vordruck KM 6 der Statistik über die Versicherten in der gesetzlichen Krankenversicherung nach dem Stichtag 01.07.2005. Im Ergebnis ergibt dies eine Verteilung der Gesamtvergütung auf die beteiligten KVen nach Kopfpauschalen. Auf die Morbiditätsstrukturen kommt es hierbei (noch) nicht an.

12 Der sich so ergebende KV-bezogene Betrag wird gemäß § 71 Abs. 3 SGB V angepasst.

§ 86 SGB V Empfehlungen

(Fassung vom 09.12.2004, gültig ab 01.10.2005, gültig bis 30.06.2008)

(1) Die Bundesverbände der Krankenkassen, die Verbände der Ersatzkassen, die Deutsche Rentenversicherung Knappschaft-Bahn-See und die Kassenärztlichen Bundesvereinigungen haben gemeinsam eine Empfehlung über die angemessene Veränderung der Gesamtvergütungen abzugeben, es sei denn, die Konzertierte Aktion im Gesundheitswesen hat eine entsprechende Empfehlung abgegeben, der die Vertreter der gesetzlichen Krankenversicherung und der Vertragsärzte zugestimmt haben. Wenn die Vertragspartner nichts anderes vereinbaren, ist die Empfehlung einmal jährlich für den Zeitraum vom 1. Juli bis zum 30. Juni des folgenden Jahres abzugeben.

(2) Die Empfehlungen sollen bei Abschluß der Verträge nach § 83 berücksichtigt werden. Abweichende Vereinbarungen sind zulässig, soweit besondere regionale Verhältnisse oder besondere Verhältnisse der Kassenarten dies erfordern und hierdurch der Grundsatz der Beitragssatzstabilität (§ 141 Abs. 2) nicht gefährdet wird.

Gliederung

A. Basisinformationen

I. Textgeschichte

§ 86 SGB V wurde durch Art. 1 **Gesundheitsreformgesetz** vom 20.12.1988[1] in das Sozialgesetzbuch eingefügt. Die Bestimmung trat am 01.01.1989 in Kraft. 1

Durch Art. 6 Nr. 7 **Gesetz zur Organisationsreform in der gesetzlichen Rentenversicherung** vom 09.12.2004[2] ist in Absatz 1 Satz 1 der bisherige Begriff „Bundesknappschaft" mit Wirkung vom 01.10.2005 durch „Deutsche Rentenversicherung Knappschaft-Bahn-See" ersetzt und der Wortlaut damit an die veränderte Organisationsstruktur der gesetzlichen Rentenversicherungsträger angepasst worden. 2

II. Vorgängervorschriften

§ 86 SGB V übernimmt im Wesentlichen den Inhalt des früheren **§ 368f Abs. 4 RVO.** 3

III. Parallelvorschriften

Empfehlungen sind im SGB an den verschiedensten Stellen geregelt. So sieht das SGB V Empfehlungen der Spitzenverbände der KKn vor (z.B. in § 125 Abs. 1). **Gemeinsame** Empfehlungen der KBV und der Spitzenverbände der KKn sind u.a. in § 84 Abs. 7 Satz 5 SGB V vorgesehen. Gemeinsame 4

[1] BGBl I 1988, 2477.
[2] BGBl I 2004, 3242.

Empfehlungen von KKn und anderen Leistungsträgern gibt es außerdem z.B. in § 115 Abs. 5 SGB V. Auch außerhalb des SGB V sind Empfehlungen, oft in Gestalt sog. Rahmenempfehlungen, vorgesehen (vgl. § 13 SGB IX und § 75 SGB XI). Inhalt und Verbindlichkeit der Empfehlungen ergeben sich aus der jeweiligen Ermächtigungsnorm.

IV. Empfehlungen

5 Die auf der Grundlage des § 86 SGB V ergangenen Empfehlungen werden regelmäßig im Deutschen Ärzteblatt veröffentlicht.

V. Systematische Zusammenhänge

6 § 86 SGB V steht in unmittelbarem Zusammenhang zu den Vorschriften der § 83 SGB V und § 85 SGB V. Die Vorschrift regelt Empfehlungen, die bei Vereinbarung der „Veränderung der Gesamtvergütung" (§ 85 Abs. 3 SGB V) und damit bei Abschluss der Gesamtverträge (§ 83 SGB V) berücksichtigt werden sollen. Soweit die Bestimmung darüber hinaus auf § 141 Abs. 2 SGB V verweist, geht diese Verweisung ins Leere (vgl. dazu Rn. 18).

VI. Ausgewählte Literaturhinweise

7 *Engels*, Schwieriger Versuch eines Spagats zwischen Angemessenheit und Bezahlbarkeit vertragsärztlicher Leistungen, KrV 1998, 75-81; *Freudenberg*, Beitragssatzstabilität in der gesetzlichen Krankenversicherung – Zur rechtlichen Relevanz einer politischen Zielvorgabe, Baden-Baden 1995; *Wimmer*, Beitragssatzstabilität in der gesetzlichen Krankenversicherung – und keine angemessene vertragsärztliche Vergütung?, MedR 2001, 361-363.

B. Auslegung der Norm

I. Regelungsgehalt und Bedeutung der Norm

8 **Absatz 1** sieht vor, dass die Spitzenverbände der KKn und die KBV gemeinsame Empfehlungen über die Veränderung der Gesamtvergütung (§ 85 Abs. 3 SGB V) abgeben, soweit nicht die Konzertierte Aktion im Gesundheitswesen eine solche Empfehlung abgegeben hat.

9 **Absatz 2** regelt die Verbindlichkeit der nach Absatz 1 abgegebenen Empfehlungen im Sinne einer Pflicht zur „Berücksichtigung". Nach Sinn und Zweck müssen die vorrangigen Empfehlungen der Konzertierten Aktion im Gesundheitswesen denselben Grad an Verbindlichkeit besitzen, soweit ihr die Vertreter der KKn und die Vertragsärzte zugestimmt haben.[3] Außerdem lässt Absatz 2 Satz 2 unter bestimmten Voraussetzungen ein Abweichen von den Empfehlungen zu.

10 Die Vorschrift hat wesentlich an **Bedeutung verloren**. Das beruht auf zwei Umständen: Zum einen ist die **Konzertierte Aktion im Gesundheitswesen** zwischenzeitlich **abgeschafft** worden (durch Art. 1 Nr. 120 **Gesetz zur Modernisierung der gesetzlichen Krankenversicherung** [GMG] vom 14.11.2003)[4]. Damit geht die in § 86 Abs. 2 Satz 1 SGB V getroffene Anordnung der Verbindlichkeit ihrer Empfehlungen ins Leere, zumal der Sachverständigenrat zur Begutachtung der Entwicklung im Gesundheitswesen (§ 142 SGB V) die Aufgaben der Konzertierten Aktion zur Abgabe von Empfehlungen betreffend die Veränderung der Vergütungen (§ 141 Abs. 2 Satz 1 SGB V a.F.) nicht übernommen hat. Zum anderen ist inzwischen durch § 71 SGB V eine strikte Bindung der Gesamtvertragsparteien an den **Grundsatz der Beitragssatzstabilität** und die gemäß § 71 Abs. 3 SGB V festgestellten Veränderungsraten eingetreten, die in ihrer Verbindlichkeit über diejenige der Empfehlungen nach § 86 Abs. 1 SGB V hinausgeht.

11 Die in § 86 Abs. 1 Satz 1 SGB V genannten Träger geben auf der Grundlage von § 86 SGB V **Empfehlungen** zur Vereinbarung der Gesamtvergütung auch über die jährliche Veränderungsrate hinaus ab. Aus neuerer Zeit sind zu nennen die Empfehlungen zur Finanzierung der Einführung des erweiterten Neugeborenen-Screenings im Rahmen der Änderung Kinder-Richtlinien in den EBM[5], im Zusammenhang mit der Neufassung des EBM zu den Leistungen der künstlichen Befruchtung gemäß § 27a

---

[3] Eingehend *Freudenberg*, Beitragssatzstabilität in der gesetzlichen Krankenversicherung, S. 80 f.

[4] BGBl I 2003, 2190.

[5] DÄ 2005, A-2126.

SGB V[6], zur Finanzierung der MRT-Angiographien im EBM zum 01.07.2005[7], zur Finanzierung der Einführung der Erst- und Folgeverordnungen von Behandlungsmaßnahmen zur psychiatrischen häuslichen Krankenpflege im Rahmen der Änderung der Richtlinien des Gemeinsamen Bundesausschusses über die Verordnung von häuslicher Krankenpflege in den EBM[8], zur Finanzierung der Einführung der Polysomnographie in den EBM zum 01.04.2005[9], zur Finanzierung der Einführung der schmerztherapeutischen Versorgung chronisch schmerzkranker Patienten in den EBM zum 01.04.2005[10], zur Bereinigung der Gesamtvergütungen gemäß § 85 Abs. 3e SGB V zu den Leistungen der künstlichen Befruchtung gemäß § 27a SGB V und zu den Leistungen der Sterilisation gemäß § 24b SGB V,[11] zur Finanzierung der Einführung der Akupunkturleistungen in den EBM zum 01.01.2007,[12] zur Finanzierung der Einführung eines Kapitels für belegärztliche Leistungen (Kapitel 36) in den EBM zum 01.04.2007[13] sowie zur Finanzierung der Leistungen und der Sachkosten im Zusammenhang mit der Durchführung von Vakuumstanzbiopsien zum 01.07.2007[14]. Zur **Zulässigkeit** und **Verbindlichkeit** solcher Empfehlungen vgl. Rn. 21 ff.

II. Normzweck

Der Zweck der Vorschrift hat ursprünglich darin bestanden, die Geltung des Grundsatzes der Beitragssatzstabilität für die Vereinbarung der Gesamtvergütung nach § 83 SGB V zu gewährleisten. Die Regelung sollte gleichermaßen der Autonomie der Vertragspartner Rechnung tragen wie Beitragssatzanhebungen verhindern.[15] Aus den unter Rn. 10 genannten Gründen kann dieser Zweck heute kaum noch erreicht werden. 12

III. Tatbestandsmerkmale

1. Gemeinsame Empfehlungen (Absatz 1 Satz 1)

§ 86 Abs. 1 Satz 1 SGB V sieht vor, dass die in der Vorschrift genannten Spitzenverbände der KKn und die KBV gemeinsam eine Empfehlung über die angemessene Veränderung der Gesamtvergütung abzugeben haben. 13

Empfehlungen i.S.v. § 86 Abs. 1 Satz 1 SGB V sind **Vereinbarungen** der genannten Rechtsträger. Diese Vereinbarungen sind kein Vertrag über die vertragsärztliche Versorgung i.S.v. § 89 SGB V und daher auch nicht schiedsfähig.[16] Eine Konfliktregelung für den Fall, dass die Abgabe einer gemeinsamen Empfehlung scheitert, besteht nicht. Die praktischen Konsequenzen des Scheiterns einer gemeinsamen Regelung sind wegen § 85 Abs. 3 Satz 1 SGB V i.V.m. § 71 SGB V gering. 14

Die Empfehlungen müssen **gemeinsam** abgegeben werden, **nicht** jedoch **einheitlich** i.S.v. § 213 Abs. 2 Satz 1 SGB V. Aus diesem Grund greifen auch die in § 213 Abs. 2 Satz 2, Abs. 3 SGB V geregelten Konfliktmechanismen nicht ein.[17] Daraus folgt, dass die Empfehlungen für einzelne Kassenarten unterschiedlich ausfallen können. Das ist angesichts der unterschiedlichen Beitragssätze und Gesamtvergütungen, vor allem aber mit Blick auf Absatz 2 Satz 2, konsequent. 15

2. Angemessene Veränderung der Gesamtvergütung

Der Begriff der **Veränderung der Gesamtvergütung** knüpft an § 85 Abs. 3 SGB V an. 16

Angemessen ist die Veränderung der Gesamtvergütung nur dann, wenn sie den Grundsatz der **Beitragssatzstabilität** (§ 71 Abs. 1 SGB V) beachtet. Das folgt daraus, dass dieser Grundsatz schon nach § 85 Abs. 3 Satz 2 SGB V zu beachten ist sowie aus dem Verweis in § 86 Abs. 2 Satz 2 SGB V.[18] 17

[6] DÄ 2005, A-2126 f., DÄ 2006, A-78, DÄ 2006, A-1855.
[7] DÄ 2005, A-2125.
[8] DÄ 2005, A-2122, DÄ 2006, A-807.
[9] DÄ 2005, A-857.
[10] DÄ 2005, A-858.
[11] DÄ 2004, A-1532.
[12] DÄ 2006, ,A-3142.
[13] Vgl. DÄ 2007, A-806.
[14] DÄ 2007, A-1862.
[15] FraktE-GRG, BT-Drs. 11/2237, S. 193 f. zu § 94.
[16] *Hauck/Noftz*, SGB V, § 86 Rn. 3; *Hencke* in: Peters, Handbuch KV (SGB V), § 86 Rn. 2.
[17] *Hess* in: KassKomm, SGB V, § 86 Rn. 4.
[18] *Freudenberg*, Beitragssatzstabilität in der gesetzlichen Krankenversicherung, S. 171.

18 Die **Verweisung** in § 86 Abs. 2 Satz 2 SGB V auf § 141 Abs. 2 SGB V geht ins **Leere**. Tatsächlich ist der Grundsatz der Beitragssatzstabilität schon seit dem 01.01.2000 in § 71 Abs. 1 Satz 1 SGB V geregelt.[19] Offenbar hat der Vermittlungsausschuss, dem die Neuregelung des § 71 SGB V maßgeblich zuzuschreiben ist, die Notwendigkeit der Anpassung auch des § 86 SGB V übersehen. Sie ist auch bei nachfolgenden Gesetzesänderungen unterblieben.

3. Keine Empfehlung der Konzertierten Aktion im Gesundheitswesen

19 Einer Empfehlung nach § 86 Abs. 1 Satz 1 SGB V bedarf es nach dem Gesetzeswortlaut nur dann, wenn die Konzertierte Aktion im Gesundheitswesen nicht zuvor eine Empfehlung abgegeben hat, der die Vertreter der GKV und der Vertragsärzte zugestimmt haben.[20] Dieses Stufenverhältnis macht nach Abschaffung der Konzertierten Aktion im Gesundheitswesen (vgl. Rn. 10) keinen Sinn mehr. Warum der Gesetzgeber § 86 SGB V nicht entsprechend geändert hat, ist unerfindlich. In der Praxis wirkt sich dieses Versäumnis indessen insofern nicht wesentlich aus, als abweichend vom Wortlaut des Gesetzes Empfehlungen der in Absatz 1 Satz 1 genannten Rechtsträger denjenigen der Konzertierten Aktion im Gesundheitswesen regelmäßig vorausgegangen sind.[21]

4. Empfehlungszeitraum (Absatz 1 Satz 2)

20 Die Empfehlungen nach Abs. 1 Satz 1 sind für die Dauer vom 01.07. bis zum 30.06. des Folgejahres abzugeben. Die Regelung ist gegenstandslos geworden, nachdem die Feststellung der Veränderungsrate gemäß § 71 Abs. 3 Satz 1 SGB V erst zum 15.09. und zudem für einen abweichenden Zeitraum, nämlich das folgende Kalenderjahr, erfolgt.

IV. Rechtsfolge

1. Berücksichtigung der Empfehlungen bei Abschluss der Gesamtverträge (Absatz 2 Satz 1)

21 Die Empfehlungen nach Absatz 1 Satz 1 sind bei Abschluss der Gesamtverträge zu **„berücksichtigen"**. Nach den Gesetzesmaterialien hat der Gesetzgeber damit die **grundsätzliche Verbindlichkeit** der Empfehlungen regeln wollen, von denen nur bei regionalen oder kassenartbezogenen Besonderheiten abgewichen werden darf.[22] Diese Auslegung wird bestätigt durch das systematische Verhältnis von § 86 Abs. 2 Satz 1 SGB V (Regel) und § 86 Abs. 2 Satz 2 SGB V (Ausnahme). „Berücksichtigen" kann daher im Sinne eines definierten Soll-Ermessens verstanden werden, bei dem die Abweichungen durch Absatz 2 Satz 2 vorgegeben sind.[23]

22 Noch nicht abschließend geklärt ist das Verhältnis zwischen der Berücksichtigung der Empfehlungen nach Abs. 1 Satz 1 und der Feststellung der Veränderungsrate durch das BMGS nach § 71 Abs. 3 SGB V, mit der nach § 71 Abs. 1 Satz 1, Abs. 2 Satz 1 SGB V auch die Veränderung der Gesamtvergütung verbindlich geregelt ist. Es ist jedoch davon auszugehen, dass die Partner der Empfehlungen nach § 86 Abs. 1 Satz 1 SGB V ebenfalls an den Grundsatz der Beitragssatzstabilität nach § 71 Abs. 1 SGB V und damit an die Kriterien des § 71 Abs. 3 SGB V gebunden sind, sodass ein Konfliktfall auf diese Weise ausgeschlossen sein müsste.[24]

2. Ausnahmen von der Bindung an die Empfehlungen (Absatz 2 Satz 2)

23 § 86 Abs. 2 Satz 2 SGB V bestimmt, unter welchen Voraussetzungen die Partner des Gesamtvertrages von den Empfehlungen nach § 86 Abs. 1 Satz 1 SGB V bzw. den Empfehlungen der Konzertierten Aktion im Gesundheitswesen abweichen dürfen. Dazu müssen zwei Voraussetzungen kumulativ erfüllt sein: Besondere regionale Verhältnisse oder besondere Verhältnisse der Kassenarten müssen die Abweichungen erfordern. Außerdem darf der Grundsatz der Beitragssatzstabilität durch die Abweichung nicht gefährdet werden. Damit ist klar, dass § 86 Abs. 2 Satz 2 SGB V in erster Linie dem Ziel dient, Beitragssatzanhebungen zu vermeiden und nicht etwa ausnahmsweise zu ermöglichen.[25]

---

19 Art. 1 Nr. 28 GKV-Reformgesetz 2000 v. 22.12.1999 (BGBl 1999 I, 2626).

20 Vgl. zu solchen Empfehlungen *Engels*, KrV 1998, 75.

21 Vgl. *Limpinsel* in: Jahn, SGB V, § 86 Rn. 3.

22 FraktE-GRG, BT-Drs. 11/2237, S. 193 f. zu § 94.

23 *Hencke* in: Peters, Handbuch KV (SGB V), § 86 Rn. 3; *Hess* in: KassKomm, SGB V, § 86 Rn. 6; i.E. ähnlich *Hauck/Noftz*, SGB V, § 86 Rn. 6, wo von der Notwendigkeit der Begründung eines Abweichens gesprochen wird.

24 Abweichend, allerdings zum früheren Recht, *Wimmer*, MedR 2001, 361.

25 FraktE-GRG, BT-Drs. 11/2237, S. 194 zu § 94.

Maßgebende Bezugsgröße i.S.v. § 86 Abs. 2 Satz 2 SGB V ist der jeweilige regionale bzw. auf die Kassenart bezogene Beitragssatz.[26] Im Ergebnis kommen daher Abweichungen von den Empfehlungen nach § 86 Abs. 1 Satz 1 SGB V nur dann in Betracht, wenn sie **unterhalb** der Bundesempfehlungen erfolgen, d.h. insbesondere in Regionen mit einer ungünstigen Beitragsentwicklung zuungunsten der KVen bzw. Vertragsärzte von einer Bundesempfehlung abgewichen werden soll.[27] 24

Die hieran geäußerte Kritik[28] ist nicht berechtigt: § 71 Abs. 1 SGB V normiert lediglich eine **Ausgabenobergrenze**. Die Vorschrift verlangt jedoch nicht, dass sich die Ausgaben der GKV in einzelnen Leistungsbereichen (insbesondere der vertragsärztlichen Vergütung) tatsächlich parallel zur Einnahmensituation entwickeln müssen. Zwischen § 71 Abs. 2 Satz 2 SGB V und § 86 Abs. 2 Satz 2 SGB V besteht dabei kein Normenkonflikt: Während § 86 Abs. 2 Satz 2 SGB V die Besonderheiten einzelner Kassen bzw. Kassenarten regelt, betrifft § 71 Abs. 2 Satz 2 SGB V die Besonderheiten einzelner Leistungsbereiche. 25

V. Anwendungsbereich des § 86 SGB V

Die Spitzenverbände der KKn und die KBV erteilen auf der Grundlage des § 86 SGB V nicht nur Empfehlungen zur Veränderung der Gesamtvergütung i.S.v. § 85 Abs. 3 Satz 1 SGB V, sondern auch darüber hinaus (vgl. die Beispiele aus jüngerer Zeit in Rn. 11). Derartige Empfehlungen zielen zum einen ab auf die Veränderung der Gesamtvergütung aufgrund der Neuaufnahme bestimmter Leistungen bzw. Leistungskomplexe in den EBM. Hierzu können sie z.B. vorsehen, bestimmte Leistungen außerhalb der budgetierten Gesamtvergütung mit einem festen Punktwert zu vergüten.[29] Ebenso existieren Empfehlungen, die konkrete Regelungsaufträge wie § 85 Abs. 3e SGB V umsetzen. Schließlich bestehen Empfehlungen, die die Zuordnung bestimmter Leistungen bzw. Vergütungen zur vertragsärztlichen Gesamtvergütung betreffen.[30] 26

§ 86 SGB V zielt seinem Ursprung nach nicht auf derartige Empfehlungen ab. Wie eine entstehungsgeschichtliche und systematische Betrachtung der Vorschrift zeigt, ist sie vielmehr auf die jährliche Veränderung der Gesamtvergütung im Hinblick auf die zu erwartenden Einnahmen zugeschnitten. Das macht anderweitige auf die Vereinbarung oder Ausgestaltung der Gesamtvergütung abzielende Empfehlungen nicht unzulässig, soweit sie mit höherrangigem Recht in Einklang stehen. Die in § 86 Abs. 2 Satz 1 SGB V geregelte **Verbindlichkeit** gegenüber den Partnern des Gesamtvertrages können solche Empfehlungen jedoch **nicht** beanspruchen. 27

C. Reformbestrebungen

Mit Wirkung vom 01.07.2008 wird § 86 SGB V aufgehoben (Art. 1 Nr. 56 GKV-WSG[31]). Nach der amtlichen Begründung erfolgt die Aufhebung im Rahmen der Verschlankung der Aufgaben des dann tätig werdenden neuen Spitzenverbandes Bund der KKn.[32] Im Hinblick auf die geringe praktische Bedeutung, die § 86 SGB V in der Vergangenheit erlangt hat, erscheint dies eine sachgerechte Entscheidung. 28

---

[26] *Hess* in: KassKomm, SGB V, § 86 Rn. 7.

[27] Vgl. *Krauskopf*, SGB V, § 86 Rn. 8.

[28] *Hess* in: KassKomm, SGB V, § 86 Rn. 6.

[29] So z.B. die Bundesempfehlung zur Finanzierung der Einführung der Erst- und Folgeverordnung von Behandlungsmaßnahmen zur psychiatrischen häuslichen Krankenpflege, DÄ 2002, A-2122.

[30] So z.B.: die Bundesempfehlung für die Vergütung des Bezuges von Mifepreston bei medikamentös ausgelösten Schwangerschaftsabbrüchen zu Lasten der Gesetzlichen Krankenversicherung, DÄ 1999, A-3206.

[31] BGBl I 2007, 378.

[32] FraktE-GKV-WSG, BT-Drs. 16/3100, S. 126 zu Nr. 56.

§ 87 SGB V Bundesmantelvertrag, einheitlicher Bewertungsmaßstab, bundeseinheitliche Orientierungswerte

(Fassung vom 26.03.2007, gültig ab 01.04.2007, gültig bis 30.06.2008)

(1) Die Kassenärztlichen Bundesvereinigungen vereinbaren mit den Spitzenverbänden der Krankenkassen durch Bewertungsausschüsse als Bestandteil der Bundesmantelverträge einen einheitlichen Bewertungsmaßstab für die ärztlichen und einen einheitlichen Bewertungsmaßstab für die zahnärztlichen Leistungen. In den Bundesmantelverträgen sind auch die Regelungen, die zur Organisation der vertragsärztlichen Versorgung notwendig sind, insbesondere Vordrucke und Nachweise, zu vereinbaren. Bei der Gestaltung der Arzneiverordnungsblätter ist § 73 Abs. 5 zu beachten. Die Arzneiverordnungsblätter sind so zu gestalten, daß bis zu drei Verordnungen je Verordnungsblatt möglich sind. Dabei ist für jede Verordnung ein Feld für die Auftragung des Kennzeichens nach § 300 Abs. 1 Nr. 1 sowie ein weiteres Feld vorzusehen, in dem der Arzt seine Entscheidung nach § 73 Abs. 5 durch Ankreuzen kenntlich machen kann. Spätestens bis zum 1. Januar 2006 ist auf der Grundlage der von der Gesellschaft für Telematik nach § 291a Abs. 7 Satz 2 und § 291b getroffenen Regelungen der Telematikinfrastruktur auch ein elektronischer Verordnungsdatensatz für die Übermittlung der Verordnungsdaten an Apotheken und Krankenkassen zu vereinbaren.

(1a) In dem Bundesmantelvertrag haben die Kassenzahnärztliche Bundesvereinigung und die Spitzenverbände der Krankenkassen festzulegen, dass die Kosten für Zahnersatz einschließlich Zahnkronen und Suprakonstruktionen, soweit die gewählte Versorgung der Regelversorgung nach § 56 Abs. 2 entspricht, gegenüber den Versicherten nach Absatz 2 abzurechnen sind. Darüber hinaus sind im Bundesmantelvertrag folgende Regelungen zu treffen: Der Vertragszahnarzt hat vor Beginn der Behandlung einen kostenfreien Heil- und Kostenplan zu erstellen, der den Befund, die Regelversorgung und die tatsächlich geplante Versorgung auch in den Fällen des § 55 Abs. 4 und 5 nach Art, Umfang und Kosten beinhaltet. Im Heil- und Kostenplan sind Angaben zum Herstellungsort des Zahnersatzes zu machen. Der Heil- und Kostenplan ist von der Krankenkasse vor Beginn der Behandlung insgesamt zu prüfen. Die Krankenkasse kann den Befund, die Versorgungsnotwendigkeit und die geplante Versorgung begutachten lassen. Bei bestehender Versorgungsnotwendigkeit bewilligt die Krankenkasse die Festzuschüsse gemäß § 55 Abs. 1 oder 2 entsprechend dem im Heil- und Kostenplan ausgewiesenen Befund. Nach Abschluss der Behandlung rechnet der Vertragszahnarzt die von der Krankenkasse bewilligten Festzuschüsse mit Ausnahme der Fälle des § 55 Abs. 5 mit der Kassenzahnärztlichen Vereinigung ab. Der Vertragszahnarzt hat bei Rechnungslegung eine Durchschrift der Rechnung des gewerblichen oder des praxiseigenen Labors über zahntechnische Leistungen und die Erklärung nach Anhang VIII der Richtlinie 93/42/EWG des Rates vom 14. Juni 1993 über Medizinprodukte (ABl. EG Nr. L 169 S. 1) in der jeweils geltenden Fassung beizufügen. Der Bundesmantelvertrag regelt auch das Nähere zur Ausgestaltung des Heil- und Kostenplans, insbesondere muss aus dem Heil- und Kostenplan erkennbar sein, ob die zahntechnischen Leistungen von Zahnärzten erbracht werden oder nicht.

(2) Der einheitliche Bewertungsmaßstab bestimmt den Inhalt der abrechnungsfähigen Leistungen und ihr wertmäßiges, in Punkten ausgedrücktes Verhältnis zueinander; soweit möglich, sind die Leistungen mit Angaben für den zur Leistungserbringung erforderlichen Zeitaufwand des Vertragsarztes zu versehen; dies gilt nicht für vertragszahnärztliche Leistungen. Die Bewertungsmaßstäbe sind in bestimmten Zeitabständen auch daraufhin zu überprüfen, ob die Leistungsbeschreibungen und ihre Bewertungen

(noch dem Stand der medizinischen Wissenschaft und Technik sowie dem Erfordernis der Rationalisierung im Rahmen wirtschaftlicher Leistungserbringung entsprechen; bei der Bewertung der Leistungen ist insbesondere der Aspekt der wirtschaftlichen Nutzung der bei der Erbringung von Leistungen eingesetzten medizinisch-technischen Geräte zu berücksichtigen. Im Bewertungsmaßstab für die ärztlichen Leistungen ist die Bewertung der Leistungen nach Satz 1 unter Berücksichtigung der Besonderheiten der jeweils betroffenen Arztgruppen auf der Grundlage von sachgerechten Stichproben bei vertragsärztlichen Leistungserbringern auf betriebswirtschaftlicher Basis zu ermitteln; die Bewertung der von einer Arztpraxis oder einem medizinischen Versorgungszentrum in einem bestimmten Zeitraum erbrachten Leistungen kann dabei insgesamt so festgelegt werden, dass sie ab einem bestimmten Schwellenwert mit zunehmender Menge sinkt.

(2a) Die im einheitlichen Bewertungsmaßstab für ärztliche Leistungen aufgeführten Leistungen sind entsprechend der in § 73 Abs. 1 festgelegten Gliederung der vertragsärztlichen Versorgung in Leistungen der hausärztlichen und Leistungen der fachärztlichen Versorgung zu gliedern mit der Maßgabe, dass unbeschadet gemeinsam abrechenbarer Leistungen Leistungen der hausärztlichen Versorgung nur von den an der hausärztlichen Versorgung teilnehmenden Ärzten und Leistungen der fachärztlichen Versorgung nur von den an der fachärztlichen Versorgung teilnehmenden Ärzten abgerechnet werden dürfen; die Leistungen der fachärztlichen Versorgung sind in der Weise zu gliedern, dass den einzelnen Facharztgruppen die von ihnen ausschließlich abrechenbaren Leistungen zugeordnet werden. Bei der Bestimmung der Arztgruppen nach Satz 1 ist der Versorgungsauftrag der jeweiligen Arztgruppe im Rahmen der vertragsärztlichen Versorgung zugrunde zu legen.

(2b) Die im einheitlichen Bewertungsmaßstab für ärztliche Leistungen aufgeführten Leistungen der hausärztlichen Versorgung sind als Versichertenpauschalen abzubilden; für Leistungen, die besonders gefördert werden sollen, können Einzelleistungen oder Leistungskomplexe vorgesehen werden. Mit den Pauschalen nach Satz 1 werden die gesamten im Abrechnungszeitraum üblicherweise im Rahmen der hausärztlichen Versorgung eines Versicherten erbrachten Leistungen einschließlich der anfallenden Betreuungs-, Koordinations- und Dokumentationsleistungen vergütet. Die Pauschalen nach Satz 1 können nach Morbiditätskriterien wie Alter und Geschlecht differenziert werden, um mit dem Gesundheitszustand verbundene Unterschiede im Behandlungsaufwand der Versicherten zu berücksichtigen. Zudem können Qualitätszuschläge vorgesehen werden, mit denen die in besonderen Behandlungsfällen erforderliche Qualität vergütet wird.

(2c) Die im einheitlichen Bewertungsmaßstab für ärztliche Leistungen aufgeführten Leistungen der fachärztlichen Versorgung sind arztgruppenspezifisch und unter Berücksichtigung der Besonderheiten kooperativer Versorgungsformen als Grund- und Zusatzpauschalen abzubilden; Einzelleistungen können vorgesehen werden, soweit dies medizinisch oder auf Grund von Besonderheiten bei Veranlassung und Ausführung der Leistungserbringung erforderlich ist. Mit den Grundpauschalen nach Satz 1 werden die üblicherweise von der Arztgruppe in jedem Behandlungsfall erbrachten Leistungen vergütet. Mit den Zusatzpauschalen nach Satz 1 wird der besondere Leistungsaufwand vergütet, der sich aus den Leistungs-, Struktur- und Qualitätsmerkmalen des Leistungserbringers und, soweit dazu Veranlassung besteht, in bestimmten Behandlungsfällen ergibt. Abweichend von Satz 3 wird die Behandlung von Versichertengruppen, die mit einem erheblichen therapeutischen Leistungsaufwand und überproportionalen Kosten verbunden ist, mit arztgruppenspezifischen diagnosebezogenen Fallpauschalen vergütet. Für die Versorgung im Rahmen von kooperativen Ver-

sorgungsformen sind spezifische Fallpauschalen festzulegen, die dem fallbezogenen Zusammenwirken von Ärzten unterschiedlicher Fachrichtungen in diesen Versorgungsformen Rechnung tragen. Die Bewertungen für psychotherapeutische Leistungen haben eine angemessene Höhe der Vergütung je Zeiteinheit zu gewährleisten.

(2d) Im einheitlichen Bewertungsmaßstab für ärztliche Leistungen sind Regelungen einschließlich Prüfkriterien vorzusehen, die sicherstellen, dass der Leistungsinhalt der in den Absätzen 2b und 2c genannten Pauschalen jeweils vollständig erbracht wird, die jeweiligen notwendigen Qualitätsstandards eingehalten, die abgerechneten Leistungen auf den medizinisch notwendigen Umfang begrenzt sowie bei Abrechnung der Fallpauschalen nach Absatz 2c Satz 5 die Mindestanforderungen zu der institutionellen Ausgestaltung der Kooperation der beteiligten Ärzte eingehalten werden; dazu kann die Abrechenbarkeit der Leistungen an die Einhaltung der vom Gemeinsamen Bundesausschuss und in den Bundesmantelverträgen beschlossenen Qualifikations- und Qualitätssicherungsanforderungen sowie an die Einhaltung der gegenüber der Kassenärztlichen Vereinigung zu erbringenden Dokumentationsverpflichtungen insbesondere gemäß § 295 Abs. 3 Satz 2 geknüpft werden. Zudem können Regelungen vorgesehen werden, die darauf abzielen, dass die Abrechnung der Versichertenpauschalen nach Absatz 2b Satz 1 sowie der Grundpauschalen nach Absatz 2c Satz 1 für einen Versicherten nur durch einen Arzt im Abrechnungszeitraum erfolgt, oder es können Regelungen zur Kürzung der Pauschalen für den Fall eines Arztwechsels des Versicherten innerhalb des Abrechnungszeitraums vorgesehen werden. Die Regelungen nach den Absätzen 2b, 2c Satz 1 bis 3 und 5 sowie nach diesem Absatz sind auf der Grundlage des zum Zeitpunkt des Beschlusses geltenden einheitlichen Bewertungsmaßstabes erstmalig spätestens bis zum 31. Oktober 2007 mit Wirkung zum 1. Januar 2008, die Regelung nach Absatz 2c Satz 6 erstmalig spätestens bis zum 31. Oktober 2008 mit Wirkung zum 1. Januar 2009, die Regelung nach Absatz 2c Satz 4 erstmalig spätestens bis zum 31. Oktober 2010 mit Wirkung zum 1. Januar 2011 zu treffen.

(2e) Im einheitlichen Bewertungsmaßstab für die ärztlichen Leistungen sind jährlich bis zum 31. August jeweils bundeseinheitliche Punktwerte als Orientierungswerte in Euro zur Vergütung der vertragsärztlichen Leistungen

1. **im Regelfall,**
2. **bei Feststellung von Unterversorgung oder drohender Unterversorgung gemäß § 100 Abs. 1 Satz 1 sowie**
3. **bei Feststellung von Überversorgung gemäß § 103 Abs. 1 Satz 1**

festzulegen. Der Orientierungswert gemäß Satz 1 Nr. 2 soll den Orientierungswert gemäß Satz 1 Nr. 1 so überschreiten und der Orientierungswert gemäß Satz 1 Nr. 3 soll den Orientierungswert gemäß Satz 1 Nr. 1 so unterschreiten, dass sie eine steuernde Wirkung auf das ärztliche Niederlassungsverhalten entfalten; die Orientierungswerte nach Satz 1 Nr. 2 und 3 können dazu auch nach Versorgungsgraden differenziert werden. Die Orientierungswerte nach Satz 1 Nr. 3 sind übergangsweise danach zu differenzieren, ob sie zur Vergütung vertragsärztlicher Leistungen von Ärzten, die bereits vor der erstmaligen Vereinbarung der Orientierungswerte zugelassen waren (Altfälle) oder von Ärzten, die erst nach der erstmaligen Vereinbarung der Orientierungswerte zugelassen werden (Neufälle), angewendet werden, mit dem Ziel einer möglichst zeitnahen Angleichung der Orientierungswerte für Alt- und Neufälle. Der Bewertungsausschuss bestimmt die Fälle, in denen die Orientierungswerte gemäß Satz 1 Nr. 2 und 3 zwingend anzuwenden sind sowie ihren Anwendungszeitraum.

(2f) Der für ärztliche Leistungen zuständige Bewertungsausschuss legt jährlich bis zum 31. August Indikatoren zur Messung der regionalen Besonderheiten bei der Kosten- und Versorgungsstruktur nach § 87a Abs. 2 Satz 2 fest, auf deren Grundlage in den regionalen Punktwertvereinbarungen von den Orientierungswerten nach Absatz 2e Satz 1 abgewichen werden kann. Der Bewertungsausschuss kann die zur Festlegung der Indikatoren erforderlichen Datenerhebungen und -auswertungen gemäß Absatz 3f Satz 3 durchführen; soweit möglich hat er bei der Festlegung der Indikatoren amtliche Indikatoren zugrunde zu legen. Als Indikatoren für das Vorliegen von regionalen Besonderheiten bei der Versorgungsstruktur dienen insbesondere Indikatoren, die Abweichungen der regionalen Fallzahlentwicklung von der bundesdurchschnittlichen Fallzahlentwicklung messen. Als Indikatoren für das Vorliegen von regionalen Besonderheiten bei der Kostenstruktur dienen insbesondere Indikatoren, die Abweichungen der für die Arztpraxen maßgeblichen regionalen Investitions- und Betriebskosten von den entsprechenden bundesdurchschnittlichen Kosten messen.

(2g) Bei der Anpassung der Orientierungswerte nach Absatz 2e sind insbesondere

1. **die Entwicklung der für Arztpraxen relevanten Investitions- und Betriebskosten, soweit diese nicht bereits durch die Weiterentwicklung der Bewertungsrelationen nach Absatz 2 Satz 2 erfasst worden sind,**
2. **Möglichkeiten zur Ausschöpfung von Wirtschaftlichkeitsreserven, soweit diese nicht bereits durch die Weiterentwicklung der Bewertungsrelationen nach Absatz 2 Satz 2 erfasst worden sind,**
3. **die allgemeine Kostendegression bei Fallzahlsteigerungen, soweit diese nicht durch eine Abstaffelungsregelung nach Absatz 2 Satz 3 berücksichtigt worden ist, sowie**
4. **aufgetretene Defizite bei der Steuerungswirkung der Orientierungswerte gemäß Absatz 2e Satz 1 Nr. 2 und 3**

zu berücksichtigen.

(2h) Die im einheitlichen Bewertungsmaßstab für zahnärztliche Leistungen aufgeführten Leistungen können zu Leistungskomplexen zusammengefasst werden. Die Leistungen sind entsprechend einer ursachengerechten, zahnsubstanzschonenden und präventionsorientierten Versorgung insbesondere nach dem Kriterium der erforderlichen Arbeitszeit gleichgewichtig in und zwischen den Leistungsbereichen für Zahnerhaltung, Prävention, Zahnersatz und Kieferorthopädie zu bewerten. Bei der Festlegung der Bewertungsrelationen ist wissenschaftlicher Sachverstand einzubeziehen. Kommt eine Vereinbarung ganz oder teilweise bis zum 31. Dezember 2001 nicht zu Stande, hat das Bundesministerium für Gesundheit unverzüglich den erweiterten Bewertungsausschuss nach Absatz 4 mit Wirkung für die Vertragsparteien anzurufen. Der erweiterte Bewertungsausschuss setzt mit der Mehrheit seiner Mitglieder innerhalb von sechs Monaten die Vereinbarung fest.

(3) Der Bewertungsausschuß besteht aus sieben von der Kassenärztlichen Bundesvereinigung bestellten Vertretern sowie je einem von den Bundesverbänden der Krankenkassen, der Deutschen Rentenversicherung Knappschaft-Bahn-See und den Verbänden der Ersatzkassen bestellten Vertreter. Den Vorsitz führt abwechselnd ein Vertreter der Ärzte und ein Vertreter der Krankenkassen.

(3a) Der Bewertungsausschuss analysiert die Auswirkungen seiner Beschlüsse auf die vertragsärztlichen Honorare und die Versorgung der Versicherten mit vertragsärztlichen Leistungen. Er legt dem Bundesministerium für Gesundheit jährlich jeweils zum 31. Dezember einen Bericht zur Entwicklung der Vergütungs- und Leistungsstruktur in der vertragsärztlichen Versorgung im Vorjahr vor; das Bundesministerium für Gesundheit kann das Nähere zum Inhalt des Berichts bestimmen. Absatz 6 Satz 4 bis 6 gilt entsprechend.

(3b) Die Kassenärztliche Bundesvereinigung und die in Absatz 3 genannten Spitzenverbände der Krankenkassen gründen bis zum 30. April 2007 ein Institut, das den Bewertungsausschuss bei der Wahrnehmung seiner Aufgaben unterstützt. Das Institut bereitet gemäß der vom Bewertungsausschuss nach Absatz 3e zu vereinbarenden Geschäftsordnung die Beschlüsse nach § 85 Abs. 4a, §§ 87, 87a bis 87c und die Analysen und Berichte nach den Absätzen 3a, 7 und 8 vor. Wird das Institut bis zu dem in Satz 1 genannten Zeitpunkt nicht oder nicht in einer seinen Aufgaben entsprechenden Weise gegründet, kann das Bundesministerium für Gesundheit eine oder mehrere der in Satz 1 genannten Organisationen zur Errichtung des Instituts verpflichten oder eine oder mehrere der in Satz 1 genannten Organisationen oder einen Dritten mit den Aufgaben nach Satz 2 beauftragen. Satz 3 gilt entsprechend, wenn das Institut seine Aufgaben nicht in dem vorgesehenen Umfang oder nicht entsprechend den geltenden Vorgaben erfüllt oder das Institut aufgelöst wird. Abweichend von Satz 1 können die dort genannten Organisationen einen Dritten mit den Aufgaben nach Satz 2 beauftragen. Sie haben im Zeitraum bis zur Herstellung der vollständigen Arbeitsfähigkeit des Instituts oder des von ihnen beauftragten Dritten sicherzustellen, dass der Bewertungsausschuss die in Satz 2 genannten Aufgaben in vollem Umfang und fristgerecht erfüllen kann. Hierzu hat der Bewertungsausschuss regelmäßig, erstmalig bis zum 30. April 2007, festzustellen, ob und in welchem Umfang das Institut oder der beauftragte Dritte arbeitsfähig ist und ob abweichend von Satz 2 die dort genannten Aufgaben in einer Übergangsphase bis zum 31. Oktober 2008 zwischen dem Institut oder dem beauftragten Dritten und der Kassenärztlichen Bundesvereinigung und den in Absatz 3 genannten Spitzenverbänden der Krankenkassen aufgeteilt werden sollen; Absatz 6 gilt entsprechend.

(3c) Die Finanzierung des Instituts oder des beauftragten Dritten nach Absatz 3b erfolgt durch die Erhebung eines Zuschlags auf jeden ambulant-kurativen Behandlungsfall in der vertragsärztlichen Versorgung. Der Zuschlag ist von den Krankenkassen außerhalb der Gesamtvergütung nach § 85 oder der morbiditätsbedingten Gesamtvergütung nach § 87a zu finanzieren. Das Nähere bestimmt der Bewertungsausschuss in seinem Beschluss nach Absatz 3e Satz 1 Nr. 2.

(3d) Über die Ausstattung des Instituts oder des beauftragten Dritten nach Absatz 3b mit den für die Aufgabenwahrnehmung erforderlichen Sachmitteln, die Einstellung des Personals und die Nutzung der Daten gemäß Absatz 3f durch das Institut oder den beauftragten Dritten entscheidet der Bewertungsausschuss; Absatz 6 gilt entsprechend. Die innere Organisation ist jeweils so zu gestalten, dass sie den besonderen Anforderungen des Datenschutzes nach § 78a des Zehnten Buches gerecht wird.

(3e) Der Bewertungsausschuss beschließt

1. **eine Geschäftsordnung, in der er Regelungen zur Arbeitsweise des Bewertungsausschusses und des Instituts oder des beauftragten Dritten gemäß Absatz 3b, insbesondere zur Geschäftsführung und zur Art und Weise der Vorbereitung der in Absatz 3b Satz 2 genannten Beschlüsse, Analysen und Berichte trifft, sowie**

2. eine Finanzierungsregelung, in der er Näheres zur Erhebung des Zuschlags nach Absatz 3c bestimmt.

Die Geschäftsordnung und die Finanzierungsregelung bedürfen der Genehmigung des Bundesministeriums für Gesundheit.

(3f) Die Kassenärztlichen Vereinigungen und die Krankenkassen erfassen jeweils nach Maßgabe der vom Bewertungsausschuss zu bestimmenden inhaltlichen und verfahrensmäßigen Vorgaben die für die Aufgaben des Bewertungsausschusses nach diesem Gesetz erforderlichen Daten, einschließlich der Daten nach § 73b Abs. 7 Satz 4 und § 73c Abs. 6 Satz 4 sowie § 140d Abs. 2 Satz 4, arzt- und versichertenbezogen in einheitlicher pseudonymisierter Form. Die Daten nach Satz 1 werden jeweils unentgeltlich von den Kassenärztlichen Vereinigungen an die Kassenärztliche Bundesvereinigung und von den Krankenkassen an ihren Spitzenverband übermittelt, die diese Daten jeweils zusammenführen und sie unentgeltlich dem Institut oder dem beauftragten Dritten gemäß Absatz 3b übermitteln. Soweit erforderlich hat der Bewertungsausschuss darüber hinaus Erhebungen und Auswertungen nicht personenbezogener Daten durchzuführen oder in Auftrag zu geben oder Sachverständigengutachten einzuholen. Für die Erhebung und Verarbeitung der Daten nach den Sätzen 2 und 3 kann der Bewertungsausschuss eine Datenstelle errichten oder eine externe Datenstelle beauftragen; für die Finanzierung der Datenstelle gelten die Absätze 3c und 3e entsprechend. Personenbezogene Daten nach Satz 1 sind zu löschen, sobald sie nicht mehr benötigt werden. Das Verfahren der Pseudonymisierung nach Satz 1 ist vom Bewertungsausschuss im Einvernehmen mit dem Bundesamt für Sicherheit in der Informationstechnik zu bestimmen.

(3g) Die Regelungen der Absätze 3a bis 3f gelten nicht für den für zahnärztliche Leistungen zuständigen Bewertungsausschuss.

(4) Kommt im Bewertungsausschuß durch übereinstimmenden Beschluß aller Mitglieder eine Vereinbarung über den Bewertungsmaßstab ganz oder teilweise nicht zustande, wird der Bewertungsausschuß auf Verlangen von mindestens zwei Mitgliedern um einen unparteiischen Vorsitzenden und vier weitere unparteiische Mitglieder erweitert. Für die Benennung des unparteiischen Vorsitzenden gilt § 89 Abs. 3 entsprechend. Von den weiteren unparteiischen Mitgliedern werden zwei Mitglieder von der Kassenärztlichen Bundesvereinigung sowie ein Mitglied gemeinsam von den Bundesverbänden der Krankenkassen und der Deutschen Rentenversicherung Knappschaft-Bahn-See benannt. Die Benennung eines weiteren unparteiischen Mitglieds erfolgt durch die Verbände der Ersatzkassen.

(5) Der erweiterte Bewertungsausschuß setzt mit der Mehrheit seiner Mitglieder die Vereinbarung fest. Die Festsetzung hat die Rechtswirkung einer vertraglichen Vereinbarung im Sinne des § 82 Abs. 1. Zur Vorbereitung von Maßnahmen nach Satz 1 für den Bereich der ärztlichen Leistungen hat das Institut oder der beauftragte Dritte nach Absatz 3b dem zuständigen erweiterten Bewertungsausschuss unmittelbar und unverzüglich nach dessen Weisungen zuzuarbeiten.

(6) Das Bundesministerium für Gesundheit kann an den Sitzungen der Bewertungsausschüsse, des Instituts oder des beauftragten Dritten nach Absatz 3b sowie der von diesen jeweils gebildeten Unterausschüssen und Arbeitsgruppen teilnehmen; ihm sind die Beschlüsse der Bewertungsausschüsse zusammen mit den den Beschlüssen zugrunde liegenden Beratungsunterlagen und den für die Beschlüsse jeweils entscheidungserheblichen Gründen vorzulegen. Das Bundesministerium für Gesundheit kann die Beschlüsse innerhalb von zwei Monaten beanstanden; es kann im Rahmen der Prüfung eines Beschlusses vom Bewertungsausschuss zusätzliche Informationen und er-

gänzende Stellungnahmen dazu anfordern; bis zum Eingang der Auskünfte ist der Lauf der Frist unterbrochen. Die Nichtbeanstandung eines Beschlusses kann vom Bundesministerium für Gesundheit mit Auflagen verbunden werden; das Bundesministerium für Gesundheit kann zur Erfüllung einer Auflage eine angemessene Frist setzen. Kommen Beschlüsse der Bewertungsausschüsse ganz oder teilweise nicht oder nicht innerhalb einer vom Bundesministerium für Gesundheit gesetzten Frist zustande oder werden die Beanstandungen des Bundesministeriums für Gesundheit nicht innerhalb einer von ihm gesetzten Frist behoben, kann das Bundesministerium für Gesundheit die Vereinbarungen festsetzen; es kann dazu Datenerhebungen in Auftrag geben oder Sachverständigengutachten einholen. Zur Vorbereitung von Maßnahmen nach Satz 4 für den Bereich der ärztlichen Leistungen hat das Institut oder der beauftragte Dritte oder die vom Bundesministerium für Gesundheit beauftragte Organisation gemäß Absatz 3b dem Bundesministerium für Gesundheit unmittelbar und unverzüglich nach dessen Weisungen zuzuarbeiten. Die mit den Maßnahmen nach Satz 4 verbundenen Kosten sind von den Spitzenverbänden der Krankenkassen und der Kassenärztlichen Bundesvereinigung jeweils zur Hälfte zu tragen; das Nähere bestimmt das Bundesministerium für Gesundheit. Abweichend von Satz 4 kann das Bundesministerium für Gesundheit für den Fall, dass Beschlüsse der Bewertungsausschüsse nicht oder teilweise nicht oder nicht innerhalb einer vom Bundesministerium für Gesundheit gesetzten Frist zustande kommen, den erweiterten Bewertungsausschuss nach Absatz 4 mit Wirkung für die Vertragspartner anrufen. Der erweiterte Bewertungsausschuss setzt mit der Mehrheit seiner Mitglieder innerhalb einer vom Bundesministerium für Gesundheit gesetzten Frist die Vereinbarung fest; Satz 1 bis 6 gilt entsprechend.

(7) Der Bewertungsausschuss berichtet dem Bundesministerium für Gesundheit bis zum 31. März 2012 über die Steuerungswirkung der auf der Grundlage der Orientierungswerte nach Absatz 2e Satz 1 Nr. 2 und 3 vereinbarten Punktwerte nach § 87a Abs. 2 Satz 1 auf das ärztliche Niederlassungsverhalten. Absatz 6 Satz 4 bis 6 gilt entsprechend. Auf der Grundlage der Berichterstattung nach Satz 1 berichtet das Bundesministerium für Gesundheit dem Deutschen Bundestag bis zum 30. Juni 2012, ob auch für den Bereich der ärztlichen Versorgung auf die Steuerung des Niederlassungsverhaltens durch Zulassungsbeschränkungen verzichtet werden kann.

(8) Der Bewertungsausschuss evaluiert die Umsetzung von § 87a Abs. 6 und § 87b Abs. 4 in Bezug auf den datenschutzrechtlichen Grundsatz der Datenvermeidung und Datensparsamkeit insbesondere unter Einbeziehung der Möglichkeit von Verfahren der Pseudonymisierung und berichtet hierüber dem Bundesministerium für Gesundheit bis zum 30. Juni 2010. Absatz 6 Satz 4 bis 6 gilt entsprechend. Das Bundesministerium für Gesundheit berichtet auf dieser Grundlage dem Deutschen Bundestag bis zum 31. Dezember 2010.

Gliederung

A. Basisinformationen

I. Textgeschichte/Gesetzgebungsmaterialien

1 § 87 SGB V wurde durch Art. 1 **Gesundheitsreformgesetz** vom 20.12.1988[1] in das SGB eingefügt. Die Vorschrift trat zum 01.01.1989 in Kraft.

2 Die Vorschrift hat zahlreiche Änderungen erfahren, die in erster Linie auf eine Reform der Bewertungsmaßstäbe abzielen. Vor allem durch Art. 1 Nr. 66 **Gesetz zur Modernisierung der gesetzlichen Krankenversicherung** vom 14.11.2003[2] ist sie in zahlreichen Punkten mit Wirkung vom 01.01.2004 neu gefasst worden. So wurde Absatz 1 um Satz 6 ergänzt, die Absätze 2 und 2a wurden geändert, die Absätze 2c und 6 wurden neu gefasst, Absatz 1a mit Wirkung vom 01.01.2005 eingefügt. Mit Wirkung vom 01.01.2005 sind darüber hinaus die Absätze 3 und 4 durch **Gesetz zur Organisationsreform in der gesetzlichen Rentenversicherung** vom 09.12.2004[3] an die neuen Organisationsstrukturen in der gesetzlichen Rentenversicherung angepasst worden. Schließlich wurde Absatz 1 Satz 6 durch das **Gesetz zur Organisationsstruktur der Telematik im Gesundheitswesen** vom 22.06.2005[4] mit Wirkung vom 28.06.2005 geändert.

3 Art. 256 Nr. 1 der **Neunten Zuständigkeitsanpassungsverordnung** vom 31.10.2006[5] hat § 87 Abs. 2d Satz 4 und Abs. 6 SGB V mit Wirkung vom 08.11.2006 an die aktuelle Bezeichnung des Bundesministeriums für Gesundheit angepasst.

4 Umfangreiche Änderungen hat § 87 SGB V durch Art. 1 Nr. 57 **GKV-Wettbewerbsstärkungsgesetz (GKV-WSG)** vom 26.03.2007[6] erfahren. Rückwirkend, nämlich mit Wirkung vom 27.10.2006, sind § 87 Abs. 3b-3e SGB V in Kraft getreten, die Aufgaben, institutionelle Rahmenbedingungen und Finanzierung des Instituts des Bewertungsausschusses regeln. Mit Wirkung vom 01.04.2007 sind die Vorschriften über den EBM neu strukturiert und wesentlich erweitert worden. Das schließt insbesondere die Vereinbarung von Vorgaben für das ab 01.01.2009 geltende Vergütungssystem nach Maßgabe der §§ 87a und 87b SGB V ein.

5 **Gesetzgebungsmaterialien:** Gesetzentwurf der Fraktionen SPD, CDU/CSU und BÜNDNIS 90/DIE GRÜNEN zum Entwurf eines Gesetzes zur Modernisierung der gesetzlichen Krankenversicherung.[7] Hierzu Beschlussempfehlung[8] und Bericht[9] des Ausschusses für Gesundheit und Soziale Sicherung. Gesetzentwurf der Fraktionen SPD und BÜNDNIS 90/DIE GRÜNEN zum Entwurf eines Gesetzes zur Organisationsstruktur der Telematik im Gesundheitswesen.[10] Hierzu Beschlussempfehlung und Bericht des Ausschusses für Gesundheit und Soziale Sicherung.[11] Gesetzentwurf der Fraktionen der CDU/CSU und SPD zur Stärkung des Wettbewerbs in der gesetzlichen Krankenversicherung (GKV-Wettbewerbsstärkungsgesetz – GKV-WSG).[12] Hierzu vgl. Bericht des Ausschusses für Gesundheit.[13]

II. Vorgängervorschriften

6 § 87 SGB V beruht im Wesentlichen auf den Vorgängervorschriften von § 368g Abs. 4 RVO sowie § 368i Abs. 8-10 RVO.

---

[1] BGBl I 1988, 2477.
[2] BGBl I 2003, 2190.
[3] BGBl I 2004, 3242.
[4] BGBl I 2005, 1720, berichtigt am 26.06.2005, BGBl I, 2566.
[5] BGBl I 2006, 2407.
[6] BGBl 2007 I, 378.
[7] GKV-Modernisierungsgesetz – GMG, BT-Drs. 15/1525.
[8] BT-Drs. 15/1584.
[9] BT-Drs. 15/1600.
[10] BT-Drs. 15/4924.
[11] BT-Drs. 15/5272.
[12] BT-Drs. 16/3100.
[13] BT-Drs. 16/4247.

III. Parallelvorschriften

7 § 88 SGB V regelt die Aufstellung eines Leistungsverzeichnisses für **zahntechnische Leistungen**. Ein **Leistungskatalog** mit Vergütungsvorschriften ist in **§ 115b SGB V** für ambulant durchführbare Operationen und sonstige stationsersetzende Eingriffe vorgesehen.

IV. Untergesetzliche Normen

8 Untergesetzliche Normen sind die aufgrund von § 87 SGB V beschlossenen Bewertungsmaßstäbe: Für den vertragsärztlichen Bereich der seit dem 01.04.2005 in Kraft befindliche EBM 2000plus.[14] Für den vertragszahnärztlichen Bereich der seit dem 01.01.2004 in Kraft befindlichen Bema 2004.[15]

V. Systematische Zusammenhänge

9 § 87 SGB V verzahnt das Leistungsrecht der gesetzlichen Krankenversicherung mit dem vertragsärztlichen Leistungserbringer- und hier insbesondere mit dem Vergütungsrecht. Die aufgrund von § 87 SGB V beschlossenen Bewertungsmaßstäbe stellen für Versicherte und Vertragsärzte einen verbindlichen Katalog der Leistungen dar, die in der vertragsärztlichen Versorgung als ärztliche Sach- und Dienstleistungen geschuldet sind. Gleichzeitig enthalten die Bewertungsmaßstäbe Bewertungen dieser Leistungen, die Grundlage des ärztlichen Vergütungsanspruchs sind. Diese Bewertungen liegen dem ärztlichen Vergütungsanspruch nach den Honorarverteilungsmaßstäben zu Grunde.

10 In diesem Rahmen enthält § 87 SGB V zahlreiche Regelungsbefugnisse des Bewertungsausschusses. Dieser trifft alle zentralen Vorgaben zum neuen Vergütungssystem für ärztliche Leistungen, die im Rahmen der §§ 87a, 87b SGB V ab dem 01.01.2009 auf regionaler Ebene umgesetzt werden müssen.

11 **Sonderregelungen** für die Jahre 2009 und 2010 sind zu § 87 Abs. 2e SGB V in § 87c Abs. 1 SGB V, zu § 87 Abs. 2f SGB V in § 87c Abs. 2 SGB V enthalten.

VI. Ausgewählte Literaturhinweise

12 *Altheide*, Neustrukturierung des Bewertungsmaßstabes für vertragszahnärztliche Leistungen – Jahrhundertwerk oder Flop?, KrV 2002, 49-53; *Axer*, Normenkontrolle und Normerlassklage in der Sozialgerichtsbarkeit, NZS 1997, 10-16; *Ballast*, Der neue Einheitliche Bewertungsmaßstab für ärztliche Leistungen (EBM) kommt – Chancen und Risiken, Ersk 2004, 444-446; *Engelmann*, Untergesetzliche Normen im Recht der gesetzlichen Krankenversicherung durch Verträge und Richtlinien (Teil 1), NZS 2000, 1-8; *Gabe*, Für eine substanzschonende und präventionsorientierte Zahnheilkunde, BKK 2003, 467-474; *Hesral*, Praxis- und Zusatzbudgets des EBM (Ärzte) in der gerichtlichen Praxis, NZS 2000, 596-603; *Kallenberg*, Der Einheitliche Bewertungsmaßstab (EBM) in der Fassung vom 01.04.2005, GesR 2005, 97-102; *Kaltenborn*, Staatshaftungsrechtliche Folgen rechtswidriger Normsetzung in der funktionalen Selbstverwaltung, SGb 2002, 659-663; *Koenig/Engelmann/Steiner*, Die Budgetierung von Laborleistungen im einheitlichen Bewertungsmaßstab auf dem Prüfstand des EG-Wettbewerbsrechts, NZS 2002, 288-293; *Kretschmer*, Auswirkungen der Regelungen über die Budgetierung in der vertragsärztlichen Versorgung auf die Haftung für ärztliche Behandlungsfehler, ArztR 2003, 144-149; *Preißler*, Auswirkungen der Budgetregelungen auf den Leistungsanspruch der Versicherten, MedR 2002, 84-88; *Rompf*, Der Erweiterte Bewertungsausschuss – spezielles Schiedsorgan oder untergesetzlicher Normgeber?, GesR 2003, 65-67; *Schnapp*, Kompetenzkonflikte durch Normerlass im Kassenarztrecht, NZS 1997, 152-154; *Schneider,* Die vertragsärztliche Vergütung im Spannungsfeld von EBM und HVM, MedR 1997, 1-6; *Schneider*, EBM 2000plus – Reformbaustelle Ärzte (vorläufig) beseitigt, Ersk 2005, 186-191; *Wahl*, Die Intensivierung der gerichtlichen Kontrolle des Einheitlichen Bewertungsmaßstabs und das Ende der Praxisbudgets, MedR 2003, 569-574; *Wenner*, Maßnahmen zur Qualitätssicherung in der vertragsärztlichen Versorgung auf dem Prüfstand der Rechtsprechung, NZS 2002, 1-8; *Wimmer*, Die sozialgerichtliche Kontrolldichte des Einheitlichen Bewertungsmaßstabes, NZS 2001, 287-293; *Ziermann*, Abgrenzung der Normsetzungskompetenzen des Bundesausschusses und des (Erweiterten) Bewertungsausschusses im Bereich der zahnmedizinischen Versorgung nach der GKV-Gesundheitsreform 2000, VSSR 2003, 175-190; *Zwingel*, Auslegungssystematik vertragsärztlicher Pauschalerstattungsregelungen am Beispiel der Nr. 7103 EBM, MedR 1999, 315-319.

---

[14] Aktuelle Fassung steht zum Download bereit unter www.kbv.de.

[15] Aktuelle Fassung steht zum Download bereit unter www.kzbv.de.

B. Auslegung der Norm

I. Regelungsgehalt und Bedeutung der Norm

13 **Absatz 1** ist die Ermächtigungsgrundlage für die Verabschiedung der Einheitlichen Bewertungsmaßstäbe. Gleichzeitig regelt die Vorschrift das Verhältnis der Bewertungsmaßstäbe zu den Bundesmantelverträgen. Darüber hinaus betrifft Absatz 1 den zwingenden Inhalt der Bundesmantelverträge zu Vordruckfragen.

14 **Absatz 1a** legt den Mindestinhalt des Bundesmantelvertrags im zahnärztlichen Bereich im Zusammenhang mit der Umstellung der Zahnersatzversorgung auf Festzuschüsse fest.

15 **Absatz 2** ist die Grundnorm für den wesentlichen Inhalt der Bewertungsmaßstäbe und die Verpflichtung der Bewertungsausschüsse, diesen Inhalt regelmäßig zu überprüfen.

16 Die **Absätze 2a-2d** enthalten spezifische Vorgaben, wie die vertragsärztlichen Leistungen im Einzelnen abzubilden sind. Enthalten sind hier neben neuen Vorgaben (Pauschalierung, Mengensteuerung, Honorarzuschläge für besondere Qualität) auch aktualisierte und z.T. neu formulierte Regelungen des bisherigen Rechts. **Absatz 2a** enthält die Verpflichtung, den EBM in haus- und fachärztliche Leistungen zu gliedern. **Absatz 2b** gibt vor, wie die hausärztlichen Leistungen im EBM abzubilden sind. **Absatz 2c** trifft entsprechende Regelungen für den fachärztlichen Bereich. **Absatz 2d** enthält Vorgaben für die Pauschalen im haus- und fachärztlichen Bereich und stellt klar, dass der EBM Regelungen zur Mengenbegrenzung enthalten muss. Außerdem enthält die Bestimmung ein zeitliches Programm für die Umsetzung des neuen EBM.

17 Die **Absätze 2e-2g** enthalten die weiteren Rahmenvorgaben zur Euro-Gebührenordnung, die der Bewertungsausschuss zu treffen hat. **Absatz 2e** bestimmt, dass und wie der Bewertungsausschuss Orientierungswerte für die bundesweit zu zahlenden Punktwerte bestimmt. **Absatz 2f** regelt die Vorgaben für die Vereinbarung der regionalen Punktwerte nach § 87a SGB V. **Absatz 2g** enthält die Anpassungskriterien für die Orientierungswerte nach Absatz 2e.

18 **Absatz 2h** ist eine Sonderregel für den Bema.

19 **Absatz 3** regelt die Besetzung des Bewertungsausschusses.

20 Die **Absätze 3a-3f** treffen Regelungen, mit denen die Bearbeitung der Aufgaben des Bewertungsausschusses professionalisiert und die Transparenz der Beschlüsse erhöht werden soll.

21 In **Absatz 3a** wird der Bewertungsausschuss beauftragt, die Auswirkungen seiner Beschlüsse auf die vertragsärztliche Versorgung der Versicherten sowie die Honorare der Vertragsärzte zu analysieren.

22 Die **Absätze 3b-3e** betreffen Einrichtung, Finanzierung und Aufgaben des Instituts des Bewertungsausschusses.

23 Mit den in **Absatz 3f** getroffenen Regelungen wird sichergestellt, dass der Bewertungsausschuss bzw. sein Institut über alle erforderlichen Daten für die Beschlüsse verfügen.

24 **Absatz 3g** stellt klar, dass die Regelungen der Absätze 3a-3f nur für den vertragsärztlichen Bewertungsausschuss gelten.

25 Die **Absätze 4 und 5** enthalten mit der Einrichtung des erweiterten Bewertungsausschusses einen Konfliktlösungsmechanismus für den Fall, dass im Bewertungsausschuss keine Einigung zustande kommt.

26 **Absatz 6** regelt die Aufsicht über die Bewertungsausschüsse.

27 Die **Absätze 7 und 8** enthalten Berichtspflichten des Bewertungsausschusses gegenüber dem Bundesministerium für Gesundheit und des Ministeriums gegenüber dem Bundestag.

II. Normzweck

28 § 87 SGB V ist die Grundnorm für den Katalog und die Bewertung vertragsärztlicher und vertragszahnärztlicher Leistungen. Sie hat bereits in der Vergangenheit **drei wesentliche Funktionen** übernommen: Sie beschreibt den wesentlichen Inhalt der Bewertungsmaßstäbe in ihrer Eigenschaft als Verzeichnis der abrechenbaren Leistungen in der vertragsärztlichen Versorgung. Gleichzeitig stellt sie damit einen Katalog derjenigen Leistungen dar, die die Versicherten beanspruchen, die KKn leisten und die Vertragsärzte erbringen müssen.[16] Schließlich nutzt der Gesetzgeber § 87 SGB V als Instrument,

[16] BSG v. 16.09.1997 - 1 RK 28/95 - BSG SozR 3-2500 § 135 Nr. 4.

um das vertragsärztliche Leistungsverhalten zu steuern.[17] Damit engt er die Regelungsspielräume der regionalen Selbstverwaltungen zunehmend ein.

Die damit ohnehin große Bedeutung der Vorschrift hat seit dem 01.04.2007 noch wesentlich zugenommen. Das kommt nicht zuletzt in der Überschrift zum Ausdruck, die um den Begriff „bundeseinheitliche Orientierungswerte“ erweitert worden ist. Ab dem 01.04.2007 hat der Bewertungsausschuss zusätzlich die Aufgabe, alle zentralen Vorgaben zum neuen, in den §§ 87a, 87b SGB V geregelten Vergütungssystem auf Bundesebene zu treffen. Insbesondere werden im Bewertungsausschuss die Rahmenbedingungen für die neu zu schaffende Euro-Gebührenordnung (§ 87a Abs. 2 SGB V) erarbeitet. 29

Demgegenüber ist § 87 SGB V für die Bundesmantelverträge von geringerer Bedeutung. Entgegen der irreführenden Überschrift regelt die Vorschrift insoweit nur einen kleinen Teil des Inhalts dieser Verträge. Grundnorm ist hier vielmehr § 82 SGB V. 30

Mit den in § 87 Abs. 3a ff. SGB V getroffenen Regelungen trägt der Gesetzgeber der mit der Vergütungsreform durch das GMG und der EBM-Reform gewonnenen Erfahrung Rechnung. Er beurteilt das geltende Entscheidungsverfahren im Bewertungsausschuss als für derartig komplexe und konfliktbeladene Beschlüsse kaum geeignet. Sachgerechte Erwägungen seien von Interessenkonflikten insbesondere zwischen Ärzten und KKn überlagert und Entscheidungen nicht schnell genug getroffen worden. Zudem hätten einzelne Arztgruppen beklagt, dass sie nicht ausreichend am Entscheidungsprozess beteiligt gewesen seien. Da die Verfahren intransparent seien, könnten Dritte die Entscheidungen nur schwer nachvollziehen und sachlich bewerten. Daher sei die Akzeptanz bei den Betroffenen (KVen, KKn, Ärzte) oftmals sehr gering. Auch das Bundesministerium für Gesundheit habe sich schwer damit getan, die Beschlüsse nachzuvollziehen und ihre Auswirkungen abschätzen können. Daher müsse das Verfahren professionalisiert werden. 31

III. Regelungen zum Inhalt der Bundesmantelverträge

§ 87 Abs. 1 Sätze 2-6 und Abs. 1a SGB V treffen Regelungen zu einzelnen Teilbereichen der Bundesmantelverträge. 32

1. Regelungen zum Vordruckwesen im BMV-Ä/EKV

§ 87 Abs. 1 Satz 2 SGB V verpflichtet die Partner der Bundesmantelverträge, Regelungen zum Vordruckwesen zu treffen. Auf dieser Grundlage ist die **Vordruckvereinbarung** (Anlage 2 zum EKV) geschlossen worden.[18] 33

Nach § 87 Abs. 1 Satz 3 SGB V müssen die Verordnungsblätter für Arzneimittelverordnungen so gestaltet sein, dass der Vertragsarzt seine Entscheidung nach § 73 Abs. 5 Satz 2 SGB V (**aut-idem-Verordnung**) treffen kann. § 87 Abs. 1 Satz 4 SGB V ist zu entnehmen, dass je Verordnung nur drei Arzneimittel verordnet werden dürfen. Für die aut-idem-Verordnung ist nach § 87 Abs. 1 Satz 5 SGB V ein gesondertes Feld vorzusehen, ebenso ein solches für die Eintragung des Kennzeichens nach § 300 Abs. 1 Nr. 1 SGB V. Damit soll die **maschinenlesbare Erfassung** der Daten gewährleistet werden. § 87 Abs. 1 Satz 6 SGB V legt fest, dass die gegenwärtig noch in Papierform vorhandenen **Verordnungsblätter** in die **elektronische Form** übernommen werden sollen,[19] und zwar auf der Grundlage der von der Gesellschaft für Telematik nach § 291a Abs. 7 Satz 2 SGB V und § 291b SGB V getroffenen Regelungen der Telematikinfrastruktur.[20] 34

2. Regelungen zum Zahnersatz im BMV-Z/EKV-Z (Absatz 1a)

§ 87 Abs. 1a SGB V trifft Regelungen für den Inhalt von BMV-Z und EKV-Z im Zusammenhang mit der Umstellung der Zahnersatzversorgung auf befundorientierte Festzuschüsse gemäß § 55 SGB V in der Fassung des Gesetzes zur Modernisierung der gesetzlichen Krankenversicherung. 35

Nach § 87 Abs. 1a Satz 1 SGB V müssen die BMVe insoweit Regelungen bestimmen, wonach die Vertragszahnärzte ihre zahnärztlichen Leistungen gegenüber den Versicherten nach dem **Bema** abrechnen. Das gilt allerdings nur für die **Regelversorgung**, und zwar auch dann, wenn die Versicherten einen auf- 36

---

[17] Vgl. BSG v. 20.03.1996 - 6 RKa 51/95 - SozR 3-2500 § 87 Nr. 12; BSG v. 13.11.1996 - 6 RKa 31/95 - SozR 3-2500 § 87 Nr. 14; BSG v. 17.09.1997 - 6 RKa 36/97 - SozR 3-2500 § 87 Nr. 18; zur Auswirkung von Steuerungsregeln auf den Leistungsanspruch des Versicherten *Preißler*, MedR 2002, 84.

[18] Zuletzt in: der Fassung der 16. Änderung mit Wirkung vom 01.04.2005 - DÄ 2005, A-1690.

[19] Vgl. FraktE-GMG, BT-Drs. 15/1525, S. 104 zu Nr. 66 lit. a).

[20] Vgl. FraktE-TeleGWG, BT-Drs. 15/4924, S. 7 zu Art. 1 Nr. 1.

wändigeren Zahnersatz wählen (§ 55 Abs. 4 SGB V i.V.m. § 56 Abs. 2 Satz 10 SGB V).[21] Nur die über die Regelversorgung hinausgehenden Leistungen kann der Vertragszahnarzt nach der GOZ abrechnen (vgl. i.E. § 87a SGB V).

37 In § 87 Abs. 1a Sätze 2-10 SGB V sind wesentliche Vorschriften zum **Verfahren**, insbesondere auch zum **Verbraucherschutz** des Versicherten, getroffen worden, die insbesondere der **Transparenz** des Leistungsgeschehens dienen. Die wesentlichen auf dieser Grundlage zu treffenden Regelungen sind inzwischen vom **Bundesschiedsamt** festgesetzt worden (Beschluss vom 07.06.2005, Anlage 3 zum BMV-Z, Anlage 4 zum EKV-Z; zu Bedenken vgl. die Kommentierung zu § 87d SGB V Rn. 24).

38 Durch die in § 87 Abs. 1a Satz 4 SGB V vorgesehene Regelung soll gewährleistet werden, dass die Versicherten und ihre KKn über Herstellungsort und -land der abrechnungsfähigen zahntechnischen Leistungen informiert werden, um **Abrechnungsmanipulationen** entgegenzuwirken. Die Abgabe der „Erklärung zu Produkten für besondere Zwecke" nach Anhang VIII der RL 93/42/EWG v. 14.06.1993 stellt sicher, dass Versicherte auch bei im Ausland hergestelltem Zahnersatz eine Bestätigung darüber erhalten, dass der Zahnersatz den grundlegenden Anforderungen der Richtlinie entspricht.

IV. Bundesmantelverträge und Bewertungsmaßstäbe (Absatz 1 Satz 1)

1. Rechtsnatur der Bewertungsmaßstäbe

39 Die auf der Grundlage von § 87 Abs. 1 Satz 1 SGB V beschlossenen Bewertungsmaßstäbe sind **Normsetzungsverträge** und daher **Rechtsnormen.**[22]

40 Den Entscheidungen des **erweiterten Bewertungsausschusses** kommt demgegenüber eine **Doppelnatur** zu. Gegenüber den Institutionen, die den Bewertungsausschuss bilden (d.h. den KBVen und den Spitzenverbänden der KKn), handelt es sich um **Verwaltungsakte**, gegenüber Dritten um **Rechtsnormen.**[23]

41 Die Verbindlichkeit der Bewertungsmaßstäbe gegenüber den Partnern der Bundesmantelverträge ergibt sich unmittelbar daraus, dass die Bewertungsmaßstäbe nach der eindeutigen Regelung des § 87 Abs. 1 Satz 1 SGB V **Bestandteil** der Bundesmantelverträge sind.

42 Als Rechtsnormen werden die Bewertungsmaßstäbe **wirksam** erst mit **ordnungsgemäßer Veröffentlichung.**[24] Dies geschieht in der Regel im Deutschen Ärzteblatt oder in Beilagen bzw. in den Zahnärztlichen Mitteilungen. Bei umfassenden Regelungen (wie z.B. dem EBM 2000plus) reicht es aus, dass die Veröffentlichung in Form einer diesen Organen beigelegten CD-ROM oder DVD erfolgt.

43 Da Bewertungsmaßstäbe Rechtsnormen sind, brauchen sie grundsätzlich nicht begründet zu werden. Ebenso muss der Entscheidungsprozess nicht lückenlos dokumentiert werden.[25]

44 Aus der Funktion der Bewertungsmaßstäbe als Rechtsnormen folgt auch, dass eine **echte Rückwirkung** grundsätzlich unzulässig ist.[26] Das gilt für Änderungen in Leistungsverzeichnis und -beschreibungen ebenso wie für die rückwirkende Absenkung der Bewertung, aber auch für die rückwirkende Einführung von Leistungskomplexen, Pauschalen oder Budgetierungsregelungen. Eine Ausnahme besteht nach den allgemeinen Grundsätzen über die Zulässigkeit echter Rückwirkungen nur dann, wenn die Rechtsunterworfenen mit einer Neuregelung rechnen mussten, weil die Neuregelung eine unklare, verworrene oder lückenhafte Regelung ersetzt hat oder ernsthafte Zweifel an ihrer Rechtmäßigkeit bestehen mussten, durch die Rückwirkung allenfalls ein unerheblicher Schaden entstanden ist oder zwingende Gründe des Gemeinwohls die Rückwirkung legitimierten.[27]

[21] FraktE-GMG, BT-Drs. 15/1525, S. 104 zu Nr. 66 lit. b).
[22] BSG v. 01.07.1992 - 14a/6 RKa 1/90 - SozR 3-2500 § 87 Nr. 4; BSG v. 08.05.1996 - 6 RKa 49/95 - SozR 3-2500 § 368i Nr. 1; BSG v. 13.11.1996 - 6 RKa 31/95 - SozR 3-2500 § 87 Nr. 14; BSG v. 17.09.1997 - 6 RKa 36/97 - SozR 3-2500 § 87 Nr. 18; BSG v. 20.01.1999 - B 6 KA 9/98 R - SozR 3-2500 § 87 Nr. 21.
[23] BSG v. 11.09.2002 - B 6 KA 34/01 R - SozR 3-2500 § 87 Nr. 35; zum Streitstand: *Rompf*, GesR 2003, 65, 66.
[24] BSG v. 17.09.1997 - 6 RKa 36/97 - SozR 3-2500 § 87 Nr. 18.
[25] BSG v. 09.12.2004 - B 6 KA 44/03 R - SozR 4-2500 § 72 Nr. 2; BSG v. 16.05.2001 - B 6 KA 20/00 R - SozR 3-2500 § 87 Nr. 29.
[26] BSG v. 17.09.1997 - 6 RKa 36/97 - SozR 3-2500 § 87 Nr. 18.
[27] BSG v. 17.09.1997 - 6 RKa 36/97 - SozR 3-2500 § 87 Nr. 18.

2. Rechtsschutz gegen Bewertungsmaßstäbe

Da die Bewertungsmaßstäbe Rechtsnormen sind und das SGG anders als § 47 VwGO grundsätzlich keine Normenkontrollklage kennt, kann die Wirksamkeit der Bewertungsmaßstäbe nur **inzidenter** überprüft werden. Anlass sind aus vertragsärztlicher Sicht regelmäßig die Klage gegen einen Honorarbescheid oder eine sachlich-rechnerische Berichtigung.[28] 45

Da die Möglichkeit hierzu im Rahmen der Anfechtungs- oder Verpflichtungsklage besteht, kommt eine Feststellungsklage (§ 55 SGG) gegen Normen des Bewertungsmaßstabes nur in Betracht, wenn anderweitig kein effektiver Rechtsschutz zu erlangen ist.[29] Gegen Entscheidungen des erweiterten Bewertungsausschusses haben die den Bewertungsausschuss tragenden Institutionen wegen des Doppelcharakters der Entscheidungen zudem die Möglichkeit der unmittelbaren Anfechtungsklage (§ 54 Abs. 1 SGG). Eine solche Möglichkeit besteht bei Entscheidungen des Bewertungsausschusses nicht.[30] 46

Bei **unterbliebener Normsetzung** haben demgegenüber auch Leistungserbringer die Möglichkeit der **Normerlassklage** als allgemeiner Leistungsklage (§ 54 Abs. 5 SGG).[31] Die Klage richtet sich gegen die Spitzenverbände der KKn und die KBV, nicht gegen den Bewertungsausschuss selbst.[32] 47

Die Bewertungsausschüsse sind nach § 70 Nr. 4 SGG **beteiligungsfähig**.[33] 48

In Streitigkeiten, in denen es um die Wirksamkeit der Bewertungsmaßstäbe geht, können die Bewertungsausschüsse aufgrund ihrer Beteiligungsfähigkeit einfach (§ 75 Abs. 1 SGG) **beigeladen** werden. Sachgerecht ist jedoch die Beiladung der Partner der Bundesmantelverträge, weil sie durch die gerichtliche Entscheidung ggf. **materiell beschwert** werden.[34] Wegen dieser materiellen Beschwer haben die KBVen und die Spitzenverbände der KKn bei Verwerfung einer Norm als rechtswidrig auch die Möglichkeit, selbst **Rechtsmittel** einzulegen. Dieselbe Befugnis steht ihnen zu, wenn über die Auslegung eines Abrechnungsausschlusses gestritten wird.[35] 49

Die Gerichte der Sozialgerichtsbarkeit haben den Sachverhalt **von Amts wegen** aufzuklären (§ 103 SGG). Hierzu können sie auch Auskünfte der Bewertungsausschüsse einholen. Sind diese am Rechtsstreit beteiligt, folgt ihre Mitwirkungspflicht unmittelbar aus § 103 Satz 1 HS. 2 SGG. Im Übrigen ergibt sich die Befugnis der Gerichte, Auskünfte der Bewertungsausschüsse einzuholen, aus § 106 Abs. 3 Nr. 3 SGG. Es ist davon auszugehen, dass die Bewertungsausschüsse den Gerichten gegenüber mindestens in demselben Umfang auskunftspflichtig sind wie gegenüber der Aufsichtsbehörde nach § 87 Abs. 6 SGG. Aus dem Schweigen des Bewertungsausschusses kann nicht entsprechend § 138 Abs. 3 ZPO auf sachwidrige Motive für die angefochtene Entscheidung geschlossen werden.[36] Die Weigerung, Auskünfte zu erteilen, kann von den Gerichten allerdings im Wege der freien Beweiswürdigung verwertet werden. Ausnahmsweise, etwa wenn Grundrechtsbeeinträchtigungen von großer Intensität zu besorgen sind oder sachliche Gründe für eine Regelung nicht ohne weiteres erkennbar sind und sie daher als willkürlich erscheinen könnte, kann der Bewertungsausschuss auch zu einer Begründung seiner Entscheidung im gerichtlichen Verfahren verpflichtet sein.[37] Wegen der Vielzahl der im Rahmen einer Bewertungsentscheidung zu berücksichtigenden Gesichtspunkte kommt beim Streit um die Wirksamkeit eines Beschlusses des Bewertungsausschusses die Beweiserhebung durch (z.B. betriebswirtschaftliches) Sachverständigengutachten in der Regel nicht in Betracht.[38] 50

Stellt sich die **Rechtswidrigkeit** einer Regelung heraus, so führt dies nach allgemeinen Grundsätzen in der Regel zur **Nichtigkeit** der betreffenden Norm. Beruht die Rechtswidrigkeit allerdings auf einem Verstoß gegen den allgemeinen Gleichheitsgrundsatz (Art. 3 Abs. 1 GG), so ist diese Rechtsfolge un- 51

---

[28] Vgl. BSG v. 01.07.1992 - 14a/6 RKa 1/90.

[29] BSG v. 20.03.1996 - 6 RKa 21/95 - USK 9690; weitergehend: *Axer*, NZS 1997, 10, 12.

[30] *Engelhard* in: Hauck/Noftz, SGB V, § 87 Rn. 174 m.w.N. zum Streitstand; für die Zulässigkeit einer Organklage gegen Enscheidungen des Bewertungsausschusses dagegen *Schnapp*, NZS 1997, 152, 154.

[31] BSG v. 11.09.2002 - B 6 KA 34/01 R - SozR 3-2500 § 87 Nr. 35.

[32] Für den Bewertungsausschuss: BSG v. 11.09.2002 - B 6 KA 34/01 R - SozR 3-2500 § 87 Nr. 35; für den erweiterten Bewertungsausschuss: BSG v. 01.07.1992 - 14a/6 RKa 1/90 - SozR 3-2500 § 87 Nr. 4.

[33] Für den Bewertungsausschuss: BSG v. 11.09.2002 - B 6 KA 34/01 R - SozR 3-2500 § 87 Nr. 35; für den erweiterten Bewertungsausschuss: BSG v. 01.07.1992 - 14a/6 RKa 1/90 - SozR 3-2500 § 87 Nr. 4.

[34] BSG v. 24.09.2003 - B 6 KA 37/02 R - SozR 4-2500 § 87 Nr. 3.

[35] BSG v. 08.09.2004 - B 6 KA 37/03 R - SozR 4-5533 Nr. 273 Nr. 1.

[36] BSG v. 16.05.2001 - B 6 KA 20/00 R - SozR 3-2500 § 87 Nr. 29.

[37] BSG v. 16.05.2001 - B 6 KA 20/00 R - SozR 3-2500 § 87 Nr. 29; BSG v. 15.05.2002 - B 6 KA 33/01 R - SozR 3-2500 § 87 Nr. 34.

[38] *Engelhard* in: Hauck/Noftz, SGB V, § 87 Rn. 188a.

angemessen, weil damit rückwirkend die Rechtsgrundlage für die Vergütungsansprüche auch der durch die Regelung begünstigten Vertragsärzte entfallen würde. Aus diesem Grund haben die Sozialgerichte die Befugnis, dem Bewertungsausschuss Gelegenheit zur Neuregelung (unter Beachtung des Rückwirkungsverbots) zu geben.[39]

V. Inhalt und Bewertung der Leistungen in den Bewertungsmaßstäben

52 Die Bewertungsmaßstäbe sind **einheitlich**, d.h. sie führen die abrechnungsfähigen Leistungen und ihr Verhältnis **kassenartenübergreifend** auf.

1. Inhalt der abrechnungsfähigen Leistungen (Absatz 2 Satz 1)

53 Die Bewertungsmaßstäbe müssen ein **Leistungsverzeichnis** und eine **Leistungsbeschreibung** beinhalten. Die Leistungsbeschreibungen dienen verfassungsrechtlich dem Gemeinwohlbelang der Funktionsfähigkeit und Wirtschaftlichkeit der GKV; sie sind geeignet und erforderlich, eine gleichmäßige Vergütung der Vertragsärzte sicherzustellen.[40] Der **Leistungskatalog** ist **abschließend**. Nicht aufgeführte Leistungen können von den Vertragsärzten nicht im vertragsärztlichen Versorgungs- und Vergütungssystem erbracht und abgerechnet werden.[41] Eine entsprechende Anwendung von Gebührentatbeständen scheidet aus (anders als gemäß § 6 Abs. 2 GOÄ).[42] Kein Verstoß gegen diesen Grundsatz ist es dagegen, wenn der Bewertungsausschuss selbst „ähnliche Leistungen" in einem Gebührentatbestand zulässt.[43]

54 Bei der Entscheidung über die **Aufnahme** neuer Leistungen in den Bewertungsmaßstab besteht eine weitgehende **Bindung** des Bewertungsausschusses an die Entscheidungen des **Gemeinsamen Bundesausschusses** nach § 135 SGB V: Der Bewertungsausschuss darf neue Untersuchungs- und Behandlungsmethoden erst dann in den EBM aufnehmen, wenn der Gemeinsame Bundesausschuss eine **Empfehlung nach § 135 Abs. 1 SGB V** abgegeben hat. Existiert allerdings eine solche Empfehlung, so ist dem Bewertungsausschuss der Einwand abgeschnitten, die Methode sei unwirtschaftlich. Denn die Empfehlung des Gemeinsamen Bundesausschusses erstreckt sich auch auf die Wirtschaftlichkeit einer Methode.

55 Die **Prüfungskompetenz** des Bewertungsausschusses beschränkt sich danach auf drei Punkte: die Formulierung des Leistungsinhalts und die Bewertung der Leistung[44] sowie die Prüfung, ob ein ausreichender Vergütungsrahmen besteht.[45] Um eine verdeckte Rationierung zu Lasten der Versicherten zu verhindern, ist ein **unverzügliches Tätigwerden** des Bewertungsausschusses nach einer positiven Entscheidung gem. § 135 Abs. 1 SGB V erforderlich. Dabei kann insbesondere der Gesichtspunkt des Vergütungsrahmens die Aufnahme einer neuen Untersuchungs- und Behandlungsmethode nicht über einen längerfristigen Zeitraum verhindern, weil § 85 Abs. 3 Satz 3 SGB V anordnet, dass der Grundsatz der Beitragssatzstabilität Mehrausgaben aufgrund von Beschlüssen nach § 135 Abs. 1 SGB V nicht entgegensteht.

56 Kommt der Bewertungsausschuss seiner Prüfungspflicht nicht oder nicht zeitgerecht nach und kann die Leistung aus diesem Grund nicht im Rahmen der vertragsärztlichen Versorgung als Sachleistung erbracht werden, entsteht ein Systemversagen, das die Versicherten berechtigt, die Leistung über § 13 Abs. 3 SGB V in Anspruch zu nehmen.[46]

2. Wertmäßiges Verhältnis der Leistungen (Absatz 2 Satz 1)

57 Die Bewertungsmaßstäbe müssen das wertmäßige Verhältnis der Leistungen ausdrücken. Sie beschreiben damit **nicht** den **absoluten** Wert der Leistungen, sondern ihren **relativen** Wert im Verhältnis zueinander. Deshalb sind sie (anders als die GOÄ oder GOZ) auch keine Gebührenordnungen.

---

39 BSG v. 20.01.1999 - B 6 KA 9/98 R - SozR 3-2500 § 87 Nr. 21.

40 BVerfG v. 22.10.2004 - 1 BvR 550/04 - SozR 4-2500 § 87 Nr. 6.

41 BSG v. 13.11.1996 - 6 RKa 31/95 - SozR 3-2500 § 87 Nr. 14; BSG v. 17.09.1997 - 6 RKa 36/97 - SozR 3-2500 § 87 Nr. 18; BSG v. 25.08.1999 - B 6 KA 39/98 R - SozR 3-2500 § 135 Nr. 11.

42 *Engelhard* in: Hauck/Noftz, SGB V, § 87 Rn. 31; *Hess* in: KassKomm, SGB V, § 87 Rn. 7.

43 BSG v. 25.08.1999 - B 6 KA 39/98 R - SozR 3-2500 § 135 Nr. 11.

44 Vgl. BSG v. 13.11.1996 - 6 RKa 31/95 - BSGE 73, 239, 244 f.; *Ziermann*, VSSR 2003, 175, 188 f.

45 *Hess* in: KassKomm, SGB V, § 87 Rn. 10.

46 Vgl. *Engelhard* in: Hauck/Noftz, SGB V, § 87 Rn. 35.

Die Bewertungsmaßstäbe drücken den Wert der Leistungen in der Regel in **Punkten**, nicht in Geldbeträgen aus. Eine Ausnahme stellen insoweit z.B. die Laborleistungen dar. Das wertmäßige Verhältnis der Leistungen zueinander ergibt sich damit aus der Punktwertrelation. 58

Die Bindung der KVen und der KKn an die Bewertungsmaßstäbe führt dazu, dass auch im Rahmen eines **HVM** von den **Punktwertrelationen nicht abgewichen** werden darf.[47] **Ausnahmen** bedürfen einer ausdrücklichen gesetzlichen **Grundlage**. Solche finden sich in **§ 73a Abs. 1 Satz 3 SGB V** und **§ 140b Abs. 4 Satz 1 SGB V**. Die genannten Ausnahmen berechtigen allerdings nur zur Festlegung abweichender Bewertungen, nicht hingegen zur Aufnahme abweichender Leistungen in den Leistungskatalog. 59

3. Bewertung der Leistungen (Absatz 2 Sätze 1-3)

Die Kriterien für die Bewertung der Leistungen ergeben sich aus § 87 Abs. 2 SGB V, aber auch aus anderen Bestimmungen. 60

a. Zeitaufwand

Die Notwendigkeit der Berücksichtigung des **Zeitaufwandes** ergibt sich aus § 87 Abs. 1 Satz 2 HS. 2 SGB V. Danach sollen die im EBM aufgeführten Leistungen – soweit möglich – mit Angaben für den zur Leistungserbringung erforderlichen **Zeitaufwand** versehen werden.[48] Das soll die Transparenz des Leistungsgeschehens erhöhen, aber auch die Wirksamkeit der Abrechnungsprüfungen nach § 106a SGB V steigern. Die hierzu erforderlichen Zeitwerte sind von der KBV und den KVen bereits im Rahmen der **Plausibilitätsprüfungen** entwickelt worden. Die Angaben sind nunmehr in Anhang 3 zum EBM enthalten. Sie sind nach Leistungspositionen geordnet und hierbei wiederum aufgeteilt in die **Kalkulationszeit** (d.h. die der Kalkulation im EBM zu Grunde liegende Zeit) und die **Prüfzeit** (maßgeblich für § 106a SGB V). Außerdem enthält Anhang 3 Angaben zur Eignung der Prüfzeit für Tages- oder Quartals**profile**. Der Kalkulation des **Arztlohns** liegt dabei ein Betrag von **0,779 €/Min.** zu Grunde. 61

Angaben zum Zeitaufwand brauchen im Bema nicht getroffen zu werden. Das stellt § 87 Abs. 2 Satz 1 a.E. SGB V nunmehr eindeutig klar. Hintergrund ist der Umstand, dass im zahnärztlichen Bereich weder die KKn noch die KZVen über Datensätze verfügen, aus denen hervorgeht, in welchem Umfang Mehrleistungen bei Füllungen und Zahnersatz, die über die vertragsärztliche Versorgung hinausgehen, erbracht werden und mit welchem Zeitaufwand sie verbunden sind. Aus diesem Grund werden die zahnarztbezogenen Plausibilitätsprüfungen in § 106a Abs. 2 SGB V insoweit eingeschränkt, als sie nicht mehr die Feststellung von zeitlichen (Un-)Plausibilitäten umfassen. Wenn hieraus aber keine Konsequenzen gezogen werden, erübrigen sich auch Angaben zum Zeitaufwand im Bema.[49] 62

b. Betriebskosten

Dass auch die Betriebsausgaben und die kalkulatorischen Kosten bei der Bewertung der Leistungen in den Bewertungsmaßstäben eine Rolle spielen, lässt sich aus § 85 Abs. 3 Satz 1 SGB V ableiten. Mittelbar deutet hierauf auch die Forderung hin, insbesondere den wirtschaftlichen Nutzen der bei der Erbringung von Leistungen eingesetzten medizinisch-technischen Geräte zu berücksichtigen (§ 87 Abs 2 Satz 2 HS. 2 SGB V). Vor allem mit der letztgenannten Regelung hat der Gesetzgeber dem Bewertungsausschuss aufgegeben, die Leistungen nach dem Stand der medizinischen Wissenschaft und Technik im Sinne einer **rationellen Leistungserbringung** zu bewerten.[50] Dies entspricht dem allgemeinen Gebot, **Wirtschaftlichkeitsreserven auszuschöpfen** (vgl. § 71 Abs. 1 SGB V). Soweit eine wirtschaftliche Auslastung der Geräte im Rahmen von Einzelpraxen im Regelfall nicht möglich ist, hat der Bewertungsausschuss daher davon auszugehen, dass entsprechende Geräte nur in kooperativen Versorgungsformen (z.B. Gemeinschaftspraxen oder Kooperationen von Praxen und Krankenhäusern) genutzt werden. 63

Der Bewertungsausschuss hat im Rahmen des EBM 2000plus strikt zwischen **Arztlohnanteil** und **technischem Leistungsanteil** unterschieden.[51] Hinsichtlich der Kosten sind dabei Studien des Statis- 64

[47] *Schneider*, MedR 1997, 1, 5.

[48] FraktE-GMG, BT-Drs. 15/1525, S. 104 zu Nr. 66 lit. c) aa).

[49] FraktE-GKV-WSG, BT-Drs. 16/3100, S. 127.

[50] FraktE-GMG, BT-Drs. 15/1525, S. 104 zu Nr. 66 lit. c) bb).

[51] Vgl. zu Einzelheiten *Schneider*, Ersk 2005, 186, 190 f.

tischen Bundesamtes und des Zentralinstituts für die kassenärztliche Versorgung herangezogen worden.[52]

c. Angemessenheit der Vergütung

65 Des weiteren ist grds. auch die **Angemessenheit** der Vergütung (§ 72 Abs. 2 SGB V) zu berücksichtigen, allerdings mit der einschränkenden Maßgabe, dass es sich dabei nicht um ein subjektives Recht handelt, das der Vertragsarzt gegenüber der Bewertung einzelner Leistungspositionen geltend machen könnte, solange nicht durch die zu niedrige Bewertung das Versorgungssystem als Ganzes gefährdet wird.[53]

d. Besonderheiten der jeweiligen Arztgruppe (Absatz 2 Satz 3 Halbsatz 1)

66 § 87 Abs. 2 Satz 3 HS. 1 SGB V schreibt für den EBM vor, dass die Bewertung der Leistungen unter Berücksichtigung der **Besonderheiten** der jeweils betroffenen **Arztgruppe** zu erfolgen hat. Das ist an und für sich selbstverständlich, gesetzgeberisch aber auch die Konsequenz aus dem Umstand, dass die Gliederung der Leistungen nach Maßgabe von § 87 Abs. 2a-2d SGB V ebenfalls arztgruppenbezogen zu erfolgen hat.

67 Die Besonderheiten der jeweiligen Arztgruppe sind nach zwei vorgeschriebenen Kriterien zu ermitteln: auf der Grundlage von **„sachgerechten Stichproben"** und **„nach betriebswirtschaftlichen Grundsätzen"**. Damit werden in der Rechtsprechung anerkannte Bewertungsmethoden aufgegriffen.[54] Sachgerecht i.S. dieser Bestimmung kann eine Stichprobe nur sein, wenn sie **repräsentativ** ist.

68 Die genannten Kriterien gewinnen Bedeutung auch bei der gerichtlichen Überprüfung der Bewertungsentscheidungen (vgl. hierzu Rn. 50) insofern, als sie die bei der Bewertung anzuwendenden und ggf. vom Bewertungsausschuss darzulegenden Bewertungskriterien präzisieren.

e. Abstaffelungen (Absatz 2 Satz 3 Halbsatz 2)

69 § 87 Abs. 2 Satz 3 HS. 2 SGB V übernimmt die bis zum 31.03.2007 in § 87 Abs. 2a Satz 9 SGB V enthaltene Regelung, wonach die Bewertung eines Leistungserbringers bzw. einer Gruppe von Leistungserbringern (Arztpraxis oder Versorgungszentrum) so festgelegt werden kann, dass sie ab einem bestimmten **Schwellenwert** mit zunehmender Menge sinkt. Die Vorgabe ist bewusst als „Kann-Bestimmung" ausgelegt, begründet also keine entsprechende Verpflichtung des Bewertungsausschusses.[55]

70 Indem das Erfordernis der Überschreitung eines bestimmten Schwellenwertes besteht, ist – im Gegensatz zum Wortlaut des § 87 Abs. 2a Satz 9 SGB V a.F. – die Möglichkeit ausgeschlossen, dass die **gesamte Leistungsmenge** einer progressiven Abstaffelung unterzogen wird.

71 Der Begriff „sinken" zwingt nicht dazu, die Abstaffelung in mehreren Stufen vorzunehmen. Vielmehr reicht ein einziger Abstaffelungssatz nach Überschreiten des Schwellenwertes aus. Grundsätzliche Bedenken gegen die Abstaffelung bestehen nicht, soweit das Entgelt für die zusätzlichen Leistungen nicht erheblich unter die Durchschnittskosten fällt.[56]

72 Nach dem Willen des Gesetzgebers sollen **Abstaffelungen** vor allem den medizinisch-technischen Bereich betreffen.[57] Sie sind derzeit z.B. vorgesehen für die Grundpauschalen für Fachärzte für Laboratoriumsmedizin u.a. (Nr. 12220, 12224, 12225 EBM).

4. Regelungen zur Abrechenbarkeit von Leistungen

73 Neben der Beschreibung und Bewertung der Leistungen sind die Bewertungsausschüsse auch befugt, Regelungen zur Abrechenbarkeit von Leistungen zu treffen.[58] Das ist offensichtlich, soweit sie im Rahmen der gesetzlichen Befugnis z.B. die Zuordnung von Leistungen zu bestimmten Facharztgruppen regeln (vgl. § 87 Abs. 2a ff. SGB V).

---

52 *Maus*, DÄ 2005, A-798.

53 BSG v. 12.10.1994 - 6 RKa 5/94 - SozR 3-2500 § 72 Nr. 5.

54 Vgl. BSG v. 08.03.2000 - B 6 KA 8/99 R - USK 2000-110 zur Verwendung von Stichproben; zur Verwendung stichprobenhafter betriebswirtschaftlicher Analysen zuletzt BSG v. 11.10.2006 - B 6 KA 46/05 R - ZfS 2006, 370-371.

55 BT-Drs. 16/4247, S. 39.

56 Vgl. BSG v. 14.05.1997 - 6 RKa 25/96 - SozR 3-2500 § 85 Nr. 22.

57 FraktE-GMG, BT-Drs. 15/1525, S. 105 zu Buchst. d) ff).

58 Zuletzt BSG v. 08.09.2004 - B 6 KA 82/03 R - SozR 4-5533 Nr. 653 Nr. 1.

Soweit die Abrechenbarkeit von Leistungen von **qualitativen Anforderungen** abhängig gemacht wird, ist Rechtsgrundlage hierfür nicht § 87 SGB V, sondern § 72 Abs. 2 SGB V i.V.m. § 82 Abs. 1 Satz 1 SGB V.[59] 74

Soweit der Abrechnungsausschluss nicht **statusrelevant**, d.h. die Leistungen für das jeweilige Fachgebiet nicht prägend oder wesentlich sind, liegt in solchen Vorschriften eine in aller Regel **zulässige Berufsausübungsregelung**.[60] 75

Dagegen ist der **Zulassungsstatus** z.B. betroffen und eine entsprechende Ausschlussregelung daher **rechtswidrig**, wenn der Bewertungsmaßstab das Verbot enthält, bestimmte Leistungen auf Überweisung durch andere Vertragsärzte zu erbringen.[61] Ein derartiger, in den Zulassungsstatus eingreifender Beschluss des Bewertungsausschusses kann zur Haftung der den Bewertungsausschuss tragenden Institutionen nach § 839 BGB führen (vgl. Rn. 159). 76

5. Anwendung und Überprüfung der Leistungsbestimmungen

a. Auslegung der Gebührentatbestände

Für die **Auslegung** der Bewertungsmaßstäbe[62] ist in erster Linie der **Wortlaut** maßgeblich.[63] Eine über den Wortlaut hinausgehende Auslegung ist nur in engen Grenzen zulässig. Denn es ist in erster Linie Sache der Bewertungsausschüsse, im Rahmen des Interessenausgleichs zwischen Vertragsärzten und KKn unklare Regelungen zu präzisieren. Daher kann eine **systematische** Auslegung nur im Sinne einer Gesamtschau der im inneren Zusammenhang stehenden gleichen oder ähnlichen Gebührentatbestände erfolgen.[64] Eine **entstehungsgeschichtliche** Interpretation kommt nur insoweit in Betracht, als Dokumente vorliegen, an denen die Urheber der Bestimmungen diese in der Zeit ihrer Entstehung selbst erläutern.[65] Eine extensive Auslegung nach **Sinn und Zweck** (sog. **teleologische** Auslegung) oder gar eine entsprechende Anwendung von Gebührentatbeständen (sog. **Analogie**) scheidet aus.[66] Diese Grundsätze gelten im Rahmen des Honorarverfahrens für beide Seiten: Auch den KVen ist es verwehrt, Gebührentatbestände über die genannten Grundsätze hinaus einschränkend auszulegen.[67] 77

Durch Beschlüsse des Arbeitsausschusses des Bewertungsausschusses können Bestimmungen des EBM nicht inhaltlich geändert werden. Entsprechende Interpretationsbeschlüsse können der Auslegung der Gerichte keine verbindlichen Grenzen setzen.[68] 78

b. Kontrolle der Entscheidungen des Bewertungsausschusses

Das BSG hat die Verfassungsmäßigkeit des EBM dem Grunde nach bejaht.[69] 79

Bei der Bestimmung von Inhalt und Verhältnis der Leistungen kommt dem Bewertungsausschuss ein **weitgehender Beurteilungs- und Gestaltungsspielraum** zu, den die Rechtsprechung zu Recht nur 80

---

[59] BSG v. 15.05.2002 - B 6 KA 22/01 R - SozR 3-2500 § 72 Nr. 14; BSG v. 08.03.2000 - B 6 KA 12/99 R - SozR 3-2500 § 72 Nr. 11; BSG v. 20.01.1999 - B 6 KA 23/98 R - SozR 3-2500 § 72 Nr. 8; näher dazu *Wenner*, NZS 2002, 1, 4 ff.

[60] BSG v. 08.03.2000 - B 6 KA 12/99 R - SozR 3-2500 § 72 Nr. 11; BSG v. 20.01.1999 - B 6 KA 23/98 R - SozR 3-2500 § 72 Nr. 8.

[61] BSG v. 20.03.1996 - 6 RKa 21/95 –SozR 3-5540 § 25 Nr. 2.

[62] Vgl. zum Folgenden auch BSG v. 16.05.2001 - B 6 KA 87/00 R - SozR 3-5533 Nr. 2449 Nr. 2; BSG v. 12.12.2001 - B 6 KA 88/00 R - SozR 3-5533 Nr. 443 Nr. 1; BSG v. 26.06.2002 - B 6 KA 5/02 R - SozR 3-5533 Nr. 505 Nr. 1; BSG v. 02.04.2003 - B 6 KA 28/02 R - SozR 4-5533 Nr. 40 Nr. 1; BSG v. 11.10.2006 - B 6 KA 35/05 R - Die Leistungen Beilage 2007, 74-77.

[63] BSG v. 28.06.2000 - B 6 KA 34/99 R - SozR 3-5533 Nr. 75 Nr. 1; BSG v. 26.01.2000 - B 6 KA 13/99 R - SozR 3-5533 Nr. 100 Nr. 1; BSG v. 25.08.1999 - B 6 KA 32/98 R - SozR 3-5533 Nr. 2449 Nr. 1; BSG v. 31.01.2001 - B 6 KA 5/00 R - SozR 3-5533 Nr. 7103 Nr. 1.

[64] BSG v. 01.02.1995 - 6 RKa 10/94 - SozR 3-5533 Nr. 115 Nr. 1; BSG v. 04.05.1994 - 6 RKa 19/93 - SozR 3-5533 Nr. 1460 Nr. 1.

[65] BSG v. 15.11.1995 - 6 RKa 57/94 - SozR 3-5535 Nr. 119 Nr. 1.

[66] BSG v. 15.11.1995 - 6 RKa 57/94 - SozR 3-5535 Nr. 119 Nr. 1; BSG v. 04.05.1994 - 6 RKa 19/93 - SozR 3-5533 Nr. 1460 Nr. 1.

[67] BSG v. 31.01.2001 - B 6 KA 5/00 R - SozR 3-5533 Nr. 75 Nr. 1.

[68] BSG v. 31.08.2005 - B 6 KA 35/04 R - SozR 4-2500 § 87 Nr. 11; BSG v. 22.06.2005 - B 6 KA 80/03 R - SozR 4-2500 § 87 Nr. 10.

[69] BSG v. 09.12.2004 - B 6 KA 44/03 R - SozR 4-2500 § 72 Nr. 2.

mit großer Zurückhaltung kontrolliert:[70] Die Beschlüsse sind Rechtsnormen mit der Folge der bei Normsetzung typischen weitgehenden Gestaltungsfreiheit des Normurhebers. Zudem sind sie ihrem Ursprung nach Teil des umfassenden und auf Interessenausgleich angelegten Vertragskonzepts, das die vertragsärztliche Versorgung prägt. Schließlich kann das System autonomer Leistungsbewertung, das der Bewertungsausschuss nach § 87 SGB V erarbeiten soll, nur funktionieren, wenn Eingriffe von außen möglichst unterbleiben.

81 Allein der Umstand, dass sich eine **einzelne** Leistung **nicht** als **kostendeckend** bewertet erweist, führt danach noch nicht zur Rechtswidrigkeit der Bewertung. Vielmehr liegt dem Zuschnitt der vertragsärztlichen Vergütung insgesamt eine **Mischkalkulation** zu Grunde. Es kann daher durchaus Leistungen geben, bei denen selbst für eine kostengünstig organisierte Praxis kein Gewinn zu erzielen ist. Entscheidend ist, dass der Vertragsarzt insgesamt Anspruch auf eine leistungsgerechte Teilhabe an der Gesamtvergütung behält.[71]

82 Rechtswidrig sind Entscheidungen der Bewertungsausschüsse nur dann, wenn der Bewertungsausschuss seinen **Regelungsspielraum überschritten** oder seine Bewertungskompetenz **missbräuchlich** ausgeübt hat, z.B. indem er eine ärztliche Minderheitsgruppe bei der Honorierung **bewusst benachteiligt** hat oder sich sonst erkennbar von **sachfremden Erwägungen** hat leiten lassen.[72]

83 Der normative Spielraum des Bewertungsausschusses ist im Rahmen der Neubewertung von Leistungen oder Leistungskomplexen im Sinne von **Ermittlungs-**, **Erprobungs-** und **Umsetzungsspielräumen** besonders weit. Hier müssen für einen Übergangszeitraum auch gröbere Typisierungen, geringere Differenzierungen und an sich rechtlich problematische Regelungen hingenommen werden, weil sich häufig bei Erlass der Vorschriften ihre Auswirkungen nicht in allen Einzelheiten übersehen lassen.[73] Dem korrespondiert allerdings eine **Beobachtungs- und Reaktionspflicht**, die in Absatz 2 Satz 2 Halbsatz 1 besonders geregelt ist.[74] Danach haben die Bewertungsausschüsse **von Amts wegen** die Leistungsbeschreibungen und Bewertungen in regelmäßigen Zeitabständen zu überprüfen. Die Überprüfung bezieht sich im Schwerpunkt darauf, ob die Leistungsbeschreibungen und ihre Bewertungen noch dem Stand der medizinischen Wissenschaft und Technik sowie dem Erfordernis der Rationalisierung entsprechen. Wie der Gesetzgeber durch das Wort „auch" deutlich gemacht hat, ist die **Überprüfungspflicht** jedoch **umfassend**. Sie erstreckt sich daher auch z.B. auf das Vorliegen neuer Erkenntnisse, nach denen Bewertungsrelationen unter betriebswirtschaftlichen Gesichtspunkten nicht aufrechterhalten werden können. Wenn das Gesetz von „**bestimmten Zeitabständen**" spricht, so ist damit nicht etwa eine Überprüfung zu definierten Stichtagen gemeint. Vielmehr hat die Beobachtung der Auswirkungen des Bewertungsmaßstabes **kontinuierlich** zu erfolgen.[75] Aus der Beobachtungs- und Reaktionspflicht einerseits sowie der Berechtigung der obersten Bundesgerichte, Ankündigungen zur künftigen Rechtsprechung zu machen (sog. „**Ankündigungsrechtsprechung**"), hat das BSG seine Befugnis abgeleitet, auf mögliche Fehlentwicklungen hinzuweisen, die im Rahmen **künftiger** Überprüfungen beobachtet werden müssen.[76]

84 Den genannten Aspekten kommt bei der Beurteilung des **EBM 2000plus,** ebenso bei der nächsten zum 01.01.2008 anstehenden EBM-Reform, besonderes Gewicht zu. Der Gesichtspunkt der Neubewertung spielt hier nämlich gleich unter mehreren Gesichtspunkten eine zentrale Rolle. Der EBM beruht in mehrfacher Hinsicht auf neuen kalkulatorischen Grundlagen: der Abschaffung der Praxisbudgets (vgl. dazu noch Rn. 107 ff.), der Einführung von Komplexen und Pauschalen, der kalkulatorischen Trennung von Arztlohnanteil und technischem Leistungsanteil und der Anpassung der Leistungsbeschreibungen und Bewertungen an den medizinischen und technischen Fortschritt.[77] Schon unmittelbar nach In-Kraft-Treten ist der EBM 2000plus mehrfach geändert worden, wobei er bereits in der Fassung

---

[70] Vgl. zum Folgenden BSG v. 16.05.2001 - B 6 KA 20/00 R - BSGE 88, 126 = SozR 3-2500 § 87 Nr. 29; *Engelmann*, NZS 2000, 1, 7; *ders.*, NZS 2000, 76, 79 f.

[71] BSG v. 16.05.2001 - B 6 KA 20/00 R - SozR 3-2500 § 87 Nr. 29.

[72] BSG v. 26.01.2000 - B 6 KA 59/98 R - USK 2000-97; BSG v. 08.03.2000 - B 6 KA 8/99 R - USK 2000-110; BSG v. 20.01.1999 - B 6 KA 9/98 R - SozR 3-2500 § 87 Nr. 21.

[73] BSG v. 29.01.1997 - 6 RKa 3/96 - SozR 3-2500 § 87 Nr. 15; BSG v. 29.01.1997 - 6 RKa 18/96 - SozR 3-2500 § 87 Nr. 16; BSG v. 16.05.2001 - B 6 KA 20/00 R - SozR 3-2500 § 87 Nr. 29.

[74] Vgl. BSG v. 29.01.1997 - 6 RKa 3/96 - SozR 3-2500 § 87 Nr. 15.

[75] Ebenso *Engelhard* in: Hauck/Noftz, SGB V, § 87 Rn 57.

[76] BSG. v. 15.05.2002 - B 6 KA 33/01 R - SozR 3-2500 § 87 Nr. 34; ausführlich dazu *Wahl*, MedR 2003, 569.

[77] Vgl. i.E. *Ballast*, Ersk 2004, 444 ff.; *Maus*, DÄ 2005, A-798 ff.; *Schneider*, Ersk 2005, 186 ff.; *Schwoerer*, Ersk 2005, 192 ff.

erster Änderungen durch Beschlüsse in der 94., 97., 98., 99. und 100. Sitzung des Bewertungsausschusses[78] in Kraft getreten ist.[79] Danach hat es zahlreiche weitere Änderungen gegeben, sodass gegenwärtig davon ausgegangen werden kann, dass der Bewertungsausschuss seiner Beobachtungs- und Reaktionspflicht mit der gebotenen Sorgfalt nachkommt.[80]

VI. Vorgaben für einzelne Leistungsbereiche (Absätze 2a-2d, 2h)

1. Gliederung des EBM in hausärztliche und fachärztliche Leistungen (Absatz 2a)

Anknüpfend an § 73 Abs. 1 SGB V, schreibt der Gesetzgeber in § 87 Abs. 2a SGB V vor, die Leistungen in solche der **hausärztlichen und der fachärztlichen Versorgung zu gliedern**. Die Leistungen der fachärztlichen Versorgung wiederum sind so zu untergliedern, dass den einzelnen Facharztgruppen die von ihnen ausschließlich abrechenbaren Leistungen zugeordnet werden. Die Regelung entspricht der bis zum 31.03.2007 geltenden Bestimmung des § 87 Abs. 2a Sätze 5 und 6 SGB V und ist vom Gesetzgeber den § 87 Abs. 2b ff. SGB V aus Gründen der Übersichtlichkeit vorangestellt worden. 85

Den entsprechenden Auftrag hat der Bewertungsausschuss im **EBM 2000 plus** wie folgt umgesetzt: In Abschn. II werden **arztgruppenübergreifende allgemeine** Leistungen aufgeführt (z.B. Früherkennungsleistungen, Hausbesuche). In Abschn. III stehen die **arztgruppenspezifischen** Leistungen, die sich untergliedern in die **hausärztliche** und die **fachärztliche** Versorgungsebene. Auf der fachärztlichen Versorgungsebene erfolgt eine weitere Aufteilung nach **Arztgruppen**. Diese Leistungen können nur von den in der Präambel des entsprechenden Kapitels bzw. Abschnitts genannten Vertragsärzten berechnet werden, die die dort genannten Kriterien erfüllen (Abschn. I 1.5). Diese **Arztgruppen** sind in erster Linie nach dem Versorgungsauftrag, nicht nach dem Weiterbildungsrecht zu bestimmen (§ 87 Abs. 2a Satz 2 SGB V). Tatsächlich erfolgt die Grenzziehung aber in der Regel nach den Fachgebietsbezeichnungen der WBOen. Abschn. IV beinhaltet **arztgruppenübergreifende spezielle** Leistungen (z.B. Labor, Röntgen, Schmerztherapie). Diese Leistungen setzen bei der Berechnung besondere Fachkundenachweise, apparative Anforderungen, die Teilnahme an Maßnahmen zur Qualitätssicherung gem. § 135 Abs. 2 SGB V etc. voraus (Abschn. I 1.6). Die Regelungen lassen das **Verbot, fachfremde Leistungen** zu erbringen,[81] unberührt. 86

Gegen die genannten Regelungen bestehen im Grundsatz keine Bedenken. Bei der Kontrolle der Ausgestaltung im Einzelnen wird allerdings in besonderer Weise der Gleichheitsgrundsatz (**Art. 3 Abs. 1 GG**) zu beachten sein: Kann nämlich eine Leistung zulässigerweise von zwei Arztgruppen erbracht werden, so dürfen die Regelungen des EBM die Abrechenbarkeit nur dann auf eine Arztgruppe beschränken, wenn hierfür ein sachlicher Grund vorliegt.[82] Ebenso ist zu beachten, dass der Bewertungsausschuss mit Blick auf **Art. 12 Abs. 1 GG** nicht berechtigt ist, die Vertragsärzte von der Honorierung solcher Leistungen auszuschließen, die in den Kernbereich ihres jeweiligen Fachgebietes fallen bzw. für das Gebiet wesentlich und prägend sind. 87

2. Hausärztliche Versorgung im EBM (Absatz 2b)

§ 87 Abs. 2b SGB V gibt vor, wie die hausärztlichen Leistungen (vgl. zur Trennung der Leistungen in haus- und fachärztliche Versorgung § 87 Abs. 2a Satz 1 SGB V) im EBM abzubilden sind. Die Regelung sieht **drei Abbildungsmöglichkeiten** vor: die Versichertenpauschale als Regelvergütung, Einzelleistungen bzw. Leistungskomplexe für besonders geförderte Leistungen und schließlich Qualitätszuschläge. 88

Die Vorschrift betrifft **hausärztlich tätige Ärzte**. Dies sind: Fachärzte für Allgemeinmedizin, praktische Ärzte, Ärzte ohne Gebietsbezeichnung und Fachärzte für Innere Medizin ohne Schwerpunktbezeichnung, die gegenüber dem Zulassungsausschuss ihre Teilnahme an der hausärztlichen Versorgung gem. § 73 Abs. 1a SGB V erklärt haben. 89

Im Regelfall sollen die Leistungen der hausärztlichen Versorgung als **Versichertenpauschalen** abgebildet werden. Diese Pauschalen sollen die gesamten üblicherweise im Rahmen der hausärztlichen Versorgung eines Versicherten in einem bestimmten Zeitraum erbrachten Leistungen vergüten (§ 87 Abs. 2b Satz 2 SGB V). Kommt es innerhalb eines Behandlungsquartals nicht zu einem Wechsel des 90

---

[78] DÄ 2005, A-76, A-614, A-693, A-1007, A-1622.

[79] Zu weiterem Änderungsbedarf *Maus*, DÄ 2005, A-1251 f.

[80] Zur Entstehungsgeschichte des EBM 2000plus auch *Kallenberg*, GesR 2005, 97 f.

[81] Vgl. BSG v. 29.09.1999 - B 6 KA 38/98 R - BSGE 84, 290, 292 m.w.N.

[82] BSG v. 20.01.1999 - B 6 KA 9/98 R - SozR 3-2500 § 87 Nr. 21.

Hausarztes, umfasst die Versichertenpauschale alle Leistungen innerhalb eines **Behandlungsfalles** i.S.v. § 21 Abs. 1 Satz 1 BMV-Ä, § 25 Abs. 1 Satz 1 EKV (d.h. alle Leistungen eines Vertragsarztes gegenüber einem Versicherten in einem Quartal). Auf das Kriterium des Behandlungsfalls nimmt bereits der EBM 2000plus ausdrücklich Bezug (Abschn. I. 3.1).

91 Mit der Leistungs- und Vergütungsform der Versichertenpauschale wird die Vergütung nach Einzelleistungen, die stets in besonderer Weise mit der Gefahr von Leistungsausweitungen verbunden ist, weiter in den Hintergrund gedrängt. Damit setzt sich eine Entwicklung fort, die der Gesetzgeber bereits in der Vergangenheit eingeleitet hatte. Schon § 87 Abs. 2a Satz 3 SGB V in der bis zum 31.03.2007 geltenden Fassung sah Einzelleistungen im EBM nur noch vor, soweit dies medizinisch erforderlich war.

92 Bereits mit § 87 Abs. 2a Satz 4 SGB V in der bis zum 31.03.2007 geltenden Fassung des GMG hatte der Gesetzgeber geregelt, dass für die üblicherweise von Hausärzten erbrachten Leistungen eine auf den Behandlungsfall bezogene Bewertung vorzusehen war (sog. **hausärztliche Grundvergütung**). Sie ist jetzt in Nr. 03000 EBM 2000plus geregelt. Anders als bei den Fallpauschalen nach § 17b KHG kommt es sowohl bei den Versichertenpauschalen als auch bei der hausärztlichen Vergütung nicht auf das einzelne Krankheitsbild an, so dass auch die Behandlung mehrerer voneinander unabhängiger Erkrankungen innerhalb eines Behandlungsfalles bzw. eines Abrechnungszeitraums von der Pauschale erfasst wird. Dies schließt alle Betreuungs-, Koordinations- und Dokumentationsleistungen ein.

93 Um dem unterschiedlichen Leistungsaufwand bei verschiedenen Patientengruppen gerecht zu werden, können die Pauschalen **differenziert** werden nach **Morbiditätskriterien** (§ 87 Abs. 2b Satz 3 SGB V). Das Gesetz nennt beispielsweise Alter und Geschlecht. § 87 Abs. 2 Satz 3 SGB V in der bis zum 31.03.2007 geltenden Fassung hatte dem Bewertungsausschuss die Möglichkeit gegeben, Regelungen zu treffen, die dem besonderen **Versorgungsaufwand** für bestimmte Gruppen von Versicherten (z.B. behinderte oder chronisch kranke Menschen) Rechnung trugen.[83] Ob die Morbiditätskriterien nach § 87 Abs. 2b Satz 3 SGB V eine so weitgehende Ausdifferenzierung des Versichertengutes zulassen, erscheint nach den Gesetzesmaterialien zweifelhaft.

94 Für **besonders zu fördernde Leistungen** können nach wie vor Einzelleistungen oder Leistungskomplexe vereinbart werden. Hierunter fallen z.B. **Präventionsleistungen**.[84]

95 **Leistungskomplexe** finden sich bereits im **EBM 2000plus**. Hierzu gehört zum einen als **arztgruppenbezogener Leistungskomplex** der **Ordinations-** oder **Konsiliarkomplex**. Daneben gibt es **verfahrensabhängige Leistungskomplexe** (Bsp.: arztgruppenübergreifend Betreuung einer Schwangeren [Nr. 01770], im hausärztlichen Versorgungsbereich Behandlung und Betreuung eines Patienten mit chronisch internistischer(n) Grunderkrankung(en) [Nr. 03210]). Mit Ausnahme des Ordinationskomplexes sind **Leistungskomplexe** nur dann berechenbar, wenn die apparativen, räumlichen und persönlichen Voraussetzungen zur Erbringung mindestens eines obligaten sowie aller fakultativen Leistungsinhalte im Gebiet und/oder Schwerpunkt gegeben sind (Abschn. I, 4.4). Das bedeutet z.B.:[85] Der Leistungskomplex 03210 beinhaltet als fakultativen Leistungsinhalt die Leistung nach Nr. 03330 (spirographische Untersuchung) und kann daher nur von einem Arzt abgerechnet werden, der über einen Spirographen verfügt. Zu den Steuerungsmaßnahmen zählt außerdem die Begrenzung des ansetzbaren Höchstwertes (z.B. bei ärztlichen Briefen/Berichten nach Nr. 01600 und 01601 oder durch Begrenzung der Ansätze je Behandlungsfall (z.B. Elektrotherapie [Nr. 02511] nur achtmal im Behandlungsfall).

96 Schließlich sieht § 87 Abs. 2b Satz 4 SGB V die Möglichkeit von **Qualitätszuschlägen** vor, die gewährt werden können, wenn die Leistung an besondere **Qualitätsanforderungen** geknüpft ist. Zu denken ist insoweit z.B. an die **Palliativversorgung**.[86]

3. Fachärztliche Versorgung im EBM (Absatz 2c)

97 § 87 Abs. 2c SGB V gibt vor, wie die **fachärztlichen Leistungen** abzubilden sind. Die Regelung sieht **fünf verschiedene Abbildungsmöglichkeiten** vor: arztgruppenspezifische Grundpauschalen, arztgruppenspezifische Zusatzpauschalen, Einzelleistungen, arztgruppenspezifische diagnosebezogene Fallpauschalen und schließlich arztgruppenübergreifende spezifische Fallpauschalen.

---

[83] FraktE-GMG, BT-Drs. 15/1525, S. 105 zu lit. c) cc).

[84] FraktE-GKV-WSG; BT-Drs. 16/3100, S. 127.

[85] Siehe auch *Kallenberg*, GesR 2005, 97, 99.

[86] FraktE-GKV-WSG, BT-Drs. 16/3100, S. 127.

Mit den **Grundpauschalen** werden die üblicherweise von der Arztgruppe in jedem Behandlungsfall erbrachten Leistungen vergütet (§ 87 Abs. 2c Satz 2 SGB V). Sie entsprechen am ehesten den Versichertenpauschalen nach § 87 Abs. 2b SGB V, unterscheiden sich von diesen aber insoweit, als sie unmittelbar auf den Behandlungsfall i.S.v. § 21 Abs. 1 BMV-Ä Bezug nehmen, d.h. grundsätzlich alle Leistungen eines Vertragsarztes gegenüber einem Versicherten in einem Quartal vergüten. 98

Die **Zusatzpauschalen** vergüten zum einen den besonderen Leistungsaufwand, der sich aus den Leistungs-, Struktur- und Qualitätsmerkmalen des Leistungserbringers ergibt. Im Rahmen dieser Zusatzpauschalen ist also auch die zur Leistungserbringung jeweils notwendige besondere Qualität zu berücksichtigen.[87] 99

Darüber hinaus können Zusatzpauschalen für besonderen Leistungsaufwand in **besonderen Behandlungsfällen** vereinbart werden (§ 87 Abs. 2c Satz 3 SGB V). Mit dieser erst durch den Gesundheitsausschuss eingefügten Regelung sollen Merkmale ermöglicht werden, die sich in bestimmten Behandlungsfällen aus indikationsbezogenen Besonderheiten ergeben können (z.B.: photodynamische Therapie mit Verteprofin bei altersabhängiger feuchter Makuladegeneration[88], osteodensitometrische Untersuchung bei Patienten, die eine Fraktur ohne nachweisbares adäquates Trauma erlitten haben).[89] 100

Einzelleistungen können unter zwei alternativen Voraussetzungen im EBM vorgesehen werden: soweit dies **medizinisch erforderlich** ist und soweit dies auf Grund von **Besonderheiten bei Veranlassung und Ausführung der Leistungserbringung erforderlich** ist. Die zweite Alternative ist erst durch den Gesundheitsausschuss in den Gesetzestext gelangt. Zur Begründung führt der Ausschuss aus, die Abbildung bestimmter fachärztlicher Leistungen als Pauschale (z.B. antragspflichtige psychotherapeutische Leistungen, probatorische Sitzungen oder bestimmte Auftragsleistungen) sei nicht sachgerecht oder mit einem erheblichen Aufwand verbunden.[90] 101

Die Grund- und Zusatzpauschalen werden für jede Arztgruppe durch **diagnosebezogene Fallpauschalen** ergänzt, mit denen die Behandlung von Versichertengruppen, die mit einem erheblichen therapeutischen Leistungsaufwand und überproportionalen Kosten verbunden ist, vergütet wird (§ 87 Abs. 2c Satz 4 SGB V). Aus der Formulierung „abweichend von Satz 3" ergibt sich, dass die diagnosebezogenen Fallpauschalen **anstelle der Zusatzpauschalen** (also nicht neben diesen, aber auch nicht anstelle der Grundpauschalen) zum Tragen kommen.[91] Bei Fallpauschalen erfolgt die Pauschalierung durch ggf. behandlungspfadbezogenes Zusammenfassen von Teilleistungen zu Komplexen. 102

Bereits das GMG hatte den Auftrag an den Bewertungsausschuss beinhaltet, Leistungen zu **Fallpauschalen** zusammenzufassen, soweit dies medizinisch sinnvoll ist und die notwendigen verfahrensmäßigen Voraussetzungen (z.B. der Kooperation verschiedener Ärzte) bestehen bzw. geschaffen werden können. Fallpauschalen sind bislang in erster Linie aus der Krankenhausvergütung bekannt (vgl. § 17b KHG). Sie sollten dazu beitragen, Anreize zur Mengenausweitung zu begrenzen.[92] Soweit sie festgelegt wurden, waren gleichzeitig Vorgaben zur Konkretisierung des damit verbundenen Leistungsumfangs zu treffen. 103

§ 87 Abs. 2c Satz 5 SGB V übernimmt die im bisherigen Recht (§ 87 Abs. 2a Satz 1 HS. 2 SGB V in der Fassung bis zum 31.03.2007) geregelte Vorgabe zur Festlegung von **Fallpauschalen im Rahmen kooperativer Versorgungsformen**. Zu den kooperativen Versorgungsformen gehören insbesondere die integrierte Versorgung (§§ 140a ff. SGB V), medizinische Versorgungszentren (§ 95 Abs. 1 Satz 2 SGB V), aber auch Berufsausübungsgemeinschaften (§ 33 Abs. 2 Ärzte-ZV). Die Notwendigkeit besonderer Regelungen ergibt sich daraus, dass der anfallende Behandlungsaufwand pro Patient in einer kooperativen Versorgungsform im Vergleich zur Behandlung durch eine Einzelpraxis wegen der größeren Zahl beteiligter Ärzte höher sein wird. Der Bewertungsausschuss muss dabei auch Mindestanforderungen für die institutionelle Ausgestaltung der Zusammenarbeit der beteiligten Ärzte regeln.[93] Durch derartige Fallpauschalen wird die arztgruppenbezogene Abbildungsstruktur des § 87 Abs. 2c SGB V ggf. durchbrochen. 104

---

87 FraktE-GKV-WSG, BT-Drs. 16/3100, S. 127.

88 Vgl. BSG v. 19.10.2004 - B 1 KR 27/02 R - SozR 4-2500 § 27 Nr. 1; Sächsisches LSG v. 21.03.2007 - L 1 KR 27/03.

89 BT-Drs. 16/4247, S. 39.

90 BT-Drs. 16/4247, S. 39.

91 Vgl. auch FraktE-GKV-WSG, BT-Drs. 16/3100, S. 127.

92 FraktE-GMG, BT-Drs. 15/1525, S. 105 zu lit. d) aa).

93 § 87 Abs. 2d Satz 1 SGB V; vgl. bereits FraktE-GMG, BT-Drs. 15/1525, S. 105 zu lit. d) bb).

105 § 87 Abs. 2c Satz 5 SGB V besagt nicht, dass sämtliche Leistungen kooperativer Versorgungsformen durch eigenständige Fallpauschalen geregelt werden müssen. Vielmehr können auch die **allgemeinen Vergütungsregelungen** auf sie Anwendung finden, soweit ihre Besonderheiten dies zulassen.

106 Nach § 87 Abs. 2c Satz 6 SGB V müssen die **Bewertungen für psychotherapeutische Leistungen** eine angemessene Höhe der Vergütung je Zeiteinheit gewährleisten. Der Gesundheitsausschuss, auf den diese Regelung zurückgeht, hält sie aufgrund der Besonderheiten der psychotherapeutischen Leistungserbringung für erforderlich.[94] Solange § 85 Abs. 4 SGB V bei der Honorarverteilung Anwendung findet, hat § 87 Abs. 2c Satz 6 SGB V im Wesentlichen klarstellende Bedeutung. Hauptsächlich wird die Vorschrift zum Tragen kommen, wenn die Vergütung der ärztlichen Leistungen ab dem 01.01.2009 nach § 87b SGB V erfolgt.

4. Gemeinsame Regelungen für Pauschalen, Mengenbegrenzung (Absatz 2d Sätze 1 und 2)

107 Der durch das GKV-WSG neu eingeführte § 87 Abs. 2d SGB V enthält gemeinsame Vorschriften für die nach § 87 Abs. 2b SGB V und § 87 Abs. 2c SGB V künftig im EBM zu regelnden Pauschalen, nämlich die Hausarzt-Versichertenpauschale (§ 87 Abs. 2b Satz 1 SGB V) und die drei Gruppen von Facharztpauschalen (Grundpauschale nach § 87 Abs. 2c Satz 2 SGB V, Zusatzpauschale nach § 87 Abs. 2c Satz 3 SGB V und diagnosebezogene Fallpauschale nach § 87 Abs. 2c Satz 4 SGB V).

108 Hinsichtlich der Pauschalen müssen daher **zwingend** folgende Regelungen getroffen werden: (1) Es muss sichergestellt werden, dass der **Leistungsinhalt vollständig erbracht** wird. (2) Es müssen **Mindestanforderungen an die Qualität der Leistungserbringung** formuliert werden. (3) Es müssen Regelungen getroffen werden, die sicherstellen, dass die abgerechneten Leistungen auf den **medizinisch notwendigen Umfang begrenzt** werden. (4) Speziell bei Abrechnung der **Fallpauschalen im Rahmen kooperativer Versorgungsformen** muss sichergestellt sein, dass Mindestanforderungen zur institutionellen Ausgestaltung der Kooperation der beteiligten Ärzte eingehalten werden.

109 Hinsichtlich des zweiten Regelungsbereichs (Qualitätsanforderungen) darf der Bewertungsausschuss die Abrechenbarkeit der Leistungen an die Einhaltung der vom Gemeinsamen Bundesausschuss und in den BMVen beschlossenen Qualifikations- und Qualitätssicherungsanforderungen knüpfen. Gemeint sind damit zum einen die RLn des Gemeinsamen Bundesausschusses auf der Grundlage von §§ 136, 136a SGB V sowie die Vereinbarungen nach § 135 Abs. 2 SGB V, die als Anlage 3 zum BMV-Ä bzw. zum EKV Bestandteil der BMVe sind. Angeknüpft werden darf auch an die **Kodierrichtlinien** nach § 295 Abs. 3 Satz 2 SGB V, die erstmalig bis zum 30.06.2009 als Bestandteil der BMVe vereinbart werden.

110 Um sicherzustellen, dass der Arzt bei der Erbringung der Leistungen die erforderliche Qualität erfüllt hat, sind im EBM auch entsprechende **Prüfkriterien** vorzusehen, die zur Nachprüfung der Qualität geeignet sind.[95] Insoweit wird der Bewertungsausschuss z.B. an die QualitätsprüfungsRL des GBA nach § 136 Abs. 2 SGB V anknüpfen dürfen.

111 Mit dem Erfordernis (3) will der Gesetzgeber klarstellen, dass auch der neue EBM Regeln zur **Mengenbegrenzung** vorsehen muss. Die in § 87 Abs. 2b SGB V und § 87 Abs. 2c SGB V vorgesehenen Pauschalen sind bereits Instrumente zur Begrenzung einer nicht erforderlichen **Leistungsausweitung**, indem vor allem eine fallbezogene Vergütung stattfindet. Zusätzlich Raum zur Mengenbegrenzung bleibt für den Bewertungsausschuss daher vor allem dort, wo es um die Zahl der abrechenbaren Pauschalen geht. Der Bewertungsausschuss wird daher wie schon nach bisherigem Recht im Rahmen des EBM Regelungen zur **Fallzahlbegrenzung**, insbesondere zur Verhinderung eines **Fallzahlzuwachses**, zu treffen haben.

112 Ausdrücklich sieht das Gesetz in § 87 Abs. 2d Satz 2 SGB V die Befugnis zu Regelungen vor, die eine **Doppelabrechnung der Versichertenpauschale** (§ 87 Abs. 2b Satz 1 SGB V) **bzw. der Grundpauschale** (§ 87 Abs. 2c Satz 1 SGB V) innerhalb desselben Behandlungszeitraums verhindern. Nach dem – durch das GMG präzisierten – **§ 87 Abs. 2a Satz 7 SGB V** in der bis zum 31.03.2007 geltenden Fassung war in den HVMen sicherzustellen, dass die Abrechnung der hausärztlichen Grundvergütung pro Quartal nur durch einen Arzt erfolgt. Wie dies technisch umgesetzt werden sollte, insbesondere, ob der Gesetzgeber auf diese Weise die in § 76 Abs. 3 Satz 1 SGB V geregelte freie Arztwahl auch innerhalb des Abrechnungszeitraums aus wichtigem Grund für den hausärztlichen Bereich einschränken wollte, war unklar.[96] Diese Unklarheiten setzen sich bei der Regelung des § 87 Abs. 2d Satz 2 SGB V fort.

---

[94] BT-Drs. 16/4247, S. 39.

[95] BT-Drs. 16/4247, S. 39.

[96] Zur Kritik auch *Hencke* in: Peters, Handbuch KV (SGB V), § 87 Rn. 15a.

Alternativ kann der Bewertungsausschuss nun auch vorsehen, dass für den Fall der Doppelabrechnung wegen Arztwechsels eine **Kürzung** der Pauschale erfolgt. Im Hinblick auf die damit eintretenden voraussichtlichen Steuerungseffekte würde auch eine solche Regelung das Recht zur freien Arztwahl allerdings zumindest mittelbar beschränken. 113

Die ursprünglich als verpflichtend angesehenen Regelungen zur Doppelabrechnung der Pauschalen sind vom Gesundheitsausschuss in eine **„Kann-Bestimmung"** umgewandelt worden. Daraus ergibt sich, dass der Begriff „oder" in § 87 Abs. 2d Satz 2 SGB V dem Bewertungsausschuss ein echtes Regelungsermessen eröffnet, ob er überhaupt eine solche Regelung treffen will. 114

5. Umsetzungsprogramm für den neuen EBM (Absatz 2d Satz 3)

§ 87 Abs. 2d Satz 3 SGB V legt den „Fahrplan" fest, innerhalb dessen die durch § 87 Abs. 2b-2d SGB V vorgeschriebenen neuen Regelungen im EBM getroffen werden müssen. Danach sind folgende Zeitpunkte maßgeblich: 115

Bis zum 31.10.2007 ist der neue EBM vorzulegen, damit er mit Wirkung vom 01.01.2008 in Kraft treten kann. 116

Bis zum 31.10.2008 sind Regelungen zur Vergütung psychotherapeutischer Leistungen zu treffen, damit diese zum 01.01.2009 in Kraft treten können. Damit wird ein nahtloses Anknüpfen an die Bestimmungen nach § 85 Abs. 4 SGB V gewährleistet, die ab diesem Zeitpunkt nicht mehr wirken (vgl. § 87b Abs. 1 SGB V). 117

Bis zum 31.10.2010 sind erstmalig Beschlüsse zur Abbildung fachärztlicher Leistungen als diagnosebezogene Fallpauschalen zu fassen. Diesen Zeitraum hat der Gesundheitsausschuss gegenüber dem ursprünglichen Entwurf um drei Jahre nach hinten verschoben, da hierzu bislang keine ausreichenden Vorarbeiten des Bewertungsausschusses vorlägen und die Umsetzung der Regelung sehr aufwändig sei.[97] Letztlich soll damit abgesichert werden, dass die übrigen Bestimmungen zeitgerecht umgesetzt werden können. 118

6. Vorgaben für den Bema (Absatz 2h)

§ 87 Abs. 2h SGB V beinhaltet besondere Regelungen für den vertragszahnärztlichen Bewertungsmaßstab (Bema). Die Vorschrift entspricht wortgleich dem bis zum 31.03.2007 geltenden § 87 Abs. 2d SGB V. Danach **kann** der Bewertungsausschuss die im Bewertungsmaßstab aufgeführten Leistungen zu **Leistungskomplexen** zusammenfassen, muss es aber nicht, anders als im vertragsärztlichen Bereich. Im Hinblick auf das im Vergleich zum vertragsärztlichen Bereich weitaus homogenere Leistungsspektrum ist es im Wesentlichen bei einer Bewertung nach Einzelleistungen geblieben.[98] 119

Verpflichtend ist dagegen eine **Neubewertung** der Leistungen gewesen, die in Gestalt der Neufassung des Bema aufgrund der Entscheidung des erweiterten Bewertungsausschusses vom 04.06.2003 zum 01.01.2004 erfolgt ist. Dabei hat der Bewertungsausschuss sich für eine vermittelnde Lösung entschieden: Die Bewertungsrelationen des alten Bewertungsmaßstabes sind neu gefasst worden, zuzüglich einer teilweisen, präventionsorientierten Anpassung bestimmter Leistungspositionen. Dabei ist der Bereich der konservierend-chirurgischen Leistungen aufgewertet worden, während die Bereiche Zahnersatz, Kieferorthopädie und Parodontopathie-Behandlung abgewertet worden sind. 120

7. Frühere Regelungen zum EBM

a. Bewertung von Laborleistungen (Absatz 2b a.F.)

§ 87 Abs. 2b SGB V in der bis zum 31.03.2007 geltenden Fassung beinhaltete den bereits zum 31.12.1993 erteilten Auftrag an den Bewertungsausschuss, die Laborleistungen neu zu ordnen. Diesem Auftrag ist der Bewertungsausschuss in einem ersten Schritt zum 01.04.1994 nachgekommen.[99] Die damals getroffenen Regelungen hat das BSG in ihren wesentlichen Zügen gebilligt.[100] Zum 01.07.1999 ist der damalige Abschnitt O EBM erneut neu gefasst worden.[101] Die Laborvergütung setzt sich nun- 121

---

[97] BT-Drs. 16/4247, S. 40.

[98] Zu Details: *Altheide*, KrV 2002, 49; *Gabe*, BKK 2003, 467; *Schneider*, Ersk 2003, 313.

[99] DÄ 1994, A-767.

[100] BSG v. 20.03.1996 - 6 RKa 51/95 - SozR 3-2500 § 87 Nr. 12; BSG v. 29.01.1997 - 6 RKa 3/96 - SozR 3-2500 § 87 Nr. 15; BSG v. 29.01.1997 - 6 RKa 18/96 - SozR 3-2500 § 87 Nr. 16; BSG v. 20.01.1999 - B 6 KA 78/97 R - SozR 3-2500 § 87 Nr. 20; BSG v. 29.09.1999 - B 6 KA 42/98 R - USK 99161; BSG v. 31.01.2001 - B 6 KA 13/00 R - SozR 3-2500 § 85 Nr. 38; BSG v. 12.09.2001 - B 6 KA 89/00 R - SozR 3-2500 § 95 Nr. 33.

[101] Beschl. v. 09.12.1998, DÄ 1999, A-68, geändert in: der 57. Sitzung am 04.05.1999, DÄ 1999, A-1366; zur Rechtmäßigkeit der Regelungen: BSG v. 11.10.2006 - B 6 KA 35/05 R - Die Leistungen Beilage 2007, 74-77.

mehr aus Laborgrundgebühr, Wirtschaftlichkeitsbonus und Abschmelzungsregelung zusammen. Der wesentlichste Punkt ist dabei die Einführung eines sog. **arztgruppenbezogenen Wirtschaftlichkeitsbonus** (jetzt Nr. 32001). Dieser ist fallzahlabhängig und wird durch eine arztgruppenbezogene Fallpunktzahl definiert. Gegen diesen Bonus „läuft" ein Punktzahlvolumen, das sich aus der Umrechnung der im EBM geregelten Euro-Beträge der eigenerbrachten, bezogenen oder überwiesenen kurativ-ambulanten Laboratoriumsuntersuchungen ergibt und den Bonus bei unwirtschaftlicher Erbringung oder Veranlassung von Laborleistungen vollständig aufzehren kann. Das BSG hat diese Regelung für rechtmäßig erachtet.[102] Im Bereich des Speziallabors (früher sog. „O-III-Leistungen", jetzt Abschn. IV 32.3) besteht darüber hinaus eine quartalsbezogen frequenzabhängige Abstaffelungsregelung (Abschn. IV 32.3. Ziff. 12).

122 Der Gesetzgeber hat den durch § 87 Abs. 2b SGB V an den Bewertungsausschuss erteilten **Auftrag** zur Neuordnung der Laborleistungen als **erfüllt** angesehen und die Vorschrift daher mit Wirkung vom 01.04.2007 aufgehoben.[103]

b. Begrenzung veranlasster medizinisch-technischer Leistungen (Absatz 2c a.F.)

123 In dem durch das GMG neu gefassten § 87 Abs. 2c SGB V hatte der Gesetzgeber seinen Willen unterstrichen, veranlasste medizinisch-technische Leistungen auf den medizinisch notwendigen Umfang zu begrenzen. Eine ähnliche Regelung hatte bereits zuvor für Großgeräte bestanden. Der gesetzgeberische Auftrag zielte auf eine Mengenbegrenzung beim Veranlasser,[104] ist allerdings nicht umgesetzt worden.[105]

c. Praxisbudgets (Absatz 2 Satz 8 a.F.)

124 Die auf der Grundlage von **§ 87 Abs. 2 Satz 8 SGB V a.F.** zum 01.07.1997 eingeführten Praxisbudgets sind schon im Rahmen der Neufassung des EBM 2000plus **aufgehoben** worden.

125 Im Wesentlichen hatte die Regelung folgenden Inhalt: Für die betroffenen Arztgruppen wurden drei verschiedene Leistungsbereiche gebildet: Dem **Praxisbudget** („grüner Bereich") unterfielen ca. 70% der das Behandlungsspektrum der jeweiligen Arztgruppe typischerweise abdeckenden Leistungen. Neben dem Praxisbudget waren bestimmte ärztliche Leistungspositionen (ca. 10% des Leistungsspektrums) qualifikations- bzw. bedarfsabhängigen **Zusatzbudgets** zugewiesen („gelber Bereich"). Die **qualifikationsbezogenen** Zusatzbudgets wurden arztgruppenbezogen, ggf. aufgrund einer Zusatzbezeichnung nach der WBO, zuerkannt. Die **bedarfsabhängigen** Zusatzbudgets wurden zuerkannt, wenn ein besonderer, atypischer[106] Versorgungsbedarf bestand. Hier fand eine Differenzierung nach Arztgruppen nicht mehr statt. Die in den Budgets enthaltenen Leistungen waren je Arztpraxis und Abrechnungsquartal jeweils nur bis zu einer begrenzten Gesamtpunktzahl abrechenbar. Die diese Grenze überschreitenden Punktzahlanforderungen wurden nicht gesondert vergütet. Die Höhe der Budgets ergab sich jeweils durch Multiplikation der arztgruppenspezifischen und nach dem Versichertenstatus variierenden Fallpunktzahl mit der Zahl der in der Praxis behandelten budgetrelevanten Fälle. In die für die Arztgruppe maßgebliche Fallpunktzahl floss ein durchschnittlicher Kostenanteil je Arztgruppe ein. Auch die Festsetzung dieses Kostensatzes war dem BSG zufolge Normsetzung mit der Folge eines weit reichenden Gestaltungsspielraums.[107] Im Bereich der Zusatzbudgets wurde – zu Recht[108] – nicht mehr nach dem Versichertenstatus differenziert. Die von den Budgets nicht erfassten Leistungen („roter Bereich") blieben unbudgetiert.

126 Die Einführung der Praxisbudgets ist vom BSG in ständiger Rechtsprechung gebilligt worden.[109] Als zulässig hat sich auch im Hinblick auf Art. 3 Abs. 1 GG die unterschiedliche Höhe der Praxisbudgets

[102] BSG v. 23.02.2005 - B 6 KA 55/03 R; zur Vereinbarkeit mit europäischem Wettbewerbsrecht *Koenig/Engelmann/Steiner*, NZS 2002, 288; vgl. hierzu aber auch Rn. 157.

[103] FraktE-GKG-WSG, BT-Drs. 16/3100, S. 127.

[104] Ebenso *Engelhard* in: Hauck/Noftz, SGB V, § 87 Rn. 102c.

[105] FraktE-GMG, BT-Drs. 15/1525, S. 105 zu lit. e).

[106] BSG v. 24.09.2003 - B 6 KA 31/02 R - SozR 4-2500 § 87 Nr. 2 = MedR 2004, 334; zu den Voraussetzungen der Zuerkennung eines Zusatzbudgets auch *Hesral*, NZS 2000, 596, 599 f.

[107] BSG v. 15.05.2002 - B 6 KA 33/01 R - BSGE 89, 259 = SozR 3-2500 § 87 Nr. 34 = MedR 2003, 586.

[108] BSG v. 02.04.2003 - B 6 KA 48/02 R - SozR 4-2500 § 87 Nr. 1.

[109] BSG v. 08.03.2000 - B 6 KA 7/99 - SozR 3-2500 § 87 Nr. 23; BSG v. 06.09.2000 - B 6 KA 40/99 R - SozR 3-2500 § 87 Nr. 26; BSG v. 16.05.2001 - B 6 KA 53/00 R - SozR 3-2500 § 87 Nr. 31; BSG v. 02.04.2003 - B 6 KA 38/02 R.

für Allgemeinmediziner und hausärztliche Internisten erwiesen.[110] Bei Bestehen eines besonderen Versorgungsbedarfs konnten Praxis- und Zusatzbudgets darüber hinaus **erweitert** werden, sofern die Praxis eine von der Typik der Arztgruppe nachhaltig abweichende Praxisausrichtung, einen besonderen Behandlungsschwerpunkt bzw. eine Konzentration auf die Erbringung von Leistungen nur aus einem Teilbereich des Fachgebiets aufwies.[111] Praxisbudgets, in deren Bereich die Honorargewährung auf Grund von Honorarkürzungen wegen Unwirtschaftlichkeit die Budgetobergrenze nicht ausschöpfte, konnten nicht durch Leistungen aus dem Bereich eines Zusatzbudgets aufgefüllt werden.[112]

VII. Rahmenvorgaben für die Euro-Gebührenordnung (Absätze 2e-2g)

Die Regelungen in § 87 Abs. 2e-2g SGB V enthalten die Rahmenvorgaben zur Euro-Gebührenordnung gemäß § 87a Abs. 2 SGB V, die der Bewertungsausschuss zu beschließen hat. Sie treffen insbesondere die Regelungen zur Festlegung und Anpassung der Orientierungswerte sowie Regelungen zur Festlegung von Indikatoren für regionale Besonderheiten bei Kosten- und Versorgungsstruktur. 127

1. Orientierungswerte (Absatz 2e)

Nach § 87 Abs. 2e SGB V muss der Bewertungsausschuss im EBM **Punktwerte in Euro als Orientierungswerte** vorgeben, die für vertragsärztliche Leistungen **bundesweit und kassenartenübergreifend** zu zahlen sind. 128

Aus den Orientierungswerten und den Bewertungsrelationen des EBM lässt sich rechnerisch eine Gebührenordnung festlegen. Voraussetzung ist allerdings, dass auf regionaler Ebene keine abweichenden Orientierungswerte festgelegt werden. Die Orientierungswerte dienen den regionalen Vertragspartnern insoweit als Grundlage für die regionalen Preisvereinbarungen, die ab dem 01.01.2009 nach § 87a SGB V getroffen werden sollen. In diesen Preisvereinbarungen werden durch Zu- und Abschläge auf die Orientierungswerte die in den einzelnen Regionen tatsächlich zur Auszahlung kommenden **Preise** und damit die regionalen **Euro-Gebührenordnungen** festgelegt. 129

Nach § 87 Abs. 2e Satz 1 SGB V sind **mindestens drei verschiedene Orientierungswerte** festzulegen: der Orientierungswert für den **Regelfall** (§ 87 Abs. 2e Satz 1 Nr. 1 SGB V), der Orientierungswert für Ärzte in Gebieten mit **Unterversorgung** (§ 87 Abs. 2e Satz 1 Nr. 2 SGB V) und der Orientierungswert für Ärzte in Gebieten mit **Überversorgung** (§ 87 Abs. 2e Satz 1 Nr. 3 SGB V). 130

Der Bewertungsausschuss kann die Überversorgung bzw. die (zumindest in absehbarer Zeit) drohende Unterversorgung nicht selbst feststellen, sondern ist an die entsprechende **Feststellung der Landesausschüsse der Ärzte und KKn gebunden**. Das wird durch die Bezugnahme auf die §§ 100 Abs. 1 Satz 1, 103 Abs. 1 Satz 1 SGB V klargestellt. 131

§ 87 Abs. 2e Satz 2 SGB V enthält dabei Vorgaben über das Verhältnis der Werte bei Unter- bzw. Überversorgung zum Orientierungswert im Regelfall: Die Orientierungswerte zur Vergütung der Ärzte, die in **unterversorgten** Gebieten tätig sind, müssen so weit **über** dem Orientierungswert im Regelfall liegen, dass das **Niederlassungsverhalten** der Ärzte über diesen Preisanreiz gesteuert wird. Entsprechend müssen die Orientierungswerte zur Vergütung der Ärzte in **überversorgten** Gebieten **unter** dem Orientierungswert im Regelfall liegen. Der Bewertungsausschuss darf dabei **weitere Differenzierungen** abhängig vom jeweiligen Versorgungsgrad vornehmen. Je nach konkreter Versorgungssituation können die Differenzen zwischen dem Orientierungswert im Regelfall und den beiden anderen Orientierungswerten also unterschiedlich hoch ausfallen. 132

Der Gesetzgeber hält die Einführung dieser differenzierten Orientierungswerte für erforderlich, weil die vertragsärztliche Versorgung nach wie vor durch eine Situation der Überversorgung, vor allem im fachärztlichen Bereich, aber auch durch die Gefahr von Unterversorgung, vor allem im hausärztlichen Bereich und in ländlichen Gebieten, gekennzeichnet ist. Das insoweit bislang eingesetzte Instrument der Zulassungssperren hat einen weiteren Anstieg der Überversorgung verhindern, aber die Überversorgung nicht abbauen und die Unterversorgung nicht abwenden können.[113] Mit den differenzierten Orientierungswerten versucht der Gesetzgeber, die gewünschten Steuerungseffekte nunmehr nicht mehr über das Zulassungs-, sondern das **Vergütungsrecht** zu erzielen. 133

---

[110] BSG v. 24.09.2003 - B 6 KA 37/02 R - SozR 4-2500 § 87 Nr. 3.

[111] BSG v. 16.05.2001 - B 6 KA 53/00 R - SozR 3-2500 § 87 Nr. 31; zur Erweiterung des Praxisbudgets eines Allgemeinarztes wegen einer Häufung von Beratungs- und Gesprächsleistungen: BSG v. 22.03.2006 - B 6 KA 80/04 R - SozR 4-2500 § 87 Nr. 12.

[112] BSG v. 15.05.2002 - B 6 KA 30/00 R - SozR 3-2500 § 87 Nr. 32.

[113] FraktE-GKV-WSG, BT-Drs. 16/3100, S. 128.

134 § 87 Abs. 2e Satz 3 SGB V enthält ein weiteres **Differenzierungsgebot** für Gebiete mit **Überversorgung**. Für Ärzte, die bereits vor der erstmaligen Vereinbarung der Orientierungswerte zugelassen waren (sog. **Altfälle**), sind höhere Orientierungswerte festzusetzen als für Ärzte, die nach diesem Zeitpunkt zugelassen werden (sog. **Neufälle**). Es handelt sich um eine Vertrauensschutzregelung. Sie soll Einkommenseinbußen für solche Ärzte entgegenwirken, die ihr Niederlassungsverhalten aufgrund der festgesetzten Orientierungswerte nicht mehr steuern können. Obwohl das Gesetz ausdrücklich nur von „Zulassung" spricht, wird die Privilegierung für alle „Altfälle", unabhängig vom konkreten Teilnahmestatus (also z.B. auch für ermächtigte Ärzte) gelten. Bei der Höhe der Orientierungswerte für Altfälle kann z.B. auch zu berücksichtigen sein, dass die Betriebskosten (vgl. § 87 Abs. 2g Nr. 1 SGB V) bei Praxen in überversorgten Gebieten wegen der dort höheren Mieten besonders hoch sind.

135 § 87 Abs. 2e Satz 3 SGB V sieht allerdings auch vor, dass die Unterschiede zwischen Alt- und Neufällen nicht auf Dauer erhalten bleiben sollen. Vielmehr strebt der Gesetzgeber eine möglichst **zeitnahe Angleichung** der Orientierungswerte an. Genaue Zeitangaben enthält das Gesetz nicht. Der erforderliche Zeitraum wird vor allem davon abhängen, wie hoch die jeweiligen Abschläge zum Regelpreis sind, die faktisch auf die Ärzte in überversorgten Gebieten zukommen.

136 Die im ursprünglichen Fraktionsentwurf noch vorgesehene Regelung, wonach die Orientierungswerte bei Über- und Unterversorgung **kostenneutral** zu kalkulieren waren, hat der Ausschuss für Gesundheit **aufgegeben**.[114] Diese Kalkulationsvorgabe hätte nämlich dazu führen können, dass die Orientierungswerte für die Unterversorgung nicht in sachgerechter Höhe festgesetzt worden wären, sondern dass sie sich gleichsam automatisch rechnerisch aus den geschätzten Ersparnissen durch die Zahlung der Orientierungswerte bei Überversorgung ergeben hätten. Mit der Streichung der Kostenneutralität soll nunmehr erreicht werden, dass die Zu- und Abschläge jeweils in sachgerechter Höhe kalkuliert werden und ihren Steuerungseffekt damit voll entfalten können.

137 § 87 Abs. 2e Satz 4 SGB V berechtigt den Bewertungsausschuss, abweichend vom Regelfall der regionalen Vereinbarung der Orientierungswerte ausnahmsweise die Fälle zu bestimmen, in denen die regionalen Vertragspartner die Orientierungswerte bei Über- bzw. Unterversorgung zwingend anwenden müssen. Damit soll sichergestellt werden, dass in diesen zwingenden Fällen in allen Regionen von der Preisdifferenzierung Gebrauch gemacht wird.[115]

138 Die Orientierungswerte müssen jährlich bis zum **31.08.** vorliegen.

139 Für die **gerichtliche Überprüfung** der Orientierungswerte gelten die allgemein für die Kontrolle der Bewertungsmaßstäbe geltenden Grundsätze (Rn. 73 ff.). Insbesondere in der Anfangsphase wird ein weitgehender Erprobungsspielraum anzuerkennen sein, dem allerdings eine gesteigerte Beobachtungs- und Anpassungspflicht im Rahmen des § 87 Abs. 2g SGB V entspricht.

140 Ob die mit den unterschiedlichen Orientierungswerten verbundenen Steuerungsziele ausreichende sachliche Gründe sind, um die unterschiedliche Vergütung ärztlicher Leistungen abhängig allein von der geographischen Lage der Praxis vor dem Grundsatz der Honorarverteilungsgerechtigkeit (Art. 12 Abs. 1 i.V.m. Art. 3 Abs. 1 GG) zu rechtfertigen, bleibt abzuwarten.

141 Sonderregelungen zur Festlegung der Orientierungswerte für die Jahre 2009 und 2010 sind in § 87c Abs. 1 SGB V enthalten.

2. Indikatoren zur Messung der regionalen Besonderheiten (Absatz 2f)

142 Auf der Grundlage der Orientierungswerte des Bewertungsausschusses nach § 87 Abs. 2e SGB V vereinbaren die regionalen Vertragspartner nach § 87a Abs. 2 SGB V Zu- und Abschläge, indem sie die regionalen Besonderheiten der Kosten- und Versorgungsstruktur berücksichtigen. Um eine bundeseinheitliche Anwendung dieser Regelung sicherzustellen, müssen die regionalen Vertragspartner dabei jedoch die Vorgaben des Bewertungsausschusses zur Feststellung und Bewertung der jeweiligen regionalen Besonderheiten anwenden. § 87 Abs. 2f Satz 1 SGB V gibt dem Bewertungsausschuss daher den Auftrag, **Indikatoren** zur Messung der regionalen Besonderheiten bei der Kosten- und Versorgungsstruktur festzulegen.

143 § 87 Abs. 2f Satz 2 SGB V legt fest, dass der Bewertungsausschuss zur **Ermittlung** dieser Indikatoren soweit wie möglich auf amtliche Indikatoren zurückgreifen soll, aber auch eigene Datenerhebungen durchführen kann.

---

[114] BT-Drs. 16/4247, S. 40.

[115] FraktE-GKV-WSG, BT-Drs. 16/3100, S. 129.

§ 87 Abs. 2f Satz 3 SGB V bestimmt, dass als Indikatoren für das Vorliegen von Besonderheiten bei der **Versorgungsstruktur** insbesondere solche Kennzahlen dienen sollen, mit denen die **Abweichung der regionalen Fallzahlentwicklung** von der bundesdurchschnittlichen Fallzahl gemessen wird. Hintergrund ist, dass die Fallzahlentwicklung nach § 87 Abs. 2g Nr. 3 SGB V auch bei der Anpassung der Orientierungswerte zu berücksichtigen ist. Zur Messung einer signifikant abweichenden regionalen Fallzahlentwicklung bietet sich z.B. an, dass der Bewertungsausschuss einen Schwellenwert festlegt, ab dessen Überschreitung auf der regionalen Ebene mit einer Punktwertabweichung vom bundesweiten Orientierungsniveau reagiert wird. 144

Nach § 87 Abs. 2f Satz 4 SGB V sollen als Indikatoren zum Vorliegen von regionalen Besonderheiten bei der **Kostenstruktur** Kennzahlen dienen, die Abweichungen der für Arztpraxen relevanten regionalen Investitions- und Betriebskosten von den entsprechenden bundesdurchschnittlichen Kosten messen. Insbesondere hier kommen ggf. auch eigene Erhebungen des Bewertungsausschusses in Betracht. Für den Fall, dass bis zum 31.08.2008 insoweit weder amtliche Indikatoren noch eigene Ermittlungen des Bewertungsausschusses vorliegen, trifft **§ 87c Abs. 2 SGB V** eine **Sonderregelung**. 145

Die Indikatoren sind **jährlich bis zum 31.08.** vorzulegen. 146

3. Anpassung der Orientierungswerte (Absatz 2g)

§ 87 Abs. 2g SGB V regelt die Vorgaben für die jährlich zu vereinbarenden Veränderungen der Orientierungswerte in den Folgejahren. Der Gesetzgeber nennt vier Faktoren, die jedoch **nicht abschließend** sind („insbesondere"). Diese Faktoren orientieren sich in erster Linie an der Regelung des § 10 Abs. 3 KHEntgG betreffend die Anpassung der Fallpauschalen im Krankenhausbereich. 147

Zu berücksichtigen ist zunächst die **Entwicklung** der für Arztpraxen bedeutsamen **Investitions- und Betriebskosten** (§ 87 Abs. 2g Nr. 1 SGB V). Voraussetzung ist, dass diese Kosten nicht bereits bei der Weiterentwicklung der Bewertungsrelationen (§ 87 Abs. 2 Satz 2 SGB V) berücksichtigt worden sind (vgl. dazu Rn. 60). 148

Weiter sind zu berücksichtigen die Möglichkeiten zur **Ausschöpfung von Wirtschaftlichkeitsreserven** (§ 87 Abs. 2g Nr. 2 SGB V). Mit diesem Begriff nimmt der Gesetzgeber ersichtlich auf § 71 Abs. 1 SGB V Bezug. Auch insoweit ist Voraussetzung, dass die Kosten nicht bereits bei der Weiterentwicklung der Bewertungsrelationen (§ 87 Abs. 2 Satz 2 SGB V) berücksichtigt worden sind (Rn. 60). 149

Drittes vom Gesetzgeber geregeltes Anpassungskriterium ist die allgemeine **Kostendegression bei Fallzahlsteigerungen** (§ 87 Abs. 2g Nr. 3 SGB V). Dabei müssen die Orientierungswerte für den Fall einer Fallzahlsteigerung nicht so weit abgesenkt werden, dass die rechnerische Honorarsumme insgesamt konstant bleibt. Andernfalls käme es zu „floatenden" Orientierungswerten, die mit dem gesetzgeberischen Ziel, das Morbiditätsrisiko auf die KKn zu verlagern, nicht in Einklang stünden. Für einen morbiditätsbedingten Mehrbedarf der Versicherten und eine damit verbundene Leistungsausweitung haben die KKn daher mehr Geld zur Verfügung zu stellen.[116] 150

Schließlich hat sich die Anpassung der Orientierungswerte an den aufgetretenen Wirkungsdefiziten der Orientierungswerte nach § 87 Abs. 2e Satz 1 Nr. 2 und 3 SGB V zu orientieren. 151

VIII. Bewertungsausschuss und Erweiterter Bewertungsausschuss

1. Bewertungsausschuss

§ 87 Abs. 3 Satz 1 SGB V regelt die **Zusammensetzung** der Bewertungsausschüsse. 152

Die Bewertungsausschüsse bestehen aus **14 Mitgliedern**, jeweils zur Hälfte von der KBV sowie von den Spitzenverbänden der KKn (je ein Vertreter der Orts-, Betriebs-, Innungskkn, der Landwirtschaftlichen KKn, der Deutschen Rentenversicherung Knappschaft-Bahn-See sowie des VdAK und des AEV) entsandt. Die Kriterien der Entsendung bestimmen die Körperschaften selbst. 153

Die Mitglieder sind **weisungsgebunden**.[117] Das ergibt sich daraus, dass eine dem § 96 Abs. 2 Satz 4 SGB V vergleichbare Regelung fehlt. Es besteht **keine Amtsdauer**, d.h. die Mitglieder können jederzeit ausgetauscht und abberufen werden.[118] 154

---

[116] FraktE-GKV-WSG, BT-Drs. 16/3100, S. 130.

[117] BSG v. 29.09.1993 - 6 RKa 65/91 - SozR 3-2500 § 85 Nr. 4; *Engelhard* in: Hauck/Noftz, SGB V, § 87 Rn. 131.

[118] BSG v. 08.05.1996 - 6 RKa 49/95 -SozR 3-2200 § 368i Nr. 1.

155 Den **Vorsitz** führt abwechselnd ein Ärzte- und ein KK-Vertreter (§ 87 Abs. 3 Satz 2 SGB V). Das **Verfahren** der Beschlussfassung ist in der **Geschäftsordnung** des Bewertungsausschusses geregelt. § 87 Abs. 4 Satz 1 SGB V ist insoweit nur zu entnehmen, dass die Beschlüsse **einstimmig** von **allen** Mitgliedern gefasst werden, der Ausschuss also bei Abwesenheit auch nur eines Mitglieds nicht beschlussfähig ist.

156 Die **Vorarbeiten** werden von einem **Arbeitsausschuss** geleistet. Das ist rechtlich unbedenklich.[119] **Interpretationsbeschlüsse** des Arbeitsausschusses dürfen jedoch nicht zu einer Änderung des Bewertungsmaßstabes führen (Rn. 78).

157 Gegen die **demokratische Legitimation** des Bewertungsausschusses wie des Erweiterten Bewertungsausschusses bestehen keine durchgreifenden Bedenken.[120]

158 Die Tätigkeit der KBV und der Spitzenverbände der KKn in den Bewertungsausschüssen ist **keine unternehmerische Tätigkeit** im Sinne von Art. 81 Abs. 1 EGV, sondern **Normsetzung**.[121]

159 Die von der KBV und den Spitzenverbänden der KKn entsandten Mitglieder des Bewertungsausschusses haben den Vertragsärzten gegenüber die Pflicht zu rechtmäßigem Verwaltungshandeln als **Amtspflicht** im Sinne von **§ 839 BGB i.V.m. Art. 34 Satz 1 GG**. Rechtswidrig vereinbarte Abrechnungsausschlüsse können daher zur **Amtshaftung** führen.[122]

2. Erweiterter Bewertungsausschuss (Absätze 4, 5)

160 Der erweiterte Bewertungsausschuss besteht aus den 14 Mitgliedern des Bewertungsausschusses sowie einem unparteiischen Vorsitzenden und vier weiteren unparteiischen Mitgliedern.[123] **Unparteiisch** heißt: Die Mitglieder dürfen keiner der Organisationen angehören, die den Bewertungsausschuss beschicken. Zwei der Mitglieder werden von der KBV, je eines gemeinsam von den Bundesverbänden der KKn und der Deutschen Rentenversicherung Knappschaft-Bahn-See bzw. den Verbänden der Ersatzkassen benannt. Der Vorsitzende wird entsprechend § 89 Abs. 3 SGB V benannt. Für das Verfahren gelten im Wesentlichen die Vorschriften für den Bewertungsausschuss. Der erweiterte Bewertungsausschuss entscheidet mit der Mehrheit seiner Mitglieder (also mindestens zehn Stimmen). Im Zweifelsfall gibt daher die Stimme des Vorsitzenden den Ausschlag.

IX. Institut des Bewertungsausschusses (Absätze 3b-3e)

1. Gründung und Aufgaben des Instituts (Absatz 3b)

161 Mit Wirkung vom 27.10.2006 hat der Gesetzgeber die KBV und die in Absatz 3 genannten Spitzenverbände der KKn, also die den Bewertungsausschuss bildenden Institutionen, verpflichtet, bis zum 30.06.2007 ein **neutrales Institut** zu gründen, das den Bewertungsausschuss bei der Wahrnehmung seiner Aufgaben unterstützt. Zu den Gründen vgl. Rn. 31.

162 Vorbild des Instituts ist offenbar das am 10.05.2001 gegründete **Institut für das Entgeltsystem im Krankenhaus** (InEK gGmbH), das die Vertragspartner der Selbstverwaltung und die von ihnen gebildeten Gremien bei der Einführung und Weiterentwicklung des DRG-Systems auf der Grundlage des § 17b KHG unterstützt.[124]

163 Die Träger des Bewertungsausschusses haben bereits am 17.05.2006 ein Institut des Bewertungsausschusses gegründet. Der damit bereits eingeleitete Prozess der Professionalisierung der Arbeit des Bewertungsausschusses soll mit den Regelungen des § 87 Abs. 3b ff. SGB V nunmehr gefördert und gesetzlich abgesichert werden.[125] Aus diesem Grund sind die Vorschriften auch rückwirkend in Kraft getreten.

164 Die **Aufgaben des Instituts** sind in **§ 87 Abs. 3b Satz 2 SGB V** geregelt. Danach soll das Institut nicht nur an der Ausarbeitung der Vergütungsreform beteiligt sein, sondern in die Vorbereitung sämtlicher Beschlüsse des Bewertungsausschusses und die Unterstützung bei seinen sonstigen Aufgaben einbezogen sein. Das Gesetz nennt ausdrücklich die Beschlüsse nach § 85 Abs. 4a SGB V (Vorgaben für die Honorarverteilung), § 87 SGB V (insbesondere die Weiterentwicklung des EBM), §§ 87a-87c SGB V

---

[119] BSG v. 08.05.1996 - 6 RKa 49/95 - SozR 3-2200 § 368i Nr. 1.

[120] Vgl. *Engelmann*, NZS 2000, 1, 7.

[121] BSG v. 11.09.2002 - B 6 KA 34/01 R - SozR 3-2500 § 87 Nr. 35.

[122] BGH v. 14.03.2002 - III ZR 302/00 - NJW 2002, 1793; dazu *Kaltenborn*, SGb 2002, 659, 661 f.

[123] Zur Zusammensetzung im Einzelnen: *Rompf*, GesR 2003, 65.

[124] Vgl. FraktE-GKV-WSG, BT-Drs. 16/3100, S. 130.

[125] FraktE-GKV-WGS, BT-Drs. 16/3100, S. 131.

(Einführung und Entwicklung der Vergütungsreform) sowie die Analysen und Berichte nach § 87 Abs. 3a, 7 und 8 SGB V. Damit sollen alle komplexen Aufgaben des Bewertungsausschusses künftig in einem professionellen Verfahren vorbereitet werden.

Die „in § 87 Abs. 3b Satz 1 SGB V genannten Organisationen" können „einen Dritten" mit den Aufgaben nach § 87 Abs. 3b Satz 2 SGB V beauftragen (§ 87 Abs. 3b Satz 5 SGB V). Damit soll es möglich sein, auch die Kompetenzen externer Anbieter zu nutzen und die entsprechenden Leistungen „einzukaufen". Auftraggeber können dabei über den Wortlaut der Vorschrift hinaus nicht nur die Trägerorganisationen, sondern auch der Bewertungsausschuss selbst sein. Nutzt er diese Möglichkeit, gilt sein Auftrag nach § 87 Abs. 3b Satz 2 SGB V als erfüllt.[126] 165

Das Institut musste **bis zum 30.04.2007 gegründet** werden (§ 87 Abs. 3b Satz 1 SGB V). Für eine **Übergangsphase bis zum 31.10.2008** können die Aufgaben des Instituts ganz oder teilweise zwischen dem Institut oder dem beauftragten Dritten und der KBV und den Spitzenverbänden der KKn aufgeteilt werden (§ 87 Abs. 3b Satz 6 SGB V). Damit soll eine Einarbeitungsphase ermöglicht werden.[127] 166

In drei Fällen kann das Bundesministerium für Gesundheit von sich aus alle oder einzelne Träger des Bewertungsausschusses oder auch Dritte mit den Aufgaben nach § 87 Abs. 3b Satz 2 SGB V beauftragen (**§ 87 Abs. 3b Sätze 3 und 4 SGB V**): wenn das Institut nicht oder nicht in einer seinen Aufgaben entsprechenden Weise bis zum 30.04.2007 gegründet wird, wenn es seine Aufgaben nicht in dem vorgesehenen Umfang oder nicht entsprechend den geltenden Aufgaben erfüllt, oder wenn es aufgelöst wird. Ob das Institut seine Aufgaben nicht ordnungsgemäß erfüllt, kann das Bundesministerium für Gesundheit selbst feststellen: Die in erster Linie für die Übergangsphase vorgesehenen entsprechenden Berichte des Bewertungsausschusses (vgl. § 87 Abs. 3b Satz 7 SGB V) binden es nicht. Insgesamt ergibt sich aus dieser Regelung, dass die Trägerorganisationen des Bewertungsausschusses auch nach Gründung des Instituts in voller Verantwortung für seine Arbeitsfähigkeit stehen. 167

2. Finanzierung, Ausstattung und Organisation des Instituts (Absätze 3c-3e)

Das **Institut** bzw. der nach § 87 Abs. 3 Satz 5 SGB V beauftragte **Dritte** werden durch Erhebung eines **Zuschlags** auf jeden vertragsärztlichen ambulant-kurativen Behandlungsfall **finanziert** (**§ 87 Abs. 3c SGB V**). Damit folgt die Finanzierung dem Modell zur Finanzierung des DRG-Instituts (vgl. § 17b Abs. 5 Nr. 1 KHG) sowie dem Institut des Gemeinsamen Bundesausschusses (vgl. § 139c Abs. 1 SGB V). Der Zuschlag ist **von den KKn außerhalb der Gesamtvergütung** aufzubringen. Einzelheiten regelt der Bewertungsausschuss in einer **Finanzierungsregelung** in Form eines Beschlusses (§ 87 Abs. 3e Satz 1 Nr. 2 SGB V). 168

Nach § 87 Abs. 3d SGB V muss der Bewertungsausschuss über die **Ausstattung des Instituts mit Sach- und Personalmitteln** entscheiden. Die entsprechenden Beschlüsse sind dem Bundesministerium für Gesundheit zur Prüfung vorzulegen (§ 87 Abs. 6 SGB V). Nach dem Gesetzeswortlaut hat der Bewertungsausschuss auch die Befugnis, derartige Entscheidungen betreffend ggf. in Anspruch genommene Dritte zu treffen. Es ist indessen nicht ersichtlich, wie z.B. bei unabhängigen sachverständigen Institutionen solche Entscheidungen getroffen, geschweige denn durchgesetzt werden könnten. Gemeint ist vermutlich, dass der Bewertungsausschuss über die Vergütung für derartige Dritte entscheiden soll. Schließlich muss der Bewertungsausschuss die interne Organisation des Instituts auch so gestalten, dass den besonderen Anforderungen des **Datenschutzes** Rechnung getragen wird (§ 87 Abs. 3d Satz 2 SGB V). 169

§ 87 Abs. 3e SGB V verpflichtet den Bewertungsausschuss, dem Institut eine **Geschäftsordnung** und eine **Finanzierungsregelung** zu geben. Auf die ursprünglich im Gesetzentwurf vorgesehene Verfahrensordnung ist verzichtet worden, damit die Arbeitsfähigkeit des Instituts schneller hergestellt werden kann.[128] 170

X. Datenübermittlung (Absatz 3f)

Durch § 87 Abs. 3f SGB V wird sichergestellt, dass der Bewertungsausschuss bzw. das Institut über alle erforderlichen Daten für ihre Beschlüsse verfügen. Die entsprechenden Daten sind von den KVen und den KKn zu liefern. Sie sind dort nach den §§ 284, 285 SGB V verfügbar. 171

---
[126] FraktE-GKV-WGS, BT-Drs. 16/3100, S. 131

[127] BT-Drs. 16/4247, S. 40.

[128] BT-Drs. 16/4247, S. 41.

172 Eingeschlossen in die Übermittlungspflicht sind die für die **Bereinigung der Gesamtvergütung** erforderlichen Daten aus den außerhalb der vertragsärztlichen Versorgung vereinbarten Einzelvertragsformen (vgl. §§ 73b Abs. 7 Satz 4, 73c Abs. 6 Satz 4, 140d Abs. 2 Satz 4 SGB V).

173 Die Datenlieferungen haben **unentgeltlich** zu erfolgen, damit es nicht zu vermeidbaren Verzögerungen aufgrund von Streitigkeiten über die Finanzierung der Übermittlungskosten kommt.

174 Die Daten sind einheitlich **pseudonymisiert** zu übermitteln. Das Verfahren hierzu bestimmt der Bewertungsausschuss im Einvernehmen mit dem Bundesamt für Sicherheit in der Informationstechnik.

XI. Aufsicht (Absatz 6)

175 Die in **§ 87 Abs. 6 SGB V** geregelten Aufsichtsbefugnisse des Bundesministeriums für Gesundheit sind durch das GKV-WSG nochmals deutlich gestärkt worden.

176 Das Ministerium hat nunmehr das Recht, an den Sitzungen des Bewertungsausschusses, des Instituts oder beauftragter Dritter, etwaiger Ausschüsse und Unterausschüsse teilzunehmen (§ 87 Abs. 6 Satz 1 SGB V). Damit soll es das Zustandekommen der einzelnen Beschlüsse besser nachvollziehen können.[129]

177 Die Beschlüsse der Bewertungsausschüsse und die zu Grunde liegenden Beratungsunterlagen (d.h. Protokolle, erhobene Daten, Stellungnahmen von Fachverbänden, ggf. eingeholte Gutachten) sind dem Ministerium vorzulegen. Dabei handelt es sich nicht nur um die Unterlagen, die für die Beschlussfassung relevant waren.[130] Denn gerade auch aus der Nichtberücksichtigung von Unterlagen kann sich die Rechtswidrigkeit einer Entscheidung des Bewertungsausschusses ergeben. Vielmehr sind alle Unterlagen vorzulegen, die im Zusammenhang mit der entschiedenen Frage eingeholt oder eingereicht worden sind. Die Vorlagepflicht hindert nicht die Wirksamkeit des Beschlusses.[131]

178 Das BMGS kann den Beschluss binnen zwei Monaten **beanstanden**. Im Rahmen des Beanstandungsverfahrens kann es zusätzliche Informationen und Stellungnahmen anfordern; die Beanstandungsfrist wird solange „unterbrochen". Gemeint ist damit vermutlich, dass die Frist gehemmt wird, d.h. nach Eingang der Informationen und Stellungnahmen weiterläuft. Unterbleibt eine Beanstandung, gilt der Beschluss als genehmigt. Wird einer Beanstandung nicht innerhalb einer vom BMGS gesetzten Frist abgeholfen oder ein Beschluss nicht innerhalb einer solchen Frist gefasst, hat das BMGS zwei Möglichkeiten: Entweder setzt es den Beschluss selbst fest, oder es ruft den erweiterten Bewertungsausschuss an.

179 In beiden Fällen bestimmt § 87 Abs. 6 Satz Satz 3 i.V.m. Satz 5 SGB V, dass die Spitzenverbände der KKn (gesamtschuldnerisch) und die KBV die hierdurch entstehenden Kosten jeweils zur Hälfte tragen.

XII. Evaluierung und Berichtspflichten (Absätze 3a, 7 und 8)

1. Regelmäßige Berichtspflicht (Absatz 3a)

180 Nach § 87 Abs. 3a Satz 1 SGB V muss der Bewertungsausschuss die **Auswirkungen seiner Beschlüsse** auf die vertragsärztliche Versorgung der Versicherten sowie die Honorare der Vertragsärzte analysieren. Diese Aufgabe des Bewertungsausschusses war bislang nicht ausdrücklich gesetzlich geregelt. Zu den Gründen vgl. Rn. 31.

181 § 87 Abs. 3a Satz 2 SGB V verpflichtet den Bewertungsausschuss, dem Bundesgesundheitsministerium jeweils zum Jahresende einen **Bericht zur Entwicklung der Vergütungs- und Leistungsstruktur** in der vertragsärztlichen Versorgung vorzulegen. Diese Verpflichtung war bislang in § 85 Abs. 4a Satz 5 SGB V geregelt. Das Bundesgesundheitsministerium kann für diese Berichtspflicht nähere Vorgaben erlassen.

182 Durch Bezugnahme auf § 87 Abs. 6 Sätze 4-6 SGB V in § 87 Abs. 3a Satz 3 SGB V ist klargestellt, dass das Bundesministerium für Gesundheit bei Nichterfüllung der Berichtspflicht den Bericht von Gutachtern auf Kosten des Bewertungsausschusses erstellen lassen kann.

183 Die Vorschrift gilt nicht für den Bewertungsausschuss für vertragszahnärztliche Leistungen (§ 87 Abs. 3g SGB V).

---

[129] BT-Drs. 16/3100, S. 132.

[130] So aber *Hess* in: KassKomm, SGB V, § 87 Rn. 21.

[131] *Engelhard* in: Hauck/Noftz, SGB V, § 87 Rn. 162c.

2. Bericht über die Steuerungswirkung der Punktwerte nach § 87a Abs. 2 Satz 1 SGB V (Absatz 7)

§ 87 Abs. 7 Satz 1 SGB V verpflichtet den Bewertungsausschuss, dem Bundesministerium für Gesundheit bis zum 31.03.2012 über die Steuerungswirkung der Punktwerte nach § 87a Abs. 2 Satz 1 SGB V auf das ärztliche Niederlassungsverhalten zu berichten. 184

Dieser Bericht soll das Bundesministerium für Gesundheit in die Lage versetzen, dem Deutschen Bundestag bis zum 30.06.2012 zu berichten, ob auch für den Bereich der ärztlichen Versorgung auf die Steuerung des Niederlassungsverhaltens durch Zulassungsbeschränkungen verzichtet werden kann (§ 87 Abs. 7 Satz 2 SGB V). 185

3. Bericht über die Umsetzung der §§ 87a Abs. 6, 87b Abs. 4 SGB V (Absatz 8)

§ 87 Abs. 8 SGB V verpflichtet den Bewertungsausschuss, die Umsetzung von **§ 87a Abs. 6 SGB V** (Übermittlung der Daten für die Vereinbarungen nach § 87a Abs. 2-4 SGB V an die KKn) und **§ 87b Abs. 4 SGB V** (Übermittlung der Daten für die Berechnung und Anpassung der Regelleistungsvolumina) in Bezug auf den datenschutzrechtlichen Grundsatz der Datenvermeidung und Datensparsamkeit unter Einbeziehung der Möglichkeit von Verfahren der Pseudonymisierung (z.B. Codierung) zu **evaluieren**. Hintergrund ist eine entsprechende Entschließung des Deutschen Bundestages vom 26.09.2003.[132] 186

Auf der Grundlage dieses Berichtes berichtet das Bundesministerium für Gesundheit dem Deutschen Bundestag bis zum 31.12.2010. 187

[132] Vgl. zum Wortlaut BT-Drs. 15/1584, S. 11.

§ 87a SGB V Regionale Euro-Gebührenordnung, Morbiditätsbedingte Gesamtvergütung, Behandlungsbedarf der Versicherten

(Fassung vom 26.03.2007, gültig ab 01.04.2007, gültig bis 30.06.2008)

(1) Abweichend von § 82 Abs. 2 Satz 2 und § 85 gelten für die Vergütung vertragsärztlicher Leistungen ab 1. Januar 2009 die in Absatz 2 bis 6 getroffenen Regelungen; dies gilt nicht für vertragszahnärztliche Leistungen.

(2) Die Kassenärztliche Vereinigung und die Landesverbände der Krankenkassen und die Verbände der Ersatzkassen gemeinsam und einheitlich vereinbaren auf der Grundlage der Orientierungswerte gemäß § 87 Abs. 2e Satz 1 Nr. 1 bis 3 jeweils bis zum 31. Oktober eines jeden Jahres Punktwerte, die zur Vergütung der vertragsärztlichen Leistungen im Folgejahr anzuwenden sind. Die Vertragspartner nach Satz 1 können dabei einen Zuschlag auf oder einen Abschlag von den Orientierungswerten gemäß § 87 Abs. 2e Satz 1 Nr. 1 bis 3 vereinbaren, um insbesondere regionale Besonderheiten bei der Kosten- und Versorgungsstruktur zu berücksichtigen. Dabei sind zwingend die Vorgaben des Bewertungsausschusses gemäß § 87 Abs. 2f anzuwenden. Der Zuschlag oder der Abschlag darf nicht nach Arztgruppen und nach Kassenarten differenziert werden und ist einheitlich auf alle Orientierungswerte gemäß § 87 Abs. 2e Satz 1 Nr. 1 bis 3 anzuwenden. Bei der Festlegung des Zu- oder Abschlags ist zu gewährleisten, dass die medizinisch notwendige Versorgung der Versicherten sichergestellt ist. Aus den vereinbarten Punktwerten und dem einheitlichen Bewertungsmaßstab für ärztliche Leistungen gemäß § 87 Abs. 1 ist eine regionale Gebührenordnung mit Europreisen (regionale Euro-Gebührenordnung) zu erstellen; in der Gebührenordnung sind dabei sowohl die Preise für den Regelfall als auch die Preise bei Vorliegen von Unter- und Überversorgung auszuweisen.

(3) Ebenfalls jährlich bis zum 31. Oktober vereinbaren die in Absatz 2 Satz 1 genannten Vertragsparteien gemeinsam und einheitlich für das Folgejahr mit Wirkung für die Krankenkassen die von den Krankenkassen mit befreiender Wirkung an die jeweilige Kassenärztliche Vereinigung zu zahlenden morbiditätsbedingten Gesamtvergütungen für die gesamte vertragsärztliche Versorgung der Versicherten mit Wohnort im Bezirk der Kassenärztlichen Vereinigung. Hierzu vereinbaren sie als Punktzahlvolumen auf der Grundlage des einheitlichen Bewertungsmaßstabes den mit der Zahl und der Morbiditätsstruktur der Versicherten verbundenen Behandlungsbedarf und bewerten diesen mit den nach Absatz 2 Satz 1 vereinbarten Punktwerten in Euro; der vereinbarte Behandlungsbedarf gilt als notwendige medizinische Versorgung gemäß § 71 Abs. 1 Satz 1. Die im Rahmen des Behandlungsbedarfs erbrachten Leistungen sind mit den Preisen der Euro-Gebührenordnung nach Absatz 2 Satz 6 zu vergüten. Darüber hinausgehende Leistungen, die sich aus einem bei der Vereinbarung der morbiditätsbedingten Gesamtvergütung nicht vorhersehbaren Anstieg des morbiditätsbedingten Behandlungsbedarfs ergeben, sind von den Krankenkassen zeitnah, spätestens im folgenden Abrechnungszeitraum nach Maßgabe der Kriterien nach Absatz 5 Satz 1 Nr. 1 ebenfalls mit den in der Euro-Gebührenordnung nach Absatz 2 Satz 6 enthaltenen Preisen zu vergüten. Vertragsärztliche Leistungen bei der Substitutionsbehandlung der Drogenabhängigkeit gemäß den Richtlinien des Gemeinsamen Bundesausschusses sind von den Krankenkassen außerhalb der nach Satz 1 vereinbarten Gesamtvergütungen mit den Preisen der Euro-Gebührenordnung nach Absatz 2 zu vergüten; in Vereinbarungen nach Satz 1 kann darüber hinaus geregelt werden, dass weitere vertragsärztliche Leistungen außerhalb der nach Satz 1 vereinbarten Gesamtvergütungen mit den Preisen der Euro-Gebührenordnung nach Absatz 2 vergütet werden, wenn sie besonders gefördert werden sollen oder soweit dies medizinisch oder auf Grund von Besonderheiten bei Veranlassung und Ausführung der Leistungserbringung erforderlich ist.

(3a) Für den Fall der überbezirklichen Durchführung der vertragsärztlichen Versorgung sind die Leistungen abweichend von Absatz 3 Satz 3 und 4 von den Krankenkassen mit den Preisen zu vergüten, die in der Kassenärztlichen Vereinigung gelten, deren Mitglied der Leistungserbringer ist. Weichen die nach Absatz 2 Satz 6 vereinbarten Preise von den Preisen nach Satz 1 ab, so ist die Abweichung zeitnah, spätestens bei der jeweils folgenden Vereinbarung der Veränderung der morbiditätsbedingten Gesamtvergütung zu berücksichtigen. Die Zahl der Versicherten nach Absatz 3 Satz 2 ist entsprechend der Zahl der auf den zugrunde gelegten Zeitraum entfallenden Versichertentage zu ermitteln. Weicht die bei der Vereinbarung der morbiditätsbedingten Gesamtvergütung zu Grunde gelegte Zahl der Versicherten von der tatsächlichen Zahl der Versicherten im Vereinbarungszeitraum ab, ist die Abweichung zeitnah, spätestens bei der jeweils folgenden Vereinbarung der Veränderung der morbiditätsbedingten Gesamtvergütung zu berücksichtigen. Ausgaben für Kostenerstattungsleistungen nach § 13 Abs. 2 und nach § 53 Abs. 4 mit Ausnahme der Kostenerstattungsleistungen nach § 13 Abs. 2 Satz 6 sind auf die nach Absatz 3 Satz 1 zu zahlende Gesamtvergütung anzurechnen.

(4) Bei der Anpassung des Behandlungsbedarfs nach Absatz 3 Satz 2 sind insbesondere Veränderungen

1. **der Zahl und der Morbiditätsstruktur der Versicherten,**
2. **Art und Umfang der ärztlichen Leistungen, soweit sie auf einer Veränderung des gesetzlichen oder satzungsmäßigen Leistungsumfangs der Krankenkassen oder auf Beschlüssen des Gemeinsamen Bundesausschusses nach § 135 Abs. 1 beruhen,**
3. **des Umfangs der vertragsärztlichen Leistungen auf Grund von Verlagerungen von Leistungen zwischen dem stationären und dem ambulanten Sektor und**
4. **des Umfangs der vertragsärztlichen Leistungen auf Grund der Ausschöpfung von Wirtschaftlichkeitsreserven bei der vertragsärztlichen Leistungserbringung**

nach Maßgabe des vom Bewertungsausschuss beschlossenen Verfahrens nach Absatz 5 zu berücksichtigen.

(5) Der Bewertungsausschuss beschließt ein Verfahren

1. **zur Bestimmung des Umfangs des nicht vorhersehbaren Anstiegs des morbiditätsbedingten Behandlungsbedarfs nach Absatz 3 Satz 4,**
2. **zur Bestimmung von Veränderungen der Morbiditätsstruktur nach Absatz 4 Nr. 1 sowie**
3. **zur Bestimmung von Veränderungen von Art und Umfang der vertragsärztlichen Leistungen nach Absatz 4 Nr. 2, 3 und 4.**

Der Bewertungsausschuss bildet zur Bestimmung der Veränderungen der Morbiditätsstruktur nach Satz 1 Nr. 2 diagnosebezogene Risikoklassen für Versicherte mit vergleichbarem Behandlungsbedarf nach einem zur Anwendung in der vertragsärztlichen Versorgung geeigneten Klassifikationsverfahren; Grundlage hierfür sind die vertragsärztlichen Behandlungsdiagnosen gemäß § 295 Abs. 1 Satz 2 sowie die Menge der vertragsärztlichen Leistungen. Falls erforderlich können weitere für die ambulante Versorgung relevante Morbiditätskriterien herangezogen werden, die mit den im jeweils geltenden Risikostrukturausgleich verwendeten Morbiditätskriterien vereinbar sind. Der Bewertungsausschuss hat darüber hinaus ein Verfahren festzulegen, nach welchem die Relativgewichte nach Satz 2 im Falle von Vergütungen nach Absatz 3 Satz 5 zu bereinigen sind. Der Beschluss nach Satz 1 Nr. 1 ist erstmalig bis zum 31. August 2008, die Beschlüsse nach den Nummern 2 und 3 sowie Satz 4 sind erstmalig bis zum 30. Juni 2009 zu treffen.

(6) Die für die Vereinbarungen nach den Absätzen 2 bis 4 erforderlichen versichertenbezogenen Daten übermitteln die Krankenkassen im Wege elektronischer Datenverarbeitung unentgeltlich an die in Absatz 2 Satz 1 genannten Vertragsparteien; sie können für die Erhebung und Verarbeitung der erforderlichen Daten auch eine Arbeitsgemeinschaft beauftragen. Art, Umfang, Zeitpunkt und Verfahren der Datenübermittlung bestimmt der Bewertungsausschuss erstmals bis zum 31. März 2009. Die in Absatz 2 Satz 1 genannten Verbände der Krankenkassen sind in diesem Umfang befugt, versichertenbezogene Daten zu erheben und zu verwenden. Personenbezogene Daten sind zu löschen, sobald sie für den Zweck, für den sie erhoben wurden, nicht mehr erforderlich sind.

Gliederung

A. Basisinformationen

I. Textgeschichte/Gesetzgebungsmaterialien

1 § 87a SGB V wurde durch Art. 1 Nr. 57a **GKV-Wettbewerbsstärkungsgesetz** (GKV-WSG) vom 26.03.2007 mit Wirkung vom 01.04.2007 eingefügt.[1]

2 **Gesetzgebungsmaterialien**: Gesetzentwurf der Fraktionen der CDU/CSU und SPD zur Stärkung des Wettbewerbs in der gesetzlichen Krankenversicherung (GKV-Wettbewerbsstärkungsgesetz – GKV-WSG).[2] Hierzu Beschlussempfehlung[3] und Bericht[4] des Ausschusses für Gesundheit.

II. Vorgängervorschriften

3 § 87a SGB V löst die **§§ 82 Abs. 2 Satz 2, 85 Abs. 1, 2 und 3 SGB V** im vertragsärztlichen Bereich ab (vgl. § 87a Abs. 1 SGB V).

4 Einen ersten Versuch zur Neuregelung der Finanzierung der ambulanten vertragsärztlichen Versorgung hat der Gesetzgeber bereits mit § 85a SGB V i.d.F. durch Art. 1 **GMG** vom 14.11.2003[5] mit Wirkung vom 01.01.2004 unternommen. Bevor die Norm ihre Wirkung entfalten konnte, wurde sie durch Art. 1 Nr. 55 GKV-WSG mit Wirkung vom 01.04.2007 aufgehoben.[6]

---

[1] BGBl I 2007, 378.
[2] BT-Drs. 16/3100.
[3] BT-Drs. 16/4200.
[4] BT-Drs. 16/4247.
[5] BGBl I 2003, 2190.
[6] Zur Kritik an diesen Regelungen vgl. *Staffeldt/Schauenburg/Schönbach*, BKK 2006, 128; *v. Stillfried*, BKK 2006, 280; *Wasem*, BKK 2006, 289.

III. Parallelvorschriften

Parallelvorschrift ist § 85 Abs. 1-3 SGB V für den vertragszahnärztlichen Bereich. 5

IV. Untergesetzliche Normen

Untergesetzliche Normen sind aufgrund von § 87a SGB V noch nicht erlassen worden. 6

V. Systematische Zusammenhänge

§ 87a SGB V ist Teil eines Regelungskonzepts, mit dem der Gesetzgeber die Vergütung vertragsärztlicher Leistungen auf ein in weiten Teilen neues Fundament stellt. Dabei verbleibt es bei der **Zweistufigkeit** der Vergütung, wie sie auch in § 85 SGB V zum Ausdruck kommt: Die KKn zahlen die von ihnen geschuldete Vergütung an die KVen mit befreiender Wirkung (§ 87a Abs. 3 Satz 1 SGB V). Wie diese Vergütung zu berechnen ist, wird ab dem 01.01.2009 für die vertragsärztliche Versorgung nicht mehr in § 85 Abs. 1-3 SGB V, sondern in § 87a SGB V geregelt. Auf der zweiten Stufe erfolgt die Verteilung der Vergütung nach arzt- und praxisbezogenen Regelleistungsvolumina. Maßgebend ist § 87b SGB V, der insoweit an die Stelle von § 85 Abs. 4 und 4a SGB V tritt (vgl. § 87b Abs. 1 Satz 1 SGB V). 7

Der **zeitliche Ablauf des Systemwechsels** ergibt sich aus einer Reihe von Einzelvorschriften. Er gestaltet sich wie folgt: 8

Bis zum **31.10.2007** müssen die KKn und die KBV den **neuen EBM beschließen**, der den Vorgaben des § 87 Abs. 2-2f SGB V genügen muss. Der neue EBM soll am **01.01.2008 in Kraft** treten (§ 87 Abs. 2d Satz 3 SGB V). 9

Bis zum **31.08.2008** sind im EBM **bundeseinheitliche Punktwerte als Orientierungswerte** in Euro zur Vergütung der vertragsärztlichen Leistungen festzulegen (§§ 87 Abs. 2e Satz 1, 87c Abs. 1 Satz 1 SGB V). Darüber hinaus muss der Bewertungsausschuss bis zu diesem Datum ein Verfahren zur Berechnung der **Regelleistungsvolumina** nach § 87b Abs. 2 und 3 SGB V festlegen (§ 87b Abs. 4 Satz 1 SGB V). Schließlich beschließt der Bewertungsausschuss bis zum 31.08.2008 auch noch ein **Verfahren** zur Berechnung des **morbiditätsbedingten Behandlungsbedarfs** (§ 87c Abs. 4 SGB V). 10

Bis zum **15.11.2008** vereinbaren die KVen einerseits sowie die Landesverbände der KKn und die Erskn andererseits auf der Basis der bundeseinheitlichen Orientierungswerte **regionale Punktwerte**, die sog. **Euro-Gebührenordnung** (§ 87c Abs. 3 SGB V). 11

Bis zum **30.11.2008** erfahren die Ärzte auf der Grundlage der regionalen Euro-Gebührenordnung ihr **Regelleistungsvolumen**. 12

VI. Ausgewählte Literaturhinweise

Ballast, Regelleistungsvolumina – Zur Umsetzung des § 85 Abs. 2 SGB V –, Ersk 1998, 87-91; *Ballast*, Vor Risiken und Nebenwirkungen wird gewarnt – Vergütungsreform Ärzte, Ersk 2007, 198-201; *Butzer*, Verfassungsrechtliche Anmerkungen zum GKV-Gesundheitsmodernisierungsgesetz, 2004 (GMG), MedR 2004, 177-188; *Hagedorn*, Zur Frage, ob eine Überbürdung des Morbiditätsrisikos im Bereich der gesetzlichen Krankenversicherung auf die Vertragsärzte mit dem Grundgesetz vereinbar ist, SGb 1997, 316-317; *Hinz*, Regelleistungsvolumen – Neue Formen der Gesamtvergütung, Die Leistungen 1997, 577-584; *Kallenberg*, Der Einheitliche Bewertungsmaßstab (EBM) in der Fassung vom 1.4.2005, GesR 2005, 97-102; *Luckhaupt*, Das vertragsärztliche Vergütungssystem nach dem GMG, GesR 2004, 266-272; *Maus*, Ambulante Versorgung: KV Bayerns vereinbart Regelleistungsvolumen, DÄ 1998, A-2602; *ders.*, KV Bayerns: Regelleistungsvolumen galten nur ein Quartal, DÄ 1999, A-832; *Staffeldt*, Aufbringung und Verteilung der ärztlichen Vergütung – von ökonomischen (Un)Sinnigkeiten und empirischen Evidenzen, BKK 2006, 285-288; *Staffeldt/Schauenburg/Schönbach*, Diagnosebezug der Regelleistungsvolumina nicht praktikabel – demographischer Faktor als Alternative, BKK 2006, 128-132; *v. Stillfried*, Wie einfach waren doch die Budgets, BKK 2006, 280-284; *Wasem*, Zur Weiterentwicklung der vertragsärztlichen Gesamtvergütung, BKK 2006, 289-291; *Wittek*, Kassenärztliche Vergütung – Regelleistungsvolumen: Der Weg zur Normalität, DÄ 1998, A-2814. 13

B. Auslegung der Norm

I. Regelungsgehalt und Bedeutung der Norm

14 **Absatz 1** ist die Einführungsnorm des § 87a SGB V, die das Verhältnis zu § 85 SGB V bestimmt.

15 **Absatz 2** verpflichtet KVen sowie die Verbände der KKn und der Erskn (ab 01.07.2008: Erskn) zur Vereinbarung einer regionalen Euro-Gebührenordnung.

16 **Absatz 3** enthält die Verpflichtung der Vertragspartner nach Absatz 2 zur Vereinbarung der morbiditätsbedingten Gesamtvergütungen.

17 **Absatz 3a** enthält eine Sonderbestimmung für den Fall, dass ein Versicherter einen Leistungserbringer aus einer anderen als der für seinen Wohnort zuständigen KV in Anspruch nimmt.

18 **Absatz 4** regelt die Anpassung des für die Berechnung der Gesamtvergütung maßgeblichen Behandlungsbedarfs.

19 **Absatz 5** enthält den Auftrag an den Bewertungsausschuss, Verfahren zur Ermittlung bestimmter Vergütungsparameter festzulegen.

20 **Absatz 6** regelt die Übermittlung der für die Vereinbarungen nach den Absätzen 2-4 erforderlichen Daten.

II. Normzweck

21 Ausgangspunkt für die **Neuorientierung** des Gesetzgebers in der vertragsärztlichen Versorgung sind folgende Überlegungen:

22 In einem Versicherungssystem wie der GKV, das über einkommensabhängige Beiträge seiner Mitglieder finanziert wird, entscheidet letztlich die Entwicklung der Einkünfte der Versicherten über das zur Vergütung der vertragsärztlichen Leistungen verfügbare Honorarvolumen. Trotz Ausweitung der ärztlichen Leistungen ist daher ohne eine Einkommenssteigerung auf Seiten der Versicherten grundsätzlich keine höhere ärztliche Vergütung zu erwarten.

23 Das ist solange hinzunehmen, wie die **Leistungsausweitung** medizinisch nicht notwendig oder anderweitig unwirtschaftlich ist (z.B. auf steigenden Arztzahlen oder einem unwirtschaftlichen Leistungsverhalten der Ärzte beruht). In diesem Fall stellt die Ankoppelung der ärztlichen Honorare an die Einkommen der Versicherten letztlich ein marktwirtschaftliches **Korrektiv** für den Umstand dar, dass die Feinsteuerung des Marktes auf der Mikroebene, d.h. in der Interaktion zwischen dem Anbieter (Arzt) und dem Nachfrager (versichertem Patienten) versagt – sei es, dass Marktintransparenz herrscht oder weil irrationale Konsumentenentscheidungen getroffen werden. In diesem Fall werden die durch solche Marktverhältnisse begünstigten Möglichkeiten der Anbieter, den Markt angebotsinduziert zu beeinflussen, zumindest dadurch eingeschränkt, dass nur ein bestimmter Teil des Einkommens der Konsumenten für die Leistungsvergütung zur Verfügung steht. Dieser Anteil wird letztlich definiert durch den Beitragssatz. In diesem Fall wird das **ökonomische Prinzip** im Sinne des **Maximalprinzips** wirksam, d.h.: Mit einem gegebenen wirtschaftlichen Aufwand ist ein möglichst großer Ertrag (gesundheitlicher Nutzen) zu erzielen.

24 Zu lösen bleibt in diesem Fall in erster Linie das Problem, wie das verfügbare Geld leistungsgerecht verteilt und unwirtschaftliches Verhalten vermieden werden kann. Dem dienen bislang die zahlreichen aufgrund der §§ 85, 87 und 106 SGB V geschaffenen Instrumente: von der Leistungssteuerung in Bewertungs- und Honorarverteilungsmaßstäben bis hin zur Wirtschaftlichkeitsprüfung.

25 Die genannten Instrumente sind jedoch allenfalls geeignet, einer **Über- und Fehlversorgung** entgegenzuwirken. Die durch sie ausgelösten Effekte sind hingegen unter marktwirtschaftlichen Gesichtspunkten zumindest problematisch, wenn die gestiegene Nachfrage nicht auf marktuntypischen Verhältnissen beruht, sondern auch bei einem transparenten Markt und souveränen Konsumentenentscheidungen zustande käme: weil nämlich die Nachfrage vernünftigerweise wegen gestiegener **Morbidität** der Konsumenten steigt.

26 Das sog. **Morbiditätsrisiko** tragen jedoch gegenwärtig allein die KVen und in der Folge die Vertragsärzte[7] – jedenfalls dann, wenn mit der steigenden Morbidität nicht gleichzeitig steigende Einkommen korrespondieren, was unter den gegenwärtigen wirtschaftlichen Bedingungen im Allgemeinen nicht

[7] Kritisch hierzu *Hagedorn*, SGb 1997, 316.

der Fall ist. Dann ist nämlich damit zu rechnen, dass sich eine latente Gefahr jeglicher Budgetierung verwirklicht: die offene bzw. – wo diese nicht zulässig ist – **versteckte Rationierung** des Angebots. Anders ausgedrückt: Es besteht die Gefahr der **Unterversorgung**.

Der darin liegenden Bedrohung für das Gesundheitswesen kann man nur dadurch begegnen, dass man das Morbiditätsrisiko auf die Konsumenten von Gesundheitsleistungen verlagert bzw. – in einem solidarisch organisierten System – auf die KKn. Dieses Ziel erreicht man, wenn man die Berechnung der ärztlichen Vergütung an der **Morbiditätsstruktur** der Versicherten **orientiert**. 27

Ein erster Versuch des Gesetzgebers, auf dieser Grundlage ein neues Vergütungssystem in Gestalt von § 85a SGB V in der bis zum 31.03.2007 geltenden Fassung zu schaffen, ist gescheitert, weil die Selbstverwaltung, namentlich der Bewertungsausschuss, die dafür vorgesehenen Vorgaben nicht zeitgerecht umsetzen konnten. Im Hinblick darauf soll § 87a SGB V die Voraussetzungen für ein **neues transparentes Vergütungssystem** mit weitgehender **Kalkulationssicherheit** für die Vertragsärzte schaffen. 28

Die **wesentlichen Kennzeichen** dieses neuen Vergütungssystems sollen nach den Gesetzesmaterialien sein: die Ablösung der bisherigen Budgetierung, die Schaffung einer Gebührenordnung mit festen Preisen und einer Mengensteuerung, die Übertragung des Morbiditätsrisikos auf die KKn, die Gewährleistung von Verteilungsgerechtigkeit zwischen den Ärzten, die Gleichbehandlung der gesetzlichen KKn bei der Finanzierung der ärztlichen Vergütung und der Abbau von Über- und Unterversorgung durch finanzielle Anreize.[8] 29

III. Ablösung des bisherigen Vergütungssystems (Absatz 1)

§ 87a Abs. 1 SGB V regelt im Sinne einer **Einführungsnorm** die Einführung des neuen Vergütungssystems zum 01.01.2009 für den **vertragsärztlichen** Bereich. Für den vertragszahnärztlichen Bereich bleibt es bei der Regelung des § 85 SGB V. 30

Ersetzt wird die Vereinbarung der Gesamtvergütung nach § 85 Abs. 2, 3 SGB V, die durch die Ankoppelung der vertragsärztlichen Vergütung an die Grundlohnsumme zu einer **Budgetierung** führte. Stattdessen wird auf der Basis einer regionalen **Euro-Gebührenordnung** eine **morbiditätsbedingte Gesamtvergütung** vereinbart (§ 87a Abs. 2 und 3 SGB V). 31

IV. Regionale Euro-Gebührenordnung (Absatz 2)

Zentrales Element des neuen Vergütungssystems ist die Schaffung einer **Gebührenordnung mit festen Preisen in Euro**. Hierzu werden nach § 87 Abs. 2 SGB V auf Landesebene **jährlich** die **regional geltenden Punktwerte** für das Folgejahr vereinbart. 32

Die Vereinbarungen werden geschlossen zwischen der KV einerseits und den Landesverbänden der KKn sowie (ab 01.07.2008) den Erskn andererseits. Die KKn **müssen gemeinsam und einheitlich** abschließen (vgl. § 211a SGB V in der ab dem 01.07.2008 geltenden Fassung). 33

Die Verhandlungen finden damit **kassenartenübergreifend** statt. Hierin liegt ein wesentlicher Unterschied zur geltenden Regelung des § 85 Abs. 2 SGB V, wonach die Höhe der Gesamtvergütung mit Wirkung für die KKn der jeweiligen Kassenart vereinbart wird. Mit der Neuregelung soll eine Gleichbehandlung der KKn bei der Finanzierung der ärztlichen Vergütung herbeigeführt werden.[9] 34

Grundlage der Vereinbarung der Punktwerte sind die **bundesweiten Orientierungswerte**, die der Bewertungsausschuss gemäß § 87 Abs. 2e Satz 1 Nr. 1-3 SGB V im EBM festlegt. Es handelt sich um mindestens drei Orientierungswerte: den Orientierungswert für den Regelfall, denjenigen für Gebiete mit Unterversorgung und denjenigen für Gebiete mit Überversorgung (vgl. im Einzelnen die Kommentierung zu § 87 SGB V Rn. 130 ff.). 35

Auf diese bundeseinheitlichen Orientierungswerte kann auf der regionalen Ebene entweder ein **Zuschlag** oder ein **Abschlag** vereinbart werden, um insbesondere landesbezogenen Besonderheiten bei der Kosten- und Versorgungsstruktur Rechnung zu tragen (§ 87a Abs. 2 Satz 2 SGB V). Diese regionale Differenzierung hält der Gesetzgeber für erforderlich, da sich zwischen den Ländern Unterschiede der für Arztpraxen maßgeblichen Kostenstrukturen (z.B. Lohn- und Gehaltsniveau der Praxisangestellten, Mietniveau etc.) ebenso wie Unterschiede bei der Versorgungsstruktur (z.B. Behandlungsfälle, haus- bzw. fachärztliche Angebotsstrukturen) feststellen lassen.[10] 36

[8] FraktE-GKV-WSG, BT-Drs. 16/3100, S. 119.

[9] FraktE-GKV-WSG, BT-Drs. 16/3100, S. 119.

[10] FraktE-GKV-WSG, BT-Drs. 16/3100, S. 119.

37 Bei der Beurteilung, ob Besonderheiten in der Kosten- oder Versorgungsstruktur bestehen, sind die Vertragspartner nicht frei. Vielmehr sind sie insoweit an die **Indikatoren** gebunden, die der Bewertungsausschuss jährlich bis zum 31.08. vorlegt (vgl. im Einzelnen die Kommentierung zu § 87 SGB V Rn. 142 ff.). Diese Bindung wird durch § 87a Abs. 2 Satz 3 SGB V ausdrücklich klargestellt. Damit soll gewährleistet werden, dass bei der Vereinbarung von Zu- und Abschlägen **bundeseinheitliche Vorgaben** angewandt werden. Gleichzeitig verfolgt die Regelung das Ziel, **regionale Preisunterschiede**, für die es **keine sachliche Rechtfertigung** gibt, **abzubauen.**

38 Die vereinbarten Zu- und Abschläge müssen **einheitlich** auf **alle Orientierungswerte** angewandt werden. Zu- bzw. Abschläge wirken daher gleichermaßen auf den Orientierungswert für den Regelfall (sog. „Normalpreis") wie auf die besonderen Orientierungswerte für die in über- oder unterversorgten Planregionen zu zahlenden Preise. **Auch eine Differenzierung nach Arztgruppen** ist **untersagt** (§ 87a Abs. 2 Satz 4 SGB V).

39 Bei der Vereinbarung der Zu- und Abschläge muss gewährleistet bleiben, dass die **medizinisch notwendige Versorgung der Versicherten sichergestellt** ist (§ 87a Abs. 2 Satz 5 SGB V). Bei dieser Vorschrift handelt es sich um eine **Schranke** für das **Beurteilungsermessen** der Vertragspartner. Sie begrenzt ihre Befugnis, die Zu- und Abschläge abzusenken.

40 Ebenso wie die bundeseinheitliche Euro-Gebührenordnung als Bestandteil des EBM sind auch die Vereinbarungen nach § 87a Abs. 2 SGB V **Normsetzungsverträge**. Sie wirken daher unmittelbar gegenüber den Mitgliedskassen und den Vertragsärzten verbindlich.

41 § 87a Abs. 2 Satz 6 SGB V verpflichtet die Vertragspartner, aus der Multiplikation der im EBM festgelegten Bewertungsrelationen und den gefundenen regionalen Punktwerten eine **regionale Gebührenordnung** zu entwickeln.

42 Die Vereinbarung ist **bis zum 31.10. eines jeden Jahres** mit Wirkung für das Folgejahr zu treffen. Kommt eine Vereinbarung nicht zustande, greift **§ 89 SGB V** ein.

43 Die **Gebührenordnung** wird als **Normsetzungsvertrag** erst mit **Veröffentlichung** wirksam. Sie bedarf **nicht** der **Zustimmung** Dritter, insbesondere nicht der einzelnen von ihr betroffenen Vertragsärzte.

44 Da es sich um Normsetzungsverträge handelt, steht den Vertragspartnern grundsätzlich ein **Beurteilungs- und Gestaltungsspielraum** zu, der seitens der Rechtsprechung nur beschränkt überprüfbar ist. Die gerichtliche Kontrolle beschränkt sich darauf, ob die grundlegenden **Verfahrensregeln** eingehalten sind, der zu Grunde gelegte **Sachverhalt** zutrifft und die Vertragspartner die maßgeblichen **Rechtsmaßstäbe** beachtet haben. Allerdings dürfen die Gerichte die vereinbarte Gebührenordnung daraufhin überprüfen, ob die Vorgaben durch den EBM sowie die weiteren Vorgaben des Bewertungsausschusses eingehalten sind.

45 Die Leistungserbringer, insbesondere die Vertragsärzte, können die vereinbarte Gebührenordnung nur **inzidenter**, d.h. z.B. im Rahmen der Anfechtung ihres jeweiligen Abrechnungsbescheides, überprüfen lassen. Die **Mitglieds-KKn** haben **kein eigenes Klagerecht** gegen die Gebührenordnung.

V. Morbiditätsbedingte Gesamtvergütung (Absatz 3)

1. Vereinbarung über die Entrichtung der Gesamtvergütung (Absatz 3 Satz 1)

46 Die Vertragspartner nach § 87a Abs. 2 Satz 1 SGB V vereinbaren gemeinsam und einheitlich die Höhe der jährlichen **morbiditätsbedingten Gesamtvergütung** (§ 87 Abs. 3 Satz 1 SGB V).

47 In Anlehnung an den bisherigen § 85 Abs. 1 Satz 1 SGB V bestimmt § 87a Abs. 3 Satz 1 SGB V, dass die KKn die Vergütung mit befreiender Wirkung an die jeweilige KV zahlen. Anders als bislang wird die Vergütung nicht für die vertragsärztliche Versorgung der „Mitglieder", sondern der **„Versicherten"** gezahlt. Damit trägt der Gesetzgeber dem Umstand Rechnung, dass jeder Versicherte ungeachtet seines Versichertenstatus in die Bestimmung der Morbiditätsstruktur einfließt. Maßgebend ist allein das **Wohnortprinzip**.

48 Eine **Ausnahme** vom **Wohnortprinzip** kann jedoch mit den KKn bzw. Verbänden der KKn vereinbart werden, die in § 82 Abs. 3 SGB V in der ab dem 01.04.2007 geltenden Fassung aufgeführt sind.

49 Auch die Verträge über die Gesamtvergütung nach § 87a Abs. 3 SGB V sind **Normsetzungsverträge**. Wegen der sich daraus ergebenden Konsequenzen für ihr Zustandekommen, ihre Veröffentlichung und ihre gerichtliche Überprüfung vgl. Rn. 43 ff.

Die Zahlung der KKn an die KV erfolgt **mit befreiender Wirkung**. Sie führt also zur **Erfüllung** im Sinne von § 362 Abs. 1 BGB. Daher sind **Nachforderungen** grundsätzlich **ausgeschlossen.**[11] Die Erfüllungswirkung tritt auch hinsichtlich der Leistungen an solche Patienten ein, deren Mitgliedschaft sich erst im Nachhinein herausstellt oder ändert.[12] 50

Zinsansprüche und **Ansprüche** wegen Verzugsschadens bestehen grundsätzlich nur bei besonderer Vereinbarung. Allerdings können die KVen bei Zahlungsverzug der KKn Prozesszinsen nach Rechtshängigkeit verlangen.[13] Die Ansprüche auf Zahlung der Vergütung **verjähren** in **vier Jahren** vom Jahresende an.[14] Für die Wirkung der Verjährung, ihre Unterbrechung und Hemmung finden über § 61 Satz 2 SGB X die allgemeinen Regeln des BGB Anwendung.[15] 51

Bei der Ausgestaltung der Vergütungsvereinbarungen haben die Vertragspartner einen **weiten normativen Gestaltungsspielraum**, der nur **eingeschränkt gerichtlich überprüfbar** ist. Die gerichtliche Kontrolle beschränkt sich darauf, ob die grundlegenden **Verfahrensregeln** eingehalten sind, der zu Grunde gelegte **Sachverhalt** zutrifft und die Vertragspartner die maßgeblichen **Rechtsmaßstäbe** beachtet haben. Dabei kann insbesondere überprüft werden, ob das vom Bewertungsausschuss nach § 85a Abs. 5 SGB V vereinbarte Verfahren angewandt worden ist und ob die Vertragspartner bei der Anpassung der Vergütungsvereinbarungen nach § 85a Abs. 4 SGB V den Grundsatz der Beitragssatzstabilität beachtet haben. Insbesondere hinsichtlich der Kriterien nach § 85a Abs. 3 Satz 3 SGB V wird dagegen ein besonders weiter normativer Gestaltungsspielraum anzuerkennen sein. 52

Die Vereinbarung nach § 87 Abs. 3 SGB V ist **bis zum 31.10. eines jeden Jahres** mit Wirkung für das Folgejahr zu treffen. Kommt die Vereinbarung nicht zustande, greift **§ 89 SGB V** ein. 53

Ebenso wie bei den Gesamtverträgen nach bisherigem Recht hat die **einzelne KK** im Außenverhältnis **kein subjektives öffentliches Recht** auf **Gestaltung** der Vereinbarung über die Gesamtvergütung.[16] Sie kann dem Anspruch der KV auf Zahlung der Gesamtvergütung (§ 87a Abs. 3 Satz 1 SGB V) auch nicht entgegenhalten, sie halte Regelungen im Gesamtvertrag für unwirksam. 54

Entsprechend sind Vereinbarungen über die Höhe der Gesamtvergütung auch nicht im Verhältnis zwischen dem Vertragsarzt und der KV zu überprüfen. Die Kontrolle auf Rechtsverstöße erfolgt vielmehr (nur) durch die Aufsichtsbehörde, deren Beanstandungen die Partner der Gesamtverträge ggf. gerichtlich anfechten können.[17] 55

2. Berechnung der Gesamtvergütung (Absatz 3 Satz 2)

Die Gesamtvergütung wird für jede Kasse berechnet, indem der zu vereinbarenden **morbiditätsbedingte Behandlungsbedarf** für ihre Versicherten **mit** den regional geltenden **Punktwerten bewertet, d.h. vervielfältigt** wird. Damit wird die Berechnung der Gesamtvergütung nach **Kopfpauschalen** pro Mitglied **abgelöst**. 56

Das bedeutet in der Praxis, dass die KKn, deren Versicherte im Vergleich zu den Versicherten anderer KKn einen relativ höheren Behandlungsaufwand aufweisen, auch höhere Honorarsummen an die KVen zu entrichten haben. Damit will der Gesetzgeber eine gerechtere Aufteilung der finanziellen Lasten zwischen den KKn erreichen. Gleichzeitig wird sichergestellt, dass der Wechsel der KK durch einen Versicherten sich zu Lasten der KV auswirkt, obwohl sich am Behandlungsbedarf des Versicherten durch den Wechsel nichts ändert.[18] 57

§ 87a Abs. 3 Satz 2 SGB V nennt die folgenden Berechnungsgrundlagen: den EBM, die Zahl der Versicherten, ihre Morbiditätsstruktur und schließlich den mit der Zahl der Versicherten und ihrer Morbiditätsstruktur verbundenen Behandlungsbedarf. 58

Mit der Bezugnahme auf den **EBM** ist dessen Verbindlichkeit für die Berechnung der Gesamtvergütung sichergestellt und gleichzeitig geregelt, dass sich der Behandlungsbedarf aus der Leistungsmenge für alle Versicherten in **EBM-Punkten** errechnet. 59

---

[11] Vgl. BSG v. 29.01.1997 - 6 RKa 24/96 - SozR 3-2500 § 85 Nr. 19; BSG v. 03.03.1999 - B 6 KA 8/98 R - SozR 3-2500 § 85 Nr. 30; BSG v. 31.08.2005 - B 6 KA 6/04 R.

[12] Vgl. BSG v. 27.06.2001 - B 6 KA 50/00 R - SozR 3-2500 § 85 Nr. 40.

[13] Vgl. BSG v. 28.09.2005 - B 6 KA 71/04 R - SozR 4-2500 § 83 Nr. 2.

[14] Vgl. zur vierjährigen Verjährungsfrist im Vertragsarztrecht *Engelmann* in: v. Wulffen, SGB X, § 52 Rn. 4 m.w.N.

[15] Vgl. LSG Stuttgart v. 10.05.2000 - L 5 Ka 1050/99.

[16] Vgl. BSG v. 28.09.2005 - B 6 KA 71/04 R - SozR 4-2500 § 83 Nr. 2.

[17] Vgl. BSG v. 31.08.2005 - B 6 KA 6/04 R - SozR 4-2500 § 85 Nr. 21.

[18] FraktE-GKV-WSG, BT-Drs. 16/3100, S. 120.

60 Wie die **Zahl der Versicherten** festzustellen ist, ergibt sich aus **§ 87 Abs. 3a Satz 2 SGB V**: nämlich entsprechend der Zahl der auf den zugrunde gelegten Zeitraum entfallenden **Versichertentage**. Maßgebend ist also nicht etwa die Kopfzahl der Versicherten.

61 Die **erstmalige** Ermittlung des **morbiditätsbedingte Behandlungsbedarfs**, d.h. für das Jahr **2009** und das Folgejahr **2010**, ist in **§ 87c Abs. 4 SGB V** geregelt. Für seine Anpassung in den Folgejahren ist § 87a Abs. 4 SGB V i.V.m. den Vorgaben des Bewertungsausschusses nach § 87a Abs. 5 SGB V maßgebend.

62 Der vereinbarte Behandlungsbedarf gilt gemäß § 87a Abs. 3 Satz 2 HS. 2 SGB V als **notwendige medizinische Versorgung** im Sinne des Grundsatzes der Beitragssatzstabilität (§ 71 Abs. 1 Satz 1 SGB V). Daraus ergibt sich, dass Erhöhungen der Gesamtvergütung, die sich aus einer Erhöhung des morbiditätsbedingten Behandlungsbedarfs ergeben, nicht den Grundsatz der Beitragssatzstabilität verletzen und somit nicht durch diesen „gekappt" werden.[19] Andernfalls würde das Ziel, die budgetierte Gesamtvergütung zugunsten einer morbiditätsbedingten Gesamtvergütung abzulösen und damit das Morbiditätsrisiko auf die KKn zu verlagern, konterkariert.

3. Vergütung der erbrachten Leistungen (Absatz 3 Sätze 3 und 4)

63 Die KK hat die **im Rahmen des Behandlungsbedarfs** erbrachten Leistungen nach der von den Vertragspartnern vereinbarten regionalen Euro-Gebührenordnung (§ 87a Abs. 2 Satz 6 SGB V) mit den dort geregelten Preisen zu vergüten (§ 87a Abs. 3 Satz 3 SGB V). Gemeint ist damit der vereinbarte Behandlungsbedarf, m.a.W. die Leistungsmenge, die der Vereinbarung der Gesamtvergütung nach § 87a Abs. 3 Satz 2 SGB V zu Grunde gelegt worden ist.

64 **Übersteigt** die tatsächlich zu Gunsten der Versicherten einer KK erbrachte Leistungsmenge den vereinbarten Behandlungsbedarf, so ist eine **differenzierende Betrachtung** geboten:

65 Beruht die Überschreitung der Leistungsmenge auf einem nicht vorhersehbaren **Anstieg** des **morbiditätsbedingten Behandlungsbedarfs** der Versicherten (z.B. wegen einer Grippewelle), so haben die KKn auch diese höhere Leistungsmenge mit den **Preisen der regionalen Euro-Gebührenordnung** zu vergüten (§ 87a Abs. 3 Satz 4 SGB V). Dies muss zeitnah, d.h. spätestens im folgenden Abrechnungszeitraum, und nicht z.B. erst im Folgejahr geschehen.

66 In der Regelung des § 87a Abs. 3 Satz 4 SGB V liegt ein wesentlicher Unterschied zum Konzept der bis zum 31.03.2007 geltenden Vorschrift des § 85a SGB V, die insoweit nur eine Vergütung in Höhe von 10% des Regelpreises vorsah. Indem der Gesetzgeber jetzt die volle Vergütung der überschießenden Leistungsmengen anordnet, verlagert er das **Risiko** eines morbiditätsbedingten Anstiegs des Behandlungsbedarfs **voll auf die KKn**.

67 Wie der Umfang des nicht vorhersehbaren Anstiegs des morbiditätsbedingten Behandlungsbedarfs zu bestimmten ist, ist anhand eines vom Bewertungsausschuss nach **§ 87 Abs. 5 Satz 1 Nr. 1 SGB V** zu beschließenden **Verfahrens** zu ermitteln.

68 Ist eine etwaige **Überschreitung** des vereinbarten Behandlungsbedarfs in diesem Sinne **nicht morbiditätsbedingt**, ist **keine höhere Vergütung** zu entrichten. Die gemeinsame Selbstverwaltung bleibt daher in der Verantwortung, derartige Leistungsausweitungen durch sachlich-rechnerische Berichtigungen (§ 106a SGB V) bzw. Wirtschaftlichkeitsprüfungen (§ 106 SGB V) zu bekämpfen. Keine höhere Gesamtvergütung fällt auch dann an, wenn der Mehrbedarf durch statistische Effekte im Zusammenhang mit der Einführung der morbiditätsbedingten Gesamtvergütung anfällt.[20]

4. Leistungen außerhalb der Gesamtvergütung (Absatz 3 Satz 5)

69 Wie schon nach geltendem Recht, bedarf auch im neuen Vergütungssystem jede Vergütung vertragsärztlicher Leistungen außerhalb der Gesamtvergütung einer **gesonderten gesetzlichen Ermächtigung.**

70 Eine solche enthält das Gesetz in § 87a Abs. 3 Satz 5 HS. 1 SGB V für vertragsärztliche Leistungen bei der **Substitutionsbehandlung** Drogenabhängiger gemäß den RLn des Gemeinensamen Bundesausschusses.[21] Diese ist außerhalb der Gesamtvergütung mit den Preisen der Euro-Gebührenordnung nach § 87a Abs. 2 SGB V zu vergüten.

---

[19] FraktE-GKV-WSG, BT-Drs. 16/3100, S. 120.

[20] FraktE-GKV-WSG, BT-Drs. 16/3100, S. 120.

[21] Anlage A Nr. 2 zu den BUB-Richtlinien.

§ 87a Abs. 3 Satz 5 HS. 2 SGB V enthält darüber hinaus die Ermächtigung an die Vertragspartner, die Vergütung weiterer vertragsärztlicher Leistungen außerhalb der Gesamtvergütung zu **vereinbaren**. Voraussetzung ist, dass sie besonders gefördert werden sollen oder dass dies medizinisch oder auf Grund von Besonderheiten bei Veranlassung und Ausführung der Leistungserbringung erforderlich ist. 71

Zu denken ist insoweit nach Auffassung des Gesetzgebers an die bislang bereits außerhalb der Gesamtvergütung erbrachten **Dialyseleistungen** (vgl. § 85 Abs. 3a Satz 4 SGB V). Über das gegenwärtig geltende Recht hinaus hält der Gesetzgeber auch die Vergütung von antragspflichtigen psychotherapeutischen Leistungen und Präventionsleistungen außerhalb der Gesamtvergütung für möglich.[22] 72

Im Hinblick auf die Regelung des § 120 Abs. 2 Satz 1 SGB V ist davon auszugehen, dass die Vergütung für **ambulante Krankenhausleistungen** auch weiterhin unmittelbar von der KK an den Leistungserbringer, d.h. außerhalb der Gesamtvergütung, erbracht wird. Unklar ist das Schicksal der Vergütung für Leistungen innerhalb von **Modellvorhaben**. Die Regelung des § 64 Abs. 3 SGB V, die eine Vergütung außerhalb der Gesamtvergütung ermöglichte, verweist nur auf die §§ 85, 85a SGB V, nicht dagegen auf § 87a SGB V. Hierbei mag es sich allerdings auch um ein redaktionelles Versehen handeln. 73

Von § 87a SGB V unberührt bleibt die Möglichkeit, nach § 73b Abs. 4 SGB V Verträge zur flächendeckenden Sicherstellung der **hausarztzentrierten Versorgung** zu schließen. § 73b Abs. 7 SGB V enthält die Verpflichtung, den Behandlungsbedarf nach § 87a Abs. 3 Satz 2 SGB V entsprechend der Zahl und der Morbiditätsstruktur der an der hausarztzentrierten Versorgung teilnehmenden Versicherten sowie nach dem in den Verträgen vereinbarten Inhalt der hausarztzentrierten Versorgung zu bereinigen. Gleiches gilt gemäß § 73c Abs. 6 SGB V für den Bereich der **besonderen ambulanten ärztlichen Versorgung** und für die **Anschubfinanzierung der integrierten Versorgung** (§ 140d Abs. 2 SGB V). 74

Nach § 139c Satz 1 SGB V ist das Institut für Qualität und Wirtschaftlichkeit im Gesundheitswesen u.a. durch eine Anhebung der Gesamtvergütung gemäß Festlegung durch den GBA zu finanzieren. Das gilt nach dem ausdrücklichen Gesetzeswortlaut auch für die nach § 87a SGB V vereinbarte Gesamtvergütung. 75

VI. Korrektur der Gesamtvergütung (Absatz 3a)

§ 87 Abs. 3a SGB V enthält – aus Gründen der Übersichtlichkeit in einem eigenen Absatz zusammengefasst[23] – Regelungen über die **Korrektur der Gesamtvergütung**. 76

1. Überbezirkliche vertragsärztliche Versorgung (Absatz 3a Satz 6)

§ 87 Abs. 3a Satz 6 SGB V regelt die Fälle der überbezirklichen Durchführung der vertragsärztlichen Versorgung. Diese Fälle treten immer dann auf, wenn ein Versicherter einen Leistungserbringer aus einer KV außerhalb seines Wohnorts in Anspruch nimmt (z.B. im Rahmen einer Urlaubsreise). In solchen Fällen ist die Leistung jeweils mit den Preisen zu vergüten, die in der **KV des Leistungserbringers** gelten. 77

Gelten in der KV des Leistungserbringers und der Wohnort-KV des Versicherten unterschiedliche Preise (was im Hinblick auf die regionalen Euro-Gebührenordnungen ohne weiteres möglich ist), so kommt es entweder zu entsprechenden Nachzahlungen oder Verrechnungen zwischen der betroffenen KK und der Wohnort-KV. Gelten z.B. in der KV des Leistungserbringers höhere Preise als in der Wohnort-KV, so muss die KK die sich daraus ergebenden Mehrkosten tragen. Bei niedrigeren Preisen erfolgt eine Rückzahlung an die KK. 78

Die Einzelheiten des **Fremdkassenausgleichs** werden nach wie vor durch eine **RL der KBV** geregelt (bislang § 75 Abs. 7 Satz 1 Nr. 2 SGB V). Abweichend hiervon muss die RL ab dem 01.01.2009 die Erfüllung der Vorgaben des § 87a Abs. 3a SGB V sicherstellen. Dies hat im Benehmen mit den Spitzenverbänden der KKn bzw. – ab dem 01.07.2008 – dem Spitzenverband Bund der KKn zu erfolgen (**§ 75 Abs. 7a SGB V**). 79

Die notwendigen Korrekturen sind spätestens bei der jeweils folgenden Vereinbarung der Gesamtvergütung zu berücksichtigen. Damit soll gewährleistet werden, dass ggf. anfallende Nachzahlungen so schnell wie möglich erbracht werden. 80

---

[22] FraktE-GKV-WSG, BT-Drs. 16/4247.

[23] BT-Drs. 16/4247, S. 41.

2. Veränderungen der Versichertenzahlen (Absatz 3a Satz 3)

81 § 87a Abs. 3a Satz 3 SGB V regelt den Fall, dass die **tatsächliche Zahl der Versicherten** im Vereinbarungszeitraum von derjenigen Zahl **abweicht**, die bei Vereinbarung der Gesamtvergütung nach § 87a Abs. 3 Satz 2 SGB V zu Grunde gelegt worden ist. Bisher sieht § 85 Abs. 3c SGB V hierzu vor, dass die Abweichung bei der jeweils folgenden Vereinbarung der Gesamtvergütung zu berücksichtigen ist. § 87a Abs. 3 Satz 3 SGB V bestimmt diesen Zeitpunkt nun als den spätesten Zeitpunkt und sieht im Übrigen eine „**zeitnahe**" Korrektur vor.

3. Ausgaben für Kostenerstattungsleistungen (Absatz 3a Satz 4 SGB V)

82 Ausgaben für Kostenerstattungsleistungen sind, soweit sie anstelle einer Sachleistung erfolgt sind, auf die Gesamtvergütung **anzurechnen**. Andernfalls würde das Vergütungsvolumen durch Kostenerstattungen zusätzlich erhöht.

83 Von § 87a Abs. 3a Satz 4 SGB V erfasst sind in erster Linie Kostenerstattungen aufgrund des Wahlrechts der Versicherten nach **§ 13 Abs. 2 Sätze 1-3 SGB V**. Sie sind mit dem Betrag auf die Gesamtvergütung anzurechnen, den sie als **Sachleistung** gekostet hätten. Aufgrund dessen ist erst eine nachträgliche Verrechnung möglich. Ebenfalls angerechnet werden Kostenerstattungen nach § 53 Abs. 4 SGB V, d.h. aufgrund entsprechender satzungsmäßiger **Wahltarife**.

VII. Anpassung des Behandlungsbedarfs (Absatz 4)

84 § 87a Abs. 4 SGB V regelt die Anpassung des morbiditätsbedingten Behandlungsbedarfs i.S.v. § 87a Abs. 3 Satz 2 SGB V. Die Vorschrift kommt **erstmals** voll für die Gesamtvergütung des Jahres **2011** zum Tragen, weil für die Jahre 2009 und 2010 in § 87c Abs. 4 SGB V Sonderregelungen getroffen sind.

85 Die nach § 87a Abs. 4 SGB V angepasste Leistungsmenge wird sodann mit dem für das entsprechende Jahr vereinbarten regionalen Punktwert bewertet und ergibt auf diese Weise die **neue morbiditätsbedingte Gesamtvergütung**. Maßgebend hierfür ist das in § 87a Abs. 3 SGB V dargelegte Verfahren.

86 Die in § 87a Abs. 4 SGB V genannten Kriterien sollen sicherstellen, dass Veränderungen in der Menge der **medizinisch erforderlichen Leistungen**, die sich im Laufe der Zeit ergeben, bei der Vergütung der vertragsärztlichen Leistungen angemessen berücksichtigt werden.[24] Im Einzelnen geschieht das nach folgenden Faktoren:

87 Die Vertragspartner haben zunächst Veränderungen in **Zahl** und **Morbiditätsstruktur** der **Versicherten** zu berücksichtigen (§ 87a Abs. 4 Nr. 1 SGB V). Für die Zahl der Versicherten ist § 87a Abs. 3a Satz 2 SGB V maßgebend. Zur Bestimmung der Veränderung in der Morbiditätsstruktur hat der Bewertungsausschuss nach § 87a Abs. 5 Satz 1 Nr. 2 SGB V ein Verfahren zu beschließen, das nach § 87a Abs. 4 SGB V für die Vertragspartner verbindlich ist.

88 Zu berücksichtigen ist außerdem die Veränderung von Art oder Umfang der **ärztlichen Leistungen** (§ 87a Abs. 4 Nr. 2 SGB V). Voraussetzung ist jedoch, dass diese Veränderungen auf einer Veränderung des gesetzlichen oder satzungsmäßigen **Leistungskatalogs** oder auf **Beschlüssen des Gemeinsamen Bundesausschusses** nach § 135 Abs. 1 SGB V beruhen. Letzteres entspricht der Regelung des § 85 Abs. 3 Satz 3 SGB V. Dabei kann sich durch Wegfall von Leistungen aus dem Leistungskatalog der GKV auch eine Absenkung der Gesamtvergütung ergeben.

89 Drittes gesetzlich vorgesehenes Anpassungskriterium ist die Veränderung des Umfangs der vertragsärztlichen Leistungen auf Grund von **Verlagerungen von Leistungen** zwischen dem stationären und dem ambulanten Sektor (§ 87a Abs. 4 Nr. 3 SGB V).

90 Schließlich ist nach § 87a Abs. 4 Nr. 4 SGB V die Veränderung des Umfangs der vertragsärztlichen Leistungen auf Grund der **Ausschöpfung von Wirtschaftlichkeitsreserven** bei der vertragsärztlichen Leistungserbringung zu berücksichtigen. Diese Vorschrift hat in erster Linie klarstellenden Charakter. Die Vertragspartner sind ohnehin an das Wirtschaftlichkeitsgebot des § 12 SGB V gebunden.

91 Damit ist gleichzeitig auch klargestellt, dass ungeachtet des maßgeblichen Kriteriums des morbiditätsbedingten Behandlungsbedarfs für die Anpassung der Gesamtvergütung der **Grundsatz der Beitragssatzstabilität (§ 71 Abs. 1 SGB V)** gilt. Welche Versorgung im Sinne von § 71 Abs. 1 SGB V medizinisch notwendig ist, wird durch den nach § 87a Abs. 3 SGB V vereinbarten Behandlungsbedarf be-

[24] FraktE-GKV-WSG, BT-Drs. 16/3100, S. 122.

stimmt. Verändert dieser sich zu Lasten der KKn, so kann dies zu einer über der Veränderungsrate nach § 71 Abs. 3 SGB V liegenden Vergütungserhöhung führen, soweit keine Kompensation durch Ausschöpfen von Wirtschaftlichkeitsreserven (§ 87a Abs. 4 Nr. 4 SGB V) verhindert werden kann.

VIII. Vorgaben des Bewertungsausschusses (Absatz 5)

§ 87a Abs. 5 SGB V regelt, welche Vorgaben der Bewertungsausschuss für die Berechnung der morbiditätsbedingten Gesamtvergütung bzw. ihrer Veränderung zu beschließen hat. 92

Nach § 87a Abs. 5 Satz 1 Nr. 1 SGB V muss der Bewertungsausschuss ein Verfahren zur Bestimmung des Umfangs des **nicht vorhersehbaren Anstiegs des morbiditätsbedingten Behandlungsbedarfs** (§ 87a Abs. 3 Satz 4 SGB V) beschließen. Dieser Beschluss muss erstmals bis zum 31.08.2008 vorliegen (§ 87a Abs. 5 Satz 5 SGB V). Außerdem sind Verfahren zur Bestimmung von Veränderungen von **Art und Umfang der vertragsärztlichen Leistungen** (§ 87a Abs. 4 Nr. 2, 3 und 4 SGB V) zu beschließen (§ 87a Abs. 5 Satz 1 Nr. 3 SGB V). Die entsprechenden Beschlüsse müssen erstmals zum 30.06.2009 gefasst werden (§ 87a Abs. 5 Satz 5 SGB V). 93

Nähere Vorgaben enthält das Gesetz darüber hinaus zur Verpflichtung des Bewertungsausschusses, ein **Verfahren zur Bestimmung von Veränderungen der Morbiditätsstruktur** nach § 87a Abs. 4 Nr. 1 SGB V zu beschließen (§ 87a Abs. 5 Satz 1 Nr. 2 SGB V). 94

Hierzu hat der Bewertungsausschuss **diagnosebezogene Risikoklassen** für Versicherte mit vergleichbarem Behandlungsbedarf nach einem zur Anwendung in der vertragsärztlichen Versorgung geeigneten Klassifikationsverfahren zu bilden. Grundlage hierfür sind zum einen die vertragsärztlichen Behandlungsdiagnosen nach § 295 Abs. 1 Satz 2 SGB V. Die Diagnosen sind nach dem ICD zu erfassen.[25] 95

Zum anderen kommt es auf die **Menge der vertragsärztlichen Leistungen** an. Der ursprüngliche Fraktionsentwurf hatte noch vorgesehen, dass die tatsächlich erbrachte Menge der vertragsärztlichen Leistungen maßgeblich sein müsse.[26] Hiervon ist im weiteren Gesetzgebungsverfahren Abstand genommen worden, um die nähere Konkretisierung der maßgeblichen Leistungsmenge der Selbstverwaltung zu überlassen.[27] 96

Die Grundstruktur dieses Klassifikationsverfahrens entspricht damit insoweit den Vorgaben, die auch für die Weiterentwicklung des Risikostrukturausgleichs gelten (§ 268 SGB V). Soweit erforderlich, kann der Bewertungsausschuss weitere, mit dem **Risikostrukturausgleich** kompatible Morbiditätskriterien heranziehen (§ 87a Abs. 5 Satz 3 SGB V). 97

Der Bewertungsausschuss hat außerdem ein Verfahren festzulegen, nach dem die Relativgewichte nach § 87a Abs. 5 Satz 2 SGB V im Falle von Vergütungen nach § 87a Abs. 3 Satz 5 SGB V zu bereinigen sind. Gemeint sind damit diejenigen Zahlungen, die außerhalb der Gesamtvergütung erfolgen. § 87a Abs. 3 Satz 5 SGB V sieht die Befugnis der Vertragspartner vor, diese Möglichkeit auch für gesetzlich nicht geregelte Leistungen zu beschließen. Erfolgt eine solche Vereinbarung, so verändert sich damit für die Zukunft der aus der Gesamtvergütung zu bezahlende Behandlungsbedarf auch strukturell, insbesondere diagnosebezogen (z.B. bei Dialyseleistungen). Die betreffenden Leistungen dürfen daher nicht mehr in die Risikoklassen nach § 87a Abs. 5 Satz 2 SGB V einfließen. 98

Die Beschlüsse nach § 87a Abs. 5 Satz 1 Nr. 2 SGB V (Veränderungen der Morbiditätsstruktur) sowie nach § 87a Abs. 5 Satz 4 SGB V (Bereinigung der Relativgewichte) sind erstmalig zum **30.06.2009** zu treffen (§ 87a Abs. 5 Satz 5 SGB V). 99

IX. Datenübermittlung und -verarbeitung (Absatz 6)

§ 87a Abs. 6 SGB V trifft Regelungen zur **Übermittlung und Verarbeitung**, in beschränktem Umfang auch zur **Erhebung** von **Daten**, die erforderlich sind, um die nach § 87a Abs. 2-4 SGB V erforderlichen Vereinbarungen treffen zu können. 100

In den §§ 284 ff. SGB V ist geregelt, welche Daten von den **KKn erhoben** und **gespeichert** werden können. Danach dürfen die KKn die zur Vorbereitung, Vereinbarung und Durchführung von Vergütungsverträgen nach den §§ 87a-87c SGB V erforderlichen Daten erheben (**§ 284 Abs. 1 Nr. 12 SGB V**), verarbeiten und nutzen (**§ 284 Abs. 3 SGB V**). 101

---

25 So ausdrücklich FraktE-GKV-WSG, BT-Drs. 16/3100, S. 122.

26 Vgl. FraktE-GKV-WSG, BT-Drs. 16/3100, S. 19.

27 BT-Drs. 16/4247, S. 42.

102 Die von den KKn erhobenen und gespeicherten Daten müssen indessen für die Vereinbarungen nach § 87a SGB V den dortigen Vertragspartnern zur Verfügung stehen. Aus diesem Grund regelt § 87a Abs. 6 Satz 1 SGB V die Befugnis und Verpflichtung der KKn, die erforderlichen versichertenbezogenen Daten an die **Vertragspartner nach § 87a Abs. 2 Satz 1 SGB V** zu **übermitteln**. Dies hat unentgeltlich, d.h. auf Kosten der KKn zu geschehen.

103 Um zu gewährleisten, dass die Datenerhebung und -übermittlung durch die KKn **bundeseinheitlich** erfolgt, muss der **Bewertungsausschuss Vorgaben** vereinbaren, die von den KKn zu beachten sind (§ 87a Abs. 6 Satz 2 SGB V). Dies hat erstmals bis zum 31.03.2009 zu geschehen. Für die erstmalige Vereinbarung der morbiditätsbedingten Gesamtvergütung trifft **§ 87c Abs. 4 Satz 6 SGB V** eine **Sonderregelung**.

104 Die **Verbände der KKn** sind darüber hinaus **selbst** befugt, versichertenbezogene Daten in demselben Umfang zu erheben und zu verwenden (§ 87a Abs. 6 Satz 2 SGB V). Eine entsprechende Befugnis der **KVen** ergibt sich aus **§ 285 Abs. 2 i.V.m. Abs. 1 Nr. 2 SGB V**.

105 Die von den KKn zu übermittelnden Daten sind, anders als nach § 87 Abs. 3f SGB V, **nicht pseudonymisiert**. Die geltenden Vorschriften (§ 295 SGB V) sehen eine pseudonymisierte Datenübermittlung nicht vor. Müssten die KKn die Daten jetzt pseudonymisieren, wäre dies mit erheblichem zusätzlichen Aufwand verbunden. Zudem wären die Daten aus Sicht der KVen nicht mehr mit den ihnen vorliegenden versichertenbezogenen Daten kompatibel.[28]

C. Reformüberlegungen

106 Mit Wirkung vom 01.07.2008 werden die entsprechenden Passagen in § 87a SGB V an die dann wirksam werdende geänderte Organisationsstruktur im Bereich der KKn-Verbände angepasst. Erst zeitlich danach wird § 87a SGB V maßgeblich an Bedeutung für die Vergütung vertragsärztlicher Leistungen gewinnen.

[28] Vgl. FraktE-GKV-WSG, BT-Drs. 16/3100, S. 123.

§ 87b SGB V Vergütung der Ärzte (arzt- und praxisbezogene Regelleistungsvolumina)

(Fassung vom 26.03.2007, gültig ab 01.04.2007, gültig bis 30.06.2008)

(1) Abweichend von § 85 werden die vertragsärztlichen Leistungen ab dem 1. Januar 2009 von der Kassenärztlichen Vereinigung auf der Grundlage der regional geltenden Euro-Gebührenordnung nach § 87a Abs. 2 vergütet. Satz 1 gilt nicht für vertragszahnärztliche Leistungen.

(2) Zur Verhinderung einer übermäßigen Ausdehnung der Tätigkeit des Arztes und der Arztpraxis sind arzt- und praxisbezogene Regelleistungsvolumina festzulegen. Ein Regelleistungsvolumen nach Satz 1 ist die von einem Arzt oder der Arztpraxis in einem bestimmten Zeitraum abrechenbare Menge der vertragsärztlichen Leistungen, die mit den in der Euro-Gebührenordnung gemäß § 87a Abs. 2 enthaltenen und für den Arzt oder die Arztpraxis geltenden Preisen zu vergüten ist. Abweichend von Absatz 1 Satz 1 ist die das Regelleistungsvolumen überschreitende Leistungsmenge mit abgestaffelten Preisen zu vergüten; bei einer außergewöhnlich starken Erhöhung der Zahl der behandelten Versicherten kann hiervon abgewichen werden. Bei der Bestimmung des Zeitraums, für den ein Regelleistungsvolumen festgelegt wird, ist insbesondere sicherzustellen, dass eine kontinuierliche Versorgung der Versicherten gewährleistet ist. Für den Fall, dass es im Zeitablauf wegen eines unvorhersehbaren Anstiegs der Morbidität gemäß § 87a Abs. 3 Satz 4 zu Nachzahlungen der Krankenkassen kommt, sind die Regelleistungsvolumina spätestens im folgenden Abrechnungszeitraum entsprechend anzupassen. Antragspflichtige psychotherapeutische Leistungen der Psychotherapeuten, der Fachärzte für Kinder- und Jugendpsychiatrie und -psychotherapie, der Fachärzte für Psychiatrie und Psychotherapie, der Fachärzte für Nervenheilkunde, der Fachärzte für Psychosomatik und Psychotherapie sowie der ausschließlich psychotherapeutisch tätigen Ärzte sind außerhalb der Regelleistungsvolumina zu vergüten. Weitere vertragsärztliche Leistungen können außerhalb der Regelleistungsvolumina vergütet werden, wenn sie besonders gefördert werden sollen oder soweit dies medizinisch oder auf Grund von Besonderheiten bei Veranlassung und Ausführung der Leistungserbringung erforderlich ist.

(3) Die Werte für die Regelleistungsvolumina nach Absatz 2 sind morbiditätsgewichtet und differenziert nach Arztgruppen und nach Versorgungsgraden sowie unter Berücksichtigung der Besonderheiten kooperativer Versorgungsformen festzulegen; bei der Differenzierung der Arztgruppen ist die nach § 87 Abs. 2a zugrunde zu legende Definition der Arztgruppen zu berücksichtigen. Bei der Bestimmung des Regelleistungsvolumens nach Absatz 2 sind darüber hinaus insbesondere

1. **die Summe der für einen Bezirk der Kassenärztlichen Vereinigung nach § 87a Abs. 3 insgesamt vereinbarten morbiditätsbedingten Gesamtvergütungen,**
2. **zu erwartende Zahlungen im Rahmen der überbezirklichen Durchführung der vertragsärztlichen Versorgung gemäß § 75 Abs. 7 und 7a,**
3. **zu erwartende Zahlungen für die nach Absatz 2 Satz 3 abgestaffelt zu vergütenden und für die nach Absatz 2 Satz 6 und 7 außerhalb der Regelleistungsvolumina zu vergütenden Leistungsmengen,**
4. **Zahl und Tätigkeitsumfang der der jeweiligen Arztgruppe angehörenden Ärzte**

zu berücksichtigen. Soweit dazu Veranlassung besteht, sind auch Praxisbesonderheiten zu berücksichtigen. Zudem können auf der Grundlage der Zeitwerte nach § 87 Abs. 2 Satz 1 Kapazitätsgrenzen je Arbeitstag für das bei gesicherter Qualität zu erbringende Leistungsvolumen des Arztes oder der Arztpraxis festgelegt werden. Anteile der Vergütungssumme nach Satz 2 Nr. 1 können für die Bildung von Rückstellungen zur Berücksichtigung einer Zunahme von an der vertragsärztlichen Versorgung teilnehmenden Ärzte, für Sicherstellungsaufgaben und zum Ausgleich von überproportionalen Honorarverlusten verwendet werden. Die Morbidität nach Satz 1 ist mit Hilfe der Morbiditätskriterien Alter und Geschlecht zu bestimmen. Als Tätigkeitsumfang nach Satz 2 gilt der Umfang des Versorgungsauftrags, mit dem die der jeweiligen Arztgruppe angehörenden Vertragsärzte zur Versorgung zugelassen sind, und der Umfang des Versorgungsauftrags, der für die angestellten Ärzte der jeweiligen Arztgruppe vom Zulassungsausschuss genehmigt worden ist. Fehlschätzungen bei der Bestimmung des voraussichtlichen Umfangs der Leistungsmengen nach Satz 2 Nr. 3 sind zu berichtigen; die Vergütungsvereinbarungen nach § 87a Abs. 3 bleiben unberührt.

(4) Der Bewertungsausschuss bestimmt erstmalig bis zum 31. August 2008 das Verfahren zur Berechnung und zur Anpassung der Regelleistungsvolumina nach den Absätzen 2 und 3 sowie Art und Umfang, das Verfahren und den Zeitpunkt der Übermittlung der dafür erforderlichen Daten. Er bestimmt darüber hinaus ebenfalls erstmalig bis zum 31. August 2008 Vorgaben zur Umsetzung von Absatz 2 Satz 3, 6 und 7 sowie Grundsätze zur Bildung von Rückstellungen nach Absatz 3 Satz 5. Die Kassenärztliche Vereinigung, die Landesverbände der Krankenkassen und die Verbände der Ersatzkassen stellen gemeinsam erstmalig bis zum 15. November 2008 und danach jeweils bis zum 31. Oktober eines jeden Jahres gemäß den Vorgaben des Bewertungsausschusses nach den Sätzen 1 und 2 unter Verwendung der erforderlichen regionalen Daten die für die Zuweisung der Regelleistungsvolumina nach Absatz 5 konkret anzuwendende Berechnungsformel fest. Die Krankenkassen übermitteln den in Satz 3 genannten Parteien unentgeltlich die erforderlichen Daten, auch versichertenbezogen, nach Maßgabe der Vorgaben des Bewertungsausschusses. Die Parteien nach Satz 3 können eine Arbeitsgemeinschaft mit der Erhebung und Verwendung der nach Satz 3 erforderlichen Daten beauftragen. § 304 Abs. 1 Satz 1 Nr. 2 gilt entsprechend.

(5) Die Zuweisung der Regelleistungsvolumina an den Arzt oder die Arztpraxis einschließlich der Mitteilung der Leistungen, die außerhalb der Regelleistungsvolumina vergütet werden, sowie der jeweils geltenden regionalen Preise obliegt der Kassenärztlichen Vereinigung; die Zuweisung erfolgt erstmals zum 30. November 2008 und in der Folge jeweils spätestens vier Wochen vor Beginn der Geltungsdauer des Regelleistungsvolumens. § 85 Abs. 4 Satz 9 gilt. Die nach § 85 Abs. 4 der Kassenärztlichen Vereinigung zugewiesenen Befugnisse, insbesondere zur Bestimmung von Abrechnungsfristen und -belegen sowie zur Verwendung von Vergütungsanteilen für Verwaltungsaufwand, bleiben unberührt. Kann ein Regelleistungsvolumen nicht rechtzeitig vor Beginn des Geltungszeitraums zugewiesen werden, gilt das bisherige dem Arzt oder der Arztpraxis zugewiesene Regelleistungsvolumen vorläufig fort. Zahlungsansprüche aus einem zu einem späteren Zeitpunkt zugewiesenen höheren Regelleistungsvolumen sind rückwirkend zu erfüllen.

Gliederung

A. Basisinformationen

I. Textgeschichte/Gesetzgebungsmaterialien

§ 87b SGB V wurde durch Art. 1 Nr. 57b **GKV-Wettbewerbsstärkungsgesetz** (GKV-WSG) vom 26.03.2007 mit Wirkung vom 01.04.2007 eingefügt.[1] 1

Gesetzgebungsmaterialien: Gesetzentwurf der Fraktionen der CDU/CSU und SPD zur Stärkung des Wettbewerbs in der gesetzlichen Krankenversicherung (GKV-Wettbewerbsstärkungsgesetz – GKV-WSG).[2] Hierzu Beschlussempfehlung[3] und Bericht[4] des Ausschusses für Gesundheit. 2

II. Vorgängervorschriften

§ 87b SGB V löst **§ 85 Abs. 4 und 4a SGB V** im vertragsärztlichen Bereich ab (vgl. § 87b Abs. 1 SGB V). 3

Einen früheren Versuch zur verbindlichen Vergütung vertragsärztlicher Leistungen mit Hilfe von Regelleistungsvolumina hat der Gesetzgeber bereits mit § 85b SGB V i.d.F. durch Art. 1 **GMG** vom 14.11.2003[5] mit Wirkung vom 01.01.2004 unternommen. Bevor die Norm ihre Wirkung entfalten konnte, wurde sie durch Art. 1 Nr. 56 GKV-WSG mit Wirkung vom 01.04.2007 aufgehoben. 4

Regelleistungsvolumina sind indessen keine Erfindung des Gesetzes zur Modernisierung der gesetzlichen Krankenversicherung. Bereits nach **§ 85 Abs. 2 Satz 3, 4 SGB V** in der Fassung von **Art. 17 2. GKV-Neuordnungsgesetz**[6] waren in der Vereinbarung über die Gesamtvergütung Werte für das arztgruppenbezogene Regelleistungsvolumen zu bestimmen, die nach den Kriterien Fallwert, Fallzahl, bedarfsgerechte Versorgung, Zahl und Altersstruktur der Versicherten sowie Kriterien zur Begrenzung der Menge der erbrachten Leistungen auf das medizinisch Notwendige festzusetzen waren.[7] Die Regelung konnte sich seinerzeit allerdings nicht durchsetzen, so dass zunächst die Rückkehr zur Vereinbarung der Gesamtvergütung über Kopfpauschalen erfolgte.[8] Allerdings eröffnet **§ 85 Abs. 4 Sätze 7 und 8 SGB V** in der Fassung des **GKV-Solidaritätsstärkungsgesetzes**[9] die Möglichkeit, die Leistungen eines Vertragsarztes im Rahmen der **Honorarverteilung** nach Regelleistungsvolumina zu vergüten. Neben dem anderen Regelungskontext (Honorarverteilung in § 85 Abs. 4 SGB V) besteht ein wesentlicher Unterschied allerdings darin, dass die Festsetzung von Regelleistungsvolumina nach § 87b SGB V **verbindlich** ist, während der Gesetzgeber sie in § 85 Abs. 4 SGB V ins Ermessen der Partner des Honorarverteilungsmaßstabes gestellt hat. 5

III. Parallelvorschriften

Parallelvorschrift ist § 85 Abs. 4, 4a SGB V für den vertragszahnärztlichen Bereich. 6

---

1 BGBl I 2007, 378.
2 BT-Drs. 16/3100.
3 BT-Drs. 16/4200.
4 BT-Drs. 16/4247.
5 BGBl I 2003, 2190.
6 Vom 23.06.1997, BGBl I 1997, 1520.
7 Vgl. hierzu *Hinz*, Die Leistungen 1997, 577, 582 f.
8 Vgl. *Maus*, DÄ 1998, A-2602; *ders.*, DÄ 1999, A-832; vgl. außerdem *Wittek*, DÄ 1998, A-2814.
9 Vom 19.12.1998, BGBl I 1998, 3853.

IV. Untergesetzliche Normen

7 Untergesetzliche Normen sind aufgrund von § 87b SGB V noch nicht erlassen worden.

V. Systematische Zusammenhänge

8 Vgl. die Kommentierung zu § 87a SGB V Rn. 7 ff.

VI. Ausgewählte Literaturhinweise

9 Vgl. die Kommentierung zu § 87a SGB V Rn. 13.

B. Auslegung der Norm

I. Regelungsgehalt und Bedeutung der Norm

10 **Absatz 1** ist die Einführungsnorm des § 87b SGB V, die das Verhältnis zu § 85 SGB V bestimmt.

11 **Absatz 2** beschreibt die Bestimmung des arzt- und praxisbezogenen Regelleistungsvolumens.

12 **Absatz 3** regelt die Festlegung der für die Bestimmung nach Absatz 2 erforderlichen Werte.

13 **Absatz 4** bestimmt die vom Bewertungsausschuss für die Berechnung und Anpassung der Regelleistungsvolumina zu beschließenden Vorgaben.

14 **Absatz 5** regelt die Zuweisung des Regelleistungsvolumens an den einzelnen Vertragsarzt.

II. Normzweck

15 § 87b SGB V regelt ab dem 01.01.2009, nach welchen Maßstäben die von den KKn an die KVen entrichtete Gesamtvergütung an die Vertragsärzte verteilt wird. Für den vertragsärztlichen Bereich werden die Honorarverteilungsmaßstäbe dabei durch die Zuweisung von Regelleistungsvolumina ersetzt. Die vertragszahnärztliche Honorarverteilung bleibt weiter in § 85 SGB V geregelt. Mit der Abschaffung der Honorarverteilungsmaßstäbe werden die Aufgaben der KVen im Bereich der Vergütung vertragsärztlicher Leistungen nicht obsolet. Vielmehr behalten sie die Aufgabe der Umsetzung der zu Grunde liegenden vertraglichen Vereinbarungen, insbesondere der Zuweisung der konkreten Regelleistungsvolumina. Ebenso üben sie auch weiterhin die zentrale Funktion der Abrechnungsprüfung aus.

16 Mit der Vergütung vertragsärztlicher Leistungen durch Regelleistungsvolumina verfolgt der Gesetzgeber das Ziel, die Vergütung kalkulierbarer, einfacher, transparenter zu machen und sie zu entbürokratisieren. Eine Vereinfachung soll sich insbesondere daraus ergeben, dass dieselben Vertragspartner, die nach § 87a SGB V die regionale Euro-Gebührenordnung und die morbiditätsbedingte Gesamtvergütung festlegen, auch für die Feststellung der Berechnungsformeln zur Vergütung des einzelnen Arztes zuständig sind.[10]

17 Vgl. im Übrigen die Kommentierung zu § 87a SGB V Rn. 21 ff.

III. Ablösung des bisherigen Honorarsystems (Absatz 1)

18 § 87b Abs. 1 SGB V regelt im Sinne einer **Einführungsnorm** die Einführung des neuen Systems zur Vergütung der Leistungen des einzelnen Vertragsarztes ab 01.01.2009 für den **vertragsärztlichen** Bereich. Für den vertragszahnärztlichen Bereich bleibt es bei der Regelung des § 85 SGB V.

19 **Ersetzt** werden die Vorschriften über die Honorarverteilung aufgrund vereinbarter HVMe einschließlich der dazu vom Bewertungsausschuss erlassenen Vorgaben (§ 85 Abs. 4, 4a SGB V). Stattdessen erfolgt die Honorierung über sog. Regelleistungsvolumina. Mit der Einführung des neuen Vergütungssystems verlieren daher auch die auf der Grundlage von § 85 SGB V erlassenen untergesetzlichen Normen (HVMe) ihre Bedeutung.

IV. Bestimmung des arzt- und praxisbezogenen Regelleistungsvolumens (Absatz 2)

1. Definition des Regelleistungsvolumens (Absatz 2 Sätze 2 und 4)

20 Die Vergütung der Vertragsärzte erfolgt ab dem 01.01.2009 auf der Grundlage sog. Regelleistungsvolumina. Dieser Begriff ist in § 87b Abs. 2 Satz 2 SGB V **legal definiert**. Danach ist ein Regelleistungsvolumen „**die von einem Arzt oder der Arztpraxis in einem bestimmten Zeitraum abrechenbare**

[10] Vgl. FraktE-GKV-WSG, BT-Drs. 16/3100, S. 123.

Menge der vertragsärztlichen Leistungen, die mit den in der Euro-Gebührenordnung gemäß § 87a Abs. 2 SGB V enthaltenen und für den Arzt oder die Arztpraxis geltenden Preisen zu vergüten ist".

Die Legaldefinition hebt hinsichtlich des Leistungserbringers auf den **Arzt oder die Arztpraxis** ab. Damit sollen alle denkbaren Konstellationen ambulanter vertragsärztlicher Leistungserbringung abgedeckt werden, d.h. unter Einschluss angestellter Ärzte (§ 32b Ärzte-ZV), der Tätigkeit in Berufsausübungsgemeinschaften (§ 33 Ärzte-ZV) und in medizinischen Versorgungszentren (§ 95 Abs. 1 Satz 2 SGB V), in Vollzeit oder Teilzeit. 21

Das Regelleistungsvolumen selbst ist die **Leistungsmenge**, für die der Vertragsarzt die „vollen" Preise nach der regionalen Euro-Gebührenordnung erhält. Diese Leistungsmenge wird in Punkten nach den Bewertungsrelationen des EBM ausgedrückt, ist also m.a.W. der Leistungsbedarf, den die Praxis in dem vorgegebenen Zeitraum erwirtschaften darf, ohne eine niedrigere Honorierung als in der Euro-Gebührenordnung vorgesehen befürchten zu müssen. Insofern besteht eine gewisse Verwandtschaft zu den vormaligen Individualbudgets oder -kontingenten (vgl. die Kommentierung zu § 85 SGB V Rn. 159). Der Unterschied besteht freilich darin, dass die gesetzliche Zusage auf die Vergütung mit festen Preisen und nicht „nur" einem festen Punktwert erfolgt. 22

Maßgeblich sind die „für den Arzt oder die Arztpraxis geltenden Preise". Welche Preise dies im Einzelfall sind, beurteilt sich auch nach dem Versorgungsgrad des Gebietes, in dem der Arzt tätig ist, ob es sich dabei nämlich um ein **„normal", über- oder unterversorgtes Gebiet** handelt, da die regionalen Euro-Gebührenordnungen insoweit **differenzierte Preise** vorsehen müssen. 23

Bei der Bestimmung des **Zeitraums**, für den das Regelleistungsvolumen festgelegt wird, ist insbesondere sicherzustellen, dass eine kontinuierliche Versorgung der Versicherten gewährleistet ist (§ 87b Abs. 2 Satz 4 SGB V). Vertragsärzte dürfen also nicht für einen unzumutbar langen Zeitraum und ungeachtet der Entwicklung ihrer Praxis an einem einmal festgelegten Regelleistungsvolumen festgehalten werden, wenn mit diesem Regelleistungsvolumen die notwendige Versorgung der Versicherten nicht mehr zu gewährleisten ist. 24

Mit der Festlegung eines festen Regelleistungsvolumens und der Zusage feststehender Preise für die Vergütung der innerhalb des Regelleistungsvolumens erbrachten Leistungen soll ein möglichstes hohes Maß an Kalkulationssicherheit für die Leistungserbringer ermöglicht werden. 25

2. Abstaffelung bei Überschreitung des Regelleistungsvolumens (Absatz 2 Sätze 1 und 3)

Überschreitet der Vertragsarzt den durch das Regelleistungsvolumen abgedeckten Leistungsbedarf, so wird der übersteigende Leistungsbedarf nur mit **abgestaffelten Preisen** vergütet (§ 87b Abs. 2 Satz 3 HS. 1 SGB V). Damit soll eine übermäßige Ausdehnung der ärztlichen Tätigkeit verhindert werden (§ 87b Abs. 2 Satz 1 SGB V). 26

Das **Ausmaß der Abstaffelung** wird nicht – wie in § 85b SGB V in der bis zum 31.03.2007 geltenden Fassung – durch den Gesetzgeber (10%) oder – wie im Rahmen von HVMen –durch die Partner des Gesamtvertrages, sondern durch den **Bewertungsausschuss** festgelegt (§ 87b Abs. 4 Satz 1 SGB V). Der Bewertungsausschuss kann dabei einen einheitlichen Abstaffelungssatz wählen, aber auch eine nach Leistungsmengen differenzierte, insbesondere progressive Abstaffelung.[11] Die Regelung muss allerdings zumindest zweierlei gewährleisten: Einmal muss der von § 87b Abs. 2 Satz 1 SGB V geforderte **leistungssteuernde** Effekt sichergestellt werden. Zum anderen muss gewährleistet sein, dass ein Großteil der morbiditätsbedingten Gesamtvergütung zur Abdeckung der Regelleistungsvolumina zur Verfügung steht. Andernfalls liefe das Ziel leer, die Regelleistungsvolumina zu angemessenen und vorhersehbaren Preisen zu vergüten. 27

Die Abstaffelung soll den Arzt davon abhalten, Leistungen zu erbringen, die medizinisch nicht erforderlich sind. Von der **Abstaffelung** kann nach § 87b Abs. 2 Satz 3 HS. 2 SGB V bei einer außergewöhnlich starken Erhöhung der **Zahl der behandelten Versicherten** abgewichen werden. 28

Bei diesen Vereinbarungen werden die unterschiedlichen Gründe für Fallzahlerhöhungen zu berücksichtigen sein. Einerseits muss eine aus **Sicherstellungsgründen** gebotene Fallzahlerhöhung eine Ausnahme von der Abstaffelung zugunsten des Vertragsarztes ermöglichen können. Andererseits darf die Ausnahmeregelung nicht zu einem Einfallstor für unwirtschaftliche Fallzahlerhöhungen werden. 29

Mit dem Gebot der **Honorarverteilungsgerechtigkeit** ist die **Abstaffelung** der Punktwerte für Leistungsmengen, die das Regelleistungsvolumen überschreiten, grundsätzlich **vereinbar**.[12] Die Regelung soll, ähnlich wie die Praxisbudgets im EBM 1996 oder die Individualbudgets in verschiedenen Hono- 30

---

[11] FraktE-GKV-WSG, BT-Drs. 16/3100, S. 124.

[12] I.E. auch *Butzer*, MedR 2004, 177, 184 zu § 85b SGB V a.F.

rarverteilungsmaßstäben über stabile Punktwerte eine verlässliche Kalkulationsgrundlage schaffen und gleichzeitig die Anreize für unwirtschaftliche Leistungsausweitungen verhindern. Damit dient sie dem hohen Gemeinschaftsgut der Stabilität der gesetzlichen Krankenversicherung. Es kommt hinzu, dass die das Regelleistungsvolumen überschreitenden Leistungen nicht etwa unvergütet bleiben. Bei wirtschaftlicher Betrachtung führt die Abstaffelung vielmehr dazu, dass der gesamte Leistungsbedarf mit einem den Regelpunktwert – je nach dem Grad der Mehranforderung – unterschreitenden Punktwert vergütet wird.

3. Anpassung der Regelleistungsvolumina (Absatz 2 Satz 5)

31 § 87b Abs. 2 Satz 5 SGB V legt fest, dass die Regelleistungsvolumina spätestens im folgenden Abrechnungszeitraum angepasst werden müssen, wenn es im Zeitablauf wegen eines unvorhersehbaren Anstiegs der Morbidität gemäß § 87a Abs. 3 Satz 4 SGB V zu Nachzahlungen der KKn gekommen ist.

32 Mit dieser Regelung soll erreicht werden, dass die Ärzte **möglichst zeitnah** von dem **Morbiditätsrisiko entlastet** werden, dass sie vorübergehend tragen, wenn der Versorgungsbedarf der Versicherten kurzfristig stärker ansteigt als bei Vereinbarung der morbiditätsbedingten Gesamtvergütung und Zuweisung des Regelleistungsvolumens vorhergesehen.

33 Mit der Formulierung „spätestens im folgenden Abrechnungszeitraum" ist klargestellt, dass auch eine frühere Anpassung des Regelleistungsvolumens in Betracht kommt. Insbesondere soweit die KKn eine rückwirkende Nachzahlung leisten, ist auch eine **rückwirkende Erhöhung** des Regelleistungsvolumens nicht ausgeschlossen.

34 Da die KKn nach § 87a Abs. 3 Satz 4 SGB V auf die Erhöhung des Morbiditätsbedarfs spätestens im nächsten Abrechnungszeitraum (d.h. regelmäßig im nächsten Quartal) reagieren müssen und eine entsprechende Erhöhung der morbiditätsbedingten Gesamtvergütung spätestens im darauffolgenden Abrechnungszeitraum an die Vertragsärzte weitergegeben wird, ist sichergestellt, dass die erforderliche Anpassung spätestens **innerhalb von zwei Quartalen** erfolgt. In der Zwischenzeit müssen sich die Vertragsärzte ggf. vorübergehend mit der abgestaffelten Vergütung für den das Regelleistungsvolumen übersteigenden Leistungsbedarf begnügen.

4. Vergütung außerhalb der Regelleistungsvolumina (Absatz 2 Sätze 6 und 7)

a. Antragspflichtige psychotherapeutische Leistungen (Absatz 2 Satz 6)

35 § 87b Abs. 2 Satz 6 SGB V schreibt vor, dass die **antragspflichtigen psychotherapeutischen Leistungen** der Psychotherapeuten, der Fachärzte für Kinder- und Jugendpsychiatrie und -psychotherapie, der Fachärzte für Psychiatrie und Psychotherapie, der Fachärzte für Nervenheilkunde, der Fachärzte für Psychosomatik und Psychotherapie sowie der ausschließlich psychotherapeutischen Ärzte **außerhalb der Regelleistungsvolumina** zu vergüten sind.

36 Diese Regelung berücksichtigt, dass diese Leistungen, weil sie zeitgebunden und von den KKn vorab zu genehmigen sind, **von vornherein mengenbegrenzt** sind und daher einer weiteren Leistungsmengensteuerung nicht bedürfen.

37 Es handelt sich um dieselben Leistungen derselben Arztgruppen, die bislang von § 85 Abs. 4 Satz 4 SGB V erfasst werden und die bereits nach geltendem Recht bislang mit einem regionalen Mindestpunktwert vergütet werden müssen.

b. Sonstige Leistungen außerhalb der Regelleistungsvolumina (Absatz 2 Satz 7)

38 § 87b Abs. 2 Satz 7 SGB V eröffnet die Möglichkeit, bestimmte Leistungen, die besonders gefördert werden sollen oder für die es medizinisch oder auf Grund von Besonderheiten der Leistungserbringung erforderlich ist, von den **Regelleistungsvolumina auszunehmen**.

39 Die Regelung entspricht von ihrer Zielsetzung her § 87a Abs. 3 Satz 5 SGB V, der es bereits zulässt, solche Leistungen außerhalb der morbiditätsbedingten Gesamtvergütung zu vergüten. Als mögliche Leistungsbereiche kommen nach den Gesetzesmaterialien **Dialyse**- und **Präventionsleistungen** in Betracht. Die Regelung soll es ermöglichen, die Förderung solcher Leistungen durch besondere Bewertung im EBM durch ihre Nichteinbeziehung in die Regelleistungsvolumina fortwirken zu lassen.

40 Zuständig für die Ausnahmeregelungen ist der **Bewertungsausschuss** (§ 87b Abs. 4 Satz 2 SGB V). Entsprechende Vorgaben sind erstmals zum **31.08.2008** zu beschließen.

V. Festlegung der Werte für die Regelleistungsvolumina (Absatz 3)

1. Kriterien zur Bestimmung der Regelleistungsvolumina (Absatz 3 Sätze 1-3, 5 und 6)

§ 87b Abs. 3 SGB V bestimmt zunächst die Kriterien, nach denen die Werte für die Regelleistungsvolumina nach § 87b Abs. 2 SGB V festzulegen sind. Der Gesetzgeber schreibt vor, dass die Kriterien zu „**berücksichtigen**" sind. Damit wird der Normsetzungsspielraum im Sinne einer – wenn auch nicht zwingenden – Bindung an die einzelnen Kriterien beschränkt. 41

a. Differenzierung nach Arztgruppen

Die Regelleistungsvolumina sind **differenziert nach Arztgruppen und Versorgungsgraden** festzulegen (§ 87b Abs. 3 Satz 1 SGB V). 42

Eine Differenzierung nach Arztgruppen hält der Gesetzgeber für erforderlich, um den Besonderheiten der einzelnen Arztgruppen gerecht werden zu können. Dabei sind die Arztgruppen i.S.d. **§ 87 Abs. 2a SGB V** zu Grunde zu legen (vgl. die Kommentierung zu § 87 SGB V Rn. 85 ff.). 43

Die Differenzierung nach **Versorgungsgraden** ermöglicht es, dass Ärzte in **unterversorgten** Gebieten mehr Leistungen abrechnen können als Ärzte in **überversorgten** Gebieten. Damit soll verhindert werden, dass ein Arzt in einem unterversorgten Gebiet aufgrund eines großen Patientenkollektivs frühzeitig in die Abstaffelungszone „rutscht".[13] Im Ergebnis führt dies dazu, dass ein Arzt in einem unterversorgten Gebiet u.U. einen überdurchschnittlichen Leistungsbedarf zu erhöhten Preisen abrechnen kann. 44

Bei der Bestimmung der Regelleistungsvolumina sind auch die **Zahl** und der **Tätigkeitsumfang** der **der jeweiligen Arztgruppe angehörenden Ärzte** zu berücksichtigen (§ 87b Abs. 3 Satz 2 Nr. 4 SGB V). Gemeint ist damit die Anzahl der **regional** tätigen Ärzte. Der Tätigkeitsumfang ist **entsprechend dem Umfang des Versorgungsauftrags** zu Grunde zu legen, mit dem der Arzt an der vertragsärztlichen Versorgung teilnimmt (kraft Zulassung bzw. Genehmigung für den angestellten Arzt durch den Zulassungsausschuss), § 87b Abs. 3 Satz 7 SGB V. 45

Die Vorgabe der durch den Tätigkeitsumfang präzisierten Arztzahl je Arztgruppe soll sicherstellen, dass das sog. Arztzahlrisiko bei der KV und bei dieser innerhalb der jeweiligen Arztgruppe verbleibt und dass die spezifische Versorgungsstruktur, die bei einer Arztgruppe vorliegt, bei der Festlegung der Regelleistungsvolumina berücksichtigt werden kann.[14] Damit soll verhindert werden, dass Leistungsausweitungen, die auf steigenden Arztzahlen beruhen, zu Lasten der KKn gehen. 46

b. Morbidität

Die Regelleistungsvolumina sind **morbiditätsgewichtet** festzulegen (§ 87b Abs. 3 Satz 1 SGB V). § 87b Abs. 3 Satz 5 SGB V bestimmt, dass hierzu die Morbiditätskriterien **Alter** und **Geschlecht** heranzuziehen sind. 47

Maßgeblich sind danach **nicht** die **Diagnosen**. Diese sind vielmehr allein bei der Feststellung etwaiger Praxisbesonderheiten zu berücksichtigen (vgl. § 87b Abs. 3 Satz 3 SGB V). 48

Hintergrund ist die Überlegung, die Messung der Morbidität mit Hilfe der Kriterien „Alter" und „Geschlecht" sei auf der Ebene des einzelnen Arztes **einfacher** und liefere – zumal unter Einbeziehung der bisherigen internationalen Erfahrungen mit diagnosebasierten Patientenklassifikationssystemen – **zuverlässigere Ergebnisse**. Überdies lägen für die Morbiditätskriterien „Alter" und „Geschlecht" bereits heute valide Daten vor, die einfach zu erheben und vom Arzt nicht zu beeinflussen seien.[15] 49

c. Kooperative Versorgungsformen

Zu berücksichtigen ist der besondere Leistungsbedarf kooperativer Versorgungsformen. Hierzu § 87 Abs. 2c Satz 5 SGB V sowie die Kommentierung zu § 87 SGB V Rn. 96. 50

d. Summe der vereinbarten Gesamtvergütungen

§ 87b Abs. 3 Satz 2 Nr. 1 SGB V schreibt weiter zwingend vor, dass die Summe der für einen Bezirk der KV nach § 87a Abs. 3 SGB V insgesamt vereinbarten morbiditätsbedingten Gesamtvergütungen bei der Bestimmung der Regelleistungsvolumina berücksichtigt wird. 51

---

[13] FraktE-GKV-WSG, BT-Drs. 16/3100, S. 124.

[14] FraktE-GKV-WSG, BT-Drs. 16/3100, S. 125.

[15] FraktE-GKV-WSG, BT-Drs. 16/3100, S. 125.

52 Wird also im Zeitablauf aufgrund eines Anstiegs der Morbidität der Versicherten und eines damit gewachsenen Leistungsbedarfs in einer KV ein höheres Honorarvolumen vereinbart, so wird dieses höhere Honorarvolumen an die Ärzte über eine Steigerung der Regelleistungsvolumina weitergegeben.

e. Zahlungen im Rahmen des Fremdkassenausgleichs

53 Außerdem zwingend zu berücksichtigen sind die zu erwartenden Zahlungen im Rahmen der überbezirklichen Durchführung der vertragsärztlichen Versorgung nach dem **Fremdkassenausgleich** gemäß § 75 Abs. 7 und 7a SGB V (§ 87b Abs. 3 Satz 2 Nr. 2 SGB V). Vgl. hierzu die Kommentierung zu § 87a SGB V Rn. 77 ff.

54 Die entsprechenden Zahlungen können die zur Vergütung der Ärzte einer KV bereit stehenden finanziellen Mittel insgesamt erhöhen oder mindern. Diese Effekte sind zu berücksichtigen, um die Regelleistungsvolumina in angemessener Höhe ermitteln zu können.[16]

f. Zahlungen Leistungsmengen nach Absatz 2 Sätze 3, 6 und 7

55 Zwingendes Kriterium für die Bemessung der Regelleistungsvolumina sind überdies die zu erwartenden Zahlungen für die nach § 87b Abs. 2 Satz 3 SGB V abgestaffelt zu vergütenden und für die nach § 87b Abs. 2 Sätze 6 und 7 SGB V außerhalb der Regelleistungsvolumina zu vergütenden Leistungsmengen.

56 Fehleinschätzungen bei der Bestimmung des voraussichtlichen Umfangs dieser Leistungsmengen sind zu berichtigen; die Vergütungsvereinbarungen nach § 87a Abs. 3 SGB V bleiben hiervon unberührt (§ 87b Abs. 2 Satz 7 SGB V).

g. Praxisbesonderheiten

57 § 87b Abs. 3 Satz 3 SGB V eröffnet die **Möglichkeit, Praxisbesonderheiten** zu berücksichtigen. Eine zwingende Notwendigkeit besteht nach dem Gesetzeswortlaut hierzu nicht.

58 Der Begriff der Praxisbesonderheit entstammt an und für sich dem Recht der **Wirtschaftlichkeitsprüfung** nach § 106 SGB V. Dort wie hier beschreibt er Umstände, die vom Arzt nicht zu beeinflussen sind und zu einem atypischen Leistungsbedarf der Praxis führen.

59 Die dabei häufig anzutreffenden **morbiditätsbezogenen Kriterien** (vor allem das Alter der Patienten) werden bereits im Rahmen von § 87b Abs. 3 Satz 1 SGB V berücksichtigt. Das ebenfalls als Praxisbesonderheit anerkannte **Einzugsgebiet** wird vom Kriterium des Versorgungsgrades nach § 87b Abs. 3 Satz 1 SGB V erfasst. Derartige Umstände, denen im Rahmen von § 87b Abs. 3 SGB V bereits anderweitige Rechnung getragen wird, kommen als Praxisbesonderheiten i.S.v. § 87b Abs. 3 Satz 3 SGB V grundsätzlich nicht mehr in Betracht.

60 Als Praxisbesonderheit anerkannt werden kann jedoch z.B. ein **besonders hoher Behandlungsaufwand** im Rahmen der Spezialisierung einer Praxis, der aufgrund der getroffenen Diagnosen festgestellt werden kann. Hierzu können die Daten nach § 295 Abs. 1 SGB V herangezogen werden.

h. Kapazitätsgrenzen

61 § 87b Abs. 3 Satz 4 SGB V eröffnet des Weiteren die Möglichkeit, auf der Grundlage der Zeitwerte nach § 87 Abs. 2 Satz 1 SGB V **Kapazitätsgrenzen je Arbeitstag** für das bei gesicherter Qualität zu erbringende Leistungsvolumen des Arztes oder der Arztpraxis festzulegen. So soll sichergestellt werden, dass die im Rahmen des Regelleistungsvolumens pro Arbeitstag abgerechneten Leistungen auch in zeitlicher Hinsicht plausibel sind.[17]

i. Sonstige Kriterien, insbesondere kleine Praxen und Anfängerpraxen

62 Die in § 87b Abs. 3 SGB V genannten Kriterien sind **nicht abschließend**. Das ergibt sich aus der Verwendung des Begriffs „insbesondere“ in § 87b Abs. 3 Satz 2 SGB V. Zusätzlich sind daher im Einzelfall weitere Kriterien zu berücksichtigen.

63 Da die Regelleistungsvolumina der Leistungssteuerung dienen, gelten für ihre Bestimmung die Kriterien, die in der bisherigen Rechtsprechung zu derartigen Maßnahmen entwickelt worden sind.

---

[16] FraktE-GKV-WSG, BT-Drs. 16/3100, S. 125.

[17] FraktE-GKV-WSG, BT-Drs. 16/3100, S. 125.

Danach muss **kleinen Praxen** zumindest ein Wachstum bis zum Umsatz einer für ihre Fachgruppe typischen Praxis gestattet werden, wobei der „typische Umsatz" als arithmetisches Mittel der Fachgruppe (Fallzahl oder Honorarvolumen) oder nach dem Median berechnet werden kann.[18] Die Regelleistungsvolumina müssen es solchen Praxen ermöglichen, den Fachgruppendurchschnitt **innerhalb von fünf Jahren** zu erreichen.[19] 64

Außerdem muss **Anfängerpraxen** zumindest für einen begrenzten Zeitraum ein unbeschränktes Wachstum zugestanden werden.[20] 65

Beide Kriterien sind auch bei der **Bemessung des Zeitraums** zu berücksichtigen, für den das Regelleistungsvolumen festgesetzt wird (§ 87b Abs. 2 Satz 4 SGB V). 66

2. Rückstellungen (Absatz 3 Satz 5)

§ 87b Abs. 3 Satz 5 SGB V ermöglicht es, Teile der Summe der Gesamtvergütungen nach § 87b Abs. 3 Satz 2 Nr. 1 SGB V für die Bildung von **Rückstellungen** zu verwenden. Damit soll der im Rahmen früherer Vergütungsreformen gewonnenen Erfahrung Rechnung getragen werden, wonach es im Zuge derartiger Reformen zu ungewollten Honorarverwerfungen für Ärzte oder Arztgruppen kommen kann. Die Rückstellungen können dabei zum Ausgleich überproportionaler Honorarverluste gebildet und eingesetzt werden.[21] 67

VI. Vorgabe des Berechnungsverfahrens durch den Bewertungsausschuss (Absatz 4)

§ 87b Abs. 4 SGB V formuliert zum einen den **Ablauf** der Ermittlung der individuellen Regelleistungsvolumina. Im Wesentlichen lässt sich eine Struktur aus **drei Schritten** erkennen: [22] 68

Die Ermittlung der Regelleistungsvolumina erfolgt zunächst auf der Grundlage eines zwingend anzuwenden **Berechnungsverfahrens**, das der Bewertungsausschuss vorgibt. Die KVen und die Verbände der KKn füllen dieses ihnen durch den Bewertungsausschuss vorgegebene Berechnungsverfahren mit den jeweiligen regionalen Daten und ermitteln gemeinsam so eine konkrete **Berechnungsformel**. Diese Berechnungsformel wendet schließlich die KV bei der Zuweisung des konkreten **Regelleistungsvolumens** an den einzelnen Arzt bzw. die einzelne Praxis an. 69

Zum anderen regelt § 87b Abs. 4 SGB V im Einzelnen, welche **Vorgaben** der Bewertungsausschuss für die Berechnung der Regelleistungsvolumina zu beschließen hat, sowie die dafür erforderlichen Termine. 70

§ 87b Abs. 4 Satz 1 SGB V verpflichtet den Bewertungsausschuss, ein **Verfahren** zur **Berechnung** der Regelleistungsvolumina zu entwickeln, das die KVen und die Verbände der KKn mit den jeweiligen regionalen Daten ausfüllen, um damit eine konkrete Formel zur Berechnung der individuellen Regelleistungsvolumina zu ermitteln. 71

Der Bewertungsausschuss muss dabei auch Art und Umfang, Verfahren und Zeitpunkt der Übermittlung der hierfür erforderlichen **Daten** bestimmen. Zuständig für die Übermittlung der Daten sind die KKn (§ 87b Abs. 4 Satz 4 SGB V). Die Übermittlung der Daten an die regionalen Vertragspartner erfolgt unentgeltlich. 72

Darüber hinaus muss der Bewertungsausschuss die **Vorgaben** für die **Vergütung außerhalb der Regelleistungsvolumina** beschließen (§ 87b Abs. 4 Satz 2 SGB V). Dies sind die abgestaffelt vergüteten Leistungen (§ 87b Abs. 2 Satz 3 SGB V), die antragspflichtigen psychotherapeutischen Leistungen (§ 87b Abs. 2 Satz 6 SGB V) sowie die sonstigen Leistungen (§ 87b Abs. 2 Satz 7 SGB V). 73

Schließlich hat der Bewertungsausschuss **Grundsätze** zur Bildung der Rückstellungen nach § 87b Abs. 3 Satz 5 SGB V zu entwickeln. Mit dem Begriff „Grundsätze" wird klargestellt, dass für die regionalen Vertragspartner insoweit ein ausfüllungsfähiger Entscheidungsspielraum verbleiben muss. 74

---

[18] Vgl. dazu BSG v. 21.10.1998 - B 6 KA 71/97 R - SozR 3-2500 § 85 Nr. 28; BSG v. 16.05.2001 - B 6 KA 47/00 R - SozR 3-2500 § 87 Nr. 30; BSG v. 10.12.2003 - B 6 KA 54/02 R - SozR 4-2500 § 85 Nr. 5; BSG v. 10.03.2004 - B 6 KA 3/03 R - SozR 4-2500 § 85 Nr. 9; BSG v. 28.03.2007 - B 6 KA 9/06 R und B 6 KA 10/06 R - ZfS 2007, 144-145.

[19] Vgl. BSG v. 10.12.2003 - B 6 KA 54/02 R - SozR 4-2500 § 85 Nr. 5; BSG v. 10.03.2004 - B 6 KA 3/03 R - SozR 4-2500 § 85 Nr. 9.

[20] Vgl. BSG v. 21.10.1998 - B 6 KA 71/97 R - SozR 3-2500 § 85 Nr. 28.

[21] Vgl. BT-Drs. 16/4247, S. 43.

[22] FraktE-GKV-WSG, BT-Drs. 16/3100, S. 126.

75 Die betreffenden Entscheidungen muss der Bewertungsausschuss erstmalig bis zum **31.08.2008** treffen. Dieses Datum ist deshalb einzuhalten, weil anschließend für die KVen und die Verbände der KKn die Frist zur Aufstellung einer **konkret anwendbaren Berechnungsformel** für die Berechnung der individuellen Regelleistungsvolumina läuft. Die Frist endet erstmalig am 15.11.2008, in den Folgejahren am 31.10. (§ 87b Abs. 4 Satz 3 SGB V).

VII. Zuweisung der Regelleistungsvolumina (Absatz 5)

76 § 87b Abs. 5 SGB V regelt die **Zuweisung** der Regelleistungsvolumina an den Arzt oder die Arztpraxis.

77 **Zuständig** für die Zuweisung ist die KV (§ 87b Abs. 5 Satz 1 SGB V). Diese Vorschrift beinhaltet nicht nur eine formale Kompetenzzuweisung, sondern beinhaltet auch eine **materielle Zuständigkeit**. Denn die KV hat die Aufgabe, die von ihr und den Verbänden der KKn entwickelte Berechnungsformel auf den individuellen Vertragsarzt bzw. die Arztpraxis anzuwenden und auf diese Weise das konkret-individuelle Regelleistungsvolumen zu ermitteln.

78 **Örtlich** zuständig ist die KV, in deren Bezirk der Arzt seinen **Vertragsarztsitz** (§ 24 Abs. 1 Ärzte-ZV) hat.

79 Die **Zuweisung** erfolgt erstmalig zum 30.11.2008, danach jeweils spätestens vier Wochen vor Beginn der Geltungsdauer des Regelleistungsvolumens. § 87b Abs. 5 Satz 4 SGB V regelt die Rechtsfolgen, falls das Regelleistungsvolumen nicht rechtzeitig vor Beginn seines Geltungszeitraums zugewiesen werden kann: In diesem Fall gilt das bisherige zugewiesene Regelleistungsvolumen fort. Wird zu einem späteren Zeitpunkt für den betreffenden Zeitraum ein höheres Regelleistungsvolumen zugewiesen, so sind die daraus erwachsenden Zahlungsansprüche rückwirkend zu erfüllen (§ 87b Abs. 5 Satz 5 SGB V). Rechtsfolgen für den Fall, dass das Regelleistungsvolumen nach Ablauf der in § 87b Abs. 5 Satz 1 SGB V geregelten Fristen, aber noch vor Beginn seines Geltungszeitraums zugewiesen wird, sind nicht geregelt. Insofern handelt es sich bei diesen Frist in erster Linie um **Ordnungsfristen**.

80 Die KVen behalten die Befugnisse, das **Abrechnungsverfahren** zu gestalten (z.B. Fristen zu setzen) und Abzüge für **Verwaltungskosten** bzw. **Sicherstellungsaufgaben** vorzunehmen (§ 87b Abs. 5 Satz 3 SGB V). Ebenso zählen hierzu z.B. Säumnisabzüge bei verspäteter Abrechnung.[23] Soweit solche Regelungen auf Rechtsgrundlagen außerhalb des bisherigen HVM beruhen (z.B. den §§ 42 ff. BMV-Ä oder auf Satzung der KV gemäß § 81 Abs. 1 Satz 3 Nr. 5 SGB V)[24], werden sie durch die Einführung der Regelleistungsvolumina ohnehin nicht berührt.

81 In entsprechender Anwendung von § 87 Abs. 2a Satz 7 SGB V (vgl. die Kommentierung zu § 87 SGB V Rn. 107) haben die KVen darüber hinaus sicherzustellen, dass die Abrechnung für einen Versicherten **nur durch einen Arzt bzw. eine Arztpraxis** im jeweiligen Abrechnungszeitraum erfolgt; ferner sind Regelungen für den Fall eines Arztwechsels im **Abrechnungszeitraum** zu schaffen. Bislang waren diese Regelungen im HVM zu treffen bzw. zu vereinbaren. Da dies künftig wegen Wegfalls des HVM nicht mehr möglich ist, müssen sie anderweitig, insbesondere durch Satzungsrecht, verankert werden.

82 Das Regelleistungsvolumen ist durch **Verwaltungsakt** (§ 31 Satz 1 SGB X) zuzuweisen. Der Zuweisungsbescheid muss im Rahmen der **Begründungspflicht** (§ 35 Abs. 1 Satz 1 SGB X) die wesentlichen auf die vertragsärztliche Praxis bezogenen Berechnungselemente beinhalten. Die Wiedergabe aller normativen Grundlagen, insbesondere solcher, die den Vertragsärzten bereits vorher in geeigneter Weise zur Kenntnis gebracht worden sind, ist dagegen nicht erforderlich. Einer Anhörung nach § 24 Abs. 1 SGB X vor Zuweisung des Regelleistungsvolumens bedarf es nicht, da die Zuweisung Rechte des Vertragsarztes begründet und nicht in sie eingreift.

83 Erfolgt die Zuweisung selbstständig, d.h. losgelöst von einem konkreten Honorarbescheid, ist sie **selbstständig anfechtbar**. Daneben besteht die Möglichkeit, die Zuweisung des Regelleistungsvolumens im Rahmen der Überprüfung eines konkreten Honorarbescheides inzidenter kontrollieren zu lassen. Der Anspruch auf Vergütung der das Regelleistungsvolumen überschreitenden Leistungsmenge nach § 85b Abs. 2 Satz 2 SGB V ist dagegen nur im Rahmen des konkreten Honorarbescheides durchsetzbar.

---

[23] *Luckhaupt*, GesR 2004, 266, 271.

[24] Vgl. zur Zulässigkeit solcher Regelungen BSG v. 09.12.2004 - B 6 KA 44/03 R - GesR 2005, 307, 320 f.

Die Anfechtung des Zuweisungsbescheides hat in entsprechender Anwendung des § 85 Abs. 4 Satz 9 SGB V **keine aufschiebende Wirkung** (§ 87b Abs. 5 Satz 2 SGB V). Damit soll verhindert werden, dass sich der Start der Regelleistungsvolumina unnötig verzögert. Widersprüche und Klagen auf ein höheres Regelleistungsvolumen haben ohnehin keine aufschiebende Wirkung, weil es sich dabei um Verpflichtungsbegehren handelt, denen nach § 86a Abs. 1 Satz 1 SGG keine aufschiebende Wirkung zukommt. 84

Die KV hat dem Arzt bzw. der Arztpraxis darüber hinaus die Leistungen, die außerhalb der Regelleistungsvolumina vergütet werden, sowie die regional geltenden Preise **mitzuteilen**. Bei dieser **Mitteilung** handelt es sich um schlichtes Verwaltungshandeln, das **nicht selbstständig anfechtbar** ist. 85

C. Reformüberlegungen

Mit Wirkung vom 01.07.2008 werden die entsprechenden Passagen in § 87a SGB V an die dann wirksam werdende geänderte Organisationsstruktur im Bereich der KKn-Verbände angepasst. Erst zeitlich danach wird § 87b SGB V maßgeblich an Bedeutung für die Vergütung vertragsärztlicher Leistungen gewinnen. 86

§ 87c SGB V Vergütung vertragsärztlicher Leistungen in den Jahren 2009 und 2010

(Fassung vom 26.03.2007, gültig ab 01.04.2007, gültig bis 30.06.2008)

(1) Abweichend von § 87 Abs. 2e Satz 1 erfolgt die erstmalige Festlegung des Orientierungswertes nach § 87 Abs. 2e Satz 1 Nr. 1 für das Jahr 2009 bis zum 31. August 2008, die erstmalige Festlegung der Orientierungswerte nach § 87 Abs. 2e Satz 1 Nr. 2 und 3 für das Jahr 2010 bis zum 31. August 2009. Dabei ist der Orientierungswert nach § 87 Abs. 2e Satz 1 Nr. 1 für das Jahr 2009 rechnerisch durch die Division des Finanzvolumens nach Satz 3 durch die Leistungsmenge nach Satz 4 zu ermitteln, es sei denn, durch übereinstimmenden Beschluss aller Mitglieder des für ärztliche Leistungen zuständigen Bewertungsausschusses wird der Orientierungswert nach § 87 Abs. 2e Satz 1 Nr. 1 in anderer Höhe festgelegt. Das Finanzvolumen ergibt sich aus der Summe der bundesweit insgesamt für das Jahr 2008 nach § 85 Abs. 1 zu entrichtenden Gesamtvergütungen in Euro, welche um die für das Jahr 2009 geltende Veränderungsrate nach § 71 Abs. 3 für das gesamte Bundesgebiet zu erhöhen ist. Die Leistungsmenge ist als Punktzahlvolumen auf der Grundlage des einheitlichen Bewertungsmaßstabes abzubilden; sie ergibt sich aus der Hochrechnung der dem Bewertungsausschuss vorliegenden aktuellen Abrechnungsdaten, die mindestens vier Kalendervierteljahre umfassen. Bei der Hochrechnung sind Simulationsberechnungen zu den Auswirkungen des zum 1. Januar 2008 in Kraft getretenen einheitlichen Bewertungsmaßstabes auf die von den Ärzten abgerechnete Leistungsmenge sowie unterjährige Schwankungen der Leistungsmenge im Zeitverlauf entsprechend der in den Vorjahren zu beobachtenden Entwicklung zu berücksichtigen. Für die Hochrechnung nach Satz 4 übermitteln die Kassenärztlichen Vereinigungen dem Bewertungsausschuss unentgeltlich bis zum 1. Juni 2008 die ihnen vorliegenden aktuellen Daten über die Menge der abgerechneten vertragsärztlichen Leistungen, die mindestens vier Kalendervierteljahre umfassen, jeweils nach sachlich-rechnerischer Richtigstellung und Anwendung honorarwirksamer Begrenzungsregelungen. Bei der Festlegung des Orientierungswertes nach § 87 Abs. 2e Satz 1 Nr. 1 für das Jahr 2010 hat der Bewertungsausschuss über die in § 87 Abs. 2g genannten Kriterien hinaus Fehlschätzungen bei der Ermittlung der Leistungsmenge nach den Sätzen 4 und 5 zu berücksichtigen.

(2) Liegen zur Ermittlung der Indikatoren nach § 87 Abs. 2f Satz 4 keine amtlichen Indikatoren vor und ist es dem Bewertungsausschuss bis zum 31. August 2008 nicht möglich, die zur Erstellung eigener Indikatoren erforderlichen Daten zu erheben und auszuwerten, kann der Bewertungsausschuss diese Indikatoren für das Jahr 2009 abweichend von § 87 Abs. 2f Satz 4 mit Hilfe von amtlichen Indikatoren ermitteln, die Abweichungen der Wirtschaftskraft eines Bundeslandes von der bundesdurchschnittlichen Wirtschaftskraft messen.

(3) Abweichend von § 87a Abs. 2 Satz 1 vereinbaren die Vertragspartner nach § 87a Abs. 2 Satz 1 auf der Grundlage des vom Bewertungsausschuss gemäß Absatz 1 für das Jahr 2009 vereinbarten Orientierungswertes bis zum 15. November 2008 einen Punktwert, der zur Vergütung der vertragsärztlichen Leistungen im Jahr 2009 anzuwenden ist. Abweichend von § 87a Abs. 2 Satz 6 zweiter Halbsatz enthält die zu erstellende regionale Gebührenordnung für das Jahr 2009 keine Preise bei Vorliegen von Unter- und Überversorgung. Die Punktwerte für die Vergütung vertragsärztlicher Leistungen im Falle von Unter- und Überversorgung werden auf Grundlage der vom Bewertungsausschuss gemäß Absatz 1 für das Jahr 2010 vereinbarten Orientierungswerte erstmalig bis zum 31. Oktober 2009 für das Jahr 2010 vereinbart und auf dieser Grundlage die Preise bei Vorliegen von Unter- und Überversorgung erstmalig in der regionalen Gebührenordnung für das Jahr 2010 ausgewiesen.

(4) Abweichend von § 87a Abs. 3 Satz 1 erfolgen die erstmaligen Vereinbarungen der morbiditätsbedingten Gesamtvergütungen für das Jahr 2009 bis zum 15. November 2008. Dabei wird der mit der Zahl und der Morbiditätsstruktur der Versicherten verbundene Behandlungsbedarf für jede Krankenkasse wie folgt bestimmt: Für jede Krankenkasse ist die im Jahr 2008 voraussichtlich erbrachte Menge der vertragsärztlichen Leistungen je Versicherten der jeweiligen Krankenkasse um die vom Bewertungsausschuss unter Berücksichtigung der Kriterien gemäß § 87a Abs. 4 Satz 1 Nr. 1 bis 4 zu schätzende bundesdurchschnittliche Veränderungsrate der morbiditätsbedingten Leistungsmenge je Versicherten des Jahres 2009 gegenüber dem Vorjahr anzupassen und mit der voraussichtlichen Zahl der Versicherten der Krankenkasse im Jahr 2009 zu multiplizieren. Die im Jahr 2008 voraussichtlich erbrachte Menge der vertragsärztlichen Leistungen ergibt sich aus der Hochrechnung der den Vertragsparteien vorliegenden aktuellen Daten über die Menge der abgerechneten vertragsärztlichen Leistungen, die mindestens vier Kalendervierteljahre umfassen, jeweils nach sachlich-rechnerischer Richtigstellung und Anwendung honorarwirksamer Begrenzungsregelungen; bei der Hochrechnung sind Simulationsberechnungen zu den Auswirkungen des zum 1. Januar 2008 in Kraft getretenen einheitlichen Bewertungsmaßstabes auf die von den Ärzten abgerechnete Leistungsmenge sowie unterjährige Schwankungen der Leistungsmenge im Zeitverlauf entsprechend der in den Vorjahren zu beobachtenden Entwicklung zu berücksichtigen. Fehlschätzungen nach den Sätzen 3 und 4 sind bei der Vereinbarung der Gesamtvergütung für das Jahr 2010 zu berichtigen. Der Bewertungsausschuss beschließt bis zum 31. August 2008 ein zwingend zu beachtendes Verfahren zur Berechnung des Behandlungsbedarfs nach den Sätzen 1 bis 4 einschließlich der dafür erforderlichen Daten. Die Kassenärztlichen Vereinigungen übermitteln den in § 87a Abs. 2 Satz 1 genannten Verbänden der Krankenkassen die Daten nach Satz 5 unentgeltlich bis zum 31. Oktober 2008.

Gliederung

A. Basisinformationen

I. Textgeschichte/Gesetzgebungsmaterialien

§ 87c SGB V durch wurde Art. 1 Nr. 57b **GKV-Wettbewerbsstärkungsgesetz** (GKV-WSG) vom 26.03.2007 mit Wirkung vom 01.04.2007 eingefügt.[1] 1

Gesetzgebungsmaterialien: Beschlussempfehlung[2] und Bericht[3] des Ausschusses für Gesundheit zum Gesetzentwurf der Fraktionen der CDU/CSU und SPD zur Stärkung des Wettbewerbs in der gesetzlichen Krankenversicherung (GKV-Wettbewerbsstärkungsgesetz – GKV-WSG), BT-Drs. 16/3100. 2

1 BGBl I 2007, 378.
2 BT-Drs. 16/4200.
3 BT-Drs. 16/4247.

II. Vorgängervorschriften

3 § 87c SGB V ist eine Übergangsvorschrift zur Einführung des neuen vertragsärztlichen Vergütungssystems und hat insofern keine Vorgängerbestimmung.

III. Parallelvorschriften

4 Parallelvorschriften bestehen nicht.

IV. Untergesetzliche Normen

5 Untergesetzliche Normen sind aufgrund von § 87c SGB V noch nicht erlassen worden.

V. Systematische Zusammenhänge

6 Vgl. die Kommentierung zu § 87a SGB V Rn. 7 ff.

VI. Ausgewählte Literaturhinweise

7 Vgl. die Kommentierung zu § 87a SGB V Rn. 13.

B. Auslegung der Norm

I. Regelungsgehalt und Bedeutung der Norm

8 § 87c SGB V enthält Regelungen für die Vergütung vertragsärztlicher Leistungen in den Jahren 2009 und 2010, insbesondere die erstmalige Festlegung der Orientierungs- und Punktwerte sowie der morbiditätsbedingten Gesamtvergütungen.

9 **Absatz 1** regelt Zeitpunkt und Verfahren zur Festlegung der Orientierungswerte nach § 87 Abs. 2e SGB V.

10 **Absatz 2** betrifft die Ermittlung der Indikatoren nach § 87 Abs. 2f SGB V.

11 **Absatz 3** regelt die Vereinbarung der regionalen Punktwerte für die Jahre 2009 und 2010.

12 **Absatz 4** regelt die Vereinbarung der morbiditätsbedingten Gesamtvergütungen für die Jahre 2009 und 2010.

II. Normzweck

13 § 87c SGB V enthält alle Vorschriften zur Neuregelung der vertragsärztlichen Vergütung, die sich nur auf die Jahre 2009 und 2010 beziehen. Da diese Bestimmungen systematisch zusammengehören, sind sie zur besseren Verständlichkeit in einer einzigen Norm zusammengefasst.[4]

III. Erstmalige Festlegung der Orientierungswerte (Absatz 1)

14 § 87c Abs. 1 SGB V regelt die erstmalige Festlegung der **Orientierungswerte** nach § 87 Abs. 2e SGB V, d.h. der Punktwerte in Euro, die für vertragsärztliche Leistungen bundesweit und kassenartenübergreifend zu zahlen sind und als Grundlage für die Festlegung der regionalen Punktwerte in der regionalen Euro-Gebührenordnung nach § 87a Abs. 2 SGB V dienen.

15 § 87c Abs. 1 Satz 1 SGB V bestimmt zunächst die **Fristen** für die Festlegung der Orientierungswerte: Zum **31.08.2008** erfolgt die Festlegung der Orientierungswerte im **Regelfall** (§ 87 Abs. 2e Satz 1 Nr. 1 SGB V). Die Orientierungswerte bei **Über- oder bei Unterversorgung** (§ 87 Abs. 2e Satz 1 Nr. 2 und 3 SGB V) müssen dagegen erst zum **31.08.2009** festgelegt werden. Diese Werte sind damit erstmals für die Euro-Gebührenordnung 2010 zu beschließen.

16 § 87c Abs. 1 Sätze 2-5 SGB V regelt die **Vorgaben** zu erstmaligen Festlegung der **Orientierungswerte im Regelfall.**

17 Zunächst ist das sog. **Finanzvolumen** zu ermitteln (§ 87c Abs. 1 Satz 3 SGB V). Dabei handelt es sich um die Summe der für das Jahr 2008 nach § 85 Abs. 1 SGB V zu entrichtenden Gesamtvergütungen, erhöht um die Veränderungsrate nach § 71 Abs. 3 SGB V für das Jahr 2009.

4 Vgl. BT-Drs. 16/4247, S. 43.

Danach ist die sog. **Leistungsmenge** festzustellen (§ 87c Abs. 1 Sätze 4 und 5 SGB V). Die Leistungsmenge ist die Summe des voraussichtlichen abgerechneten Punktzahlvolumens für das Jahr 2008. Maßgebend sind dabei nicht die insgesamt erbrachten und abgerechneten Leistungen, sondern die Leistungen, die sich nach der Durchführung der Abrechnungsprüfungen sowie nach Eingreifen der Mengenbegrenzungsmechanismen im Rahmen der Honorarverteilung nach § 85 Abs. 4 SGB V (z.B. Regelungen zu Fallzahlobergrenzen, Fallzahlzuwachsbegrenzungen, Individualbudgets, Abstaffelungsregelungen usw.) ergeben (vgl. § 87c Abs. 1 Satz 6 SGB V). Leistungsmengen, die im Rahmen der Honorarverteilung mit abgestaffelten Punktwerten vergütet werden, sind unter Berücksichtigung des vorgenommenen relativen Vergütungsabschlags zu gewichten.[5] 18

Die Festlegung muss auf der Basis von **Abrechnungsdaten aus mindestens vier aktuell vorliegenden Quartalen** erfolgen (§ 87c Abs. 1 Satz 4 SGB V). 19

Bei der Berechnung des Leistungsvolumens sind zudem **Simulationsberechnungen** zur Wirkung des zum 01.01.2008 in Kraft tretenden neuen EBM auf die Leistungsmengen zu berücksichtigen (§ 87c Abs. 1 Satz 5 SGB V). Damit wird sichergestellt, dass zum Zeitpunkt der Beschlussfassung auf jeden Fall die erforderlichen Daten vorliegen und ein sachgerechter Beschluss getroffen werden kann. 20

Die erforderlichen Daten übermitteln die KVen dem Bewertungsausschuss unentgeltlich bis zum 01.06.2008 (§ 87c Abs. 1 Satz 6 SGB V). 21

Sodann wird der Orientierungswert ermittelt, indem das Finanzvolumen durch die Leistungsmenge **geteilt** wird (§ 87c Abs. 1 Satz 2 SGB V). Da das Finanzvolumen erhöht ist (um die Veränderungsrate für 2009) und die Leistungsmenge bereinigt, ergibt sich bei dieser Division ein Orientierungswert, der über dem bundesdurchschnittlich rechnerischen Punktwert für 2008 liegen wird. Das soll der Punktwertstabilisierung dienen.[6] 22

§ 87c Abs. 1 Satz 2 SGB V ermöglicht es dem **Bewertungsausschuss, nach eigenem Ermessen einen anderen Orientierungswert** festzulegen. Dies kann er nur durch **übereinstimmenden Beschluss** tun. Die Möglichkeit, den erweiterten Bewertungsausschuss anzurufen, besteht also nicht. 23

§ 87c Abs. 1 Satz 7 SGB V sieht vor, dass **Fehleinschätzungen** nach § 87c Abs. 1 Sätze 4 und 5 SGB V bei der Festlegung der Orientierungswerte für das Jahr 2010 zu berücksichtigen sind. 24

IV. Ermittlung der Indikatoren nach § 87 Abs. 2f Satz 4 SGB V (Absatz 2)

§ 87 Abs. 2f Satz 1 SGB V gibt dem Bewertungsausschuss den Auftrag, **Indikatoren** zur Messung der regionalen Besonderheiten bei der Kosten- und Versorgungsstruktur festzulegen. Diese Indikatoren sind von den Partnern der regionalen Verträge zur Festlegung der regionalen Orientierungswerte heranzuziehen. Nach § 87 Abs. 2f Satz 4 SGB V sollen als Indikatoren zum Vorliegen von regionalen Besonderheiten bei der **Kostenstruktur** Kennzahlen dienen, die Abweichungen der für Arztpraxen relevanten regionalen Investitions- und Betriebskosten von den entsprechenden bundesdurchschnittlichen Kosten messen. Insbesondere hier kommen ggf. auch eigene Erhebungen des Bewertungsausschusses in Betracht. 25

§ 87c Abs. 2 SGB V trifft vor diesem Hintergrund eine Regelung für den Fall, dass bis zum 31.08.2008 weder amtliche Indikatoren noch eigene Ermittlungen des Bewertungsausschusses vorliegen. In diesem Fall kann der Bewertungsausschuss zur Feststellung der Kostenstruktur amtliche Indikatoren zu Grunde legen, die die Abweichungen der **Wirtschaftskraft** eines Bundeslandes von der bundesdurchschnittlichen Wirtschaftskraft messen. Gleichsam im Sinne einer Fiktion werden in diesem Fall die regionalen wirtschaftlichen Strukturen auf das Marktsegment der vertragsärztlichen Versorgung übertragen. 26

Die Heranziehung dieser Daten liegt im **Ermessen** des Bewertungsausschusses. Dies wird durch das Wort „kann" verdeutlicht. Damit will der Gesetzgeber gleichzeitig klarstellen, dass die betreffenden Daten nur hilfsweise, nur unter differenzierter Anwendung und auch nur ausnahmsweise für das Jahr 2008 verwandt werden dürfen.[7] 27

---

[5] BT-Drs. 16/4247, S. 44.

[6] BT-Drs. 16/4247, S. 43.

[7] BT-Drs. 16/4247, S. 44.

V. Regionale Punktwerte für das Jahr 2009 (Absatz 3)

28 Die regionalen Vertragspartner brauchen den regionalen Punktwert für das Jahr 2009 erst zum 15.11.2008 zu beschließen. Zudem stellt § 87c Abs. 3 SGB V klar, dass die regionalen Gebührenordnungen für das Jahr 2009 nur die Preise für den Regelfall enthalten, da die Orientierungswerte für Über- und Unterversorgung erstmalig für das Jahr 2010 festgelegt werden. Die diesbezüglichen regionalen Punktwerte sind daher ebenfalls erst bis zum 31.10.2009 für das Jahr 2010 zu vereinbaren.

VI. Erstmalige Vereinbarung der morbiditätsbedingten Gesamtvergütung (Absatz 4)

29 Die Regelungen in § 87c Abs. 4 SGB V beinhalten die Vorgaben zur erstmaligen Vereinbarung der morbiditätsbedingten Gesamtvergütung im Jahr 2008.

30 Die erstmalige Vereinbarung hat zum **15.11.2008** zu erfolgen (§ 87c Abs. 4 Satz 1 SGB V).

31 Nach § 87a Abs. 3 Satz 2 SGB V wird die morbiditätsbedingte Gesamtvergütung für jede Kasse berechnet, indem der zu vereinbarende **morbiditätsbedingte Behandlungsbedarf** für ihre Versicherten **mit** den regional geltenden **Punktwerten bewertet, d.h. vervielfältigt** wird.

32 Der Behandlungsbedarf wird dabei für jede KK nach der im Jahr 2008 voraussichtlich **erbrachten Menge der vertragsärztlichen Leistungen**, erhöht um die nach den Kriterien des § 87a Abs. 4 SGB V zu schätzende bundesdurchschnittliche **Veränderungsrate**, ermittelt. Das Ergebnis wird mit der voraussichtlichen Zahl der Versicherten im Jahr 2009 vervielfältigt.

33 Die **Leistungsmenge** ist dabei nach den auch für § 87c Abs. 1 Sätze 4 und 5 SGB V geltenden Kriterien zu ermitteln. Ebenso wie dort sind Fehleinschätzungen für die Ermittlung der Gesamtvergütung 2010 zu berichtigen.

34 Der Bewertungsausschuss beschließt bis zum 31.08.2008 ein zwingend zu beachtendes **Verfahren zur Durchführung der Berechnung**.

35 Die KVen übermitteln den Verbänden der KKn die erforderlichen Daten bis zum 31.10.2008.

36 Die geschilderte Berechnungsweise soll gewährleisten, dass in den einzelne Regionen bei der erstmaligen Vereinbarung der morbiditätsbedingten Gesamtvergütung eine angemessene Leistungsmenge zu Grunde gelegt wird, also die **notwendige medizinische Versorgung** der Versicherten gewährleistet ist. Indem bei der Leistungsmenge auch die Veränderungsrate für das Jahr 2009 berücksichtigt wird, geht das Morbiditätsrisiko bereits im Einführungsjahr 2009 auf die KKn über.

C. Reformüberlegungen

37 Mit Wirkung vom 01.07.2008 werden die entsprechenden Passagen in § 87c SGB V an die dann wirksam werdende geänderte Organisationsstruktur im Bereich der KKn-Verbände angepasst.

§ 87d SGB V Zahlungsanspruch bei Mehrkosten

(Fassung vom 26.03.2007, gültig ab 01.04.2007)

Abrechnungsgrundlage für die Mehrkosten nach § 28 Abs. 2 Satz 2 und § 55 Abs. 4 ist die Gebührenordnung für Zahnärzte. Der Zahlungsanspruch des Vertragszahnarztes gegenüber dem Versicherten ist bei den für diese Mehrkosten zu Grunde liegenden Leistungen auf das 2,3fache des Gebührensatzes der Gebührenordnung für Zahnärzte begrenzt. Bei Mehrkosten für lichthärtende Composite-Füllungen in Schicht- und Ätztechnik im Seitenzahnbereich nach § 28 Abs. 2 Satz 2 ist höchstens das 3,5fache des Gebührensatzes der Gebührenordnung für Zahnärzte berechnungsfähig. Die Begrenzung nach den Sätzen 2 und 3 entfällt, wenn der Gemeinsame Bundesausschuss seinen Auftrag gemäß § 92 Abs. 1a und der Bewertungsausschuss seinen Auftrag gemäß § 87 Abs. 2h Satz 2 erfüllt hat. Maßgebend ist der Tag des Inkrafttretens der Richtlinien und der Tag des Beschlusses des Bewertungsausschusses.

Gliederung

A. Basisinformationen

I. Textgeschichte/Gesetzgebungsmaterialien

1 § 87d SGB V wurde als § 87a SGB V in der gegenwärtigen Fassung im Wesentlichen durch Art. 1 Nr. 38 **GKV-Gesundheitsreformgesetz** vom 22.12.1999[1] in das Sozialgesetzbuch eingefügt. Die Bestimmung trat am 01.01.2000 in Kraft.

2 § 87d SGB V ist zweimal redaktionell angepasst worden. § 87d **Satz 4** SGB V wurde mit Wirkung vom 01.01.2004 dahingehend geändert, dass der bis dahin maßgebende „Bundesausschuss der Zahnärzte und Krankenkassen“ durch den „Gemeinsamen Bundesausschuss“ ersetzt wurde.[2] § 87d **Satz 1** SGB V berücksichtigt mit Wirkung vom 01.01.2005, dass die Regelung zur Übernahme von Mehrkosten bei Zahnersatz jetzt nicht mehr in § 30 Abs. 3 Satz 2 SGB V, sondern in § 55 Abs. 4 SGB V enthalten ist.[3]

3 Durch Art. 1 Nr. 57c GKV-WSG vom 26.03.2007[4] wurde der bisherige § 87a SGB V mit Wirkung vom 01.04.2007 zum jetzigen § 87d SGB V. Eine inhaltliche Änderung ist damit nicht verbunden.

4 **Gesetzgebungsmaterialien:** Gesetzentwurf der Fraktionen SPD, CDU/CSU und BÜNDNIS 90/DIE GRÜNEN zum Entwurf eines Gesetzes zur Modernisierung der gesetzlichen Krankenversicherung (GKV-Modernisierungsgesetzes – GMG), BT-Drs. 15/1525. Hierzu Beschlussempfehlung (BT-Drs. 15/1584) und Bericht (BT-Drs. 15/1600) des Ausschusses für Gesundheit und Soziale Sicherung.

---

1 BGBl I 1999, 2626.

2 Art. 1 Nr. 67 lit. b) Gesetz zur Modernisierung der gesetzlichen Krankenversicherung vom 14.11.2003, BGBl 2003 I, 2190.

3 Art. 1 Nr. 67 lit. a) Gesetz zur Modernisierung der gesetzlichen Krankenversicherung vom 14.11.2003, BGBl 2003 I, 2190.

4 BGBl I 2007, 348.

II. Vorgängervorschriften

5 Vorgängervorschrift ist die **vom 03.01.1998 bis zum 31.12.1998** geltende Regelung des § 87d SGB V i.d.F. des 2. GKV-Neuordnungsgesetzes vom 01.07.1997.[5] Diese Bestimmung sah auch in der ersten sog. **Festzuschussphase** schon einen eigenständigen Vergütungsanspruch des Vertragszahnarztes gegen seine gesetzlich versicherten Patienten bei der Versorgung mit Zahnersatz und die Begrenzung dieses Anspruchs vor. Allerdings war die **Beschränkung** strenger als nach heutigem Recht: auf das **1,7-fache** bzw. im Beitrittsgebiet das 1,86-fache des dort seinerzeit geltenden verminderten Gebührensatzes. Im Gegensatz zur heutigen Regelung, die auch die Versorgung mit Zahnfüllungen betrifft (§ 28 Abs. 2 Satz 2 SGB V), bezog sich die Erstfassung **nur** auf die Versorgung mit **Zahnersatz**. Die Regelung wurde durch Art. 1 Nr. 15 GKV-Solidaritätsstärkungsgesetz vom 19.12.1998[6] mit Wirkung vom 01.01.1999 aufgehoben.

III. Parallelvorschriften

6 § 87d SGB V ist eine Spezialregelung, die den Anspruch des Leistungserbringers auf Vergütung von Mehrkosten für solche Leistungen regelt, die über den Leistungskatalog der gesetzlichen Krankenversicherung hinausgehen. Die darin zum Ausdruck kommende eingeschränkte Berechtigung des Leistungserbringers zur privaten Liquidation bei der Inanspruchnahme von Mehrleistungen hat in dieser Form keine Parallele und ist nach dem Willen des Gesetzgebers auch nur von begrenzter Dauer (vgl. Rn. 26). Eine Beschränkung des Rechts zur Privatliquidation kennt außerdem § 95b Abs. 3 SGB V, allerdings für den von der Interessenlage her gänzlich anders gelagerten Fall des Systemversagens bei kollektivem Zulassungsverzicht.

7 Zu beachten ist, dass unabhängig von § 87d SGB V für Versicherte mit einem **Standardtarif** nach § 257 Abs. 2a Nr. 2 SGB V nur der **1,7-fache Satz** berechnet werden darf (**§ 5a GOZ**).

IV. Untergesetzliche Normen

8 § 87d SGB V verweist auf die Gebührenordnung für Zahnärzte vom 22.10.1987 in der ab dem 01.01.1988 geltenden Fassung.[7]

V. Systematische Zusammenhänge

9 § 87d SGB V steht in unmittelbarem Zusammenhang zu den §§ 28 und 55 SGB V. Beide Vorschriften regeln den Umfang des Anspruchs auf vertragszahnärztliche Versorgung innerhalb der gesetzlichen Krankenversicherung.

10 § 28 Abs. 2 Satz 1 SGB V schreibt als Grundnorm vor, dass die zahnärztliche Behandlung die Tätigkeit des Zahnarztes erfasst, die zur Behandlung von Zahn-, Mund- und Kieferkrankheiten nach den Regeln der zahnärztlichen Kunst **ausreichend und zweckmäßig** ist. Das Nähere hierzu bestimmen nach § 92 Abs. 1 Satz 2 Nr. 2 i.V.m. Abs. 2 SGB V Richtlinien des Gemeinsamen Bundesausschusses. Soweit die Versicherten bei **Zahnfüllungen** eine über den so definierten Anspruch hinausgehende Versorgung wählen, müssen sie die Mehrkosten selbst tragen. Für die Abwicklung des Anspruchs trifft das Gesetz drei Regelungen: Erstens müssen der Zahnarzt und der Versicherte vor Beginn der Behandlung eine schriftliche Vereinbarung treffen (§ 28 Abs. 2 Satz 4 SGB V). Zweitens übernimmt die KK von den Kosten der Versorgung die vergleichbare preisgünstigste plastische Füllung als Sachleistung (§ 28 Abs. 2 Satz 3 SGB V). Drittens rechnet der Zahnarzt die verbleibenden Mehrkosten nach § 87d SGB V ab.

11 Vergleichbar ist die Konstruktion bei der Versorgung mit **Zahnersatz**. Hier richtet sich der Anspruch des Versicherten allerdings von vornherein nur auf befundbezogene Festzuschüsse (§ 55 Abs. 1 SGB V). Der Bestimmung der Befunde wird nach Maßgabe des § 56 Abs. 2 SGB V eine **Regelversorgung** zugeordnet. Dies geschieht durch die „**Richtlinien** des Gemeinsamen Bundesausschusses zur Bestimmung der Befunde und Regelversorgungsleistungen, für die Festzuschüsse nach den §§ 55, 56 SGB V zu gewähren sind“.[8] Die über diese Regelversorgung hinausgehende Versorgung haben die

---

5 BGBl I 1997, 1520.

6 BGBl I 1998, 3853.

7 BGBl I 1987, 2316.

8 Fassung vom 03.11.2004 (BAnz 2004, Nr. 242 vom 21.12.2004, 24463), in Kraft seit dem 01.01.2005.

Versicherten nach § 55 Abs. 4 SGB V selbst zu tragen, wobei der Zahnarzt nach § 87d SGB V abzurechnen hat.

VI. Ausgewählte Literaturhinweise

Gabe, Für eine substanzschonende und präventionsorientierte Zahnheilkunde, BKK 2003, 467-474; *Schneider*, Neuer Leistungskatalog für die Zahnmedizin verabschiedet, Ersk 2003, 313-315; *Tiemann*, Privatversicherungsrechtliche Elemente in der gesetzlichen Krankenversicherung, dargestellt am Beispiel der Zahnersatzregelung, ZMGR 2005, 14-23; *Ziermann*, Abgrenzung der Normsetzungskompetenzen des Bundesausschusses und des (Erweiterten) Bewertungsausschusses im Bereich der zahnmedizinischen Versorgung nach der GKV-Gesundheitsreform 2000, VSSR 2003, 175-190; *Zuck*, Beim Zahnarzt, NJW 1998, 2718-2720. 12

B. Auslegung der Norm

I. Regelungsgehalt und Bedeutung der Norm

Satz 1 verweist hinsichtlich des Abrechnungsanspruchs des Zahnarztes bei Leistungen, die im Bereich Zahnfüllungen und Zahnersatz über den gesetzlichen Leistungsanspruch der Versicherten hinausgehen, auf die GOZ. 13

Satz 2 begrenzt den Anspruch grundsätzlich auf das 2,3-fache des in der GOZ geregelten Gebührensatzes und ist insofern eine Spezialregelung zu den Bestimmungen der GOZ. 14

Satz 3 ist eine Ausnahme zu Satz 2 und lässt für den Spezialfall der Mehrkosten für lichthärtende Composite-Füllungen einen Gebührenansatz bis zum 3,5-fachen zu. 15

Die **Sätze 4 und 5** beschränken den Anwendungsbereich der Sätze 2 und 3 bis zu dem Zeitpunkt, zu dem der Gemeinsame Bundesausschuss und der Bewertungsausschuss die in der Bestimmung näher bezeichneten Vorschriften erlassen haben. Insofern handelt es sich um eine Befristung der in Satz 2 und 3 geregelten Ausnahmen, sodass ab dem in Satz 5 geregelten Zeitpunkt die in Satz 1 geregelte Verweisung auf die GOZ uneingeschränkt gilt. 16

II. Normzweck

Die Norm soll die Versicherten bei ihrer Verpflichtung, die Mehrkosten für zahnärztliche Leistungen zu tragen, vor **Überforderung** schützen.[9] Insofern handelt es sich innerhalb des Rechts der GKV um eine **Verbraucherschutzvorschrift**. 17

Wie die Sätze 4 und 5 zeigen, handelt es sich dabei um eine **Übergangsregelung**. Diese gilt nur solange, bis die Organe der gemeinsamen Selbstverwaltung ihrer gesetzlichen Verpflichtung nachgekommen sind, durch Neufassung des Bewertungsmaßstabes (Bema) und der Richtlinien zur zahnärztlichen Behandlung **transparente Wahlentscheidungen** der Versicherten zwischen den Leistungen der GKV und darüber hinausgehenden, privat zu bezahlenden Leistungen zu ermöglichen. In diesem Sinne verfolgt § 87d SGB V einen über den Verbraucherschutz hinausgehenden und ihn gleichzeitig ergänzenden weiteren Zweck: nämlich einen **Anreiz** für Bewertungsausschuss und Gemeinsamen Bundesausschuss zu schaffen, ihre gesetzlichen Aufträge möglichst schnell umzusetzen.[10] 18

III. Abrechnung von Mehrkosten (Satz 1)

§ 87d Satz 1 SGB V legt fest, dass die Vertragszahnärzte die von den Versicherten zu tragenden **Mehrkosten** nach der **GOZ** abrechnen können und müssen. Dabei handelt es sich um eine **deklaratorische** Verweisung. Denn nach § 1 Abs. 1 GOZ gilt die GOZ als Gebührenordnung ohnehin, wenn nicht gesetzlich etwas anderes bestimmt ist. Für die Berechnung der Mehrkosten nach § 28 Abs. 2 Satz 2 SGB V bzw. § 55 Abs. 4 SGB V gelten aber keine abweichenden Bestimmungen. Insbesondere wäre ohne die in § 87d Satz 1 SGB V getroffene Regelung nicht etwa der Bema als Abrechnungsgrundlage maßgebend. 19

Mehrkosten i.S.v. § 87d Satz 1 SGB V sind nur diejenigen Mehrkosten, die in den in Bezug genommenen Vorschriften ausdrücklich geregelt sind. Dabei handelt es sich um § 28 Abs. 2 Satz 2 SGB V für **Füllungen** und § 55 Abs. 4 SGB V für **Zahnersatz**. Daraus folgt dreierlei: Erstens ist § 87d Satz 1 20

---

[9] FraktE-GKV Gesundheitsreformgesetz 2000, BT-Drs. 14/1245, S. 74 zu § 87b.

[10] Ebenso *Engelhard* in: Hauck/Noftz, SGB V, § 87a Rn. 4.

SGB V keine Handhabe, zwingende gesetzliche Voraussetzungen für die private Liquidation zu umgehen. Der Anspruch aus § 87d Satz 1 SGB V setzt daher die in § 28 Abs. 2 Satz 4 SGB V geregelte **vorherige schriftliche Vereinbarung** zwischen Zahnarzt und Versichertem voraus. Zweitens schafft § 87d Satz 1 SGB V keine Grundlage für die Vergütung von Leistungen, deren gesonderte Berechnung gesetzlich ausdrücklich **ausgeschlossen** ist. Auch auf der Grundlage von § 87d Satz 1 SGB V kann daher **keine Liquidation** für die Aufstellung von **Heil- und Kostenplänen** erfolgen (vgl. **§ 85 Abs. 2 Satz 5 SGB V**).[11] Drittens gilt § 87d Satz 1 SGB V nur für die **Mehrkosten** zu einer an und für sich **geschuldeten gesetzlichen Versorgung.** Die Vorschrift und damit auch die Preisbegrenzung nach den Sätzen 2 und 3 finden dagegen **keine** Anwendung, wo der Versicherte **außervertragliche Behandlungsmethoden** (vgl. § 135 Abs. 1 SGB V) oder den **Austausch intakter Füllungen** (§ 28 Abs. 2 Satz 5 SGB V) begehrt.

21 Ist eine Mehrkostenvereinbarung geschlossen worden, hat der Vertragszahnarzt dem Versicherten eine **Rechnung** nach den Vorschriften der GOZ zu stellen. Die gesetzlich geschuldete Sachleistung rechnet er über die KZV ab. Den ihm daraus zufließenden Betrag muss er von der Rechnung **abziehen**. Das ergibt sich aus Ziff. 7 lit. a) Satz 2 Anl. 3 BMV-Z (Anl. 4 EKV-Z).[12]

IV. Begrenzung des Honoraranspruchs nach Satz 1 durch die Sätze 2 und 3

22 **§ 87d Satz 2 SGB V** begrenzt den nach den Regeln der GOZ berechneten Honoraranspruch grundsätzlich auf das **2,3-fache** des einfachen Gebührensatzes der GOZ. Die Vorschrift ist damit eine **Spezialregelung** gegenüber § 5 Abs. 1 Satz 1 GOZ, wonach die Gebühr bis zum 3,5-fachen des einfachen Gebührensatzes betragen darf. Der Gesetzgeber wollte den Vertragszahnärzten damit ermöglichen, den Gebührensatz zu berechnen, der von der Mehrheit der Vertragszahnärzte für privat erbrachte Leistungen in Ansatz gebracht wird.[13] Diese Begründung ist indessen kein Freibrief, den 2,3-fachen Satz pauschal in Ansatz zu bringen. § 87d Satz 2 SGB V ist eine **Höchstpreisregelung**. Sie entbindet den Zahnarzt nicht von der Verpflichtung, die von **§ 5 Abs. 2 GOZ** vorgesehene **Ermessensausübung** zwischen dem 1,0-fachen und dem 2,3-fachen Satz auch bei der Liquidation nach § 87d SGB V vorzunehmen.

23 **§ 87d Satz 3 SGB V** erlaubt als Ausnahme von Satz 2 die Berechnung von Mehrkosten bis zum 3,5-fachen des einfachen Gebührensatzes nach der GOZ. Diese Ausnahme ist beschränkt auf die in der Vorschrift genannte Leistung, nämlich die Mehrkosten für lichthärtende Composite-Füllungen in Schicht- und Ätztechnik im Seitenzahnbereich. Zur Begründung führt der Gesetzgeber aus, dass bei Vorliegen einer absoluten Kontraindikation gegen Amalgam die Bewertung der entsprechenden Leistungen im Bema bereits gegenwärtig annähernd dem 3,5-fachen Satz der GOZ entspreche.[14] § 87d Satz 3 SGB V entbindet den Zahnarzt nicht von seiner **Begründungspflicht** für die Überschreitung des 2,3-fachen Gebührensatzes nach **§ 5 Abs. 2 Satz 4 GOZ.**[15]

24 Die **Heil- und Kostenpläne** in der Fassung der Anlage 2 zu Anlage 3 zum BMV-Z (Anlage 4 zum EKV-Z) gemäß Beschluss des Bundesschiedsamtes vom 07.06.2005 sehen **keine Information** der Versicherten über die voraussichtlichen Steigerungssätze vor. Das ist nicht unbedenklich, wenn man bedenkt, dass § 2 Abs. 2 GOZ zumindest seinem Rechtsgedanken nach auch auf Mehrkostenvereinbarungen anzuwenden sein dürfte und hierbei aus Gründen der Transparenz der beabsichtigte Steigerungssatz anzugeben ist.[16]

25 Die Höchstpreisregelungen in § 87d Sätze 2 und 3 SGB V sind **verfassungsrechtlich zulässig**. Insbesondere durfte der Gesetzgeber eine von § 5 GOZ abweichende Regelung treffen, ohne die nach § 15 ZHG für den Erlass bzw. Änderungen der GOZ vorgesehene Zustimmung des Bundesrates zu benötigen.[17] Denn § 87d SGB V stellt eine eigenständige Regelung und keine Änderungsvorschrift zur GOZ dar.

---

[11] Vgl. LSG Essen v. 29.07.1998 - L 11 B 32/98 KA - Ersk 1998, 407 zur Vorgängerregelung nach dem 2. GKV-NOG.

[12] Vgl. auch *Muschallik* in: Handbuch des Vertragsarztrechts, § 20 Rn. 19 f.

[13] FraktE-GKV Gesundheitsreformgesetz 2000, BT-Drs. 14/1245, S. 74 zu § 87b.

[14] Ausschussbericht, BT-Drs. 14/1977, S. 165 zu § 87b.

[15] *Engelhard* in: Hauck/Haines, SGB V, § 87a Rn. 15.

[16] Vgl. OLG Hamm v. 14.08.1998 - 20 U 223/97 - NVersZ 1999, 133.

[17] *Hencke* in: Peters, Handbuch KV (SGB V), § 87a Rn. 2.

V. Beschränkung der Geltungsdauer der Sätze 2 und 3

Die in § 87d Sätze 2 und 3 SGB V getroffenen Höchstpreisregelungen entfallen, wenn zwei Voraussetzungen **kumulativ** erfüllt sind (§ 87d Satz 4 SGB V): die Verabschiedung eines **neuen Bewertungsmaßstabes** für zahnärztliche Leistungen, der den Anforderungen des § 87 Abs. 2h Satz 2 SGB V entspricht **und** das In-Kraft-Treten **neuer Richtlinien** des Gemeinsamen Bundesausschusses für die zahnärztliche Behandlung und den Zahnersatz gemäß § 92 Abs. 1a SGB V. Wenn diese Voraussetzungen erfüllt sind, hält der Gesetzgeber den Versicherten einer verantwortlichen Verbraucherentscheidung für fähig und den durch § 87d Sätze 2 und 3 SGB V verbrieften Verbraucherschutz für entbehrlich. 26

§ 87d Satz 5 SGB V definiert die **Zeitpunkte**, ab denen die Voraussetzungen des § 87d Satz 4 SGB V erfüllt sind: Hinsichtlich der **Richtlinien** des Gemeinsamen Bundesausschusses kommt es auf das **In-Kraft-Treten**, d.h. die Bekanntmachung im Bundesanzeiger an (§ 94 Abs. 2 SGB V). In Bezug auf den **Bewertungsmaßstab** ist der **Beschluss** des Bewertungsausschusses maßgebend. Dieser liegt inzwischen vor (vgl. die Kommentierung zu § 87 SGB V Rn. 8). Aus welchen Gründen der Gesetzgeber beim Beschluss des Bewertungsausschusses auf einen Publizitätsakt verzichtet hat, ist nicht ersichtlich. 27

Sobald die in § 87d Satz 4 SGB V genannten Voraussetzungen gegeben sind, gilt § 87d Sätze 2 und 3 SGB V nur noch für solche Behandlungen fort, die zum Zeitpunkt des In-Kraft-Tretens der Richtlinien bereits begonnen haben. 28

Vierter Titel: Zahntechnische Leistungen

§ 88 SGB V Bundesleistungsverzeichnis, Vergütungen

(Fassung vom 14.11.2003, gültig ab 01.01.2005, gültig bis 30.06.2008)

(1) Die Spitzenverbände der Krankenkassen vereinbaren mit dem Verband Deutscher Zahntechniker-Innungen ein bundeseinheitliches Verzeichnis der abrechnungsfähigen zahntechnischen Leistungen. Das bundeseinheitliche Verzeichnis ist im Benehmen mit der Kassenzahnärztlichen Bundesvereinigung zu vereinbaren.

(2) Die Landesverbände der Krankenkassen und die Verbände der Ersatzkassen vereinbaren mit den Innungsverbänden der Zahntechniker die Vergütungen für die nach dem bundeseinheitlichen Verzeichnis abrechnungsfähigen zahntechnischen Leistungen, ohne die zahntechnischen Leistungen beim Zahnersatz einschließlich Zahnkronen und Suprakonstruktionen. Die vereinbarten Vergütungen sind Höchstpreise. Die Krankenkassen können die Versicherten sowie die Zahnärzte über preisgünstige Versorgungsmöglichkeiten informieren.

(3) Preise für zahntechnische Leistungen nach Absatz 1 ohne die zahntechnischen Leistungen beim Zahnersatz einschließlich Zahnkronen und Suprakonstruktionen, die von einem Zahnarzt erbracht werden, haben die Preise nach Absatz 2 Satz 1 und 2 um mindestens 5 vom Hundert zu unterschreiten. Hierzu können Verträge nach § 83 abgeschlossen werden.

Gliederung

A. Basisinformationen

I. Textgeschichte/Gesetzgebungsmaterialien

1 § 88 SGB V wurde in der gegenwärtigen Fassung im Wesentlichen durch Art. 1 Nr. 16 **GKV-Solidaritätsstärkungsgesetz** vom 19.12.1998[1] in das Sozialgesetzbuch eingefügt. Die Bestimmung trat am 01.01.1999 in Kraft.

2 Durch Art 1 Nr. 68 **Gesetz zur Modernisierung der gesetzlichen Krankenversicherung vom 14.11.2003** ist die Vorschrift in einigen Punkten geändert worden: In Absatz 1 Satz 1 wurde der bisherige Begriff „Bundesinnungsverband der Zahntechniker" ersetzt durch „Verband Deutscher Zahntechniker-Innungen". Darüber hinaus wurden die Absätze 2 und 3 an die Neuregelungen des Zahnersatzes in den §§ 55 ff. SGB V angepasst, indem jeweils die Begriffe „ohne die zahntechnischen Leistungen beim Zahnersatz einschließlich Zahnkronen und Suprakonstruktionen" eingefügt wurden.

3 **Gesetzgebungsmaterialien**: Gesetzentwurf der Fraktionen SPD, CDU/CSU und BÜNDNIS 90/DIE GRÜNEN zum Entwurf eines Gesetzes zur Modernisierung der gesetzlichen Krankenversicherung (GKV-Modernisierungsgesetzes – GMG), BT-Drs. 15/1525. Hierzu Beschlussempfehlung (BT-Drs. 15/1584) und Bericht (BT-Drs. 15/1600) des Ausschusses für Gesundheit und Soziale Sicherung.

[1] BGBl I 1998, 3853.

II. Vorgängervorschriften

Zahntechnische Leistungen waren in § 88 SGB V schon in der Ursprungsfassung des **Gesundheitsreformgesetzes** geregelt. Wie in der heutigen Fassung, sah die Bestimmung bereits die Vereinbarung eines Bundesleistungsverzeichnisses und die Vereinbarung der Vergütungen auf Landesebene vor. In der ersten **Festzuschussphase** (03.01.1998 bis 31.12.1998) wurde der Anwendungsbereich der Vorschrift auf diejenigen zahntechnischen Leistungen beschränkt, die bei Behandlungen von Verletzungen und Erkrankungen des Gesichtsschädels, bei der systematischen Behandlung von Parodontopathien und kieferorthopädischer Behandlungen von einem Zahnarzt erbracht wurden. 4

Vor In-Kraft-Treten des Gesundheitsreformgesetzes war Vorläufervorschrift **§ 368g Abs. 4 RVO**. 5

III. Parallelvorschriften

§ 88 SGB V stellt als Abrechnungsvorschrift ein Pendant zur Vergütung vertrags(zahn)ärztlicher Leistungen nach Maßgabe der § 87 SGB V, § 85 SGB V und § 83 SGB V dar: Wie die Bewertungsmaßstäbe nach § 87 SGB V beinhaltet § 88 Abs. 1 SGB V ein bundeseinheitliches Leistungsverzeichnis. Wie § 83 SGB V und § 85 SGB V werden auf der Grundlage dieses Leistungsverzeichnisses die konkreten Vergütungen durch Vereinbarungen auf Landesebene festgesetzt. 6

IV. Untergesetzliche Normen

Das auf der Grundlage von § 88 Abs. 1 SGB V vereinbarte **bundeseinheitliche Leistungsverzeichnis (BEL)** wirkt **normativ**.[2] 7

V. Systematische Zusammenhänge

§ 88 SGB V ist Teil eines nicht ohne Weiteres verständlichen Regelungsgeflechts bei Einschaltung eines Zahntechnikers in die vertragszahnärztliche Leistungserbringung:[3] 8

Rechtliche Beziehungen bestehen in der Regel zwischen dem Vertragszahnarzt und dem Versicherten sowie zwischen dem Vertragszahnarzt und dem Zahntechniker, nicht dagegen zwischen dem Versicherten und dem Zahntechniker. Der Versicherte schuldet daher **nur** dem **Vertragszahnarzt** die Vergütung für die **Gesamtleistung**, die auch die zahntechnischen Leistungen beinhaltet. Ist die Gesamtleistung mangelhaft, so schuldet der Vertragszahnarzt nach § 136b Abs. 2 SGB V **Gewährleistung** für die Gesamtleistung, auch wenn der Mangel allein auf Fehlern bei der zahntechnischen Leistung beruht. 9

Zwischen dem Vertragszahnarzt und dem selbstständigen Zahntechniker kommt im Allgemeinen ein **Werkvertrag** i.S.v. § 631 BGB zustande. Schuldner der Vergütung für die zahntechnischen Leistungen gegenüber dem Zahntechniker ist daher der Vertragszahnarzt. In der Eingliederung des Zahnersatzes beim Versicherten ist regelmäßig die Abnahme des Werkes zu sehen.[4] Bei Gewährleistungsansprüchen des Versicherten kann sich der Vertragszahnarzt daher nur über die werkvertragliche Gewährleistung beim Zahntechniker schadlos halten. Demgegenüber richten sich die Ansprüche zwischen dem Zahnarzt und dem angestellten Zahntechniker (in den Fällen der sog. Praxislabors) nach Arbeitsvertragsrecht. Der **Vergütungsanspruch** des **Vertragszahnarztes** (in Höhe des Kassenanteils und der dem Zahntechniker nach § 88 SGB V geschuldeten Vergütung) richtet sich gegen die KZV. 10

Barzahlungsrabatte der Zahntechniker in üblicher Höhe brauchen die Zahnärzte weder an die Versicherten noch an die KZV weiterzugeben. Nehmen sie dagegen von den Zahntechnikern umsatzbezogene Rückvergütungen (sog. **kick-backs**) entgegen, so sind die zu Grunde liegenden Vereinbarungen nach § 138 BGB bzw. nach § 134 BGB i.V.m. § 263 StGB **nichtig**.[5] In Betracht kommt darüber hinaus eine Strafverfolgung wegen Betruges zu Lasten der KZV.[6] 11

---

2 Download möglich z.B. über die Homepage der KZV Thüringen.

3 Grds. zur Einbeziehung der Zahntechniker in das Vertragssystem der GKV: *Schnapp*, SGb 1989, 361; *Ullmann*, MedR 1996, 341.

4 OLG Frankfurt v. 17.02.2005 - 26 U 56/04 - NJW-RR 2005, 701.

5 OLG Frankfurt v. 16.02.2001 - 24 U 128/99 - NJW-RR 2001, 1634; OLG Köln v. 03.06.2002 - 11 W 13/02 - MedR 2003, 460; zu Rabatten auch *Ullmann*, MedR 1996, 341, 344 ff.

6 Vgl. zu einer vergleichbaren Fallkonstellation bei Augenärzten BGH v. 27.04.2004 - 1 StR 165/03 - GesR 2004, 371.

VI. Ausgewählte Literaturhinweise

12 *Boecken*, Festzuschüsse bei Zahnersatz – insbesondere zu den Fragen ihrer Einbeziehung in die Gesamtvergütung und ihrer Budgetierung, VSSR 2005, 1-20; *Dudda*, Vergütungsanpassungen bei Zahnersatz und kieferorthopädischer Behandlung unter Berücksichtigung vorgreiflicher vertraglicher Regelungen, NZS 1996, 211-215; *Hatzl*, Einzelverträge über zahntechnische Leistungen im System der vertrags(zahn)ärztlichen Versorgung, SGb 1995, 593-596; *Henninger/Nicolay*, Keine Einzelverträge über zahntechnische Leistungen neben Kollektivverträgen, SGb 2001, 300-302; *Plagemann*, Zahnersatz – Umbau eines Versorgungsbereichs, GesR 2006, 488-490; *Schnapp*, Die Stellung der Zahntechniker im Leistungssystem der gesetzlichen Krankenversicherung, SGb 1989, 361-364; *Schulin*, Vergütung für zahntechnische Leistungen in der gesetzlichen Krankenversicherung, Köln 1992; *Ullmann*, Einige rechtliche Aspekte zu dem Verteilungsmechanismus zwischen Zahnarzt und Zahntechniker, MedR 1996, 341-349.

B. Auslegung der Norm

I. Regelungsgehalt und Bedeutung der Norm

13 **Absatz 1** regelt die Vereinbarung des bundeseinheitlichen Leistungsverzeichnisses durch die Spitzenverbände der KKn und den Verband Deutscher Zahntechniker-Innungen (VDZI) im Benehmen mit der KZBV.

14 **Absatz 2** schreibt vor, dass die Landesverbände der KKn und die Verbände der Erskn auf Landesebene mit den Innungsverbänden der Zahntechniker auf der Grundlage dieses bundeseinheitlichen Leistungsverzeichnisses die Preise für die abrechnungsfähigen zahntechnischen Leistungen vereinbaren, bei denen es sich um Höchstpreise handelt.

15 **Absatz 3** regelt die Verpflichtung, die aufgrund von Absatz 2 vereinbarten Höchstpreise für Praxislabors um mindestens 5% zu unterschreiten.

16 Die Vorschrift hat insofern an Bedeutung verloren, als sie seit dem 01.01.2005 ihrem eindeutigen Wortlaut nach **nicht** mehr für Leistungen bei Versorgung mit **Zahnersatz** gilt. Die Höchstpreise für zahntechnische Leistungen bei Zahnersatz werden nunmehr nach **§ 57 Abs. 2 SGB V**[7] festgelegt.

II. Normzweck

17 § 88 SGB V schafft die Grundlagen für die Berechnung zahntechnischer Leistungen. Mit der Regelung des Absatzes 3 trägt sie dem Umstand Rechnung, dass die Leistungserbringung in zahnarzteigenen Laboratorien in der Regel kostengünstiger, weil mit weniger Vorhaltekosten verbunden ist als in Fremdlaboren.[8]

III. Vereinbarung des Bundesleistungsverzeichnisses (Absatz 1)

18 Das Bundesleistungsverzeichnis (BEL) wird zwischen den Spitzenverbänden der KKn (§ 213 Abs. 1 SGB V) und dem Verband Deutscher Zahntechniker-Innungen (VDZI) vereinbart. Ab dem 01.07.2008 wird an die Stelle der Spitzenverbände der KKn der Spitzenverband Bund der KKn treten (Art. 1 Nr. 58 lit. a GKV-WSG vom 26.03.2007[9]).

19 Damit unterscheidet sich die Rechtslage wesentlich von der Vorläufervorschrift des § 368g Abs. 4 RVO: Danach wurde das Bundesleistungsverzeichnis im Bewertungsausschuss vereinbart, also zwischen den Vertretern der Vertragszahnärzte und der KKn. Mit dem Bundesinnungsverband der Zahntechniker war lediglich das Benehmen herzustellen. Im Gegensatz hierzu trägt die gegenwärtige Regelung dem Umstand Rechnung, dass zahntechnische Leistungen hauptsächlich durch gewerbliche zahntechnische Laboratorien erbracht werden.[10]

---

[7] Eingefügt durch Art. 1 Nr. 36 GMG v. 14.11.2003 (BGBl I 2003, 2190) mit Wirkung vom 01.01.2004 und zuletzt geändert durch Art. 2 Nr. 1 Gesetz zur Anpassung der Finanzierung von Zahnersatz v. 15.12.2004 (BGBl I 2004, 3445) mit Wirkung vom 21.12.2004.

[8] Vgl. *Hencke* in: Peters, Handbuch KV (SGB V), § 88 Rn. 11.

[9] BGBl I 2007, 378.

[10] FraktE-GRG, BT-Drs. 11/2337, S. 194.

Im BEL werden die einzelnen zahntechnischen Leistungen nicht mit Beträgen bewertet, sondern mit **Punktzahlen**, die das **wertmäßige Verhältnis** der Leistungen ausdrücken. Es handelt sich also ebenso wie bei den Bewertungsmaßstäben nach § 87 SGB V **nicht** um eine **Gebührenordnung**. 20

Die Befugnis zur Aufstellung des BEL deckt auch die Vereinbarung der zu seinem Verständnis erforderlichen **Abrechnungshinweise**.[11] Die Spitzenverbände der KKn und der VDZI haben einen gemeinsamen Ausschuss gebildet, der Beschlüsse zur Auslegung und Abrechenbarkeit der Positionen des BEL fasst. 21

Zur **Herstellung** des Benehmens mit der KBV gelten die Grundsätze, die früher für die Herstellung des Benehmens mit den KKn bei Aufstellen des HVM galten (vgl. die Kommentierung zu § 85 SGB V Rn. 116). 22

Kommt es nicht zu einer Einigung über das BEL, entscheidet das **Bundesschiedsamt** nach § 89 SGB V. 23

Der BEL wirkt wie die Bewertungsmaßstäbe **normativ** (vgl. die Kommentierung zu § 87 SGB V Rn. 39). 24

IV. Vereinbarung der Vergütungen mit Höchstpreischarakter (Absatz 2)

Nach § 88 Abs. 2 SGB V haben die **Landesverbände der KKn** und die **Verbände der Erskn** mit den **Innungsverbänden der Zahntechniker Vergütungsvereinbarungen** (§ 88 Abs. 2 Satz 1 SGB V) mit **Höchstpreischarakter** (§ 88 Abs. 2 Satz 2 SGB V) zu schließen. 25

1. Vergütungsvereinbarungen (Absatz 2 Satz 1)

Vertragschließende Parteien sind auf Seiten der **KKn**: die Landesverbände der KKn, zu denen auch die Deutsche Rentenversicherung Knappschaft-Bahn-See (§ 212 Abs. 3 SGB V) und die landwirtschaftlichen KKn (§ 36 KVLG) zählen, nicht jedoch die See-KK (vgl. aber § 165 Abs. 4 SGB V), sowie die Verbände der Erskn, vertreten durch einen Bevollmächtigten mit Abschlussbefugnis (§ 212 Abs. 5 Satz 4 SGB V). Ab dem 01.07.2008 treten an die Stelle der Verbände der Erskn die Erskn selbst (Art. 1 Nr. 58 lit. b GKV-WSG vom 26.03.2007[12]). 26

Vertragschließende Parteien auf Seiten der **Zahntechniker** sind die **Innungsverbände**. Der Landesinnungsverband ist der Zusammenschluss der Handwerksinnungen im Bereich eines Landes (§ 79 Abs. 1 HandwO) und als solcher eine **juristische Person** des **Privatrechts** (§ 80 Satz 1 HandwO). 27

Ein **gemeinsamer und einheitlicher** Vertragsschluss ist (wie bei den Gesamtverträgen nach § 83 SGB V) **nicht** vorgeschrieben. Es können daher nach Kassenarten unterschiedliche Verträge geschlossen werden. 28

Die Befugnis zum Vertragsschluss deckt (ebenfalls wie bei den Gesamtverträgen) Regelungen über **Rechnungslegung** und **Zahlungsfristen**. 29

Der **Grundsatz der Beitragssatzstabilität** (§ 71 SGB V) gilt auch für Vergütungsvereinbarungen nach § 88 Abs. 2 SGB V. Das ergibt sich daraus, dass § 71 SGB V ein allgemeines Prinzip für alle Vergütungsvereinbarungen darstellt. Die Anwendung des Grundsatzes der Beitragssatzstabilität erstreckt sich dabei auch auf das Ausgabenvolumen und zwingt die Partner der Vereinbarung daher, Mengensteigerungen zu berücksichtigen.[13] 30

Bei **Nichteinigung** findet ein **Schiedsverfahren** statt (§ 89 Abs. 8 SGB V). 31

Die Verträge nach § 88 Abs. 2 Satz 1 SGB V wirken **normativ**.[14] 32

Anders als bei den Gesamtverträgen (vgl. § 83 Satz 1 SGB V: „mit Wirkung für") ist die normative Wirkung im Verhältnis zu den **Mitgliedskassen** in § 88 SGB V nicht ausdrücklich angeordnet. Sie ergibt sich aber mit hinreichender Deutlichkeit aus dem Gesamtzusammenhang der Norm. Im Übrigen nimmt § 88 Abs. 3 Satz 2 SGB V ausdrücklich auf § 83 SGB V Bezug und verdeutlicht damit den Willen des Gesetzgebers, sich an das Regelungssystem der Gesamtverträge anzulehnen. 33

Die Verbindlichkeit gegenüber den **Zahntechnikerinnungen** ergibt sich aus deren Mitgliedschaft im Innungsverband, die Verbindlichkeit gegenüber den **Zahntechnikern** aus deren Mitgliedschaft in der Innung, sonst durch Beitrittserklärung. Im Wege der **Außenseitererstreckung** gelten die vom Landesinnungsverband geschlossenen Verträge auch für Innungen, die nicht Mitglied des Innungsverbandes 34

---

11 BSG v. 13.01.1993 - 14a/6 RKa 67/91 - SozR 3-2500 § 88 Nr. 2.

12 BGBl I 2007, 378.

13 BSG v. 19.07.2006 - B 6 KA 44/05 R - SGb 2007, 97.

14 *Hatzl*, SGb 1995, 593, 594.

sind und deren Mitglieder.[15] Demgegenüber darf der Innungsverband von Nichtmitgliedern keine Beiträge zur Deckung seiner Kosten für Verhandlungen oder Vertragsschluss erheben.[16] Eine **Dritterstreckung** gegenüber den Vertragszahnärzten ergibt sich auch insoweit, als die nach § 88 Abs. 2 SGB V vereinbarten Preise zumindest mittelbar für die Preisvereinbarungen nach § 88 Abs. 3 SGB V Bindungswirkung entfalten.

2. Höchstpreischarakter der Vergütungen (Absatz 2 Satz 2)

35 Die in den Vergütungsvereinbarungen festgesetzten Preise sind **Höchstpreise**. Niedrigere Preise können unbedenklich vereinbart werden. Die Vereinbarung höherer Preise ist nicht unwirksam, weil § 88 Abs. 2 Satz 2 SGB V kein Verbotsgesetz i.S.v. § 134 BGB ist. Vielmehr gilt statt des vereinbarten Preises der Höchstpreis.[17]

36 Die **Höchstpreisregelung** ist **verfassungsrechtlich zulässig**.[18]

37 Die am 31.12.2002 geltenden Höchstpreise sind durch **Art. 6 Beitragssicherungsgesetz** vom 23.12.2002[19] mit Wirkung vom 01.01.2003 **um 6% abgesenkt** und für das Jahr 2003 **festgeschrieben** worden. Zur Begründung hat der Gesetzgeber ausgeführt, die vorhandenen Wirtschaftlichkeitsreserven seien noch nicht ausgeschöpft, weil sich die Mehrzahl der Anbieter an den Höchstpreisen orientiert habe. Dabei hätten einzelne Anbieter gezeigt, dass es möglich sei, die Höchstpreise um bis zu 20% zu unterbieten.[20] Ob diese Regelung **verfassungsgemäß** ist, ist noch nicht abschließend geklärt. Das BVerfG hat den Erlass einer einstweiligen Anordnung gegen ihr In-Kraft-Treten abgelehnt.[21]

38 **Außerhalb** der **GKV** stellen die nach § 88 Abs. 2 SGB V vereinbarten Preise weder Höchstpreise noch eine Taxe i.S.v. § 632 Abs. 2 BGB dar. Sie können allenfalls als **Auslegungshilfe** zur Ermittlung der ortsüblichen Vergütung herangezogen werden.[22]

3. Informationsrecht der Krankenkassen (Absatz 2 Satz 3)

39 Die KKn dürfen Versicherte und Zahnärzte über preisgünstige Versorgungsmöglichkeiten unterhalb der Höchstpreisgrenze informieren. Damit sollen noch bestehende Wirtschaftlichkeitsreserven (die zur zwangsweisen Absenkung der Höchstpreise durch Art. 6 Beitragssicherungsgesetz geführt haben) ausgeschöpft werden. Der mit einer solchen Information verbundene Eingriff in den freien Wettbewerb wird durch § 88 Abs. 2 Satz 3 SGB V gerechtfertigt.[23] Die Information darf auch Dentallabors nennen, die nicht Innungsmitglied sind.[24] In der Empfehlung, verstärkt zahntechnische Betriebe zu beauftragen, die den Zahnersatz kostengünstig aus dem Ausland beziehen, liegt keine unzulässige Benachteiligung inländischer Betriebe.[25] Im Gegenteil entspricht der Hinweis auf die Möglichkeit, Leistungen aus dem europäischen Ausland in Anspruch zu nehmen, der neueren Rechtsprechung des EuGH[26]. Demgegenüber darf das Informationsrecht der KKn über preiswerte Versorgungsmöglichkeiten nicht im Sinne eines Rechts auf Empfehlung zur Inanspruchnahme bestimmter Leistungserbringer missverstanden werden, weil dies dem Recht auf freie Wahl des Leistungserbringers zuwiderlaufen würde.[27]

V. Praxislabore (Absatz 3)

40 § 88 Abs. 3 SGB V beinhaltet für Praxislabore, d.h. Labore, die vom Vertragszahnarzt selbst betrieben werden, eine verbindliche **Vergütungsabsenkung**. Das gilt unabhängig davon, ob der Zahnarzt die Leistungen selbst oder mit angestellten Zahntechnikern erbringt.[28]

---

[15] BSG v. 11.12.2002 - B 6 KA 21/01 R - SozR 3-2500 § 88 Nr. 3 mit krit. Anm. *Schnapp*, SGb 2003, 633.
[16] OVG Münster v. 06.05.1997 - 25 A 4926/94 - NVwZ-RR 1998, 100.
[17] BSG v. 13.01.1993 - 14a/6 RKa 67/91 - SozR 3-2500 § 88 Nr. 2.
[18] BVerfG v. 31.10.1984 - 1 BvR 35/82 - SozR 5495 Art 5 Nr. 1.
[19] BGBl I 2002, 4637.
[20] FraktE-BSSichG, BT-Drs. 15/28, S. 19.
[21] BVerfG v. 14.01.2003 - 1 BvQ 51/02 - SozR 4-5410 Art 6 Nr. 1.
[22] Vgl. *Muschallik* in: Handbuch des Kassenarztrechts, § 20 Rn. 44 m.w.N.
[23] Ebenso *Hess* in: KassKomm-SGB, SGB V, § 88 Rn. 4.
[24] *Krauskopf* in: Krauskopf, SGB V, § 88 Rn. 6.
[25] BGH v. 14.03.2000 - KZR 15/98 - NZS 2000, 399.
[26] EuGH v. 13.05.2003 - C-385/99 - Slg I, 04509.
[27] SG Stuttgart v. 24.05.2006 - S 10 KA 2369/06 ER.
[28] *Krauskopf* in: Krauskopf, SGB V, § 88 Rn. 7.

Auch gegen die Vergütungsabsenkung um 5% gegenüber den Höchstpreisen bestehen keine durchgreifenden verfassungsrechtlichen Bedenken.[29] 41

Zahntechnische Leistungen in Praxislaboren sind Bestandteil der vertragszahnärztlichen Versorgung.[30] 42
Daher stellt § 88 Abs. 3 Satz 2 SGB V klar, dass insoweit Gesamtverträge nach § 83 SGB V geschlossen werden können.

[29] BSG v. 20.11.1986 - 6 RKa 7/86 - SozR 2200 § 368g Nr. 16.

[30] LSG Schleswig v. 07.06.1994 - L 6 Ka 25/93 - E-LSG Ka 026.

Fünfter Titel: Schiedswesen

§ 89 SGB V Schiedsamt

(Fassung vom 26.03.2007, gültig ab 01.04.2007, gültig bis 30.06.2008)

(1) Kommt ein Vertrag über die vertragsärztliche Versorgung ganz oder teilweise nicht zustande, setzt das Schiedsamt mit der Mehrheit seiner Mitglieder innerhalb von drei Monaten den Vertragsinhalt fest. Kündigt eine Vertragspartei einen Vertrag, hat sie die Kündigung dem zuständigen Schiedsamt schriftlich mitzuteilen. Kommt bis zum Ablauf eines Vertrages ein neuer Vertrag nicht zustande, setzt das Schiedsamt mit der Mehrheit seiner Mitglieder innerhalb von drei Monaten dessen Inhalt fest. In diesem Fall gelten die Bestimmungen des bisherigen Vertrages bis zur Entscheidung des Schiedsamts vorläufig weiter. Kommt ein Vertrag bis zum Ablauf von drei Monaten durch Schiedsspruch nicht zu Stande und setzt das Schiedsamt auch innerhalb einer von der zuständigen Aufsichtsbehörde bestimmten Frist den Vertragsinhalt nicht fest, setzt die für das Schiedsamt zuständige Aufsichtsbehörde den Vertragsinhalt fest. Die Klage gegen die Festsetzung des Schiedsamts hat keine aufschiebende Wirkung.

(1a) Kommt ein gesetzlich vorgeschriebener Vertrag über die vertragsärztliche Versorgung ganz oder teilweise nicht zustande und stellt keine der Vertragsparteien bei dem Schiedsamt den Antrag, eine Einigung herbeizuführen, können die zuständigen Aufsichtsbehörden nach Ablauf einer von ihnen gesetzten angemessenen Frist das Schiedsamt mit Wirkung für die Vertragsparteien anrufen. Das Schiedsamt setzt mit der Mehrheit seiner Mitglieder innerhalb von drei Monaten den Vertragsinhalt fest. Absatz 1 Satz 5 gilt entsprechend. Die Klage gegen die Festsetzung des Schiedsamts hat keine aufschiebende Wirkung.

(2) Die Kassenärztlichen Vereinigungen, die Landesverbände der Krankenkassen sowie die Verbände der Ersatzkassen bilden je ein gemeinsames Schiedsamt für die vertragsärztliche und die vertragszahnärztliche Versorgung (Landesschiedsamt). Das Schiedsamt besteht aus Vertretern der Ärzte und der Krankenkassen in gleicher Zahl sowie einem unparteiischen Vorsitzenden und zwei weiteren unparteiischen Mitgliedern. Bei der Entscheidung über einen Vertrag, der nicht alle Kassenarten betrifft, wirken nur Vertreter der betroffenen Kassenarten im Schiedsamt mit. Die in Satz 1 genannten Verbände der Krankenkassen können von Satz 3 abweichende Regelungen vereinbaren.

(3) Über den Vorsitzenden und die zwei weiteren unparteiischen Mitglieder sowie deren Stellvertreter sollen sich die Kassenärztlichen Vereinigungen, die Landesverbände der Krankenkassen und die Verbände der Ersatzkassen einigen. § 213 Abs. 2 gilt für die Landesverbände der Krankenkassen und die Verbände der Ersatzkassen entsprechend. Die Amtsdauer beträgt vier Jahre. Soweit eine Einigung nicht zustande kommt, stellen die Beteiligten eine gemeinsame Liste auf, die mindestens die Namen für zwei Vorsitzende und je zwei weitere unparteiische Mitglieder sowie deren Stellvertreter enthalten muß. Kommt es nicht zu einer Einigung über den Vorsitzenden, die unparteiischen Mitglieder oder die Stellvertreter aus der gemeinsam erstellten Liste, entscheidet das Los, wer das Amt des Vorsitzenden, der weiteren unparteiischen Mitglieder und der Stellvertreter auszuüben hat. Die Amtsdauer beträgt in diesem Fall ein Jahr. Die Mitglieder des Schiedsamts führen ihr Amt als Ehrenamt. Sie sind an Weisungen nicht gebunden.

(4) Die Kassenärztlichen Bundesvereinigungen, die Bundesverbände der Krankenkassen, die Deutsche Rentenversicherung Knappschaft-Bahn-See und die Verbände der Ersatzkassen bilden je ein gemeinsames Schiedsamt für die vertragsärztliche und die vertragszahnärztliche Versorgung. Absatz 2 Satz 2 bis 4 und Absatz 3 gelten entsprechend.

(5) Die Aufsicht über die Schiedsämter nach Absatz 2 führen die für die Sozialversicherung zuständigen obersten Verwaltungsbehörden der Länder oder die von den Landesregierungen durch Rechtsverordnung bestimmten Behörden; die Landesregierungen können diese Ermächtigung auf die obersten Landesbehörden weiter übertragen. Die Aufsicht über die Schiedsämter nach Absatz 4 führt das Bundesministerium für Gesundheit. Die Aufsicht erstreckt sich auf die Beachtung von Gesetz und sonstigem Recht. Die Entscheidungen der Schiedsämter über die Vergütung der Leistungen nach § 57 Abs. 1 und 2, §§ 83, 85 und § 87a sind den zuständigen Aufsichtsbehörden vorzulegen. Die Aufsichtsbehörden können die Entscheidungen bei einem Rechtsverstoß innerhalb von zwei Monaten nach Vorlage beanstanden. Für Klagen der Vertragspartner gegen die Beanstandung gelten die Vorschriften über die Anfechtungsklage entsprechend.

(6) Das Bundesministerium für Gesundheit bestimmt durch Rechtsverordnung mit Zustimmung des Bundesrates das Nähere über die Zahl, die Bestellung, die Amtsdauer, die Amtsführung, die Erstattung der baren Auslagen und die Entschädigung für Zeitaufwand der Mitglieder der Schiedsämter, die Geschäftsführung, das Verfahren, die Erhebung und die Höhe der Gebühren sowie über die Verteilung der Kosten.

(7) Der Verband Deutscher Zahntechniker-Innungen und die Spitzenverbände der Krankenkassen bilden ein Bundesschiedsamt. Das Schiedsamt besteht aus sieben vom Bundesinnungsverband der Zahntechniker sowie je einem von den Bundesverbänden der Krankenkassen und der Deutschen Rentenversicherung Knappschaft-Bahn-See sowie zwei von den Verbänden der Ersatzkassen bestellten Vertretern, einem unparteiischen Vorsitzenden und zwei weiteren unparteiischen Mitgliedern. Im übrigen gelten die Absätze 1, 1a, 3 und 5 Satz 2 und 3 sowie die auf Grund des Absatzes 6 erlassene Schiedsamtsverordnung entsprechend.

(8) Die Innungsverbände der Zahntechniker, die Landesverbände der Krankenkassen und die Verbände der Ersatzkassen bilden ein Landesschiedsamt. Das Schiedsamt besteht aus sieben von den Innungsverbänden der Zahntechniker sowie je einem von den Landesverbänden der Krankenkassen sowie zwei von den Verbänden der Ersatzkassen bestellten Vertretern, einem unparteiischen Vorsitzenden und zwei weiteren unparteiischen Mitgliedern. Im übrigen gelten die Absätze 1, 1a und 3 sowie Absatz 5 entsprechend.

Gliederung

A. Basisinformationen

I. Textgeschichte

1 Die derzeitige Fassung geht im Wesentlichen auf das zum 01.01.1989 in Kraft getretene GRG zurück. Durch das GSG erfolgte ab 01.01.1993 die Einbeziehung der Ersatzkassen, außerdem wurde die Aufsichtsbehörde ermächtigt, das Schiedsamt anzurufen, wenn die Vertragsparteien dies unterlassen haben. Das GMG gibt ab 01.01.2004 der Aufsichtsbehörde schließlich eine Befugnis zur Ersatzvornahme, wenn das Schiedsamt innerhalb der von der Aufsichtsbehörde bestimmten Frist den Vertragsinhalt nicht festsetzt. Das WSG hat keine inhaltlichen Änderungen gebracht, organisatorisch tritt der Spitzenverband Bund der Krankenkassen ab 01.07.2008 an die Stelle der bisherigen Spitzenverbände der Krankenkassen.

II. Vorgängervorschriften

2 § 368h RVO regelte bis zum In-Kraft-Treten des GRG das Tätigwerden und die Aufgaben, § 368i RVO die Errichtung und die Zusammensetzung der Schiedsämter.

III. Untergesetzliche Normen

3 § 89 Abs. 6 SGB V ermächtigt den BMG, eine Rechtsverordnung zu erlassen, in der Einzelheiten des Schiedsamts, seiner Arbeitsweise und der Kostenerstattung zu regeln sind. Auf der Grundlage dieser Ermächtigungsnorm basiert die „Verordnung über die Schiedsämter für die vertragsärztliche (vertragszahnärztliche) Versorgung".[1]

4 Die Verordnung hat mit jeder Reform des Vertragsarztrechts Änderungen erfahren, zuletzt durch das GMG vom 14.11.2003[2], durch Art. 4 Abs. 71 KostRMoG vom 05.05.2004[3] und ab 01.07.2008 durch Art. 24 WSG.[4]

IV. Parallelvorschriften

1. Schiedsstellen außerhalb des SGB V

5 Vergleichbare Schiedsstellen sind für Einigungen im Bereich der Pflegeversicherung, der Finanzierung von Krankenhäusern und des Sozialhilferechts vorgesehen:

- § 76 SGB XI bei fehlender Einigung zwischen Vereinigungen der Pflegeeinrichtungen und Pflegekassen[5];

---

[1] Schiedsamtsverordnung – SchiedsamtsVO – vom 28.05.1957, BGBl I 1957, 570.
[2] BGBl I 2003, 2190.
[3] BGBl I 2004, 718.
[4] BGBl I 2007, 378, 459.
[5] Dazu grundlegend BSG v. 14.12.2000 - B 3 P 19/00 R - SozR 3-3300 § 85 Nr. 1.

- § 18a Abs. 1 Krankenhausfinanzierungsgesetz: Schiedsstelle für Vereinbarungen zwischen den Verbänden der Krankenkassen und den Krankenhausgesellschaften, die auch nach § 19 Bundespflegesatzverordnung tätig wird, wenn Pflegesatzvereinbarungen ganz oder teilweise nicht zustande gekommen sind;
- § 80 SGB XII für Vereinbarungen auf dem Gebiet der Sozialhilfe nach dem SGB XII, der den früher geltenden § 94 BSHG[6] ersetzt hat.

2. Weitere Schiedsstellen nach dem SGB V

Weil neben Kassenärztlichen Vereinigungen auch anderen Leistungserbringern die Aushandlung konkreter Verträge mit den Krankenkassen gesetzlich aufgetragen worden ist, hat der Gesetzgeber Schiedsstellen unter Beteiligung der jeweils betroffenen Leistungserbringer vorgeschrieben. Neben dem Schiedsamt nach § 89 SGB V für Vertragsstreitigkeiten zwischen Kassenärztlichen Vereinigungen und Krankenkassen sieht das SGB V folgende weitere Schiedsämter vor: 6

- § 89 Abs. 7 und 8 SGB V: Schiedsämter für Verträge zwischen Zahntechnikern und Krankenkassen;
- § 92 Abs. 1a Sätze 4 und 5 SGB V sieht eine Schiedsstelle sogar innerhalb des GBA für bestimmte Aufgaben der zahnärztlichen Versorgung vor;
- § 114 Abs. 1 SGB V: Landesschiedsstelle von Krankenkassen und Landeskrankenhausgesellschaften bzw. Krankenhausträgern;
- § 115 Abs. 3 SGB V: Erweiterung der Landesschiedsstelle nach § 114 SGB V um ärztliche Mitglieder für Schiedssprüche, die dreiseitige Verträge zwischen Ärzten, Krankenhäusern und Vertragsärzten zum Inhalt haben (sog. erweiterte Schiedsstelle);
- § 118 Abs. 2 SGB V: Das Bundesschiedsamt nach § 89 Abs. 4 SGB V wird um Vertreter der Krankenhausgesellschaften bei Streitigkeiten im Zusammenhang mit dem Betrieb von Psychiatrischen Institutsambulanzen erweitert (sog. erweitertes Bundesschiedsamt);
- § 129 Abs. 8 SGB V sieht eine Schiedsstelle Krankenkassen/Apotheker vor;
- § 132a SGB V überträgt einer Schiedsperson bei Verträgen im Bereich der häuslichen Krankenpflege die Bestimmung des Vertragsinhalts;
- § 291 Abs. 7e SGB V sieht die Einführung einer schiedsamtsähnlich ausgestalteten Kommission für die Aufteilung der laufenden Kosten der Telematikinfrastruktur vor.

3. Weitere Zuständigkeiten des Schiedsamts nach § 89 SGB V

Durch ausdrückliche gesetzliche Anordnung in: 7

- § 57 Abs. 1 Satz 8 SGB V für die Höhe der Vergütung für die zahnärztlichen Leistungen bei der Regelversorgung;
- § 57 Abs. 2 Satz 9 SGB V: Schiedsamt für Zahntechniker bei den in § 57 Abs. 2 SGB V genannten zahntechnische Leistungen;
- § 64 Abs. 3 Satz 2 SGB V für Vergütungsfragen nach Modellvorhaben gem. § 63 SGB V;
- §§ 73b Abs. 7 und 73c Abs. 6 SGB V für die Höhe der Bereinigung der Gesamtvergütung;
- § 84 Abs. 7a SGB V für die Festlegung der Richtgrößen;
- § 140d Abs. 2 Satz 3 SGB V für die Minderung von Vergütungsanteilen bei integrierter Versorgung;
- § 291 Abs. 7b SGB V für Vereinbarungen über die Finanzierung der Telematikinfrastruktur;
- § 291 Abs. 7d SGB V für den Ausgleich der Kosten der Einführung der Telematikinfrastruktur.

V. Systematische Zusammenhänge

Schiedsämter nach § 89 SGB V können überall dort zum Einsatz kommen, wo der Gesetzgeber den Krankenkassen und den Kassenärztlichen Vereinigungen den Auftrag gegeben hat, Einzelheiten durch Vertrag zu regeln. Die Hauptanwendungsfälle sind die Bundesmantelverträge nach § 82 Abs. 1 SGB V und die Gesamtverträge nach § 82 Abs. 2 SGB V sowie die Vergütungsverträge nach § 57 Abs. 1 SGB V und § 85 SGB V. 8

VI. Literaturhinweise

Hinz, Die Rechtsnatur der Entscheidungen des Schiedsamts im Vertragsarztrecht nach dem Gesundheitsstrukturgesetz, SozVers 1993, 309-313; *Hustadt*, Blockieren oder gestalten?, ErsK 1997, 117-120; *Joussen*, Die Rechtsnatur der Entscheidungsbefugnis des Schiedsamts nach § 89 SGB V, 9

[6] Dazu BVerwG v. 01.12.1998 - 5 C 17/97 - BVerwGE 108, 47-56.

SGb 2003, 200-207; *Krause*, Zur Leistungsfähigkeit des Schiedsverfahrens im Kassenarztrecht, Festschrift für Werner Thieme 1993, 769-782; *Manssen*, Materiellrechtliche Anforderungen an die Tätigkeit des Landesschiedsamts nach § 89 SGB V, ZfSH/SGB 2004, 78-84; *Schimmelpfeng-Schütte*, Die Schiedsverfahren in der gesetzlichen Krankenversicherung, insbesondere im Heil- und Hilfsmittelbereich, NZS 1997, 503-508; *Schmidt*, Wenn die Kassen blocken, Der Kassenarzt 1998, Nr. 46, 34; *Schnapp*, Handbuch des sozialrechtlichen Schiedsverfahrens, Berlin 2004; *Schnapp*, Gesamtverträge und Schiedsverfahren mit Ersatzkassenbeteiligung, NZS 2003, 1-5; *Schnapp*, Müssen Schiedsämter bei ihren Entscheidungen die Auswirkungen des Risikostrukturausgleichs berücksichtigen?, NZS 2003, 337-341; *Schnapp*, Rechtsetzung durch Schiedsämter und gerichtliche Kontrolle von Schiedsamtsentscheidungen, Bochumer Schriften zum Sozialrecht 2, Tagungsband 6; *Schnapp*, Die Stellung der Zahntechniker im Leistungssystem der gesetzlichen Krankenversicherung, SGb 1989, 361-364; *Schnath*, Die Besetzung des Kassen(zahn)ärztlichen Landesschiedsamtes nach der Schiedsamtsverordnung in der Fassung des Gesundheitsstrukturgesetzes, SGb 1990, 352-355; *Spielmeyer*, Zur Besetzung der Schiedsämter, SGb 1997, 208-209; *Steinhilper*, Urteilsanmerkung, MedR 2005, 488-489.

B. Auslegung der Norm

I. Regelungsgehalt und Bedeutung der Norm

10 § 89 SGB V, ergänzt durch die auf der Grundlage von Absatz 6 ergangene SchiedsamtsVO, enthält zunächst Vorschriften über den **institutionellen Rahmen** der Schiedsämter, nämlich wer Träger der verschiedenen Schiedsämter ist, wie das Schiedsamt besetzt ist und wie die Mitglieder des Schiedsamts bestellt werden. Daneben ist geregelt, wann das Schiedsamt tätig werden muss und welche Rechte der Aufsichtsbehörde zustehen, wenn das Schiedsamt nicht angerufen wird oder es nicht oder nicht rechtzeitig entscheidet.

11 § 89 SGB V knüpft vom Regelungsgehalt her an andere Vorschriften des SGB V an, in denen den Krankenkassen und den Kassenärztlichen Vereinigungen der Auftrag gegeben wurde, eine bestimmte Materie vertraglich zu regeln. Die Bedeutung der Vorschrift erschließt sich, wenn man sich vor Augen hält, dass das SGB V in weiten Teilen **nur einen gesetzlichen Rahmen** enthält, der von den öffentlich-rechtlichen Körperschaften der Selbstverwaltung nach dem Willen des Gesetzgebers ausgefüllt werden soll. Ein **Mittel der Gesetzeskonkretisierung** ist die Auflage des Gesetzgebers an Krankenkassen und Kassenärztliche Vereinigungen, den gesetzlichen Rahmen durch für beide Seiten verbindliche Vereinbarungen auszufüllen.

12 Die vom Gesetzgeber an zahlreichen Stellen des Gesetzes angeordnete Übertragung der **Regelungsbefugnis für Einzelheiten** auf Krankenkassen und Kassenärztliche Vereinigungen durch Verträge als gemeinschaftlich zu lösende und durchzuführende Aufgabe ist somit ein **wesentliches Strukturmerkmal** der kassenärztlichen Versorgung. Anstatt einer detaillierten Regelung durch den parlamentarischen Gesetzgeber selbst oder durch die Ministerien im Wege der Rechtsverordnung gibt der Gesetzgeber nur die Grundzüge der Regelung bzw. allgemeine Zielsetzungen vor und überträgt die **konkrete Umsetzung** den am Gesundheitswesen beteiligten öffentlich-rechtlichen Körperschaften, die darüber bindende vertragliche Regelungen treffen müssen. Dies erweist sich in der Praxis in einer Vielzahl von Fällen als der sachnähere und schnellere Weg.

13 **Schwierigkeiten** bereitet eine vertragliche Einigung dann, wenn schon wegen der Art der den Vertragspartnern übertragenen Aufgabenstellungen **unterschiedliche Interessen** bestehen. Erst recht gilt dies, wenn Vertreterversammlung bzw. Vorstand einer Kassenärztlichen Vereinigung oder Krankenkasse gesundheitspolitische Auffassungen vertreten, die mit der des Gesetzgebers in Widerspruch stehen. **Blockaden** bei den Vertragsverhandlungen waren in der Vergangenheit häufig zu beobachtende Folge.[7] Der Gesetzgeber hat deshalb bestimmte **Regelungsmaterien auf Ausschüsse** (Bewertungsausschuss, Gemeinsamer Bundesausschuss, Zulassungs-/Berufungs- und Prüfungs-/Beschwerdeausschüsse) **übertragen**, wo anstelle der Selbstverwaltungskörperschaften von den Vertragspartnern entsandte Mitglieder unter neutralem Vorsitz verbindlich entscheiden. Diese Ausschüsse werden als Konfliktlösungsorgane nach der Art der Schiedsämter charakterisiert.[8]

---

[7] *Hustadt*, ErsK 1997, 117-120; *Schmidt*, Der Kassenarzt 1998, Nr. 46, 34.

[8] *Hiddemann*, Die BKK 2001, 187, 191.

Ersatzvornahme durch die Schiedsämter: Für die übrigen von Kassenärztlichen Vereinigungen und Krankenkassen bzw. deren Verbänden durch Vereinbarung zu regelnden Materien musste der Gesetzgeber für den Fall Vorsorge treffen, dass eine einvernehmliche vertragliche Regelung nicht oder nur mit einem nicht gesetzeskonformen Inhalt zustande kommt. In diesem Falle soll ein Schiedsamt an Stelle der Vertragsparteien den Inhalt der Verträge mit Bindung für beide Vertragsparteien festlegen. Damit die Schiedsämter die ihnen zugewiesenen Aufgaben auch wahrnehmen, war die Rechtsstellung der Aufsichtsbehörden entsprechend zu stärken. 14

Das Schiedsamt hat somit Regelungsprobleme zu entscheiden, die von den Vertragsparteien nicht bewältigt worden sind. Der **Schwerpunkt** der gegenwärtigen Tätigkeit der Schiedsämter liegt nach den veröffentlichten Entscheidungen bzw. den Abhandlungen in der Literatur bei der Festlegung der **Höhe der Gesamtvergütung** , wobei besonders die Vorfragen diskutiert werden, ob der Grundsatz der Beitragsstabilität oder die Folgen des Risikostrukturausgleichs berücksichtigt werden müssen.[9] Dabei handelt es sich aber nicht um Fragen des schiedsamtlichen Verfahrens, sondern allein um Probleme der Auslegung der bei Vertragsschluss zu beachtenden materiellrechtlichen Vorschriften. 15

II. Normzweck

War das Schiedsamtsverfahren früher darauf ausgerichtet, eine gütliche Einigung zu erzielen (§ 368i RVO schrieb zu diesem Zweck die Unterbreitung eines Einigungsvorschlags und einer Güteverhandlung vor), so ist angesichts der zu beobachtenden Blockadehaltung von einzelnen Vertragsparteien gerade bei kontrovers diskutierten Themen (etwa bei Vergütungsverhandlungen) die Verpflichtung hierzu realistischerweise mit dem GRG entfallen. Spätere Gesetzesänderungen dienten überwiegend dem **Ziel**, die durch obstruktives Verhalten von Vertragsparteien zu Tage tretenden Regelungslücken zu schließen und die **Schiedsämter funktionsfähig** zu halten.[10] 16

Die Entwicklung der Textgeschichte von § 89 SGB V zeigt den Versuch des Gesetzgebers, das Funktionieren der Schiedsämter auch bei kontroversen Lösungsvorstellungen der Vertragsparteien zu gewährleisten, um so dem Gesetz widersprechende vertragslose Zustände zu vermeiden oder anders gesagt, den Regelungsauftrag des Gesetzes an die Selbstverwaltungen durchzusetzen. Jede Auslegung der Vorschrift muss diesem Normzweck gerecht werden. *Schulin*[11] hat dies so beschrieben: „Die Regelungen zum Schiedsamt sind entsprechend ihrem Zweck auszulegen, nämlich vertragslose Zustände und damit einhergehend Verunsicherungen der Versicherten zu verhindern bzw. den sozialen Frieden zwischen Ärzten und Krankenkassen zu gewährleisten". 17

III. Verhältnis zwischen den Schiedsämtern und den Vertragsparteien (Absatz 1)

Schiedsämter können nur in Funktion treten, wenn ein Vertrag über die vertragsärztliche Versorgung ganz oder teilweise nicht zu Stande kommt oder ein zeitlich befristeter Vertrag abgelaufen oder ein bestehender Vertrag von einer der Vertragsparteien gekündigt wird und bis zum Ablauf der Kündigungsfrist ein neuer Vertrag nicht zustande gekommen ist. Das Schiedsamt **tritt an die Stelle der Vertragsparteien**, die Gründe für das Scheitern der vorhergehenden Vertragsverhandlungen sind für die Zuständigkeit der Schiedsämter und die Rechtswirkungen ihrer Schiedssprüche ohne Belang. 18

Das Schiedsamt setzt an Stelle der Vertragsparteien den **Inhalt des Vertrages** fest. Der Schiedsspruch trifft eine Regelung, der Geltung ausschließlich zwischen den Vertragsparteien zukommt. Der vom Schiedsamt festgesetzte Vertrag hat die **gleiche Rechtswirkung** wie ein Vertrag der Vertragsparteien, bindet also unmittelbar die Vertragsparteien. 19

Für eine eventuelle Abänderung von bestehenden Verträgen gelten die Grundsätze der §§ 58 ff. SGB X (vgl. dazu Rn. 38). Dabei hat das Schiedsamt denselben Gestaltungsspielraum, den das Gesetz den Ver- 20

---

[9] Z.B. BSG v. 19.03.1997 - 6 RKa 36/96 - SozR 3-2500 § 89 Nr. 1; BSG v. 10.05.2000 - B 6 KA 20/99 R - SozR 3-2500 § 89 Nr. 2; BSG v. 27.04.2005 - B 6 KA 22/04 R; BSG v. 27.04.2005 - B 6 KA 42/04 - SozR 4-2500 § 85 Nr. 16 BSG v. 14.12.2005 - B 6 KA 25/04 R; BSG v. 19.07.2006 - B 6 KA 44/05 R - SGb 2007, 97; BSG v. 29.11.2006 - B 6 KA 4/06 R - ZfS 2007, 26-27; *Schnapp*, NZS 2003, 337-341; *Manssen*, ZfSH/SGB 2004, 78-84; *Krause*, Festschrift für Werner Thieme 1993, 769, 782.

[10] Vgl. BT-Drs. 12/3608 und BT Drs. 15/1525, S. 106 zum GMG.

[11] Handbuch des Sozialversicherungsrechts, Bd. 1, § 49 Rn. 217.

tragsparteien einräumt bzw. es unterliegt den gleichen Bindungen wie die Vertragsparteien. Inhalt des Schiedsspruchs kann nur sein, was die Beteiligten in freier Vereinbarung hätten regeln können.[12]

21 Die Anrufung des Schiedsamts **entzieht den Vertragspartnern nicht die Dispositionsbefugnis** über die vertragliche Regelung. Grundsätzlich können sich die Vertragspartner noch während eines Schiedsverfahrens einigen, sie können Verhandlungen während des laufenden Verfahrens einvernehmlich wieder an sich ziehen und sogar noch nach Ergehen eines Schiedsspruches eine von ihm abweichende Vereinbarung treffen.[13] Sie sind (was in der Praxis wegen der zur Einschaltung der Schiedsämter führenden Interessengegensätze kaum vorkommen dürfte) rechtlich nicht einmal daran gehindert, sich noch nach dem Ergehen eines Schiedsspruches abweichend zu einigen.[14]

22 Das Schiedsamt hat somit lediglich die **Stellung eines Interessenmittlers** und eines gegenüber der Autonomie der Vertragspartner nachrangigen, dessen Einigung ersetzenden Entscheidungsgremiums. Es besitzt keinen eigenen Spielraum über das Ob seines Tätigwerdens, sondern muss bei Vorliegen der Voraussetzungen des § 89 Abs. 1 SGB V tätig werden. Die fehlende Eingliederung des Schiedsamts in die staatliche Verwaltung bewirkt keine Teilhabe an der gemeinsamen Selbstverwaltung. Ein Landesschiedsamt hat daher keine eigenen Rechte, die verletzt werden können. Nach LSG Hessen[15] kann ein Gerichtsverfahren sogar ohne Vertretung durch das beklagte Landesschiedsamt durchgeführt werden. Es kann sich auch mangels Klagebefugnis weder im sozialgerichtlichen Prozess gegen ein aufhebendes Urteil noch gegen aufsichtsbehördliche Entscheidungen wehren, die seinen Schiedsspruch betreffen. **Klagebefugt** sind **gegen den Schiedsspruch** und gegen eine Aufhebungsverfügung der Aufsichtsbehörde **allein die Vertragsparteien**. Allein in deren Hand liegt es, ob sie einen Schiedsspruch hinnehmen oder gerichtlich überprüfen lassen.[16]

IV. Schiedsamtsfähigkeit (Absätze 1 und 1a)

23 Das Schiedsamt ist für solche Verträge **sachlich zuständig**, für die die Vertragsparteien, das sind einerseits die Kassenärztlichen Vereinigungen und andererseits die Verbände der Krankenkassen (ab 01.07.2008 auf Bundesebene der Spitzenverband Bund der Krankenkassen[17]), ihrerseits zuständig sind. § 89 Abs. 1 Satz 1 SGB V spricht von Verträgen über die vertragsärztliche Versorgung. Dabei handelt es sich um Vertragsmaterien, über die sie auf Grund gesetzlichen Auftrags eine einvernehmliche Regelung zu treffen haben.

24 Von Schiedsamtsfähigkeit (teilweise auch nur von Schiedsfähigkeit[18]) wird gesprochen, wenn es darum geht, ob für bestimmte vertragliche Vereinbarungen im Falle des Scheiterns von Vertragsverhandlungen das Schiedsamt zulässigerweise angerufen werden kann, ein für Verhandlungsführung und Einigungswillen der Vertragspartner nicht unerheblicher Gesichtspunkt. Ob Verträge in diesem Sinne schiedsamtsfähig sind, ist durch Auslegung der jeweiligen gesetzlichen Vorschriften zu ermitteln, die den Vertragspartnern eine einvernehmliche Vertragslösung aufgeben.

25 Grundsätzlich ist die sachliche **Zuständigkeit des Schiedsamts** mit Rücksicht darauf, dass es ihm obliegt, zur Wahrung des sozialen Friedens zwischen Ärzten und Krankenkassen beizutragen und Konfliktsituationen zu beseitigen, nicht eng, sondern **im Zweifel erweiternd** auszulegen.[19] Dies gilt auch für die im Zusammenhang mit einem Streitgegenstand anfallenden Nebenfragen wie den Streit über die Kosten des Verfahrens.

26 **Nicht schiedsamtsfähig** sind Verträge, deren gesetzliche Vorgaben lediglich eine Verhandlungspflicht postulieren[20] und damit den Abschluss eines Vertrages den Vertragspartnern freistellen (sog. **freiwillige Verträge**). Das Gesetz erlaubt mit den Ausdrücken „sollen oder können" etwa in den §§ 73c Abs. 1 Satz 1, 82 Abs. 3, 85 Abs. 2c, 85 Abs. 4e, 85a Abs. 6 SGB V oder § 86 SGB V bzw. mit der Formulierung „bundesmantelvertragliche Regelungen sind möglich" beispielsweise in § 73b

---

[12] BSG v. 21.10.1981 - 6 RKa 6/79 - BSGE 52, 253.

[13] BSG v. 10.05.2000 - B 6 KA 20/99 R - SozR 3-2500 § 85 Nr. 37.

[14] BSG v. 03.12.1980 - 6 RKa 1/78 - BSGE 51, 58, 61; ebenso § 112 Abs. 4 Satz 2 SGB V für Schiedssprüche der Landesschiedsstelle nach § 114 SGB V.

[15] LSG Hessen v. 10.12.2003 - L 7 KA 425/02

[16] BSG v. 10.05.2000 - B 6 KA 20/99 R - SozR 3-2500 § 85 Nr. 37; vgl. auch LSG Hessen v. 10.12.2003 - L 7 KA 425/02 - juris Rn. 45.

[17] Vgl. WSG Art. 1 Nr. 59 - BGBl I 2007, 378, 402.

[18] LSG NRW v. 25.06.2003 - L 11 KA 99/01.

[19] BSG v. 05.02.2003 - B 6 KA 6/02 R - SozR 4-2500 § 83 Nr. 1.

[20] BSG v. 05.02.2003 - B 6 KA 6/02 R - SozR 4-2500 § 83 Nr. 1.

Abs. 3 Satz 3 SGB V bzw. § 73c Abs. 1 Satz 3 SGB V den Vertragspartnern eine vertragliche Regelung, verpflichtet sie jedoch nicht zu einem Abschluss. Für die Annahme, jede vertragliche Vereinbarung sei schiedsamtsfähig, bietet das Gesetz keinen Anhaltspunkt.[21]

Allerdings können sich Vertragsparteien in solchen Fällen freiwillig einem Schiedsspruch unterwerfen. Eine vertragliche Vereinbarung über Schiedsstellen galt bis zum In-Kraft-Treten des GSG im Ersatzkassenbereich. Nach *Schimmelpfeng-Schütte*[22] schließt die freie Gestaltungsbefugnis der Vertragspartner die Vereinbarung eines Schiedsverfahrens ein. Dies gilt nicht für die nicht schiedsamtsfähigen Vereinbarungen nach § 106a Abs. 5 und 6 SGB V, weil der Gesetzgeber mit einer an § 94 SGB V angelehnten Regelung in § 106a Abs. 6 Sätze 2-5 SGB V dem BMG hinsichtlich dieser Vereinbarungen ein Beanstandungsrecht und ein Recht zur Ersatzvornahme eingeräumt hat[23]; entsprechende Regelungen enthalten auch § 85d Satz 3 SGB V und § 106 Abs. 2b Satz 1 SGB V. 27

Nicht schiedsamtsfähig sind Verträge etwa nach § 75 Abs. 3 SGB V über die Heilfürsorge von Beamten und nach § 75 Abs. 4 SGB V über die ärztliche Versorgung von Strafgefangenen, weil die Krankenkassen nicht Vertragspartner sind. Gibt das Gesetz keine vertragliche Dispositionsbefugnis, ist ein entsprechender Schiedsspruch rechtswidrig.[24] Nicht schiedsamtsfähig sind – jedenfalls für das Schiedsamt nach § 89 SGB V – auch Verträge, an denen andere Vertragspartner beteiligt sind, wie z.B. Krankenhausverträge. 28

Von **fehlender Schiedsamtsfähigkeit** eines Antrags auf schiedsamtliche Entscheidung wird darüber hinaus auch gesprochen, wenn es allgemein um die Zulässigkeit der Anrufung des Schiedsamts, etwa wegen fehlender Beschwer oder eines (fehlenden) Rechtsschutzinteresses, geht. Das BSG[25] hat fehlende Schiedsamtsfähigkeit in folgenden Fällen erwogen: 29

- bei fehlendem Schlichtungs- oder Klärungsbedarf bei fortgeltenden ungekündigten Verträgen,
- bei unbegründeten Anpassungsbegehren gem. § 59 SGB X, wenn eine wesentliche Änderung nicht vorliegt,
- bei Verwirkung durch Zeitablauf,
- bei gesetzlich nicht vorgeschriebenen Verträgen[26].

Ob Schiedsamtsfähigkeit vorliegt, hat das angerufene Schiedsamt **als Vorfrage** zu entscheiden. Verneint es die Schiedsamtsfähigkeit, muss es den Antrag auf eine Schiedsentscheidung als unzulässig abweisen, um dem Antragsteller den Rechtsweg zu eröffnen. 30

V. Die Einleitung des Verfahrens (Absätze 1 und 1a)

1. Auf Antrag

Das Schiedsamt wird nicht von Amts wegen tätig, es selbst hat keinen Einfluss auf den Beginn seines Tätigwerdens. Ob ein Schiedsamtsverfahren einzuleiten ist, hängt außer in den Fällen der Vertragskündigung nach § 89 Abs. 1 Satz 2 SGB V von einer Antragstellung einer der Vertragsparteien oder der Aufsichtsbehörde ab. Die Stellung eines Antrags einer Vertragspartei ist in § 89 Abs. 1 SGB V selbst nicht normiert, dieses Erfordernis ergibt sich aber aus § 89 Abs. 1a SGB V, wo der Gesetzgeber von einer Antragstellung ausgeht, sowie aus § 13 Abs. 1 SchiedsamtsVO. Antragsbefugt sind nur die möglichen Vertragsparteien, also einerseits die Kassenärztlichen Vereinigungen und andererseits die Verbände der Krankenkassen bzw. deren Aufsichtsbehörden. 31

Ausreichend ist die Behauptung, ein Vertrag sei nicht zustande gekommen. Die **Gründe für das Scheitern** der Vertragsverhandlungen sind insoweit **unerheblich**. Auch ist unerheblich, ob überhaupt ernsthaft Verhandlungen geführt oder sie bereits im Vorfeld abgebrochen wurden. Es genügt, dass ein Beteiligter mit seiner Antragstellung zum Ausdruck bringt, dass er Verhandlungen keine Erfolgschance einräumt.[27] 32

---

[21] BSG v. 10.03.2004 - B 6 KA 113/03 B.

[22] *Schimmelpfeng-Schütte*, NZS 1997, 503, 507.

[23] Anders zu der vor In-Kraft-Treten des GMG geltenden Rechtslage BSG v. 27.01.1987 - 6 RKa 28/86 - BSGE 61, 146.

[24] BSG v. 16.07.2003 - B 6 KA 59/02 B.

[25] BSG v. 05.02.2003 - B 6 KA 6/02 R - SozR 4-2500 § 83 Nr. 1.

[26] BSG v. 10.03.2004 - B 6 KA 113/03 B.

[27] SG München v. 06.08.2002 - S 43 KA 5203/98 - RID 2003, Heft 4, S. 71.

33 Der Antrag ist schriftlich bei dem Vorsitzenden des Schiedsamts zu stellen (§ 14 Satz 1 SchiedsamtsVO). Darüber hinaus verlangt § 14 SchiedsamtsVO, dass der Antrag den Sachverhalt zu erläutern, ein zusammenfassendes Ergebnis der vorangegangenen Verhandlungen darzulegen sowie die Teile des Vertrages aufzuführen hat, über die eine Einigung nicht zu Stande gekommen ist. Wegen des Normzwecks, durch ein Schiedsamtsverfahren vertragslose Zustände zu vermeiden, ist an die Einhaltung dieser Förmlichkeiten kein strenger Maßstab zu stellen, es handelt sich ähnlich einer Klagebegründung nur um eine Obliegenheit, die den Antrag auf Durchführung des Schiedsamtsverfahrens nicht unzulässig macht.

2. Durch die Aufsichtsbehörde

34 Wird kein Antrag gestellt, so setzt die zuständige Aufsichtsbehörde nach § 89 Abs. 1a SGB V den Vertragsparteien eine **angemessene Frist**. Was als angemessen anzusehen ist, hängt von Schwierigkeiten und Bedeutung der Regelungsmaterie ab. Zu berücksichtigen hat die Aufsichtsbehörde dabei, dass die Vertragsparteien sich innerhalb dieser Zeit entweder einigen oder das Schiedsamt anrufen müssen. Bleiben die Vertragsparteien weiterhin untätig, so beginnt das Schiedsamtsverfahren gem. § 13 Abs. 1 Satz 2 SchiedsamtsVO mit dem von der zuständigen Aufsichtsbehörde mit Wirkung für die Vertragsparteien gestellten Antrag. Es ist dabei nicht Voraussetzung für eine wirksame Anrufung des Schiedsamts durch die Aufsichtsbehörde, dass die Anrufung im Konflikt mit beiden Gesamtvertragsparteien oder zumindest mit einer der Parteien erfolgt.[28]

3. Durch Kündigung des Vertrags

35 Kündigt einer der Vertragspartner den Vertrag, so hat er dies nach § 89 Abs. 1 Satz 2 SGB V dem Schiedsamt schriftlich mitzuteilen. Bis zum Ablauf der Kündigungsfrist haben die Vertragspartner die Möglichkeit sich zu einigen, erfolgt keine Einigung, beginnt das Schiedsamtsverfahren mit dem auf den Ablauf der Kündigungsfrist folgenden Tag (§ 13 Abs. 2 SchiedsamtsVO).

36 Eine allgemeine **Kündigungsfrist** für Verträge, die in Ausführung des SGB V von den beauftragten Selbstverwaltungskörperschaften geschlossen werden, enthält das SGB V nur in § 112 Abs. 4 Satz 1 SGB V für Verträge zwischen Krankenkassen und Krankenhausgesellschaften (dort von einem Jahr). Ansonsten richtet sich die Kündigungsfrist nach der im Vertrag vereinbarten Kündigungsfrist. So sieht beispielsweise § 65 Abs. 1 BMV-Ä eine Kündigungsfrist von 6 Monaten zum Schluss des Kalenderjahres vor.

37 Um einen **vertragslosen Zustand zu vermeiden,** ordnet das Gesetz die Weitergeltung der Bestimmungen des bisherigen Vertrages bis zu einer Entscheidung des Schiedsamts an.[29] Dies wird weder durch das Scheitern von Schiedsamtsverhandlungen in Frage gestellt noch dadurch, dass eine Entscheidung nicht binnen der Dreimonatsfrist des § 89 Abs. 1 Satz 3 SGB V ergeht.[30] Dies gilt aber nur bei Kündigung des Vertrags. Laufen Verträge durch Befristung aus, soll nach LSG Berlin die bisherige Vereinbarung nicht weiter gelten.[31] Die **Nachwirkungsanordnung** gilt nur für die schiedsamtsfähigen, also für gesetzlich vorgeschriebene Verträge, nicht aber für freiwillig abgeschlossene Verträge.[32] Das Schiedsamt darf in diesen Fällen nur tätig werden, wenn die Nachwirkungsanordnung und die Unterwerfung unter das Schiedsamt vertraglich vereinbart sind.

38 Nach welchen Regeln sich die **Rechtmäßigkeit der Kündigung** richtet, hängt in erster Linie davon ab, welche Regeln der gekündigte Vertrag hinsichtlich seiner Kündbarkeit aufstellt (beispielsweise für den BMV-Ä § 65), was ggf. durch Auslegung zu ermitteln ist. Der Regelung im Vertrag selbst kommt nach dem Grundsatz der Spezialität Vorrang zu.[33] Bestehen keine **Kündigungsklauseln**, ergibt sich ein Recht zur Kündigung und Anpassung unter den Voraussetzungen des § 59 SGB X. Diese für die Anpassung und Kündigung öffentlich-rechtlicher Verträge speziell einschlägige Vorschrift ist vorrangig heranzuziehen, zumal das SGB X für das Schiedsamtsverfahren subsidiär gilt (vgl. Rn. 49), so dass es eines Rückgriffs auf § 626 BGB nicht bedarf. Das Recht zur Kündigung ist im Zweifel weit auszulegen, um die Unkündbarkeit einmal abgeschlossener Verträge zu vermeiden und die erforderliche Anpassung an geänderte Umstände zu ermöglichen.[34]

---

[28] BSG v. 28.04.2004 - B 6 KA 62/03 R - SozR 4-5500 Art. 11 Nr. 1.

[29] Ebenso § 84 Abs. 1 SGB V in der Fassung des Gesetzes v. 26.04.2006 - BGBl I 2006, 984, 985.

[30] BSG v. 27.06.2001 - B 6 KA 7/00 R - SozR 3-2500 § 79 a Nr. 1.

[31] LSG Berlin v. 20.01.2005 - L 7 B 20/04 KA ER mit kritischer Anmerkung *Steinhilper*, MedR 2005, 488-489.

[32] BSG v. 10.03.2004 - B 6 KA 113/03 B.

[33] BSG v. 05.02.2003 - B 6 KA 6/02 R - SozR 4-2500 § 83 Nr.1.

[34] BSG v. 25.09.2001 - B 3 KR 14/00 R - SozR 3-2500 § 125 Nr. 7.

Ob die Kündigung des Vertrages selbst rechtmäßig ist, hat das Schiedsamt als Vorfrage zu prüfen und – verneinendenfalls – eine entsprechende Feststellung zu treffen, die der kündigende Vertragspartner gerichtlich nachprüfen lassen kann. 39

VI. Der Schiedsspruch

1. Umfang der Entscheidungsbefugnis

Die Entscheidungsbefugnis der Schiedsämter geht so weit, wie die Gestaltungsfreiheit der Vertragsparteien reicht, die sich aus dem streitigen gesetzlichen Regelungsauftrag ergibt und im Zweifel durch die **Auslegung der Ermächtigungsnorm** zu ermitteln ist. Sieht das Gesetz eine weite bzw. eingeschränkte Regelungsprärogative für die Vertragspartner vor, gilt dies gleichermaßen für das Schiedsamt. Das Schiedsamt hat grundsätzlich alle für die Vertragspartner geltenden gesetzlichen Regelungen gleichermaßen zu beachten. Die Regelungsbefugnis reicht somit nicht über die der Vertragsparteien hinaus, bleibt aber auch nicht dahinter zurück, sondern ist identisch mit dem der Vertragsparteien.[35] 40

2. Rechtscharakter des Schiedsspruchs

Bei der Entscheidung des Schiedsamts handelt es sich um einen **Verwaltungsakt**[36], durch den ein öffentlich-rechtlicher Vertrag zwischen den Vertragspartnern festgesetzt wird. Dass der von der Schiedsstelle ersetzte Vertrag gegenüber den Mitgliedern der Körperschaften Normwirkung hat (sog. **Doppelnatur des Schiedsspruchs**), ändert an dem Verwaltungsaktscharakter des Schiedsspruchs nichts.[37] Adressaten des Verwaltungsaktes und hierdurch möglicherweise beschwert sind allein die Vertragsparteien, die gegen den Schiedsspruch direkt Klage zum Sozialgericht erheben können. Versicherte und Ärzte können gegen den abgeschlossenen Vertrag nicht direkt gerichtlich vorgehen[38], seine Rechtmäßigkeit wird allerdings inzidenter geprüft, wenn ein darauf gestützter Ausführungsbescheid angefochten wird. 41

3. Eingeschränkte Rechtskontrolle

Schiedssprüche nach § 89 SGB V sind nur in eingeschränktem Umfang gerichtlicher Kontrolle zugänglich. Das Schiedsamt hat einen weiten **Beurteilungsspielraum**, vom BSG derzeit auch als Gestaltungsspielraum bezeichnet.[39] Die Beschränkung der gerichtlichen Kontrolle berücksichtigt, dass die Schiedsämter, deren Sprüche fehlende Vereinbarungen der zum Vertragsabschluss berufenen Vertragspartner ersetzen, **eine weite Gestaltungsfreiheit** haben. Dies trägt dem Wesen der Schiedssprüche Rechnung, die auf Interessenausgleich angelegt sind und Kompromisscharakter haben. Dementsprechend sind sie nur daraufhin zu überprüfen, ob sie die zwingenden rechtlichen Vorgaben eingehalten haben. Die inhaltliche Kontrolle beschränkt sich darauf, ob der vom Schiedsspruch zu Grunde gelegte Sachverhalt zutreffend ist und ob das Schiedsamt die zwingenden rechtlichen Vorgaben eingehalten hat, oder anders gesagt, ob das Schiedsamt den ihm zustehenden Gestaltungsspielraum eingehalten, es also die maßgeblichen Rechtsmaßstäbe beachtet hat.[40] 42

4. Umfang der Begründung

Der Schiedsspruch ist gegenüber den Vertragsparteien ein Verwaltungsakt, der so umfangreich zu begründen ist, dass die Einhaltung des Beurteilungsspielraums von den Vertragsparteien nachvollzogen und von den Gerichten kontrolliert werden kann. Die Begründung muss nur die Sicht der Vertragspar- 43

---

[35] BSG v. 14.12.2000 - B 3 P 19/00 R - SozR 3-3300 § 85 Nr. 1.

[36] St. Rspr. BSG v. 30.10.1963 - 6 RKa 4/62 - BSGE 20, 73; BSG v. 19.03.1997 - 6 RKa 36/96 - SozR 3-2500 § 85 Nr. 20 und BSG v. 14.12. 2000 - B 3 P 19/00 R - BSGE 87, 199; BSG v. 29.11.2006 - B 6 KA 4/06 R - ZfS 2007, 26-27.

[37] *Manssen,* ZfSH/SGB 1997, 81, 83; *Schnapp*, Bochumer Schriften zum Sozialrecht 2, Tagungsband 6.

[38] Zur Zulässigkeit einer Klage auf Feststellung der Unwirksamkeit einer vereinbarten Rechtsnorm BSG v. 13.01.1993 - 14a/6 RKa 67/91 - SozR 3-2500 § 88 Nr. 1.

[39] Vgl. zuletzt BSG v. 29.11.2006 - B 6 KA 4/06 R - ZfS 2007, 26-27.

[40] St. Rspr., zuletzt BSG v. 16.07.2003 - B 6 KA 29/02 R - SozR 4-2500 § 85 Nr. 3 sowie BSG v. 28.04.2004 - B 6 KA 62/03 R - SozR 4-5500 Art. 11 Nr. 1; BSG v. 27.04.2005 - B 6 KA 22/04 R; BSG v. 27.04.2005 - B 6 KA 42/04 R - SozR 4-2500 § 85 Nr. 16; BSG v.14.12.2005 - B 6 KA 25/04 R; BSG v. 19.07.2006 - B 6 KA 44/05 R - SGb 2007, 97 sowie BSG v. 29.11.2006 - B 6 KA 4/06 R - ZfS 2007, 26-27.

teien erfassen. LSG Hessen[41] hält es regelmäßig für ausreichend, wenn ein gefundenes Ergebnis hinnehmbar erscheint, seine Begründung sich im Rahmen der Plausibilität bewegt und keine offensichtliche Fehleinschätzung erkennen lässt. Soweit der Schiedsspruch an die Stelle von Vereinbarungen der Vertragspartner tritt, besteht eine Begründungspflicht gegenüber den von den vertraglichen Vereinbarungen betroffenen Ärzten oder Versicherten nicht, da der Inhalt vertraglicher Vereinbarungen grundsätzlich nicht begründungspflichtig ist.[42]

5. Gerichtlicher Rechtsschutz

44 Eines **Widerspruchsverfahrens** bedarf es nicht.[43] Die Notwendigkeit eines Vorverfahrens entfällt gem. § 78 Abs. 1 Nr. 1 SGG, weil § 89 Abs. 1 Satz 6 und Abs. 1a Satz 4 SGB V und auch die nach § 19 SchiedsamtsVO zu erteilende Rechtsmittelbelehrung von einer Klage direkt zum Sozialgericht ausgehen. Richtige Klageart ist die **kombinierte Anfechtungs- bzw. Abänderungsklage** in Verbindung mit einem Antrag auf Verpflichtung zur (wegen des Beurteilungsspielraums) Neubescheidung unter Beachtung der Rechtsauffassung des jeweils entscheidenden Gerichts. Aktivlegitimiert, bzw. im Rechtsmittelverfahren beschwert,[44] ist derjenige, dessen Recht zur Vertragsschließung durch das Schiedsamt mit Wirkung zu seinen Lasten ersetzt wurde. Beklagter ist das Schiedsamt, das selbst beteiligtenfähig (§ 70 Nr. 4 SGG) ist. Die übrigen Vertragspartner sind notwendig beizuladen (§ 75 Abs. 2 SGG). Wird der Klage stattgegeben, ist das **Schiedsamt** im Rechtsmittelverfahren mangels eigener Beschwer **nicht klagebefugt**.[45] Die Klage hat keine aufschiebende Wirkung (§ 89 Abs. 1 Satz 6 SGB V, der insoweit Spezialvorschrift i.S.v. § 86a Abs. 2 Nr. 4 SGG ist); hierdurch werden Gerichtsverfahren mit dem alleinigen oder überwiegenden Zweck der Verzögerung vermieden. Das Verfahren ist gerichtskostenpflichtig, die Höhe der Kosten hängt vom **Streitwert** ab, den das Gericht entsprechend der sich für den Kläger ergebenden Bedeutung der Sache zu schätzen hat (§ 197a SGG i.V.m. § 52 GKG). Im Verfahren auf Gewährung **einstweiligen Rechtsschutzes** darf eine eigene Gestaltung gesamtvertraglicher Regelungen durch das SG und damit eine Vorwegnahme des Schiedsverfahrens nicht erfolgen.[46]

45 Wird ein Schiedsspruch nicht beanstandet, aber von einer Vertragspartei gerichtlich angefochten, ist die Aufsichtsbehörde zum Verfahren beizuladen[47], damit sich die Rechtskraft des Urteils auch auf die Aufsichtsbehörde erstreckt, die sonst die Möglichkeit hätte, einen Schiedsspruch oder einen Vertrag in Ausführung des gerichtlichen Urteils zu beanstanden.

46 Der Vertragsarzt wird durch den Schiedsspruch allein nicht beschwert. Verletzungen von Verfahrensvorschriften beschweren ihn nicht in eigenen Rechten. Ist der Schiedsspruch Grundlage eines ihn belastenden Verwaltungsakts, ist die materielle Rechtmäßigkeit des Schiedsspruchs (bzw. der durch ihn ersetzten vertraglichen Regelung) Vorfrage und muss inzident geprüft werden. Eine Ausnahme gilt für Vereinbarungen über die Höhe der Gesamtvergütung. Diese sind im Honorarrechtsstreit zwischen Vertragsarzt und Kassenärztlicher Vereinigung nicht zu überprüfen. Die Kontrolle auf Rechtsverstöße erfolgt durch die Aufsichtsbehörde, deren Beanstandungen die Partner der Gesamtverträge gerichtlich anfechten können.[48]

VII. Die Durchführung des Schiedsverfahrens (§§ 14-19 SchiedsamtsVO)

1. Verfahrensvorschriften

47 Verfahrensvorschriften enthalten die §§ 14-19 SchiedsamtsVO und in Einzelfragen § 89 Abs. 1 und 1a SGB V.[49] Die SchiedsamtsVO regelt die **Förmlichkeiten der Antragstellung** (§ 14), verpflichtet die

---

[41] LSG Hessen v. 10.12.2003 - L 7 KA 425/02.

[42] LSG Mecklenburg-Vorpommern v. 22.05.2002 - L 1 KA 13/00 - juris Rn. 104 und LSG Mecklenburg-Vorpommern v. 22.05.2002 - L 1 KA 17/00 - juris Rn. 125; zur Begründungspflicht bei Normsetzung BSG v. 15.05.2002 - B 6 KA 33/01 R - SozR 3-2500 § 87 Nr. 34 S. 194.

[43] Ständige Rechtsprechung, vgl. BSG v. 30.10.1963 - 6 RKa 4/62 - BSGE 20, 73.

[44] Dazu BSG v. 27.04.2005 - B 6 KA 22/04 R - juris Rn. 13 und BSG v. 19.07.2006 - B 6 KA 44/05 R - juris Rn. 11 - SGb 2007, 97.

[45] BSG v. 10.05.2000 - B 6 KA 20/99 R - SozR 3-2500 § 85 Nr. 37.

[46] LSG Berlin v. 20.01.2005 - L 7 B 20/04 KA ER.

[47] BSG v. 20.09.1988 - 6 RKa 3/88 - BSGE 64, 78.

[48] BSG v. 31.08.2005 - B 6 KA 6/04 R - SozR 4-2500 § 85 Nr. 21.

[49] Eine ausführliche Darstellung der Verfahrensvorschriften gibt *Schnapp*, Handbuch des sozialrechtlichen Schiedsverfahrens, Kapitel B Abschnitt VI.

Vertragsparteien zur Vorlage von Unterlagen (§ 15), schreibt die Durchführung einer **mündlichen Verhandlung** (§ 16) vor und setzt, wenn es für deren Entschädigung die entsprechende Geltung des Justizvergütungs- und Entschädigungsgesetzes anordnet (§ 17), die **Vernehmung von Zeugen und Sachverständigen** voraus. Von § 89 Abs. 1a Satz 2 SGB V wird die Entscheidung mit der **Mehrheit seiner Mitglieder** vorgeschrieben, Stimmenthaltung ist unzulässig (§ 18 Abs. 1 Satz 2 SchiedsamtsVO). Werden die in sich selbstständigen Bestimmungen einer Gesamtregelung jeweils mit einer Mehrheit der Mitglieder des Gremiums eines Schiedsamts beschlossen, so ist der Vertragsinhalt insgesamt im Sinne des § 89 Abs. 1 Satz 3 SGB V mit der Mehrheit seiner Mitglieder auch dann zu Stande gekommen, wenn es sich um wechselnde Mehrheiten handelte.[50]

Darüber hinaus stellt die SchiedsamtsVO Regeln für die **Beschlussfähigkeit** in § 16 auf und schreibt 48 für Beratung und Beschlussfassung zwingend die Abwesenheit der Vertreter der Vertragsparteien vor. Die Entscheidung des Schiedsamts ist **schriftlich** zu erlassen, zu begründen, mit einer ordnungsgemäßen **Rechtsmittelbelehrung** zu versehen und den beteiligten Vertragsparteien **zuzustellen** (§ 19 SchiedsamtsVO). Der Schiedsspruch ist außerdem der zuständigen Aufsichtsbehörde bei Entscheidungen über die Vergütung von Leistungen nach den §§ 83 und 85 SGB V vorzulegen (§ 19 Satz 3 SchiedsamtsVO).

2. Subsidiarität des SGB X

Weil das Schiedsamtsverfahren mit einem gerichtlich nachprüfbaren Verwaltungsakt endet, wird es 49 dem Verwaltungsverfahren zugeordnet mit der Folge, dass das SGB X subsidiär Anwendung findet. Sowohl § 89 SGB V als auch die Vorschriften der SchiedsamtsVO haben jedoch als spezielle Regelungen eines anderen Buchs des Sozialgesetzbuchs gem. § 37 SGB I Vorrang vor den allgemeinen Verfahrensvorschriften des SGB X.

3. Prüfungsmaßstab der Rechtsprechung

Das BSG[51] überprüft Schiedssprüche nur darauf hin, ob sie die grundlegenden verfahrensrechtlichen 50 Anforderungen eingehalten haben, ob also das Schiedsamt den von ihm zu Grunde gelegten Sachverhalt in einem fairen Verfahren unter Wahrung des rechtlichen Gehörs ermittelt hat und der Schiedsspruch die Gründe für das Entscheidungsergebnis ausreichend erkennen lässt.

4. Handlungsfrist des Schiedsamts

§ 89 Abs. 1 und 1a SGB V setzt dem Schiedsamt generell eine Frist zur Festsetzung des Vertragsin- 51 halts von **drei Monaten** (eine Frist von nur zwei Monaten schreiben § 57 Abs. 1 Satz 9 SGB V für zahnärztliche Vergütungsvereinbarungen, § 84 Abs. 7a SGB V für Richtgrößenfestlegungen und § 291 Abs. 7b SGB V für die Kosten der Telematikinfrastruktur vor). Eine Fristüberschreitung berechtigt die Aufsichtsbehörde zur Nachfristsetzung und gegebenenfalls zur Ersatzvornahme (Absatz 1 Satz 5), ist aber für die Rechtmäßigkeit eines unter **Fristüberschreitung** ergangenen Schiedsspruchs insgesamt ohne Belang; insoweit handelt es sich nämlich lediglich um eine **Ordnungsvorschrift**.[52] Überschreitet das Schiedsamt die Handlungsfrist, kann die Aufsichtsbehörde gem. § 89 Abs. 1 Satz 5 SGB V dem Schiedsamt eine Nachfrist setzen und nach deren Ablauf den Vertragsinhalt selbst festsetzen. Die Vertragspartner haben darüber hinaus die Möglichkeit, Dienstaufsichtsbeschwerde oder Untätigkeitsklage zu erheben.[53]

5. Ablehnung wegen Befangenheit

Besondere Probleme bereiten in der Praxis die Anträge auf Ablehnung der unparteiischen Mitglieder 52 des Schiedsamts. Aus dem Charakter des Schiedsverfahrens als Verwaltungsverfahren ist abzuleiten, dass Befangenheitsanträge gem. § 17 Abs. 1 Satz 2 SGB X der **Aufsichtsbehörde zur Entscheidung vorzulegen** sind. Die §§ 17 Abs. 2 und 16 Abs. 4 SGB X finden keine Anwendung. Für die Zuständigkeit der Aufsichtsbehörde spricht, dass diese gem. § 4 Abs. 1 SchiedsamtsVO den Vorsitzenden und

---

50 BSG v. 20.10.2004 - B 6 KA 44/04 B.

51 BSG v. 16.07.2003 - B 6 KA 29/02 R - SozR 4-2500 § 85 Nr. 3 sowie BSG v. 28.04.2004 - B 6 KA 62/03 R - SozR 4-5500 Art. 11 Nr. 1; BSG v. 27.04.2005 - B 6 KA 22/04 R; BSG v. 27.04.2005 - B 6 KA 42/04 R - SozR 4-2500 § 85 Nr. 16; BSG v. 14.12.2005 - B 6 KA 25/04 R; BSG v. 19.07.2006 - B 6 KA 44/05 R - SGb 2007, 97 sowie BSG v. 29.11.2006 - B 6 KA 4/06 R - ZfS 2007, 26-27.

52 BSG v. 30.10.1963 - 6 RKa 4/62 - BSGE 20, 73.

53 So BSG v. 30.10.1963 - 6 RKa 4/62 - BSGE 20, 73.

die weiteren unparteiischen Mitglieder aus wichtigem Grund abberufen darf. An die Überparteilichkeit des Vorsitzenden und der zwei weiteren unparteiischen Mitglieder sind strenge Maßstäbe zu stellen, weil ihre Unparteilichkeit in Hinblick auf die (wegen des Beurteilungsspielraums (vgl. Rn. 43) und des nur einstufigen Verfahrens, vgl. dazu Rn. 44) eingeschränkte rechtliche Überprüfbarkeit des Schiedsspruchs das Kernstück ihrer Amtsausübung darstellt[54]

VIII. Aufsicht über die Schiedsämter (Absatz 5)

53 Wenn die Vertragsparteien Schwierigkeiten haben zu einem Vertragsabschluss zu kommen, ist es Aufgabe der aufsichtführenden Behörden, den gesetzlichen Auftrag zum Vertragsabschluss durchzusetzen. Geregelt ist in § 89 SGB V die Befugnis der Aufsichtsbehörden zur Ersatzvornahme, wenn keine der Vertragsparteien einen Antrag stellt (Absatz 1a) oder das Schiedsamt innerhalb angemessener Zeit nicht entscheidet (Absatz 1 Satz 5). Bezüglich der Richtigkeit der Schiedssprüche gibt § 89 Abs. 5 Satz 5 SGB V für Rechtsverstöße bei den in § 89 Abs. 5 Satz 4 SGB V genannten Regelungsmaterien der Aufsichtsbehörde ein Beanstandungsrecht. In allen anderen Fällen von rechtswidrigen Schiedssprüchen muss die Aufsichtsbehörde nach § 89 Abs. 1 SGB IV das Schiedsamt bzw. die Vertragspartner **verpflichten, die Rechtsverletzung zu beheben.** In beiden Fällen sind die Vertragspartner gegen die Aufsichtsverfügung klagebefugt, nicht aber das Schiedsamt, selbst wenn es um den Bestand des Schiedsspruchs geht.[55]

1. Aufsichtsführende Behörde

54 Die Aufsicht über die Landesschiedsämter führen nach § 89 Abs. 5 SGB V die für die Sozialversicherung zuständigen **obersten Verwaltungsbehörden der Länder** oder die von den Landesregierungen durch Rechtsverordnung bestimmten Behörden. Die Landesregierungen können diese Ermächtigung auf die obersten Landesbehörden weiter übertragen. Die Aufsicht über die Bundesschiedsämter führt das BMG (§ 89 Abs. 5 Satz 2 SGB V).

55 Im Bereich der Ersatzkassen besteht ein **zweigleisiges Aufsichtsrecht**. Da die Verbände der Ersatzkassen[56] keine Landesverbände haben, unterliegen sie der Rechtsaufsicht des Bundesversicherungsamtes, während für die Kassenärztlichen Vereinigungen und die Landesverbände der (Primär-)Krankenkassen gem. § 90 Abs. 2 SGB IV die Aufsichtsbehörden der Länder zuständig sind. Es kann deshalb vorkommen, dass die eine Aufsichtsbehörde beanstandet, was die andere akzeptiert.[57] Da von einer Aufsichtsverfügung die anderen Vertragsparteien ebenfalls betroffen sind, können sie auch gegen die an andere Körperschaften gerichteten **Aufsichtsverfügungen** gerichtlich vorgehen.[58] Grundsätzlich sind alle Vertragspartner gegen eine Aufsichtsverfügung klagebefugt, die den Bestand des Schiedsspruchs berührt.[59]

2. Inhalt der Aufsicht

56 Die Aufsicht über die Schiedsämter erstreckt sich auf die Beachtung von **Gesetz und sonstigem Recht**[60] (§ 89 Abs. 5 Satz 3 SGB V). Die Schiedsämter unterliegen damit in gleichem Ausmaß der Aufsicht wie nach § 78 Abs. 3 SGB V die Kassenärztlichen Vereinigungen bzw. die Kassenärztliche Bundesvereinigung und die Krankenkassen gem. § 208 Abs. 2 SGB V i.V.m. § 87 Abs. 1 Satz 2 SGB IV. Für die Ausübung der Rechtsaufsicht gilt deswegen § 89 Abs. 1 SGB IV mit den dort näher geregelten Aufsichtsmitteln entsprechend. Anders als in § 78 Abs. 3 SGB V und § 208 Abs. 2 SGB V ist dies in § 89 SGB V zwar nicht ausdrücklich angeordnet, die Schiedsämter können aber insoweit keinen anderen Maßstäben unterliegen wie die Vertragspartner, an deren Stelle sie tätig werden. Die allgemeine Verpflichtung zur Unterrichtung und Auskunftserteilung nach § 88 Abs. 2 SGB IV gegenüber der Rechtsaufsichtsbehörde gilt auch für Schiedsämter. Ausdrücklich vorgeschrieben ist in § 19 Satz 3

[54] SG Kiel v. 20.08.2004 - S 13 KA 65/04 R - Zahn und Recht 2005, 25.

[55] BSG v. 10.05.2000 - B 6 KA 20/99 R - SozR 3-2500 § 85 Nr. 37.

[56] Ab 01.07.2008 fällt der Ausdruck „Verbände der" weg – vgl. Art. 1 Nr. 59 WSG - BGBl I 2007, 378, 402.

[57] Dazu *Schnapp*, NZS 2003, 1.

[58] Vgl. zu einer solchen Fallkonstellation BSG v. 17.11.1999 - B 6 KA 10/99 R - SozR 3-2500 § 71 Nr. 1.

[59] BSG v. 10.05.2000 - B 6 KA 20/99 R - SozR 3-2500, § 85 Nr. 37.

[60] Zu Umfang und Einschränkungen der allgemeinen Rechtsaufsicht: BSG v 22.03.2005 - B 1 A 1/03 R - SozR 4-2400 § 89 Nr. 3.

SchiedsamtsVO und in § 89 Abs. 5 Satz 4 SGB V die Pflicht des Schiedsamts zur unaufgeforderten Vorlage ergangener Schiedssprüche, soweit sie die Vergütung von Leistungen nach den §§ 57 Abs. 1 und 2, 83 und 85 SGB V (ab 01.07.2008 auch § 87a SGB V) zum Inhalt haben.

Die Rechte der Aufsichtsbehörde reichen nicht weiter als die Rechte der Gerichte bei der gerichtlichen Kontrolle. Das bedeutet, dass die Aufsichtsbehörden die Gestaltungs- und **Beurteilungsspielräume** des Schiedsamts in gleicher Weise **zu beachten** haben wie die Gerichte und sich die Beanstandungen auch nur auf die den Gerichten eingeräumte Kontrolle hinsichtlich der Richtigkeit der zugrunde gelegten Tatsachen sowie die Einhaltung zwingender Normen beschränken (vgl. dazu Rn. 42).[61] 57

3. Recht der Aufsichtsbehörde zur Anrufung des Schiedsamts und zur Ersatzvornahme

Als dem allgemeinen Aufsichtsrecht nach den §§ 87 ff. SGB IV **vorgehende Spezialregelung** gibt § 89 Abs. 1a SGB V der Aufsichtsbehörde die Befugnis, an Stelle der untätigen Vertragsparteien das Schiedsamt mit Wirkung für die Vertragsparteien anzurufen. Kommt nach Anrufung des Schiedsamts ein Vertrag in angemessener Zeit nicht zu Stande, so kann nach § 89 Abs. 1 Satz 5 SGB V die Aufsichtsbehörde nach angemessener Fristsetzung den **Vertragsinhalt selbst festsetzen**. Gegen die Festsetzung des Vertragsinhalts durch die Aufsichtsbehörde ist die Klage zulässig. Da die Aufsichtsbehörde anstelle des Schiedsamts tätig wird, hat die Klage gegen die im Wege der Ersatzvornahme durch die Aufsichtsbehörde vorgenommene Festsetzung in analoger Anwendung von § 89 Abs. 1 Satz 6 SGB V und § 89 Abs. 1a Satz 4 SGB V ebenfalls keine aufschiebende Wirkung. Was für die Festsetzung durch die in erster Linie berufene Stelle gilt, muss in gleicher Weise für die im Wege der Ersatzvornahme erfolgte Festsetzung gelten. 58

4. Beanstandungsrecht

Das Beanstandungsrecht nach § 89 Abs. 5 Satz 5 **SGB V** ist von dem aufsichtsrechtlichen Recht zur Beanstandung rechtswidriger Schiedssprüche gem. § 89 Abs. 1 Satz 2 **SGB IV** zu unterscheiden. 59

a. Beschränkung des Beanstandungsrechts auf die Fallgruppen nach Absatz 5 Satz 5

Die Entscheidungen der Schiedsämter über die **Vergütung der Leistungen nach den §§ 57 Abs. 1 und 2, 83 und 85 SGB V** (ab 01.07.2008 auch § 87a SGB V) sind den zuständigen Aufsichtsbehörden vorzulegen. Die Aufsichtsbehörden können danach die Entscheidungen bei einem Rechtsverstoß innerhalb von zwei Monaten nach Vorlage beanstanden. § 89 Abs. 5 Sätze 4 und 5 SGB V sind im Zusammenhang zu lesen. Es besteht (anders als für den GBA nach § 94 SGB V) **kein allgemeines Beanstandungsrecht,** sondern nur für die im Gesetz in Satz 4 abschließend aufgezählten Fälle. 60

b. Folgen der Beanstandung

Beanstandungen der Aufsichtsbehörde nach § 71 Abs. 2 SGB V (jetzt § 71 Abs. 4 SGB V) führen nach der Rechtsprechung des BSG[62] unmittelbar und ohne die Notwendigkeit der Anordnung einer sofortigen Vollziehung zur **vollständigen Unwirksamkeit** der beanstandeten Vereinbarung. Nichts anderes kann für das wortgleich geregelte Beanstandungsrecht nach § 89 Abs. 5 Satz 5 SGB V gelten. Bei zweigleisigen Aufsichtsverfahren können sowohl die Landesaufsichtsbehörde als auch die Bundesaufsichtsbehörde das Beanstandungsrecht ausüben.[63] 61

c. Rechtsschutz gegen die Beanstandung

Gegen die Beanstandungen steht den Vertragspartnern der Rechtsweg zu den Sozialgerichten offen. Nach § 89 Abs. 5 Satz 6 SGB V gelten für Klagen der Vertragspartner gegen die Beanstandungen die Vorschriften über die Anfechtungsklage, hier als **Aufsichtsklage** gem. § 54 Abs. 3 SGG[64] entsprechend. § 89 Abs. 5 Satz 6 SGB V enthält also innerhalb des SGB V Regelungen des materiellen sozialgerichtlichen Verfahrensrechts. Ausreichend ist die Anfechtung, da die Aufhebung der Beanstandung zur Wiederherstellung der beanstandeten Regelung führt. Eines Vorverfahrens bedarf es gem. § 78 Abs. 1 Nr. 1 SGG dabei nicht, ansonsten müssen aber alle anderen Prozessvoraussetzungen gege- 62

[61] BSG v. 10.05.2000 - B 6 KA 20/99 R - SozR 3-2500 § 85 Nr. 37.
[62] BSG v. 17.11.1999 - B 6 KA 10/99 R - SozR 3-2500 § 71 Nr. 1.
[63] BSG v. 17.11.1999 - B 6 KA 10/99 R - SozR 3-2500 § 71 Nr. 1.
[64] BSG v. 17.11.1999 - B 6 KA 10/99 R - SozR 3-1500 § 71 Nr. 1.

ben sein.[65] Im Verfahren der Aufsichtsklage ist das **Schiedsamt selbst nicht klagebefugt,** weil es durch die Aufhebung des Schiedsspruchs nicht in eigenen Rechten verletzt ist. Aktiv legitimiert sind nur die Vertragsparteien.[66]

IX. Träger der Schiedsämter (Absätze 2 und 4)

63 Schiedsämter sind auf Landesebene sowohl für den vertragsärztlichen als auch für den vertragszahnärztlichen Bereich zu bilden. Auch auf Bundesebene sind Schiedsämter getrennt jeweils für die vertragsärztliche und die vertragszahnärztliche Versorgung zu errichten. Die **Zuständigkeitsabgrenzung** zwischen Landes- und Bundesschiedsämtern entspricht der Zuständigkeitsabgrenzung zwischen den Kassen(zahn)ärztlichen Vereinigungen und der Kassen(zahn)ärztlichen Bundesvereinigung.

64 Die Landesschiedsämter werden durch die Kassenärztlichen Vereinigungen, die Landesverbände der Krankenkassen sowie die Verbände der Ersatzkassen[67] gebildet (§ 89 Abs. 2 Satz 1 SGB V). Die Bundesschiedsämter bilden die Kassenärztlichen Bundesvereinigungen bzw. (bis 30.06.2007) die Bundesverbände der Krankenkassen, der Bundesknappschaft und der Verbände der Ersatzkassen (ab 01.07.2008 der Spitzenverband Bund der Krankenkassen[68]) (§ 89 Abs. 4 SGB V). Ersatzkassen und Primärkassen sind somit gemeinsam im gleichen Schiedsamt vertreten.

65 Die Geschäfte der Landesschiedsämter werden nach § 11 SchiedsamtsVO bei den Landesverbänden der Ortskrankenkassen, die Geschäfte der Bundesschiedsämter bei dem Bundesverband der Ortskrankenkassen (ab 01.07.2008 bei dem Spitzenverband Bund der Krankenkassen[69]) geführt. Ist nur eine Kassenart von den Schiedsamtsverfahren betroffen, werden die Geschäfte bei dem betroffenen Landes- oder Bundesverband geführt, die Bestimmung einer anderen Stelle ist möglich (§ 11 Satz 3 SchiedsamtsVO).

X. Zusammensetzung der Schiedsämter (Absätze 2 und 3)

1. Besetzung

66 Landesschiedsämter und Bundesschiedsämter bestehen jeweils aus dem unparteiischen Vorsitzenden, zwei weiteren unparteiischen Mitgliedern sowie nach § 1 Abs. 1 Satz 1 SchiedsamtsVO aus sieben (ab 01.07.2008 vier) Vertretern der Ärzte (Zahnärzte) und sieben (ab 01.07.2008 vier[70]) Vertretern der Krankenkassen. Die Besetzung mit einem unparteiischen Vorsitzenden, zwei weiteren unparteiischen Mitgliedern und einer paritätischen Besetzung mit Ärzten und Krankenkassenvertretern ist in § 89 Abs. 2 SGB V zwingend vorgegeben. Das Gesetz verlangt insoweit Vertreter von Ärzten und Krankenkassen in gleicher Zahl. Vom **Grundsatz der Parität** darf auch dann nicht abgewichen werden, wenn bei Verträgen, die nicht alle Kassenarten betreffen, nur Vertreter der betroffenen Kassenarten mitwirken. In diesem Fall reduziert sich die Zahl der Vertreter der Ärzte/Zahnärzte entsprechend (vgl. § 89 Abs. 2 Sätze 3 und 4 SGB V sowie § 1 Abs. 2 SchiedsamtsVO).

2. Bestellung und Amtszeit der Mitglieder

67 Der Vorsitzende und die weiteren unparteiischen Mitglieder sowie deren Stellvertreter sollen von den Kassenärztlichen Vereinigungen und den Verbänden der Krankenkassen **einvernehmlich** bestellt werden. Können sich die Krankenkassen untereinander nicht einigen, ist eine für alle Krankenkassen gültige einheitliche Entscheidung im Verfahren nach § 213 Abs. 2 SGB V in der bis 31.12.2008 geltenden Fassung[71] zu treffen. Kommt eine Einigung sonst nicht zu Stande, stellen Ärzte und Krankenkassen jeweils eine eigene Liste auf, die mindestens die Namen für zwei Vorsitzende und je zwei weitere unparteiische Mitglieder sowie deren Stellvertreter enthalten muss. Anschließend entscheidet, anders als in § 106 Abs. 4 Satz 6 SGB V oder in § 91 Abs. 2 Satz 3 SGB V, nicht die Rechtsaufsichtsbehörde, sondern das Los. Die Amtszeit der **durch Los** ermittelten Mitglieder beträgt ein Jahr (§ 89 Abs. 3 Satz 6

---

[65] BSG v. 17.11.1999 - B 6 KA 10/99 R - SozR 3-2500 § 71 Nr. 1.

[66] BSG v. 16.07.2003 - B 6 KA 29/02 R - SozR 4-2500 § 85 Nr. 3 und BSG v. 10.05.2000 - B6 KA 20/99 R - SozR 3-2500 § 85 Nr. 37.

[67] Ab 01.01.2007 fällt der Ausdruck „Verbände der" weg – vgl. Art. 1 Nr. 59 WSG - BGBl I 2007, 378, 402.

[68] Vgl. Art. 1 Nr. 59 WSG - BGBl I 2007, 378, 402.

[69] Vgl. Art. 24 WSG - BGBl I 2007, 378, 459.

[70] Vgl. Art. 24 WSG - BGBl I 2007, 378, 459.

[71] Vgl. Art. 1 Nr. 59 lit. b sublit. bb WSG - BGBl I 2007, 378, 402.

SGB V), ansonsten beträgt die **Amtszeit vier Jahre** (§ 89 Abs. 3 Satz 3 SGB V und § 3 SchiedsamtsVO). Die Vertreter der Ärzte/Zahnärzte sowie die Vertreter der Krankenkassen können von den Körperschaften, die sie bestellt haben, abberufen werden (§ 4 Abs. 2 SchiedsamtsVO). Der Vorsitzende und die zwei weiteren unparteiischen Mitglieder können aus **wichtigem Grund** von der Rechtsaufsichtsbehörde nach Anhörung der beteiligten Körperschaften **abberufen** werden (§ 4 Abs. 1 SchiedsamtsVO). Ein solcher wichtiger Grund kann in einem Verhalten liegen, das den Vorwurf der Befangenheit in künftigen Verfahren rechtfertigt (vgl. Rn. 52).

3. Rechtsstellung der Mitglieder des Schiedsamts

Die Mitglieder des Schiedsamts führen ihr Amt als **Ehrenamt** (§ 89 Abs. 3 Satz 7 SGB V). Sie sind zur Teilnahme an den Sitzungen verpflichtet (§ 6 SchiedsamtsVO) und haben Anspruch auf Reisekosten bzw. der Vorsitzende und die weiteren unparteiischen Mitglieder auf Entschädigung durch einen Pauschbetrag (vgl. die §§ 7-10 SchiedsamtsVO). Die Höhe der Entschädigung richtet sich nach billigem Ermessen unter Orientierung an den Zeit- und Vermögenseinbußen eines Schiedsamtsvorsitzenden; die Grundsätze für die Vergütung von Vorstandsmitgliedern der Kassenärztlichen Vereinigungen sind auf die Vorsitzenden von Schiedsämtern nicht übertragbar.[72] 68

Die Mitglieder des Schiedsamts sind an **Weisungen nicht gebunden** (§ 89 Abs. 3 Satz 8 SGB V). Wegen des Vorrangs der gesetzlichen Weisungsfreiheit berechtigen Meinungsverschiedenheiten zwischen dem Vertreter und seiner entsendenden Körperschaft nicht zur Abberufung. Dies ist bei der Anwendung von § 4 Abs. 2 SchiedsamtsVO zu beachten, soweit dort den entsendenden Körperschaften das Recht eingeräumt wird, ihre Vertreter wieder abzuberufen. Der Grundsatz der Weisungsfreiheit nach § 89 Abs. 3 Satz 8 SGB V schließt ein **imperatives Mandat** aus; ihm kommt Vorrang zu vor dem Recht der beteiligten Körperschaften, ihre Vertreter wieder abberufen zu können. Ob § 4 Abs. 2 SchiedsamtsVO insoweit überhaupt eine gesetzliche Ermächtigungsgrundlage hat, erscheint zweifelhaft. 69

XI. Das Schiedsamt Zahntechniker-Krankenkassen (Absätze 7 und 8)

Absatz 7 sieht die Errichtung eines Bundesschiedsamts, Absatz 8 die Errichtung von Landesschiedsämtern vor, wenn Vertragsverhandlungen zwischen Zahntechnikern und Krankenkassen scheitern. 70

Die Rechtsverhältnisse von Zahntechnikern bei der Versorgung mit Zahnersatz sind zweigleisig ausgestaltet. Einerseits rechnet der Zahntechniker über den Zahnarzt ab, mit dem privatrechtliche Beziehungen bestehen, auf der anderen Seite werden die abrechnungsfähigen Leistungen und die entsprechenden Preise durch öffentlich-rechtliche Vereinbarung mit den Krankenkassen bestimmt.[73] § 88 Abs. 1 SGB V überträgt den Spitzenverbänden der Krankenkassen und dem Verband deutscher Zahntechniker-Innungen die **Vereinbarung eines bundeseinheitlichen Verzeichnisses der abrechnungsfähigen zahntechnischen Leistungen**. § 88 Abs. 2 SGB V sieht die Vereinbarung von Vergütungen auf Landesebene durch die Landesverbände der Krankenkassen und die Innungsverbände der Zahntechniker als Höchstpreise für diese zahntechnischen Leistungen vor. 71

Für den Fall, dass es zu keinem Vertragsabschluss kommt, musste der Gesetzgeber durch die Errichtung eines Schiedsamts Vorsorge treffen. Die Einführung der Schiedsämter nach § 89 Abs. 7 und 8 SGB V erfolgte deshalb im Zusammenhang mit der Neuregelung der zahntechnischen Leistungen in § 88 SGB V durch das GRG.[74] 72

Die Schiedsämter werden gebildet von dem Verband Deutscher Zahntechniker-Innungen einerseits und den Spitzenverbänden der Krankenkassen (ab 01.07.2008 Spitzenverband Bund der Krankenversicherung[75]) andererseits bzw. auf Landesebene von den Innungsverbänden der Zahntechniker und den Landesverbänden der Krankenkassen. 73

Die Besonderheit besteht darin, dass **anstelle der Zahnärzte Vertreter der Zahntechniker** als Mitglieder des Schiedsamts tätig werden. 74

Die rechtliche Ausgestaltung des Schiedsamts Zahntechniker-Krankenkassen folgt dem Beispiel der Schiedsämter nach § 89 Abs. 1-6 SGB V. Dies ist an sich bereits aus der systematischen Stellung der Vorschriften als Ergänzung zu den vorhergehenden Regelungen in § 89 SGB V abzuleiten, wurde je- 75

---

[72] BSG v. 27.06.2001 - B 6 KA 86/00 B.

[73] *Schnapp*, SGb 1989, 361-364.

[74] BGBl I 1988, 2477.

[75] Art. 1 Nr. 59 WSG - BGBl I 2007, 378, 402.

doch vom Gesetzgeber im GSG[76] durch Einfügung von § 89 Abs. 7 Satz 3 SGB V sowie § 89 Abs. 8 Satz 3 SGB V und die darin angeordnete entsprechende Geltung der Absätze 1, 1a, 3 und 5 ausdrücklich klargestellt. Die SchiedsamtsVO gilt für das Bundesschiedsamt auf Grund ausdrücklicher Verweisung in Absatz 7 Satz 3, für die Landesschiedsämter fehlt zwar eine entsprechende Geltungsanordnung, gegen ihre entsprechende Anwendbarkeit lassen sich aus der Regelung in Absatz 8 aber keine Anhaltspunkte herleiten.

C. Praxishinweise

76 Bei der rechtlichen Prüfung von Schiedssprüchen ist streng zwischen der **Ebene der Vertragsparteien** und der **Ebene der** von den vertraglichen Regelungen betroffenen **Versicherten und Ärzte** zu unterscheiden. Der Schiedsspruch ist ein Verwaltungsakt gegenüber den Vertragsparteien. Die rechtlichen Auswirkungen der Verträge auf die Versicherten oder Ärzte sind davon gesondert zu beurteilen.

77 Die Verträge sind für Ärzte gem. § 95 Abs. 3 Satz 3 SGB V grundsätzlich verbindlich. Ob Ärzte durch den Inhalt eines Vertrages in eigenen Rechten beeinträchtigt werden, ist vorrangig anhand der jeweiligen **Ermächtigungsgrundlage** für die vertragliche Vereinbarung zu beurteilen, danach ist zu prüfen, ob der Arzt in seinem Grundrecht der Berufsausübungsfreiheit aus **Art. 12 GG** verletzt sein kann.

78 Ob Versicherte durch den Inhalt der vertraglichen Vereinbarungen in rechtswidriger Weise betroffen sind, richtet sich nach dem Inhalt der jeweiligen Ermächtigungsnorm und nach den Grenzen des Beurteilungsspielraums, den das Gesetz den Vertragspartnern einräumt.

D. Reformbestrebungen

79 Gesetzesentwürfe mit dem Ziel einer Änderung oder Ergänzung von § 89 SGB V sind derzeit nicht bekannt. Eine neuere **Tendenz des Gesetzgebers** geht in ihm rechtpolitisch wichtigen Fragen dahin, dass das BMG im Falle des Scheiterns von Vertragsverhandlungen das Verfahren an sich zieht und selbst entscheidet. Statt der Einschaltung eines Schiedsamtes ergeht entweder

- eine Rechtsverordnung (vgl. etwa § 305 Abs. 2 Satz 7 SGB V (Auskünfte an Versicherte), § 291a Abs. 3 Satz 9 und Abs. 7 Satz 4 SGB V (elektronische Gesundheitskarte), § 293 Abs. 3 SGB V (Kennzeichen bei maschinell verwertbaren Datenträgern)),
- der Ersatz einer Vereinbarung (§ 87 Abs. 6 SGB V (Bewertungsausschuss), § 106a Abs. 5 und 6 SGB V und § 106 Abs. 2b SGB V (Richtlinien zur Durchführung der Wirtschaftlichkeitsprüfung)),
- die Feststellung des Punktwerts (§ 85d SGB V), oder
- der Erlass einer Richtlinie § 94 SGB V (Richtlinien des GBA).

80 Hinzu kommt, dass im GMG weitere wesentliche Regelungsmaterien aus der direkten vertraglichen Verantwortung der Selbstverwaltungskörperschaften genommen und dem GBA zur verbindlichen Entscheidung übertragen wurden.

[76] BGBl I 1992, 2266.

Sechster Titel: Landesausschüsse und Gemeinsamer Bundesausschuss

§ 90 SGB V Landesausschüsse

(Fassung vom 31.10.2006, gültig ab 08.11.2006, gültig bis 30.06.2008)

(1) Die Kassenärztlichen Vereinigungen und die Landesverbände der Krankenkassen bilden für den Bereich jedes Landes einen Landesausschuß der Ärzte und Krankenkassen und einen Landesausschuß der Zahnärzte und Krankenkassen. Für die Ersatzkassen nehmen deren Verbände die Aufgabe der Landesverbände nach Satz 1 wahr. Die Verbände der Ersatzkassen können diese Aufgabe auf eine im Bezirk der Kassenärztlichen Vereinigung von den Ersatzkassen gebildete Arbeitsgemeinschaft oder eine Ersatzkasse übertragen.

(2) Die Landesausschüsse bestehen aus einem unparteiischen Vorsitzenden, zwei weiteren unparteiischen Mitgliedern, acht Vertretern der Ärzte, drei Vertretern der Ortskrankenkassen, zwei Vertretern der Ersatzkassen, je einem Vertreter der Betriebskrankenkassen, der Innungskrankenkassen und der landwirtschaftlichen Krankenkassen. Über den Vorsitzenden und die zwei weiteren unparteiischen Mitglieder sowie deren Stellvertreter sollen sich die Kassenärztlichen Vereinigungen und die Landesverbände einigen. Kommt eine Einigung nicht zustande, werden sie durch die für die Sozialversicherung zuständige oberste Verwaltungsbehörde des Landes im Benehmen mit den Kassenärztlichen Vereinigungen und den Landesverbänden der Krankenkassen berufen. Besteht in dem Bereich eines Landesausschusses ein Landesverband einer bestimmten Kassenart nicht und verringert sich dadurch die Zahl der Vertreter der Krankenkassen, verringert sich die Zahl der Ärzte entsprechend. Die Vertreter der Ärzte und ihre Stellvertreter werden von den Kassenärztlichen Vereinigungen, die Vertreter der Krankenkassen und ihre Stellvertreter werden von den Landesverbänden der Krankenkassen bestellt.

(3) Die Mitglieder der Landesausschüsse führen ihr Amt als Ehrenamt. Sie sind an Weisungen nicht gebunden. Die beteiligten Kassenärztlichen Vereinigungen und die Verbände der Krankenkassen tragen die Kosten der Landesausschüsse je zur Hälfte. Das Bundesministerium für Gesundheit bestimmt durch Rechtsverordnung mit Zustimmung des Bundesrates nach Anhörung der Kassenärztlichen Bundesvereinigungen, der Bundesverbände der Krankenkassen, der Deutschen Rentenversicherung Knappschaft-Bahn-See und der Verbände der Ersatzkassen das Nähere für die Amtsdauer, die Amtsführung, die Erstattung der baren Auslagen und die Entschädigung für Zeitaufwand der Ausschußmitglieder sowie über die Verteilung der Kosten.

(4) Die Aufgaben der Landesausschüsse bestimmen sich nach diesem Buch. Die Aufsicht über die Geschäftsführung der Landesausschüsse führen die für die Sozialversicherung zuständigen obersten Verwaltungsbehörden der Länder.

Gliederung

A. Basisinformation

I. Textgeschichte

1 Die Einrichtung von Landesausschüssen der Ärzte und Krankenkassen wird erstmals durch das Gesetz vom 17.08.1955[1] vorgesehen. Das GRG hat die bis dahin geltende Regelung in § 90 SGB V in gestraffter Form übernommen; die Vorschrift hat seitdem praktisch keine Änderung erfahren.

II. Vorgängervorschriften

2 § 368o RVO enthielt bis 31.12.1988 die Regelungen über Einrichtung, Träger und Zusammensetzung der Landesausschüsse.

III. Parallelvorschriften

3 Vergleichbare Regelungen enthält das SGB V

- hinsichtlich der paritätischen Zusammensetzung unter neutralem Vorsitz in § 87 Abs. 4 SGB V (erweiterter Bewertungsausschuss), § 89 Abs. 2 SGB V (Schiedsamt), § 97 Abs. 2 SGB V (Berufungsausschuss) und § 106 Abs. 4 Satz 2 SGB V (Prüfungs- und Beschwerdeausschüsse),
- hinsichtlich der ersatzweisen Bestellung des Vorsitzenden durch die Rechtsaufsichtsbehörde im Benehmen mit Kassenärztlicher Vereinigung und Krankenkassen in § 91 Abs. 2 Satz 3 SGB V (Gemeinsamer Bundesausschuss), § 97 Abs. 2 Satz 3 SGB V (Berufungsausschüsse) und in § 106 Abs. 4 Satz 6 SGB V (Beschwerdeausschüsse),
- hinsichtlich der Rechtsstellung der Mitglieder (Ehrenamtlichkeit und Weisungsfreiheit) in § 89 Abs. 3 Satz 7 SGB V (Schiedsamt), § 91 Abs. 2 Satz 5 SGB V (Gemeinsamer Bundesausschuss), § 96 Abs. 2 Satz 4 SGB V (Zulassungsausschüsse) und § 97 Abs. 2 Satz 4 (Berufungsausschüsse).

IV. Systematische Zusammenhänge

4 Die Landesausschüsse sind mit den anderen gesetzlichen paritätisch mit Ärzten und Krankenkassenvertretern besetzten Ausschüssen unter neutralem Vorsitz (beispielsweise dem erweiterten Bewertungsausschuss, den Schiedsämtern nach den §§ 89 und 114 SGB V, den Berufungs- und Beschwerdeausschüssen sowie dem Gemeinsamen Bundesausschuss) in Bezug auf die institutionelle Ausgestaltung grundsätzlich vergleichbar, nicht aber hinsichtlich der eingeräumten Kompetenzen, die sich auf Länderebene und dort allein auf die Durchführung der Bedarfsplanung beschränken.

V. Rechtsverordnung

5 „Verordnung über die Amtsdauer, Amtsführung und Entschädigung der Mitglieder des Gemeinsamen Bundesausschusses und der Landesausschüsse der Ärzte (Zahnärzte) und Krankenkassen – **Ausschussmitgliederverordnung** – AMV" vom 10.11.1956[2], geändert durch Verordnung vom 12.03.1980[3], Art. 18 des GMG vom 14.11.2003[4], Art. 1 Erste ÄnderungsVO vom 02.09.2004[5] und zuletzt mit Wirkung ab 01.07.2008 durch Art. 23 WSG[6].

---

1 BGBl I 1955, 513.
2 BGBl I 1956, 861.
3 BGBl I 1980, 282.
4 BGBl I 2003, 2190.
5 BGBl I 2004, 2352.
6 BGBl I 2007, 378, 459.

B. Auslegung der Norm:

I. Regelungsgehalt, Normzweck und Bedeutung der Norm

§ 90 SGB V enthält Vorschriften zur institutionellen Ausgestaltung der Landesausschüsse hinsichtlich Trägerschaft, Besetzung, Rechtsstellung seiner Mitglieder und Aufsicht. Der Gesetzgeber hat damit ein Gremium geschaffen, dem er in anderen Vorschriften dauerhaft oder im Zusammenhang mit Übergangsvorschriften Aufgaben der Bedarfsplanung übertragen hat. 6

Die Bedeutung der Landesausschüsse beschränkt sich auf die **Mitwirkung bei der Bedarfsplanung,** wobei den Landesausschüssen in erster Linie die Aufgabe zukommt, statistische Daten heranzuziehen, diese entsprechend den Vorgaben in den Bedarfsplanungs-Richtlinien zusammenzufassen und gestützt auf die danach durchgeführten Bedarfsanalysen Überversorgung bzw. Unterversorgung festzustellen.[7] Die von den Landesausschüssen ermittelten Daten und die auf den festgestellten Daten basierenden Feststellungen sind für die Zulassungsausschüsse bindend.[8] 7

II. Die Tätigkeit des Ausschusses

1. Aufgaben (Absatz 4 Satz 1)

Die Aufgaben des Landesausschusses beschränken sich auf die Durchführung der Bedarfsplanungen. § 90 SGB V enthält **keine originäre Kompetenzzuweisung**, sondern nur in Absatz 4 Satz 1 den allgemeinen Hinweis auf die Aufgaben nach anderen Vorschriften des SGB V. Ein Tätigwerden des Landesausschusses sehen vor: 8

- **§ 95 Abs. 7 Sätze 10 und 11 SGB V:** Stellt der Landesausschuss Unterversorgung fest, dürfen Vertragsärzte **über das 68. Lebensjahr** hinaus praktizieren[9].
- **§ 99 Abs. 3 SGB V**: Der Landesausschuss entscheidet, wenn eine **Bedarfsplanung** zur Sicherstellung der vertragsärztlichen Versorgung oder eine Einigung über die Anpassung an die weitere Entwicklung nach § 99 Abs. 1 SGB V nicht zu Stande kommt (vgl. die Kommentierung zu § 99 SGB V).
- **§ 100 Abs. 1 und 2 SGB V**: Dem Landesausschuss obliegt die Feststellung, ob ärztliche **Unterversorgung** eingetreten ist; er ordnet gegebenenfalls Zulassungsbeschränkungen nach den Zulassungsverordnungen in anderen Gebieten an (vgl. die Kommentierung zu § 100 SGB V).
- **§ 100 Abs. 3 SGB V**: Den Landesausschüssen obliegt die Feststellung, dass in einem nicht unterversorgten Planungsbereich **zusätzlicher lokaler Versorgungsbedarf** besteht.[10]
- **§ 103 Abs. 1 SGB V**: Der Landesausschuss trifft die Feststellung der **Überversorgung** und die Anordnung von Zulassungsbeschränkungen (vgl. die Kommentierung zu § 103 SGB V).
- **§ 105 Abs. 1 und 4 SGB V**: Er wirkt an Entscheidungen über **Sicherstellungszuschläge** (das sind flankierende Steuerungsinstrumente bei Unterversorgung) mit (vgl. die Kommentierung zu § 105 SGB V).
- **§§ 13 Abs. 3, 14 Abs. 1 und 2, 16 Abs. 1-3, 6 und 7 sowie 16b Ärzte-ZV**: Die Vorschriften wiederholen im Wesentlichen den Regelungsinhalt von § 99 Abs. 3 SGB V, 100 Abs. 1 und 2 SGB V sowie 103 Abs. 1 SGB V und enthalten ergänzende Verfahrensbestimmungen für die **Zusammenarbeit** zwischen Landesausschuss, Landesbehörden, Kassenärztlichen Vereinigungen und Krankenkassen bei der **Durchführung der Bedarfsplanung.**
- **Nr. 13, 22, 22a, 22b, 22c und 23 Bedarfsplanungs-Richtlinien**: Die Vorschriften enthalten Anweisungen, welche **Zahlen** von den Landesausschüssen bei der Feststellung von Überversorgung **ermittelt** werden müssen.

Die Feststellungen nach § 95 Abs. 12 SGB V (erste Bedarfsplanung für Psychologische Psychotherapeuten nach In-Kraft-Treten des PsychTG), § 101 Abs. 5 Satz 5 SGB V (Ermittlung des bedarfsgerechten Versorgungsgrades nach Trennung in die hausärztliche und die fachärztliche Versorgung) sind durch Zeitablauf inzwischen gegenstandslos geworden. Die früher nach § 122 SGB V im Zusammen- 9

---

7 Vgl. die §§ 100, 101 SGB V.

8 Vgl. die §§ 16 Abs. 3, 16b Abs. 3 Ärzte-ZV.

9 Eingefügt durch das VÄndG Art.1 Nr.5 e - BGBl I 2006, 3439, 3441.

10 Eingefügt durch das VÄnd'G Art. 1 Nr. 7 - BGBl I 2006, 3439, 3442.

hang mit der Großgeräteplanung bestehenden Zuständigkeiten[11] sind nach Streichung der Vorschrift durch Gesetz vom 23.06.1997[12] weggefallen.

2. Verfahren

10 Verfahrensrechtliche Vorschriften enthalten weder das SGB V noch die AMV. Die früher in § 368o Abs. 5 RVO für die Durchführung der Geschäfte vorgesehene Aufstellung einer Geschäftsordnung ist mit dem GRG ersatzlos weggefallen. Weil die Landesausschüsse Behörden im Sinne des § 1 SGB X sind, **gelten grundsätzlich die Vorschriften des SGB X.** Da das SGB X aber für die Tätigkeit von Ausschüssen keine speziellen Vorgaben macht und in § 9 den Grundsatz der Nichtförmlichkeit des Verwaltungsverfahrens enthält, haben die Landesausschüsse bei der Art und Weise der Erledigung ihrer Aufgaben **weitgehend freie Hand.** Sie sind allerdings als Teil der gemeinsamen Selbstverwaltung von Kassenärztlichen Vereinigungen und Krankenkassen ebenso wie diese an die Bedarfsplanungs-Richtlinien gebunden und haben die dort vorgeschriebenen[13] Arbeitsschritte einzuhalten.

11 Aus der **paritätischen Besetzung** unter neutralem Vorsitz ist in entsprechender Anwendung von § 91 Abs. 2 Satz 8 SGB V und § 89 Abs. 1 Satz 3 SGB V und § 89 Abs. 1a Satz 2 SGB V abzuleiten, dass mit der **Mehrheit der Mitglieder** zu entscheiden ist. Für die Mitglieder besteht Teilnahmepflicht bzw. die Verpflichtung, im Verhinderungsfall ihren Stellvertreter rechtzeitig zu benachrichtigen (§ 5 AMV). § 100 Abs. 2 SGB V schreibt die **Anhörung** der Zulassungsausschüsse vor Beschlüssen nach dieser Vorschrift vor. Bei **Befangenheitsanträgen** gegen die neutralen Mitglieder des Ausschusses entscheidet die zuständige Aufsichtsbehörde.[14]

12 Eine Pflicht zur unverzüglichen Beratung und Entscheidung nach Anrufung durch einen Beteiligten schreibt § 14 Abs. 1 Ärzte-ZV vor, wenn bei der Aufstellung oder Fortentwicklung des Bedarfsplans kein Einvernehmen zwischen Kassenärztlicher Vereinigung und Krankenkassen zu Stande kommt. Die Feststellung von Über- oder Unterversorgung ist von Amts wegen zu prüfen (§§ 16 Abs. 1 und 16b Abs. 1 Ärzte-ZV) und jeweils spätestens nach sechs Monaten zu überprüfen (§§ 16 Abs. 6 und 16b Abs. 3 Ärzte-ZV).

3. Wirkung der Beschlüsse

13 Welche **rechtlichen Auswirkungen** die Entscheidungen des Landesausschusses haben, ist durch **Auslegung der jeweiligen Rechtsnorm** zu ermitteln, die dem Landesausschuss Aufgaben überträgt.

14 Für den praktisch bedeutsamsten Fall der Feststellung von Überversorgung, schreibt § 16b Abs. 2 Ärzte-ZV vor, dass der Landesausschuss mit verbindlicher Wirkung für die Zulassungsausschüsse Zulassungsbeschränkungen anordnet. Bei Ablehnung einer Zulassung sind die Beschlüsse des Landesausschusses im Gerichtsverfahren jedoch **nur inzidenter** zu überprüfen. Die Beschlüsse des Landesausschusses entfalten ohne Umsetzung noch keine Wirkung für den Vertragsarzt.[15] Die Gestaltung von allgemeiner Planung und konkreter Umsetzung gegenüber dem einzelnen Arzt verbieten es, bereits die Planungsentscheidung selbst als Verwaltungsakt (in der Form einer Allgemeinverfügung) zu qualifizieren. Es handelt sich vielmehr um **verwaltungsinterne Festlegungen**, die nur für die Zulassungsausschüsse verbindlich sind, deren Entscheidungen in diesem Punkt aber für den abgelehnten Bewerber gerichtlich in vollem Umfang überprüfbar sind. Erst die **konkrete Versagung** durch den Berufungsausschuss führt zum **gerichtlichen Rechtsschutz**[16] und damit zur Möglichkeit der Überprüfung des Beschlusses des Landesausschusses.

15 Bei der gerichtlichen Überprüfung der Feststellungen von Landesausschüssen war allenfalls als Vorfrage streitig, ob der Landesausschuss die Vorgaben von Nr. 23 Bedarfsplanungs-Richtlinien-Ärzte beachtet hat. Gestritten wurde hauptsächlich darüber, ob die Vorschriften der Bedarfsplanungs-Richtlinien **mit höherrangigem Recht vereinbar** sind.[17] Nach LSG RP[18] kann die Feststellung einer Über-

---

[11] Dazu BSG v. 14.05.1992 - 6 RKa 41/91 - SozR 3-2500 § 122 Nr. 3.

[12] BGBl I 1997, 1520.

[13] Vgl. dazu etwa Nr. 13, 14, 22 und 22b Bedarfsplanungs-Richtlinien.

[14] Zur vergleichbaren Problematik bei Mitgliedern des Schiedsamts bzw. des GBA vgl. die Kommentierung zu § 89 SGB V Rn. 52.

[15] BVerfG v. 06.03.2001 - 1 BvR 2292/00 - NJW 2001, 2009.

[16] BSG v. 14.05.1992 - 6 RKa 41/91 - SozR 3-2500 § 122 Nr. 3.

[17] Vgl. Thüringisches LSG v. 26.02.2003 - L 4 KA 406/01 - MedR 2003, 702; LSG NRW v. 09.04.2003 - L 10 KA 43/02 - GesR 2003, 310 sowie SG München v. 12.08.2003 - S 32 KA 536/03 ER - Breith 2003, 809-811.

[18] LSG RP v. 31.08.2000 - L 5 KA 11/99 - ArztuR 2001, 126.

versorgung durch einen Landesausschuss der Ärzte und Krankenkassen nur darauf überprüft werden, ob die in den Bedarfsplanungs-Richtlinien vorgegebenen Zahlen richtig angewandt und die sonstigen für die Feststellung von Überversorgung maßgebenden Werte zutreffend ermittelt worden sind. Eine gerichtliche Überprüfung, ob die bereits zugelassenen und niedergelassenen Vertragsärzte zu Recht zugelassen sind, kommt nicht in Betracht. Insoweit muss der Landesausschuss von den bindend gewordenen Zulassungsbescheiden ausgehen.

4. Veröffentlichung

Wegen der Bindungswirkung sind die Beschlüsse des Landesausschusses jedenfalls den **Zulassungsausschüssen bekannt zu geben**. Eine Pflicht zur Veröffentlichung in den für amtliche Bekanntmachungen der Kassen(zahn)ärztlichen Vereinigungen vorgesehenen Blättern ist für die Beschlüsse des Landesausschusses in den praktisch wichtigsten Fällen der Anordnung bzw. Aufhebung von Zulassungsbeschränkungen in § 16 Abs. 7 und § 16b Abs. 4 Ärzte-ZV vorgesehen. 16

5. Stellung des Landesausschusses im sozialgerichtlichen Verfahren

Der Landesausschuss ist im sozialgerichtlichen Verfahren zwar beteiligtenfähig (§ 70 Nr. 4 SGG), aber, weil materiell nicht beschwert[19], **nicht klagebefugt** oder rechtsmittelbefugt. Weil er nicht materiell beschwert sein kann, kommt nur eine einfache Beiladung gem. § 75 Abs. 1 SGG in Betracht. Dies wird vom BSG damit begründet, dass im Falle von § 99 Abs. 3 SGB V die Beschlüsse des Landesausschusses die **Funktion einer Schiedsamtsentscheidung** haben (zur fehlenden Klagebefugnis der Schiedsämter[20] vgl. die Kommentierung zu § 89 SGB V Rn. 52) und dass in den anderen Aufgabenbereichen dem Landesausschuss an keiner Stelle im Gesetz Verantwortung für die Durchführung seiner Entscheidungen übertragen worden ist. 17

III. Bildung und Zusammensetzung des Ausschusses

1. Träger (Absatz 1)

Die Kassenärztlichen Vereinigungen und die Landesverbände der Krankenkassen bilden für den Bereich eines jeden Landes einen Landesausschuss. Verbände der Krankenkassen sind die nach § 207 SGB V gebildeten Verbände. Für die Ersatzkassen nehmen deren Verbände (§ 213 Abs. 1 SGB V) die Aufgaben bis 30.06.2008 wahr, danach die Ersatzkassen[21], die diese Aufgaben auf eine nach § 90 Abs. 1 Satz 3 SGB V auf Länderebene gebildete Arbeitsgemeinschaft der Ersatzkassen oder auf eine Ersatzkasse übertragen können. 18

2. Zusammensetzung (Absatz 2 Satz 1)

Der Landesausschuss besteht aus insgesamt **19 Mitgliedern**: einem unparteiischen Vorsitzenden, zwei weiteren unparteiischen Mitgliedern, acht Vertretern der Ärzte, drei Vertretern der Ortskrankenkassen, zwei Vertretern der Ersatzkassen, je einem Vertreter der Betriebskrankenkassen, der Innungskrankenkassen und der landwirtschaftlichen Krankenkassen (§ 90 Abs. 2 Satz 1 SGB V). Besteht im Bereich eines Landesausschusses eine bestimmte Kassenart nicht, verringert sich die Zahl der Vertreter der Krankenkassen und der Ärzte entsprechend (Satz 4). Damit bleibt die **Parität** zwischen Ärztevertretern und Krankenkassenvertretern gewahrt. 19

3. Bestellung und Abberufung des Vorsitzenden und der weiteren neutralen Mitglieder (Absatz 2 Satz 2)

Über den Vorsitzenden und die zwei weiteren unparteiischen Mitglieder sollen sich die Kassenärztlichen Vereinigungen und die Landesverbände **einigen**. Kommt eine Einigung nicht zu Stande, werden sie durch die Aufsichtsbehörde im Benehmen mit den Kassenärztlichen Vereinigungen und den Landesverbänden der Krankenkassen berufen. Benehmen bedeutet, dass die Selbstverwaltungskörperschaften noch vor einer abschließenden Entscheidung Stellung nehmen können, die **Aufsichtsbehörde** davon Kenntnis nimmt und ggf. in ihre Entscheidungserwägungen einbezieht.[22] Anders als bei den 20

[19] BSG v. 03.12.1997 - 6 RKa 64/96 - SozR 3-2500 § 101 Nr. 2.
[20] Dazu BSG v. 10.05.2000 - B 6 KA 20/99 R - SozR 3-2500 § 85 Nr. 37.
[21] Vgl. WSG Art. 1 Nr. 60 - BGBl I 2007, 378, 402.
[22] BSG v. 03.03.1999 - B 6 KA 15/98 R - SozR 3-2500 § 85 Nr. 31 und BSG v. 07.02.1996 - 6 RKa 83/95.

Schiedsämtern, wo nach § 89 Abs. 3 Satz 5 SGB V bei Uneinigkeit über die unparteiischen Mitglieder das Los entscheidet, wird durch die Zuständigkeit der Aufsichtsbehörde auf die Verbände der Krankenkassen und die Kassenärztlichen Vereinigungen ein erhöhter Einigungsdruck ausgeübt.

21 Der Vorsitzende und die weiteren unparteiischen Mitglieder können **aus wichtigem Grund** von der für die Geschäftsführung der Ausschüsse zuständigen Aufsichtsbehörde nach Anhörung der beteiligten Körperschaften **abberufen** werden. (§ 3 Abs. 1 AMV). Für die Auslegung des wichtigen Grundes ist der Grundgedanke des § 626 BGB entsprechend heranzuziehen. Bezüglich des Verfahrens und der Möglichkeit der Anordnung des Sofortvollzugs gilt § 59 Abs. 3 SGB IV, der die Amtsenthebung von Mitgliedern der Selbstverwaltungsorgane regelt, entsprechend.[23]

4. Bestellung und Abberufung der Mitglieder (Absatz 2 Satz 5)

22 Die Vertreter der Ärzte werden von den Kassenärztlichen Vereinigungen, die Vertreter der Krankenkassen von den Landesverbänden der Krankenkassen bestellt. Sie können nach § 3 Abs. 2 AMV zum Schluss eines Kalenderjahres von der Körperschaft, die sie bestellt hat, abberufen werden (zum **Widerspruch zwischen Weisungsfreiheit und Abberufungsmöglichkeit** vgl. die Kommentierung zu § 89 SGB V Rn. 68 zur vergleichbaren Problematik bei den Schiedsämtern). Die Abberufung wegen Verschweigens einer früheren Tätigkeit als Stasimitarbeiter wurde vom LSG Sachsen[24] als gerechtfertigt angesehen.

5. Rechtsstellung der Ausschussmitglieder (Absatz 3 Satz 1)

23 Die **Amtsdauer** beträgt **vier** Jahre. Dies gilt auch für den unparteiischen Vorsitzenden sowie die weiteren unparteiischen Mitglieder, wenn sie durch die Rechtsaufsichtsbehörde berufen worden sind (§ 1 AMV); eine Verkürzung der Amtszeit ist in letzterem Falle nicht vorgesehen (anders § 89 Abs. 3 Satz 6 SGB V für das Schiedsamt). Sie sind an **Weisungen nicht gebunden** und führen ihr **Amt als Ehrenamt** (§ 90 Abs. 3 SGB V). Die Mitglieder der Ausschüsse sind verpflichtet, an den Sitzungen teilzunehmen (§ 5 AMV). Sie haben Anspruch auf Ersatz der Reisekosten, der Vorsitzende und die unparteiischen Mitglieder erhalten darüber hinaus eine pauschale Entschädigung für den Zeitaufwand.

6. Die Mitwirkung von Patientenvertretern (§ 140f Abs. 3 SGB V)

24 Das GMG hat durch § 140f Abs. 3 SGB V zusätzlich die Mitwirkung von Patientenvertretern eingeführt, die u.a. bei Entscheidungen über die ausnahmsweise Besetzung zusätzlicher Vertragsarztsitze nach § 101 Abs. 1 Satz 3 SGB V (**Sonderbedarfszulassungen**) ein Mitberatungsrecht haben. Das Gesetz erwähnt in diesem Zusammenhang neben den Zulassungs- und Berufungsausschüssen auch ausdrücklich die Landesausschüsse, obwohl diese für die im Gesetz genannten Entscheidungen nicht zuständig sind. Wenn man nicht von einem Redaktionsversehen ausgehen will, kann die Vorschrift nur so ausgelegt werden, dass bei allen Beschlüssen der Landesausschüsse über Unter- oder Überversorgung Patientenvertreter ein Mitberatungsrecht haben.

IV. Aufsicht (Absatz 4 Satz 2)

25 § 90 SGB V enthält keine ausdrückliche Regelung hinsichtlich der **Rechtsaufsicht über die Landesausschüsse**, sondern nur die Anordnung, dass die für die Sozialversicherung zuständigen obersten Landesbehörden der Länder die Aufsicht über die Geschäftsführung der Landesausschüsse führen (§ 90 Abs. 4 Satz 2 SGB V). Da die Landesausschüsse von Kassenärztlichen Vereinigungen und den Landesverbänden der Krankenkassen gebildet werden und diese Träger grundsätzlich der Aufsicht über die Einhaltung von **„Gesetz und sonstigem Recht“** unterliegen (vgl. § 87 Abs. 2 SGB IV bzw. 78 Abs. 3 SGB V) kann für die Landesausschüsse nichts anderes gelten. Da die Aufsichtsbehörden zusätzlich die Aufsicht über die Geschäftsführung der Landesausschüsse führen, können sie sicherstellen, dass die von der Ärzte-ZV oder den Bedarfsplanungs-Richtlinien vorgeschriebenen anlassbezogenen oder turnusmäßigen[25] Überprüfungen der für die Bedarfsplanung notwendigen Zahlen auch durchgeführt werden.

26 § 14 Abs. 2 Ärzte-ZV verpflichtet den Landesausschuss, die Aufsichtsbehörde über das Ergebnis der Beratungen über die Aufstellung und Fortentwicklung der Bedarfspläne zu unterrichten.

---

[23] LSG Sachsen v. 29.05.1996 - L 1 KA 1/95.

[24] LSG Sachsen v. 29.05.1996 - L 1 KA 1/95.

[25] Vgl. dazu die §§ 16 Abs. 6 und 16b Abs. 3 Ärzte-ZV.

V. Verordnungsermächtigung (Absatz 3 Satz 4)

Eine Ermächtigung zum Erlass einer Rechtsverordnung durch den zuständigen Bundesminister über das Nähere der Amtsdauer, der Amtsführung, der Erstattung der baren Auslagen und der Entschädigung für den Zeitverlust der Ausschussmitglieder sowie über die Verteilung der Kosten enthielt bereits § 368o Abs. 4 Satz 3 RVO. Hiervon hat der damals zuständige BMA 1956 Gebrauch gemacht durch den **Erlass der AMV**. Mit dem GRG wurde die Ermächtigungsgrundlage in unveränderter Fassung als § 90 Abs. 3 Satz 4 SGB V übernommen. 27

Die früher kontrovers diskutierte Frage, ob nach In-Kraft-Treten des GRG eine neue Rechtsverordnung hätte erlassen werden müssen[26] oder ob die bisherige AMV im Wege der Funktionsnachfolge weiter gilt[27], ist im Sinne der Fortgeltung zu beantworten. Entsprechend der vom BMGS vertretenen[28] Auffassung ist zunächst von der Weitergeltung der AMV durch Art. 77 GRG auszugehen. Entscheidend ist, dass in Art. 18 GMG[29] Überschrift und Text der AMV an die Änderungen dieses Gesetzes angepasst wurden, in gleicher Weise verfuhr der Gesetzgeber auch in Art. 19 WSG[30]. Daraus folgt, dass der Gesetzgeber selbst von der Weitergeltung der AMV für Vergangenheit und Zukunft ausgegangen ist. 28

VI. Kosten

Die Körperschaften tragen die Kosten für ihre Vertreter selbst, die Kosten für den Vorsitzenden und die weiteren unparteiischen Mitglieder je zur Hälfte, die Kosten für den Sachaufwand anteilig (§ 11 Abs. 1 und 2 AMV sowie § 90 Abs. 3 Satz 3 SGB V). Darüber hinaus enthalten die §§ 6-10 AMV Regelungen über die Entschädigung der Ausschussmitglieder. 29

C. Praktische Hinweise

Da sich die Tätigkeit der Landesausschüsse in der Praxis weitgehend auf die Ermittlung und Auswertung statistischer Daten beschränkt, geht es in den veröffentlichten Rechtsstreitigkeiten nicht um die Richtigkeit der Zahlen, sondern stets um die Übereinstimmung der von den Landesausschüssen (an sich unstreitig richtig) befolgten Vorschriften mit höherrangigem Recht. 30

D. Reformbestrebungen

Sind derzeit nicht bekannt. 31

---

26 So *Herrmann* in: GK-SGB V § 90 Rn. 10.

27 *Henke* in: Peters, Handbuch KV (SGB V), § 90 Rn. 8.

28 Zitiert von *Hess* in: KassKomm, SGB V § 90 Rn. 5.

29 BGBl I 2003, 2190, 2248.

30 Vgl. WSG Art. 23 - BGBl I 2007, 378, 459.

§ 91 SGB V Gemeinsamer Bundesausschuss

(Fassung vom 31.10.2006, gültig ab 08.11.2006, gültig bis 30.06.2008)

(1) Die Kassenärztlichen Bundesvereinigungen, die Deutsche Krankenhausgesellschaft, die Bundesverbände der Krankenkassen, die Deutsche Rentenversicherung Knappschaft-Bahn-See und die Verbände der Ersatzkassen bilden einen Gemeinsamen Bundesausschuss. Der Gemeinsame Bundesausschuss ist rechtsfähig.

(2) Der Gemeinsame Bundesausschuss besteht aus einem unparteiischen Vorsitzenden, zwei weiteren unparteiischen Mitgliedern, vier Vertretern der Kassenärztlichen Bundesvereinigung, einem Vertreter der Kassenzahnärztlichen Bundesvereinigung, vier Vertretern der Deutschen Krankenhausgesellschaft, drei Vertretern der Ortskrankenkassen, zwei Vertretern der Ersatzkassen, je einem Vertreter der Betriebskrankenkassen, der Innungskrankenkassen, der landwirtschaftlichen Krankenkassen und der Knappschaftlichen Krankenversicherung. Über den Vorsitzenden und die weiteren unparteiischen Mitglieder sowie über deren Stellvertreter sollen sich die Verbände nach Absatz 1 einigen. Kommt eine Einigung nicht zu Stande, erfolgt eine Berufung durch das Bundesministerium für Gesundheit im Benehmen mit den Verbänden nach Satz 1. Die Vertreter der Ärzte und ihre Stellvertreter werden von den Kassenärztlichen Bundesvereinigungen, die Vertreter der Krankenhäuser und ihre Stellvertreter von der Deutschen Krankenhausgesellschaft sowie die Vertreter der Krankenkassen und ihre Stellvertreter von den in Absatz 1 genannten Verbänden der Krankenkassen bestellt. § 90 Abs. 3 Satz 1 und 2 gilt entsprechend. Für die Tragung der Kosten des Gemeinsamen Bundesausschusses mit Ausnahme der Kosten der von den Verbänden nach Absatz 1 bestellten Mitglieder gilt § 139c Abs. 1 entsprechend. § 90 Abs. 3 Satz 4 gilt entsprechend mit der Maßgabe, dass vor Erlass der Rechtsverordnung außerdem die Deutsche Krankenhausgesellschaft anzuhören ist. Der Gemeinsame Bundesausschuss fasst seine Beschlüsse mit der Mehrheit seiner Mitglieder, sofern die Geschäftsordnung nichts anderes bestimmt.

(3) Der Gemeinsame Bundesausschuss beschließt

1. eine Verfahrensordnung, in der er insbesondere methodische Anforderungen an die wissenschaftliche sektorenübergreifende Bewertung des Nutzens, der Notwendigkeit und der Wirtschaftlichkeit von Maßnahmen als Grundlage für Beschlüsse sowie die Anforderungen an den Nachweis der fachlichen Unabhängigkeit von Sachverständigen und das Verfahren der Anhörung zu den jeweiligen Richtlinien, insbesondere die Feststellung der anzuhörenden Stellen, die Art und Weise der Anhörung und deren Auswertung, regelt,

2. eine Geschäftsordnung, in der er Regelungen zur Arbeitsweise des Gemeinsamen Bundesausschusses, insbesondere zur Geschäftsführung und zur Vorbereitung der Richtlinienbeschlüsse durch Einsetzung von Unterausschüssen, trifft. In der Geschäftsordnung sind Regelungen zu treffen zur Gewährleistung des Mitberatungsrechts der von den Organisationen nach § 140f Abs. 2 entsandten sachkundigen Personen.

Die Verfahrensordnung und die Geschäftsordnung bedürfen der Genehmigung des Bundesministeriums für Gesundheit. Der Gemeinsame Bundesausschuss gibt evidenzbasierte Patienteninformationen, auch in allgemein verständlicher Form, zu Diagnostik und Therapie von Krankheiten mit erheblicher epidemiologischer Bedeutung ab.

(4) Bei Beschlüssen zu Richtlinien nach § 116b Abs. 4, zu Entscheidungen nach § 137b und zu Empfehlungen nach § 137f wirkt anstelle des Vertreters der Kassenzahnärztlichen Bundesvereinigung ein weiterer Vertreter der Kassenärztlichen Bundesvereinigung mit.

(5) Bei Beschlüssen zu Richtlinien nach § 92 Abs. 1 Satz 2 mit Ausnahme der Nummer 2, nach § 136 Abs. 2 Satz 2 und nach § 136a wirken anstelle des Vertreters der Kassenzahnärztlichen Bundesvereinigung und der vier Vertreter der Deutschen Krankenhausgesellschaft fünf weitere Vertreter der Kassenärztlichen Bundesvereinigung mit. Bei Beschlüssen zu Richtlinien über die psychotherapeutische Versorgung sind als Vertreter der Kassenärztlichen Bundesvereinigung fünf psychotherapeutisch tätige Ärzte und fünf Psychotherapeuten sowie ein zusätzlicher Vertreter der Ersatzkassen zu benennen.

(6) Bei Beschlüssen zu Richtlinien nach § 56 Abs. 1, § 92 Abs. 1 Satz 2 Nr. 2 und zu Richtlinien nach § 136 Abs. 2 Satz 3 und § 136b wirken anstelle der vier Vertreter der Kassenärztlichen Bundesvereinigung und der vier Vertreter der Deutschen Krankenhausgesellschaft acht weitere Vertreter der Kassenzahnärztlichen Bundesvereinigung mit.

(7) Bei Beschlüssen zu § 137 und zu Richtlinien nach § 137c wirken anstelle der vier Vertreter der Kassenärztlichen Bundesvereinigung und des Vertreters der Kassenzahnärztlichen Bundesvereinigung fünf weitere Vertreter der Deutschen Krankenhausgesellschaft mit.

(8) Die Vertreter der Vereinigungen und Verbände nach Absatz 1, die an den jeweiligen Beschlüssen und Entscheidungen nach den Absätzen 4 bis 7 nicht mitwirken, haben ein Mitberatungsrecht.

(8a) Bei Beschlüssen, deren Gegenstand die Berufsausübung der Ärzte, Psychotherapeuten oder Zahnärzte berührt, ist der jeweiligen Arbeitsgemeinschaft der Kammern dieser Berufe auf Bundesebene Gelegenheit zur Stellungnahme zu geben. § 137 Abs. 1 Satz 1 bleibt unberührt.

(9) Die Beschlüsse des Gemeinsamen Bundesausschusses mit Ausnahme der Beschlüsse zu Entscheidungen nach § 137b und zu Empfehlungen nach § 137f sind für die Versicherten, die Krankenkassen und für die an der ambulanten ärztlichen Versorgung teilnehmenden Leistungserbringer und die zugelassenen Krankenhäuser verbindlich.

(10) Die Aufsicht über den Gemeinsamen Bundesausschuss führt das Bundesministerium für Gesundheit; die §§ 67, 88 und 89 des Vierten Buches gelten entsprechend.

Gliederung

A. Basisinformation

I. Textgeschichte/Gesetzgebungsmaterialien

1 Der Bundesausschuss war bis zum In-Kraft-Treten des GMG als eine Einrichtung der gemeinsamen Selbstverwaltung von Ärzten und Krankenkassen konzipiert, von der Zusammensetzung her vergleichbar mit den Landesausschüssen, den Bewertungsausschüssen oder den Schiedsämtern, nämlich besetzt mit einer paritätischen Zahl von Ärzten und Krankenkassenvertretern und einem neutralen Vorsitzenden und zwei weiteren neutralen Beisitzern. Seine Aufgabe bestand zunächst im **Erstellen von Richtlinien** zur Sicherung der kassenärztlichen Versorgung. Die Verbindlichkeit dieser Richtlinien war noch gering. Sie sollten nach § 368p Abs. 3 RVO von den Krankenkassen und Ärzten beachtet werden.

2 Durch das GRG wurde die bisherige Aufgabenstellung beibehalten. Das nunmehr als „Bundesausschuss der Ärzte und Krankenkassen" bezeichnete Gremium wurde dadurch gestärkt, dass die Richtlinien nach § 92 Abs. 7 a.F. (heute Absatz 8) SGB V kraft Gesetzes **Bestandteil der Bundesmantelverträge** und damit für Kassenärztliche Vereinigungen und Krankenkassen **verbindlich** wurden. Eine weitere Stärkung der Bedeutung des Bundesausschusses erfolgte durch das GKV-Gesundheitsreformgesetz 2000 vom 22.12.1999[1], mit dem dem Ausschuss der Ärzte und Krankenkassen in § 135 Abs. 1 SGB V über die bisherige Kompetenz zur Entscheidung über die Einführung neuer Untersuchungs- und Behandlungsmethoden auch die Befugnis zur Überprüfung bereits etablierter vertragsärztlicher Leistungen gegeben wurde.

3 Das GMG brachte eine **Verschmelzung der bis dahin selbständigen Normsetzungsgremien** des Bundesausschusses der Ärzte und Krankenkassen, des Bundesausschusses der Zahnärzte und Krankenkassen, des Ausschusses Krankenhaus (zuvor § 137c Abs. 2 SGB V) und des Koordinierungsausschusses (zuvor § 137e SGB V) zu einem **einheitlichen Gemeinsamen Bundesausschuss.** Der Gesetzgeber wollte damit eine **sektorenübergreifende Rechtssetzungseinrichtung** für untergesetzliche Normen schaffen, um eine Stärkung des sektorenübergreifenden Bezuges bei den Versorgungsentscheidungen der gemeinsamen Selbstverwaltung auf Bundesebene, eine Straffung und Vereinfachung der Entscheidungsabläufe und einen effektiveren Einsatz der personellen und sächlichen Mittel zu erreichen.[2] Zugleich schrieb er für die verschiedenen Versorgungsbereiche vor, dass auf der Seite der Leistungserbringer jeweils die in diesem Versorgungsbereich tätigen Leistungserbringer bei Beschlussfassungen des GBA vertreten sein müssen. Neu geregelt wurden darüber hinaus Beteiligungsrechte der Patientenvertreter (Teilnahme an den Beratungen ohne Stimmrecht). Institutionell wurde dem GBA die Rechtsfähigkeit verliehen, seine Finanzierung neu geregelt und ihm aufgegeben, eine Geschäftsordnung und eine Verfahrensordnung zu erstellen, was inzwischen auch erfolgt ist. Darüber hinaus hat es der Gesetzgeber für notwendig befunden, die Verbindlichkeit der Entscheidungen des GBA für Versicherte und Leistungserbringer ausdrücklich festzuschreiben.

4 Bei unveränderten gesetzlichen Aufgaben und bei unveränderter Rechtsstellung nach außen ist durch das WSG mit Wirkung vom 01.07.2008 eine grundlegende Änderung der inneren Struktur des GBA angeordnet worden. Die Zahl der Gremien des GBA wird erheblich verringert. An die Stelle der bisher vorgesehenen sechs Beschlussgremien mit jeweils 21 Mitgliedern tritt ein einziges Beschlussorgan von dreizehn stimmberechtigten Personen (drei Unparteiische, fünf vom Spitzenverband Bund der Krankenkassen vorgeschlagene sowie ein von der Kassenzahnärztlichen Bundesvereinigung, zwei von der Kassenärztlichen Bundesvereinigung und zwei von der Deutschen Krankenhausgesellschaft vorge-

[1] BGBl I 1999, 2626.
[2] FraktE-GMG, BT-Drs. 15/1525, S. 106.

schlagene Mitglieder). Die Unparteiischen nehmen ihr Amt im GBA hauptamtlich und unter Einsatz ihrer vollen Arbeitskraft wahr. Die Reform soll die Konzentration der Entscheider auf ihre Aufgaben im GBA und damit die Professionalität ihrer Arbeit im Vergleich zur bisherigen neben- bzw. ehrenamtlichen Tätigkeit fördern. Dadurch, dass sie in allen Aufgabenbereichen zukünftig eingesetzt werden, sollen ihr sektorenübergreifendes Verständnis und der Blick für die Belange des Gesamtsystems gestärkt werden.

II. Vorgängervorschrift

Regelungen über die Bundesausschüsse enthielt § 368o RVO. 5

III. Parallelvorschriften

Bezüglich der Berufung der Ausschussmitglieder, der paritätischen Zusammensetzung unter einem neutralen Vorsitzenden und mit zwei weiteren neutralen Mitgliedern sowie der Rechtsstellung der Mitglieder enthalten die Vorschriften des § 89 Abs. 3 SGB V über das Schiedsamt, § 87 Abs. 4 SGB V über den erweiterten Bewertungsausschuss sowie insbesondere § 90 Abs. 2 SGB V über die Landesausschüsse vergleichbare Regelungen. 6

Hinsichtlich Funktion und Bedeutung im Regelungssystem des SGB V ist der GBA **einzigartig**. Seine weitreichenden Kompetenzen in Bezug auf den Erlass von Richtlinien als untergesetzlichen Rechtsnormen sind im allgemeinen Verwaltungsrecht ohne Beispiel, was auch die Diskussion um seine **verfassungsrechtliche Legitimation** zeigt. Vergleiche mit den Regulierungsbehörden, etwa im Telekommunikationsbereich, mögen Parallelen insoweit aufweisen, dass weitreichende und großes Detailwissen erfordernde Entscheidungen an außerhalb der allgemeinen Staatsverwaltung eigens gegründete Einrichtungen übertragen werden, rechtliche Parallelen können aber wegen der unterschiedlichen Rechtsgrundlagen allenfalls bei der verfassungsrechtlichen Beurteilung gezogen werden. 7

IV. Rechtsverordnung/Verwaltungsvorschriften

„Verordnung über die Amtsdauer, Amtsführung und Entschädigung der Mitglieder des Gemeinsamen Bundesausschusses und der Landesausschüsse der Ärzte (Zahnärzte) und Krankenkassen-**Ausschussmitgliederverordnung – AMV**" vom 10.11.1956[3], geändert durch Verordnung vom 12.03.1980[4], Art. 18 GMG vom 14.11.2003[5] und zuletzt durch Art. 1 Erste ÄnderungsVO vom 02.09.2004[6]. 8

Geschäftsordnung des Gemeinsamen Bundesausschusses vom 13.01.2004[7], zuletzt geändert am 18.04.2006[8]. 9

Verfahrensordnung des Gemeinsamen Bundesausschusses vom 20.09.2005[9]. 10

V. Systematische Zusammenhänge:

§ 91 SGB V enthält nur Vorschriften zur Organisation des GBA und seiner Arbeit, nicht aber konkrete Aufgabenzuweisungen. Es besteht daher mit allen Vorschriften ein enger Zusammenhang, die dem GBA Handlungsaufträge erteilen. Die umfangreichste Aufgabenbeschreibung enthält § 92 SGB V hinsichtlich des Erlasses von Richtlinien. Darüber hinaus sehen zahlreiche Vorschriften des materiellen Leistungsrechts, des Leistungserbringerrechts und des Krankenhausrechts ein Tätigwerden des GBA vor. 11

§ 140f Abs. 2 SGB V, der die Beteiligung von Patientenvertretern an den Beratungen des GBA vorsieht, hätte systematisch auch als weiterer Absatz in § 91 SGB V eingefügt werden können. 12

Durch das GMG wurden weitere Aufgaben auf den GBA übertragen, die in engem Zusammenhang mit seiner sonstigen Tätigkeit stehen. So wurde ihm die Verpflichtung zur Errichtung, Trägerschaft und Berücksichtigung der Ergebnisse des Instituts für Qualität und Wirtschaftlichkeit im Gesundheitswe- 13

[3] BGBl I 1956, 861.

[4] BGBl I 1980, 282.

[5] BGBl I 2003, 2190.

[6] BGBl I 2004, 2352.

[7] BAnz 2004, Nr. 67, 7246.

[8] BAnz 2006, Nr. 142, 5361; http://www.g-ba.de/cms/front_content.php?idcat=19.

[9] BAnz 2005, Nr. 242, 16998, in Kraft getreten am 01.10.2005; zuletzt geändert am 18.04.2006 - BAnz 2006, Nr. 124, 4876, http://www.g-ba.de/cms/front_content.php?idcat=19.

sen in den §§ 139a-139c SGB V übertragen. Nach § 91 Abs. 3 Satz 3 SGB V ist er verpflichtet evidenzbasierte Patienteninformationen herauszugeben, ihm obliegt gem. § 137b SGB V die Erstellung von Berichten über den Stand der Qualitätssicherung und die Abgabe von Empfehlungen gegenüber dem BMG zu strukturierten Behandlungsprogrammen (§ 137f SGB V).

VI. Literaturnachweise

14 *Hess,* Darstellung der Aufgaben des Gemeinsamen Bundesausschusses, MedR 2005, 385-389; *Ebsen,* Patientenpartizipation in der gemeinsamen Selbstverwaltung der GKV: Ein Irrweg oder ein Desiderat?, MedR 2006, 528-532; *Fischer*, Der Gemeinsame Bundesausschuss als „zentrale korporative Superorganisation“, MedR 2006, 509-511; *Pitschas,* Mediatisierte Patientenbeteiligung im Gemeinsamen Bundesausschuss als Verfassungsproblem, MedR 2006, 451-457; *Steege/Rheinberger*, Gebot der Unbefangenheit, DÄBl 2004, 3389; *Rabbata,* Patientenvertreter – eigene Akzente gesucht, DÄBl 2005, 250; *Zuck,* Der verfassungsrechtliche Rahmen von Evaluation und Pluralismus, MedR 2006, 515-519.

15 Weiter vorliegende Aufsätze und Abhandlungen beschäftigen sich mit den in § 91 SGB V geregelten Organisationsfragen praktisch nur am Rande und dann auch nur im Zusammenhang mit der Wirksamkeit und Verbindlichkeit von Richtlinien und der Frage, ob die Rechtsauffassung des BSG zum Charakter der Richtlinien als untergesetzlicher Rechtsnormen mit höherrangigem Verfassungsrecht vereinbar ist. Es wird deshalb auf die Kommentierung zu § 92 SGB V Rn. 11 verwiesen.

B. Auslegung der Norm

I. Regelungsgehalt und Bedeutung der Norm

16 § 91 SGB V enthält die **Ausgestaltung der GBA als Institution** durch entsprechende Organisationsvorschriften. Diese betreffen die Rechtsfähigkeit, die Trägerschaft, die Bestellung der Vertreter der Selbstverwaltung und die Bestellung des neutralen Vorsitzenden und der weiteren neutralen Mitglieder sowie die Zusammensetzung der Ausschüsse mit Krankenkassenvertretern und je nach Regelungsgegenstand wechselnden Vertretern auf der Leistungserbringerseite. Wegen des durch die erhebliche Aufgabenausweitung gestiegenen Kostenaufwands hat das GMG von der bisherigen Mittelaufbringung durch die Träger Abstand genommen und eine eigenständige Finanzierung des GBA durch entsprechende Anwendung von § 139c SGB V (Finanzierung des IQWiG) sichergestellt. Absatz 10 enthält Regeln über die Rechtsaufsicht, Absatz 9 ordnet die Verbindlichkeit der Beschlüsse des GBA für Versicherte, Krankenkassen, zugelassene Krankenhäuser und alle an der ambulanten Versorgung teilnehmenden Leistungserbringer an.

17 Der GBA hat die **Funktion einer zentralen Steuerungseinrichtung** für die Durchführung des im SGB V zum Ausdruck kommenden gesetzgeberischen Programms. Dies zeigen die an zahlreichen Stellen des Gesetzes erfolgten Verpflichtungen zur Erstellung von Richtlinien bzw. die Bezugnahme des Gesetzgebers auf seine Richtlinien.

18 Die **Hauptaufgabe des GBA** liegt in der Erstellung der zur Sicherung der ärztlichen Versorgung **erforderlichen Richtlinien** über die Gewähr für eine ausreichende, zweckmäßige und wirtschaftliche Versorgung der Versicherten nach § 92 Abs. 1 SGB V. Diese Aufgabe sah bereits § 368p RVO für den damaligen Bundesausschuss vor. Das SGB V hat darüber hinaus eine **enge Verzahnung zwischen den Richtlinien des GBA und dem materiellen Leistungsrecht** vorgenommen. Es kann gesagt werden, dass es praktisch keinen Bereich des materiellen Leistungsrechts gibt, der nicht durch Richtlinien des GBA näher geregelt ist. Der rechtspolitisch und juristisch umstrittenste Teil seiner Tätigkeit liegt derzeit in Ausführung von § 135 SGB V bei der Bewertung von Untersuchungs- und Behandlungsmethoden, bei den Festbetragsregelungen und den übrigen Steuerungsaufträgen im Arzneimitelbereich.

II. Normzweck

19 In § 91 SGB V schafft der Gesetzgeber den organisatorischen Rahmen für den GBA, indem er Trägerschaft, Rechtsfähigkeit, die Bestellung der Mitglieder, die Besetzung der Ausschüsse sowie die Kostentragung regelt und dem GBA aufgibt, seine Arbeitsweise durch eine Geschäftsordnung und eine Verfahrensordnung auch nach außen hin transparent und nachprüfbar zu machen. Mit den organisatorischen Vorgaben soll der GBA in die Lage versetzt werden, seine umfangreichen gesetzlichen Aufga-

ben auch erfüllen zu können. Eine Auslegung der Vorschrift darf deshalb nicht zur Folge haben, dass der GBA seine Handlungsfähigkeit verliert und damit in seiner Funktion als sektorenübergreifende Rechtssetzungseinrichtung für die untergesetzlichen Normen beeinträchtigt wird.

III. Rechtscharakter des GBA (Absatz 1 Satz 2)

Der GBA ist seit In-Kraft-Treten des GMG zum 01.01.2004 gem. § 91 Abs. 1 Satz 2 SGB V rechtsfähig. Nach den Motiven des Gesetzgebers[10] soll damit dem GBA die Möglichkeit gegeben werden, im Rechtsverkehr Rechte und Pflichten begründen zu können und zur Wahrnehmung der Aufgaben der Geschäftsführung personelle und sächliche Mittel akquirieren zu können. Ohne die **Verleihung der Rechtsfähigkeit** wäre die Verpflichtung des GBA, nach § 139a Abs. 1 SGB V das Institut für Qualität und Wirtschaftlichkeit im Gesundheitswesen als Träger in der Rechtsform einer Stiftung des privaten Rechts (§ 139a Abs. 1 Satz 2 SGB V) zu gründen, nicht möglich. 20

Das BSG[11] hat es abgelehnt, den GBA als Körperschaft mit mitgliedschaftlicher Verfassung zu qualifizieren. Seiner Auffassung nach handelt es sich um eine **Anstalt des öffentlichen Rechts**, weil er als rechtlich und organisatorisch verselbständigte Verwaltungseinheit zur Erfüllung öffentlicher Aufgaben, nämlich der konkretisierenden Rechtssetzung im Bereich der gesetzlichen Krankenversicherung, gebildet worden ist. Nach Auffassung von Hess[12] ist diese Einschätzung seit dem GMG nicht mehr haltbar, weil nach der neuen Struktur des GBA als rechtsfähigem, mit eigener Finanzstruktur ausgestattetem Zusammenschluss öffentlich- rechtlicher Organisationen ein Charakteristikum der Anstalten öffentlichen Rechts, die Bereitstellung sächlicher und personeller Mittel durch einen Träger öffentlichen Rechts, fehlt. Hess vertritt die Auffassung, dass der GBA als eine **öffentlich-rechtliche Einrichtung sui generis** qualifiziert werden könne. 21

Die Einstufung als Anstalt des öffentlichen Rechts oder als öffentlich-rechtliche Einrichtung sui generis ist für Organisation und Tätigkeit des GBA selbst ohne besondere Bedeutung. Der Anstaltscharakter spielt allerdings für das BSG eine wesentliche Rolle bei der Begründung des Rechtsnormcharakters der vom GBA erlassenen Richtlinien.[13] 22

IV. Träger (Absatz 1 Satz 1)

Träger des GBA sind die Kassenärztlichen Bundesvereinigungen, die Deutsche Krankenhausgesellschaft, die Bundesverbände der Krankenkassen, die Bundesknappschaft und die Verbände der Ersatzkassen. Sie haben einen Gemeinsamen Bundesausschuss zu bilden. Ihre Tätigkeit **beschränkt sich** dabei aber **auf die Bestellung ihrer Vertreter** und deren Stellvertreter im GBA und auf die Übernahme der Kosten für ihre Vertreter (§ 91 Abs. 2 Satz 4 SGB V). Darüber hinaus sollen sie sich über den Vorsitzenden und die weiteren unparteiischen Mitglieder einigen. Kommt die Einigung nicht zu Stande, erfolgt die Berufung im Benehmen mit ihnen. Benehmen bedeutet, dass die Selbstverwaltungskörperschaften noch vor einer abschließenden Entscheidung Stellung nehmen können, die Aufsichtsbehörde davon Kenntnis nimmt und ggf. in ihre Entscheidungserwägungen einbezieht.[14] Weitergehende rechtliche Einwirkungsmöglichkeiten haben die Träger nicht. Sie sind seit der Neuregelung der Finanzierung in § 139c SGB V durch das GMG nicht einmal mehr an der direkten Kostentragung beteiligt. 23

V. Finanzierung (Absatz 2 Satz 6)

Bezüglich der Tragung der Kosten des GBA verweist § 91 Abs. 2 Satz 6 SGB V auf § 139c SGB V, mit Ausnahme der Kosten der Vertreter der entsendenden Verbände, die diese selber tragen. § 139c SGB V sieht eine Finanzierung je zur Hälfte durch Zuschläge für jeden abzurechnenden Krankenhausfall und durch die zusätzlichen Anhebung der Gesamtvergütungen für die ambulante ärztliche und zahnärztliche Versorgung vor. 24

---

10 Vgl. BT Drs. 15/1525, S. 106.

11 BSG v. 20.03.1996 - 6 RKa 62/94 - SozR 3-2500 § 92 Nr. 6.

12 *Hess* in: KassKomm, SGB V, § 91 Rn 6.

13 BSG v. 20.03.1996 - 6 RKa 62/94 - SozR 3-2500 § 92 Nr. 6.

14 Dazu BSG v. 03.03.1999 - B 6 KA 15/98 R - SozR 3-2500 § 85 Nr. 31 und BSG v. 07.02.1996 - 6 Rka 83/95.

VI. Verordnungsermächtigung

25 Die Ermächtigung zum Erlass einer Rechtsverordnung über die Amtsdauer, die Amtsführung, die Erstattung der baren Auslagen und die Entschädigung für Zeitaufwand der Ausschussmitglieder sowie über die Verteilung der Kosten ist in Absatz 2 Satz 7 nur indirekt in Form einer Verweisung auf die Ermächtigungsnorm des § 90 Abs. 3 Satz 4 SGB V geregelt. Die AMV, die ursprünglich auf der Grundlage des § 368o Abs. 4 RVO ergangen ist, wird durch diese Ermächtigungsgrundlage gerechtfertigt und gilt daher für die Mitglieder des GBA. Ab 01.07.2008 enthält die AMV für den GBA als Folge der Umstellung auf hauptamtliche Mitglieder entsprechende Sondervorschriften.[15]

26 Die früher kontrovers diskutierte Frage, ob nach In-Kraft-Treten des GRG eine neue Rechtsverordnung hätte erlassen werden müssen[16] oder ob die bisherige AMV im Wege der Funktionsnachfolge weiter gilt[17], ist im Sinne der Fortgeltung zu beantworten. Entsprechend der vom BMG vertretenen[18] Auffassung ist zunächst von der Weitergeltung der AMV durch Art. 77 GRG auszugehen. Entscheidend ist, dass in Art. 18 GMG[19] Überschrift und Text der AMV an die Änderungen dieses Gesetzes angepasst wurden, ebenso in Art. 23 WSG[20]. Daraus folgt, dass der Gesetzgeber selbst von der Weitergeltung der AMV für Vergangenheit und Zukunft ausgegangen ist. Diese Rechtsauffassung vertritt auch der GBA, wie aus § 2 Abs. 3 seiner Geschäftsordnung hervorgeht, wonach Vorschriften der AMV denen der Geschäftsordnung vorgehen.

VII. Besetzung des GBA

1. Allgemeines

27 Bei der Zusammenlegung von vier bis dahin unabhängig voneinander arbeitenden Ausschüssen, des Bundesausschusses der Ärzte und Krankenkassen, des Bundesausschusses der Zahnärzte und Krankenkassen, des Ausschusses Krankenhaus und des Koordinierungsausschusses zu einem gemeinsamen Ausschuss durch das GMG musste der Gesetzgeber auch dafür Sorge tragen, dass **die Interessen der verschiedenen Leistungserbringer gebührend berücksichtigt werden**, andererseits aber der GBA als zentrales Steuerungsinstrument des SGB V arbeitsfähig bleibt. Er hat diesen Konflikt dadurch gelöst, dass er die Verantwortlichkeiten für die Entscheidungsfindung an den jeweils betroffenen Versorgungsbereichen ausgerichtet hat. Die Leistungserbringerseite wurde mit Vertretern der Ärzte, der psychotherapeutischen Leistungserbringer, der Zahnärzte oder der Vertreter der Krankenhäuser besetzt, je nachdem, welcher ambulante oder stationäre Bereich von den Beschlüssen betroffen wird.[21] Die Krankenkassenbank und der neutrale Vorsitzende sowie die weiteren unparteiischen Mitglieder bleiben bei allen Arten von Beschlüssen unverändert und wechseln nicht.

28 Die Vertreter der Körperschaften und Verbände, die auf Grund einer besonderen Zusammensetzung des GBA an den entsprechenden Beschlüssen und Entscheidungen nicht mitwirken, haben nach § 91 Abs. 8 SGB V das **Recht, an den Beratungen** des jeweiligen Beschlussgremiums **teilzunehmen** und – wie aus dem vom Gesetz verwendeten Ausdruck „Mitberatung" folgt – auch das Recht, ihre Meinung zu äußern. Damit soll eine sektoren- und berufsgruppenüberschreitende Einheitlichkeit der Normsetzung des GBA erreicht werden.

29 Neu eingeführt durch das GMG wurden **Mitwirkungsrechte der Patientenvertreter**. Die für die Wahrnehmung der Interessen der Patienten und der Selbsthilfe chronisch kranker und behinderter Menschen maßgeblichen Organisationen haben nach § 140f Abs. 2 SGB V im Gemeinsamen Bundesausschuss **Antrags- und Mitberatungsrecht, aber kein Stimmrecht**. Zu diesem Zweck entsenden sie einvernehmlich Vertreter in den GBA. Sie dürfen nicht mehr Vertreter entsenden als die Krankenkassen. Ihre Mitwirkung ist in der Geschäftsordnung des § 3 Abs. 4-6 GBA näher geregelt. Das Mitberatungsrecht umfasst zwar auch das Recht der Anwesenheit bei der Beschlussfassung,[22] an den Abstimmungen selbst dürfen sie jedoch nicht mitwirken.

---

15 Vgl. Art. 23 WSG - BGBl I 2007, 378, 459.

16 So *Herrmann* in: GK-SGB V, § 90 Rn 10.

17 *Henke* in: Peters, Handbuch KV (SGB V), § 91 Rn. 8.

18 Zitiert von *Hess* in: KassKomm, SGB V, § 90 Rn. 5.

19 BGBl I 2003, 2190, 2248.

20 Vgl. Art. 23 WSG - BGBl I 2007, 378, 459.

21 Vgl. BT-Drs. 15/1525, S. 106/107.

22 § 140f Abs. 2 Satz 2 SGB V, eingefügt durch Art. 15 VÄndG - BGBl I 2006, 3439, 3443.

Bei Beschlüssen, die Fragen des in landesrechtlicher Zuständigkeit stehenden Berufs- und **Weiterbildungsrechts** für Ärzte, Zahnärzte und Psychotherapeuten tangieren, ist den jeweiligen Arbeitsgemeinschaften der **Kammern** dieser Berufe auf Bundesebene **Gelegenheit zur Stellungnahme** zu geben. Einzelheiten sind in § 34 der Verfahrensordnung des GBA geregelt. Einzelheiten regelt § 34 der Verfahrensordnung des GBA. 30

2. Das Plenum des GBA (Absatz 2 Satz 1)

Es besteht aus insgesamt **21 Mitgliedern,** nämlich aus der neutralen Bank mit drei Mitgliedern, der Bank der Krankenkassen mit 9 Mitgliedern und der Bank der Leistungserbringer mit ebenfalls 9 Mitgliedern, im Einzelnen aus: 31

- einem unparteiischen Vorsitzenden,
- zwei weiteren unparteiischen Mitgliedern,
- vier Vertretern der Kassenärztlichen Bundesvereinigung,
- einem Vertreter der Kassenzahnärztlichen Bundesvereinigung,
- vier Vertretern der Deutschen Krankenhausgesellschaft,
- drei Vertretern der Ortskrankenkassen,
- zwei Vertretern der Ersatzkrankenkassen,
- einem Vertreter der Betriebskrankenkassen,
- einem Vertreter der Innungskrankenkassen,
- einem Vertreter der landwirtschaftlichen Krankenkassen und
- einem Vertreter der knappschaftlichen Krankenversicherung.

Die Benennung von **Stellvertretern** ist möglich. Das Gesetz sieht dies in § 91 Abs. 2 Satz 2 SGB V für den unparteiischen Vorsitzenden und die weiteren unparteiischen Mitglieder ausdrücklich vor, § 3 Abs. 2 AMV für die Vertreter der Körperschaften. Die Geschäftsordnung des GBA erlaubt in § 10 sogar für jedes Mitglied bis zu zehn Stellvertreter, wobei aber die Rangfolge der Vertreter anzugeben ist. 32

Der GBA beschließt durch **das Plenum** in allen Fällen, in denen nicht durch die Absätze 4-7 eine andere Besetzung ausdrücklich vorgeschrieben ist. Da dies für die wesentlichen Sachfragen in den Absätzen 4-7 aber der Fall ist, ist er hauptsächlich für die **innere Ordnung und den Ablauf der Arbeit** in den besonderen Ausschüssen und den Unterausschüssen zuständig. Eine Auflistung dieser Zuständigkeitsbereiche enthält § 4 seiner Geschäftsordnung. Danach beschließt das Plenum insbesondere über die Geschäftsordnung einschließlich des Geschäftsverteilungsplanes, die Verfahrensordnung, die Patienteninformationen, die grundsätzliche Festlegung von Prioritäten, Aufträge an das Institut für Qualität und Wirtschaftlichkeit im Gesundheitswesen, Haushalts- und Stellenpläne, Bestellung und Entlastung des Geschäftsführers, den Abschluss von Mietverträgen und den Erwerb oder die Veräußerung von Grundstücken. 33

Das Plenum hat keine Kompetenz, divergierende Beschlüsse der Ausschüsse nach den Absätzen 4-7 zu korrigieren (etwa nach der Art eines großen Senats) und für alle Ausschüsse verbindlich zu entscheiden. 34

3. Ausschuss für ärztliche Angelegenheiten (Absatz 4)

Ärztliche Angelegenheiten sind Beschlüsse, die sowohl **Vertragsärzte als auch Krankenhäuser** bei der Erfüllung ihrer spezifischen Versorgungsaufträge betreffen. Es geht dabei um die Erfüllung der dem GBA gesetzlich erteilten Aufträge nach 35

- § 116b Abs. 4 SGB V (ergänzende Liste der Krankheiten, die im Krankenhaus ambulant behandelt werden können),
- § 137b SGB V (Beschreibung des Stands, der Wirksamkeit und des Weiterentwicklungsbedarfs der Qualitätssicherung im Gesundheitswesen sowie die Abgabe der Empfehlungen für eine sektoren- und berufsgruppenübergreifende Qualitätssicherung im Gesundheitswesen einschließlich ihrer Umsetzung),
- § 137f SGB V (strukturierte Behandlungsprogramme bei chronischen Krankheiten).

Auf der Leistungserbringerbank ist der Vertreter der Zahnärzte ausgeschieden und durch einen Vertreter der Kassenärztlichen Bundesvereinigung ersetzt, sodass neben vier Vertretern der Deutschen Krankenhausgesellschaft fünf Vertreter der Kassenärztlichen Bundesvereinigung mitwirken. 36

4. Ausschuss für vertragsärztliche Versorgung (Absatz 5)

37 Der vertragsärztlichen Versorgung sind die Fragen zuzuordnen, die sich bei der **ambulanten Behandlung der Versicherten** der gesetzlichen Krankenversicherung **durch Vertragsärzte** stellen. Behandelt werden sollen in diesem Ausschuss die Richtlinien nach § 92 Abs. 1 Satz 2 SGB V mit Ausnahme der Nr. 2, also über

- Nr. 1 ärztliche Behandlung,
- Nr. 3 Maßnahmen zur Früherkennung von Krankheiten,
- Nr. 4 ärztliche Betreuung bei Schwangerschaft und Mutterschaft,
- Nr. 5 Einführung neuer Untersuchungs- und Behandlungsmethoden,
- Nr. 6 Verordnung von Arznei-, Verband-, Heil- und Hilfsmitteln, Krankenhausbehandlung, häuslicher Krankenpflege und Soziotherapie,
- Nr. 7 Beurteilung der Arbeitsunfähigkeit,
- Nr. 8 Verordnung von im Einzelfall gebotenen Leistungen zur medizinischen Rehabilitation und die Beratung über Leistungen zur medizinischen Rehabilitation, Leistungen zur Teilhabe am Arbeitsleben und ergänzende Leistungen zur Rehabilitation,
- Nr. 9 Bedarfsplanung,
- Nr. 10 medizinische Maßnahmen zur Herbeiführung einer Schwangerschaft im Wege der künstlichen Befruchtung gem. § 27a Abs. 1 SGB V,
- Nr. 11 Maßnahmen nach den §§ 24a und 24b SGB V (Empfängnisverhütung, Schwangerschaftsabbruch und Sterilisation),
- Nr. 12 Verordnung von Krankentransporten,

ferner die Richtlinien nach

- § 136 Abs. 2 Satz 2 SGB V (Kriterien zur Qualitätsbeurteilung in der vertragsärztlichen Versorgung sowie Auswahl, Umfang und Verfahren der Stichprobenprüfungen zur Ermittlung der Qualität in der vertragsärztlichen Versorgung)
- § 136a (indikationsbezogene Qualitätssicherung diagnostischer und therapeutischer Leistungen).

38 Anstelle des zahnärztlichen Mitglieds und anstelle der vier Vertreter der Deutschen Krankenhausgesellschaft wirken fünf weitere Vertreter der Kassenärztlichen Bundesvereinigung mit. Der Krankenkassenseite stehen also neun Vertreter der Vertragsärzte gegenüber. Praktisch entspricht diese Besetzung dem bis 31.12.2003 amtierenden Bundesausschuss der Ärzte und Krankenkassen.

5. Ausschuss für psychotherapeutische Versorgung (Absatz 5 Satz 2)

39 Diese Zusammensetzung gilt nach dem Gesetz nur für Beschlüsse zu Richtlinien über die psychotherapeutische Versorgung. Als Vertreter der Kassenärztlichen Bundesvereinigung sind fünf psychotherapeutisch tätige Ärzte und fünf Psychotherapeuten (gemeint wohl: nichtärztliche Psychotherapeuten) zu benennen. Um gegenüber der auf 10 Vertreter angewachsenen Leistungserbringerbank die Parität zu wahren, ist noch ein zusätzlicher Vertreter der Ersatzkassen zu benennen, sodass der Ausschuss vollständig besetzt 23 Mitglieder umfasst.

6. Ausschuss für vertragszahnärztliche Versorgung (Absatz 6)

40 In dieser Besetzung ist der Ausschuss zuständig für Richtlinien nach

- § 56 Abs. 1 SGB V (prothetische Regelversorgung),
- § 92 Abs. 1 Satz 2 Nr. 2 SGB V (zahnärztliche Behandlung einschließlich der Versorgung mit Zahnersatz sowie kieferorthopädische Behandlung),
- § 136 Abs. 2 Satz 3 SGB V (Kriterien zur Qualitätsbeurteilung in der vertragszahnärztlichen Versorgung sowie Auswahl, Umfang und Verfahren der Stichprobenprüfungen zur Ermittlung der Qualität in der vertragszahnärztlichen Versorgung),
- § 136b SGB V (Festlegung der grundsätzlichen Anforderungen an ein einrichtungsinternes Qualitätsmanagement sowie Kriterien für die indikationsbezogene Notwendigkeit der Qualität aufwändiger diagnostischer und therapeutischer Leistungen).

41 Anstelle der Vertreter der Kassenärztlichen Bundesvereinigung und der Deutschen Krankenhausgesellschaft wirken acht weitere Vertreter der Kassenzahnärztlichen Bundesvereinigung mit. Der Krankenkassenseite stehen also neun Vertreter der Vertragszahnärzte gegenüber. Diese Besetzung entspricht der des bis 31.12.2003 amtierenden Bundesausschusses der Zahnärzte und Krankenkassen.

7. Ausschuss für Krankenhausbehandlung (Absatz 7)

Dieser Ausschuss erlässt die Richtlinien nach 42
- § 137 SGB V (Qualitätssicherung bei zugelassenen Krankenhäusern),
- § 137c SGB V(Bewertung von Untersuchungsmethoden im Krankenhaus).

Anstelle des Vertreters der Kassenzahnärztlichen Bundesvereinigung und der vier Vertreter der Kassenärztlichen Bundesvereinigung wirken fünf weitere Vertreter der Deutschen Krankenhausgesellschaft mit. 43

VIII. Die Rechtsstellung der Mitglieder des GBA (Absatz 2 Sätze 5 und 7)

Sie sind an Weisungen nicht gebunden und führen ihr **Amt als Ehrenamt** (Absatz 2 Satz 5 in Verbindung mit § 90 Abs. 3 SGB V). Die **Weisungsfreiheit** führt nur dazu, dass den Mitgliedern im Falle eines Abweichens von den Verbandsinteressen keine persönlichen Nachteile erwachsen können. Auch soll verhindert werden, dass Außenstehende direkt in die Arbeit des GBA hineinwirken können. Die Ausschussmitglieder sind allein zur Beachtung von Gesetzen und sonstigem Recht verpflichtet. Der Grundsatz der Weisungsfreiheit steht in einem gewissen Widerspruch zu den übrigen Regelungen des § 91 SGB V, wo die Ausschussmitglieder vom Gesetz selbst als Vertreter bestimmter Gruppen bezeichnet und deswegen in den GBA berufen werden. Auch liegt die **Berufung und Bestellung** der Mitglieder in den Händen der Verbände. Sie werden von ihren jeweiligen Verbänden bestellt (§ 90 Abs. 2 Satz 4 SGB V) und können von den entsendenden Körperschaften zum Schluss eines Kalenderhalbjahres abberufen werden (§ 3 Abs. 2 AMV). Die Vertreter der Körperschaften fühlen und verstehen sich deshalb in der Praxis selbst als parteiische Vertreter ihrer Verbände und achten darauf, die jeweiligen Verbandsinteressen soweit als gesetzlich möglich durchzusetzen. 44

Die **Amtsdauer** beträgt **vier** Jahre. Dies gilt auch für den unparteiischen Vorsitzenden sowie die weiteren unparteiischen Mitglieder, auch wenn sie durch die Aufsichtsbehörde berufen worden sind (§ 1 AMV); eine Verkürzung der Amtszeit ist in letzterem Falle nicht vorgesehen. Während einer Amtsperiode neu hinzutretende Mitglieder scheiden mit Ablauf der Amtsperiode aus (§ 1 Satz 2 AMV). 45

Die Mitglieder der Ausschüsse sind verpflichtet, an den Sitzungen teilzunehmen (§ 5 AMV). Sie haben Anspruch auf Ersatz der Reisekosten (gegen den GBA) und Anspruch auf Entschädigung für den Zeitaufwand nach Maßgabe von § 9 AMV. Der Anspruch richtet sich gegen die bestellende Körperschaft (§ 6 AMV). 46

IX. Die Geschäftsordnung des GBA (Absatz 3 Nr. 2)

Für die Geschäftsordnung des GBA gibt § 91 Abs. 3 SGB V lediglich vor, dass **Regelungen zur Arbeitsweise** getroffen werden, insbesondere zur Geschäftsführung und zur Einsetzung von Unterausschüssen zur Vorbereitung der Richtlinienbeschlüsse. Weiterhin muss das Mitberatungsrecht der Patientenvertreter gewährleistet sein. Diesen Anforderungen wird die Geschäftsordnung des Gemeinsamen Bundesausschusses vom 13.01.2004[23] gerecht. Sie enthält in den §§ 24-26 detaillierte Vorschriften zur Geschäftsführung und in § 3 Absätze 4-6 die Regeln über die Mitwirkung der Patientenvertreter. § 21 Absätze 1-14 macht verbindliche Vorgaben über die Einsetzung von Unterausschüssen, ihre Besetzung, die Aufgabenstellung und die Erteilung von Aufträgen, wobei die Unterausschüsse das Recht haben, externe Experten als Sachverständige heranzuziehen. Die Arbeitsweise der Unterausschüsse ist in § 22 Geschäftsordnung näher vorgeschrieben. 47

Die Geschäftsordnung enthält entsprechend § 91 Abs. 3 Nr. 2 Satz 2 SGB V darüber hinaus Vorschriften über die Besetzung der Ausschüsse, die Rechtsstellung der Mitglieder des GBA und die Zusammenarbeit mit dem Institut für Qualität und Wirtschaftlichkeit im Gesundheitswesen. Mit den Regelungen über Sitzung und Beschlussfassung hat sich der GBA für den wesentlichen Teil seiner Aufgaben ein eigenes internes Verfahrensrecht geschaffen (§§ 12-21 Geschäftsordnung). 48

X. Die Verfahrensordnung des GBA (Absatz 3 Nr. 1)

Die Verfahrensordnung des GBA[24] regelt entsprechend den Vorgaben in Absatz 3 Nr. 3 49
- Die Entscheidungsverfahren des GBA in allgemeiner Form:

---

[23] BAnz 2004, Nr. 67, 7246 – vgl. oben Rn. 9.

[24] Verfahrensordnung des Gemeinsamen Bundesausschusses v. 20.09.2005 veröffentlicht im BAnz 2005, Nr. 242, 16 998; dazu ausführlich *Engelmann*, MedR 2006, 245, 251.

- Beschlussgremien und ihre Untergliederungen (§ 4),
- Beratungsverfahren (§ 5),
- Beschlussfassung (§ 6),
- Vorlage nach § 94 SGB V und die Veröffentlichung der Ergebnisse (§ 7).

• Die Bewertung des Nutzens, der Notwendigkeit und der Wirtschaftlichkeit von Methoden und Leistungen. Unter diesem Abschnitt sind geregelt in § 9 die Definition der „neuen" Untersuchungsmethoden im Sinne von § 135 Abs. 1 SGB V, die Einleitung des Bewertungsverfahrens durch Antrag zumindest einer der den GBA tragenden Verbände und Körperschaften sowie der nach der Patientenbeteiligungsanordnung anerkannten Organisationen. Damit ist es nun auch den Selbsthilfeorganisationen[25] der Patienten möglich, eine Entscheidung des GBA herbeizuführen. Der GBA hat Prioritäten zu setzen (§ 12). Schließlich enthält dieser Abschnitt noch umfangreiche sehr detaillierte, auf fachwissenschaftliche Methoden der evidenzbasierten Medizin zurückgreifende Regelungen des Bewertungs- und Entscheidungsverfahrens.

• Das Verfahren der im Gesetz[26] genannten Stellungnahmen. Hier sind enthalten:
- Vorschriften über die Ermittlung der stellungnahmeberechtigten Organisationen und Sachverständigen (§ 32),
- das Verfahren für die Abgabe von Stellungnahmen (§ 33),
- die Umsetzung des Stellungnahmerechts der Kammern (§ 34),
- die mündlichen Stellungnahmen (§ 35) sowie
- die Einbeziehung der Stellungnahmen in die Entscheidungsvorlage des Beschlussgremiums (§ 36).

• **Die Zusammenarbeit** mit dem Institut für Qualität und Wirtschaftlichkeit im Gesundheitswesen **(IQWiG)** und weiteren fachlich unabhängigen wissenschaftlichen Institutionen oder Sachverständigen (§§ 38-45 der Verfahrensordnung).

• Offenlegungspflichten für Sachverständige: Verlangt wird in § 46 der Verfahrensordnung, dass Sachverständige und sämtliche Mitglieder von Unterausschüssen, Arbeits- oder Themengruppen Tatsachen offen zu legen haben, die ihre Unabhängigkeit bei dem Beratungsgegenstand potentiell beeinflussen. Das sind beispielsweise Rechte an dem zu beratenden Produkt, finanzielle oder sonstige vertragliche Verflechtungen mit dem Hersteller des Produkts oder einem seiner Konkurrenten, finanzielle Interessen aus Studien, Vortragstätigkeiten, Gutachtertätigkeiten oder Publikationen zu dem zu beratenden Produkt bzw. Verfahren oder zu Konkurrenzverfahren bzw. Produkten. Mit der Offenlegungspflicht soll das Vertrauen in die Unabhängigkeit des GBA, mithin seine Akzeptanz gefördert werden.[27]

XI. Die rechtliche Bedeutung von Geschäftsordnung und Verfahrensordnung

1. Geschäftsordnung

50 Bei allen Geschäftsordnungsvorschriften ist im Streitfall vorab zu prüfen, ob die entsprechenden Regelungen nur deklaratorischen Charakter haben, weil sie den Inhalt von Gesetzesrecht und AMV wiedergeben, oder eine eigenständige Regelung treffen. Richtlinien, die unter **Verstoß gegen Gesetzesrecht** ergangen sind (etwa unter Verstoß gegen die zwingenden Besetzungsvorschriften der Absätze 4-7 oder gegen den Grundsatz der Mehrheitsentscheidung nach Absatz 2 Satz 8), **sind nichtig**. Soweit in der Geschäftsordnung eigenständige Regelungen enthalten sind, ist zu prüfen, ob sie **drittschützende Wirkung** haben. Dies dürfte selten der Fall sein. Soweit die Vorschriften danach nur den internen Ablauf des Geschäftsgangs regeln, macht ein Verstoß hiergegen gefasste Beschlüsse nicht von vornherein rechtswidrig. Insoweit muss der Grundgedanke des § 41 SGB X entsprechend gelten, wonach Verfahrensfehler, wenn keine andere Entscheidung in der Sache ergangen wäre, unbeachtlich sind.

---

25 Vgl. § 140f SGB V.

26 Vgl. die in § 91Abs. 8a SGB V genannten Kammern sowie die in § 92 Abs. 1a Satz 6, Abs. 1b, Abs. 2 Satz 5, Abs. 3a, Abs. 5, Abs. 6 Satz 2 und Abs. 7aSGB V genannten Organisationen der Leistungserbringer.

27 *Steege/Rheinberger*, DÄBl 2004, 3389.

2. Verfahrensordnung

Das BSG hat wiederholt entschieden[28], dass ein in einem ordentlichen Verfahren gefasster Beschluss des GBA verbindlich ist und ein Systemversagen ausschließt. Umgekehrt liegt ein **Systemversagen** im Sinne des § 13 Abs. 3 SGB V immer dann vor, wenn der GBA nicht rechtzeitig oder nicht in einem ordnungsgemäßen Verfahren entschieden hat.[29] Ein auf solchen Fehlern basierender Beschluss hat die Rechtswidrigkeit und die Unbeachtlichkeit der darauf beruhenden Richtlinien zur Folge. 51

Mit der Verfahrensordnung wird die Prüfung der Beschlüsse des GBA noch weiter intensiviert. Die Richtlinien müssen nicht nur – was bisher von den Gerichten gelegentlich beanstandet wurde[30] – in Übereinstimmung mit dem materiellen Recht stehen. Durch den Erlass der Verfahrensordnung **bindet sich der GBA** selbst[31] und muss dabei nun den selbst gesetzten Maßstäben entsprechen. Diese Maßstäbe müssen ihrerseits die Anforderungen an die wissenschaftliche sektorenübergreifende Bewertung des Nutzens, der Notwendigkeit und der Wirtschaftlichkeit so definieren, dass die Beurteilung **im konkreten Einzelfall nachvollziehbar** ist und nicht gegen die Grundsätze der Gleichbehandlung verstößt. Ob dem GBA überhaupt noch ein Beurteilungsspielraum verbleibt, wie ihn das BSG allgemein für die untergesetzliche Normsetzung anerkannt hat[32], erscheint angesichts der bis ins Einzelne gehenden vorgeschriebenen Schritte bei der Bewertung von Produkten und Verfahren eher zweifelhaft, weil in der Vielzahl der Fälle eigentlich kein nicht nachvollziehbarer Raum bei einer Entscheidung verbleiben dürfte. Im Einzelnen wird auf die Ausführungen in der Kommentierung zu § 92 SGB V Rn. 38 Bezug genommen. 52

Der **rechtsstaatlich große Vorteil** der Verfahrensordnung ist, dass die Bewertungsschritte des GBA im Einzelnen nachvollzogen werden können und sie damit für den Unterlegenen die Möglichkeit bietet, **gezielt und konkret begründet Rechtsschutz** in Anspruch nehmen zu können. Der Kritik an nicht verständlichen Entscheidungen des GBA, die in der Vergangenheit geäußert wurde[33], dürfte damit der Vergangenheit angehören. Leistungserbringer wie Heilmittel- oder Arzneimittelproduzenten erhalten nun wissenschaftlich nachvollziehbare Argumentationen, die ihnen entweder eine Veränderung des Produkts bzw. des Verfahrens ermöglichen oder eine Klage kalkulierbar macht, weil die Argumentation des GBA offen liegt. 53

XII. Herausgabe evidenzbasierter Patienteninformationen (Absatz 3 Satz 3)

Die Regelung steht sachlich in engem Zusammenhang mit den Aufgaben des GBA nach § 137f SGB V zur Entwicklung strukturierter Behandlungsprogramme für chronische Krankheiten. Während aber die sonstigen Tätigkeiten des GBA in dem Erlass von Richtlinien, also in der Setzung von Normen für Leistungserbringer und Versicherte bestehen und weitere Aufgaben Beratungs- und Berichtspflichten gegenüber dem BMG zum Inhalt haben, hat der GBA hier eine Aufgabe zu erfüllen, die sich direkt an die Versicherten wendet und sich in der **Erstellung von Informationen** erschöpft, und die damit im weiteren Sinne der Prävention (vgl. § 20 SGB V) zuzurechnen ist. § 20 Abs. 2 der Geschäftsordnung schreibt eine Veröffentlichung in geeigneter Weise vor. 54

Als Motiv für diese Regelung gibt der Gesetzgeber[34] an, die Regelung sei erforderlich zur Stärkung der Kompetenz der Patienten. Der GBA hat den Patientinnen und Patienten Informationen zu Krankheiten, die hohe soziale und volkswirtschaftliche Kosten verursachen und somit eine hohe Versorgungsrelevanz haben, zur Verfügung zu stellen. Die Informationen sind in einer **allgemein verständlichen** und für medizinische Laien nachvollziehbaren Form aufzubereiten. Ein zusätzlicher Effekt dieser Regelung ist, dass auf diesem Wege das Bemühen um eine Stärkung der evidenzbasierten Medizin vorangebracht wird. Der GBA hat dabei die Kompetenz des Instituts für Qualität und Wirtschaftlichkeit im Gesundheitswesen zu nutzen. 55

---

[28] BSG v. 16.09.1997 - 1 RK 32/95 - SozR 3-2500 § 92 Nr. 7.

[29] BSG v. 28.03.2000 - B 1 KR 11/98 R - SozR 3-2500 § 135 Nr. 14; BSG v. 19.02.2002 - B 1 KR 16/00 R - SozR 3-2500 § 92 Nr. 12; BSG v. 19.02.2003 - B 1 KR 18/01 R - SozR 4-2500 § 135 Nr. 1.

[30] BSG v. 30.06.1999 - B 8 KN 9/98 R - SozR 3-8575 Art. 2 § 6 Nr. 1 und BSG v. 10.05.2005 - B 1 KR 28/04 R.

[31] Vgl. dazu BSG v. 24.11.2004 - B 3 KR 10/04 - SozR 4-2500 § 35 Nr. 2.

[32] Dazu insbesondere BSG v. 16.09.1997 - 1 RK 32/95 - SozR 3-2500 § 92 Nr. 7.

[33] *Schimmelpfeng-Schütte*, ZRP 2004, 253.

[34] BT-Drs. 15/1525, S. 107.

56 Die Verpflichtung zur Herausgabe evidenzbasierter Patienteninformationen entfällt mit Wirkung ab 01.07.2008 und wird im Interesse der Bündelung der Patienteninformationspflichten bei einer Stelle dem Institut für Qualität und Wirtschaftlichkeit im Gesundheitswesen übertragen.[35]

XIII. Aufsicht (Absatz 10)

57 Die Aufsicht über den GBA führt der BMG. Aus dem Verweis auf die §§ 67, 88 und 89 SGB IV folgt, dass sich die Kompetenz des BMG nicht nur in einer reinen Rechtsaufsicht erschöpft, ihm vielmehr auch der Haushaltsplan (§ 67 SGB IV) vorzulegen ist und er auch über § 88 SGB IV auf die Geschäfts- und Rechnungsführung Einfluss nehmen kann. Bezüglich eventueller Interventionen ist § 89 SGB IV maßgeblich, wo die Mittel der Aufsichtsbehörde umschrieben sind[36].

58 In diesem Zusammenhang ist von Bedeutung, dass dem BMG gegenüber dem GBA in § 94 SGB V sehr enge und weitreichende Kontroll- und Ersatzvornahmemöglichkeiten eingeräumt worden sind.[37] Nach dieser Vorschrift hat der GBA dem BMG beschlossene Richtlinien grundsätzlich vorzulegen. Die Beschlüsse treten erst in Kraft, wenn sie innerhalb einer Frist von zwei Monaten nicht beanstandet werden. Handelt der GBA nicht entsprechend den Beanstandungen des BMG, so hat dieser nach erfolgloser Fristsetzung die Möglichkeit zur Ersatzvornahme.

XIV. Verbindlichkeit der Beschlüsse des GBA (Absatz 9)

59 Nach Absatz 9 sind die Beschlüsse des GBA für die Versicherten, die Krankenkassen und die an der ambulanten Versorgung teilnehmenden Leistungserbringer sowie die zugelassenen Krankenhäuser verbindlich. Dies gilt nicht für Beschlüsse nach § 137b SGB V (Beschlüsse zur Förderung der Qualität in der Medizin, die noch eine konkrete Umsetzung durch die Leistungserbringer erfordern) und für Empfehlungen nach § 137f (strukturierte Behandlungsprogramme, die vom BMG durch Rechtsverordnung umgesetzt werden).

60 Die Verbindlicherklärung ist eine Reaktion auf die in der juristischen Fachwelt geführte Diskussion um die Rechtsnormqualität der Richtlinien des GBA[38]. Die dies seit dem Urteil vom 20.03.1996 bejahende Rechtsprechung des BSG[39] hat erhebliche Kritik erfahren, insbesondere von der Seite der Leistungserbringer[40], aber auch von Seiten der Gerichte[41], denen die Möglichkeit genommen wurde, abweichende und dem Einzelfall eher gerecht werdende Entscheidungen zu treffen. Auf Grund der Einfügung von Absatz 9 durch den Gesetzgeber kann es nun keine Zweifel mehr an der Rechtsverbindlichkeit der Richtlinien des GBA geben. Ob die Konstruktion des Gesetzgebers, dem GBA als sog. „kleinem Gesetzgeber" Rechtsetzungsbefugnis zu geben, mit Verfassungsrecht übereinstimmt, bleibt abzuwarten, das Bundesverfassungsgericht hat die Frage nach der Rechtsnormqualität der Richtlinien des GBA zuletzt ausdrücklich offen gelassen.[42] Auf die Ausführungen in der Kommentierung zu § 92 SGB V Rn. 27 wird Bezug genommen.

C. Praxishinweise

61 Der GBA ist bemüht, seine Arbeit transparent zu machen und die Gründe für seine Entscheidungen offen zu legen. Er unterhält eine **Homepage.**[43] Dort sind nicht nur alle Richtlinien einschließlich der sie tragenden Gründe hinterlegt, sondern auch sämtliche im Bundesanzeiger zu veröffentlichenden Beschlüsse, also auch alle Empfehlungen nach § 135 Abs. 1 SGB V über ausgeschlossene Untersuchungs- und Behandlungsmethoden. Sofern die im Internet häufig bereits hinterlegten Dokumentationen und Begründungen nicht ausreichen, kann im Streitfall darüber hinaus jedenfalls über das SG **Einsicht in die Entscheidungsgrundlagen** mit den zu Grunde liegenden wissenschaftlichen Untersuchungen, Studien sowie fachlichen Stellungnahmen genommen werden.

---

[35] Vgl. Art. 2 Nr. 14 WSG - BGBl I 2007, 378, 440.

[36] Dazu allgemein BSG v. 22.03.2005 - B 1 A 1/03 R - SozR 4-2400 § 89 Nr. 3.

[37] Vgl. dazu die Kommentierung zu § 94 SGB V Rn. 16.

[38] Vgl. dazu oben ausführlich die Kommentierung zu § 92 SGB V Rn. 18.

[39] BSG v. 20.03.1996 - 6 RKa 62/94 - SozR 3-2500 § 92 Nr. 6.

[40] Vgl. dazu u.a. Literaturliste in der Kommentierung zu § 92 SGB V Rn. 11.

[41] LSG Niedersachsen v. 23.02.2000 - L 4 KR 130/98 - NZS 2001, 32-39.

[42] BVerfG v. 06.12.2005 - 1 BvR 347/98 - juris Rn 61 - SozR 4-2500 § 27 Nr. 5 = BVerfGE 115, 25-51.

[43] http://www.g-ba.de/.

§ 92 SGB V Richtlinien des Gemeinsamen Bundesausschusses

(Fassung vom 26.03.2007, gültig ab 01.04.2007, gültig bis 30.06.2008)

(1) Der Gemeinsame Bundesausschuss beschließt die zur Sicherung der ärztlichen Versorgung erforderlichen Richtlinien über die Gewährung für eine ausreichende, zweckmäßige und wirtschaftliche Versorgung der Versicherten; dabei ist den besonderen Erfordernissen der Versorgung behinderter oder von Behinderung bedrohter Menschen und psychisch Kranker Rechnung zu tragen, vor allem bei den Leistungen zur Belastungserprobung und Arbeitstherapie; er kann dabei die Erbringung und Verordnung von Leistungen einschließlich Arzneimitteln oder Maßnahmen einschränken oder ausschließen, wenn nach allgemein anerkanntem Stand der medizinischen Erkenntnisse der diagnostische oder therapeutische Nutzen, die medizinische Notwendigkeit oder die Wirtschaftlichkeit nicht nachgewiesen sind sowie wenn insbesondere ein Arzneimittel unzweckmäßig oder eine andere, wirtschaftlichere Behandlungsmöglichkeit mit vergleichbarem diagnostischen oder therapeutischen Nutzen verfügbar ist. Er soll insbesondere Richtlinien beschließen über die

1. **ärztliche Behandlung,**
2. **zahnärztliche Behandlung einschließlich der Versorgung mit Zahnersatz sowie kieferorthopädische Behandlung,**
3. **Maßnahmen zur Früherkennung von Krankheiten,**
4. **ärztliche Betreuung bei Schwangerschaft und Mutterschaft,**
5. **Einführung neuer Untersuchungs- und Behandlungsmethoden,**
6. **Verordnung von Arznei-, Verband-, Heil- und Hilfsmitteln, Krankenhausbehandlung, häuslicher Krankenpflege und Soziotherapie,**
7. **Beurteilung der Arbeitsunfähigkeit,**
8. **Verordnung von im Einzelfall gebotenen Leistungen zur medizinischen Rehabilitation und die Beratung über Leistungen zur medizinischen Rehabilitation, Leistungen zur Teilhabe am Arbeitsleben und ergänzende Leistungen zur Rehabilitation,**
9. **Bedarfsplanung,**
10. **medizinische Maßnahmen zur Herbeiführung einer Schwangerschaft nach § 27a Abs. 1,**
11. **Maßnahmen nach den §§ 24a und 24b,**
12. **Verordnung von Krankentransporten,**
13. **Qualitätssicherung,**
14. **spezialisierte ambulante Palliativversorgung,**
15. **Schutzimpfungen.**

(1a) Die Richtlinien nach Absatz 1 Satz 2 Nr. 2 sind auf eine ursachengerechte, zahnsubstanzschonende und präventionsorientierte zahnärztliche Behandlung einschließlich der Versorgung mit Zahnersatz sowie kieferorthopädischer Behandlung auszurichten. Der Gemeinsame Bundesausschuss hat die Richtlinien auf der Grundlage auch von externem, umfassendem zahnmedizinisch-wissenschaftlichem Sachverstand zu beschließen. Das Bundesministerium für Gesundheit kann dem Gemeinsamen Bundesausschuss vorgeben, einen Beschluss zu einzelnen dem Bundesausschuss durch Gesetz zugewiesenen Aufgaben zu fassen oder zu überprüfen und hierzu eine angemessene

Frist setzen. Bei Nichteinhaltung der Frist fasst eine aus den Mitgliedern des Bundesausschusses zu bildende Schiedsstelle innerhalb von 30 Tagen den erforderlichen Beschluss. Die Schiedsstelle besteht aus dem unparteiischen Vorsitzenden, den zwei weiteren unparteiischen Mitgliedern des Bundesausschusses und je einem der Vertreter der Zahnärzte und Krankenkassen. Vor der Entscheidung des Bundesausschusses über die Richtlinien nach Absatz 1 Satz 2 Nr. 2 ist den für die Wahrnehmung der Interessen von Zahntechnikern maßgeblichen Spitzenorganisationen auf Bundesebene Gelegenheit zur Stellungnahme zu geben; die Stellungnahmen sind in die Entscheidung einzubeziehen.

(1b) Vor der Entscheidung des Gemeinsamen Bundesausschusses über die Richtlinien nach Absatz 1 Satz 2 Nr. 4 ist den in § 134 Abs. 2 genannten Organisationen der Leistungserbringer auf Bundesebene Gelegenheit zur Stellungnahme zu geben; die Stellungnahmen sind in die Entscheidung einzubeziehen.

(2) Die Richtlinien nach Absatz 1 Satz 2 Nr. 6 haben Arznei- und Heilmittel unter Berücksichtigung der Festbeträge nach § 35 oder § 35a so zusammenzustellen, daß dem Arzt der Preisvergleich und die Auswahl therapiegerechter Verordnungsmengen ermöglicht wird. Die Zusammenstellung der Arzneimittel ist nach Indikationsgebieten und Stoffgruppen zu gliedern. Um dem Arzt eine therapie- und preisgerechte Auswahl der Arzneimittel zu ermöglichen, sind zu den einzelnen Indikationsgebieten Hinweise aufzunehmen, aus denen sich für Arzneimittel mit pharmakologisch vergleichbaren Wirkstoffen oder therapeutisch vergleichbarer Wirkung eine Bewertung des therapeutischen Nutzens auch im Verhältnis zum jeweiligen Apothekenabgabepreis unter Berücksichtigung der Rabatte nach § 130a Abs. 1 und 3b und damit zur Wirtschaftlichkeit der Verordnung ergibt; § 73 Abs. 8 Satz 3 bis 6 gilt entsprechend. Um dem Arzt eine therapie- und preisgerechte Auswahl der Arzneimittel zu ermöglichen, können ferner für die einzelnen Indikationsgebiete die Arzneimittel in folgenden Gruppen zusammengefaßt werden:

1. **Mittel, die allgemein zur Behandlung geeignet sind,**
2. **Mittel, die nur bei einem Teil der Patienten oder in besonderen Fällen zur Behandlung geeignet sind,**
3. **Mittel, bei deren Verordnung wegen bekannter Risiken oder zweifelhafter therapeutischer Zweckmäßigkeit besondere Aufmerksamkeit geboten ist.**

Sachverständigen der medizinischen und pharmazeutischen Wissenschaft und Praxis sowie der Arzneimittelhersteller und der Berufsvertretungen der Apotheker ist Gelegenheit zur Stellungnahme zu geben; bei der Beurteilung von Arzneimitteln der besonderen Therapierichtungen sind auch Stellungnahmen von Sachverständigen dieser Therapierichtungen einzuholen. Die Stellungnahmen sind in die Entscheidung einzubeziehen. In den Richtlinien nach Absatz 1 Satz 2 Nr. 6 können auch Therapiehinweise zu Arzneimitteln außerhalb von Zusammenstellungen gegeben werden; die Sätze 3 und 4 sowie Absatz 1 Satz 1 dritter Halbsatz gelten entsprechend.

(3) Für Klagen gegen die Zusammenstellung der Arzneimittel nach Absatz 2 gelten die Vorschriften über die Anfechtungsklage entsprechend. Die Klagen haben keine aufschiebende Wirkung. Ein Vorverfahren findet nicht statt. Eine gesonderte Klage gegen die Gliederung nach Indikationsgebieten oder Stoffgruppen nach Absatz 2 Satz 2, die Zusammenfassung der Arzneimittel in Gruppen nach Absatz 2 Satz 4 oder gegen sonstige Bestandteile der Zusammenstellung nach Absatz 2 ist unzulässig.

(3a) Vor der Entscheidung über die Richtlinien zur Verordnung von Arzneimitteln nach Absatz 1 Satz 2 Nr. 6 ist den für die Wahrnehmung der wirtschaftlichen Interessen gebildeten maßgeblichen Spitzenorganisationen der pharmazeutischen Unternehmer und der Apotheker sowie den maßgeblichen Dachverbänden der Ärztegesellschaften der besonderen Therapierichtungen auf Bundesebene Gelegenheit zur Stellungnahme zu geben; die Stellungnahmen sind in die Entscheidung einzubeziehen.

(4) In den Richtlinien nach Absatz 1 Satz 2 Nr. 3 sind insbesondere zu regeln

1. **die Anwendung wirtschaftlicher Verfahren und die Voraussetzungen, unter denen mehrere Maßnahmen zur Früherkennung zusammenzufassen sind,**
2. **das Nähere über die Bescheinigungen und Aufzeichnungen bei Durchführung der Maßnahmen zur Früherkennung von Krankheiten,**
3. **Einzelheiten zum Verfahren und zur Durchführung von Auswertungen der Aufzeichnungen sowie der Evaluation der Maßnahmen zur Früherkennung von Krankheiten.**

(5) Vor der Entscheidung des Gemeinsamen Bundesausschusses über die Richtlinien nach Absatz 1 Satz 2 Nr. 8 ist den in § 111b Satz 1 genannten Organisationen der Leistungserbringer, den Rehabilitationsträgern (§ 6 Abs. 1 Nr. 2 bis 7 des Neunten Buches) sowie der Bundesarbeitsgemeinschaft für Rehabilitation Gelegenheit zur Stellungnahme zu geben; die Stellungnahmen sind in die Entscheidung einzubeziehen. In den Richtlinien ist zu regeln, bei welchen Behinderungen, unter welchen Voraussetzungen und nach welchen Verfahren die Vertragsärzte die Krankenkassen über die Behinderungen von Versicherten zu unterrichten haben.

(6) In den Richtlinien nach Absatz 1 Satz 2 Nr. 6 ist insbesondere zu regeln

1. **der Katalog verordnungsfähiger Heilmittel,**
2. **die Zuordnung der Heilmittel zu Indikationen,**
3. **die Besonderheiten bei Wiederholungsverordnungen und**
4. **Inhalt und Umfang der Zusammenarbeit des verordnenden Vertragsarztes mit dem jeweiligen Heilmittelerbringer.**

Vor der Entscheidung des Bundesausschusses über die Richtlinien zur Verordnung von Heilmitteln nach Absatz 1 Satz 2 Nr. 6 ist den in § 125 Abs. 1 Satz 1 genannten Organisationen der Leistungserbringer Gelegenheit zur Stellungnahme zu geben; die Stellungnahmen sind in die Entscheidung einzubeziehen.

(6a) In den Richtlinien nach Absatz 1 Satz 2 Nr. 1 ist insbesondere das Nähere über die psychotherapeutisch behandlungsbedürftigen Krankheiten, die zur Krankenbehandlung geeigneten Verfahren, das Antrags- und Gutachterverfahren, die probatorischen Sitzungen sowie über Art, Umfang und Durchführung der Behandlung zu regeln. Die Richtlinien haben darüber hinaus Regelungen zu treffen über die inhaltlichen Anforderungen an den Konsiliarbericht und an die fachlichen Anforderungen des den Konsiliarbericht (§ 28 Abs. 3) abgebenden Vertragsarztes. Sie sind erstmalig zum 31. Dezember 1998 zu beschließen und treten am 1. Januar 1999 in Kraft.

(7) In den Richtlinien nach Absatz 1 Satz 2 Nr. 6 sind insbesondere zu regeln

1. **die Verordnung der häuslichen Krankenpflege und deren ärztliche Zielsetzung,**
2. **Inhalt und Umfang der Zusammenarbeit des verordnenden Vertragsarztes mit dem jeweiligen Leistungserbringer und dem Krankenhaus,**

3. die Voraussetzungen für die Verordnung häuslicher Krankenpflege und für die Mitgabe von Arzneimitteln im Krankenhaus im Anschluss an einen Krankenhausaufenthalt.

Vor der Entscheidung des Gemeinsamen Bundesausschusses über die Richtlinien zur Verordnung von häuslicher Krankenpflege nach Absatz 1 Satz 2 Nr. 6 ist den in § 132a Abs. 1 Satz 1 genannten Leistungserbringern Gelegenheit zur Stellungnahme zu geben; die Stellungnahmen sind in die Entscheidung einzubeziehen.

(7a) Vor der Entscheidung des Gemeinsamen Bundesausschusses über die Richtlinien zur Verordnung von Hilfsmitteln nach Absatz 1 Satz 2 Nr. 6 ist den in § 128 Abs. 1 Satz 4 genannten Organisationen der betroffenen Leistungserbringer und Hilfsmittelhersteller auf Bundesebene Gelegenheit zur Stellungnahme zu geben; die Stellungnahmen sind in die Entscheidung einzubeziehen.

(7b) Vor der Entscheidung über die Richtlinien zur Verordnung von spezialisierter ambulanter Palliativversorgung nach Absatz 1 Satz 2 Nr. 14 ist den maßgeblichen Organisationen der Hospizarbeit und der Palliativversorgung sowie den in § 132a Abs. 1 Satz 1 genannten Organisationen Gelegenheit zur Stellungnahme zu geben. Die Stellungnahmen sind in die Entscheidung einzubeziehen.

(7c) Vor der Entscheidung über die Richtlinien zur Verordnung von Soziotherapie nach Absatz 1 Satz 2 Nr. 6 ist den maßgeblichen Organisationen der Leistungserbringer der Soziotherapieversorgung Gelegenheit zur Stellungnahme zu geben; die Stellungnahmen sind in die Entscheidung einzubeziehen.

(8) Die Richtlinien des Gemeinsamen Bundesausschusses sind Bestandteil der Bundesmantelverträge.

Gliederung

A. Basisinformation

I. Textgeschichte/Gesetzgebungsmaterialien

Die Bundesausschüsse der Ärzte/Zahnärzte und der Krankenkassen hatten schon unter der Geltung der RVO die Aufgabe, die zur Sicherung der kassenärztlichen Versorgung erforderlichen Richtlinien über die Gewähr für eine ausreichende, zweckmäßige und wirtschaftliche Versorgung der Kranken zu erlassen. An diesem Auftrag hat sich bis heute nichts geändert. Die Einhaltung der Richtlinien war damals allerdings Ermessenssache, denn sie sollten (so § 368p Abs. 3 RVO) nur von den Ärzten und Krankenkassen beachtet werden. Die Einführung des SGB V durch das GRG brachte ab dem 01.01.1989 eine Präzisierung des Richtlinienauftrags durch den in Absatz 1 Satz 2 aufgelisteten Katalog der Regelungsmaterien, auf die sich die Richtliniengebung jedenfalls zu erstrecken hat. Die Richtlinien wurden außerdem in Absatz 7 (heute Absatz 8) zu Bestandteilen der Bundesmantelverträge gemacht und erlangten damit Verbindlichkeit für Ärzte und Krankenkassen. 1

Die weitere Rechtsentwicklung ist durch nicht weniger als 23 Novellierungen gekennzeichnet, mit denen der Gesetzgeber im Wesentlichen nach und nach den Richtlinienkatalog bezüglich der Nr. 6 sowie um die Nr. 10-12 erweiterte und in den §§ 1a, 1b, 6, 6a und 7 den Inhalt bestimmter Richtlinien in näher ausgeführten Regelungspunkten vorschrieb. Außerdem verankerte er in den Absätzen 3a, 5, 7 Sätze 2 und 7a das Anhörungsrecht von Organisationen von Leistungserbringern. 2

Durch das GMG wurde dem GBA die Richtlinienkompetenz übertragen und mit Absatz 1 HS. 3. ausdrücklich das Recht eingeräumt, bestimmte Leistungen oder Verordnungen einzuschränken oder auszuschließen. Die Verbindlichkeit seiner Beschlüsse wurde auf Versicherte und Leistungsempfänger erstreckt (§ 91 Abs. 9 SGB V). Das AVWG präzisierte die Befugnis des GBA, unwirtschaftliche Arzneimittel von der Versorgung auszuschließen und Therapiehinweise auch in Einzelfällen erteilen zu können. Das WSG ergänzte den Richtlinienkatalog um die Richtlinienkompetenz für Qualitätssicherung, spezialisierte ambulante Palliativversorgung und Schutzimpfungen. 3

II. Vorgängervorschriften

§ 368p Abs. 3 RVO. 4

III. Parallelvorschriften

Eine ähnliche Regelung wie § 92 Abs. 1 Satz 2 HS. 3 SGB V, wonach die Erbringung und Verordnung von Leistungen oder Maßnahmen vom GBA ausgeschlossen werden kann, enthält § 135 Abs. 1 Satz 2 SGB V. 5

IV. Untergesetzliche Normen

Das Verfahren bei der Richtliniengebung ist in der Verfahrensordnung des GBA[1] und der Geschäftsordnung des GBA[2] näher geregelt. Die erlassenen Richtlinien sind unten unter Abschnitt B VIII. im Richtlinienkatalog im Einzelnen aufgeführt. 6

V. Systematische Zusammenhänge

Mit dem Grundsatz in Absatz 1 Satz 1 soll das Wirtschaftlichkeitsgebot in der vertragsärztlichen Versorgung gewährleistet werden. Die Vorschrift wiederholt damit den inhaltlich identischen Grundsatz der §§ 2 Abs. 4, 12 Abs. 1, 70 Abs. 1 SGB V sowie die in § 72 Abs. 2 SGB V verankerten Vorgaben für vertragliche Regelungen. 7

---

[1] Verfahrensordnung des Gemeinsamen Bundesausschusses v. 20.09.2005 veröffentlicht im BAnz 2005, Nr. 242, 16 998; vgl. auch die Kommentierung zu § 91 SGB V Rn. 49 und die Kommentierung zu § 91 SGB V Rn. 51.

[2] Geschäftsordnung des Gemeinsamen Bundesausschusses v. 13.01.2004, BAnz 2004, Nr. 67, 7246 v. 06.04.2004, zuletzt geändert am 15.06.2004, BAnz 2004, Nr. 164, 19566.

8 § 92 SGB V ist in engem Zusammenhang mit § 91 SGB V zu lesen. § 92 SGB V enthält eine allgemeine Kompetenzzuweisung für den Erlass von Richtlinien, daneben aber auch Verfahrensvorschriften hinsichtlich der Anhörung von bestimmten Organisationen von Leistungserbringern. § 91 SGB V regelt die Besetzung des GBA je nach Beschlussgegenstand und über die Geschäftsordnung und die Verfahrensordnung Einzelheiten des Verfahrens vor und bei der Beschlussfassung.

9 Für den Inhalt der Richtlinien enthält das materielle Recht in zahlreichen Vorschriften nähere Vorgaben[3], zum Teil enthält aber auch § 92 SGB V selbst Präzisierungen des Regelungsgegenstandes. Für die Prüfung der materiellen Rechtmäßigkeit der Richtlinien ist daher stets auf den gesetzlichen Normzusammenhang abzustellen. Die Ermächtigungsnormen werden vom GBA bei praktisch allen Richtlinien am Anfang einer Richtlinie erwähnt.

10 § 94 SGB V ergänzt § 92 SGB V durch Regelungen über das Wirksamwerden der Beschlüsse des GBA.

VI. Ausgewählte Literaturhinweise

11 *Axer*, Normsetzung der Exekutive in der Sozialversicherung, 2000, S. 119 ff.; *Butzer/Kaltenborn*, Die demokratische Legitimation des Bundesausschusses der Ärzte und Krankenkassen, MedR 2001, 333; *Castendiek*, Versichertenbeteiligung und Demokratie im Normenkonzept der Richtlinien des Bundesausschusses, NZS 2001, 71; *Eichenhofer*, Richtlinien der gesetzlichen Krankenversicherung und Gemeinschaftsrecht; *Engelmann*, Die Kontrolle medizinischer Standards durch die Sozialgerichtsbarkeit, MedR 2006, 245-259; *Engelmann*, Untergesetzliche Normsetzung im Recht der gesetzlichen Krankenversicherung durch Verträge und Richtlinien, NZS 2000, 1, 76; *Hänlein*, Rechtsquellen im Sozialversicherungsrecht, 2000, S. 454 ff.; *Hase*, Verfassungsrechtliche Bewertung der Normsetzung durch den Gemeinsamen Bundesausschuss, MedR 2005, 391-397; *Hiddemann*, Die Richtlinien des Bundesausschusses der Ärzte und Krankenkassen als Rechtsnormen, Die BKK 2001, 187; *Kellner*, Die Aufsicht des Bundesministeriums für Gesundheit über den Gemeinsamen Bundesausschuss, GesR 2006, 204-209; *Kingreen*, Legitimation und Partizipation im Gesundheitswesen, NZS 2007, 113-121; *Kingreen*, Verfassungsrechtliche Grenzen der Rechtsschutzbefugnis des Gemeinsamen Bundesausschusses im Gesundheitsrecht, NJW 2006, 877-880; *Knispel*, Wettbewerbshandeln durch Erlass von Richtlinien nach § 92 I SGB V?, NZS 2000, 441-444; *Koch*, Normsetzung durch Richtlinien des Bundesausschusses der Ärzte und Krankenkassen, SGb 2001, 109, 166; *Merten*, Zum Richtlinienerlass durch den Gemeinsamen Bundesausschuss, NZS 2006, 337-392; *Neumann*, Anspruch auf Krankenbehandlung nach Maßgabe der Richtlinien des Bundesausschusses, NZS 2001, 515; *Neumann*, Der Vorrang des Gesetzes im Leistungserbringerrecht der gesetzlichen Krankenversicherung, Bochumer Schriften zum Sozialrecht, Band 2, 1998; *Neumann*, Prioritätensetzung und Rationierung in der gesetzlichen Krankenversicherung, NZS 2005, 617-623; *Ossenbühl*, Richtlinien im Vertragsarztrecht, NZS 1997, 497; *Plagemann*, Der Gemeinsame Bundesausschuss – Auswirkungen auf den Leistungsanspruch der Patienten, dargestellt an ausgewählten Einzelfällen; *Plantholz*, Richtlinien, Rahmenverträge, Rahmenempfehlungen – der Gesetzgeber im Dickicht untergesetzlicher Teilhabe, NZS 2001, 177; *Rixen*, Sozialrecht als öffentliches Wirtschaftsrecht, 2005, S. 176 ff.; *Schlenker*, Das Entscheidungsmonopol des Bundesausschusses für neue medizinische Verfahren und Außenseitermethoden,

---

[3] Den Erlass von Richtlinien im materiellen Leistungsrecht schreiben vor bzw. setzen voraus: § 22 Abs. 5 SGB V, § 25 Abs. 4 Satz 2 SGB V, § 26 Abs. 2 SGB V, § 27a Abs. 4 SGB V, § 28 Abs. 2 Satz 9 SGB V, § 28 Abs. 3 Satz 1 SGB V, § 29 Abs. 4 Satz 1 SGB V, § 30 Abs. 1 Satz 5 SGB V, § 31 Abs. 1 Satz 2 SGB V, § 32 Abs. 1 Satz 2 SGB V, § 33 Abs. 1 Sätze 2 und 6 SGB V, § 33 Abs. 3 Satz 2 SGB V, § 33 Abs. 4 HS. 2 SGB V, § 34 Abs. 1 Satz 2 SGB V, § 34 Abs. 1 Satz 9 SGB V, § 34 Abs. 3 Satz 4 SGB V, § 35 Abs. 1 Satz 1 SGB V, § 35 Abs. 1 Satz 5 SGB V, § 37a Abs. 2 SGB V, § 55 Abs. 1 Satz 1 SGB V, § 56 Abs. 1 SGB V, § 60 Abs. 1 Satz 3 SGB V, § 62 Abs. 1 Satz 4 SGB V. § 92 Abs. 1 SGB V erlaubt ohne nähere Präzisierung den Erlass von ergänzenden Richtlinien, soweit dies vom Wirtschaftlichkeitsgebot gefordert wird, in praktisch allen Bereichen, auf die sich die vertragsärztliche Versorgung erstreckt (vgl. dazu die Auflistungen in den §§ 92 Abs. 1 Satz 2, 73 Abs. 2, 135 Abs. 1 SGB V). Das Leistungserbringerrecht wird ebenfalls in starkem Ausmaß durch die Richtlinien des GBA geprägt. Richtlinien sehen folgende Vorschriften vor bzw. setzen sie voraus: § 25 Abs. 5 SGB V, § 73 Abs. 5 und 8 SGB V, § 84 Abs. 2 Satz 2 Nr. 4 SGB V, § 87a Abs. 1 Satz 4 SGB V, § 92 Abs. 1 SGB V, § 95 Abs. 11 Satz 1 SGB V, § 99 Abs. 1 SGB V, § 101 Abs. 1 SGB V, § 102 Abs. 1 Satz 3 SGB V, § 106 Abs. 5b SGB V, § 111b Abs. 1 Satz 1 SGB V, § 115b Abs. 1 Satz 3 SGB V, § 116b Abs. 4 SGB V, § 117 Abs. 2 Satz 1 SGB V, § 125 Abs. 1 Satz 1 SGB V, § 129 Abs. 1a SGB V, § 131 Abs. 4 SGB V, § 132a SGB V, § 132b SGB V, § 135 Abs. 1 und 2 SGB V, §§ 136, 136a, 136b, 137a-d SGB V.

NZS 1998, 411; *Schimmelpfeng-Schütte*, Richtliniengebung durch den Bundesausschuss der Ärzte und Krankenkassen und demokratische Legitimation, NZS 1999, 530; *Schimmelpfeng-Schütte*, Deutschland auf dem Weg in ein dirigistisches Gesundheitssystem, ZRP 2004, 253-257; *Schimmelpfeng-Schütte*, Machtkampf um die künstliche Ernährung, GesR 2005, 296; *Schimmelpfeng-Schütte*, Die Zeit ist reif für mehr Demokratie in der Gesetzlichen Krankenversicherung, MedR 2006, 21-25; *Schimmelpfeng-Schütte*, Die Entscheidungsbefugnisse des Gemeinsamen Bundesausschusses, NZS 2006, 567-572; *Schimmelpfeng-Schütte*, Demokratische und rechtsstaatliche Defizite der gesetzlichen Krankenversicherung, MedR 2006, 519-521; *Schnapp* in: v. Wulffen/Krasney (Hrsg.), Festschrift 50 Jahre Bundessozialgericht, 2004, S. 497; *Schrinner*, Normsetzung durch den gemeinsamen Bundesausschuss aus der Sicht der Krankenkassen, MedR 2005, 397-400; *Schwerdtfeger*, Die Leistungsansprüche der Versicherten im Rechtskonkretisierungskonzept des SGB V, NZS 1998, 49, 97; *Seeringer*, Der Gemeinsame Bundesausschuss nach dem SGB V, 2005; *Sodan*, Die institutionelle und funktionelle Legitimation des Bundesausschusses der Ärzte und Krankenkassen, NZS 2000, 581; *Tadsen*, Neues Instrumentarium für den Bundesausschuss, ZM 2000, Nr 6, 20-23; *Wigge*, Legitimation durch Partizipation – Zur verfahrensrechtlichen Beteiligung der Leistungserbringer im Entscheidungsverfahren des Bundesausschusses, NZS 2001, 578, 623; *Wimmer*, Grenzen der Regelungsbefugnis in der vertragsärztlichen Selbstverwaltung, NZS 1999, 113-119; *Wolff*, Die Legitimationsveränderungen des Richtlinienerlasses durch den Gemeinsamen Bundesausschuss auf der Grundlage des GKV-Modernisierungsgesetzes, NZS 2006, 281-285.

B. Auslegung der Norm

I. Regelungsgehalt und Bedeutung der Norm

Vom Regelungsgehalt her enthält § 92 SGB V Vorschriften, die verschiedene Aspekte der Richtlinien- 12
gebung betreffen. Zunächst steht Absatz 1 mit dem Grundsatz, dass **die Gewähr für eine an den Grundsätzen der Wirtschaftlichkeit, Erforderlichkeit und Zweckmäßigkeit** ausgerichtete ärztliche Versorgung durch Erlass von Richtlinien gesichert werden soll, im Vordergrund. In Absatz 1 Satz 2 werden die **Versorgungsbereiche** aufgelistet, auf die sich diese **Richtliniengebung** erstrecken soll und in den Absätzen 1a, 1b, 6, 6a und 7 werden für einzelne Richtlinien (vgl. dazu Rn. 52) vom Gesetzgeber noch weitere Vorgaben in dem Sinne gemacht, mit welchen Regelungsgegenständen sich die Richtlinien inhaltlich jedenfalls zu befassen haben. Schließlich soll in den Absätzen 3a, 5, 7 Satz 2 und 7a, 7b und 7c sichergestellt werden, dass die von den Richtlinien mittelbar betroffenen Leistungserbringer über ihre Organisationen angehört werden (vgl. dazu Rn. 56). Absatz 3 enthält materielles Prozessrecht, soweit dort gegen die Preisvergleichsliste die Anfechtungsklage eingeräumt wird.

Früher stand beim Bundesausschuss der Ärzte und Krankenkassen die Funktion als **Konfliktlösungs-** 13
organ im Verhältnis zwischen Ärzten und Krankenkassen im Vordergrund, seit seinen Richtlinien Rechtsnormqualität zukommt und der Gesetzgeber das Regelungsgeflecht immer weiter verdichtet hat, stehen mehr die Fragen nach der **inhaltlichen Richtigkeit der Richtlinien** gegenüber Versicherten und Leistungserbringern im Zentrum der Diskussion. Denn dort werden die Voraussetzungen normiert, unter denen die dort erfassten medizinischen Leistungen zu Lasten der Krankenkassen erbracht werden können.

Die Bedeutung von § 92 SGB V ergibt sich daraus, dass der Gesetzgeber den GBA als zentrales Schar- 14
nier zwischen dem parlamentarischen Gesetzgeber und den das Gesetz ausführenden Körperschaften der Krankenkassen und kassenärztlichen Vereinigungen eingesetzt hat. Der GBA, kontrolliert gem. § 94 SGB V durch den BMG, hat dabei die Aufgabe, das **Recht durch untergesetzliche Vorschriften so zu konkretisieren,** dass Letztere im Alltag von Ärzten und Krankenkassen gegenüber Patienten umgesetzt werden können. Diese untergesetzlichen Normen hat der Gesetzgeber als Richtlinien bezeichnet. Nach der Rechtsprechung des BSG (vgl. dazu Rn. 20 und Rn. 23 m.w.N.) sind die Richtlinien für alle an der vertragsärztlichen Versorgung Beteiligten rechtsverbindlich, auch für die Versicherten. Dies ist von großer Bedeutung insbesondere für die Frage, ob Außenseitermethoden bei der vertragsärztlichen Behandlung überhaupt angewandt werden dürfen bzw. von Krankenkassen zu bezahlen sind und ob und ab wann neue Untersuchungs- und Behandlungsmethoden in der vertragsärztlichen Versorgung zum Einsatz kommen. Bei etablierten Behandlungsmethoden entscheidet der GBA, welchen wegen größerer Wirtschaftlichkeit der Vorzug zu geben ist bzw. welche wegen Unwirtschaftlichkeit für die

vertragsärztliche Versorgung auszuschließen sind. Mit dem § 92 SGB V (ergänzt durch § 135 SGB V) hat der Gesetzgeber dem GBA faktisch das Entscheidungsmonopol für die Bewertung bislang schon praktizierter bzw. für die Einführung neuer medizinischer Behandlungsmethoden überantwortet.

II. Normzweck

15 § 92 SGB V überträgt dem GBA die Aufgabe, das Wirtschaftlichkeitsgebot des § 2 Abs. 4 , § 12 Abs. 1 und § 73 Abs. 2 SGB V zu konkretisieren. Dazu sollen in Richtlinien zu den in § 92 SGB V umschriebenen Bereichen vertragsärztlichen Handelns, mit verbindlicher Wirkung für Vertragsärzte, andere Leistungserbringer und Versicherte, Einzelheiten geregelt werden. **Funktion der Richtlinien** ist es damit, die **Verpflichtung der Vertragsärzte** zu einer wirtschaftlichen Behandlungs- und Verordnungsweise **mit den Ansprüchen der Versicherten zu koordinieren**. Damit wird das Parlament von Detailregelungen entlastet, deren tatsächliche Grundlage für Außenstehende schwer erkennbar ist und auf deren Veränderung im Gesetzgebungsverfahren oftmals nicht rasch genug reagiert werden könnte, weil der medizinische Fortschritt einem so raschen Wandel unterliegt, dass **eine zeitgerechte Umsetzung neuer Erkenntnisse und Behandlungsmethoden** mit dem schwerfälligen Instrument des Parlamentsgesetzes bzw. der Rechtsverordnung nicht ausreichend zu gewährleisten ist.[4]

16 Soweit in § 92 SGB V Anhörungsrechte von Verbänden der Leistungserbringer verankert sind, dient deren Einschaltung der Würdigung und Berücksichtigung der Belange ihrer Mitglieder.

17 Darüber hinaus enthält § 92 SGB V noch ergänzende Vorgaben des Gesetzgebers zum Inhalt einiger Richtlinien. Diese Vorschriften sind im Zusammenhang mit den materiellen Anspruchsnormen zu lesen, deren Ergänzung sie dienen; sie hätten rechtssystematisch auch dort in das Gesetz eingefügt werden können.

III. Die Rechtsnatur der Richtlinien des GBA

1. Die ältere Rechtsprechung: Empfehlungen

18 Die Beurteilung der Rechtsnatur der Richtlinien hat nach dem In-Kraft-Treten des GRG eine Wandlung erfahren. Die RVO enthielt hinsichtlich einer Bindungswirkung der Richtlinien in § 368p Abs. 3 nur die Vorschrift, dass über die Satzungsbestimmungen sicher zu stellen ist, dass die Richtlinien von den Mitgliedern **beachten werden sollen**. Dementsprechend vertrat die ältere Rspr. des BSG die Auffassung, den Richtlinien käme als solchen **keine normative Wirkung** zu. In Bezug auf die Ansprüche der Versicherten seien sie ohne Auswirkungen. Sie erzeugten ähnlich einer Verwaltungsvorschrift nur interne Wirkung. Ihnen käme die **Bedeutung von Empfehlungen oder Gutachten** zu, vergleichbar mit den Anhaltspunkten im Schwerbehindertenrecht, an denen sich die Vertragsärzte zwar zu orientieren hätten, von denen sie im Einzelfall nach eigener Beurteilung aber auch abweichen dürften. Konsequenterweise wurde bei der Überprüfung des Leistungsanspruchs des Versicherten die medizinische Notwendigkeit oder Geeignetheit bestimmter Medikamente oder Behandlungsmethoden durch Gutachten bezogen auf den konkreten Patienten geklärt. Man ging allgemein von einem Vorrang des Leistungserbringerrechts aus.

19 An dieser Beurteilung änderte sich zunächst nichts, obwohl das GRG in § 92 Abs. 7 SGB V (heute Absatz 8) bestimmte, dass die Richtlinien Bestandteile der Bundesmantelverträge sind. Bundesmantelverträge sind für Krankenkassen und kassenärztliche Vereinigungen bindendes Recht. Hinsichtlich der Patienten wurde die Verbindlichkeit von Richtlinien noch weiterhin verneint.[5]

2. Die neuere Rechtsprechung: normative Wirkung

20 Mit dem Urteil vom 20.06.1996[6] zog das BSG erstmals Konsequenzen aus § 92 Abs. 7 SGB V und vertrat die Auffassung, dass die Richtlinien auch **für die Krankenkassen autonomes, sie bindendes Recht** sind und sie gleichfalls Regelungen über die Leistungsansprüche der Versicherten in der gesetzlichen Krankenversicherung treffen. Dies gilt für die Fälle, in denen Vorschriften des SGB V ausdrücklich bestimmen, dass der Anspruch des Versicherten im Einzelnen durch Richtlinien des Bundesaus-

[4] BSG v. 20.03.1996 - 6 RKa 62/94 - SozR 3-2500 § 92 Nr. 6.

[5] Vgl. BSG v. 16.12.1993 - 4 RK 5/92 - BSGE 73, 271, 287 = SozR 3-2500 § 13 Nr. 4.

[6] BSG v. 20.03.1996 - 6 RKa 62/94 - SozR 3-2500 § 92 Nr. 6.

schusses der Ärzte und Krankenkassen geregelt wird. Die Vorschriften enthalten insoweit **spezielle Kompetenzzuweisungen** an die Bundesausschüsse und setzen zugleich die Verbindlichkeit der erlassenen Regelungen für die Versicherten voraus.

Aber auch ohne eine derartige ausdrückliche Zuweisung der Regelungskompetenz an die Bundesausschüsse haben die **Richtlinien Rechtswirkungen gegenüber den Versicherten**, wie sich unmittelbar aus § 92 Abs. 1 Satz 1 SGB V ergibt, der in einem unmittelbaren sachlogischen Zusammenhang mit § 12 Abs. 1 SGB V steht und insoweit eine **allgemeine Kompetenzzuweisung** enthält. Denn Patienten können grundsätzlich nur beanspruchen, was Ärzte auch verordnen dürfen. **Leistungserbringerrecht und Leistungsrecht bilden eine Einheit**. Daraus folgt, dass die Richtlinien für alle am Versicherungsverhältnis Beteiligten normative Wirkung haben. 21

Bei den Richtlinien handelt es sich, so die Kernaussage dieses Urteils, um **untergesetzliche Rechtsnormen**. Die Zuweisung an den Bundesausschuss ist nach Auffassung des BSG Bestandteil eines generellen Regelungskonzepts, das die Rechtssetzung durch untergesetzliche Normen den an der kassenärztlichen Versorgung beteiligten Körperschaften der Krankenkassen und der Ärzte übertragen hat. Integraler Bestandteil dieses Regelungskonzeptes ist dabei die **Zuweisung von Normsetzungsbefugnissen** an im Wesentlichen von den an der kassenärztlichen Versorgung beteiligten Partnern gebildeten Ausschüsse.[7] 22

3. Die seitherige Rechtsentwicklung

Die Rechtsprechung des 6. Senats wurde von den für das Krankenversicherungsrecht zuständigen Senaten alsbald übernommen.[8] Der normative Charakter der Richtlinien und ihre **Verbindlichkeit für die Versicherten** werden in den neueren Entscheidungen als feststehendes Recht behandelt und **nicht mehr weiter begründet.**[9] 23

Der Gesetzgeber hat in der Folgezeit dem Bundesausschuss ständig weitere Kompetenzen übertragen. Im 2. GKV-NOG v. 30.06.1997[10] erhielt er in § 135 Abs. 1 Satz 2 SGB V den Auftrag zur Überprüfung auch bereits erbrachter Behandlungsmethoden. In der Beschlussempfehlung [11] wurde er dabei zum ersten Mal vom Gesetzgeber selbst als **Instrument der Rechtssetzung** bezeichnet. Die Übertragung von Rechtssetzungskompetenzen auf den Bundesausschuss wurde damit begründet, dass der Bundesausschuss, als Institution der gemeinsamen Selbstverwaltung, die zu regelnden Tatbestände am sachkundigsten beurteilen könne. Der Gesetz- und Verordnungsgeber werde damit von **Detailregelungen entlastet**, deren tatsächliche Grundlagen für Außenstehende nur schwer erkennbar seien und auf deren Veränderungen der Gesetz- oder Verordnungsgeber oftmals nicht schnell genug reagieren könne. 24

Mit dem Psychotherapeutengesetz v. 16.06.1998[12] erhielt der Bundesausschuss in § 92 Abs. 6a SGB V auch die Zuständigkeit zur Regelung der psychotherapeutischen Versorgung. Mit dem GKV GesundheitsreformG 2000 v. 22.12.1999[13] wurden weitere vergleichbare Gremien, nämlich der Ausschuss Krankenhaus (§ 137c Abs. 2 SGB V a.F.) und der Koordinierungsausschuss (§ 137e SGB V a.F.) eingerichtet. Über eine Klärung der Rechtswegszuständigkeit in § 51 Abs. 2 SGG wurde versucht, Störungen der Tätigkeit des Bundesausschusses durch kartellrechtliche Rechtsprechung der Zivilgerichte[14] zu verhindern. Im GMG schließlich wurde in § 91 Abs. 9 SGB V die ausdrückliche Bestimmung aufgenommen, dass die Beschlüsse des GBA für die Versicherten, die Krankenkassen und die an der ambulanten Versorgung teilnehmenden Leistungserbringer sowie die zugelassenen Kranken- 25

---

7 BSG v. 20.03.1996 - 6 RKa 62/94 - SozR 3-2500 § 92 Nr. 6.

8 Z.B. BSG v. 16.09.1997 - 1 RK 32/95 - SozR 3-2500 § 92 Nr. 7.

9 BSG v. 30.01.2002 - B 6 KA 73/00 R - SozR 3-2500 § 135 Nr. 21; BSG v. 19.02.2002 - B 1 KR 16/00 R - SozR 3-2500 § 92 Nr. 12; BSG v. 31.05.2006 - B 6 KA 13/05 R - SGb 2006, 470-471; BSG v. 31.05.2006 - B 6 KA 69/04 R - ZfS 2006, 232-233; BSG v. 26.01.2006 - B 3 KR 4/05 R - SozR 4-2500 § 37 Nr. 7; BSG v. 04.04.2006 - B 1 KR 12/05 R - SozR 4-2005 § 27 Nr. 8.

10 BGBl I 1997, 1520.

11 BT-Drs. 13/7264.

12 BGBl I 1998, 1311.

13 BGBl I 1999, 2626.

14 Hanseatisches Oberlandesgericht v. 19.10.2000 - 3 U 200/99 - PharmaRecht 2001, 14-16; OLG München v. 20.01.2000 - U (K) 4428/99 - NZS 2000, 457-461; LG Düsseldorf v. 22.12.1999 - 12 O 548/99 - Pharmarecht, 41-45; BGH v. 03.07.2001 - KZR 31/99 - VersR 2001, 1361.

häuser verbindlich sind. Weiter wurde in § 91 Abs. 1 Satz 1 HS. 3 SGB V klargestellt, dass der GBA die Erbringung und Verordnung von Leistungen oder Maßnahmen einschränken oder ausschließen kann.

26 Die Rechtsentwicklung zeigt, dass die Auffassung des BSG von der normativen Wirkung der Richtlinien **vom Gesetzgeber nicht korrigiert, sondern übernommen** und durch entsprechende Klarstellungen und Ergänzungen unterstützt wurde (vgl. etwa die §§ 91 Abs. 9 sowie 92 Abs. 1 Satz 1 HS. 3 SGB V). Der Gesetzgeber seinerseits ist bemüht, den Forderungen der Rechtsprechung nach engmaschigeren Gesetzesvorgaben Rechnung zu tragen.[15] Seit In-Kraft-Treten des GMG zum 01.01.2004 kann auf der Basis des SGB V nicht mehr daran gezweifelt werden, dass dem GBA die Kompetenz als untergesetzlicher Normgeber eingeräumt worden ist, seine Richtlinien Normcharakter haben und für die Versicherten verbindlich sind. **Offen** ist allein noch eine **abschließende verfassungsrechtliche Würdigung** durch das BVerfG.

4. Verfassungsrechtliche Bedenken

27 Das BSG hat in der Leitentscheidung vom 20.06.1996[16], unter eingehender Auseinandersetzung mit dem abweichenden Schrifttum, umfangreiche Ausführungen zur Verfassungskonformität gemacht. Ausgangspunkt ist die Rechtsprechung des Bundesverfassungsgerichts[17] wonach in Ausprägung des Subsidiaritätsprinzips über die in Art. 80 Abs. 1 GG genannten staatlichen Exekutivstellen hinaus auch Körperschaften des öffentlichen Rechts mit der eigenverantwortlichen Regelung solcher Angelegenheiten in Fragen betraut werden können, die sie selbst betreffen und die sie selbst am sachkundigsten auch beurteilen können. Dem Bundesausschuss sei als Anstalt öffentlichen Rechts Satzungsautonomie verliehen worden. Die Mitglieder des Bundesausschusses seien hinreichend demokratisch legitimiert, Art. 80 GG werde hinsichtlich Inhalt, Zweck und Ausmaß der dem Bundesausschuss erteilten Normsetzungsermächtigung Genüge getan, denn dem Gesetz lasse sich ein **hinreichend dichtes Normprogramm** entnehmen.[18]

28 Gegen die Rechtsauffassung von der normativen Wirkung der Richtlinien werden allerdings **erhebliche verfassungsrechtliche Bedenken** geäußert. Folgt man diesen Bedenken, so kommt man automatisch wieder zu der Einschätzung der Richtlinien als Verwaltungsbinnenrecht ohne normative Wirkung, insbesondere gegenüber Versicherten und außenstehenden Dritten wie den nichtärztlichen Leistungserbringern.[19]

29 Die Kritik hat im Wesentlichen drei Stoßrichtungen:

- Zum einen wird eingewendet, dass die **verfassungsrechtlich zulässigen Rechtssetzungsformen** durch das GG abschließend festgelegt sind.[20] Das GG sehe als Rechtssetzungsformen allein Gesetze, Verordnungen und Satzungen vor, die im historisch vorgefundenen Umfang verfassungsrechtlich zulässig seien. Eine Normsetzung durch Vertrag entspreche diesem Bild nicht.
- Von anderen Autoren[21] wird zwar die Rechtssetzung durch Vertrag als eine noch zulässige Form der Satzungsgebung angesehen, die Verbindlichkeit von Satzungen setze aber eine ausreichende **demokratische Legitimation des Satzungsgebers** voraus.[22] Hieran fehle es beim GBA. Die Mitglieder des normgebenden Gremiums müssten ihre Bestellung in einer demokratischen Legitimationskette von den Mitgliedern der betreffenden Selbstverwaltungskörperschaften ableiten können, was insbesondere bei den Vertretern der Krankenkassen nicht der Fall sei, weil diese in einer demokratisch höchst zweifelhaften Weise in sog. Friedenswahlen[23] (wenn für einen Gruppe der Wahlberechtigten nur eine Liste vorgeschlagen wird oder nicht mehr Bewerber kandidieren als Mitglieder zu wählen sind, dann gelten die Kandidaten auch ohne Wahl als gewählt) gewählt würden.

---

[15] Amtl. Begründung zu den Ergänzungen von § 92 Abs. 1 durch das GMG - BT-Drs. 15/1525. Auch die Ergänzungen des AVWG und des WSG dienen diesem Ziel.

[16] BSG v. 20.03.1996 - 6 RKa 62/94 - SozR 3-2500 § 92 Nr. 6.

[17] BVerfG v. 09.05.1972 - 1 BvR 518/62, 1 BvR 308/64 - BVerfGE 33, 125, 156.

[18] Eine ausführliche Besprechung der Problematik gibt *Engelmann*, NZS 2000, 1, 76.

[19] LSG Niedersachsen v. 23.02.2000 - L 4 KR 130/98 - NZS 2001, 32-39, vgl. dazu BSG v. 03.04.2001 - B 1 KR 17/00 R.

[20] So insbesondere *Wimmer*, NJW 1995, 1577; *ders.*, MedR 1996,425; *Ossenbühl*, NZS 1997, 497.

[21] *Butzer/Kaltenborn*, MedR 2001, 333; *Castendiek*, NZS 2001, 71; *Sodan*, NZS 2000, 581.

[22] BVerfG v. 24.05.1995 - 2 BvF 1/92 - BVerfGE 93, 37, 67 ff.

[23] Vgl. § 46 SGB IV.

- Der dritte Kritikpunkt[24] sieht einen **Verstoß gegen den Wesentlichkeitsgrundsatz**. Rechtsstaatsprinzip und Demokratiegebot verlangen, dass in grundlegenden normativen Bereichen, zumal im Bereich der Grundrechtsausübung, alle wesentlichen Entscheidungen dem Gesetzgeber überlassen bleiben[25], wobei dies auch für die Frage gilt, wie weit die Regelungen im Einzelnen zu gehen haben[26].

Eine abschließende höchstrichterliche Stellungnahme des BVerfG zu dieser Frage steht noch aus. 30
Nachdem das **BVerfG** zunächst in zahlreichen Entscheidungen, die sich mit der Anwendung vereinbarter Normen im Vertragsarztrecht befassen, keinerlei Zweifel an der Zulässigkeit vertraglicher Rechtssetzung hat anklingen lassen,[27] hat es im Urteil vom **06.12.2005**[28] **ausdrücklich offen gelassen**, ob das Verfahren der Entscheidung nach § 135 SGB V durch den Gemeinsamen Bundesausschuss verfassungsrechtlichen Anforderungen genügt. Es habe keinen Anlass zu prüfen, ob die Rechtsprechung des BSG zur demokratischen Legitimation der Bundesausschüsse und des Gemeinsamen Bundesausschusses und zur rechtlichen Qualität der von ihnen erlassenen Richtlinien als außenwirksame untergesetzliche Rechtssätze mit dem Grundgesetz im Einklang steht.

Der 10. Senat des BSG hat daraus die Schlussfolgerung gezogen, es müsse bei der bisherigen Recht- 31
sprechung bleiben.[29] Der 1. Senat prüft die normativen Regelungen weiterhin formell und inhaltlich in der Weise, wie wenn der Bundesgesetzgeber derartige Regelungen in Form einer untergesetzlichen Norm – etwa einer Rechtsverordnung – erlassen hätte und wenn und soweit auf Grund hinreichend substantiierten Beteiligtenvorbringens konkreter Anlass besteht.[30] Auch der 6. Senat hat an seiner Auffassung ausdrücklich festgehalten[31] und darauf hingewiesen, dass das BSG die Verfassungsbeschwerde gegen sein Urteil vom 09.12.2004[32] nicht zur Entscheidung angenommen hat.[33]

5. Die Prüfung der Rechtmäßigkeit von Richtlinien in der gerichtlichen Praxis

Rechtsschutz gegen die Richtlinien[34] kann, weil das sozialgerichtliche Verfahren kein Normenkont- 32
rollverfahren kennt (Ausnahme § 35 Abs. 7 SGB V), nur in der Form einer **Inzidentkontrolle** erfolgen. Ärzte und Versicherte sind darauf angewiesen, im Rahmen einer Anfechtungsklage überprüfen zu lassen, ob die zu Grunde liegende Richtlinie den belastenden Verwaltungsakt rechtfertigt und sie wiederum mit höherrangigem Recht in Übereinstimmung steht. Leistungserbringern aus dem Arzneimittelbereich steht gegen die Preisvergleichsliste die Anfechtungsklage nach § 92 Abs. 3 SGB V offen. Diese Vorschrift ist wegen der zugrunde liegenden spezifischen Fallkonstellation aber nicht auf andere Fallgestaltungen zu übertragen. Vielmehr ist immer die Feststellungsklage zulässig, wenn ansonsten kein effektiver Rechtsschutz erreichbar ist und der Betreffende ein berechtigtes Interesse an der Feststellung hat[35], er also selbst, gegenwärtig und unmittelbar in seinen Rechten betroffen ist[36]. Leistungs-

[24] *Papier*, VSSR 1990, 123.
[25] BVerfG v. 08.08.1978 - 2 BvL 8/77 - BVerfGE 49, 89, 126; BVerfG v. 06.06.1989 - 1 BvR 727/84 - BVerfGE 80, 124, 132; BVerfG v. 27.11.1990 - 1 BvR 402/87 - BVerfGE 83, 142, 151 f.
[26] BVerfG v. 06.12.1972 - 1 BvR 230/70, 1 BvR 95/71 - BVerfGE 34, 165, 192; BVerfG v. 08.08.1978 - 2 BvL 8/77 - BVerGE 49, 89, 127; BVerfG v. 16.06.1981 - 1 BvL 89/78 - BVerfGE 57, 295, 327 und BVerfG v. 27.11.1990 - 1 BvR 402/87 - BVerfGE 83, 130, 142.
[27] BVerfG v. 06.12.2004 - B 6 KA 83/03 R mit Hinweis auf BVerfG v. 22.10.2004 1 BvR 528/04; BVerfG SozR 3-5557, Allg. Nr. 1, jeweils zum EBM-Ä; BVerfG v. 16.07.2004 - 1 BvR 1127/01 - SozR 4-2500 § 135 Nr. 2 = MedR 2004, 608 zur Kernspintomographie-Vereinbarung; BVerfG v. 11.11.1975 - 1 BvR 96/74 - SozR 2200 § 368g Nr. 3 zu einem Gesamtvertrag über die Vergütung von Zahnersatz; vgl. ferner BVerfG v. 04.08.2004 - 1 BvR 1076/04 - RID 04-04, 226, 227.
[28] BVerfG v. 06.12.2005 - 1 BvR 347/98 - SozR 4-2500 § 27 Nr. 5.
[29] BSG v. 09.11.2006 - B 10 KR 3/06 B.
[30] BSG v. 07.11.2006 - B 1 KR 24/06 R - KrV 2006, 352.
[31] BSG v. 31.05.2006 - B 6 KA 13/05 R - SGb 2006, 470-471.
[32] BSG v. 09.12.2004 - B 6 KA 44/03 R - BSGE 94, 50 = SozR 4-2500 § 72 Nr. 2.
[33] BVerfG v. 14.02.2006 - 1 BvR 1917/05 - SozR 4-2500 § 27 Nr. 5 = BVerfGE 115, 25-51.
[34] Einen vollständigen Überblick über diese Problematik gibt *Engelmann*, MedR 2006, 245-259.
[35] Grundlegend hierzu BSG v. 31.05.2006 - B 6 KA 13/05 R - SGb 2006, 470-471 (Therapiehinweise); ferner BSG v. 31.05.2006 - B 6 KA 69/04 R - ZfS 2006, 232-233 (Spitzenorganisation der Pflegedienste); BSG v. 29.11.2006 - B 6 KA 7/06 R - KrV 2007, 29.
[36] BSG v. 28.04.1999 - B 6 KA 52/98 R - USK 99114.

erbringer können immer dann gerichtlichen Rechtsschutz in Anspruch nehmen, wenn sie in ihrem Recht auf faire Teilhabe am Wettbewerb durch rechtswidrige staatliche Maßnahmen (dazu zählt auch die sachlich nicht gerechtfertigte Begünstigung von Konkurrenten) beeinträchtigt werden.[37]

33 Aus der Verbindlichkeit der Richtlinien für die **Krankenkassen** und die kassenärztlichen Vereinigungen folgt, dass diese **nicht befugt** sind, eine etwaige **Unvereinbarkeit** der vom GBA beschlossenen Richtlinien **mit höherrangigem Recht festzustellen** und daraus die gebotenen Konsequenzen zu ziehen. Dies ist allein den Gerichten vorbehalten.[38]

34 Im Prozess um die Rechtmäßigkeit einer Richtlinie ist eine **Beiladung** des GBA nicht erforderlich. Seine Interessen werden durch eine im Verhältnis Arzt/Kassenärztliche Vereinigung bzw. Versicherter/Krankenkasse ergehende gerichtliche Entscheidung auch in Bezug auf seine Befugnis zum Erlass von Richtlinien allenfalls mittelbar berührt.[39]

35 Nachdem die Verbindlichkeit der Richtlinien in der Rechtsprechung des BSG geklärt war, konzentrierte sich die juristische Auseinandersetzung in der Praxis auf die Frage, ob die jeweilige Richtlinie **mit höherrangigem Recht vereinbar** ist. Dies ist zunächst eine Frage der **Auslegung des materiellen Rechts**. Zu prüfen ist dabei u.a., ob der GBA nur in Nachvollzug gesetzlicher Vorgaben handelt oder ob und ggf. in welchem Umfang die gesetzliche Regelung dem GBA einen Gestaltungsspielraum einräumt.[40] Der für die Krankenversicherung zuständige 1. Senat des BSG prüft die normativen Regelungen des GBA formell und inhaltlich in der Weise, wie wenn der Bundesgesetzgeber derartige Richtlinien in Form einer Rechtsverordnung selbst erlassen hätte.[41] Bei der Prüfung der Vereinbarkeit mit den Anforderungen des Leistungsrechts und ggf. den verfassungsrechtlichen Vorgaben[42] stellen sich dabei grundverschiedene Rechtsprobleme, je nachdem, ob eine Richtlinie den Anspruch konkretisiert, die Ausnahmen bei einem Verbot mit Erlaubnisvorbehalt festlegt oder umgekehrt, bei einer Erlaubnis mit Verbotsvorbehalt Einschränkungen enthält, ob sie unwirtschaftliche Behandlungsmethoden beurteilt oder für neue Behandlungsmethoden Wirksamkeitsnachweise verlangt oder ob sie gar, gestützt auf § 92 Abs. 1 Satz 1 HS. 3 SGB V, bestimmte Leistungen von der Erbringung oder Verordnung zu Lasten der gesetzlichen Krankenkassen einschränkt oder ganz ausschließt.

36 Das BSG hat dem Bundesausschuss hinsichtlich der Behandlung der erektilen Dysfunktion durch eine SKAT vorgehalten, er habe den Krankheitsbegriff des SGB V falsch ausgelegt.[43] An anderer Stelle wird zunächst geprüft, ob der GBA die maßgebenden Ermächtigungsgrenzen eingehalten hat[44] oder eine Nutzen-Kosten-Bewertung Grundrechte Dritter tangiert[45]. Gelegentlich enthalten die Richtlinien auch Lücken, die durch Rückgriff auf die Wertungen des materiellen Rechts geschlossen werden[46] und dann zu einem Systemmangel führen können[47]. Auch Richtlinien, bei denen der GBA zu Unrecht von Missbrauchsmöglichkeiten ausgegangen ist, sind unwirksam.[48] Wird Gesetzesrecht verfassungswidrig ausgelegt, führt dies selbstverständlich auch zur Rechtswidrigkeit der Richtlinien.[49]

37 Untergesetzliche Normen, die gegen **höherrangiges Recht verstoßen** sind **nichtig (ex tunc)**. Ein Ausspruch der Nichtigkeit einer untergesetzlichen Norm erfolgt aber in der gerichtlichen Praxis selten, da eine solche Tenorierung lediglich in einem Normenkontrollverfahren erfolgen kann, das das SGG nicht

---

[37] BSG v. 24.11.2004 - B 3 KR 23/04 R - SozR 4-2500 § 35 Nr. 3 für die unrichtige Festsetzung von Festbeträgen; BSG v. 31.05.2006 - B 6 KA 13/05 R - SGb 2006, 470-471 bei Therapiehinweisen.

[38] BSG v. 28.03.2000 - B 1 KR 18/98 und BSG v. 28.03.2000 - B 1 KR 11/98 R - BSGE 86, 54-66; BSG v. 04.04.2006 - B 1 KR 12/05 R - SozR 4-2005 § 27 Nr. 8.

[39] BSG v. 10.05.2005 - B 1 KR 28/04 R; BSG v. 10.05.2005 - B 1 KR 25/03 R - SozR 4-2500 § 34 Nr. 2 m.w.N.

[40] *Engelmann*, MedR 2006, 245, 249.

[41] BSG v. 07.11.2006 - B 1 KR 24/06 R - KrV 2006, 352.

[42] Dazu *v. Wulffen*, GesR 2006, 385-389.

[43] BSG v. 30.06.1999 - B 8 KN 9/98 R - BSGE 84, 126-136; vgl. auch LSG NRW v. 19.07.2004 - L 5 KR 13/03; BSG v. 10.11.2005 - B 3 KR 38/04 - SozR 4-2500 § 37 Nr. 6.

[44] BSG v. 01.10.1990 - 6 RKa 30/89 - SozR 3-2500 § 92 Nr. 1 S. 7, BSG v. 26.09.2006 - B 1 KR 20/05 R - KrV 2006, 322; BSG v. 01.09.2005 - B 3 KR 19/04 R - juris Rn. 16 - SozR 4-2500 § 37 Nr. 5; BSG v. 01.09.2005 - B 3 KR 3/04 R - SozR 4-2500 § 40 Nr. 2, BSG v. 26.01.2006 - B 3 KR 4/05 R - juris Rn. 17 und 20 - SozR 4-2500 § 37 Nr. 7 sowie SG Brandenburg v. 30.11.2006 - S 4 KR 25/06.

[45] LSG NRW v. 19.01.2005 - L 11 KA 103/03, aufgehoben durch BSG v. 31.05.2006 - B 6 KA 13/05 R - SGb 2006, 470-471.

[46] LSG NRW v. 08.07.2004 - L 2 KN 76/04 KR.

[47] BSG v. 03.04.2001 - B 1 KR 40/00 R - SozR 3-2500 § 27a Nr. 3.

[48] BSG v. 10.05.2005 - B 1 KR 28/04 R.

[49] BVerfG v. 14.02.2006 - 1 BvR 1917/05 - SozR 4-2500 § 27 Nr. 5 = BVerfGE 115, 25-51.

kennt. Die Gerichte haben in den veröffentlichten Fällen meistens über Leistungsansprüche von Versicherten zu entscheiden. Nach der Feststellung, dass sich eine konkrete Richtlinie in einem konkreten Fall als rechtswidrig erweist, geht das BSG von ihrer **Unwirksamkeit** aus **und entscheidet** (ohne Bescheidung) über den Leistungsanspruch der Versicherten nach Auslegung der materiell-rechtlichen Anspruchsgrundlagen. Richtlinien, die unter Verstoß gegen höherrangiges Recht ergangen sind, binden die Gerichte nicht.[50]

Dem GBA steht bei der Richtliniensetzung ein **gerichtlich nicht nachprüfbarer Gestaltungs- oder Beurteilungsspielraum**[51] zu. Beurteilungsspielräume sind von Gerichten im Wesentlichen von Amts wegen nur daraufhin zu überprüfen, ob die maßgeblichen Verfahrens- und Formvorschriften eingehalten sind, sich die untergesetzliche Norm auf eine ausreichende Ermächtigungsgrundlage stützt und ob die Grenzen des Gestaltungsspielraums eingehalten sind.[52] Der Beurteilungsspielraum verwehrt es somit den Gerichten, ihre eigenen Wertungen an die Stelle der Bewertung des GBA zu setzen. Der Beurteilungsspielraum hindert sie allerdings nicht daran, bei der Ermittlung der Grenzen des Gestaltungsspielraums ihre Auslegung der Ermächtigungsnorm als maßgebend anzusehen. Auch wird ein allgemein gehaltener Vortrag, wonach bestimmte Dinge auch anders gesehen oder beurteilt werden können, selten ausreichen, um dem GBA Beurteilungsfehler nachzuweisen.[53] Anders sieht es allerdings aus, wenn konkret vorgetragen wird, der GBA sei von unrichtigen Tatsachen oder Naturgesetzen ausgegangen. In diesen Fällen muss das Gericht in Ermittlungen eintreten mit der Folge, dass vom Beurteilungsspielraum umso weniger übrig bleibt, je konkreter und substantiierter die Beurteilungsgrundlagen in Zweifel gezogen werden. 38

Wie jedem Normgeber wird auch dem GBA als untergesetzlichem Normgeber grundsätzlich eine Einschätzungsprärogative zugebilligt. **Im Leistungserbringerrecht** wird darauf hingewiesen, dass es vorrangig die Aufgabe des Normgebers ist, zu entscheiden, ob und welche Maßnahmen er im Interesse des Gemeinwohls ergreifen will, weswegen das BSG dem Normgeber einen Beurteilungsspielraum sowohl bei der Gewichtung widerstreitender Belange als auch bei deren Abwägung einräumt.[54] Im Zusammenhang mit der Begründung des Normcharakters der Richtlinien hat das BSG[55] darauf hingewiesen, es sei Aufgabe des GBA, eine Ausbalancierung der strukturell verschiedenen Interessen vorzunehmen. **Im Leistungsrecht** entspricht es andererseits früherer Rechtsprechung, die im Rahmen des Wirtschaftlichkeitsgebots verwendeten Begriffe „notwendig“, „zweckmäßig“ und „ausreichend“ als gerichtlich voll nachprüfbare unbestimmte Rechtsbegriffe zu behandeln[56]. 39

Nur scheinbar hat das BSG[57] andere Akzente gesetzt, als es im Zusammenhang mit der Beurteilung neuerer Behandlungsmethoden aus der Rechtssetzungsermächtigung einen eigenen Beurteilungsspielraum abgeleitet hat. Dieser ist enger als der des parlamentarischen Gesetzgebers, weil er von vornherein nur innerhalb der durch die gesetzliche Ermächtigung gezogenen Grenzen besteht. Vor allem ist der Bundesausschuss in besonderer Weise an das Gleichbehandlungsgebot gebunden; er hat sich nicht nur von Willkür und sachfremden Überlegungen freizuhalten, sondern darf auch keine Differenzierungen vornehmen, die im Ergebnis auf eine Korrektur des Gesetzgebers hinauslaufen würden. Er hat ferner die verfügbaren Beurteilungsgrundlagen auszuschöpfen. In dieser Entscheidung wird die gerichtliche Prüfung darauf beschränkt, ob die Richtlinien in einem formal ordnungsgemäßen Verfahren zustande gekommen sind und mit dem Zweck der gesetzlichen Ermächtigung in Einklang stehen. 40

Diese Rechtsprechung hat in der Literatur viel Kritik erfahren, weil eine nicht hinnehmbare **Verschlechterung des gerichtlichen Rechtsschutzes** befürchtet wurde.[58] Diese Befürchtungen haben sich in der Praxis allerdings nicht bestätigt. Das BSG übersieht, dass sich die Frage nach einem Beurteilungsspielraum nur selten stellt, weil die Richtlinien gerade gegenüber Versicherten **normkonkretisie-** 41

---

[50] BSG v. 10.11.2005 - B 3 KR 38/04 R - SozR 4-2500 § 37 Nr. 6.

[51] Dazu ausführlich *Engelmann*, MedR 2006, 245, 249.

[52] Vgl. hierzu zuletzt BSG v. 31.05.2006 - B 6 KA 13/05 R - SGb 2006, 470-471.

[53] Vgl. etwa die Thematik in BSG v. 26.09.2006 - B 1 KR 3/06 R - KrV 2006, 322; zu fehlendem Vortrag auch BSG v. 27.09.2005 - B 1 KR 28/03 R - USK 2005-77.

[54] BSG v. 08.03.2000 - B 6 KA 12/99 R - SozR 3-2500 § 72 Nr. 11; BSG v. 26.09.2006 - B 1 KR 3/06 R - juris Rn 31 - KrV 2006, 322 (neuropsychologische Therapie als Behandlungsmethode).

[55] BSG v. 20.03.1996 - 6 RKa 62/94 - SozR 3-2500 § 92 Nr. 6.

[56] Zur unterschiedlichen Handhabung vgl. BSG v. 26.01.2006 - B 3 KR 4/05 R - SozR 4-2500 § 37 Nr. 7 einerseits und BSG v. 31.05.2006 - B 6 KA 13/05 R - SGb 2006, 470-471 andererseits.

[57] BSG v. 16.09.1997 - 1 RK 32/95 - SozR 3-2500 § 92 Nr. 7.

[58] *Neumann*, NZS 2001, 515; *Schimmelpfeng-Schütte*, GesR 2005, 296.

rende Funktion haben und deshalb, ähnlich wie ein normkonkretisierender Verwaltungsakt, grundsätzlich mit den Ermächtigungsgrundlagen in Übereinstimmung stehen müssen.

42 Der Gestaltungsspielraum ist vor dem Hintergrund der materiell-rechtlichen Anspruchsgrundlagen zu sehen und muss die dem Bürger zustehenden Ansprüche auch gewährleisten. Dies wird regelmäßig nur der Fall sein, wenn der GBA von zutreffenden Beurteilungsgrundlagen ausgeht und sachlich überzeugende Regelungen trifft. Auffällig ist, dass von den jüngeren Entscheidungen, die sich mit der Rechtmäßigkeit von Richtlinien auseinander setzen, die Problematik eines Beurteilungsspielraums nur selten aufgeworfen, sondern allein die Frage gestellt wird, ob die zur Prüfung gestellte Richtlinie mit materiellem Recht übereinstimmt.

43 Der Auffassung, dass der Gesetzgeber **so engmaschige Gesetzesvorgaben** geschaffen hat, die den **selbstständigen Regelungsspielraum des GBA auf ein Minimum** reduzieren[59], dürfte zutreffen. In der Praxis dürfte es zukünftig **selten** Bewertungssituationen geben, in denen Sachargumente fehlen und sich der GBA nur noch auf seine Einschätzungskompetenz berufen kann, am ehesten dürfte dies bei Prognoseentscheidungen noch der Fall sein. Durch die **Verfahrensordnung**[60] hat sich der GBA **selbst weitgehend gebunden**. Ziel seines Verfahrens ist nach Heranziehung des verfügbaren Wissens eine wissenschaftlich fundierte und sachlich anhand von Beurteilungskriterien nachvollziehbare Bewertung. Jedenfalls im Bereich der **Bewertung von Untersuchungs- und Behandlungsmethoden** gem. § 135 Abs. 1 SGB V dürfte es keinen Anlass geben, sich auf einen Beurteilungsspielraum zu berufen. Auch im Bereich der Wirtschaftlichkeitsbewertung dürften Modellberechnungen und Beurteilungskriterien Entscheidungen des GBA nachvollziehbar und damit in vollem Umfang nachprüfbar machen.[61]

44 *Engelmann* spricht zusammenfassend von einem Gemengelage mit verschiedenen Teilentscheidungen, bei denen jeweils einzeln zu prüfen ist, ob und ggf. inwieweit ein Gestaltungsspielraum anzuerkennen oder zu verneinen ist.[62]

IV. Umsetzung des Wirtschaftlichkeitsgebots (Absatz 1 Satz 1 Halbsätze 1 und 3)

45 Den Auftrag hierzu hatte die RVO bereits den Vorgängerausschüssen des GBA erteilt. Das Gesetz wiederholt hier den für das materielle Leistungsrecht in den §§ 1 Abs. 4, 12 Abs. 1 SGB V und das Leistungserbringerrecht in den §§ 70, 72 Abs. 2 SGB V bereits aufgestellten Grundsatz und gibt dem GBA den Auftrag zu seiner Umsetzung. Mit der im Gesetz verwendeten Terminologie „ausreichend, zweckmäßig und wirtschaftlich" knüpft das Gesetz an **dieselben Begriffe in § 12 Abs. 1 SGB V** an. Der Begriff der Wirtschaftlichkeit ist dabei als der Oberbegriff anzusehen, der die anderen Begriffe und die sonst im SGB V gebrauchten Formulierungen „das Maß des Notwendigen nicht überschreitend (§ 12 Abs. 1 SGB V), für die Erzielung des Heilerfolges nicht notwendig" umfasst und mit ihnen in einem engen inneren Sachzusammenhang steht. **Die Auslegung erfolgt im Rahmen einer Gesamtbetrachtung,** wobei die Gesamtbewertung im Versorgungskontext zu erfolgen hat (vgl. dazu auch § 20 Verfahrensordnung des GBA). Maßstab ist nach § 92 Abs. 1 Satz 1 HS. 3 SGB V der allgemein anerkannte Stand der medizinischen Erkenntnisse (vgl. auch § 2 Abs. 1 Satz 3 SGB V sowie § 135 Abs. 1 Nr. 1 SGB V im gleichen Sachzusammenhang). Das Wirtschaftlichkeitsgebot gilt grundsätzlich auch für Behandlungsmethoden im Bereich der besonderen Therapieeinrichtungen.[63]

46 Als weiteren Maßstab, der bei der Prüfung der Wirtschaftlichkeit zu beachten ist, gibt das Gesetz den **allgemeinen Stand der medizinischen Erkenntnisse** vor. Daran hat sich die Beurteilung des diagnostischen oder therapeutischen Nutzens, die medizinische Notwendigkeit oder die Wirtschaftlichkeit zu orientieren. In der Regierungsbegründung[64] hierzu heißt es:
„Der allgemein anerkannte Stand der medizinischen Kenntnisse schließt Leistungen aus, die mit wissenschaftlich nicht anerkannten Methoden erbracht werden. Neue Verfahren, die nicht ausreichend erprobt sind, oder Außenseitermethoden (paramedizinische Verfahren), die zwar bekannt sind, sich aber nicht bewährt haben, lösen keine Leistungspflicht der Krankenkassen aus. Es ist nicht Aufgabe der

[59] *Hiddemann*, Die BKK 2001, 187, 194.
[60] Verfahrensordnung des Gemeinsamen Bundesausschusses v. 20.09.2005 veröffentlicht im BAnz 2005, Nr. 242, 16 998; vgl. auch die Kommentierung zu § 91 SGB V Rn. 49 und die Kommentierung zu § 91 SGB V Rn. 49.
[61] Vgl. dazu die Bewertungskriterien in § 17 Abs. 1 Nr. 5 Verfahrensordnung des GBA.
[62] *Engelmann*, MedR 2006, 245, 251.
[63] BSG v. 22.03.2005 - B 1 A 1/03 R - SozR 4-2400 § 89 Nr. 3, m.w.N.
[64] BT-Drs. 11/2237, S. 157.

Krankenkassen, die medizinische Forschung zu finanzieren. Dies gilt auch dann, wenn neue Methoden im Einzelfall zu einer Heilung der Krankheit oder Linderung der Krankheitsbeschwerden führen."

Ob neue Untersuchungs- und Behandlungsmethoden dem allgemeinen Stand der medizinischen Forschung entsprechen (und damit auch dem in § 2 Absatz 1 Satz 3 geforderten Versorgungsstandard) soll nach Auffassung des BSG[65] nach dem Wortlaut und der Konzeption des Gesetzes **nicht von Fall zu Fall durch die Krankenkasse oder das Gericht**, sondern für die gesamte ambulante Versorgung einheitlich durch den GBA als sachkundiges Gremium entschieden werden, um so eine an objektiven Maßstäben orientierte und gleichmäßige Praxis der Leistungsgewährung zu erreichen. Dabei hat der GBA **nicht selbst über den Nutzen** der Methode **zu urteilen**. Seine Aufgabe ist es vielmehr, sich einen **Überblick** über die veröffentlichte Literatur und die Meinung der einschlägigen Fachkreise **zu verschaffen** und danach festzustellen, ob ein hinreichend untermauerter Konsens über die Qualität und Wirksamkeit der in Rede stehenden Behandlungsweise besteht. Rechtlich zu prüfen ist, ob die Richtlinien dieser Aufgabenstellung Rechnung tragen. Erst wenn der medizinische Standard feststeht, kann sich die Frage stellen, ob und inwieweit hiervon etwa im Hinblick auf das allgemeine Wirtschaftlichkeitsgebot Abstriche vorzunehmen sind. 47

Mit der Neuregelung des GMG in Absatz 1 Satz 1 Halbsatz 3 hat der Gesetzgeber klargestellt, dass die Prüfung der Wirtschaftlichkeit als **Konsequenz** auch die Einschränkung oder den **Ausschluss von Leistungen oder Maßnahmen** umfasst. Dies gilt nach der Ergänzung von Absatz 1 Satz 1 Halbsatz 3 durch das AVWG auch ausdrücklich für unzweckmäßige oder unwirtschaftliche Arzneimittel.[66] Nach den Motiven[67] soll die Ergänzung das durch den GBA aufgegebene Normsetzungsprogramm nach Inhalt, Zweck und Ausmaß klarer als bisher präzisieren und der Forderung nach engmaschigeren Gesetzesvorgaben Rechnung tragen. 48

Den Begriff der Wirtschaftlichkeit hat der GBA in seiner Verfahrensordnung in verschiedenen Fallgruppen näher festgelegt. Nach § 17 Nr. 5 der Verfahrensordnung hat die **Einschätzung der Wirtschaftlichkeit** zu erfolgen auf der Basis von Unterlagen zu 49

- Kosten pro entdecktem Fall,
- Kosten pro Verhinderung einer Erkrankung , einer Behinderung und eines Todes,
- Kosten und Einsparungen der aus der Früherkennung resultierenden Therapie,
- Kosten-Nutzen-Abwägung in Bezug auf den einzelnen Patienten oder Versicherten,
- Kosten-Nutzen-Abwägung in Bezug auf die Gesamtheit der Versicherten (auch Folgekosten-Abschätzung) und
- Kosten-Nutzen-Abwägung in Vergleich zu anderen Maßnahmen.

Für die Überprüfung der Wirtschaftlichkeit einer Methode sieht § 17 Abs. 2 Nr. 3 Verfahrensordnung des GBA vor 50

- Kostenschätzung zur Anwendung beim einzelnen Patienten oder Versicherten,
- Kosten-Nutzen-Abwägung in Bezug auf den einzelnen Patienten oder Versicherten,
- Kosten-Nutzen-Abwägung in Bezug auf die Gesamtheit der Versicherten, auch Folgekosten-Abschätzung und
- Kosten-Nutzen-Abwägung im Vergleich zu anderen Methoden.

Ähnliche Festlegungen enthält die Verfahrensordnung für die **Bewertung des Nutzens diagnostischer und therapeutischer Leistungen** sowie für Leistungen der Früherkennung, ergänzt durch allgemeine Grundsätze in den §§ 17-20 Verfahrensordnung. Durch die Verfahrensordnung bindet sich der GBA an die selbst gesetzten Maßstäbe. Ein unter Verstoß hiergegen ergangener Beschluss wäre allein wegen des Verstoßes gegen den Grundsatz der Gleichbehandlung rechtswidrig. Verneint der GBA somit die Wirtschaftlichkeit einer Behandlungsmethode, so handelt es sich nicht um die nebulöse Wertung eines Gremiums von Verbandsfunktionären[68], sondern um eine wissenschaftlichen Ansprüchen genügende Verfahrensweise, die nach § 22 Verfahrensordnung zu dokumentieren ist und gerichtlich vollinhaltlich nachvollziehbar sein muss. 51

---

[65] BSG v. 19.02.2003 - B 1 KR 18/01 R - SozR 4-2500 § 135 Nr. 1.

[66] AVWG v. 26.06.2006 - BGBl I 2006, 984, 986.

[67] Vgl. BT-Drs. 15/1525, S. 107/108 sowie BT-Drs. 16/691, S. 17.

[68] Dazu *Schimmelpfeng-Schütte*, ZRP 2004, 253.

V. Richtlinienaufträge des Gesetzes (Absatz 1 Satz 2)

52 § 92 stellt in Abs. 1 Satz 2 einen Katalog von Regelungsbereichen zusammen, für die der GBA Richtlinien zu erlassen hat. Soweit ersichtlich hat der GBA die entsprechenden Richtlinien auch erlassen, wie aus dem unter Abschnitt VII. aufgelisteten **Richtlinienkatalog** hervorgeht.

53 Der Richtlinienkatalog von § 92 Abs. 1 Satz 2 SGB V enthält keine abschließende Aufzählung, sondern nur eine beispielhafte. Dies folgt schon aus dem dem Katalog vorangestellten gesetzlichen Ausdruck „insbesondere". Hinzu kommt, dass das Gesetz in Vorschriften des materiellen Rechts oder in Vorschriften des Leistungserbringerrechts den Erlass von Richtlinien voraussetzt oder ausdrücklich anordnet und dabei auf § 92 SGB V verweist (vgl. etwa die §§ 136, 136a und 136b SGB V; ferner die Zusammenstellung der Normen, die einen Richtlinienerlass vorschreiben bzw. voraussetzen unter Fn. 3).

54 Krankenkassen können nach § 63 Abs. 2 SGB V für Modellvorhaben von Richtlinienrecht abweichen.

55 Die vor In-Kraft-Treten des GMG zum 01.01.2004 erlassenen Richtlinien gelten weiter (so ausdrücklich Art. 35 § 6 Abs. 4 GMG). Darüber hinaus hat der GBA durch Beschluss vom 13.01.2004 die Weitergeltung aller Richtlinien seiner Vorgängerausschüsse beschlossen.

VI. Vorgaben für bestimmte Richtlinien

1. Belange Behinderter (Absatz 1 Satz 1 Halbsatz 2)

56 Den Belangen der behinderten oder von Behinderung bedrohten Menschen bzw. der psychisch Kranken ist bei allen Richtlinien Rechnung zu tragen, vor allem bei den Leistungen zur Belastungserprobung und Arbeitstherapie.

2. Zahnärztliche Behandlung (Absatz 1a)

57 Mit dieser Vorschrift, die erst durch das GKV-Gesundheitsreformgesetz 2000[69] mit Wirkung ab 01.01.2000 in § 92 SGB V eingefügt worden ist, ist dem damaligen Bundesausschuss Zahnärzte/Krankenkassen die Ausrichtung der Richtlinien auf eine ursachengerechte, zahnsubstanzschonende und präventionsorientierte zahnärztliche Behandlung vorgeschrieben worden. Vorgeschrieben wurde weiterhin die Beiziehung von externem, umfassendem zahnmedizinisch-wissenschaftlichen Sachverstand. § 1a Satz 3 enthält eine spezielle Regelung der Rechtsaufsicht, wonach das BMG dem GBA die Fassung einzelner Beschlüsse zu gesetzlich zugewiesenen Aufgaben unter Fristsetzung vorschreiben kann. Bei Nichteinhaltung der Frist sieht das Gesetz die Bildung einer internen Schiedsstelle bestehend aus fünf Personen, nämlich dem unparteiischen Vorsitzenden, den beiden weiteren unparteiischen Mitgliedern des GBA und je einem Zahnarzt und Krankenkassenvertreter vor.

58 In der amtlichen Begründung hierzu ist ausgeführt[70], dass durch Interventionsrechte des BMG die Möglichkeit der jeweiligen Selbstverwaltungspartner verringert werden sollten, die vom Gesetzgeber gewollten Entscheidungen zu blockieren. Ganz offensichtlich ist es zuvor zu erheblichen Spannungen zwischen Zahnärzten und Gesetzgeber im Zusammenhang mit der stärker auf Prävention hin ausgerichteten Vorschrift von § 87 Abs. 2d SGB V gekommen. Die Vorschrift baut Druck auf, war aber angesichts des Beanstandungsrechts des BMG nach § 94 SGB V objektiv nicht erforderlich, es sei denn, das BMG hätte sich mangels zahnmedizinischen Sachverstandes tatsächlich außerstande gesehen, die Ersatzvornahme durchzuführen.

3. Aufstellung einer Preisvergleichsliste für Arzneimittel (Absatz 2)

59 Der Gesetzgeber verlangt die Aufstellung einer Preisvergleichsliste in den Arzneimittelrichtlinien. Dazu schreibt er eine Gliederung unter Berücksichtigung von Festbeträgen vor, die so beschaffen sein muss, dass dem Arzt der Preisvergleich und die Auswahl therapiegerechter Verordnungsmengen möglich gemacht wird (§ 92 Abs. 2 Satz 1 SGB V). Beim Apothekenabgabepreis sind die Rabatte der pharmazeutischen Unternehmer zu berücksichtigen.[71]

---

[69] V. 22.12.1999 - BGBl I 1999, 2626.

[70] BT-Drs. 14/1245, S. 74, 75.

[71] Art. 1 Nr. 62 lit. d WSG - BGBl I 2007, 378, 403.

Das gleiche Ziel, nämlich den Arzt in die Lage zu versetzen, eine therapiegerechte, preiswerte und damit wirtschaftliche Auswahl der Arzneimittel vornehmen zu können, verfolgen auch die anderen Sätze von § 92 Abs. 2 SGB V. Zunächst fordert Satz 2 die Gliederung der Preisvergleichsliste nach Indikationsgebieten und Stoffgruppen. Satz 4 erlaubt, die einzelnen Indikationsgebiete in **Gruppen zusammenzufassen** für 60

- Mittel, die allgemein zur Behandlung geeignet sind;
- Mittel, die nur bei einem Teil der Patienten oder in besonderen Fällen zur Behandlung geeignet sind und
- Mittel, bei deren Verordnung wegen bekannter Risiken oder zweifelhafter therapeutischer Zweckmäßigkeit besondere Aufmerksamkeit geboten ist.

Zu den einzelnen Indikationsgebieten sind dem **Arzt Hinweise zu geben** auf Arzneimittel mit pharmakologisch **vergleichbaren Wirkstoffen** oder therapeutisch vergleichbarer Wirkung einschließlich der jeweiligen Apothekenabgabepreise (Satz 3). Eine Information auf der Basis dieser Vorschrift wird auch von § 73 Abs. 8 SGB V vorgeschrieben. 61

Die Preisvergleichsliste soll nach § 73 Abs. 5 SGB V vom Arzt bei der Verordnung **beachtet werden.** Mit Einführung der Richtgrößen nach § 84 SGB V besteht auch ein erhebliches Eigeninteresse des Arztes die Kosten seiner Verordnungstätigkeit nicht ausufern zu lassen. 62

Die Preisvergleichsliste als solche bietet wenig Anlass zu juristischer Auseinandersetzung, seit geklärt ist, dass die Regelungen über die Festbeträge verfassungsrechtlichen Anforderungen standhalten.[72] Die Probleme liegen in der Umsetzung des Wirtschaftlichkeitsgebots im jeweiligen Einzelfall, wie etwa die in der Öffentlichkeit geführte Diskussion um den patentgeschützten Cholesterinsenker „sortis" der Firma Pfizer zeigt.[73] 63

Dem GBA ist es auch erlaubt, **Therapiehinweise** zum wirtschaftlichen Einsatz von bestimmten Arzneimitteln zu geben. Hierfür stand bereits im Februar 2000 eine hinreichend bestimmte gesetzliche Grundlage zur Verfügung.[74] Mit der Ergänzung von § 92 Abs. 2 SGB V durch Satz 7 hat der Gesetzgeber im AVWG diese Rechtsauffassung übernommen und damit präzisierend klargestellt, dass Therapiehinweise zu Arzneimitteln auch außerhalb von Zusammenstellungen gegeben werden können.[75] 64

4. Anfechtungsklage gegen die Preisvergleichsliste (Absatz 3)

Die Vorschrift in Absatz 3 eröffnet die **Anfechtungsklage** gegen die Zusammenstellung in der Preisvergleichsliste. Es handelt sich dabei um eine reine **Vorschrift des Prozessrechts**, die als lex spezialis den allgemeinen Vorschriften des SGG über die Anfechtungsklage vorgeht. Vergleichbare Vorschriften, die den Rechtsschutz gegen die Aufnahme in Listen ermöglichen, finden sich in § 35a Abs. 7 SGB V als Normenkontrollverfahren gegen die Rechtsverordnung zu den Festbeträgen für Arzneimittel und in § 139 Abs. 2 Satz 5 SGB V, wonach über die Aufnahme in die Hilfsmittelliste ein Bescheid zu erteilen ist. Gemeinsam ist diesen Vorschriften, dass sie Rechtsschutz gewähren, wenn ein Leistungserbringer in eine für Vertragsärzte verbindliche Liste aufgenommen wird. 65

Zwar wird ein **pharmazeutisches Unternehmen** grundsätzlich nicht in seinem Grundrecht der Berufsfreiheit betroffen, wenn Arzneimittelfestbeträge festgesetzt werden, weil darin lediglich konkretisiert wird, was für die Leistungspflicht der Krankenkassen ohnehin schon gilt.[76] Dies muss für die Aufnahme in die Preisvergleichsliste nach § 92 Abs. 2 SGB V in gleicher Weise gelten, weil damit für den Arzneimittelhersteller **keine nachteiligere Situation** geschaffen wird als mit der Festsetzung von Festbeträgen. Andererseits kann die Aufnahme in die Preisvergleichsliste für den Arzneimittelhersteller auch eine **erhebliche Belastung** darstellen, wenn sein Arzneimittel auf der **Liste ungünstiger platziert** ist als die Konkurrenzprodukte. Art. 12 GG begründet für Unternehmen ein Recht auf Teilhabe am Wettbewerb, was zwar nicht vor der Zulassung von Konkurrenten, wohl aber vor ungerechtfertigter staatlicher Begünstigung von Konkurrenten schützt. Dieses Recht auf **faire Teilhabe am Wettbewerb** ohne staatliche Verfälschung[77] ist verletzt, wenn der Arzneimittelhersteller auf der Preisvergleichsliste 66

[72] BVerfG v. 17.12.2002 - 1 BvL 28/95 - BVerfGE 106, 275-310.

[73] DÄBl. 2004, S. 3229, 3380.

[74] BSG v. 31.05.2006 - B 6 KA 13/05 R - SGb 2006, 470-471, anders noch LSG NRW v. 19.01.2005 - L 11 KA 103/03 - Pharma Recht 2005, 143-155.

[75] Art. 1 Nr. 5a AVMG v. 26.04.2006 - BGBl I 2006, 984, 986; vgl. dazu auch BT-Drs. 16/691, S. 17.

[76] BVerfG v. 17.12.2002 - 1 BvL 28/95 - BVerfGE 106, 275-310.

[77] Vgl. dazu BSG v. 24.11.2004 - B 3 KR 10/04 R - SozR 4-2500 § 35 Nr. 2.

zu Unrecht nachteilig platziert wird oder wenn das Konkurrenzprodukt zu Unrecht zu günstig eingestuft ist.

67 Gegen die in diesem Sinne fehlerhafte Zusammenstellung der Arzneimittel in der Preisvergleichsliste ist die Anfechtungsklage gegeben. Eines **Widerspruchsverfahrens** bedarf es nicht. § 92 Abs. 3 Satz 3 SGB V ist damit eine besondere gesetzliche Bestimmung im Sinne von § 78 Abs. 1 Nr. 3 SGG. Die Klage hat nach Satz 2 **keine aufschiebende Wirkung**. Da regelmäßig der belastende Vorgang, nämlich die Aufnahme in die Preisvergleichsliste bereits erfolgt ist, wird einstweiliger Rechtsschutz durch Erlass einer **einstweilige Anordnung** gem. § 86b Abs. 2 SGG erfolgen können. Für die Klagebefugnis wird es bei analoger Heranziehung von § 35a Abs. 7 SGB V, § 54 Abs. 1 Satz 2 SGG ausreichen, wenn der Kläger behauptet, in seinen Rechten durch die Preisvergleichsliste betroffen zu sein.

68 Die **Klage ist gegen den GBA** zu richten, weil er die Preisvergleichsliste erlassen hat. Notwendig beizuladen ist, wenn die Klage als Erfolg versprechend einzuschätzen ist, das BMG, um hinsichtlich seines Beanstandungsrechts nach § 94 SGB V eine rechtliche Bindung zu erreichen. **Nicht notwendig beizuladen** sind die Kassenärztliche Bundesvereinigung und die Spitzenverbände der Krankenkassen, weil der GBA innerhalb der gemeinsamen Selbstverwaltung eine eigenständige Funktion wahrzunehmen hat.[78] Nicht klagebefugt sind die anhörungsberechtigten Verbände, weil sie durch eine konkrete Fehleinstufung ohnedies nicht in eigenen Rechten betroffen sein können; außerdem sind sie nicht in Grundrechten aus Art. 12 verletzt.[79]

69 **Die Klage gegen die Gliederung** nach Indikationsgebieten und Stoffgruppen, die Zusammenfassung der Arzneimittel oder sonstige Bestandteile der Zusammenstellung ist unzulässig (§ 92 Abs. 3 Satz 4 SGB V). Damit beschränkt der Gesetzgeber das Klagerecht auf die individuelle Richtigkeit der Einstufung. Dies ist rechtsstaatlich jedenfalls bedenkenlos, soweit damit missbräuchliche Klagen verhindert werden. Auch erscheint ein Nachteil im Vergleich zu Konkurrenzprodukten allein durch die Gliederung der Preisvergleichsliste nur schwer denkbar.

5. Früherkennungsmaßnahmen (Absatz 4 Satz 1)

70 Absatz 4 Satz 1 betrifft nähere Regelungen hinsichtlich der Zusammenfassung mehrer Maßnahmen der Früherkennung und über die Art und Weise der Dokumentation in Form eines Arbeitsauftrags an den GBA, dessen Ergebnisse in die Früherkennungs-Richtlinien einzufließen haben. Absatz 4 Satz 2 schreibt eine Verpflichtung zur Auswertung der Ergebnisse der Früherkennung für Krankenkassen und Kassenärztliche Vereinigungen vor.

6. Katalog verordnungsfähiger Heilmittel (Absatz 6)

71 Absatz 6 soll nach den Motiven des Gesetzgebers[80] klarstellen, zu welchen Kernbereichen die Richtlinien auf jeden Fall Regelungen zu treffen haben. Vorgeschrieben wird ein Katalog verordnungsfähiger Heilmittel, die Zuordnung der Heilmittel zu bestimmten Indikationen, die Besonderheiten bei Wiederholungsverordnungen und die Zusammenarbeit zwischen den verordnenden Vertragsärzten und dem jeweiligen Heilmittelerbringer.

7. Psychotherapeutische Versorgung (Absatz 6a)

72 Nach Absatz 6a ist für die psychotherapeutische Versorgung in Richtlinien das Nähere über die psychotherapeutisch behandlungsbedürftigen Krankheiten, die zur Krankenbehandlung geeigneten Verfahren, das Antrags- und Gutachterverfahren, die probatorischen Sitzungen sowie über Art, Umfang und Durchführung der Behandlungen zu regeln. Mit dieser Vorschrift wird dem GBA eine sehr weitgehende Regelungsbefugnis übertragen. Während der GBA regelmäßig keine Befugnis hat, den Krankheitsbegriff des SGB V einzuschränken[81], wird ihm in den Psychotherapie-Richtlinien sogar die Aufgabe übertragen, die behandlungsbedürftigen Krankheiten nicht nur zu umschreiben, sondern sogar näher festzulegen.

[78] BSG v. 01.10.1990 - 6 RKa 22/88 - SozR 3-2500 § 92 Nr. 2.

[79] BSG v. 24.11.2004 - B 3 KR 16/03 R - SozR 4-2500 § 36 Nr. 1.

[80] BT Drs. 13/5724.

[81] Vgl. dazu BSG v. 03.04.2001 - B 1 KR 22/00 R - SozR 3-2500 § 27a Nr. 2.

8. Häusliche Krankenpflege (Absatz 7)

73 Mit der häuslichen Krankenpflege nach § 37 SGB V soll in erster Linie eine Entlastung der Krankenkassen von den weitaus höheren Krankenhauskosten erfolgen. Der GBA hat nach Absatz 7 die ärztliche Zielsetzung sowie die Zusammenarbeit zwischen dem Vertragsarzt und den jeweiligen Leistungserbringern zu regeln. Die durch das WSG eingefügte Nr. 3 soll[82] den reibungslosen und unbürokratischen Übergang zwischen einem Krankenhausaufenthalt und der anschließenden häuslichen Krankenpflege gewährleisten.

VII. Gewährleistung der Anhörung von Leistungserbringern

74 Der Gesetzgeber hat sich nach In-Kraft-Treten des GSG in der rechtspolitischen Diskussion dem Vorwurf der Leistungserbringer ausgesetzt gesehen, den Markt durch einseitige Regulierungen zu Gunsten der Kosten der Krankenkassen bestimmen zu wollen. Der Gesetzgeber hat deshalb in

- **Absatz 1a Satz 6** die Anhörung der für die Wahrnehmung der Interessen von **Zahntechnikern** maßgebenden Spitzenorganisationen vor Erlass von Richtlinien über Zahnersatz nach § 92 Abs. 1 Satz 2 Nr. 2 SGB V;
- **Absatz 1b** die Anhörung der in § 134 SGB V genannten Organisationen der Leistungserbringer (das sind die **Hebammen und Entbindungspfleger**) vor Erlass der Richtlinien über die Betreuung bei Schwangerschaft und Mutterschaft nach § 92 Abs. 1 Satz 2 Nr. 4 SGB V;
- **Absatz 2 Satz 5** die Anhörung von Sachverständigen der medizinischen und pharmazeutischen Wissenschaft und Praxis sowie der **Arzneimittelhersteller** und der Apotheker für die Zusammenstellung der Indikationsgebiete der Arzneimittel;
- **Absatz 3a** die Anhörung der für die Wahrnehmung der wirtschaftlichen Interessen gebildeten Spitzenorganisationen der **pharmazeutischen Unternehmer**, der Apotheker und der Dachverbände der Ärztegesellschaften der **besonderen Therapierichtungen** (Anthroposophie, Homöotherapie und Phytotherapie) vor Erlass der Arzneimittelrichtlinien;
- **Absatz 5** die Anhörung von Organisationen der Leistungserbringer, der **Rehabilitationsträger** sowie der Bundesarbeitsgemeinschaft für Rehabilitation vor Erlass der Rehabilitationsrichtlinien nach § 92 Abs. 1 Satz 2 Nr. 8 SGB V;
- **Absatz 7 Satz 2** die Anhörung der Erbringer von Leistungen der **häuslichen Krankenpflege** vor Erlass der Richtlinien über häusliche Krankenpflege nach § 92 Abs. 1 Satz 2 Nr. 6 SGB V;
- **Absatz 7a** die Anhörung der Spitzenorganisationen der Leistungserbringer im Hilfsmittelbereich sowie der **Hilfsmittelhersteller** vor Erlass der Hilfsmittelrichtlinien nach § 92 Abs. 1 Satz 2 Nr. 6 SGB V;
- **Absatz 7b** die Anhörung der Organisationen der Hospizarbeit und der Palliativversorgung vor Erlass der Richtlinien zur Verordnung spezialisierter Palliativversorgung nach § 92 Abs. 1 Satz 2 Nr. 14 SGB V;
- **Absatz 7c** die Anhörung der maßgeblichen Organisationen der Leistungserbringer der Soziotherapieversorgung vor der Entscheidung über die Richtlinien zur Verordnung von Soziotherapie nach § 92 Abs. 1 Satz 2 Nr. 6 SGB V

angeordnet. Er hat dabei jedes Mal die Formulierung „ist Gelegenheit zur Stellungnahme zu geben; die Stellungnahmen sind in die Entscheidung mit einzubeziehen" verwendet. Dies bedeutet eine Verpflichtung des GBA zur Anhörung und Würdigung der Stellungnahmen, nicht aber zur Befolgung. Nach der amtlichen Begründung[83] soll damit sichergestellt werden, dass die Sachkenntnis der Erbringer dieser Leistungen berücksichtigt wird. Das Letztentscheidungsrecht soll allerdings beim Bundesausschuss verbleiben.

75 Der GBA hat sich dazu in der Verfahrensordnung in Kapitel E weitere Verhaltensvorschriften gegeben. Sie umfassen die Ermittlung der stellungnahmeberechtigten Organisationen und Sachverständigen (§ 32 SGB V), das Verfahren für die Abgabe von Stellungnahmen (§ 33 SGB V), die mündliche Stellungnahme (§ 35 SGB V), ein erneutes Stellungnahmeverfahren (37 SGB V) und die Einbeziehung der Stellungnahmen in die Entscheidung des GBA (§ 36 SGB V). Daraus muss hervorgehen, welche Änderungen der Beschlussvorlage auf Grund der Stellungnahmen erfolgt und warum eine geforderte Änderung nicht befürwortet wird.

---

[82] BT-Drs. 16/3100, S. 134.

[83] Vgl. BT Drs. 13/5724.

76 Ein Anspruch auf Anhörung in einer mündlichen Verhandlung besteht nicht[84], es liegt vielmehr nach § 35 Verfahrensordnung im Ermessen der Beschlussgremien bzw. der Unterausschüsse, ob sie eine mündliche Stellungnahme für zweckmäßig halten, wobei auch hier der Grundsatz der Gleichbehandlung gilt.

VIII. Richtlinienkatalog

77 Die Gliederung des Richtlinienkatalogs lehnt sich an die alphabetische Auflistung der Richtlinien auf der Homepage des GBA an. Aufgeführt sind nur die Richtlinien, die in § 92 SGB V ihre Rechtsgrundlage haben oder solchen Richtlinien rechtlich gleich stehen. Die Beschlüsse des GBA zum Krankenhausrecht sind nicht enthalten, deren Darstellung bleibt der Kommentierung zu den entsprechenden Rechtsgrundlagen (§§ 116b, 137c SGB V) vorbehalten.

78 Die Ermächtigungsgrundlagen zu den einzelnen Richtlinien werden hier nicht besonders dargestellt. Sie werden von jeder Richtlinie zum Teil (insbesondere im zahnärztlichen Bereich) bereits in der Bezeichnung angegeben, in anderen Richtlinien in der Präambel oder den einleitenden Vorschriften benannt. Durch das Anklicken der Richtlinie können also die Rechtsgrundlagen der jeweiligen Richtlinie in Erfahrung gebracht werden, was für die Prüfung, ob der GBA innerhalb seiner Kompetenzen bzw. des ihm eingeräumten rechtlichen Rahmens geblieben ist, von rechtlich entscheidender Bedeutung ist.

79 Richtlinien zur Vertragsärztlichen Versorgung:

- **Angestellten-Ärzte-Richtlinien**: „Richtlinien über die Beschäftigung von angestellten Praxisärzten in der Vertragsarztpraxis" in der Fassung v. 01.10.1997[85], zuletzt geändert am 22.10.2001[86].
- **Arbeitsunfähigkeits-Richtlinien**: „Richtlinien des Gemeinsamen Bundesausschusses über die Beurteilung der Arbeitsunfähigkeit und die Maßnahmen zur stufenweisen Wiedereingliederung" in der Fassung v. 01.12.2003[87], zuletzt geändert am 19.09.2006[88].
- **Arzneimittel-Richtlinien (AMR)**: „Richtlinien über die Verordnung von Arzneimitteln in der vertragsärztlichen Versorgung" in der Fassung v. 01.10.1997[89], zuletzt geändert am 29.09.2006[90].
- **Bedarfsplanungsrichtlinien Ärzte**: „Richtlinien über die Bedarfsplanung sowie die Maßstäbe zur Feststellung von Überversorgung und Unterversorgung in der vertragsärztlichen Versorgung" in der Fassung v. 09.03.1993[91], zuletzt geändert durch Bekanntmachung v. 21.02.2006[92].
- **Richtlinien über künstliche Befruchtung**: „Richtlinien über ärztliche Maßnahmen zur Künstlichen Befruchtung" in der Fassung v. 14.08.1990[93], zuletzt geändert durch Bekanntmachung v. 15.11.2005[94].
- **Richtlinie Methoden vertragsärztliche Versorgung (früher BUB-Richtlinie):** „Richtlinie zu Untersuchungs- und Behandlungsmethoden der vertragsärztlichen Versorgung" in der Fassung vom 17.01.2006,[95] zuletzt geändert am 19.09.2006[96].
- **Chroniker-Richtlinie**: „Richtlinie zur Definition schwerwiegender chronischer Krankheiten im Sinne des § 62 SGB V" v. 22.01.2004[97], zuletzt geändert am 21.12.2004[98].
- **Richtlinien zu Empfängnisregelung und zum Schwangerschaftsabbruch**: in der Neufassung v. 10.12.1985[99], zuletzt geändert durch Bekanntmachung v. 01.12.2003[100].

---

84 BSG v. 23.07.1998 - B 1 KR 3/97 R - SozR 3-2500 § 13 Nr. 17.
85 BAnz 1998, Nr. 9, 372.
86 BAnz 2002, 1618.
87 BAnz 2004, Nr. 61, 6501.
88 BAnz 2006, Nr. 241, 7356.
89 BAnz 1998, Nr. 9, 372.
90 BAnz 2006, Nr. 184, 6527.
91 BAnz Beilage 110a.
92 BAnz 2006, Nr. 68, 2541.
93 BArbBl 1990, Nr. 12.
94 BAnz 2006, Nr. 31, 922.
95 BAnz 2006, Nr. 48, 1523.
96 BAnz 2006, Nr. 226, 7158.
97 BAnz 2004, Nr. 18, 1343.
98 BAnz 2004, Nr. 249, 24743.
99 BAnz 1986, Nr. 60a, 17.
100 BAnz 2004, Nr. 53, 5026.

- **Gesundheitsuntersuchungs-Richtlinien**: „Richtlinien über die Gesundheitsuntersuchung zur Früherkennung von Krankheiten" in der Fassung v. 24.08.1989[101], zuletzt geändert am 21.12.2004[102].
- **Häusliche-Krankenpflege-Richtlinien**: „Richtlinien über die Verordnung von häuslicher Krankenpflege in der vertragsärztlichen Versorgung nach § 92 Abs. 1 Satz 2 Nr. 6 und Abs. 7 SGB V" v. 16.02.2000[103], zuletzt geändert am 15.02.2005[104].
- **Heilmittel-Richtlinien**: Bekanntmachung des Gemeinsamen Bundesausschusses über die Neufassung der Richtlinien über die Verordnung von Heilmitteln in der vertragsärztlichen Versorgung v. 01.12.2003/16.03.2004[105], zuletzt geändert am 21.12.2004[106].
- **Hilfsmittel-Richtlinien**: „Richtlinien des Bundesausschusses der Ärzte und Krankenkassen über die Verordnung von Hilfsmittel in der vertragsärztlichen Versorgung" in der Fassung v. 17.06.1992[107], zuletzt geändert durch Bekanntmachung v. 19.10.2004[108].
- **Jugendgesundheitsuntersuchungs-Richtlinien**: „Richtlinien zur Jugendgesundheitsuntersuchung" v. 26.06.1998, zuletzt geändert durch Bekanntmachung v. 23.10.1998[109].
- **Kinder-Richtlinien**: „Richtlinien über die Früherkennung von Krankheiten bei Kindern bis zur Vollendung des 6. Lebensjahres" in der Fassung v. 26.04.1976[110], zuletzt geändert am 21.12.2004[111].
- **Krankenhausbehandlungs-Richtlinien**: „Richtlinien über die Verordnung von Krankenhausbehandlung" in der Fassung v. 24.03.2003.[112]
- **Krankentransport-Richtlinien**: „Richtlinien des Gemeinsamen Bundesausschuss über die Verordnung von Krankenfahrten, Krankentransportleistungen und Rettungsfahrten" in der Fassung v. 22.01.2004[113], zuletzt geändert am 21.12.2004[114].
- **Krebsfrüherkennungs-Richtlinien**: „Richtlinien über die Früherkennung von Krebserkrankungen" in der Fassung v. 26.04.1976[115], zuletzt geändert am 06.04.2006[116].**Mutterschafts-Richtlinien**: „Richtlinien über die ärztliche Betreuung während der Schwangerschaft und nach der Entbindung" in der Fassung v. 10.12.1985[117], zuletzt geändert am 24.03.2003[118].
- **Psychotherapie-Richtlinien**: „Richtlinien über die Durchführung der Psychotherapie in der vertragsärztlichen Versorgung" in der Fassung v. 11.12.1998[119], zuletzt geändert am 20.06.2006[120].
- **Qualitätsbeurteilungs-Richtlinien für die Kernspintomographie**: „Richtlinien über Kriterien zur Qualitätsbeurteilung in der Kernspintomographie gemäß § 136 SGB V i.V.m. § 92 Abs. 1 SGB V des Bundesausschusses der Ärzte und Krankenkassen" v. 16.10.2000[121], geändert durch Bekanntmachung v. 16.10.2000[122].
- **Qualitätsbeurteilungs-Richtlinien in der Radiologie**: „Richtlinien über Kriterien zur Qualitätsbeurteilung in der radiologischen Diagnostik gemäß § 136 SGB V" in der Fassung v. 17.06.1992[123], zuletzt geändert am 17.12.1996[124].

---

[101] BArbBl 1989 Nr. 10.
[102] BAnz 2005, Nr. 61, 4995.
[103] BAnz 2000, Nr. 91, 8878.
[104] BAnz 2005, Nr. 91, 7969.
[105] BAnz 2004, Nr. 106a, 1, ber. Nr. 110, 12605.
[106] BAnz 2005, Nr. 61, 4995.
[107] BAnz 1992, Nr. 183b.
[108] BAnz 2005, Nr. 2, 89.
[109] BAnz 1999, Nr. 16, 947.
[110] BAnz 1976, Nr. 214.
[111] BAnz 2005, Nr. 60, 4833.
[112] BAnz 2003, Nr. 188, 22577.
[113] BAnz 2004, Nr. 18, 1342.
[114] BAnz 2004, Nr. 41, 2937.
[115] Beilage zum BAnz 1976, Nr. 214.
[116] BAnz 2006, Nr. 156, 5775.
[117] BAnz 1986, Beilage Nr. 60a.
[118] BAnz 2003, Nr. 126, 14906.
[119] BAnz 1998, Nr. 6, 249.
[120] BAnz 2006, Nr. 176, 6336.
[121] BAnz 2001, Nr. 28, 2013.
[122] BAnz 2002, Nr. 3, 98.
[123] BAnz 1992, Beilage Nr. 183b.
[124] BAnz 1997, Nr. 49, 2946.

- **Rehabilitations-Richtlinien**: „Richtlinien des Gemeinsamen Bundesausschusses über Leistungen zur medizinischen Rehabilitation nach § 92 Abs. 1 Satz 2 Nr. 8 SGB V" v. 16.03.2004[125], zuletzt geändert am 21.02.2006[126].
- **Soziotherapie-Richtlinien**: „Richtlinien über die Durchführung der Soziotherapie in der vertragsärztlichen Versorgung" v. 23.08.2001.[127]
- **Qualitätsmanagement Richtlinie vertragsärztliche Versorgung:** „Richtlinie über grundsätzliche Anforderungen an ein einrichtungsorientiertes Qualitätsmanagement für die an der vertragsärztlichen Versorgung teilnehmenden Ärzte, Psychotherapeuten und medizinischen Versorgungszentren" vom 17.11.2006[128].
- **Qualitätsprüfungsrichtlinie vertragsärztliche Versorgung:** „Richtlinie zu Auswahl, Umfang und Verfahren bei Qualitätsprüfungen im Einzelfall nach § 136 Abs. 2 SGB V" vom 18.04.2006[129].
- **Qualitätssicherungs-Richtlinie Dialyse:** „ Richtlinie zur Sicherung der Qualität von Dialyse-Behandlungen" vom 18.04.2006[130].

80 Richtlinien zur vertragszahnärztlichen Versorgung

- **Bedarfsplanungs-Richtlinien Zahnärzte**: „Richtlinien des Bundesausschusses der Zahnärzte und Krankenkassen über die Bedarfsplanung in der vertragsärztlichen Versorgung" v. 12.03.1993[131], zuletzt geändert am 17.11.2006[132].
- **Behandlungs-Richtlinien**: „Richtlinien für eine ausreichende, zweckmäßige und wirtschaftliche zahnärztliche Versorgung" v. 04.06.2003/24.09.2003[133], zuletzt geändert am 01.03.2006[134].
- **Festzuschuss-Richtlinien**: „Bekanntmachung des Gemeinsamen Bundesausschusses in der Besetzung für die zahnärztliche Versorgung nach § 91 Abs. 6 SGB V über die Richtlinien zur Bestimmung der Befunde und der Regelversorgungsleistungen, für die Festzuschüsse nach den §§ 55, 56 SGB V zu gewähren sind, sowie über die Höhe der auf die Regelversorgungen entfallenden Beträge nach § 57 Abs. 1 Satz 6 und Abs. 2 Sätze 6 und 7 SGB V in den Abstaffelungen nach § 55 Abs. 1 Satz 2, 3 und 5 sowie Absatz 2 SGB V" v. 03.11.2004,[135] zuletzt geändert am 17.11.2006[136].
- **Zahnärztliche Früherkennungs-Richtlinien**: „Richtlinien über die Früherkennungsuntersuchungen auf Zahn-, Mund- und Kieferkrankheiten (zahnärztliche Früherkennung gem. § 26 Abs. 1 Satz 2 SGB V) v. 04.06.2003[137], zuletzt geändert am 08.12.2004[138].
- **Individualprophylaxe-Richtlinien**: „Richtlinien über die Maßnahmen zur Verhütung von Zahnerkrankungen" v. 04.06.2003.[139]
- **Kieferorthopädie-Richtlinien (KFO-Richtlinien)**: „Richtlinien für die kieferorthopädische Behandlung" v. 04.06.2003/24.09.2003.[140]
- **Zahnersatz-Richtlinien (ZE-Richtlinien)**: „Richtlinien für eine ausreichende, zweckmäßige und wirtschaftliche Versorgung mit Zahnersatz und Zahnkronen" v. 08.12.2004[141], zuletzt geändert am 01.03.2006[142].
- **Qualitätsmanagement-Richtlinie Zahnärzte** vom 17.11.2006.[143]

---

[125] BAnz 2004, Nr. 63, 6769.
[126] BAnz 2006, Nr. 62, 2219.
[127] BAnz 2001, Nr. 217, 23735.
[128] BAnz 2006, Nr. 245, 7463.
[129] BAnz 2006, Nr. 135, 5141.
[130] BAnz 2006, Nr. 58 (Beilage Nr. 115a).
[131] BAnz 1993, 19721.
[132] BAnz 2006, Nr. 21, 1109.
[133] BAnz 2003, Nr. 226, 24966.
[134] BAnz 2006, Nr. 111, 4466.
[135] BAnz 2004, Nr. 242, 24463.
[136] BAnz 2006, Nr. 232, 7237.
[137] BAnz 2003, Nr. 226, 24966.
[138] BAnz 2005, Nr. 54, 4094.
[139] BAnz 2003, Nr. 226, 24696.
[140] BAnz 2003, Nr. 226, 24966.
[141] BAnz 2005, Nr. 54, 4094.
[142] BAnz 2006, Nr. 63, 2289.
[143] BAnz 2006, Nr. 245, 7463.

C. Praxishinweise

Die Richtlinien sind über die Homepage des GBA[144] abrufbar. 81

Die den Richtlinien zugrunde liegenden Ermächtigungsnormen werden vom GBA am Anfang einer Richtlinie dargestellt. 82

144 www.g-ba.de.

§ 93 SGB V Übersicht über ausgeschlossene Arzneimittel

(Fassung vom 31.10.2006, gültig ab 08.11.2006)

(1) Der Gemeinsame Bundesausschuss soll in regelmäßigen Zeitabständen die nach § 34 Abs. 1 oder durch Rechtsverordnung auf Grund des § 34 Abs. 2 und 3 ganz oder für bestimmte Indikationsgebiete von der Versorgung nach § 31 ausgeschlossenen Arzneimittel in einer Übersicht zusammenstellen. Die Übersicht ist im Bundesanzeiger bekanntzumachen.

(2) Kommt der Gemeinsame Bundesausschuss seiner Pflicht nach Absatz 1 nicht oder nicht in einer vom Bundesministerium für Gesundheit gesetzten Frist nach, kann das Bundesministerium für Gesundheit die Übersicht zusammenstellen und im Bundesanzeiger bekannt machen.

Gliederung

A. Basisinformation

I. Textgeschichte/Gesetzgebungsmaterialien

1 Um Ärzten einen verlässlichen **Überblick über die ausgeschlossenen Arzneimittel** zu verschaffen, soll der Bundesausschuss der Ärzte und Krankenkassen eine Präparateliste ausgeschlossener Arzneimittel (**sog. Negativliste**) erstellen.[1]

2 Die Vorschrift wurde durch das GRG neu in das Vertragsarztrecht eingefügt. Eine vergleichbare Vorgängervorschrift fehlt. Wegen eines Kompetenzkonfliktes zwischen dem damaligen Bundesausschuss der Ärzte und Krankenkassen und dem Bundesgesundheitsministerium wurde das Recht des BMG zur Ersatzvornahme durch das GSG mit Wirkung ab 01.01.1993 in Absatz 2 festgeschrieben. Seitdem sind keine inhaltlichen Änderungen erfolgt, auch nicht durch das Gesetz zur Verbesserung der Wirtschaftlichkeit in der Arzneimittelversorgung vom 26.04.2006 oder durch das WSG.

3 Ursprünglich war vom Gesetzgeber vorgesehen, dass § 93 SGB V am Tage der Veröffentlichung der Zusammenstellung der Liste der verordnungsfähigen Arzneimittel (sog. Positivliste - § 34a SGB V a.F.) gem. § 92a Abs. 8 SGB V a.F. außer Kraft tritt. In der Folge scheiterte die Veröffentlichung einer Positivliste. Als Konsequenz wurden die Vorschriften über die Positivliste, also § 34a SGB V a.F. und § 92 Abs. 8 SGB V a.F. durch das 5. SGB-ÄndG vom 18.12.1995[2] mit Wirkung ab 01.01.1996 aufgehoben, § 93 SGB V wurde hingegen unverändert im SGB V belassen.

II. Parallelvorschriften

4 Ähnliche Listen sind beispielsweise

- das Hilfsmittelverzeichnis nach § 128 SGB V,
- die Preisvergleichsliste einschließlich der Festbeträge nach § 92 Abs. 2 SGB V i.V.m. Anlage 1 der Arzneimittelrichtlinien des GBA,
- das Verzeichnis stationärer Leistungen und Entgelte nach § 39 Abs. 3 Satz 1 SGB V

[1] Vgl. BT-Drs. 11/2237.
[2] BGBl I 1995, 1986.

- der Katalog erlaubter ambulanter Behandlungen in Krankenhäusern gem. § 116 Abs. 3 und Abs. 4 Satz 1 SGB V,
- das Verzeichnis der Festzuschüsse gem. § 56 Abs. 4 SGB V und
- die Liste abrechnungsfähiger zahntechnischer Leistungen gem. § 88 Abs. 1 SGB V.

Bezüglich der Ersatzvornahme durch die Aufsichtsbehörde enthalten beispielsweise die §§ 87 Abs. 6, 89 Abs. 1 Satz 5, 94 Abs. 1 SGB V sowie die §§ 106 Abs. 2b, 106a Abs. 6 Satz 4 SGB V vergleichbare Regelungen. 5

III. Rechtsverordnungen

§ 93 Abs. 1 Satz 1 SGB V nimmt Bezug auf die Rechtsverordnung nach § 34 Abs. 3 SGB V, das ist die Verordnung über **unwirtschaftliche Arzneimittel** in der gesetzlichen Krankenversicherung vom 21.02.1990[3] – **AmuwV** –, geändert durch Art. 19 § 21 Gesundheitseinrichtungen-Neuordnungsgesetz v. 24.06.1994[4] und Verordnungen v. 16.11.2000[5] und 09.12.2002[6]. 6

IV. Bisher veröffentlichte Listen

BAnz 1991, Beil. 184b v. 01.10.1991; BAnz 1992, Nr. 43 v. 03.03.1992; BAnz 2002, Nr. 170 v. 11.09.2002. Die Liste der nach § 34 Abs. 1 Satz 7 SGB V ausgeschlossenen sog. Lifestyle-Arzneimittel ist als Anlage 8 zu den Arzneimittelrichtlinien des GBA veröffentlicht worden[7], zuletzt geändert durch Bekanntmachung v. 19.10.2004[8]. 7

V. Systematische Zusammenhänge

Der in § 93 SGB V erteilte Auftrag zur Erstellung einer Liste der ausgeschlossenen Arzneimittel ist vor dem Hintergrund des vom Gesetzgeber angeordneten und im Laufe der Zeit deutlich ausgeweiteten Ausschlusses von Arzneimitteln aus der vertragsärztlichen Versorgung in § 34 SGB V und der dazu ergangenen Rechtsverordnung[9] zu sehen. Die Liste nach § 93 SGB V darf nur enthalten, was auf Grund der genannten Rechtsvorschriften ausgeschlossen ist. 8

VI. Ausgewählte Literaturhinweise

Knispel, Verordnungsfähigkeit eines auf der „Negativliste" verzeichneten Arzneimittels, NJW 2002, 871-872; *Wenner,* Zuständigkeit von Bundesministerien nach Änderung der Regierungsorganisation, SGb 1999, 501-504; *Wigge,* Zur Verfassungsmäßigkeit des Ausschlusses unwirtschaftlicher Arzneimittel (Negativliste) von der Arzneimittelversorgung, MedR 1994, 460-463. 9

B. Auslegung der Norm

I. Regelungsgehalt und Bedeutung der Norm

§ 93 SGB V erteilt in Absatz 1 dem GBA den Auftrag, eine Liste der von der vertragsärztlichen Versorgung ausgeschlossenen Arzneimittel aufzustellen und diese Liste zu veröffentlichen. In Absatz 2 werden die Rechte des BMG für den Fall beschrieben, dass der GBA seinen Verpflichtungen nach Absatz 1 nicht nachkommt. 10

Arzneimittelausgaben stellen einen der größten Ausgabenposten der GKV dar und erreichen bzw. übertreffen sogar die Kosten für die ambulante Versorgung. Während bis 1989 nur in Bundesmantelverträgen Regelungen über die in der ambulanten Versorgung zum Einsatz kommenden Arzneimittel getroffen waren, erfolgte erstmalig durch das GRG in § 34 SGB V eine Kostendämpfung durch Ausschluss der Arzneimittel für Bagatellerkrankungen und für unwirtschaftliche Arzneimittel. Dem Bun- 11

---

3 BGBl I 1990, 301.
4 BGBl I 1994, 1416.
5 BGBl I 2000, 1593.
6 BGBl I 2002, 4554.
7 BAnz 2004, Nr. 77, 8905.
8 BAnz 2004, Nr. 245, 24614.
9 Verordnung über unwirtschaftliche Arzneimittel in der gesetzlichen Krankenversicherung v. 21.02.1990 - AMuwV - BGBl I 1990, 301 (vgl. Rn. 6).

desausschuss wurde aufgegeben, eine Übersicht über die ausgeschlossenen Arzneimittel (so genannte Negativliste) zu erstellen. Durch das GMG wurden zusätzlich alle nicht verschreibungspflichtigen Arzneimittel sowie Lifestyle Medikamente von der vertragsärztlichen Versorgung ausgeschlossen.

12 Die Negativliste war vor allem zu Beginn der 90er Jahre umstritten, als die Ärzte bei der Verschreibung von Arzneimitteln noch weniger eingeschränkt waren. Sie ist inzwischen in ihrer Bedeutung hinter die Arzneimittelliste des GBA gem. § 92 Abs. 2 SGB V zurückgetreten, die eine Auflistung der Arzneimittel in der Weise vorsieht, dass dem Arzt zusätzlich ein Preisvergleich möglich ist und die damit Arzneimittel faktisch von der Verordnungsfähigkeit für gesetzlich Krankenversicherte ausschließt. Aus dem Umstand, dass die Negativliste seit 1991 nur zweimal ergänzt werden musste, kann geschlossen werden, dass die pharmazeutische Industrie kaum noch Präparate auf den Markt bringt, die danach in die Negativliste aufgenommen werden müssen.

II. Normzweck

13 Den Vertragsärzten soll mit der Übersicht die Verordnungstätigkeit erleichtert werden. Dies ist sinnvoll, weil der Ausschluss von Arzneimitteln aus der gesetzlichen Versorgung durch die Krankenkassen auf **verschiedenen rechtlichen Grundlagen** beruht und in der Praxis im Einzelfall ohne Liste nur schwer erkennbar ist, welche Medikamente nicht von der Krankenkasse übernommen werden.

14 So sind in der AMuwV keine Präparate aufgelistet, sondern nur Wirkstoffe und Wirkstoffgruppen, was in jedem Einzelfall einen Vergleich mit dem Beipackzettel erforderlich macht. Die Rechtsverordnung nach § 34 Abs. 2 SGB V über Arzneimittel bei geringfügigen Erkrankungen wurde vom zuständigen Ministerium nicht erlassen, der Ausschluss der entsprechenden Arzneimittel ergibt sich somit nur aus den allgemein gefassten gesetzlichen Vorgaben in Verbindung mit dem Wirtschaftlichkeitsgebot. Die Verschreibungspflicht von Arzneimitteln folgt aus der Rechtsverordnung[10] nach § 48 Abs. 2 AMG[11] und der Ausschluss der sog. Lifestyle Präparate sowie der nicht verschreibungspflichtigen Präparate, deren Einsatz bei schwerwiegenden Krankheiten zum Therapiestandard gehört, muss den Arzneimittel-Richtlinien[12] entnommen werden.

III. Die Präparateübersicht (sog. Negativliste, Absatz 1 Satz 1)

1. Inhalt der Übersicht

15 Versicherte haben gem. § 31 SGB V grundsätzlich Anspruch auf Versorgung mit apothekenpflichtigen Arzneimitteln, soweit diese nicht nach § 34 Abs. 1 SGB V, durch Richtlinien nach § 92 Abs. 1 Satz 2 Nr. 6 sowie durch die Rechtsverordnung nach § 34 Abs. 3 SGB V ausgeschlossen sind. Die Negativliste darf sich nach dem Gesetzeswortlaut nicht nur auf die durch die AMuwV ausgeschlossenen Arzneimittel beschränken. Erfasst werden von § 93 Abs. 1 Satz 1 SGB V somit

- grundsätzlich **alle nicht verschreibungspflichtigen Arzneimittel,** soweit sie nicht bei der Behandlung schwerwiegender Erkrankungen als Therapiestandard[13] gelten. Ob ein Arzneimittel verschreibungspflichtig ist, ergibt sich daraus, dass es in der Liste der verschreibungspflichtigen Stoffe der Rechtsverordnung zu § 48 Abs. 2 AMG[14] nicht enthalten ist. Apothekenpflichtige, aber nicht verschreibungspflichtige Arzneimittel werden häufig als sog. **OTC**-Präparate bezeichnet (**o**ver **t**he **c**ounter – über den Ladentisch erhältlich),
- verschreibungspflichtige Arzneimittel, soweit sie bei **Erkältungskrankheiten** und grippalen Infekten, als Mund- und Rachentherapeutika, als Abführmittel und als Arzneimittel gegen Reisekrankheit zur Anwendung kommen[15],

---

[10] Verordnung über verschreibungspflichtige Arzneimittel in der Fassung der Bekanntmachung v. 30.08.1990 - BGBl I 1990, 1866, zuletzt geändert durch die dreiundfünfzigste Änderungsverordnung v. 17.12.2004 - BGBl I 2004, 3526.

[11] Arzneimittelgesetz in der Fassung der Bekanntmachung v. 11.12.1998 - BGBl I1998, 3586, zuletzt geändert durch Gesetz v. 30.07.2004 - BGBl I 2004, 2031.

[12] Vgl. im Einzelnen Nr. 16.4 AMR und Anlage 8 zur AMR.

[13] Vgl. die Auflistung unter Nr. 16.4 AMR.

[14] Verordnung über verschreibungspflichtige Arzneimittel in der Fassung der Bekanntmachung v. 30.08.1990 - BGBl I 1990, 1866, zuletzt geändert durch die dreiundfünfzigste Änderungsverordnung v. 17.12.2004 - BGBl I 2004, 3526.

[15] Vgl. Nr. 17 AMR.

- Arzneimittel, bei denen die Erhöhung der Lebensqualität im Vordergrund steht, insbesondere die in § 34 Abs. 1 Satz 8 SGB V und der Richtlinie nach § 92 Abs. 1 Satz 2 Nr. 6 SGB V genannten **Lifestyle Produkte**[16], das sind Arzneimittel, die überwiegend zur Behandlung der erektilen Dysfunktion, der Anreizung sowie Steigerung der sexuellen Potenz, zur Raucherentwöhnung, zur Abmagerung oder Zügelung des Appetits, zur Regulierung des Körpergewichts oder zur Verbesserung des Haarwuchses dienen,
- Arzneimittel, die ihrer Zweckbestimmung nach üblicherweise bei **geringfügigen Gesundheitsstörungen** verordnet werden und
- **unwirtschaftliche Arzneimittel**; welche Wirkstoffe und Wirkstoffgruppen unwirtschaftlich sind, ist in der „Verordnung über unwirtschaftliche Arzneimittel in der gesetzlichen Krankenversicherung" vom 21.02.1990[17] im Einzelnen aufgelistet[18].

2. Erfasste Arzneimittel

Unter Arzneimitteln sind in § 93 SGB V die auf dem Markt befindlichen Präparate zu verstehen, nicht aber die Wirkstoffe und Wirkstoffkombinationen oder Differenzierungen nach der Darreichungsform. Der Begriff ist hier enger auszulegen als der allgemeine Arzneimittelbegriff nach § 2 AMG. Dass die **Negativliste eine Präparateliste** sein soll, geht bereits aus den Gesetzesmaterialien[19] hervor und ist unstreitig. Dementsprechend haben die bisher veröffentlichten Listen stets eine Aufzählung von Präparaten enthalten. 16

3. Verpflichtung des GBA zur Aktualisierung

Die Vorschrift ist als **Sollvorschrift** konzipiert. Da inzwischen mehrere Präparatelisten veröffentlicht worden sind, kann sich ein Ermessen des GBA lediglich auf die Aktualisierung beziehen. Insoweit hat der Gesetzgeber den GBA verpflichtet, in regelmäßigen Zeitabständen die Übersicht zusammenzustellen. Bei der Entscheidung über eine Aktualisierung der Liste hat der GBA die **Angewiesenheit** der verordnenden Ärzte **auf** vollständige und aktuelle **Information** und die Bedeutung der Liste für die Kontrolle ärztlicher Verschreibungen zu berücksichtigen. Die Notwendigkeit eine Liste zu erstellen tritt allerdings um so mehr in den Hintergrund, je vollständiger die Preisvergleichsliste nach § 92 Abs. 2 SGB V ist, so dass für Ärzte im Umkehrschluss Klarheit besteht, dass in der Liste nach § 92 Abs. 2 SGB V nicht besonders erwähnte Medikamente nicht verordnet werden können. Eine Verpflichtung zur Aktualisierung setzt darüber hinaus voraus, dass die Arzneimittelhersteller überhaupt entsprechende **neue Präparate** auf den Markt bringen. 17

4. Ersatzvornahme (Absatz 2)

§ 93 Abs. 2 SGB V kennt bezüglich der Negativliste, anders als § 94 SGB V für Richtlinien, keine Vorlagepflicht und keine Beanstandungsmöglichkeit des BMG. Wegen des nur **informatorischen Charakters** der Übersicht[20] handelt es sich bei ihrer Erstellung um **schlichtes Verwaltungshandeln.** Der Gesetzgeber ging im GRG deshalb zunächst davon aus, dass für die Überwachung der Rechtmäßigkeit des Handelns des Bundesausschusses die allgemeinen Vorschriften über die Aufsicht nach den §§ 86 ff. SGB IV ausreichend sind. Wegen der Weigerung des Bundesausschusses im Jahre 1990 die Negativliste zu erstellen und wegen der daraufhin vom unzuständigen BMA erstellten Übersicht[21], wurde die heutige Regelung in Absatz 2 in das Gesetz aufgenommen, die als spezielle Vorschrift den allgemeinen Vorschriften über die Rechtsaufsicht vorgeht. 18

Weigert sich der GBA eine Übersicht zu erstellen oder zu aktualisieren, kann der BMG sofort im Wege der Ersatzvornahme handeln, ansonsten hat er den GBA unter Fristsetzung zum Tätigwerden aufzufordern und darf erst nach Fristablauf selbst handeln. 19

---

16 Vgl. Nr. 18 AMR.

17 BGBl I 1990, 301.

18 Vgl. dazu Nr. 19 AMR.

19 Vgl. BT-Drs. 11/2237.

20 BSG v. 16.07.1996 - 1 RS 1/94 - SozR 3-2500 § 34 Nr. 5.

21 Zur Rechtmäßigkeit dieses Handelns BSG v. 16.07.1996 - 1 RS 1/94 - SozR 3-2500 § 34 Nr. 5 und BVerfG v. 25.02.1999 - 1 BvR 1472/91; kritisch dazu *Wenner*, SGb 1999, 501-504.

IV. Rechtsfolgen

1. Der Rechtscharakter der Liste

20 Das BSG[22] schließt aus Gesetzeszweck und Wortwahl des Gesetzes, dass die Übersicht nur die Bedeutung einer **Information ohne Regelungscharakter** hat. Diese Auffassung bestätigt das Bundesverfassungsgericht[23], wenn es damit argumentiert, dass die **Ausschlusswirkung** schon mit dem Inkrafttreten der Verordnung und nicht erst mit der Zusammenstellung bzw. der Veröffentlichung der Übersicht eintritt, weil die AMuwV in Bezug auf die genannten Wirkstoffe und Kombinationen ihre rechtliche Wirkung **ohne Vermittlung eines Vollzugsaktes** entfaltet. Konsequenterweise vertritt es die Auffassung, dass auch ohne diese Übersicht Apotheker und Kassenärzte bei einem Arzneimittel allein durch die Kontrolle des Beipackzettels selbst feststellen können, ob dieses unter die Ausschlussgründe der Verordnung fällt.

21 Die Übersicht hat somit allein die Funktion einer **Auflistung** von bereits **auf Grund anderer Vorschriften ausgeschlossenen Arzneimitteln**. Es wird eben kein Verwaltungsakt gegenüber einem Arzneimittelhersteller erlassen, vielmehr handelt es sich um schlichtes Verwaltungshandeln. Die Negativliste hat insoweit nur rechtsdeklaratorischen Charakter und unterscheidet sich insoweit von der **Positivliste** nach den §§ 128, 139 SGB V für Hilfsmittel. Mit der Aufnahme in diese Positivliste wird dem Hilfsmittelhersteller nach erfolgter Vorprüfung rechtskonstitutiv die Verordnungsfähigkeit seines Produkts bescheinigt. Dementsprechend wird über die Aufnahme in die Hilfsmittelliste nach den §§ 128, 139 SGB V bzw. über die Ablehnung oder die Streichung aus dieser Liste nach § 139 Abs. 2 Satz 5 SGB V durch Bescheid entschieden.[24] Auch bei anderen Auflistungen überwiegt die Annahme des Verwaltungsaktscharakters: die Aufnahme in die sog. Traditionsliste nach §109a Abs. 3 AMG ist ebenfalls ein Verwaltungsakt[25] und bei der Festsetzung von Festbeträgen handelt es sich um Verwaltungsakte in der Form von Allgemeinverfügungen[26].

2. Rechtliche Auswirkungen

22 Von der Negativliste werden die an der vertragsärztlichen Versorgung Beteiligten und die Arzneimittelhersteller unterschiedlich betroffen.

a. Patienten

23 Für Patienten kommt der Regelung nur mittelbar tatsächliche Bedeutung zu, wenn der Vertragsarzt unter Berufung auf die Übersicht die Verschreibung gewünschter Präparate ablehnt und der Patient das Präparat eventuell auf eigene Kosten erwerben muss. Der **Anspruch** des Patienten auf Versorgung mit Arzneimitteln richtet sich **gegen die Krankenkasse** und kann gegebenenfalls gerichtlich eingeklagt werden. Er hängt allein davon ab, ob der Ausschluss des konkreten Präparats aus der vertragsärztlichen Versorgung nach Maßgabe von § 34 SGB V rechtmäßig ist.[27]

b. Krankenkassen

24 Ihnen wird die Überprüfung der Verschreibungstätigkeit der Vertragsärzte im Rahmen der Wirtschaftlichkeitsprüfung nach § 106 Abs. 2 Nr. 2 SGB V (arztbezogene Prüfung ärztlich verordneter Leistungen) erleichtert. Es lässt sich anhand der Übersicht leicht feststellen, ob ein Arzt gegen seine vertragsärztliche Verpflichtung, ausgeschlossene Arzneimittel nicht zu verschreiben, verstoßen hat. Im Prozess des Versicherten gegen die Krankenkasse auf Verordnung eines auf der Liste aufgeführten Präparats besteht gem. § 91 Abs. 9 SGB V eine **Bindung der Krankenkasse** an die Entscheidung des GBA.[28]

---

[22] BSG v. 16.07.1996 - 1 RS 1/94 - SozR 3-2500 § 34 Nr. 5.

[23] BVerfG v. 20.09.1991 - 1 BvR 259/91.

[24] Vgl. dazu BSG v. 31.08.2000 - B 3 KR 21/99 R - SozR 3-2500 § 139 Nr. 1.

[25] BVerwG v. 20.11.2003 - 3 C 29/02.

[26] BVerfG v. 17.12.2002 - 1 BvL 28/95 - BVerfGE 106, 275-310.

[27] Zur Verfassungsmäßigkeit von § 34 SGB V und der Vorgängerrechtsverordnung zu § 34 Abs. 3 SGB V, BVerfG v. 25.02.1999 - 1 BvR 1472/91 - NJW 1999, 3404 -3406; BVerfG v. 20.10.2004 - 1 BvR 1687/04 und 1 BvR 1702/04.

[28] Dazu *Knispel*, NJW 2002, 871.

c. Ärzte

Für Ärzte ergibt sich der Ausschluss der Verordnungsfähigkeit zu Lasten der GKV bereits aus § 34 SGB V, der Rechtsverordnung zu § 34 Abs. 3 SGB V und den Richtlinien des GBA gem. § 92 Abs. 1 Satz 2 Nr. 6 SGB V. Sie erhalten mit der Übersicht eine **Arbeitsgrundlage,** die es ihnen in der Hektik des Praxisalltags erleichtern soll, einen bei der Verordnung ausgeschlossener Arzneimittel **drohenden Regress** zu vermeiden. Auch im Regressfall genügt ein Verstoß gegen die nur informatorische Negativliste nicht, vielmehr muss ein Verstoß gegen materielles Recht vorliegen. Bei der Verordnung von Arzneimitteln, für die keine Leistungspflicht besteht, handelt es sich um einen Arzneikostenregress, bei dem es – anders als beim Regress wegen eines sonstigen Schadens – nicht auf ein Verschulden des Arztes ankommt.[29] 25

d. Arzneimittelhersteller

Die Übersicht dient auch der pharmazeutischen Industrie als Informationsquelle. Die Aufnahme in die Negativliste hat für einen Arzneimittelhersteller die **weitreichende Auswirkung**, dass ihm mit seinem Medikament der Zugang zum Markt der gesetzlich Krankenversicherten, der knapp 90% der Bundesbürger umfasst, verschlossen ist. Erhebliche Umsatzeinbußen werden regelmäßig die Folge sein. 26

Die pharmazeutische Industrie hat in der Vergangenheit versucht, die mit den Regelungen des SGB V durch die Einschränkung der Verschreibungsfähigkeit verbundenen Eingriffe in den Arzneimittelmarkt mit **Hilfe des Kartellrechts** zu Fall zu bringen. Ihre Bemühungen wurden vom Gesetzgeber durch die Neufassung von § 69 SGB V[30], durch eine Präzisierung der ausschließlichen Zuständigkeit der Sozialgerichte und durch die Anordnung der Nichtanwendbarkeit der §§ 87 und 96 des Gesetzes gegen Wettbewerbsbeschränkungen in § 51 Abs. 2 Satz 2 SGG unterlaufen[31]. Diese Versuche[32] sind auf nationaler Ebene nach der Grundsatzentscheidung des BVerfG zu den Festbeträgen[33] und auf europarechtlicher Ebene nach der Entscheidung des EuGH vom 16.03.2004[34], dass es sich bei den gesetzlichen Krankenkassen um keine Unternehmen oder Unternehmensvereinigungen im Sinne des Artikel 81 EG handelt, wenn sie Festbeträge festsetzen, als **gescheitert** anzusehen. 27

Der Hersteller eines Arzneimittels hat Anspruch darauf, dass sein Präparat nicht zu Unrecht in die Negativliste aufgenommen wird. Nur wenn die entsprechenden Voraussetzungen dafür vorliegen muss er dies hinnehmen. Die Übersicht beinhaltet zwar keinen Verwaltungsakt, gleichwohl kann durch eine zu Unrecht erfolgte Aufnahme in die Negativliste der Arzneimittelhersteller in seinem **Recht auf Marktteilnahme zu gleichen Bedingungen**[35] verletzt sein. Die Übersicht hat für ihn **Grundrechtsrelevanz**, weil durch die Veröffentlichung der Präparateliste die Rahmenbedingungen der Berufstätigkeit der Arzneimittelhersteller faktisch zu ihrem Nachteil verändert werden, was nach der Beurteilung des BVerfG[36] einen mittelbaren Eingriff in die Berufsfreiheit darstellt. Das BVerfG hat deshalb die Präparateliste nach § 93 SGB V an Art. 12 Abs. 1 Satz 2 GG gemessen, sie jedoch im Grundsatz als verfassungskonform erachtet[37]. 28

3. Rechtsschutz

Patienten, Krankenkassen und Ärzte werden durch die Veröffentlichung der Übersicht somit nicht in eigenen Rechten betroffenen, für sie stellt sich die Frage nach einem Rechtsschutz nicht. 29

---

[29] BSG v. 14.03.2001 - B 6 KA 19/00 R - SozR 3-2500 § 106 Nr. 52.

[30] Dazu BSG v. 25.09.2001 - B 3 KR 3/01 R - SozR 3-2500 § 69 Nr. 1; *Engelmann*, NZS 2000, 213.

[31] 6. SGGÄndG v. 17.08.2001 - BGBl I 2001, 2144.

[32] Hanseatisches Oberlandesgericht v. 19.10.2003 - 3 U 200/99 - PharmaRecht 2001, 14-16; OLG München v. 20.01.2000 - U (K) 4428/99 - NZS 2000, 457-461; LG Düsseldorf v. 22.12.1999 - 12 O 548/99 - Pharmarecht, 41-45; Vorlagebeschluss des BGH - VersR 2001, 1361.

[33] BVerfG v. 17.12.2002 - 1 BvL 28/95 - BVerfGE 106, 275-310.

[34] Urteil des EuGH vom 16.03.2004 in den verbundenen Sachen C-264/01, C-306/01, C-354/01 und C-355/01 - Sammlung der Rechtsprechung 2004, Seite I - 02493, dazu *Sodan*, GesR 2005, 145.

[35] Vgl. dazu BVerfG v. 17.12.2002 - 1 BvL 28/95 - BVerfGE 106, 275-310; BVerfG v. 26.06.2002 - 1 BvR 558/91, 1 BvR 1428/91 - BVerfGE 105, 252, 273; BSG v. 24.11.2004 - B 3 KR 23/04 R - SozR 4-2500 § 35 Nr. 3; BSG v. 31.05.2006 - B 6 KA 69/04 R - juris Rn. 22 - GesR 2007, 90-94; BSG v. 31.05.2006 - B 6 KA 13/05 R - juris Rn. 34 - SGb 2006, 470-471.

[36] BVerfG v. 25.02.1999 - 1 BvR 1472/91.

[37] BVerfG v. 20.09.1991 - BvR 1455/90, 1 BvR 879/90 - SozR 3-2500 § 34 Nr.1; BVerfG v. 20.09.1991 - 1 BvR 259/91.

30 Anderes gilt für die Hersteller von Arzneimitteln. Wegen der vom BVerfG festgestellten Grundrechtsrelevanz der Aufnahme in die Präparateübersicht hat das BSG die **Anfechtungsklage** in **analoger** Anwendung von § 92 Abs. 2 SGB V (jetzt **§ 92 Abs. 3** SGB V) gegen die Übersicht zugelassen, obwohl diese keinen Verwaltungsakt darstellt.[38] § 92 Abs. 3 SGB V lässt gegen die Zusammenstellung der Arzneimittel nach § 92 Abs. 2 SGB V die Anfechtungsklage ausdrücklich zu. Unter dem Begriff der Zusammenstellung ist auch die fehlerhafte Zusammenstellung durch eine zu Unrecht erfolgte Aufnahme in diese Liste zu verstehen. Wegen der Gleichheit der zu Grunde liegenden Interessenlage hätte der Gesetzgeber nach Auffassung des BSG auch den nicht geregelten Fall der Übersicht nach § 93 Abs. 1 SGB V einbeziehen und die Anfechtungsklage zulassen müssen.

31 Ein **Vorverfahren** ist gem. § 78 Abs. 1 Nr. 1 SGG **nicht erforderlich**, weil § 92 Abs. 3 Satz 3 SGB V dies ausdrücklich so anordnet. Die Klagen haben keine aufschiebende Wirkung (§ 92 Abs. 3 Satz 2 SGB V). Einstweiliger Rechtsschutz kann jedoch beantragt werden. Da es sich bei der Aufnahme in die Liste nach § 93 SGB V um keinen Verwaltungsakt handelt, kann Rechtsschutzziel nicht die Herstellung der aufschiebenden Wirkung sein, sondern nur der Erlass einer einstweiligen Anordnung nach § 86 Abs. 1 Satz 2 SGG.

32 Im Falle der Ersatzvornahme durch den BMG hält das BVerfG[39] während der Zeit zwischen dem Erlass der Rechtsverordnung und der Veröffentlichung der Präparateübersicht die Notwendigkeit vorläufigen Rechtsschutz durch die Sozialgerichte im Blick auf Art. 19 Abs. 4 GG für geboten.

---

38 BSG v. 16.07.1996 - 1 RS 1/94 - SozR 3-2500 § 34 Nr. 5.

39 BVerfG v. 20.09.1991 - 1 BvR 259/91.

§ 94 SGB V Wirksamwerden der Richtlinien

(Fassung vom 26.03.2007, gültig ab 01.04.2007)

(1) Die vom Gemeinsamen Bundesausschuss beschlossenen Richtlinien sind dem Bundesministerium für Gesundheit vorzulegen. Es kann sie innerhalb von zwei Monaten beanstanden; bei Beschlüssen nach § 35 Abs. 1 innerhalb von vier Wochen. Das Bundesministerium für Gesundheit kann im Rahmen der Richtlinienprüfung vom Gemeinsamen Bundesausschuss zusätzliche Informationen und ergänzende Stellungnahmen anfordern; bis zum Eingang der Auskünfte ist der Lauf der Frist nach Satz 2 unterbrochen. Die Nichtbeanstandung einer Richtlinie kann vom Bundesministerium für Gesundheit mit Auflagen verbunden werden; das Bundesministerium für Gesundheit kann zur Erfüllung einer Auflage eine angemessene Frist setzen. Kommen die für die Sicherstellung der ärztlichen Versorgung erforderlichen Beschlüsse des Gemeinsamen Bundesausschusses nicht oder nicht innerhalb einer vom Bundesministerium für Gesundheit gesetzten Frist zustande oder werden die Beanstandungen des Bundesministeriums für Gesundheit nicht innerhalb der von ihm gesetzten Frist behoben, erläßt das Bundesministerium für Gesundheit die Richtlinien.

(2) Die Richtlinien sind im Bundesanzeiger und deren tragende Gründe im Internet bekanntzumachen. Die Bekanntmachung der Richtlinien muss auch einen Hinweis auf die Fundstelle der Veröffentlichung der tragenden Gründe im Internet enthalten.

Gliederung

A. Basisinformation

I. Textgeschichte

1 Die Vorschrift hat seit 01.01.1989 zunächst keine wesentlichen Änderungen erfahren. Die in Absatz 1 Satz 4 früher bezüglich der Festbeträge auf die Bildung von Gruppen nach § 35 Nr. 1 Satz 1 SGB V beschränkte Befugnis des BMA, Richtlinien auch ohne vorherige Fristsetzung erlassen zu können, ist mit Wirkung vom 03.08.2001 durch das Gesetz vom 27.07.2001[1] gestrichen worden. Andererseits hat das AVWG vom 26.04.2006 gerade für Richtlinien nach § 35 Abs. 1 SGB V die Beanstandungsfrist auf vier Wochen herabgesetzt. Das WSG hat dem BMG das Recht eingeräumt, vom GBA zusätzliche Informationen und Stellungnahmen anzufordern, es gibt ihm weiterhin die Möglichkeit, eine Nichtbeanstandung mit (ggf. auch fristgebundenen) Auflagen zu versehen und schreibt die Veröffentlichung der tragenden Gründe im Internet vor.

II. Vorgängervorschriften

2 Eine vergleichbare Vorschrift enthielt bereits § 368p Abs. 2 RVO.

[1] BGBl I 2001, 1948.

III. Parallelvorschriften

3 Parallelregelungen, die § 94 SGB V modifizieren, finden sich in § 56 Abs. 5 SGB V (Richtlinien zur prothetischen Regelversorgung), wobei das Beanstandungsrecht auf einen Monat verkürzt wird, und in § 137c Abs. 2 SGB V, wo der Erlass der Richtlinien in das Ermessen des Ministeriums („kann die Richtlinie erlassen") gestellt ist. Eine vergleichbare Regelung enthält § 291b Abs. 4 SGB V für Beschlüsse der Gesellschaft für Telematik.

IV. Untergesetzliche Normen und Verwaltungsvorschriften

4 Sind nicht bekannt. Weder die auf der Grundlage von § 91 Abs. 3 SGB V erlassene Geschäftsordnung des GBA noch die Verfahrensordnung des GBA enthalten nähere Regelungen, die in Bezug auf § 94 SGB V von Bedeutung sein können.

V. Systematische Zusammenhänge

5 § 94 SGB V steht in einem engen Zusammenhang mit dem Auftrag zum Erlass von Richtlinien an den GBA in § 92 SGB V. Die §§ 92, 94 SGB V beinhalten in der Gesamtschau ein abgestuftes Normsetzungsverfahren, dessen erste Stufe in § 92 SGB V und dessen zweite Stufe in § 94 SGB V geregelt ist.

VI. Ausgewählte Literaturhinweise

6 Literatur, die sich ausschließlich mit der Problematik des § 94 SGB V beschäftigt, ist nicht vorhanden. Soweit sich Autoren mit § 94 SGB V auseinander setzen, geschieht dies im Rahmen der verfassungsrechtlichen Würdigung der Richtliniensetzung des GBA (vgl. dazu die Literaturliste in der Kommentierung zu § 92 SGB V Rn. 11).

B. Auslegung der Norm

I. Regelungsgehalt, Normzweck und Bedeutung der Norm

7 Richtlinien des GBA werden nicht bereits dann **wirksam, wenn** sie entsprechend Abschnitt D der Geschäftsordnung des GBA beschlossen, sondern erst, wenn sie dem BMG vorgelegt und von diesem innerhalb einer Frist von zwei Monaten **nicht beanstandet** werden. § 94 SGB V enthält die Verpflichtung des GBA zur Vorlage der von ihm beschlossenen Richtlinien an das BMG und das Recht des BMG zur Beanstandung der Richtlinien innerhalb einer Frist von zwei Monaten nach Vorlage. Weiterhin erhält das BMG im Falle einer Untätigkeit des GBA die Möglichkeit, nach Aufforderung unter Fristsetzung die erforderlichen Richtlinien selbst zu erlassen.

8 Der Gesetzgeber hat in zahlreichen gesetzlichen Vorschriften ein Tätigwerden des GBA durch den Erlass von Richtlinien vorgesehen. Der in den gesetzlichen Vorgaben zum Ausdruck kommende gesetzgeberische Wille ließe sich aber praktisch kaum umsetzen, wenn es den Vertretern der Selbstverwaltungskörperschaften möglich wäre, den Erlass der Richtlinien zu blockieren oder eigene, vom Gesetz abweichende rechtspolitische Vorstellungen in die Richtlinien einfließen zu lassen. Die **allgemeinen Möglichkeiten** der **Rechtsaufsicht** schienen dem Gesetzgeber **nicht zu genügen**, denn sonst hätte er es bei der in § 91 Abs. 10 SGB V geregelten Aufsicht über den GBA belassen können. Er hat deswegen in § 94 SGB V mit der Vorlagepflicht des GBA, dem Beanstandungsrecht und der Möglichkeit zur Ersatzvornahme dem zuständigen Ministerium Einwirkungs- und Überwachungsmöglichkeiten an die Hand gegeben, die es ihm ermöglichen, sich bei Meinungsverschiedenheiten gegenüber dem GBA durchzusetzen.

9 Der BMG kann innerhalb des vorgegebenen gesetzlichen Rahmens durch das Beanstandungsrecht alle ihm nicht genehmen Richtlinien verhindern und hat erforderlichenfalls die Möglichkeit, im Wege der Ersatzvornahme Richtlinien in der von ihm gewünschten Fassung wirksam werden zu lassen.

II. Gesetzlich geregelte Fallkonstellationen

1. Vorlage ohne Beanstandungen

10 § 94 SGB V gilt für alle Richtlinien des GBA, nicht nur für die in § 92 SGB V ausdrücklich erwähnten. **Nach Beschlussfassung** durch den Bundesausschuss steht dem BMG eine grundsätzlich **zweimonatige**, in Fällen des § 35 Abs. 1 SGB V eine nur vierwöchige[2] **Beanstandungsfrist** zu. Die Frist beginnt nicht mit dem Beschluss, sondern nach dem Gesetzeswortlaut erst mit der **Vorlage** an den BMG zu

[2] Vgl. Art. 6 AVWG - BGBl I 2006, 964, 966.

laufen. Der Lauf der Frist wird unterbrochen, wenn der BMG den GBA zur Vorlage zusätzlicher Informationen oder ergänzender Stellungnahmen auffordert. Nach Ablauf der Frist ist, sofern keine Beanstandungen erfolgen, der Beschluss des GBA im Bundesanzeiger zu veröffentlichen. Der BMG kann eine Beschleunigung des Verfahrens erreichen, indem er dem GBA mitteilt, dass Beanstandungen nicht erfolgen werden.

2. Nichtbeanstandung unter Auflagen

Das WSG gibt dem BMG die Möglichkeit, die Nichtbeanstandung einer Richtlinie mit Auflagen zu verbinden[3] und zu ihrer Erfüllung eine angemessene Frist vorzugeben. Dem BMG steht damit ein weniger einschneidendes Mittel zur Verfügung, um Hindernisse, die der uneingeschränkten Nichtbeanstandung entgegenstehen, zu beseitigen. Die Präzisierung der aufsichtsrechtlichen Instrumente des BMG dient vor allem der Rechtssicherheit in Bezug auf das Verfahren bei der Richtlinienprüfung und -beanstandung[4]. Auflagen verpflichten den Adressaten, wesentliches Kennzeichen der Auflage ist, dass sie grundsätzlich mit Mitteln des Verwaltungszwangs durchgesetzt werden kann,[5] hier mit dem Mittel der Ersatzvornahme. In der Praxis können somit alle unstreitigen Teile einer Richtlinie rasch erlassen werden, lediglich die unterschiedlich bewerteten Einzelpunkte bleiben offen; insoweit kann der BMG eine Nachbesserung bzw. Nachermittlung in seinem Sinne und innerhalb des ihm vorschwebenden Zeitrahmens durchsetzen. Das nachstehend bei vollständiger Beanstandung bzw. bei Untätigkeit Gesagte gilt entsprechend. 11

3. Verfahren bei Beanstandung

Der BMG hat das Recht die vorgelegten Richtlinien zu beanstanden. Die **Beanstandung verhindert das Wirksamwerden** der beschlossenen Richtlinien und führt zu einer erneuten Befassung und Beschlussfassung des GBA. Der BMG kann dem GBA dafür eine Frist setzen. Beachtet der GBA die Frist nicht, gibt § 94 Abs. 1 Satz 2 SGB V dem BMG das Recht, die Richtlinien im Wege der Ersatzvornahme zu erlassen. 12

4. Verfahren bei Untätigkeit des GBA

Kommen die erforderlichen Beschlüsse des GBA nicht zustande, kann der BMG das Verfahren des GBA durch **Aufforderung zum Tätigwerden** unter Fristsetzung in Gang bringen und zugleich den Zeitrahmen für die hierfür erforderliche Beschlussfassung vorgeben. Kommt der GBA dieser Aufforderung nicht nach, kann der BMG das Verfahren an sich ziehen und die Richtlinien im Wege der Ersatzvornahme erlassen. Die Ersatzvornahme umfasst auch das Recht zur Veröffentlichung im Bundesanzeiger. 13

5. Durchführung der Ersatzvornahme

Vor Durchführung der Ersatzvornahme ist **stets eine Fristsetzung** gegenüber dem GBA geboten. Der Wortlaut von § 94 Abs. 1 Satz 3 SGB V legte es zwar nahe, dem BMG immer dann die Ersatzvornahme zu erlauben, wenn die erforderlichen Beschlüsse nicht zustande kommen, aus Gründen der Rechtssicherheit sollte jedoch zuvor eine Frist gesetzt werden, schon um Kompetenzstreitigkeiten wie in der Vergangenheit bei der Negativliste[6] zu vermeiden. Außerdem wäre als **Gültigkeitsvoraussetzung** der Richtlinie im Gerichtsverfahren zunächst zu prüfen, ob sie überhaupt von der zuständigen Stelle erlassen worden ist. Die damit verbundene Rechtsunsicherheit tritt bei nachweisbarer Fristsetzung nicht auf. 14

Die im Wege der Ersatzvornahme erlassenen Richtlinien haben denselben Rechtscharakter und **dieselbe Rechtsverbindlichkeit** wie die vom GBA erlassenen Richtlinien. Sie sind ebenfalls im Bundesanzeiger zu veröffentlichen. Der GBA kann die vom BMG erlassenen Richtlinien seinerseits wieder ändern, für die Änderungen gilt aber erneut die Vorlagepflicht mit der zweimonatigen Beanstandungsfrist. 15

---

[3] Die Legaldefinition der Auflage enthält § 32 Abs. 2 Nr. 4 SGB X.

[4] Vgl. BT-Drs. 16/3100, S. 135.

[5] *v. Wulffen/Engelmann*, SGB X, 5. Aufl. 2005, § 32 Rn. 22.

[6] BSG v. 16.07.1996 - 1 RS 1/94 - SozR 3-2500 § 34 Nr. 5 und BVerfG v. 25.02.1999 - 1 BvR 1472/91 - NZS 1999, 338-340.

III. Inhalt und Reichweite des Beanstandungsrechtes

16 Das Gesetz enthält keine Einschränkung des Beanstandungsrechtes etwa nur auf Rechtsverstöße. Inhalt und Ausübung des Beanstandungsrechts und die Ersatzvornahme liegen vielmehr im **pflichtgemäßen Ermessen des BMG**. Bei der Ausübung des Beanstandungsrechts und ggf. der Ersatzvornahme ist das BMG nur an das übergeordnete **Gesetzesrecht gebunden**. Es darf dabei seine Auslegung des Gesetzes als maßgeblich ansehen und eine von ihm für unrichtig gehaltene Auslegung des GBA ersetzen. Der GBA hat allerdings das Recht, die Beanstandung, die ihm gegenüber ein Verwaltungsakt ist, gerichtlich anzufechten und überprüfen zu lassen, so dass letztendlich die Auffassung der Gerichte auch zwischen GBA und BMG maßgeblich ist.[7]

17 Ob dem GBA bei der Richtliniensetzung ein **gerichtlich nicht nachprüfbarer Gestaltungs- oder Beurteilungsspielraum** zusteht, wird vom BSG zwar ständig betont, spielt jedoch in der gerichtlichen Praxis keine große Rolle, weil insbesondere bei normkonkretisierenden Richtlinien die Vereinbarkeit mit höherrangigem Recht zu prüfen ist. Auf die Kommentierung zu § 92 SGB V Rn. 32 ff. wird Bezug genommen. Aber selbst wenn dem GBA im Verhältnis zum Normunterworfenen ein Beurteilungsspielraum zustehen sollte, folgt daraus nicht automatisch, dass der Beurteilungsspielraum auch gegenüber dem BMG besteht. Das BSG hat zuletzt offen gelassen, ob sich das Beanstandungsrecht auf eine reine Rechtskontrolle beschränkt oder auch fachlich-aufsichtliche Elemente umfasst.[8].

18 Dem Gesetz lässt sich **an keiner Stelle entnehmen,** dass das BMG einen Ermessens- oder Beurteilungsspielraum des GBA zu beachten hat. Wäre dies der Fall und beschränkte sich die Kontrolle auf die Einhaltung der Grenzen der gesetzlichen Vorschriften, hätte es des Beanstandungsrechts des BMG nicht bedurft. Die Regelungen der allgemeinen Rechtsaufsicht gem. § 91 Abs. 10 SGB V wären dann ausreichend. Dies verkennt das SG Köln[9], wenn es darauf abstellt, dass dem GBA ein eigener Wirkungskreis vom Gesetzgeber übertragen wurde, der in der Eigenverantwortlichkeit seiner Normsetzung einschließlich der damit zusammenhängenden Einschätzungsprärogative bestehen soll. Zwischen dem Beanstandungsrecht, so wie es das SG Köln auslegt, und dem Grundsatz maßvoller Ausübung der Rechtsaufsicht nach § 89 Abs. 4 SGB IV[10] besteht inhaltlich kein Unterschied. Das Beanstandungsrecht nach § 94 SGB V wäre eigentlich unnötig und beschränkte sich auf spezielle Verfahrensvorschriften bei der Ausübung der allgemeinen Rechtsaufsicht. § 94 Abs. 1 SGB V überträgt vielmehr dem BMG eine besondere Verantwortung für die sachliche und rechtliche Richtigkeit der Richtlinien, gerade weil diese teilweise weitgehende Einschränkungen der Rechtssphäre von Versicherten und Leistungserbringern zur Folge haben. Aus dem nicht weiter eingeschränkten und an keine weiteren Bedingungen geknüpften Beanstandungsrecht und der Ersatzvornahme ist deshalb zu folgern, dass das Beanstandungsrecht grundsätzlich alle Formulierungen einer Richtlinie umfasst. Für die Annahme eines nicht vom BMG antastbaren Gestaltungs- oder Beurteilungsspielraums für die im GBA vertretene Selbstverwaltung ist kein Raum.[11]

19 Dies erscheint auch sinnvoll, weil der GBA mit Mehrheit entscheidet und es so die Möglichkeit gibt, dass eine Gruppe von der anderen Seite mit der Unterstützung der unparteilichen Mitglieder überstimmt wird. Insoweit steht ein Mehrheitsbeschluss nicht automatisch für seine inhaltliche Richtigkeit. Da die Selbstverwaltungskörperschaften kein Klagerecht haben, kann allein der BMG eine Korrektur erreichen.[12]

20 Für diese Sichtweise sprechen auch die Ergänzungen von § 94 Abs. 1 SGB V durch das WSG. Zum einen kann der BMG durch das ihm nunmehr ausdrücklich eingeräumte Recht auf Information und Stellungnahme in tatsächlicher Hinsicht (für Rechtsprobleme wäre diese Ergänzung nicht erforderlich gewesen) sich einen ebenbürtigen Kenntnisstand verschaffen, zum anderen kann bei unterschiedlicher Bewertung etwa der Wirtschaftlichkeit, der Zumutbarkeit oder der Notwendigkeit der vorgesehenen Regelungen sich der BMG durch Auflagen durchsetzen. Er kann den GBA jetzt zwingen, seine Prüfung auf bisher nicht als vorrangig angesehene oder anders beurteilte Gesichtspunkte zu erstrecken und ihm

[7] Vgl. SG Köln v. 19.10.2005 - S 19 KR 76/05 - Pharma Recht 2005, 473.

[8] BSG v. 31.05.2006 - B 6 KA 13/05 R.

[9] SG Köln v. 19.10.2005 - S 19 KR 76/05

[10] Dazu BSG v. 22.03.2005 B 1 A 1/03 R m.w.N.

[11] Anderer Auffassung *Hess*, MedR 2005, 385, 389.

[12] Vgl. dazu DÄBl. 2005, Berichte auf S. 1165, 1170 und 1485 zu Meinungsverschiedenheiten zwischen dem GBA und dem BMG.

dabei durch das Recht der Fristsetzung auch noch einen zeitlichen Rahmen vorgeben. Das Gesetz ermöglicht damit eine rechtlich und tatsächlich umfassende Überprüfung der Richtlinien nach den Vorstellungen des BMG.

Allerdings macht es in der Praxis wenig Sinn, zuerst den Sachverstand der Selbstverwaltung im GBA zu bündeln und ihn danach wie eine nachgeordnete Behörde zu behandeln. Der BMG ist auf eine effiziente, die Probleme der Praxis analysierende und insbesondere den letzten Stand der Wissenschaft berücksichtigende Vorarbeit durch den GBA angewiesen. Denn gerade der Sachverstand der Selbstverwaltung verspricht die richtige und praxisnahe Lösung der Probleme. Eine schlechte Vorarbeit des GBA fällt politisch auf das BMG zurück. 21

IV. Rechtsschutz gegen Beanstandungen des BMG

1. Klagebefugnis des GBA

Der GBA ist befugt, gegen eine Beanstandung des BMG zu klagen. Der GBA ist gem. § 91 Abs. 1 Satz 2 SGB V rechtsfähig und deswegen bereits nach § 70 Nr. 1 SGG beteiligtenfähig. Stellt sich das Beanstandungsrecht des GBA nach außen hin gegenüber den normunterworfenen Körperschaften, Versicherten und Leistungserbringern als ein **abgestuftes Normsetzungsverfahren** dar, so wirkt sich die Beanstandung bzw. die Ersatzvornahme durch den BMG gegenüber dem GBA wie eine **aufsichtsrechtliche Beanstandung** aus. Er ist deshalb in gleichem Maße befugt, hiergegen gerichtlichen Rechtsschutz[13] in Anspruch zu nehmen wie jede andere Selbstverwaltungskörperschaft, deren Handeln gem. § 89 Abs. 1 SGB IV beanstandet wird und wie er dies bei anderen, auf § 91 Abs. 10 SGB V gestützten Beanstandungen des BMG selbst ist. Die üblicherweise bei In-Sich-Prozessen von Behörden angelegten Maßstäbe an eine Klagebefugnis[14] sind erfüllt. Dem GBA ist in zahlreichen Vorschriften des SGB V, insbesondere in § 92 SGB V, ein **eigener Rechte- und Pflichtenkreis** eingeräumt worden; er wird durch rechtswidrige Beanstandungen jedenfalls in eigenen Rechten verletzt. In der Praxis enthalten die Beanstandungsverfügungen des BMG auch eine Rechtsmittelbelehrung dahingehend, dass hiergegen Klage beim Sozialgericht Köln (wegen des Sitzes des GBA in Siegburg) erhoben werden könne. 22

Dieser Rechte- und Pflichtenkreis ist jedenfalls verletzt, wenn das BMG in das Verfahren der Richtliniensetzung eingreift oder dieses Verfahren an sich zieht, ohne dass die Voraussetzungen des § 94 Abs. 1 SGB V vorliegen, denn dies verletzt den GBA in seinem Recht, die ihm übertragene Regelungskompetenz ordnungsgemäß ausüben zu können. Auch gegen Beanstandungen, die gegen materielles Recht verstoßen und den GBA zum Erlass einer für rechtswidrig gehaltenen Richtlinie zwingen, kann sich der GBA gerichtlich wehren. Beanstandungen mit rechtswidrigem Inhalt muss der GBA nicht hinnehmen oder befolgen. 23

2. Keine Klagebefugnis der den GBA tragenden Selbstverwaltungskörperschaften

Eine **Klagebefugnis** der öffentlich-rechtlichen Körperschaften der Selbstverwaltung gegen eine Beanstandung des GBA oder gegen die nach befolgter Beanstandung oder im Wege der Ersatzvornahme erlassenen Richtlinien **besteht nicht.** Soweit eine solche Befugnis daraus abgeleitet wird, dass die Ersatzvornahme gem. § 92 Abs. 8 SGB V in die Rechtspositionen der Partner der Bundesmantelverträge eingreift[15], ist dem nicht zu folgen. Anders als bei einem Schiedsspruch, wo das Schiedsamt anstelle der Vertragsparteien tätig wird, ist für die dem GBA zugewiesenen Regelungsmaterien die Zuständigkeit der Vertragspartner nicht mehr gegeben; sie ist ihnen durch die Übertragung auf den GBA gerade ersatzlos genommen worden. Die Richtlinien des GBA sind für sie nach den ausdrücklichen Regelungen in §§ 72 Abs. 2, 91 Abs. 9 und 92 Abs. 8 SGB V verbindlich.[16] Da das sozialgerichtliche Verfahren **keine Normenkontrollverfahren** kennt, bestehen für die Selbstverwaltungskörperschaften keine prozessualen Möglichkeiten, den Erlass oder die Umsetzung einer nicht genehmen Richtlinie zu verhindern. Für Richtlinien, die vom BMG im Wege der Ersatzvornahme erlassen werden, gilt nichts anderes. 24

---

[13] Vgl. zu den unterschiedlichen Beurteilungen der Klagebefugnis LSG NRW v. 23.08.2002 - L 10 B 12/02 KA ER - GesR 2003, 149-150.

[14] Vgl. dazu BSG v. 28.01.2004 - B 6 KA 4/03 R - SozR 4-1500 § 70 Nr. 1; SG Köln v. 19.10.2005 - S 19 KR 76/05 - Pharma Recht 2005, 473; BSG v. 31.05.2006 - B 6 KA 13/05 R - SGb 2006, 470-471.

[15] So *Hess* in: KassKomm, SGB V § 94 Rn. 4.

[16] Eine ausführliche Darstellung der Vorschriften, die die Verbindlichkeit der Richtlinien zum Inhalt haben, gibt BSG v. 20.03.1996 - 6 RKa 62/94 - SozR 3-2500 § 92 Nr. 6.

Ob die Richtlinie vom GBA etwa entgegen den Stimmen der eigenen Vertreter mit der Mehrheit seiner Mitglieder beschlossen wird oder vom BMG im Wege der Ersatzvornahme, ändert an der Bindungswirkung der Richtlinie nichts.

25 Zu dem gleichen Ergebnis kommt man, wenn man Beschlüsse des GBA als einem gemeinsamen Vertragsorgan den Partnern der Bundesmantelverträge als eigenes Handeln zuordnet.[17] Auch die Rechtsprechung des BSG[18], wonach die Krankenkassen nicht befugt sind, eine etwaige Unvereinbarkeit der Richtlinien mit höherwertigem Recht festzustellen und daraus die Konsequenzen zu ziehen, legt dieses Ergebnis nahe.

V. Veröffentlichungspflicht (Absatz 2)

26 Die Pflicht zur Veröffentlichung gilt nicht nur für Gesetze und Rechtsverordnungen des Bundes, für die Art. 82 GG die erforderliche Form der Verkündung und das In-Kraft-Treten ausdrücklich regelt, sondern auch für die von Art. 82 GG nicht erfassten Normen des geschriebenen Rechts.[19] Die Richtlinien werden **wirksam,** und damit als Rechtsnormen verbindlich[20], **mit** der erfolgten **Veröffentlichung** im Bundesanzeiger, sofern die Richtlinien nicht einen anderen Termin für ihr In-Kraft-Treten vorsehen. Der Zeitpunkt der Beschlussfassung ist unerheblich, maßgebend ist allein der Zeitpunkt der Veröffentlichung[21], weil von diesem Zeitpunkt an eine Rechtsnorm erst rechtlich existent wird. Vor ihrer Veröffentlichung kann eine Richtlinie, auch wenn bereits ein abschließender Beschluss des GBA vorliegt, keine Rechtswirkung entfalten[22], was sich schon daraus ergibt, dass sie vom BMG beanstandet oder noch vom GBA geändert werden könnte.

27 Das Abstellen auf die Veröffentlichung wird vom **Grundsatz der Rechtssicherheit** gefordert. Zum einen besteht erst dann Klarheit über Wirksamkeit und Inhalt der Richtlinie, zum anderen kann erst von diesem Zeitpunkt an das Klagerecht gem. § 92 Abs. 3 SGB V ausgeübt werden. Vor Veröffentlichung der Richtlinien besteht **Vertrauensschutz**[23] in die bisherige Rechtslage.

28 Das WSG hat in Absatz 2 die Begründungspflicht auf die tragenden Gründe erweitert. Diese sind im Internet zu veröffentlichen, in die Bekanntmachung im Bundesanzeiger ist ein Hinweis auf die Fundstelle der tragenden Gründe im Internet aufzunehmen. Die bisherige Regelung in der Verfahrensordnung des GBA hielt der Gesetzgeber im Interesse der Transparenz der Entscheidungen des GBA nicht für ausreichend.[24] Für die juristische Praxis ist diese Regelung von großer Bedeutung, kann doch nun jedermann sich ein eigenes Bild über die tatsächlichen Grundlagen und die Bewertungen des GBA machen. Den bisher häufig anzutreffenden Unterstellungen oder den Rügen ohne Kenntnis der maßgebenden Fakten wird der Boden entzogen, andererseits lassen sich so auch leichter eventuelle Fehler des GBA aufdecken.

---

17 So BSG v. 09.12.2004 - B 6 KA 83/03 R mit Hinweis auf BSG v. 29.09.1993 - 6 RKa 65/91 - BSGE 73, 131, 133, BSG v. 11.09.2002 - B 6 KA 34/01 R - BSGE 90, 61, 64 sowie BSG v. 24.09.2003 - B 6 KA 37/02 R - SozR 4-2500 § 87 Nr. 3 Rn. 6.

18 BSG v. 28.03.2000 - B 1 KR 18/98 R - RegNr 24957.

19 BSG v. 17.09.1997 - 6 RKa 36/97 - SozR 3-2500 § 87 Nr. 18.

20 BSG v. 20.03.1996 - 6 RKa 62/94 - SozR 3-2500 § 92 Nr. 6.

21 BSG v. 19.02.2002 - B 1 KR 16/00 R - SozR 3-2500 § 92 Nr. 12.

22 BSG v. 19.02.2002 - B 1 KR 16/00 R - SozR 3-2500 § 92 Nr. 12.

23 BSG v. 17.09.1997 - 6 RKa 36/97 - SozR 3-2500 § 87 Nr. 18.

24 BT-Drs. 16/3100, S. 135.

Siebter Titel: Voraussetzungen und Formen der Teilnahme von Ärzten und Zahnärzten an der Versorgung

§ 95 SGB V Teilnahme an der vertragsärztlichen Versorgung

(Fassung vom 22.12.2006, gültig ab 01.01.2007)

(1) An der vertragsärztlichen Versorgung nehmen zugelassene Ärzte und zugelassene medizinische Versorgungszentren sowie ermächtigte Ärzte und ermächtigte ärztlich geleitete Einrichtungen teil. Medizinische Versorgungszentren sind fachübergreifende ärztlich geleitete Einrichtungen, in denen Ärzte, die in das Arztregister nach Absatz 2 Satz 3 eingetragen sind, als Angestellte oder Vertragsärzte tätig sind. Eine Einrichtung nach Satz 2 ist dann fachübergreifend, wenn in ihr Ärzte mit verschiedenen Facharzt- oder Schwerpunktbezeichnungen tätig sind; sie ist nicht fachübergreifend, wenn die Ärzte der hausärztlichen Arztgruppe nach § 101 Abs. 5 angehören und wenn die Ärzte oder Psychotherapeuten der psychotherapeutischen Arztgruppe nach § 101 Abs. 4 angehören. Sind in einer Einrichtung nach Satz 2 ein fachärztlicher und ein hausärztlicher Internist tätig, so ist die Einrichtung fachübergreifend. Sind in einem medizinischen Versorgungszentrum Angehörige unterschiedlicher Berufsgruppen, die an der vertragsärztlichen Versorgung teilnehmen, tätig, ist auch eine kooperative Leitung möglich. Die medizinischen Versorgungszentren können sich aller zulässigen Organisationsformen bedienen; sie können von den Leistungserbringern, die auf Grund von Zulassung, Ermächtigung oder Vertrag an der medizinischen Versorgung der Versicherten teilnehmen, gegründet werden. Die Zulassung erfolgt für den Ort der Niederlassung als Arzt oder den Ort der Niederlassung als medizinisches Versorgungszentrum (Vertragsarztsitz).

(2) Um die Zulassung als Vertragsarzt kann sich jeder Arzt bewerben, der seine Eintragung in ein Arzt- oder Zahnarztregister (Arztregister) nachweist. Die Arztregister werden von den Kassenärztlichen Vereinigungen für jeden Zulassungsbezirk geführt. Die Eintragung in ein Arztregister erfolgt auf Antrag

1. nach Erfüllung der Voraussetzungen nach § 95a für Vertragsärzte und nach § 95c für Psychotherapeuten,

2. nach Ableistung einer zweijährigen Vorbereitungszeit für Vertragszahnärzte.

Das Nähere regeln die Zulassungsverordnungen. Um die Zulassung kann sich ein medizinisches Versorgungszentrum bewerben, dessen Ärzte in das Arztregister nach Satz 3 eingetragen sind; Absatz 2a gilt für die Ärzte in einem zugelassenen medizinischen Versorgungszentrum entsprechend. Für die Zulassung eines medizinischen Versorgungszentrums in der Rechtsform einer juristischen Person des Privatrechts ist außerdem Voraussetzung, dass die Gesellschafter selbstschuldnerische Bürgschaftserklärungen für Forderungen von Kassenärztlichen Vereinigungen und Krankenkassen gegen das medizinische Versorgungszentrum aus dessen vertragsärztlicher Tätigkeit abgeben; dies gilt auch für Forderungen, die erst nach Auflösung des medizinischen Versorgungszentrums fällig werden. Die Anstellung eines Arztes in einem zugelassenen medizinischen Versorgungszentrum bedarf der Genehmigung des Zulassungsausschusses. Die Genehmigung ist zu erteilen, wenn die Voraussetzungen des Satzes 5 erfüllt sind. Anträge auf Zulassung eines Arztes und auf Zulassung eines medizinischen Versorgungszentrums sowie auf Genehmigung der Anstellung eines Arztes in einem zugelassenen medizinischen Versorgungszentrum sind abzulehnen, wenn bei Antragstellung für die dort tätigen Ärzte Zulassungsbeschränkungen nach § 103 Abs. 1 Satz 2 angeordnet sind. Für die in den medizinischen Versorgungszentren angestellten Ärzte gilt § 135 entsprechend.

(2a) Voraussetzung für die Zulassung als Vertragsarzt ist ferner, daß der Antragsteller auf Grund des bis zum 18. Juni 1993 geltenden Rechts darauf vertrauen konnte, zukünftig eine Zulassung zu erhalten. Dies gilt nicht für einen Antrag auf Zulassung in einem Gebiet, für das der Landesausschuß der Ärzte und Krankenkassen nach § 100 Abs. 1 Satz 1 Unterversorgung festgestellt hat.

(3) Die Zulassung bewirkt, daß der Vertragsarzt Mitglied der für seinen Kassenarztsitz zuständigen Kassenärztlichen Vereinigung wird und zur Teilnahme an der vertragsärztlichen Versorgung im Umfang seines aus der Zulassung folgenden zeitlich vollen oder hälftigen Versorgungsauftrages berechtigt und verpflichtet ist. Die Zulassung des medizinischen Versorgungszentrums bewirkt, dass die in dem Versorgungszentrum angestellten Ärzte Mitglieder der für den Vertragsarztsitz des Versorgungszentrums zuständigen Kassenärztlichen Vereinigung sind und dass das zugelassene medizinische Versorgungszentrum insoweit zur Teilnahme an der vertragsärztlichen Versorgung berechtigt und verpflichtet ist. Die vertraglichen Bestimmungen über die vertragsärztliche Versorgung sind verbindlich.

(4) Die Ermächtigung bewirkt, daß der ermächtigte Arzt oder die ermächtigte ärztlich geleitete Einrichtung zur Teilnahme an der vertragsärztlichen Versorgung berechtigt und verpflichtet ist. Die vertraglichen Bestimmungen über die vertragsärztliche Versorgung sind für sie verbindlich. Die Absätze 5 bis 7, § 75 Abs. 2 und § 81 Abs. 5 gelten entsprechend.

(5) Die Zulassung ruht auf Beschluß des Zulassungsausschusses, wenn der Vertragsarzt seine Tätigkeit nicht aufnimmt oder nicht ausübt, ihre Aufnahme aber in angemessener Frist zu erwarten ist, oder auf Antrag eines Vertragsarztes, der in den hauptamtlichen Vorstand nach § 79 Abs. 1 gewählt worden ist. Unter den gleichen Voraussetzungen kann bei vollem Versorgungsauftrag das hälftige Ruhen der Zulassung beschlossen werden.

(6) Die Zulassung ist zu entziehen, wenn ihre Voraussetzungen nicht oder nicht mehr vorliegen, der Vertragsarzt die vertragsärztliche Tätigkeit nicht aufnimmt oder nicht mehr ausübt oder seine vertragsärztlichen Pflichten gröblich verletzt. Der Zulassungsausschuss kann in diesen Fällen statt einer vollständigen auch eine hälftige Entziehung der Zulassung beschließen. Einem medizinischen Versorgungszentrum ist die Zulassung auch dann zu entziehen, wenn die Gründungsvoraussetzung des Absatzes 1 Satz 6 zweiter Halbsatz länger als sechs Monate nicht mehr vorliegt.

(7) Die Zulassung endet mit dem Tod, mit dem Wirksamwerden eines Verzichts oder mit dem Wegzug des Berechtigten aus dem Bezirk seines Kassenarztsitzes. Die Zulassung eines medizinischen Versorgungszentrums endet mit dem Wirksamwerden eines Verzichts, der Auflösung oder mit dem Wegzug des zugelassenen medizinischen Versorgungszentrums aus dem Bezirk des Vertragsarztsitzes. Im übrigen endet ab 1. Januar 1999 die Zulassung am Ende des Kalendervierteljahres, in dem der Vertragsarzt sein achtundsechzigstes Lebensjahr vollendet. War der Vertragsarzt

1. **zum Zeitpunkt der Vollendung des achtundsechzigsten Lebensjahres weniger als zwanzig Jahre als Vertragsarzt tätig und**
2. **vor dem 1. Januar 1993 bereits als Vertragsarzt zugelassen, verlängert der Zulassungsausschuß die Zulassung längstens bis zum Ablauf dieser Frist.**

Satz 4 Nr. 2 gilt für Psychotherapeuten mit der Maßgabe, daß sie vor dem 1. Januar 1999 an der ambulanten Versorgung der Versicherten mitgewirkt haben. Für die Verträge nach § 82 Abs. 1 gelten die Sätze 3 bis 5 entsprechend. Die Anstellung von Ärzten in einem zugelassenen medizinischen Versorgungszentrum endet am Ende des Kalendervierteljahres, in dem diese ihr 68. Lebensjahr vollenden; Sätze 8 und 9 gelten entsprechend; in den Fällen des § 103 Abs. 4a Satz 1 gelten die Sätze 3 bis 5 entsprechend. Hat der Landesausschuss der Ärzte und Krankenkassen nach § 100 Abs. 1 Satz 1 festgestellt, dass in einem bestimmten Gebiet eines Zulassungsbezirks eine ärztliche Unterversorgung eingetreten ist oder unmittelbar droht, gilt Satz 3 nicht. Die Zulassung endet spätestens ein Jahr nach Aufhebung der Feststellung nach Satz 8.

(8) (weggefallen)

(9) Der Vertragsarzt kann mit Genehmigung des Zulassungsausschusses Ärzte, die in das Arztregister eingetragen sind, anstellen, sofern für die Arztgruppe, der der anzustellende Arzt angehört, keine Zulassungsbeschränkungen angeordnet sind. Sind Zulassungsbeschränkungen angeordnet, gilt Satz 1 mit der Maßgabe, dass die Voraussetzungen des § 101 Abs. 1 Satz 1 Nr. 5 erfüllt sein müssen. Das Nähere zu der Anstellung von Ärzten bei Vertragsärzten bestimmen die Zulassungsverordnungen. Absatz 7 Satz 7 gilt entsprechend.

(9a) Der an der hausärztlichen Versorgung teilnehmende Vertragsarzt kann mit Genehmigung des Zulassungsausschusses Ärzte, die von einer Hochschule mindestens halbtags als angestellte oder beamtete Hochschullehrer für Allgemeinmedizin oder als deren wissenschaftliche Mitarbeiter beschäftigt werden und in das Arztregister eingetragen sind, unabhängig von Zulassungsbeschränkungen anstellen. Bei der Ermittlung des Versorgungsgrades in einem Planungsbereich sind diese angestellten Ärzte nicht mitzurechnen.

(10) Psychotherapeuten werden zur vertragsärztlichen Versorgung zugelassen, wenn sie

1. **bis zum 31. Dezember 1998 die Voraussetzung der Approbation nach § 12 des Psychotherapeutengesetzes und des Fachkundenachweises nach § 95c Satz 2 Nr. 3 erfüllt und den Antrag auf Erteilung der Zulassung gestellt haben,**
2. **bis zum 31. März 1999 die Approbationsurkunde vorlegen und**
3. **in der Zeit vom 25. Juni 1994 bis zum 24. Juni 1997 an der ambulanten psychotherapeutischen Versorgung der Versicherten der gesetzlichen Krankenversicherung teilgenommen haben.**

Der Zulassungsausschuß hat über die Zulassungsanträge bis zum 30. April 1999 zu entscheiden.

(11) Psychotherapeuten werden zur vertragsärztlichen Versorgung ermächtigt, wenn sie

1. **bis zum 31. Dezember 1998 die Voraussetzungen der Approbation nach § 12 des Psychotherapeutengesetzes erfüllt und 500 dokumentierte Behandlungsstunden oder 250 dokumentierte Behandlungsstunden unter qualifizierter Supervision in Behandlungsverfahren erbracht haben, die der Gemeinsame Bundesausschuss in den bis zum 31. Dezember 1998 geltenden Richtlinien über die Durchführung der Psychotherapie in der vertragsärztlichen Versorgung anerkannt hat (Psychotherapie-Richtlinien in der Neufassung vom 3. Juli 1987 - BAnz. Nr. 156 Beilage Nr. 156a -, zuletzt geändert durch Bekanntmachung vom 12. März 1997 - BAnz. Nr. 49 S. 2946), und den Antrag auf Nachqualifikation gestellt haben,**

2. bis zum 31. März 1999 die Approbationsurkunde vorlegen und
3. in der Zeit vom 25. Juni 1994 bis zum 24. Juni 1997 an der ambulanten psychotherapeutischen Versorgung der Versicherten der gesetzlichen Krankenversicherung teilgenommen haben.

Der Zulassungsausschuß hat über die Anträge bis zum 30. April 1999 zu entscheiden. Die erfolgreiche Nachqualifikation setzt voraus, daß die für die Approbation gemäß § 12 Abs. 1 und § 12 Abs. 3 des Psychotherapeutengesetzes geforderte Qualifikation, die geforderten Behandlungsstunden, Behandlungsfälle und die theoretische Ausbildung in vom Gemeinsamen Bundesausschuss anerkannten Behandlungsverfahren erbracht wurden. Bei Nachweis des erfolgreichen Abschlusses der Nachqualifikation hat der Zulassungsausschuß auf Antrag die Ermächtigung in eine Zulassung umzuwandeln. Die Ermächtigung des Psychotherapeuten erlischt bei Beendigung der Nachqualifikation, spätestens fünf Jahre nach Erteilung der Ermächtigung; sie bleibt jedoch bis zur Entscheidung des Zulassungsausschusses erhalten, wenn der Antrag auf Umwandlung bis fünf Jahre nach Erteilung der Ermächtigung gestellt wurde.

(11a) Für einen Psychotherapeuten, der bis zum 31. Dezember 1998 wegen der Betreuung und der Erziehung eines Kindes in den ersten drei Lebensjahren, für das ihm die Personensorge zustand und mit dem er in einem Haushalt gelebt hat, keine Erwerbstätigkeit ausgeübt hat, wird die in Absatz 11 Satz 1 Nr. 1 genannte Frist zur Antragstellung für eine Ermächtigung und zur Erfüllung der Behandlungsstunden um den Zeitraum hinausgeschoben, der der Kindererziehungszeit entspricht, höchstens jedoch um drei Jahre. Die Ermächtigung eines Psychotherapeuten ruht in der Zeit, in der er wegen der Betreuung und der Erziehung eines Kindes in den ersten drei Lebensjahren, für das ihm die Personensorge zusteht und das mit ihm in einem Haushalt lebt, keine Erwerbstätigkeit ausübt. Sie verlängert sich längstens um den Zeitraum der Kindererziehung.

(11b) Für einen Psychotherapeuten, der in dem in Absatz 10 Satz 1 Nr. 3 und Absatz 11 Satz 1 Nr. 3 genannten Zeitraum wegen der Betreuung und Erziehung eines Kindes in den ersten drei Lebensjahren, für das ihm die Personensorge zustand und mit dem er in einem Haushalt gelebt hat, keine Erwerbstätigkeit ausgeübt hat, wird der Beginn der Frist um die Zeit vorverlegt, die der Zeit der Kindererziehung in dem Dreijahreszeitraum entspricht. Begann die Kindererziehungszeit vor dem 25. Juni 1994, berechnet sich die Frist vom Zeitpunkt des Beginns der Kindererziehungszeit an.

(12) Der Zulassungsausschuß kann über Zulassungsanträge von Psychotherapeuten und überwiegend oder ausschließlich psychotherapeutisch tätige Ärzte, die nach dem 31. Dezember 1998 gestellt werden, erst dann entscheiden, wenn der Landesausschuß der Ärzte und Krankenkassen die Feststellung nach § 103 Abs. 1 Satz 1 getroffen hat. Anträge nach Satz 1 sind wegen Zulassungsbeschränkungen auch dann abzulehnen, wenn diese bei Antragstellung noch nicht angeordnet waren.

(13) In Zulassungssachen der Psychotherapeuten und der überwiegend oder ausschließlich psychotherapeutisch tätigen Ärzte (§ 101 Abs. 3 Satz 1) treten abweichend von § 96 Abs. 2 Satz 1 und § 97 Abs. 2 Satz 1 an die Stelle der Vertreter der Ärzte Vertreter der Psychotherapeuten und der Ärzte in gleicher Zahl; unter den Vertretern der Psychotherapeuten muß mindestens ein Kinder- und Jugendlichenpsychotherapeut sein. Für die erstmalige Besetzung der Zulassungsausschüsse und der Berufungsausschüsse nach Satz 1 werden die Vertreter der Psychotherapeuten von der zuständigen Aufsichtsbehörde auf Vorschlag der für die beruflichen Interessen maßgeblichen Organisationen der Psychotherapeuten auf Landesebene berufen.

Gliederung

A. Basisinformationen

I. Textgeschichte/Gesetzgebungsmaterialien

Das **GRG**[1] ersetzte durch § 95 SGB V mit Geltung ab 01.01.1989 § 368a RVO ohne wesentliche Änderungen. Absatz 1 unterscheidet seitdem nur noch zwischen Zulassung und Ermächtigung. Die nach 1

[1] Gesetz zur Strukturreform im Gesundheitswesen (Gesundheits-Reformgesetz - GRG) v. 20.12.1988, BGBl I 1988, 2477.

§ 368a Abs. 8 RVO möglichen Beteiligungen von – beschränkt auf die leitenden – Krankenhausärzten wurden in Ermächtigungen (vgl. § 116 SGB V) überführt (vgl. Art. 65 GRG) und damit insgesamt vereinheitlicht.[2] Hinsichtlich der Ermächtigung stellte Absatz 4 eine weitgehende Gleichstellung bzgl. der Rechte und Pflichten zugelassener Ärzte klar. § 95 SGB V beließ es zunächst noch mit Absatz 8 aufgrund der inhaltlichen Übernahme des alten § 525c Abs. 1 RVO bei einem eigenständigen Regelungssystem für die Versorgung der Versicherten der Ersatzkassen. Diese „Teilnahme" war aber weiterhin akzessorisch an die Teilnahme an der Versorgung der Primärkassen nach Absatz 1 gebunden, abgesehen vom Übergangsrecht nach Art. 66 GRG. Einzelheiten waren in den Gesamtverträgen nach § 83 Abs. 3 SGB V a.F. zu regeln. In Absatz 2 wurde erstmals die zuvor allein in den Zulassungsordnungen-Ä/ZÄ (§ 3 Abs. 2b) geregelte Ableistung einer Vorbereitungszeit von einem Jahr für Ärzte und von zwei Jahren für Zahnärzte gesetzlich aufgenommen. Während die RVO die Zulassungsentziehung noch als Ermessensverwaltung ausgestaltete, sieht Absatz 6 seit dem GRG bei Vorliegen der genannten Voraussetzung zwingend die Zulassungsentziehung vor und kodifiziert insofern die Rechtsprechung, die die Kann-Regelung des § 368a Abs. 6 RVO in dem Sinne verstanden hatte, dass bei Tatbestandserfüllung die Zulassung zu entziehen ist.[3]

2 Art. 1 Nr. 51 **GSG**[4] änderte § 95 SGB V mehrfach. Das GSG führte ab 01.01.1993 wieder Zulassungsbeschränkungen ein und begrenzte deshalb die Zulassung bis zur Vollendung des 68. Lebensjahres durch Einfügen eines Satzes 2 (jetzt Satz 3) in Absatz 7. Satz 3 (jetzt Satz 4) schuf eine Härteklausel in Abhängigkeit von der bisherigen Dauer der Zulassung. Im Zuge der generellen Gleichstellung der Ersatz- mit den Primärkassen im SGB V (vgl. die §§ 82 Abs. 1, 83 Abs. 1 SGB V) wurde Absatz 8 ersatzlos gestrichen[5] und damit ein einheitliches Zulassungssystem geschaffen. Absatz 9 erlaubte erstmals die Anstellung eines Arztes. Sprachlich wurden in der Überschrift und allen Absätzen die Begriffe „Kassenarzt" und „kassenärztlich" gegen „Vertragsarzt" und „vertragsärztlich" ausgetauscht. Mit Wirkung ab 01.01.1994 (vgl. Art. 35 Abs. 3 GSG) passte das GSG Absatz 2 Satz 3 an die neu eingeführte Voraussetzung einer Facharztausbildung für die Eintragung in das Arztregister durch Verweisung auf § 95a SGB V an.

3 Art. 2 der Gesetze v. 26.08.1993[6] fügte **Absatz 2a** mit Wirkung ab 08.09.1993 ein. Es handelt sich sachlich um auslaufendes **Übergangsrecht**. Absatz 2a sollte sicherstellen, dass durch die in den Abkommen mit Polen und Ungarn vorgesehene Niederlassungsfreiheit für Ärzte und Zahnärzte die mit dem GSG eingeführten Zulassungsbeschränkungen nicht gefährdet werden. Der Gesetzgeber ging davon aus, dass Ärzte aus diesen Ländern nur in unterversorgten Gebieten zugelassen werden könnten.[7]

4 Art. 1 Nr. 34 des **2. GKV-NOG**[8] fügte mit Geltung ab 01.07.1997 in Absatz 9 Satz 2 den Verweis auf die Richtlinien der Bundesausschüsse als Folgeänderung der neu geschaffenen Nr. 5 des § 101 Abs. 1 Satz 1 SGB V ein; damit wurde im Gegenzug zur Herausnahme der angestellten Ärzte aus der Bedarfsplanung eine Job-Sharing ähnliche Abrechnungsobergrenze eingeführt.

5 Mit Art. 2 Nr. 11 **PsychThG**[9] wurden die Absätze 10 und 11 mit Wirkung ab dem 24.06.1998 (Tag nach der Verkündung des Gesetzes) als Übergangsrecht für eine bedarfsunabhängige Zulassung bzw. „Ermächtigung" eingefügt, mit Wirkung ab dem 01.01.1999 (vgl. Art. 15 Abs. 1 und 3 PsychThG) die diese Regelung ergänzenden Absätze 11a, 11b und 12; ferner wurde eingefügt der die Besetzung der Zulassungsgremien modifizierende Absatz 13 und der die Altersregelung für Psychotherapeuten be-

---

2 Seit dem GRG sind durch Änderung der Zulassungsverordnungen die Ermächtigungen zu befristen, vgl. BSG v. 27.02.1992 - 6 RKa 15/91 - juris Rn. 26 bis 28 - BSGE 70, 167 = SozR 3-2500 § 116 Nr. 2.

3 Vgl. BSG v. 25.10.1989 - 6 RKa 28/88 - juris Rn. 11 - BSGE 66, 6 = SozR 2200 § 368a Nr. 24; BSG v. 24.11.1993 - 6 RKa 70/91 - BSGE 73, 234 = SozR 3-2500 § 95 Nr. 4.

4 Gesetz zur Sicherung und Strukturverbesserung der gesetzlichen Krankenversicherung/Gesundheitsstrukturgesetz) v. 21.12.1992, BGBl I 1992, 2266.

5 Absatz 8 sollte ursprünglich modifiziert werden, vgl. BT-Drs. 12/3608, S. 16 zu Nr. 48c, § 92 Abs. 8, und fiel erst in den Beratungen weg, vgl. BT-Drs. 12/3030, S. 54.

6 Gesetze v. 26.08.1993 zu den Europa-Abkommen v. 16.12.1991 zur Gründung einer Assoziation zwischen den EG sowie ihren Mitgliedstaaten und der Republik Polen bzw. Ungarn, BGBl II 1993, 1316 und 1472.

7 Vgl. BT-Drs. 12/5155, S. 4.

8 Zweites Gesetz zur Neuordnung von Selbstverwaltung und Eigenverantwortung in der gesetzlichen Krankenversicherung (2. GKV-Neuordnungsgesetz - 2. GKV-NOG) v. 23.06.1997, BGBl I 1997, 1520.

9 Gesetz über die Berufe des Psychologischen Psychotherapeuten und des Kinder- und Jugendlichenpsychotherapeuten, zur Änderung des Fünften Buches Sozialgesetzbuch und anderer Gesetze v. 16.06.1998, BGBl I 1998, 1311.

treffende Absatz 7 Satz 4 – in der aktuellen Fassung jetzt Satz 5 – (der bisherige Satz 4 wurde redaktionell angepasst und seinerzeit Satz 5 – aktuell Satz 6); der aufgenommene Verweis in Absatz 1 Satz 3 Nr. 1 auf den neuen § 95c SGB V regelt über die Arztregistereintragung den Fachkundenachweis für Psychotherapeuten als Zulassungsvoraussetzung.

Art. 1 Nr. 74 **GMG**[10] erkannte erstmals mit Wirkung ab 01.01.2004 medizinische Versorgungszentren durch ihre Aufnahme in den Kreis der gleichberechtigten Teilnehmer an der vertragsärztlichen Versorgung in Absatz 1 Satz 1 an. Als Folge dieser gesetzgeberischen Entscheidung passte er Absatz 1 Satz 2 (Vertragsarztsitz) (letzterer wurde zu Satz 4, auch wurde noch der Begriff „Kassenarztsitz“ in Konsequenz des GSG durch „Vertragsarztsitz“ ersetzt) an und fügte in Absatz 1 die Sätze 2 (Legaldefinition) und 3 (Organisationsform), in Absatz 2 die Sätze 4-8 (Qualifikation der Ärzte und Zulassungsvoraussetzungen), in Absatz 3 den Satz 2 (KV-Mitgliedschaft der Ärzte und gleichberechtigte Teilnahme; der bisherige Satz 2 wurde Satz 3 und sprachlich angepasst), in Absatz 6 den Satz 2 (Zulassungsentziehung) und in Absatz 7 die Sätze 2 (Zulassungsende) und 7 (Altersgrenze) (die bisherigen Sätze 2-5 wurden Sätze 3-6) ein. Bei dem eingefügten Verweis auf Absatz 2b in Absatz 9 Satz 3 handelte es sich um ein Redaktionsversehen.[11] Der Begriff „Bundesausschüsse“ bzw. „Bundesausschuss der Ärzte und Krankenkassen“ wurde durch den nunmehr eingeführten „Gemeinsamen Bundesausschuss“ (vgl. die Kommentierung zu § 91 SGB V Rn. 3) in Absatz 9 Satz 2, Absatz 11 Satz 1 Nr. 1 und Satz 3 ersetzt. Mit Wirkung ab 01.01.2005 (vgl. Art. 37 Abs. 8 GMG) wurde in Ergänzung der veränderten Vorstandsstruktur (vgl. § 75 Abs. 4 Sätze 3 und 4 SGB V) in Absatz 5 der zweite Halbsatz angefügt. 6

Art. 1 Nr. 5 **VÄndG**[12] – in Kraft getreten zum 01.01.2007 – reagierte auf die in der Literatur als unzureichend diskutierten Regelungen zu den **medizinischen Versorgungszentren**. Es korrigierte die versehentlich[13] beschränkte Verweisung in Absatz 1 Satz 2 auf Absatz 2 Satz 3 durch Streichung der Nr. 1. Der Begriff „fachübergreifend“ wurde durch Einfügen der Sätze 2-5 in Absatz 1 erweitert. Mit der Einfügung des Satzes 6 in Absatz 2 führte der Gesetzgeber die Abgabe einer selbstschuldnerischen Bürgschaftserklärung als weitere Gründungsvoraussetzung ein, soweit die Zulassung eines medizinischen Versorgungszentrums in der Rechtsform einer juristischen Person des Privatrechts beantragt wird. Die Änderung des Absatzes 6 Satz 3 (zuvor Satz 2) räumt den MVZ bei Verlust der Gründungsvoraussetzungen eine Frist von sechs Monaten ein, um diese wiederherzustellen und damit eine Zulassungsentziehung abzuwenden. Der geänderte Absatz 7 Satz 7 stellte die in einem MVZ angestellten Ärzte bei Erreichen der Altersgrenze von 68 Jahren mit den Vertragsärzten gleich. Der Gesetzgeber übertrug ferner Regelungen für das MVZ auf die **Vertragsärzte**. So ermöglichte er durch Änderung des Absatzes 3 erstmals die Zulassung für einen hälftigen Versorgungsauftrag. In Folge hiervon ergänzte er die Bestimmungen über das Ruhen durch Einfügen des Satzes 2 in Absatz 5 und die Zulassungsentziehung durch Einfügen des Satzes 2 in Absatz 6. Durch Neufassung des Absatzes 9 hob er die Beschränkung der Anstellung von Ärzten (auf einen ganztags oder höchstens zwei halbtags beschäftigte Ärzte) auf. Mit der Einfügung des Absatzes 9a wurde Hausärzten außerhalb der Bedarfsplanung und ohne Beschränkung des Praxisumfangs die Einstellung von Hochschullehrern ermöglicht. Als Maßnahme zur Abwendung von **Unterversorgung** sehen die in Absatz 7 ergänzten Sätze 8 und 9 das Entfallen des Zulassungsendes nach Vollendung des **68. Lebensjahres** unter bestimmten Voraussetzungen vor; dies gilt aufgrund der neu eingefügten Verweisung in Absatz 7 Satz 7 Halbsatz 2 auch für die in einem MVZ angestellten Ärzte. 7

[10] Gesetz zur Modernisierung der gesetzlichen Krankenversicherung (GKV-Modernisierungsgesetz - GMG) v. 14.11.2003, BGBl I 2003, 2190.

[11] Es gab keinen § 95 Abs. 2b SGB V. Im ursprünglichen Gesetzentwurf der Regierungskoalition v. 27.05.2003 waren Teile der Fortbildungsverpflichtung als Absätze 2b und 2c vorgesehen und § 95d SGB V auf zwei Absätze beschränkt. In der in den Bundestag eingebrachten Fassung der Regierungsfraktionen und der CDU/CSU v. 08.09.2003 war § 95d SGB V auf fünf Absätze erweitert worden, in denen § 95 Abs. 2b und 2c SGB V in der Entwurfsfassung aufgegangen waren. Die nunmehr überflüssig gewordene Ergänzung des § 95 Abs. 9 Satz 3 SGB V war jedoch verblieben, ebenso wie die Gesetzesbegründung: „Die Verpflichtung der Vertragsärzte zur Fortbildung wird auf die bei ihnen angestellten Ärzte erweitert“, vgl. BT-Drs. 15/1525, S. 26 und 109. Dies blieb offensichtlich im gesamten Gesetzgebungsverfahren unbemerkt.

[12] Gesetz zur Änderung des Vertragsarztrechts und anderer Gesetze (Vertragsarztrechtsänderungsgesetz - VÄndG) v. 22.12.2006, BGBl I 2006, 3439.

[13] Vgl. Ausschussbericht BT-Drs. 16/3175, S. 22 (zu lit. c sublit. aa).

II. Vorgängervorschriften

8 **§ 368a RVO** regelte bis 1988 die Zulassung von ärztlichen Vertragsbehandlern für die Primärkassen, **§ 525c RVO** die Teilnahme für den Ersatzkassenbereich.

III. Parallelvorschriften/Ergänzende Vorschriften

9 Das gesamte vertragsärztliche Zulassungsrecht wird ergänzt durch die auf der Ermächtigungsgrundlage nach § 98 SGB V beruhende **Zulassungsverordnung für Ärzte**[14] und die mit dieser weitgehend inhaltsgleiche **Zulassungsverordnung für Zahnärzte**[15], die auch für Psychotherapeuten (nur Ärzte-ZV), medizinische Versorgungszentren und die dort angestellten Ärzte entsprechend anwendbar sind (vgl. § 1 Abs. 3Ärzte-ZV/Zahnärzte-ZV). Obwohl ursprünglich im Rang einer Rechtsverordnung erlassen, wurden sie vom BSG wegen der zahlreichen Änderungen durch Gesetz (jeweils mit sog. Entsteinerungsklausel, durch die der Verordnungsgeber ermächtigt wird, auch die Vorschriften der Verordnung mit Gesetzesrang zu ändern) insgesamt als förmliches Gesetz qualifiziert.[16] Diese Rechtsprechung ist überholt, nachdem nunmehr das **BVerfG** sich dieser Auffassung nicht angeschlossen hat. Auch nach Änderung einer Rechtsverordnung durch den parlamentarischen Gesetzgeber ist das dadurch entstandene Normgebilde insgesamt **als Rechtsverordnung** zu qualifizieren.[17]

10 Ergänzt wird § 95 Abs. 1 und 3 SGB V durch die Bestimmungen über die **Zulassungsvoraussetzungen** und das **Zulassungsverfahren** in den §§ 18-25 Ärzte-ZV/Zahnärzte-ZV, über den **Umfang des Versorgungsauftrags** (§ 19a Ärzte-ZV), über **Vertreter** und **Assistenten** in § 32 Ärzte-ZV/Zahnärzte-ZV und über **Praxisgemeinschaften/Gemeinschaftspraxen** bzw. seit dem VÄndG über **Berufsausübungsgemeinschaften** in § 33 Ärzte-ZV/Zahnärzte-ZV, Absatz 2 durch die §§ 1-10Ärzte-ZV/Zahnärzte-ZV über das **Arztregister**, Absatz 4 durch § 32a Ärzte-ZV/Zahnärzte-ZV über die Möglichkeiten zur **Vertretung bei einer Ermächtigung**, Absatz 5 durch § 26Ärzte-ZV/Zahnärzte-ZV über das **Ruhen**, Absatz 6 durch § 27 Ärzte-ZV/Zahnärzte-ZV über die **Entziehung**, Absatz 7 durch § 28 Ärzte-ZV/Zahnärzte-ZV über das **Ende der Zulassung**, Absatz 9 durch § 32b Ärzte-ZV/Zahnärzte-ZV über den **angestellten Arzt**.

11 Eine weitere Ergänzung erfährt § 95 SGB V durch die auf der Grundlage des § 82 Abs. 1 geschlossenen **Bundesmantelverträge**[18], die auch Vorschriften über **Zulassung und Ermächtigung** (§§ 4-8 BMV-Ä, §§ 8-12 EKV-Ä, §§ 10a und 10b BMV-Z, §§ 5 und 6 EKV-Z), über **Vertreter, Assistenten, angestellte Ärzte** (§§ 14, 14a, 15 Abs. 1 und 3 BMV-Ä, §§ 20, 14 Abs. 1 EKV-Ä, § 4 Abs. 1 BMV-Z, § 8 Abs. 2 und 3 EKV-Z), über **gemeinschaftliche Berufsausübung** (§ 15a Abs. 4-7 BMV-Ä, § 15a Abs. 4-7 EKV-Ä, § 6 Abs. 7 und 8 BMV-Z, § 8a Abs. 2 und 3 EKV-Z), über **Gerätegemeinschaften** (§ 15 Abs. 3 BMV-Ä, § 14 Abs. 2 EKV-Ä), vertragsärztliche Tätigkeit an **weiteren Orten** (Betriebsstätten/Nebenbetriebsstätten), sog. **Zweigpraxen** (§ 15a Abs. 1-3 BMV-Ä, § 15a Abs. 1-3 EKV-Ä, § 6 Abs. 6 BMV-Z, § 8a Abs. 1 EKV-Z), **belegärztliche Tätigkeit** (§§ 38-41 BMV-Ä, §§ 30-33 EKV-Ä, § 2 Abs. 2 lit. b BMV-Z; vgl. auch § 121 SGB V) enthalten; zahlreiche **Begriffsbestimmungen** sind mit der Änderung zum Juli 2007 in ein Glossar (§ 1a BMV-Ä, § 1a EKV-Ä) aufgenommen worden.

[14] Zulassungsordnung für Kassenärzte (ZO-Ärzte) v. 28.05.1957, BGBl I 1957, 572, 608, seit GRG Zulassungsverordnung für Kassenärzte (Ärzte-ZV), seit GSG Zulassungsverordnung für Vertragsärzte (Ärzte-ZV), zuletzt geändert durch Art. 20 GKV-WSG v. 26.03.2007, BGBl I 2007, 378.

[15] Zulassungsordnung für Kassenzahnärzte (ZO-Zahnärzte) v. 28.05.1957, BGBl I 1957, 582, seit GRG Zulassungsverordnung für Kassenzahnärzte (Zahnärzte-ZV), seit GSG Zulassungsverordnung für Vertragszahnärzte (Zahnärzte-ZV), zuletzt geänd. durch Art. 21 GKV-WSG v. 26.03.2007 BGBl I 2007, 378.

[16] Vgl. BSG v. 16.07.2003 - B 6 KA 49/02 R - juris Rn. 20-22 - BSGE 91, 164 = SozR 4-5520 § 33 Nr. 1; BSG v. 16.07.2003 - B 6 KA 34/02 R - juris Rn. 16-18 - SozR 4-5520 § 33 Nr. 2; BSG v. 05.11.2003 - B 6 KA 2/03 R - juris Rn. 22 - SozR 4-5520 § 24 Nr. 1.

[17] Vgl. BVerfG v. 13.09.2005 - 2 BvF 2/03 - juris Rn. 190 ff. - DVBl 2005, 1503; vgl. hierzu die Kommentierung zu § 98 SGB V Rn. 9.

[18] Bundesmantelvertrag - Ärzte (BMV-Ä) v. 19.12.1994, zuletzt geändert durch Vertrag mit Wirkung v. 01.07.2007, DÄBl Nr. 23/2007 v. 08.06.2007, S. A-1691 (www.kbv.de); Arzt-/Ersatzkassen-Vertrag (Bundesmantelvertrag - Ärzte/Ersatzkassen) (EKV-Ä) mit der letzten Änderung durch Vertrag mit Wirkung v. 01.07.2007, DÄBl Nr. 23/2007 v. 08.06.2007, S. A-1691 (www.kbv.de); Bundesmantelvertrag - Zahnärzte (BMV-Z) v. 13.11.1985, Stand: 01.01.2007 (www.kzbv.de); ErS.kassenvertrag Zahnärzte (EKV-Z), Stand: 01.01.2007, www.kzbv.de, jeweils mit Änderungsvertrag mit Wirkung zum 01.07.2007, ZM 2007, Nr. 14, 82 ff. und 84 f.

Auf der Grundlage der §§ 92 Abs. 1 Satz 2 Nr. 9, 101 SGB V hat der Gemeinsame Bundesausschuss bzw. haben die Vorgängerinstitutionen der Bundesausschüsse die **BedarfsplRL-Ä**[19] und **BedarfsplRL-ZÄ**[20] erlassen (zum Inhalt vgl. die Kommentierung zu § 101 SGB V Rn. 12 f.). 12

Soweit § 95 Abs. 1 und 4 SGB V nur die Wirkung einer Ermächtigung regelt, ergeben sich die Voraussetzungen aus den **Ermächtigungsvorschriften** nach § 116 SGB V, den §§ 31 und 31a Ärzte-ZV/Zahnärzte-ZV sowie aus den Bundesmantelverträgen, für Krankenhäuser daneben aus § 116a SGB V, für Hochschulambulanzen aus § 117 SGB V, für Psychiatrische Institutsambulanzen aus § 118 SGB V, für Sozialpädiatrische Zentren aus § 119 SGB V, für Einrichtungen der Behindertenhilfe aus § 119a SGB V und für Polikliniken u.a. im Beitrittsgebiet aus § 311 SGB V. Zulassungsrechtlich sind hiervon weitere Versorgungsmöglichkeiten zu unterscheiden. Zur besseren Verzahnung von ambulanter und stationärer Versorgung können nach § 115 SGB V Verträge abgeschlossen werden oder können Krankenhäuser im Rahmen des § 115a SGB V vor- und nachstationäre Behandlungen erbringen. Ambulantes Operieren sieht § 115b SGB V vor. Die Krankenkassen können mit zugelassenen Krankenhäusern für bestimmte ambulante Behandlungen Verträge nach § 116b Abs. 1 SGB V abschließen. Unter bestimmten Voraussetzungen ist ein Krankenhaus nach § 115b Abs. 2 SGB V i.d.F. des GKV-WSG[21] zu im Gesetz aufgezählten spezialisierten Leistungen berechtigt. Die KVen haben mit Einrichtungen nach § 13 des Schwangerschaftskonfliktgesetzes mit ärztlich geleiteten Einrichtungen zur Durchführung ambulanter Schwangerschaftsabbrüche und Sterilisationen Verträge zu schließen. 13

Daneben gibt es eine Vielzahl von **Vorschriften**, die **besondere qualitative Voraussetzungen** bezüglich der persönlichen Qualifikation der Ärzte, der apparativen Anforderungen und der Anforderungen an Maßnahmen der Qualitätssicherung für die Erbringung einzelner Leistungen festlegen (vgl. § 135 Abs. 1 Satz 1 Nr. 2, Abs. 2 SGB V). Diese Regelungen betreffen nicht die Zulassung oder Ermächtigung nach § 95 SGB V, sondern setzen diese voraus (vgl. auch die Kommentierung zu § 96 SGB V Rn. 15 ff.). 14

IV. Systematische Zusammenhänge

1. Approbierte Leistungserbringer

Alle Teilnahmeformen nach § 95 Abs. 1 SGB V betreffen nur **approbierte** Ärzte, Psychotherapeuten oder Zahnärzte. Soweit es sich um Einrichtungen handelt, müssen sie solche Personen beschäftigen. 15

Die **Psychotherapeuten** sind seit 1999 aufgrund des PsychThG in Durchbrechung des alten Ärztemonopols gleichberechtigt neben den Ärzten, beschränkt nur durch die Reichweite ihrer Fachkunde (vgl. die §§ 28 Abs. 3 Satz 2, 73 Abs. 2 Satz 2 SGB V; vgl. auch § 1 Abs. 3 PsychThG), tätig. Für § 95 SGB V folgt dies unmittelbar aus der Analogievorschrift des § 72 Abs. 1 Satz 2 SGB V (vgl. weiter die §§ 27 Abs. 1 Satz 2 Nr. 1, Abs. 3 Satz 1, 69 Satz 1, 72 Abs. 1 Satz 1, 285 Abs. 4 SGB V). Psychologische Psychotherapeuten üben sozialrechtlich nicht mehr einen Heilhilfsberuf, sondern einen heilkundlichen Beruf aus (vgl. § 1 PsychThG). Ihre faktische Einbettung in die vertragsärztliche Versorgung über das sog. Delegationsverfahren[22] ist überholt. 16

---

[19] Richtlinien über die Bedarfsplanung sowie die Maßstäbe zur Feststellung von Überversorgung und Unterversorgung in der vertragsärztlichen Versorgung i.d.F. der Neufassung v. 15.12.2007, BAnz 2007, Nr. 64, 3491 v. 31.03.2007; zur a.F. vgl. die Richtlinien v. 09.03.1993, BAnz 1993, Nr. 110a (Beilage) v. 18.06.1993, zuletzt geändert durch Beschl. v. 18.01.2007, BAnz 2007, Nr. 63, 3431 (abgedruckt z.B. bei *Engelmann*, Gesetzliche Krankenversicherung/Soziale Pflegeversicherung Nr. 430 oder www.g-ba.de); zu inhaltlichen Änderungen der Neufassung vgl. Tragende Gründe zum Beschluss über eine Neufassung der Bedarfsplanungs-Richtlinie v. 15.02.2007, www.g-ba.de (mit Synopse zur Alt- und Neufassung).

[20] Richtlinien über die Bedarfsplanung in der vertragszahnärztlichen Versorgung i.d.F. v. 12.03.1993, BAnz 1993, Nr. 91, 4534, zuletzt geändert am 17.11.2006, BAnz 2007, Nr. 21, 1109 (vgl. *Engelmann*, Gesetzliche Krankenversicherung/Soziale Pflegeversicherung, Nr. 820 oder www.g-ba.de).

[21] Gesetz zur Stärkung des Wettbewerbs in der gesetzlichen Krankenversicherung (GKV-Wettbewerbsstärkungsgesetz - GKV-WSG) v. 26.03.2007 BGBl I 2007, 378.

[22] Vgl. hierzu BSG v. 12.05.1993 - 6 RKa 21/91 - BSGE 72, 227 = SozR 3-2500 § 15 Nr. 2; BSG v. 03.03.1999 - B 6 KA 10/98 R - SozR 3-5540 Anl. 1 § 10 Nr. 1; BSG v. 12.05.1993 - 6 RKa 8/92 - BSGE 72, 238 = SozR 3-2500 § 15 Nr. 3; BSG v. 12.05.1993 - 6 RKa 13/92 - SozR 3-5540 § 4 Nr. 1.

17 Das Zulassungsrecht setzt den approbierten Leistungserbringer voraus. Die Voraussetzungen der **Approbation** und der Facharztausbildungen werden in den **Bundesgesetzen zu den Heilberufen,**[23] den **Kammer- und Heilberufsgesetzen der Länder** und den **Weiterbildungsordnungen** der Berufskammern geregelt.

2. Vertragsärztliche Versorgung innerhalb des Sachleistungsprinzips

18 Die Teilnahmeformen nach § 95 Abs. 1 SGB V begrenzen den Bereich der **vertragsärztlichen Versorgung** der gesetzlich Versicherten. Damit ist, ohne dass dies ausdrücklich normiert wird, nur der ambulante Versorgungsbereich gemeint. Eine **Abgrenzung stationäre/ambulante Behandlung**[24] wird zunächst vom Leistungsrecht vorgegeben. § 27 Abs. 1 Satz 2 Nr. 1-2a SGB V (i.V.m. den §§ 27a-29 SGB V) grenzen die ärztliche Behandlung von der Krankenhausbehandlung nach § 27 Abs. 1 Satz 2 Nr. 5 SGB V (i.V.m. § 39 SGB V) ab.[25] Die nachstationäre (§ 115a SGB V) sowie ambulante Krankenhausbehandlung nach § 115b SGB V und, hinzugekommen durch das GMG, nach § 116b SGB V sind begrifflich von der vertragsärztlichen Versorgung abzugrenzen, die allgemein oft auch mit ambulanter Versorgung gleichgesetzt wird. Zur vertragsärztlichen Versorgung gehört wiederum aus dem stationären Bereich die belegärztliche Tätigkeit, da sie von niedergelassenen Vertragsärzten ausgeübt wird (vgl. § 121 SGB V; vgl. auch § 22 Abs. 1 Satz 1 BPflV i.V.m. § 18 KHEntgG, § 115 Abs. 1, Abs. 2 Satz 1 Nr. 1 SGB V).

19 Grundsätzlich haben die Krankenkassen die erforderlichen Leistungen zur Verfügung zu stellen (§ 2 Abs. 1 Satz 1 SGB V), und zwar als Sach- und Dienstleistung (§ 2 Abs. 2 SGB V; vgl. auch § 13 Abs. 1 SGB V). Von diesem **Sicherstellungsauftrag der Krankenkassen** hat der Gesetzgeber durch Zwischenschaltung der **Kassen(zahn)ärztlichen Vereinigungen** den Bereich der ambulanten Versorgung ausgenommen. Von ihnen (und den Kassenärztlichen Bundesvereinigungen) ist die vertragsärztliche Versorgung (zum Umfang vgl. § 73 Abs. 2 SGB V) sicherzustellen (vgl. § 75 Abs. 1 Satz 1 SGB V; zu Erweiterungen auf weitere Personenkreise vgl. § 75 Abs. 3-6 SGB V einschließlich der durch das GKV-WSG eingefügten Absätze 3a-3c; zur Übertragung auf die Krankenkassen bei kollektivem Zulassungsverzicht vgl. § 72a SGB V). Die freie Arztwahl der Versicherten ist auf diesen Kreis von Leistungserbringern, abgesehen von den Zahnkliniken und den Eigeneinrichtungen der Krankenkassen nach § 140 Abs. 2 Satz 2 SGB V sowie von Notfällen (vgl. § 76 Abs. 1 Satz 2 SGB V), beschränkt (vgl. § 76 Abs. 1 Satz 1 SGB V).[26] Die in **Notfällen** von Nichtvertragsärzten und Krankenhäusern erbrachten Notfallleistungen gelten, was das BSG aus dem Zusammenhang der Vorschriften über die Sicherstellung der vertragsärztlichen Versorgung auch außerhalb der Sprechstundenzeiten (vgl. § 75 Abs. 1 Satz 2 SGB V) und des erweiterten Wahlrechts des Versicherten (vgl. § 76 Abs. 1 Satz 2 SGB V) herleitet, als im Rahmen der vertragsärztlichen Versorgung durchgeführt und sind aus der Gesamtvergütung (vgl. § 85 Abs. 1 SGB V) zu honorieren.[27] Systematisch handelt es sich um eine Durch-

---

[23] Bundesärzteordnung, neu gefasst durch Bek. v. 16.04.1987, BGBl I 1987, 1218, zuletzt geändert durch Art. 39 9. ZustAnpV v. 31.10.2006 BGBl I 2006, 2407; Gesetz über die Ausübung der Zahnheilkunde i.d.F. der Bekanntm. v. 16.04.1987, BGBl I 1987, 1225, zuletzt geändert durch Art. 41 9. ZustAnpV v. 31.10.2006, BGBl I 2006, 2407; Gesetz über die Berufe des Psychologischen Psychotherapeuten und des Kinder- und Jugendlichenpsychotherapeuten (Psychotherapeutengesetz - PsychThG) v. 16.06.1998, BGBl I 1998, 1311, zuletzt geändert durch Art. 40 9. ZustAnpV v. 31.10.2006, BGBl I 2006, 2407.

[24] Zur Verzahnung beider Behandlungsbereiche vgl. *Wenner*, GesR 2003, 129 ff.

[25] Zur Abgrenzung vgl. BSG v. 28.02.2007 - B 3 KR 17/06 R - juris Rn. 16 ff. - SGb 2007, 220; BSG v. 08.09.2004 - B 6 KA 14/03 R - juris Rn. 19 f. - SozR 4-2500 § 39 Nr. 3; BSG v. 04.03.2004 - B 3 KR 4/03 R - juris Rn. 18 ff. - BSGE 92, 223 = SozR 4-2500 § 39 Nr. 1; vgl. auch BSG v. 28.02.2007 - B 3 KR 15/06 R - juris Rn. 11 ff. - ErsK 2007, 164.

[26] Zu weiteren Ausnahmen bei der Wahl von Kostenerstattung vgl. § 13 Abs. 2 Sätze 4 und 5 SGB V; zur Kostenerstattung nach § 13 Abs. 3 Satz 1 SGB V in Fällen sog. Systemversagens vgl. BSG v. 19.06.2001 - B 1 KR 23/00 R - SozR 3-2500 § 28 Nr. 6; zur grundsätzlichen Beschränkung auf Vertragsärzte vgl. BSG v. 16.12.2003 - B 1 KR 63/02 B - juris.

[27] Vgl. BSG v. 24.09.2003 - B 6 KA 51/02 R - juris Rn. 13 - SozR 4-2500 § 75 Nr. 2; BSG v. 19.08.1992 - 6 RKa 6/91 - juris Rn. 14 ff. - BSGE 71, 117 = SozR 3-2500 § 120 Nr. 2; zum Rettungsdienst vgl. § 75 Abs. 1 Satz 2 SGB V; in Bayern gehört nach BGH v. 09.01.2003 - III ZR 217/01 - juris Rn. 25 - BGHZ 153, 268 der Rettungsdienst weiterhin zur vertragsärztlichen Versorgung; anders für Sachsen SG Dresden v. 22.01.2003 - S 11 A 1/03 KA - juris; zur bis Juni 1997 geltenden Rechtslage für den Rettungsdienst nach § 75 Abs. 1 Satz 2 SGB V a.F. vgl. BSG v. 05.02.2003 - B 6 KA 11/02 R - juris Rn. 12 - SozR 4-2500 § 75 Nr. 1; BGH v. 12.11.1992 - III ZR 178/91 - juris Rn. 15 ff. - BGHZ 120, 184 = LM BGB § 839 (Ca) Nr. 84 (4/1993); BVerwG v. 23.06.1995 - 8 C 14/93 - BVerwGE 99, 10 = Buchholz 401.84 Benutzungsgebühren Nr. 76; vgl. auch BSG v. 27.10.1987 - 6 RKa 60/86 - SozR 2200 § 368d Nr. 6; zur Vergütung im Falle einer Hilfsbedürftigkeit vgl. BGH v. 10.02.2005 - III ZR 330/04 - NJW 2005, 1363.

brechung des vertragsärztlichen Zulassungssystems, da vertragsärztliche Leistungen auch ohne einen Zulassungsstatus erbracht werden können. Die pragmatische Zuordnung zur vertragsärztlichen Versorgung belässt diese meist von Krankenhäusern erbrachten Leistungen innerhalb des Sicherstellungsauftrags der KVen und der Gesamtvergütung und damit auch des Sachleistungsprinzips. Gleichermaßen erfasst wird hierdurch die Tätigkeit von Privatärzten im organisierten Notdienst.[28] Andernfalls dürfte in der Regel ein Kostenerstattungsanspruch nach § 13 Abs. 1 Satz 1 Alt. 1 SGB V vorliegen, der zu zusätzlichen Kosten bei den Krankenkassen führen würde, was allerdings bei Aushandlung der Gesamtvergütung (vgl. § 85 SGB V) berücksichtigt werden könnte.

Demgegenüber besteht seit Jahren die **Tendenz des Gesetzgebers**, die Vertragskompetenz der Krankenkassen unter Ausschaltung der KVen zur Schaffung **neuer Versorgungsstrukturen** zu erweitern. Bisher können die Krankenkassen jedoch nur – ohne Beteiligung der KVen – mit bereits zugelassenen ärztlichen Leistungserbringern Verträge schließen (vgl. § 140b Abs. 1 Nr. 1 SGB V und die durch das GKV-WSG eingefügten §§ 73b Abs. 4 Satz 2, 73c Abs. 3 Satz 1, § 73d Abs. 2 Sätze 2 und 5 SGB V). Die Zulassung zur vertragsärztlichen Versorgung (**Zulassungsprinzip**) bleibt damit weiterhin bedeutsam, lediglich der Sicherstellungsauftrag der KVen wird reduziert (so ausdrücklich § 140a Abs. 1 Satz 3 SGB V und die durch das GKV-WSG eingefügten §§ 73b Abs. 4 Satz 5, 73c Abs. 4 Satz 4 SGB V, vgl. auch Rn. 25 ff.). Mögliche Restriktionen werden flankierend beseitigt (vgl. Rn. 98 f.). 20

3. Die wirtschaftliche Bedeutung des ambulanten Versorgungsbereichs

Von 234 Mrd. € **Ausgaben** im gesamten Gesundheitssektor (Jahr 2005) entfielen 56,2% auf die gesetzliche Krankenversicherung, in der mit 70,5 Mio. Versicherten etwa 88,4% gesetzlich versichert sind. [29] Die Gesundheitsausgaben betragen 10,9% des Bruttoinlandsproduktes (Jahr 2003). Von 3,3 Mio. im Gesundheitsbereich Beschäftigten sind 1,4 Mio. im ambulanten Bereich tätig. Von den Ausgaben der gesetzlichen Krankenversicherung in Höhe von 143,6 € entfielen auf die ärztliche 21,6 Mrd. € (15%) und auf die zahnärztliche Behandlung 10,0 Mrd. € (7,5%), auf Arzneimittel 23,8 Mrd. € (16,6%), auf den Krankenhausbereich 48,9 Mrd. € (34,2%). Ende 2005 waren von 307.600 in ihrem Beruf arbeitenden Ärzten (von insgesamt 400.900 Ärzten) **118.800 Ärzte als Vertragsärzte** (38,6% bzw. 29,6%), davon 59.100 in der hausärztlichen und 59.700 in der fachärztlichen Versorgungsebene, und 146.500 als Krankenhausärzte (47,6% bzw. 36,5%), davon **10.800** auch **ermächtigt**, tätig. Im ambulanten Bereich waren weiter **8.600 Ärzte als angestellte Ärzte oder Praxisassistenten** beschäftigt; 7.400 waren privatärztlich tätig. Insgesamt waren im vertragsärztlichen Versorgungsbereich 131.802 Ärzte tätig, die sich nach **Fachgruppen** wie folgt aufgliederten: 21

Arztgruppen	An der vertragsärztlichen Versorgung teilnehmende Ärzte	Anteil in %	Vertragsärzte	Anteil in %
Allgemeinärzte/Praktische Ärzte	43.503	33,0	42.302	36,0
Internisten	21.211	16,1	17.970	15,3
Frauenärzte	10.946	8,4	9.675	8,2
Kinderärzte	6.880	5,2	5687	4,8
Nervenärzte	5.732	4,3	4964	4,2
Chirurgen	5.702	4,3	3.751	3,2
Orthopäden	5.563	4,2	5.000	4,3
Augenärzte	5.477	4,2	5.202	4,4
Ärztliche Psychotherapeuten	4.404	3,3	3.858	3,3
HNO-Ärzte	4.182	3,2	3.915	3,3
Anästhesisten	3.764	2,9	2.695	2,3
Hautärzte	3.565	2,7	3.271	2,8
Radiologen	3.485	2,6	2.541	2,2
Urologen	2.917	2,2	2.582	2,2
MKG-Chirurgen	982	0,7	927	0,8
Laborärzte	759	0,6	641	0,5

[28] Vgl. VGH Baden-Württemberg v. 03.11.1998 - 9 S 3399/96 - MedR 1999, 228, 230.

[29] Vgl. VdAK/AEV, Ausgewählte Basisdaten des Gesundheitswesens, Siegburg 2006, 24, 23 und 59.

Pathologen	695	0,5	565	0,5
Kinder- und Jugendpsychiater	664	0,5	598	0,5
Sonstige	1.771	1,3	1.403	1,2
Gesamt	131.802	100,2	117.547	100,0
Darunter Hausärzte	59.076	44,8	58.698	49,9
Darunter fachärztlich tätige Internisten	7.255		7101	

22 Hinzu kommen **12.564 psychologische Psychotherapeuten**, davon 152 ermächtigt. Der Anteil der niedergelassenen psychologischen Psychotherapeuten (12.412) beträgt an allen niedergelassenen Behandlern (Ärzte und psychologische Psychotherapeuten: 129.959) 9,6%. Hinzu kommen **55.605 Zahnärzte.**[30]

4. Zulassung und KV-Mitgliedschaft

23 **Mitglieder der KVen** sind alle zugelassenen, d.h. als Vertragsärzte niedergelassenen Ärzte, ebenso jetzt seit dem GMG alle in einem medizinischen Versorgungszentrum angestellten Ärzte und alle ermächtigten Krankenhausärzte und seit dem VÄndG alle bei Vertragsärzten angestellten Ärzte; angestellte Ärzte müssen mindestens halbtags beschäftigt sein (vgl. § 77 Abs. 3 SGB V). Für zugelassene, ermächtigte oder angestellte Ärzte und Psychotherapeuten ist der Zulassungs- bzw. Beschäftigungsstatus untrennbar mit der Mitgliedschaft verbunden. Andererseits besteht aber **keine Identität mit den Teilnehmern an der vertragsärztlichen Versorgung**, es fehlen insoweit die zugelassenen MVZ und ermächtigten ärztlich geleiteten Einrichtungen. Die frühere Unterscheidung zwischen ordentlichen (alle Vertragsärzte) und außerordentlichen Mitgliedern (alle in das Arztregister eingetragenen nicht zugelassenen Ärzte, vgl. § 77 Abs. 3 SGB V a.F.) ist mit Wirkung ab 01.01.2005 durch das GMG geändert worden.

24 Mit der Zulassung wird der Vertragsarzt und der mindestens halbtags beschäftigte angestellte Arzt Zwangsmitglied der **KV** (§ 95 Abs. 3 Sätze 1 und 2 SGB V), einer Körperschaft des öffentlichen Rechts (§ 77 Abs. 5 SGB V), die jetzt in der Regel nur noch für jedes Bundesland besteht (vgl. § 77 Abs. 1 Satz 1 SGB V). Für die ermächtigten Krankenhausärzte fehlt es an einer § 95 Abs. 3 SGB V entsprechenden Vorschrift, da das GMG § 95 Abs. 4 SGB V bzw. § 116 SGB V nicht geändert hat, sondern lediglich § 77 Abs. 3 SGB V. Dies ist unerheblich, da insoweit § 95 Abs. 3 Satz 1 HS. 1 SGB V gegenüber § 77 Abs. 3 SGB V nur deklaratorische Bedeutung zukommt. Die **Sonderstellung der Ärzte im SGB V**, denen die Psychotherapeuten und Zahnärzte gleichgestellt sind (vgl. § 72 Abs. 1 Satz 2 SGB V; für die Psychotherapeuten vgl. auch § 1 Abs. 3 Ärzte-ZV), führt zu zahlreichen, mit Vertretern der Ärzte und Krankenkassen besetzten Gremien und Behörden im Rahmen der sog. **gemeinsamen Selbstverwaltung**, die das übrige Leistungserbringerrecht nicht kennt. Sie reicht bis in die Besetzung der sozialgerichtlichen Spruchkörper hinein (vgl. § 12 Abs. 3 SGG).

5. Durchbrechungen des Zulassungsrechts

a. Integrierte Versorgung und weitere Versorgungsformen

25 Mit der Einführung der integrierten Versorgung zum 01.01.2000[31] in den §§ 140a ff. SGB V hat der Gesetzgeber den **Versorgungsauftrag der KVen** auch rechtlich **eingeschränkt** (§ 140a Abs. 1 Satz 2 SGB V). Systematisch wurde bisher eine Verzahnung mit § 95 SGB V beibehalten, da integrierte Versorgungsverträge nur mit nach den übrigen Vorschriften berechtigten Leistungserbringern (vgl. § 140b Abs. 1 SGB V), also insoweit mit zugelassenen oder ermächtigten Ärzten möglich sind. In dieser Systematik ist auch das GKV-WSG mit der Modifizierung der hausarztzentrierten Versorgung (§ 73b SGB V) und der besonderen ambulanten ärztlichen Versorgung (§ 73c SGB V) verblieben (vgl. auch Rn. 20).

---

[30] Vgl. Kassenärztliche Bundesvereinigung (KBV), Abteilung Bedarfsplanung, Bundesarztregister und Datenaustausch, Grunddaten 2005 zur Vertragsärztlichen Versorgung in Deutschland, www.kbv.de/publikationen/125; die Angaben zu den Zahnärzten beruhen auf VdAK/AEV, Ausgewählte Basisdaten des Gesundheitswesens, Siegburg 2006, 76.

[31] Vgl. Gesetz zur Reform der gesetzlichen Krankenversicherung ab dem Jahr 2000 (GKV-Gesundheitsreformgesetz 2000) v. 22.12.1999, BGBl I 1999, 2626.

b. Behandlungen außerhalb des Bundesgebietes

Völlig außerhalb des vertragsärztlichen, auf der Zulassung oder Ermächtigung beruhenden Systems ist die Inanspruchnahme von ärztlichen Behandlern außerhalb Deutschlands, aber im **Bereich der Europäischen Union**. In Umsetzung der Rechtsprechung des EuGH,[32] die insbesondere Freizügigkeit und Genehmigungsfreiheit für die ambulante Behandlung bedeutet, hat das GMG Kostenerstattung zugelassen (vgl. § 13 Abs. 4 SGB V; anders für die stationäre Behandlung, vgl. § 13 Abs. 5 SGB V; zu Behandlungen im übrigen Ausland vgl. § 18 SGB V). Das **Zulassungsprinzip** (vgl. Rn. 20) wird aber europarechtlich modifiziert insofern aufgenommen, als nur solche Leistungserbringer in Anspruch genommen werden dürfen, bei denen die Bedingungen des Zugangs und der Ausübung des Berufes Gegenstand einer Richtlinie der Europäischen Gemeinschaft sind oder die im jeweiligen nationalen System der Krankenversicherung des Aufenthaltsstaates zur Versorgung der Versicherten berechtigt sind (vgl. § 13 Abs. 4 Satz 2 SGB V). Soweit § 140e SGB V die vertragliche Einbeziehung ermöglicht, gilt dies nur im Verhältnis zu den Krankenkassen, aber außerhalb des Sicherstellungsauftrags der KV und des Zulassungsrechts. 26

c. Kostenerstattung

Soweit **Wahlfreiheit für Kostenerstattung** besteht, seit dem GMG für alle Versicherten und seit dem GKV-WSG auch im Einzelfall, bleibt der Versicherte im Regelfall weiterhin auf **zugelassene oder ermächtigte Leistungserbringer** beschränkt. Eine Inanspruchnahme nicht im Vierten Kapitel genannter Leistungserbringer ist aber nach vorheriger Zustimmung der Krankenkasse im Rahmen ihres Ermessens unter bestimmten, eng gefassten Voraussetzungen möglich (vgl. § 13 Abs. 2 Sätze 6 und 7 SGB V). 27

d. Weitere Ausnahmen vom Zulassungsprinzip

Die **nachstationäre** (§ 115a SGB V) sowie **ambulante Krankenhausbehandlung** (§§ 115b, 116b SGB V) stellt für die Bereiche ambulant/stationär verbindende Versorgungsformen bereit und wird von Vertragskrankenhäusern erbracht. Systematisch erfolgt die ambulante Versorgung aber ohne eine Zulassung nach § 95 SGB V. Dies ist auch bei den von Nichtvertragsärzten und Krankenhäusern erbrachten **Notfallleistungen** (vgl. Rn. 19) sowie den im Rahmen des § 95b Abs. 3 SGB V nach einem **kollektiven Verzicht** erbrachten Leistungen der Fall (vgl. die Kommentierung zu § 95b SGB V Rn. 23), die allerdings nach dem BSG nur im Rahmen eines sog. Systemversagens erstattungsfähig sind.[33] Die Krankenkassen können dann auch berechtigt sein, Einzel- oder Gruppenverträge mit nicht zugelassenen Ärzten abzuschließen oder Eigeneinrichtungen zu errichten (§ 72a Abs. 3-5 SGB V). Auch soweit von der KV angestellte Ärzte in einer **Eigeneinrichtung** nach § 105 Abs. 1 Satz 2 SGB V tätig werden, handelt es sich um Behandlungen nicht zugelassener Leistungserbringer. 28

6. Das Zulassungsverfahren

Die Zulassung nach § 95 Abs. 1 SGB V erfolgt für alle Teilnehmer durch paritätisch mit Vertretern der Ärzte und der Krankenkassen besetzte **Zulassungsausschüsse** (§ 96 SGB V). Gegen deren Entscheidungen können die betroffenen Leistungserbringer und die Akteure der sog. gemeinsamen Selbstverwaltung Widerspruch einlegen (§ 96 Abs. 4 SGB V), über die der **Berufungsausschuss** mit einem gleichsam „Unparteiischen" als Vorsitzenden, der die Befähigung zum Richteramt haben muss, entscheidet (§ 97 SGB V). Weitere Einzelheiten enthalten die auf Grundlage des § 98 SGB V erlassenen Zulassungsordnungen. Nachdem in den alten Bundesländern faktisch fast flächendeckend Zulassungssperren aufgrund des Planungsrechts (vgl. die §§ 99-105 SGB V; §§ 11-16b Ärzte-ZV) bestehen, kommt verschiedenen Formen einer **Sonderbedarfszulassung** (vgl. § 101 Abs. 1 Satz 1 Nrn. 3 und 4 SGB V i.V.m. § 24 BedarfsplRl-Ä) oder einer Zulassung als **Praxisnachfolger** (§ 103 Abs. 4 SGB V) sowie einer Zulassung als **Belegsarzt** (vgl. § 103 Abs. 7 SGB V) besondere Bedeutung zu. Nach der Aufhebung der Bedarfsplanung für Vertragszahnärzte durch das GKV-WSG gilt dies für den **vertragszahnärztlichen Bereich** nicht mehr. Weitere Einzelheiten enthalten die Richtlinien der Bundesausschüsse bzw. jetzt des Gemeinsamen Bundesausschusses (vgl. Rn. 12). 29

---

[32] Vgl. zuletzt EuGH v. 13.05.2003 - C-385/99 - EuGHE I 2003, 4509 = SozR 4-6030 Art. 59 Nr. 1 (Müller-Fauré und van Riet); zur Problematik einer Kostenerstattung vgl. auch BSG v. 13.07.2004 - B 1 KR 11/04 R - BSGE 93, 94 = SozR 4-2500 § 13 Nr. 4.

[33] Vgl. BSG v. 27.06.2007 - B 6 KA 37/06 R - (Parallelverfahren: B 6 KA 38/06 R und B 6 KA 39/06 R), zitiert nach BSG, Terminbericht Nr. 30.

V. Literaturhinweise

30 *Arbeitsgruppe Berufsrecht in der AG Medizinrecht im DAV*, Berufsrechtliche Anforderungen an ärztliche Berufsausübungsgemeinschaften, GesR 2002, 50-55; *Behnsen*, Medizinische Versorgungszentren – die Konzeption des Gesetzgebers, KH 2004, 602-608 und 698-702; *Behnsen*, Die Neuordnung der psychotherapeutischen Versorgung, SGb 1998, 565-573 und 614-621; *Boecken*, Die Altersgrenze von 68 Jahren für Vertragsärzte aus EG-rechtlicher Sicht, NZS 2005, 393-400; *Butzer*, Verfassungsrechtliche Anmerkungen zum GKV-Modernisierungsgesetz 2004 (GMG), MedR 2004, 177-188; *Butzer*, § 95 SGB V und die Neuausrichtung des ärztlichen Berufsrechts, NZS 2005, 344-352; *Butzer*, Nullbeteiligungsgesellschaften unter Ärzten, MedR 2001, 604-613; *Clemens*, Anhang zu Artikel 12, Berufsregelungen im medizinischen Bereich, insbesondere für die Tätigkeit als Kassen- bzw. Vertragsarzt, in: Umbach/Clemens, Grundgesetz, Band I, 2002; *Dahm/Möller/Ratzel*, Rechtshandbuch medizinische Versorgungszentren: Gründung, Gestaltung, Arbeitsteilung und Kooperation, 2005; *Dahm/Ratzel*, Liberalisierung der Tätigkeitsvoraussetzungen des Vertragsarztes und Vertragsartrechtsänderungsgesetzes – VändG, MedR 2006, 555-568; *Ehlers*, Disziplinarrecht und Zulassungsentziehung. Vertragsärzte/Vertragszahnärzte, 2001; *Engelmann*, Zur rechtlichen Zulässigkeit einer (vertrags-)ärztlichen Tätigkeit außerhalb des Ortes der Niederlassung, MedR 2002, 561-572; *Engelmann*, Zweigpraxen und ausgelagerte Praxisräume in der ambulanten (vertrags-)ärztlichen Versorgung, GesR 2004, 113-120; *Engelmann*, Die Gemeinschaftspraxis im Vertragsarztrecht, ZMGR 2004, 3-15; *Fiedler/Fürstenberg*, Entwicklung des Vertragsarztrechts unter besonderer Berücksichtigung des Vertragsarztrechtsänderungsgesetzes und der Änderungen der Berufsordnung aufgrund der Beschlüsse des 107. Deutschen Ärztetages 2004 in Bremen, NZS 2007, 184-191; *Fiedler/Weber*, Medizinische Versorgungszentren, NZS 2004, 358-364; *Großbölting/Jaklin*, Zulassungsentzug, NZS 2002, 525-529; *Isringhaus/Kroel/Wendland*, Medizinisches Versorgungszentrum, MVZ-Beratungshandbuch, 2004; *Kamps*, Die Beschäftigung von Assistenten in der Arztpraxis, MedR 2003, 63-77; *Kamps*, Das Ruhen der Zulassung gemäß § 95 Abs. 5 SGB V i.V.m. § 26 Ärzte-ZV, VSSR 2002, 341-390; *Kamps*, Der neue Teilnahmestatus der eingeschränkten Zulassung gemäß § 101 Abs. 1 Nr. 4 SGB V, MedR 1998, 103-108; *Plagemann*, Münchener Anwaltshandbuch Sozialrecht, 2. Aufl. 2005; *Koch*, Niederlassung und Kooperation – Neue Möglichkeiten nach der novellierten (Muster-)Berufsordnung für Ärzte, GesR 2005, 241-245; *Möller*, Der im zugelassenen Medizinischen Versorgungszentrum (MVZ) angestellte Arzt, GesR 2004, 456-464; *Möller*, Auswirkungen des VÄndG auf Medizinische Versorgungszentren, MedR 2007, 263-270.

B. Auslegung der Norm

I. Regelungsgehalt und Bedeutung der Norm

31 § 95 SGB V regelt alle Teilnahmeformen der vertragsärztlichen Versorgung, insbesondere der freien Berufe der Ärzte, Zahnärzte und Psychologischen Psychotherapeuten (vgl. Rn. 178). Er ist zugleich die **Zentralnorm des Vertragsarztrechts** in einem engeren Sinn, als **§ 95 Abs. 1 SGB V** den Status als vertragsärztlicher Leistungserbringer mit den Konkretisierungen in § 95 Abs. 3 und 4 SGB V definiert. Bei der Zulassung als Vertragsarzt handelt es sich um die Zuerkennung einer **öffentlich-rechtlichen Berechtigung** durch die Zulassungsgremien als Stellen staatlicher Verwaltung; mit ihr wird dem Berechtigten die Befugnis übertragen, im System der gesetzlichen Krankenversicherung die Versicherten der gesetzlichen Krankenkassen mit Wirkung für diese zu behandeln.[34] Beschränkungen des **Zulassungsstatus** unterliegen als **Eingriffe** in die Berufsausübung dem Regelungsvorbehalt des Art. 12 Abs. 1 Satz 2 GG. Der Gesetzgeber ist bei solchen Eingriffen verpflichtet, die für die Grundrechtsausübung wesentlichen Entscheidungen selbst zu treffen und die Schrankenbestimmung nicht anderen Stellen zu überlassen.[35]

32 § 95 SGB V ist ferner die Zentralnorm der mit dem GMG neu eingeführten Versorgungsform der **Medizinischen Versorgungszentren**. Sie werden niedergelassenen und ermächtigten Ärzten gleichgestellt (§ 95 Abs. 3 Satz 2 HS. 2 SGB V). Im Gegensatz zu jenen können sie sich jeder Rechtsform be-

[34] Vgl. BSG v. 10.05.2000 - B 6 KA 67/98 R - juris Rn. 20 - BSGE 86, 121 = SozR 3-5520 § 24 Nr. 4; BSG v. 25.11.1998 - B 6 KA 4/98 R - juris Rn. 20 - BSGE 83, 135 = SozR 3-2500 § 95 Nr. 18; BSG v. 20.03.1996 - 6 RKa 21/95 - juris Rn. 16 - BSGE 78, 91 = SozR 3-5540 § 25 Nr. 2; zur Wirksamkeit eines statusbegründenden Verwaltungsakts vgl. BSG v. 28.01.1998 - B 6 KA 41/96 R - juris Rn. 14 - SozR 3-1500 § 97 Nr. 3.

[35] Vgl. BSG v. 20.03.1996 - 6 RKa 21/95 - juris Rn. 17 - BSGE 78, 91 = SozR 3-5540 § 25 Nr. 2.

dienen (§ 95 Abs. 1 Satz 6 SGB V) und ist die Zahl angestellter Ärzte unbegrenzt; für Vertragsärzte sieht das VÄndG zwar keine Begrenzung der Anstellung mehr vor (vgl. § 95 Abs. 9 SGB V), delegiert aber eine Festlegung an die Bundesmantelvertragsparteien (§ 32b Abs. 1 Satz 2 Ärzte-ZV; vgl. jetzt § 14a BMV-Ä/§ 20a EKV-Ä). Gründer darf nur ein bereits zugelassener, nicht zwingend ein ärztlicher Leistungserbringer sein (§ 95 Abs. 1 Satz 6 SGB V). Diese Gründungsvoraussetzung muss fortbestehen, kann aber seit dem VÄndG innerhalb von sechs Monaten nachgeholt werden (vgl. § 95 Abs. 6 Satz 3 SGB V). Die MVZ können Vertragspartner einer integrierten Versorgung sein (vgl. § 140b Abs. 1 Nr. 3 SGB V).

§ 95 Abs. 2 SGB V nennt mit den Verweisungsnormen die **fachlichen Zulassungsvoraussetzungen**, um eine Zulassung zu erlangen. **§ 95 Abs. 5-7 SGB V** regelt eine **Unterbrechung** oder das **Ende des Zulassungsstatus**. Die Regelungen in **§ 95 Abs. 6 und 7 SGB V** enthält i.V.m. den §§ 27, 28 Ärzte-ZV eine abschließende Regelung über das **Erlöschen und die Entziehung der Zulassung**, die den allgemeinen Regeln über die Bestandskraft und die Rücknahme von Verwaltungsakten vorgeht.[36] **§ 95 Abs. 9 und 9a SGB V** beinhaltet mit der Möglichkeit, einen anderen **Arzt zu beschäftigen**, eine Durchbrechung des Prinzips der höchstpersönlichen Leistungserbringung. Mit der Möglichkeit der **Teilzulassung** (Zulassung für einen hälftigen Versorgungsauftrag, vgl. § 95 Abs. 3 Satz 1, Abs. 5 Satz 2, Abs. 6 Satz 2 SGB V, § 19a Abs. 2 Ärzte-ZV) kehrt das VÄndG vom Bild des nur hauptberuflich tätigen Vertragsarztes ab. 33

Bei **§ 95 Abs. 10-12 SGB V** handelt es sich um auslaufendes **Übergangsrecht** aufgrund der Einbeziehung nichtärztlicher **Psychotherapeuten** in das SGB V. Unter den dort genannten Voraussetzungen geben sie ihnen einen Anspruch auf bedarfsunabhängige Zulassung bzw. Ermächtigung, soweit der Antrag bis Ende 1998 gestellt wurde. 34

Absatz 13 betrifft die **Besetzung der Zulassungsgremien** bei Entscheidungen über die Zulassung von Psychologischen Psychotherapeuten und überwiegend oder ausschließlich psychotherapeutisch tätigen Ärzten; er ist systematisch verfehlt, wie bereits die Inbezugnahme der §§ 96 Abs. 2 Satz 1 und 97 Abs. 2 Satz 1 SGB V zeigt. 35

II. Normzweck

1. Statusdefinition

§ 95 SGB V definiert in den Absätzen 1, 3 und 4 den **Status der ärztlichen Leistungserbringer** im ambulanten Bereich. Die Zulassung ist ein statusbegründender Akt.[37] Dieser Status berechtigt zur vertragsärztlichen Versorgung im Rahmen der §§ 15 Abs. 1, 27 Abs. 1 Satz 2 Nr. 1-4, 72 Abs. 1 SGB V. Auf sie ist das Recht der freien Arztwahl innerhalb der gesetzlichen Krankenversicherung (vgl. § 76 Abs. 1 Satz 1 SGB V) begrenzt (zu Ausnahmen vgl. Rn. 25 ff.). Der Teilnahmestatus berechtigt zur Teilnahme an der Honorarverteilung (vgl. § 85 Abs. 4 SGB V). Der Zulassungsstatus als Vertragsarzt ist weder übertragbar noch pfändbar und fällt im Falle eines **Konkurses** nicht in die Konkursmasse.[38] 36

Die durch das GMG neu eingeführten **MVZ** sollen der Weiterentwicklung der Versorgungsstrukturen durch Überwindung sektoraler Grenzen bei der medizinischen Versorgung und der Verstärkung des Wettbewerbs zwischen verschiedenen Versorgungsformen dienen. Aus Sicht des Gesetzgebers zeichnen sie sich durch eine interdisziplinäre Zusammenarbeit von ärztlichen und nichtärztlichen Heilberufen aus, die den Patienten eine Versorgung aus einer Hand anbieten.[39] Tatsächlich bedeuten sie aber eine **Abkehr vom herkömmlichen Bild des niedergelassenen Vertragsarztes**, der die ambulante Versorgung der Versicherten als freiberuflich tätiger Arzt erbringt (vgl. auch Rn. 87 und Rn. 91).[40] Von der veränderten Sichtweise des Gesetzgebers zeugen auch – in Abkehr vom Prinzip der persönlichen Leistungserbringung – die Erweiterungen zur Anstellung von Ärzten und die Einführung einer Teilzulassung mit den erheblich ergänzten Möglichkeiten weiterer Betriebsstätten außerhalb des Vertragsarztsitzes. Das Schlagwort von der „Kommerzialisierung des Arztberufes“ macht bereits die Runde.[41] 37

---

[36] Vgl. BSG v. 05.11.2003 - B 6 KA 56/03 B - juris Rn. 8; BSG v. 10.05.2000 - B 6 KA 56/99 B - juris Rn. 8; BSG v. 10.05.2000 - B 6 KA 67/98 R - juris Rn. 22 - BSGE 86, 121 = SozR 3-5520 § 24 Nr. 4.

[37] Vgl. BSG v. 05.02.2003 - B 6 KA 42/02 R - juris Rn. 23 - SozR 4-2500 § 95 Nr. 4; BSG v. 25.11.1998 - B 6 KA 4/98 R - juris Rn. 20 - BSGE 83, 135 = SozR 3-2500 § 95 Nr. 18.

[38] Vgl. BSG v. 10.05.2000 - B 6 KA 67/98 R - juris Rn. 19 f. - BSGE 86, 121 = SozR 3-5520 § 24 Nr. 4.

[39] Vgl. BT-Drs. 15/1525, S. 74.

[40] Vgl. *Wigge*, MedR 2004, 123.

[41] Vgl. *Dahm/Ratzel*, MedR 2006, 568.

2. Berufsfreiheit

38 Als Statusregelung konkretisiert § 95 SGB V die **Berufsfreiheit** nach Art. 12 Abs. 1 GG. Die Besonderheit des Zulassungsstatus des niedergelassenen Arztes folgt aber nicht aus § 95 Abs. 1 SGB V, zählt dieser doch alle Leistungserbringer gleichrangig nebeneinander auf. Das BSG folgert aus der Formulierung in § 116 SGB V, § 31a Abs. 1 Ärzte-ZV einen **Vorrang der niedergelassenen Vertragsärzte** für den gesamten Bereich der ambulanten Krankenversorgung.[42] Soweit die Einbeziehung anderer als zugelassener Ärzte bei bestehenden Versorgungsdefiziten erforderlich ist, genießt die Ermächtigung von Krankenhausärzten auf der Grundlage des § 116 SGB V i.V.m. § 31a Ärzte-ZV Priorität vor der Ermächtigung weiterer Ärzte gemäß § 31 Abs. 1 Ärzte-ZV. Die persönliche Ermächtigung der in dieser Vorschrift angesprochenen Ärzte zur Abwehr einer bestehenden oder drohenden Unterversorgung hat wiederum prinzipiell Vorrang vor der Erteilung von Institutsermächtigungen.[43] Eine **Relativierung dieser „Behandlerhierarchie"**, in die nunmehr die MVZ noch gleichrangig mit den Vertragsärzten eingepasst sind, erfolgt mit dem durch das GMG neu eingeführten § 116b SGB V; dieser lässt eine vertragliche, also abseits der Zulassungsgremien mit der Beteiligung der Ärzte erfolgende Ermächtigung von Krankenhäusern nicht nur für Chronikerprogramme (§ 116b Abs. 1 i.V.m. § 137g SGB V), sondern auch für enumerativ aufgeführte hochspezialisierte Leistungen und Behandlungen seltener Erkrankungen zu (§ 116b Abs. 2-4 SGB V). Eine Vergütung erfolgt unmittelbar durch die Krankenkassen und damit außerhalb der Gesamtvergütung (vgl. § 85 Abs. 1 SGB V) und Honorarverteilung (vgl. § 85 Abs. 4 SGB V). Ergänzend kann seit dem GKV-WSG die Krankenkasse nach den §§ 116b und 117 SGB V tätige Ärzte zu Ärzten für besondere Arzneimitteltherapie bestimmen (§ 73d Abs. 2 Satz 5 SGB V).

39 Nach dem BVerfG gewährleistet das Grundrecht der Berufsfreiheit dem Einzelnen die Freiheit der Berufsausübung als Grundlage seiner persönlichen und wirtschaftlichen Lebensführung und konkretisiert das Grundrecht auf freie Entfaltung der Persönlichkeit im Bereich der individuellen Leistung und Existenzerhaltung.[44] Für den konkreten Inhalt der Berufsausübung verweist es aber auf die **einfachgesetzliche Ausgestaltung**, wenn es z.B. betont, der Gesetzgeber habe dem spezifischen unternehmerischen Risiko der niedergelassenen Ärzte im Verhältnis zu den Krankenhausärzten, die auf mit staatlichen Mitteln geförderte Investitionen zurückgreifen könnten, dadurch Rechnung getragen, dass er in § 116 Satz 2 SGB V den Vertragsärzten für den gesamten Bereich der ambulanten Versorgung gesetzlich Versicherter den Vorrang gegenüber den Krankenhausärzten eingeräumt habe.[45]

40 Der **Anspruch** eines Arztes **auf Zulassung** zur vertragsärztlichen Versorgung ist grundrechtlich durch Art. 12 Abs. 1 GG geschützt. Eingriffe in die Berufsfreiheit dürfen nur auf der Grundlage einer gesetzlichen Regelung, die Umfang und Grenzen des Eingriffs deutlich erkennen lässt, erfolgen.[46]

3. Facharztprinzip

41 **Zulassungsvoraussetzung** ist neben der **Approbation** eine abgeschlossene **Facharztausbildung** (§ 95 Abs. 2 vgl. 3 i.V.m. den §§ 95a und 95c SGB V). Die Zulassung beinhaltet auch die Zulassung als Facharzt für das jeweilige Gebiet. Vertragsärzte dürfen nicht in ihr **Fachgebiet** fallende Leistungen

[42] Vgl. BSG v. 11.12.2002 - B 6 KA 32/01 R - juris Rn. 33 - BSGE 90, 207 = SozR 3-1500 § 54 Nr. 47; BSG v. 30.01.2002 - B 6 KA 12/01 R - juris Rn. 18 - SozR 3-2500 § 116 Nr. 24; BSG v. 12.09.2001 - B 6 KA 86/00 R - juris Rn. 18 - SozR 3-2500 § 116 Nr. 23; BSG v. 26.01.2000 - B 6 KA 51/98 R - juris Rn. 16 - SozR 3-5520 § 31 Nr. 10; BSG v. 01.07.1998 - B 6 KA 43/97 R - juris Rn. 26 - BSGE 82, 216 = SozR 3-5520 § 31 Nr. 9; BSG v. 02.10.1996 - 6 RKa 73/95 - juris Rn. 25 f. - BSGE 79, 159 = SozR 3-5520 § 31 Nr. 5.

[43] Vgl. BSG v. 11.12.2002 - B 6 KA 32/01 R - juris Rn. 33 - BSGE 90, 207 = SozR 3-1500 § 54 Nr. 47; BSG v. 26.01.2000 - B 6 KA 51/98 R - juris Rn. 16 ff. - SozR 3-5520 § 31 Nr. 10; BSG v. 01.07.1998 - B 6 KA 43/97 R - juris Rn. 26 - BSGE 82, 216 = SozR 3-5520 § 31 Nr. 9; BSG v. 02.10.1996 - 6 RKa 73/95 - juris Rn. 25 f. - BSGE 79, 159 = SozR 3-5520 § 31 Nr. 5.

[44] Vgl. BVerfG v. 17.08.2004 - 1 BvR 378/00 - juris Rn. 20 - SozR 4-1500 § 54 Nr. 4.

[45] Vgl. BVerfG v. 17.08.2004 - 1 BvR 378/00 - juris Rn. 26 - SozR 4-1500 § 54 Nr. 4; BVerfG v. 20.03.2001 - 1 BvR 491/96 - juris Rn. 36 - BVerfGE 103, 172 = SozR 3-5520 § 25 Nr. 4.

[46] Vgl. BSG v. 05.11.1997 - 6 RKa 52/97 - juris Rn. 16 - BSGE 81, 143 = SozR 3-2500 § 95 Nr. 16 m.w.N.; vgl. auch BVerfG v. 20.03.2001 - 1 BvR 491/96 - BVerfGE 103, 172 = SozR 3-5520 § 25 Nr. 4; umfassend *Clemens*, Anhang zu Artikel 12. Berufsregelungen im medizinischen Bereich, insbesondere für die Tätigkeit als Kassen- bzw. Vertragsarzt, in: Umbach/Clemens, Grundgesetz. Band I, 2002.

grundsätzlich nicht abrechnen (vgl. Rn. 357 ff.).[47] Dies gilt auch für **ermächtigte Krankenhausärzte.**[48]

Mit der Trennung in eine haus- und fachärztliche Versorgung gilt das sog. **Facharztprinzip** (vgl. § 73 Abs. 1 Satz 1 SGB V). Die Zulassung auf mehreren Gebieten ist grundsätzlich zulässig.[49] Bei Mund-, Kiefer- und Gesichtschirurgen ist sogar die gleichzeitige Zulassung zur vertragsärztlichen und zur vertragszahnärztlichen Versorgung anerkannt.[50] Zum Wesen der allgemeinmedizinischen und allgemein-hausärztlichen Tätigkeit gehören die Freistellung von Fachgebietsgrenzen und die Berechtigung, grundsätzlich alle Gesundheitsstörungen der Patienten behandeln zu dürfen.[51] Der über die Frage der Fachfremdheit von konkreten Behandlungsmaßnahmen entscheidende Tätigkeitsrahmen eines Gebietsarztes wird durch die auf landesrechtlicher Grundlage – die **Berufsordnungen der Länderärztekammern** normieren auf der Grundlage von Ermächtigungen in den Heilberufs- bzw. Kammergesetzen die Verpflichtung der Ärzte, ihre Tätigkeit auf dieses Fachgebiet zu beschränken – beruhende Fachgebietsbezeichnung begrenzt; dieses gilt auch, soweit es in der Eigenschaft als Vertragsarzt erbrachte Leistungen anbelangt.[52] Nach dem **Facharztbeschluss des BVerfG** handelt es sich bei der Fachgebietsbeschränkung um eine Einschränkung der freien Betätigung im Beruf, die unter dem Gebot der Verhältnismäßigkeit steht. Es darf nur als allgemeine Richtlinie gelten und darf nicht als eine auch einzelne Ausnahmefälle ausschließende Regel aufgefasst werden. Insofern tragen die Berufsordnungen der Ärztekammern dem mit den in den Formulierungen des Verbots enthaltenen Worten „grundsätzlich" oder „im Wesentlichen" Rechnung.[53] Der neue **EBM 2005** hat insoweit eine Modifizierung vorgenommen, als er nunmehr die bereits mit dem GKV-GRG 2000 eingefügte gesetzgeberische Vorgabe, die ärztlichen Leistungen entsprechend der in § 73 Abs. 1 SGB V festgelegten Gliederung der vertragsärztlichen Versorgung in Leistungen der **hausärztlichen** und **Leistungen der fachärztlichen Versorgung zu gliedern** mit der Maßgabe, dass unbeschadet gemeinsam abrechenbarer Leistungen Leistungen der hausärztlichen Versorgung nur von den an der hausärztlichen Versorgung teilnehmenden Ärzten und Leistungen der fachärztlichen Versorgung nur von den an der fachärztlichen Versorgung teilnehmenden Ärzten abgerechnet werden dürfen und dass die Leistungen der fachärztlichen Versorgung in der Weise zu gliedern sind, dass den einzelnen Facharztgruppen die von ihnen ausschließlich abrechenbaren Leistungen zugeordnet werden (§ 85 Abs. 2a Satz 5 SGB V a.F., jetzt § 85 Abs. 2a Satz 1 SGB V), konsequent umgesetzt hat. Als **Fachärzte für Allgemeinmedizin** zur vertragsärztlichen Versorgung zugelassene Vertragsärzte, die an der hausärztlichen Versorgung teilnehmen, können daher Leistungen aus den fachärztlichen Abschnitten des EBM 2005, unbeschadet einer eventuellen weiteren fachärztlichen Qualifikation, nicht mehr abrechnen.[54] Entsprechend ist bisher von der Instanzenpraxis die weitere **Aufteilung des Gebiets der (fachärztlichen) inneren Medizin** nach Kapitel 13 EBM 2005 in eine schwerpunktorientierte internistische Versorgung nicht beanstandet worden.[55] Dies gilt auch für ermächtigte Ärzte.[56] 42

[47] Vgl. BSG v. 12.09.2001 - B 6 KA 89/00 R - juris Rn. 21 - SozR 3-2500 § 95 Nr. 33; BSG v. 14.03.2001 - B 6 KA 49/00 R - juris Rn. 19 - SozR 3-2500 § 95 Nr. 30; BSG v. 29.09.1999 - B 6 KA 38/98 R - juris Rn. 15 - BSGE 84, 290 = SozR 3-2500 § 95 Nr. 21.

[48] Vgl. BSG v. 14.03.2001 - B 6 KA 49/00 R - juris Rn. 19 - SozR 3-2500 § 95 Nr. 30.

[49] Vgl. BSG v. 26.01.2000 - B 6 KA 53/98 R - juris Rn. 19 - SozR 3-2500 § 95 Nr. 22 (Facharzt für Orthopädie und Chirurgie); BSG v. 20.01.1999 - B 6 KA 78/97 R - juris Rn. 15 - SozR 3-2500 § 87 Nr. 20 (Facharzt für Urologie und Chirurgie); BSG v. 20.01.1999 - B 6 KA 77/97 R - USK 9990 (Facharzt für Inneres und Radiologie); BSG v. 24.09.2003 - B 6 KA 52/03 B - juris Rn. 10 (Nervenärztin und Psychiaterin).

[50] Vgl. BSG v. 17.11.1999 - B 6 KA 15/99 R - juris Rn. 19 - BSGE 85, 145 = SozR 3-5525 § 20 Nr. 1.

[51] Vgl. BSG v. 18.10.1995 - 6 RKa 52/94 - juris Rn. 24 - SozR 3-2500 § 95 Nr. 7.

[52] Vgl. BSG v. 12.09.2001 - B 6 KA 89/00 R - juris Rn. 16 - SozR 3-2500 § 95 Nr. 33; BSG v. 14.03.2001 - B 6 KA 49/00 R - juris Rn. 19 - SozR 3-2500 § 95 Nr. 30; BSG v. 26.01.2000 - B 6 KA 53/98 R - juris Rn. 20 - SozR 3-2500 § 95 Nr. 22; BSG v. 29.09.1999 - B 6 KA 38/98 R - juris Rn. 15 - BSGE 84, 290 = SozR 3-2500 § 95 Nr. 21.

[53] Vgl. BVerfG v. 09.05.1972 - 1 BvR 518/62, 1 BvR 308/64 - juris Rn. 129 - BVerfGE 33, 125 = NJW 1972, 1504.

[54] Vgl. SG Marburg v. 07.03.2007 - S 12 KA 861/06 - juris; SG Marburg v. 07.03.2007 - S 12 KA 807/06 - juris; SG Marburg v. 29.11.2006 - S 12 KA 285/06 - juris; SG Marburg v. 29.11.2006 - S 12 KA 658/06 - juris; SG Marburg v. 19.07.2006 - S 12 KA 23/06 - juris.

[55] Vgl. SG Marburg v. 23.05.2007 - S 12 KA 908/06 - juris; SG Marburg v. 23.05.2007 - S 12 KA 1003/06 - juris; SG Marburg v. 23.05.2007 - S 12 KA 998/06 - juris; SG Marburg v. 30.08.2006 - S 12 KA 39/06 - juris.

[56] Vgl. LSG Hessen v. 18.12.2006 - L 4 KA 70/06 ER - juris; SG Marburg v. 27.06.2007 - S 12 KA 64/07 - juris.

43 Das konkrete **Leistungsangebot** der Praxis eines Vertragsarztes muss stets so ausgerichtet sein, dass überhaupt von einer **Teilnahme** an der vertragsärztlichen Versorgung als Facharzt gesprochen werden kann, d.h., dass er die für das Fachgebiet wesentlichen Leistungen anbietet und erbringt.[57] Innerhalb dieses Rahmens gehört es aber grundsätzlich zur durch Art. 12 Abs. 1 GG geschützten Berufsausübungsfreiheit des Vertragsarztes, welche der auf seinem Fachgebiet liegenden Tätigkeiten er bevorzugt ausüben bzw. wie er seine Praxis konkret ausrichten will.[58]

III. Vertragsärztliche Leistungserbringer nach Absatz 1

44 § 95 Abs. 1 SGB V greift zur Bestimmung der Akteure die Aufzählung in § 72 Abs. 1 Satz 1 SGB V auf. Danach wirken (mit den Krankenkassen) **Ärzte**, **Zahnärzte**, **Psychotherapeuten** und **MVZ** zur Sicherstellung der vertragsärztlichen Versorgung der Versicherten zusammen. § 95 Abs. 1 SGB V konkretisiert dies hinsichtlich der Teilnahmeform mit der Unterscheidung zwischen **Zulassung** und **Ermächtigung**. Zugelassen werden die Ärzte nur als „Vertragsärzte" bzw. Vertragszahnärzte oder Vertragspsychotherapeuten (§ 95 Abs. 2 Satz 1 SGB V) oder das MVZ selbst (§ 95 Abs. 2 Satz 5 SGB V). Die angestellten Ärzte der Vertragsärzte (§ 95 Abs. 9 und 9a SGB V) und der MVZ (§ 95 Abs. 2 Satz 7 SGB V) sind selbst keine „Vertragsärzte" und im vertragsarztrechtlichen Sinn keine Leistungserbringer. Der Streit um das Bestehen des Status als zugelassener Arzt kann nur gegenüber den Zulassungsgremien und nicht im Rechtsverhältnis zwischen Arzt und KV ausgetragen werden.[59]

45 Der **Zulassungs- und Ermächtigungsstatus** wirkt **konstitutiv** und ist einer **rückwirkenden Erteilung nicht zugänglich** (vgl. auch zur Gemeinschaftspraxis Rn. 154 und Rn. 169, zum Vertragsarztsitz Rn. 214, zur Zweigpraxis Rn. 252, zur Assistentengenehmigung Rn. 275 und Rn. 338, zur Anordnung des Ruhens Rn. 465, zur Genehmigung der Anstellung eines Arztes Rn. 584).[60] Er kann aber – in Ausnahmefällen – rückwirkend aufgehoben werden; jedenfalls hat das BSG gegen den rückwirkenden Eingriff durch nachträgliche Aberkennung des Zulassungsstatus eines der Partner einer Gemeinschaftspraxis den übrigen Partnern eine Anfechtungsbefugnis zuerkannt und die Frage über die Rechtmäßigkeit der nachträglichen Aberkennung wegen Zurückverweisung der Rechtssache offen gelassen (vgl. auch Rn. 168).[61]

1. Ärzte, Zahnärzte, Psychologische Psychotherapeuten und Kinder- und Jugendlichenpsychotherapeuten

46 Soweit Absatz 1 nur Ärzte aufführt, folgt die Teilnahmebefugnis der anderen heilkundlichen Professionen aus der Analogievorschrift des § 72 Abs. 1 Satz 2 SGB V. **Teilnehmer** können als Personen alle Ärzte sein, daneben Zahnärzte, Psychologische Psychotherapeuten und Kinder- und Jugendlichenpsychotherapeuten. Mit diesen Begriffen wird auf die in den Heilberufgesetzen geregelten und geschützten Berufe[62] verwiesen.

47 Nach den **Berufsgesetzen** ist jeweils eine **staatliche Erlaubnis** zur Ausübung der Heilkunde aufgrund fachlicher Qualifikation erforderlich.[63] Für die Zulassung bedarf es der besonderen Form einer **Approbation**. Dies folgt aus § 95 Abs. 2 Satz 1 SGB V, wonach für die Zulassung die Eintragung in das Arztregister Voraussetzung ist. Die Eintragung in das Arztregister setzt wiederum eine Approbation voraus (vgl. § 95a Abs. 1 Nr. 1 SGB V bzw. § 95c Satz 1 Nr. 1 SGB V i.V.m. den §§ 3 Abs. 2 lit. a, 18 Abs. 2 Satz 3 lit. a Ärzte-ZV). Gleichgestellt sind ohne Approbation nach deutschem Recht **Ärzte der EU** oder aus Vertragsstaaten des Abkommens über den Europäischen Wirtschaftsraum.[64] Insofern sind sie wie approbierte Ärzte zu behandeln und in das Arztregister einzutragen. Die ärztliche Approbation berechtigt nicht zur **Zahnheilkunde**.[65] Ein auch als sog. Schönheitschirurg tätiger **Mund-, Kiefer- und**

---

57 Vgl. BSG v. 12.09.2001 - B 6 KA 89/00 R - juris Rn. 20 - SozR 3-2500 § 95 Nr. 33; BSG v. 14.03.2001 - B 6 KA 54/00 R - juris Rn. 30 ff. - BSGE 88, 20 = SozR 3-2500 § 75 Nr. 12.

58 Vgl. BSG v. 12.09.2001 - B 6 KA 89/00 R - juris Rn. 20 - SozR 3-2500 § 95 Nr. 33 m.w.N.

59 Vgl. BSG v. 25.11.1998 - B 6 KA 4/98 R - juris Rn. 19 ff. - BSGE 83, 135 = SozR 3-2500 § 95 Nr. 18.

60 Vgl. BSG v. 31.05.2006 - B 6 KA 7/05 R - juris Rn. 12 f. - SozR 4-5520 § 24 Nr. 2 = GesR 2006, 455; BSG v. 05.02.2003 - B 6 KA 42/02 R - juris Rn. 23 - SozR 4-2500 § 95 Nr. 4 = GesR 2003, 288 m.w.N.; BSG v. 28.01.1998 - B 6 KA 41/96 R - juris Rn. 15 - SozR 3-1500 § 97 Nr. 3.

61 Vgl. BSG v. 23.02.2005 - B 6 KA 69/03 R - juris Rn. 18 - GesR 2005, 411 = ZMGR 2005, 229.

62 Vgl. § 2 Abs. 5 BÄO; § 1 Abs. 1 Satz 2 ZHG; § 1 Abs. 1 PsychThG.

63 Vgl. § 2 Abs. 1 und 2 BÄO; § 1 Abs. 1 Sätze 1 und 3 ZHG; § 1 Abs. 1 Sätze 1 und 2 PsychThG.

64 § 2 Abs. 3 BÄO; § 1 Abs. 2 ZHG; § 2 Abs. 3 PsychThG.

65 Vgl. BVerwG v. 29.01.2004 - 3 C 39.03 - Buchholz 418.01 Zahnheilkunde Nr. 27 = GesR 2004, 239; EuGH v. 17.10.2003 - C-35/02 - Abl. EU 2004, Nr. C 7, 17.

Gesichtschirurg braucht grundsätzlich die doppelte Approbation als Arzt und Zahnarzt, wenn er zahnmedizinisch tätig sein will.[66] Soweit nach den Berufsgesetzen eine **befristete Erlaubnis** erteilt werden kann,[67] handelt es sich nicht um eine Approbation und steht einer Zulassung als grundsätzlich auf Dauer angelegtem, unbefristetem Statusakt die Befristung der Erlaubnis entgegen.[68]

§ 31 Abs. 3 Ärzte-ZV räumt aber den KVen bei Vorliegen bestimmter Bedarfsvoraussetzungen die Befugnis ein, Ärzte, die eine Approbation nach deutschen Rechtsvorschriften nicht besitzen, zur Teilnahme an der vertragsärztlichen Versorgung zu **ermächtigen**, wenn sie eine **Berufserlaubnis** haben. 48

Die Zulassungsgremien sind wie die KV als Arztregisterstelle an die **Entscheidung** der **Approbationsbehörde gebunden**,[69] außer bei Nichtigkeit.[70] Dies gilt auch für den Fall einer Versagung der Approbation.[71] Die Approbation muss nicht nur wirksam erteilt worden, sondern auch – darüber hinausgehend – bestandssicher sein.[72] So fehlt es bei einem angefochtenen Bescheid über die Rücknahme einer Approbation an deren Bestandssicherheit.[73] Mit der für den Zulassungsstatus erforderlichen Rechtsklarheit ist es unvereinbar, eine Zulassung noch zu erteilen, obgleich die ihr zu Grunde liegende Approbation bereits wieder zurückgenommen worden ist.[74] Fällt die Approbation nachträglich weg, so ist die Zulassung zu entziehen (vgl. § 95 Abs. 6 Satz 1 SGB V). 49

Auch ein **angestellt tätiger Arzt**, z.B. ein Krankenhausarzt, oder ein noch eine andere Tätigkeit ausübender Arzt kann grundsätzlich die Zulassung erhalten.[75] Zu beachten sind aber die weiteren Voraussetzungen insb. nach § 20 Ärzte-ZV (vgl. Rn. 93 ff.). 50

Andere Leistungserbringer dürfen nicht zur vertragsärztlichen Behandlung zugelassen werden.[76] Sie dürfen generell keine vertragsärztliche Behandlung durchführen (vgl. die §§ 15 Abs. 1, 28 Abs. 1 SGB V). Sie können nicht, auch soweit sie die **Heilkundeerlaubnis** als Heilpraktiker haben, zur vertragsärztlichen Versorgung zugelassen werden.[77] 51

Bedenklich, weil eindeutig gegen § 95 Abs. 1 SGB V, ist die Auffassung des LSG Nordrhein-Westfalen, wonach es nicht von vornherein ausgeschlossen ist, dass in besonderen Fallgestaltungen eine – ggf. vom Wortlaut der einschlägigen Vorschriften – sich lösende **Ausnahme** gemacht werden und auch ein nichtärztlicher Leistungserbringer (hier: Biologin und Humangenetikerin) ermächtigt werden kann,[78] oder der Kommentarliteratur, die in speziellen Ausnahmefällen aus Gründen der Sicherstellung Nichtärzte an der Behandlung mitwirken lassen will.[79] Das BSG hat bisher ebenfalls auf den Arzt- bzw. Ap- 52

---

[66] Vgl. VG Minden v. 14.05.2007 - 7 K 3250/06 - juris.

[67] Vgl. §§ 2 Abs. 2, 8, 10 BÄO; § 1 Abs. 1 Satz 3 ZHG; § 1 Abs. 1 Sätze 2, 4 PsychThG.

[68] Vgl. LSG Baden-Württemberg v. 03.03.2004 - L 5 KA 3860/03 - www.sozialgerichtsbarkeit.de.

[69] Vgl. BSG v. 05.02.2003 - B 6 KA 42/02 R - juris Rn. 20 - SozR 4-2500 § 95 Nr. 4; BSG v. 13.12.2000 - B 6 KA 26/00 R - juris Rn. 21 ff. - SozR 3-2500 § 95a Nr. 2; BSG v. 6.11.2002 - B 6 KA 37/01 R - juris Rn. 20 ff. - SozR 3-2500 § 95c Nr. 1.

[70] Vgl. BSG v. 05.02.2003 - B 6 KA 42/02 R - juris Rn. 20 - SozR 4-2500 § 95 Nr. 4.

[71] Vgl. LSG Baden-Württemberg v. 03.03.2004 - L 5 KA 3860/03 - www.sozialgerichtsbarkeit.de; SG Frankfurt a.M. v. 31.05.1999 - S 27 KA 1188/99 ER - juris Rn. 31 ff. - SGb 2000, 25.

[72] Vgl. BSG v. 05.02.2003 - B 6 KA 42/02 R - juris Rn. 21 - SozR 4-2500 § 95 Nr. 4.

[73] Vgl. BSG v. 05.02.2003 - B 6 KA 42/02 R - juris Rn. 24 ff. - SozR 4-2500 § 95 Nr. 4.

[74] Vgl. BSG v. 05.02.2003 - B 6 KA 42/02 R - juris Rn. 21 - SozR 4-2500 § 95 Nr. 4.

[75] Vgl. BSG v. 05.11.1997 - 6 RKa 52/97 - juris Rn. 14-20 - BSGE 81, 143 = SozR 3-2500 § 95 Nr. 16 = NJW 1998, 3442.

[76] Zur Verfassungsmäßigkeit des Arztvorbehaltes vgl. BVerfG v. 10.05.1988 - 1 BvR 111/77 - juris Rn. 21 - BVerfGE 78, 155, 162 = SozR § 368 Nr. 11; BSG v. 17.09.1997 - 6 BKa 33/96 - juris; BSG v. 02.09.1997 - 1 BK 8/97 - juris; BSG v. 10.06.1997 - 1 BK 47/96 - juris; BSG v. 11.10.1994 - 1 RK 26/92 - juris Rn. 18 ff. - USK 94128; BSG v. 12.05.1993 - 6 RKa 21/91 - juris Rn. 22 ff. - BSGE 72, 227 = SozR 3-2500 § 15 Nr. 2; BSG v. 01.03.1979 - 6 RKa 13/77 - BSGE 48, 47 = SozR 2200 § 368 Nr. 4; zur Heilpraktikererlaubnis vgl. auch BVerfG v. 10.05.1988 - 1 BvR 482/84 u.a. - BVerfGE 78, 179 = SozR § 368 Nr. 11; zum Ausschluss psychologischer Psychotherapeuten nach altem Recht vgl. auch BVerfG v. 10.05.1988 - 1 BvL 8/82 u.a. - juris Rn.27 - BVerfGE 78, 165 = SozR 2200 § 122 Nr. 10; BSG v. 30.03.1993 - 3 RK 1/93 - SozR 3-2500 § 15 Nr. 1.

[77] Vgl. BVerfG v. 10.05.1988 - 1 BvR 111/77 - juris Rn. 19 ff. - BVerfGE 78, 155 = SozR § 368 Nr. 11; BVerfG v. 15.12.1997 - 1 BvR 1953/97 - juris Rn. 7 - NJW 1998, 1775; BSG v. 22.01.1998 - B 1 KR 30/97 B - juris; BSG v. 01.03.1979 - 6 RKa 13/77 - BSGE 48, 47 = SozR 2200 § 368 Nr. 4.

[78] Vgl. LSG Nordrhein-Westfalen v. 20.01.2004 - L 10 B 19/03 KA ER - juris; offen gelassen bereits von LSG Nordrhein-Westfalen v. 13.03.2002 - L 11 KA 191/01 - juris; anders SG Berlin v. 05.11.1997 - S 71 Ka 161/96 - juris für die in der DDR erworbene berufliche Qualifikation als Fach-Biologe der Medizin.

[79] Vgl. *Hencke* in: Peters, Handbuch KV (SGB V), § 95 Rn. 10 und § 105 Rn. 2; *Hess* in: KassKomm, SGB V, § 95 Rn. 7.

probationsvorbehalt hingewiesen und dargelegt, dass die ärztliche Behandlung als Kassenleistung nur von Ärzten und nicht von anderen zur Ausübung von Heilkunde berechtigten Personen wie Heilpraktikern durchgeführt werden dürfe, auch nicht in dringenden Fällen.[80] Erweitert wurde dies bisher nur für Psychotherapeuten (vgl. Rn. 16). Hiervon zu unterscheiden ist die Frage, inwieweit sog. Heilhilfsberufe an der medizinischen Versorgung beteiligt werden können (vgl. Rn. 340 f.).

53 Soweit § 7 BMV-Ä/§ 11 EKV-Ä die Ermächtigung von **Fachwissenschaftlern der Medizin** vorsehen, fehlt es hierfür an einer gesetzlichen Grundlage.[81] In der DDR wurde ein Weiterbildungsweg für Naturwissenschaftler geschaffen, der über ein mindestens vierjähriges postgraduales Studium und ein der Facharztprüfung analoges Abschlusskolloquium zur staatlichen Anerkennung als „Fach-(Natur-)Wissenschaftler der Medizin“ führte und dem Naturwissenschaftler alle Tätigkeiten auf dem Gebiet der Labordiagnostik einschließlich der Befundung und Befundinterpretation gestattete. Die staatliche Anerkennung wurde in verschiedenen Teilgebieten ausgesprochen, z.B. als „Fachchemiker der Medizin für Klinische Chemie und Laboratoriumsdiagnostik“, als „Fachbiologe der Medizin für Experimentelle und Diagnostische Mikrobiologie“ u.a.[82] Übergangsrechtliche Bestimmungen für diesen Personenkreis im Sinne einer Approbationserteilung sind nicht geschaffen worden.[83]

54 Letztlich geht es um Fragen einer weiteren **Durchbrechung des Ärztemonopols** oder einer definitorischen Begrenzung des ärztlichen Leistungsspektrums, die es Ärzten oder Versicherten ermöglicht, Leistungen Dritter in Anspruch zu nehmen. Dies kann nur gesetzgeberisch gelöst werden. So hat das BSG für den Versuch, Basislaboruntersuchungen nach Abschnitt O I EBM über ein **Überweisungsverbot an Laborärzte** faktisch aus dem vertragsärztlichen Leistungsspektrum der Laborärzte auszuschließen, eine gesetzliche Grundlage gefordert.[84] Die Schaffung eines Status als Leistungserbringer kann aber nur durch den Gesetzgeber erfolgen. Daneben kann durch die **Weiterentwicklung der Medizintechnik** die einzelne Verrichtung keine heilkundlichen Fertigkeiten mehr verlangen und kann erlaubnisfrei von meist spezialisierten sog. Heilhilfsberufen angeboten werden.[85]

2. Medizinische Versorgungszentren

55 **MVZ** werden in § 95 Abs. 1 Satz 2 SGB V als **fachübergreifend ärztlich geleitete Einrichtungen** definiert. Die definitorische Verpflichtung, dass Ärzte im MVZ tätig sein müssen, gewährleistet das Approbationsmonopol.

56 **Zugelassen** wird das **MVZ** als solches. Nach bisherigem Recht handelte es sich um keine weitere **Berufsausübungsgemeinschaft**[86] und überlagerte die Zulassung des MVZ nicht die Zulassungen der darin tätigen Ärzte.[87] § 33 Abs. 2 Ärzte-ZV i.d.F. des VÄndG hat diesbezüglich keine Änderung gebracht (vgl. auch Rn. 73); allerdings ist die gemeinsame Ausübung vertragsärztlicher Tätigkeit nunmehr unter allen zur vertragsärztlichen Versorgung zugelassenen – also nicht lediglich ermächtigten – Leistungserbringern, also auch mit einem MVZ zulässig (§ 33 Abs. 2 Ärzte-ZV). Jedoch steht der gemeinsamen Berufsausübung zwischen Vertragsarzt und MVZ § 18 Abs. 1 MBO-Ä entgegen, wonach sich nur Ärzte zu Berufsausübungsgemeinschaften zusammenschließen dürfen.[88] Ähnlich sehen § 21 Abs. 1 MBO-Psychotherapeuten nur einen Zusammenschluss mit anderen Psychotherapeuten oder Angehörigen anderer Gesundheits- oder Beratungsberufe und die §§ 16 und 17 MBO-Zahnärzte vor, dass sich nur Zahnärzte mit Zahnärzten oder mit selbstständig tätigen und zur eigenverantwortlichen Berufsausübung berechtigten Angehörigen anderer Heilberufe oder staatlicher Ausbildungsberufe im Gesundheitswesen zusammenschließen können.

[80] Vgl. BSG v. 12.05.1993 - 6 RKa 21/91 - juris Rn. 23 - BSGE 72, 227 = SozR 3-2500 § 15 Nr. 2.
[81] Vgl. SG Berlin v. 05.11.1997 - S 71 Ka 161/96; *Schirmer* MedR 1991, 55, 58; zum Tätigkeitsstatus zugelassener Fachwissenschaftler vgl. LSG Brandenburg v. 25.10.2004 - L 5 B 106/04 KA ER.
[82] Vgl. Grundsätze des Berufsverbandes Deutscher Laborärzte e.V. Nr. 2.3.2, www.bdlev.de.
[83] Vgl. SG Berlin v. 05.11.1997 - S 71 Ka 161/96; *Schirmer*, MedR 1991, 55 ff.
[84] Vgl. BSG v. 20.03.1996 - 6 RKa 21/95 - BSGE 78, 91 = SozR 3-5540 § 25 Nr. 2.
[85] Vgl. BVerfG v. 07.08.2000 - 1 BvR 254/99 - juris Rn. 17 - NJW 2000, 2736 (Optikerhandwerk und Tonometrie, Perimetrie).
[86] Z.T. anders *Ratzel* in: Ratzel/Lippert, Kommentar zur MBO-Ä, 4. Aufl. 2006, § 18/18a Rn. 22.
[87] So aber *Lindenau*, GesR 2005, 494, 497 m.w.N.
[88] Ebenso *Schirmer*, Anmerkungen der KBV zum VÄndG, 2007, S. 70.

a. „Fachübergreifende" Einrichtung

Mit „**fachübergreifend**" strebt der Gesetzgeber nicht nur eine Zusammenarbeit zwischen verschiedenen ärztlichen Fachrichtungen, sondern auch eine interdisziplinäre zwischen ärztlichen und nicht ärztlichen Heilberufen und, durch die Einbeziehung stationärer Leistungsträger, auch über die Sektorengrenzen hinweg an.[89] Die definitorische Mindestvoraussetzung „fachübergreifend" ist nur auf die **im MVZ tätigen Ärzte** bezogen.[90] Diese sind von den Gründern zu unterscheiden. Mit dem Merkmal „fachübergreifend" verlangte der Gesetzgeber zunächst, dass wenigstens Ärzte zweier Fachrichtungen tätig sind.[91] 57

Das **VÄndG** fügte in § 95 Abs. 1 SGB V die Sätze 3-5 ein und erweiterte damit den bisher umstrittenen Begriff der „fachübergreifenden" Einrichtung. Es reicht jetzt aus, dass die Ärzte verschiedene „**Schwerpunktbezeichnungen**" führen. Das Tatbestandsmerkmal „fachübergreifend" liegt nunmehr auch vor, wenn z.B. ein Angiologe und ein Pneumologe im MVZ tätig sind. Maßgebend ist der Zulassungsstatus. Bei Verzicht auf die Schwerpunktbezeichnung, so dass kein Arzt mit einer Schwerpunktbezeichnung übrig bleibt, liegt keine „fachübergreifende" Tätigkeit vor.[92] Nach vorherigem Recht reichten Spezialisierungen innerhalb eines Fachgebietes wie das Führen einer Schwerpunktbezeichnung nicht aus.[93] Aus Sicht des **Gesetzgebers** wird damit klargestellt – sachlich handelt es sich um eine Gesetzesänderung –, dass alle möglichen Kombinationen verschiedener Facharzt- oder Schwerpunktbezeichnungen das Tatbestandsmerkmal „fachübergreifend" in § 95 Abs. 1 Satz 2 SGB V erfüllen. Das Anknüpfen an die Regelungen der MWBO-Ä soll die Anwendungspraxis der Zulassungsausschüsse und die Gründung medizinischer Versorgungszentren erleichtern.[94] Der Gesetzgeber nimmt damit, da die in der Schwerpunktkompetenz vorgeschriebenen Weiterbildungsinhalte nicht die Ausübung der fachärztlichen Tätigkeiten im Gebiet beschränken (§ 2 Satz 3 MWBO-Ä), in Kauf, dass die Mitglieder **im selben Gebiet** tätig sein können. 58

„**Fachübergreifend**" ist auf die Weiterbildungsordnungen, wie sie insbesondere **arztgruppenspezifisch im Planungsrecht** berücksichtigt werden (vgl. § 101 SGB V und § 4 BedarfsplRL-Ä, D 1. BedarfsplRL-ZÄ), zu beziehen. Aufgrund der Trennung in einen **haus- und fachärztlichen Versorgungsbereich**, der planungsrechtlich zur Bildung einer Gruppe von Hausärzten (§ 73a Abs. 1 SGB V) geführt hat (§ 101 Abs. 5 Satz 1 SGB V), ist die Vertretung beider Versorgungsbereiche, auch bei gleicher Weiterbildung, als fachübergreifend anzusehen.[95] Ein MVZ kann aber nicht lediglich ausschließlich hausärztlich tätige Allgemeinärzte und Internisten (ohne Schwerpunktbezeichnung) beschäftigen.[96] Entsprechend reichen unterschiedliche Weiterbildungen bei einer Teilnahme an der hausärztlichen Versorgung nicht aus. [97] 59

Dies hat das **VÄndG** nunmehr mit der Einfügung des Satzes 3 HS. 2 und Satz 4 in § 95 Abs. 1 SGB V ausdrücklich klargestellt. Die Einrichtung ist nicht fachübergreifend, wenn die Ärzte der **hausärztlichen Arztgruppe** nach § 101 Abs. 5 SGB V angehören und wenn die Ärzte oder Psychotherapeuten der psychotherapeutischen Arztgruppe nach § 101 Abs. 4 SGB V angehören. Sind in einer Einrichtung nach § 95 Abs. 1 Satz 2 SGB V ein fachärztlicher und ein hausärztlicher Internist tätig, so ist die Einrichtung fachübergreifend. Nach der **Gesetzesbegründung** erfolgt die Ausnahme von der Anknüpfung an die MBO-Ä in der hausärztlichen Versorgung, weil die Ärzte denselben **Versorgungsbereich** abdecken bzw. ein hausärztlich und ein fachärztlich tätiger Internist ohne Schwerpunktbezeichnung, obwohl sie dieselben Facharztbezeichnungen führen, unterschiedliche Leistungen erbringen und daher eine fachübergreifende Versorgung gewährleisten können.[98] 60

---

[89] Einschränkend *Ratzel*, ZMGR 2004, 63, 65.

[90] Anders *Lindenau*, GesR 2005, 494, 496.

[91] Anders *Rau*, MedR 2004, 667, 671 f.; *Fiedler/Weber*, NZS 2004, 358, 359.

[92] Vgl. *Schirmer*, Anmerkungen der KBV zum VÄndG, 2007, S. 64.

[93] Vgl. *Behnsen*, Krankenhaus 2004, 606; *Ratzel*, ZMGR 2004, 63, 65; *Andreas*, ArztR 2005, 144, 145; *Zuck* in: Quaas/Zuck, Medizinrecht, § 47 Rn. 11; anders *Lindenau*, GesR 2005, 494, 496 und 497; *Kasper* in: Plagemann, Münchener Anwaltshandbuch Sozialrecht, § 17 Rn. 23 und 25.

[94] Vgl. BT-Drs. 16/2474, S. 21 (zu Nr. 5 (§ 95) lit. a).

[95] Vgl. *Andreas*, ArztR 2005, 144, 145; a.A. *Ratzel*, ZMGR 2004, 63, 65; *Zuck* in: Quaas/Zuck, Medizinrecht, 2005, § 47 Rn. 13.

[96] Vgl. *Ratzel*, ZMGR 2004, 63, 65; anders *Scholz*, GesR 2003, 369, 371.

[97] Vgl. *Behnsen*, Krankenhaus 2004, 606; *Kasper* in: Plagemann, Münchener Anwaltshandbuch Sozialrecht, § 17 Rn. 25.

[98] Vgl. BT-Drs. 16/2474, S. 21 (zu Nr. 5 (§ 95) lit. a).

61 Für die Kombination einer **ärztlichen und zahnärztlichen Profession** wird z.T. angenommen, dass diese aufgrund der unterschiedlichen Versorgungsstrukturen nicht das Merkmal „fachübergreifend" erfüllt.[99] Das bisher uneingeschränkt geltende Verbot nach § 33 Abs. 1 Satz 3 Ärzte-ZV/Zahnärzte-ZV a.F., wonach **die gemeinsame Beschäftigung von Ärzten und Zahnärzten** nicht zulässig ist, hat das VÄndG durch das Anfügen eines weiteren Halbsatzes für MVZ ausdrücklich beseitigt. Die Ergänzung soll MVZ – anders als ärztlichen Berufsausübungsgemeinschaften – eine gemeinsame Beschäftigung von Ärzten und Zahnärzten ermöglichen. Eine solche gemeinsame Beschäftigung kann nach der Gesetzesbegründung z.B. in „Kopfzentren" sinnvoll sein.[100]

62 Der ferner durch das **VÄndG** eingefügte Satz 5 in § 95 Abs. 1 SGB V, der eine **kooperative Leitung** ermöglicht, wenn in einem medizinischen Versorgungszentrum Angehörige unterschiedlicher Berufsgruppen, die an der vertragsärztlichen Versorgung teilnehmen, tätig sind, knüpft an § 95 Abs. 1 Satz 2 SGB V an, der vorschreibt, bei einem MVZ müsse es sich um eine **„ärztlich geleitete" Einrichtung** handeln. Der Gesetzgeber hielt es für sinnvoll, in den Fällen, in denen in einem medizinischen Versorgungszentrum sowohl Ärzte und Zahnärzte oder Ärzte und Psychotherapeuten oder Zahnärzte und Psychotherapeuten gemeinsam tätig sind, die Möglichkeit einer kooperativen Leitung einzuräumen, um deren **Zusammenarbeit zu fördern**. Möglich sei daher z.B. die gemeinsame Leitung eines Arztes und eines Zahnarztes, wenn in dem medizinischen Versorgungszentrum Angehörige beider Berufe tätig sind (vgl. Rn. 81 ff.).

63 Der **Gesetzgeber** hat allerdings von einer eindeutigen Regelung in § 95 Abs. 1 SGB V abgesehen. Er hätte z.B. den Begriff „fachübergreifend" entsprechend definieren können. Indirekt folgt aber aus der **Gesetzesbegründung** zu § 95 Abs. 1 Satz 5 SGB V und § 33 Abs. 1 Satz 3 HS. 2 Ärzte-ZV, dass der Gesetzgeber das Zusammengehen von **Ärzten und Zahnärzten** in einem MVZ für möglich hält. Einer solchen Auslegung steht das Merkmal „fachübergreifende ärztlich geleitete Einrichtungen" in § 95 Abs. 1 Satz 2 SGB V nicht entgegen, da die dort genannten „Ärzte" aufgrund des Analogiegebots nach § 72 Abs. 2 Satz 2 SGB V als „Ärzte, Zahnärzte, Psychotherapeuten" zu lesen sind.[101] Folglich ist ein **MVZ** zulässig, in dem ein **Arzt** oder **Psychotherapeut** und ein **Zahnarzt** tätig sind.[102] Einer alleinigen Leitung durch einen Nichtarzt, also z.B. einen Psychotherapeuten oder Zahnarzt, steht § 2 Abs. 4 MBO-Ä[103] entgegen, wonach Ärzte hinsichtlich ihrer fachlichen Entscheidungen keine Weisungen von Nichtärzten entgegennehmen dürfen.[104]

64 Bei einer gemeinsamen Tätigkeit von Ärzten und Zahnärzten in einem MVZ haben sowohl der **Zulassungsausschuss für Ärzte** als auch der **Zulassungsausschuss für Zahnärzte** mitzuwirken. Zulassungsentscheidungen werden jeweils für die Zulassung der Ärzte und Zahnärzte (§ 95 Abs. 1 Satz 1 SGB V, §§ 18 und 19 Ärzte-ZV/Zahnärzte-ZV) bzw. deren Anstellung (§ 95 Abs. 1 Satz 7 SGB V, § 32b Abs. 2 Satz 1 Ärzte-ZV/Zahnärzte-ZV) benötigt. Des Weiteren muss das MVZ selbst genehmigt werden (§ 95 Abs. 1 Satz 1 SGB V, §§ 1 Abs. 3 Nr. 2, 18 und 19 Ärzte-ZV/§§ 1 Abs. 3, 18 und 19 Zahnärzte-ZV). Bei Gründung eines MVZ durch Ärzte und Zahnärzte ist mangels gesetzlicher Regelung daher eine **Genehmigung beider Zulassungsausschüsse** erforderlich.

65 Ein MVZ kann an der **vertragszahnärztlichen Versorgung** teilnehmen. § 95 Abs. 1 Satz 2 SGB V ist auf Zahnärzte anwendbar (§ 72 Abs. 1 Satz 2 SGB V).[105] Die Zahnärzte-ZV gilt ausdrücklich für MVZ und die dort angestellten Zahnärzte entsprechend (§ 1 Abs. 3 Zahnärzte-ZV).[106] Auch soweit Zahnärzte berechtigt sind, alle zahnärztlichen Leistungen zu erbringen, ist die „fachübergreifende" Kooperation mit mindestens einem weitergebildeten Zahnarzt (Oralchirurg, Kieferorthopäden oder MKG-Chirurg) erforderlich.[107] **Zahnärzte** können deshalb auch **allein ein MVZ betreiben**.

---

[99] Vgl. *Behnsen*, Krankenhaus 2004, 606; *Kasper* in: Plagemann, Münchener Anwaltshandbuch Sozialrecht, § 17 Rn. 26; anders *Ziermann*, MedR 2004, 540, 542 f.; *Fiedler/Weber*, NZS 2004, 358 f.; *Lindenau*, GesR 2005, 494, 496.

[100] Vgl. BT-Drs. 16/2474, S. 31 (zu Nr. 11 (§ 33) lit. a) und S. 34 (zu Nr. 11 (§ 33) lit. a).

[101] Zweifelnd *Schirmer*, Anmerkungen der KBV zum VÄndG, 2007, S. 65.

[102] Vgl. *Orlowski* u.a., Vertragsarztrechtsänderungsgesetz, 2007, S. 42 f.; anders *Schirmer*, Anmerkungen der KBV zum VÄndG, 2007, S. 65 f. (erforderlich sei mehr als ein Zahnarzt).

[103] Vgl. hierzu *Lippert* in: Ratzel/ders., Kommentar zur MBO-Ä, 4. Aufl. 2006, § 43 Rn. 19.

[104] Zur Problemlage vgl. *Ratzel* in: Ratzel/Lippert, Kommentar zur MBO-Ä, 4. Aufl. 2006, § 18/18a Rn. 26 f.

[105] Vgl. *Möller*, MedR 2007, 263, 264; anders *Lindemann* in: Wannagat, SGB V, § 95 Rn. 34 und 37.

[106] Vgl. *Fiedler/Weber*, NZS 2004, 358, 359; *Tettinger*, GesR 2004, 449, 450; *Ziermann*, MedR 2004, 540, 542.

[107] Vgl. *Tettinger*, GesR 2004, 449, 450; *Kasper* in: Plagemann, Münchener Anwaltshandbuch Sozialrecht, § 17 Rn. 25; anders *Ziermann*, MedR 2004, 540, 543.

Im **vertragszahnärztlichen Bereich** besteht jedoch weder eine Untergliederung in eine haus- und fachärztliche Versorgung noch gibt es überhaupt **Fachgebiete** im Sinne des Vertragsarztrechts. Daher ist jeder Vertragszahnarzt berechtigt, sämtliche zahnärztlichen Leistungen zu erbringen und abzurechnen.[108] Die **MWBO-Zahnärzte**[109] sieht als **Weiterbildungen** neben der Gebietsbezeichnung „Öffentliches Gesundheitswesen" die Gebietsbezeichnung „Kieferorthopädie" und „Oralchirurgie"[110] vor. Eine Beschränkung auf ein Teilgebiet besteht aber nur für die Gebietsbezeichnung „Kieferorthopädie". Nach § 9 Abs. 1 Satz 2 MWBO-Zahnärzte kann die Bezeichnung „Kieferorthopädie" führen, wer sich grundsätzlich auf das Gebiet beschränkt. Die – maßgebliche – Umsetzung der Landeszahnärztekammern weicht hiervon teilweise ab. In den meisten Berufsordnungen für Zahnärzte wird eine Gebietsbeschränkung nicht gefordert, z.T. besteht aber auf der Grundlage der Heilberufsgesetze eine generelle Gebietsbeschränkung mit Ausnahmemöglichkeit. So bestimmt z.B. § 12 Abs. 2 und 3 WBO-Zahnärzte Hessen[111], dass, wer eine Gebietsbezeichnung führt, grundsätzlich nur in dem Gebiet tätig werden darf, dessen Bezeichnung er führt, wovon aber die Landeszahnärztekammer Ausnahmen zulassen kann, wenn die alleinige Tätigkeit in dem Gebiet keine ausreichende Existenzgrundlage bietet oder die Beschränkung der ordnungsgemäßen Versorgung der Patienten nicht dienlich ist. Soweit eine Gebietsbeschränkung für einzelne zahnärztliche Weiterbildungen nicht besteht, folgen aus den Weiterbildungen spezifische Versorgungsaufträge nicht zwingend. Unabhängig von einer Gebietsbeschränkung handelt es sich aber trotz der Bezeichnung als „**Fachzahnarzt**" – anders als im ärztlichen Bereich – nicht um eine Facharztbezeichnung im eigentlichen Sinn, mit der Gebiete der Zahnmedizin strikt von einander abgegrenzt werden. Dementsprechend ist jeder Zahnarzt, auch die Fachzahnärzte, berechtigt, sämtliche zahnärztliche Leistungen zu erbringen und abzurechnen. Die in der **MWBO-Zahnärzte vorgesehenen Gebietsbezeichnungen** entsprechen von Struktur und Inhalt vielmehr den **Schwerpunktbezeichnungen im ärztlichen Bereich**. Ebenso wie der eine Schwerpunktbezeichnung führende Arzt (vgl. § 2 Abs. 3 Satz 3 MWBO-Ä) ist der eine Gebietsbezeichnung führende Zahnarzt bei Ausübung seiner zahnärztlichen Tätigkeit nicht auf das Gebiet beschränkt, sondern darf sämtliche zahnärztlichen Leistungen erbringen und abrechnen. Mit dem VÄndG hat der Gesetzgeber aber gerade auch alle möglichen Kombinationen verschiedener Facharzt- oder Schwerpunktbezeichnungen als „fachübergreifend" zugelassen. Wie bei Ärzten ist bei Zahnärzten daher die **Errichtung eines MVZ** dann möglich, wenn die Zahnärzte zwar demselben Fachgebiet angehören, aber über unterschiedliche Schwerpunktbezeichnungen, d. h. **zahnärztliche Fachgebiete** verfügen.[112] 66

Lediglich die **Kooperation eines angestellten Arztes mit einem Vertragsarzt** reicht ebenfalls nicht aus.[113] Da das MVZ selbst durch seine angestellten Ärzte fachübergreifend tätig sein muss, muss es mindestens zwei Ärzte, ggf. auf Teilzeitbasis (vgl. § 101 Abs. 1 Satz 6 SGB V), anstellen. Es muss sich aber nicht um Ärzte der gleichen oder ähnlichen Fachrichtung handeln (zur Entwicklung bei der Gemeinschaftspraxis vgl. Rn. 137 f.). Die „fachübergreifende" Tätigkeit ist gerade Definitionsmerkmal eines MVZ. 67

b. Gründer und Gesellschafter

Bei den **Gründern und den Gesellschaftern** des MVZ muss es sich ausschließlich um zugelassene Leistungserbringer (§ 95 Abs. 1 Satz 6 HS. 2 SGB V) handeln. Der Gesetzgeber will dadurch sicherstellen, dass eine primär an medizinischen Vorgaben orientierte Führung der Zentren gewährleistet wird. Deshalb ist diese **Gründungsvoraussetzung** auch Voraussetzung für den **Fortbestand** des Zentrums und ist die Zulassung zu entziehen, wenn in die Trägergesellschaft Gesellschafter aufgenommen werden, die keine zugelassenen Leistungserbringer sind und – nach Einfügung durch das VÄndG – dieser Zustand länger als sechs Monate andauert (vgl. § 95 Abs. 6 Satz 3 SGB V).[114] Ob hierdurch gene- 68

---

[108] Vgl. SG Stuttgart v. 26.04.2007 - S 10 KA 2895/07 ER - juris (aufgehoben durch LSG Baden-Württemberg v. 26.04.2007 - L 5 KA 2542/07 ER-B).

[109] Muster-Weiterbildungsordnung der Bundeszahnärztekammer, Beschl. des Vorstandes v. 30.05.1996, geändert mit Beschl. v. 27.03.1998 und 23.05.03, www.bzaek.de.

[110] Vgl. hierzu BSG v. 14.12.2005 - B 6 KA 4/05 R - juris Rn. 19-21 - SozR 4-2500 § 106 Nr. 12 = MedR 2006, 444.

[111] Vgl. www.lzkh.de/Weiterbildungsordnung (Stand: 03/2006); ähnlich § 1 Abs. 3 WBO-Zahnärzte Niedersachsen (Stand: 12/2006), www.zkn.de.

[112] Vgl. SG Stuttgart v. 26.04.2007 - S 10 KA 2895/07 ER - juris (aufgehoben durch LSG Baden-Württemberg v. 26.04.2007 - L 5 KA 2542/07 ER-B); im Ergebnis ebenso *Orlowski* u.a., Vertragsarztrechtsänderungsgesetz, 2007, S. 42; *Schallen*, Zulassungsverordnung, Rn. 384 und 429.

[113] Anders *Scholz*, GesR 2003, 369, 371.

[114] Vgl. BT-Drs. 15/1525, S. 108.

rell der Einfluss externer Managementgesellschaften oder Kapitalgeber ausgeschlossen wird, wird zu Recht bezweifelt, da die hinter vielen Häusern stehenden Krankenhausketten ebenso wie die wirtschaftlichen Unternehmungen im Hilfsmittel- und Heilmittelerbringerbereich nunmehr Zugang zur ambulanten Versorgung erreichen können.[115] Die ärztlichen, im MVZ tätigen Heilbehandler müssen in das Arztregister eingetragen und damit approbiert sein (§ 95 Abs. 2 Satz 5 SGB V). Eine **unternehmerische Führung**, wie in den Gesetzesmaterialien verlangt,[116] sieht das Gesetz nicht vor, dürfte aber sinnvoll sein.

69 Als **Gründer** der MVZ kommen neben zugelassenen und ermächtigten[117] Ärzten, Zahnärzten, Psychologischen Psychotherapeuten und Kinder- und Jugendlichenpsychotherapeuten die ermächtigten ärztlichen Einrichtungen sowie alle übrigen **Leistungserbringer**, die aufgrund einer Zulassung oder eines Vertrages an der medizinischen Versorgung der Versicherten teilnehmen, in Betracht (vgl. § 95 Abs. 1 Satz 6 HS. 2 SGB V). Wenn auch sprachlich z.T. weiter gefasst, da nicht auf Leistungserbringer des 4. Kapitels des SGB V beschränkt, entspricht dies inhaltlich weitgehend der Formulierung in § 140b Abs. 1 Nr. 1 SGB V. Allerdings sind nach § 95 SGB V **„Gemeinschaften" von Leistungserbringern**" und damit insbesondere die KVen und Gemeinschaftspraxen ausgenommen. **„Medizinische Versorgung"** knüpft an die Leistungsarten nach § 11 Abs. 1 und 2 SGB V an.

70 Im **Einzelnen** handelt es sich neben den ermächtigten ärztlichen Einrichtungen (vgl. Rn. 89)[118] aus dem ärztlichen Bereich um alle zugelassenen Krankenhäuser (§ 108 SGB V),[119] Vorsorge- und Rehabilitationseinrichtungen (§ 111 SGB V), Einrichtungen des Müttergenesungswerks oder gleichartige Einrichtungen (§ 111a SGB V) und Einrichtungen zur Durchführung ambulanter Schwangerschaftsabbrüche und Sterilisationen nach § 75 Abs. 9 SGB V. Als nichtärztliche Leistungserbringer kommen in Betracht

- Erbringer von Heilmitteln (§ 124 SGB V),
- Hilfsmittellieferanten (§ 126 SGB V),
- Apotheken bei Geltung des Rahmenvertrages (§ 129 Abs. 3 SGB V),
- Dienste zur Erbringung häuslicher Krankenpflege (§ 132a Abs. 2 SGB V),
- Einrichtungen zur Versorgung mit Soziotherapie (§ 132b Abs. 1 SGB V),
- Einrichtungen zur Erbringung sozialmedizinischer Nachsorgemaßnahmen (§ 132c Abs. 1 SGB V),
- Hebammen[120] (vgl. § 134 SGB V, §§ 195, 196 RVO) und
- Zahntechniker[121] (vgl. § 88 SGB V).

71 Erbringer von Leistungen der Haushaltshilfe (§ 132 SGB V) scheiden aus,[122] da es sich bei Haushaltshilfe (vgl. § 38 SGB V) nicht um eine medizinische Leistung handelt. Gleiches gilt für Transportunternehmer (§§ 60, 133 SGB V). Mangels eines Zulassungsstatus scheiden **Privatärzte** und **Privatkrankenhäuser** gleichfalls aus. **Heilpraktiker** sind nicht zur vertragsärztlichen Versorgung berechtigt und scheiden daher als Gründer aus.[123] **Krankenkassen, Verbände, Wohlfahrtsverbände, Arzneimittelhersteller** (pharmazeutische Unternehmer)[124] und **Managementgesellschaften** nach § 140b Abs. 1 Nr. 4 SGB V [125] können ebenfalls **nicht Gründer** sein. Pharmazeutische Unternehmer bleiben auch nach den Änderungen durch das BSSichG und WSG-GKV ausgeschlossen, da sie weiterhin nicht unmittelbar an der Versorgung der Versicherten beteiligt sind (vgl. §§ 34 Abs. 6 Satz 1, 35c Sätze 3, 5 und 6, 130a Abs. 1 und 8 SGB V).

---

[115] Vgl. *Ratzel*, ZMGR 2004, 63, 64.

[116] Vgl. BT-Drs. 15/1525, S. 74.

[117] Anders wegen ihrer Befristung *Wigge*, MedR 2004, 123, 132; *Lindemann* in: Wannagat, SGB V, § 95 Rn. 78.

[118] Z.T. anders *Lindemann* in: Wannagat, SGB V, § 95 Rn. 79 für Einrichtungen nach § 117 SGB V.

[119] Vgl. SG Magdeburg v. 28.09.2005 - S 17 KA 92/05 ER - juris Rn. 30 - KH 2006, 320-321.

[120] So auch *Steinhilper*, GesR 2003, 374, 378.

[121] *Zuck* in: Quaas/Zuck, Medizinrecht, 2005, § 47 Rn. 20; zu § 88 SGB V vgl. BSG v. 11.12.2002 - B 6 KA 21/01 R - SozR 3-2500 § 88 Nr. 3.

[122] A.A. *Schallen*, Zulassungsverordnung, Rn. 386.

[123] Vgl. *Zuck* in: Quaas/Zuck, Medizinrecht, 2005, § 49 Rn. 13; anders *Steinhilper*, GesR 2003, 374, 378.

[124] Vgl. *Behnsen*, Krankenhaus 2004, 605; *Schallen*, Zulassungsverordnung, Rn. 388; *Wigge*, MedR 2004, 123, 132; *Kasper* in: Plagemann, Münchener Anwaltshandbuch Sozialrecht, § 17 Rn. 16; anders wohl *Lindenau*, GesR 2005, 494, 495; *Zuck* in: Quaas/Zuck, Medizinrecht, § 47 Rn. 20 und § 49 Rn. 12.

[125] Vgl. *Behnsen*, Krankenhaus 2004, 604; *Ratzel*, ZMGR 2004, 63, 64; *Wigge*, MedR 2004, 123, 133.

Ein **niedergelassener Vertragsarzt** kann als Gründer auch nur für einen **hälftigen Versorgungsauftrag** (§ 19a Abs. 2 Satz 1 Ärzte-ZV) zugelassen sein, da der Zulassungsstatus insoweit unberührt bleibt. Ein **Job-Sharing-Partner** einer Gemeinschaftspraxis kann ebenfalls als zugelassener Vertragsarzt Gründer sein. Durch die Auflösung der Gemeinschaftspraxis verliert er allerdings seine auf die Dauer der gemeinsamen vertragsärztlichen Tätigkeit beschränkte Zulassung und damit seine Gründereigenschaft.[126] 72

Ein **Vertragsarzt** kann auch nach Änderung des § 33 Abs. 2 Ärzte-ZV durch das VÄndG als **Gründer eines MVZ** für dieses nicht unmittelbar tätig werden, ohne seine **Zulassung aufzugeben.**[127] Der Gesetzgeber ging zunächst selbst davon aus, dass MVZ ihre vertragsärztlichen Leistungen durch angestellte Ärzte erbringen und Vertragsärzte mit den MVZ nur zusammenarbeiten und Einrichtungen des Zentrums mitnutzen könnten, soweit dies mit den für die vertragsärztliche Tätigkeit geltenden rechtlichen Bestimmungen vereinbar ist.[128] Das MVZ erbringt Leistungen nur durch seine angestellten Ärzte (vgl. § 95 Abs. 3 Satz 2 SGB V). Die Formulierung in § 95 Abs. 1 Satz 2 SGB V („als Angestellte oder Vertragsärzte") ist insofern missverständlich und ausschließlich auf § 103 Abs. 4a Satz 1 SGB V zu beziehen, wonach der Vertragsarztsitz – ohne Ausschreibung – in ein MVZ eingebracht werden kann. Auch soweit berufsrechtlich nunmehr die Tätigkeit in mehreren Berufsausübungsgemeinschaften zulässig ist, stand dem bisher § 33 Abs. 2 Satz 1 Ärzte-ZV a.F. entgegen, der eine gemeinsame Ausübung nur „unter Vertragsärzten", also nicht mit einem MVZ zuließ. Ein Vertragsarzt konnte daher mit einem MVZ nur eine losere Kooperationsform eingehen oder sich aber bei dem MVZ – unter Aufgabe oder Einbringung seiner Zulassung – anstellen lassen.[129] Von daher war zweifelhaft, ob Vertragsärzte unter **Aufrechterhaltung ihres Status ein MVZ gründen** können[130] bzw. eine (fachübergreifende) Gemeinschaftspraxis bei berufsrechtlicher Zulassung mehrerer Berufsausübungsgemeinschaften und entsprechender Sitzverlegung direkt in ein MVZ überführt werden kann.[131] In diesem Verständnis würde es sich bei dem **MVZ** um eine **weitere Kooperationsform** bzw. jetzt Berufsausübungsgemeinschaft neben der Gemeinschaftspraxis nach § 33 Abs. 2 Ärzte-ZV handeln[132] bzw. soll die Zulassung als Vertragsarzt durch die Zulassung des MVZ „überlagert" werden (vgl. Rn. 56).[133] Auch wenn dies inzwischen der zulassungsrechtlichen Praxis entspricht – so waren im 1. Quartal 2007 von 2.934 in MVZ (Anzahl: 733, davon 64% in Trägerschaft von Vertragsärzten) tätigen Ärzten lediglich 1.940 angestellt –,[134] so wäre doch § 33 Ärzte-ZV zu ergänzen bzw. anzupassen gewesen. Auch kann weder § 103 Abs. 4a SGB V noch § 103 Abs. 6 SGB V auf eine solche Konstruktion übertragen werden. Das MVZ ist keine neue Berufsausübungsgemeinschaft und keine neue Gesellschaftsform, sondern nur ein **neuer Leistungserbringer**, der sich der bestehenden Gesellschaftsformen zu bedienen hat. Lässt man die Konstruktion einer vertragsärztlichen Tätigkeit in einem MVZ zu, so handelt es sich um eine **vertragsärztliche Gemeinschaftspraxis** in der **„Rechtsform" eines MVZ**, was gerade nicht möglich ist, da es sich um keine neue Berufsausübungsgemeinschaft handelt. *Scholz* weist ferner darauf hin, dass da- 73

---

[126] Vgl. SG Nürnberg. v. 12.10.2004 - S 6 KA 17/04 ER - ZMGR 2005, 34.

[127] Anders *Krauskopf* in: Krauskopf, Krankenversicherung, § 95 Rn. 40, der eine Anstellung als Nebentätigkeit für zulässig hält; *Kasper* in: Plagemann, Münchener Anwaltshandbuch Sozialrecht, § 17 Rn. 51; zur unterschiedlichen Verwaltungspraxis vgl. *Möller*, MedR 2007, 263, 269 f. Soweit der Gemeinsame Bundesausschuss mit § 41 BedarfsplRL-Ä (Nr. 38c a.F.), wonach sich in „zulässigen" Fällen der gleichzeitigen Tätigkeit als Vertragsarzt und als angestellter Arzt in einem MVZ die Bedarfsplanungs-Anrechnung nur auf den Vertragsarztsitz des Arztes bezieht, von einer anderen Vorstellung ausgeht, nimmt er diese bereits selbst mit der Formulierung „in zulässigen Fällen" zurück.

[128] Vgl. BT-Drs. 15/1525, S. 108 (zu Nr. 74 lit. a); vgl. aber den Hinweis bei *Butzer*, NZS 2005, 344, 346, Fn. 21.

[129] Vgl. *Lindemann* in: Wannagat, SGB V, § 95 Rn. 38 ff.; *Zuck* in: Quaas/Zuck, Medizinrecht, 2005, § 48 Rn. 6 ff. und § 49 Rn. 5; *Scholz*, GesR 2003, 369, 371; *Ziermann*, MedR 2004, 540, 544; *Rau*, MedR 2004, 667, 670; anders *Fiedler/Weber*, NZS 2004, 358, 359; *Butzer*, NZS 2005, 344, 346; *Wigge*, MedR 2004, 123, 126 f.; *Kasper* in: Plagemann, Münchener Anwaltshandbuch Sozialrecht, § 17 Rn. 35; *Liebold/Zalewski*, Kassenarztrecht, Loseblatt, C 95-13.

[130] So *Wigge*, MedR 2004, 123, 127; *Lindenau*, GesR 2005, 494 f.; *Schallen*, Zulassungsverordnung, 4. Aufl. 2004, Rn. 367; *Behnsen*, Krankenhaus, 698 f.; anders *Scholz*, GesR 2003, 369, 371; *Ziermann*, MedR 2004, 540, 544 f. für Zahnärzte; nicht eindeutig *Hiddemann/Muckel*, NJW 2004, 7, 10.

[131] So KV Bayern, MVZ, Erstinformation - Stand 04.07.2005, www.kvb.de, 9; *Behnsen*, Krankenhaus 2004, 698 f.

[132] So ausdrücklich *Wigge*, MedR 2004, 123, 127.

[133] So *Behnsen*, Krankenhaus, 699.

[134] Vgl. KBV, Zahlen, Daten, Fakten, Kennzahlen Medizinische Versorgungszentren, www.kbv.de/themen/7178.html.

durch auch die Beschränkung der Anstellung von Ärzten umgangen werden könnte,[135] die auch durch das VÄndG für Vertragsärzte nicht gänzlich aufgehoben ist (§ 32b Abs. 1 Ärzte-ZV, § 14a BMV-Ä/ § 20a EKV-Ä; vgl. Rn. 547 ff.). Mit § 33 Abs. 2 Satz 1 Ärzte-ZV i.d.F. des VÄndG ist jetzt aber die Berufsausübungsgemeinschaft mit allen „zur vertragsärztlichen Versorgung zugelassenen Leistungserbringern", also auch MVZ unabhängig von deren Organisationsform möglich (vgl. auch § 15c BMV-Ä/EKV-Ä).[136] Ein Vertragsarzt oder eine vertragsärztliche Gemeinschaftspraxis kann daher mit einem MVZ eine (ggf. weitere) vertragsärztliche Gemeinschaftspraxis als BGB-Gesellschaft bilden; nur auf diese Weise können selbständig tätige und angestellte Ärzte zusammen tätig werden. Einer Anstellung eines Vertragsarztes in einem MVZ steht § 20 Abs. 2 Ärzte-ZV entgegen (vgl. Rn. 122).

74 Der Vertragsarzt kann ferner in einem gesperrten Planungsbereich seine **Zulassung** durch Verzicht **in das MVZ** faktisch **einbringen** bzw. „übertragen",[137] um eine Anstellungsgenehmigung zu erhalten (vgl. § 103 Abs. 4a Satz 1 SGB V). Mit Verzicht verliert der Arzt aber seine Gründerfähigkeit. Für den Fortbestand des MVZ ist dies unschädlich, soweit weitere Gründer vorhanden sind oder ein Gründer nachfolgt. Die Verwaltungspraxis, wonach solche Vertragsärzte ihre Gründereigenschaft für dieses MVZ nicht verlieren, soweit sie weiterhin im MVZ angestellt sind und die Geschäftsanteile bei ihnen verbleiben,[138] kann allenfalls bei einschränkender Interpretation des § 95 Abs. 6 Satz 3 SGB V im Sinne einer Stärkung ärztlicher Kompetenz gerechtfertigt werden.

75 **Besonderheiten** können sich auch aus dem Berufsrecht der weiteren Gründer oder Kooperationspartner ergeben, was insbesondere bei Apothekern der Fall ist.[139]

c. Rechtsform

76 Die medizinischen Versorgungszentren können sich aller zulässigen **Organisationsformen** bedienen (§ 95 Abs. 1 Satz 6 HS. 1 SGB V). Das Vertragsarztrecht schränkt, anders als das Berufsrecht für ärztliche Zusammenschlüsse, die Form des Zusammenschlusses nicht ein. Mit „zulässig" verweist der Gesetzgeber offensichtlich auf die gesellschaftsrechtlichen Bestimmungen. In der Gesetzesbegründung wird beispielhaft angeführt, Gesundheitszentren könnten als **juristische Personen**, z.B. als GmbH oder als **Gesamthandgemeinschaft** (BGB-Gesellschaft) von privaten oder öffentlichen Trägern betrieben werden.[140] Als weitere Rechtsformen kommt die Aktiengesellschaft (vgl. § 3 Abs. 1 AktG) und die Kommanditgesellschaft auf Aktien in Betracht. **Unzulässig** sind die **Rechtsformen** der Handelsgesellschaften (OHG, KG, GmbH und Co. KG, Stille Gesellschaft), da diese den Betrieb eines Handelsgewerbes voraussetzen (vgl. die §§ 1 Abs. 2, 105 Abs. 1, 161 Abs. 1, 230 Abs. 1 HGB).[141] Die Erbringung ärztlicher Leistungen ist kein Gewerbe (§ 1 Abs. 2 BÄO, § 1 Abs. 4 ZHG). Unzulässig ist auch die Rechtsform des eingetragenen Vereins, da dennoch MVZ auf einen wirtschaftlichen Geschäftsbetrieb gerichtet sind (vgl. die §§ 21, 22 BGB). Eine Partnerschaftsgesellschaft scheidet dann aus, wenn Gründer nicht ausschließlich Angehörige freier Berufe sind (vgl. § 1 Abs. 1 PartGG).[142]

77 Das MVZ ist ein neuer Leistungserbringer in der ambulanten Versorgung, das aber **keine neue sozialrechtlich zulässige Kooperationsform für Ärzte** darstellt (vgl. Rn. 56 und Rn. 73). Für seine Gründung und Tätigkeit sind auch nach ersatzloser Aufhebung des § 33 Abs. 2 Satz 4 Ärzte-ZV a.F. durch das VÄndG weiterhin die **berufsrechtlichen Regelungen** zu beachten (vgl. Rn. 129), wonach einer gemeinsamen vertragsärztlichen Tätigkeit die landesrechtlichen Vorschriften über die ärztliche Berufsausübung nicht entgegenstehen durften. Soweit es der Gesetzgeber mit dem VÄndG als erforderlich ansieht, wegen der aus seiner Sicht unzureichenden Umsetzung der MBO-Ä in die Berufsordnungen der Landesärztekammern im Vertragsarztrecht über die im ärztlichen Berufsrecht erfolgte Liberalisierung hinauszugehen (vgl. Rn. 127),[143] bleibt es allerdings bei der – vorrangigen – Geltung des Berufsrechts, da dem Bundesgesetzgeber insoweit die Gesetzgebungskompetenz zur Außerkraftsetzung der landesrechtlichen Regelungen fehlt. Für die Rechtsform des MVZ ist das Berufsrecht allerdings nur

135 Vgl. *Scholz*, GesR 2003, 369, 371.
136 Vgl. BT-Drs. 16/2474, S. 31.
137 Vgl. BT-Drs. 15/1525, S. 112.
138 Vgl. KV Bayern, MVZ, Erstinformation - Stand 04.07.2005, www.kvb.de, 3 und 13; *Ratzel*, ZMGR 2004, 63, 67; noch weitergehend *Fiedler/Weber*, NZS 2004, 358, 360.
139 Vgl. *Scholz*, GesR 2003, 369, 373.
140 Vgl. BT-Drs. 15/1525, S. 107.
141 Anders *Lindemann* in: Wannagat, SGB V, § 95 Rn. 35.
142 Vgl. *Wigge*, MedR 2004, 123, 129.
143 Vgl. BT-Drs. 16/2474, S. 16.

von Bedeutung, wenn man im MVZ eine zulässige Kooperationsform auch von Vertragsärzten ansieht (vgl. Rn. 73). Bei einer reinen **Gründertätigkeit** handelt es sich nicht um eine ärztliche Berufsausübung, so dass berufsrechtliche Beschränkungen nicht zu beachten sind. Für angestellte Ärzte bestehen keine Beschränkungen hinsichtlich der Organisationsform des Arbeitgebers. Soweit § 23a Abs. 1 Satz 1 MBO-Ä[144] nunmehr Ärztegesellschaften in der Form der juristischen Person des Privatrechts zulässt, ist deren Umsetzung in den Ländern noch nicht abgeschlossen. In verschiedenen Heilberufsgesetzen der Länder, auf die indirekt § 19 Abs. 1 Satz 1 MBO-Zahnärzte und § 21 Abs. 1 MBO-Psychotherapeuten verweisen, ist die Ausübung ambulanter ärztlicher Heilkunst in Form einer Kapitalgesellschaft noch untersagt.[145] Die Verwaltungspraxis versteht dies dahingehend, dass es sich bei einem MVZ nicht um eine Praxis i.S. dieser Bestimmungen handelt, so dass jedenfalls MVZ mit ausschließlich angestellten Ärzten auch als GmbH oder AG zulässig seien,[146] oder lässt Ausnahmegenehmigungen zu.[147] Auch die BGH-Rechtsprechung hält die ambulante ärztliche bzw. zahnärztliche Behandlung durch bei einer juristischen Person angestellte Ärzte bzw. Zahnärzte für zulässig.[148] Soweit allerdings Vertragsärzte selbst und nicht in einem Beschäftigungsverhältnis im MVZ tätig sind, stehen die Heilberufsgesetze der Wahl einer juristischen Person entgegen. Eine Überlagerung der landesrechtlichen Regelungen durch § 95 SGB V wird zutreffend verneint,[149] vereinzelt wird auch eine formelle Verfassungswidrigkeit angenommen.[150]

d. Selbstschuldnerische Bürgschaftserklärung

Der mit dem VÄndG in § 95 Abs. 2 SGB V neu eingefügte Satz 6 bestimmt, dass die Gesellschafter 78
als Zulassungsvoraussetzung **selbstschuldnerische Bürgschaften** gemäß § 773 BGB abzugeben haben, um Forderungen der KVen und der Krankenkassen abzusichern. Nach der **Gesetzesbegründung** sollen kooperative Versorgungsformen, die in der Rechtsform einer juristischen Person organisiert sind, **haftungsrechtlich** den als Personengesellschaft organisierten kooperativen Organisationsformen (Gemeinschaftspraxis, MVZ in der Freiberuflervariante) in einem wichtigen Bereich gleichgestellt werden: Vertragsärzte, die als Einzelpersonen (Einzelpraxis) oder als Gesamthand (Berufsausübungsgemeinschaft) in vertragsarztrechtlichen Beziehungen zu einer KV und zu Krankenkassen stünden, hafteten persönlich für Ansprüche dieser Institutionen – sei es als Einzelperson allein, sei es gesamtschuldnerisch als Mitglied der Berufsausübungsgemeinschaft akzessorisch analog den §§ 128, 129 HGB[151] mit ihrem Privatvermögen. Diese Haftungserstreckung müsse zum Schutze der Gemeinschaft der anderen in der KV durch Pflichtmitgliedschaft organisierten vertragsärztlichen Leistungserbringer und zum Schutz der Solidargemeinschaft der Versicherten auch für Rechtsansprüche von KVen und Krankenkassen gelten. So kämen z.B. für KVen Rückforderungsansprüche nach § 106 Abs. 5c SGB V und Ansprüche wegen – möglicherweise auch erst nach Auflösung des MVZ entdeckter – Falschabrechnungen in Betracht und für Krankenkassen Schadensersatzansprüche auf Grund eines – möglicherweise auch erst nach Auflösung des MVZ festgestellten – sonstigen Schadens (vgl. § 48 BMV-Ä).[152]

---

[144] Zu Beschränkungen vgl. *Rau*, MedR 2004, 667, 670.

[145] Nachweise bei *Butzer*, MedR 2004, 177, 178, Fn. 16; *Butzer*, NZS 2005, 344, 350 f., auch zum Stand der verfassungsrechtlichen Diskussion; vgl. auch *Ratzel* in: Ratzel/Lippert, Kommentar zur MBO-Ä, 4. Aufl. 2006, § 18/18a Rn. 37 f.; kritisch zum Verbot einer Ärzte-GmbH z.B. *Laufs*, MedR 1995, 11 ff.; *Rieger*, MedR 1995, 87 ff.; *Schnapp/Kaltenborn*, SGb 2001, 101, 106.

[146] Vgl. KV Bayern, MVZ, Erstinformation - Stand 04.07.2005, www.kvb.de, 4; *Andreas*, ArztR 2005, 144, 145; anders *Ratzel*, ZMGR 2004, 63, 66; *Zuck* in: Quaas/Zuck, Medizinrecht, 2005, § 47 Rn. 23 f.; Bedenken auch bei *Butzer*, NZS 2005, 344, 350, Fn. 63.

[147] Vgl. *Scholz*, GesR 2003, 369, 373.

[148] Vgl. zu § 1 ZHG BGH v. 25.11.1993 - I ZR 281/91 - BGHZ 124, 224 = NJW 1994, 786; vgl. auch BGH v. 30.11.1977 - IV ZR 69/76 - juris Rn. 24 - BGHZ 70, 158 = NJW 1978, 589.

[149] Vgl. *Tettinger*, GesR 2004, 449, 450 ff.; *Ratzel*, ZMGR 2004, 63, 66; *Scholz*, GesR 2003, 369, 373; *Quaas/Zuck*, Medizinrecht, 2005, § 15 Rn. 37; anders *Fiedler/Weber*, NZS 2004, 358, 361 f.; *Schallen*, Zulassungsverordnung, Rn. 395; offen gelassen bei *Wigge*, MedR 2004, 123, 124 f.

[150] Vgl. *Butzer*, MedR 2004, 177, 178 ff.; *Butzer*, NZS 2005, 344, 346 ff.

[151] Vgl. zur BGB-Gesellschaft BGH v. 29.01.2001 - II ZR 331/00 - BGHZ 146, 341 = NJW 2001, 1056 und zur Partnerschaftsgesellschaft § 8 Abs. 1 PartGG.

[152] Vgl. BT-Drs. 16/2474, S. 21.

79 In der **Bürgschaftserklärung** muss sich jeder Gesellschafter als Selbstschuldner verbürgen (§ 773 Abs. 1 Nr. 1 BGB). Sie muss betragsmäßig unbegrenzt, unbefristet und unkündbar sein. Neu eintretende Gesellschafter haben ebenfalls eine Erklärung abzugeben. Verpflichtet gegenüber den Zulassungsgremien ist dann das MVZ. Ist Gesellschafter eine juristische Person, so ist diese bürgschaftspflichtig, nicht deren Gesellschafter. Die Haftung der Gesellschafter ist gesamtschuldnerisch (§ 769 BGB).[153]

80 Die Vorschrift über die selbstschuldnerische Bürgschaft ist erst mit dem VÄndG zum 01.01.2007 in Kraft getreten (Art. 8 Abs. 1 VÄndG). Sie kann daher nicht auf zuvor zugelassene MVZ angewandt werden.[154] Die Bürgschaftserklärung ist nur Zulassungsvoraussetzung. Ihre faktisch rückwirkende Geltung kann nicht über die Entziehung nach § 95 Abs. 6 Satz 3 SGB V konstruiert werden. Soll die Bürgschaftserklärung für bereits bestehende MVZ eingeführt werden, bedarf es einer entsprechenden gesetzlichen Regelung.

e. Ärztliche Leitung

81 Das MVZ muss unter „**ärztlicher Leitung**“ (vgl. auch § 311 Abs. 2 Satz 1 SGB V) stehen. Damit soll erreicht werden, dass der ärztliche Bereich nicht fremdbestimmt wird.[155] Die Vertragsgestaltung des MVZ hat sicherzustellen, dass die ärztliche Leitung in medizinischen Fragen von den Gesellschaftern und der Geschäftsführung des MVZ weisungsunabhängig ist. Soweit anders als bei Krankenhäusern keine „ständige ärztliche Leitung“ verlangt wird (§ 107 Abs. 1 Nr. 2 SGB V; vgl. auch § 119 Abs. 1 Satz 1 SGB V; zur fachärztlichen Leitung vgl. § 118 Abs. 2 Satz 1 SGB V), ist dies den Unterschieden zwischen ambulanter und stationärer Versorgung geschuldet. Der ärztliche Leiter muss selbst im MVZ tätig sein, er kann dort angestellter Arzt sein. Ein externer Arzt kann nicht bestellt werden,[156] auch reicht eine lediglich stundenweise Tätigkeit nicht aus, da Ausübung der Leitungsfunktion **ärztliche Präsenz** verlangt (zur Anstellung von Ärzten vgl. Rn. 559).[157] Soweit eine besondere Qualifikation für den ärztlichen Leiter nicht gefordert wird, folgt aus den besonderen Voraussetzungen für eine Zulassung (§ 95 Abs. 2 Sätze 1-3 und 5 SGB V), dass auch der Leiter die Voraussetzungen für die Eintragung in das Arztregister erfüllen muss.

82 Mit der durchgängigen Gleichstellung der **Psychotherapeuten** als Vertragsbehandler im SGB V kann die „ärztliche Leitung“ auch durch sie ausgeübt werden.[158] Aus Sicht des Gesetzgebers kommt es auf die Zugehörigkeit zu einem Heilberuf an, nicht auf besondere fachliche, insbesondere organmedizinische Kompetenzen (vgl. auch Rn. 62 f.).

83 Zu beachten sind jedoch berufsrechtliche Vorgaben. Nach § 2 Abs. 4 MBO-Ä dürfen Ärzte hinsichtlich ihrer ärztlichen Entscheidungen **keine Weisungen von Nichtärzten** entgegennehmen. Der mit dem VÄndG neu eingefügte Satz 5 in § 95 Abs. 1 SGB V ermöglicht nunmehr ausdrücklich eine **kooperative Leitung**. Die kooperative Leitung erlaubt es, § 2 Abs. 4 MBO-Ä hinreichend Rechnung zu tragen. Der Gesetzgeber will damit die Zusammenarbeit in einem MVZ fördern, wenn dort sowohl Ärzte und Zahnärzte oder Ärzte und Psychotherapeuten oder Zahnärzte und Psychotherapeuten gemeinsam tätig sind. Möglich soll daher z.B. die gemeinsame Leitung eines Arztes und eines Zahnarztes, wenn in dem medizinischen Versorgungszentrum Angehörige beider Berufe tätig sind, sein.[159] Die Verantwortlichkeit für die einzelnen Versorgungsbereiche ist aber trotz bestehender Verantwortlichkeit für das gesamte MVZ klar abzugrenzen und gegenüber den Zulassungsgremien offen zu legen.[160]

f. Rechtsstellung des MVZ und der angestellten Ärzte

84 Der Gesetzgeber hat mit dem MVZ eine Entwicklung zu einer tatsächlichen Abkehr vom herkömmlichen Bild des niedergelassenen Vertragsarztes eingeleitet (vgl. Rn. 37). **Zugelassen** wird das **MVZ**, nicht der angestellte Arzt (vgl. Rn. 44). Das MVZ nimmt wie der Vertragsarzt an der **vertragsärztlichen Versorgung** teil (vgl. Rn. 305, Rn. 303 und Rn. 427 f.). Die Zulassung als MVZ bedingt die Festlegung auf eine **Praxisadresse** als Sitz (vgl. Rn. 204 und Rn. 212). Ein MVZ kann seinen **Versor-**

---

[153] Vgl. im Einzelnen *Möller*, MedR 2007, 263, 266 ff.; *Schirmer*, Anmerkungen der KBV zum VÄndG, S. 68 f.

[154] Vgl. *Möller*, MedR 2007, 263, 267; nicht eindeutig *Schirmer*, Anmerkungen der KBV zum VÄndG, S. 69.

[155] Vgl. *Möller*, MedR 2007, 263, 265; *Ratzel*, ZMGR 2004, 63, 65.

[156] Anders *Andreas*, ArztR 2005, 144, 145.

[157] Vgl. *Zuck* in: Quaas/Zuck, Medizinrecht,2005, § 47 Rn. 8.

[158] Ebenso *Zuck* in: Quaas/Zuck, Medizinrecht, 2005, § 47 Rn. 6 f.

[159] Vgl. BT-Drs. 16/2474, S. 21.

[160] Vgl. *Schirmer*, Anmerkungen der KBV zum VÄndG, 2007, S. 66 f.

gungsauftrag nicht auf die **Hälfte** beschränken (vgl. Rn. 295). Für die Entziehung der Zulassung gilt § 95 Abs. 6 SGB V. Einem MVZ ist die Zulassung auch zu **entziehen**, wenn es länger als sechs Monate ohne zulässige Gesellschafter ist (vgl. Rn. 469). Die Zulassung eines medizinischen Versorgungszentrums **endet** mit dem Wirksamwerden eines Verzichts, der Auflösung oder mit dem Wegzug des zugelassenen medizinischen Versorgungszentrums aus dem Bezirk des Vertragsarztsitzes (§ 95 Abs. 7 Satz 2 SGB V, vgl. Rn. 505 und Rn. 515).

Für das MVZ und den angestellten Arzt gilt **§ 20 Abs. 2 Ärzte-ZV** (vgl. Rn. 121 ff.). Eine gleichzeitige Krankenhaustätigkeit ist seit dem VÄndG nicht mehr ausgeschlossen (vgl. Rn. 115 f.), was faktisch den Krankenhäusern die Eröffnung von „**MVZ-Ambulanzen**" ermöglicht (vgl. Rn. 118). Die Aufteilung einer Zulassung mit jeweils einem hälftigen Versorgungsauftrag in niedergelassener Praxis und in einem MVZ ist nicht möglich (vgl. Rn. 122 und Rn. 289). Für die angestellten Ärzte gelten die gleichen **fachlichen Voraussetzungen** wie bei Vertragsärzten (vgl. Rn. 276). Die **Altersgrenze** von 68 Jahren gilt ebenfalls (§ 95 Abs. 7 Satz 7 SGB V, vgl. Rn. 505 und Rn. 534). Zu den **Anstellungsvoraussetzungen** wird im Übrigen auf die Regelungen für Vertragsärzte verwiesen (vgl. Rn. 537 ff.). 85

Präsenzpflichten am Vertragsarztsitz sind unabhängig von der Zahl der beschäftigten Ärzte zu erfüllen (vgl. Rn. 150). Die Regelungen zur Tätigkeit in **Zweigpraxen** gelten entsprechend mit der Maßgabe, dass die angegebenen Mindestzeiten für den Versorgungsauftrag des MVZ insgesamt unabhängig von der Zahl der beschäftigten Ärzte anzuwenden sind (vgl. Rn. 232 und Rn. 248). Ebenso gelten die Regelungen über **ausgelagerte Räume** (vgl. Rn. 267). 86

g. Reformbedarf

Die Schwierigkeiten in der Praxis bei der Handhabung der sich auf die MVZ beziehenden Vorschriften, die zudem zu **Benachteiligungen** insbesondere der **Gemeinschaftspraxen** führten,[161] waren letztlich der Umsteuerung des Gesetzgebers von den Gesundheitszentren auf die MVZ[162] bei ungenügender Anpassung des Regelwerkes[163] geschuldet. Das **VÄndG** hat nunmehr eine **weitgehende Gleichstellung der Gemeinschaftspraxen** mit den MVZ gebracht und weitergehende Reformvorstellungen[164] aufgegriffen. Nach der hier vertretenen Auffassung ist das Betreiben eines MVZ durch Vertragsärzte aber weiterhin nicht möglich (vgl. Rn. 56 und Rn. 73). Hierfür bedürfte es einer Regelung, die das Betreiben einer Gemeinschaftspraxis als MVZ ermöglicht. Soll darüber hinaus die gleichzeitige Tätigkeit in einer vertragsärztlichen Praxis und in einem MVZ zugelassen werden (vgl. Rn. 121 ff.), müsste § 20 Abs. 2 Ärzte-ZV geändert werden. Als Gründungsbarriere wird die neu eingeführte Bürgschaftsverpflichtung angesehen.[165] Ob die Schaffung der MVZ mit der eingeleiteten Liberalisierung der ambulanten Versorgungsstrukturen neuen Reformbedarf zur Überwindung der weiteren Beschränkungen (vgl. z.B. § 24 Abs. 3 Ärzte-ZV und hierzu Rn. 236 ff.) zeitigt, ist allein gesundheits- und gesellschaftspolitischen Vorstellungen geschuldet. Es bleibt abzuwarten, ob die vom Gesetzgeber begonnene Initialisierung stärker marktwirtschaftlich ausgerichteter Versorgungsstrukturen mit nichtärztlichen und insofern externen Kapitalgebern dergestalt sich fortentwickelt, dass zukünftig große Anbieter die Versorgungsstruktur prägen werden und auch im ambulanten Sektor der Haupttypus der angestellte Arzt sein wird (vgl. auch Rn. 37 und Rn. 90 f.). In diesem Fall dürften noch bestehende, an der Freiberuflichkeit orientierte Beschränkungen in die Reformdiskussion gelangen, die bereits mit der Bezeichnung des **VÄndG** als „**Vorstufe**" begonnen hat.[166] 87

3. Ermächtigte Ärzte

§ 95 Abs. 1 SGB V nennt als **weitere Teilnahmeform** die **Ermächtigung**. Die Voraussetzungen einer Ermächtigung werden nicht in § 95 SGB V – abgesehen von § 95 Abs. 11 SGB V – geregelt, sondern in § 116 SGB V, §§ 31 und 31a Ärzte-ZV, §§ 5-8 BMV-Ä, §§ 8-12 EKV-Ä, §§ 10a und 10b BMV-Z und §§ 5, 6 EKV-Z. Die Genehmigung zum Betrieb einer Zweigpraxis in einem anderen KV-Bezirk nach § 24 Abs. 3 Satz 3 Ärzte-ZV erfolgt ebenfalls in Form einer Ermächtigung; dies ist systematisch 88

[161] Vgl. *Tettinger*, GesR 2004, 449, 450; *Butzer*, MedR 2004, 177, 186 ff.; *Schnapp*, NZS 2004, 449 f.

[162] Vgl. *Wigge*, MedR 2004, 123, 127; *Ratzel*, ZMGR 2004, 63 ff.

[163] Zum Ablauf des Gesetzgebungsverfahrens vgl. insb. *Butzer*, MedR 2004, 177 f.

[164] Vgl. Stellungnahme des Deutschen Anwaltvereins durch den Medizinrechtsausschuss zum GMG vom November 2004, Stellungnahme Nr. 50/2004, www.gesr.de; zur Reformdiskussion vgl. auch *Lindenau*, GesR 2005, 494 ff.

[165] Vgl. *Möller*, MedR 2007, 263, 266 ff. und 270.

[166] Vgl. *Orlowski* u.a., Vertragsarztrechtsänderungsgesetz (VÄndG) - Chancen und Risiken, 2007, S. 104.

verfehlt, da der Vertragsarzt eine Zulassung besitzen muss, die ihn bereits zur Teilnahme an der vertragsärztlichen Versorgung berechtigt (vgl. Rn. 260). In der Regel handelt es sich um **Krankenhausärzte**, die bei quantitativen oder qualitativen Versorgungslücken für bestimmte Behandlungsmethoden zur Teilnahme an der vertragsärztlichen Versorgung ermächtigt werden können. Die Ermächtigungsvorschriften in § 31 Ärzte-ZV sind aber nicht auf Krankenhausärzte beschränkt, so dass auch niedergelassene **Privatärzte** im Einzelfall ermächtigt werden können. Die Ermächtigung ist eine **andere Teilnahmeform** („aliud") als die Zulassung. Ein Antrag auf Zulassung beinhaltet daher nicht bereits einen Antrag auf Ermächtigung. Durch eine Ermächtigung kann aber nicht die Voraussetzung einer Zulassung, wonach eine Fachgebietsanerkennung notwendig ist, umgangen werden.[167] Ermächtigungen können nur für Leistungen erteilt werden, die der Arzt nach seiner **Fachgebietskompetenz** auch erbringen darf; denn nur insoweit kann er zur Behebung einer Versorgungslücke beitragen. Die weitere **Aufteilung des Gebiets der (fachärztlichen) inneren Medizin** nach Kapitel 13 EBM 2005 in eine schwerpunktorientierte internistische Versorgung gilt auch für ermächtigte Ärzte (vgl. Rn. 42).[168] Schon bei der Erteilung von Ermächtigungen sind somit alle persönlichen und apparativ-technischen Voraussetzungen zu überprüfen.[169]

4. Ermächtigte ärztlich geleitete Einrichtungen

89 **Ärztlich geleitete Einrichtungen** werden in § 95 Abs. 1 SGB V nicht definiert. Es handelt sich um einen Sammelbegriff für insbesondere im 4. Abschnitt des 4. Kapitels des SGB V genannte Leistungserbringer, die meist ohne Bedarfsprüfung auf Antrag zur Teilnahme an der vertragsärztlichen Versorgung zuzulassen oder zu ermächtigen sind. Im Einzelnen handelt es sich um **Hochschulambulanzen**, ermächtigt nach § 117 SGB V in dem für Forschung und Lehre erforderlichen Umfang, **Psychiatrische Institutsambulanzen** nach § 118 SGB V, **Sozialpädiatrische Zentren** zur Behandlung von Kindern nach § 119 SGB V und **Polikliniken** u.a. im Beitrittsgebiet nach § 311 SGB V. Ferner können seit Einführung durch das GMG **Einrichtungen der Behindertenhilfe**, die über eine ärztlich geleitete Abteilung verfügen, zur Behandlung von Versicherten mit geistiger Behinderung nach § 119a SGB V ermächtigt werden, soweit und solange eine ausreichende ärztliche Versorgung durch niedergelassene Ärzte nicht sichergestellt ist. **Zugelassene Krankenhäuser** können für das entsprechende Fachgebiet in den Planungsbereichen, in denen Unterversorgung festgestellt wurde, nach §§ 116a SGB V ermächtigt werden. In Ausnahmefällen können **ärztlich geleitete Einrichtungen** aus Sicherstellungsgründen zur Durchführung bestimmter Leistungen (vgl. § 5 Abs. 1 BMV-Ä, § 9 Abs. 1 EKV-Ä) oder ohne Bedarfsprüfung für Leistungen der **zytologischen Diagnostik von Krebserkrankungen** bzw. ambulante Untersuchungen und Beratungen zur Planung der Geburtsleitung im Rahmen der **Mutterschaftsvorsorge** (vgl. § 5 Abs. 2 BMV-Ä, § 9 Abs. 2 EKV-Ä) ermächtigt werden.

IV. Organisationsformen und Beschränkungen

1. Ärzte, Zahnärzte und Psychotherapeuten in eigener Praxis

90 Ärzte, Zahnärzte und Psychotherapeuten müssen als zugelassene Vertragsbehandler **in eigener Praxis selbstständig tätig** sein. Der Gesetzgeber setzt mit § 95 SGB V das Bild des **freiberuflich tätigen Arztes** voraus. Rechtlich niedergeschlagen hat sich diese Sichtweise zunächst in § 98 Abs. 2 Nr. 13 SGB V, wonach die Zulassungsverordnungen Vorschriften über die Voraussetzungen, unter denen nach den Grundsätzen der Ausübung eines „freien Berufes" die Vertragsärzte angestellte Ärzte, Assistenten und Vertreter in der vertragsärztlichen Versorgung beschäftigen dürfen oder die vertragsärztliche Tätigkeit gemeinsam ausüben können, enthalten müssen. Nach § 32 Abs. 1 Satz 1 Ärzte-ZV hat der Vertragsarzt die vertragsärztliche Tätigkeit persönlich **„in freier Praxis"** auszuüben. Daneben ist nach § 20 Ärzte-ZV für die Ausübung vertragsärztlicher Tätigkeit nicht geeignet ein Arzt, der wegen eines **Beschäftigungsverhältnisses** für die Versorgung der Versicherten persönlich nicht im erforderlichen Maße zur Verfügung steht oder eine Tätigkeit ausübt, die ihrem Wesen nach mit der Tätigkeit des Vertragsarztes am Vertragsarztsitz nicht zu vereinbaren ist. Entsprechend muss der Vertragsarzt dem Zulassungsantrag eine Erklärung über im Zeitpunkt der Antragstellung bestehende Dienst- oder Beschäftigungsverhältnisse unter Angabe des frühestmöglichen Endes des Beschäftigungsverhältnisses vorlegen (vgl. § 18 Abs. 2 lit. d Ärzte-ZV).

---

[167] Vgl. SG Frankfurt/M. v. 25.11.2003 - S 27 KA 3791/03 ER.

[168] Vgl. LSG Hessen v. 18.12.2006 - L 4 KA 70/06 ER - juris.

[169] Vgl. BSG v. 14.03.2001 - B 6 KA 49/00 R - juris Rn. 23 - SozR 3-2500 § 95 Nr. 30.

Am **Bild des freiberuflich tätigen Arztes** hat der Gesetzgeber des **VÄndG** festgehalten, auch wenn nunmehr der Versorgungsauftrag auf die Hälfte reduziert werden kann (§ 95 Abs. 3 Satz 1 SGB V, § 19a Abs. 2 Satz 1 Ärzte-ZV; vgl. Rn. 288 ff.), Beschränkungen, andere Ärzte anzustellen, z.T. weggefallen sind (vgl. § 95 Abs. 9 SGB V, § 32b Abs. 1 Ärzte-ZV mit § 14a BMV-Ä/§ 20a EKV-Ä; vgl. Rn. 539 ff.), die Bildung von Berufsausübungsgemeinschaften erweitert (§ 33 Abs. 2 und 3 Ärzte-ZV; vgl. Rn. 130 ff.), die Tätigkeit an anderen Praxisstätten erheblich ausgedehnt wurde (§ 24 Abs. 3 Ärzte-ZV; vgl. Rn. 227 ff.) und die Beschäftigung als Krankenhausarzt mit einer Vertragsarztpraxis vereinbar ist (§ 20 Abs. 2 Satz 2 Ärzte-ZV; vgl. Rn. 115 ff.). Damit setzt der Gesetzgeber die bereits mit der Einführung der MVZ begonnene Entwicklung zu einer tatsächlichen **Abkehr vom herkömmlichen Bild des niedergelassenen Vertragsarztes** fort (vgl. Rn. 37 und Rn. 87). Insgesamt wird damit einer Vergesellschaftung der ambulanten Versorgungsstrukturen auf privatwirtschaftlicher Grundlage Vorschub geleistet, die durch die Abkehr vom Kollektiv- zum sog. Selektivvertragssystem durch das GKV-WSG flankiert wird. Es bleibt abzuwarten, ob sich der Regeltyp vom Freiberufler zum angestellten Arzt wandelt und inwieweit die Versorgungsstrukturen auch in ländlichen Regionen im bisherigen Umfang aufrechterhalten bleiben. 91

2. Weitere Tätigkeitsverhältnisse (§ 20 Ärzte-ZV)

Weitere ärztliche Tätigkeitsverhältnissen unterliegen Beschränkungen hinsichtlich des zeitlichen Umfangs (**quantitative Beschränkungen**, vgl. § 20 Abs. 1 Ärzte-ZV i.V.m. § 98 Abs. 2 Nr. 10 SGB V) und ihres Inhalts (**qualitative Beschränkungen**, vgl. § 20 Abs. 2 Ärzte-ZV i.V.m. § 98 Abs. 2 Nr. 10 SGB V). Eine Zulassung kann unter der **Bedingung** erfolgen, dass das Zulassungshindernis beseitigt, also die weitere Tätigkeit aufgegeben oder beschränkt wird (vgl. § 20 Abs. 3 Ärzte-ZV).[170] Unter dem Gesichtspunkt des Verhältnismäßigkeitsgrundsatzes werden auch **Auflagen** als zulässig angesehen.[171] 92

a. Quantitative Beschränkungen (§ 20 Abs. 1 Ärzte-ZV)

Aus dem in § 20 Abs. 1 Ärzte-ZV kodifizierten Merkmal des „Zurverfügungstehens in erforderlichem Maße" hat das BSG abgeleitet, dass der die Zulassung anstrebende Arzt in dem Bereich der vertragsärztlichen Tätigkeit nicht ganztags, sondern im dort **üblichen Umfang** für die ambulant zu behandelnden Versicherten der gesetzlichen Krankenkassen zur Verfügung stehen müsse.[172] Bei einer Beschäftigung als Chefarzt in einem Krankenhaus unter 20 Wochenstunden hatte es dies zunächst bejaht.[173] Nunmehr geht das BSG davon aus, dass die zeitliche Inanspruchnahme des Zulassungsbewerbers durch ein **Beschäftigungsverhältnis** grundsätzlich **nicht mehr als ein Drittel** der üblichen wöchentlichen Arbeitszeit, also ca. **13 Wochenstunden**, betragen darf.[174] Eine hiergegen erhobene Verfassungsbeschwerde hat das BVerfG nicht zur Entscheidung angenommen.[175] 93

Die Herleitung der 13-Wochenstunden-Grenze ist nach der bisherigen Rechtsprechung ausschließlich auf **abhängige Beschäftigungsverhältnisse** zu beziehen.[176] Damit sind versicherungspflichtige Beschäftigungsverhältnisse im Sinne des § 7 Abs. 1 SGB IV gemeint. 94

Mit Blick auf die Heterogenität der Verhältnisse von Vertragsärzten und -psychotherapeuten geht das **BSG** nicht von einem einheitlichen Mindestumfang des Sprechstundenangebots aus, sondern will dies einerseits arzt- bzw. therapeutengruppenspezifisch sowie ggf. regional unterschiedlich ermitteln. Andererseits soll der notwendige Sprechstundenumfang jedenfalls dann typisierend vom höchstmöglichen zeitlichen Rahmen des Beschäftigungsverhältnisses her bestimmt werden, wenn der Zulassungsbewerber zugleich einer weiteren Erwerbstätigkeit nachgeht bzw. nachgehen will. Die alte Auffassung, die Inanspruchnahme der überwiegenden Arbeitskraft durch ein Beschäftigungsverhältnis für eine Niederlassung als Vertragsarzt sei unschädlich[177], gelte nicht mehr. Erforderlich sei vielmehr, dass die ver- 95

---

[170] Vgl. BSG v. 30.01.2002 - B 6 KA 20/01 R - juris Rn. 23 - BSGE 89, 134 = SozR 3-5520 § 20 Nr. 3; BSG v. 11.09.2002 - B 6 KA 23/01 R - juris Rn. 26 - SozR 3-5520 § 20 Nr. 4; BSG v. 05.02.2003 - B 6 KA 22/02 R - juris Rn. 21-27 - SozR 4-2500 § 95 Nr. 2.

[171] Vgl. *Wenner*, GesR 2004, 353, 360 f.

[172] Vgl. BSG v. 05.11.1997 - 6 RKa 52/97 - juris Rn. 27 f. - BSGE 81, 143 = SozR 3-2500 § 95 Nr. 16; BSG v. 17.11.1999 - B 6 KA 15/99 R - juris Rn. 23-28 - BSGE 85, 145 = SozR 3-5525 § 20 Nr. 1 = NZS 2000, 520.

[173] Vgl. BSG v. 05.11.1997 - 6 RKa 52/97 - juris Rn. 27 f. - BSGE 81, 143 = SozR 3-2500 § 95 Nr. 16.

[174] Vgl. BSG v. 30.01.2002 - B 6 KA 20/01 R - juris Rn. 31 - BSGE 89, 134 = SozR 3-5520 § 20 Nr. 3.

[175] Vgl. BVerfG v. 23.09.2002 - 1 BvR 1315/02, zit. nach BSG v. 05.02.2003 - B 6 KA 22/02 R - juris Rn. 29 - SozR 4-2500 § 95 Nr. 2; w.N. bei *Wenner*, GesR 2004, 353, 357, Fn. 33.

[176] Vgl. *Wenner*, GesR 2004, 353, 356 f.

[177] Vgl. insb. BSG v. 04.06.1964 - 6 RKa 13/62 - BSGE 21, 118, 122 = SozR Nr. 1 zu § 20 ZO-Zahnärzte; BSG v. 15.09.1977 - 6 RKa 12/77 - BSGE 44, 260, 263 = SozR 2200 § 368n Nr. 13.

tragsärztliche/-psychotherapeutische Tätigkeit zweifelsfrei als **Hauptberuf** des Zulassungsbewerbers qualifiziert werden könne. Unbedenklich könnten Dritten gegenüber eingegangene Bindungen nur dann sein, wenn von ihnen keine prägende Wirkung für den beruflichen Status des Betroffenen ausgehe. Die Ausübung einer weisungsabhängigen, fremdbestimmten Erwerbstätigkeit in einem auf Dauer angelegten **Beschäftigungsverhältnis** oder in einem ähnlichen Rechtsverhältnis bringe regelmäßig eine nicht nur punktuelle, sondern eine stärkere Einbindung in eine externe Arbeitsorganisation bzw. eine Anbindung an eine fremdgesteuerte Betriebs- bzw. Unternehmensstruktur mit sich. Die Auswirkung der sich daraus ergebenden Abhängigkeiten sei typischerweise umso intensiver, je größer der zeitliche Umfang der insoweit vereinbarten und dafür aufgewandten **Arbeitszeit** sei, zu der üblicherweise weiterer notwendiger Zeitaufwand (z.B. Vorbereitung, Anfahrtswege, Nacharbeit) hinzutrete. In nachhaltiger Weise schlügen Arbeits- und Tätigkeitspflichten bereits dann auf den Status des Betroffenen durch, wenn er dieser weiteren Erwerbstätigkeit teilschichtig halbtags – wie etwa zu 19,25 Wochenstunden im öffentlichen Dienst – oder mit einer noch größeren zeitlichen Arbeitsverpflichtung nachgehe. Bei **vergröbernd-typisierender Betrachtung** sei dies aber nicht der Fall, wenn die Arbeitszeit im Beschäftigungsverhältnis **maximal ein Drittel der üblichen wöchentlichen Arbeitszeit, also ca. 13 Wochenstunden**, ausmache. Ob diese Grenze auch anzuwenden sei, wenn ein Zulassungsbewerber **aus anderen Gründen** hinsichtlich des zeitlichen Umfangs seine berufliche Tätigkeit einschränke, etwa wegen Kindererziehung oder der Pflege naher Angehöriger, bedürfe hier keiner Entscheidung.[178]

96 Diese Rechtsprechung, zunächst im Falle einer **Psychologischen Psychotherapeutin** ergangen, hat das BSG für eine **im Krankenhaus beschäftigte Kinderärztin und Psychotherapeutin**[179] und einen **Anästhesisten**[180] bestätigt.

97 Nach der **Instanzenpraxis** gilt diese Rechtsprechung auch für **Ärzte ohne häufigen Patientenkontakt**, selbst wenn die betreffende Arztgruppe nicht der Bedarfsplanung unterliegt, im konkreten Fall für einen **Facharzt für Humangenetik**.[181] § 20 Abs. 1 Ärzte-ZV steht der Zulassung einer verbeamteten Grundschullehrerin als Vertragspsychotherapeutin, die in die Freistellungsphase nach dem **Altersteilzeitblockmodell** eingetreten und damit von jeglicher Unterrichtstätigkeit frei gestellt ist, nicht entgegen.[182] Ein Psychotherapeut, der in einem Beschäftigungsverhältnis mit **38,5 Wochenstunden** in einer Justizvollzugsanstalt steht, ist nach § 20 Abs. 1 Ärzte-ZV für die Ausübung vertragsärztlicher Tätigkeit nicht geeignet.[183]

98 § 20 Abs. 1 Ärzte-ZV beschränkt den Vertragsarzt auch für eine „**andere nicht ehrenamtliche Tätigkeit**" in zeitlicher Hinsicht. So hat das BSG die Gründung einer radiologischen und nuklearmedizinischen Gemeinschaftspraxis auf dem Gelände einer Klinik, mit der ein **Kooperationsvertrag** besteht, auch am Maßstab des § 20 Abs. 1 Ärzte-ZV gemessen (im konkreten Fall vereinbar wegen eines nur geringen Umfangs der Verpflichtungen gegenüber dem Krankenhaus).[184] Das BSG hat aber bereits hinsichtlich der **Doppelzulassung** von MKG-Chirurgen unter Hinweis auf die verfassungsgerichtliche Rechtsprechung ausgeführt, dass der Schutz der Berufsfreiheit (Art. 12 Abs. 1 GG) sich auf jede berufliche Betätigung erstreckt, auch auf die Betätigung in einem zweiten Beruf.[185] Für **selbstständige Tätigkeiten** eines Vertragsarztes, wie z.B. die Erstellung von Gutachten oder die Tätigkeit als Privat- oder Betriebsarzt, ist bisher ein typisierender Stundenumfang von der Rechtsprechung nicht festgestellt worden. Nach der genannten BSG-Rechtsprechung entzieht sich dies auch einer generellen Festlegung wegen der Heterogenität der Verhältnisse von Vertragsärzten und -psychotherapeuten und ist dies arzt- bzw. therapeutengruppenspezifisch sowie ggf. regional zu ermitteln.[186] Es gilt aber insgesamt die Orientierung an dem Grundsatz, dass die vertragsärztliche Tätigkeit deutlich erkennbar den **Schwerpunkt** der **aktiven**, auf Erwerb ausgerichteten **Tätigkeit** bilden muss.[187]

[178] Vgl. BSG v. 30.01.2002 - B 6 KA 20/01 R - juris Rn. 29-31 - BSGE 89, 134 = SozR 3-5520 § 20 Nr. 3.
[179] Vgl. BSG v. 11.09.2002 - B 6 KA 23/01 R - juris Rn. 19 ff. - SozR 3-5520 § 20 Nr. 4.
[180] Vgl. BSG v. 05.02.2003 - B 6 KA 22/02 R - juris Rn. 29 f. - SozR 4-2500 § 95 Nr. 2 = NZS 2004, 219.
[181] Vgl. LSG Rheinland-Pfalz v. 07.04.2005 - L 5 KA 63/04 - juris - MedR 2005, 674-675.
[182] Vgl. LSG Bayern v. 21.06.2006 - L 12 KA 223/04 - www.sozialgerichtsbarkeit.de.
[183] Vgl. LSG Bayern v. 19.07.2006 - L 12 KA 173/05 - www.sozialgerichtsbarkeit.de.
[184] Vgl. BSG v. 15.03.1995 - 6 RKa 23/94 - juris Rn. 37 - BSGE 76, 59 = SozR 3-5520 § 20 Nr. 1.
[185] Vgl. BSG v. 17.11.1999 - B 6 KA 15/99 R - juris Rn. 19 - BSGE 85, 145 = SozR 3-5525 § 20 Nr. 1.
[186] Vgl. BSG v. 30.01.2002 - B 6 KA 20/01 R - juris Rn. 29 - BSGE 89, 134 = SozR 3-5520 § 20 Nr. 3.
[187] Vgl. *Wenner*, GesR 2004, 353, 356 f.

§ 20 Abs. 1 Satz 2 Ärzte-ZV[188] stellt klar, dass die Tätigkeit eines Vertragsarztes im Rahmen eines Vertrages zur **hausarztzentrierten Versorgung** nach § 73b SGB V, eines Vertrages über eine **besondere ambulante ärztliche Versorgung** nach § 73c SGB V oder eines **integrierten Versorgungsvertrages** nach § 140b SGB V der sich aus § 20 Abs. 1 Satz 1 Ärzte-ZV ergebenden Pflicht des Vertragsarztes, im vollen Umfang für die Versorgung der Versicherten zur Verfügung zu stehen, nicht entgegensteht. Maßgeblich ist insoweit, dass der Vertragsarzt auch bei seiner Tätigkeit im Rahmen der genannten Verträge für die ambulante Versorgung der Versicherten persönlich zur Verfügung steht.[189] Eine entsprechende Regelung enthält § 20 Abs. 1 Satz 2 Zahnärzte-ZV[190] für eine Tätigkeit nach § 73c SGB V oder § 140b SGB V.[191] Zu diesen Klarstellungen dürfte den Gesetzgeber die Reduzierung des Sicherstellungsauftrags der KVen für diese Tätigkeitsbereiche (vgl. Rn. 20) veranlasst haben. 99

Diese **BSG-Rechtsprechung** muss aufgrund der durch das **VÄndG** zulässigen **Beschränkung des ärztlichen Versorgungsauftrages** auf die Hälfte einer vollzeitigen Tätigkeit für weiterhin vollzeitig tätige Vertragsärzte nicht modifiziert werden, auch wenn diese auf der Annahme eines allein möglichen Hauptberufes als Vertragsarzt basiert. 100

Der Gesetzgeber geht zunächst weiterhin vom **vollzeitigen Versorgungsauftrag** als **Regeltyp** aus (vgl. § 95 Abs. 3 Satz 1 SGB V, § 19a Abs. 1 und 2 Ärzte-ZV). Nach der **Gesetzesbegründung** soll die Beschränkung des Versorgungsauftrages der **Flexibilisierung der beruflichen Betätigungsmöglichkeiten** (insbesondere auch zur Verbesserung der Vereinbarkeit von Beruf und Familie) sowie der besseren Bewältigung von Unterversorgungssituationen dienen. Der Arzt erhält in diesem Fall eine „**Teilzulassung**" mit beschränktem Versorgungsauftrag.[192] Besteht aber eine „Vollzulassung", so soll in Anlehnung an die bisherige Rechtsprechung des BSG der zeitliche Umfang des Versorgungsauftrages eines Vertragsarztes, wie er regelhaft aus der Zulassung folgt, den Arzt verpflichten, die vertragsärztliche Tätigkeit vollzeitig auszuüben. Dabei steht dem Merkmal einer vollzeitigen Tätigkeit nicht entgegen, wenn der Vertragsarzt eine Nebentätigkeit ausübt, die sich in dem vom BSG bestimmten Rahmen bewegt. Nur im Falle einer solchen vollzeitigen Tätigkeit steht ein Vertragsarzt in erforderlichem Maße für die Versorgung der Versicherten zur Verfügung. Die Gesetzesbegründung geht ausdrücklich von der Weitergeltung der bisherigen BSG-Rechtsprechung aus.[193] 101

Die Prämisse des BSG, es sei erforderlich, dass die vertragsärztliche/-psychotherapeutische Tätigkeit zweifelsfrei als Hauptberuf des Zulassungsbewerbers qualifiziert werden könne, kann bei einer **Beschränkung des ärztlichen Versorgungsauftrages auf die Hälfte** einer vollzeitigen Tätigkeit allerdings nicht mehr gelten. In linearer Fortschreibung der BSG-Rechtsprechung könnte bei Halbierung der vertragsärztlichen Tätigkeit eine Verdoppelung der unschädlichen Freigrenze von 13 auf 26 Wochenstunden angenommen werden[194] oder aber eine Addition veranschlagter 20 Wochenstunden für die fehlende Hälfte des Versorgungsauftrages, was eine weitere Tätigkeit im Umfang von 33 Wochenstunden ermöglichen würde. *Schallen* kommt auf eine zulässige Arbeitszeit von 20 Wochenstunden bei einer weiteren Inanspruchnahme einschließlich des Zeitaufwandes für Vorbereitung, Nacharbeitung und Anfahrtswege von insgesamt 30 Wochenstunden.[195] 102

Nach § 20 Abs. 1 Ärzte-ZV ist maßgeblich darauf abzustellen, ob der Vertragsarzt „in erforderlichem Maß" für einen hälftigen Versorgungsauftrag zur Verfügung steht. Die Präsenzpflichten durch Abhalten von Sprechstunden sind entsprechend reduziert (vgl. § 17 Abs. 1a Satz 2 BMV-Ä/§ 13 Abs. 7a Satz 2 EKV-Ä; vgl. Rn. 150 und Rn. 390 f.). Auch wenn regionale und branchenspezifische Besonderheiten zu berücksichtigen sind, ist von höchstens halbtägigen Öffnungszeiten an vier bis fünf Wochentagen auszugehen; hinzu kommen Zeiten für bestellte Patienten und Büroarbeiten. Zwar muss die vertragsärztliche Tätigkeit nicht mehr Hauptberuf sein, dennoch muss eine annähernde Gleichwertigkeit mit der weiteren Tätigkeit bestehen und darf die vertragsärztliche Tätigkeit nicht zur Nebensache werden. Von daher dürfte der Umfang der Nebentätigkeiten in abhängiger Beschäftigung einen **Umfang von 20 bis höchstens 26 Stunden** nicht überschreiten. 103

---

[188] Eingefügt durch Art. 21 Nr. 7 GKV-WSG.

[189] Vgl. BT-Drs. 16/3100, S. 195 f.

[190] Eingefügt durch Art. 22 Nr. 9a GKV-WSG.

[191] Vgl. BT-Drs. 16/4247, S. 95.

[192] Vgl. BT-Drs. 16/2474, S. 21.

[193] Vgl. BT-Drs. 16/2474, S. 28.

[194] So *Schirmer*, Anmerkungen der KBV zum VÄndG, 2007, S. 51; *Fiedler/Fürstenberg*, NZS 2007, 184, 185; vgl. auch *Orlowski* u.a., Vertragsarztrechtsänderungsgesetz (VÄndG) – Chancen und Risiken, 2007, S. 105.

[195] Vgl. *Schallen*, Zulassungsverordnung, Rn. 532 ff. und 553.

b. Qualitative Beschränkungen (§ 20 Abs. 2 Ärzte-ZV)

104 Nach **§ 20 Abs. 2 Ärzte-ZV** ist für die Ausübung vertragsärztlicher Tätigkeit nicht geeignet ein Arzt, der eine ärztliche Tätigkeit ausübt, die ihrem Wesen nach mit der Tätigkeit des Vertragsarztes am Vertragsarztsitz nicht zu vereinbaren ist. Diese Vorschrift ist vom BSG mehrfach als **verfassungsgemäß** angesehen worden.[196] Dem hat das BVerfG wiederholt durch Nichtannahme von Verfassungsbeschwerden nicht widersprochen.[197]

105 Nach der Rechtsprechung des BSG will diese Vorschrift ihrem Sinn und Zweck nach ausschließen, dass bei der Zulassung eines Arztes als Vertragsarzt in dieser Eigenschaft durch eine anderweitig von ihm ausgeübte ärztliche Tätigkeit **Interessen- und Pflichtenkollisionen** entstehen. Solche sind dann anzunehmen, wenn sich die anderweitige ärztliche Tätigkeit und vertragsärztliche Tätigkeit vermischen können und dies sich zum einen zum Nachteil der Versicherten u.a. wegen einer faktischen Beschränkung des Rechts auf **freie Arztwahl** (§ 76 Abs. 1 Satz 1 SGB V) und zum anderen zum **Nachteil der Kostenträger** auswirken kann, weil insoweit je nach persönlichem Interesse des Arztes Leistungen aus nicht sachgerechten Gründen von dem einen zum anderen Bereich verlagert werden können; oder wenn nicht gewährleistet ist, dass der Arzt aufgrund seiner anderweitigen ärztlichen Tätigkeit Inhalt und Umfang einer vertragsärztlichen Tätigkeit und den Einsatz der der Praxis zugeordneten sachlichen persönlichen Mittel **selbst bestimmen** kann.[198]

106 Ein Arzt, der vertraglich seine Unabhängigkeit z.B. durch **Honorarbeteiligungen** oder Honorarabführungen an Dritte aufgibt, verstößt nicht gegen § 20 Abs. 2 Ärzte-ZV,[199] da es sich um keine Tätigkeit handelt. Er verletzt aber das Gebot zur Ausübung seiner Tätigkeit in freier Praxis (§ 32 Abs. 1 Satz 1 Ärzte-ZV).

107 Die Rechtsprechung hat bisher als **zulässig** angesehen die Gründung einer radiologischen und nuklearmedizinischen Gemeinschaftspraxis auf dem Gelände einer Klinik, mit der ein **Kooperationsvertrag** besteht. Eine wesensmäßige Unvereinbarkeit lässt sich nicht aus einer vermeintlichen Vermengung stationärer und ambulanter Tätigkeiten ableiten, die zu einer Verschiebung kostenintensiver Leistungen aus dem Krankenhausbereich heraus in den wirtschaftlichen Verantwortungsbereich von zugelassenen oder ermächtigten Ärzten führt.[200] Zulässig ist die gleichzeitige Gründung einerseits einer **Gemeinschaftspraxis**, andererseits einer **Praxisgemeinschaft**, auch wenn nicht alle Ärzte der Praxisgemeinschaft zur vertragsärztlichen Versorgung zugelassen sind;[201] die Ausübung ärztlicher Tätigkeit als Praxisgemeinschaft bzw. Gemeinschaftspraxis ist schon aufgrund ihrer Zulässigkeit nach § 33 Ärzte-ZV möglich.[202] Im Krankenhaus angestellte **Pathologen** können sich gleichzeitig niederlassen, da es sich um Ärzte handelt, die ihrem typischen Fachgebietsinhalt nach regelmäßig nicht unmittelbar patientenbezogen ärztlich tätig sind, keinen direkten Kontakt zu einzelnen Patienten haben, die Behandlung nicht steuern und auch keine Leistungen Dritter veranlassen.[203] Dies gilt auch für **Laborärzte** und vergleichbare Fälle.[204] Lediglich rein technisch-administrative, organisatorische, dokumentarische oder publizistische Aufgaben dürfen wahrgenommen werden, wobei auch einer Psychotherapeutin gestattet sein muss, für kurzfristig erforderlich werdende Behandlungen bzw. Kriseninterventionen in ihrer Arbeitsstelle abkömmlich zu sein.[205]

108 Soweit die **Gefahr von Interessen- und Pflichtenkollisionen** vorliegt, kann diese **nicht** durch eine **Selbstverpflichtungserklärung** beseitigt werden. Einer solchen Wohlverhaltens-Absichtserklärung können nur bedingte Erfolgsaussichten für die Verhinderung von Interessen- und Pflichtenkollisionen

---

[196] Vgl. BSG v. 15.03.1995 - 6 RKa 23/94 - juris Rn. 31-36 - BSGE 76, 59 = SozR 3-5520 § 20 Nr. 1; BSG v. 19.03.1997 - 6 RKa 39/96 - juris Rn. 15 - BSGE 80, 130 = SozR 3-5520 § 20 Nr. 2; BSG v. 05.11.1997 - 6 RKa 52/97 - juris Rn. 21 - BSGE 81, 143 = SozR 3-2500 § 95 Nr. 16.

[197] Vgl. *Wenner*, GesR 2004, 353, 358 m.w.N.

[198] Vgl. BSG v. 05.11.1997 - 6 RKa 52/97 - juris Rn. 22 - BSGE 81, 143 = SozR 3-2500 § 95 Nr. 16.

[199] So aber *Wigge* in: Schnapp/Wigge, Handbuch des Vertragsarztrechts, § 5e Rn. 20 f.; anders *Pfalzgraf*, MedR 2000, 257, 261.

[200] Vgl. BSG v. 15.03.1995 - 6 RKa 23/94 - juris Rn. 36-40 - BSGE 76, 59 = SozR 3-5520 § 20 Nr. 1.

[201] Vgl. hierzu auch *Möller*, MedR 2003, 195, 197 f.

[202] Vgl. BSG v. 15.03.1995 - 6 RKa 23/94 - juris Rn. 39 - BSGE 76, 59 = SozR 3-5520 § 20 Nr. 1.

[203] Vgl. BSG v. 05.11.1997 - 6 RKa 52/97 - juris Rn. 24 f. - BSGE 81, 143 = SozR 3-2500 § 95 Nr. 16.

[204] Vgl. BSG v. 30.01.2002 - B 6 KA 20/01 R - juris Rn. 34 - BSGE 89, 134 = SozR 3-5520 § 20 Nr. 3.

[205] Vgl. BSG v. 30.01.2002 - B 6 KA 20/01 R - juris Rn. 38 - BSGE 89, 134 = SozR 3-5520 § 20 Nr. 3.

beigemessen werden; von ihr geht keine besondere Durchsetzungs- bzw. Vollstreckungswirkung aus und es ergeben sich faktisch keine Möglichkeiten der Überprüfung, ob die versprochenen Beschränkungen auch tatsächlich eingehalten wurden.[206] Insoweit ist von einer **abstrakten Gefahr** auszugehen.

Unzulässig war bis zur Änderung des § 20 Abs. 2 Ärzte-ZV durch das VÄndG (vgl. Rn. 115) in der Regel eine gleichzeitige patientenbezogene Tätigkeit in einem **Krankenhaus**. Unvereinbar war die faktische Wahrnehmung der Tätigkeit eines Krankenhausarztes durch einen zur vertragsärztlichen Versorgung zugelassenen Arzt, die nicht in den dafür zulassungsrechtlich vorgesehenen Formen wie der belegärztlichen Tätigkeit vorgenommen wurde.[207] Im Einzelnen hatte das BSG entschieden, dass eine Vermischung beider Versorgungsbereiche regelmäßig in den Fällen vorliegt, in denen der die Zulassung zur vertragsärztlichen Versorgung im Einzugsbereich des Krankenhauses begehrende **Krankenhausarzt** bei stationärem Aufenthalt von Patienten unmittelbar in deren Versorgung eingebunden ist. Es liegt nahe, dass sich z.B. Versicherte nach Beendigung der stationären Behandlung verpflichtet sehen könnten, die sich anschließende ambulante Behandlung bei dem gleichzeitig zur vertragsärztlichen Versorgung zugelassenen Krankenhausarzt fortzusetzen, schon weil bei erneuter Inanspruchnahme stationärer Versorgung mit der Behandlung durch den Krankenhausarzt gerechnet werden kann. Auch die Möglichkeit, dass ein am Krankenhaus und gleichzeitig in der vertragsärztlichen Praxis tätiger Arzt aus nicht sachgerechten Gründen Behandlungsschritte bei Versicherten vom ambulanten in den stationären Bereich und umgekehrt verlagern kann, ist nicht von der Hand zu weisen.[208] Ein am Krankenhaus angestellter **Anästhesist** kann nicht zugleich in dessen Einzugsbereich Vertragsarzt sein. Er arbeitet sowohl bei der narkosemäßigen Versorgung von Patienten aus Anlass von Operationen als auch im Rahmen der Schmerztherapie unmittelbar patientenbezogen.[209] 109

Die **Instanzenpraxis** hat entschieden, dass ein Facharzt für Physikalische und Rehabilitative Medizin, der zugleich Facharzt für Allgemeinmedizin und in einem Krankenhaus als Chefarzt angestellt ist und dort eine Abteilung Diabetologie leitet, wegen einer Interessen- und Pflichtenkollision nicht zur vertragsärztlichen Tätigkeit zugelassen werden kann.[210] 110

Ferner entschied das BSG, dass die vertragsärztliche Tätigkeit neben einer **werksärztlichen Tätigkeit** auf dem Betriebsgelände unzulässig ist, wenn die Praxis mit Hilfe des Personals, das von der Firma für die betriebliche Ambulanz angestellt ist, und unter Benutzung der Einrichtungen der Ambulanz geführt wird, der Arzt bei halber Arbeitszeit das volle Gehalt weiter erhält, aber 100% der Einnahmen aus vertragsärztlicher Tätigkeit bis zu dem Betrag, der 50% ihres jeweiligen Bruttogehalts entspricht, und von den darüber hinausgehenden Einnahmen 70% abführen muss. Die vertragliche Bindung des Arztes mit der Firma als Arbeitgeber begründet die Gefahr, dass der Arzt bei der Ausübung der vertragsärztlichen Tätigkeit nicht frei von möglichen Einflussnahmen ist bzw. sich nicht von derartigen Einflussnahmen frei fühlen kann. Es besteht die Gefahr, dass sich werksärztliche und vertragsärztliche Tätigkeit in unzuträglicher Weise vermischen und dies sich zum Nachteil der Versicherten auswirkt und dass das Rechts der freien Arztwahl (§ 76 Abs. 1 Satz 1 SGB V) beeinträchtigt wird.[211] 111

Patientenbezogen ist auch die Tätigkeit der **Psychiater** und Psychotherapeuten.[212] Nach dem BSG gehört die Berufsgruppe der **Psychotherapeuten** gerade nicht zu den Leistungserbringern, bei denen ausnahmsweise ein unmittelbarer Patientenbezug zu verneinen wäre. Sie ist im Gegenteil wegen des **typischerweise** engen, gerade ein besonderes Vertrauensverhältnis voraussetzenden **Dauerkontaktes zwischen Therapeut und Patient**, in dem vielfach sensible, höchstpersönliche Umstände aus der Biografie des Patienten offenbart werden, als eine Gruppe mit besonders hohem Konfliktpotenzial einzuschätzen. Unvereinbar ist deshalb die Tätigkeit an einer Psychotherapeutischen **Beratungsstelle für Studierende** der Universität, bei der Erstinterviews, psychodiagnostische Maßnahmen, Kriseninterventionen, Fallbesprechungen sowie sich anschließende psychotherapeutische Behandlungen vorgenommen werden.[213] Ferner wies das BSG die Nichtzulassungsbeschwerde einer im Justizbereich des Landes Berlin in einer **sozialtherapeutischen Beratungsstelle** abhängig beschäftigten Diplom-Psychologin zurück.[214] 112

---

[206] Vgl. BSG v. 30.01.2002 - B 6 KA 20/01 R - juris Rn. 37 - BSGE 89, 134 = SozR 3-5520 § 20 Nr. 3.
[207] Vgl. BSG v. 15.03.1995 - 6 RKa 23/94 - juris Rn. 36 - BSGE 76, 59 = SozR 3-5520 § 20 Nr. 1.
[208] Vgl. BSG v. 05.11.1997 - 6 RKa 52/97 - juris Rn. 23 - BSGE 81, 143 = SozR 3-2500 § 95 Nr. 16.
[209] Vgl. BSG v. 05.02.2003 - B 6 KA 22/02 R - juris Rn. 31 - SozR 4-2500 § 95 Nr. 2.
[210] Vgl. SG Marburg v. 11.10.2006 - S 12 KA 20/06 - www.sozialgerichtsbarkeit.de.
[211] Vgl. BSG v. 19.03.1997 - 6 RKa 39/96 - juris Rn. 16-23 - BSGE 80, 130 = SozR 3-5520 § 20 Nr. 2.
[212] Vgl. BSG v. 25.11.1998 - B 6 KA 18/98 B - juris Rn. 4.
[213] Vgl. BSG v. 30.01.2002 - B 6 KA 20/01 R - juris Rn. 35 - BSGE 89, 134 = SozR 3-5520 § 20 Nr. 3.
[214] Vgl. BSG v. 11.12.2002 - B 6 KA 65/02 B - juris.

113 Für **Psychotherapeuten** hat die **Instanzenpraxis** weiter folgende Tätigkeiten als unvereinbar angesehen:

- im **jugendpsychiatrischen Dienst**, der das Aufgabengebiet Diagnostik von Leistungsdefiziten, Intelligenzdiagnostik, Diagnostik von Entwicklungsstörungen und Verhaltensauffälligkeiten sowie seelischen Behinderungen umfasst, wobei gutachterliche Aufgaben gemäß den gesetzlichen Vorgaben des BSHG und SGB VIII durchgeführt sowie auf Antrag von Eltern bzw. Erziehungsberechtigten unter fachpsychologischer Sichtweise Empfehlungen zu geeigneten Hilfsmaßnahmen für Kinder/Jugendliche, die geistig, körperlich, seelisch oder mehrfach behindert sind, abgegeben werden und auch häufig eine Beratung der Eltern und im Einzelfall diagnostische und therapeutische Sitzungen mit dem Kind/Jugendlichen erfolgt;[215]
- in einer **psychosozialen Kontaktstelle**[216] bzw. **psychologischen Beratungsstelle**;[217]
- in einer **Suchtberatungsstelle**,[218]
- in einer behördlichen **umweltmedizinischen Beratungsstelle**, die Bürgern, die durch Umweltbelastungen beeinträchtigt oder beunruhigt sind, für eine einzelfallbezogene ärztliche Beratung und Diagnostik offen steht;[219]
- in einem **Therapiezentrum für Suizidgefährdete**;[220]
- an einer **städtischen Kinder-Jugend-Eltern-Beratungsstelle**.[221]

114 Soweit das BSG bei der Abgrenzung auch auf den **Einzugsbereich des Krankenhauses** abstellt,[222] sind für dessen Reichweite noch keine eindeutigen Kriterien aufgestellt worden.[223] Letztlich geht es hier um tatsächliche Feststellungen. Auszuschließen ist, dass die Entfernung zwischen Beschäftigungsort und Praxissitz für Patienten noch als hinnehmbar angesehen wird. Angesicht der allgemeinen Mobilität dürfte diese Grenze in der Regel Stadt- und Landkreisgrenzen und damit einen Planungsbereich überschreiten.

115 Die bisherige Rechtsprechung zur Interessen- und Pflichtenkollision gilt aber nach dem **VÄndG** nicht mehr für **Krankenhausärzte**. Art. 5 Nr. 6 VÄndG hat § 20 Abs. 2 Ärzte-ZV einen Satz 2 angefügt, wonach die Tätigkeit in oder die Zusammenarbeit mit einem zugelassenen Krankenhaus nach § 108 SGB V oder einer Vorsorge- oder Rehabilitationseinrichtung nach § 111 SGB V mit der Tätigkeit des Vertragsarztes vereinbar ist. Nach der **Gesetzesbegründung** besteht eine Vereinbarkeit sowohl für die Fälle, in denen der Arzt als angestellter Arzt der Organisationshoheit des Krankenhauses unterworfen ist, als auch für die Fälle, in denen der Arzt in anderer Form mit dem Krankenhaus oder der Rehabilitationseinrichtung kooperiert (z.B. als Konsiliararzt, der vom Krankenhaus zur Beratung oder Mitbehandlung herangezogen wird). Mit der Änderung werde weiter klargestellt, dass ein Arzt als Angestellter gleichzeitig in einem Krankenhaus bzw. in einer Vorsorge- und Rehabilitationseinrichtung und in einem medizinischen Versorgungszentrum bzw. in einer Vertragsarztpraxis (nach § 95 Abs. 9 SGB V) tätig sein könne. Dies stelle einen wichtigen Beitrag zur besseren **Verzahnung ambulanter und stationärer Versorgung** dar. Krankenhäuser, die Träger eines medizinischen Versorgungszentrums seien, erhielten die Möglichkeit, die personellen Ressourcen optimal zu nutzen, indem sie das ärztliche Personal sowohl im Krankenhaus als auch im medizinischen Versorgungszentrum einsetzten.[224] Wenn auch entgegen der Gesetzesbegründung bezweifelt werden muss, dass es sich lediglich um eine Klarstellung und nicht um eine Rechtsänderung handelt, so stellt der Gesetzgeber doch nunmehr eindeutig die Förderung gewünschter Kooperationsformen zwischen ambulanter und stationärer Versorgung über die von der Rechtsprechung aufgegriffenen Bedenken.

116 Aufgrund der Ausnahme nach § 20 Abs. 2 Satz 2 Ärzte-ZV können Ärzte, die in einem Krankenhaus nach § 108 SGB V oder einer Einrichtung nach § 111 SGB V beschäftigt sind, gleichzeitig als Vertragsärzte oder angestellte Ärzte bei einem Vertragsarzt oder in einem MVZ tätig sein. Die Kranken-

---

[215] LSG Hamburg v. 11.08.2004 - L 2 KA 4/01 - www.sozialgerichtsbarkeit.de.

[216] SG Hamburg v. 10.12.2003 - S 3 KA 327/00.

[217] SG Frankfurt/M. v. 12.09.2001 - S 27 KA 59/01.

[218] SG Marburg v. 06.06.2007 - S 12 KA 941/06 - www.sozialgerichtsbarkeit.de.

[219] SG Hamburg v. 06.02.2002 - S 27 KA 240/99.

[220] SG Hamburg v. 06.02.2002 - S 27 KA 248/99.

[221] SG Frankfurt/M. v. 12.09.2001 - S 27 KA 59/01.

[222] Vgl. BSG v. 05.11.1997 - 6 RKa 52/97 - juris Rn. 23 - BSGE 81, 143 = SozR 3-2500 § 95 Nr. 16; BSG v. 25.11.1998 - B 6 KA 18/98 B - juris Rn. 4.

[223] Vgl. *Wenner*, GesR 2004, 353, 359.

[224] Vgl. BT-Drs. 16/2474, S. 29.

haustätigkeit stellt kein Zulassungshindernis mehr dar. Dies gilt auch für **Zahnärzte** (§ 20 Abs. 2 Satz 2 Zahnärzte-ZV) und für **Psychologische Psychotherapeuten** bzw. **Kinder- und Jugendlichenpsychotherapeuten** (§ 1 Abs. 3 Nr. 1 Ärzte-ZV).

Ermächtigte Krankenhausärzte können ohne **Verzicht** auf die Ermächtigung nicht **zugelassen** werden.[225] Für die Ermächtigung selbst gilt § 20 Ärzte-ZV nicht. Die Ermächtigung steht aber der Zulassung nach § 20 Abs. 2 Ärzte-ZV entgegen. In der gleichzeitigen Ermächtigung und Zulassung würde eine Verdoppelung des vertragsärztlichen Status (vgl. Rn. 31 und Rn. 36; zur Mitgliedschaft in der Kassenärztlichen Vereinigung vgl. Rn. 23) liegen, was § 95 Abs. 1 Satz 1 und Abs. 3 Satz 1 bzw. Abs. 4 Satz 1 SGB V nicht vorsieht. Selbst wenn man in der Ermächtigung kein Zulassungshindernis sehen wollte, so dürfte jedenfalls nach erfolgter Zulassung kein Bedarf für eine Fortführung der Ermächtigung bestehen bzw. dürfte der zugelassene Krankenhausarzt über seine Zulassung hinaus nicht mehr zu einer weiteren Bedarfsdeckung zur Verfügung stehen. 117

Faktisch können die Krankenhäuser damit über den Umweg einer MVZ-Gründung Ambulanzen einrichten, die ggf. parallel zu den Hochschul- (§ 117 SGB V) oder Psychiatrischen Institutsambulanzen (§ 118 SGB V) bestehen. Solche „**MVZ-Ambulanzen**" sind auch nicht an die Beschränkungen der bisherigen Verzahnungsregelungen (vgl. die §§ 115a, 115b, 116b SGB V) gebunden. Restriktiv wirkt lediglich die geltende Bedarfsplanung. Dem von der Rechtsprechung genannten Gesichtspunkt der Kostenverlagerung kann nur mit den Mitteln einer Wirtschaftlichkeits- oder Plausibilitätsprüfung (§§ 106, 106a SGB V) bzw. sachlich-rechnerischen Richtigstellungen begegnet werden. Mittelbare Restriktionen dürften sich im Übrigen aus der Honorarverteilung (§ 85 Abs. 4 SGB V) ergeben. 118

Die Rechtsänderung betrifft aber ausschließlich nur den stationären Bereich. Die bisherige sozialgerichtliche Rechtsprechung zu qualitativen Beschränkungen nach § 20 Abs. 2 Ärzte-ZV gilt auch nach Änderung durch das VÄndG weiterhin für **außerhalb eines Krankenhauses beschäftigte Ärzte oder Psychotherapeuten,** so z.B. für die Tätigkeit einer psychologischen Psychotherapeutin in einer Suchtberatungsstelle.[226] Die ausdrückliche Nennung bestimmter Einrichtungen in § 20 Abs. 2 Satz 2 Ärzte-ZV und die Gesetzesmaterialien lassen eine erweiternde Auslegung oder Analogie nicht zu. Der Regelungszweck einer besseren Verzahnung ambulanter und stationärer Versorgung (vgl. Rn. 109) dürfte hinreichend die Privilegierung der Krankenhausärzte im Hinblick auf den Gleichbehandlungsgrundsatz nach Art. 3 Abs. 1 GG legitimieren, wenn auch rechtspolitisch die Vorschrift damit fragwürdig geworden ist. 119

§ 20 Abs. 2 Satz 2 Ärzte-ZV gilt auch für die **„Zusammenarbeit" mit Krankenhäusern**. Vertragsarztrechtlich bestehen damit keine Hindernisse für **Kooperationsverträge** (vgl. z.B. die §§ 115-115c SGB V). Beschränkungen können sich jedoch aus dem Krankenhausrecht ergeben.[227] Ferner können Vereinbarungen gegen das berufsrechtliche Verbot, für die Zuweisung von Patienten oder Untersuchungsmaterial ein Entgelt oder andere Vorteile sich versprechen oder gewähren zu lassen oder selbst zu versprechen oder zu gewähren (§ 31 MBO-Ä), sowie gegen Wettbewerbsrecht verstoßen.[228] 120

c. Geltung für MVZ

§ 20 Ärzte-ZV ist auch **auf MVZ** und die dort angestellten Ärzte **entsprechend anwendbar** (§ 1 Abs. 3 Nr. 2 Ärzte-ZV). Aus der gesetzlichen Regelung über Teilzeitmöglichkeiten der angestellten Ärzte (§ 101 Abs. 1 Satz 6 SGB V) und dem Umstand, dass das MVZ zugelassen wird, so dass der Behandlungsanspruch nicht gegenüber dem einzelnen Arzt besteht, wird aber eine **quantitative Beschränkung** nach § 20 Abs. 1 Ärzte-ZV zutreffend für **unzulässig** gehalten.[229] Die **qualitativen Beschränkungen** nach § 20 Abs. 2 Ärzte-ZV gelten aber **gleichermaßen für im MVZ angestellte** 121

[225] Anders *Orlowski* u.a., Vertragsarztrechtsänderungsgesetz (VÄndG) – Chancen und Risiken, 2007, S. 106; *Schallen*, Zulassungsverordnung, Rn. 560.

[226] Vgl. SG Marburg v. 06.06.2007 - S 12 KA 941/06 - www.sozialgerichtsbarkeit.de; vgl. auch *Orlowski* u.a., Vertragsarztrechtsänderungsgesetz (VÄndG) – Chancen und Risiken, 2007, S. 18.

[227] Vgl. *Dahm*, ZMGR 2006, 161 ff., 166 ff.

[228] Vgl. OLG Schleswig-Holstein v. 04.11.2003 - 6 U 17/03 - NJW 2004, 1745; OLG Düsseldorf v. 16.11.2004 - I-20 U 30/04, 20 U 30/04 - MedR 2005, 169 = GesR 2005, 330; OLG Koblenz v. 20.05.2003 - 4 U 1532/02 - MedR 2003, 580 = GesR 2004, 150; vgl. auch OLG Stuttgart v. 10.5.2007 - 2 U 176/06 - juris - WRP 2007, 823-828; zur Abgrenzung zu einem Beschäftigungsverhältnis vgl. SG Dortmund v. 12.01.2006 - S 10 RJ 307/03 - juris - KH 2006, 310-312.

[229] Vgl. *Wenner*, GesR 2004, 353, 356; anders *Lindenau*, GesR 2005, 494, 497.

Ärzte, da ein sachlicher Unterschied zu niedergelassenen Ärzten nicht vorliegt.[230] Soweit § 32b Abs. 2 Satz 3 Ärzte-ZV für angestellte Ärzte lediglich auf § 21 Ärzte-ZV, nicht auch auf § 22 Ärzte-ZV verweist, so ist aber § 1 Abs. 3 Nr. 2 Ärzte-ZV zu beachten, der ausdrücklich die entsprechende Anwendung nicht nur für die MVZ, sondern auch die dort angestellten Ärzte und Psychotherapeuten verlangt. Das wird deren Stellung gerecht. Die im MVZ angestellten Ärzte sind zwar ohne Zulassungsstatus, aber dennoch die eigentlichen Leistungserbringer, die deshalb auch von Anfang an – im Gegensatz zu den von einem Vertragsarzt angestellten Ärzten, deren Mitgliedschaft nach § 77 Abs. 3 SGB V erst durch das VÄndG begründet wurde – Mitglied der KV sind. Soweit auf das Interesse des Krankenhausträgers als Gründer eines MVZ hingewiesen wird, die personellen und sachlichen Ressourcen optimal zu nutzen,[231] bedarf es einer grundlegenden, systemverändernden Gesetzgebung, die die stationären Versorgungsträger generell zur ambulanten Versorgung zulässt. Der Gesetzgeber ist nunmehr mit dem VÄndG den Weg über die Änderung des § 20 Abs. 2 Ärzte-ZV gegangen (vgl. Rn. 114). Soweit § 20 Abs. 2 Satz 2 Ärzte-ZV es nunmehr einem Vertragsarzt ausdrücklich ermöglicht, gleichzeitig in einem Krankenhaus tätig zu sein, gilt dies über die Regelung des § 1 Abs. 3 Nr. 2 Ärzte-ZV auch für den in einem medizinischen Versorgungszentrum angestellten Arzt.[232]

122 Die **Aufteilung einer Zulassung** mit jeweils einem hälftigen Versorgungsauftrag (§ 19a Abs. 2 Satz 1 Ärzte-ZV) in **niedergelassener Praxis** und in einem **MVZ** ist problematisch. Hier dürfte weiterhin § 20 Abs. 2 Ärzte-ZV mit den vom BSG konkretisierten Zulassungshindernissen (vgl. Rn. 104 ff.) greifen. Aus diesem Grund kann auch der hälftige Versorgungsauftrag, auf den verzichtet wurde (§ 19a Abs. 2 Satz 1 Ärzte-ZV), nicht nach § 103 Abs. 4a Satz 1 SGB V in ein MVZ eingebracht werden, um dort gleichzeitig als angestellter Arzt tätig zu sein.[233] Demgegenüber gehen die Bundesmantelverträge-Ärzte offensichtlich von der Möglichkeit aus, als Vertragsarzt gleichzeitig als angestellter Arzt in einem MVZ oder bei einem anderen Vertragsarzt tätig zu sein (vgl. § 15a Abs. 1 Satz 4 BMV-Ä/EKV-Ä). § 23m BedarfsplRl-Ä trifft Vorkehrungen zur Berücksichtigung der gleichzeitigen Tätigkeit als Vertragsarzt und als angestellter Arzt in einer Vertragsarztpraxis bei der Bedarfsplanung, setzt aber die Zulässigkeit voraus.

123 Die Geltung des § 20 Abs. 2 Ärzte-ZV schließt es nunmehr nicht mehr aus, dass ein MVZ gleichzeitig auch eine **stationäre Versorgung** betreibt,[234] da der stationäre Versorgungsträger ein MVZ gründen kann, in dem die Krankenhausärzte gleichzeitig beschäftigt werden. Durch ein MVZ können auch **belegärztliche Leistungen** erbracht werden.[235] Nach § 121 Abs. 2 – § 39 Abs. 1 BMV-Ä/§ 31 Abs. 1 EKV-Ä sprechen nur von „Ärzten" – kommt eine Belegarzttätigkeit zunächst nur für Vertragsärzte (vgl. Rn. 46) und personengebunden in Betracht. § 72 Abs. 1 Satz 2 SGB V sieht aber eine entsprechende Anwendung des gesamten vierten Kapitels des SGB V (§§ 69-140h SGB V) auf MVZ vor, sofern nichts Abweichendes bestimmt ist. Ebenso bestimmen § 1 Abs. 6 BMVÄ/§ 1 Abs. 8 EKV-Ä, dass die Vorschriften der Bundesmantelverträge entsprechend für MVZ anzuwenden sind, sofern nicht ausdrücklich etwas anderes vorgesehen ist oder Abweichendes aus der Besonderheit der MVZ folgt. Mangels ausdrücklich abweichender Regelungen in § 121 SGB V und in den §§ 38-41 BMV-Ä/§§ 30-33 EKV-Ä folgt hieraus die grundsätzliche Befugnis der MVZ, als Partner eines Belegarztvertrages aufzutreten. Unter Bedarfsplanungsgesichtspunkten gilt daher auch § 103 Abs. 7 SGB V für sie, wonach ein Belegarztvertrag in einem gesperrten Zulassungsbereich zuerst mit Vertragsärzten und entsprechend mit MVZ abzuschließen ist. Wie die ambulanten Leistungen können MVZ die belegärztlichen Leistungen nur durch die in ihnen tätigen Ärzte erbringen. Die Genehmigung (§ 40 Abs. 2 Satz 1 BMVÄ/§ 32 Abs. 2 Satz 1 EKV-Ä) bleibt personengebunden, da es auf eine persönliche Eignung ankommt (vgl. § 39 BMVÄ/§ 31 EKV-Ä). Sie ist daher dem MVZ für seinen angestellten Arzt zu ertei-

---

[230] Vgl. *Wenner*, GesR 2004, 353, 359; *Möller*, GesR 2004, 456, 458 f.; *Andreas*, ArztR 2005, 144, 146 f.; anders *Lindenau*, GesR 2005, 494, 497 f.; *Behnsen*, Krankenhaus 2004, 701; *Hiddemann/Muckel*, NJW 2004, 7, 10; *Dahm* u.a., Rechtshandbuch medizinische Versorgungszentren, 2005, S. 119 ff.; *Zwingel/Preißler*, Das medizinische Versorgungszentrum, 2005, S. 100 ff.; *Isringhaus* u.a., Medizinisches Versorgungszentrum, MVZ-Beratungshandbuch, 2004, S. 28 f.; *Kasper* in: Plagemann, Münchener Anwaltshandbuch Sozialrecht, § 17 Rn. 38; offen gelassen von SG Hamburg v. 31.03.2005 - S 3 KA 66/05 ER - MedR 2005, 429, 430.

[231] Vgl. *Behnsen*, Krankenhaus 2004, 701.

[232] So ausdrücklich die Gesetzesbegründung, vgl. BT-Drs. 16/2474, S. 29.

[233] Anders *Orlowski* u.a., Vertragsarztrechtsänderungsgesetz (VÄndG) - Chancen und Risiken, 2007, S. 106; *Schallen*, Zulassungsverordnung, Rn. 542.

[234] So noch *Zuck* in: Quaas/Zuck, Medizinrecht, § 47 Rn. 12 und § 49 Rn. 8; anders *Rau*, MedR 2004, 667, 671.

[235] So auch *Kasper* in: Plagemann, Münchener Anwaltshandbuch Sozialrecht, § 17 Rn. 71.

len; einem im MVZ tätigen Vertragsarzt kann sie unmittelbar erteilt werden. Die persönlichen Voraussetzungen müssen in der Person des Arztes gegeben sein. In einem Krankenhaus angestellte Ärzte, die zugleich in einem MVZ tätig sind, können aber nicht belegärztlich tätig sei. Belegarzt kann nur der nicht in einem Krankenhaus angestellte Arzt sein (vgl. § 121 Abs. 2 und § 39 Abs. 1 BMV-Ä/31 Abs. 1 EKV-Ä).

3. Kooperationsformen (§ 33 Ärzte-ZV)

Beschränkungen zulässiger **Kooperationsformen** werden zunächst durch das **Berufsrecht** vorgegeben. Im Wesentlichen handelt es sich um das auf den Heilberufsgesetzen der Länder beruhende Satzungsrecht (Berufsordnungen) der Ärztekammern, das sich wiederum stark an der rechtlich unverbindlichen Musterberufsordnung (MBO) des Ärztetags, eines Organs der Bundesärztekammer, bzw. an den MBO der Bundespsychotherapeuten- und der Bundeszahnärztekammer orientiert. Diese Beschränkungen galten bisher unbestritten im **Sozialrecht**. § 33 Abs. 2 Satz 4 Ärzte-ZV, erlassen auf der Grundlage des § 98 Abs. 2 Nr. 13 SGB V a.F., sah bis zum VÄndG vor, dass einer gemeinsamen Berufsausübung landesrechtliche Vorschriften über die ärztliche Berufsausübung nicht entgegenstehen dürfen. 124

a. Novellierung des Berufsrechts

Im Zuge der gesetzgeberischen Reformdiskussion, andere Versorgungsstrukturen zu etablieren, was zu den MVZ geführt hat, ist die innerärztliche Diskussion über die **Novellierung des überkommenen Berufsrechts** in Bewegung geraten. Der 107. **Deutsche Ärztetag** in Bremen hat im **Jahr 2004** verschiedene Erweiterungen der MBO-Ä verabschiedet.[236] Dadurch soll erreicht werden, dass der Arzt in eigener Niederlassung die gleichen Chancen zur Berufsausübung vom Ansatz her hat wie die ärztlichen Betreiber von MVZ.[237] Der Ärztetag hat u.a. die Bindung an einen Praxisort aufgehoben. Dem Arzt ist es nunmehr berufsrechtlich gestattet, über den Praxissitz hinaus an zwei weiteren Orten ärztlich tätig zu sein (§ 17 Abs. 2 MBO-Ä). Ärzte dürfen sich zu Berufsausübungsgemeinschaften – auch beschränkt auf einzelne Leistungen –, zu Organisationsgemeinschaften, medizinischen Kooperationsgemeinschaften und Praxisverbünden zusammenschließen (§ 18 Abs. 1 MBO-Ä). Die Zugehörigkeit zu mehreren Berufsausübungsgemeinschaften ist zulässig; auch kann diese mehrere Praxissitze haben, wenn dort jeweils ein Mitglied hauptberuflich tätig ist (§ 18 Abs. 3 Sätze 1 und 3 MBO-Ä). Ärzte können auch in der Form der juristischen Person des Privatrechts ärztlich tätig sein (§ 23a Abs. 1 Satz 1 MBO-Ä). Ärzte können mit Angehörigen anderer akademischer Heilberufe oder staatlicher Ausbildungsberufe im Gesundheitswesen sowie anderen Naturwissenschaftlern und Mitarbeitern sozialpädagogischer Berufe sich zur kooperativen Berufsausübung zusammenschließen (medizinische Kooperationsgemeinschaft) (§ 23b Abs. 1 Satz 1 MBO-Ä). Rechtlich verbindlich sind diese Empfehlungen jedoch nur, soweit sie auf Landesebene umgesetzt wurden. 125

Ähnliche Regelungen enthalten die §§ 20 f. **MBO-Psychotherapeuten**[238] und die §§ 9, 16 f. **MBO-Zahnärzte**.[239] 126

Die meisten berufsrechtlichen Neuerungen waren allerdings mit dem bisherigen Zulassungsrecht nicht vereinbar. Dies hat den Gesetzgeber zu darüber hinausgehenden **Änderungen der Ärzte-ZV**[240] auf der Grundlage der Änderungen des § 98 Abs. 2 Nr. 13 und 13a SGB V sowie § 98 Abs. 2 Nr. 10 SGB V bewogen, um die durch die neuen (Muster-)Berufsordnungen geschaffenen Spielräume für die Berufsausübung der niedergelassenen Ärzte im vertragsärztlichen Alltag wirksam werden zu lassen.[241] Wegen der aus seiner Sicht schleppenden und unzureichenden Liberalisierung verzichtet der Gesetzgeber aber nunmehr auf eine dynamische Verweisung und erklärt ausdrücklich, über das ärztliche Berufsrecht hinauszugehen zu wollen.[242] An organisationsrechtlichen Erleichterungen sehe das VÄndG vor: die erweiterten Möglichkeiten zur Anstellung von Ärzten, die gleichzeitige Tätigkeit in einem Kran- 127

[236] Vgl. Novellierung einzelner Vorschriften der (Muster-)Berufsordnung, DÄBl. 2004 (Heft 22), A 1578 ff.; *Ratzel/Lippert*, MedR 2004, 525 ff.
[237] DÄBl. 2004, A 1580.
[238] Muster-Berufsordnung für die Psychologischen Psychotherapeutinnen und Psychotherapeuten und Kinder- und Jugendlichenpsychotherapeutinnen und Kinder- und Jugendlichenpsychotherapeuten i.d.F. der Beschlüsse des 7. Deutschen Psychotherapeutentages in Dortmund am 13.01.2006, www.bptk.de.
[239] Musterberufsordnung der Bundeszahnärztekammer, Stand: 16.02.2005, www.bzaek.de.
[240] Überblick bei *Fiedler/Fürstenberg*, NZS 2007, 184 ff.; zur Kritik vgl. *Dahm/Ratzel*, MedR 2006, 555 ff.
[241] Vgl. BT-Drs. 16/2474, S. 15.
[242] Vgl. BT-Drs. 16/2474, S. 16.

kenhaus, die Tätigkeit außerhalb des Vertragsarztsitzes an weiteren Orten (auch außerhalb ihres KV-Bezirks), die Bildung örtlicher und überörtlicher Berufsausübungsgemeinschaften, und zwar über die Bezirksgrenzen einer KV hinweg, und die Teilzulassung.[243] Die Gesetzgebungskompetenz sieht der Gesetzgeber in Art. 74 Abs. 1 Nr. 12 GG (konkurrierende Gesetzgebung für das Gebiet der Sozialversicherung).[244]

b. Gesetzgebungskompetenz und Vorrang des Berufsrechts

128 Die **Kompetenz** zur Regelung des **ärztlichen Berufs- und Weiterbildungsrechts** steht mangels einer entsprechenden Zuweisung an den Bund den Ländern zu.[245] Zur Regelung ärztlicher Berufsausübung im Rahmen der gesetzlichen Krankenversicherung ergibt sich hingegen die Gesetzgebungskompetenz des Bundes aus Art. 74 Abs. 1 Nr. 12 GG, wonach er im Rahmen der konkurrierenden Gesetzgebung für die Sozialversicherung zuständig ist. Zu ihr zählt das Recht der gesetzlichen Krankenversicherung einschließlich des zugehörigen Leistungserbringungsrechts, also auch des Kassen- bzw. **Vertragsarztrechts**. Sofern also nicht der Bundesgesetzgeber für den Bereich der gesetzlichen Krankenversicherung zuständig ist und bundesrechtliche Regelungen ergangen sind, verbleibt es dabei, dass die Regelung des ärztlichen Berufs- und Weiterbildungsrechts in die Gesetzgebungskompetenz der Länder fällt, die einschlägigen landesrechtlichen Rechtsvorschriften mithin maßgeblich sind. Die Bundesländer haben ihre Gesetzgebungskompetenz zur Regelung der Berufsausübung der zugelassenen Heilberufe durch den Erlass von Heilberufs- oder Kammergesetzen wahrgenommen.[246] Für das Weiterbildungsrecht hat das BSG entschieden, der Bund dürfe abweichende Regelungen nur treffen, soweit sie durch die Besonderheiten der gesetzlichen Krankenversicherung bedingt seien (abweichend vgl. Rn. 361).[247] Dabei hat das BSG dem Gesetzgeber regelmäßig zugestanden, er habe den Vorrang des in die ausschließliche Gesetzgebungskompetenz der Länder (Art. 70 Abs. 1 GG) fallenden allgemeinen ärztlichen Berufsrechts beachtet.[248]

129 Soweit **kollidierende Regelungen** bestehen, was im Einzelfall festzustellen wäre, folgt hieraus nicht die Außerkraftsetzung des landesrechtlichen Kammerrechts (Art. 31 GG), da es hierfür an einer Gesetzgebungskompetenz des Bundes fehlt.[249] Hieraus folgt aber auch nicht die Nichtigkeit der vertragsarztrechtlichen Regelungen.[250] Es kann dem sozialversicherungsrechtlichen **Bundesgesetzgeber** nicht verwehrt werden, spezifisch vertragsarztrechtliche Anforderungen aufzustellen. Diese können aber immer nur **ergänzend zum Berufsrecht** wirken und dieses nicht verdrängen. Eine berufsrechtlich unzulässige Vertragsgestaltung ist ohne Rechtsgeltung (§ 134 BGB) und kann daher keine vertragsarztrechtlichen Wirkungen entfalten.[251] Das **landesrechtliche Berufsrecht** ist insofern weiterhin **vorrangig** zu prüfen. Nur was berufsrechtlich zulässig ist, kann einen Beitrag zur vertragsärztlichen Versorgung liefern. Zu den vertragsärztlichen Pflichten gehört es, ohne dass dies einer ausdrücklichen Normierung bedarf, dass es der Vertragsarzt unterlässt, in Ausübung der vertragsärztlichen Tätigkeit Gesetzesverstöße zu begehen, sei es solche gegen strafrechtliche oder gegen berufsrechtliche Vorschriften (vgl. Rn. 425 und die Kommentierung zu § 81 SGB V Rn. 45).[252] Im Ergebnis ist nur die Vertragsgestaltung möglich, die sowohl berufs- als auch vertragsarztrechtlich zulässig ist. Insofern kam es auch in der Vergangenheit zu keinen Konflikten, da der Gesetzgeber zulassungsrechtlich auf das Berufsrecht verwiesen oder das Vertragsarztrecht, insbesondere im Bereich der Wirtschaftlichkeit oder Qualitätssicherung, zusätzliche Erfordernisse aufgestellt hat.

---

[243] Vgl. BT-Drs. 16/2474, S. 16.

[244] Vgl. BT-Drs. 16/2474, S. 17 f.; zur Kritik durch den Bundesrat vgl. BR-Drs. 353/06, S. 6 f.

[245] Vgl. im Einzelnen *Clemens*, Anhang zu Artikel 12. Berufsregelungen im medizinischen Bereich, insbesondere für die Tätigkeit als Kassen- bzw. Vertragsarzt, in: Umbach/Clemens, Grundgesetz. Band I, 2002, Rn. 12 ff.

[246] Vgl. BSG v. 29.01.1997 - 6 RKa 81/95 - juris Rn. 15 - SozR 3-2500 § 72 Nr. 7.

[247] Vgl. BSG v. 29.01.1997 - 6 RKa 81/95 - juris Rn. 16 - SozR 3-2500 § 72 Nr. 7; vgl. auch BSG v. 18.03.1998 - B 6 KA 23/97 R - juris Rn. 19 - BSGE 82, 55 = SozR 3-2500 § 135 Nr. 9; vgl. ferner *Pestalozza*, GesR 2006, 389, 394 f.

[248] Vgl. BSG v. 18.06.1997 - 6 RKa 58/96 - juris Rn. 22 - BSGE 80, 256 = SozR 3-2500 § 73 Nr. 1; BSG v. 06.09.2000 - B 6 KA 36/99 R - juris Rn. 16 - SozR 3-2500 § 135 Nr. 15.

[249] Anders *Schallen*, Zulassungsverordnung, Rn. 637.

[250] Anders *Pestalozza*, GesR 2006, 389 ff.; vgl. auch *Sodan*, NJW 2006, 3617.

[251] Vgl. *Schirmer*, Anmerkungen der KBV zum VÄndG, 2007, S. 10 f.

[252] Vgl. BSG v. 25.09.1997 - 6 BKa 54/96 - juris Rn. 5.

Mit der Neufassung des § 33 Ärzte-ZV durch das VÄndG wird erstmals der Begriff der **Berufsausübungsgemeinschaft** eingeführt, die nunmehr nicht nur als örtliche (§ 33 Abs. 2 Satz 1 Ärzte-ZV), sondern auch als überörtliche Berufsausübungsgemeinschaft (§ 33 Abs. 2 Satz 2 Ärzte-ZV) zulässig ist; sie kann auf einzelne Leistungen beschränkt werden, sofern sie nicht zur Erbringung überweisungsgebundener medizinisch-technischer Leistungen mit überweisungsberechtigten Leistungserbringern gebildet wird. Terminologisch handelt es sich zunächst um eine Ersetzung[253] der Gemeinschaftspraxis als BGB-Gesellschaft oder Partnerschaftsgesellschaft unter dem neuen, § 18 Abs. 1 Satz 1 MBO-Ä entlehnten **Oberbegriff**. Aus der Begriffswahl selbst folgen deshalb keine Änderungen. Die **Bundesmantelverträge-Ärzte** definieren die Berufsausübungsgemeinschaft als rechtlich verbindliche Zusammenschlüsse zur gemeinsamen Ausübung der Tätigkeit und nehmen Praxisgemeinschaften, Apparategemeinschaften oder Laborgemeinschaften und andere Organisationsgemeinschaften begrifflich aus (vgl. § 1a Nr. 12 und 12a BMV-Ä/EKV-Ä). Von daher ist die Verwendung des Begriffs der **Gemeinschaftspraxis** weiterhin sinnvoll. Änderungen ergeben sich aber aus den flankierenden Regelungen. 130

Die Rechtsänderung durch das **VÄndG** bringt aber neben der Begriffswahl auch inhaltliche **Neuerungen**. Zulässig als Berufsausübungsgemeinschaft ist danach die gemeinsame Ausübung vertragsärztlicher Tätigkeit unter allen zur vertragsärztlichen (§ 33 Abs. 2 Satz 1 Ärzte-ZV) bzw. vertragszahnärztlichen Versorgung (§ 33 Abs. 2 Satz 1 Zahnärzte-ZV) zugelassenen Leistungserbringern. Sie ist nicht mehr beschränkt auf die eigene Berufsgruppe, sondern kann, wozu § 98 Abs. 2 Nr. 13a SGB V ausdrücklich ermächtigt, **zwischen allen zur vertragsärztlichen Versorgung zugelassenen Leistungserbringern**, also Ärzten, Psychotherapeuten und medizinischen Versorgungszentren bzw. Zahnärzten und medizinischen Versorgungszentren gebildet werden.[254] Sie ist fachgebietsübergreifend und überörtlich, nicht nur fachgleich und örtlich zulässig; sie kann als Teilgemeinschaftspraxis[255] auf einzelne Leistungen beschränkt werden. Weggefallen ist das Tatbestandsmerkmal „**Versorgung der Versicherten**" in § 33 Abs. 2 Satz 4 Ärzte-ZV a.F.[256] 131

Neben der Einzelpraxis können daher als **zulassungsrechtlich zulässige Kooperationsformen** die **Gemeinschaftspraxis**, die **Praxisgemeinschaft** sowie die **Gerätegemeinschaft** bestehen.[257] Die Praxisgemeinschaft einschließlich der Gerätegemeinschaft (vgl. § 33 Abs. 1 Satz 1 Ärzte-ZV) muss gegenüber der KV angezeigt werden (vgl. § 33 Abs. 1 Satz 2 Ärzte-ZV). Die Gemeinschaftspraxis unterliegt einem präventiven Verbot mit Erlaubnisvorbehalt. Sie ist erst nach vorheriger Genehmigung (Verwaltungsakt) durch den Zulassungsausschuss zulässig (vgl. § 33 Abs. 3 Satz 1 Ärzte-ZV). 132

c. Berufsausübungsgemeinschaft (Gemeinschaftspraxis)

aa. Voraussetzungen

Die **Gemeinschaftspraxis** setzt das Bestehen einer **Gesellschaft bürgerlichen Rechts**[258] oder einer **Partnerschaftsgesellschaft**[259] zwischen den Partnern der Gemeinschaftspraxis[260] voraus.[261] Das Fehlen eines **schriftlichen Vertrages** über die Aufnahme einer Gemeinschaftspraxis stellte nach dem BSG schon bisher ein gewichtiges Indiz dafür dar, dass sich die Parteien überhaupt nicht über die gemeinschaftliche Ausübung der vertragsärztlichen Tätigkeit geeinigt haben.[262] Jetzt sieht das BSG im Abschluss eines Vertrages und dessen schriftlicher Fixierung allein zwischen den Partnern der Gemeinschaftspraxis eine notwendige Voraussetzung für die Genehmigung der gemeinsamen Berufsausübung auf der Grundlage des § 33 Abs. 2 Ärzte-ZV.[263] Der **Vertrag** oder die Verträge über die geplante Kooperation müssen weiterhin vollständig den **Zulassungsgremien vorgelegt** werden, da diese nur so in 133

---

[253] So in den §§ 85 Abs. 4b Satz 3 und 101 Abs. 1 Satz 1 Nr. 4 SGB V.

[254] Vgl. BT-Drs. 16/2474, S. 31 und 34.

[255] Vgl. hierzu *Dahm/Ratzel*, MedR 2006, 555, 557 ff.

[256] Vgl. BSG v. 16.07.2003 - B 6 KA 49/02 R - juris Rn. 33 - BSGE 91, 164 = SozR 4-5520 § 33 Nr. 1; BSG v. 16.07.2003 - B 6 KA 34/02 R - juris Rn. 25 - SozR 4-5520 § 33 Nr. 2.

[257] Im Einzelnen vgl. *Engelmann*, ZMGR 2004, 3.

[258] Zur teilweisen Rechtsfähigkeit vgl. BGH v. 29.01.2001 - II ZR 331/00 - BGHZ 146, 341 = NJW 2001, 1056.

[259] Vgl. hierzu *Schirmer*, MedR 1995, 341 ff. und 383 ff.

[260] Kritisch zur Beschränkung der zulässigen Rechtsformen *Schnapp/Kaltenborn*, SGb 2001, 101, 105 f. m.w.N.

[261] Vgl. BSG v. 16.07.2003 - B 6 KA 49/02 R - juris Rn. 34 - BSGE 91, 164 = SozR 4-5520 § 33 Nr. 1; BSG v. 29.09.1999 - B 6 KA 1/99 R - juris Rn. 46 - SozR 3-2500 § 103 Nr. 5.

[262] Vgl. BSG v. 29.09.1999 - B 6 KA 1/99 R - juris Rn. 46 - SozR 3-2500 § 103 Nr. 5.

[263] Zu Bedenken, schriftliche Verträge zu verlangen, vgl. *Trautmann*, NZS 2004, 238, 242 ff.

der Lage sind, die geplante Kooperation zu überprüfen;[264] die Vorlage eines schriftlichen Vertrages sehen die Bundesmantelverträge nunmehr z.T. ausdrücklich vor (vgl. § 6 Abs. 7 Satz 2 BMVZ, § 8a Abs. 2 Satz 2 EKVZ).

134 Auch bei weitgehender Gestaltungsfreiheit muss ein gemeinsamer Zweck vorliegen. Trägt ein Vertragspartner kein wirtschaftliches Risiko, ist wirtschaftlich nicht selbstständig und fehlt ihm jegliche betriebliche Dispositionsfreiheit, so liegt bereits kein Gesellschaftsvertrag vor.[265] Die **Genehmigung** durch den Zulassungsausschuss reicht für das Bestehen einer Gemeinschaftspraxis nicht aus.[266]

135 Nicht jede gesellschaftsrechtlich und berufsrechtlich zulässige **Vertragsgestaltung** genügt bereits **sozialrechtlichen Anforderungen**. Unter Geltung der §§ 32 ff. Ärzte-ZV sind darüber hinaus die darin normierten sozialrechtlichen Voraussetzungen von den Zulassungsgremien zu prüfen.[267]

136 Die **Gemeinschaftspraxis** ist nach der vor Änderung des VÄndG ergangenen Rechtsprechung des BSG durch die gemeinsame Ausübung der ärztlichen Tätigkeit durch mehrere Ärzte der gleichen oder ähnlicher Fachrichtung in gemeinsamen Räumen mit gemeinsamer Praxisausrichtung, gemeinsamer Karteiführung und Abrechnung sowie mit gemeinsamem Personal auf gemeinsame Rechnung geprägt. Sie ist berechtigt, ihre Leistungen unter einer **einzigen Abrechnungsnummer** gegenüber der zuständigen KV abzurechnen, und tritt dieser dementsprechend wie ein Einzelarzt als einheitliche Rechtspersönlichkeit gegenüber. Rechtlich gesehen ist eine Gemeinschaftspraxis eine Praxis. Sie verfügt über eine gemeinschaftliche Patientendatei und rechnet die erbrachten Leistungen unter **einem Namen** ab. Die Behandlung eines Patienten in einem Quartal durch verschiedene Mitglieder der Gemeinschaftspraxis stellt sich als **ein Behandlungsfall** dar. Die Wirtschaftlichkeit der Behandlungs- und Verordnungsweise wird nicht bezogen auf den einzelnen Arzt, sondern bezogen auf die Gemeinschaftspraxis als Einheit geprüft; etwaige Honorarkürzungen und/oder Regresse hat die Gemeinschaftspraxis zu tragen. Auch die für Vertragsärzte geltenden Vertretungsregelungen beziehen sich auf die Praxis als Gesamtheit; der Vertretungsfall tritt nicht ein, solange auch nur ein Arzt der Gemeinschaftspraxis weiterhin tätig ist. Schließlich werden in einer Gemeinschaftspraxis die Behandlungsverträge nicht zwischen Patient und behandelndem Arzt, sondern zwischen ihm und der Gemeinschaftspraxis geschlossen.[268]

137 Die Bildung einer Gemeinschaftspraxis wurde bis zum VÄndG nur durch Ärzte der **gleichen oder ähnlichen Fachrichtung** als zulässig angesehen. Gegen die Auffassung eines generellen Verbots fachübergreifender Gemeinschaftspraxen hat das **BSG** allerdings bereits 1983 festgestellt, eine solche Ausschlussregelung, auch nicht bzgl. einer generellen Beschränkung auf bestimmte Fachgebietskombinationen, enthalte weder das ärztliche Berufsrecht noch das Kassenarztrecht.[269] Es hat jedoch aus dem Recht auf freie Arztwahl und der Fachgebietsbeschränkung gefolgert, ob die Genehmigung zur gemeinsamen Ausübung kassenärztlicher Tätigkeit versagt werden müsse oder nur modifiziert erteilt werden dürfe, hänge von der Art der Gemeinschaftspraxis ab. Es komme dabei nicht nur auf die Fachgebiete der Praxispartner an, sondern auch auf die nähere Ausgestaltung der gemeinschaftlichen Zusammenarbeit. Vorrangig sei zu prüfen, ob nicht dem Gesetzeszweck durch eine inhaltliche Beschränkung der Genehmigung und durch die Aufnahme von Nebenbestimmungen ausreichend entsprochen werden könne.[270] Eine zwingende rechtliche Vorgabe hinsichtlich einer **Fachidentität oder Fachverwandtheit** für Gemeinschaftspraxen wurde aber bereits bisher zu Recht bestritten, als nach dem Behandlungsvertrag die Leistungspflicht und ihre Erfüllung jeweils nur im Rahmen der beruflichen Befugnisse von den Partnern übernommen werden kann.[271]

---

[264] Vgl. BSG v. 16.07.2003 - B 6 KA 34/02 R - juris Rn. 34 - SozR 4-5520 § 33 Nr. 2.

[265] Vgl. LG Stuttgart v. 07.08.2003 - 27 O 228/03 - juris Rn. 54; zum Ausschließungsrecht nach einer Probezeit vgl. BGH v. 08.03.2004 - II ZR 165/02 - NJW 2004, 2013; zu den Gestaltungsmöglichkeiten vgl. ferner *Goette*, MedR 2002, 1 ff.; *Wigge*, NZS 2001, 293 ff.

[266] Vgl. BSG v. 29.09.1999 - B 6 KA 1/99 R - juris Rn. 46 - BSGE 85, 1 = SozR 3-2500 § 103 Nr. 5.

[267] Vgl. *Engelmann*, ZMGR 2004, 3, 10; *Wigge*, NZS 2001, 293, 296.

[268] Vgl. BSG v. 20.10.2004 - B 6 KA 15/04 R - juris Rn. 21 - SozR 4-1930 § 6 Nr. 1; BSG v. 20.10.2004 - B 6 KA 41/03 R - juris Rn. 21 - SozR 4-2500 § 106 Nr. 6; BSG v. 16.07.2003 - B 6 KA 49/02 R - juris Rn. 34 - BSGE 91, 164 = SozR 4-5520 § 33 Nr. 1; vgl. auch BSG v. 22.03.2006 - B 6 KA 76/04 R - juris Rn. 14 - BSGE 96, 99 = SozR 4-5520 § 33 Nr. 6.

[269] Vgl. BSG v. 22.04.1983 - 6 RKa 7/81 - juris Rn. 33 - BSGE 55, 97 = SozR 5520 § 33 Nr. 1.

[270] Vgl. BSG v. 22.04.1983 - 6 RKa 7/81 - juris Rn. 28 ff. - BSGE 55, 97 = SozR 5520 § 33 Nr. 1.

[271] Vgl. *Wigge* in: Schnapp/Wigge, Handbuch des Vertragsarztrechts, § 5e Rn. 8; *Möller*, MedR 2003, 195 f.

Nach der Neufassung des § 33 Abs. 2 Satz 1 Ärzte-ZV durch das **VÄndG** kommt es nicht mehr auf eine gleiche oder ähnlichen Fachrichtung an. Ausdrücklich wird eine gemeinsame Berufsausübung unter „allen zur vertragsärztlichen Versorgung zugelassenen Leistungserbringern“ zugelassen. **Fachgebietsgrenzen** können damit kein Hindernis für die Bildung einer Gemeinschaftspraxis bilden. Sie kann nicht nur zwischen Ärzten, Psychotherapeuten und medizinischen Versorgungszentren bzw. Zahnärzten und medizinischen Versorgungszentren gebildet werden (vgl. bereits Rn. 131), sondern auch innerhalb der Ärzte zwischen allen Fachgebieten. Zwischen Ärzten und Psychotherapeuten einerseits und Zahnärzten andererseits ist sie weiterhin aufgrund der auf den jeweiligen Versorgungsbereich beschränkten Regelungen in § 33 Abs. 2 Satz 1 Ärzte-ZV/Zahnärzte-ZV unzulässig. Aus der hier noch strikt geltenden Trennung des ärztlichen und zahnärztlichen Versorgungsbereichs folgt, dass Berufsausübungsgemeinschaften mit ärztlich-zahnärztlichen MVZ unzulässig sind. Dies ist gesetzgeberisch insofern inkonsequent, als im Wege eines MVZ eine solche Kooperation zulässig ist (vgl. Rn. 61 ff.). Bei einem Zusammenschluss von Ärzten mit Nichtärzten ist insb. § 23b MBO-Ä zu beachten. 138

Ebenso kann nur noch bei der örtlichen Gemeinschaftspraxis auf eine Ausübung der ärztlichen **Tätigkeit in gemeinsamen Räumen** abgestellt werden, da nur für diese ein gemeinsamer Vertragsarztsitz (vgl. § 24 Abs. 1 Ärzte-ZV) verlangt wird (§ 33 Abs. 2 Satz 1 Ärzte-ZV). Die **überörtliche Gemeinschaftspraxis** besteht gerade bei unterschiedlichen Vertragsarztsitzen (§ 33 Abs. 2 Satz 2 Ärzte-ZV), die zudem in verschiedenen Zulassungsbezirken liegen können (vgl. § 33 Abs. 3 Sätze 2 und 3 Ärzte-ZV). Abweichend von der Bindung an einen konkreten Vertragsarztsitz hatte das BSG bereits zuvor die Bildung einer überörtlichen Gemeinschaftspraxis von Laborärzten innerhalb desselben KV-Bezirks in Anpassung an das insoweit bereits geänderte Berufsrecht für zulässig gehalten.[272] Der Umstand zweier unterschiedlicher Praxisstandorte schließe für sich genommen eine „gemeinsame“ Ausübung der vertragsärztlichen Tätigkeit nicht aus.[273] In dieser Entscheidung hat das BSG ferner seine Ausführungen zur fachübergreifenden Gemeinschaftspraxis aufgegriffen und erneut auf den prototypischen Charakter seiner Darstellung hingewiesen und ausgeführt, dass es auch **andere, lockere Formen der gemeinsamen Praxisausübung** geben könne. Der im Privatrecht geltende Grundsatz der Vertragsfreiheit erlaube es Ärzten, das Nähere über eine gemeinsame Berufsausübung – im Rahmen der gesetzlichen Bestimmungen – zu vereinbaren.[274] Diese bereits nach bisherigem Recht bestehende Offenheit der Vertragsgestaltung führt zu Abgrenzungsschwierigkeiten, die zwangsläufig mit Rechtsunsicherheiten einhergehen (im Einzelnen vgl. Rn. 179 ff.). Allerdings hat das BSG in der Entscheidung zur sog. Doppelabrechnung nunmehr betont, für die Annahme einer gemeinschaftlichen Berufsausübung im Rahmen einer Gemeinschaftspraxis sei neben einer Beteiligung der Partner an den Investitionen und Kosten der Praxis grundsätzlich auch eine **Beteiligung am immateriellen Wert der Praxis (dem sog. Goodwill)** erforderlich, wobei die vertragliche Ausgestaltung im Einzelfall unterschiedlich sein könne.[275] 139

Die Öffnung für **weitere vertragsarztrechtliche Gestaltungsmöglichkeiten**, insbesondere der überörtlichen Berufsausübungsgemeinschaft und weiter durch die Flexibilisierung von Ort (vgl. § 24 Abs. 3 Ärzte-ZV) und Personal (vgl. § 95 Abs. 9 und 9a SGB V, § 32b Abs. 1 Ärzte-ZV) vertragsärztlicher Tätigkeit, dürften die Abgrenzung zukünftig noch weiter erschweren. Die **Abgrenzung zulässiger Gestaltungsformen** ist nicht nur für das Arzt-Patientenverhältnis, insbesondere die Haftung[276] notwendig, sondern auch für die eindeutige Statusbestimmung,[277] die im Verhältnis zur KV für die Honorarverteilung, die Prüfung der Wirtschaftlichkeit und Plausibilität und Regresse[278] bedeutsam ist. Zulassungsrechtlich können die in der Praxis verbleibenden Vertragsärzte die Ausschreibung im Wege einer Praxisnachfolge beantragen (vgl. die Kommentierung zu § 103 SGB V Rn. 44). 140

Kennzeichen der „**gemeinsamen Ausübung**“ ist daher die gemeinsame Praxisausrichtung und neben gemeinsamer Karteiführung und Abrechnung die Tätigkeit auf gemeinsame Rechnung. Zweck der Berufsausübungsgemeinschaft muss weiterhin auch die **Behandlung gemeinsamer Patienten** sein, an- 141

---

[272] Vgl. BSG v. 16.07.2003 - B 6 KA 34/02 R - juris Rn. 28 f. - SozR 4-5520 § 33 Nr. 2.

[273] Vgl. BSG v. 16.07.2003 - B 6 KA 34/02 R - juris Rn. 24 - SozR 4-5520 § 33 Nr. 2.

[274] Vgl. BSG v. 16.07.2003 - B 6 KA 34/02 R - juris Rn. 30 - SozR 4-5520 § 33 Nr. 2; BSG v. 22.04.1983 - 6 RKa 7/81 - juris Rn. 29 - BSGE 55, 97 = SozR 5520 § 33 Nr. 1.

[275] Vgl. BSG v. 22.03.2006 - B 6 KA 76/04 R - juris Rn. 14 - BSGE 96, 99 = SozR 4-5520 § 33 Nr. 6.

[276] Vgl. BGH v. 08.11.2005 - VI ZR 319/04 - juris Rn. 9 - BGHZ 165, 36 = NJW 2006, 437 m.w.N.

[277] Vgl. BSG v. 07.02.2007 - B 6 KA 6/06 R - juris Rn. 11 m.w.N. - SGb 2007, 222-223.

[278] Vgl. BSG v. 20.10.2004 - B 6 KA 41/03 R - juris Rn. 37 f. - SozR 4-2500 § 106 Nr. 6; BSG v. 29.11.2006 - B 6 KA 21/06 R - juris Rn. 15 - GesR 2007, 216.

sonsten fehlt es an einer **gemeinsamen vertragsärztlichen Tätigkeit**. So reicht auch nach den **Kriterien der Bundesärztekammer** zu § 18 MBO-Ä für eine gemeinsame Berufsausübung der bloße Wille, nur Ressourcen gemeinsam zu nutzen, eine Beschränkung auf eine reine Managementtätigkeit oder ein reines Gewinnpooling nicht aus. Die Gemeinschaft müsse über einen gemeinsamen Patientenstamm verfügen, d.h. jeder Partner müsse Zugriff auf die Patientenkartei haben.[279]

142 Die **Bundesmantelverträge-Zahnärzte** verpflichten den Zulassungsausschuss ausdrücklich auf der Grundlage der vorzulegenden Gesellschaftsverträge, zu prüfen, ob eine gemeinsame Berufsausübung oder lediglich ein Anstellungsverhältnis bzw. eine gemeinsame Nutzung von Personal- und Sachmitteln vorliegt. Eine gemeinsame Berufsausübung setze die auf Dauer angelegte berufliche Kooperation selbständiger, freiberuflich tätiger Zahnärzte voraus. Erforderlich sei hierfür eine Teilnahme aller Mitglieder der Berufsausübungsgemeinschaft an deren unternehmerischem Risiko und an unternehmerischen Entscheidungen sowie eine gemeinschaftliche Gewinnerzielungsabsicht (vgl. § 6 Abs. 7 Sätze 3-5 BMVZ/§ 8a Abs. 2 Sätze 3-5 EKVZ).

143 **Filialstrukturen** vertragsärztlicher Praxen im Bundesgebiet sind daher weiterhin über die Gemeinschaftspraxis ausgeschlossen.[280] Aufgrund der Bindung an den Praxissitz gilt dies auch für MVZ (vgl. Rn. 212).

144 Die Bildung einer Gemeinschaftspraxis mit einem **Privatarzt** ist nicht möglich,[281] da die gemeinsame Berufsausübung gerade auf die vertragsärztliche Versorgung gerichtet sein muss. Denkbar ist aber eine daneben bestehende Praxisgemeinschaft[282] oder eine auf die privatärztliche Versorgung beschränkte Gemeinschaftspraxis.

bb. Zahl möglicher Berufsausübungsgemeinschaften

145 Der Arzt kann **nur einer Berufsausübungsgemeinschaft**, also nur einer Praxisgemeinschaft angehören. Das BSG begründet dies mit der Zielvorstellung des § 33 Abs. 2 Satz 1 Ärzte-ZV,[283] so dass die **Liberalisierung des Berufsrechts**, wonach jetzt die Zugehörigkeit zu mehreren Berufsausübungsgemeinschaften zulässig ist (vgl. § 18 Abs. 3 MBO-Ä; § 16 Abs. 2 Satz 1 MBO-Zahnärzte), **vertragsarztrechtlich unerheblich** ist. Das VÄndG hat hierzu keine Änderung gebracht.

cc. Teilberufsausübungsgemeinschaft

146 Die Berufsausübungsgemeinschaft kann als – ebenfalls nach § 33 Abs. 3 Satz 1 Ärzte-ZV genehmigungspflichtige – **Teilberufsausübungsgemeinschaft** die gemeinsame Berufsausübung auf die Erbringung einzelner Leistungen beschränken. Sie darf aber nicht zur Erbringung überweisungsgebundener medizinisch-technischer Leistungen mit überweisungsberechtigten Leistungserbringern gebildet werden. Nach dem Verordnungsgeber soll damit die Übernahme spezifischer, auf die Erbringung bestimmter Leistungen bezogener Behandlungsaufträge, z.B. Kinderarzt und Neurologe bilden – neben ihren weiterhin bestehenden Einzelpraxen – eine Berufsausübungsgemeinschaft zur Behandlung kinderneurologischer Erkrankungen, ermöglicht werden. Nicht erlaubt werden sollen allerdings sog. Kick-back-Konstellationen, bei denen ein Arzt eines therapieorientierten Fachgebietes (z.B. Gynäkologe) eine Berufsausübungsgemeinschaft eingeht mit einem Arzt eines Methodenfaches (z.B. Labor), um das berufsrechtliche Verbot der Zuweisung gegen Entgelt zu unterlaufen.[284]

147 **Überweisungsgebunden** sind Ärzte für Laboratoriumsmedizin, Mikrobiologie und Infektionsepidemiologie, Nuklearmedizin, Pathologie, Radiologische Diagnostik bzw. Radiologie, Strahlentherapie und Transfusionsmedizin (§ 13 Abs. 4 Satz 1 BMV-Ä/§ 7 Abs. 4 Satz 1 EKV-Ä). Im Einheitlichen Bewertungsmaßstab (EBM) können hochspezialisierte Leistungen bestimmt werden, die wegen besonderer apparativer und fachlicher Voraussetzungen oder zur Sicherung der Qualität der Versorgung nur auf Überweisung in Anspruch genommen werden können (§ 13 Abs. 5 BMV-Ä/§ 7 Abs. 5 EKV-Ä).

---

279 Vgl. Bundesärztekammer, Niederlassung und berufliche Kooperation - Neue Möglichkeiten - Hinweise und Erläuterungen zu §§ 17-19 und 23 a-d (Muster-)Berufsordnung (MBO). Stand 17.02.2006, unter 2.2., www.bundesaerztekammer.de.

280 Vgl. BSG v. 16.07.2003 - B 6 KA 49/02 R - juris Rn. 32 ff. - BSGE 91, 164 = SozR 4-5520 § 33 Nr. 1.

281 Vgl. *Wigge* in: Schnapp/Wigge, Handbuch des Vertragsarztrechts, § 5e Rn. 5 und 6; a.A. *Möller*, MedR 2003, 195, 197 f.

282 Vgl. BSG v. 15.03.1995 - 6 RKa 23/94 - juris Rn. 39 - BSGE 76, 59 = SozR 3-5520 § 20 Nr. 1.

283 Vgl. BSG v. 16.07.2003 - B 6 KA 49/02 R - juris Rn. 31 - BSGE 91, 164 = SozR 4-5520 § 33 Nr. 1.

284 Vgl. BT-Drs. 16/2474, S. 31.

Nach den Ausführungsbestimmungen in den **Bundesmantelverträgen** ist eine Teilberufsausübungsgemeinschaft ferner nur zulässig, wenn das zeitlich begrenzte **Zusammenwirken der Ärzte erforderlich** ist, um Patienten zu versorgen, die einer gemeinschaftlichen Versorgung der der Teilberufsausübungsgemeinschaft angehörenden Ärzte bedürfen, und die Ärzte gemeinschaftlich im Rahmen der Bestimmungen zur Präsenzpflicht am jeweiligen Vertragsarztsitz (vgl. Rn. 233) zur Verfügung stehen. Die Möglichkeit für den Patienten, die Zweitmeinung anderer Ärzte, welche nicht in der Teilberufsausübungsgemeinschaft zusammengeschlossen sind, einzuholen, darf nicht beeinträchtigt werden (§ 15a Abs. 5 BMV-Ä/§ 13 Abs. 7a EKV-Ä). 148

Die Teilberufsausübungsgemeinschaft ist auch als **überörtliche Teilberufsausübungsgemeinschaft** möglich (vgl. § 1a Nr. 15.3 BMV-Ä/EKV-Ä). Für die Modalitäten der Leistungserbringung gilt die KV-übergreifende Berufsausübungs-Richtlinie (vgl. Rn. 162 f.). 149

dd. Überörtliche Berufsausübungsgemeinschaft

Die **überörtliche Berufsausübungsgemeinschaft** ist nur zulässig, wenn die Erfüllung der Versorgungspflicht des jeweiligen Mitglieds an seinem Vertragsarztsitz unter Berücksichtigung der Mitwirkung angestellter Ärzte und Psychotherapeuten in dem erforderlichen Umfang gewährleistet ist sowie das Mitglied und die bei ihm angestellten Ärzte und Psychotherapeuten an den Vertragsarztsitzen der anderen Mitglieder nur in zeitlich begrenztem Umfang tätig werden (§ 33 Abs. 2 Satz 2 Ärzte-ZV). Dadurch soll den Mitgliedern der überörtlichen Berufsausübungsgemeinschaft erlaubt werden, zur Erfüllung von Versorgungsaufträgen auch an den Vertragsarztsitzen der anderen Mitglieder tätig zu werden, sofern dies mit ihrer **Präsenzpflicht an ihren eigenen Vertragsarztsitzen** vereinbar ist.[285] Nach § 24 Abs. 2 Ärzte-ZV muss der Vertragsarzt am Vertragsarztsitz **Sprechstunde** halten (zum Umfang vgl. auch Rn. 95 und Rn. 390 f., für MVZ vgl. Rn. 248). Hinsichtlich des zeitlichen Umfangs einer entsprechenden Tätigkeit verweist § 15a Abs. 4 Satz 8 HS. 2 BMV-Ä/EKV-Ä auf § 17 Abs. 1a BMV-Ä bzw. § 13 Abs. 7a EKV-Ä und damit auf die Regelungen für die weiteren Tätigkeitsorte nach § 24 Abs. 3 Satz 1 Nr. 2 Ärzte-ZV. Danach hat der **Vertragsarzt** an seinem Vertragsarztsitz persönlich mindestens 20 Stunden, bei Teilzulassung zehn Stunden wöchentlich in Form von Sprechstunden zur Verfügung zu stehen; die Tätigkeit am Vertragsarztsitz muss alle Tätigkeiten außerhalb des Vertragsarztsitzes zeitlich insgesamt überwiegen. Nach § 6 Abs. 2 BMV-Z ist der **Vertragszahnarzt** lediglich allgemein gehalten, seine Sprechstunden entsprechend dem Bedürfnis nach einer ausreichenden und zweckmäßigen vertragszahnärztlichen Versorgung und den Gegebenheiten seines Praxisbereiches festzusetzen und die Sprechstunden auf einem Praxisschild bekannt zu geben. Demgegenüber restriktiver als nach den vertragsarztrechtlichen Regelungen darf nach § 6 Abs. 8 Satz 2 BMV-Z/§ 8a Abs. 3 Satz 2 EKV-Z die Tätigkeit an anderen Vertragszahnarztsitzen der überörtlichen Berufsausübungsgemeinschaft ein Drittel der Zeit der vertragszahnärztlichen Tätigkeit des Vertragszahnarztes an seinem Vertragszahnarztsitz nicht überschreiten (vgl. auch Rn. 232 f.). 150

Während § 24 Abs. 4 Satz 2 Ärzte-ZV die Ausgestaltung der vom Verordnungsgeber in zeitlicher Hinsicht nicht näher konkretisierten Tätigkeit an verschiedenen Orten (§ 24 Abs. 3 Ärzte-ZV) den Bundesmantelvertragsparteien überträgt, sieht § 33 Ärzte-ZV eine solche Delegation nicht vor. Diese **Subdelegation**, die § 98 SGB V nicht ausdrücklich vorsieht, und die dennoch getroffenen Regelungen sind aber auf der Grundlage der allgemeinen Kompetenz der Partner der Bundesmantelverträge zur vertraglichen Regelung der vertragsärztlichen Versorgung gemäß § 72 Abs. 2 SGB V i.V.m. § 82 Abs. 1 Satz 1 SGB V zulässig (vgl. auch Rn. 231).[286] Die sprachlich unterschiedliche Formulierung in § 24 Abs. 3 Satz 1 Nr. 2 Ärzte-ZV und § 33 Abs. 2 Satz 2 Ärzte-ZV (insb. „ordnungsgemäße Versorgung" und „nicht beeinträchtigt" sowie „Erfüllung der Versorgungspflicht" und „gewährleistet") ist keinen inhaltlichen Differenzen geschuldet (vgl. Rn. 241). 151

Ein MVZ mit zwei unterschiedlichen Vertragssitzen als „**überörtliches MVZ**" ist wegen der Bindung an den Sitz ausgeschlossen (vgl. Rn. 212). 152

---

[285] Vgl. BT-Drs. 16/2474, S. 31.

[286] Vgl. BSG v. 12.09.2001 - B 6 KA 64/00 R - juris Rn. 30 - SozR 3-2500 § 135 Nr. 20 = MedR 2002, 365; BSG v. 08.09.2004 - B 6 KA 18/03 R - juris Rn. 20 - SozR 4-2500 § 82 Nr. 1 = GesR 2005, 86 = MedR 2005, 480.

ee. Genehmigung

153 Die Berufsausübungsgemeinschaft bedarf der vorherigen Genehmigung des Zulassungsausschusses. Bei Vorliegen der Voraussetzungen „ist" sie „zulässig", besteht also auf die Erteilung der Genehmigung ein **Anspruch** (§ 33 Abs. 2 Sätze 1-3 Ärzte-ZV). Ein Ermessen oder Beurteilungsspielraum der entscheidenden Behörde besteht nicht.

154 Die Genehmigung ist vor Beginn der Tätigkeit in der Gemeinschaftspraxis einzuholen. Dies folgt aus § 33 Abs. 3 Satz 1 Ärzte-ZV („**vorherige Genehmigung**") und entspricht allgemeinen Grundsätzen im Vertragsarztrecht für die Erteilung von statusrelevanten Genehmigungen.[287] Eine **rückwirkende** Genehmigung kann wegen des statusrelevanten Charakters nicht erteilt werden. Insofern können die Ausführungen des BSG zur Genehmigung einer Praxisverlegung angewandt werden (vgl. Rn. 214; vgl. auch Rn. 45).

ff. Zuständigkeit

155 **Zuständig** ist für die **örtliche Berufsausübungsgemeinschaft** der Zulassungsausschuss, in dessen Bezirk der Vertragsarztsitz liegt (§ 33 Abs. 3 Satz 1 Ärzte-ZV). Für die überörtliche Berufsausübungsgemeinschaften mit Vertragsarztsitzen **in mehreren Zulassungsbezirken einer KV** (vgl. § 96 Abs. 1 SGB V; § 11 Ärzte-ZV) wird der zuständige Zulassungsausschuss durch Vereinbarung zwischen der KV sowie den Landesverbänden der Krankenkassen und den Verbänden der Ersatzkassen bestimmt (§ 33 Abs. 3 Satz 2 Ärzte-ZV).

156 Bei der **innerbezirklichen überörtlichen Berufsausübungsgemeinschaft** bestimmen die Berufsausübungsgemeinschaftspartner durch Anzeige an die KV einen **Vertragsarztsitz** als Betriebsstätte und den oder die weiteren Vertragsarztsitze als Nebenbetriebsstätten; die Wahl des Sitzes ist für den Ort zulässig, in dem der Versorgungsschwerpunkt der Tätigkeit der Berufsausübungsgemeinschaft liegt. Die Wahlentscheidung ist für die Dauer von zwei Jahren verbindlich. Sie kann nur jeweils für den Beginn eines Quartals getroffen werden. Unterbleibt die Festlegung nach Fristsetzung der KV, bestimmt diese die Betriebsstätte und die Nebenbetriebsstätte (§ 15a Abs. 4-7 BMV-Ä/EKV-Ä).

157 Hat eine überörtliche Berufsausübungsgemeinschaft **Mitglieder in mehreren KVen**, so hat sie den **Vertragsarztsitz zu wählen**, der maßgeblich ist für die Genehmigungsentscheidung sowie für die auf die gesamte Leistungserbringung dieser überörtlichen Berufsausübungsgemeinschaft anzuwendenden ortsgebundenen Regelungen, insbesondere zur Vergütung, zur Abrechnung sowie zu den Abrechnungs-, Wirtschaftlichkeits- und Qualitätsprüfungen. Die Wahl hat jeweils für einen Zeitraum von **mindestens zwei Jahren unwiderruflich** zu erfolgen (§ 33 Abs. 3 Sätze 3 und 4 Ärzte-ZV). Die Genehmigungsentscheidung des betreffenden Zulassungsausschusses entfaltet deshalb Wirkung auch für die nicht am Genehmigungsverfahren beteiligten anderen KVen, in deren Bezirken die überörtliche Berufsausübungsgemeinschaft tätig ist, und für die dortigen Kassenverbände.[288]

158 Für die Wahl des Vertragsarztsitzes werden keine besonderen **Voraussetzungen** aufgestellt. Aus der Zugehörigkeit zu einer KV folgt jedoch noch nicht, dass nunmehr ausschließlich diese KV für alle Angelegenheiten der überörtlichen Gemeinschaftspraxis zuständig wäre (vgl. z.B. zur Qualitätssicherung § 11 Abs. 6 Satz 4 BMV-Ä/§ 39 Abs. 6 Satz 4 EKV-Z) oder eine Honorierung aller Leistungen einheitlich nach Maßgabe der örtlichen Honorarbestimmungen zu erfolgen hätte (vgl. Rn. 161 ff.).[289]

159 Für **Zahnärzte** gilt nach § 6 Abs. 8 Satz 4 BMV-Z/§ 8a Abs. 3 Satz 4 EKV-Z, dass eine Änderung des Wahlvertragsarztsitzes nur zum Quartalsende durch schriftliche Erklärungen gegenüber allen beteiligten KZVen möglich ist, die diesen mindestens sechs Monate vor Wirksamkeit der geänderten Wahlentscheidung zuzugehen haben.

160 Alle Mitglieder der überörtlichen Berufsausübungsgemeinschaft unterliegen damit mit ihrem gesamten Leistungsverhalten der für den **Wahlvertragsarztsitz zuständigen KV**. Aufgrund ihres **persönlichen Zulassungsstatus** bleiben sie aber weiterhin Mitglied der KV ihres persönlichen Vertragsarztsitzes (§ 77 Abs. 3 Satz 1 SGB V), die auch weiterhin die Disziplinargewalt ausübt (§ 81 Abs. 5 Satz 1 SGB V). Diese Aufteilung der Zuständigkeiten macht wenig Sinn. Aufgrund des Gesetzesvorrangs kann aber § 33 Abs. 3 Satz 3 Ärzte-ZV nicht erweiternd ausgelegt werden.[290]

---

287 Vgl. auch BT-Drs. 16/2474, S. 31.

288 Vgl. auch BT-Drs. 16/2474, S. 31.

289 So wohl *Weimer*, GesR 2007, 204 ff.

290 So aber *Orlowski* u.a., Vertragsarztrechtsänderungsgesetz (VÄndG) – Chancen und Risiken, S. 35.

Zur **Koordination der überörtlichen Berufsausübungsgemeinschaft** hat der Gesetzgeber aber die KBV ermächtigt, in den sog. Fremdkassenrichtlinien nach § 75 Abs. 7 Satz 1 Nr. 2 SGB V auch Regelungen über die Abrechnungs-, Wirtschaftlichkeits- und Qualitätsprüfung sowie über Verfahren bei Disziplinarangelegenheiten bei überörtlichen Berufsausübungsgemeinschaften, die Mitglieder in mehreren KVen haben, zu treffen, soweit hierzu nicht in den Bundesmantelverträgen besondere Vereinbarungen getroffen sind (§ 75 Abs. 7 Satz 3 SGB V). Die Bundesmantelvertragsparteien haben von ihrer Ermächtigung nur im zahnärztlichen Bereich (vgl. Rn. 164) Gebrauch gemacht. 161

Die KBV hat hierzu aber die **KV-übergreifende Berufsausübungs-Richtlinie** (KVüBRL) erlassen.[291] 162
Diese Vertragsrichtlinien haben **Normqualität**.[292]

Nach § 2 KVüBRL gilt grundsätzlich das **Leistungs-, Vergütungs- und Prüfungsrecht am Ort der** 163
Leistungserbringung. Grundsätzlich zuständig ist die KV am Ort der Leistungserbringung. Im Einzelnen gilt dies mit im Detail z.T. abweichenden Regelungen für die Abrechnung (§ 4 KVüBRL), die Richtigkeits- und Plausibilitätsprüfung (§ 5 KVüBRL), den Honorarbescheid (§ 6 KVüBRL), die Wirtschaftlichkeitsprüfung (§ 7 KVüBRL), die Qualitätssicherung (§ 8 KVüBRL) und die Zuständigkeit in Disziplinarangelegenheiten bei Verletzung vertragsärztlicher Pflichten (§ 9 KVüBRL). Die Genehmigung zur Abrechnung genehmigungsbedürftiger ärztlicher oder psychotherapeutischer Leistungen ist für jeden Ort der Leistungserbringung erforderlich. Sie wird für jede Betriebsstätte oder Nebenbetriebsstätte durch die beteiligte KV erteilt. Dies gilt sowohl für die persönlichen fachlichen als auch die betriebsstättenbezogenen Voraussetzungen der Genehmigung (§ 8 Abs. 1 KVüBRL). In Disziplinarangelegenheiten ist die KV des Wahlvertragsarztsitzes zuständig, wenn es um eine Verletzung vertragsärztlicher Pflichten durch die Berufsausübungsgemeinschaft als Gemeinschaft geht. Soweit ein Verfahren anhängig ist, bleibt es bei dieser KV anhängig, auch wenn die Berufsausübungsgemeinschaft ihren Hauptsitz in den Bereich einer anderen KV verlegt (§ 9 KVüBRL).

Im **vertragszahnärztlichen Bereich** ist für die Genehmigung KZV-bezirksübergreifender Gemein- 164
schaftspraxen die Abgabe einer schriftlichen Erklärung aller Mitglieder erforderlich, wonach sich diese allen Bestimmungen in Satzungen, Verträgen oder sonstigen Rechtsnormen der gem. § 33 Abs. 3 Zahnärzte-ZV gewählten KZV hinsichtlich der Vergütung, der Abrechnung sowie zu den Abrechnungs-, Wirtschaftlichkeits- und Qualitätsprüfungen unterwerfen (§ 6 Abs. 7 Satz 6 BMV-Z/§ 8a Abs. 2 Satz 2 EKV-Z). Demgegenüber erfolgt im Falle der Ermächtigung zur Tätigkeit in einer außerbezirklichen Zweigpraxis die Abrechnung nach den gesamtvertraglichen Regelungen am Ort der Zweigpraxis (§ 6 Abs. 6 Satz 14 BMV-Z/§ 8a Abs. 1 Satz 14 EKV-Z).

Die Genehmigung kann mit **Auflagen** erteilt werden, wenn dies zur Sicherung der Genehmigungsan- 165
forderungen erforderlich ist; das Nähere ist einheitlich in den Bundesmantelverträgen zu regeln (§ 33 Abs. 3 Satz 5 HS. 1 Ärzte-ZV). Von dieser besonderen Ermächtigung haben die Bundesmantelvertragsparteien bisher keinen Gebrauch gemacht.

gg. Beendigung der Gemeinschaftspraxis

Zur **Beendigung der Gemeinschaftspraxis** genügt eine einseitige Erklärung eines Vertragsarztes ge- 166
genüber dem Zulassungsausschuss, sich von der Gemeinschaftspraxis lossagen zu wollen; für die **Gültigkeit der Erklärung** kommt es nicht auf ihre vertragliche Zulässigkeit an.[293] Die Zulassungsgremien dürfen auf der Grundlage des § 33 Abs. 3 Ärzte-ZV schon aus Gründen der Rechtsklarheit und Rechtssicherheit auch den Wegfall (einer) der Voraussetzungen der Befugnis zur Führung einer Gemeinschaftspraxis und damit die Beendigung des entsprechenden Status des Vertragsarztes durch Verwaltungsakt feststellen.[294]

Der **Zulassungsausschuss** hat keine Prüfung der vertraglichen Vereinbarungen vorzunehmen, sondern 167
hat in **notarähnlicher Funktion** die **Beendigung** der Gemeinschaftspraxis oder das **Ausscheiden eines Mitglieds** festzustellen.[295] Jeder Gesellschafter einer Gemeinschaftspraxis hat es faktisch in der

---

[291] Richtlinie der Kassenärztlichen Bundesvereinigung über die Durchführung der vertragsärztlichen Versorgung bei einer den Bereich einer Kassenärztlichen Vereinigung übergreifenden Berufsausübung (KV-übergreifende Berufsausübungs-Richtlinie) v. 29.05.2007 mit Geltung seit 01.07.2007, www.kbv.de.

[292] Vgl. *Axer* in: Schnapp/Wigge, Handbuch des Vertragsarztrechts, § 9 Rn. 24.

[293] Vgl. BSG v. 19.08.1992 - 6 RKa 36/90 - juris Rn. 27 und 29 - SozR 3-2200 § 368c Nr. 1.

[294] Vgl. BSG v. 19.08.1992 - 6 RKa 36/90 - juris Rn. 23 - SozR 3-2200 § 368c Nr. 1; LSG Bayern v. 24.05.2000 - L 12 KA 45/98 - juris Rn. 39.

[295] Vgl. SG Marburg v. 14.07.2005 - S 12 KA 74/05 ER - juris Rn. 39 f.

Hand, durch **einfache Erklärung** die Gemeinschaftspraxis jederzeit beenden zu können. Unabhängig von den gesellschaftsvertraglichen Kündigungsfristen wird die der Gemeinschaftspraxis zugrunde liegende Gesellschaft des bürgerlichen Rechtes unter dem Gesichtspunkt der Unmöglichkeit der Zweckerreichung „ipso jure" auch dann aufgelöst sein, wenn die Beendigungserklärung vertragswidrig abgegeben wurde.[296]

168 Rechtsgrundlage der **Aufhebung der rechtswidrigen Genehmigung** einer Gemeinschaftspraxis ist § 45 SGB X. Für den Widerruf oder die Rücknahme einer Genehmigung nach § 33 Abs. 3 Ärzte-ZV fehlen eigene Regelungen, wie sie § 95 Abs. 6 SGB V und § 27 Ärzte-ZV für die Entziehung der Zulassung vorsehen. Sie gelten nicht für die Beendigung einer Gemeinschaftspraxis.[297]

169 Wegen des Statuscharakters wird eine **rückwirkende Entziehung der Genehmigung** einer Gemeinschaftspraxis für unzulässig gehalten.[298] Allerdings hat das BSG gegen den rückwirkenden Eingriff durch nachträgliche Aberkennung des Zulassungsstatus eines der Partner einer Gemeinschaftspraxis den übrigen Partnern eine Anfechtungsbefugnis zuerkannt und die Frage über die Rechtmäßigkeit der nachträglichen Aberkennung wegen Zurückverweisung offen gelassen (vgl. bereits Rn. 45).[299]

d. Praxisgemeinschaft

170 **Praxisgemeinschaft** ist kein Gesetzesbegriff. Bei der Praxisgemeinschaft handelt es sich um eine Organisationsgemeinschaft, die nicht der gemeinsamen, in der Regel jederzeit austauschbaren ärztlichen Behandlung an gemeinsamen Patienten dient. Mit ihr wird vielmehr die gemeinsame Nutzung von Praxisräumen und Praxiseinrichtungen sowie die gemeinsame Beschäftigung von Hilfspersonal durch mehrere Ärzte mit dem vorrangigen Zweck, bestimmte Kosten zur besseren Ausnutzung der persönlichen und sachlichen Mittel auf mehrere Ärzte umzulegen, beabsichtigt.[300] Sie muss sich nach § 33 Abs. 1 Satz 1 Ärzte-ZV auf die **gemeinsame Nutzung von Praxisräumen** und **Praxiseinrichtungen** sowie die gemeinsame **Beschäftigung von Hilfspersonal** beschränken und darf nicht darüber hinausgehen und wie bei einer **Gemeinschaftspraxis** die Qualität einer „gemeinsamen Ausübung" der vertragsärztlichen Tätigkeit erreichen.[301] Sie ist dadurch gekennzeichnet, dass der Inhaber nur sein eigenes wirtschaftliches Interesse verfolgt. Die Leistungen jedes einzelnen Arztes bei einem Versicherten bilden jeweils einen Behandlungsfall. Sie stellt in der Regel eine bloße **Innengesellschaft** dar, bei der sich die Gesellschafter zwar im Innenverhältnis zur Erreichung eines gemeinsamen Zwecks verpflichten, jedoch nach dem Inhalt der Vereinbarung nicht nach außen „als Gesellschaft" am Rechtsverkehr teilnehmen.[302] Nach Novellierung der MBO könnte die vertragsarztrechtliche Abgrenzung auch hier an Bedeutung gewinnen.[303]

171 Im Hinblick auf unterschiedliche Vergütungsstrukturen und wegen der wirtschaftlichen Auswirkungen einer **Doppelabrechnung** vertragsärztlicher Leistungen durch mehrere Ärzte einer Praxisgemeinschaft müssen Vertragsärzte die gegenüber den Zulassungsgremien vollzogene Auflösung der Gemeinschaftspraxis und die Neuausrichtung der beruflichen Kooperation bei der Gestaltung der Behandlungsabläufe der Praxen unzweideutig und für die Patienten unübersehbar umsetzen. Die **nach außen gewählte Rechtsform** muss im Praxisalltag transparent realisiert werden. Anderenfalls liegt ein **Gestaltungsmissbrauch** vor, der vergütungsrechtliche Konsequenzen in Form einer **sachlich-rechnerischen Berichtigung** haben kann. Behandeln die Partner einer aus einer Gemeinschaftspraxis hervorgegangenen Praxisgemeinschaft die Patienten zu einem hohen Anteil gemeinschaftlich, nachdem sie es unterlassen haben, auf die Änderung der Rechtsform ihrer Zusammenarbeit unmissverständlich hin-

[296] Vgl. LSG Bayern v. 24.05.2000 - L 12 KA 45/98 - juris Rn. 41 f.; LSG Bayern v. 19.07.2006 - L 12 KA 439/04 - juris Rn. 23.

[297] Vgl. LSG Nordrhein-Westfalen v. 13.09.2006 - L 11 KA 30/06 - juris Rn. 26.

[298] Vgl. LSG Nordrhein-Westfalen v. 13.09.2006 - L 11 KA 30/06 - juris Rn. 33; LSG Rheinland-Pfalz v. 02.02.2006 - L 5 KA 37/05 - juris Rn. 17 f. - NZS 2006, 609.

[299] Vgl. BSG v. 23.02.2005 - B 6 KA 69/03 R - juris Rn. 18 - GesR 2005, 411 = ZMGR 2005, 229.

[300] BSG v. 22.03.2006 - B 6 KA 76/04 R - juris Rn. 15 - BSGE 96, 99 = SozR 4-5520 § 33 Nr. 6.

[301] Vgl. LSG Niedersachsen-Bremen v. 10.02.2003 - L 3 KA 434/02 ER - NZS 2004, 386, 387 = MedR 2003, 429.

[302] Vgl. OLG Schleswig v. 10.09.2002 - 3 U 10/01 - juris Rn. 18 - MedR 2004, 56 = GesR 2003, 29.

[303] Vgl. *Ratzel/Lippert*, MedR 2004, 525, 528 f.

zuweisen, bedienen sie sich der Kooperationsform der Praxisgemeinschaft missbräuchlich (zur Plausibilitätsprüfung vgl. § 106a Abs. 3 Satz 1 Nr. 3 SGB V, zur Problematik vgl. auch Rn. 179 ff.).[304]

Zu beachten ist auch das berufsrechtliche **Verbot der entgeltlichen Patientenzuweisung**, das das Versprechen oder Gewähren anderer Vorteile einschließt (§ 31 MBO-Ä)[305] und das Gebot der Ausübung der vertragsärztlichen Tätigkeit in freier Praxis (§ 32 Abs. 1 Satz 1 Ärzte-ZV; vgl. Rn. 177 f.).[306] 172

Dies gilt auch für **Kooperationen mit nichtärztlichen Leistungserbringern**. Ärzten ist es auch nicht gestattet, Patienten ohne hinreichenden Grund an bestimmte Apotheken, Geschäfte oder Anbieter von gesundheitlichen Leistungen zu verweisen (§ 34 Abs. 5 MBO-Ä).[307] 173

e. Gerätegemeinschaft

Zur **gemeinsamen Nutzung von Geräten** und Reduzierung von Investitions- und Betriebskosten können **Gerätegemeinschaften** als besondere **Form einer Praxisgemeinschaft** gebildet werden. Häufige Form ist die gemeinsame Nutzung von Langzeit EKG, eines Labors und Großgeräten (vgl. auch § 105 Abs. 2 Satz 2 SGB V; vgl. die Kommentierung zu § 105 SGB V Rn. 30 ff.).[308] 174

Die **Bundesmantelverträge** sehen ausdrücklich vor, dass sich Vertragsärzte bei gerätebezogenen Untersuchungsleistungen zur gemeinschaftlichen Leistungserbringung mit der Maßgabe zusammenschließen können, dass die ärztlichen Untersuchungsleistungen nach fachlicher Weisung durch einen der beteiligten Ärzte persönlich in seiner Praxis oder in einer gemeinsamen Einrichtung durch einen gemeinschaftlich beschäftigten angestellten Arzt nach § 32b Ärzte-ZV erbracht werden. Die Leistungen sind persönliche Leistungen des jeweils anweisenden Arztes, der an der Leistungsgemeinschaft beteiligt ist. Sind Qualifikationsvoraussetzungen gemäß § 11 dieses Vertrages vorgeschrieben, so müssen alle Gemeinschaftspartner und ein angestellter Arzt nach § 32b Ärzte-ZV, sofern er mit der Ausführung der Untersuchungsmaßnahmen beauftragt ist, diese Voraussetzungen erfüllen (§ 15 Abs. 3 BMV-Ä/§14 Abs. 2 EKV-Ä). 175

Diese weitgehende Ausnahme vom Prinzip der persönlichen Leistungserbringung, die seit Jahrzehnten gewachsen ist und insbesondere bei den **Laborgemeinschaften** zum Tragen kommt, ist allerdings nicht unzweifelhaft, da insofern § 32 Abs. 1 Satz 1 Ärzte-ZV keine Ausnahme vorsieht. Jedenfalls handelt ein Laborarzt unlauter i.S.d. §§ 3, 4 Nr. 1 UWG, wenn er niedergelassenen Ärzten die **Durchführung von Laboruntersuchungen**, die diese selbst gegenüber der Kasse abrechnen können, **unter Selbstkosten** in der Erwartung anbietet, dass die niedergelassenen Ärzte ihm im Gegenzug Patienten für Untersuchungen überweisen, die nur von einem Laborarzt vorgenommen werden können. Einem solchen Angebot unter Selbstkosten steht es gleich, wenn die günstigen Preise für die von den niedergelassenen Ärzten abzurechnenden Laboruntersuchungen dadurch ermöglicht werden, dass der Laborarzt einer von ihm betreuten Laborgemeinschaft der niedergelassenen Ärzte freie Kapazitäten seines Labors unentgeltlich oder verbilligt zur Verfügung stellt.[309] Für die Teilberufsausübungsgemeinschaft sieht die Ärzte-ZV ausdrücklich vor, dass sie unzulässig ist, sofern diese zur Erbringung überweisungsgebundener medizinisch-technischer Leistungen mit überweisungsberechtigten Leistungserbringern gebildet wird (§ 33 Abs. 3 Satz 3 Ärzte-ZV). 176

4. Selbständige Tätigkeit „in freier Praxis“ (§ 32 Abs. 1 Satz 1 Ärzte-ZV)

Entsprechend dem Bild des freiberuflich tätigen Vertragsarztes muss dieser die vertragsärztliche Tätigkeit persönlich „**in freier Praxis**“ ausüben (§ 32 Abs. 1 Satz 1 Ärzte-ZV i.V.m. § 98 Abs. 1 Satz 1, Abs. 2 Nr. 10 SGB V; zu Ausnahmen vgl. Rn. 319 ff. und Rn. 537 ff.). Nach dem BSG ist hierfür kenn- 177

---

304 Vgl. BSG v. 22.03.2006 - B 6 KA 76/04 R - juris Rn. 18 ff. - SozR 4-5520 § 33 Nr. 6 = BSGE 96, 99; vgl. auch LSG Niedersachsen-Bremen v. 08.06.2007 - L 3 KA 9/07 ER - www.sozialgerichtsbarkeit.de; zur Instanzenrechtsprechung. Vgl. ferner LSG Rheinland-Pfalz v. 30.05.2005 - L 5 ER 17/05 KA - juris Rn. 12 ff. - MedR 2005, 614 mit Anm. *Dahm*, GesR 2005, 419; LSG Niedersachsen-Bremen v. 22.04.2004 - L 3 KA 12/04 ER - MedR 2004, 512 = Breith 2004, 583; SG Düsseldorf v. 04.08.2003 - S 2 KA 103/03 ER - juris; SG München v. 29.04.2003 - S 42 KA 1133/02; z.T. anders SG Frankfurt/M. v. 16.08.2002 - S 27 KA 2147/02 ER - juris.

305 Vgl. BGH v. 20.03.2003 - III ZR 135/02 - NJW-RR 2003, 1175 = GesR 2003, 211 = MedR 2003, 459; OLG Stuttgart v. 10.05.2007 - 2 U 176/06 - juris.

306 Vgl. LSG Bayern v. 21.06.2006 - L 12 KA 42/02 - juris Rn. 28 - Breith 2007, 1.

307 Vgl. OLG Köln v. 04.11.2005 - 6 U 46/05 - juris Rn. 31 ff. - ZMGR 2006, 67.

308 Zu Abgrenzungsproblemen zum Angestelltenverhältnis S. LArbG Rheinland-Pfalz v. 18.10.2005 - 5 Sa 64/05 - juris; LSG Bayern v. 21.06.2006 - L 12 KA 42/02 - juris Rn. 27 ff. - Breith 2007, 1.

309 Vgl. BGH v. 21.04.2005 - I ZR 201/02 - NJW 2005, 3718 = GesR 2005, 547 = MedR 2006, 168.

zeichnend, dass der Arzt gegenüber seinen Patienten sowohl im Bereich der eigentlichen Behandlungstätigkeit als auch im tatsächlichen und rechtlichen Umfeld dieser Behandlung in vollem Umfang unmittelbar verantwortlich ist. Das setzt zwingend voraus, dass er **Inhalt und Umfang seiner ärztlichen Tätigkeit** und den **Einsatz** der der Praxis zugeordneten sachlichen und persönlichen **Mittel selbst bestimmt** und insoweit keiner maßgeblichen **Einflussnahme durch andere** unterliegt.[310] Ein Arzt, der vertraglich seine Unabhängigkeit z.B. durch **Honorarbeteiligungen** oder **Honorarabführungen an Dritte** aufgibt,[311] verstößt hiergegen mit der Folge, dass die Zulassung entzogen werden kann (§ 95 Abs. 6 SGB V).

178 Mit § 32 Abs. 1 Satz 1 Ärzte-ZV hat der Gesetzgeber unmittelbar und **unabhängig vom Berufsrecht**[312] die Berufsausübung geregelt, wenn auch das **Berufsrecht** insbesondere der Ärzte bereits selbst von einem **„freien Beruf"** ausgeht (vgl. § 1 Abs. 2 HS. 2 BÄO; § 1 Abs. 1 Sätze 2 und 3 MBO-Ä), ohne diesen Begriff näher zu definieren. § 1 Abs. 4 ZHG beschränkt sich auf die Aussage, die Ausübung der Zahnheilkunde sei kein Gewerbe. Die MBO-Zahnärzte verpflichtet in der Präambel die MBO aber auf das Ziel, die Freiberuflichkeit des Zahnarztes zu gewährleisten, und greift nur in der Überschrift des § 17 MBO-Zahnärzte („Zahnärzte und andere freie Berufe") den Begriff „freier Beruf" wieder auf; im Übrigen muss die gewählte Gesellschaftsform gewährleisten, dass die Berufsausübung nicht gewerblich erfolgt (§ 16 Abs. 1 Satz 1 MBO-Zahnärzte). Das PsychThG verzichtet auf eine entsprechende Aussage vollständig; nach § 1 Abs. 3 MBO-Psychotherapeuten ist der Beruf des Psychotherapeuten aber seiner Natur nach ein freier Beruf und kein Gewerbe. § 1 Abs. 2 Satz 1 PartGG, der diese Berufe mitumfasst (§ 1 Abs. 2 Satz 2 PartGG) beschreibt die Freien Berufe dahingehend, dass diese im Allgemeinen auf der Grundlage besonderer beruflicher Qualifikation oder schöpferischer Begabung die persönliche, eigenverantwortliche und fachlich unabhängige Erbringung von Dienstleistungen höherer Art im Interesse der Auftraggeber und der Allgemeinheit zum Inhalt haben. Berufsrechtlich kommt es aber nicht darauf an, dass der Arzt frei praktizierend ist. Jeder Arzt unterliegt uneingeschränkt den Regeln des Berufsrechts und übt auch in einem Anstellungsverhältnis seinen „freien Beruf" aus.[313] Entscheidend ist, dass der Arzt bei seiner **eigentlichen Heilbehandlungstätigkeit unabhängig und weisungsfrei** ist, wobei es gerade nicht darauf ankommt, in welchem Rechtsverhältnis und in welcher wirtschaftlichen Form er den Beruf ausübt.[314] Soweit sich nunmehr die berufsrechtlichen Regelungen abweichend entwickeln, obliegt es dem Gesetzgeber, eine vertragsarztrechtliche Anpassung herbeizuführen, was er weitgehend durch das VÄndG getan hat. Vereinzelten Bedenken gegen die Ermächtigungsgrundlage nach § 98 Abs. 2 Nr. 13 SGB V[315] hat sich die Rechtsprechung bisher zu Recht nicht angeschlossen. Soweit das Vertragsarztrecht nach der Gesetzesintention über das Berufsrecht hinausgehen will, kann dies keine Wirkungen entfalten; der **Vertragsarzt unterliegt beiden Rechtskreisen** (vgl. Rn. 128; vgl. auch Rn. 135).

a. Abgrenzungsprobleme bei der Gemeinschaftspraxis

179 Die **Grenzen einzelner Kooperationsformen**, die bis hin zu faktischen Angestelltenverhältnissen gehen, sind **umstritten** und bisher von der Rechtsprechung nicht abschließend geklärt.[316] Der Frage zulässiger Kooperationen kommt nicht nur für das **Zulassungsrecht**, sondern auch für die **Honorarver-**

---

[310] Vgl. BSG v. 19.03.1997 - 6 RKa 39/96 - juris Rn. 18 - BSGE 80, 130 = SozR 3-5520 § 20 Nr. 2; BSG v. 15.03.1995 - 6 RKa 23/94 - juris Rn. 38 - BSGE 76, 59 = SozR 3-5520 § 20 Nr. 1; *Pfalzgraf*, MedR 2000, 257 ff.; zur Beteiligung Dritter an wirtschaftlichen Ergebnissen ärztlicher Tätigkeit S. *Gummert/Meier*, MedR 2007, 75 ff.

[311] Vgl. *Wigge* in: Schnapp/Wigge, Handbuch des Vertragsarztrechts, § 5e Rn. 20 f., allerdings als Fall der Nichteignung nach § 20 Abs. 2 Ärzte-ZV; zum „Einnahmenpooling" vgl. *Reiter*, GesR 2005, 6 ff.; *Hartmann*, MedR 2003, 195 ff.; *Fiedler*, NZS 2004, 389 f.; *Krafczyk*, MedR 2003, 313, 317 f.

[312] Anders *Arbeitsgruppe*, GesR 2002, 53; *Reiter*, GesR 2005, 6, 14.

[313] Vgl. im Einzelnen *Quaas* in: ders./Zuck, Medizinrecht, 2005, § 12 Rn. 9 ff.

[314] Vgl. BGH v. 30.11.1977 - IV ZR 69/76 - juris Rn. 24 - BGHZ 70, 158 = NJW 1978, 589.

[315] Vgl. *Sodan*, NZS 2001, 169, 172 ff.

[316] Vgl. *Wigge*, NZS 2001, 293 ff.; *Wigge* in: Schnapp/Wigge, Handbuch des Vertragsarztrechts, § 5e Rn. 15 ff.; *Quaas* in: ders./Zuck, Medizinrecht, 2005, § 14 Rn. 12; *Schnapp/Kaltenborn*, SGb 2001, 101, 107 f.; *Butzer*, MedR 2001, 604, 613 ff.; *Saenger*, MedR 2006, 138, 140 f.; *Bridts*, MedR 2006, 102 ff.; *Dahm/Ratzel*, MedR 2006, 555 ff.; *Dahm*, MedR 2005, 616, hält eine Unterscheidung zwischen Praxisgemeinschaft und Gemeinschaftspraxis kaum mehr für sinnvoll; zum Kündigungsrecht nach einer „Probezeit" vgl. BGH v. 08.03.2004 - II ZR 165/02 - NJW 2004, 2013; *Saenger*, NZS 2001, 234, 237 f.

teilung erhebliche Bedeutung zu, da Praxisbudgets oder praxisindividuelle Budgets oftmals an die Zahl selbstständiger Behandler oder die Praxisform einer Gemeinschaftspraxis anknüpfen oder begünstigende Regelungen vorsehen (vgl. bereits Rn. 140).

Nach der Rechtsprechung des **BSG** (vgl. auch Rn. 133 ff.) sind grundsätzlich die **Eigentumsverhältnisse** an den Praxisräumen und der Geräte- bzw. Materialausstattung der Praxis für die Ausübung der vertragsärztlichen Tätigkeit in eigener Praxis unerheblich.[317] Maßgeblich ist die **eigenverantwortliche Ausübung der ärztlichen Funktion** einschließlich der Möglichkeit der **(Mit-)Disposition über die räumlichen und sächlichen, gegebenenfalls auch personellen Mittel**. Der Arzt darf nicht in einem **abhängigen Beschäftigungsverhältnis** stehen. Für die Übernahme des wirtschaftlichen Risikos soll es nicht entscheidend auf den Kapitaleinsatz ankommen; wesentlicher soll der persönliche Einsatz an Arbeitskraft und Leistung sein. Es hängt maßgeblich von der Arbeitskraft des Arztes ab, in welchem Umfang seine freiberufliche Tätigkeit Einkünfte einbringt.[318] 180

Für die Gemeinschaftspraxis hat das BSG wiederholt dargelegt, eine **Genehmigung** allein sei nicht ausreichend. Hinzukommen müsse, dass sich die Vertragsärzte auch **tatsächlich zur gemeinsamen und gemeinschaftlichen Ausübung** der ärztlichen Tätigkeit verpflichtet hätten, wobei es zunächst das Fehlen eines **schriftlichen Vertrages** lediglich als Indiz für eine fehlende Vereinbarung angesehen hat.[319] In der Entscheidung zur Zulässigkeit überörtlicher Laborpraxen hat das BSG hieran angeknüpft und betont, ohne den Abschluss eines auf den gemeinschaftlichen Betrieb der Praxis und die gemeinsame Ausübung der ärztlichen Tätigkeit gerichteten Vertrages fehlten von vornherein die Grundlagen für die Verleihung des öffentlich-rechtlichen Status einer Gemeinschaftspraxis. Es müsse ein schriftlicher Vertrag vorliegen, der den Zulassungsgremien zur Prüfung vorzulegen sei. Nur so seien diese in der Lage zu prüfen, ob die Ausübung der vertragsärztlichen Tätigkeit in beruflicher und persönlicher Selbstständigkeit gesichert sei und die für jede selbstständige Tätigkeit kennzeichnende Weisungsfreiheit aller Vertragsärzte gewährleistet werde. Nur auf diese Weise könne verhindert werden, dass Ärzte im Rahmen der vertragsärztlichen Versorgung tätig würden, die in Wirklichkeit in abhängiger Stellung gegenüber einem anderen Arzt oder einer zur gemeinsamen Berufstätigkeit verbundenen Gruppe von Ärzten stünden.[320] In einer weiteren Entscheidung hat das BSG betont, für die Annahme einer gemeinschaftlichen Berufsausübung im Rahmen einer Gemeinschaftspraxis sei neben einer Beteiligung der Partner an den Investitionen und Kosten der Praxis grundsätzlich auch eine **Beteiligung am immateriellen Wert der Praxis (dem sog. „Goodwill")** erforderlich (vgl. Rn. 139).[321] 181

Damit sind **jedenfalls** die **Zulassungsgremien** über die §§ 32 Abs. 1 Satz 1 und 33 Abs. 2 Ärzte-ZV verpflichtet, die rechtlichen und tatsächlichen Voraussetzungen für die Bildung einer Gemeinschaftspraxis nachzuprüfen bzw. bei Wegfall der Voraussetzungen diesen Zulassungsstatus wieder zu entziehen (vgl. bereits Rn. 135). 182

Im Einzelnen hat die **Instanzenpraxis** zuletzt über **folgende Fälle** entschieden, wobei z.T. Fragen der sachlich-rechnerischen Berichtigung oder Honorarverteilung zugrunde lagen. 183

Das **LSG Niedersachsen-Bremen** hat in einem einstweiligen Anordnungsverfahren keine Bedenken gegen einen **Kooperationsvertrag** gesehen, nach dem u.a. der freie Mitarbeiter zumindest für eine **Probezeit kein wirtschaftliches Risiko** zu tragen hatte, sich verpflichtete, bei Beendigung der freien Mitarbeit ohne Aufnahme als Gesellschafter alles zu tun, um der Gemeinschaftspraxis der Praxisinhaber den ihm durch diese vermittelten Vertragsarztsitz zu erhalten, im Innenverhältnis weder Gesellschaftsanteile noch Rechte oder Anwartschaften erwarb, eine regelmäßige Vergütung und Jahresurlaub erhielt und die Tätigkeit ganztägig zu verrichten war; dabei war der Kooperationsvertrag mit einer Ärztegemeinschaft geschlossen, wobei zulassungsrechtlich einer dieser Ärzte mit dem freien Mitarbeiter eine Gemeinschaftspraxis bildete.[322] In einer weiteren Eilentscheidung hat das **LSG Niedersachsen-Bremen** allerdings betont, dass die Wahlmöglichkeiten bei der Festlegung der Praxisrechtsform 184

[317] Vgl. BSG v. 16.03.1973 - 6 RKa 23/71 - BSGE 35, 247, 250 = SozR Nr. 1 zu § 5 EKV-Ä; BSG v. 19.03.1997 - 6 RKa 39/96 - juris Rn. 18 - BSGE 80, 130 = SozR 3-5520 § 20 Nr. 2.

[318] Vgl. BSG v. 16.03.1973 - 6 RKa 23/71 - BSGE 35, 247, 250 ff. = SozR Nr. 1 zu § 5 EKV-Ä.

[319] Vgl. BSG v. 29.09.1999 - B 6 KA 1/99 R - juris Rn. 46 - BSGE 85, 1 = SozR 3-2500 § 103 Nr. 3; vgl. auch bereits BSG v. 19.08.1992 - 6 RKa 36/90 - juris Rn. 22 - SozR 3-2200 § 368c Nr. 1.

[320] Vgl. BSG v. 16.07.2003 - B 6 KA 34/02 R - juris Rn. 32 ff. - SozR 4-5520 § 33 Nr. 2.

[321] Vgl. BSG v. 22.03.2006 - B 6 KA 76/04 R - juris Rn. 14 - BSGE 96, 99 = SozR 4-5520 § 33 Nr. 6.

[322] Vgl. LSG Niedersachsen-Bremen v. 13.08.2002 - L 3 KA 161/02 ER - MedR 2002, 540 = GesR 2002, 21; zur Apparategemeinschaft vgl. LArbG Rheinland-Pfalz v. 18.10.2005 - 5 Sa 64/05 - juris (Revision anhängig: 5 AZR 790/05); kritisch zur sog. Nullbeteiligungsgesellschaft *Haack*, MedR 2005, 631, 632 ff.

zwischen Einzelpraxis, Praxisgemeinschaft und Gemeinschaftspraxis nicht nur im Außenverhältnis zur KV limitiert seien, sondern es müsse auch im **Innenverhältnis** der Partner einer Praxisgemeinschaft diesen **Rechtsformbeschränkungen** Rechnung getragen werden. Es dürfte insbesondere unzulässig sein, dass Vertragsärzte nach außen den Eindruck einer Praxisgemeinschaft erweckten, im Innenverhältnis ihre Rechte und Pflichten aber so wie unter den Partnern einer Gemeinschaftspraxis ausgestalteten und sich damit im Ergebnis zu einer „gemeinsamen Ausübung" der vertragsärztlichen Tätigkeit verpflichteten, wie sie nur im Rahmen einer – genehmigungspflichtigen – Gemeinschaftspraxis erlaubt sei (§ 33 Abs. 2 Ärzte-ZV a.F.). Dem lag ein Vertrag über die Einrichtung einer Arztpraxis-GbR von 14 Ärzten in Einzelpraxen zugrunde, nach dem im Innenverhältnis das gesamte Praxisvermögen eingebracht worden war und Gewinne anteilig zu gleichen Teilen auszuschütten waren.[323]

185 In einem einstweiligen Anordnungsverfahren eines Radiologen wegen einer **Honorarberichtigung** (über 16 Mio. DM) mit der Begründung, er sei nicht **in freier Praxis** tätig gewesen sei, weil er aufgrund komplexer vertraglicher Vereinbarungen nicht am Betriebsvermögen beteiligt und von den erheblichen Finanzierungskosten und wirtschaftlichen Risiken befreit gewesen sei, er eine jährliche Entschädigung als Geschäftsführer erhalten und dafür seine Honorarforderungen an seinen Vertragspartner abgetreten habe, er deshalb persönlich und wirtschaftlich nicht unabhängig gewesen sei und „de facto" ein Festgehalt bezogen, kein Unternehmerrisiko getragen habe und nicht weisungsfrei gewesen sei, ließ das **LSG Bayern** die Frage der Zulässigkeit der vertraglichen Bindung offen.[324]

186 Die Gründung einer **Innengesellschaft** eines Vertragsbehandlers (V) (hier mit einem ermächtigten Fachchemiker der Medizin) mit einer aus weiteren Laborärzten bestehenden GbR, wobei u.a. dessen Erträge bei einem **garantierten Gewinnvorab** in Höhe von 240.000 DM im Innenverhältnis ausschließlich der von einem der Laborärzte als Geschäftsführer geführten Innengesellschaft, an der V nur zu 5% beteiligt war, zustanden, V für den Abschluss und die Kündigung von Verträgen mit einem Wert von über 30.000 DM sowie für die Einstellung und Entlassung von Mitarbeitern oder eines weiteren Arztes einer vorherigen Zustimmung des Geschäftsführers bedurfte, bezeichnete das **LSG Brandenburg** im Rahmen eines einstweiligen Anordnungsverfahrens nach vertragsärztlichen Grundsätzen als nicht zulässig.[325]

187 Das **LSG Hessen** hält für die Abgrenzung selbstständige/abhängige Berufsausübung maßgeblich, dass der Vertragsarzt als Mitglied der Gemeinschaftspraxis in der Gestaltung seiner ärztlichen Tätigkeit, also bei der Bestimmung des Inhalts und Umfangs seiner Behandlungstätigkeit gegenüber den Patienten, völlig frei und unmittelbar selbst verantwortlich ist. Er dürfe nicht direkt oder indirekt durch gesellschaftsrechtliche Verpflichtungen gezwungen sein, seine **Behandlung** unter Berücksichtigung von Vorgaben und Bindungen auszuüben, die sich aus dem Gesellschaftsvertrag ergäben. Weder einer **fehlenden vermögensrechtlichen Beteiligung** noch der Tatsache, dass lediglich ein **fester Gewinnanteil** von 30.000,00 € pro Jahr zustehen sollte, sei vorrangige Bedeutung einzuräumen, wenn dem Vertragsarzt im Hinblick auf die Ausübung eines „freien Berufes" sowohl in den **rein ärztlich-medizinischen Fragen**, wie auch in Bezug auf die **typischen arbeitgeberischen Direktionsentscheidungen** eine völlige Gleichstellung mit den anderen Ärzten der Gemeinschaftspraxis eingeräumt worden sei.[326]

188 Nach dem **LSG Nordrhein-Westfalen** sind Regelungen in einem Gemeinschaftspraxisvertrag, die keine Beteiligung am Gesellschaftsvermögen oder den Ausschluss von Gewinn und Verlust vorsehen, gesellschaftsrechtlich ebenso zulässig wie die alleinige Geschäftsführung durch einen der Gesellschafter; auch kann eine Beteiligung am Kapital der Gesellschaft abbedungen werden.[327] Allein die Tatsache, dass ein Gesellschafter einen **dominierenden Einfluss** auf die Willensbildung der Gesellschaft habe und so Mehrheitsentscheidungen gegenüber anderen Gesellschaftern durchsetzen könne, begründet nicht deren persönliche Abhängigkeit im Sinne des § 7 SGB IV. Eine Weisungsgebundenheit im Sinne dieser Vorschrift setze voraus, dass ein Gesellschafter den anderen Ort, Zeit und Inhalt der Tätigkeit vorschreiben könne.[328]

---

[323] Vgl. LSG Niedersachsen-Bremen v. 10.02.2003 - L 3 KA 434/02 ER - NZS 2004, 386 = MedR 2003, 429; vgl. auch *Cramer*, MedR 2004, 552 ff.

[324] Vgl. LSG Bayern v. 05.05.2003 - L 12 B 170/03 KA ER.

[325] Vgl. LSG Brandenburg v. 25.10.2004 - L 5 B 106/04 KA ER.

[326] Vgl. LSG Hessen v. 25.04.2007 - L 4 KA 28/05 - www.sozialgerichtsbarkeit.de.

[327] Vgl. LSG Nordrhein-Westfalen v. 13.09.2006 - L 11 KA 20/06 - juris Rn. 27.

[328] Vgl. LSG Nordrhein-Westfalen v. 13.09.2006 - L 11 KA 30/06 - juris Rn. 28.

Nach dem **SG Berlin** verstößt ein Nutzungsüberlassungsvertrag, den ein Vertragsarzt (hier: MKG-Chirurg) mit einem Dritten geschlossen hat und nach dem er kein umfassendes Bestimmungsrecht über die Anschaffung, den Umfang und den Einsatz der sachlichen Mittel hat, insbesondere keine eigenverantwortlichen Entscheidungen treffen kann, er kein Recht zur Auswahl seiner Mitarbeiter hat und kein eindeutiges Direktionsrecht vorgesehen ist, der Dritte jederzeit eine Kündigung des Vertrages herbeiführen und anschließend die Erklärung des Verzichts auf den Vertragsarztsitz verbunden mit dem Antrag auf Neuausschreibung verlangen kann und ein Nutzungsentgelt von 70% des erzielten Umsatzes abzuführen ist, gegen das Verbot der Ausübung einer unvereinbaren Tätigkeit (§ 20 Abs. 2 Ärzte-ZV) und gegen das Gebot der Niederlassung in freier Praxis.[329] 189

Zur **Abgrenzung selbstständige/abhängige Berufsausübung** kann auf die Kriterien abgestellt werden, die die Rechtsprechung ganz allgemein zur **Abgrenzung des versicherungspflichtigen Beschäftigungsverhältnisses** (vgl. § 7 Abs. 1 SGB IV) von einer selbstständigen Tätigkeit entwickelt hat.[330] Insoweit die klassischen Kriterien, nämlich die **Fremdbestimmtheit nach Zeit, Ort und Inhalt der Arbeit** oder die **Eingliederung in die Praxisorganisation** für die vertragsärztliche Tätigkeit nur begrenzt tauglich sind, so gilt dies auch für andere, sog. höherwertige Dienstleistungsberufe. **§ 32 Abs. 1 Satz 1 Ärzte-ZV** ist daher **nicht** weniger **unbestimmt** als die allgemeinen Bestimmungen zur Sozialversicherungspflicht.[331] Auf die eigenverantwortliche Behandlung kommt es nicht an, da dies für jede ärztliche Tätigkeit gilt (vgl. Rn. 177 f.). Neben der **Verfügungsfreiheit über die eigene Arbeitskraft** ist wesentlich auf ein eigenes **Unternehmerrisiko** abzustellen;[332] weist im Einzelfall eine Tätigkeit sowohl Merkmale der Abhängigkeit wie der Selbständigkeit auf, so kommt es auf der Grundlage der tatsächlichen Verhältnisse bei der Beurteilung des Gesamtbildes darauf an, welche **Merkmale überwiegen**.[333] Verfehlt ist daher die Auffassung des LSG Niedersachsen-Bremen, dass eine angestelltenähnliche Beteiligung an einer Gemeinschaftspraxis bzw. eine **Nullbeteiligungsgesellschaft** durch diese Norm nicht untersagt werde.[334] Die vom LSG Niedersachsen-Bremen angeführten Gründe sind letztlich **rechtspolitischer Art**. Im Übrigen ist seit dem GSG die Anstellung von Ärzten möglich. Hinzu kommt nunmehr die Beschäftigungsmöglichkeit an einem MVZ. Eine unbeschränkte gesellschaftsrechtliche Vertragsgestaltung würde auch mit der grundsätzlichen Beschränkung der Anstellung von Vertragsärzten und deren Genehmigungspflicht kollidieren (vgl. § 32b Abs. 1 Satz 2 i.V.m. den Bundesmantelverträgen und Abs. 2 Ärzte-ZV; vgl. Rn. 537 ff.). Ebenso wenig kann anhand der gesetzlichen Vorgaben zwischen verschiedenen Arztgruppen unterschieden werden, weshalb die Auffassung des LSG Brandenburg, wonach das Gebot zur selbstständigen und eigenverantwortlichen Erbringung von Leistungen bei Laborärzten als nicht unmittelbar patientenbezogen tätigen Ärzten grundsätzlich weniger stark ausgeprägt sein müsse als bei anderen Arztgruppen,[335] abzulehnen ist. Soweit diese Entscheidungen faktisch einen Reformbedarf signalisieren, muss der Gesetzgeber tätig werden. 190

Umgekehrt werden Einzel- oder Praxisgemeinschaften als „**faktische**" oder „**verdeckte Gemeinschaftspraxen**" angesehen, wenn Patienten gehäuft ohne Grund bei beiden Vertragsärzten behandelt werden (auch als „**Doppeleinlesung**" bezeichnet).[336] Eine sachlich-rechnerische Richtigstellung ist in diesen Fällen zulässig (vgl. Rn. 171).[337] 191

---

[329] Vgl. SG Berlin v. 23.11.2005 - S 71 KA 91/04.

[330] So auch LSG Brandenburg v. 25.10.2004 - L 5 B 106/04 KA ER - Umdruck S. 11; *Engelmann*, ZMGR 2004, 3, 10.

[331] Anders LSG Niedersachsen-Bremen v. 13.08.2002 - L 3 KA 161/02 ER - MedR 2002, 540, 542 = GesR 2002, 21 (kein klarer Bedeutungsinhalt); zustimmend *Kahlert*, GesR 2003, 35 ff.

[332] Vgl. *Trautmann*, NZS 2004, 238, 244.

[333] Vgl. BSG v. 12.02.2004 - B 12 KR 26/02 R - juris Rn. 15 - USK 2004-25; BSG v. 28.01.1999 - B 3 KR 2/98 R - juris Rn. 20 - BSGE 83, 246 = SozR 3-5425 § 1 Nr. 5; *Wigge*, NZS 2001, 293, 299; anders Arbeitsgruppe Berufsrecht, GesR 2002, 50 f.

[334] Vgl. LSG Niedersachsen-Bremen v. 13.08.2002 - L 3 KA 161/02 ER - MedR 2002, 540 = GesR 2002, 21; a.A. *Engelmann*, ZMGR 2004, 3, 10 ff.; *Wigge*, NZS 2001, 293, 299.

[335] Vgl. LSG Brandenburg v. 25.10.2004 - L 5 B 106/04 KA ER - Umdruck S. 12.

[336] Vgl. *Wehebrink*, NZS 2005, 400 ff.

[337] Vgl. BSG v. 22.03.2006 - B 6 KA 76/04 R - juris Rn. 18 ff. - SozR 4-5520 § 33 Nr. 6 = BSGE 96, 99.

b. Entscheidungskompetenz bei Abgrenzungsproblemen

192 Die Frage, wer darüber zu entscheiden hat, ob tatsächlich eine Gemeinschaftspraxis vorliegt, obliegt nur in zulassungsrechtlicher Hinsicht eindeutig den Zulassungsgremien. Soweit abweichend vom formalen Zulassungsstatus vergütungsrechtlich oder strafrechtlich eine andere Beurteilung vorgenommen wird, werden hiergegen Bedenken wegen einer **Alleinzuständigkeit der Zulassungsgremien** erhoben.[338] So kann nach **OLG Koblenz** ein **Betrug zum Nachteil der KV** vorliegen, wenn ein Arzt, der die Kassenzulassung von bei ihm im Angestelltenverhältnis beschäftigten Ärzten durch Vorlage von Scheinverträgen über ihre Aufnahme als Freiberufler in eine Gemeinschaftspraxis erschleicht und die von ihnen erbrachten Leistungen als solche der Gemeinschaftspraxis abrechnet.[339] Das BSG hat diese Frage noch nicht explizit entschieden, andererseits aber in ständiger Rechtsprechung bei **Verstoß gegen vertragsarztrechtliche Bestimmungen** einen **Vergütungsausschluss** gebilligt.

193 Nach der ständigen Rechtsprechung des BSG haben Bestimmungen, die die Vergütung ärztlicher oder sonstiger Leistungen von der Erfüllung bestimmter formaler oder inhaltlicher Voraussetzungen abhängig machen, innerhalb dieses Systems die Funktion, zu gewährleisten, dass sich die Leistungserbringung nach den für die vertragsärztliche Versorgung geltenden gesetzlichen und vertraglichen Bestimmungen vollzieht. Das wird dadurch erreicht, dass dem Vertragsarzt oder dem sonstigen Leistungserbringer für Leistungen, die unter **Verstoß gegen** derartige **Vorschriften** bewirkt werden, auch dann keine Vergütung zusteht, wenn diese Leistungen im Übrigen ordnungsgemäß erbracht worden sind. Denn die Bestimmungen des Leistungserbringungsrechts über die Erfüllung bestimmter formaler oder inhaltlicher Voraussetzungen der Leistungserbringung könnten ihre **Steuerungsfunktion** nicht erfüllen, wenn der Vertragsarzt oder der mit ihm zusammenarbeitende nichtärztliche Leistungserbringer die rechtswidrig bewirkten Leistungen über einen Wertersatzanspruch aus ungerechtfertigter Bereicherung im Ergebnis dennoch vergütet bekäme.[340]

194 **Im Einzelnen** hat das **BSG** eine **Vergütung abgelehnt** für

- das Erbringen fachfremder Leistungen;[341]
- ambulant abgerechnete operative Leistungen, die stationär erbracht worden waren;[342]
- Dialyseleistungen ohne ausreichende fachliche Leitung;[343]
- zahnärztliche Behandlungen, die der Zahnarzt nicht selbst durchgeführt, sondern seinen dafür nicht qualifizierten Zahnarzthelferinnen und einem Laboranten bzw. hinsichtlich der Befundauswertung und Behandlungsplanung einer auswärtigen Kieferorthopädin zur eigenverantwortlichen Ausführung überlassen hat;[344]
- das Entfernen von Zahnbelägen nicht durch eine Zahnmedizinische Fachhelferin, sondern eine Zahnarzthelferin;[345]
- Leistungen eines Vertreters oder Assistenten ohne die vorgeschriebene Genehmigung;[346]
- Leistungen eines Krankenhausarztes, der von seiner angefochtenen Ermächtigung infolge der aufschiebenden Wirkung keinen Gebrauch machen durfte;[347]
- Leistungen von Fachärzten, die die Grenzen ihres Fachgebiets überschreiten;[348]

---

338 Vgl. *Spoerr/Fenner*, MedR 2002, 109, 113; *Wagner/Hermann*, NZG 2000, 520, 522 ff.; *Peikert*, GesR 2003, 115; nach *Krafczyk*, MedR 2003, 313, 318 f. soll das Fehlen der Genehmigung einer Gemeinschaftspraxis honorarrechtlich unbeachtlich sein; zu Zuständigkeit nach § 85 Abs. 4b Satz 6 SGB V vgl. *Großbölting/Middendorf*, MedR 2003, 93, 98.

339 Vgl. OLG Koblenz v. 02.03.2000 - 2 Ws 92, 93 und 94/00 - MedR 2001, 144; dagegen aus strafrechtlicher Sicht *Stein*, MedR 2001, 124 ff.; *Grunst*, NStZ 2004, 533 ff.; *Volk*, NJW 2000, 3385 ff.; *Wessing*, GesR 2006, 150 ff.; vgl. ferner LG Lübeck v. 25.08.2005 - 6 KLs 22/04 - GesR 2006, 176.

340 Vgl. zuletzt BSG v. 08.09.2004 - B 6 KA 14/03 R - juris Rn. 23 - SozR 4-2500 § 39 Nr. 3 m.w.N.

341 Vgl. zuletzt BSG v. 08.09.2004 - B 6 KA 32/03 R - BSGE 93, 170 = SozR 4-2500 § 95 Nr. 8; BSG v. 08.09.2004 - B 6 KA 27/03 R - SozR 4-2500 § 95 Nr. 7.

342 Vgl. BSG v. 08.09.2004 - B 6 KA 14/03 R - juris Rn. 23 f. - SozR 4-2500 § 39 Nr. 3.

343 Vgl. BSG v. 04.05.1994 - 6 RKa 40/93 - juris Rn. 15 - BSGE 74, 154 = SozR 3-2500 § 85 Nr. 6.

344 Vgl. BSG v. 18.12.1996 - 6 RKa 66/95 - juris Rn. 16 ff. - BSGE 80, 1 = SozR 3-5545 § 19 Nr. 2.

345 Vgl. BSG v. 10.05.1995 - 6/14a RKa 3/93 - juris Rn. 20 - USK 95122.

346 Vgl. BSG v. 10.05.1995 - 6 RKa 30/94 - juris Rn. 15 f. - SozR 3-5525 § 32 Nr. 1.

347 Vgl. BSG v. 28.01.1998 B - 6 KA 41/96 R - juris Rn. 17 - SozR 3-1500 § 97 Nr. 3.

348 Vgl. BSG v. 28.05.1965 - 6 RKa 1/65 - BSGE 23, 97, 103 = NJW 1965, 2030; BSG v. 23.09.1969 - 6 RKa 17/67 - BSGE 30, 83, 86 f. = SozR Nr. 33 zu § 368a RVO.

- mit medizinisch-technischen Großgeräten erbrachte Leistungen, für die keine Genehmigung vorlag;[349]
- Leistungen bei Nichterfüllung vorgeschriebener Qualifikationsanforderungen (Vorlage von Zertifikaten für Laborringversuche)[350].

Der 3. Senat des BSG hat demgegenüber einen bereicherungsrechtlichen Anspruch eines Krankenhauses anerkannt, obwohl er einen Anspruch als stationäre Leistung, da ambulant, oder für ambulantes Operieren, da die Zulassung nach § 115b Abs. 2 Satz 2 SGB V nicht wirksam geworden sei, verneinte.[351] Er hat sich aber mittlerweile der Relativierung des 6. Senats des BSG, hier sei ein Bereicherungsanspruch anerkannt worden, weil lediglich die Art und Höhe der Abrechnung der Leistung, nicht aber die grundsätzliche Berechtigung zur Abrechnung streitig gewesen sei,[352] und dessen Rechtsprechung ausdrücklich angeschlossen.[353] Alle diese Entscheidungen haben aber nicht den zulassungsrechtlichen Status betroffen. 195

Insbesondere hinsichtlich der **Entscheidungen der Approbationsbehörden** hat das **BSG** eine **Drittbindungswirkung** der Zulassungsgremien und der Arztregisterstelle anerkannt (vgl. Rn. 49). Entschieden hat es bisher aber, dass ein die Zulassungsvoraussetzungen nicht erfüllender oder für die Ausübung der kassenärztlichen Tätigkeit **nicht geeigneter Arzt**, der sich die Kassenzulassung unter Vorspiegelung falscher Tatsachen verschafft, nicht unter Berufung auf den dadurch erworbenen formalrechtlichen Status kassenärztliche Leistungen erbringen oder bewirken kann.[354] Hieran anknüpfend gab das BSG der Klage einer Krankenkasse auf Ersatz der Aufwendungen für Arzneiverordnungen im Falle eines Arztes, der nach Bekanntwerden eines Anstellungsverhältnisses rückwirkend für die Dauer dieses Anstellungsverhältnisses auf seine **Zulassung verzichtet** hatte, statt. Es führte weiter aus, schadensmindernde Vorteile müsse sich die Krankenkasse nicht entgegenhalten lassen. Eine andere Bewertung würde es ermöglichen, dass nicht zugelassene Ärzte Leistungen zu Lasten der gesetzlichen Krankenkassen veranlassten, ohne hierzu berechtigt und ohne an die für zugelassene Kassenärzte geltenden gesetzlichen und vertraglichen Einschränkungen gebunden zu sein.[355] Im Anschluss hieran wird auch in der Literatur eine Honorarberichtigung der KV gegenüber der fehlerhaften Gemeinschaftspraxis als zulässig angesehen.[356] Allerdings ist zu berücksichtigen, dass ein Verzicht unmittelbar zum **Verlust der Zulassung** führt, was vom Zulassungsausschuss nur noch deklaratorisch festgestellt wird (vgl. Rn. 506). Im anderen Fall fehlte es an jeglicher Befugnis, ärztlich oder vertragsärztlich tätig zu sein. 196

Das **LSG Niedersachsen-Bremen** verneint wegen der **Unbestimmtheit der gesetzlichen Vorgaben** eine verhaltenssteuernde Wirkung und hält eine Honorarrückforderung für mehrere Jahre für unverhältnismäßig.[357] Andererseits beinhalte ein Gewinnpartizipationsvertrag von 14 Einzelpraxen einen Verstoß gegen das Verbot, die Fallzahlen durch das Anerbieten sachfremder Vorteile an Patienten oder andere Vertragsärzte zu erhöhen, was auch honorarrechtlich relevant sei und zu einem Honorarverlust führe.[358] Auch in der weiteren Instanzenpraxis wird eine sachlich-rechnerische Berichtigung bei einer verdeckten Gemeinschaftspraxis für zulässig erachtet.[359] Nicht frei von Bedenken ist die Auffassung des LSG Brandenburg, wonach Zweifel an der Zulässigkeit einer Kooperationsform keine **honorarrechtlichen Auswirkungen** hätten, weil ein Verstoß gegen die selbstständige und eigenverantwortli- 197

[349] Vgl. BSG v. 14.05.1992 - 6 RKa 41/91 - juris Rn. 23 - BSGE 70, 285 = SozR 3-2500 § 122 Nr. 3.
[350] Vgl. BSG v. 24.10.1984 - 6 RKa 10/83 - juris Rn. 15 f. - USK 84261.
[351] Vgl. BSG v. 04.03.2004 - B 3 KR 4/03 R - juris Rn. 33 - BSGE 92, 223 = SozR 4-2500 § 39 Nr. 1; vgl. auch BSG v. 13.05.2004 - B 3 KR 2/03 R - juris Rn. 20 ff. - SozR 4-2500 § 132a Nr. 1 für einen Pflegedienst; BSG v. 25.09.2001 - B 3 KR 15/00 R - juris Rn. 17 - BSG SozR 3-2500 § 132a Nr. 1.
[352] Vgl. BSG v. 08.09.2004 - B 6 KA 14/03 R - juris Rn. 23 - SozR 4-2500 § 39 Nr. 3 m.w.N.
[353] Vgl. BSG v. 17.03.2005 - B 3 KR 2/05 R - juris Rn. 32.
[354] Vgl. BSG v. 13.11.1974 - 6 RKa 39/73 - SozR 2200 § 368f Nr. 1, S. 2; für eine erschlichene berufsrechtliche Heilkundegenehmigung vgl. BSG v. 22.03.1984 - 6 RKa 28/82 - USK 8447.
[355] Vgl. BSG v. 21.06.1995 - 6 RKa 60/94 - juris Rn. 15 - BSGE 76, 153 = SozR 3-2500 § 95 Nr. 5.
[356] Vgl. *Engelmann*, ZMGR 2004, 3, 13; *Cramer*, MedR 2004, 552, 553; a.A. *Spoerr/Fenner*, MedR 2002, 109, 115; *Krafczyk*, MedR 2003, 313, 318; *Wigge* in: Schnapp/Wigge, Handbuch des Vertragsarztrechts, § 5e Rn. 36.
[357] Vgl. LSG Niedersachsen-Bremen v. 13.08.2002 - L 3 KA 161/02 ER - MedR 2002, 540, 546 f. = GesR 2002, 21.
[358] Vgl. LSG Niedersachsen-Bremen v. 10.02.2003 - L 3 KA 434/02 ER - NZS 2004, 386 = MedR 2003, 429.
[359] Vgl. SG Kiel v. 16.05.2003 - S 13 KA 454/02; SG München v. 29.04.2003 - S 42 KA 1133/02.

che Leistungserbringung bzw. gegen die Offenlegung der vorgenommenen Vertragsgestaltung gegenüber der KV nämlich nicht mit einer Wertminderung der ärztlichen Leistung verbunden sei.[360]

198 Demgegenüber folgert das **LSG Nordrhein-Westfalen** aus dem **statusbegründenden Charakter** einer Zulassungsentscheidung, dass die entsprechenden Honorarbescheide erst dann aufgehoben werden dürfen, wenn **wirksam durch die Zulassungsgremien festgestellt** worden ist, dass eine Gemeinschaftspraxis in diesem Zeitraum nicht mehr bestanden hat.[361]

199 Der Auffassung des LSG Nordrhein-Westfalen ist grundsätzlich zuzustimmen. Als gestaltender **Statusentscheidung** kommt der **Entscheidung der Zulassungsgremien** eine **Bindung der übrigen Körperschaften und Gremien** innerhalb des Vertragsarztrechts zu. Wird eine Zulassung als Gemeinschaftspraxis aufgrund falscher Angaben über die vertraglichen und/oder rechtlichen Verhältnisse erschlichen, so ist die Genehmigung rechtswidrig, aber nach allgemeinen Grundsätzen dennoch wirksam, da eine Nichtigkeit im Regelfall nicht vorliegt (vgl. § 39 SGB X). Sie kann gleichwohl aufgehoben werden. Auch als grundsätzlich nur in die Zukunft gerichtete Statusentscheidung kann schon wegen des fehlenden Vertrauensschutzes eine rückwirkende[362] Entziehung der Genehmigung als Gemeinschaftspraxis erfolgen. § 95 Abs. 6 SGB V nennt ausdrücklich als Entziehungsgrund neben dem Wegfall der Zulassungsvoraussetzungen auch den Fall, dass diese von Anfang an nicht vorgelegen haben. Soweit zulassungsrechtlich Einzelpraxen bestehen, die aber tatsächlich wie Gemeinschaftspraxen organisiert sind, können sie aber nicht als eine solche behandelt werden. Aufgrund eines fehlenden Antrages dürfte es letztlich auch am entsprechenden Willen für eine gesellschaftsrechtliche Einigung fehlen. Von Amts wegen kann auch eine Anerkennung als Gemeinschaftspraxis nicht erreicht werden. Je nach tatsächlicher und/oder vertraglicher Gestaltung kann aber ein abhängiges Beschäftigungsverhältnis eines der Praxisinhaber vorliegen, so dass diesem die Zulassung entzogen werden kann.

200 Das **BSG** stützt nun die **sachlich-rechnerischen Richtigstellungen** darauf, dass sich der Vertragsarzt im Fall der **sog. Doppeleinlesungen** wegen der praktizierten Form der Kooperation mit dem anderen Vertragsarzt durch pflichtwidriges Verhalten bei der Ausgestaltung der beruflichen Zusammenarbeit und bei der Erfüllung des spezifischen hausärztlichen Versorgungsauftrags vertragsärztliches Honorar verschafft hat, das er nicht hätte erzielen können, wenn die Zusammenarbeit korrekt durchgeführt worden wäre; er habe seine Praxis so fortgeführt, als ob er noch in einer Gemeinschaftspraxis tätig gewesen wäre. Es handele sich um eine **missbräuchliche Nutzung der Rechtsform der Praxisgemeinschaft**. Diesen auf pflichtwidriger Verhaltensweise beruhenden Honoraranteil darf die KV sachlich-rechnerisch berichtigen und insoweit bereits ausgezahltes Honorar zurückfordern. Sie ist nicht darauf beschränkt, den Pflichtverstoß disziplinarisch zu ahnden und/oder auf die Entziehung der Zulassung hinzuwirken.[363] Damit kommt es im Ergebnis nicht auf den formalen Zulassungsstatus an. Maßgebend ist, unabhängig von einer **Entscheidung der Zulassungsgremien**, welche Form tatsächlich praktiziert wird. Insofern ist die Bindung an die Entscheidung der Zulassungsgremien zu relativieren.

V. Vertragsarztsitz und weitere Tätigkeitsorte (Absatz 1 Satz 4, § 24 Ärzte-ZV)

201 Die Zulassung erfolgt für den **Ort der Niederlassung** als Arzt oder den Ort der Niederlassung als medizinisches Versorgungszentrum (Vertragsarztsitz) (§ 95 Abs. 1 Satz 7 SGB V, § 24 Abs. 1 Ärzte-ZV). Der **Vertragsarztsitz** ist unabdingbare Voraussetzung für die Ausübung der Zulassung zur vertragsärztlichen Versorgung.[364] Der Vertragsarztsitz nimmt deshalb in seiner rechtlichen Wirkung an dem **Statuscharakter** der Zulassung teil.[365] Er ist von der „**Arztpraxis**" (vgl. auch Rn. 207) als Vermögens-

[360] Vgl. LSG Brandenburg v. 25.10.2004 - L 5 B 106/04 KA ER - Umdruck S. 13 f.; vgl. auch LSG Bayern v. 05.05.2003 - L 12 B 170/03 KA ER - www.sozialgerichtsbarkeit.de (Umdruck S. 13 f.); LSG Niedersachsen-Bremen v. 13.08.2002 - L 3 KA 161/02 ER - MedR 2002, 540, 546 f. = GesR 2002, 21; anders BSG v. 21.06.1995 - 6 RKa 60/94 - juris Rn. 15 - BSGE 76, 153 = SozR 3-2500 § 95 Nr.5. Zur strafrechtlichen Berücksichtigung bei der Strafzumessung vgl. BGH v. 28.09.1994 - 4 StR 280/94 - juris Rn. 6 f. - NStZ 1995, 85.

[361] Vgl. LSG Nordrhein-Westfalen v. 16.04.2003 - L 10 B 21/02 KA ER - MedR 2004, 233 = GesR 2003, 314; nicht eindeutig LSG Niedersachsen-Bremen v. 13.08.2002 - L 3 KA 161/02 ER - MedR 2002, 540, 547 = GesR 2002, 21.

[362] Vgl. BSG v. 23.02.2005 - B 6 KA 69/03 R - juris Rn. 18 - GesR 2005, 411 = ZMGR 2005, 229; *Wigge*, NZS 2001, 293, 299; z.T. anders *Schallen*, Zulassungsverordnung, Rn. 1224; *Peikert*, GesR 2003, 115.

[363] Vgl. BSG v. 22.03.2006 - B 6 KA 76/04 R - juris Rn. 12 f. und 21 - SozR 4-5520 § 33 Nr. 6 = BSGE 96.

[364] Vgl. BSG v. 10.05.2000 - B 6 KA 67/98 R - juris Rn. 24 - BSGE 86, 121 = SozR 3-5520 § 24 Nr. 4.

[365] Vgl. BSG v. 31.05.2006 - B 6 KA 7/05 R - juris Rn. 12 - SozR 4-5520 § 24 Nr. 2 = GesR 2006, 455.

gegenstand, als Gesamtheit der gegenständlichen und personellen Grundlagen der Tätigkeit des in freier Praxis niedergelassenen Arztes zu unterscheiden.[366]

1. Praxisanschrift

Das BSG hat bisher unter dem Begriff „Kassenarztsitz" bzw. „**Vertragsarztsitz**" die konkrete **Praxisanschrift des Vertragsarztes**,[367] nicht lediglich eine Ortschaft i.S. einer Verwaltungseinheit bzw. eines Teils einer Ortschaft[368] verstanden. Ohne dies im Einzelnen zu thematisieren, ist das BSG bei der Entscheidung über die Zulassung einer überörtlichen Gemeinschaftspraxis hiervon insofern abgewichen, als es die gemeinsame Ausübung der vertragsärztlichen Tätigkeit an mehreren Standorten jedenfalls für Ärzte, die nicht unmittelbar patientenbezogen tätig sind, im konkreten Fall für Laborärzte, als zulässig angesehen hat. Die Bindung an den Vertragsarztsitz, so das BSG, solle verhindern, dass Ärzte ihre Tätigkeit ohne feste Niederlassung gleichsam im **Umherziehen** ausübten. Ansonsten habe der Vertragsarztsitz Bedeutung für die **örtliche bzw. regionale Sicherstellung** der vertragsärztlichen Versorgung sowie zur **Ermittlung von Über- und Unterversorgung**. Diese Gesichtspunkte spielten bei Ärzten für Laboratoriumsmedizin keine Rolle, denn diese Arztgruppe unterläge derzeit keiner Bedarfsplanung.[369] 202

Die **Weiterführung des Namens** einer verstorbenen Inhaberin einer hausärztlichen Einzelpraxis durch eine Gemeinschaftspraxis zwischen Hausärzten auf dem Praxisschild und auf Briefbögen ist unzulässig.[370] 203

a. Neuerungen durch das VÄndG

Das **VÄndG** hat die Regelungen zum Vertragsarztsitz nicht geändert. Die Zulassung als Vertragsarzt oder MVZ bedingt weiterhin die Festlegung auf eine Praxisadresse, die Teil des Zulassungsstatus ist. Im Glossar der Bundesmantelverträge-Ärzte wird daher Vertragsarztsitz als Ort der Zulassung für den Vertragsarzt oder Vertragspsychotherapeuten oder das MVZ definiert (§ 1a Nr. 16 BMV-Ä/EKV-Ä). 204

Aufgrund der allgemeinen Zulässigkeit einer **überörtlichen Berufsausübungsgemeinschaft** gilt aber nicht mehr die Regel: eine Praxis und ein Vertragsarztsitz. Bei ihr geht der Verordnungsgeber wie selbstverständlich davon aus, dass **mehrere Vertragsarztsitze** möglich sind. Ein Definitionsmerkmal der überörtlichen Berufsausübungsgemeinschaft ist gerade, dass „**unterschiedliche Vertragsarztsitze**" der Mitglieder der Berufsausübungsgemeinschaft vorhanden sind (§ 33 Abs. 2 Satz 2 Ärzte-ZV). Diese können in einer Gemeinde oder Stadt, in einem KV-Bezirk und damit verschiedenen Planungsbereichen oder in mehreren KV-Bezirken liegen (und damit lediglich nicht außerhalb des Bundesgebietes). Nur für überörtliche Berufsausübungsgemeinschaften mit Vertragsarztsitzen in mehreren Zulassungsbezirken einer KV ist für die Zwecke der Bestimmung der zuständigen Zulassungsgremien und die allgemeine Zuständigkeit einer KV, insbesondere zur Vergütung, zur Abrechnung sowie zu den Abrechnungs-, Wirtschaftlichkeits- und Qualitätsprüfungen, der maßgebliche Vertragsarztsitz durch die Berufsausübungsgemeinschaft im vorhinein für die Dauer von zwei Jahren zu bestimmen (§ 33 Abs. 2 Sätze 3 und 4 Ärzte-ZV). Für die Modalitäten der Leistungserbringung bei Tätigkeitsorten im Bezirk von mehr als einer KV gilt die KV-übergreifende Berufsausübungs-Richtlinie (vgl. Rn. 162 f.). 205

Daneben lässt das Vertragsarztrecht nunmehr vertragsärztliche Tätigkeiten außerhalb des Vertragsarztsitzes **an weiteren Orten** in und außerhalb des Planungsbereiches oder des KV-Bezirks des Vertragsarztsitzes zu (§ 24 Abs. 3 Sätze 1-3 Ärzte-ZV). Die Identität von Vertragsarztsitz und Tätigkeitsort, von der bisher nur im Rahmen einer Zweigpraxis oder ausgelagerten Betriebsstätte abgewichen werden konnte, gilt ebenfalls nur noch eingeschränkt. 206

---

[366] Vgl. BSG v. 29.09.1999 - B 6 KA 1/99 R - juris Rn. 38 - BSGE 85, 1 = SozR 3-2500 § 103 Nr. 5.

[367] Vgl. zuletzt BSG v. 31.05.2006 - B 6 KA 7/05 R - juris Rn. 13 - SozR 4-5520 § 24 Nr. 2 = GesR 2006, 455; BSG v. 10.05.2000 - B 6 KA 67/98 R - juris Rn. 18 - BSGE 86, 121 = SozR 3-5520 § 24 Nr. 4; vgl. auch *Engelmann*, MedR 2002, 561, 563 f.; *Schiller*, NZS 1997, 103, 105 f.

[368] So aber *Hencke* in: Peters, Handbuch KV (SGB V), § 95 Rn. 12; vgl. auch *Rigizahn*, NZS 1999, 427 ff. („Vertragsarztsitz" als „abgegrenztes örtliches Umfeld").

[369] Vgl. BSG v. 16.07. 2003 - B 6 KA 34/02 R - juris Rn. 26 - SozR 4-5520 § 33 Nr. 2; zur Eintragungsfähigkeit einer überörtlichen Partnergesellschaft vgl. LG Nürnberg-Fürth v. 23.01.2004 - 4 HK T 5237/03 - GesR 2004, 93 = ZMGR 2004, 43.

[370] OVG Nordrhein-Westfalen v. 29.08.2006 - 13 A 3968/04 u.a. - MedR 2007, 188 = GesR 2006, 570.

207 Begrifflich kann vom zulassungsstatusrechtlichen Begriff des **Vertragsarztsitzes** die **Arztpraxis**, die – in Abgrenzung hierzu – zum einen als Vermögensgegenstand verstanden wird (vgl. Rn. 201), zum anderen alle Tätigkeitsorte umfasst, unterschieden werden (vgl. § 1a Nr. 18 BMV-Ä/EKV-Ä[371]). Daneben verwenden die Bundesmantelverträge den Begriff „**Tätigkeitsort**" (vgl. § 1a Nr. 17 BMV-Ä/EKV-Ä[372]) als Oberbegriff für die Begriffe „**Betriebsstätte**" (vgl. § 1a Nr. 21 BMV-Ä/EKV-Ä[373]), als den Teil der Arztpraxis am Vertragsarztsitz (vgl. auch § 15a Abs. 1 Satz 2 BMV-Ä/EKV-Ä) und „**Nebenbetriebsstätte**" (vgl. § 1a Nr. 22 BMV-Ä/EKV-Ä[374]), als den Teil der Arztpraxis an den übrigen Orten außerhalb des Vertragsarztsitzes (vgl. auch § 15a Abs. 1 Satz 3 BMV-Ä/EKV-Ä). Die Nebenbetriebsstätte umfasst die bereits bisher verwandten Begriffe der „**Zweigpraxis**" (vgl. § 1a Nr. 19 BMV-Ä/EKV-Ä[375]) und der „ausgelagerten Praxisräume" bzw. jetzt „**ausgelagerten Praxisstätte**" (vgl. § 1a Nr. 20 BMV-Ä/EKV-Ä[376]; zur Abgrenzung vgl. Rn. 230).

208 **Berufsrechtlich** gilt auch nach der Neuregelung der MBO-Ä weiterhin die Bindung an **einen Praxissitz** (§ 17 Abs. 1 MBO-Ä); soweit es nunmehr dem Arzt gestattet ist, an **zwei weiteren Orten** ärztlich tätig zu sein (§ 17 Abs. 2 MBO-Ä), betrifft dies die **Auslagerung von Praxisräumen**, insbesondere als **Zweigpraxen** (vgl. Rn. 225 ff.). § 18 Abs. 3 MBO-Ä eröffnet aber Ärzten aller Fachgruppen eine überörtliche Gemeinschaftspraxis. Nach Satz 3 ist eine **Berufsausübungsgemeinschaft mit mehreren Praxissitzen** zulässig, wenn an dem jeweiligen Praxissitz verantwortlich mindestens ein Mitglied der Berufsausübungsgemeinschaft hauptberuflich tätig ist.

209 Das VÄndG harmonisiert jetzt wieder weitgehend das **Vertragsarztrecht** mit dem **Berufsrecht**, geht aber z.T. darüber hinaus. Soweit dies der Fall ist, gilt vorrangig das Berufsrecht (vgl. Rn. 129). Soweit § 24 Abs. 3 Satz 1 Ärzte-ZV eine bestimmte Höchstzahl der weiteren Orte anders als § 17 Abs. 2 MBO-Ä nicht vorgibt, darf jedoch die ordnungsgemäße Versorgung der Versicherten am Ort des Vertragsarztsitzes nicht beeinträchtigt werden. Die Ausgestaltung der vom Verordnungsgeber in zeitlicher Hinsicht nicht näher konkretisierten Tätigkeit an verschiedenen Orten hat er den Bundesmantelvertragsparteien übertragen (§ 24 Abs. 4 Satz 2 Ärzte-ZV). Diese haben ebenfalls eine bestimmte Höchstzahl der weiteren Betriebsstätten nicht festgelegt (§ 15a Abs. 1 Satz 1 BMV-Ä/EKV-Ä). Sie haben aber im Einzelnen Präsenzpflichten am Vertragsarztsitz und den Nebenbetriebsstätten festgelegt, die zu einer faktischen Begrenzung der Zahl der weiteren Tätigkeitsorte eines Vertragsarztes führt (vgl. Rn. 232 f.).

---

[371] Arztpraxis: Tätigkeitsort des Vertragsarztes oder Vertragspsychotherapeuten an seiner Betriebsstätte, der auch die Nebenbetriebsstätten der Arztpraxis einschließt. Arztpraxis in diesem Sinne ist auch die Berufsausübungsgemeinschaft oder ein Medizinisches Versorgungszentrum.

[372] Tätigkeitsort: Ort der ärztlichen oder psychotherapeutischen Berufsausübung oder Versorgung durch ein Medizinisches Versorgungszentrum, der als Betriebsstätte oder Nebenbetriebsstätte zulässigerweise ausgewiesen ist.

[373] Betriebsstätte: Betriebsstätte des Vertragsarztes oder Vertragspsychotherapeuten oder des Medizinischen Versorgungszentrums ist der Vertragsarztsitz. Betriebsstätte des Belegarztes ist auch das Krankenhaus. Betriebsstätte des ermächtigten Arztes ist nach Nr. 5 der Ort der Berufsausübung im Rahmen der Ermächtigung. Betriebsstätte des angestellten Arztes ist der Ort seiner Beschäftigung. Betriebsstätte einer Berufsausübungsgemeinschaft sind die örtlich übereinstimmenden Vertragsarztsitze der Mitglieder der Berufsausübungsgemeinschaft, bei örtlich unterschiedlichen Vertragsarztsitzen der Mitglieder der Berufsausübungsgemeinschaft ist Betriebsstätte der gewählte Hauptsitz im Sinne von § 15a Abs. 4 BMV-Ä bzw. § 33 Abs. 3 Ärzte-ZV; vgl. auch § 15a Abs. 1 BMV-Ä/EKV-Ä.

[374] Nebenbetriebsstätte: Nebenbetriebsstätten sind in Bezug auf Betriebsstätten zulässige weitere Tätigkeitsorte, an denen der Vertragsarzt, der Vertragspsychotherapeut, der angestellte Arzt und die Berufsausübungsgemeinschaft oder ein Medizinisches Versorgungszentrum neben ihrem Hauptsitz an der vertragsärztlichen Versorgung teilnehmen.

[375] Zweigpraxis: Genehmigter weiterer Tätigkeitsort des Vertragsarztes oder die Nebenbetriebsstätte eines Medizinischen Versorgungszentrums.

[376] Ausgelagerte Praxisstätte: Ein zulässiger nicht genehmigungsbedürftiger, aber anzeigepflichtiger Tätigkeitsort des Vertragsarztes, Vertragspsychotherapeuten oder eines Medizinischen Versorgungszentrums in räumlicher Nähe zum Vertragsarztsitz (vgl. § 24 Abs. 5 Ärzte-ZV); ausgelagerte Praxisstätte in diesem Sinne ist auch ein Operationszentrum, in welchem ambulante Operationen bei Versicherten ausgeführt werden, welche den Vertragsarzt an seiner Praxisstätte in Anspruch genommen haben.

b. Überörtliche Berufsausübungsgemeinschaft

Bei der **überörtlichen innerbezirklichen Berufsausübungsgemeinschaft** ist Betriebsstätte der gewählte Hauptsitz (§§ 1a Nr. 21 Satz 4 und 15a Abs. 4 Satz 4 BMV-Ä/EKV-Ä). Maßgeblich für die Präsenzpflicht des einzelnen Mitglieds ist aber der persönliche Vertragsarztsitz; im Fall der Regelpräsenz ist die Tätigkeit an den anderen Vertragsarztsitzen genehmigungsfrei (§ 15a Abs. 4 Satz 8 HS. 2 i.V.m. § 17 Abs. 1a Sätze 1 und 2 BMV-Ä/§ 15a Abs. 4 Satz 8 HS. 2 i.V.m. § 13 Abs. 7a Sätze 1 und 2 EKV-Ä). Daraus folgt, dass andere Präsenzzeiten durch die KV genehmigt werden können. Auf Verlangen der zuständigen KV ist dies nachzuweisen; sie kann die Verpflichtung durch Auflagen sichern (§ 15a Abs. 4 Satz 9 BMV-Ä/EKV-Ä). Für den Betrieb weiterer Nebenbetriebsstätten gelten die allgemeinen Regelungen (vgl. § 15a Abs. 4 Satz 10 BMV-Ä/EKV-Ä; vgl. Rn. 225 ff., Rn. 235). 210

Für die **überörtliche Berufsausübungsgemeinschaft im Bezirk von mehr als einer KV** bestimmen die §§ 15b BMV-Ä/EKV-Ä ergänzend für die Modalitäten der Leistungserbringung bei Tätigkeitsorten im Bezirk von mehr als einer KV die Geltung der KV-übergreifenden Berufsausübungs-Richtlinie (vgl. Rn. 162 f.). Die Wahl des Vertragsarztsitzes für zwei Jahre gemäß § 33 Abs. 3 Satz 2 Ärzte-ZV (Hauptsitz der bereichsübergreifenden Berufsausübung) kann ebenfalls nur jeweils zum Beginn eines Quartals durch Anzeige an die maßgebliche KV erfolgen. Ferner gelten für die Tätigkeit der Mitglieder gleichfalls die Regelungen über die Präsenzzeiten nach § 17 Abs. 1a BMV-Ä/§ 13 Abs. 7a EKV-Ä. 211

c. MVZ

Niederlassungsort eines **MVZ** ist der **Ort der Betriebsstätte**, nicht der des Trägers (§§ 1a Nr. 21 und 15a Abs. 1 Satz 2, Abs. 3 Satz 1 BMV-Ä/EKV-Ä).[377] Dieser ist Vertragsarztsitz und als solcher im Antrag anzugeben (vgl. die §§ 1 Abs. 3 Nr. 2, 18 Abs. 1 Satz 2 Ärzte-ZV). Ein MVZ mit zwei unterschiedlichen Vertragssitzen als „überörtliches MVZ" ist deshalb ausgeschlossen.[378] 212

d. Verlegung des Vertragsarztsitzes

Soll die Praxis an anderer Stelle und damit unter einer **anderen Praxisanschrift** fortgeführt werden, stellt sich das als – genehmigungsbedürftige – **Verlegung des Vertragsarztsitzes** dar; zuständig ist der Zulassungsausschuss (vgl. § 24 Abs. 7 Ärzte-ZV). Bestehen mehrere Zulassungsausschüsse (vgl. § 96 Abs. 1 SGB V), so ist örtlich der Zulassungsausschuss für den ersten Vertragsarztsitz zuständig, da dieser die Verlegung zu genehmigen hat. Zur Berücksichtigung der Belange des anderen Zulassungsbezirks ist der für den Verlegungsort zuständige Zulassungsausschuss anzuhören. Die Verlegung ist in diesen Fällen nicht auf den Zulassungsbezirk beschränkt,[379] da der Rechtsanspruch auf Verlegung nach § 24 Abs. 7 Ärzte ZV nicht von der untergesetzlichen Verwaltungsorganisation abhängen kann. Die Verlegung ist auf den KV-Bezirk beschränkt. 213

Die Erteilung einer **rückwirkenden Genehmigung** ist nicht möglich (vgl. Rn. 45). Nach dem BSG ist abweichend vom Sprachgebrauch in § 184 Abs. 1 BGB die Frage, ob eine öffentlich-rechtliche Genehmigung auch mit Rückwirkung erteilt werden kann, nach dem Genehmigungserfordernis selbst und den mit ihm im Zusammenhang stehenden Bestimmungen zu beurteilen. Zulassung und Vertragsarztsitz eines Vertragsarztes seien aber rechtlich so eng miteinander verknüpft, dass der Vertragsarztsitz in seiner rechtlichen Wirkung an dem **Statuscharakter** der Zulassung teilnehme und die für die Verlegung des Vertragsarztsitzes erforderliche Genehmigung des Zulassungsausschusses nur mit Wirkung für die Zukunft und nicht für einen in der Vergangenheit liegenden Zeitraum erteilt werden könne. Die Genehmigung habe ebenfalls statusrelevanten Charakter.[380] 214

Bei dem für eine Praxisverlegung maßgeblichen Tatbestandsmerkmal der **„Gründe der vertragsärztlichen Versorgung"** (vgl. § 24 Abs. 7 Ärzte-ZV) sind allein planerische, die Sicherstellung der Patientenversorgung betreffende Umstände zu prüfen. Mit Hilfe dieses Merkmals kann z.B. möglicherweise daraufhin hingewirkt werden, dass ein Vertragsarzt seinen Vertragsarztsitz nicht gerade in einen schon gut versorgten Teil des Planungsbereichs verlegt.[381] Die Frage der Eignung (§§ 20, 21 Ärzte-ZV) ist nur im Rahmen der Zulassung und Entziehung der Zulassung zu prüfen, nicht aber bei der Entscheidung über die Genehmigung einer Verlegung.[382] Den Zulassungsgremien kommt bei der Prüfung der 215

---

377 So bereits die Gesetzesbegründung, BT-Drs. 15/1170, S. 229.

378 Vgl. *Möller*, MedR 2007, 263, 268.

379 So aber *Schallen*, Zulassungsverordnung, Rn. 720.

380 Vgl. BSG v. 31.05.2006 - B 6 KA 7/05 R - juris Rn. 12 f. - SozR 4-5520 § 24 Nr. 2 = GesR 2006, 455; anders *Stellpflug*, Vertragsarztrecht/Vertragszahnarztrecht, 2005, Rn. 169.

381 Vgl. BSG v. 10.05.2000 - B 6 KA 67/98 R - juris Rn. 28 - BSGE 86, 121 = SozR 3-5520 § 24 Nr. 4.

382 Vgl. BSG v. 10.05.2000 - B 6 KA 67/98 R - juris Rn. 27 - BSGE 86, 121 = SozR 3-5520 § 24 Nr. 4.

„Gründe der vertragsärztlichen Versorgung" ein **Beurteilungsspielraum** zu, da es sich letztlich um Bedarfsgesichtspunkte handelt. Maßgeblich für die Versorgungslage ist der **Planungsbereich** (vgl. auch die Kommentierung zu § 96 SGB V Rn. 39).[383] Unzulässig ist deshalb die Versagung einer Verlegung mit der Begründung, die Versorgung im angrenzenden Teil des benachbarten Planungsbereiches sei unzureichend. Ein entgegenstehender Grund bei Verlegung in einen anderen Planungsbereich besteht jedenfalls dann, wenn dieser wegen Überversorgung gesperrt ist (§ 103 Abs. 1 und 2 SGB V, § 16b Ärzte-ZV). Eine Praxisverlegung kommt auch nicht erst dann in Betracht, wenn die Zulassung aufgrund der Fortführung der bisherigen Praxis wirksam geworden ist; es muss also nicht erst eine Niederlassung erfolgen, bevor eine Verlegung erfolgt. Vielmehr kann die Verlegung mit dem Antrag auf Zulassung als **Praxisnachfolger** gestellt werden (vgl. auch die Kommentierung zu § 103 SGB V Rn. 60). Rechtliche Hindernisse bestehen hierfür nicht. Auch entspricht dies praktischen Bedürfnissen. Praxissitz ist die konkrete Praxisanschrift. Die Übernahme der Räume ist nicht erforderlich und oft auch nicht möglich, wie z.B. bei einer Praxis im unmittelbaren häuslichen Bereich des Praxisabgebers oder bei Nichtverlängerung des Mietverhältnisses. Technisch kann die Zulassungsentscheidung mit der Genehmigung zur Praxisverlegung verbunden werden.

216 Bei einer **Sonderbedarfszulassung** wegen eines lokalen Versorgungsbedarfs (§ 101 Abs. 1 Satz 1 Nr. 3 SGB V i.V.m. § 24 Satz 1 lit. a BedarfsplRL-Ä) besteht eine Bindung an den Vertragsarztsitz (§ 25 Abs. 1 Satz 1 BedarfsplRL-Ä). Nur bei Wegfall des lokalen Sonderbedarfs ist eine Verlegung des Vertragsarztsitzes genehmigungsfähig (vgl. die Kommentierung zu § 101 SGB V Rn. 54).

e. Antragstellung

217 Bei **Antragstellung** ist der geplante **Vertragsarztsitz anzugeben** (§ 18 Abs. 1 Satz 2 Ärzte-ZV). Ist dies noch nicht möglich, darf der Zulassungsausschuss von einem Bewerber nähere Einzelheiten zumindest über den Stand der Planung hinsichtlich der konkreten Umstände der Ausübung der vertragszahnärztlichen Tätigkeit erfragen. Verweigert der Bewerber die sachliche und wahrheitsgemäße Beantwortung solcher Anfragen, kann dies zur Ablehnung des Zulassungsantrages wegen Verneinung des Sachentscheidungsinteresses im Verwaltungsverfahren bzw. wegen Fehlen des Rechtsschutzinteresses im gerichtlichen Verfahren führen.[384] In jedem Fall ist der Zulassungsantrag aber auf einen Planungsbereich zu begrenzen.[385]

2. Residenzpflicht

218 Der Vertragsarzt hat seine **Wohnung** so zu wählen, dass er für die ärztliche Versorgung der Versicherten an seinem Vertragsarztsitz zur Verfügung steht (§ 24 Abs. 2 Ärzte-ZV). Deshalb dürfen die Zulassungsgremien die Zulassung mit einer **Auflage** verbinden, die festlegt, in welcher Entfernung von der Praxis der Arzt seine Wohnung nehmen darf bzw. in welcher Zeit er seine Praxis von der Wohnung aus regelmäßig erreichen können muss. Ein der gerichtlichen Nachprüfung nur eingeschränkt zugänglicher Beurteilungsspielraum kommt den Zulassungsgremien nicht zu.[386] Wegen des Fehlens einer spezifisch vertragsärztlichen Verpflichtung, außerhalb der Praxis Versicherte im Bedarfsfall auch am Wohnort bzw. sogar in der Wohnung zu behandeln, folgt nach der **Rechtsprechung des BSG** aus der Notdienstversorgung keine Pflicht zur praxisnahen Wohnungsnahme. Das BSG hat es abgelehnt, für die Entfernung des Wohnsitzes zum Praxissitz eine **schematische Kilometer- bzw. Minutenangabe** vorzugeben; als Kriterien hat es bisher die **Patientenbezogenheit** der Tätigkeit, Notwendigkeit von **Hausbesuchen** außerhalb des organisierten Notfalldienstes und die **Praxisorganisation** (Einzelpraxis oder größere Gemeinschaftspraxis) genannt.[387] Im **konkreten Fall** hat es die Vorinstanzen bestätigt, die eine Fahrzeit von 20 Minuten und eine Entfernung von 23 km als vereinbar angesehen hatten. Jedenfalls, so das BSG, dürften nicht strengere Anforderungen als an die Wegezeiten für Belegärzte, die es bei etwa 30 Minuten festmachte, gestellt werden; im großstädtischen Raum fielen Fahrzeiten von 30 Minuten zwischen einzelnen Stadtteilen oder einem Stadtteil und dem Stadtzentrum regelmäßig an, ohne

---

[383] Vgl. zuletzt für Ermächtigungen BSG v. 19.07.2006 - juris Rn. 19 - B 6 KA 14/05 R - GesR 2007, 71 = MedR 2007, 127.

[384] Vgl. BSG v. 18.12.1996 - 6 RKa 73/96 - juris Rn. 13 - BSGE 80, 9 = SozR 3-2500 § 98 Nr. 4.

[385] Vgl. BSG v. 02.10.1996 - 6 RKa 52/95 - juris Rn. 16 - BSGE 79, 152 = SozR 3-2500 § 103 Nr. 1.

[386] Vgl. BSG v. 05.11.2003 - B 6 KA 2/03 R - juris Rn. 27 - SozR 4-5520 § 24 Nr. 1; zur Unzulässigkeit einer nachträglichen Auflage vgl. SG Münster v. 11.10.2004 - S 2 KA 118/02 - www.sozialgerichtsbarkeit.de.

[387] Vgl. BSG v. 05.11.2003 - B 6 KA 2/03 R - juris Rn. 32 - SozR 4-5520 § 24 Nr. 1.

dass Versorgungsengpässe bekannt geworden seien, wenn Ärzte in anderen Stadtteilen als denen wohnten, in denen sie ihre Praxis betrieben. Ob im Einzelfall auch längere Zeiträume unschädlich sein könnten, entziehe sich einer generellen Festlegung.[388]

Trotz Liberalisierung der Ortsgebundenheit der vertragsärztlichen Tätigkeit durch das **VÄndG** ist die Residenzpflicht unverändert geblieben. Der Verordnungsgeber hat sie insofern bestätigt, als die Tätigkeit an weiteren Orten nur zugelassen werden kann, soweit die ordnungsgemäße Versorgung der Versicherten am Ort des Vertragsarztsitzes nicht beeinträchtigt wird (§ 24 Abs. 3 Satz 1 Nr. 2 Ärzte-ZV). Insofern kann auch nicht mittelbar von einer Aufgabe oder Lockerung der Residenzpflicht ausgegangen werden. **219**

Auf der Grundlage der weiterhin heranziehbaren BSG-Rechtsprechung kommt es auf eine wertende **Gesamtwürdigung** aller Umstände nach Maßgabe des Zwecks der Residenzpflicht, die Sicherung der Beratungs- und Behandlungstätigkeit des Arztes in seiner Praxis, insbesondere durch Abhaltung der Sprechzeiten, zu gewährleisten, an. Wegzeiten von 30 Minuten sind bisher nur als unschädliche Untergrenze formuliert worden. **220**

Einzelfälle der Instanzenpraxis: Eine Fahrzeit von 30 Minuten zwischen dem Ort einer Nebenbeschäftigung und der psychotherapeutischen Praxis ist kein Zulassungshindernis.[389] Die Entfernung Wohnsitz zur Praxissitz eines **Psychotherapeuten von ca. 70 km bzw. 95 km** gewährleistet keine ausreichende Versorgung, da hierfür eine Fahrzeit von **mehr als 30 Minuten** benötigt werde.[390] Einem Zahnarzt in einer Gemeinschaftspraxis kann **nicht die Höchstdauer der Fahrzeit auf 40 Minuten** festgesetzt werden; es reicht aus, wenn er ohne weiteres in der Lage ist, die Praxis zu Beginn der Sprechstunden um 8.30 Uhr zu erreichen.[391] **221**

Liegt der Vertragsarztsitz in einem **unterversorgten Gebiet** (vgl. § 100 SGB V, §§ 15 f. Ärzte-ZV), so entfällt die Residenzpflicht (§ 24 Abs. 2 Satz 3 Ärzte-ZV). Diese durch das GMG eingefügte Ergänzung soll einen Anreiz für die Niederlassung in solchen Gebieten schaffen.[392] **222**

Für **Belegärzte** stellen die **Bundesmantelverträge-Ärzte** strengere Anforderungen auf, die das BSG bisher nicht beanstandet hat, da die Vertragsparteien zur Normsetzung befugt seien und darin nur im Vertragsarztrecht ohnehin allgemein geltende Pflichten (§§ 20 Abs. 1, 24 Abs. 2 und 32 Abs. 1 Ärzte-ZV) präzisiert werden würden.[393] Nach ihnen ist ein Arzt, dessen Wohnung und Praxis nicht so nahe am Krankenhaus liegen, dass die unverzügliche und ordnungsgemäße Versorgung der von ihm ambulant und stationär zu betreuenden Versicherten gewährleistet ist, nicht als Belegarzt geeignet. Hat der Arzt mehrere Betriebsstätten, gilt dies für die Betriebsstätte, in welcher hauptsächlich die vertragsärztliche Tätigkeit ausgeübt wird (§ 39 Abs. 4 Nr. 3 BMV-Ä/§ 31 Abs. 4 Nr. 3 EKV-Ä). **223**

Das LSG Schleswig-Holstein hat es als ausreichend angesehen, wenn der Vertragsarzt innerhalb einer Zeitdauer bis 30 Minuten die Klinik von seiner Wohnung und seiner Praxis – diese lagen hier 300 m entfernt – unter normalen Umständen erreichen könne.[394] Demgegenüber stellt das LSG Baden-Württemberg auf die Wegezeiten für Hin- und Rückweg zwischen Praxis und Belegkrankenhaus ab; Wegezeiten zwischen der Wohnung und dem Krankenhaus von achtzehn Minuten und zwischen der Praxis und dem Belegkrankenhaus von ca. zwanzig Minuten hätten, da sowohl auf die Belegpatienten als auch die Praxispatienten abzustellen sei, zur Folge, dass sich der Arzt jedenfalls mindestens 40 Minuten von der Praxis entferne, wenn er belegärztlich tätig werde und er umgekehrt mindestens 40 Minuten vom Belegkrankenhaus abwesend sei, wenn er sich zur Praxis begebe. Dies bedeute, dass der Arzt regelmäßig in der Praxis nicht mehr als einmal täglich das Krankenhaus aufsuchen werde. Wegen der großen Entfernung zwischen Wohnung und Belegkrankenhaus könne er seinen belegärztlichen Pflichten deshalb nicht in jedem Fall in vollem Umfang nachkommen.[395] Das **BSG** hat diese Grenzziehungen als in der Praxis weitgehend akzeptiert angesehen, die in ihrer Tendenz nach nicht zu beanstanden seien. Sie berücksichtigten, dass der Belegarzt die volle Verantwortung für einen stationär behandelten Patienten übernehme und in der Lage sein müsse, bei Komplikationen, z.B. nach **224**

---

[388] Vgl. BSG v. 05.11.2003 - B 6 KA 2/03 R - juris Rn. 33 - SozR 4-5520 § 24 Nr. 1.
[389] Vgl. SG Freiburg v. 08.05.2001 - S 11 KA 274/01 AK-A.
[390] Vgl. SG Dortmund v. 07.03.2003 - S 26 KA 15/02 - GesR 2003, 178.
[391] Vgl. SG Münster v. 27.03.2006 - S 2 KA 40/05 - juris Rn. 19 f. - GesR 2007, 219.
[392] Vgl. BT-Drs. 15/1525, S. 158.
[393] Vgl. BSG v. 03.02.2000 - B 6 KA 53/99 B - juris Rn. 6.
[394] Vgl. LSG Schleswig-Holstein v. 23.11.1999 - L 6 KA 18/99 - juris Rn. 18 - MedR 2000, 383.
[395] Vgl. LSG Baden-Württemberg v. 14.07.1999 - L 5 KA 3006/98 - juris Rn. 26 f. - MedR 2000, 385; zur Nichtzulassungsbeschwerde vgl. BSG v. 03.02.2000 - B 6 KA 53/99 B - juris.

größeren Operationen, kurzfristig die erforderlichen Maßnahmen einzuleiten bzw. zu treffen. Die Zeitspanne, die zwischen der Mitteilung an den Belegarzt in seiner Praxis, er werde im Krankenhaus benötigt, und dessen Eintreffen in der Klinik vergehen dürfe, müsse aus Gründen der Versorgungssicherheit relativ kurz sein.[396] Danach dürften jedenfalls längere **Wegezeiten** (einfach) als **30 Minuten** zwischen Vertragsarztsitz und Belegkrankenhaus unzulässig sein.

3. Zweigpraxis

a. Bisherige Rechtsentwicklung

225 Die Bindung der ärztlichen Tätigkeit an den Vertragsarztsitz schloss bisher grundsätzlich das Betreiben einer **Zweigpraxis** aus. Das BSG hatte die Abgrenzung der Zweigpraxis von – genehmigungsfreien – ausgelagerten Praxisräumen anhand der Berufsordnungen a.F. (vgl. die §§ 17 und 18 MBO-Ä a.F.) vorgenommen. Kennzeichen für eine Zweigpraxis sei, ob der Arzt dort Sprechstunden abhalte. Im Umkehrschluss könne aber eine Zweigpraxis nicht verneint werden. Maßgeblich komme es darauf an, ob der Arzt ein **ähnliches Angebot wie in seiner Praxis** vorhalten wolle.[397] **Ausgelagerte Praxisräume** bedingen demgegenüber, dass die dort angebotenen Leistungen **nicht auch in den eigentlichen Praxisräumen erbracht** werden.[398]

226 **Bis Ende 2006** gab es eine ausdrückliche Rechtsgrundlage für die Erlaubnis einer Zweigpraxis zunächst nur in § 6 Abs. 6 BMV-Z a.F. Aus Gründen der Sicherstellung wendete das BSG aber diese Bestimmung analog auf die vertragsärztliche Tätigkeit an. Genehmigungsbehörde war die KV, der ein gerichtlich nur eingeschränkt nachprüfbarer Beurteilungsspielraum zustand. Genehmigungsvoraussetzung war danach, dass die Zweigpraxis zur Sicherung einer ausreichenden vertragsärztlichen Versorgung notwendig ist. Der KV war kein Ermessen dahingehend eingeräumt, durch die Gestattung von Zweigpraxen den Zugang der Versicherten zu einer Kassenpraxis zu erleichtern und ihnen die Auswahl unter mehreren zugelassenen Ärzten zu ermöglichen.[399] Das BSG hatte es bisher offen gelassen, ob eine KV überhaupt berechtigt wäre, eine Zweigpraxis im Bezirk einer anderen KV zu genehmigen; die Bedenken gegen eine entsprechende Befugnis könnten allenfalls in Fällen zurückgestellt werden, in denen Versorgungsdefizite im Grenzbereich mehrerer KVen bestünden und soweit sich die für den betroffenen Ort zuständige KV ausdrücklich für außerstande erkläre, die vertragsärztliche Versorgung dort durch ihre Mitglieder zu gewährleisten.[400] Grundsätzlich durfte jede Tätigkeit jedenfalls von Arztgruppen, die unmittelbar patientenbezogen tätig sind, nur innerhalb des jeweiligen Planungsbereiches ausgeübt werden, da andernfalls eine sinnvolle Bedarfsplanung nicht mehr möglich wäre.[401] In Kodifizierung dieser Rechtsprechung sah seit 09.05.2003 § 15a BMV-Ä/EKV-Ä a.F. die Genehmigung einer Zweigpraxis,[402] allerdings nur im Benehmen[403] mit den Krankenkassenverbänden, sowie die Zulässigkeit ausgelagerter Praxisräume für ambulantes Operieren in einem Operationszentrum vor. Die Beschäftigung eines Assistenten oder Vertreters allein zur Durchführung der Behandlung in der Zweigpraxis war nicht gestattet. Auch nach Änderung der Berufsordnungen – § 17 Abs. 2 MBO-Ä n.F. lässt die Tätigkeit an zwei weiteren Orten genehmigungs-, aber nicht anzeigefrei (§ 17 Abs. 5 MBO-Ä n.F.) zu – war das Kriterium der Leistungsidentität zur Abgrenzung von den ausgelagerten Räumen, auch wenn es berufsrechtlich hierauf nicht mehr ankommt, weiterhin tauglich. Soweit § 15a Abs. 2 Nr. 1 BMV-Ä a.F. den Begriff „ausgelagerte Praxisräume" bisher nicht selbst, sondern nur durch Verweis auf § 18 MBO-Ä definierte, konnte dies nur i.S. einer statischen Verweisung auf die seinerzeit gültige Fassung verstanden werden. Andernfalls wäre nach nochmaliger Änderung der MBO-Ä im Mai 2004 die Definition völlig ins Leere gegangen.[404] Als **ratio legis** der Beschränkung einer Tätigkeit außerhalb

[396] Vgl. BSG v. 05.11.2003 - B 6 KA 2/03 R - juris Rn. 33 - SozR 4-5520 § 24 Nr. 1.

[397] Vgl. BSG v. 12.09.2001- B 6 KA 64/00 R - juris Rn. 23 und 24 - SozR 3-2500 § 135 Nr. 20.

[398] Ebenso *Hencke* in: Peters, Handbuch KV (SGB V), § 95 Rn. 12a.

[399] Vgl. BSG v. 20.12.1995 - 6 RKa 55/94 - juris Rn. 13 ff. - BSGE 77, 188 = SozR 3-2500 § 75 Nr. 7; für den vertragszahnärztlichen Bereich vgl. BSG v. 07.10.1976 - 6 RKa 2/76 - SozR 5545 § 6 Nr. 1; vgl. auch *Schiller*, NZS 1997, 103, 107.

[400] Vgl. BSG v. 12.09.2001 - B 6 KA 64/00 R - juris Rn. 19 - SozR 3-2500 § 135 Nr. 20.

[401] Vgl. BSG v. 12.09.2001 - B 6 KA 64/00 R - juris Rn. 33 - SozR 3-2500 § 135 Nr. 20.

[402] Vgl. LSG Schleswig-Holstein v. 09.11.2004 - L 6 KA 22/03 - juris Rn. 25 ff.

[403] Vgl. hierzu *Engelmann*, GesR 2004, 113, 116 unter Hinweis auf die Rspr. zu § 85 Abs. 4 SGB V a.F.; ebenso *Reiter*, GesR 2003, 196, 198.

[404] Vgl. *Engelmann*, GesR 2004, 113, 116.

des Vertragsarztsitzes hatte das BSG seinerzeit neben **planungsrechtlichen Auswirkungen** angemerkt, gerade im ländlichen Raum könne so die **Existenz von kleineren Praxen gesichert** werden. Es bestünde die Gefahr, dass von Mittel- und Oberzentren aus eventuell kostengünstiger arbeitende Gemeinschaftspraxen über Zweigsprechstunden den ländlichen Raum versorgten und damit der wohnortnahen (kleineren) Praxis die Existenzgrundlage entziehen könnten, was möglicherweise zu erheblichen Nachteilen etwa bei der Notfallbehandlung und bei Hausbesuchen führe.[405]

b. Neuerungen durch das VÄndG

Das **VÄndG** hat auch hier das **Vertragsarztrecht** mit dem **Berufsrecht** weitgehend in Einklang gebracht, geht aber z.T. darüber hinaus. Das Berufsrecht ist in jedem Fall vorrangig (vgl. Rn. 129). § 98 Abs. 2 Nr. 13 SGB V ermächtigt den Verordnungsgeber auch zum Erlass von Vorschriften über die Voraussetzungen, unter denen nach den Grundsätzen der Ausübung eines freien Berufes die Vertragsärzte die vertragsärztliche Tätigkeit „an weiteren Orten" ausüben können. In Ausführung der Ermächtigung setzt § 24 Abs. 3 Ärzte-ZV die berufsrechtlichen Änderungen (vgl. § 17 Abs. 2 MBO-Ä; vgl. Rn. 125 ff.) in der Weise um, dass dem Vertragsarzt ermöglicht wird, neben der Tätigkeit an seinem Vertragsarztsitz an weiteren Orten, auch außerhalb des KV-Bezirks und mit Hilfe angestellter Ärzte tätig zu sein, wenn diese die Versorgung der Versicherten an den weiteren Orten verbessert und die ordnungsgemäße Versorgung der Versicherten am Vertragsarztsitz nicht gefährdet. Anders als das Berufsrecht gibt das Vertragsarztrecht eine bestimmte Höchstzahl der weiteren Orte nicht vor. 227

Begrifflich werden unter dem Begriff der **„weiteren Orte"** alle Tätigkeitsorte außerhalb des Vertragsarztsitzes verstanden (§ 24 Abs. 3 Satz 1 Ärzte-ZV), für die eine Genehmigung verlangt wird (§ 24 Abs. 3 Sätze 2 und 3 Ärzte-ZV). Hiervon ausgenommen sind spezielle Untersuchungs- und Behandlungsleistungen an weiteren Orten in räumlicher Nähe zum Vertragsarztsitz, die der Verordnungsgeber selbst als ausgelagerte Praxisräume definiert (§ 24 Abs. 5 Ärzte-ZV). Damit greift der Verordnungsgeber die bereits bisher geltenden Unterscheidungskriterien auf und ist weiterhin nur die **Zweigpraxis** genehmigungs- und die **ausgelagerte Praxisstätte** anmeldepflichtig. Keiner Genehmigung bedarf die Tätigkeit eines Vertragsarztes einer **überörtlichen Berufsausübungsgemeinschaft** an einem der anderen Vertragsarztsitze der übrigen Mitglieder der Praxisgemeinschaft (§ 24 Abs. 3 Satz 7 Ärzte-ZV). Dies ist aus der Konzeption der überörtlichen Berufsausübungsgemeinschaft mit mehreren Vertragsarztsitzen, die hierfür eine Genehmigung erhält (vgl. § 33 Abs. 3 Satz 1 Ärzte-ZV), folgerichtig. Die Gemeinschaftspraxis kann nur unter Gewährleistung der Versorgung am eigenen Vertragsarztsitz genehmigt werden (vgl. § 33 Abs. 2 Satz 2 Ärzte-ZV). 228

Hieran anknüpfend verwenden die Bundesmantelverträge-Ärzte den Oberbegriff **„Tätigkeitsort"** für den Ort des Vertragsarztsitzes („Betriebsstätte") und die weiteren Orte („Nebenbetriebsstätten"); unter **„Nebenbetriebsstätte"** werden die **„Zweigpraxis"** und die „ausgelagerten Praxisräume" bzw. jetzt „ausgelagerten Praxisstätten" verstanden (vgl. bereits Rn. 207). Die MBO-Ä unterscheidet aufgrund der allgemeinen Zulässigkeit zweier weiterer Tätigkeitsorte nicht mehr hinsichtlich ausgelagerter Praxisräume. 229

c. Abgrenzung Zweigpraxis/ausgelagerte Praxisstätte

Als **Zweigpraxis** wird ein genehmigter weiterer Tätigkeitsort des Vertragsarztes oder die Nebenbetriebsstätte eines MVZ (§ 1a Nr. 19 BMV-Ä/EKV-Ä), als **ausgelagerte Praxisstätte** ein zulässiger nicht genehmigungsbedürftiger, aber anzeigepflichtiger Tätigkeitsort des Vertragsarztes, Vertragspsychotherapeuten oder eines Medizinischen Versorgungszentrums in räumlicher Nähe zum Vertragsarztsitz (vgl. § 24 Abs. 5 Ärzte-ZV) definiert; ausgelagerte Praxisstätte in diesem Sinne ist auch ein Operationszentrum, in welchem ambulante Operationen bei Versicherten ausgeführt werden, welche den Vertragsarzt an seiner Praxisstätte in Anspruch genommen haben (§ 1a Nr. 20 BMV-Ä/EKV-Ä). Damit greifen die Bundesmantelvertragsparteien die bereits bisher geltenden Unterscheidungskriterien auf, ohne sie jedoch hinreichend in die Definitionsmerkmale aufzunehmen. Weder § 24 Abs. 5 Ärzte-ZV noch die Bundesmantelverträge schließen vom Wortlaut die Erbringung identischer Leistungen in den ausgelagerten Praxisräumen aus. In der Gesetzesbegründung verweist der Verordnungsgeber aber ausdrücklich auf § 18 Abs. 2 MBO-Ä a.F. und § 15a Abs. 2 BMV-Ä a.F.[406] Die **Abgrenzung** 230

[405] Vgl. BSG v. 20.12.1995 - 6 RKa 55/94 - juris Rn. 15 f. - BSGE 77, 188 = SozR 3-2500 § 75 Nr. 7.
[406] Vgl. BT-Drs. 16/2474, S. 30.

ist damit weiterhin anhand des Kriteriums der – vollständigen oder teilweisen – **Leistungsidentität und des Abhaltens von Sprechstunden**, dann handelt es sich um eine Zweigpraxis, vorzunehmen (vgl. bereits Rn. 226).[407]

d. Regelungen in den Bundesmantelverträgen

231 Die Einzelheiten hierzu, insbesondere in welchem Umfang der Vertragsarzt zur Erfüllung seiner Leistungspflichten am Vertragsarztsitz und an dem weiteren Ort angestellte Ärzte unter Berücksichtigung seiner Leitungs- und Überwachungspflicht einsetzen kann, ist einheitlich in den **Bundesmantelverträgen** zu regeln (vgl. § 24 Abs. 4 Satz 2 Ärzte-ZV). Diese **Subdelegation**, die § 98 SGB V nicht ausdrücklich vorsieht, ist aber auf der Grundlage der allgemeinen Kompetenz der Partner der Bundesmantelverträge zur vertraglichen Regelung der vertragsärztlichen Versorgung gemäß § 72 Abs. 2 i.V.m. § 82 Abs. 1 Satz 1 SGB V zulässig (vgl. auch Rn. 151).[408] Gleiches gilt für die ergänzenden Regelungen über den zahlenmäßigen Umfang der Beschäftigung angestellter Ärzte unter Berücksichtigung der Versorgungspflicht des anstellenden Vertragsarztes (§ 32b Satz 2 Ärzte-ZV).

232 Die **Bundesmantelverträge** haben ebenso wie das SGB V und die Ärzte-ZV eine bestimmte **Höchstzahl** der weiteren **Betriebsstätten** nicht unmittelbar bzw. absolut festgelegt (§ 15a Abs. 1 Satz 1 BMV-Ä/EKV-Ä), aber auf der Grundlage der Ermächtigung in § 24 Abs. 4 Satz 2 Ärzte-ZV Beschränkungen in zeitlicher Hinsicht für die Aufteilung der Tätigkeit am Vertragsarztsitz und den Nebenbetriebsstätten aufgestellt, die im Ergebnis zu einer Limitierung der Zahl der Nebenbetriebsstätten führen. In allen Fällen der Ausübung vertragsärztlicher Tätigkeit an einem weiteren oder mehreren Tätigkeitsorten außerhalb des Vertragsarztsitzes gilt danach, dass die – persönliche, und somit nicht delegierbare – Tätigkeit **am Vertragsarztsitz** alle Tätigkeiten **außerhalb des Vertragsarztsitzes** zeitlich insgesamt überwiegen muss. Bei MVZ gilt dies entsprechend mit der Maßgabe, dass die angegebenen Mindestzeiten für den Versorgungsauftrag des MVZ insgesamt unabhängig von der Zahl der beschäftigten Ärzte anzuwenden sind (vgl. Rn. 248). Zur Sicherung der Versorgungspräsenz am Vertragsarztsitz und den weiteren Orten sollen Mindest- und/oder Höchstzeiten an den weiteren Orten festgelegt werden (§ 17 Abs. 1a Sätze 3-6 BMV-Ä/§ 13 Abs. 7a Sätze 3-6 EKV-Ä). Der Vertragsarzt muss dabei an seinem Vertragsarztsitz persönlich mindestens 20 Stunden (für einen Teilversorgungsauftrag nach § 19a Ärzte-ZV zehn Stunden) wöchentlich in Form von Sprechstunden zur Verfügung stehen (§ 17 Abs. 1a Sätze 1 und 2 BMV-Ä/§ 13 Abs. 7a Sätze 1 und 2 EKV-Ä; vgl. Rn. 150). Die Delegation der Leistung an andere Ärzte ist im Rahmen der Anstellung zulässig. Auch ist die Beschäftigung eines Assistenten (angestellter Arzt) allein zur Durchführung der Behandlung an dieser Nebenbetriebsstätte gestattet, wenn dies von der Genehmigung der Tätigkeit an diesem Ort umfasst ist (§ 15a Abs. 6 Satz 2 BMV-Ä/EKV-Ä). Geht man vom Normalfall mit höchstens drei angestellten Ärzten aus, so ist im Ergebnis die Zahl der Nebenbetriebsstätten begrenzt, können aber vertragsarztrechtlich durchaus mehr als zwei Nebenbetriebsstätten betrieben werden. Es gilt aber auch hier, dass der Vertragsarzt vertragsarztrechtlich nicht mehr tun darf, als ihm berufsrechtlich erlaubt ist (vgl. Rn. 128 und Rn. 227).

233 **Vertragszahnarztrechtlich** sehen die **Bundesmantelverträge-Zahnärzte** gleichfalls eine bestimmte Höchstzahl der weiteren Betriebsstätten nicht vor (§ 6 Abs. 6 Satz 1 BMV-Z//§ 8a Abs. 1 Satz 1 EKV-Z); indirekt haben sie aber ein **sehr einschränkendes Instrumentarium** aufgelegt. Gegenüber den Regelungen für Vertragsärzte restriktiver gilt für Vertragszahnärzte zunächst, dass die ordnungsgemäße Versorgung der Versicherten am Ort des Vertragszahnarztsitzes in der Regel dann nicht beeinträchtigt wird, wenn die Dauer der Tätigkeit des Vertragszahnarztes in der oder den Zweigpraxen ein Drittel seiner Tätigkeit am Vertragszahnarztsitz nicht übersteigt (§ 6 Abs. 6 Satz 7 BMVZ/§ 8a Abs. 1 Satz 7 EKV-Z). Bei einer Tätigkeitszeit von 20-30 Stunden am Vertragsarztsitz sind damit im Regelfall nur weitere sieben bis zehn Stunden an den Nebenbetriebsstätten möglich. Die Delegation der Leistung an andere Zahnärzte ist im Rahmen der Anstellung ebenfalls zulässig. Zugelassen wird die Anstellung für den Vertragsarztsitz selbst (§ 4 Abs. 1 Sätze 3 und 7, § 6 Abs. 6 Satz 10 BMV-Z/§ 8 Abs. 3 Sätze 1 und 5, § 8a Abs. 1 Satz 10 EKV-Z) und für die in einem anderen KZV-Bezirk gelegene Zweigpraxis (§ 6 Abs. 6 Satz 11 BMV-Z/§ 8a Abs. 1 Satz 11 EKV-Z). Die Anstellung von Zahnärzten für eine Zweigpraxis im eigenen KZV-Bezirk ist ebenfalls möglich (vgl. Rn. 563). Die Dauer der Tätigkeit der am Vertragszahnarztsitz angestellten Zahnärzte in der oder den Zweigpraxen darf aber nach den Bundesmantelverträgen ein Drittel der vertraglich vereinbarten Arbeitszeit am Vertragszahnarztsitz

---

[407] Vgl. SG Marburg v. 07.03.2007 - S 12 KA 701/06 - juris Rn. 27 und 53.

[408] Vgl. BSG v. 12.09.2001 - B 6 KA 64/00 R - juris Rn. 30 - SozR 3-2500 § 135 Nr. 20 = MedR 2002, 365; BSG v. 08.09.2004 - B 6 KA 18/03 R - juris Rn. 20 - SozR 4-2500 § 82 Nr. 1 = GesR 2005, 86 = MedR 2005, 480.

ebenfalls nicht überschreiten. Die Dauer der Tätigkeit des angestellten Zahnarztes in der Zweigpraxis darf wiederum die Dauer der Tätigkeit des Vertragszahnarztes in der Zweigpraxis um höchstens 100 v.H. überschreiten (§ 6 Abs. 6 Sätze 10-12 BMV-Z/§ 8a Abs. 1 Sätze 10-12 EKV-Z). Zudem können am Vertragszahnarztsitz zwei vollzeitbeschäftigte Zahnärzte bzw. bis zu vier halbzeitbeschäftigte Zahnärzte angestellt werden. Bei Teilzulassung (§ 19a Abs. 2 Zahnärzte-ZV) können entweder ein vollzeitbeschäftigter Zahnarzt, zwei halbzeitbeschäftigte Zahnärzte oder vier Zahnärzte mit insgesamt höchstens vollzeitiger Beschäftigungsdauer angestellt werden (§ 4 Abs. 1 Sätze 7 und 8 BMV-Z/§ 8 Abs. 3 Sätze 5 und 6 EKV-Z). Anhand dieser bundesmantelvertraglichen Regelungen ist es nur unter erschwerten Bedingungen möglich, eine Zweigpraxis mit einer vollen Arbeitswoche zu betreiben. Selbst wenn man von einer 40-stündigen Tätigkeit des Vertragszahnarztes am Vertragszahnarztsitz ausgeht, so darf er nur weniger als weitere 14 Stunden in der Zweigpraxis tätig sein; der angestellte Zahnarzt darf dann höchstens 28 Stunden dort tätig sein und dies auch nur, wenn der Vertragszahnarzt selbst dort 14 Stunden arbeitet. Soll der angestellte Zahnarzt noch am Vertragszahnarztsitz beschäftigt werden, gerät sein 28 Stunden-Kontingent in Konflikt mit der Drittel-Regelung. Dies begegnet insofern Bedenken, als der Verordnungsgeber mit der Regelung für die Ermächtigung in § 24 Abs. 3 Sätze 4 und 5 Zahnärzte-ZV klarstellend die Anstellung eines Zahnarztes in der Nebenbetriebsstätte als zulässig angesehen hat. Mit dem Verweis auf die Vorschriften, die gelten würden, wenn der Vertragszahnarzt selbst an dem weiteren Ort zugelassen wäre, hatte der Verordnungsgeber insbesondere bedarfsplanungsrechtliche Begrenzungen und die vertragsärztliche Leitungs- und Überwachungspflicht gemeint.[409]

234 Es dürfte daher insofern zweifelhaft sein, ob es sich hier um eine zulässige Normkonkretisierung handelt, die noch vom Gestaltungsspielraum der Bundesmantelvertragsparteien gedeckt ist. Soweit in § 6 Abs. 6 Satz 7 BMV-Z/§ 8a Abs. 1 Satz 7 EKVZ das weitere Erfordernis des § 24 Abs. 3 Satz 1 Nr. 2 Zahnärzte-ZV, § 6 Abs. 6 Satz 1 Nr. 2 BMV-Z/§ 8a Abs. 1 Satz 1 Nr. 2 EKVZ, wonach die ordnungsgemäße Versorgung der Versicherten am Ort des Vertragszahnarztsitzes durch die Tätigkeit des Vertragszahnarztes an einem weiteren Ort nicht beeinträchtigt werden darf, durch die Ein-Drittel-Regelung konkretisiert wurde, berufen sich die Bundesmantelvertragspartner zu Unrecht auf die BSG-Rechtsprechung zu Nebentätigkeiten (vgl. Rn. 93 ff.).[410] Die Herleitung der 13-Wochenstunden-Grenze ist nach der bisherigen Rechtsprechung ausschließlich auf **abhängige Beschäftigungsverhältnisse** zu beziehen.[411] Hier handelt es sich aber um selbständige Tätigkeiten, die zudem der vertragsärztlichen Versorgung dienen.

e. Genehmigungsvoraussetzung für die Zweigpraxis

235 **Genehmigungsvoraussetzung** für die **Zweigpraxis** ist, dass die **Versorgung** der Versicherten an **den weiteren Orten verbessert** und die ordnungsgemäße Versorgung der Versicherten **am Ort des Vertragsarztsitzes nicht beeinträchtigt** wird. Eine nähere Konkretisierung sehen lediglich die Bundesmantelverträge-Zahnärzte vor (vgl. § 6 Abs. 6 Sätze 4-6 BMV-Z/§ 8a Abs. 1 Sätze 4-6 EKV-Z; hierzu Rn. 241).

aa. Versorgungsverbesserung

236 Mit der **Versorgungsverbesserung** werden geringere Bedarfsanforderungen als nach § 15a BMV-Ä/§ 15a EKV-Ä a.F., nach denen die Genehmigung zur Sicherung einer ausreichenden vertragsärztlichen Versorgung erforderlich sein musste (vgl. Rn. 226), gestellt. Statt einer „Erforderlichkeit" reicht nunmehr eine „Verbesserung" aus. Damit scheiden auch Sicherstellungsanforderungen i.S.d. § 116 SGB V aus. „**Verbesserung**" ist wenigstens in dem Sinne zu verstehen, dass eine „**Bedarfslücke**" besteht, die zwar nicht unbedingt („Erforderlichkeit") geschlossen werden muss, die aber nachhaltig eine durch Angebot oder Erreichbarkeit veränderte und im Sinne der vertragsärztlichen Versorgung verbesserte Versorgungssituation am Ort der Zweigpraxis herbeiführt.[412] Bereits im Antrag hat der Vertragsarzt, der eine Zweigpraxis begehrt, anzugeben, welche Leistungen er in der Zweigpraxis erbringen will.[413] Die **Interessen** anderer, bereits **niedergelassener Vertragsärzte** sind nicht zu be-

[409] Vgl. BT-Drs. 16/2474, S. 30.

[410] Vgl. Gemeinsames Rundschreiben der KZBV und der Spitzenverbände der gesetzlichen Krankenkassen zu den bundesmantelvertraglichen Neuregelungen zum 01.07.2007 infolge der zulassungsrechtlichen Neuregelungen im SGB V und in der ZV-Z durch das Vertragsarztrechtsänderungsgesetz (VÄndG), www.kzbv.de.

[411] Vgl. *Wenner*, GesR 2004, 353, 356 f.

[412] Vgl. SG Marburg v. 07.03.2007 - S 12 KA 701/06 - juris Rn. 55.

[413] Vgl. *Schirmer*, Anmerkungen der KBV zum VÄndG, 2007, S. 27.

rücksichtigen. Sie sind nur mittelbar über die Prüfung der „Bedarfslücke" von Bedeutung, da eine Versorgungsverbesserung nur eintreten kann, wenn die örtlichen Leistungserbringer das Leistungsangebot des Zweigpraxisbewerbers nicht oder nicht im erwünschten Umfang erbringen können.

237 Ob eine Versorgungsverbesserung vorliegt, hängt ähnlich der weiteren Bedarfsdeckung durch eine Ermächtigung oder Sonderbedarfszulassung von **verschiedenen Faktoren** ab (z.B. der Anzahl der Ärzte, dem Stand der Krankenhausversorgung, der Bevölkerungsdichte, von Art und Umfang der Nachfrage und von der räumlichen Zuordnung aufgrund der vorhandenen Verkehrsverbindungen), die für sich und in ihrer Abhängigkeit untereinander weitgehend unbestimmt sind. Das BSG hat deshalb bereits der nach altem Recht allein zuständigen KV einen gerichtlich nur eingeschränkt nachprüfbaren **Beurteilungsspielraum** (vgl. hierzu die Kommentierung zu § 96 SGB V Rn. 31) eingeräumt.[414] Dies gilt auch für die nach § 24 Abs. 3 Sätze 2 und 3 Ärzte-ZV zuständigen Gremien.

238 Im Fall einer **Unterversorgung** dürfte eine Zweigpraxis regelmäßig zur Versorgungsverbesserung beitragen, es sei denn, dass gerade am Sitz der Zweigpraxis eine ausreichende Versorgung besteht.

239 Es kann nicht darauf abgestellt werden, dass jede weitere Eröffnung einer Praxis bzw. Zweigpraxis das Versorgungsangebot unter dem Gesichtspunkt der **Freiheit der Arztwahl** „verbessert". Hätte der Gesetzgeber dies unterstellt bzw. gewollt, so hätte er von weiteren Bedarfsgesichtspunkten abgesehen. Der Gesetzgeber hat es ferner bei der Grundentscheidung für die Bedarfsplanung gelassen, dass maßgebend die Versorgung im Planungsbereich ist. Hierbei ist zu berücksichtigen, dass, soweit es auf **Entfernungen** ankommt, den Versicherten jedenfalls Wege von mehreren Kilometern zumutbar sind. In überversorgten großstädtischen Planungsbereichen ist von einer ausreichenden Versorgung auszugehen. Auch in den Randbezirken einer Großstadt besteht eine hinreichende Verdichtung und Verkehrsvernetzung, die das Aufsuchen eines Vertragsarztes in benachbarten Stadtteilen ermöglicht. Es kann nicht auf die **Anhaltszahlen nach den BedarfsplRL-Ä**, die z.B. von Verhältniszahlen unter 2.000 Bewohnern für einen Vertragsarztsitz im hausärztlichen Bereich ausgehen (vgl. Anlagen 4.1-4.3 BedarfsplRL-Ä), abgestellt werden, da diese Anhaltszahlen lediglich für die Bedarfsdeckung eines gesamten Planungsbereiches heranzuziehen sind.[415]

240 Für die Beurteilung, welche **Entfernungen** für die **Versicherten** noch **zumutbar** sind, kann auf die Rechtsprechung zu Ermächtigungen – bei überversorgten Planungsbereichen insbesondere zu einem sog. qualitativ-speziellen Bedarf – und Sonderbedarfszulassungen zurückgegriffen werden (vgl. die Kommentierung zu § 96 SGB V Rn. 39 ff.). Je spezieller das Leistungsangebot ist, desto größere Entfernungen sind den Versicherten zumutbar; bei normalerweise ortsnaher Leistungserbringung ist von geringeren Entfernungen auszugehen. So begründen nach Auffassung des BSG für Leistungen, die üblicherweise ortsnah erbracht werden, wie dies bei MRT-Leistungen der Fall sei, seitdem diese zum Standard radiologischer Diagnostik gehörten, Entfernungen von im konkreten Fall mehr als 25 km zu anderen Standorten benachbarter Planungsbereiche einen Ermächtigungsbedarf.[416] Allerdings liegt gerade in der **ortsnäheren Leistungserbringung spezieller Leistungen** eine Verbesserung der Versorgung. Liegen die Voraussetzungen für eine Ermächtigung oder Sonderbedarfszulassung vor, so dient die Zweigpraxis immer einer Verbesserung der Versorgung. Im Umkehrschluss kann aber die Genehmigung nicht versagt werden, da die Anspruchsvoraussetzungen geringer sind.

241 Nach den **Bundesmantelverträgen-Zahnärzte** liegt eine Verbesserung der Versorgung der Versicherten an den weiteren Orten insbesondere dann vor, wenn in dem betreffenden Planungsbereich eine bedarfsplanungsrechtliche **Unterversorgung** vorliegt. Eine Verbesserung ist in der Regel auch dann anzunehmen, wenn unabhängig vom Versorgungsgrad in dem betreffenden Planungsbereich **regional bzw. lokal** nicht oder nicht im erforderlichen Umfange angebotene Leistungen im Rahmen der Zweigpraxis erbracht werden und die Versorgung auch nicht durch andere Vertragszahnärzte sichergestellt werden kann, die räumlich und zeitlich von den Versicherten mit zumutbaren Aufwendungen in Anspruch genommen werden können. Dies gilt auch, wenn in der Zweigpraxis spezielle Untersuchungs- und Behandlungsmethoden angeboten werden, die im Planungsbereich nicht im erforderlichen Umfang angeboten werden (§ 6 Abs. 6 Sätze 4-6 BMV-Z/§ 8a Abs. 1 Sätze 4-6 EKV-Z). Bei diesen Regelungen handelt es sich um nicht abschließende („in der Regel") Norminterpretationen, die im Einklang mit § 24 Abs. 3 Satz 1 Nr. 1 Zahnärzte-ZV stehen.

---

[414] Vgl. BSG v. 20.12.1995 - 6 RKa 55/94 - juris Rn. 17 f. - BSGE 77, 188 = SozR 3-2500 § 75 Nr. 7.

[415] Vgl. SG Marburg v. 07.03.2007 - S 12 KA 701/06 - juris Rn. 55 f.

[416] Vgl. BSG v. 19.07.2006 - B 6 KA 14/05 R - juris Rn. 19 - GesR 2007, 71 = MedR 2007, 127.

Für **Anästhesisten**, die ausschließlich Anästhesien bei Operationen durchführen, die außerhalb ihres Niederlassungsortes vorgenommen werden und die für einen oder mehrere Operateure und damit ggf. auch an verschiedenen Orten tätig sind, ohne dass es sich insoweit weder um ausgelagerte Praxisräume noch um eine Zweigpraxis handelt, was aber aufgrund ihres Berufsbildes schon bisher als genehmigungsfrei zulässige Berufsausübung galt,[417] sehen die **Bundesmantelverträge** jetzt eindeutige Regelungen vor. Zulassungsrechtlich gelten auch für Anästhesisten die Bestimmungen über den Vertragsarztsitz. Es gelten aber die Tätigkeitsorte, an denen Anästhesisten vertragsärztliche Leistungen außerhalb ihres Vertragsarztsitzes erbringen, als **Nebenbetriebsstätten** der Anästhesisten; Nebenbetriebsstätten der Anästhesisten sind auch Vertragszahnarztpraxen. Die Nebenbetriebsstätten der Anästhesisten bedürfen der **Genehmigung** der KV. Soweit es sich um Nebenbetriebsstätten handelt, an denen schmerztherapeutische Leistungen erbracht werden, ist die Genehmigung zu erteilen, wenn die Voraussetzungen des § 24 Abs. 3 Ärzte-ZV vorliegen. Werden nur anästhesiologische Leistungen erbracht, ist die Genehmigung zu erteilen, wenn die Versorgung durch die Anzahl der Nebenbetriebsstätten nicht gefährdet ist. Nebenbetriebsstätten des Anästhesisten in Bezirken einer anderen KV bedürfen der Genehmigung der KV seines Vertragsarztsitzes; § 24 Abs. 3 Ärzte-ZV bleibt unberührt, sofern es sich um schmerztherapeutische Leistungen handelt (§ 15a Abs. 2 Sätze 2-6 BMV-Ä/EKV-Ä). Die zeitliche Mindestpräsenzpflicht am Vertragsarztsitz gilt für Anästhesisten nicht (§ 17 Abs. 1b BMV-Ä/§ 13 Abs. 7b EKV-Ä). 242

Für den **Dialysebereich** bestehen Sondervorschriften in den Bundesmantelverträgen (jeweils Anlage 9.1 – Besondere Versorgungsaufträge). Danach ist neben einer Zweigpraxis auch das Betreiben einer ausgelagerten Praxisstätte genehmigungspflichtig und müssen die in Anhang 9.1.5 festgelegten Voraussetzungen erfüllt sein (§ 4 Abs. 3 BMV-Ä/EKV-Ä Anl. 9).[418] 243

Einer **psychiatrischen Institutsambulanz** kann eine Zweigpraxisgenehmigung auch nach neuem Recht nicht erteilt werden. § 24 Abs. 3 Sätze 1-3 Ärzte-ZV ist auf nach § 118 SGB V ermächtigte Institutsambulanzen nicht anwendbar (§ 1 Abs. 3 Ärzte-ZV). Die Erteilung der Genehmigung einer Zweigpraxis würde die Umgehung des § 118 SGB V SGB V bedeuten.[419] Nach der Rechtsprechung des BSG weist bereits der im Gesetz verwandte Terminus „Psychiatrische Institutsambulanz" darauf hin, dass in § 118 SGB V nur solche Einrichtungen gemeint sind, in denen die ambulante Behandlung der Versicherten in der Ambulanz einer Klinik durchgeführt wird. Das setzt eine organisatorische und räumliche Anbindung der Behandlungseinrichtung an die Klinik voraus. Sinn und Zweck der Regelung schließen es aus, die Ermächtigung auf Einrichtungen zu erstrecken, die mit dem psychiatrischen Krankenhaus nicht in einem räumlichen Zusammenhang stehen und deshalb der eigentlichen Institutsambulanz nicht mehr zugerechnet werden können.[420] Soweit aufgrund der geänderten gesetzlichen Ausgestaltung nach dem GKV-GRG 2000 diese Rechtsprechung kritisiert wird (vgl. Kommentierung zu § 118 SGB V Rn. 18), muss die Korrektur ggf. im Rahmen einer Ermächtigung erfolgen. 244

bb. Ordnungsgemäße Versorgung am Ort des Vertragsarztsitzes

Als weitere Genehmigungsvoraussetzung sieht § 24 Abs. 3 Satz 1 Nr. 2 Ärzte-ZV für die Zweigpraxis vor, dass die „**ordnungsgemäße Versorgung der Versicherten am Ort des Vertragsarztsitzes nicht beeinträchtigt**" wird. Abweichend hiervon heißt es in § 33 Abs. 2 Satz 2 Ärzte-ZV für die überörtliche Berufsausübungsgemeinschaft, dass „die Erfüllung der Versorgungspflicht des jeweiligen Mitglieds an seinem Vertragsarztsitz unter Berücksichtigung der Mitwirkung angestellter Ärzte und Psychotherapeuten in dem erforderlichen Umfang gewährleistet" sein muss. Die sprachlich unterschiedliche Formulierung (insbesondere „ordnungsgemäße Versorgung" und „nicht beeinträchtigt" sowie „Erfüllung der Versorgungspflicht" und „gewährleistet") ist keinen inhaltlichen Differenzen geschuldet, wie auch die insoweit identischen Regelungen in den Bundesmantelverträgen zeigen. Auch hinsichtlich der Mitwirkung angestellter Ärzte und Psychotherapeuten bzw. Zahnärzte bestehen keine Unterschiede. 245

---

417 Vgl. LSG Thüringen v. 29.04.2003 - L 4 KA 703/02 - juris Rn. 33 (Nichtzulassungsbeschwerde abgewiesen, vgl. BSG v. 05.11.2003 - B 6 KA 60/03 B - juris); SG Aachen v. 26.06.2002 - S 7 KA 6/01 - juris Rn. 22 f.

418 Vgl. *Engelmann*, GesR 2004, 113, 118; *Engelmann*, MedR 2002, 561, 570 f.

419 Vgl. SG Marburg v. 23.05.2007 - S 12 KA 33/06 - juris.

420 Vgl. BSG v. 21.06.1995 - 6 RKa 49/94 - juris Rn. 17 f. - SozR 3-2500 § 118 Nr. 2; BSG v. 05.02.2003 - B 6 KA 26/02 R - juris Rn. 32 - SozR 4-2500 § 117 Nr. 1; LSG Nordrhein-Westfalen v. 22.09.2004 - L 10 KA 33/03 - juris.

246 Der Vertragsarzt genügt im Rahmen der zulässigen Anstellung von Ärzten (vgl. Rn. 537 ff.) seiner **Präsenzpflicht** auch dadurch, dass er die Aufgaben der vertragsärztlichen Versorgung durch die angestellten Ärzte wahrnehmen lässt. Dies folgt bereits aus den allgemeinen Regelungen. Soweit der Verordnungsgeber für **Tätigkeitsorte außerhalb des KV-Bezirks** eine **Ermächtigung** vorsieht (§ 24 Abs. 3 Satz 3 Ärzte-ZV), steht einer Leistungsdelegation § 32a Satz 1 Ärzte-ZV entgegen, wonach der ermächtigte Arzt die Tätigkeit persönlich auszuüben hat. Um dieses Hindernis zu beseitigen,[421] erlaubt die Ärzte-ZV dem Vertragsarzt, die auf Grund der Ermächtigung zu versorgenden Versicherten auch unter Mithilfe der Ärzte zu behandeln, die er für die Ausübung seiner Vertragsarzttätigkeit am Vertragsarztsitz angestellt hat. Außerdem darf der Vertragsarzt für die Leistungserbringung an den weiteren Orten, an denen er auf Grund einer Ermächtigung nach § 24 Abs. 3 Satz 3 Ärzte-ZV tätig ist, in dem Umfang angestellte Ärzte beschäftigen, wie es ihm vertragsarztrechtlich erlaubt wäre, wenn er an diesen Orten seinen Vertragsarztsitz hätte (§ 24 Abs. 3 Sätze 4 und 5 Ärzte-ZV; vgl. ferner zu den Bundesmantelverträgen Rn. 538).

247 Werden die **Vorgaben in den Bundesmantelverträgen** eingehalten, so scheidet eine Beeinträchtigung der ordnungsgemäßen Versorgung am Vertragsarztsitz aus. Zur Sicherung der Versorgungspräsenz am Vertragsarztsitz und den weiteren Orten sollen Mindest- und/oder Höchstzeiten an den weiteren Orten festgelegt werden (§ 17 Abs. 1a Satz 6 BMV-Ä/§ 13 Abs. 7a Satz 6 EKV-Ä), die deshalb bereits im Genehmigungsantrag anzugeben sind.

248 Für **MVZ** gelten die Regelungen entsprechend (§ 1 Abs. 3 Nr. 2 Ärzte-ZV). Die Bundesmantelverträge sehen deshalb ebenfalls die Geltung der Ausführungsbestimmungen vor (§ 1 Abs. 8, § 15a Abs. 3 Satz 1 BMV-Ä/EKV-Ä). Für die **Präsenzpflicht am Vertragsarztsitz** gilt die Maßgabe, dass die angegebenen Mindestzeiten für den Versorgungsauftrag des MVZ insgesamt unabhängig von der Zahl der beschäftigten Ärzte anzuwenden sind (§ 17 Abs. 1a Satz 4 BMV-Ä/EKV-Ä). Damit genügt es, dass ein Arzt des MVZ die Mindestpräsenz von 20 Wochensprechstunden gewährleistet. § 17 Abs. 1a Satz 5 BMV-Ä/EKV-Ä ordnet nochmals ausdrücklich die entsprechende Geltung des Satzes 3 in § 17 Abs. 1a BMV-Ä/EKV-Ä an. So muss auch in einem MVZ die Gesamttätigkeitszeit am Vertragsarztsitz, also die Summe der Tätigkeitszeiten aller am Vertragsarztsitz tätigen Ärzte, alle Tätigkeiten außerhalb des Vertragsarztsitzes zeitlich insgesamt überwiegen. Die Vertragsparteien der **Bundesmantelverträge-Zahnärzte** haben keine Regelungen oder Entsprechungsklauseln für MVZ getroffen. Dies könnte der Auffassung geschuldet sein, solche seien nicht zulässig. Folgt man der hier vertretenen Auffassung ihrer Zulässigkeit (vgl. Rn. 61 ff.), so sind die Regelungen für Vertragszahnärzte entsprechend anzuwenden.

f. Genehmigungsentscheidung/Ermächtigung

249 Für die Zweigpraxis ist eine **Genehmigung** bzw. **Ermächtigung** erforderlich. Bei Vorliegen der Voraussetzungen besteht hierauf ein **Anspruch** (§ 24 Abs. 2 Sätze 2 und 3 Ärzte-ZV). Ein Ermessen der entscheidenden Behörde besteht nicht. Ihr kommt aber ein **Beurteilungsspielraum** hinsichtlich des Tatbestandsmerkmals „Verbesserung der Versorgung" zu (vgl. Rn. 235). Die als Verwaltungsakt ergehende Entscheidung kann von örtlich zugelassenen Vertragsärzten angefochten werden, wenn nicht ausgeschlossen werden kann, dass sie bereits das verbesserte Versorgungsangebot erbringen (vgl. die Kommentierung zu § 97 SGB V Rn. 51 ff.).

250 Die Genehmigung der Zweigpraxis kann auf ein **bestimmtes Leistungsspektrum**, für das allein ein örtliches Versorgungsdefizit besteht, beschränkt werden.[422]

251 Die Genehmigung ist für einen bestimmten Ort, d.h. den Tätigkeitsort in Form der Nebenbetriebsstätte und damit für eine **konkrete Anschrift** wie bei der Zulassung für einen Vertragsarztsitz zu erteilen. Eine **Verlegung** bedarf einer neuen Genehmigung bzw. Ermächtigung; die bisherige Genehmigung bzw. Ermächtigung wird dadurch erledigt. § 24 Abs. 7 Ärzte-ZV gilt nur für den Vertragsarztsitz.

252 Die Genehmigung ist vor Beginn der Tätigkeit in der Zweigpraxis einzuholen. Dies folgt aus § 24 Abs. 2 Satz 2 Ärzte-ZV („**vorherige Genehmigung**") und entspricht allgemeinen Grundsätzen im Vertragsarztrecht für die Erteilung von statusrelevanten Genehmigungen. Eine **rückwirkende** Genehmigung kann nicht erteilt werden. Insofern können die Ausführungen des BSG zur Genehmigung einer Praxisverlegung angewandt werden (vgl. Rn. 214). Für Ermächtigungen folgt dies aus dem Ermächtigungsstatus, der konstitutiv wirkt und einer rückwirkenden Erteilung nicht zugänglich ist (vgl. Rn. 45).

---

[421] Vgl. BT-Drs. 16/2474, S. 30.

[422] Vgl. *Schiller*, NZS 1997, 103, 107.

Für die **Modalitäten der Leistungserbringung** bei Tätigkeitsorten im Bezirk von mehr als einer KV gilt die KV-übergreifende Berufsausübungs-Richtlinie (vgl. Rn. 162 f.). Im zahnärztlichen Bereich erfolgt für die außerbezirklichen Zweigpraxis die Abrechnung nach den gesamtvertraglichen Regelungen am Ort der Zweigpraxis (§ 6 Abs. 6 Satz 14 BMV-Z/§ 8a Abs. 1 Satz 14 EKV-Z; vgl. Rn. 164). 253

Die **Aufhebung der Genehmigung einer Zweigpraxis** ist nach allgemeinen Vorschriften (§§ 44 ff. SGB X) möglich, insbesondere wenn sich die Versorgungssituation ändert.[423] 254

Für die **Ermächtigung** kommt nur die Entziehung nach § 95 Abs. 4 Satz 3 i.V.m. Abs. 6 Satz 1 SGB V in Betracht; da diese Reglung abschließende Sonderregelung zu den §§ 44 ff. SGB X ist (vgl. Rn. 498 und Rn. 434 ff.). Bei einem Wegfall der Verbesserung der Versorgung kann somit eine Entziehung der Ermächtigung erfolgen. Zur Vermeidung von evtl. Vertrauensschutzgesichtspunkten sollte hierauf hingewiesen oder die Ermächtigung befristet werden. 255

Nach § 15a Abs. 7 BMV-Ä/EKV-Ä ist dem Vertragsarzt eine **angemessene Übergangszeit** zur Beendigung seiner Tätigkeit an der Nebenbetriebsstätte einzuräumen, wenn die Genehmigung nach Absatz 2 widerrufen wird. Das ist insofern unpräzise, als damit auch Ermächtigungen gemeint sind. Die Vorschrift ist deshalb zur Vermeidung von Härten auch bei Entziehung der Ermächtigung anzuwenden. 256

g. Zuständigkeit

Liegt die Zweigpraxis innerhalb des Bezirks der **KV**, in der der Vertragsarzt Mitglied ist, so ist diese **zuständig** für die Erteilung der Genehmigung (§ 24 Abs. 2 Satz 2 Ärzte-ZV). Liegt die Zweigpraxis außerhalb des Bezirks der KV, ist der **Zulassungsausschuss**, in dessen Bezirk der Vertragsarzt die Tätigkeit aufnehmen will, zuständig (§ 24 Abs. 2 Satz 3 Ärzte-ZV). Beiden kommt ein Beurteilungsspielraum zu (vgl. Rn. 235). Im Hinblick auf die Beurteilung eines Versorgungsbedarfs wäre eine Zuständigkeit der Zulassungsgremien auch für die innerbezirkliche Zweigpraxis sachgerechter und würde unterschiedliche Entscheidungsstrukturen vermeiden. Das Auseinanderfallen des Entscheidungstypus ist dem Bemühen des Verordnungsgebers geschuldet, den Vertragsarzt mit der außerbezirklichen Zweigpraxis in eine weitere Versorgungsstruktur einzubinden, was aber nicht der Form der Ermächtigung bedurft hätte (vgl. Rn. 260). 257

Der für die außerbezirkliche Zweigpraxis zuständige Zulassungsausschuss entscheidet auch über die **Genehmigung der Anstellung von Ärzten** in der außerbezirklichen Zweigpraxis (§ 24 Abs. 2 Satz 6 Ärzte-ZV). 258

Der Zulassungsausschuss, in dessen Bezirk der Vertragsarzt seinen Vertragsarztsitz hat, sowie die beteiligten KVen sind vor der Beschlussfassung des Zulassungsausschusses hinsichtlich einer außerbezirklichen Zweigpraxis anzuhören (§ 24 Abs. 2 Satz 3 Ärzte-ZV). Bei einem Verstoß gegen die **Anhörungspflicht** gelten die §§ 40 Abs. 3 Nr. 4, 41 Abs. 1 Nr. 5, Abs. 2 und 42 SGB X. 259

Für die außerbezirkliche Zweigpraxis wird eine **Ermächtigung** erteilt. Das Institut der Ermächtigung für die Erbringung von Leistungen im Bezirk der fremden KV erschien dem **Verordnungsgeber** sachgerecht, weil der Vertragsarzt dadurch – bezogen auf diese Leistungen – in das Leistungserbringersystem der fremden KV (z.B. Abrechnung, Honorarverteilungsmaßstab, Disziplinargewalt) integriert wird (vgl. § 95 Abs. 4 SGB V).[424] Diese Form der Ermächtigung ist **atypisch**, da sie nicht erstmals die Teilnahme an der vertragsärztlichen Versorgung ermöglicht, sondern diese in Form der Zulassung als Vertragsarzt voraussetzt. Insofern werden insbesondere die §§ 31 Abs. 6-10 und 32a Ärzte-ZV von § 24 Abs. 3 und 4 Ärzte-ZV sowie den übrigen Vorschriften für Vertragsärzte verdrängt. Bereits die Zulassung bewirkt, dass der Vertragsarzt zur Teilnahme an der vertragsärztlichen Versorgung berechtigt und verpflichtet ist (§ 95 Abs. 3 Satz 1 SGB V), was nunmehr nochmals aus der Ermächtigung folgt (§ 95 Abs. 4 Satz 1 SGB V). Die Ermächtigung führt aber **nicht zur weiteren Mitgliedschaft in der KV**, in der die außerbezirkliche Zweigpraxis gelegen ist. Nach § 77 Abs. 3 Satz 1 SGB V sind nur ermächtigte Krankenhausärzte Mitglied der KV. Vertragsärzte werden aber nur Mitglied der für ihren Arztsitz zuständigen KV. Eine weitere Disziplinargewalt der KV, in der die außerbezirkliche Zweigpraxis gelegen ist, entsteht über § 95 Abs. 4 Satz 3 SGB V i.V.m. § 81 Abs. 5 Satz 1 SGB V. Die von der KBV erlassene KV-übergreifende Berufsausübungs-Richtlinie (KVüBRL, vgl. Rn. 161 ff.) bestimmt zwar die KV des Wahlvertragsarztsitzes als zuständige KV, jedoch nur, wenn es um eine Verletzung vertragsärztlicher Pflichten durch die Berufsausübungsgemeinschaft als Gemeinschaft geht (§ 9 i.V.m. § 3 Nr. 2 KVüBRL). Dies ist unpräzise, da nur schuldhafte Pflichtverstöße einzelner Mitglieder geahndet 260

[423] Vgl. bereits zur alten Rechtslage *Engelmann*, GesR 2004, 120.
[424] Vgl. BT-Drs. 16/2474, S. 30.

werden können, nicht von Berufsausübungsgemeinschaften. Im Ergebnis können zwei KVen zuständig sein. Dies ist nicht unproblematisch, da aufgrund des „Gebots der Einheitlichkeit der Disziplinarmaßnahme" eine einheitliche Bewertung aller einzelnen Verhaltensweisen des Betroffenen zu erfolgen hat und eine vom Disziplinarrecht geforderte Würdigung der Gesamtpersönlichkeit vorzunehmen ist.[425] Statt einer Ermächtigung hätte daher eine Genehmigung mit entsprechenden Zuordnungen durch die KVüBRL ausgereicht.

261 Die Genehmigung und die Ermächtigung zur Aufnahme weiterer vertragsärztlicher Tätigkeiten nach § 95 Abs. 3 SGB V können mit **Nebenbestimmungen** erteilt werden, wenn dies zur Sicherung der Erfüllung der Versorgungspflicht des Vertragsarztes am Vertragsarztsitz und an den weiteren Orten unter Berücksichtigung der Mitwirkung angestellter Ärzte erforderlich ist. Das Nähere hierzu ist einheitlich in den Bundesmantelverträgen zu regeln (§ 24 Abs. 4 Ärzte-ZV). Zulässig sind alle Formen von Nebenbestimmungen (vgl. § 32 Abs. 2 SGB X). Diese sind isoliert anfechtbar.[426]

4. Ausgelagerte Praxisräume

262 **Ausgelagerte Praxisräume**, in denen der Vertragsarzt spezielle Untersuchungs- und Behandlungsleistungen an weiteren Orten in räumlicher Nähe zum Vertragsarztsitz erbringt (zur Abgrenzung von der Zweigpraxis vgl. bereits Rn. 230), hat der Vertragsarzt gegenüber der KV **unverzüglich anzuzeigen** (§ 24 Abs. 5 Ärzte-ZV). Die Anzeigepflicht betrifft Ort und Zeitpunkt der Aufnahme der Tätigkeit. Die Anzeigepflicht soll es der KV ermöglichen, die Einhaltung der Anforderungen an ausgelagerte Praxisräume zu überprüfen.[427] Eine rechtzeitige Anzeige vor Beginn der Tätigkeit hat der Verordnungsgeber nicht für notwendig befunden. „Unverzüglich" wird allgemein als „ohne schuldhaftes Zögern" (vgl. § 121 Abs. 1 Satz 1 BGB) verstanden. Damit müssen die Räume spätestens innerhalb der ersten Woche der Aufnahme der Tätigkeit in ihnen angezeigt werden.

263 Tätigkeitsorte, an denen **Anästhesisten** vertragsärztliche Leistungen außerhalb ihres Vertragsarztsitzes erbringen, bedürfen immer der Genehmigung der KV (vgl. Rn. 242).

264 **Besondere Gründe** für die Auslagerung von Praxisräumen – so hatte das BSG bisher verlangt, dass der Erbringung der gesamten ärztlichen Behandlungsleistung am Ort der Niederlassung, also in der vertragsärztlichen Praxis, ein sachlicher Grund medizinischer und organisatorischer Art entgegenstehe, was der Fall sein könne, wenn der Arzt ambulante Operationen nicht in den Praxisräumen selbst durchführen könne, er eine Laborgemeinschaft zusammen mit anderen Ärzten betreibe oder bei dem Einsatz medizinisch-technischer Großgeräte, die vielfach nicht in vertragsärztlichen Praxen untergebracht, sondern nur an anderen Standorten betrieben werden könnten –[428] sind nicht mehr erforderlich.

265 Definitorisch wird aber eine **„räumliche Nähe zum Vertragsarztsitz"** verlangt, was bereits für das alte Recht galt.[429] Sachlich wird die Bindung an den Vertragsarztsitz (§ 24 Abs. 1 Ärzte-ZV) aufgelockert. Die Bundesmantelverträge stellen für die Tätigkeit in den ausgelagerten Räumen keine weiteren Anforderungen auf (vgl. § 15a Abs. 1 Satz 1, Abs. 2 Satz 2 BMV-Ä/EKV-Ä). Indirekte Grenzen ergeben sich aber aus der Pflicht, am Vertragsarztsitz Sprechstunden abzuhalten (vgl. § 17 Abs. 1 und 1a BMV-Ä/§13 Abs. 7 und 7a EKV-Ä; vgl. Rn. 150 und Rn. 390 f.).

266 Eine **Auslagerung außerhalb des Planungsbereiches**[430] ist weiterhin unzulässig, da die Zulassung für den Planungsbereich erfolgt und § 24 Abs. 5 Ärzte-ZV dies nicht vorsieht. Sollen Leistungen planbereichsübergreifend angeboten werden (z.B. Herzkatheteruntersuchungen), bedarf es der Gründung einer Zweigpraxis oder überörtlichen Berufsausübungsgemeinschaft.

267 Für **MVZ** gilt diese Rechtslage mangels abweichender Regelungen gleichfalls (§ 1 Abs. 3 Nr. 2 Ärzte-ZV; § 1 Abs. 8 BMV-Ä, § 15a Abs. 3 Satz 1 EKV-Ä).[431]

---

[425] Vgl. BSG v. 08.03.2000 - B 6 KA 62/98 R - juris Rn. 27 - SozR 3-2500 § 81 Nr. 6 = NZS 2001, 50 = MedR 2001, 49.

[426] Vgl. BSG v. 05.11.2003 - B 6 KA 2/03 R - juris Rn. 18 - SozR 4-5520 § 24 Nr. 1; BSG v. 30.01.2002 - B 6 KA 20/01 R - juris Rn. 20 - BSGE 89, 134, 145 = SozR 3-5520 § 20 Nr. 3.

[427] Vgl. BT-Drs. 16/2474, S. 30.

[428] Vgl. BSG v. 12.09.2001 - B 6 KA 64/00 R - juris Rn. 21 - SozR 3-2500 § 135 Nr. 20.

[429] Vgl. *Engelmann*, MedR 2002, 561, 568; *Schiller*, NZS 1997, 103, 108.

[430] Vgl. SG Marburg v. 06.09.2005 - S 12 KA 454/05 ER - juris Rn. 29; *Engelmann*, MedR 2002, 561, 568.

[431] So bereits die Gesetzesbegründung, BT-Drs. 15/1170, S. 229; vgl. auch *Engelmann*, GesR 2004, 113, 118.

Hausbesuche und Notfallbehandlungen im organisierten Bereitschaftsdienst können nur außerhalb der Praxis vorgenommen werden, ebenso die belegsärztlichen Leistungen. Entsprechend definieren nun § 1a Nr. 21 BMV-Ä und § 15a Abs. 1 Satz 7 EKV-Ä, dass Betriebsstätten des **Belegarztes** sowohl die Arztpraxis als auch das Krankenhaus sind. Auch gelten die Regelungen über das Abhalten von Sprechstunden in einem Mindestumfang nicht für sie (vgl. § 17 Abs. 1a BMV-Ä/§13 Abs. 7b EKV-Ä). 268

Soweit die Teilnahme an **Praxisnetzen** (§ 73a SGB V) oder der **integrierten Versorgung** (§§ 140a ff. SGB V) die Leistungserbringung außerhalb des Vertragsarztsitzes erfordert, ist dies durch die gesetzlichen Regelungen als gedeckt anzusehen.[432] 269

VI. Eintragung in das Arztregister/Fachkundenachweis (Absatz 2)

Voraussetzung für die Zulassung ist die **Eintragung in das Arztregister**[433] (§ 95 Abs. 2 Satz 1 SGB V). Damit wird sichergestellt, dass nur approbierte Ärzte mit einer weitergehenden Fachkunde zugelassen werden (vgl. Rn. 15 ff., Rn. 41 und Rn. 47 ff.). Die Eintragung erfolgt auf Antrag und ist unabhängig von einer Zulassung oder beabsichtigten Zulassung. 270

Einzelheiten über die Führung des Arztregisters durch die KV regeln die §§ 1-10 **Ärzte-ZV**. 271

Voraussetzung für die Eintragung in das Arztregister ist die **Approbation**, deren Voraussetzungen sich wiederum aus den verschiedenen berufsrechtlichen Regelungen ergeben (vgl. Rn. 47). 272

Ärzte bedürfen ferner seit 1994 einer mindestens dreijährigen, ab 2006 einer mindestens fünfjährigen (vgl. die Kommentierung zu § 95a SGB V Rn. 10) allgemeinmedizinischen Weiterbildung oder müssen Facharzt für ein bestimmtes Gebiet sein (vgl. § 95a SGB V, § 3 Ärzte-ZV).[434] Damit kann ein Facharzt ohne zusätzliche allgemeinmedizinische Weiterbildung nicht mehr als praktischer Arzt bzw. als Arzt ohne Gebietsbezeichnung zugelassen werden.[435] Die Zulassung für mehrere Fachgebiete ist möglich, soweit die übrigen Voraussetzungen vorliegen, insbesondere keine Zulassungssperre besteht. 273

Psychotherapeuten müssen einen Fachkundenachweis erbringen. Alle Psychotherapeuten, ob nach § 2 PsychThG oder über das Übergangsrecht nach § 12 PsychThG approbiert, müssen eine Aus- bzw. Weiterbildung in einem sog. Richtlinienverfahren nachweisen. Dies folgt aus den Verweisungen auf die Richtlinien des Gemeinsamen Bundesausschusses in § 95c Satz 2 SGB V (vgl. die Kommentierung zu § 95c SGB V Rn. 21 ff.). 274

Vertragszahnärzte müssen eine zweijährige Vorbereitungszeit nachweisen; davon müssen mindestens sechs Monate in einer vertragszahnärztlichen Praxis absolviert worden sein (vgl. § 3 Zahnärzte-ZV). Darin liegt weder eine unzulässige Berufsausübungsregelung noch eine Benachteiligung gegenüber Zahnärzten, die in einem anderen Mitgliedstaat ein Befähigungsdiplom erworben haben und ohne Vorbereitungszeit zuzulassen sind (vgl. § 3 Abs. 4 Ärzte-ZV).[436] Ist das Diplom in einem Drittstaat erworben und bestand nur eine Berufszulassung, so kann die Vorbereitungszeit verlangt werden.[437] Das Gesetz geht von einer Vollzeitbeschäftigung aus, ohne dies aber vorzuschreiben. Die Vorbereitungszeit kann daher in entsprechend zu verlängernden Teilzeitarbeitsverhältnissen abgeleistet werden.[438] Statt eines in Vollzeit tätigen Vorbereitungsassistenten ist auch die Anstellung von zwei jeweils halbtags beschäftigten Assistenten zulässig.[439] Die Tätigkeit als ermächtigter Zahnarzt kann nach dem BSG auf die Vorbereitungszeit teilweise – drei Monate von zwei Jahren – angerechnet werden, wenn sie nicht nur auf die Erbringung einzelner Leistungen beschränkt war und ganztägig erfolgte.[440] Die Beschäftigung eines Vorbereitungsassistenten bedarf der Genehmigung der KZV (vgl. § 32 Abs. 2 Satz 1). Diese muss vor Beginn der Tätigkeit vorliegen, da sie unmittelbar die Statusausübung betrifft (vgl. Rn. 45 und Rn. 338). 275

---

[432] Vgl. zu allen Ausnahmen *Engelmann*, MedR 2002, 561, 569 f. und 572.

[433] Zur Entstehungsgeschichte und Bedeutung vgl. BSG v. 13.12.2000 - B 6 KA 26/00 R - juris Rn. 26 f. - SozR 3-2500 § 95a Nr. 2.

[434] Zur Verfassungsmäßigkeit vgl. BSG v. 25.11.1998 - B 6 KA 58/97 R - juris Rn. 14 - SozR 3-2500 § 95 Nr. 19; BSG v. 13.12.2000 - B 6 KA 26/00 R - juris Rn. 18 - SozR 3-2500 § 95a Nr. 2.

[435] Vgl. BSG v. 25.11.1998 - B 6 KA 58/97 R - juris Rn. 11 - SozR 3-2500 § 95 Nr. 19.

[436] Vgl. BSG v. 18.05.1989 - 6 RKa 6/88 - juris Rn. 22 - BSGE 65, 89 = SozR 5525 § 3 Nr. 1.

[437] Vgl. EuGH v. 09.02.1994 - C-319/92 - SozR 3-6082 Art. 20 Nr. 1 = NJW 1994, 2409.

[438] Anders *Hencke* in: Peters, Handbuch KV (SGB V), § 95 Rn. 19; zur Problematik der Vollzeittätigkeit in der Weiterbildung vgl. BVerfG v. 09.01.2001 - 1 BvR 1036/99 - juris Rn. 20 und 22 ff. - SozR 3-1100 Art. 101 Nr. 2 = NJW 2001, 1267; EuGH-Vorlage durch BVerwG v. 08.11.2001 - 3 C 7/01 - juris.

[439] Vgl. LSG Hessen v. 14.04.1999 - L 7 KA 1234/98 ER - E-LSG B-136.

[440] Vgl. BSG v. 08.05.1996 - 6 RKa 29/95 - juris Rn. 16 f. - SozR 3-2500 § 95 Nr. 10.

276 Für die ärztlichen **Angestellten eines MVZ** gelten die gleichen fachlichen Voraussetzungen (§ 95 Abs. 2 Satz 5 SGB V). Jede Anstellung eines Arztes bedarf der Genehmigung durch den Zulassungsausschuss (§ 95 Abs. 2 Sätze 7 und 8 SGB V). Die Zulassung des medizinischen Versorgungszentrums sowie die spätere Anstellung weiterer Ärzte sind nur möglich, wenn der Planungsbereich für die jeweiligen Arztgruppen nicht wegen Überversorgung gesperrt ist (§ 95 Abs. 2 Satz 9 SGB V i.V.m. § 103 Abs. 1 Satz 2 SGB V). Die in den zugelassenen MVZ angestellten Ärzte werden bei der Feststellung des Versorgungsgrades mitberücksichtigt (vgl. § 101 Abs. 1 Satz 7 SGB V). § 95 Abs. 2 Satz 10 SGB V soll nach der Gesetzesbegründung sicherstellen, dass die in den Versorgungszentren angestellten Ärzte dieselben Qualitätsanforderungen wie die zugelassenen Vertragsärzte erfüllen müssen, wie sie durch Richtlinien des Gemeinsamen Bundesausschusses (vgl. § 135 Abs. 1 Satz 1 Nr. 2 SGB V) oder die Bundesmantelverträge (vgl. § 135 Abs. 2 SGB V) aufgestellt werden.[441] Die Bestimmung ist insoweit überflüssig, als qualitative Leistungsanforderungen für alle vertragsärztlichen Leistungen gelten. Möglicherweise wollte der Gesetzgeber dem Umstand Rechnung tragen, dass die in einem MVZ angestellten Ärzte nicht unmittelbar Leistungserbringer sind (vgl. § 95 Abs. 4 SGB V). Als Mitglied der KV sind die in einem MVZ angestellten Ärzte jedenfalls auch über die Satzung daran gebunden (vgl. § 81 Abs. 3 SGB V).

277 Bei der Prüfung der Zulassungsvoraussetzungen ist der Zulassungsausschuss wie die KV als Arztregisterstelle an die **Entscheidung der Approbationsbehörde** gebunden und beschränkt auf die Überprüfung der Fachkunde (vgl. Rn. 49).[442] Ebenso ist der Zulassungsausschuss an die Entscheidung der KV als **Arztregisterstelle** gebunden.[443] Eine Streichung aus dem Arztregister kann nur nach § 7 Ärzte-ZV erfolgen.

278 Für den **Nachweis** der Eintragung in das Arztregister reicht es aus, wenn der Antragsteller zum **Zeitpunkt der Antragstellung** bereits eingetragen war oder wenn er zumindest einen Rechtsanspruch auf Eintragung hatte.[444]

VII. Geeignetheit (§ 21 Ärzte-ZV)

279 **Ungeeignet** für die Ausübung der Kassenpraxis ist ein Arzt mit geistigen oder sonstigen in der Person liegenden schwerwiegenden Mängeln, insbesondere ein Arzt, der innerhalb der letzten fünf Jahre vor seiner Antragstellung rauschgiftsüchtig oder trunksüchtig war (§ 21 Ärzte-ZV).

280 Ein **Beurteilungsspielraum** kommt den Zulassungsgremien bei der Prüfung der Eignung nicht zu.[445] Sie ist nur im Rahmen der Zulassung und Entziehung der Zulassung zu prüfen, nicht aber bei der Entscheidung über die Genehmigung einer Verlegung der Praxis[446] oder der Bildung einer Gemeinschaftspraxis. Die Aufzählung ist nur beispielhaft zu verstehen und nicht auf Drogen, die unter das Betäubungsmittelgesetz fallen, begrenzt; maßgebliches Kriterium ist die Suchterkrankung als solche, und zwar in den Fällen, in denen sie zum Verlust der Selbstkontrolle und nicht unerheblichen körperlichen und psychischen Schäden führt.[447] Neben Krankheit kann auch ein Verhalten auf „Mängel" hinweisen, die die Ungeeignetheit begründen. Es ist eine **Prognose** zu erstellen, ob der Bewerber oder Vertragsarzt seine vertragsärztlichen Pflichten gröblich verletzen wird. Hierbei sind die von der Rechtsprechung entwickelten restriktiven Kriterien für eine Zulassungsentziehung zu beachten (vgl. Rn. 485 f.). Die in der Person des Arztes liegenden Mängel müssen so beschaffen sein, dass sie die Funktionsfähigkeit des Systems der vertragsärztlichen Versorgung gefährden können; als Ausnahmevorschrift zum Zulassungsanspruch obliegt die Beweislast im Sinn einer objektiven Feststellungslast grundsätzlich den Zulassungsgremien.[448]

281 Mit § 21 Ärzte-ZV verlangt das Vertragsarztrecht ähnliche Voraussetzungen, wie sie bereits nach dem **Approbationsrecht** gelten. So darf die Approbation als Arzt, Psychotherapeut bzw. Zahnarzt nur erteilt werden, wenn der Antragsteller sich nicht eines Verhaltens schuldig gemacht hat, aus dem sich

---

[441] Vgl. BT-Drs. 15/1525, S. 108.
[442] Vgl. BSG v. 05.02.2003 - B 6 KA 42/02 R - juris Rn. 20 - SozR 4-2500 § 95 Nr. 4.
[443] Vgl. BSG v. 06.11.2002 - B 6 KA 37/01 R - juris Rn. 15 und 20 ff. - SozR 3-2500 § 95c Nr. 1; BSG v. 13.12.2000 - B 6 KA 26/00 R - juris Rn. 21 ff. - SozR 3-2500 § 95a Nr. 2.
[444] Vgl. *Stellpflug*, Vertragsarztrecht/Vertragszahnarztrecht, 2005, Rn. 117.
[445] Vgl. BSG v. 19.12.1984 - 6 RKa 34/83 - juris Rn. 13 - USK 84272; SG Stuttgart v. 24.01.2003 - S 11 KA 6314/02 ER - juris Rn. 19.
[446] Vgl. BSG v. 10.05.2000 - B 6 KA 67/98 R - juris Rn. 27 - BSGE 86, 121 = SozR 3-5520 § 24 Nr. 4.
[447] Vgl. LSG Baden-Württemberg v. 27.01.2004 - L 5 KA 4663/03 ER-B - juris Rn. 44.
[448] Vgl. BSG v. 09.06.1982 - 6 RKa 26/80 - juris Rn. 11 - BSGE 53, 291 = BSG SozR 5520 § 21 Nr. 1.

seine Unwürdigkeit oder Unzuverlässigkeit zur Ausübung des ärztlichen Berufs ergibt, und nicht in gesundheitlicher Hinsicht zur Ausübung des Berufs ungeeignet ist (§ 3 Abs. 1 Satz 1 Nr. 2 und 3 BÄO, § 2 Abs. 1 Nr. 3 und 4 PsychThG, § 2 Abs. 1 Satz 1 Nr. 2 und 3 ZHG). Ungeeignetheit ist aber nur im Sinne einer Unzuverlässigkeit zu verstehen. Während „Unwürdigkeit" vorliegt, wenn der Arzt durch sein Verhalten nicht mehr das Ansehen und das Vertrauen besitzt, das für die Ausübung seines Berufs unabdingbar nötig ist, ist „Unzuverlässigkeit" durch die Prognose gekennzeichnet, ob der Betroffene in Zukunft seine beruflichen Pflichten zuverlässig erfüllen wird.[449]

Approbations- und Zulassungsrecht sind aber, auch nicht im Sinne einer Zuständigkeitsverteilung, rechtlich miteinander verknüpft. Eine Untätigkeit der Approbationsbehörde kann daher allenfalls als Indiz gewertet werden, dass eine Ungeeignetheit nicht vorliegt.[450] Systematisch wäre allerdings eine **Vorrangigkeit der Approbationsbehörde** für alle Tatbestände, die nicht lediglich das Vertragsarztrecht betreffen, zu begrüßen. Nach dem BSG sind zwar unter Vertragsarztpflichten nicht die Pflichten zu verstehen, die jedem Arzt nach der ärztlichen Berufsordnung obliegen, doch kann ein Verhalten, dessen Ahndung grundsätzlich der ärztlichen Berufsgerichtsbarkeit vorbehalten ist, gleichzeitig eine Verletzung der besonderen „kassenärztlichen Pflichten" darstellen und die Annahme der Ungeeignetheit zur weiteren kassenärztlichen Tätigkeit rechtfertigen.[451] Der Vertragsarzt hat es zu unterlassen, in Ausübung der vertragsärztlichen Tätigkeit gegen berufsrechtliche Vorschriften zu verstoßen (vgl. Rn. 425).[452] Umgekehrt können nicht allein Behandlungsfehler zum Widerruf der Approbation führen, sondern allgemein das außerberufliche Verhalten und gehört zu den berufsspezifischen Pflichten eines Arztes auch die korrekte Abrechnung mit den Krankenkassen.[453] 282

Einzelfälle: Ungeeignetheit wurde **bejaht** bei: 283

- Medikamenten-/Tablettensucht einer Psychologischen Psychotherapeutin;[454]
- Rauschgiftsucht;[455]
- Alkoholkrankheit/Trunksucht;[456]
- charakterlichen Mängeln (Vermögensdelikte);[457]
- früherem Verstoß gegen die vertragsärztlichen Pflichten, der kriminellen Charakter hat, auf eine Gefährdung des gesundheitlichen Wohls der Patienten schließen lässt oder wenn Disziplinarmaßnahmen der KV keinen Erfolg gezeigt haben;[458]
- wiederholten Erklärungen, nicht das zur Verfügung stehende Leistungsspektrum zugunsten der Versicherten einzusetzen;[459]
- sexuellen Verfehlungen an zum Teil minderjährigen Patientinnen;[460]
- rechtskräftiger Verurteilung wegen strafbarer Handlungen, wenn diese in einem Zusammenhang mit der Ausübung der vertragsärztlichen Tätigkeit stehen oder auf eine Gefährdung der Patienten oder des Systems der vertragsärztlichen Versorgung schließen lassen;
- einer lang dauernden Verletzung von Vermögensbetreuungspflichten zu Lasten der Krankenkassen (Untreue für den Zeitraum von drei Jahren durch die Verordnungen von Sprechstundenbedarf).[461]

---

[449] Vgl. BVerwG v. 16.09.1997 - 3 C 12/95 - juris Rn. 25 - BVerwGE 105, 214 = NJW 1998, 2756; BVerwG v. 28.08.1995 - 3 B 7.95 - juris Rn. 10 - Buchholz 418.00 Ärzte Nr. 91; BVerwG v. 02.11.1992 - 3 B 87/92 - juris Rn. 16 - NJW 1993, 806; BVerwG v. 09.01.1991 - 3 B 75.90 - juris Rn. 3 - NJW 1991, 1557.

[450] Wohl weitergehend *Hencke* in: Peters, Handbuch KV (SGB V), § 95 Rn. 24.

[451] Vgl. BSG v. 08.07.1981 - 6 RKa 17/80 - juris Rn. 32 - USK 81172.

[452] Vgl. BSG v. 25.09.1997 - 6 BKa 54/96 - juris Rn. 5.

[453] Vgl. BVerwG v. 28.08.1995 - 3 B 7/95 - juris Rn. 10 - Buchholz 418.00 Ärzte Nr. 91 = NVwZ-RR 1996, 477; BVerwG v. 09.01.1991 - 3 B 75/90 - juris Rn. 3 und 5 - NJW 1991, 1557 = MedR 1992, 51; VGH Bayern v. 28.03.2007 - 21 B 04.3153 - juris Rn. 51; zur Wiedererlangung der Approbation nach Abrechnungsbetrug vgl. VG Stuttgart v. 21.09.2006 - 4 K 2576/06 - MedR 2007, 125.

[454] Vgl. LSG Baden-Württemberg v. 27.01.2004 - L 5 KA 4663/03 ER-B - juris.

[455] Vgl. BSG v. 28.05.1968 - 6 RKa 22/67 - BSGE 28, 80, 81 = SozR Nr. 30 zu § 368a RVO.

[456] Vgl. SG Stuttgart v. 24.01.2003 - S 11 KA 6314/02 ER - juris; SG Mainz v. 07.09.2005 - S 6 ER 126/05 - cms.justiz.rlp.de.

[457] Vgl. LSG Nordrhein-Westfalen v. 08.10.2003 - L 11 KA 165/02 - www.sozialgerichtsbarkeit.de.

[458] Vgl. LSG Baden-Württemberg v. 17.03.1998 - L 5 KA 313/98 ER-B - juris Rn. 58.

[459] Vgl. LSG Nordrhein-Westfalen v. 26.06.1996 - L 11 Ka 155/94 - juris Rn. 34 ff. und 44.

[460] Vgl. LSG Bayern v. 19.07.1995 - L 12 Ka 63/93 - NZS 1996, 136, 137.

[461] Vgl. LSG Nordrhein-Westfalen v. 29.03.2006 - L 11 KA 94/05 - juris Rn. 23 ff.

284 Wird einem Vertragsarzt die **Zulassung** wegen gröblicher Verletzung vertragsärztlicher Pflichten **entzogen**, so wird damit gleichzeitig ein Hinderungsgrund für eine erneute Zulassung wegen schwer wiegender Mängel in der Person des Arztes geschaffen.[462]

285 An einer Eignung fehlt es auch bei keiner ausreichenden **Kenntnis der deutschen Sprache**.[463] Bedenklich in ihrer Allgemeinheit ist die Auffassung, ein Arzt, der aufgrund einer **Behinderung** keine Hausbesuche machen oder am Notdienst teilnehmen könne, sei ungeeignet;[464] Notdienstordnungen sehen für diese Fälle Befreiungs- oder Vertretungsmöglichkeiten vor.

286 **Ungeeignetheit** wurde **verneint** bei:

- Vermögensverfall eines Vertragsarztes, soweit sich darin nicht eine persönliche Unzuverlässigkeit offenbart;[465]
- Unterlassen von Angaben über das Fortbestehen eines Beschäftigungsverhältnisses;[466]
- Weigerung, sich psychiatrisch untersuchen zu lassen, um charakterliche bzw. moralische Mängel aufzudecken;[467]
- sexueller Missbrauch Auszubildender in der Form, dass ein Vertragszahnarzt Sprechstundenhelferinnen an Po und Brust betatscht[468].

VIII. Wirkung der Zulassung (Absatz 3)

287 § 95 Abs. 3 SGB V umschreibt allgemein den sich aus der Zulassung ergebenden **Rechtsstatus** (vgl. Rn. 38 und Rn. 45).

1. Voller und hälftiger Versorgungsauftrag (§ 19a Ärzte-ZV)

288 Erstmals seit dem VÄndG unterscheidet das Gesetz zwischen vollem und hälftigem Versorgungsauftrag (vgl. § 95 Abs. 3 Satz 1 SGB V, § 19a Abs. 1 und 2 Ärzte-ZV). Insofern kann zwischen einer „**Voll-**“ und „**Teilzulassung**“[469] unterschieden werden. Regeltyp ist weiterhin der vollzeitige Versorgungsauftrag (vgl. Rn. 101).

289 Die Reduzierung des Versorgungsauftrags soll der Flexibilisierung der beruflichen Betätigungsmöglichkeiten, insbesondere zur Verbesserung der Vereinbarkeit von Beruf und Familie und zur besseren Bewältigung von Unterversorgungssituationen dienen (vgl. Rn. 101).[470] Mit der gleichzeitigen Aufhebung qualitativer Beschränkungen für Krankenhausärzte nach § 20 Abs. 2 Ärzte-ZV (vgl. Rn. 115 f.) wird hierdurch auch die vom Gesetzgeber erstrebte bessere **Verzahnung ambulanter und stationärer Versorgung** befördert, da nunmehr eine jeweils halbtägige Tätigkeit als Vertragsarzt und Krankenhausarzt möglich ist. Die Aufteilung einer Zulassung mit jeweils einem hälftigen Versorgungsauftrag in niedergelassener Praxis und in einem MVZ ist nicht möglich (vgl. Rn. 122).

290 Bedarfsplanungsrechtlich sind Vertragsärzte mit einem hälftigen Versorgungsauftrag bei der Berechnung des **Versorgungsgrades** mit dem **Faktor 0,5** zu berücksichtigen (§ 101 Abs. 1 Satz 6 SGB V).

291 Die Reduzierung auf den hälftigen Versorgungsauftrag verändert den **vertragsärztlichen Status** nur hinsichtlich des Umfangs der vertragsärztlichen Tätigkeit. Die Teilnahmeberechtigung und -verpflichtung ist auf den Umfang des aus der Zulassung folgenden zeitlich hälftigen Versorgungsauftrages beschränkt (§ 95 Abs. 1 Satz 1 SGB V). Dies hat Auswirkungen auf die Rechte und Pflichten, soweit es auf den Umfang der Tätigkeit oder einen zeitlichen Aufwand ankommt.

292 **Gründereigenschaft für ein MVZ** besteht (vgl. Rn. 72). Die **Aufteilung einer Zulassung** mit jeweils einem hälftigen Versorgungsauftrag in niedergelassener Praxis und in einem MVZ ist nicht möglich (vgl. Rn. 85 und Rn. 122). Die Präsenzpflichten durch Abhalten von **Sprechstunden** sind entsprechend reduziert (vgl. § 17 Abs. 1a Satz 2 BMV-Ä/§ 13 Abs. 7a Satz 2 EKV-Ä; vgl. Rn. 150 und Rn. 390 f.). Der zeitliche Umfang der **Nebentätigkeiten** kann mehr Raum nehmen als bei einem Ver-

---

462 Vgl. LSG Hessen v. 25.04.2007 - L 4 KA 28/05.

463 Vgl. EuGH v. 04.07.2000 - C-424/97 - EuGHE I 2000, 5123 = NVwZ 2001, 903; für das Approbationsrecht OVG Nordrhein-Westfalen v. 09.07.2001 - 13 B 531/01 - NJW 2002, 914; *Hencke* in: Peters, Handbuch KV (SGB V), § 95 Rn. 24.

464 So aber *Hencke* in: Peters, Handbuch KV (SGB V), § 95 Rn. 24.

465 Vgl. BSG v. 10.05.2000 - B 6 KA 67/98 R - juris Rn. 22 - BSGE 86, 121 = SozR 3-5520 § 24 Nr. 4.

466 Vgl. LSG Baden-Württemberg v. 14.07.1999 - L 5 KA 566/98 - juris Rn. 48 f.

467 Vgl. BSG v. 09.06.1982 - 6 RKa 26/80 - BSGE 53, 291 = BSG SozR 5520 § 21 Nr. 1.

468 Vgl. LSG Bayern v. 12.12.2006 - L 3 KA 513/03 - juris.

469 Vgl. BT-Drs. 16/2474, S. 21 und 28.

470 Vgl. BT-Drs. 16/2474, S. 21.

tragsarzt mit Vollzulassung (vgl. Rn. 100 ff.). Die **Anstellung von Ärzten** ist nur in geringerem Umfang möglich (vgl. Rn. 547, für Zahnärzte Rn. 233 und Rn. 549). Die Verpflichtung zur Teilnahme am ärztlichen Bereitschaftsdienst ist auf die Hälfte zu reduzieren.[471]

Eine „**Teilzulassung**" kann von **vornherein** (vgl. § 18 Abs. 1 Satz 3 lit. c Ärzte-ZV) beantragt werden. **293**
Sie erfolgt dann mit der Zulassungsentscheidung nach § 19 Abs. 1 Satz 1 i.V.m. § 19a Abs. 2 Satz 2 HS. 1 Ärzte-ZV. Der Versorgungsauftrag kann auch nachträglich auf die Hälfte reduziert werden. Dies erfordert einen gesonderten Beschluss des Zulassungsausschusses (§ 19a Abs. 2 Satz 2 HS. 2 Ärzte-ZV).

Zwei Teilzulassungen mit jeweils hälftigem Versorgungsauftrag sind möglich, auch innerhalb eines **294**
KV-Bezirks.[472] Dies folgt auch aus der Möglichkeit zur Reduzierung auf einen hälftigen Versorgungsauftrag, da bei Aufstockung auf einen vollen Versorgungsauftrag nicht immer eine Zulassung im eigenen Planungsbereich wird erfolgen können. Die „Teilzulassung" kann bei Zulassungen in **verschiedenen KV-Bezirken** zu einer Verdoppelung des Zulassungsstatus mit Mitgliedschaft in beiden KVen führen. Auch bei Zulassung für **zwei Planungsbereiche** oder für **zwei Fachgebiete** besteht eine örtliche bzw. fachliche Bindung für jeweils einen hälftigen Versorgungsauftrag.

Ein **MVZ** kann seinen Versorgungsauftrag nicht beschränken. Nach der **Gesetzesbegründung** gilt **295**
§ 18 Abs. 1 Satz 3 lit. c Ärzte-ZV für MVZ nach § 1 Abs. 3 Ärzte-ZV nur entsprechend. Dies führe dazu, dass es einem MVZ nicht möglich sei, eine Erklärung abzugeben, mit der es seinen Versorgungsauftrag auf einen hälftigen Versorgungsauftrag beschränke. So würde es dem Wesen eines MVZ als einer nach der Legaldefinition des § 95 Abs. 1 Satz 2 SGB V ärztlich geleiteten Einrichtung, das in der Rechtsform der juristischen Person betrieben werden könne und nach seinem Zweck umfassende medizinische Dienstleistungen unter einem Dach anbieten solle, widersprechen, wenn dieses nur über einen hälftigen Versorgungsauftrag verfügen könnte. Zudem ergebe sich bereits aus § 95 Abs. 1 Satz 2 SGB V, dass in einem MVZ mindestens zwei Ärzte tätig sein müssten.[473]

Auf schriftlichen Antrag des Arztes kann eine Beschränkung des Versorgungsauftrages durch Be- **296**
schluss des Zulassungsausschusses **aufgehoben** werden. Es gelten dann aber die **Zulassungsbeschränkungen**; ein unbedingter Anspruch auf Vollzulassung besteht nicht (vgl. § 19a Abs. 3 Ärzte-ZV). Nur durch eine Ruhensanordnung für den weiteren hälftigen Versorgungsauftrag (vgl. § 95 Abs. 5 Satz 2 SGB V) kann die Möglichkeit einer Vollzulassung auch bei Zulassungsbeschränkungen erhalten bleiben.

Das **hälftige Ruhen** kann auch **von Amts wegen** beschlossen werden (vgl. § 95 Abs. 5 SGB V). Das **297**
hälftige Ruhen kann künftig als Disziplinarmaßnahme vorgesehen werden.[474]

Ebenso kann die **hälftige Entziehung** der Zulassung erfolgen (vgl. § 95 Abs. 6 Satz 2 SGB V). Für das **298**
Nichtausüben der Tätigkeit maßgeblich ist aber nicht der Umfang der abgerechneten Leistungen, sondern das Sprechstundenangebot (vgl. Rn. 390 f.). Aus dem Verhältnismäßigkeitsgrundsatz folgt, dass zunächst die Aufforderung, die vertragsärztliche Tätigkeit in vollem Unfang auszuüben, ergehen muss. Vorgreiflich sind ferner disziplinarische Maßnahmen und ggf. die Anordnung des hälftigen Ruhens.[475]

Bei Verzicht auf den hälftigen Versorgungsauftrag kann der **hälftige Vertragsarztsitz** zur **Praxis-** **299**
nachfolge ausgeschrieben werden (§ 103 Abs. 4 SGB V).[476] Die **Gegenmeinung**, die in der nachträglichen Reduktion des Versorgungsauftrags durch Modifikation der Zulassung keinen Beendigungstatbestand i.S.d. § 103 Abs. 4 Satz 1 SGB V sieht und nach der weder die Beschränkungserklärung des Vertragsarztes einen Verzicht darstellt, noch die „Teil-Entziehung" zu einer Beendigung der vertragsärztlichen Tätigkeit führt,[477] verkennt die eigentumsschützende Funktion der Praxisnachfolgeregelung (vgl. die Kommentierung zu § 103 SGB V Rn. 37). Entscheidend ist nicht ein statusrechtlicher Beendigungstatbestand, sondern die Reduktion des Praxisumfangs mit zulassungsrechtlichen Konsequenzen. Soweit die hälftige Arztpraxis verkehrsfähig ist, kann sie ohne den hälftigen Vertragsarztsitz nicht verkauft werden. Dies soll gerade durch die Praxisnachfolge verhindert werden. Auch ist nicht erklär-

---

471 Vgl. *Schiller/Pavlovic*, MedR 2007, 86, 87.

472 Vgl. *Schiller/Pavlovic*, MedR 2007, 86, 88 f.; *Dahm/Ratzel*, MedR 2006, 555, 564.

473 Vgl. BT-Drs. 16/2474, S. 28; ebenso *Schiller/Pavlovic*, MedR 2007, 86, 88; anders *Möller*, MedR 2007, 263, 265.

474 Vgl. *Schiller/Pavlovic*, MedR 2007, 86, 89.

475 Vgl. *Schiller/Pavlovic*, MedR 2007, 86, 89.

476 Ebenso *Orlowski* u.a., Vertragsarztrechtsänderungsgesetz (VÄndG) – Chancen und Risiken, Heidelberg u.a. 2007, S. 85; *Möller*, MedR 2007, 263, 266; *Schiller/Pavlovic*, MedR 2007, 86, 90 f.

477 Vgl. *Schirmer*, Anmerkungen der KBV zum VÄndG, 2007, S. 53 f.

bar, weshalb die erste Hälfte bei Reduktion von der „Voll-" zur „Teilzulassung" nicht nachfolgefähig sein soll, dann aber die zweite Hälfte zur Nachbesetzung ausgeschrieben werden kann. Im Übrigen dürfte die hälftige Praxisnachfolge die einzige Möglichkeit sein, einen vollen Versorgungsauftrag zu erlangen (vgl. auch die Kommentierung zu § 103 SGB V Rn. 45).

2. Mitgliedschaft in der KV

300 Mit der Wirksamkeit der Zulassungsentscheidung wird zugleich die **Zwangsmitgliedschaft** in der nach dem Vertragsarztsitz regional zuständigen KV als Körperschaft des öffentlichen Rechts (§ 77 Abs. 5 SGB V) begründet (vgl. § 77 Abs. 3 SGB V und Rn. 23).

301 Die **Mitgliedschaft** berechtigt zur Teilnahme an der Wahl der Vertreterversammlung (§ 80 Abs. 1 SGB V). Über die Satzung der KV ordnet der Gesetzgeber die Verbindlichkeit insbesondere der Bundesmantelverträge und der Richtlinien des Gemeinsamen Bundesausschusses an (vgl. § 81 Abs. 3 SGB V), was § 95 Abs. 3 Satz 3 SGB V nochmals allgemein wiederholt. Aus der Mitgliedschaft folgt auch die Disziplinargewalt der KV (vgl. § 81 Abs. 5 SGB V). Die Satzung der KV hat weiter Rechte und Pflichten der Mitglieder, Aufbringung und Verwaltung der Mittel und die vertragsärztlichen Pflichten zur Ausfüllung des Sicherstellungsvertrages zu regeln (§ 81 Abs. 1 Satz 1 Nr. 4, 5 und 10 SGB V).

302 Die Mitgliedschaft begründet ein **Verwaltungsrechtsverhältnis** zwischen Mitglied und KV. Dieses wird durch zahlreiche Regelungen ausgestaltet, so dass nur wenig Raum für den Rückgriff auf allgemeine Verwaltungsgrundsätze verbleibt. Vereinzelt ist aus der Mitgliedschaft ein gesetzliches Schuldverhältnis zwischen Mitglied und KV angenommen worden, das Ansprüche gegen die KV auf Schadenersatz begründen kann.[478] Aber auch im Rahmen des Mitgliedschaftsverhältnisses besteht kein Rechtsanspruch auf Gleichbehandlung im Unrecht und muss eine Genehmigung nicht ohne Erfüllung bundesmantelvertraglicher Anforderungen erteilt werden.[479] Aus dem Gesamtzusammenhang der Regelungen des EKV-Z leitet das BSG einen Regressanspruch wegen mangelhafter prothetischer Versorgung her.[480]

3. Teilnahme an der vertragsärztlichen Versorgung

303 Neben der Mitgliedschaft bewirkt die Zulassung, dass der Vertragsarzt oder das MVZ zur **Teilnahme an der vertragsärztlichen Versorgung** berechtigt und verpflichtet ist. Hieraus folgen die nachstehend aufgeführten Rechte und Pflichten.

4. Vertragsärztliche Rechte

304 Die „**Teilnahme an der vertragsärztlichen Versorgung**" geht über das Recht zur Behandlung von Kassenpatienten hinaus.

a. Teilnahmeberechtigung

305 Die Teilnahmeberechtigung bedeutet, dass der Vertragsarzt die vertragsärztlichen **Leistungen** gegenüber den gesetzlich Versicherten und sonstigen Anspruchsberechtigten (vgl. § 75 Abs. 3-6 SGB V) im Rahmen des Sachleistungssystems **erbringen und abrechnen darf**, soweit eventuell bestehende weitergehende qualitative Voraussetzungen vorliegen.

b. Teilnahme am vertragsärztlichen Notdienst

306 Die Teilnahmeberechtigung schließt eine Teilnahme am **vertragsärztlichen Notdienst** (§ 75 Abs. 1 Satz 2 SGB V) ein,[481] da dieser zum Versorgungsauftrag gehört (vgl. im Einzelnen auch die Kommentierung zu § 75 SGB V Rn. 32 ff.).

307 Die nähere Ausgestaltung des Not- bzw. Bereitschaftsdienstes fällt in die **Zuständigkeit der einzelnen KV**. Dieser kommt insoweit eine weite **Gestaltungsfreiheit** zu; insbesondere obliegt es ihrer Entscheidung, ob sie einen flächendeckenden einheitlichen Bereitschaftsdienst organisiert oder neben einem hausärztlichen auch verschiedene fachärztliche Bereitschaftsdienste einrichtet. Die KV muss diese

[478] Vgl. LSG Nordrhein-Westfalen v. 25.06.2003 - L 11 KA 99/01 - juris.

[479] Vgl. BSG v. 29.09.1999 - B 6 KA 65/98 R - juris Rn. 19 - USK 99159.

[480] Vgl. BSG v. 10.04.1990 - 6 RKa 11/89 - juris Rn. 12 - BSG SozR 3-5555 § 12 Nr. 1; BSG v. 28.04.2004 - B 6 KA 64/03 R - juris Rn. 13 - SozR 4-5555 § 12 Nr. 1; zur Festsetzung eines „sonstigen Schadens" vgl. BSG v. 14.03.2001 - B 6 KA 19/00 R - juris Rn. 15 - SozR 3-2500 § 106 Nr. 52.

[481] Vgl. LSG Niedersachsen-Bremen v. 15.08.2005 - L 3 KA 78/05 ER - juris Rn. 11 - MedR 2005, 712.

Entscheidung überdies **nicht für ihren gesamten Bezirk einheitlich treffen**, sondern ist bundesrechtlich nicht gehindert, in städtischen Regionen getrennte hausärztliche und fachärztliche Bereitschaftsdienste anzubieten und im ländlichen Raum nur einen einheitlichen Bereitschaftsdienst vorzuhalten. Genauso zulässig wie diese Normierung des Vorrangs eines gegliederten Bereitschaftsdienstes ist der in zahlreichen KV-Bezirken festgeschriebene Vorrang eines einheitlichen Bereitschaftsdienstes, während fachärztliche Bereitschaftsdienste nur bei entsprechendem Bedarf eingerichtet werden (vgl. auch Rn. 394 ff.).[482]

Die **gerichtliche Kontrolle** ist darauf beschränkt, ob die Entscheidung der KV für oder gegen fachärztliche Bereitschaftsdienste nicht mehr von sachbezogenen Erwägungen getragen wird und einzelne Arztgruppen oder Ärzte **willkürlich** benachteiligt werden. Die KV darf ihre Entscheidung sowohl an der Frage der Organisierbarkeit als auch an der entsprechenden Nachfrage der Versicherten ausrichten.[483] 308

Nach der **Instanzenpraxis** haben zur vertragsärztlichen Versorgung zugelassene Fachärzte für Anästhesie keinen Anspruch auf Einrichtung eines **anästhesiologischen Notfalldienstes**, auch wenn sie zu zweit an einem Belegkrankenhaus und im Rahmen des chirurgischen Notfalldienstes alle anästhesiologischen Leistungen in den sprechstundenfreien Zeiten erbringen.[484] 309

Die Teilnahme am Notdienst kann auf **Ärzte mit eigener Praxis** beschränkt werden, da die Patienten den Arzt in seiner Praxis aufsuchen können müssen und Hausbesuche nur veranlasst sind, wenn die Patienten aus gesundheitlichen Gründen den Arzt nicht aufsuchen können.[485] 310

Nach LSG Hessen soll allerdings kein Anspruch niedergelassener Ärzte auf **vorrangige Heranziehung** zum Notfalldienst bestehen, denn die Einbeziehung externer Ärzte könne nur dann funktionieren, wenn eine nicht zu geringe Zahl interessierter externer Ärzte auf Dauer und in gewissem Umfang mit einer Teilnahme rechnen könne.[486] Diese pragmatische Entscheidung misst damit dem **Zulassungsstatus** keine Bedeutung zu. Eine KV kann in ihrer Notdienstordnung vorsehen, dass ein Vertragsarzt nicht mehr als zweimal in der Woche zum Notdienst herangezogen werden darf.[487] 311

Ein Vertragsarzt hat aber keinen Anspruch auf Teilnahme am Notdienst in einem **anderen Notdienstbezirk**, in dem er nicht niedergelassen ist; der Anspruch beschränkt sich auf eine ermessensfehlerfreie Bescheidung.[488] 312

Bei fehlender **objektiver Eignung** des Arztes für den Notfalldienst kann unbeschadet des Fortbestehens der Zulassung zur vertragsärztlichen Versorgung ein Ausschluss statthaft sein und in schweren Fällen die sofortige **Suspendierung** angeordnet werden.[489] Die KV ist bei begründetem Verdacht, dass Ungeeignetheit vorliegt, berechtigt, einen Gutachter einzuschalten; kommt der Arzt seiner Mitwirkungspflicht nicht nach, so ist die KV berechtigt, eine Suspendierung vom Notfalldienst als vorläufige Maßnahme anzuordnen.[490] Im Übrigen bedarf es für den **Ausschluss** einer **satzungsmäßigen Grundlage**. 313

Nach der **Instanzenpraxis** ist eine Satzungsbestimmung in einer Notdienstordnung einer KV, die den **Vorstand** oder ein von ihm beauftragtes Gremium ermächtigt, einen Vertragsarzt vom gesamten Notdienst im Bezirk auszuschließen, zulässig (vgl. auch Rn. 395).[491] 314

Eine Suspendierung kann nur bei **vollem Nachweis der Ungeeignetheit** ausgesprochen werden.[492] Wird die Suspendierung auf Patientenbeschwerden gestützt, so muss der Arzt im Zuge einer Amtsermittlung hierzu angehört werden; bei der Prüfung einer Ungeeignetheit aufgrund länger zurückliegender Vorwürfe (hier: ca. 4 Jahre) ist das weitere Verhalten des Arztes, insbesondere eine unbeanstandete Versehung des Notdienstes in anderen Bezirken über Jahre hinweg, zu berücksichtigen.[493] 315

---

[482] Vgl. BSG v. 06.09.2006 - B 6 KA 43/05 R - juris Rn. 12.

[483] Vgl. BSG v. 06.09.2006 - B 6 KA 43/05 R - juris Rn. 14.

[484] Vgl. SG Marburg v. 11.07.2007 - S 12 KA 881/06 - juris.

[485] Vgl. LSG Nordrhein-Westfalen v. 25.06.2003 - L 11 KA 8/02 - juris; bestätigt durch BSG v. 28.09.2005 - B 6 KA 73/04 R - SozR 4-2500 § 75 Nr. 3.

[486] Vgl. LSG Hessen v. 27.09.2001 - L 7 KA 702/00.

[487] Vgl. LSG Niedersachsen-Bremen v. 15.08.2005 - L 3 KA 78/05 ER - juris Rn. 12 ff. - MedR 2005, 712.

[488] Vgl. SG Marburg v. 21.02.2007 - S 12 KA 37/07 ER - juris.

[489] Vgl. BSG v. 24.01.1974 - 6 RKa 18/73 - SozR 2200 § 368n Nr. 1, S. 2 f.; vgl. auch BSG v. 19.10.1971 - 6 Rka 24/70 - BSGE 33, 165, 166 = SozR Nr. 3 zu BMV-Ärzte Allg. v. 01.10.1959.

[490] Vgl. BSG v. 24.01.1974 - 6 RKa 18/73 - SozR 2200 § 368n Nr. 1, S. 3 f.

[491] Vgl. SG Marburg v. 29.11.2006 - S 12 KA 864/06 - juris; SG Marburg v. 05.07.2006 - S 12 KA 712/05 - juris.

[492] Vgl. SG Marburg v. 29.11.2006 - S 12 KA 864/06 - juris; SG Marburg v. 05.07.2006 - S 12 KA 712/05 - juris.

[493] Vgl. SG Marburg v. 05.07.2006 - S 12 KA 712/05 - juris.

316 Es besteht kein Verbot zur Erteilung von **Abmahnungen** wegen Verfehlungen während der Ausübung des Notdienstes; als Erklärung über die Missbilligung des Verhaltens des Vertragsarztes sind sie ohne Regelungsinhalt und damit kein Verwaltungsakt i.S.d. § 31 SGB X.[494]

c. Vergütungsanspruch

317 Der **Vergütungsanspruch** des Vertragsarztes und des MVZ ist auf die Teilnahme an der Honorarverteilung beschränkt (vgl. § 85 Abs. 4 SGB V). Auch nach § 72 Abs. 2 SGB V oder Art. 12 Abs. 1 GG besteht im Regelfall kein Anspruch auf ein höheres Honorar. Ein **subjektives Recht** des einzelnen Vertragsarztes auf höheres Honorar für ärztliche Tätigkeiten kommt nach dem BSG erst dann in Betracht, wenn durch eine zu niedrige Vergütung ärztlicher Leistungen das vertragsärztliche Versorgungssystem als Ganzes oder zumindest in Teilbereichen, etwa in einer Arztgruppe, und als Folge davon auch die berufliche Existenz der an dem Versorgungssystem teilnehmenden Vertragsärzte gefährdet wird.[495] In **Hessen** besteht mit der **Erweiterten Honorarverteilung** eine besondere Form der Altersversorgung hessischer Vertragsärzte auf der Grundlage eines Umlageverfahrens. Die Teilnahme an ihr ist Bestandteil des Status hessischer Vertragsärzte.[496]

d. Teilnahme an der Selbstverwaltung

318 Aus dem Teilnahmerecht folgt ferner das **Recht, an der Selbstverwaltung mitzuwirken**, insbesondere das aktive und passive Wahlrecht zur Vertreterversammlung der KV (vgl. § 80 SGB V).

e. Das Recht zur Beschäftigung Dritter und zur Vertretung (§ 32 Ärzte-ZV)

319 Als **Ausnahme vom Gebot der persönlichen Leistungserbringung** (§ 32 Abs. 1 Satz 1 Ärzte-ZV, vgl. Rn. 177 f.)[497] gilt neben der Anstellung von Ärzten (vgl. Rn. 537 ff.) die **Vertretung, Beschäftigung von Assistenten** und die **Delegation von Hilfstätigkeiten**, soweit die rechtlichen Grenzen hierfür eingehalten werden (§ 98 Abs. 2 Nr. 13 SGB V, § 32 Ärzte-ZV). Zur ärztlichen Behandlung gehört auch die Hilfeleistung **nichtärztlicher Personen**, die von dem Arzt angeordnet und von ihm zu verantworten sind (§ 28 Abs. 1 Satz 2 SGB V). Diese Leistungen werden vertragsarztrechtlich dem Arzt als eigene Leistung zugerechnet (vgl. Rn. 538).

aa. Vertretung

320 Eine – kurzzeitige – **Vertretung** über eine Woche bis zur Dauer von drei, im Zusammenhang mit einer Entbindung bis zu sechs Monaten innerhalb von zwölf Monaten ist anzeigepflichtig (§ 32 Abs. 1 Sätze 2-4 Ärzte-ZV). Im Umkehrschluss ergibt sich hieraus, dass eine darüber hinausgehende Vertretung genehmigungspflichtig ist (vgl. § 32 Abs. 2 Satz 2 Ärzte-ZV). Sie ist auch nur aus Gründen der Sicherstellung der vertragsärztlichen Versorgung und befristet möglich. Die verlängerte genehmigungsfreie **Vertretung im Zusammenhang mit einer Entbindung** ist durch Art. 16 Nr. 5 GMG eingefügt worden. Dadurch sollen für Vertragsärztinnen bessere rechtliche Rahmenbedingungen zur Realisierung ihres Kinderwunsches geschaffen werden; auch müsse der Grund nicht mehr als „Urlaub" oder „Krankheit" deklariert werden.[498]

321 Nach § 4 Abs. 3 Satz 1 BMV-Ä/§ 8 Abs. 5 Satz 1 EKV-Ä kann die KV die Weiterführung der **Praxis eines verstorbenen Vertragsarztes** durch einen anderen Arzt bis zur Dauer von zwei Quartalen genehmigen (zum Berufsrecht vgl. § 20 Abs. 3 MBO-Ä). Die Rechtsgrundlage hierfür ist zweifelhaft, da insoweit die Ärzte-ZV abschließend ist und es wenigstens einer Subdelegation bedürfte (vgl. § 98 SGB V). Deshalb ist zweifelhaft, ob diese Regelung noch von der allgemeinen Kompetenz der Partner der Bundesmantelverträge zur vertraglichen Regelung der vertragsärztlichen Versorgung gemäß § 72

---

494 Vgl. SG Marburg v. 29.03.2006 - S 12 KA 599/05 - juris.

495 Vgl. zuletzt BSG v. 09.12.2004 - B 6 KA 44/03 R - juris Rn. 129 ff. und 139 ff. - BSGE 94, 50 = SozR 4-2500 § 72 Nr. 2.

496 Vgl. BSG v. 09.12.2004 - B 6 KA 44/03 R - juris Rn. 112 ff. - BSGE 94, 50 = SozR 4-2500 § 72 Nr. 2; zum Ausschluss nichtärztlicher Psychotherapeuten vgl. LSG Hessen v. 28.06.2006 - L 4 KA 35/05; LSG Hessen v. 01.11.2006 - L 6/7 KA 66/04 - juris - geht neuerdings von einer Verfassungswidrigkeit der Rechtsgrundlagen aus.

497 Zum Berufsrecht vgl. *Peikert*, MedR 2000, 352, 353.

498 Vgl. BT-Drs. 15/1525, S. 158.

Abs. 2 i.V.m. § 82 Abs. 1 Satz 1 SGB V zulässig ist. Gleiches gilt für das Satzungsrecht einer KV.[499] Es besteht kein Anspruch auf vertretungsweise Weiterführung der Praxis bis zum bestandskräftigen Abschluss des Nachbesetzungsverfahrens.[500] Zur Möglichkeit einer Ermächtigung vgl. Rn. 509.

Im Hinblick auf den Grundsatz der persönlichen Leistungserbringung sind der **Dauer einer Vertretung** Grenzen gesetzt. Aus der Obergrenze für den Vertretungsfall in § 32 Abs. 1 Satz 3 Ärzte-ZV (von sechs Monaten alle zwölf Monate im Zusammenhang mit einer Entbindung) folgt nicht zwingend, diesen Zeitraum auch in sonstigen Vertretungsfällen zugrunde zu legen.[501] Für die genehmigungsbedürftige Vertretung hat der Verordnungsgeber gerade keine festen Grenzen gesetzt. Es dürften hier die für die Anordnung des Ruhens entwickelten Grundsätze heranzuziehen sein (vgl. Rn. 448 ff.), da eine Vertretung auf längere Zeit dem Grundsatz der freien, d.h. auch eigenen Praxistätigkeit widerspricht. 322

Der **Vertreter** muss **Mindestqualifikationen** aufweisen. Die Vertretung darf grundsätzlich nur durch einen anderen Vertragsarzt oder approbierten Arzt mit abgeschlossener Weiterbildung erfolgen (§ 32 Abs. 1 Satz 5 Ärzte-ZV) bzw. durch einen Vertragszahnarzt oder einen Zahnarzt mit mindestens einjähriger Vorbereitungszeit, die für Zahnärzte mit einem anerkannten Diplom aus einem EU-Mitgliedstaat wiederum auf sechs Monate verkürzt sein kann (§ 32 Abs. 1 Sätze 5 und 6 Zahnärzte-ZV). Während ein **Arzt approbiert** sein muss (Verweis auf § 3 Abs. 2 lit. a Ärzte-ZV), reicht bei einem **Zahnarzt** eine **zahnheilkundliche Erlaubnis** (§ 13 ZHG), die allerdings die selbständige Tätigkeit umfassen muss, aus, da es an einem entsprechenden Verweis fehlt; die mindestens einjährige Vorbereitungszeit wird insoweit als ausreichend angesehen. 323

Wie für den angestellten Arzt folgt auch für den Vertreter aus der Fachgebietsbeschränkung, dass er die gleiche **Gebietsbezeichnung** führen muss.[502] Soweit § 32 Abs. 1 Satz 5 Ärzte-ZV mit „grundsätzlich“ Ausnahmen zulässt, gilt dies nur bei kurzfristig eingetretener Notwendigkeit einer Vertretung, z.B. bei plötzlicher Erkrankung. Leistungen, die einer **besonderen Qualifikation** bedürfen, können nur erbracht und vergütet werden, wenn auch der Vertreter die erforderliche Qualifikation nachgewiesen hat (vgl. § 14 Abs. 1 Sätze 1 und 2 BMV-Ä/§ 20 Abs. 1 Sätze 1 und 2 EKV-Ä).[503] Der Ausschluss der Vertretung bei genehmigungspflichtigen **psychotherapeutischen Leistungen** einschließlich der probatorischen Sitzungen in den Bundesmantelverträgen (vgl. § 14 Abs. 3 Satz 1 BMV-Ä/§ 20 Abs. 4 Satz 1 EKV-Ä) ist lediglich deklaratorischer Art, da er sich bereits aus der höchstpersönlichen Natur dieser Behandlungsmethodik ergibt. Jedenfalls der kurzzeitige Vertreter kann über **68 Jahre alt** sein.[504] Die vom BSG angeführte systematische Auslegung gilt aber auch für den genehmigungspflichtigen Vertreter, auch dieser kann über 68 Jahre alt sein. 324

Das VÄndG hat der KV die Befugnis eingeräumt, beim Vertragsarzt oder beim **Vertreter zu überprüfen**, ob der Vertreter die fachlichen Voraussetzungen nach § 32 Abs. 1 Satz 5 Ärzte-ZV erfüllt und keine Ungeeignetheit nach § 21 Ärzte-ZV vorliegt (§ 32 Abs. 1 Satz 6 Ärzte-ZV/§ 32 Abs. 1 Satz 7 Zahnärzte-ZV). Damit soll die KV ggf. in der Person des Vertreters liegende konkrete Umstände erfassen können, die eine Eignung für seine Tätigkeit in einer vertragsärztlichen Praxis ausschließen würden. Durch die „Kann-Regelung“ und die Begrenzung auf länger dauernde Vertretungen wird nach dem Verordnungsgeber sichergestellt, dass hier kein unnötiges bürokratisches Überprüfungsverfahren aufgebaut, den KVen aber die Möglichkeit einer qualitätssichernden Überprüfung im konkreten Einzelfall eingeräumt wird.[505] 325

bb. Assistenten

Die Beschäftigung von **Assistenten** ist begrenzt auf Ausbildungs-, Weiterbildungs- und Entlastungsassistenten (§ 32 Abs. 2 Sätze 1 und 2 Ärzte-ZV). Ferner besteht in begrenztem Umfang die Möglichkeit zur Anstellung von Ärzten, systematisch verfehlt auch als Dauer- oder Job-Sharing-Assistenten bezeichnet (vgl. Rn. 537 ff.). 326

Für die Genehmigung eines **Assistenten**, insbesondere auch eines zahnärztlichen Vorbereitungsassistenten ist nicht Voraussetzung, dass dieser eine Approbation besitzt; eine **heilkundliche Berufserlaubnis** ist hierfür ausreichend. Bereits aus dem Wortlaut des § 32 Abs. 2 Ärzte-ZV folgt, dass für eine 327

---

[499] Vgl. *Kamps*, NJW 1995, 2384, 2387.

[500] Vgl. SG Düsseldorf v. 15.06.2007 - S 2 KA 65/07 ER - juris.

[501] Vgl. aber LSG Hessen v. 15.03.2006 - L 4 KA 29/05 - juris Rn. 19.

[502] Vgl. BSG v. 19.06.1996 - 6 RKa 84/95 - juris Rn. 13 ff. - BSGE 78, 291 = SozR 3-5520 § 32b Nr. 2.

[503] Vgl. BSG v. 28.01.1998 - B 6 KA 93/96 R - SozR 3-2500 § 135 Nr. 6.

[504] Vgl. BSG v. 30.06.2004 - B 6 KA 11/04 R - BSGE 00 = SozR 4-5525 § 32 Nr. 1.

[505] Vgl. BT-Drs. 16/3157, S. 20.

Assistentengenehmigung nicht die Approbation verlangt wird. Darin wird ausschließlich auf Absatz 3 des § 3 Ärzte-ZV, nicht auch auf dessen Absatz 2 lit. a, der die Approbation benennt, verwiesen. Eine unbeabsichtigte Lücke des Gesetz- bzw. Verordnungsgebers liegt darin nicht. Die Systematik zeigt vielmehr, dass es sich um eine eindeutige Entscheidung handelt, für die Genehmigung eines (Vorbereitungs-)Assistenten von der Approbation abzusehen. Gegenüber der Assistentengenehmigung verlangt der Gesetzgeber für den angestellten Arzt nach § 32b Ärzte-ZV die Approbation. Dies folgt aus der Verweisung in § 32b Abs. 2 Satz 2 Ärzte-ZV auf § 4 Abs. 2 Ärzte-ZV. Danach ist u.a. die Vorlage der Approbationsurkunde Genehmigungsvoraussetzung. Während der Verordnungsgeber ferner generell für die Zulassung eine Approbation verlangt, reicht im Falle einer Ermächtigung u.U. eine Berufserlaubnis aus (§ 31 Abs. 3 Ärzte-ZV). Für die Assistententätigkeit hat der Gesetzgeber auf die Approbation auch deshalb verzichtet, weil der Vertragsarzt die Arbeit des Assistenten, der sich noch in der Ausbildung befindet, zu kontrollieren und dafür Sorge zu tragen hat, dass sie den medizinischen und vertragsärztlichen Standards genügt. Der KV als Genehmigungsbehörde ist es daher versagt, eine Ablehnung auf eine fehlende Gleichwertigkeit bzw. ausreichende Ausbildung zu stützen, da insoweit eine Bindung an die Entscheidung der die Berufserlaubnis erteilenden Behörde besteht.[506]

328 Ein Assistent kann zur **Aus- und Weiterbildung**, die eine Weiterbildungsbefugnis des anstellenden Arztes voraussetzt,[507] beschäftigt werden (§ 32 Abs. 2 Satz 1 Ärzte-ZV). Aus- und Weiterbildung sind durch den Verweis auf § 3 Abs. 3 Ärzte-ZV an die Weiterbildung nach dem Kammerrecht bzw. die zahnärztliche Vorbereitungszeit gekoppelt. Es handelt sich um **Mindestzeiten**, die durch die Assistenzeit überschritten werden können. Bei einer **doppelten Dauer der Mindestzeiten** handelt es sich aber nicht mehr um Aus- oder Weiterbildung, soweit nicht besondere Umstände vorliegen. Die Beschäftigung als „Fortbildungsassistent" kann daher nur aus Sicherstellungsgründen nach Satz 2 des § 32 Abs. 2 Ärzte-ZV erfolgen, wenn es sich um eine Qualifizierung im Hinblick auf die ambulante Versorgung handelt.[508]

329 Während der aus- bzw. weiterbildende **Vertragsarzt** die vom **genehmigten Assistenten** erbrachten Leistungen selbst unmittelbar mit der für ihn zuständigen KV abrechnet und von dort eine entsprechende Vergütung erhält, besteht bei der **Ausbildung zum Psychologischen Psychotherapeuten** bzw. zum Kinder- und Jugendlichenpsychotherapeuten lediglich eine Abrechnungsbefugnis der staatlich anerkannten Ausbildungsstätte für die vom Assistenten erbrachten Leistungen unmittelbar gegenüber den Krankenkassen (§ 120 Abs. 2 Satz 1 SGB V). Diese unterschiedliche Form der Vergütung ist Folge der unterschiedlichen Ausgestaltung der Aus- und Weiterbildung bei Vertragsärzten einerseits und Vertragspsychotherapeuten andererseits und daher auch sachlich gerechtfertigt.[509]

330 Im Übrigen können Assistenten als sog. **Entlastungsassistenten** nur beschäftigt werden, wenn „Gründe der Sicherstellung der vertragsärztlichen Versorgung" (§ 32 Abs. 2 Satz 2 Ärzte-ZV) vorliegen. Diese **Sicherstellungsgründe** sind jedoch vornehmlich auf die **einzelne Praxis** zu beziehen. Andernfalls wäre die Vorschrift überflüssig. Liegt Überversorgung im Planungsbereich vor, bedarf es keiner weiteren Ärzte; einer Unterversorgung kann nicht mit einer Assistentengenehmigung begegnet werden, da diese mit einem Verbot zur Praxisvergrößerung nach § 32 Abs. 3 Ärzte-ZV kollidieren würde.[510] Der Entlastungsassistent dient vor allem zur Aufrechterhaltung einer einzelnen Praxis, weil der oder die Inhaber aus persönlichen Gründen nicht in der Lage sind, die Praxis im bisherigen Umfang fortzuführen, ohne dass bereits ein Vertretungsfall vorliegt. In Betracht kommen vor allem eine krankheitsbedingte Leistungsminderung, Tätigkeit in der Selbstverwaltung oder familiäre Belastungen, insbesondere Kindererziehung.[511]

331 Die Auffassung des SG Karlsruhe, wonach ein Arzt, der die **Altersgrenze von 68 Jahren** überschritten habe, grundsätzlich nicht geeignet sei und daher auch nicht mehr als Entlastungsassistent an der vertragsärztlichen Versorgung teilnehmen könne,[512] dürfte mit der neueren Rechtsprechung des BSG zur Altersgrenze von Vertretern[513] nicht mehr übereinstimmen.

[506] Vgl. SG Marburg v. 18.05.2005 - S 12 KA 30/05 ER - juris; SG Frankfurt a.M. v. 13.07.1999 - S 27 KA 1776/99 ER - juris; LSG Hessen v. 14.07.2005 - L 4 KA 21/05 ER - juris; SG Mainz v. 12.10.2006 - S 11 ER 194/06 KA; a.A. LSG Bayern v. 17.03.1994 - L 12 B 80794.Ka-VR.

[507] Vgl. *Kamps*, MedR 2003, 63, 67.

[508] Z.T. anders *Kamps*, MedR 2003, 63, 67, der eine Beschäftigung nach S. 1 für zulässig hält.

[509] Vgl. LSG Baden-Württemberg v. 07.03.2007 - L 5 KA 1861/06 - juris.

[510] Anders wohl *Kamps*, MedR 2003, 63, 67 f.

[511] Vgl. *Kamps*, MedR 2003, 63, 69 f.

[512] Vgl. SG Karlsruhe v. 12.12.2001 - S 1 KA 1491/01 - MedR 2002, 601.

[513] Vgl. BSG v. 30.06.2004 - B 6 KA 11/04 R - juris Rn. 19 ff. - BSGE 93, 79 = SozR 4-5525 § 32 Nr. 1.

Auch wenn die Beschäftigung eines Entlastungsassistenten im Gegensatz zur Arztanstellung auf einen nur **vorübergehenden Bedarf** zugeschnitten ist,[514] schließt dies, je nach Grund, eine **mehrjährige Anstellung** nicht aus. 332

Für **Kindererziehung** besteht in Anlehnung an den Erziehungsurlaub für Arbeitnehmer eine Tendenz, Entlastungsassistenten aus diesem Grund **bis zu zwei oder drei Jahren** zu genehmigen.[515] Demgegenüber vertritt das LSG Rheinland-Pfalz die Auffassung, es sei sachgerecht, die Befristung an der zivilrechtlichen Rechtsprechung zur **Zumutbarkeit einer Berufstätigkeit bei Kindererziehung** zu orientieren. Hiernach erfordere es die gesunde Entwicklung eines Kindes unter acht Jahren in der Regel, dass sich ein Elternteil jederzeit der Kinderbetreuung widmen könne, weil nur so eine sachgerechte Betreuung bei unvorhersehbaren Ereignissen wie beispielsweise Schulausfall oder Krankheit möglich sei. Es komme daher auf die Familienverhältnisse der Vertragsärztin an, inwieweit die Betreuung des Kindes durch das andere Elternteil gewährleistet sei.[516] Dieser Rechtsprechung wird man im Hinblick auf die Besonderheiten des Arztberufes und zur Vermeidung einer Geschlechterdiskriminierung, da tatsächlich in erster Linie Frauen betroffen sind, folgen können. Nach Herausnahme des angestellten Arztes aus der Bedarfsplanung durch das 2. GKV-NOG v. 23.06.1997 konnte allerdings schon bisher problemlos eine Daueranstellung nach § 32b Ärzte-ZV erfolgen. Die Änderungen des VÄndG haben weitere Möglichkeiten eröffnet (vgl. Rn. 541). 333

Die Beschäftigung eines Assistenten darf nicht der **Vergrößerung der Kassenpraxis** oder der Aufrechterhaltung eines übergroßen Praxisumfangs dienen (§ 32 Abs. 3 Ärzte-ZV). Sinn und Zweck der Beschäftigung eines Weiterbildungsassistenten bestehen darin, dass diesem praktische Erfahrung und zusätzliche Kenntnisse vermittelt werden, um auch in Zukunft eine möglichst hohe Versorgungsqualität zu gewährleisten. Um dieses Zieles der Qualitätssicherung willen soll eine übergroße Praxis durch die Beschäftigung vermieden werden.[517] Ein übergroßer Praxisumfang kann ab dem Doppelten eines durchschnittlichen Praxisumfangs angenommen werden.[518] 334

Eine Genehmigung kann aber aus diesen Gründen nicht ohne weiteres versagt werden. Zum einen fehlt es an einer derartigen **Verknüpfung als Genehmigungsvoraussetzung**. Es handelt sich um eine Klarstellung, dass die Beschäftigung eines Assistenten nicht der Vergrößerung der Kassenpraxis oder der Aufrechterhaltung eines übergroßen Praxisumfanges dienen darf.[519] Entscheidend ist aber, dass die Assistentengenehmigung nach Satz 1 des § 32 Abs. 3 Ärzte-ZV als **präventives Verbot mit Erlaubnisvorbehalt** ausgestaltet ist. Es geht hier auch um das Interesse an der Sicherstellung des ärztlichen Nachwuchses zur vertragsärztlichen Versorgung.[520] Eine Genehmigung wird nur dann zu versagen sein, wenn aus dem Praxisumfang unterstellt werden kann, der Vertragsarzt werde seinen Ausbildungspflichten nicht nachkommen. Generell wird durch Absatz 3 des § 32 Ärzte-ZV eine vertragsärztliche Pflicht statuiert, die **disziplinarrechtliche oder sachlich-rechnerische Berichtigungsmaßnahmen** zur Folge haben kann. Eine Vergrößerung der Kassenpraxis wird in der Regel erst im Nachhinein feststellbar sein. Maßstab ist nicht allein der bisherige Praxisumfang (vgl. Rn. 334). Die Regelungen zum sog. Job-Sharing sehen einen Abrechnungsspielraum von 3% vor. In der Literatur wird eine 30%ige Erhöhung der Fallzahlen als gegriffene Größe genannt.[521] 335

Die zeitgleiche Beschäftigung von höchstens **zwei halbtags beschäftigten Vorbereitungsassistenten** ist allenfalls denkbar, wenn sichergestellt ist, dass sie nur zeitversetzt tätig werden, also nicht gleichzeitig in der Praxis beschäftigt sind. Bei einer Gestaltung mit zwei vollzeitbeschäftigten Assistenten, 336

[514] Vgl. LSG Baden-Württemberg v. 14.02.1996 - L 5 Ka 1790/95 - ArztR 1997, 229.

[515] Vgl. LSG Schleswig-Holstein v. 07.05.2001 - L 6 B 28/01 KA ER - juris; LSG Thüringen v. 09.09.1999 - L 4 KA 388/99 ER - juris; kritisch LSG Hessen v. 15.03.2006 - L 4 KA 29/05 - juris Rn. 20.

[516] Vgl. LSG Rheinland-Pfalz v. 21.08.1997 - L 5 Ka 41/96 - juris.

[517] Vgl. BSG v. 28.09.2005 - B 6 KA 14/04 R - juris Rn. 11 - SozR 4-5520 § 32 Nr. 2 = GesR 2006, 163 = MedR 2006, 307.

[518] Vgl. BSG v. 28.09.2005 - B 6 KA 14/04 R - juris Rn. 12 - SozR 4-5520 § 32 Nr. 2 = GesR 2006, 163 = MedR 2006, 307.

[519] Vgl. LSG Bayern v. 11.01.1995 - L 12 Ka 14/93 - E-LSG Ka-023; SG Marburg v. 25.05.2005 - S 12 KA 43/05 ER - juris Rn. 31, bestätigt durch LSG Hessen v. 14.07.2005 - L 4 KA 21/05 ER - juris Rn. 17 - GesR 2005, 455; zur uneingeschränkten Geltung von Budgetvorgaben vgl. SG Düsseldorf v. 06.11.2003 - S 14 KA 126/01 - juris Rn. 34.

[520] Vgl. LSG Bayern v. 11.01.1995 - L 12 Ka 14/93 - E-LSG Ka-023, S. 4 und 5.

[521] Vgl. *Kamps*, MedR 2003, 63, 70.

deren Arbeitszeit je zur Hälfte der Ausbildung im vertragszahnärztlichen Bereich und der privatzahnärztlichen Tätigkeit dienen soll, ist die erforderliche Vorbeugung gegenüber einem Missbrauch nicht möglich.[522]

337 Auf die Genehmigung hat nur der **Vertragsarzt** einen **Anspruch**. Sie ist **personenbezogen** auf den Vertreter/Assistenten zu erteilen. Subjektive Rechte des Vertreters oder Assistenten werden durch § 32 Ärzte-ZV nicht begründet; **Rechtsschutz** steht daher nur dem Vertragsarzt zu.[523] Diese in der vertragsärztlichen Systematik liegende Rechtsprechung berücksichtigt allerdings nicht die Bedeutung der Genehmigung für den Assistenten, in dessen Recht aus Art. 12 Abs. 1 GG durch den Genehmigungsvorbehalt eingegriffen wird. Auch wenn das Arbeitsverhältnis nicht unmittelbar berührt wird, wird es bei Fehlen der Genehmigung in der Regel nicht zustande kommen und kann die Weiterbildung nicht fortgesetzt bzw. anerkannt werden. Einer hieraus ableitbaren Klagebefugnis des Assistenten dürfte jedoch keine allzu große praktische Bedeutung zukommen, da der Vertragsarzt weiterhin bereit sein muss, den Assistenten anzustellen (vgl. auch Rn. 543).

338 Die Tätigkeit eines Vorbereitungsassistenten bedarf der vorherigen **Genehmigung** durch die zuständige KV. Eine rückwirkende Genehmigung ist ausgeschlossen (vgl. Rn. 45 und Rn. 275).[524]

339 Dis Beschäftigung von Assistenten **ohne Genehmigung** kann **disziplinarrechtlich** geahndet werden; die Verpflichtung, dafür Sorge zu tragen, dass in der Gemeinschaftspraxis ausschließlich genehmigte Beschäftigungen ausgeübt werden, trifft alle Partner der Gemeinschaftspraxis.[525]

cc. Hilfeleistung anderer Personen

340 Die **Hilfeleistung anderer Personen** ist nur dann Teil der ärztlichen Behandlung, wenn sie vom Arzt angeordnet und unter seiner Aufsicht und Verantwortung erbracht wird (vgl. die §§ 15 Abs. 1 Satz 2, 28 Abs. 1 Satz 2, 73 Abs. 2 Nr. 6 SGB V; § 15 Abs. 1 Satz 3 BMV-Ä/§ 14 Abs. 1 Satz 3 EKV-Ä). Diese Beschränkung der Übertragung folgt bereits aus dem Berufsrecht (vgl. § 1 Abs. 5 und 6 ZHG).[526] Die ärztliche Tätigkeit darf sich nicht auf das bloße Anordnen von Hilfeleistungen beschränken, sondern der Arzt muss die **Hilfskräfte anleiten und beaufsichtigen**; erforderlich ist eine Überwachung jeder einzelnen Maßnahme.[527]

341 Nicht delegiert werden kann das **Entfernen harter Zahnbeläge**.[528] **Röntgenaufnahmen** können nicht an das nichtärztliche Personal eines 200 Meter entfernten Krankenhauses delegiert werden.[529] Der Umfang der Delegationsbefugnis nach § 28 Abs. 1 Satz 2 SGB V ist letztlich nach heilkundlichen Maßstäben zu bestimmen. Als Leitfaden können entsprechende Richtlinien der KBV herangezogen werden.[530]

f. Meinungsäußerungsfreiheit

342 Bei der Abgabe von Erklärungen und Mitteilungen im Zusammenhang mit der Durchführung der vertragsärztlichen Versorgung kann sich der Vertragsarzt insbesondere gegenüber der KV auf das Grundrecht der **Meinungsäußerungsfreiheit** nach Art. 5 Abs. 1 Satz 1 GG berufen.[531]

---

[522] Vgl. LSG Nordrhein-Westfalen v. 10.05.2006 - L 11 KA 68/05 - juris (Nichtzulassungsbeschwerde abgewiesen durch BSG v. 27.10.2006 - B 6 KA 38/06 B - juris); LSG Nordrhein-Westfalen v. 10.05.2006 - L 11 KA 69/05 - juris.

[523] Vgl. BSG v. 19.06.1996 - 6 RKa 84/95 - juris Rn. 10 f. - BSGE 78, 291 = SozR 3-5520 § 32b Nr. 2; zur Fortsetzungsfeststellungsklage vgl. BSG v. 19.03.1997 - 6 RKa 36/95 - juris Rn. 15 - SozR 3-1500 § 161 Nr. 12.

[524] Vgl. LSG Niedersachsen-Bremen v. 12.07.2006 - L 3 KA 69/05 - MedR 2007, 71; bestätigt durch BSG v. 28.03.2007 - B 6 KA 30/06 R (vgl. Terminbericht v. 29.03.2007).

[525] Vgl. LSG Nordrhein-Westfalen v. 28.06.2006 - L 10 KA 36/05 - juris Rn. 32.

[526] Vgl. *Neumann-Wedekindt*, MedR 2005, 81 ff.

[527] Vgl. LSG Nordrhein-Westfalen v. 25.09.1996 - L 11 Ka 41/96 - NZS 1997, 195 = MedR 1997, 94; vgl. auch BSG v. 22.02.1974 - 3 RK 79/72 - BSGE 37, 130, 133 = SozR 2200 § 184 Nr. 1; *Schiller*, NZS 1997, 103, 109 m.w.N.

[528] Vgl. BSG v. 18.12.1996 - 6 RKa 66/95 - juris Rn. 16 - BSGE 80, 1 = SozR 3-5545 § 19 Nr. 2.

[529] Vgl. LSG Nordrhein-Westfalen v. 25.09.1996 - L 11 Ka 41/96 - NZS 1997, 195, 196 = MedR 1997, 94.

[530] Vgl. *Hesral* in: Ehlers, Disziplinarrecht und Zulassungsentziehung. Vertragsärzte/Vertragszahnärzte, 2001, Rn. 126 und 130 ff.; zur Abgrenzung vgl. auch *Peikert*, MedR 2000, 352, 355 ff.

[531] Vgl. BSG v. 20.10.2004 - B 6 KA 67/03 R - juris Rn. 27 - BSGE 93, 269 = SozR 4-2500 § 95 Nr. 9; BSG v. 11.09.2002 - B 6 KA 36/01 R - juris Rn. 21 f. - SozR 3-2500 § 81 Nr. 8; vgl. auch BVerfG v. 28.02.2007 - 1 BvR 2520/05 - juris Rn. 19 - NVwZ-RR 2007, 468; Steinhilper/Schiller, MedR 2003, 661, 664 ff.; *Clemens*, Fs. BSG, 373 ff.; zur Kritik der Behandlungsweise eines Kollegen vgl. VG Minden v. 30.06.2005 - 7 K 818/04 - www.justiz.nrw.de.

5. Vertragsärztliche Pflichten

Vertragsärztliche Pflichten sind solche Pflichten, die den Vertragsärzten durch Gesetz, Satzung, Verträge über die vertragsärztliche Versorgung, Richtlinien des Gemeinsamen Bundesausschusses oder sonstige Rechtsbestimmungen auferlegt sind. Der Bezug zur vertragsärztlichen Tätigkeit erschöpft sich aber nicht nur im Verhältnis zu den Patienten, sondern ist auch bei Gesetzen, Satzungen oder anderen Rechtsnormen gegeben, die in erster Linie dazu dienen, die vertragsärztliche Versorgung zu regeln und zu sichern. Zu den Pflichten gehören daher **auch** die **gegenüber der KV**, den **sonstigen Leistungserbringern** und den **Krankenkassen** bestehenden Pflichten.[532] In Ausübung der vertragsärztlichen Tätigkeit dürfen keine Gesetzesverstöße begangen werden, weder gegen strafrechtliche noch berufsrechtliche Vorschriften.[533] 343

Soweit das BSG **Pflichten**, die jedem Arzt **nach der ärztlichen Berufsordnung** obliegen, nicht zu den Vertragsarztpflichten rechnet, wird dies durch die Aussage stark relativiert, dass in einem berufsgerichtlich ahndbaren Pflichtenverstoß gleichzeitig eine Verletzung der besonderen „kassenärztlichen Pflichten" liegen kann.[534] Von daher ist auch die sachgemäße, der ärztlichen Kunst entsprechende Behandlung zu den Vertragsarztpflichten zu rechnen (vgl. auch Rn. 282).[535] 344

Problematisch ist es, wenn darüber hinaus zu den vertragsärztlichen Pflichten auch alle **Pflichten**, die **zur Durchführung der Selbstverwaltung** eingeführt worden sind, gerechnet werden,[536] jedenfalls dann, wenn es sich um mögliche Pflichtverletzungen aus einer Organstellung handelt, da hierfür in erster Linie die verbandsinterne und damit standespolitische Verantwortlichkeit gegeben ist. Auch bei Aufgabenwahrnehmung der Selbstverwaltung dürfte hier in erster Linie die Abberufung als Sanktionsmöglichkeit und. ggf. die allgemeine straf- und zivilrechtliche Verantwortlichkeit in Betracht kommen. Eine Pflicht des einzelnen Vertragsarztes zur **Übernahme** weiterer **Aufgaben im Rahmen der Selbstverwaltung** besteht in der Regel nicht. Von daher handelt es sich nicht um Pflichten, die unmittelbar aus dem Vertragsarztstatus nach § 95 Abs. 3 SGB V folgen. 345

6. Einzelne Pflichten

Die Einbindung des Arztes in das vertragsärztliche Versorgungssystem über den Zulassungsstatus verpflichtet ihn nicht nur zur Versorgung der Versicherten, sondern auch zur **Einhaltung des krankenversicherungsrechtlichen Regelwerkes**. Der Pflichtenkatalog ist insoweit sehr umfassend und in zahlreichen Einzelregelungen des Gesetzgebers oder der sog. gemeinsamen Selbstverwaltung festgehalten. Dargestellt werden vor allem die Pflichten, die Gegenstand gerichtlicher Entscheidungen waren. Ein Verstoß gegen einzelne Pflichten kann zu **Honorarkürzungen** über den Weg der **sachlich-rechnerischen Berichtigung** oder einer **Wirtschaftlichkeitsprüfung** bzw. eines **Regresses** oder zu einem **Disziplinarverfahren** (vgl. die Kommentierung zu § 75 SGB V Rn. 61 und die Kommentierung zu § 81 SGB V Rn. 37) oder zur **Zulassungsentziehung** (vgl. Rn. 469 ff.) führen. 346

In einer **Gemeinschaftspraxis** kann ein Pflichtenverstoß nur eines Mitglieds nicht ohne weiteres den übrigen Mitgliedern angelastet werden.[537] Ein Vertragsarzt einer Gemeinschaftspraxis hat aber in gleichem Maße wie sein Praxispartner die Verpflichtung, dafür Sorge zu tragen, dass in der Gemeinschaftspraxis ausschließlich genehmigte Beschäftigungen ausgeübt werden. Der ihm obliegenden Sorgfalt genügt der Vertragsarzt nur dann, wenn er sich entweder bei seinem Praxispartner oder – bei unüberwindbaren Kommunikationsschwierigkeiten mit diesem o.Ä. – bei den für die Erteilung der Genehmigung zuständigen Stellen erkundigt.[538] 347

---

[532] Vgl. LSG Baden-Württemberg v. 24.01.2001 - L 5 KA 3657/99 - juris Rn. 44; LSG Bayern v. 22.05.1996 - L 12 Ka 511/95 - juris Rn. 39.

[533] Vgl. BSG v. 25.09.1997 - 6 BKa 54/96 - juris Rn. 5.

[534] Vgl. BSG v. 08.07.1981 - 6 RKa 17/80 - juris Rn. 32 - USK 81172.

[535] Vgl. BVerfG v. 28.03.1985 - 1 BvR 1245/84, 1 BvR 1254/84 - juris Rn. 27 - BVerfGE 69, 233 = SozR 2200 § 368a Nr. 12.

[536] Vgl. LSG Baden-Württemberg v. 24.01.2001 - L 5 KA 3657/99 - juris Rn. Rn. 44; vgl. auch VG Neustadt a.d.W. v. 21.11.2005 - 4 K 1157/05.NW - cms.justiz.rlp.de zur Begehung von Straftaten auf Kenntnisgrundlage einer früheren KV-Vorstandstätigkeit.

[537] Vgl. BVerfG v. 28.03.1985 - 1 BvR 1245/84, 1 BvR 1254/84 - juris Rn. 34 - BVerfGE 69, 233 = SozR 2200 § 368a Nr. 12; anders für Regress, vgl. BSG v. 20.10.2004 - B 6 KA 41/03 R - juris Rn. 37 f. - SozR 4-2500 § 106 Nr. 6.

[538] Vgl. LSG Nordrhein-Westfalen v. 28.06.2006 - L 10 KA 36/05 - juris Rn. 32.

a. Behandlungspflicht/Verbot von Zuzahlungsverlangen

348 Der Behandlungsberechtigung entspricht die **Behandlungsverpflichtung**. Ihr Umfang wird insbesondere durch § 73 Abs. 2 SGB V konkretisiert, wonach die vertragsärztliche Versorgung auch die ärztliche Behandlung umfasst, die wiederum mit einem entsprechenden umfassenden Leistungsanspruch des Versicherten korrespondiert (§ 11 i.V.m. § 27 SGB V). Im Rahmen des Sachleistungsanspruchs des Versicherten hat der Vertragsarzt diesem gegenüber die Leistungen kostenlos und – abgesehen von der sog. Praxisgebühr und weiteren geregelten Fällen – ohne Zuzahlung (vgl. § 18 Abs. 10 BMV-Ä/§ 21 Abs. 10 EKV-Ä) zu erbringen.

349 Eine **Privatvergütung** kann nur unter den engen Voraussetzungen der Bundesmantelverträge (vgl. § 18 Abs. 8 Nr. 2 BMV-Ä, § 21 Abs. 8 Nr. 2 EKV-Ä, § 4 Abs. 5 BMV-Z, § 7 Abs. 7 EKV-Z) verlangt werden. Die **Behandlung** eines Versicherten darf nur in begründeten Fällen **abgelehnt** werden (§ 13 Abs. 7 Satz 3 BMV-Ä, § 13 Abs. 6 Satz 3 EKV-Ä, § 4 Abs. 7 BMV-Z, § 7 Abs. 6 EKV-Z).

350 **Finanzielle Aspekte** wie eine vermeintlich unzureichende Honorierung einer Einzelleistung berechtigen den Arzt nicht, einem Versicherten gesetzlich vorgesehene Leistungen nur außerhalb des Systems der vertragsärztlichen Versorgung zukommen zu lassen oder gänzlich zu verweigern.[539] Es ist daher auch unzulässig anzukündigen, **budgetierte Leistungen** nicht mehr zu erbringen.[540]

351 Eine an der vertragsärztlichen Versorgung teilnehmende Kinder- und Jugendpsychotherapeutin verstößt gegen ihre vertragsärztlichen Pflichten, wenn sie die **Zuzahlung** von 5 € pro **Psychotherapiesitzung** verlangt.[541] Vertragsärztliche Leistungen dürfen nicht nur als privatärztliche Leistungen angeboten werden, auch wenn eine Einverständniserklärung der Patienten, die aber auf einer **unzutreffenden Beratung** beruht, vorliegt.[542] Durch die nicht kassenübliche Beigabe von Vitamin C dürfen Infusionen nicht in eine Therapie umfunktioniert werden, die insgesamt nicht mehr der vertragsärztlichen Versorgung zuzurechnen ist.[543] Auf Verlangen der KV auf Beschwerde einer Versicherten ist die erforderlich gewesene schriftliche **Vereinbarung vorzulegen.**[544]

352 Die Behandlungspflicht setzt aber, abgesehen von Notfällen, die Vorlage einer – gültigen – **Krankenversichertenkarte** oder eines anderen **Behandlungsausweises** vor Inanspruchnahme des Vertragsarztes voraus (vgl. § 15 Abs. 2 und 3 SGB V, § 13 Abs. 1 und 7 BMV-Ä, § 7 Abs. 1 EKV-Ä, § 8 Abs. 1 Satz 1, Abs. 2 BMV-Z, § 12 Abs. 1 Satz 2, Abs. 2 EKV-Z).[545]

353 Welche insbesondere **apparativen Leistungen** ein Vertragsarzt im Einzelnen **vorhalten** muss, entzieht sich einer generellen Festlegung. Das BSG hatte zunächst die Auffassung vertreten, der Arzt müsse nicht alle nach dem EBM im Rahmen seines Fachgebiets erbringbaren Leistungen tatsächlich anbieten. Bei seiner Entscheidung über den Umfang seiner Leistungen oder ob er die Patienten insoweit an andere Ärzte verweisen (überweisen) will, dürfe sich der Arzt vielmehr auch daran orientieren, ob bestimmte Leistungen im Hinblick auf die vorhandene bzw. erreichbare Zusammensetzung der Patientenschaft sowie unter Berücksichtigung der anfallenden Kosten und der erzielbaren Einnahmen, also auch der Bewertung durch EBM und HVM, wirtschaftlich erbracht werden könnten.[546] Das BSG hat dies dann insoweit eingeschränkt, als es aus der **Teilnahmeverpflichtung** gefolgert hat, der Vertragsarzt müsse in dem Fachgebiet, für das er zugelassen sei, die **wesentlichen Leistungen seines Fachgebietes** im Rahmen der vertragsärztlichen Versorgung auch tatsächlich anbieten und erbringen.[547] Unter Hinweis auf die Weiterbildungsordnungen mit ihrer Unterscheidung zwischen der für das Fachgebiet maßgeblichen, den Kernbereich und den „Gebietsstandard“ desselben ausmachenden „Vermittlung, Erwerb und Nachweis eingehender Kenntnisse, Erfahrungen und Fertigkeiten“ einerseits und dem bloßen „Erwerb von Kenntnissen“ andererseits, hält es Ausnahmen von der Pflicht zur Leistungserbringung nur dann für denkbar, wenn die berufsrechtliche Qualifikation die durch Bestimmungen des Vertragsarztrechts eingeschränkten Befugnisse des Arztes übersteigt (z.B. als Vertragsarzt in der haus-

[539] Vgl. BSG v. 14.03.2001 - B 6 KA 54/00 R - juris Rn. 27 ff. - BSGE 88, 20 = SozR 3-2500 § 75 Nr. 12; BSG v. 14.03.2001 - B 6 KA 67/00 R - juris Rn. 17 ff. - MedR 2002, 47-51; BSG v. 14.03.2001 - B 6 KA 36/00 R - juris Rn. 18 ff. - SozR 3-2500 § 81 Nr. 7; BSG v. 14.03.2001 - B 6 KA 76/00 B - juris; vgl. auch *Auktor*, MedR 2003, 503 ff.

[540] Vgl. BSG. v. 11.09.2002 - B 6 KA 36/01 R - juris Rn. 22 - SozR 3-2500 § 81 Nr. 8.

[541] Vgl. SG Marburg v. 29.11.2006 - S 12 KA 656/06 - juris.

[542] Vgl. LSG Nordrhein-Westfalen v. 08.03.2006 - L 11 KA 114/04 - juris Rn. 15 - ZMGR 2006, 191.

[543] Vgl. LSG Nordrhein-Westfalen v. 08.03.2006 - L 11 KA 114/04 - juris Rn. 16 - ZMGR 2006, 191.

[544] Vgl. SG Hamburg v. 25.01.2006 - S 27 KA 407/03.

[545] Vgl. VG Frankfurt a.M. v. 18.10.2005 - 21 BG 1565/05 - www.vg-frankfurt.justiz.hessen.de.

[546] Vgl. BSG v. 17.09.1997 - 6 RKa 36/97 - juris Rn. 31 - BSGE 81, 86 = SozR 3-2500 § 87 Nr. 18.

[547] Vgl. BSG v. 14.03.2001 - B 6 KA 54/00 R - juris Rn. 30 - BSGE 88, 20 = SozR 3-2500 § 75 Nr. 12.

ärztlichen Versorgung oder als Gebietsarzt, der die qualifizierten Voraussetzungen für eine Abrechnungsgenehmigung nach einer qualitätssichernden Richtlinie i.S.v. § 135 Abs. 1 Nr. 2 SGB V nicht erfüllt) oder die Berufsausübung als Gebietsarzt zulässigerweise auf eine Subspezialisierung beschränkt wurde (z.B. als Arzt mit beschränkter Sonderbedarfszulassung gemäß § 101 Abs. 1 Nr. 3 SGB V, § 25 BedarfsplRL-Ä).[548] Gegen die **willkürliche, allein auf finanzielle Erwägungen gegründete Ausgliederung** tatsächlich vorhandener Gerätschaften könne eingeschritten werden.[549]

Das bedeutet, dass der Vertragsarzt jedenfalls vorhandene **Gerätschaften** nicht auf den Einsatz für Privatpatienten beschränken darf, auch nicht aus vermeintlichen Kostengründen.[550] Gleiches gilt für den Einsatz vorhandener ärztlicher **Qualifikationen**. Die Pflicht zur Vorhaltung bestimmter Geräte wird man hieraus nicht ableiten können, da es sich hierbei um die wirtschaftliche Entscheidung des freiberuflich tätigen Vertragsarztes bzw. des MVZ als Unternehmer handelt. 354

Ein **für zwei Fachgebiete zugelassener Arzt** kann seine Tätigkeit schwerpunktmäßig auf ein Fachgebiet ausrichten und im anderen Fachgebiet nur gelegentlich tätig werden.[551] 355

Nach Zulassung in einem gesperrten Planungsbereich hat der Vertragsarzt innerhalb von drei Monaten die **vertragsärztliche Tätigkeit aufzunehmen** (§ 19 Abs. 3 Ärzte-ZV).[552] 356

b. Einhaltung der Fachgebietsgrenzen

Die Grenzen der auf landesrechtlicher Grundlage beruhenden **Fachgebietsbezeichnung** sind einzuhalten (vgl. Rn. 41).[553] Die Heilberufs- bzw. Kammergesetze der Länder und die auf der Grundlage von Ermächtigungen in diesen Gesetzen von der Ärztekammer der Länder erlassenen Weiterbildungsordnungen normieren die Verpflichtung des Arztes, seine Tätigkeit auf dieses Fachgebiet zu beschränken. 357

Die **Grenzen** sind **rechtmäßig**, soweit die betroffenen Leistungen für das Fachgebiet nicht wesentlich und nicht prägend sind, die Abgrenzung vom fachlich medizinischen Standpunkt aus sachgerecht ist und der Facharzt in der auf sein Fachgebiet beschränkten Tätigkeit eine ausreichende Lebensgrundlage finden kann. Der über die Frage der Fachfremdheit von konkreten Behandlungsmaßnahmen entscheidende Tätigkeitsrahmen eines Gebietsarztes wird durch die auf landesrechtlicher Grundlage beruhende Fachgebietsbezeichnung begrenzt.[554] Nach der Rechtsprechung des BVerfG ist dies zulässig.[555] Soweit das BSG auf die jeweilige **Weiterbildungsordnung des Landes** abstellt,[556] kann die Heranziehung weiterer Weiterbildungsordnungen oder der Musterweiterbildungsordnung angezeigt sein, soweit im Einzelfall unterschiedliche Regelungen bestehen.[557] Die Konsequenz hieraus müsste sein, zu einer vereinheitlichenden Auslegung zu gelangen. Das BSG greift zur Auslegung zunehmend auf die **Musterweiterbildungsordnung** und hierzu ergangene **Empfehlungen der Bundesärztekammer**, die wiederum meist von den Ärztekammern als **WB-RL** übernommen werden, zurück.[558] Als **Verwaltungs-** 358

---

[548] Vgl. BSG v. 14.03.2001 - B 6 KA 54/00 R - juris Rn. 40 - BSGE 88, 20 = SozR 3-2500 § 75 Nr. 12; vgl. auch *Hüwelmeier/Schlingmann*, NZS 2005, 623, 628 ff.; *Hesral* in: Ehlers, Disziplinarrecht und Zulassungsentziehung. Vertragsärzte/Vertragszahnärzte, 2001, Rn. 96 ff.

[549] Vgl. BSG v. 14.03.2001 - B 6 KA 67/00 R - juris Rn. 26 - MedR 2002, 47.

[550] Vgl. *Kleinke/Wigge*, SGb 2003, 42; *Hesral* in: Ehlers, Disziplinarrecht und Zulassungsentziehung. Vertragsärzte/Vertragszahnärzte, 2001, Rn. 100; anders *Peikert/Kroel*, SGb 2001, 662, 665.

[551] Vgl. BSG v. 20.01.1999 - B 6 KA 78/97 R - juris Rn. 15 - SozR 3-2500 § 87 Nr. 20; BSG v. 26.01.2000 - B 6 KA 53/98 R - SozR 3-2500 § 95 Nr. 22.

[552] Vgl. *Großbölting/Jaklin*, NZS 2002, 525, 527 f.

[553] Vgl. BSG v. 20.10.2004 - B 6 KA 67/03 R - juris Rn. 18 - BSGE 93, 269 = SozR 4-2500 § 95 Nr. 9; BSG v. 08.09.2004 - B 6 KA 27/03 R - juris Rn. 13 - SozR 4-2500 § 95 Nr. 7 m.w.N.

[554] Vgl. BSG v. 08.09.2004 - B 6 KA 27/03 R - juris Rn. 13 - SozR 4-2500 § 95 Nr. 7; BSG v. 08.09.2004 - B 6 KA 32/03 R - juris Rn. 13; BSG v. 12.09.2001 - B 6 KA 89/00 R - juris Rn. 16 - SozR 3-2500 § 95 Nr. 33; BSG v. 29.09.1999 - B 6 KA 38/98 R - juris Rn. 14 - BSGE 84, 290 = SozR 3-2500 § 95 Nr. 21.

[555] Vgl. BVerfG v. 16.07.2004 - 1 BvR 1127/01 - juris Rn. 22 - SozR 4-2500 § 135 Nr. 2; BVerfG v. 17.06.1999 - 1 BvR 1500/97 - juris Rn. 5 - SozR 3-2500 § 72 Nr. 10 = NJW 1999, 3404; BVerfG v. 09.05.1972 - 1 BvR 518/62, 1 BvR 308/64 - juris Rn. 123 ff. - BVerfGE 33, 125= NJW 1972, 1504; vgl. ausführlich zur Abgrenzung status- und nicht-statusrelevanter Eingriffe *Clemens*, Anhang zu Artikel 12. Berufsregelungen im medizinischen Bereich, insbesondere für die Tätigkeit als Kassen- bzw. Vertragsarzt, in: Umbach/Clemens, Grundgesetz. Band I, 2002, Rn. 121 ff.

[556] Vgl. zuletzt BSG v. 08.09.2004 - B 6 KA 32/03 R - juris Rn. 13 - BSGE 93, 170 = SozR 4-2500 § 95 Nr. 8; BSG v. 22.03.2006 - B 6 KA 75/04 R - juris Rn. 13 f.

[557] Vgl. LSG Niedersachsen-Bremen v. 18.08.2004 - L 3 KA 103/02, bestätigt durch BSG v. 22.03.2006 - B 6 KA 75/04 R - SGb 2006, 605 (Kurzwiedergabe).

[558] Vgl. BSG v. 02.04.2003 - B 6 KA 30/02 R - juris Rn. 20 - SozR 4-2500 § 95 Nr. 5.

vorschriften kommt ihnen eine rechtliche Bindungs- bzw. Außenwirkung aber nicht zu. Hierfür besteht auch kein Bedürfnis, da die Kammern insoweit von ihrem Satzungsrecht Gebrauch machen können. Das BSG hat sich hierzu ebenfalls wohl eher ablehnend geäußert, ohne deren rechtlichen Gehalt eindeutig darzulegen. Zunächst hat es sie eher lapidar erwähnt,[559] dann aber festgestellt, die WB-RL könnten die Inhaltsfestlegung durch die WBO nicht beschränken, sondern nur konkretisieren.[560] Anschließend hat es die Auffassung vertreten, es könnten „zumindest Indizien" für die Gebietszuordnung der jeweiligen Behandlungen abgeleitet werden.[561] Nunmehr scheint es an der Formel festzuhalten, die WBO werde durch die WB-RL konkretisiert, könne aber nicht beschränkt werden.[562] Im Ergebnis wird man die WB-RL als norminterpretierende Verwaltungsvorschriften klassifizieren können, die keine Verbindlichkeit für die Gerichte haben.[563]

359 Die **Grenzen einer gebietsärztlichen Betätigung** beruhen zum einen auf **objektiven Umständen**. Diese bestehen darin, dass Leistungen nach Methode oder nach Körperregion nur von anderen Gebietsärzten erbracht werden dürfen. Zum anderen liegen Beschränkungen unter dem Gesichtspunkt der Fachfremdheit darin, dass der **subjektive Behandlungsanlass** stets auf Leistungen für fachgebietseigene Indikationen bezogen sein muss; denn selbst wenn objektive Grenzen nicht bestehen, dürfen Gebietsärzte Leistungen nicht aus Anlässen erbringen, die für sie fachfremd sind.[564]

360 Nach der Rechtsprechung des BSG verdeutlichen die bundesrechtlichen Regelungen des **Vertragsarztrechts** zur Zulassung (§ 18 Abs. 1 Satz 2 Ärzte-ZV und jetzt § 24 Abs. 6 Ärzte-ZV), zur Bedarfsplanung (§ 101 Abs. 1 Satz 4 SGB V und § 12 Abs. 3 Ärzte-ZV) und zu Zulassungsbeschränkungen (§ 103 Abs. 2 Satz 3 SGB V) in ihrer Zusammenschau, dass der (Bundes-)Gesetzgeber von einer nach einzelnen ärztlichen **Fachgebieten gegliederten ambulanten vertragsärztlichen Tätigkeit** ausgeht. Dies ergebe sich nunmehr auch ausdrücklich aus dem Auftrag an den Bewertungsausschuss zur Gliederung der in der fachärztlichen Versorgung abrechenbaren Leistungen nach den einzelnen Facharztgruppen (jetzt § 87 Abs. 2a Satz 1 letzter Satzteil und Satz 2 SGB V). Ein auch in der vertragsärztlichen Versorgung gegliedertes Facharztwesen könne aber seine Funktion nicht erfüllen, wenn jeder Facharzt Leistungen auf jedem ärztlichen Gebiet ohne Einschränkungen erbringen und abrechnen könne. Deshalb enthielten die genannten Regelungen des SGB V und der Ärzte-ZV zugleich den **bundesrechtlichen Grundsatz**, dass Leistungen außerhalb des eigenen Fachgebiets nicht vergütungsfähig seien.[565]

361 Nach dem BSG sollen diese bundesrechtlichen Vorgaben des Vertragsarztrechts dem Landesrecht in Form des Weiterbildungsrechts nunmehr gemäß **Art. 31 GG** vorgehen (vgl. aber Rn. 128 ff.).[566] Der Rückgriff auf eine „Zusammenschau" ist methodisch nicht ganz unbedenklich, als damit die Summierung mehr ergibt als die Summe der Einzelnormen. Letztlich dürfte es sich um eine singuläre Entscheidung handeln, die vermutlich dem Umstand geschuldet ist, dass sich das BSG an die Auslegung der Vorinstanz zur Reichweite der Zusatzbezeichnung Chirotherapie als gebunden ansah.

362 Für die Einhaltung der Fachgebietsgrenzen kommt es nicht auf die **persönliche Qualifikation** des Arztes an. Auch ein Arzt, der berufsrechtlich mehrere Gebietsbezeichnungen führen darf, aber nur für ein Fachgebiet zur vertragsärztlichen Versorgung **zugelassen** ist, muss sich im Rahmen der vertragsärztlichen Versorgung auf Leistungen des Gebietes beschränken, für das er zugelassen ist. Von daher hat auch außer Betracht zu bleiben, welche Zusatzbezeichnung berufsrechtlich geführt werden kann.[567] Die

---

[559] Vgl. BSG v. 20.01.1999 - B 6 KA 23/98 R - juris Rn. 21 - SozR 3-2500 § 72 Nr. 8; BSG v. 29.09.1999 - B 6 KA 38/98 R - juris Rn. 19 - BSGE 84, 290 = SozR 3-2500 § 95 Nr. 21.

[560] Vgl. BSG v. 14.03.2001 - B 6 KA 49/00 R - juris Rn. 23 - SozR 3-2500 § 95 Nr. 30; BSG v. 05.02.2003 - B 6 KA 15/02 R - juris Rn. 16 - SozR 4-2500 § 95 Nr. 1.

[561] Vgl. BSG v. 02.04.2003 - B 6 KA 30/02 R - juris Rn. 21 - SozR 4-2500 § 95 Nr. 5.

[562] Vgl. BSG v. 08.09.2004 - B 6 KA 27/03 R - juris Rn. 13 - SozR 4-2500 § 95 Nr. 7; BSG v. 08.09.2004 - B 6 KA 32/03 R - juris Rn. 13 - BSGE 93, 170 = SozR 4-2500 § 95 Nr. 8.

[563] Vgl. *Peikert*, MedR 2000, 123, 126.

[564] Vgl. BSG v. 05.02.2003 - B 6 KA 15/02 R - juris Rn. 15 - SozR 4-2500 § 95 Nr. 1; *Peikert*, MedR 2000, 123, 126.

[565] Vgl. BSG v. 22.03.2006 - B 6 KA 75/04 R - juris Rn. 16 m.w.N.

[566] Vgl. BSG v. 22.03.2006 - B 6 KA 75/04 R - juris Rn. 15.

[567] Vgl. BSG v. 18.10.1995 - 6 RKa 52/94 - juris Rn. 25 - SozR 3-2500 § 95 Nr. 7; BSG v. 02.04.2003 - B 6 KA 30/02 R - juris Rn. 15 f. - SozR 4-2500 § 95 Nr. 5; BSG v. 08.09.2004 - B 6 KA 32/03 R - juris Rn. 22 - BSGE 93, 170 = SozR 4-2500 § 95 Nr. 8; BSG v. 22.03.2006 - B 6 KA 75/04 R - juris Rn. 16; zur Berechtigung zur Kundgabe einer Doppelqualifikation als Facharzt vgl. BVerfG v. 29.10.2002 - 1 BvR 525/99 - juris Rn. 41 ff. - BVerfGE 106, 181 = SozR 3-2500 § 95 Nr. 35.

Fachgebietsbegrenzung gilt auch für **ermächtigte Ärzte**.[568] Nur für **Allgemeinärzte** gilt sie nicht (zum EBM 2005 vgl. aber Rn. 41).[569] Ebenso besteht eine Bindung an die Aufteilung in einen **haus- und fachärztlichen Versorgungsbereich** (vgl. § 73 Abs. 1 und Abs. 1a Satz 2 SGB V). Hat sich ein Vertragsarzt für den hausärztlichen Versorgungsbereich entschieden, unterliegt er unabhängig von den ihm berufsrechtlich erlaubten Leistungserbringungsmöglichkeiten auf seinem Fachgebiet den vertragsarztrechtlichen Beschränkungen eines Hausarztes.[570]

Aus der (auch) vertragsarztrechtlichen Beschränkung der Tätigkeit auf das Fachgebiet, für das der Arzt als Vertragsarzt zugelassen ist, folgt nach dem BSG auch, dass die berufsrechtliche Berechtigung zur Führung einer **Zusatzbezeichnung** für die Fachgebietskonformität oder Fachfremdheit einer Leistung ohne Belang ist.[571] **363**

Die **Revisibilität** einer **Weiterbildungsordnung** als Landesrecht hat das BSG verneint; etwas anderes könne nur gelten, wenn für die Bezirke anderer Landessozialgerichte inhaltlich übereinstimmende Vorschriften geschaffen worden wären und dies bewusst und gewollt um der Rechtseinheit willen geschehen wäre.[572] In der Regel liegen diese Voraussetzungen aber vor, da die Weiterbildungsordnungen mit denen der anderen Länder übereinstimmen, da sie bewusst auf der Grundlage der Musterweiterbildungsordnung des Deutschen Ärztetages ergangen sind.[573] **364**

Aus der **unbeanstandeten Abrechnung** bestimmter Leistungen über einen längeren Zeitraum erwächst für den betroffenen Vertragsarzt kein Recht, auch in Zukunft entsprechend abrechnen zu dürfen.[574] Nach dem BSG sollen sachlich-rechnerische Richtigstellungen Einschränkungen durch den Grundsatz des **Vertrauensschutzes** unterliegen, wenn die KV über einen längeren Zeitraum eine systematisch fachfremde oder eine ohne ausreichende fachliche Qualifikation ausgeübte Tätigkeit wissentlich geduldet und der Vertragsarzt im Vertrauen auf die weitere Vergütung solcher Leistungen weiterhin entsprechende Leistungen erbracht hat.[575] Die KV muss Anlass zu einer Vertrauensbetätigung gegeben haben und beim Arzt muss insoweit Schutzwürdigkeit bestehen.[576] Seitens der KV muss damit ein konkludentes Verhalten oder die Setzung eines Vertrauenstatbestandes vorliegen. **365**

Soweit eine Praxis der KVen besteht, **fachfremde Tätigkeiten in geringen Umfang**, d.h. bis zu 5% der Gesamtfallzahl, in die Abrechnung einzubeziehen, z.B. durch eine entsprechende Regelung in einem Honorarverteilungsmaßstab bzw. -vertrag, kollidiert dies mit dem Berufsrecht. Sachlich handelt es sich um einen Verzicht auf die Durchführung einer sachlich-rechnerischen Berichtigung, der der **Verwaltungsvereinfachung** dient und weshalb oftmals Einzelnachweise oder Begründungen nicht abgegeben werden müssen. Im Ergebnis wird damit eine fachfremde Tätigkeit bis zu dem genannten Umfang toleriert.[577] Dies kann in einem Honorarverteilungsmaßstab nach § 85 Abs. 2 Satz 2 SGB V geregelt werden. Durch eine solche Regelung werden Abgrenzungsprobleme im Einzelfall vermieden. **366**

Unter welchen Voraussetzungen solche **Pauschalregelungen** gelten, ist letztlich durch **Auslegung** zu ermitteln. Das LSG Baden-Württemberg sieht eine entsprechende Regelung als darauf begrenzt an, dass es sich um **unsystematische, sporadische Fälle** handeln müsse, die am Rande des eigentlichen **367**

---

[568] Vgl. BSG v. 14.03.2001 - B 6 KA 49/00 R - juris Rn. 19 - SozR 3-2500 § 95 Nr. 30.

[569] Vgl. BSG v. 05.02.2003 - B 6 KA 15/02 R - juris Rn. 20 - SozR 4-2500 § 95 Nr. 1; BSG v. 18.10.1995 - 6 RKa 52/94 - juris Rn. 24 - SozR 3-2500 § 95 Nr. 7; OVG Niedersachsen v. 08.07.2004 - 8 LC 63/02 - juris Rn. 28 - MedR 2004, 631; zur Führung weiterer Gebietsbezeichnungen durch Allgemeinmediziner vgl. BVerfG v. 29.10.2002 - 1 BvR 525/99 - BVerfGE 106, 181 = SozR 3-2500 § 95 Nr. 35.

[570] Vgl. BSG v. 31.01.2001 - B 6 KA 11/99 R - juris Rn. 15 - USK 2001-143; zur Verfassungsmäßigkeit der Aufteilung in die haus- und fachärztliche Versorgung vgl. BSG v. 18.06.1997 - 6 RKa 58/96 - juris Rn. 19 ff. - BSGE 80, 256 = SozR 3-2500 § 73 Nr. 1; BVerfG v. 17.06.1999 - 1 BvR 2507/97 - SozR 3-2500 § 73 Nr. 3; zu den daraus folgenden Vergütungsbeschränkungen vgl. BSG v. 17.09.1997 - 6 RKa 90/96 - juris Rn. 30 ff. - BSG SozR 3-2500 § 87 Nr. 17.

[571] Vgl. BSG v. 22.03.2006 - B 6 KA 75/04 R - juris Rn. 16 m.w.N.

[572] Vgl. BSG v. 18.10.1995 - 6 RKa 52/94 - juris Rn. 28 - SozR 3-2500 § 95 Nr. 7; vgl. auch BSG v. 05.02.2003 - B 6 KA 15/02 R - juris Rn. 14 - SozR 4-2500 § 95 Nr. 1; BSG v. 22.03.2006 - B 6 KA 75/04 R - juris Rn. 14.

[573] Vgl. BSG v. 20.03.1996 - 6 RKa 34/95 - juris Rn. 12 - SozR 3-2500 § 95 Nr. 9 m.w.N.; BSG v. 02.04.2003 - B 6 KA 30/02 R - juris Rn. 17 - SozR 4-2500 § 95 Nr. 5.

[574] Vgl. BSG v. 20.03.1996 - 6 RKa 34/95 - juris Rn. 14 ff. - SozR 3-2500 § 95 Nr. 9; BSG v. 23.09.1969 - 6 RKa 17/67 - BSGE 30, 83, 87 f. = SozR Nr. 33 zu § 368a RVO.

[575] Vgl. BSG v. 05.02.2003 - B 6 KA 15/02 R - juris Rn. 20 - SozR 4-2500 § 95 Nr. 1; BSG v. 12.12.2001 - B 6 KA 3/01 R - juris Rn. 39 - BSGE 89, 90 = SozR 3-2500 § 82 Nr. 3 m.w.N.

[576] Vgl. BSG v. 05.02.2003 - B 6 KA 15/02 R - juris Rn. 19 - SozR 4-2500 § 95 Nr. 1.

[577] Zu Bedenken vgl. *Hencke* in: Peters. Hb., § 95 Rn. 28.

Leistungsspektrums des Fachgebietes lägen, weshalb nur solche fachfremden Behandlungsfälle anerkannt werden könnten, die gelegentlich aufträten. Dies sei dann nicht der Fall, wenn ein Kinderarzt systematisch von ihm bereits als Kinder behandelte Patienten auch über das 18. Lebensjahr weiter behandeln wolle, ebenso wie seine Arzthelferinnen. Ansonsten könnte ein Kinderarzt alle seine Patienten über das 18. Lebensjahr hinaus bis zum Lebensende behandeln. Es sei auch ohne Belang, ob der Kinderarzt spezielle Erfahrungen mit der Behandlung solcher Patienten erworben habe, da es für die Abrechenbarkeit einer Leistung nicht auf das Können des Arztes ankomme, sondern auf das Dürfen.[578]

368 Ein Anspruch auf eine solche Regelung oder aber eine fachfremde Tätigkeit bis zu dem genannten Umfang besteht nicht. Nach dem **Facharztbeschluss des BVerfG** handelt es sich bei der Fachgebietsbeschränkung um eine Einschränkung der freien Betätigung im Beruf, die unter dem Gebot der Verhältnismäßigkeit steht. Sie darf nur als allgemeine Richtlinie gelten und darf nicht als eine auch einzelne Ausnahmefälle ausschließende Regel aufgefasst werden. Insofern tragen die Berufsordnungen der Ärztekammern dem mit den in den Formulierungen des Verbots enthaltenen Worten „grundsätzlich" oder „im Wesentlichen" Rechnung (vgl. bereits Rn. 41).[579] Insofern können allenfalls schwer abgrenzbare Einzelfälle oder einzelne sachlich begründete Ausnahmefälle als nicht fachfremd anerkannt werden.[580] Ausgeschlossen ist aber eine erkennbar über Einzelfälle hinausgehende Behandlung fachfremder Fälle, insbesondere wenn diese in keinem Zusammenhang mit der eigenen Fachkunde stehen, so die Mitbehandlung von männlichen Partnern durch Gynäkologen oder von Erwachsenen – z.B. Verwandte, Beschäftigte oder Eltern der Patienten – durch Kinderärzte.[581]

369 Für **Notfallbehandlungen** bestehen keine Fachgebietsbegrenzungen, da die Pflicht zur Teilname am Notdienst alle Ärzte trifft (vgl. Rn. 400 ff.). Der Arzt ist allerdings auf die notfallmäßige Versorgung beschränkt.

370 **Einzelentscheidungen**: **Anästhesisten** können nicht von Leistungen der Schmerztherapie ausgeschlossen werden.[582] Der als Anästhesist zugelassene Vertragsarzt darf chirotherapeutische Leistungen als für ihn fachfremd auch dann nicht erbringen und abrechnen, wenn er die Zusatzbezeichnung „Chirotherapie" führen darf und chirotherapeutisch nur im Rahmen einer ganzheitlichen Schmerztherapie tätig sein will.[583] Ein als Schmerztherapeut zur vertragsärztlichen Versorgung zugelassener Anästhesiologe darf Leistungen mit minimal-invasiven Verfahren nach den Nrn. 2935, 2960 EBM 1996 (Neurolyse, Denervation) wegen Fachfremdheit nicht erbringen und abrechnen.[584] Zur Anästhesiologe können Leistungen der psychosomatischen Grundversorgung nur insoweit zugerechnet werden, als psychosomatische Krankheitsbilder speziell aus diesem Fachgebiet betroffen sind; für übende und suggestive Verfahren ist dies der Fall.[585] Der Ausschluss typischerweise für Anästhesieleistungen erforderlicher Laborleistungen bedarf einer besonderen Rechtfertigung.[586]

371 Für einen **Arzt für Plastische Chirurgie** sind arthroskopische Karpaltunneloperationen nicht fachfremd.[587] Arthroskopische Leistungen gehören nicht zum Kernbereich der **Chirurgen**.[588] Die Erstellung einer MRT und ihre Befundung gehören zum Fachgebiet der Diagnostischen Radiologie und nicht zur Chirurgie und Unfallchirurgie.[589] Chirurgen und Internisten benötigen röntgenologische Untersuchungen fachgebunden, um die in ihren Fachgebieten zu behandelnden Gesundheitsstörungen zu erkennen.[590]

---

[578] Vgl. LSG Baden-Württemberg v. 12.08.2003 - L 5 KA 1403/02 - juris Rn. 26; LSG Baden-Württemberg v. 13.06.2001 - L 5 KA 4347/00 - juris Rn. 23.

[579] Vgl. BVerfG v. 09.05.1972 - 1 BvR 518/62, 1 BvR 308/64 - juris Rn. 129 - BVerfGE 33, 125 = NJW 1972, 1504.

[580] OVG Niedersachsen v. 08.07.2004 - 8 LC 63/02 - juris Rn. 33 - MedR 2004, 631.

[581] Im Einzelfall z.T. weitergehende Ausnahmen zulässig nach OVG Niedersachsen v. 08.07.2004 - 8 LC 63/02 - juris Rn. 33 - MedR 2004, 631.

[582] Vgl. BSG v. 13.03.1991 - 6 RKa 20/89 - juris Rn. 29 - BSGE 68, 190 = SozR 3-2500 § 95 Nr. 1.

[583] Vgl. BSG v. 18.10.1995 - 6 RKa 52/94 - juris Rn. 28 - SozR 3-2500 § 95 Nr. 7.

[584] Vgl. BSG v. 29.09.1999 - B 6 KA 38/98 R - juris Rn. 18 ff. - BSGE 84, 290 = SozR 3-2500 § 95 Nr. 21.

[585] Vgl. BSG v. 14.03.2001 - B 6 KA 49/00 R - juris Rn. 22 ff. - SozR 3-2500 § 95 Nr. 30.

[586] Vgl. BSG v. 27.10.1987 - 6 RKa 34/86 - juris Rn. 17 - BSGE 62, 224 = SozR 2200 § 368a Nr. 19.

[587] Vgl. BSG v. 02.04.2003 - B 6 KA 30/02 R - juris Rn. 22 ff. - SozR 4-2500 § 95 Nr. 5.

[588] Vgl. BSG v. 06.09.2000 - B 6 KA 36/99 R - juris Rn. 19 ff. - SozR 3-2500 § 135 Nr. 15.

[589] Vgl. LG Mannheim v. 17.11.2006 - 1 S 227/05 - juris Rn. 27 ff. - GesR 2007, 167.

[590] Vgl. BSG v. 18.09.1973 - 6 RKa 14/72 - BSGE 36, 155, 159 = SozR Nr. 37 zu § 368a RVO.

Für einen **Gynäkologen** sind Schilddrüsenhormonbestimmungen auch dann als fachfremd nicht abrechenbar, wenn sie im Rahmen der Behandlung der weiblichen Sterilität vorgenommen werden.[591] Ein Frauenarzt kann auftragsweise Laborleistungen nach Kap. O Abschn. III EBM 1996 erbringen.[592] Einem Frauenarzt ist jegliche Behandlung von Männern - abgesehen ggf. von speziellen reproduktionsmedizinischen Fragestellungen – verwehrt;[593] eine fachfremde Behandlung von Männern liegt auch vor im Falle von Genitalmykosen mit Partnerinfektion.[594] Ein Gynäkologe überschreitet ferner die Fachgebietsgrenzen, wenn er bei einem männlichen Patienten eine Untersuchung und Aufbereitung des Spermas vornimmt.[595] 372

Die Auslegung einer landesrechtlichen Weiterbildungsordnung dahingehend, dass Röntgenaufnahmen der Halswirbelsäule nicht vom Fachgebiet der **Hals-Nasen-Ohrenheilkunde** umfasst sind, ist mit Bundesrecht vereinbar.[596] 373

Eine nur bei Kindern geeignete Diagnostik, die Entwicklungsstörungen und/oder Erkrankungen speziell im Kindesalter feststellen soll, ist allein dem Fachgebiet der **Kinderheilkunde** zugeordnet und kann deshalb von Orthopäden nicht erbracht werden.[597] Ein Kinderarzt darf Erwachsene, das sind Personen über 18 Jahre, nicht mehr behandeln (vgl. bereits Rn. 367 f.).[598] Ausnahmefälle müssen indikationsbedingt sein, z.B. schwere psychische Erkrankungen, die einen Wechsel aufgrund langjähriger Arztbindung als untunlich erscheinen lassen. 374

Zum Fachgebiet des **Laborarztes** gehört nicht die Anfertigung und Auswertung von Elektrokardiogrammen.[599] 375

Untersuchungen, die außerhalb des neurologischen Bereichs durchgeführt werden und eine Krankheitsursache außerhalb dieses Bereiches betreffen, sind für **Neurologen** fachfremd, selbst wenn neurologische Symptome in Frage stehen; so sind doppler-sonographische Untersuchungen der Arteria subclavia für Neurologen fachfremd.[600] 376

Für einen **Orthopäden** sind Anästhesien zur Schmerztherapie nicht gebietsfremd.[601] 377

Zum Fachgebiet des **Radiologen** gehört nicht die Anfertigung und Auswertung von Elektrokardiogrammen.[602] 378

Weitere Beschränkungen können vertragsarztrechtlich zur Sicherung von Qualität und Wirtschaftlichkeit in der gesetzlichen Krankenversicherung geregelt werden.[603] 379

Beschränkungen können auch **bundesmantelvertraglich** vereinbart werden. So hat das BSG die Erbringung von Krankengymnastik und Massagen auf bestimmte Fachgebiete unter Ausschluss der Allgemeinärzte als zulässig angesehen.[604] Psychiatrische Leistungen bei Kindern und Jugendlichen sind für das Gebiet der Kinderheilkunde nicht wesentlich und können ausgeschlossen werden.[605] Diese Leistungen können auch bei Erwachsenen auf Fachgebietsärzte beschränkt werden, so dass an der hausärztlichen Versorgung teilnehmende Ärzte ausgeschlossen werden können,[606] ebenso Neurologen.[607] Die Anforderungen der Kernspintomographie-Vereinbarung an die Qualifikation zur Durchfüh- 380

---

591 Vgl. BSG v. 20.03.1996 - 6 RKa 34/95 - juris Rn. 12 ff. - SozR 3-2500 § 95 Nr. 9.

592 Vgl. BSG v. 12.09.2001 - B 6 KA 89/00 R - juris Rn. 17 ff. - SozR 3-2500 § 95 Nr. 33.

593 Vgl. BSG v. 20.10.2004 - B 6 KA 67/03 R - juris Rn. 18 - BSGE 93, 269 = SozR 4-2500 § 95 Nr. 9.

594 Vgl. LSG Baden-Württemberg v. 24.01.1996 - L 5 Ka 524/95 - MedR 1996, 569, 570.

595 Vgl. LSG Bayern v. 25.01.2006 - L 12 KA 657/04 - juris Rn. 8.

596 Vgl. BSG v. 22.03.2006 - B 6 KA 75/04 R - juris Rn. 13.

597 Vgl. BSG v. 08.09.2004 - B 6 KA 27/03 R - juris Rn. 14 ff. - SozR 4-2500 § 95 Nr. 7.

598 Vgl. LSG Baden-Württemberg v. 12.08.2003 - L 5 KA 1403/02 - juris Rn. 22 f.; LSG Baden-Württemberg v. 13.06.2001 - L 5 KA 4347/00 - juris Rn. 21.

599 Vgl. BSG v. 13.11.1974 - 6 RKa 33/73 - BSGE 38, 204, 206 f. = SozR 7325 § 32 Nr. 1.

600 Vgl. BSG v. 08.09.2004 - B 6 KA 32/03 R - BSGE 93, 170 = SozR 4-2500 § 95 Nr. 8 (juris Rn. 17).

601 Vgl. BSG v. 05.02.2003 - B 6 KA 15/02 R - juris Rn. 16 - SozR 4-2500 § 95 Nr. 1.

602 Vgl. BSG v. 28.05.1965 - 6 RKa 1/65 - BSGE 23, 97, 101 f. = NJW 1965, 2030; BSG v. 18.09.1973 - 6 RKa 14/72 - BSGE 36, 155, 159 = SozR Nr. 37 zu § 368a RVO.

603 Vgl. BVerfG v. 16.07.2004 - 1 BvR 1127/01 - juris Rn. 22 - SozR 4-2500 § 135 Nr. 2; BSG v. 08.09.2004 - B 6 KA 82/03 R - juris Rn. 20 f. - SozR 4-5533 Nr. 653 Nr. 1; vgl. die Kommentierung zu § 82 SGB V und die Kommentierung zu § 135 SGB V.

604 Vgl. BSG v. 08.03.2000 - B 6 KA 12/99 R - juris Rn. 16 ff. - SozR 3-2500 § 72 Nr. 11.

605 Vgl. BSG v. 20.01.1999 - B 6 KA 23/98 R - juris Rn. 21 - SozR 3-2500 § 72 Nr. 8.

606 Vgl. BSG v. 31.01.2001 - B 6 KA 11/99 R - juris Rn. 13 ff. - USK 2001-143.

607 Vgl. BSG v. 15.05.2002 - B 6 KA 22/01 R - juris Rn. 22 ff. - SozR 3-2500 § 72 Nr. 14.

rung und Abrechnung von MRT-Untersuchungen gelten auch für Orthopäden.[608] Weitere Abgrenzungen sind durch den EBM 2005 eingeführt, die insbesondere hausärztlich tätige Allgemeinärzte beschränken und zu Abgrenzungen zwischen hausärztlich und fachärztlichen Internisten sowie zwischen den fachärztlichen Internisten mit und ohne Schwerpunkt geführt haben (vgl. Rn. 41).

c. Überweisungsvorbehalt

381 Für bestimmte Fachgebiete oder Leistungen gilt das Gebot, nur auf Überweisung tätig zu werden (vgl. § 13 Abs. 4 und 5 BMV-Ä/§ 7 Abs. 4 und 5 EKV-Ä) (**Überweisungsvorbehalt**); für Radiologen und Laborärzte hat das BSG dies für zulässig erachtet, da dies bereits aus dem allgemeinen Berufsrecht folge; es werde lediglich eine sich aus der Fachgebietsbeschränkung ergebende Begrenzung vom allgemeinen Berufsrecht in das Kassenarztrecht transformiert.[609] Im Übrigen hat es, da es sich um einen Eingriff in den Zulassungsstatus handele, eine gesetzliche Grundlage verlangt.[610] Überweisungsverbote an andere Fachärzte bedürfen ebenfalls einer rechtlichen Grundlage.[611]

382 Einzelheiten über den Inhalt und Umfang einer Überweisung werden in den **Bundesmantelverträgen** geregelt (§ 24 BMV-Ä, § 27 EKV-Ä, § 10 BMV-Z, § 14 Abs. 8 EKV-Z). Grundsätzlich besteht eine Bindung an den Überweisungsauftrag des überweisenden Arztes.[612] Der beauftragte Arzt kann die in einem Überweisungsauftrag erbetenen Leistungen oder überhaupt die Annahme des Auftrages ablehnen, wenn dies die ihm obliegende Sorgfaltspflicht gebietet. Er kann auf eine Erweiterung des Überweisungsauftrages hinwirken, wenn er weitere Untersuchungs- oder Behandlungsmaßnahmen für erforderlich hält. Es ist ihm aber grundsätzlich verwehrt, solche Maßnahmen eigenmächtig über den erteilten Auftrag hinaus durchzuführen. Damit würde er in die Behandlung des Arztes eingreifen, der vom Patient als behandelnder Arzt gewählt worden ist und der mit dem Überweisungsauftrag nur bestimmte ärztliche Leistungen einem anderen Arzt übertragen hat, also hinsichtlich der Gesamtbehandlung die umfassende Verantwortung trägt.[613]

d. Gebot peinlich genauer Abrechnung

383 Es gilt das **Gebot peinlich genauer Abrechnung** der zu vergütenden Leistungen. Hierzu ist auch die **Verpflichtung zur ordnungsgemäßen Leistungserbringung** zu rechnen. Leistungen dürfen nicht abgerechnet werden, die der Arzt entweder nicht oder nicht vollständig oder – sofern sie sein Tätigwerden voraussetzen – nicht selbst erbracht hat. Dies ist nach dem BSG deshalb von so entscheidender Bedeutung, weil ordnungsgemäße Leistungserbringung und peinlich genaue Abrechnung lediglich in einem beschränkten Umfang der Überprüfung durch diejenigen zugänglich sind, die die Gewähr für die Sicherstellung der vertragsärztlichen Versorgung zu tragen haben, nämlich die KV und die Krankenkassen. Insbesondere die Verpflichtung zur peinlich genauen Abrechnung gehört daher zu den Grundpflichten des Arztes.[614] Mit der **Abrechnungs- und Sammelerklärung** (§ 35 Abs. 2 Satz 3 BMV-Ä, § 34 Abs. 1 EKV-Ä, § 16 Abs. 2 EKV-Z) garantiert der Kassen-/Vertragsarzt, dass die Angaben auf

---

[608] Vgl. BSG v. 31.01.2001 - B 6 KA 24/00 R - SozR 3-2500 § 135 Nr. 16; BVerfG v. 16.07.2004 - 1 BvR 1127/01 - SozR 4-2500 § 135 Nr. 2.

[609] Vgl. BSG v. 29.01.1997 - 6 RKa 81/95 - SozR 3-2500 § 72 Nr. 7 (Laborarzt) und BVerfG v. 17.06.1999 - 1 BvR 1500/97 - SozR 3-2500 § 72 Nr. 10 = NJW 1999, 3404; BSG v. 19.12.1984 - 6 RKa 27/83 - juris Rn. 28 ff. - BSGE 58, 18 = SozR 2200 § 368g Nr. 13 (Radiologe); BSG v. 30.03.1977 - 6 RKa 3/76 - BSGE 43, 247, 249 f. = SozR 2200 § 368f Nr. 5 S. 7 (Röntgenarzt); vgl. auch BSG v. 05.11.1997 - 6 RKa 52/97 - juris Rn. 25 - BSGE 81, 143 = SozR 3-2500 § 95 Nr. 16 (Pathologen).

[610] Vgl. BSG v. 13.03.1991 - 6 RKa 20/89 - juris Rn. 29 - BSGE 68, 190, 193 = SozR 3-2500 § 95 Nr. 1 S. 4 f. (Anästhesist und Schmerztherapie); vgl. auch *Clemens*, Anhang zu Artikel 12, Berufsregelungen im medizinischen Bereich, insbesondere für die Tätigkeit als Kassen- bzw. Vertragsarzt, in: Umbach/Clemens, Grundgesetz, Band I, 2002, Rn. 138 ff.

[611] Vgl. BSG v. 12.09.2001 - B 6 KA 89/00 R - juris Rn. 26 f. - SozR 3-2500 § 95 Nr. 33 (Gynäkologe und Laborleistungen); BSG v. 20.03.1996 - 6 RKa 21/95 - juris Rn. 15 ff. - BSGE 78, 91 = SozR 3-5540 § 25 Nr. 2 (Laborarzt).

[612] Vgl. BSG v. 08.07.1981 - 6 RKA 3/79 - juris Rn. 17 und 22 - USK 81118.

[613] Vgl. BSG v. 08.07.1981 - 6 RKA 3/79 - juris Rn. 25 - USK 81118; SG Stuttgart v. 30.07.2003 - S 11 KA 2454/00 - juris Rn. 25.

[614] Vgl. BSG v. 24.11.1993 - 6 RKa 70/91 - juris Rn. 22 - BSGE 73, 234 = SozR 3-2500 § 95 Nr. 4; BSG v. 25.10.1989 - 6 RKa 28/88 - juris Rn. 15 - BSGE 66, 6 = SozR 2200 § 368a Nr. 24; BSG v. 08.07.1981 - 6 RKa 17/80 - juris Rn. 31 - USK 81172; BVerfG v. 28.03.1985 - 1 BvR 1245/84, 1 BvR 1254/84 - juris Rn. 27 - BVerfGE 69, 233 = SozR 2200 § 368a Nr. 12.

den von ihm eingereichten Behandlungsausweisen bzw. Datenträgern zutreffen.[615] Auch derjenige, der tatsächlich erbrachte Leistungen und Leistungsfälle nicht oder nicht vollständig abrechnet, verstößt hiergegen.[616] **Tagesprofile** sind ein zulässiges Beweismittel.[617] Wiederholt unkorrekte Abrechnungen können die Zulassungsentziehung rechtfertigen.[618]

Ein Vertragsarzt verstößt gegen die Pflicht zur peinlich genauen Leistungsabrechnung dadurch, dass er kurative Leistungen bei interkurrenter Erkrankung eines **Kurpatienten** auf Chipkarte bzw. auf einem eigenen kurativen Behandlungsausweis abrechnet.[619] 384

e. Gebot persönlicher Leistungserbringung

Das **Gebot der persönlichen Leistungserbringung** folgt aus § 32 Abs. 1 Satz 1 Ärzte-ZV, der auf der Grundlage des § 98 Abs. 1 Satz 1 und Abs. 2 Nr. 13 SGB V erlassen ist. Trotz zunehmender Aufweichung durch die Zulässigkeit der Anstellung von Ärzten und von Zweigpraxen hat der Gesetzgeber an diesem Grundsatz weiterhin festgehalten. 385

Das Gebot der persönlichen Leistungserbringung wird nicht verletzt durch die Anstellung von Ärzten (vgl. Rn. 537 ff.), Vertretung (vgl. Rn. 320 ff.), Beschäftigung von Assistenten (vgl. Rn. 326 ff.) oder der Delegation von Hilfstätigkeiten (vgl. Rn. 340 f.), soweit die rechtlichen Grenzen hierfür eingehalten werden.[620] 386

Eine Beschäftigung anderer Ärzte ohne Genehmigung (vgl. die §§ 32 Abs. 2 Sätze 1 und 2, 32b Abs. 2 Satz 1 Ärzte-ZV) ist unzulässig.[621] Ein Verstoß führt zum Vergütungsausschluss,[622] auch bei urlaubsbedingter Abwesenheit eines Laborarztes.[623] 387

f. Einhaltung von Sorgfaltspflichten und Qualitätsstandards

Die **Qualität und Wirksamkeit der Leistungen** haben dem allgemein anerkannten Stand der medizinischen Erkenntnisse zu entsprechen und den medizinischen Fortschritt zu berücksichtigen (§ 2 Abs. 1 Satz 3 SGB V; vgl. auch § 70 Abs. 1 Satz 2 SGB V). Bereits das Berufsrecht verpflichtet zur Einhaltung von Sorgfaltspflichten und Qualitätsstandards, die bereichsspezifisch für das Vertragsarztrecht vielfältig ergänzt werden (vgl. insbesondere die §§ 135 ff. SGB V).[624] 388

Das Ausstellen einer **Arbeitsunfähigkeitsbescheinigung** ohne ärztliche Untersuchung erfüllt den Tatbestand des Ausstellens eines unrichtigen Gesundheitszeugnisses (§ 278 StGB).[625] 389

g. Abhaltung von Sprechstunden (§ 24 Abs. 2 Satz 1 Ärzte-ZV)

Der Vertragsarzt hat am Vertragsarztsitz **Sprechstunden** abzuhalten (§ 24 Abs. 2 Satz 1 Ärzte-ZV i.V.m. § 98 Abs. 1 Satz 1 SGB V). Ihr Umfang entzieht sich einer allgemeinen Festlegung und hängt vom Fachgebiet ab. Der Vertragsarzt hat die Sprechstunden entsprechend dem Bedürfnis nach einer ausreichenden und zweckmäßigen vertragsärztlichen Versorgung und den Gegebenheiten seines Praxisbereiches festzusetzen und seine Sprechstunden auf einem Praxisschild bekanntzugeben (§ 17 Abs. 1 Satz 1 BMV-Ä, § 6 Abs. 2 BMV-Z). Mit Blick auf die Heterogenität der Verhältnisse von Vertragsärzten und -psychotherapeuten geht das **BSG** nicht von einem einheitlichen Mindestumfang des Sprechstundenangebots aus, sondern will dies einerseits arzt- bzw. therapeutengruppenspezifisch so- 390

---

615 Vgl. BSG v. 17.09.1997 - 6 RKa 86/95 - juris Rn. 19 - SozR 3-5550 § 35 Nr. 1.

616 Vgl. LSG Nordrhein-Westfalen v. 28.04.1999 - L 11 KA 16/99 - juris Rn. 21 - MedR 2001, 103.

617 Vgl. BSG v. 24.11.1993 - 6 RKa 70/91 - juris Rn. 24 ff. - BSGE 73, 234 = SozR 3-2500 § 95 Nr. 4; LSG Land Nordrhein-Westfalen v. 11.02.2004 - juris Rn. 24 ff. - L 11 KA 72/03 - MedR 2004, 464; LSG Nordrhein-Westfalen v. 11.02.2004 - L 11 KA 30/03 - GesR 2004, 479.

618 Vgl. BSG v. 24.11.1993 - 6 RKa 70/91 - juris Rn. 36 - BSGE 73, 234 = SozR 3-2500 § 95 Nr. 4; BSG v. 25.10.1989 - 6 RKa 28/88 - juris Rn. 15 - BSGE 66, 6 = SozR 2200 § 368a Nr. 24; BSG v. 30.03.1977 - 6 RKa 4/76 - BSGE 43, 250, 252 = SozR 2200 § 368a Nr. 3.

619 Vgl. LSG Bayern v. 28.02.2007 - L 12 KA 3/06 - juris.

620 Vgl. im Einzelnen *Kamps*, MedR 2003, 63, 71 ff.

621 Vgl. BSG v. 25.10.1989 - 6 RKa 28/88 - juris Rn. 16 ff. - BSGE 66, 6 = SozR 2200 § 368a Nr. 24.

622 Vgl. BSG v. 18.12.1996 - B KA 84/95 - juris Rn. 17 - BSGE 80, 1 = SozR 3-5545 § 19 Nr. 2 m.w.N.; zum Abrechnungsbetrug vgl. *Kamps*, MedR 2003, 63, 75.

623 Vgl. BSG v. 08.09.2004 - B 6 KA 25/04 B - juris.

624 Vgl. *Seewald* in: Schnapp/Wigge, Handbuch des Vertragsarztrechts, § 19 Rn. 20 ff.

625 Vgl. BGH v.08.11.20062 StR 384/06 - juris Rn. 5 - MedR 2007, 248.

wie ggf. regional unterschiedlich ermitteln (vgl. Rn. 95).[626] Die Sprechstunden sind anzukündigen und einzuhalten.[627] Für den Umfang der Sprechstunde ist letztlich auf die Sicherstellung der Versorgung abzustellen.[628]

391 Einzelheiten regeln § 17 Abs. 1-2 BMV-Ä/§ 13 Abs. 7-8 EKV-Ä; § 6 Abs. 2 BMV-Z (vgl. auch Rn. 150 und Rn. 232).

h. Residenzpflicht (§ 24 Abs. 2 Satz 2 Ärzte-ZV)

392 Der Vertragsarzt hat seine **Wohnung** so zu wählen, dass er für die ärztliche Versorgung der Versicherten an seinem Vertragsarztsitz zur Verfügung steht (§ 24 Abs. 2 Ärzte-ZV; im Einzelnen vgl. Rn. 218 ff.).

i. Teilnahme am Notdienst

393 Die **Verpflichtung zur Teilnahme am Notdienst** ist Folge der aus der Zulassung resultierenden Teilnahmeverpflichtung. Zur vertragsärztlichen Versorgung gehört auch der Notfalldienst (§ 75 Abs. 1 Satz 2 SGB V; vgl. im Einzelnen auch die Kommentierung zu § 75 SGB V Rn. 32 ff.).[629] Ein Vertragsarzt übernimmt als Mitglied der KV mit seiner Zulassung die Verpflichtung, in zeitlicher Hinsicht umfassend für die Sicherstellung der vertragsärztlichen Versorgung zur Verfügung zu stehen. Das umfasst auch die Zeiten außerhalb der Sprechstunde.[630]

394 Der Umfang und die Durchführung des Notdienstes, der nicht auf das Wochenende beschränkt sein muss, obliegt der KV im Rahmen ihrer **Satzungshoheit**.[631] Er kann auch für ein einzelnes Fachgebiet organisiert werden (vgl. Rn. 315 f.).[632] Die Notdienstpflicht ist auf den Bereich der für den Vertragsarztsitz zuständigen KV beschränkt; für die Heranziehung zu einem „grenzüberschreitenden" Notfalldienst findet sich keine gesetzliche Grundlage.[633]

395 **Bestimmte Arztgruppen** können durch die Satzung **generell** von der Teilnahme am ärztlichen Bereitschaftsdienst **freigestellt** werden. Die Satzung kann hierzu auch den **Vorstand** zu einer **Ermessensentscheidung** ermächtigen, der in Form von Verwaltungsrichtlinien, die der gleichmäßigen Anwendung des Satzungsrechts dienen, Ermessensspielräume konkretisiert.[634]

396 Eine derartige **Satzungsregelung** ist hinreichend **bestimmt**, wenn sie die Freistellung von einem wichtigen Grund und ferner davon abhängig macht, dass die Durchführung des Bereitschaftsdienstes nicht gefährdet wird. Fehlen nähere Angaben, so ist sie zu unbestimmt.[635]

397 Ein **Anspruch** des Vertragsarztes gegen eine KÄV, bestimmte Arztgruppen generell vom Notdienst zu befreien, besteht bundesrechtlich von vornherein nicht.[636]

398 Die Nichtbefreiung der Arztgruppe der **Nervenärzte** ist auch dann nicht willkürlich, wenn ärztliche Psychotherapeuten befreit sind.[637]

399 Grundsätzlich sind **alle Vertragsärzte** zur Teilnahme am ärztlichen Notfalldienst geeignet. Der Anspruch eines Vertragsarztes beschränkt sich darauf, im Rahmen der **Gleichbehandlung** nicht öfter zum Notfalldienst herangezogen zu werden als die übrigen Ärzte.

400 Das BSG hat wiederholt betont, dass es sich bei der **Sicherstellung eines ausreichenden Not- und Bereitschaftsdienstes** um eine **gemeinsame Aufgabe der Vertragsärzte** handelt, die nur erfüllt werden kann, wenn alle zugelassenen Ärzte unabhängig von der Fachgruppenzugehörigkeit und sonstigen in-

---

[626] Vgl. BSG v. 30.01.2002 - B 6 KA 20/01 R - juris Rn. 29-31 - BSGE 89, 134 = SozR 3-5520 § 20 Nr. 3.

[627] Vgl. BSG v. 05.11.2003 - B 6 KA 2/03 R - juris Rn. 29 f. - SozR 4-5520 § 24 Nr. 1.

[628] Vgl. LSG Baden-Württemberg v. 14.07.1999 - L 5 KA 566/98 - juris Rn. 59.

[629] Vgl. BSG v. 12.10.1994 - 6 RKa 29/93 - juris Rn. 10 - USK 94139.

[630] Vgl. BSG v. 06.09.2006 - B 6 KA 43/05 R - juris Rn. 10.

[631] Vgl. BSG v. 11.06.1986 - 6 RKa 5/85 - juris Rn. 12 - MedR 1987, 122; BSG v. 15.04.1980 - 6 RKa 8/78 - juris Rn. 11 - USK 8055 m.w.N.; LSG Baden-Württemberg v. 16.07.2003 - L 5 KA 3081/02 - juris Rn. 18; SG Dresden v. 10.02.2005 - S 11 KA 260/04 - juris Rn. 18; zur Rechtsgrundlage vgl. bereits BSG v. 15.09.1977 - 6 RKa 8/77 - BSGE 44, 252, 256 f. = SozR 2200 § 368n Nr. 12; z.T. anders BVerwG v. 12.12.1972 - I C 30.69 - juris Rn. 32 - BVerwGE 41, 261 = NJW 1973, 576.

[632] Vgl. BSG v. 04.05.1994 - 6 RKa 7/93 - juris Rn. 18 - USK 94134.

[633] Vgl. SG Dortmund v. 17.01.2003 - S 26 KA 44/02 - juris Rn. 21 ff.

[634] Vgl. BSG v. 06.09.2006 - B 6 KA 43/05 R - juris Rn. 17.

[635] Vgl. BSG v. 06.09.2006 - B 6 KA 43/05 R - juris Rn. 18.

[636] Vgl. BSG v. 06.09.2006 - B 6 KA 43/05 R - juris Rn. 20.

[637] Vgl. LSG Bayern v. 25.10.2006 - L 12 KA 677/04 - juris Rn. 37 f.

dividuellen Besonderheiten und ohne Bevorzugung oder Benachteiligung einzelner Personen oder Gruppen **gleichmäßig herangezogen** werden.[638] Auch nach Gliederung der vertragsärztlichen Versorgung in eine hausärztliche und eine fachärztliche Versorgung (§ 73 Abs. 1 und Abs. 1a SGB V) können **Fachärzte** weiterhin zum Notdienst herangezogen werden.[639]

Der in der Notfalldienstverpflichtung liegende **Eingriff in die Berufsfreiheit** ist auch dann hinzunehmen, wenn er für den einzelnen Vertragsarzt besondere, über das übliche Maß hinausgehende Unannehmlichkeiten und Erschwernisse mit sich bringt. Erst beim Vorliegen schwerwiegender Gründe kann die **Grenze der Zumutbarkeit** überschritten und eine **Befreiung** des Betroffenen geboten sein.[640] Die KV muss auf Erfüllung der Verpflichtung nicht bestehen, wenn genügend Kassenärzte freiwillig teilnehmen, kann allerdings die nicht teilnehmenden Vertragsärzte zur **Finanzierung** heranziehen.[641] Von daher ist es als zulässig anzusehen, dass auch Psychologische Psychotherapeuten, die am ärztlichen Notdienst nicht teilnehmen können, zur Finanzierung herangezogen werden. **401**

Auch **Fachärzte** sind einschließlich der ärztlichen Psychotherapeuten zur Teilnahme am Notfalldienst grundsätzlich **geeignet**;[642] nicht herangezogen werden können lediglich die Psychologischen Psychotherapeuten.[643] Geeignet sind auch Nervenärzte.[644] Beruft sich ein Facharzt auf einen Eignungsverlust, so trägt er hierfür die Feststellungslast.[645] Nach LSG Nordrhein-Westfalen fehlt einem Facharzt für Pathologie die fachliche Eignung, wenn er langjährig (hier: ca. 34 1/2 Jahre) allein pathologisch tätig war und das 60. Lebensjahr bereits überschritten hat.[646] **402**

Dies schließt die **Befreiung einzelner Arztgruppen** nach Maßgabe der Bereitschaftsdienstsatzungen nicht aus, solange nicht in sachwidriger Weise differenziert wird (Art. 12 GG, Art. 3 GG). Die **Befreiung** rechtfertigt sich aus der Tatsache, dass trotz Erwerbs entsprechender Kenntnisse in der Ausbildung bestimmten Arztgruppen die Bereitschaftsdienstteilnahme kraft ihres an die Facharztbezeichnung anknüpfenden Zulassungsstatus unzumutbar sein kann, weil sie ihre erworbenen Kenntnisse aufgrund der Art ihrer täglichen Versorgungsarbeit nicht erhalten und pflegen können. Die Nichtbefreiung der Arztgruppe der Nervenärzte lässt einen Grundrechtsverstoß nicht erkennen. Eine besondere Praxisausrichtung in Gestalt der überwiegenden psychiatrischen Tätigkeit ist unerheblich.[647] **403**

Es besteht auch eine **Pflicht zur Fortbildung für eine Tätigkeit im Notdienst.**[648] Kommt ein Vertragsarzt dieser Verpflichtung nicht nach, kann dies zur Verhängung disziplinarischer oder bei beharrlicher Weigerung sogar zur Entziehung der Zulassung führen.[649] **404**

Die **Teilnahme** am allgemeinen Notfalldienst kann auf praktische Ärzte, Allgemeinärzte und Internisten **beschränkt** werden.[650] **405**

---

[638] Vgl. BSG v. 18.10.1995 - 6 RKa 66/94 - juris Rn. 15 - USK 95124; BSG v. 15.09.1977 - 6 RKa 8/77 - BSGE 44, 252, 257 f. = SozR 2200 § 368n Nr. 12.

[639] Vgl. BSG v. 06.09.2006 - B 6 KA 43/05 R - juris Rn. 11.

[640] Vgl. BSG v. 18.10.1995 - 6 RKa 66/94 - juris Rn. 15 - USK 95124.

[641] Vgl. BSG v. 03.09.1987 - 6 RKa 1/87 - juris Rn. 17 - SozR 2200 § 368m Nr. 4; zu einer bezirksstellenspezifischen Umlage zur Finanzierung der Bereitschaftsdienstpauschale vgl. LSG Bayern v. 28.03.2007 - L 12 KA 361/04 - www.sozialgerichtsbarkeit.de; zur Umlage zu einer Notdienstgemeinschaft vgl. SG Marburg v. 30.08.2006 - S 12 KA 261/05 - juris.

[642] Vgl. BSG v. 06.09.2006 - B 6 KA 43/05 R - juris Rn. 20; BSG v. 15.04.1980 - 6 RKa 8/78 - juris Rn. 12 - USK 8055 m.w.N.; BSG v. 15.09.1977 - 6 RKa 8/77 - BSGE 44, 252, 257 f. = SozR 2200 § 368n Nr. 12; BSG v. 19.10.1971 - 6 RKa 24/70 - BSGE 33, 165, 167 = SozR Nr. 3 zu BMV-Ärzte.

[643] Vgl. LSG Nordrhein-Westfalen v. 08.12.2004 - L 10 KA 5/04 - juris; LSG Niedersachsen v. 25.04.2001 - L 3/5 KA 67/99 - juris.

[644] Vgl. LSG Bayern v. 25.10.2006 - L 12 KA 677/04 - juris Rn. 36.

[645] Vgl. BSG v. 15.04.1980 - 6 RKa 8/78 - juris Rn. 12 - USK 8055 m.w.N.; BSG v. 15.09.1977 - 6 RKa 8/77 - BSGE 44, 252, 258 = SozR 2200 § 368n Nr. 12; vgl. insoweit auch BVerwG v. 12.12.1972 - I C 30.69 - juris Rn. 32 - BVerwGE 41, 261 = NJW 1973, 576; LSG Nordrhein-Westfalen v. 08.12.2004 - L 10 KA 5/04 - juris.

[646] Vgl. LSG Nordrhein-Westfalen v. 16.02.2005 - L 11 KA 42/04 - juris (nach Nichtzulassungsbeschwerde Revision anhängig: B 6 KA 13/06 R); vgl. aber SG Düsseldorf v. 05.04.2006 - S 2 KA 156/05 - juris Rn. 22.

[647] Vgl. LSG Bayern v. 25.10.2006 - L 12 KA 677/04 - juris Rn. 35 ff.

[648] Vgl. BSG v. 06.09.2006 - B 6 KA 43/05 R - juris Rn. 20; BSG v. 15.04.1980 - 6 RKa 8/78 - juris Rn. 12 - USK 8055 m.w.N.; BSG v. 15.09.1977 - 6 RKa 8/77 - BSGE 44, 252, 258 = SozR 2200 § 368n RVO Nr. 12; LSG Nordrhein-Westfalen v. 08.12.2004 - L 10 KA 5/04 - www.sozialgerichtsbarkeit.de; LSG Baden-Württemberg v. 16.07.2003 - L 5 KA 3081/02 - juris Rn. 22; LSG Bayern v. 25.10.2006 - L 12 KA 677/04 - juris Rn. 46 ff.

[649] Vgl. BSG v. 15.09.1977 - 6 RKa 8/77 - BSGE 44, 252, 259 = SozR 2200 § 368n RVO Nr. 12.

[650] Vgl. LSG Baden-Württemberg v. 16.07.2003 - L 5 KA 3081/02 - juris Rn. 23.

406 Eine **Ungleichbehandlung** innerhalb des Kreises der unmittelbar **patientenbezogen tätigen Arztgruppen** ist der KV jedenfalls nicht gestattet. Unter dem Gesichtspunkt der Spezialisierung der ärztlichen Tätigkeit und der Entfremdung von der allgemeinärztlichen Behandlung ist eine Differenzierung etwa zwischen Augen- und Hautärzten oder zwischen Hautärzten und Urologen nicht zu rechtfertigen.[651]

407 **Ausnahmen von der Teilnahmeverpflichtung** können als Ermessensvorschrift ausgestaltet werden.[652] Soweit in der Instanzenpraxis in obiter dicta der Rechtssatz aufgestellt wird, ein für den **Notfalldienst ungeeigneter Arzt** könne nicht auf die Möglichkeit, einen **Vertreter** zu **bestellen**, verwiesen werden, da dann jede Befreiung mit dem Hinweis hierauf verweigert werden könnte,[653] so weicht dies ohne Reflexion von der bisherigen Rechtsprechung des BSG ab. Das **BSG** hat eine Bestimmung, nach der bei der Entscheidung über eine Freistellung vom Notfallvertretungsdienst u.a. stets zu prüfen sei, ob dem Arzt aufgegeben werden könne, den Notfallvertretungsdienst auf eigene Kosten von einem geeigneten Vertreter wahrnehmen zu lassen, mit höherem Recht als vereinbar angesehen. Aus übergeordnetem Recht ergebe sich nicht, so das BSG, dass auf diese Prüfung zu verzichten sei, wenn der persönlichen Teilnahme am Notfallvertretungsdienst gesundheitliche Gründe entgegenstünden. Vielmehr könne die Freistellung zusätzlich von **beruflichen und wirtschaftlichen Verhältnissen** des Arztes, insbesondere von seinem **Honorarumsatz abhängig gemacht** werden. Da es sich um eine gemeinsame Aufgabe aller Kassenärzte handele, seien auch alle Kassenärzte zur Mitwirkung heranzuziehen, und zwar in einer alle gleichmäßig belastenden Weise. Persönliche Verhältnisse des einzelnen Arztes blieben dabei grundsätzlich unberücksichtigt. Ein Kassenarzt habe den Notfallvertretungsdienst, der für ihn auch eine Entlastung darstelle, zumindest solange gleichwertig mitzutragen, wie er in vollem Umfange kassenärztlich tätig sei. Es sei nicht geboten, einzelne Kassenärzte zu Lasten ihrer Kollegen von kassenärztlichen Pflichten freizustellen, wenn sie im Übrigen ihrer beruflichen Tätigkeit uneingeschränkt nachgingen, also die wirtschaftlichen Möglichkeiten des freien Berufes voll nutzten und deshalb wirtschaftlich nicht schlechter, eventuell sogar besser gestellt seien als ihre Kollegen, auf deren Kosten sie die Freistellung begehrten. Die Freistellung könne zusätzlich davon abhängig gemacht werden, ob die **gesundheitlichen Verhältnisse** sich **nachteilig** auf die **allgemeine berufliche Tätigkeit** des Arztes auswirkten, z.B. dass sie zu einer deutlichen Einschränkung der Praxisausübung geführt hätten oder dem Kassenarzt aufgrund seiner Einkommensverhältnisse (des Honorarumsatzes) nicht mehr zugemutet werden könne, den Notfallvertretungsdienst auf eigene Kosten von einem Vertreter wahrnehmen zu lassen.[654]

408 Entsprechend ist in der **Instanzenpraxis** eine **Satzungsbestimmung**, nach der eine **Freistellung vom Notfallvertretungsdienst** voraussetze, dass zu **gesundheitlichen Gründen** oder einer körperlichen Behinderung **kumulativ** eine **nachteilige Auswirkung** der gesundheitlichen Verhältnisse **auf die allgemeine berufliche Tätigkeit** des Vertragsarztes hinzukommen müsse, als rechtmäßig beurteilt worden; eine Satzung könne damit vorsehen, dass gesundheitliche Gründe, selbst wenn sie zur Ungeeignetheit der Versehung des Notfallvertretungsdienstes führten, nicht ausreichend sei, einen Befreiungstatbestand zu begründen.[655]

409 In Konsequenz einer solchen Rechtsprechung kann jeder Arzt – von wirtschaftlichen Härtefällen abgesehen – zur Teilnahme am Notfallvertretungsdienst herangezogen werden, wobei es seiner Entscheidung obliegt, ob er dieser Verpflichtung persönlich oder durch Beauftragung eines Vertreters nachkommt. Maßgeblich folgt eine solche Regelung aus dem Status als freiberuflich tätiger Vertragsarzt, der als Selbständiger auch Verpflichtungen nachzukommen bzw. für deren Erfüllung zu sorgen hat. Eine Benachteiligung (Art. 3 Abs. 1 GG) **gesundheitlich beeinträchtigter Vertragsärzte** gegenüber nicht gesundheitlich beeinträchtigten Vertragsärzten scheidet damit im Hinblick auf die wirtschaftliche Zumutbarkeit aus.

410 Die besonderen Pflichten eines **ambulant operierenden Arztes** gegenüber seinen Patienten zwingen nicht zur Annahme eines Befreiungstatbestandes.[656] Eine **belegärztliche Tätigkeit**, soweit sie gegenüber der ambulanten Praxis von nebengeordneter Bedeutung ist, oder das Betreiben einer Privatklinik

---

[651] Vgl. BSG v. 06.09.2006 - B 6 KA 43/05 R - juris Rn. 21.

[652] Vgl. BSG v. 11.06.1986 - 6 RKa 5/85 - juris Rn. 12 - MedR 1987, 122.

[653] Vgl. VGH Baden-Württemberg v. 03.11.1998 - 9 S 3399/96 - MedR 1999, 228, 231 und im Anschluss hieran LSG Nordrhein-Westfalen v. 08.12.2004 - L 10 KA 5/04 - www.sozialgerichtsbarkeit.de.

[654] Vgl. BSG v. 11.06.1986 - 6 RKa 5/85 - juris Rn. 13 - MedR 1987, 122.

[655] Vgl. SG Marburg v. 18.01.2006 - S 12 KA 49/05 - juris; SG Marburg v. 30.08.2006 - S 12 KA 944/05 - juris; vgl. auch VG Minden v. 31.08.2006 - 7 K 1506/06 - juris Rn. 33 - GesR 2007, 44.

[656] Vgl. BSG v. 18.10.1995 - 6 RKa 66/94 - juris Rn. 15 - USK 95124.

darf die Erfüllung der vertragsärztlichen Pflichten nicht beeinträchtigen und begründet für sich ebenfalls keinen Befreiungstatbestand.[657] Gleiches gilt für **ehrenamtliche Tätigkeiten in der Selbstverwaltung**.[658]

In der **Instanzenpraxis** wurde ferner entschieden, dass Fachärzte für innere Krankheiten mit dem Schwerpunkt **Nephrologie**, die zu zweit eine Dialysepraxis als **Gemeinschaftspraxis** führen, keinen Anspruch auf Befreiung vom Notdienst haben, soweit eine Notdienstordnung dies nicht vorsieht; in der Dialysepraxis liegen auch keine „schwerwiegenden Gründe", aufgrund derer eine Teilnahme am Notdienst auf Zeit oder dauernd nicht zugemutet werden kann.[659] Eine Praxistätigkeit in Gestalt einer **übergroßen Praxis** und eine umfangreiche Beanspruchung begründen ebenfalls keinen Befreiungstatbestand.[660] SG Düsseldorf hält es für zulässig, es einem **Pathologen**, der sich als ungeeignet ansieht, freizustellen, den Bereitschaftsdienst in eigener Person auszuüben oder ihn durch einen Vertreter wahrnehmen zu lassen.[661] 411

Befreiungen aus arztindividuellen, z.B. gesundheits-, alters- oder praxisbezogenen Gründen wirken konstitutiv und bleiben nach § 39 Abs 2 SGB X grundsätzlich auch dann wirksam, wenn die Voraussetzungen für eine solche Befreiung in der Bereitschaftsdienstordnung geändert werden. Eine **Aufhebung** kann auf der Rechtsgrundlage der §§ 48, 45 SGB X erfolgen.[662] 412

Beschränkt sich ein Freistellungsbescheid auf die Feststellung, dass der Vertragsarzt allein wegen seiner **Zugehörigkeit zu einer generell befreiten Gruppe** künftig nicht mehr am Bereitschaftsdienst teilnehmen muss, so **erledigt** sich der Verwaltungsakt nach § 39 Abs. 2 SGB X „auf andere Weise" und es bedarf keines Aufhebungsbescheids.[663] 413

Nach VG Schleswig ist ein **Notfalldienstplan** kein **Verwaltungsakt**, sondern enthält lediglich die Verteilung der „abstrakt" feststehenden Berufspflicht zur Teilnahme am Notfalldienst unter den pflichtigen Ärzten.[664] Das ist zu bezweifeln, da der Notfalldienstplan die allgemeine Pflicht verbindlich konkretisiert. Darin kann kein bloßes Angebot zur Übernahme der Dienste gesehen werden, das der Arzt letztlich ablehnen könnte. Insofern können über die Satzung für den Notdienst zuständige Behörden, z.B. in Gestalt eines sog. Obmanns gebildet werden, die Außenwirkung gegenüber einem Vertragsarzt haben. Eine lediglich kalendarische Aufstellung reicht hierfür nicht aus; es muss feststellbar sein, wer den Notdienstplan in wessen Namen verfasst hat, auf welche Weise er bekannt gegeben und möglicherweise mit einem Anschreiben versehen wurde und an wen er gerichtet worden ist.[665] 414

Die **Ausführung des Notfalldienstes** umfasst die Pflicht, im Falle der Abwesenheit bei Hausbesuchen ständig erreichbar zu sein und abgesehen von Fällen offensichtlicher Krankenhausbehandlungsbedürftigkeit eine unmittelbare Untersuchung vorzunehmen. Ein Vertragsarzt verstößt gegen seine vertragsärztlichen Pflichten im Notfalldienst, wenn er es ablehnt, eine Versicherte persönlich zu untersuchen und sie stattdessen auf die Vorstellung im Krankenhaus verweist.[666] Die **Sorgfaltspflicht eines Zahnarztes** macht regelmäßig eine Untersuchung eines Patienten, der sich nachts oder am Wochenende hilfesuchend an ihn wendet, erforderlich. Nur in Ausnahmefällen kann an die Stelle der Untersuchung und Behandlung eine persönliche **telefonische Beratung** mit entsprechenden therapeutischen Anweisungen treten.[667] 415

---

[657] Vgl. BSG v. 15.04.1980 - 6 RKa 8/78 - juris Rn. 16 - USK 8055; BSG v. 15.09.1977 - 6 RKa 12/77 - BSGE 44, 260, 263 f. = SozR 2200 § 368n RVO Nr. 13.

[658] Vgl. BSG v. 15.04.1980 - 6 RKa 8/78 - juris Rn. 16 - USK 8055.

[659] Vgl. SG Marburg v. 07.03.2007 - S 12 KA 927/06 - juris; zu einem einstweiligen Anordnungsverfahren vgl. LSG Berlin-Brandenburg v. 13.12.2005 - L 7 B 1035/05 KA ER - juris Rn. 6.

[660] Vgl. LSG Bayern v. 25.10.2006 - L 12 KA 677/04 - juris Rn. 45.

[661] Vgl. SG Düsseldorf v. 05.04.2006 - S 2 KA 156/05 - juris Rn. 22.

[662] Vgl. BSG v. 06.09.2006 - B 6 KA 43/05 R - juris Rn. 26.

[663] Vgl. BSG v. 06.09.2006 - B 6 KA 43/05 R - juris Rn. 23 ff.

[664] Vgl. VG Schleswig v. 25.09.2001 - 21 A 30/01 - juris Rn. 8 ff.

[665] Vgl. LSG Berlin-Brandenburg v. 13.12.2005 - L 7 B 1035/05 KA ER - juris Rn. 5.

[666] Vgl. SG Dortmund v. 11.05.2000 - S 26 KA 297/98 - juris; OVG Nordrhein-Westfalen v. 29.01.2003 - 6t A 1039/01.T - juris Rn. 3 ff. - NJW 2003, 2332; zu Zahnschäden aufgrund eines Unfalls vgl. OVG Nordrhein-Westfalen v. 15.07.2005 - 13 E 466/04.T - juris Rn. 21 f. - GesR 2005, 458.

[667] Vgl. OVG Nordrhein-Westfalen v. 24.01.2007 - 13 A 2534/05.T - juris.

j. Pflicht zur Weiterbildung

416 Die Pflicht zur fachlichen Fortbildung hat der Gesetzgeber nunmehr in **§ 95d SGB V** geregelt. Es wird auf die Kommentierung zu § 95d SGB V verwiesen.

k. Wirtschaftlichkeitsgebot

417 Ein Vertragsarzt muss das **Wirtschaftlichkeitsgebot** (vgl. die §§ 2 Abs. 1 Satz 1, 12 Abs. 1, 70 Abs. 1 Satz 2, 72 Abs. 2, 106 SGB V), auch in jedem Teilbereich seiner Tätigkeit, wahren.[668] Nachhaltige Verstöße gegen das Wirtschaftlichkeitsgebot können, neben einer Honorarkürzung oder einem Regress (vgl. § 106 SGB V), disziplinarische Maßnahmen oder eine Zulassungsentziehung rechtfertigen.[669]

l. Auskunftserteilung gegenüber der KV und den Krankenkassen

418 Die an der vertragsärztlichen Versorgung teilnehmenden Ärzte sind verpflichtet, die **für die Erfüllung der Aufgaben** der **Krankenkassen** sowie der **Kassenärztlichen Vereinigungen notwendigen Angaben**, die aus der Erbringung, der Verordnung sowie der Abgabe von Versicherungsleistungen entstehen, aufzuzeichnen und gemäß den Vorschriften nach den §§ 294a ff. SGB V den Krankenkassen, den KVen oder den mit der Datenverarbeitung beauftragten Stellen mitzuteilen (§ 294 SGB V).

419 In der Regel aus der Satzung der KV folgt die **Pflicht zur Erteilung aller notwendigen Auskünfte und Vorlage von Unterlagen** gegenüber der KV, die zur Nachprüfung der vertragsärztlichen oder sonstigen von dieser sicherzustellenden und zu gewährleistenden ärztlichen Tätigkeit erforderlich sind.[670] Das BSG sieht darin einen Ausdruck der allgemeinen Pflicht zum engen Zusammenwirken bei der Umsetzung des Rechts der gesetzlichen Krankenversicherung (vgl. die §§ 4 Abs. 3, 70, 72 Abs. 1 und 2, 81 Abs. 3 SGB V). Die Auskunftspflicht resultiert letztlich aus der Mitgliedschaft als Verwaltungsrechtsverhältnis, da Grundlage der KV der Sicherstellungsauftrag (§§ 72 Abs. 1 Satz 1, 75 Abs. 1 SGB V) ist, und aus der Zulassung zur Teilnahme.

420 Es muss auch Auskunft über die **Fallzahlen**, soweit Abrechnungen nicht eingereicht werden, erteilt werden.[671]

421 Gegenüber dem **MDK** besteht eine Auskunftspflicht nach § 276 Abs. 2 Satz 1 HS. 1 SGB V, gegenüber den **Krankenkassen** und sonstigen Leistungsträgern unter den Voraussetzungen des § 100 SGB X; vgl. auch § 36 Abs. 1 BMV-Ä, § 6 Abs. 3 Satz 1 EKV-Ä, §§ 12 Abs. 7, 16 BMV-Z, § 7 Abs. 5 EKV-Z.

422 Vertragszahnärzte sind verpflichtet, ihre **Befundunterlagen** den von den Krankenkassen beauftragten **Gutachtern** zur Verfügung zu stellen.[672] Ein **Vertragszahnarzt** ist verpflichtet, dem **Schadensbeschwerdeausschuss** alle Behandlungsunterlagen, Modelle und Röntgenbilder im jeweils zu überprüfenden Einzelfall vorzulegen.[673]

m. Pflicht zur vertrauensvollen Zusammenarbeit

423 Ganz allgemein gilt nach dem BSG eine **Pflicht zur vertrauensvollen Zusammenarbeit** mit den Institutionen des Vertragsarztrechts.[674]

n. Einziehung der Praxisgebühr

424 Der Vertragsarzt ist zur Einziehung der sog. Praxisgebühr verpflichtet und darf hierauf nicht verzichten (vgl. die §§ 43b Abs. 2 Satz 1, 18 Abs. 1 BMV-Ä/§ 21 Abs. 1 EKV-Ä, § 8a BMV-Z/EKV-Z).[675]

---

[668] Vgl. BSG v. 28.04.2004 - B 6 KA 24/03 R - juris Rn. 14 - GesR 2004, 424 = MedR 2004, 577 m.w.N.; in Zusammenhang mit einer disziplinarrechtlichen Ahndung vgl. BSG v. 08.03.2000 - B 6 KA 62/98 R - juris Rn. 22 - SozR 3-2500 § 81 Nr. 6.

[669] Vgl. BSG v. 24.11.1993 - 6 RKa 70/91 - juris Rn. 36 - BSGE 73, 234 = SozR 3-2500 § 95 Nr. 4; BSG v. 25.10.1989 - 6 RKa 28/88 - juris Rn. 15 - BSGE 66, 6 = SozR 2200 § 368a Nr. 24.

[670] Vgl. BSG v. 06.11.2002 - B 6 KA 9/02 R - juris Rn. 21 - SozR 3-2500 § 81 Nr. 9.

[671] Vgl. BSG v. 19.12.1984 - 6 RKa 34/83 - juris Rn. 15 - USK 84272.

[672] Vgl. BSG v. 22.06.1983 - 6 RKa 10/82 - juris Rn. 13 ff. - BSGE 55, 150 = SozR 2200 § 368 Nr. 8.

[673] Vgl. LSG Bayern v. 09.11.2005 - L 3 KA 5012/04 - www.sozialgerichtsbarkeit.de.

[674] Vgl. BSG v. 25.09.1997 - 6 BKa 54/96 - juris Rn. 5; BSG v. 08.07.1981 - 6 RKa 17/80 - juris Rn. 27 - USK 81172.

[675] Vgl. SG Köln v. 10.03.2004 - S 19 KA 5/04 - juris; SG Marburg v. 15.03.2006 - S 12 KA 25/05 - juris.

o. Beachtung der Gesetze und des Berufsrechts

Das BSG geht ferner davon aus, zu den vertragsärztlichen Pflichten gehöre, ohne dass dies einer ausdrücklichen Normierung bedürfe, dass es der Vertragsarzt **unterlasse**, in Ausübung der vertragsärztlichen Tätigkeit **Gesetzesverstöße** zu begehen, seien es solche gegen strafrechtliche oder gegen berufsrechtliche Vorschriften.[676] 425

p. Weitere Pflichten aus der Rechtsprechung

Gegenstand gerichtlicher Entscheidungen waren ferner folgende Pflichten: 426

- zur Mitwirkung an Qualitätssicherungsmaßnahmen;[677]
- zur Beachtung des Ruhens einer Zulassung;[678]
- zur Weiterleitung von Behandlungsunterlagen des vormals behandelnden an den aktuell behandelnden Arzt.[679]

7. Rechte und Pflichten des MVZ und seiner angestellten Ärzte

§ 95 Abs. 3 Satz 2 SGB V trifft eine differenzierende Regelung für das MVZ; Mitglied der KV werden nur die angestellten Ärzte, nicht das MVZ selbst. Die **Berechtigung und Verpflichtung zur Teilnahme** gilt demgegenüber für das **MVZ**, nicht für die angestellten Ärzte. Hieraus folgt, dass das **Recht zur Teilnahme an der Selbstverwaltung** ausschließlich von den angestellten Ärzten wahrgenommen werden kann. Als öffentlich-rechtliches und originäres Recht ist es arbeitsvertraglicher Abreden nicht zugänglich und können insbesondere Weisungen seitens des MVZ nicht erteilt werden. Allerdings endet die Mitgliedschaft zwangsläufig mit dem Ende der Zulassung des MVZ oder der Beendigung des Anstellungsverhältnisses. 427

Soweit die in einem MVZ **angestellten Ärzte** Mitglieder der KV werden, gelten für sie aber die gleichen **vertragsarztrechtlichen Pflichten**. Für berufsrechtliche Regelungen folgt dies bereits aus der Berufsausübung. Für die aus der Ärzte-ZV resultierenden Pflichten folgt dies aus deren entsprechender Geltung (vgl. § 1 Abs. 3 Ärzte-ZV). Für vertragliche Bestimmungen ordnet § 95 Abs. 3 Satz 3 SGB V ganz allgemein ihre Verbindlichkeit an, wozu bereits die Satzung der KV verpflichten muss (§ 81 Abs. 3 Nr. 1 SGB V). Ferner gilt nach § 95 Abs. 2 Satz 10 SGB V für die in einem MVZ angestellten Ärzte § 135 SGB V entsprechend. Lediglich für einige wenige Pflichten folgt aus der Besonderheit des MVZ, dass Pflichten nur für dieses gelten.[680] So kann das Gebot auf das Abhalten von Sprechstunden (vgl. Rn. 390 f.) nur das MVZ treffen. 428

IX. Wirkung der Ermächtigung (Absatz 4)

1. Inhalt der Regelung

§ 95 Abs. 4 SGB V regelt nicht die Voraussetzungen der **Ermächtigung**, sondern nur ihre **Folgen**. Umfang und Inhalt der Ermächtigung werden nach anderen Vorschriften des SGB V, der Ärzte-ZV und der Bundesmantelverträge geregelt (vgl. Rn. 88 f.). 429

Die **Ermächtigung bewirkt**, dass auch der ermächtigte Arzt oder die ermächtigte ärztlich geleitete Einrichtung zur Teilnahme an der vertragsärztlichen Versorgung berechtigt und verpflichtet ist. 430

Nach der nunmehr mit der Ermächtigung für Krankenhausärzte verbundenen Mitgliedschaft in der KV (vgl. § 78 Abs. 3 SGB V) sind diese den zugelassenen Ärzten vollständig gleichgestellt. Sie sind jedoch an den **Umfang** ihrer zudem zu befristenden **Ermächtigung** (vgl. § 31 Abs. 7 Ärzte-ZV) gebunden, da ihr **Zulassungsstatus** hierauf beschränkt ist. Andere ermächtigte Ärzte, ermächtigte ärztlich geleitete Einrichtungen oder die in ihnen tätigen Ärzte werden nicht Mitglied der KV. Das Teilnahmerecht wird durch den **Ermächtigungsumfang** beschränkt. 431

[676] Vgl. BSG v. 25.09.1997 - 6 BKa 54/96 - juris Rn. 5.
[677] Vgl. BSG v. 20.10.2004 - B 6 KA 67/03 R - juris Rn. 24 - BSGE 93, 269 = SozR 4-2500 § 95 Nr. 9.
[678] Vgl. BSG v. 20.10.2004 - B 6 KA 67/03 R - juris Rn. 25 - BSGE 93, 269 = SozR 4-2500 § 95 Nr. 9.
[679] Vgl. BSG v. 06.11.2002 - B 6 KA 9/02 R - juris Rn. 21 - SozR 3-2500 § 81 Nr. 9.
[680] Vgl. *Möller*, GesR 2004, 456, 458.

2. Vergütungsanspruch

432 Aus der Teilnahmeberechtigung folgt auch der **Vergütungsanspruch** nach § 85 Abs. 4 SGB V, soweit nicht Sonderbestimmungen bestehen (vgl. § 120 SGB V[681]). Die Honorarverteilung kann für zugelassene und ermächtigte Ärzte/Institutionen unterschiedlich geregelt werden.[682]

3. Verbindlichkeit der vertraglichen Bestimmungen

433 § 95 Abs. 4 Satz 2 SGB V ordnet ebenfalls die **Verbindlichkeit der vertraglichen Bestimmungen** an. Hieraus folgt bereits die Geltung der auf der Grundlage des § 135 SGB V erlassenen Richtlinien, ohne dass § 95 Abs. 4 SGB V eine § 95 Abs. 2 Satz 10 SGB V entsprechende Regelung enthält. Zudem kann mangels Bedarfs eine Ermächtigung für eine nicht anerkannte Behandlungsmethode nicht erfolgen.

4. Ruhen, Entziehung und Ende der Ermächtigung

434 § 95 Abs. 4 Satz 3 SGB V ordnet ferner die entsprechende Geltung der Bestimmungen über das **Ruhen** (§ 95 Abs. 5 SGB V), die **Zulassungsentziehung** (§ 95 Abs. 6 SGB V), das **Zulassungsende** (§ 95 Abs. 7 SGB V) und das **Disziplinarrecht** (§ 81 Abs. 5 SGB V) an.

435 Aufgrund der Befristung und wegen der Bedarfsdeckung ist ein **Ruhen** der Ermächtigung wenig sinnvoll, kann aber in Ausnahmefällen in Betracht kommen (vgl. Rn. 446 ff.).

436 Eine **Entziehung** wegen **Wegfalls des Bedarfs** scheidet aus, soweit zur Prüfung des Bedarfs bereits nur eine **befristete Ermächtigung** erteilt werden darf (vgl. § 31 Abs. 7 Ärzte-ZV). Insoweit besteht ein Vertrauensschutz des ermächtigten Arztes.[683] Dieser kann auch nicht durch einen **Widerrufsvorbehalt** für den Fall einer veränderten Versorgungslage umgangen werden.[684] § 31 Abs. 8 Sätze 2 und 3 Ärzte-ZV betrifft nur einzelne Varianten der Entziehungsgründe nach § 95 Abs. 6 Satz 1 SGB V, so dass ihm nur deklaratorische Bedeutung zukommt (vgl. die Kommentierung zu § 98 SGB V Rn. 67 f.).

437 **Einzelfälle**: Eine Ermächtigung eines Krankenhausarztes kann entzogen werden, wenn er in einem Zusatz in Arztbriefen an niedergelassene Ärzte zur Umgehung einer durch einen Facharztfilter eingeschränkten Ermächtigung diese darauf hinweist, diagnostische Leistungen könnten weiterhin erbracht werden im Rahmen einer prästationären Abklärung, weshalb eine stationäre Einweisung erforderlich sei; den Patienten solle aber vorab mitgeteilt werden, dass sie nicht stationär aufgenommen würden.[685]

438 Die Anordnung der **entsprechenden Geltung** bezieht sich auf den **gesamten § 95 Abs. 7 SGB V**.[686] Soweit hierin ein Redaktionsversehen angenommen wird,[687] bleibt außer Betracht, dass offensichtlich alle Ärzte gleichbehandelt werden sollten. Im Übrigen hat der Gesetzgeber mit dem VÄndG in § 95 Abs. 7 SGB V mit der Ergänzung durch die Sätze 7 und 8 von der Altersgrenze abgesehen, wenn Unterversorgung eingetreten ist. Dies hat ihn jedoch nicht bewogen, § 95 Abs. 4 SGB V zu ändern. Ein Ende der Ermächtigung tritt deshalb mit Ablauf des Kalendervierteljahres, in dem das **68. Lebensjahr** vollendet wird, ein, soweit sie überhaupt über diesen Zeitpunkt hinaus erteilt wurde. Nur im Fall der Unterversorgung kann die Ermächtigung fortdauern; in diesem Fall kann sie auch nach Erreichen des 68. Lebensjahres erstmals oder erneut erteilt werden. Ein Arzt, der das 68. Lebensjahr überschritten hat, kann nicht zur vertragsärztlichen Versorgung ermächtigt werden.[688]

439 Die **Ausnahmevorschrift** nach § 95 Abs. 7 Sätze 4 und 5 SGB V ist auf ermächtigte Ärzte ebenfalls anwendbar. Dies macht aber nur Sinn für die Ärzte, die eine vertragsärztliche Tätigkeit faktisch wie zugelassene Vertragsärzte ausüben. Als Übergangsrecht trägt die Ausnahmevorschrift dem Vertrau-

---

[681] Vgl. zuletzt BSG v. 10.12.2003 - B 6 KA 56/02 R - SozR 4-2500 § 120 Nr. 1.

[682] Vgl. BSG v. 20.10.2004 - B 6 KA 30/03 R - juris Rn. 17 ff. - BSGE 93, 258 = SozR 4-2500 § 85 Nr. 12; LSG Nordrhein-Westfalen v. 09.04.2003 - L 11 KA 97/00 - juris Rn. 28 ff.

[683] Vgl. BSG v. 02.12.1994 - 6 RKa 54/91 - juris Rn. 24 - BSGE 71, 280 = SozR 3-2500 § 116 Nr. 3; BSG v. 19.06.1996 - 6 RKa 15/95 - juris Rn. 17 - SozR 3-2500 § 116 Nr. 13; BSG v. 27.02.1992 - 6 RKa 15/91 - juris Rn. 32 - BSGE 70, 167 = SozR 3-2500 § 116 Nr. 2; zur früheren Rechtslage mit unbefristeten Ermächtigungen vgl. BSG v. 09.06.1999 - B 6 KA 70/98 R - juris Rn. 17 - SozR 3-2500 § 95 Nr. 20.

[684] Vgl. BSG v. 27.04.1982 - 6 RKa 3/80 - juris Rn. 23 - USK 82 197.

[685] Vgl. SG Marburg v. 24.01.2007 - S 12 KA 858/06 - juris.

[686] Vgl. BSG v. 12.09.2001 - B 6 KA 45/00 R - juris Rn. 18 f. - SozR 3-2500 § 95 Nr. 32; BSG v. 13.12.2000 - B 6 KA 38/00 B - juris Rn. 5.

[687] Vgl. *Hencke* in: Peters, Handbuch KV (SGB V), § 95 Rn. 45.

[688] Vgl. SG Marburg v. 23.11.2005 - S 12 KA 42/05 - juris Rn. 28.

ensschutz niedergelassener Ärzte Rechnung. Schon aufgrund der Befristung erwächst ermächtigten Ärzten kaum ein über den Befristungszeitraum hinausgehendes Vertrauen.[689] Für ermächtigte angestellte Ärzte kann daher die Ausnahmevorschrift nicht entsprechend angewandt werden.

Die Altersgrenze ist wenig sinnvoll, da selbst bei **Bedarfslücken** ältere Ärzte nicht ermächtigt werden dürfen. Mit der Regelung zur **Unterversorgung** (§ 95 Abs. 7 Satz 8 SGB V) hat der Gesetzgeber dem teilweise abgeholfen. 440

5. Disziplinarrecht

Der Verweis auf die **Anwendbarkeit des Disziplinarrechts** hat nach Mitgliedschaft der ermächtigten Krankenhausärzte nur noch für die übrigen Ärzte Bedeutung. 441

Eine Anwendung des Disziplinarrechts auf **ermächtigte Einrichtungen** ist entgegen der Gesetzesbegründung[690] nicht möglich.[691] Das Disziplinarrecht ahndet einen vorwerfbaren Pflichtenverstoß und hat damit menschliches Handeln zum Gegenstand. Die in den Einrichtungen beschäftigten Ärzte unterliegen, da sie weder persönlich zugelassen noch Mitglieder einer KV sind, ebenfalls nicht der Disziplinargewalt der KV. Pflichtenverstöße der Einrichtungen bzw. ihrer Beschäftigten können daher nur berufsrechtlich bzw. über Honorarberichtigungen und -kürzungen oder Maßnahmen der Aufsicht sanktioniert werden. Eine Entziehung der Ermächtigung scheidet in der Regel aus, da meist ein Anspruch auf Ermächtigung besteht. 442

6. Persönliche Leistungserbringung

Die Ärzte-ZV gilt für ermächtigte Ärzte nur, soweit sie besondere Regelungen enthält. Eine analoge Anwendung ist nicht möglich. So hat auch der ermächtigte Arzt seine **vertragsärztliche Tätigkeit persönlich auszuüben**. Er kann sich, aber nur bei Krankheit, Urlaub, Teilnahme an der ärztlichen Fortbildung oder Wehrübung innerhalb von zwölf Monaten bis zur Dauer von – insgesamt – drei Monaten vertreten lassen (vgl. § 32a Sätze 2 und 3 Ärzte-ZV). Die **Beschäftigung von Assistenten** ist nicht möglich[692] und berechtigt zur Honorarkürzung.[693] Abweichende Bestimmungen können angesichts der unterschiedlichen Regelungen in den §§ 32 und 32a Ärzte-ZV und einer fehlenden Rechtsgrundlage auch nicht auf Bundesmantelvertragsebene getroffen werden. Soweit die Bundesmantelverträge Leistungen „genehmigter" Assistenten als persönliche Leistungen ansehen (vgl. die §§ 4 Abs. 1 Satz 2, 15 Abs. 1 Satz 2 BMV-Ä, §§ 8 Abs. 3, 14 Abs. 1 Satz 2 EKV-Ä), sind daher ausschließlich die Genehmigungen nach § 32 Ärzte-ZV gemeint; hierzu gehören nicht Assistenten oder Stationsärzte in einem Krankenhaus. Im Übrigen wird ein Krankenhausassistent dort angestellt, aber nicht „genehmigt". 443

Eine Ausnahme besteht für die **Ermächtigung** für **Tätigkeitsorte außerhalb des KV-Bezirks** (§ 24 Abs. 3 Satz 3 Ärzte-ZV, vgl. Rn. 246). 444

Ein **Krankenhausarzt**, der **vertragsärztliche Leistungen ohne Ermächtigung erbringt**, auch wenn dadurch lediglich der Nachweis eines erforderlichen Bedarfs erbracht werden soll, verstößt gegen seine Berufspflichten.[694] 445

X. Ruhen der Zulassung (Absatz 5)

Der Vertragsarzt ist verpflichtet, seine vertragsärztliche Tätigkeit – grundsätzlich **persönlich** (§ 32 Abs. 1 Satz 1 Ärzte-ZV, vgl. Rn. 177 f., zu Ausnahmen vgl. Rn. 319 ff.) – **auszuüben**. Bereits im Zulassungsbescheid ist der Zeitpunkt festzusetzen, bis zu dem die vertragsärztliche Tätigkeit aufzunehmen ist (vgl. § 19 Abs. 2 Satz 1 Ärzte-ZV). Wird die vertragsärztliche Tätigkeit in einem von Zulassungsbeschränkungen betroffenen Planungsbereich nicht innerhalb von drei Monaten nach Zustellung des Beschlusses über die Zulassung aufgenommen, endet die Zulassung (vgl. § 19 Abs. 3 Ärzte-ZV). Die **Zulassung ruht** auf Beschluss des Zulassungsausschusses, wenn der Vertragsarzt seine Tätigkeit 446

---

[689] Vgl. SG Marburg v. 23.11.2005 - S 12 KA 42/05 - juris Rn. 29.

[690] Gesetzentwurf der Regierungsfraktionen BT-Drs. 11/2237, S. 195 (zu § 103 Abs. 4); möglicherweise handelt es sich nur um eine sprachliche Ungenauigkeit, als das Personalpronomen „sie" nur auf „ermächtigte Ärzte" bezogen sein sollte.

[691] Ebenso *Hencke* in: Peters, Handbuch KV (SGB V), § 81 Rn. 28; anders *Hess* in: KassKomm, SGB V, § 95 Rn. 69, allerdings mit Bedenken; *Krauskopf* in: Krauskopf, Krankenversicherung, § 95 Rn. 42.

[692] Vgl. *Steinhilper*, MedR 2003, 339; *Jolitz*, MedR 2003, 340 ff.; *Kamps*, MedR 2003, 63, 75; *Maaß*, NZS 2005, 24; anders *Kuhla*, MedR 2003, 25, 26 ff.

[693] Vgl. LSG Niedersachsen-Bremen v. 27.10.2004 - L 3 KA 209/04 ER - juris Rn. 30 ff. - MedR 2005, 60.

[694] Vgl. Gerichtshof für die Heilberufe Niedersachsen v. 18.02.2004 - 1 S 2/03.

nicht aufnimmt oder nicht ausübt, ihre Aufnahme aber in angemessener Frist zu erwarten ist. Nach Einführung des hälftigen Versorgungsauftrages (§ 95 Abs. 3 Satz 2 SGB V, vgl. Rn. 288 ff.) kann bei vollem Versorgungsauftrag auch das **hälftige Ruhen** der Zulassung beschlossen werden (§ 95 Abs. 5 SGB V; ergänzende Regelungen in § 24 Ärzte-ZV).

1. Wirkung der Ruhensanordnung

447 Das Ruhen bewirkt eine **Suspendierung der vertragsärztlichen Rechte und Pflichten**, soweit mit ihnen eine unmittelbare vertragsärztliche Tätigkeit verbunden ist. Vertragsärztliche Leistungen müssen nicht, dürfen aber auch nicht erbracht werden. Eine Vertretung oder Beschäftigung Dritter ist damit obsolet. Praxisräume müssen während der Ruhenszeit nicht vorgehalten werden, das Inventar kann verkauft werden.[695] Der Vertragsarzt bleibt aber Mitglied der KV mit allen Mitgliedschaftsrechten. Dem Ruhen kommt vor allem bei gesperrten Planungsbereichen oder zu erwartenden Sperrungen Bedeutung zu, da die Zulassung und der Vertragsarztsitz erhalten bleiben und trotz Nichtausübung der vertragsärztlichen Tätigkeit eine Neuzulassung nicht erfolgen muss. Ansonsten kann ein Vertragsarzt durch Verzicht und Neuzulassung ebenfalls das Ziel erreichen, die vertragsärztliche Tätigkeit zu unterbrechen. Kann die vertragsärztliche Tätigkeit vorübergehend nicht ausgeübt werden, kommt auch eine Vertretung in Betracht (vgl. Rn. 320 ff.). Ist ein Ruhen der vertragsärztlichen Zulassung angeordnet, ruht auch die belegärztliche Tätigkeit (§ 40 Abs. 4 Satz 3 BMV-Ä/§ 32 Abs. 4 Satz 3 EKV-Ä).

2. Ruhenstatbestände

448 **Ruhenstatbestände** sind nach § 95 Abs. 5 SGB V die Nichtaufnahme oder Nichtausübung der vertragsärztlichen Tätigkeit. Ein Ruhen setzt voraus, dass die Aufnahme der vertragsärztlichen Tätigkeit in „angemessener Frist" zu erwarten ist. Bei **Zulassung** eines Vertragsarztes ist im Zulassungsbescheid der **Zeitpunkt festzusetzen**, bis zu dem die vertragsärztliche Tätigkeit aufzunehmen ist; aus wichtigem Grund kann ein späterer Zeitpunkt festgesetzt werden (§ 19 Abs. 2 Ärzte-ZV). In gesperrten Bereichen endet die Zulassung, wenn nicht innerhalb von drei Monaten eine Tätigkeit aufgenommen werden kann (§ 19 Abs. 3 Ärzte-ZV). Für eine spätere Aufnahme bedarf es daher eines Ruhensbeschlusses, der schon im Hinblick auf Art. 12 Abs. 1 GG nicht unzulässig ist.[696]

449 Darüber hinaus dürfen nach § 26 Abs. 1 Ärzte-ZV **Gründe der Sicherstellung** der vertragsärztlichen Versorgung nicht entgegenstehen. Die Regelung beruht auf § 98 Abs. 1 Satz 1 HS. 1 SGB V. Sie ist zulässig, da das Zulassungsrecht insgesamt der Sicherstellung der vertragsarztrechtlichen Versorgung dient (vgl. Rn. 19).

450 Ein **Grund** wird vom Verordnungsgeber lediglich für die Nichtaufnahme der vertragsärztlichen Tätigkeit verlangt (§ 19 Abs. 2 Satz 2 Ärzte-ZV), nicht aber für die spätere Nichtausübung. Auch für diese muss aber ein wichtiger Grund vorliegen. Nur aus der Angabe eines Grundes kann geprüft werden, ob die Tätigkeit in angemessener Frist wieder aufgenommen wird.

451 Es kommen **private Gründe** wie Erkrankung, familiäre Ereignisse wie Kindererziehung (vgl. Rn. 333)[697], auch Schulprobleme der Kinder,[698] Pflege Angehöriger, Eheprobleme[699] oder Fortbildungsinteressen, auch eine Forschungstätigkeit[700] in Betracht, die Aufnahme einer anderweitigen Beschäftigung, z.B. Einsatz im Rahmen der Entwicklungshilfe[701] oder die Aufnahme eines Beamten- oder Beschäftigungsverhältnisses für die Dauer der Probezeit.[702] Zweifelhaft ist aber, ob die Tätigkeit als angestellter Arzt in einem MVZ ein Ruhensgrund ist,[703] da hier der Arzt weiterhin für die vertragsärztliche Versorgung zur Verfügung stehen will.

452 Daneben kommen **objektive Gründe** wie Zerstörung der Praxisräume aufgrund eines Unglücksfalls oder verspätete Fertigstellung von Praxisräumen oder Scheitern eines Vertragsschlusses mit einem Vermieter in Betracht.

---

[695] Vgl. LSG Bayern v. 11.07.1984 - L 12/Ka 20/84 - Breithaupt 1985, 9, 13.

[696] Anders bzgl. § 19 Abs. 3 Ärzte-ZV *Kamps*, VSSR 2002, 341, 352.

[697] Vgl. LSG Hessen v. 15.03.2006 - L 4 KA 29/05 - juris Rn. 20.

[698] Vgl. LSG Bayern, v. 11.07.1984 - L 12 Ka 20/84 - Breithaupt 1985, 9, 13.

[699] Vgl. *Kamps*, VSSR 2002, 341, 368 f.

[700] Vgl. *Kamps*, VSSR 2002, 341, 367 f. und 375 ff.

[701] Vgl. *Hencke*, ZSR 1987, 136, 140; *Küchenhoff*, SGb 1982, 95.

[702] Vgl. *Küchenhoff*, SGb 1982, 94, 95.

[703] Vgl. *Lindenau*, GesR 2005, 494, 496.

453 Eine Beschränkung der Ruhenszeit erfolgt allein über den Begriff der „angemessenen Frist" und aus Sicherstellungsgründen nach § 26 Abs. 1 Ärzte-ZV. **Sicherstellungsgründe**[704] dürften aber gerade in wegen Überversorgung gesperrten Planungsbereichen regelmäßig dem Ruhen einzelner Zulassungen nicht entgegenstehen.[705] Spätere Ruhensanträge anderer Vertragsärzte können unter Hinweis auf die Sicherstellung der Versorgung ggf. abgelehnt werden (zum Ruhensregister vgl. § 26 Abs. 4 Ärzte-ZV). Der Gesichtspunkt, dass ein ruhender Vertragsarztsitz potentiell einem Zulassungsbewerber einen Vertragsarztsitz vorenthält, kann nicht gesondert berücksichtigt werden.[706] Mittelbar wird dies durch die Prognose der Wiederaufnahme der Tätigkeit erfasst.

454 Für **ermächtigte Ärzte** kann z.B. ein Ruhen bei verspätetem Arbeitsbeginn in einem Krankenhaus in Betracht kommen. Ein Ruhen aus anderen Gründen dürfte aus Sicherstellungsgründen meist ausgeschlossen sein, da die Ermächtigung gerade zur Bedarfsdeckung erfolgt. Entsprechendes gilt bei einer **Sonderbedarfszulassung**. Bei Unmöglichkeit der Ausübung der ärztlichen Tätigkeit, z.B. fehlender Praxisräume oder Ausschluss aus einer Gemeinschaftspraxis, ist zu berücksichtigen, dass die Versagung des Ruhens gleichfalls nicht zur Bedarfsdeckung führt. Die „angemessene Frist" kann jedoch dann verkürzt werden, wenn andere Leistungserbringer für eine Zulassung oder Ermächtigung zur Verfügung stehen.

455 **„Angemessene Frist"** ist ein gerichtlich voll überprüfbarer Rechtsbegriff, ein Beurteilungsspielraum kommt den Zulassungsgremien nicht zu.[707] „Angemessene Frist" erfordert eine **Prognose über die (Wieder-)Aufnahme der Tätigkeit**. Diese ist abhängig vom Grund der Nichtausübung und damit von den Umständen des Einzelfalles. Zu prüfen ist, wann dem Vertragsarzt die (Wieder-)Aufnahme der Tätigkeit zuzumuten ist. Es muss nur zeitlich fest umreißbar sein, dass und wann dies der Fall sein wird. Eine **starre Obergrenze**, auch nicht in Anlehnung an § 81 Abs. 5 SGB V von zwei Jahren, **gibt es nicht**,[708] da der Gesetzgeber gerade davon abgesehen hat. Die Begrenzung in § 81 Abs. 5 SGB V ist auch Ausdruck des Art. 12 Abs. 1 GG und des Verhältnismäßigkeitsgrundsatzes. Hierauf kommt es bei einem Antrag eines Vertragsarztes nicht an, da er selbst die Ruhenszeit begehrt. Insofern dient die Ergänzung in § 95 Abs. 5 Satz 1 SGB V der Klarstellung und nicht allein der Privilegierung eines Vorstandsmitglieds, dessen Amtszeit immerhin sechs Jahre bei zulässiger Wiederwahl beträgt (vgl. § 79 Abs. 4 Satz 5 SGB V). Jedenfalls bei anerkennenswerten Gründen, wie sie etwa vom Gesetzgeber auch in anderen Rechtsmaterien zugrunde gelegt worden sind, können über zwei Jahre hinausgehende Ruhenszeiten bewilligt werden.[709] **Vertragsärztliche Gesichtspunkte** sind allein über die **Sicherstellungsgründe** – nur insoweit besteht ein Beurteilungsspielraum der Zulassungsgremien – zu berücksichtigen.

456 Die **Instanzgerichtsrechtsprechung** weicht z.T. von der hier vertretenen Auffassung ab. So darf nach **LSG Berlin** die Verpflichtung zur Teilnahme an der vertragsärztlichen Versorgung nur in engen zeitlichen Grenzen suspendiert werden. Solle das (weitere) Ruhen letztlich nur dem Zweck dienen, den Vertragsarztstatus als „Hülse" zu erhalten, um sich im Falle eines an sich angezeigten Zulassungsverzichts später nicht noch einmal einem Zulassungsverfahren mit möglicherweise verschärften Anforderungen stellen zu müssen, komme ein Ruhen nicht (mehr) in Betracht.[710] Nach LSG Hessen können **„wichtige Gründe" i.S.d. § 19 Abs. 2 Satz 2 Ärzte-ZV** für eine nachträgliche Verlängerung der Frist zur Aufnahme der vertragsärztlichen Tätigkeit nur solche sein, die eine kurzfristige Verzögerung von jedenfalls nicht mehr als **sechs Monaten** bedingen; das Instrument der Fristverlängerung sei nur für Hinderungsgründe gedacht, die sich kurzfristig beheben ließen (z.B. Verzögerung bei der Fertigstellung der Praxisräume), weshalb in diesen Fällen die Anordnung des Ruhens der Zulassung gem. § 95 Abs. 5 SGB V i.V.m. § 26 Ärzte-ZV vermeidbar sei.[711]

---

[704] Vgl. ausführlich *Kamps*, VSSR 2002, 341, 358 ff.

[705] Vgl. *Ramsch*, ZSR 1987, 147, 153; vgl. auch LSG Bayern v. 11.07.1984 - L 12/Ka 20/84 - Breithaupt 1985, 9, 12.

[706] Anders Vgl. LSG Hessen v. 15.03.2006 - L 4 KA 29/05 - juris Rn. 20.

[707] Vgl. *Kamps*, VSSR 2002, 341, 356 ff.; anders LSG Bayern v. 11.07.1984 - L 12/Ka 20/84 - Breithaupt 1985, 9, 12 f.

[708] Vgl. LSG Bayern v. 11.07.1984 - L 12/Ka 20/84 - Breithaupt 1985, 9, 13; LSG Hessen v. 15.03.2006 - L 4 KA 29/05 - juris Rn. 20.

[709] Vgl. SG Frankfurt v. 14.06.2000 - S 28 KA 2499/99 - juris Rn. 25.

[710] Vgl. LSG Berlin v. 01.12.2004 - L 7 KA 13/03 - www.sozialgerichtsbarkeit.de.

[711] Vgl. LSG Hessen v. 15.03.2006 - L 4 KA 29/05 - juris Rn. 19.

457 Die Möglichkeit, das „**hälftige Ruhen der Zulassung**" zu beschließen, ist im Gesetzgebungsverfahren des **VÄndG** erst durch die Beschlussempfehlung des Gesundheitsausschusses aufgenommen worden. Nach dessen **Begründung** steht diese Regelung im Einklang mit der Möglichkeit des Arztes, den Versorgungsauftrag von sich aus auf die Hälfte einer vollzeitigen Tätigkeit („Teilzulassung") zu beschränken (vgl. Rn. 288 ff.). Sie führe dazu, dass auch der Zulassungsausschuss künftig angemessener z.B. auf die Gründe des Vertragsarztes für die Nichtaufnahme seiner Tätigkeit reagieren könne, da die Konsequenzen des Ruhens für den einzelnen Vertragsarzt oder Vertragszahnarzt gravierend seien. Analog werde durch die Einfügung eines neuen Satzes 2 in § 95 Abs. 6 SGB V die Möglichkeit des Zulassungsausschusses, die Zulassung in den genannten Fällen zu entziehen, durch die Möglichkeit einer hälftigen Entziehung ergänzt.[712]

458 Bei Vorliegen der Anspruchsvoraussetzungen besteht ein **Anspruch** des Vertragsarztes auf Anordnung des Ruhens. Ermessensspielräume werden den Zulassungsgremien nicht eingeräumt (vgl. § 26 Abs. 1 Ärzte-ZV). Ein gewählter Vertragsarzt in einen hauptamtlichen Vorstand einer KV hat ohne Überprüfung der weiteren Voraussetzungen ein Recht auf Ruhen der Zulassung (vgl. § 79 Abs. 4 Satz 4 SGB V).

459 Das Ruhen der Zulassung kann aber auch **gegen den Willen des Vertragsarztes** angeordnet werden.

3. Verfahrensvoraussetzungen

460 Ein förmliches Antragsrecht ist erst wieder durch das GMG seit 2005 durch § 95 Abs. 5 Satz 1 SGB V für den in einen hauptamtlichen Vorstand einer KV gewählten Vertragsarzt vorgesehen. Grundsätzlich muss der Zulassungsausschuss nach § 26 Abs. 1 Ärzte-ZV **von Amts wegen** tätig werden. Nach § 26 Abs. 2 Ärzte-ZV haben der Vertragsarzt, die KV, die Krankenkassen und ihre Landesverbände nur eine **Mitteilungspflicht**.

461 Die Zulassungsgremien haben von Amts wegen zu prüfen, ob die Zulassung eines Vertragsarztes bei Nichtaufnahme der vertragsärztlichen Tätigkeit ruht, bevor sie die Zulassung entziehen.[713]

462 Im Regelfall wird aber das Ruhen vom **Vertragsarzt** ausgehen und sein Antrag das Verwaltungsverfahren eröffnen. Liegt ein **Antrag** vor, muss der Zulassungsausschuss tätig werden. Sein Ermessen (vgl. § 18 Satz 1 SGB X) reduziert sich auf Null. Aus dem Zulassungsstatus eines Vertragsarztes und dem Sicherstellungsauftrag der KV ist ein **Anspruch auf Entscheidung des Zulassungsausschusses** abzuleiten. Der Zulassungsausschuss hat einen Antrag eines Vertragsarztes zu bescheiden.[714]

463 Ein Ruhensantrag kann bereits **vor Aufnahme der vertragsärztlichen Tätigkeit** gestellt werden. Alternativ kommt aber bei wichtigem Grund die Festsetzung eines späteren Termins zur Aufnahme der vertragsärztlichen Tätigkeit in Betracht (§ 19 Abs. 2 Satz 2 Ärzte-ZV).[715]

464 Ein **Ruhen der Zulassung** ist nur durch **Beschluss des Zulassungsausschusses** möglich. Im Beschluss des Zulassungsausschusses ist die Ruhenszeit festzusetzen (§ 26 Abs. 3 Ärzte-ZV). Wiederholte Ruhensbeschlüsse sind zulässig, solange die Voraussetzungen vorliegen. Unabhängig von § 95 Abs. 5 SGB V kann vom Disziplinarausschuss das Ruhen der Zulassung bis zu zwei Jahren als Disziplinarmaßnahme nach § 81 Abs. 5 Satz 2 SGB V verhängt werden.

465 Eine **rückwirkende Anordnung** des Ruhens der Zulassung ist nicht möglich, da es sich um eine statusrelevante Entscheidung handelt (vgl. Rn. 45).

466 Gegen die Entscheidung kann der **Berufungsausschuss** angerufen (§ 96 Abs. 4 SGB V) und ggf. Klage erhoben werden.

467 Mit Ablauf der vom Zulassungsausschuss festgesetzten **Ruhenszeit** lebt die Zulassung automatisch wieder auf. Wird die ärztliche Tätigkeit nicht aufgenommen, kann die Ruhenszeit verlängert werden oder die Zulassung wegen Nichtausübung der vertragsärztlichen Tätigkeit entzogen werden. Auf Antrag des Vertragsarztes und Beschluss des Zulassungsausschusses kann die Ruhenszeit auch verkürzt werden.[716] Vorher kann die vertragsärztliche Tätigkeit nicht erneut ausgeübt werden. Wird ein **Ruhensantrag abgelehnt**, besteht die Pflicht zur Ausübung der vertragsärztlichen Tätigkeit zunächst fort. Der Vertragsarzt muss einstweiligen Rechtsschutz nach § 86b Abs. 2 SGG nachsuchen (vgl. die Kom-

---

[712] Vgl. BT-Drs. 16/3157, S. 22.

[713] Vgl. LSG Hessen v. 15.03.2006 - L 4 KA 29/05 - juris Rn. 20.

[714] Vgl. *Küchenhoff*, SGb 1982, 94.

[715] Vgl. *Kamps*, VSSR 2002, 341, 350 ff.

[716] Vgl. *Hencke*, ZSR 1987, 136, 140.

mentierung zu § 97 SGB V Rn. 39 ff.), andernfalls kann bei Nichtausübung ein Entziehungsverfahren eingeleitet werden. Die KV und die Landesverbände der Krankenkassen sind ebenfalls widerspruchs- und klagebefugt (vgl. die Kommentierung zu § 97 SGB V Rn. 48).

Über die ruhenden Zulassungen führt die KV (**Registerstelle**) ein besonderes Verzeichnis (§ 26 Abs. 4 Ärzte-ZV). 468

XI. Zulassungsentziehung (Absatz 6)

§ 95 Abs. 6 SGB V regelt die **Voraussetzungen** der **Zulassungsentziehung. Verfahrensvorschriften** enthält **§ 26 Ärzte-ZV**. Die Zulassung ist zu entziehen, wenn ihre Voraussetzungen nicht oder nicht mehr vorliegen, der Vertragsarzt die vertragsärztliche Tätigkeit nicht aufnimmt oder nicht mehr ausübt oder seine vertragsärztlichen Pflichten gröblich verletzt. Der Zulassungsausschuss kann auch eine hälftige Entziehung beschließen. Einem MVZ ist die Zulassung auch zu entziehen, wenn es länger als sechs Monate ohne zulässige Gesellschafter ist. 469

1. Wirkung der Zulassungsentziehung

Zulassungsentziehung ist die Aufhebung der Zulassung als Vertragsarzt, in der Regel für die Zukunft. Der Arzt verliert seinen Status als Vertragsarzt und ist nicht mehr zur Leistungserbringung innerhalb des gesetzlichen Krankenversicherungssystems berechtigt. 470

Die **hälftige Entziehung** der Zulassung bedeutet die **Entziehung des „hälftigen Versorgungsauftrags“** (§ 95 Abs. 3 Satz 1 SGB V, § 19a Abs. 2 Ärzte-ZV). Die Zulassung ist insofern unteilbar, der vertragsarztrechtliche Zulassungsstatus (vgl. Rn. 38) kann nicht auf die Hälfte reduziert werden. 471

Die Möglichkeit, die „**hälftige Entziehung der Zulassung**“ zu beschließen, ist im Gesetzgebungsverfahren des **VÄndG** mit der entsprechenden Regelung für die Ruhensanordnung in § 95 Abs. 5 SGB V erst durch die Beschlussempfehlung des Gesundheitsausschusses aufgenommen worden (vgl. zur Gesetzesbegründung im Einzelnen Rn. 457). 472

Ein Arzt, der dennoch seine Praxis nach außen **als Vertragsarzt fortführt**, erwirbt keine Ansprüche gegen die KV oder Krankenkassen und kann sich Forderungen der Krankenkassen wegen unzulässiger Arzneiverordnungen aussetzen (vgl. Rn. 196). Die **Entziehung des hälftigen Versorgungsauftrags** kann insbesondere Konsequenzen bei der Honorarverteilung haben. 473

In überversorgten Planungsbereichen führt auch die Entziehung mit Ausnahme des Grundes der Nichtausübung der vertragsärztlichen Tätigkeit auf Antrag des Vertragsarztes zur **Ausschreibung des Vertragsarztsitzes** (vgl. die Kommentierung zu § 103 SGB V Rn. 47). 474

2. Nichtvorliegen der Zulassungsvoraussetzungen

Eine Zulassungsentziehung erfolgt, wenn die **Zulassungsvoraussetzungen** nicht oder nicht mehr vorliegen. Dies sind insbesondere das **Fehlen oder der Entzug der Approbation** (vgl. Rn. 17 und Rn. 270 ff.), das **Fehlen einer Vorbereitungszeit oder Weiterbildung** (vgl. Rn. 273 ff.), der **Eignung** (vgl. Rn. 279 ff.), die Ausübung einer **unzulässigen Tätigkeit** (vgl. Rn. 92 ff.) oder die **Ausübung in nicht freier Praxis** (vgl. Rn. 177 ff.). Bei allen Entziehungstatbeständen sind allein der **objektive Sachverhalt** und keine subjektiven Elemente maßgebend.[717] 475

3. Keine Ausübung der vertragsärztlichen Tätigkeit

Die Zulassung ist auch zu entziehen, wenn der Vertragsarzt die vertragsärztliche Tätigkeit **nicht aufnimmt oder nicht mehr ausübt**. Ein **Nichtmehrausüben** liegt vor, wenn der Vertragsarzt zwar seine Vertragsarzttätigkeit aufgenommen hat, jedoch zu einem späteren Zeitpunkt einstellt. Von einer Ausübung der Tätigkeit kann dann nicht mehr ausgegangen werden, wenn der Arzt nicht mehr den Willen zur kontinuierlichen Teilnahme an der Versorgung hat. Dies dokumentiert sich insbesondere darin, dass der Vertragsarzt die ihm obliegenden **Hauptpflichten** wie Behandlung der Versicherten, Abhalten und Anbieten von Sprechstunden (vgl. Rn. 390 f.) sowie Bestellung eines Vertreters bei Abwesenheit über einer Woche (vgl. Rn. 320) erfüllt. Für die Annahme der Ausübung genügt es nicht, dass der Vertragsarzt noch in geringem Umfang Verordnungen und Arbeitsunfähigkeitsbescheinigungen ausstellt.[718] 476

---

[717] Vgl. BSG v. 05.11.2003 - B 6 KA 60/03 B - juris Rn. 8.

[718] Vgl. BSG v. 19.12.1984 - 6 RKa 34/83 - juris Rn. 9 - USK 84272; LSG Nordrhein-Westfalen v. 28.04.1999 - L 11 KA 16/99 - juris Rn. 20 - MedR 2001, 103.

477 Nach dem LSG Baden-Württemberg gilt dies grundsätzlich auch für **Vertragspsychotherapeuten**; da diese aber regelmäßig keine offene Sprechstunde abhalten, sondern ausschließlich eine Bestellpraxis betreiben und auch nicht an Notfalldiensten teilnehmen, sind an die Verfügbarkeit in der eigenen Praxis außerhalb der vereinbarten Behandlungstermine keine allzu hohen Anforderungen zu stellen. Es muss eine mehr als zwanzigstündige wöchentliche **Verfügbarkeit** in eigener Praxis gefordert werden. Die vertragsärztliche Tätigkeit muss zweifelsfrei den **Hauptberuf** ausmachen bzw. das Schwergewicht der beruflichen Tätigkeit bilden und ihr das Gepräge geben.[719]

478 „**Wichtige Gründe**" i.S.d. § 19 Abs. 2 Satz 2 Ärzte-ZV können nach LSG Hessen für eine nachträgliche Verlängerung der Frist zur Aufnahme der vertragsärztlichen Tätigkeit nur solche sein, die eine kurzfristige Verzögerung von jedenfalls nicht mehr als sechs Monaten bedingen.[720] Allerdings kann ein weiteres Ruhen nach § 95 Abs. 5 SGB V i.V.m. § 26 Ärzte-ZV angeordnet werden (vgl. Rn. 448 ff.).

479 **Einzelfälle aus der Instanzenpraxis**: Die vertragsärztliche Zulassung wird nicht mehr ausgeübt, wenn der Vertragsarzt insbesondere **keine Leistungen** mehr abgerechnet und auch keine **Praxisräumlichkeiten** mehr unterhalten hat; die Gründe für die Praxisaufgabe sind für die Zulassungsentziehung ohne Belang.[721] Verlegt ein Vertragsarzt seinen **Wohnsitz** in einen weit entfernt gelegenen Zulassungsbezirk dauerhaft, so gibt er damit zu erkennen, dass die Aufgabe der Praxis nicht nur eine vorübergehende Aufgabe der Niederlassung, sondern eine endgültige Aufgabe der Niederlassung am Vertragsarztsitz darstellt, weil eine anderweitige Niederlassung an anderer Adresse im näheren örtlichen Umfeld nicht mehr durchführbar ist.[722] Wird eine vertragspsychotherapeutische **Tätigkeit nicht aufgenommen** und stellt der Psychotherapeut trotz einer mehr als zweijährigen Krankheit keinen Antrag auf Ruhen der Zulassung, ist ihm die Zulassung zu entziehen.[723] Bei der Frage, ob die vertragsärztliche Tätigkeit nicht mehr ausgeübt wird, ist nicht auf den **Zeitpunkt** der Verwaltungsentscheidung, sondern auf den **der letzten mündlichen Verhandlung** abzustellen, sofern die angefochtene Entscheidung mangels Anordnung der sofortigen Vollziehung noch keine Rechtswirkung entfaltet.[724]

4. Gröbliche Pflichtverletzungen

480 Die Zulassung ist auch bei allen übrigen **gröblichen Pflichtverletzungen** aufzuheben. Nach der BSG-Rechtsprechung ist eine Pflichtverletzung **gröblich**, wenn sie so schwer wiegt, dass ihretwegen die Entziehung zur Sicherung der vertragsärztlichen Versorgung notwendig ist. Davon ist dann auszugehen, wenn durch sie das **Vertrauen** der **vertragsärztlichen Institutionen** in die **ordnungsgemäße Behandlung der Versicherten** und in die **Rechtmäßigkeit der Abrechnungen** durch den Vertragsarzt so gestört ist, dass ihnen eine weitere Zusammenarbeit mit dem Vertragsarzt nicht mehr zugemutet werden kann. Nicht erforderlich ist, dass den Vertragsarzt ein Verschulden trifft; auch **unverschuldete Pflichtverletzungen** können zur Zulassungsentziehung führen.[725]

481 Wegen der Schwere des Eingriffs ist die Entziehung selbst immer **ultima ratio**. Die Zulassungsentziehung darf unter Berücksichtigung des **Verhältnismäßigkeitsgrundsatzes** nur ausgesprochen werden, wenn sie das einzige Mittel zur Sicherung und zum Schutz der vertragsärztlichen Versorgung ist.[726] Aus dem Verhältnismäßigkeitsgrundsatz leitet das BSG auch seine **Wohlverhaltens**-Rechtsprechung ab (vgl. auch Rn. 482).[727] Vorrangig kommen insbesondere Disziplinarmaßnahmen in Betracht; insbesondere ist als **milderes Mittel** die **Anordnung des Ruhens** (vgl. § 95 Abs. 5 SGB V, Rn. 446 ff.) zu prüfen.[728]

482 **Härtegesichtspunkte** wegen eventuell bestehender **Zulassungsbeschränkungen** hat das BSG bisher verneint. Im Rahmen einer Nichtzulassungsbeschwerde hat es den Einwand, wegen einer Zulassungsbeschränkung werde eine Neuzulassung am alten Vertragsarztsitz nicht mehr möglich sein, als uner-

[719] Vgl. LSG Baden-Württemberg v. 13.10.2004 - L 5 KA 4212/03 - www.sozialgerichtsbarkeit.de.

[720] Vgl. LSG Hessen v. 15.03.2006 - L 4 KA 29/05 - juris Rn. 19.

[721] Vgl. LSG Berlin-Brandenburg v. 29.11.2006 - L 7 KA 38/04 - juris Rn. 18.

[722] Vgl. LSG Bayern v. 19.07.2006 - L 12 KA 439/04 - juris Rn. 24; zum Zulassungsende durch Wegzug vgl. § 95 Abs. 7 Satz 1 SGB V.

[723] Vgl. LSG Baden-Württemberg v. 15.03.2006 - L 5 KA 3995/04 - juris Rn. 26.

[724] Vgl. LSG Berlin v. 01.12.2004 - L 7 KA 13/03 - www.sozialgerichtsbarkeit.de.

[725] Vgl. zuletzt BSG v. 20.10.2004 - B 6 KA 67/03 R - juris Rn. 17 - BSGE 93, 269 = SozR 4-2500 § 95 Nr. 9 m.w.N.

[726] Vgl. BSG v. 24.11.1993 - 6 RKa 70/91 - juris Rn. 23 - BSGE 73, 234 = SozR 3-2500 § 95 Nr. 4.

[727] Vgl. BSG v. 19.07.2006 - B 6 KA 1/06 R - juris Rn. 14 - MedR 2007, 131.

[728] Vgl. LSG Berlin v. 01.12.2004 - L 7 KA 13/03 - www.sozialgerichtsbarkeit.de; SG Frankfurt a.M. v. 14.06.2000 - S 28 KA 2499/99 - juris Rn. 25.

heblich zurückgewiesen, weil daraus nicht folge, dass die Ärztin in Zukunft nicht an einem anderen Ort erneut zugelassen werde.[729] Das ist konsequent, weil die Entziehung das einzige Mittel ist, um die Sicherstellung nicht weiter zu gefährden. Andererseits leitet das BSG aus den denkbaren Schwierigkeiten einer Neuzulassung ab, dass ein sog. **Wohlverhalten** nach Ergehen der Entscheidung des Berufungsausschusses zu berücksichtigen ist (vgl. auch Rn. 481).[730]

Einzelfälle: 483

- Verstoß gegen die Pflicht zur peinlich genauen Abrechnung;[731]
- nachhaltige Verstöße gegen das Wirtschaftlichkeitsgebot;[732]
- Weigerung an der Mitwirkung der Qualitätssicherung; [733]
- Nichtbeachtung eines im Disziplinarwege angeordneten Ruhens der Zulassung;[734]
- wiederholt unkorrekte Abrechnungen;[735]
- grob beleidigende und diffamierende Äußerungen gegenüber Mitarbeitern der KV[736];
- Betrug und Urkundenfälschung zu Lasten der KV durch unberechtigte Abzweigung von Geldern von deren Konten als Mitglied des Vorstands;[737]
- Verfehlungen außerhalb der eigentlichen vertragsärztlichen Tätigkeit[738] wie die versuchte Vergewaltigung einer Praxishelferin.[739]

Weitere Einzelfälle der Instanzenpraxis: Ein Vertragsarzt, der 727mal die **Versandkostenpauschale** nach Nr. 7103 EBM abgerechnet hat, ohne dass ihm hierauf ein Anspruch zugestanden hätte, und dadurch einen Schaden von 1.858,55 € verursacht, begeht mit Rücksicht auf die Häufigkeit der **Falschabrechnung**, die ein systematisches Vorgehen erkennen lässt, eine schwerwiegende Pflichtverletzung, die bereits für sich genommen die Zulassungsentziehung trägt.[740] Schwerwiegende Verstöße gegen die vertragspsychotherapeutischen **Dokumentationspflichten** können eine die Zulassungsentziehung rechtfertigende grobe Pflichtverletzung darstellen.[741] Ein Vertragsarzt verstößt gegen seine vertragsärztliche Pflicht zur **peinlich genauen Abrechnung**, wenn er über einen längeren Zeitraum hinweg (zehn Quartale) wahrheitswidrig angibt, bestimmte Leistungen würden zur Vermeidung von Doppelabrechnungen nur von ihm abgerechnet werden.[742] Ein Vertragsarzt, der unbefugt einen **Doktertitel** führt und eine gefälschte Promotionsurkunde vorlegt, verstößt gegen die Pflicht zur Einhaltung der auch im Rahmen des Vertragsarztrechtes geltenden allgemeinen Regeln des ärztlichen Berufsrechts[743] Einer Vertragszahnärztin, die über zwei Jahre einen **Behandler ohne Approbation und Genehmigung** beschäftigt, der lediglich über eine kasachische Zahnarztausbildung verfügt, kann die Zulassung entzogen werden.[744] Ein **Psychotherapeut**, der den Krankenkassen **identische Kostenübernahmegutachten** erstattet, weist nach SG Köln eine grundlegende Charakterschwäche auf, die die Annahme seiner Unzuverlässigkeit begründet und eine Entziehung der Ermächtigung rechtfertigt.[745] 484

Maßgeblicher Zeitpunkt für die rechtliche und tatsächliche Beurteilung nicht vollzogener Entziehungsentscheidungen ist nach dem **BSG** die **Sachlage im Zeitpunkt der letzten mündlichen Verhandlung vor dem Tatsachengericht**, für die **Beurteilung der Rechtslage der Zeitpunkt der Entscheidung in der Revisionsinstanz**. Es handele sich hierbei um eine Ausnahme von dem in reinen Anfechtungssachen geltenden Grundsatz, wonach auf die Sach- und Rechtslage im Zeitpunkt der letzten 485

---

[729] Vgl. BSG v. 19.06.1996 - 6 BKa 25/95 - juris Rn. 5 - MedR 1997, 86.
[730] Vgl. zuletzt BSG v. 20.10.2004 - B 6 KA 67/03 R - juris Rn. 22 - BSGE 93, 269 = SozR 4-2500 § 95 Nr. 9 und Rn. 487.
[731] Vgl. BSG v. 24.11.1993 - 6 RKa 70/91 - juris Rn. 23 - SozR 3-2500 § 96 SGB V Nr. 4.
[732] Vgl. BSG v. 19.07.2006 - B 6 KA 1/06 R - juris Rn. 13 f. - MedR 2007, 131.
[733] Vgl. BSG v. 20.10.2004 - B 6 KA 67/03 R - juris Rn. 24 - BSGE 93, 269 = SozR 4-2500 § 95 Nr. 9.
[734] Vgl. BSG v. 20.10.2004 - B 6 KA 67/03 R - juris Rn. 25 - BSGE 93, 269 = SozR 4-2500 § 95 Nr. 9.
[735] Vgl. BSG v. 20.10.2004 - B 6 KA 67/03 R - juris Rn. 23 - BSGE 93, 269 = SozR 4-2500 § 95 Nr. 9.
[736] Vgl. BSG v. 20.10.2004 - B 6 KA 67/03 R - juris Rn. 27 ff. - BSGE 93, 269 = SozR 4-2500 § 95 Nr. 9.
[737] Vgl. BSG v. 31.03.2006 - B 6 KA 69/05 B - juris.
[738] Vgl. BSG v. 31.03.2006 - B 6 KA 69/05 B - juris Rn. 8.
[739] Vgl. BSG v. 19.06.1996 - 6 BKa 52/95 - juris.
[740] Vgl. LSG Berlin-Brandenburg v. 29.11.2006 - L 7 KA 21/06 - juris Rn. 25 ff.
[741] Vgl. LSG Berlin-Brandenburg v. 29.11.2006 - L 7 KA 80/06 - juris Rn. 31 ff.
[742] Vgl. LSG Bayern v. 18.01.2006 - L 12 KA 46/03 - juris Rn. 34.
[743] Vgl. LSG Bayern v. 18.01.2006 - L 12 KA 46/03 - juris Rn. 34.
[744] Vgl. SG Stuttgart v. 22.06.2005 - S 10 KA 4573/04.
[745] Vgl. SG Köln v. 21.01.2004 - S 19 KA 35/03 - MedR 2005, 618 f.

Verwaltungsentscheidung abzustellen sei. Aufgrund der Fortsetzung der vertragsärztlichen Tätigkeit gleiche die Fallgestaltung derjenigen bei Verwaltungsakten mit Dauerwirkungen, deren Rechtmäßigkeit ebenfalls unter Berücksichtigung nachträglicher Änderungen der Sach- und Rechtslage zu beurteilen sei.[746] In der Folgezeit hat das BSG wiederholt hierauf verwiesen.[747] Soweit das BSG neuerdings die Rechtsprechung des BVerwG und des BGH aufgreift, die gerade für Statussachen wie den Entzug einer Approbation oder die Entfernung aus dem Richteramt auch bei nicht vollzogenen Entziehungsentscheidungen grundsätzlich auf die Sach- und Rechtslage im Zeitpunkt der letzten Verwaltungsentscheidung abstellen, um nunmehr „grundsätzliche Übereinstimmung mit der sonstigen oberstgerichtlichen Rechtsprechung zur Überprüfung statusbezogener Verwaltungsakte" zu postulieren, ergeben sich in der Sache keine Änderungen zur bisherigen Rechtsprechung. Der verbale Schwenk bleibt ohne Auswirkungen, weil das BSG weiterhin an vertragsärztlichen Besonderheiten festhält und aus der Bedeutung des Art. 12 GG folgert, es müsse auf den Zeitpunkt der letzten mündlichen Verhandlung abgestellt werden.[748] Im Ergebnis bedeutet dies, dass **unterschiedliche Prüfungsmaßstäbe** gelten können, je nachdem, ob der Pflichtenverstoß zur Einleitung eines approbationsrechtlichen oder vertragsarztrechtlichen Entziehungsverfahrens geführt hat.

486 Für die Prüfung einer **nicht vollzogenen Entziehungsentscheidung** haben die Gerichte grundsätzlich **alle Verletzungen vertragsärztlicher Pflichten** durch den betroffenen Arzt zu berücksichtigen, die vor der Entscheidung des Berufungsausschusses geschehen waren, auch wenn sie von diesem nicht verwertet wurden, soweit hierzu Beteiligte Umstände geltend machen, die Anlass für eine entsprechende Sachverhaltsermittlung ergeben. Soweit aber das Gericht die vom Berufungsausschuss seiner Entscheidung zu Grunde gelegten Verfehlungen allein oder auch nur vorrangig im Hinblick auf ihre Dauer für eine Zulassungsentziehung nicht für ausreichend hält, müssen alle Umstände, auf die die Zulassungsentziehung gestützt ist, aufgeklärt werden. Das gilt namentlich für Verfehlungen des Arztes nach dem Eintritt der Bestandskraft von Verwaltungsentscheidungen, z.B. wegen unzulässiger Abrechnungen oder unwirtschaftlicher Behandlungen. Wenn die Verfahrensbeteiligten konkret vortragen, der Arzt habe sein pflichtwidriges Behandlungs- und/oder Abrechnungsverhalten auch noch nach der vom Zulassungsausschuss gewürdigten Zeitspanne fortgesetzt, müssen die Gerichte dem für den Zeitraum bis zur letzten Verwaltungsentscheidung nachgehen.[749]

487 Den Verfehlungen ist eine Prüfung des **Wohlverhaltens** gegenüberzustellen. Es ist zu prüfen, ob der Vertragsarzt im Laufe der Zeit bis zur letzten mündlichen Verhandlung möglicherweise seine **Eignung** zur Teilnahme an der vertragsärztlichen Tätigkeit durch verändertes Verhalten **wiederhergestellt** hat. Auf eine förmliche oder bestandskräftige Feststellung weiterer Pflichtenverstöße kommt es nicht an; es reicht jeder durch Tatsachen belegte Zweifel, ob tatsächlich eine **wirkliche Verhaltensänderung** eingetreten ist, um die Annahme eines rechtlich relevanten „Wohlverhaltens" auszuschließen.[750] Eine **„Bewährungszeit" von fünf Jahren** soll nur in besonders gravierenden Fällen überschritten werden.[751] Einem Verwaltungsvorbringen, die Wohlverhaltensdauer müsse entsprechend verlängert werden, maß das BSG bisher keine grundsätzliche Bedeutung zu, schloss aber eine Berücksichtigung im Einzelfall nicht aus.[752] Im Übrigen geht das BSG davon aus, dass dem **„Wohlverhalten"** eines Arztes während des Streits über die Zulassungsentziehung grundsätzlich geringeres Gewicht zukommt als **schwer wiegenden Pflichtverletzungen** in der Vergangenheit, die zur Zulassungsentziehung geführt haben.[753] Es überlässt diese Gewichtung aber einer tatrichterlichen Einzelfallentscheidung.[754] Die frühere Feststellung des BSG, „Wohlverhalten" allein reiche, jedenfalls grundsätzlich, nicht aus, es sei Sache der Zulassungsinstanzen darüber zu entscheiden, ob die „Bewährung" des Kassenarztes im Laufe

---

746 Vgl. BSG v. 24.11.1993 - 6 RKa 70/91 - juris Rn. 20 - BSGE 73, 234 = SozR 3-2500 § 95 Nr. 4.

747 Vgl. BSG v. 29.09.1999 - B 6 KA 22/99 R - juris Rn. 25 - SozR 3-5520 § 25 Nr. 3; BSG v. 19.06.1996 - 6 BKa 25/95 - juris Rn. 8 - MedR 1997, 86.

748 Vgl. BSG v. 20.10.2004 - B 6 KA 67/03 R - juris Rn. 21 ff. - BSGE 93, 269 = SozR 4-2500 § 95 Nr. 9.

749 Vgl. BSG v. 20.10.2004 - B 6 KA 67/03 R - juris Rn. 23 - BSGE 93, 269 = SozR 4-2500 § 95 Nr. 9.

750 Vgl. BSG v. 19.06.1996 - 6 BKa 25/95 - juris Rn. 8 - MedR 1997, 86.

751 Vgl. BSG v. 29.10.1986 - 6 RKa 32/86 - juris Rn. 18 - MedR 1987, 254 = USK 86179; *Hesral* in: Ehlers, Disziplinarrecht und Zulassungsentziehung, Vertragsärzte/Vertragszahnärzte, Rn. 483.

752 Vgl. BSG v. 28.04.1999 - B 6 KA 69/98 B - juris Rn. 6.

753 Vgl. BSG v. 20.10.2004 - B 6 KA 67/03 R - juris Rn. 31 - BSGE 93, 269 = SozR 4-2500 § 95 Nr. 9; BSG v. 19.06.1996 - 6 BKa 25/95 - juris Rn. 8 - MedR 1997, 86; BSG v. 24.11.1993 - 6 RKa 70/91 - juris Rn. 38 - BSGE 73, 234 = SozR 3-2500 § 95 Nr. 4.

754 Vgl. BSG v. 20.10.2004 - B 6 KA 67/03 R - juris Rn. 31 - BSGE 93, 269 = SozR 4-2500 § 95 Nr. 9.

des Rechtsstreits zur Erteilung einer neuen Zulassung ausreiche, dieser Entscheidung dürften die Gerichte nicht vorgreifen, wenn sie sich nicht selbst in die Rolle der Zulassungsinstanzen begeben wollten, blieb singulär.[755]

Die Rechtsprechung des BSG führt in Fällen wirtschaftlicher Verfehlungen faktisch dazu, dass die Zulassungsentziehung unter einer „**Bewährungsauflage**" erfolgt. Aus Sicht der Verwaltung wird deshalb z.T. empfohlen, eine Zulassungsentziehung nur dann vorzunehmen, wenn Gründe für die Anordnung der sofortigen Vollziehung (vgl. Rn. 495) vorliegen, ansonsten auf das mildere Mittel der Disziplinarrechts mit Maßnahmen der Anordnung des Ruhens der Zulassung bis zu zwei Jahren (vgl. § 85 Abs. 5 Satz 2 SGB V) zurückzugreifen.[756] Dieser pragmatische Lösungsvorschlag dürfte aber die starke Relativierung der Wohlverhaltensrechtsprechung überschätzen. 488

Nach der **Instanzenrechtsprechung** kommt es nach einem Zeitraum von über neun Jahren seit Beendigung der Tätigkeit nicht mehr darauf an, ob die damaligen Vorwürfe zugetroffen haben oder nicht.[757] Werden über das Verhalten eines Vertragszahnarztes weitere Beanstandungen über einen Zeitraum von 11 1/2 Jahren nicht bekannt, ist sein „**Wohlverhalten**" zu beachten.[758] 489

Bloßes Abwarten wird insbesondere bei wirtschaftlichen Verfehlungen kein „Wohlverhalten" begründen können. Erschöpft sich ein „Wohlverhalten" lediglich darin, dass keine weiteren Pflichtverstöße vorliegen, so genügt ein Vertragsarzt nur den allgemeinen Anforderungen. „Wohlverhalten" setzt vielmehr voraus, dass der **Vertragsarzt aktiv** an der Aufklärung der Verfehlungen, der Schadensbegrenzung und Schadensregulierung **mitwirkt**. Überlässt es der Vertragsarzt den Zulassungs- und Prüfgremien sowie der KV, den Schaden allein im Rahmen deren Amtsermittlungspflicht festzustellen, so fehlt es an einem „Wohlverhalten". Soweit der Vertragsarzt in die Lage gerät, sich auch im Hinblick auf laufende Strafverfahren selbst zu beschuldigen, steht es ihm frei zu entscheiden, in welchem Umfang er mitwirkt. Die Zulassungsgremien und Gerichte können aber sein Mitwirken unabhängig davon frei bewerten. 490

Auch nach der **Rechtsprechung des BSG** muss ein Vertragsarzt, der sich einzelne Pflichtverletzungen hat zuschulden kommen lassen, der aber an der Aufklärung der gegen ihn erhobenen Vorwürfe kooperativ mitwirkt und glaubhaft machen kann, sich in Zukunft korrekt zu verhalten, anders behandelt werden als ein Arzt, der auch nach bestands- bzw. rechtskräftiger Feststellung der Fehlerhaftigkeit seines Verhaltens dieses fortsetzt und sich jeglicher sachlicher Klärung der Ordnungsgemäßheit seines Verhaltens zum Teil mit fadenscheinigen Begründungen entzieht.[759] Es gibt keinen Rechtssatz, dass Wohlverhalten erst ab dem Zeitpunkt der Verfehlung zu berücksichtigen sei.[760] 491

Nach der **Instanzenrechtsprechung** ist einem Vertragsarzt ferner zugute zu halten, dass er nach der im Rahmen der Plausibilitätsprüfung erfolgten Aufdeckung der Pflichtverletzungen sich letztlich doch hinsichtlich der zu beachtenden Pflichten informiert und um Schadenswiedergutmachung – abzulesen an dem zügigen Abschluss der außergerichtlichen Vergleichsvereinbarung – bemüht hat.[761] Zu berücksichtigen ist die Begleichung von Honorarrückforderungen.[762] 492

Ist die **Entziehungsentscheidung** bereits **vollzogen**, ist auf den **Zeitpunkt der letzten Verwaltungsentscheidung** abzustellen. 493

5. Anordnung der sofortigen Vollziehung

Eine **sofortige Vollziehung** kann der Zulassungsausschuss nach § 86a Abs. 2 Nr. 5 SGG und gleichfalls auch der Berufungsausschuss (vgl. § 97 Abs. 4 SGB V, vgl. hierzu die Kommentierung zu § 97 SGB V Rn. 39) anordnen. Widerspruch und Klage haben ansonsten aufschiebende Wirkung (vgl. § 86a Abs. 1 SGG, § 96 Abs. 4 Satz 2 SGB V). 494

Unter Beachtung der **Rechtsprechung des BVerfG** liegen die Voraussetzungen für die Anordnung einer sofortigen Vollziehung aber nur in wenigen Ausnahmefällen vor. **Wirtschaftliche Verfehlungen**, wie insbesondere ein Abrechnungsbetrug, scheiden in der Regel aus; werden **Patienten gefährdet**, 495

[755] Vgl. BSG v. 08.07.1980 - 6 RKa 10/78 - juris Rn. 25 - USK 80102.
[756] Vgl. *Hess* in: KassKomm, SGB V, § 95 Rn. 90.
[757] Vgl. LSG Hessen v. 25.04.2007 - L 4 KA 28/05.
[758] Vgl. LSG Bayern v. 12.12.2006 - L 3 KA 513/03 - juris Rn. 24.
[759] Vgl. BSG v. 20.10.2004 - B 6 KA 67/03 R - juris Rn. 29 - BSGE 93, 269 = SozR 4-2500 § 95 Nr. 9.
[760] Vgl. BSG v. 19.06.1996 - 6 BKa 52/95 - juris Rn. 9.
[761] Vgl. LSG Bayern v. 06.12.2006 - L 12 KA 251/05 - juris Rn. 58.
[762] Vgl. LSG Bayern v. 21.06.2006 - L 12 KA 42/02 - juris Rn. 35.

dürfte die Anordnung der sofortigen Vollziehung erforderlich sein.[763] Eingriffe in die Freiheit der Berufswahl sind schon vor dem rechtskräftigen Abschluss des Hauptverfahrens als Präventivmaßnahme nur zur **Abwehr konkreter Gefahren für wichtige Gemeinschaftsgüter** zulässig; die hohe Wahrscheinlichkeit, dass das Hauptverfahren zum gleichen Ergebnis führen wird, reicht allein nicht aus. Überwiegende öffentliche Belange können es nur ausnahmsweise rechtfertigen, den Rechtsschutzanspruch des Grundrechtsträgers einstweilen zurückzustellen, um unaufschiebbare Maßnahmen im Interesse des allgemeinen Wohls rechtzeitig in die Wege zu leiten. Wegen der gesteigerten Eingriffsintensität sind hierfür jedoch nur solche Gründe ausreichend, die in angemessenem Verhältnis zu der Schwere des Eingriffs stehen und ein Zuwarten bis zur Rechtskraft des Hauptverfahrens ausschließen. Ob diese Voraussetzungen gegeben sind, hängt von einer Gesamtwürdigung der Umstände des Einzelfalls und insbesondere davon ab, ob eine **weitere Berufstätigkeit konkrete Gefahren für wichtige Gemeinschaftsgüter** befürchten lässt.[764]

496 Wird aus der Begründung die Dringlichkeit der Vollziehung hinreichend deutlich, so kann zur Begründung der **Anordnung der sofortigen Vollziehung** (§ 86 Abs. 2 Nr. 5 SGG) hierauf verwiesen werden.[765] Generalpräventive Gesichtspunkte sind nicht ausreichend, um eine Anordnung der sofortigen Vollziehung einer Zulassungsentziehung zu rechtfertigen.[766]

497 Sind die Erfolgsaussichten einer gegen eine Zulassungsentziehung gerichteten Klage nicht so eindeutig, dass ein **privates Interesse** an der Fortsetzung der Praxistätigkeit bis zur gerichtlichen Klärung der Zulassungsentziehung gegenüber dem öffentlichen Interesse an deren sofortiger Vollziehung zurücktreten müsste, so ist ein Antrag auf sofortige Vollziehung abzulehnen.[767] Eine **günstige Prognose** in einem Strafurteil ist zu berücksichtigen.[768] Ein **Insolvenzverfahren** rechtfertigt nicht die Anordnung der sofortigen Vollziehung einer Zulassungsentziehung.[769]

6. Verfahren

498 Ein **Antrag** ist nicht erforderlich. Der Zulassungsausschuss hat **von Amts wegen** zu entscheiden, wenn die Voraussetzungen für eine **Zulassungsentziehung** vorliegen (§ 27 Satz 1 Ärzte-ZV). Die KV und die Landesverbände der Krankenkassen haben aber ein **Antragsrecht** (§ 27 Satz 2 Ärzte-ZV).

499 Die Reglung ist abschließende **Sonderregelung zu den §§ 44 ff. SGB X**[770] (zu § 31 Abs. 8 Satz 2 Ärzte-ZV für Ermächtigungen vgl. Rn. 436 und die Kommentierung zu § 98 SGB V Rn. 67 f.). Das BSG billigt den Zulassungsgremien auch die Befugnis zu, **deklaratorische Entscheidungen** über das Ende der Zulassung bzw. das Ende einer Gemeinschaftspraxis zu treffen, um Rechtssicherheit herzustellen und für alle an der vertragsärztlichen Versorgung Beteiligten Klarheit darüber zu schaffen, ob ein Arzt (noch) berechtigt ist, vertragsärztlich tätig zu werden.[771] Ihre Zuständigkeit ist auch gegeben,

---

[763] Vgl. LSG Bayern v. 10.05.2006 - L 12 B 12/05 KA ER - juris Rn. 19; LSG Rheinland-Pfalz v. 03.11.2005 - L 5 ER 91/05 KA - juris Rn. 14 f.

[764] Vgl. BVerfG v. 28.03.1985 - 1 BvR 1245/84, 1 BvR 1254/84 - BVerfGE 69, 233 = SozR 2200 § 368a Nr. 12; BVerfG v. 25.05.2001 - 1 BvR 848/01 - juris; LSG Bayern v. 09.09.2002 - L 12 B 87/02 KA ER; zum Ruhen der ärztlichen Approbation vgl. BVerfG v. 29.12.2004 - 1 BvR 2820/04 und 2851/04 - www.bverfg.de; BVerfG v. 12.03.2004 - 1 BvR 540/04 - GesR 2004, 333; BVerfG v. 04.10.2006– 1 BvR 2403/06 - juris; OVG Niedersachsen v. 19.01.2005 - 8 ME 181/04; vgl. auch BVerfG v. 24.10.2003 - 1 BvR 1594/03 - NJW 2003, 3618; zur grundsätzlichen Zulässigkeit einer Entziehung der Kassenarztzulassung vgl. BVerfG v. 05.09.1980 - 1 BvR 727/80 - SozR 2200 § 368a Nr. 6; zur Verhängung eines vorläufigen Berufsverbots vgl. BVerfG v. 15.12.2005 - 2 BvR 673/05 - MedR 2007, 43.

[765] Vgl. LSG Hessen v. 23.12.2005 - L 7 AL 228/05 ER - juris; LSG Nordrhein-Westfalen v. 20.01.2004 - L 10 B 19/03 KA ER - juris Rn. 39 - KHuR 2005, 66; LSG Nordrhein-Westfalen v. 06.01.2004 - L 11 B 17/03 KA ER - juris Rn. 26 - Breith 2004, 263; LSG Nordrhein-Westfalen v. 14.04.2003 - L 10 B 8/03 KA ER - juris Rn. 5; SG Mainz v. 07.09.2005 - S 6 ER 126/05 - cms.justiz.rlp.de.

[766] Vgl. LSG Rheinland-Pfalz v. 03.11.2005 - L 5 ER 91/05 KA - www.sozialgerichtsbarkeit.de.

[767] Vgl. LSG Bayern v. 09.09.2002 - L 12 B 87/02 KA ER.

[768] Vgl. LSG Rheinland-Pfalz v. 03.11.2005 - L 5 ER 91/05 KA - www.sozialgerichtsbarkeit.de.

[769] Vgl. LSG Rheinland-Pfalz v. 03.11.2005 - L 5 ER 91/05 KA - www.sozialgerichtsbarkeit.de.

[770] Vgl. BSG v. 05.11.2003 - B 6 KA 56/03 B - juris Rn. 8; BSG v. 10.05.2000 - B 6 KA 67/98 R - juris Rn. 22 - BSGE 86, 121 = SozR 3-5520 § 24 Nr. 4; BSG v. 10.05.2000 - B 6 KA 56/99 B - juris Rn. 8; BSG v. 16.10.1991 - 6 RKa 37/90 - juris Rn. 54 - SozR 3-2500 § 116 Nr. 1; BSG v. 18.05.1989 - 6 BKa 8/89 - juris Rn. 4.

[771] Vgl. BSG v. 05.02.2003 - B 6 KA 22/02 R - juris Rn. 25 - SozR 4-2500 § 95 Nr. 2.

wenn der **Zulassungsstatus streitig** ist[772] oder auch nur der **Rechtsschein** einer Zulassung, so bei unwirksamer Zulassung, beseitigt werden soll.[773]

Es gilt der **Amtsermittlungsgrundsatz** (vgl. die Kommentierung zu § 96 SGB V Rn. 35 ff.). 500

Die Entziehung der Zulassung eines Vertragsarztes wegen des **Verdachts einer Straftat**, aus der auf 501 eine gröbliche Pflichtverletzung geschlossen werden kann, erfordert mit Blick auf den damit verbundenen Eingriff in die durch Art 12 Abs. 1 GG gewährleistete Freiheit der Berufswahl die **eigenständige Feststellung der Zulassungsgremien**, dass das strafgerichtliche Verfahren mit einer sehr hohen Wahrscheinlichkeit zu einer (rechtskräftigen) Verurteilung des Arztes wegen der gegen ihn erhobenen strafrechtlichen Vorwürfe in ihrem wesentlichen Kern führt (ohne dass es darauf ankommt, ob eine Verurteilung wegen aller Vorwürfe erfolgt).[774] Die lapidare Feststellung, die Substantiierung der Vorwürfe ergebe sich aus dem Umstand einer **U-Haft** als auch der **Eröffnung der Hauptverhandlung**, kann eine solche **Prognose** nicht ersetzen. Der Verweis auf Ermittlungsergebnisse anderer Stellen ersetzt nicht die Darlegung der eigenen Entscheidungsgrundlagen und die eigenständige Würdigung dieser Ermittlungsergebnisse.[775]

Akten der Staatsanwaltschaft eines parallel ablaufenden Strafermittlungsverfahrens sind beizuzie- 502 hen.[776] Die Zulassungsgremien dürfen die **polizeilichen Ermittlungen** nicht ungeprüft in ihre Entscheidungen übernehmen, sondern müssen sich durch eigene Ermittlungen von deren Richtigkeit überzeugen.[777] Stützen die Zulassungsgremien eine Zulassungsentziehung auf die **Anklageschrift einer Staatsanwaltschaft** wegen der Ausstellung unrichtiger Arbeitsunfähigkeitsbescheinigungen, so haben sie im Einzelnen zu benennen, um welche Vorwürfe es sich gehandelt hat, welche Zeugnisse wann weshalb unrichtig ausgestellt worden sein sollen; der pauschale Hinweis auf die Ermittlungsergebnisse genügt rechtsstaatlichen Mindestanforderungen in keinem Fall.[778]

Der Berufungsausschuss kann gemäß § 45 Abs. 2 Ärzte-ZV den Widerspruch gegen eine Zulassungs- 503 entziehung **ohne mündliche Verhandlung** zurückweisen, wenn er die Zurückweisung einstimmig beschließt.[779]

Die Feststellung, die Zulassung habe „infolge Fristablaufs" (bzw. wegen Bedingungseintritts) geendet, 504 kann nicht in eine Zulassungsentziehung **umgedeutet** werden, da sie nicht auf das gleiche Ziel gerichtet ist.[780]

XII. Zulassungsende (Absatz 7)

§ 95 Abs. 7 SGB V ordnet für Vertragsärzte (§ 95 Abs. 7 **Satz 1** SGB V) und MVZ (§ 95 Abs. 7 **Satz 2** 505 SGB V) das **Zulassungsende** in bestimmten Fällen – Tod bzw. Auflösung eines MVZ, Verzicht und Wegzug – an. Diese Regelungen sind **zwingend**, und, ergänzt durch § 19 Abs. 3 Ärzte-ZV (Nichtaufnahme der vertragsärztlichen Tätigkeit), **abschließend**. Seit dem GSG endet die Zulassung auch am Ende des Kalendervierteljahres, in dem der Vertragsarzt sein 68. Lebensjahr vollendet (§ 95 Abs. 7 **Satz 3** SGB V). **Ausnahmen** hiervon kommen nur im Rahmen des Übergangsrechts für Vertragsärzte, die bis 1992 zugelassen waren (§ 95 Abs. 7 **Satz 4** SGB V), und Psychologische Psychotherapeuten, die bis 1999 an der ambulanten Versorgung mitgewirkt haben (§ 95 Abs. 7 **Satz 5** SGB V), in Betracht. Diese Altersregelung gilt auch für gesamtvertragliche Vereinbarungen (§ 95 Abs. 7 **Satz 6** SGB V) und angestellte Ärzte, auch in einem MVZ (§ 95 Abs. 7 **Satz 7** SGB V). Die Altersbegrenzung gilt aufgrund der Änderungen durch das VÄndG bei einer Feststellung einer **Unterversorgung** oder deren Drohung nicht (§ 95 Abs. 7 **Satz 8** SGB V). In überversorgten Planungsbereichen führt das Zulassungsende auf Antrag des Vertragsarztes bzw. seiner Erben zur Ausschreibung des Vertragsarztsitzes (vgl. § 103 Abs. 4 Satz 1 SGB V). § 95 Abs. 6 SGB V wird ergänzt durch § 28 Ärzte-ZV (Verzicht). Sonderregelungen für einen kollektiven Verzicht trifft § 95b SGB V.

---

[772] Vgl. BSG v. 25.11.1998 - B 6 KA 4/98 R - juris Rn. 20 - BSGE 83, 135 = SozR 3-2500 § 95 Nr. 18.

[773] Vgl. BSG v. 05.02.2003 - B 6 KA 22/02 R - juris Rn. 25 f. - SozR 4-2500 § 95 Nr. 2.

[774] Vgl. OVG Saarland v. 29.11.2005 - 1 R 12/05 - juris Rn. 61 ff. - ZMGR 2006, 14 = MedR 2006, 661 m.w.N.; SG Marburg v. 31.05.2006 - S 12 KA 42/06 - juris Rn. 27.

[775] Vgl. SG Marburg v. 31.05.2006 - S 12 KA 42/06 - juris Rn. 27.

[776] Vgl. LSG Berlin-Brandenburg v. 29.11.2006 - L 7 KA 21/06 - juris Rn. 27.

[777] Vgl. LSG Berlin-Brandenburg v. 29.11.2006 - L 7 KA 21/06 - juris Rn. 27.

[778] Vgl. SG Marburg v. 31.05.2006 - S 12 KA 42/06 - juris Rn. 26.

[779] Vgl. LSG Berlin-Brandenburg v. 29.11.2006 - L 7 KA 38/04 - juris Rn. 17.

[780] Vgl. LSG Niedersachsen-Bremen v. 09.02.2005 - L 3 KA 360/03 - juris Rn. 44.

506 Das **Zulassungsende** nach § 95 Abs. 7 SGB V tritt als **gesetzliche Rechtsfolge** ein. Bei allen Beendigungstatbeständen sind allein der objektive Sachverhalt und keine subjektiven Elemente maßgebend.[781] Eines konstitutiven Verwaltungsaktes wie für eine Entziehung nach § 95 Abs. 6 SGB V bedarf es nicht. Gleichwohl sollte zur Rechtssicherheit ein entsprechender deklaratorischer Beschluss der Zulassungsgremien erfolgen. Das BSG billigt den Zulassungsgremien diese Befugnis zu.[782] Zwingend vorgeschrieben ist ein Beschluss des Zulassungsausschusses über den Zeitpunkt des Zulassungsendes in allen Fällen außer einem Verzicht (§ 28 Abs. 1 Ärzte-ZV). Als Verwaltungsakte sind diese Entscheidungen anfechtbar, ansonsten kann Feststellungsklage erhoben werden. Selbst bei **Anfechtung** eines solchen Beschlusses kommen aber einem Widerspruchsführer nicht die Vorteile der aufschiebenden Wirkung eines Rechtsbehelfs nach § 96 Abs. 4 Satz 2 SGB V zugute.[783] Das Zulassungsende tritt kraft Gesetzes ein, so dass auch die aufschiebende Wirkung gegen einen feststellenden Verwaltungsakt den Arzt nicht berechtigt, seine vertragsärztliche Tätigkeit fortzusetzen.[784]

507 § 95 Abs. 6 und 7 SGB V enthält i.V.m. den §§ 27, 28 Ärzte-ZV eine **abschließende Regelung** über das Erlöschen und die Entziehung der Zulassung, die den allgemeinen Regeln über die Bestandskraft und die Rücknahme von Verwaltungsakten vorgeht.[785]

1. Tod, Verzicht und Wegzug

508 Im Falle eines **Todes** besteht nach den Bundesmantelverträgen die Möglichkeit, die Praxis eines verstorbenen Vertragsarztes durch einen anderen Arzt bis zur Dauer von zwei Quartalen fortführen zu lassen (vgl. Rn. 321); zum Berufsrecht vgl. § 20 Abs. 3 MBO-Ä.

509 **Übergangsweise** kann zudem eine **Ermächtigung durch den Zulassungsausschuss** erfolgen (vgl. § 31 Abs. 1 lit. a Ärzte-ZV), bis ein Nachfolger die Praxis übernimmt. Abrechnungsbefugt gegenüber der KV wird der ermächtigte Arzt, nicht die Erben.[786] § 31 Abs. 2 Ärzte-ZV sieht nur die Möglichkeit vor, im Bundesmantelvertrag eine Regelung über eine Ermächtigung für „bestimmte" ärztliche Leistungen vorzusehen.

510 **Verzicht** ist eine einseitige, empfangsbedürftige, rechtsgestaltende **Willenserklärung**, die regelmäßig mit dem **Zugang** bei dem Erklärungsempfänger, dem Zulassungsausschuss, **wirksam** wird (§ 130 Abs. 1 Satz 1, Abs. 3 BGB).[787] Der Verzicht selbst wird nach § 28 Abs. 1 Satz 1 Ärzte-ZV mit dem Ende des auf den Zugang der Verzichtserklärung folgenden Kalendervierteljahres wirksam. Diese **Frist** kann **verkürzt** werden, wenn der Vertragsarzt nachweist, dass für ihn die weitere Ausübung der vertragsärztlichen Tätigkeit für die gesamte Dauer oder einen Teil der Frist unzumutbar ist (§ 28 Abs. 1 Satz 2 Ärzte-ZV). Dies gilt z.B. für den Fall einer Erkrankung oder der Praxisübergabe. Die Verkürzung der Frist kann jedoch nicht einseitig geschehen, sondern nur durch Beschluss des Zulassungsausschusses. Der Verzicht kann einseitig mit Wirkung ab einem **späteren Zeitpunkt erklärt** werden (vgl. ausführlich die Kommentierung zu § 103 SGB V Rn. 48 ff.). Mit Zugang der Verzichtserklärung bleibt der Vertragsarzt daran gebunden. Er kann sich von ihr nicht mehr lösen, auch wenn die Rechtswirkungen der Verzichtserklärung erst zu einem späteren Zeitpunkt eintreten.[788] Eine **Anfechtung** ist nur nach den für die Anfechtung von Willenserklärungen geltenden Grundsätzen möglich (§§ 119, 120, 123 BGB).[789] Die **Feststellung** über das Ende der Zulassung hat nur **deklaratorische Wirkung**.[790] Nach dem Zugang ist ein **Widerruf** nicht mehr möglich (§ 130 Abs. 1 Satz 2, Abs. 3 BGB).[791] Die Anfech-

781 Vgl. BSG v. 05.11.2003 - B 6 KA 60/03 B - juris Rn. 8.

782 Vgl. BSG v. 05.02.2003 - B 6 KA 22/02 R - juris Rn. 25 - SozR 4-2500 § 95 Nr. 2.

783 Vgl. LSG Hessen v. 10.06.2005 - L 6/7 KA 58/04 ER - juris.

784 Vgl. LSG Nordrhein-Westfalen v. 17.05.2005 - L 10 B 10/04 KA ER - GesR 2005, 378.

785 Vgl. BSG v. 05.11.2003 - B 6 KA 56/03 B - juris Rn. 8; BSG v. 10.05.2000 - B 6 KA 56/99 B - juris Rn. 8; BSG v. 10.05.2000 - B 6 KA 67/98 R - juris Rn. 22 - BSGE 86, 121 = SozR 3-5520 § 24 Nr. 4.

786 Vgl. *Kamps*, NJW 1995, 2384, 2387 f.

787 Vgl. BSG v. 08.05.1996 - 6 RKa 20/95 - juris Rn. 23 und 28 - USK 96126; BSG v. 23.02.2005 - B 6 KA 70/03 R - juris Rn. 16 - SozR 4-5520 § 33 Nr. 5.

788 Vgl. LSG Baden-Württemberg v. 16.02.2005 - L 5 KA 3191/04.

789 Vgl. LSG Baden-Württemberg v. 29.12.1997 - L 5 Ka 3737/97 eA-B - juris Rn. 46 ff.; *Hencke* in: Peters, Handbuch KV (SGB V), § 95 Rn. 41.

790 Vgl. BSG v. 08.05.1996 - 6 RKa 20/95 - juris Rn. 28 - USK 96126; BSG v. 08.05.1996 - 6 RKa 16/95 - juris Rn. 30 - BSGE 78, 175 = SozR 3-5407 Art. 33 § 3a Nr. 1.

791 Vgl. Baden-Württemberg v. 29.12.1997 - L 5 Ka 3737/97 eA-B - juris Rn. 45; offen gelassen von LSG Berlin v. 10.04.2001 - L 7 B49/00 KA ER - NZS 2001, 502, 503.

tung ist aber jedenfalls nach Wirksamkeit des Verzichts (§ 28 Abs. 1 Ärzte-ZV) im Falle bestehender Zulassungsbeschränkungen nicht mehr möglich, da der Vertragsarztsitz neu besetzbar ist und Entscheidungen der Zulassungsausschüsse nicht mit der Ungewissheit einer Anfechtung belastet werden können.[792]

Von daher sollte ein **Verzicht erst ausgesprochen werden**, wenn alles Übrige für die Aufgabe der Vertragsarzttätigkeit geregelt ist. Die **schlichte Aufgabe der Praxis** führt zwar zu einer Zulassungsentziehung (§ 95 Abs. 6 Satz 1 SGB V), bedeutet zugleich aber einen Pflichtenverstoß.[793] 511

Mit dem **Wegzug** aus dem Bezirk des Kassenarztsitzes endet durch Gesetz, ohne dass es einer Entscheidung des Zulassungsausschusses bedarf, gleichfalls die Zulassung. Wegzug ist Tatfrage. Wegzug ist jede **tatsächliche, nicht nur vorübergehende Aufgabe der ärztlichen Niederlassung am Vertragsarztsitz**, ohne Rücksicht darauf, ob die Absicht späterer erneuter Niederlassung an diesem Vertragsarztsitz besteht.[794] Auf subjektive Vorstellungen des Vertragsarztes kommt es nicht an; ein Wille des Wegziehenden zur Aufhebung des bisherigen Vertragsarztsitzes ist nicht notwendig.[795] Der Eintritt des Zulassungsendes ist gesetzliche Rechtsfolge. Eine Anfechtung oder Rückgängigmachung ist nicht möglich. Es kommt nur eine Neuzulassung in Betracht. 512

Bezirk des Kassenarztsitzes ist gleichbedeutend mit **Zulassungsbezirk**, da Wegzug das Verlassen des Zuständigkeitsbereichs der Zulassungsbehörde bedeutet. Dies ist der Bezirk eines Zulassungsausschusses, also der Bezirk einer KV oder eigens begründete Teile dieses Bezirks (vgl. Legaldefinition nach § 96 Abs. 1 SGB V; § 11 Ärzte-ZV, vgl. die Kommentierung zu § 96 SGB V Rn. 46).[796] Umzug der Praxis innerhalb des Bezirks ist eine genehmigungspflichtige Praxisverlegung (§ 24 Abs. 4 Ärzte-ZV, vgl. Rn. 213 ff.). Es kommt auf den **Praxissitz**, nicht den persönlichen Wohnsitz an. Ein Wegzug wird in der Regel durch **Neueröffnung einer Praxis** oder **Neuzulassung** dokumentiert. Wird von der Neuzulassung keinen Gebrauch gemacht, so liegt noch kein Wegzug vor. Wird lediglich die vertragsärztliche Tätigkeit am alten Praxisort (Vertragsarztsitz) aufgegeben, so liegt ein Entziehungstatbestand nach § 95 Abs. 6 SGB V vor. Wird eine Praxis in zwei Zulassungsbezirken ohne Genehmigung geführt, so liegt mit der zuletzt eröffneten Praxis ein Wegzug vor. 513

Die Zulassung eines als sog. **Job-Sharing-Partner** zugelassenen Arztes (§ 101 Abs. 1 Satz 1 Nr. 4 SGB V) ist auf die Dauer der gemeinsamen vertragsärztlichen Tätigkeit beschränkt (§ 101 Abs. 3 Satz 1 SGB V). Die Auflösung der Gemeinschaftspraxis führt damit automatisch zum Zulassungsende des Partnerarztes. Die Anerkennung als **Belegarzt** endet mit der Beendigung der vertragsärztlichen Zulassung oder mit der Beendigung der Tätigkeit als Belegarzt an dem Krankenhaus (§ 40 Abs. 4 Satz 1 BMV-Ä/§ 32 Abs. 4 Satz 1 EKV-Ä). 514

2. MVZ

Die **Zulassung** eines **MVZ endet** mit dem Wirksamwerden eines Verzichts, der Auflösung oder mit dem Wegzug des MVZ, d.h. der Verlegung des Standortes aus dem bisherigen Bezirk. Die Auflösung richtet sich nach den jeweiligen gesellschaftsrechtlichen Bestimmungen. 515

3. Altersgrenze von 68 Jahren

Die **Zulassung** eines Vertragsarztes **endet** mit Ablauf des Kalendervierteljahres, in dem der Vertragsarzt sein 68. Lebensjahr vollendet. 516

a. Rechtmäßigkeit der Altersgrenze

Das **BVerfG** hält diese Altersgrenze als eine subjektive Zulassungsbeschränkung für **verfassungsgemäß**. Unter Bezugnahme seiner Rechtsprechung zu anderen Altersgrenzen stellt es vor allem darauf ab, dass die angegriffenen Regelungen auch dazu dienten, den Gefährdungen, die von älteren, nicht mehr voll leistungsfähigen Berufstätigen ausgingen, einzudämmen.[797] 517

---

[792] Vgl. LSG Berlin v. 10.04.2001 - L 7 B 49/00 KA ER - NZS 2001, 502, 503.

[793] Vgl. BSG v. 08.05.1996 - 6 RKa 16/95 - juris Rn. 30 - BSGE 78, 175 = SozR 3-5407 Art. 33 § 3a Nr. 1.

[794] Vgl. BSG v. 05.11.2003 - B 6 KA 60/03 B - juris Rn. 8; BSG v. 24.03.1971 - 6 RKa 9/70 - SozR Nr. 34 zu § 368a RVO = NJW 1971, 1909.

[795] Vgl. BSG v. 05.11.2003 - B 6 KA 60/03 B - juris Rn. 8.

[796] Vgl. *Hess* in: KassKomm, SGB V, § 95 Rn. 95.

[797] Vgl. BVerfG v. 31.03.1998 - 1 BvR 2167/93, 1 BvR 2198/93 - juris Rn. 30 f. - SozR 3-2500 § 95 Nr. 17 = NJW 1998, 1776.

518 Das **BSG** sieht demgegenüber unter Hinweis auf die Möglichkeiten, über das 68. Lebensjahr hinaus als Vertragsarzt tätig zu sein (als Privatarzt und nach dem Übergangsrecht), keinen Willen des Gesetzgebers, jede patientenbezogene Berufsausübung durch ältere Ärzte als so potenziell gefährdend anzusehen, dass sie ausnahmslos zu unterbleiben hätten.[798] Es stützt sich deshalb bei Bejahung der Verfassungsmäßigkeit vor allem auf die Erwägung des Gesetzgebers, wonach die zur Sicherung der Finanzierbarkeit der gesetzlichen Krankenversicherung für zwingend erforderlich gehaltene Beschränkung der Zahl der zugelassenen Vertragsärzte nicht einseitig zu Lasten der jungen, an einer Zulassung interessierten Ärztegeneration zu verwirklichen sei.[799] Dies gelte auch für die **Psychotherapeuten.**[800] Eine **europarechtliche Dimension** der Altersgrenze hat das BSG ausdrücklich verneint.[801] Die Kritik am BVerfG[802] sollte daher nicht überbewertet werden.

519 Die **sozialgerichtliche Rechtsprechung** sieht auch nach Aufhebung der Zulassungsbeschränkungen für Vertragszahnärzte durch das GKV-WSG (vgl. die Kommentierung zu § 103 SGB V Rn. 33 f.; vgl. auch die Kommentierung zu § 100 SGB V Rn. 18 f.) und der Ausnahmeregelungen in § 95 Abs. 7 Satz 8 SGB V durch das VÄndG sowie im Hinblick auf die europäische Antidiskriminierungsrichtlinie (vgl. Art. 1 und 6 EGRL 78/2000) die Altersgrenze weiterhin einhellig als rechtmäßig an.[803]

520 Das Fehlen einer allgemeinen **Härteregelung** bei der Altersgrenze stellt keine ausfüllungsfähige oder ausfüllungsbedürftige Gesetzeslücke dar, sondern entspricht der Absicht des Gesetzgebers. Über den ausdrücklich geregelten Ausnahmetatbestand hinaus ist die Altersgrenze damit auf alle Betroffenen anzuwenden.[804]

b. Feststellungsbescheid

521 Der Zeitpunkt ist durch Beschluss des Zulassungsausschusses festzustellen (§ 28 Abs. 1 Satz 3 Ärzte-ZV). Dies ist auch dann möglich, wenn zuvor eine gesetzwidrige, aber bestandskräftige „Verlängerung" der Zulassung ausgesprochen worden war; allerdings ist dann Vertrauensschutz zu berücksichtigen.[805] Das weitere Übergangsrecht nach Art. 33 § 1 GSG ist durch Zeitablauf überholt.

522 Das Zulassungsende tritt **kraft Gesetzes** ein.[806] Auch die aufschiebende Wirkung gegen einen feststellenden – deklaratorischen – Verwaltungsakt berechtigt den Arzt nicht, seine vertragsärztliche Tätigkeit fortzusetzen.[807] **Einstweiliger Rechtsschutz** kann nur nach § 86b Abs. 2 SGG im Wege einer Regelungsanordnung gewährt werden. Es bleibt auch die Möglichkeit einer vorbeugenden Feststellungsklage über das fortdauernde Bestehen der Zulassung.

523 Soweit LSG Bayern Widersprüchen und Klagen gegen die feststellenden Beschlüsse gem. § 86a Abs. 1 SGG **aufschiebende Wirkung zubilligt**, weil das Gesetz nicht zwischen sog. bloß deklaratorischen und sonstigen feststellenden Verwaltungsakten unterscheide,[808] ist dem nicht zu folgen. Die Zulassungsgremien treffen lediglich deklaratorische Feststellungen über das Ende der Zulassung. Die Zulas-

[798] Vgl. BSG v. 30.06.2004 - B 6 KA 11/04 R - juris Rn. 24 - BSGE 93, 79 = SozR 4-5525 § 32 Nr. 1.

[799] Vgl. BSG v. 25.11.1998 - B 6 KA 4/98 R - juris Rn. 29 - BSGE 83, 135 = SozR 3-2500 § 95 Nr. 18; BSG v. 12.09.2001 - B 6 KA 45/00 R - juris Rn. 13 - SozR 3-2500 § 95 Nr. 32.

[800] Vgl. BSG v. 08.11.2000 - B 6 KA 55/00 R - juris Rn. 36 f. - BSGE 87, 184 = SozR 3-2500 § 95 Nr. 26.

[801] Vgl. BSG v. 27.04.2005 - B 6 KA 38/04 B - juris Rn. 12; BSG v. 25.11.1998 - B 6 KA 4/98 R - juris Rn. 35 - BSGE 83, 135 = SozR 3-2500 § 95 Nr. 18; vgl. auch LSG Hessen v. 15.12.2004 - L 7 KA 412/03 ER - juris; LSG Hessen v. 10.06.2005 - L 6/7 KA 58/04 ER - juris; *Boecken*, NZS 2005, 393 ff.

[802] Vgl. z.B. *Hencke* in: Peters, Handbuch KV (SGB V), § 95 Rn. 45.

[803] Vgl. LSG Schleswig-Holstein. v. 25.05.2007 - L 4 B 406/07 KA ER - www.sozialgerichtsbarkeit.de; LSG Schleswig-Holstein v. 31.01.2006 - L 4 KA 3/04 - NZS 2006, 559; LSG Baden-Württemberg v. 23.10.2006 - L 5 KA 4343/06 ER-B - juris; LSG Bayern v. 19.07.2006 - L 12 KA 9/06 - (Revision anhängig: B 6 KA 41/06 R); LSG Hamburg v. 28.06.2006 - L 2 KA 1/06 - www.sozialgerichtsbarkeit.de; LSG Hessen v. 15.03.2006 - L 4 KA 32/05 - juris; LSG Hessen v. 10.06.2005 - L 6/7 KA 58/04 ER - MedR 2006, 237; LSG Hessen v. 15.12.2004 - L 7 KA 412/03 ER - juris; SG Mainz v. 31.03.2006 - S 8 ER 68/06 KA - juris; SG Marburg v. 23.11.2005 - S 12 KA 38/05 - juris; anders z.T. die Literatur, vgl. *Arnold*, MedR 2007, 143 ff.; *Boecken*, NZS 2005, 393 ff.

[804] Vgl. BSG v. 25.11.1998 - B 6 KA 4/98 R - juris Rn. 24 - BSGE 83, 135 = SozR 3-2500 § 95 Nr. 18.

[805] Vgl. BSG v. 05.11.2003 - B 6 KA 56/03 B - juris Rn. 10.

[806] Vgl. BSG v. 05.11.2003 - B 6 KA 56/03 B - juris Rn. 8.

[807] Vgl. LSG Nordrhein-Westfalen v. 17.05.2005 - L 10 B 10/04 KA ER - juris Rn. 6 - GesR 2005, 378; LSG Hessen v. 10.06.2005 - L 6/7 KA 58/04 ER - juris Rn. 29 f. - MedR 2006, 237.

[808] Vgl. LSG Bayern v. 20.07.2006 - L 12 B 835/06 KA ER - juris Rn. 21 und 24 - Breith 2007, 531.

sung wird nicht entzogen.[809] Aber auch wenn man von einer aufschiebenden Wirkung ausgeht, gilt dies nur für den Bescheid selbst, nicht aber die gesetzlich angeordnete Beendigung der Zulassung, durch die die vormalige Zulassungsentscheidung durch Zeitablauf erledigt wird. Zutreffend weist das LSG Nordrhein-Westfalen darauf hin, dass durch einen Widerspruch die materielle Rechtslage nicht verbessert werden kann.[810]

c. Verlängerung der Zulassung

Für Ärzte, die bei der **Verlängerung der Zulassung** über das 68. Lebensjahr hinaus noch nicht 20 Jahre zugelassen waren, sind solche Zeiten anzurechnen, in denen sie aufgrund einer **Ermächtigung** in niedergelassener Praxis mit voller Arbeitskraft Versicherte der Primär- und Ersatzkassen behandeln konnten.[811] Dies gilt aber nicht für Vertragsärzte, die erst nach In-Kraft-Treten der Altersregelung, also nach dem 01.01.1993 zugelassen wurden, auch wenn der Vertragsarzt bei Vollendung seines 68. Lebensjahres weniger als 20 Jahre als Vertragsarzt tätig war; Zeiten der Ermächtigung vor dem 01.01.1993 ändern hieran nichts.[812] Für angestellte Ärzte ist der Ermächtigungszeitraum nicht als Vortätigkeit anzurechnen, da sie nur nebenberuflich an der ambulanten Versorgung beteiligt sind.[813] 524

Der Vertragsarzt muss durchgehend an der Versorgung der Versicherten der gesetzlichen Krankenversicherung mitgewirkt haben. **Unterbricht** er die Teilnahme an der vertragsärztlichen Versorgung, so verzichtet er selbst darauf, einen einmal eingeleiteten Vertrauensschutztatbestand fortzuführen, und ist nicht mehr schutzbedürftig.[814] Es kommt allein auf den formalen Zulassungsstatus an. Ein Vortrag, die **Zulassung habe nur zum Schein bestanden**, um als faktisch angestellter Zahnarzt bei einem Kollegen tätig zu sein, ist unerheblich.[815] 525

Bei **Psychotherapeuten** sind auf den 20-Jahres-Zeitraum, um den die Altersgrenze hinausgeschoben werden kann, vor dem 01.01.1999 zurückgelegte Tätigkeiten im Delegations- und Kostenerstattungsverfahren anzurechnen.[816] Die Ausnahmeregelung ist bei Psychotherapeuten nur bei bedarfsunabhängigen Zulassungen nach § 95 Abs. 10 und 11 SGB V von Bedeutung, die wiederum voraussetzen, dass im sog. Zeitfenster die psychotherapeutische Tätigkeit einen Mindestumfang gehabt haben muss (vgl. Rn. 593). Bereits von daher dürften die Vortätigkeiten auf den 20-Jahreszeitraum im Regelfall anzurechnen sein. 526

Das BSG hat zudem verschiedentlich die Unterschiede zwischen „**Mitwirken**", so § 95 Abs. 7 Satz 5 SGB V, und „Teilnahme", so § 95 Abs. 10 und 11 SGB V, herausgearbeitet. „Mitwirken" ist danach umfassender zu verstehen.[817] Im Ergebnis dürften daher auch Tätigkeiten als angestellter Psychotherapeut und im sog. Beauftragungsverfahren anzurechnen sein.[818] Auch kommt es für den Begriff der „Mitwirkung" nicht auf den Umfang oder die Intensität der psychotherapeutischen Tätigkeit an. Entscheidend ist allein, dass überhaupt eine psychotherapeutische Tätigkeit ausgeübt wurde. Jedenfalls dann, wenn diese in eigener Praxis erfolgt ist, reicht es aus, das Merkmal der Mitwirkung zu erfüllen. Wie diese Möglichkeit konkret ausgestaltet worden ist, ist dann Sache des Vertragspsychotherapeuten. Dies gilt auch für die Dauer eines über zweijährigen Zulassungsverfahrens.[819] 527

Mit der Einfügung der **Sätze 8 und 9** in § 95 Abs. 7 SGB V durch das **VÄndG** soll nach der **Gesetzesbegründung** an der strengen Altersgrenze dann nicht mehr festgehalten werden, wenn dies anderenfalls zu Versorgungsproblemen führt, weil jüngere Ärzte gerade nicht als Nachfolger bereitstehen. Des- 528

---

809 Vgl. LSG Hessen v. 10.06.2005 - L 6/7 KA 58/04 ER - juris Rn. 29 - MedR 2006, 237; ebenso LSG Rheinland-Pfalz v. 02.10.2006 - L 5 ER 185/06 KR - juris Rn. 10 ff. m.w.N. für die Beendigung einer freiwilligen Mitgliedschaft in einer Krankenkasse.

810 Vgl. LSG Nordrhein-Westfalen v. 17.05.2005 - L 10 B 10/04 KA ER - juris Rn. 6 - GesR 2005, 378.

811 Vgl. BSG v. 12.09.2001 - B 6 KA 45/00 R - juris Rn. 14 ff. - SozR 3-2500 § 95 Nr. 32.

812 Vgl. LSG Berlin-Brandenburg v. 21.12.2005 - L 7 B 1032/05 KA ER - juris Rn. 4 f.

813 Vgl. auch *Hencke* in: Peters, Handbuch KV (SGB V), § 95 Rn. 45.

814 Vgl. LSG Berlin-Brandenburg v. 21.12.2005 - L 7 B 1032/05 KA ER - juris Rn. 7; SG Marburg v. 23.11.2005 - S 12 KA 42/05 - juris Rn. 20.

815 SG Marburg v. 13.07.2006 - S 12 KA 829/06 ER - juris Rn. 23.

816 Vgl. BSG v. 08.11.2000 - B 6 KA 55/00 R - juris Rn. 19 ff. - BSGE 87, 184 = SozR 3-2500 § 95 Nr. 26; BVerfG v. 18.05.2001 - 1 BvR 522/01 - PsychR 2001, 153; BSG v. 05.11.2003 - B 6 KA 56/03 B - juris Rn. 7.

817 Vgl. BSG v. 08.11.2000 - B 6 KA 52/00 R - juris Rn. 43 ff. - BSGE 87, 158 = SozR 3-2500 § 95 Nr. 2; BSG v. 08.11.2000 - B 6 KA 55/00 R - juris Rn. 33 - BSGE 87, 184 = SozR 3-2500 § 95 Nr. 26.

818 Z.T. anders *Stellpflug*, Vertragsarztrecht/Vertragszahnarztrecht, 2005, Rn. 148 ff.

819 Vgl. SG Marburg v. 11.10.2006 - S 12 KA 756/06 - juris Rn. 24.

halb gelte als Ausnahme zur Altersregelung, dass die Zulassung z.B. eines hausärztlich tätigen Vertragsarztes dann nicht mit dem vollendeten 68. Lebensjahr ende, wenn der Landesausschuss der Ärzte und Krankenkassen für das Gebiet, in dem der Vertragsarzt niedergelassen ist, festgestellt habe, dass eine hausärztliche **Unterversorgung** eingetreten sei oder unmittelbar drohe. Sie ende jedoch spätestens ein Jahr nach Aufhebung des Beschlusses des Landesausschusses. Mit dieser **Nachfrist** werde dem ausscheidenden Vertragsarzt ein hinreichender Zeitraum zur Verfügung gestellt, um seine **Praxisnachfolge** zu regeln.[820]

529 Eine Anpassung an die **Änderungen des GKV-WSG**, das in § 100 Abs. 1 Satz 1 SGB V die „unmittelbar" drohende durch eine **„in absehbarer Zeit" drohende Unterversorgung** mit entsprechenden Folgeänderungen in § 16 Abs. 2 Satz 1, Abs. 3 Satz 1 und Abs. 4 Ärzte-ZV[821] bzw. § 16 Abs. 2 Satz 1 Zahnärzte-ZV[822] ersetzt hat, hat der Gesetzgeber nicht vorgenommen. Hierin dürfte ein Redaktionsversehen liegen. Maßgebend für den Beschluss des Landesausschusses ist im Übrigen § 100 SGB V. Die auf Vorschlag des Gesundheitsausschusses aufgenommene Änderung soll die Voraussetzungen für einen entsprechenden Beschluss vermindern und den Gestaltungsspielraum der Selbstverwaltung erhöhen.[823]

530 § 95 Abs. 7 Satz 8 SGB V bewirkt, dass bei entsprechendem Beschluss des Landesausschusses ein automatisches **Zulassungsende** nach Vollendung des 68. Lebensjahres (vgl. Rn. 522) **nicht eintritt**. Der Vertragsarzt kann aber die Zulassung jederzeit durch **Verzicht** beenden (vgl. Rn. 510 f.).

531 Ein **Anspruch auf einen feststellenden Beschluss** und damit auf Fortgeltung der Zulassung besteht nicht. Es handelt sich um eine Planungsentscheidung im Rahmen der Bedarfsplanung und hinsichtlich der Fortgeltung der Zulassung um eine Reflexwirkung, deren belastende Wirkung durch Verzicht vermieden werden kann. Das BSG hat bisher auch Entscheidungen des Landesausschusses zu Zulassungsbeschränkungen **keine unmittelbare rechtliche Außenwirkung** gegenüber zulassungswilligen Ärzten zugebilligt (vgl. die Kommentierung zu § 103 SGB V Rn. 24).[824] Dies gilt auch für Beschlüsse zur Unterversorgung.

532 Unterversorgung kann für einzelne oder mehrere **Planungsbereiche**, bezogen jeweils auf einzelne **Arztgruppen** festgestellt werden (vgl. die Kommentierung zu § 100 SGB V Rn. 8). Voraussetzung für die Ausnahmeregelung ist ein **Beschluss des Landesausschusses** nach § 16 Abs. 2 Satz 1 Ärzte-ZV. Bleibt der Landesausschuss untätig, kann nur die Aufsichtsbehörde (§ 90 Abs. 4 SGB V) entsprechende Maßnahmen ergreifen.

533 Eine Veröffentlichungspflicht im amtlichen Bekanntmachungsblatt der KV besteht bisher nur für Beschlüsse bzgl. der Zulassungsbeschränkungen (§ 16 Abs. 7 Ärzte-ZV). Wegen der nunmehr eingetretenen Bedeutung für die Altersregelung ist in Analogie hierzu auch die **Veröffentlichung** der Beschlüsse zur Unterversorgung zu fordern. Diese eingetretene Lücke hat der Verordnungsgeber offensichtlich übersehen. Andernfalls kann nach Aufhebung der Feststellung die Nachfrist nach § 95 Abs. 7 Satz 9 SGB V nur zu laufen beginnen, wenn der Vertragsarzt über den Beschluss persönlich informiert wird.

534 In einem **MVZ angestellte Ärzte** können – das VÄndG brachte die Gleichstellung mit den übrigen Ärzten, da zuvor das Ende mit Vollendung des 68. Lebensjahres eintrat – mit Ende des Kalendervierteljahres, in dem sie das 68. Lebensjahr vollenden, nicht mehr in der vertragsärztlichen Versorgung tätig sein. Der Wortlaut in § 95 Abs. 7 Satz 7 SGB V ist insofern missverständlich, als die Anstellung selbst der vertraglichen Absprache zwischen Arzt und MVZ unterliegt. § 95 Abs. 7 Satz 7 SGB V erfasst nur die Genehmigung der Anstellung (§ 95 Abs. 2 Satz 8 SGB V). Eine Verlängerungsmöglichkeit gibt es für sie – abgesehen vom Fall der Unterversorgung – nicht mit Ausnahme derjenigen Ärzte, die ihren Vertragsarztsitz mitgebracht haben (§ 103 Abs. 4a Satz 1 SGB V). Für Letztere gelten die Sätze 3-5 des § 95 Abs. 7 SGB V. Für sie gilt auch die Ausnahmeregelung, soweit sie bereits vor 1993 zugelassen waren. Der in § 95 Abs. 7 Satz 7 SGB V durch das VÄndG neu eingefügte Halbsatz stellt klar, dass auch Ärzte in einem zugelassenen MVZ weiterbeschäftigt werden können, wenn der Landesausschuss der Ärzte und Krankenkassen für das Gebiet, in dem sich das MVZ befindet, festgestellt hat,

[820] Vgl. BT-Drs. 16/2474, S. 22.
[821] Art. 21 Nr. 6a GKV-WSG.
[822] Art. 22 Nr. 7 GKV-WSG.
[823] Vgl. BT-Drs. 16/4247, S. 63.
[824] Vgl. BSG v. 02.10.1996 - 6 RKa 52/95 - juris Rn. 14 - BSGE 79, 152 = SozR 3-2500 § 103 Nr. 1.

dass eine ärztliche Unterversorgung eingetreten ist oder unmittelbar droht.[825] Maßgeblich ist der Sitz des MVZ. Besteht Unterversorgung nur im Planungsbereich einer Zweigpraxis, kann ggf. für diese eine Verlängerung genehmigt werden.

Für **ermächtigte Ärzte** gilt die Altersregelung entsprechend (§ 95 Abs. 4 Satz 3 SGB V, vgl. Rn. 438). **535**

Der **Hinweis** in § 95 Abs. 7 Satz 6 SGB V auf die **Bundesmantelverträge** nach § 82 Abs. 1 SGB V **536**
ist deklaratorisch, da die Regelungen nur nach § 95 Abs. 1 SGB V zugelassene Leistungserbringer betreffen können und es für eine vertragliche Abweichung einer gesetzlichen Grundlage bedarf.

XIII. Anstellung eines Arztes (Absätze 9 und 9a)

§ 95 Abs. 9 und 9a SGB V modifizieren den **Grundsatz der persönlichen Leistungserbringung** **537**
(§ 32 Abs. 1 Satz 1 Ärzte-ZV, vgl. auch Rn. 177 und Rn. 319). Neben der Möglichkeit zur Vertretung (vgl. Rn. 320 ff.), Beschäftigung von Assistenten (vgl. Rn. 326 ff.) und Delegation von Hilfstätigkeiten (vgl. Rn. 340 f.) besteht das **Recht zur Anstellung von Ärzten**. Weitere Einzelheiten werden in § 32b Ärzte-ZV und in den vom Gemeinsamen Bundesausschuss erlassenen §§ 23i-23l BedarfsplRL-Ä (vormals: Angest.-Ärzte-RL[826]) geregelt (vgl. die §§ 95 Abs. 9 Satz 3, 98 Abs. 2 Nr. 13, 101 Abs. 1 Satz 1 Nr. 5 SGB V). § 95 Abs. 9 Satz 4 SGB V verweist auf die Regelung zur Altersbegrenzung wegen Vollendung des 68. Lebensjahres (vgl. Rn. 516 ff., insbesondere Rn. 534). § 95 Abs. 9a SGB V erweitert die Möglichkeiten zur Anstellung im hausärztlichen Bereich.

Zur Übereinstimmung mit dem Grundsatz der persönlichen Leistungserbringung (vgl. auch zur Prä- **538**
senzpflicht Rn. 246) rechnen die **Bundesmantelverträge** die **Leistungen Dritter** dem anstellenden **Vertragsarzt** als eigene Leistung zu. Persönliche Leistungen sind auch ärztliche Leistungen durch **genehmigte Assistenten** und **angestellte Ärzte** gemäß § 32b Ärzte-ZV, soweit sie dem Praxisinhaber als Eigenleistungen zugeordnet werden können. Dem Praxisinhaber werden die ärztlichen selbständigen Leistungen des angestellten Arztes zugerechnet, auch wenn sie in der Betriebsstätte oder Nebenbetriebsstätte der Praxis in **Abwesenheit des Vertragsarztes** erbracht werden. Dasselbe gilt für fachärztliche Leistungen eines angestellten Arztes eines **anderen Fachgebiets**, auch wenn der Praxisinhaber sie nicht selbst miterbracht oder beaufsichtigt hat. Persönliche Leistungen sind ferner Hilfeleistungen **nichtärztlicher Mitarbeiter**, die der an der vertragsärztlichen Versorgung teilnehmende Arzt, ein angestellter Arzt oder ein genehmigter Assistent anordnet und fachlich überwacht, wenn der nichtärztliche Mitarbeiter zur Erbringung der jeweiligen Hilfeleistung qualifiziert ist (§ 15 Abs. 1 BMV-Ä/§ 14 Abs. 1 EKV-Ä). Wird eine **besondere Fachkunde** verlangt, so reicht es aus, dass nur der angestellte Arzt die Voraussetzungen erfüllt (vgl. § 11 Abs. 1 Satz 3 BMV-Ä/§ 39 Abs. 1 Satz 3 EKV-Ä).

1. Rechtsentwicklung

Das erstmals durch das **GSG** eingeführte Recht zur Anstellung eines Arztes nach § 95 Abs. 9 SGB V[827] **539**
sah zunächst die **bedarfsplanungsrechtliche Anrechnung** nach § 101 Abs. 1 Satz 5 SGB V a.F. (vgl. die Kommentierung zu § 101 SGB V Rn. 2) ohne Beschränkung des Leistungsvolumens vor.

Mit dem **2. GKV-NOG** hatte der **Gesetzgeber** durch Einfügen der Nr. 5 in § 101 Abs. 1 Satz 1 SGB V **540**
eine ausschließliche **Steuerung über die Begrenzung des Praxisumfanges** gewählt, die auch für nicht gesperrte Planungsbereiche galt. Diese **budgetartige Deckelung** hatte die zuvor bestehende Einbeziehung der angestellten Ärzte in die Bedarfsplanung abgelöst. Noch offene Planungsbereiche sollten nicht mit angestellten und in die Bedarfsplanung einbezogenen Ärzten besetzt werden, um niederlassungswilligen Ärzten nicht die Chance für eine **eigene Zulassung** zu nehmen. Außerdem machte nach Ansicht des Gesetzgebers die ausnahmslose Leistungsbegrenzung deutlich, dass durch die Anstellung eines Arztes – ebenso wie durch die Beschäftigung eines Weiterbildungsassistenten – sich der Charakter der Tätigkeit des Praxisinhabers als der eines **Freiberuflers** nicht ändere. Auch die vom angestellten Arzt ausgeführte ärztliche Tätigkeit stehe unter der persönlichen Aufsicht des Praxisinhabers und werde von diesem medizinisch verantwortet. Sie gewinne dadurch nicht den Charakter einer **ge-**

[825] Vgl. BT-Drs. 16/2474, S. 22.

[826] Richtlinien über die Beschäftigung von angestellten Praxisärzten in der Vertragsarztpraxis v. 01.10.1997, BAnz 1998 Nr. 9, 372, zuletzt geändert durch Bekanntmachung v. 22.10.2001, BAnz 2002 Nr. 20, 1618 (www.g-ba.de).

[827] Vereinzelt wird hierfür die Gesetzgebungskompetenz des Bundes bestritten, vgl. *Sodan*, NZS 2001, 169, 170 ff.

werblichen Tätigkeit, sondern bleibe auch unter Zugrundelegung der steuerrechtlichen Anforderungen an eine freiberufliche Tätigkeit eigenverantwortliche Ausübung der Heilkunde durch den Praxisinhaber.[828]

541 Das **VÄndG** hob die **zahlenmäßige Beschränkung** auf einen ganztags oder höchstens zwei halbtags beschäftigte Ärzte auf und überließ es dem Verordnungsgeber, dies zu regeln. Auch ihre Arbeitszeit kann nunmehr genauso wie die Arbeitszeit der angestellten Ärzte in MVZ dienstvertraglich flexibel gestaltet werden (vgl. § 101 Abs. 1 Satz 7 SGB V). In **ungesperrten Planungsbereichen** ist, da sie auf die Bedarfsplanung angerechnet werden, ihre Anstellung **ohne Leistungsbegrenzung** möglich. In der **Gesetzesbegründung** wird ausdrücklich darauf hingewiesen, dass auf die Anstellung dieser Ärzte § 32 Abs. 3 Ärzte-ZV nicht anzuwenden ist, der die Vergrößerung des Praxisumfangs bei der Beschäftigung von Assistenten verbiete. In **gesperrten Planungsbereichen** gilt weiterhin eine Leistungsbegrenzung (§ 95 Abs. 9 Satz 2 i.V.m. § 101 Abs. 1 Satz 1 Nr. 5 SGB V), weshalb Fachgebietsidentität zwischen Vertragsarzt und angestelltem Arzt bestehen muss. Der Verordnungsgeber hob die Ermächtigung an den Gemeinsamen Bundesausschuss auf, da der Konkretisierungsauftrag in § 101 Abs. 1 Satz 1 Nr. 5 SGB V für den verbleibenden Bereich der Anstellung mit einer Leistungsbegrenzung ausreichend sei. Er strich aber die zahlenmäßige Beschränkung in § 101 Abs. 1 Satz 1 Nr. 5 SGB V. Der Vertragsarzt kann daher auch mehrere Teilzeitkräfte anstellen.[829] Der neu eingefügte **Absatz 9a** gestattet es den Hausärzten, **Hochschullehrer für Allgemeinmedizin** als angestellte Ärzte außerhalb der Bedarfsplanung und ohne Beschränkung des Praxisumfangs zu beschäftigen. Dies soll der Erhaltung und Fortentwicklung der praktischen hausärztlichen Kompetenz der Hochschullehrer (vgl. § 42 des Hochschulrahmengesetzes: Professoren und Juniorprofessoren) dienen. Um die Zulassungs- und Anstellungsmöglichkeiten anderer hausärztlich tätiger Ärzte nicht zu schmälern, werden diese angestellten Ärzte bei der Berechnung des Versorgungsgrades nicht berücksichtigt. Diese Regelung komme einer Bitte der 78. Gesundheitsministerkonferenz der Länder vom 01.07.2005 nach, die Empfehlungen des Berichts zur „Qualifizierung für das Gebiet Allgemeinmedizin" umzusetzen.[830] Als Folgeänderung hat der Gesetzgeber **§ 32b Abs. 1 Ärzte-ZV neu** gefasst. Mit der Aufhebung der zahlenmäßigen Begrenzung hat der Verordnungsgeber deren Nichtgeltung für MVZ gestrichen. Satz 2 trifft darüber hinaus eine besondere Regelung für die Anstellung von Ärzten in Vertragsarztpraxen, indem den **Bundesmantelvertragspartnern** aufgegeben wird, konkretisierende Regelungen zum Umfang der Anstellungsmöglichkeit in Vertragsarztpraxen zu treffen unter Beachtung des in § 32 Abs. 1 Satz 1 Ärzte-ZV geregelten Gebots zur **persönlichen Praxisführung**.[831] Der angestellte Arzt muss in nicht gesperrten Planungsbereichen damit auch nicht mehr dem Fachgebiet des anstellenden Vertragsarztes angehören (vgl. Rn. 551).

542 Im Ergebnis kommt die Anstellung in einem **gesperrten Planungsbereich** einem sog. **Job-Sharing** zwischen Vertragsärzten nahe (vgl. § 101 Abs. 1 Satz 1 Nr. 4 SGB V). In **nicht gesperrten Planungsbereichen** kann aber nunmehr eine Anstellung mit entsprechender Praxisvergrößerung erfolgen, so dass nicht mehr eine Gemeinschaftspraxis ökonomisch vorteilhafter sein muss. Das **VÄndG** kombiniert insofern die durch das **GSG** und **2. GKV-NOG** eingeführten Regelungsmodelle zur Bedarfsplanung. Bei dem z.T. als Job-Sharing-Assistenten im Gegensatz zum früher als Dauerassistenten bezeichneten angestellten Arzt handelt es sich zulassungsrechtlich aber nicht um ein aliud,[832] da beide die gleiche Stellung haben.

2. Recht des zugelassenen Vertragsarztes

543 Die Anstellung eines Arztes bedeutet die Begründung eines arbeitsvertraglichen Beschäftigungsverhältnisses (zur Abgrenzung zur Gemeinschaftspraxis vgl. Rn. 179 ff., insbesondere Rn. 190). Es handelt sich um ein **Recht des zugelassenen Vertragsarztes**, nicht des anzustellenden Arztes. Die Begünstigung des letzteren stellt sich nicht als eine Zubilligung einer eigenen Rechtsposition, sondern als bloße Reflexwirkung dar.[833] Diese in der vertragsärztlichen Systematik liegende Rechtsprechung berücksichtigt allerdings nicht die Bedeutung der Genehmigung für den angestellten Arzt. Die Genehmi-

[828] Vgl. Gesundheitsausschuss, BT-Drs. 13/7264, S. 111 ff. (zu Art. 1 Nr. 27 c neu).

[829] Vgl. BT-Drs. 16/2474, S. 22 f.

[830] Vgl. BT-Drs. 16/2474, S. 23.

[831] Vgl. BT-Drs. 16/2474, S. 30 f.

[832] So aber *Kamps*, MedR 2003, 63, 65.

[833] Vgl. BSG v. 19.06.1996 - 6 RKa 84/95 - juris Rn. 11 - BSGE 78, 291 = SozR 3-5520 § 32b Nr. 2; BSG v. 20.09.1995 - 6 RKa 37/94 - juris Rn. 18 - SozR 3-5525 § 32b Nr. 1; *Steinhilper*, NZS 1994, 347, 349.

gung der Anstellung führt zur Mitgliedschaft in der KV (§ 77 Abs. 3 SGB V) und ermöglicht erst die volle Berufsausübung. Einer hieraus ableitbaren Klagebefugnis des angestellten Arztes dürfte jedoch keine allzu große praktische Bedeutung zukommen, da der Vertragsarzt bzw. das MVZ weiterhin bereit sein muss, den Assistenten anzustellen (vgl. auch Rn. 337).

3. Genehmigungsvoraussetzungen

Die rechtlichen **Voraussetzungen zur Genehmigung** folgen zunächst aus dem Bedarfsplanungsrecht. 544
Nach § 95 Abs. 9 SGB V ist zwischen Anstellungen in gesperrten Planungsbereichen (Satz 2) und in nicht gesperrten Planungsbereichen (Satz 1) zu unterscheiden. In **nicht gesperrten Planungsbereichen** stellen die Bundesmantelverträge weitere Beschränkungen auf. Der Verordnungsgeber weist ausdrücklich auf die Berücksichtigung der Versorgungspflicht des anstellenden Vertragsarztes hin (§ 32b Abs. 1 Satz 2 Ärzte-ZV). Es gelten zahlenmäßige Begrenzungen (vgl. Rn. 547) und sind bestimmte Facharztkombinationen ausgeschlossen (vgl. Rn. 551 ff.). Ferner werden detaillierte Regelungen für die Beschäftigung an weiteren Tätigkeitsorten aufgestellt (vgl. Rn. 556 ff.). In **gesperrten Planungsbereichen** gilt der Grundsatz der Fachgebietsidentität (vgl. Rn. 566 f.) und ist der Leistungsumfang begrenzt (vgl. Rn. 569 f.). Die zahlenmäßigen Begrenzungen und Einschränkungen zur Beschäftigung an weiteren Tätigkeitsorten gelten ebenso (vgl. Rn. 556). Nach Wegfall der Zulassungsbeschränkungen für Zahnärzte sind diese Beschränkungen für Vertragszahnärzte obsolet (vgl. Rn. 568).

Neben diesen besonderen Genehmigungsvoraussetzungen muss der anzustellende Arzt seit dem 545
VÄndG in das **Arztregister** eingetragen sein (§ 95 Abs. 9 Satz 1 und Abs. 9a Satz 1 SGB V). Angestellte Ärzte müssen daher wie bisher über eine **Weiterbildung** verfügen. Das Eintragungserfordernis in das Arztregister stellt sie auch gleich mit den in einem MVZ angestellten Ärzten (vgl. § 95 Abs. 2 Satz 5 SGB V). Angestellte **Zahnärzte** müssen jetzt über die Eintragung den Nachweis einer mindestens zweijährigen Vorbereitungszeit (§ 3 Abs. 2 lit. b Zahnärzte-ZV) erbringen.

Der anzustellende Arzt darf nicht **ungeeignet** sein (§ 32b Abs. 2 Satz 3 i.V.m. § 21 Ärzte-ZV, vgl. 546
Rn. 279 ff.). Aus der nunmehr durch das VÄndG eingeführten entsprechenden Geltung der Ärzte-ZV auch für die bei Vertragsärzten angestellten Ärzte und Psychotherapeuten (§ 1 Abs. 3 Nr. 3 Ärzte-ZV) folgt ferner, dass qualitative Beschränkungen eines weiteren Tätigkeitsverhältnisses nach § 20 Abs. 2 Ärzte-ZV ebenfalls zu beachten sind (vgl. Rn. 121).

4. Anstellungen in nicht gesperrten Planungsbereichen

a. Zahlenmäßige Begrenzungen

Die **Bundesmantelverträge** stellen **zahlenmäßige Begrenzungen** auf. Bei Beschäftigung angestellter 547
Ärzte ist sicherzustellen, dass der Vertragsarzt die **Arztpraxis persönlich leitet**. Die persönliche Leitung ist anzunehmen, wenn je Vertragsarzt nicht mehr als **drei vollzeitbeschäftigte** oder teilzeitbeschäftigte Ärzte in einer Anzahl, welche im zeitlichen Umfang ihrer Arbeitszeit drei vollzeitbeschäftigten Ärzten entspricht, angestellt werden. Bei Vertragsärzten, welche überwiegend **medizinisch-technische Leistungen** erbringen, wird die persönliche Leitung auch bei der Beschäftigung von **bis zu vier vollzeitbeschäftigten Ärzten** vermutet. Bei Vertragsärzten, welche eine Zulassung nach § 19a Ärzte-ZV für einen **hälftigen Versorgungsauftrag** haben, vermindert sich die Beschäftigungsmöglichkeit auf einen vollzeitbeschäftigten oder zwei teilzeitbeschäftigte Ärzte je Vertragsarzt. Die Beschäftigung eines Weiterbildungsassistenten wird insoweit nicht angerechnet. Will der Vertragsarzt **weitere Ärzte** beschäftigen, hat er dem Zulassungsausschuss vor der Erteilung der Genehmigung nachzuweisen, durch welche Vorkehrungen die persönliche Leitung der Praxis gewährleistet ist (vgl. § 14a Abs. 1 BMV-Ä/§ 20a Abs. 1 EKV-Ä).

Nach § 32b Abs. 1 Satz 2 Ärzte-ZV a.F. konnten **MVZ** unbeschränkt Ärzte anstellen. Nach der – le- 548
diglich gesetzestechnisch bedingten (vgl. Rn. 541) – Aufhebung dieser Vorschrift ist dies weiterhin möglich. Allerdings haben die Bundesmantelvertragsparteien es versäumt, eine klarstellende Regelung aufzunehmen, da insoweit die Vorschriften der Bundesmantelverträge, die sich auf Vertragsärzte beziehen, entsprechend für MVZ gelten, sofern nicht ausdrücklich etwas anderes vorgesehen ist oder Abweichendes aus der Besonderheit der MVZ folgt (vgl. § 1 Abs. 6 BMV-Ä/§ 1 Abs. 8 EKV-Ä).

Zahnärzte können am Vertragszahnarztsitz **zwei vollzeitbeschäftigte bzw. bis zu vier halbzeitbe-** 549
schäftigte Zahnärzte anstellen. Bei **Teilzulassung** gem. § 19a Abs. 2 Zahnärzte-ZV können entweder ein vollzeitbeschäftigter oder zwei halbzeitbeschäftigte Zahnärzte oder vier Zahnärzte mit insgesamt höchstens vollzeitiger Beschäftigungsdauer angestellt werden (vgl. § 4 Abs. 1 Sätze 7 und 8 BMV-Z/§ 8 Abs. 3 Sätze 5 und 6 EKV-Z). Damit können unabhängig vom vertragsarztrechtlichen

Versorgungsauftrag maximal vier teilzeitbeschäftigte Zahnärzte angestellt werden. Diese Beschränkung auf halbzeitbeschäftigte sowie auf maximal vier teilzeitbeschäftigte Zahnärzte begegnet im Hinblick auf § 101 Abs. 1 Satz 6 SGB V Bedenken. Danach sind angestellte Ärzte entsprechend ihrer Arbeitszeit anteilig bei der Berechnung des Versorgungsgrades zu berücksichtigen. Der Gesetzgeber hat von festen Quotelungen (vgl. z.B. für die Mitgliedschaft § 77 Abs. 3 SGB V) abgesehen.

550 Bei **Gemeinschaftspraxen** ist die Höchstzahl nach der Zahl der Mitglieder zu berechnen, da das Anstellungsrecht aus der Zulassung jedes einzelnen Vertragsarztes folgt. Eine andere Auffassung[834] würde auch zur Benachteilung der in einer Gemeinschaftspraxis tätigen Ärzte führen, wofür ein Grund nicht ersichtlich ist. Abzustellen ist auf den üblichen Tätigkeitsumfang angestellter Ärzte, nicht der Vertragsärzte. Das Recht auf Anstellung eines Arztes ist unabhängig von der Einstellung eines Vertreters oder Assistenten nach § 32 Ärzte-ZV (für Weiterbildungsassistenten vgl. § 14a Abs. 1 Satz 5 BMV-Ä/§ 20a Abs. 1 Satz 5 EKV-Ä).

b. Beschränkungen für unterschiedliche Fachgebiete

551 **Vertragsarztrechtlich** muss **Fachgebietsidentität** für die Anstellung eines Arztes in nicht gesperrten Planungsbereichen nicht mehr bestehen. § 95 Abs. 1 Satz 1 SGB V stellt ein solches Erfordernis nicht auf. Die Neufassung des § 32 Abs. 1 Satz 1 Ärzte-ZV verzichtet zudem ausdrücklich auf den Terminus „desselben Fachgebietes". Dies ist Folge des Umstandes, dass der angestellte Arzt bei der Bestimmung des Versorgungsgrades zu berücksichtigen ist (§ 101 Abs. 1 Satz 6 HS. 2 SGB V) und insofern, anders als im gesperrten Planungsbereich, nicht an dessen Leistungsumfang bzw. Versorgungsauftrag gekoppelt ist (vgl. Rn. 541). Der Gesetzgeber hat damit die vom BSG aufgestellte Verknüpfung zwischen Fachgebietsbeschränkung und **qualitativer Versorgung** (vgl. Rn. 564) aufgegeben. Allerdings sehen die **Bundesmantelverträge** unter dem Gesichtspunkt widerstreitender Interessen, wie er auch in § 33 Abs. 1 Satz 3 Ärzte-ZV für die Bildung von Teilberufsausübungsgemeinschaften zum Ausdruck kommt (vgl. Rn. 146), Beschränkungen vor.

552 Bei **unterschiedlichem Fachgebiet bzw. Facharztkompetenz** (hierzu vgl. Rn. 562) darf der anzustellende Arzt nicht zu den **Gruppen** gehören, die generell **nur auf Überweisung** in Anspruch genommen werden können (§ 14a Abs. 2 Satz 1 HS. 1 BMV-Ä/§ 20a Abs. 2 Satz 1 HS. 1 EKV-Ä); dies sind Ärzte für Laboratoriumsmedizin, Mikrobiologie und Infektionsepidemiologie, Nuklearmedizin, Pathologie, Radiologische Diagnostik bzw. Radiologie, Strahlentherapie und Transfusionsmedizin (§ 13 Abs. 4 Satz 1 BMV-Ä/§ 7 Abs. 4 Satz 1 EKV-Ä). Dies gilt auch im umgekehrten Fall, dass also der anstellende Arzt aus der Überweisergruppe kommt (§ 14a Abs. 2 Satz 2 HS. 1 BMV-Ä/§ 20a Abs. 2 Satz 2 HS. 1 EKV-Ä). Nicht angestellt werden können bei unterschiedlichen Fachgruppen auch Ärzte, die **hochspezialisierte Leistungen** erbringen sollen, die im EBM wegen besonderer apparativer und fachlicher Voraussetzungen oder zur Sicherung der Qualität der Versorgung **nur auf Überweisung** in Anspruch genommen werden können (§ 14a Abs. 2 Satz 1 HS. 2 i.V.m. § 13 Abs. 5 BMV-Ä/§ 20a Abs. 2 Satz 1 HS. 2 i.V.m. § 7 Abs. 5 EKV-Ä). Eine Anstellung ist aber möglich, wenn diese Leistungen nicht erbracht werden (§ 14a Abs. 2 Satz 2 HS. 2 BMV-Ä/§ 20a Abs. 2 Satz 2 HS. 2 EKV-Ä).

553 Wird der angestellte Arzt unter seinem eigenen – anderen – Fachgebiet/Facharztkompetenz tätig, so ist die **gleichzeitige Teilnahme** dieser Arztpraxis an der **hausärztlichen und fachärztlichen Versorgung** zulässig (§ 14a Abs. 2 Satz 3 BMV-Ä/§ 20a Abs. 2 Satz 3 EKV-Ä).

554 Die Leistungen der angestellten fachfremden Ärzte hat der Vertragsarzt **mitzuverantworten** (§ 14a Abs. 2 Satz 4 BMV-Ä/§ 20a Abs. 2 Satz 4 EKV-Ä). Sie werden ihm als eigene Leistungen zugerechnet (vgl. Rn. 538).

555 **Berufsrechtlich** gelten allerdings **wesentlich engere Voraussetzungen**. Bereits nach § 19 Abs. 2 MBO-Ä darf ein Facharzt als Praxisinhaber die für ihn fachgebietsfremde ärztliche Leistung auch durch einen angestellten Facharzt des anderen Fachgebiets nur in Fällen erbringen, in denen der Behandlungsauftrag des Patienten regelmäßig nur von Ärzten verschiedener Fachgebiete gemeinschaftlich durchgeführt werden kann. Gedacht ist dabei etwa im Bereich des ambulanten Operierens an die anästhesiologischen Leistungen für den Operateur.[835] Auch soweit § 19 Abs. 2 MBO-Ä in den Berufsordnungen der Ärztekammern umgesetzt ist, bestehen nur sehr eingeschränkte Möglichkeiten. Die berufsrechtlichen Vorgaben sind aber bindend. Soweit die vertragsarztrechtlichen Regelungen darüber hinausgehen, kommen sie nicht zum Tragen (vgl. Rn. 128 f.).

---

[834] Vgl. *Kamps*, MedR 2003, 63, 71.

[835] Vgl. *Ratzel/Lippert*, Kommentar zur MBO-Ä, 4. Aufl. 2006, § 19 Rn. 7.

c. Anstellung für weitere Tätigkeitsorte

Der Vertragsarzt kann neben der Tätigkeit an seinem Vertragsarztsitz an **weiteren Orten**, auch **außerhalb des KV-Bezirks** und mit **Hilfe angestellter Ärzte** tätig sein, wenn diese die Versorgung der Versicherten an den weiteren Orten verbessert und die ordnungsgemäße Versorgung der Versicherten am Vertragsarztsitz nicht gefährdet (§ 24 Abs. 3 Ärzte-ZV, vgl. Rn. 227 ff.). Weitere Tätigkeitsorte (vgl. Rn. 228 f.) sind im Rahmen einer überörtlichen Gemeinschaftspraxis (vgl. Rn. 130 f. und Rn. 150) und/oder bei Zweigpraxen (vgl. Rn. 230 ff.) oder ausgelagerten Praxisräumen (vgl. Rn. 262 ff.) möglich. 556

Weitere Auflagen oder Begrenzungen für den **Einsatz der angestellten Ärzte** sehen weder die Ärzte-ZV noch die Bundesmantelverträge vor. Die Bundesmantelverträge stellen auch keine weiteren Präsenzpflichten des Vertragsarztes auf, die mittelbar zu weiteren Begrenzungen führen würden. Der Vertragsarzt kann damit im Rahmen der zulässigen zahlenmäßigen Anstellung von Ärzten ein **Zweigpraxisnetz** errichten. Wesentlich restriktiver sind demgegenüber die Regelungen für **Vertragszahnärzte.** 557

Das Gebot der ordnungsgemäßen Versorgung der Versicherten am Vertragsarztsitz (§ 24 Abs. 3 Satz 1 Nr. 2 Ärzte-ZV) verlangt in der Ausgestaltung der **Bundesmantelverträge-Ärzte** nur die Einhaltung zwingender Relationen zwischen der Tätigkeit des Vertragsarztes am Vertragsarztsitz und den weiteren Tätigkeitsorten. Auch wenn die Leistungen der angestellten Ärzte dem Vertragsarzt als eigene Leistungen zugerechnet werden (vgl. Rn. 538), handelt es sich hierbei um eine persönliche und insoweit nicht delegierbare Präsenzpflicht des Vertragsarztes (vgl. § 17 Abs. 1a Satz 1 BMV-Ä/§ 13 Abs. 7a Satz 1 EKV-Ä, vgl. Rn. 232). Der Vertragsarzt selbst kann daher nur begrenzt an weiteren Tätigkeitsorten zum Einsatz kommen. Die **Tätigkeit an weiteren Orten** ist aber **vollumfänglich delegierbar** (vgl. § 15a Abs. 1 Satz 1, Abs. 2 Satz 1 i.V.m. § 15 Abs. 1 Sätze 2 und 3 BMV-Ä/§ 15a Abs. 1 Satz 1, Abs. 2 Satz 1 i.V.m. § 14 Abs. 1 Sätze 2 und 3 EKV-Ä). Zwar halten die Bundesmantelverträge insofern am Grundsatz der persönlichen Leistungserbringung fest, als der Vertragsarzt verpflichtet ist, die Behandlung von Versicherten in einer genehmigten Nebenbetriebsstätte – also in einer Zweigpraxis, nicht in genehmigungsfreien ausgelagerten Praxisräumen – grundsätzlich persönlich durchzuführen (vgl. § 15a Abs. 6 Satz 1 BMV-Ä/EKV-Ä). Die Beschäftigung eines Assistenten (angestellter Arzt) allein zur Durchführung der Behandlung an dieser Nebenbetriebsstätte ist jedoch gestattet, wenn dies von der **Genehmigung** der Tätigkeit an diesem Ort umfasst ist (vgl. § 15a Abs. 6 Satz 2 BMV-Ä/EKV-Ä). D.h., es können Ärzte zur ausschließlichen Tätigkeit in einer Zweigpraxis angestellt werden. § 24 Ärzte-ZV sieht dies ausdrücklich vor und verlangt als Genehmigungsvoraussetzung nur die Verbesserung der Versorgung am Zweigpraxissitz. Bestimmte Präsenzpflichten an den weiteren Tätigkeitsorten bei dem Einsatz angestellter Ärzte bestehen nicht. Soweit weiterhin gilt, dass die Tätigkeit des Vertragsarztes **am Vertragsarztsitz alle Tätigkeiten außerhalb des Vertragsarztsitzes zeitlich insgesamt überwiegen** muss (vgl. § 15a Abs. 6 Satz 3 i.V.m. § 17 Abs. 1a Satz 3 BMV-Ä/§ 15a Abs. 6 Satz 3 i.V.m. § 13 Abs. 7a Satz 3 EKV-Ä), wird hierdurch die Anstellungsmöglichkeit nicht eingeschränkt. Weder werden generell Mindestpräsenzzeiten in der Zweigpraxis noch zur Überwachung des angestellten Arztes verlangt. Soweit der Vertragsarzt sicherstellen muss, dass er die Arztpraxis persönlich leitet (vgl. § 14a Abs. 1 Satz 1 BMV-Ä/§ 20a Abs. 1 Satz 1 EKV-Ä), wird bundesmantelvertraglich vermutet, dass er dies tut, wenn der Umfang der Anstellungsverhältnisse die zahlenmäßigen Begrenzungen nicht überschreitet (vgl. § 14a Abs. 1 Satz 2-6 BMV-Ä/§ 20a Abs. 1 Satz 2-6 EKV-Ä). 558

Dennoch wird aus der **Leitungsfunktion** eine **Präsenz** auch in der **Zweigpraxis** zu fordern sein, die aber auf die innere Organisation beschränkt sein kann und eine Tätigkeit im Verhältnis zu Patienten nicht voraussetzt. Letztlich erfolgt insoweit eine Gleichstellung zu den MVZ, die ärztlich geleitet sein müssen (vgl. Rn. 81). 559

Für **Vertragszahnärzte** gelten allerdings engere Voraussetzungen. Nach den Bundesmantelverträgen kann der Vertragszahnarzt im Rahmen der allgemeinen zulassungsrechtlichen Bestimmungen Zahnärzte zur Tätigkeit an seinem **Vertragszahnarztsitz** anstellen. Soweit er weiterhin zur persönlichen Praxisführung verpflichtet ist, stellen die von angestellten Zahnärzten erbrachten Leistungen gegenüber Versicherten Leistungen des Vertragszahnarztes dar, die er als eigene gegenüber der KZV abzurechnen hat (vgl. § 4 Abs. 1 Sätze 1-5 BMV-Z/§ 8 Abs. 3 Sätze 1-3 EKV-Z). Die Anstellung setzt allerdings voraus, dass der Vertragszahnarzt die angestellten Zahnärzte bei der Leistungserbringung **persönlich anleitet und überwacht**. Nur unter diesen Voraussetzungen können am Vertragszahnarztsitz Zahnärzte angestellt werden (vgl. § 4 Abs. 1 Sätze 6 und 7 BMV-Z/§ 8 Abs. 3 Sätze 5 und 6 EKV-Z). 560

§ 6 Abs. 6 Satz 13 BMV-Z/§ 8a Abs. 1 Satz 13 EKV-Z ermöglichen, obwohl zunächst im Kontext von Regelungen für eine Zweigpraxis in einem anderen KZV-Bezirk stehend, die Anstellung von Zahnärzten für eine **Zweigpraxis im eigenen KZV-Bezirk**; andernfalls würden Satz 11 und Satz 13 einen identischen Regelungsinhalt haben. Für eine **Zweigpraxis im Bezirk einer anderen KZV** kann der Vertragszahnarzt für die Tätigkeit an seinem Vertragszahnarztsitz angestellte Zahnärzte beschäftigen. Er kann außerdem Zahnärzte für die Tätigkeit **in der Zweigpraxis** nach Maßgabe der Vorschriften anstellen, die für ihn als Vertragszahnarzt gelten würden, wenn er an dem weiteren Ort zugelassen wäre. Die **Dauer der Tätigkeit** der am Vertragszahnarztsitz angestellten Zahnärzte in der oder den Zweigpraxen darf ein Drittel der vertraglich vereinbarten Arbeitszeit am Vertragszahnarztsitz nicht überschreiten. Am **Ort der Zweigpraxis** kann ein Zahnarzt angestellt werden. Die **Dauer dessen Tätigkeit** in der Zweigpraxis darf die Dauer der Tätigkeit des Vertragszahnarztes in der Zweigpraxis um höchstens 100 v.H. überschreiten. Die Vorschriften über die persönliche Leistungserbringung nach § 8 Abs. 3 BMV-Z/§ 4 Abs. 1 EKV-Z gelten entsprechend (vgl. § 6 Abs. 1 Sätze 8-13 BMV-Z/§ 8a Abs. 1 Sätze 8-13 EKV-Z). Die Drittel-Regelung gilt auch für die Tätigkeit der am Vertragszahnarztsitz angestellten Zahnärzte des Vertragszahnarztes an anderen Vertragszahnarztsitzen einer überörtlichen Berufsausübungsgemeinschaft (vgl. § 6 Abs. 3 Sätze 2 und 3 BMV-Z/§ 8a Abs. 3 Sätze 2 und 3 EKV-Z). Die Bundesmantelverträge konkretisieren nicht, was sie unter persönlicher Anleitung und Überwachung verstehen. Es dürfte hierin aber nicht mehr als die auch bei Vertragsärzten geltende **(zahn)ärztliche Leitungsfunktion** gefordert sein (vgl. Rn. 558; vgl. auch zur ärztlichen Leitung bei MVZ Rn. 81). Mit der Beschränkung der Dauer der Tätigkeit des angestellten Zahnarztes in der Zweigpraxis auf die Dauer der Tätigkeit des Vertragszahnarztes in der Zweigpraxis kann kaum mehr als eine Zweigpraxis betrieben werden (vgl. Rn. 233).

5. Anstellungen in gesperrten Planungsbereichen

561 Für Anstellungen in gesperrten Planungsbereichen müssen die Voraussetzungen des § 101 Abs. 1 Satz 1 Nr. 5 SGB V erfüllt sein. Der Gemeinsame Bundesausschuss beschließt danach in Richtlinien Bestimmungen über Regelungen für die Anstellung von Ärzten bei einem Vertragsarzt desselben **Fachgebiets** oder, sofern die Weiterbildungsordnungen **Facharztbezeichnungen** vorsehen, mit derselben Facharztbezeichnung in einem Planungsbereich, für den Zulassungsbeschränkungen angeordnet sind, sofern sich der Vertragsarzt gegenüber dem Zulassungsausschuss zu einer **Leitungsbegrenzung** verpflichtet, die den bisherigen Praxisumfang nicht wesentlich überschreitet, und Ausnahmen von der Leistungsbegrenzung, soweit und solange dies zur Deckung eines zusätzlichen lokalen Versorgungsbedarfs erforderlich ist; bei der Ermittlung des Versorgungsgrades sind die angestellten Ärzte nicht mitzurechnen.

a. Grundsatz der Fachgebietsidentität

562 Die durch das VÄndG eingeführte alternative Bezugnahme auf den Begriff „Facharztbezeichnung" neben dem Begriff „Fachgebiet" ist die Konsequenz aus der **neuen MWBO-Ä**, nach der anders als bisher die Fachgebietsinhalte nicht mehr in jedem Fall in vollem Umfang Gegenstand der Kenntnisse und Fähigkeiten sind, die ein Facharzt während seiner Weiterbildung erwerben und nachweisen muss; die Facharztbezeichnung beinhaltet dagegen alles das, was der Facharzt im Rahmen seines Fachgebiets erlernt hat und deshalb ausüben darf (Facharztkompetenz).[836] Nach § 2 Abs. 2 MWBO-Ä wird ein Gebiet als ein definierter Teil in einer Fachrichtung der Medizin beschrieben. Die Gebietsdefinition bestimmt die Grenzen für die Ausübung der fachärztlichen Tätigkeit. Wer innerhalb eines Gebietes die vorgeschriebenen Weiterbildungsinhalte und -zeiten abgeleistet und in einer Prüfung die dafür erforderliche Facharztkompetenz nachgewiesen hat, erhält eine **Facharztbezeichnung**. Die in der Facharztkompetenz vorgeschriebenen Weiterbildungsinhalte beschränken nicht die Ausübung der fachärztlichen Tätigkeiten im Gebiet.

563 Damit gilt weiterhin der Grundsatz der Fachgebietsidentität. Es muss sich um einen approbierten **Facharzt desselben Fachgebietes** oder mit derselben Facharztbezeichnung aus diesem Gebiet handeln.

564 Zunächst hat das **BSG** den **Grundsatz der Fachgebietsidentität** aus der berufsrechtlichen Fachgebietsbindung, an den das Vertragsarztrecht anknüpfe (vgl. auch Rn. 357, insbesondere Rn. 360), dem Gesamtzusammenhang der Regelungen über die Teilnahme an der vertragsärztlichen Versorgung sowie aus den Vorschriften über die ärztliche Bedarfsplanung entwickelt. Die **Aufgliederung der ärztlichen Tätigkeit** in verschiedene Fachdisziplinen und die damit verbundene Spezialisierung innerhalb

---

[836] Vgl. BT-Drs. 16/2474, S. 24.

der Ärzteschaft verbessere die medizinische Versorgung der Bevölkerung und stelle den versicherten Patienten eine qualifizierte und breit gefächerte ärztliche Behandlung und Betreuung zur Verfügung. Von daher verbietet es sich nicht nur, dass durch eine – nach außen nicht in Erscheinung tretende – andersartige Qualifikation des angestellten Arztes die **Fachgebietsbeschränkungen unterlaufen** werden und das Leistungsspektrum der Praxis unzulässigerweise erweitert werde, sondern umgekehrt auch, dass durch die Beschäftigung eines Arztes, der für das vom Praxisinhaber vertretene Gebiet nicht ausgebildet sei, die mit der Spezialisierung **bezweckte qualitativ hochwertige fachärztliche Versorgung** in Frage gestellt werde. Der Patient, der eine Facharztpraxis aufsuche, tue dies in der Erwartung, dort von dem entsprechenden Spezialisten behandelt zu werden. Ebenso vertrauten die **überweisenden Ärzte** darauf, dass die mit der Überweisung angeforderte fachärztliche Leistung von einem qualifizierten Gebietsarzt nach den Regeln der gebietsärztlichen Kunst persönlich erbracht werde.[837]

Der **Gesetzgeber** hat dann den Grundsatz der Fachgebietsidentität mit dem **2. GKV-NOG** in § 32b Abs. 1 Satz 1 Ärzte-ZV – ohne gleichzeitige Änderung des § 95 Abs. 9 SGB V – aufgenommen. Die 565
auf Vorschlag des 14. Ausschusses vorgenommene Änderung begründete dieser damit, dass Fachgebietsgleichheit nötig sei, da die neue Form der gemeinsamen Praxisausübung voraussetze, dass dadurch die Leistungen des bisherigen Praxisinhabers nach ihrer Art und ihrem Umfang nicht ausgeweitet würden, d.h. die Praxisidentität erhalten bleibe.[838] Die Gesetzesbegründung zum **VÄndG** greift dies inhaltlich für die Beibehaltung der Fachgebietsidentität in gesperrten Planungsbereichen auf, thematisiert aber die grundsätzliche Aufgabe des Grundsatzes der Fachgebietsidentität im Übrigen nicht (vgl. Rn. 541).

Entsprechend der Neuregelung durch das VÄndG liegt nach **§ 23j BedarfsplRL-Ä Fachgebietsidentität** vor, wenn der anzustellende Arzt mit dem anstellenden Arzt in der **Facharztkompetenz** (bei mehreren reicht eine aus) und, sofern eine entsprechende Bezeichnung geführt wird, in der Schwerpunktkompetenz übereinstimmt. In einer Gemeinschaftspraxis genügt die Übereinstimmung mit der Facharztkompetenz eines der Vertragsärzte. Auf das Führen einer Schwerpunktbezeichnung hat der anzustellende Arzt für die Dauer der Anstellung zu verzichten, es sei denn, dass die Schwerpunktbezeichnungen übereinstimmen. 566

Aus den entsprechend für die Gemeinschaftspraxis als sog. Job-Sharing geltenden Regelungen folgt 567
weiter (vgl. § 23j Satz 1 HS. 2 i.V.m. § 23b Abs. 2-7 BedarfsplRL-Ä), dass die in der **hausärztlichen Versorgung** tätigen Arztgruppen (Allgemein-/Praktischer Arzt, Facharzt für Innere und Allgemeinmedizin) als **fachidentisch** gelten, **ferner**:

- ein Facharzt für **Anästhesiologie** und ein Facharzt für Anästhesiologie und Intensivtherapie,
- ein Facharzt für **Chirurgie** und ein Facharzt für Allgemeine Chirurgie,
- ein Facharzt für **Orthopädie** und ein Facharzt für Orthopädie und Unfallchirurgie,
- ein Facharzt für **Phoniatrie und Pädaudiologie** und ein Facharzt für Sprach-, Stimm- und kindliche Hörstörungen,
- ein Facharzt für **Lungen- und Bronchialheilkunde** (Lungenarzt) und ein Facharzt für Innere Medizin mit Schwerpunkt Pneumologie und ein Facharzt für Innere Medizin mit Schwerpunktbezeichnung Pneumologie oder mit Teilgebietsbezeichnung Lungen- und Bronchialheilkunde,
- ein Facharzt für **Kinderheilkunde** und ein Facharzt für Kinder- und Jugendmedizin,
- ein Facharzt für **Psychotherapeutische Medizin** und ein Facharzt für Psychosomatische Medizin und Psychotherapie,
- ein Facharzt für **Kinder- und Jugendpsychiatrie** und ein Facharzt für Kinder- und Jugendpsychiatrie und -psychotherapie,
- ein Facharzt für **Psychiatrie** und ein Facharzt für Psychiatrie und Psychotherapie,
- Ärzte aus dem Gebiet der **Radiologie**.

Fachidentität liegt auch vor

- bei Ärzten aus dem Gebiet der **Inneren Medizin und Allgemeinmedizin**, deren Schwerpunkt Bestandteil der Gebietsbezeichnung ist, und **Internisten** mit identischer Schwerpunktbezeichnung (nach altem WBO-Recht);
- bei Ärzten aus dem Gebiet der **Chirurgie**, deren Gebietsbezeichnung aus einer Schwerpunktbezeichnung hervorgegangen ist, mit Chirurgen mit identischer Schwerpunktbezeichnung (nach altem WBO-Recht), aber nicht für die Fachärzte für Orthopädie und Unfallchirurgie;

---

[837] Vgl. BSG v. 19.06.1996 - 6 RKa 84/95 - juris Rn. 12 ff. - BSGE 78, 291 = SozR 3-5520 § 32b Nr. 2; BSG v. 19.03.1997 - 6 RKa 91/95 - juris Rn. 13 ff. - USK 9781.

[838] Vgl. BT-Drs. 13/7264, S. 73 (zu Artikel 9a – neu – zu Nummer 3).

- bei einem Facharzt für **Nervenheilkunde** (Nervenarzt) und einem Arzt, der gleichzeitig die Gebietsbezeichnungen Neurologie und Psychiatrie oder gleichzeitig die Gebietsbezeichnungen Neurologie und Psychiatrie und Psychotherapie führt.

568 Nach der Aufhebung der Bedarfsplanung für **Zahnärzte** durch das GKV-WSG (vgl. § 101 Abs. 6 SGB V; vgl. die Kommentierung zu § 100 SGB V Rn. 18, die Kommentierung zu § 100 SGB V Rn. 20 und die Kommentierung zu § 103 SGB V Rn. 133) ist Abschnitt G Nr. 2 BedarfsplRL-ZÄ obsolet. Für Zahnärzte bestehen keine bedarfsplanungsrechtlichen Beschränkungen für die Anstellung von Zahnärzten.

b. Leistungsbegrenzung

569 § 23k Abs. 1 BedarfsplRL-Ä i.V.m. Nr. 23c-23f BedarfsplRL-Ä (Bestimmungen für Gemeinschaftspraxen) regelt im Einzelnen, wie der Zulassungsausschuss die **Leistungsbeschränkung** für die Arztpraxis verbindlich festlegt und wie eine Anpassung zu erfolgen hat. Der Umfang der Leistungsbeschränkung ist unabhängig vom Beschäftigungsumfang des angestellten Arztes zu bestimmen. Aus den Abrechnungen von mindestens vier Vorquartalen sind Gesamtpunktzahlvolumina so festzulegen, dass die in einem entsprechenden Vorjahresquartal gegenüber dem Vertragsarzt anerkannten Punktzahlanforderungen um nicht mehr als 3 v.H. (auf den Fachgruppendurchschnitt bezogen) überschritten werden. Den in der Literatur z.T. geäußerten Bedenken, diese Steigerungsrate bewege sich nicht mehr im Rahmen der Ermächtigungsgrundlage,[839] ist nicht zuzustimmen, da die Zulassung gerade unter der Voraussetzung erfolgt, dass Leistungssteigerungen nicht möglich sind. Insofern handelt es sich bei der Steigerungsrate lediglich um das Zugeständnis einer Schwankungsbreite. Das Job-Sharing erweitert die Möglichkeiten der Berufsausübung, so dass auch durch die Obergrenze kein eigenständiger Eingriff in die Berufsfreiheit erfolgt.[840] Im Übrigen hat der Gesetzgeber bei Novellierung durch das VÄndG in Kenntnis dieser Regelung[841] von einer diesbezüglichen Änderung abgesehen.

570 Die **Obergrenze** wird zunächst vor Genehmigung der Anstellung vom **Zulassungsausschuss** verbindlich festgelegt (§ 23c BedarfsplRL-Ä). Voraussetzung für die Beschäftigung ist eine Verpflichtungserklärung des anstellenden Vertragsarztes, durch die er die Leistungsbeschränkung, d.h. die Obergrenze anerkennt (§ 23i Abs. 5 Satz 1 BedarfsplRL-Ä). Die Obergrenze kann auch als **Nebenbestimmung**, insbesondere als Auflage in den Genehmigungsbescheid integriert werden (§ 32 Abs. 1 SGB X). Ist sie Teil des Genehmigungsbescheides, kann sie isoliert angefochten werden. Die **KV** ist bei der Festsetzung des Honoraranspruchs an die Festlegung der Obergrenze gebunden.[842] Einer Kontrolle der Obergrenze steht die Bestandskraft der Zulassungsentscheidung bzw. der Festsetzung der Obergrenze im Regelfall entgegen. Der **Verpflichtungserklärung des Vertragsarztes** über die Anerkennung der Obergrenze kommt daneben keine eigenständige Bedeutung zu, auch nicht die eines Rechtsmittelverzichts.[843] Sie ist förmliche Voraussetzung für die Genehmigung (vgl. § 101 Abs. 1 Satz 1 Nr. 5 SGB V). Dem Arzt muss aber die Möglichkeit bleiben, die Richtigkeit der Berechnung des Umfangs u.U. gerichtlich nachprüfen zu lassen.

571 **Überschreitungen der Obergrenze** werden nicht vergütet. Sie können zum **Widerruf** der Genehmigung führen, soweit die Obergrenze als Auflage erging (§ 47 Abs. 1 Nr. 2 SGB X). Überzahlungen können im Wege der **sachlich-rechnerischen Berichtigung** zurückgefordert werden.[844] Die BedarfsplRL-Ä unterscheidet nicht nach der Art der Leistung bei der Berechnung des Punktezahlvolumens. Änderungen der Versorgungslage sind beim Zulassungsausschuss geltend zu machen und können gegen eine Honorarberichtigung nicht eingewandt werden. Etwaigen Besonderheiten einer Vertragsarztpraxis trägt § 24 BedarfsplRL-Ä mit der Möglichkeit **einer Erweiterung des Praxisumfanges** auf Antrag hinreichend Rechnung.[845] In der Überschreitung liegt auch ein Verstoß gegen vertragsärztliche Pflichten, der eine Disziplinarmaßnahme nach sich ziehen kann, u.U. die Zulassungsentziehung nach § 95 Abs. 6 SGB V. Auch die KV und die Landes- bzw. Verbände der Krankenkassen können eine Neuberechnung beantragen, wenn Änderungen der Berechnung der für die Obergrenze maß-

[839] Vgl. *Kamps*, MedR 1998, 103, 104 f.
[840] Vgl. *Schnapp/Kaltenborn*, SGb 2001, 101, 108.
[841] Vgl. BT-Drs. 16/2747, S. 22.
[842] Vgl. SG Marburg v. 17.10.2005 - S 12 KA 783/05 ER - juris.
[843] So aber *Gleichner*, MedR 2000, 399, 400 f.
[844] Vgl. SG Marburg v. 30.08.2006 - S 12 KA 637/06 - juris Rn. 16 ff.; *Kamps*, MedR 1998, 103, 107.
[845] Vgl. SG Marburg v. 17.10.2005 - S 12 KA 783/05 ER - juris; SG Marburg v. 30.08.2006 - S 12 KA 637/06 - juris Rn. 20 f.

geblichen Faktoren eine spürbare Veränderung bewirken und die Beibehaltung der durch den Zulassungsausschuss festgestellten Gesamtpunktzahlvolumina im Verhältnis zu den Ärzten der Fachgruppe eine nicht gerechtfertigte Bevorzugung/Benachteiligung darstellen würde (§ 24 BedarfsplRL-Ä).[846]

Für die Festsetzung der **Obergrenze** bestimmt § 23c Satz 7 BedarfsplRL-Ä ausdrücklich, dass **außergewöhnliche Entwicklungen** im Vorjahr, wie z.B. Krankheit eines Arztes, außer Betracht bleiben. 572 Dies ist dahingehend zu verstehen, dass abweichend von Satz 2 des § 23c BedarfsplRL-Ä, wonach die Gesamtpunktzahlvolumina auf der Grundlage des entsprechenden Vorjahresquartals festzusetzen sind, außergewöhnliche Entwicklungen wie Krankheiten in diesen entsprechenden Vorjahresquartalen nicht zu berücksichtigen sind. Sinn der Regelungen über die Gesamtpunktzahlvolumina ist es, den Versorgungsauftrag, den ein Vertragsarzt wahrnimmt, durch diesen auch mit seinem Job-Sharing-Partner weiterhin wahrnehmen zu lassen.[847]

Ausgenommen von einer Beschränkung des Praxisumfangs ist seit dem VÄndG nach § 95 Abs. 9a 573 SGB V (vgl. Rn. 541) nur die **Anstellung von Hochschullehrern für Allgemeinmedizin** sowie deren wissenschaftliche Mitarbeiter durch Hausärzte. Dies ist unabhängig von der Gebietsbezeichnung der Hausärzte. Sie müssen nur an der hausärztlichen Versorgung teilnehmen (vgl. § 73 Abs. 1a Satz 1 SGB V).

Im Rahmen der gesetzgeberischen Maßnahmen zur Behebung von Unterversorgung (vgl. die Kom- 574 mentierung zu § 101 SGB V Rn. 80) müssen nach dem VÄndG die BedarfsplRL-Ä für die Anstellung von Ärzten im Rahmen eines sog. Job-Sharings Ausnahmen von der Leistungsbegrenzung vorsehen, soweit und solange dies zur Deckung eines zusätzlichen lokalen Versorgungsbedarfs erforderlich ist (§ 101 Abs. 1 Satz 1 Nr. 5 SGB V). Eine solche Regelung fehlt bisher (vgl. die Kommentierung zu § 101 SGB V Rn. 98 ff.).

c. Zahlenmäßige Begrenzungen und Einsatz an anderen Tätigkeitsorten

Für **zahlenmäßige Begrenzungen** und den Einsatz des angestellten Arztes an **anderen Tätigkeitsorten** 575 gelten die allgemeinen Grundsätze, wie sie auch für die Anstellung in nicht gesperrten Planungsbereichen zur Anwendung kommen (vgl. Rn. 547 ff. und Rn. 556 ff.).

6. Rechtsstellung des angestellten Arztes

Der angestellte Arzt arbeitet im Gegensatz zum Assistenten selbständig. Seine Stellung entspricht in- 576 soweit derjenigen des selbständig arbeitenden Praxisvertreters.[848] Der angestellte Arzt wird **Mitglied der KV**, soweit er mindestens halbtags beschäftigt ist (§ 77 Abs. 3 SGB V). Als Mitglied unterliegt er der **Disziplinargewalt** der KV (§ 85 Abs. 5 Satz 1 SGB V). Mangels Niederlassung gilt nicht die berufsrechtliche **Verpflichtung zur Teilnahme am Notdienst**, mangels Zulassung besteht auch keine vertragsarztrechtliche Verpflichtung hierzu. Für Pflichtverletzungen hat der zugelassene Arzt einzustehen. Deshalb hat er den angestellten Arzt zur Erfüllung der vertragsärztlichen Pflichten anzuhalten (§ 32b Abs. 3 Ärzte-ZV). Der Vertragsarzt (oder das MVZ) haftet für die Erfüllung der vertragsärztlichen Pflichten wie für die eigene Tätigkeit (§ 14 Abs. 2 Satz 1 BMV-Ä/§ 20 Abs. 2 Satz 1 EKV-Ä). Dies ist konsequent, da die Leistungen dem Vertragsarzt als eigene Leistungen zugerechnet werden (vgl. Rn. 538).

Der **Umfang der Beschäftigung** des einzelnen angestellten Arztes ist weder in Planungsbereichen mit 577 noch ohne Zulassungsbeschränkungen reglementiert. Gleiches gilt für bei einem MVZ angestellte Ärzte. Teilzeitbeschäftigungen werden für die zahlenmäßige Begrenzung der Anstellung von Ärzten zusammengerechnet (vgl. im Einzelnen Rn. 547 ff. und Rn. 575). Planungsrechtlich wird der bei einem Vertragsarzt in einem Planungsbereich mit Zulassungsbeschränkungen angestellte Arzt nicht auf den Versorgungsgrad angerechnet (§ 101 Abs. 1 Satz 1 Nr. 5 letzter HS. SGB V; zur Anrechnung nach Aufhebung der Zulassungsbeschränkungen vgl. § 17 Abs. 4 BedarfsplRL-Ä), in einem Planungsbereich ohne Zulassungsbeschränkungen erfolgt eine Anrechnung entsprechend des Beschäftigungsumfangs (§ 101 Abs. 1 Satz 7 SGB V; § 17 Abs. 3 BedarfsplRL-Ä), außer bei den von Hausärzten angestellten Hochschullehrern für Allgemeinmedizin, die auf den Versorgungsgrad nicht anzurechnen sind (§ 95 Abs. 9a Satz 2 SGB V; § 17 Abs. 3 BedarfsplRL-Ä; vgl. Rn. 541). Zur Anrechnung von in Zweigpraxen angestellten Ärzten wird auf § 23i Abs. 4 BedarfsplRL-Ä verwiesen.

---

[846] Vgl. *Gleichner*, MedR 2000, 399, 402 ff., zur Wirkung einer Anfechtung S. 405 f.

[847] Vgl. SG Marburg v. 06.06.2007 - S 12 KA 1020/06 - juris.

[848] Vgl. BSG v. 19.06.1996 - 6 RKa 84/95 - juris Rn. 17 - BSGE 78, 291 = SozR 3-5520 § 32b Nr. 2; BSG v. 20.09.1995 - 6 RKa 37/94 - juris Rn. 25 - SozR 3-5525 § 32b Nr. 1.

578 Wird eine **besondere Fachkunde** verlangt, so reicht es aus, dass nur der angestellte Arzt die Voraussetzungen erfüllt (vgl. § 11 Abs. 1 Satz 3 BMV-Ä/§ 39 Abs. 1 Satz 3 EKV-Ä). Die **Genehmigung** zur Erbringung dieser Leistungen ist dem Vertragsarzt (oder dem MVZ) zu erteilen; der angestellte Arzt erhält hierüber eine **Mitteilung**. Im Falle des MVZ und im Falle des Vertragsarztes, sofern er nicht selbst die Qualifikationsvoraussetzungen erfüllt und eine Abrechnungsgenehmigung erhalten hat, beschränkt sich der Genehmigungsinhalt darauf, dass nur durch die entsprechend qualifizierten angestellten Ärzte die in Betracht kommenden Leistungen erbracht werden dürfen (vgl. § 11 Abs. 2a BMV-Ä/§ 39 Abs. 2a EKV-Ä; für den Fall des Wechsels des Arbeitgebers vgl. § 11 Abs. 6 Sätze 3-5 BMV-Ä/§ 39 Abs. 6 Sätze 3-5 EKV-Ä; für Psychotherapeuten vgl. § 11 Abs. 10 BMV-Ä/§ 39 Abs. 10 EKV-Ä). Sind die Qualifikationsvoraussetzungen nicht erfüllt, darf der angestellte Arzt diese Leistungen **nicht eigenverantwortlich** (eingefügt in der ab Juli 2007 geltenden Fassung) ausführen (§ 14 Abs. 1 Satz 4 BMV-Ä/§ 20 Abs. 1 Satz 4 EKV-Ä).[849]

579 Für den angestellten Arzt gilt auch die **Pflicht zur Fortbildung** (§ 32b Abs. 2 Satz 3 Ärzte-ZV, § 95 Abs. 5 Satz 1 SGB V; vgl. die Kommentierung zu § 95d SGB V Rn. 40 ff.).

580 Der Verweis in § 95 Abs. 9 Satz 4 SGB V ist seit dem VÄndG nunmehr beschränkt auf § 95 Abs. 7 Satz 7 SGB V. Die Genehmigung der Anstellung von Ärzten endet damit wie bei in einem MVZ angestellten Ärzten am Ende des Kalendervierteljahres, in dem diese ihr **68. Lebensjahr** vollenden. Dies ist nur dann nicht der Fall, wenn der Landesausschuss der Ärzte und Krankenkassen für das Gebiet, in dem sich der Vertragsarztsitz befindet, festgestellt hat, dass eine ärztliche Unterversorgung eingetreten ist oder unmittelbar droht (vgl. Rn. 534). Das Ende der Genehmigung nach Erreichen der Altersgrenze ist eine gesetzliche Folge. Eine Aufnahme in den Genehmigungsbescheid[850] kann nur deklaratorisch oder feststellend erfolgen. Zur Klarstellung sollte zum Ablauf der Genehmigung ein feststellender Beschluss ergehen (vgl. Rn. 521 ff.). Zur arbeitsrechtlichen Beendigung bedarf es einer vertraglichen Vereinbarung. Die Verlängerungsmöglichkeit nach § 95 Abs. 5 Sätze 4 und 5 SGB V gilt schon deshalb nicht,[851] weil eine Anstellung erstmals durch das GSG ermöglicht wurde – von daher gab es eine Anstellung vor dem 01.01.1993 noch nicht – und seit dem VÄndG § 95 Abs. 9 Satz 4 SGB V hierauf nicht verweist. Das Übergangsrecht nach Art. 33 § 1 Satz 3 GSG, das inzwischen durch Zeitablauf erledigt ist, hatte insofern bereits eine Verlängerungsmöglichkeit (Art. 33 § 1 Satz 2 GSG) ausgeschlossen.

581 Liegen die **Beendigungsgründe** nach § 95 Abs. 7 SGB V in der Person des zugelassenen **Vertragsarztes** vor, so folgt das Erlöschen der Genehmigung bereits aus der Verknüpfung mit dessen Zulassung.

7. Genehmigung

582 Eine Genehmigung bedarf eines **Antrags des Vertragsarztes**, dem weitgehend die gleichen Unterlagen des anzustellenden Arztes wie für eine Zulassung beizufügen sind (§ 32b Abs. 2 Satz 2 Ärzte-ZV i.V.m. § 4 Abs. 2-4 Ärzte-ZV, § 18 Abs. 2-4 Ärzte-ZV).

583 In gesperrten Planungsbereichen ist auch der schriftliche **Arbeitsvertrag** (§ 23i Abs. 1 Nr. 3 BedarfsplRL-Ä) sowie die **Verpflichtungserklärung** des Vertragsarztes über die Anerkennung der Obergrenze (§ 23i Abs. 1 Nr. 2, Abs. 5 BedarfsplRL-Ä) vorzulegen.

584 Die Anstellung bedarf der **Genehmigung** durch den Zulassungsausschuss (§ 95 Abs. 1 Satz 1 SGB V, § 32b Abs. 2 Satz 1 Ärzte-ZV). Die Genehmigung hat für den Vertragsarzt **statusähnlichen Charakter**. Sie kann erst zu dem Zeitpunkt wirksam werden, in dem der Bescheid des Zulassungsausschusses wirksam wird (ex nunc); eine Rückverlagerung der Wirkung der Genehmigung auf die Zeit davor (ex tunc) ist im Hinblick auf die Auswirkungen, die mit der Anstellung eines Zahnarztes verbunden sind, ausgeschlossen (vgl. Rn. 45).

585 Für die **örtliche Zuständigkeit** ist der Vertragsarztsitz des Vertragsarztes, bei einer Anstellung für eine in einem anderen KV-Bezirk gelegene Zweigpraxis der Zweigpraxissitz maßgebend (§ 24 Abs. 3 Satz 6 Ärzte-ZV).

586 Für die **Aufhebung** einer Genehmigung kann nur auf **allgemeine Vorschriften** (§§ 45 ff. SGB X) zurückgegriffen werden. Geht man von einem statusbegründenden Charakter der Genehmigung aus (vgl. Rn. 45), so könnte ein Rückgriff auf allgemeine Vorschriften wegen der abschließenden Regelungen

[849] Für den Vertreter vgl. BSG v. 28.01.1998 - B 6 KA 93/96 R - juris Rn. 17 - SozR 3-2500 § 135 Nr. 6; zur Problematik der Erlangung eines Qualifikationsnachweises für den angestellten Arzt vgl. *Kamps*, MedR 2003, 63, 74.

[850] Vgl. *Kamps*, MedR 2003, 63, 65.

[851] Anders *Kamps*, MedR 2003, 63, 65 f.

des Vertragsarztrechtes verwehrt sein. § 95 Abs. 9 SGB V verweist aber nicht auf eine entsprechende Anwendung der Entziehungsmöglichkeiten nach § 95 Abs. 6 SGB V. Gründe dafür, dass eine Aufhebung damit grundsätzlich ausgeschlossen werden sollte, sind nicht ersichtlich. Zu weiteren Beendigungstatbeständen vgl. Rn. 580 f.

Die Genehmigung zur Anstellung kann **widerrufen** werden, wenn die Fortbildung nicht absolviert wird (§ 95d Abs. 5 Satz 6 SGB V). 587

XIV. Übergangsrecht für nichtärztliche Psychotherapeuten (Absätze 10-12)

§ 95 Abs. 10-12 SGB V sind durch das PsychThG[852] eingefügt worden. Es handelt sich um auslaufendes **Übergangsrecht** für die **Psychotherapeuten**, die bis Ende 1998 die Voraussetzungen nach der Übergangsvorschrift des § 12 PsychThG erfüllt und bis dahin einen Antrag auf bedarfsunabhängige Zulassung gestellt hatten, soweit sie bereits an der Versorgung „teilgenommen" (sog. Zeitfenster) hatten. § 95 Abs. 11 SGB V sah bei nicht ausreichendem Fachkundenachweis, aber vorhandener sog. Sockelqualifikation eine von § 95 Abs. 4 SGB V zu unterscheidende, auf fünf Jahre begrenzte Ermächtigung vor, um die Nachqualifikation zu erlangen. Bei Nachweis der Nachqualifikation erfolgt eine Zulassung am Praxissitz, unabhängig von einer ggf. zwischenzeitlich nach § 103 Abs. 1 SGB V angeordneten Zulassungsbeschränkung. § 95 Abs. 11a SGB V verlängerte die Antragsfrist nach § 95 Abs. 11 SGB V um bis zu drei Jahre (bis Ende 2001) für Zeiten der Kindererziehung. § 95 Abs. 11b SGB V verlängerte aus gleichem Grund das Zeitfenster nach hinten.[853] § 95 Abs. 12 SGB V stellte sicher, dass über die ab 1999 gestellten Anträge erst nach Umsetzung der Planungsvorgaben entschieden wurde. 588

Zum **Fachkundenachweis** (§ 95 Abs. 10 Satz 1 Nr. 1, Abs. 11 Satz 1 Nr. 1 SGB V) vgl. die Kommentierung zu § 95c SGB V. 589

Zur Bindung an die **Entscheidung der Approbationsbehörde** und dem Nachweis einer bestandssicheren Approbation vgl. Rn. 49. 590

Die bis Ende 1998 bemessene Frist für den Antrag eines Psychotherapeuten auf bedarfsunabhängige Zulassung ist keine Ausschlussfrist; eine **Wiedereinsetzung** ist möglich.[854] 591

Das **BVerwG** hat nunmehr die Regelung nach § 12 PsychThG bestätigt, die Psychotherapeuten mit einer anderen akademischen **Vorqualifikation** als der eines **Diplompsychologen** von der Approbation ausgeschlossen hat.[855] Das BSG hatte zuvor zu Recht entschieden, dass sich ein schutzwürdiges Vertrauen auf den Fortbestand der Berechtigung zur Behandlung von Kassenpatienten im Erstattungsverfahren nicht habe bilden können.[856] Das BVerwG hält dem entgegen, es erscheine als Gerechtigkeitsdefizit, dass diese Menschen für die Zukunft von ihrer hauptsächlichen Einnahmequelle abgeschnitten und dadurch faktisch an der weiteren Ausübung des Berufs gehindert würden, ohne dass die bisherige Berufsausübung Anlass zu konkreten Beanstandungen gegeben hätte. Diesen, aus dem Sozialversicherungsrecht resultierenden Problemen könne nur dadurch begegnet werden, dass ggf. eine fortlaufende Berücksichtigung der seit langem psychotherapeutisch tätigen Heilpraktiker durch die gesetzlichen Krankenkassen erfolge.[857] Diese Ausführungen verkennen, dass sog. Kostenerstatter zur Behandlung von gesetzlich krankenversicherten Patienten nie zugelassen waren und nur auf privatvertraglicher Grundlage behandeln konnten; dadurch unterschieden sie sich rechtlich sehr deutlich von den Delegationspsychotherapeuten, die aufgrund eines ärztlichen Auftrags im Rahmen der ärztlichen Behandlung und unter Aufsicht des Arztes tätig wurden und vor allem besondere Ausbildungsanforderungen erfüllten.[858] 592

Den zuvor sehr umstrittenen Begriff der **Teilnahme** (§ 95 Abs. 10 Satz 1 Nr. 3 und Abs. 11 Satz 1 Nr. 3 SGB V) hat das **BSG** mit mehreren Parallelentscheidung vom November 2000 konkretisiert. Dem sind die Instanzgerichte einhellig gefolgt. Danach muss der Psychotherapeut im sog. Zeitfenster in der niedergelassenen Praxis eigenverantwortlich Versicherte der gesetzlichen Krankenkassen in anerkannten Behandlungsverfahren in einem bestimmten Mindestumfang behandelt haben. Eine schutz- 593

---

[852] Vgl. *Schirmer*, MedR 1998, 435 ff.; zur Geschichte vgl. *Schildt*, Psychotherapeutenjournal 2007, 118 ff.

[853] Vgl. LSG Bayern v. 06.10.2004 - L 12 KA 110/02 - www.sozialgerichtsbarkeit.de; LSG Nordrhein-Westfalen v. 22.09.2004 - L 10 KA 19/02 - www.sozialgerichtsbarkeit.de.

[854] Vgl. BSG v. 05.02.2003 - B 6 KA 27/02 R - SozR 4-2500 § 95 Nr. 3.

[855] Vgl. BVerwG v. 09.12.2004 - 3 C 11/04 - Breith 2005, 265; vgl. auch die Kommentierung zu § 95c SGB V.

[856] Vgl. BSG v. 05.02.2003 - B 6 KA 42/02 R - juris Rn. 31 - SozR 4-2500 § 95 Nr. 4.

[857] Vgl. BVerwG v. 09.12.2004 - 3 C 11/04 - juris Rn. 35 - MedR 2005, 297 = Breith 2005, 265.

[858] So zutreffend LSG Bayern v. 16.02.2005 - L 12 KA 173/02 - www.sozialgerichtsbarkeit.de.

würdige Substanz, die Grund für einen Anspruch auf bedarfsunabhängige Zulassung an einem bestimmten Ort ist, kann allein durch die Behandlung von Versicherten der Krankenkassen in der Vergangenheit geschaffen worden sein. Ein Psychotherapeut, der in der Vergangenheit ganz überwiegend privat Versicherte oder selbstzahlende Patienten behandelt oder seine Leistungen mit anderen Kostenträgern (z.B. Sozialhilfeträgern) abgerechnet hat, ist zur Fortsetzung dieser Tätigkeit rechtlich nicht auf eine Zulassung zur vertragspsychotherapeutischen Versorgung angewiesen. Dass er die Tätigkeit am bisherigen Praxisstandort ab 1999 nicht auf Versicherte der Krankenkassen ausweiten kann, rechtfertigt nicht, ihn unter Härtegesichtspunkten einem Psychotherapeuten gleichzustellen, der eine Praxis schwerpunktmäßig zur Behandlung von Versicherten der gesetzlichen Krankenversicherung aufgebaut hat. „Teilnahme" verlangt im sog. Zeitfenster einen Mindestumfang an Behandlungsstunden. Mit der Ausgestaltung der Vorschrift als Härtefallregelung ist eine Auslegung schlechthin unvereinbar, nach der für die Erfüllung des Begriffs der „Teilnahme" schon die Ableistung nur einer Behandlungsstunde im Zeitfenster ausreicht. Der Behandlungsumfang gegenüber Versicherten der Krankenkassen muss annähernd einer halbtägigen Tätigkeit entsprochen haben. Ein Behandlungsumfang von durchschnittlich weniger als zwei Stunden pro Woche begründet keine versorgungsrelevante Teilnahme an der psychotherapeutischen Versorgung der Versicherten. Soweit alle Umstände auf eine berufliche Orientierung zu einer psychotherapeutischen Tätigkeit in niedergelassener Praxis hindeuten, kann eine rechtlich relevante Teilnahme auch dann gegeben sein, wenn im letzten Vierteljahr des Zeitfensters (April bis Juni 1997) durchschnittlich 15 Behandlungsstunden pro Woche nachgewiesen sind. Diese Voraussetzungen einer Teilnahme an der ambulanten psychotherapeutischen Versorgung der Versicherten müssen bis zu dem normierten Stichtag (24.06.1997) erfüllt sein.[859] Diese Rechtsprechung hat das BVerfG in zwei Nichtannahme-Beschlüssen nicht beanstandet.[860] Die Rechtsprechung zum sog Zeitfenster stellt keine nach dem Recht der Europäischen Gemeinschaft unzulässige Diskriminierung wegen des Geschlechts dar, insbesondere auch nicht von Müttern.[861]

594 Nach dem LSG Bayern kann eine Tätigkeit als Psychologin in einem **Anstellungsverhältnis in England** nicht den Bestandsschutz für eine Praxis in Deutschland begründen, unabhängig davon, ob Patienten der dortigen gesetzlichen Krankenversicherung bzw. des NHS versorgt wurden.[862]

XV. Besetzung der Zulassungsgremien (Absatz 13)

595 Der durch das PsychThG neu eingefügte Absatz 13 berücksichtigt die Einbeziehung der Psychotherapeuten in die vertragsärztliche Versorgung bei der **Besetzung der Zulassungsgremien**, soweit es sich um Entscheidungen über die Zulassung von Psychologischen Psychotherapeuten und überwiegend oder ausschließlich psychotherapeutisch tätigen Ärzten handelt. Er schafft hierfür keine eigenständigen Zulassungsgremien, sondern ändert nur die Besetzung der ärztlichen Vertreterseite. Er ist systematisch verfehlt, wie bereits die Inbezugnahme der §§ 96 Abs. 2 Satz 1 und 97 Abs. 2 Satz 1 SGB V zeigt; vgl. die Kommentierung zu § 96 SGB V Rn. 53 f.

---

[859] Vgl. BSG v. 08.11.2000 - B 6 KA 52/00 R - juris Rn. 31 ff. - BSGE 87, 158 = SozR 3-2500 § 95 Nr. 2; BSG v. 11.09.2002 - B 6 KA 41/01 R - juris Rn. 19 ff. - GesR 2003, 42 = MedR 2003, 359.

[860] Vgl. BVerfG v. 22.03.2001 - 1 BvR 409/01; BVerfG v. 03.04.2001 - 1 BvR 462/01.

[861] Vgl. BSG v. 28.09.2005 - B 6 KA 19/05 B - juris; vgl. auch BSG v. 20.10.2004 - B 6 KA 50/04 B - juris.

[862] Vgl. LSG Bayern v. 07.07.2004 - L 12 KA 40/03 - juris; von der Europäischen Kommission wurde gegen die Bundesrepublik Deutschland ein Vertragsverletzungsverfahren eingeleitet mit der Frage, ob es mit europarechtlichen Bestimmungen unvereinbar ist, dass die Teilnahmevoraussetzungen des § 95 Abs. 10 Satz 1 Nr. 3 SGB V nur durch Behandlungen von Versicherten der Krankenkassen in der Bundesrepublik Deutschland erfüllt werden können, sodass Personen, die während der fraglichen Zeit zwischen Mitte 1994 und Mitte 1997 in einem anderen EU-Staat tätig gewesen sind, diese Voraussetzungen von vornherein nicht erfüllen können, vgl. BSG v. 28.09.2005 - B 6 KA 19/05 B - juris Rn. 15.

§ 95a SGB V Voraussetzung für die Eintragung in das Arztregister für Vertragsärzte

(Ursprünglich kommentierte Fassung vom 22.12.2006, gültig ab 01.01.2006, gültig bis 06.12.2007)

(1) Bei Ärzten setzt die Eintragung in das Arztregister voraus:

1. die Approbation als Arzt,

2. den erfolgreichen Abschluß entweder einer allgemeinmedizinischen Weiterbildung oder einer Weiterbildung in einem anderen Fachgebiet mit der Befugnis zum Führen einer entsprechenden Gebietsbezeichnung oder den Nachweis einer Qualifikation, die gemäß den Absätzen 4 und 5 anerkannt ist.

(2) Eine allgemeinmedizinische Weiterbildung im Sinne des Absatzes 1 Nr. 2 ist nachgewiesen, wenn der Arzt nach landesrechtlichen Vorschriften zum Führen der Facharztbezeichnung für Allgemeinmedizin berechtigt ist und diese Berechtigung nach einer mindestens fünfjährigen erfolgreichen Weiterbildung in der Allgemeinmedizin bei zur Weiterbildung ermächtigten Ärzten und in dafür zugelassenen Einrichtungen erworben hat. Bis zum 31. Dezember 2008 ist eine dem Satz 1 entsprechende mindestens dreijährige Weiterbildung ausnahmsweise ausreichend, wenn nach den entsprechenden landesrechtlichen Vorschriften eine begonnene Weiterbildung in der Allgemeinmedizin, für die eine Dauer von mindestens drei Jahren vorgeschrieben war, wegen der Erziehung eines Kindes in den ersten drei Lebensjahren, für das dem Arzt die Personensorge zustand und mit dem er in einem Haushalt gelebt hat, die Weiterbildung unterbrochen worden ist und nach den landesrechtlichen Vorschriften als mindestens dreijährige Weiterbildung fortgesetzt werden darf. Satz 2 gilt entsprechend, wenn aus den dort genannten Gründen der Kindererziehung die Aufnahme einer vertragsärztlichen Tätigkeit in der Allgemeinmedizin vor dem 1. Januar 2006 nicht möglich war und ein entsprechender Antrag auf Eintragung in das Arztregister auf der Grundlage einer abgeschlossenen mindestens dreijährigen Weiterbildung bis zum 31. Dezember 2008 gestellt wird.

(3) Die allgemeinmedizinische Weiterbildung muß unbeschadet ihrer mindestens fünfjährigen Dauer inhaltlich mindestens den Anforderungen der Richtlinie des Rates der EG vom 15. September 1986 über die spezifische Ausbildung in der Allgemeinmedizin (86/457/EWG) entsprechen und mit dem Erwerb der Facharztbezeichnung für Allgemeinmedizin abschließen. Sie hat insbesondere folgende Tätigkeiten einzuschließen:

1. mindestens sechs Monate in der Praxis eines zur Weiterbildung in der Allgemeinmedizin ermächtigten niedergelassenen Arztes,

2. mindestens sechs Monate in zugelassenen Krankenhäusern,

3. höchstens sechs Monate in anderen zugelassenen Einrichtungen oder Diensten des Gesundheitswesens, soweit der Arzt mit einer patientenbezogenen Tätigkeit betraut ist.

(4) Die Voraussetzungen zur Eintragung sind auch erfüllt, wenn der Arzt auf Grund von landesrechtlichen Vorschriften zur Ausführung der Richtlinie des Rates der EG vom 15. September 1986 über die spezifische Ausbildung in der Allgemeinmedizin (86/457/EWG) bis zum 31. Dezember 1995 die Bezeichnung „Praktischer Arzt“ erworben hat.

(5) Einzutragen sind auf ihren Antrag auch im Inland zur Berufsausübung zugelassene Ärzte, wenn sie Inhaber von in anderen Mitgliedstaaten der Europäischen Wirtschaftsgemeinschaft ausgestellten Diplomen, Prüfungszeugnissen oder sonstigen Befähigungsnachweisen sind, die in Ausführung des Artikels 1 der Richtlinie des Rates der EG vom 15. September 1986 über die spezifische Ausbildung in der Allgemeinmedizin (86/457/EWG) ausgestellt worden oder nach Artikel 6 dieser Richtlinie den in Artikel 1 geregelten Nachweisen gleichgestellt sind. Einzutragen sind auch Inhaber von in anderen Mitgliedstaaten ausgestellten Diplomen, Prüfungszeugnissen oder sonstigen Befähigungsnachweisen des Facharztes, die nach Artikel 4 der Richtlinie des Rates der EG vom 16. Juni 1975 für die gegenseitige Anerkennung der Diplome, Prüfungszeugnisse und sonstigen Befähigungsnachweise des Arztes und für die Maßnahmen zur Erleichterung der tatsächlichen Ausübung des Niederlassungsrechts und des Rechts auf freien Dienstleistungsverkehr (75/362/EWG) anzuerkennen sind oder wenn sie, sofern sie die Eintragung bis zum 31. Dezember 1994 beantragen, Inhaber von nach Artikel 3 dieser Richtlinie anerkannten, in einem anderen Mitgliedstaat der Europäischen Wirtschaftsgemeinschaft ausgestellten Diplomen, Prüfungszeugnissen oder sonstigen Befähigungsnachweisen des Arztes sind.

§ 95a SGB V Voraussetzung für die Eintragung in das Arztregister für Vertragsärzte

(Fassung vom 02.12.2007, gültig ab 07.12.2007)

(1) Bei Ärzten setzt die Eintragung in das Arztregister voraus:

1. **die Approbation als Arzt,**
2. **den erfolgreichen Abschluß entweder einer allgemeinmedizinischen Weiterbildung oder einer Weiterbildung in einem anderen Fachgebiet mit der Befugnis zum Führen einer entsprechenden Gebietsbezeichnung oder den Nachweis einer Qualifikation, die gemäß den Absätzen 4 und 5 anerkannt ist.**

(2) Eine allgemeinmedizinische Weiterbildung im Sinne des Absatzes 1 Nr. 2 ist nachgewiesen, wenn der Arzt nach landesrechtlichen Vorschriften zum Führen der Facharztbezeichnung für Allgemeinmedizin berechtigt ist und diese Berechtigung nach einer mindestens fünfjährigen erfolgreichen Weiterbildung in der Allgemeinmedizin bei zur Weiterbildung ermächtigten Ärzten und in dafür zugelassenen Einrichtungen erworben hat. Bis zum 31. Dezember 2008 ist eine dem Satz 1 entsprechende mindestens dreijährige Weiterbildung ausnahmsweise ausreichend, wenn nach den entsprechenden landesrechtlichen Vorschriften eine begonnene Weiterbildung in der Allgemeinmedizin, für die eine Dauer von mindestens drei Jahren vorgeschrieben war, wegen der Erziehung eines Kindes in den ersten drei Lebensjahren, für das dem Arzt die Personensorge zustand und mit dem er in einem Haushalt gelebt hat, die Weiterbildung unterbrochen worden ist und nach den landesrechtlichen Vorschriften als mindestens dreijährige Weiterbildung fortgesetzt werden darf. Satz 2 gilt entsprechend, wenn aus den dort genannten Gründen der Kindererziehung die Aufnahme einer vertragsärztlichen Tätigkeit in der Allgemeinmedizin vor dem 1. Januar 2006 nicht möglich war und ein entsprechender Antrag auf Eintragung in das Arztregister auf der Grundlage einer abgeschlossenen mindestens dreijährigen Weiterbildung bis zum 31. Dezember 2008 gestellt wird.

(3) Die allgemeinmedizinische Weiterbildung muß unbeschadet ihrer mindestens fünfjährigen Dauer inhaltlich mindestens den Anforderungen *nach Artikel 28 der Richtlinie 2005/36/EG des Europäischen Parlaments und des Rates vom 7. September 2005 über die Anerkennung von Berufsqualifikationen (ABl. EU Nr. L 255 S. 22, 2007 Nr. L 271 S. 18)* entsprechen und mit dem Erwerb der Facharztbezeichnung für Allgemeinmedizin abschließen. Sie hat insbesondere folgende Tätigkeiten einzuschließen:

1. mindestens sechs Monate in der Praxis eines zur Weiterbildung in der Allgemeinmedizin ermächtigten niedergelassenen Arztes,

2. mindestens sechs Monate in zugelassenen Krankenhäusern,

3. höchstens sechs Monate in anderen zugelassenen Einrichtungen oder Diensten des Gesundheitswesens, *die sich mit Allgemeinmedizin befassen*, soweit der Arzt mit einer patientenbezogenen Tätigkeit betraut ist.

(4) Die Voraussetzungen zur Eintragung sind auch erfüllt, wenn der Arzt auf Grund von landesrechtlichen Vorschriften zur Ausführung *des Artikels 30 der Richtlinie 2005/36/EG des Europäischen Parlaments und des Rates vom 7. September 2005 über die Anerkennung von Berufsqualifikationen (ABl. EU Nr. L 255 S. 22, 2007 Nr. L 271 S. 18)* bis zum 31. Dezember 1995 die Bezeichnung „Praktischer Arzt" erworben hat.

(5) Einzutragen sind auf ihren Antrag auch im Inland zur Berufsausübung zugelassene Ärzte, wenn sie Inhaber eines Ausbildungsnachweises über eine inhaltlich mindestens den Anforderungen nach Artikel 28 der Richtlinie 2005/36/EG des Europäischen Parlaments und des Rates vom 7. September 2005 über die Anerkennung von Berufsqualifikationen (ABl. EU Nr. L 255 S. 22, 2007 Nr. L 271 S. 18) entsprechende besondere Ausbildung in der Allgemeinmedizin sind und dieser Ausbildungsnachweis in einem Mitgliedstaat der Europäischen Union oder einem anderen Vertragsstaat des Abkommens über den Europäischen Wirtschaftsraum oder einem Vertragsstaat, dem Deutschland und die Europäische Gemeinschaft oder Deutschland und die Europäische Union vertraglich einen entsprechenden Rechtsanspruch eingeräumt haben, ausgestellt worden ist. Einzutragen sind auch Inhaber von Bescheinigungen über besondere erworbene Rechte von praktischen Ärzten nach Artikel 30 der in Satz 1 genannten Richtlinie, Inhaber eines Ausbildungsnachweises über eine inhaltlich mindestens den Anforderungen nach Artikel 25 dieser Richtlinie entsprechende fachärztliche Weiterbildung oder Inhaber einer Bescheinigung über besondere erworbene Rechte von Fachärzten nach Artikel 27 dieser Richtlinie.

Hinweis: § 95a SGB V in der Fassung vom 22.12.2006 wurde durch Art. 38 Nr. 1 des Gesetzes vom 02.12.2007 (BGBl I 2007, 2686) mit Wirkung vom 07.12.2007 geändert. Die Autoren passen die Kommentierungen bei Bedarf an die aktuelle Rechtslage durch Aktualisierungshinweise an.

Gliederung

A. Basisinformationen

I. Textgeschichte/Gesetzgebungsmaterialien

1 § 95a SGB Vwurde durch Art. 1 Nr. 52 **GSG**[1] mit Wirkung vom 01.01.1994 eingefügt. Er geht zurück auf den Gesetzentwurf der Regierungsfraktionen[2] und wurde unverändert im fraktionsübergreifenden Gesetzentwurf[3] übernommen und verabschiedet.

2 Art. 1 Nr. 40 **GKVRefG 2000**[4], der auf den Entwurf der BReg zurückgeht[5], aber erst mit Wirkung ab dem 01.01.2006 in Kraft trat, ersetzte in den Absätzen 2 und 3 jeweils das Wort „dreijährigen" durch „fünfjährigen", wodurch nach einer Übergangszeit von über fünf Jahren nunmehr eine fünfjährige Weiterbildung zum Facharzt Voraussetzung für die Eintragung in das Arztregister und damit der Zulassung ist.

3 Das **VÄndG**[6] fügte in Absatz 2 die Sätze 2 und 3 mit rückwirkender Geltung zum 01.01.2006 (Art. 8 Abs. 2 VÄndG) ein.

II. Vorgängervorschriften

4 Die Vorschrift ergänzt nunmehr **§ 3 Ärzte-ZV**, der bis dahin ausschließlich die Voraussetzungen der Arztregistereintragung regelte. Zuvor mussten Ärzte nach § 95 Abs. 2 Satz 3 SGB V i.d.F. des GRG einen einjährigen Vorbereitungsdienst ableisten. § 368a Abs. 2 Satz 3 RVO hatte die Dauer des Vorbereitungsdienstes der Ärzte-ZV überlassen, der aber nach § 3 Abs. 2 lit. b Ärzte-ZV ebenfalls nur ein Jahr betrug.

III. Parallelvorschriften/Ergänzende Vorschriften

5 Die Vorschrift wird ergänzt durch die **§§ 1-10 Ärzte-ZV**, die insbesondere das Verfahren der Arztregistereintragung regeln. Die Absätze 1-3 sind weitgehend wortgleich mit § 3 Abs. 2-4 Ärzte-ZV. Übergangsrecht enthält Art. 33 § 2 GSG.

IV. Systematische Zusammenhänge

6 Die Eintragung in ein Arztregister ist **Voraussetzung** für die **Zulassung** als Vertragsarzt (§ 95 Abs. 2 Satz 1 SGB V). Für die Zulassung eines MVZ (medizinisches Versorgungszentrum) müssen dessen angestellte Ärzte eingetragen sein (§ 95 Abs. 2 Satz 5 SGB V). § 95a SGB V ist trotz § 72 Abs. 1 Satz 2 SGB V wegen der abweichenden Bestimmung in § 95 Abs. 2 Satz 3 Nr. 2 SGB V nicht auf **Zahnärzte** anwendbar. Für **Psychotherapeuten** gilt § 95c SGB V (vgl. § 95 Abs. 2 Satz 3 Nr. 1 SGB V). An der hausärztlichen Versorgung nehmen Ärzte teil, die nach Absatz 4 und Absatz 5 Satz 1 in das Arztregister eingetragen sind (§ 73 Abs. 1a Satz 1 Nr. 4 SGB V).

B. Auslegung der Norm

I. Regelungsgehalt und Bedeutung der Norm

7 Mit § 95a SGB V bedürfen Ärzte seit 1994 einer mindestens dreijährigen, ab 2006 einer mindestens fünfjährigen allgemeinmedizinischen Weiterbildung oder müssen Facharzt für ein bestimmtes Gebiet sein. Der drei- bzw. fünfjährigen Weiterbildung stehen die Qualifikationen nach den Absätzen 4 und 5 gleich. Damit kann ein Arzt ohne zusätzliche allgemeinmedizinische Weiterbildung nicht mehr als praktischer Arzt bzw. als Arzt ohne Gebietsbezeichnung zugelassen werden. Mit dem **Weiterbildungs- bzw. Facharzterfordernis** (vgl. die Kommentierung zu § 95 SGB V Rn. 41 ff.) geht das Ver-

[1] Gesetz zur Sicherung und Strukturverbesserung der gesetzlichen Krankenversicherung/Gesundheitsstrukturgesetz v. 21.12.1992, BGBl I 1992, 2266.

[2] Vgl. BT-Drs. 12/3209, S. 8 f. und 49.

[3] Vgl. BT-Drs. 12/3608, S. 16 f. und 94; Ausschussbericht BT-Drs. 12/3930; BT-Drs. 12/3937.

[4] Gesetz zur Reform der gesetzlichen Krankenversicherung ab dem Jahr 2000 (GKV-Gesundheitsreformgesetz 2000) v. 22.12.1999, BGBl I 1999, 2626.

[5] BT-Drs. 14/1245.

[6] Gesetz zur Änderung des Vertragsarztrechts und anderer Gesetze (Vertragsarztrechtsänderungsgesetz – VÄndG) v. 22.12.2006, BGBl I 2006, 3439.

tragsarztrecht über das allgemeine Berufsrecht hinaus. § 3 Abs. 2 lit. b Ärzte-ZV in der bis 1993 geltenden Fassung ließ demgegenüber die Ableistung einer einjährigen Vorbereitungszeit auf die kassenärztliche Tätigkeit ausreichen, die vollständig entfallen ist. Für die ärztlichen Angestellten eines MVZ gelten die gleichen fachlichen Voraussetzungen (§ 95 Abs. 2 Satz 5 HS. 1 SGB V).

II. Normzweck

Der **Gesetzgeber** des GSG wollte durch die Vorschrift die **allgemeinmedizinische Qualifikation** dadurch **verbessern**, dass eine dreijährige strukturierte Weiterbildung in der Allgemeinmedizin als obligatorische Voraussetzung für die Kassenzulassung vorgesehen wird. Nach der Gesetzesbegründung werde damit auch gleichzeitig die sich aus der EG-Richtlinie über eine spezifische Ausbildung in der Allgemeinmedizin ergebende Verpflichtung erfüllt, ab Januar 1995 den Zugang von Ärzten (Fachärzte ausgenommen) zur gesetzlichen Krankenversicherung von einer spezifischen allgemeinmedizinischen Qualifikation abhängig zu machen. Die inhaltliche Ausgestaltung der Qualifikation werde den landesrechtlichen Bestimmungen nach dem Weiterbildungsrecht überlassen. Auf diese Weise bleibe die Autonomie der Ärztekammern zur Ausgestaltung der Weiterbildungsanforderungen in der Allgemeinmedizin erhalten. Die dreijährige Weiterbildungszeit in der Allgemeinmedizin sei unverzichtbar und in den letzten Jahren verstärkt und ohne Gegenstimmen gefordert worden. Auch in der Allgemeinmedizin sollten ebenso wie in allen übrigen 28 ärztlichen Fachgebieten nur weitergebildete Ärzte die Versicherten in der gesetzlichen Krankenversicherung betreuen. Die Stellung des hausärztlich tätigen Allgemeinmediziners im ärztlichen Versorgungssystem mache dies unausweichlich. Dieser besitze eine einzigartige Steuerungsfunktion, die von ausschlaggebender Bedeutung sei. Neben den allgemeinmedizinischen Erfordernissen seien wesentliche Bereiche aus dem Gebiet der Inneren Medizin sowie der Allgemein- und Unfallchirurgie für den Allgemeinmediziner zu erlernen. Nach der MWO sei auch der Erwerb von fachkundigen Laboruntersuchungen in der Allgemeinmedizin, in Mutterschaftsvorsorge und in Früherkennung von Krankheiten bis zum Ende des ersten Lebensjahres erforderlich. Es sei unstreitig, dass diese qualitativen Anforderungen keinesfalls in einem Zeitraum unterhalb von drei Jahren erlernt werden könnten. Nur **als Zulassungsvoraussetzung** könne den besonderen Erfordernissen, die an eine **wirtschaftliche Leistungserbringung** gestellt werden müssten, Rechnung getragen werden. Nur der Allgemeinmediziner könne durch seine Überwachungs- und Verteilungsfunktion den Versicherten vor unnötigen Behandlungen durch Dritte bewahren. Nur er könne das medizinisch Notwendige veranlassen und die erhobenen Befunde in sinnvoller und wirtschaftlicher Weise zusammenführen. Die Zeit als Arzt im Praktikum werde angerechnet. Die bisherige Regelung über die Vorbereitungszeit werde gestrichen. In den Absätzen 3-5 trage die Neuregelung den Anforderungen des EG-Rechts Rechnung.[7] Mit der Heraufsetzung der Weiterbildungszeit für Allgemeinärzte auf **fünf Jahre** griff der **Gesetzgeber** Vorschläge im „Initiativprogramm zur Sicherstellung der allgemeinmedizinischen Versorgung" auf, die bereits in den Weiterbildungsordnungen der Ärztekammern umgesetzt worden waren. Es sei deshalb davon auszugehen, dass ab dem Jahre 2006 die die Niederlassung anstrebenden Allgemeinärzte diese Anforderung erfüllten. Der Zeitraum von sechs Jahren zwischen Verkündung und In-Kraft-Treten dieser Regelung gebe den Allgemeinärzten mit dreijähriger Weiterbildung genügend zeitlichen Spielraum, um eventuelle Niederlassungsabsichten umzusetzen.[8] 8

III. Eintragung in das Arztregister (Absätze 1 und 2)

Die **Eintragung in das Arztregister** setzt neben der Approbation (vgl. bereits die Kommentierung zu § 95 SGB V Rn. 15 ff. und die Kommentierung zu § 95 SGB V Rn. 46 ff.) den erfolgreichen **Abschluss** einer allgemeinmedizinischen oder einer **Weiterbildung** in einem anderen Fachgebiet mit der Befugnis zum Führen einer entsprechenden Gebietsbezeichnung oder einer Qualifikation nach den Absätzen 4 und 5 voraus. 9

Die bisherige Weiterbildungszeit von drei Jahren für Allgemeinmediziner hat das BSG als **verfassungsgemäß** angesehen.[9] Aus den gleichen Gründen handelt es sich auch bei der fünfjährigen Weiterbildungszeit um eine verfassungsgemäße Beschränkung der Berufsausübung i.S.v. Art 12 Abs. 1 10

[7] Vgl. BT-Drs. 12/3608 zu Nr. 49 (§ 95a), S. 94.

[8] Vgl. BT-Drs. 14/1245 zu Nr. 50 (§ 95a), S. 76 f.

[9] Zur Verfassungsmäßigkeit vgl. BSG v. 25.11.1998 - B 6 KA 58/97 R - juris Rn. 14 - SozR 3-2500 § 95 Nr. 19 unter Hinweis auf BSG v. 01.07.1998 - B 6 KA 25/97 - juris Rn. 14 ff. - USK 98167 m.w.N.; BSG v. 13.12.2000 - B 6 KA 26/00 R - juris Rn. 18 - SozR 3-2500 § 95a Nr. 2.

Satz 2 GG. *Gassner* weist zutreffend darauf hin, dass kein Fall der Inländerdiskriminierung vorliege, obwohl Art. 31 Abs. 1 lit. b der Richtlinie nur eine (mindestens) zweijährige Allgemeinarztausbildung verlange, da das im Rahmen der Aufwertung hausärztlicher Tätigkeit vom deutschen Gesetzgeber verfolgte Ziel wirtschaftlicher Leistungserbringung als sachlicher Differenzierungsgrund anzuerkennen sei.[10]

11 Ein Arzt kann ohne zusätzliche allgemeinmedizinische Weiterbildung nicht mehr als praktischer Arzt bzw. als Arzt ohne Gebietsbezeichnung zugelassen werden.[11]

12 Vertrauensschutzgesichtspunkten hat der Gesetzgeber durch das Aufschieben des In-Kraft-Tretens der Verschärfung der Weiterbildungsvoraussetzungen hinreichend Rechnung getragen. Es bestand eine Übergangszeit von über fünf Jahren vom Zeitpunkt der Verabschiedung bis zum In-Kraft-Treten (vgl. Rn. 2).

13 Die Einfügung der Sätze 2 und 3 in Absatz 3 als **Übergangsregelung** zur Vorgabe einer mindestens fünfjährigen Weiterbildung bei **Kindererziehungszeiten** geht auf den Vorschlag des Ausschusses für Gesundheit zurück.[12] Nach dem Ausschussbericht hat die Vorgabe einer mindestens fünfjährigen Weiterbildung dazu geführt, dass verschiedenen Ärztinnen und Ärzten, die eine drei- oder vierjährige Weiterbildung absolviert haben, bisher aber aus Gründen der Kindererziehung und der fehlenden Möglichkeit der Aufnahme vertragsärztlicher Tätigkeit noch keine Arztregistereintragung beantragt haben oder beantragen konnten, nach dem Wortlaut der Vorschriften seit dem 01.01.2006 der Zugang zur vertragsärztlichen Tätigkeit versagt werden musste. Eine ähnliche Problematik besteht für Ärztinnen und Ärzte, die aufgrund weiterbildungsrechtlicher Übergangslösungen in den Kammerbereichen ebenfalls in Zusammenhang mit Kindererziehungszeiten noch einen Anspruch darauf haben, die einmal begonnene allgemeinmedizinische Weiterbildung als dreijährige Weiterbildung zu beenden. Die Ergänzung des § 95a Abs. 2 SGB V sieht daher für die vorgenannten Fälle eine Ausnahme vor, nach der für eine dreijährige Übergangszeit ausnahmsweise eine mindestens dreijährige Weiterbildung für Allgemeinmedizin als ausreichend angesehen wird, wenn diese vor dem Stichtag begonnen und noch ableistbar ist oder davor abgeschlossen und nicht für eine Berufsaufnahme benutzt werden konnte.

14 Bei der Prüfung der Zulassungsvoraussetzungen ist der Zulassungsausschuss wie die KV als Arztregisterstelle an die **Entscheidung der Approbationsbehörde** gebunden und beschränkt auf die Überprüfung der Fachkunde.[13] Ebenso ist der Zulassungsausschuss an die Entscheidung der KV als Arztregisterstelle gebunden.[14] Eine Streichung aus dem Arztregister kann nur nach § 7 Ärzte-ZV erfolgen. Eine Eintragung für verschiedene Fachgebiete ist möglich.

15 Die **Inhalte der Weiterbildung** werden durch die Heilberufsgesetze der Länder und die Weiterbildungsordnungen der Landesärztekammern geregelt. Absatz 1 Nr. 2 knüpft daher an die Anerkennung durch die Kammer an. Absatz 2 schreibt für Allgemeinärzte eine Mindestweiterbildungszeit vor, die aber bereits zuvor entsprechend in den Weiterbildungsordnungen verankert wurde. Soweit Absatz 3 und der diesen aufgreifende § 3 Abs. 4 Ärzte-ZV darüber hinaus weitere Vorgaben über die einzelnen Stationen macht, besteht grundsätzlich eine Überprüfungsbefugnis der KV als Arztregisterstelle (§ 95 Abs. 2 Satz 2 SGB V, §§ 1 Abs. 1, 8 Abs. 1 Ärzte-ZV).

16 **Allgemeinärzte**, die nach dem alten Recht nur eine **dreijährige Weiterbildungszeit** durchlaufen hatten, können **ab 2006** nicht mehr in das Arztregister eingetragen werden. Haben sie sich aber zuvor in das Arztregister eintragen lassen, so bleibt die Eintragung bestehen[15], da § 7 Ärzte-ZV außer bei Antrag und Tod nur einen Entzug bei Wegfall der Approbation oder bei falschen Angaben vorsieht (§ 7 lit. c und d Ärzte-ZV). Nach Art. 33 § 2 Satz 1 GSG gilt jedoch, dass die bis zum 31.12.1993 erfolgten Eintragungen in das Arztregister unberührt bleiben. Wird ein Antrag auf Zulassung als Vertragsarzt nach dem 31.12.1994 gestellt, hat der Arzt aber nach Satz 2 unbeschadet seiner Arztregistereintragung die Voraussetzungen des § 95a SGB V zu erfüllen. Obwohl diese Vorschrift zunächst bei Einführung der dreijährigen Weiterbildungszeit für Allgemeinmediziner als „Überleitungsvorschrift" eingeführt worden war, gilt sie für alle Änderungen des § 95a SGB V. Davon geht auch offensichtlich der Gesetzgeber aus, der in der sechsjährigen Zeitspanne zwischen Verabschiedung und In-Kraft-Treten (vgl. Rn. 2)

---

[10] Vgl. *Gassner*, ZfSH/SGB 1995, 470, 474.

[11] Vgl. BSG v. 25.11.1998 - B 6 KA 58/97 R - juris Rn. 11 - SozR 3-2500 § 95 Nr. 19.

[12] Vgl. BT-Drs. 16/3157, S. 4 f.

[13] Vgl. BSG v. 05.02.2003 - B 6 KA 42/02 R - juris Rn. 20 - SozR 4-2500 § 95 Nr. 4.

[14] Vgl. BSG v. 06.11.2002 - B 6 KA 37/01 R - juris Rn. 15, 20 ff. - SozR 3-2500 § 95c Nr. 1; BSG v. 13.12.2000 - B 6 KA 26/00 R - juris Rn. 21 ff. - SozR 3-2500 § 95a Nr. 2.

[15] Zu Fällen einer Nichtigkeit vgl. BSG v. 13.12.2000 - B 6 KA 26/00 R - juris Rn. 30 - SozR 3-2500 § 95a Nr. 2.

einen Übergangszeitraum sieht, der den Allgemeinärzten mit dreijähriger Weiterbildung genügend zeitlichen Spielraum gebe, um eventuelle Niederlassungsabsichten umzusetzen (vgl. Rn. 8) und der ein weiteres Übergangsrecht nicht geschaffen hat.

IV. Anforderungen des EG-Rechts (Absatz 3)

Absatz 3 setzt die **Vorgaben der Richtlinie 86/457/EWG** v. 15.09.1986[16] für die allgemeinmedizinische Ausbildung in innerstaatliches Recht um. Weitere EG-Richtlinien sind bisher ohne unmittelbare sozialrechtliche Auswirkungen.[17] 17

V. „Praktischer Arzt" (Absatz 4)

Mit der Bezeichnung **„Praktischer Arzt"** konnte sich früher ein Arzt ohne Weiterbildung niederlassen. Zwischenzeitlich sahen die Weiterbildungsordnungen bei ärztlicher Tätigkeit von mindestens sechs Jahren innerhalb der letzten acht Jahre die Anerkennung als Facharzt für Allgemeinmedizin vor.[18] Praktische Ärzte, die aufgrund von landesrechtlichen Vorschriften zur Ausführung der Richtlinie des Rates der EG vom 15.09.1986 über die spezifische Ausbildung in der Allgemeinmedizin bis zum 31.12.1995 die Bezeichnung Praktischer Arzt erworben haben, sind ebenfalls in das Arztregister einzutragen. Darüber hinaus sahen die WBO vor, dass diese Ärzte, wenn sie insgesamt weniger als sechs Jahre, aber mindestens zwei Jahre als niedergelassene Ärzte gearbeitet haben, einer Prüfung zur Erlangung der Bezeichnung „Arzt für Allgemeinmedizin" unterzogen werden.[19] Zu den aktuellen Regelungen vgl. § 18 MWBO.[20] 18

VI. Anerkennung von EU-Nachweisen (Absatz 5)

Absatz 5 regelt die Anerkennung von in den anderen Staaten der EU erworbenen Ausbildungsnachweisen und kommt insoweit der Verpflichtung nach der Richtlinie 86/457 EWG v. 15.09.1986 sowie der Richtlinie 75/362/EWG v. 30.06.1975[21] nach[22]. Damit wird sichergestellt, dass Ärzte, die die spezifische **Ausbildung in der Allgemeinmedizin in einem EU-Mitgliedstaat** erworben haben, zur Versorgung in der gesetzlichen Krankenversicherung zugelassen werden.[23] Eine gemeinschaftsrechtskonforme Anpassung haben ferner die Länder im Weiterbildungsrecht vorgenommen. 19

---

[16] ABl. EG Nr. L 267, S. 26.

[17] Vgl. *Haage*, MedR 2002, 301 ff.; zur Niederlassungsfreiheit und EG-Recht vgl. *Kaufmann*, MedR 2003, 82, 84 ff.

[18] Vgl. § 23 Abs. 11 MWBO 1992.

[19] Vgl. § 23 Abs. 11a WBO LÄK Hessen i.d.F. v. 01.01.1995 (Stand: 01.12.2002) – www.laekh.de/Weiterbildung; vgl. auch *Haage*, MedR 2002, 301, 303.

[20] Zum Vertragsverletzungsverfahren der Europäischen Kommission wegen der Bezeichnung „Praktischer Arzt" anstatt „Facharzt für Allgemeinmedizin" vgl. *Haage*, MedR 2002, 301, 305 f.

[21] ABl. EG Nr. L 167.

[22] Vgl. *Gassner*, ZfSH/SGB 1995, 470, 475; zur Niederlassungsfreiheit vgl. *Kaufmann*, MedR 2003, 82, 84 ff.

[23] Vgl. *Haage*, MedR 2002, 301, 303.

§ 95b SGB V Kollektiver Verzicht auf die Zulassung

(Fassung vom 21.12.1992, gültig ab 01.01.1993)

(1) Mit den Pflichten eines Vertragsarztes ist es nicht vereinbar, in einem mit anderen Ärzten aufeinander abgestimmten Verfahren oder Verhalten auf die Zulassung als Vertragsarzt zu verzichten.

(2) Verzichten Vertragsärzte in einem mit anderen Vertragsärzten aufeinander abgestimmten Verfahren oder Verhalten auf ihre Zulassung als Vertragsarzt und kommt es aus diesem Grund zur Feststellung der Aufsichtsbehörde nach § 72a Abs. 1, kann eine erneute Zulassung frühestens nach Ablauf von sechs Jahren nach Abgabe der Verzichtserklärung erteilt werden.

(3) Nimmt ein Versicherter einen Arzt oder Zahnarzt in Anspruch, der auf seine Zulassung nach Absatz 1 verzichtet hat, zahlt die Krankenkasse die Vergütung mit befreiender Wirkung an den Arzt oder Zahnarzt. Der Vergütungsanspruch gegen die Krankenkasse ist auf das 1,0fache des Gebührensatzes der Gebührenordnung für Ärzte oder der Gebührenordnung für Zahnärzte beschränkt. Ein Vergütungsanspruch des Arztes oder Zahnarztes gegen den Versicherten besteht nicht. Abweichende Vereinbarungen sind nichtig.

Gliederung

A. Basisinformationen

I. Textgeschichte/Gesetzgebungsmaterialien

1 § 95b SGB V wurde durch Art. 1 Nr. 53 **GSG**[1] mit Wirkung v. 01.01.1993 eingefügt und ist bisher unverändert. Im Regierungsentwurf[2] noch nicht enthalten, geht er zurück auf den fraktionsübergreifenden Gesetzentwurf[3] und wurde unverändert übernommen.

II. Vorgängervorschriften

2 § 95b SGB V ist, entgegen der Gesetzesbegründung, nach der die Vorschrift lediglich klarstelle, dass ein Vertragsarzt – wie schon nach bisher geltendem Recht ein Kassenarzt oder beteiligter Arzt – seine Zulassung nicht im Rahmen einer kollektiven Aktion zurückgeben dürfe,[4] **ohne Vorläufer**. Im Schrifttum ist zuvor lediglich die Frage diskutiert worden, ob ein kollektiver Zulassungsverzicht eine gröbli-

[1] Gesetz zur Sicherung und Strukturverbesserung der gesetzlichen Krankenversicherung (Gesundheitsstrukturgesetz) v. 21.12.1992, BGBl I 1992, 2266.

[2] Vgl. BT-Drs. 12/3209, S. 9 u. 50.

[3] Vgl. BT-Drs. 12/3608, S. 17. u. 94 f.; Ausschussbericht BT-Drs. 12/3930; BT-Drs. 12/3937, S. 6.

[4] Vgl. BT-Drs. 12/3608, S 95 f. (zu Nr. 50 § 95b Abs. 1).

che Verletzung der vertragsärztlichen Pflichten (§ 95 Abs. 6 SGB V) darstelle bzw. einen Mangel der Eignung (§§ 20, 21 Ärzte-ZV) offenbare mit den entsprechenden zulassungsrechtlichen Konsequenzen.[5]

III. Parallelvorschriften/Ergänzende Vorschriften

Parallelvorschriften sind keine vorhanden. Ergänzt wird die Vorschrift durch die §§ 13 Abs. 2 Satz 6, 72a SGB V. 3

IV. Systematische Zusammenhänge

Absatz 1 ergänzt die **Teilnahmeverpflichtung** nach § 95 Abs. 3 Satz 1 SGB V und beschränkt den Verzicht auf die Zulassung nach § 95 Abs. 7 Satz 1 SGB V, soweit ein kollektiver Verzicht vorliegt, allerdings ohne Auswirkung auf die Verzichtserklärung selbst. Absatz 2 schränkt den **Zulassungsanspruch** nach § 95 Abs. 1 SGB V ein. Absatz 3 modifiziert die **Vertragsfreiheit** zwischen Arzt und Patienten und statuiert ein Abrechnungsverhältnis zwischen Krankenkasse und Arzt. Insofern schafft Absatz 3 eine Ausnahme von der Kostenerstattungsregelung nach § 13 Abs. 3 Satz 1 SGB V. Soweit § 13 Abs. 2 Satz 8 SGB V ausdrücklich eine Inanspruchnahme von Leistungserbringern nach § 95b Abs. 1 SGB V im Wege der Kostenerstattung ausschließt, würde dies nicht für Fälle des sog. Systemversagens gelten. § 72a SGB V regelt den Übergang des Sicherstellungsauftrags auf die Krankenkassen, wenn mehr als 50% der Vertragsärzte auf ihre Zulassung nach § 95b Abs. 1 SGB V verzichten oder die Versorgung verweigern und die Aufsichtsbehörde dies festgestellt hat.[6] Es soll damit eine Vorkehrung getroffen werden für den Fall, dass die KV den Sicherstellungsauftrag nach § 75 Abs. 1 Satz 1 SGB V nicht vollständig erfüllen kann. 4

B. Auslegung der Norm

I. Regelungsgehalt und Bedeutung der Norm

Absatz 1 statuiert ein Verbot des kollektiven Zulassungsverzichts, aber nur als **Verhaltenspflicht** und ohne Auswirkung auf die Wirksamkeit der Verzichtserklärung. Absatz 2 sieht eine **Zulassungssperre** für sechs Jahre vor. Absatz 3 beschränkt den **Vergütungsanspruch** des Arztes nach einem solchen Verzicht. 5

II. Normzweck

Die Vorschrift trifft im Zusammenhang mit § 72a SGB V **Vorsorge für den organisierten Zulassungsverzicht**. Sie hat **notständischen Charakter** und bringt am deutlichsten die korporativistische Struktur des Vertragsarztrechts zum Ausdruck. Sie wurde erst im Verlaufe des Gesetzgebungsverfahrens aufgenommen, als insbesondere innerhalb der Zahnärzteschaft im Vorfeld des GSG ein kollektiver Zulassungsverzicht, der aber ausblieb, diskutiert worden war.[7] 6

Die fraktionsübergreifende **Gesetzesbegründung** ist deutlicher Ausdruck der seinerzeitigen Stimmungslage. Nach ihr soll einer **Funktionsunfähigkeit bzw. Systemgefährdung** des vertragsärztlichen Systems aufgrund eines kollektiven Zulassungsverzichts vorgebeugt werden. Aus dem Teilnahmestatus folgert der Gesetzgeber, dass der Vertragsarzt die Erfüllung des Sicherstellungsauftrages zu fördern und alles zu unterlassen habe, was die Sicherstellung und die Durchführung der vertragsärztlichen Versorgung gefährden oder ausschließen könnte. Jede **Schädigung** der vom Körperschaftszweck erfassten Interessen der Beteiligten habe zu unterbleiben. Gegen diese **Pflichten** verstoße der Vertragsarzt, wenn er in einem mit anderen Vertragsärzten abgesprochenen Verhalten oder Verfahren auf seine Zulassung verzichte. Das Eintreten einer Unterversorgung werde gewollt. Es sei gerade Ziel der Aktion, eine Abkehr vom Abrechnungsmodus des vertragsärztlichen Systems und eine privatärztliche Abrechnung mit dem Versicherten zu erreichen. Das Sachleistungsprinzip werde aufgekündigt, das vertragsärztliche Sicherstellungssystem destabilisiert. Es werde das Monopol der KVen angegriffen. Mit den Pflichten eines Vertragsarztes sei es unverträglich, wenn er sich in **wettbewerbswidriger Weise** mit anderen Vertragsärzten zur Durchsetzung eigener Interessen abstimme.[8] 7

---

5 Vgl. *Klückmann* in: Hauck/Noftz, SGB V, § 95b Rn. 6.

6 Zur weiteren Systematik vgl. *Möschel*, MedR 2003, 133.

7 Zu Nachweisen vgl. *Riege*, SGb 1993, S. 8 ff.; *Klückmann* in: Hauck/Noftz, SGB V, § 95b Rn. 2.

8 Vgl. BT-Drs. 12/3608, S. 95 f. (zu Nr. 50 § 95b Abs. 1).

8 Die Vorschrift ist erst jüngst zur **praktischen Anwendung** gelangt, nachdem niedersächsische Kieferorthopäden auf ihre Zulassung verzichtet haben. Die ministerielle Aufsichtsbehörde stellte im Juni 2004 fest, dass in den drei niedersächsischen Planungsbereichen (Landkreise Cuxhaven, Hannover und Hildesheim) insgesamt 23 und jeweils mehr als 50% aller dort niedergelassenen Vertragszahnärzte, die kieferorthopädische Leistungen erbringen, in einem mit anderen Zahnärzten aufeinander abgestimmten Verfahren oder Verhalten auf ihre Zulassung zum 30.06.2004 nach § 95b Abs. 1 SGB V verzichtet hätten und dadurch die vertragszahnärztliche kieferorthopädische Versorgung ab Juli 2004 nicht mehr sichergestellt sei.[9]

9 Die Vorschrift ist letztlich Ausdruck der Abhängigkeit komplexer Gesellschaftssysteme von hochspezialisierten Leistungserbringern. Ungeachtet der überschießenden Gesetzesbegründung gibt sie mit dem Übergang des Sicherstellungsauftrags und der Vergütungsregelung ein weitgehend **systemkonformes**[10] **Regelungskonzept**, das den kollektiven Ausstieg hinnehmen muss.

III. Verbot auf kollektiven Zulassungsverzicht (Absatz 1)

1. Inhalt des kollektiven Verzichtsverbots

10 Absatz 1 normiert allgemein ein **Verbot** eines kollektiven Verzichts. Auch kollektiv ausgeübt bleibt der **Verzicht** gleichwohl **wirksam** und kann, nach Ausscheiden aus der vertragsärztlichen Versorgung, auch nicht disziplinarisch geahndet werden. Als bloße Verhaltenspflichten formuliert handelt es sich nicht um eine Verbotsnorm, die zur Nichtigkeit der Verzichtserklärung (§§ 134, 138 BGB) führt. Das Gesetz sieht weder eine Suspendierung oder Aufschiebung der Verzichtserklärung vor noch verpflichtet es den Arzt, weiterhin für die vertragsärztliche Versorgung zur Verfügung zu stehen. Sanktioniert wird der kollektive Zulassungsverzicht durch die sechsjährige Zulassungssperre nach Absatz 2, die aber weitergehende Voraussetzungen hat, sowie die Einschränkung der Vertragsfreiheit nach Absatz 3.

11 Pflichtwidrig ist nach dem Wortlaut der – kollektiv ausgeübte – Verzicht. Soweit unter Hinweis auf die Gesetzesbegründung die **Pflichtwidrigkeit** bereits in der **Vorbereitung** und **Durchführung** einer kollektiven Aktion zur Destabilisierung des Versorgungssystems durch Vertragsärzte gesehen wird, dient dies zwar zur Abgrenzung unschädlicher Kollektivverzichte wie z.B. aufgrund des Alters,[11] werden aber im Ergebnis vorverlagerte, allgemeine Wohlverhaltenspflichten geschaffen. Im Ergebnis müsste dann sogar der Versuch disziplinarisch ahndbar sein,[12] was im Hinblick auf Art. 5, 9[13] und 12 Abs. 1 GG nicht unbedenklich wäre. Bei Annahme eines strikten Verbots oder einer Wettbewerbswidrigkeit müsste dies konsequenterweise zu einer Unwirksamkeit der kollektiv ausgeübten Verzichtserklärungen führen. Absatz 1 sollte daher vor allem als **Voraussetzung für die Anwendung des Absatzes 3** verstanden werden und weniger zur Legitimation einer Sanktionierung berufspolitisch motivierter Aktionen.[14] Maßgeblich geht es darum, eine drohende, auch lokale Unterversorgung abzuwenden. Der Gesetzgeber verzichtet auf eine weitere Verpflichtung der ausgeschiedenen Vertragsärzte. Er vertraut auf die Marktmechanismen, dass bei einem kollektiven Verzicht die ausgeschiedenen Vertragsärzte auch weiterhin gesetzlich versicherte Patienten behandeln werden. Absatz 1 manifestiert die aus dem Zulassungsstatus folgende allgemeine Verhaltenspflicht, nicht zur Störung des vertragsärztlichen Versorgungssystems beizutragen, die der Gesetzgeber bei einem kollektiven Zulassungsverzicht wegen der drohenden Unterversorgung unterstellt. Gleichzeitig tritt aber ein Ausscheiden dieser Vertragsärzte aus dem Versorgungssystem ein, was unter Geltung verfassungsrechtlich verbürgter Freiheitsrechte (Art. 12 Abs. 1 u. 2 GG) nicht verhindert werden kann. Absatz 1 normiert daher nur eine Voraussetzung für die Folgewirkungen nach den Absätzen 2 und 3 sowie § 72a SGB V. Eine weitergehende Bedeutung kommt ihm nicht zu, weshalb die Vorschrift z.T. als deklaratorische Regelung angesehen wird.[15]

---

9 Vgl. LSG Niedersachsen-Bremen v. 06.01.2005 - L 3 KA 237/04 ER - juris Rn. 3 - GesR 2005, 124 = MedR 2005, 179; LSG Niedersachsen-Bremen v. 13.09.2006 - L 3 KA 90/05 - juris Rn. 2 (Revision anhängig: B 6 KA 38/06 R).

10 Anders *Hencke* in: Peters, Handbuch KV (SGB V), § 95b Rn. 2.

11 Vgl. *Hess* in: KassKomm, SGB V, § 95b Rn. 3; ähnlich *Klückmann* in: Hauck/Noftz, SGB V, § 95b Rn. 9.

12 So *Klückmann* in: Hauck/Noftz, SGB V, § 95b Rn. 12.

13 Vgl. *Lindemann* in: Wannagat, SGB V, § 95b Rn. 4.

14 Anders *Peikert/Kroel*, SGb 2001, 662, 665.

15 Vgl. *Hencke* in: Peters, Handbuch KV (SGB V), § 95b Rn. 3; anders *Klückmann* in: Hauck/Noftz, SGB V, § 95b Rn. 12.

2. Vertragsärzte

12 Absatz 1 nennt nur **Vertragsärzte**. Es muss bezweifelt werden, ob diese Vorschrift auf **ermächtigte Ärzte** anwendbar ist.[16] Der Begriff „Vertragsarzt" ist insoweit kein Oberbegriff für ärztliche Leistungserbringer. § 95 Abs. 4 SGB V verpflichtet nur zur Teilnahme, solange der Status als ermächtigter Arzt besteht. Gerade die Verweisung in § 95 Abs. 4 Satz 3 SGB V schließt § 95b SGB V nicht ein. Allenfalls können noch nach alten Rechtsvorschriften auf Dauer ermächtigte Ärzte in eigener Praxis einbezogen werden.[17] Aufgrund der allgemeinen Analogievorschriften gilt die Regelung aber für Psychotherapeuten, Vertragszahnärzte und MVZ (§ 72 Abs. 1 Satz 2 SGB V). Abzustellen ist aber auf den Verzicht des MVZ, nicht der dort angestellten Ärzte, da nur dieses zugelassen ist.

13 Für **andere Leistungserbringer** gibt es keine entsprechende Vorschrift und ist § 95b SGB V auch nicht analog anwendbar.[18] Deshalb ist die Empfehlung eines Berufsverbandes der Physiotherapeuten an seine Mitglieder, nach dem Auslaufen vertraglicher Vereinbarungen über die Höhe der Vergütung physiotherapeutischer Leistungen Kassenmitglieder nur noch als Privatpatienten zu behandeln, kein unzulässiger Boykottaufruf i.S.d. Wettbewerbsrechts und begründet deshalb keine Schadensersatzpflichten.[19]

3. Kollektiver Verzicht

14 **Kollektiver Verzicht** liegt vor, wenn der Verzicht in einem mit anderen Ärzten aufeinander abgestimmten Verfahren oder Verhalten erfolgt. Auf die Maßzahl von 50% aller in einem Zulassungsbezirk oder einem regionalen Planungsbereich niedergelassenen Vertragsärzte und einen **Feststellungsbescheid** kommt es nach Absatz 1 nicht an.[20] Systematisch wird diese weitere Voraussetzung lediglich für die Geltung der Zulassungssperre nach Absatz 2 verlangt. Im Umkehrschluss muss daraus gefolgert werden, dass ein Verstoß gegen Absatz 1 auch bei einer geringeren Maßzahl anzunehmen ist. Folgewirkungen hat dies für die Geltung des Absatzes 3, der lediglich auf Absatz 1 verweist. Dies führt zwangsläufig zu **Rechtsunsicherheiten**, da es damit an einem förmlichen Verfahren fehlt. Soweit deshalb ebenfalls ein förmlicher Bescheid der Aufsichtsbehörde gefordert wird,[21] wäre dies sicher sinnvoll, entbehrt jedoch einer Rechtsgrundlage.

15 Die Vorschrift kann nicht auf den Fall des **Verzichts eines einzelnen Arztes** angewandt werden.[22] Nach dem Wortlaut der Vorschrift würde es ausreichen, wenn ein Arzt „**mit anderen**", also wenigstens mit zwei weiteren Ärzten sein Ausscheiden abstimmte, wenn also insgesamt wenigsten drei Ärzte zusammenwirkten. Nach dem Gesetzeszweck und der Gesetzesbegründung, die eine **Gefährdung der Funktionsfähigkeit** sieht, wenn Vertragsärzte „in großer Zahl" das vertragsärztliche System verlassen, ist auf die **Versorgungslage** abzustellen. Feste, absolute Zahlen können daher der Vorschrift nicht entnommen werden. Eine damit einhergehende Rechtsunsicherheit wird dadurch relativiert, dass nur **gezielte Aktionen**, die gerade eine **Destabilisierung der Versorgungslage als Druckmittel** herbeiführen wollen, erfasst werden sollen. Neben **subjektiven Faktoren** („abgestimmtes Verhalten") muss daher eine **Unterversorgung** oder eine Verschärfung der Unterversorgungslage in wenigstens einem Planungsbereich mit den Verzichten eintreten. Abzustellen ist auf die Bedarfsplanung mit den einzelnen Arztgruppen. Bei kleineren Facharztgruppen kann sie schon bei wenigen Verzichtserklärungen eintreten.

16 Ein **„abgestimmtes" Verhalten** setzt eine Absprache der Ärzte voraus, die in der Regel nur durch **äußere Faktoren** nachweisbar ist. Die Verzichtserklärungen müssen zeitgleich oder in einem überschaubaren Zeitrahmen erfolgen. Das LSG Niedersachsen-Bremen hat eine Entscheidung der Aufsichtsbehörde gebilligt, die auf die **hohe Zahl der Verzichtserklärungen**, die Konzentration auf **wenige Zulassungsbezirke** und auf das im Kontakt mit den Medien festzustellende **Auftreten** der Kieferortho-

---

[16] So aber LSG Niedersachsen-Bremen v. 06.01.2005 - L 3 KA 237/04 ER - juris Rn. 27 - GesR 2005, 124 = MedR 2005, 179; SG Hannover v. 08.06.2005 - S 35 KA 56/05 - MedR 2006, 547-551 - www.sozialgerichtsbarkeit.de.

[17] Vgl. LSG Niedersachsen-Bremen v. 13.09.2006 - L 3 KA 90/05 - juris Rn. 34 (Revision anhängig: B 6 KA 38/06 R).

[18] Vgl. LSG Saarland v. 04.04.2000 - L 2/3 K 31/95 - juris Rn. 37 f.

[19] Vgl. BSG v. 25.09.2001 - B 3 KR 14/00 R - BSGE 89, 19 = SozR 3-2500 § 125 Nr. 7.

[20] Vgl. LSG Niedersachsen-Bremen v. 06.01.2005 - L 3 KA 237/04 ER - juris Rn. 27 - GesR 2005, 124 = MedR 2005, 179; LSG Niedersachsen-Bremen v. 16.03.2005 - L 3 KA 367/04 ER - www.sozialgerichtsbarkeit.de; *Klückmann* in: Hauck/Noftz, SGB V, § 95b Rn. 12 u. 26 m.w.N.

[21] So *Hess* in: KassKomm, SGB V, § 95b Rn. 3 u. 5.

[22] Vgl. BSG v. 18.01.1996 - 1 RK 22/95 - juris Rn. 21 - BSGE 77, 227 = SozR 3-2500 § 29 Nr. 3.

päden **als Gruppe** und das aus den **Veröffentlichungen** hervorgehende strukturierte, gelenkte und koordinierte Vorgehen hingewiesen hat.[23]

17 Die Vorschrift setzt einen **Zulassungsverzicht** voraus. Auf andere Formen der Leistungsverweigerung ist sie nicht anwendbar.[24]

IV. Zulassungssperre und Wiederzulassung (Absatz 2)

1. Gesetzgeberische Intention

18 Nach der **Gesetzesbegründung** rechtfertigt die Illoyalität des kollektiv ausgeschiedenen Vertragsarztes, ihn „beim Wort zu nehmen" und ihn zumindest für die Dauer von sechs Jahren aus der vertragsärztlichen Versorgung auszuschließen. Zudem bestünde die Gefahr, dass ein solcher Arzt alsbald wieder den Versuch unternehme, das System der vertragsärztlichen Versorgung auszuhöhlen.[25] Systematisch handelt es sich weder um eine **Strafe noch Disziplinarmaßnahme**. Funktional hat die Zulassungssperre aber **Strafcharakter** mit vor allem präventiver Wirkung, Vertragsärzte von einem kollektiven Verzicht abzuhalten. Unter dem Gesichtspunkt der Abwendung drohender Unterversorgung ist sie jedoch **zweckwidrig** und übersteigt noch die allgemein angenommene fünfjährige Bewährungszeit bei einer Zulassungsentziehung wegen gröblicher Pflichtverletzung (vgl. die Kommentierung zu § 95 SGB V Rn. 481 f. und die Kommentierung zu § 95 SGB V Rn. 487 ff.).

2. Anspruch auf Wiederzulassung

19 Eine Zulassungssperre nach Absatz 2 setzt eine **förmliche Feststellung der Aufsichtsbehörde** nach § 72a Abs. 1 SGB V voraus. Fehlt es an dieser, auch wenn die Voraussetzungen hierfür vorgelegen haben, so kann der Arzt jederzeit eine neue Zulassung beantragen. Liegt eine Feststellung vor, so ist sie in einem Zulassungsverfahren **gerichtlich überprüfbar**. Im Verfahren nach § 72a Abs. 1 SGB V ist der Vertragsarzt nicht beteiligt. Von daher kann eine Bindungswirkung weder gegenüber ihm noch den Zulassungsgremien entstehen; andernfalls wäre sein Rechtsschutz erheblich verkürzt.[26]

20 Die **Zulassungsgremien** haben **keinen Beurteilungs- oder Ermessensspielraum**. Das Wort „frühestens" in Absatz 2 räumt auch mit „kann" keinen Ermessensspielraum ein. Die Formulierung ist im Sinne von „eine Zulassung ist erst wieder in sechs Jahren möglich" zu verstehen. Das Gesetz verweist damit auf das **Antragserfordernis** (§ 95 Abs. 2 Satz 1 SGB V, § 18 Ärzte-ZV). Soweit alle sonstigen Zulassungsvoraussetzungen vorliegen, ist eine Wiederzulassung als Neuzulassung zu erteilen. Einer besonderen **Prüfung der Eignung** des Bewerbers bedarf es nicht,[27] da jedenfalls nach Ablauf von sechs Jahren dies nicht auch im Sinne eines „Anfangsverdachts" unterstellt werden kann. Ist **die Frist von sechs Jahren** nicht abgelaufen, ist die Zulassung abzulehnen. Die Frist von sechs Jahren beginnt mit der Abgabe der Verzichtserklärung, maßgeblich ist der Eingang bei dem Zulassungsausschuss.

3. Verfassungsrechtliche Bedenken

21 Das BVerfG hat bisher eine Verfassungsbeschwerde mangels Rechtswegerschöpfung nicht zur Entscheidung angenommen.[28] In der Literatur werden **verfassungsrechtliche Bedenken** gegen die Dauer der Zulassungssperre unter Hinweis auf das **Übermaßverbot** erhoben.[29] Allerdings ist zu bedenken, dass die Entscheidung für einen Verzicht in Kenntnis der Dauer der Zulassungssperre erfolgt.[30]

---

[23] Vgl. LSG Niedersachsen-Bremen v. 06.01.2005 - L 3 KA 237/04 ER - juris Rn. 26 - GesR 2005, 124 = MedR 2005, 179; vgl. auch SG Hannover v. 08.06.2005 - S 35 KA 56/05 - MedR 2006, 547-551 - www.sozialgerichtsbarkeit.de; LSG Niedersachsen-Bremen v. 13.09.2006 - L 3 KA 90/05 - juris Rn. 36 (Revision anhängig: B 6 KA 38/06 R).

[24] Vgl. *Auktor*, MedR 2003, 503, 506.

[25] Vgl. BT-Drs. 12/3608, S. 95 f. (zu Nr. 50 § 95b Abs. 2).

[26] Vgl. LSG Niedersachsen-Bremen v. 16.03.2005 - L 3 KA 367/04 ER - www.sozialgerichtsbarkeit.de.

[27] So aber *Klückmann* in: Hauck/Noftz, SGB V, § 95b Rn. 19; *Hencke* in: Peters, Handbuch KV (SGB V), § 95b Rn. 3.

[28] Vgl. BVerfG v. 28.05.1997 - 1 BvR 672/96 - NJW 1997, 2446.

[29] Vgl. *Schinnenburg*, MedR 2005, 26, 27 f.; *Hencke* in: Peters, Handbuch KV (SGB V), § 95b Rn. 5; *Klückmann* in: Hauck/Noftz, SGB V, § 95b Rn. 18; *Hess* in: KassKomm, SGB V, § 95b Rn. 4; *Schneider*, MedR 1993, 83, 88; offen gelassen bei *Lindemann* in: Wannagat, SGB V, § 95 Rn. 10; zum Zulassungsanspruch gegenüber der Krankenkasse vgl. *Wigge*, SGb 1993, 158, 162 f.

[30] Vgl. auch zur Verfassungsgemäßheit LSG Niedersachsen-Bremen v. 13.09.2006 - L 3 KA 90/05 - juris Rn. 58 f. (Revision anhängig: B 6 KA 38/06 R).

V. Vergütung ausgeschiedener Vertragsärzte (Absatz 3)

1. Gesetzgeberische Intention

Absatz 3 trifft Vorkehrungen für den Fall, dass der Versicherte einen Arzt, der nach Absatz 1 auf die Zulassung verzichtet hat, weiterhin in Anspruch nimmt. Die Vorschrift soll nach dem **Willen des Gesetzgebers** sicherstellen, dass Vertragsärzte den mit einem kollektiven Verzicht verfolgten Zweck nicht auf Kosten der Versicherten erreichen können. Der kollektiv ausgeschiedene Vertragsarzt bleibe dem **Vertragsarztsystem** kraft Gesetzes zumindest insofern **verhaftet**, als er die Behandlung eines Versicherten nur mit dem einfach Satz nach der jeweils einschlägigen Gebührenordnung vergütet erhalte und ihm auch nur ein Vergütungsanspruch gegen die Krankenkasse eingeräumt werde. Diese Konsequenzen seien im Interesse der Versicherten unerlässlich. Pflichtverstöße dürften ihm auch nicht noch durch eine unbegrenzte Abrechnung nach GOÄ/GOZ belohnt werden. Es handele sich um eine **nachgehende Verantwortlichkeit zu der Mitgliedschaft in der KV**. Der Eingriff in die Freiheit der Berufsausübung des Arztes sei gerechtfertigt, weil das Verhalten des Arztes zu **missbilligen** sei. Er diene auch **der Sicherung der finanziellen Grundlagen** der gesetzlichen Krankenversicherung und dem **Schutz der Versicherten**. Es werde deutlich gemacht, dass **Interessengruppen** die in einem verfassungsrechtlich ordnungsgemäßen Verfahren erlassenen Gesetze nicht mit einer kollektiven Absprache aushebeln könnten. Es dürfe den Ärzten nicht erlaubt sein, ihre Stellung im vertragsärztlichen System, zu dem sie ursprünglich aufgrund eigenen Antrags zugelassen worden seien, aufgrund einer kollektiven Absprache dafür auszunutzen, die **Grundlagen dieses Systems zu schwächen**.[31] 22

2. Systematische Einbettung der Regelung

Nach dem **Verzicht** kann der ausgeschiedene Vertragsarzt nur im Rahmen einer **privatärztlichen Vereinbarung** in Anspruch genommen werden. Auch bei Wahl der Kostenerstattung können die Kosten für die Behandlung bei einem nicht zugelassenen Leistungserbringer im Regelfall nicht ersetzt werden. § 13 Abs. 2 Satz 8 SGB V schließt Kostenerstattung zudem ausdrücklich aus. Eine Kostenerstattung wird aber als Fall des sog. Systemversagens nach § 13 Abs. 3 Satz 1 SGB V („unaufschiebbare Leistung") möglich sein, da eine Versorgungsgefährdung oder gar Unterversorgung vorliegt. Um zu verhindern, dass über den Weg der Kostenerstattung der Arzt ein höheres Honorar als im Rahmen der vertragsärztlichen Versorgung erhält, greift Absatz 3 in die Vereinbarung zwischen Arzt und Patienten ein. Es entsteht **kein Vergütungsanspruch** des **Arztes gegen** den **Versicherten** (Satz 3). Dies ist unabdingbar (Satz 4). Vielmehr entsteht ein unmittelbarer Vergütungsanspruch des Arztes gegenüber der Krankenkasse (Satz 1), der allerdings auf das 1,0-fache des Gebührensatzes nach GOÄ/GOZ beschränkt ist. Der Arzt verbleibt in einem **vertragsarztähnlichen Pflichtenverhältnis**, jetzt **gegenüber** der **Krankenkasse** und nicht der KV, das ihn verpflichtet, die Leistung gegenüber dem Patienten weiterhin als Sachleistung der Krankenkasse zu erbringen. Es gilt weiterhin das Sachleistungsprinzip (§ 2 Abs. 2 SGB V), und eine Kostenerstattung findet nicht statt.[32] Insoweit bleibt er dem Vertragsarztsystem kraft Gesetzes „verhaftet".[33] Konstruktiv schließt der Patient auch für die Krankenkasse einen sozialrechtlichen Behandlungsvertrag ab. Es tritt nicht lediglich eine gesetzliche Schuldübernahme[34] ein, die im Übrigen Rechtsstreitigkeiten zu den Zivilgerichten verweisen würde. Im Unterschied zum Vertragsarzt ist der ausgeschiedene Arzt jedoch nicht zur Behandlungsübernahme verpflichtet. Im Ergebnis bedeutet dies ein Wahlrecht für den Versicherten bzgl. der Ärzte, die auf ihre Zulassung verzichtet haben, allerdings ohne einen Anspruch gegenüber dem Arzt auf vertragsärztliche Behandlung, und es können auch „Neufälle" abgerechnet werden.[35] Würde man lediglich von einem Schuldübergang zu Lasten der Krankenkasse für einen Notfall i.S.d. § 76 Abs. 1 Satz 2 SGB V ausgehen,[36] so hätte es einer 23

---

[31] Vgl. BT-Drs. 12/3608, S 95 f. (zu Nr. 50 § 95b Abs. 3); ähnlich *Zipperer*, NZS 1993, 95, 100.

[32] Vgl. *Wigge*, SGb 1993, 158, 162.

[33] Vgl. *Zipperer*, NZS 1993, 95, 100.

[34] Vgl. SG Hannover v. 08.06.2005 - S 35 KA 56/05 - MedR 2006, 547-551 - www.sozialgerichtsbarkeit.de.

[35] Vgl. LSG Niedersachsen-Bremen v. 05.01.2005 - L 3 KA 237/04 ER - www.sozialgerichtsbarkeit.de; LSG Niedersachsen-Bremen v. 16.08.2005 - L 4 KR 197/05 ER - MedR 2005, 675-678 - www.sozialgerichtsbarkeit.de; SG Hildesheim v. 04.05.2005 - S 20 KR 435/04 ER - ZMGR 2005, 197-199 - http://cdl.niedersachsen.de; SG Hannover v. 26.04.2005 - S 43 KA 18/05 ER; *Klückmann* in: Hauck/Noftz, SGB V, § 95b Rn. 25; *Hencke* in: Peters, Handbuch KV (SGB V), § 95b Rn. 6; anders SG Hannover v. 08.06.2005 - S 35 KA 56/05 - MedR 2006, 547-551 - www.sozialgerichtsbarkeit.de.

[36] Dagegen LSG Niedersachsen-Bremen v. 13.09.2006 - L 3 KA 90/05 - juris Rn. 38 ff. (Revision anhängig: B 6 KA 38/06 R).

solchen Regelung nicht bedurft, da die Notfallversorgung bereits zur vertragsärztlichen Versorgung gehört (vgl. die Kommentierung zu § 95 SGB V Rn. 19). Anders zu der hier vertretenen Auffassung jetzt das BSG (nach Terminbericht Nr. 30/07), das in seinen Entscheidungen v. 27.06.2007[37] davon ausgeht, dass (Zahn-)Ärzte nach einem kollektiven Zulassungsverzicht grundsätzlich nicht mehr an der Versorgung der Versicherten mitwirken dürfen; nur wenn die Krankenkassen die Versorgung mit unaufschiebbaren (zahn-)ärztlichen Leistungen anderweitig nicht rechtzeitig sicherstellen können (sog. „Systemversagen"), müssen sie die Kosten auch für außerhalb des Systems erbrachte Leistungen nach der Regelung in § 13 Abs. 3 SGB V übernehmen. Beschränkt auf solche Konstellationen enthalte § 95b Abs. 3 Sätze 1 und 2 SGB V für (Zahn-)Ärzte nach Kollektivverzicht eine spezielle Regelung über den Zahlungsweg und die Vergütungshöhe.

24 Die fortbestehende Behandlungsmöglichkeit ist nicht auf sog. Altfälle beschränkt.[38]

25 Eine weitergehende Einschränkung dahin gehend, dass den Versicherten in besonders gelagerten Fällen auch der Schutz des § 95b Abs. 3 SGB V versagt werden könnte, etwa wenn es ihnen in einer sehr guten oder sogar überversorgten Großstadtlage angesichts des Verzichts nur weniger (Zahn-)Ärzte zumutbar wäre, sich weiterhin ausschließlich an Vertragsbehandler zu wenden[39], kann aus der Vorschrift nicht abgeleitet werden. Diese einschränkende Auslegung bezüglich der Behandlungspflicht eines ausgeschiedenen Arztes ist auch nicht im Hinblick auf die Tragweite dessen Grundrechts aus Art. 12 GG geboten,[40] da er gerade keine Behandlungspflicht hat.

26 Der Kollektivaussteiger bleibt an das Leistungsrecht der GKV und darüber hinaus auch an solche Vorschriften des Leistungserbringungsrechts gebunden, die den Behandlungsanspruch des Versicherten konkretisieren. Ungeachtet der sich aus § 95b Abs. 3 Satz 1 SGB V ergebenden Beschränkung auf das 1,0-fache des Gebührensatzes der GOZ bleibt damit insbesondere auch der Leistungskatalog des Bema-Z maßgeblich, so dass allein in der GOZ aufgeführte Leistungen nicht vergütet werden können. Weiterhin müssen z.B. auch leistungserbringungsrechtliche Vorschriften beachtet werden, die der grundsätzlichen Absicherung des Behandlungsanspruchs der Versicherten oder der Qualitätssicherung (vgl. § 135 Abs. 2 SGB V) dienen.[41]

27 Bei dieser Regelung trägt der **Versicherte** nur ein sehr begrenztes Risiko. Privatärztlich in Rechnung gestellte Leistungen muss er wegen des Vergütungsausschlusses nicht leisten. Hat er dies bereits getan, dürfte ein Erstattungsanspruch nach zivilrechtlichem Bereicherungsrecht bestehen. Ein Kostenerstattungsanspruch kann auf diese Vorschrift nicht gestützt werden, weil § 95b Abs. 3 Satz 3 SGB V einen Vergütungsanspruch des Arztes gegen den Versicherten ausschließt, so dass erstattungsfähige „Kosten" gar nicht entstehen.[42] Der **Arzt** kann ggf. seine – beschränkte – Vergütung bei der Krankenkasse einklagen. Rechtsunsicherheit besteht nur insofern, als nicht von vornherein feststeht, ob ein Fall des Absatzes 1 gegeben ist. Liegt ein solcher Fall nicht vor, so hat der Versicherte das Vergütungsrisiko nur dann zu tragen, soweit keine „unaufschiebbare Leistung" vorliegt. Hierbei handelt es sich aber um das allgemeine Risiko eines Versicherten, der ohne Abwarten einer Entscheidung der Krankenkasse einen Privatarzt in Anspruch nimmt.

28 Eine Behandlungspflicht des kollektiv ausgeschiedenen Arztes besteht entgegen LSG Niedersachsen-Bremen[43] nicht. Hierfür fehlt es an einer – im Hinblick auf Art. 12 Abs. 1 GG erforderlichen – eindeutigen gesetzlichen Grundlage. Nach einem Zulassungsverzicht besteht grundsätzlich auch kein Anspruch auf Weiterbehandlung.[44]

---

[37] BSG v. 27.06.2007 - B 6 KA 37/06 R, B 6 KA 38/06 R und B 6 KA 39/06 R.

[38] Vgl. LSG Niedersachsen-Bremen v. 13.09.2006 - L 3 KA 90/05 - juris Rn. 45 (Revision anhängig: B 6 KA 38/06 R).

[39] Vgl. LSG Niedersachsen-Bremen v. 13.09.2006 - L 3 KA 90/05 - juris Rn. 43 (Revision anhängig: B 6 KA 38/06 R).

[40] Vgl. LSG Niedersachsen-Bremen v. 13.09.2006 - L 3 KA 90/05 - juris Rn. 43 (Revision anhängig: B 6 KA 38/06 R).

[41] Vgl. LSG Niedersachsen-Bremen v. 13.09.2006 - L 3 KA 90/05 - juris Rn. 56 (Revision anhängig: B 6 KA 38/06 R).

[42] Vgl. BSG v. 18.01.1996 - 1 RK 22/95 - juris Rn. 21 - BSGE 77, 227 = SozR 3-2500 § 29 Nr. 3.

[43] Vgl. LSG Niedersachsen-Bremen v. 13.09.2006 - L 3 KA 90/05 - juris Rn. 53 (Revision anhängig: B 6 KA 38/06 R).

[44] Vgl. BSG v. 18.01.1996 - 1 RK 22/95 - juris Rn. 17 - BSGE 77, 227 = SozR 3-2500 § 29 Nr. 3.

Absatz 3 bezieht den ausgeschiedenen Arzt ähnlich dem nichtzugelassenen Notfallarzt in die vertragsärztliche Versorgung ein. Es handelt sich dabei um eine **gesetzliche Ausnahme zum Zulassungsprinzip** (vgl. die Kommentierung zu § 95 SGB V Rn. 28). Diese Ausnahme kann gerechtfertigt werden, da es dem ausgeschiedenen Arzt freisteht, ob er die Behandlung des gesetzlich versicherten Patienten übernimmt. Übernimmt er sie, so muss er sie zu den gesetzlichen Vergütungsbedingungen übernehmen. Es handelt sich insoweit um einen nachwirkende Pflicht aus dem Zulassungsverhältnis bzw., da er zur Behandlungsübernahme nicht verpflichtet ist, um die Annahme eines Vertragsangebots. Die Vorschrift schränkt auch den Leistungsumfang des gesetzlich Versicherten ein, insbesondere dessen Kostenerstattungsanspruch nach § 13 SGB V. Er kann nicht zu anderen Bedingungen kontrahieren und dann Kostenerstattung in Anspruch nehmen. Er kann dennoch eine Privatleistung vereinbaren wie mit einem zugelassenen Vertragsarzt, hat aber dann keinen Kostenerstattungsanspruch. Der Vertrag muss aber seitens des Versicherten die ausdrückliche Zustimmung enthalten, dass die Behandlung außerhalb der Regelung des Absatzes 3 erfolgen soll. 29

3. Beginn und Befristung der Vergütungsregelung

Absatz 3 kommt erst nach **Wirksamwerden des Verzichts** zur Anwendung (vgl. die Kommentierung zu § 95 SGB V Rn. 447). Will der Vertragsarzt schon zuvor Privatleistungen erbringen, gelten die allgemeinen Vorschriften. Es besteht auch noch eine Behandlungspflicht. Notfallbehandlungen fallen nicht unter Absatz 3. Sie sind gegenüber der KV abzurechnen (vgl. die Kommentierung zu § 95 SGB V Rn. 510). 30

Eine **zeitliche Befristung** für die Geltung der besonderen **Vergütungsregelungen** sieht das Gesetz nicht vor, was allgemein für bedenklich gehalten wird.[45] Im Wege einer teleologischen Reduktion kann die Frist unter Heranziehung des Absatzes 2 auf sechs Jahre beschränkt werden. Der Arzt kann dann wieder grundsätzlich eine Zulassung beantragen. Verzichtet er hierauf, so kann von einem endgültigen Ausscheiden aus dem vertragsärztlichen System ausgegangen werden. Die Auffassung, wonach darauf abzustellen sei, bis alle im Rahmen des organisierten Zulassungsverzichts ausgeschiedenen Vertrags-(zahn-)Ärzte durch erneut oder neu zugelassene (Zahn-)Ärzte oder ggf. durch Vertragsbehandler oder Eigeneinrichtungen i.S.d. § 72a Abs. 3 SGB V ersetzt seien,[46] ist jedenfalls als unverhältnismäßig für den Fall abzulehnen, in dem die Frist über die Dauer von sechs Jahren hinausgeht. Im Übrigen dürften weder der Arzt noch der Versicherte sichere Kenntnis haben, ob die Ersetzung vollständig erfolgt ist. 31

4. Honorarhöhe

Die **Honorierung** erfolgt nach dem **1,0-fachen Gebührensatz der GOÄ/GOZ**. Damit erkennt der Gesetzgeber an, dass nach Ausscheiden des Arztes grundsätzlich nur eine Behandlungspflicht aufgrund **dienstvertraglicher Vereinbarung** erfolgen kann. Rechtlich ist es unerheblich, ob die Vergütung damit höher[47] oder niedriger[48] als eine Vergütung über die KV erfolgt. Das gesetzgeberische Ziel, dass über den Umweg der Kostenerstattung die Krankenkassen nicht die höhere privatärztliche Vergütung zu zahlen haben, kann damit erreicht werden. Ein rechtswidriger Eingriff in die **Berufsausübungsfreiheit** des ausgeschiedenen Arztes liegt nicht vor. Er ist grundsätzlich **nicht zur Behandlungsübernahme verpflichtet**. Nach Aufgabe seiner vertragsärztlichen Zulassung hat er auch keinen Anspruch darauf, an der vertragsärztlichen Versorgung weiterhin teilzunehmen. Insofern wird er durch Absatz 3 **begünstigt**, als er bei entsprechendem Wunsch des Versicherten die Behandlung übernehmen kann. Von daher kann den im Wesentlichen auf das Übermaßverbot verweisenden verfassungsrechtlichen Bedenken verschiedener Autoren[49] nicht gefolgt werden. 32

---

45 Vgl. *Klückmann* in: Hauck/Noftz, SGB V, § 95b Rn. 28.

46 Vgl. LSG Niedersachsen-Bremen v. 13.09.2006 - L 3 KA 90/05 - juris Rn. 50 (Revision anhängig: B 6 KA 38/06 R).

47 Vgl. die Überlegungen bei *Klückmann* in: Hauck/Noftz, SGB V, § 95b Rn. 30; *Hencke* in: Peters, Handbuch KV (SGB V), § 95b Rn. 6.

48 So *Schinnenburg*, MedR 2005, 26, 28 f.

49 Vgl. *Schinnenburg*, MedR 2005, 26, 28 f.; *Hess* in: KassKomm, SGB V, § 95b Rn. 5.

§ 95c SGB V Voraussetzung für die Eintragung von Psychotherapeuten in das Arztregister

(Fassung vom 14.11.2003, gültig ab 01.01.2004)

Bei Psychotherapeuten setzt die Eintragung in das Arztregister voraus:

1. die Approbation als Psychotherapeut nach § 2 oder 12 des Psychotherapeutengesetzes und

2. den Fachkundenachweis.

Der Fachkundenachweis setzt voraus

1. für den nach § 2 Abs. 1 des Psychotherapeutengesetzes approbierten Psychotherapeuten, daß der Psychotherapeut die vertiefte Ausbildung gemäß § 8 Abs. 3 Nr. 1 des Psychotherapeutengesetzes in einem durch den Gemeinsamen Bundesausschuss nach § 92 Abs. 6a anerkannten Behandlungsverfahren erfolgreich abgeschlossen hat;

2. für den nach § 2 Abs. 2 und Abs. 3 des Psychotherapeutengesetzes approbierten Psychotherapeuten, daß die der Approbation zugrundeliegende Ausbildung und Prüfung in einem durch den Gemeinsamen Bundesausschuss nach § 92 Abs. 6a anerkannten Behandlungsverfahren abgeschlossen wurden;

3. für den nach § 12 des Psychotherapeutengesetzes approbierten Psychotherapeuten, daß er die für eine Approbation geforderte Qualifikation, Weiterbildung oder Behandlungsstunden, Behandlungsfälle und die theoretische Ausbildung in einem durch den Gemeinsamen Bundesausschuss nach § 92 Abs. 1 Satz 2 Nr. 1 anerkannten Behandlungsverfahren nachweist.

Gliederung

A. Basisinformationen

I. Textgeschichte/Gesetzgebungsmaterialien

1 § 95c SGB V wurde durch das **PsychThG**[1] mit Wirkung ab dem 01.01.1999 (vgl. Art. 15 Abs. 1 und 3 PsychThG) eingefügt. Eine inhaltliche Änderung hat die Vorschrift bisher nicht erfahren. Durch das **GMG**[2] wurde lediglich in Satz 2 Nr. 1-3 der Begriff „Bundesausschuss der Ärzte und Krankenkassen" durch den nunmehr eingeführten „Gemeinsamen Bundesausschuss" (vgl. § 91 SGB V) ersetzt.

2 Die Vorschrift geht auf den **Entwurf der Regierungsfraktionen** vom 24.06.1997[3] zurück. Dieser enthielt für den Fachkundenachweis zunächst eine eigenständige Ausbildungsvorgabe und ermächtigte

[1] Gesetz über die Berufe des Psychologischen Psychotherapeuten und des Kinder- und Jugendlichenpsychotherapeuten, zur Änderung des Fünften Buches Sozialgesetzbuch und anderer Gesetze v. 16.06.1998, BGBl I 1998, 1311.

[2] Gesetz zur Modernisierung der gesetzlichen Krankenversicherung (GKV-Modernisierungsgesetz - GMG) v. 14.11.2003, BGBl I 2003, 2190.

[3] BT-Drs. 13/8035.

den Bundesausschuss, das Nähere zu den Anforderungen an den Fachkundenachweis in den Richtlinien nach § 92 Abs. 6a SGB V zu regeln. Nach der Begründung sollten hierunter insbesondere die seinerzeit im Delegationsverfahren tätigen Psychotherapeuten fallen.

3 In der Beschlussempfehlung des **Ausschusses** für Gesundheit vom 25.11.1997[4] erhielt § 95c SGB V die **Endfassung** und war nicht Gegenstand der Änderungsvorschläge des Vermittlungsausschusses.[5] Um verfassungsrechtlichen Bedenken Rechnung zu tragen, wurden auf Vorschlag des Gesundheitsausschusses die Voraussetzungen für den Fachkundenachweis im Gesetz definiert. Für die Teilnahme an der vertragsärztlichen Versorgung muss nach der Begründung der Psychotherapeut in der Lage sein, die Versicherten in einem der in der gesetzlichen Krankenversicherung anerkannten Behandlungsverfahren zu behandeln. Er muss daher Kenntnisse und Erfahrungen in diesem Behandlungsverfahren nachweisen. Der Ausschuss ging danach ausdrücklich davon aus, dass der Psychotherapeut den Fachkundenachweis bereits mit der Approbation erwerben oder auch zu einem späteren Zeitpunkt erfüllen kann.

II. Vorgängervorschriften

4 Vor Anerkennung der Psychologischen Psychotherapeuten als Heilberuf durch das PsychThG und entsprechende Modifizierung des SGB V fehlte eine gesetzliche Regelung. Eine seitdem überholte indirekte Teilnahme im Rahmen des **sog. Delegationsverfahrens** erfolgte auf bundesmantelvertraglicher Ebene. Regelungen über die Fachkunde der daran teilnehmenden Psychotherapeuten enthielt die bis dahin geltende Psychotherapie-Vereinbarung.[6] Diese verlangte nach dem Studienabschluss in Psychologie (bzw. Sozialpädagogik oder Pädagogik für Psychotherapie bei Kindern und Jugendlichen) eine Zusatzausbildung an einem von der KBV anerkannten Ausbildungsinstitut (§ 3). Die Anlagen 1-3 regelten als ausführliche Kriterienkataloge zur Anerkennung als Ausbildungsinstitut faktisch die Inhalte der Ausbildung. Für die **sog. Kostenerstatter**, deren privatvertraglich erbrachte Leistung von den Versicherten bei der Krankenkasse über § 13 Abs. 3 SGB V geltend gemacht wurde, fehlte eine Regelung und hing eine de facto Anerkennung von der Praxis der Krankenkassen bzw. des MDK ab.

III. Parallelvorschriften/Ergänzende Vorschriften

5 Die **Ausbildung** zum Psychologischen Psychotherapeuten und die Approbationsvoraussetzungen werden im PsychThG[7] und in der PsychTh-APrV[8] bzw. KJPsychTh-APrV[9] geregelt.

6 Die seit 01.01.1999 gültige **Psychotherapie-Vereinbarung**[10] sieht eine Genehmigungspflicht für die Ausführung und Abrechnung psychotherapeutischer Leistungen vor (§ 2 Satz 1). Die Genehmigung erteilt die KV (vgl. die §§ 3 und 4). Für die fachliche Befähigung Psychologischer Psychotherapeuten differenziert § 6 nach den sog. Richtlinienverfahren und verweist auf den Fachkundenachweis nach § 95c SGB V (§ 6 Abs. 1-3). Für die Psychotherapie bei Kindern und Jugendlichen und für Gruppen-Psychotherapie werden ergänzend hierzu Nachweise über im Einzelnen, auch im Umfang aufgeführte Erkenntnisse und Erfahrungen genannt (Absätze 5 und 6). Für übende und suggestive Techniken wird der Erwerb eingehender Kenntnisse und Erfahrungen im Rahmen des Fachkundenachweises oder

---

[4] BT-Drs. 13/9212.

[5] Vgl. BT-Drs. 13/9970.

[6] Vereinbarung über die Anwendung von Psychotherapie in der vertragsärztlichen Versorgung (Psychotherapie-Vereinbarung) (Anlage 1 zum BMV-Ä/EKV-Ä) v. 20.09.1990.

[7] Gesetz über die Berufe des Psychologischen Psychotherapeuten und des Kinder- und Jugendlichenpsychotherapeuten, zur Änderung des Fünften Buches Sozialgesetzbuch und anderer Gesetze v. 16.06.1998, BGBl I 1998, 1311, zuletzt geändert durch Art. 5 Abs. 16 G. v. 15.12.2004, BGBl I 2004, 3396 und Neunte Zuständigkeitsanpassungsverordnung (ZustAnpV 9) v. 31.10.2006, BGBl I 2006, 2407.

[8] Ausbildungs- und Prüfungsverordnung für Psychologische Psychotherapeuten v. 18.12.1998, BGBl I 1998, 3749, zuletzt geändert durch Art. 5 Nr. 21 G. v. 23.03.2005, BGBl I 2005, 931 und Gesetz v. 19.02.2007, BGBl I 2007, 122 (In-Kraft-Treten der Änderung am 01.01.2009).

[9] Ausbildungs- und Prüfungsverordnung für Kinder- und Jugendlichenpsychotherapeuten v. 18.12.1998, BGBl I 1998, 3761, zuletzt geändert durch Art. 5 Nr. 22 Gesetz v. 23.03.2005, BGBl I 2005, 931 und Gesetz v. 19.02.2007, BGBl I 2007, 122 (In-Kraft-Treten der Änderung am 01.01.2009).

[10] Vereinbarung über die Anwendung von Psychotherapie in der vertragsärztlichen Versorgung (Psychotherapie-Vereinbarung) (Anlage 1 zum BMV-Ä/EKV-Ä) v. 07.12.1998, DÄBl. 1998, Heft 51/52, A-3309, zuletzt geändert durch Vertrag v. 30.10.2007, www.kbv.de/rechtsquellen/134.html.

durch ergänzende Fortbildung verlangt (Absatz 6). Für Kinder- und Jugendlichenpsychotherapeuten trifft § 7 eine entsprechende Regelung. In den Übergangsbestimmungen nach § 16 Abs. 1 wird die Abrechnungsgenehmigung der am Delegationsverfahren teilnehmenden Psychotherapeuten anerkannt, sofern sie eine Zulassung zur vertragsärztlichen Versorgung erhalten. Nach § 16 Abs. 2 Satz 1 wird im Falle einer bedarfsunabhängigen Zulassung nach § 95 Abs. 10 SGB V die Abrechnungsgenehmigung für das Verfahren erteilt, für das gegenüber dem Zulassungsausschuss der Nachweis geführt wurde. Eine Abrechnungsgenehmigung für weitere Verfahren erfordert jeweils den vollen Nachweis (§ 16 Abs. 2 Satz 2). § 16 Abs. 3 regelt entsprechend die Abrechnungsgenehmigung für nach § 95 Abs. 11 SGB V ermächtigte Psychotherapeuten. § 16 Abs. 4 betrifft Psychotherapeuten, die noch vor In-Kraft-Treten des PsychThG bestimmte Ausbildungen begonnen hatten.

7 In den Richtlinien über die Durchführung der Psychotherapie (**Psychotherapie-Richtlinien**) des Bundesausschusses bzw. jetzt Gemeinsamen Bundesausschusses[11] werden auf der Grundlage des § 92 Abs. 1 Satz 2 Nr. 1, Abs. 6a SGB V u.a. die zur Krankenbehandlung geeigneten Verfahren, die sog. Richtlinien-Verfahren geregelt. Diese allein können im Rahmen der vertragsärztlichen Versorgung als Psychotherapie erbracht werden und sind Grundlage des Fachkundenachweises.

IV. Systematische Zusammenhänge

8 Die Eintragung in das Arztregister (vgl. § 1 Abs. 2 Ärzte-ZV), für die § 95c SGB V neben der Approbation den Fachkundenachweis verlangt, ist wiederum Voraussetzung für eine **Zulassung** (vgl. § 95 Abs. 2 Satz 3 Nr. 1 SGB V). Für das Übergangsrecht einer bedarfsunabhängigen Zulassung musste bis Ende 1998 der Fachkundenachweis nach Satz 2 Nr. 3 erfüllt sein (§ 95 Abs. 10 Satz 1 Nr. 1 SGB V).

9 Inhalt und Verfahren der Arztregistereintragung werden in den **§§ 1-10 Ärzte-ZV** geregelt. Zuständig für die Eintragung in das Arztregister ist die KV (§ 95 Abs. 2 Satz 2 SGB V, §§ 1 Abs. 3, 3 Abs. 1 Ärzte-ZV).

10 Die **Approbation** als Zulassungsvoraussetzung gilt auch für alle übrigen Heilbehandler (Ärzte und Zahnärzte). Diese erwerben mit dem Abschluss des Studiums die Approbation. Anstelle eines Fachkundenachweises benötigen Zahnärzte einen zweijährigen Vorbereitungsdienst (vgl. § 95 Abs. 2 Satz 3 Nr. 2 SGB V, § 3 Zahnärzte-ZV) und Ärzte nunmehr eine Weiterbildung als Facharzt (vgl. die §§ 95 Abs. 2 Satz 3 Nr. 1, 95a SGB V). Nichtärztliche Psychotherapeuten müssen demgegenüber nach dem Studium, das nicht mit der Approbation als heilkundlicher Erlaubnis abgeschlossen werden kann, eine mindestens dreijährige (Vollzeitform) **Ausbildung** mit staatlicher Prüfung absolvieren (vgl. § 2 Abs. 1 Nr. 2, § 5 Abs. 1 PsychThG).

11 Voraussetzung für die Ausbildung zum **Psychologischen Psychotherapeuten** ist der Abschluss im Studiengang **Psychologie**, zum **Kinder- und Jugendlichenpsychotherapeuten** berechtigt auch ein Abschluss im Studiengang **Pädagogik** oder **Sozialpädagogik** (§ 5 Abs. 2 PsychThG). Das gilt ebenso bereits für große Teile des Übergangsrechts (vgl. § 12 Abs. 3 und 4 bzw. Abs. 5 PsychThG), was das BVerwG als **mit Art. 12 GG vereinbar** angesehen hat.[12] In obiter dicta hat das **BVerfG** bisher die Auffassung vertreten, es sei zweifelhaft, ob überhaupt der Schutzbereich des Art. 12 Abs. 1 GG berührt werde, da weder das Tätigkeitsspektrum von psychotherapeutisch tätigen Heilpraktikern noch das Kostenerstattungsverfahren durch das Psychotherapeutengesetz verändert worden sei.[13] Es gehe nicht um die Differenzierung nach dem Studienabschluss, die für sich genommen gerechtfertigt sei; aufklärungs- und begründungsbedürftig sei nur, ob und wann durch die Kostenerstattung im Rahmen von § 13 Abs. 3 SGB V ein schützenswertes Vertrauen begründet worden sei, welches durch das PsychThG in Verbindung mit den Änderungen des SGB V enttäuscht worden sein könnte. Insbesondere müsse vorgeklärt werden, ob die Kostenerstattung für Psychotherapiebehandlungen durch Therapeuten, die nicht die persönlichen Voraussetzungen für eine Zulassung zum Delegationsverfahren erfüllt hätten, rechtmäßig gewesen sei.[14]

---

[11] I.d.F. v. 11.12.1998, BAnz 1999, Nr. 6, 249, zuletzt geändert durch Bekanntmachung v. 20.06.2006, BAnz 2006, Nr. 176, 6339, www.g-ba.de.

[12] Vgl. BVerwG v. 09.12.2004 - 3 C 11/04 - MedR 2005, 297 = Breith 2005, 265.

[13] Vgl. BVerfG v. 28.07.1999 - 1 BvR 1006/99 - juris Rn. 26 f. - NJW 1999, 2729.

[14] Vgl. BVerfG v. 23.06.2000 - 1 BvR 30/00 - juris Rn. 7; BVerfG v. 16.03.2000 - 1 BvR 1453/99 - juris Rn. 24 ff. - NJW 2000, 1779.

12 Die **Ausbildung** zum Psychologischen Psychotherapeuten erfolgt an Hochschulen oder staatlich anerkannten Ausbildungsstätten (§ 6 PsychThG), die hierfür eine Ermächtigung nach § 117 Abs. 2 SGB V erhalten.

13 Ausübung von **Psychotherapie** ist jede mittels wissenschaftlich anerkannter psychotherapeutischer Verfahren vorgenommene Tätigkeit zur Feststellung, Heilung oder Linderung von Störungen mit Krankheitswert, bei denen Psychotherapie indiziert ist (§ 1 Abs. 3 PsychThG). Kinder- und Jugendlichenpsychotherapeuten dürfen Patienten nur bis zum 21. Lebensjahr behandeln, in Ausnahmefällen auch Erwachsene zur Beendigung einer bereits begonnenen Behandlung oder wenn sie im Zusammenhang mit der Behandlung eines Kindes oder Jugendlichen erforderlich ist (vgl. § 1 Abs. 2 PsychThG). Approbationsrechtlich sind die Ausbildungen zum Psychologischen Psychotherapeuten und Kinder- und Jugendlichen Psychotherapeuten zu trennen (vgl. § 8 Abs. 2 PsychThG), wenn auch der Psychologische Psychotherapeut berufsrechtlich Kinder und Jugendliche behandeln darf.[15] Es handelt sich um zwei selbständige Berufe.[16] Die Ausbildung hat sich auf die Vermittlung eingehender Grundkenntnisse in wissenschaftlich anerkannten psychotherapeutischen Verfahren sowie auf eine vertiefte Ausbildung in einem dieser Verfahren zu erstrecken (vgl. § 8 Abs. 3 Nr. 1 PsychThG). Über die Anerkennung der Verfahren entscheidet die zuständige Landesbehörde, wobei in Zweifelsfällen das Gutachten des eigens gebildeten wissenschaftlichen Beirates eingeholt werden soll (vgl. § 11 Satz 1 PsychThG).

14 § 95c Satz 2 Nr. 1 SGB V knüpft nun für den **Fachkundenachweis** an das im Prüfungszeugnis bescheinigte (vgl. § 12 Abs. 2 PsychTh-APrV) **Verfahren** der vertieften Ausbildung an, beschränkt aber die Anerkennung auf die durch den Gemeinsamen Bundesausschuss in der PsychotherapieRL anerkannten Verfahren. **Approbationsrechtlich** fehlt eine eindeutige Regelung über die anerkannten Verfahren. Das Gesetz geht an verschiedenen Stellen von „**wissenschaftlich anerkannten psychotherapeutischen Verfahren**" aus (§§ 2 Abs. 3 Satz 1, 6 Abs. 2 Nr. 1, 8 Abs. 3 Nr. 1 und Abs. 4 Satz 1). Sie werden aber weder im Gesetz noch in der Verordnung definiert. Aufgrund der Zuständigkeit der **Landesbehörden** (§ 6 PsychThG) kommt diesen eine **Feststellungskompetenz** zu, deren Ergebnis ggf. im Rechtsweg vor den Verwaltungsgerichten überprüft werden kann. Anerkannte Verfahren sind in jedem Fall die sog. **Richtlinienverfahren**. Darüber hinaus werden in der approbationsrechtlichen Kommentarliteratur dem Begriff der „wissenschaftlich anerkannten psychotherapeutischen Verfahren" keine allzu hohen Anforderungen entnommen; es soll sich um **wissenschaftlich vertretbare Verfahren** handeln. Hierzu gehörten nicht nur Verfahren, deren therapeutische Wirksamkeit gegenwärtig durch wissenschaftliche Studien gut begründet seien, sondern auch solche, bei denen es für möglich gehalten werde, dass solche Nachweise durch weitere Forschung in überschaubarer Zeit erbracht werden könnten und die in der beruflichen Praxis eine verbreitete Anerkennung gefunden hätten.[17] Insbesondere die **Besorgnis der Scharlatanerie** sei damit ein maßgebliches Kriterium für die Verneinung der Wissenschaftlichkeit.[18] Gleiches gilt für das **Übergangsrecht** nach § 12 Abs. 3 Satz 2 Nr. 2, Satz 3 Nr. 3 PsychThG („wissenschaftlich anerkannte Verfahren") und § 12 Abs. 4 PsychThG, in dem das Gesetz weitgehend nur noch auf eine psychotherapeutische Tätigkeit abstellt. Von daher knüpft § 95c SGB V konsequent an die **Richtlinienverfahren** an und führt mit dem Fachkundenachweis zur Sicherung einer ausreichenden **Strukturqualität**[19] ein **zusätzliches Zulassungserfordernis** ein. Soweit eine Approbation auf der Grundlage des § 2 Abs. 2 (Gleichwertigkeit von Diplomen in einem Mitgliedstaat der EU oder einem anderen Vertragsstaat des Abkommens über den Europäischen Wirtschaftsraum) oder Abs. 3 PsychThG (Drittstaatsangehörige) oder nach dem Übergangsrecht des § 12 PsychThG erteilt wurde, muss als Grundlage hierfür die der Erteilung zugrunde liegende Ausbildung bzw. Tätigkeit in einem Richtlinienverfahren nachgewiesen werden.

15 Nach der **Musterweiterbildungsordnung** der Psychologischen Psychotherapeuten und Kinder- und Jugendlichenpsychotherapeuten v. 13.05.2006[20] (MWOPP) sind Zusatzbezeichnungen möglich, auf die sich der weitergebildete Psychotherapeut grundsätzlich nicht beschränken muss und die Psychotherapeuten ohne Zusatzbezeichnung nicht von einer Tätigkeit in diesem Kompetenzfeld ausschließen

---

[15] Vgl. BSG v. 06.11.2002 - B 6 KA 37/01 R - juris Rn. 28 - SozR 3-2500 § 95c Nr. 1.

[16] Vgl. BVerfG v. 28.07.1999 - 1 BvR 1056/99 - juris Rn. 2 - NJW 1999, 2730; *Jerouschek* in: ders., PsychThG 2004, § 1 PsychThG, Rn. 21.

[17] Vgl. *Francke*, MedR 2000, 447, 453.

[18] Vgl. *Jerouschek* in: ders., PsychThG 2004, § 1 PsychThG, Rn. 30 ff. m.w.N.; *Spellbrink*, NZS 1999, 1, 5.

[19] Vgl. BSG v. 31.08.2005 - B 6 KA 68/04 R - juris Rn. 17 - SozR 4-2500 § 95c Nr. 1.

[20] Vgl. www.bptk.de.

(§ 2 Abs. 2 MWOPP). Die MWOPP sieht bisher nur die Zusatzbezeichnung „Klinische Neuropsychologie“ vor. Die Länderkammern haben darüber hinaus z.T. weitere Zusatzbezeichnungen eingeführt. Die Weiterbildungsordnungen sind aber bisher von der Fachkunde unabhängig und umgekehrt.

B. Auslegung der Norm

I. Regelungsgehalt und Bedeutung der Norm

16 Die Vorschrift regelt über § 95 Abs. 2 Satz 1 und 3 Nr. 1 SGB V – bzw. für die übergangsweise bedarfsunabhängige Zulassung über § 95 Abs. 10 Satz 1 Nr. 1 SGB V – die **persönlichen Zulassungsvoraussetzungen** für psychologische Psychotherapeuten. Es handelt sich um eine **Berufsausübungsregelung** nach Art. 12 Abs. 1 GG, die einer Berufszugangsregelung nahe kommt.[21]

II. Normzweck

17 Die Vorschrift stellt sicher, dass nur fachlich ausreichend **qualifizierte Psychologische Psychotherapeuten** zugelassen werden. Der Fachkundenachweis stellt sicher, dass die Qualifikation in einem der in der gesetzlichen Krankenversicherung anerkannten **Behandlungsverfahren** vorliegt. Insofern harmonisiert die Vorschrift über die Richtlinienkompetenz des Gemeinsamen Bundesausschusses Leistungs- und Leistungserbringungsrecht.

III. Die Voraussetzungen im Einzelnen

1. Approbation

18 Die Approbation ist durch Vorlage der Approbationsurkunde nachzuweisen (§§ 4 Abs. 2 lit. b, 1 Abs. 3 Ärzte-ZV). Eine inhaltliche Prüfungsbefugnis kommt der KV bezüglich der Approbation nicht zu. Sie ist als **Registerstelle** für die Arztregistereintragung auf Grund der Drittbindung der **statusbegründenden Approbationserteilung** durch die **Landesbehörde** an deren Entscheidung gebunden[22], außer bei Nichtigkeit[23]. Dies gilt auch für den Fall einer Versagung der Approbation.[24] Die Approbation muss nicht nur wirksam erteilt worden, sondern auch – darüber hinausgehend – bestandssicher sein.[25] So fehlt es bei einem angefochtenen Bescheid über die Rücknahme einer Approbation an deren Bestandssicherheit.[26] Mit der für den Zulassungsstatus erforderlichen Rechtsklarheit ist es unvereinbar, eine Zulassung noch zu erteilen, obgleich die ihr zu Grunde liegende Approbation bereits wieder zurückgenommen worden ist.[27] Fällt die Approbation nachträglich weg, so ist die Zulassung zu entziehen (vgl. § 95 Abs. 6 Satz 1 SGB V).

19 Soweit nach den Berufsgesetzen eine **befristete Erlaubnis** erteilt werden kann (vgl. §§ 1 Abs. 1 Satz 2 und 4 PsychThG), handelt es sich nicht um eine Approbation und steht einer Zulassung als grundsätzlich auf Dauer angelegter, unbefristeter Statusakt die Befristung der Erlaubnis entgegen.[28]

2. Fachkundenachweis

20 Der **Fachkundenachweis** ist von der **KV zu überprüfen**. Soweit für die Arztregistereintragung gegenüber der Approbation zusätzliche Voraussetzungen normiert sind, hat die Registerbehörde deren Vorliegen vollumfänglich und eigenverantwortlich zu untersuchen. Sie wird an der Wahrnehmung dieser spezifisch krankenversicherungsrechtlichen Aufgabe nicht dadurch gehindert, dass **Ausbildungs-**

---

[21] Vgl. *Clemens* in: Umbach/Clemens, Grundgesetz. Band I, 2002, Rn. 104 ff.; zum PsychThG s. BVerfG v. 16.03.2000 - 1 BvR 1453/99 - juris Rn. 27 ff. - NJW 2000, 1779; BVerfG v. 28.07.1999 - 1 BvR 1056/99 - juris Rn. 13 - NJW 1999, 2730.

[22] Vgl. BSG v. 31.08.2005 - B 6 KA 68/04 R - juris Rn. 11 - SozR 4-2500 § 95c Nr. 1; BSG v. 05.02.2003 - B 6 KA 42/02 R - juris Rn. 20 - SozR 4-2500 § 95 Nr. 4; BSG v. 13.12.2000 - B 6 KA 26/00 R = SozR 3-2500 § 95a Nr. 2; BSG v. 06.11.2002 - B 6 KA 37/01 R - juris Rn. 20 ff. - SozR 3-2500 § 95c Nr. 1.

[23] Vgl. BSG v. 05.02.2003 - B 6 KA 42/02 R - juris Rn. 20 - SozR 4-2500 § 95 Nr. 4.

[24] Vgl. LSG Baden-Württemberg v. 03.03.2004 - L 5 KA 3860/03 - www.sozialgerichtsbarkeit.de; SG Frankfurt a.M. v. 31.05.1999 - S 27 KA 1188/99 ER - juris Rn. 31 ff.

[25] Vgl. BSG v. 05.02.2003 - B 6 KA 42/02 R - juris Rn. 21 - SozR 4-2500 § 95 Nr. 4.

[26] Vgl. BSG v. 05.02.2003 - B 6 KA 42/02 R - juris Rn. 24 ff. - SozR 4-2500 § 95 Nr. 4.

[27] Vgl. BSG v. 05.02.2003 - B 6 KA 42/02 R - juris Rn. 21 - SozR 4-2500 § 95 Nr. 4.

[28] Vgl. LSG Baden-Württemberg v. 03.03.2004 - L 5 KA 3860/03 - www.sozialgerichtsbarkeit.de.

bescheinigungen, die Bewerber zum Nachweis der Fachkunde vorlegen, bereits von der **Approbationsbehörde** zum Beleg der berufsrechtlichen Grundqualifikation akzeptiert worden sind.[29] In allen drei Varianten des Satzes 2 ist der Gegenstand der Prüfung seitens der KV derselbe. Sie muss ermitteln und entscheiden, ob die der Approbation zu Grunde liegende **Ausbildung, Prüfung, Qualifikation bzw. Weiterbildung** sowie ggf. die erforderlichen **Behandlungsstunden, Behandlungsfälle** und **theoretische Ausbildung** für ein Behandlungsverfahren nachgewiesen ist, das der Gemeinsame Bundesausschuss in **Richtlinien** auf der Grundlage des § 92 SGB V anerkannt hat.

a. Richtlinienverfahren

In den **Psychotherapie-Richtlinien** sind bisher drei psychotherapeutische **Behandlungsformen** anerkannt, und zwar als psychoanalytisch begründete Verfahren die tiefenpsychologisch fundierte Psychotherapie und die analytische Psychotherapie sowie die Verhaltenstherapie (vgl. B I PsychothRL). 21

Für die **bedarfsunabhängige Zulassung** nach § 95 Abs. 10 SGB V kam es auf die Psychotherapie-Richtlinie des Bundesausschusses i.d.F. des Beschlusses vom 17.12.1996[30] an, da die Voraussetzungen bis 1998 erfüllt sein mussten[31]. Aber auch nach der Vorläuferfassung waren nur die bereits genannten drei Behandlungsformen anerkannt. 22

Vertragspsychotherapeuten haben keinen Anspruch auf Anerkennung einer Fachkunde in einem **nicht anerkannten Verfahren**, z.B. als Gesprächspsychotherapeuten, da hierfür keine Rechtsgrundlage vorhanden ist.[32] 23

b. Umfang der Überprüfung des Fachkundenachweises

Allerdings folgt aus der Bindung an die Entscheidung der Approbationsbehörde, dass die Grundlagen von deren Entscheidung nicht erneut überprüft werden dürfen. Der **Prüfungsumfang** beschränkt sich daher darauf, ob die Ausbildung oder Berufserfahrung in einem **Richtlinienverfahren** erfolgt ist. 24

aa. Approbation nach § 2 Abs. 1 PsychThG (Nr. 1)

Liegt eine Approbation nach § 2 Abs. 1 PsychThG vor, so kann nach Satz 2 Nr. 1 lediglich geprüft werden, ob das **im Prüfungszeugnis bescheinigte Verfahren** (vgl. § 12 Abs. 2 PsychTh-APrV) der vertieften Ausbildung ein Richtlinienverfahren ist. 25

bb. Approbation nach § 2 Abs. 2 und 3 PsychThG (Nr. 2)

Soweit eine Approbation auf der Grundlage des § 2 Abs. 2 PsychThG vorliegt, ist nach Satz 2 Nr. 2 zu prüfen, ob die erworbene **Ausbildung** (§ 2 Abs. 2 Sätze 1 und 5 PsychThG) oder der **Anpassungslehrgang** bzw. die **Eignungsprüfung** (§ 2 Abs. 2 Satz 3 PsychThG) oder die Prüfung des **gleichwertigen Kenntnisstandes** (§ 2 Abs. 2 Sätze 6 und 7 PsychThG) in einem Richtlinienverfahren erfolgt ist. Entsprechendes gilt für eine Approbation auf der Grundlage des § 2 Abs. 3 PsychThG. 26

cc. Approbation nach § 12 PsychThG (Nr. 3)

Eine Approbation auf der Grundlage der **Übergangsvorschriften** nach § 12 PsychThG, die Ausbildungen und Tätigkeiten bis 1998 betreffen, kann auch **weiterhin** zugleich den Fachkundenachweis nach Satz 2 Nr. 3 erbringen. 27

Die für den Fachkundenachweis nach § 95c SGB V geforderte Qualifikation in einem anerkannten Behandlungsverfahren muss **nicht zu einem bestimmten Zeitpunkt** vorliegen; die für den übergangsdefinierten Fachkundenachweis notwendigen praktischen und theoretischen Qualifikationen in einem Richtlinienverfahren können auch nach dem 01.01.1999 erworben werden, da die Befristungsregelungen des § 95 Abs. 10 und 11 SGB V nicht anwendbar sind.[33] 28

Die unter **§ 12 Abs. 1 PsychThG** fallenden Psychotherapeuten haben bereits am früheren Delegationsverfahren teilgenommen und übten somit Psychotherapie in einem Richtlinienverfahren aus. 29

---

[29] Vgl. BSG v. 31.08.2005 - B 6 KA 68/04 R - juris Rn. 11 - SozR 4-2500 § 95c Nr. 1.

[30] BAnz 1997, Nr. 49, 2946.

[31] Vgl. BSG v. 06.11.2002 - B 6 KA 37/01 R - juris Rn. 19 - SozR 3-2500 § 95c Nr. 1; BSG v. 31.08.2005 - B 6 KA 68/04 R - juris Rn. 12 - SozR 4-2500 § 95c Nr. 1.

[32] Vgl. SG Karlsruhe v. 20.08.2003 - S 1 KA 4414/02; SG Frankfurt a.M. v. 15.10.2003 - S 27 KA 3870/02.

[33] Vgl. BSG v. 31.08.2005 - B 6 KA 68/04 R - juris Rn. 17 - SozR 4-2500 § 95c Nr. 1; LSG Nordrhein-Westfalen v. 12.11.2003 - L 10 KA 82/02.

30 Die nach **§ 12 Abs. 2 PsychThG** approbierten Diplompsychologen mit einer Weiterbildung zum „Fachpsychologen der Medizin" müssen die Weiterbildung in einem Richtlinienverfahren absolviert haben.

31 Bei den nach **§ 12 Abs. 3 und 4 PsychThG** approbierten Psychotherapeuten überprüft die KV, ob die dort genannten Voraussetzungen einer Ausbildung und Berufstätigkeit in einem Richtlinienverfahren erfolgt sind.[34] Aus der **Bindung** an die **Entscheidung der Approbationsbehörde** folgert das BSG, dass, soweit die psychotherapeutische Grundqualifikation betroffen ist, die KV sich auf eine formale Prüfung beschränken muss. Sie hat zu überprüfen, ob die festgelegten Fall- und Stundenzahlen nachgewiesen sind. Rechnerische Fehler der Approbationsbehörde binden die KV im Rahmen der Fachkundeprüfung ebenso wenig wie etwaige Mehrfachanrechnungen von Behandlungsstunden oder Falldokumentationen. Weiterhin muss sie tatsächlich prüfen können, ob die dokumentierten Behandlungen im Richtlinienverfahren erbracht worden sind. Kann sie dies nicht, weil z.B. – im Extremfall – keine **aussagefähigen Bescheinigungen oder Dokumentationen** vorliegen, darf sie die Fachkunde nicht bescheinigen. Eine Berechtigung der KV zur inhaltlichen Überprüfung der Behandlungsfälle und der vorgelegten Falldokumentationen besteht dagegen nicht, soweit es nicht um die Zuordnung der Behandlungen zu einem Richtlinienverfahren geht. Es ist nicht Aufgabe der KV, erneut die Richtigkeit und Aussagekraft der Bescheinigungen von Ausbildungsinstituten in Frage zu stellen, die bereits die Approbationsbehörde überprüft hat, oder z.B. zu bezweifeln, dass Tätigkeiten eines Psychotherapeuten in einer Beratungsstelle Behandlungen i.S.d. § 12 PsychThG zum Gegenstand gehabt haben, soweit die Approbationsbehörde dies zu Gunsten des Psychotherapeuten so beurteilt hat.[35]

32 Die Fachkunde kann einer approbierten Psychotherapeutin auch nicht mit dem Einwand abgesprochen werden, es seien nicht in hinreichendem Umfang Behandlungen gegenüber Erwachsenen dokumentiert worden. Ein Grundsatz, wonach die Befähigung zur Behandlung in einem Richtlinienverfahren nur oder ganz überwiegend durch die **Behandlung Erwachsener** nachgewiesen werden kann, besteht nicht.[36] Die Ausbildung muss nicht an einem von der KBV anerkannten **Ausbildungsinstitut** erfolgt sein, muss aber den Vorgaben der seinerzeit geltenden Therapie-Vereinbarung entsprechen.[37] Eine **Raucherentwöhnungs-Therapie** stellt kein Behandlungsverfahren dar, das nach den Psychotherapie-Richtlinien als Leistung der Krankenkassen anerkannt ist.[38]

33 Die **Instanzenpraxis** hat ferner entschieden: Die KV kann die Eintragung nicht deshalb ablehnen, weil die Psychotherapeutin die Behandlungen **nicht lege artis** durchgeführt hat, sofern diese in einem Richtlinienverfahren erfolgt sind.[39] Nach der **Approbation als Kinder- und Jugendlichenpsychotherapeut** steht im Verhältnis zur KV fest, dass die theoretischen Approbationsvoraussetzungen erfüllt sind und kann ein Nachweis, dass mindestens vier Fünftel der theoretischen Ausbildung in Kinder- und Jugendlichentherapie erfolgt sind, nicht verlangt werden.[40] Eine Teilnahme an **Balintgruppen** bzw. **autogenem Training** stellt keine theoretische Ausbildung dar.[41] Die Teilnahme an Lehrveranstaltungen während der sog. **Lindauer Psychotherapiewochen** ist nicht geeignet, die erforderliche theoretische Ausbildung für den Fachkundenachweis in analytischer Psychotherapie zu belegen.[42]

34 Die in § 12 Abs. 3 und 4 PsychThG geforderte **theoretische Ausbildung** muss **postgraduell** und in einem Richtlinienverfahren durchgeführt worden sein, was mit Art. 12 Abs. 1 vereinbar ist.[43] Ein **Su-**

---

[34] Vgl. im Einzelnen BSG v. 31.08.2005 - B 6 KA 68/04 R - juris Rn. 14 f. - SozR 4-2500 § 95c Nr. 1; LSG Nordrhein-Westfalen v. 25.10.2006 - L 10 KA 20/04 - juris Rn. 32.

[35] Vgl. BSG v. 06.11.2002 - B 6 KA 37/01 R - juris Rn. 22 f. - SozR 3-2500 § 95c Nr. 1; vgl. auch BSG v. 31.08.2005 - B 6 KA 68/04 R - juris Rn. 11 f. - SozR 4-2500 § 95c Nr. 1.

[36] Vgl. BSG v. 06.11.2002 - B 6 KA 37/01 R - juris Rn. 27 ff. - SozR 3-2500 § 95c Nr. 1.

[37] Vgl. BSG v. 31.08.2005 - B 6 KA 68/04 R - juris Rn. 13 - SozR 4-2500 § 95c Nr. 1; BSG v. 28.04.2004 - B 6 KA 110/03 B.

[38] Vgl. BSG v.28.04.2004 - B 6 KA 125/03 B.

[39] Vgl. LSG Rheinland-Pfalz v. 18.11.2004 - L 5 KA 11/03 - SGb 2005, 106.

[40] Vgl. LSG Nordrhein-Westfalen v. 24.03.2004 - L 11 KA 137/03 - www.sozialgerichtsbarkeit.de.

[41] Vgl. LSG Nordrhein-Westfalen v. 25.10.2006 - L 10 KA 20/04 - juris Rn. 40 f.

[42] Vgl. SG Düsseldorf v. 18.01.2006 - S 14 KA 189/02 - juris Rn. 18.

[43] Vgl. BSG v. 31.08.2005 - B 6 KA 68/04 R - juris Rn. 15 ff. - SozR 4-2500 § 95c Nr. 1, dort auch zum Umfang der Anerkennung von Stunden während des Studiums; LSG Baden-Württemberg v. 16.01.2002 - L 5 KA 288/01; LSG Baden-Württemberg v. 19.06.2002 - L 5 KA 3911/01.

pervisor muss nicht über eine Anerkennung durch die Prüfungskommission verfügen.[44] **Dienstbesprechungen** zwischen Vorgesetzten und Untergebenen sind keine „Supervision" i.S.d. § 12 PsychThG.[45]

Die KV kann eine **inhaltliche Überprüfung** ausgestellter **Bescheinigungen** vornehmen.[46] Lässt sich aus einer **Bescheinigung** nicht herleiten, welche dieser Stunden sich auf das Richtlinienverfahren tiefenpsychologisch fundierte Psychotherapie beziehen, so sind die darin bescheinigten Stunden nicht für die Fachkunde anzurechnen.[47] Die **Unterlagen** zum Nachweis der Fachkunde im Bereich Psychotherapie müssen zumindest dem **Fachmann die Prüfung ermöglichen**, ob die therapeutischen Behandlungen in einem der Richtlinienverfahren durchgeführt wurden; auf eine fachkundige Aussage eines Dritten kann in diesem Zusammenhang nicht verzichtet werden; ein nicht therapeutisch geschulter Schulleiter kann eine Fachkundebescheinigung nicht ausstellen.[48] 35

Die Bescheinigungen der Krankenkassen, es handele sich um tiefenpsychologisch fundierte Psychotherapie, ist als Fachkundenachweis nicht geeignet, da diese Bescheinigungen weder begründet sind noch eine entsprechende Fachkunde der bescheinigenden Stelle zu entnehmen ist.[49] Eine Bescheinigung über die Qualifikation in einem Richtlinienverfahren muss von einer Person ausgestellt sein, die selbst über eine entsprechende Richtlinienqualifikation verfügt; sie muss nachvollziehbar erläutern, weshalb es sich bei den bescheinigten Psychotherapiebehandlungsstunden um Behandlungen in einem Richtlinienverfahren handelt.[50] Es bestehen immer dann Zweifel, ob die praktische Tätigkeit in einem Richtlinienverfahren erfolgt ist, wenn eine Ausbildung in einem Richtlinienverfahren nicht vor oder während der praktischen Tätigkeit erfolgt ist, sondern lediglich im Rahmen der sog. Nachqualifikation. Jedenfalls in solchen Fällen sind weitere Nachweise für die Fachkunde notwendig.[51] Eine Ausbildung in Gestalttherapie ist nicht geeignet, den Fachkundenachweis in tiefenpsychologisch fundierter Psychotherapie zu führen.[52] 36

3. Der Erwerb einer nachträglichen oder weiteren Fachkunde

Zugelassene Psychologische Psychotherapeuten dürfen aufgrund des **Zulassungsstatus alle** der Psychotherapie zugänglichen **Krankheitsbilder** behandeln. Differenzierungen, wie sie das ärztliche Weiterbildungsrecht kennt, die besondere Erfahrungen berücksichtigen oder nur Psychotherapeuten mit speziellen Kenntnissen die Erlaubnis geben, bestimmte Krankheitsbilder zu behandeln, bestehen bisher im Bereich der Psychotherapeuten nicht. Die Psychotherapie-Richtlinien gehen ganz im Gegenteil davon aus, dass jeder Psychotherapeut die Krankheitsbilder behandeln kann, die mit dem von ihm beherrschten Richtlinien-Verfahren behandelbar sind.[53] 37

Über § 6 der **Psychotherapievereinbarung** erfolgt eine Verknüpfung mit der Fachkunde nach § 95c Satz 2 SGB V. Mit der jeweiligen Fachkunde können nur die auf diese zugeschnittenen **EBM-Leistungen** erbracht werden. Soll Psychotherapie in einem **weiteren Richtlinienverfahren** erbracht werden, so müssen die in der Psychotherapie-Vereinbarung geforderten eingehenden Kenntnisse und Erfahrungen in dem weiteren Richtlinienverfahren nachgewiesen werden.[54] § 6 Abs. 1-3 Psychotherapievereinbarung verlangt mit „gemäß § 95c SGB V" den jeweils vollen Fachkundenachweis für die in § 95c SGB V erwähnte „vertiefte Ausbildung". Damit wird auf die approbationsrechtliche Abgrenzung einer „vertieften Ausbildung in einem wissenschaftlich anerkannten psychotherapeutischen Verfahren" von der allgemeinen Ausbildung verwiesen (vgl. § 8 Abs. 3 Nr. 1 PsychThG, §§ 3 Abs. 1, 4 Abs. 1 PsychTh-APrV). Gleiches gilt unmittelbar über § 95c SGB V für den approbierten Psychotherapeuten, der eine Fachkunde in einem bisher nicht anerkannten Richtlinienverfahren erworben hat, soweit Ap- 38

---

[44] Vgl. LSG Bayern v. 21.01.2004 - L 12 KA 98/03 - Breithaupt 2004, 333.

[45] Vgl. LSG Bayern v. 12.11.2003 - L 12 KA 2/02 - Breithaupt 2004, 354.

[46] Vgl. BSG v. 31.08.2005 - B 6 KA 68/04 R - juris Rn. 11 - SozR 4-2500 § 95c Nr. 1.

[47] Vgl. LSG Nordrhein-Westfalen v. 25.10.2006 - L 10 KA 20/04 - juris Rn. 39.

[48] Vgl. LSG Niedersachsen-Bremen v. 07.12.2005 - L 11 KA 16/02 - juris Rn. 24 f., bestätigt durch BSG v. 07.02.2007 - B 6 KA 11/06 R.

[49] Vgl. SG Frankfurt a.M. v. 05.03.2003 - S 27 KA 1949/02.

[50] Vgl. SG Frankfurt a.M. v. 10.11.2004 - S 27 KA 421/04; z.T. anders LSG Bayern v. 21.01.2004 - L 12 KA 37/02 - www.sozialgerichtsbarkeit.de; LSG Bayern v. 06.03.2002 - L 12 KA 42/00 - http://sgurteile.system.recos.de.

[51] Vgl. SG Frankfurt a.M. v. 21.12.1999 - S 27 KA 3702/99 ER; SG Frankfurt a.M. v. 05.03.2003 - S 27 KA 1949/02.

[52] Vgl. SG Frankfurt a.M. v. 10.11.2004 - S 27 KA 421/04.

[53] Vgl. LSG Baden-Württemberg v. 20.08.2003 - L 5 KA 3769/02 - juris Rn. 33.

[54] Vgl. *Behnsen*, SGb 1998, 565, 570; *Tittelbach*, SGb 2001, 364.

probations- und Vertragsarztrecht nicht deckungsgleich sind. Der Fachkundenachweis muss daher die in der PsychTh-APrV im Einzelnen geregelte vertiefte Ausbildung mit theoretischen und praktischen Anteilen in einem Richtlinienverfahren umfassen. Die vertiefte Ausbildung muss 400 Stunden in Theorie (vgl. § 3 Abs. 1 PsychTh-APrV mit Anlage 1) und im Rahmen der praktischen Tätigkeit in einer klinischen Einrichtung mindestens 600 Behandlungsstunden unter Supervision umfassen (vgl. § 4 Abs. 1 PsychTh-APrV). In der Verwaltungspraxis werden aber Teile der Ausbildung für das vertiefte Verfahren für das Zweitverfahren anerkannt. Hierbei besteht aber eine unterschiedliche Anerkennungspraxis der einzelnen KVen.

39 Für das **Übergangsrecht** nach der Psychotherapievereinbarung gilt gleichfalls, dass eine Abrechnungsgenehmigung für weitere Verfahren jeweils den vollen Nachweis erfordert (§ 16 Abs. 2 Satz 2). Es sind die Voraussetzungen nach § 12 PsychThG insoweit für ein weiteres Richtlinienverfahren nachzuweisen.[55]

4. Die Bedeutung einer Weiterbildungsordnung

40 Die zulassungsrechtliche Fachkunde wird durch **Bundesgesetz** geregelt. Soweit darin auf das Approbationsrecht verwiesen wird, handelt es sich gleichfalls um Bundesrecht. Soweit die Psychotherapeutenkammern der Länder in Zukunft Weiterbildungsordnungen erlassen, kann darin vom Approbationsrecht nicht abgewichen werden und kann sich eine Änderung der Zulassungsvoraussetzungen nicht ergeben.[56] Die Fachkunde zugelassener Psychotherapeuten kann durch den Bundesmantelvertrag geregelt werden (vgl. 135 Abs. 2). Soweit die Weiterbildungsordnungen Verfahren oder Methoden vorsehen, die bisher sozialrechtlich nicht anerkannt sind, handelt es sich um neue Untersuchungs- und Behandlungsmethoden (§§ 92 Abs. 1 Satz 2 Nr. 6, 135 Abs. 1 SGB V). Auf die Fachkunde nach § 95c SGB V wäre dies ohne Auswirkung.

IV. Rechtsschutz

41 Gegen die Versagung der Eintragung in das Arztregister ist **Widerspruch** und **Klage** möglich. Wird gegen die Versagung einer **Abrechnungsgenehmigung** nach der Psychotherapie-Vereinbarung geklagt, wird inzident der Fachkundenachweis überprüft. Die isolierte **Feststellungsklage** über das Vorliegen eines Fachkundenachweises ist in der Regel nach § 55 Abs. 1 Nr. 1 SGG zulässig.

[55] Vgl. SG Düsseldorf v. 18.01.2006 - S 14 KA 189/02 - juris Rn. 16.

[56] Vgl. *Wenner*, GesR 2002, 1, 4 f.

§ 95d SGB V Pflicht zur fachlichen Fortbildung

(Fassung vom 14.11.2003, gültig ab 01.01.2004)

(1) Der Vertragsarzt ist verpflichtet, sich in dem Umfang fachlich fortzubilden, wie es zur Erhaltung und Fortentwicklung der zu seiner Berufsausübung in der vertragsärztlichen Versorgung erforderlichen Fachkenntnisse notwendig ist. Die Fortbildungsinhalte müssen dem aktuellen Stand der wissenschaftlichen Erkenntnisse auf dem Gebiet der Medizin, Zahnmedizin oder Psychotherapie entsprechen. Sie müssen frei von wirtschaftlichen Interessen sein.

(2) Der Nachweis über die Fortbildung kann durch Fortbildungszertifikate der Kammern der Ärzte, der Zahnärzte sowie der Psychologischen Psychotherapeuten und Kinder- und Jugendlichenpsychotherapeuten erbracht werden. Andere Fortbildungszertifikate müssen den Kriterien entsprechen, die die jeweilige Arbeitsgemeinschaft der Kammern dieser Berufe auf Bundesebene aufgestellt hat. In Ausnahmefällen kann die Übereinstimmung der Fortbildung mit den Anforderungen nach Absatz 1 Satz 2 und 3 auch durch sonstige Nachweise erbracht werden; die Einzelheiten werden von den Kassenärztlichen Bundesvereinigungen nach Absatz 6 Satz 2 geregelt.

(3) Ein Vertragsarzt hat alle fünf Jahre gegenüber der Kassenärztlichen Vereinigung den Nachweis zu erbringen, dass er in dem zurückliegenden Fünfjahreszeitraum seiner Fortbildungspflicht nach Absatz 1 nachgekommen ist; für die Zeit des Ruhens der Zulassung ist die Frist unterbrochen. Endet die bisherige Zulassung infolge Wegzugs des Vertragsarztes aus dem Bezirk seines Vertragsarztsitzes, läuft die bisherige Frist weiter. Vertragsärzte, die am 30. Juni 2004 bereits zugelassen sind, haben den Nachweis nach Satz 1 erstmals bis zum 30. Juni 2009 zu erbringen. Erbringt ein Vertragsarzt den Fortbildungsnachweis nicht oder nicht vollständig, ist die Kassenärztliche Vereinigung verpflichtet, das an ihn zu zahlende Honorar aus der Vergütung vertragsärztlicher Tätigkeit für die ersten vier Quartale, die auf den Fünfjahreszeitraum folgen, um 10 vom Hundert zu kürzen, ab dem darauf folgenden Quartal um 25 vom Hundert. Ein Vertragsarzt kann die für den Fünfjahreszeitraum festgelegte Fortbildung binnen zwei Jahren ganz oder teilweise nachholen; die nachgeholte Fortbildung wird auf den folgenden Fünfjahreszeitraum nicht angerechnet. Die Honorarkürzung endet nach Ablauf des Quartals, in dem der vollständige Fortbildungsnachweis erbracht wird. Erbringt ein Vertragsarzt den Fortbildungsnachweis nicht spätestens zwei Jahre nach Ablauf des Fünfjahreszeitraums, soll die Kassenärztliche Vereinigung unverzüglich gegenüber dem Zulassungsausschuss einen Antrag auf Entziehung der Zulassung stellen. Wird die Zulassungsentziehung abgelehnt, endet die Honorarkürzung nach Ablauf des Quartals, in dem der Vertragsarzt den vollständigen Fortbildungsnachweis des folgenden Fünfjahreszeitraums erbringt.

(4) Die Absätze 1 bis 3 gelten für ermächtigte Ärzte entsprechend.

(5) Die Absätze 1 und 2 gelten entsprechend für angestellte Ärzte eines medizinischen Versorgungszentrums oder eines Vertragsarztes. Den Fortbildungsnachweis nach Absatz 3 für die von ihm angestellten Ärzte führt das medizinische Versorgungszentrum oder der Vertragsarzt. Übt ein angestellter Arzt die Beschäftigung länger als drei Monate nicht aus, hat die Kassenärztliche Vereinigung auf Antrag den Fünfjahreszeitraum um die Fehlzeiten zu verlängern. Absatz 3 Satz 2 bis 6 und 8 gilt entsprechend mit der Maßgabe, dass das Honorar des medizinischen Versorgungszentrums oder des Vertragsarztes gekürzt wird. Die Honorarkürzung endet auch dann, wenn der Kassenärztlichen Vereinigung die Beendigung des Beschäftigungsverhältnisses nachgewiesen wird, nach Ablauf des Quartals, in dem das Beschäftigungsverhältnis endet. Besteht das

Beschäftigungsverhältnis fort und hat das zugelassene medizinische Versorgungszentrum oder der Vertragsarzt nicht spätestens zwei Jahre nach Ablauf des Fünfjahreszeitraums für einen angestellten Arzt den Fortbildungsnachweis erbracht, soll die Kassenärztliche Vereinigung unverzüglich gegenüber dem Zulassungsausschuss einen Antrag auf Widerruf der Genehmigung der Anstellung stellen.

(6) Die Kassenärztlichen Bundesvereinigungen regeln im Einvernehmen mit den zuständigen Arbeitsgemeinschaften der Kammern auf Bundesebene den angemessenen Umfang der im Fünfjahreszeitraum notwendigen Fortbildung. Die Kassenärztlichen Bundesvereinigungen regeln das Verfahren des Fortbildungsnachweises und der Honorarkürzung. Es ist insbesondere festzulegen, in welchen Fällen Vertragsärzte bereits vor Ablauf des Fünfjahreszeitraums Anspruch auf eine schriftliche Anerkennung abgeleisteter Fortbildung haben. Die Regelungen sind für die Kassenärztlichen Vereinigungen verbindlich.

Gliederung

A. Basisinformationen

I. Textgeschichte/Gesetzgebungsmaterialien

1 § 95d SGB V wurde durch Art. 1 Nr. 76 **GMG**[1] mit Wirkung vom 01.01.2004 eingefügt. Er geht zurück auf den fraktionsübergreifenden Gesetzentwurf[2] und wurde unverändert[3] übernommen.

II. Vorgängervorschriften

2 Die Pflicht zur Fortbildung war vor Einfügung des § 95d SGB V ausschließlich Gegenstand des Berufsrechts und kennt keine Vorgängervorschrift in der RVO oder im SGB V.

III. Parallelvorschriften/Ergänzende Vorschriften

3 § 32b Abs. 2 Satz 4Ärzte-ZV**Ärzte-ZV** wiederholt die entsprechende Geltung des Absatzes 5 für angestellte Ärzte eines Vertragsarztes. § 28 Abs. 1 Satz 3 Ärzte-ZV verpflichtet den Zulassungsausschuss, bei Beendigung der Zulassung nach Absatz 3 oder Absatz 5 den Zeitpunkt durch Beschluss festzustellen.

4 Das **Berufsrecht** kennt seit jeher eine **Fortbildungsverpflichtung**. Durch Beschluss des 107. Deutschen **Ärztetages** in Bremen vom Mai 2004 muss der Arzt nunmehr auf Verlangen seine Fortbildung gegenüber der Ärztekammer durch ein Fortbildungszertifikat einer Ärztekammer nachweisen (vgl. § 4

[1] Gesetz zur Modernisierung der gesetzlichen Krankenversicherung (GKV-Modernisierungsgesetz – GMG) v. 14.11.2003, BGBl I 2003, 2190.
[2] Vgl. BT-Drs. 15/1525 (Art. 1 Nr. 76, S. 26 f.).
[3] Vgl. BT-Drs. 15/1584; vgl. auch BT-Drs. 15/1586, S. 1600.

MBO-Ä).[4] Ferner wurde eine (Muster-)Satzungsregelung Fortbildung und Fortbildungszertifikat verabschiedet.[5] Ähnliche Regelungen hat die **Bundespsychotherapeutenkammer** verabschiedet. Nach § 15 Muster-Berufsordnung der Bundespsychotherapeutenkammer[6] sind Psychotherapeuten, die ihren Beruf ausüben, verpflichtet, entsprechend der Fortbildungsordnung der Landespsychotherapeutenkammer ihre beruflichen Fähigkeiten zu erhalten und weiterzuentwickeln. Sie müssen ihre Fortbildungsmaßnahmen auf Verlangen der Kammer nachweisen. In einer Musterfortbildungsordnung werden Einzelheiten über Inhalt, Art, Umfang und Anerkennung geregelt.[7] Gleichfalls sieht § 5 Musterberufsordnung der **Bundeszahnärztekammer**[8] eine Fortbildungsverpflichtung vor. Als verbindliches Satzungsrecht bedarf dies jeweils der Umsetzung durch die Kammern auf Landesebene.

Die **KBV** hat auf der Grundlage des Absatzes 6 Regelungen zur Fortbildungsverpflichtung erlassen[9], 5
ebenso die **KZBV**[10].

IV. Systematische Zusammenhänge

Leistungsbezogene **Qualitätssicherungsmaßnahmen** sehen die §§ 135 ff. SGB V vor. Insbesondere 6
auf der Grundlage des § 135 Abs. 2 SGB V sind verschiedene bundesmantelvertragliche Vereinbarungen getroffen worden, nach denen der Nachweis der fachlichen Befähigung nicht nur zu Beginn, sondern auch innerhalb festgelegter Zeiträume immer wieder nachgewiesen werden muss.

Die allgemeine vertragsärztliche Fortbildungsverpflichtung konkretisiert die **Teilnahmeverpflich-** 7
tung nach § 95 Abs. 3 SGB V. Ein schuldhafter Verstoß kann **Disziplinarmaßnahmen** (§ 81 Abs. 5 SGB V) auslösen.

B. Auslegung der Norm

I. Regelungsgehalt und Bedeutung der Norm

Die Vorschrift begründet eine **allgemeine vertragsärztliche Pflicht zur Fortbildung** und deren 8
Nachweis alle fünf Jahre, erstmals bis zum 30.06.2009. Darüber hinaus sieht sie **Sanktionen** vor durch Kürzung des Honorars und der Möglichkeit der Zulassungsentziehung. Ergänzt werden diese durch das Disziplinarrecht (vgl. § 81 Abs. 5 SGB V). Zum **Inhalt der Fortbildung** verweist die Vorschrift lediglich allgemein darauf, dass sie den wissenschaftlichen Erkenntnissen entsprechen und frei von wirtschaftlichen Interessen sein muss (Absatz 1 Sätze 2 und 3), verweist aber im Übrigen im Wesentlichen auf die Tätigkeit der Kammern (Absatz 2 Sätze 1 und 2, Absatz 6 Satz 1) und auf von der KBV zu erlassende Vorgaben (Absatz 2 Satz 3, Absatz 6 Sätze 2-4).

II. Normzweck

Nach der Vorstellung des **Gesetzgebers** soll die Pflicht zur fachlichen Fortbildung der Vertragsärzte 9
eine **Gesetzeslücke schließen**, da bisher eine generelle vertragsärztliche Pflicht, den Nachweis über die Übereinstimmung des eigenen Kenntnisstandes mit dem aktuellen medizinischen Wissen zu erbringen, nicht bestanden habe. Sie diene der **Absicherung der qualitätsgesicherten ambulanten Behandlung** der Versicherten. Der Gesetzgeber beruft sich dabei auf Feststellungen des Sachverständi-

---

4 Vgl. die Novellierung einzelner Vorschriften der (Muster-)Berufsordnung, DÄ 2004, A 1578 ff., 1580; § 4 MBO „Fortbildung" lautet: (1) Ärztinnen und Ärzte, die ihren Beruf ausüben, sind verpflichtet, sich in dem Umfange beruflich fortzubilden, wie es zur Erhaltung und Entwicklung der zu ihrer Berufsausübung erforderlichen Fachkenntnisse notwendig ist. (2) Auf Verlangen müssen Ärztinnen und Ärzte ihre Fortbildung nach Absatz 1 gegenüber der Ärztekammer durch ein Fortbildungszertifikat einer Ärztekammer nachweisen.

5 DÄ 2004, A 1583 f.

6 Muster-Berufsordnung für die Psychologischen Psychotherapeutinnen und Psychotherapeuten und Kinder- und Jugendlichenpsychotherapeutinnen und Kinder- und Jugendlichenpsychotherapeuten i.d.F. der Beschlüsse des 7. Deutschen Psychotherapeutentages in Dortmund am 13.01.2006, www.bptk.de.

7 Vgl. aktualisierte Fassung auf Beschluss des 5. DPT (23.04.2005), www.bptk.de.

8 Musterberufsordnung der Bundeszahnärztekammer, Stand: 16.02.2005, www.bzaek.de.

9 Vgl. Fortbildungsverpflichtung für Vertragsärzte und Vertragspsychotherapeuten nach § 95d SGB V v. 16.09.2004, DÄ 2005, A 306 f. (FortbRL-Ä).

10 Vgl. Leitsätze zur zahnärztlichen Fortbildung, Beschluss des Vorstandes der KZBV v. 23.09.2005 (in gemeinsamer Abstimmung mit BZÄK u. Deutscher Gesellschaft für Zahn-, Mund- und Kieferheilkunde), ZM 95 (2005), Nr. 24, 20 f.; hierzu vgl. auch Neue Leitsätze und Punktebewertung, ZM 95 (2005). Nr. 24, 18; zuvor vgl. Beschluss des Vorstandes der KZBV v. 13.02.2004.

genrats für die Konzertierte Aktion im Gesundheitswesen in dessen Gutachten 2000/2001 (vgl. Band II Ziffer 54). Danach veränderten sich die Auffassungen von und die Anforderungen an die „gute ärztliche Praxis" deutlich innerhalb weniger Jahre. Umso gravierender seien die **Mängel** im Fortbildungsangebot, in der Inanspruchnahme, in der Förderung und verpflichtenden Regelung der ärztlichen Fortbildung zu betrachten. Zu kritisieren seien eine häufig unzureichende Praxisrelevanz, die Vernachlässigung praktischer und interpersoneller Kompetenzen sowie eine eingeschränkte Glaubwürdigkeit vieler Angebote durch mangelnde Neutralität oder Transparentmachung der Qualität der angeführten Evidenz. Darüber hinaus sei zu bemängeln, dass die Fortbildung ihre Funktion des Forschungstransfers zu langsam und zu unkritisch erfüllt habe. Als Maßnahme der Qualitätssicherung sei die Kompetenz des Bundesgesetzgebers nach Art. 74 Abs. 1 Nr. 12 GG gegeben.[11]

III. Fortbildungsverpflichtung (Absatz 1)

1. Adressaten der Fortbildungsverpflichtung

10 Die Fortbildungsverpflichtung gilt **für alle ärztlichen Behandler**. Sie gilt für zugelassene Ärzte, auch Zahnärzte und Psychotherapeuten (§ 72 Abs. 1 SGB V), für ermächtigte Leistungserbringer (Absatz 3), im MVZ angestellte Ärzte (Absatz 4 Satz 1) und andere angestellte Ärzte (§ 32b Abs. 2 Satz 4 Ärzte-ZV i.V.m. § 95d Abs. 5 SGB V).

2. Inhalt der Fortbildung

11 Absatz 1 umschreibt die **Inhalte** der Fortbildung **nur allgemein**. Sie müssen dem aktuellen Stand der wissenschaftlichen Erkenntnisse auf dem Gebiet der Medizin, Zahnmedizin oder Psychotherapie entsprechen und in einem Umfang erfolgen, wie es zur Erhaltung und Fortentwicklung der für die Berufsausübung erforderlichen Fachkenntnisse notwendig ist. Sie müssen dabei **frei von wirtschaftlichen Interessen** sein.[12] Nach der Gesetzesbegründung ist dies insbesondere dann nicht der Fall, wenn ein Unternehmen der pharmazeutischen Industrie, ein Medizinprodukthersteller, ein Unternehmen vergleichbarer Art oder eine Vereinigung solcher Unternehmen eine produktbezogene Informationsveranstaltung durchführt oder den Teilnehmern an einer solchen Veranstaltung entsprechende Mittel zuwendet.[13] Mit der Teilnahme an einer Veranstaltung, die ein produktbezogenes Sponsoring darstelle[14], könne der Vertragsarzt seiner Fortbildungspflicht nicht genügen. Außerdem müsse die Fortbildung ausschließlich fachliche Themen behandeln.[15] Ein generelles Verbot eines Fortbildungssponsorings hat der Gesetzgeber damit nicht statuiert.[16]

12 Darüber hinaus überlässt das Gesetz die Inhalte der **Fortbildung** den **Ärzten** und ihren **Fachverbänden** selbst. Eine Regulierung erfolgt über die Nachweismöglichkeiten (Absatz 2).

13 § 33 Abs. 4 MBO[17] lässt ein Fortbildungssponsoring zu.

3. Umfang der Fortbildung

14 Vorgaben über den **Umfang der Fortbildungsverpflichtung** trifft der Gesetzgeber nicht. Ein **Nachweis** ist alle **fünf Jahre** gegenüber der KV zu führen (Absatz 3 Satz 1). Die KBVen regeln im Einver-

---

11 Vgl. BT-Drs. 15/1525, S. 109.

12 Vgl. hierzu *Balzer*, MedR 2004, 76, 79 ff.

13 Kritik bei *Balzer*, NJW 2003, 3325 f.

14 Vgl. die Beispiele aus der Praxis bei *Ingenhag/Wannenwetsch*, BKK 2004, 6, 10 f.

15 Vgl. BT-Drs. 15/1525, S. 109 f.

16 Zum Problem vgl. *Scholze*, GesR 2004, 73, 76 f.; zur Forschung mit Drittmitteln vgl. BGH v. 23.05.2002 - 1 StR 372/01 - BGHSt 47, 295 = NJW 2002, 2801; *Laufs*, NJW 2002, 1770 f.; zur Kritik verschiedener Fortbildungsvarianten vgl. *Vollborn/Georgescu*, Gesundheitsmafia 2005, 95 ff.

17 „Die Annahme von geldwerten Vorteilen in angemessener Höhe für die Teilnahme an wissenschaftlichen Fortbildungsveranstaltungen ist nicht berufswidrig. Der Vorteil ist unangemessen, wenn er die Kosten der Teilnahme (notwendige Reisekosten, Tagungsgebühren) der Ärztin oder des Arztes an der Fortbildungsveranstaltung übersteigt oder der Zweck der Fortbildung nicht im Vordergrund steht. Satz 1 und 2 gelten für berufsbezogene Informationsveranstaltungen von Herstellern entsprechend." § 35 „Fortbildungsveranstaltungen und Sponsoring" bestimmt: „Werden Art, Inhalt und Präsentation von Fortbildungsveranstaltungen allein von einem ärztlichen Veranstalter bestimmt, so ist die Annahme von Beiträgen Dritter (Sponsoring) für Veranstaltungskosten in angemessenem Umfang erlaubt. Beziehungen zum Sponsor sind bei der Ankündigung und Durchführung offen darzulegen." Vgl. hierzu *Lippert/Ratzel*, NJW 2003, 3301 ff.; *Balzer*, MedR 2004, 76 ff.

nehmen mit den zuständigen Arbeitsgemeinschaften der Kammern auf Bundesebene den angemessenen Umfang der im Fünfjahreszeitraum notwendigen Fortbildung (Absatz 6 Satz 1). Der Begriff des **Einvernehmens** erfordert – anders als der des Benehmens – die Zustimmung des anderen Teils.[18] Einvernehmen muss vorliegen, es ist nicht lediglich anzustreben (vgl. z.B. § 111 Abs. 4 Satz 3 SGB V). Es handelt sich um eine verwaltungsinterne Erklärung, wie der gesamte Vorgang der Aufstellung der Regelungen. Die Regelungen sind für die KVen verbindlich (Absatz 6 Satz 4). Nach den Regelungen der **KBV** sind **250 Fortbildungspunkte** nachzuweisen, wobei in der Regel ein entsprechender Nachweis der Kammer vorgelegt werden soll. Die Punktevergabe für einzelne Fortbildungsveranstaltungen regeln die Kammern auf der Grundlage der Musterregelungen der Bundeskammern. So sieht z.B. die Musterregelung der KBV vor, dass die Grundeinheit eine 45-minütige Fortbildungseinheit ist und mit einem Punkt bewertet wird; es gibt acht Kategorien von Fortbildungsmaßnahmen, die beliebig kombiniert werden können, wobei für das Selbststudium (Kategorie E) höchstens 50 Punkte für fünf Jahre anerkannt werden. Damit müssen 40 weitere Punkte durchschnittlich im Jahr erreicht werden, also etwa durch 20 zweistündige Vorträge oder durch fünftägigen Kongressbesuch.

Die Richtlinien der **KZBV** verlangen auch in der ab 2006 geltenden Neufassung in dem Fünfjahreszeitraum 125 Punkte, wobei 10 Punkte pro Jahr durch Selbststudium erbracht werden können. Im Übrigen lehnen sie sich eng an die Regelungen der Ärzte an. Pro Fortbildungsstunde wird ein Punkt vergeben, pro Tag acht Punkte. 15

Allerdings ist fraglich, welche **Rechtsqualität der FortbRL-Ä** zukommt. Der Gesetzgeber versucht, über die Bindung der KV auch eine Bindung der Vertragsbehandler zu erreichen. Es ist allerdings zweifelhaft, ob den KBVen insoweit Satzungsmacht zukommt, da ihr die Vertragsbehandler nicht angehören. Eine Verknüpfung über die Satzung der einzelnen KV erfolgt nicht (vgl. § 80 Abs. 2 SGB V). Die FortbRL-Ä sind daher als **norminterpretierende Verwaltungsvorschriften** zu qualifizieren. Insofern ist es unerheblich, dass § 1 Abs. 2 FortbRL-Ä mit dem Verweis auf die Musterregelungen der Bundeskammern eine dynamische Verweisung auf Regelungen ohne Rechtsqualität trifft. 16

Soweit in der Literatur vereinzelt Bedenken hinsichtlich der **Angemessenheit** und **Verhältnismäßigkeit** des Fortbildungsumfangs geäußert werden[19], kann dem nicht gefolgt werden. 17

IV. Fortbildungsnachweis (Absatz 2)

Bereits das Gesetz nennt an erster Stelle für den Nachweis über die Fortbildung **Fortbildungszertifikate der Kammern**, denen eigentlich die Fortbildung obliegt. Nach der **Gesetzesbegründung** soll die vertragsärztliche Fortbildungsverpflichtung nicht im Widerspruch zur berufsrechtlichen Fortbildungsverpflichtung stehen, da sie durch die berufsrechtlichen Fortbildungsnachweise ausgefüllt und somit die landesrechtliche Kompetenz zur inhaltlichen Ausgestaltung berufsrechtlicher Tatbestände beachtet werde. Die Pflicht zur fachlichen Fortbildung könne deshalb durch Teilnahme an den von den Kammern anerkannten Fortbildungsmaßnahmen erfüllt werden. Auf Grund dieser inhaltlichen und institutionellen Verknüpfung der berufsrechtlichen mit den vertragsärztlichen Fortbildungsnachweisen werde eine Doppelbelastung vermieden.[20] Auch **andere Fortbildungszertifikate** müssen den Kriterien entsprechen, die die jeweilige Arbeitsgemeinschaft der Kammern dieser Berufe auf Bundesebene aufgestellt hat. Nur in Ausnahmefällen kann die Übereinstimmung der Fortbildung auch durch sonstige Nachweise erbracht werden. Einzelheiten werden von den KBVen geregelt. 18

Entsprechend der gesetzlichen Regelung genügen nach der **FortbRL-Ä** Vertragsärzte und Vertragspsychotherapeuten ihrer Fortbildungsverpflichtung, wenn sie eine Fortbildung durch ein Fortbildungszertifikat der Ärztekammer oder Psychotherapeutenkammer nachweisen.[21] Das Fortbildungszertifikat muss den Musterregelungen der Bundesärztekammer oder Bundespsychotherapeutenkammer für ein Fortbildungszertifikat entsprechen. Im Fünfjahreszeitraum sind dabei insgesamt mindestens 250 Fortbildungspunkte nachzuweisen (§ 1 Abs. 1, 2 und 3 FortbRL-Ä). Der Nachweis ist durch ein Fortbildungszertifikat zu führen (§ 2 Abs. 1 FortbRL-Ä). Stellt die Berufskammer keine Zertifikate aus, kann der Nachweis durch entsprechende **Einzelbelege** geführt werden (§ 3 Abs. 1 FortbRL-Ä). Bei Ableh- 19

---

[18] Vgl. BSG v. 27.05.2004 - B 10 LW 16/02 R - juris Rn. 15 - SozR 4-5868 § 1 Nr. 4 = SGb 2005, 175; BSG v. 14.05.1992 - 6 RKa 41/91 - juris Rn. 14 f. - BSGE 70, 285 = SozR 3-2500 § 122 Nr. 3; BVerwG v. 17.04.2002 - 9 A 24/01 - juris Rn. 58 - BVerwGE 116, 175 = NVwZ 2002, 1239.

[19] Vgl. *Scholze/Finkeißen*, MedR 2004, 141, 148.

[20] Vgl. BT-Drs. 15/1525, S. 110.

[21] Zu Zertifizierungsverfahren vgl. *Ingenhag/Wannenwetsch*, BKK 2004, 6, 8 f.; *Scholze/Finkeißen*, MedR 2004, 141, 143 ff.

nung durch die Kammer soll dies nur in Ausnahmefällen möglich sein (§ 3 Abs. 2 u. 4 FortbRL-Ä). Die Musterfortbildungsordnungen der Kammern enthalten Vorschriften über Ziel, Inhalt, Methoden und Organisation der Fortbildung sowie das Zertifizierung- und Anerkennungsverfahren.

V. Überprüfung der Fortbildung und Sanktionen (Absatz 3)

1. Prüfbehörde

20 Die **Überprüfung der Fortbildung** obliegt der **KV**, der der Arzt zum Ende des Prüfungszeitraums angehört (Absatz 3 Satz 1). Im Regelfall wird sich die Tätigkeit auf die Registrierung der Anerkennung durch die Kammern beschränken. Für die Auslegung der unbestimmten tatbestandlichen Voraussetzungen (Absatz 1) und damit der Anerkennung der Nachweise (Absatz 2) ist der KV ein **Beurteilungsspielraum** zuzubilligen. Eine Anerkennung oder Ablehnung kann bei Vorliegen eines Feststellungsinteresses in Form eines feststellenden Verwaltungsaktes ergehen. Eine ablehnende Entscheidung sollte vor einer Honorarkürzung ergehen, wird vom Gesetz aber nicht verlangt. Im Fall einer Ablehnung oder Honorarkürzung ist die Entscheidung zu begründen (§ 35 Abs. 1 SGB X).

2. Überprüfungszeitraum

21 Eine Überprüfung der Fortbildung hat **alle fünf Jahre** zu erfolgen. Die Fünfjahresfrist **beginnt** für Vertragsärzte, die zum Stichtag am 30.06.2004 bereits zugelassen waren, mit In-Kraft-Treten des Gesetzes am 01.01.2004 und endet am 30.06.2009 (Satz 3). Sie beträgt daher als Übergangsrecht fünf Jahre und sechs Monate. Alle Fortbildungen in diesem Zeitraum sind anrechenbar. Der Gesetzgeber hielt eine Vorlaufzeit von sechs Monaten nach In-Kraft-Treten des Gesetzes zur Entwicklung einheitlicher Fortbildungszertifikate für erforderlich.[22] Darüber hinaus sieht § 7 Abs. 2 FortbRL-Ä die Anrechnungsfähigkeit von Fortbildungsmaßnahmen vor, soweit diese nicht früher als vor dem 01.01.2002 begonnen wurden. Das ist nicht zwingend gegen den Wortlaut des Absatzes 3 Satz 3.

22 Für später zugelassene Ärzte beginnt der Zeitraum mit **Aufnahme der vertragsärztlichen Tätigkeit** (vgl. § 19 Abs. 2 und 3 Ärzte-ZV), nicht bereits mit der Zulassung oder der Entscheidung des Zulassungsausschusses.

23 Für die Zeit des **Ruhens der Zulassung** (vgl. § 95 Abs. 5 SGB V) ist die Frist unterbrochen und der Zeitraum damit um den Ruhenszeitraum zu verlängern (Satz 1 Halbsatz 2). Maßgeblich ist der von den Zulassungsgremien anerkannte Ruhenszeitraum. Andere Verlängerungstatbestände sieht das Gesetz nicht vor. Liegen solche vor, bedarf es zur Unterbrechung eines Ruhensbeschlusses. Die Gesetzesbegründung weist darauf hin, dass ein Vertragsarzt, der z.B. so schwer erkrankt sei, dass er die vertragsärztliche Tätigkeit vorübergehend nicht mehr ausüben könne, das Ruhen der Zulassung beantragen werde und nicht gezwungen sei, sich während der Erkrankung fortzubilden.[23] Zeiten der **Vertretung** (vgl. § 32 Abs. 1 Ärzte-ZV) unterbrechen daher ebenfalls nicht den Fünfjahreszeitraum. Faktisch führt aber die Unterbrechung der vertragsärztlichen Tätigkeit aufgrund Wegzugs in einen anderen Zulassungsbezirk zur Verlängerung. Endet die bisherige Zulassung infolge **Wegzugs** des Vertragsarztes aus dem Bezirk seines Vertragsarztsitzes, läuft die bisherige Frist weiter (Satz 3). Dies betrifft die Fälle der Verlegung des Vertragsarztsitzes in einen anderen Zulassungsbezirk, also in den Bereich einer anderen KV. Mit der Verlegung des Vertragsarztsitzes in einen anderen Zulassungsbezirk endet von Gesetzes wegen die Zulassung (§ 95 Abs. 7 Satz 1 SGB V). Erfolgt keine Wiederzulassung, so unterliegt der Arzt nicht mehr der sozialrechtlichen Fortbildungsverpflichtung. Bei Wiederzulassung soll die bisherige Frist dann weiterlaufen. Eine Unterbrechung führt damit zu einer Fristverlängerung. Dies ist insofern inkonsequent, als der **Verzicht** auf die Zulassung und die spätere Wiederzulassung im selben Zulassungsbezirk als Neuzulassung anzusehen ist mit der Folge, dass die Frist von neuem zu laufen beginnt.

24 Die **Verteilung der Fortbildung** innerhalb des Fünfjahreszeitraums kann vom Arzt frei gewählt werden. Weder das Gesetz noch die FortbRL-Ä oder die Musterregelungen der Bundeskammern machen hierzu Vorgaben. Der Gesetzgeber hält vielmehr eine Nachholung auch der gesamten Fortbildung innerhalb von zwei Jahren für möglich (vgl. Satz 5).

25 Eine **Nachholung der Fortbildung** ist innerhalb von zwei Jahren ganz oder teilweise möglich; sie wird auf den folgenden Fünfjahreszeitraum nicht angerechnet (Satz 5). In jedem Fall beginnt nach Ablauf eines Fünfjahreszeitraums ein neuer Fünfjahreszeitraum, unabhängig davon, ob der Arzt seiner Fort-

[22] Vgl. BT-Drs. 15/1525, S. 110.
[23] Vgl. BT-Drs. 15/1525, S. 110.

bildungsverpflichtung nachgekommen ist. Der Nachholungszeitraum schiebt den zweiten Fünfjahreszeitraum nicht hinaus. Auf die Nachholung hat der Vertragsarzt einen **Anspruch** („kann"). Von daher bleibt es ihm überlassen, ob er die im Nachholungszeitraum erbrachte Fortbildung zur Vermeidung weiterer Honorarkürzungen sich auf den alten Fünfjahreszeitraum anrechnen lassen will. Lediglich eine Doppelanrechnung ist unzulässig. Nach Ablauf der zweijährigen Frist kann aber eine Fortbildung auf den vorangegangenen Fünfjahreszeitraum nicht mehr angerechnet werden. Neben einem möglichen Zulassungsentziehungsverfahren (Satz 7) bleibt es dann zwingend bei einer 25%igen Honorarkürzung für die nächsten drei Jahre, soweit eine Zulassungsentziehung nicht erfolgt. Die Begrenzung des Nachholungszeitraums auf zwei Jahren soll nach der Gesetzesbegründung der sozialgerichtlichen Rechtsprechung entsprechen, dass ein „Wohlverhalten" unter dem Druck eines laufenden Zulassungsentziehungsverfahrens in der Regel nicht bei der Entscheidung über die Zulassungsentziehung zu berücksichtigen sei, sondern erst bei einer Entscheidung über eine erneute Zulassung.[24]

3. Prüfverfahren

Die Regelungen über das **Prüfverfahren** hat der Gesetzgeber im Wesentlichen den **Fortbildungsrichtlinien der KBV** nach Absatz 6 überlassen. 26

Nach der **Gesetzesbegründung** wären Regelungen zur Entzerrung der Verfahren sinnvoll, z.B. dahin gehend, dass Vertragsärzte, die die Fortbildung bereits vor Ablauf des Fünfjahreszeitraums abgeschlossen haben, die Unterlagen zeitnah einreichen sollen. Im Falle von nicht durch die Kammern zertifizierter Fortbildung, z.B. im Ausland, sei es erforderlich, dass die der Fortbildungsverpflichtung unterliegenden Ärzte, Zahnärzte und Psychotherapeuten auf Antrag bereits vor Ablauf des Fünfjahreszeitraums eine schriftliche Mitteilung erhalten, ob die Fortbildung anerkannt werde. Das Verfahren sollte so ausgestaltet werden, dass jeder der Fortbildungsverpflichtung unterliegende Arzt, Zahnarzt und Psychotherapeut die Nichtanerkennung von Fortbildungszeiten nach Ablauf des Fünfjahreszeitraums und die daraus folgenden Honorarkürzungen vermeiden kann.[25] 27

Der Gesetzgeber hat der **KBV** ausdrücklich **aufgegeben**, nicht nur das Vorverfahren des Nachweises und der Honorarkürzungen zu regeln (Absatz 6 Satz 2), sondern insbesondere festzulegen, in welchen Fällen Vertragsärzte bereits vor Ablauf des Fünfjahreszeitraums Anspruch auf eine schriftliche Anerkennung abgeleisteter Fortbildung haben (Absatz 6 Satz 3). 28

Demgegenüber sieht die **FortbRL-Ä** der **KBV** lediglich vor, dass mindestens drei Monate vor Ablauf des Fünfjahreszeitraums ein Hinweis erfolgen muss, dass die Versäumnis der Frist mit einer Honorarkürzung verbunden ist. Das weitere Verfahren soll die KV regeln (§ 4 FortbRL-Ä). Ferner soll der Arzt bei fehlendem Nachweis auf die Möglichkeit der Nachholung und das drohende Entziehungsverfahren hingewiesen werden (§ 5 FortbRL-Ä). Daneben soll auf freiwilliger Grundlage der Landeskammern bei ihnen ein Fortbildungskonto geführt und eine Übermittlung der Daten an die KV vereinbart werden.[26] Nach den Mitteilungen der **KZBV** soll es ein Anerkennungsverfahren vor Ablauf des Fünfjahreszeitraums nicht geben; bei Förderung des Prinzips der kontinuierlichen Fortbildung sei der Erwerb eines freiwilligen Fortbildungsnachweises der BZÄK/DGZMK ein geeignetes Instrument und seien dann Fortbildungsnachweise zur Anerkennung nach § 95d SGB V entbehrlich.[27] 29

Jedenfalls in den verbleibenden strittigen Fällen dürfte ein **Anspruch** des Vertragsarztes auf rechtzeitigen Erlass eines **Überprüfungsbescheides** bestehen, der dann gerichtlich überprüfbar ist. Gleiches gilt, soweit bereits Honorarkürzungen erfolgen; eine Prüfung ist dann auf Antrag vor Ende des Fünfjahreszeitraums vorzunehmen, da nur auf diese Weise die Honorarkürzung beendet werden kann. 30

4. Honorarkürzung

Kann der Nachweis nicht vollständig erbracht werden, so ist die **KV verpflichtet**, das **Honorar** für die ersten vier Quartale um 10%, für die Zeit danach um 25% zu **kürzen** (Satz 4). Ein Ermessensspielraum hinsichtlich des Ob der Kürzung, des Kürzungsumfangs oder der Dauer der Kürzungen besteht nicht, auch nicht im Verhältnis zum Umfang des fehlenden Fortbildungsnachweises. Es handelt sich um **gebundene Verwaltung**. 31

[24] Vgl. BT-Drs. 15/1525, S. 110 f.
[25] Vgl. BT-Drs. 15/1525, S. 111.
[26] Vgl. Mitteilungen, DÄ 2005, A 306.
[27] Vgl. ZM 95 (2005), Nr. 24, 18.

32 Der **Gesetzgeber** sieht in den pauschalen Honorarkürzungen zum einen einen **Abschlag** für die **schlechtere Qualität der ärztlichen Leistungen**, zum anderen sollen sie eine ähnliche Funktion wie ein Disziplinarverfahren haben und den Vertragsarzt nachdrücklich zur Einhaltung seiner **Fortbildungsverpflichtung anhalten.**[28] Systematisch handelt es sich danach um eine **sachlich-rechnerische Berichtigung** aufgrund einer Qualitätssicherungsmaßnahme. Satz 4 ist aber eine eigenständige **Ermächtigungsgrundlage.** Ferner gibt der Gesetzgeber einen pauschalierten Umfang der Schlechtleistung vor, der unabhängig von der konkret erbrachten Leistung ist. Der Arzt kann gegen die Honorarkürzungen nicht einwenden, er habe die Einzelleistungen vollständig und ordnungsgemäß, auch dem aktuellen Stand der wissenschaftlichen Erkenntnisse entsprechend erbracht.

33 Erfasst wird nur das **vertragsärztliche Honorar**, das die **KVen verteilen**, nicht auch das Honorar, das von den Krankenkassen aufgrund von Verträgen außerhalb der vertragsärztlichen Vergütung gewährt wird.[29] Dies ist inkonsequent und dürfte verwaltungspraktischen Überlegungen geschuldet sein. Andernfalls müssten die Krankenkassen die KVen in die Abwicklung der Verträge einschalten.

34 Eine Kürzung erfolgt durch einen prozentualen Abzug vom Bruttohonorar für die Kassenleistungen. „**Honorar**" ist der Honoraranspruch des Vertragsarztes nach Durchführung der Honorarverteilung (§ 85 Abs. 4 SGB V), vor Abzug von Verwaltungs- oder sonstigen Kosten. Die Honorarkürzung setzt nicht am erbrachten Leistungs- bzw. Punktezahlvolumen an. Der Gesetzgeber hätte dann diese Begriffe oder den der Gesamtpunktmenge (§ 85 Abs. 4b SGB V) verwandt. Im Hinblick auf Budgets bzw. Regelleistungsvolumen (§ 85a SGB V) kann dies zu unterschiedlichen Ergebnissen führen. Aus der Sicht des Gesetzgebers handelt es sich um eine generelle Schlechtleistung, weshalb in jedem Fall die prozentuale Kürzung erfolgen soll.

35 Die Honorarkürzung bezieht sich nach der Gesetzesbegründung nur auf das Honorar des Vertragsarztes, der den Fortbildungsnachweis nicht erbracht hat, dies gilt auch für Gemeinschaftspraxen und Jobsharing. Bestehen keine anderen Anhaltspunkte, soll das Honorar der **Gemeinschaftspraxis** durch die Anzahl der Vertragsärzte geteilt und der rechnerische Anteil des Vertragsarztes, der den Fortbildungsnachweis nicht erbracht hat, gekürzt werden.[30] Dem entspricht der Gesetzeswortlaut mit der Formulierung „ein" Vertragsarzt. Auch bisher hat die Rechtsprechung eine differenzierte Behandlung von Gemeinschaftspraxen mit Ärzten unterschiedlicher Fachrichtungen verlangt.[31]

36 Endet der Fünfjahreszeitraum nicht zum (Kalender-)Quartalsende, so kann erst der Honoraranspruch des Folgequartals (Satz 4) gekürzt werden. Erbringt der Vertragsarzt bis zum Beginn des Folgequartals den vollständigen Nachweis, so hat eine Kürzung zu unterbleiben. Erbringt er den Nachweis erst im Laufe des Folgequartals, so erfolgte dennoch eine Honorarkürzung für das gesamte Quartal (Satz 6). Eine **Kürzung** hat für jedes **Quartal** zu erfolgen, in dem nicht zu Beginn der vollständige Nachweis erbracht wurde. Das Verstreichen des Nachholungszeitraums von zwei Jahren beendet noch nicht den Zeitraum der Honorarkürzungen. Führt die Verletzung der Fortbildungspflicht nicht zur Zulassungsentziehung, so endet die Honorarkürzung nach Ablauf des Quartals, indem der Vertragsarzt den vollständigen Fortbildungsnachweis des folgenden Fünfjahreszeitraums erbringt (Satz 8). Sowohl während des Entziehungsverfahrens als auch nach einer Ablehnung sind die Honorarkürzungen fortzusetzen.[32] Erbringt der Vertragsarzt auch im folgenden Fünfjahreszeitraum nicht den vollständigen Fortbildungsnachweis, so endet der Kürzungszeitraum nicht und es beginnt ein neuer Kürzungszeitraum nach Satz 4. Nach dem Gesetz kann die Honorarkürzung theoretisch unbegrenzt erfolgen.

5. Zulassungsentziehung

37 Holt der Vertragsarzt fehlende Fortbildungsanteile nicht binnen zwei Jahren nach Ablauf des Fünfjahreszeitraums nach und erbringt er nicht spätestens zwei Jahre nach Ablauf des Fünfjahreszeitraums den vollständigen Fortbildungsnachweis, so soll die **KV** die **Zulassungsentziehung beantragen** (Satz 7). Eine zwingende Zulassungsentziehung ist nicht vorgesehen. Die Vorschrift schafft keinen eigenständigen Entziehungstatbestand, sondern verweist mit der Antragstellung auf die allgemeinen Zulassungsgründe, insbesondere den Grund der **gröblichen Pflichtverletzung** (§ 95 Abs. 6 SGB V) und das **Entziehungsverfahren** vor den **Zulassungsgremien** (§§ 96, 97 SGB V). Nach der Gesetzesbegründung

[28] Vgl. BT-Drs. 15/1525, S. 110.

[29] Vgl. BT-Drs. 15/1525, S. 110.

[30] Vgl. BT-Drs. 15/1525, S. 110.

[31] Vgl. BSG v. 20.01.1999 - B 6 KA 78/97 R - SozR 3-2500 § 87 Nr. 20; vgl. auch BSG v. 26.01.2000 - B 6 KA 53/98 R - SozR 3-2500 § 95 Nr. 22; SG Dresden v. 17.12.2003 - S 15 KA 378/02.

[32] Vgl. BT-Drs. 15/1525, S. 111.

stellt die Nichterfüllung der Fortbildungspflicht in aller Regel eine gröbliche Verletzung vertragsärztlicher Pflichten dar, weshalb die Verpflichtung zur Antragstellung für den Regelfall vorgeschrieben werde. Ein Vertragsarzt, der fünf Jahre seiner Fortbildungsverpflichtung nicht oder nur unzureichend nachkomme und sich auch durch empfindliche Honorarkürzungen nicht beeindrucken lasse, verweigere sich hartnäckig der Fortbildungsverpflichtung und verletze seine vertragsärztlichen Pflichten gröblich.[33]

In **atypischen Ausnahmefällen** kann die KV von einer Antragstellung absehen. Der Gesetzgeber nennt das Fehlen nur weniger Fortbildungsstunden.[34] Hinzu kommen Fälle, in denen ein Genügen der Fortbildungspflicht für den Nachfolgezeitraum bereits absehbar ist. Persönliche Gründe des Vertragsarztes können allenfalls in besonderen Fällen berücksichtigt werden, da nach der Regelungssystematik hierfür das Ruhen der Zulassung in Betracht kommt. 38

VI. Ermächtigte Ärzte (Absatz 4)

Absatz 4 ordnet die **entsprechende Anwendung** der Absätze 1-3 für **ermächtigte Ärzte** an. Besonderheiten ergeben sich aus dem befristeten Ermächtigungsstatus dieser Ärzte (vgl. § 31 Abs. 7 Ärzte-ZV). Eine Überprüfung der Fortbildung wird nur bei einer **fortlaufenden Ermächtigung**, die den Fünfjahreszeitraum erreicht, in Betracht kommen. Unterbrechungen führen wie das Ruhen einer Zulassung zur Verlängerung des Fünfjahreszeitraums. Soweit eine Ermächtigung aus qualitativen Versorgungsgründen erfolgt, bleibt es dennoch bei der allgemeinen Fortbildungsverpflichtung, da spezielle Qualifikationen über die allgemeine Fortbildungsverpflichtung nicht verlangt werden können. 39

VII. Angestellte Ärzte eines MVZ oder Vertragsarztes (Absatz 5)

Absatz 5 trifft eine modifizierte Regelung für die **MVZ** und von einem Vertragsarzt **angestellte Ärzte**. Die Vorschrift versucht zu berücksichtigen, dass die Regelungen für zugelassene Vertragsärzte auf diese nicht unmittelbar anwendbar sind. Soweit der bereits im fraktionsübergreifenden Gesetzentwurf enthaltene § 32b Abs. 2 Satz 4 Ärzte-ZV die entsprechende Geltung des Absatzes 5 für angestellte Ärzte eines Vertragsarztes vorsieht, ist dies deklaratorisch und ohne ergänzenden Regelungscharakter und beruht vermutlich auf einem Redaktionsversehen. 40

1. Fortbildungsverpflichtung

Absatz 1 mit der Fortbildungsverpflichtung und Absatz 2 mit den Nachweismöglichkeiten gelten für angestellte Ärzte eines MVZ oder Vertragsarztes entsprechend. **Angestellte Ärzte** sind nur die Ärzte, deren Anstellung nach § 95 Abs. 2 Satz 7 SGB V bzw. § 32b Ärzte-ZV genehmigt wurde; also nicht Vertreter und Assistenten (§ 32 Ärzte-ZV). Es handelt sich aber um eine **Pflicht**, für die in erster Linie der **Arbeitgeber**, d.h. das MVZ oder der zugelassene Vertragsarzt verantwortlich ist. Auch wenn der angestellte Arzt eines MVZ selbst Mitglied der KV ist (§ 95 Abs. 3 Satz 1 SGB V), so treffen die Pflichten aus dem Teilnahmestatus das MVZ. Den Fortbildungsnachweis nach Absatz 3 hat daher das MVZ oder der Vertragsarzt zu führen (Satz 2), mit der Maßgabe, dass diesen das Honorar gekürzt werden kann (Satz 4). 41

Unterbrechungen der Beschäftigung eines angestellten Arztes sind auf Antrag des Arbeitgebers wie Ruhenszeiträume zu behandeln und verlängern daher den Fünfjahreszeitraum nach Absatz 3 Satz 1 (Satz 3). Eine Frist für den erforderlichen Antrag gibt es nicht. Der Antrag muss daher lediglich bis zum Ablauf des Fünfjahreszeitraums gestellt werden. Eine wiederholte Antragstellung ist zulässig, da die Beschäftigung mehrfach unterbrochen werden kann. Die Unterbrechung muss nur länger als drei Monate, also am Stück, nicht kumulativ gedauert haben. Ein Grund für die Unterbrechung muss nicht vorliegen. Das Gesetz selbst stellt allein darauf ab, dass die Beschäftigung nicht ausgeübt wurde. 42

2. Honorarkürzung und Widerruf der Genehmigung

Als Folge des fehlenden Nachweises kann dem **MVZ** oder **Vertragsarzt** das **Honorar** gekürzt werden. Es gelten die gleichen Regelungen des Absatzes 3 (Satz 4). Soweit Absatz 5 Satz 4 nicht auf die Sollvorschrift zur Einleitung des Zulassungsentziehungsverfahrens nach Absatz 3 Satz 7 verweist, wird diese durch Satz 6 ersetzt. 43

---

33 Vgl. BT-Drs. 15/1525, S. 110.

34 Vgl. BT-Drs. 15/1525, S. 111.

44 Allerdings ist die **Honorarkürzung** nicht auf den Leistungsanteil des angestellten Arztes beschränkt. Bei fehlendem Fortbildungsnachweis wird der **gesamte Honoraranspruch** des Vertragsarztes oder des medizinischen Versorgungszentrums um 10% bzw. 25% reduziert, eine Quotierung zur Ermittlung des Anteils des angestellten Arztes, für den der Fortbildungsnachweis nicht erbracht wurde, findet nicht statt. Nach der Gesetzesbegründung soll damit der Anreiz zur Überprüfung der Einhaltung der Fortbildungsverpflichtung der angestellten Ärzte erhöht werden. Das MVZ oder der Vertragsarzt könne als Arbeitgeber aufgrund seiner Weisungsbefugnis und durch organisatorische Maßnahmen, wie z.B. das Aufstellen eines Fortbildungsplans, frühzeitig dafür Sorge tragen, dass alle bei ihm angestellten Ärzte die Fortbildungspflicht erfüllten, und im Falle hartnäckiger Weigerung das Beschäftigungsverhältnis kündigen und damit Honorarkürzungen vermeiden oder deren Laufzeit reduzieren.[35]

45 Die Honorarkürzung kann durch den Nachweis innerhalb der **Nachfrist** von zwei Jahren oder durch **Entlassung** des angestellten Arztes beendet werden (Satz 5). Nur bei fehlendem Nachweis und Fortsetzung des Beschäftigungsverhältnisses mit dem säumigen Arzt soll die KV einen **Antrag auf Widerruf der Genehmigung der Anstellung** stellen. Ein Entziehungsverfahren für das MVZ oder den Vertragsarzt muss nicht, kann aber nach den allgemeinen Vorschriften (§ 95 Abs. 6 SGB V, § 27 Ärzte-ZV) eingeleitet werden. Zuständig für den Widerruf der Genehmigung eines angestellten Arztes ist jeweils der Zulassungsausschuss (§ 95 Abs. 2 Satz 7 SGB V, § 32b Abs. 2 Satz 1 Ärzte-ZV), weshalb diesem gegenüber der Antrag zu stellen ist. Unverzüglich bedeutet ohne schuldhaftes Zögern. „Soll" ist auch hier im Sinne eines „muss" zu verstehen, soweit nicht ein atypischer Ausnahmefall vorliegt.

VIII. Fortbildungsrichtlinien (Absatz 6)

46 Absatz 6 sieht den **Erlass von Fortbildungsrichtlinien** durch die **KBV/KZBV** vor. Eine Verzahnung mit den berufsrechtlichen Voraussetzungen soll durch das notwendige Einvernehmen mit den zuständigen Arbeitsgemeinschaften der Kammern auf Bundesebene erreicht werden. Die KBV und KZBV haben solche Fortbildungsrichtlinien bereits erlassen (vgl. Rn. 5). Sie genügen aber nicht in vollem Umfang den gesetzlichen Anforderungen. In ihnen fehlen insbesondere Regelungen über ein schriftliches Prüfverfahren und einen Prüfbescheid (vgl. Rn. 29 f.).

47 Die **Regelungen** sind für die **KVen verbindlich** (Absatz 6 Satz 4). Die Gesetzesbegründung enthält hierzu keine Ausführungen, insbesondere zu der Frage, welchen Rechtscharakter die Richtlinien haben. Soweit sich die Richtlinien nach der Ermächtigungsnorm lediglich auf das Verfahren beschränken, greifen sie nicht in den Zulassungsstatus der Vertragsbehandler ein. Ausdrücklich misst ihnen das Gesetz insofern keine Außenwirkung zu. Eine solche kommt ihnen auch nach anderen Vorschriften nicht zu. Es handelt sich, da einseitig von der KBV erlassen, um keine vertraglichen Bestimmungen (vgl. die §§ 81 Abs. 3 Nr. 1, 95 Abs. 3 Satz 3 SGB V) oder besondere Richtlinien i.S.d. § 81 Abs. 3 Nr. 2 SGB V. Insofern handelt es sich bei den Richtlinien um **verfahrensausfüllende und norminterpretierende Verwaltungsvorschriften**. Allerdings regeln sie auch den Mindestumfang der Fortbildung nach Maßgabe des Katalogs über den Erwerb von 250 erforderlichen Fortbildungspunkten. Dem wird man nur eine mittelbare Verbindlichkeit zumessen können, wenn man diesen Umfang als zutreffende Interpretation des Begriffs „notwendiger Umfang" i.S.d. Absatzes 1 Satz 1 versteht.

IX. Konkurrierendes Disziplinarrecht

48 In Absatz 1 spezifiziert der Gesetzgeber die Fortbildungspflicht des Vertragsarztes. Soweit der Arzt dem Disziplinarrecht unterliegt, kann ein schuldhafter Verstoß gegen diese Verpflichtung **disziplinarisch** geahndet werden. Die vom Gesetz vorgesehene Sanktion der Honorarkürzungen und der möglichen Zulassungsentziehung ist nicht abschließend gedacht. Ein Disziplinarverfahren, das an der Verhaltenspflicht des Arztes ansetzt, kann neben einer Honorarkürzung durchgeführt werden. Nach der Gesetzesbegründung unterstellt der Gesetzgeber bei ungenügender Fortbildung eine Minderleistung, weshalb das Honorar zu kürzen ist. Vor Beantragung eines Zulassungsentziehungsverfahrens kann es aus Gründen der Verhältnismäßigkeit geboten sein, zunächst ein Disziplinarverfahren durchzuführen.

[35] Vgl. BT-Drs. 15/1525, S. 111.

§ 96 SGB V Zulassungsausschüsse

(Fassung vom 14.11.2003, gültig ab 01.01.2005, gültig bis 30.06.2008)

(1) Zur Beschlußfassung und Entscheidung in Zulassungssachen errichten die Kassenärztlichen Vereinigungen und die Landesverbände der Krankenkassen sowie die Verbände der Ersatzkassen für den Bezirk jeder Kassenärztlichen Vereinigung oder für Teile dieses Bezirks (Zulassungsbezirk) einen Zulassungsausschuß für Ärzte und einen Zulassungsausschuß für Zahnärzte.

(2) Die Zulassungsausschüsse bestehen aus Vertretern der Ärzte und der Krankenkassen in gleicher Zahl. Die Vertreter der Ärzte und ihre Stellvertreter werden von den Kassenärztlichen Vereinigungen, die Vertreter der Krankenkassen und ihre Stellvertreter von den Landesverbänden der Krankenkassen und den Verbänden der Ersatzkassen bestellt. Die Mitglieder der Zulassungsausschüsse führen ihr Amt als Ehrenamt. Sie sind an Weisungen nicht gebunden. Den Vorsitz führt abwechselnd ein Vertreter der Ärzte und der Krankenkassen. Die Zulassungsausschüsse beschließen mit einfacher Stimmenmehrheit, bei Stimmengleichheit gilt ein Antrag als abgelehnt.

(3) Die Geschäfte der Zulassungsausschüsse werden bei den Kassenärztlichen Vereinigungen geführt. Die Kosten der Zulassungsausschüsse werden, soweit sie nicht durch Gebühren gedeckt sind, je zur Hälfte von den Kassenärztlichen Vereinigungen einerseits und den Landesverbänden der Krankenkassen und den Verbänden der Ersatzkassen andererseits getragen.

(4) Gegen die Entscheidungen der Zulassungsausschüsse können die am Verfahren beteiligten Ärzte und ärztlich geleiteten Einrichtungen, die Kassenärztlichen Vereinigungen und die Landesverbände der Krankenkassen sowie die Verbände der Ersatzkassen den Berufungsausschuß anrufen. Die Anrufung hat aufschiebende Wirkung.

Gliederung

A. Basisinformationen

I. Textgeschichte/Gesetzgebungsmaterialien

1 Die Vorschrift wurde durch das **GRG**[1] mit Geltung ab 01.01.1989 verabschiedet.

2 Art. 1 Nr. 54 **GSG**[2] passte mit Geltung ab 01.01.1993 die Vorschrift an die vertragsärztliche **Gleichstellung der Ersatz- mit den Primärkassen** an und fügte entsprechend in Absatz 1 und Absatz 4

---

[1] Gesetz zur Strukturreform im Gesundheitswesen (Gesundheits-Reformgesetz - GRG) v. 20.12.1988, BGBl I 1988, 2477.

[2] Gesetz zur Sicherung und Strukturverbesserung der gesetzlichen Krankenversicherung/Gesundheitsstrukturgesetz) v. 21.12.1992, BGBl I 1992, 2266.

Satz 1 die Worte „sowie die Verbände der Ersatzkassen“, in Absatz 2 Satz 2 „und den Verbänden der Ersatzkassen“ sowie in Absatz 3 Satz 2 „einerseits“ und „und den Verbänden der Ersatzkassen andererseits“ ein.

3 Art. 1 Nr. 76a **GMG**[3] hob in Absatz 2 den Satz 3 („Unter den Vertretern der Ärzte muss ein außerordentliches Mitglied sein.“) mit Wirkung ab 01.01.2005 (Art. 37 Abs. 8 GMG) auf. Es handelt sich um eine Folgeänderung zu § 77 Abs. 3, wonach es **außerordentliche Mitglieder** einer KV (das waren die in das Arztregister eingetragenen nichtzugelassenen Ärzte) nicht mehr gibt. Die Änderung war bereits im fraktionsübergreifenden Gesetzentwurf[4] enthalten und wurde unverändert übernommen. Das **GKV-WSG**[5] streicht als Folgeänderung zur neuen Organisationsstruktur der Verbände der Krankenkassen mit Geltung ab **01.07.2008** (Art. 46 Abs. 9) in den Absätzen 1 und 4 Satz 1 jeweils die Wörter „Verbände der“ und in Absatz 2 Satz 2 und Absatz 3 Satz 2 jeweils die Wörter „Verbänden der“.

II. Vorgängervorschriften

4 Die Vorschrift ersetzt mit z. T. sprachlichen Veränderungen, aber inhaltsgleich **§ 368b Abs. 1-4 RVO** (dessen weitere Absätze 5-8 werden durch § 97 SGB V ersetzt).

III. Parallelvorschriften/Ergänzende Vorschriften

5 Einzelheiten über die Mitglieder des Zulassungsausschusses und sein Verfahren sind in den §§ 34, 36-43 und 46 der **Ärzte-ZV** und **Zahnärzte-ZV** geregelt (vgl. die Kommentierung zu § 95 SGB V Rn. 9). Für das Verfahren gilt ferner das **SGB X**. Die Vorschrift wird ergänzt mit Wirkung ab dem 01.01.1999 durch den mit Art. 2 Nr. 11 c) PsychThG[6] eingefügten Absatz **13 des § 95 SGB V**. Art. 1 Nr. 118 GMG hat mit Wirkung ab 01.01.2004 **§ 140f SGB V** eingefügt, nach dessen Absatz 3 Satz 1 erstmals Patientenorganisationen ein Mitberatungsrecht, allerdings beschränkt auf die Besetzung zusätzlicher Vertragsarztsitze nach § 101 Abs. 1 Satz 1 Nr. 3 SGB V[7], und Ermächtigungen erhalten. Eine besondere Besetzung der Ärzteseite (ein Kassenarzt, ein in einer Poliklinik beschäftigter Arzt, ein außerordentliches Mitglied) hatte bereits der auf dem Einigungsvertrag beruhende § 311 Abs. 8 SGB V[8] für eine Übergangszeit (ursprünglich bis Ende 1995) vorgesehen.

IV. Systematische Zusammenhänge

6 Die paritätisch mit Vertretern der Krankenkassen bzw. ihren Verbänden und Ärzten besetzten Zulassungsausschüsse sind Teil der sog. **gemeinsamen Selbstverwaltung**. Sie sind ausschließlich für den **vertragsärztlichen Bereich**, dem im Wesentlichen die ambulante Versorgung übertragen ist, zuständig. Die **Zuständigkeit** des Zulassungsausschusses wird nicht in § 96 SGB V geregelt, sondern ist verstreut in vielen **Einzelregelungen**. Danach hat er die vertragsärztlichen Leistungserbringer zuzulassen oder zu ermächtigen, entscheidet über Ausnahmen von der haus-/fachärztlichen Versorgung und erteilt Genehmigungen für die Anstellung eines Arztes in einem MVZ oder bei einem Vertragsarzt. Gegen Entscheidungen des Zulassungsausschusses kann der Berufungsausschuss (§ 97 SGB V) angerufen werden.

---

[3] Gesetz zur Modernisierung der gesetzlichen Krankenversicherung (GKV-Modernisierungsgesetz - GMG) v. 14.11.2003, BGBl I 2003, 2190.

[4] Vgl. BT-Drs. 15/1525, S. 27.

[5] Gesetz zur Stärkung des Wettbewerbs in der gesetzlichen Krankenversicherung (GKV-Wettbewerbsstärkungsgesetz - GKV-WSG) v. 26.03.2007 BGBl I 2007, 378.

[6] Gesetz über die Berufe des Psychologischen Psychotherapeuten und des Kinder- und Jugendlichenpsychotherapeuten, zur Änderung des Fünften Buches Sozialgesetzbuch und anderer Gesetze v. 16.06.1998, BGBl I 1998, 1311.

[7] Bei dem Verweis in § 140f Abs. 3 Satz 1 SGB V auf Satz 3 anstatt der Nr. 3 des § 101 Abs. 1 SGB V handelt es sich offensichtlich um ein Redaktionsversehen.

[8] Eingefügt durch Anl. I Kap. VIII Sachg. G Abschn. II Nr. 1 EinigVtr v. 31.08.1990 i.V.m. Art. 1 Gesetz v. 23.09.1990, BGBl II 1990, 885, 1048 m.W.v. 29.09.1990; aufgehoben durch Art. 1 Nr. 168 lit. c Gesetz v. 21.12.1992, BGBl I 1992, 2266 m.W.v. 01.01.1993.

B. Auslegung der Norm

I. Regelungsgehalt und Bedeutung der Norm

Die Vorschrift schafft mit den Zulassungsausschüssen und Berufungsausschüssen (§ 97 SGB V) eigene **Behörden** der sog. gemeinsamen Selbstverwaltung, bestehend aus Vertretern der Verbände der Krankenkassen sowie der KVen, für die **Zulassung** der Leistungserbringer zur **vertragsärztlichen Versorgung**. Sie regelt ihre Besetzung und die Grundlagen des Verfahrens einschließlich des Rechtsbehelfs. Seit der Änderung durch das GSG ist das Zulassungsverfahren einheitlich für den Primär- und Ersatzkassenbereich. Für Ärzte einschließlich der Psychotherapeuten – aber mit anderer Besetzung – einerseits und Zahnärzte andererseits sind unterschiedliche Zulassungsausschüsse zu bilden. Eine allgemeine Aufgabenzuweisung enthält die Vorschrift nicht. 7

II. Normzweck

Die Vorschrift überlässt der **gemeinsamen Selbstverwaltung** die **Entscheidungskompetenz** über die Zulassung der Leistungserbringer zur ambulanten ärztlichen Versorgung und verpflichtet sie zugleich, diese Aufgabe auch wahrzunehmen. 8

III. Zulassungssachen (Absatz 1)

Zulassungssachen werden vom Gesetz nicht definiert. Die Vorschrift enthält **keine allgemeine Aufgabenzuweisung**. Eine solche ist auch an anderer Stelle nicht zu finden. Der Aufgabenbereich der Zulassungsgremien ergibt sich aus einer **Vielzahl von Normen**, die im Einzelnen eine Aufgabenzuweisung bzw. Ermächtigungsnorm enthalten. Sie alle räumen den Zulassungsgremien eine Entscheidungsbefugnis ein, weshalb sie alle als „Zulassungssachen“ bezeichnet werden können.[9] Bei Überschreiten der Zuständigkeit ist gleichfalls das Verfahren nach Absatz 4 gegeben. 9

1. Zuständigkeitsnormen

Im Einzelnen handelt es sich um folgende Zuständigkeitsnormen, die z.T. in Verbindung mit den bundesmantelvertraglichen Vorschriften nur für den vertragsärztlichen bzw. vertragszahnärztlichen Bereich gelten: 10

1. Entscheidungen über die **Teilnahme** an der ambulanten Versorgung:

- **Zulassung** eines Arztes, Zahnarztes oder Psychotherapeuten: § 19 Abs. 1 Satz 1 Ärzte-ZV:
  - im Fall eines zulassungsbeschränkten oder -unbeschränkten Planungsbereichs: § 95 Abs. 1 Satz 1, Abs. 10-12 SGB V,
  - Bestimmung des Praxisnachfolgers in einem zulassungsbeschränkten Planungsbereich: § 103 Abs. 4 Satz 3 SGB V,
  - zur gemeinsamen Berufsausübung mit einem Vertragsarzt in einem zulassungsbeschränkten Planungsbereich bei Beschränkung des Leistungsumfangs: § 101 Abs. 1 Satz 1 Nr. 4 SGB V, § 23a BedarfsplRl-Ä („Job-Sharing“),
  - wegen eines Sonderbedarfs in einem zulassungsbeschränkten Planungsbereich: § 101 Abs. 1 Nr. 3 SGB V, § 24 BedarfsplRl-Ä,
  - zur Ermöglichung belegärztlicher Tätigkeit in einem zulassungsbeschränkten Planungsbereich: § 103 Abs. 7 Satz 3 SGB V,
  - im Einzelfall wegen unbilliger Härte als Ausnahme von einer Zulassungsbeschränkung wegen Unterversorgung (§ 16 Abs. 5 Ärzte-ZV).
- **Reduzierung des Versorgungsauftrags** auf die Hälfte: § 19a Abs. 2 Satz 1 Ärzte-ZV.
- **Aufhebung der Reduzierung des Versorgungsauftrags** auf die Hälfte: § 19a Abs. 3 Satz 1 Ärzte-ZV.
- Zulassung eines **MVZ**: § 19 Abs. 1 Satz 1 Ärzte-ZV, § 1 Abs. 3 Ärzte-ZV, § 95 Abs. 1 Satz 1, Abs. 2 Satz 5 SGB V.
- **Ermächtigung von Krankenhausärzten:**
  - mit abgeschlossener Weiterbildung zur Deckung eines quantitativen oder qualitativen Versorgungsbedarfs: § 116 SGB V, § 31a Abs. 1 Ärzte-ZV,

[9] Z.T. enger *Hencke* in: Peters, Handbuch KV (SGB V), § 96, Rn. 4.

- zur Durchführung bestimmter Versorgungsaufträge nach der Dialysevereinbarung[10]: § 31 Abs. 2 Ärzte-ZV, §§ 11 Abs. 1, 12 Abs. 1 und 2 Dialysevereinbarung.

- **Ermächtigung von Ärzten:**
  - zur Abwendung drohender Unterversorgung: § 31 Abs. 1 lit. a) Ärzte-ZV,
  - zur Versorgung eines begrenzten Personenkreises: § 31 Abs. 1 lit. b) Ärzte-ZV,
  - für besondere Leistungen: § 31 Abs. 2 Ärzte-ZV, § 5 Abs. 1 BMV-Ä/§ 9 Abs. 1 EKV-Ä,
  - für besondere Leistungen der Zytodiagnostik bzw. Geburtsplanung: § 31 Abs. 2 Ärzte-ZV, § 5 Abs. 2 BMV-Ä/§ 9 Abs. 2 EKV-Ä,
  - bei Tätigkeit außerhalb des Zulassungsbezirks der KV: § 24 Abs. 3 Satz 3 Ärzte-ZV.
- **Ermächtigung** von Ärzten aus **EU-Mitgliedsstaaten** zur vorübergehenden Erbringung von Dienstleistungen: § 31 Abs. 5 Ärzte-ZV, § 8 Abs. 1 BMV-Ä/§ 12 Abs. 1 EKV-Ä bzw. § 10b Abs. 1 BMV-Z/§ 6 EKV-Z.
- Ermächtigung von **Kieferchirurgen** und anderer **Fachzahnärzte** zur vertragsärztlichen neben der vertragszahnärztlichen Teilnahme: § 6 Abs. 1 und Abs. 2 Satz 1 BMV-Ä/§ 10 Abs. 1 und Abs. 2 Satz 1 EKV-Ä.
- Ermächtigung von **Zahnärzten** zur Durchführung kieferorthopädischer Behandlungen: § 31 Abs. 2 Zahnärzte-ZV, § 10a Abs. 1 BMV-Z, § 5 Abs. 1 Satz 1 Nr. 2 und Abs. 2 EKV-Z[11].
- Ermächtigung **ärztlich geleiteter Einrichtungen**:
  - zur Abwendung drohender Unterversorgung: § 31 Abs. 1 lit. a) Ärzte-ZV,
  - zur Versorgung eines begrenzten Personenkreises: § 31 Abs. 1 lit. b) Ärzte-ZV,
  - für besondere Leistungen: § 31 Abs. 2 Ärzte-ZV, § 5 Abs. 1 BMV-Ä/§ 9 Abs. 1 EKV-Ä,
  - für besondere Leistungen der Zytodiagnostik bzw. Geburtsplanung: § 31 Abs. 2 Ärzte-ZV, § 5 Abs. 2 BMV-Ä/§ 9 Abs. 2 EKV-Ä,
  - zur Durchführung bestimmter Versorgungsaufträge nach der Dialysevereinbarung: § 31 Abs. 2 Ärzte-ZV, §§ 9 Abs. 1, 10 Abs. 1 Dialysevereinbarung.
- Ermächtigung von **Krankenhäusern** bei **Unterversorgung**: § 116a SGB V.
- Ermächtigung von **Hochschulambulanzen**: § 117 Abs. 1 Satz 1 SGB V.
- Ermächtigung von **Hochschulambulanzen an Psychologischen Universitätsinstituten**: § 117 Abs. 2 Satz 1 i.V.m. Abs. 1 Satz 1 SGB V.
- Ermächtigung von **Psychiatrischen Krankenhäusern**: § 118 Abs. 1 Satz 1 SGB V.
- Ermächtigung von **Allgemeinkrankenhäusern mit psychiatrischen Abteilungen**: § 118 Abs. 2 Satz 1 SGB V.
- Ermächtigung **sozialpädiatrischer Zentren**: § 119 Abs. 1 Satz 1 SGB V.
- Ermächtigung von **Einrichtungen der Behindertenhilfe**: § 119a Satz 1 SGB V.

2. Entscheidungen über die **Ausübung der Teilnahme** an der ambulanten Versorgung:

- Genehmigung eines **Fachgebietswechsels**: § 24 Abs. 6 Ärzte-ZV.
- Genehmigung der **Verlegung des Sitzes** eines Vertragsarztes oder MVZ: § 24 Abs. 7 Ärzte-ZV, § 1 Abs. 3 Nr. 2 Ärzte-ZV.
- Entscheidungen über eine **Ausnahme zur Altersgrenze von 68 Jahren**: § 95 Abs. 7 Sätze 4 und 5 SGB V.
- Teilnahme an der **fachärztlichen Versorgung**:
  - von Kinderärzten und Internisten ohne Schwerpunktbezeichnung: § 73 Abs. 1a Satz 3 SGB V; dies gilt auch für Anträge von Allgemeinärzten[12],
  - ausschließliche Teilnahme von Allgemeinärzten und Ärzten ohne Gebietsbezeichnung an der fachärztlichen Versorgung: § 73 Abs. 1a Satz 5 SGB V.
- **Genehmigung von angestellten Ärzten**:
  - bei einem Vertragsarzt: § 32b Abs. 2 Satz 1 Ärzte-ZV, § 95 Abs. 9 Satz 1 SGB V,
  - bei einem Vertragsarzt an einem weiteren Ort: § 24 Abs. 3 Satz 6 Ärzte-ZV,
  - Hochschullehrer für Allgemeinmedizin oder deren wissenschaftliche Mitarbeiter bei einem Vertragsarzt; § 95 Abs. 9a Satz 1 SGB V,
  - in einem MVZ: § 95 Abs. 2 Satz 7 SGB V,

---

[10] Anlage 9: Besondere Versorgungsaufträge zum BMV-Ä/EKV-Ä.

[11] § 2 Abs. 2 EKV-Z a.F. verstieß mit der Zuständigkeit der KZV gegen § 31 Abs. 2 Zahnärzte-ZV; Ermächtigungen bleiben aber wirksam, vgl. § 5 Abs. 4 Satz 2 EKV-Z.

[12] Vgl. LSG Nordrhein-Westfalen v. 07.12.2005 - L 11 KA 122/04 - www.sozialgerichtsbarkeit.de.

- in einer Poliklinik nach § 311 Abs. 2 Satz 1 SGB V: § 311 Abs. 2 Satz 2 SGB V i.V.m. § 95 Abs. 2 Satz 6 SGB V,
- in einem MVZ oder in einer Poliklinik nach § 311 Abs. 2 Satz 1 SGB V in einem zulassungsbeschränkten Planungsbereich zur gemeinsamen Berufsausübung mit einem Vertragsarzt bei Beschränkung des Leistungsumfangs: § 101 Abs. 1 Satz 1 Nr. 4 SGB V, §§ 39 und 40 sowie 23a BedarfsplRl-Ä („Job-Sharing").

• Entscheidungen über das **Ruhen**:
- der Zulassung (vollständige oder hälftig): § 26 Abs. 1 Ärzte-ZV, § 95 Abs. 5 SGB V,
- einer Ermächtigung: § 95 Abs. 4 i.V.m. Abs. 5 SGB V.

• Genehmigung einer **Berufsausübungsgemeinschaft**: § 33 Abs. 3 Sätze 1 und 2 Ärzte-ZV.

3. Entscheidungen über das **Ende der Teilnahme** an der ambulanten Versorgung:

• (feststellende) Entscheidungen über die **Beendigung** einer Zulassung und Ermächtigung: § 28 Ärzte-ZV, § 95 Abs. 7 SGB V,
• Entscheidungen über das **Entziehen** einer Zulassung und Ermächtigung: § 27 Ärzte-ZV, § 95 Abs. 6 SGB V,
• Entscheidungen über das Entziehen einer Zulassung oder Beendigung einer **Poliklinik** nach § 311 Abs. 2 Satz 1 SGB V: § 311 Abs. 2 Satz 2 i.V.m. § 95 Abs. 6 und 7 Satz 2 SGB V, § 27 Ärzte-ZV.

2. Mitteilungspflichten und Einzelbefugnisse

Mitteilungspflichten **an den Zulassungsausschuss bestehen für:** 11

• Tatsachen, die das Ende der Zulassung bedingen, durch die KV, die Krankenkassen und die Kassenverbände (§ 28 Abs. 2 Ärzte-ZV);
• Durchführung ambulanter Operationen eines Krankenhauses nach § 115b Abs. 1 SGB V: § 115b Abs. 2 Satz 2 HS. 1 SGB V;
• Wahlentscheidung der Internisten und Kinderärzte für die hausärztliche Versorgung, die bereits im Zulassungsantrag zu erklären ist: § 4 Abs. 2 Satz 1 und 2 Hausarztvertrag.[13]

Ferner ist der Nachweis der gleichberechtigten Teilhaberschaft gegenüber dem Zulassungsausschuss durch Vorlage des notariell beglaubigten Vertrages zu erbringen, soweit eine gleichberechtigte Mitgliedschaft in einer **Gemeinschaftspraxis** im Zusammenhang mit der degressiven **Punktzahlabstaffelung** für Zahnärzte geltend gemacht wird (§ 85 Abs. 4b Satz 6 SGB V). 12

Dem Zulassungsausschuss sind die **Registerakten** auf Anforderung zur Einsicht zu überlassen (§ 9 Abs. 3 Ärzte-ZV). Vor Anordnung von Zulassungsbeschränkungen wegen Unterversorgung sind die Zulassungsausschüsse **anzuhören** (§ 16 Abs. 3 Satz 2, Abs. 6 Satz 2 Ärzte-ZV). Der Zulassungsausschuss, in dessen Bezirk der Vertragsarzt seinen Sitz hat, ist vom über eine Ermächtigung für eine Tätigkeit außerhalb des Bezirks entscheidenden Zulassungsausschuss anzuhören (§ 24 Abs. 3 Satz 3 HS. 2 Ärzte-ZV). Für die Feststellungen des qualitätsbezogenen **Sonderbedarfs** nach § 24 BedarfsplRl-Ä teilen die KVen auf Anfrage dem Zulassungsausschuss Angaben über den durchschnittlichen Behandlungsfallwert (bezogen auf die Arztgruppe und das Vorjahr) und Angaben über die Ärzte im Einzelnen mit, soweit diese Mitteilung für die Entscheidung des Zulassungsausschusses im Einzelfall erforderlich ist (§ 2 Abs. 2 Satz 3 BedarfsplRl-Ä). 13

Erbringt ein Vertragsarzt oder angestellter Arzt den **Fortbildungsnachweis** auch nicht in einer Nachfrist, so soll die KV unverzüglich gegenüber dem Zulassungsausschuss einen Antrag auf Entziehung der Zulassung bzw. Widerruf der Anstellungsgenehmigung stellen (§ 95d Abs. 3 Satz 7, Abs. 5 Satz 6 SGB V). 14

3. Abgrenzung zu Befugnissen der KV

Nicht zu den Zulassungssachen gehören Vertretungen. Die Vertretung ist **genehmigungsfrei** und ab einer Woche gegenüber der KV anzeigepflichtig (§ 32 Abs. 1 Ärzte-ZV). Genehmigungsfrei, aber anzeigepflichtig gegenüber der KV ist die Bildung einer Praxisgemeinschaft und von Gerätegemeinschaften (§ 33 Abs. 1 Satz 1 und 2 Ärzte-ZV). 15

Die **KV** ist insbesondere **zuständig** für: 16

• Ermächtigung von Ärzten ohne Approbation mit einer Heilkundeerlaubnis: § 31 Abs. 3 Ärzte-ZV.
• Genehmigung der Beschäftigung von Assistenten (§ 32 Abs. 2 Ärzte-ZV).
• Genehmigung der Weiterführung einer Praxis bis zu zwei Quartalen nach dem Tod eines Praxisinhabers: § 8 Abs. 5 EKV-Ä.

[13] Anlage 5: Vertrag über die hausärztliche Versorgung zum BMV-Ä/EKV-Ä.

- Ermächtigung von Fachwissenschaftlern der Medizin: § 7 BMV-Ä/§ 11 EKV-Ä.
- Genehmigung einer Zweigpraxis: § 15a Abs. 1 Satz 1 BMV-Ä/EKV-Ä, § 6 Abs. 6 Satz 1 BMV-Z; die Regelung ist aber durch § 24 Abs. 2 Satz 2 Ärzte-ZV i.d.F. des VÄndG überholt, der aber die Zuständigkeit für die Prüfung eines Anspruchs auf Tätigkeit an einem anderen Ort innerhalb des Bezirks bei der KV belässt; für eine Tätigkeit außerhalb des Bezirks ist der Zulassungsausschuss zuständig (§ 24 Abs. 3 Satz 3 Ärzte-ZV).
- Anerkennung als Belegarzt: § 40 Abs. 2 Satz 1/§ 32 Abs. 2 EKV-Ä.
- Genehmigung eines Versorgungsauftrags durch zugelassene Vertragsärzte nach § 3 Abs. 3 lit. a) Dialysevereinbarung: § 4 Abs. 1 Satz 1 Dialysevereinbarung.
- Genehmigungen aufgrund bundesmantelvertraglicher Vorschriften (§ 135 Abs. 2 SGB V), die den Nachweis besonderer Qualifikationen verlangen, z.B. nach § 2 Psychotherapie-Vereinbarung (Anl. 1 zum BMV-Ä/EKV-Ä), § 5 Abs. 2 Sozialpsychiatrie-Vereinbarung (Anl. 11 zum EKV-Ä), § 9 Onkologievereinbarung (Anl. 7 zum EKV-Ä), § 6 Abs. 3 Schmerztherapievereinbarung (Anl. 12 zum EKV-Ä), § 6 Abs. 1 Arthroskopie-Vereinbarung.

IV. Errichtung und Besetzung der Zulassungsausschüsse

1. Errichtung der Zulassungsausschüsse (Absatz 1)

17 Zulassungsausschüsse sind für den Bezirk jeder KV oder für Teile dieses Bezirks zu bilden. Sie sind von der KV gemeinsam mit den Verbänden der Krankenkassen zu bilden (§ 11 Abs. 1 Ärzte-ZV). **Bezirk einer KV** ist ihr Bereich, in der Regel der eines Bundeslandes (§ 75 Abs. 1 SGB V). Die Abgrenzung des Zulassungsbezirks hat auch Bedeutung für die Beendigung einer Zulassung aufgrund Wegzugs (§ 95 Abs. 7 Satz 1 SGB V). Werden Bezirke für Teile des Bezirks einer KV gebildet, so sind bei der Abgrenzung in der Regel die Grenzen der Stadt- und Landkreise zu berücksichtigen (§ 11 Abs. 2 Ärzte-ZV). Begehrt ein Rechtsträger eine Ermächtigung, so kommt es nicht auf seinen Sitz, sondern auf den Ort der angestrebten bzw. bereits in Gang gesetzten Behandlungstätigkeit für die Bestimmung des maßgeblichen Zulassungsbezirks und damit des zuständigen Zulassungsausschusses an. Die Zuständigkeit für eine Ermächtigung hängt davon ab, wo die konkrete, faktische Behandlungstätigkeit erfolgt.[14]

18 **Landesverbände der Krankenkassen** sind die Landesverbände der Primärkassen (§ 207 SGB V), die Bundesknappschaft (§ 212 Abs. 3 SGB V) und die Verbände der Ersatzkassen auf Landesebene (§ 212 Abs. 5 Satz 4 SGB V). Sie errichten mit der KV (§ 77 Abs. 1 Satz 1 SGB V) einen **Zulassungsausschuss für Ärzte** und mit der KZV einen **Zulassungsausschuss für Zahnärzte**. Die Geschäfte werden bei den KVen geführt (Absatz 3 Satz 1). Errichten bedeutet die Verpflichtung zur Entsendung der Mitglieder der Ausschüsse sowie der Ausstattung mit den erforderlichen finanziellen und sachlichen Mitteln. Kommen sie ihrer Verpflichtung zur Entsendung nicht nach, so hat die Aufsichtsbehörde die Ausschussmitglieder zu berufen (§ 97 Abs. 5 Satz 2 SGB V).

19 Die **Zulassungsausschüsse** sind als Gremien der gemeinsamen Selbstverwaltung rechtlich **verselbständigt**. Sie sind weder der KV noch den Krankenkassen oder ihren Verbänden zugeordnet. Im Gerichtsverfahren sind sie **beteiligungsfähig** (§ 70 Nr. 4 SGG). Die Aufsicht über ihre Geschäftsführung führt die für die Sozialversicherung zuständige oberste Verwaltungsbehörde der Länder (§ 97 Abs. 4 Satz 1 SGB V).

2. Besetzung und Finanzierung der Zulassungsausschüsse (Absätze 2 und 3)

a. Regelbesetzung

20 Die Zulassungsausschüsse sind **paritätisch** („in gleicher Zahl“) mit Vertretern der Ärzte und der Krankenkassen zu besetzen. Sie bestehen aus sechs Mitgliedern, und zwar aus je drei Vertretern der Ärzte, die auch psychologische Psychotherapeuten sein können (§ 72 Abs. 1 Satz 2 SGB V), und der Krankenkassen sowie aus Stellvertretern in der nötigen Zahl (§ 34 Abs. 1 Ärzte-ZV). In dieser Besetzung muss der Ausschuss auch verhandeln und entscheiden. Fehlt ein Mitglied, so muss ein Stellvertreter der jeweiligen Seite nachrücken. Eine Besetzung mit weniger als sechs Mitgliedern, auch paritätisch, führt zu einem Verfahrensverstoß. Beschlüsse können nur bei **vollständiger Besetzung** des Zulassungsausschusses gefasst werden (§ 41 Abs. 2 Satz 1 Ärzte-ZV).

---

[14] Vgl. BSG v. 05.02.2003 - B 6 KA 26/02 R - juris Rn. 30 f. - SozR 4-2500 § 117 Nr. 1.

21 Die **Vertreter der Krankenkassen** werden von ihren Landesverbänden gemeinsam bestellt, bei fehlender Einigung bestimmt das Los (§ 34 Abs. 2 Ärzte-ZV). Der Landesverband regelt selbst, wie er am Bestellungsverfahren teilnimmt. Auch die KV bestimmt selbst, wie sie die Entsendung ihrer Vertreter vornimmt. Es muss sich nach der Rechtsprechung des BSG aber nicht um Mitglieder einer **KV** (§ 75 Abs. 3 SGB V) handeln[15], was allerdings nicht dem Zweck der Selbstverwaltung und der erforderlichen Sachkunde vollends gerecht wird[16].

22 Die **Amtsdauer** der Mitglieder beträgt vier Jahre (§ 34 Abs. 3 Satz 1 Ärzte-ZV). Es besteht eine feste Amtsperiode (§ 34 Abs. 3 Satz 2 Ärzte-ZV). Scheiden Mitglieder vorzeitig aus, so erfolgt eine neue Bestellung nur bis zum Ende der festen Amtsperiode (§ 34 Abs. 4 Ärzte-ZV). Eine vorzeitige **Abberufung** ist nur aus wichtigem Grund durch die entsendende Stelle möglich. Wichtiger Grund (§ 626 BGB) setzt ein Fehlverhalten des Mitglieds voraus, wie es etwa bei einer außerordentlichen Kündigung eines Arbeitsverhältnisses erforderlich ist. Daneben kommen Gründe, die eine Amtsausübung verhindern (z.B. längere Krankheit), in Betracht. Standes-, berufs- oder verwaltungspolitische Gründe reichen hierfür nicht aus. Andernfalls könnte die den Mitgliedern garantierte Weisungsfreiheit in ihrer Tätigkeit und bei der Entscheidung (Absatz 2 Satz 3) umgangen werden. Eine **Niederlegung** des Amtes ist ohne Gründe möglich, muss aber schriftlich erfolgen (§ 34 Abs. 6 Ärzte-ZV). Auch die Bestellung kann bereits abgelehnt werden. Den **Vorsitz** führt abwechselnd ein Vertreter der Ärzte und der Krankenkassen (Absatz 2 Satz 5). Dies sollte in einer **Geschäftsordnung** geregelt werden. Der Vorsitzende hat aber kein besonderes Stimmrecht. Die Zulassungsausschüsse **beschließen** mit einfacher Stimmenmehrheit, bei Stimmengleichheit gilt ein Antrag als abgelehnt (Absatz 2 Satz 6). Stimmenthaltung ist unzulässig (§ 41 Abs. 2 Satz 2 Ärzte-ZV).

23 Es ist eine **Geschäftsstelle** bei den KVen einzurichten (Absatz 3 Satz 1). Die Mitglieder führen ihr Amt als **Ehrenamt** (Absatz 2 Satz 3), können also nicht beschäftigt werden. Sie haben lediglich Anspruch auf Erstattung ihrer baren Auslagen und auf eine Entschädigung für Zeitverlust nach den für die Mitglieder der Organe der bestellenden Körperschaften geltenden Grundsätzen (§ 34 Abs. 7 Satz 1 Ärzte-ZV). Der Anspruch richtet sich nur gegen die bestellenden Körperschaften (§ 34 Abs. 7 Satz 2 Ärzte-ZV). In der Geschäftsstelle können aber feste Mitarbeiter beschäftigt werden. Die **Kosten** sind je zur Hälfte von der KV und den Kassenverbänden zu tragen (Absatz 3 Satz 2). Die Kassenverbände haben ihren Anteil entsprechend der Anzahl der Versicherten ihrer Mitgliedskassen aufzuteilen (§ 34 Abs. 8 Ärzte-ZV).

b. Zulassungssachen der Psychotherapeuten (§ 95 Abs. 13 SGB V)

24 In Zulassungssachen der Psychotherapeuten und der überwiegend oder ausschließlich psychotherapeutisch tätigen Ärzte treten an die Stelle der Vertreter der Ärzte **Vertreter der Psychotherapeuten und der Ärzte in gleicher Zahl**; unter den Vertretern der Psychotherapeuten muss mindestens **ein Kinder- und Jugendlichenpsychotherapeut** sein (§ 95 Abs. 13 Satz 1 SGB V). Die Vorschrift geht auf eine Empfehlung des Bundesrates, der den Vermittlungsausschuss angerufen hatte, zurück, und der eine gleichberechtigte Mitwirkung der Psychologischen Psychotherapeuten in den krankenversicherungsrechtlichen Gremien zur Sicherstellung der psychotherapeutischen Versorgung der Versicherten forderte.[17] § 95 Abs. 13 SGB V wurde dann unverändert auf Vorschlag des Vermittlungsausschusses[18], der dies nicht weiter begründete, übernommen. „In gleicher Zahl" wird dahin gehend verstanden, dass die „Ärztebank" wiederum aus gleicher Anzahl von Vertretern der Ärzte und Psychotherapeuten bestehen muss. Sie muss also mit mindestens einem Kinder- und Jugendlichenpsychotherapeuten, einem Psychotherapeuten oder weiteren Kinder- und Jugendlichenpsychotherapeuten und zwei Vertretern der Ärzte besetzt sein. Hierin ist eine abweichende Sonderregelung zu § 34 Abs. 1 Ärzte-ZV zu sehen. Die Mitgliederzahl kann von den Entsendern bestimmt werden.[19] Die Ärzteseite muss somit mindestens vier Vertreter entsenden, da wiederum ein Vertreter der Psychotherapeuten ein Kinder- und Jugendlichenpsychotherapeut sein muss. Das Gesetz schreibt aber nicht vor, ob ärztliche oder psychologische Psychotherapeuten entsendet werden müssen. Aus Paritätsgründen müssen die Krankenkassen auch

---

[15] Vgl. BSG v. 25.11.1998 - B 6 KA 81/97 R - juris Rn. 19 ff. - SozR 3-2500 § 97 Nr. 2.

[16] Vgl. auch *Hencke* in: Peters, Handbuch KV (SGB V), § 96 Rn. 8.

[17] Vgl. BT-Drs. 13/9540, S. 1 f.

[18] Vgl. BT-Drs. 13/9770, S. 3.

[19] Vgl. *Schirmer*, MedR 1998, 435, 449 f.; *Behnsen*, SGb 1998, 614, 618; *Hencke* in: Peters, Handbuch KV (SGB V), § 95 Rn. 62; *Schiller* in: Schnapp/Wigge, Handbuch des Vertragsarztrechts, § 5d, Rn. 78 f.; z.T. anders - nur jeweils vier Vertreter - *Engelhard*, NZS 1999, 491 f.

mindestens vier Vertreter entsenden, weshalb der Ausschuss mindestens acht Mitglieder haben muss. Besetzungsfehler führen als Verfahrensfehler, da in der Regel Beurteilungs- und Ermessensspielräume zustehen, zur Aufhebung der Entscheidung (vgl. § 42 SGB X).[20]

25 **Zulassungssachen der Psychotherapeuten** sind alle die Angelegenheiten, für die der Zulassungsausschuss zuständig ist, soweit ein psychologischer Psychotherapeut oder ein überwiegend oder ausschließlich psychotherapeutisch tätiger Arzt betroffen ist. § 95 Abs. 13 SGB V verweist hierzu auf die Arztgruppenbildung für die Bedarfsplanung (§ 101 Abs. 4 Satz 1 SGB V), die der Gemeinsame Bundesausschuss vorzunehmen hat (§ 101 Abs. 2 Satz 1 SGB V; vgl. die Kommentierung zu § 101 SGB V Rn. 27 ff.). Bei Neuzulassungen ist auf die Absichtserklärung des Bewerbers abzustellen. Bei § 95 Abs. 13 Satz 2 SGB V handelt es sich um abgelaufenes Übergangsrecht.

c. Mitberatungsrecht der Patientenorganisationen (§ 140f Abs. 3 SGB V)

26 Nach § 140f Abs. 3 Satz 1 SGB V haben Patientenorganisationen ein Mitberatungsrecht, allerdings beschränkt auf die Besetzung **zusätzlicher Vertragsarztsitze** nach § 101 Abs. 1 Satz 1 Nr. 3 SGB V oder **Ermächtigungen**. Die Vorschrift geht auf den fraktionsübergreifenden Gesetzentwurf zum GMG zurück und wurde unverändert übernommen. Durch die Beteiligung von Interessenvertretungen der Patienten soll die **Patientensouveränität** gestärkt werden und sollen die Versicherten künftig stärker in die Entscheidungsprozesse der gesetzlichen Krankenversicherung, die die Versorgung betreffen, eingebunden werden.[21]

27 Eine Mitberatungspflicht besteht nicht. **Mitberatungsrecht** bedeutet das Recht zur Anwesenheit in der mündlichen Verhandlung (§ 40 Ärzte-ZV) und der Beratung und Beschlussfassung (§ 41 Ärzte-ZV), was nunmehr durch § 41 Abs. 1 Satz 3 Ärzte-ZV i.d.F. des VÄndG ausdrücklich geregelt wird. Der Beschlussvorgang kann von der Beratung nicht so eindeutig getrennt werden, da eine weitere Beratung bei Abwesenheit der Patientenvertreter nicht ausgeschlossen werden kann. Die Patientenvertreter sind keine Mitglieder des Zulassungsausschusses und haben kein Stimmrecht – so ausdrücklich § 4 Abs. 1 PatbetVO (vgl. Rn. 28) – und förmliches Antragsrecht, können Anträge oder weitere Ermittlungen gleichwohl anregen. Die Verschwiegenheitspflicht über Beratung und Abstimmung (§ 41 Abs. 3 Ärzte-ZV) gilt auch für sie. Das Beratungsrecht setzt eine Kenntnis von der Verhandlung oder Beratung voraus. Ihnen sind daher Termine rechtzeitig mitzuteilen (zur Ladungsfrist vgl. jetzt § 36 Abs. 2 Ärzte-ZV). Dies kann aber nur gelten, soweit Vertreter überhaupt benannt wurden. Ausdrücklich geregelt ist seit dem VÄndG auch, dass die Patientenvertreter eine Abschrift der Sitzungsniederschrift (§ 42 Satz 4 Ärzte-ZV) und der des Beschlusses erhalten (§ 41 Abs. 5 Satz 2 Ärzte-ZV).

28 Bei den **Patientenorganisationen** handelt es sich um Organisationen auf Landesebene für die Wahrnehmung der Patienteninteressen und der Selbsthilfe chronisch kranker und behinderter Menschen (§ 140f Abs. 3 Satz 1 HS. 1 SGB V). Die **Zahl der Mitglieder** soll höchstens der Zahl der von den Krankenkassen entsandten Mitglieder, also drei bzw. bei Psychotherapeuten vier oder mehr (vgl. Rn. 20 f. und Rn. 24) entsprechen (§ 140f Abs. 3 Satz 2 SGB V). „Soll" bedeutet, dass nur in Ausnahmefällen eine höhere Anzahl zugelassen werden kann, worüber der Zulassungsausschuss entscheidet. Über die zu entsendenden Vertreter entscheiden die Patientenorganisationen selbst und einvernehmlich (§ 140f Abs. 3 Satz 1 HS. 2, Satz 3 SGB V). Die Patientenorganisationen müssen anerkannt sein (§ 140f Abs. 3 Satz 3 SGB V). In der hierzu auf der Rechtsgrundlage des § 140g SGB V ergangenen **Patientenbeteiligungsverordnung (PatbetVO)**[22] werden die Anforderungen genannt und verschiedene Organisationen auf Bundesebene unmittelbar anerkannt bzw. das Anerkennungsverfahren geregelt. Die auf diese Weise anerkannten Organisationen benennen zur Wahrnehmung der Mitberatungsrechte einvernehmlich zu spezifischen Themen sachkundige Personen, von denen mindestens die Hälfte selbst Betroffene sein sollen. Dabei ist das Einvernehmen kenntlich zu machen. Die sachkundigen Personen haben ein Mitberatungsrecht, aber kein Stimmrecht (§ 4 Abs. 1 PatbetVO). Damit bleibt es den genannten Organisationen überlassen zu bestimmen, welche von ihnen die ausreichende Sachkunde auf „Landesebene" nach § 140 Abs. 3 Satz 1 SGB V hat. Nach der Gesetzesbegründung werden die Regelungen für Bundesgremien auf Gremien der Landesebene, in denen die auf Landesebene maßgeblichen Organisationen vertreten sind, übertragen. Soweit vorhanden, werden dies die Landesver-

---

20 Vgl. LSG für das Saarland v. 29.05.1991 - L 2/1 Ka 11/88 - MedR 1992, 60.

21 Vgl. BT-Drs. 15/1525, S. 132.

22 Verordnung zur Beteiligung von Patientinnen und Patienten in der Gesetzlichen Krankenversicherung v. 19.12.2003, BGBl I 2003, 2753, in Kraft getreten am 24.12.2003; § 140g SGB V trat bereits am 20.11.2003 in Kraft, am Tag nach der Verkündung (19.11.2004) des GMG, s. Art. 37 Abs. 5, BGBl I 2003, 2190, 2257.

bände der anerkannten Organisationen oder deren landesweit tätige Mitgliedsverbände sein, die aber von den in § 140g SGB V genannten oder nach der Verordnung anerkannten bundesweiten Organisationen benannt werden.[23]

Das Mitberatungsrecht ist beschränkt auf die Besetzung zusätzlicher Vertragsarztsitze nach § 101 Abs. 1 Satz 1 Nr. 3 SGB V (vgl. § 24 BedarfsplRl-Ä) und Ermächtigungen von Ärzten und ärztlich geleiteten Einrichtungen. Unterbleibt die Mitwirkung der Vertreter der Patientenorganisationen aufgrund fehlender Unterrichtung oder rechtswidriger Teilnahmeverweigerung, so führt dies zu einem **Verfahrensfehler** und bei bestehendem Beurteilungs- oder Ermessensspielraum zur Anfechtbarkeit der Entscheidung. Mit der Stärkung der Patientenrechte bezweckt der Gesetzgeber, dass das Patienteninteresse unmittelbar und in organisierter Form bei den Zulassungsgremien eingebracht werden kann. Ihre fehlende Mitwirkung führt damit zwangsläufig zu einem **fehlerhaften Abwägungsprozess**[24], was der betroffene Arzt geltend machen kann. Soweit die Patientenorganisationen keine Vertreter benannt haben oder diese aus eigener Entscheidung fernbleiben, fehlt es bereits an einem Verfahrensverstoß. Dies kann zu einer unterschiedlichen Verfahrenspraxis der Zulassungsgremien führen, je nachdem, ob Vertreter benannt sind und teilnehmen oder nicht. Dies ist letztlich der fakultativen Ausgestaltung der Mitberatungsrechte geschuldet. Die Patientenorganisationen haben selbst keine Anfechtungsbefugnis, können aber die Aufsichtsbehörden einschalten oder u.U. ihr Mitwirkungsrecht klageweise gegen die Zulassungsgremien vor den Sozialgerichten (§ 54 Abs. 1 Nr. 2 SGG) geltend machen. 29

Bei den **Kosten** für die Vertreter der Patientenorganisationen handelt es sich um **allgemeine Verwaltungskosten** der Zulassungsgremien. Die Vertreter haben Anspruch auf Reisekosten nach den Vorschriften der Reisekostenvergütung der Beamten des Landes nach der Reisekostenstufe C gegenüber den Zulassungsgremien (§ 140f Abs. 5 SGB V). 30

V. Verfahren vor dem Zulassungsausschuss

1. Beurteilungsspielraum

Bei der Prüfung der Frage, ob ein besonderer Versorgungsbedarf für eine Zulassung (z.B. § 24 Satz 1 lit. b) BedarfsplRL-Ä) oder Bedarf für eine Ermächtigung (§ 116 SGB V) vorliegt, steht den Zulassungsgremien ein gerichtlich nur eingeschränkt überprüfbarer **Beurteilungsspielraum** zu. Die ortsnahen fachkundigen Zulassungsinstanzen können nämlich nur ungefähr entscheiden, ob und inwieweit die bereits niedergelassenen Ärzte eine qualitativ ausreichende Versorgung gewährleisten, da zur Beantwortung dieser Frage eine Vielzahl von Faktoren in die Entscheidung einzubeziehen sind.[25] Ein Beurteilungsspielraum besteht auch bei der Festsetzung des Endtermins der Ermächtigung.[26] Die **gerichtliche Kontrolle** beschränkt sich darauf, ob der Verwaltungsentscheidung ein richtig und vollständig ermittelter Sachverhalt zu Grunde liegt, ob die durch Auslegung des Begriffs „besonderer Versorgungsbedarf" zu ermittelnden Grenzen eingehalten und ob die Subsumtionserwägungen so hinreichend in der Begründung der Entscheidung verdeutlicht wurden, dass im Rahmen des Möglichen die zutreffende Anwendung der Beurteilungsmaßstäbe erkennbar und nachvollziehbar ist. Entscheidungen der Zulassungsgremien sind daher hinzunehmen, wenn sie sich im Rahmen der Beurteilungsermächtigung halten.[27] 31

2. Einleitung des Verfahrens

Verfahrensvorschriften insbesondere zur Entscheidungsbildung durch einen Ausschuss enthält die **Ärzte-ZV/Zahnärzte-ZV**. Soweit diese als speziellere Regelung nicht vorgehen, gilt das **SGB X**. In der Regel ist zur Einleitung eines Verfahrens nach den einzelnen Vorschriften ein Antrag notwendig (vgl. §§ 95 Abs. 2 Sätze 1 und 5, 117 ff. SGB V, §§ 18 Abs. 1 Satz 1, 19a Abs. 3, 24 Abs. 3 u. Abs. 6, 31 Abs. 6 Satz 1, 31a Abs. 2 Satz 1, 32b Abs. 2, 33 Abs. 3 Satz 1 Ärzte-ZV). **Anträge**, insbesondere auf Ermächtigung, sind **umfassend** nach den verschiedenen Rechtsgrundlagen zu prüfen; den unterschiedlichen Rechtsgrundlagen für die einzelnen Bestandteile des Ermächtigungskatalogs kann und muss ggf. durch eine differenzierende Ausgestaltung der Ermächtigung Rechnung getragen wer- 32

[23] Vgl. BT-Drs. 15/1525, S. 133.

[24] Z. T. einschränkend *Hencke* in: Peters, Handbuch KV (SGB V), § 140f Rn. 8.

[25] Vgl. BSG v. 28.06.2000 - B 6 KA 35/99 R - BSGE juris Rn. 34 - 86, 242 = SozR 3-2500 § 101 Nr. 5 m.w.N.

[26] Vgl. BSG v. 05.02.2003 - B 6 KA 26/02 R - juris Rn. 44 - SozR 4-2500 § 117 Nr. 1 m.w.N.

[27] Vgl. BSG v. 28.06.2000 - B 6 KA 35/99 R - juris Rn. 34 - BSGE 86, 242 = SozR 3-2500 § 101 Nr. 5 m.w.N.; vgl. auch zuletzt BSG v. 05.11.2003 - B 6 KA 2/03 R - juris Rn. 27 - SozR 4-5520 § 24 Nr. 1.

den.[28] Ebenso können Anträge auf Sonderbedarfszulassung nicht von allgemeinen Zulassungsanträgen in einem getrennten Verfahren behandelt werden.[29] Von **Amts wegen** kann der Zulassungsausschuss über das Ruhen (§ 26 Abs. 1 Ärzte-ZV), die Entziehung (§ 27 Ärzte-ZV) oder das Ende der Zulassung (§ 28 Ärzte-ZV) entscheiden. Es gilt die Regelung über die Beschlussfassung, bei Stimmengleichheit kann ein Verfahren nicht eingeleitet werden (Absatz 2 Satz 6). Auch soweit es bei Beendigung der Zulassung eines konstitutiven Verwaltungsaktes nicht bedarf, sollte gleichwohl zur Rechtssicherheit ein entsprechender **deklaratorischer Beschluss** der Zulassungsgremien erfolgen. Das BSG billigt den Zulassungsgremien diese Befugnis zu.[30] Für die wesentlichen Beendigungstatbestände schreibt dies § 28 Abs. 1 Satz 3 SGB V vor. Die Zulassungsgremien sind auch für den Widerruf solcher Ermächtigungen zuständig, die eine KV auf der Grundlage (früher geltender) bundesmantelvertraglicher Vorschriften erteilt hat.[31]

33 Das **Zulassungsende** nach § 95 Abs. 7 SGB V tritt als **gesetzliche Rechtsfolge** ein. Bei allen Beendigungstatbeständen sind allein der objektive Sachverhalt und keine subjektiven Elemente maßgebend.[32] Zwingend vorgeschrieben ist ein Beschluss des Zulassungsausschusses über den Zeitpunkt des Zulassungsendes in allen Fällen außer einem Verzicht. Als Verwaltungsakte sind diese Entscheidungen anfechtbar, ansonsten kann Feststellungsklage erhoben werden (vgl. die Kommentierung zu § 95 SGB V Rn. 505 ff.).

34 Das Verfahren ist meist **gebührenpflichtig** (§ 46 Ärzte-ZV). Über gebührenpflichtige Anträge – Fälligkeit mit Antragstellung (§ 46 Abs. 1 Satz 2 Ärzte-ZV) – ist erst nach Entrichtung der Gebühr zu verhandeln. Wird in der Anforderung eine Zahlungsfrist genannt und über die Folgen ihrer Nichteinhaltung belehrt, so gilt der Antrag als zurückgenommen, es sei denn, der Vorsitzende stundet die Gebühr (§ 38 Ärzte-ZV). Wiedereinsetzung (§ 27 SGB X) ist nicht möglich[33], da es sich nicht um eine gesetzliche Frist handelt. Der Zulassungsausschuss kann aber die **Frist rückwirkend verlängern**, insbesondere wenn es unbillig wäre, die durch den Fristablauf eingetretenen Rechtsfolgen bestehen zu lassen (§ 26 Abs. 7 Satz 2 SGB X). Der Antragsteller hat hierauf einen Anspruch auf ermessensfehlerfreie Entscheidung und ist vorher anzuhören (§ 24 Abs. 1 SGB X).

3. Amtsermittlungsgrundsatz

35 Es gilt der Amtsermittlungsgrundsatz (§ 20 SGB X). Der Zulassungsausschuss selbst erhebt die ihm erforderlich erscheinenden **Beweise** (§ 39 Abs. 1 Ärzte-ZV). Er kann insbesondere Auskünfte jeder Art einholen, Beteiligte anhören, Zeugen und Sachverständige vernehmen oder die schriftliche oder elektronische Äußerung von Beteiligten, Sachverständigen und Zeugen einholen, Urkunden und Akten beiziehen und den Augenschein einnehmen (§ 21 Abs. 1 Satz 2 SGB X). Für vom Zulassungsausschuss benannte Zeugen besteht eine Pflicht zur Aussage (§ 21 Abs. 1 SGB X) und haben die Sozialgerichte einem Rechtshilfeersuchen zur Zeugenvernehmung Folge zu leisten.[34]

36 Der **Umfang der Amtsermittlung** hängt von der jeweiligen Rechtsgrundlage ab. Soweit es um Bedarfsprüfungen geht und die Lehre vom Beurteilungsspielraum gilt (vgl. Rn. 31), führt eine unzureichende Sachverhaltsermittlung zur Rechtswidrigkeit der Entscheidung. Die Zulassungsgremien können auch Auskünfte bei der KV einholen. Es reicht in der Regel aber nicht aus, diese Auskünfte ohne eigene Prüfung und Wertung zu übernehmen oder sich der Auffassung der KV lapidar anzuschließen. Letzterenfalls liegt ein Begründungsmangel vor. Nicht zuletzt die Grundrechte der Zulassungsbewerber aus Art. 3 Abs. 1 und Art. 12 GG gebieten eine objektivierbare Bedarfsprüfung.[35]

37 So ist es zur **Ermittlung der Bedarfssituation** sachgerecht und statthaft, die bereits niedergelassenen Ärzte nach ihrem Leistungsangebot und der Aufnahmekapazität ihrer Praxen zu befragen.[36] Dabei ist

28 Vgl. BSG v. 18.06.1997 - 6 RKa 45/96 - juris Rn. 20 - SozR 3-5540 § 5 Nr. 4.

29 Vgl. LSG Baden-Württemberg v. 24.01.1996 - L 5 Ka 2261/94 - MedR 1996, S. 381.

30 Vgl. BSG v. 05.02.2003 - B 6 KA 22/02 R - juris Rn. 25 - SozR 4-2500 § 95 Nr. 2.

31 Vgl. BSG v. 09.06.1999 - B 6 KA 70/98 R - juris Rn. 13 ff. - SozR 3-2500 § 95 Nr. 20.

32 Vgl. BSG v. 05.11.2003 - B 6 KA 60/03 B - juris Rn. 8.

33 So aber *Schallen*, Zulassungsverordnung, 4. Aufl. 2004, Rn. 931.

34 Vgl. LSG Baden-Württemberg v. 26.08.2003 - L 5 KA 2906/03 B; LSG Bayern v. 19.03.1999 - L 12 B 202/98 KA - juris Rn. 12 ff. - NZS 1999, 574 = E-LSG B-147; *Schiller* in: Schnapp/Wigge, Handbuch des Vertragsarztrechts, § 5d, Rn. 88; anders *Hess* in: KassKomm, SGB V, § 96 Rn. 12.

35 Vgl. BSG v. 28.06.2000 - B 6 KA 35/99 R - juris Rn. 38 - BSGE 86, 242 = SozR 3-2500 § 101 Nr. 5 m.w.N.

36 Vgl. BSG v. 15.03.1995 - 6 RKa 42/93 - juris Rn. 19 - SozR 3-2500 § 116 Nr. 11; BSG v. 19.03.1997 - 6 RKa 43/96 - juris Rn. 19 - SozR 3-2500 § 101 Nr. 1; BSG v. 28.06.2000 - B 6 KA 35/99 R - juris Rn. 36 - BSGE 86, 242 = SozR 3-2500 § 101 Nr. 5 m.w.N.

die Gefahr zu beachten, dass die Äußerungen der befragten niedergelassenen Ärzte in starkem Maße auf deren subjektiven Einschätzungen beruhen und von deren individueller Interessenlage mitbeeinflusst sein können, was eine kritische Würdigung der Antworten durch die Zulassungsgremien erfordert. Die Angaben der potentiellen künftigen Konkurrenten des Bewerbers um einen zusätzlichen Praxissitz sind nicht ohne weiteres als Entscheidungsgrundlage geeignet, sondern müssen sorgfältig ausgewertet, soweit möglich durch weitere Ermittlungen ergänzt und so objektiviert werden.[37] Hierfür ist es erforderlich, etwa die Anzahlstatistiken der in Frage kommenden Vertragsärzte beizuziehen, um festzustellen, inwieweit im Bereich des streitigen Sonderbedarfs von diesen Ärzten Leistungen erbracht werden.[38]

Zum Ermittlungsumfang eines besonderen Versorgungsbedarfs (§ 24 Satz 1 lit. b BedarfsplRL-Ä) vgl. 38
die Kommentierung zu § 101 SGB V Rn. 55 ff.

4. Bedarfsprüfung und Planungsbereich

Maßstab für die Bedarfsprüfung ist grundsätzlich der **Planungsbereich**. Bei der Ermittlung eines **Be- 39
darfs in quantitativ-allgemeiner Hinsicht** sind als Voraussetzung für die Ermächtigung eines Krankenhausarztes (vgl. die Kommentierung zu § 98 SGB V Rn. 34), also der Prüfung, ob im jeweiligen Planungsbereich eine ausreichende Anzahl von Ärzten einer bestimmten Arztgruppe für die ambulante Versorgung zur Verfügung steht, die Angaben des **Bedarfsplans** zugrunde zu legen.[39] Auch für die Prüfung des **qualitativ-speziellen Bedarfs** ist grundsätzlich der Zuschnitt des regionalen Planungsbereichs maßgeblich.[40] Hierbei ist der Bedarf in der jeweiligen **Gruppe der Gebietsärzte** (Arztgruppe) maßgeblich. Auf den Bedarf in **Teilgebieten** ist nicht gesondert abzustellen. Das beruht darauf, dass nach ärztlichem Berufsrecht Ärzte mit Gebietsbezeichnungen alle Leistungen ihres Gebietes erbringen dürfen, auch wenn es sich um solche handelt, die in ein Teilgebiet des Fachgebietes fallen. Selbst wenn man bei der Prüfung der Versorgungslücke die Teilgebiete zugrunde legen würde, dürften bei der Ermittlung des Bedarfs nicht nur die Ärzte berücksichtigt werden, die die entsprechende Teilgebietsbezeichnung zu führen berechtigt sind bzw. führen; es wären vielmehr alle Gebietsärzte, deren Gebiet das Teilgebiet zugeordnet ist, einzubeziehen. Aus diesem Grunde wird auch in dem durch die Bedarfsplanung rechtlich vorgegebenen Rahmen bei der Feststellung des allgemeinen Versorgungsgrades eine Differenzierung nach Teilgebieten nicht vorgenommen.[41]

Liegt **kein Bedarfsplan** für die betreffende Arztgruppe vor, ist nicht zu beanstanden, wenn die Zulas- 40
sungsgremien auf die dem Landesausschuss der Ärzte und Krankenkassen für die Feststellung einer Über- bzw. Unterversorgung (§§ 100, 103 SGB V) zur Verfügung stehenden statistischen Erhebungen zurückgreifen.[42] Lediglich dann, wenn ein **besonderer Zuschnitt des Planungsbereiches** wie die Trennung in einen Stadt- und Landkreis, wobei in der geographischen Mitte des Landkreises der Planungsbereich Stadtkreis liegt, gegeben ist, kann die unter Bedarfsplanungskriterien ermittelte rechnerische Nichtauslastung des Planungsbereiches eine tatsächliche Unterversorgung der Versicherten u.U. nicht bewirken.[43]

Besonderen Bedarfssituationen, die sich aufgrund der regionalen Struktur eines Planungsbereiches 41
ergeben, kann durch eine sachgemäße **Ausübung des Beurteilungsspielraums** bei der Prüfung der Bedarfslage Rechnung getragen werden und ist ggf. auch Rechnung zu tragen.[44] Das gilt insbesondere in den Fällen, in denen aufgrund der jeweiligen regionalen Konstellation der unter Bedarfsplanungsgesichtspunkten festgestellte Versorgungsgrad in einem Planungsbereich zu den tatsächlichen Verhältnissen in krassem Widerspruch steht. Nicht zu berücksichtigen ist mithin, ob etwa in benachbarten Planungsbereichen eine Überversorgung bei der jeweiligen Arztgruppe gegeben ist. Entscheidend ist viel-

---

[37] Vgl. BSG v. 28.06.2000 - B 6 KA 35/99 R - juris Rn. 38 - BSGE 86, 242 = SozR 3-2500 § 101 Nr. 5 m.w.N.; LSG Nordrhein-Westfalen v. 14.07.2004 - L 11 KA 21/04 - juris Rn. 18 - GesR 2004, 526.

[38] Vgl. BSG v. 28.06.2000 - B 6 KA 35/99 R - juris Rn. 38 - BSGE 86, 242 = SozR 3-2500 § 101 Nr. 5 m.w.N.

[39] Vgl. BSG v. 14.07.1993 - 6 RKa 71/91 - juris Rn. 19 - BSGE 73, 25 = SozR 3-2500 § 116 Nr. 4; BSG v. 20.04.1998 - B 6 KA 36/97 B - juris Rn. 11; BSG v. 22.06.1994 - 6 RKa 46/93 - juris Rn. 21 f. - SozR 3-2500 § 116 Nr. 10.

[40] Vgl. LSG Niedersachsen-Bremen v. 09.02.2005 - L 3 KA 290/03 - juris Rn. 33 - MedR 2005, 559 (Revision anhängig: B 6 KA 15/05 R); LSG Nordrhein-Westfalen v. 24.09.1997 - L 11 Ka 88/97 - juris Rn. 64.

[41] Vgl. BSG v. 14.07.1993 - 6 RKa 71/91 - juris Rn. 19 - BSGE 73, 25 = SozR 3-2500 § 116 Nr. 4.

[42] Vgl. BSG v. 25.11.1998 - B 6 KA 81/97 R - juris Rn. 25 - SozR 3-2500 § 97 Nr. 2.

[43] Vgl. BSG v. 25.11.1998 - B 6 KA 81/97 R - juris Rn. 26 - SozR 3-2500 § 97 Nr. 2.

[44] Vgl. BSG v. 22.06.1994 - 6 RKa 46/93 - juris Rn. 22 - SozR 3-2500 § 116 Nr. 10.

mehr allein, ob Anhaltspunkte dafür vorliegen, dass die nach Bedarfsplanungskriterien im maßgeblichen Planungsbereich **ermittelte Versorgungsdichte von der tatsächlichen Versorgungslage abweicht**. Dies kann z.B. anhand der Zahl der Behandlungsfälle der niedergelassenen Ärzte festgestellt werden.[45] Im konkreten Fall hat das BSG darauf abgestellt, dass aufgrund des Zuschnitts des Planungskreises Karlsruhe-Land, in dessen geographischer Mitte der Planungskreis Karlsruhe-Stadt liegt, die in der Stadt niedergelassenen Radiologen durch die Versicherten auch des Landkreises in Anspruch genommen werden, weshalb die im Planungskreis Karlsruhe-Land niedergelassenen Radiologen nicht ausgelastet gewesen seien. Eine quantitativ-allgemeine Ermächtigung erweitere dann die Behandlungskapazitäten im Planungsbereich Karlsruhe-Land und beeinträchtige damit die Situation der dort niedergelassenen Ärzte zusätzlich. Dies laufe dem Vorrang der niedergelassenen Ärzte zuwider.[46]

42 In der Instanzenpraxis sind darüber hinaus besondere Bedarfssituationen für **laborärztliche Untersuchungen** anerkannt worden, da diese Leistungen auch außerhalb eines Planungsbereichs oder Bezirks einer KV erbracht werden.[47] Den Zulassungsgremien ist nur ausnahmsweise das Recht zugesprochen worden, für die Bedarfsbeurteilung im Sinne des § 116 SGB V auf überregionale – mehrere Planungsbereiche umfassende – Gebiete abzustellen. Nach LSG Niedersachsen ist dies u.a. dann der Fall, wenn **spezielle Leistungen** in Frage stehen, die nur von einer auch zahlenmäßig **kleinen Minderheit der Ärzte** der betroffenen Facharztgruppe erbracht werden, so dass eine planungsbereichsübergreifende Inanspruchnahme dieser Spezialisten üblich und ein wohnortnahes Angebot nicht zu erwarten ist. Vor dem Hintergrund des Vorrangs der niedergelassenen Ärzte soll eine möglichst umfassende, qualitativ hochwertige ambulante ärztliche Versorgung der Versicherten gefördert werden. Dieses Ziel kann in solchen Ausnahmefällen bei einer gesonderten Betrachtung eines jeden einzelnen Planungsbereiches gefährdet werden. Spezielle Leistungen können nicht selten in Anbetracht einer quantitativ geringen Nachfrage und/oder aufgrund etwaiger besonderer fachlicher und/oder technischer Anforderungen an ihre Erbringung in fachlicher und/oder ökonomischer Hinsicht nur dann angemessen angeboten werden, wenn dem entsprechend spezialisierten Facharzt ein die Grenzen eines üblichen Planungsbereiches nachhaltig übersteigender **regionaler Einzugsbereich zur Verfügung** steht. Einen gewichtigen Gesichtspunkt bildet dabei die Frage, inwieweit die Einwohnerzahl im Planungsbereich nach Maßgabe der landesweiten Durchschnittszahlen die Erwartung zu begründen vermag, dass auch in dem streitigen Planungsbereich ein Erbringer der fraglichen Leistungen im Bereich der ambulanten vertragsärztlichen Versorgung anzutreffen ist. Für MRT-Leistungen hat dies das LSG Niedersachsen-Bremen verneint, da auf jeweils 62.195 Einwohner ein MRT-Leistungen erbringender niedergelassener Radiologe entfiel und die Einwohnerzahl im Planungsbereich 109.734 Einwohner betrug und da ferner mehr als die Hälfte der niedergelassenen Radiologen MRT-Leistungen erbracht hatten.[48] Für die noch relativ junge **Fachgruppe der Phoniater und Pädaudiologen** hat das LSG Niedersachsen-Bremen demgegenüber eine Ausnahmesituation als nahe liegend bezeichnet, weil es nur vier niedergelassene Phoniater/Pädaudiologen in Niedersachsen gibt.[49]

43 Das LSG Sachsen hat es für die Frage des Bedarfs für eine Leistungserbringung durch **hausärztliche Internisten** (§ 73 Abs. 1a Satz 3 SGB V) (hier: Gastroskopien nach Nr. 741 EBM) als zulässig angesehen, wenn die Zulassungsgremien bei der Beurteilung der Bedarfssituation auch die zum Praxissitz **angrenzenden Planungsbereiche** miteinbeziehen, weil es sich um **Subspezialisierungen** einzelner Fachgebiete handelt.[50] Leistungen einer chirurgischen Basis- bzw. Standardversorgung gehören nicht zu solchen Subspezialisierungen.[51]

---

[45] Vgl. BSG v. 25.11.1998 - B 6 KA 81/97 R - juris Rn. 27 - SozR 3-2500 § 97 Nr. 2.

[46] Vgl. BSG v. 25.11.1998 - B 6 KA 81/97 R - juris Rn. 27 - SozR 3-2500 § 97 Nr. 2.

[47] Vgl. LSG Mecklenburg-Vorpommern v. 16.03.2005 - L 1 KA 8/03 - juris Rn. 34 f., 38 und 43 ff.

[48] Vgl. LSG Niedersachsen-Bremen v. 09.02.2005 - L 3 KA 253/02 - juris Rn. 66-69 (Revision anhängig: B 6 KA 14/05 R).

[49] Vgl. LSG Niedersachsen-Bremen v. 09.02.2005 - L 3 KA 290/03 - juris Rn. 31 - MedR 2005, 559; das Revisionsverfahren - B 6 KA 15/05 R - wurde durch Vergleich beendet, wobei das BSG seine Rechtsauffassung dahin gehend erläuterte, dass auch das Leistungsangebot der HNO-Ärzte im Bereich der Diagnostik und Therapie von Schluck-, Stimm-, Sprech- und Sprachstörungen in die Bedarfsprüfung einzubeziehen und in räumlicher Hinsicht nur auf den Planungsbereich abzustellen sei, in dem der Kläger als Krankenhausarzt tätig ist, vgl. Termin-Bericht Nr. 40/06.

[50] Vgl. LSG Sachsen v. 26.05.2005 - L 1 B 31/05 KA-ER - www.sozialgerichtsbarkeit.de.

[51] Vgl. SG Frankfurt a. M. v. 27.04.2005 - S 5/29 KA 966/04.

Für die Bedarfsprüfung einer Ermächtigung kann das maßgebliche Kriterium nicht darin gesehen werden, in quasi **abstrakter Betrachtung** um den Ort des Arzt- bzw. Praxis- oder Krankenhaussitzes herum einen Kreis (hier mit einem **Radius von 30 km**) zu schlagen und zu fragen, wie viele Ärzte bzw. Praxen in diesem Umkreis die fraglichen Leistungen erbringen und abrechnen; stattdessen ist eine konkrete Betrachtung und Bewertung der vertragsärztlichen Versorgung in einem bestimmten regionalen Bereich, nämlich dem Planungsbereich, vorzunehmen.[52] 44

Das **Abstellen auf den Planungsbereich** entspricht auch der **Vorgabe des Gesetzgebers** an den Gemeinsamen Bundesausschuss (§ 101 Abs. 1 Satz 5 SGB V, § 12 Abs. 3 Satz 2 Ärzte-ZV; vgl. hierzu die Kommentierung zu § 101 SGB V Rn. 27 ff.). Die Bildung hiervon abweichender Bedarfsgebiete durch die Zulassungsgremien wäre auch nicht im Eingang mit den BedarfsplRl, die auch die unterschiedliche Bevölkerungsverdichtung berücksichtigen (vgl. § 6 BedarfsplRL-Ä). 45

Zu Besonderheiten einer **Sonderbedarfszulassung** aufgrund lokalen Versorgungsbedarfs (Nr. 24 Satz 1 lit. a BedarfsplRL-Ä) vgl. die Kommentierung zu § 101 SGB V Rn. 49. 46

Die Zusammenfassung von Leistungen, die von verschiedenen Behandlergruppen erbracht werden, in einem **neuen Facharztgebiet** und die Einführung einer neuen Facharztbezeichnung begründen nicht notwendigerweise einen Bedarf nach flächendeckender Versorgung mit gerade in dieser Weise qualifizierten Ärzten.[53] 47

5. Beschränkung der Ermächtigung (§ 31 Abs. 7 Ärzte-ZV)

Die Ermächtigung ist **zeitlich, räumlich** und ihrem **Umfang** nach zu bestimmen. Dies gilt auch für eine Ermächtigung nach § 116 SGB V/§ 31a Ärzte-ZV (§ 31a Abs. 3 Ärzte-ZV).[54] 48

Die klarstellende Ausklammerung von Maßnahmen aus dem **Ermächtigungskatalog**, die nicht zum Aufgabenbereich der gesetzlichen Krankenversicherung gehören, wie z.B. soziale, pädagogische und psychosoziale Maßnahmen, ist als rein **deklaratorische Feststellung** im Ermächtigungsbescheid zulässig.[55] Der Gefahr eventueller Honorarverschiebungen zu Gunsten der Abrechnung im Rahmen der persönlichen Ermächtigungen kann u.U. dadurch Rechnung getragen werden, dass im Ermächtigungsbescheid für den einzelnen Arzt die Zahl der im Quartal abrechenbaren **Leistungen begrenzt** wird.[56] 49

Die **Befristung** ist eine **Nebenbestimmung** (§ 32 SGB X). Die Befristungsdauer muss sich regelmäßig am Zweck der Ermächtigung ausrichten.[57] Die Zulassungsgremien besitzen bei der Festsetzung des Endtermins der Ermächtigung einen **Beurteilungsspielraum**. Eine bedarfsabhängige Ermächtigung kommt immer nur so lange in Betracht, wie ein quantitativer oder qualitativer Versorgungsbedarf besteht; die Befristung stellt damit sicher, dass der Anspruch auf Tätigwerden im System der vertragsärztlichen Versorgung auf der Grundlage einer Ermächtigung stets nur in dem durch die Fristdauer festgelegten Zeitrahmen besteht. Nach der Rechtsprechung des BSG gilt dies auch für Ermächtigungen, die ohne konkrete Bedürfnisprüfung nach § 5 Abs. 2 BMV-Ä/§ 9 Abs. 2 EKV-Ä erteilt werden.[58] Für die **gerichtliche Überprüfung** der Entscheidung der Zulassungsgremien über die Befristung der Ermächtigung eines Krankenhausarztes ist zu unterscheiden, ob eine Änderung der maßgebenden Versorgungssituation in nächster Zukunft wahrscheinlich ist, z.B. durch Niederlassung eines Arztes; ob eine Änderung unwahrscheinlich ist, etwa weil die Ermächtigung an eine spezielle Qualifikation oder an besondere Erfahrungen des Krankenhausarztes anknüpft; ob eine Änderung nicht absehbar ist, wobei allerdings zu beachten ist, dass wegen Änderungen der Bedarfslage ein Widerruf nicht möglich ist und eine zu lange Befristung eine Reaktion auf unvorhersehbare Veränderungen über Jahre hinaus unmöglich machen würde.[59] Als **Regelbefristung** hat sich eine Dauer von **zwei Jahren** durchgesetzt, die das BSG bisher als zulässig angesehen hat.[60] 50

---

[52] Vgl. SG Frankfurt a. M. v. 27.04.2005 - S 5/29 KA 966/04.
[53] Vgl. BSG v. 26.01.2000 - B 6 KA 51/98 R - juris Rn. 14 - SozR 3-5520 § 31 Nr. 10.
[54] Vgl. BSG v. 27.02.1992 - 6 RKa 15/91 - juris Rn. 24 ff. - BSGE 70, 167 = SozR 3-2500 § 116 Nr. 2.
[55] Vgl. BSG v. 15.03.1995 - 6 Rka 1/94 - juris Rn. 15 - SozR 3-2500 § 118 Nr. 1.
[56] Vgl. BSG v. 01.07.1998 - B 6 KA 43/97 R - juris Rn. 31 - BSGE 82, 216 = SozR 3-5520 § 31 Nr. 9.
[57] Vgl. BSG v. 05.02.2003 - B 6 KA 26/02 R - juris Rn. 45 - SozR 4-2500 § 117 Nr. 1.
[58] Vgl. BSG v. 05.02.2003 - B 6 KA 26/02 R - juris Rn. 44 - SozR 4-2500 § 117 Nr. 1 m.w.N.
[59] Vgl. BSG v. 02.12.1992 - 6 RKa 54/91 - juris Rn. 23 ff. - BSGE 71, 280 = SozR 3-2500 § 116 Nr. 3.
[60] Vgl. BSG v. 27.02.1992 - 6 RKa 15/91 - juris Rn. 35 f. - BSGE 70, 167 = SozR 3-2500 § 116 Nr. 2; BSG v. 02.12.1992 - 6 RKa 54/91 - juris Rn. 26 - BSGE 71, 280 = SozR 3-2500 § 116 Nr. 3.

51 Auf **Ermächtigungen** nach § 117 SGB V (**Hochschulambulanzen**) kann dies indessen nicht übertragen werden, da es unabhängig von einem im System des SGB V ggf. bereits befriedigten Versorgungsbedarf allein um den Anspruch der Hochschulen zur Wahrnehmung ihrer gesetzlichen Aufgaben im Zusammenhang mit Forschung und Lehre geht. Ob eine Befristung möglich ist, hat das BSG bisher offen gelassen; eine Überschreitung der Befristungsdauer von zwei Jahren sei jedenfalls nicht zu beanstanden.[61]

52 Die **Befristung** kann **isoliert angefochten** werden.[62]

6. Verfahren und Entscheidung

53 Verfahren und Beschlussfassung sind nach den Zulassungsverordnungen **ähnlich** einem **gerichtlichen Verfahren** ausgestaltet. Für das Verfahren gelten insbesondere weiter die **Vorschriften** des **SGB X** über die Beteiligung (§ 12 SGB X), Bevollmächtigte und Beistände (§ 13 SGB X), Ausschluss und Befangenheit (§§ 16, 17 SGB X),[63] Anhörung (§ 24 SGB X) und Akteneinsicht (§ 25 SGB X).[64] Der Zulassungsausschuss muss über Zulassungen und die Entziehung von Zulassungen erst nach mündlicher Verhandlung entscheiden; ansonsten ist ihm die Abhaltung einer mündlichen Verhandlung freigestellt (§ 37 Abs. 1 Ärzte-ZV). Neben dem Betroffenen sind die Errichter des Ausschusses, also KV und Kassenverbände, zu laden (§ 37 Abs. 2 Ärzte-ZV). Die mündliche Verhandlung ist nicht öffentlich (§ 40 Abs. 1 Satz 1 Ärzte-ZV). Über die Sitzung ist eine Niederschrift anzufertigen (§ 42 Ärzte-ZV). Bei Beratung und Beschlussfassung darf außer den Mitgliedern nur ein Schriftführer anwesend sein; es besteht ein Beratungsgeheimnis (§ 41 Abs. 1 und 3 Ärzte-ZV). Zur Entziehung bzw. Aufhebung einer Ermächtigung vgl. die Kommentierung zu § 95 SGB V Rn. 469 ff. und die Kommentierung zu § 98 SGB V Rn. 30 f.

54 Das **Ergebnis des Verfahrens** ist in einem **Beschluss** niederzulegen, der insbesondere mit Gründen zu versehen und – anders als nach § 37 SGB X – zuzustellen ist (§ 41 Abs. 4 und 5 Ärzte-ZV, § 35 SGB X). Wird der Beschluss nach mündlicher Verhandlung einem – noch anwesenden – Antragsteller verkündet, wird er bereits vor schriftlicher Abfassung wirksam (§ 39 SGB X). Es besteht aber ein Formerfordernis, das mit schriftlicher Abfassung geheilt werden kann (§ 41 Abs. 1 Nr. 2 SGB X analog). Die **Rechtsbehelfsfrist** beginnt erst mit Zustellung zu laufen (§ 9 VwZG). Soweit ein Beurteilungsspielraum besteht, kommt der **Begründung** eine besondere Bedeutung zu, da nur dadurch die Subsumtionserwägungen deutlich und erkennbar werden. Ein Bescheid ist als nicht mit Gründen versehen anzusehen, wenn er später als fünf Monate nach der Beschlussfassung zum Zwecke der Zustellung zur Post, nicht schon zur Geschäftsstelle, gegeben wird. Der Mangel kann dann nicht als unschädlich i.S.d. § 42 Satz 1 SGB X angesehen werden, wenn dem Zulassungsausschuss Beurteilungs- und/oder Ermessensspielräume eingeräumt worden waren.[65] Bei gebundener Entscheidung wie einer Zulassungsentziehung ist der Mangel aber unerheblich.[66] Ferner bleibt der Mangel ohne Folgen, da nach Anrufung des Berufungsausschusses (§ 96 Abs. 4 SGB V) dieser funktionell ausschließlich zuständig wird und § 96 SGG keine Anwendung findet[67], also Verfahrensgegenstand ausschließlich der Bescheid des Berufungsausschusses ist.

VI. Rechtsbehelf (Absatz 4)

55 Dem Beschluss ist eine **Belehrung** über die Zulässigkeit des Rechtsbehelfes, die einzuhaltende Frist und den Sitz des zuständigen Berufungsausschusses beizufügen (§ 41 Abs. 4 Satz 4 Ärzte-ZV). Nach Entfallen der Begründungspflicht für den Widerspruch durch das VÄndG (vgl. § 44 Ärzte-ZV) muss die Belehrung einen entsprechenden Hinweis nicht mehr enthalten. Zulässiger Rechtsbehelf ist der **Wi-**

---

[61] Vgl. BSG v. 05.02.2003 - B 6 KA 26/02 R - juris Rn. 44 f. - SozR 4-2500 § 117 Nr. 1 m.w.N.

[62] Vgl. BSG v. 27.02.1992 - 6 RKa 15/91 - juris Rn. 20 f. - BSGE 70, 167 = SozR 3-2500 § 116 Nr. 2.

[63] Zu den vertragsarztrechtlichen Besonderheiten nach § 16 Abs. 2 Satz 2 SGB X vgl. BSG v. 19.03.1997 - 6 RKa 35/95 - juris Rn. 10 ff. - SozR 3-1300 § 16 Nr. 2.

[64] Zur Durchsetzung im einstweiligen Rechtsschutzverfahren s. BVerfG v. 24.10.1990 - 1 BvR 1028/90 - SozR 3-1300 § 25 Nr. 1 = NJW 1991, 415.

[65] Vgl. BSG v. 28.04.1999 - B 6 KA 79/97 R - SozR 3-1300 § 35 Nr. 8; BSG v. 18.10.1995 - 6 RKa 38/94 - BSGE 76, 300 = SozR 3-1300 § 35 Nr. 7.

[66] Vgl. BSG v. 27.06.2001 - B 6 KA 5/01 B - juris Rn. 7.

[67] Vgl. BSG v. 27.01.1993 - 6 Rka 40/91 - juris Rn. 13 ff. - SozR 3-2500 § 96 Nr. 1.

derspruch (Absatz 4 Satz 1, § 44 Satz 1 Ärzte-ZV). Der Widerspruch hat aufschiebende Wirkung. Eine Untätigkeitsklage ist gegen den Zulassungsausschuss zu richten, da der Berufungsausschuss die Entscheidungsbefugnis nicht an sich ziehen kann.[68] Im Einzelnen wird auf die Kommentierung zu § 97 SGB V verwiesen.

[68] Offen gelassen von BSG v. 02.10.1996 - 6 RKa 52/95 - juris Rn. 21 - BSGE 79, 152 = SozR 3-2500 § 103 Nr. 1.

§ 97 SGB V Berufungsausschüsse

(Fassung vom 21.12.1992, gültig ab 01.01.1993, gültig bis 30.06.2008)

(1) Die Kassenärztlichen Vereinigungen und die Landesverbände der Krankenkassen sowie die Verbände der Ersatzkassen errichten für den Bezirk jeder Kassenärztlichen Vereinigung einen Berufungsausschuß für Ärzte und einen Berufungsausschuß für Zahnärzte. Sie können nach Bedarf mehrere Berufungsausschüsse für den Bezirk einer Kassenärztlichen Vereinigung oder einen gemeinsamen Berufungsausschuß für die Bezirke mehrerer Kassenärztlicher Vereinigungen errichten.

(2) Die Berufungsausschüsse bestehen aus einem Vorsitzenden mit der Befähigung zum Richteramt und aus Vertretern der Ärzte einerseits und der Landesverbände der Krankenkassen sowie der Verbände der Ersatzkassen andererseits in gleicher Zahl als Beisitzern. Über den Vorsitzenden sollen sich die Beisitzer einigen. Kommt eine Einigung nicht zustande, beruft ihn die für die Sozialversicherung zuständige oberste Verwaltungsbehörde im Benehmen mit den Kassenärztlichen Vereinigungen und den Landesverbänden der Krankenkassen sowie den Verbänden der Ersatzkassen. § 96 Abs. 2 Satz 2 bis 5 und 7 und Abs. 3 gilt entsprechend.

(3) Für das Verfahren sind § 84 Abs. 1 und § 85 Abs. 3 des Sozialgerichtsgesetzes anzuwenden. Das Verfahren vor dem Berufungsausschuß gilt als Vorverfahren (§ 78 des Sozialgerichtsgesetzes).

(4) Der Berufungsausschuß kann die sofortige Vollziehung seiner Entscheidung im öffentlichen Interesse anordnen.

(5) Die Aufsicht über die Geschäftsführung der Zulassungsausschüsse und der Berufungsausschüsse führen die für die Sozialversicherung zuständigen obersten Verwaltungsbehörden der Länder. Sie berufen die Vertreter der Ärzte und der Krankenkassen, wenn und solange die Kassenärztlichen Vereinigungen, die Landesverbände der Krankenkassen oder die Verbände der Ersatzkassen diese nicht bestellen.

Gliederung

A. Basisinformationen

I. Textgeschichte/Gesetzgebungsmaterialien

1 Die Vorschrift wurde durch das **GRG**[1] mit Geltung ab 01.01.1989 verabschiedet.

---

[1] Gesetz zur Strukturreform im Gesundheitswesen (Gesundheits-Reformgesetz – GRG) v. 20.12.1988, BGBl I 1988, 2477.

Art. 1 Nr. 55 **GSG**[2] passte mit Geltung ab 01.01.1993 die Vorschrift an die vertragsärztliche **Gleichstellung der Ersatz- mit den Primärkassen** an und fügte entsprechend in Absatz 1 Satz 1 und Absatz 2 Satz 3 die Worte „sowie die Verbände der Ersatzkassen" (bzw. „der"), in Absatz 2 Satz 1 „einerseits" und „sowie den Verbänden der Ersatzkassen andererseits" sowie in Absatz 5 Satz 2 „oder die Verbände der Ersatzkassen" ein. Das **GKV-WSG**[3] streicht als Folgeänderung zur neuen Organisationsstruktur der Verbände der Krankenkassen mit Geltung ab **01.07.2008** (Art. 46 Abs. 9) in Absatz 1 Satz 1, Absatz 2 Satz 1 und Absatz 5 Satz 2 die Wörter „Verbände der" sowie in Absatz 2 Satz 3 die Wörter „Verbänden der". 2

II. Vorgängervorschriften

Die Vorschrift ersetzt mit z.T. sprachlichen Veränderungen, aber inhaltsgleich **§ 368b Abs. 5-8 RVO** (dessen weitere Absätze 1-4 werden durch § 96 SGB V ersetzt). Ergänzend wurde lediglich Absatz 3 Satz 1 aufgenommen. 3

III. Parallelvorschriften/Ergänzende Vorschriften

Einzelheiten über die Mitglieder des Zulassungsausschusses und sein Verfahren sind über die Verweisungsvorschrift in Absatz 2 Satz 4 in **§ 96 SGB V** sowie in den **§§ 35 und 36-46 Ärzte-ZV** und **Zahnärzte-ZV** geregelt (vgl. die Kommentierung zu § 95 SGB V Rn. 9). Die Vorschrift wird ergänzt mit Wirkung ab dem 01.01.1999 durch den mit Art. 2 Nr. 11 c) PsychThG[4] eingefügten Absatz 13 des § 95 SGB V. Art. 1 Nr. 118 GMG hat mit Wirkung ab 01.01.2004 **§ 140f SGB V** eingefügt, nach dessen Absatz 3 Satz 1 erstmals **Patientenorganisationen** ein Mitberatungsrecht, allerdings beschränkt auf die Besetzung zusätzlicher Vertragsarztsitze nach § 101 Abs. 1 Satz 1 Nr. 3 SGB V[5] und Ermächtigungen erhalten. Für das Verfahren verweist Absatz 3 auf Vorschriften des **SGG**. Daneben gilt das **SGB X**. 4

IV. Systematische Zusammenhänge

Die paritätisch mit Vertretern der Krankenkassen bzw. ihren Verbänden und Ärzten besetzten Berufungsausschüsse sind als Rechtsbehelfsinstanz der Zulassungsausschüsse wie diese Teil der **sog. gemeinsamen Selbstverwaltung**. Als **funktionale Widerspruchsinstanz** üben sie für diese die Rechtskontrolle aus. Aus diesem Grund muss ihr – zusätzlicher – Vorsitzender die Befähigung zum Richteramt haben. Neben der Widerspruchsbearbeitung haben sie keine originäre andere Zuständigkeit. Über alle Zulassungssachen muss zunächst der Zulassungsausschuss entscheiden[6], gegen dessen Entscheidungen immer der Berufungsausschuss angerufen werden kann (§ 96 Abs. 4 Satz 1 SGB V). Klage ist erst gegen den Bescheid des Berufungsausschusses möglich (Absatz 3 Satz 2, § 78 SGG). Einstweiliger Rechtsschutz (§ 86b SGG) kann bereits zuvor begehrt werden. 5

B. Auslegung der Norm

I. Regelungsgehalt und Bedeutung der Norm

Die Vorschrift schafft neben den Zulassungsausschüssen (§ 96 SGB V) **eigene Behörden** der sog. gemeinsamen Selbstverwaltung für Zulassungssachen. Sie regelt ihre **Besetzung** und die **Grundlagen des Rechtsbehelfsverfahrens**. Seit der Änderung durch das GSG ist das Zulassungsverfahren einheit- 6

---

[2] Gesetz zur Sicherung und Strukturverbesserung der gesetzlichen Krankenversicherung (Gesundheitsstrukturgesetz) v. 21.12.1992, BGBl I 1992, 2266.

[3] Gesetz zur Stärkung des Wettbewerbs in der gesetzlichen Krankenversicherung (GKV-Wettbewerbsstärkungsgesetz – GKV-WSG) v. 26.03.2007, BGBl I 2007, 378.

[4] Gesetz über die Berufe des Psychologischen Psychotherapeuten und des Kinder- und Jugendlichenpsychotherapeuten, zur Änderung des Fünften Buches Sozialgesetzbuch und anderer Gesetze v. 16.06.1998, BGBl I 1998, 1311.

[5] Bei dem Verweis in § 140f Abs. 3 Satz 1 SGB V auf Satz 3 des § 101 Abs. 1 SGB V handelt es sich offensichtlich um ein Redaktionsversehen.

[6] Vgl. BSG v. 27.01.1993 - 6 RKa 40/91 - juris Rn. 18 - SozR 3-2500 § 96 Nr. 1.

lich für den Primär- und Ersatzkassenbereich. Für Ärzte einschließlich der Psychotherapeuten – aber mit anderer Besetzung – einerseits und Zahnärzte andererseits sind unterschiedliche Berufungsausschüsse zu bilden. Absatz 5 enthält Bestimmungen zur Rechtsaufsicht.

II. Normzweck

7 Die Vorschrift überlässt der gemeinsamen **Selbstverwaltung** die **Rechtskontrolle** über die Zulassungssachen. Zur Entlastung der Sozialgerichte hält sie am Grundsatz des **obligatorischen Vorverfahrens** fest.

III. Errichtung und Besetzung der Berufungsausschüsse (Absätze 1 und 2)

8 Zur Errichtung und Besetzung wird auf die Kommentierung zu § 96 SGB V Rn. 20 ff. verwiesen. Absatz 2 Satz 4 verweist auf § 96 Abs. 2 Sätze 2-5 und 7 und Abs. 3 SGB V. Nach der Streichung des § 96 Abs. 2 Satz 3 SGB V wurde die Verweisungsvorschrift nicht angepasst; die **Verweisung** gilt jetzt für § 96 Abs. 2 Sätze 2-4 und 6und Abs. 3 SGB V. Die Verweisung auf § 96 Abs. 2 Satz 6 SGB V gilt nur für Halbsatz 1, da der Fall einer Stimmengleichheit (Halbsatz 2) bei ungerader Besetzung und Unzulässigkeit einer Stimmenthaltung (§§ 41 Abs. 2 Satz 2, 45 Abs. 3 Ärzte-ZV) nicht eintreten kann. Nach § 35 Abs. 2 Ärzte-ZV und § 44 Abs. 3 Ärzte-ZV gelten die Vorschriften der **Ärzte-ZV** (§§ 34 und 36-43 Ärzte-ZV) entsprechend. Neben je drei Vertretern der Ärzte und Krankenkassen muss der Berufungsausschuss einen **Vorsitzenden** haben (§ 35 Abs. 1 Ärzte-ZV). In Zulassungssachen der **Psychotherapeuten** gilt gleichfalls § 95 Abs. 3 SGB V, woraus eine Mindestzahl von acht Beisitzern folgt (vgl. die Kommentierung zu § 96 SGB V Rn. 27). Eine gleichzeitige Mitgliedschaft im Zulassungsausschuss ist unzulässig (§ 35 Abs. 3 Ärzte-ZV). Bei einer früheren Mitgliedschaft und Entscheidungsbeteiligung dürfte, ähnlich wie nach § 41 Nr. 6 ZPO und § 60 Abs. 2 SGG im konkreten Verfahren Befangenheit vorliegen (§ 17 SGB X). Abweichend zu § 96 SGB V lässt Absatz 1 Satz 2 die Bildung mehrerer Berufungsausschüsse oder die Bildung eines gemeinsamen Berufungsausschusses für die Bezirke mehrerer KVen zu.

9 Die paritätische Besetzung wird durch einen **unabhängigen Vorsitzenden** als weiteres Mitglied modifiziert. Der Vorsitzende wird für die gesamte Amtsperiode bestellt. Der Vorsitzende muss die **Befähigung zum Richteramt** haben, also Jurist mit beiden Staatsprüfungen sein (§ 5 Abs. 1 DRiG). Dies wird der Funktion als Rechtsbehelfsinstanz und der Bedeutung der Zulassungsentscheidungen für die Berufsfreiheit gerecht. Ein aktiver Richter kann nicht bestellt werden. Ein Richter darf Aufgaben der rechtsprechenden Gewalt und Aufgaben der gesetzgebenden oder der vollziehenden Gewalt nicht zugleich wahrnehmen (§ 4 Abs. 1 DRiG). Die Nebentätigkeit eines Richters, auch als stellvertretender Vorsitzender eines Berufungsausschusses, ist Ausübung vollziehender Gewalt.[7] Als Verfahrensfehler ist § 42 SGB X zu beachten. Soweit Beurteilungs- und Ermessensspielräume bestehen, ist die Entscheidung aufzuheben. Insofern ist es unerheblich, dass § 4 Abs. 1 DRiG keine drittschützende Wirkung zukommt.

10 **Über den Vorsitzenden** sollen sich die **Beisitzer**, also die entsandten Vertreter, nicht die sie entsendenden KV und Krankenkassenverbände **einigen**. Die Beisitzer sind auch hierbei weisungsfrei im Verhältnis zu den sie entsendenden Institutionen. Kommt eine Einigung nicht zustande, beruft den Vorsitzenden die Aufsichtsbehörde im Benehmen mit der KV und den Krankenkassenverbänden. Benehmen bedeutet, wie das BSG bereits zu § 84 Abs. 4 SGB V a.F. entschieden hat, eine Kooperation, die zwar nicht wie bei „Zustimmung“ oder „Einvernehmen“ eine Willensübereinstimmung zwischen entscheidender und beteiligter Stelle erfordert, sich aber auch nicht in einer bloßen Anhörung erschöpft. Das Benehmen setzt eine Fühlungnahme voraus, die von dem Willen des Entscheidenden getragen ist, auch die Belange der anderen Seite zu berücksichtigen und sich mit ihr zu verständigen. Bei unüberbrückbaren Meinungsverschiedenheiten entscheidet die Aufsichtsbehörde.[8] Solange der Berufungsausschuss **ohne Vorsitzenden** ist, fehlt es ihm an einem handlungsfähigen Organ und kann er, auch nicht gegenüber Gerichten, tätig werden. Bis zur Besetzung können Widerspruchs- und Klageverfahren nicht betrieben werden.[9] Gegenüber Gerichten folgt dies aus § 71 Abs. 4 SGG. Danach handelt der

---

7 Vgl. BVerwG v. 27.10.1966 - II C 103.63 - juris Rn. 36 ff. - BVerwGE 25, 210 = USK 66107; zur Abgrenzung rechtsprechende/vollziehende Gewalt s. a. BVerwG v. 10.04.2002 - 6 C 22/01 - juris Rn. 10 - NJW 2002, 2263.

8 Vgl. BSG v. 24.08.1994 - 6 RKa 15/93 - juris Rn. 21 - BSGE 75, 37 = SozR 3-2500 § 85 Nr. 7.

9 Vgl. *Friederichs*, MedR 1994, 433 f.

Vorsitzende für den Berufungsausschuss. Wenn ein solcher nicht (oder noch nicht) bestellt ist, ist das Gremium prozessual nicht handlungsfähig.[10]

IV. Verfahren (Absatz 3)

1. Besonderes Verwaltungsverfahren

Die Verweisung auf Vorschriften des **SGG** für das Verfahren ist unvollständig. Das Verfahren vor dem Berufungsausschuss ist ein **Verwaltungsverfahren** und es gelten ergänzend die Vorschriften der Ärzte-ZV und des SGB X. Die ausdrückliche Verweisung gilt für die Widerspruchsfrist (§ 84 Abs. 1 SGG) und für das schriftliche Formerfordernis des Bescheides, die Geltung des Verwaltungszustellungsgesetzes und der Notwendigkeit einer Rechtsbehelfsbelehrung (§ 84 Abs. 3 SGG). Das Verfahren gilt ferner als **Vorverfahren** i.S.d. § 78 SGG. Insbesondere besteht nicht die Möglichkeit, den Widerspruch fristwahrend bei einer anderen Behörde einzulegen (§ 84 Abs. 2 SGG) und findet ein Abhilfeverfahren nicht statt (§ 85 Abs. 1 SGG). Entgegen § 85 Abs. 3 SGG besteht weiterhin die Pflicht zur **Zustellung** an die Verfahrenbeteiligten (§§ 41 Abs. 5 Satz 1, 45 Abs. 3 Ärzte-ZV). Nach § 45 Abs. 2 Ärzte-ZV kann als Ausnahme zu den §§ 37 Abs. 1 Satz 1, 43 Abs. 3 Ärzte-ZV der Widerspruch auch in Zulassungs- und Entziehungsverfahren ohne mündliche Verhandlung zurückgewiesen werden, wenn der Berufungsausschuss die Zurückweisung einstimmig beschließt.[11] 11

Mit der Anrufung wird der **Berufungsausschuss** für die streitbefangene Zulassungssache ausschließlich **zuständig** und behält diese Zuständigkeit bis zur rechtsverbindlichen Erledigung des Verfahrens. Das Verfahren vor ihm ist ein umfassendes Verwaltungsverfahren in einer zweiten Verwaltungsinstanz.[12] Auch der Berufungsausschuss kann erstmals **Nebenbestimmungen** (§ 32 SGB X) beifügen, allerdings ist das **Verbot der reformatio in peius** zu beachten.[13] Die **eigenverantwortliche Entscheidung** über das Vorliegen eines Versorgungsbedarfs in selbständiger Ausfüllung des **Beurteilungsspielraums** – also ohne Bindung an die Auffassung des Zulassungsausschusses – ist dem Berufungsausschuss nicht dadurch untersagt, dass nur der Arzt Widerspruch erhoben und die für ihn insoweit positive Feststellung des Zulassungsausschusses nicht angriffen hat; die Bindungswirkung eines zu Gunsten des Arztes ergangenen Bescheides des Zulassungsausschusses erstreckt sich nur auf den Entscheidungssatz jenes Bescheides, nicht aber auf einzelne ihn bedingende Tatbestandsmerkmale. Greift ein Arzt die Beschränkung seiner Zulassung auf eine Überweisungspraxis an, so ist der Berufungsausschuss nicht gehindert, den Widerspruch zurückzuweisen, weil ein besonderer Versorgungsbedarf nicht besteht.[14] Der Berufungsausschuss ist gleicherweise zur Ausübung des **Ermessens** befugt und verpflichtet und nicht auf die Rechtsaufsicht über den Zulassungsausschuss beschränkt.[15] Die Kombination der ausschließlichen funktionellen Zuständigkeit des Berufungsausschusses ab Anrufung mit der für beide Ausschüsse identischen sachlichen Zuständigkeit hat zur Folge, dass der Bescheid des Berufungsausschusses keine bloße Überprüfungsentscheidung darstellt, die lediglich als Modifikation des Bescheids des Zulassungsausschusses bedeutsam ist und nur zusammen mit diesem Gegenstand der Klage sein kann. Der Bescheid des Berufungsausschusses tritt vielmehr als Regelung der Zulassungssache an die Stelle des vorangegangenen Bescheids des Zulassungsausschusses und bildet den **alleinigen Gegenstand** der weiteren – **gerichtlichen**, bei aufhebendem Gerichtsurteil jedoch auch erneuten verwaltungsmäßigen – **Beurteilung** der Zulassungssache.[16] 12

Aus der begrenzten Verweisung und der Formulierung „**gilt als Vorverfahren**“ folgert das BSG, dass das Verfahren vor dem Berufungsausschuss kein Widerspruchsverfahren gemäß §§ 78, 83 ff. SGG, sondern ein **besonderes Verwaltungsverfahren** sei. Hierin liege eine Sonderregelung i.S.d. § 78 Abs. 2 Nr. 1 SGG, wonach durch Gesetz für besondere Fälle bestimmt werden könne, dass ein Vorverfahren nicht erforderlich sei.[17] Bedeutung hat dies bisher nur für das besondere Verfahrenserfordernis gehabt, den Widerspruch auch innerhalb der Widerspruchsfrist zu begründen (§ 44 Abs. 1 Satz 1 13

---

[10] Vgl. BSG v. 28.04.2004 - B 6 KA 8/03 R - juris Rn. 22 - BSGE 92, 283 = SozR 4-2500 § 106 Nr. 5.
[11] Vgl. SG Hannover v. 30.08.2000 - S 10 KA 71/00 - juris Rn. 25.
[12] Vgl. BSG v. 27.01.1993 - 6 RKa 40/91 - juris Rn. 14 - SozR 3-2500 § 96 Nr. 1.
[13] Vgl. BSG v. 27.01.1993 - 6 RKa 40/91 - juris Rn. 17 - SozR 3-2500 § 96 Nr. 1.
[14] Vgl. BSG v. 19.03.1997 - 6 RKa 43/96 - juris Rn. 17 - SozR 3-2500 § 101 Nr. 1.
[15] Vgl. BSG v. 27.01.1993 - 6 RKa 40/91 - juris Rn. 17 - SozR 3-2500 § 96 Nr. 1.
[16] Vgl. BSG v. 27.01.1993 - 6 RKa 40/91 - juris Rn. 20 - SozR 3-2500 § 96 Nr. 1.
[17] Vgl. BSG v. 09.06.1999 - B 6 KA 76/97 R - juris Rn. 24 - SozR 3-5520 § 44 Nr. 1; BSG v. 27.01.1993 - 6 RKa 40/91 - juris Rn. 14 und 19 - SozR 3-2500 § 96 Nr. 1.

Ärzte-ZV a.F.). Nur in diesem Kontext verweist das BSG hierauf. Nach der Aufhebung der Begründungspflicht durch das VÄndG dürften kaum noch Unterschiede zum allgemeinen Vorverfahren bestehen. Das BSG hat jetzt selbst eingeräumt, dass dem Gesichtspunkt der Sonderregelung gegenüber den §§ 78, 83 ff. SGG weniger Bedeutung zukomme, seitdem anerkannt sei, dass alle Bestimmungen der Ärzte-ZV den Rang von Bundesgesetzen hätten.[18] Nach der später ergangen Rechtsprechung des BVerfG bleibt es allerdings beim Rang einer Rechtsverordnung (vgl. die Kommentierung zu § 98 SGB V Rn. 9). Weitergehendere **Folgerungen** können daher aus der **Charakterisierung als Sonderregelung** nicht gezogen werden. Insbesondere gelten nun die §§ 86a und 86b SGG uneingeschränkt auch für Zulassungssachen. Nach deren Einfügung in das SGG beinhaltet die Überschrift (Dritter Unterabschnitt) neben „Vorverfahren" auch den „einstweiligen Rechtsschutz". Der einstweilige Rechtsschutz ist daher kein Teil des Vorverfahrens.

2. Form und Frist des Widerspruchs

a. Widerspruchseinlegung

14 Zulässiger Rechtsbehelf ist der **Widerspruch** (Absatz 4 Satz 1, § 44 Satz 1 Ärzte-ZV). Der Widerspruch ist schriftlich oder zur Niederschrift der Geschäftsstelle des Berufungsausschusses **mit Angabe von Gründen** – innerhalb der Monatsfrist – beim Berufungsausschuss einzulegen (§ 44 Satz 1 Ärzte-ZV). Aufgrund der Verweisung auf § 84 Abs. 1 Satz 1 SGG kann er auch beim Zulassungsausschuss eingelegt werden. Der Widerspruch kann bereits nach mündlicher Bekanntgabe (vgl. die Kommentierung zu § 96 SGB V Rn. 54) eingelegt werden.[19] Dem **Beschluss des Zulassungsausschusses** ist eine **Belehrung** über die Zulässigkeit des Rechtsbehelfes, die einzuhaltende Frist und den Sitz des zuständigen Berufungsausschusses beizufügen (§ 41 Abs. 4 Satz 4 Ärzte-ZV). Ein Hinweis auf die Begründungspflicht entfällt nunmehr nach deren Streichung in § 44 Ärzte-ZV durch das VÄndG. Eine fehlerhafte Rechtsbehelfsbelehrung verlängert die Widerspruchsfrist nach § 66 Abs. 2 SGG. Der Widerspruch **gilt** als **zurückgenommen**, wenn die **Gebühr** (§ 46 Abs. 1 Satz 1 lit. d Ärzte-ZV) nicht innerhalb der gesetzten Frist entrichtet ist (§ 45 Abs. 1 Satz 1 Ärzte-ZV). Nach LSG Nordrhein-Westfalen gilt dies für alle Entscheidungen, die Zulassungs- und Berufungsausschüsse zu treffen haben, auch für Widersprüche gegen die Versagung einer Ausnahmeregelung gem. § 73 Abs. 1a Satz 3 SGB V, und verstößt die Vorschrift nicht gegen höherrangiges Recht.[20] Die Zahlungsfrist und die Folgen ihrer Nichteinhaltung sind in der Anforderung zu vermerken (§ 45 Abs. 1 Satz 2 Ärzte-ZV).

b. Begründungspflicht und Begründungsfrist

15 § 44 Abs. 1 Ärzte-ZV sah in der bis Ende 2006 geltenden Fassung eine **Begründungsfrist** vor, nach der innerhalb eines Monats nicht nur Widerspruch einzulegen, sondern auch der Widerspruch zu begründen ist, was im allgemeinen Verwaltungsverfahren unbekannt ist. Diese Vorschrift ist bisher vom BSG als unbedenklich, als eine zulässige Sonderregelung gegenüber den Vorschriften des SGG über das Widerspruchsverfahren angesehen worden.[21] Das **BVerfG** hat dann in einem einstweiligen Anordnungsverfahren nach § 32 Abs. 1 BVerfGG aufgrund einer Zulassungsentziehung eine offensichtliche Unbegründetheit einer Verfassungsbeschwerde verneint, weil zu prüfen sein werde, ob die mittelbar angegriffene Vorschrift des § 44 Zahnärzte-ZV von der Ermächtigung in § 98 Abs. 2 Nr. 3 SGB V gedeckt sei und mit § 97 Abs. 3 Satz 1 SGB V, der ohne Einschränkung auf § 84 Abs. 1 SGG verweise, in Einklang stehe.[22] Das **BSG** hat daraufhin in zwei Nichtzulassungsbeschwerdeverfahren zunächst betont, eine **Rechtsbehelfsbelehrung** müsse dieses von den allgemeinen Regelungen über das Widerspruchsverfahren abweichende Erfordernis in **unmissverständlicher Weise** zum Ausdruck bringen; nach der Funktion einer Rechtsbehelfsbelehrung sei es dabei allgemein ohne Belang, wer konkret Adressat des Bescheides sei.[23] Das BSG hat zuletzt erneut an der Verfassungsgemäßheit festgehalten, aber für **Drittbetroffene**, die nicht zum Verwaltungsverfahren hinzugezogen wurden, die Begründungspflicht - wegen des Gebots der Gewährung effektiven Rechtsschutzes (Art. 19 Abs. 4 Satz 1 GG)

---

18 Vgl. BSG v. 23.02.2005 - B 6 KA 69/03 R - juris Rn. 22 - GesR 2005, 411 = ZMGR 2005, 229; BSG v. 23.02.2005 - B 6 KA 70/03 R - juris Rn. 22 - SozR 4-5520 § 33 Nr. 5.

19 Ebenso *Liebold/Zalewski*, Kassenarztrecht, E 44-3.

20 Vgl. LSG Nordrhein-Westfalen v. 18.11.2003 - L 11 B 47/03 KA ER - www.sozialgerichtsbarkeit.de.

21 Vgl. BSG v. 09.06.1999 - B 6 KA 76/97 R - juris Rn. 24 ff. - SozR 3-5520 § 44 Nr. 1.

22 Vgl. BVerfG v. 25.05.2001 - 1 BvR 848/01 - juris Rn. 2.

23 Vgl. BSG v. 21.05.2003 - B 6 KA 20/03 B - juris Rn. 10; BSG v. 16.07.2003 - B 6 KA 77/02 B - juris Rn. 12.

– verfassungskonform einschränkend ausgelegt. Es hat auf seine Rechtsprechung zum Gesetzesrang der Ärzte-ZV hingewiesen (vgl. die Kommentierung zu § 98 SGB V Rn. 9), weshalb dem Gesichtspunkt der Sonderregelung gegenüber den §§ 78, 83 ff. SGG weniger Bedeutung zukomme. Die durch die Regelung bewirkte Rechtsschutzerschwerung habe insofern kein großes Gewicht, als die Anforderungen an die „Angabe von Gründen" nicht streng seien. So müsse die **Begründung** nicht notwendigerweise zusammen mit der Widerspruchseinlegung erfolgen. Es reiche vielmehr aus, wenn Einlegung und Begründung des Widerspruchs in getrennten Schriftsätzen, aber beide binnen der Rechtsbehelfsfrist erfolgten. Zur Begründung seien zudem keine ins Einzelne gehenden Ausführungen erforderlich. Vielmehr genüge ein **schlagwortartiger Hinweis** des Betroffenen auf die für ihn relevanten Gesichtspunkte, die er in späteren Schriftsätzen, auch noch außerhalb der Frist, näher erläutern sowie (falls er nicht schon eine abschließende Eingrenzung auf die bisher genannten Gesichtspunkte vorgenommen habe) um weitere Gesichtspunkte ergänzen könne. Die Möglichkeit getrennter Einlegung und Begründung könne der Zulassungsausschuss verdeutlichen, indem er in seiner Rechtsbehelfsbelehrung z.B. formuliere, dass der Widerspruch binnen eines Monats nach Zustellung des Bescheides einzulegen und ebenfalls binnen dieser Frist zu begründen sei. In Ausnahmefällen habe der Berufungsausschuss dem (Dritt-)Betroffenen eine angemessene **Nachfrist** für die Angabe von Gründen zu setzen sowie ihm alle verfahrensmäßigen Rechte – wie z.B. auf Akteneinsicht (§ 25 SGB X) – zu gewähren und die dafür erforderliche Zusatzzeit bei der Bemessung der Frist für die Begründung zu berücksichtigen. Ferner hat das BSG auf die Möglichkeit einer **Wiedereinsetzung** in den vorigen Stand (§ 67 SGG) verwiesen.[24]

c. Rechtsbehelfsbelehrung und Begründungsfrist

Nach der Aufhebung der Begründungspflicht durch das VÄndG bedarf es keiner Aufnahme dieser in **16**
die Rechtsbehelfsbelehrung und ist die hierzu ergangene Rechtsprechung überholt.[25]

3. Widerspruchsbefugnis

Widerspruchsbefugnis haben neben den beteiligten **Ärzten** und **Einrichtungen** die **KV**, die ein kon- **17**
kretes rechtliches Interesse im Einzelfall nicht nachweisen muss[26], die **Landesverbände der Krankenkassen** sowie **Verbände der Ersatzkassen**[27]. Die Widerspruchsbefugnis ist auf Zulassungssachen (vgl. die Kommentierung zu § 96 SGB V Rn. 11 ff.) beschränkt, so dass ein Landesverband der Krankenkassen gegen eine Entscheidung, die über die Genehmigung einer Gemeinschaftspraxis hinaus feststellt, dass die Selbständigkeit und Gleichberechtigung der Vertragspartner i.S.d. § 85 Abs. 4b SGB V gegeben ist, keinen Widerspruch einlegen kann.[28]

a. Beteiligte

Der Beteiligungsbegriff knüpft zunächst an eine förmliche **Verfahrensstellung** (§ 12 SGB X) an. Für **18**
eine Widerspruchsbefugnis kommt es aber nicht allein hierauf an. So sind im Streit um die Nachbesetzung alle „Bewerber" i.S.d. § 103 Abs. 4 Sätze 2 und 3 SGB V am Verfahren beteiligt.[29] Diese sollten daher auch bereits förmlich beteiligt werden. Dies gilt auch dann, wenn nur eine begrenzte Zahl von Zulassungen zu vergeben und mehr Bewerber als Plätze vorhanden sind. **Drittbetroffene**, bisher am Verfahren nicht beteiligte Ärzte können Widerspruch bzw. Klage mit der Behauptung einlegen, sie

---

[24] Vgl. BSG v. 23.02.2005 - B 6 KA 69/03 R - juris Rn. 21 ff. - GesR 2005, 411 = ZMGR 2005, 229; BSG v. 23.02.2005 - B 6 KA 70/03 R - juris Rn. 22 ff. - SozR 4-5520 § 33 Nr. 5.

[25] Vgl. BSG v. 16.07.2003 - B 6 KA 77/02 B - juris Rn. 2 und 11 f.; zur Vorinstanz s. LSG Nordrhein-Westfalen v. 10.07.2002 - L 10 KA 3/02 - GesR 2003, 77; BSG v. 21.05.2003 - B 6 KA 20/03 B - juris Rn. 2 f. und 9 f.; zur Vorinstanz s. LSG Schleswig-Holstein v. 18.12.2002 - L 4 KA 25/01 - NZS 2003, 556 = Breithaupt 2003, 529; LSG Sachsen-Anhalt v. 24.04.2001 - L 4 B 6/01 KA ER; LSG Niedersachsen-Bremen v. 09.02.2005 - L 3 KA 290/03 - MedR 2005, 559-561; LSG Bayern v. 15.12.2004 - L 12 KA 3/04 - www.sozialgerichtsbarkeit.de; LSG Nordrhein-Westfalen v. 14.09.2005 - L 11 KA 46/05 - www.sozialgerichtsbarkeit.de; s. a. BSG v. 09.06.1999 - B 6 KA 76/97 R - juris Rn. 23 - SozR 3-5520 § 44 Nr. 1.

[26] Vgl. BSG v. 09.06.1999 - B 6 KA 76/97 R - juris Rn. 20 - SozR 3-5520 § 44 Nr. 1 m.w.N.; BSG v. 05.02.2003 - B 6 KA 26/02 R - juris Rn. 25 - SozR 4-2500 § 117 Nr. 1; BSG v. 28.04.2004 - B 6 KA 8/03 R - juris Rn. 33 - BSGE 92, 283 = SozR 4-2500 § 106 Nr. 5.

[27] Vgl. BSG v. 28.04.2004 - B 6 KA 8/03 R - juris Rn. 33 - BSGE 92, 283 = SozR 4-2500 § 106 Nr. 5.

[28] Vgl. SG Mainz v. 19.05.2004 - S 2 KA 270/01.

[29] Vgl. BSG v. 05.11.2003 - B 6 KA 11/03 R - juris Rn. 20 - BSGE 91, 253 = SozR 4-2500 § 103 Nr. 1.

seien durch den Verwaltungsakt beschwert (§ 54 Abs. 1 Satz 2 SGG), also in ihren rechtlich geschützten Interessen verletzt. Um eine sog. **offensive Konkurrentenklage** handelt es sich dann, wenn der Betreffende geltend macht, nicht er, sondern der Konkurrent habe eine nur einmal zu vergebende Rechtsposition erhalten. Ein solcher Widerspruch bzw. solche Klage ist immer dann zulässig, wenn der übergangene Bewerber plausibel geltend machen kann und geltend macht, die Auswahlentscheidung sei zu seinen Lasten fehlerhaft.[30]

19 Nach SG Dresden kann die Einbeziehung der als Wettbewerber in Betracht kommenden, vorrangig zu berücksichtigenden Ärzte nicht dem sozialgerichtlichen Verfahren überlassen bleiben. Alternativ zur Beiladung aller potentiell betroffenen Ärzte kommen auch eine Information in Veröffentlichungsblättern der KVen oder die Einbeziehung ärztlicher Berufsverbände in Betracht.[31]

b. Defensive Konkurrentenklage

20 Problematischer ist die **sog. defensive Konkurrentenklage**, mit der Ärzte **Begünstigungen dritter Personen** oder Institutionen abwehren wollen, von denen sie eine Beeinträchtigung ihrer rechtlichen und/oder wirtschaftlichen Interessen befürchten. Nach dem Kammerbeschluss des BVerfG vom August 2004 steht die bisherige restriktive Rechtsprechung des BSG auf dem Prüfstand.

21 Eine Klagebefugnis hat das **BSG** seit 1991 unter Aufgabe seiner früheren Rechtsprechung verneint. Bis dahin ging es davon aus, dass ein Vertragsarzt aufgrund eines besonderen Rechtsverhältnisses zur KV einen Anspruch aus Art. 2 Abs. 1 GG habe, die KV auf die ihr zugewiesenen Aufgaben zu beschränken.[32] Eine Klagebefugnis hat es dann bei Klagen niedergelassener Vertragsärzte gegen eine **Ermächtigung** verneint, weil die Zulassung von Ärzten zur vertragsärztlichen Versorgung bereits zugelassene Vertragsärzte nicht vor einer wirtschaftlich ungefährdeten Tätigkeit schütze.[33] Insoweit bestand auch kein Recht gegenüber der KV, gegen eine Ermächtigung vorzugehen.[34] Die bis dahin offen gelassene Frage, wie zu verfahren sei, wenn der Arzt sich darauf berufen hatte, die Ermächtigung sei willkürlich erteilt worden oder aber seine wirtschaftliche Existenz sei im Hinblick auf den Umfang der Ermächtigung akut bedroht, hat das BSG dann für den Fall einer willkürlichen Erteilung einer Ermächtigung im Sinne einer Anfechtungsbefugnis des niedergelassenen Arztes bejaht, weil der Wertgehalt des Art. 12 Abs. 1 GG eine Auslegung der Vorschriften (§ 116 SGB V, § 31a Ärzte-ZV) dahin verlange, dass die Zulassungsgremien auf schwere Beeinträchtigungen der beruflichen Betätigung der niedergelassenen Vertragsärzte Rücksicht zu nehmen hätten.[35] Das BSG hat diese Rspr. auch auf die **Sonderbedarfszulassung**[36] und **Institutsermächtigungen**[37] übertragen. Hinsichtlich einer Sonderbedarfszulassung wegen einer **belegärztlichen Tätigkeit** in überversorgten Planungsbereichen (§ 103 Abs. 7 SGB V) hat das BSG eine generelle Anfechtungsbefugnis der niedergelassenen Ärzte verneint, sie aber denjenigen Ärzten eingeräumt, die sich auf die Ausschreibung hin beworben oder – wenn die Ausschreibung nicht in der gebotenen Form erfolgt ist – sonst unmissverständlich gegenüber dem Krankenhausträger ihr Interesse an der belegärztlichen Tätigkeit kundgetan haben, soweit sie geltend gemacht haben, die vom Krankenhaus ausgeschriebene belegärztliche Tätigkeit ausüben zu können und nach seiner Beurteilung zu Unrecht beim Abschluss eines Belegarztvertrages übergangen worden zu sein.[38]

22 Gegen diese Rechtsprechung des BSG hat das **BVerfG** im August 2004 durch Kammerbeschluss, nachdem es bereits zuvor eine Klagebefugnis eines Krankenhauses, das nicht in den Krankenhausplan eines Landes aufgenommen wurde, als konkurrierender Bewerber die Planaufnahme eines anderen Krankenhauses anfechten kann, mit Kammerbeschluss bejaht hatte[39], betont, eine **defensive Konkurrentenklage** ausschließlich bei besonders schweren materiellen Mängeln der Begründetheit einer angefochtenen Ermächtigungsentscheidung zuzulassen, werde der Bedeutung und Tragweite der **Berufs-**

---

[30] Vgl. BSG v. 05.11.2003 - B 6 KA 11/03 R - juris Rn. 19 - BSGE 91, 253 = SozR 4-2500 § 103 Nr. 1.
[31] Vgl. SG Dresden v. 23.01.2006 - S 18 KA 691/05 ER - juris Rn. 33.
[32] Vgl. BSG v. 27.10.1987 - 6 RKa 57/86 - juris Rn. 17 - BSGE 62, 231 = SozR 2200 § 368b Nr. 4.
[33] Vgl. BSG v. 15.05.1991 - 6 RKa 22/90 - juris Rn. 16 ff. - BSGE 68, 291 = SozR 3-1500 § 54 Nr. 7; BSG v. 28.08.1996 - 6 RKa 37/95 - juris Rn. 20 ff. - SozR 3-1500 § 54 Nr. 30.
[34] Vgl. BSG v. 15.05.1991 - 6 RKa 22/90 - juris Rn. 30 f. - BSGE 68, 291 = SozR 3-1500 § 54 Nr. 7.
[35] Vgl. BSG v. 29.09.1999 - B 6 KA 30/98 R - juris Rn. 27 - SozR 3-1500 § 54 Nr. 40, aufgehoben durch BVerfG v. 17.08.2004 - 1 BvR 378/00 - SozR 4-1500 § 54 Nr. 4.
[36] Vgl. BSG v. 10.05.2000 - B 6 KA 9/99 R - juris Rn. 17 ff. - SozR 3-2500 § 101 Nr. 4.
[37] Vgl. BSG v. 11.12.2002 - B 6 KA 32/01 R - juris Rn. 24 ff. - BSGE 90, 207 = SozR 3-1500 § 54 Nr. 47.
[38] Vgl. BSG v. 14.03.2001 - B 6 KA 34/00 R - juris Rn. 35 - BSGE 88, 6 = SozR 3-2500 § 103 Nr. 6.
[39] Vgl. BVerfG v. 14.01.2004 - 1 BvR 506/03 - GesR 2004, 85 = NZS 2004, 199.

freiheit nicht gerecht. Dem in § 116 Satz 2 SGB V und § 31a Abs. 1 Satz 2 Ärzte-ZV gesetzlich angeordneten **Vorrang der niedergelassenen Vertragsärzte** komme im Lichte dieses Grundrechts vor dem Hintergrund restriktiver Bedarfsplanung und limitierter Gesamtvergütungen auch **drittschützende Wirkung** in dem Sinne zu, dass diese Ärzte befugt seien, Krankenhausärzte begünstigende Ermächtigungsentscheidungen gerichtlich anzufechten. Solange gerichtlicher Rechtsschutz nur auf Willkürkontrolle beschränkt sei, bleibe ein Sektor der Berufsausübungsfreiheit ohne Überprüfung. Während der Krankenhausarzt gegen die Versagung einer Ermächtigung klagen könne, könne der niedergelassene Arzt bislang nicht gerichtlich überprüfen lassen, ob durch die Erteilung von Ermächtigungen zu seinen Lasten ein Überangebot entstehe. Die **Zulassungsbeschränkungen** und die **Deckelung der Gesamtvergütung** hätten das System des Vertragsarztrechts spätestens seit dem GSG verändert. Dem Aspekt einer quantitativ begrenzten Konkurrenz komme für die Berufsausübung des einzelnen Vertragsarztes wegen der budgetierten Gesamtvergütung wachsende Bedeutung zu. Die Möglichkeit einer Grundrechtsverletzung erfordere die Befugnis des Grundrechtsträgers, die Einhaltung der gesetzlichen Vorgaben für die Erteilung einer Ermächtigung zur gerichtlichen Überprüfung zu stellen. Die Einbindung der Vertragsärzte in das System der gesetzlichen Krankenversicherung, das ihnen einen Vorrang gegenüber anderen Ärzten garantiere, korreliere mit dem Anspruch auf Rechtsschutz bei Vernachlässigung der gesetzgeberischen Entscheidung durch die Zulassungsgremien. Die verfahrensmäßige Absicherung des Grundrechtsschutzes setze nicht erst bei Willkür ein. Die verfahrensrechtliche Absicherung der Vorrangstellung der Vertragsärzte begegne unter dem Gesichtspunkt der **Prozesspraktikabilität** keinen Bedenken. Die Ermächtigung von Krankenhausärzten berühre zwar gelegentlich – je nach Gebiet – zahlreiche niedergelassene Ärzte. § 75 Abs. 2a SGG gebe den Gerichten in Massenverfahren die Möglichkeit, über die Beiladung in einem vereinfachten Verfahren zu entscheiden.[40]

Das **BSG** hat nunmehr nach Zurückverweisung klargestellt, der Vertragsarzt, der im selben räumlichen Bereich die gleichen Leistungen anbiete, müsse Ermächtigungen für Krankenhausärzte derselben Fachrichtung und Qualifizierung anfechten können, wenn diese seine Erwerbsmöglichkeiten einschränkten; wenn die Ermächtigungen nicht durch das Ziel der Sicherstellung der Versorgung gerechtfertigt seien, d.h., wenn die erforderliche Versorgungslücke nicht gegeben sei, werde der Vertragsarzt in seinem Grundrecht aus Art. 12 Abs. 1 GG verletzt.[41] 23

Der dem BVerfG zugrunde liegende Ausgangsfall betraf die **Ermächtigung von Krankenhausärzten**. In der Literatur wird bisher eine Übertragung auf andere Fallkonstellationen abgelehnt[42] oder die Hoffnung zum Ausdruck gebracht, dass das BSG die Entscheidung des BVerfG mit Augenmaß restriktiv auslegen werde, also allenfalls auf Fälle der Sonderbedarfszulassung, und nur Klagen solcher Vertragsärzte zulasse, die dadurch inhaltlich (wirtschaftlich) betroffen seien.[43] Auch wenn man von der Prämisse ausgeht, die Möglichkeit einer Grundrechtsverletzung erfordere die Befugnis des Grundrechtsträgers, die Einhaltung der gesetzlichen Vorgaben für die Erteilung einer Ermächtigung zur gerichtlichen Überprüfung zu stellen, so wird dies **nicht** für **alle Formen der Ermächtigung** gelten. Der vom BVerfG betonte – nur einfachgesetzlich normierte Vorrang der niedergelassenen Vertragsärzte – kommt lediglich im Rahmen einer Bedarfsprüfung zur Geltung. Gesetzlich zwingend vorgeschriebene Ermächtigungen fallen daher nicht unter die Rechtsprechung des BVerfG. Aus der Sicht des Vertragsarztes besteht allerdings eine ähnliche Konfliktlage wie bei bedarfsabhängigen Ermächtigungen bei **Sonderbedarfszulassungen.** Damit werden die Teilnahmeentscheidungen erfasst, für die schon bisher die Willkür-Rechtsprechung des BSG gegolten hat. Zu fordern ist aber, dass es um dieselbe Fachrichtung und Qualifizierung geht und der Vertragsarzt **gleiche Leistungen** erbringen kann und auch anbietet[44]; nur dann kann durch die weitere Teilnahmezulassung in seine Praxistätigkeit eingegriffen werden. Es muss sich um denselben **Planungsbereich**[45] (vgl. die Kommentierung zu § 96 SGB V Rn. 42 ff.) handeln. Bei einer Sonderbedarfszulassung wegen eines lokalen Versorgungsbedarfs kann aufgrund der Entfernung beider Praxisstandorte eine Rechtsverletzung von vornherein ausgeschlossen sein. Allein die Möglichkeit einer **mittelbaren Auswirkung** aufgrund des Honorarverteilungsmecha- 24

[40] Vgl. BVerfG v. 17.08.2004 - 1 BvR 378/00 - juris Rn. 15 ff. - SozR 4-1500 § 54 Nr. 4; zur Kritik vgl. *Hänlein*, jurisPR-SozR 45/2004, Anm. 1 (unter E); *Nix*, SGb 2005, 63 f.

[41] Vgl. BSG v. 28.09.2005 - B 6 KA 70/04 R - juris Rn. 13 - GesR 2006, 15 = ZMGR 2005, 321.

[42] Vgl. Rechtsabteilung, BayÄBl 2004, 720.

[43] Vgl. *Steinhilper*, MedR 2004, 682, 684.

[44] Vgl. BSG v. 28.09.2005 - B 6 KA 70/04 R - juris Rn. 13 - GesR 2006, 15 = ZMGR 2005, 321.

[45] Vgl. BSG v. 28.09.2005 - B 6 KA 70/04 R - juris Rn. 13 - GesR 2006, 15 = ZMGR 2005, 321 („selben räumlichen Bereich").

nismus, wonach bei einer begrenzten Gesamtvergütung jeder weitere Leistungserbringer die Vergütung der übrigen senken kann, reicht nicht aus. Eine defensive Widerspruchs- und Klagebefugnis kann ferner verneint werden bei allen Zulassungsentscheidungen in nicht zulassungsbeschränkten Planungsbereichen, bei Praxisnachfolge und anderen Nachfolgebesetzungen, z.B. für ein MVZ (vgl. § 101 Abs. 4a SGB V)[46], und bei Teilnahmeformen wie Praxisgemeinschaften.

25 Nach SG Marburg hat ein Widerspruch eines Vertragsarztes gegen eine **Genehmigung ausgelagerter Praxisräume** – allerdings keine Zulassungssache (vgl. die Kommentierung zu § 96 SGB V Rn. 9) – eines anderen, im Nachbarplanungsbereich niedergelassenen Vertragsarztes in seinem Planungsbereich aufschiebende Wirkung.[47] Nach SG Marburg haben Vertragsärzte, die sich um einen Belegarztvertrag nicht beworben haben, keine Klagebefugnis gegen die Zulassung eines Konkurrenten als Belegarzt nach § 103 SGB V.[48] Nach SG Dresden fehlt niedergelassenen **Vertragsärzten** für eine Klage gegen eine **Institutsermächtigung** das **Rechtsschutzbedürfnis**, wenn sich die Klage lediglich auf die Rüge beschränkt, die Entscheidung habe den aus dem Wortlaut des § 98 Abs. 2 Nr. 11 SGB V resultierenden Vorrang der Erteilung von Einzelermächtigungen (§ 116 SGB V) vor der Erteilung einer Institutsermächtigung missachtet. Denn dieser Vorrang betrifft nur das Innenverhältnis zwischen den potentiell ermächtigungsfähigen Ärzten und den ärztlich geleiteten Einrichtungen, denen gegenüber die niedergelassenen Ärzte jeweils gleichermaßen Vorrang bei der Teilnahme an der kassenärztlichen Versorgung genießen. Wird demgegenüber der Bescheid unter allen in Frage kommenden Gesichtspunkten angefochten, so fehlt es nicht aus diesem Grund an einem Rechtsschutzbedürfnis.[49]

26 Diese Rechtsprechung des BVerfG hat **Rückwirkung** auf das **Verwaltungsverfahren**. Soweit eine Widerspruchsbefugnis zu bejahen ist, kommt eine Beteiligung nach § 12 Abs. 2 Satz 1 SGB X in Betracht.[50] Dies setzt eine Information der betroffenen Fachgruppe, u.U. beschränkt auf Teile des Planungsbereiches, voraus. Eine förmliche Beteiligung dient auch der Kanalisierung des Verfahrens und bindet, da der Bescheid allen zuzustellen ist, an die Widerspruchs- und Klagefristen. Soweit auf das Fehlen spezifischer Vorschriften für Masseverfahren – §§ 17 ff. VwVfG setzt z.B. auch mehr als 50 Eingaben voraus, § 75 Abs. 2a SGG noch mehr als 20 Beigeladene – hingewiesen wird[51], ist fraglich, ob es zu solchen Verfahren kommen wird. Der **einstweilige Rechtsschutz** wird weiter an Bedeutung zunehmen, da jeder Widerspruch aufschiebende Wirkung hat (vgl. Rn. 50 ff.).

27 Die Praxis zeigt aber, dass eine Beiladung nicht immer erfolgt. Für den zugelassenen Bewerber bedeutet dies, dass u.U. frühestens nach einem Jahr (vgl. § 66 Abs. 2 Satz 1 SGG; vgl. Rn. 28) Bestandskraft der Zulassungsentscheidung eintritt, er andererseits aber nach § 19 Abs. 2 und 3 Ärzte-ZV gehalten ist, bereits zuvor die vertragsärztliche Tätigkeit aufzunehmen. Dies gilt insbesondere für Sonderbedarfszulassungen. Hält man eine defensive Konkurrentenklage für zulässig, kann eine Risikominimierung für den zugelassenen Arzt nur durch konsequente Beiladung erfolgen.

c. Verwirkung

28 Ein **Konkurrentenwiderspruch** bzw. eine Konkurrentenwiderspruchsklage kann über zwei Jahre nach Zulassung eines Vertragsarztes wegen **Verwirkung** unzulässig sein.[52] Das BSG hat bisher die Frage, ob generell im Falle der Anfechtung eines Verwaltungsaktes mit Drittwirkung der betroffene Dritte, dem die von ihm angefochtene Entscheidung nicht förmlich zugestellt worden ist, spätestens innerhalb eines Jahres nach Kenntnis von dem Verwaltungsakt Klage erheben muss, offen gelassen.[53] Das Rechtsinstitut der Verwirkung gilt als Ausprägung des Grundsatzes von **Treu und Glauben** (§ 242 BGB) auch für das Sozialrecht. Die Verwirkung setzt als Unterfall der **unzulässigen Rechtsausübung** voraus, dass der Berechtigte die Ausübung seines Rechts während eines längeren Zeitraums unterlassen hat und weitere besondere Umstände hinzutreten, die nach den Besonderheiten des Einzelfalls und des in Betracht kommenden Rechtsgebiets das verspätete Geltendmachen des Rechts nach Treu und Glauben dem Verpflichteten gegenüber als illoyal erscheinen lassen. Solche die Verwirkung

46 Vgl. *Steinhilper*, MedR 2004, 682, 683 f.; *Schnapp*, MedR 2004, 451 f.

47 Vgl. SG Marburg v. 06.09.2005 - S 12 KA 454/05 ER - juris Rn. 25.

48 Vgl. SG Marburg v. 18.12.2006 - S 12 KA 1041/06 ER - juris Rn. 28-30; SG Marburg v. 22.03.2007 - S 12 KA 80/07 ER.

49 Vgl. SG Dresden v. 23.01.2006 - S 18 KA 691/05 ER - juris Rn. 26.

50 Z.T. anders *Hänlein*, jurisPR-SozR 45/2004, Anm. 1 (unter D), der einen Fall notwendiger Beiladung sieht.

51 Vgl. *Steinhilper*, MedR 2004, 682, 683.

52 Vgl. SG Frankfurt a.M. v. 11.09.2002 - S 27 KA 1680/01.

53 Vgl. BSG v. 17.11.1999 - B 6 KA 10/99 R - juris Rn. 31 - SozR 3-2500 § 71 Nr. 1.

auslösenden „besonderen Umstände“ liegen vor, wenn der Verpflichtete infolge eines bestimmten Verhaltens des Berechtigten (Verwirkungsverhalten) darauf vertrauen durfte, dass dieser das Recht nicht mehr geltend machen werde (Vertrauensgrundlage) und der Verpflichtete tatsächlich darauf vertraut hat, dass das Recht nicht mehr ausgeübt wird (Vertrauenstatbestand) und sich infolgedessen in seinen Vorkehrungen und Maßnahmen so eingerichtet hat (Vertrauensverhalten), dass ihm durch die verspätete Durchsetzung des Rechts ein unzumutbarer Nachteil entstehen würde.[54] Ein Verwirkungsverhältnis kann insbesondere zwischen durch den Bescheid Begünstigten und dem Drittbetroffenen entstehen. Hat der Drittbetroffene Kenntnis von der Teilnahme und nimmt er sie mit Wissen des Begünstigten hin, kann Verwirkung gegeben sein.

4. Verfahrenskosten (§ 63 SGB X)

a. Kostengrundentscheidung

Die Kostengrundentscheidung trifft der Berufungsausschuss (§ 63 Abs. 1 SGB X). Es besteht ein An- 29
spruch des **Widerspruchsführers** auf **Kostenerstattung** der notwendigen Aufwendungen gegenüber dem Berufungsausschuss, soweit der Widerspruch erfolgreich war (§ 63 SGB X). Das gilt auch bei Drittbeteiligung des Arztes, wenn also die KV, Kassenverbände oder ein anderer beteiligter Arzt Widerspruch eingelegt hat.[55]

Weist der Berufungsausschuss den Widerspruch eines (Zahn-)Arztes gegen die Zulassung eines Kon- 30
kurrenten zurück, so kann der Widerspruchsführer nicht zur Erstattung der Aufwendungen des Konkurrenten zur Rechtsverteidigung im isolierten Vorverfahren verpflichtet werden.[56] Nach § 63 Abs. 1 SGB X kommt eine Kostenerstattung im Verfahren vor dem Berufungsausschuss nur in Betracht, wenn der Widerspruch erfolgreich ist. Dies setzt den Erlass eines Widerspruchs- oder Abhilfebescheides voraus. Eine Kostenentscheidung setzt eine sachliche Entscheidung der Behörde voraus; bei Erledigung aus anderen Gründen besteht kein Kostenerstattungsanspruch.[57]

b. Festsetzung der Verfahrenskosten

Die Gebühren und Auslagen eines Rechtsanwalts für die Tätigkeit im Vorverfahren, die grundsätzlich 31
erstattungsfähig sind, ergeben sich aus den Bestimmungen des anwaltlichen **Gebührenrechts**.[58] Die Gebühren eines Rechtsanwalts sind in Zulassungssachen wie im gesamten Vertragsarztrecht nach Gegenstandswert[59] abzurechnen (§ 3 RVG i.V.m. § 197a Abs. 1 HS. 1 SGG).[60] Zur Berechnung des Gegenstandswertes gelten die für das Gerichtsverfahren geltenden Wertvorschriften (§ 23 Abs. 1 Satz 3 i.V.m. Satz 1 RVG, § 197a Abs. 1 SGG und insbesondere die §§ 1 Nr. 4, 3 Abs. 1, 39 Abs. 1, 40, 42 Abs. 3, 52 RVG). KV und Kassenverbände können keine Kostenerstattung verlangen, da sie selbst für die Kosten aufzukommen haben. Die Kostenfestsetzung nimmt der Berufungsausschuss auf Antrag vor (§ 63 Abs. 3 SGB X). Er setzt auch als Vorfrage zum Kostenerstattungsanspruch den Gegenstandswert fest; auf eine isolierte Gegenstandswertfestsetzung besteht kein Anspruch.[61]

Bei der Bemessung des **wirtschaftlichen Interesses** an einer **Zulassung** zur vertragsärztlichen Versor- 32
gung ist von der Höhe des Überschusses (Gewinn vor Steuern) auszugehen. Das BSG stellt nicht mehr auf einen Fünfjahreszeitraum, sondern nur noch auf einen **Dreijahreszeitraum** ab, hat aber Tendenzen in den Instanzen für Berücksichtigung nur eines Zeitraums von einem Jahr eine Absage erteilt.[62] Zu ermitteln sind die erzielbaren Einkünfte, die um die durchschnittlichen Praxiskosten in der jeweiligen Behandlergruppe zu vermindern sind.

---

54 Vgl. BSG v. 10.08.1999 - B 2 U 30/98 R - juris Rn. 31 - SozR 3-2400 § 4 Nr. 5; BSG v. 23.05.1989 - 12 RK 23/88 - juris Rn. 26 - USK 8964, jeweils m.w.N.

55 Vgl. BSG v. 11.12.1985 - 6 RKa 35/84 - BSGE 59, 216 = SozR 1300 § 63 Nr. 7; BSG v. 18.12.1996 - 6 RKa 33/95 - SozR 3-1300 § 63 Nr. 9.

56 Vgl. BSG v. 31.05.2006 - B 6 KA 62/04 R - juris Rn. 12 ff. - GesR 2007, 19 = MedR 2007, 133.

57 Vgl. SG Marburg v. 24.01.2007 - S 12 KA 712/06 m.w.N.

58 Vgl. BSG v. 20.10.2004 - B 6 KA 15/04 R - juris Rn. 17 - SozR 4-1930 § 6 Nr. 1.

59 Vgl. hierzu *Wenner/Bernard*, NZS 2001, 57 ff.; *dies.*, NZS 2003, 568 ff.; *dies.*, NZS 2006, 1 ff.

60 Zu Fragen des Übergangsrechts vgl. *Wenner/Bernard*, NZS 2006, 1.

61 Vgl. BSG v. 11.06.1986 - 6 RKa 13/85 - juris Rn. 16 ff. - SozR 1300 § 63 Nr. 8.

62 Vgl. BSG v. 01.09.2005 - B 6 KA 41/04 R - juris, Rn 7 ff. - SozR 4-1920 § 52 Nr. 1; BSG v. 26.09.2005 - B 6 KA 69/04 B.

33 Für die Umsätze ist für den Regelfall einer **Zulassung** auf die Beträge abzustellen, die im Gesamtbundesdurchschnitt (bzw. für Regionen in den neuen Bundesländern im Durchschnitt dieser Länder) für die Arztgruppe ausgewiesen sind, welcher der Arzt angehört.[63] Sofern Daten des jeweiligen KV-Bezirks vorliegen, in welchem der betroffene Vertragsarzt tätig war bzw. tätig werden möchte, können auch diese Umsätze zu Grunde gelegt werden. Im Fall einer **Zulassungsentziehung** stehen jedenfalls dann, wenn die Entziehung noch nicht vollzogen worden ist, konkrete Umsätze des Vertragsarztes zur Verfügung, die sich als Grundlage für die Streitwertfestsetzung eignen. Soweit nicht auf individuelle Umsätze zurückgegriffen werden kann und eine Arztgruppe betroffen ist, für die keine Daten des Gruppendurchschnitts vorliegen, kann es in Betracht kommen, den durchschnittlichen Umsatz der Arztgruppe zu schätzen oder auf den Durchschnitt der Umsätze aller Arztgruppen abzustellen. Vom **Zeitpunkt** her sind nunmehr – gemäß § 40 GKG – die Verhältnisse desjenigen Jahres zu Grunde zu legen, in dem der jeweilige Rechtszug eingeleitet worden ist. Soweit die Werte dieses Jahres noch nicht ermittelt worden oder jedenfalls noch nicht bekannt sind, ist auf die zeitnächsten verfügbaren Daten zurückzugreifen. Für die **Praxiskostenanteile** ist pauschalierend auf die Kostenquote abzustellen, die im Gesamtbundesdurchschnitt (bzw. für Regionen in den neuen Bundesländern im Durchschnitt dieser Länder) für die Arztgruppe ausgewiesen ist, welcher der betroffene Arzt angehört, bzw. auf die zeitnächsten verfügbaren Daten. Ist eine Arztgruppe betroffen, für die keine Daten vorliegen, so kann es in Betracht kommen, entweder auf die durchschnittliche Kostenquote aller Arztgruppen oder auf einen pauschal gegriffenen Kostensatz von z.B. 50% abzustellen. Im Hinblick auf die gebotene pauschalierende Bestimmung von Streitwerten ist eine Reduzierung weder unter dem Gesichtspunkt veranlasst, dass eine neue Praxis in ihrer **Anlaufphase** möglicherweise noch nicht solche Umsätze erreichen wird, noch im Hinblick darauf, dass der Kläger nur eine – auf ein engeres Tätigkeitsspektrum begrenzte - **Sonderbedarfszulassung** begehrt.[64]

34 Bei **Zahnärzten** ist der Umsatz nicht nur für die Leistungsbereiche der konservierend-chirurgischen Behandlung, der Parodontosebehandlung und der Kieferbruchbehandlung ohne Individualprophylaxe zu berechnen, sondern es ist auch der Umsatz für Zahnersatz (ohne Material- und Laborkosten) zu berücksichtigen.[65]

35 Aber auch nach Reduzierung des maßgeblichen Zeitraums von fünf auf drei Jahre entstehen im Hinblick auf Art. 19 Abs. 4 GG für Streitigkeiten um **Zulassungen bedenkliche Verfahrenskosten**. So würde z.B. bei einem durchschnittlichen Jahresumsatz einer **psychotherapeutischen Praxis** von ca. **37.000 €**, 40,2% Unkosten und einem daraus ermittelten Überschuss von 22.126 € der **Streitwert 66.378 €** betragen[66]; für die Zulassung einer **Zahnärztin** hat das BSG im konkreten Fall bei einem Jahresumsatz von **154.819 €** einen **Streitwert** von **116.063 €** errechnet.[67] Im gerichtlichen Instanzenzug würden drei, vier bzw. fünf **Gerichtsgebühren** anfallen (vgl. Teil 7 Anl. 1 GKG), für den Psychotherapeuten zu je 656 €, also 1.968 €, 2.624 € bzw. 3.280 €, insgesamt 7.872 €; für die Zahnärztin zu je 956 €, also 2.868 €, 3.824 € bzw. 4.780 €, insgesamt 11.472 €. Eine **Anwaltsgebühr** beträgt für den Psychotherapeuten 1.200 €, bei einer Verfahrensgebühr (Nr. 3100 Anl. 1 zu §2 Abs. 2 RVG) und einer Terminsgebühr (Nr. 3102 Anl. 1 zu § 2 Abs. 2 RVG) würden somit an Anwaltskosten für die erste Instanz (Faktor 1,3 + 1,2 = 2,5) 3.000 €, mit (hier noch gerechneten) 14% MWSt. 3.420 €, für die zweite Instanz (Faktor 1,6 + 1,2 = 2,8) 3.360 €/3.830,40 €, für die dritte Instanz (Faktor 1,6 + 1,5 = 3,1) 3.720 €/ 4.240,80 €, insgesamt 10.080 €/11.491,20 € anfallen. Für die Zahnärztin (Anwaltsgebühr: 1.431 €) würden an Anwaltskosten für die erste Instanz 3.577,50 €/4.078,35 €, für die zweite Instanz 4.006,80 €/ 4.567,75 €, für die dritte Instanz 4.436,10 €/5.057,15 €, insgesamt 12.020,40 €/13.703,26 € anfallen. Es entstünden **Verfahrenskosten** (mit MWSt., ohne Auslagen) im Instanzenzug für den **Psychotherapeuten** von 5.388 €, 6.454,40 €, 7.520,80 €, insgesamt von **19.363,20 €**, für die **Zahnärztin** von 6.946,35 €, 8.391,75 €, 9.837,15 €, insgesamt von **25.175,25 €**. Soweit es sich um Konkurrentenklagen handelt, können die Anwaltsgebühren für jeden Beteiligten hinzukommen.

36 Wenn es sich bei Zulassungssachen auch nicht um Amtsverhältnisse handelt, so handelt es sich doch bei Zulassungen oder Ermächtigungen um Statusentscheidungen und ist daher der **Jahresgewinn** als Streit- bzw. Gegenstandswert angemessen (§ 52 Abs. 5 Satz 1 GKG analog).

---

[63] S dazu KBV (Hrsg.), Grunddaten zur vertragsärztlichen Versorgung in Deutschland, www.kbv.de.

[64] Vgl. BSG v. 12.10.2005 - B 6 KA 47/04 B - juris Rn. 1 ff. - ZMGR 2005, 324.

[65] Vgl. BSG v. 01.09.2005 - B 6 KA 41/04 R - juris Rn. 19 - SozR 4-1920 § 52 Nr. 1.

[66] Vgl. BSG v. 17.06.2003 - B 6 KA 33/02 B - juris Rn. 3.

[67] Vgl. BSG v. 01.09.2005 - B 6 KA 41/04 R - juris Rn 23 - SozR 4-1920 § 52 Nr. 1.

Gegen die **Kostenentscheidungen** kann **Klage** vor dem SG erhoben werden, auch von der KV, unabhängig davon, ob der Kostenausspruch sie selbst konkret belastet.[68] 37

5. Vergleichsschluss

Nach der Rechtsprechung des BSG zu Verfahren vor dem Beschwerdeausschuss nach § 106 SGB V kann ein **Vergleich** zwar allein mit dem Beschwerdeausschuss (bzw. dessen Vorsitzenden) geschlossen werden, ist aber von den beteiligten Kassenverbänden und der KV **anfechtbar**, wenn sie am Vergleichsschluss nicht beteiligt waren. Das BSG verweist hierbei u.a. auf deren generelle Anfechtungsbefugnis, die auch für Entscheidungen der Zulassungsgremien gelte. Für die Rechtsmittelbefugnis dieser Institutionen sei es ohne Belang, ob ihre Vertreter in den Gremien der gemeinsamen Selbstverwaltung der jeweiligen Entscheidung des Gremiums zugestimmt hätten.[69] Diese Rechtsprechung gilt daher auch für Vergleiche mit den Zulassungsgremien. 38

V. Aufschiebende Wirkung und Anordnung der sofortigen Vollziehung (Absatz 4 und § 86a SGG)

1. Rechtslage nach dem 6. SGG-Änderungsgesetz

Der Widerspruch hat – wie die Klage – aufschiebende Wirkung. Nach der Einfügung der umfassenden Vorschriften zum einstweiligen Rechtsschutz durch das 6. SGG-Änderungsgesetz[70] folgt dies aus § 86a Abs. 1 SGG[71]. **Absatz 4 und § 96 Abs. 4 Satz 2 SGB V** sahen eine obligatorische aufschiebende Wirkung des Widerspruchs und die Möglichkeit, die sofortige Vollziehung anzuordnen, bereits in Ausnahme zu den allgemeinen Vorschriften unter Geltung des bis zum 01.01.2002 in Kraft befindlichen Rechts vor. Nach der lückenlosen Regelung des einstweiligen Rechtsschutzes in den §§ 86a und 86b SGG sind sie **ohne eigentliche Funktion** und werden von der Neuregelung verdrängt.[72] 39

Nach **Widerspruch** (und Klage) kann der zugelassene Bewerber wegen der aufschiebenden Wirkung von seiner **Zulassung keinen Gebrauch** machen. Das BSG folgert aus der Eigenart statusbegründender Verwaltungsakte im Vertragsarztrecht, dass bis zur rechtskräftigen Abweisung der Rechtsbehelfe von einer Ermächtigung, soweit sie angefochten war, kein Gebrauch gemacht werden kann und demgemäß während des schwebenden Verfahrens keine Leistungen erbracht werden dürfen und daher für sie auch keine Vergütung beansprucht werden kann.[73] Ein Widerspruch entfaltet keine aufschiebende Wirkung gegen deklaratorische Feststellungen über das Ende der Zulassung, die der Herstellung von Rechtsklarheit dienen.[74] 40

2. Anordnung der sofortigen Vollziehung

Der **Zulassungsausschuss** kann nunmehr nach der Novellierung des einstweiligen Rechtsschutzes im SGG selbst eine **sofortige Vollziehung** seiner Entscheidung **anordnen** (§ 86a Abs. 2 Nr. 5 SGG). Er oder nach seiner Anrufung der Beschwerdeausschuss können sie wieder **aussetzen** (§ 86a Abs. 3 Satz 1 SGG). Die jeweils benachteiligte Seite kann den Antrag auf **Erlass einer einstweiligen Anordnung** beim SG erheben (§ 86b Abs. 1 Satz 1 SGG).[75] Hält man den Zulassungsausschuss wegen der Sonderregelung in § 97 Abs. 4 SGB V, die aufgrund der später erlassenen SGG-Änderung nach der hier vertretenen Auffassung nicht abschließend ist, nicht für befugt, eine sofortige Vollziehung anzuordnen, so kann der durch den Bescheid Begünstigte unmittelbar nach Widerspruchseinlegung das Gericht anrufen.[76] Die Reduktion der Befugnisse des Zulassungsausschusses führt nur zu einer früheren 41

---

[68] Vgl. BSG v. 09.06.1999 - B 6 KA 76/97 R - juris Rn. 21 - SozR 3-5520 § 44 Nr. 1 m.w.N.

[69] Vgl. BSG v. 28.04.2004 - B 6 KA 8/03 R - juris Rn. 33 - BSGE 92, 283 = SozR 4-2500 § 106 Nr. 5; *Luckhaupt*, GesR 2004, 464 ff.

[70] 6. Gesetz zur Änderung des Sozialgerichtsgesetzes v. 17.08.2001, BGBl I 2144.

[71] Vgl. LSG Nordrhein-Westfalen v. 24.11.2004 - L 10 B 14/04 KA - www.sozialgerichtsbarkeit.de.

[72] Vgl. auch *Hencke* in: Peters, Handbuch KV (SGB V), § 97 Rn. 10 („obsolet"); anders *Keller* in: Meyer-Ladewig/Keller/Leitherer, SGG, § 86a Rn. 23 (Sonderregelung).

[73] Vgl. BSG v. 28.01.1998 - B 6 KA 41/96 R - juris Rn. 14 - SozR 3-1500 § 97 Nr. 3; Kritik bei *Bracher*, MedR 2001, 452 ff.

[74] Vgl. LSG Hessen v. 15.12.2004 - L 7 KA 412/03 ER.

[75] Vgl. LSG Nordrhein-Westfalen v. 24.11.2004 - L 10 B 14/04 KA - www.sozialgerichtsbarkeit.de.

[76] Vgl. LSG Nordrhein-Westfalen v. 09.09.2003 - L 11 B 30/03 KA ER - www.sozialgerichtsbarkeit.de; SG Frankfurt a. M. v. 08.08.2003 - S 27 KA 2353/03 ER.

Anrufung der Gerichte. Die abweichende Auffassung des 10. Senats des LSG Nordrhein-Westfalen[77], nach der in vertragsärztlichen Zulassungssachen vor der Entscheidung des Berufungsausschusses kein Anspruch auf vorläufiger Rechtsschutz bestehe, weil es sich bei dessen Anrufung um kein Widerspruchsverfahren i.S.d. §§ 78-85 SGG handele und deshalb die Regelungen der §§ 86a, 86b SGG nicht unbesehen übertragen werden könnten, ist unter Maßgabe des Art. 19 Abs. 4 GG mit dem Gebot effektiven Rechtsschutzes abzulehnen, da die Rechtsschutzmöglichkeit dann allein von der Schnelligkeit eines behördlichen Verfahrens abhängt, auf die der Antragsteller keinen Einfluss hat und auf die mit einer Untätigkeitsklage – frühestens nach drei Monaten (§ 88 Abs. 2 SGG) – nur begrenzt eingewirkt werden kann. Auch wird übersehen, dass nach der Einfügung der §§ 86a und 86b SGG die Überschrift (Dritter Unterabschnitt) neben „Vorverfahren" auch den „einstweiligen Rechtsschutz" aufführt. Der einstweilige Rechtsschutz ist daher kein Teil des Vorverfahrens.

42 **Öffentliches Interesse** zur **Anordnung einer sofortigen Vollziehung** verlangt mehr als das für den Erlass des Verwaltungsaktes erforderliche Interesse. Notwendig ist ein **zusätzliches öffentliches Interesse** an der sofortigen Vollziehung, so dass die gesetzlichen Voraussetzungen für den Erlass des Verwaltungsaktes nicht zur Begründung der Anordnung der Vollziehung ausreichen.[78] Für die behördliche Entscheidung reicht es, anders als bei gerichtlichen Entscheidungen, nicht aus, dass auf die offensichtliche Rechtmäßigkeit verwiesen wird, weil die Rechtmäßigkeit der Verfügung allein ihre Dringlichkeit nicht zu rechtfertigen vermag.[79] Es ist darzulegen, weshalb eine **Vollziehung bereits vor einer möglichen gerichtlichen Überprüfung** der Entscheidung geboten ist; auch hierauf, also auf die Frage, ob überhaupt ein besonderes öffentliches Interesse an der Anordnung der sofortigen Vollziehung vorliegt, hat sich die gerichtliche Überprüfung zu beziehen.[80] Im **Ausnahmefall** kann das Vollziehungsinteresse mit dem Interesse an einer sofortigen Vollziehung identisch sein (vgl. die Kommentierung zu § 95 SGB V Rn. 496).

43 Dem Erfordernis einer **schriftlichen Begründung** ist nicht bereits dann genügt, wenn überhaupt eine Begründung gegeben wird. Es bedarf vielmehr einer schlüssigen, konkreten und substantiierten Darlegung der **wesentlichen Erwägungen**, warum aus der Sicht der Behörde gerade im vorliegenden Einzelfall ein besonderes öffentliches Interesse an der sofortigen Vollziehung gegeben ist und das Interesse des Bürgers am Bestehen der aufschiebenden Wirkung ausnahmsweise zurückzutreten hat.[81] Eine fehlende oder unzureichende Begründung[82] führt zur **Aufhebung der Anordnung** der sofortigen Vollziehung. Zu den Besonderheiten bei einer Zulassungsentziehung vgl. die Kommentierung zu § 95 SGB V Rn. 494 ff.

44 Gerade in Zulassungssachen kann die aufschiebende Wirkung zur Vereitelung eines Anspruchs führen. Deshalb kann die sofortige Vollziehung auch im **überwiegenden Interesse eines Beteiligten** angeordnet werden (§ 86a Abs. 2 Nr. 5 SGG).[83] Dies steht nicht im Widerspruch zu Absatz 4, der allein auf das öffentliche Interesse abstellt. Auch der **Berufungsausschuss** hat bereits zu prüfen, ob die sofortige Vollziehung geboten ist, um den Eintritt schwerer und unzumutbarer, anders nicht abwendbarer Nachteile für den **Begünstigten** zu vermeiden, oder ob den Belangen eines anfechtenden Dritten der Vorrang gebührt. Innerhalb dieses Abwägungsprozesses ist auch Raum für die Berücksichtigung des öffentlichen Interesses.[84] Einer solchen Anordnung steht auch nicht prinzipiell entgegen, dass an einer Nachbesetzung eines Vertragsarztsitzes in einem überversorgten Planungsbereich kein öffentliches Interesse bestehen könnte. Sie kann auch im überwiegenden Interesse des zugelassenen **Praxisnachfolgers** erfolgen; eine Klärung der Nachbesetzungsfrage liegt im Übrigen auch im Interesse des aus der Gemeinschaftspraxis ausscheidenden Arztes.[85]

---

77 Vgl. LSG Nordrhein-Westfalen v. 04.09.2002 - L 10 B 2/02 KA ER - MedR 2003, 310 = GesR 2003, 76; LSG Nordrhein-Westfalen v. 25.10.2006 - L 10 B 15/06 KA ER.

78 Vgl. LSG Nordrhein-Westfalen v. 20.01.2004 - L 10 B 19/03 KA ER - juris Rn. 38.

79 Vgl. BVerfG v. 11.02.1982 - 2 BvR 77/82 - NVwZ 1982, 241; BVerfG v. 16.07.1974 - 1 BvR 75/74 - BVerfGE 38, 52, 58 = NJW 1974, 1809.

80 Vgl. BVerfG v. 12.09.1995 - 2 BvR 1179/95 - juris Rn. 42 und 47 - NVwZ 1996, 58.

81 Vgl. *Keller* in: Meyer-Ladewig/Keller/Leitherer, SGG, § 86a Rn. 21 b.

82 Vgl. zu den Begründungsanforderungen LSG Niedersachsen-Bremen v. 30.09.2002 - L 4 KR 122/02 ER - juris Rn. 29 - NZS 2003, 333; LSG Hessen v. 23.12.2005 - L 7 AL 228/05 ER.

83 Vgl. BSG v. 05.11.2003 - B 6 KA 11/03 R - juris Rn. 40 - BSGE 91, 253 = SozR 4-2500 § 103 Nr. 1.

84 Vgl. BVerfG v. 12.12.2001 - 1 BvR 1571/00 - juris Rn. 8 - SozR 3-1500 § 97 Nr. 5 = NZS 2002, 368.

85 Vgl. BSG v. 05.11.2003 - B 6 KA 11/03 R - juris Rn. 40 - BSGE 91, 253 = SozR 4-2500 § 103 Nr. 1.

VI. Der Berufungsausschuss im Klageverfahren

1. Stellung des Berufungsausschusses

Gegen alle Entscheidungen des Berufungsausschusses kann **Klage** vor den Sozialgerichten (§ 51 Abs. 1 Nr. 2 SGG) erhoben werden, auch durch die **KV** oder die **Kassenverbände**. Für die **örtliche Zuständigkeit** gilt in Zulassungsfragen § 57a Abs. 1 SGG, der jedoch abweichendes Landesrecht zulässt. Der Berufungsausschuss ist selbst **beteiligungsfähig** (§ 70 Nr. 4 SGG) und damit Beklagter. Er wird von seinem Vorsitzenden (§ 71 Abs. 4 SGG) oder einem von diesem Bevollmächtigten (§ 73 SGG) vertreten. 45

Der Berufungsausschuss hat grundsätzlich einen **Kostenerstattungsanspruch** (§ 197a SGG i.V.m. § 162 Abs. 1 VwGO). Bei den Kosten für die Wahrnehmung eines Gerichtstermins durch den Vorsitzenden des Berufungsausschusses handelt es sich, auch wenn dieser als Rechtsanwalt zugelassen ist, um **allgemeine Kosten** und keine erstattungsfähigen Verfahrenskosten nach § 197 Abs. 1 SGG.[86] Grundsätzlich erstattungsfähige Anwaltskosten eines externen Vertreters können dann nicht anerkannt werden, wenn der Beklagte, der sich durch eigene Juristen vertreten lassen kann, was bei dem Berufungsausschuss durch den Vorsitzenden der Fall ist, gegen Treu und Glauben verstößt, weil die Hinzuziehung des Anwalts offensichtlich nutzlos und objektiv dazu angetan ist, dem Gegner Kosten zu verursachen.[87] 46

Gegenstand des gerichtlichen Verfahrens ist allein der **Bescheid des Berufungsausschusses**, nicht auch der ursprüngliche Verwaltungsakt des Zulassungsausschusses.[88] Bescheide des Zulassungsausschusses, mit denen die Ermächtigung eines Krankenhausarztes für einen späteren als den ursprünglich streitbefangenen Zeitraum geregelt wird, werden nicht in entsprechender Anwendung des § 96 Abs. 1 SGG Gegenstand des Rechtsstreits; ihre Einbeziehung kann auch nicht im Wege einer Klageänderung erfolgen, weil auf diese Weise die ausschließliche funktionelle Zuständigkeit des Berufungsausschusses für das gesamte Verfahren unterlaufen würde.[89] Dies hat aber wenig praktische Auswirkungen, da in der Regel nach Erledigung des Ausgangsbescheides durch Zeitablauf insbesondere bei Ermächtigungen auf eine Fortsetzungsfeststellungsklage umgestellt werden kann. 47

Gegen Ermächtigungen, deren Befristung während des Gerichtsverfahrens ausläuft, ist die **Fortsetzungsfeststellungsklage** zulässig; das erforderliche **Fortsetzungsfeststellungsinteresse** (§ 131 Abs. 1 Satz 3 SGG) ist unter dem Gesichtspunkt der Wiederholungsgefahr jedenfalls dann zu bejahen, wenn sich eine entscheidungserhebliche Rechtsfrage mit einiger Wahrscheinlichkeit bei Folgeermächtigungen erneut stellen wird.[90] Ein rechtliches Interesse für eine Fortsetzungsfeststellungsklage folgt nicht daraus, dass bei einer Rechtswidrigkeit der angefochtenen Entscheidung des Berufungsausschusses ein eventueller Rückforderungsanspruch der KV entfallen könnte, da ein ermächtigter Leistungserbringer eine Vergütung für die Leistungen, die er im Rahmen des angefochtenen Teils der Ermächtigung bis zur rechtskräftigen Abweisung des Rechtsbehelfs erbringt, nicht beanspruchen kann.[91] 48

Zu **Vergleichen** mit dem Berufungsausschuss vgl. bereits Rn. 38. 49

2. Einstweiliger Rechtsschutz

§ 86b Abs. 1 SGG regelt mit der Anordnung und Wiederherstellung der aufschiebenden Wirkung ausschließlich sog. **Anfechtungssachen** und ist damit mit § 80 Abs. 5 VwGO vergleichbar; **§ 86b Abs. 2 SGG** betrifft mit dem Erlass einstweiliger Anordnungen alle übrigen Klagearten (**Verpflichtungssachen**) und unterscheidet wie § 123 VwGO zwischen Sicherungs- und Regelungsanordnung. Anträge nach beiden Vorschriften sind schon vor Klageerhebung zulässig (§ 86b Abs. 3 SGG). **Zuständig** ist 50

---

[86] Vgl. SG Hamburg v. 28.02.2001 - 27 KA 87/96; SG Berlin v. 08.01.1998 - S 71 Ka 233/96; SG Berlin v. 08.01.1998 - S 71 Ka E 190/96 - MedR 1998, 431; SG Frankfurt a.M. v. 25.07.1997 - S 28 Ka 2368/93 - SGb 1997, 643 = JurBüro 1998, 193.

[87] Vgl. OVG Niedersachsen v. 18.05.2005 - 8 OA 317/04 - www.dbovg.niedersachsen.de m.w.N.; OVG Niedersachsen v. 24.09.2001 - 8 OA 2480/01 - juris Rn. 3 - NVwZ-RR 2002, 237.

[88] Vgl. BSG v. 28.08.1996 - 6 RKa 37/95 - juris Rn. 18 - SozR 3-1500 § 54 Nr. 30 m.w.N.

[89] Vgl. BSG v. 28.08.1996 - 6 RKa 37/95 - juris Rn. 18 - SozR 3-1500 § 54 Nr. 30 m.w.N.; BSG v. 15.05.2002 - B 6 KA 22/01 R - juris Rn. 17 - SozR 3-2500 § 72 Nr. 14.

[90] Vgl. BSG v. 30.01.2002 - B 6 KA 12/01 R - juris Rn. 17 - SozR 3-2500 § 116 Nr. 24; BSG v. 11.12.2002 - B 6 KA 32/01 R - juris Rn. 22 - BSGE 90, 207 = SozR 3-1500 § 54 Nr. 47.

[91] Vgl. SG Marburg v. 11.10.2006 - S 12 KA 551/05.

das SG als Gericht der Hauptsache; ist Berufung bereits anhängig, das Berufungsgericht. Bei schon vollzogenen Verwaltungsakten kann das Gericht die Aufhebung der Vollziehung anordnen (§ 86b Abs. 1 Satz 2 SGG).

51 Nach Widerspruchseinlegung ist der Berufungsausschuss, auch noch vor seiner Entscheidung, im einstweiligen Rechtsschutzverfahren **Antragsgegner**.

52 Insbesondere in Fällen einer **Drittanfechtung** (durch die KV, einen Kassenverband oder einen Mitbewerber) kann nicht allein auf das fehlende öffentliche Interesse nach Absatz 4 abgestellt werden, da diese Vorschrift auf andere Konfliktlagen zugeschnitten ist; auf die Konstellation einer Drittanfechtung ist sie weder unmittelbar noch sinngemäß anwendbar.[92] Zu prüfen ist, ob die sofortige Vollziehung geboten ist, um den Eintritt schwerer und unzumutbarer, anders nicht abwendbarer Nachteile für den Begünstigten zu vermeiden, oder ob den Belangen des anfechtenden Dritten der Vorrang gebührt. Innerhalb dieses Abwägungsprozesses ist auch Raum für die Berücksichtigung des öffentlichen Interesses.[93]

53 Die Beschwerde eines an einem einstweiligen Anordnungsverfahren nicht beteiligten Vertragsarztes ist nicht zulässig, weil er nicht Beteiligter (§ 69 SGG) des Verfahrens auf Gewährung einstweiligen Rechtsschutzes eines eine Sonderbedarfszulassung begehrenden Arztes gegen den Berufungsausschuss ist.[94]

VII. Aufsicht (Absatz 5)

54 Die Aufsicht über die Geschäftsführung der Zulassungs- und Berufungsausschüsse führen die für die Sozialversicherung zuständigen **obersten Verwaltungsbehörden der Länder**. **Geschäftsführung** betrifft die Erledigung der übertragenen Verfahren, nicht die Sachentscheidungen. Kommen die KV oder die Kassenverbände ihrer Verpflichtung zur Entsendung der Vertreter als Beisitzer nicht nach, so werden sie im Wege der Ersatzvornahme von der Aufsichtsbehörde bestellt. Wird der Vorsitzende von den Beisitzern nicht bestellt, so gilt Absatz 2 Satz 3.

---

92 Vgl. BVerfG v. 12.12.2001 - 1 BvR 1571/00 - juris Rn. 8 - SozR 3-1500 § 97 Nr. 5 = NZS 2002, 368.
93 Vgl. BVerfG v. 12.12.2001 - 1 BvR 1571/00 - juris Rn. 8 - SozR 3-1500 § 97 Nr. 5 = NZS 2002, 368.
94 Vgl. LSG Schleswig-Holstein v. 06.04.2006 - L 4 B 33/06 KA ER - juris Rn. 34 ff. - MedR 2006, 494.

§ 98 SGB V Zulassungsverordnungen

(Ursprünglich kommentierte Fassung vom 22.12.2006, gültig ab 01.01.2007, gültig bis 06.12.2007)

(1) Die Zulassungsverordnungen regeln das Nähere über die Teilnahme an der vertragsärztlichen Versorgung sowie die zu ihrer Sicherstellung erforderliche Bedarfsplanung (§ 99) und die Beschränkung von Zulassungen. Sie werden vom Bundesministerium für Gesundheit mit Zustimmung des Bundesrates als Rechtsverordnung erlassen.

(2) Die Zulassungsverordnungen müssen Vorschriften enthalten über

1. **die Zahl, die Bestellung und die Abberufung der Mitglieder der Ausschüsse sowie ihrer Stellvertreter, ihre Amtsdauer, ihre Amtsführung und die ihnen zu gewährende Erstattung der baren Auslagen und Entschädigung für Zeitaufwand,**
2. **die Geschäftsführung der Ausschüsse,**
3. **das Verfahren der Ausschüsse entsprechend den Grundsätzen des Vorverfahrens in der Sozialgerichtsbarkeit,**
4. **die Verfahrensgebühren unter Berücksichtigung des Verwaltungsaufwandes und der Bedeutung der Angelegenheit für den Gebührenschuldner sowie über die Verteilung der Kosten der Ausschüsse auf die beteiligten Verbände,**
5. **die Führung der Arztregister durch die Kassenärztlichen Vereinigungen und die Führung von Bundesarztregistern durch die Kassenärztlichen Bundesvereinigungen sowie das Recht auf Einsicht in diese Register und Registerakten, insbesondere durch die betroffenen Ärzte und Krankenkassen,**
6. **das Verfahren für die Eintragung in die Arztregister sowie über die Verfahrensgebühren unter Berücksichtigung des Verwaltungsaufwandes und der Bedeutung der Angelegenheit für den Gebührenschuldner,**
7. **die Bildung und Abgrenzung der Zulassungsbezirke,**
8. **die Aufstellung, Abstimmung, Fortentwicklung und Auswertung der für die mittel- und langfristige Sicherstellung der vertragsärztlichen Versorgung erforderlichen Bedarfspläne sowie die hierbei notwendige Zusammenarbeit mit anderen Stellen, deren Unterrichtung und die Beratung in den Landesausschüssen der Ärzte und Krankenkassen,**
9. **die Ausschreibung von Vertragsarztsitzen,**
10. **die Voraussetzungen für die Zulassung hinsichtlich der Vorbereitung und der Eignung zur Ausübung der vertragsärztlichen Tätigkeit sowie die nähere Bestimmung des zeitlichen Umfangs des Versorgungsauftrages aus der Zulassung,**
11. **die Voraussetzungen, unter denen Ärzte, insbesondere in Krankenhäusern und Einrichtungen der beruflichen Rehabilitation, oder in besonderen Fällen ärztlich geleitete Einrichtungen durch die Zulassungsausschüsse zur Teilnahme an der vertragsärztlichen Versorgung ermächtigt werden können, die Rechte und Pflichten der ermächtigten Ärzte und ermächtigten ärztlich geleiteten Einrichtungen sowie die Zulässigkeit einer Vertretung von ermächtigten Krankenhausärzten durch Ärzte mit derselben Gebietsbezeichnung,**
12. **(weggefallen)**

13. **die Voraussetzungen, unter denen nach den Grundsätzen der Ausübung eines freien Berufes die Vertragsärzte angestellte Ärzte, Assistenten und Vertreter in der vertragsärztlichen Versorgung beschäftigen dürfen oder die vertragsärztliche Tätigkeit an weiteren Orten ausüben können,**

13a. **die Voraussetzungen, unter denen die zur vertragsärztlichen Versorgung zugelassenen Leistungserbringer die vertragsärztliche Tätigkeit gemeinsam ausüben können,**

14. **die Teilnahme an der vertragsärztlichen Versorgung durch Ärzte, denen die zuständige deutsche Behörde eine Erlaubnis zur vorübergehenden Ausübung des ärztlichen Berufes erteilt hat, sowie durch Ärzte, die zur vorübergehenden Erbringung von Dienstleistungen nach Artikel 60 des EWG-Vertrages oder des Artikels 37 Satz 3 des Abkommens über den Europäischen Wirtschaftsraum im Inland tätig werden,**

15. **die zur Sicherstellung der vertragsärztlichen Versorgung notwendigen angemessenen Fristen für die Beendigung der vertragsärztlichen Tätigkeit bei Verzicht.**

§ 98 SGB 5 Zulassungsverordnungen

(Fassung vom 02.12.2007, gültig ab 07.12.2007)

(1) Die Zulassungsverordnungen regeln das Nähere über die Teilnahme an der vertragsärztlichen Versorgung sowie die zu ihrer Sicherstellung erforderliche Bedarfsplanung (§ 99) und die Beschränkung von Zulassungen. Sie werden vom Bundesministerium für Gesundheit mit Zustimmung des Bundesrates als Rechtsverordnung erlassen.

(2) Die Zulassungsverordnungen müssen Vorschriften enthalten über

1. **die Zahl, die Bestellung und die Abberufung der Mitglieder der Ausschüsse sowie ihrer Stellvertreter, ihre Amtsdauer, ihre Amtsführung und die ihnen zu gewährende Erstattung der baren Auslagen und Entschädigung für Zeitaufwand,**
2. **die Geschäftsführung der Ausschüsse,**
3. **das Verfahren der Ausschüsse entsprechend den Grundsätzen des Vorverfahrens in der Sozialgerichtsbarkeit,**
4. **die Verfahrensgebühren unter Berücksichtigung des Verwaltungsaufwandes und der Bedeutung der Angelegenheit für den Gebührenschuldner sowie über die Verteilung der Kosten der Ausschüsse auf die beteiligten Verbände,**
5. **die Führung der Arztregister durch die Kassenärztlichen Vereinigungen und die Führung von Bundesarztregistern durch die Kassenärztlichen Bundesvereinigungen sowie das Recht auf Einsicht in diese Register und Registerakten, insbesondere durch die betroffenen Ärzte und Krankenkassen,**
6. **das Verfahren für die Eintragung in die Arztregister sowie über die Verfahrensgebühren unter Berücksichtigung des Verwaltungsaufwandes und der Bedeutung der Angelegenheit für den Gebührenschuldner,**
7. **die Bildung und Abgrenzung der Zulassungsbezirke,**

8. die Aufstellung, Abstimmung, Fortentwicklung und Auswertung der für die mittel- und langfristige Sicherstellung der vertragsärztlichen Versorgung erforderlichen Bedarfspläne sowie die hierbei notwendige Zusammenarbeit mit anderen Stellen, deren Unterrichtung und die Beratung in den Landesausschüssen der Ärzte und Krankenkassen,

9. die Ausschreibung von Vertragsarztsitzen,

10. die Voraussetzungen für die Zulassung hinsichtlich der Vorbereitung und der Eignung zur Ausübung der vertragsärztlichen Tätigkeit sowie die nähere Bestimmung des zeitlichen Umfangs des Versorgungsauftrages aus der Zulassung,

11. die Voraussetzungen, unter denen Ärzte, insbesondere in Krankenhäusern und Einrichtungen der beruflichen Rehabilitation, oder in besonderen Fällen ärztlich geleitete Einrichtungen durch die Zulassungsausschüsse zur Teilnahme an der vertragsärztlichen Versorgung ermächtigt werden können, die Rechte und Pflichten der ermächtigten Ärzte und ermächtigten ärztlich geleiteten Einrichtungen sowie die Zulässigkeit einer Vertretung von ermächtigten Krankenhausärzten durch Ärzte mit derselben Gebietsbezeichnung,

12. (weggefallen)

13. die Voraussetzungen, unter denen nach den Grundsätzen der Ausübung eines freien Berufes die Vertragsärzte angestellte Ärzte, Assistenten und Vertreter in der vertragsärztlichen Versorgung beschäftigen dürfen oder die vertragsärztliche Tätigkeit an weiteren Orten ausüben können,

13a. die Voraussetzungen, unter denen die zur vertragsärztlichen Versorgung zugelassenen Leistungserbringer die vertragsärztliche Tätigkeit gemeinsam ausüben können,

14. die Teilnahme an der vertragsärztlichen Versorgung durch Ärzte, denen die zuständige deutsche Behörde eine Erlaubnis zur vorübergehenden Ausübung des ärztlichen Berufes erteilt hat, sowie durch Ärzte, die zur vorübergehenden Erbringung von Dienstleistungen *im Sinne des Artikel 50 des Vertrages zur Gründung der Europäischen Gemeinschaft* oder des Artikels 37 des Abkommens über den Europäischen Wirtschaftsraum im Inland tätig werden,

15. die zur Sicherstellung der vertragsärztlichen Versorgung notwendigen angemessenen Fristen für die Beendigung der vertragsärztlichen Tätigkeit bei Verzicht.

Hinweis: § 98 SGB V in der Fassung vom 22.12.2006 wurde durch Art. 38 Nr. 2 des Gesetzes vom 02.12.2007 (BGBl I 2007, 2686) mit Wirkung vom 07.12.2007 geändert. Die Autoren passen die Kommentierungen bei Bedarf an die aktuelle Rechtslage durch Aktualisierungshinweise an.

Gliederung

A. Basisinformationen

I. Textgeschichte/Gesetzgebungsmaterialien

1 Die Vorschrift wurde durch das **GRG**[1] mit Geltung ab 01.01.1989 eingeführt. Mit Ausnahme der Ermöglichung der Anstellung von Ärzten (Absatz 2 Nr. 13) wurde sie nicht wesentlich geändert.

2 Art. 1 Nr. 26 des 2. **ÄndG SGB V**[2] ersetzte mit Geltung ab 01.01.1992 in Absatz 1 Satz 2 die Zuständigkeit des Bundesministers für Arbeit und Sozialordnung durch den Bundesminister für Gesundheit und in Absatz 2 Nr. 14 die Worte „im Geltungsbereich dieses Gesetzes" durch „im Inland".

3 Art. 1 Nr. 56 **GSG**[3] passte die Vorschrift ab 01.01.1993 sprachlich an den Begriff „Vertragsarzt" an und ersetzte deshalb in Absatz 1 Satz 1, Absatz 2 Nr. 8, 10, 11, 14 und 15 das Wort „kassenärztlichen" durch „vertragsärztlichen" sowie in Nr. 9 „Kassenarztsitzen" durch „Vertragsarztsitzen". Absatz 2 Nr. 13 wurde neu gefasst; sprachlich wurde dabei das Wort „Kassenärzte" durch „Vertragsärzte" ersetzt, und inhaltlich wurde der „**angestellte Arzt**" als weitere Beschäftigungsmöglichkeit eingefügt.

4 Art. 104 **EWRAbkAG**[4] fügte mit Wirkung ab 01.01.1994 in Absatz 2 Nr. 14 die Worte „oder des Artikels 37 Satz 3 des Abkommens über den Europäischen Wirtschaftsraum" ein.

5 In Absatz 1 Satz 2 wurde durch die **7. ZustAnpV**[5] das Wort „Bundesminister" durch „Bundesministerium" ersetzt, und durch die **8. ZustAnpV**[6] wurde es von „Bundesministerium für Gesundheit" in „Bundesministerium für Gesundheit und Soziale Sicherung" umbenannt.

6 Das **VÄndG**[7] änderte zum 01.01.2007 Absatz 2. Es ersetzte in **Nr. 4** das Wort „und" durch die Wörter „unter Berücksichtigung des Verwaltungsaufwandes und der Bedeutung der Angelegenheit für den Gebührenschuldner sowie über", fügte in **Nr. 6** nach dem Wort „Arztregister" die Wörter „sowie über die Verfahrensgebühren unter Berücksichtigung des Verwaltungsaufwandes und der Bedeutung der Angelegenheit für den Gebührenschuldner" und in **Nr. 10** nach dem Wort „Tätigkeit" die Wörter „sowie die nähere Bestimmung des zeitlichen Umfangs des Versorgungsauftrages aus der Zulassung" ein, hob **Nr. 12** auf und ersetzte in **Nr. 13** das Wort „gemeinsam" durch die Wörter „an weiteren Orten", ferner fügte es **Nr. 13a** ein.

II. Vorgängervorschriften

7 **§ 368c RVO** regelte bis 1988 den Erlass der Zulassungsordnungen. Weggefallen ist in Absatz 1 Satz 2 die Pflicht zur vorherigen Beratung mit den Bundesausschüssen (§ 368c Abs. 1 Satz 2 RVO), nach der Begründung zum Regierungsentwurf aus Gründen der Verfahrensvereinfachung.[8] Absatz 2 Nr. 11 fasst die Nr. 11 und 12 des § 368c Abs. 2 RVO zusammen und passt sie an die **Vereinheitlichung der Ermächtigung** an (vgl. die Kommentierung zu § 95 SGB V). Absatz 2 Nr. 12 sah erstmals vor, Ärzte von der Zulassung oder Ermächtigung auszuschließen, die das **55. Lebensjahr** überschritten haben. Nach der Entwurfsbegründung führt der Zustrom von Ärzten, die bereits das 55. Lebensjahr vollendet haben, zu einer Gefährdung der Wirtschaftlichkeit in der gesetzlichen Krankenversicherung. Es sei zu

---

[1] Gesetz zur Strukturreform im Gesundheitswesen (Gesundheits-Reformgesetz – GRG) v. 20.12.1988, BGBl I 1988, 2477.
[2] Zweites Gesetz zur Änderung des Fünften Buches Sozialgesetzbuch v. 20.12.1991, BGBl I 1991, 2325.
[3] Gesetz zur Sicherung und Strukturverbesserung der gesetzlichen Krankenversicherung (Gesundheitsstrukturgesetz) v. 21.12.1992, BGBl I 1992, 2266.
[4] Gesetz zur Ausführung des Abkommens vom 02.05.1992 über den Europäischen Wirtschaftsraum vom 27.04.1993, BGBl I 1993, 512 i.V.m. Bek. v. 16.12.1993, BGBl I 1993, 2436.
[5] Art. 216 Nr. 1 Siebente Zuständigkeitsanpassungs-VO v. 29.10.2001, BGBl I 2001, 2785 mit Wirkung v. 07.11.2001.
[6] Art. 204 Nr. 1 Achte Zuständigkeitsanpassungs-VO v. 25.11.2003, BGBl I 2003, 2304 mit Wirkung v. 28.11.2003.
[7] Gesetz zur Änderung des Vertragsarztrechts und anderer Gesetze (Vertragsarztrechtsänderungsgesetz – VÄndG) v. 22.12.2006, BGBl I 2006, 3439.
[8] Vgl. BT-Drs. 11/2237 zu §106 Abs. 1.

befürchten, dass Ärzte, die die kassenärztliche Tätigkeit nur während einer relativ kurzen Zeit ausüben könnten, die Amortisation ihrer Praxisinvestitionen durch gesteigerte und unwirtschaftliche Tätigkeit zu erreichen versuchten. Im Übrigen habe dieser Personenkreis ein abgeschlossenes vollständiges Berufsleben hinter sich, so dass ein Bedürfnis für die Kassenzulassung nur in Ausnahmefällen bestehe.[9] Im Übrigen werden die Bestimmungen der Vorgängervorschrift wortgleich – Absatz 2 Nr. 15 sprachlich vereinfacht – übernommen und lediglich umnummeriert; Absatz 2 Nr. 1 bis 4 waren vormals § 368c Abs. 2 Nr. 5 bis 8, Nr. 5 und 6 RVO waren Nr. 3 und 4, Nr. 7 war Nr. 2, Nr. 8 war Nr. 1, Nr. 9, 10 und 13 bis 15 hatten die gleiche Nummer.

III. Parallelvorschriften/Ergänzende Vorschriften

Absatz 1 Satz 1 wird durch **§ 104 Abs. 1 SGB V** ergänzt und konkretisiert, wonach die Zulassungsverordnungen bestimmen, unter welchen Voraussetzungen, in welchem Umfang und für welche Dauer zur Sicherstellung einer bedarfsgerechten ärztlichen Versorgung in solchen Gebieten eines Zulassungsbezirks, in denen eine vertragsärztliche Unterversorgung eingetreten ist oder unmittelbar droht, Beschränkungen der Zulassungen in hiervon nicht betroffenen Gebieten von Zulassungsbezirken nach vorheriger Ausschöpfung anderer geeigneter Maßnahmen vorzusehen und inwieweit hierbei die Zulassungsausschüsse an die Anordnung der Landesausschüsse gebunden sind und Härtefälle zu berücksichtigen haben. Ergänzend zu Absatz 2 Nr. 13 regelte **§ 95 Abs. 9 SGB V a.F.** in Satz 1 den zulässigen Umfang der Anstellung von Ärzten und in Satz 2, dass das Nähere die Zulassungsverordnungen und die Richtlinien des Gemeinsamen Bundesausschusses bestimmen; in der Neufassung durch das VÄndG ist die gesetzliche Beschränkung der Zahl der angestellten Ärzte weggefallen. Ferner muss die Zulassungsverordnung Regelungen über Zulassungsbeschränkungen bei **Unterversorgung** (§§ 100 Abs. 2, 104 Abs. 1 SGB V) bzw. **Überversorgung** (§§ 103 Abs. 1 Satz 2, 104 Abs. 2 SGB V) enthalten. Die Zulassungsverordnungen haben auch das Nähere über Führung und Eintragung in das **Arztregister** zu regeln (§ 95 Abs. 2 Satz 4 SGB V). 8

IV. Systematische Zusammenhänge: Rechtsverordnung auch nach Änderung durch den Gesetzgeber

Auf der Grundlage der Vorläuferbestimmungen ergingen zunächst die Zulassungsordnung für Ärzte und die mit dieser weitgehend inhaltsgleiche Zulassungsordnung für Zahnärzte, die seit dem GSG **Zulassungsverordnung für Vertragsärzte**, die nunmehr auch für Psychotherapeuten gilt, bzw. **Vertragszahnärzte** heißen.[10] Beide sind für **medizinische Versorgungszentren** und die dort angestellten Ärzte entsprechend anwendbar (vgl. § 1 Abs. 3 Ärzte-ZV/Zahnärzte-ZV). Obwohl ursprünglich im Rang einer auf § 98 SGB V beruhenden **Rechtsverordnung** erlassen, wurden sie vom **BSG** wegen der zahlreichen Änderungen durch Gesetz (jeweils mit sog. Entsteinerungsklausel, durch die der Verordnungsgeber ermächtigt wird, auch die Vorschriften der Verordnung mit Gesetzesrang zu ändern) insgesamt als **förmliches Gesetz** qualifiziert.[11] Insoweit rückte das BSG von seiner früheren Rechtsprechung ab, wonach für jede einzelne Norm entstehungsgeschichtlich herauszuarbeiten war, ob sie durch den Gesetzgeber geändert worden war.[12] Nach Auffassung des **BVerwG**[13] war aus Praktikabilitätser- 9

[9] Vgl. BT-Drs. 11/2237 zu §106 Abs. 2; der Empfehlung des Rechtsauschusses auf Streichung wegen Verstoßes gegen Art. 12 Abs. 1 ist der federführende 11. Bundestagsausschuss nicht gefolgt (vgl. BT-Drs. 11/3480, S. 39).

[10] Zulassungsordnung für Kassenärzte (ZO-Ärzte) v. 28.05.1957, BGBl I 1957, 572, 608, seit GRG Zulassungsverordnung für Kassenärzte (Ärzte-ZV), seit GSG Zulassungsverordnung für Vertragsärzte (Ärzte-ZV), zuletzt geändert durch das KostRMoG v. 05.05.2004, BGBl I 2004, 718; Zulassungsordnung für Kassenzahnärzte (ZO-Zahnärzte) v. 28.05.1957, BGBl I 1957, 582, seit GRG Zulassungsverordnung für Kassenzahnärzte (Zahnärzte-ZV), seit GSG Zulassungsverordnung für Vertragszahnärzte (Zahnärzte-ZV), zuletzt geändert durch das KostRMoG v. 05.05.2004, BGBl I 2004, 718.

[11] Vgl. BSG v. 16.07.2003 - B 6 KA 49/02 R - juris Rn. 20-22 - BSGE 91, 164 = SozR 4-5520 § 33 Nr. 1; BSG v. 16.07.2003 - B 6 KA 34/02 R - juris Rn. 16-18 - SozR 4-5520 § 33 Nr. 2; BSG v. 05.11.2003 - B 6 KA 2/03 R - juris Rn. 22 - SozR 4-5520 § 24 Nr. 1.

[12] Vgl. BSG v. 27.02.1992 - 6 RKa 15/91 - juris Rn. 28 - BSGE 70, 167, 172 = SozR 3-2500 § 116 Nr. 2; BSG v. 15.03.1995 - 6 RKa 23/94 - juris Rn. 31 - BSGE 76, 59 = SozR 3-5520 § 20 Nr. 1; vgl. ferner BSG v. 16.06.1993 - 14a RKa 8/92 - juris Rn. 13 - SGb 1994, 332 = ArztR 1994, 77; BSG v. 24.11.1993 - 6 RKa 26/91 - juris Rn. 17 - BSGE 73, 223 = SozR 3-5520 § 25 Nr. 1; BSG v. 05.11.1997 - 6 RKa 52/97 - juris Rn. 21 - BSGE 81, 143 = SozR 3-2500 § 95 Nr. 16.

[13] Vgl. BVerwG v. 16.01.2003 - 4 CN 8/01 - BVerwGE 117, 313 = NJW 2003, 2039.

wägungen im Hinblick auf ein verwaltungsgerichtliches Normenkontrollverfahren im Regelfall von einem förmlichen Gesetz mit „minderem Rang" auszugehen, das nicht in jedem Fall dem Normenkontrollverfahren des Art. 100 GG unterliege. Das **BVerfG** hat nunmehr ausdrücklich die Änderung oder Ergänzung von Rechtsverordnungen durch den parlamentarischen Gesetzgeber gebilligt. Aus Gründen der Normenklarheit ist aber das dadurch entstandene Normgebilde **insgesamt als Rechtsverordnung** zu qualifizieren. Der Gesetzgeber bleibt an das Verfahren nach Art. 76 ff. GG und an die Grenzen der Ermächtigungsgrundlage (Art. 80 Abs. 1 Satz 2 GG) gebunden.[14] Damit ist die bisherige BSG-Rechtsprechung überholt und ist die gesamte Ärzte-ZV als Rechtsverordnung zu qualifizieren. Zu weiteren untergesetzlichen Zulassungsregelungen vgl. die Kommentierung zu § 95 SGB V Rn. 11.

B. Auslegung der Norm

I. Regelungsgehalt und Bedeutung der Norm

10 Die Vorschrift ist **Ermächtigungsgrundlage** i.S.d. **Art. 80** Abs. 1 Satz 1 **GG**. Sie bestimmt – nicht abschließend (vgl. Rn. 7) – Inhalt, Zweck und Ausmaß der Ermächtigung. Trotz der zahlreichen unmittelbaren Änderungen der Verordnungen durch den Gesetzgeber bleiben sie Rechtsverordnungen und muss sich auch der Gesetzgeber an die Ermächtigungsgrundlage halten (vgl. Rn. 8).

II. Normzweck

11 Die Vorschrift delegiert die Ausgestaltung des Zulassungsrechts an den **Verordnungsgeber**. Mit den §§ 95, 95a, 95c, 96, 97 und 116 ff. SGB V über die Zulassung sowie §§ 99-105 SGB V über Bedarfsplan und Zulassungsbeschränkungen hat der **Gesetzgeber** die wesentlichen Bestimmungen im SGB V getroffen.

III. Inhalt der Zulassungsverordnungen (Absatz 1)

12 Die Zulassungsverordnungen regeln das Nähere über die Teilnahme an der vertragsärztlichen Versorgung. **Teilnahme** ist der Oberbegriff für die Teilnahmeformen nach § 95 Abs. 1 SGB V, also für die dort genannten Zulassungen und Ermächtigungen. Wesentliche Vorgaben für die **Bedarfsplanung** geben bereits § 99 SGB V und für die Beschränkung der Zulassungen die §§ 100, 101, 103 und 104 SGB V.

13 **Absatz 2** regelt nicht abschließend den Umfang der Ermächtigungsgrundlage, sondern enthält einen **Auftrag** an den Verordnungsgeber. Absatz 1 Satz 1 geht als Ermächtigungsgrundlage insoweit über Absatz 2 hinaus. So beruht insb. § 24 Ärzte-ZV auf Absatz 1 Satz 1.

IV. Vorschriften der Zulassungsverordnungen (Absatz 2)

14 Die Aufzählung im **Ermächtigungskatalog** nach Absatz 2 ist unsystematisch und folgt nicht der Gliederung der Zulassungsverordnungen.

1. Besetzung der Zulassungsausschüsse und ihre Mitglieder (Nr. 1)

15 Die Besetzung der Zulassungs- und Berufungsausschüsse und die Stellung ihre Mitglieder wird in den §§ 95 Abs. 13, 96 Abs. 2 und 97 Abs. 2 SGB V geregelt. Weitere Regelungen enthalten die **§§ 34 und 35 Ärzte-ZV** (vgl. die Kommentierung zu § 96 SGB V Rn. 20 f., Rn. 24 und die Kommentierung zu § 97 SGB V Rn. 7).

2. Geschäftsführung der Ausschüsse (Nr. 2)

16 Die Geschäfte werden bei der KV geführt (§§ 96 Abs. 3 Satz 1, 97 Abs. 2 Satz 4 SGB V). Die Geschäftsführung untersteht der Aufsicht in den Ländern (§ 97 Abs. 5 Satz 1 SGB V). Die Ärzte-ZV enthält hierzu **keine weiteren Regelungen**.

3. Verfahren und Vorverfahren (Nr. 3)

17 Verfahrensvorschriften sind bereits in § 96 Abs. 2 Sätze 4-6 SGB V enthalten. Sie werden ergänzt durch die **§§ 36-43 Ärzte-ZV**. Daneben gilt das SGB X.

---

[14] Vgl. BVerfG v. 13.09.2005 - 2 BvF 2/03 - juris Rn. 190 ff. - DVBl 2005, 1503.

Die Möglichkeit der **Widerspruchseinlegung** und die aufschiebende Wirkung eines Widerspruchs sieht bereits § 96 Abs. 4 SGB V vor; für das Vorverfahren verweist § 97 Abs. 3 SGB V auf Vorschriften des SGG. Nach § 96 Abs. 4 SGB V kann der Berufungsausschuss die **sofortige Vollziehung** anordnen. Die §§ 44 und 45 Ärzte-ZV sehen z.T. abweichende Regelungen zum allgemeinen Vorverfahren vor. Im Einzelnen vgl. die Kommentierung zu § 96 SGB V Rn. 55 und die Kommentierung zu § 97 SGB V Rn. 10 ff. 18

4. Verfahrensgebühren und Kostenverteilung (Nr. 4)

Die Kostenverteilung regelt bereits § 96 Abs. 3 Satz 2 SGB V, der bereits von der Erhebung von Gebühren ausgeht. Die §§ 34 Abs. 8, 35 Abs. 2 Ärzte-ZV konkretisieren dies für die Kostenverteilung innerhalb der Kassenverbände weiter. Verfahrensgebühren werden aufgrund der Katalogvorschrift nach **§ 46 Ärzte-ZV** erhoben. Gebührentatbestände bestehen für Zulassungssachen, die Eintragung in das Arztregister und in das Register für Ermächtigungen nach **§ 31 Abs. 10 Ärzte-ZV**. Im Einzelnen vgl. die Kommentierung zu § 96 SGB V Rn. 23, Rn. 30 und die Kommentierung zu § 97 SGB V Rn. 13. 19

Die **Änderung** durch das **VÄndG** geht auf den Ausschuss für Gesundheit zurück. Durch die Änderung – entsprechend wurde auch Nr. 6 geändert – wird klargestellt, dass bei der Bemessung der Verwaltungsgebühren nicht nur der mit der Amtshandlung verbundene **Verwaltungsaufwand**, sondern auch die **Bedeutung, der wirtschaftliche Wert oder der sonstige Nutzen der Amtshandlung** für den Gebührenschuldner zu berücksichtigen ist.[15] Damit wurde die bereits im Regierungsentwurf vorgesehene **Erhöhung der Gebühren** nach **§ 46 Ärzte-ZV**[16] auf das Vierfache flankiert. Der Gesetzgeber wollte damit einer alten Forderung der Spitzenverbände der Krankenkassen nachkommen, weil die seit fast 30 Jahren (zuletzt 1977) nicht mehr veränderten Gebühren bei weitem nicht die Kosten deckten und ca. 75 v.H. aus Haushaltsmitteln der Selbstverwaltung der Ärzte und Krankenkassen aufzubringen seien.[17] 20

5. Führung der Arztregister (Nr. 5)

Die Arztregister werden von der KV für jeden Zulassungsbezirk geführt (§ 96 Abs. 2 Satz 1 SGB V). Die Eintragung erfolgt auf Antrag nach Erfüllung bestimmter fachlicher Voraussetzungen (§ 95 Abs. 2 Satz 3 SGB V). Einzelheiten über das Arztregister regeln die **§§ 1, 2, 6 und 7 Ärzte-ZV**, über das Bundesarztregister **§ 10 Ärzte-ZV**. Einsichtsrechte sieht **§ 9 Ärzte-ZV** vor. 21

6. Verfahren über die Eintragung in das Arztregister (Nr. 6)

Die **Voraussetzung** über die Eintragung in das Arztregister werden im **SGB V** selbst geregelt, für Ärzte in den §§ 95 Abs. 2 Satz 3 Nr. 1, 95a SGB V, für Psychotherapeuten in den §§ 95 Abs. 2 Satz 3 Nr. 1, 95c SGB V und für Zahnärzte in § 95 Abs. 2 Satz 3 Nr. 1 SGB V. Hieran knüpft **§ 3 Ärzte-ZV** an. Im Übrigen regeln die §§ 4-9 und 10 Abs. 3 Ärzte-ZV das Verfahren. **Zuständig** ist die KV, in der der Arzt seinen Wohnsitz hat, ansonsten besteht freie Wahl. Bei Umzug erfolgt auf Antrag eine Umschreibung. Im Einzelnen vgl. die Kommentierung zu § 95 SGB V Rn. 270 ff. 22

Die **Änderung** durch das **VÄndG** geht auf den Ausschuss für Gesundheit zurück. Durch die Änderung – entsprechend wurde auch Nr. 4 geändert – wird klargestellt, dass die Verordnungsermächtigung entsprechend der Regelung für die Zulassungsausschüsse in Nr. 3 und 4 nicht nur die Befugnis zur Regelung des Verfahrens, sondern auch der Verfahrensgebühren umfasst. Bei der Bemessung der Verwaltungsgebühren sind – wie bei den Ausschussgebühren nach Nr. 4 – neben dem Verwaltungsaufwand die Bedeutung, der wirtschaftliche Wert oder der sonstige Nutzen der Amtshandlung für den Gebührenschuldner zu berücksichtigen. [18] Vgl. im Übrigen Rn. 20. 23

7. Zulassungsbezirke (Nr. 7)

Die Bildung der **Zulassungsbezirke** gehört zur gemeinsamen Selbstverwaltung (**§ 11 Ärzte-ZV**). Sie haben **Bedeutung** für den Zuständigkeitsbereich der Zulassungsgremien (§§ 96 Abs. 1, 97 Abs. 1 SGB V), die Führung eines Arztregisters (§ 4 Abs. 1 Satz 1 Ärzte-ZV), die Umschreibung des Arztregisters bei Verzug in einen anderen Bezirk und den Geltungsbereich von Zulassungsbeschränkungen 24

---

[15] Vgl. BT-Drs. 16/3157, S. 23.

[16] Vgl. BT-Drs. 16/2474, S. 12.

[17] Vgl. BT-Drs. 16/2474, S. 32 (zu Nummer 16, § 46).

[18] Vgl. BT-Drs. 16/3157, S. 23 (zu Buchstabe e aa).

bei Unter- oder Überversorgung (§§ 16, 16b Ärzte-ZV). Ferner endet die Zulassung bei Wegzug aus dem Zulassungsbezirk (§ 95 Abs. 7 Satz 1 SGB V). Im Einzelnen vgl. die Kommentierung zu § 96 SGB V Rn. 11.

8. Bedarfspläne (Nr. 8)

25 Bedarfspläne werden auf der Grundlage des **§ 99 SGB V** erstellt. Einzelheiten zur Erstellung der Bedarfspläne werden in den **§§ 12-14 Ärzte-ZV** geregelt. Durch die Bedarfsplanung sollen zum Zwecke einer auch mittel- und langfristig wirksamen Sicherstellung der vertragsärztlichen Versorgung und als Grundlage für Sicherstellungsmaßnahmen umfassende und vergleichbare Übersichten über den Stand der vertragsärztlichen Versorgung und die absehbare Entwicklung des Bedarfs vermittelt werden (§ 12 Abs. 1 Ärzte-ZV). Im Einzelnen vgl. die Kommentierung zu § 99 SGB V.

9. Ausschreibung von Vertragsarztsitzen (Nr. 9)

26 Ein Vertragsarztsitz ist auszuschreiben, wenn der Bedarfsplan einen **Bedarf** an Vertragsärzten für einen bestimmten Versorgungsbereich ausweist und über einen Zeitraum von mehr als sechs Monaten Vertragsarztsitze dort nicht besetzt werden können (**§ 15 Ärzte-ZV**).

27 Eine Ausschreibung des Vertragsarztsitzes hat ferner auf Antrag bei Beendigung einer Zulassung durch Erreichen der Altersgrenze, Tod, Verzicht, oder Entziehung (§ 95 Abs. 6 u. 7 SGB V) zu erfolgen, wenn für den Planungsbereich Zulassungsbeschränkungen angeordnet sind und die Praxis von einem **Nachfolger** fortgeführt werden soll (**§ 103 Abs. 4 Satz 1 SGB V**).

10. Zulassungsvoraussetzungen (Nr. 10)

28 Ergänzend zu den §§ 95 Abs. 1 bis 2a, 95a und 95c SGB V und den Regelungen über die Eintragung in das Arztregister (§ 3 Ärzte-ZV) enthält die Ärzte-ZV Bestimmungen über das **Antragsverfahren** (§ 18 Ärzte-ZV) und die **persönliche Eignung** (§§ 20 und 21 Ärzte-ZV). Nach §19 Ärzte-ZV beschließt der Zulassungsausschuss durch Beschluss und bestimmt den Zeitpunkt, bis zu dem die vertragsärztliche **Tätigkeit aufzunehmen** ist. Die Zulassung erfolgt für den Ort der Niederlassung als Arzt (**Vertragsarztsitz**) mit der Verpflichtung, Sprechstunden abzuhalten, die Wohnung so zu wählen, dass der Vertragsarzt für die ärztliche Versorgung der Versicherten zur Verfügung steht (§ 20 Abs. 1 und 2 Ärzte-ZV). Im Einzelnen vgl. die Kommentierung zu § 95 SGB V Rn. 90 ff., Rn. 201 ff., Rn. 270 ff. und Rn. 279 ff.

29 Die Erweiterung der Verordnungsermächtigung auf die Bestimmung des zeitlichen Umfangs des Versorgungsauftrages durch das VÄndG ist eine Folgeänderung zur Änderung des § 95 Abs. 3 Satz 1 SGB V, mit der Vertragsärzten ermöglicht wird, den sich aus der Zulassung ergebenden Versorgungsauftrag auf die Hälfte einer vollzeitigen Tätigkeit zu beschränken.[19] Näheres wird nunmehr in § 19a Ärzte-ZV geregelt, vgl. die Kommentierung zu § 95 SGB V.

11. Ermächtigungen (Nr. 11)

a. Ermächtigungstatbestände

30 Neben zugelassenen Ärzten und medizinischen Versorgungszentren können nur **ermächtigte Ärzte** und **ermächtigte ärztlich geleitete Einrichtungen** an der vertragsärztlichen Versorgung teilnehmen (§ 95 Abs. 1 SGB V). Rechte und Pflichten werden durch § 95 Abs. 4 SGB V und § 32a Ärzte-ZV geregelt. Die Ermächtigung von Krankenhausärzten mit abgeschlossener Weiterbildung kann auf der Grundlage des § 116 SGB V erfolgen. Ärztlich geleitete Einrichtungen können bzw. müssen z.T. nach den §§ 116a ff. SGB V ermächtigt werden. Daneben regeln die **§§ 31, 31a Ärzte-ZV** die Ermächtigung. § 31a Ärzte-ZV sieht wie § 116 SGB V die Ermächtigung von Krankenhausärzten vor. § 31 Abs. 1 Ärzte-ZV ermöglicht die Ermächtigung von Ärzten oder ärztlich geleiteten Einrichtungen. § 31 Abs. 2 Ärzte-ZV sieht weitere Ermächtigungen aufgrund der Bundesmantelverträge vor. Nach § 31 Abs. 3 Ärzte-ZV kann die KV Ärzte ohne Approbation ermächtigen. Nach § 31 Abs. 5 Ärzte-ZV sind Ärzte aus EU-Mitgliedsstaaten zur vorübergehenden Erbringung von Dienstleistungen zu ermächtigen. Zu den Voraussetzungen bedarfsabhängiger Zulassungen und Ermächtigungen vgl. auch die Kommentierung zu § 96 SGB V Rn. 31 und Rn. 35 ff.

[19] Vgl. BT-Drs. 16/2474, S. 23 (zu Nummer 6 Buchstabe a).

aa. Die Rangfolge der Ermächtigungstatbestände

Nach der Rechtsprechung des BSG gibt es eine **Rangfolge** der verschiedenen Formen der Teilnahme an der vertragsärztlichen Versorgung, da die ambulante vertragsärztliche Versorgung in erster Linie durch **niedergelassene Vertragsärzte** zu gewährleisten ist. Verbleibende Versorgungslücken, die die Heranziehung weiterer Ärzte erfordern, sind auf der Grundlage des § 116 SGB V i.V.m. § 31a Ärzte-ZV vorrangig durch Ermächtigung von **Krankenhausärzten** zu schließen. In zweiter Linie sind sie gemäß § 31 Abs. 1 Ärzte-ZV durch Ermächtigung **weiterer Ärzte** zu beseitigen. Erst danach können unter den Voraussetzungen des § 31 Abs. 1 lit. a und b Ärzte-ZV **ärztlich geleitete Einrichtungen** im Wege sog Institutsermächtigungen an der vertragsärztlichen Versorgung beteiligt werden.[20] 31

Ärzte können nicht auf eine **Ermächtigung verzichten** bzw. eine solche nicht beantragen, damit sie einer **Ermächtigung** ihrer **ärztlichen Einrichtung** nicht im Wege stehen. Ist nicht erkennbar, aus welchen sachlichen Gründen die Ärzte der Einrichtung, die auch die Leistungen tatsächlich erbringen sollen, für die die Institutsermächtigung begehrt wird, nicht selbst Ermächtigungen für sich beantragen, so kann dies der Erteilung einer Institutsermächtigung unabhängig von der tatsächlichen Bedarfssituation entgegenstehen. Das BSG sieht darin ein **rechtsmissbräuchliches Verhalten**.[21] Neuerdings stellt es darauf ab, ob Umstände vorliegen, die dazu bestimmt sind, die Erteilung einer persönlichen Ermächtigung zu verhindern, und die dem Verantwortungsbereich der ärztlich geleiteten Einrichtung und/oder der bei ihr tätigen Ärzte zuzurechnen sind.[22] Die Möglichkeit einer persönlichen Ermächtigung ist unbeachtlich, wenn der Arzt sich nachdrücklich und in geeigneter Form um sie bemühte, sie aber bestandskräftig abgelehnt wurde.[23] Eine Institutsermächtigung scheidet dagegen aus, wenn die in ihm beschäftigten fachlich qualifizierten Ärzte trotz ihrer Aufforderung persönliche Ermächtigungen nicht beantragt haben,[24] auch wenn dargelegt wird, man wolle die dadurch entstehenden Zusatzbelastungen vermeiden, denn nach Erteilung einer Institutsermächtigung müsste im Regelfall derselbe Arzt – dann als „Institutsbediensteter" – diese zusätzlichen Leistungen erbringen und wäre also ähnlich belastet,[25] oder wenn der Krankenhausträger die nach § 116 Satz 1 SGB V erforderliche Zustimmung nicht erteilt, selbst aber eine Institutsermächtigung beantragt.[26] 32

Für Leistungen, die nur von in bestimmter Weise **qualifizierten Ärzten** erbracht und abgerechnet werden dürfen, kann eine **Institutsermächtigungen** nicht erfolgen, da die Einhaltung der Qualifikations- und Qualitätsanforderungen in jedem einzelnen Behandlungsfall regelmäßig nicht sichergestellt werden kann.[27] So darf für **verhaltenstherapeutische Leistungen** nach den Psychotherapie-Richtlinien grundsätzlich keine Institutsermächtigung erteilt werden,[28] außer aufgrund einer speziellen Ermächtigung nach dem durch das PsychThG geänderten § 117 Abs. 2 SGB V.[29] Gleiches gilt für **strahlentherapeutische Maßnahmen** aufgrund der Vereinbarung zur Strahlendiagnostik und -therapie[30] und für **kardiologische Behandlungen** nach der Vereinbarung zur invasiven Kardiologie.[31] Der **Vorbehalt der persönlichen Ermächtigung** gilt generell für alle qualifikationsgebundenen Leistungen aufgrund von Vereinbarungen von Qualifikationsvoraussetzungen der Bundesmantelvertragsparteien nach §135 Abs. 2 SGB V.[32] 33

---

[20] Vgl. BSG v. 26.01.2000 - B 6 KA 51/98 R - juris Rn. 16 - SozR 3-5520 § 31 Nr. 10 m.w.N.; zum Vorrang der niedergelassenen Vertragsärzte vgl. auch BVerfG v. 17.08.2004 - 1 BvR 378/00 - juris Rn. 16 ff. - SozR 4-1500 § 54 Nr. 4.

[21] Vgl. BSG v. 01.07.1998 - B 6 KA 43/97 R - juris Rn. 29 - BSGE 82, 216 = SozR 3-5520 § 31 Nr. 9; BSG v. 02.10.1996 - 6 RKa 73/95 - juris Rn. 27 - BSGE 79, 159 = SozR 3-5520 § 31 Nr. 5; BSG v. 07.10.1981 - 6 RKa 5/78 - juris Rn. 38 - BSGE 52, 181 = SozR 7323 § 3 Nr. 4.

[22] Vgl. BSG v. 26.01.2000 - B 6 KA 51/98 R - juris Rn. 19 - SozR 3-5520 § 31 Nr. 10.

[23] Vgl. BSG v. 26.01.2000 - B 6 KA 51/98 R - juris Rn. 20 - SozR 3-5520 § 31 Nr. 10 m.w.N.

[24] Vgl. BSG v. 26.01.2000 - B 6 KA 51/98 R - juris Rn. 21 - SozR 3-5520 § 31 Nr. 10.

[25] Vgl. BSG v. 26.01.2000 - B 6 KA 51/98 R - juris Rn. 20 - SozR 3-5520 § 31 Nr. 10 m.w.N.

[26] Vgl. BSG v. 01.07.1998 - B 6 KA 43/97 R - juris Rn. 29 - BSGE 82, 216 = SozR 3-5520 § 31 Nr. 9.

[27] Vgl. BSG v. 26.01.2000 - B 6 KA 51/98 R - juris Rn. 18 - SozR 3-5520 § 31 Nr. 10.

[28] Vgl. BSG v. 02.10.1996 - 6 RKa 73/95 - juris Rn. 27 ff. - BSGE 79, 159 = SozR 3-5520 § 31 Nr. 5; Verfassungsbeschwerde wurde nicht zur Entscheidung angenommen, vgl. BVerfG v. 16.12.1998 - 1 BvR 161/97.

[29] Vgl. BSG v. 05.02.2003 - B 6 KA 26/02 R - juris Rn. 28 - SozR 4-2500 § 117 Nr. 1.

[30] Vgl. BSG v. 01.07.1998 - B 6 KA 44/97 R - juris Rn. 23 - SozR 3-5520 § 31 Nr. 7.

[31] Vgl. BSG v. 11.12.2002 - B 6 KA 32/01 R - juris Rn. 33 f. - BSGE 90, 207 = SozR 3-1500 § 54 Nr. 47.

[32] Vgl. BSG v. 11.12.2002 - B 6 KA 32/01 R - juris Rn. 33 - BSGE 90, 207 = SozR 3-1500 § 54 Nr. 47.

bb. § 31a Abs. 1 Ärzte-ZV

34 **§ 31a Abs. 1 Ärzte-ZV** ist fast wortgleich mit **§ 116 SGB V** (zu den Ermächtigungsvoraussetzungen vgl. nachfolgend und die Kommentierung zu § 96 SGB V Rn. 31 ff. und die Kommentierung zu § 116 SGB V). § 31a Abs. 2 Ärzte-ZV regelt das Antragsverfahren, Absatz 3 verweist auf § 31 Abs. 7-10 Ärzte-ZV, wonach u.a. die Ermächtigung zeitlich, räumlich und ihrem Umfang nach zu bestimmen ist und der Arzt nicht ungeeignet sein darf.

35 Für Ermächtigungen nach § 116 SGB V/§ 31a Abs. 1 Ärzte-ZV gilt ein **Vorrang der niedergelassenen Vertragsärzte** für den gesamten Bereich der ambulanten Krankenversorgung (vgl. Rn. 31) und mithin auch für diagnostische Leistungen **auf Überweisungen** von denjenigen Ärzten, die die Patienten unmittelbar behandeln. Nicht nur die eigenverantwortliche ambulante Behandlung, sondern auch die Beratung und Unterstützung eines anderen Vertragsarztes bei dessen Behandlung obliegen in erster Linie den entsprechend weitergebildeten und qualifizierten Vertragsärzten. Die Erteilung einer Ermächtigung an einen weitergebildeten Krankenhausarzt setzt einen quantitativ-allgemeinen oder einen qualitativ-speziellen **Versorgungsbedarf** voraus. Ein **quantitativ-allgemeiner Bedarf** liegt vor, wenn in einem Planungsbereich in einer Arztgruppe zu wenige niedergelassene Ärzte vorhanden sind, um den Bedarf zu decken. Das Vorliegen eines **qualitativ-speziellen Bedarfs** setzt voraus, dass ein Krankenhausarzt besondere, für eine ausreichende Versorgung notwendige Untersuchungs- und Behandlungsleistungen anbietet, die von den niedergelassenen Ärzten nicht bzw. nicht in erforderlichem Umfang erbracht werden.[33]

36 Die **besonderen Kenntnisse und Erfahrungen eines Krankenhausarztes** reichen für sich allein nicht aus, um eine Ermächtigung zur vertragsärztlichen Versorgung zu rechtfertigen. Für die vertragsärztliche Versorgung können diese speziellen Kenntnisse und Erfahrungen erst von Bedeutung sein, wenn sie sich in einem **besonderen Leistungsangebot** niederschlagen. Es muss sich dabei um Leistungen handeln, die im Rahmen einer ausreichenden ambulanten ärztlichen Versorgung benötigt und von den niedergelassenen Ärzten nicht oder nicht ausreichend angeboten werden. Dem zu beachtenden Vorrang der niedergelassenen Ärzte kann gerade bei Ermächtigungen zur **konsiliarischen Tätigkeit** dadurch Rechnung getragen werden, dass der Krankenhausarzt nur **auf Überweisung** von Ärzten seiner Gebietsgruppe ermächtigt wird. Ein besonderes Leistungsangebot des an einer Ermächtigung interessierten Arztes kann nicht mit dem Hinweis darauf dargetan werden, dass in Einzelfällen wegen Komplikationsgefahr oder anderer besonderer Umstände bestimmte ärztliche Leistungen zweckmäßigerweise in das Krankenhaus verlegt werden sollten.[34] Auch im Falle einer quantitativ und qualitativ **ausreichenden Versorgung** durch niedergelassene Ärzte kann es sinnvoll sein, die besonderen Kenntnisse und Erfahrungen des Krankenhausarztes oder die überlegene technische Ausstattung des Krankenhauses für die ambulante Behandlung nutzbar zu machen; zu diesem Zweck kann auch eine Ermächtigung auf **Überweisung durch Fachkollegen** (sog. Facharztfilter) in Betracht zu ziehen sein.[35]

37 Besteht aber ein **qualitativer Bedarf**, weil der Krankenhausarzt besondere, für eine ausreichende und zweckmäßige medizinische Versorgung notwendige Leistungen anbietet, die von den niedergelassenen Vertragsärzten derselben Fachrichtung nicht erbracht werden können, so ist für eine Ermächtigung **nur auf Überweisung durch Fachkollegen** kein Raum; denn durch die Zwischenschaltung des Gebietsarztes würden Verzögerungen und Kosten entstehen, obwohl von vornherein feststünde, dass dieser die erforderlichen Leistungen nicht selbst erbringen könnte. Die Zulassungsinstanzen müssen deshalb die Bedarfssituation stets klären und dürfen die erforderlichen Feststellungen nicht dadurch ersetzen, dass sie für den Fall einer etwaigen Versorgungslücke vorsorglich eine auf Facharztüberweisungen beschränkte Ermächtigung erteilen.[36]

38 Für Methoden, die **nicht** zum **Leistungskatalog** der gesetzlichen Krankenversicherung gehören, besteht von vornherein kein Ermächtigungsbedarf.[37] Der Bedarf richtet sich nach Krankheitsbildern und die dafür erforderlichen besonderen Untersuchungs- und Behandlungsmethoden, so dass **Besonder-**

---

[33] Vgl. BSG v. 30.01.2002 - B 6 KA 12/01 R - juris Rn. 18-20 - SozR 3-2500 § 116 Nr. 24; BSG v. 12.09.2001 - B 6 KA 86/00 R - juris Rn. 18 - SozR 3-2500 § 116 Nr. 23, jeweils m.w.N.

[34] Vgl. BSG v. 27.06.2001 - B 6 KA 39/00 R - juris Rn. 19 - USK 2001-166 m.w.N.

[35] Vgl. BSG v. 22.06.1994 - 6 RKa 21/92 - juris Rn. 26 - SozR 3-2500 § 116 Nr. 6; BSG v. 15.03.1995 - 6 RKa 27/94 - juris Rn. 13 ff. - SozR 3-2500 § 116 Nr. 12.

[36] Vgl. BSG v. 22.06.1994 - 6 RKa 21/92 - juris Rn. 25 - SozR 3-2500 § 116 Nr. 6.

[37] Vgl. LSG Baden-Württemberg v. 30.04.2003 - L 5 KA 4871/01 - juris Rn. 34 ff. – Neuropsychologie; LSG Berlin v. 11.05.2005 - L 7 KA 8/02 - Histaminliberations- bzw. Freisetzungstests.

heiten des Behandlers wie Sprachkenntnisse, auch bei Psychotherapeuten, oder ein besonderer Lebensweg oder eine Beschäftigung mit **bestimmten Personengruppen** unerheblich sind (vgl. die Kommentierung zu § 101 SGB V Rn. 53 und nachfolgend Rn. 40 ff.).

Eine Ermächtigung kann nur erteilt werden, wenn der zu ermächtigende Arzt **berechtigt ist, die Leistungen zu erbringen**. So ist ein Internist ohne Schwerpunkt nicht berechtigt, Leistungen nach Kapitel 13.3.7 EBM 2005 (Pneumologische Leistungen) zu erbringen.[38] Die Leistung, zu der ermächtigt werden soll, muss auch Gegenstand der **Leistungspflicht der gesetzlichen Krankenversicherung** sein.[39] 39

cc. § 31 Abs. 1 Ärzte-ZV

§ 31 Abs. 1 Ärzte-ZV[40] gibt den Zulassungsausschüssen die Befugnis, weiter **Ärzte**, insbesondere **in Krankenhäusern und Einrichtungen der beruflichen Rehabilitation**, oder in besonderen Fällen **ärztlich geleitete Einrichtungen** zur Teilnahme an der vertragsärztlichen Versorgung zu ermächtigen, sofern dies notwendig ist, um a) eine bestehende oder unmittelbar drohende **Unterversorgung** abzuwenden oder b) einen **begrenzten Personenkreis** zu versorgen, beispielsweise Rehabilitationseinrichtungen der beruflichen Rehabilitation oder Beschäftigte eines abgelegenen oder vorübergehenden Betriebes. Ergänzend können nach **§ 31 Abs. 3 Ärzte-ZV** die **KVen** unter diesen Voraussetzungen auch Ärzte mit **berufsrechtlicher Erlaubnis**, aber ohne Approbation ermächtigen. 40

Ein **Psychologischer Psychotherapeut** ist kein Krankenhausarzt. Eine analoge Anwendung des § 116 Satz 1 SGB V auf Psychologische Psychotherapeuten, die in einer Ambulanz beschäftigt sind, ist nicht möglich. Diese verfügen im Verhältnis zu in freier Praxis tätigen Psychotherapeuten regelmäßig nicht über spezifische Kenntnisse, Erfahrungen und Untersuchungsmethoden, die einerseits Gegenstand der Leistungspflicht der gesetzlichen Krankenversicherung im Rahmen (auch) ambulanter Behandlung sind, andererseits aber typischerweise nur bei Psychotherapeuten vorhanden sind, die hauptamtlich in Einrichtungen oder Beratungsstellen tätig sind.[41] 41

Innerhalb des Ermächtigungstatbestandes des § 31 Abs. 1 Ärzte-ZV gebührt der **Ermächtigung von Ärzten**, seien es Krankenhausärzte, die die Voraussetzungen des § 116 Satz 1 SGB V nicht erfüllen, seien es Ärzte in Rehabilitationseinrichtungen, der **Vorrang** vor der Ermächtigung einer Institution, was das Gesetz durch die Formulierung „in besonderen Fällen" zum Ausdruck bringt.[42] 42

Ärzte sind nur **approbierte** Ärzte, Psychotherapeuten (§ 1 Abs. 3 Ärzte-ZV) oder Zahnärzte (§ 31 Abs. 1 Zahnärzte-ZV) (vgl. die Kommentierung zu § 95 SGB V Rn. 46 ff.). Die Beschränkung auf approbierte Leistungserbringer folgt auch aus der Systematik zu § 31 Abs. 3 Ärzte-ZV, wonach Ärzte mit einer Erlaubnis zur Berufsausübung ermächtigt werden können. Nichtärztliche Leistungserbringer, auch nicht Biologen und Humangenetiker, sind danach von einer Ermächtigung ausgeschlossen.[43] Eine **zusätzliche Qualifikation** wird nicht verlangt, insbesondere müssen nicht die weitergehenden Voraussetzungen für eine Zulassung vorliegen (vgl. die Kommentierung zu § 95 SGB V Rn. 273 ff.), weshalb anders als nach § 116 SGB V/§ 31a Abs. 1 Ärzte-ZV eine abgeschlossene Weiterbildung nicht nachgewiesen werden muss. Die Ärzte müssen nicht in Krankenhäusern oder einer Einrichtungen der beruflichen Rehabilitation beschäftigt sein, es kann sich auch um privatärztlich tätige oder in anderen Einrichtungen beschäftigte Ärzte handeln. Die Teilnahme an der vertragsärztlichen Versorgung setzt aber voraus, dass die notwendigen Räume und Einrichtungen vorhanden sind. 43

Krankenhäuser (vgl. Legaldefinition in § 107 Abs. 1 SGB V) sind bereits nach dem Wortlaut der Vorschrift nicht nur zugelassene Krankenhäuser (§ 108 SGB V), also insb. nicht nur Vertragskrankenhäuser (§§ 108 Nr. 3, 109 SGB V). **Einrichtungen der beruflichen Rehabilitation** sind Berufsbildungswerke, Berufsförderungswerke und vergleichbare Einrichtungen (§ 35 SGB IX). Für **ärztlich geleitete Einrichtungen** bestehen bereits verschiedene Ermächtigungsvorschriften im SGB V (vgl. die 44

---

38 Vgl. SG Marburg v. 13.11.2006 - S 12 KA 972/06 ER; LSG Hessen v. 18.12.2006 - L 4 KA 70/06 ER.

39 Vgl. BSG v. 07.02.2007 - B 6 KA 3/06 R - juris Rn. 16 - SGb 2007, 221.

40 Zur Neufassung durch das GRG vgl. BSG v. 02.10.1996 - 6 RKa 73/95 - juris Rn. 24 f. - BSGE 79, 159 = SozR 3-5520 § 31 Nr. 5.

41 Vgl. BSG v. 07.02.2007 - B 6 KA 3/06 R - juris Rn. 14 u. 20 - SGb 2007, 221.

42 Vgl. BSG v. 02.10.1996 - 6 RKa 73/95 - juris Rn. 26 - BSGE 79, 159 = SozR 3-5520 § 31 Nr. 5; BSG v. 11.12.2002 - B 6 KA 32/01 R - juris Rn. 33 - BSGE 90, 207 = SozR 3-1500 § 54 Nr. 47; vgl. BSG v. 26.01.2000 - B 6 KA 51/98 R - juris Rn. 14 - SozR 3-5520 § 31 Nr. 10.

43 Anders LSG Nordrhein-Westfalen v. 20.01.2004 - L 10 B 19/03 KA ER - www.sozialgerichtsbarkeit.de; vgl. hierzu die Kommentierung zu § 95 SGB V Rn. 52.

Kommentierung zu § 95 SGB V Rn. 89). Soweit danach die Ermächtigung auf bestimmte Zwecke beschränkt ist, schließt dies eine weitere Ermächtigung zur Bedarfsdeckung nach § 31 Abs. 1 Ärzte-ZV nicht generell aus.[44] Im Übrigen kommt jede Einrichtung in Betracht. Es muss nur sichergestellt sein, dass die maßgeblichen medizinischen Entscheidungen ausschließlich in ärztlicher Verantwortung getroffen werden; ein kollegial zusammengesetzter Vorstand des jeweiligen Rechtsträgers, in dem auch Nicht-Ärzte vertreten sind und möglicherweise über die Mehrheit verfügen, schließt das nicht zwangsläufig aus.[45] Die Poliklinik eines Universitätsklinikums zählt zu den ärztlich geleiteten Einrichtungen (§ 120 Abs. 1 Satz 1 SGB V).[46]

45 Der **Ermächtigungstatbestand** nach **lit. a** ist auf die Regelungen der Bedarfsplanung und das dort vorgesehene Verfahren zur Feststellung einer **Unterversorgung** zu beziehen (§ 100 SGB V), da die Vorschrift die dort verwandte Formulierung (vgl. § 16 Abs. 1 Satz 1, Abs. 2 Satz 1, Abs. 3 Satz 1, Abs. 4 Ärzte-ZV) aufgreift.[47] Dem Landesausschuss obliegt die Prüfung nach § 15 Ärzte-ZV. Er stellt eine bestehende oder drohende Unterversorgung fest (§ 16 Abs. 2 Satz 1 Ärzte-ZV) und hat die Versorgungslage spätestens alle sechs Monate zu überprüfen (§ 16 Abs. 6 Satz 1 Ärzte-ZV). Nur während der Dauer festgestellter Unterversorgung kann eine Ermächtigung nach lit. a erfolgen. Soweit nunmehr der durch das GMG mit Wirkung ab 01.01.2004 eingefügte **§ 116a SGB V** eine Ermächtigung von Krankenhäusern vorsieht, wird dies begrenzt auf festgestellte Unterversorgung, reicht also die Feststellung **drohender Unterversorgung** nicht aus, und können nur zugelassene Krankenhäuser ermächtigt werden. Eine weitere Möglichkeit zur Sicherstellung der vertragsärztlichen Versorgung wird im Vergleich zu § 31 Abs. 1 Ärzte-ZV damit nicht geschaffen.[48] Allerdings beschränkt § 116a SGB V die Ermächtigung nicht auf „besondere Fällen", so dass die Vorrangigkeit einer persönlichen Ermächtigung eines Arztes hier nicht gilt. Anders allerdings wohl auf der Grundlage der BSG-Rechtsprechung die Gesetzesbegründung, wonach mit der Einräumung eines Ermessens in § 116a SGB V kein Anspruch auf Ermächtigung eingeräumt werden soll, denn es sei möglich, dass in einem unterversorgten Planungsbereich mehrere Krankenhäuser den Antrag stellten oder dass die persönliche Ermächtigung eines Krankenhausarztes zur Behebung der Unterversorgung ausreiche.[49]

46 Abweichend zur Rechtsprechung des BSG (vgl. Rn. 49) sieht das LSG Bayern auch bei Überversorgung mit Psychotherapeuten eine **qualitative Versorgungslücke** bezüglich der psychotherapeutischen Versorgung der griechisch sprechenden GKV-Versicherten, die der deutschen Sprache nicht in einem solchen Maße mächtig sind, dass die Therapie in dieser Sprache möglich wäre; diese sektorale Unterversorgung könne gem. § 31 Abs. 1 lit. a Ärzte-ZV durch die Ermächtigung einer **muttersprachlich griechisch sprechenden Psychotherapeutin** geschlossen werden. Der Grundsatz, dass es im SGB V keinen Anspruch auf ärztliche Behandlung in einer **Fremdsprache** gibt, bedürfe einer modifizierten Betrachtungsweise im Fall der **Psychotherapie**. Bei der Psychotherapie ist die sprachliche Verständigung zwischen Therapeuten und Versicherten ein unverzichtbarer Teil der Behandlung selber, auf die die Versicherten der GKV einen gesetzlich festgeschriebenen (§ 27 Abs. 1 Satz 2 Nr. 1 SGB V) Anspruch hätten.[50] Die übrige Instanzenpraxis lehnt allerdings einen besonderen Bedarf aus sprachlichen Gründen ab.[51]

47 Eine **Ermächtigung** für den nach **lit. b** benannten Personenkreis muss ebf. notwendig sein. **Notwendigkeit** liegt nur vor, wenn andernfalls die vertragsärztliche Versorgung der dort genannten Personen nicht ausreichend gesichert ist. Die Bedeutung des lit. b besteht darin, dass zusätzlich zu den allgemeinen quantitativen und qualitativen Aspekten der ärztlichen Versorgung die **besonderen Versorgungsbedürfnisse** der in einer Rehabilitationseinrichtung betreuten Personen bei der Beurteilung der Er-

---

[44] Vgl. BSG v. 01.07.1998 - B 6 KA 43/97 R - juris Rn. 24 f. - BSGE 82, 216 = SozR 3-5520 § 31 Nr. 9.

[45] Vgl. BSG v. 01.07.1998 - B 6 KA 43/97 R - juris Rn. 19 - BSGE 82, 216 = SozR 3-5520 § 31 Nr. 9.

[46] Vgl. BSG v. 01.07.1998 - B 6 KA 43/97 R - juris Rn. 19 - BSGE 82, 216 = SozR 3-5520 § 31 Nr. 9.

[47] Vgl. LSG Nordrhein-Westfalen v. 13.01.1999 - L 11 KA 185/98 - juris Rn. 34 - ArztR 2000, 202; a.A. LSG Baden-Württemberg v. 12.07.1995 - L 5 Ka 1609/94 - MedR 1996, 44 (aus anderen Gründen aufgehoben durch BSG v. 02.10.1996 - 6 RKa 73/95 - juris Rn. 34 - BSGE 79, 159 = SozR 3-5520 § 31 Nr. 5, das die Frage offen gelassen hat); *Hess* in: KassKomm, SGB V, § 98 Rn. 17.

[48] Anders allerdings die Begründung zum Gesetzentwurf, s. BT-Drs. 15/1525, S. 119.

[49] Vgl. BT-Drs. 15/1525, S. 119.

[50] Vgl. LSG Bayern v. 21.06.2006 - L 12 KA 426/04 (Revision anhängig: B 6 KA 40/06 R).

[51] Vgl. LSG Baden-Württemberg v. 16.02.2005 - L 5 KA 3491/04 (bestätigt durch BSG v. 19.07.2006 - B 6 KA 33/05 B); SG Hamburg v. 10.12.2003 - S 27 KA 251/01; LSG Berlin v. 10.04.2002 - L 7 KA 60/01; LSG Nordrhein-Westfalen v. 26.09.2001 - L 11 KA 38/01.

mächtigungsnotwendigkeit zu berücksichtigen sind. Solche Bedürfnisse können nach dem BSG nicht schon darin gesehen werden, dass bestimmte rehabilitationsspezifische Gründe, etwa die Gefahr eines durch den Besuch externer Ärzte eintretenden Zeitverlustes, die Ermächtigung des medizinischen Dienstes zur Teilnahme an der vertragsärztlichen Versorgung der Rehabilitanden wünschenswert erscheinen lassen. Es muss sich vielmehr um solche Gründe handeln, die eine Ermächtigung notwendig machen, weil andernfalls die Teilnahme an der Rehabilitationsmaßnahme unzumutbar erschwert oder der Zweck der Rehabilitation gefährdet würde. Die maßgebenden Erwägungen müssen im Ermächtigungsbescheid genannt werden, damit nachgeprüft werden kann, ob die Zulassungsinstanzen ihren Beurteilungsspielraum sachgemäß ausgefüllt haben.[52]

„**Begrenzter Personenkreis**" bedeutet eine „Begrenztheit" auf eine bestimmte Einrichtung, einen bestimmten Ort (also abgeschlossene, begrenzte Einheiten), nicht eine nach abstrakten Merkmalen abgrenzbaren Personenkreis wie z.B. die Gruppe aller Mitarbeiter kirchlicher und karitativer Einrichtungen im Planungsbereich[53] oder die Gruppe aller ehemaligen Sexualstraftäter mit einer Persönlichkeitsstörung (die gerade für die Sexualstraftat ursächlich ist).[54] Nicht jede sonstige soziologische Gruppe ist ein solcher begrenzter Personenkreis.[55] Im Übrigen ist die psychotherapeutische Betreuung von ehemaligen Sexualstraftätern nicht Gegenstand der Leistungspflicht der Krankenkassen.[56] 48

Die Ermächtigung zur Versorgung eines begrenzten Personenkreises kommt nur in ganz besonders gelagerten Fällen in Betracht, in denen der Zweck, zu dem sich die diesen „begrenzten Personenkreis" bildenden Personen freiwillig oder unfreiwillig zusammengefunden haben, nicht erreicht werden könnte, wenn nicht ein bestimmter Arzt oder eine bestimmte ärztlich geleitete Einrichtung zur Behandlung von auftretenden Gesundheitsstörungen ermächtigt wird. Das könnte, wenn nicht die bereichsspezifischen Sonderregelungen eingreifen würden, etwa bei Soldaten oder Strafgefangenen der Fall sein. Für rein biografisch oder soziologisch nach bestimmten Merkmalen zusammengesetzte Personengruppen besteht ein entsprechender Bedarf jedoch nicht.[57] Das BSG hat deshalb eine Ermächtigung wegen eines Sonderbedarfs für die psychotherapeutische Behandlung von Versicherten in der Muttersprache einer Psychotherapeutin (hier: portugiesisch) verneint.[58] 49

dd. § 31 Abs. 2 Ärzte-ZV

Die Kassenärztliche Bundesvereinigung und die Spitzenverbände der Krankenkassen können im **Bundesmantelvertrag** Regelungen treffen, die über die Voraussetzungen des § 31 Abs. 1 Ärzte-ZV hinaus Ermächtigungen zur Erbringung **bestimmter ärztlicher Leistungen** im Rahmen der vertragsärztlichen Versorgung vorsehen (**§ 31 Abs. 2 Ärzte-ZV**). Die Vorschrift ist begrenzt auf die Zuständigkeit der **Zulassungsgremien**, da eine Abweichung von den allgemeinen Regelungen nach den §§ 95 und 96 SGB V einer ausdrücklichen Ermächtigung bedarf.[59] 50

Nach dem BSG will die Vorschrift ihrer **Zielrichtung** nach es den Partnern des Bundesmantelvertrages ermöglichen, **besonderen Versorgungsbedürfnissen**, die sich von vornherein einer konkreten Festlegung entziehen, Rechnung zu tragen. In dieser Auslegung erweist sie sich auch als hinreichend bestimmt.[60] Die **Rechtssetzungsbefugnis** der Bundesmantelvertragsparteien ist aber darauf **beschränkt**, die tatbestandlichen Voraussetzungen für eine Ermächtigung über die in der Zulassungsverordnung selbst geregelten Fälle hinaus zu erweitern. Es besteht eine Bindung an die übrigen Vorschriften, insbesondere an das Befristungsgebot (§ 31 Abs. 7 Ärzte-ZV),[61] und es können auch nicht Regelungen getroffen werden, die die Zuständigkeit für die Erteilung von Ermächtigungen und das Verwaltungsver- 51

---

52 Vgl. BSG v. 21.06.1995 - 6 RKa 48/94 - juris Rn. 18 - SozR 3-1500 § 131 Nr. 5; BSG v. 07.02.2007 - B 6 KA 3/06 R - juris Rn. 24 - SGb 2007, 221.

53 Vgl. LSG Baden-Württemberg v. 30.04.2003 - L 5 KA 2805/01 - juris Rn. 46.

54 Vgl. LSG Baden-Württemberg v. 23.11.2005 - L 5 KA 1484/05 - Umdruck, S. 25 f.

55 Vgl. LSG Baden-Württemberg v. 23.11.2005 - L 5 KA 1484/05 - Umdruck, S. 26, bestätigt durch BSG v. 07.02.2007 - B 6 KA 3/06 R - juris Rn. 23 - SGb 2007, 221.

56 Vgl. BSG v. 07.02.2007 - B 6 KA 3/06 R - juris Rn. 16-20 - SGb 2007, 221.

57 Vgl. BSG v. 07.02.2007 - B 6 KA 3/06 R - juris Rn. 25 - SGb 2007, 221.

58 Vgl. BSG v. 19.07.2006 - B 6 KA 33/05 B - juris Rn. 4.

59 Vgl. BSG v. 01.07.1998 - B 6 KA 11/98 R - juris Rn. 18 - SozR 3-5520 § 31 Nr. 8; BSG v. 09.06.1999 - B 6 KA 70/98 R - juris Rn. 15 - SozR 3-2500 § 95 Nr. 20 S. 81; vgl. auch BSG v. 22.06.1994 - 6 RKa 10/93 - juris Rn. 27 - SozR 3-2500 § 116 Nr. 7.

60 Vgl. BSG v. 22.06.1994 - 6 RKa 22/93 - juris Rn. 30 - BSGE 74, 257 = SozR 3-5540 § 5 Nr. 1.

61 Vgl. BSG v. 18.06.1997 - 6 RKa 45/96 - juris Rn. 24 - SozR 3-5540 § 5 Nr. 4.

fahren abweichend von den Grundsätzen regeln, die generell für die Teilnahme von Nichtvertragsärzten an der vertragsärztlichen Versorgung gelten, insbesondere kann eine Zuständigkeit der KV nicht begründet werden.[62] Das BSG hat bisher die Partner der Bundesmantelverträge für berechtigt gehalten, zumindest im Bereich von **Vorsorge- und Früherkennungsuntersuchungen** Ermächtigungstatbestände zu schaffen, für die eine Versorgungslücke im Leistungsangebot der zugelassenen Ärzte keine tatbestandliche Voraussetzung war.[63] Für die Ermächtigung für **zytologische Leistungen** hat es die Frage bisher offen gelassen.[64] Wegen ihres Nachrangs gegenüber der generellen Ermächtigungsvorschrift für andere als Krankenhausärzte nach § 31 Abs. 1 Ärzte-ZV kann die Vorschrift nur zur Schließung von **Versorgungslücken bei spezialisierten Einzelleistungen** genutzt werden und eine Ermächtigung für alle ärztlichen Leistungen eines Teil- oder Schwerpunktgebiets nicht genutzt werden.[65]

52 Die Regelung ist **fakultativ** („können"). Für den **zahnärztlichen Bereich** fehlt es an gültigen Vertragsbestimmungen, die über die Zahnärzte-ZV hinausgehen.

53 Nach **§ 5 Abs. 1 BMV-Ä/§ 9 Abs. 1 EKV-Ä** können die Zulassungsausschüsse über die Ermächtigungstatbestände des § 31 Abs. 1 Ärzte-ZV hinaus geeignete Ärzte und in Ausnahmefällen ärztlich geleitete Einrichtungen (vgl. Rn. 44) zur Durchführung bestimmter, in einem Leistungskatalog **definierter Leistungen** auf der Grundlage des EBM ermächtigen, wenn dies zur Sicherstellung der vertragsärztlichen Versorgung erforderlich ist. Dies setzt konkret festgestellte **Versorgungslücken** in nicht nur geringem Umfang voraus.[66] Wie bei einer Bedarfsprüfung nach anderen Vorschriften (z.B. § 116 SGB V) muss eine Minderversorgung der Versicherten festgestellt werden.[67] Bei der Beurteilung, inwieweit eine Versorgungslücke bei der ambulanten Behandlung der Versicherten vorhanden ist, steht den Zulassungsgremien ein **Beurteilungsspielraum** zu (vgl. die Kommentierung zu § 96 SGB V Rn. 31; zum Umfang der Ermittlungen vgl. die Kommentierung zu § 96 SGB V Rn. 36 ff.). Die Ermächtigung ist auf bestimmte, in einem Leistungskatalog definierte EBM-Leistungen zu beschränken und kann nicht für alle medizinisch erforderlichen Leistungen in einem ärztlichen Teilgebiet ausgesprochen werden.[68]

54 Eine bei einer Einrichtung nach § 13 des Schwangerschaftskonfliktgesetzes **angestellte Ärztin** kann nicht für die ambulante Erbringung der in § 24b SGB V aufgeführten ärztlichen Leistungen (hier: Nr. 01900 EBM 2005) ermächtigt werden.[69]

55 **Ohne Bedarfsprüfung** können Ärzte und ärztlich geleitete Einrichtungen für die **zytologische Diagnostik von Krebserkrankungen** unter bestimmten Voraussetzungen (Mindestzahl von Präparaten und Teilnahme an der Weiterbildung)[70] oder ambulante Untersuchungen und Beratungen zur Planung der Geburtsleitung im Rahmen der **Mutterschaftsvorsorge** gemäß den MutterschaftsRL des Gemeinsamen Bundesausschusses[71] ermächtigt werden (**§ 5 Abs. 2 u. 3 BMV-Ä/§ 9 Abs. 2 u. 3 EKV-Ä**). Das Befristungsgebot (§ 31 Abs. 7 Ärzte-ZV) gilt aber auch hier; das BSG hat bisher die Dauer der Befristung aber offen gelassen.[72] Soweit die von einem Krankenhausarzt im Sinne der § 116 Satz 1 SGB V/§ 31a Abs. 1 Ärzte-ZV begehrte Ermächtigung sich ihrem Gegenstand nach auf die zytologischen Leistungen erstreckt, sind die Zulassungsgremien berechtigt und verpflichtet, auch über die Ermächtigung für zytologische Leistungen mit zu entscheiden.[73]

56 Die Ermächtigung des Zulassungsausschusses nach **§ 5 Abs. 4 BMV-Ä/§ 9 Abs. 4 EKV-Ä**, auch Ärzte, die das **55. Lebensjahr** überschritten haben, zur Erbringung von Leistungen zur **Früherkennung von Brustkrebs** zu ermächtigen, hat nur **deklaratorische** Bedeutung. Die Bundesmantelvertragsparteien sind nicht befugt, Ausnahmen von der Altersbeschränkung zu treffen. Allerdings sah be-

---

[62] Vgl. BSG v. 01.07.1998 - B 6 KA 11/98 R - juris Rn. 16 ff. - SozR 3-5520 § 31 Nr. 8.

[63] Vgl. BSG v. 22.06.1994 - 6 RKa 22/93 - juris Rn. 30 - BSGE 74, 257 = SozR 3-5540 § 5 Nr. 1; BSG v. 19.07.1983 - 6 RKa 26/81 - juris Rn. 15 - BSGE 55, 212 = SozR 5520 § 31 Nr. 2.

[64] Vgl. BSG v. 18.06.1997 - 6 RKa 45/96 - juris Rn. 22 - SozR 3-5540 § 5 Nr. 4.

[65] Vgl. BSG v. 01.07.1998 - B 6 KA 11/98 R - juris Rn. 22 - SozR 3-5520 § 31 Nr. 8.

[66] Vgl. BSG v. 11.12.2002 - B 6 KA 32/01 R - juris Rn. 33 - BSGE 90, 207 = SozR 3-1500 § 54 Nr. 47.

[67] Vgl. BSG v. 14.07.1993 - 6 RKa 71/91 - juris Rn. 18 - BSGE 73, 25 = SozR 3-2500 § 116 Nr. 4.

[68] Vgl. BSG v. 01.07.1998 - B 6 KA 11/98 R - juris Rn. 22 - SozR 3-5520 § 31 Nr. 8.

[69] Vgl. SG Marburg v. 19.02.2007 - S 12 KA 46/07 ER.

[70] Zur Rechtsentwicklung vgl. BSG v. 18.06.1997 - 6 RKa 45/96 - juris Rn. 22 - SozR 3-5540 § 5 Nr. 4.

[71] Zur alten Fassung vgl. BSG v. 22.06.1994 - 6 RKa 22/93 - juris Rn. 25 f. - BSGE 74, 257 = SozR 3-5540 § 5 Nr. 1.

[72] Vgl. BSG v. 18.06.1997 - 6 RKa 45/96 - juris Rn. 21 ff. - SozR 3-5540 § 5 Nr. 4.

[73] Vgl. BSG v. 18.06.1997 - 6 RKa 45/96 - juris Rn. 20 - SozR 3-5540 § 5 Nr. 4.

reits § 31 Abs. 9 Satz 2 Ärzte-ZV a.F. vor, dass der Zulassungsausschuss von der Altersbeschränkung zur Abwendung von Versorgungslücken abweicht. Im Übrigen bleibt bei Vorliegen eines Sicherstellungsbedarfs kein Raum für eine weitergehende Ermessensausübung, da dann der Ausnahmetatbestand vorliegt. Im Übrigen wurde die Altersgrenze von 55 Jahren bei Ermächtigungen (§ 31 Abs. 9 Ärzte-ZV a.F.) furch das VÄndG mit Wirkung ab 01.01.2007 abgeschafft.

§ 6 BMV-Ä/§ 10 EKV-Ä sieht eine Ermächtigung von **Fachzahnärzten** für **Kieferchirurgie** und von Fachzahnärzten für **theoretisch-experimentelle Fachrichtungen** vor. Soweit **§ 7 BMV-Ä/§ 11 EKV-Ä** die Ermächtigung von **Fachwissenschaftlern der Medizin** vorsehen, fehlt es hierfür an einer gesetzlichen Grundlage (vgl. die Kommentierung zu § 95 SGB V Rn. 53). 57

§ 10a BMV-Z stimmt mit der Ermächtigungsnorm nach § 31 Abs. 2 Zahnärzte-ZV insofern nicht überein und ist damit **nichtig**, als er eine Zuständigkeit der KZVen und generell eine Ermächtigung für kieferorthopädische Leistungen, also ein ganzes Fachgebiet vorsieht; zudem könnte danach die Ermächtigung bedarfsunabhängig erfolgen. **§ 5 Abs. 2 EKV-Z** bestimmt ausdrücklich die Zuständigkeit des Zulassungsausschusses für Ermächtigungen nach § 31 Abs. 2 Zahnärzte-ZV und folgt damit der Rechtsprechung des BSG. § 5 Abs. 1 Nr. 2 bis 5 EKV-Z greifen die Ermächtigungstatbestände nach den §§ 31, 31a Zahnärzte-ZV auf, ohne sie zu erweitern. 58

ee. § 31 Abs. 3 Ärzte-ZV

Die **KVen** können unter den Voraussetzungen des § 31 Abs. 1 Ärzte-ZV auch Ärzte, die eine Approbation nach deutschen Rechtsvorschriften nicht besitzen, zur Teilnahme an der vertragsärztlichen Versorgung ermächtigen, soweit ihnen von der zuständigen deutschen Behörde eine **Erlaubnis** zur vorübergehenden **Ausübung des ärztlichen Berufs** erteilt worden ist (§ 31 Abs. 3 Ärzte-ZV; Ermächtigungsgrundlage ist in § 98 Abs. 2 Nr. 14 SGB V vorgesehen). Solche befristeten Erlaubnisse können nach den Berufsgesetzen erteilt werden.[74] 59

ff. § 31 Abs. 5 Ärzte-ZV

Die kassenärztliche Bundesvereinigung und die Spitzenverbände der Krankenkassen haben im **Bundesmantelvertrag** Regelungen über die Ermächtigung von Ärzten zu treffen, die als **Staatsangehörigen** eines der anderen **Mitgliedsstaaten der Europäischen Wirtschaftsgemeinschaft** den ärztlichen Beruf im Inland zur vorübergehenden Erbringung von Dienstleistungen im Sinne des Artikels 60 des EWG-Vertrages ausüben dürfen (§ 31 Abs. 5 Ärzte-ZV; Ermächtigungsgrundlage ist in § 98 Abs. 2 Nr. 14 SGB V vorgesehen). Dies ist mit § 8 BMV-Ä/§ 12 EKV-Ä und § 10b BMV-Z/§ 6 EKV-Z geschehen. Die Vorschriften beschränken mit Ausnahme des älteren § 10b BMV-Z die Ermächtigung auf nicht durch Zulassungsbeschränkungen gesperrte Planungsbereiche. 60

b. Antragsverfahren (§ 31 Abs. 6 Ärzte-ZV)

Die Ermächtigung setzt einen **schriftlichen Antrag** beim Zulassungsausschuss voraus. Ihm sind die Approbationsurkunde und eine Erklärung nach § 18 Abs. 2 lit. e Ärzte-ZV (Suchtfreiheit) beizufügen. Für eine Ermächtigung nach § 31 Abs. 3 Ärzte-ZV gilt dies entsprechend gegenüber der KV. 61

Anträge auf Ermächtigung sind **umfassend** nach den verschiedenen Rechtsgrundlagen zu **prüfen**; den unterschiedlichen Rechtsgrundlagen für die einzelnen Bestandteile des Ermächtigungskatalogs kann und muss ggf. durch eine differenzierende Ausgestaltung der Ermächtigung Rechnung getragen werden.[75] 62

c. Ungeeignetheit und 55-Jahre-Grenze (§ 31 Abs. 8 Satz 1 Ärzte-ZV)

Bei **Ungeeignetheit** nach § 21 Ärzte-ZV besteht ein **Ermächtigungshindernis** (§ 31 Abs. 8 Satz 1 Ärzte-ZV, vgl. die Kommentierung zu § 95 SGB V Rn. 279 ff.). Nach § 31 Abs. 8 Satz 4 Ärzte-ZV gilt dies entsprechend für **ärztliche Einrichtungen**. Ungeeignetheit ist damit auch auf die in der Einrichtung beschäftigten Ärzte zu beziehen. Soweit nicht sichergestellt werden kann, dass der ungeeignete Arzt von Behandlungen nicht ausgeschlossen werden kann, darf die Einrichtung nicht ermächtigt werden. 63

Die **55-Jahre-Grenze** nach § 31 Abs. 9 Ärzte-ZV a.F. wurde durch das VÄndG zum 01.01.2007 aufgehoben, vg. im Einzelnen Rn. 69. 64

---

[74] Vgl. §§ 2 Abs. 2, 8, 10 BÄO; § 1 Abs. 1 Satz 3 ZHG; § 1 Abs. 1 Satz 2, 4 PsychThG.

[75] Vgl. BSG v. 18.06.1997 - 6 RKa 45/96 - juris Rn. 20 - SozR 3-5540 § 5 Nr. 4.

d. Beschränkung der Ermächtigung (§ 31 Abs. 7 Ärzte-ZV)

65 Vgl. die Kommentierung zu § 96 SGB V Rn. 48 ff.

e. Persönliche Ermächtigungsausübung (§ 32a Ärzte-ZV)

66 Der ermächtigte Arzt hat die in dem Ermächtigungsbeschluss bestimmte vertragsärztliche Tätigkeit **persönlich auszuüben.** Eine **Vertretung** ist im Rahmen des § 32a Sätze 2 und 3 Ärzte-ZV, der aber engere Voraussetzungen als nach § 32 Ärzte-ZV aufstellt, möglich. Im Einzelnen vgl. die Kommentierung zu § 95 SGB V Rn. 443.

f. Aufhebung der Ermächtigung (§ 31 Abs. 8 Ärzte-ZV)

67 § 31 Abs. 8 Ärzte-ZV trifft in Satz 2 Regelungen für die **Zurücknahme**, in Satz 3 für den **Widerruf** einer Ermächtigung. Bereits nach § 95 Abs. 6 Satz 1 SGB V, auf den § 95 Abs. 4 Satz 3 SGB V entsprechend verweist, ist die Ermächtigung zu **entziehen**, wenn ihre Voraussetzungen nicht vorliegen. Dies umfasst auch den Fall einer von Anfang an bestehenden Ungeeignetheit des ermächtigten Arztes. Treten später in der Person des Arztes liegende Gründe auf, die zu einer Versagung der Ermächtigung führen würden, so liegt ebf. ein Entziehungsgrund nach § 95 Abs. 3 Satz 1 SGB V („Voraussetzungen … nicht mehr vorliegen") vor. Von daher kommt § 31 Abs. 8 Satz 2 und 3 Ärzte-ZV nur **deklaratorische Bedeutung** zu (vgl. auch die Kommentierung zu § 95 SGB V Rn. 436).

68 Während des Ermächtigungszeitraums kann die Ermächtigung nicht wegen **Änderungen der Bedarfslage** widerrufen werden; insoweit besteht ein **Vertrauensschutz** des ermächtigten Arztes.[76] Dieser kann auch nicht durch einen Widerrufsvorbehalt für den Fall einer veränderten Versorgungslage umgangen werden.[77]

12. Altersgrenze von 55 Jahren (Nr. 12 a.F.)

69 Nr. 12 enthielt die Vorgabe an den Verordnungsgeber, in den Zulassungsverordnungen für Ärzte und Zahnärzte Vorschriften über den Ausschluss einer Zulassung oder Ermächtigung von Ärzten und Zahnärzten, die das fünfundfünfzigste Lebensjahr vollendet haben, aufzunehmen. Sie wurde zum 01.01.2007 auf Vorschlag des Ausschusses für Gesundheit durch das VÄndG aufgehoben, weil ein Bedürfnis für einen solchen Zulassungs- und Ermächtigungsausschluss nicht mehr gesehen wurde.[78] Als Folgeänderung wurden die §§ 25 und 31 Abs. 9 Ärzte-ZV ebenfalls aufgehoben.

13. Angestellte Ärzte, Assistenten, Vertreter, weitere Tätigkeitsorte (Nr. 13)

70 **Vertretung** und Beschäftigung von **Assistenten** ist nach § 32 Ärzte-ZV möglich, die Beschäftigung von **angestellten Ärzten** nach § 33 Ärzte-ZV (vgl. hierzu die Kommentierung zu § 95 SGB V Rn. 319 ff. und die Kommentierung zu § 95 SGB V Rn. 537 ff.), die Tätigkeit an weiteren Orten nach § 24 Abs. 3-5 Ärzte-ZV (vgl. die Kommentierung zu § 95 SGB V Rn. 206 ff.).

71 Das **VÄndG** überführte die Befugnis, nähere Regelungen zur gemeinsamen Ausübung der vertrags(zahn)ärztlichen Tätigkeit zu treffen, in die neue **Nr. 13a**. Es erweiterte die Befugnis des Verordnungsgebers, nähere Regelungen zur Ausübung der vertrags(zahn)ärztlichen Tätigkeit **an verschiedenen Orten** zu treffen.[79] Vertragsärzte dürfen nunmehr außerhalb ihres Vertragsarztsitzes an weiteren Orten (auch außerhalb ihres KV-Bezirks) vertragsärztlich tätig sein – auch mit Unterstützung von hierfür angestellten Ärzten –, wenn und soweit dies die Versorgung der Versicherten an den weiteren Orten verbessert und die ordnungsgemäße Versorgung der Versicherten am Ort des Vertragsarztsitzes nicht beeinträchtigt wird (§ 24 Abs. 3 Satz 1 Ärzte-ZV).

72 Aus Sicht des Gesetzgebers soll die mit dem GMG begonnene Flexibilisierung der ambulanten Versorgungsstrukturen, die zu Lockerungen der bisherigen berufsrechtlichen Begrenzungen ärztlicher Berufsausübung geführt habe, fortgesetzt werden. Um die durch die neuen (Muster-)Berufsordnungen geschaffenen Spielräume für die Berufsausübung der niedergelassenen Ärzte, Zahnärzte und Psychothe-

[76] Vgl. BSG v. 02.12.1992 - 6 RKa 54/91 - juris Rn. 24 - BSGE 71, 280 = SozR 3-2500 § 116 Nr. 3; BSG v. 19.06.1996 - 6 RKa 15/95 - juris Rn. 17 - SozR 3-2500 § 116 Nr. 13; BSG v. 27.02.1992 - 6 RKa 15/91 - juris Rn. 32 - BSGE 70, 167 = SozR 3-2500 § 116 Nr. 2; BSG v. 09.06.1999 - B 6 KA 70/98 R - juris Rn. 17 - SozR 3-2500 § 95 Nr. 20 bezog sich auf die frühere Rechtslage mit unbefristeten Ermächtigungen.

[77] Vgl. BSG v. 27.04.1982 - 6 RKa 3/80 - juris Rn. 23 - USK 82197.

[78] Vgl. BT-Drs. 16/3157, S. 24.

[79] Vgl. BT-Drs. 16/2474, S. 23 (zu Buchstabe c).

rapeuten im Alltag wirksam werden zu lassen, müssten die entsprechenden Regelungen des Vertragsarztrechts und in den Zulassungsverordnungen mit gleichgerichteter Zielrichtung fortentwickelt werden.[80]

Der Gesetzgeber gibt nunmehr die bislang geübte Zurückhaltung gegenüber den – ländergesetzlichen – berufsrechtlichen Regelungen auf und will mit den Erweiterungen der Befugnisse des Verordnungsgebers ein eigenes **sozialrechtliches Berufsrecht** schaffen. Zu der damit einhergehenden Problematik der Gesetzgebungskompetenz vgl. die Kommentierung zu § 95 SGB V Rn. 129 und die Kommentierung zu § 95 SGB V Rn. 209. 73

In der **Entwurfsbegründung** wies der Gesetzgeber ausdrücklich auf die aus seiner Sicht ungenügende **Weiterentwicklung der berufsrechtlichen Regelungen** hin. Die neue (Muster-)Berufsordnung Ärzte (MBO-Ä) erfüllt derzeit die ihr zugedachte Funktion, durch Empfehlung an die Ärztekammern als Normgeber der Berufsordnungen eine Simultannormgebung auf dem Gebiet des allgemeinen Berufsrechts zu gewährleisten, nicht in ausreichendem Maße; in zahlreichen Ärztekammern besteht noch Uneinigkeit, insbesondere über die Umsetzung des neuen § 19 Abs. 2 MBO-Ä, der die Anstellung fachgebietsfremder Ärzte vorsehe. Deshalb sei es zur Transformation von Regelungen der MBO-Ä ins Vertragsarztrecht nicht zweckmäßig, wie bisher in Form einer dynamischen Verweisung auf „landesrechtliche Vorschriften über die ärztliche Berufsausübung" zu verweisen (vgl. § 33 Abs. 2 Ärzte-ZV a.F. zur Gemeinschaftspraxis und ähnlich § 15a Abs. 2 der Bundesmantelverträge für die vertragsärztliche Versorgung zur ausgelagerten Praxisstätte). Die entsprechenden Tatbestände würden daher zwar – grundsätzlich – inhaltlich gleichlautend, aber eigenständig ausformuliert. Darüber hinaus sei es zur Herstellung effizienter und auch medizinisch sinnvoller Versorgungsstrukturen in einigen Bereichen notwendig, im Vertragsarztrecht über die im ärztlichen Berufsrecht erfolgte Liberalisierung hinauszugehen. So werde z.B. die Tätigkeit eines Vertragsarztes an mehr als zwei weiteren Orten, die Anstellung fachgebietsfremder Ärzte ohne Verknüpfung mit einem nur gemeinsam durchzuführenden Behandlungsauftrag, die Möglichkeit, Berufsausübungsgemeinschaften nicht nur mit anderen ärztlichen, sondern auch anderen heilkundlichen Leistungserbringern einzugehen, zugelassen – unter Fortgeltung der weiterhin bestehenden Pflicht zur ausreichenden Präsenz des Vertragsarztes an seinem Vertragsarztsitz sowie zur Leitung und Überwachung der Tätigkeit seiner angestellten Ärzte.[81] 74

Soweit in der Literatur vereinzelt die **Verfassungsgemäßheit** des § 33 Abs. 2 Ärzte-ZV a.F. zur gemeinsamen Berufsausübung bestritten wurde,[82] ist dem das BSG nicht gefolgt. Es hält, bisher auf der Grundlage seiner Rechtsprechung, wonach es sich um ein förmliches Gesetz handele (vgl. hierzu Rn. 8), die Vorschrift verfassungsrechtlich für unbedenklich, hat aber die Ermächtigungsgrundlage ebf. für rechtmäßig gehalten.[83] Auch im **Range einer Rechtsverordnung** ist die Vorschrift **rechtmäßig**. Der Gesetzgeber ist insoweit zur Normdelegation befugt, und die Ermächtigungsgrundlage ist hinreichend bestimmt.[84] Mit dem VÄndG wurden im Übrigen durch Novellierung des § 33 Ärzte-ZV zum 01.01.2007 die Möglichkeiten zur Bildung von Berufsausübungsgemeinschaften erheblich erweitert. 75

14. Gemeinsame Berufsausübung (Nr. 13a)

Die durch das VÄndG neu eingeführte Bestimmung war zuvor in Nr. 13 enthalten. Die Novellierung führte zu einer Erweiterung der Befugnis des Verordnungsgebers, als nunmehr die gemeinsame Berufsausübung nicht nur unter Vertragsärzten bzw. Vertragszahnärzten ermöglicht werden kann, sondern zwischen allen zur vertrags(zahn)ärztlichen Versorgung zugelassenen Leistungserbringern.[85] 76

Mit der gleichzeitigen Novellierung des § 33 Ärzte-ZV hat der Gesetzgeber die Möglichkeiten der Bildung einer Berufsausübungsgemeinschaft erheblich erweitert, vgl. hierzu die Kommentierung zu § 95 SGB V Rn. 45; zu den Motiven des Gesetzgebers vgl. vorstehend Rn. 71 ff. 77

15. Dienstleistungserbringung (Nr. 14)

§ 31 Abs. 3 und 5 Ärzte-ZV regeln die **Dienstleistungserbringung**, vgl. Rn. 59 f. 78

---

80 Vgl. BT-Drs. 16/2474, S. 15.

81 Vgl. BT-Drs. 16/2474, S. 16.

82 Vgl. *Sodan*, NZS 2001, 169, 172 ff.

83 Vgl. BSG v. 16.07.2003 - B 6 KA 49/02 R - juris Rn. 19 ff. - BSGE 91, 164 = SozR 4-5520 § 33 Nr. 1; BSG v. 16.07.2003 - B 6 KA 34/02 R - juris Rn. 15 ff. - Soz R 4-5520 § 33 Nr. 2.

84 Vgl. *Trautmann*, NZS 2004, 238, 241 f.

85 Vgl. BT-Drs. 16/2474, S. 23 (zu lit. d).

16. Fristen bei Zulassungsverzicht (Nr. 15)

79 Der **Verzicht auf die Zulassung** wird mit Ende des auf den Zugang der Verzichtserklärung des Vertragsarztes beim Zulassungsausschuss **folgenden Kalendervierteljahres** wirksam. Eine Verkürzung der Frist ist möglich (§ 28 Abs. 1 Sätze 1 und 2 Ärzte-ZV); vgl. im Einzelnen die Kommentierung zu § 95 SGB V Rn. 505 ff. und die Kommentierung zu § 103 SGB V Rn. 48 ff.

Achter Titel: Bedarfsplanung, Unterversorgung, Überversorgung

§ 99 SGB V Bedarfsplan

(Fassung vom 14.11.2003, gültig ab 01.01.2004, gültig bis 30.06.2008)

(1) Die Kassenärztlichen Vereinigungen haben im Einvernehmen mit den Landesverbänden der Krankenkassen und den Verbänden der Ersatzkassen sowie im Benehmen mit den zuständigen Landesbehörden nach Maßgabe der vom Gemeinsamen Bundesausschuss erlassenen Richtlinien auf Landesebene einen Bedarfsplan zur Sicherstellung der vertragsärztlichen Versorgung aufzustellen und jeweils der Entwicklung anzupassen. Die Ziele und Erfordernisse der Raumordnung und Landesplanung sowie der Krankenhausplanung sind zu beachten. Der Bedarfsplan ist in geeigneter Weise zu veröffentlichen.

(2) Kommt das Einvernehmen zwischen den Kassenärztlichen Vereinigungen, den Landesverbänden der Krankenkassen und den Verbänden der Ersatzkassen nicht zustande, kann jeder der Beteiligten den Landesausschuß der Ärzte und Krankenkassen anrufen.

(3) Die Landesausschüsse beraten die Bedarfspläne nach Absatz 1 und entscheiden im Falle des Absatzes 2.

Gliederung

A. Basisinformationen

I. Textgeschichte/Gesetzgebungsmaterialien

Die Vorschrift wurde durch das **GRG**[1] mit Geltung ab 01.01.1989 eingeführt. Art. 1 Nr. 57 **GSG**[2] passte die Vorschrift ab 01.01.1993 sprachlich an den Begriff „Vertragsarzt" an und tauschte deshalb in Absatz 1 Satz 1 das Wort „kassenärztlichen" durch „vertragsärztlichen" aus. Art. 1 Nr. 77 **GMG**[3] ersetzte mit Wirkung ab 01.01.2004 als Folgeänderung zur Einführung des „Gemeinsamen Bundesausschusses" (vgl. § 91 SGB V) in Absatz 1 Satz 1 den Begriff „von den Bundesausschüssen" durch „vom Gemeinsamen Bundesausschuss". Das **GKV-WSG**[4] streicht als Folgeänderung zur neuen Organisationsstruktur der Verbände der Krankenkassen mit Geltung ab **01.07.2008** (Art. 46 Abs. 9) in Absatz 1 Satz 1 und Absatz 2 jeweils die Wörter „Verbänden der". 1

II. Vorgängervorschriften

§ 368 Abs. 4 und 5 RVO sahen, noch ohne Beteiligung der Verbände der Ersatzkassen, den Absätzen 1 und 2, **§ 368r Abs. 1 RVO** dem Absatz 3 entsprechende Regelungen vor. 2

[1] Gesetz zur Strukturreform im Gesundheitswesen (Gesundheits-Reformgesetz – GRG) v. 20.12.1988, BGBl I 1988, 2477.

[2] Gesetz zur Sicherung und Strukturverbesserung der gesetzlichen Krankenversicherung (Gesundheitsstrukturgesetz) v. 21.12.1992, BGBl I 1992, 2266.

[3] Gesetz zur Modernisierung der gesetzlichen Krankenversicherung (GKV-Modernisierungsgesetz – GMG) v. 14.11.2003, BGBl I 2003, 2190.

[4] Gesetz zur Stärkung des Wettbewerbs in der gesetzlichen Krankenversicherung (GKV-Wettbewerbsstärkungsgesetz – GKV-WSG) v. 26.03.2007, BGBl I 2007, 378.

III. Parallelvorschriften/Ergänzende Vorschriften

3 Näheres zur Sicherstellung der erforderlichen Bedarfsplanung und zum Verfahren bei Zulassungsbeschränkungen (§ 104 Abs. 1 SGB V) ist in den **Zulassungsverordnungen** zu regeln (§ 98 Abs. 1 Satz 1, Abs. 2 Nr. 8 SGB V). Die §§ 12-14 Ärzte-ZV treffen Bestimmungen zum Inhalt und zum Verfahren der Erstellung der Bedarfspläne. § 16 Ärzte-ZV regelt das Verfahren zur Feststellung von Unterversorgung und Zulassungsbeschränkungen. § 15 Ärzte-ZV ermöglicht der KV die Ausschreibung von Vertragsarztsitzen zur Vermeidung von Unterversorgung. Auf der Grundlage der §§ 92 Abs. 1 Satz 2 Nr. 9, 101 SGB V hat der Gemeinsame Bundesausschuss bzw. haben die Vorgängerinstitutionen der Bundesausschüsse die **BedarfsplRL-Ä** und **BedarfsplRL-ZÄ** erlassen (zum Inhalt vgl. die Kommentierung zu § 101 SGB V Rn. 13 f.).

IV. Systematische Zusammenhänge

4 Die approbierten Leistungserbringer und die MVZ wirken mit den Krankenkassen zur vertragsärztlichen Versorgung der Versicherten zusammen (§ 72 Abs. 1 Satz 1 SGB V). Der **Sicherstellungsauftrag** für die **ambulante Versorgung** ist dabei im Wesentlichen den KVen übertragen (§ 75 Abs. 1 Satz 1 SGB V). Zur gleichmäßigen und ausreichenden regionalen Versorgung ist ein **Bedarfsplan** zu erstellen, auf dessen Grundlage Maßnahmen bei Unterversorgung (§§ 100, 104 Abs. 1, 105 Abs. 1 Satz 1 HS. 2 SGB V) getroffen werden können und der als Grundlage für weitere Sicherstellungsmaßnahmen dient (§ 105 Abs. 1 Satz 1 HS. 1 SGB V). Die **BedarfsplRL** des Gemeinsamen Bundesausschusses geben allgemeine Kriterien für die Bedarfsplanung vor, die der Bedarfsplan auf Landesebene bzw. Bezirksebene einer KV (§ 12 Abs. 2 Satz 1 Ärzte-ZV) konkret umsetzt. Sie können auch eine Hilfe bei der Bedarfsprüfung für Ermächtigungen (§ 116 SGB V, §§ 31, 31a Ärzte-ZV) sein.

B. Auslegung der Norm

I. Regelungsgehalt und Bedeutung der Norm

5 Die Vorschrift verpflichtet die KVen zur **Aufstellung und Fortentwicklung des Bedarfsplanes** und bindet sie hierbei an die **Vorgaben der Richtlinien des Gemeinsamen Bundesausschusses**. Mit der Möglichkeit der Anrufung des Landesausschusses kann ein **Zwangsschlichtungsverfahren** in Gang gesetzt werden. Der Bedarfsplan wurde ursprünglich in Zeiten drohender Ärzteknappheit eingeführt. Zur Vermeidung von Überversorgung dient er nur indirekt.

II. Normzweck

6 Der Bedarfsplan soll eine **vorausschauende Planung** für den **Ärztebedarf** ermöglichen und ist insofern auch Grundlage der Beratung von Ärzten (§ 12 Abs. 4 Ärzte-ZV). Auf seiner Grundlage können vor allem **Zulassungsbeschränkungen** zur Zulassungssteuerung bei drohender **Unterversorgung** ergehen.

III. Aufstellung des Bedarfsplans (Absatz 1)

7 Die **KVen** (§ 77 Abs. 1 Satz 1 SGB V) haben den **Bedarfsplan aufzustellen**. Sie haben dabei das **Einvernehmen** mit den Landesverbänden der Krankenkassen (Primärkassen nach § 207 SGB V; Bundesknappschaft nach § 212 Abs. 3 SGB V) und den Verbänden der Ersatzkassen auf Landesebene (§ 212 Abs. 5 Satz 4 SGB V) zu erzielen. Der Begriff des Einvernehmens erfordert – anders als der des Benehmens – die Zustimmung des anderen Teils.[5] Einvernehmen muss vorliegen, ist nicht lediglich anzustreben (vgl. z.B. § 111 Abs. 4 Satz 3 SGB V). Es handelt sich um eine verwaltungsinterne Erklärung, wie der gesamte Vorgang der Aufstellung des Bedarfsplans **keine** unmittelbare **Außenwirkung** hat. Mit den zuständigen **Landesbehörden** ist lediglich ein **Benehmen** herzustellen. Die Herstellung des Benehmens gebietet eine der Beschlussfassung vorausgehende Information mit der Möglichkeit zur Stellungnahme.[6] Eine Unterrichtung muss vor Beratung und Verabschiedung des Bedarfsplans er-

[5] Vgl. BSG v. 27.05.2004 - B 10 LW 16/02 R - juris Rn. 15 - SozR 4-5868 § 1 Nr. 4; BSG v. 14.05.1992 - 6 RKa 41/91 - juris Rn. 14 f. - BSGE 70, 285 = SozR 3-2500 § 122 Nr. 3; BVerwG v. 17.04.2002 - 9 A 24/01 - juris Rn. 58 - BVerwGE 116, 175 = NVwZ 2002, 1239.

[6] Vgl. BSG v. 24.08.1994 - 6 RKa 15/93 - juris Rn. 19 ff. - BSGE 75, 37 = SozR 3-2500 § 85 Nr. 7; BSG v. 07.02.1996 - 6 RKa 68/94 - juris Rn. 14 - BSGE 77, 288 = SozR 3-2500 § 85 Nr. 11.

folgen (§ 13 Abs. 2 Ärzte-ZV). Der **Landesausschuss** (§ 90 SGB V) hat den Bedarfsplan ebenfalls zu beraten (Absatz 3), unabhängig davon, ob er angerufen wird.[7] Mit ihm ist weder ein Einvernehmen noch Benehmen herzustellen. Das Beratungsrecht des Landesausschusses bedeutet die Pflicht zur Anhörung vor Feststellung des Bedarfsplanes, da der Landesausschuss selbst nur im Konfliktfall Entscheidungskompetenz hat (Absatz 3) und eine nachträgliche Befassung keinen Sinn macht. Weitere Institutionen können unterrichtet oder hinzugezogen werden (§ 13 Abs. 1 Ärzte-ZV). Die **Richtlinien des Gemeinsamen Bundesausschusses** (§§ 92 Abs. 1 Satz 2 Nr. 9, 101 SGB V) sind rechtlich bindende Vorgaben. Der Gesetzgeber durfte die Befugnis zur Normkonkretisierung im Bereich der Bedarfsplanung durch Erlass von Richtlinien auf den Gemeinsamen Bundesausschuss übertragen.[8]

Landesebene nach Absatz 1 Satz 1 ist im Sinne einer **regionalen Bedarfsplanung** zu verstehen, auch 8
im Gegensatz zur Bundesebene. Der Bedarfsplan wird nur für den **Bereich einer KV** aufgestellt, der nicht identisch sein muss mit den Grenzen eines Bundeslandes (§ 77 Abs. 1 SGB V). Er kann für mehrere Bereiche aufgestellt werden (§ 12 Abs. 2 Satz 2 Ärzte-ZV). Bereich einer KV ist zugleich ihr Bezirk, der wiederum nicht identisch sein muss mit einem Zulassungsbezirk (§ 11 Abs. 1 und 2 Ärzte-ZV).

Der Bedarfsplan hat unter Beachtung der Ziele und Erfordernisse der **Raumordnung** und **Landesplanung** sowie der **Krankenhausplanung** insbesondere Feststellungen über die **ärztliche Versorgung** 9
auch unter **Berücksichtigung** der Arztgruppen, Einrichtungen der Krankenhausversorgung sowie der sonstigen medizinischen Versorgung, soweit sie Leistungen der vertragsärztlichen Versorgung erbringen und erbringen können, Bevölkerungsdichte und -struktur, Umfang und Art der Nachfrage nach vertragsärztlichen Leistungen, ihre Deckung sowie ihre räumliche Zuordnung im Rahmen der vertragsärztlichen Versorgung sowie für die vertragsärztliche Versorgung bedeutsame Verkehrsverbindungen zu enthalten (§ 12 Abs. 3 Satz 1 Ärzte-ZV). Zu unterscheiden vom eigentlichen Bedarfsplan sind die **Planungsblätter**, die nach Maßgabe der BedarfsplRL (Nr. 3 und 4 BedarfsplRL-Ä/Abschnitt C.1 und 2 BedarfsplRL-ZÄ) erstellt werden.

Der Bedarfsplan hat nur **verwaltungsinterne Bedeutung**.[9] Die gesetzlichen Bestimmungen verlangen 10
keine bestimmte **Rechtsform**, auch wenn der Plan zu veröffentlichen ist. Er ist ohne Außenwirkung, also weder Rechtsnorm noch Verwaltungsakt. Es handelt sich um eine Bedarfsanalyse und Versorgungsplanung. Er bildet die **Grundlage** für die Beratung der Ärzte (§ 12 Abs. 4 Ärzte-ZV) und weiteren allgemeinen Sicherstellungsvorkehrungen (§ 105 Abs. 1 Satz 1 SGB V), die Ausschreibung von Vertragsarztsitzen zur Abwendung einer drohenden Unterversorgung (§ 15 Ärzte-ZV) und für die Feststellung einer Unterversorgung (§ 16 Abs. 1 Ärzte-ZV) mit der Konsequenz von Zulassungsbeschränkungen (§ 16 Abs. 3 Satz 1 Ärzte-ZV). Für die Feststellung einer Überversorgung mit der Konsequenz von Zulassungsbeschränkungen wird der Bedarfsplan nicht herangezogen. Hierfür wird auf einen gesetzlich vorgegebenen allgemeinen Versorgungsgrad abgestellt, der nach dem bundeseinheitlichen Versorgungsstand vom 31.12.1990 arztgruppenbezogen im Verhältnis der Zahl der zugelassenen Ärzte zur Bevölkerung zu ermitteln und fortzuschreiben ist (§ 101 Abs. 1 Nr. 1, Sätze 2-4, Abs. 2 SGB V).

Bei der Abgrenzung der **regionalen Planungsbereiche** sollen die Grenzen den **Stadt- und Landkreisen** entsprechen; Abweichungen für einzelne Arztgruppen sind zulässig. Die Abgrenzung nach den 11
Stadt- und Landkreisen entspricht den Vorgaben für den Gemeinsamen Bundesausschuss (§ 101 Abs. 1 Satz 5 SGB V) und den BedarfsplRL (§ 2 Abs. 3 und § 7 Abs. 2 i.V.m. Anlage 3 BedarfsplRL-Ä/Abschnitt B. 2 BedarfsplRL-ZÄ). Als **Soll-Vorschriften** sind sie für den Regelfall strikt bindend zu verstehen und gestatten Abweichungen nur in atypischen Fällen, in denen besondere angebbare, nicht von der Behörde selbst zu vertretende, überwiegende Gründe für das Abgehen von der Rechtsvorschrift sprechen. Ein Bedarfsplan kann daher ein Land mit 26 Stadt- und Landkreisen nicht in 447 Planungsbereiche mit der Erwägung aufteilen, dass kleine Planungsbereiche für eine flächendeckende und gleichmäßige Versorgung erforderlich seien und den Einwohnern zumutbare Entfernungen gewährleisteten, weil dadurch die gesetzliche Regelung unterlaufen und korrigiert wird.[10] Es ist nicht **Aufgabe** der KV, im Bedarfsplan die **örtlichen Planungsbereiche** festzulegen, sondern des **Gemein-**

---

[7] Vgl. *Hencke* in: Peters, Handbuch KV (SGB V), § 99 Rn. 8; *Hess* in: KassKomm, SGB V, § 99 Rn. 8; a. A. *Klückmann* in: Hauck/Noftz, SGB V, § 99 Rn. 15.

[8] Vgl. zuletzt BSG v. 23.02.2005 - B 6 KA 81/03 R - juris Rn. 18 - MedR 2005, 666 = GesR 2005, 450 m.w.N.

[9] Vgl. zur Abgrenzung BVerwG v. 26.03.1981 - 3 C 134/79 - B juris Rn. 37 ff. - VerwGE 62, 86 = NJW 1982, 710 (Krankenhausfinanzierungsplan).

[10] Vgl. BSG v. 03.12.1997 - 6 RKa 64/96 - juris Rn. 17 ff. - BSGE 81, 207 = SozR 3-2500 § 101 Nr. 2; vgl. die Kommentierung zu § 101 SGB V Rn. 29.

samen Bundesausschusses. Es liegt in dessen Gestaltungsermessen, die Planungsbereiche selbst abschließend festzulegen (vgl. Nr. 5 BedarfsplRL-Ä) oder sich darauf zu beschränken, die Soll-Vorschrift des § 101 Abs. 1 letzter Satz SGB V zu konkretisieren und detaillierte Vorgaben zu ihrer Handhabung zu normieren (vgl. Abschn. B Nr. 1 Sätze 2 und 3, Nr. 2 Sätze 2-4 sowie Nr. 4 BedarfsplRL-ZÄ).[11]

12 Der Bedarfsplan ist fortzuentwickeln und jeweils der **Entwicklung anzupassen**. Eine Auswertung der bisherigen Erfahrungen soll **alle drei Jahre** erfolgen (§ 13 Abs. 4 Ärzte-ZV).

13 Der Bedarfsplan ist in geeigneter Weise zu **veröffentlichen**. Dies gilt auch für die Fortentwicklung. Die Veröffentlichung muss sicherstellen, dass auch die allgemeine Öffentlichkeit, nicht nur zugelassene Ärzte vom Bedarfsplan Kenntnis erlangen können. Dies wird meist nur durch Veröffentlichung in allgemein zugänglichen Printmedien, wie z.B. den regionalen Ärzteblättern der Fall sein.

IV. Anrufung des Landesausschusses (Absätze 2 und 3)

14 Die **KV** und jeder **Kassenverband** können den **Landesausschuss anrufen**, wenn Einvernehmen nicht hergestellt werden kann. Das Recht zur Anrufung besteht auch bei vorheriger Zustimmung und ist nicht auf die KV oder den Landesverband beschränkt, der das Einvernehmen nicht erteilt hat. Dies dient der Verfahrensbeschleunigung. Fehlt es am Einvernehmen und der Anrufung des Landesausschusses durch einen Landesverband der Krankenkassen, so muss die KV als Planungssubjekt den Landesausschuss anrufen. Ggf. hat die Aufsichtsbehörde einzuschreiten.

15 Der **Landesausschuss** vermittelt nicht nur, sondern entscheidet auch nach Anrufung (Absatz 3 Alternative 2). Eine Einigung vor seiner Entscheidung ist jederzeit möglich und entzieht ihm die Entscheidungskompetenz. Entsprechend besteht eine Entscheidungskompetenz nur über die strittigen Fragen. Gegen seine Entscheidungen ist die Anrufung der **Sozialgerichte** durch die Beteiligten, also KV und Kassenverbände, möglich.[12] Eine Überprüfung kann aber nur auf Einhaltung des Verfahrens und des Planungsermessens gerichtet sein.

---

[11] Vgl. BSG v. 28.06.2000 - B 6 KA 35/99 R - juris Rn. 17 ff. - BSGE 86, 242 = SozR 3-2500 § 101 Nr. 5; BSG v. 28.06.2000 - B 6 KA 27/99 R - juris Rn. 22 ff. - MedR 2001, 265 = USK 2000-161.

[12] Vgl. *Hencke* in: Peters, Handbuch KV (SGB V), § 99 Rn. 10; *Hess* in: KassKomm, SGB V, § 99 Rn. 8; z.T. anders, beschränkt auf die KV, *Klückmann* in: Hauck/Noftz, SGB V, § 99 Rn. 17; zur Klagebefugnis einer KV s. BSG v. 28.01.1998 - B 6 KA 77/96 R - juris Rn. 17 - USK 98126.

§ 100 SGB V Unterversorgung

(Fassung vom 26.03.2007, gültig ab 01.04.2007)

(1) Den Landesausschüssen der Ärzte und Krankenkassen obliegt die Feststellung, daß in bestimmten Gebieten eines Zulassungsbezirks eine ärztliche Unterversorgung eingetreten ist oder in absehbarer Zeit droht. Sie haben den für die betroffenen Gebiete zuständigen Kassenärztlichen Vereinigungen eine angemessene Frist zur Beseitigung oder Abwendung der Unterversorgung einzuräumen.

(2) Konnte durch Maßnahmen einer Kassenärztlichen Vereinigung oder durch andere geeignete Maßnahmen die Sicherstellung nicht gewährleistet werden und dauert die Unterversorgung auch nach Ablauf der Frist an, haben die Landesausschüsse mit verbindlicher Wirkung für die Zulassungsausschüsse nach deren Anhörung Zulassungsbeschränkungen in anderen Gebieten nach den Zulassungsverordnungen anzuordnen.

(3) Den Landesausschüssen der Ärzte und Krankenkassen obliegt nach Maßgabe der Richtlinien nach § 101 Abs. 1 Nr. 3a die Feststellung, dass in einem nicht unterversorgten Planungsbereich zusätzlicher lokaler Versorgungsbedarf besteht.

(4) Absatz 1 Satz 2 und Absatz 2 gelten nicht für Zahnärzte.

Gliederung

A. Basisinformationen

I. Textgeschichte/Gesetzgebungsmaterialien

Die Vorschrift wurde durch das **GRG**[1] mit Geltung ab 01.01.1989 eingeführt. 1

Das **VÄndG**[2] führte **Absatz 3** mit Geltung ab 01.01.2007 ein. Das **GKV-WSG**[3] strich mit Geltung 2
ab 01.04.2007 in Absatz 1 Satz 1 die Wörter „als Voraussetzung für Zulassungsbeschränkungen notwendige" und ersetzte das Wort „unmittelbar" durch die Wörter „in absehbarer Zeit"; ferner fügte es Absatz 4 an.

II. Vorgängervorschriften

§ 368r Abs. 2 und 3 RVO sahen fast wortgleiche Regelungen vor. 3

III. Parallelvorschriften/Ergänzende Vorschriften

Näheres zum Verfahren bei Zulassungsbeschränkungen wegen Unterversorgung ist in den **Zulassungsverordnungen** geregelt (§§ 98 Abs. 1 Satz 1, 104 Abs. 1 SGB V). § 16 Ärzte-ZV regelt das Verfahren zur Feststellung von **Unterversorgung** und Zulassungsbeschränkungen, die auf der Grundlage der nach § 99 SGB V aufgestellten Bedarfspläne ergehen können. Nach § 16 Abs. 1 Satz 2 HS. 2 4

[1] Gesetz zur Strukturreform im Gesundheitswesen (Gesundheits-Reformgesetz – GRG) v. 20.12.1988, BGBl I 1988, 2477.

[2] Gesetz zur Änderung des Vertragsarztrechts und anderer Gesetze (Vertragsarztrechtsänderungsgesetz – VÄndG) v. 22.12.2006, BGBl I 2006, 3439.

[3] Gesetz zur Stärkung des Wettbewerbs in der gesetzlichen Krankenversicherung (GKV-Wettbewerbsstärkungsgesetz – GKV-WSG) v. 26.03.2007, BGBl I 2007, 378.

Ärzte-ZV sind die in den **Richtlinien des Gemeinsamen Bundesausschusses** zur Beurteilung einer Unterversorgung vorgesehenen einheitlichen und vergleichbaren Grundlagen, Maßstäbe und Verfahren zu berücksichtigen. Dies ist im 6. Abschnitt (Nr. 27-34) BedarfsplRL-Ä a.F. bzw. jetzt mit Geltung ab 01.04.2007 in den §§ 27-34 BedarfsplRL[4] und Abschnitt E BedarfsplRL-ZÄ geschehen. § 15 Ärzte-ZV ermöglicht der KV die **Ausschreibung von Vertragsarztsitzen** zur Vermeidung von Unterversorgung. Bei Unterversorgung nach **kollektivem Verzicht** gelten die §§ 72a und 95b SGB V.

IV. Systematische Zusammenhänge

5 Bei drohender Unterversorgung kann eine Gefährdung des Sicherstellungsauftrags durch die KVen (§ 75 Abs. 1 Satz 1 SGB V) eintreten. Soweit diese die Unterversorgung nicht durch **mildere Mittel** wie Beratung (§ 12 Abs. 4 Ärzte-ZV), Ausschreibung von Vertragsarztsitzen (§ 15 Ärzte-ZV), finanzielle und sonstige Maßnahmen beseitigen kann, kann der **Landesausschuss** (§ 90 SGB V) arztgruppenbezogene **Zulassungsbeschränkungen** für alle nicht unterversorgten Planungsbereiche anordnen (§ 16 Abs. 4 Ärzte-ZV). Nach Feststellung einer Unterversorgung können ärztlich geleitete Einrichtungen **ermächtigt** werden (§ 31 lit. a Ärzte-ZV, § 116a SGB V; vgl. die Kommentierung zu § 98 SGB V Rn. 36 ff.) und kann die KV **Sicherstellungszuschläge** leisten (§ 105 Abs. 1 Satz 1 HS. 2 SGB V).

B. Auslegung der Norm

I. Regelungsgehalt und Bedeutung der Norm

6 Die Vorschrift ermächtigt den **Landesausschuss** (§ 90 SGB V), bei drohender Unterversorgung ein Verfahren in Gang zu setzen und **Zulassungsbeschränkungen** anzuordnen, die die Zulassungsgremien (§§ 96, 97 SGB V) binden. Das Instrumentarium hat, obwohl es seit 1977 besteht, bisher kaum praktische Bedeutung gewonnen.

II. Normzweck

7 Mit Hilfe der Zulassungsbeschränkungen in ausreichend versorgten Gebieten soll, wenn mildere Mittel versagt haben, eine **Zulassungssteuerung** zu Gunsten der unterversorgten Planungsbereiche erreicht werden, damit eine ausreichende und flächendeckende **Sicherstellung der vertragsärztlichen Versorgung** gewährleistet wird.

III. Feststellung der Unterversorgung (Absatz 1)

8 Soweit allgemeine Maßnahmen eine Gefährdung der Versorgung nicht verhindern, hat der Landesausschuss (§ 90 SGB V) **von Amts wegen** zu prüfen, ob ärztliche Unterversorgung besteht oder droht (§ 16 Abs. 1 Satz 1 Ärzte-ZV). „Bestimmte Gebiete" bedeutet einzelne oder mehrere **Planungsbereiche** (§ 12 Abs. 3 Satz 2 Ärzte-ZV). Ärztliche Versorgung ist nicht allgemein, sondern nach den einzelnen **Arztgruppen** (vgl. § 12 Abs. 3 Satz 1 1. Spiegelstrich Ärzte-ZV) auf der Grundlage der **BedarfsplRL** (§ 4 BedarfsplRL (Nr. 7 BedarfsplRL-Ä) bzw. Abschnitt D 1 Abs. 1 Satz 2 BedarfsplRL-ZÄ) zu beurteilen. Auch nach dem **GKV-WSG** wird an dieser Unterversorgungsfeststellung für den Bereich der vertragszahnärztlichen Versorgung festgehalten, weil insbesondere die Vorschrift des § 105 SGB V über die Förderung der vertrags(zahn)ärztlichen Versorgung, die an die Unterversorgungsfeststellung durch die Landesausschüsse knüpft, auch für den Bereich der vertragszahnärztlichen Versorgung weiterhin gelten soll. Künftig ausgeschlossen ist im Bereich der vertragszahnärztlichen Versorgung allerdings die Anordnung von Zulassungsbeschränkungen im Falle einer Unterversorgung (vgl. Absatz 4). Aus diesem Grund wurde der Hinweis in Absatz 1 Satz 1, dem im Rahmen dieser Vorschrift kein eigenständiger Regelungsgehalt zukommt, gestrichen.[5]

9 Für die Feststellung der Unterversorgung kommt dem Landesausschuss ein **Beurteilungsspielraum** zu. Die Prüfung erfolgt nach den tatsächlichen Verhältnissen unter Berücksichtigung des Ziels der Sicherstellung und auf der Grundlage des Bedarfsplanes; die Vorgaben der BedarfsplRL sind zu berücksichtigen (§ 16 Abs. 2 Satz 1 Ärzte-ZV).

---

[4] Richtlinie des Gemeinsamen Bundesausschusses über die Bedarfsplanung sowie die Maßstäbe zur Feststellung von Überversorgung und Unterversorgung in der vertragsärztlichen Versorgung (Bedarfsplanungs-Richtlinie) in der Neufassung vom 15.02.2007, BAnz 2007, 3491 (vgl. www.g-ba.de/informationen/richtlinien).

[5] Vgl. BT-Drs. 16/3100, S. 135 (zu Nr. 67 Buchst. a).

Nach den **BedarfsplRL** werden **allgemeine Verhältniszahlen** zur Bestimmung eines bedarfsgerechten Versorgungsgrades für die einzelnen **Arztgruppen** (§ 4 BedarfsplRL-Ä (Nr. 7 BedarfsplRL-Ä)) errechnet. Die Berechnung folgt der gesetzlichen Vorgabe in § 101 Abs. 2 Sätze 3 und 4 und Abs. 5 SGB V (§ 2 Abs. 4 BedarfsplRL (Nr. 6 BedarfsplRL-Ä)). Die allgemeinen Verhältniszahlen werden aus dem Verhältnis der Zahl der Einwohner in den alten Bundesländern zur Zahl der zugelassenen Vertragsärzte (Stichtag: 31.12.1990 bei Abweichungen für einzelne Arztgruppen, vgl. § 5 Abs. 3-6 BedarfsplRL (Nr. 8 b-d BedarfsplRL-Ä)) sowie jeweils aus allen denjenigen Planungsbereichen, welche derselben raumordnungsspezifischen Planungskategorie (Agglomerations-, verstädterte, ländliche – jeweils weiter untergliedert – und Sonderräume (kreisfreie Städte und Landkreise des Ruhrgebietes), § 6 BedarfsplRL (Nr. 9 BedarfsplRL-Ä)) zugeordnet werden, ermittelt. Für die neuen Bundesländer gelten diese Verhältniszahlen in modifizierter Form (§ 5 Abs. 7 BedarfsplRL (Nr. 8 e BedarfsplRL-Ä)). Die auf diese Weise errechneten allgemeinen Verhältniszahlen sind Teil der BedarfsplRL (Tabelle zu § 8 BedarfsplRL (Tabelle zu Nr. 12 BedarfsplRL-Ä)). Im Grunde genommen handelt es sich um **arztgruppen- und verdichtungsraumspezifische Durchschnittszahlen**, die auch die Grundlage für die Bestimmung von **Unterversorgung** bilden (Nr. 27 BedarfsplRL-Ä). Jeder Stadt- oder Landkreis wird einem solchen Verdichtungsraum zugeordnet (§§ 2 Abs. 3 und 7 Abs. 2 BedarfsplRL mit Anlage 3.1 (Nr. 5 und 11 BedarfsplRL-Ä mit Anlage 3.1)). Auf diese Weise kann für jede Arztgruppe der **Bedarf** („Soll" an Vertragsarztsitzen) errechnet werden. Können diese Vertragsarztsitze nicht nur vorübergehend nicht besetzt werden und tritt dadurch eine unzumutbaren Erschwernis in der Inanspruchnahme vertragsärztlicher Leistungen ein, die auch durch Ermächtigung von Ärzten und ärztlich geleiteten Einrichtungen nicht behoben werden kann, so liegt **Unterversorgung** vor (§ 28 BedarfsplRL (Nr. 28 BedarfsplRL-Ä)). Unterversorgung ist zu vermuten, wenn der Stand der hausärztlichen Versorgung den Bedarf um mehr als 25 v.H. und der Stand der fachärztlichen Versorgung den ausgewiesenen Bedarf um mehr als 50 v.H. unterschreitet. Eine Unterversorgung droht, wenn insbesondere aufgrund der Altersstruktur der Ärzte eine Verminderung der Zahl von Vertragsärzten in einem Umfang zu erwarten ist, der zum Eintritt einer Unterversorgung nach diesen Kriterien führen würde (§ 29 BedarfsplRL (Nr. 29 BedarfsplRL-Ä)). Die KV oder ein Landesverband der Krankenkassen können eine gemeinsame Prüfung an Hand vorgegebener Kriterien initiieren; ergibt sich danach ein geringerer Bedarf, so ist der tatsächliche Bedarf auszuweisen (§§ 30 und 31 BedarfsplRL (Nr. 30 und 31 BedarfsplRL-Ä). Bei Unterversorgung oder drohender Unterversorgung ist der Landesausschuss zu benachrichtigen, der in eigener Zuständigkeit den Versorgungszustand zu überprüfen hat. 10

Ähnliche Regelungen sehen die **BedarfsplRL-ZÄ** vor. Die Verhältniszahlen werden getrennt für die zahnärztliche und für die kieferorthopädische Versorgung festgelegt (Abschnitt D 1 BedarfsplRL-ZÄ). Für die alten und neuen Bundesländer werden jeweils zwei Regionaltypen (Verhältniszahlen 1:1.280 und 1:1.680 bzw. 1:1.180 und 1:1.580) festgesetzt (Abschnitt D 2 BedarfsplRL-ZÄ), für die Kieferorthopädie einheitlich 1:16.000 (Abschnitt D 3 BedarfsplRL-ZÄ). Die Kriterien und das Verfahren zur Feststellung einer eingetretenen oder drohenden zahnärztlichen Unterversorgung sind auf der Grundlage dieser Verhältniszahlen weitgehend ähnlich wie das Verfahren nach der BedarfsplRL (Abschnitt E Nr. 1-4 BedarfsplRL-ZÄ). 11

Vor Feststellung einer Unterversorgung oder drohenden Unterversorgung hat der Landesausschuss der **KV** eine angemessene, von ihm zu bestimmende **Frist zur Beseitigung** oder Abwendung der **Unterversorgung** einzuräumen; er kann bestimmte Maßnahmen empfehlen (§ 16 Abs. 2 Ärzte-ZV). Die Frist ist nach der Schwere der Versorgungslücke und der zu berücksichtigenden Dauer der von der KV zu treffenden Maßnahmen festzusetzen. Die KV kann auf Ermächtigungen hinwirken, finanzielle Strukturmaßnahmen ergreifen, Anwerbungen betreiben oder z.B. die Kommunen um Bereitstellung von Räumen angehen. 12

IV. Zulassungsbeschränkungen (Absatz 2)

Ist die Unterversorgung oder drohende Unterversorgung auch nach Ablauf der der KV gesetzten Frist nicht behoben, hat der Landesausschuss **Zulassungsbeschränkungen** in anderen Gebieten **anzuordnen**. Er hat den Zulassungsausschuss (§ 96 SGB V) vorher anzuhören (§ 16 Abs. 3 Ärzte-ZV). § 16 Abs. 3 Ärzte-ZV geht damit insofern über § 100 SGB V hinaus, als eine drohende Unterversorgung für eine Zulassungsbeschränkung ausreichend ist. 13

Als **Beschränkung** sind zulässig die Ablehnung von Zulassungen in Gebieten von Zulassungsbezirken, die außerhalb der vom Landesausschuss als unterversorgt festgestellten Gebiete liegen, und die Ablehnung von Zulassungen für bestimmte Arztgruppen in diesen Gebieten (§ 16 Abs. 4 Ärzte-ZV). 14

Die Anordnung muss den Planungsbereich und das Fachgebiet bezeichnen. Sie ist im amtlichen Bekanntmachungsblatt der KV zu veröffentlichen (§ 16 Abs. 7 Ärzte-ZV). Eine Befristung ist nicht vorgeschrieben. Die Anordnung ist aber spätestens nach sechs Monaten zu überprüfen; der Zulassungsausschuss ist erneut anzuhören, auch wenn die Beschränkung nicht verlängert oder aufgehoben werden soll (§ 16 Abs. 6 Ärzte-ZV).

15 Die Feststellung der Unterversorgung und die Anordnung von Zulassungsbeschränkungen können nicht unmittelbar angefochten werden. Sie entfalten **keine unmittelbare Rechtswirkung** gegenüber Dritten, insbesondere den Zulassungsbewerbern, auch wenn die Zulassungsgremien an sie gebunden sind. Angefochten werden kann aber die **Entscheidung des Zulassungsausschusses**. Die Gerichte haben inzident dessen Voraussetzungen, also auch die Anordnung der Zulassungsbeschränkungen zu überprüfen.[6]

16 Der Zulassungsausschuss kann im Einzelfall eine **Ausnahme** zulassen, wenn die Ablehnung für den Arzt eine **unbillige Härte** bedeuten würde (§ 16 Abs. 5 Ärzte-ZV). Damit können insbesondere Vertrauenstatbestände erfasst werden, wenn Dispositionen für eine Niederlassung weit gediehen waren, die Zulassung aber noch nicht vor Anordnung der Zulassungsbeschränkung erteilt worden war. Entsprechend der Rechtsprechung zu § 25 Ärzte-ZV besteht auch hier bei Prüfung eines Ausnahmefalles kein Ermessen oder gerichtsfreier Beurteilungsspielraum des Zulassungsausschusses; das „Kann" ist als Befugnisnorm zu verstehen.[7] Eine **Nachbesetzung** nach § 104 Abs. 4 SGB V ist möglich. Die Vorschrift stellt nur auf das Vorliegen einer Zulassungsbeschränkung ab. Auch gilt der Schutz der Praxis unabhängig davon, aus welchen Gründen eine Zulassungsbeschränkung angeordnet wurde. Eine **Sonderbedarfszulassung** (§ 101 Abs. 1 Satz 1 Nr. 3 SGB V i.V.m. den §§ 24 ff. BedarfsplRL (Nrn. 24 ff. BedarfsplRL-Ä)) ist gleichfalls möglich.

V. Feststellung über lokalen Versorgungsbedarf (Absatz 3)

17 Die Neuregelung ist Teil der Maßnahmen, mit denen der Gesetzgeber auf eine bestehende und befürchtete zunehmende Unterversorgung in der vertragsärztlichen Versorgung insbesondere in den neuen Bundesländern reagiert.

18 Die Neuregelung verpflichtet die Landesausschüsse der Ärzte und Krankenkassen für den Fall, dass in einem nicht unterversorgten Planungsbereich zusätzlicher lokaler Versorgungsbedarf besteht, zu einer entsprechenden Feststellung. Die Voraussetzungen für einen solchen Feststellungsbeschluss richten sich nach den Vorgaben in den Richtlinien nach § 101 Abs. 1 Nr. 3 HS. 2 SGB V (siehe entsprechende Einfügung des § 101 Abs. 1 Nr. 3a SGB V). Der Feststellungsbeschluss führt dazu, dass Sicherstellungszuschläge an Vertragsärzte gezahlt werden können (vgl. § 105 Abs. 1 SGB V).[8]

VI. Aufhebung der Zulassungsbeschränkungen bei Unterversorgung für Zahnärzte

19 Nach dem neuen durch das GKV-WSG eingeführten Absatz 3 können die Landesausschüsse der Zahnärzte und Krankenkassen im Falle einer Unterversorgung Zulassungsbeschränkungen nach Absatz 2 für Zahnärzte künftig nicht mehr anordnen. Entsprechend entfällt auch die Verpflichtung, den KZVen – vor Anordnung von Zulassungsbeschränkungen – angemessene Fristen zur Beseitigung oder Abwendung von Unterversorgung einzuräumen. Eine dem Absatz 3 entsprechende Regelung für den Fall einer Überversorgung enthält der neue § 103 Abs. 8 SGB V. Entsprechend werden auch die weiteren Regelungen, die sich auf Zulassungsbeschränkungen beziehen, durch die neuen Vorschriften von § 101 Abs. 6 SGB V und § 104 Abs. 3 SGB V für den Bereich der vertragszahnärztlichen Versorgung aufgehoben.

20 In der Gesetzesbegründung wird hierzu ausgeführt, dass für den Bereich der vertragszahnärztlichen Versorgung auf die Steuerung durch zwingende Zulassungsbeschränkungen verzichtet werden könne. In diesem Leistungsbereich stelle sich zum einen das Problem der Überversorgung nicht in der gleichen

[6] Vgl. BSG v. 14.05.1992 - 6 RKa 41/91 - juris Rn. 25 ff. - BSGE 70, 285 = SozR 3-2500 § 122 Nr. 3; BSG v. 02.10.1996 - 6 RKa 52/95 - juris Rn. 14 - BSGE 79, 152 = SozR 3-2500 § 103 Nr. 1; BSG v. 05.11.2003 - B 6 KA 53/02 R - juris Rn. 20 ff. - SozR 4-2500 § 101 Nr. 1.

[7] Vgl. BSG v. 24.11.1993 - 6 RKa 26/91 - juris Rn. 30 - BSGE 73, 223 = SozR 3-5520 § 25 Nr. 1; BSG v. 18.12.1996 - 6 RKa 73/96 - juris Rn. 29 - BSGE 80, 9 = SozR 3-2500 § 98 Nr. 4.

[8] Vgl. die Entwurfsbegründung, BT-Drs. 16/2474, S. 23 (zu Nr. 7).

Weise wie im Bereich der vertragsärztlichen Versorgung, insbesondere der fachärztlichen Versorgung, zum anderen sei auch die Gefahr von Leistungsausweitungen und angebotsinduzierter Versorgung nicht in der Weise gegeben wie im Bereich der vertragsärztlichen Versorgung.[9]

[9] Vgl. BT-Drs. 16/3100, S. 135 (zu Nr. 67 Buchst. b).

§ 101 SGB V Überversorgung

(Fassung vom 26.03.2007, gültig ab 01.04.2007)

(1) Der Gemeinsame Bundesausschuss beschließt in Richtlinien Bestimmungen über

1. einheitliche Verhältniszahlen für den allgemeinen bedarfsgerechten Versorgungsgrad in der vertragsärztlichen Versorgung,

2. Maßstäbe für eine ausgewogene hausärztliche und fachärztliche Versorgungsstruktur,

3. Vorgaben für die ausnahmsweise Besetzung zusätzlicher Vertragsarztsitze, soweit diese zur Wahrung der Qualität der vertragsärztlichen Versorgung in einem Versorgungsbereich unerläßlich sind,

3a. allgemeine Voraussetzungen, nach denen die Landesausschüsse der Ärzte und Krankenkassen nach § 100 Abs. 3 einen zusätzlichen lokalen Versorgungsbedarf in nicht unterversorgten Planungsbereichen feststellen können,

4. Ausnahmeregelungen für die Zulassung eines Arztes in einem Planungsbereich, für den Zulassungsbeschränkungen angeordnet sind, sofern der Arzt die vertragsärztliche Tätigkeit gemeinsam mit einem dort bereits tätigen Vertragsarzt desselben Fachgebiets oder, sofern die Weiterbildungsordnungen Facharztbezeichnungen vorsehen, derselben Facharztbezeichnung ausüben will und sich die Partner der Berufsausübungsgemeinschaft gegenüber dem Zulassungsausschuß zu einer Leistungsbegrenzung verpflichten, die den bisherigen Praxisumfang nicht wesentlich überschreitet, dies gilt für die Anstellung eines Arztes in einer Einrichtung nach § 311 Abs. 2 Satz 1 und in einem medizinischen Versorgungszentrum entsprechend; bei der Ermittlung des Versorgungsgrades ist der Arzt nicht mitzurechnen,

5. Regelungen für die Anstellung von Ärzten bei einem Vertragsarzt desselben Fachgebiets oder, sofern die Weiterbildungsordnungen Facharztbezeichnungen vorsehen, mit derselben Facharztbezeichnung in einem Planungsbereich, für den Zulassungsbeschränkungen angeordnet sind, sofern sich der Vertragsarzt gegenüber dem Zulassungsausschuß zu einer Leitungsbegrenzung verpflichtet, die den bisherigen Praxisumfang nicht wesentlich überschreitet, und Ausnahmen von der Leistungsbegrenzung, soweit und solange dies zur Deckung eines zusätzlichen lokalen Versorgungsbedarfs erforderlich ist; bei der Ermittlung des Versorgungsgrades sind die angestellten Ärzte nicht mitzurechnen.

Sofern die Weiterbildungsordnungen mehrere Facharztbezeichnungen innerhalb desselben Fachgebiets vorsehen, bestimmen die Richtlinien nach Nummer 4 und 5 auch, welche Facharztbezeichnungen bei der gemeinschaftlichen Berufsausübung nach Nummer 4 und bei der Anstellung nach Nummer 5 vereinbar sind. Überversorgung ist anzunehmen, wenn der allgemeine bedarfsgerechte Versorgungsgrad um 10 vom Hundert überschritten ist. Der allgemeine bedarfsgerechte Versorgungsgrad ist erstmals bundeseinheitlich zum Stand vom 31. Dezember 1990 zu ermitteln. Bei der Ermittlung des Versorgungsgrades ist die Entwicklung des Zugangs zur vertragsärztlichen Versorgung seit dem 31. Dezember 1980 arztgruppenspezifisch angemessen zu berücksichtigen. Die regionalen Planungsbereiche sollen den Stadt- und Landkreisen entsprechen. Bei der Berechnung des Versorgungsgrades in einem Planungsbereich sind Vertragsärzte mit einem hälftigen Versorgungsauftrag mit dem Faktor 0,5 sowie die bei einem Vertragsarzt nach § 95 Abs. 9 Satz 1 angestellten Ärzte und die in einem medizinischen Versorgungszentrum angestellten Ärzte entsprechend ihrer Arbeitszeit anteilig zu berücksichtigen.

(2) Der Gemeinsame Bundesausschuss hat die auf der Grundlage des Absatzes 1 Satz 3 und 4 ermittelten Verhältniszahlen anzupassen oder neue Verhältniszahlen festzulegen, wenn dies erforderlich ist

1. wegen der Änderung der fachlichen Ordnung der Arztgruppen,

2. weil die Zahl der Ärzte einer Arztgruppe bundesweit die Zahl 1.000 übersteigt oder

3. zur Sicherstellung der bedarfsgerechten Versorgung.

Bei Anpassungen oder Neufestlegungen ist die Zahl der Ärzte zum Stand vom 31. Dezember des Vorjahres zugrunde zu legen.

(3) Im Falle des Absatzes 1 Satz 1 Nr. 4 erhält der Arzt eine auf die Dauer der gemeinsamen vertragsärztlichen Tätigkeit beschränkte Zulassung. Die Beschränkung und die Leistungsbegrenzung nach Absatz 1 Satz 1 Nr. 4 enden bei Aufhebung der Zulassungsbeschränkungen nach § 103 Abs. 3, spätestens jedoch nach zehnjähriger gemeinsamer vertragsärztlicher Tätigkeit. Endet die Beschränkung, wird der Arzt bei der Ermittlung des Versorgungsgrades mitgerechnet. Im Falle der Praxisfortführung nach § 103 Abs. 4 ist bei der Auswahl der Bewerber die gemeinschaftliche Praxisausübung des in Absatz 1 Satz 1 Nr. 4 genannten Arztes erst nach mindestens fünfjähriger gemeinsamer vertragsärztlicher Tätigkeit zu berücksichtigen. Für die Einrichtungen nach § 311 Abs. 2 Satz 1 gelten die Sätze 2 und 3 entsprechend.

(3a) Die Leistungsbegrenzung nach Absatz 1 Satz 1 Nr. 5 endet bei Aufhebung der Zulassungsbeschränkungen. Endet die Leistungsbegrenzung, wird der angestellte Arzt bei der Ermittlung des Versorgungsgrades mitgerechnet.

(4) Überwiegend oder ausschließlich psychotherapeutisch tätige Ärzte und Psychotherapeuten bilden eine Arztgruppe im Sinne des Absatzes 2. Der allgemeine bedarfsgerechte Versorgungsgrad ist für diese Arztgruppe erstmals zum Stand vom 1. Januar 1999 zu ermitteln. Zu zählen sind die zugelassenen Ärzte sowie die Psychotherapeuten, die nach § 95 Abs. 10 zugelassen werden. Dabei sind überwiegend psychotherapeutisch tätige Ärzte mit dem Faktor 0,7 zu berücksichtigen. In den Richtlinien nach Absatz 1 ist für die Zeit bis zum 31. Dezember 2008 sicherzustellen, daß jeweils mindestens ein Versorgungsanteil in Höhe vom 40 vom Hundert der allgemeinen Verhältniszahl den überwiegend oder ausschließlich psychotherapeutisch tätigen Ärzten sowie den Psychotherapeuten vorbehalten ist. Bei der Feststellung der Überversorgung nach § 103 Abs. 1 sind die Versorgungsanteile von 40 vom Hundert und die ermächtigten Psychotherapeuten nach § 95 Abs. 11 mitzurechnen.

(5) Hausärzte (§ 73 Abs. 1a) bilden ab dem 1. Januar 2001 mit Ausnahme der Kinderärzte eine Arztgruppe im Sinne des Absatzes 2; Absatz 4 bleibt unberührt. Der allgemeine bedarfsgerechte Versorgungsgrad ist für diese Arztgruppe erstmals zum Stand vom 31. Dezember 1995 zu ermitteln. Die Verhältniszahlen für die an der fachärztlichen Versorgung teilnehmenden Internisten sind zum Stand vom 31. Dezember 1995 neu zu ermitteln. Der Gemeinsame Bundesausschuss hat die neuen Verhältniszahlen bis zum 31. März 2000 zu beschließen. Der Landesausschuss hat die Feststellungen nach § 103 Abs. 1 Satz 1 erstmals zum Stand vom 31. Dezember 2000 zu treffen. Ein Wechsel für Internisten ohne Schwerpunktbezeichnung in die hausärztliche oder fachärztliche Versorgung ist nur dann zulässig, wenn dafür keine Zulassungsbeschränkungen nach § 103 Abs. 1 angeordnet sind.

(6) Absatz 1 Satz 1 Nr. 3 bis 5 und die Absätze 3 und 3a gelten nicht für Zahnärzte.

Gliederung

A. Basisinformationen

I. Textgeschichte/Gesetzgebungsmaterialien

1 Die Vorschrift wurde, aber mit anderem Inhalt, durch das **GRG**[1] mit Geltung ab 01.01.1989 eingeführt. Sie hatte zunächst als Einweisungsvorschrift, korrelierend zu § 101 SGB V und ergänzend zu § 103 SGB V, die Befugnis der Landesausschüsse zum Inhalt, Zulassungsbeschränkungen bei Überversorgung anzuordnen.

2 Das **GSG**[2] komprimierte die Befugnis der Landesausschüsse bzgl. der Bedarfssteuerung neben § 101 SGB V auf § 103 SGB V. Art. 1 Nr. 58 GSG verlagerte die zunächst in § 102 SGB V geregelte Kompetenz des Bundesausschusses nach § 101 SGB V und machte wesentlich **striktere Vorgaben** für das Vorliegen einer **Überversorgung**. § 102 SGB V i.d.F. des GRG hatte auf der Grundlage des Versorgungsstandes des Jahres 1980 als bedarfsgerechter Versorgung Überversorgung erst bei einem Überschreiten um 50 v.H. angenommen, wobei die Maßstäbe zudem so festzulegen waren, dass für mindestens 50 v.H. der regionalen Planungsbereiche arztgruppenbezogen eine Überversorgung nicht eintrat. Die bis heute (Ausnahme Satz 5) insoweit nicht geänderte (Absatz 1 Sätze 2-6, aktuell Absatz 1 Sätze 3-6) Neufassung in § 101 SGB V nahm auf der Grundlage des Versorgungsstandes des Jahres 1990 (Satz 3) unter Berücksichtigung des arztgruppenspezifischen Zugangs seit 1980 (Satz 4, aktuell Satz 5) Überversorgung bereits bei einem Überschreiten um 10 v.H. an (Satz 2, aktuell Satz 3). Satz 5 (später gestrichen, vgl. Rn. 3) führte Planungsfaktoren als Folge der bis Juni 1997 bestehenden Möglichkeit, **angestellte Ärzte** ohne Beschränkung des Leistungsvolumens zu beschäftigen (vgl. § 95 Abs. 9 SGB V), ein. Satz 6 (zuvor § 102 Abs. 2 Satz 7 SGB V, aktuell wieder Satz 6) legte die **Planungsbereiche** fest. Satz 1 Nr. 1 und 2 übernahmen – unter Ersetzung des Begriffs „kassenärztliche" durch „vertragsärztliche" in Nr. 1 – § 102 Abs. 1 Nr. 1 und 4 SGB V i.d.F. des GRG, Nr. 3 führte die Zulassung aus Versorgungsgründen als Ausnahme zur strikten Bedarfsplanung ein.

3 Art. 1 Nr. 35 des 2. **GKV-NOG**[3] überführte mit Geltung ab 01.07.1997 die bisherige Regelung in Absatz 1 und fügte mit Satz 1 Nr. 4 und 5 die Möglichkeit eines sog. **Job-Sharings** ein; als Folge hiervon wurde Absatz 1 Satz 5 gestrichen, da diese – zusätzlichen – Ärzte nicht mehr der Bedarfsplanung unterlagen, und wurde Absatz 1 Satz 6 zu Satz 5. Neu eingefügt wurde Absatz 2 mit den Vorschriften über die **Anpassung der Verhältniszahlen** und Absatz 3 mit den ergänzenden Regelungen zu Absatz 1 Satz 1 Nr. 4.

---

[1] Gesetz zur Strukturreform im Gesundheitswesen (Gesundheits-Reformgesetz – GRG) v. 20.12.1988, BGBl I 1988, 2477.

[2] Gesetz zur Sicherung und Strukturverbesserung der gesetzlichen Krankenversicherung (Gesundheitsstrukturgesetz) v. 21.12.1992, BGBl I 1992, 2266.

[3] Zweites Gesetz zur Neuordnung von Selbstverwaltung und Eigenverantwortung in der gesetzlichen Krankenversicherung (2. GKV-Neuordnungsgesetz – 2. GKV-NOG) v. 23.06.1997, BGBl I 1997, 1520.

Art. 2 Nr. 13 **PsychThG**[4] fügte mit Wirkung ab dem 01.01.1999 **Absatz 4** ein. 4

Art. 1 Nr. 18 **GKV-SolG**[5] fügte mit Wirkung ab dem 01.01.1999 in Absatz 1 Nr. 4 und 5 jeweils Halbsatz 2 als Konsequenz aus der Begrenzung des **Praxisumfangs bei Job-Sharing** ein. Damit wurde klargestellt, dass mit dem Job-Sharing eine Erhöhung der Punktzahlengrenzen nicht eintritt. 5

Art. 1 Nr. 41 **GKVRefG 2000**[6] hob Absatz 2 Satz 1 Nr. 3 (Anpassung der Verhältniszahlen, wenn dies erforderlich ist zur Gewährleistung des Zugangs einer ausreichenden Mindestzahl von Ärzten in den einzelnen Arztgruppen zur vertragsärztlichen Versorgung) auf (Nr. 4 wurde zu Nr. 3) und fügte **Absatz 5** ein, jeweils mit Wirkung ab dem 01.01.2000. 6

Art. 1 Nr. 78 **GMG**[7] fügte in Abs. 1 Satz 1 Nr. 4 die Worte „und in einem medizinischen Versorgungszentrum entsprechend" ein; ferner ersetzte er, ebenfalls mit Wirkung ab 01.01.2004, als Folgeänderung zur Einführung des „Gemeinsamen Bundesausschusses" (vgl. § 91 SGB V) in Absatz 1 Satz 1, Absatz 2 Satz 1 und Absatz 5 Satz 5 den Begriff „die Bundesausschüsse" bzw. „der Bundesausschuss" durch „der Gemeinsame Bundesausschuss". 7

Art. 1 Nr. 8 **VÄndG**[8] fügte in **Absatz 1** Satz 1 die Nr. 3a ein. In Absatz 1 Satz 1 Nr. 4 wurden nach dem Wort „Fachgebiets" die Wörter „oder, sofern die Weiterbildungsordnungen Facharztbezeichnungen vorsehen, derselben Facharztbezeichnung" eingefügt, das Wort „Gemeinschaftspraxis" wurde durch das Wort „Berufsausübungsgemeinschaft" ersetzt und im letzten Halbsatz die Angabe „und 4" gestrichen. In Absatz 1 Satz 1 Nr. 5 wurden die Wörter „eines ganztags beschäftigten Arztes oder zweier halbtags beschäftigter Ärzte" durch die Wörter „von Ärzten" ersetzt, nach dem Wort „Fachgebiets" die Wörter „oder, sofern die Weiterbildungsordnungen Facharztbezeichnungen vorsehen, mit derselben Facharztbezeichnung in einem Planungsbereich, für den Zulassungsbeschränkungen angeordnet sind" eingefügt, das erste Semikolon durch ein Komma ersetzt und der folgende Halbsatz eingefügt sowie das zweite Semikolon durch einen Punkt ersetzt und der folgende Halbsatz gestrichen. Nach Absatz 1 Satz 1 wurde Satz 2 neu eingefügt. In dem bisherigen Absatz 1 Satz 6 (aktuell Satz 7) wurden die Wörter „einer Planungsregion" durch die Wörter „einem Planungsbereich" ersetzt und nach dem Wort „sind" die Wörter „Vertragsärzte mit einem hälftigen Versorgungsauftrag mit dem Faktor 0,5 sowie die bei einem Vertragsarzt nach § 95 Abs. 9 Satz 1 angestellten Ärzte und" eingefügt. Ferner wurde **Absatz 3a neu** eingefügt. 8

Art. 1 Nr. 68 **GKV-WSG**[9] strich mit Geltung ab 01.01.2007 (vgl. Art. 46 GKV-WSG) in Absatz 1 Satz 1 Nr. 4 den letzten Halbsatz. Soweit in Absatz 1 Satz 1 Nr. 5 nach dem Wort „mitzurechnen" das Semikolon durch einen Punkt ersetzt und der nachfolgende Halbsatz gestrichen wurde, lag offensichtlich ein Redaktionsversehen vor, da die Streichung bereits durch das VÄndG erfolgt war (vgl. Rn. 8 und Rn. 102). In Absatz 3 Sätze 1 und 4 wurde die Angabe „Absatzes 1 Nr. 4" durch die Angabe „Absatzes 1 Satz 1 Nr. 4" und in den Absätzen 4 Satz 1 und 5 Satz 1 jeweils die Angabe „§ 101 Abs. 2" durch die Angabe „Absatzes 2" redaktionell bereinigt. **Absatz 6** wurde neu angefügt. 9

II. Vorgängervorschriften

Die Vorschrift geht auf **§ 102 SGB V i.d.F. des GRG** zurück, der wiederum weitgehend inhaltsgleich mit **§ 368t Abs. 2-5 RVO**, eingefügt durch Art. 1 Nr. 5 KÄBedarfsplG[10], ist. 10

4 Gesetz über die Berufe des Psychologischen Psychotherapeuten und des Kinder- und Jugendlichenpsychotherapeuten, zur Änderung des Fünften Buches Sozialgesetzbuch und anderer Gesetze v. 16.06.1998, BGBl I 1998, 1311.

5 Gesetz zur Stärkung der Solidarität in der gesetzlichen Krankenversicherung (GKV-Solidaritätsstärkungsgesetz) v. 19.12.1998, BGBl I 1998, 3853.

6 Gesetz zur Reform der gesetzlichen Krankenversicherung ab dem Jahr 2000 (GKV-Gesundheitsreformgesetz 2000) v. 22.12.1999, BGBl I 1999, 2626.

7 Gesetz zur Modernisierung der gesetzlichen Krankenversicherung (GKV-Modernisierungsgesetz – GMG) v. 14.11.2003, BGBl I 2003, 2190.

8 Gesetz zur Änderung des Vertragsarztrechts und anderer Gesetze (Vertragsarztrechtsänderungsgesetz – VÄndG) v. 22.12.2006, BGBl I 2006, 3439.

9 Gesetz zur Stärkung des Wettbewerbs in der gesetzlichen Krankenversicherung (GKV-Wettbewerbsstärkungsgesetz – GKV-WSG) v. 26.03.2007, BGBl I 2007, 378.

10 Gesetz zur Verbesserung der kassenärztlichen Bedarfsplanung v. 19.12.1986m BGBl I 1986, 2593.

III. Parallelvorschriften/Ergänzende Vorschriften

11 Eine **allgemeine Ermächtigungsgrundlage** für den Gemeinsamen Bundesausschuss enthält bereits § 92 Abs. 1 Satz 2 Nr. 9 SGB V, wonach dieser Richtlinien über die Bedarfsplanung erlässt. § 95 Abs. 9 Satz 2 SGB V i.d.F. des 2. GKV-NOG hatte ihm ferner das Nähere über die Anstellung eines Arztes zu regeln übertragen (vgl. die Kommentierung zu § 95 SGB V Rn. 4), was aber wieder durch das VÄndG infolge der Neukonzeption aufgehoben wurde (vgl. die Kommentierung zu § 95 SGB V Rn. 539).

12 Auf der Grundlage der §§ 92 Abs. 1 Satz 2 Nr. 9 , 101 SGB V hat der Gemeinsame Bundesausschuss bzw. haben die Vorgängerinstitutionen der Bundesausschüsse die **BedarfsplRL-Ä**[11] und die **BedarfsplRL-ZÄ**[12] erlassen. Nach Aufhebung der Bedarfsplanung für Zahnärzte durch das GKV-WSG ist die BedarfsplRL-ZÄ z.T. überholt.

13 Die BedarfsplRL enthalten Regelungen über die

- **Bedarfsplanung** und **Feststellung der Planungsbereiche** (§ 2 (Nrn. 3-6a a.F.) BedarfsplRL-Ä bzw. Abschn. B BedarfsplRL-ZÄ),
- Feststellung des **allgemeinen Versorgungsgrades** als Ausgangsrelation für die Prüfung von Überversorgung und Unterversorgung (§§ 4-8 (Nrn. 7-12 a.F.) bzw. Abschn. C und D),
- Feststellung von **Überversorgung** (§§ 13-23 (Nrn. 13-23 a.F.) bzw. Abschn. F),
- Zulassung zur **gemeinschaftlichen Berufsausübung** bei Zulassungsbeschränkungen (§§ 23a-23h (Nrn. 23a-23h a.F.) bzw. Abschn. G),
- Maßstäbe für qualitätsbezogene **Sonderbedarfsfeststellungen** (§§ 24-26 (Nr. 24-26 a.F.) bzw. Abschn. F Nr. 2),
- Maßstäbe, Grundlagen und Verfahren zur Beurteilung einer drohenden oder bestehenden **Unterversorgung** (§§ 27-34 (Nr. 27-34 a.F.) bzw. Abschn. E),
- Maßstäbe für eine ausgewogene hausärztliche und fachärztliche **Versorgungsstruktur** im Sinne des § 73 SGB V (§§ 35-37 (Nrn. 35-37 a.F.) und
- Grundlagen, Maßstäbe und Verfahren für die Berücksichtigung der **in MVZ** oder in Versorgungseinrichtungen nach § 311 Abs. 2 SGB V **beschäftigten Ärzte** bei der Bedarfsplanung sowie Planungsentscheidungen (§§ 38-41 (Nrn. 38-41 a.F.)).

14 Auf der Grundlage der §§ 95 Abs. 9 SGB V i.d.F. des 2. GKV-NOG i.V.m. § 101 Abs. 1 Nr. 5 SGB V i.d.F. des 2. GKV-NOG hat der Gemeinsame Bundesausschuss bzw. hatten die Vorgängerinstitutionen der Bundesausschüsse ferner für die **Beschäftigung von angestellten Ärzten** die Angest.-Ärzte-RL[13] beschlossen, die nunmehr in der BedarfsplRL-Ä aufgegangen ist (§§ 23i-23l BedarfsplRL-Ä). Für Zahnärzte gilt Abschn. G Nr. 2 ff. BedarfsplRL-ZÄ.

15 In den **Zulassungsverordnungen** (§ 98 Abs. 1 SGB V) ist Näheres zur Bedarfsplanung (§ 12 ff. Ärzte-ZV), zum Verfahren bei Zulassungsbeschränkungen wegen Unterversorgung (§§ 15 f. Ärzte-ZV) und bei Überversorgung (§ 16b Ärzte-ZV) geregelt.

IV. Systematische Zusammenhänge

16 Nach Maßgabe der gesetzlichen Vorgaben konkretisieren die Richtlinien des Gemeinsamen Bundesausschusses die **Planungsvorgabe** für die einzelnen Planungsbereiche. Auf deren Grundlage stellen die **Landesausschüsse Unter-** (§ 100 SGB V, § 16 Abs. 1 Satz 2 HS. 2 Ärzte-ZV) oder **Überversorgung** (§ 103 SGB V, § 16b Abs. 1 Satz 3 Ärzte-ZV) fest. Hieran sind die **Zulassungsausschüsse** bei ihrer Entscheidung über einen Zulassungsantrag gebunden (§ 100 Abs. 2 SGB V bzw. § 16b Abs. 2 Ärzte-ZV). Die Richtlinien sind auch Grundlage der **Bedarfsplanung** (§ 99 Abs. 1 Satz 1 SGB V, § 12 Abs. 3 Ärzte-ZV). Die Zulassungsverordnungen bestimmen nach Maßgabe des § 101 SGB V das Nä-

[11] Richtlinien über die Bedarfsplanung sowie die Maßstäbe zur Feststellung von Überversorgung und Unterversorgung in der vertragsärztlichen Versorgung i.d.F. der Neufassung v. 15.02.2007, BAnz 2007, Nr. 64, 3491 v. 31.03.2007; zur a.F. vgl. die Richtlinien v. 09.03.1993, BAnz 1993, Nr. 110a (Beilage) v. 18.06.1993, zuletzt geänd. durch Beschl. v. 18.01.2007, BAnz 2007, 3431 (abgedruckt z.B. bei *Engelmann*, Gesetzliche Krankenversicherung/Soziale Pflegeversicherung, Nr. 430 oder www.g-ba.de); zur Umstellung von Nrn. auf Paragraphen vgl. die „Redaktionssynopse des GBA über www.g-ba.de.

[12] Richtlinien über die Bedarfsplanung in der vertragszahnärztlichen Versorgung i.d.F. v. 12.03.1993, BAnz 1993, Nr. 91, 4534, zuletzt geändert am 17.11.2006, BAnz 2007, Nr. 21, 1109 (vgl. *Engelmann*, Gesetzliche Krankenversicherung/Soziale Pflegeversicherung, Nr. 820 oder www.g-ba.de).

[13] Richtlinie über die Beschäftigung von angestellten Praxisärzten in der Vertragsarztpraxis i.d.F. v. 01.10.1997, BAnz 1998, Nr. 9, 372 v. 15.01.1998, zuletzt geänd. am 22.10.2001, BAnz 2002, 1618 v. 30.01.2002 (vgl. *Engelmann*, Gesetzliche Krankenversicherung/Soziale Pflegeversicherung, Nr. 435 oder www.g-ba.de).

here über das Verfahren bei der Anordnung von Zulassungsbeschränkungen bei vertragsärztlicher Überversorgung (§ 104 Abs. 2 SGB V).

Die vom Gemeinsamen Bundesausschuss beschlossenen Richtlinien sind dem **Bundesministerium** für Gesundheit vorzulegen, das ein Beanstandungsrecht und ein Recht zur Ersatzvornahme hat; sie sind ferner im Bundesanzeiger **bekanntzumachen** (§ 94 SGB V). 17

V. Literaturhinweise

Clemens, Anhang zu Artikel 12. Berufsregelungen im medizinischen Bereich, insbesondere für die Tätigkeit als Kassen- bzw. Vertragsarzt, in: Umbach/Clemens, Grundgesetz. Band I, 2002; *Ehlers*, Fortführung von Arztpraxen, 2. Aufl. 2001; *Kamps*, Der neue Teilnahmestatus der eingeschränkten Zulassung gemäß § 101 Abs. 1 Nr. 4 SGB V, MedR 1998, 103-108; *Kopetsch*, Kassenärztliche Bedarfsplanung: Gute Aussichten für Hausärzte, DÄ 2005, A- 1926 f.; *Reiter*, Haus- und fachärztliche Versorgung – Statusfragen und Rechtsprobleme der Bedarfsplanung, MedR 2001, 163-168. 18

B. Auslegung der Norm

I. Regelungsgehalt und Bedeutung der Norm

§ 101 SGB V regelt die wesentlichen **Grundlagen** für die Annahme von **Unter- und Überversorgung**, nach denen in die Berufsfreiheit (Art. 12 Abs. 1 GG) eingreifende bedarfssteuernde **Zulassungsbeschränkungen** ergehen können. Der Gesetzgeber regelt in der Norm, ergänzt durch die Ärzte-ZV (§ 98 SGB V), selbst durch Gesetz die wesentlichen Kriterien für die Beschränkung der Berufsausübung. 19

II. Normzweck

Mit den seit dem GSG strikten Vorgaben **schematischer Verhältniszahlen** für die Annahme von Unter- und insb. Überversorgung als Grundlage von Zulassungsbeschränkunken und damit der Abkehr von ausschließlich umverteilenden Maßnahmen gegen eine zunehmende Überversorgung, die sich als nicht wirksam erwiesen hätten,[14] versucht der **Gesetzgeber**, den Zugang zur vertragsärztlichen Versorgung nach Zunahme der Arztdichte in den alten Bundesländern in den 80er Jahren aus Gründen einer **Gesundheitsökonomie** zu begrenzen. Neben anderen Maßnahmen dienen Zulassungsbeschränkungen wegen Überversorgung einer Begrenzung der Ausgaben der gesetzlichen Krankenversicherung. Mit einer wachsenden Ärztezahl steigen aus Sicht des Gesetzgebers auch die Zahl der Leistungen und damit der **Kostendruck** auf die Krankenkassen, da die niedergelassenen Ärzte eine Vielzahl von anderen Leistungen veranlassten, die das Vierfache der Honorarausgaben betrügen.[15] Im Konzept des SGB V flankieren Zulassungsbeschränkungen damit die Budgetierung der Gesamtausgaben (vgl. §§ 71, 85 Abs. 3a und 3b SGB V). 20

III. Rechtsprechung zur Verfassungsgemäßheit der Zulassungsbeschränkungen

Bei den bisherigen Regelungen über Zulassungsbeschränkungen handelt es sich, da flächendeckende Zulassungsbeschränkungen nicht bestehen, nicht um absolute, sondern nur um **örtliche Zugangsbeschränkungen** mit der faktischen Wirkung eines **regionalen Verteilungsverfahrens**. Das **BSG** hat die Regelungen deshalb nicht als berufswahlnahe, sondern nur als **schlichte Berufsausübungsregelung** angesehen, die verfassungsrechtlich nicht zu beanstanden sei.[16] Anfang 2004 waren von bundesweit 395 Planungsbereichen für die einzelnen Arztgruppen zwischen sieben (fachärztlich tätige Internisten; Niederlassungsmöglichkeiten: zehn Arztsitze) bzw. neun (Chirurgen; 20) bzw. 19 (Urologen; 30) bzw. 31 (Hautärzte; 40 und Radiologen; 70) und 263 Planungsbereiche (Hausärzte; 2.480) offen.[17] 21

---

[14] Vgl. Entwurfsbegründung zum GSG, BT-Drs. 12/3608, zu Nr. 52 und 54.

[15] Vgl. Entwurfsbegründung zum GSG, BT-Drs. 12/3608, A I 2 b. Tatsächlich stieg die Arztzahl im Jahr 1993 aufgrund des Übergangsrechts (Art. 33 GSG) und eines Vorzieheffektes um 10,2%, vgl. BT-Drs. 14/1245, S. 77 (zu Nr. 53).

[16] Vgl. BSG v. 18.03.1998 - B 6 KA 37/96 R - BSGE 82, 41 = SozR 3-2500 § 103 Nr. 2; BSG v. 18.03.1998 - B 6 KA 78/96 R - juris Rn. 18 ff. - SozR 3-5520 § 24 Nr. 3; BSG v. 05.11.2003 - B 6 KA 53/02 R - juris Rn. 17 - SozR 4-2500 § 101 Nr. 1.

[17] Vgl. Tab. 25 Anzahl offener Planungsbereiche in den Kassenärztlichen Vereinigungen, Stand: Anfang 2004, in: Grunddaten zur Vertragsärztlichen Versorgung in Deutschland, hrsg. von der KBV, www.kbv.de/publikationen; für 2005 vgl. *Kopetsch*, DÄ 2005, S. A-1926 f.

22 Auch nach ersatzloser Streichung der Regelung in § 101 Abs. 2 Satz 1 Nr. 3 SGB V, wonach der Bundesausschuss neue Verhältniszahlen festzulegen hatte, wenn dies zur Gewährleistung des Zugangs einer ausreichenden Mindestzahl von Ärzten in den einzelnen Arztgruppen zur vertragsärztlichen Versorgung erforderlich war (vgl. Rn. 6), hat das **BSG** hieran festgehalten. Es hat betont, auch soweit bei einzelnen Facharztgruppen künftig die Situation eintreten sollte, dass nach den Vorgaben der Bedarfsplanung für alle Planungsbereiche im Land oder gar im gesamten Bundesgebiet Zulassungsbeschränkungen bestünden, dadurch nicht sämtliche Chancen für eine Zulassung im Sinne eines absoluten Zugangshindernisses völlig versperrt wären, weil eine **Zulassung auf Grund Sonderbedarfs** (§ 101 Abs. 1 Satz 1 Nr. 3 SGB V i.V.m. Nr. 24 BedarfsplRL-Ä a.F.), einer **Praxisnachfolge** (§ 103 Abs. 4 und 6 SGB V), wegen belegärztlicher Tätigkeit (§ 103 Abs. 7 SGB V) oder im Rahmen des **sog. „Job-Sharing“** (§ 101 Abs. 1 Satz 1 Nr. 4 und 5 SGB V i.V.m. Nr. 23a-23h BedarfsplRL-Ä a.F.) möglich sei. Wer eine Teilnahme an der vertragsärztlichen Versorgung anstrebe, werde durch jene Beschränkungen nicht dauerhaft an der Berufsausübung in diesem Tätigkeitsfeld gehindert, sondern müsse ggf. lediglich gewisse **Einschränkungen** hinsichtlich des Ortes, des Zeitpunkts und/oder der Modalitäten einer Aufnahme der vertragsärztlichen Tätigkeit – etwa Übernahme einer bestehenden Praxis statt Neugründung – hinnehmen. Demgegenüber wiegten die öffentlichen Interessen, denen die Zulassungsbeschränkungen zu dienen bestimmt seien, schwer. Sie trügen zur Sicherung der **finanziellen Stabilität und Funktionsfähigkeit der gesetzlichen Krankenversicherung** bei – ein Gemeinwohlbelang von überragender Bedeutung, der sogar Berufswahlregelungen in Gestalt einer Begrenzung der Niederlassungsfreiheit zu rechtfertigen vermöge.[18]

23 Das **BVerfG** hat die Nichtannahme einer Verfassungsbeschwerde gegen die Zurückweisung einer Nichtzulassungsbeschwerde durch das BSG damit begründet, dass eine Bewertung als Berufswahlregelung wegen der örtlichen Zulassungssteuerung eher fern liegend erscheine, die rechtliche Einordnung der Maßnahme jedoch keiner abschließenden Entscheidung bedürfe, weil dem Gesetzgeber **legitime Gemeinwohlgründe** von überragender Bedeutung bei der Ausgestaltung des Berufsrechts der ärztlichen Leistungserbringer im Bereich der gesetzlichen Krankenversicherung zur Seite stünden, die auch eine Berufswahlregelung rechtfertigten.[19] Im Beschluss zur Zulässigkeit einer Konkurrentenklage hat es betont, die Lenkung des Zustroms der Leistungserbringer durch Mechanismen der Bedarfsplanung gewährleiste zugleich den Erhalt einer leistungsfähigen Ärzteschaft.[20]

24 **Tatsächlich** sind in den Jahren **1993-2004** 59.700 Ärzte zugelassen worden. Aufgehört hatten in diesem Zeitraum 28.400 Ärzte, so dass die Zahl der Vertragsärzte insgesamt um 21.300 zunahm. Bereinigt um das Jahr 1993 mit Geltung des Übergangsrechts sind 50.100 Ärzte zugelassen worden, haben 36.400 Vertragsärzte aufgehört und hat sich die Zahl der Vertragsärzte in elf Jahren um 13.700 erhöht.[21]

25 Soweit § 102 SGB V a.F. ab 01.01.2003 eine Zulassung auf Grund von gesetzlich festgelegten **Verhältniszahlen** vorsah, war die Vorschrift bereits bisher **überholt**, da der Gesetzgeber seiner Selbstverpflichtung nicht nachgekommen war. Aber selbst wenn der Gesetzgeber entsprechende Verhältniszahlen erlassen hätte, so ist angesichts der veränderten Verhältnisse und der vom BSG erwähnten weiteren Zulassungsmöglichkeiten fraglich, ob dieser Regelung die Rechtsprechung des BVerfG aus den 60er Jahren[22] entgegenstehen würde oder aus anderen Gründen verfassungswidrig wäre.[23] Mit dem VÄndG wurde aber § 102 SGB V inzwischen aufgehoben.

---

18 Vgl. BSG v. 23.02.2005 - B 6 KA 81/03 R - juris Rn. 24 ff. - MedR 2005, 666 = GesR 2005, 450.

19 Vgl. BVerfG v. 27.04.2001 - 1 BvR 1282/99 - juris Rn. 4 f. - MedR 2001, 639; vgl. auch *Clemens*, Anhang, Rn. 104 ff.

20 Vgl. BVerfG v. 17.08.2004 - 1 BvR 378/00 - juris Rn. 23 - SozR 4-1500 § 54 Nr. 4; zu einem einstweiligen Anordnungsverfahren vgl. BVerfG v. 13.01.1994 - 1 BvR 2078/93 - NJW 1994, 785; zur Vereinbarkeit mit EU-Recht vgl. *Kaufmann*, MedR 2003, 82, 86.

21 Vgl. Kassenärztliche Bundesvereinigung (KBV), Abteilung Bedarfsplanung, Bundesarztregister und Datenaustausch (Hrsg.), Grunddaten 2005 zur Vertragsärztlichen Versorgung in Deutschland, www.kbv.de/publikationen/125, Schaubild I.15.

22 Vgl. BVerfG v. 23.03.1960 - 1 BvR 216/51 - BVerfGE 11, 30 = SozR Nr. 15 zu § 368a RVO; BVerfG v. 08.02.1961 - 1 BvL 10/60, 1 BvR 289/60 - BVerfGE 12, 144 = SozR Nr. 13 zu Allg GG = SozR Nr. 7 zu Art 12 GG.

23 So aber *Hencke* in: Peters, Handbuch KV (SGB V), § 102 Rn. 5 f.

IV. Richtlinienkompetenz des Gemeinsamen Bundesausschusses

1. Befugnis zur Normkonkretisierung

Nach dem BSG hat der Gesetzgeber dem **Gemeinsamen Bundesausschuss** in nicht zu beanstandender Weise die **Befugnis zur Normkonkretisierung** im Bereich der Bedarfsplanung durch Erlass von Richtlinien übertragen.[24] Als Teil einer abgestuften Form der Normsetzungsdelegation[25] haben sie nach der Rechtsprechung des BSG **Normqualität** (vgl. die Kommentierung zu § 92 SGB V Rn. 18 ff.).[26] Das in den BedarfsplRl-Ä festgelegte Verfahren über die Feststellung von Überversorgung ist rechtmäßig.[27] 26

2. Einheitliche Verhältniszahlen (Absatz 1 Satz 1 Nr. 1, Sätze 3-7, Absatz 2, Absatz 4)

Die **einheitlichen Verhältniszahlen** für die bedarfsgerechte vertragsärztliche Versorgung sind auf der Grundlage der gesetzlichen Vorgaben nach § 101 Abs. 1 Satz 4 SGB V zu bestimmen. Der Versorgungsgrad wird nicht anhand abstrakter Kriterien bestimmt, sondern ist zum Stand vom 31.12.1990 zu ermitteln. Es handelt sich um eine **rein rechnerische Ermittlung des arztgruppenspezifischen Versorgungsstandes** durch Ermittlung der zum Stichtag bestehenden Bevölkerungs- und arztgruppenspezifischen Zulassungszahlen. Der Zugang zur vertragsärztlichen Versorgung seit dem 31.12.1980 ist arztgruppenspezifisch zu berücksichtigen. Der Bundesausschuss hat allerdings keine signifikanten Abweichungen gesehen und daher generell den Stichtag 31.12.1990 zugrunde gelegt.[28] Die Festlegung der einheitlichen Verhältniszahlen muss aber nicht für das Bundesgebiet als Ganzes erfolgen. Die Verhältniszahlen können nach regionalen Versorgungsstufen differenziert werden, wobei je Versorgungsstufe jeweils einheitliche Festsetzungen getroffen werden. Dem haben die BedarfsplRl-Ä dadurch entsprochen, dass sie die Bedarfsplanung auf einzelne Planungsbereiche bezogen haben, die auf der Grundlage der Zuordnung der verschiedenen Kreise in der Bundesrepublik Deutschland nach raumordnungsspezifischen Kriterien je nach ihrem Verdichtungsgrad festgelegt worden sind (§ 2 (Nr. 3-6 a.F.) BedarfsplRL-Ä).[29] 27

Für die Feststellung des Versorgungsgrades in den **neuen Bundesländern** werden im **ärztlichen Bereich** die Verhältniszahlen der alten Bundesländer mit denen der neuen Bundesländer gegenübergestellt. Sind letztere geringer, so waren sie in drei Zeitstufen bis 1999 an die Verhältniszahlen in den alten Bundesländern heranzuführen (vgl. § 2 Abs. 7 (Nr. 8 e a.F.) BedarfsplRL-Ä). Im **zahnärztlichen Bereich** wurden die Verhältniszahlen der alten Bundesländer übertragen und bis 1993 etwas abgesenkt (vgl. Abschn. D Nr. 2.2 BedarfsplRL-ZÄ). 28

Die **regionalen Planungsbereiche**, auf die bei der Ermittlung des Versorgungsgrades abzustellen ist, sind vom Gemeinsamen Bundesausschuss, nicht von der KV im Bedarfsplan vorzugeben. Dabei sollen die regionalen Planungsbereiche den **Stadt- und Landkreisen** entsprechen (§ 101 Abs. 1 Satz 6 SGB V, § 12 Abs. 3 Satz 2 Ärzte-ZV). Es liegt im **Gestaltungsermessen** des Gemeinsamen Bundesausschusses, die Planungsbereiche selbst abschließend festzulegen (vgl. § 2 Abs. 3 (Nr. 5 a.F.) BedarfsplRL-Ä) oder sich darauf zu beschränken, die Soll-Vorschrift des § 101 Abs. 1 Satz 6 SGB V zu konkretisieren und detaillierte Vorgaben zu ihrer Handhabung zu normieren (vgl. Abschn. B Nr. 1 Satz 2 und 3, Nr. 2 Sätze 2-4 sowie Nr. 4 BedarfsplRL-ZÄ).[30] Die allgemeine Aufteilung der Planungsbereiche nach Ortsgrenzen mit der Erwägung, dass kleine Planungsbereiche für eine flächendeckende und gleichmäßige Versorgung erforderlich seien und den Einwohnern zumutbare Entfernungen gewährleisteten, ist unzulässig, weil dadurch die gesetzliche Regelung unterlaufen und korrigiert wird.[31] 29

---

[24] Vgl. zuletzt BSG v. 23.02.2005 - B 6 KA 81/03 R - juris Rn. 18 - MedR 2005, 666 = GesR 2005, 450.

[25] Vgl. zuletzt BSG v. 23.02.2005 - B 6 KA 81/03 R - juris Rn. 20 - MedR 2005, 666 = GesR 2005, 450.

[26] Vgl. BSG v. 20.03.1996 - 6 RKa 62/94 - juris Rn. 19 ff. - BSGE 78, 70 = SozR 3-2500 § 92 Nr. 6.

[27] Vgl. BSG v. 05.11.2003 - B 6 KA 53/02 R - juris Rn. 21 ff. - SozR 4-2500 § 101 Nr. 1.

[28] Vgl. *Hess* in: KassKomm, SGB V, § 101 Rn. 3.

[29] Vgl. BSG v. 05.11.2003 - B 6 KA 53/02 R - juris Rn. 21 ff. - SozR 4-2500 § 101 Nr. 1.

[30] Vgl. BSG v. 28.06.2000 - B 6 KA 35/99 R - juris Rn. 17 ff. - BSGE 86, 242 = SozR 3-2500 § 101 Nr. 5; BSG v. 28.06.2000 - B 6 KA 27/99 R - juris Rn. 22 ff. - MedR 2001, 265 = USK 2000-161.

[31] Vgl. BSG v. 03.12.1997 - 6 RKa 64/96 - juris Rn. 17 ff. - BSGE 81, 207 = SozR 3-2500 § 101 Nr. 2; vgl. die Kommentierung zu § 99 SGB V Rn. 7.

30 Aufgrund der atypischen Situation durfte für **Berlin** eine **Sonderregelung** getroffen und die dortigen Bezirke zu Planungsbereichen bestimmt werden (vgl. jetzt aber § 2 Abs. 3 Satz 3 (Nr. 5 Satz 3 a.F.) BedarfsplRl-Ä).[32] Nach LSG Niedersachsen-Bremen ist nach den BedarfsplRL-ZÄ (vgl. Abschn. B) bei der Festsetzung der Planungsbereiche für die **zahnärztliche Versorgung** von der kommunalen Gliederung auszugehen und ist die Untergliederung von Gemeinden, insbesondere von Großstädten, angezeigt, wenn die örtlichen Verhältnisse dies notwendig machen; die Abgrenzung der Planungsbereiche für die zahnärztliche Versorgung in **Bremen** lehnt sich der Gliederung des Stadtgebiets Bremen in Bezirke, Stadtteile und Ortsteile an und ist rechtmäßig.[33]

31 Die „**Arztgruppe**" (vgl. § 95 Abs. 1 Satz 4 SGB V) muss nicht notwendig mit dem Fach- bzw. Teilgebiet i.S.d. landesrechtlich geregelten ärztlichen Weiterbildungsrechts identisch sein.[34] So gibt es keinen bundeseinheitlich gebrauchten berufs- bzw. weiterbildungsrechtlichen Begriff des „**Nervenarztes**" und kann der Bundesausschuss hierunter auch Psychiater und Neurologen zählen.[35] Die Zusammenfassung **verschiedener Fachgebiete** im berufsrechtlichen Sinne zu einer Arztgruppe im bedarfsplanungsrechtlichen Sinne kann allerdings dazu führen, dass in einem der Bereiche eine massive Überversorgung besteht, während im anderen Bereich die Versorgung nicht ausreichend gewährleistet ist. Unter Versorgungsgesichtspunkten kann dem durch Sonderbedarfszulassungen begegnet werden,[36] wobei allerdings bei krassen Ungleichgewichtigkeiten eine Rechtfertigung vor Art. 12 Abs. 1 GG zweifelhaft ist.[37]

32 Nach § 4 (Nr. 7 a.F.) BedarfsplRL-Ä werden **allgemeine Verhältniszahlen** für folgende **Arztgruppen** bestimmt: Anästhesisten, Augenärzte, Chirurgen, Frauenärzte, HNO-Ärzte, Hautärzte, an der fachärztlichen Versorgung teilnehmende Internisten (gemäß § 101 Abs. 5 SGB V), Kinderärzte, Nervenärzte, Orthopäden, Psychotherapeuten, Fachärzte für diagnostische Radiologie, Urologen und Hausärzte (gemäß § 101 Abs. 5 SGB V).

33 Der durch das GMG eingefügte Satz 7 (ursprünglich Satz 6) in § 101 Abs. 1 SGB V regelt, dass die Ärzte, die in einem **MVZ** angestellt sind, bei der Feststellung des Versorgungsgrades in einer Region im Rahmen der Bedarfsplanungsregelungen berücksichtigt werden, und zwar in dem Umfang, der ihrer vertraglichen **Arbeitszeit** entspricht. Diese Anrechnungsregelung ist Folge davon, dass für die Anstellung von Ärzten in MVZ nach § 95 Abs. 1 SGB V keine Vollzeittätigkeit dieser Ärzte vorausgesetzt wird, denn um familienpolitischen Bedürfnissen nach Vereinbarkeit von Beruf und Familie zu entsprechen soll eine individuelle Arbeitszeitgestaltung ermöglicht werden.[38] Der Bundsausschuss hat für in einem MVZ angestellte Ärzte vier Anrechnungsstufen mit den Anrechnungsfaktoren 0,25, 0,5, 0,75 und 1,0 bei einer Arbeitszeit bis 10 Stunden, über 10-20 Stunden, über 20-30 Stunden und über 30 Stunden pro Woche festgelegt (§ 38 Abs. 1 (Nr. 38 a.F.) BedarfsplRL-Ä).

34 Das VÄndG hat als Folge zur Einführung eines **hälftigen Versorgungsauftrags** (§ 95 Abs. 3 Satz 1 SGB V, § 19a Abs. 2 und 3 Ärzte-ZV) und der Gleichstellung der Beschäftigungsmöglichkeiten der bei **einem Vertragsarzt angestellten Ärzte** mit den bei einem MVZ angestellten Ärzten (§ 95 Abs. 9 Satz 4 i.V.m. Abs. 4 Satz 7 SGB V; vgl. die Kommentierung zu § 95 SGB V Rn. 541) § 101 Abs. 1 Satz 7 SGB V angepasst.

35 Änderungen der **Weiterbildungsordnungen** sind zu berücksichtigen (§ 101 Abs. 2 Satz 1 Nr. 1 SGB V). Festlegungen bedürfen einer **Arztgruppe über 1.000 zugelassene Ärzte** (§ 101 Abs. 2 Satz 1 Nr. 2 SGB V). Aus Sicherstellungsgründen sind die Verhältniszahlen ebf. anzupassen (§ 101 Abs. 2 Satz 1 Nr. 3 SGB V).

36 Das GKVRefG 2000 hob die Pflicht zur Anpassung der Verhältniszahlen, um den **Zugang einer ausreichenden Mindestzahl von Ärzten** in den einzelnen Arztgruppen zur vertragsärztlichen Versorgung zu gewährleisten, auf. In der **Gesetzesbegründung** heißt es hierzu, es solle nach den Erfahrungen mit dem GSG verhindert werden, dass durch die Einführung einer Bedarfszulassung auf Grund gesetzlich festgelegter Verhältniszahlen zum 01.01.2003 nach § 102 SGB V kurzfristig überproportional viele Ärzte eine Niederlassung anstrebten und damit die Überversorgung weiter ansteige. Faktisch könne

---

32 Vgl. BSG v. 28.06.2000 - B 6 KA 35/99 R - juris Rn. 26 - BSGE 86, 242 = SozR 3-2500 § 101 Nr. 5; BSG v. 28.06.2000 - B 6 KA 27/99 R - juris Rn. 31 - MedR 2001, 265 = USK 2000-161.

33 Vgl. LSG Niedersachsen-Bremen v. 26.03.2003 - L 11 KA 17/00 - juris Rn. 32 f.

34 Vgl. BSG v. 09.06.1999 - B 6 KA 37/98 R - juris Rn. 19 - SozR 3-2500 § 101 Nr. 3.

35 Vgl. BSG v. 09.06.1999 - B 6 KA 37/98 R - juris Rn. 20 ff. - SozR 3-2500 § 101 Nr. 3.

36 Vgl. BSG v. 09.06.1999 - B 6 KA 37/98 R - juris Rn. 24 - SozR 3-2500 § 101 Nr. 3.

37 Vgl. auch LSG Schleswig-Holstein v. 08.07.1998 - L 4 Ka 15/98 - juris.

38 Vgl. BT-Drs. 15/1525, S. 111 (zu Nr. 78 a bb).

dies bedeuten, dass bereits vor In-Kraft-Treten der neuen Bedarfszulassung ab 2003 für einzelne Arztgruppen die Zulassung im ganzen Bundesgebiet grundsätzlich gesperrt sein könnte. Bei einer Zahl von über 80.000 weitergebildeten Ärzten außerhalb der ambulanten Versorgung und jährlich rund 12.000 neuen weitergebildeten Ärzten gegenüber insgesamt derzeit lediglich etwa 5.400 Zulassungsmöglichkeiten (neben der Praxisübergabe und Sonderbedarf), sei dies als konkrete Gefahr zu sehen. Diese Sofortmaßnahme sei den ärztlichen Leistungserbringern auch zuzumuten, weil die bisherige regionale Umverteilungsregelung bei ihnen kein rechtlich geschütztes Vertrauen auf Fortbestand der grundsätzlichen Zugangsmöglichkeiten zur vertragsärztlichen Versorgung habe auslösen können. Der Gesetzgeber des GSG habe mit der ab 1999 vorgesehenen Bedarfszulassung verhindert, dass ein solches Vertrauen auf lediglich regionale Einschränkung der Zulassungsmöglichkeiten habe entstehen können.[39] Nach der Rspr. des **BSG** sind die Zulassungsbeschränkungen dennoch nicht zu beanstanden (vgl. Rn. 21).

37 Gemäß § 101 Abs. 4 Satz 2 SGB V ist für die Gruppe der **psychotherapeutisch tätigen Ärzte** und **Psychotherapeuten** der allgemeine bedarfsgerechte Versorgungsgrad erstmals zum Stand des 01.01.1999 zu ermitteln. Zu zählen sind die zugelassenen ausschließlich und überwiegend (Faktor 0,7) psychotherapeutisch tätigen Ärzte sowie die Psychotherapeuten, die nach § 95 Abs. 10 SGB V zugelassen werden. **Ausschließlich psychotherapeutisch tätige Ärzte** sind Fachärzte für Psychosomatische Medizin und Psychotherapie, Fachärzte für Psychotherapeutische Medizin sowie Ärzte, deren psychotherapeutische Leistungen (Kapitel G IV und V sowie Nrn. 855-858 nach G III EBM 1996 bzw. die Leistungen der Abschnitte 35.2 und 35.3 sowie die Leistungen nach den Nrn. 35111-35113, 35120, 35130, 35131, 35140-35142 und 35150 EBM 2005 mit Stand v. 01.04.2005) an ihren Gesamtleistungen den Anteil von 90 v.H. überschreiten, **überwiegend psychotherapeutisch tätige Ärzte** sind Ärzte mit einem Leistungsanteil von über 50-90 v.H. (vgl. § 5 Abs. 6 Nr. 1 (Nr. 8 Buchst. d Nr. 1 a.F.) BedarfsplRL-Ä). Das BSG hat zur Honorierung psychotherapeutischer Leistungen für überwiegend oder ausschließlich psychotherapeutisch tätige Ärzte (vgl. § 85 Abs. 4 Satz 4 SGB V) ebf. auf die BedarfsplRL-Ä zurückgegriffen und auf einen Vergütungsanteil v. 90 v.H. abgestellt, dies aber auf ein engeres Leistungsbild (nach Kapitel G Abschnitt IV EBM) beschränkt.[40]

38 Für eine **Übergangszeit** bis zum **31.12.2008** – weder das VÄndG noch das GKV-WSG haben die Frist verlängert – ist sicherzustellen, dass jeweils ein **Versorgungsanteil** von **40 v.H.** den **ärztlichen** und den **psychologischen Psychotherapeuten** (einschließlich der nach § 95 Abs. 11 SGB V ermächtigten Psychotherapeuten) vorbehalten ist (§ 101 Abs. 4 SGB V). Damit soll gewährleistet werden, dass die allgemeine Verhältniszahl den allgemeinen Bedarf an psychotherapeutischen Leistungen (Soll-Stand) und die örtliche Verhältniszahl die örtliche Bedarfsdeckung (Ist-Stand) möglichst zielgenau abbilden. Für die Anfangsphase der Integration der Psychotherapeuten in die vertragsärztliche Versorgung wird den psychotherapeutisch tätigen Ärzten und den Psychotherapeuten jeweils ein bestimmter Versorgungsanteil vorbehalten, um zu ermöglichen, dass beide Gruppen in einem **zahlenmäßig ausgewogenen Verhältnis** an der psychotherapeutischen Versorgung der Versicherten teilnehmen können. Die Quotierung bewirkt, dass in einem gesperrten Planungsbereich (Versorgungsgrad über 110%) dennoch psychotherapeutisch tätige Leistungserbringer zugelassen werden können, sofern die für sie geltende Quote noch nicht ausgeschöpft ist.[41] Faktisch kommt diese Regel nur den ärztlichen Psychotherapeuten zugute. Dennoch kann ein Psychologischer Psychotherapeut die Praxis einer Fachärztin für Psychotherapeutische Medizin nach § 103 Abs. 4 SGB V übernehmen.[42]

39 Bei dem nach generellen Maßstäben zu bestimmenden allgemeinen bedarfsgerechten Versorgungsgrad der vertragsärztlichen bzw. -psychotherapeutischen Versorgung sind etwaige **lokale Besonderheiten** auf der normativen Ebene nicht gesondert zu berücksichtigen, da ihnen bereits ausreichend durch Zuordnung der Planungsbereiche zu auf Grund der jeweiligen Siedlungs- und Bevölkerungsstruktur bestimmten Versorgungstypen Rechnung getragen wird und die Möglichkeit einer **Sonderbedarfszulassung** besteht (vgl. die Kommentierung zu § 103 SGB V Rn. 53).[43]

---

[39] Vgl. BT-Drs. 14/1245, S. 77 f. (zu Nr. 53 b).

[40] Vgl. BSG v. 25.08.1999 - B 6 KA 14/98 R - juris Rn. 35 - BSGE 84, 235 = SozR 3-2500 § 85 Nr. 33; BSG v. 12.09.2001 - B 6 KA 8/01 R - juris Rn. 15; vgl. auch BSG v. 20.01.1999 - B 6 KA 46/97 R - juris Rn. 46 - BSGE 83, 205 = SozR 3-2500 § 85 Nr. 29.

[41] Vgl. Entwurfsbegründung, BT-Drs. 13/8035, S. 22 (zu § 101 Abs. 4 SGB V).

[42] Vgl. LSG Hessen v. 23.05.2007 - L 4 KA 72/06.

[43] Vgl. BSG v. 05.11.2003 - B 6 KA 53/02 R - juris Rn. 27 - SozR 4-2500 § 101 Nr. 1.

3. Maßstäbe für haus- und fachärztliche Versorgungsstruktur (Absatz 1 Nr. 2)

40 Die **Gliederung in die haus- und fachärztliche Versorgungsstruktur** regelt das Gesetz in § 73 SGB V. Die Abgrenzung einzelner Leistungen zur haus- oder fachärztlichen Versorgung ist den Bundesmantelvertragsparteien überlassen worden (§ 73 Abs. 1c SGB V).[44] Über Ausnahmen im Einzelfall entscheidet der Zulassungsausschuss (§ 73 Abs. 1 Sätze 3 und 5 SGB V). Angesichts der klaren Vorgaben über Über- und Unterversorgung und für die Zulassungsbeschränkungen, auf die Ungleichgewichtigkeiten der haus- und fachärztlichen Versorgungsstruktur keinen Einfluss haben, verbleibt dem Bundesausschuss wenig Regelungsspielraum.

41 Im 7. Abschn. BedarfsplRl-Ä (§§ 35-37 (Nr. 35-37 a.F.) BedarfsplRl-Ä) gibt der **Bundesausschuss** als **Zielvorgabe** vor, dass für eine gleichmäßige und bedarfsgerechte vertragsärztliche Versorgung innerhalb der einzelnen Planungsbereiche der Anteil der in der hausärztlichen Versorgung tätigen Ärzte 60 v.H. der Gesamtzahl der im Planungsbereich tätigen Ärzte betragen sollte. Auch innerhalb der hausärztlichen Versorgung sollte ein ausgewogenes Verhältnis der dafür vorgesehenen einzelnen Arztgruppen unter Berücksichtigung der Bevölkerungsstruktur bestehen (§ 35 (Nr. 35 a.F.) BedarfsplRl-Ä). Weicht der Anteil der in der hausärztlichen Versorgung tätigen Ärzte in einem Planungsbereich wesentlich von der Zielvorgabe ab, sollen die KVen im Rahmen der Niederlassungsberatung (vgl. § 12 Abs. 4 Ärzte-ZV) auf die Herstellung eines ausgewogenen Verhältnisses zwischen hausärztlicher und fachärztlicher Versorgung hinwirken. Das Gleiche gilt, wenn ein unausgewogenes Verhältnis unter den in der hausärztlichen Versorgung tätigen Arztgruppen besteht (§ 37 (Nr. 37 a.F.) BedarfsplRl-Ä). Diese Maßstäbe wirken sich nicht auf die Feststellung einer Überversorgung und der darauf beruhenden Zulassungsbeschränkungen aus.

42 Nach dem Stand von **Ende 2004** waren von den 118.100 zugelassenen Ärzten etwa genau die **Hälfte** (59.100) im **hausärztlichen Bereich**, die übrigen (59.000) im fachärztlichen Bereich tätig.[45]

4. Sonderbedarfszulassung für Ärzte und Psychotherapeuten (Absatz 1 Nr. 3 und die §§ 24 und 25 BedarfsplRL-Ä)

43 Die mit dem GSG als **Ausnahme zur strikten Bedarfsplanung** eingeführte Regelung für die Zulassung in einem gesperrten Versorgungsbereich schafft eine Ausgleichsmöglichkeit für den letztlich rechnerisch ermittelten Bedarf (vgl. Rn. 27).

44 Die **BedarfsplRL-Ä** unterscheiden **fünf Fallgruppen** für eine Zulassung unbeschadet der Anordnung von Zulassungsbeschränkungen. Neben den beiden allgemeinen Tatbeständen eines a) **lokalen** (d.h. quantitativen) und eines b) **besonderen** (d.h. fachlichen bzw. qualitativen) Versorgungsbedarfs handelt es sich um drei weitere Fallgestaltungen eines **qualitativen Defizits** an bestimmten ärztlichen Leistungen, nämlich c) der Bildung einer **spezialisierten Gemeinschaftspraxis**, d) des **ambulanten Operierens** und e) der **Dialyseversorgung**. Die Zulassung in den Fällen der Buchstaben a-d setzt voraus, dass der Versorgungsbedarf dauerhaft erscheint; bei vorübergehendem Bedarf ist von der Möglichkeit der Ermächtigung Gebrauch zu machen (§ 24 Sätze 2 und 3 (Nr. 24 Sätze 2 und 3 a.F.) BedarfsplRL-Ä). Dies ist der Fall, wenn der von den bereits zugelassenen Vertragsärzten nicht abgedeckte Versorgungsbedarf unterhalb des Umfangs einer **wirtschaftlich tragfähigen Vertragsarztpraxis** liegt (vgl. Rn. 58).[46] Der Begriff „**dauerhaft**" unterliegt gleichfalls dem Beurteilungsspielraum der Zulassungsgremien. Es handelt sich um eine Prognose, ob das Versorgungsdefizit mehr als nur vorübergehend ist. „Dauerhaft" setzt einen Zeitraum von mehr als zwei Jahren, auf den Ermächtigungen im Regelfall begrenzt werden, voraus. Die Dauer ist längstens am Fünf-Jahreszeitraum nach Nr. 25 Satz 1 BedarfsplRL-Ä a.F. (vgl. Rn. 49) auszurichten. Die Sonderbedarfszulassung dient dem Ziel, auch im Einzelfall sicherzustellen, dass angeordnete Zulassungssperren nicht unverhältnismäßig – weil in der konkreten örtlichen Situation zur Erreichung ihres Zieles nicht erforderlich – die **Berufsausübung** be-

[44] Vgl. Vertrag über die hausärztliche Versorgung, Anl. 5 zum BMV-Ä/EKV-Ä, v. 06.09.1993, zuletzt geändert m.W.v. 01.10.2000 (vgl. *Engelmann*, Gesetzliche Krankenversicherung/Soziale Pflegeversicherung, Nr. 560 = www.kbv.de/rechtsquellen).

[45] Vgl. KBV (Hrsg.), Grunddaten zur Vertragsärztlichen Versorgung in Deutschland, hrsg. von der KBV, www.kbv.de/publikationen, Schaubild I.1.

[46] Vgl. BSG v. 28.06.2000 - B 6 KA 35/99 R - juris Rn. 39 - BSGE 86, 242 = SozR 3-2500 § 101 Nr. 5; BSG v. 19.03.1997 - 6 RKa 43/96 - juris Rn. 18 - SozR 3-2500 § 101 Nr. 1.

schränken.[47] Soweit die Voraussetzungen vorliegen, besteht ein **Zulassungsanspruch**. § 26 BedarfsplRL-Ä stellt klar, dass bei einem Fachgebietswechsel eines zugelassenen Arztes die gleichen Voraussetzungen gelten.

Für **angestellte Ärzte in einem MVZ** gelten die §§ 24 und 25 (Nr. 24 und 25 a.F.) BedarfsplRL-Ä mit einigen Modifikationen entsprechend. Es gilt, dass eine Zulassung für die Dauer des Zeitraums nach § 25 Satz 1 an die Person des Arztes und an den Vertragsarztsitz (die Betriebsstätte) des MVZ gebunden ist. Eine Übertragung der Tätigkeit auf andere Ärzte des MVZ ist unzulässig (§ 40 (Nr. 38b a.F.) BedarfsplRL-Ä). **45**

Die **Sonderbedarfszulassung** nach § 24 (Nr. 24 a.F.) BedarfsplRL-Ä stellt grundsätzlich **kein aliud** gegenüber einer bedarfsunabhängigen Zulassung dar, weshalb es ohne Bedeutung ist, dass ein Arzt im Verwaltungsverfahren zunächst eine Sonderbedarfszulassung beantragt und erst im Berufungs- und Revisionsverfahren den Gesichtspunkt eines Zulassungsanspruchs nach den allgemeinen für Vertragsärzte geltenden Zulassungsregelungen geltend macht.[48] Die Zulassungsgremien sollten den Tatbestand nach § 24 (Nr. 24 a.F.) BedarfsplRL-Ä eindeutig bezeichnen; die Auffassung der Behörde über die anzuwendende Vorschrift und deren Voraussetzungen müssen für die Beteiligten jedenfalls ohne weiteres erkennbar sein (§ 35 Abs. 2 Nr. 2 SGB X).[49] **46**

Die Übertragung der **Befugnis zur Normkonkretisierung** ist nach der Rechtsprechung des **BSG** auch hinsichtlich der Sondebedarfszulassung **verfassungsgemäß**, zumal der Gesetzgeber Inhalt, Zweck und Ausmaß der Regelung präzise vorgegeben und damit die wesentlichen Fragen selbst entschieden hat.[50] **47**

Soweit ein **„Bedarf" zu ermitteln** ist, gelten die allgemeinen Grundsätze (vgl. die Kommentierung zu § 96 SGB V Rn. 35 ff.). Dies gilt auch für das **Verfahren** vor den Zulassungsgremien (vgl. die Kommentierung zu § 96 SGB V Rn. 31 ff.) und für den **Rechtsschutz** (vgl. die Kommentierung zu § 97 SGB V Rn. 17 ff.). **48**

a. Lokaler Versorgungsbedarf (§ 24 Satz 1 lit. a BedarfsplRL-Ä)

Eine Zulassung ist möglich, wenn ein nachweislicher **lokaler Versorgungsbedarf** in der vertragsärztlichen Versorgung in Teilen eines großstädtischen Planungsbereichs oder eines großräumigen Landkreises vorliegt (§ 24 Satz 1 Buchst. a (Nr. 1 Satz 1 lit. a a.F.) BedarfsplRL-Ä). Der Gemeinsame Bundesausschuss ist bisher seinem Gesetzesauftrag nach § 101 Satz 1 Nr. 3a SGB V nicht nachgekommen. Eine entsprechende Änderung der BedarfsplRL-Ä wird aber Rückwirkungen auf die Auslegung des § 24 Abs. 1 Satz 1 lit. a BedarfsplRL-Ä haben. Es dürfte sinnvoll sein, die lokale Sonderbedarfszulassung künftig an das Verfahren nach § 100 Abs. 3 SGB V zu koppeln (vgl. Rn. 83). **49**

Die Begriffe **„großstädtischer Planungsbereich"** und **„großräumiger Landkreis"**[51] werden in den BedarfsplRL-Ä nicht definiert. Die Einteilung der Stadt- und Landkreise erfolgt nach Regionstypen und der Sonderregion Ruhrgebiet (§§ 6 und 7 Abs. 2 (Nr. 9 und 11 a.F.) BedarfsplRL-Ä); sie ist nicht auf die in § 24 Satz 1 lit. a BedarfsplRL-Ä verwandten Begriffe übertragbar. Entscheidend ist, ob wegen der Größe, d.h. hier der räumlichen Ausdehnung des Planungsbereichs überhaupt Versorgungsdefizite vorstellbar sind. Von daher können kaum einzelne Planungsbereiche von vornherein ausgeschlossen werden. **50**

Der Begriff des **„lokalen Versorgungsbedarfes"** ist in Abgrenzung zu dem in § 24 Satz 1 lit. b (Nr. 24 Satz 1 lit. b a.F.) BedarfsplRl-Ä verwandten Begriffes des **„besonderen Versorgungsbedarfes"**, der auf den gesamten Planungsbereich zu beziehen ist, auszulegen. Es muss sich bei dem lokalen Versorgungsbedarf um einen solchen Versorgungsbedarf handeln, der überhaupt nur an einem **bestimmten Ort** oder in einer **bestimmten Region** besteht und denkbar ist. In diesem Sinne lokal ist ein Versorgungsbedarf dann, wenn er sich aus Besonderheiten ergibt, die in der Ortslage oder in besonderen örtlichen Krankheitshäufungen (etwa örtlich erhöhte Kropfbildung wegen jodarmen Wassers, örtliche Tumorhäufungen durch erhöhte Strahlenbelastungen infolge von Unfällen nahegelegener Atomreaktoren oder örtliche Asthma-Häufungen durch klimatische Besonderheiten) begründet sind.[52] Ein lokaler Versorgungsbedarf kann sich auch aus einer besonderen Lage eines Ortes ergeben, etwa bei weiter Entfer- **51**

---

[47] Vgl. BSG v. 28.06.2000 - B 6 KA 35/99 R - juris Rn. 31 - BSGE 86, 242 = SozR 3-2500 § 101 Nr. 5.

[48] Vgl. BSG v. 11.09.2002 - B 6 KA 23/01 R - juris Rn. 18 - SozR 3-5520 § 20 Nr. 4.

[49] Vgl. LSG Nordrhein-Westfalen v. 18.02.1998 - L 11 Ka 152/97 - juris Rn. 28.

[50] Vgl. BSG v. 28.06.2000 - B 6 KA 35/99 R - juris Rn. 31 - BSGE 86, 242 = SozR 3-2500 § 101 Nr. 5 m.w.N.

[51] Vgl. LSG Baden-Württemberg v. 13.11.2002 - L 5 KA 1247/02 - juris Rn. 25 ff.

[52] Vgl. LSG Bayern v. 14.02.2001 - L 12 KA 21/99; LSG Baden-Württemberg v. 24.01.1996 - L 5 Ka 2261/94 - MedR 1996, 383; LSG Baden-Württemberg v. 24.01.1996 - L 5 KA 2261/94 - MedR 96, 380 ff., 383.

nung von Nachbarschaftsorten oder einer schlechten Verkehrsanbindung.[53] Wie für den „besonderen Versorgungsbedarf" nach lit. b gilt, dass das Vorliegen eines Versorgungsdefizits von einer Vielzahl von **Faktoren** abhängt, u.a. von Zahl und Leistungsangebot der niedergelassenen Ärzte, Bevölkerungs- und Morbiditätsstruktur, Umfang und räumliche Verteilung der Nachfrage auf Grund der vorhandenen Verkehrsverbindungen. Vorgaben für eine Berechnung des Versorgungsdefizits gibt es nicht.[54] Überlegungen, auch belegärztliche Versorgungsgesichtspunkte zu berücksichtigen,[55] sind nach Schaffung des § 103 Abs. 7 SGB V obsolet.

52 Ein Versorgungsbedarf besteht nicht, wenn Vertragsärzte der maßgeblichen Arztgruppe sowohl in einer nahegelegenen Großstadt wie in einer anderen Stadt bzw. Gemeinde des jeweiligen Landkreises (auch) mit **öffentlichen Verkehrsmitteln** problemlos erreicht werden können.[56] Die kommunalen Gliederungen, auf die mit den **Planungsbereichen** abgestellt wird, sind letztlich unerheblich.[57] Die Versorgung in benachbarten Planungsbereichen muss berücksichtigt werden, weil es auf die lokalen und insoweit nicht durch die Grenzen des Planungsbereiches beschränkten Gegebenheiten ankommt.[58]

53 Der Einwand einer KV gegen eine Sonderbedarfszulassung, der Planungsbereich sei für das Fachgebiet gesperrt, ist irrelevant, da die **Sperrung** des entsprechenden **Planungsbereiches** gerade Voraussetzung für die Erteilung einer Sonderbedarfszulassung ist.[59] Eine Sonderbedarfszulassung eines **Psychologischen Psychotherapeuten** nach § 24 Satz 1 lit. a (Nr. 24 Satz 1 lit. a a.F.) BedarfsplRL-Ä für die **Behandlung von Kindern und Jugendlichen** ist nicht möglich, da der Erwachsenenpsychotherapeut nicht auf die Behandlung von Kindern und Jugendlichen beschränkt werden kann; es kommt nur eine Ermächtigung nach § 31 Ärzte-ZV in Betracht.[60] Die **kulturelle, religiöse oder soziale Situation der Versicherten** ist kein entscheidendes Kriterium für die Zulassung einer Ärztin für Psychiatrie im Wege des Sonderbedarfs.[61] Ebenso wenig kann die Beherrschung einer bestimmten **Fremdsprache** einen Sonderbedarf für die Zulassung als Psychotherapeut begründen; die Nichterfassung einer ausreichenden Versorgung mit muttersprachlicher psychotherapeutischer Behandlung ist rechtlich nicht zu beanstanden.[62]

54 Die Zulassung nach Nr. 24 Satz 1 lit. a BedarfsplRL-Ä a.F. konnte an den **Ort der Niederlassung gebunden** werden (Nr. 25 Satz 1 BedarfsplRL-Ä a.F.); nach der Neufassung durch Nr. II. 1 des Beschlusses des Gemeinsamen Bundesausschusses v. 15.11.2005 ist er daran zu binden (§ 25 Satz 1 BedarfsplRL-Ä) (vgl. auch Rn. 49 a.E.).[63] Das folgt aus dem Zulassungsgrund, einen lokalen Versorgungsbedarf zu beheben. Hierdurch wurde bereits in der alten Fassung der Ermessensspielraum des Zulassungsausschusses eingeschränkt. Der Begriff „Ort der Niederlassung" greift die Definition des Vertragsarztsitzes nach § 24 Abs. 1 Ärzte-ZV auf. Darunter ist die konkrete Praxisanschrift zu verstehen (vgl. die Kommentierung zu § 95 SGB V Rn. 202). Die Bindung an den Niederlassungsort ist **nicht befristet**.[64] Bereits Nr. 25 Satz 1 BedarfsplRL-Ä a.F. bezog die Befristung von 5 Jahren in Halbsatz 2 eindeutig nur auf die anderen Tatbestände nach Nr. 24 Buchs. b)-d). Der mit Beschluss vom 15.11.2005 neu eingefügte Satz 2 in Nr. 25 BedarfsplRL-Ä a.F. bzw. jetzt § 25 Satz 2 BedarfsplRL-Ä stellt aber klar, dass die Beschränkung endet, wenn der Landesausschuss feststellt, das Überversorgung nicht mehr nach § 103 Abs. 1 und 3 SGB V besteht. Es besteht zwar die Möglichkeit, eine Verlegung des Praxissitzes durch den Zulassungsausschuss genehmigen zu lassen (§ 24 Abs. 7

---

[53] Vgl. LSG Baden-Württemberg v. 24.01.1996 - L 5 Ka 2261/94 - MedR 1996, 383; *Hesral* in: Ehlers (Hrsg.), Fortführung von Arztpraxen, 2. Aufl. 2001, Rn. 168.

[54] Vgl. BSG v. 28.04.2004 - B 6 KA 90/03 B - juris Rn. 13.

[55] Vgl. BVerfG v. 08.10.1996 - 1 BvL 3/95 - juris Rn. 12 - NJW 1997, 792 = MedR 1997, 77.

[56] Vgl. BSG v. 09.06.1999 - B 6 KA 1/99 B - juris Rn. 7.

[57] Vgl. LSG Schleswig-Holstein v. 09.09.1998 - L 4 Ka 9/98 - juris Rn. 24.

[58] Anders *Hesral* in: Ehlers (Hrsg.), Fortführung von Arztpraxen, 2. Aufl. 2001, Rn. 168.

[59] Vgl. LSG Nordrhein-Westfalen v. 22.09.2004 - L 11 KA 47/04 - www.sozialgerichtsbarkeit.de.

[60] Vgl. SG Marburg v. 20.07.2005 - S 12 KA 354/05 ER - juris.

[61] LSG Nordrhein-Westfalen v. 26.09.2001 - L 11 KA 38/01 - juris Rn. 29 ff.; LSG Hessen v. 31.05.2000 - L 7 KA 1415/99 - juris Rn. 24 f.; vgl. auch LSG Baden-Württemberg v. 30.04.2003 - L 5 KA 2805/01 - juris; LSG Baden-Württemberg v. 20.08.2003 - L 5 KA 3769/02 - juris.

[62] Vgl. SG Hamburg v. 10.12.2003 - S 27 KA 251/01 - juris Rn. 25 ff.; für eine Ermächtigung vgl. LSG Berlin v. 10.04.2002 - L 7 KA 60/01 - www.sozialgerichtsbarkeit.de; LSG Baden-Württemberg v. 16.02.2005 - L 5 KA 3491/04.

[63] Beschluss v. 15.11.2005, BAnz 2005, Nr. 68, 2539.

[64] Anders *Hesral*: in Ehlers (Hrsg.), Fortführung von Arztpraxen, 2. Aufl. 2001, Rn. 168.

Ärzte-ZV). Eine Verlegung ist aber nicht innerhalb des gesamten Planungsbereiches zulässig, sondern nur insoweit, als es der lokale Versorgungsbedarf zulässt (vgl. die Kommentierung zu § 95 SGB V Rn. 215). Für die weitere Zulassung eines **angestellten Arztes in einem MVZ** nach § 24 Satz 1 lit. a (Nr. 24 Satz 1 lit. a a.F.) BedarfsplRL-Ä gilt gleichfalls die Bindung seiner Zulassung an den Vertragsarztsitz (die Betriebsstätte) des MVZ. Die weiteren Besonderheiten nach § 40 (Nr. 38b a.F.) BedarfsplRL-Ä gelten nicht, da sie sich nur auf die übrigen Sonderbedarfszulassungen beziehen. Nach Aufhebung der Zulassungsbeschränkungen kann die Sonderbedarfszulassung in eine **Vollzulassung** erstarken (vgl. Rn. 49 und Rn. 64).

b. Besonderer Versorgungsbedarf (§ 24 Satz 1 lit. b BedarfsplRL-Ä)

Ein besonderer Versorgungsbedarf liegt vor, wie er durch den Inhalt des **Schwerpunkts**, einer **fakultativen Weiterbildung** oder einer **besonderen Fachkunde** für das Facharztgebiet nach der Weiterbildungsordnung umschrieben ist. Voraussetzung für eine Zulassung ist, dass die ärztlichen Tätigkeiten des qualifizierten Inhalts in dem betreffenden Planungsbereich nicht oder nicht ausreichend zu Verfügung stehen und dass der Arzt die für den besonderen Versorgungsbedarf erforderlichen Qualifikationen durch die entsprechende Facharztbezeichnung sowie die besondere Arztbezeichnung oder Qualifikation (Schwerpunkt, fakultative Weiterbildung, Fachkunde) nachweist. Eine mögliche Leistungserbringung in Krankenhäusern bleibt außer Betracht (§ 24 Satz 1 lit. b (Nr. 24 Satz 1 lit. b a.F.) BedarfsplRL-Ä). 55

Bei der Feststellung eines besonderen Versorgungsbedarfes steht den Zulassungsgremien ein gerichtlich nur eingeschränkt überprüfbarer **Beurteilungsspielraum** zu (vgl. die Kommentierung zu § 96 SGB V Rn. 31).[65] 56

Zur **Ermittlung der Bedarfssituation** (vgl. die Kommentierung zu § 96 SGB V Rn. 35 ff. und die Kommentierung zu § 96 SGB V Rn. 39 ff.) ist es sachgerecht und statthaft, die bereits niedergelassenen Ärzte nach ihrem Leistungsangebot und der Aufnahmekapazität ihrer Praxen zu befragen. Diese **Befragung** hat sich grundsätzlich auf die gesamte Breite eines medizinischen Versorgungsbereichs und nicht nur auf einzelne spezielle Leistungen zu beziehen. Die Angaben der Ärzte sind aber als potentielle künftige Konkurrenten des Bewerbers um einen zusätzlichen Praxissitz nicht ohne weiteres als Entscheidungsgrundlage geeignet, sondern müssen sorgfältig ausgewertet, soweit möglich durch weitere Ermittlungen ergänzt und so **objektiviert** werden. Hierfür ist es erforderlich, etwa die **Anzahlstatistiken** der in Frage kommenden Vertragsärzte beizuziehen, um festzustellen, inwieweit im Bereich des streitigen Sonderbedarfs von diesen Ärzten Leistungen erbracht werden.[66] Die Ermittlungen dürfen sich ferner auch auf die gesamte jeweilige **Gruppe der Gebietsärzte** beziehen, die nach dem einschlägigen Weiterbildungsrecht befugt sind, die Leistungen eines streitigen Teilgebiets zu erbringen. Es kommt in erster Linie auf die tatsächliche Versorgungssituation in dem betreffenden **Planungsbereich** an, was nicht ausschließt, dass die sachkundigen Zulassungsgremien diesen Planungsbereich (analog § 12 Abs. 3 Satz 2 Ärzte-ZV) im Falle von **Subspezialisierungen** einzelner Fachgebiete überschreiten und auch die an den untersuchten räumlichen Bereich angrenzende Gebiete in ihre Überlegungen miteinbeziehen.[67] Nach SG Hamburg ist in Hamburg auf die Versorgungssituation im gesamten Planungsbereich, nicht in einem einzelnen Stadtteil abzustellen.[68] Besonderen Bedarfssituationen, die sich aufgrund der regionalen Struktur eines Planungsbereiches ergeben, kann durch eine sachgemäße Ausübung des Beurteilungsspielraums bei der Prüfung der Bedarfslage Rechnung getragen werden.[69] 57

Die ausnahmsweise Besetzung eines zusätzlichen Vertragsarztsitzes muss zur Wahrung der Qualität der vertragsärztlichen Versorgung in einem **kompletten Versorgungsbereich** unerlässlich sein; die Versorgungslücke muss in der gesamten Breite eines Versorgungsbereichs bestehen. Werden lediglich **einzelne spezielle Leistungen**, die eine Vertragsarztpraxis in freier Niederlassung nicht sinnvoll aus- 58

[65] Vgl. BSG v. 28.06.2000 - B 6 KA 35/99 R - juris Rn. 34 - BSGE 86, 242 = SozR 3-2500 § 101 Nr. 5 m.w.N.

[66] Vgl. BSG v. 28.06.2000 - B 6 KA 35/99 R - juris Rn. 36 und 38 - BSGE 86, 242 = SozR 3-2500 § 101 Nr. 5; LSG Nordrhein-Westfalen v. 14.07.2004 - L 11 KA 21/04 - juris Rn. 18 - GesR 2004, 526; LSG Nordrhein-Westfalen v. 28.02.2007 - L 11 KA 82/06 - juris Rn. 21.

[67] Vgl. BSG v. 28.06.2000 - B 6 KA 35/99 R - juris Rn. 36 - BSGE 86, 242 = SozR 3-2500 § 101 Nr. 5; LSG Sachsen v. 26.05.2005 - L 1 B 31/05 KA-ER - juris Rn. 18; LSG Nordrhein-Westfalen v. 25.04.2007 - L 10 KA 48/06 - juris Rn. 46.

[68] Vgl. SG Hamburg v. 26.04.2006 - S 3 KA 96/05.

[69] Vgl. BSG v. 25.11.1998 - B 6 KA 81/97 R - juris Rn. 27 - SozR 3-2500 § 97 Nr. 2.

zufüllen vermögen, von den im Planungsbereich bereits niedergelassenen Vertragsärzten nicht erbracht, so kommt anstelle einer Sonderbedarfszulassung ggf. die Erteilung einer **Ermächtigung** in Frage.[70] Einer Ermächtigung nach § 116 SGB V, § 31a Abs. 1 Satz 2 Ärzte-ZV gebührt gegenüber einer Sonderbedarfszulassung nur der Vorrang, wenn der von den bereits zugelassenen Vertragsärzten nicht abgedeckte Versorgungsbedarf unterhalb des Umfangs einer **wirtschaftlich tragfähigen Vertragsarztpraxis** liegt.[71] Der Versorgungsbedarf muss allerdings **dauerhaft** erscheinen (§ 25 Satz 2 (Nr. 25 Satz 2 a.F.) BedarfsplRL-Ä) (vgl. Rn. 44).

59 Nach LSG Nordrhein-Westfalen sprechen **Genehmigungen** für **fachärztliche Leistungen** nach § 73 Abs. 1a Satz 3 SGB V an Internisten, die an der **hausärztlichen Versorgung** teilnehmen, für das Vorliegen eines Sonderbedarfs und folgt der **Vorrang von Zulassungen** gegenüber den betreffenden Ausnahmegenehmigungen aus der Gliederung der vertragsärztlichen Versorgung (§ 73 Abs. 1 SGB V) und den Regelungen des Vertrages über die hausärztliche Versorgung (§§ 6, 9 SGB V).[72] Gleiches gilt für Ermächtigungen nach § 116 SGB V.

60 **Behauptete qualitative Unterschiede** bei der Leistungserbringung können keinen Anspruch auf eine Zulassung begründen. Ebenso wie der um Ermächtigung nachsuchende Krankenhausarzt mit Erfolg einen qualitativen Unterschied zwischen den von ihm erbrachten Leistungen und denjenigen der niedergelassenen Ärzte nicht geltend machen kann, ist in typisierender Betrachtung davon auszugehen, dass die niedergelassenen Gebietsärzte aufgrund ihres gleichwertigen Ausbildungs- und Weiterbildungsstandes dem Versorgungsanspruch der Versicherten in qualitativer Hinsicht voll entsprechen.[73]

61 Bei einer Sonderbedarfszulassung für den Schwerpunkt **Kinderradiologie** ist es unerheblich, dass der Planungsbereich für Radiologen wegen Überversorgung gesperrt ist; es gibt zahlreiche Untersuchungen mit speziellen kinderradiologischen Fragestellungen, für die ein „Erwachsenen"-Radiologe nicht kompetent ist.[74] Die Forderung eines **männlichen Hautarztes** stellt ebf. keinen „besonderen Versorgungsbedarf" dar.[75] Bei einer Sonderbedarfszulassung für eine Chirurgin mit der Zusatzbezeichnung Handchirurgie können in eine Befragung auch Fachärzte für plastische Chirurgie einbezogen werden.[76] Auf **Psychologische Psychotherapeuten** kann § 24 Satz 1 lit. b (Nr. 24 Satz 1 lit. b a.F.) BedarfsplRL-Ä auch nicht entsprechend angewandt werden, da es Weiterbildungsordnungen nur für Ärzte, nicht aber für Psychologische Psychotherapeuten und Kinder- und Jugendlichenpsychotherapeuten gibt.[77] Eine **Zusatzbezeichnung** reicht nicht für eine Sonderbedarfszulassung aus.[78]

62 Die Zulassung gemäß § 24 Satz 1 BedarfsplRL-Ä ist im Falle des lit. a an den Ort der Niederlassung gebunden und hat in den Fällen der lit. b-d mit der Maßgabe zu erfolgen, dass für den zugelassenen Vertragsarzt nur die ärztlichen Leistungen, welche im Zusammenhang mit dem Ausnahmetatbestand stehen, abrechnungsfähig sind (§ 25 Satz 1 BedarfsplRL-Ä). Diese Beschränkung war nach der Nr. 25 Satz 1 BedarfsplRL-Ä a.F. – wohl im Hinblick auf die Berufsfreiheit (Art. 12 Abs. 1 GG) – auf **fünf Jahre befristet** gewesen. Danach erstarkte die Sonderbedarfszulassung – unabhängig von der tatsächlichen Versorgungslage – in eine Vollzulassung, bei der zulassungsrechtliche Abrechnungsschranken nicht mehr bestanden. Die Tatbestände der Sonderbedarfszulassung ermöglichen eine Zulassung in einem wegen Überversorgung gesperrten Planungsbereich. Mit Beschluss v. 15.11.2005[79] fasste der Gemeinsame Bundesausschuss Nr. 25 Satz 1 BedarfsplRL-Ä a.F. neu unter Weglassen des Passus „für eine Übergangszeit von 5 Jahren" und fügte einen Satz 2 ein, wonach die Beschränkungen nach Satz 1 enden, wenn der Landesausschuss für den entsprechenden Planungsbereich feststellt, dass eine Überversorgung gemäß § 103 Abs. 1 und 3 SGB V nicht mehr besteht. Diese Änderung ist in die aktuell gel-

70 Vgl. BSG v. 19.03.1997 - 6 RKa 43/96 - juris Rn. 18 - SozR 3-2500 § 101 Nr. 1.

71 Vgl. BSG v. 28.06.2000 - B 6 KA 35/99 R - juris Rn. 39 - BSGE 86, 242 = SozR 3-2500 § 101 Nr. 5; BSG v. 19.03.1997 - 6 RKa 43/96 - juris Rn. 18 - SozR 3-2500 § 101 Nr. 1.

72 Vgl. LSG Nordrhein-Westfalen v. 14.07.2004 - L 11 KA 21/04 - juris Rn. 21 - GesR 2004, 526; LSG Nordrhein-Westfalen v. 03.03.2004 - L 10 KA 41/03 - juris Rn. 2 - MedR 2005, 315.

73 Vgl. BSG v. 28.06.2000 - B 6 KA 35/99 R - juris Rn. 40 - BSGE 86, 242 = SozR 3-2500 § 101 Nr. 5 m.w.N.

74 Vgl. LSG Nordrhein-Westfalen v. 28.02.2007 - L 11 KA 82/06 - juris Rn. 22.

75 Vgl. LSG Bayern v. 14.02.2001 - L 12 KA 21/99.

76 Vgl. SG Hamburg v. 26.04.2006 - S 3 KA 96/05.

77 Vgl. LSG Baden-Württemberg v. 13.11.2002 - L 5 KA 1247/02 - juris; SG Marburg v. 20.07.2005 - S 12 KA 354/05 ER - juris; a.A. LSG Bayern v. 25.10.2006 - L 12 KA 187/05 - juris Rn. 42 ff. - Breith 2007, 480 (Revision anhängig: B 6 KA 14/07 R).

78 Vgl. LSG Nordrhein-Westfalen v. 11.04.2001 - L 11 KA 175/00 - juris Rn. 28 ff.; LSG Nordrhein-Westfalen v. 09.02.2000 - L 11 KA 195/99 - E-LSG KA-071.

79 BAnz 2006, Nr. 68, 2539.

tende Fassung übernommen worden (vgl. § 25 Sätze 1 und 2 BedarfsplRL-Ä). Nach **Auffassung des Gemeinsamen Bundesausschusses** handele es sich bei den Tatbeständen der Sonderbedarfszulassung um Privilegierungsregelungen, die eine Zulassung in einem wegen Überversorgung gesperrten Planungsbereich ermöglichten. Mit der **Neufassung** werde klargestellt, dass der Übergang in eine **Vollzulassung** künftig nur noch unter der Voraussetzung möglich sei, dass zu diesem Zeitpunkt in dem betreffenden Planungsbereich **keine Überversorgung** mehr bestehe. Maßgeblich für den Wegfall der Beschränkung bei Sonderbedarfszulassungen sei damit ausschließlich die Versorgungssituation im Planungsbereich.[80] Dies gilt nicht für Vertragsärzte, denen eine Sonderbedarfszulassung vor dem In-Kraft-Treten dieser Richtlinienänderung (also bis 06.04.2006) erteilt wurde.[81] Durch diese **Übergangsfrist** soll Vertragsärzten, deren Sonderbedarfszulassung noch nicht in eine Vollzulassung umgewandelt worden ist, eine Umwandlung jedoch möglicherweise unmittelbar bevorsteht, ihre Anwartschaft auf eine unbeschränkte Vollzulassung und damit eine grundrechtlich geschützte Rechtsposition erhalten werden. Mit der Übergangsregelung soll sichergestellt werden, dass unter Vertrauensschutzgesichtspunkten diese Anwartschaft auf eine Vollzulassung bestehen bleibt.[82] Ferner ersetzte die Neufassung durch den Beschluss vom 15.11.2005 die Ermessensregelung („darf") in Nr. 25 Satz 1 BedarfsplRL-Ä a.F. durch zwingendes Recht („ist" und „hat") (vgl. Rn. 54).

§ 25 Satz 1 BedarfsplRL-Ä setzt nunmehr die zwingende **Beschränkung** auf einen **Leistungskatalog**, wie dies bereits für eine Ermächtigung vorgeschrieben ist (vgl. § 31 Abs. 7 Ärzte-ZV), voraus. Entsprechend ist die vertragsärztliche Versorgungspflicht auf diese Leistungen beschränkt. Das „darf" war aber bereits zuvor nicht allein im Sinne eines Ermächtigungstatbestandes zu verstehen und verpflichtet zur **Ermessensausübung** nach Maßgabe des abzudeckenden Bedarfes. Der Leistungsumfang kann nicht an der Tragfähigkeit für eine vertragsärztliche Praxis orientiert werden.[83] Reicht er nicht für eine Existenzgrundlage aus, so kann der Bedarf nur durch Ermächtigungen abgedeckt werden. Ob die Beschränkung der Zulassung auf **Überweisungsfälle** wie bei Ermächtigungen zulässig ist (vgl. § 31 Abs. 7 Satz 1 bzw. Satz 2 Ärzte-ZV), hat das BSG bisher nicht ausdrücklich entschieden, sachlich aber eher bejaht.[84] Unter Maßgabe einer „unerlässlichen" Bedarfsdeckung ist eine solche Einschränkung zulässig und ist nur die wirtschaftliche Tragfähigkeit einer solchen Zulassung zu prüfen. Erbringt der Vertragsarzt **Leistungen außerhalb des Zulassungskatalogs**, so hat die KV eine Vergütung dieser Leistungen nicht vorzunehmen bzw. sie sachlich-rechnerisch zu berichtigen. An bestandskräftige Zulassungsentscheidungen sind der Vertragsarzt und die KV gebunden; im Rahmen eines Honorarstreites sind sie nicht überprüfbar. 63

Eine **Befristung** einer Sonderbedarfszulassung schied nach altem Recht bereits wegen der Anwartschaft auf eine Vollzulassung aus. Die Anwartschaft ist nunmehr auf den Wegfall der Überversorgung beschränkt. Die §§ 24 und 25 BedarfsplRL-Ä sehen aber weiterhin eine Befristung nicht vor. Als abschließende Sonderregelungen lassen sie einen Rückgriff auf § 32 Abs. 1 SGB nicht zu. 64

Eine **Nachfolgebesetzung** nach § 103 Abs. 4 SGB V (vgl. die Kommentierung zu § 103 SGB V Rn. 45) vor Ablauf der vom Zulassungsausschuss festgesetzten maßgeblichen Fünf-Jahres-Frist nach Nr. 25 Satz 1 BedarfsplRL-Ä a.F. bzw. jetzt generell, da die Sonderbedarfszulassung in eine Vollzulassung nur nach Aufhebung der Zulassungsbeschränkungen erstarken kann, bedarf der erneuten Zulassung und kann nur bei Fortbestand der Sonderbedarfsfeststellungen mit Festsetzung einer erneuten Beschränkung erteilt werden (§ 25 Satz 4 (Nr. 25 Satz 4 a.F.) BedarfsplRL-Ä).[85] Damit besteht ein nur eingeschränkter Schutz in den Bestand der Praxis, soweit eine veränderte Bedarfssituation eingetreten ist. 65

---

[80] Vgl. Tragende Gründe zum Beschluss über eine Änderung der Bedarfsplanungs-Richtlinien-Ärzte vom 15.11.2005, www.g-ba.de.

[81] Vgl. Beschl. des Gemeinsamen Bundesausschusses v. 21.02.2006, BAnz 2006, Nr. 68, 2541 v. 06.04.2006.

[82] Vgl. Tragende Gründe zum Beschluss über eine Änderung der Bedarfsplanungs-Richtlinien-Ärzte vom 21.02.2006, www.g-ba.de.

[83] Anders *Hencke* in: Peters, Handbuch KV (SGB V), § 101 Rn. 6.

[84] Vgl. BSG v. 19.03.1997 - 6 RKa 43/96 - juris Rn. 15 - SozR 3-2500 § 101 Nr. 1.

[85] Mit Beschluss v. 15.11.2005, BAnz 2005, Nr. 68, 2539 hat der Gemeinsame Bundesausschuss als Folgeänderung aus S. 4 die Wörter „vor Ablauf der vom Zulassungsausschuss festgesetzten maßgeblichen Fünf-Jahres-Frist nach Satz 1" gestrichen.

c. Spezialisierte Gemeinschaftspraxis (§ 24 Satz 1 lit. c BedarfsplRL-Ä)

66 Eine **qualitätsbezogene Ausnahme** kann gestattet werden, wenn durch die Zulassung eines Vertragsarztes, der spezielle ärztliche Tätigkeiten ausübt, die Bildung einer **ärztlichen Gemeinschaftspraxis** mit **spezialistischen Versorgungsaufgaben** ermöglicht wird (z.B. kardiologische oder onkologische Schwerpunktpraxen). Lit. a gilt entsprechend (§ 24 Satz 1 lit. c (Nr. 24 Satz 1 lit. c a.F.) BedarfsplRL-Ä).

67 Die Vorschrift verlangt tatbestandlich nicht zwingend einen weiteren qualitativen Versorgungsbedarf, sondern geht davon aus, dass bereits mit der Bildung einer Gemeinschaftspraxis die **qualitative Versorgung verbessert** wird. Insofern wird indirekt ein qualitativer Versorgungsbedarf unterstellt. Das LSG Nordrhein-Westfalen sieht eine Verbesserung der Versorgung insofern, als für eine Vertretung nicht mehr auf Ärzte außerhalb der Praxis zurückgegriffen werden muss und der Vertreter über entsprechende spezielle Kenntnisse verfügt.[86] Im Rahmen der **Ermessensausübung** ist allerdings zu berücksichtigen, ob ein entsprechender **Versorgungsbedarf** besteht.[87]

68 Der Begriff „**spezielle ärztliche Tätigkeiten**" knüpft anders als nach § 24 Satz 1 lit. b BedarfsplRL-Ä nicht an besondere Fachkunden nach den Weiterbildungsordnungen an. Es geht um die Bedarfsdeckung für **spezialistische Versorgungsaufgaben**, wie sie insbesondere durch Vereinbarungen der Bundesmantelvertragsparteien geregelt werden. Qualitative Bezugsgröße ist anders als nach lit. b nicht das gesamte Spektrum eines Schwerpunktes oder einer fakultativen Weiterbildung.[88]

69 Der Hinweis auf lit. a setzt einen **lokalen Versorgungsbedarf** voraus. Soweit bezweifelt wird, ob dem Hinweis eine eigenständige Bedeutung zukommt, weil dann ein eigener Anwendungsbereich des Tatbestandes der Förderung der Bildung von Gemeinschaftspraxen mit spezialistischen Versorgungsaufgaben erheblich eingeschränkt wäre,[89] wird übersehen, dass lit. a nur entsprechend anzuwenden ist. „Entsprechend" ist aber dahingehend zu verstehen, dass es nicht auf einen lokalen Bedarf für die Erbringung der speziellen Leistungen ankommt, sondern nur darauf, ob die besonderen Versorgungsaufgaben bereits lokal in ausreichendem Maße durch Gemeinschaftspraxen angeboten werden.

70 Zur **Beschränkung des Leistungsumfangs** der Sonderbedarfszulassung nach § 25 Satz 1 BedarfsplRL-Ä vgl. vorstehend Rn. 49 f.

d. Ambulante Operationen (§ 24 Satz 1 lit. d BedarfsplRL-Ä)

71 Die Voraussetzungen für eine Ausnahme nach § 24 Satz 1 lit. d BedarfsplRL-Ä sind gegeben, wenn unbeschadet der festgestellten Überversorgung in einer Arztgruppe, welche nach ihrer Gebietsbeschreibung auch ambulante Operationen einschließt, diese **Versorgungsform nicht in ausreichendem Maße** angeboten wird. Voraussetzung für eine Ausnahme ist, dass der sich um die Zulassung bewerbende Vertragsarzt **schwerpunktmäßig ambulante Operationen** aufgrund der dafür erforderlichen Einrichtungen ausübt. Dasselbe gilt im Falle einer Gemeinschaftspraxisbildung mit dem Schwerpunkt ambulante Operationen. Bei der Bedarfsfeststellung bleibt das Leistungsangebot von zu ambulanten Operationen bereiten Krankenhäusern gemäß § 115b SGB V außer Betracht (§ 24 Satz 1 lit. d (Nr. 24 Satz 1 lit. d a.F.) BedarfsplRL-Ä).

72 Die Zulassung ist für bestimmte ambulante Operationen anhand der zu erbringenden **Leistungen** zu **konkretisieren** und damit zu beschränken (vgl. Rn. 49 f.).

73 Für die Frage, ob diese Operationen in ausreichendem Maße angeboten werden, ist auf die **Arztgruppe** abzustellen, die diese Leistungen erbringen. Dies gilt insbesondere dann, wenn die Leistungen von verschiedenen Arztgruppen nach der Weiterbildungsordnung gleichermaßen erbracht werden dürfen. Dann sind alle diese Arztgruppen zu berücksichtigen, so z.B. im Bereich der Handchirurgie die Fachgruppe der Chirurgen und Orthopäden.[90]

74 Die Zulassungsgremien haben zu **ermitteln, wie viele Ärzte** der Arztgruppen im Planungsbereich in welcher Häufigkeit die beantragten **Leistungen erbringen** und abrechnen (vgl. die Kommentierung zu § 96 SGB V Rn. 37). Abzustellen ist dabei grundsätzlich auf den **Planungsbereich** (vgl. die Kommentierung zu § 96 SGB V Rn. 39 ff.). Auf die Bedarfssituation in den **angrenzenden Planungsbereichen** ist nur dann abzustellen, wenn aufgrund einer besonderen regionalen Konstellation der im Planungs-

---

[86] Vgl. LSG Nordrhein-Westfalen v. 08.03.2000 - L 11 KA 201/99 - juris Rn. 26 - MedR 2001, 52.

[87] Vgl. *Hesral* in: Ehlers (Hrsg.), Fortführung von Arztpraxen, 2. Aufl. 2001, Rn. 174.

[88] Vgl. *Hesral* in: Ehlers (Hrsg.), Fortführung von Arztpraxen, 2. Aufl. 2001, Rn. 174.

[89] Vgl. LSG Nordrhein-Westfalen v. 08.03.2000 - L 11 KA 201/99 - juris Rn. 27 - MedR 2001, 52.

[90] Vgl. LSG Baden-Württemberg v. 03.03.2004 - L 5 KA 656/03 - juris Rn. 42; LSG Baden-Württemberg v. 24.01.1996 - L 5 Ka 2261/94 - MedR 1996, 384.

bereich festgestellte Versorgungsgrad zu den tatsächlichen Verhältnissen in krassem Widerspruch steht. **Besonderen Bedarfssituationen**, die sich auf Grund der regionalen Struktur eines Planungsbereichs ergeben, ist durch eine sachgemäße Ausübung des Beurteilungsspielraums bei der Prüfung der Bedarfslage Rechnung zu tragen.[91] Das **Angebot der Krankenhäuser** hat aber nach § 24 Satz 1 lit. d Satz 4 BedarfsplRL-Ä ausdrücklich außer Betracht zu bleiben. In einem weiteren Prüfschritt ist zu ermitteln, ob diese Leistungen als „in ausreichendem Maße angeboten" beurteilt werden können. Entscheidend ist nach § 24 Satz 1 lit. d Satz 1 BedarfsplRL-Ä, ob die Versorgungsform der ambulanten Operationen in ausreichendem Maße **angeboten wird** und nicht, ob sie in ausreichendem Maße angeboten werden könnte. Gezielter Nichterbringung der Leistungen ist allerdings durch andere Maßnahmen zu begegnen.[92]

Nach LSG Baden-Württemberg liegt eine **Schwerpunktbildung** jedenfalls vor, wenn ambulante Operationen 50% der Praxistätigkeit ausmachen, nicht jedoch bei Werten zwischen 10-15%.[93] Der die Zulassung begehrende Arzt muss aber selbst die dem Sonderbedarf entsprechende **Qualifikation** aufweisen.[94] 75

Zur **Beschränkung des Leistungsumfangs** der Sonderbedarfszulassung nach § 25 Satz 1 BedarfsplRL-Ä vgl. vorstehend Rn. 49 f. 76

e. Dialyseversorgung (§ 24 Satz 1 lit. e BedarfsplRL-Ä)

Die **Voraussetzungen** für eine Ausnahme sind gegeben, wenn durch die KV 77

- zur Sicherstellung der wohnortnahen Dialyseversorgung einem Vertragsarzt oder
- aufgrund der Qualitätssicherungsvereinbarung zu den Blutreinigungsverfahren gemäß § 135 Abs. 2 SGB V einem weiteren Arzt in der Dialysepraxis (vgl. § 7 Abs. 1 und 2 der Anlage 9.1 der Bundesmantelverträge)

die Genehmigung zur Durchführung eines Versorgungsauftrags für die **nephrologische Versorgung** chronisch niereninsuffizienter Patienten mit Dialyseleistungen gemäß § 2 Abs. 7 Bundesmantelverträge-Ärzte erteilt werden soll, der Zulassung jedoch Zulassungsbeschränkungen für die Zulassung von Fachärzten für Innere Medizin zur Teilnahme an der fachärztlich-internistischen Versorgung entgegenstehen.

Die Vorschrift **harmonisiert** das **Zulassungsrecht** mit den **Vereinbarungen über die Versorgung chronisch nierenkranker Patienten**, die eine wohnortnahe Versorgung zu erreichen suchen und mit der **Qualitätssicherungsvereinbarung** (Vereinbarung zu den Blutreinigungsverfahren) einen Arzt-Patienten-Schlüssel vorgeben (Anl. 9.1 BMV-Ä/EKV-Ä). 78

Die Zulassung nach § 24 Satz 1 lit. e (Nr. 24 Satz lit. e a.F.) BedarfsplRL-Ä wird mit der Maßgabe erteilt, dass sie auf den **definierten Versorgungsauftrag beschränkt** ist und im Falle gemeinsamer Berufsausübung auf die Dauer der gemeinsamen Berufsausübung; diese Beschränkung endet, wenn Zulassungsbeschränkungen für die Arztgruppe der an der fachärztlichen Versorgung teilnehmenden Internisten aufgehoben werden, jedoch nur im Umfang des Aufhebungsbeschlusses nach § 23 Abs. 1 (Nr. 23 Satz 1 a.F.) BedarfsplRL-Ä und unter Beachtung der Reihenfolgeregelung nach § 23 Abs. 3 Satz 1 Nr. 3 und Satz 2 (Nr. 23 Sätze 5 und 6 a.F.) BedarfsplRL-Ä. Vorrangig vor Neuzulassungen enden die Zulassungs- und Leistungsbegrenzungen in der Reihenfolge der jeweils längsten Dauer der gemeinsamen Zulassung und erstarken damit in eine Vollzulassung (vgl. Rn. 91).[95] 79

5. Zusätzlicher lokaler Versorgungsbedarf (Absatz 3a)

Der durch das VÄndG neu eingefügte § 95 Abs. 3a SGB V verpflichtet den Gemeinsamen Bundesausschuss Vorgaben zu beschließen, unter welchen allgemeinen Voraussetzungen die Landesausschüsse der Ärzte und Krankenkassen nach **§ 100 Abs. 3 SGB V** (vgl. die Kommentierung zu § 103 SGB V Rn. 17 f.) einen zusätzlichen lokalen Versorgungsbedarf in nicht unterversorgten Planungsbereichen feststellen können. Die Regelung zielt auf eine Erleichterung der Zahlung von Sicherstellungszuschlägen durch die KV ab (vgl. die Kommentierung zu § 103 SGB V Rn. 19 ff.). Flankierend müssen mit 80

---

[91] Vgl. LSG Baden-Württemberg v. 03.03.2004 - L 5 KA 656/03 - juris Rn. 44 f.

[92] Vgl. LSG Baden-Württemberg v. 03.03.2004 - L 5 KA 656/03 - juris Rn. 47 f.

[93] Vgl. LSG Baden-Württemberg v. 24.01.1996 - L 5 Ka 2261/94 - MedR 1996, 384.

[94] Vgl. LSG Baden-Württemberg v. 24.01.1996 - L 5 Ka 2261/94 - MedR 1996, 384 f.; LSG Nordrhein-Westfalen v. 11.01.1995 - L 11 Ka 84/94 - MedR 1995, 212 f.

[95] Vgl. BSG v. 23.02.2005 - B 6 KA 81/03 R - juris Rn. 23 - MedR 2005, 666 = GesR 2005 m.w.N.

dem VÄndG die BedarfsplRL-Ä für die Anstellung von Ärzten im Rahmen eines sog. Job-Sharings Ausnahmen von der Leistungsbegrenzung vorsehen, soweit und solange dies zur Deckung eines zusätzlichen lokalen Versorgungsbedarfs erforderlich ist (§ 101 Abs. 1 Satz 1 Nr. 5 SGB V).

81 Dem Landesausschuss der Ärzte und Krankenkassen oblag bereits bisher die Feststellung zur Unterversorgung nach § 101 Abs. 1 SGB V. Die Voraussetzungen für seine Feststellung zur Unterversorgung sind durch das GKV-WSG herabgesetzt worden. Neben eingetretener Unterversorgung reicht nunmehr aus, dass Unterversorgung „in absehbarer Zeit" droht, sie muss nicht mehr unmittelbar drohen. Die **Feststellung des Landesausschusses** ist Voraussetzung für eine evtl. folgende **Anordnung von Zulassungsbeschränkungen** (§ 100 Abs. 2 SGB V), jetzt neben einem Beschluss auf der Grundlage des § 103 Abs. 1 SGB V für **Maßnahmen zum Abbau der Unterversorgung durch die KV** (§ 105 Abs. 1 und 4 SGB V) und für die **Fortgeltung von Zulassungen** (§ 95 Abs. 7 Satz 8 SGB V) und **Genehmigungen zur Anstellung von Ärzten** (§ 95 Abs. 9 Satz 4 SGB V i.V.m. § 95 Abs. 7 Satz 7 HS. 2 und Satz 8 SGB V) über das 68 Lebensjahr hinaus. Bei einem lokalen Versorgungsbedarf ermöglichte bereits bisher Nr. 24 Abs. 1 lit. a BedarfsplRL-Ä a.F. bzw. aktuell § 24 Abs. 1 lit. a BedarfsplRL-Ä und unabhängig von der Feststellung einer Unterversorgung eine Sonderbedarfszulassung (vgl. Rn. 49 ff.).

82 Nach der **Gesetzesbegründung** des VÄndG ist Hintergrund der Regelung, dass in ländlichen Gebieten, insbesondere der neuen Länder, absehbar sei, dass es zu **Versorgungsengpässen** kommen könne, für deren Behebung das bisherige Instrumentarium des Vertragsarztrechts ergänzt werden müsse. So greife z.B. die durch das GMG eingeführte Möglichkeit – durch KV und Krankenkassen gemeinsam finanzierte –, Sicherstellungszuschläge an niederlassungswillige Ärzte zu zahlen, erst in den Fällen, in denen der Landesausschuss in dem betreffenden Planungsbereich eine Unterversorgungsfeststellung getroffen habe. Dennoch bestehe gerade in den – **wegen ihrer Anknüpfung an die Stadt- und Landkreise – oft sehr großen Planungsbereichen** die Gefahr, dass auch in Planungsbereichen, die rechnerisch ausreichend versorgt seien, erhebliche Versorgungslücken existierten. Diese könnten z.B. aufgrund schlechter infrastruktureller Anbindung begründet sein. Stelle der Landesausschuss der Ärzte und Krankenkassen einen zusätzlichen lokalen Versorgungsbedarf nach § 101 Abs. 3 SGB V fest, ermögliche dies künftig (vgl. die Änderung des § 105 Abs. 1 SGB V) die Zahlung von Sicherstellungszuschlägen an Vertragsärzte nach § 105 Abs. 1 Satz 1 HS. 2 SGB V. Dies sei bislang nach geltendem Recht nur möglich, wenn der Landesausschuss der Ärzte und Krankenkassen festgestellt habe, dass in bestimmten Gebieten eines Zulassungsbezirks eine ärztliche Unterversorgung eingetreten sei oder unmittelbar drohe. Das bereits bestehende Instrument der Sonderbedarfszulassung zur Deckung eines lokalen Versorgungsbedarfs nach Nr. 24 Abs. 1 lit. a der BedarfsplRL-Ä werde hierdurch ergänzt.[96]

83 Der Gemeinsame Bundesausschuss ist, soweit ersichtlich, bis Juli 2007 dem Gesetzesauftrag nach § 101 Abs. 1 Satz 1 Nr. 3a und – in der Ergänzung – Nr. 5 SGB V nicht nachgekommen. Im 8. Abschnitt mit den §§ 27-34 BedarfsplRL-Ä hat er bereits bisher Maßstäbe, Grundlagen und Verfahren zur Beurteilung einer drohenden oder bestehenden Unterversorgung aufgestellt (vgl. die Kommentierung zu § 100 SGB V Rn. 10). Diese Bestimmungen gehen von den Stadt- und Landkreisen als regionaler Planungsgrundlage aus (vgl. Rn. 29). Der Gesetzgeber strebt mit der Ergänzung in § 101 Satz 1 Nr. 3a SGB V eine **regionale Verfeinerung der Planungsgrundlagen** an. Kommt der Gemeinsame Bundesausschuss seinem Gesetzesauftrag nach, wird dies Rückwirkungen auf die Auslegung nach **§ 24 Abs. 1 Satz 1 lit. a BedarfsplRL-Ä** (vgl. Rn. 49 ff.) haben. In Kenntnis dieser Regelungen sieht der Gesetzgeber die §§ 100 Abs. 3, 101 Satz 1 Nr. 3a SGB V als Ergänzung an (vgl. Rn. 80). Der Gemeinsame Bundesausschuss wird daher zu überprüfen haben, ob nicht § 24 Abs. 1 Satz 1 lit. a BedarfsplRL-Ä an das Verfahren nach § 100 Abs. 3 SGB V zu koppeln ist.

6. Gemeinschaftspraxis als sog. Job-Sharing (Absatz 1 Nr. 4, Absatz 3)

84 Auf Vorschlag des Gesundheitsausschusses (14. Ausschuss) hat der Gesetzgeber mit dem 2. GKV-NOG durch Einfügen der Nr. 4 (und 5) dem Bundesausschuss aufgegeben, Regelungen für ein sog. **Job-Sharing** in Gemeinschaftspraxen (und für die erleichterte Anstellung von Ärzten) zu schaffen. Damit soll die **Bedarfsplanung flexibilisiert** werden, den Bedürfnissen vieler Ärzte nach **individueller Festlegung ihres Arbeitseinsatzes** nachgekommen und **zusätzliche Beschäftigungsmöglichkeiten** für Ärzte geschaffen werden, **ohne** dass damit eine **Leistungsausweitung** verbunden ist. Voraussetzung ist, dass der Partnerarzt zusammen mit einem bereits niedergelassenen Arzt eine Gemeinschaftspraxis bildet. Für die sich zusammenschließenden Ärzte ist **Fachgebietsidentität** notwendig, da

[96] Vgl. BT-Drs. 16/2474, S. 23 f.

diese besondere Form der Gemeinschaftspraxis voraussetzt, dass durch sie Art und Umfang der Leistungen des bisherigen Praxisinhabers nicht ausgeweitet werden, d.h. die Praxisidentität muss erhalten bleiben. Deshalb ist Voraussetzung für die Zulassung, dass sich die Praxisinhaber zu **Leistungsbegrenzungen** in Höhe des bisherigen Praxisumfangs verpflichten. Die Neuzulassung wird deshalb bei den Feststellungen zum Versorgungsgrad nicht mitgerechnet.[97] Die budgetartige Deckelung ermöglicht zusätzliche Zulassungen und hat die zuvor bestehende Einbeziehung der angestellten Ärzte in die Bedarfsplanung abgelöst. Ende 2003 waren 1.095 Ärzte als Partnerärzte zugelassen und 2.040 als angestellte Ärzte beschäftigt (einschl. der nach altem Recht angestellten Ärzte).[98]

Die Ersetzung des Begriffs „Gemeinschaftspraxis“ durch „**Berufsausübungsgemeinschaft**“ durch das VÄndG folgt der Änderung der zulassungsrechtlichen Begrifflichkeiten (vgl. § 33 Abs. 2 und 3 Ärzte-ZV) und ist deklaratorischer Art (vgl. die Kommentierung zu § 95 SGB V Rn. 130). 85

Der Partnerarzt wird **ordentliches Mitglied der KV**. Die Zulassung ist auf die **Dauer** der gemeinsamen vertragsärztlichen Tätigkeit beschränkt (§ 101 Abs. 3 Satz 1 SGB V). Die Auflösung der Gemeinschaftspraxis führt damit automatisch zum Zulassungsende des Partnerarztes. Der Zulassungsausschuss hat nur noch deklaratorisch den Zeitpunkt des Zulassungsendes festzustellen (vgl. die Kommentierung zu § 95 SGB V Rn. 166 f. und die Kommentierung zu § 96 SGB V Rn. 32). In der Regel ist dies der Zeitpunkt des Zugangs der Beendigungserklärung beim Zulassungsausschuss. 86

Die §§ 23a-23h (Nr. 23a-23h a.F.) BedarfsplRL-Ä treffen nähere Bestimmungen für Zulassungen zur **gemeinsamen Berufsausübung in einem gesperrten Planungsbereich**. Besonderheiten für Psychotherapeuten werden in § 23h (Nr. 23h a.F.) BedarfsplRL-Ä geregelt. Die durch das VÄndG in § 101 Abs. 1 Nr. 4, Nr. 5 und Satz 2 SGB V eingeführte alternative Bezugnahme auf den Begriff „Facharztbezeichnung“ neben dem Begriff „Fachgebiet“ ist die Konsequenz aus der **neuen MWBO-Ä**, nach der anders als bisher die Fachgebietsinhalte nicht mehr in jedem Fall in vollem Umfang Gegenstand der Kenntnisse und Fähigkeiten sind, die ein Facharzt während seiner Weiterbildung erwerben und nachweisen muss; die Facharztbezeichnung beinhaltet dagegen alles das, was der Facharzt im Rahmen seines Fachgebiets erlernt hat und deshalb ausüben darf (Facharztkompetenz) (vgl. die Kommentierung zu § 95 SGB V Rn. 562).[99] 87

Für Ärzte gilt, dass sie die **persönlichen Zulassungsvoraussetzungen** erfüllen müssen (vgl. § 95 SGB V), ein **Vertrag** zur Bildung einer Gemeinschaftspraxis vorliegt (§ 33 Abs. 2 Satz 2 Ärzte-ZV) und der antragstellende Arzt **derselben Arztgruppe** wie der Vertragsarzt angehört (vgl. im Einzelnen die §§ 23b und 23h (Nr. 23b und 23h a.F.) BedarfsplRL-Ä):[100] vgl. die Kommentierung zu § 95 SGB V Rn. 563 ff. 88

Der Vertragsarzt und der Antragsteller müssen sich ferner gegenüber dem Zulassungsausschuss **schriftlich bereit erklären**, während des Bestands der Gemeinschaftspraxis mit dem Antragsteller den zum Zeitpunkt der Antragstellung bestehenden **Praxisumfang** nicht wesentlich zu überschreiten, und die dazu vom Zulassungsausschuss festgelegten Leistungsbeschränkungen anzuerkennen (vgl. im Einzelnen die §§ 23c-23f (Nr. 23c-23f a.F.) BedarfsplRL-Ä); vgl. die Kommentierung zu § 95 SGB V Rn. 569 ff. 89

Das VÄndG sieht nunmehr für die **Anstellung von Ärzten Ausnahmen** von der **Leistungsbegrenzung** vor, soweit und solange dies zur Deckung eines zusätzlichen **lokalen Versorgungsbedarfs** erforderlich ist (§ 101 Abs. 1 Satz 1 Nr. 5 SGB V); vgl. Rn. 98 ff. Es handelt sich um eine flankierende Maßnahme zur Behebung von Unterversorgung (vgl. Rn. 80). Die Erstreckung dieser Ausnahme auf **Partner-Ärzte** war von Anfang an nicht diskutiert worden. Dies dürfte der Konzeption geschuldet sein, dass Ausnahmen von der Leistungsbegrenzung nur für die Dauer des lokalen Versorgungsdefizits möglich sind und einen Anreiz zur Anstellung von Ärzten schaffen sollen. Angestellte Ärzte können hierfür befristet eingestellt oder nach Aufhebung der Leistungserweiterung gekündigt werden. Demgegenüber ist die Gestaltung gesellschaftsrechtlicher Verhältnisse eher von Dauer angelegt. Von daher bestehen sachliche Gründe des Gesetzgebers für die unterschiedlichen Regelungen. 90

Werden **Zulassungssperren aufgehoben**, so fallen die **Leistungsbeschränkungen** vorrangig vor Neuzulassungen fort (§ 101 Abs. 3 Satz 2 HS. 1 SGB V).[101] Dies gilt aber nur im **Umfang des Aufhe-** 91

[97] Vgl. Gesundheitsausschuss, BT-Drs. 13/7264, S. 27 f. und 111 ff. (zu Art. 1 Nr. 27 c neu).
[98] Vgl. KBV (Hrsg.), Grunddaten zur Vertragsärztlichen Versorgung in Deutschland, hrsg. von der KBV, www.kbv.de/publikationen, Tab. I.10.
[99] Vgl. BT-Drs. 16/2474, S. 24.
[100] Vgl. hierzu *Kamps*, MedR 1998, 103 f.
[101] Vgl. BSG v. 23.02.2005 - B 6 KA 81/03 R - juris Rn. 23 - MedR 2005, 666 = GesR 2005, 450.

bungsbeschlusses (§ 23 Abs. 2 Satz 1 (Nr. 23 Satz 3 a.F.) BedarfsplRL-Ä). Gibt es mehr Partnerärzte als Vertragsarztsitze, ist die Dauer der gemeinsamen Berufsausübung, also die Dauer der Zulassung nach § 101 Abs. 1 Nr. 4 SGB V maßgebend (§ 23 Abs. 4 (Nr. 23 Satz 8 a.F.) BedarfsplRL-Ä); vgl. auch die Kommentierung zu § 103 SGB V Rn. 31.

92 Auf die Dauer der gemeinsamen Berufsausübung kommt es auch an, wenn weitere **bevorrechtigte Ärzte** (Belegarzt nach § 103 Abs. 7 Satz 3 HS. 2 SGB V; Sonderbedarfszulassung zur Dialyseversorgung nach § 103 Abs. 1 Satz 1 Nr. 3 SGB V i.V.m. den §§ 24 Satz 1 lit. e, 25 Abs. 2 HS. 2 i.V.m. § 23 Abs. 1, § 23 Abs. 2 Satz 1 letzter HS. und Abs. 4 BedarfsplRL-Ä) um die Vertragsarztsitze konkurrieren. Den **Konflikt zwischen** diesen **verschiedenen Sondergruppen**, zu denen auch die weiteren Sonderbedarfszulassungen zu rechnen sind (vgl. § 25 Abs. 2 BedarfsplRL-Ä), regelt die BedarfsplRL-Ä nicht. Die BedarfsplRL-Ä sieht lediglich einen Vorrang der Partner-Ärzte nach § 101 Abs. 1 Satz 1 Nr. 4 SGB V gegenüber den angestellten Ärzten nach § 101 Abs. 1 Satz 1 Nr. 4 SGB V. Zuerst sind die Beschränkungen für die Partner-Ärzte in der Reihenfolge der Dauer ihrer Zulassung, dann – soweit noch Zulassungen möglich sind – für die angestellten Ärzte in der Reihenfolge der Dauer ihrer Zulassung aufzuheben (§ 23 Abs. 2a BedarfsplRL-Ä). Konkurrieren verschiedene Zulassungen mit Beschränkungen, ist in Analogie zu § 23 Abs. 4 BedarfsplRL-Ä auf die Rangfolge der Dauer der Zulassung abzustellen (vgl. auch die Kommentierung zu § 103 SGB V Rn. 31 ff.).

93 Die Leistungsbegrenzung endet spätestens **nach zehnjähriger gemeinsamer vertragsärztlicher Tätigkeit** (§ 101 Abs. 3 Satz 2 HS. 2 SGB V). Nach Ende der Leistungsbegrenzung wird der Arzt bei der Ermittlung des Versorgungsgrades mitgerechnet (§ 101 Abs. 3 Satz 3 SGB V).

94 Die Ausnahmeregelung gilt auch für die Anstellung eines Arztes in einer Einrichtung nach § 311 Abs. 2 Satz 1 SGB V (**Polikliniken** usw.) in den neuen Bundesländern und in einem **MVZ** entsprechend. Dies bedeutet, dass für jeden dort tätigen und in der Bedarfsplanung angerechneten Arzt ein weiterer Arzt angestellt werden kann. Voraussetzung ist auch hier die Fachgebietsidentität sowie die Pflicht der Einrichtung zur Leistungsbegrenzung.

95 Der bisherige Hinweis im letzten Halbsatz des § 101 Abs. 1 Satz 1 Nr. 4 SGB V, dass § 85 Abs. 4b Sätze 3 und 4 SGB V nicht gilt, stellte klar, dass bei den vertragszahnärztlichen **Degressionsregelungen** der **Partnerzahnarzt** nicht mitzurechnen ist. Als Folgeänderung zur Aufhebung der Zulassungsbeschränkungen (§ 101 Abs. 6 SGB V) ist dieser Hinweis durch das GKV-WSG gestrichen worden, nachdem er durch das VÄndG als Folgeänderung des § 85 Abs. 4b SGB V bereits modifiziert worden war.

96 Die Zulassung ist im Übrigen[102] an die **Zulassung des Praxispartners gebunden**. Beendet dieser die Zulassung, so endet auch die Zulassung als Job-Sharing-Partner. Ansonsten erlangt dieser einen vollen Zulassungsstatus und wird Mitglied der KV.

7. Anstellung eines Arztes als sog. Job-Sharing (Absatz 1 Nr. 5, Absatz 3a)

97 Der Gemeinsame Bundesausschuss ist seinem Auftrag, Regelungen über die Anstellung eines Arztes im Rahmen des sog. Job-Sharings in Planungsbereichen mit Zulassungsbeschränkungen durch die **§§ 23i-23m BedarfsplRL-Ä** (zuvor: Angest.-Ärzte-RL) nachgekommen; hierzu wird auf die Kommentierung zu § 95 SGB V Rn. 561 ff. verwiesen.

98 Nach dem VÄndG müssen die BedarfsplRL-Ä für die Anstellung von Ärzte **Ausnahmen** von der **Leistungsbegrenzung** vorsehen, soweit und solange dies zur Deckung eines zusätzlichen **lokalen Versorgungsbedarfs** erforderlich ist (§ 101 Abs. 1 Satz 1 Nr. 5 SGB V). Es handelt sich um eine flankierende Maßnahme zur Behebung von Unterversorgung (vgl. Rn. 80). Diese Maßnahme gilt nicht für Partner-Ärzte nach § 101 Abs. 1 Satz 1 Nr. 4 SGB V (vgl. Rn. 90).

99 Nach der **Gesetzesbegründung** hat sich gezeigt, dass in einzelnen Planungsbereichen die auf einer auf den gesamten Planungsbereich bezogenen Betrachtung beruhenden örtlichen Verhältniszahlen die **Versorgungssituation vor Ort** nicht immer sachgerecht abbildeten. Dies gelte insbesondere für großräumige Landkreise. Aufgrund der ungleichen Verteilung der Ärzte auf den Planungsbereich sei – teilweise sogar in rechnerisch überversorgten Planungsbereichen – an einzelnen Orten eine Unterversorgungssituation gegeben. Die Neuregelung sehe daher – ergänzend zu bereits bestehenden Möglichkeiten (z.B. Sonderbedarfszulassungen) – vor, dass der derzeit maßgebliche Umfang der Leistungsbegrenzung in Höhe von 103 v.H., zu der sich der Vertragsarzt verpflichten müsse, in Fällen lokaler Versorgungsdefizite erhöht werden könne. Eine gesetzliche **Höchstgrenze** für die Umfangserweiterung sei

[102] Zu den Einschränkungen vgl. *Kamps*, MedR 1998, 103, 107.

ausdrücklich nicht vorgesehen. Der Umfang der Leistungsbegrenzung sei vielmehr entsprechend dem lokalen Versorgungsbedarf angemessen zu erhöhen. Die Umfangserweiterung sei **wieder zu reduzieren**, sobald ein lokaler Versorgungsbedarf nicht mehr bestehe.[103]

Eine **entsprechende Regelung** ist bisher (Stand: Juli 2007) nicht ersichtlich. 100

Das VÄndG fügte **§ 101 Abs. 3a SGB V** ein, wonach die Leistungsbegrenzung bei Aufhebung der Zu- 101
lassungsbeschränkungen endet. Endet die Leistungsbegrenzung, wird der angestellte Arzt bei der Ermittlung des Versorgungsgrades mitgerechnet. Dies ist eine **Folgeänderung zur Neukonzeption der Anstellung von Ärzten durch Vertragsärzte** (vgl. die Kommentierung zu § 95 SGB V Rn. 541,543 und 576). Nach der **Gesetzesbegründung** gelten dann für die Leistungsausweitung auf Grund der Tätigkeit des angestellten Arztes die allgemeinen Grenzen, die sich aus der Pflicht des Vertragsarztes zur persönlichen Ausübung und Leitung der Praxis ergeben. Im Gegenzug zur Aufhebung der Leistungsbegrenzung werde der angestellte Arzt bei der Ermittlung der örtlichen Verhältniszahl mitgerechnet (§ 101 Abs. 3a Satz 2 SGB V). Durch die Aufhebung der Zulassungsbeschränkungen werde aus dieser Stelle also eine ganz normale Angestelltenstelle nach § 95 Abs. 9 Satz 1 SGB V mit der weiteren Folge, dass auch nach erneuter Sperrung des Planungsbereichs eine Nachbesetzung der Stelle nach § 103 Abs. 4b Satz 2 SGB V möglich sei.[104]

Die **Streichung** des im letzten Halbsatz des § 101 Abs. 1 Satz 1 Nr. 5 SGB V enthaltenen Hinweises 102
auf die Nichtgeltung des § 85 Abs. 4b Sätze 7 und 8 SGB (Degressionsregelungen für Vertragszahnärzte) durch das **VÄndG** erfolgte aufgrund der Neuregelungen des § 85 Abs. 4b SGB V; darin war bestimmt worden, dass die vollen Punktmengengrenzen nur für angestellte Zahnärzte in einem Planungsbereich ohne Zulassungsbeschränkungen gelten. Für angestellte Zahnärzte in einem Planungsbereich mit Zulassungsbeschränkungen blieb es damit bei der Regelung zur Leistungsbegrenzung nach § 101 Abs. 1 Satz 1 Nr. 5 SGB V.[105] Soweit der Halbsatz durch das GKV-WSG erneut gestrichen wurde, lag offensichtlich ein Redaktionsversehen vor (vgl. Rn. 9), was auf der Aufhebung der Zulassungsbeschränkungen für Zahnärzte (§ 101 Abs. 6 SGB V) durch das GKV-WSG beruhen dürfte (vgl. auch Rn. 95).

8. Planungsrechtliche Arztgruppe der Hausärzte (Absatz 5)

Der mit dem GKVRefG 2000 eingefügte § 101 Abs. 5 SGB V regelt nach der **Gesetzesbegründung** 103
die Bildung einer **neuen planungsrechtlichen Arztgruppe der Hausärzte**. In diese Planungsgruppe werden die **Kinderärzte** nicht miteinbezogen, die planungsrechtlich weiterhin eine **eigenständige Arztgruppe** bilden. Sie werden zwar nach der Neuregelung in § 73 Abs. 1 Satz 1 SGB V funktional auch der hausärztlichen Versorgung zugeordnet, dennoch bilden sie bedarfsplanungsrechtlich eine eigene Arztgruppe, da sie nicht denselben Personenkreis versorgen wie die übrigen Hausärzte, sondern nur ein Segment daraus, nämlich Kinder bis zum 18. Lebensjahr. Für die neugebildete Arztgruppe der **Hausärzte** wird die allgemeine **Verhältniszahl** (Soll-Stand) erstmals zum **Stand vom 31.12.1995** ermittelt; der Stichtag ist damit begründet, dass nach einer Übergangsregelung im geltenden Recht (§ 73 Abs. 1a Satz 3 SGB V) Internisten ohne Schwerpunktbezeichnung sich spätestens zum 31.12.1995 entweder für die Teilnahme an der hausärztlichen Versorgung oder der fachärztlichen Versorgung entscheiden mussten. Konsequenterweise muss entsprechend die allgemeine Verhältniszahl (Soll-Stand) für die nur noch fachärztlich tätigen Internisten neu ermittelt werden (Satz 3). Dem Bundesausschuss wird aufgegeben, die Verhältniszahlen für die beiden neuen Arztgruppen der Hausärzte und der Internisten zu beschließen (Satz 4). Die Landesausschüsse haben die Feststellung, ob für die neuen Arztgruppen in den einzelnen Planungsbereichen Überversorgung besteht (Feststellung nach § 103 Abs. 1 Satz 1 SGB V) erstmals zum Stande vom 31.12.2000, Ablauf der Übergangsregelung nach § 73 Abs. 1a Satz 5 SGB V, zu treffen.[106]

Der Bundesausschuss der Ärzte und Krankenkassen kam zunächst dem **Gesetzesauftrag** nach Satz 4 104
unter geringfügiger Überschreitung der Frist mit Beschluss vom 10.04.2000 nach. Aufgrund von Bedenken, dies führe zu einem nicht gewollten Zulassungsboom bei Internisten, beanstandete das Bundesgesundheitsministerium den Beschluss, woraufhin der Bundesausschuss die Verhältniszahlen im

---

[103] Vgl. BT-Drs. 16/2474, S. 24.
[104] Vgl. BT-Drs. 16/2474, S. 25.
[105] Vgl. BT-Drs. 16/2474, S. 24.
[106] Vgl. BT-Drs. 14/1245, S. 78 (zu Nr. 53, Buchst. c).

Wege der Gesetzesinterpretation für die Anteile der haus- und fachärztlich tätigen Internisten an allen Internisten zum Stichtag des 31.12.1995 nunmehr auf der Basis der Arztzahlen zum Stand vom 31.12.1990 anpasste.[107]

105 Mit der Vorschrift wird die Wahl vom **fachärztlichen zum hausärztlichen Versorgungsbereich** und umgekehrt zulassungsrechtlich einem **Fachgebietswechsel** gleichgestellt.[108]

9. Aufhebung der Zulassungsbeschränkungen wegen Überversorgung für Zahnärzte (Absatz 6)

106 Nach dem durch das GKV-WSG mit Geltung ab 01.04.2007 eingeführten § 103 Abs. 8 SGB V werden die Zulassungsbeschränkungen im Falle einer Überversorgung für Zahnärzte aufgehoben. Als Folgeänderung entfällt für den Bereich der vertragszahnärztlichen Versorgung auch die Geltung der Regelungen des § 101 SGB V, soweit sie Zulassungsbeschränkungen voraussetzen. Damit gelten § 101 Abs. 1 Satz 1 Nr. 3-5 und die Abs. 3 und 3a SGB V nicht für Zahnärzte.

[107] Vgl. im Einzelnen *Hencke* in: Peters, Handbuch KV (SGB V), § 101 Rn. 20; Beschl. des Bundesausschusses für Ärzte und Krankenkassen v. 16.10.2000, BAnz 2000, Nr. 241, 23731 v. 22.12.2000 = www.g-ba.de.

[108] Vgl. *Reiter*, MedR 2001, S. 163.

§ 103 SGB V Zulassungsbeschränkungen

(Fassung vom 26.03.2007, gültig ab 01.04.2007)

(1) Die Landesausschüsse der Ärzte und Krankenkassen stellen fest, ob eine Überversorgung vorliegt. Wenn dies der Fall ist, hat der Landesausschuß nach den Vorschriften der Zulassungsverordnungen und unter Berücksichtigung der Richtlinien des Gemeinsamen Bundesausschusses Zulassungsbeschränkungen anzuordnen.

(2) Die Zulassungsbeschränkungen sind räumlich zu begrenzen. Sie können einen oder mehrere Planungsbereiche einer Kassenärztlichen Vereinigung umfassen. Sie sind arztgruppenbezogen unter angemessener Berücksichtigung der Besonderheiten bei den Kassenarten anzuordnen.

(3) Die Zulassungsbeschränkungen sind aufzuheben, wenn die Voraussetzungen für eine Überversorgung entfallen sind.

(4) Wenn die Zulassung eines Vertragsarztes in einem Planungsbereich, für den Zulassungsbeschränkungen angeordnet sind, durch Erreichen der Altersgrenze, Tod, Verzicht oder Entziehung endet und die Praxis von einem Nachfolger fortgeführt werden soll, hat die Kassenärztliche Vereinigung auf Antrag des Vertragsarztes oder seiner zur Verfügung über die Praxis berechtigten Erben diesen Vertragsarztsitz in den für ihre amtlichen Bekanntmachungen vorgesehenen Blättern unverzüglich auszuschreiben und eine Liste der eingehenden Bewerbungen zu erstellen. Dem Zulassungsausschuß sowie dem Vertragsarzt oder seinen Erben ist eine Liste der eingehenden Bewerbungen zur Verfügung zu stellen. Unter mehreren Bewerbern, die die ausgeschriebene Praxis als Nachfolger des bisherigen Vertragsarztes fortführen wollen, hat der Zulassungsausschuß den Nachfolger nach pflichtgemäßem Ermessen auszuwählen. Bei der Auswahl der Bewerber sind die berufliche Eignung, das Approbationsalter und die Dauer der ärztlichen Tätigkeit zu berücksichtigen, ferner, ob der Bewerber der Ehegatte, ein Kind, ein angestellter Arzt des bisherigen Vertragsarztes oder ein Vertragsarzt ist, mit dem die Praxis bisher gemeinschaftlich ausgeübt wurde. Ab dem 1. Januar 2006 sind für ausgeschriebene Hausarztsitze vorrangig Allgemeinärzte zu berücksichtigen. Die wirtschaftlichen Interessen des ausscheidenden Vertragsarztes oder seiner Erben sind nur insoweit zu berücksichtigen, als der Kaufpreis die Höhe des Verkehrswerts der Praxis nicht übersteigt.

(4a) Verzichtet ein Vertragsarzt in einem Planungsbereich, für den Zulassungsbeschränkungen angeordnet sind, auf seine Zulassung, um in einem medizinischen Versorgungszentrum tätig zu werden, so hat der Zulassungsausschuss die Anstellung zu genehmigen; eine Fortführung der Praxis nach Absatz 4 ist nicht möglich. Soll die vertragsärztliche Tätigkeit in den Fällen der Beendigung der Zulassung nach Absatz 4 Satz 1 von einem Praxisnachfolger weitergeführt werden, kann die Praxis auch in der Form weitergeführt werden, dass ein medizinisches Versorgungszentrum den Vertragsarztsitz übernimmt und die vertragsärztliche Tätigkeit durch einen angestellten Arzt in der Einrichtung weiterführt. Die Absätze 4 und 5 gelten entsprechend. Nach einer Tätigkeit von mindestens fünf Jahren in einem medizinischen Versorgungszentrum, dessen Sitz in einem Planungsbereich liegt, für den Zulassungsbeschränkungen angeordnet sind, erhält ein Arzt unbeschadet der Zulassungsbeschränkungen auf Antrag eine Zulassung in diesem Planungsbereich; dies gilt nicht für Ärzte, die auf Grund einer Nachbesetzung nach Satz 5 oder erst seit dem 1. Januar 2007 in einem medizinischen Versorgungszentrum tätig sind. Medizinischen Versorgungszentren ist die Nachbesetzung einer Arztstelle möglich, auch wenn Zulassungsbeschränkungen angeordnet sind.

(4b) Verzichtet ein Vertragsarzt in einem Planungsbereich, für den Zulassungsbeschränkungen angeordnet sind, auf seine Zulassung, um bei einem Vertragsarzt als nach § 95 Abs. 9 Satz 1 angestellter Arzt tätig zu werden, so hat der Zulassungsausschuss die Anstellung zu genehmigen; eine Fortführung der Praxis nach Absatz 4 ist nicht möglich. Die Nachbesetzung der Stelle eines nach § 95 Abs. 9 Satz 1 angestellten Arztes ist möglich, auch wenn Zulassungsbeschränkungen angeordnet sind.

(5) Die Kassenärztlichen Vereinigungen (Registerstelle) führen für jeden Planungsbereich eine Warteliste. In die Warteliste werden auf Antrag die Ärzte, die sich um einen Vertragsarztsitz bewerben und in das Arztregister eingetragen sind, aufgenommen. Bei der Auswahl der Bewerber für die Übernahme einer Vertragsarztpraxis nach Absatz 4 ist die Dauer der Eintragung in die Warteliste zu berücksichtigen.

(6) Endet die Zulassung eines Vertragsarztes, der die Praxis bisher mit einem oder mehreren Vertragsärzten gemeinschaftlich ausgeübt hat, so gelten die Absätze 4 und 5 entsprechend. Die Interessen des oder der in der Praxis verbleibenden Vertragsärzte sind bei der Bewerberauswahl angemessen zu berücksichtigen.

(7) In einem Planungsbereich, für den Zulassungsbeschränkungen angeordnet sind, haben Krankenhausträger das Angebot zum Abschluß von Belegarztverträgen auszuschreiben. Kommt ein Belegarztvertrag mit einem im Planungsbereich niedergelassenen Vertragsarzt nicht zustande, kann der Krankenhausträger mit einem bisher im Planungsbereich nicht niedergelassenen geeigneten Arzt einen Belegarztvertrag schließen. Dieser erhält eine auf die Dauer der belegärztlichen Tätigkeit beschränkte Zulassung; die Beschränkung entfällt bei Aufhebung der Zulassungsbeschränkungen nach Absatz 3, spätestens nach Ablauf von zehn Jahren.

(8) Die Absätze 1 bis 7 gelten nicht für Zahnärzte.

Gliederung

A. Basisinformationen

I. Textgeschichte/Gesetzgebungsmaterialien

Die Vorschrift wurde mit dem **GRG**[1] mit Geltung ab 01.01.1989 eingeführt. 1

Das **GSG**[2] führte mit Geltung ab 01.01.1993 eine striktere Bedarfsplanung auf der Grundlage der Richtlinien des Bundesausschusses ein (§ 101 SGB V). Art. 1 Nr. 60 GSG schaffte in § 103 Abs. 1 SGB V das Antragserfordernis durch die KV oder eines Kassenverbandes zugunsten der **Offizialmaxime** ab. Die Feststellung, ob Überversorgung vorliegt „und ob dadurch eine zweckmäßige und wirtschaftliche kassenärztliche Versorgung gefährdet ist", begrenzte er auf die **Feststellung der Überversorgung**. Die Ermessensvorschrift der Anordnung von Zulassungsbeschränkungen wandelte er in pflichtgebundene Verwaltung um. Er verpflichtete den Zulassungsausschuss, „nach den Vorschriften der Zulassungsverordnungen und unter Berücksichtigung der Richtlinien der Bundesausschüsse" Zulassungsbeschränkungen anzuordnen. In Absatz 3 wurden die Sätze 1 und 2 („Die Zulassungsbeschränkungen sind zu befristen. Sie dürfen die Dauer von drei Jahren nicht überschreiten.") gestrichen. Der bisherige Satz 3, der die Aufhebung an das Entfallen der Voraussetzungen durch Veränderung der Maßstäbe nach den Richtlinien des Bundesausschusses gekoppelt hatte, wurde durch die bis heute gültige Fassung ersetzt. Die Sätze 4 und 5 („Dauert nach Ablauf von drei Jahren auch nach Anpassung der Maßstäbe die Überversorgung an, können die Zulassungsbeschränkungen verlängert werden. Die Sätze 1 und 2 gelten auch für die Verlängerung.") wurden ebenfalls ersatzlos gestrichen. Der **bisherige Absatz 4** („Bei Zulassungsbeschränkungen für Planungsbereiche der Kassenärztlichen Vereinigung Berlin sind mindestens 50 vom Hundert der regionalen Planungsbereiche für Zulassungen offen zu halten.") wurde ersetzt durch die Regelungen zur **Praxisnachfolge**. Absatz 5 mit den Regelungen über die für die Praxisnachfolge heranzuziehende Warteliste und Absatz 6 mit den Bestimmungen zur Praxisnachfolge bei einer Gemeinschaftspraxis wurden neu angefügt. 2

Art. 1 Nr. 36 des 2. **GKV-NOG**[3] fügte mit Geltung ab 01.07.1997 Absatz 7, durch den eine Zulassung bei **belegärztlicher Tätigkeit** ermöglicht wurde, ein. 3

Durch Art. 1 Nr. 43 **GKVRefG 2000**[4] wurde in Absatz 4 Satz 5 (Berücksichtigung der Allgemeinärzte für Besetzung der Hausarztsitze ab 2006) eingefügt, der bisherige Satz 5 wurde Satz 6; beides mit Wirkung ab 01.01.2000. 4

Art. 1 Nr. 80 **GMG**[5] ersetzte als Folgeänderung zur Einführung des „Gemeinsamen Bundesausschusses" (vgl. § 91 SGB V) mit Wirkung ab 01.01.2004 in Absatz 1 Satz 2 den Begriff „der Bundesausschüsse" durch „des Gemeinsamen Bundesausschusses". In Absatz 1 Satz 5 ersetzte er „grundsätzlich nur" durch „vorrangig". Ferner fügte er Absatz 4a als Ergänzung zur Einführung der MVZ ein. 5

Das **VÄndG**[6] fügte mit Geltung ab 01.01.2007 in Absatz 4a Satz 4 zweiter Halbsatz nach der Angabe „Satz 5" die Wörter „oder erst seit dem 1. Januar 2007" und Absatz 4b ein. 6

Das **GKV-WSG**[7] fügte mit Geltung ab 01.04.2007 Absatz 8 an. 7

---

[1] Gesetz zur Strukturreform im Gesundheitswesen (Gesundheits-Reformgesetz – GRG) v. 20.12.1988, BGBl I 1988, 2477.

[2] Gesetz zur Sicherung und Strukturverbesserung der gesetzlichen Krankenversicherung /Gesundheitsstrukturgesetz) v. 21.12.1992, BGBl I 1992, 2266.

[3] Zweites Gesetz zur Neuordnung von Selbstverwaltung und Eigenverantwortung in der gesetzlichen Krankenversicherung (2. GKV-Neuordnungsgesetz – 2. GKV-NOG) v. 23.06.1997, BGBl I 1997, 1520.

[4] Gesetz zur Reform der gesetzlichen Krankenversicherung ab dem Jahr 2000 (GKV-Gesundheitsreformgesetz 2000) v. 22.12.1999, BGBl I 1999, 2626.

[5] Gesetz zur Modernisierung der gesetzlichen Krankenversicherung (GKV-Modernisierungsgesetz – GMG) v. 14.11.2003, BGBl I 2003, 2190.

[6] Gesetz zur Änderung des Vertragsarztrechts und anderer Gesetze (Vertragsarztrechtsänderungsgesetz - VÄndG) v. 22.12.2006, BGBl I 2006, 3439.

[7] Gesetz zur Stärkung des Wettbewerbs in der gesetzlichen Krankenversicherung (GKV-Wettbewerbsstärkungsgesetz - GKV-WSG) v. 26.03.2007, BGBl I 2007, 378.

II. Vorgängervorschriften

8 Die Ursprungsfassung i.d.F. des GRG war weitgehend identisch mit **§ 368t Abs. 6-9 RVO** i.d.F. des BedarfsplG, gültig ab 1987;[8] Absatz 4 i.d.F. des GSG ersetzte den durch Art. 9 Nr. 11 bzw. Art. 10 Nr. 10 GSG aufgehobenen **§ 16c Ärzte-ZV**/§ 16c Zahnärzte-ZV[9] und löste damit die Ermächtigung des Verordnungsgebers in § 104 Abs. 2 Satz 2 SGB V i.d.F. des GRG ab.

III. Parallelvorschriften/Ergänzende Vorschriften

9 **§ 16b Ärzte-ZV** konkretisiert die Voraussetzungen für die Annahme einer **Überversorgung** und verpflichtet den Landesausschuss zur regelmäßigen Überprüfung der Zulassungsbeschränkungen. §§ 9-23 **BedarfsplRL**[10] (bzw. bis 31.03.2007 Nr. 13-23 BedarfsplRL-Ä) und Abschn. F BedarfsplRL-ZÄ legen auf der Grundlage des § 101 SGB V die Voraussetzungen für die Annahme einer Überversorgung fest. § 23 BedarfsplRL (Nr. 23 BedarfsplRL-Ä)/Abschn. F Nr. 3 BedarfsplRL-ZÄ regelt im Einzelnen das Verfahren nach einer teilweisen Aufhebung von Zulassungsbeschränkungen.

10 Absatz 4 mit den Regelungen über eine **Praxisnachfolge** wird durch **§ 101 Abs. 3 Satz 4 SGB V** ergänzt, wonach die gemeinschaftliche Praxisausübung im Rahmen eines **sog. Job-Sharings** erst nach mindestens fünfjähriger gemeinsamer vertragsärztlicher Tätigkeit zu berücksichtigen ist. § 25 Abs. 3 BedarfsplRL (Nr. 25 Satz 4 BedarfsplRL-Ä) enthält ergänzende Regelungen für aufgrund einer **Sonderbedarfszulassung** zugelassene Vertragsärzte.

11 Die Regelungen für ein **MVZ** in **Absatz 4a** werden durch die §§ 39, 40, 41, 43 BedarfsplRL (Nr. 38a Satz 2, Nr. 38b 2. Spiegelstrich Satz 2 und Nr. 39-41 BedarfsplRL-Ä) ergänzt.

IV. Systematische Zusammenhänge

12 **Anträge auf Zulassung** sind durch den Zulassungsausschuss (§ 96 SGB V) abzulehnen, wenn Zulassungsbeschränkungen durch den Landesausschuss angeordnet sind (§ 95 Abs. 2 Satz 9 SGB V).

13 Nach **Aufhebung der Zulassungsbeschränkungen** (Absatz 3) enden die Beschränkungen und die Leistungsbegrenzung für einen Partnerarzt, der im Rahmen des sog. Job-Sharings seine Zulassung erhalten hat (§ 101 Abs. 3 Satz 2 SGB V, § 23 Abs. 2 Satz 1 BedarfsplRL (Nr. 23 Satz 2 BedarfsplRL-Ä)), für einen Arzt, der zur Dialyseversorgung eine Sonderbedarfszulassung erhalten hat (§ 25 Abs. 2 BedarfsplRL (Nr. 25 Satz 3 BedarfsplRL-Ä)), für eine Sonderzulassung wegen belegärztlicher Tätigkeit (Absatz 7 Satz 3).

14 Das Nähere über das Verfahren bei der Anordnung von Zulassungsbeschränkungen bestimmen die **Zulassungsverordnungen** nach Maßgabe des § 101 SGB V (§ 104 Abs. 2 SGB V).

B. Auslegung der Norm

I. Regelungsgehalt und Bedeutung der Norm

15 Die Absätze 1-3 ermächtigen den **Landesausschuss** zur **Anordnung von Zulassungsbeschränkungen**. Darüber hinaus sind **Ausnahmen** zu den Zulassungsbeschränkungen vorgesehen. So regelt Absatz 4 mit den Absätzen 5 und 6 die Möglichkeit einer Zulassung als Praxisnachfolger eines Vertragsarztes, dessen Zulassung beendet ist. Absatz 4a erweitert die Möglichkeiten eines MVZ, in gesperrten Zulassungsbereichen Ärzte durch Übernahme deren Vertragsarztsitzes anzustellen, Absatz 4b sieht nunmehr eine ähnliche Regelung für Vertragsärzte vor. Absatz 7 ermöglicht eine Zulassung wegen belegärztlicher Tätigkeit. Absatz 8 nimmt nunmehr die vertragszahnärztliche Versorgung von den Zulassungsbeschränkungen aus.

[8] Art. 1 Nr. 5 Gesetz zur Verbesserung der kassenärztlichen Bedarfsplanung v. 19.12.1986, BGBl I 1986, 2593.

[9] Eingefügt durch Art. 1 Nr. 2 Vierte Verordnung zur Änderung der Zulassungsordnung für Kassenärzte v. 20.07.1987, BGBl I 1987, 1679 bzw. Art. 1 Nr. 2 Fünfte Verordnung zur Änderung der Zulassungsordnung für Kassenzahnärzte v. 20.07.1987, BGBl I 1987, 1681, jeweils m.W.v. 30.07.1987.

[10] Richtlinie des Gemeinsamen Bundesausschusses über die Bedarfsplanung sowie die Maßstäbe zur Feststellung von Überversorgung und Unterversorgung in der vertragsärztlichen Versorgung (Bedarfsplanungs-Richtlinie) in der Neufassung vom 15.02.2007, BAnz 2007, 3491 (vgl. www.g-ba.de/informationen/richtlinien).

II. Normzweck

Die Vorschrift verbindet die **Bedarfsplanungsvorgaben** nach § 101 SGB V und der BedarfsplRL, an die der Landesausschuss gebunden ist, mit den **Entscheidungen der Zulassungsausschüsse**, die wiederum an die Anordnung der Zulassungsbeschränkung gebunden sind (§ 95 Abs. 2 Satz 9 SGB V). 16

Aus Sicht des Gesetzgebers besteht ein unlösbarer **Zusammenhang** zwischen **Arztzahl** und **Finanzentwicklung** der gesetzlichen Krankenversicherung, weshalb angesichts der angespannten finanziellen Lage der beitragsfinanzierten gesetzlichen Krankenversicherung Zulassungsbeschränkungen unausweichlich sind.[11] Für den Bereich der vertragzahnärztlichen Versorgung hat der Gesetzgeber diese Einschätzung aufgegeben, vgl. Rn. 133 f. und die Kommentierung zu § 100 SGB V Rn. 20. 17

Absatz 4 dient dem **Schutz des bisher zugelassenen Vertragsarztes** oder seiner Erben in den Bestand der Vertragsarztpraxis. Es soll ein Ausgleich zwischen deren Interessen und denen der Zulassungsbewerber geschaffen werden. Absatz 6 sichert die Interessen einer **Gemeinschaftspraxis** bei einer Nachfolgezulassung. Absatz 7 ermöglicht eine Zulassung wegen Aufnahme einer **belegärztlichen Tätigkeit** trotz Bestehens von Zulassungsbeschränkungen. 18

III. Überversorgung und Zulassungsbeschränkungen (Absätze 1 und 2)

Die **Kompetenz** zur Feststellung von **Überversorgung** und der davon zu unterscheidenden Feststellung zur Anordnung von Zulassungsbeschränkungen obliegt den **Landesausschüssen**. Es handelt sich um Organe der sog. gemeinsamen Selbstverwaltung auf Landesebene mit einem unparteiischen Vorsitzenden, die nach § 90 SGB V gebildet werden. 19

Überversorgung wird in § 101 Abs. 1 Satz 1 SGB V definiert. Sie liegt vor, wenn der allgemeine bedarfsgerechte Versorgungsgrad um 10 v.H. überschritten wird. Bei dem allgemeinen bedarfsgerechten Versorgungsgrad handelt es sich um eine rein rechnerische Ermittlung des arztgruppenspezifischen Versorgungsstandes durch Ermittlung der zum Stichtag bestehenden bevölkerungs- und arztgruppenspezifischen Zulassungszahlen (vgl. die Kommentierung zu § 101 SGB V Rn. 27 f.). 20

Stellt der Landesausschuss Überversorgung fest, so muss er **Zulassungsbeschränkungen** anordnen. Voranzugehen hat aber die Feststellung einer Überversorgung. Ein Ermessens- oder Beurteilungsspielraum besteht in beiden Fällen nicht. Die Prüfung erfolgt von Amts wegen (§ 16b Abs. 1 Satz 1 Ärzte-ZV). Anhörungen anderer Gremien muss er nicht vornehmen. §§ 9-23 **BedarfsplRL** (Nr. 13-23 BedarfsplRL-Ä) und Abschn. F BedarfsplRL-ZÄ regeln im Einzelnen Verfahren und Kriterien zur Feststellung einer Überversorgung. Bleibt der Landesausschuss untätig, kann nur die Aufsichtsbehörde (§ 90 Abs. 4 SGB V) entsprechende Maßnahmen ergreifen. 21

Die Zulassungsbeschränkungen erfolgen **arztgruppenbezogen** (vgl. die Kommentierung zu § 101 SGB V Rn. 31) und für jeden **Planungsbereich** (vgl. die Kommentierung zu § 99 SGB V Rn. 7 ff.) gesondert (Absatz 2). Die Berücksichtigung der Besonderheiten bei den Kassenarten ist historisch durch die Trennung von Primär- und Ersatzkassen bedingt. Nach grundsätzlicher Öffnung der Kassenarten kommt dem kaum noch eine Bedeutung zu. 22

Die **Entscheidung** über die Anordnung von Zulassungsbeschränkungen muss nicht begründet werden. Sie stellt eine Rechtsfolge der Feststellung der Überversorgung dar und ist für sich genommen einer näheren Begründung nicht zugänglich.[12] 23

Die Anordnung und Aufhebung von Zulassungsbeschränkungen ist in der für amtliche Bekanntmachungen der KV vorgesehenen Blättern zu **veröffentlichen** (§ 16 Abs. 4 Ärzte-ZV). Die Feststellung der Überversorgung muss nicht veröffentlicht werden. Die Veröffentlichung der Anordnung von Zulassungsbeschränkungen ist jedoch nicht Voraussetzung für ihre Wirksamkeit. Das **BSG** leitet dies aus § 19 Abs. 1 Satz 2 Ärzte-ZV ab. Danach kann ein Antrag auf Zulassung zur vertragsärztlichen Tätigkeit wegen Zulassungsbeschränkungen nur dann abgelehnt werden, wenn diese bereits bei Antragstellung angeordnet gewesen waren. Daraus folge, so dass BSG, dass der für die Wirksamkeit von Zulassungsbeschränkungen maßgebliche Zeitpunkt derjenige der Anordnung seitens des Landesausschusses und nicht der Tag ihrer Veröffentlichung in den Publikationsorganen der KV sei. Auch sei Adressat der Anordnung der Zulassungsausschuss (§ 16b Abs. 2 HS. 2 Ärzte-ZV). Unmittelbare rechtliche Außenwirkung gegenüber zulassungswilligen Ärzten komme der Entscheidung des Landesausschusses nicht 24

[11] Vgl. BT-Drs. 12/3608 (zu Nr. 52 und 54 a und b).

[12] Vgl. BSG v. 02.10.1996 - 6 RKa 52/95 - juris Rn. 14 - BSGE 79, 152 = SozR 3-2500 § 103 Nr. 1.

zu. Das Publikationserfordernis sei deshalb kein Wirksamkeitserfordernis, sondern diene lediglich dazu, potentielle Zulassungsbewerber über bereits bestehende Zulassungsbeschränkungen zu informieren.[13]

25 Maßgeblicher **Zeitpunkt** für das **Wirksamwerden** der **Anordnung von Zulassungsbeschränkungen** ist der Zeitpunkt der **Beschlussfassung des Landesausschusses.** Bei der Beschlussfassung handelt es sich als Verwaltungsinternum auch gegenüber dem Zulassungsausschuss um schlichtes Verwaltungshandeln, das sich selbst vollzieht. Eine Bekanntgabe ist für die Geltung oder Wirksamkeit des Beschlusses nicht erforderlich. Besondere Formerfordernisse für das Wirksamwerden stellen weder das Gesetz noch die Ärzte-ZV auf. § 16 Abs. 2 Ärzte-ZV nimmt lediglich § 103 Abs. 1 Satz 2 SGB V auf und ergänzt, dass die Anordnung von Zulassungsbeschränkungen den Zulassungsausschuss bindet. § 19 Abs. 1 Satz 2 Ärzte-ZV nimmt die Regelung aus § 95 Abs. 2 Satz 8 SGB V auf, wonach eine Zulassung nur abgelehnt werden darf, wenn die Zulassungsbeschränkungen bereits bei Antragstellung angeordnet worden waren. Von daher stellt das BSG – allerdings nur in Abgrenzung zur Veröffentlichung – darauf ab, dass der für die Wirksamkeit von Zulassungsbeschränkungen maßgebliche Zeitpunkt derjenige der Anordnung seitens des Landesausschusses ist.[14] Soweit das BSG weiter ausführt, der Zulassungsausschuss müsse die angeordneten Zulassungsbeschränkungen beachten, „soweit sie der Landesausschuss ihm gegenüber bekanntgemacht" habe,[15] so bedeutet dies nur, dass der Zulassungsausschuss nur das beachten kann, was er kennt. Sollte der Zulassungsausschuss tatsächlich in Unkenntnis einer Zulassungsbeschränkung einem Antrag stattgeben, so handelt er dennoch rechtswidrig. Aus den genannten Gründen kommt es auch für die **Aufhebung einer Zulassungsbeschränkung** allein auf den Zeitpunkt der Beschlussfassung an.[16] Demgegenüber wird z.T. die Auffassung vertreten, maßgeblich sei die Bekanntgabe der Anordnung des Landesausschusses gegenüber dem Zulassungsausschuss als Adressaten des Beschlusses; konkret reiche der Eingang bei der Geschäftstelle, die von der KV geführt wird (§ 96 Abs. 3 Satz 1 SGB V), aus.[17] Auf eine Kenntnis der Mitglieder des Zulassungsausschusses kommt es für den Zugang nicht an.[18] Verwaltungspraktisch dürfte dieses Problem durch rechtzeitige Information seitens des Landesausschusses über seine Sitzungstermine an die Zulassungsgremien lösbar sein.

26 Die **Anordnung der Zulassungsbeschränkungen** ist **verbindlich** für die **Zulassungsausschüsse** (§ 16b Abs. 2 Ärzte-ZV) und schränkt den Zulassungsanspruch ein (§ 95 Abs. 2 Satz 9 SGB V). Im Verhältnis zum Zulassungsbewerber kommt der Anordnung keine Außenwirkung zu. Er kann sie nicht separat angreifen, sondern hat zunächst die – ablehnende – Zulassungsentscheidung abzuwarten. Im Rahmen einer gerichtlichen Überprüfung der Entscheidung des Berufungsausschusses (vgl. die Kommentierung zu § 97 SGB V Rn. 48) kann die Entscheidung des Landesausschusses inzidenter überprüft werden (vgl. die Kommentierung zu § 100 SGB V Rn. 15).

IV. Aufhebung von Zulassungsbeschränkungen (Absatz 3)

1. Voraussetzungen der Aufhebung und Teilaufhebung

27 Der Landesausschuss muss die **Zulassungsbeschränkungen aufheben**, wenn Überversorgung nicht mehr vorliegt. Ein Ermessens- oder Beurteilungsspielraum kommt ihm auch hierbei nicht zu. Der Landesausschuss hat spätestens nach sechs Monaten unter Berücksichtigung der BedarfsplRL (§ 16b Abs. 3 i.V.m. Abs. 1 Satz 3 Ärzte-ZV) zu prüfen, ob eine Überversorgung noch fortbesteht (§ 16b Abs. 3 Ärzte-ZV). Eine Anhörung ist nicht erforderlich; § 16b Abs. 3 Satz 3 Ärzte-ZV, der auf die mit dem GSG aufgehobene Anhörungspflicht des Zulassungsausschusses bei Anordnung einer Zulas-

---

13 Vgl. BSG v. 02.10.1996 - 6 RKa 52/95 - juris Rn. 14 - BSGE 79, 152 = SozR 3-2500 § 103 Nr. 1.

14 Vgl. BSG v. 02.10.1996 - 6 RKa 52/95 - juris Rn. 14 - BSGE 79, 152 = SozR 3-2500 § 103 Nr. 1; vgl. auch BSG v. 12.09.2001 - B 6 KA 90/00 R - juris Rn. 22 - SozR 3-5520 § 25 Nr. 5; *Schallen*, Zulassungsverordnung, 4. Aufl. 2004, Rn. 459.

15 Vgl. BSG v. 02.10.1996 - 6 RKa 52/95 - juris Rn. 14 - BSGE 79, 152 = SozR 3-2500 § 103 Nr. 1.

16 Anders *Kamps*, MedR 2004, 40, 43.

17 Vgl. LSG Bayern v. 16.02.2005 - L 12 KA 436/04 - www.sozialgerichtsbarkeit.de; *Reiter*, MedR 2001, 624, 625; *Hencke* in: Peters, Handbuch KV (SGB V), § 103 Rn. 5 u. 6; nur für Aufhebungsbeschlüsse *Kamps*, MedR 2004, 40, 43.

18 Vgl. LSG Bayern v. 16.02.2005 - L 12 KA 436/04 - www.sozialgerichtsbarkeit.de.

sungsbeschränkung nach § 16b Abs. 2 Satz 3 Ärzte-ZV verweist, ist irrtümlich nicht mitaufgehoben worden. Die Aufhebung einer Zulassungsbeschränkung ist bekannt zu machen (§ 16b Abs. 4 Ärzte-ZV).

Eine generelle Aufhebung der Zulassungsbeschränkung (bezogen auf eine Arztgruppe und einen Planungsbereich) erfolgt nicht. Nach § 23 Abs. 1 BedarfsplRL-Ä (Nr. 23 Satz 1 BedarfsplRL-Ä) bzw. Abschn. F Nr. 3 Satz 1 der BedarfsplRL-ZÄ ist der **Aufhebungsbeschluss** mit der Auflage zu versehen, dass Zulassungen nur in einem solchen **Umfang** erfolgen dürfen, bis für die Arztgruppe Überversorgung eingetreten ist. Die Aufhebung ist nur in einem Umfang vorzunehmen, bis erneut die Schwelle zur Überversorgung erreicht ist. Im Aufhebungsbeschluss ist anzugeben, für **wie viele Arztsitze** der betreffenden Arztgruppe im jeweiligen Planungsbereich die Beschränkungen aufgehoben werden. Diese Bestimmung über **die partielle Aufhebung** einer Zulassungsbeschränkung ist **rechtmäßig**.[19] Soweit das BSG in der Übertragung von Regelungsbefugnissen zur Verfahrensweise bei der Anordnung oder Aufhebung von Zulassungsbeschränkungen auf den Gemeinsamen Bundesausschuss keine kompetenzwidrige Subdelegation, sondern eine zulässige, abgestufte Form der Normsetzungsdelegation an den Verordnungsgeber einerseits und den Gemeinsamen Bundesausschuss andererseits sieht, stellt es wesentlich auf den Auftrag an den Verordnungsgeber nach § 104 Abs. 2 SGB V, die Regelung des Verfahrens „nach Maßgabe des § 101" – also auch nach Maßgabe der dort vorgezeichneten BedarfsplRL – vorzunehmen, ab. Insoweit kommt es auf die weitere Hilfserwägung des BSG auf der Grundlage seiner vor der Entscheidung des BVerfG zur Verordnungskompetenz des Gesetzgebers ergangenen Rechtsprechung (vgl. die Kommentierung zu § 98 SGB V Rn. 7), § 16b Abs. 1 Ärzte-ZV stehe ebenfalls im Rang eines formellen Gesetzes, nicht an.[20] 28

2. Besetzungsverfahren nach Teilaufhebung

Die umstrittene, auf Nr. 23 Satz 2 BedarfsplRL-Ä a.F. beruhende Praxis, bei vorübergehender Öffnung eines Planbereiches für einen oder mehrere Vertragsarztsitze die Auswahl unter mehreren Bewerbern nach der Reihenfolge ihres Antragseinganges beim Zulassungsausschuss vorzunehmen (sog. **Windhundprinzip**), ist vom **BSG** zu Recht unter Hinweis auf die aus Art. 12 Abs. 1 GG abzuleitenden Anforderungen an eine angemessene Verfahrensgestaltung nicht gebilligt worden. Durch die Art der Verfahrensgestaltung muss insbesondere gewährleistet werden, dass eine lediglich von zufälligen Umständen abhängige und für Manipulationen anfällige Zuteilung der Vertragsarztzulassung nicht stattfindet. Potenzielle Bewerber müssen, bevor nach der Veröffentlichung einer partiellen Entsperrung eine Auswahlentscheidung getroffen wird, eine reelle Chance haben, die jetzt erst sinnvollen Vorbereitungsmaßnahmen – z.B. Erschließung geeigneter Praxisräume, Abklärung der Finanzierung der Niederlassung und Beendigung eines bestehenden Beschäftigungsverhältnisses – einzuleiten und ihren Zulassungsantrag nach § 18 Ärzte-ZV entsprechend zu gestalten, weshalb der Zulassungsausschuss, soweit nicht Unterversorgung eingetreten ist, **zumindest sechs bis acht Wochen** nach Bekanntgabe der neu eröffneten Zulassungsmöglichkeit **abwarten** muss, ehe er seine Auswahlentscheidung unter den bis dahin vollständig vorgelegten Zulassungsanträgen trifft. Im Rahmen einer fairen und transparenten Verfahrensgestaltung wird der Zulassungsausschuss die Bewerber auch über den Zeitpunkt seiner Auswahlentscheidung unterrichten müssen, damit diese sich auf den Termin einstellen und die notwendigen Unterlagen für eine Zulassung bis dahin beibringen können. Der **Gemeinsame Bundesausschuss** hat deshalb nähere **Regelungen zu treffen**, nach denen künftig in einem für alle Bewerber fairen Verfahren die Auswahl unter mehreren Zulassungsanträgen erfolgen soll. Hierfür kommt einerseits der Rückgriff auf **Kriterien** in Frage, welche die bestmögliche Versorgung der Versicherten in dem betreffenden Planungsbereich zum Ziel haben (berufliche Eignung bzw. Dauer der bisherigen ärztlichen Tätigkeit), die aber bislang nur für die Auswahl im Rahmen einer Praxisnachfolge gesetzlich normiert sind (Absatz 4 Satz 4). Andererseits stellt auch das Prioritätsprinzip, das ebenfalls in Absatz 4 Satz 4 – in Gestalt des Approbationsalters – und zudem in Absatz 5 – in Form der Wartelisten für gesperrte Planungsbereiche – geregelt ist, prinzipiell ein geeignetes Auswahlkriterium dar. Bis zur Neuregelung der BedarfsplRL sind die Zulassungsgremien befugt, nach pflichtgemäßem Ermessen eines der in Absatz 4 29

---

[19] Vgl. BSG v. 23.02.2005 - B 6 KA 81/03 R - juris Rn. 17 ff. - MedR 2005, 666 = GesR 2005, 450; z.T. noch anders SG München v. 12.08.2003 - S 32 KA 536/03 ER - Breithaupt 2003, 809 (Entbehrlichkeit eines Aufhebungsbeschlusses).

[20] Vgl. BSG v. 23.02.2005 - B 6 KA 81/03 R - juris Rn. 20 - MedR 2005, 666 = GesR 2005, 450.

Satz 4 bzw. in Absatz 5 normierten und nicht spezifisch auf eine Nachfolgezulassung zugeschnittenen Auswahlkriterien, welche in verfassungsrechtlicher Hinsicht nicht zu beanstanden sind, zur Anwendung zu bringen.[21]

30 Der Gemeinsame **Bundesausschuss** hat mit **Beschluss 20.12.2005**[22] durch Änderung der Nr. 23 BedarfsplRL-Ä bzw. jetzt § 23 Abs. 3 BedarfsplRL die Vorgaben des BSG umgesetzt. Danach ist der **Aufhebungsbeschluss** des Landesausschusses zu **veröffentlichen** mit Bekanntgabe einer in der Regel sechs- bis achtwöchigen **Bewerbungsfrist** und der Auswahlkriterien. Der Zulassungsausschuss berücksichtigt bei dem Auswahlverfahren nur die nach der Bekanntmachung fristgerecht und vollständig abgegebenen Zulassungsanträge. Unter mehreren Bewerbern entscheidet der Zulassungsausschuss nach pflichtgemäßem Ermessen unter Berücksichtigung folgender **Kriterien**: berufliche Eignung, Dauer der bisherigen ärztlichen Tätigkeit, Approbationsalter, Dauer der Eintragung in die Warteliste gemäß § 103 Abs. 5 Satz 1 SGB V. Bei der Auswahl unter mehreren geeigneten Bewerbern soll die räumliche Wahl des Vertragsarztsitzes und ihre Beurteilung in Hinblick auf die bestmögliche Versorgung der Versicherten berücksichtigt werden.

31 Für Ärzte oder Psychotherapeuten, die gemäß § 101 Abs. 1 Satz 1 Nr. 4 SGB V in beschränkter Zulassung zur gemeinsamen Berufsausübung zugelassen sind (sog. **Job-Sharing**), fällt die Beschränkung weg, und zwar in der Reihenfolge der jeweils längsten Dauer der gemeinsamen Berufsausübung (§ 101 Abs. 3 Satz 2 SGB V, § 23 Abs. 2 Satz 1 u. Abs. 4 BedarfsplRL (Nr. 23 Satz 2 u. 6 BedarfsplRL-Ä)). Nach diesen fällt entsprechend die Beschränkung für die durch ein Angestelltenverhältnis als Job-Sharing-Partner verbundenen Ärzte (§ 101 Abs. 1 Satz 1 Nr. 5 SGB V) weg (§ 23 Abs. 2a BedarfsplRL). Ebenso entfallen bei Wegfall der Überversorgung die Beschränkungen für eine Zulassung wegen belegärztlicher Tätigkeit (Absatz 7 Satz 3) und bei Sonderbedarfszulassungen nach § 24 lit. a-d BedarfsplRL (Nr. 24 lit. a-d BedarfsplRL-Ä) und nach § 24 lit. e BedarfsplRL (Nr. 24 lit. e BedarfsplRL-Ä) (§ 25 Abs. 1 Satz 2 bzw. Abs. 2 BedarfsplRL (Nr. 25 Satz 2 bzw. 3 BedarfsplRL-Ä)).

32 Weder das Gesetz noch die BedarfsplRL regeln die Frage, **bei welcher Zulassungsform vorrangig die Beschränkungen entfallen**. Lediglich die Vorrangigkeit der Beendigung von Zulassungs- und Leistungsbegrenzungen gemäß § 101 Abs. 1 Satz 1 Nr. 4 SGB V vor Anträgen auf (Neu-)Zulassung, und zwar in der Reihenfolge der jeweils längsten Dauer der gemeinsamen Berufsausübung, sieht § 23 Abs. 4 BedarfsplRL (Nr. 3 Satz 6 BedarfsplRL-Ä) vor. Entsprechendes gilt für Sonderbedarfszulassungen zur Dialyseversorgung (§ 25 Abs. 2 HS. 2 BedarfsplRL (Nr. 25 Satz 3 BedarfsplRL-Ä))

33 § 25 Abs. 1 Satz 2 BedarfsplRL (Nr. 25 Satz 2 BedarfsplRL-Ä) ist aber dahin gehend zu verstehen, dass **vorrangig vor Neuzulassungen** auch **alle** weiteren **Sonderbedarfszulassungen** nach Nr. 24 lit. a-d BedarfsplRL-Ä zu berücksichtigen sind. Aus der Systematik von Gesetz und BedarfsplRL-Ä, die den Wegfall von Beschränkungen nur in den genannten Fällen anordnen, kann nicht der Schluss gezogen werden, für die übrigen Sonderbedarfszulassungen gelte dies nicht. Die ausdrücklich geregelten Fälle sind erst später hinzugekommen. Auch aus Sinn und Zweck der Bedarfsplanung folgt, dass diese Ärzte zunächst eine Vollzulassung erhalten, auch wenn insofern § 23 Abs. 4 BedarfsplRL auch nach der Neufassung eine eindeutige Regelung für alle Sonderbedarfszulassungen weiterhin vermissen lässt.

34 Gibt es **mehr vorrangig zu berücksichtigende Vertragsärzte** als Vertragsarztsitze, dann ist auf die Dauer der gemeinsamen Berufsausübung abzustellen (§ 23 Abs. 2 Satz 1 u. Abs. 4, § 25 Abs. 2 HS. 2 BedarfsplRL (Nr. 23 Satz 2 und 6, Nr. 25 Satz 3 BedarfsplRL-Ä)) bzw. entsprechend auf die Dauer der Sonderbedarfszulassung oder Zulassung wegen einer belegärztlichen Tätigkeit. Eine vorübergehende Entsperrung bedeutet nicht, dass alle Partnerärzte eines Job-Sharings und alle Belegärzte eine Vollzulassung erhalten.[23] Insofern konkretisiert § 23 BedarfsplRL-Ä die Ansprüche auf Umwandlung in eine Vollzulassung aus § 101 Abs. 3 Satz 2 SGB V bzw. § 103 Abs. 7 Satz 3 SGB V.

[21] Vgl. BSG v. 23.02.2005 - B 6 KA 81/03 R - juris Rn. 29 ff. - MedR 2005, 666 = GesR 2005, 450.

[22] Vgl. www.g-ba.

[23] Vgl. *Schallen*, Zulassungsverordnung, 4. Aufl. 2004, Rn. 220; anders *Reiter*, MedR 2001, 624, 629 f.

V. Nachfolgezulassung (Absätze 4, 5 und 6)

1. Normzweck und Entstehungsgeschichte

Absatz 4, der unverändert in der Entwurfsfassung des GSG verabschiedet wurde, regelt die **Wiederbesetzung** von Vertragsarztsitzen in **gesperrten Planungsregionen**. Der Grund für die Anordnung der Zulassungsbeschränkungen ist unerheblich. Die Nachfolgezulassung gilt auch bei aus Gründen der Unterversorgung angeordneten Zulassungsbeschränkungen. 35

Der Gesetzgeber hatte die **Vorgängervorschrift** des **§ 16c Ärzte-ZV** nicht unverändert in Absatz 4 übernommen. Nach § 16c Abs. 1 Satz 5 Ärzte-ZV bedurfte es keines Nachbesetzungsverfahrens, wenn die Praxis vom Ehegatten, einem Kind oder dem Partner einer Gemeinschaftspraxis fortgeführt werden sollte. Im Übrigen hatte § 16c Abs. 1 Satz 4 Ärzte-ZV das Auswahlermessen des Zulassungsausschusses nach Satz 3 noch wesentlich freier gestaltet und lediglich auf die angemessene Berücksichtigung der beruflichen Eignung des Bewerbers und die berechtigten Interessen des ausscheidenden Arztes oder seiner Erben begrenzt. Im **Gesetzentwurf** wird dies damit **begründet**, dass die bisherige Regelung nicht mehr den Anforderungen genüge, die aufgrund der verschärften Bedarfsplanung an die Bewerberauswahl gestellt werden müssen. Der Zulassungsausschuss habe durch eine Bewertung der Auswahlkriterien eine sachgerechte Entscheidung im Einzelfall vorzunehmen. Zu den genannten Kriterien sei auch die Wartezeit bei der Entscheidung für die Auswahl des Bewerbers zu berücksichtigen. Angesichts der zunehmenden Bedeutung des Nachbesetzungsverfahrens erscheine es nicht mehr gerechtfertigt, bei Familienangehörigen und Praxispartnern auf ein Ausschreibungsverfahren zu verzichten. Die Begrenzung auf den Verkehrswert solle ausschließen, dass sich durch die erhöhte Nachfrage nach Kassenpraxen und der mit der Praxisübernahme verbundenen Kassenzulassung der Kaufpreis für die Praxis ungerechtfertigt erhöhe.[24] 36

Nach den **Beratungen im Gesundheitsausschuss** soll damit den **verfassungsrechtlichen Voraussetzungen** zur Konkretisierung des **sozialpflichtigen Eigentums** Rechnung getragen werden. Trotz Überversorgung in einem bestimmten Gebiet ermögliche es die Vorschrift, eine Vertragsarztpraxis zum Verkehrswert zu veräußern. Es müsse aber berücksichtigt werden, dass das Eigentum an einer Vertragsarztpraxis maßgeblich von der öffentlich-rechtlichen Zulassung geprägt werde. Der Gesetzgeber sei nicht gehalten gewesen, wertsteigernde oder wertbegründende Entscheidungen des Staates dem Inhaber des Eigentumsrechtes als eigenen Verdienst anzurechnen. Die Regelung stelle eine Abwägung zwischen dem Eigentumsrecht des niedergelassenen Arztes und seiner Erben vor dem Hintergrund eines gesperrten Bezirks dar. Bis 1998 (gemeint ist die Bedarfszulassung nach dem bis 2006 geltenden § 102 SGB V) habe man sich dafür entschieden, dass der Eigentumsaspekt trotz Sperrung zu berücksichtigen sei. Dies werde dadurch deutlich, dass der Verkehrswert bei der Vergabe berücksichtigt worden sei.[25] 37

Absatz 6 wurde erst auf Anregung des Gesundheitsausschusses aufgenommen.[26] Damit sollten beim Ende der Zulassung eines **Partners einer Gemeinschaftspraxis** die gleichen Regelungen wie bei der Nachfolge eines Vertragsarztes in einer Einzelpraxis gelten. Der Umstand, dass die verbleibenden Ärzte mit dem Anteilsübernehmer gesellschaftsrechtliche Verbindungen eingehen müssten, erfordere es, auch ihre Interessen bei der Bewerberauswahl zu berücksichtigen, was durch Satz 2 erreicht werde.[27] 38

Allerdings wird aus der **Verwaltungspraxis** berichtet, dass entgegen der gesetzgeberischen Absicht ein **„Konzessionshandel"** entstanden sei und die Zulassungsausschüsse sich aus der Preisprüfung heraushalten würden; der die Praxis abgebende Arzt suche sich den Übernehmer zuvor aus, der dann auch i.d.R. zum Nachfolger bestimmt werde.[28] Zivilrechtlich ist der Verkauf eines Vertragsarztsitzes wegen eines gesetzlichen Verbotes nach den Absätzen 4-6 nicht zulässig.[29] Die Finanzgerichtsrechtsprechung sieht in den Aufwendungen, um den mit der Zulassung verbundenen wirtschaftlichen Vorteil zu erhalten, in einem regulierten Markt auftreten zu können, nicht einen Handel mit einer öffentlich-rechtlichen Zulassung als solcher, sondern sieht in der damit verbundenen wirtschaftlichen Chance ein Wirt- 39

---

[24] Vgl. BT-Drs. 12/3608 (zu Nr. 54 c u. d).

[25] Vgl. Bericht des Ausschusses für Gesundheit (15. Ausschuss), BT-Drs. 12/3937 (Teil A III c ee).

[26] Vgl. BT-Drs. 12/3930 (Art. 1 Nr. 54 e).

[27] Vgl. BT-Drs. 12/3937 (Teil B zu Nr. 54).

[28] Vgl. *Cramer/Maier*, MedR 2002, 549 ff.; *Großbölting/Jaklin*, NZS 2003, 134, 136 f.; vgl. auch den Sachverhalt in FG Niedersachsen v. 28.09.2004 - 13 K 412/01 - DStRE 2005, 427-430.

[29] Vgl. OLG Hamm v. 23.11.2004 - 27 U 211/03 - juris Rn. 65 - GesR 2005, 177.

schaftsgut, für dessen Erlangung der Zulassungsbewerber bereit sei, die Aufwendungen zu tätigen;[30] der Tatbestand der Entscheidung zeigt aber, dass mit der Zulassung durchaus gehandelt wird. Deutlich wird dies vor allem im Verkauf psychotherapeutischer Praxen, bei denen im Regelfall weder Patientenstamm, Räume oder Mobiliar übergeben werden und bei denen der Erfolg noch stärker vom Inhaber der Praxis abhängt, da ein Therapeut grundsätzlich persönlich ausgesucht wird. Nach OLG München ist daher für eine psychotherapeutische Praxis allein deren Sachwert in die Berechnung über den Zugewinn einzustellen und gibt es einen Ertragswert nicht; dass sich möglicherweise doch ein grauer Markt entwickelt hat, bei dem es letztlich um den Handel der Zulassung gehe, könne nicht dazu führen, diesen als Wurzel für einen Verkaufsmarkt einer psychotherapeutischen Praxis anzusehen.[31] Kaufpreise im fünfstelligen Bereich dürften daher kaum zu rechtfertigen sein. Entsprechend dürfte auch bei den übrigen Praxen die Zulassung selbst die Kaufpreise erhöht haben. Letztlich ist diese Entwicklung einer **mangelnden Kontrolldichte durch die Zulassungsgremien** geschuldet.

2. Ausschreibungsverfahren (Absatz 4 Sätze 1 und 2)

a. Antragsverfahren

40 Das **Nachfolgeverfahren** nach Absatz 4 ist ein **Antragsverfahren**. Ohne Antrag wird der Vertragsarztsitz nicht ausgeschrieben und nicht wieder besetzt. Ausschreibungen von Amts wegen sind nicht vorgesehen. Der Vertragsarztsitz erlischt in diesem Fall.[32] Soweit Überversorgung nicht mehr vorliegt, kann eine Teilaufhebung der Zulassungsbeschränkung erfolgen. Eine Frist für die Antragstellung nach Ausscheiden des Vertragsarztes besteht rechtlich nicht.[33] Allerdings kann eine Ausschreibung nur bei einer noch bestehenden Praxis erfolgen (vgl. Rn. 52), so dass faktisch nur sehr kurze Fristen bestehen. Der Antrag kann bis zur Entscheidung des Zulassungsausschusses zurückgenommen werden (vgl. Rn. 51).

41 Der **Antrag auf Ausschreibung** ist nicht hierauf beschränkt. Er beinhaltet auch die Durchführung des **Zulassungsverfahrens** vor dem Zulassungsausschuss, d.h. die Weiterleitung der Bewerberliste an den Zulassungsausschuss und dessen Tätigwerden. Die gesetzlichen Regelungen kennen nur dieses Nachfolgeverfahren und lassen an und für sich entgegen der Verwaltungspraxis und Teilen der Literatur[34] keinen Raum für „Probeausschreibungen“ aufgrund der Ankündigung eines Verzichts. Andererseits kann der Praxisabgeber seinen Antrag auf Ausschreibung jederzeit (bis zu einer Entscheidung des Zulassungsausschusses) zurückziehen und entstehen Kosten erst im Verfahren vor dem Zulassungsausschuss. Von daher dient die Verwaltungspraxis einer Verfahrensvereinfachung, die auch nicht in Rechte potentieller Bewerber eingreift, da diese ein Recht auf Ausschreibung nicht geltend machen können (vgl. Rn. 42).

42 Nach der **Konzeption des Gesetzes** ist die Nachbesetzung von Vertragsarztsitzen in überversorgten Planungsbereichen unerwünscht und wird die Fortschreibung der Überversorgung nur in Kauf genommen, weil andernfalls ein ausscheidender Vertragsarzt bzw. seine Erben keine Möglichkeit hätten, die Praxis zu verwerten. Ein **rechtlich geschütztes Interesse eines Bewerbers** um einen frei werdenden Vertragsarztsitz in einem überversorgten Gebiet kann es deshalb nur nach Maßgabe des Gleichbehandlungsgebotes (Art. 3 Abs. 1 GG) geben. Dieses Interesse ist nur insoweit geschützt, als der einzelne Bewerber bei einer tatsächlich erfolgenden Nachbesetzung nicht unter Verstoß gegen die Auswahlkriterien übergangen werden darf.[35] Ein Anspruch auf Ausschreibung des Sitzes steht ihm nicht zu; er kann die Rücknahme des Ausschreibungsantrages der Berechtigten nicht verhindern.[36]

43 Aus dem Recht auf Akteneinsicht (§ 25 SGB X) folgt jedoch in einem Nachbesetzungsverfahren, dass einem **Konkurrenten** grundsätzlich alle die **Mitbewerber** betreffenden **Informationen mittels Akteneinsicht** zur Verfügung zu stellen sind. Die Kenntnis vom Inhalt des Praxisübergabevertrags und des Gemeinschaftspraxisvertrags ist grundlegende Voraussetzung für eine sachgerechte Rechtsverfolgung. Angesichts der Auswahlkriterien des § 103 SGB V kann sich kein Bewerber darauf berufen,

---

30 Vgl. FG Niedersachsen v. 28.09.2004 - 13 K 412/01 - juris Rn. 32 ff. - MedR 2005, 679.

31 Vgl. OLG München v. 29.04.2004 - 16 UF 1764/03.

32 Vgl. BSG v. 25.11.1998 - B 6 KA 70/97 R - juris Rn. 12 - SozR 3-2500 § 103 Nr. 3.

33 Anders *Hesral* in: Ehlers, Fortführung von Arztpraxen, 2. Aufl. 2001, Rn. 251.

34 Vgl. *Klückmann*: in Hauck/Noftz, SGB V, § 103 Rn. 12; *Hess* in: KassKomm, SGB V, § 103 Rn. 21; dagegen *Hesral*, in: Ehlers, Fortführung von Arztpraxen, 2. Aufl. 2001, Rn. 225 u. 253.

35 Vgl. BSG v. 05.11.2003 - B 6 KA 11/03 R - juris Rn. 30 - BSGE 91, 253 = SozR 4-2500 § 103 Nr. 1.

36 Vgl. BSG v. 05.11.2003 - B 6 KA 11/03 R - juris Rn. 30 - BSGE 91, 253 = SozR 4-2500 § 103 Nr. 1.

diese Verträge seien „geheimhaltungsbedürftig".[37] Ein **Verstoß gegen das Recht auf Akteneinsicht** führt nicht zur Aufhebung (§ 42 Satz 1 SGB X), wenn bei Hinwegdenken des Fehlers offensichtlich dieselbe Sachentscheidung getroffen worden wäre.[38]

Antragsberechtigt ist der **Vertragsarzt** oder, im Falle seines Todes, dessen **Erben**. Für **MVZ** ist ein Ausschreibungsverfahren in der Regel obsolet, da sie ein eigenes Recht zur Nachbesetzung haben (Absatz 4a Satz 5; vgl. Rn. 96 f.). Aufgrund der in Absatz 6 Satz 1 geregelten entsprechenden Anwendung des Absatzes 4 auf die **Gemeinschaftspraxis** steht den in der Praxis verbleibenden Vertragsärzten ebf. die Befugnis zu, die Ausschreibung zu beantragen, und zwar unabhängig von den gesellschaftsrechtlichen Vereinbarungen.[39] Für den ausscheidenden Partner bzw. dessen Erben verbleibt es bei deren Antragsrecht,[40] so dass zwei Anträge auf Ausschreibung desselben Vertragsarztsitzes gerichtet sein können. Zulassungsrechtlich muss der ausscheidende Arzt aber seinen Sitz nicht ausschreiben lassen, sondern kann sich im Planungsbereich als Einzelpraxis oder zusammen mit anderen Ärzten niederlassen. Soweit ihn vertragliche Vereinbarungen hieran hindern, ist dies allein im Zivilrechtsweg durchzusetzen.[41] Auch ein zivilvertraglicher Verzicht auf die Durchführung eines Nachbesetzungsverfahrens kann nur berücksichtigt werden, wenn er durch rechtskräftiges Urteil belegt wird.[42] Andernfalls müsste die KV über die Vertragsverhältnisse des Antragstellers entscheiden. Der Verkauf eines Vertragsarztsitzes, nicht der davon zu unterscheidenden Arztpraxis, ist unzulässig.[43] Partner einer Praxisgemeinschaft haben kein Antragsrecht.[44] 44

Ausschreibungsfähig ist jeder Vertragsarztsitz. Beruht der Vertragsarztsitz auf einer **Sonderbedarfszulassung** nach § 24 BedarfsplRL (Nr. 24 BedarfsplRL-Ä), so setzt eine Praxisnachfolge einen weiter bestehenden Sonderbedarf voraus (vgl. § 25 Abs. 3 BedarfsplRL (Nr. 25 Satz 4 BedarfsplRL-Ä)). Dies ist Folge des eingeschränkten Zulassungsstatus. Ein Praxisnachfolger im Rahmen einer Sonderbedarfszulassung aufgrund eines lokalen Versorgungsbedarfs (§ 24 lit. a BedarfsplRL (Nr. 24 lit. a BedarfsplRL-Ä)) kann aber auch nach Zulassung seinen Vertragsarztsitz nur im Rahmen des § 24 Abs. 4 Ärzte-ZV verlegen (vgl. die Kommentierung zu § 101 SGB V Rn. 49). Vertragsarztsitze aufgrund **belegärztlicher Tätigkeit** können auch innerhalb der ersten zehn Jahre ausgeschrieben werden, sofern der Krankenhausträger den Belegarztvertrag auf den Nachfolger überträgt (vgl. Rn. 127 ff.). Vertragsarztsitze eines **Job-Sharing-Partners** sind nicht ausschreibungsfähig. Hierfür besteht auch kein Bedarf, da der andere Partner jederzeit einen neuen Job-Sharing-Vertrag abschließen kann und eine darüber hinausgehende schützenswerte Position nicht besteht. Ausschreibungsfähig ist auch eine **Teilpraxis bei einer Doppelqualifikation**,[45] da der Vertragsarzt im Regelfall einen geeigneten Bewerber mit Doppelqualifikation für die Gesamtpraxis nicht finden wird, er aufgrund der unterschiedlichen Patientenzusammensetzung die Praxis nicht zum vollen Wert an einen Bewerber nur mit einer Qualifikation verkaufen kann und die Teilaufgabe der Praxis ebenso schützenswert ist wie die Aufgabe der Gesamtpraxis. Bei **Beschränkung auf einen** nunmehr durch das VÄndG ermöglichten **zeitlich hälftigen Versorgungsauftrag** (§ 95 Abs. 3 Satz 1 SGB V, §§ 18 Abs. 1 Satz 3 lit. c, 19a Abs. 2 Satz 1 Ärzte-ZV) oder **Aufgabe einer solchen Praxis** besteht ebenfalls ein Anspruch auf ein Ausschreibungsverfahren.[46] Soweit von vornherein nur eine Zulassung für einen hälftigen Versorgungsauftrag bestand, folgt die 45

---

[37] Vgl. LSG Nordrhein-Westfalen v. 30.11.2005 - L 10 KA 29/05 - juris Rn. 44 ff. - GesR 2006, 456 = MedR 2006, 616.

[38] Vgl. LSG Nordrhein-Westfalen v. 30.11.2005 - L 10 KA 29/05 - juris Rn. 48 - GesR 2006, 456 = MedR 2006, 616.

[39] Vgl. BSG v. 25.11.1998 - B 6 KA 70/97 R - juris Rn. 13 ff. - SozR 3-2500 § 103 Nr. 3; BSG v. 29.09.1999 - B 6 KA 1/99 R - juris Rn. 42 - SozR 3-2500 § 103 Nr. 5.

[40] Vgl. *Schnath* in: Schnapp/Wigge, Handbuch des Vertragsarztrechts, 2002, § 5c, Rn. 27; *Fiedler*, NZS 2003, 574, 577; offen gelassen von BSG v. 25.11.1998 - B 6 KA 70/97 R - juris Rn. 18 - SozR 3-2500 § 103 Nr. 3.

[41] Vgl. BGH v. 22.07.2002 - II ZR 90/01 - BGHZ 151, 389 = NJW 2002, 3536 = GesR 2002, 91; BGH v. 22.07.2002 - II ZR 265/00 - NJW 2002, 3538 = MedR 2002, 647; OLG Düsseldorf v. 29.04.2004 - I-6 U 123/03, 6 U 123/03 - MedR 2004, 616; OLG Zweibrücken v. 25.05.2005 - 4 U 73/04 - GesR 2005, 423; OLG Hamm v. 10.01.2000 - 8 U 91/99 - MedR 2000, 427; *Wertenbruch*, NJW 2003, 1904 ff.

[42] Weitergehend *Gasser* in: Ehlers, Fortführung von Arztpraxen, 2. Aufl. 2001, Rn. 904.

[43] Vgl. OLG Hamm v. 23.11.2004 - 27 U 211/03 - GesR 2005, 177; *Fiedler*, NZS 2003, 574, 575.

[44] Vgl. *Schallen*, Zulassungsverordnung, 4. Aufl. 2004, Rn. 301; anders *Fiedler*, NZS 2003, 574, 577 f.

[45] Vgl. zur steuerrechtlichen Behandlung BFH v. 04.11.2004 - IV R 17/03 - juris Rn. 19 ff. - NJW 2005, 1150.

[46] Vgl. *Orlowski/Halbe/Karch*, Vertragsarztrechtsänderungsgesetz, 2007, S. 14; *Schiller/Pavlovic*, MedR 2007, 86, 89 f.a.A. *Schirmer*, Anmerkungen der KBV zum VÄndG, 2007 – www.kbv.de, S. 53 f.

Ausschreibungsfähigkeit bereits unmittelbar aus dem Wortlaut der Vorschrift. Der Praxisinhaber ist gegenüber den anderen Ärzten mit vollem Versorgungsauftrag völlig gleichberechtigt und lediglich im Umfang des Versorgungsauftrags beschränkt. Insofern wird vom Gesetzgeber zutreffend der deskriptive, im Gesetz allerdings nicht zu findende Begriff der „Teilzulassung" verwandt.[47] Die „Teilzulassung" endet ebenfalls bei Verzicht (§ 95 Abs. 1 Satz 1 SGB V), und es ist der Vertragsarztsitz – mit dem hälftigen Versorgungsauftrag – auszuschreiben nach Absatz 4 Satz 1. Nichts anderes muss aber gelten, wenn der Vertragsarzt in zwei Teilschritten auf seine Zulassung verzichtet. Von einer ausdrücklichen Regelung in Absatz 4 hat der Gesetzgeber bisher abgesehen. Der Verordnungsgeber verwendet den Ausdruck „Beschränkung" (§§ 18 Abs. 1 Satz 3 lit. c, 19a Abs. 2 Satz 1 Ärzte-ZV), weil bei einem Teilverzicht der Vertragsarzt weiterhin zugelassen bleibt. Mit der Beschränkung des Versorgungsauftrages geht der Gesetzgeber aber nunmehr von dessen Teilbarkeit aus. Sachlich handelt es sich dennoch um einen Verzicht auf einen Teil des Versorgungsauftrags und damit auch auf einen Teil der Zulassung, wenn auch ansonsten der Zulassungsstatus unteilbar bleibt. Abzustellen ist nach Absatz 4 aber auf die schützenswerte Rechtsposition. Der Vertragsarzt gibt bei einer Teilaufgabe, dem ersten (Teil-)Verzicht, einen veräußerungsfähigen und damit schützenswerten Teil der vertragsarztrechtlichen Praxis auf. Nach Aufgabe des hälftigen Versorgungsauftrags besteht ein Zulassungsanspruch nur nach den allgemeinen Vorschriften, d.h. in gesperrten Planungsbereichen muss der Arzt wiederum eine hälftige oder ganze Praxis erwerben – was er beides auch als Praxisnachfolger kann –, um wieder im Rahmen eines vollen Versorgungsauftrags tätig werden zu können. Entsprechend sind Beschränkungen bei der Bedarfsplanung zu berücksichtigen (§ 101 Abs. 1 Satz 6 SGB V). **Angestellte Ärzte**, auch soweit ihre Anstellung nach altem Recht vor dem 2. GKV-NOG erfolgte, sind nicht Inhaber eines Vertragsarztsitzes, weshalb bei ihrem Ausscheiden keine Ausschreibung erfolgt.[48] **MVZ** haben ein eigenes Nachbesetzungsrecht ohne Ausschreibungsverfahren (Absatz 4a Satz 6). Ausgeschiedene Ärzte eines MVZ mit einer Vollzulassung unterliegen keinen Beschränkungen und können ihren Vertragsarztsitz, soweit eine Praxis wieder geführt wird, ausschreiben lassen.

b. Zulassungsende

46 Weitere Voraussetzung ist das **Zulassungsende** durch Erreichen der Altersgrenze von 68 Jahren (§ 95 Abs. 7 Sätze 3-5 SGB V), Tod, Verzicht (§ 95 Abs. 7 Satz 1 SGB V) oder Entziehung (§ 95 Abs. 6 Satz 1 SGB V). Insbesondere bei einem **Verzicht** reicht es aber aus, dass der Arzt bisher nur beabsichtigt, auf die Zulassung zu verzichten und dies von weiteren Überlegungen, ob z.B. ein entsprechender Käufer gefunden werden kann, abhängig macht. Wegen der unwiderruflichen Wirkung einer Verzichtserklärung muss dem Arzt insoweit ein vorhergehendes Antragsrecht zugebilligt werden. Dies gilt auch für die übrigen absehbaren Beendigungsgründe. Eine Rücknahme des Antrages beendet das Ausschreibungs- und Nachbesetzungsverfahren. Die Zulassung endet auch bei **Wegzug des Vertragsarztes** aus dem Bezirk (Zulassungsbezirk, vgl. die Kommentierung zu § 95 SGB V Rn. 512 f.). Die Möglichkeit einer Nachbesetzung ist aber nur möglich, wenn zuvor der Verzicht erklärt wird. Von daher hat der Arzt es durch die Möglichkeit, einen Verzicht zu erklären, in der Hand, ein Nachbesetzungsverfahren in Gang zu setzen. Der Verzicht, der im Regelfall nicht unmittelbar zum Zulassungsende führt (vgl. § 28 Abs. 1 Ärzte-ZV), ermöglicht auch eine übergangslose Nachfolge. Nach dem Wegzug dürfte auch keine Praxis mehr bestehen, so dass es einer Nachfolge nicht bedarf. Von daher besteht kein Grund, dem wegziehenden Arzt ein Nachfolgeverfahren zu ermöglichen.[49] Ein Antrag nach einem Wegzug ist ohne Rechtsschutzinteresse.

aa. Zulassungsende durch Entziehung

47 Erfolgt die **Entziehung** der Vertragsarztzulassung wegen **Nichtausübung der vertragsärztlichen Tätigkeit** (§ 95 Abs. 6 SGB V), weil eine ärztliche Praxis nicht mehr betrieben wird und der Vertragsarzt infolgedessen auch die vertragsärztliche Tätigkeit nicht ausübt, so fällt der Vertragsarztsitz ersatzlos fort. Das Nachbesetzungsverfahren nach Absatz 4 kommt dann nicht zur Anwendung.[50] In **anderen Fällen einer Entziehung**, z.B. wegen Verlustes der Approbation, hat die Praxis fortbestanden und kann ein Nachbesetzungsverfahren erfolgen.

---

47 Vgl. BT-Drs. 16/2474, 21 (zu Nummer 5 Buchstabe c (§ 95)) u. 33 (zu Nummer 5 (§ 19a)).

48 Vgl. *Steinhilper*, MedR 1994, 227, 232 f.

49 So aber *Schallen*, Zulassungsverordnung, 4. Aufl. 2004, Rn. 244 f.

50 Vgl. BSG v. 29.09.1999 - B 6 KA 1/99 R - juris Rn. 40 - SozR 3-2500 § 103 Nr. 5.

bb. Zulassungsende durch Verzicht

Der **Verzicht** (vgl. bereits die Kommentierung zu § 95 SGB V Rn. 510 f.) ist als rechtsgestaltende Willenserklärung **bedingungsfeindlich**.[51] Ein bedingter Zulassungsverzicht ist gesetzlich nicht vorgesehen. Dies kann mit dem Interesse des verzichtenden Arztes kollidieren, der sichergehen will, dass die von ihm beabsichtigte Praxisübergabe verwirklicht werden kann und sein Praxiskäufer auch eine Zulassung erhält. Zur Berücksichtigung seiner Interessen werden verschiedene Möglichkeiten gesehen. 48

So wird dem ausscheidenden Arzt zugebilligt, den Verzicht gegenüber dem Zulassungsausschuss mit dem **Vorbehalt (Bedingung)** abzugeben, dass die Verzichtserklärung mit der Zulassungsentscheidung für den Nachfolger als abgegeben gilt[52] und die Wirksamkeit mit der Aufnahme des Praxisnachfolgers eintritt;[53] oder in einer Variante, dass der Praxisnachfolger ggf. namentlich benannt werden soll,[54] oder in einer weiteren Variante, dass der Verzicht unter der aufschiebenden Bedingung, insbesondere der Bestandskraft der Zulassung des ausgewählten Bewerbers abgegeben wird.[55] Es wird auch eine Bedingung für zulässig angesehen, dass der Nachfolger innerhalb einer vom Zulassungsausschuss gesetzten Frist einen Übernahmevertrag abschließt und seine Tätigkeit tatsächlich aufnimmt.[56] Oder es wird ein **zweistufiges Verfahren** mit Ankündigung eines Verzichtes und Abgabe der Verzichtserklärung nach Abschluss des Vertrages über die Praxisübergabe mit dem vom Zulassungsausschuss bestimmten Bewerber[57] bzw. nach Bestandskraft der Zulassungsentscheidung[58] vorgeschlagen. 49

Eine Zweistufigkeit des Verfahrens scheidet jedenfalls dann aus, wenn der Zulassungsausschuss tätig wird. Dieser kann nur tätig werden, wenn eine Verzichtserklärung vorliegt. Damit kommt eine Zweistufigkeit mit Ankündigung und nachträglicher Verzichtserklärung nicht in Betracht. Andererseits kann eine Gestaltungserklärung auch unter einer Potestativbedingung (§ 158 Abs. 1 BGB) erklärt werden, wenn die Wirksamkeit des Verzichts nicht mehr vom Willen des Praxisabgebers abhängt, sondern von der Entscheidung des Zulassungsausschusses.[59] In diesem Fall wird die Ungewissheit über den Eintritt der Rechtswirkungen des Verzichts minimiert. Der Praxisabgeber kann daher den Verzicht unter der **Bedingung einer bestandskräftigen Zulassungsentscheidung** abgeben. Eine Verknüpfung mit einem bestimmten Zulassungsbewerber ist allerdings unzulässig, da der Zulassungsausschuss die Bewerberauswahl zu treffen hat. 50

Der **Antrag** auf Ausschreibung und damit auf Durchführung des Nachbesetzungsverfahrens kann bis zur Auswahlentscheidung des Zulassungsausschusses **zurückgenommen** werden.[60] Würde man eine spätere Antragsrücknahme (bis zur Bestandskraft) zulassen, so hätte es der Praxisabgeber in der Hand, ihm nicht genehme Praxisnachfolger zu verhindern. 51

c. Vorhandene ärztliche Praxis

Weitere Voraussetzung ist, dass noch eine **ärztliche Praxis vorhanden** ist, die von einem Nachfolger fortgeführt werden kann. Praxisfortführung verlangt nicht notwendig, dass der Nachfolger eines ausscheidenden Vertragsarztes auf Dauer die bisherigen Patienten in denselben Praxisräumen mit Unterstützung desselben Praxispersonals und unter Nutzung derselben medizinisch-technischen Infrastruktur behandelt oder zumindest behandeln will. Der ausscheidende Vertragsarzt muss aber zum Zeitpunkt der Beendigung seiner Zulassung – soweit ein Ruhen nicht vorlag – tatsächlich unter einer bestimmten 52

---

[51] Vgl. OLG Zweibrücken v. 25.05.2005 - 4 U 73/04 - GesR 2005, 423.

[52] Vgl. *Bartels*, MedR 1995, 232, 233; *Steinhilper*, MedR 1994, 227, 229; *Wigge*, NZS 1998, 53, 55; *Krauskopf* in: ders., Krankenversicherung, § 95 Rn. 62.

[53] Vgl. *Klückmann* in: Hauck/Noftz, SGB V, § 103 Rn. 12; *Hencke* in: Peters, Handbuch KV (SGB V), §103 Rn. 10.

[54] Vgl. *Schallen*, Zulassungsverordnung, 4. Aufl. 2004, Rn. 250.

[55] Vgl. *Hesral* in: Ehlers, Fortführung von Arztpraxen, 2. Aufl. 2001, Rn. 227.

[56] Vgl. *Steinhilper*, MedR 1994, 227, 229.

[57] Vgl. *Hess* in: KassKomm-SGB V, § 103 Rn. 21.

[58] Vgl. *Schiller* in: Schnapp/Wigge, Handbuch des Vertragsarztrechts, 2002, § 5d, Rn. 29; *Großbölting/Jaklin*, NZS 2003, 134.

[59] Vgl. *Hesral* in: Ehlers, Fortführung von Arztpraxen, 2. Aufl. 2001, Rn. 227; zur Eintragung einer Vormerkung im Grundbuch vgl. BGH v. 13.06.2002 - V ZB 30/01 - juris Rn. 11 - BGHZ 151, 116 = NJW 2002, 2461; BGH v. 05.12.1996 - V ZB 27/96 - juris Rn. 12 ff. - BGHZ 134, 182 = NJW 1997, 861; zur Zulässigkeit einer Kündigung, wenn die Wirksamkeit vom Kündigungsempfänger abhängt, LArbG Köln v. 06.02.2002 - 8 Sa 1059/01 - juris Rn. 56 ff. - NZA-RR 2003, 18.

[60] Vgl. *Hesral* in: Ehlers, Fortführung von Arztpraxen, 2. Aufl. 2001, Rn. 256; *Schöbener/Schöbener*, SGb 1994, 211, 218.

Anschrift in nennenswertem Umfang (noch) vertragsärztlich tätig gewesen sein (vgl. § 95 Abs. 3 Satz 1 SGB V). Das setzt den Besitz bzw. Mitbesitz von Praxisräumen, die Ankündigung von Sprechzeiten, die tatsächliche Entfaltung einer ärztlichen Tätigkeit unter den üblichen Bedingungen sowie das Bestehen der für die Ausübung der ärztlichen Tätigkeit im jeweiligen Fachgebiet erforderlichen Praxisinfrastruktur in apparativ-technischer Hinsicht voraus.[61]

53 Aus dem Normzweck der Sicherung der Rechte des abgebenden Arztes folgt, dass allein auf die **Verhältnisse des abgebenden Arztes abzustellen** ist. Dies bedeutet, dass die (insgeheim meist von vornherein feststehende) Absicht des übernehmenden Arztes, die Praxis alsbald an einem anderen Ort und/oder mit einem anderen Inventar fortzuführen, rechtlich irrelevant ist. Für das Vorliegen einer fortführungsfähigen Praxis kommt es auch nicht darauf an, ob Bewerber sich vorstellen können, die Praxis in unverändert gleicher Weise wie bisher fortzuführen, sondern allein darauf, dass der abgebende Arzt bzw. Psychotherapeut tatsächlich eine Praxis betrieben hat.[62] Auf bestimmte Umsatz- oder Fallzahlen kommt es nicht an, da dies unterschiedliche Gründe haben kann; so kann ein Grund beispielsweise sein, dass der Vertragsarzt für sich keine Patienten gewinnen kann.[63] Für die **fachliche Identität** bei einer Praxisnachfolge ist darauf abzustellen, ob der Praxisübernehmer in der Lage ist, die Praxis im Wesentlichen fortzuführen, also den Teil der Sicherstellung der Versorgung gewährleisten kann, den zuvor der die Praxis abgebende Leistungserbringer erbracht hat.[64] Ein **Psychologischer Psychotherapeut** kann die Praxis einer **Fachärztin für Psychotherapeutische Medizin** übernehmen.[65]

54 Der Partner einer **Gemeinschaftspraxis** muss zum Zeitpunkt seines Ausscheidens noch Mitglied der Gemeinschaftspraxis sein.[66] Ob in Ausnahmefällen ein Nachbesetzungsverfahren noch dann stattfinden kann, wenn die Zulassung des betreffenden Vertragsarztes zunächst **geruht** hat und er erst zu einem späteren Zeitpunkt seine vertragsärztliche Tätigkeit in der Gemeinschaftspraxis endgültig beendet, hat das BSG bisher offen gelassen.[67] Das Ruhen eines Partners einer Gemeinschaftspraxis lässt aber die Praxis, anders als bei einer Einzelpraxis, fortbestehen, so dass eine Nachbesetzung auch der Interessenlage der Beteiligten entspricht. Schließt sich an die Auflösung der bisherigen Gemeinschaftspraxis oder die Feststellung ihrer Beendigung durch den Zulassungsausschuss eine längere Zeit des Ruhens der Zulassung des ausgeschiedenen Mitglieds an, ist grundsätzlich für ein Nachbesetzungsverfahren kein Raum.[68]

55 Diese Rechtsprechung des BSG ist generell auf eine **Einzelpraxis** zu übertragen. Ein längeres **Ruhen** der Praxis bedeutet nicht nur momentanen Stillstand der Praxis, sondern führt auch zur Abwanderung des Patientenstammes. Einen Ruhenszeitraum von bis zu sechs Monaten (vgl. § 32 Abs. 1 Ärzte-ZV) wird man daher als unschädlich für den Bestand einer Praxis ansehen können.[69]

56 Auch soweit eine KV gleichwohl auf Antrag den Vertragsarztsitz zur Nachbesetzung ausgeschrieben hat, darf eine Zulassung im Rahmen des Nachbesetzungsverfahrens nicht erteilt werden. Die **Ausschreibung** eines Vertragsarztsitzes hat keine konstitutive Wirkung in der Weise, dass für das Verfahren nach Absatz 4 im Sinne einer Fiktion oder einer unwiderleglichen Vermutung von der Existenz einer fortzuführenden Praxis auszugehen wäre.[70]

d. Ausschreibungspflicht der KV und Bewerberliste

57 Nach Antragstellung hat die KV den Vertragsarztsitz in den für ihre Bekanntmachungen vorgesehenen Blättern unverzüglich **auszuschreiben**, d.h. in der nächsten erreichbaren Ausgabe, und eine Liste der eingehenden Bewerbungen zu erstellen. Die Ausschreibung erfolgt, soweit der Antragsteller nichts anderes beantragt (bei mehreren Antragstellern bzgl. einer Gemeinschaftspraxis müssen diese hierin

---

[61] Vgl. BSG v. 29.09.1999 - B 6 KA 1/99 R - juris Rn. 40 - SozR 3-2500 § 103 Nr. 5.

[62] Vgl. LSG Baden-Württemberg v. 08.05.2002 - L 5 KA 382/02 - juris Rn. 33.

[63] Vgl. LSG Baden-Württemberg v. 08.05.2002 - L 5 KA 382/02 - juris Rn. 36 zu einer psychotherapeutischen Praxis mit 6-8 Fällen bei einem Durchschnitt der Gruppe von 24 Fällen.

[64] Vgl. SG Marburg v. 11.10.2006 - S 12 KA 732/06 - juris Rn. 33.

[65] Vgl. SG Marburg v. 11.10.2006 - S 12 KA 732/06 - juris Rn. 30.

[66] Vgl. BSG v. 29.09.1999 - B 6 KA 1/99 R - juris Rn. 48 - SozR 3-2500 § 103 Nr. 5 unter Hinweis auf die besondere Situation in BSG v. 25.11.1998 - B 6 KA 70/97 R - SozR 3-2500 § 103 Nr. 3, in der allerdings dem Verzicht unmittelbar ein sechsmonatiges Ruhen vorausgegangen war.

[67] Vgl. BSG v. 29.09.1999 - B 6 KA 1/99 R - juris Rn. 48 - SozR 3-2500 § 103 Nr. 5.

[68] Vgl. BSG v. 29.09.1999 - B 6 KA 1/99 R - juris Rn. 48 - SozR 3-2500 § 103 Nr. 5.

[69] Vgl. auch *Bartels*, MedR 1995, 232.

[70] Vgl. BSG v. 29.09.1999 - B 6 KA 1/99 R - juris Rn. 40 - SozR 3-2500 § 103 Nr. 5.

übereinstimmen), anonym unter Angabe mindestens der Arztgruppe, des örtlichen Planungsbereichs und der Praxisform. Meldet sich auf die Ausschreibung niemand, so kann die Veröffentlichung wiederholt werden. Rechtlich ist das Nachbesetzungsverfahren beendet durch Erledigung[71] und beinhaltet der ursprüngliche Antrag auch den Antrag auf Wiederholung der Ausschreibung. Jedenfalls besteht ein Recht, den Antrag auf Ausschreibung zu wiederholen. **Meldefristen** sind Mindestfristen, bis zu deren Ablauf eine Entscheidung nicht erfolgen kann. Sie sind aber keine Ausschlussfristen. Auch später eingehende Bewerbungen sind in das Verfahren noch einzubeziehen.[72] Dies dient der Verfahrensvereinfachung, da der Antragsteller seinen Antrag jederzeit zurückziehen und eine Neuausschreibung verlangen kann. Dies wird auch dem Umstand gerecht, dass Bewerber oftmals ihre Bewerbung wieder zurückziehen und Meldungen später erfolgen und auf diese Weise die Verwertungschance des Praxisabgebers erhöht wird. Ist das **Ausschreibungsverfahren erfolglos** verlaufen und bleibt kein Bewerber übrig, so kann der Arzt einen neuen Antrag auf Ausschreibung stellen. Lehnt die KV die Voraussetzungen für ein Ausschreibungsverfahren ab, so hat sie einen rechtsmittelfähigen Bescheid zu erteilen.[73] Zwar handelt es sich bei dem Ausschreibungsverfahren um eine Vorbereitungshandlung, jedoch wird mit der **Ablehnung der Ausschreibung** über das Antragsrecht als Verfahrensrecht verbindlich entschieden und damit ein subjektives Recht verneint. Damit kann letztlich die Verwertung der Praxis vereitelt werden.

Ohne **Ausschreibung** kann eine **Nachbesetzung** nicht erfolgen. Sie ist eine Voraussetzung für die 58
Durchführung eines Nachbesetzungsverfahrens.[74] Erfolgt dennoch eine Zulassung, so ist die Entscheidung des Zulassungsausschusses anfechtbar.[75] Die **Bewerbungsliste** ist dem Zulassungsausschuss und dem Antragsteller zu übergeben (Absatz 4 Satz 2 sowie Absatz 6 Satz 1). Die Bewerbungsliste enthält nur die Namen der eingehenden Bewerbungen. Ärzte, die auf der Warteliste nach Absatz 5 stehen, sind nur aufzunehmen, wenn sie sich auf die Ausschreibung hin auf den konkreten Vertragsarztsitz bewerben.

3. Auswahlentscheidung des Zulassungsausschusses

Der **Zulassungsausschuss** hat unter mehreren Bewerbern einen Nachfolger nach pflichtgemäßem Er- 59
messen auszuwählen (Absatz 4 Satz 3). Mit Übergabe der Bewerberliste muss er tätig werden. Ein weiterer Antrag ist nicht Voraussetzung. Liegt nur ein Bewerber vor, so erhält dieser, soweit die allgemeinen Zulassungsvoraussetzungen vorliegen, die Zulassung.

a. Absicht zur Fortführung der Praxis (Absatz 4 Satz 3)

Bewerber, die erklärtermaßen die Praxis nicht fortführen wollen, können keine Zulassung erhalten. 60
Fortführen der Praxis bedeutet aber nicht, dass die Praxis unverändert unter derselben Praxisanschrift übernommen wird.[76] Von daher können keine hohen Anforderungen an die Fortführungsabsicht gestellt werden. Mindestvoraussetzung ist aber, da Absatz 4 dem ausscheidenden Arzt bzw. seinen Erben eine Verwertung der Praxis ermöglichen soll, dass der Bewerber bereit ist, mit dem ausscheidenden Vertragsarzt über eine Praxisübernahme zu verhandeln; Ärzte, die jedoch von vornherein an einer Praxisübernahme nicht interessiert sind, scheiden als geeignete Bewerber im Nachbesetzungsverfahren von vornherein aus.[77] Gleichfalls kann einem Arzt, der die Tätigkeit des ausscheidenden Vertragsarztes in einer Gemeinschaftspraxis nicht fortsetzen will, im Nachbesetzungsverfahren keine Zulassung erteilt werden.[78] Melden sich auf die Ausschreibung eines Vertragsarztsitzes mit Bindung an eine Gemeinschaftspraxis keine Bewerber, die diese Bindung für ihre in Aussicht genommene berufliche Tätigkeit akzeptieren wollen, oder erklären die in der Gemeinschaftspraxis verbleibenden Vertragsärzte

---

[71] Vgl. *Gasser* in: Ehlers, Fortführung von Arztpraxen, 2. Aufl. 2001, Rn. 910; anders *Hesral* in: Ehlers, Fortführung von Arztpraxen, 2. Aufl. 2001, Rn. 270 (zurückweisender Beschluss des Zulassungsausschuss).

[72] Vgl. *Steinhilper*, MedR 1994, 227, 229; *Hencke* in: Peters, Handbuch KV (SGB V), § 103 Rn. 10; *Preißler* in: Ehlers, Fortführung von Arztpraxen, 2. Aufl. 2001, Rn. 788; anders *Hesral* in: Ehlers, Fortführung von Arztpraxen, 2. Aufl. 2001, Rn. 269; *Gasser* in: Ehlers, Fortführung von Arztpraxen, 2. Aufl. 2001, Rn. 911.

[73] Anders *Gasser* in: Ehlers, Fortführung von Arztpraxen, 2. Aufl. 2001, Rn. 901.

[74] Vgl. BSG v. 29.09.1999 - B 6 KA 1/99 R - juris Rn. 37 - SozR 3-2500 § 103 Nr. 5.

[75] Z.T. anders *Schöbener/Schöbener*, SGb 1994, 211, 217 (Nichtigkeit nach § 40 Abs. 1 SGB X).

[76] Vgl. LSG Baden-Württemberg v. 08.05.2002 - L 5 KA 382/02 - juris Rn. 33.

[77] Vgl. BSG v. 29.09.1999 - B 6 KA 1/99 R - juris Rn. 41 - SozR 3-2500 § 103 Nr. 5.

[78] Vgl. BSG v. 29.09.1999 - B 6 KA 1/99 R - juris Rn. 42 - SozR 3-2500 § 103 Nr. 5; BSG v. 05.11.2003 - B 6 KA 11/03 R - juris Rn. 39 - BSGE 91, 253 = SozR 4-2500 § 103 Nr. 1.

übereinstimmend, mit keinem der an einem Eintritt in die bestehende Gemeinschaftspraxis interessierten Bewerber zusammenarbeiten zu wollen oder zu können, kann grundsätzlich eine Zulassung im Rahmen des Nachbesetzungsverfahrens nicht erteilt werden.[79]

b. Gesetzesvorgaben zur Ermessensausübung

61 Für die **Ermessensausübung** zur Bewerberauswahl macht das **Gesetz** an verschiedenen Stellen **Vorgaben**. In einem obiter dictum hat das BSG diese Kriterien als verfassungsgemäß bezeichnet.[80] So sind bei der Auswahl der Bewerber die berufliche Eignung, das Approbationsalter und die Dauer der ärztlichen Tätigkeit zu berücksichtigen, ferner, ob der Bewerber ein Ehegatte, ein Kind, ein angestellter Arzt des bisherigen Vertragsarztes oder ein Vertragsarzt ist, mit dem die Praxis bisher gemeinschaftlich ausgeübt wurde (Absatz 4 Satz 4). Auch ist die Dauer der Eintragung in die Warteliste zu berücksichtigen (Absatz 5 Satz 3). Ebenso sind die Interessen des oder der in der Praxis verbleibenden Vertragsärzte angemessen zu berücksichtigen. Bei einer Gemeinschaftspraxis im Rahmen des sog. Job-Sharings ist die gemeinschaftliche Praxisausübung aber erst nach fünfjähriger Tätigkeit von Bedeutung (§ 101 Abs. 3 Satz 4 SGB V). Der Gesetzgeber will damit verhindern, dass durch eine kurzfristige (Schein-)Aufnahme eines Partners in eine Gemeinschaftspraxis die Chancen der anderen Bewerber um die Praxisnachfolge ungerechtfertigt geschmälert würden und damit die Gefahr bestünde, dass Ärzte darauf angewiesen wären, in gesperrten Gebieten nur noch über den Weg als Juniorpartner in einer Gemeinschaftspraxis eine Zulassung zu erlangen.[81] Die Interessen des ausscheidenden Arztes oder seiner Erben sind nur insoweit zu berücksichtigen, als der Kaufpreis die Höhe des Verkehrswertes der Praxis nicht übersteigt (Absatz 4 Satz 6). Ab Januar 2006 sind für ausgeschriebene Hausarztsitze vorrangig nur Allgemeinärzte zu berücksichtigen (Absatz 4 Satz 5). Die beabsichtigte Anstellung eines Bewerbers in einem MVZ ist mangels einer gesetzlichen Regelung kein besonderes Auswahlkriterium. Der Gesetzgeber hat die Privilegierung der MVZ nach Absatz 4a Sätze 2 und 3 darauf beschränkt, überhaupt einen Vertragsarztsitz übernehmen zu können.

aa. Berufliche Eignung (Absatz 4 Satz 4)

62 Die **berufliche Eignung** ist zunächst aufgrund der Qualifikation des Bewerbers nach der **Weiterbildungsordnung** zu beurteilen, ob neben der Gebietsbezeichnung noch ein Recht zum Führen eines der Praxis entsprechenden Schwerpunktes erworben wurde. Hat der Praxisvorgänger über **spezifische Qualifikationen** verfügt für Leistungen, die erst nach einer Genehmigung erbracht werden dürfen, und damit u.U. der Praxis eine bestimmte Ausrichtung gegeben (z.B. Betrieb eines Großgerätes), ist die berufliche Eignung auch hieran zu beurteilen.[82] Dies gilt gleichfalls für die Anerkennung als **D-Arzt**.[83] Sie erfolgt zwar durch die Berufsgenossenschaft im Rahmen des Unfallrechts (§ 34 SGB VII),[84] dient aber zugleich der Versorgung eines Personenkreises, der überwiegend auch gesetzlich krankenversichert ist. Auch der bisherige **berufliche Werdegang**, eine **wissenschaftliche Tätigkeit**, **Veröffentlichungen** können bestimmte Eignungsmerkmale begründen. Berufliche Eignung kann auch durch **Mitarbeit in der Praxis** als Vertreter[85] oder Assistent erworben werden, da diesen eine besondere Kenntnis und Erfahrung in der konkreten Versorgung durch die Praxis zukommt. Allerdings gilt dies auch für im Rahmen eines Job-Sharings angestellte Ärzte (vgl. Rn. 65) oder Praxispartner, für die der Gesetzgeber aber eine fünfjährige Karenzzeit vorgegeben hat. Mit deren ausdrücklicher Nennung bringt der Gesetzgeber zum Ausdruck, dass er auch eine Kontinuität der Betreuung der Patienten in der Praxis für bedeutsam hält. Die Dauer des Studiums ist unerheblich, ebenso die Dauer der Ausbildung zum Facharzt; insofern ist es unerheblich, wie „zielstrebig" der Bewerber seine Ausbildung abgeschlossen hat. Frühere Abschlüsse führen aber im Regelfall zu einer längeren Tätigkeit in der erreichten Qualifikation, was die berufliche Eignung erhöht.

63 Nach LSG Schleswig-Holstein kann das Kriterium der **Eignung** auf die erforderliche Grundqualifikation, Anerkennung als Facharzt, beschränkt werden und müssen allenfalls Schwerpunkt- und Zusatzbezeichnungen mit berücksichtigt werden. Die Entscheidung über die Nachbesetzung eines Vertrags-

[79] Vgl. BSG v. 29.09.1999 - B 6 KA 1/99 R - juris Rn. 42 - SozR 3-2500 § 103 Nr. 5.

[80] Vgl. BSG v. 23.02.2005 - B 6 KA 81/03 R - juris Rn. 35 - MedR 2005, 666 = GesR 2005, 450; vgl. hierzu Rn. 29.

[81] Vgl. Gesundheitsausschuss, BT-Drs. 13/7264 zu Art. 1 Nr. 27 c neu lit. b).

[82] Vgl. *Hesral* in: Ehlers, Fortführung von Arztpraxen, 2. Aufl. 2001, Rn. 288.

[83] Ebenso *Hess* in: KassKomm, SGB V, § 103 Rn. 24.

[84] Vgl. LSG Hessen v. 22.08.2003 - L 11 U 607/03 ER - HVBG-INFO 2003, 2773-2778.

[85] Vgl. LSG Baden-Württemberg v. 20.01.1999 - L 5 KA 2750/97 - juris Rn. 30.

arztsitzes muss auch bei zahlreichen Bewerbern im Interesse sowohl des abgebenden Arztes, aber auch der Bewerber nach praktikablen und in überschaubarer Zeit handhabbaren Kriterien erfolgen. Dem liefe es zuwider, müssten die Zulassungsgremien über die formalen Anerkennungen wie diejenigen nach der Weiterbildungsordnung hinaus im Einzelnen alle während des Berufslebens durch die ärztliche Tätigkeit oder durch Forschung, Lehre oder Weiterbildung erworbenen Kenntnisse und Fähigkeiten aller Bewerber/innen ermitteln und gegeneinander abwägen. Ebenso ist die tageweise Berechnung der Dauer der ärztlichen Tätigkeit der Bewerber auf eine Praxisnachfolge jedenfalls nicht sachwidrig. Das Merkmal der Dauer der Tätigkeit zielt auf die Bewertung des ärztlichen Erfahrungswissens ab und zwar nicht des durch die Ausbildung und Weiterbildung formal erworbenen, sondern des in praktischer Tätigkeit angewandten und ausgebauten Erfahrungswissens im Sinne von Berufsroutine. Hierfür bedarf es keiner punktgenauen Berechnungen von Arbeitsstunden, sondern es darf ein gröberer Maßstab angelegt werden.[86]

bb. Approbationsalter (Absatz 4 Satz 4)

Das **Approbationsalter** ist der Zeitraum seit Erteilung der Approbation. Das Alter des Bewerbers zum Zeitpunkt der Approbation ist unerheblich. Ein länger zurückliegender Approbationszeitpunkt ist vorteilhafter. Im Regelfall wird dann auch eine längere Dauer der ärztlichen Tätigkeit vorliegen. 64

cc. Dauer der ärztlichen Tätigkeit (Absatz 4 Satz 4)

Die **Dauer der ärztlichen Tätigkeit** ist die Summe aller Zeiträume, in denen der Bewerber bisher ärztlich tätig war, also seinen Beruf ausgeübt hat. Er muss als approbierter Arzt heilkundlich tätig gewesen sein. Die Dauer der ärztlichen Tätigkeit kann zur Benachteiligung von – i.d.R. weiblichen – Bewerbern mit Kindern führen,[87] was unter Maßgabe des Art. 3 Abs. 2 und 6 Abs. 1 GG aber im Rahmen der Ermessensausübung vermieden werden kann. 65

dd. Warteliste (Absatz 5 Satz 3)

Die Dauer der Eintragung in die **Warteliste** kann wie das Approbationsalter und die Dauer der ärztlichen Tätigkeit genau bestimmt werden. Die Wartezeit ist allerdings unter Versorgungsaspekten ohne Bedeutung. Ihr kann daher eine geringere Bedeutung im Rahmen der Ermessensabwägung eingeräumt werden.[88] In die Warteliste werden auf Antrag die Ärzte, die sich um einen Vertragsarztsitz bewerben und in das Arztregister eingetragen sind, also grundsätzlich die fachlichen Voraussetzungen erfüllen (vgl. § 95 Abs. 2 Sätze 1-3 SGB V), aufgenommen (Absatz 5 Satz 2). Eine Mehrfacheintragung für verschiedene Planungsbereiche ist zulässig und darf nicht nachteilig berücksichtigt werden.[89] Soweit der Warteliste Härtefallgesichtspunkte anhaften, ist dies nicht zwingend, da die Eintragung in die Warteliste auch dann erfolgen kann, wenn anderenorts eine Zulassung zur vertragsärztlichen Versorgung erteilt wurde. Bewerbern auf der Warteliste wird man aber ein **besonderes Interesse an der Versorgungsregion** zumessen können. 66

ee. Angestellte Ärzte (Absatz 4 Satz 4)

Für **angestellte Ärzte** gibt es keine Beschränkung entsprechend der für die Partner einer Gemeinschaftspraxis. Soweit es sich um Anstellungen nach § 32b i.d.F. des GSG handelt, die also vor Juli 1997 erfolgt sind, und die nach Art. 17 § 3 2. GKV-NOG weiterhin bei der Ermittlung des Versorgungsgrades zu berücksichtigen sind, ist dies folgerichtig. Mit der Änderung der Anstellungsvoraussetzungen und der Einfügung des § 101 Abs. 1 Satz 1 Nr. 5 SGB V hat der Gesetzgeber aber keine § 101 Abs. 3 Satz 4 SGB V entsprechende Regelung getroffen, obwohl auch hier die Bedenken des Gesetzgebers hinsichtlich einer kurzfristigen (Schein-)Anstellung gleichfalls gelten. Insofern muss von einer **Regelungslücke** ausgegangen werden und ist für angestellte Ärzte § 101 Abs. 3 Satz 4 SGB V analog anzuwenden. Zu weitgehend ist demgegenüber die Auffassung von *Schallen*, der den Begriff der „angestellten Ärzte" ausschließlich auf die nach altem Recht angestellten Ärzte begrenzt.[90] 67

---

[86] Vgl. LSG Schleswig-Holstein v. 03.08.2006 - L 4 B 269/06 KA ER - juris Rn. 31 ff. - NZS 2007, 108-111.

[87] Vgl. Entschließungen 105. Deutscher Ärztetag 2002, III Nr. 16 („Berücksichtigung von Kindererziehungszeiten im Hinblick auf die Auswahlkriterien bei der Praxisnachfolge"), www.bundesaerztekammer.de.

[88] Vgl. LSG Schleswig-Holstein v. 03.08.2006 - L 4 B 269/06 KA ER - juris Rn. 31 - NZS 2007, 108-111.

[89] Vgl. *Hesral* in: Ehlers, Fortführung von Arztpraxen, 2. Aufl. 2001, Rn. 293.

[90] Vgl. *Schallen*, Zulassungsverordnung, 4. Aufl. 2004, Rn. 289 f.

ff. Partnerärzte (Absatz 4 Satz 4)

68 Zu berücksichtigen ist auch, ob der Bewerber ein Vertragsarzt ist, mit dem die Praxis bisher gemeinschaftlich ausgeübt wurde (Absatz 4 Satz 4). Für einen Vertragsarzt mit einer eigenständigen Vollzulassung kommt, abgesehen von einer Doppelzulassung, eine Bewerbung nicht in Betracht,[91] da er bereits eine Zulassung für diesen Vertragsarztsitz hat. Für Partnerärzte im sog. Job-Sharing setzt § 101 Abs. 3 Satz 4 SGB V jedoch eine **mindestens fünfjährige gemeinsame vertragsärztliche Tätigkeit** voraus. Eine Benachteiligung gegenüber den angestellten Ärzten liegt dann nicht vor, wenn für diese die Frist ebenfalls angewandt wird (vgl. Rn. 65). Bis zum Ablauf der fünf Jahre kann die Partnertätigkeit nicht gesondert berücksichtigt werden,[92] sondern nur im Rahmen der beruflichen Eignung.

gg. Familiäre Verhältnisse (Ehegatte/Kinder) (Absatz 4 Satz 4)

69 Familiäre Verhältnisse sind gegenüber der Vorläuferregelung nur noch im Rahmen eines Grundes bei der Auswahlentscheidung zu berücksichtigen. Sie sind begrenzt auf den **Ehegatten** und die **Kinder**. Die in Absatz 4 Satz 4 gewählte Formulierung „und ferner" ist schwerlich als eine Abstufung zwischen fachlichen und nichtfachlichen Gesichtspunkten in dem Sinne zu verstehen, dass die weiteren Kriterien nur bei gleicher Eignung heranzuziehen sind. Das Kriterium Warteliste sagt wenig über eine fachliche Eignung aus wie umgekehrt das Kriterium einer gemeinsamen Praxistätigkeit nicht lediglich private Interessen betrifft. Mit „und ferner" werden lediglich die Kriterien aufgegriffen, bei denen nach der Vorläuferregelung von einem Ausschreibungsverfahren abgesehen werden konnte. Der Zulassungsausschuss hält sich aber noch im Rahmen der Ermessensausübung, wenn er insbesondere der beruflichen Eignung und der Dauer der ärztlichen Tätigkeit einen höheren Stellenwert einräumt oder bei besonderen Umständen der familiären Verhältnisse diesen ein größeres Gewicht zumisst.

hh. Gemeinschaftspraxis (Absatz 6)

70 Die Interessen des oder der **in der Praxis verbleibenden Vertragsärzte**[93] (Absatz 6 Satz 2) werden zunächst durch das eigene Antragsrecht berücksichtigt. Im Übrigen kann eine Zulassung für die Gemeinschaftspraxis nur erfolgen, wenn der oder die übrigen Partner der Gemeinschaftspraxis zustimmen. Die Absicht eines Bewerbers, die Tätigkeit des ausscheidenden Vertragsarztes in einer Gemeinschaftspraxis fortsetzen zu wollen,[94] reicht daher für eine Zulassung nicht aus. Das folgt bereits aus dem Tatbestandsmerkmal „gemeinsam" nach § 33 Abs. 2 Satz 1 Ärzte-ZV und den gesellschaftsrechtlichen Voraussetzungen für eine Gemeinschaftspraxis. Zulassungsrechtlich können Vertragsärzte nicht zu einer bestimmten Kooperationsform gezwungen werden, so dass gegenüber dem Zulassungsausschuss übereinstimmend erklärt werden muss, eine Gemeinschaftspraxis (zusammen) führen zu wollen. Ebenso, wie Vertragsärzte zulassungsrechtlich eine Gemeinschaftspraxis jederzeit beenden können (vgl. die Kommentierung zu § 95 SGB V Rn. 166 f.), können sie auch die Kooperation mit bestimmten Zulassungsbewerbern verhindern.[95] Evt. vertragswidriges Verhalten kann nur zivilrechtlich geklärt werden. Dies gilt auch für den Fall, dass ein Praxispartner abredewidrig die Gemeinschaftspraxis verlässt und sich in Einzelpraxis oder mit anderen Ärzten niederlässt. Für ein Nachbesetzungsverfahren fehlt es dann bereits am Ende einer Zulassung i.S.d. Absatzes 4 Satz 1.

71 So hat die **Instanzenpraxis** entschieden, dass, sind zwei Bewerber für die Praxisnachfolge in einen Vertragsarztsitz in einer Gemeinschaftspraxis **gleich geeignet**, es von Gewicht ist, mit wem die Partner der Gemeinschaftspraxis einen **Gesellschaftsvertrag abgeschlossen** haben; den nach dem Ausscheiden verbleibenden Praxispartnern kann nicht zugemutet werden, zukünftig in Gemeinschaftspraxis mit einem Partner zusammenzuarbeiten, der von ihnen nicht akzeptiert wird.[96] Nach LSG Bayern müssen die Zulassungsgremien **vertragliche Verpflichtungen** eines Vertragsarztes, der seinen Vertragsarztsitz zur Nachfolge hat ausschreiben lassen, gegenüber einem Partner in einer Gemeinschaftspraxis nicht berücksichtigen.[97] **Verweigert** nach LSG Nordrhein-Westfalen der verbleibende Partner einer

---

91 Anders *Hess* in: KassKomm, SGB V, § 103 Rn. 27.

92 Z.T. anders *Hesral* in: Ehlers, Fortführung von Arztpraxen, 2. Aufl. 2001, Rn. 298.

93 Vgl. *Braun/Richter*, MedR 2005, 446, 447 ff.

94 Vgl. BSG v. 29.09.1999 - B 6 KA 1/99 R - juris Rn. 42 - SozR 3-2500 § 103 Nr. 5.

95 Vgl. *Braun/Richter*, MedR 2005, 446, 451.

96 Vgl. SG Dortmund v. 22.08.2006 - S 9 KA 51/06.

97 Vgl. LSG Bayern v. 08.09.2006 - L 12 B 277/05 KA ER - juris Rn. 44.

Gemeinschaftspraxis aus nachvollziehbaren Gründen die **Kooperation mit einem Bewerber**, ist dieser Bewerber nicht beschwert, denn er hat keine Rechtsposition inne, kraft derer seine Interessen zugleich als Belange des ausscheidenden Arztes und dessen Verwertungsinteressen gelten können.[98]

Durch die Erweiterung der Möglichkeiten einer gemeinsamen Ausübung vertragsärztlicher Tätigkeit aufgrund der **Novellierung des § 33 Ärzte-ZV** durch das **VÄndG** ergeben sich keine Änderungen an der Interessenlage der Partner einer Gemeinschaftspraxis. Auch bei einer überörtlichen Berufsausübungsgemeinschaft in Form einer Gemeinschaftspraxis sind die Interessen der verbliebenen Partner zu berücksichtigen. 72

Eine Benachteiligung des Vertragsarztes, der aus der Gemeinschaftspraxis ausscheidet, gegenüber dem Arzt, der in einem überversorgten Gebiet seine Einzelpraxis weitergeben will, hat das BSG verneint, weil die Vermögensposition, die eine Beteiligung an einer Gemeinschaftspraxis zum Inhalt hat, kraft Gesetzes und vor allem nach Maßgabe gesellschaftsvertraglicher Vereinbarungen **anderen Bindungen als eine Einzelpraxis** unterliegt.[99] 73

ii. Interessen des ausscheidenden Arztes oder seiner Erben (Absatz 4 Satz 6)

Die **Interessen des ausscheidenden Arztes oder seiner Erben** hat der Gesetzgeber auf die Höhe des **Verkehrswertes** der Praxis begrenzt. Das Gesetz geht von einer Unterscheidung zwischen dem – öffentlich-rechtlichen – **Vertragsarztsitz** und der – zivilrechtlich verkehrsfähigen – ärztlichen **Praxis** aus, wobei eine Kassenpraxis nur verkauft werden kann, wenn der Käufer auch eine Zulassung erhält. Mit der Beschränkung auf die **wirtschaftlichen Interessen** will der Gesetzgeber aber verhindern, dass ein Aufschlag für die Zulassung bezahlt werden muss. Von daher macht das Gesetz die Nachfolgezulassung nicht von einer vorherigen oder nachträglichen vertraglichen Einigung zwischen Nachfolger und dem früheren Praxisinhaber bzw. seinen Erben abhängig. Das BSG hat bisher lediglich in einem obiter dictum klargestellt, dass die Zulassungsentscheidung nicht unter der Bedingung erteilt werden darf, dass tatsächlich ein Vertrag über die Praxisübernahme – unter der Voraussetzung der Erteilung einer Zulassung an den Bewerber – abgeschlossen worden ist oder wird, und der Bewerber lediglich Interesse an einer Praxisfortführung und Verhandlungsbereitschaft zeigen muss.[100] Andererseits hat die Entscheidung des Zulassungsausschusses über den Nachfolger nur zum Inhalt, dass ein bestimmter Arzt für einen bestimmten Vertragsarztsitz zur vertragsärztlichen Tätigkeit zugelassen wird. Der Nachfolger wird nicht automatisch Inhaber der ärztlichen Praxis des ausscheidenden Vertragsarztes. Dies setzt vielmehr einen privatrechtlichen Übernahmevertrag mit dem ausscheidenden Vertragsarzt bzw. seinen Erben voraus.[101] Die Zulassung erfolgt ausschließlich für den ausgeschriebenen Vertragsarztsitz.[102] Es handelt sich nicht um eine Nebenbestimmung (§ 32 SGB X),[103] sondern die Verpflichtung zur **Fortführung der Praxis** ist Teil der Zulassung selbst im Sinne einer **Inhaltsbestimmung**. Kommt es **nicht zur Übergabe der Praxis**, kann der zugelassene Bewerber von der Zulassung keinen Gebrauch machen und ist die Zulassung erledigt. Soweit *Hesral* für diesen Fall die Möglichkeit einer Verlegung des Praxissitzes (§ 24 Abs. 4 Ärzte-ZV) sieht,[104] ist dies problematisch, da der zugelassene Bewerber noch keine Praxis hat, weil die abgegebene Praxis nicht übernommen wurde. Es käme in diesem Fall auch zu einer Vergabe des Vertragsarztsitzes trotz Überversorgung, ohne dass der abgebende Arzt seine Kassenpraxis – abgesehen von den Sachmitteln – noch veräußern könnte. 74

Mit der Entscheidung des Zulassungsausschusses ist der Bewerber daher zur Fortführung der Praxis zu verpflichten bzw. ist sie als Praxisnachfolge auszusprechen. Lehnen der Vorgänger bzw. seine Erben einen Vertragsschluss in Höhe des Verkehrswertes ab, so **kommt** eine **Praxisnachfolge nicht zustande**. Das Ausschreibungsverfahren kann in diesem Fall nicht wiederholt werden, da die Interessen 75

---

[98] Vgl. LSG Nordrhein-Westfalen v. 30.11.2005 - L 10 KA 29/05 - juris Rn. 48 - GesR 2006, 456 = MedR 2006, 616.

[99] Vgl. BSG v. 05.11.2003 - B 6 KA 11/03 R - juris Rn. 39 - BSGE 91, 253 = SozR 4-2500 § 103 Nr. 1; zur Zulässigkeit gesellschaftsrechtlicher Vereinbarungen für einen Verzicht im Falle eines Ausscheidens vgl. BGH v. 22.07.2002 - II ZR 90/01 - BGHZ 151, 389 = NJW 2002, 3536; OLG Zweibrücken v. 25.05.2005 - 4 U 73/04 - GesR 2005, 423; OLG Düsseldorf v. 29.04.2004 - I-6 U 123/03, 6 U 123/03 - MedR 2004, 616.

[100] Vgl. BSG v. 29.09.1999 - B 6 KA 1/99 R - juris Rn. 41 - SozR 3-2500 § 103 Nr. 5.

[101] Vgl. BSG v. 29.09.1999 - B 6 KA 1/99 R - juris Rn. 39 - SozR 3-2500 § 103 Nr. 5.

[102] Vgl. *Hesral* in: Ehlers, Fortführung von Arztpraxen, 2. Aufl. 2001, Rn. 332.

[103] So aber *Schallen*, Zulassungsverordnung, 4. Aufl. 2004, Rn. 317 u. 322; *Hencke* in: Peters, Handbuch KV (SGB V), § 103 Rn. 11.

[104] Vgl. *Hesral* in: Ehlers, Fortführung von Arztpraxen, 2. Aufl. 2001, Rn. 333.

des ausscheidenden Arztes oder seiner Erben hinreichend geschützt sind. Ihr Recht auf Wiederholung der Ausschreibung geht dann verloren, wenn feststeht, dass der Praxisabgeber die Übergabe im ersten Verfahren aus Gründen, die vom Gesetz ausdrücklich nicht geschützt werden, hat scheitern lassen.[105] Es ist Ausfluss ihrer Vertragsfreiheit und Verfügungsbefugnis über das Eigentum an der Praxis, die Praxis nicht an einen zugelassenen Bewerber zu übergeben. Damit erlischt allerdings ihr Verwertungsinteresse. Ist andererseits ein Bewerber nicht bereit, den den Verkehrswert nicht übersteigenden Kaufpreis zu zahlen, so kommt er bei der Auswahlentscheidung nicht in Betracht.[106]

76 Insofern besteht ein **wirtschaftlicher Zwang**, mit dem zugelassenen Bewerber einen **Übernahmevertrag** abzuschließen. Der Praxisübergeber hat zunächst sein wirtschaftliches Interesse zu bestimmen, das der Zulassungsausschuss zu überprüfen hat. Besteht bereits während des Zulassungsverfahrens Streit über die Höhe des **Verkehrswertes**, so hat der Zulassungsausschuss diesen zu ermitteln und in der Entscheidung festzusetzen. Das Gesetz macht keine Vorgaben, wie der Verkehrswert zu ermitteln ist. Verhindert werden soll ein Wert, der aufgrund der Zulassungsbeschränkungen zum Marktwert einen Verknappungszuschlag enthält. Die Formel, wonach der Verkehrswert aus der Summe des Substanzwertes (materieller Praxiswert wie Praxiseinrichtung, Geräte, Material etc.) und des ideellen Praxiswertes (sog. good will) zu errechnen ist, kann nur als Faustformel genügen, da im Einzelnen verschiedene betriebswirtschaftliche Ansätze vorhanden sind.[107] Der Zulassungsausschuss kann zur Höhe des Verkehrswertes einen Sachverständigen beauftragen (§ 21 Abs. 1 Satz 2 Nr. 2 SGB X). Der ausscheidende Arzt oder seine Erben haben die erforderlichen Unterlagen vorzulegen (§ 21 Abs. 2 Sätze 1 und 2 SGB X). Kommen sie ihrer Mitwirkungspflicht nicht nach, hat der Zulassungsausschuss unter Heranziehung der Abrechnungsunterlagen den Verkehrswert in freier Beweiswürdigung nach Anhörung festzusetzen.[108] Ist der zugelassene Nachfolger nicht bereit, den den Verkehrswert nicht übersteigenden Kaufpreis für die Praxis zu bezahlen, kann er nicht zugelassen werden.[109]

77 In der **Instanzenpraxis** wurde eine Entscheidung bei gleicher Eignung zweier Bewerber um die Praxisnachfolge als ermessensfehlerfrei angesehen, bei der der Berufungsausschuss die wirtschaftlichen Interessen des Praxisabgebers bzw. den Umstand, dass der eine Bewerber sich bereits mit dem Praxisabgeber über die Vertragsgestaltung geeinigt hat, als ausschlaggebendes Kriterium wertete.[110]

78 Störungen im Zulassungsverfahren nach der Zulassungsentscheidung sind zivilrechtlich auszutragen, soweit es um die Einhaltung des Übernahmevertrages geht. **Verzichtet** der bereits zugelassene **Praxisnachfolger** auf seine **Zulassung**, auch soweit sie von einem anderen angefochten wurde, dann endigt das Zulassungsverfahren. Einen automatischen „Nachrücker" gibt es nicht; eine Zweitentscheidung des Zulassungsausschusses ist unzulässig.[111] Die Antragsberechtigten können eine **erneute Ausschreibung** verlangen.[112] Ebenso ist zu verfahren, wenn der Übernahmevertrag nach der Zulassungsentscheidung geschlossen wird und es nicht zur Zahlung des Kaufpreises durch den Praxisnachfolger kommt. Diese können dann den Zulassungsvollzug verhindern, indem sie die Praxis nicht an den Nachfolger übergeben. Ein neues Antragsrecht ist ihnen zuzubilligen, da sie keine Vertragsfreiheit hinsichtlich des Nachfolgers hatten. Übergeben sie aber die Praxis vor Zahlung des Kaufpreises, so können sie ihre Interessen nur zivilrechtlich durchsetzen. Ein Grund zur Aufhebung der Zulassungsentscheidung wird dadurch nicht geschaffen.

79 Wird eine **erneute Ausschreibung** beantragt, so setzt dies weiterhin eine **funktionsfähige Vertragsarztpraxis** bzw. einen funktionsfähigen Praxisanteil voraus.[113] Dies ist eine gesetzliche Voraussetzung. Eine nicht mehr bestehende Praxis kann nicht fortgeführt werden.[114] Der Inhaber einer Einzel-

---

105 Vgl. BSG v. 05.11.2003 - B 6 KA 11/03 R - juris Rn. 32 - BSGE 91, 253 = SozR 4-2500 § 103 Nr. 1.

106 Vgl. SG Dortmund v. 30.05.2001 - S 9 Ka 60/01 - MedR 2002, 100, 102; *Hesral* in: Ehlers, Fortführung von Arztpraxen, 2. Aufl. 2001, Rn. 282.

107 Vgl. *Cramer/Maier*, MedR 2002, 616 ff.; *dies.*, MedR 2002, 549 f. kritisch zur Eigenberechnung durch SG Dortmund v. 30.05.2001 - S 9 Ka 60/01 - MedR 2002, 100.

108 Anders *Schallen*, Zulassungsverordnung, 4. Aufl. 2004, Rn. 306 (kein Weiterbetreiben des Verfahrens in Analogie zu § 66 SGB I).

109 Vgl. BSG v. 20.08.1999 - B 6 KA 14/99 B - juris Rn. 7.

110 Vgl. SG Marburg v. 21.03.2007 - S 12 KA 75/07 ER.

111 Vgl. BSG v. 05.11.2003 - B 6 KA 11/03 R - juris Rn. 23 ff. - BSGE 91, 253 = SozR 4-2500 § 103 Nr. 1.

112 Vgl. BSG v. 05.11.2003 - B 6 KA 11/03 R - juris Rn. 32 - BSGE 91, 253 = SozR 4-2500 § 103 Nr. 1.

113 Vgl. BSG v. 05.11.2003 - B 6 KA 11/03 R - juris Rn. 33 - BSGE 91, 253 = SozR 4-2500 § 103 Nr. 1.

114 Anders *Schallen*, Zulassungsverordnung, 4. Aufl. 2004, Rn. 326 f.

praxis ist damit auf einen zügigen Verwaltungsablauf und u.U. auf den einstweiligen Rechtsschutz angewiesen.

jj. Hausarztsitze und Allgemeinärzte (Absatz 4 Satz 5)

Durch die bereits mit dem GKVRefG 2000 eingeführte Regelung sind ab Januar 2006 für ausgeschriebene **Hausarztsitze** vorrangig nur **Allgemeinärzte** zu berücksichtigen (Absatz 4 Satz 5). Nach der Vorschrift sollen die nach dem neuen Weiterbildungsrecht qualifizierten Allgemeinärzte gegenüber den übrigen Ärzten, die an der hausärztlichen Versorgung teilnehmen wollen (§ 73 Abs. 1a SGB V), bevorzugt berücksichtigt werden. Im Regelfall sind sie Bewerbern mit anderen Qualifikationen vorzuziehen. **80**

Nach der **Begründung im Gesetzentwurf** zur ursprünglichen Fassung („grundsätzlich nur") sollte mit dieser Sonderregelung für die Praxisübergabe in hausärztlich überversorgten Gebieten der Zulassungsausschuss bei der Erteilung der Zulassung für einen ausgeschriebenen Hausarztsitz verpflichtet werden, geeignete Allgemeinärzte gegenüber Internisten ohne Schwerpunktbezeichnung, die entsprechend § 73 Abs. 1a SGB V ebenfalls an der hausärztlichen Versorgung teilnehmen können, zu bevorzugen. Die von den Ärztekammern beschlossene Änderung der Weiterbildungsordnung im Bereich der Allgemeinmedizin ermögliche es, die hausärztliche Versorgung entsprechend dem Differenzierungsmodell – danach sollen die (zukünftig fünfjährig weitergebildeten) Allgemeinärzte die hausärztliche Versorgung sicherstellen –[115] langfristig durch Allgemeinärzte sicherzustellen. Diese seien für die spezifischen Anforderungen in der hausärztlichen Versorgung besonders qualifiziert. Die Sonderregelung sei für Internisten zumutbar, da diesen Ärzten, anders als den Allgemeinärzten, eine weitere Zulassungsmöglichkeit im fachärztlichen Bereich zur Verfügung stehe. Der Zulassungsausschuss sei nicht gehindert, im Rahmen seiner Ermessensentscheidung auf der Grundlage der weiteren Auswahlkriterien eine vom Grundsatz abweichende und daher besonders zu begründende Entscheidung zu treffen.[116] Mit der Änderung in „vorrangig" wollte der Gesetzgeber verdeutlichen, dass bei der Nachbesetzung von Hausarztpraxen zwar vorrangig Allgemeinmediziner zu berücksichtigen seien, es jedoch auch möglich sei, in besonderen Fällen (z.B. wenn kein Allgemeinmediziner zur Verfügung stehe) andere hausärztlich tätige Ärzte, z.B. Internisten, bei der Nachbesetzung zu berücksichtigen.[117] **81**

c. Ermessensentscheidung (Absatz 4 Satz 3)

Der einzelne Bewerber hat nur einen Anspruch auf **ermessensfehlerfreie**[118] **Entscheidung**. Eine Gewichtung der Auswahlkriterien untereinander sieht das Gesetz nicht vor.[119] Deshalb ist es Aufgabe der Zulassungsinstanzen, die Kriterien im Einzelfall nach pflichtgemäßem Ermessen gegeneinander abzuwägen.[120] Weitere Gesichtspunkte können sich aus anderen Gesetzten, so insb. § 51 SchwbG, wonach anerkannte Schwerbehinderte bei gleicher Eignung zu bevorzugen sind, ergeben.[121] Ebenso dürfen Eltern, in der Regel handelt es sich um Frauen, aufgrund von Kindererziehungszeiten nicht benachteiligt werden. Eine generelle Bevorzugung der Bewerber, die sich mit dem Praxisübergeber geeinigt haben, sieht das Gesetz nicht vor. Aufgrund der Beschränkung der Interessen der Praxisübergeber folgt auch aus dem Normzweck keine stärkere Gewichtung dieser Umstände, wenn auch aus Sicht der Verwaltungspraxis mit Blick auf ein reibungsloses Zulassungsverfahren eine solche Gewichtung empfohlen wird.[122] Gleiches gilt für die Berücksichtigung familiärer Bewerber. Eine Ermessensreduzierung auf Null für familiäre Bewerber muss nach Änderung des Nachfolgeverfahrens durch das GSG generell **82**

---

[115] Vgl. BT-Drs. 14/1245, S. 68 f. (zu Nr. 32 (§ 73)).

[116] Vgl. BT-Drs. 14/1245, S. 80 (zu Nr. 55 (§ 103)).

[117] Vgl. BT-Drs. 15/1525, S. 112 (zu Nr. 80 b (§ 103)).

[118] Aus der Rspr. vgl. BSG v. 05.11.2003 - B 6 KA 11/03 R - juris Rn. 36 ff. - BSGE 91, 253 = SozR 4-2500 § 103 Nr. 1; LSG Baden-Württemberg. Urt. v. 20.01.1999 - L 5 KA 2750/97 - juris Rn. 29 ff.; zu Ermessensfehlern vgl. auch *Schöbener/Schöbener*, SGb 1994, 211, 218 ff.

[119] Anders *Schöbener/Schöbener*, SGb 1994, 211, 215.

[120] Vgl. LSG Thüringen v. 13.06.2000 - L 4 KA 29/97 - juris Rn. 21; SG Münster v. 05.10.1995 - S 2 Ka 55/95 - MedR 1996, 144, 145 f.

[121] Vgl. *Hesral* in: Ehlers, Fortführung von Arztpraxen, 2. Aufl. 2001, Rn. 303.

[122] Vgl. *Schallen*, Ärzteverordnung, 4. Aufl. 2004, Rn. 311; *Hencke* in: Peters, Handbuch KV (SGB V), § 103 Rn. 12; *Bartels*, MedR 1995, 232, 233.

ausgeschlossen werden.[123] Eine solche Gewichtung wäre auch im Hinblick auf Art. 12 Abs. 1 GG bedenklich. Bei z.T. annähernd flächendeckenden Zulassungsbeschränkungen in weiten Teilen des Bundesgebietes ist die Nachfolgezulassung ein wichtiger Zugang zur Niederlassung (vgl. die Kommentierung zu § 101 SGB V Rn. 21).

d. Verfahrensbesonderheiten

83 Mit der Entscheidung über die Nachfolge werden die Bewerbungen der übrigen Ärzte abgelehnt. Im Streit um die Nachbesetzung sind **alle Bewerber** am Verfahren **beteiligt**.[124] Die Zulassungsentscheidung hat auch Auswirkungen auf die Interessen des **ausscheidenden Arztes** oder seiner Erben und ggf. die Inhaber der Gemeinschaftspraxis.[125] Sie haben die Verfahrensrechte nach der Ärzte-ZV und SGB X und können Rechtsbehelfe einlegen. Widerspruch und Klage schieben die Wirkung des Zulassungsbescheides auf. Der zugelassene Bewerber kann deshalb von seiner Zulassung keinen Gebrauch machen, solange diese von einem konkurrierenden Mitbewerber angegriffen wird. Ein Schutz der verschiedenen Interessen kann nur durch Anordnung der sofortigen Vollziehung und durch eine einstweilige gerichtliche Anordnung erfolgen (vgl. die Kommentierung zu § 97 SGB V Rn. 39 ff.). Verzichtet der Nachfolger während des laufenden Verfahrens auf seine Zulassung, wird das Verwaltungs- oder Klageverfahren erledigt; im Klageverfahren ist im Regelfall die Umstellung auf eine Fortsetzungsfeststellungsklage zulässig.[126] Nach einer Entscheidung des LSG Nordrhein-Westfalen hat ein Mitbewerber, der erfolglos die Zulassung eines Arztes anficht, diesem die Kosten des Widerspruchverfahrens nach § 63 Abs. 1 SGB X analog zu erstatten.[127]

84 Ein Anfechtungsverfahren kann für den Praxisabgeber bedeuten, dass das Ausschreibungsverfahren erneut erfolgt und sich dann die Frage stellt, ob noch eine fortführungsfähige Praxis vorhanden ist. Einen bedingten Schutz könnte die **Verknüpfung der Zulassung** mit dem Zustandekommen des zivilrechtlichen **Übergabevertrages** bedeuten,[128] wofür aber keine Ermächtigungsgrundlage besteht (zum Scheitern der Praxisübergabe an den zugelassenen Nachfolger vgl. Rn. 76 ff.).

VI. Einbringen des Vertragsarztsitzes in ein MVZ (Absatz 4a)

1. Normzweck und Entstehungsgeschichte

85 Die Vorschrift **privilegiert** die **Gründer und Betreiber eines MVZ**, das als weiterer Leistungserbringer in der vertragsärztlichen Versorgung durch das GMG in § 95 Abs. 1 SGB V eingefügt wurde. Sie schafft weitere **Ausnahmeregelungen** zu den **Zulassungsbeschränkungen** in überversorgten Planungsbereichen, um die Gründung von MVZ zu forcieren. Die Möglichkeiten, nach fünfjähriger Tätigkeit in einem MVZ sich selbständig niederzulassen, dienten, da bedarfsunabhängig, nicht der Bedarfssteuerung, sondern der Förderung einer bestimmten Versorgungsstruktur innerhalb der ambulanten Versorgung. Insofern hatte der Gesetzgeber selbst sein Bedarfssteuerungsinstrumentarium beschränkt.

86 Nach der **Begründung** des unverändert übernommenen **Gesetzesentwurfs** durch das GMG soll **Satz 1** es ermöglichen, dass niedergelassene Ärzte in einer überversorgten Region ihren Zulassungsstatus aufgeben und künftig als angestellte Ärzte eines MVZ ihre Leistungen erbringen können. Der Zulassungsausschuss habe diese „**Übertragung der Zulassung**" zu genehmigen. Der zweite Halbsatz sei die Konsequenz daraus, dass der in ein MVZ wechselnde Vertragsarzt seine Zulassung in das MVZ mitnehme und deshalb eine Praxisübergabe seiner bisherigen Vertragsarztpraxis nicht möglich sei; anderenfalls würden trotz Zulassungsbeschränkungen zusätzliche Ärzte zugelassen werden. Die Veräußerung der Privatpraxis bleibe davon unberührt. In den Fällen, in denen die **Zulassung ende** und der Arzt nicht weiter tätig sein werde (z. B. Erreichen der Altersgrenze nach § 95 Abs. 7 SGB V oder Tod des Vertragsarztes) und die Praxis daher von einem Nachfolger fortgeführt werden solle, könne die **Praxis** auch **von einem MVZ übernommen** und weitergeführt werden (Satz 2). In diesem Fall der „Übertra-

[123] Vgl. *Schnath* in: Schnapp/Wigge, Handbuch des Vertragsarztrechts, 2002, § 5c, Rn. 32; anders *Hencke* in: Peters, Handbuch KV (SGB V), § 103 Rn. 12.

[124] Vgl. BSG v. 05.11.2003 - B 6 KA 11/03 R - juris Rn. 20 - BSGE 91, 253 = SozR 4-2500 § 103 Nr. 1.

[125] Vgl. *Schnath* in: Schnapp/Wigge, Handbuch des Vertragsarztrechts, 2002, § 5c, Rn. 31.

[126] Vgl. BSG v. 05.11.2003 - B 6 KA 11/03 R - juris Rn. 34 f. - BSGE 91, 253 = SozR 4-2500 § 103 Nr. 1.

[127] Vgl. LSG Nordrhein-Westfalen v. 26.05.2004 - L 11 KA 106/03 - juris Rn. 22 ff. - GesR 2004, 482 (Revision anhängig: B 6 KA 62/04 R).

[128] Vgl. *Klass*, MedR 2004, 248, 251 f.; anders *Dahm*, MedR 1994, 223, 224.

gung“ einer Zulassung in ein Zentrum sei das in § 103 Abs. 4 und 5 SGB V beschriebene Verfahren, insbesondere die Bestimmung des Praxisnachfolgers durch den Zulassungsausschuss nach § 103 Abs. 4 SGB V, zu beachten. Durch diese Übertragungsmöglichkeiten würden die **Möglichkeiten der Neugründung** von Zentren **verbessert**, da auch bei Sperrung wegen Überversorgung neue Zentren gegründet werden könnten. Da die Übertragung „bedarfsplanungsneutral“ erfolge, werde gleichzeitig vermieden, dass es zur Steigerung der Zahl der vertragsärztlichen Leistungserbringer komme. **Satz 4** erlaube angestellten Ärzten eines MVZ, die durch ihre Anstellung in einem MVZ dessen Gründung oder die Erweiterung dessen ärztlichen Behandlungsangebots ermöglicht hätten, nach mindestens 5 Jahren in dem betreffenden Planungsbereich auch dann in die **Niederlassung zu wechseln**, wenn dieser Planungsbereich wegen Überversorgung gesperrt sei. Gleichzeitig dürfe das MVZ die durch den Wechsel in die Freiberuflichkeit in dem Zentrum frei werdende Arztstelle **nachbesetzen**. Diese Ausnahme von dem grundsätzlichen Verbot, in gesperrten Planungsbereichen neue Vertragsärzte zuzulassen, sei notwendig, um die Gründung und Erweiterung von MVZ zu fördern (eine ähnliche, dort der Bestandssicherung dienende Regelung enthalte das geltende Recht bereits in § 311 Abs. 2 Satz 9 SGB V für die Bestandssicherung der Einrichtungen nach § 311 SGB V). Diese besondere Niederlassungsmöglichkeit erhöhe die Attraktivität des MVZ für junge Ärzte, da diese Ärzte durch eine fünfjährige Tätigkeit als angestellte Ärzte einer derartigen Einrichtung nicht nur Erfahrungen für eine spätere freiberufliche Tätigkeit sammelten, sondern auf Grund dieser Regelung auch die Möglichkeit erhielten, in einem gesperrten Gebiet in die Freiberuflichkeit zu wechseln, ohne den normalerweise notwendigen Weg über die Praxisübergabe nach § 103 Abs. 4 SGB V gehen zu müssen (allerdings müssten diese Ärzte – wie andere zulassungswillige Ärzte auch – die sonstigen Voraussetzungen wie z.B. Geeignetheit, Altersgrenze von 55 Jahren, erfüllen; Satz 4 befreie lediglich von dem Verbot der Zulassung in einem gesperrten Planungsbereich). Außerdem werde durch die Möglichkeit der Nachbesetzung der freigewordenen Arztstellen verhindert, dass das MVZ durch einen Wechsel in die Freiberuflichkeit ausblute (Satz 5). Diese **Privilegierung der angestellten Ärzte** in den **MVZ** in Verbindung mit der Nachbesetzungsmöglichkeit der freiwerdenden Arztstellen durch das Zentrum sei nach Satz 6 (Anm. d. Verf.: gemeint ist Satz 4 Halbsatz 2) auf die Einstellung zum Zwecke der Neugründung oder der Erweiterung der medizinischen Angebotspalette des MVZ beschränkt, denn nur in diesen Fällen sei eine derartige Förderung angesichts der damit verbundenen Vergrößerung der Überversorgung in dem betreffenden Planungsbereich vertretbar. Angestellten, die zum Zwecke der Nachbesetzung einer bereits vorhandenen Arztstelle in einem MVZ angestellt würden, stehe deshalb der Wechsel in Freiberuflichkeit in einem gesperrten Planungsbereich – wie jedem anderen Arzt auch – nur im Wege der Praxisübergabe nach § 103 Abs. 3 SGB V offen.[129]

Durch Einfügen der Worte „oder erst seit dem 1. Januar 2007“ in Satz 4 durch das **VÄndG entfällt** aber wieder das **Privileg** für Ärzte, die **mindestens fünf Jahre** in einem medizinischen Versorgungszentrum tätig waren, unbeschadet angeordneter Zulassungsbeschränkungen in demselben Planungsbereich eine Zulassung zu erhalten. Die Streichung erfolgt nach der Begründung des **Gesundheitsausschusses**, auf dessen Vorschlag die Änderung vorgenommen wurde, da es zum einen die Überversorgung fördere und zum anderen auch eine Ungleichbehandlung derjenigen Ärzte darstelle, die nicht als Angestellte in einem MVZ, sondern – wie nach künftigem Recht möglich – als Angestellte in einer Arztpraxis tätig würden. Ärzte, die bereits vor In-Kraft-Treten des Gesetzes in einem medizinischem Versorgungszentrum tätig seien, würden aus Gründen des **Bestandsschutzes** von der Änderung ausgenommen.[130] 87

2. Zulassungsverzicht zugunsten eines MVZ (Satz 1)

Satz 1 sieht den **Verzicht eines Vertragsarztes** vor, um selbst in einem Versorgungszentrum tätig zu werden. Der Zulassungsausschuss hat seine **Anstellung** zu genehmigen. Antragsteller für die Genehmigung ist aber nur das MVZ (§ 95 Abs. 2 Satz 6 SGB V). Der Vertragsarzt und das MVZ haben hierauf einen **Anspruch**. Der Zulassungsausschuss hat das Ende der Zulassung festzustellen und die Genehmigung der Anstellung zu erteilen. Zur Ausschreibung des Praxissitzes nach Absatz 4 kommt es nicht. Planungsrechtlich ist dieser Wechsel neutral, da der Arzt bei der Berechnung des Versorgungsgrades weiterhin berücksichtigt wird (§ 101 Abs. 1 Satz 7 SGB V). 88

---

[129] Vgl. BT-Drs. 15/1525, S. 112 (zu Nr. 80 c (§ 103)).

[130] Vgl. BT-Drs. 16/3157, S. 24.

89 Mit dem Verzicht ist die **Absicht der Anstellung** zu erklären, damit die Zulassung nicht isoliert beendet wird. Rechtlich lässt das Gesetz damit einen **bedingten Verzicht** zu. Mit Erteilung der Genehmigung wird die Bedingung und damit der Verzicht wirksam. Scheitert die Genehmigung, bleibt die Zulassung bestehen. Kommt es nach Genehmigung der Anstellung im Verhältnis zwischen Arzt und MVZ zu Störungen oder Beendigung des Arbeitsverhältnisses, besteht keine Möglichkeit einer zulassungsrechtlichen Rückabwicklung. Eventuelle Ansprüche sind im Anstellungsverhältnis zu klären.

90 Für das **Ende des zulassungsrechtlichen Status** als Vertragsarzt gilt § 28 Abs. 1 Sätze 1 und 2 Ärzte-ZV.

91 Der Arzt kann auch den **Umfang seiner Tätigkeit** im MVZ **reduzieren**. Im Umfang der Reduktion ist dann eine Nachbesetzung nach Absatz 4a Satz 5 möglich. Will der Arzt sich jedoch seinen Wiederzulassungsanspruch nach Satz 4 erhalten, muss er bei Ausscheiden wieder eine volle Stelle besetzt haben.

3. Praxisnachfolge durch MVZ (Sätze 2 und 3)

92 Satz 2 ermöglicht es einem MVZ, einen zur Nachfolge ausgeschriebenen **Vertragsarztsitz** zu **übernehmen** und die vertragsärztliche Tätigkeit durch einen angestellten Arzt weiterzuführen. Mit der Geltung der Absatzes 4 ist nach Satz 2 aber eine Bevorzugung des MVZ ausgeschlossen. Der Verweis auf Absatz 4 stellt klar, dass das **reguläre Nachbesetzungsverfahren** durchzuführen ist. Die Auswahlentscheidung nach Absatz 4 ist **personengebunden**. Der anzustellende Vertragsarzt muss vom MVZ als Bewerber im Ausschreibungsverfahren gemeldet werden. Sind mehrere Bewerber vorhanden, ist dieser gleichrangig zu berücksichtigen anhand der für die Auswahlentscheidung maßgeblichen Kriterien.[131] Eine besondere fachliche Eignung folgt aus dem beabsichtigten Anstellungsverhältnis an dem MVZ nicht. Auch der Normzweck des Absatzes 4a beschränkt die Privilegierung des MVZ darauf, überhaupt den Vertragsarztsitz übernehmen zu dürfen, da im eigentlichen Sinne eine Praxisfortführung nicht stattfindet. Eine Gewichtung bei der Auswahlentscheidung hätte einer weiteren gesetzlichen Regelung bedurft.

93 Satz 2 **fingiert** unabhängig von den tatsächlichen Verhältnissen, dass eine **Praxisfortführung** erfolgt. Eine darüber hinausgehende Fortführungsabsicht ist nicht erforderlich. Im Rahmen der Ermessensentscheidung hat der Zulassungsausschuss darzulegen, aufgrund welcher Gesichtspunkte er entschieden hat. Er bewegt sich noch im Ermessensspielraum, wenn er gewichtige Gründe für oder gegen eine Fortführung in einem MVZ darlegt. Dies gilt aber nur für die Übernahme des Vertragsarztsitzes einer **Einzelpraxis**. Der Sitz in einer **Gemeinschaftspraxis** kann nicht übernommen werden.

94 Kommt es nicht zur **Aufnahme der Tätigkeit** durch den angestellten Arzt, wird die Praxis nicht fortgeführt. Eine Nachbesetzung (Satz 5) ist dann nicht möglich. Zur Vermeidung des Risikos, dass dennoch der Kaufpreis gezahlt werden muss, sollte dieser an die Aufnahme der Tätigkeit geknüpft werden. Die Nichtaufnahme der Tätigkeit kann dann zur erneuten Ausschreibung führen (vgl. Rn. 78).

95 Die entsprechende Geltung des Absatzes 5 bedeutet, dass die Dauer der **Eintragung in die Warteliste** auch bei dem anzustellenden Arzt zu berücksichtigen ist. Dies ist konsequent im Hinblick auf dessen Gleichstellung mit den übrigen Bewerbern.

96 Die entsprechende Geltung des Absatzes 4 bedeutet im Übrigen nicht, dass ein MVZ ein Antragsrecht für ein **Ausschreibungsverfahren** (Absatz 4 Satz 1) hat. Dessen bedarf es nicht, da die Stellen ausscheidender Ärzte in jedem Fall ohne Ausschreibung nachbesetzt werden können (Absatz 4a Satz 5). Auch im Falle einer Auflösung oder Verkleinerung des MVZ kann ein Vertragsarztsitz nicht im Wege einer Praxisnachfolge „abgegeben" werden. Eine Praxisnachfolge könnte auch nicht außerhalb des MVZ erfolgen. Im Übrigen erhalten MVZ-Gründer und angestellte Ärzte im Rahmen einer Erweiterung einen eigenen Zulassungsanspruch, so dass die Möglichkeit einer wirtschaftlichen Kompensation im Verhältnis zu diesen besteht.

4. Anspruch auf Nachbesetzung (Satz 5)

97 MVZ können generell ihre Arztstellen nach Satz 5 nachbesetzen, auch wenn **Zulassungsbeschränkungen** angeordnet sind. Ohne diese Vorschrift wäre eine Neubesetzung nur im Wege eines Ausschreibungsverfahrens entsprechend Absatz 4 möglich. Die **Nachbesetzungsoption** ermöglicht es dem MVZ, den Bewerber allein auszusuchen. Dies war eine weitere Privilegierung gegenüber Gemeinschaftspraxen; mit der Einfügung des Absatzes 4b hat das VÄndG Vertragsärzte gleichgestellt. Soweit der Bewerber die allgemeinen Zulassungsvoraussetzungen erfüllt (§ 95 Abs. 2 SGB V), hat der Zulassungsausschuss dessen Anstellung zu genehmigen. Eine Nachbesetzung setzt aber voraus, dass für den

---

[131] Vgl. *Fiedler/Weber*, NZS 2004, 358, 363 f.

zuvor angestellten Arzt nicht nur eine Genehmigung vorlag, sondern dieser auch tatsächlich seine Tätigkeit aufgenommen hatte. Nach Neugründung einer Praxis kann der ausgeschiedene Arzt seine Praxis erneut ausschreiben oder in das MVZ einbringen.[132] Scheingeschäfte können nur durch Prüfung, ob tatsächlich eine Praxis vorhanden ist, vermieden werden.

Nachbesetzung setzt weiter voraus, dass ein **anderer Arzt** als zuvor angestellt wird. Ein Arzt kann 98
daher nicht aus dem MVZ ausscheiden, eine Neuzulassung beantragen, auf seine Praxis verzichten und wieder im Rahmen einer Nachbesetzung im MVZ angestellt werden.

Scheidet ein Arzt, der nicht im Rahmen einer Nachbesetzung angestellt wurde, aus, so kann dessen 99
Stelle auch dann **nachbesetzt werden**, wenn er von seinem Anspruch auf **Zulassung** Gebrauch macht. Der Gesetzgeber nimmt die damit einhergehende weitere Überversorgung in Kauf, um die Gründung und Erweiterung von MVZ zu fördern (vgl. Rn. 86). Mit der Abschaffung des Zulassungsanspruchs für Anstellungen ab 01.01.2007 in Absatz 4a Satz 4 ist der Gesetzgeber hiervon abgekehrt.

Nachbesetzt werde kann aber nur im **Umfang der Tätigkeit** des ausscheidenden Arztes. War dieser 100
nur **teilzeitbeschäftigt**, so kann der Nachfolger nur in gleichem Umfang angestellt werden.[133] Dies folgt bereits aus dem Begriff „Nachbesetzung" und entspricht der anteiligen Berücksichtigung bei der Bedarfsplanung (§ 101 Abs. 1 Satz 6 SGB V).

5. Niederlassungsanspruch (Satz 4)

Nach mindestens **fünfjähriger Tätigkeit** in einem MVZ besteht für die dort angestellten Ärzte ein **bedarfsunabhängiger Zulassungsanspruch** im selben Planungsbereich (Absatz 4a Satz 4). Dies gilt 101
aber nur für die Ärzte, die ihren Vertragsarztsitz in das MVZ eingebracht haben (Satz 1), die das MVZ nach Übernahme eines Vertragsarztsitzes angestellt hat (Satz 2) oder die es vor Anordnung von Zulassungsbeschränkungen angestellt hat. Aufgrund der nunmehr eingefügten zeitlichen Befristung dieser Regelungen für Anstellungen bis zum 31.12.2006 handelt es sich hierbei nur noch um ein **besitzstandswahrendes Übergangsrecht**. Für nachbesetzte Ärzte besteht auch bereits zuvor kein Zulassungsanspruch. Erfolgt daher in den ersten fünf Jahren eine Nachbesetzung, **„verfällt" der Zulassungsanspruch** und kann nicht weitergegeben werden.

Nach der Gesetzesbegründung soll durch den Niederlassungsanspruch die Gründung und Erweiterung 102
von MVZ insbesondere auch für junge Ärzte gefördert werden. Eine Beschränkung auf die Einstellung zum Zwecke der Neugründung oder der Erweiterung der medizinischen Angebotspalette des MVZ ist allerdings aus Sicht des angestellten Arztes nicht zwingend. **Verfassungswidrige Ungleichbehandlung**[134] dürfte allerdings zu **verneinen** sein, da der „nachbesetzte" Arzt kein Auswahlverfahren durchlaufen hat und dieser bei Anstellung weiß, dass er keine eigenständige Zulassungsanwartschaft erwirbt. Auch aus dem Gesichtspunkt der Bedarfsplanung besteht keinerlei Notwendigkeit, weitere besondere Zulassungsansprüche zu schaffen. Im Übrigen hat das MVZ selbst keine Möglichkeit, Vertragsarztsitze wieder abzugeben.

Für eine **Neu- bzw. Wiederzulassung** gelten im Übrigen die **allgemeinen Voraussetzungen**, die aber 103
identisch sind mit denen für eine Anstellung. Von Bedeutung ist nach Aufhebung der Altersgrenze von 55 Jahren, bei der eine Zulassung ausgeschlossen war, und der Novellierung des § 20 Ärzte-ZV insbesondere noch die absolute Altersgrenze von **68 Jahren** (§ 95 Abs. 7 Satz 3 SGB V).

Ein Zulassungsanspruch setzt aber voraus, dass die **Angestelltentätigkeit in vollem Umfang** ausgeübt 104
wurde, da eine teilweise Zulassung nicht möglich ist. Eine anteilige Berücksichtigung entsprechend der Arbeitszeit erfolgt nur bei Berechnung des Versorgungsgrades (§ 101 Abs. 1 Satz 6 SGB V), um Teilzeitbeschäftigungen zu ermöglichen. Der ausscheidende Arzt muss daher zuletzt eine Vollzeittätigkeit ausgeübt haben, da ansonsten eine weitere Vermehrung von Vertragsarztsitzen möglich wäre.[135] An dieser Rechtslage hat die Einführung einer Zulassung für einen hälftigen Versorgungsauftrag durch das VÄndG (§ 95 Abs. 3 Satz 1 SGB V, § 19a Abs. 2 Satz 1 Ärzte-ZV) nichts geändert, da der Gesetzgeber zugleich die Privilegierung für die Zukunft abgeschafft hat und es sich nur noch um ein Übergangsrecht handelt (vgl. Rn. 101).

---

[132] Vgl. *Zwingel/Preißler*, MVZ, 110.

[133] Anders *Fiedler/Weber*, NZS 2004, 358, 364.

[134] Vgl. *Hencke* in: Peters, Handbuch KV (SGB V), § 103 Rn. 14d.

[135] Vgl. *Schallen*, Zulassungsverordnung, 4. Aufl. 2004, Rn. 349; z.T. anders *Behnsen*, KH 2004, 698, 702 (im 5-Jahreszeitraum mehr als halbtags angestellt).

105 Eine besondere Vorkehrung zur Vermeidung vermehrter Zulassungen hat der Gesetzgeber – bis zur Abschaffung des Anspruchs auf Neuzulassung – nicht getroffen. Nach dem Wortlaut der Vorschrift kann nach fünfjähriger Tätigkeit und Neuzulassung der **Vertragsarztsitz** jedes Mal wieder in das **MVZ eingebracht** werden. Dies setzt aber voraus, dass tatsächlich eine Praxis bestand. Eine Grenze bietet nur die wirtschaftliche Aufnahmefähigkeit des MVZ.

VII. Einbringen eines Vertragsarztsitzen in Vertragsarztpraxis (Absatz 4b)

106 In Anlehnung an die Regelung in Absatz 4a, die einem Vertragsarzt ermöglicht, in einem Planungsbereich, für den Zulassungsbeschränkungen angeordnet sind, auf seinen Vertragsarztsitz zu verzichten, um als angestellter Arzt in einem medizinischen Versorgungszentrum tätig zu werden, wird – soweit die übrigen Voraussetzungen vorliegen – die entsprechende angestellte Tätigkeit in einer Vertragsarztpraxis ermöglicht (Satz 1). Außerdem erhält der Vertragsarzt ebenso wie das medizinische Versorgungszentrum die Möglichkeit, trotz Zulassungsbeschränkungen die Stelle eines nach § 95 Abs. 9 Satz 1 SGB V angestellten Arztes nachzubesetzen (Satz 2).[136]

107 Die Vorschrift ist im Kontext der generellen Erweiterung der Anstellungsmöglichkeiten zu sehen (vgl. § 95 Abs. 9 SGB V, § 32b Abs. 1 Ärzte-ZV). Mit dem Recht auf Nachbesetzung (Satz 2) hat der vertragsärztliche Praxisinhaber die Möglichkeit, sich den Vertragsarztsitz nicht nur vertraglich, sondern auch sozialrechtlich zu sichern. Eine Rückumwandlung der Arztstelle im Angestelltenverhältnis in eine Vertragsarztpraxis ist aber ausgeschlossen.[137] Hierfür hätte es einer besonderen Regelung bedurft. Auch wird eine Nachfolgezulassung nach Absatz 4 ausdrücklichen ausgeschlossen (Satz 1 Halbsatz 2).

108 Eine Frist für die Nachbesetzung nennt die Vorschrift nicht. Hieraus wird in der Literatur gefolgert, die Arztstelle bleibe dem Vertragsarzt auch bei Nichtbesetzung dauerhaft erhalten.[138] Im Hinblick auf das Planungsrecht, wonach angestellte Ärzte zu berücksichtigen sind (§ 101 Abs. 1 Satz 6 SGB V), und die Verwendung des Begriffs „Nachbesetzung", der einen zeitlichen Zusammenhang zur Aufgabe der Arztstelle voraussetzt, muss diese Auffassung allerdings bezweifelt werden.

VIII. Warteliste (Absatz 5)

109 Die KV hat als Registerstelle für jeden **Planungsbereich** eine **Warteliste** zu führen (Absatz 5 Satz 1). In die Warteliste sind auf **Antrag** die Ärzte aufzunehmen, die sich um einen Vertragsarztsitz bewerben. Sie müssen in das Arztregister eingetragen sein und damit eine wesentliche Zulassungsvoraussetzung erfüllen. **Bedeutung** kommt der Warteliste bisher nur im Rahmen der **Nachfolgezulassung** nach Absatz 4 zu (Absatz 5 Satz 3). Für die Zulassung nach Teilaufhebung einer Zulassungsbeschränkung hat das BSG aber nunmehr dargelegt, dass in der neu zu regelnden Nr. 23 BedarfsplRL-Ä a.F. auch das Prioritätsprinzip in Form der Wartelisten herangezogen werden könne und bis zur Neuregelung die Zulassungsgremien befugt seien, nach pflichtgemäßem Ermessen eines der in Absatz 4 Satz 4 bzw. in Absatz 5 normierten und nicht spezifisch auf eine Nachfolgezulassung zugeschnittenen Auswahlkriterien, welche in verfassungsrechtlicher Hinsicht nicht zu beanstanden seien, zur Anwendung zu bringen.[139] Dies hat der Gemeinsame Bundesausschuss mit Änderung der Nr. 23 BedarfsplRL-Ä durch Beschluss vom 20.12.2005 aufgegriffen. Danach ist die Eintragung in die Warteliste auch bei der Zulassung in einem beschränkt **entsperrten Planungsbereich** zu berücksichtigen, vgl. jetzt § 23 Abs. 3 BedarfsplRL (vgl. Rn. 29 f.). Für eine Sonderbedarfszulassung nach § 24 BedarfsplRL (Nr. 24 BedarfsplRL-Ä) ist sie ohne Bedeutung.

IX. Zulassung wegen belegärztlicher Tätigkeit (Absatz 7)

1. Normzweck und Entstehungsgeschichte

110 Der durch das 2. GKV-NOG eingefügte und bisher unveränderte Absatz 7 berücksichtigt die **Interessen der Krankenhäuser mit Belegärzten** und ermöglicht unter bestimmten Voraussetzungen deren Zulassung – was Voraussetzung für eine belegärztliche Tätigkeit ist – trotz bestehender **Zulassungsbeschränkungen**. Das BVerfG hatte zuvor auf entsprechende Auslegungsmöglichkeiten der Bestimmungen zur Sonderbedarfszulassung hingewiesen.[140]

---

[136] Vgl. BT-Drs. 16/2474, S. 25 (zu Nummer 10 (§ 103 Abs. 4b)).
[137] Vgl. *Orlowski/Halbe/Karch*, Vertragsarztrechtsänderungsgesetz (VÄndG), 2007, S. 72 f.
[138] Vgl. *Orlowski/Halbe/Karch*, Vertragsarztrechtsänderungsgesetz (VÄndG), 2007, S. 73.
[139] Vgl. BSG v. 23.02.2005 - B 6 KA 81/03 R - juris Rn. 33 u. 35 - MedR 2005, 666 = GesR 2005, 450.
[140] Vgl. BVerfG v. 08.10.1996 - 1 BvL 3/95 - juris Rn. 12 - NJW 1997, 792 = MedR 1997, 77.

Nach der **Begründung** des **Gesundheitsausschusses**, auf dessen Vorschlag die dann unverändert angenommene Vorschrift zurückgeht, ist dem Arzt, mit dem der Krankenhausträger den Belegarztvertrag abgeschlossen hat, trotz Zulassungsbeschränkungen die Zulassung zur vertragsärztlichen Versorgung zu erteilen, da er anderenfalls die belegärztliche Tätigkeit nicht ausüben könnte. Diese **ausnahmsweise mögliche Zulassung** sei der belegärztlichen Tätigkeit grundsätzlich **akzessorisch**, d.h. sie erlösche, wenn die belegärztliche Tätigkeit ende. Allerdings bekomme der Arzt bei Aufhebung der Zulassungssperre eine Vollzulassung, da in einem nicht gesperrten Planungsbereich die Gefahr, dass die belegärztliche Tätigkeit als Durchgangsstation für die Erlangung einer Zulassung missbraucht werden könnte, nicht gegeben sei. Bei ununterbrochenem Fortbestand der Zulassungsbeschränkung entfalle nach zehnjähriger Dauer des Belegarztvertrages die Verknüpfung der Zulassung mit der belegärztlichen Tätigkeit. Diese **Entkoppelung der Zulassung** von der belegärztlichen Tätigkeit trage den berechtigten Interessen des Belegarztes Rechnung, in der Ausübung seiner ambulanten ärztlichen Tätigkeit nicht auf Dauer von einem Belegarztvertrag abhängig zu sein. Bei der Feststellung des Versorgungsgrades im Planungsbereich nach § 103 Abs. 1 SGB V werde die beschränkte Zulassung voll mitberücksichtigt, da dieser Arzt wie jeder andere zur Versorgung der Versicherten beitrage. Bei **Praxisübergabe** nach § 103 Abs. 4 SGB V geht die Bindung der Zulassung des abgebenden Arztes auf die Zulassung des Praxisübernehmers über. Voraussetzung für die Zulassung des Praxisübernehmers sei also, dass der Krankenhausträger einwillige, dass der Praxisübernehmer in den bestehenden Belegarztvertrag eintrete.[141] 111

Zur Anwendung des Absatzes 7 auf **MVZ** vgl. die Kommentierung zu § 95 SGB V Rn. 123. 112

2. Ausschreibungsverfahren (Absatz 7 Satz 1)

Belegärzte sind nicht am Krankenhaus angestellte Ärzte, die berechtigt sind, Patienten (Belegpatienten) im Krankenhaus unter Inanspruchnahme der hierfür bereitgestellten Dienste, Einrichtungen und Mittel vollstationär oder teilstationär zu behandeln, ohne hierfür vom Krankenhaus eine Vergütung zu erhalten (§ 121 Abs. 2 SGB V, § 39 Abs. 1 BMV-Ä/§ 31 Abs. 1 EKV-Ä). 113

Will in einem gesperrten Planungsbereich ein **Krankenhausträger** eine **belegärztliche Tätigkeit** anbieten, so hat er dies **auszuschreiben**. Damit soll der **Vorrang der niedergelassenen Ärzte** durchgesetzt werden. Aus Gründen der Bedarfssteuerung soll zunächst ein bereits niedergelassener Arzt die Möglichkeit erhalten, belegärztlich tätig zu werden. In diesem Fall bedarf es keiner, den Grad der Überversorgung weiter erhöhenden Zulassung. Die Ausschreibung ist Voraussetzung, damit ein bisher nicht zugelassener Vertragsarzt die Zulassung erhalten kann. Die Zahl der Belegbetten ist in der Ausschreibung für eine Belegarzttätigkeit nicht anzugeben.[142] 114

Krankenhausträger sind nur die, die ein an der stationären Versorgung der gesetzlich Versicherten beteiligtes Krankenhaus (§ 108 Nr. 2 und 3 SGB V; vgl. auch § 31 Abs. 3 EKV-Ä) unterhalten. **Ausschreiben** bedeutet Bekanntgabe der Möglichkeit, einen Belegarztvertrag abzuschließen. Es muss sich um ein Veröffentlichungsblatt handeln, bei dem davon auszugehen ist, dass es auch von den Ärzten im Planungsbereich gelesen wird. In Betracht kommen neben der Lokalpresse die Blätter der Ärztekammer und der KV. 115

Bei der Pflicht des Krankenhausträgers handelt es sich um eine **Obliegenheit**. Sie ist nicht selbständig durchsetzbar. Die Zulassungsgremien haben die Ausschreibung aber bei Zulassung eines externen Bewerbers zu überprüfen.[143] Fehlt es an einer Ausschreibung oder war sie ungenügend, so fehlt es an einer **Zulassungsvoraussetzung**. Das Verfahren oder die Ausschreibung kann aber auch bei bereits begonnenen Vertragsverhandlungen **nachgeholt** werden.[144] 116

3. Abschluss eines Belegarztvertrages (Absatz 7 Satz 2)

Der Krankenhausträger darf einen **Belegarztvertrag** mit einem dort nicht bereits niedergelassenen Vertragsarzt nur abschließen, wenn sich in dem Planungsbereich kein Vertragsarzt für die Tätigkeit findet. Der Abschluss mit einem **externen Bewerber** ist **subsidiär**. 117

Melden sich auf die ordnungsgemäße Ausschreibung auch im Planungsbereich bereits **niedergelassene Vertragsärzte**, so hat der Krankenhausträger ernsthaft mit ihnen zu **verhandeln**, dies zu dokumentieren und gegenüber dem Zulassungsausschuss nachzuweisen. Dabei hat er nachvollziehbar die 118

[141] Vgl. Gesundheitsausschuss, BT-Drs. 13/7264 zu Art. 1 Nr. 27d neu.
[142] Vgl. SG Marburg v. 18.12.2006 - S 12 KA 1041/06 ER - juris Rn. 38 - MedR 2007, 230.
[143] Vgl. BSG v. 14.03.2001 - B 6 KA 34/00 R - juris Rn. 30 u. 33 - BSGE 88, 6 = SozR 3-2500 § 103 Nr. 6.
[144] Vgl. BSG v. 14.03.2001 - B 6 KA 34/00 R - juris Rn. 44 - BSGE 88, 6 = SozR 3-2500 § 103 Nr. 6.

Gründe darzulegen, weshalb ein Vertrag mit einem bereits niedergelassenen Bewerber nicht zustande gekommen ist. Zur **Überprüfung** sind die Zulassungsgremien im Rahmen ihrer Amtsermittlung befugt, bei den Niedergelassenen nachzufragen, ob sie sich beworben haben und ggf. weshalb es zu keinem Vertragsabschluss kam. Die Verhandlungen müssen erkennen lassen, dass die Möglichkeiten einer Einigung ernsthaft ausgelotet und nicht nur Scheinverhandlungen geführt wurden, um den Weg für eine Zulassung nach Absatz 7 freizumachen. Unerlässliche **Voraussetzung für ernsthafte Verhandlungen** ist ein transparentes, allen Bewerbern gegenüber gleiches Anforderungsprofil der konkreten belegärztlichen Tätigkeit in qualitativer wie in quantitativer Hinsicht sowie die Angabe von Kriterien für die Auswahlentscheidung. Selbst wenn der Krankenhausträger von vornherein einen bestimmten externen Bewerber favorisiert, ist er gehalten, mit den interessierten, im Planungsbereich niedergelassenen Ärzten die Chancen einer Zusammenarbeit zu prüfen und deren Argumente für ihre Eignung in seine Entscheidungserwägungen nachvollziehbar einzubeziehen.[145]

119 Soweit die im **Planungsbereich niedergelassenen Bewerber** noch zur belegärztlichen Tätigkeit bereit sind, überprüfen die Zulassungsgremien auch, ob diese grundsätzlich für die Ausübung der belegärztlichen Tätigkeit in Übereinstimmung mit den für den Krankenhausträger verbindlichen Festsetzungen des Krankenhausplanes **geeignet** sind, ob sie die vom Krankenhausträger in Übereinstimmung mit den maßgeblichen gesetzlichen Vorschriften gesetzten Bedingungen für die belegärztliche Tätigkeit akzeptieren und ob sie hinsichtlich ihres Leistungsangebotes, der räumlichen Lage ihrer Praxis und ihrer Wohnung für die belegärztliche Tätigkeit prinzipiell in Frage kommen (vgl. § 39 BMV-Ä/§ 31 EKV-Ä).[146]

120 Das BSG erkennt aber auch eine beschränkte **Überprüfung des Vertragsangebotes** des Krankenhausträgers an, insbesondere auch um festzustellen, ob es sich überhaupt um ein „Angebot zum Abschluss von Belegarztverträgen" gehandelt hat. Die ambulante Tätigkeit muss das Schwergewicht bilden (§ 39 Abs. 2 BMV-Ä/§ 31 Abs. 2 EKV-Ä). Das schließt es aus, dass der Arzt zur nahezu ausschließlichen Tätigkeit am Krankenhaus verpflichtet werden soll oder dass er seine ambulante Tätigkeit in den Räumen des Krankenhauses auszuüben hat.[147] Einem Krankenhausträger kann nicht generell die Berufung darauf versagt werden, im Hinblick auf eine langfristig angelegte Kooperation mit Ärzten, die die Altersgrenze von 55 Jahren deutlich überschritten haben, keinen Belegarztvertrag mehr abschließen zu wollen.[148]

121 Es muss tatsächlich eine **belegärztliche Tätigkeit ausgeübt** bzw. **beabsichtigt** sein. Die belegärztliche Tätigkeit darf einen **Mindestumfang** nicht unterschreiten, weil ansonsten die Zulassungsbeschränkung unterlaufen werden könnte; bei zehn Belegbetten besteht nach dem BSG kein Zweifel daran, dass tatsächlich eine belegärztliche Tätigkeit ausgeübt wird.[149] Nach LSG Schleswig-Holstein lässt sich Absatz 7 keinerlei zahlenmäßige Begrenzung auf eine bestimmte Zahl an Belegbetten entnehmen, was auch die Freiheit der Belegkrankenhäuser unzulässig einschränken würde; es bestehe aber eine Berechtigung zu überprüfen, ob eine belegärztliche Tätigkeit beabsichtigt sei.[150] Entsprechend ist für eine **kooperative Belegarzttätigkeit** zu verfahren. Eine kategorische Vorgabe für nur einen Arzt pro Krankenhausabteilung gibt es nicht.[151] Es reicht aus, wenn für jeden Belegarzt ein Mindestumfang nicht unterschritten wird.

4. Zulassungsanspruch des Belegarztes (Absatz 7 Satz 3)

122 Weitere Zulassungsvoraussetzung ist neben der ordnungsgemäßen Ausschreibung und des Scheiterns der Vertragsverhandlungen mit evt. niedergelassenen Bewerbern aus dem Planungsbereich der **Abschluss eines Belegarztvertrages** und eine Genehmigung durch die KV. Der Belegarztvertrag muss zum Zeitpunkt der Entscheidung noch wirksam sein.

---

145 Vgl. BSG v. 14.03.2001 - B 6 KA 34/00 R - juris Rn. 48 - BSGE 88, 6 = SozR 3-2500 § 103 Nr. 6.

146 Vgl. BSG v. 14.03.2001 - B 6 KA 34/00 R - juris Rn. 30 u. 33 - BSGE 88, 6 = SozR 3-2500 § 103 Nr. 6.

147 Vgl. BSG v. 14.03.2001 - B 6 KA 34/00 R - juris Rn. 47 u. 51 - BSGE 88, 6 = SozR 3-2500 § 103 Nr. 6; zu beachten ist aber § 39 Abs. 4 Nr. 4 BMV-Ä/§ 31 Abs. 4 Nr. 4 EKV-Ä, vgl. hierzu BSG v. 03.02.2000 - B 6 KA 53/99 B - juris Rn. 39 f.

148 Vgl. BSG v. 14.03.2001 - B 6 KA 34/00 R - juris Rn. 53 - BSGE 88, 6 = SozR 3-2500 § 103 Nr. 6.

149 Vgl. BSG v. 14.03.2001 - B 6 KA 34/00 R - juris Rn. 45 - BSGE 88, 6 = SozR 3-2500 § 103 Nr. 6.

150 Vgl. LSG Schleswig-Holstein v. 04.04.2001 - L 4 KA 38/00 - juris Rn. 26 ff. - E-LSG KA-075.

151 So aber SG Mainz v. 27.01.1999 - S 1 Ka 375/98 - juris Rn. 19; a.A. *Möller*, MedR 2000, 555, 558; *Wagener*, MedR 1998, 410, 411.

Über die **Anerkennung als Belegarzt** entscheidet die für den Niederlassungsort zuständige **KV** auf Antrag des Arztes im Einvernehmen mit allen Landesverbänden der Krankenkassen und den Verbänden der Ersatzkassen (§ 40 Abs. 2 Satz 1 BMV-Ä/§ 32 Abs. 2 EKV-Ä). An die Genehmigung sind die Zulassungsgremien gebunden. 123

Die Zulassung ist hinsichtlich des Umfangs der Tätigkeit eine **Vollzulassung**. Aus der Verknüpfung mit der belegärztlichen Tätigkeit ergeben sich keinerlei Beschränkungen für den Bereich der ambulanten Tätigkeit. In den ersten zehn Jahren ist die Zulassung jedoch **akzessorisch zur belegärztlichen Tätigkeit**. Die Anerkennung als Belegarzt endet mit der Beendigung der Tätigkeit als Belegarzt an dem Krankenhaus, für welches er anerkannt war (§ 40 Abs. 4 Satz 1 BMV-Ä/§ 32 Abs. 4 Satz 1 EKV-Ä), oder durch die Aufhebung der Belegarztgenehmigung durch die KV (§ 40 Abs. 5 Sätze 1 und 2 BMV-Ä/§ 32 Abs. 5 Sätze 1 und 2 EKV-Ä). Beide **Beendigungsgründe** führen **von Gesetzes wegen** zum Zulassungsende. Zur Schaffung einer Rechtsklarheit sollte jedoch ein feststellender Beschluss des Zulassungsausschusses ergehen. Die KV und die Kassenverbände müssen das Ende der belegärztlichen Tätigkeit und die Aufhebung der Tätigkeit dem Zulassungsausschuss melden (§ 28 Abs. 2 Ärzte-ZV). 124

Ein **Ruhen** der vertragsärztlichen Zulassung kann angeordnet werden. Soweit damit automatisch auch die belegärztliche Tätigkeit ruht (§ 40 Abs. 4 Satz 3 BMV-Ä/§ 32 Abs. 4 Satz 3 EKV-Ä), ist dies noch kein Ende der belegärztlichen Tätigkeit. Störungen im Verhältnis Belegarzt/Krankenhausträger sind zwischen diesen auszutragen.[152] Zulassungsrechtlich kommt es allein darauf an, ob der Vertragsarzt die belegärztliche Tätigkeit noch tatsächlich ausübt, nicht ob er gegenüber dem Krankenhausträger einen Anspruch darauf hat. Diesen muss er ggf. in einem zivilprozessualen Eilverfahren durchsetzen. Allenfalls kommt ein Ruhen der vertragsärztlichen Tätigkeit nach den allgemeinen Vorschriften (§ 95 Abs. 5 SGB V) in Betracht. Ein Wechsel des Krankenhausträgers ist als Rechtsnachfolge unerheblich. Ein **Wechsel des Krankenhauses** bedeutet ein Ende der belegärztlichen Tätigkeit, da die Anerkennung immer für ein bestimmtes Krankenhaus erfolgt (vgl. §§ 39 Abs. 3, 40 Abs. 1, 3 und 4 Satz 1 BMV-Ä/§§ 31 Abs. 3, 32 Abs. 1, 3 und 4 Satz 1 EKV-Ä). Hat der Belegarzt keine unabhängige Zulassung, erlischt seine Zulassung und ist ein neues Verfahren nach Absatz 7 erforderlich. Die Anwartschaft des Vertragsarztes aufgrund seiner belegärztlichen Tätigkeit an dem ersten Krankenhaus erlischt und wird nicht auf die neuerliche Tätigkeit angerechnet. 125

Nach **zehn Jahren** erstarkt die Zulassung in eine **eigenständige Zulassung**, deren Bestand unabhängig von einer belegärztlichen Tätigkeit ist. Bei **Aufhebung der Zulassungsbeschränkungen** vor diesem Zeitraum ist dies bereits zum Aufhebungszeitpunkt der Fall. Handelt es sich nur um eine Teilaufhebung der Zulassungsbeschränkungen und sind mehrere Inhaber beschränkter Zulassungen vorhanden, so ist die Dauer der bisherigen Zulassung maßgebend (vgl. Rn. 34). 126

5. Rechtsnachfolge in den belegärztlichen Vertragsarztsitz

Nach zehn Jahren vertragsärztlicher Tätigkeit bzw. nach Aufhebung der Zulassungsbeschränkungen handelt es sich um eine **Vollzulassung** ohne Beschränkung. Eine **Praxisnachfolge** ist im Verfahren nach Absatz 4 möglich. Die Praxisnachfolge ist unabhängig von einer belegärztlichen Tätigkeit des Nachfolgers. 127

Aufgrund der Akzessorietät der Zulassung ist **in den ersten zehn Jahren** bei fortlaufend bestehenden Zulassungsbeschränkungen an und für sich eine **Praxisnachfolge** ausgeschlossen. Beendet der Vertragsarzt die belegärztliche Tätigkeit, so endet automatisch die Zulassung. Eine Nachfolge ist nur möglich durch Neuabschluss des Belegarztvertrages, was wiederum die Einhaltung des Verfahrens nach Absatz 7 erfordert. Die Praxis lässt aber eine Nachfolge dann zu, wenn der Krankenhausträger bereit ist, den **Belegarztvertrag** auf den Nachfolger zu **übertragen**.[153] Unter dem Gesichtspunkt des Schutzzwecks des Absatzes 4 kann man dem zustimmen. Insofern liegt auch keine Bevorzugung mit anderen Sonderzulassungen vor (vgl. § 25 Abs. 3 BedarfsplRL (Nr. 25 Satz 4 BedarfsplRL-Ä), vgl. hierzu Rn. 45). Vergleichbar mit der dortigen Bedarfsprüfung bedeutet die Fortführung des Belegarztvertrages, dass ein entsprechender Bedarf weiterhin besteht. 128

Eine **erneute Genehmigung** durch die **KV** ist aber erforderlich, da die Genehmigung für die belegärztliche Tätigkeit **personengebunden** ist. Der Vertragsarztsitz ist auch im Verfahren nach Absatz 4 **auszuschreiben**. Ein Bewerber muss vor Zulassung die Zustimmung des Krankenhausträgers nachweisen. 129

---

[152] Vgl. OLG Hamm v. 22.01.2004 - 10 U 112/03 - GesR 2004, 185; OLG Stuttgart v. 31.01.2001 - 9 U 156/00 - OLGR Stuttgart 2001, 447-448.

[153] Vgl. *Hencke* in: Peters, Handbuch KV (SGB V), § 103 Rn. 19.

Ein Absehen vom Ausschreibungsverfahren würde eine Privilegierung des ausscheidenden Arztes bedeuten, wofür es an einer gesetzlichen Grundlage fehlt. Durch das Ausschreibungsverfahren nach Absatz 4 werden aber die Interessen der niedergelassenen Ärzte nicht berücksichtigt. Sie haben bereits eine Zulassung und können nicht erneut zugelassen werden. Die Belegarzttätigkeit ist aber an den ausgeschriebenen Vertragsarztsitz gekoppelt und ist nicht Gegenstand des Ausschreibungsverfahrens nach Absatz 4. Deshalb wird zur Wahrung der Interessen der niedergelassenen Ärzte z.T. zusätzlich eine Ausschreibung der Belegarzttätigkeit nach Absatz 7 verlangt.[154] Das Ausschreibungsverfahren nach Absatz 7 hat aber zur Folge, dass dann, wenn ein Belegarztvertrag mit einem niedergelassenem Vertragsarzt in zulässiger Weise nicht zustande kommt, nicht begründet werden kann, weshalb der Vertragsarztsitz des ausscheidenden Arztes von dem – externen – Nachfolger übernommen werden muss. Konsequenterweise müsste man dann die Möglichkeit einer Praxisnachfolge von vornherein wegen Beendigung der – personengebundenen – Belegarzttätigkeit verneinen. Dies ließe sich nur rechtfertigen, wenn man aufgrund der Akzessorietät der Zulassung eine Schutzbedürftigkeit verneinte, was bereits bisher der Fall ist, soweit der Krankenhausträger mit einem Nachfolger den Belegarztvertrag nicht abschließt.

130 Eine rein vertragliche Weitergabe des Vertragsarztsitzes oder eine „Nachbesetzung“ des Krankenhausträgers wie bei MVZ (vgl. Absatz 4a Satz 5) sieht das Gesetz nicht vor. Kommt es zur **Nachfolgezulassung**, so ist die bereits erfüllte Zulassungszeit auf den Zehn-Jahreszeitraum für die unbeschränkte Zulassung anzurechen.[155] Dies ist konsequent, da die Nachfolge in den Vertragsarztsitz mit der entsprechenden **Anwartschaft** erfolgt. Scheitert die Übertragung des Belegarztvertrages oder wird die Genehmigung nicht erteilt, so kann eine Praxisnachfolge nicht stattfinden. Der Vertragsarztsitz erlischt.

6. Verfahrensrechtliche Besonderheiten

131 Im **Zulassungsverfahren** sind die niedergelassenen Ärzte, die sich gleichfalls um die belegärztliche Tätigkeit beworben hatten, zu **beteiligen** (§ 12 Abs. 2 Satz 1 SGB X).[156] Eine **Anfechtungsbefugnis** (§ 54 Abs. 1 SGG) hinsichtlich der Entscheidung des Berufungsausschusses, mit der ein externer Bewerber zugelassen wurde, haben diejenigen Ärzte, die sich auf die Ausschreibung der belegärztlichen Tätigkeit hin beworben haben oder – wenn die Ausschreibung nicht in der gebotenen Form erfolgt ist – sonst unmissverständlich gegenüber dem Krankenhausträger ihr Interesse an der belegärztlichen Tätigkeit kundgetan haben; der Arzt muss weiter geltend machen, die vom Krankenhaus ausgeschriebene belegärztliche Tätigkeit ausüben zu können und nach seiner Beurteilung zu Unrecht beim Abschluss eines Belegarztvertrages übergangen worden zu sein; schließlich ist erforderlich, dass der Arzt, soweit er jedenfalls vom Zulassungsausschuss korrekt zum Verfahren hinzugezogen worden ist, gegen eine für seine Interessenlage negative Entscheidung des Zulassungsausschusses seinerseits den Berufungsausschuss angerufen hat.[157] Die **Überprüfung** ist auf die **Verletzung eigener Rechte nach Absatz 7** begrenzt, also ob ordnungsgemäß ausgeschrieben wurde, ob sie nach ihrer Qualifikation, ihrer Schwerpunktsetzung und der räumlichen Lage ihrer Praxis grundsätzlich geeignet und persönlich auch willens sind, unter den üblichen Bedingungen im Krankenhaus belegärztlich tätig zu werden, und ob die Entscheidung des Krankenhausträgers, mit ihnen einen Belegarztvertrag nicht abzuschließen, auch unter Beachtung der dem Krankenhausträger insoweit zukommenden Auswahl- und Abschlussfreiheit im Hinblick auf den Vorrang der bereits niedergelassenen Ärzte nicht sachgerecht ist.[158] Nicht zu prüfen sind planungsrechtliche Vorgaben, ob z.B. die Entscheidung des Krankenhausträgers, eine Abteilung belegärztlich zu führen, mit dem Krankenhausrecht des jeweiligen Landes übereinstimmt und ob der Krankenhausträger möglicherweise aus bestimmten, anfechtbaren Motiven gegenüber der Planungsbehörde darauf hingewirkt hat, bisher hauptamtlich geführte Abteilungen nunmehr belegärztlich führen zu dürfen.[159] Nicht zu überprüfen ist, ob die Anforderungen des § 20 Abs. 2 Ärzte-ZV hinreichend beachtet worden sind.[160]

132 Zur **defensiven Konkurrentenklage** eines zugelassenen Vertragsarztes gegen eine Zulassung nach Absatz 7 vgl. die Kommentierung zu § 97 SGB V Rn. 21 ff.).

---

[154] Vgl. *Hess* in: KassKomm, SGB V, § 103 Rn. 31.
[155] Vgl. *Hencke* in: Peters, Handbuch KV (SGB V), § 103 Rn. 19; anders *Hess* in: KassKomm, SGB V, § 103 Rn. 31.
[156] Vgl. BSG v. 14.03.2001 - B 6 KA 34/00 R - juris Rn. 32 - BSGE 88, 6 = SozR 3-2500 § 103 Nr. 6.
[157] Vgl. BSG v. 14.03.2001 - B 6 KA 34/00 R - juris Rn. 35 - BSGE 88, 6 = SozR 3-2500 § 103 Nr. 6.
[158] Vgl. BSG v. 14.03.2001 - B 6 KA 34/00 R - juris Rn. 36 - BSGE 88, 6 = SozR 3-2500 § 103 Nr. 6.
[159] Vgl. BSG v. 14.03.2001 - B 6 KA 34/00 R - juris Rn. 46 - BSGE 88, 6 = SozR 3-2500 § 103 Nr. 6.
[160] Vgl. BSG v. 14.03.2001 - B 6 KA 34/00 R - juris Rn. 54 - BSGE 88, 6 = SozR 3-2500 § 103 Nr. 6.

X. Aufhebung der Zulassungsbeschränkungen für Zahnärzte bei Überversorgung (Absatz 8)

Nach dem durch das GKV-WSG mit Geltung ab 01.04.2007 eingeführten Absatz 8 werden die Zulassungsbeschränkungen für Zahnärzte aufgehoben. Die Landesausschüsse der Zahnärzte und Krankenkassen können im Falle einer Überversorgung Zulassungsbeschränkungen nach Absatz 1 Satz 2 für Zahnärzte künftig nicht mehr anordnen. Da damit an den Fall der Überversorgung – anders als an den Fall der Unterversorgung (§ 100 Abs. 1 Satz 1 SGB V) – keinerlei Rechtswirkungen mehr geknüpft sind, kann nach der Gesetzesbegründung auch auf ihre förmliche Feststellung nach Absatz 1 Satz 1 verzichtet werden. Als Folgeänderung entfällt auch die Geltung der weiteren sich auf Zulassungsbeschränkungen beziehenden Regelungen der Absätze 2-7.[161] Entsprechend werden auch die weiteren Regelungen, die sich auf Zulassungsbeschränkungen beziehen, durch die neuen Vorschriften von § 100 Abs. 3 SGB V und § 101 Abs. 6 SGB V für den Bereich der vertragszahnärztlichen Versorgung aufgehoben. 133

Zu den Gründen des Verzichts auf Zulassungsbeschränkungen in der vertragszahnärztlichen Versorgung vgl. die Kommentierung zu § 100 SGB V Rn. 20. 134

[161] Vgl. BT-Drs. 16/3100, S. 136 (zu Nummer 69 (§ 103 Abs. 8)).

§ 104 SGB V Verfahren bei Zulassungsbeschränkungen

(Fassung vom 26.03.2007, gültig ab 01.04.2007)

(1) Die Zulassungsverordnungen bestimmen, unter welchen Voraussetzungen, in welchem Umfang und für welche Dauer zur Sicherstellung einer bedarfsgerechten ärztlichen Versorgung in solchen Gebieten eines Zulassungsbezirks, in denen eine vertragsärztliche Unterversorgung eingetreten ist oder in absehbarer Zeit droht, Beschränkungen der Zulassungen in hiervon nicht betroffenen Gebieten von Zulassungsbezirken nach vorheriger Ausschöpfung anderer geeigneter Maßnahmen vorzusehen und inwieweit hierbei die Zulassungsausschüsse an die Anordnung der Landesausschüsse gebunden sind und Härtefälle zu berücksichtigen haben.

(2) Die Zulassungsverordnungen bestimmen nach Maßgabe des § 101 auch das Nähere über das Verfahren bei der Anordnung von Zulassungsbeschränkungen bei vertragsärztlicher Überversorgung.

(3) Die Absätze 1 und 2 gelten nicht für Zahnärzte.

Gliederung

A. Basisinformationen

I. Textgeschichte/Gesetzgebungsmaterialien

1 Die Vorschrift wurde mit dem **GRG**[1] mit Geltung ab 01.01.1989 eingeführt.

2 Art. 1 Nr. 61 **GSG**[2] ersetzte mit Geltung ab 01.01.1993 den Begriff „kassenärztliche(r)" in Absatz 1 Satz 1 und Absatz 2 Satz 1 durch „vertragsärztliche(r)", ferner in Absatz 2 Satz 1 den Verweis auf „§ 102" durch „§ 101", eine Folgeänderung zur Verlagerung der Befugnisse des Bundesausschusses nach § 102 SGB V. Er hob Absatz 2 Satz 2, der eine Ermächtigungsgrundlage zur Regelung der Praxisnachfolge in der Zulassungsverordnung zum Inhalt gehabt hatte (jetzt § 103 Abs. 4 und 6 SGB V), und Absatz 3 (entsprechende Geltung der Vorschrift für die Gesamtverträge mit den Verbänden der Ersatzkassen) als Folgeänderung zu § 82 Abs. 1 SGB V (Einbeziehung der Ersatzkassen in das Vertragsarztsystem) ersatzlos auf.

3 Art. 1 Nr. 37 des **2. GKV-NOG**[3] hob mit Geltung ab 01.07.1997 in Absatz 2 auf Vorschlag des Gesundheitsausschusses[4] nach „das Nähere" den Teilsatz „über die Anpassung der Verhältniszahlen für den allgemeinen Versorgungsgrad sowie" ersatzlos auf. Es handelt sich um eine Folgeänderung zu § 101 Abs. 2 SGB V, durch den die Kompetenz zur Anpassung der Verhältniszahlen auf den Bundesausschuss übergegangen ist.

4 Das **GKV-WSG**[5] ersetzte mit Geltung ab 01.04.2007 in Absatz 1 das Wort „unmittelbar" durch die Wörter „in absehbarer Zeit" und fügte Absatz 3 an.

---

[1] Gesetz zur Strukturreform im Gesundheitswesen (Gesundheits-Reformgesetz – GRG) v. 20.12.1988, BGBl I 1988, 2477.

[2] Gesetz zur Sicherung und Strukturverbesserung der gesetzlichen Krankenversicherung (Gesundheitsstrukturgesetz) v. 21.12.1992, BGBl I 1992, 2266.

[3] Zweites Gesetz zur Neuordnung von Selbstverwaltung und Eigenverantwortung in der gesetzlichen Krankenversicherung (2. GKV-Neuordnungsgesetz – 2. GKV-NOG) v. 23.06.1997, BGBl I 1997, 1520.

[4] Vgl. BT-Drs. 13/7264 (Art. 1 Nr. 27e).

[5] Gesetz zur Stärkung des Wettbewerbs in der gesetzlichen Krankenversicherung (GKV-Wettbewerbsstärkungsgesetz – GKV-WSG) v. 26.03.2007, BGBl I 2007, 378.

II. Vorgängervorschriften

Absatz 1 i.d.F. des GRG übernahm wortgleich **§ 368c Abs. 3 RVO** i.d.F. des KVWG, gültig ab 1977.[6] 5
Absatz 2 entsprach weitgehend wortgleich **§ 368c Abs. 4 RVO** i.d.F. des KÄBedarfsplG, gültig ab 1987.[7]

III. Parallelvorschriften/Ergänzende Vorschriften

Die Vorschrift **ergänzt § 98 SGB V**, der die eigentliche Ermächtigung des Verordnungsgebers enthält 6
und in Absatz 1 Satz 1 bereits eine Regelungsbefugnis bzgl. der Bedarfsplanung vorsieht, und ist insofern systematisch verfehlt. § 368c RVO hatte die Verordnungsermächtigung noch zusammengefasst. Die §§ 15 und 16 **Ärzte-ZV** treffen Regelungen zur Unterversorgung, § 17 Ärzte-ZV zur Überversorgung.

IV. Systematische Zusammenhänge

Nach § 100 SGB V stellt der Zulassungsausschuss **Unterversorgung** fest und ordnet Zulassungsbe- 7
schränkungen an. § 104 Abs. 1 SGB V konkretisiert die Ermächtigung für den Verordnungsgeber und sieht auch eine Bindung der **Zulassungsausschüsse** an die Zulassungsbeschränkungen vor. Für die **Überversorgung** macht der Gesetzgeber die wesentlichen Vorgaben in § 101 SGB V und überlässt den Zulassungsverordnungen nur die Ausformulierung des Verfahrens. § 105 Abs. 1 und 4 SGB V sieht finanzielle Maßnahmen zur Beseitigung von Unterversorgung vor.

B. Auslegung der Norm

I. Regelungsgehalt und Bedeutung der Norm

Die Vorschrift ist **Ermächtigungsgrundlage** i.S.d. Art. 80 Abs. 1 Satz 1 GG. Sie bestimmt – nicht ab- 8
schließend (vgl. Rn. 6) – Inhalt, Zweck und Ausmaß der Ermächtigung. Absatz 1 betrifft die **Anordnung von Zulassungsbeschränkungen** wegen Unterversorgung und Absatz 2 wegen Überversorgung. Absatz 3 nimmt die vertragszahnärztliche Versorgung von den Zulassungsbeschränkungsmaßnahmen aus.

II. Normzweck

Absatz 1 gibt als Ausformung des Verhältnismäßigkeitsgrundsatzes ein **abgestuftes Regelungspro- 9
gramm** vor, nach dem Zulassungsbeschränkungen wegen **Unterversorgung** erst nach vorheriger Ausschöpfung anderer geeigneter Maßnahmen angeordnet werden dürfen. Absatz 2 beschränkt die Ermächtigung auf **Verfahrensbestimmungen**, da § 101 SGB V die Voraussetzungen der Bedarfsplanung gesetzlich regelt und die Konkretisierung und Umsetzung an den Gemeinsamen Bundesausschuss delegiert. Die Vorschrift ist neben den §§ 101, 103 SGB V mit dem **Grundgesetz vereinbar**.[8] Absatz 3 beschränkt das Regelungsprogramm auf den Bereich der vertragsärztlichen Versorgung.

III. Unterversorgung (Absatz 1)

Zur Feststellung von **Unterversorgung** und der Anordnung von **Zulassungsbeschränkungen** vgl. die 10
Kommentierung zu § 100 SGB V Rn. 8 ff.

Bei der Gesetzesänderung durch das GKV-WSG handelt es sich um eine Folgeänderung zur Änderung 11
des § 100 Abs. 1 Satz 1 SGB V. Künftig sollen die Landesausschüsse der Ärzte und Krankenkassen nicht erst bei unmittelbar drohender Unterversorgung, sondern bereits bei in absehbarer Zeit drohender Unterversorgung einen sog. „Unterversorgungsbeschluss" fassen können.[9]

Die Berücksichtigung von **Härtefällen** sieht **§ 16 Abs. 5 Ärzte-ZV** vor. Danach kann der Zulassungs- 12
ausschuss im Einzelfall eine Ausnahme von einer Zulassungsbeschränkung zulassen, wenn die Ablehnung der Zulassung für den Arzt eine unbillige Härte bedeuten würde. Der Begriff der **„unbilligen**

[6] Art. 1 § 1 Nr. 10 Gesetz zur Weiterentwicklung des Kassenarztrechts (Krankenversicherungs-Weiterentwicklungsgesetz – KVWG) v. 28.12.1976, BGBl I 1976, 3871.
[7] Art. 1 Nr. 2 Gesetz zur Verbesserung der kassenärztlichen Bedarfsplanung v. 19.12.1986, BGBl I 1986, 2593.
[8] Vgl. zuletzt BSG v. 23.02.2005 - B 6 KA 81/03 R - juris Rn. 24; vgl. die Kommentierung zu § 101 SGB V Rn. 21.
[9] Vgl. BT-Drs. 16/4247, S. 64 (zu Nr. 70).

Härte" wird auch in den BedarfsplRL nicht näher definiert. Bei der Vorschrift handelt es sich um eine sog. Koppelungsvorschrift, die den unbestimmten Rechtsbegriff der „unbilligen Härte" auf der Tatbestandsseite mit einem Ermessen auf der Rechtsfolgenseite kombiniert. Der Rechtsbegriff der „unbilligen Härte" unterliegt vollumfänglich der gerichtlichen Kontrolle, ein Beurteilungsspielraum des Zulassungsausschusses besteht nicht.[10] Die Rechtsprechung zu 25 Ärzte-ZV a.F. ist nur bedingt heranziehbar, da dort dem Arzt eine Zulassung wegen Überschreitens der 55-Jahresgrenze zunächst grundsätzlich verwehrt war, hier aber eine Zulassung jedenfalls im unterversorgten Planungsbereich möglich ist. Der Begriff der „unbilligen Härte" muss daher **in Beziehung zum gewünschten Ort der Niederlassung** gesetzt werden. Es müssen **besondere persönliche Umstände** vorliegen, die eine Zulassung nur an einem bestimmten Ort ermöglichen wie besondere familiäre Bindungen, bereits getätigte Investitionen oder Abschluss eines Praxiskaufvertrags vor Anordnung der Zulassungsbeschränkungen. Fälle einer Praxisnachfolge fallen nicht hierunter, da eine solche nach § 103 Abs. 4 SGB V möglich ist. Liegen die Voraussetzungen einer „unbilligen Härte" vor, bleibt im Regelfall kein Ermessensspielraum übrig.

IV. Überversorgung (Absatz 2)

13 Zum Verfahren zur Feststellung von **Überversorgung** und der Anordnung von **Zulassungsbeschränkungen** vgl. die Kommentierung zu § 103 SGB V Rn. 19 ff.

V. Keine Geltung für den vertragszahnärztlichen Bereich (Absatz 3)

14 Da Zulassungsbeschränkungen für Zahnärzte im Falle der Unterversorgung nach dem neuen § 100 Abs. 3 SGB V und im Falle der Überversorgung nach dem neuen § 103 Abs. 8 SGB V nicht mehr angeordnet werden können, haben als Folgeänderungen auch die entsprechenden Verordnungsermächtigungen nach den Absätzen 1 und 2 für den Bereich der vertragszahnärztlichen Versorgung zu entfallen.[11] Entsprechend werden auch die weiteren Regelungen, die sich auf Zulassungsbeschränkungen beziehen, durch die neuen Vorschriften von § 100 Abs. 3 SGB V und § 101 Abs. 6 SGB V für den Bereich der vertragszahnärztlichen Versorgung aufgehoben.

15 Zu den Gründen des Verzichts auf Zulassungsbeschränkungen in der vertragszahnärztlichen Versorgung vgl. die Kommentierung zu § 100 SGB V Rn. 20.

---

[10] Vgl. BSG v. 24.11.1993 - 6 RKa 36/92 - juris Rn. 30 - SozR 3-2500 § 98 Nr. 3 zu § 25 Ärzte-ZV; *Schallen*, Zulassungsverordnung, 4. Aufl. 2004, Rn. 155; anders *Hencke* in: Peters, Handbuch KV (SGB V), § 104 Rn. 2.

[11] Vgl. BT-Drs. 16/3100, S. 136 (zu Nr. 70).

§ 105 SGB V Förderung der vertragsärztlichen Versorgung

(Fassung vom 26.03.2007, gültig ab 01.04.2007, gültig bis 30.06.2008)

(1) Die Kassenärztlichen Vereinigungen haben mit Unterstützung der Kassenärztlichen Bundesvereinigungen entsprechend den Bedarfsplänen alle geeigneten finanziellen und sonstigen Maßnahmen zu ergreifen, um die Sicherstellung der vertragsärztlichen Versorgung zu gewährleisten, zu verbessern oder zu fördern; zu den möglichen Maßnahmen gehört auch die Zahlung von Sicherstellungszuschlägen an Vertragsärzte in Gebieten oder in Teilen von Gebieten, für die der Landesausschuss der Ärzte und Krankenkassen die Feststellung nach § 100 Abs. 1 und 3 getroffen hat. Zum Betreiben von Einrichtungen, die der unmittelbaren medizinischen Versorgung der Versicherten dienen, oder zur Beteiligung an solchen Einrichtungen bedürfen die Kassenärztlichen Vereinigungen des Benehmens mit den Landesverbänden der Krankenkassen und den Verbänden der Ersatzkassen.

(2) Die Kassenärztlichen Vereinigungen haben darauf hinzuwirken, daß medizinisch-technische Leistungen, die der Arzt zur Unterstützung seiner Maßnahmen benötigt, wirtschaftlich erbracht werden. Die Kassenärztlichen Vereinigungen sollen ermöglichen, solche Leistungen im Rahmen der vertragsärztlichen Versorgung von Gemeinschaftseinrichtungen der niedergelassenen Ärzte zu beziehen, wenn eine solche Erbringung medizinischen Erfordernissen genügt.

(3) Die Kassenärztlichen Vereinigungen können den freiwilligen Verzicht auf die Zulassung als Vertragsarzt vom zweiundsechzigsten Lebensjahr an finanziell fördern.

(4) Der Landesausschuss der Ärzte und Krankenkassen entscheidet über die Gewährung der Sicherstellungszuschläge nach Absatz 1 Satz 1 zweiter Halbsatz, über die Höhe der zu zahlenden Sicherstellungszuschläge je Arzt, über die Dauer der Maßnahme sowie über die Anforderungen an den berechtigten Personenkreis. Die für den Vertragsarzt zuständige Kassenärztliche Vereinigung und die Krankenkassen, die an diese Kassenärztliche Vereinigung eine Vergütung nach Maßgabe des Gesamtvertrages nach § 83 oder § 87a entrichten, tragen den sich aus Satz 1 ergebenden Zahlbetrag an den Vertragsarzt jeweils zur Hälfte. Abweichend von Satz 2 tragen die Krankenkassen in den Jahren 2007 bis einschließlich 2009 den sich aus Satz 1 ergebenden Zahlbetrag an den Vertragsarzt in voller Höhe. Satz 3 gilt nicht für die vertragszahnärztliche Versorgung. Über das Nähere zur Aufteilung des auf die Krankenkassen entfallenden Betrages nach Satz 2 auf die einzelnen Krankenkassen entscheidet der Landesausschuss der Ärzte und Krankenkassen.

Gliederung

A. Basisinformationen

I. Textgeschichte/Gesetzgebungsmaterialien

1 Die Vorschrift wurde durch das **GRG**[1] mit Geltung ab 01.01.1989 eingeführt.

2 Art. 1 Nr. 62 **GSG**[2] ersetzte lediglich sprachlich mit Geltung ab 01.01.1993 den Begriff „Kassenarzt" durch „Vertragsarzt" (Absatz 3) bzw. „kassenärztlichen" durch „vertragsärztlichen" (Überschrift, Absatz 1 Satz 1, Absatz 2 Satz 2).

3 Art. 81 **GMG**[3] fügte in Absatz 1 Satz 1 den zweiten Halbsatz ein und Absatz 4.

4 Das **VÄndG**[4] ersetzte mit Geltung ab 01.01.2007 in Absatz 1 Satz 1 Halbsatz 2 die Angabe „§ 100 Abs. 1" durch die Angabe „§ 100 Abs. 1 und 3".

5 Das **GKV-WSG**[5] fasste mit rückwirkender Geltung ab 01.01.2007 (Art. 46 Abs. 5) in **Absatz 4 Satz 3** (zuvor: „§ 313a Abs. 3 gilt insoweit nicht.") **und 4** (zuvor: „Die Höhe der insgesamt in einem Kalenderjahr gezahlten Sicherstellungszuschläge im Bezirk einer Kassenärztlichen Vereinigung darf den Betrag von 1 vom Hundert der insgesamt an diese Kassenärztliche Vereinigung nach § 83 entrichteten Vergütung nicht überschreiten.") neu. Es fügte mit **Geltung ab 01.04.2007** in Absatz 4 Satz 2 nach der Angabe „§ 83" die Angabe „oder § 87a" ein.

6 Mit Geltung ab **01.07.2008** (Art. 46 Abs. 9) streicht das GKV-WSG in **Absatz 1 Satz 2** die Wörter „Verbänden der" als Folgeänderung zur neuen Organisationsstruktur der Verbände der Krankenkassen. Mit Geltung ab **01.01.2010** (Art. 46 Abs. 11) fügt es **Absatz 5** („Absatz 1 Satz 1 zweiter Halbsatz und Absatz 4 Satz 1, 2 und 5 gelten nur für die vertragszahnärztliche Versorgung.") ein und beschränkt damit die Regelungen zu Sicherstellungszuschlägen ab dem 01.01.2009 auf den zahnärztlichen Bereich, da lediglich im ärztlichen Bereich mit der Einführung des neuen vertragsärztlichen Vergütungssystems (vgl. die §§ 85a ff. i.V.m. § 87 Abs. 2b SGB V) die Zahlung von Zuschlägen auf die Vergütung der Ärzte aufgrund von Unterversorgung vorgesehen ist. Für den Bereich der zahnärztlichen Versorgung sind entsprechende finanzielle Anreize zum Abbau der Unterversorgung mit Hilfe des vertragszahnärztlichen Vergütungssystems nicht vorgesehen, da sich hier Fragen der Unterversorgung nicht in gleicher Weise stellen.[6] Die Ergänzung ist erforderlich, um die Bestimmungen des Absatzes 4 zu konkretisieren, die ab dem 01.01.2010 ausschließlich für die vertragszahnärztliche Versorgung gelten.

II. Vorgängervorschriften

7 Die Ursprungsfassung entsprach wörtlich **§ 368n** Abs. 7 und Abs. 8 Sätze 1 und 2 **RVO** i.d.F. des **KHKG**[7]. Absatz 3 übernahm fast wortgleich § 368n Abs. 9 RVO i.d.F. des KÄBedarfsplG.[8]

III. Parallelvorschriften/Ergänzende Vorschriften

8 § 105 Abs. 3 SGB V wird ergänzt durch § 33 Abs. 1 Sätze 1 und 2 Ärzte-ZV und § 15 Abs. 3 Sätze 1 und 2 BMV-Ä/§ 14 Abs. 2 Sätze 1 und 2 EKV-Ä.

---

[1] Gesetz zur Strukturreform im Gesundheitswesen (Gesundheits-Reformgesetz – GRG) v. 20.12.1988, BGBl I 1988, 2477.

[2] Gesetz zur Sicherung und Strukturverbesserung der gesetzlichen Krankenversicherung (Gesundheitsstrukturgesetz) v. 21.12.1992, BGBl I 1992, 2266.

[3] Gesetz zur Modernisierung der gesetzlichen Krankenversicherung (GKV-Modernisierungsgesetz – GMG) v. 14.11.2003, BGBl I 2003, 2190.

[4] Gesetz zur Änderung des Vertragsarztrechts und anderer Gesetze (Vertragsarztrechtsänderungsgesetz – VÄndG) v. 22.12.2006, BGBl I 2006, 3439.

[5] Gesetz zur Stärkung des Wettbewerbs in der gesetzlichen Krankenversicherung (GKV-Wettbewerbsstärkungsgesetz – GKV-WSG) v. 26.03.2007, BGBl I 2007, 378.

[6] Vgl. BT-Drs. 16/3100, S. 136 (zu Nr. 71 lit. c).

[7] Gesetz zur Änderung des Gesetzes zur wirtschaftlichen Sicherung der Krankenhäuser und zur Regelung der Krankenhauspflegesätze – Krankenhaus-Kostendämpfungsgesetz – v. 22.12.1981, BGBl I 1981, 1568.

[8] Art. 1 Nr. 3 Gesetz zur Verbesserung der kassenärztlichen Bedarfsplanung v. 19.12.1986, BGBl I 1986, 2593.

IV. Systematische Zusammenhänge

§ 104 Abs. 1 SGB V lässt die Anordnung von **Zulassungsbeschränkungen** wegen Unterversorgung erst nach vorheriger **Ausschöpfung anderer geeigneter Maßnahmen** zu. Solche Maßnahmen sind in den nach den Absätzen 1 und 4 möglichen Maßnahmen und finanziellen Anreizen zu sehen. Absatz 2 ist Ausdruck des **Wirtschaftlichkeitsgebotes** (§§ 2 Abs. 4, 12 Abs. 1, 70 Abs. 1 Satz 2, 72 Abs. 2, 106 SGB V) und der **Gewährleistungsverpflichtung der KV** (§ 75 Abs. 1 Satz 1 SGB V). Absatz 3 dient der Verhinderung oder dem Abbau von Überversorgung (§§ 101, 103 und 104 SGB V). Der Zusammenhang zwischen Über- und Unterversorgung dürfte den Gesetzgeber veranlasst haben, die Regelung im siebten Titel zu platzieren. Systematisch handelte es sich aber auch nach Einfügung des Absatzes 4 durch das GMG ausschließlich um eine **Aufgabenzuweisung der KV** und besteht damit sachlich eine Verbindung zum zweiten Titel. 9

B. Auslegung der Norm

I. Regelungsgehalt und Bedeutung der Norm

Die Vorschrift gibt den KVen nicht in die Berufsausübungsfreiheit eingreifende **Steuerungsinstrumentarien** zum Abbau oder der Verhinderung von Unterversorgung (Absätze 1 und 4), Überversorgung (Absatz 3) und zur wirtschaftlichen Leistungserbringung (Absatz 2). 10

II. Normzweck

Die Vorschrift ist Folge des auf die KV übertragenen **Sicherstellungsauftrages** (§ 75 Abs. 1 Satz 1 SGB V). Die **Absätze 1 und 4** dienen der Sicherstellung einer bedarfsgerechten Versorgung und sichern vor allem **finanzielle Maßnahmen** gesetzgeberisch ab, indem sie die Maßnahmen als Pflichtaufgabe ausgestalten. **Absatz 2** dient der Gewährleistung, dass medizinisch-technische Leistungen wirtschaftlich erbracht werden. **Absatz 3** soll den freiwilligen Verzicht auf eine Vertragsarztzulassung fördern, um der nachwachsenden Ärztegeneration die wirtschaftliche Existenzsicherung zu erleichtern. 11

III. Maßnahmen zur Sicherstellung der vertragsärztlichen Versorgung (Absätze 1 und 4)

1. Sicherstellungsmaßnahmen der KV

Die KVen haben alle geeigneten finanziellen und sonstigen Maßnahmen zu ergreifen, um die Sicherstellung der vertragsärztlichen Versorgung zu gewährleisten, zu verbessern und zu fördern. Grundlage hierfür sind die Bedarfspläne (§ 99 SGB V). Durch **Strukturmaßnahmen** können sie **finanzielle Mittel für Sicherstellungszwecke** verwenden, um gezielt Anreize für Vertragsärzte oder Niederlassungsinteressierte in ländlichen Regionen zu schaffen, z.B. durch eine Landarztzulage, Umsatzgarantie zur Besetzung verwaister Vertragsarztsitze, Vergabe von Darlehen zur Finanzierung von Praxisneugründungen, Anmietung oder Bau von Ärztehäusern. Es können Assistentenstellen in Vertragsarztpraxen zum Zwecke der Weiterbildung insbesondere der Ärzte für Allgemeinmedizin gefördert werden. Der Ärztemangel vor allem in den neuen Bundesländern im Bereich der hausärztlichen Versorgung hat dazu geführt, dass z.B. von der KV Mecklenburg-Vorpommern allgemeinmedizinische Praktika durch eine monatliche Vergütung unterstützt werden, zwei Stiftungsprofessuren zur Aufwertung des Lehrfachs Allgemeinmedizin finanziert werden, finanzielle Anreize zur Niederlassung im ländlichen Bereich ausgewiesen werden (Umsatzgarantien bis zu 40.000 € und Investitionszuschüsse für Sicherstellungspraxen bis zu 25.000 €).[9] Maßnahmen können insbesondere auch für die Notdienstversorgung (§ 75 Abs. 1 Satz 2 SGB V) getroffen werden; so können spezielle Notfalldiensteinrichtungen (Notfalldienstpraxen, Arztrufzentrale, Fahrdienst, besondere Notfallvergütung etc.) geschaffen werden. Die Vorschrift ist keine Ermächtigungsgrundlage, Vertragsärzte für bestimmte Dienste zu verpflichten.[10] 12

---

[9] Vgl. Gemeinsame Pressemitteilung – Sicherung der ärztlichen Versorgung – des Sozialministeriums und der KV Mecklenburg-Vorpommern v. 30.08.2005, kvmv.arzt.de; s. a. KV Brandenburg, Statut über die Durchführung von Maßnahmen zur Sicherstellung der vertragsärztlichen Versorgung im Land Brandenburg v. 12.09.2003 i.d.F. v. 16.03.2005, www.kvbb.de.

[10] Vgl. SG Dortmund v. 17.01.2003 - S 26 KA 44/02 - juris Rn. 22.

13 **Ermächtigungen** können nicht auf der Grundlage des § 105 SGB V erteilt werden, da insofern § 98 Abs. 2 Nr. 11 SGB V und § 116 SGB V i.V.m. den §§ 31, 31a Ärzte-ZV abschließend sind. Eine sonstige Maßnahme kann aber die Anregung oder Unterstützung von Ermächtigungsanträgen sein. Von daher bestehen auch keinerlei Befugnisse, nicht zulassungsfähige Leistungserbringer (§ 95 Abs. 1 SGB V), also Personen, die weder approbierte Ärzte, Psychotherapeuten oder Zahnärzte sind oder eine vorübergehende Heilkundeerlaubnis besitzen (vgl. § 31 Abs. 3 Ärzte-ZV), zuzulassen (vgl. bereits die Kommentierung zu § 95 SGB V Rn. 46 ff.).[11]

2. Betreiben von Einrichtungen

14 Absatz 1 Satz 2 stellt klar, dass zu den Maßnahmen nach Satz 1 auch das Betreiben von **Eigeneinrichtungen** oder die **Beteiligung an Einrichtungen**, die der unmittelbaren medizinischen Versorgung der Versicherten dienen, gehören. Hierfür ist aber das Benehmen mit den Kassenverbänden herzustellen. Die Herstellung des **Benehmens** gebietet eine der Beschlussfassung vorausgehende Information mit der Möglichkeit zur Stellungnahme.[12] Bei den von der KV selbst betriebenen **Eigeneinrichtungen** setzt die KV eigene Betriebsmittel ein und übt Arbeitgeber- und Unternehmerfunktionen aus. Sie stellt ärztliches und nichtärztliches Personal an. Sie kann sich aber auch darauf beschränken, Gerätschaften den Vertragsärzten zur Verfügung zu stellen. So können insbesondere Notarztpraxen oder Notfallambulanzen unterhalten werden. Die Eigeneinrichtungen werden meist mit dem Ziel gegründet, Ärzte nach einer Übergangszeit zur Niederlassung oder Übernahme der Eigeneinrichtung als eigene Vertragsarztpraxis bewegen zu können. Einen Zulassungsstatus erlangt die Einrichtung nicht und nimmt daher – außerhalb einer Notfallversorgung, die selbst bei Unterversorgung nicht für alle Behandlungen unterstellt werden kann – auch nicht an der Honorarverteilung teil (§ 85 Abs. 4 Satz 1 SGB V), weil diese nur für zugelassene Leistungserbringer stattfindet.[13] Die Mittel für den Betrieb der Einrichtung sind von der KV selbst als **Verwaltungskosten** aufzubringen.[14] Hierfür werden Mittel aus einem Sicherstellungsfonds zur Verfügung gestellt.[15] Die Verwendung von Mitteln für die Zahlung von **Sicherstellungszuschlägen** ist problematisch[16], da diese nur an Vertragsärzte geleistet werden dürfen und Absatz 4 sich ausdrücklich nur auf die Sicherstellungszuschläge nach Absatz 1 Satz 1 Halbsatz 2 bezieht. Dies ist deshalb gerechtfertigt, weil eine Eigeneinrichtung nur dann sinnvoll ist, wenn der Sicherstellungsauftrag anders nicht gewährleist werden kann. Insofern werden mit der Gesamtvergütung auch die Kosten für die von der Eigeneinrichtung versorgten Patienten aufgebracht. Die KV kann sich auch an Einrichtungen beteiligen. In Betracht kommen eine finanzielle Beteiligung an der Einrichtung eines anderen Trägers, z.B. der Krankenkassen (§ 140 SGB V) oder die Bildung einer gemeinsamen Trägerschaft.

15 Sachlich wird den KVen durch Absatz 1 Satz 2 die Eröffnung von Ambulanzen bzw. Polikliniken außerhalb des Zulassungsrechts ermöglicht. Es handelt sich aber um eine **Strukturmaßnahme** nach Satz 1, die nur unter Sicherstellungsaspekten zulässig ist. Vorrangig ist die ambulante Versorgung durch die Leistungserbringer nach § 95 Abs. 1 SGB V sicherzustellen, so dass der Betrieb einer solchen Einrichtung oder die Beteiligung daran nur **subsidiär**, als letztes Mittel, in Betracht kommt. Zuvor muss deshalb versucht werden, die Versorgungslücken durch finanzielle und sonstige Maßnahmen anderweitig zu beheben. Auch im Falle von Unterversorgung besteht zunächst die Verpflichtung des Landesausschusses zur Anordnung von Zulassungsbeschränkungen in anderen Gebieten (§ 102 Abs. 2 SGB V).[17]

---

11 Anders *Hencke* in: Peters, Handbuch KV (SGB V), § 105, Rn. 2.

12 Vgl. BSG v. 24.08.1994 - 6 RKa 15/93 - juris Rn. 19 ff. - BSGE 75, 37 = SozR 3-2500 § 85 Nr. 7; BSG v. 07.02.1996 - 6 RKa 68/94 - juris Rn. 14 - BSGE 77, 288 = SozR 3-2500 § 85 Nr. 11.

13 Z.T. anders die Verwaltungspraxis, vgl. Landesausschuss der Ärzte und Krankenkassen in Thüringen v. 13.07.2005, www.kv-thueringen.de.

14 Z.T. anders die Verwaltungspraxis, vgl. Landesausschuss der Ärzte und Krankenkassen in Thüringen v. 13.07.2005, www.kv-thueringen.de.

15 Vgl. z.B. KV Brandenburg, Abschn. II L Abs. 3 Statut über die Durchführung von Maßnahmen zur Sicherstellung der vertragsärztlichen Versorgung im Land Brandenburg v. 12.09.2003 i.d.F. v. 16.03.2005, www.kvbb.de.

16 Vgl. zur Verwaltungspraxis z.B. Landesausschuss der Ärzte und Krankenkassen in Thüringen v. 13.07.2005, www.kv-thueringen.de.

17 Vgl. LSG Baden-Württemberg v. 24.07.2001 - L 5 KA 5097/00 ER-B - juris Rn. 88 - MedR 2002, 212.

3. Aufbringung der Mittel und Satzungsgrundlage

Die Mittel sind als **Verwaltungskostenbeiträge** auf der Grundlage der Satzung (§ 81 Abs. 1 Nr. 5 SGB V) aufzubringen. Sie können als allgemeine Verwaltungskostenbeiträge erhoben oder gesondert ausgewiesen werden. Die Ermächtigungsgrundlage nach § 81 Abs. 1 Nr. 5 SGB V beinhaltet gerade auch die Umlegung der Aufwendungen für Maßnahmen zur Sicherstellung der vertragsärztlichen Versorgung. Bei der Bemessung darf pauschaliert werden und kann die vom Vertragsarzt zu tragende Sicherstellungsumlage nach dem abgerechneten Honorarvolumen, ohne Vorwegabzug der Praxiskosten, bestimmt werden.[18] 16

Nach der Rechtsprechung des BSG reicht es aus, wenn die **Satzung** die grundlegenden Bestimmungen über die Aufbringung der Mittel enthält. Eine Satzungsvorschrift auch für den Betrag der Kostenumlage ist nicht erforderlich. Dies kann die Vertreterversammlung vielmehr in anderer Weise normativ regeln. So kann die Vertreterversammlung mit dem Beschluss über den Haushaltsplan zugleich die ihr gemäß der Satzung vorbehaltene Entscheidung über die Höhe der Verwaltungskosten treffen.[19] 17

Für die **Vergabe der Mittel** ist gleichfalls eine **Satzungsgrundlage** erforderlich. § 105 SGB V selbst trifft hierzu keine Aussage. Allgemein wird die erforderliche gesetzliche Legitimation für die Gewährung von Subventionen dann als gegeben angesehen, wenn im **Haushaltsplan** als Bestandteil des förmlichen Haushaltsgesetzes entsprechende Mittel eingesetzt sind, innerhalb des Haushaltsplans eine ausreichende Umreißung der Zweckbestimmung dieser Mittel vorgesehen ist und die Vergabe dieser Mittel zu den den betroffenen Verwaltungsinstanzen zugewiesenen verfassungsmäßigen Aufgaben gehört.[20] Dennoch ist aus **rechtsstaatlichen** Überlegungen zu empfehlen, eine **materiellrechtliche Satzungsgrundlage** zu schaffen, die in Form von Ermessensansprüchen die Begrenzung der Haushaltsmittel berücksichtigen kann.[21] Je nach Art der Maßnahme kann es sich auch um einen mittelbaren Eingriff in die Berufausübungsfreiheit der übrigen Vertragsärzte handeln. 18

4. Sicherstellungszuschläge

Zu den sonstigen Maßnahmen gehört auch die Zahlung von **Sicherstellungszuschlägen** an Vertragsärzte in Gebieten, in denen **Unterversorgung** festgestellt wurde (§ 100 SGB V). Diese mit dem GMG neu eingefügte Regelung soll nach der **Gesetzesbegründung** klarstellen, dass neben den mittelbar finanziell wirksamen Maßnahmen wie z.B. der Subventionierung einer für die Versorgung in einer bestimmten Region notwendigen Praxisausstattung auch unmittelbar wirksame Maßnahmen wie die Zahlung von „Sicherstellungsprämien" in Form von **Zuschlägen zum Honorar** umgesetzt werden können, um eine bestehende Unterversorgung abzubauen. Die Zahlung von Sicherstellungszuschlägen an Vertragsärzte kann auf kleinräumige Gebiete begrenzt werden, die in den Gebieten liegen, für die der Landesausschuss der Ärzte und Krankenkassen eine bestehende oder unmittelbar drohende Unterversorgung festgestellt hat. Damit kann die gemeinsame Selbstverwaltung auch vermeiden, zusätzliche finanzielle Mittel pauschal für die Versorgung in einem Planungsbereich zu investieren, wo diese nicht zur Behebung von Unterversorgung benötigt werden.[22] 19

Über die Gewährung von Sicherstellungszuschlägen entscheidet die KV im Rahmen ihres pflichtgemäßen Ermessens. Dies folgt aus der Gesetzessystematik, wonach die Sicherstellungszuschläge weiterhin zu den von der KV zu ergreifenden Maßnahmen gehören. Die Befugnis des Landesausschusses als Gremium der sog. gemeinsamen Selbstverwaltung (§ 90 SGB V) nach Absatz 4 ist auf das Verhältnis zur KV beschränkt. Die KV ist aber an die **Vorgaben des Landesausschusses** gebunden. Soweit er auch über die Gewährung der Sicherstellungszuschläge entscheidet, kann er verbindlich vorgeben, dass Sicherstellungszuschläge geleistet werden. Der Landesausschuss legt im Übrigen die Höhe der an die jeweiligen Ärzte zu zahlenden Sicherstellungszuschläge, die Dauer der Zahlungen und Kriterien zur Auswahl der Zahlungsempfänger fest. 20

---

[18] Vgl. BSG v. 09.12.2004 - B 6 KA 44/03 R - B juris Rn. 105 f. - SGE 94, 50 = SozR 4-2500 § 72 Nr. 2.

[19] Vgl. BSG v. 09.12.2004 - B 6 KA 44/03 R - juris Rn. 102 f. - BSGE 94, 50 = SozR 4-2500 § 72 Nr. 2.

[20] Vgl. BVerwG v. 18.07.2002 - 3 C 54/01 - juris Rn. 22 - NVwZ 2003, 92; VGH Baden-Württemberg v. 10.04.2001 - 1 S 245/00 - juris Rn. 22 - NVwZ 2001, 1428.

[21] Vgl. z. B. KV Brandenburg, Abschn. II Statut über die Durchführung von Maßnahmen zur Sicherstellung der vertragsärztlichen Versorgung im Land Brandenburg v. 12.09.2003 i.d.F. v. 16.03.2005, www.kvbb.de; KV Sachsen-Anhalt, Richtlinien der Kassenärztlichen Vereinigung Sachsen-Anhalt für Maßnahmen zur Sicherstellung der vertragsärztlichen Versorgung i.d.F. v. 15.09.2004, www.kvsa.de.

[22] Vgl. BT-Drs. 15/1525, S. 112 f. (zu Nr. 81).

21 Zu **finanzieren** sind die Sicherstellungszuschläge jeweils zur Hälfte von den KVen und den Krankenkassen (Absatz 4 Satz 2, zur zeitlich befristeten Ausnahme nach Satz 3 vgl. Rn. 24). Die Krankenkassen entrichten ihren Anteil dabei zusätzlich zur Vergütung nach Maßgabe der Gesamtverträge (§ 83 SGB V). Die weitere Inbezugnahme des § 87a SGB V durch das GKV-WSG in Absatz 4 Satz 2 ist eine Folgeänderung zur Neuregelung der vertragsärztlichen Vergütung ab dem Jahr 2009.

22 Über die Aufteilung der von den Krankenkassen insgesamt zu tragenden Finanzierungsbeiträge auf die einzelnen Krankenkassen entscheidet der Landesausschuss.

23 Inhaltlich handelt es sich bei den Vorgaben des Landesausschusses um generell-abstrakte Regelungen. Sachlich handelt es sich um **ermessensausfüllende Verwaltungsvorschriften**, an die die KV gebunden ist. Normcharakter haben sie aber allenfalls im Sinne einer Innenrechtsnorm. Im Außenrechtsverhältnis gegenüber dem Vertragsarzt wird jedenfalls nur die KV tätig, die ggf. allein verklagt werden kann.

24 Der alte Satz 3 des Absatzes 4 stellte klar, dass das gesetzliche Verbot, Mittel aus der Rechtsangleichung des Risikostrukturausgleichs für zusätzliche Vergütungsverbesserungen in den neuen Bundesländern zu verwenden, für die Zahlung von Sicherstellungszuschlägen als Maßnahme zur Behebung oder Vorbeugung von Unterversorgung nicht gilt.[23] Mit der Aufhebung des § 313a Abs. 3 SGB V wurde dessen Inbezugnahme obsolet. Bis Ende 2006 war nach Absatz 4 Satz 4 a.F. der im Bezirk einer KV insgesamt für solche Maßnahmen in einem Kalenderjahr aufzuwendende Betrag auf ein Finanzvolumen in Höhe von 1 v.H. der von den Krankenkassen an diese KV insgesamt gezahlten Vergütungen begrenzt. Die **Neufassung des Satzes 3** soll nach der **Gesetzesbegründung** dem Abbau von Unterversorgung bei Ärzten in den Jahren 2007 bis einschließlich 2009 finanziell fördern; es wird vorgegeben, dass die **Krankenkassen** die für die Zahlung von Sicherstellungszuschlägen bei Unterversorgung benötigten **finanziellen Mittel** nicht nur zu 50 v.H., sondern zu 100 v.H. zu tragen haben. Die Zahlung der Sicherstellungszuschläge geht in den Jahren 2007 bis einschließlich 2009 somit nicht mehr zu Lasten der Gesamtvergütungen und damit der übrigen Ärzte. Der Teil der Gesamtvergütungen, der bereits jetzt von den Kassenärztlichen Vereinigungen für Sicherstellungszuschläge zur Verfügung gestellt wurde, wird damit wieder der Honorarverteilung zugeführt.

25 Mit der Neufassung des Satzes 4 wird vorgegeben, dass die **neue Finanzierungsregelung des Satzes 3 nicht** für die **vertragszahnärztliche Versorgung** gilt. Nach der **Gesetzesbegründung** ist sie hier nicht erforderlich. Damit entfalle auch die im bisherigen Satz 4 enthaltene Vorgabe, dass das Finanzvolumen der insgesamt in einem Kalenderjahr gezahlten Sicherstellungszuschläge im Bezirk einer KV den Betrag von 1 v.H. der insgesamt an diese KV entrichteten Vergütung nicht überschreiten dürfe. Der Wegfall sei damit zu begründen, dass dem Landesausschuss der Ärzte und Krankenkassen ermöglicht werden solle, die Sicherstellungszuschläge für die in unterversorgten Gebieten tätigen Ärzte in der erforderlichen Höhe festzulegen. Die erforderlichen Zahlungen würden auch nicht durch den Grundsatz der Beitragssatzstabilität begrenzt, da die in § 71 Abs. 1 SGB V erwähnte notwendige medizinische Versorgung ohne die Zahlung der Sicherstellungszuschläge gerade nicht gewährleistet werden könne. Aufgrund der bisher in den einzelnen Bezirken der KVen beschlossenen finanziellen Volumina für die Finanzierung der Sicherstellungszuschläge, die die bisher vorgegebene Grenze in Höhe von 1 v.H. der Gesamtvergütungen bei weitem nicht erreicht hätten, hielten sich die mit der Aufhebung der Begrenzung verbundenen finanziellen Risiken, insbesondere für die Krankenkassen in den neuen Ländern, in sehr engen Grenzen. Zudem gelte, dass nach wie vor die Entscheidung über die Höhe der zu zahlenden Sicherstellungszuschläge je Arzt, über die Dauer der Maßnahme sowie über die Anforderungen an den berechtigten Personenkreis dem Landesausschuss der Ärzte und Krankenkassen oblägen. Die Landesausschüsse träfen ihre Entscheidungen mit der Mehrheit der Mitglieder. Die Krankenkassen könnten entsprechende Maßnahmen nicht blockieren, da der Landesausschuss neben jeweils acht Vertretern von Krankenkassen und Ärzten auch drei unparteiische Mitglieder habe (vgl. § 90 SGB V). Andererseits seien trotz der möglichen Überstimmung der Krankenkassen auf Grund der Unparteiischen willkürliche Regelungen ausgeschlossen. Insgesamt werde durch die angepasste Regelung somit gewährleistet, dass die Krankenkassen Sicherstellungszuschläge in erforderlicher Höhe bereitstellten, um die Sicherstellung der vertragsärztlichen Versorgung zu gewährleisten, zu verbessern oder zu fördern. Sie könnten z.B. finanzielle Anreize für Ärzte schaffen, sich in den betroffenen Gebieten neu niederzulassen oder die bereits dort niedergelassenen Ärzte finanziell fördern. Zu beachten seien in diesem Zusammenhang auch die erweiterten Möglichkeiten zur Zahlung von Sicherstellungszuschlägen durch die Selbstverwaltung, die sich aus entsprechenden Anpassungen in § 100 SGB V ergäben: Bereits

---

[23] Vgl. BT-Drs. 15/1525, S. 113 (zu Nr. 81).

durch das VÄndG seien erweiterte Möglichkeiten zur Zahlung von Sicherstellungszuschlägen geschaffen worden. Es sei bestimmt worden, dass Sicherstellungszuschläge nicht nur dann gezahlt werden könnten, wenn der Landesausschuss der Ärzte und Krankenkassen die Feststellung getroffen habe, dass in bestimmten Gebieten eines Zulassungsbezirks eine ärztliche Unterversorgung eingetreten sei oder unmittelbar drohe. Nunmehr sei nach Absatz 1 Satz 1 i.V.m. § 100 Abs. 3 SGB V die Zahlung von Sicherstellungszuschlägen an Vertragsärzte auch dann möglich, wenn der Landesausschuss der Ärzte und Krankenkassen festgestellt habe, dass in einem nicht unterversorgten Planungsbereich zusätzlicher lokaler Versorgungsbedarf bestehe. Durch die nunmehr vorgenommene zusätzliche Anpassung in § 100 Abs. 1 SGB V würden die Kriterien für einen sog. „Unterversorgungsbeschluss" angepasst, indem nicht mehr auf „unmittelbar" drohende Unterversorgung, sondern auf „in absehbarer Zeit" drohende Unterversorgung abgestellt werde, so dass sich hier der Gestaltungsspielraum der Selbstverwaltung weiter erhöhe.[24]

IV. Leistungsgemeinschaften (Absatz 2)

Absatz 2 verpflichtet die KVen darauf hinzuwirken, dass **medizinisch-technische Leistungen** der Ärzte **wirtschaftlich** erbracht werden. Es muss sich um die Arbeit des Arztes unterstützende Maßnahmen handeln. Der Gesetzgeber des KHKG nannte als Beispiel hierfür die **Laboratoriumsuntersuchungen.**[25] Er verweist damit auf einen Leistungsbereich, der in besonderem Maße industriellen Rationalisierungsmöglichkeiten unterliegt und bei dem die Kosten mit der Zunahme der Leistungsmengen gesenkt werden können. Die KV hat daher die Bildung von **Labor- und Apparategemeinschaften** zu fördern. Ermächtigungen weiterer Leistungserbringer sind jedoch nur nach den allgemeinen Ermächtigungsvorschriften zulässig. 26

Nach Satz 2 des Absatzes 2 sollen die KVen es ermöglichen, medizinisch-technische Leistungen nach Satz 1 im Rahmen der vertragsärztlichen Versorgung von Gemeinschaftseinrichtungen der niedergelassenen Ärzte zu beziehen, wenn eine solche Erbringung medizinischen Erfordernissen genügt. Allgemein wird hierin die Befugnis gesehen, von der **persönlichen Leistungserbringung** abzusehen (§ 32 Abs. 1 Satz 1 Ärzte-ZV), wovon bisher nur für **Laborgemeinschaften** Gebrauch gemacht wurde.[26] Das ist nicht unproblematisch, da die Vorschrift diese Verwaltungspraxis nicht deckt und sie Ärzten laborärztliche Vergütungsanteile sichert, die sie nicht erbringen. Es kann eine Quersubventionierung von Laborgemeinschaften durch den Laborarzt, der für die Mitglieder der Laborgemeinschaft die eigentliche Leistung erbringt, erfolgen. Ein Laborarzt handelt jedenfalls unlauter i.S.d. §§ 3, 4 Nr. 1 UWG, wenn er niedergelassenen Ärzten die Durchführung von Laboruntersuchungen, die diese selbst gegenüber der Kasse abrechnen können, unter Selbstkosten in der Erwartung anbietet, dass die niedergelassenen Ärzte ihm im Gegenzug Patienten für Untersuchungen überweisen, die nur von einem Laborarzt vorgenommen werden können. Einem solchen Angebot unter Selbstkosten steht es gleich, wenn die günstigen Preise für die von den niedergelassenen Ärzten abzurechnenden Laboruntersuchungen dadurch ermöglicht werden, dass der Laborarzt einer von ihm betreuten Laborgemeinschaft der niedergelassenen Ärzte freie Kapazitäten seines Labors unentgeltlich oder verbilligt zur Verfügung stellt.[27] 27

Nach den **Bundesmantelverträgen** können Vertragsärzte sich bei gerätebezogenen Untersuchungsleistungen zur gemeinschaftlichen Leistungserbringung mit der Maßgabe zusammenschließen, dass die ärztlichen Untersuchungsleistungen nach fachlicher Weisung durch einen der beteiligten Ärzte persönlich in seiner Praxis oder in einer **gemeinsamen Einrichtung** durch einen gemeinschaftlich beschäftigten angestellten Arzt nach § 32b Ärzte-ZV erbracht werden. Die Leistungen sind persönliche Leistungen des jeweils anweisenden Arztes, der an der Leistungsgemeinschaft beteiligt ist (§ 15 Abs. 3 Satz 1 und 2 BMV-Ä/§ 14 Abs. 2 Satz 1 und 2 EKV-Ä). Soweit § 33 Ärzte-ZV i.d.F. d. VÄndG die Berufsausübungsgemeinschaften auch für einzelne Leistungen ausdrücklich zulässt, ist dies nach § 33 Abs. 2 Satz 3 Ärzte-ZV aber unzulässig, sofern diese zur Erbringung überweisungsgebundener medizinisch-technischer Leistungen mit überweisungsberechtigten Leistungserbringern gebildet werden. Nicht erlaubt werden damit sog. Kickback-Konstellationen, bei denen ein Arzt eines therapieorientier- 28

[24] Vgl. BT-Drs. 16/4247, S. 64 f. (zu Nr. 71 lit. b).

[25] Vgl. BT-Drs. 8/166, S. 29 (zu § 1 Nr. 34 - § 368n RVO).

[26] Vgl. z. B. *Hess* in: KassKomm, SGB V, § 105 Rn. 3 unter Hinweis auf die LaborRL der KBV, DÄ 1991, A 133.

[27] Vgl. BGH v. 21.04.2005 - I ZR 201/02 - NJW 2005, 3718.

ten Fachgebietes (z.B. Gynäkologe) eine Berufsausübungsgemeinschaft eingeht mit einem Arzt eines Methodenfaches (z.B. Labor), um das berufsrechtliche Verbot der Zuweisung gegen Entgelt zu unterlaufen.[28]

29 Ein **Überweisungsverbot an Laborärzte** kann auf Absatz 2 Satz nicht gestützt werden, da es nach dem Wortlaut eindeutig nur um die Beziehbarkeit medizinisch-technischer Leistungen von Gemeinschaftseinrichtungen niedergelassener Ärzte geht, nicht dagegen um die Herstellung der Beziehbarkeit zwischen Ärzten.[29]

V. Förderung von Zulassungsverzichten (Absatz 3)

30 Die KVen können nach Absatz 3 den freiwilligen **Verzicht auf die Zulassung** als Vertragsarzt vom 62. Lebensjahr an **finanziell fördern**. Es handelt sich um eine freiwillige Aufgabe. Damit soll den mit der Zunahme der Arztzahlen verbundenen Problemen auf freiwilliger Basis begegnet werden.[30] Die Regelung ist z.T. faktisch durch die Altersgrenze von 68 Jahren (§ 95 Abs. 7 SGB V) überholt worden.

31 **Freiwilligkeit** setzt voraus, dass keine Entziehung der Zulassung droht oder der Arzt bereits damit rechnet. **Verzicht** bedeutet die endgültige Aufgabe der vertragsärztlichen Zulassung und schließt eine Neuzulassung in einem anderen Bezirk aus. Dies ist in einem Strukturstatut oder bei der Bewilligung der finanziellen Förderung durch eine Nebenbestimmung sicherzustellen. Die Fördermittel sind von den **Verwaltungskosten** zu tragen und können nur auf **Satzungsgrundlage** vergeben werden (vgl. vorstehend Rn. 16 ff.). Die finanzielle Förderung kann in der einmaligen Zahlung eines Ausgleichsbetrages oder in einem befristeten Übergangsgeld für den Einkommensverlust aufgrund der Praxisaufgabe bestehen. Die Zahlung von Altersruhegeldern kann hierauf nicht gestützt werden. Die in Hessen noch bestehende Regelung zur Teilnahme an der Erweiterten Honorarverteilung zu Gunsten von ausgeschiedenen Vertragsärzten und ihrer Hinterbliebenen zu Lasten des Anteils der aktiven Vertragsärzte an der Gesamtvergütung, die vor Schaffung der ärztlichen Versorgungswerke eingeführt wurde, beruht auf übergangsrechtlichen Bestimmungen.[31]

32 Die Regelung in einem Strukturstatut, wonach die vorzeitige altersbedingte Praxisübergabe an einen jüngeren **Arzt, der nicht aus dem Bezirk der KV** stammt, einer Zahlung von Übergangsgeld entgegensteht, verstößt gegen höherrangiges Recht und kann deshalb den Anspruchsausschluss nicht begründen.[32]

---

28 Vgl. BT-Drs. 16/2474, S. 30 (zu Nr. 11 lit. b).

29 Vgl. BSG v. 20.03.1996 - 6 RKa 21/95 - juris Rn. 22 f. - BSGE 78, 91 = SozR 3-5540 § 25 Nr. 2.

30 Vgl. BT-Drs. 10/5630, S. 11.

31 Vgl. LSG Hessen v. 26.03.2003 - L 7 KA 921/01 - juris Rn. 263; BSG v. 20.07.1966 - 6 Rka 2/66 - SozR Nr. 1 zu Art. 4 § 1 GKAR S. Aa4; BSG v. 20.02.1968 - 6 Rka 11/66 - BSGE 28, 9, 12 = SozR Nr. 2 zu Art. 4 § 1 GKAR; BSG v. 23.09.1969 - 6 Rka 35/68 - SozR Nr. 3 zu Art. 4 § 1 GKAR S. Aa7.

32 Vgl. LSG Hessen v. 18.05.1994 - L 7 Ka 660/92 - E-LSG Ka-021.

Neunter Titel: Wirtschaflichkeits- und Abrechnungsprüfung

§ 106 SGB V Wirtschaftlichkeitsprüfung in der vertragsärztlichen Versorgung

(Fassung vom 26.03.2007, gültig ab 01.07.2008)

(1) Die Krankenkassen und die Kassenärztlichen Vereinigungen überwachen die Wirtschaftlichkeit der vertragsärztlichen Versorgung durch Beratungen und Prüfungen.

(1a) In erforderlichen Fällen berät die in Absatz 4 genannte Prüfungsstelle die Vertragsärzte auf der Grundlage von Übersichten über die von ihnen im Zeitraum eines Jahres oder in einem kürzeren Zeitraum erbrachten, verordneten oder veranlassten Leistungen über Fragen der Wirtschaftlichkeit und Qualität der Versorgung.

(2) Die Wirtschaftlichkeit der Versorgung wird geprüft durch

1. **arztbezogene Prüfung ärztlich verordneter Leistungen bei Überschreitung der Richtgrößenvolumina nach § 84 (Auffälligkeitsprüfung),**
2. **arztbezogene Prüfung ärztlicher und ärztlich verordneter Leistungen auf der Grundlage von arztbezogenen und versichertenbezogenen Stichproben, die mindestens 2 vom Hundert der Ärzte je Quartal umfassen (Zufälligkeitsprüfung). Die Höhe der Stichprobe nach Satz 1 Nr. 2 ist nach Arztgruppen gesondert zu bestimmen. Die Prüfungen nach Satz 1 Nr. 2 umfassen neben dem zur Abrechnung vorgelegten Leistungsvolumen auch Überweisungen, Krankenhauseinweisungen und Feststellungen der Arbeitsunfähigkeit sowie sonstige veranlasste Leistungen, insbesondere aufwändige medizinisch-technische Leistungen; honorarwirksame Begrenzungsregelungen haben keinen Einfluss auf die Prüfungen. Die Landesverbände der Krankenkassen und die Ersatzkassen können gemeinsam und einheitlich mit den Kassenärztlichen Vereinigungen über die in Satz 1 vorgesehenen Prüfungen hinaus Prüfungen ärztlicher und ärztlich verordneter Leistungen nach Durchschnittswerten oder andere arztbezogene Prüfungsarten vereinbaren; dabei dürfen versichertenbezogene Daten nur nach den Vorschriften des Zehnten Kapitels erhoben, verarbeitet oder genutzt werden. Die Prüfungen bei Überschreitung der Richtgrößenvolumina sind für den Zeitraum eines Jahres durchzuführen; sie können für den Zeitraum eines Quartals durchgeführt werden, wenn dies die Wirksamkeit der Prüfung zur Verbesserung der Wirtschaftlichkeit erhöht und hierdurch das Prüfungsverfahren vereinfacht wird; kann eine Richtgrößenprüfung nicht durchgeführt werden, erfolgt die Richtgrößenprüfung auf Grundlage des Fachgruppendurchschnitts mit ansonsten gleichen gesetzlichen Vorgaben. Der einer Prüfung nach Satz 1 Nr. 2 zu Grunde zu legende Zeitraum beträgt mindestens ein Jahr.**

Auffälligkeitsprüfungen nach Satz 1 Nr. 1 sollen in der Regel für nicht mehr als 5 vom Hundert der Ärzte einer Fachgruppe durchgeführt werden; die Festsetzung eines den Krankenkassen zu erstattenden Mehraufwands nach Absatz 5a muss innerhalb von zwei Jahren nach Ende des geprüften Verordnungszeitraums erfolgen. Verordnungen von Arzneimitteln, für die der Arzt einem Vertrag nach § 130a Abs. 8 beigetreten ist, sind nicht Gegenstand einer Prüfung nach Satz 1 Nr. 1. Ihre Wirtschaftlichkeit ist durch Vereinbarungen in diesen Verträgen zu gewährleisten; die Krankenkasse übermittelt der Prüfungsstelle die notwendigen Angaben, insbesondere die Arzneimittelkennzeichen, die teilnehmenden Ärzte und die Laufzeit der Verträge. Insbesondere sollen bei Prüfungen nach Satz 1 auch Ärzte geprüft werden, deren ärztlich verordnete Leistungen in bestimmten Anwendungsgebieten deutlich von der Fachgruppe abweichen sowie insbesondere auch verordnete Leistungen von Ärzten, die an einer Untersuchung nach § 67 Abs. 6 des Arzneimittelgesetzes beteiligt sind.

(2a) Gegenstand der Beurteilung der Wirtschaftlichkeit in den Prüfungen nach Absatz 2 Satz 1 Nr. 2 sind, soweit dafür Veranlassung besteht,

1. **die medizinische Notwendigkeit der Leistungen (Indikation),**
2. **die Eignung der Leistungen zur Erreichung des therapeutischen oder diagnostischen Ziels (Effektivität),**
3. **die Übereinstimmung der Leistungen mit den anerkannten Kriterien für ihre fachgerechte Erbringung (Qualität), insbesondere mit den in den Richtlinien des Gemeinsamen Bundesausschusses enthaltenen Vorgaben,**
4. **die Angemessenheit der durch die Leistungen verursachten Kosten im Hinblick auf das Behandlungsziel,**
5. **bei Leistungen des Zahnersatzes und der Kieferorthopädie auch die Vereinbarkeit der Leistungen mit dem Heil- und Kostenplan.**

(2b) Die Kassenärztlichen Bundesvereinigungen und der Spitzenverband Bund der Krankenkassen vereinbaren Richtlinien zum Inhalt und zur Durchführung der Prüfungen nach Absatz 2 Satz 1 Nr. 2, insbesondere zu den Beurteilungsgegenständen nach Absatz 2a, zur Bestimmung und zum Umfang der Stichproben sowie zur Auswahl von Leistungsmerkmalen, erstmalig bis zum 31. Dezember 2004. Die Richtlinien sind dem Bundesministerium für Gesundheit vorzulegen. Es kann sie innerhalb von zwei Monaten beanstanden. Kommen die Richtlinien nicht zu Stande oder werden die Beanstandungen des Bundesministeriums für Gesundheit nicht innerhalb einer von ihm gesetzten Frist behoben, kann das Bundesministerium für Gesundheit die Richtlinien erlassen.

(2c) Die Prüfungen nach Absatz 2 Satz 1 werden auf der Grundlage der Daten durchgeführt, die den Prüfungsstellen nach Absatz 4a gemäß § 296 Abs. 1, 2 und 4 sowie § 297 Abs. 1 bis 3 übermittelt werden. Hat die Prüfungsstelle Zweifel an der Richtigkeit der übermittelten Daten, ermittelt sie die Datengrundlagen für die Prüfung aus einer Stichprobe der abgerechneten Behandlungsfälle des Arztes und rechnet die so ermittelten Teildaten nach einem statistisch zulässigen Verfahren auf die Grundgesamtheit der Arztpraxis hoch.

(3) Die in Absatz 2 Satz 4 genannten Vertragspartner vereinbaren Inhalt und Durchführung der Beratung nach Absatz 1a und der Prüfung der Wirtschaftlichkeit nach Absatz 2 gemeinsam und einheitlich; die Richtlinien nach Absatz 2b sind Inhalt der Vereinbarungen. In den Vereinbarungen ist insbesondere das Verfahren der Bestimmung der Stichproben für die Prüfungen nach Absatz 2 Satz 1 Nr. 2 festzulegen; dabei kann die Bildung von Stichprobengruppen abweichend von den Fachgebieten nach ausgewählten Leistungsmerkmalen vorgesehen werden. In den Verträgen ist auch festzulegen, unter welchen Voraussetzungen Einzelfallprüfungen durchgeführt und pauschale Honorarkürzungen vorgenommen werden; festzulegen ist ferner, dass die Prüfungsstelle auf Antrag der Kassenärztlichen Vereinigung, der Krankenkasse oder ihres Verbandes Einzelfallprüfungen durchführt. Für den Fall wiederholt festgestellter Unwirtschaftlichkeit sind pauschale Honorarkürzungen vorzusehen.

(3a) Ergeben die Prüfungen nach Absatz 2 und nach § 275 Abs. 1 Nr. 3b, Abs. 1a und Abs. 1b, daß ein Arzt Arbeitsunfähigkeit festgestellt hat, obwohl die medizinischen Voraussetzungen dafür nicht vorlagen, kann der Arbeitgeber, der zu Unrecht Arbeitsentgelt gezahlt hat, und die Krankenkasse, die zu Unrecht Krankengeld gezahlt hat, von dem Arzt Schadensersatz verlangen, wenn die Arbeitsunfähigkeit grob fahrlässig oder vorsätzlich festgestellt worden ist, obwohl die Voraussetzungen dafür nicht vorgelegen hatten.

(4) Die in Absatz 2 Satz 4 genannten Vertragspartner bilden bei der Kassenärztlichen Vereinigung oder bei einem der in Satz 5 genannten Landesverbände eine gemeinsame Prüfungsstelle und einen gemeinsamen Beschwerdeausschuss. Der Beschwerdeausschuss besteht aus Vertretern der Kassenärztlichen Vereinigung und der Krankenkassen in gleicher Zahl sowie einem unparteiischen Vorsitzenden. Die Amtsdauer beträgt zwei Jahre. Bei Stimmengleichheit gibt die Stimme des Vorsitzenden den Ausschlag. Über den Vorsitzenden, dessen Stellvertreter sowie den Sitz des Beschwerdeausschusses sollen sich die Kassenärztliche Vereinigung, die Landesverbände der Krankenkassen und die Ersatzkassen einigen. Kommt eine Einigung nicht zu Stande, beruft die Aufsichtsbehörde nach Absatz 7 im Benehmen mit der Kassenärztlichen Vereinigung, den Landesverbänden der Krankenkassen sowie den Ersatzkassen den Vorsitzenden und dessen Stellvertreter und entscheidet über den Sitz des Beschwerdeausschusses.

(4a) Die Prüfungsstelle und der Beschwerdeausschuss nehmen ihre Aufgaben jeweils eigenverantwortlich wahr; der Beschwerdeausschuss wird bei der Erfüllung seiner laufenden Geschäfte von der Prüfungsstelle organisatorisch unterstützt. Die Prüfungstelle wird bei der Kassenärztlichen Vereinigung oder bei einem der in Absatz 4 Satz 5 genannten Landesverbände oder bei einer bereits bestehenden Arbeitsgemeinschaft im Land errichtet. Über die Errichtung, den Sitz und den Leiter der Prüfungsstelle einigen sich die Vertragspartner nach Absatz 2 Satz 4; sie einigen sich auf Vorschlag des Leiters jährlich bis zum 30. November über die personelle, sachliche sowie finanzielle Ausstattung der Prüfungsstelle für das folgende Kalenderjahr. Der Leiter führt die laufenden Verwaltungsgeschäfte der Prüfungsstelle und gestaltet die innere Organisation so, dass sie den besonderen Anforderungen des Datenschutzes nach § 78a des Zehnten Buches gerecht wird. Kommt eine Einigung nach Satz 2 und 3 nicht zu Stande, entscheidet die Aufsichtsbehörde nach Absatz 7. Die Prüfungsstelle bereitet die für die Prüfungen nach Absatz 2 erforderlichen Daten und sonstigen Unterlagen auf, trifft Feststellungen zu den für die Beurteilung der Wirtschaftlichkeit wesentlichen Sachverhalten und entscheidet gemäß Absatz 5 Satz 1. Die Kosten der Prüfungsstelle und des Beschwerdeausschusses tragen die Kassenärztliche Vereinigung und die beteiligten Krankenkassen je zur Hälfte. Das Bundesministerium für Gesundheit bestimmt durch Rechtsverordnung mit Zustimmung des Bundesrates das Nähere zur Geschäftsführung der Prüfungsstellen und der Beschwerdeausschüsse einschließlich der Entschädigung der Vorsitzenden der Ausschüsse und zu den Pflichten der von den in Absatz 2 Satz 4 genannten Vertragspartnern entsandten Vertreter. Die Rechtsverordnung kann auch die Voraussetzungen und das Verfahren zur Verhängung von Maßnahmen gegen Mitglieder der Ausschüsse bestimmen, die ihre Pflichten nach diesem Gesetzbuch nicht oder nicht ordnungsgemäß erfüllen.

(4b) Werden Wirtschaftlichkeitsprüfungen nicht in dem vorgesehenen Umfang oder nicht entsprechend den für ihre Durchführung geltenden Vorgaben durchgeführt, haften die zuständigen Vorstandsmitglieder der Krankenkassenverbände und Kassenärztlichen Vereinigungen für eine ordnungsgemäße Umsetzung dieser Regelung. Können Wirtschaftlichkeitsprüfungen nicht in dem vorgesehenen Umfang oder nicht entsprechend den für ihre Durchführung geltenden Vorgaben durchgeführt werden, weil die erforderlichen Daten nach den §§ 296 und 297 nicht oder nicht im vorgesehenen Umfang oder nicht fristgerecht übermittelt worden sind, haften die zuständigen Vorstandsmitglieder der Krankenkassen oder der Kassenärztlichen Vereinigungen. Die zuständige Aufsichtsbehörde hat nach Anhörung der Vorstandsmitglieder und der jeweils entsandten Vertreter im Ausschuss den Verwaltungsrat oder die Vertreterversammlung zu veranlassen, das Vorstandsmitglied auf Ersatz des aus der Pflichtverletzung entstandenen Schadens in Anspruch zu nehmen, falls der Verwaltungsrat oder die Vertreterversammlung das Regressverfahren nicht bereits von sich aus eingeleitet hat.

(4c) Die Vertragspartner nach Absatz 2 Satz 4 können mit Zustimmung der für sie zuständigen Aufsichtsbehörde die gemeinsame Bildung einer Prüfungsstelle und eines Beschwerdeausschusses über den Bereich eines Landes oder einer anderen Kassenärztlichen Vereinigung hinaus vereinbaren. Die Aufsicht über eine für den Bereich mehrerer Länder tätige Prüfungsstelle und einen für den Bereich mehrerer Länder tätigen Beschwerdeausschuss führt die für die Sozialversicherung zuständige oberste Verwaltungsbehörde des Landes, in dem der Ausschuss oder die Stelle ihren Sitz hat. Die Aufsicht ist im Benehmen mit den zuständigen obersten Verwaltungsbehörden der beteiligten Länder wahrzunehmen.

(4d) (weggefallen)

(5) Die Prüfungsstelle entscheidet, ob der Vertragsarzt, der ermächtigte Arzt oder die ermächtigte ärztlich geleitete Einrichtung gegen das Wirtschaftlichkeitsgebot verstoßen hat und welche Maßnahmen zu treffen sind. Dabei sollen gezielte Beratungen weiteren Maßnahmen in der Regel vorangehen. Gegen die Entscheidungen der Prüfungsstelle können die betroffenen Ärzte und ärztlich geleiteten Einrichtungen, die Krankenkasse, die betroffenen Landesverbände der Krankenkassen sowie die Kassenärztlichen Vereinigungen die Beschwerdeausschüsse anrufen. Die Anrufung hat aufschiebende Wirkung. Für das Verfahren sind § 84 Abs. 1 und § 85 Abs. 3 des Sozialgerichtsgesetzes anzuwenden. Das Verfahren vor dem Beschwerdeausschuß gilt als Vorverfahren (§ 78 des Sozialgerichtsgesetzes). Die Klage gegen eine vom Beschwerdeausschuss festgesetzte Honorarkürzung hat keine aufschiebende Wirkung. Abweichend von Satz 3 findet in Fällen der Festsetzung einer Ausgleichspflicht für den Mehraufwand bei Leistungen, die durch das Gesetz oder durch die Richtlinien nach § 92 ausgeschlossen sind, ein Vorverfahren nicht statt.

(5a) Beratungen nach Absatz 1a bei Überschreitung der Richtgrößenvolumen nach § 84 Abs. 6 und 8 werden durchgeführt, wenn das Verordnungsvolumen eines Arztes in einem Kalenderjahr das Richtgrößenvolumen um mehr als 15 vom Hundert übersteigt und auf Grund der vorliegenden Daten die Prüfungsstelle nicht davon ausgeht, dass die Überschreitung in vollem Umfang durch Praxisbesonderheiten begründet ist (Vorab-Prüfung). Die nach § 84 Abs. 6 zur Bestimmung der Richtgrößen verwendeten Maßstäbe können zur Feststellung von Praxisbesonderheiten nicht erneut herangezogen werden. Bei einer Überschreitung des Richtgrößenvolumens um mehr als 25 vom Hundert hat der Vertragsarzt nach Feststellung durch die Prüfungsstelle den sich daraus ergebenden Mehraufwand den Krankenkassen zu erstatten, soweit dieser nicht durch Praxisbesonderheiten begründet ist. Die Prüfungsstelle soll vor ihren Entscheidungen und Festsetzungen auf eine entsprechende Vereinbarung mit dem Vertragsarzt hinwirken, die eine Minderung des Erstattungsbetrages um bis zu einem Fünftel zum Inhalt haben kann. Die in Absatz 2 Satz 4 genannten Vertragspartner bestimmen in Vereinbarungen nach Absatz 3 die Maßstäbe zur Prüfung der Berücksichtigung von Praxisbesonderheiten. Die Prüfungsstelle beschließt unter Beachtung der Vereinbarung nach Absatz 3 die Grundsätze des Verfahrens der Anerkennung von Praxisbesonderheiten. Die Kosten für verordnete Arznei-, Verband- und Heilmittel, die durch gesetzlich bestimmte oder in den Vereinbarungen nach Absatz 3 und § 84 Abs. 6 vorab anerkannte Praxisbesonderheiten bedingt sind, sollen vor der Einleitung eines Prüfverfahrens von den Verordnungskosten des Arztes abgezogen werden; der Arzt ist hierüber zu informieren. Weitere Praxisbesonderheiten ermittelt die Prüfungsstelle auf Antrag des Arztes, auch durch Vergleich mit den Diagnosen und Verordnungen in einzelnen Anwendungsbereichen der entsprechenden Fachgruppe. Sie kann diese aus einer Stichprobe nach Absatz 2c Satz 2 ermitteln. Der Prüfungsstelle sind die hierfür erforderlichen Daten nach den §§ 296 und 297 der entsprechenden Fachgruppe zu übermitteln. Eine Klage gegen die Entscheidung des Beschwerdeausschusses hat keine aufschiebende Wirkung.

(5b) In den Prüfungen nach Absatz 2 Satz 1 Nr. 1 ist auch die Einhaltung der Richtlinien nach § 92 Abs. 1 Satz 2 Nr. 6 zu prüfen, soweit ihre Geltung auf § 35b Abs. 1 beruht. Das Nähere ist in Vereinbarungen nach Absatz 3 zu regeln.

(5c) Die Prüfungsstelle setzt den den Krankenkassen zustehenden Betrag nach Absatz 5a fest; Zuzahlungen der Versicherten sowie Rabatte nach § 130a Abs. 8 auf Grund von Verträgen, denen der Arzt nicht beigetreten ist, sind als pauschalierte Beträge abzuziehen. Die nach Maßgabe der Gesamtverträge zu entrichtende Vergütung verringert sich um diesen Betrag. Die Kassenärztliche Vereinigung hat in der jeweiligen Höhe Rückforderungsansprüche gegen den Vertragsarzt, die der an die Kassenärztliche Vereinigung zu entrichtenden Vergütung zugerechnet werden. Soweit der Vertragsarzt nachweist, dass ihn die Rückforderung wirtschaftlich gefährden würde, kann die Kassenärztliche Vereinigung sie entsprechend § 76 Abs. 2 Nr. 1 und 3 des Vierten Buches stunden oder erlassen.

(5d) Ein vom Vertragsarzt zu erstattender Mehraufwand wird abweichend von Absatz 5a Satz 3 nicht festgesetzt, soweit die Prüfungsstelle mit dem Arzt eine individuelle Richtgröße vereinbart, die eine wirtschaftliche Verordnungsweise des Arztes unter Berücksichtigung von Praxisbesonderheiten gewährleistet. In dieser Vereinbarung muss sich der Arzt verpflichten, ab dem Quartal, das auf die Vereinbarung folgt, jeweils den sich aus einer Überschreitung dieser Richtgröße ergebenden Mehraufwand den Krankenkassen zu erstatten. Die Richtgröße ist für den Zeitraum von vier Quartalen zu vereinbaren und für den folgenden Zeitraum zu überprüfen, soweit hierzu nichts anderes vereinbart ist. Eine Zielvereinbarung nach § 84 Abs. 1 kann als individuelle Richtgröße nach Satz 1 vereinbart werden, soweit darin hinreichend konkrete und ausreichende Wirtschaftlichkeitsziele für einzelne Wirkstoffe oder Wirkstoffgruppen festgelegt sind.

(6) Die Absätze 1 bis 5 gelten auch für die Prüfung der Wirtschaftlichkeit der im Krankenhaus erbrachten ambulanten ärztlichen und belegärztlichen Leistungen; § 106a gilt entsprechend.

(7) Die Aufsicht über die Prüfungsstellen und Beschwerdeausschüsse führen die für die Sozialversicherung zuständigen obersten Verwaltungsbehörden der Länder. Die Prüfungsstellen und die Beschwerdeausschüsse erstellen einmal jährlich eine Übersicht über die Zahl der durchgeführten Beratungen und Prüfungen sowie die von ihnen festgesetzten Maßnahmen. Die Übersicht ist der Aufsichtsbehörde vorzulegen.

Gliederung

A. Basisinformationen

I. Textgeschichte/Gesetzgebungsmaterialien

1 § 106 SGB V wurde häufig geändert. Statt einer (unübersichtlichen) Einzelaufzählung aller Änderungen werden hier nur die wesentlichen Änderungen genannt:

2 Nach der Erstfassung der Vorschrift, die noch getrennte Prüfungen für den Primärkassen- und den Ersatzkassenbereich vorsah (Gesundheitsreformgesetz vom 20.12.1988[1]), wurden durch das Gesundheitsstrukturgesetz vom 21.12.1992[2] eine **einheitliche Prüfung** für beide Bereiche normiert und die **Grundlagen für sog. Richtgrößen-Prüfungen** im Bereich der verordneten Leistungen geschaffen (insbesondere Absatz 5a). Unwirtschaftliches Verhalten durch unberechtigtes **Bescheinigen von Arbeitsunfähigkeit** wurde durch die Einführung einer Regressmöglichkeit gegen den Arzt sanktioniert (Absatz 3a, eingefügt durch das Pflegeversicherungsgesetz vom 26.05.1994[3]). Durch das GKV-Gesundheitsreformgesetz 2000 vom 22.12.1999[4] erfolgten **Änderungen bei der Richtgrößen-Prüfung**, die seitdem die häufigste Verfahrensart der Wirtschaftlichkeitsprüfung ist. Schließlich wurden auch Möglichkeiten geschaffen, das Verfahren der Richtgrößen-Prüfung durch Abschluss einer **Vereinbarung** mit dem Arzt **über** eine **Minderung** des Erstattungsbetrags (Absatz 5a Satz 4 – Arzneimittelbudget-Ablösegesetz vom 19.12.2001[5]) **oder über** eine **individuelle Richtgröße** (Absatz 5d – GKV-Modernisierungsgesetz vom 14.11.2003[6]) gütlich zu beenden. Aufgrund des letztgenannten Gesetzes sind noch weitere **Änderungen bei der Richtgrößen-Prüfung** erfolgt, insbesondere eine Änderung der Schwellenwerte auf 15% und 25% sowie des Verfahrens der Realisierung des Regresses (Absatz 5a Sätze 1 und 2 sowie Absatz 5c); und die **Prüfung nach Durchschnittswerten** ist nunmehr **nicht mehr** die obligatorische **Regelprüfmethode**, sondern für ihre Anwendung ist eine Regelung in der Prüfvereinbarung auf Landesebene (Absatz 2 Nr. 2 Satz 4) oder in den Richtlinien auf Bundesebene (Absatz 2b) erforderlich. Durch dieses Gesetz ist zudem eine **Haftung der Vorstände von Krankenkassen und Kassenärztlichen Vereinigungen** für den Fall unzureichender Wirtschaftlichkeitsprüfungen normiert worden. Außerdem hat die Wirtschaftlichkeitsprüfung insofern eine neue Ausrichtung erhalten, als ihr Gegenstand nicht mehr allein die Frage ist, ob der Arzt ein zu großes Leistungsvolumen erbracht hat, sondern auch Fragen der **Qualität der Versorgung** einbezogen sind (insbesondere Absatz 2a, hier vor allem Nr. 1-3). Zahlreiche weitere Änderungen erfolgten durch das GKV-Wettbewerbsstärkungsgesetz vom 26.03.2007[7]: Die **Richtgrößen-Prüfung** ist erleichtert und ihre Durchführbarkeit abgesichert worden, zum einen durch **Lockerung** des Erfordernisses, dass sie ein **Jahr** umfassen musste und für ein Jahr wirksame Richtgrößen vorliegen mussten (Absatz 2 Nr. 2 Satz 5 Teilsätze 2 und 3), und zum anderen dadurch, dass aus **Rabattverträgen** resultierende Kostenminderungen **pauschaliert** abgezogen werden (Absatz 5c Satz 1 Halbsatz 2). Andererseits ist die Richtgrößen-Prüfung an engere Fristen gebunden worden; der **Regressbescheid** muss **binnen zwei Jahren** nach Ende des Verordnungszeitraums ergehen (Absatz 2 Satz 2 Halbsatz 2). Die zwei-instanzliche Struktur der Prüfgremien aus Prüfungsausschüssen und Beschwerdeausschüssen – mit einer für beide zuständigen Geschäftsstelle – ist verändert worden; die Geschäftsstellen sind zu Prüfungsstellen aufgewertet und die Prüfungsausschüsse abgeschafft worden; es bestehen nur noch Prüfungsstellen und Beschwerdeausschüsse (Absätze 4 und 4a).

3 Eine detaillierte Übersicht über alle Änderungen findet sich bei *Engelhard* in: Hauck/Noftz, SGB V, K § 106 Rn. 5-16.

II. Vorgängervorschriften

4 Rechtsgrundlage für die Wirtschaftlichkeitsprüfung war vor der Schaffung des SGB V (zum 01.01.1989) die Regelung des § 368n Abs. 5 RVO, die als Teil der §§ 368-368s RVO durch das Gesetz

---

1 BGBl I 1988, 2477.
2 BGBl I 1992, 2266.
3 BGBl I 1994, 1014.
4 BGBl I 1999, 2626.
5 BGBl I 2001, 3773.
6 BGBl I 2003, 2190.
7 BGBl I 2007, 378.

über das Kassenarztrecht (GKAR – vom 17.08.1955[8]) in die Reichsversicherungsordnung eingefügt worden war.

III. Parallelvorschriften

5 Für die im Krankenhausbereich erbrachten **ambulanten** ärztlichen und belegärztlichen Leistungen gelten gemäß § 106 Abs. 6 SGB V die Absätze 1-5 entsprechend (hierzu vgl. Rn. 305).

6 Für die im Krankenhausbereich erbrachten **stationären** Leistungen besteht keine Vorschrift, die wie § 106 SGB V Wirtschaftlichkeitsprüfungen umfassend ermöglicht. Für diese Leistungen gibt es keine Möglichkeit zur umfassenden Beiziehung von Behandlungsunterlagen und/oder zur Datenerhebung, wie dies für Wirtschaftlichkeitsprüfungen erforderlich ist. Dafür müssten erst ergänzende Vorschriften – evtl. auf untergesetzlicher Ebene – erlassen werden, wie das in § 112 Abs. 1, Abs. 2 Nr. 3 SGB V vorgesehen ist.[9] Solange solche Regelungen nicht vereinbart worden sind, besteht zur Überprüfung der Abrechnungen im Krankenhausbereich erbrachter stationärer Leistungen lediglich die Möglichkeit, eine gutachterliche Stellungnahme des MDK über die sachlich-rechnerische Richtigkeit der Abrechnung einzuholen.[10]

IV. Untergesetzliche Rechtsnormen

7 Die Regelung des § 106 SGB V bedarf der Ergänzung durch untergesetzliche Rechtsnormen.

8 Wichtig sind vor allem **Prüfvereinbarungen**, die auf **Landesebene** von den Krankenkassen und Kassenärztlichen Vereinigungen gemeinsam und einheitlich zu vereinbaren sind und gemäß **Absatz 2 Nr. 2 Satz 4, Absatz 3 i.V.m. Absatz 5a Satz 5 und Absatz 5b** Näheres und/oder Ergänzendes über Prüfmethoden, über das Prüfverfahren, über die Prüfmaßstäbe und über die vorangehende Beratung der Ärzte regeln (hierzu Näheres vgl. Rn. 98 ff. und zu den einzelnen Absätzen und Sätzen vgl. Rn. 224, Rn. 241 ff., Rn. 259 ff., Rn. 296).

9 Weiterhin sind gemäß **Absatz 2b** auf **Bundesebene** von den Krankenkassen und der Kassenärztlichen Bundesvereinigung gemeinsam und einheitlich **Richtlinien** zur Durchführung der sog. Zufälligkeitsprüfungen zu erlassen (zu diesen Richtlinien-Zufälligkeitsprüfungen vgl. Rn. 235 ff.).

10 Ferner bedarf es gemäß **Absatz 4a** Sätze 8 und 9 einer **Rechtsverordnung**, in der das **Bundesgesundheitsministerium** mit Zustimmung des Bundesrates Näheres zur Geschäftsführung der Prüfungsstellen und der Beschwerdeausschüsse sowie zu den Pflichten der Mitglieder der Ausschüsse bestimmt (zur Wirtschaftlichkeitsprüfungs-Verordnung vgl. Rn. 272).

11 Gemäß **Absatz 5a Satz 6** beschließt die **Prüfungsstelle** für die Richtgrößen-Prüfung – unter Beachtung der nach Abs. 3 in der Prüfvereinbarung festgelegten Prüfmaßstäbe – **Grundsätze** für die Anerkennung von Praxisbesonderheiten.

V. Systematische Zusammenhänge

12 § 106 SGB V bildet zusammen mit der Regelung des **§ 106a SGB V** über die **sachlich-rechnerischen Richtigstellungen** den Neunten Titel („Wirtschaftlichkeits- und Abrechnungsprüfung") des Zweiten Abschnitts („Beziehungen zu Ärzten, Zahnärzten und Psychotherapeuten") des Vierten Kapitels („Beziehungen der Krankenkassen zu den Leistungserbringern"). Mit diesem Sonderabschnitt des Neunten Titels sind aber nicht alle Arten von Abrechnungsstreitigkeiten zwischen Vertragsärzten und vertragsärztlichen Institutionen erfasst. Vielmehr gibt es noch weitere Typen von Prüfungsmöglichkeiten und daraus resultierenden Abrechnungsstreitigkeiten. Außer der in § 106 SGB V geregelten Wirtschaftlichkeitsprüfung und der in § 106a SGB V geregelten **sachlich-rechnerischen Richtigstellung** (vgl. die Kommentierung zu § 106a SGB V) ist auf den **Schadensregress** hinzuweisen, für den die maßgebenden Regelungen in untergesetzlichen Bestimmungen enthalten sind (vgl. die Regelungen im BMV-Ä und EKV-Ä sowie im BMV-Z und EKV-Z).

VI. Ausgewählte Literaturhinweise (chronologisch)

13 Die dogmatischen Entwicklungen des Rechtsinstituts der Wirtschaftlichkeitsprüfung lassen sich vor allem anhand folgenden – ausgewählten – Schrifttums (das deshalb hier nicht in alphabetischer, sondern in zeitlicher Abfolge wiedergegeben wird) nachzeichnen:

---

[8] BGBl I 1955, 513.

[9] Vgl. dazu auch BSG v. 23.07.2002 - B 3 KR 64/01 R - BSGE 90, 1, 4 f. = SozR 3-2500 § 112 Nr. 3 S. 22 f. Vgl. ferner ergänzend § 113 SGB V. Überblick über die Regelungen bei *Quaas* in: Quaas/Zuck, Medizinrecht, 2004, § 25 Rn. 126 f. (S. 621 f.).

[10] BSG v. 23.07.2002 - B 3 KR 64/01 R - Leitsatz 2 - BSGE 90, 1, 4 f. = SozR 3-2500 § 112 Nr. 3 S. 22 f.

Clemens, Abrechnungsstreitigkeit, Wirtschaftlichkeitsprüfung, Schadensregreß, in: Schulin, Handbuch des Sozialversicherungsrechts, Bd. 1: Krankenversicherungsrecht, 1994, §§ 33, 35, 894-898, 910-960; *Funk*, Die Wirtschaftlichkeitsprüfung im Vertragsarztrecht, 1994; *Spellbrink*, Wirtschaftlichkeitsprüfung im Kassenarztrecht nach dem Gesundheitsstrukturgesetz, 1994; *Bossmann*, Vertragsarzt und Wirtschaftlichkeit, 1995; *Jungkunz*, Unerwünschte (legale und illegale) Verhaltensweisen im Bereich der Gesetzlichen Krankenversicherung, 1995; *Neugebauer*, Das Wirtschaftlichkeitsgebot in der gesetzlichen Krankenversicherung, 1996; *Grütters*, Auswirkungen des Einheitlichen Bewertungsmaßstabes auf die Wirtschaftlichkeitsprüfung, 1998; *Mummenhoff*, Die sozialrechtlichen Grenzen einer Bewertung verschreibungsfähiger Arzneimittel durch die Verbände der gesetzlichen Krankenversicherung, 1999; *Oehler*, Der Zahnarzt in der Wirtschaftlichkeitsprüfung, 2000; *Schaffhäuser/Kieser*, Wirtschaftlichkeitskontrolle in der Krankenversicherung, St. Gallen 2001; *Eugster*, Wirtschaftlichkeitskontrolle ambulanter ärztlicher Leistungen mit statistischen Methoden, Bern 2003; *Friske*, Mehr Markt und Wettbewerb in der deutschen Arzneimittelversorgung, 2003; *Hohmann*, Erhalt der Therapiefreiheit ohne Angst vor Arzneimittelregressen, 2004; *Schütz/Christophers/Dietrich*, Arznei- und Heilmittel wirtschaftlich verordnen, 2004; *Ascher*, Die Wirtschaftlichkeitsprüfung mit Richtgrößenprüfung, 3. Aufl. 2005; *Zuck*, Wirtschaftlichkeitsprüfung, in: Quaas/Zuck, Medizinrecht, 2005, § 21, 418-430; *Clemens*, Der Kampf des Arztes gegen Arzneikostenregresse – Arzneizulassung, Off-Label-Use, Arzneimittel-Richtlinien, Wirtschaftlichkeitsprüfung, Richtgrößen, in: Hanau/Röller/ Macher/Schlegel, Personalrecht im Wandel – Festschrift für Wolfdieter Küttner, 2006, 193-230; *Bahner*, Honorarkürzungen, Arzneimittelregresse, Heilmittelregresse – Ärzte in der Wirtschaftlichkeitsprüfung, 2006; *Bahner*, Wirtschaftlichkeitsprüfung bei Zahnärzten, 2006; *Becker*, Die Steuerung der Arzneimittelversorgung im Recht der gesetzlichen Krankenversicherung, Diss. 2006; *Filler*, Die Wirtschaftlichkeit und die Prüfung in der vertragsärztlichen Versorgung, hrsg. vom Zentralinstitut für die Kassenärztliche Versorgung in der Bundesrepublik Deutschland, 2006; *Stellpflug*, Wirtschaftlichkeitsprüfungen, in: Stellpflug/Meier/Tadayon, Handbuch Medizinrecht, 2006, C 4000.

Zu weiteren Schriften aus der Zeit vor 1994 (von z.B. *Gaus, Günther, Till, Goetze, Boßmann, Huber, Künschner, Stiller, Stockhausen, Raddatz*) vgl. den Rezensionsaufsatz von *Clemens*, Schriften zur Wirtschaftlichkeitsprüfung im Kassenarztrecht, VSSR 1994, 441-450. 14

B. Regelungsgehalt und Bedeutung der Norm

Im Falle des § 106 SGB V wäre es **wenig sinnvoll, Absatz für Absatz** je einzeln zu kommentieren. 15
Daraus ergäbe sich kein **Gesamtbild** des Vorgehens bei der Wirtschaftlichkeitsprüfung. Hierfür ist es einzig sinnvoll, zunächst an einem Beispiel deren Ablauf im Sinne des dafür anerkannten Stufenmodells darzustellen. Dafür wird hier die derzeit **bedeutsamste Fallgruppe, der Arzneikostenregress**, ausgewählt (vgl. Rn. 47 ff.).

Anschließend erfolgen Hinweise zu Abweichungen beim Heilmittelregress (vgl. Rn. 207 ff.), beim 16
Hilfsmittelregress (vgl. Rn. 212 f.) und bei der Honorarkürzung (vgl. Rn. 214 ff.). Zum Abschluss erfolgt ein Durchgang durch die einzelnen Absätze des § 106 SGB V in der Abfolge der Absätze, jeweils mit knappen Hinweisen zu dem einzelnen Absatz und mit Verweisung auf eine etwaige im Rahmen des Abschnitts D erfolgte nähere Darstellung (vgl. Rn. 219 ff.).

Bevor die Darstellung anhand des Arzneikostenregresses erfolgt, bedarf es allerdings zunächst noch ei- 17
niger Hinweise auf den Gehalt der Begriffe Wirtschaftlichkeitsgebot, Wirtschaftlichkeit und Wirtschaftlichkeitsprüfung (vgl. Rn. 18 ff.).

C. Wirtschaftlichkeit, Wirtschaftlichkeitsgebot und Wirtschaftlichkeitsprüfung

I. Wirtschaftlichkeitsgebot sowie Bedeutung und Begriff von Wirtschaftlichkeit und Wirtschaftlichkeitsprüfung

Zu Regelungsgehalt und Bedeutung der Norm bedarf es einiger Klarstellungen – zum einen – zum Be- 18
griff der Wirtschaftlichkeit und zur Bedeutung der Wirtschaftlichkeitsprüfung sowie – zum anderen – zu der hauptsächlich praktizierten Prüfmethode, der am Durchschnitt der Fachgruppe orientierten sog. statistischen Vergleichsprüfung.

1. Zur Bedeutung der Wirtschaftlichkeitsprüfung

19 Dem Wirtschaftlichkeitsgebot und dem Rechtsinstitut der Wirtschaftlichkeitsprüfung insgesamt kommt ein **hoher Stellenwert** zu.[11] Daraus resultiert eine **Pflicht zu effektiven Wirtschaftlichkeitsprüfungen**. Diese sind unverzichtbar; vom Grundsatz her darf kein Arzt von ihnen ausgenommen bleiben.[12] Falls sich einmal keine der gesetzlich vorgesehenen oder in der Prüfvereinbarung vertraglich vereinbarten Prüfungsarten eignen sollte, so müssen die Prüfgremien nach einer anderen geeigneten Prüfmethode suchen und **nötigenfalls neue sachgerechte Prüfungsarten entwickeln**.[13]

20 **Allerdings** ist **im Honorarbereich** ein **Rückgang der Bedeutung** der Wirtschaftlichkeitsprüfung nach § 106 SGB V zu verzeichnen. Dies beruht darauf, dass es zahlreiche andere Regelungsmechanismen gibt, mit denen die KÄVen Leistungsmengenausweitungen entgegenwirken. So können in den Honorarverteilungsregelungen z.B. Punktwertbegrenzungen je Behandlungsfall, Punktzahlobergrenzen für Leistungskomplexe und fallzahlbezogene Honorarbegrenzungen sowie Individualbudgets normiert werden.[14] In den Bezirken der Kassenärztlichen Vereinigungen, die solche Honorarverteilungsregelungen getroffen haben, „lohnen" sich Mengenausweitungen für die Vertragsärzte u.U. von vornherein nicht. Verzichten diese dementsprechend auf Mengenausweitungen, so gibt es keinen Ansatzpunkt für Wirtschaftlichkeitsprüfungen.[15]

21 Einen **Bedeutungszuwachs** gibt es dagegen im **Verordnungsbereich**. In diesem Bereich sind die Möglichkeiten der Kassenärztlichen Vereinigung, Mengenausweitungen entgegenzuwirken, begrenzt. Honorarverteilungsregelungen greifen nicht, weil hier kein Honorar zu verteilen ist. Die Verordnungen machen einen erheblichen Anteil der Gesamtkosten im Gesundheitsbereich aus (z.B. 2006 ca. 26 Mrd. € und damit mehr als die Ausgaben für vertragsärztliche Behandlungen mit ca. 22 Mrd. €). Aus dieser sich bereits seit Jahren abzeichnenden Entwicklung hatte der Gesetzgeber bereits früher Konsequenzen gezogen und die arztbezogene **Prüfung verordneter Leistungen nach Richtgrößen** vorgesehen.[16] Dieses Instrument stellt eine **spezielle Form der Wirtschaftlichkeitsprüfung** dar. Es wird zunehmend praktiziert, sodass derzeit die sonstigen Methoden der Wirtschaftlichkeitsprüfung in ihrer Bedeutung in den Hintergrund getreten sind.

2. Zum Begriff der Wirtschaftlichkeit in § 106 SGB V

22 Der „Wirtschaftlichkeits"begriff im Sinne des § 106 SGB V hat **nichts** mit „wirtschaftlich" **im Sinne von ökonomisch** zu tun. Eine ökonomische Wirtschaftlichkeit bedeutet oft, viele Leistungen zu erbringen, z.B. mit medizinisch-technischen Geräten, weil sich dadurch deren Anschaffungskosten schneller amortisieren. Die Wirtschaftlichkeitsprüfung im Sinne des § 106 SGB V zielt ihrer Tendenz nach indessen nicht auf die Überprüfung, ob ein Behandlungsverhalten im Sinne der Einkommensvermehrung des Arztes ökonomisch sachgerecht ist, sondern ist im Gegenteil allein **darauf gerichtet, einer unwirtschaftlichen Steigerung von Leistungsmengen entgegenzuwirken**.

3. Wirtschaftlichkeit(sprüfung) und Mehraufwand (nicht Minderaufwand)

23 Die Wirtschaftlichkeitsprüfung ist nur gegen einen unwirtschaftlichen **Mehr**aufwand gerichtet. Entsprechend der gesetzlichen Konzeption des § 106 SGB V wird ein unwirtschaftlicher **Minderaufwand nicht in die Betrachtung einbezogen**[17], obgleich dieser zu erheblichen Folgekosten führen kann. Wurde z.B. infolge unzureichender Diagnostik oder Therapie durch einen Arzt eine Krankheit nicht oder nicht vollständig geheilt und sind dadurch Verschlimmerungen eingetreten, die umso kostspieli-

---

[11] BSG v. 02.11.2005 - B 6 KA 63/04 R - BSGE 95, 199 = SozR 4-2500 § 106 Nr. 11 Rn. 61 m.w.N.

[12] BSG v. 02.11.2005 - B 6 KA 63/04 R - BSGE 95, 199 = SozR 4-2500 § 106 Nr. 11 Rn. 61.

[13] BSG v. 09.06.1999 - B 6 KA 21/98 R - BSGE 84, 85, 87 = SozR 3-2500 § 106 Nr. 47 S. 250 f. m.w.N.

[14] Zu diesen Instrumentarien vgl. z.B. BSG v. 03.03.1999 - B 6 KA 15/98 R - SozR 3-2500 § 85 Nr. 31 S. 237 f.; BSG v. 11.09.2002 - B 6 KA 30/01 R - SozR 3-2500 § 85 Nr. 48 S. 410 f.; BSG v. 10.12.2003 - B 6 KA 54/02 R - BSGE 92, 10 = SozR 4-2500 § 85 Nr. 5 Rn. 8 ff.; BSG v. 10.03.2004 - B 6 KA 3/03 R - BSGE 92, 233 = SozR 4-2500 § 85 Nr. 9 Rn. 9 ff.; dazu zusammenfassend auch BSG v. 09.12.2004 - B 6 KA 44/03 R - BSGE 94, 50 = SozR 3-2500 § 72 Nr. 2 Rn. 33 ff. und ferner BSG v. 22.06.2005 - B 6 KA 5/04 R - SozR 4-2500 § 85 Nr. 17 Rn. 22.

[15] Weiterhin zulässig sind Wirtschaftlichkeitsprüfungen aber durchaus: vgl. Rn. 22, Rn. 33, Rn. 34.

[16] Vgl. Einfügung in § 106 Abs. 2 Nr. 1 SGB V mit Wirkung zum 01.01.1993, sowie dessen zahlreiche spätere Änderungen.

[17] Vgl. dazu z.B. BSG v. 30.11.1994 - 6 RKa 16/93 - SozR 3-2500 § 106 Nr. 25 S. 142.

ger durch andere Ärzte, möglicherweise gar stationär, behandelt werden müssen, so liegt begrifflich an sich ein unwirtschaftlicher Minderaufwand vor. Ein solcher wird von der Wirtschaftlichkeitsprüfung nicht erfasst; insofern ist die **Wirtschaftlichkeitsprüfung „einäugig"**.

4. Zur Frage des Wandels des Begriffs der Wirtschaftlichkeit

Gelegentlich wird geltend gemacht, der Begriff der Wirtschaftlichkeit habe durch die Reformen im Gesundheitssystem einen Wandel erfahren, was zu einer Neubestimmung der Wirtschaftlichkeitsprüfungen führen müsse. 24

So wird geltend gemacht, dass infolge der Budgetierung der Gesamtvergütungen seit dem 01.01.2008 nicht mehr vorrangig das ökonomische Prinzip „Nutzen vor Kosten" (vgl. hierzu die Kommentierung zu § 12 SGB V Rn. 104 ff.) gelte (sog. Minimalprinzip), sondern durch die Gesamtdeckelung nunmehr dem Prinzip „Kosten vor Nutzen" (sog. Maximalprinzip) der Vorrang zukomme[18] und daraus Folgerungen für die Heranziehung des Durchschnittsaufwands der Fachgruppe als Bewertungsmaßstab für die Wirtschaftlichkeit sowie für die Darlegungs- und Beweislast etwa bei der Frage des Vorliegens von Praxisbesonderheiten zu ziehen seien.[19] 25

Dies trifft indessen so nicht zu. Der Gesetzgeber hat zwar zum 01.01.1993 eine umfassende Budgetierung im Bereich der ambulanten Versorgung eingeführt, indem er die Honorierung der Ärzte an die Entwicklung des gesamten Beitragsaufkommens gekoppelt hat (§ 85 Abs. 3 i.V.m. § 71 SGB V). Deshalb haben in der Tat manche Ärzte ihren Leistungseinsatz reduziert, sodass der Einkommensdurchschnitt gesunken ist und der einzelne geprüfte Arzt mit seiner Aufwandsüberschreitung eher in den Bereich des offensichtlichen Missverhältnisses hineingelangt. 26

Indessen vermögen weder die Änderungen noch diese Folgen die These zu stützen, das Gesamtsystem der Wirtschaftlichkeitsprüfung müsse neu bestimmt werden. Dies könnte nur dann in Betracht zu ziehen sein, wenn sich eine solche Neubewertung aus den gesetzlichen Regelungen entnehmen ließe, die zum 01.01.1993 in Kraft getreten sind. Dafür gibt es jedoch keinerlei Anhaltspunkte. Insbesondere lässt sich das nicht der Regelung des § 106 SGB V entnehmen. Diese hat zwar auch zum 01.01.1993 Änderungen erfahren, aber keine davon liefert irgendeinen Ansatzpunkt, dass angenommen werden könnte, die Wirtschaftlichkeitsprüfung müsse in der geforderten grundlegenden Weise neu bestimmt werden.[20] 27

5. Vereinbarkeit mit dem zivil- und strafrechtlichen Sorgfaltsmaßstab

Gelegentlich wird geltend gemacht, aus Wirtschaftlichkeitsprüfungen nach § 106 SGB V ergäben sich teilweise so große Regresse und/oder Honorarkürzungen, dass nur noch ein zu geringer Leistungsumfang toleriert werde, der dem zivil- und strafrechtlichen Sorgfaltsmaßstab nicht mehr genüge. Die Annahme, es könne zu einer solchen **Diskrepanz**[21] **zwischen dem sozialrechtlich zugestandenen Leistungsumfang und dem zivil- und strafrechtlichen Sorgfaltsmaßstab** kommen, erscheint indessen mehr eine theoretische These als praktische Wirklichkeit. 28

Dies ist für **Einzelfallprüfungen** ohne weiteres ersichtlich. Hier wird geprüft, ob der Aufwand des Arztes sich auf das im konkreten Einzelfall medizinisch Erforderliche beschränkt hat oder darüber hinaus gegangen ist (vgl. dazu Rn. 81 f. und Rn. 104), sodass eine Diskrepanz zu den zivil- und strafrechtlichen Sorgfaltsanforderungen nicht auftreten kann. Dies ist eher bei der sog. **statistischen Prüfung anhand von Durchschnittswerten** (vgl. hierzu Rn. 97 ff.) denkbar. Zwar gibt es auch hier Korrektive, nämlich insbesondere die Kategorie der **Praxisbesonderheiten** (vgl. Rn. 117 ff.). Eine Praxisbesonderheit wird aber nicht schon bei einem im Einzelfall erforderlichen höheren Leistungsumfang anerkannt, sondern nur im Falle einer Patientenschaft, deren **Struktur** vom Regelfall abweicht (vgl. dazu Rn. 117 ff., Rn. 120, Rn. 126). Ein einzelner besonders gelagerter Behandlungsfall kann keine Praxisbesonderheit begründen. Deshalb ist in der Tat denkbar, dass ein Regress oder eine Honorarkürzung wegen Durchschnittsüberschreitung den tolerierten Leistungsumfang so schmälert, dass dem zivil- und strafrechtlichen Sorgfaltsmaßstab nicht mehr genügt ist. Diese Folge ist aber eher eine theoretische Konstruktion als praktische Wirklichkeit. Denn es ist davon auszugehen, dass **jeder Arzt einzelne schwere Fälle** zu betreuen hat, die als solche keine strukturelle Prägung der Patientenschaft er- 29

---

[18] Vgl. dazu z.B. *Ruebsam-Simon* in: BNP-Mitteilungen 2003, Juni-Heft 2.

[19] So insbesondere *Schnetzer* in: BNP-Mitteilungen 1999, Dezember-Heft 2.

[20] Womit den Thesen von *Schnetzer* in: BNP-Mitteilungen 1999, Dezember-Heft 2, der Boden entzogen sein dürfte. Vgl. dazu auch Rn. 99 mit näheren Angaben.

[21] Ausführlich zu diesem Thema bereits in den 90er Jahren *Clemens* in: Schulin, Handbuch des Sozialversicherungsrechts, Bd. 1: Krankenversicherungsrecht, 1994, § 35 Rn. 15 ff. Vgl. z.B. auch *Kern*, MedR 2004, 300.

geben und deshalb nicht zur Anerkennung einer Praxisbesonderheit führen (vgl. hierzu Rn. 125), sodass der aus der Gesamtheit der Arztgruppe errechnete Durchschnittsaufwand genug finanziellen Spielraum lässt, um einzelne besonders aufwändige Behandlungsfälle behandeln zu können.

30 Im Übrigen ist es ohnehin nicht grundsätzlich bedenklich, wenn das Zivil- und/oder Strafrecht dem Arzt in einzelnen Fällen vertragsärztliche Leistungen abverlangt, die er nicht voll bzw. überhaupt nicht honoriert erhält (oder dazu führt, dass er für überdurchschnittlichen Arzneiaufwand Regress leisten muss). Eine solche Rechtsfolge ist so lange **hinzunehmen, als** die **Honorierung** des Arztes **nicht insgesamt unverhältnismäßig gering** wird.[22] Aufgrund dieser Toleranzmarge liegt auch kein Fall vor, in dem die Abweichungen des kassenarztrechtlichen Honorierungsumfangs vom zivil- und strafrechtlichen Handlungsmaßstab des Zivil- und Strafrechts als un**vereinbar mit der „Einheit der Rechtsordnung“**[23] anzusehen sein könnten.

6. Zur sog. Durchschnittsprüfung – Stärken und Schwächen

a. Regelprüfmethode?

31 Den Schwerpunkt der Wirtschaftlichkeitsprüfungen bildeten seit jeher die **am Durchschnitt der Fachgruppe orientierten sog. statistischen Vergleichsprüfungen**. Das BSG hatte sie als die **Regelprüfmethode** bezeichnet.[24] Die Bestimmung des § 106 Abs. 2 Nr. 1 SGB V, die früher die „arztbezogene Prüfung ärztlicher und ärztlich verordneter Leistungen nach Durchschnittswerten oder bei Überschreitung der Richtgrößenvolumen nach § 84 (Auffälligkeitsprüfung)“ zum Gegenstand hatte, ist **indessen zum 01.01.2004** auf die „arztbezogene Prüfung ärztlich verordneter Leistungen bei Überschreitung von Richtgrößenvolumina nach § 84 (Auffälligkeitsprüfung)“ reduziert worden. Die sog. Durchschnittsprüfung ist **nur noch aufgrund entsprechender Regelungen in der Prüfvereinbarung** gemäß § 106 Abs. 2 Satz 4 SGB V **oder in den Richtlinien** gemäß § 106 Abs. 2b SGB V möglich; soweit solche Regelungen getroffen werden, wird die Durchschnittsprüfung aber weiterhin erhebliche Bedeutung haben (hierzu im Einzelnen vgl. Rn. 241 ff., Rn. 255 f.).

b. Kern der Wirtschaftlichkeitsprüfung – Verhältnis von Durchschnitt und Qualität

32 Die sog. Durchschnittsprüfung beruht auf der **Grundannahme**, dass der **Großteil der Ärzte** wirtschaftlich abrechnet[25] und deshalb signifikante Abweichungen vom **Durchschnitt der Fachgruppe** einen Beleg oder jedenfalls ein Indiz für eine unwirtschaftliche Behandlungs- oder Verordnungsweise ergeben.

33 Dabei muss man sich darüber klar sein, dass eine durchschnittsentsprechende Abrechnung nicht ohne weiteres den Schluss zulässt, auch den Qualitätsanforderungen werde Rechnung getragen. Während man vor 1993 mit einer gewissen Berechtigung davon ausgehen konnte, dass ein Arzt, dessen Abrechnung dem Durchschnitt der Fachgruppe entspricht, bei Diagnostik und Therapie die Qualitätsanforderungen erfüllte, ist das zunehmend nicht mehr der Fall. Zum 01.01.1993 wurden Budgetierungen eingeführt, infolge derer nicht (mehr) davon ausgegangen werden kann, der Durchschnitt behandele qualitätsgerecht. Diese Budgetierungen wurden in der Folgezeit durch weitere Regelungen im EBM und in den Honorarverteilungsregelungen ergänzt.[26] Dadurch bringt nicht mehr jeder zusätzliche Patient und nicht mehr jede weitere Diagnostik bzw. Therapie zusätzliches Honorar. Dies führt dazu, dass sich das Behandlungsverhalten ändert.

---

[22] Zur Grenze, ab der eine Honorierung als nicht mehr hinnehmbar unangemessen gering anzusehen ist, vgl. z.B. BSG v. 09.12.2004 - B 6 KA 44/03 R - BSGE 94, 50 = SozR 4-2500 § 72 Nr. 2 Rn. 140. Verfassungsbeschwerde nicht zur Entscheidung angenommen: BVerfG v. 14.02.2006 - 1 BvR 1917/05.

[23] Zur Missbilligung von Widersprüchlichkeiten der Rechtsordnung vgl. z.B. BVerfG v. 07.05.1998 - 2 BvR 1876/91, 2 BvR 1083/92, 2 BvR 2188/92, 2 BvR 2200/92, 2 BvR 2624/94 - BVerfGE 98, 83, 97, und BVerfGE 98, 106, 118 f.; BVerfG v. 27.10.1998 - 1 BvR 2306/96, 1 BvR 2314/96, 1 BvR 1108/97, 1 BvR 1109/97, 1 BvR 1110/97 - BVerfGE 98, 265, 301. Vgl. ferner zum nur begrenzten Leistungsumfang nach dem SGB V z.B. BVerfG v. 06.12.2005 - 1 BvR 347/98 - BVerfGE 115, 25, 44, 45 f. unter 1.c sowie 2.a und b = SozR 4-2500 § 27 Nr. 5 Rn. 24, 26, 27; BSG v. 10.05.2005 - B 1 KR 25/03 R - BSGE 94, 302 = SozR 4-2500 § 34 Nr. 2 Rn. 21; BSG v. 06.02.2008 - B 6 KA 40/06 R.

[24] Ständige Rechtsprechung, vgl. z.B. BSG v. 27.04.2005 - B 6 KA 39/04 R - SozR 4-2500 § 106 Nr. 10 Rn. 5. Vgl. Rn. 98 m.w.N.

[25] Ständige Rechtsprechung, vgl. z.B. BSG v. 16.07.2003 - B 6 KA 14/02 R - SozR 4-2500 § 106 Nr. 2 Rn. 15.

[26] Besonders deutlich bei sog. Individualbudgets, vgl. dazu zuletzt ausführlich BSG v. 07.12.2004 - B 2 U 43/03 R - BSGE 94, 40 = SozR 4-2500 § 72 Nr. 2 Rn. 51, zu weiteren Instrumentarien vgl. BSG v. 22.06.2005 - B 6 KA 5/04 R - SozR 4-2500 § 85 Nr. 17 S. 22.

- Ärzte verzichten gelegentlich mangels Honoraranreizes auf an sich medizinisch indizierte weitere diagnostische bzw. therapeutische Maßnahmen, oder sie erbringen zwar diese Leistungen, aber bringen sie nicht in ihrer Quartalsabrechnung in Ansatz (was an sich pflichtwidrig ist).
- Außerdem haben viele Ärzte EDV-Programme, die ihnen unter Berücksichtigung der Budgets usw. und der von ihnen in dem Quartal bereits erbrachten Leistungen Empfehlungen geben, welche Leistungen noch finanziell lohnend erbracht werden können. Dies führt zusätzlich dazu, dass bei manchen Ärzten das Leistungsspektrum nicht primär an medizinischen Erfordernissen, sondern am Ziel der Honorarvermehrung ausgerichtet wird.

Mithin kann der aus den Honorarabrechnungen gebildete Fachgruppendurchschnitt gelegentlich niedriger liegen, als er im Falle einer durchgehend medizinisch-indiziert handelnden und vollständig abrechnenden Fachgruppe läge. Daraus folgt: 34

- Das Leistungsspektrum und der Fachgruppendurchschnitt sind nicht mehr das Ergebnis allein medizinischer Behandlungserfordernisse. Kurzgefasst ausgedrückt: Der Fachgruppendurchschnitt ist **nicht** mehr immer ein **„qualitativer Durchschnitt“**, sondern lediglich ein sog. **einfacher Häufigkeitsdurchschnitt**.
- Aus einer Abweichung vom Fachgruppendurchschnitt kann nicht immer geschlossen werden, der Arzt halte den medizinischen Standard für qualitätsgerechte Behandlungs- und Verordnungstätigkeit nicht ein und verhalte sich arztwidrig.

II. Verhältnis der Wirtschaftlichkeitsprüfung zu anderen Rechtsinstituten

1. Verhältnis der Wirtschaftlichkeitsprüfungs-Honorarkürzung zu Budgetbegrenzungen

Budgetbegrenzungen und Wirtschaftlichkeitsprüfungen schließen sich nicht grundsätzlich aus. Zwar wird auch mit Budgetregelungen (gleichgültig, wo diese verankert sind – sei es im EBM oder in den Honorarverteilungsregelungen) regelmäßig das Ziel der Eingrenzung des Leistungsumfangs auf das wirtschaftliche Maß verfolgt. Budgets sind aber nur schematische Grenzen, die nichts über die Wirtschaftlichkeit der innerhalb des Budgets erbrachten einzelnen Leistungen aussagen. Um diese unter dem Aspekt der Wirtschaftlichkeit zu überprüfen, ist **auch in budgetierten Bereichen Raum für Wirtschaftlichkeitsprüfungen**. 35

In budgetierten Bereichen erfolgt die Wirtschaftlichkeitsprüfung nach den für diese bestehenden Maßstäben. Eine Modifizierung ergibt sich erst bei der Berechnung einer Honorarkürzung. Hier muss vermieden werden, dass es zu einer „doppelten Kürzung“ kommt, indem für dieselbe Leistung eine Honorarkürzung zum einen aufgrund der Budgetierung und zum anderen aufgrund der Wirtschaftlichkeitsprüfung erfolgt. Dazu hat das BSG mehrere Entscheidungen getroffen. 36

a. Grundsatz: „Verrechnung“ mit Praxisbudgets

Am Beispiel der vom 01.07.1997 bis zum 30.06.2003 bestehenden sog. Praxisbudgets hat das BSG entschieden, dass Honorarkürzungen aufgrund einer Wirtschaftlichkeitsprüfung, die budgetierte und dadurch geringer honorierte Leistungen betreffen, entsprechend der budgetbedingten Honorarkürzung zu reduzieren sind:[27] Wird bei einer Wirtschaftlichkeitsprüfung das Honorar für solche Leistungen gekürzt, die in das Praxisbudget fallen, ist der Kürzungsbetrag von dem Honorar abzuziehen, das dem Arzt nach Anwendung der Vorschriften über das Praxisbudget verblieben ist. Die Kürzungen sind mit dem reduzierten Wert vorzunehmen, den die gekürzten Leistungen unter dem Budget bekamen. 37

Sofern durch diese Berechnungsweise das Honorar unter die Budgetobergrenze sinkt, bleibt es dabei. An sich bestehende Möglichkeiten wechselseitiger Auffüllung bei Überschreitung der einen und Unterschreitung der anderen Budgets sind nicht zu berücksichtigen. So gehen dem Arzt Honorarteile verloren, die er bei nicht-unwirtschaftlichem Verhalten hätte erhalten können. Dies wird vom BSG als gerechtfertigt angesehen, weil sich ein Arzt, der „Auffüllungsreserven“ hat, sonst in gewissem Rahmen ohne Risiko unwirtschaftlich verhalten könnte.[28] 38

b. Ausnahme bei großer Unwirtschaftlichkeit

Das BSG hat in einem zweiten Urteil Modifizierungen des Grundsatzes akzeptiert, dass Honorarkürzungen aufgrund einer Wirtschaftlichkeitsprüfung, die budgetierte und dadurch geringer honorierte Leistungen betreffen, entsprechend der budgetbedingten Honorarkürzung zu reduzieren sind. **Auf eine** 39

---

[27] Vgl. im Einzelnen BSG v. 15.05.2002 - B 6 KA 30/00 R - SozR 3-2500 § 87 Nr. 32 S. 183 ff., insbesondere S. 185.

[28] Vgl. hierzu BSG v. 15.05.2002 - B 6 KA 30/00 R - SozR 3-2500 § 87 Nr. 32 S. 184.

solche Reduzierung kann in Fällen großer Unwirtschaftlichkeit verzichtet werden. Diese Voraussetzung hat das BSG im Falle einer sog. Restüberschreitung um **200%** als erfüllt angesehen.[29]

c. Grundsätzlich Kumulation der Wirkungen von Budgets und Wirtschaftlichkeitsprüfung

40 In einem weiteren Urteil hat das BSG ausdrücklich den – immer wieder vorgebrachten – Einwand zurückgewiesen, die Prüfgremien müssten im Falle einer übergroßen Abrechnungsmenge zuerst die Wirtschaftlichkeitsprüfungskürzung vornehmen und dürften nur die verbleibende (noch über der Budgetgrenze liegende) Abrechnungsmenge den Budgetbestimmungen unterwerfen. Das BSG hat ausgeführt, dass eine solche Vorgehensweise dazu führen könnte, dass Ärzte in gewissem Umfang unwirtschaftlich große Leistungsmengen erbringen könnten, ohne das Risiko einer Honorarkürzung zu haben. Dies widerspräche dem hohen Rang des Wirtschaftlichkeitsgebots und der Notwendigkeit, dieses effektiv umzusetzen.[30]

41 Im Übrigen ist auch die zum 01.01.2004 erfolgte Gesetzesänderung ein Argument dafür, Unwirtschaftlichkeiten auch im budgetüberschreitenden Abrechnungsbereich „zu bestrafen“: Die Wirtschaftlichkeitsprüfung bezieht sich gemäß **§ 106 Abs. 2 Nr. 2 Satz 3 SGB V** ausdrücklich auf das **„zur Abrechnung vorgelegte Leistungsvolumen**“ und nicht auf „das vergütete Leistungsvolumen“ o.Ä. Daraus folgt, dass es auf die Honorar**an**forderungen und nicht auf die Honorarforderungen ankommt.

d. Zuständigkeit zur Durchführung der Verrechnung

42 Sofern budgetbedingte Honorarkürzungen und Honorarkürzungen aufgrund einer Wirtschaftlichkeitsprüfung miteinander zu verrechnen sind (vgl. Rn. 37), stellt sich die Frage, ob die **Prüfgremien** diese Verrechnung in ihrem Bescheid durchführen **oder** ob sie nur die Honorarkürzung aufgrund Unwirtschaftlichkeit berechnen und der **Kassenärztlichen Vereinigung** die Festlegung der gegenzurechnenden budgetbedingten Honorarkürzungen überlassen. Das BSG hat beide Wege zugelassen und ein Wahlrecht eingeräumt.[31] Danach dürfen die Prüfgremien eine Kürzung ohne Berücksichtigung der budgetbedingten Honorarreduzierung bei den zu kürzenden Leistungen aussprechen, indem sie die Kürzung in Gestalt einer prozentualen Kürzung des Honorars im unwirtschaftlichen Leistungsbereich festlegen,[32] sodass der Kassenärztlichen Vereinigung die konkrete Berechnung und Festsetzung des Euro-Kürzungsbetrags überlassen bleibt.

43 Im Falle eines solchen „gespaltenen“ Berechnungs- und Festsetzungsverfahrens kann für den Arzt Anlass bestehen, die Festsetzung der Prüfgremien anzufechten und in dem Fall, dass die Kassenärztliche Vereinigung in ihrem abschließenden Bescheid zu einem moderaten und für ihn akzeptablen abschließenden Euro-Berechnungsergebnis kommt, die Angelegenheit für erledigt erklären.

2. Verhältnis der Wirtschaftlichkeitsprüfungs-Honorarkürzung zu anderen Honorarbegrenzungen

44 Auch in Bereichen anderer Honorarbegrenzungen sind Wirtschaftlichkeitsprüfungen und auf ihrer Grundlage erfolgende Honorarkürzungen nicht ausgeschlossen. So wird man z.B. auf Honorarkürzungen aufgrund von Wirtschaftlichkeitsprüfungen im **Verhältnis zur Honorarabstaffelung im Zahnbereich** (sog. **Degression**sregelungen, § 85 Abs. 4b ff. SGB V) die vorstehend dargestellten Grundsätze entsprechend anwenden können.

3. Verhältnis der Wirtschaftlichkeitsprüfung zur Richtgrößen-Prüfung

45 Für das Verhältnis zur Richtgrößen-Prüfung kann auf die Ausführungen zum Verhältnis von Durchschnittsprüfung zur Richtgrößen-Prüfung verwiesen werden. Nur in diesem Verhältnis gibt es – wegen der Verwandtschaft dieser beiden Prüfmethoden – einen Ausschluss. Anhaltspunkte dafür, dass die Richtgrößen-Prüfung auch andere Methoden der Wirtschaftlichkeitsprüfung – wie z.B. die Einzelfallprüfung o.Ä. – ausschließen könnte, bestehen nicht. Durch die Richtgrößen-Prüfung wird also in gewissem Umfang die Durchführung einer Durchschnittsprüfung gehindert (hierzu vgl. Rn. 159 f.). Andere Prüfmethoden werden durch sie nicht gehindert.

---

[29] Vgl. BSG v. 05.11.2003 - B 6 KA 55/02 R - SozR 4-2500 § 106 Nr. 4 Rn. 10 ff. (insbes. Rn. 13). Verfassungsbeschwerde wurde nicht angenommen BVerfG v. 19.05.2004 - 1 BvR 700/04.

[30] Vgl. hierzu BSG v. 23.02.2005 - B 6 KA 79/03 R - ArztR 05, 291.

[31] So ausdrücklich BSG v. 05.11.2003 - B 6 KA 55/02 R - SozR 4-2500 § 106 Nr. 4 Rn. 11 am Ende.

[32] Früher gab es Tendenzen, den Ausspruch einer bloß prozentualen Kürzung als unzureichend anzusehen (vgl. hierzu aus der „Vorbudget-Zeit“ BSG v. 08.05.1996 - 6 RKa 45/95 - SozR 3-2500 § 106 Nr. 36 S. 207).

III. Vorab: Die einzelnen Stufen der sog. Durchschnittsprüfung

Die Wirtschaftlichkeitsprüfung hat ihre Prägung zu einem großen Teil durch die Rechtsprechung des BSG zur statistischen Vergleichsprüfung nach Durchschnittswerten erfahren. Deren Handhabung ist dadurch gekennzeichnet, dass das BSG eine Stufenfolge verschiedener Prüfungsschritte herausgearbeitet hat. Wird 1. die Durchschnittsprüfung als **Prüfmethode ausgewählt**, so wird 2. zunächst der Arzt einer Arztgruppe zugeordnet, die als **Vergleichsgruppe** taugt. Sodann wird bestimmt, 3. in welchem **Bereich** sein Aufwand mit dem durchschnittlichen der Vergleichsgruppe verglichen werden soll, d.h. ob die Wirtschaftlichkeit seines Aufwandes bei Arzneiverordnungen, bei den kurativen Behandlungen im Allgemeinen oder in einer Leistungssparte o.Ä. überprüft werden soll. Bezogen auf den Aufwand in diesem Bereich wird untersucht, 4. ob der Arzt dort möglicherweise gerechtfertigtermaßen einen besonders hohen Aufwand hat, z.B. deshalb, weil sein Praxiszuschnitt sog. **Praxisbesonderheiten** mit einer in höherem Maß behandlungsbedürftigen Patientenschaft aufweist oder weil er sog. **kompensierende Einsparungen** belegen kann. Nach Abzug eines dadurch gerechtfertigten Mehraufwandes wird überprüft, 5. ob der verbliebene Mehraufwand immer noch die Grenze zum sog. **offensichtlichen Missverhältnis** überschreitet und 6. in welchem Ausmaß ihm ein **unwirtschaftlicher Mehraufwand** noch anzulasten ist sowie 7. in welchem Umfang dieser – in Form von Honorarkürzungen oder in Gestalt eines Regresses – festgesetzt werden soll. Daraus ergibt sich dann 8. eine Festsetzung, die auf einen konkreten Geldbetrag oder einen Prozentsatz seines Honorars lautet. 46

D. Auslegung der Norm am Beispiel des Arzneikostenregresses

Der Arzneikostenregress hat im Rahmen des § 106 SGB V dominante Bedeutung. Den Wirtschaftlichkeitsprüfungen gegenüber Ärzten liegt heutzutage zu ungefähr 80% der Vorhalt zugrunde, Arzneimittel unwirtschaftlich verordnet zu haben. Ungefähr 10% der Wirtschaftlichkeitsprüfungen betreffen Heilmittelverordnungen. Nur kleine Quoten betreffen Hilfsmittelverordnungen und kurative Leistungen. Damit haben sich die Gewichte im Vergleich zu den 90er Jahren verschoben. Damals dominierte die Wirtschaftlichkeitsprüfung wegen unwirtschaftlicher Behandlungsweise mit der Folge zahlreicher Prozesse wegen Honorarkürzungen. 47

Entsprechend dieser Gewichtsverschiebung wird das Gesamtbild des Vorgehens bei der Wirtschaftlichkeitsprüfung am Beispiel des Arzneikostenregresses dargestellt, ehe anschließend Hinweise zum Heilmittelregress (vgl. Rn. 207 ff.), zum Hilfsmittelregress (vgl. Rn. 214 ff.) und zur Honorarkürzung (vgl. Rn. 212 f.) erfolgen. 48

Wirtschaftlichkeitsprüfungen zielen zum einen darauf ab, dass nur taugliche und hinsichtlich ihrer Nebenwirkungen akzeptable Verordnungen erfolgen, und zum anderen soll der Jahr um Jahr festzustellenden Kostensteigerung entgegengewirkt werden. Dabei ist die Zielrichtung der Maßnahmen für Einsparungen in Deutschland traditionellerweise vor allem gegen die Ärzte gerichtet. Diese sollen dazu angehalten werden, wirtschaftlich (sprich: möglichst sparsam) zu verordnen. In den **übrigen europäischen Staaten** wird dafür gesorgt, dass die **Preise für die Arznei-, Heil- und Hilfsmittel im jeweiligen sozialen Gesundheitssystem** – ein solches haben alle diese Staaten, wenn auch in unterschiedlicher Ausformung – nicht übermäßig steigen. Dafür haben sie Preisregulierungssysteme mit Überwachungsbehörden und Preisgenehmigungspflichten. In Deutschland indessen hat es in dieser Richtung bisher nur spärliche Ansätze gegeben.[33] Eine gewisse Wirkung ging von der Einführung der Festbe- 49

---

[33] Aus den Bemühungen um gesetzliche Ausgabenbegrenzungen sei insbesondere auf die folgenden fünf Gesetze hingewiesen: Zum 01.01.2000 wurde eine gesetzlichen Grundlage zum Erlass einer sog. Positivliste geschaffen, diese kam aber nicht zustande (GKV-Gesundheitsreformgesetz 2000 vom 22.12.1999, BGBl I 1999, 2626, mit Einfügung des § 33a SGB V, der zum 01.01.2004 wieder aufgehoben worden ist). Im Februar 2002 trat die sog. aut-idem-Regelung in Kraft, die dem Apotheker aufgibt, unter bestimmten Voraussetzungen ein preisgünstig(er)es Arzneimittel abzugeben (Arzneimittelausgaben-Begrenzungsgesetz – ABAG vom 15.02.2002, BGBl I 2002, 684, mit Einfügung der Sätze 2 ff. in § 129 Abs. 1 SGB V). Zum 01.01.2004 wurden die Verordnung nicht verschreibungspflichtiger Arzneimittel grundsätzlich ausgeschlossen, die Festbetragsregelungen auf patentgeschützte Arzneimittel erweitert und der zusätzliche – den Krankenkassen zu gewährende und vom Pharmaunternehmen zu erstattende – Apothekenrabatt einmalig für das Jahr 2004 von 6% auf 16% erhöht (GKV-Modernisierungsgesetz – GMG vom 14.11.2003, BGBl I 2003, 2190, mit Änderungen der §§ 31, 34, 35, 35a SGB V und Einfügung des § 130a Abs. 1a SGB V). Zum 01.05.2006 wurde die sog. Bonus-Malus-Regelung mit Zu- und Abschlägen bei den Arzthonoraren je nach Verordnungsvolumen eingeführt (Gesetz zur Verbesserung der Wirtschaftlichkeit in der Arzneimittelversorgung – AVWG vom 26.04.2006, BGBl I 2006, 984, mit Änderung des § 35 SGB V). Im Jahr 2007 wurden weitere Regelungen zur besseren Wirksamkeit der Wirtschaftlichkeitsprüfung beschlossen: vgl. dazu Rn. 2 am Ende.

träge aus, und aktuell ist von Bedeutung, dass die Krankenkassen mit Pharmaunternehmen Arzneikostenrabatte aushandeln können;[34] und möglicherweise werden auch die im Jahr 2007 eingeführten Kosten-Nutzen-Prüfungen bei Arzneimitteln zu Einsparungen führen können.[35] Das Fehlen weiterer umfassender Maßnahmen beruht zum Teil auf Widerständen mancher Bundesländer, in denen einige Pharmaunternehmen dadurch eine starke Stellung haben, dass sie für die Wirtschaftskraft und die Beschäftigungsquote sehr bedeutsam sind.

50 Die hiesige **„Tradition" stetig verschärfter Maßnahmen gegen die Ärzte**[36] ist **problematisch**. Einerseits ist es durchaus erforderlich, Kontrollen über das Verordnungsverhalten der Ärzte auszuüben, die ihrerseits beträchtlichen – nicht immer umfassend objektiv ausgeübten – Einflussnahmen der Pharmaunternehmen und ihrer Vertreter ausgesetzt sind. Andererseits können Kontrollen gelegentlich zu einem so restriktiven Verordnungsverhalten führen, dass die Versicherten sich nicht mehr ausreichend versorgt fühlen. Verordnungsrestriktionen können vor allem in Bereichen problematisch sein, in denen der medizinische Fortschritt besonders ausgeprägt ist, wie dies z.B. für den Bereich der Arzneimittel in der Psychiatrie geltend gemacht wird.

51 Vor dem Hintergrund dieser Belastung und des großen Volumens der Arzneimittelausgaben – diese betrugen im Jahr 2006 ca. 26 Mrd. € und übertrafen damit die Ausgaben für ärztliche Behandlungen in Höhe von ca. 22 Mrd. € – kommt **Arzneikostenregressen gegen Ärzte besondere Bedeutung** zu. Wird von den Krankenkassen ein sog. Regressverfahren gegen einen Arzt eingeleitet und muss dieser der Krankenkasse aufgrund des Regresses die Kosten für von ihm verordnete Arzneimittel ersetzen, so muss er Geld zahlen für Vorgänge, die er zwar in Gang gesetzt hat, deren weitere Abwicklung ihn normalerweise aber finanziell nicht betrifft. Dies wird von den Ärzten als belastender empfunden, als wenn ihnen „nur" Honorar für erbrachte Leistungen versagt wird.

52 Die Darstellung des **Arzneikostenregresses** erstreckt sich hier auf alle **Varianten**, die ihm zugrunde liegen können. Der Regress kann sich darauf gründen, dass der Arzt ein Arzneimittel verordnet hat, das in Deutschland nicht zum Verkehr zugelassen ist (vgl. Rn. 53 ff.), oder darauf, dass es zwar zugelassen ist, er es aber außerhalb des zugelassenen Anwendungsgebiets eingesetzt hat (vgl. Rn. 56 ff.), oder darauf, dass es zwar sowohl zugelassen als auch innerhalb des Anwendungsgebiets eingesetzt worden ist, aber ein Verordnungsausschluss nach den Arzneimittel-Richtlinien (AMRL) besteht (vgl. Rn. 71 ff.). Oder der Regress kann sich „im klassischen Bereich" des § 106 SGB V bewegen, in dem Sinne, dass aufgrund einer Einzelfallprüfung oder einer statistischen Vergleichsprüfung (sog. Durchschnittsprüfung) oder aufgrund einer Richtgrößen-Prüfung eine unwirtschaftliche Verordnungsweise festgestellt worden ist (vgl. Rn. 81 ff.).

I. Regress wegen Fehlens der Arzneimittelzulassung

53 Ein Regress wegen Verordnung von Arzneimitteln, für die eine Zulassung nicht oder noch nicht vorliegt, betrifft das **„Grunderfordernis"**, das für jeglichen Vertrieb von Arzneien in Deutschland besteht: nämlich, dass das Arzneimittel nach dem Arzneimittelgesetz (AMG) entweder durch das Bundesinstitut für Arzneimittel und Medizinprodukte (BfArM) oder – auf Europäischer Ebene – durch die Europäische Arzneimittel-Agentur EMEA (The European Agency for the Evaluation of Medicinal Products) **zugelassen** sein muss.[37] Ein solches förmliches Zulassungsverfahren soll ein Mindestmaß an Sicherheit, Wirksamkeit und Qualität sicherstellen, so wie dies bei kurativen Behandlungen durch das Verfahren der Zulassung von Behandlungsmethoden durch den Gemeinsamen Bundesausschuss ge-

---

[34] Dazu vgl. die §§ 35, 35a und 130a (insbesondere Abs. 8) SGB V.

[35] Hierzu vgl. § 35b SGB V. Die vom Institut für Qualität und Wirtschaftlichkeit vorgenommenen Bewertungen können gemäß § 35b Abs. 2 i.V.m. § 92 Abs. 1 Satz 2 Nr. 6 SGB V in der Weise aufgegriffen werden, dass der Gemeinsame Bundesausschuss eine Regelung in den Arzneimittel-Richtlinien trifft. Die Bewertungen selbst sind gemäß § 35b Abs. 4 SGB V nicht anfechtbar.

[36] So insbesondere der Versuch einer Positivliste zum 01.01.2000 und die Verordnungsbeschränkungen zum 01.01.2004. Nähere Angaben vgl. Rn. 49.

[37] Vgl. dazu z.B. BSG v. 19.03.2002 - B 1 KR 37/00 R - BSGE 89, 184, 185 f. = SozR 3-2500 § 31 Nr. 8 S. 29 f. - Sandoglobulin; BSG v. 18.05.2004 - B 1 KR 21/02 R - BSGE 93, 1 = SozR 4-2500 § 31 Nr. 1 Rn. 7 und 10 - Immucothel; BSG v. 19.10.2004 - B 1 KR 27/02 R - BSGE 93, 236 = SozR 4-2500 § 27 Nr. 1 Rn. 13 - Visudyne; BSG v. 27.09.2005 - B 1 KR 6/04 R - BSGE 95, 132 = SozR 4-2500 § 31 Nr. 3 Rn. 14 und 22 - Wobe-Mugos E.

mäß § 135 Abs. 1 SGB V i.V.m. der von diesem geschaffenen Richtlinie zu Untersuchungs- und Behandlungsmethoden der vertragsärztlichen Versorgung (vorher – bis März 2006 – Richtlinie zur Bewertung medizinischer Untersuchungs- und Behandlungsmethoden: BUB-RL) gewährleistet wird.[38]

Nur ausnahmsweise wird die Verwendung von weder durch die deutsche noch durch die EU-Behörde zugelassenen Arzneimitteln als nicht rechtswidrig erachtet, nämlich nur dann, wenn dafür ein dringendes Bedürfnis besteht, etwa weil es sich um eine **1. sehr seltene Krankheit**[39] – **und/oder eine lebensbedrohliche Erkrankung**[40] – handelt, für deren Behandlung **2. keine vergleichbaren Arzneimittel**, die für dieses Anwendungsgebiet zugelassen[41] sind, **in Deutschland verfügbar** sind (§ 73 Abs. 3 Satz 2 Nr. 1 am Ende AMG[42]). Gewicht kann dabei u.U. auch der Gesichtspunkt haben, ob das Arzneimittel in einem anderen **3. Staat mit ähnlicher Qualitätsgewähr der Arzneimittelzulassung** wie in Deutschland zugelassen ist (z.B. Zulassung in der Schweiz, in Kanada oder in den USA[43]). In solchen Fällen darf für den Einzelfall ein sog. **4. Einzelimport**[44] erfolgen. 54

Ob alle verordneten Arzneimittel auch zugelassen waren, wird von den Krankenkassen anhand der ihnen von den Apotheken zugeleiteten Verordnungsblätter überprüft. Stellt eine Krankenkasse fest, dass ein Arzt ein Arzneimittel verordnet hat, das weder durch die deutsche noch durch die EU-Behörde zugelassen ist (und bei dem auch nichts für einen ausnahmsweise zulässigen Einzelimport ersichtlich ist), so beantragt sie bei der Kassenärztlichen Vereinigung bzw. bei dem von dieser gemeinsam mit den Krankenkassen gebildeten sog. Prüfungsausschuss, dass dieser einen Regress gegen den Arzt festsetze. 55

II. Regress wegen unzulässigen Off-Label-Use

Außer dem „Grunderfordernis" der Arzneimittelzulassung nach dem AMG durch die deutsche oder durch die EU-Behörde setzt eine rechtmäßige Arzneimittelverordnung zudem voraus, dass die Verordnung auch eine der im Zulassungsakt ausgewiesenen Indikationen bzw. Anwendungsgebiete betrifft. In der Arzneimittelzulassung wird ausgewiesen, auf Grund welcher Studien die Zulassung erfolgt, und damit zugleich, für welche Indikationen bzw. Anwendungsgebiete die Wirksamkeit und das Fehlen unzuträglicher Nebenwirkungen durch Studien belegt ist. Hierdurch kann es Eingrenzungen der zulässigen Verordnung auf **bestimmte Krankheiten** geben, gelegentlich auch auf die Anwendung **nur bei Männern oder nur bei Frauen**, gelegentlich auch auf die Anwendung nur bei **bestimmten Altersgruppen**. Solche Eingrenzungen sind gelegentlich nicht schon aus der sog. Roten Liste ersichtlich,[45] 56

---

[38] Aus dieser Sicht wird gelegentlich die Arzneimittelzulassung als das „Pendant" zum Verfahren nach § 135 Abs. 1 SGB V angesehen. Diese Bewertung ist allerdings fragwürdig, ebenso wie die daraus gezogene Folgerung, für dieses Verfahren sei bei Arzneimitteln kein Raum – auch nicht im Falle der Entwicklung einer neuartigen Arzneimitteltherapie (BSG v. 19.10.2004 - B 1 KR 27/02 R - BSGE 93, 236 = SozR 4-2500 § 27 Nr. 1 Rn. 13 und 14 m.w.N. - Visudyne). Zu Recht kritisch *Francke*, MedR 2006, 683, 685.

[39] BSG v. 19.10.2004 - B 1 KR 27/02 R - BSGE 93, 236 = SozR 4-2500 § 27 Nr. 1 Rn. 22-24 - Visudyne.

[40] So die Erweiterung durch BSG v. 04.04.2006 - B 1 KR 7/05 R - BSGE 96, 170 = SozR 4-2500 § 31 Nr. 4 - Tomudex, veranlasst durch BVerfG v. 06.12.2005 - 1 BvR 347/98 - BVerfGE 115, 25 = MedR 2006, 164 = NJW 2006, 891.

[41] Dabei zählen nur „echte" Zulassungen. Möglichkeiten mittels Off-Label-Use sind unter dem Gesichtspunkt anderer vergleichbarer Arzneimittel nicht in Betracht zu ziehen; insofern ist der Off-Label-Use nachrangig gegenüber dem Einzelimport.

[42] Vgl. die seit dem 06.09.2005 geltende Fassung.

[43] Zu solchen Fällen vgl. BSG v. 27.09.2005 - B 1 KR 6/04 R - BSGE 95, 132 = SozR 4-2500 § 31 Nr. 3 betr. Schweiz (einen dortigen Kanton) - Wobe-Mugos E; BSG v. 04.04.2006 - B 1 KR 7/05 R - BSGE 96, 170 = SozR 4-2500 § 31 Nr. 4 (Rn. 2, 37 betr. Kanada – im Übrigen auch Schweiz) - Tomudex.

[44] D.h., dass das Verbringen in den Geltungsbereich des AMG damit nur in dem konkreten Einzelfall rechtmäßig ist. Es ergibt sich keine zulassungsähnliche Wirkung etwa derart, dass damit der Import generell oder der Verkehr mit dieser Arznei innerhalb ganz Deutschlands gestattet wäre. Vgl. BSG v. 18.05.2004 - B 1 KR 21/02 R - BSGE 93, 1 = SozR 4-2500 § 31 Nr. 1 Rn. 10 - Immucothel, und BSG v. 17.03.2005 - B 3 KR 2/05 R - BSGE 94, 213 Rn. 21 = SozR 4-5570 § 30 Nr. 1 Rn. 18 - Tasmar.

[45] Diese enthält nur verkürzte, zum Teil auch nur summarische Angaben (BSG v. 31.05.2006 - B 6 KA 53/05 B - MedR 2007, 557, 558 - Immunglobuline).

sondern es wird vom Arzt gefordert, nähere Informationen über die Indikationen und Anwendungsgebiete[46] bei der Zulassungsbehörde einzuholen.

- Manche Eingrenzungen beruhen darauf, dass der Pharmaunternehmer die Zulassung seines Arzneimittels nicht für alle denkbaren Anwendungsbereiche beantragte, weil er dafür die Ergebnisse von Studien über dessen Wirksamkeit und das Fehlen unzuträglicher Nebenwirkungen hätte vorlegen müssen, aber hierauf wegen des unangemessenen Verhältnisses zwischen dem Aufwand hierfür und dem Ertrag aus dem prognostizierten zusätzlichen Verkauf verzichtet hatte.
- Gelegentlich auch stellt sich erst später – manchmal zufällig – die Eignung eines Arzneimittels auch für die Behandlung anderer Krankheiten heraus (so hat sich z.B. herausgestellt, dass Arzneimittel für Epilepsie auch bei manisch depressiven Erkrankungen und solche für HIV auch bei Hepatitis helfen).

57 Hält sich der Arzt an die bestehenden Eingrenzungen nicht, so liegt ein sog. Off-Label-Use vor. Dieser kann unter bestimmten Voraussetzungen, die das BSG herausgearbeitet hat, rechtmäßig sein. Damit wird dem gelegentlichen Bedürfnis nach einem Arzneimitteleinsatz über die mit der Zulassung ausgewiesenen Anwendungsgebiete hinaus Rechnung getragen. In der Vergangenheit ergab sich ein solches Bedürfnis häufig gerade im Falle von Kindern. Dies beruhte darauf, dass es für die Ausweisung der Anwendung an Kindern vielfach an aussagekräftigen Studienreihen fehlte. Dies hatte seinen Grund zum einen darin, dass bei Kindern, da sie nicht selbst wirksam in Eingriffe in ihre Gesundheit einwilligen können, Vergleichsstudien mit Arzneimittel einerseits und Placebo andererseits ethisch höchst problematisch sind. Zum anderen „lohnt" es sich für Pharmaunternehmen angesichts des relativ kleinen „Marktes" für Kinderkrankheiten auch oft nicht, solche zusätzlichen Studienreihen durchzuführen. Um diesen Defiziten abzuhelfen, hat die Europäische Union eine Verordnung[47] über Kinderarzneimittel erlassen, wonach jeweils auch Studien zur Anwendung an Kindern[48] durchgeführt werden müssen.[49]

58 Unter welchen Voraussetzungen ein Off-Label-Use zulässig ist, hat die Rechtsprechung herausgearbeitet. Das BSG hat dafür **drei Voraussetzungen** benannt,[50] zum einen das **Vorliegen einer schwerwiegenden Erkrankung**, zum anderen das **Fehlen anderer Therapiemöglichkeiten** und schließlich die **begründete Aussicht auf einen Behandlungserfolg** mit diesem Arzneimittel.

59 Diese drei Voraussetzungen müssen **kumulativ**, d.h. alle drei zusammen, vorliegen.

60 **Praktische Bedeutung** haben diese Voraussetzungen nur im **ambulanten** Bereich. Verordnungen, die einen Off-Label-Use darstellen, bedeuten im Krankenhaus kein finanzielles Risiko, weil die pauschalen DRGs auch die Medikation umfassen, also die Krankenkassen durch zusätzliche Arzneiverordnungen nicht finanziell belastet werden und daher bei ihnen kein Regress-Interesse besteht.

61 Alle drei genannten Voraussetzungen bergen ungeklärte Fragen:

(1) Die Interpretation, was eine **schwerwiegende Erkrankung** ist, ist noch nicht abschließend geklärt. Das BSG interpretiert diesen Begriff dahin, dass darunter eine „lebensbedrohliche oder die Lebensqualität auf Dauer nachhaltig beeinträchtigende Erkrankung" zu verstehen ist.[51] Was hierunter im

---

[46] Deren Inhalt kann nur in Kurzform der sog. Roten Liste entnommen werden. Kommt es auf Details an, so muss eine Rückfrage bei dem Bundesinstitut für Arzneimittel und Medizinprodukte (BfArM – Kurt-Georg-Kiesinger-Allee 3, 53175 Bonn) oder beim Paul-Ehrlich-Institut (Paul-Ehrlich Str. 51-59, 63225 Langen) erfolgen (Homepage unter www.bfarm.de und www.pei.de). Vgl. dazu, dass der Kurzinhalt der Roten Liste nicht ausreicht, BSG v. 31.05.2006 - B 6 KA 53/05 B - MedR 2007, 557, 558 - Immunglobuline.

[47] Vgl. dazu Verordnung (EG) Nr. 1901/2006 vom 12.12.2006, Amtsblatt der Europäischen Union vom 27.12.2006, 1. Näheres in Rn. 64 f.

[48] Es kann auch den (umgekehrten) Fall geben, dass ein Bedürfnis besteht, bei einer häufiger bei Kindern vorkommenden Krankheit das dafür geeignete Arzneimittel auch in den selteneren Fällen daran leidender Erwachsener anzuwenden: So z.B. beim Aufmerksamkeitsdefizit-Hyperaktivitätssyndrom (ADHS). Es kann aber auch durchaus problematisch sein, Arzneimittel, die sich bei Kindern bewährt haben, nunmehr bei Erwachsenen anzuwenden. So hatte sich z.B. bewährt, bei AIDS-kranken Kindern, deren Immunsystem noch nicht voll ausgereift war, Infekte mit Immunglobulinen zu bekämpfen, während die gleiche Behandlung bei Erwachsenen die verbliebenen Funktionen von deren Immunsystem zerstören kann (vgl. dazu BSG v. 31.05.2006 - B 6 KA 53/05 B - MedR 2007, 557 - Immunglobuline).

[49] Grundsätzlich gibt es gelegentlich auch das Bedürfnis, Arzneimittel, deren Zulassung nur die Anwendbarkeit bei Frauen ausweist, auch bei Männern anzuwenden: So sind Osteoporose-Medikamente häufig nur zur Anwendung an Frauen zugelassen, weil oft nur solche Studien vorgelegt werden, da diese Krankheit bei ihnen häufiger vorkommt als bei Männern.

[50] BSG v. 19.03.2002 - B 1 KR 37/00 R - BSGE 89, 184, 191 f. = SozR 3-2500 § 31 Nr. 8 S. 36 - Sandoglobulin.

[51] BSG v. 19.03.2002 - B 1 KR 37/00 R - BSGE 89, 184, 191 f. = SozR 3-2500 § 31 Nr. 8 S. 191 f. bzw. S. 36 - Sandoglobulin.

Einzelnen zu verstehen ist, bedarf noch der Konkretisierung durch weitere Urteile des BSG. Noch sind viele Fragen offen wie z.B.: Ist darunter auch eine Krankheit wie Osteoporose zu verstehen, die als solche nicht unmittelbar lebensbedrohlich oder nachhaltig beeinträchtigend ist, in deren Folge aber Stürze – vielfach Oberschenkelhalsbrüche – deutlich begünstigt werden, durch die in einem hohen Prozentsatz der Fälle innerhalb eines Jahres der Tod oder zumindest Pflegebedürftigkeit eintritt? Ist darunter jede Krankheit zu verstehen, bei der die Gefahr irreversibler Schäden droht? Es spricht einiges dafür, darauf abzustellen, ob die Krankheit schon so weit fortgeschritten ist, dass die genannten Gefahren bereits konkret nah bevorstehen. Das Vorliegen einer schwerwiegenden Erkrankung ist bisher vom BSG mehrfach bejaht worden, und zwar für Multiple Sklerose,[52] für pulmonale Hypertonie bei CREST-Syndrom im Stadium IV,[53] für das Restless-legs-Syndrom mit gelegentlicher Suizidneigung,[54] für die Friedreich'sche Ataxie mit Kardiomyopathie[55] und für ein chronisches Schmerzsyndrom.[56]

(2) Noch nicht abschließend geklärt ist auch die zweite Voraussetzung, nämlich das Erfordernis, dass **keine andere (zugelassene) Therapiemöglichkeit** bestehen darf. Bedeutet dies, dass nur auf in jeder Hinsicht gleichwertige Therapien verwiesen werden darf, d.h. auf solche Therapien, die sowohl hinsichtlich ihrer Wirksamkeit als auch hinsichtlich des Risikos schädlicher Nebenwirkungen nicht schlechter sind? Oder kommt es nur auf das Vorliegen anderweitiger Therapiemöglichkeiten überhaupt an, auch wenn diese keinen so hohen Grad an Wirksamkeit und/oder mehr Risiken schädlicher Nebenwirkungen aufweisen? Zu diesem Kriterium gibt es Stellungnahmen bisher nur in wenigen Urteilen, weil dieser Punkt in den meisten Urteilen offen gelassen worden ist. Das BSG hat das Erfordernis, dass es keine andere (zugelassene) Therapie geben darf, als erfüllt angesehen für Multiple Sklerose,[57] als nicht erfüllt angesehen dagegen für pulmonale Hypertonie bei CREST-Syndrom im Stadium IV.[58]

(3) Erläuterungsbedürftig ist auch die dritte Voraussetzung, nämlich das Erfordernis, dass eine **begründete Aussicht auf einen Behandlungserfolg** durch das Arzneimittel bestehen muss. Dabei reicht es nicht aus, nur für den konkreten Einzelfall eine Erfolgsaussicht glaubhaft zu machen. Erforderlich ist vielmehr eine generell belegte Erfolgsaussicht ähnlich den Voraussetzungen, die die Rechtsprechung für die Zulassung von Untersuchungs- oder Behandlungsmethoden nach § 135 Abs. 1 SGB V herausgestellt hat. Die Aussagekraft der Studien muss dem entsprechen, was im Falle des § 135 Abs. 1 SGB V gefordert wird.[59]

Das BSG hat diese Voraussetzungen noch in keinem seiner Urteile als erfüllt angesehen, vielmehr gerade an diesem Erfordernis im Regelfall den Off-Label-Use scheitern lassen. Dies betraf die Behand- 62

[52] BSG v. 19.03.2002 - B 1 KR 37/00 R - BSGE 89, 184, 191 f. = SozR 3-2500 § 31 Nr. 8 S. 192 bzw. S. 36 – Sandoglobulin, und BSG v. 27.03.2007 - B 1 KR 17/06 R - USK 2007-25 Rn. 15 - Polyglobin.

[53] BSG v. 26.09.2006 - B 1 KR 1/06 R - BSGE 97, 112 = SozR 4-2500 § 31 Nr. 5 Rn. 18 - Ilomedin.

[54] BSG v. 26.09.2006 - B 1 KR 14/06 R - SozR 4-2500 § 31 Nr. 6 Rn. 11 und 18 f. - Cabaseril, mit Abgrenzung von lebensbedrohlich i.S.v. BVerfG v. 06.12.2005 - 1 BvR 347/98 - BVerfGE 115, 25 = SozR 4-2500 § 27 Nr. 5.

[55] BSG v. 14.12.2006 - B 1 KR 12/06 R - SozR 4-2500 § 31 Nr. 8 Rn. 17-21 - Idebenone, mit Abgrenzung von lebensbedrohlich i.S.v. BVerfG v. 06.12.2005 - 1 BvR 347/98 - BVerfGE 115, 25 = SozR 4-2500 § 27 Nr. 5.

[56] BSG v. 27.03.2006 - B 1 KR 30/06 R - USK 2007-36 Rn. 15-18 - Cannabinoid, mit Abgrenzung von lebensbedrohlich i.S.v. BVerfG v. 06.12.2005 - 1 BvR 347/98 - BVerfGE 115, 25 = SozR 4-2500 § 27 Nr. 5.

[57] BSG v. 19.03.2002 - B 1 KR 37/00 R - BSGE 89, 184, 191 f. = SozR 3-2500 § 31 Nr. 8 S. 192 bzw. S. 36 – Sandoglobulin, und BSG v. 27.03.2007 - B 1 KR 17/06 R - USK 2007-25 Rn. 15 - Polyglobin.

[58] BSG v. 26.09.2006 - B 1 KR 1/06 R - BSGE 97, 112 = SozR 4-2500 § 31 Nr. 5 Rn. 26-30 - Ilomedin, mit Hinweis auf die von der Vorinstanz festgestellte Standard-Behandlungsmöglichkeit durch sog. Einzelimport eines anderen Arzneimittels Prostaglandine.

[59] BSG v. 26.09.2006 - B 1 KR 14/06 R - SozR 4-2500 § 31 Nr. 6 Rn. 12-16 - Cabaseril, mit Konkretisierung des grundlegenden Urteils zum Off-Label-Use BSG v. 19.03.2002 - B 1 KR 37/00 R - BSGE 89, 184 = SozR 3-2500 § 31 Nr. 8. Nach diesem älteren Urteil konnten – mussten aber nicht – bereits vorliegende klinische Prüfungen über einen entsprechenden Nutzen bei vertretbaren Risiken ausreichen, ebenso auch, dass die Arznei, für die bisher eine Indikation nur für Krankheit A ausgewiesen ist, im wissenschaftlichen Schrifttum auch als wirksam bei Krankheit B galt und darüber ein Konsens bestand (BSG v. 19.03.2002 - B 1 KR 37/00 R - BSGE 89, 184, 192 = SozR 3-2500 § 31 Nr. 8 S. 36). Ein Indiz für einen solchen Konsens konnte sein, dass die Arznei bei der zusätzlichen Indikation bereits verbreitet eingesetzt wurde – z.B. im stationären Bereich (BSG v. 19.03.2002 - B 1 KR 37/00 R - BSGE 89, 184, 189 = SozR 3-2500 § 31 Nr. 8 S. 33). Das neuere Urteil hat verdeutlicht, dass die Forschungsergebnisse so beschaffen sein müssen, dass sie auf eine Arzneimittelzulassung hinauslaufen bzw. diese zu erwarten oder jedenfalls möglich ist (vgl. im Einzelnen BSG v. 26.09.2006 - B 1 KR 14/06 R - SozR 4-2500 § 31 Nr. 6 Rn. 12).

lung von Multiple Sklerose mit Sandoglobulin[60] oder Polyglobin;[61] von pulmonaler Hypertonie bei CREST-Syndrom im Stadium IV mit Ilomedin;[62] von Restless-legs-Syndrom mit gelegentlicher Suizidneigung mit Cabaseril[63] sowie von Friedreich'scher Ataxie mit Kardiomyopathie mit Idebenone.[64]

63 Eine weitere Entscheidung betraf die Behandlung erwachsener AIDS-Patienten mit Immunglobulinen[65] – mit Arzneikosten von 120.000 DM in einem Quartal –, in der die Gerichte die Voraussetzung begründeter Aussicht auf einen Behandlungserfolg ebenfalls nicht als erfüllt angesehen haben. Das BSG hat es nicht ausreichen lassen, dass nur der verordnende Arzt die Verordnung für das Mittel der Wahl hielt; dabei hat es die Entscheidung des BVerfG vom 06.12.2005[66] berücksichtigt, die auch der fachlichen Einschätzung im Einzelfall durch den behandelnden Arzt Gewicht beimisst. Das BSG hat ausgeführt, das BVerfG „hat nicht die Gewährung jeder Behandlung und Verordnung für jede lebensbedrohliche Erkrankung gefordert. Es erachtet deren Gewährung vielmehr nur dann für erforderlich, wenn keine andere, dem medizinischen Standard näher stehende Behandlungsmethode zur Verfügung steht, und dies gilt auch nur für solche Methoden, die eine nicht ganz entfernt liegende Aussicht auf Heilung oder jedenfalls auf spürbare positive Einwirkung auf den Krankheitsverlauf im konkreten Einzelfall bieten (BVerfG, Beschluss vom 6.12.2005 - 1 BvR 347/98 = BVerfGE 115, 25 = MedR 2006, 164 = NJW 2006, 891). Dabei soll auch der fachlichen Einschätzung der Wirksamkeit einer Methode im konkreten Einzelfall durch die Ärzte des Erkrankten Bedeutung zukommen, aber nur abgeschwächt im Sinne einer „weiteren Bedeutung" (BVerfG aaO S. 50 bzw. S. 167 bzw. S. 894 Rn. 66 am Ende). Mithin kann der Einschätzung des einzelnen Arztes eine ausschlaggebende Bedeutung nicht beigemessen werden, zumal dann nicht, wenn – wie es vorliegend der Fall war – die wissenschaftliche Diskussion und die Durchführung von Studien bereits in vollem Gange sind, sich schon zahlreiche Sachverständige geäußert haben sowie bereits Vergleiche mit anderen, in gleicher Weise Erkrankten möglich sind (s. hierzu BVerfG aaO Rn. 66) und auch schon Ergebnisse vorliegen, die – sei es mangels Aussicht auf Heilung oder wegen unzuträglicher Nebenwirkungen – gegen die Anwendung einer Methode bzw. eines Arzneimittels sprechen."

64 Schwierig zu beurteilen sind die Möglichkeiten von **Off-Label-Use bei Kindern**. Hierfür besteht immer noch ein **dringendes Bedürfnis**. Dies wird erst abnehmen, sobald es aufgrund der EU-Verordnung vom 12.12.2006[67] eine ausreichende Auswahl an Arzneimitteln gibt, die auch für die Anwendung an Kindern zugelassen sind. Bis dahin wird man sich in der Praxis wie bisher damit behelfen müssen, dass die Anwendung bei Kindern dann erfolgen kann, wenn sich
- die Anwendung bei Erwachsenen bewährt hat und
- keine Anhaltspunkte vorliegen, dass die Anwendung bei Kindern bedenklich sein könnte.

65 Liegen diese Voraussetzungen vor, so ist eine **generell belegte Erfolgsaussicht** im Sinne obiger Ausführungen gegeben (vgl. Rn. 61, Punkt 1). Legt der Arzt zudem dar, dass es **keine anderen vergleichbaren Arzneimittel** gibt, die für die Anwendung bei Kindern zugelassen und auch für das konkret betroffene Kind verträglich sind, so ist damit auch das Fehlen einer anderen Therapiemöglichkeit dargetan (vgl. Rn. 61, Punkt 2). Handelt es sich außerdem um eine **schwerwiegende Erkrankung** i.S.v. Rn. 61, Punkt 3, so ist der Off-Label-Use zulässig; d.h. das Arzneimittel, das nur zur Anwendung bei Erwachsenen zugelassen ist, darf bei dem Kind angewendet werden. Dann ist nur noch das bei Kindern erforderliche Verfahren der vorherigen **Besprechung mit den Eltern** einzuhalten.[68] Die **Dosierung**

[60] BSG v. 19.03.2002 - B 1 KR 37/00 R - BSGE 89, 184, 192 = SozR 3-2500 § 31 Nr. 8 S. 36 - Sandoglobulin.

[61] BSG v. 27.03.2007 - B 1 KR 17/06 R - USK 2007-25 Rn. 15-17 - Polyglobin.

[62] BSG v. 26.09.2006 - B 1 KR 1/06 R - BSGE 97 = SozR 4-2500 § 31 Nr. 5 Rn. 19-25 - Ilomedin.

[63] BSG v. 26.09.2006 - B 1 KR 14/06 R - SozR 4-2500 § 31 Nr. 6 Rn. 12-19.

[64] BSG v. 14.12.2006 - B 1 KR 12/06 R - SozR 4-2500 § 31 Nr. 8 Rn. 22 - Idebenone.

[65] BSG v. 31.05.2006 - B 6 KA 53/05 B - MedR 2007, 557, 559 - Immunglobuline. Betroffen waren die Arzneiverordnungen im Quartal III/1997, dementsprechend war der damalige Stand von Wissenschaft und Forschung zu Grunde zu legen.

[66] BVerfG vom 06.12.2005 - 1 BvR 347/98 - BVerfGE 115, 25 = MedR 2006, 164 = NJW 2006, 891.

[67] Vgl. dazu Verordnung (EG) Nr. 1901/2006 v. 12.12.2006, Amtsblatt der Europäischen Union v. 27.12.2006, 1. Vgl. auch Rn. 57.

[68] Entsprechend zivilrechtlichen Grundsätzen muss dies mit beiden Eltern geschehen. Nur wenn kein schwerwiegender Fall vorläge, würde (in mittelschweren Fällen) die Versicherung des einen Elternteils, dass er auch für den anderen spricht, ausreichen bzw. (in leichten Fällen) sogar die Einwilligung allein eines Elternteils. Zu dieser Dreistufigkeit vgl. BGH v. 28.06.1988 - VI ZR 288/87 - BGHZ 105, 45, 49 f. = NJW 1988, 2946, 2947, und BGH v. 15.02.2000 - VI ZR 48/99 - BGHZ 144, 1, 4 = NJW 2000, 1784, 1785.

der Arznei ist entsprechend dem geringeren Körpergewicht bzw. der kleineren Körperoberfläche[69] des Kindes zu reduzieren. In einem solchen Fall sind in der Praxis auch keine Schwierigkeiten mit der betroffenen **Krankenkasse** zu befürchten. Diese wird sich, wenn ihr die Dokumentation mit den entsprechenden begleitenden Darlegungen vorgelegt wird, der Medikation nicht entgegenstellen bzw. einen erwogenen Regress fallen lassen.

Eine so klare Richtschnur wie vorstehend für Off-Label-Anwendungen bei Kindern ist in anderen Bereichen eher selten. Die Fälle des Alltags sind vielgestaltig. Um dem Arzt eine praktikable Handhabung im Alltag zu ermöglichen, hat der Gemeinsame Bundesausschuss im April 2006 in die **Arzneimittel-Richtlinien (AMRL)** einen Abschnitt aufgenommen, der durch eine **Anlage** ergänzt wird und durch die **Benennung zulässiger und unzulässiger Off-Label-Use–Fälle** dem Arzt Entscheidungshilfen gibt (vgl. AMRL, Abschnitt H i.V.m. Anlage 9 Teile A und B).[70] Diese betreffen bisher vor allem **Karzinom-Behandlungen**. Stetige Erweiterungen der Listen sind zu erwarten. **66**

Soweit nach den **AMRL** ein **Off-Label-Use** als zulässig oder als unzulässig eingestuft wird, liegt darin eine **bindende Vorgabe** für die Vertragsärzte wie für die Krankenkassen. Es kann nicht etwa argumentiert werden, die Vorgaben der AMRL seien nicht absolut verbindlich, vielmehr dürfe der Arzt gemäß **§ 31 Abs. 1 Satz 4 SGB V** solche Arzneimittel, die nach den AMRL von der Versorgung ausgeschlossen seien, „ausnahmsweise in medizinisch begründeten Einzelfällen mit Begründung verordnen" (vgl. hierzu auch Rn. 79). Diese Regelung des § 31 Abs. 1 Satz 4 SGB V bezieht sich, wie schon ihr Wortlaut klarstellt, nur auf solche Arzneimittel, „die auf Grund der Richtlinien nach § 92 Abs. 1 Satz 2 Nr. 6 SGB V von der Versorgung ausgeschlossen sind". Arzneimittel aber, deren Zulassung keine einschlägigen Indikationen bzw. Anwendungsgebiete aufweist, sind nicht erst aufgrund von Richtlinien gemäß § 92 Abs. 1 Satz 2 Nr. 6 SGB V, sondern schon vorgelagert aufgrund der Regelungen des Arzneimittelgesetzes von der vertragsärztlichen Versorgung ausgeschlossen. Auch daraus, dass der Gesetzgeber durch **§ 35b Abs. 3 SGB V** Bewertungen zur Frage eines Off-Label-Use einer Institution des Vertragsarztrechts zugewiesen hat, nämlich dem Institut für Qualität und Wirtschaftlichkeit, ergibt sich nichts anderes; denn hier ist keine Kompetenz vertragsärztlicher Institutionen zur Zulassung oder zum Ausschluss von Off-Label-Anwendungen geregelt. Also ist als Ergebnis festzuhalten, dass es keine Ausnahmen gibt, dass vielmehr die in den **AMRL** vorgenommenen Einstufungen von **Off-Label-Use** als zulässig oder als unzulässig **strikte Vorgaben** für die Vertragsärzte und Krankenkassen darstellen. **67**

Soweit keiner der einfacher zu handhabenden Fälle vorliegt – d.h. wenn weder ein Fall vorliegt, für den die AMRL Vorgaben enthalten, noch der Fall gegeben ist, dass Arzneimittel, die nur zur Anwendung bei Erwachsenen zugelassen sind, auch bei Kindern angewendet werden dürfen –, sind die **Fragen des Off-Label-Use häufig sehr komplex**. Vielfach kann der Arzt in seiner praktischen Tätigkeit nicht abschätzen, ob er mit einer Verordnung noch im Bereich von zulässigem Off-Label-Use liegt. Dann kann es **ratsam** sein, dass der Arzt nicht „auf Risiko verordnet", sondern den Patienten veranlasst, **bei der Krankenkasse** vorzusprechen, oder selbst versucht, ein **Einvernehmen** mit dieser **zu erreichen**. So hat das BSG – in dem schon oben genannten Fall der Verordnung von Immunglobulinen für erwachsene AIDS-Patienten – ausgeführt:[71] **68**

„Seine Verordnungen für erwachsene AIDS-Patienten [stellten] einen Off-Label-Use dar, der medizinisch-fachlich und damit zwangsläufig auch rechtlich umstritten war. In einem solchen Fall musste er nicht, wie es in § 29 Abs. 1 BMV-Ä und § 15 Abs. 1 EKV-Ä als Grundsatz für den Normalfall nicht ausgeschlossener Verordnungen normiert ist, die vertragsärztliche Verordnung allein verantworten (zur Regelung des Off-Label-Use vor allem für einige Karzinombehandlungen in den Arzneimittel-Richtlinien siehe den neuen Abschnitt H vom 18.04.2006). Im Falle eines Off-Label-Use kann er vielmehr – entsprechend der Regelung in § 29 Abs. 8 BMV-Ä und § 15 Abs. 7 EKV-Ä für die Verordnung von Arzneimitteln, die von der Leistungspflicht der gesetzlichen Krankenkassen ausgeschlossen sind – dem Patienten ein Privatrezept ausstellen und es diesem überlassen, sich bei der Krankenkasse[72]

---

69 So die neuere Methode, die heute als genauer gilt.

70 Zu dieser Einfügung vgl. die Fassung vom 18.04.2006, DÄ 2006, A 2203. Beachte dazu auch die späteren Änderungen der AMRL. Im Internet abrufbar unter www.g-ba.de/informationen/richtlinien.

71 BSG v. 31.05.2006 - B 6 KA 53/05 B - MedR 2007, 557, 560 - Immunglobuline.

72 Mit dem Ziel einer Einigung dahin, dass der Off-Label-Use zulässig sei und/oder ein Fall des Systemversagens im Sinne des § 13 Abs. 3 SGB V vorliege. Ein Systemversagen dürfte allerdings schwer festzumachen sein: Da die Regelung von Off-Label-Use nicht zu den in § 92 Abs. 1 Nr. 6 SGB V vorgegebenen Aufgaben des Gemeinsamen Bundesausschusses gehört (vgl. Rn. 67), kann die Nicht-Regelung auch kein Systemversagen darstellen.

um Erstattung der Kosten zu bemühen.[73] In dem besonderen **Fall eines medizinisch-fachlich umstrittenen Off-Label-Use** kann er auch zunächst selbst bei der Krankenkasse deren Auffassung als Kostenträger einholen und im Ablehnungsfall[74] dem Patienten ein Privatrezept ausstellen. Ermöglicht der Vertragsarzt indessen nicht auf diese Weise eine Vorabprüfung durch die Krankenkasse, sondern stellt er ohne vorherige Rückfrage bei dieser eine vertragsärztliche Verordnung aus und löst der Patient diese in der Apotheke ein, so sind damit die Arzneikosten angefallen und die Krankenkasse kann nur noch im Regresswege geltend machen, ihre Leistungspflicht habe nach den maßgeblichen rechtlichen Vorschriften nicht bestanden. Verhindert ein Vertragsarzt durch diesen Weg der vertragsärztlichen Verordnung bei einem medizinisch umstrittenen Off-Label-Use eine Vorabprüfung durch die Krankenkasse, so übernimmt er damit das Risiko, dass später die Leistungspflicht der Krankenkasse verneint wird. Ein entsprechender Regress gegen ihn kann dann nicht beanstandet werden."

69 **Damit ist eine Ausnahme von den sonstigen Prinzipien gegeben**, wie sie etwa in § 18 BMV-Ä zum Ausdruck kommen, der einen abschließenden Katalog der Fälle enthält, in denen der Vertragsarzt eine Kassenbehandlung verweigern darf. An sich liegt das Risiko, ob eine vertragsärztliche Leistung vorliegt oder ob diese als privatrechtliche vereinbart werden kann, beim Leistungserbringer: Dieser muss entscheiden, ob es sich um eine zulässige vertragsärztliche Leistung handelt, und das Risiko tragen, falls später (durch z.B. Prüfgremien) diese doch als eine qualifiziert wird, die nicht den vertragsärztlichen Vorgaben entspricht (und Kostenersatz gefordert wird). Entsprechend diesem Prinzip muss z.B. ein Krankenhaus bei Aufnahme einer Patientin, die eine Brustverkleinerungs- oder -vergrößerungs-OP begehrt, entscheiden, ob es meint, dies als vertragsärztliche Behandlung durchführen zu dürfen, oder ob es eine Privatbehandlung vereinbart. Unzulässig wäre es, der Patientin einen Vertragstext vorzulegen, wonach die Behandlung kassenärztlich durchgeführt werde, sie aber in dem Fall, dass die Behandlung später doch vom Medizinischen Dienst der Krankenversicherung o.Ä. als privatärztlich qualifiziert werde, ein privates Honorar zahlen müsse. Das wäre eine unzulässige und unwirksame – weil gegen Vorgaben aus kassenarztrechtlichen Prinzipien verstoßende – Vereinbarung.

70 Die **Abweichung im Fall von Off-Label-Use**, dass hier der Arzt das Risiko der Zulässigkeit der Verordnung auf den Patienten verlagern darf, ist damit **gerechtfertigt**, dass hier die Verordnung nicht zugelassener Arzneimittel in Frage steht. Wenn sich die Zulässigkeit oder Unzulässigkeit einer Verordnung nicht klar erkennen lässt, kann dem Arzt das mit einer Kassenverordnung verbundene Kostenrisiko nicht zugemutet werden.

III. Regress wegen AMRL-Verordnungsausschlusses

71 Die Zulässigkeit der Verordnung einer Arznei setzt nicht nur voraus, dass die Voraussetzungen des Arzneimittelgesetzes gegeben sind (**Zulassung** und der darin benannte **Anwendungsbereich**), sondern außerdem muss die **Verordnungsfähigkeit** nach dem SGB V i.V.m. den Arzneimittel-Richtlinien (AMRL) gegeben sein. Dies bedeutet, dass die Verordnung nicht gemäß § 34 SGB V i.V.m. den AMRL ausgeschlossen sein darf.

72 Die Regelung des § 34 SGB V ermächtigt den Gemeinsamen Bundesausschuss, die Verordnung von Arzneien aus den verschiedensten Gründen auszuschließen, z.B.

- solche, die nicht verschreibungspflichtig sind[75] (§ 34 Abs. 1 SGB V),[76]

---

[73] Die Frage, ob die Ablehnung einer Off-Label-Use-Verordnung einen Behandlungsfehler des Arztes gegenüber dem Patienten bedeuten kann, hat das LG Nürnberg-Fürth verneint (v. 27.10.2005 - 4 O 10813/02 - ZMGR 2006, 142).

[74] Stimmt die Krankenkasse dem Off-Label-Use zu, so betrifft dies sowohl das Verhältnis der Krankenkasse zum Patienten als auch ihr Verhältnis zum Arzt. Deshalb sollten diese beide Wert darauf legen, die Erklärung zu erhalten (erfolgt diese nur einem gegenüber, so sollte sie an den Patienten als Mitglied der Krankenkasse erfolgen, weil dies das Verhältnis zum Arzt miterfassen dürfte). Weil für den Arzt vor allem wichtig ist, dass kein Regress geltend gemacht wird, sollte möglichst erreicht werden, dass die Krankenkasse ausdrücklich erklärt, insoweit keinen Regress geltend zu machen (was allerdings nicht mit absoluter Sicherheit davor schützt, dass das Prüfgremium, falls dieses wegen anderer Arzneien ohnehin noch ein Verfahren gegen diesen Arzt führt, dieses von Amts wegen auf die an sich unstreitig gestellte Off-Label-Verordnung ausdehnt).

[75] Sog. OTC-Präparate (OTC = „over the counter").

[76] Davon gibt es gemäß § 34 Abs. 1 Satz 2 SGB V Ausnahmen: Diese sind in der sog. OTC-Liste des Gemeinsamen Bundesausschusses aufgelistet. Dazu hat der EuGH (v. 26.10.2006 - C-317/05 - EuGHE I 2006, 10611 = MedR 2007, 231 = GesR 2007, 141) verlangt, dass betroffene Hersteller Verfahren auf Aufnahme ihrer Arzneimittel in die Liste betreiben können und dass diese Verfahren transparent sein müssen. Dementsprechend ist § 34 Abs. 1 Satz 4 SGB V neugefasst worden (Fassung v. 26.03.2007). Zur OTC-Liste vgl. AMRL, Abschnitt F, Nr. 16.

- solche, bei deren Verordnung die Erhöhung der Lebensqualität im Vordergrund steht (Absatz 1 Sätze 7 ff.),
- solche, die üblicherweise nur bei geringfügigen Gesundheitsstörungen verordnet werden (Absatz 2),
- ferner solche, die unwirtschaftlich sind, etwa weil sie für das Therapieziel nicht erforderliche Bestandteile enthalten oder deren Wirkungen wegen der Vielzahl der enthaltenen Wirkstoffe nicht mit ausreichender Sicherheit beurteilt werden können oder deren therapeutischer Nutzen nicht nachgewiesen ist (Absatz 3), sowie schließlich
- solche, bei denen nach dem allgemein anerkannten Stand der medizinischen Erkenntnisse ihr Nutzen, ihre Notwendigkeit oder ihre Wirtschaftlichkeit nicht nachgewiesen sind (§ 92 Abs. 1 Satz 1 Teilsatz 3 SGB V[77]).

Auf der Grundlage dieser verschiedenen Ermächtigungsbestimmungen hat der Gemeinsame Bundesausschuss mit den AMRL zahlreiche Regelungen getroffen, die die Verordnung diverser Arzneien untersagen. 73

Aus der Vielfalt der – soeben wiedergegebenen – zahlreichen verschiedenen Ermächtigungstatbestände erklärt sich der Umfang der AMRL von mehr als 30 Seiten und auch, dass einzelne **Tatbestände nicht mehr dem aktuellen Stand der medizinischen Erkenntnisse entsprechen**. Um dies weitestmöglich in Grenzen zu halten, hat der Gesetzgeber die Regelungshoheit dem Fachgremium des Gemeinsamen Bundesausschusses überantwortet, der erfahrungsgemäß schneller als der Verordnungsgeber auf neue medizinische Erkenntnisse reagieren kann und reagiert. Liegt der Fall eines nicht mehr erkenntnisgemäßen Tatbestandes vor, so stellt sich die **Frage, ob** dieser **„korrigierend gelesen“** werden kann. Ein **Beispiel**: 74

Die AMRL enthalten z.B. im Rahmen der Verordnungsausschlüsse wegen Unwirtschaftlichkeit (dazu vgl. § 34 Abs. 3 SGB V) in Nr. 20.1 lit. q und Nr. 20.2. lit. h die Bestimmungen, dass „fixe Kombinationen aus Vitaminen und anderen Stoffen“ und „Vitaminpräparate“ nicht verordnet werden dürfen. Zu beiden Regelungen bestehen aber zahlreiche Ausnahmen. So sind von diesen Vitamin-Verordnungsausschlüssen ausdrücklich „Vitamin D-Fluorid-Kombinationen ... zur Osteoporoseprophylaxe“ und „die niedrigdosierte Gabe von Vitamin D bei der Behandlung der Osteoporose mit Calciumpräparaten“ ausgenommen (Nr. 20.1 lit. q und Nr. 20.2 lit. h AMRL). Die erstgenannte Ausnahme passt indessen so nicht mehr, weil man seit ca. 1997 weiß, dass das früher übliche Fluorid zwar zu dichten Knochen, nicht aber auch zur Bruchfestigkeit führt. Anstelle von Fluorid ist nach den neueren Erkenntnissen der Bestandteil Bisphosphonat zu verwenden.[78] 75

Kann nun der in der Regelung enthaltene Begriff Fluorid einfach als Bisphosphonat gelesen werden? Vom Wortlaut der AMRL her ist das schwerlich möglich. Oder kann ein solcher nicht mehr zeitgemäßer Verordnungsausschluss als nicht mehr von der Ermächtigung im SGB V gedeckt angesehen werden? Kann erwogen werden, ob der allgemeine Verordnungsausschluss der Nr. 20.1 lit. q AMRL für fixe Kombinationen aus Vitaminen und anderen Stoffen den Ausschluss einer Vitamin D-Bisphosphonat-Kombination zur Osteoporoseprophylaxe nicht mehr trägt? Verstößt es evtl. gegen Art. 3 Abs. 1 GG, dass die Ausnahme vom Verordnungsausschluss nur für einen alten, nicht mehr zeitgemäßen Wirkstoff gilt, nicht aber für den medizinisch sachgerechten? 76

Versuche einer „vernünftigen“ Lösung durch die Prüfgremien und/oder die Gerichte müssen indessen scheitern. Denn die Ermächtigung des § 34 Abs. 3 SGB V ist darauf gerichtet, dass der **Gemeinsame Bundesausschuss** die Konkretisierung des Wirtschaftlichkeitsgebots vornimmt, d.h. die **Konkretisierung** dessen, **was als unwirtschaftliches Arzneimittel anzusehen ist**, und dabei hat er einen **Bewertungs- bzw. Beurteilungsspielraum.**[79] Dieses Regelungskonzept würde unterlaufen, wenn sich die Gerichte anmaßen würden, ihrerseits zu beurteilen, was wirtschaftlich ist, und unter diesem Gesichtspunkt die AMRL anders auslegen würden, als es der Wortlaut hergibt. 77

---

[77] Neufassung mit Wirkung seit dem 01.01.2004.

[78] Mittlerweile stehen weitere Erkenntnisse an (Presseberichte von Januar/Februar 2008, vgl. www.google.de): Die seit 10 Jahren propagierte und praktizierte Kombination von Calcium und Vitamin D hat nach neuesten Erkenntnissen möglicherweise auch Nachteile. Es gibt Hinweise darauf, dass durch Calcium möglicherweise das Herzinfarktrisiko erhöht wird, sodass bei bestimmten Patienten besondere Vorsicht mit der Kombination aus Calcium und Vitamin D geboten ist.

[79] Dem zustimmend auch *Engelmann*, MedR 2006, 245, 250, 256, der ansonsten der Anerkennung von Beurteilungsspielräumen eher zurückhaltend gegenüber steht.

78 **Folgerung**: Dadurch gibt es Fälle, in denen ein AMRL-Verordnungsausschluss vom Wortlaut her eingreift, obgleich der aktuelle Stand der medizinischen Erkenntnisse eine solche Verordnung inzwischen gebietet. Dem Arzt bleibt in solchen Fällen die Möglichkeit, seine von den AMRL abweichende Verordnung im Einzelfall zu begründen und dies in seinen ärztlichen Aufzeichnungen fundiert zu dokumentieren. Dieser Weg ist möglich, denn die AMRL sind nicht strikt zu verstehen, sondern abweichenden ärztlichen Entscheidungen im Einzelfall – bei fundiert dokumentierter Begründung – zugänglich (§ 31 Abs. 1 Satz 4 SGB V).[80] Dem entspricht es, dass gemäß dem einleitenden Satz der Nr. 20 AMR die nachfolgenden Verordnungsausschlüsse nur „im allgemeinen" gelten.

79 Insofern sind AMRL-Verordnungsausschlüsse weniger strikt als Anwendungsausschlüsse bei Off-Label-Use (vgl. hierzu Rn. 67), sodass der Arzt im Falle von AMRL-Verordnungsausschlüssen nur ausnahmsweise darauf verwiesen ist, den in Rn. 68 empfohlenen Weg der Ausstellung eines Privatrezepts zu gehen.

80 Wählt der Arzt allerdings weder den Weg fundierter Begründung seiner Abweichung vom AMRL-Verordnungsausschluss noch den Weg der Ausstellung eines Privatrezepts, so setzt er sich dem Risiko eines Arzneikostenregresses aus.

IV. Struktur der Fälle von Arzneikostenregessen (Einzelfallprüfungen u.a.)

1. Regelfall: Einzelfallprüfung

81 Ist die Voraussetzung für einen Arzneikostenregress gemäß einer der **Fälle in den Rn. 53 ff. (Fehlen der Zulassung/Off-Label-Use/AMRL-Verordnungsausschluss)** gegeben, so betrifft dies jeweils eine konkrete einzelne Verordnung bzw. konkrete einzelne Verordnungen. Einem solchen Regress liegt – in den Kategorien der Prüfmethoden gemäß § 106 SGB V ausgedrückt – demgemäß die Struktur einer **Einzelfallprüfung** zugrunde.

82 Arzneikostenregresse aufgrund von **Einzelfallprüfungen** gibt es noch in zahlreichen **weiteren Fällen**.

83 So hat das BSG im Jahr 2007 ein Verfahren entschieden, dessen Gegenstand der Vorwurf unwirtschaftlicher Verordnung des **Dosier-Aerosols Berodual®** war. Der Arzt hatte Berodual in der fünffachen der als vertretbar angesehenen Menge verordnet – und damit in einer Menge, bei der kein zusätzlicher therapeutischer Effekt mehr zu erwarten war, vielmehr mit schädlichen Nebenwirkungen gerechnet werden musste.[81]

84 In der Rechtsprechung des BSG finden sich noch **andere Fälle** von Streitigkeiten um Regresse aufgrund von Einzelfallprüfungen, so z.B. im Zusammenhang mit der Verordnung von **Drogenersatzstoffen** bei heroinabhängigen Patienten[82] oder der Verordnung von **Sprechstundenbedarf** für die eigene Praxis in einem weit übermäßigen, für die Praxistätigkeit nicht erforderlichen Umfang.[83]

85 Eine Variante der klassischen[84] Einzelfallprüfung stellt die sog. **typisierte Einzelfallprüfung**[85] dar. Die Überprüfung erfolgt in einem solchen Fall anhand der Verordnungsmenge, die typischerweise in solchen Fällen verordnet wird. Wenn bei einem Arzt z.B. festgestellt wird, dass er bei bestimmten Arzneien **stets nur Originalpräparate** verordnet, können die Prüfgremien die Anzahl der Verordnungen dieser Arzneien zusammenzählen, den üblichen Generika-Verordnungsanteil schätzen und entsprechend diesem Anteil die Kostendifferenz zwischen Originalpräparaten und Generika errechnen.[86]

---

[80] So auch BSG v. 05.05.1968 - 6 RKa 27/87 - BSGE 63, 163, 166 = SozR 2200 § 368p Nr. 2 S. 8 f. - Saftzubereitung und BSG v. 31.05.2006 - B 6 KA 13/05 R - BSGE 97 = SozR 4-2500 § 92 Nr. 5 Rn. 52 - Clopidogrel. Ebenso *Clemens* in: *Schulin*, Handbuch des Sozialversicherungsrechts, Bd. 1: Krankenversicherungsrecht, 1994, § 35 Rn. 183 m.w.N. und 187. Vgl. in diesem Zusammenhang auch Nr. 30 AMRL, die allerdings nur Rezepturarzneimittel, nicht Fertigarzneimittel betrifft.

[81] BSG v. 27.06.2007 - B 6 KA 44/06 R - SozR 4-2500 § 106 Nr. 17.

[82] BSG v. 14.03.2001 - B 6 KA 19/00 R - SozR 3-2500 § 106 Nr. 52.

[83] BSG v. 20.10.2004 - B 6 KA 41/03 R - SozR 4-2500 § 106 Nr. 6.

[84] Dazu zählen bisher die strenge und die eingeschränkte Einzelfallprüfung, vgl. hierzu Rn. 104.

[85] Dieser bisher weder in der Rechtsprechung noch im Schrifttum verwendete Begriff erscheint geeignet, um die Fälle zu kennzeichnen, in denen der Aufwand im Einzelfall an dem typischen Aufwand in ähnlichen Fällen gemessen wird, ohne auf einen durchschnittlichen Aufwand zurückzugreifen bzw. zurückgreifen zu können.

[86] Zu solchen Fallgestaltungen vgl. BSG v. 20.10.2004 - B 6 KA 41/03 R - SozR 4-2500 § 106 Nr. 6 Rn. 27-29 und BSG v. 31.05.2006 - B 6 KA 68/05 B - juris.

2. Wirtschaftlichkeitsprüfung oder Schadensregress

In allen bisher genannten Fällen stellt sich häufig die Frage der **Abgrenzung zu anderen Rechtsinstituten** wie der sachlich-rechnerischen Richtigstellung und dem Schadensregress. Während die Regelungen über die **sachlich-rechnerische Richtigstellung** auf einen Arzneimittelregress nicht passen, weil diese nur „die sachliche und rechnerische Richtigkeit von **Abrechnungen** der Vertragsärzte" betreffen (so der Wortlaut des § 106 Abs 2 Satz 1 SGB V), können sich durchaus Fragen der Abgrenzung vom sog. **Schadensregress** stellen, für den die maßgebenden Regelungen in untergesetzlichen Bestimmungen enthalten sind (vgl. die Regelungen im BMV-Ä und EKV-Ä sowie im BMV-Z und EKV-Z), vgl. hierzu Rn. 12. Dementsprechend sind in der Rechtsprechung des BSG Ausführungen zur Abgrenzung von Wirtschaftlichkeitsprüfung und Schadensregress zu finden.[87] 86

Das Verhältnis zwischen diesen beiden Rechtsinstituten ist bisher nicht abschließend geklärt. Im Grundsatz wird man davon ausgehen müssen, dass es Fälle gibt, in denen ein Regress sowohl im Rahmen einer **Wirtschaftlichkeitsprüfung** als auch als **Schadensregress** festgesetzt werden kann, wobei für beider Festsetzung die Prüfgremien **zuständig** sind.[88] Die Anforderungen sind insofern unterschiedlich, als ein Regress wegen Unwirtschaftlichkeit anerkanntermaßen kein **Verschulden** des Arztes voraussetzt,[89] während für einen Schadensregress Verschulden erforderlich ist. Außerdem setzt ein Schadensregress eine **konkrete wirtschaftliche Einbuße** der Krankenkasse voraus, der Regress im Rahmen einer Wirtschaftlichkeitsprüfung ebenfalls, aber unter Berücksichtigung **hypothetischer Schadensverläufe.**[90] Beim Schadensregress können auch solche Schadensposten einbezogen werden, die nicht den vom Regress betroffenen Gegenstand selbst betreffen, wie z.B. die **Kosten für die Begutachtung** der Ursache und Höhe eines Schadens.[91] Diesen Unterschieden näher nachzugehen, ist nicht veranlasst im Rahmen einer Kommentierung des § 106 SGB V, sondern muss den Analysen der Rechtsfigur des Schadensregresses überlassen bleiben.[92] 87

Soweit ein Regress sowohl im Rahmen einer **Wirtschaftlichkeitsprüfung** als auch als **Schadensregress** festgesetzt werden kann, hat die zuständige Institution die Möglichkeit der **Auswahl. In Zweifelsfällen** wird sie gut daran tun, den Weg der Wirtschaftlichkeitsprüfung zu wählen und dementsprechend im Bescheid § 106 SGB V ausdrücklich als Grundlage ihrer Entscheidung zu benennen.[93] So- 88

[87] Vgl. BSG v. 14.03.2001 - B 6 KA 19/00 R - SozR 3-2500 § 106 Nr. 52 S. 283 f. und BSG v. 20.10.2004 - B 6 KA 65/03 R - SozR 4-2500 § 106 Nr. 7 Rn. 12.

[88] Beim Schadensregress liegt es anders lediglich in dem Sonderfall eines Regresses im Zahnbereich und hier im Ersatzkassenbereich. Vgl. zur Zuständigkeit § 48 Abs. 1 Bundesmantelvertrag-Ärzte und § 44 Bundesmantelvertrag-Ärzte/Ersatzkassen. Anders im zahnärztlichen Bereich. Dort sind nur im Primärkassenbereich die Prüfgremien, im Ersatzkassenbereich dagegen die Kassenzahnärztlichen Vereinigungen zuständig: § 23 Abs. 1 i.V.m. Abs. 2 i.V.m. § 20 Abs. 1 Bundesmantelvertrag-Zahnärzte (vgl. dazu die BSG-Angaben bei *Clemens* in: Schulin, Handbuch der Sozialversicherung, Bd. 1: Krankenversicherungsrecht, 2004, § 36 Rn. 25 mit Fn. 37-40 m.w.N.).

[89] Vgl. hierzu z.B. BSG v. 20.10.2004 - B 6 KA 65/03 R - SozR 4-2500 § 106 Nr. 7 Rn. 12. Ebenso BSG v. 16.01.1991 - 6 Rka 25/89 - SozR 3-5555 § 12 Nr. 2 S. 9; BSG v. 02.12.1992 - 14a/6 RKa 43/91 - SozR 3-5555 § 9 Nr. 1 S. 6. Ein Verschuldenserfordernis wird für die Wirtschaftlichkeitsprüfung ausdrücklich verneint: Vgl. z.B. BSG v. 21.05.2003 - B 6 KA 32/02 R - SozR 4-2500 § 106 Nr. 1 Rn. 18; BSG v. 28.04.2004 - B 6 KA 24/03 R - MedR 2004, 577, 578 am Ende; BSG v. 20.10.2004 - B 6 KA 65/03 R - SozR 4-2500 § 106 Nr. 7, hier insbesondere Rn. 12.

[90] Vgl. BSG v. 20.10.2004 - B 6 KA 65/03 R - SozR 4-2500 § 106 Nr. 7 Rn. 12; vgl. auch BSG v. 21.06.1995 - 6 RKa 60/94 - BSGE 76, 153, 155 f. = SozR 3-2500 § 95 Nr. 5 S. 22 f. Andererseits die Identität des Schadensausgleichs in beiden Verfahren betonend BSG v. 20.10.2004 - B 6 KA 65/03 R - SozR 4-2500 § 106 Nr. 7 Rn. 12.

[91] Zum Geltendmachen von Mangelfolgeschäden vgl. z.B. BSG v. 14.03.2001 - B 6 KA 19/00 R - SozR 3-2500 § 106 Nr. 52 S. 284; BSG v. 20.10.2004 - B 6 KA 65/03 R - SozR 4-2500 § 106 Nr. 7 Rn. 12. Zu Beispielen vgl. *Clemens* in: Schulin, Handbuch der Sozialversicherung, Bd. 1: Krankenversicherungsrecht, 2004, § 36 Rn. 25 mit Fn. 53-55 m.w.N.

[92] Zu den einzelnen Voraussetzungen des Schadensregresses vgl. den Überblick und die Rechtsprechungsangaben bei *Clemens* in: Schulin, Handbuch der Sozialversicherung, Bd. 1: Krankenversicherungsrecht, 2004, § 36, hier insbesondere Rn. 43-62.

[93] So geschehen in den Fällen BSG v. 31.05.2006 - B 6 KA 53/05 B - MedR 2007, 557 und BSG v. 27.06.2007 - B 6 KA 44/06 R - SozR 4-2500 § 106.

weit Zweifel verbleiben, auf welcher Rechtsgrundlage die Institution vorgegangen ist, werden die Gerichte dies auszulegen haben. In den bisher vorliegenden Entscheidungen hat das BSG im Zweifel jeweils eine Wirtschaftlichkeitsprüfung angenommen.[94]

3. Begrenzung des Regresses auf die Nettobelastung

89 Bei der Festsetzung des Regressbetrags zugunsten der Krankenkasse gilt – gleichermaßen, ob die Festsetzung auf die Bestimmungen über die Wirtschaftlichkeitsprüfung oder auf diejenigen über Schadensregresse gestützt wird –, dass dem Arzt ein Regress und eine Zahlungspflicht nur insoweit auferlegt werden darf, als die **Krankenkassen tatsächlich belastet** sind (vgl. hierzu auch Rn. 185 ff., anders Rn. 144). D.h.: Für die Regresshöhe ist maßgebend, welchen Kostenbetrag die Krankenkassen auf Grund der beanstandeten Verordnungen im Sinne einer **Nettobelastung** tragen müssen.

90 Dementsprechend ist seit Langem anerkannt, dass bei der Bemessung des Regressbetrags **Positionen wie der Apotheken-Rabatt und eventuelle Patienten-Zuzahlungen abzuziehen** sind. Der **Apotheken-Rabatt** gilt schematisch für alle Arzneimittel.[95] Er beträgt heute 2 € für sog. Fertigarzneimittel und für andere Arzneimittel 5% (§ 130 Abs. 1 SGB V). Bei den **Patienten-Zuzahlungen** (§ 61 SGB V) ist zu beachten, dass diese nicht für alle Patienten anfallen, nämlich für diejenigen nicht, die wegen geringen Einkommens von Zuzahlungen befreit sind (§ 62 SGB V). Auch fallen sie nicht für alle Arzneimittel an, nämlich nicht für solche, für die Festbeträge gelten (vgl. § 31 Abs. 2 Halbsatz 1 SGB V). Die Prüfgremien brauchen insoweit aber nicht etwa eine Einzelanalyse durchzuführen. Sie dürfen vielmehr eine **Schätzung** vornehmen und dann einen Abzug in Höhe eines ungefähren Mittelwertes durchführen.[96] Nehmen sie für die **Summe** von Apothekenrabatt und Zuzahlungen der Patienten einen Abschlag von **insgesamt 15%** vor, so können Einwendungen, dass dieser zu gering sei, keinen Erfolg haben.

91 Neben den Abzugsposten Apotheken-Rabatt und Patienten-Zuzahlungen können sich Abzugspflichten auch aus **Rabattvereinbarungen gemäß § 130a Abs. 8 SGB V** ergeben. Solche Rabatte sind ebenfalls herauszurechnen. Dies kann allerdings schwierig sein, denn zwischen den Krankenkassen(-Verbänden) und Pharmaunternehmen werden gelegentlich Pauschalminderungen vereinbart, die nicht bestimmten einzelnen Arzneimitteln und somit auch nicht bestimmten einzelnen Ärzten zugeordnet sind. **Abhilfe** hat der Gesetzgeber nur im Rahmen der **Richtgrößen-Prüfungen** geschaffen, indem er in die Vorschrift des § 106 Abs. 5c SGB V die Bestimmung des Satzes 1 Halbsatz 2 aufgenommen hat, dass für die Rabatte nach § 130a Abs 8 SGB V **pauschalierte Beträge** abzuziehen sind (§ 106 Abs. 5c Satz 1 Halbsatz 2 SGB V in der Neufassung mit Inkrafttreten zum 01.01.2008). Damit hat er einen Beitrag zur Funktionsfähigkeit der Richtgrößen-Prüfungen geleistet (dazu vgl. Rn. 301), es indessen versäumt, die Geltung dieser Bestimmung auch für alle sonstigen Arten von Wirtschaftlichkeitsprüfungen anzuordnen.

92 Abzugspositionen wie Apotheken-Rabatte und Patienten-Zuzahlungen brauchen nicht bedacht zu werden, wenn eine Unwirtschaftlichkeit – ohne diese Positionen – in großem Umfang errechnet und ein verhältnismäßig geringer Kürzungs- bzw. Regressbetrag festgesetzt wird. Dann sind durch den „Zwischenraum" solche Abzugspositionen mitabgedeckt.[97]

93 Noch mehr „Zwischenraum" muss z.B. dann belassen werden, wenn eine Abweichung von der Gruppentypik vorliegt, der noch nicht im Rahmen vorangegangener Prüfungsschritte – z.B. durch Bildung einer engeren Vergleichsgruppe oder durch Anerkennung von Praxisbesonderheiten – Rechnung getragen wurde (vgl. Rn. 102).

---

[94] So BSG v. 14.03.2001 - B 6 KA 19/00 R - SozR 3-2500 § 106 Nr. 52 S. 283 f. und BSG v. 20.10.2004 - B 6 KA 65/03 R - SozR 4-2500 § 106 Nr. 7 Rn. 12.

[95] Vgl. dazu z.B. BSG v. 06.09.2000 - B 6 KA 24/99 R - SozR 3-2500 § 106 Nr. 50 S. 269; vgl. auch BSG v. 01.09.2005 - B 3 KR 34/04 R - SozR 4-2500 § 130 Nr. 1 Rn. 13 ff. mit Zurückweisung von Einwänden der Apotheker gegen die Erhöhung des Apothekenrabatts von 5% auf 6% für die Jahre 2002 und 2003 bei Zahlung der Krankenkassen binnen zehn Tagen.

[96] Vgl. dazu BSG v. 06.09.2000 - B 6 KA 24/99 R - SozR 3-2500 § 106 Nr. 50 S. 269: Danach reicht die Belassung eines beträchtlichen Mehraufwands über den Bereich der sog. Streubreite hinaus aus. Vgl. ferner BSG v. 28.06.2000 - B 6 KA 36/98 R - USK 2000-165 S. 1086 und BSG v. 29.01.1997 - 6 RKa 5/96 - SozR 3-2500 § 106 Nr. 38 S. 212/213.

[97] So BSG v. 28.06.2000 - B 6 KA 36/98 R - USK 2000-165 S. 1086 und BSG v. 29.01.1997 - 6 RKa 5/96 - SozR 3-2500 § 106 Nr. 38 S. 212/213. In solchen Fällen muss im Bescheid nicht ausdrücklich auf Rabatte und Patientenzuzahlungen eingegangen werden.

4. Anderweitige Schadensverursachung

Schließlich ist zu beachten, dass die Kosten, die bei einer Krankenkasse für die Verordnung eines Arztes angefallen sind, diesem nicht immer ohne weiteres zugerechnet werden können. Ein **Verordnungsbetrag** darf einem Arzt nur insoweit angelastet werden, als er **von ihm veranlasst** worden ist. Dies ist wichtig für Fälle, in denen ärztliche Verordnungen durch eine **abweichende Auswahl des Apothekers** verändert worden sind. Das sog. **aut idem**, das gemäß § 129 Abs. 1 SGB V dem Apotheker die Möglichkeit gibt, ein anderes Arzneimittel statt des verordneten auszugeben, muss nicht zu einer Kostenreduzierung, kann vielmehr auch zu einer Verteuerung führen. So soll es Fälle geben, in denen Apotheker statt eines billigen ein teureres Generikum ausgeben, nicht nur, weil sie das billigere nicht vorrätig haben, sondern – nach Presseberichten – gelegentlich, weil sie dafür höhere Rabatte von Pharmaunternehmen erhalten.[98] 94

Solche – eher seltenen – Sonderpunkte bedürfen allerdings dann nicht gesonderter Berücksichtigung, wenn bereits anderweitig ein pauschaler Abschlag von z.B. **insgesamt 15%** vorgenommen wurde (hierzu vgl. Rn. 90). Damit sind dann etwaig gegenzurechnende Sonderfälle wie einem dem Arzt nachteiligen aut idem des Apothekers mitabgedeckt. 95

In einem anderen Fall[99] hatte ein Arzt seinen Sprechstundenbedarf zu 43% zu Lasten der Ersatzkassen verordnet, obgleich bei ihm die dort Versicherten nur eine Quote von 26% ergaben. Das BSG hat die Prüfgremien in diesem Fall zu Recht als zuständig für die Festsetzung eines Regresses und deren Schadensverlangen als grundsätzlich berechtigt angesehen.[100] 96

V. Regress wegen Durchschnittsüberschreitung

Zahlenmäßig am häufigsten – weit häufiger als Wirtschaftlichkeits-Einzelfallprüfungen und auch als Regressverfahren wegen sonstigen Schadens – sind sog. pauschale statistische Vergleichsprüfungen. Diese vergleichen das Verordnungsvolumen des Arztes mit dem durchschnittlichen der Arztgruppe und führen im Falle signifikanter Durchschnittsüberschreitung – und wenn keine Praxisbesonderheiten o.Ä. feststellbar sind – zur Festsetzung eines Regresses gegen den Arzt. 97

Ein solcher (kurz ausgedrückt) „Regress wegen Durchschnittsüberschreitung" ist seit dem 01.01.2004 nicht mehr ausdrücklich in § 106 Abs. 2 SGB V vorgesehen. Eine bis dahin in Nr. 1 der Vorschrift enthaltene Erwähnung ist gestrichen worden. Das bedeutet aber nicht, dass der an Durchschnittswerten orientierte pauschale statistische Kostenvergleich unzulässig geworden wäre. Vielmehr ermöglicht § 106 Abs. 2 Satz 4 und Abs. 2b SGB V ausdrücklich, weitere Prüfungsarten in einer sog. **Prüfvereinbarung** und/oder in **Richtlinien** vorzusehen. In dieser Bestimmung werden „Prüfungen ärztlicher und ärztlich verordneter Leistungen nach Durchschnittswerten" ausdrücklich als Beispiel genannt. Dies zeigt, dass die an Durchschnittswerten orientierte Vergleichsprüfung weiterhin zulässig ist, allerdings einer Prüfvereinbarung als Grundlage bedarf. Sofern diese die sog. Durchschnittsprüfung vorsieht – wie dies in der Regel der Fall sein dürfte[101] –, kommt ihr weiterhin erhebliche Bedeutung zu, ungeachtet dessen, dass sie nicht mehr als **„Regelprüfmethode"** bezeichnet werden kann, wie sie von der Rechtsprechung unter Geltung der Rechtslage bis Ende 2003 charakterisiert wurde.[102] Sie verbindet einen **hohen Erkenntnisgrad mit verhältnismäßig geringem Verwaltungsaufwand.**[103] Deshalb wird sie, wenn sie – wie in den meisten Prüfvereinbarungen – vorgesehen ist, nach wie vor bevorzugt. 98

Dieser Prüfmethode liegt die **Vermutung (bzw. Annahme)** zugrunde, das Behandlungs- und Verordnungsverhalten der Ärzte sei **im Allgemeinen wirtschaftlich.**[104] Dies rechtfertigt es, bei signifikanten 99

---

[98] Solche Möglichkeiten mussten dringend ausgeschlossen werden, entweder durch eine Gesetzespräzisierung oder durch die Einführung einer umfassenden Wirtschaftlichkeitsprüfung gegenüber Apothekern. Der Gesetzgeber hat ersteren Weg beschritten (vgl. § 7 Abs. 1 Heilwerbungsgesetz gemäß Änderung zum 01.04.2006).

[99] BSG v. 20.10.2004 - B 6 KA 65/03 R = SozR 4-2500 § 106 Nr. 7.

[100] BSG v. 20.10.2004 - B 6 KA 65/03 R = SozR 4-2500 § 106 Nr. 7 Rn. 13 ff.

[101] Vgl. z.B. die Prüfvereinbarung von Westfalen-Lippe, dort § 8.

[102] Vgl. z.B. BSG v. 06.09.2000 - B 6 KA 24/99 R - SozR 3-2500 § 106 Nr. 50 S. 263; BSG v. 05.11.2003 - B 6 KA 55/02 R - SozR 4-2500 § 106 Nr. 4 Rn. 5; BSG v. 27.04.2005 - B 6 KA 39/04 R - SozR 4-2500 § 106 Nr. 10 Rn. 5.

[103] So die Aussagetendenz von z.B. BSG v. 15.11.1995 - 6 RKa 43/94 - BSGE 77, 53, 58-60 = SozR 3-2500 § 106 Nr. 33 S. 189-191. Zu Folgerungen vgl. Rn. 104. Skeptisch dagegen der Gesetzgeber: vgl. Rn. 243.

[104] BSG v. 12.12.2001 - B 6 KA 7/01 R - SozR 3-2500 § 106 Nr. 55 S. 307 f.; BSG v. 16.07.2003 - B 6 KA 14/02 R - SozR 4-2500 § 106 Nr. 2 Rn. 14, 15; BSG v. 16.07.2003 - B 6 KA 45/02 R - SozR 4-2500 § 106 Nr. 3 Rn. 14. Daran hat das BSG auch ungeachtet der Veränderungen durch die Vergütungsbegrenzungen von 1993 und die Budgets von 1996/97 festgehalten. Vgl. hierzu auch Rn. 27.

Abweichungen vom Durchschnitt der Fachgruppe einen Beleg oder zumindest ein Indiz für eine unwirtschaftliche Behandlungs- oder Verordnungsweise zu sehen.

100 Die Durchschnittsprüfungen werden ebenso wie alle übrigen Wirtschaftlichkeitsprüfungen nach § 106 SGB V – mit Ausnahme der Richtgrößen-Prüfung, für die § 106 Abs. 2 Satz 5 SGB V eine Sonderregelung trifft (hierzu vgl. Rn. 162, Rn. 164) – **quartalsweise** durchgeführt,[105] indem das Verordnungsvolumen des geprüften Arztes in einem Quartal mit dem Verordnungsvolumen des Durchschnitts der Arztgruppe im selben Quartal verglichen wird. Die **Quartalszuordnung** richtet sich bei Arzneiverordnungs-Prüfungen nach dem Tag der **Einlösung** der Verordnungen.

101 Bei der Überprüfung der **Wirtschaftlichkeit von Sprechstundenbedarfs-Verordnungen** wird man allerdings wohl anders verfahren müssen. Bei diesen gibt es erhebliche Schwankungen von Quartal zu Quartal. Zum einen stellen die Ärzte insoweit – aber unter sich sehr unterschiedlich – in gewissem Ausmaß auch „Verordnungen auf Vorrat" aus, was bei Sprechstundenbedarf unbedenklich ist. Zum anderen wird der Verordnungsumfang nicht in allen Quartalen gleichmäßig berechnet; die Verordnungen vom Schluss eines Quartals, die erst im Folgequartal eingelöst werden, werden grundsätzlich diesem zugeschlagen; anderes gilt aber für das jeweils vierte Quartal eines Jahres. Solche Schwankungen können nur dadurch aufgefangen werden, dass sowohl bei dem geprüften Arzt als auch bei der Vergleichsgruppe jeweils auf einen **Zeitraum von einem Jahr** abgestellt wird.[106] Nur dies entspricht dem hohen Rang des Wirtschaftlichkeitsgebots und der Pflicht zu effektiven Wirtschaftlichkeitsprüfungen (hierzu vgl. Rn. 19).

102 Das BSG[107] hat der Durchschnittsprüfung Konturen gegeben, indem es insgesamt **acht Prüfungsschritte** mit Rechtmäßigkeitskriterien herausgearbeitet hat. Für die einzelnen Prüfungspunkte hat sich die nachfolgend dargestellte **Abfolge** als praktisch erwiesen. Diese ist allerdings **nicht zwingend**. Insbesondere begründet eine Abweichung von ihr keinen Rechtsfehler, wenn inhaltlich die relevanten Gesichtspunkte berücksichtigt werden.[108] Manches kann auch **wahlweise bei verschiedenen Prüfungsschritten** berücksichtigt werden. So kann z.B. einer Abweichung von der Gruppentypik entweder durch Bildung einer engeren Vergleichsgruppe (2.b) Rechnung getragen werden oder durch Anerkennung von Praxisbesonderheiten (4.a) oder auch durch Belassung einer größeren Überschreitung des Fachgruppendurchschnitts als noch wirtschaftlich (6.). Dazu vgl. auch Rn. 92 f., Rn. 132 am Ende, Rn. 139 am Ende und Rn. 141.

103 Die **Eckpunkte der einzelnen Prüfungsschritte** und die zu empfehlende Abfolge sind folgende:

1. Erster Prüfungsschritt (Prüfmethode)

104 Der **erste Prüfungsschritt** besteht in der **Auswahl der Prüfmethode**, d.h. in der Entscheidung, ob eine **Einzelfallprüfung** (evtl. in Gestalt der sog. eingeschränkten[109] oder typisierten (vgl. dazu Rn. 85) Einzelfallprüfung)[110] oder ein an **Durchschnittswerten** orientierter pauschaler statistischer Kostenvergleich durchgeführt werden soll. In Sonderfällen, wenn dem Vergleich mit den Durchschnittskosten der Kollegen besondere Gründe entgegenstehen, kann auch ein sog. **Vertikalvergleich** in Betracht

[105] So die ausdrückliche Klarstellung im früheren Satz 5 des § 106 Abs. 2 SGB V (Fassungen vom 01.01.2000 bis zum 31.12.2003).

[106] Dies fordernd BSG v. 06.02.2008 - B 6 KA 57/07 B - juris Rn. 11.

[107] Zunächst zur Vorgänger-Vorschrift der Reichsversicherungsordnung und seit 1989 zu § 106 SGB V.

[108] So ausdrücklich z.B. BSG v. 28.01.1998 - B 6 KA 69/96 R - SozR 3-2500 § 106 Nr. 43 S. 238/239.

[109] „Eingeschränkt" deshalb, weil die Überprüfung nur anhand der Verordnungsblätter am Maßstab der vom Arzt angegebenen Diagnose durchgeführt wird und keine Befragung der Patienten erfolgt (vgl. dazu BSG v. 08.04.1992 - 6 RKa 27/90 - BSGE 70, 246, 254 = SozR 3-2500 § 106 Nr. 10 S. 52). Diese Beschreibung der eingeschränkten Einzelfallprüfung zeigt zugleich, dass sie bei der Prüfung der Wirtschaftlichkeit der Verordnungsweise wohl kaum in Betracht kommen kann. Denn die Basis für diese Prüfungsmethode – die Kenntnis wenigstens der Diagnosen – ist hier fraglich, weil die Diagnosen nicht aus den Verordnungsblättern ersichtlich sind. Es müssten erst die Krankenscheine herbeigeschafft und den Verordnungsblättern zugeordnet werden – ein Verwaltungsaufwand, der kaum geleistet werden kann oder jedenfalls unangemessen hoch wäre.

[110] Neben der (strengen) Einzelfallprüfung, der eingeschränkten und der typisierten Einzelfallprüfung gibt es noch Prüfmethoden mit Hochrechnung. So können Unwirtschaftlichkeiten anhand einer repräsentativen Quote von Einzelfällen festgestellt und dann hochgerechnet werden, indem z.B. 20% der Verordnungen einzeln geprüft werden (vgl. BSG v. 23.02.2005 - B 6 KA 72/03 R - SozR 4-2500 § 106 Nr. 8 Rn. 16 m.w.N.), dann der festgestellte Betrag unwirtschaftlicher Kosten auf 100% hochgerechnet und so der Regress festgesetzt wird (vgl. zur – eingeschränkten – Einzelfallprüfung mit Hochrechnung z.B. BSG v. 23.02.2005 - B 6 KA 72/03 R - SozR 4-2500 § 106 Nr. 8 Rn. 14 und 16).

kommen, d.h. ein Vergleich der Abrechnungswerte des Arztes mit eigenen früherer Quartale.[111] Den Prüfungsstellen und Beschwerdeausschüssen steht eine Auswahlfreiheit zu, wobei sie aber den besonderen Stellenwert der Durchschnittsprüfung mit ihrem hohen Erkenntniswert bei verhältnismäßig geringem Verwaltungsaufwand berücksichtigen müssen.[112] Aus diesem Berücksichtigungsgebot erklärt sich, dass häufig bzw. meistens die Durchschnittsprüfung durchgeführt wird.

Im Verhältnis zur **Richtgrößen-Prüfung** ist die Durchschnittsprüfung nachrangig, d.h. für sie ist kein Raum, soweit eine Richtgrößen-Prüfung durchführbar ist (vgl. im Einzelnen Rn. 159). Wenn diese nicht möglich ist, kann die Durchschnittsprüfung durchgeführt werden: Insofern kommt der Durchschnittsprüfung, auch wenn sie wegen der Richtgrößen-Prüfung zunächst nicht anwendbar erscheint, eine **„Reservefunktion"** zu.[113] 105

Wirtschaftlichkeitsprüfungen sind insgesamt **ausgeschlossen, soweit** aufgrund der sog. **Bonus-Malus-Regelung** Durchschnittskosten je definierter Dosiereinheit festgelegt worden sind (vgl. dazu § 84 Abs. 7a Sätze 1 ff. i.V.m. Satz 10 SGB V).[114] Wegen der Einzelheiten der Bonus-Malus-Regelung wird auf die Kommentierung zu § 84 SGB V verwiesen. Vgl. dort auch dazu, dass die Spitzenverbände der Krankenkassen und die Kassenärztliche Bundesvereinigung im Oktober 2007 vereinbart haben, die Bonus-Malus-Regelung ab dem Jahr 2008 – und auch rückwirkend bezogen auf das Jahr 2007 – ihrerseits **nicht mehr anzuwenden**, eventuelle Abschlüsse regionaler Bonusvereinbarungen aber nicht zu behindern. 106

Wird als Prüfmethode der an Durchschnittswerten orientierte pauschale statistische Kostenvergleich durchgeführt,[115] so sind die folgenden weiteren Prüfungsschritte zu durchlaufen: 107

2. Zweiter Prüfungsschritt (Vergleichsbasis)

Im **zweiten Prüfungsschritt** werden die Durchschnittswerte des geprüften Arztes mit denen der **Vergleichsgruppe** verglichen. Dabei stellen sich mehrere Fragen: 108

- Zum einen, welches Leistungs- bzw. Verordnungskontingent für die Durchschnittsberechnungen herangezogen wird: Sollen alle Verordnungen erfasst werden oder nur die Verordnungen zu Lasten bestimmter Krankenkassen?
- Zum anderen, wie die Vergleichsgruppe gebildet wird: Ist als Vergleichsgruppe die gesamte Arztgruppe, der der Arzt angehört, oder nur ein Teil davon, z.B. nur die in bestimmter Weise Qualifizierten, heranzuziehen?
- Ferner im Falle fachübergreifender Gemeinschaftspraxen die zusätzliche Sonderfrage: Nach welchen Kriterien hat hier die Auswahl der Vergleichsgruppe zu erfolgen?

a. Verordnungsbereich

Im Idealfall wird das Verordnungsvolumen je Behandlungsfall als **Durchschnitt aus allen** Verordnungen errechnet. Indessen ist es kaum realistisch, alle Verordnungsblätter von allen Krankenkassen herbeischaffen zu können (was im Streitfall aber u.U. erforderlich ist, zu solchen Fragen vgl. Rn. 196). Deshalb kann es zweckmäßig sein, für einen Verordnungsregress **nur einige große Krankenkassen** zu erfassen. Wenn diese Krankenkassen als ausreichend repräsentativ angesehen werden können, kann eine **Hochrechnung** auf die Gesamtzahl aller Verordnungen erfolgen.[116] So hat das BSG es als unproblematisch angesehen, wenn die herangezogenen Verordnungen nur die AOK[117] oder nur die AOK und 109

---

[111] Vgl. hierzu BSG v. 09.06.1999 - B 6 KA 21/98 R - BSGE 84, 85 = SozR 3-2500 § 106 Nr. 47.

[112] So die Aussagetendenz von z.B. BSG v. 15.11.1995 - 6 RKa 43/94 - BSGE 77, 53, 58-60 = SozR 3-2500 § 106 Nr. 33 S. 189-191.

[113] In diesem Sinne BSG v. 02.11.2005 - B 6 KA 63/04 R - BSGE 95, 199 = SozR 4-2500 § 106 Nr. 11 Rn. 61. Näheres dazu vgl. Rn. 160.

[114] Eingefügt zum 01.05.2006 durch das Arzneimittelversorgungs-Wirtschaftlichkeitsgesetz (AVWG) v. 26.04.2006, BGBl I 2006, 984.

[115] Die gewählte Prüfmethode muss nicht ausdrücklich angegeben werden. Es reicht aus, wenn sich aus dem Gesamtzusammenhang der Ausführungen im Bescheid entnehmen lässt, nach welcher Prüfmethode die Prüfungsstelle bzw. der Beschwerdeausschuss verfahren ist.

[116] Vgl. dazu BSG v. 27.04.2005 - B 6 KA 1/04 R - BSGE 94, 273 = SozR 4-2500 § 106 Nr. 9 Rn. 9. Vgl. dazu auch noch Rn. 202.

[117] BSG v. 28.06.2000 - B 6 KA 36/98 R - USK 2000-165 S. 1084.

die Betriebskrankenkassen[118] oder nur die AOK und die Barmer Ersatzkasse[119] oder nur vier große Primär- und die Ersatzkassen[120] betrafen.

110 Werden nicht solche Krankenkassen erfasst, die wegen der großen Versichertenzahl als repräsentativ für die gesamte Patientenschaft angesehen werden können, sondern nur einige kleine Krankenkassen, so kann zwar trotzdem eine Verordnungsprüfung und bei Vorliegen der weiteren Voraussetzungen auch ein Verordnungsregress erfolgen. Eine Hochrechnung auf die Gesamtverordnungszahl wäre allerdings nicht möglich, vielmehr müssten die Verordnungsprüfung und der eventuelle Verordnungsregress auf das Verordnungsvolumen der erfassten Krankenkassen beschränkt bleiben.[121]

b. Arztbereich

111 Bei der Frage, wie die **Vergleichsgruppe zugeschnitten** wird, kann die gesamte Arztgruppe, der der Arzt angehört, oder nur ein Teil davon, z.B. nur die in bestimmter Weise qualifizierten Ärzte, herangezogen werden.

112 Der Normalfall ist die vergleichende Heranziehung der Durchschnittswerte der gesamten Arztgruppe, der der Arzt angehört. Es kann aber Fälle geben, in denen das Tätigkeitsspektrum des betroffenen Arztes und/oder sein Tätigkeitsschwerpunkt sich so sehr von denen der übrigen Ärzte der Arztgruppe unterscheiden, dass ein solcher Vergleich nicht mehr tragfähig ist, sodass die Bildung einer **engeren – „verfeinerten" – Vergleichsgruppe** in Betracht zu ziehen ist. Ob sie gebildet wird, liegt in der Entscheidung der Prüfgremien, die insoweit einen **Beurteilungsspielraum**[122] haben. Dabei ist grundsätzlich davon auszugehen, dass Ärzte mit derselben Fachgebietsbezeichnung, die also zur selben Arztgruppe gehören – mag diese auch groß und reichlich inhomogen sein wie z.B. die der Internisten –, auch miteinander vergleichbar sind, unabhängig davon, ob einige sich spezialisiert haben. Die Bildung einer engeren Vergleichsgruppe ist zu erwägen, wenn der geprüfte Arzt außer der allgemeinen Fachgebietsbezeichnung eine besondere **Zusatz- bzw. Schwerpunktbezeichnung** führt (z.B. Internist mit dem Schwerpunkt Kardiologie).[123] Dann liegt es nahe, ist aber keineswegs zwingend, dass sein Tätigkeitsbereich von dem allgemeinen Fachgebiet abweicht. Dementsprechend können die Prüfgremien – wenn sie feststellen, dass ein Arzt auf Grund seiner Zusatzbezeichnung tatsächlich einen abweichenden Patientenzuschnitt und ein abweichendes Tätigkeitsspektrum hat – eine engere Vergleichsgruppe bilden, sie müssen dies aber nicht.[124] Sie können die Frage der Bildung einer engeren Vergleichsgruppe **dagegen abwägen, dass diese Vergleichsgruppe** dann so klein würde, dass sie **u.U. nicht mehr** für eine statistische Vergleichsprüfung **ausreicht**.[125] Schon die Gesichtspunkte, dass die Vergleichsbasis schmaler würde und der Vergleich mehr Verwaltungsaufwand erfordern würde – weil die Vergleichswerte, die den Durchschnitt der engeren Gruppe darstellen, aus den Gesamt-Durchschnittsübersichten herausgefiltert werden müssten –, reichen als Rechtfertigung aus, um es beim Vergleich mit der gesamten Arztgruppe zu belassen.[126]

113 **Gleiches gilt** – erst recht –, wenn ein abweichender Patientenzuschnitt oder ein abweichendes Leistungsspektrum nicht auf Grund einer Zusatz- bzw. Schwerpunktbezeichnung vorliegt, sondern – ohne förmliche Zuerkennung – durch eine sonstige **besondere Qualifikation und die darauf gegründete**

[118] BSG v. 06.09.2000 - B 6 KA 24/99 R - SozR 3-2500 § 106 Nr. 50 S. 268.

[119] BSG v. 27.04.2005 - B 6 KA 1/04 R - BSGE 94, 273 = SozR 4-2500 § 106 Nr. 9 Rn. 9.

[120] Vgl. das zu einer Richtgrößen-Prüfung ergangene Urteil des BSG v. 02.11.2005 - B 6 KA 63/04 R - BSGE 95, 199 = SozR 4-2500 § 106 Nr. 11 (u.a. Rn. 25).

[121] Vgl. zu solcher Verfahrensweise den Fall BSG v. 31.05.2006 - B 6 KA 44/05 B - MedR 2006, 672-673.

[122] Vgl. hierzu ständige Rechtsprechung des BSG, z.B. BSG v. 31.05.2003 - B 6 KA 32/03 R - SozR 4-2500 § 106 Nr. 1 Rn. 11; BSG v. 14.12.2005 - B 6 KA 4/05 R - SozR 4-2500 § 106 Nr. 12 Rn. 16-22.

[123] Von einer solchen Spezialisierung kann der Arzt Gebrauch machen, er muss es aber nicht. Daher kann es angezeigt sein, dass die Prüfgremien in concreto überprüfen, ob der geprüfte Arzt wirklich ein entsprechend spezialisiertes Leistungsspektrum aufweist, und nur in diesem Fall in die Überlegung der Bildung einer verfeinerten Vergleichsgruppe eintreten.

[124] Vgl. hierzu zuletzt – und besonders deutlich – BSG v. 14.12.2005 - B 6 KA 4/05 R - SozR 4-2500 § 106 Nr. 12 Rn. 16 ff., in Fortführung von BSG v. 11.12.2002 - B 6 KA 1/02 R - SozR 3-2500 § 106 Nr. 57 S. 319-322.

[125] Zu diesem Gesichtspunkt vgl. BSG v. 16.07.2003 - B 6 KA 14/02 R - SozR 4-2500 § 106 Nr. 2 Rn. 15. Es ist allerdings unwahrscheinlich, dass eine Vergleichsgruppe als zu klein erachtet werden könnte. Denn in der Rechtsprechung ist eine Gruppe aus nur sieben Ärzten als ausreichend angesehen worden (vgl. hierzu BSG v. 16.07.2003 - B 6 KA 14/02 R - SozR 4-2500 § 106 Nr. 2 Rn. 15 und BSG v. 23.02.2005 - B 6 KA 72/03 R - SozR 4-2500 § 106 Nr. 8 Rn. 11 am Ende).

[126] Übrigens ohne dass diese Abwägung sich ausdrücklich aus dem Bescheid ergeben müsste.

Spezialisierung bedingt ist. In solchen Fällen besteht – noch weniger als in den Fällen einer förmlichen Zusatz- bzw. Schwerpunktbezeichnung – ebenfalls **keine Pflicht** zur Bildung einer engeren Vergleichsgruppe. **Allenfalls in extrem gelagerten Ausnahmefällen**[127] kann dies anders sein und eine Pflicht zur Bildung einer engeren Vergleichsgruppe bestehen.[128]

c. Sonderfall Berufsausübungsgemeinschaft

Besondere Schwierigkeiten bei der Bildung der angemessenen Vergleichsgruppe bestehen im Fall **fachübergreifender Gemeinschaftspraxen**. Hier kommen mehrere Verfahrensweisen in Betracht. Die Prüfgremien können als Vergleichsgruppe entweder diejenige der in Betracht kommenden Arztgruppen heranziehen, bei der die durchschnittlichen Verordnungsvolumina am höchsten liegen. Sie könnten auch einen Mittelwert zwischen den Volumina der verschiedenen Arztgruppen errechnen. Oder sie könnten die Arztgruppe auswählen, zu der der Praxispartner mit dem hohen Verordnungsvolumen gehört. Welche dieser Methoden sachgerecht ist, hängt von der konkreten Fallkonstellation ab. 114

3. Dritter Prüfungsschritt (Vergleichs„breite“)

Nur kurz erwähnt sei hier der **dritte Prüfungsschritt**. Dieser ist anhand des statistischen Kostenvergleichs bei der Prüfung der Wirtschaftlichkeit ärztlichen Behandlungsverhaltens herausgearbeitet worden, passt aber nicht für die Prüfung ärztlichen Verordnungsverhaltens. Er betrifft die Auswahl der **Vergleichsmethode**, d.h. ob die Gesamtfallwerte oder nur Spartenwerte oder gar nur Einzelleistungswerte[129] mit den Werten der Fachgruppe verglichen werden sollen. Bei der Verordnungsprüfung bestehen solche Auswahlmöglichkeiten nicht, hier wird stets der gesamte Arzneimittelaufwand – evtl. allerdings begrenzt auf bestimmte Krankenkassen (vgl. Rn. 109 ff.) – in die Prüfung einbezogen. Eine **Trennung von Sparten** könnte man allenfalls darin sehen, dass bei der Überprüfung des Verordnungsaufwands getrennte Prüfungen für die **Arzneimittel-** und **Heilmittel-** sowie die **Hilfsmittelkosten** vorgenommen werden. 115

4. Vierter Prüfungsschritt (Praxisbesonderheiten und Einsparungen)

In der Praxis **am wichtigsten** ist der **vierte Prüfungsschritt**, in dessen Rahmen aufwandserhöhende Faktoren daraufhin zu überprüfen sind, ob sie sich aus einer speziellen Qualifikation i.V.m. Besonderheiten des Patientenzuschnitts – Praxisbesonderheiten – oder aus Einsparungen an anderer Stelle – kompensierende Einsparungen – ergeben. Im Verhältnis dieser beiden Punkte zueinander ist die Überprüfung, ob Praxisbesonderheiten vorliegen, bedeutsamer. An diesem Punkt entscheidet sich in vielen Fällen, ob der Mehraufwand des Arztes gerechtfertigt ist oder ob ein Regress festgesetzt werden kann. 116

a. Praxisbesonderheiten

Eine scharfe Konturierung des Begriffs **Praxisbesonderheiten** hat das BSG bisher nicht vorgenommen. Es hat sich insoweit meist zurückgehalten und – wenn überhaupt – nur unscharfe Erläuterungen gegeben. Die konkretesten Formulierungen des BSG sind - ausgehend vom Wortsinn, dass es sich um **Besonderheiten bei der Patientenversorgung** handeln muss – bisher folgende: 117

---

[127] Einen solchen Extrem-Ausnahmefall hat das BSG bei einem fast ausschließlich reproduktionsmedizinisch tätigen Arzt anerkannt: Es hat den Vergleich mit der Gesamtgruppe der Gynäkologen als ungeeignet angesehen, also eine Pflicht – nicht nur eine Ermessensbefugnis – zur Bildung einer engeren Vergleichsgruppe angenommen (BSG v. 27.04.2005 - B 6 KA 39/04 R - SozR 4-2500 § 106 Nr. 10 Rn. 6 ff.). Dies ließ sich damit rechtfertigen, dass es sich bei der Durchführung künstlicher Befruchtungen um einen Sonderbereich handelt, der eine besondere Genehmigung erfordert (§ 121a SGB V) und faktisch – wegen der notwendigen apparativen und personellen Ausstattung (vgl. hierzu die Richtlinien über künstliche Befruchtung) – zur Konzentration der ärztlichen Tätigkeit auf diesen Sonderbereich führt. Die Kritik an diesem BSG-Urteil geht dahin, es wäre mehr „dogmatisch auf Linie“ gewesen, wenn das BSG die Fachgruppe der Gynäkologen insgesamt als Vergleichsgruppe akzeptiert, aber die besondere Praxisausrichtung als Praxisbesonderheit berücksichtigt hätte.

[128] Zum Erfordernis näherer Begründung im Bescheid, falls deutliche Besonderheiten keine Berücksichtigung finden, vgl. BSG v. 16.07.2003 - B 6 KA 14/03 R - SozR 4-2500 § 106 Nr. 2 Rn. 15 im Falle einer kleinen und sehr inhomogenen Arztgruppe (Chirurgen).

[129] Vgl. dazu z.B. BSG v. 16.07.2003 - B 6 KA 44/02 R - GesR 2004, 144, 145 ff. m.w.N. mit Anführung der besonderen Voraussetzungen für die Tragfähigkeit des Vergleichs von Einzelleistungen des geprüften Arztes mit dem Durchschnitt der Fachgruppe.

- „Praxisbesonderheiten sind regelmäßig durch einen bestimmten Patientenzuschnitt charakterisiert, der z.B. durch eine spezifische Qualifikation des Arztes etwa aufgrund einer Zusatzbezeichnung bedingt sein kann."[130]
- „Praxisbesonderheiten sind aus der Zusammensetzung der Patienten herrührende Umstände, die sich auf das Behandlungsverhalten des Arztes auswirken und in den Praxen der Vergleichsgruppe nicht in entsprechender Weise anzutreffen sind. Die Praxis muss sich nach der Zusammensetzung der Patienten und hinsichtlich der schwerpunktmäßig zu behandelnden Gesundheitsstörungen vom typischen Zuschnitt einer Praxis der Vergleichsgruppe unterscheiden, und diese Abweichung muss sich gerade auf die überdurchschnittlich häufig erbrachten Leistungen auswirken."[131]
- „Praxisbesonderheiten ... sind anzuerkennen, wenn ... ein spezifischer, vom Durchschnitt der eigenen Vergleichsgruppe signifikant abweichender Behandlungsbedarf des eigenen Patientenklientels sowie die hierdurch hervorgerufenen Mehrkosten nachgewiesen werden."[132]
- „Praxisbesonderheiten dienen dazu, im Einzelfall den mit Hilfe von Richtgrößen oder Durchschnittswerten begründeten Anscheinsbeweis einer in bestimmtem Umfang vorliegenden Unwirtschaftlichkeit der Behandlungs- oder Verordnungsweise des Vertragsarztes zu widerlegen."[133]

118 Aus diesen Formulierungen ergibt sich, dass jedenfalls ein **besonderer Zuschnitt der Patientenschaft** gegeben sein muss, der **im Regelfall in Wechselbeziehung zu einer spezifischen Qualifikation** des Arztes steht: Weist ein Arzt eine spezifische Qualifikation aus, so suchen ihn insbesondere Patienten mit entsprechenden Leiden auf. Und umgekehrt führt eine entsprechende Patientenschaft häufig dazu, dass der Arzt sich in überdurchschnittlichem Umfang um deren spezielle Krankheiten kümmert und in diesem Bereich vermehrt Erfahrungen sammelt, sich u.U. auch speziell in diesem Bereich weiterbildet.

119 Praxisbesonderheiten sind **gelegentlich** so **offenkundig**, dass die Prüfgremien ihrem Vorliegen schon von Amts wegen nachzugehen haben.[134] Sind sie nicht offenkundig oder ist erkennbar, dass die Prüfgremien nicht von Amts wegen tätig werden, so muss der Vertragsarzt deren Vorliegen geltend machen, indem er die in seiner Sphäre vorliegenden Umstände, aus denen er eine Praxisbesonderheit ableitet, **darlegt**.[135] Reichen seine Darlegungen aus der Sicht der Prüfgremien nicht aus, erscheint es aber möglich, dass ergänzende Ermittlungen der Prüfgremien oder ergänzende Darlegungen des Vertragsarztes doch noch zur Anerkennung einer Praxisbesonderheit führen könnten, so müssen die Prüfgremien entweder die ihnen möglichen eigenen Ermittlungen durchführen oder den Arzt darauf hinweisen, woran es aus ihrer Sicht noch fehlt, und die Frage möglicher ergänzender Darlegungen mit ihm erörtern.

120 Für die erforderliche „**Darlegung**" von Praxisbesonderheiten reicht es nicht aus, wenn ein Arzt lediglich seine einzelnen Behandlungsfälle auflistet und sie einzeln mit Anführung von Diagnose sowie Behandlungs- und Verordnungsmaßnahmen erläutert. Denn es müssen **spezielle Strukturen** aufgezeigt werden. Hierfür ist es notwendig, dass er seine **Patientenschaft und deren Erkrankungen „systematisiert"**. Dies kann z.B. in der Weise geschehen, dass er die bei ihm schwerpunktmäßig behandelten Erkrankungen aufzählt und mitteilt, welcher Prozentsatz von seinen Patienten ihnen jeweils zuzuordnen ist und welcher Aufwand an Behandlung bzw. Arzneien durchschnittlich für die Therapie einer solchen Erkrankung erforderlich ist. Daraus lassen sich dann der besondere Zuschnitt der von ihm behandelten Patientenschaft, evtl. auch seine **spezifischen Behandlungsmethoden** sowie ggf. auch seine **spezifischen Qualifikationen** erkennen. Ergeben sich daraus signifikante Abweichungen vom Durchschnitt der Fachgruppe, so ist die Anerkennung einer (oder mehrerer) Praxisbesonderheit(en) möglich.

[130] BSG v. 06.09.2000 - B 6 KA 24/99 R - SozR 3-2500 § 106 Nr. 50 S. 265.

[131] BSG v. 23.02.2005 - B 6 KA 79/03 R - ArztR 2005, 291.

[132] BSG v. 22.06.2005 - B 6 KA 80/03 R - SozR 4-2500 § 87 Nr. 10 Rn. 35.

[133] BSG v. 22.06.2005 - B 6 KA 80/03 R - SozR 4-2500 § 87 Nr. 10 Rn. 35.

[134] Hierzu zusammenfassend BSG v. 27.06.2001 - B 6 KA 66/00 R - SozR 3-2500 § 106 Nr. 53 S. 295.

[135] BSG v. 27.06.2001 - B 6 KA 66/00 R - SozR 3-2500 § 106 Nr. 53 S. 295: Erforderlich ist, dass „der geprüfte Arzt entsprechende substantiierte Umstände dafür darlegt". Vgl. auch BSG v. 11.12.2002 - B 6 KA 1/02 R - SozR 3-2500 § 106 Nr. 57 S. 326 (betr. kompensierende Einsparungen): Erforderlich ist „zumindest eine substantiierte Darstellung, bei welchen Diagnosen nach Ansicht des Klägers die Ärzte der Vergleichsgruppe den Patienten zur stationären Behandlung eingewiesen hätten, während er darauf infolge bestimmter ... Behandlungsmaßnahmen habe verzichten können". Vgl. ferner BSG v. 05.11.1997 - 6 RKa 1/97 - SozR 3-2500 § 106 Nr. 42 S. 231 ff.; BSG v. 06.09.2000 - B 6 KA 24/99 R - SozR 3-2500 § 106 Nr. 50 S. 268 f.; BSG v. 11.10.2005 - B 6 KA 5/05 B - juris; vgl. auch Rn. 135 und Rn. 199.

Sind Praxisbesonderheiten dem Grunde nach anzuerkennen, so bleibt noch die **Frage, in welchem Ausmaß** sie einen **Mehraufwand** des Arztes im Verhältnis zur Vergleichsgruppe **rechtfertigen**. Wenn sie diesen in vollem Umfang plausibel machen, ist kein Raum für eine Prüfmaßnahme – sei es Beratung, Honorarkürzung oder Verordnungsregress. Decken die Praxisbesonderheiten indessen nur einen Teil des Mehraufwandes ab, so bedarf es ihrer **Quantifizierung**: Die Prüfgremien haben die Aufgabe, zu **schätzen, wie viel Mehraufwand** gegenüber dem durchschnittlichen Aufwand in der Vergleichsgruppe durch die Praxisbesonderheiten gerechtfertigt ist. 121

Ausdrückliche Regelungen zur Frage, unter welchen **Voraussetzungen Praxisbesonderheiten** anzuerkennen sind, enthält das SGB V nicht. Lediglich im Rahmen der Regelungen zur **Richtgrößen-Prüfung** ermächtigt das SGB V die Vertragspartner der **Prüfvereinbarung** dazu, **„Maßstäbe zur Prüfung der Berücksichtigung von Praxisbesonderheiten"** zu bestimmen, also Maßstäbe festzulegen, unter welchen Voraussetzungen und in welchem Ausmaß (Quantifizierung) Praxisbesonderheiten zu berücksichtigen sind (§ 106 Abs. 5a Satz 5 SGB V). Mit solchen nur untergesetzlichen Vorschriften kann aber der Inhalt des gesetzlichen Begriffs Praxisbesonderheiten nicht verändert, sondern lediglich klarstellend näher umschrieben werden. Deshalb ist die Rechtslage bei der Richtgrößen-Prüfung letztlich keine andere als **bei der Durchschnittsprüfung**, für die eine vergleichbare Ermächtigung nicht besteht und daher **auf die Rechtskonkretisierung zurückzugreifen** ist, **wie sie sich aus der Rechtsprechung ergibt**. 122

Mit der Frage, welche besonderen Strukturen als Praxisbesonderheiten anerkannt werden können, hat sich das BSG wiederholt befasst. Aus der Durchsicht dieser Rechtsprechung ergibt sich, dass einige Strukturen eher als andere dazu taugen. Ein recht **zugkräftiges Vorbringen** besteht in der Darlegung einer **besonderen Qualifikation** (Zusatz- bzw. Schwerpunktbezeichnung) **in Verbindung mit einer entsprechenden Patientenschaft**. 123

Demgegenüber sind **wenig zugkräftig** Hinweise auf 124

- einen hohen Rentneranteil, denn dieser wird im Regelfall schon dadurch berücksichtigt, dass der Aufwand in der Vergleichsgruppe „rentner-gewichtet"[136] (d.h. auf den Rentneranteil des betroffenen Vertragsarztes umgerechnet) wird,
- besonders behandlungsbedürftige und dadurch auch verordnungsaufwendige Rentner,[137]
- besonders alte Rentner,
- einen hohen Ausländer/Aussiedler-Anteil (nur evtl. Gesichtspunkt für Ermessen bei Kürzungsausmaß, vgl. Rn. 145)[138]
- Landarztpraxis,[139]
- Einzel-/Gemeinschaftspraxis o.Ä.[140]

Auch der Hinweis eines Arztes, er habe **schwierige Krankheitsfälle** in seiner Patientenschaft, ist allein ebenfalls nicht bedeutsam. Schwierige Krankheitsfälle hat jeder Arzt in einer mehr oder weniger großen Anzahl. Nur wenn ein Arzt auf Grund eines **besonderen Zuschnitts** seiner Patientenschaft einen **signifikant höheren Anteil** an schwierigen Krankheitsfällen in seiner Patientenschaft hat als der Durchschnitt der Arztgruppe, kann insoweit die Anerkennung einer Praxisbesonderheit erwogen werden. Dafür muss er aber den besonderen Zuschnitt seiner Patientenschaft beschreiben und plausibel machen, dass er damit **signifikant** vom arztgruppenüblichen Bild abweicht. 125

Eine große Zahl besonders schwieriger Behandlungsfälle kann dazu führen, dass der Arzt wegen des hohen zeitlichen Aufwandes für diese zugleich eine geringe Zahl an Behandlungsfällen hat. Der Zusammenhang kann aber auch umgekehrt sein, nämlich dass der Arzt verhältnismäßig wenige Patienten und dadurch mehr Zeit für jeden einzelnen hat, sich (über)sorgfältig mit jedem befasst – auf jede entdeckte Unregelmäßigkeit umfassende Untersuchungen und Arzneiverordnungen vornimmt – und so einen unangemessen hohen Aufwand treibt, sodass sich erst als sekundäre Folge der Anschein besonders vieler schwieriger Fälle ergibt. Deshalb begegnen die Prüfgremien und die Gerichte in dem Fall, dass ein Arzt eine besonders geringe Fallzahl hat, mit Skepsis seinem Vorbringen, er habe besonders viele schwierige Behandlungsfälle. Um plausibel zu machen, dass nicht die geringe Fallzahl die eigentliche 126

[136] So jedenfalls z.B. in Baden-Württemberg.

[137] Vgl. dazu BSG v. 31.05.2006 - B 6 KA 68/05 B - juris, mit hohen Anforderungen an die Substantiierung solchen Vorbringens.

[138] BSG v. 28.04.2004 - B 6 KA 24/03 R - MedR 2004, 577, 578.

[139] Vgl. dazu BSG v. 06.09.2000 - B 6 KA 24/99 R - SozR 3-2500 § 106 Nr. 50 S. 265.

[140] BSG v. 06.09.2000 - B 6 KA 24/99 R - SozR 3-2500 § 106 Nr. 50 S. 265.

Ursache ist, sondern dass wirklich die Vielzahl schwieriger Krankheitsfälle das eigentliche Problem ist, tut der Arzt gut daran, den **strukturell besonderen Zuschnitt** seiner Patientenschaft aufzuzeigen mit Darlegung der dafür ursächlichen besonderen ärztlichen Qualifikation.[141]

127 Die Prüfgremien helfen sich vielfach damit, dass sie alle aufwändigen Fälle, die einen bestimmten Mehraufwand aufweisen (z.B. alle Fälle mit Verordnungskosten von mehr als 500 € im Monat), vorab herausrechnen und erst auf der so bereinigten Basis dann den Kostenvergleich zwischen dem geprüften Arzt und dem Durchschnitt der Fachgruppe vornehmen. Mit einer solchen Verfahrensweise sind die Prüfgremien „auf der sicheren Seite", andererseits werden u.U. Ärzte, die eine geringe Fallzahl haben und hierdurch „aufwändige Fälle produzieren", zu Unrecht begünstigt.

128 Fälle der Anerkennung von Praxisbesonderheiten liegen z.B. vor
- bei einem onkologisch oder kardiologisch ausgerichteten Internisten,[142]
- bei einem phlebologisch tätigen Allgemeinarzt,[143]
- bei einem Internisten mit erheblichem Umfang vorstationärer Diagnostik.[144]

129 Problematisch sind die Fälle, in denen sich Ärzte auf den Schwerpunkt der Anwendung von Naturheilverfahren berufen. Sie rechtfertigen ihren Mehraufwand damit, dass die Anwendung solcher Verfahren auf lange Sicht zu Kostenreduzierungen führe und dadurch letzten Endes kostengünstiger sei als schulmedizinische Behandlungen. Vor diesem Hintergrund ist ein höherer Aufwand bei Anwendung von Naturheilverfahren im Regelfall nur dann als plausibel anzusehen, wenn der Arzt aufzeigt, dass er laufend Zustrom von neuen Patienten hat, die eine naturheilkundliche Behandlungsweise wünschen und sich noch nicht in der späteren Phase wirksam werdender Einsparungen befinden.

130 Das Vorbringen von Ärzten, sie hätten ihre Praxis erst neu begründet, wird differenziert beurteilt. Es kann sich dabei um den Tatbestand einer
- Anlaufpraxis

oder einer
- Anfängerpraxis

handeln oder – häufig – um eine Gemengelage von beidem. Gelegentlich wird unscharf von
- Aufbaupraxis

gesprochen, ohne klare Zuordnung zur Anlauf- oder zur Anfängerpraxis.

131 Bei der **Anlaufpraxis** handelt es sich darum, dass ein bereits kassenärztlich erfahrener Arzt außerhalb des Einzugsbereichs seiner bisherigen kassenärztlichen Tätigkeit eine neue Praxis gründet oder eine dort bereits vorhandene übernimmt. Da er die Patienten noch nicht kennt (und im Falle einer Praxisneugründung nicht einmal Krankenunterlagen übernehmen kann), hat er einen größeren Aufwand für die Erfassung der Basisdaten (Anamnese, häufiger auch Gesamtkörperstatus und Laboruntersuchungen) und ist evtl. auch z.B. bei Arzneiverordnungen auf die „Erprobung" angewiesen, welche Arzneimittel von dem ihm bisher unbekannten Patienten vertragen werden und bei diesem am besten wirken. Dies bedeutet einen höheren Aufwand als bei einer eingefahrenen durchschnittlichen Arztpraxis und kann wegen des Zusammenhangs mit dem Zuschnitt seiner Patientenschaft durch Anerkennung als Praxisbesonderheit berücksichtigt werden.[145]

132 Bei der **Anfängerpraxis** handelt es sich dagegen darum, dass der Arzt erst Erfahrungen in kassenärztlicher Tätigkeit sammeln muss und in den ersten Quartalen möglicherweise noch nicht allen Erfordernissen des Wirtschaftlichkeitsgebots gewachsen ist, was sich in einem ungerechtfertigt hohen Aufwand

---

[141] Zu diesen Zusammenhängen vgl. z.B. BSG v. 22.03.2006 - B 6 KA 80/04 R - SozR 4-2500 § 87 Nr. 12 Rn. 16 am Ende. Vgl. dazu auch *Clemens* in: Schulin, Handbuch des Sozialversicherungsrechts, Bd. 1: Krankenversicherungsrecht, 1994, § 35 Rn. 96.

[142] Beispiel aus *Clemens* in: Schulin, Handbuch des Sozialversicherungsrechts, Bd. 1: Krankenversicherungsrecht, 1994, § 35 Rn. 92.

[143] BSG v. 22.05.1984 - 6 RKa 16/83 - Umdruck S. 16. Angeführt bei *Clemens* in: Schulin, Handbuch des Sozialversicherungsrechts, Bd. 1: Krankenversicherungsrecht, 1994, § 35.

[144] BSG v. 23.05.1984 - 6 RKa 17/82 und 1/83 - Umdruck S. 19 ff. bzw. S. 14 ff. (angeführt bei *Clemens* in: Schulin, Handbuch des Sozialversicherungsrechts, Bd. 1: Krankenversicherungsrecht, 1994, § 35 Rn. 92).

[145] Zu Unterscheidung zwischen Anlaufpraxis und Anfängerpraxis vgl. z.B. BSG v. 11.06.1986 - 6 RKa 2/85 - SozR 2200 § 368n Nr. 44 S. 151 f.; BSG v. 02.06.1987 - 6 RKa 23/86 - BSGE 62, 24, 31 = SozR 2200 § 368n Nr. 48 S. 163; BSG v. 15.12.1987 - 6 RKa 19/87 - BSGE 63, 6, 8 f. = SozR 2200 § 368n Nr. 52 S. 179 f. Vgl. auch *Clemens* in: Schulin, Handbuch des Sozialversicherungsrechts, Bd. 1: Krankenversicherungsrecht, 1994, § 35 Rn. 94 Fn. 138 mit weiteren BSG-Angaben und dem Hinweis auf eine Begrenzung bis maximal zum 4. Quartal. Näheres ferner vgl. Rn. 147.

sowohl im kurativen Bereich als auch bei den Arzneimittelverordnungen zeigen kann. Da dies aber kein Problem eines besonderen strukturellen Zuschnitts seiner Patientenschaft oder seiner Therapiemethoden ist, gehört eine solche Problematik nicht zur Frage von Praxisbesonderheiten, sondern zum Bereich der Ermessensausübung, die später zu diskutieren ist (vgl. Rn. 147).[146] Die Problematik der Anfängerpraxis ist **meist zugleich** die einer **Anlaufpraxis** (der Anfänger hat nur dann nicht die Probleme einer Anlaufpraxis, wenn er bereits vorher in dieser Praxis – z.B. als angestellter Arzt oder als Assistent – tätig war). Dann kann es schwer sein, den durch die Anfängerpraxis veranlassten von dem durch die Anlaufpraxis bedingten Mehraufwand zu trennen. Dann kann beides pauschalierend zusammengezogen werden, ohne dies der einen oder der anderen Situation zuzuordnen (vgl. dazu Rn. 102).

b. Kompensierende Einsparungen

Der „ungleiche Zwilling" der Praxisbesonderheiten sind die sog. **kompensierenden Einsparungen**, – 133
„ungleiche Zwillinge" deshalb, weil beides zwar Argumente zur Rechtfertigung eines Mehraufwandes sind, kompensierende Einsparungen aber nur äußerst selten, Praxisbesonderheiten dagegen recht häufig anerkannt werden.

Dem Argument, die überdurchschnittlichen Aufwendungen in einem Leistungsbereich müssten akzep- 134
tiert werden, weil die Kosten in anderen Bereichen unterdurchschnittlich seien, steht das BSG skeptisch gegenüber. Dieses akzeptiert einen „Ausgleich" zwischen verschiedenen Bereichen nur **ausnahmsweise**, und zwar nur dann, **wenn** zwischen dem Mehraufwand in dem einen und dem Minderaufwand in einem anderen Bereich ein Kausalzusammenhang besteht, d.h. dass die **Einsparungen** im anderen Bereich **durch** den beanstandeten Mehraufwand **erreicht** wurden. Dieses Erfordernis beruht darauf, dass dem **Wirtschaftlichkeit**sgebot an sich **in jedem einzelnen Bereich** Rechnung getragen werden muss[147] und es nicht ausreicht, wenn sich lediglich – im Sinne einer Art „bloßer Gesamtwirtschaftlichkeit" – die Gesamtkosten noch im Rahmen des Durchschnitts halten.

Den hiernach erforderlichen **Kausalzusammenhang darzutun ist Aufgabe des Vertragsarztes.** Zur 135
Darlegung, dass die Einsparungen durch den beanstandeten Mehraufwand kausal bedingt waren, muss er unter **Auswertung seiner Krankenunterlagen** anhand der Kenntnis seiner Patientenschaft die bei ihr **typischen Krankheiten** und die von ihm **praktizierte Behandlungstypik** aufzeigen und ausführen, in welchem Bereich und inwiefern sich dadurch Einsparungen ergeben.[148] Dies bedeutet z.B. im Fall eines überdurchschnittlichen Arzneimittelaufwandes mit drohendem Arzneikostenregress, dass der Arzt darlegen muss, in welchen Behandlungsbereichen und auf Grund welcher Kausalzusammenhänge er durch den Arzneimittelmehraufwand Einsparungen erreicht. Beruft er sich z.B. auf die Einsparung von Krankenhauseinweisungen, so muss er darlegen, durch welchen Mehraufwand (z.B. durch welchen Typ von Arzneien) er Einweisungen zur stationären Behandlung vermieden hat, während andere Ärzte die Patienten ins Krankenhaus eingewiesen haben würden.[149] Bisher ist kein Fall bekannt, in dem die Rechtsprechung einen solchen Kausalzusammenhang als belegt anerkannt hat.[150] Alle Argumentationen von Ärzten, sie hätten zwar einen erhöhten Arzneimittelaufwand, dafür aber weniger Arbeitsunfähigkeitsfälle und kürzere Arbeitsunfähigkeitszeiten oder weniger Krankenhauseinweisungen oder einen Minderaufwand im sonstigen Behandlungsbereich, sind bisher erfolglos geblieben.

---

[146] Vgl. dazu zuletzt BSG v. 28.04.2004 - B 6 KA 24/03 R - MedR 2004, 577, 578 m.w.N., und Rn. 147.

[147] Std. Rspr. des BSG, z.B. BSG v. 21.05.2003 - B 6 KA 32/02 R - SozR 4-2500 § 106 Nr. 1 Rn. 11; BSG v. 16.07.2003 - B 6 KA 45/02 R - SozR 4-2500 § 106 Nr. 3 Rn. 9; BSG v. 28.04.2004 - B 6 KA 24/03 R - MedR 2004, 577; BSG v. 27.06.2007 - B 6 KA 44/06 R - SozR 4-2500 § 106 Nr. 17 Rn. 15. Zur Ablehnung bloßer Gesamtwirtschaftlichkeit vgl. z.B. BSG v. 05.11.1997 - 6 RKa 1/97 - SozR 3-2500 § 106 Nr. 42 S. 232 f.

[148] BSG v. 05.11.1997 - 6 RKa 1/97 - SozR 3-2500 § 106 Nr. 42 S. 231 ff.; BSG v. 11.12.2002 - B 6 KA 1/02 R - SozR § 106 Nr. 57 S. 318, 325 f. Vgl. dazu auch Rn. 119 und Rn. 199, jeweils mit näheren Angaben.

[149] So BSG v. 11.12.2002 - B 6 KA 1/02 R - SozR 3-2500 § 106 Nr. 57 S. 326: Erforderlich ist „zumindest eine substantiierte Darstellung, bei welchen Diagnosen nach Ansicht des Klägers die Ärzte der Vergleichsgruppe den Patienten zur stationären Behandlung eingewiesen hätten, während er darauf infolge bestimmter ... Behandlungsmaßnahmen habe verzichten können". Inhaltlich ebenso BSG v. 16.07.2003 - B 6 KA 44/02 R - juris (insoweit in GesR 2004, 144, 147, nicht abgedruckt).

[150] Vgl. z.B. BSG v. 11.12.2002 - B 6 KA 1/02 R - SozR 3-2500 § 106 Nr. 57 S. 325 f. verneinend zu Einsparungen bei medizinisch-physikalischen Leistungen, Arzneikosten, Arbeitsunfähigkeitsfällen, Krankenhauseinweisungen, ferner Hilfsmittelverordnungen, Haushaltshilfeleistungen, Leistungen zur Belastungserprobung und zur Arbeitstherapie. Diese Grundsätze wiederholend BSG v. 16.07.2003 - B 6 KA 44/02 R - juris (insoweit in GesR 2004, 144, 147, nicht abgedruckt).

5. Fünfter Prüfungsschritt (offensichtliches Missverhältnis)

136 Im **fünften Prüfungsschritt** kommt es darauf an, ob die Überschreitung des durchschnittlichen Aufwandes der Vergleichsgruppe so groß ist, dass ein **offensichtliches Missverhältnis** festgestellt werden kann.

137 Bei der Festlegung der Grenze zum offensichtlichen Missverhältnis haben die Prüfgremien einen **Beurteilungsspielraum.**[151] Sie können dabei Besonderheiten des konkreten Einzelfalles berücksichtigen. Beispielweise kann der Gesichtspunkt, dass die Vergleichsgruppe vom Aufwand her in sich sehr inhomogen ist, dazu führen, die Grenze höher anzusetzen, während sie im Falle einer sehr homogenen Vergleichsgruppe niedriger angesetzt werden kann.

138 Früher wurde die Grenze zum offensichtlichen Missverhältnis in Fällen des Vergleichs von Gesamtfallwerten des Arztes mit denen der Vergleichsgruppe in der Regel bei einer Durchschnittsüberschreitung um ca. 50-60% angesetzt. Heute geht die Tendenz dahin, die Grenze eher **bei 40%, gelegentlich sogar bei nur ca. 30%**, anzusetzen,[152] besonders bei homogenen Arztgruppen. Dies gilt vor allem dann, wenn – wie dies zunehmend geschieht – etwaige anzuerkennende Praxisbesonderheiten des Arztes – sowie eventuelle kompensierende Einsparungen – schon vorab herausgerechnet werden. Früher geschah dies nicht, sondern die Prüfung eines „offensichtlichen Missverhältnisses" erfolgte schon vor der Prüfung der Praxisbesonderheiten und der Einsparungen.[153]

139 Gründe, die Grenze nicht auf nur 40% oder gar 30% festzusetzen, können sich daraus ergeben, dass die Vergleichsgruppe nicht homogen ist und/oder dass das Tätigkeitsspektrum des geprüften Arztes erheblich von dem der Vergleichsgruppe abweicht (ohne dass dies durch Bildung einer engeren Vergleichsgruppe oder durch Anerkennung von Praxisbesonderheiten berücksichtigt wurde), oder überhaupt, um Unsicherheiten bei vorangegangenen Prüfungsschritten Rechnung zu tragen (vgl. hierzu Rn. 102).

140 Bei **Arzneikostenvergleichen** gilt für die Festlegung der Grenze zum offensichtlichen Missverhältnis nichts anderes. Arzneikostenvergleiche stellen zwar eine Art Spartenvergleich (zu diesem Begriff vgl. Rn. 115) dar, der sich aber verselbständigt hat und nach den Regeln eines Gesamtfallwertvergleichs durchgeführt wird. Deshalb kann auch in diesem Bereich die Grenze zum offensichtlichen Missverhältnis auf **40% oder auch auf nur 30%** festgelegt werden.

141 So ergibt sich – wie dargelegt und wie aus der Abfolge[154] der Prüfungsschritte ersichtlich ist nach Herausrechnung von Praxisbesonderheiten und eventuellen kompensierenden Einsparungen – das Ausmaß, in dem die Grenze zum offensichtlichen Missverhältnis überschritten ist.

6. Sechster Prüfungsschritt (Ausmaß der Unwirtschaftlichkeit)

142 Die im **sechsten Prüfungsschritt** erfolgende Feststellung, wie groß der **unwirtschaftliche Mehraufwand** ist, muss nicht auf denjenigen Mehraufwand beschränkt werden, der über der im fünften Prüfungsschritt ermittelten Grenze zum offensichtlichen Missverhältnis liegt. Vielmehr kann als unwirtschaftlich **alles** angesehen werden, **was über** dem Durchschnittsaufwand zuzüglich **Streubreite** liegt, d.h. über einer Überschreitungsmenge **von 120%** (wobei im Falle von Praxisbesonderheiten und/oder kompensierenden Einsparungen dem Durchschnittsaufwand noch ein entsprechender Zuschlag hinzuzurechnen und erst bezogen auf diesen Gesamtbetrag die Streubreite von 20% zu berechnen ist): Der

[151] Eine nähere Begründung der Festlegung brauchen die Bescheide der Prüfgremien nicht zu enthalten, ebenso wenig muss die Festlegung in ihnen ausdrücklich auf einen bestimmten Prozentsatz erfolgen. Es reicht aus, wenn sich dem Gesamtzusammenhang den Ausführungen des Bescheids entnehmen lässt, ab welcher Grenze ungefähr der Prüfungs- bzw. Beschwerdeausschuss ein offensichtliches Missverhältnis annimmt. Zu Bescheiden, die nur den Begriff der Unwirtschaftlichkeit enthalten und nicht den des offensichtlichen Missverhältnisses vgl. Rn. 143 am Ende.

[152] Bei 40% ist heute unproblematisch. Gelegentlich bestehen sogar Tendenzen zur weiteren Absenkung in Richtung 30%. Z.B. BSG v. 18.06.1997 - 6 RKa 52/96 - SozR 3-2500 § 106 Nr. 41 S. 225 f.; BSG v. 06.09.2000 - B 6 KA 24/99 R - SozR 3-2500 § 106 Nr. 50 S. 267; BSG v. 16.07.2003 - B 6 KA 45/02 R - SozR 4-2500 § 106 Nr. 3 Rn. 16; BSG v. 23.02.2005 - B 6 KA 79/03 R - ArztR 2005, 291, 293 Rn. 22 f.; BSG v. 27.04.2005 - B 6 KA 1/04 R - BSGE 93, 273 = SozR 4-2500 § 106 Nr. 9 Rn. 7; BSG v. 02.11.2005 - B 6 KA 63/04 R - BSGE 95, 199 = SozR 4-2500 § 106 Nr. 11 Rn. 50.

[153] Änderung der BSG-Rspr. im Jahr 1994: Grundlegend BSG v. 09.03.1994 - 6 RKa 18/92 - BSG 74, 70, 71 f. = SozR 3-2500 § 106 Nr. 23 S. 125 f.

[154] Die Abfolge ist aber nicht „sakrosankt", wie schon oben ausgeführt (vgl. Rn. 102).

gesamte Aufwand, der sich innerhalb der sog. Übergangszone bewegt, also im Bereich ab 120% liegt – also nicht nur der Betrag ab der Grenze zum offensichtlichen Missverhältnis –, kann als unwirtschaftlich angesehen werden.[155]

Wie weit die Qualifizierung als unwirtschaftlich erstreckt wird, ist relevant für das – sich im Folgenden 143
in Rn. 145 ff. und Rn. 149 ff. abschließend ergebende – Gesamtausmaß des Regresses: Dieser kann nur so weit gehen, wie Unwirtschaftlichkeit vorliegt. Insofern stellt die Feststellung, in welchem Umfang diese vorliegt, auf dem Weg zur Berechnung des Regresses einen Zwischenschritt dar. Hierdurch wird für die Prüfgremien wie für den Arzt geklärt, wie weit eine Honorarkürzung bzw. ein Regress maximal gehen könnte; insbesondere wird deutlich, dass und inwieweit eine Kürzung bzw. ein Regress noch in die Übergangszone hinein erfolgen könnte.[156] Von der Möglichkeit, die Kürzung bzw. den Regress in die Übergangszone hinein zu erstrecken, machen die Prüfgremien allerdings nur selten Gebrauch (vgl. Rn. 142). In der Regel beschränken sie sich darauf, die Kürzung bzw. den Regress ab der Grenze zum offensichtlichen Missverhältnis vorzunehmen.[157]

Klarzustellen ist, dass beim Regress wegen Durchschnittsüberschreitung **Abzüge** wegen z.B. Apothe- 144
ken-Rabatt und Patienten-Zuzahlungen (vgl. Rn. 89 ff. und Rn. 185 ff.) **nicht erforderlich** sind. Denn diese Positionen werden auch in den zum Vergleich herangezogenen Aufwandsbeträgen der Vergleichsgruppe nicht herausgerechnet.

7. Siebter Prüfungsschritt (Ermessen)

Im **siebten Prüfungsschritt** wird im Wege der **Ermessensausübung** die Höhe des Regresses festge- 145
legt. Die Prüfgremien haben im Falle unwirtschaftlichen Verordnungsverhaltens – ebenso wie im Falle unwirtschaftlichen Behandlungsverhaltens bei der Bemessung der Honorarkürzung – einen **weiten Ermessensspielraum** bei ihrer Entscheidung, **wie hoch** sie den Regress bemessen und brauchen im Regelfall ihr Entscheidungsergebnis auch nicht näher zu erläutern. Einiges ist allerdings zu beachten:

a. Ermessensreduzierung bei klarer Unwirtschaftlichkeit

Die Prüfgremien dürfen **bei klarer Unwirtschaftlichkeit** – und ohne Vorliegen eines Sachgesichts- 146
punktes wie z.B. Anfängerpraxis (vgl. Rn. 147) – **nicht völlig auf einen Regress verzichten**.[158]

b. Anfängerpraxis

Die Prüfgremien müssen ggf. die Schwierigkeiten einer **Anfängerpraxis** berücksichtigen, d.h. dass ein 147
Arztneuling sich zunächst auf das Sparsamkeitsgebot, das die vertragsärztliche Versorgung besonders stark prägt, einstellen muss und dass er dafür u.U. einige Quartale benötigt.[159] Dieser Gesichtspunkt ermöglicht eine Milderung der Honorarkürzung bzw. des Regresses aber im Regelfall nur bis zum 4. Quartal; für eine längere Zeit der Rücksichtnahme müssen besondere Gründe vorliegen.[160]

---

[155] Vgl. dazu aus jüngerer Zeit z.B. BSG v. 21.05.2003 - B 6 KA 32/02 R - SozR 4-2500 § 106 Nr. 1 Rn. 15 („über die ... Übergangszone bis hin zur Kürzung des gesamten unwirtschaftlichen Mehraufwandes"). Ebenso BSG v. 28.04.2004 - B 6 KA 24/03 R - MedR 2004, 577, 578. Zu einem Regress im Falle von Überschreitungen, die sich nur im Bereich der Übergangszone bewegen, vgl. BSG v. 06.09.2000 - B 6 KA 24/99 R - SozR 3-2500 § 106 Nr. 50 S. 267 f. Vgl. auch Rn. 148.

[156] Dieser Zwischenschritt muss nicht im Bescheid dokumentiert werden. Demgemäß begnügen sich die Prüfgremien in ihren Bescheiden vielfach – ohne Offenlegung des Zwischenschritts – mit der Festsetzung der Kürzung(ssumme). Sie nehmen die Zwischenüberlegung, in welchem Umfang Unwirtschaftlichkeit vorliegt, bisweilen wohl überhaupt nicht bewusst vor (woraus aber nicht etwa schon eine Rechtswidrigkeit abgeleitet werden kann) und schöpfen dementsprechend die Möglichkeiten von Honorarkürzungen bzw. Regressen nicht voll aus.

[157] Manche Bescheide enthalten überhaupt nur den Begriff der Unwirtschaftlichkeit und nicht den des offensichtlichen Missverhältnisses. Der Kontext ergibt dann meist, dass damit die Grenze zum offensichtlichen Missverhältnis gemeint ist und eine Äußerung zum Ausmaß der Unwirtschaftlichkeit überhaupt nicht gemacht worden ist bzw. dieses Ausmaß als identisch mit der Grenze zum offensichtlichen Missverhältnis angesehen wird.

[158] Vgl. z.B. BSG v. 21.05.2003 - B 6 KA 32/02 R - SozR 4-2500 § 106 Nr. 1 Rn. 15 ff.; BSG v. 05.11.2003 - B 6 KA 55/02 R = SozR 4-2500 § 106 Nr. 4 Rn. 13; BSG v. 28.04.2004 - B 6 KA 24/03 R - MedR 2004, 577, 578 f.

[159] Der Ermessensgesichtspunkt Anfängerpraxis muss im Bescheid ausdrücklich genannt, d.h. wenigstens schlagwortartig erwähnt werden. Vgl. dazu Rn. 132.

[160] BSG v. 28.04.2004 - B 6 KA 24/03 R - MedR 2004, 577, 578. Für eine Erstreckung über das 4. Quartal hinaus bedarf es entsprechender Feststellungen durch die Prüfgremien und/oder Gerichte.

c. Erstreckung in Übergangszone

148 Zur Ermessensausübung gehört auch die bereits in Rn. 143 besprochene Möglichkeit, die Kürzung bzw. den Regress über das offensichtliche Missverhältnis hinaus **in die sog. Übergangszone hinein** zu erstrecken.[161] In einem solchen Fall bedarf es einer kurzen Erläuterung im Bescheid, mit der der Prüfungs- bzw. Beschwerdeausschuss klarstellt, dass er diese nicht typische Erstreckung bewusst vornimmt.[162]

8. Achter Prüfungsschritt (abschließende Festsetzung der Kürzungs- bzw. Regresshöhe)

149 Im **achten Prüfungsschritt** ist schließlich das Kürzungs- bzw. Regressergebnis präzise festzusetzen. Dies kann durch Angabe in **€ und Cent** geschehen. Das kann aber auch durch die Angabe erfolgen, dass dem Arzt von der Überschreitung des Durchschnitts ein bestimmter **prozentualer Anteil** gekürzt bzw. als Regress festgesetzt werde. Während aber bei Honorarkürzungen wegen unwirtschaftlicher Behandlungsweise Festsetzungen gleichermaßen in Prozent des Honorarvolumens wie auch mit errechneten Euro-Beträgen vorkommen, lauten Arzneikostenregresse im Regelfall auf bestimmte Euro-Beträge.

9. Weitere Fragen

150 Die Fragen, die bei den vorgenannten acht Prüfungsschritten aufgeführt wurden, sind die wesentlichen, aber nicht die einzigen, die sich im Rahmen eines Arzneikostenregresses wegen Durchschnittsüberschreitung stellen können. So ergeben sich z.B. im Falle elektronischer Erfassung und Verarbeitung der Verordnungsdaten weitere Fragen, so z.B. hinsichtlich der Daten-Grundlagen. Diese werden wegen ihrer großen aktuellen Bedeutung unter Rn. 190 behandelt.

10. Vier-Jahres-Frist

151 Nur hingewiesen werden soll hier noch darauf, dass Wirtschaftlichkeitsprüfungen **zeitlicher Begrenzung** unterliegen: Der Bescheid, der sich auf eine Durchschnittsprüfung gründet, muss **binnen vier Jahren** dem Arzt zugegangen (und damit gemäß § 37 Abs. 2 Satz 1 SGB X wirksam geworden) sein.[163]

152 Noch nicht geklärt ist dabei der **Zeitpunkt des Beginns der Vier-Jahres-Frist**. Während dies für Honorar-Regresse, die auf Durchschnittsprüfungen beruhen, dahin geklärt ist, dass diese Frist mit dem Zugang und somit der Wirksamkeit des Honorarbescheids für das betroffene Quartal beginnt,[164] ist der Zeitpunkt des Beginns der Vier-Jahres-Frist **für Verordnungsregresse noch nicht geklärt**. Entscheidungen des BSG sind dazu noch nicht ergangen.

153 Meines Erachtens spricht vieles dafür, auch für Verordnungsregresse die Vier-Jahres-Frist **ab dem Erlass** (= ab Bekanntgabe) **des Honorarbescheids** beginnen zu lassen, der dasjenige Quartal betrifft, dem die Verordnungen zuzuordnen sind. Damit ist ein „Gleichklang" des Fristlaufs für Honorarregresse und Verordnungsregress erreicht, der auch deshalb sinnvoll ist, weil erst ab Erlass des Honorarbescheids abschließend beurteilt werden kann, ob ein Verordnungsmehraufwand möglicherweise – mit Hilfe der Rechtsfigur kompensierender Einsparungen – durch einen Minderaufwand im Honorarbereich kompensiert wird.

[161] Vgl. BSG v. 06.09.2000 - B 6 KA 24/99 R - SozR 3-2500 § 106 Nr. 50 S. 267: Ein Regress kann auch dann rechtmäßig sein, wenn sich die Überschreitungen überhaupt nur im Bereich der Übergangszone bewegen. Vgl. auch Rn. 142 am Ende.

[162] Früher ging man weitergehend (über Rn. 142 hinaus) davon aus, dass Honorarkürzungen und Regresse auch in die Zone der normalen Streuung hinein erstreckt werden könnten und erst dann eine Erläuterung im Bescheid erforderlich sei: vgl. *Clemens* in: Schulin, Handbuch des Sozialversicherungsrechts, Bd. 1: Krankenversicherungsrecht, 1994, § 35 Rn. 132 i.V.m. 134, jeweils m.w.N.

[163] Dazu zuletzt – allgemeingültig (noch vor der Normierung der Zwei-Jahres-Frist für Richtgrößen-Prüfungen in § 106 Abs. 2 Satz 2 HS. 2 SGB V) – BSG v. 02.11.2005 - B 6 KA 63/04 R - BSGE 95, 199 = SozR 4-2500 § 106 Nr. 11 Rn. 62 m.w.N. auch mit Einzelfragen der Fristhemmung. Dazu vgl. auch BSG v. 28.04.2004 - B 6 KA 24/03 R - MedR 2004, 577, 579 oben und BSG v. 06.09.2006 - B 6 KA 40/05 R = BSGE 97, 84 = SozR 4-2500 § 106 Nr. 15 Rn. 12 ff.

[164] Hierzu vgl. BSG v. 02.11.2005 - B 6 KA 63/04 R - BSGE 95, 199 = SozR 4-2500 § 106 Nr. 11 Rn. 62 m.w.N., BSG v. 28.04.2004 - B 6 KA 24/03 R - MedR 2004, 577, 579 oben und BSG v. 06.09.2006 - B 6 KA 40/05 R = BSGE 97, 84 = SozR 4-2500 § 106 Nr. 15 Rn. 12 ff.

Ein noch späterer Beginn der Vier-Jahres-Frist, z.B. ab dem Zeitpunkt, in dem den Krankenkassen alle Unterlagen und alle statistischen Daten vorliegen, die die vertragsärztlichen Institutionen für die Beurteilung benötigen, ob ein Regressantrag sinnvoll ist, ist abzulehnen. Damit würde der Arzt, der durch einen Fristlauf geschützt und Rechtssicherheit erhalten soll, mit Risiken belastet, die dem Verantwortungsbereich der vertragsärztlichen Institutionen zuzurechnen sind: In ihre Sphäre der organisatorischen und verwaltungstechnischen Aufgaben gehört die Verantwortung dafür, wie lange sie für die Unterlagen- und Datenbeschaffung benötigen. 154

Eine Möglichkeit, den Beginn der Vier-Jahres-Frist durch eine Bestimmung in der **Prüfvereinbarung** gemäß § 106 Abs. 2 Nr. 2 Satz 4 SGB V festzulegen, besteht nicht. Denn sowohl die Bestimmungen, aus denen die Vier-Jahres-Frist herzuleiten ist, als auch die für den Beginn von Fristläufen relevanten Bestimmungen über die Bekanntgabe von Verwaltungsakten gehören zum Bundesrecht und können demgemäß nicht durch landesrechtliche Prüfvereinbarungen o.Ä. derogiert werden. Im Übrigen wären Bestimmungen, die die Vier-Jahres-**Frist verkürzen**, indem sie z.B. das Erfordernis eines Regressantrags binnen neun Monaten normieren, mit dem hohen Rang des Wirtschaftlichkeitsgebots und der daraus resultierenden Pflicht zu effektiven Wirtschaftlichkeitsprüfungen (dazu vgl. Rn. 19) **unvereinbar**.[165] 155

VI. Regress wegen Richtgrößen-Überschreitung

1. Verhältnis zur Durchschnittsprüfung

Um einem vermeintlich oder tatsächlich übermäßigen Verordnungsaufwand entgegenzuwirken, stand früher nur das vorstehend dargestellte Instrument eines Regresses wegen Durchschnittsüberschreitung zur Verfügung, wenn man von den oben dargestellten speziellen Fällen absieht (Fehlen der Arzneimittelzulassung, Off-Label-Use und AMR-Verordnungsausschluss sowie weitere Sonderfälle, vgl. Rn. 53 ff.). Das wurde von der Politik als unbefriedigend erachtet. Dem lag die Ansicht zu Grunde, dass die Möglichkeit eines Regresses wegen Durchschnittsüberschreitung zur effektiven Kostenbegrenzung nicht ausreiche, weil in manchen Arztgruppen das durchschnittliche Verordnungsvolumen zu hoch liege. Deshalb wurden in den 1990er Jahren gesetzliche Vorgaben geschaffen, damit für das Verordnungsvolumen arztgruppenspezifische Richtgrößen festgelegt und Richtgrößen-Prüfungen durchgeführt werden können. 156

Von dieser Entstehungsgeschichte her stellt die Richtgrößen-Prüfung eine „verschärfte Durchschnittsprüfung" dar, die **speziell zur Begrenzung des Aufwandes bei Verordnungen** dient. Die Richtgrößen als normativ festgelegte Vergleichswerte haben die **gleiche Funktion** wie die Durchschnittswerte im Rahmen der Durchschnittsprüfung.[166] Die Richtgrößen-Regresse sind aber insofern **„schärfer"** als Regresse wegen Durchschnittsüberschreitung, als die Richtgrößen im Regelfall niedriger liegen als die durchschnittlichen Verordnungskosten der Arztgruppe. Zudem sind sie deshalb „schärfer", weil hier Überschreitungen nur bis 25% vom Regress befreit sind (§ 106 Abs. 5a Satz 3 SGB V), beim Durchschnittsvergleich dagegen bis zum sog. offensichtlichen Missverhältnis toleriert werden, sowie auch deshalb, weil die Prüfgremien kein Ermessen haben, die Regresshöhe zu reduzieren oder gar – z.B. im Falle einer Anfängerpraxis – vom Regress ganz abzusehen (§ 106 Abs. 5a Satz 3 SGB V: „hat zu erstatten"). Ungeachtet dieser „Verschärfungen" ist die gesetzliche Regelung der Richtgrößen-Prüfung deutlich **angelehnt an die der Durchschnittsprüfung**. Dies wird deutlich aus der systematischen Einbindung der sie betreffenden Regelungen in die Vorschrift des § 106 SGB V (vgl. hierin Absatz 2 Satz 1 Nr. 1, Absatz 2 Nr. 2 Satz 5, Absatz 2 Satz 2, Absätze 5a-5d) sowie aus den identischen Terminologien wie „Überschreitung" und „Praxisbesonderheiten". 157

Die Regelungen über die Richtgrößen-Prüfung können **nicht** deshalb als **unvollkommen** beanstandet werden, weil es an Bestimmungen über das Verfahren fehle. Soweit keine **Verfahrensbestimmungen** speziell für die Richtgrößen-Prüfung normiert sind, ist ohne weiteres nach denjenigen zu verfahren, die für die Durchschnittsprüfung gelten, weil es sich – wie zuvor dargelegt – nur um einen Spezialfall handelt („verschärfte Durchschnittsprüfung"), dessen Ausgestaltung ohnehin an diejenige der Durchschnittsprüfung angelehnt ist (vgl. die für Durchschnitts- und Richtgrößen-Prüfungen gemeinsam geltenden Regelungen des § 106 z.B. Abs. 2c, Abs. 3, Abs. 4b SGB V). 158

[165] Vgl. hierzu BSG v. 27.06.2001 - B 6 KA 66/00 R - SozR 3-2500 § 106 Nr. 53 S. 289-296.

[166] Vgl. dazu BSG v. 02.11.2005 - B 6 KA 63/04 R - BSGE 95, 199 = SozR 4-2500 § 106 Nr. 11 Rn. 50.

2. Ausschluss gleichzeitiger Durchschnittsprüfung

159 Die Frage, ob **Durchschnitts- und Richtgrößen-Prüfung u.U. auch nebeneinander** oder ob sie immer nur alternativ durchgeführt werden dürfen, war früher ausdrücklich geregelt.[167] Auch heute ist die **Richtgrößen-Prüfung** aber weiterhin **vorrangig**, wie aus ihrem Wesen als einer speziellen Durchschnittsprüfung folgt („verschärfte Durchschnittsprüfung"). Also ist **kein Raum mehr für** die Einleitung einer **Durchschnittsprüfung, sobald** die **Richtgrößen-Prüfung** eingeleitet worden ist.

160 In dem Zeitraum aber, bis eine Richtgrößen-Prüfung eingeleitet ist, kann (noch einstweilen) eine Durchschnittsprüfung erfolgen. Selbst wenn die baldige Durchführung einer Richtgrößen-Prüfung schon absehbar ist, kann es u.U. sinnvoll sein, **einstweilen schon** eine **Durchschnittsprüfung** durchzuführen. So kann dem Arzt alsbald nach Quartalsablauf seine Unwirtschaftlichkeit vor Augen geführt werden. Die Möglichkeit, solche „einstweiligen Durchschnittsprüfungen" durchzuführen, besteht im Interesse des hohen Rangs des Wirtschaftlichkeitsgebots.[168] Sollte es dann später doch noch zu einem Richtgrößen-Regress kommen, so muss naturgemäß auf diesen der Betrag des Regresses aus der Durchschnittsprüfung **angerechnet** werden. Sobald diese Anrechnung bestandskräftig erfolgt ist, ist dann der Durchschnittsprüfungs-Regress-Verwaltungsakt erledigt.

161 Das BSG hat zum Rangverhältnis von Durchschnitts- und Richtgrößen-Prüfung noch nicht umfassend Stellung genommen.[169]

3. Zeitliche Festlegung der Richtgrößen

162 Die Richtgrößen sind zwischen den Krankenkassen-Verbänden und der Kassenärztlichen Vereinigung zu vereinbaren, und zwar **bis zum 31.12. für das Folgejahr**, und bis dahin auch zu publizieren.[170] Sie sind jeweils **für ein Kalenderjahr** festzulegen (§ 84 Abs 6 Satz 1 SGB V), und auch die Richtgrößen-Prüfungen sind grundsätzlich für jeweils ein Kalenderjahr durchzuführen (§ 106 Abs. 2 Nr. 2 Satz 5 Teilsatz 1 SGB V).[171] Kommt eine Richtgrößen-Vereinbarung nicht bis zum 31.12. eines Jahres zustande, so kann ab dem 01.01. das Schiedsamt angerufen werden und dieses den Vertragsinhalt festsetzen (§ 89 Abs. 1 Satz 3 SGB V).

163 Wird die Richtgrößen-Vereinbarung erst nach dem 01.01. abgeschlossen und publiziert oder wird ihr Inhalt vom Schiedsamt festgesetzt, so ist eine **rückwirkende Geltung nicht** möglich, **soweit** die Richtgrößen **strenger** als im Vorjahr sind. Darin läge sonst eine echte Rückwirkung, die unzulässig wäre.[172] Bis zum Abschluss und zur Publikation der neuen Vereinbarung gelten die **vorjährigen Richtgrößen weiter**.[173] Die Folge ist, dass u.U. im ersten Teil des Jahres andere Richtgrößen gelten können als später. In solchen Fällen sind die **Richtgrößen-Überschreitungen jahresanteilig zu berechnen**, aber im

[167] Früher ausdrücklich geregelt in dem bis Ende 2003 bestehenden § 106 Abs. 2 Nr. 2 Satz 6 SGB V, der im Zuge der Streichung des Passus über die Durchschnittsprüfung aus § 106 Abs. 2 Nr. 1 SGB V aufgehoben worden ist, vgl. hierzu Rn. 98.

[168] Hierzu vgl. z.B. BSG v. 02.11.2005 - B 6 KA 63/04 R - BSGE 95, 199 = SozR 4-2500 § 106 Nr.11 Rn.61 m.w.N.; BSG v. 27.06.2007 - B 6 KA 44/06 R = SozR 4-2500 § 106 Nr. 17 Rn. 14.

[169] Vgl. dazu BSG v. 02.11.2005 - B 6 KA 63/04 R = BSGE 95, 199 = SozR 4-2500 § 106 Nr. 11 Rn. 61, aber ohne Stellungnahme zur Frage „einstweiliger" Durchführung einer Durchschnittsprüfung.

[170] Zum Einschluss auch der Publikation (Bekanntmachung) vgl. BSG v. 02.11.2005 - B 6 KA 63/04 R - BSGE 95, 199 = SozR 4-2500 § 106 Nr. 11 Rn. 41, 42 am Anfang, 43 am Ende, 44 am Anfang, 47 am Anfang.

[171] Die Prüfung bezogen auf ein „Kalender"jahr ist nur versehentlich in § 106 Abs. 2 Satz 5 SGB V nicht ausdrücklich normiert (vgl. dazu ausführlich *Engelhard* in: Hauck/Noftz, SGB V, § 106 Rn. 173, 174). Die Jahresbezogenheit folgt aus dem Zusammenhang zwischen Richtgrößen-Vereinbarung und Richtgrößen-Prüfung. Durch die Summierung sollen die typischen Quartalsschwankungen ausgeglichen werden (im ersten – evtl. auch zweiten – Quartal typischerweise Grippewellen, im dritten Quartal Urlaub vieler Patienten, evtl. auch des Arztes, mit der Folge verminderter Praxistätigkeit, so BSG v. 02.11.2005 - B 6 KA 63/04 R = BSGE 95, 199 = SozR 4-2500 § 106 Nr. 11 Rn. 59).

[172] Vgl. BSG v. 02.11.2005 - B 6 KA 63/04 R - BSGE 95, 199 = SozR 4-2500 § 106 Nr. 11 Rn. 51 ff.

[173] Diese Fortgeltung ergibt sich aus § 89 Abs. 1 Satz 4 SGB V, der an sich nur den Fall des Tätigwerdens eines Schiedsamts regelt, aber einen allgemeinen Rechtsgrundsatz (BSG v. 02.11.2005 - B 6 KA 63/04 R - BSGE 95, 199 = SozR 4-2500 § 106 Nr. 11 Rn. 45) für solche Verträge enthält, die gesetzlich vorgeschrieben sind: Die Voraussetzung, dass es sich um einen „gesetzlich vorgeschriebenen Vertrag" handeln muss, entspricht der Formulierung in § 89 Abs. 1a Satz 1 SGB V, gilt anerkanntermaßen aber auch für § 89 Abs. 1 SGB V (vgl. z.B. *Hencke* in: Peters, Handbuch der Krankenversicherung, § 89 Rn. 3). Dazu gehören auch die Richtgrößen-Vereinbarungen (vgl. auch BSG v. 02.11.2005 - B 6 KA 63/04 R - BSGE 95, 199 = SozR 4-2500 § 106 Nr. 11 Rn. 45, 55).

Hinblick darauf, dass die Prüfungen grundsätzlich jeweils für ein Kalenderjahr durchzuführen sind (§ 106 Abs. 2 Nr. 2 Satz 5 Teilsatz 1 SGB V), zu summieren und in **einem** Bescheid zusammenzufassen.

Liegen Richtgrößen erst nach dem 01.01. vor, ohne dass für die Zeit davor auf vorjährige Richtgrößen zurückgegriffen werden kann (z.B. weil solche nicht – oder jedenfalls nicht wirksam – vereinbart wurden), so kann eine auf das ganze Jahr bezogene Richtgrößen-Prüfung nicht durchgeführt werden. Der Weg, für den ersten Teil des Jahres – bis zu dem Zeitpunkt des Inkrafttretens der Richtgrößen – auf Durchschnittswerte zurückzugreifen und so „das Jahr voll zu machen", kann an sich nicht ausreichen; denn die Richtgrößen-Prüfung ist „für den Zeitraum eines Jahres durchzuführen" (§ 106 Abs. 2 Nr. 2 Satz 5 Teilsatz 1 SGB V) – was bedeutet, dass es sich bezogen auf das gesamte Jahr um (echte) Richtgrößen handeln muss. Indessen hat der Gesetzgeber **mit Wirkung ab 2008** insoweit Erleichterungen geschaffen, indem er die **Vorgabe des Jahreszeitraums modifiziert** hat. Die Jahres-Regelung des § 106 Abs. 2 Nr. 2 Satz 5 Teilsatz 1 SGB V ist um **zwei „Ausnahmetatbestände"** ergänzt worden. Zum einen ist bestimmt worden, dass die Richtgrößenprüfung auch **für nur ein Quartal** durchgeführt werden kann, wenn dies ihre Wirksamkeit erhöht und hierdurch das Prüfungsverfahren vereinfacht wird (§ 106 Abs. 2 Nr. 2 Satz 5 Teilsatz 2SGB V). Zum anderen ist geregelt worden, dass bei Hindernissen für die Durchführung einer Richtgrößen-Prüfung „die **Richtgrößen-Prüfung auf Grundlage des Fachgruppendurchschnitts** mit ansonsten gleichen gesetzlichen Vorgaben durchgeführt" werden kann (§ 106 Abs. 2 Nr. 2 Satz 5 Teilsatz 3SGB V). Aufgrund dieser letzteren Regelung ist es nun möglich, in einem Fall der geschilderten Art (Richtgrößen-Festlegung erst nach dem 01.01., ohne dass für die Zeit davor auf vorjährige Richtgrößen zurückgegriffen werden kann) eine „**kombinierte jahresbezogene Richtgrößen-Prüfung**" auf der Basis von **Durchschnittswerten** für den ersten Teil des Jahres und der Richtgrößen für den weiteren Teil des Jahres durchzuführen. In diesem Fall gelten dadurch, dass nach dem Gesetz die Durchschnittswerte in die Richtgrößen-Prüfung hereingezogen werden, für alles Weitere – auch soweit Durchschnittswerte zugrunde gelegt werden – die Regelungen der Richtgrößen-Prüfung, d.h. z.B. eine Überschreitungstoleranz von nur 25% gemäß § 106 Abs. 5a Satz 2 SGB V (und nicht von ca. 40%, wie sonst bei der Durchschnittsprüfung üblich, vgl. hierzu Rn. 138, Rn. 140). 164

4. Bemessung der Richtgrößen

Bei der **Bemessung der Richtgrößen** sind die Vertragspartner – die Krankenkassen-Verbände und die Kassenärztliche Vereinigung – nicht frei. 165

Die Richtgrößen sind gemäß § 84 Abs. 6 i.V.m. Abs. 1 SGB V unter **Berücksichtigung der Zielvereinbarung** festzulegen, die diese Partner zur Einhaltung eines vereinbarten Ausgabenvolumens abgeschlossen haben. Für die Zielvereinbarungen bestehen gemäß § 84 Abs. 7 SGB V **Rahmenvorgaben**, die **auf Bundesebene** von den Krankenkassen-Spitzenverbänden und der Kassenärztlichen Bundesvereinigung vereinbart werden.[174] Diese Vertragspartner können gemäß § 84 Abs. 7 Satz 6 SGB V **auch Empfehlungen für Richtgrößen-Vereinbarungen** vereinbaren.[175] 166

Diese von den Krankenkassen-Spitzenverbänden und der Kassenärztlichen Bundesvereinigung vereinbarten Bundesempfehlungen[176] für die Richtgrößen enthalten **Auflistungen** von Wirkstoffen, bei denen keine Anhaltspunkte für eine unwirtschaftliche Anwendung, für eine Verordnung außerhalb zugelassener Indikationen oder für eine Mengenausweitung bestehen und die deswegen von der Richtgrößenfestlegung ausgenommen werden können, sowie eine Auflistung von **Indikationsgebieten**, bei denen im Hinblick auf Arzneimittel **im Regelfall** von **Praxisbesonderheiten** ausgegangen werden kann.[177] 167

Nicht alle Kassenärztlichen Vereinigungen übernehmen diese Auflistungen in ihre Richtgrößen-Vereinbarungen. Denn die pauschale Deklarierung als Praxisbesonderheiten könnte ihrer Meinung nach möglicherweise Ärzte verlocken, ihre Verordnungen – ohne genauere Prüfung der Notwendigkeit im Einzelfall – in diese Bereiche zu verlagern, weil sie sich hier sicher vor Regressen glauben. Einzelfall- 168

---

[174] Z.B. für 2007 vgl. Vereinbarung v. 19.09.2006 (DÄ 2007, A 69).

[175] Die Rahmenvorgaben nach § 84 Abs. 7 SGB V bilden gemäß § 73 Abs. 8 Satz 2 SGB V zugleich eine Grundlage für die arznei-vergleichenden Informationen, die die Kassenärztlichen Vereinigungen, die Kassenärztliche Bundesvereinigung, die Krankenkassen und ihre Verbände gemäß § 73 Abs. 8 SGB V an die Vertragsärzte zu geben haben.

[176] Zuletzt in der Fassung vom 30.09.2001 (so *Hess* in: KassKomm, SGB V, § 84 Rn. 28).

[177] Vgl. dazu *Hess* in: KassKomm, SGB V, § 84 Rn. 26.

prüfungen (vgl. Rn. 81 ff.) könnten allerdings in Betracht kommen, wären aber sehr verwaltungsaufwändig (vgl. Rn. 104).[178] Soweit deshalb einige Kassenärztliche Vereinigungen auf solche pauschalen Auflistungen verzichtet haben, bleibt den Ärzten nur, ihren Mehraufwand durch Geltendmachung von Praxisbesonderheiten zu rechtfertigen (hierzu vgl. Rn. 173 ff.).

169 Die arztgruppenspezifischen Richtgrößen betragen im Ergebnis **vielfach** ca. **85% der durchschnittlichen** Arzneikosten der Fachgruppe. Dies berücksichtigt, dass in den Durchschnittswerten der Mehraufwand einzelner Ärzte aufgrund von Praxisbesonderheiten mitenthalten ist. Richtgrößen dagegen sollen nur den „normalen" Arzneikostenaufwand repräsentieren; sie lassen **Arzneikosten, die durch Praxisbesonderheiten bedingt sind**, außer Betracht, diese werden vielmehr gemäß § 106 Abs. 5a Satz 3 SGB V **gesondert** als Rechtfertigung für die Überschreitung der Richtgröße berücksichtigt.

170 Dadurch, dass die Richtgrößen für die Bereiche der einzelnen Kassenärztlichen Vereinigungen je gesondert festgelegt werden, ergeben sich **regional unterschiedliche Richtgrößen**. Dies mag unbefriedigend erscheinen, ist aber hinzunehmen, weil es Folge der – verfassungsrechtlich nicht zu beanstandenden – Festlegung der Kompetenzen auf der regionalen Ebene ist.

171 Eine zusätzliche Herabsetzung der Richtgrößen wegen der Gewährung von **Arzneikostenrabatten** durch pharmazeutische Unternehmer (§ 130a SGB V) wäre nicht gerechtfertigt. So wie die Rabatte der Apotheken (§ 130 SGB V) und die Patientenzuzahlungen erst auf einer **späteren Stufe** der Regressbemessung berücksichtigt werden (hierzu vgl. Rn. 184 ff.), gilt dies auch für eventuelle Rabatte pharmazeutischer Unternehmer.

172 **Kritiker** der Richtgrößen-Prüfung weisen darauf hin, dass im Falle von Richtgrößen **schon bei nur geringem** überdurchschnittlichem Aufwand ein **Regress** zu befürchten sei. Während bei der Durchschnittsprüfung ein Regress erst ab einer Überschreitung von ca. 40% (vgl. hierzu Rn. 138, Rn. 140) zu befürchten ist, also ab einem Gesamtaufwand von ca. 140%, betrage die Richtgröße schon nur 85% der durchschnittlichen Arzneikosten und die „Toleranz" betrage gemäß § 85 Abs. 5 Satz 3 SGB V nur 25%. Bezogen auf die durchschnittlichen Arzneimittelkosten bestehe also die Gefahr eines Regresses ab 85% zuzüglich einer Überschreitung dieser 85% um 25%, also **ab ca. 105% des Durchschnitts**. Damit werde ein Regress schon im Bereich der sog. Streubreite (vgl. hierzu Rn. 142) gestattet. Der These, eine so niedrige Regressschwelle sei rechtswidrig, kann indessen nicht gefolgt werden. Denn die große Toleranz bei der Durchschnittsprüfung – Regress erst ab ca. 140% - ist kein Gebot höherrangigen Rechts; der Gesetzgeber könnte die Durchschnittsprüfung vielmehr modifizieren und könnte für sie viel strengere Grenzwerte festlegen, als die Rechtsprechung sie herausgearbeitet hat. Dementsprechend ist es rechtlich unbedenklich, dass sich aus den gesetzlichen Bestimmungen über die Richtgrößenprüfung Grenzwerte ergeben, die wesentlich restriktiver sind als diejenigen bei der Durchschnittsprüfung.

5. Rechtsfolgen von Richtgrößenüberschreitungen

a. Praxisbesonderheiten

173 Soweit die festgelegten Richtgrößen überschritten worden sind, ist zunächst zu prüfen, ob die Überschreitung durch **Praxisbesonderheiten**[179] begründet ist (§ 106 Abs. 5a Satz 1 am Ende SGB V). Dabei sind solche Gesichtspunkte außer Betracht zu lassen, die – wie vorstehend erörtert – bereits durch die inhaltliche Ausgestaltung der Richtgrößen-Vereinbarungen mit pauschalen Auflistungen berücksichtigt sind.[180]

174 Ergibt die Überprüfung, dass Praxisbesonderheiten vorliegen, die die Überschreitungen rechtfertigen, so scheiden Maßnahmen gegen den Arzt aus. Sind die Praxisbesonderheiten bereits „vorab anerkannt" – d.h. vor Einleitung des Prüfverfahrens –, so ist von vornherein von der Verfahrenseinleitung abzuse-

[178] Zunächst müssten die einzelnen Verordnungen aller Ärzte daraufhin überprüft werden, welche von ihnen Verordnungen in diesen Bereichen tätigen. Dann müsste zur Feststellung der zugehörigen Diagnosen die entsprechenden Krankenscheine herausgesucht werden. Schließlich wäre zu prüfen, welche der Verordnungen ungerechtfertigt erscheinen. Vgl. zu den Varianten der Einzelfallprüfung Rn. 104.

[179] Der Begriffsinhalt ist mit dem identisch, der für die Durchschnittsprüfung gilt (vgl. Rn. 117 ff.). Davon geht auch das BSG aus, das im Zusammenhang mit Praxisbesonderheiten beide Prüfungsarten „in einem Atemzug" nennt (BSG v. 22.06.2005 - B 6 KA 80/03 R - SozR 4-2500 § 87 Nr. 10 Rn. 35): „Praxisbesonderheiten im Rahmen der Wirtschaftlichkeitsprüfung nach Durchschnittswerten oder nach Richtgrößen ... haben eine grundlegend andere Funktion als ..."

[180] So ausdrücklich klarstellend § 106 Abs. 5a Satz 2 SGB V und zuvor Rn. 167.

hen (Absatz 5a Satz 7). Ansonsten kommt es zur Einleitung des Prüfverfahrens, in dem die Prüfungsstelle auf Antrag des Arztes das Vorliegen weiterer Praxisbesonderheiten prüft (Satz 8). Dabei kann sie die Diagnosen und Verordnungen der anderen Ärzte der Fachgruppe zum Vergleich heranziehen (Satz 8 Halbsatz 2), eventuell unter Zuhilfenahme der gemäß Absatz 2c gezogenen Stichprobe (Satz 9).

Ausdrückliche Regelungen zur Frage, unter welchen **Voraussetzungen Praxisbesonderheiten** anzuerkennen sind, enthält das SGB V nicht. Das SGB V ermächtigt aber – in § 106 Abs. 5a Satz 5 SGB V – die Vertragspartner der **Prüfvereinbarung** dazu, **„Maßstäbe zur Prüfung der Berücksichtigung von Praxisbesonderheiten“** zu bestimmen, also Maßstäbe festzulegen, unter welchen **Voraussetzungen und** in welchem **Ausmaß (Quantifizierung)** Praxisbesonderheiten zu berücksichtigen sind. Mit solchen nur untergesetzlichen Vorschriften kann allerdings der **Inhalt des gesetzlichen Begriffs Praxisbesonderheiten** nicht verändert, sondern **lediglich klarstellend näher umschrieben** werden. Deshalb ist die Rechtslage bei der Richtgrößen-Prüfung insoweit letztlich keine andere als bei der Durchschnittsprüfung, für die eine vergleichbare Ermächtigung nicht besteht und daher auf die **Rechtskonkretisierung durch die Rechtsprechung des BSG** zurückzugreifen ist (hierzu vgl. Rn. 117 ff.). Auch wenn also letztlich die Rechtsprechung des BSG maßgebend ist, ist es für die Verwaltungspraxis aber doch nützlich – weil erleichternd –, wenn in der Prüfvereinbarung Näheres zur Problematik der Praxisbesonderheiten dargelegt ist. So gibt es Prüfvereinbarungen, die sehr **detaillierte Kataloge über denkbare Praxisbesonderheiten** haben und hierbei differenzieren zwischen den Richtgrößen-Prüfungen im Arzneimittel- und solchen im Heilmittelbereich (vgl. dazu z.B. Prüfvereinbarung Westfalen-Lippe 2008, Anhang 5 unter A. I. und II. sowie B. I. und II., jeweils mit Unterscheidung zwischen „strikten“ und „zur näheren Prüfung empfohlenen“ Praxisbesonderheiten). Solche Kataloge sind auch für den Arzt ein wertvoller Orientierungsmaßstab. Sie können aber **nicht** als **abschließend** angesehen werden; der Arzt ist nicht mit Darlegungen ausgeschlossen, dass ihm nach den Maßstäben der Rechtsprechung weitere bzw. andere – in den Katalogen nicht aufgeführte – Praxisbesonderheiten anerkannt werden müssten (hierzu vgl. Rn. 119 f.). 175

Solche Kataloge hat die Prüfungsstelle bei der ihr gemäß § 106 Abs. 5a Satz 6 SGB V obliegenden Formulierung von Grundsätzen für die Anerkennung von Praxisbesonderheiten zugrunde zu legen. 176

b. Kompensierende Einsparungen

Einer Rechtfertigung durch Praxisbesonderheiten steht die Rechtfertigung durch sog. **kompensierende Einsparungen** gleich. In § 106 Abs. 5a SGB V sind zwar nur Praxisbesonderheiten, nicht auch kompensierende Einsparungen erwähnt. Diese sind aber das Pendant (der „Zwilling“, vgl. Rn. 133 ff.) zu Praxisbesonderheiten. Für eine unterschiedliche Behandlung bedürfte es rechtfertigender Gesichtspunkte und eines entsprechenden Hinweises zumindest in den Materialien des Gesetzgebungsverfahrens. Hierfür ist indessen nichts ersichtlich. 177

Kompensierende Einsparungen werden allerdings **nur selten anerkannt**. Denn wie schon oben ausgeführt, wird ein „Ausgleich“ zwischen verschiedenen Bereichen nur ausnahmsweise bei Vorliegen eines Kausalzusammenhanges akzeptiert, nämlich nur dann, wenn der Mehraufwand in dem einen Bereich die anderweitigen Einsparungen ermöglicht hat (vgl. Rn. 134 f.). 178

6. Toleranzgrenzen

Sind die **Überschreitungen** der Richtgrößen weder durch Praxisbesonderheiten noch durch kompensierende Einsparungen begründet, oder liegen zwar Praxisbesonderheiten bzw. kompensierende Einsparungen vor, decken diese die Überschreitungen aber nicht in vollem Umfang ab, so kommt es darauf an, ob die **nicht gerechtfertigte Überschreitung** des Richtgrößenvolumens **mehr als 15% oder** gar mehr als **25%** beträgt. 179

a. 15%-Grenze

Bei Überschreitungen um **mehr als 15%** erfolgt eine **Beratung** des Arztes (§ 106 Abs. 5a Satz 1 SGB V). Diese wird vom Prüfungsausschuss durchgeführt auf der Grundlage von Übersichten über die gesamten vom Arzt verordneten Leistungen und hat die Wirtschaftlichkeit sowie die Qualität der Versorgung zum Gegenstand (§ 106 Abs. 5a Satz 1 i.V.m. Abs. 1a SGB V). 180

b. 25%-Grenze

181 Bei Überschreitungen um **mehr als 25%** muss[181] der Arzt den darüber hinaus gehenden[182] Verordnungsaufwand erstatten. Dies ist „durch die Prüfungsstelle festzustellen" (§ 106 Abs. 5a Satz 3 SGB V), d.h. diese hat einen entsprechenden **Regress** festzusetzen; ein **Ermessen**, sodass sie davon absehen oder den Regress mindern könnte, ist ihr **nicht** eingeräumt.

182 Ein **Ermessen** ist aber der **Kassenärztlichen Vereinigung** in sehr engem Rahmen auf Grund des § 106 Abs. 5c SGB V eingeräumt (Näheres zu dieser Bestimmung vgl. Rn. 298 ff.). Nach dieser Vorschrift wird ein Regress, den die Prüfungsstelle gegen einen Arzt festgesetzt – und bei dem sie die Patientenzuzahlungen und die Rabatte pharmazeutischer Unternehmen als pauschalierte Beträge abzuziehen hat –, von der Gesamtvergütung abgezogen, die die Krankenkasse an die Kassenärztliche Vereinigung entrichtet. Diese hat in Höhe des festgesetzten Regressbetrags einen Anspruch gegen den Arzt. Diesen Anspruch kann sie stunden oder erlassen, allerdings nur unter strengen Voraussetzungen, nämlich falls der Arzt nachweisen kann, dass ihn die Realisierung des Anspruchs wirtschaftlich gefährden würde. Diese (kleine) Möglichkeit von Stundung oder Erlass im Ermessenswege stellt eine Art **Kompensation dafür** dar, **dass** bei Richtgrößen-Prüfungen die Regressfestsetzung **nicht** wie bei Durchschnittsprüfungen **insgesamt** als **Ermessen**sentscheidung ausgestaltet ist.

183 **Vorrangig** vor der Festsetzung eines Regresses ist der Abschluss einer **Vereinbarung** über eine Minderung des Erstattungsbetrags (§ 106 Abs. 5a Satz 4 SGB V) oder über eine individuelle Richtgröße (§ 106 Abs 5d SGB V). Nach § 106 Abs. 5a Satz 4 soll der Prüfungsausschuss darauf hinwirken, dass der Arzt sich zur Zahlung verpflichtet, wofür ihm der (bereits errechnete, aber noch nicht festgesetzte) **Erstattungsbetrag um bis zu einem Fünftel gemindert** werden kann.[183] Kommt eine solche Vereinbarung zustande, so sind damit Rechtsmittel ausgeschlossen, und der Arzt hat eine Reduzierung des angedrohten Regresses erreicht. Nach § 106 Abs. 5d SGB V kann der Prüfungsausschuss mit dem Arzt eine **individuelle Richtgröße** vereinbaren. Wird eine solche Vereinbarung abgeschlossen – wobei die Vorgaben des § 106 Abs. 5d Sätze 2-4 SGB V zu beachten sind –, so werden gegen den Arzt Regresse nur nach Maßgabe dieser individuellen Richtgröße festgesetzt (vgl. hierzu Rn. 302 ff.).

7. Bemessung des Regresses

184 Bei der **Bemessung** eines Regresses wegen Richtgrößen-Überschreitung ist zu beachten, dass **nur** die **tatsächliche Belastung der Krankenkassen** regressiert werden darf.

185 Daher sind Positionen wie Apotheken-Rabatt und Patienten-Zuzahlungen herauszurechnen.[184] Insofern liegt es ebenso wie bei einer Einzelfallprüfung und einem Schadensregress (vgl. Rn. 89 ff.), aber anders als bei der Durchschnittsprüfung (vgl. Rn. 144).

186 Der Grundsatz, dass nur die tatsächliche Belastung der Krankenkassen regressiert werden darf, bedeutet weiterhin, dass auch **Rabatte** auf Grund von Vereinbarungen zwischen den Krankenkassen und **Pharmaunternehmen** (§ 130a Abs. 8 SGB V) herauszurechnen sind. Indessen kann die Zuordnung zu bestimmten einzelnen Arzneimitteln und somit auch zu konkreten Ärzten schwierig sein, wie oben dargestellt worden ist (vgl. Rn. 91). Dem hat der Gesetzgeber dadurch abgeholfen, dass er für Regresse auf Grund von Richtgrößen-Prüfungen den **Abzug pauschalierter Beträge** vorgesehen hat (§ 106 Abs. 5c Satz 1 HS. 2 SGB V in der Neufassung mit Inkrafttreten zum 01.01.2008).

187 Soweit **Vertragsärzte** den **Rabattverträgen mit Pharmaunternehmen nach § 130a Abs. 8 SGB V** selbst **beigetreten** sind, ist nicht nur, wie in § 106 Abs. 5c Satz 1 HS. 2 SGB V vorgesehen, ein eventueller Regressbetrag um pauschalierte Beträge zu verringern, sondern sind die entsprechenden Arzneikosten gänzlich herauszurechnen (§§ 84 Abs. 4a Satz 2 und 106 Abs. 2 Satz 3 SGB V).

8. Frist für Regressbescheid

188 Die **Frist**, innerhalb derer ein Regress festgesetzt werden muss, der sich auf eine Richtgrößen-Prüfung stützt, ist nicht (mehr) identisch mit der für Durchschnittsprüfungen geltenden Frist (hierzu vgl. Rn. 151). Denn für Richtgrößen-Prüfungen ist mit Wirkung zum 01.01.2008 die Spezialvorschrift des § 106 Abs. 2 Satz 2 HS. 2 SGB V geschaffen worden, wonach die Festsetzung eines auf Grund einer

---

[181] Eine sog. gebundene Entscheidung – kein Ermessen (§ 196 Abs. 5a Satz 3 SGB V: „hat zu erstatten"). Also anders als bei der Durchschnittsprüfung (vgl. Rn. 145 ff.).

[182] Nur der über dieser Grenze hinausgehende Aufwand darf abgeschöpft werden, wie der Wortlaut des § 106 Abs. 5a Satz 3 SGB V in der seit dem 01.01.2004 geltenden Fassung klar ergibt.

[183] Hierzu vgl. *Engelhard* in: Hauck/Noftz, SGB V, K § 106 Rn. 227 f.

[184] So zutreffend *Engelhard* in: Hauck/Noftz, SGB V, K § 106 Rn. 212.

Richtgrößen-Prüfung zu erstattenden Mehraufwands „innerhalb von **zwei Jahren** nach Ende des geprüften Verordnungszeitraums erfolgen“ muss, d.h., dass der Bescheid binnen dieser Frist dem Arzt zugegangen (und damit gemäß § 37 Abs. 2 Satz 1 SGB X wirksam geworden) sein muss.[185]

Der **Zeitpunkt des Beginns der Zwei-Jahres-Frist** ist anders als bei der Vier-Jahres-Frist für Verordnungs-Regresse auf Grund von Durchschnittsprüfungen (hierzu vgl. Rn. 152 ff.) nicht zweifelhaft. Gemäß dem Wortlaut des § 106 Abs. 2 Satz 2 HS. 2 SGB V beginnt die Frist „nach Ende des geprüften Verordnungszeitraums“.[186] 189

VII. Speziell zu Problemen bei den Daten-Grundlagen

Prüfungen der Wirtschaftlichkeit der Verordnungsweise erfolgen erst **seit Ende der 90er Jahre** einigermaßen umfassend, nämlich erst seitdem die Krankenkassen die Verordnungsdaten systematisch **elektronisch erfassen und verarbeiten** und sie den Kassenärztlichen Vereinigungen sowie Prüfungsstellen übermitteln (vgl. dazu insbesondere die §§ 296 Abs. 1 und 2, 297 Abs. 2 und 3 SGB V). Das bis dahin praktizierte handmäßige Zusammentragen von Verordnungsblättern erforderte einen derart hohen Verwaltungsaufwand, dass die Krankenkassen solche Prüfungen nur vereinzelt durchführten und es dementsprechend auch nur vereinzelt zu Verordnungsregressen kam. Die Einführung der elektronischen Erfassung und Verarbeitung der Verordnungsdaten hat indessen neue Probleme aufgeworfen, die gleichermaßen die Prüfungen wegen Durchschnittsüberschreitung wie diejenigen wegen Richtgrößen-Überschreitung betreffen. 190

Gelegentlich bestehen Zweifel, ob die aus elektronischer Verarbeitung ermittelten Ergebnisse korrekt sein können. Denn wenn hier im Vorfeld auch nur einmal ein Fehler geschieht – z.B. Beimengung einer Hilfsmittelverordnung[187] zu den Arzneimittelverordnungen oder Einbeziehung von Verordnungsblättern anderer Ärzte –, so wirkt sich das unaufhaltsam bei den weiteren elektronisch ermittelten Ergebnissen aus. Andererseits kann, da der **Gesetzgeber diese Art und Weise für die Verordnungsprüfung vorgegeben** hat (§ 106 Abs. 2 Satz 1 i.V.m. §§ 296, 297 SGB V), und auch aus Gründen der Verwaltungsrationalisierung nicht auf die elektronische Erfassung und Verarbeitung verzichtet werden. Dies ist bei der rechtlichen Überprüfung zu beachten, in dem Sinne, dass die Überprüfungsmaßstäbe dementsprechend auszurichten sind. 191

Daraus folgt: Sowohl für den klassischen Verordnungsregress anhand von Durchschnittswerten als auch für die Richtgrößen-Prüfung gilt, dass **nicht** die **Originalverordnungsblätter vorliegen müssen**, seitdem der Gesetzgeber das Modell elektronischer Erfassung und Übermittlung sowie arztbezogener Zusammenfassung der Daten vorgegeben hat (§ 106 Abs. 2 Satz 1 i.V.m. §§ 284 ff. SGB V). Die Durchschnitts- und Richtgrößen-Prüfungen sind vielmehr auf der Grundlage der von den Krankenkassen übermittelten **elektronischen Daten** durchzuführen.[188] Dabei müssen im Grundsatz **alle elektronischen** Verordnungsdaten zur Verfügung stehen.[189] Die Krankenkassen müssen **Arzneimitteldateien** erstellen, in denen die Zahl sowie die Bruttowerte der je Versichertengruppe von dem Arzt verordneten Arznei- und Verbandmittel unter jeweiliger Angabe von deren Handelsnamen, Darreichungsform, 192

---

[185] Insoweit sind also die Ausführungen des BSG (v. 02.11.2005 - B 6 KA 63/04 R - BSGE 95, 199 = SozR 4-2500 § 106 Nr. 11 Rn. 62) durch die Spezialvorschrift des § 106 Abs. 2 Satz 2 HS. 2 SGB V überholt.

[186] In der Gesetzesbegründung heißt es: „Zeiträume von mehr als zwei Jahren zwischen dem geprüften Verordnungszeitraum und dem Abschluss der Prüfung sind für die Betroffenen unzumutbar“ (BT-Drs. 16/3100, S. 136 letzter Absatz).

[187] Die Beimengung von Heilmittelverordnungen erscheint wenig wahrscheinlich. Zum einen haben die Verordnungsblätter ein doppelt so großes Format. Zum anderen gehen diese Verordnungsblätter andere Wege: Sie werden nicht wie die Arzneimittelverordnungen bei Apotheken eingelöst, sondern bei nicht-ärztlichen Leistungserbringern und gelangen von diesen zu den Krankenkassen.

[188] BSG v. 27.04.2005 - B 6 KA 1/04 R - BSGE 94, 273 = SozR 4-2500 § 106 Nr. 9 Rn. 7, 23; BSG v. 02.11.2005 - B 6 KA 63/04 R - BSGE 95, 199 = SozR 4-2500 § 106 Nr. 11 Rn. 26, 28.

[189] BSG v. 02.11.2005 - B 6 KA 63/04 R - BSGE 95, 199 = SozR 4-2500 § 106 Nr. 11 Rn. 32: Aufstellungen der Kassenärztlichen Vereinigung reichen nicht aus.

Wirkstoffstärke und Packungsgröße auszuweisen sind.[190] Diesen Daten kommt im Sinne eines **Anscheinsbeweises** die **Vermutung der Richtigkeit** zu.[191] Diese Beweiskraft kann aber erschüttert werden.

1. Erschütterung des Anscheinsbeweises

193 Für die **Erschütterung der Beweiskraft** bestehen nach der Rechtsprechung des BSG bestimmte Anforderungen.

- Entweder müssen Fehler von vornherein **offensichtlich** sein[192] **oder** der Arzt muss bereits im Verwaltungsverfahren dahingehende **konkrete und plausible Angaben** gemacht haben.[193] Diese kann er z.B. anhand eigener aussagekräftiger Unterlagen machen.[194] So müssen sich **nachvollziehbare Bedenken**[195] gegen die Richtigkeit der Daten und **konkrete Anhaltspunkte**[196] für Fehler ergeben.
- Die offensichtlichen oder hinreichend substantiiert geltend gemachten Fehler dürfen sich **zahlenmäßig** nicht lediglich auf einen kleinen Anteil am Gesamtverordnungsvolumen beschränken, sondern müssen einen **erheblichen Umfang** ergeben, d.h. **wenigstens 5%** der elektronisch erfassten Verordnungskosten ausmachen.[197]

194 Möglicherweise ist **in besonderen Konstellationen** die Fehlerquote, ab welcher der Anscheinsbeweis als erschüttert anzusehen ist, **nicht schon bei 5%, sondern höher** anzusetzen. Dies könnte bei Praxen mit sehr wenig Behandlungsfällen und sehr geringem Verordnungsvolumen in Betracht kommen, bei denen schon wenige Verordnungen den Grenzwert von 5% ergeben würden.

195 Die **substantiierte Geltendmachung von Fehlern** kann z.B. betreffen:

- Einbeziehung von Verordnungen anderer Ärzte,[198]
- Einbeziehung von Verordnungen aus einem anderen Zeitraum als dem Prüfungszeitraum,[199]
- Einbeziehung von Verordnungen von Hilfsmitteln,[200]
- Widersprüche zu den Aufzeichnungen des Arztes in seinen Unterlagen, z.B. Printimages mit Verordnungsdaten an Nicht-Sprechstunden-Tagen, ohne dass dies plausibel – z.B. datentechnisch – erklärt wird.

196 Liegen die beiden unter 1. genannten Voraussetzungen vor, so ist dem **Anscheinsbeweis der Richtigkeit der Daten insgesamt die Grundlage entzogen**. Dann bedarf es **individueller („manueller") Auswertung sämtlicher** noch vorhandenen Verordnungsblätter bzw. Printimages; diese müssen also beigezogen werden.[201] Dies obliegt in erster Linie der Prüfungsstelle, u.U. auch den Tatsachengerichten, kann jedenfalls nicht durch das auf die rechtliche Überprüfung beschränkte Revisionsgericht geleistet werden, das in solchen Fällen den Rechtsstreit an die Tatsacheninstanz zurückverweisen muss.

---

[190] BSG v. 02.11.2005 - B 6 KA 63/04 R - BSGE 95, 199 = SozR 4-2500 § 106 Nr. 11 Rn. 32. Weitere Revisionsverfahren sind anhängig zur Frage, ob die Krankenkassen die Arznei- bzw. Heilmitteldateien von sich aus vorlegen oder ob die Prüfungsstelle bzw. die Gerichte sie anfordern müssen oder ob der geprüfte Arzt deren Vorlage unter gleichzeitigem Vorbringen nachvollziehbarer Bedenken mit konkreten Anhaltspunkten im Umfang von 5% der Verordnungskosten seinerseits verlangen muss (B 6 KA 57/07 R, B 6 KA 58/07 R, B 6 KA 59/07 R und B 6 KA 60/07 R; die Verfahren werden voraussichtlich im Herbst 2008 entschieden werden).

[191] BSG v. 27.04.2005 - B 6 KA 1/04 R - BSGE 94, 273 = SozR 4-2500 § 106 Nr. 9 Rn. 19 und v. 02.11.2005 - B 6 KA 63/04 R - BSGE 95, 199 = SozR 4-2500 § 106 Nr. 11 Rn. 29, 31.

[192] Vgl. hierzu BSG v. 02.11.2005 - B 6 KA 63/04 R - BSGE 95, 199 = SozR 4-2500 § 106 Nr. 11 Rn. 33.

[193] BSG v. 27.04.2005 BSG v. 27.04.2005 - B 6 KA 1/04 R - BSGE 94, 273 = SozR 4-2500 § 106 Nr. 9 Rn. 21 und BSG v. 02.11.2005 - B 6 KA 63/04 R - BSGE 95, 199 = SozR 4-2500 § 106 Nr. 11 Rn. 29, vgl. auch Rn. 38.

[194] BSG v. 02.11.2005 - B 6 KA 63/04 R - BSGE 95, 199 = SozR 4-2500 § 106 Nr. 11 Rn. 31 und 33.

[195] BSG v. 02.11.2005 - B 6 KA 63/04 R - BSGE 95, 199 = SozR 4-2500 § 106 Nr. 11 Rn. 31.

[196] BSG v. 02.11.2005 - B 6 KA 63/04 R - BSGE 95, 199 = SozR 4-2500 § 106 Nr. 11 Rn. 38 am Ende.

[197] BSG v. 02.11.2005 - B 6 KA 63/04 R - BSGE 95, 199 = SozR 4-2500 § 106 Nr. 11 Rn. 33.

[198] BSG v. 02.11.2005 - B 6 KA 63/04 R - BSGE 95, 199 = SozR 4-2500 § 106 Nr. 11 Rn. 33.

[199] Zur Frage, welchem Zeitraum eine Verordnung zuzuordnen ist, die erst im nachfolgenden Zeitraum in der Apotheke eingereicht wird, vgl. Rn. 100 f.

[200] Die fälschliche Einbeziehung von Heilmittelverordnungen erscheint wenig wahrscheinlich. Zum einen haben die Verordnungsblätter ein doppelt so großes Format. Zum anderen gehen diese Verordnungsblätter andere Wege: Sie werden nicht wie die Arzneimittelverordnungen bei Apotheken eingelöst, sondern bei nicht-ärztlichen Leistungserbringern und gelangen von diesen zu den Krankenkassen.

[201] BSG v. 02.11.2005 - B 6 KA 63/04 R - BSGE 95, 199 = SozR 4-2500 § 106 Nr. 11 Rn. 30 am Ende und 33.

Wird durch den Vergleich mit den Originalverordnungsblättern bzw. Printimages der Fehlerverdacht erhärtet, so müssen insoweit vorliegende Fehlbuchungen beseitigt, und das der Prüfung zu Grunde gelegte Verordnungsvolumen korrigiert werden.[202] **Soweit** Verordnungsblätter bzw. Images **nicht vorgelegt** werden können, sind die einzelnen betroffenen **Verordnungsbeträge in Abzug** zu bringen.[203] 197

Die Beiziehung von Originalverordnungsblättern bzw. Printimages darf, wie ausgeführt, aber nur im Falle nachvollziehbarer Bedenken gegen die Vermutung der Richtigkeit und konkreter Anhaltspunkte für Fehler erfolgen, dagegen **nicht** auf **nur pauschale Behauptungen von Unrichtigkeiten** hin[204] und erst recht **nicht als generelle Verfahrensweise**[205]. Ein ausreichender Anlass zur Beiziehung von Originalverordnungsblättern bzw. Printimages ergibt sich auch **nicht aus** Hinweisen auf **Differenzen** zwischen den elektronisch gemeldeten Verordnungskosten und der **Kostenberechnung** anhand tatsächlich vorgelegter Verordnungsblätter bzw. Printimages – jedenfalls so lange nicht, als nicht feststeht, ob diese die wahre Gesamtmenge darstellen.[206] 198

Die Vorlage der Originalverordnungsblätter bzw. Images ist auch **nicht** etwa für den Arzt schon **zur Geltendmachung von Praxisbesonderheiten erforderlich**. Er kann diese auf der Grundlage seiner eigenen Patientendokumentation i.V.m. den ihm von der Kassenärztlichen Vereinigung zur Verfügung gestellten Abrechnungsübersichten (Häufigkeitsstatistiken) begründen.[207] 199

2. Verfahren im Falle der Beweiserschütterung

Lassen sich bei der – durch erhebliche Fehler der elektronischen Erfassung veranlassten – **manuellen** Heranziehung, **Auswertung** und Summierung der Verordnungsblätter bzw. Images diese nicht vollständig zu Grunde legen, so ist **entsprechend dem nicht beiziehbaren Anteil** – weil insoweit die Verteidigungsmöglichkeiten des Arztes eingeschränkt sind – ein **Sicherheitsabschlag** von dem ggf. festzusetzenden Regress zu berechnen.[208] Der Sicherheitsabschlag ist „**typisierend und pauschalierend**" festzusetzen;[209] seine **Höhe** kann am Anteil fehlender Verordnungsblätter bzw. Images ausgerichtet werden: Werden z.B. 25% der Blätter bzw. Images den Prüfgremien nicht vorgelegt, so sind diese „auf der sicheren Seite", wenn sie den Sicherheitsabschlag auf ebenfalls 25% bemessen.[210] Sind die Einwendungen des Arztes zwar nicht widerlegbar, aber doch recht schwach, so können sie sich mit einem geringeren Sicherheitsabschlag begnügen – mit dem Risiko, dass später angerufene Gerichte den Abschlag möglicherweise als zu gering ansehen. 200

3. Erfasste Verordnungsmenge

Bei alledem ist zu beachten, dass sich die kassenärztlichen Institutionen bei der Regressberechnung und -festsetzung – gleichermaßen bei der Durchschnitts- wie bei der Richtgrößen-Prüfung – von vornherein **auf bestimmte Krankenkassen und/oder Kassenarten beschränken** können (vgl. Rn. 109). Dabei könnten sie solche Krankenkassen bzw. Kassenarten auswählen, bei denen ihnen die Beiziehung der Verordnungsblätter vollständig gelingt. Dann dürften sie aber auch nur von dieser Basis aus das Regressvolumen berechnen, d.h. dass das **Regressvolumen dementsprechend zu beschränken** ist. 201

Für eine **Hochrechnung** ist bei Richtgrößen-Prüfungen **kein Raum**. Hier liegt es anders als in den unter Rn. 109 behandelten Konstellationen. Die Möglichkeit der Hochrechnung ist zugeschnitten auf Einzelfallprüfungen, bei denen die Erfassung aller Behandlungs- bzw. Verordnungsfälle einen unangemessenen Aufwand erfordern würde (vgl. hierzu die Ausführungen in Rn. 109 zur Hochrechnung). Eine Hochrechnung erscheint auch noch im Falle von Durchschnittsprüfungen akzeptabel, sofern hierbei ergänzend Einzelfallprüfungen durchgeführt werden.[211] Richtgrößenregresse dagegen gründen sich 202

---

[202] BSG v. 02.11.2005 - B 6 KA 63/04 R - BSGE 95, 199 = SozR 4-2500 § 106 Nr. 11 Rn.33.
[203] BSG v. 02.11.2005 - B 6 KA 63/04 R - BSGE 95, 199 = SozR 4-2500 § 106 Nr. 11 Rn. 33.
[204] BSG v. 02.11.2005 - B 6 KA 63/04 R - BSGE 95, 199 = SozR 4-2500 § 106 Nr. 11 Rn. 31.
[205] BSG v. 02.11.2005 - B 6 KA 63/04 R - BSGE 95, 199 = SozR 4-2500 § 106 Nr. 11 Rn. 29 am Ende.
[206] BSG v. 27.04.2005 BSG v. 27.04.2005 - B 6 KA 1/04 R - BSGE 94, 273 = SozR 4-2500 § 106 Nr. 9 Rn. 23 und BSG v. 02.11.2005 - B 6 KA 63/04 R - BSGE 95, 199 = SozR 4-2500 § 106 Nr. 11 Rn. 39 f.
[207] Zu Möglichkeiten der Darlegung anhand der eigenen Krankenunterlagen i.V.m. der Kenntnis der Patientenschaft vgl. BSG v. 06.09.2000 - B 6 KA 24/99 R - SozR 3-2500 § 106 Nr. 50 S. 268/269 und BSG v. 11.10.2005 - B 6 KA 5/05 B - juris. Vgl. auch Rn. 119 und Rn. 135, jeweils mit näheren Angaben.
[208] BSG v. 27.04.2005 BSG v. 27.04.2005 - B 6 KA 1/04 R - BSGE 94, 273 = SozR 4-2500 § 106 Nr. 9 Rn. 20 und BSG v. 02.11.2005 - B 6 KA 63/04 R - BSGE 95, 199 = SozR 4-2500 § 106 Nr. 11 Rn. 33 am Ende.
[209] BSG v. 02.11.2005 - B 6 KA 63/04 R - BSGE 95, 199 = SozR 4-2500 § 106 Nr. 11 Rn. 33 am Ende.
[210] BSG v. 27.04.2005 BSG v. 27.04.2005 - B 6 KA 1/04 R - BSGE 94, 273 = SozR 4-2500 § 106 Nr. 9 Rn. 20.
[211] So lag die Fallkonstellation in BSG v. 27.04.2005 - B 6 KA 1/04 R - BSGE 94, 273 = SozR 4-2500 § 106 Nr. 9 Rn. 9.

nicht auf **konkret festgestellte Fehler** – was Voraussetzung einer Hochrechnung ist –, sondern lediglich auf ein zahlenmäßiges Überschreiten von Richtgrößen i.V.m. dem Nicht-Vorhandensein bzw. dem Nicht-Ausreichen von Praxisbesonderheiten. Solche Verfahren, die weder nach der Methode der Einzelfallprüfung durchgeführt noch um eine beispielhaft beleuchtende Einzelfallprüfung ergänzt werden, eignen sich m.E. nicht als Grundlage für Hochrechnungen.

4. Kontrolldichte

203 Die **gerichtliche Kontrolle** der Korrektheit der Verfahrensdurchführung und Regressfestsetzung ist nur in wenigen Bereichen **beschränkt**:

204 Einen sog. **Beurteilungsspielraum** haben die Prüfungsstellen bei Fragen, für die die Fachkunde ihrer Ausschussmitglieder von Bedeutung ist.[212] So wird ihnen ein Beurteilungsspielraum im Rahmen der Durchschnittsprüfung bei der Festlegung der Grenze zum offensichtlichen Missverhältnis zuerkannt (vgl. dazu Rn. 136 ff.) und außerdem – im Rahmen sowohl der Durchschnitts- als auch der Richtgrößen-Prüfung – bei der Beurteilung, ob und inwieweit **Praxisbesonderheiten** anerkannt werden können.[213]

205 Dagegen haben die Prüfgremien **keinen Beurteilungsspielraum** bei der Frage, ob der Arzt die Richtgröße um mehr als 25% überschritten hat[214] und ob die Fehlerquote von 5% (vgl. Rn. 193 f.) erreicht ist. Solche Berechnungen sind vom Gericht voll zu überprüfen bzw. selbst neu vorzunehmen; Fremdberechnungen z.B. der Kassenärztlichen Vereinigung muss das Gericht zumindest stichprobenartig nachvollziehen, es darf nicht lediglich pauschal auf fremde Auswertungen Bezug nehmen.[215]

VIII. Resümee

206 Die geschilderten Typen von Verordnungsregressen zeigen, welcher Vielfalt von Instrumentarien sich der Arzt im Bereich der Arzneimittelversorgung im Rahmen der vertragsärztlichen Versorgung gegenübersieht. Verfahrensablauf und inhaltliche Kriterien der verschiedenen Regressverfahren sind durchaus unterschiedlich, zum Teil – insbesondere bei der Durchschnittsprüfung – zwar hoch differenziert, letztlich jedoch durchschaubar. Dies aufzuzeigen, ist der Sinn dieser Darstellung. So können Fehler der Prüfgremien erkannt werden; der Arzt kann sie herausgreifen und den Kampf gegen einen Arzneikostenregress u.U. erfolgreich bestehen.

E. Auslegung der Norm am Beispiel des Heilmittelregresses

I. Bedeutung der Heilmittelregresse

207 Die **Bedeutung** des Heilmittelbereichs reicht bei weitem nicht an diejenige des Arzneimittelbereichs heran.

208 Das Ausgabenvolumen beträgt in diesem Bereich ungefähr nur ein Zehntel von demjenigen im Arzneimittelbereich. Die gegen die Ärzte festgesetzten Regresse betreffen zu ca. 80% den Arzneimittel- und nur zu ca. 10% den Heilmittelbereich (vgl. Rn. 47). Weitere kleine Quoten der Wirtschaftlichkeitsprüfungen betreffen Hilfsmittelverordnungen und kurative Leistungen.

209 Bei den Verordnungen von Heilmitteln handelt es sich zum einen um die Verordnungen medizinisch-physikalischer Leistungen durch Orthopäden, aber auch durch Ärzte für Allgemeinmedizin, und zum anderen vor allem um Verordnungen von Logopädie und Ergotherapie durch Kinderärzte.

II. Einzelfall- und Durchschnittsprüfung

210 Das „System" des Heilmittelregresses entspricht dem des Arzneikostenregresses, so wie die Einzelfallprüfung unter Rn. 81 ff. und die Durchschnittsprüfung unter Rn. 97 ff. beschrieben worden ist. Auf jene Ausführungen wird verwiesen.

211 Klarzustellen ist dabei, dass aus dem Urteil des BSG vom 31.05.2006[216] nicht etwa abgeleitet werden kann, der Arzt sei bei Einhaltung der Heilmittel-Richtlinien[217] vor dem Vorhalt der Unwirtschaftlich-

[212] BSG v. 02.11.2005 - B 6 KA 63/04 R - BSGE 95, 199 = SozR 4-2500 § 106 Nr. 11 Rn. 36. Ebenso BSG v. 31.05.2006 - B 6 KA 13/05 R = BSGE 96, 261 = SozR 4-2500 § 92 Nr. 5 Rn. 67-75 unter II. 4. a-d sowie *Engelmann*, MedR 2006, 245, 249 ff.

[213] BSG v. 02.11.2005 - B 6 KA 63/04 R - BSGE 95, 199 = SozR 4-2500 § 106 Nr. 11 Rn. 36.

[214] BSG v. 02.11.2005 - B 6 KA 63/04 R - BSGE 95, 199 = SozR 4-2500 § 106 Nr. 11 Rn. 36.

[215] BSG v. 02.11.2005 - B 6 KA 63/04 R - BSGE 95, 199 = SozR 4-2500 § 106 Nr. 11 Rn. 37.

[216] BSG v. 29.11.2006 - B 6 KA 7/06 R = SozR 4-2500 § 125 Nr. 3.

[217] Richtlinien des Gemeinsamen Bundesausschusses über die Verordnung von Heilmitteln in der vertragsärztlichen Versorgung (Heilmittel-RL) v. 02.04.2005, abrufbar unter www.g-ba.de/informationen/richtlinien.

keit geschützt. Zwar heißt es darin, dass der Arzt, der sich bei Heilmittelverordnungen an die **Frequenzvorgaben** halte, davor geschützt sei, in großem und möglicherweise existenzbedrohendem Umfang für Verordnungen in Regress genommen zu werden, die sich im Nachhinein als unwirtschaftlich erweisen.[218] Mit dieser Formulierung wird nach dem Kontext jedoch lediglich ausgesagt, dass dem Arzt, der sich bei seinen Patienten jeweils an die Frequenzvorgaben hält, ein Verordnungsübermaß bezogen auf einen einzelnen Patienten nicht angelastet werden kann. Der Arzt ist aber nicht gegen den Vorhalt geschützt, dass er in der **Gesamtsumme** aller Patienten – falls der Arzt nämlich bei zu vielen Patienten jeweils das Frequenzmaß ausschöpft – zu viele Verordnungen tätige.

F. Auslegung der Norm am Beispiel des Hilfsmittelregresses

Die Bedeutung der Hilfsmittelregresse ist gering (vgl. Rn. 47). Das liegt daran, dass Verordnungen von Hilfsmitteln selten sind. Sie betreffen in der Regel nur besonders gestaltete Einzelfälle, sodass einzig Einzelfallprüfungen in Betracht kommen dürften. 212

Als **Beispiel** für Wirtschaftlichkeitsprüfungen im Hilfsmittelbereich ist aus der Rechtsprechung des BSG die Überprüfung der Wirtschaftlichkeit der Verordnung von Schuhzurichtungen zu nennen.[219] In dem vom BSG beurteilten Fall war eine **typisierte Einzelfallprüfung** erfolgt (vgl. hierzu Rn. 85): Die Verordnungshäufigkeit des geprüften Arztes war damit verglichen worden, wie häufig typischerweise die Verordnung von Schuhzurichtungen erforderlich wird. Als Erfordernis der Wirtschaftlichkeit wurde einbezogen, wie viele Paare Schuhe typischerweise benötigt werden. Die Vorgehensweise ist vom BSG nicht beanstandet worden.[220] 213

G. Auslegung der Norm am Beispiel der Honorarkürzung

I. Bedeutung von Honorarkürzungen

Bei der Wirtschaftlichkeitsprüfung im Honorarbereich handelt es sich um das klassische Feld der Wirtschaftlichkeitsprüfung. Dessen **Bedeutung** hat aber erheblich abgenommen, seitdem im Honorarbereich in weitem Maße Budgetregelungen bestehen (vgl. hierzu Rn. 20) und seitdem – seit der zweiten Hälfte der 90er Jahre – Wirtschaftlichkeitsprüfungen im Arzneikostenbereich zunehmend häufiger durchgeführt werden. 214

II. Prüfbarkeit aller Leistungen

Die Ansicht, es gebe bestimmte ärztliche Leistungen, die einer Wirtschaftlichkeitsprüfung nicht zugänglich seien, ist zurückzuweisen. Das BSG hat zur Nr. 5 des früheren EBM – der Gebühr für die Inanspruchnahme des Arztes „zur Unzeit“ – ausgeführt, dass auch diese Leistung der Wirtschaftlichkeitsprüfung nach § 106 SGB V unterliegt, und die Einwände, die verbreitet gegen deren Prüfbarkeit vorgebracht wurden, zurückgewiesen.[221] 215

III. Einzelfall- und Durchschnittsprüfung

Das „System“ der Wirtschaftlichkeitsprüfung im Honorarbereich entspricht dem im Arzneimittelbereich, so wie die Einzelfallprüfung unter Rn. 81 ff. und die Durchschnittsprüfung unter Rn. 97 ff. beschrieben worden sind. Auf jene Ausführungen wird verwiesen. 216

Im Rahmen der im Abschnitt D. aufgeführten Prüfungsschritte kommt anders als im Arzneimittelbereich mehr **Bedeutung** dem **dritten Prüfungsschritt** zu, nämlich der Auswahl zwischen einer Prüfung des Gesamtfallwerts, einer Prüfung von Leistungen einer Sparte und einer Prüfung von Einzelleistungen (vgl. Rn. 115). Während der Gesamtfallwert-Vergleich und der Spartenvergleich keinen besonderen Anforderungen unterliegen, bestehen beim Einzelleistungsvergleich besondere Anforderungen, wie das BSG in jüngerer Zeit nochmals ausgeführt hat.[222] 217

Im Übrigen kann auf die Darstellung in Rn. 97 ff. verwiesen werden. 218

[218] BSG v. 29.11.2006 - B 6 KA 7/06 R = SozR 4-2500 § 125 Nr. 3 Rn. 22.

[219] BSG v. 14.03.2001 - B 6 KA 59/00 B - juris.

[220] BSG v. 14.03.2001 - B 6 KA 59/00 B - juris Rn. 10 ff.

[221] So BSG v. 16.07.2003 - B 6 KA 44/02 R - GesR 2004, 144, 145 f.; BSG v. 28.09.2005 - B 6 KA 27/05 B - juris; ebenso BSG v. 28.09.2005 - B 6 KA 104/04 B - unveröffentlicht.

[222] BSG v. 16.07.2003 - B 6 KA 45/02 R - SozR 4-2500 § 106 Nr. 3.

H. Zur Auslegung der einzelnen Absätze der Norm

I. Allgemeines (Absatz 1)

219 Der vorangestellte Absatz 1 des § 106 SGB V gibt eine allgemeine Beschreibung der Aufgabe der **Überwachung der Wirtschaftlichkeit**. Damit wird zum einen Bezug genommen auf das Wirtschaftlichkeitsgebot, das in den §§ 12, 70 Abs. 1 Satz 2 und 72 Abs. 2 SGB V näher umschrieben ist (hierzu vgl. die Kommentierung zu § 12 SGB V, die Kommentierung zu § 70 SGB V und die Kommentierung zu § 72 SGB V). Zum anderen wird die Art und Weise der Aufgabenwahrnehmung beschrieben, indem vorgegeben wird, die Wirtschaftlichkeit der vertragsärztlichen Versorgung **durch Beratungen und Prüfungen** zu überwachen, was in den folgenden Absätzen 1a, 5 Satz 2 und den Absätzen 2 ff. konkretisiert wird.

220 Absatz 1 hat mit seiner nur allgemeinen Aufgabenumschreibung keine rechtliche Bedeutung, der Zusätzliches entnommen werden könnte über die Regelungen der nachfolgenden konkreteren Regelungen in den §§ 106 Abs. 2 ff. SGB V hinaus. Absatz 1 hat eher die Funktion lediglich einer „Einleitung" und einer Überleitung zu den in den Absätzen 2 ff. folgenden eigentlichen Sachregelungen.

II. Beratung (Absatz 1a)

221 Die Prüfungsstelle muss den Arzt nur „**in erforderlichen Fällen**" beraten. Dies hat das BSG dahingehend konkretisiert, dass bei großer Unwirtschaftlichkeit – nämlich bei einem Mehraufwand, dessen Ausmaß ein „offensichtliches Missverhältnis" darstellt (vgl. hierzu Rn. 136 ff.) – das Fehlen einer Beratung eine Honorarkürzung bzw. einen Regress nicht hindert.[223] Diese Rechtsprechung ist zu der Regelung des Absatzes 5 Satz 2 ergangen, die die Aufgabe der Beratung dahingehend konkretisiert, dass sie **in der Regel** vor weiteren Maßnahmen erfolgen soll (vgl. hierzu Rn. 278); sie ist auf die allgemeinere Vorschrift des Absatzes 1a übertragbar.

222 Die Beratung der Ärzte erfolgt „auf der Grundlage von Übersichten über die von ihnen im Zeitraum eines Jahres oder in einem kürzeren Zeitraum erbrachten, verordneten oder veranlassten Leistungen". Daraus folgt, dass die Beratung auf das über einen gewissen Zeitraum hinweg erbrachte Gesamtleistungsvolumen gerichtet ist. Eine Beratung über die Wirtschaftlichkeit einer konkreten Einzelleistung ist also nicht gemeint.[224]

223 Mit der Formulierung, dass die Beratung nicht nur die Wirtschaftlichkeit, sondern **auch** die **„Qualität der Versorgung"** umfassen soll, wird der seit 2004 erfolgten neuen Ausrichtung der Wirtschaftlichkeitsprüfung Rechnung getragen, deren Gegenstand nun eben auch die Qualität der Leistungserbringung ist (vgl. § 106 Abs 2a SGB V, insbesondere die Nrn. 1-3).

224 Die Beratung kann **mündlich (persönlich) oder schriftlich** erfolgen. Auch eine nur schriftliche Beratung genügt den gesetzlichen Anforderungen. Bei Abwägung zwischen dem Verwaltungsaufwand und dem möglichen Beratungsbedarf kann es zweckmäßig sein, die Beratung zunächst schriftlich durchzuführen und nur bei Bedarf, darauf aufbauend – ergänzend – mündlich zu beraten. Dementsprechende Bestimmungen finden sich vielfach in den Regelungen, die gemäß Absatz 3 Satz 1 in der **Prüfvereinbarung** zu Inhalt und Durchführung der Beratung nach Absatz 1a getroffen worden sind (vgl. Rn. 259 f.).

III. Prüfungsverfahren und -inhalt (Absatz 2)

225 Zur **Gliederung des Absatzes 2** und zur **Bezeichnung seiner Sätze** ist vorab auf Folgendes hinzuweisen: Absatz 2 ist von seiner Aufgliederung her missraten (vgl. Rn. 310 ff.). Nach Nr. 2 werden mehrere weitere Sätze angeschlossen, die – so wie dies auch im Schrifttum geschieht – auch hier als **Absatz 2 Nr. 2 Sätze 2, 3, 4, 5, 6** bezeichnet werden, auch wenn sie bei genauer Betrachtung nicht alle speziell zur Nr. 2 gehören (Sätze 2-4 und 6 gehören zu Nr. 2, Satz 5 gehört zu Nr. 1). Nach Satz 6 (der wieder zur Nr. 2 gehört) sind neuestens (zum 01.01.2008) noch weitere Sätze angefügt worden, die auch hier – ebenso wie sonst üblich – als **Absatz 2 Sätze 2, 3, 4, 5** benannt werden. Die ersten drei dieser weiteren Sätze (Absatz 2 Sätze 2-4) betreffen nur Nr. 1, der letzte weitere Satz (Satz 5) betrifft nur Nr. 2.

---

[223] Vgl. dazu z.B. BSG v. 27.06.2001 - B 6 KA 66/00 R - SozR 3-2500 § 106 Nr. 53 S. 296; BSG v. 21.05.2003 - B 6 KA 32/02 R - SozR 4-2500 § 106 Nr. 1 Rn. 19 m.w.N.; vgl. auch BSG v. 28.04.2004 - B 6 KA 24/03 R - MedR 2004, 577, 578/579 m.w.N.

[224] Ebenso *Zuck* in: Quaas/Zuck, Medizinrecht, 2005, § 21 III 3. (Rn. 47 = S. 429).

1. Unterscheidung und Abgrenzung von Auffälligkeits- und Zufälligkeitsprüfung

226 Nach dem Gesetz wird unterschieden zwischen **Auffälligkeitsprüfung** (Nr. 1) und **Zufälligkeitsprüfung** (Nr. 2). Die Auffälligkeits- und Zufälligkeitsprüfungen **betreffen nur** die **Art und Weise, wie es zu einem Prüfungsverfahren kommt.**[225] Stellt sich bei einer Zufälligkeitsprüfung nach Nr. 2 z.B. heraus, dass in Teilbereichen, die sich nicht schon im Wege einer Auffälligkeitsprüfung nach Nr. 1 als überprüfungsbedürftig erwiesen haben, möglicherweise Unwirtschaftlichkeiten vorliegen, so **mündet** die Zufälligkeitsprüfung **in** eine **Sachprüfung**. Diese Sachprüfung wird in Gestalt einer der **verschiedenen Prüfmethoden** durchgeführt, wie sie das BSG zuletzt zusammenfassend in seinem Urteil vom 27.06.2007[226] aufgezählt hat: Durchschnittsprüfung in Form des Gesamtfallwertvergleichs, des Spartenvergleichs oder des Einzelleistungsvergleichs; Richtgrößen-Prüfung; Einzelfallprüfung mit den Unterformen der strengen, eingeschränkten und typisierten Einzelfallprüfung; Vertikalvergleich. Näheres zu diesen Prüfmethoden vgl. Rn. 104; außerdem zur Durchschnittsprüfung Rn. 97 ff. und zur Einzelfallprüfung Rn. 81 ff.

227 Daraus, dass in der Vorschrift des § 106 Abs. 2 **Nr. 1** SGB V, die die Auffälligkeitsprüfung beschreibt, seit 2004 nur noch die Prüfung bei Überschreitung von Richtgrößenvolumina und **nicht mehr die Prüfung nach Durchschnittswerten im SGB V aufgeführt** ist, folgt nicht etwa, dass es diese Prüfungsmethode nicht mehr gäbe. Diese kann vielmehr auf der Grundlage des § 106 Abs. 2 Nr. 2 Satz 4 oder Abs. 2b SGB V – in Prüfvereinbarungen oder in Richtlinien – als weitere Prüfungsart vorgesehen werden, und ist darin in der Regel auch **als weitere Prüfungsart normiert** (vgl. z.B. die §§ 7 Abs. 3 und 8 der Prüfvereinbarung Westfalen-Lippe, Westfälisches Ärzteblatt 4/2004 S. 55 – zur Durchschnittsprüfung vgl. Rn. 243).

228 Die These, die **Zufälligkeitsprüfungen** nach § 106 Abs. 2 Nr. 2 SGB V könnten stets nur auf Einzelfallprüfungen und nicht auf **statistische Vergleichsprüfungen anhand von Durchschnittswerten** hinauslaufen,[227] ist seit 2004 mit der Gesetzeslage nicht mehr vereinbar. Seit der Gesetzesneufassung zum 01.01.2004 ist das für diese These angeführte zentrale Argument entfallen, dass die Auffälligkeitsprüfung alle auffälligen Ärzten erfasse und die Zufälligkeitsprüfung deshalb nur die **un**auffällig gebliebenen Ärzte betreffen könne.[228] Die Auffälligkeitsprüfung nach § 106 Abs. 2 Nr. 1 SGB V ist **seit 2004** nur noch auf Richtgrößen-Überschreitungen ausgerichtet und erfasst Abweichungen vom Durchschnitt nicht mehr. Die von den Auffälligkeitsprüfungen nicht mehr erfassten sonstigen Auffälligkeiten – wie gerade auch Durchschnittsüberschreitungen aller Art – können seitdem zweifelsfrei Gegenstand von **Zufälligkeitsprüfungen** sein. Dies ergibt sich seit 2008 zusätzlich aus der neu angefügten Bestimmung des Absatzes 2 Satz 5, wonach „insbesondere ... bei Prüfungen nach Satz 1 auch Ärzte geprüft werden, deren ärztlich verordnete Leistungen ... deutlich von [denen] der Fachgruppe abweichen". Da die hiermit vorgegebene Durchschnittsprüfung nicht aufgrund einer Auffälligkeitsprüfung gemäß Absatz 2 Nr. 1 möglich ist (weil diese auf Richtgrößen-Prüfungen beschränkt worden ist), kann mit Absatz 2 Satz 5 nur eine Zufälligkeitsprüfung gemeint sein, die auf eine Durchschnittsprüfung hinausläuft.[229]

---

[225] So die ganz herrschende Meinung, so bereits *Clemens* in: Schulin, Handbuch des Sozialversicherungsrechts, Bd. 1: Krankenversicherungsrecht, 1994, § 35 Rn. 203 f., und *Spellbrink*, Wirtschaftlichkeitsprüfung im Kassenarztrecht, 1994, Rn. 785 ff. Dieselbe Ansicht liegt auch der Richtlinie zugrunde, die die Kassenärztliche Bundesvereinigung und die Krankenkassen gemäß § 106 Abs. 2b SGB V vereinbart haben: vgl. § 9 der Richtlinien-Zufälligkeitsprüfung (mit Wirkung für die Zeit ab 01.04.2005, DÄ 2005, A 3287).

[226] BSG v. 27.06.2007 - B 6 KA 44/06 R - SozR 4-2500 § 106 Nr. 17 Rn. 13-16.

[227] So *Engelhard* in: Hauck/Noftz, SGB V, K § 106 – Stand Dez. 2004 – Rn. 267 f. (mit Nachweisen zur Gegenansicht in Rn. 266). Tendenziell auch *Hess* in: KassKomm, SGB V, § 106 – Stand März 2005 – Rn. 24.

[228] *Engelhard* in: Hauck/Noftz, SGB V, K § 106 – Stand Dez. 2004 – Rn. 268.

[229] Zur Möglichkeit, dass Zufälligkeitsprüfungen auf Durchschnittsprüfungen hinauslaufen, vgl. schon für die Rechtslage bis 2003: *Clemens* in: Schulin, Handbuch des Sozialversicherungsrechts, Bd. 1: Krankenversicherungsrecht, 1994, § 35 Rn. 204. Ansatzweise ebenso *Spellbrink*, Wirtschaftlichkeitsprüfung im Kassenarztrecht, 1994, Rn. 790, 791, 794 f. Heute herrschende Meinung, die auch der Richtlinie zugrunde liegt, die die Kassenärztliche Bundesvereinigung und die Krankenkassen gemäß § 106 Abs. 2b SGB V vereinbart haben: vgl. § 9 der Richtlinien-Zufälligkeitsprüfung (abrufbar unter www.kbv.de „Richtlinien der Kassenärztlichen Bundesvereinigung und der Spitzenverbände der Krankenkassen zum Inhalt und zur Durchführung der Prüfungen nach Abs. 2 S. 1 Nr. 2 SGB V").

229 Die Möglichkeit, Zufälligkeitsprüfungen auf Durchschnittsüberschreitungen auszurichten, kann nicht durch Hinweis auf § 106 Abs. 2a SGB V in Zweifel gezogen werden.[230] Der hierin aufgeführte Katalog weiterer Prüfungsgegenstände bei Zufälligkeitsprüfungen ist nicht zwingend an Einzelfallprüfungen gekoppelt. Dieser Katalog kann auch im Rahmen statistischer Vergleichsprüfungen, wenngleich hier nur in sehr engen Grenzen, zum Zuge kommen, nämlich zumindest bei der Überprüfung geltend gemachter Praxisbesonderheiten. Im Übrigen muss dieser Katalog auch ohnehin nicht Gegenstand jeder Prüfung sein, sondern nur „soweit dafür Veranlassung besteht" (so der einleitende Satz des § 106 Abs. 2a SGB V).

230 Zu **weiteren Fragen** im Zusammenhang mit **der Zufälligkeitsprüfung** vgl. Rn. 234 ff. und Rn. 251 ff.

231 **Schwierigkeiten** sowohl für Auffälligkeitsprüfungen als auch für Zufälligkeitsprüfungen ergeben sich stets im Falle von Vertragsärzten, die in den Bereichen mehrerer Kassenärztlicher Vereinigungen tätig sind. Dies ist neuerdings möglich durch Bildung einer **überörtlichen Berufsausübungsgemeinschaft** (vgl. hierzu § 98 Abs. 2 Nr. 13a SGB V i.V.m. § 33 Abs. 2 Satz 2 Ärzte-ZV) und/oder durch Gründung einer **Zweigpraxis** im Bereich einer anderen Kassenärztlichen Vereinigung (hierzu § 98 Abs. 2 Nr. 13 SGB V i.V.m. § 24 Abs. 3 Satz 3 Ärzte-ZV). In § 33 Abs. 3 Satz 3 Ärzte-ZV i.V.m. „Richtlinie der Kassenärztlichen Bundesvereinigung über die Durchführung der vertragsärztlichen Versorgung bei einer den Bereich einer Kassenärztlichen Vereinigung übergreifenden Berufsausübung" (in der Fassung vom 29.07.2007, DÄ 2007, A 1868) ist vorgesehen, dass die Leistungsabrechnung nach dem am Ort der Leistungserbringung geltenden Recht erfolgt – sodass je nach Leistungsort unterschiedliches Recht anzuwenden ist –, dass aber die Zuständigkeit für die Abrechnung und für eventuelle Abrechnungskorrekturen grundsätzlich einheitlich bei derjenigen Kassenärztlichen Vereinigung liegt, in deren Bereich der vom Arzt bzw. von den Ärzten bestimmte Hauptsitz gelegen ist (§ 2 i.V.m.§ 3 Nr. 2, § 4 i.V.m. §§ 6, 7 der genannten Richtlinie). Diese müsste für Wirtschaftlichkeitsprüfungen, die das gesamte Leistungsvolumen der gesamten Praxis umfassen, die – an den verschiedenen Orten eventuell unterschiedlichen – Rechtsmaßstäbe zusammenführen, was aber in vielen Fällen nicht möglich sein wird: So gibt es in den verschiedenen Kassenärztlichen Vereinigungen unterschiedliche Aufgliederungen der Arztgruppen, meist auch abweichende Richtgrößen und unterschiedliche Durchschnittswerte. Auf der Grundlage solcher Unterschiede dürfte eine **rechtssichere Gesamtprüfung einer Praxis mit Tätigkeiten in Bereichen von zwei oder mehr Kassenärztlichen Vereinigungen schwerlich möglich** sein.

2. Auffälligkeitsprüfung

232 Nach dem Gesetz sind die **Auffälligkeitsprüfungen (Absatz 2 Nr. 1)** darauf gerichtet, ob Überschreitungen der **Richtgrößen**volumina vorliegen. Die Feststellung, ob Richtgrößen überschritten sind, ist ohne weiteres möglich, indem das von jedem Arzt verursachte Kostenvolumen – nach Arztgruppen sortiert – mit Hilfe der EDV an den Richtgrößen gemessen und alle Abweichungen, soweit sie 15% bzw. 25% überschreiten (vgl. hierzu § 106 Abs. 5a Sätze 1 und 2 SGB V), einer näheren Überprüfung unterzogen werden.

233 Zu den **weiteren Einzelheiten** im Zusammenhang mit Richtgrößen-Prüfungen vgl. Rn. 47 ff., Rn. 207 ff. und Rn. 212 f.

3. Zufälligkeitsprüfung und Stichprobenumfang

234 **Zufälligkeitsprüfungen (Absatz 2 Nr. 2)** gewährleisten, dass auch Ärzte erfasst werden, denen zwar nicht eine Überschreitung von Richtgrößenvolumina angelastet werden kann, die aber sonstige Unwirtschaftlichkeiten aufweisen. Die **Stichprobe** umfasst nach **Nr. 2 Satz 1** mindestens 2% der Ärzte je Quartal. Diese 2% brauchen nicht gleichmäßig auf alle Arztgruppen verteilt zu werden. Vielmehr gibt **Nr. 2 Satz 2** die Befugnis, die Größe der Stichproben nach Arztgruppen gesondert zu bestimmen, sodass die Prüfungsstelle mehr Stichproben in „besonders unwirtschaftlichkeits-verdächtigen" Arztgruppen ziehen kann als in anderen Arztgruppen[231] (dazu ergänzend vgl. Absatz 3, vgl. hierzu Rn. 259 ff.). Die Stichprobenprüfung ist gemäß Absatz 2 **Nr. 2 Satz 6** auf das Verhalten während mindestens eines Jahres zu erstrecken.

[230] So aber das zusätzliche Argument von *Engelhard* in: Hauck/Noftz, SGB V, K § 106 – Stand Dez. 2004 – Rn. 269.

[231] Vgl. hierzu Gesetzesbegründung v. 24.10.2006 (zum GKV-WSG v. 26.03.2007), BT-Drs. 16/3100, S. 137 (zu lit. b, sublit. cc).

Diese letztgenannte Vorgabe der **Erstreckung auf zumindest ein Jahr** (Absatz 2 Nr. 2 Satz 6 – dazu § 8 der Richtlinien-Zufälligkeitsprüfung: „mindestens ein Jahr vor der Stichprobenprüfung") hat den Sinn, Zufallsergebnisse zu vermeiden; Prüfungsziel sind diejenigen Ärzte, die seit mindestens einem Jahr einen einigermaßen gleichmäßigen Praxiszuschnitt gehabt haben. Dies bedeutet zugleich, dass ein Arzt, der erst vor drei Quartalen zur vertragsärztlichen Versorgung zugelassen wurde oder nach drei Quartalen einen Partner in seine Praxis hereinnahm oder auf andere Art den Zuschnitt seiner Praxis erheblich änderte – z.B. im Zusammenhang mit dem Erwerb einer Zusatzqualifikation –, sich nicht für eine jahresbezogene Stichprobenprüfung i.S.d. Absatzes 2 Nr. 2 Satz 6 eignet. Da die Miterfassung solcher Ärzte bei Ziehen der Stichprobe aber unvermeidlich ist, **verbleibt**[232] nach der **zunächst 2% der Ärzte umfassenden Stichprobe** letztlich **oft nur ein kleiner Prozentsatz** von vielleicht 1% – oder noch weniger – der Ärzte für die sich anschließende Sachprüfung übrig. Dies ist nicht zu beanstanden. Verfehlt wäre die Forderung, dass zunächst eine deutlich höhere Stichprobe genommen werden müsse, damit auf jeden Fall noch 2% der Ärzte für die anschließende Sachprüfung verbleiben. Dies lässt sich dem Gesetz nicht entnehmen, in dem eingangs (in Nr. 2 Satz 1) eine Quote von nur 2% vorgeschrieben (Absatz 2 Nr. 2 Satz 1 Halbsatz 2) und andererseits die Erstreckung der Stichprobenprüfung auf vier Quartale vorgegeben wird (Nr. 2 Satz 6). Forderungen nach einer zunächst höheren Stichprobe wären nicht nur vom Gesetz nicht gedeckt, sondern würden zudem vielen Prüfungsstellen einen Verwaltungsaufwand abverlangen, den diese nicht leisten können. 235

Stichproben können auch danach ausgerichtet werden, ob weit über den Durchschnitt hinaus gehende Werte vorliegen (wie dies in der Richtlinie-Zufälligkeitsprüfung nach § 106 Abs. 2b SGB V und zum Teil auch in Prüfvereinbarungen vorgesehen ist, dazu vgl. Rn. 241 ff. und Rn. 255). Soweit dies geschieht, sind diese **Durchschnittsprüfungen anrechenbar auf die Stichprobenmenge** von 2%, sodass die zusätzlich zu ziehenden Stichproben entsprechend verringert werden können. Dies ist in der Richtlinien-Zufälligkeitsprüfung dadurch berücksichtigt, dass hiernach die Quote von 2% „in der Summe aller Stichprobengruppen nicht unterschritten" werden darf (§ 2 Abs. 1 Satz 3 der Richtlinien). 236

Für Einzelheiten der Zufälligkeitsprüfung mit Stichprobenbestimmung sind nicht nur die gemäß **Absatz 2b** auf **Bundesebene** – von der Kassenärztlichen **Bundes**vereinigung und den Krankenkassen – erlassenen **Richtlinien zum Prüfungsinhalt** zu beachten, auf die in vorstehenden Ausführungen wiederholt Bezug genommen worden ist. Zusätzlich ist zu beachten, dass gemäß **Absatz 3 Satz 2** auf **Landesebene** – von der Kassenärztlichen Vereinigung – Regelungen zum **Verfahren der Stichprobenbestimmung** zu treffen sind (dazu vgl. Rn. 261). 237

Zur Zufälligkeitsprüfung vgl. schließlich hier nachfolgend den Absatz 2 Nr. 2 Sätze 3 ff. (vgl. Rn. 239 ff.). 238

4. Die weiteren Regelungen des Absatzes 2 Nr. 2 Sätze 3 ff.

a. Prüfungsgesichtspunkte (Satz 3)

Die in **Nr. 2 Satz 3** normierte Vorgabe, die **Überprüfung sehr breit anzulegen** (d.h. zu erstrecken auf kurative Leistungen, Überweisungen, Krankenhauseinweisungen, Feststellungen der Arbeitsunfähigkeit, veranlasste Leistungen, verordnete Leistungen), ist die Konsequenz daraus, dass jeder Arzt nicht nur insgesamt zu wirtschaftlichem Verhalten verpflichtet ist, sondern **in jedem Einzelbereich** seiner Tätigkeit und bei jeder einzelnen Leistung **entsprechend dem Wirtschaftlichkeitsgebot** handeln muss (vgl. Rn. 134).[233] 239

In der Verwaltungspraxis wird die Vorgabe der Nr. 2 Satz 3 (vgl. dazu auch die Richtlinien-Zufälligkeitsprüfung und den dortigen § 6 Abs. 2 mit Aufzählung der Prüfungsgegenstände) allerdings in der Regel nicht ausgeschöpft. So sind – soweit bekannt – Statistiken zu **Feststellungen der Arbeitsunfähigkeit** nicht verfügbar. **Krankenhauseinweisungen** sind ebenfalls kaum tauglicher Gegenstand einer Prüfung. Bei diesen ist der Vergleich mit anderen Ärzten vielfach wenig ergiebig. Insoweit geführte Statistiken sind mit Vorsicht zu betrachten. Denn ein Arzt muss nicht für jeden Patienten, den er als Fall für eine stationäre Behandlung im Krankenhaus ansieht, eine förmliche Krankenhauseinweisung 240

---

[232] Weitere Reduzierungen können sich dadurch ergeben, dass im Verlaufe des Prüfungsverfahrens Ausschlusstatbestände i.S.d. § 12 Abs. 1 i.V.m. Abs. 7 der Richtlinien-Zufälligkeitsprüfung festgestellt werden. Auch dies ist nicht zu beanstanden.

[233] BSG v. 27.06.2007 - B 6 KA 44/06 R- SozR 4-2500 § 106 Nr. 17 Rn. 15 m.w.N.

ausschreiben. Manche Ärzte begnügen sich damit, einem Patienten zu sagen, er solle sich in die Krankenhaus-Ambulanz begeben, die dann über die Einweisung entscheidet.[234]

b. Prüfvereinbarung (Satz 4)

241 Aus **Nr. 2 Satz 4** ergibt sich die Ermächtigung für die Krankenkassen, „gemeinsam und einheitlich" mit der Kassenärztlichen Vereinigung eine **Prüfvereinbarung** zu beschließen. Zum Inhalt der Prüfvereinbarung sind Vorgaben vor allem in **Absatz 2 Nr. 2 Satz 4** normiert, weitere zusätzlich in **Absatz 3 i.V.m. Absatz 5 Satz 5 und Absatz 5b**. Danach ist in den Prüfvereinbarungen Näheres und/oder Ergänzendes über Prüfmethoden, über das Prüfverfahren, über die Prüfmaßstäbe und über die vorangehende Beratung der Ärzte zu regeln.

242 Die wohl **wichtigste Aufgabe der Prüfvereinbarung** liegt darin, die Anwendbarkeit weiterer Prüfmethoden zu ermöglichen. Dabei ist zu beachten, dass zum Inhalt der Prüfvereinbarungen gemäß § 106 Abs. 3 Satz 1 HS. 2 SGB V auch diejenigen **Richtlinien** gehören, mit denen die Kassenärztliche Bundesvereinigung und die Krankenkassen gemäß § 106**Abs. 2b** SGB V Inhalt und Durchführung der Zufälligkeitsprüfung geregelt haben. Gemäß § 9 dieser Richtlinien-Zufälligkeitsprüfung sind zulässige Prüfmethoden[235] auch die statistische **Durchschnittsprüfung** und der **Vertikalvergleich**. Diese Prüfmethoden sind auch in den meisten Prüfvereinbarungen vorgesehen.

243 Die **Aussagekraft von Prüfungen nach Durchschnittswerten** ist **umstritten**. Während das **BSG** diese Prüfmethode als besonders ergiebig – und relativ wenig verwaltungsaufwändig – bezeichnet hat – und ihr dementsprechend einen Vorrang eingeräumt und sie als Regelprüfmethode bezeichnet hat – (hierzu vgl. Rn. 98), hat der **Gesetzgeber** sie zum 01.01.2004 aus dem SGB V gestrichen. Er hat dafür „Effektivitäts- und konzeptionelle Gründe" angegeben und angeführt, dass sie von den Prüfdiensten als „qualitativ minderwertiges Prüfverfahren" angesehen werde.[236] Er hat dies dahin erläutert, dass durch die Beschränkung auf statistische Auffälligkeiten verdeckte Unwirtschaftlichkeiten nicht erkennbar werden und dass die einzelnen Arztgruppen durch ihr Leistungs- und Verordnungsverhalten die Höhe der Durchschnittswerte nachhaltig beeinflussen können.[237] Auch der einzelne Arzt kann dazu beitragen, dass die Gefahr, „entdeckt zu werden", gering ist, indem er zur Praxisführung ein EDV-Programm verwendet, das ihm jeweils anzeigt, wo bei welchen Leistungen ungefähr der Fachgruppendurchschnitt liegt und wie weit er von dieser Grenze entfernt ist, und dann seine Leistungserbringung hiernach ausrichtet. Wegen dieser Fragwürdigkeiten hat der Gesetzgeber den durch das BSG statuierten Vorrang für die Durchschnittsprüfung beseitigen, diese andererseits nicht völlig aus dem Prüfprogramm eliminieren wollen. Dazu bot sich der Weg an, sie aus dem SGB V zu streichen, aber die Möglichkeit zu belassen, sie durch eine entsprechende Regelung in der Prüfvereinbarung bzw. in den Richtlinien-Zufälligkeitsprüfung gemäß § 106 Abs. 2b SGB V als weitere Prüfmethode zu erhalten.[238]

c. Zeitraum Richtgrößen-Prüfung (Satz 5)

244 Wegen der besonderen Regelungen des Absatzes 2 **Nr. 2 Satz 5** für **Richtgrößen-Prüfungen** – also zugehörig zu Absatz 2 Nr. 1 – wird auf obige Ausführungen verwiesen (vgl. Rn. 162 ff.). Danach ist die Prüfung auf der Grundlage von Richtgrößen grundsätzlich für den Zeitraum eines Jahres durchzuführen (Absatz 2 Nr. 2 Satz 5 Teilsatz 1), kann aber unter bestimmten Voraussetzungen für nur ein Quartal durchgeführt werden (Satz 5 Teilsatz 2). Als Grundlage für die Richtgrößen-Prüfung kann statt Richtgrößen, wenn dem Hindernisse entgegenstehen, der Fachgruppendurchschnitt herangezogen werden (Satz 5 Teilsatz 3); dies kann für die Prüfungspraxis wichtig sein (vgl. hierzu Rn. 164).

d. Zeitraum Zufälligkeitsprüfung (Satz 6)

245 Absatz 2 **Nr. 2 Satz 6** ergänzt Absatz 2 Nr. 2, indem für die **Zufälligkeitsprüfung** ein **Mindestzeitraum von einem Jahr** vorgegeben wird. Zu dieser Vorschrift wurde bereits in Rn. 235 ausgeführt, dass sie darauf zielt, Zufallsergebnisse zu vermeiden: Prüfungsziel sind diejenigen Ärzte, die seit mindestens einem Jahr einen einigermaßen gleichmäßigen Praxiszuschnitt gehabt haben. Dies bedeutet zu-

[234] Vgl. hierzu *Clemens* in: Schulin, Handbuch des Sozialversicherungsrechts, Bd. 1: Krankenversicherungsrecht, 1994, § 35 Rn. 113-117.

[235] Zur Möglichkeit, dass Zufälligkeitsprüfungen auf Durchschnittsprüfungen hinauslaufen können, vgl. Rn. 228.

[236] Zitate aus BT-Drs. 15/1525, S. 113 (zu lit. c, zu sublit. aa).

[237] BT-Drs. 15/1525, S. 113 (zu lit. c, zu sublit. aa).

[238] Vgl. dazu BT-Drs. 15/1525, S. 113 (zu lit. c, zu sublit. aa): „Diese Prüfungsart wird damit zwar erhalten bleiben, jedoch künftig nachrangig sein."

gleich, dass ein Arzt, der erst vor drei Quartalen zur vertragsärztlichen Versorgung zugelassen wurde oder nach drei Quartalen einen Partner in seine Praxis hereinnahm oder auf andere Art den Zuschnitt seiner Praxis erheblich änderte – z.B. im Zusammenhang mit dem Erwerb einer Zusatzqualifikation –, sich nicht für eine jahresbezogene Stichprobenprüfung im Sinne des Absatzes 2 Nr. 2 Satz 6 eignet.

5. Die weiteren Regelungen des Absatzes 2 Sätze 2 ff.

Die Regelungen, die in **Absatz 2 Sätze 2 ff.** normiert sind, sind teilweise der Auffälligkeits-/Richtgrößen-Prüfung und teilweise der Zufälligkeitsprüfung zuzuordnen. Die ersten drei Sätze, nämlich **Absatz 2 Sätze 2-4**, enthalten nähere Vorgaben zur **Auffälligkeits-/Richtgrößen-Prüfung** nach Absatz 2 Nr. 1. 246

In **Satz 2 Halbsatz 1** ist bestimmt, dass Auffälligkeitsprüfungen nach Satz 1 Nr. 1 (also Richtgrößen-Prüfungen) „in der Regel" für **nicht mehr als 5% der Ärzte** einer Fachgruppe durchgeführt werden „sollen". Aus der doppelt-weichen Formulierung („in der Regel" und „sollen") ist ersichtlich, dass damit nur eine ungefähre Mengenbegrenzung normiert ist. Zudem besteht auch ohnehin kein Anhaltspunkt dafür, der Einzelne könnte geltend machen, dass gerade er zu den mehr als 5% gehöre, gegen die ein Verfahren nicht habe eingeleitet werden dürfen. Die 5%-Grenze ist vielmehr eine Vorgabe, die sich allein an die Prüfgremien richtet. Im Übrigen ergibt sich aus dieser 5%-Grenze keine Sperre für Wirtschaftlichkeitsprüfungen sonstiger Art. Vielmehr kann eine Richtgrößenprüfung bei ca. 5% einer Fachgruppe erfolgen und bei den weiteren Ärzten, für die sie wegen dieser Grenze nicht mehr durchgeführt werden soll, entsprechend den Darlegungen in Rn. 160 eine Vergleichsprüfung nach Durchschnittswerten erfolgen. 247

In **Absatz 2 Satz 2 Halbsatz 2** ist eine **Zwei-Jahres-Frist** normiert, binnen der der Richtgrößen-Regressbescheid ergehen muss. Dies ist eine Ausschlussfrist, die strikt einzuhalten ist (die anders als die 5%-Grenze des Halbsatzes 1 nicht „weich" formuliert ist). Dazu wird auf Rn. 188 f. verwiesen. 248

In **Absatz 2 Sätzen 3 und 4** ist geregelt, dass insoweit, als **Rabattverträge mit Pharmaunternehmen** einschlägig sind, keine Richtgrößen-Prüfungen erfolgen dürfen. Wegen Einzelheiten wird auf die Gesamtdarstellung zur Richtgrößen-Prüfung Bezug genommen (vgl. Rn. 187). 249

Absatz 2 Satz 5 bezieht sich allein auf die **Zufälligkeitsprüfung** nach Absatz 2 Nr. 2. Diese Regelung soll – ebenso wie die Soll-Vorschrift der Beschränkung auf 5% der Ärzte einer Fachgruppe – die **Zielgenauigkeit der Prüfungen verbessern**.[239] Die Stichproben sollen möglichst von solchen Ärzten gezogen werden, deren Verordnungsverhalten unabhängig von der Richtgröße Auffälligkeiten in bestimmten Anwendungsgebieten gegenüber der Fachgruppe aufweist.[240] Insbesondere soll auch überprüft werden, ob Ärzte, die an sog. Anwendungsbeobachtungen teilnehmen, entsprechend der Vorgabe des ArzneimittelG dem Anreiz zu vermehrten Arzneiverordnungen widerstehen (vgl. dazu § 67 Abs. 6 ArzneimittelG). 250

IV. Neuausrichtung der Zufälligkeitsprüfung (Absatz 2a)

Durch Absatz 2a wird eine **Erweiterung der Prüfungen** vorgeschrieben. Soweit dafür Veranlassung besteht, sind die Prüfungen zu erstrecken auf: 251

1. Die medizinische Notwendigkeit veranlasster Leistungen,
2. die Effektivität von Leistungen,
3. die Qualität von Leistungen am Maßstab der Richtlinien des Gemeinsamen Bundesausschusses und/oder anderen anerkannten Maßstäben,
4. die Kosten-Nutzen-Relation der Leistungen,
5. bei Zahnersatz und Kieferorthopädie die Vereinbarkeit mit dem Heil- und Kostenplan.

Mit diesen zusätzlichen Elementen soll eine Neuausrichtung der Wirtschaftlichkeitsprüfung erreicht werden. Zusätzlich zur **Quantität** der Leistungen soll deren **Qualität** Gegenstand der Prüfung werden, indem auch Indikation, Effektivität und Qualität der Leistungen überprüft werden. 252

Dieses Ziel verstärkt qualitativer Ausrichtung der Wirtschaftlichkeitsprüfung hat sich indessen in der Verwaltungspraxis bisher nur in Ansätzen – im Rahmen von Einzelfallprüfungen - realisieren lassen. Die **praktischen Schwierigkeiten** bestehen darin, dass die Überprüfung der Qualität von Leistungen zusätzliches fachkompetentes Prüfungspersonal erfordern würde. Und dieses müsste nachträglich aus 253

---

[239] Gesetzesbegründung v. 24.10.2006 (zum GKV-WSG v. 26.03.2007), BT-Drs. 16/3100, S. 137 (zu lit. b, sublit. cc).

[240] Gesetzesbegründung v. 24.10.2006 (zum GKV-WSG v. 26.03.2007), BT-Drs. 16/3100, S. 137 (zu lit. b, sublit. cc).

der Blickrichtung des behandelnden Arztes im Sinne einer Ex-ante-Betrachtung den Sinngehalt der medizinischen Maßnahmen beurteilen. Unter Umständen müssten auch Auskünfte von Patienten eingeholt werden. Bei alledem ist fraglich, ob der Aufwand überhaupt zu nennenswerten Honorarkürzungen bzw. Regressen führen und sich dadurch „lohnen" könnte. Ob derartige Probleme überwunden und die Neuausrichtung der Prüfungen im Sinne einer mehr qualitätsorientierten Überprüfung doch noch erreicht werden kann oder ob der Versuch der Neuausrichtung sich als unrealistische Illusion erweisen wird, bleibt abzuwarten.

254 Das Gleiche gilt für die in Absatz 2a **Nr. 4** angesprochene **Kosten-Nutzen-Bewertung**. Auch hier stehen bisher zu viele Schwierigkeiten einer praktikablen Umsetzung entgegen (vgl. Rn. 297).

V. Richtlinien zur Zufälligkeitsprüfung (Absatz 2b)

255 Die Vorgabe des **Absatzes 2b**, dass **auf Bundesebene Richtlinien zum Prüfungsinhalt** zu vereinbaren sind, ist umgesetzt worden. Die Kassenärztliche Bundesvereinigung und die Spitzenverbände der Krankenkassen haben sog. **Richtlinien gemäß § 106 Abs. 2 Satz 1 Nr. 2 SGB V („Zufälligkeitsprüfung")** vereinbart (mit Wirkung für die Zeit ab 01.04.2005, DÄ 2005, A 3287). Darin haben sie zahlreiche Regelungen zur Zufälligkeitsprüfung vereinbart, deren wichtigste oben dargestellt worden sind (vgl. Rn. 234 ff.).

256 Dies dient der Gewährleistung bundesweit abgestimmter Verfahrensweisen, und damit soll zugleich die Vergleichbarkeit der Prüfungsergebnisse der verschiedenen Regionen erreicht werden.[241] Sicherlich kann die Vergleichbarkeit verbessert werden. Zur weiteren Optimierung wäre allerdings zusätzlich erforderlich, dass in allen Kassenärztlichen Vereinigungen die Aufgliederung der Arztgruppen identisch erfolgt, die Richtgrößen gleich festgelegt werden und statt auf Durchschnittswerte in der Arztgruppe nur einer Kassenärztlichen Vereinigung auf bundesweit errechnete Durchschnittswerte abgestellt wird.

VI. Elektronische Verarbeitung (Absatz 2c)

257 Mit dieser Bestimmung gibt der Gesetzgeber vor, dass die Verordnungsdaten systematisch und umfassend **elektronisch erfasst und verarbeitet** werden (§ 106 Abs. 2c Satz 1 i.V.m. §§ 284 ff. SGB V). Bei der rechtlichen Überprüfung sind die Überprüfungsmaßstäbe entsprechend auszurichten (vgl. Rn. 191 ff.). Damit ist die Basis für eine systematische und umfassende Prüfung der Wirtschaftlichkeit der Verordnungsweise geschaffen. Das bis dahin praktizierte manuelle Zusammentragen von Verordnungsblättern erforderte einen derart hohen Verwaltungsaufwand, dass die Krankenkassen solche Prüfungen nur vereinzelt durchführten und es dementsprechend auch nur vereinzelt zu Verordnungsregressen kam.

258 Die Einführung der elektronischen Erfassung und Verarbeitung der Verordnungsdaten hat allerdings neue Probleme aufgeworfen, die gleichermaßen die Prüfungen wegen Durchschnittsüberschreitung wie diejenigen wegen Richtgrößen-Überschreitung betreffen. Diese sind oben im Kapitel „Speziell zu Problemen bei den Daten-Grundlagen" dargestellt (vgl. Rn. 190 ff.).

VII. Vereinbarung zum Beratungs- und Prüfungsverfahren (Absatz 3)

259 In Absatz 3 ist – die Regelungen des § 106 Abs. 2 Nr. 2 Sätze 2 und 4 SGB V ergänzend – vorgesehen, dass die Vertragspartner der **Prüfvereinbarung auch Regelungen zum Beratungs- und Prüfungsverfahren** treffen. Dabei ist in Absatz 3 **Satz 1 Halbsatz 2** auch festgelegt, dass Inhalt der Vereinbarung auch die Richtlinien nach Absatz 2b (sog. Richtlinien-Zufälligkeitsprüfung, wie in Rn. 234 ff. mehrfach in Bezug genommen) sind.

260 Zu Inhalt und Durchführung der Beratungen nach den Absätzen 1a und 5 Satz 2 kann in der **Prüfvereinbarung** z.B. geregelt werden, ob sie **mündlich (persönlich) oder schriftlich** erfolgen sollen. Bei Abwägung zwischen dem Verwaltungsaufwand und dem möglichen Beratungsbedarf kann es zweckmäßig sein, die Beratung zunächst schriftlich durchzuführen und bei Bedarf, darauf aufbauend, ergänzend mündlich zu beraten (vgl. Rn. 224).

261 Nach Absatz 3 **Satz 2** sind in der Vereinbarung nähere Regelungen insbesondere zum **Stichprobenverfahren** zu treffen. Dabei kann – wie in Absatz 3 Satz 2 **Halbsatz 2** in Ergänzung zu Absatz 2 Nr. 2 Satz 2 bestimmt ist – die Bildung der Stichprobengruppen abweichend von den Fachgebieten nach ausgewählten Leistungsmerkmalen vorgesehen werden.

---

[241] So die Gesetzesbegründung v. 08.09.2003, BT-Drs. 15/1525, S. 114 (zu lit. e).

Nach Absatz 3 **Satz 3** sind in der Prüfvereinbarung **Einzelfallprüfungen** vorzusehen, und für diese sind nähere Regelungen zu treffen. Zu Einzelfallprüfungen vgl. Rn. 81 ff. 262

Nach Absatz 3 **Sätze 3 und 4** sind in der Prüfvereinbarung auch **pauschale Honorarkürzungen** vorzusehen, und zwar sowohl bei Einzelfallprüfungen (Satz 3 Halbsatz 1) als auch bei wiederholter Unwirtschaftlichkeit (Satz 4). Der Begriff „pauschale Honorarkürzungen" ist weder im Gesetz noch in den Materialien zum Gesetzgebungsverfahren näher umschrieben worden. Er dürfte dahin auszulegen sein, dass – auch **grobe** – **Schätzungen** der Unwirtschaftlichkeit zulässig sind.[242] Die vom Gesetz geforderte **Konkretisierung dieser Vorgaben in der Prüfvereinbarung** erfolgt allerdings im Regelfall nicht. Dies kann vielleicht darauf beruhen, dass es für die Kassenärztliche Vereinigung und die Krankenkassen schwierig ist, dafür Maßstäbe zu finden, die beide akzeptieren. 263

VIII. Schadensersatzpflicht des Arztes bei unberechtigter Bescheinigung von Arbeitsunfähigkeit (Absatz 3a)

Absatz 3 knüpft daran an, dass sich die Wirtschaftlichkeitsprüfung gemäß **Absatz 2 Nr. 2 Satz 3** auch auf die **Feststellungen von Arbeitsunfähigkeit** erstreckt. Auf solche Feststellungen „passen" die Rechtsfolgen – Honorarkürzung bzw. Regress – nicht, die das Prüfungsergebnis der Unwirtschaftlichkeit sonst nach sich zieht. Insofern schließt Absatz 3a eine **Rechtsfolgen-Lücke**. 264

Die Bestimmung des Absatzes 3a sieht als Rechtsfolge für den Fall der Unwirtschaftlichkeit bei Feststellungen von Arbeitsunfähigkeit eine **Schadensersatzpflicht des Arztes** vor. Vorausgesetzt wird, dass die Wirtschaftlichkeitsprüfung – oder eine Überprüfung durch den Medizinischen Dienst der Krankenversicherung – **unberechtigte ärztliche Feststellungen von Arbeitsunfähigkeit** ergibt. In einem solchen Fall haben der **Arbeitgeber**, der dem Arbeitnehmer zu Unrecht – d.h. bei in Wirklichkeit nicht bestehender Arbeitsunfähigkeit – gemäß dem Entgeltfortzahlungsgesetz **Arbeitsentgelt weiterzahlen** musste, und/oder die **Krankenkasse**, die – ab der siebten Krankheitswoche – ihm **Krankengeld zahlen** musste, Anspruch auf Schadensersatz gegen den Arzt,[243] sofern dieser die Arbeitsunfähigkeit schuldhaft zu Unrecht feststellte. 265

Fälle, in denen solche Schadensersatzansprüche geltend gemacht oder gar realisiert worden wären, sind indessen bisher nicht bekannt geworden. Zur Erklärung dafür wird gelegentlich angeführt, dass es schon an der **systematisch-statistischen Aufbereitung** von Häufigkeit und Dauer der Feststellungen von Arbeitsunfähigkeit **fehle**. Aber selbst wenn tragfähige statistische Erhebungen vorlägen, müsste jeweils nachträglich aus der Blickrichtung des behandelnden Arztes im Sinne einer Ex-ante-Betrachtung die Berechtigung der Feststellung der Arbeitsunfähigkeit beurteilt werden. Unter Umständen müssten auch Auskünfte von Patienten eingeholt werden. Die Bestimmung aufzuheben wegen derartiger Schwierigkeiten, wird hier allerdings nicht vorgeschlagen. Denn von ihr geht jedenfalls eine generalpräventive Wirkung aus, indem sie dazu beiträgt, dass die Ärzte bei der Feststellung von Arbeitsunfähigkeit besonders sorgsam vorgehen. 266

In der **Verwaltungspraxis** wird dann, wenn ein Arbeitgeber und/oder eine Krankenkasse Bedenken gegen das Vorliegen von Arbeitsunfähigkeit geltend machen, von der Krankenkasse der Medizinische Dienst der Krankenversicherung um Stellungnahme gebeten, ob er Arbeitsunfähigkeit für gegeben hält (§ 7 Abs. 2 der gemäß § 92 Abs. 1 Satz 2 Nr. 7 SGB V beschlossenen Arbeitsunfähigkeits-Richtlinien). Die **Stellungnahme des Medizinischen Dienstes**, der auf Einwände des Arztes hin eine weitere Entscheidung zu treffen hat, ist grundsätzlich verbindlich. Dieser wird allerdings in der Regel **nur eine Ex-nunc-Beurteilung** vornehmen, sodass eine frühere anderslautende Entscheidung des Arztes nicht absolut widerlegt ist und somit keine ausreichende Grundlage für Ansprüche des Arbeitgebers und/oder der Krankenkasse vorliegt. 267

IX. Struktur vor allem des Beschwerdeausschusses (Absatz 4)

Mit der Neufassung des Absatzes 4 zum 01.01.2008 ist die Struktur der Prüfgremien aus Prüfungsausschüssen und Beschwerdeausschüssen, für die gemeinsam eine Geschäftsstelle zuständig war, verändert worden: Die Geschäftsstellen sind zu Prüfungsstellen aufgewertet und die Prüfungsausschüsse sind abgeschafft worden; es gibt nur noch Prüfungsstellen und Beschwerdeausschüsse (Absätze 4 und 4a). Die Bildung von Prüfungsstelle und Beschwerdeausschuss erfolgt durch Kassenärztliche Ver- 268

---

[242] So überzeugend *Engelhard* in: Hauck/Noftz, SGB V, § 106 Rn. 449-451.

[243] Zur Streitfrage, ob hiermit ein eigenständiger Schadensersatzanspruch normiert ist, vgl. *Engelhard* in: Hauck/Noftz, SGB V, § 106 Rn. 121.

einigung und die Krankenkassen, und zwar entweder bei der Kassenärztlichen Vereinigung oder bei einer der Krankenkassen (Absatz 4 **Satz 1**). Näheres zur Prüfungsstelle ist in Absatz 4a geregelt (vgl. Rn. 270 ff.), **Näheres zum Beschwerdeausschuss** in Absatz 4 **Sätze 2 ff.**

269 Die Beschwerdeausschüsse sind gemäß Absatz 4 **Satz 2 paritätisch** zusammenzusetzen, d.h. in sie werden in gleicher Zahl Vertreter der Kassenärztlichen Vereinigung und der Krankenkassen berufen sowie zusätzlich ein unparteiischer Vorsitzender, dessen Stimme gemäß **Satz 4** bei sonstiger Stimmengleichheit den Ausschlag gibt. In **Satz 3** ist bestimmt, dass die Amtsdauer der Mitglieder und des Vorsitzenden jeweils **zwei Jahre** beträgt. Gemäß **Satz 5** sollen die Kassenärztliche Vereinigung und die Krankenkassen den Sitz des Beschwerdeausschusses sowie dessen Mitglieder, dessen Vorsitzenden und dessen Stellvertreter **einvernehmlich** bestimmen. Gelingt dies nicht, so trifft nach **Satz 6** die **Aufsichtsbehörde „im Benehmen mit"** – d.h. nach Anhörung – der Kassenärztlichen Vereinigung und den Krankenkassen die Entscheidungen.

X. Struktur vor allem der Prüfungsstelle (Absatz 4a)

270 Nach der allgemeinen Bestimmung des Absatzes 4a **Satz 1**, dass Prüfungsstelle und Beschwerdeausschuss ihre Aufgaben jeweils eigenverantwortlich wahrnehmen, wird in Absatz 4a **Sätze 2-7** das **Nähere zur Prüfungsstelle** geregelt (parallel zum vorstehenden Absatz 4, in dem das Nähere zum Beschwerdeausschuss bestimmt ist).

271 **Satz 2 i.V.m. Satz 3** enthält die wesentlichen organisatorischen Vorgaben. Darin ist bestimmt, dass sich die Kassenärztliche Vereinigung und die Krankenkassen über die Errichtung, den Sitz und den Leiter sowie – jährlich wiederkehrend jeweils bis zum 30.11. – über die personelle, sachliche und finanzielle Ausstattung der Prüfungsstelle einigen; andernfalls entscheidet gemäß **Satz 5** die Aufsichtsbehörde. Die **Sätze 4 und 6** enthalten Vorgaben für die **Tätigkeit des Leiters der Prüfungsstelle**, insbesondere zur Wahrung des Datenschutzes, aber auch zu seinen Aufgaben der Aufbereitung der Unterlagen, der Sachverhaltsfeststellung und der Sachentscheidung. In **Satz 7** ist die je **hälftige Kosten**tragung von Kassenärztlicher Vereinigung und Krankenkassen normiert.

272 **Die Sätze 8 und 9** enthalten wiederum übergreifende Regelungen sowohl für die Prüfungsstellen als auch für die Beschwerdeausschüsse: Das **Bundesgesundheitsministerium** ist ermächtigt, durch **Rechtsverordnung** mit Zustimmung des Bundesrates Näheres zur Geschäftsführung der Prüfungsstellen und der Beschwerdeausschüsse sowie zu den Pflichten der Mitglieder der Ausschüsse zu bestimmen (vgl. hierzu die Wirtschaftlichkeitsprüfungs-Verordnung[244]).

XI. Haftung der Vorstände von Krankenkassen und Kassenärztlichen Vereinigungen (Absatz 4b)

273 Durch Absatz 4b ist eine **Haftung der Vorstandsmitglieder von Krankenkassen und Kassenärztlichen Vereinigungen** für den Fall unzureichender Wirtschaftlichkeitsprüfungen eingeführt worden (**Sätze 1 und 2**). Die Aufsichtsbehörden werden verpflichtet, für die Realisierung der Schadensersatzpflicht zu sorgen (**Satz 3**).

274 Diese Regelung hat praktische Bedeutung, auch wenn bisher kein Fall bekannt geworden ist, in dem eine solche Haftung realisiert worden wäre. Immerhin hat es einen Fall gegeben, in dem dem Vorstand einer Kassenärztlichen Vereinigung vorgeworfen wurde, in einem Einzelfall den in Frage stehenden und berechtigten hohen Betrag einer Honorarkürzung zugunsten eines gütlichen Verfahrensabschlusses ermäßigt zu haben. Seitdem sind Vorstände von Kassenärztlichen Vereinigungen und von Krankenkassen zurückhaltend mit Zugeständnissen gegenüber den geprüften Ärzten bei der Höhe der Honorarkürzung bzw. des Regresses. Indessen muss beachtet werden, dass es durchaus gerade im Interesse der Kassenärztlichen Vereinigung liegen kann, eine an sich berechtigte Honorarkürzung zu ermäßigen, wenn dadurch die sofortige Zahlung erreicht und eine sonst eventuell drohende Zahlungsunfähigkeit des Arztes (Insolvenz) vermieden werden kann. Denn im Insolvenzfall hätte die Kassenärztliche Vereinigung nur noch eine – meist sehr geringe – Insolvenzquote zu erwarten. Solche „Gesamtabwägungen" sind zu akzeptieren und ergeben keine Haftung im Sinne des § 106 Abs. 4b SGB V.

275 Die Regelung ist – ihre gemäßigte Anwendung vorausgesetzt – auch sinnvoll. Denn durch sie wird dem vorgebeugt, dass Vorstände eine systematische Nichtanwendung der Regelungen über Wirtschaftlichkeitsprüfung akzeptieren oder gar fördern.

---

[244] In der Fassung vom 26.03.2007 (BGBl I 2007, 378), die seit dem 01.01.2008 in Kraft ist.

XII. Bildung bezirksübergreifender Prüfungsstellen und Beschwerdeausschüsse (Absatz 4c)

In **Ergänzung zu den Absätzen 4 und 4a** ist in **Absatz 4c** bestimmt, dass die Kassenärztlichen Vereinigungen und die Krankenkassen mit Zustimmung ihrer Aufsichtsbehörde vereinbaren können, eine Prüfungsstelle und einen Beschwerdeausschuss gemeinsam mit einer anderen Kassenärztlichen Vereinigung zu bilden (**Satz 1**). In diesem Fall führt die für den Sitzort zuständige Aufsichtsbehörde die Aufsicht (**Satz 2**). Sie darf Aufsichtsmaßnahmen aber nur „im Benehmen mit" – also nach Anhörung – der anderen Aufsichtsbehörde treffen (**Satz 3**). 276

XIII. Prüfverfahren und Rechtsbehelfe (Absatz 5)

Absatz 5 regelt das Verfahren der Wirtschaftlichkeitsprüfung. 277

Verfahrensmäßig soll die Prüfungsstelle **vor** dem Ergreifen weiterer Maßnahmen in der Regel eine **Beratung** des Arztes vornehmen (**Satz 2**), womit die in § 106 Abs. 1a SGB V normierte Aufgabe der Beratung konkretisiert wird (vgl. hierzu Rn. 221). Die Maßgabe, dass die Beratung nur **in der Regel** weiteren Maßnahmen vorangehen **soll**, hat das BSG dahingehend konkretisiert, dass bei großer Unwirtschaftlichkeit – nämlich bei einem Mehraufwand, dessen Ausmaß ein „offensichtliches Missverhältnis" darstellt (vgl. hierzu Rn. 136 ff.) – das Fehlen einer vorgängigen Beratung eine Honorarkürzung bzw. einen Regress nicht hindert (vgl. dazu z.B. Näheres in Rn. 221). 278

In der Sache hat die Prüfungsstelle darüber zu befinden, ob der Arzt gegen das Wirtschaftlichkeitsgebot verstoßen hat und welche Maßnahme – Honorarkürzung oder Regressfestsetzung oder Absehen von einer Maßnahme – zu treffen ist (**Satz 1**). Dagegen kann der Betroffene den Beschwerdeausschuss anrufen, der über diesen Widerspruch entscheidet, dem aufschiebende Wirkung zukommt (**Sätze 3-6** – mit Ausschluss des Vorverfahrens im Falle einer Honorarkürzung oder eines Regresses bei Leistungen, die aus dem System der gesetzlichen Krankenversicherung generell ausgeschlossen sind, **Satz 8**). Für die eventuell anschließende Klage ist – in Abweichung von § 86a Abs. 1 Satz 1 SGG – bestimmt, dass **Klagen** gegen vom Beschwerdeausschuss festgesetzte Honorarkürzungen **keine aufschiebende Wirkung** haben (**Satz 7**). Nimmt man die weitere Sonderregelung in Absatz 5a hinzu, wonach Klagen gegen Verordnungsregresse aufgrund von Richtgrößen-Prüfungen ebenfalls keine aufschiebende Wirkung haben (Absatz 5a Satz 11), und berücksichtigt man ferner die entlegene Regelung des Art. 3 § 2 Satz 4 ABAG,[245] wonach Klagen gegen Verordnungsregresse aufgrund von Durchschnittsprüfungen ebenfalls keine aufschiebende Wirkung haben, so ergibt sich, dass **Klagen** diese **nur** dann haben, wenn sie sich **gegen sonstige Verordnungsregresse** richten (d.h. gegen solche, die auf Einzelfallprüfungen oder auf einem sog. Vertikalvergleich beruhen).[246] 279

Zur **verfahrensrechtlichen Handhabung** sei hier **dreierlei kritisch** angemerkt: 280

1. Rechtsfigur „eigenständiges zweitinstanzliches Verwaltungsverfahren"

Das BSG sieht das Verfahren vor dem **Beschwerdeausschuss** – ebenso wie das vor dem Berufungsausschuss – in dem Sinne als „eigenständig" an, als der vom Beschwerde- bzw. Berufungsausschuss erlassene **Verwaltungsakt selbstständig** ist: Nur dieser Verwaltungsakt sei der alleinige Gegenstand eines anschließenden Gerichtsverfahrens.[247] Das Verfahren vor dem Berufungs- und vor dem Beschwerdeausschuss sei ein **„eigenständiges und umfassendes Verwaltungsverfahren in einer zweiten Verwaltungsinstanz"**.[248] Damit weicht das BSG von der im Verwaltungsverfahrensrecht geltenden Linie ab, dass Gegenstand des Rechtsmittelverfahrens immer der Bescheid der Ausgangsbehörde, allerdings „in der Gestalt des Widerspruchsbescheides", ist (so in § 79 Abs. 1 Nr. 1 VwGO und § 95 281

---

[245] Arzneimittelbudget-Ablösungsgesetz v. 19.12.2001, BGBl I 2001, 3773.

[246] Eine abweichende Ansicht sieht die aufschiebende Wirkung von Klagen in allen genannten Fällen als ausgeschlossen an. Zum Meinungsstreit siehe *Steinhilper*, MedR 2004, 253, 256 rechte Spalte. Zum Vertikalvergleich vgl. Rn. 104.

[247] Hierzu besonders plastisch BSG v. 21.04.1993 - 14a RKa 11/92 - BSGE 72, 214, 219 f. = SozR 3-1300 § 35 Nr. 5 S. 10 f. und BSG v. 09.03.1994 - 6 RKa 5/92 - BSGE 74, 59, 60 = SozR 3-2500 § 106 Nr. 22 S. 118 f. zum Verfahren vor dem Beschwerdeausschuss. Ebenso BSG v. BSG v. 27.01.1993 - 6 RKa 40/91 - SozR 3-2500 § 96 Nr. 1 S. 6 und BSG v. 09.06.1999 - B 6 KA 76/97 R - SozR 3-5520 § 44 Nr. 1 S. 4 zum Verfahren vor dem Berufungsausschuss.

[248] So wörtlich BSG v. 09.03.1994 - 6 RKa 5/92 - BSGE 74, 59, 62 = SozR 3-2500 § 106 Nr. 22 S. 120; ebenso BSG v. 21.04.1993 - 14a RKa 11/92 - BSGE 72, 214, 219 f. = SozR 3-1300 § 35 Nr. 5 S. 220 bzw. S. 11. Sinngemäß ebenso auch schon BSG v. 27.01.1993 - 6 RKa 40/91 - SozR 3-2500 § 96 Nr. 1 S. 5.

SGG geregelt). Das BSG begründet seine Abweichung mit den besonderen Bestimmungen des § 97 Abs. 3 Satz 2 SGB V und des § 106 Abs. 5 Satz 6 SGB V, wonach das Verfahren vor dem Berufungsausschuss und vor dem Beschwerdeausschuss „als Vorverfahren gilt".[249] Hierin liege eine Sonderregelung i.S.d. § 78 Abs. 2 Nr. 1 SGG. Hätte der Gesetzgeber das Verfahren vor dem Beschwerdeausschuss lediglich als normales Widerspruchsverfahren gemäß §§ 78, 83 ff. SGG ansehen wollen, hätte es keiner Regelung bedurft.[250] Die Rechtsprechung des BSG läuft darauf hinaus, dass **ab dem Zeitpunkt der Anrufung des Berufungs- bzw. Beschwerdeausschusses** nur noch diese Ausschüsse zuständig sind, sodass es den **Zulassungsausschuss und die Prüfungsstelle** (früher: Prüfungsausschuss) **gleichsam nicht mehr gibt**.[251]

282 Diese Sondersicht der Widerspruchsverfahren in Zulassungs- und Wirtschaftlichkeitsprüfungsangelegenheiten ist für denjenigen, der mit der sonst üblichen Verfahrensgestaltung der Anfechtung „des Ausgangsbescheids in der Gestalt des Widerspruchsbescheids" (§ 79 Abs. 1 Nr. 1 VwGO und § 95 SGG) vertraut ist, **überraschend**. Diese Sonderansicht erscheint auch **nicht zwingend**, sie lässt sich nicht schlüssig aus dem vom BSG herangezogenen Normenkontext ableiten. Die Regelung, dass das Verfahren vor dem Berufungs- bzw. dem Beschwerdeausschuss als Vorverfahren „gilt", stellt **keine ausreichende Grundlage** für die vom BSG gezogenen Folgerungen dar. Sie bringt **auch praktische Schwierigkeiten** mit sich. Das zeigt das folgende Beispiel: Die Prüfungsstelle kann gemäß der allgemeinen Regelung des § 86a Abs. 2 Nr. 5 SGG die sofortige Vollziehung ihrer Entscheidung im öffentlichen Interesse anordnen. Das hierfür erforderliche öffentliche Interesse ist etwa dann gegeben, wenn die von ihr festgestellte Regressforderung unzweifelhaft erscheint und bei dem Arzt der Vermögensverfall unmittelbar bevorsteht. Begehrt der Arzt die Aussetzung der Vollziehung, so muss dieser seinen Antrag eigentlich gegen die Prüfungsstelle als diejenige richten, die die sofortige Vollziehung angeordnet hat. Erhebt er auch Widerspruch gegen den Regressbescheid selbst, so muss er diesen ebenfalls bei der Prüfungsstelle einlegen (vgl. § 84 Abs. 1 Satz 1 SGG, anwendbar gemäß § 106 Abs. 5 Satz 4 SGB V – ebenso § 97 Abs. 3 Satz 2 SGB V). Sobald der Widerspruch aber von der Prüfungsstelle dem Beschwerdeausschuss weitergeleitet worden ist (wobei keine Abhilfebefugnis der Prüfungsstelle besteht, weil § 106 Abs. 5 Satz 4 SGB V – ebenso wie § 97 Abs. 3 Satz 2 SGB V – nicht auf § 85 Abs. 1 SGG verweist), wäre nach der Rechtsprechung des BSG – wie dargelegt – nur noch allein der Beschwerdeausschuss zuständig. Dies müsste zur Folge haben, dass der Antrag auf Aussetzung der Vollziehung nunmehr umzustellen und gegen den Beschwerdeausschuss zu richten wäre – kein praktikables Ergebnis.

283 Im Übrigen anerkennt das BSG selbst in bestimmten Konstellationen Ausnahmen von seinem Dogma, dass in Zulassungs- und Wirtschaftlichkeitsprüfungsangelegenheiten allein der Bescheid des Berufungs- bzw. Beschwerdeausschusses der richtige Anfechtungsgegenstand sei. Es hat schon selbst klargestellt, dass eine **Ausnahme** gegeben ist, wenn ein **„irreparabler Gesamtmangel"** vorliegt, der zugleich und dauerhaft sowohl dem Bescheid der Prüfungsstelle als auch dem des Beschwerdeausschusses anhaftet. Wenn z.B. Prüfgremien überhaupt nicht zuständig sind oder wenn es an dem für ein Prüfverfahren erforderlichen Einleitungsantrag fehlt oder wenn alle Fristen für die Festsetzung eines Regresses abgelaufen sind,[252] beschränkt das BSG sich nicht darauf, den Bescheid des Beschwerdeausschusses aufzuheben, sondern es hebt sowohl den Bescheid des Beschwerdeausschusses als auch den der Prüfungsstelle auf.[253]

---

[249] Vgl. dazu vor allem BSG v. 21.04.1993 - 14a RKa 11/92 - BSGE 72, 214, 219 f. = SozR 3-1300 § 35 Nr. 5 S. 220 bzw. S. 11 und BSG v. 09.06.1999 - B 6 KA 76/97 R - SozR 3-5520 § 44 Nr. 1 S. 4 m.w.N. Sogar die erneute Bescheidung erfolgt nur durch den Beschwerde- bzw. Berufungsausschuss: vgl. z.B. BSG v. 02.06.1987 - 6 RKa 23/86 - BSGE 62, 24, 31 f. = SozR 2200 § 368n Nr. 48 S. 164; BSG v. 27.01.1993 - 6 RKa 40/91 - SozR 3-2500 § 96 Nr. 1 S. 6.

[250] Besonders deutlich BSG v. 09.06.1999 - B 6 KA 76/97 R - SozR 3-5520 § 44 Nr. 1 S. 4.

[251] So besonders deutlich BSG v. 09.06.1999 - B 6 KA 76/97 R - SozR 3-5520 § 44 Nr. 1 S. 7 unten, wonach der Berufungsausschuss auch „für Anträge nach § 45 SGB X, die zusammen mit der Widerspruchseinlegung gestellt werden, zuständig ist".

[252] Zu solchen Beispielen vgl. die BSG-Angaben in BSG v. 09.03.1994 - 6 RKa 5/92 - BSGE 74, 59, 61 = SozR 3-2500 § 106 Nr. 22 S. 119.

[253] Zu solchen Beispielen vgl. die BSG-Angaben in BSG v. 09.03.1994 - 6 RKa 5/92 - BSGE 74, 59, 61 = SozR 3-2500 § 106 Nr. 22 S. 119.

2. Rechtsfigur „Anfechtungs-Neubescheidung"

Mögen die vorgenannten Ungereimtheiten – die grundsätzlich alleinige Ausrichtung des Klagegegenstands auf den Bescheid des Berufungs- bzw. des Beschwerdeausschusses – noch tragbar erscheinen – insoweit ist im Wesentlichen nur die formale Verfahrenshandhabung betroffen –, so gibt es aber noch einen wesentlich kritischeren Punkt. 284

Wenn ein Sozialgericht in einem Verfahren zu dem Ergebnis der Rechtswidrigkeit des angefochtenen Honorarkürzungs- bzw. Regressbescheides kommt, dabei aber **nur die konkrete Gestalt** des angefochtenen Bescheides als rechtswidrig erachtet, und **nicht generell** den Erlass einer **Honorarkürzung bzw.** eines **Regresses gehindert** sieht, so ist der Weg für den erneuten Erlass eines fehlerfreien Honorarkürzungs- bzw. Regressbescheides offen zu lassen. Dieser Ausgangspunkt ist unstreitig und zutreffend. Indessen ist die Art und Weise, wie die Sozialgerichte dem Rechnung tragen, vom Klagesystem der VwGO und des SGG her problematisch. 285

Die **Sozialgerichte** heben in einer solchen Lage den angefochtenen Bescheid auf und **verpflichten den Beschwerdeausschuss zu erneuter Bescheidung**.[254] Eine solche Neubescheidungsverpflichtung unterliegt jedoch erheblichen Bedenken. 286

Sowohl Honorarkürzungs- als auch Regressbescheide sind **belastende Verwaltungsakte**. Gegen diese ist nach dem Klagesystem in der VwGO und im SGG die **Anfechtungsklage** gegeben. Anfechtungsklagen führen im Falle der Rechtswidrigkeit des angefochtenen Verwaltungsakts stets nur zu dessen **Aufhebung**. Dies gilt auch bei Ermessensakten. Diese werden **im Fall des Ermessen**s-Nichtgebrauchs oder -fehlgebrauchs vom Gericht nur aufgehoben. Es bleibt **dem Beklagten überlassen, ob er im Rahmen des ihm eingeräumten Ermessens** vom Erlass eines neuen Verwaltungsakts absieht oder ob er auf der Grundlage einer nachgeholten bzw. nachgebesserten Ermessensausübung einen **neuen Verwaltungsakt erlässt**. Im Falle belastender Verwaltungsakte, gegen die mit der Anfechtungsklage vorzugehen ist, steht das Instrument einer **gerichtlichen Neubescheidungsverpflichtung nicht** zur Verfügung. 287

Eine **Neubescheidungsverpflichtung** hat vielmehr ihren **Platz im Rahmen von sog. Vornahmeklagen**. Sie greift als Minus gegenüber einem Verpflichtungsausspruch in den Fällen ein, in denen der vom Beklagten zu fordernde Erlass eines Verwaltungsakts in dessen Ermessen steht. Dementsprechend ist die Verpflichtung zur Neubescheidung sowohl in der VwGO als auch im SGG im Zusammenhang mit dem gerichtlichen Verpflichtungsausspruch normiert (vgl. in § 113 Abs. 5 VwGO den Zusammenhang von Satz 1 mit Satz 2; vgl. ebenso in § 131 SGG den Zusammenhang von Absatz 2 mit Absatz 3). Demgemäß kann eine **Neubescheidungsverpflichtung nur im Rahmen einer Vornahmeklage** in Betracht kommen. Es widerspräche dem System der verwaltungs- und sozialgerichtlichen Klage- und Urteilsarten, auf eine Anfechtungsklage gegen einen belastenden Verwaltungsakt hin eine Neubescheidungsverpflichtung auszusprechen. 288

Fazit: Aus diesem Klagesystem von VwGO und SGG folgt, dass die Gerichte bei Beanstandung nur der konkreten Gestalt des angefochtenen Honorarkürzungs- oder Regressbescheides lediglich diesen Bescheid aufheben dürfen. Für eine Neubescheidungsverpflichtung ist kein Raum.[255] Die Frage eventuellen Erlasses eines neuen Verwaltungsakts bleibt dem Beklagten überlassen.[256] 289

Allerdings praktizieren alle Sozialgerichte – SG, LSG und BSG – dies in Zulassungs- und Wirtschaftlichkeitsprüfungsangelegenheiten anders. Es bleibt abzuwarten, ob bzw. wann die Gerichte ihre Entscheidungspraxis ändern und diese in der Zukunft dem Klagesystem, wie dies in der VwGO und im SGG vorgegeben ist, anpassen werden. 290

Die Verpflichtungsklage – und in Fällen unzureichender Tatsachenermittlung oder Ermessensausübung die Neubescheidungsklage – passt von ihrer Struktur her nur in Sonderfällen auf Verfahren wegen Honorarkürzungen und Regressen. Dies ist etwa dann der Fall, wenn nicht der betroffene Arzt gegen 291

[254] Vgl. z.B. BSG v. 28.01.1998 - B 6 KA 69/96 R - SozR 3-2500 § 106 Nr. 43 S. 238 und öfter.

[255] Sofern ein Fall der Unwirtschaftlichkeit vorliegt, haben die Prüfgremien die Pflicht, einen neuen Bescheid zu erlassen (zum hohen Rang des Wirtschaftlichkeitsgebots vgl. Rn. 19). Diese Pflicht kann aber nicht dazu führen, dass das Gericht im Rahmen einer Anfechtungsklage ein Neubescheidungsurteil erlassen darf.

[256] Der Fall liegt ebenso wie bei der gerichtlichen Beanstandung eines Disziplinarbescheids wegen Ermessensmängel oder wegen unzureichender Tatsachenermittlungen: Dies führt nur zur Aufhebung des Bescheides, weil eine Anfechtungsklage gegeben ist. Für eine Neubescheidungsverpflichtung ist in solchen Fällen kein Raum. Darauf weist *Steinhilper* im Zusammenhang mit dem Urteil des BSG v. 11.09.2002 - B 6 KA 36/01 R - SozR 3-2500 § 81 Nr. 8 = MedR 2003, 357 zutreffend hin (vgl. seine Ausführungen im letzten Absatz der in MedR 2004, 253, 256 abgedruckten „Problemstellung").

einen ihn belastenden Honorarkürzungs- oder Regressbescheid vorgeht, sondern die Kassen(zahn)ärztliche Vereinigung oder eine Krankenkasse den Erlass eines „schärferen" Bescheids begehren (Drittklage dann, wenn die Prüfgremien vom Erlass eines Bescheids abgesehen haben oder wenn sie einen Bescheid erlassen haben, den die Kassen(zahn)ärztliche Vereinigung und/oder eine Krankenkasse als „zu milde" ansehen). Nur in solchen Drittklage-Sonderfällen liegt ein Vornahmebegehren im Sinne der klassischen Struktur einer Verpflichtungs- bzw. Neubescheidungsklage vor.

3. Probleme bei vorläufigem Rechtsschutz

292 Die Annahme eines Neubescheidungsbegehrens im Falle der Klage des betroffenen Arztes gegen den ihn belastenden Verwaltungsakt, wie dies bisher die Praxis der Sozialgerichte ist, **passt** im Übrigen **auch nicht zu** den Vorgaben, die sich aus § 106 Abs. 5 Satz 7 SGB V für den **vorläufigen Rechtsschutz** ergeben. In Satz 7 ist von „aufschiebender Wirkung" die Rede. Dies zeigt, dass der Gesetzgeber davon ausgeht, dass für den vorläufigen Rechtsschutz die Bestimmungen der §§ 86a Abs. 1 und 2, 86b Abs. 1 SGG anzuwenden sind, nicht dagegen die Vorschrift des § 86b Abs. 2 SGG über den Erlass einstweiliger Anordnungen. Diese Vorschrift wäre indessen die einschlägige Grundlage für vorläufigen Rechtsschutz im Zusammenhang mit Neubescheidungsverpflichtungen.

XIV. Richtgrößenprüfung (Absatz 5a)

293 Die Vorgaben des Absatz 5a **Sätze 1-9** sind dargestellt in obigen Ausführungen zur Richtgrößen-Prüfung (vgl. Rn. 156 ff.).

294 An diese schließt sich **Satz 10** an, der die Verfahrensregelung enthält, dass der Prüfungsstelle die für ihre Prüfungsaufgabe erforderlichen elektronischen Daten zu übermitteln sind.

295 Im abschließenden **Satz 11** ist normiert, dass – abweichend von § 86a Abs. 1 Satz 1 SGG – **Klagen** gegen Entscheidungen des Beschwerdeausschusses aufgrund von **Richtgrößen-Prüfungen keine aufschiebende Wirkung** haben. Nimmt man die Sonderregelungen in Absatz 5 Satz 7 und in Art. 3 § 2 Satz 4 ABAG (vgl. hierzu Rn. 279) hinzu, so ergibt sich, dass Klagen gegen Honorarkürzungen und gegen Regresse aufgrund von Richtgrößen- und Durchschnittsprüfungen keine aufschiebende Wirkung haben, sodass **Klagen** diese **nur** dann haben, wenn sie sich **gegen sonstige Verordnungsregresse** richten (d.h. gegen solche, die auf Einzelfallprüfungen oder auf einem sog. Vertikalvergleich beruhen, hierzu vgl. Rn. 279 am Ende).

XV. Prüfung der Einhaltung von Richtlinien (Absatz 5b)

296 Absatz 5b schreibt ausdrücklich vor, dass Richtgrößen-Prüfungen sich **auch** auf die Frage der Einhaltung der zur **Kosten-Nutzen-Bewertung** ergangenen Bestimmungen **in den Arzneimittel-, Heilmittel- und Hilfsmittel-Richtlinien** erstrecken. Dazu ist ergänzend in **Satz 2** bestimmt, dass Näheres in **Vereinbarungen** nach § 106 Abs. 3 SGB V zu regeln ist.

297 Die Regelung ist bezogen auf Arznei-, Heil- und Hilfsmittel das Pendant zu § 106 Abs. 2a Nr. 4 SGB V, wonach eine Kosten-Nutzen-Bewertung für ärztliche Leistungen vorgesehen ist. Ebenso wie oben ausgeführt (vgl. Rn. 253 f.), stößt die praktische Umsetzung allerdings auf Schwierigkeiten. Beispiele aus Prüfvereinbarungen für die gemäß § 106 Abs. 5b Satz 2 SGB V geforderte Umsetzung sind nicht ersichtlich.

XVI. Regressfestsetzung und -abrechnung unter Einbeziehung der Kassenärztlichen Vereinigung (Absatz 5c)

298 Mit dieser Vorschrift wird dem sog. kassenarztrechtlichen Vierecksverhältnis Rechnung getragen, wonach der Arzt Rechtsbeziehungen nur einerseits zum Patienten (Behandlungsverhältnis) und andererseits zur Kassenärztlichen Vereinigung (statusrechtliche Beziehung) hat, aber nicht – bzw. nur ausnahmsweise – direkt zur Krankenkasse. Der **Regressanspruch** der Krankenkasse gegen den Arzt wird **„umgeformt"** in einen Anspruch der Krankenkasse gegen die **Kassenärztliche Vereinigung** und einen Anspruch von dieser **gegen den Arzt**. Zugleich wird dieser ein Ermessen eingeräumt, den Arzt – falls er nachweisen kann, dass ihn die Realisierung des Anspruchs wirtschaftlich gefährden würde – durch Stundung oder Erlass der Regressforderung ganz oder teilweise zu entlasten (zu dieser Vorschrift vgl. auch Rn. 182).

299 Diese Umformung hat bei Beteiligung mehrerer Krankenkassen für den Arzt den Vorteil, dass er den **Regress nicht an eine Vielzahl von Krankenkassen**, sondern allein an die Kassenärztliche Vereinigung entrichtet.[257]

[257] So die Gesetzesbegründung BT-Drs. 15/1525, S. 117 (zu lit. k).

Die der Kassenärztlichen Vereinigung eingeräumte Möglichkeit von **Stundung oder Erlass im Ermessenswege** besteht nur für den Fall des Nachweises wirtschaftlicher Gefährdung. Immerhin ist dies ein (geringer) Ausgleich dafür, dass bei Richtgrößen-Prüfungen die Regressfestsetzung nicht wie bei Durchschnittsprüfungen insgesamt als Ermessensentscheidung ausgestaltet ist (vgl. Rn. 181 f.). Eine solche Stundung oder ein Erlass könnte eventuell in Verbindung mit der Vereinbarung einer individuellen Richtgröße gemäß § 106 Abs. 5d SGB V in Betracht zu ziehen sein (hierzu vgl. Rn. 304).[258] 300

In die Vorschrift des § 106 Abs. 5c SGB V hat der Gesetzgeber die Bestimmung des **Satz 1 Halbsatz 2** aufgenommen, wonach bei Regressen auf Grund von Richtgrößen-Prüfungen **pauschalierte Beträge für die Rabatte nach § 130a Abs 8 SGB V** abzuziehen sind (§ 106 Abs. 5c Satz 1 HS. 2 SGB V in der Neufassung mit Inkrafttreten zum 01.01.2008). Damit hat er einen Beitrag zur Funktionsfähigkeit der Richtgrößen-Prüfungen geleistet, weil die Zuordnung der Rabatte zu bestimmten einzelnen Arzneimitteln und somit auch zu konkreten Ärzten schwierig wäre (vgl. dazu Rn. 91). 301

XVII. Vereinbarung individueller Richtgröße (Absatz 5d)

Absatz 5d steht im Zusammenhang mit Absatz 5a Satz 4. Beide Bestimmungen sehen Wege dafür vor, das **Verfahren** statt durch hoheitlichen Regressbescheid **einvernehmlich** zu **beenden** (vgl. hierzu Rn. 183). Während Absatz 5a Satz 4 auf den Abschluss einer **Vereinbarung** über einen verminderten Erstattungsbetrag zielt, sieht Absatz 5d die Vereinbarung einer individuellen Richtgröße vor. Diese soll dem Arzt eine wirtschaftliche Verordnungsweise unter Berücksichtigung seiner Praxisbesonderheiten ermöglichen (Absatz 5d **Satz 1 letzter Satzteil**). Er muss sich seinerseits verpflichten, im Falle der Überschreitung der Richtgröße die Mehrkosten den Krankenkassen zu erstatten (**Satz 2**). Die Richtgröße ist für den Zeitraum von vier Quartalen zu vereinbaren (**Satz 3 Halbsatz 1**) und für den folgenden Zeitraum daraufhin zu überprüfen, ob sie verändert werden muss (Satz 3 **Halbsatz 2**). Die Bemessung der individuellen Richtgröße kann sich an der Zielvereinbarung, die gemäß § 84 Abs. 1 SGB V festgelegt wurde, orientieren (**Satz 4**). 302

Diese Regelung hat in der Verfahrenspraxis nur begrenzte Bedeutung. Mitunter werden Ärzte davor gewarnt, solche individuellen Richtgrößen zu vereinbaren: Diese könnten zwar möglicherweise für den gegenwärtigen Praxiszuschnitt akzeptabel sein; sobald sich dieser aber ändere, gebe es keinen Anspruch auf entsprechende **Erhöhung der individuellen Richtgröße**. Dies trifft indessen so nicht zu. Zum einen ist die Geltung der Richtgröße von vornherein begrenzt; für die Zeit **ab dem fünften Quartal** ist eine **Neuprüfung** vorgesehen (§ 106 Abs. 5d Satz 3 SGB V). Zum anderen kann der Arzt die **Anpassung** der Richtgröße **früher** beanspruchen, **wenn** sich der Zuschnitt seiner Praxis so sehr ändert, dass ihm ein Festhalten an der bisher vereinbarten individuellen Richtgröße nicht mehr zuzumuten ist (sog. Anspruch auf Anpassung bei **Wegfall der Geschäftsgrundlage**, vgl. § 313 BGB). 303

Die Vereinbarung einer individuellen Richtgröße kann eventuell mit einem Erstattungs(teil)verzicht der Kassenärztlichen Vereinigung gemäß § 106 Abs. 5c Satz 4 SGB V – eine wirtschaftliche Gefährdung des Arztes vorausgesetzt – verbunden werden.[259] 304

XVIII. Wirtschaftlichkeit im Krankenhaus (Absatz 6)

Absatz 6 **Halbsatz 1** stellt klar, dass die Absätze 1-5 auch für die Prüfung der Wirtschaftlichkeit der im Krankenhaus erbrachten ambulanten ärztlichen und belegärztlichen Leistungen gelten. Gemeint sind damit die Leistungen ermächtigter Ärzte und belegärztliche Leistungen. Wirtschaftlichkeitsprüfungen der Leistungen **ermächtigter Krankenhausärzte** sind äußerst selten.[260] Das beruht darauf, dass diese im Regelfall nur eng begrenzte Ermächtigungen haben und es deshalb schwierig ist, eine geeignete Vergleichsgruppe mit entsprechendem schmalem Leistungsspektrum zu finden. Wirtschaft- 305

[258] Vgl. hierzu Gesetzesbegründung BT-Drs. 15/1525, S. 117 (zu lit. k).

[259] Vgl. hierzu Gesetzesbegründung BT-Drs. 15/1525, S. 117 (zu lit. k). Da insoweit eine ausdrückliche Ermächtigung zum Teilverzicht seitens der Kassenärztlichen Vereinigung besteht, sollte es kein grundsätzliches Problem darstellen, hiervon auch Gebrauch zu machen. Etwaiger Furcht vor dem Vorhalt der Veruntreuung (§ 266 StGB) dürfte ohnehin die Grundlage entzogen sein, seitdem das OLG Karlsruhe klargestellt hat, dass Kompromisse über die Höhe von Rückforderungen gegen Kassenärzte insoweit unbedenklich sind, als sie aus der Ex-ante-Sicht vertretbar erscheinen (OLG Karlsruhe v. 13.02.2006 - 3 Ws 199/04 - NJW 2006, 1682 = MedR 2006, 350 = GesR 2006, 232).

[260] Die Rechtsprechung des BSG weist keinen solchen Fall aus. In juris ist auch kein entsprechendes Urteil von einem Sozial- oder Landessozialgericht zu finden.

lichkeitsprüfungen der Leistungen von **Belegärzten** sind häufiger, erstrecken sich dann aber im Regelfall auf das gesamte Spektrum sowohl der am Praxissitz erbrachten als auch der belegärztlich im Krankenhaus erbrachten Leistungen.[261]

306 Absatz 6 **Halbsatz 2** regelt mit der Verweisung auf § 83 Abs. 2 SGB V, dass die Prüfvereinbarungen für die ambulante Versorgung durch vertragsärztliche und belegärztliche Leistungen von denselben Institutionen wie sonst im vertragsärztlichen Bereich abgeschlossen werden. Wegen der Einzelheiten vgl. die Kommentierung zu § 83 SGB V Rn. 23-45.

307 Gegenstand der Regelung des § 106 Abs. 6 SGB V ist **nicht** die Wirtschaftlichkeit der im Krankenhausbereich erbrachten **stationären** Leistungen. Hierzu vgl. Rn. 6.

I. Praxishinweise

308 Die praktische Erfahrung mit der rechtlichen Prüfung von Bescheiden nach § 106 SGB V zeigt, dass besondere Sorgfalt der Prüfgremien zum einen bei der Begründung der Auswahl der Vergleichsgruppe und zum anderen – vor allem – bei der Befassung mit der Frage des Vorliegens von Praxisbesonderheiten erforderlich ist. In diesen Bereichen sollten die Vorsitzenden der Prüfungsstellen und der Beschwerdeausschüsse die ihnen vorgelegten schriftlichen Bescheidsentwürfe stets mit Sorgfalt prüfen und nötigenfalls insoweit selbst noch einmal neu formulieren. Um dabei auch dem konkreten Vorbringen des Arztes gerecht zu werden, sodass dieser sich in dem Bescheid auch „wiederfindet" und evtl. bereit ist, auf weitere Rechtsbehelfe zu verzichten, sollte der Bescheid möglichst bald nach der Ausschusssitzung abgefasst werden.

J. Reformbestrebungen und -vorschläge

I. Reformbestrebungen

309 Reformbestrebungen sind derzeit nicht erkennbar. Dies verwundert nicht angesichts der zahlreichen Änderungen der letzten Zeit, zuletzt noch zum 01.01.2008. Zunächst bleibt abzuwarten, ob sich diese Änderungen bewähren.

II. Reformvorschläge

1. Zu Absatz 2

310 Die **Gliederung des Absatzes 2** ist verbesserungsbedürftig.

311 Zum Regelungsgehalt der Nr. 2 gehören die beiden direkt anschließenden Sätze 2 und 3. Der danach folgende Satz 4 – die Rechtsgrundlage für Prüfvereinbarungen – ist mit einem Absatz abzusetzen (evtl. als neuer Absatz 2a zu bezeichnen), weil er gleichermaßen auch Nr. 1 ergänzt.

312 Satz 5 gehört überhaupt nicht mehr zu Nr. 2, sondern allein zu Nr. 1, während Satz 6 wieder zu Nr. 2 gehört.

313 Die nachfolgenden weiteren neueren Sätze, die meist als Absatz 2 Sätze 2-4 bezeichnet werden, sollten – zusammen mit dem vorstehenden Satz 5 – direkt an den Text des Absatzes 2 Nr. 1 angeschlossen werden.

314 Absatz 2 Satz 5 gehört dagegen – wie Absatz 2 Nr. 2 Sätze 2 und 3 – allein zu Absatz 2 Nr. 2.

315 Eine neue Gliederung entsprechend diesen Zugehörigkeiten würde der Übersichtlichkeit dienen.

2. Zu Absatz 3a

316 Bei **Absatz 2a** (Neuausrichtung im Sinne einer mehr qualitätsorientierten Überprüfung) und bei **Absatz 3a** (Schadensersatzpflicht des Arztes bei unberechtigter Bescheinigung von Arbeitsunfähigkeit) ist zu prüfen, ob die bisher fehlende Praxisrelevanz durch Nachbesserungen der Regelungen gesteigert werden kann. Andernfalls wäre mittelfristig deren Streichung zu erwägen.

3. Zu Absatz 4

317 **Absatz 4** betrifft im Wesentlichen den Beschwerdeausschuss, **Absatz 4a** die Prüfungsstelle. Da die Prüfungsstelle dem Beschwerdeausschuss vorgeschaltet ist, wird vorgeschlagen, Absatz 4a vor den Absatz 4 zu ziehen.

[261] Vgl. dazu z.B. BSG v. 27.06.2001 - B 6 KA 43/00 R - SozR 3-2500 § 106 Nr. 54 S. 299, 300, 302 ff.

4. Zu Absatz 4a

Ebenso sollten innerhalb des **Absatzes 4a** die **Sätze 4 und 5 in umgekehrte Abfolge** gebracht werden. Satz 5 bezieht sich unmittelbar auf die in Satz 3 normierte Pflicht zur Einigung, während Satz 4 im Zusammenhang mit Satz 6 steht, weil diese beiden Sätze Vorgaben für die Tätigkeit des Leiters der Prüfungsstelle normieren. 318

5. Zu Absatz 5

Gleichermaßen sollten innerhalb des **Absatzes 5** die **Sätze 7 und 8** in ihrer Abfolge vertauscht werden. Denn Satz 8 betrifft ebenso wie Satz 6 Fragen des Vorverfahrens (Widerspruchsverfahrens). 319

6. Zu den Absätzen 5 und 5a

Die Regelungen zur Frage der aufschiebenden Wirkung von Klagen gegen Bescheide des Beschwerdeausschusses sollten zusammengefasst und einer einheitlichen umfassenden Gesamtregelung zugeführt werden. Die entlegene Regelung des Art. 3 § 2 Satz 4 ABAG sollte mit § 106 **Abs. 5 Satz 7** und **Abs. 5a Satz 11** SGB V zusammengeführt und zugleich sollten die Regelungen in dem Sinne vervollständigt werden, dass für alle Fallgestaltungen im Regelfall die aufschiebende Wirkung ausgeschlossen ist. 320

7. Zu Absatz 5c

Die Geltung des § 106 Abs. 5c Satz 1 HS. 2 SGB V, wonach für die Rabatte nach § 130a Abs. 8 SGB V **pauschalierte Beträge** abzuziehen sind, sollte über die Richtgrößen-Prüfung hinaus auch auf sonstige Arten der Wirtschaftlichkeitsprüfung erstreckt werden. 321

§ 106a SGB V Abrechnungsprüfung in der vertragsärztlichen Versorgung

(Fassung vom 26.03.2007, gültig ab 01.07.2008)

(1) Die Kassenärztlichen Vereinigungen und die Krankenkassen prüfen die Rechtmäßigkeit und Plausibilität der Abrechnungen in der vertragsärztlichen Versorgung.

(2) Die Kassenärztliche Vereinigung stellt die sachliche und rechnerische Richtigkeit der Abrechnungen der Vertragsärzte fest; dazu gehört auch die arztbezogene Prüfung der Abrechnungen auf Plausibilität sowie die Prüfung der abgerechneten Sachkosten. Gegenstand der arztbezogenen Plausibilitätsprüfung ist insbesondere der Umfang der je Tag abgerechneten Leistungen im Hinblick auf den damit verbundenen Zeitaufwand des Vertragsarztes. Bei der Prüfung nach Satz 2 ist ein Zeitrahmen für das pro Tag höchstens abrechenbare Leistungsvolumen zu Grunde zu legen; zusätzlich können Zeitrahmen für die in längeren Zeitperioden höchstens abrechenbaren Leistungsvolumina zu Grunde gelegt werden. Soweit Angaben zum Zeitaufwand nach § 87 Abs. 2 Satz 1 zweiter Halbsatz bestimmt sind, sind diese bei den Prüfungen nach Satz 2 zu Grunde zu legen. Satz 2 bis 4 gilt nicht für die vertragszahnärztliche Versorgung. Bei den Prüfungen ist von dem durch den Vertragsarzt angeforderten Punktzahlvolumen unabhängig von honorarwirksamen Begrenzungsregelungen auszugehen. Soweit es für den jeweiligen Prüfungsgegenstand erforderlich ist, sind die Abrechnungen vorangegangener Abrechnungszeiträume in die Prüfung einzubeziehen. Die Kassenärztliche Vereinigung unterrichtet die in Absatz 5 genannten Verbände der Krankenkassen sowie der Ersatzkassen unverzüglich über die Durchführung der Prüfungen und deren Ergebnisse.

(3) Die Krankenkassen prüfen die Abrechnungen der Vertragsärzte insbesondere hinsichtlich

1. des Bestehens und des Umfangs ihrer Leistungspflicht,

2. der Plausibilität von Art und Umfang der für die Behandlung eines Versicherten abgerechneten Leistungen in Bezug auf die angegebene Diagnose, bei zahnärztlichen Leistungen in Bezug auf die angegebenen Befunde,

3. der Plausibilität der Zahl der vom Versicherten in Anspruch genommenen Vertragsärzte, unter Berücksichtigung ihrer Fachgruppenzugehörigkeit,

4. der vom Versicherten an den Arzt zu zahlenden Zuzahlung nach § 28 Abs. 4 und der Beachtung des damit verbundenen Verfahrens nach § 43b Abs. 2.

Sie unterrichten die Kassenärztlichen Vereinigungen unverzüglich über die Durchführung der Prüfungen und deren Ergebnisse.

(4) Die Krankenkassen oder ihre Verbände können, sofern dazu Veranlassung besteht, gezielte Prüfungen durch die Kassenärztliche Vereinigung nach Absatz 2 beantragen. Die Kassenärztliche Vereinigung kann, sofern dazu Veranlassung besteht, Prüfungen durch die Krankenkassen nach Absatz 3 beantragen. Bei festgestellter Unplausibilität nach Absatz 3 Satz 1 Nr. 2 oder 3 kann die Krankenkasse oder ihr Verband eine Wirtschaftlichkeitsprüfung nach § 106 beantragen; dies gilt für die Kassenärztliche Vereinigung bei festgestellter Unplausibilität nach Absatz 2 entsprechend.

(5) Die Kassenärztlichen Vereinigungen und die Landesverbände der Krankenkassen und die Ersatzkassen gemeinsam und einheitlich vereinbaren Inhalt und Durchführung der Prüfungen nach den Absätzen 2 bis 4. In den Vereinbarungen sind auch Maßnahmen für den Fall von Verstößen gegen Abrechnungsbestimmungen, einer Überschreitung der Zeitrahmen nach Absatz 2 Satz 3 sowie des Nichtbestehens einer Leistungspflicht der Krankenkassen, soweit dies dem Leistungserbringer bekannt sein musste, vorzusehen. Der Inhalt der Richtlinien nach Absatz 6 ist Bestandteil der Vereinbarungen.

(6) Die Kassenärztlichen Bundesvereinigungen und der Spitzenverband Bund der Krankenkassen vereinbaren erstmalig bis zum 30. Juni 2004 Richtlinien zum Inhalt und zur Durchführung der Prüfungen nach den Absätzen 2 und 3; die Richtlinien enthalten insbesondere Vorgaben zu den Kriterien nach Absatz 2 Satz 2 und 3. Die Richtlinien sind dem Bundesministerium für Gesundheit vorzulegen. Es kann sie innerhalb von zwei Monaten beanstanden. Kommen die Richtlinien nicht zu Stande oder werden die Beanstandungen des Bundesministeriums für Gesundheit nicht innerhalb einer von ihm gesetzten Frist behoben, kann das Bundesministerium für Gesundheit die Richtlinien erlassen.

(7) § 106 Abs. 4b gilt entsprechend.

Gliederung

A. Basisinformationen

I. Textgeschichte/Gesetzgebungsmaterialien

1 § 106a SGB V stammt aus jüngerer Zeit. Die Regelung ist durch das GKV-Modernisierungsgesetz vom 14.11.2003[1] **mit Wirkung zum 01.01.2004** in Kraft gesetzt worden.

2 Der Klarstellung halber sei betont, dass die Regelungen des § 106a SGB V im Grundsatz **auch für** die Vertrags**zahn**ärzte gelten (vgl. § 72 Abs. 1 Satz 2 SGB V). Im Folgenden wird der Vereinfachung und der Übersichtlichkeit halber nur einheitlich von Kassenärztlicher Vereinigung – und nicht von Kassen(zahn)ärztlicher Vereinigung – und nur von Ärzten – und nicht von (Zahn-)Ärzten – gesprochen. **Nicht anwendbar auf Zahnärzte** sind **lediglich** die Bestimmungen des § 106a Abs. 2 Sätze 2-4 SGB V über die Plausibilitätsprüfung, wie in **§ 106a Abs. 2 Satz 5 SGB V** ausdrücklich normiert ist (vgl. hierzu Rn. 11).

1. Sachlich-rechnerische Richtigstellungen

3 So neu diese Regelung auch durch ihre förmliche Aufnahme in das SGB V erst zum 01.01.2004 ist, so ist der Kern ihres Inhalts jedoch nicht neu. Sie knüpft sie inhaltlich mit der Normierung der **Grundlagen für sachlich-rechnerische Richtigstellungen** an Regelungen an, die schon vorher in sog. untergesetzlichen Vorschriften (Bundesmantelverträge – BMV-Ä, EKV-Ä, BMV-Z, EKV-Z) enthalten waren (vgl. Rn. 16).

4 **Nunmehr** besteht eine **unmittelbare gesetzliche Grundlage** für sachlich-rechnerische Richtigstellungen. Zugleich wird – in Fortführung der früheren bundesmantelvertraglichen Bestimmungen – gesetzlich klargestellt, dass für die sachlich-rechnerischen Richtigstellungen grundsätzlich die **Kassenärztlichen Vereinigungen zuständig** sind (Absatz 1 und Absatz 2 Satz 1, vgl. dazu Rn. 36 ff.).

2. Plausibilitätsprüfungen

5 Die in den Absätzen 2-6 geregelten **Plausibilitätsprüfungen** knüpfen an die Vorläuferregelung des § 83 Abs. 2 SGB V an, die vom 01.01.2000-31.12.2003 in Kraft war. Diese war sehr global gefasst (Näheres vgl. Rn. 13, Rn. 21, Rn. 23).

6 Die Neuregelung in § 106a Abs. 2-6 SGB V ist dagegen enger gefasst. Die Plausibilitätsprüfung ist nur noch auf die **Prüfung** ausgerichtet (eingeengt),[2] **ob der Arzt, zeitlich gesehen**, sämtliche von ihm in seine Abrechnung eingestellten **Leistungen überhaupt ordnungsgemäß erbracht haben kann**, was durch Erstellung von sog. **Tagesprofilen und/oder Quartalsprofilen** der Ärzte überprüft werden soll. Mit diesem Regelungsinhalt stellt die Plausibilitätsprüfung einen **Unterfall der sachlich-rechnerischen Richtigstellung** dar und ist deshalb zu Recht mit dieser in einer Vorschrift geregelt (dazu vgl. Rn. 21 ff.).

7 Die Bestimmungen in § 106a Abs. 2-6 SGB V enthalten für die Plausibilitätsprüfungen **detaillierte bundeseinheitliche Vorgaben** (Absatz 2 Sätze 2 ff.). Auch die **Beteiligung der Krankenkassen** sowie die Zusammenarbeit zwischen diesen und der Kassenärztlichen Vereinigung werden geregelt (Absätze 3 und 4). Schließlich bestehen Ermächtigungen für **nähere Bestimmungen** des Inhalts und der Durchführung der Prüfungen, und zwar zum einen für **Vereinbarungen**, die **auf Landesebene** zwischen der Kassenärztlichen Vereinigung und den Krankenkassen zu treffen sind (Absatz 5), zum anderen für **Richtlinien**, die **auf Bundesebene** zwischen der Kassenärztlichen Bundesvereinigung und den Krankenkassen zu vereinbaren sind (Absatz 6).

8 In Absatz 7 ist – ebenso wie bei Wirtschaftlichkeitsprüfungen – eine **Haftung der Vorstände** von Kassenärztlichen Vereinigungen und Krankenkassen für den Fall unzureichender sachlich-rechnerischer Richtigstellungen normiert worden.

---

1 BGBl I 2003, 2190.

2 In BT-Drs. 15/1525, S. 117 heißt es zu § 106a SGB V sehr zurückhaltend, dass Absatz 2 die bisher in § 83 Abs. 2 SGB V enthaltenen Regelungen „übernimmt … und konkretisiert".

3. Spätere Änderungen der Regelungen

Diese Vorschriften sind **in der Folgezeit** nur geringfügig verändert worden. 9

Durch die Zuständigkeitsanpassungsverordnung vom 31.10.2006[3] und durch das GKV-Wettbewerbsstärkungsgesetz (GKV-WSG) vom 26.03.2007[4] sind **Zuständigkeit**sregelungen veränderten Bezeichnungen bzw. Organisationsstrukturen angepasst worden (mit Wirkung zum 08.11.2006 in Absatz 6 Sätze 2 und 4 geänderte Bezeichnung des Bundesministeriums sowie mit Wirkung zum 01.07.2008 in Absatz 2 letzter Satz und in Absatz 5 Satz 1 zusätzlich ausdrückliche Nennung auch der Ersatzkassen sowie in Absatz 6 Satz 1 neue Bezeichnung Spitzenverband Bund der Krankenkassen). 10

Durch das GKV-WSG ist ferner klargestellt worden, dass die Regelungen über **Plausibilitätsprüfungen** in § 106a Abs. 2 Sätze 2-4 SGB V nicht **im zahnärztlichen Bereich** gelten (Absatz 2, Einfügung eines Satzes 5). Diese passen deshalb nicht auf den zahnärztlichen Bereich, weil nur die vertragsärztliche, nicht aber die vertragszahnärztliche Vergütungsordnung bei den einzelnen Leistungen Angaben darüber enthält, welcher Zeitaufwand für ihre Erbringung erforderlich ist. Außerdem sind Tagesprofile, die nur die über die Kassenzahnärztliche Vereinigung abgerechneten Leistungen der gesetzlichen Krankenversicherung erfassen, bei Zahnärzten ohnehin wenig(er) aussagekräftig, weil diese gegenüber den Versicherten in großem Umfang auch Leistungen erbringen, die nicht über die Kassenzahnärztliche Vereinigung abgerechnet und vergütet werden. 11

II. Vorgängervorschriften

Rechtsgrundlage für **sachlich-rechnerische Richtigstellungen** waren vor der Schaffung des § 106a SGB V die Bestimmungen in den Bundesmantelverträgen (zuletzt die §§ 45, 46, 56 BMV-Ä und die §§ 34 Abs. 4 und 5, 42 EKV-Ä sowie die §§ 19, 28 BMV-Z und § 17 Abs. 1 EKV-Z). Diese waren auf der Grundlage der früheren Regelungen in den §§ 82 Abs. 1, 83 Abs. 3 SGB V[5] vereinbart und später auf der Grundlage des § 82 Abs. 1 SGB V[6] geändert worden. 12

Plausibilitätsprüfungen waren bereits seit dem 01.01.2000 in § 83 Abs. 2 SGB V vorgesehen. Damals waren sie aber von der normativen Grundlage her noch nicht auf die Prüfung zugeschnitten, ob der Arzt, zeitlich gesehen, sämtliche von ihm in seine Abrechnung eingestellten Leistungen überhaupt ordnungsgemäß erbracht haben kann, und dementsprechend noch nicht auf die Erstellung von sog. Tagesprofilen und/oder Quartalsprofilen der Ärzte ausgerichtet. Diesen Zuschnitt erhielten sie erst durch die Verfahrensordnungen und Prüfvereinbarungen, durch die der globale § 83 Abs. 2 SGB V konkretisiert wurde. Die Verfahrensordnungen und Prüfvereinbarungen wurden von den Kassenärztlichen Vereinigungen und den Krankenkassen – also auf Landesebene – vereinbart.[7] 13

Die Länderhoheit ist durch die Neuregelungen des § 106a Abs. 2-6 SGB V – mit detaillierten bundeseinheitlichen Vorgaben – erheblich eingeschränkt worden. Nunmehr erfolgen die grundlegenden Regelungen auf Bundesebene durch Richtlinien (Absatz 6). Länderrecht gibt es nur noch in Restbereichen in Gestalt von Vereinbarungen gemäß Absatz 5. 14

III. Parallelvorschriften

Regelungen, welche die Korrektur sachlich und/oder rechnerisch fehlerhafter Honorarabrechnungen ermöglichen, gibt es auch im sonstigen Verwaltungs- und Sozialrecht. Je nach Sachgebiet sind dort die **§§ 48, 49 VwVfG** oder die **§§ 45, 48 SGB X** anzuwenden. Diese letzteren sind im Bereich des Vertragsarztrechts nicht anwendbar, weil hier speziellere Vorschriften im Sinne des § 37 Satz 1 HS. 2 SGB I bestehen (früher die Bestimmungen der Bundesmantelverträge, später die Regelung des § 106a SGB V).[8] 15

---

[3] BGBl I 2006, 2407.

[4] BGBl I 2007, 378.

[5] I.d.F. des Gesundheits-Reformgesetzes vom 20.12.1988, BGBl I 1988, 2477.

[6] I.d.F. des Gesundheitsstrukturgesetzes vom 21.12.1992, BGBl I 1992, 2266.

[7] Vgl. z.B. in Niedersachsen die zum 01.01.2002 in Kraft gesetzte „Verfahrensordnung zur Durchführung der Plausibilitätskontrollen nach §§ 75 Absatz 1, 83 Absatz 2 SGB V“ und die am 09.08.2002 beschlossene „Vereinbarung über die Prüfung der Abrechnung auf Rechtmäßigkeit durch Plausibilitätskontrollen“.

[8] So die ständige Rechtsprechung des BSG, vgl. vor allem BSG v. 14.12.2005 - B 6 KA 17/05 R - BSGE 96, 1 = SozR 4-2500 Nr. 22 Rn. 11 und BSG v. 29.11.2006 - B 6 KA 39/05 R - SozR 4-2500 § 106a Nr. 3 Rn. 18, jeweils m.w.N.

IV. Untergesetzliche Rechtsnormen

16 Die Regelung des § 106a SGB V bedarf der Ergänzung durch untergesetzliche Rechtsnormen, und zwar sowohl durch **Vereinbarungen**, die **auf Landesebene** zwischen der Kassenärztlichen Vereinigung und den Krankenkassen zu treffen sind (Absatz 5), als auch durch **Richtlinien**, die **auf Bundesebene** zwischen der Kassenärztlichen Bundesvereinigung und den Krankenkassen zu vereinbaren sind (Absatz 6).

17 Die Vereinbarung bundesrechtlicher **Richtlinien** (Absatz 6) ist **vorrangig** gegenüber dem Abschluss landesrechtlicher Vereinbarungen (Absatz 5), weil der Inhalt der Richtlinien gemäß § 106a Abs. 5 Satz 3 SGB V Bestandteil der landesrechtlichen Vereinbarungen ist. Wegen dieses Vorrangs und Zusammenhangs ist die nähere Festlegung des Inhalts der in Absatz 5 vorgesehenen landesrechtlichen Vereinbarungen erst sinnvoll, wenn der Inhalt der bundesrechtlichen Richtlinien feststeht.

18 Auf der Grundlage der Rechtslage von 2004 – zum Teil auch schon ausgerichtet auf die Änderungen des EBM-Ä ab dem 01.04.2005 – waren sowohl Richtlinien auf Bundesebene[9] als auch Vereinbarungen auf Landesebene[10] ergangen. Indessen bedürfen diese der Erneuerung, seit der EBM-Ä zum 01.04.2005 grundlegend neugefasst und zum 01.01.2008 weiter verändert worden ist. Bisher liegen dementsprechend aktualisierte Richtlinien auf Bundesebene und landesrechtlichen Vereinbarungen noch nicht vor. Diese werden wohl erst im Laufe des Jahres 2008 ihre endgültige Gestalt erhalten und vereinbart werden;[11] dann werden die landesrechtlichen Vereinbarungen gemäß Absatz 5 nachfolgen.

V. Systematische Zusammenhänge

19 § 106a SGB V bildet zusammen mit der Regelung des **§ 106 SGB V** über die **Wirtschaftlichkeitsprüfung** den Neunten Titel („Wirtschaftlichkeits- und Abrechnungsprüfung") des Zweiten Abschnitts („Beziehungen zu Ärzten, Zahnärzten und Psychotherapeuten") des Vierten Kapitels („Beziehungen der Krankenkassen zu den Leistungserbringern"). Mit diesem Sonderabschnitt des Neunten Titels sind aber nicht alle Arten von Abrechnungsstreitigkeiten zwischen Vertragsärzten und vertragsärztlichen Institutionen erfasst. Vielmehr gibt es noch weitere Typen von Prüfungsmöglichkeiten und daraus resultierende Abrechnungsstreitigkeiten. Außer der in § 106 SGB V geregelten **Wirtschaftlichkeitsprüfung** (vgl. die Kommentierung zu § 106 SGB V) und der in § 106a SGB V geregelten **sachlich-rechnerischen Richtigstellung** ist auf den **Schadensregress** hinzuweisen, für den die maßgebenden Regelungen weiterhin in untergesetzlichen Bestimmungen enthalten sind (vgl. die Regelungen im BMV-Ä und EKV-Ä sowie im BMV-Z und EKV-Z).

20 Zur **Abgrenzung dieser drei Rechtsinstitute** voneinander vgl. Näheres in Rn. 32 ff.

21 Die **systematische Zuordnung der Plausibilitätsprüfungen** war lange Zeit nicht eindeutig geklärt. Dies lag daran, dass der Begriff Plausibilitätsprüfungen zunächst noch nicht eng umgrenzt war. Vielmehr wurde er teilweise als Oberbegriff für überhaupt jede Art von Abrechnungsüberprüfung verwendet.[12] Erst später – beginnend Mitte der 90er Jahre – bildete sich als Schwerpunkt der Plausibilitätsprüfungen heraus, zu überprüfen, ob der Arzt, zeitlich gesehen, sämtliche von ihm in seine Abrechnung eingestellten Leistungen überhaupt ordnungsgemäß erbracht haben kann.

22 Im Gleichklang mit dieser Entwicklung und mit der dadurch bewirkten zunehmenden Schärfung der systematischen Zuordnung hat sich die **Rechtsprechung des BSG** entwickelt. Diese hatte eine Überprüfung von Honorarabrechnungen mit Hilfe von Tagesprofilen zunächst noch in einen Zusammenhang mit Maßnahmen der Wirtschaftlichkeitsprüfung gemäß § 106 SGB V gestellt.[13] In der Folgezeit

[9] Hierzu vgl. Deutsches Ärzteblatt 2004, A 2555, und Deutsches Ärzteblatt 2004, A 3135.

[10] Hierzu vgl. z.B. für Niedersachsen die seinerzeitige „Vereinbarung über die Prüfung der Abrechnung auf Rechtmäßigkeit durch Plausibilitätskontrollen" und die „Verfahrensordnung zur Durchführung der Plausibilitätskontrollen nach §§ 75 Absatz 1, 83 Absatz 2 SGB V".

[11] Bisher liegt erst ein Entwurf für „Richtlinien der Kassenärztlichen Bundesvereinigung und der Spitzenverbände der Krankenkassen zum Inhalt und zur Durchführung der Abrechnungsprüfungen der Kassenärztlichen Vereinigungen und der Krankenkassen" vor. Sobald eine endgültige Vereinbarung zustande gekommen ist, wird diese unter www.kbv.de verfügbar sein.

[12] Vgl. dazu *Steinhilper*, Plausibilitätsprüfungen, in: Rieger/Dahm/Steinhilper, Heidelberger Kommentar Arztrecht Krankenhausrecht Medizinrecht (früherer Titel: Rieger, Lexikon des Arztrechts), Stichwort-Nr. 4160, Stand 2005, Rn. 1.

[13] Vgl. die Art der Einbindung der Tagesprofile im Rahmen des Urteils des BSG v. 08.04.1992 - 6 RKa 27/90 - BSGE 70, 247, 254 f. = SozR 3-2500 § 106 Nr. 10 S. 52: „… z.B. der Vergleich verschiedener Abrechnungsquartale eines Arztes miteinander, das Erstellen von Tagesprofilen anhand der abgerechneten Leistungen und auch eine eingeschränkte Einzelfallprüfung."

kommt dann deutlicher die Einordnung als Fall der sachlich-rechnerischen Richtigstellung zum Ausdruck.[14]

Die in **§ 83 Abs. 2 SGB V** zum 01.01.2000 erfolgte gesetzliche Regelung brachte noch keine Klarheit, da es sich um eine nur globale Regelung zur näheren Ausgestaltung auf Landesebene handelte. Allerdings führten die auf deren Grundlage beschlossenen **Vereinbarungen auf Landesebene** zur Fokussierung auf die Überprüfung des vom Arzt abgerechneten Leistungsvolumens anhand von sog. Tagesprofilen und/oder Quartalsprofilen. 23

Die inhaltliche und systematische Unsicherheit wurde erst durch die Neuregelung in **§ 106a** Abs. 2 HS. 2 SGB V beendet. Hier wurden die Bestimmungen zur Plausibilitätsprüfung **in die Gesamtregelung über die sachlich-rechnerische Richtigstellung integriert** (§ 106a Abs. 2 HS. 2 SGB V: „... **dazu gehört auch** die arztbezogene Prüfung der Abrechnungen auf **Plausibilität** ..."). Zugleich wurde die Plausibilitätsprüfung auf die Überprüfung zugeschnitten und eingeengt,[15] **ob der Arzt, zeitlich gesehen,** sämtliche von ihm in seine Abrechnung eingestellten **Leistungen überhaupt ordnungsgemäß erbracht haben kann** (vgl. insbesondere § 106a Abs. 2 Sätze 2 ff. SGB V). 24

VI. Ausgewählte Literaturhinweise (chronologisch)

Zum Rechtsinstitut der sachlich-rechnerischen Richtigstellung gibt es zahlreiche Schriften, die von allgemeinen Untersuchungen des Abrechnungsbetrugs von Vertragsärzten bis hin zu detaillierten Darstellungen der Plausibilitätsprüfungen reichen. Aus der Fülle des Schrifttums seien hier genannt (nicht in alphabetischer, sondern in zeitlicher Abfolge): 25

Steinhilper, Arzt und Abrechnungsbetrug, 1988; *Hempler/Schäfer*, Abrechnungsmanipulationen bei ärztlichen Honoraren und Arzneimittelabgaben, 1988; *Gitter/Köhler*, Der Grundsatz der persönlichen Leistungserbringung, 1989; *Köhler-Fleischmann*, Der Grundsatz der persönlichen ärztlichen Leistungspflicht, 1991; *Simon*, Delegation ärztlicher Leistungen, 1999; *Steinhilper*, Unkorrekte Honorarabrechnungen durch Ärzte und die Folgeverfahren, Schriftenreihe des Deutschen Anwaltsinstituts (Brennpunkte des Sozialrechts), 1993, mit zahlreichen Beiträgen anderer Verfasser; *Clemens*, Abrechnungsstreitigkeit, Wirtschaftlichkeitsprüfung, Schadensregreß, in: Schulin, Handbuch des Sozialversicherungsrechts, Bd. 1: Krankenversicherungsrecht, 1994, §§ 33, 34, 894-909; *Ulsenheimer*, Abrechnungsbetrug, in: Laufs/Uhlenbruck, Handbuch des Arztrechts, 3. Aufl. 2005, § 151; *Dahm*, Honorarberichtigung, in: Rieger/Dahm/Steinhilper, Heidelberger Kommentar Arztrecht Krankenhausrecht Medizinrecht (früherer Titel: Rieger, Lexikon des Arztrechts), Stichwort-Nr. 2570, Stand 2003; *Steinhilper*, Plausibilitätsprüfungen, in: Rieger/Dahm/Steinhilper, Heidelberger Kommentar Arztrecht Krankenhausrecht Medizinrecht (früherer Titel: Rieger, Lexikon des Arztrechts), Stichwort-Nr. 4160, Stand 2005; *Dahm/Schmidt*, Falschabrechnung (Abrechnungsbetrug), in: Rieger/Dahm/Steinhilper, Heidelberger Kommentar Arztrecht Krankenhausrecht Medizinrecht (früherer Titel: Rieger, Lexikon des Arztrechts), Stichwort-Nr. 1780, Stand 2007; *Steinhilper*, Persönliche Leistungserbringung, in: Rieger/Dahm/Steinhilper, Heidelberger Kommentar Arztrecht Krankenhausrecht Medizinrecht (früherer Titel: Rieger, Lexikon des Arztrechts), Stichwort-Nr. 4060, Stand 2007; *Steinhilper*, Die Abrechnung vertragsärztlicher Leistungen durch die Kassenärztliche Vereinigung, in: Schnapp/Wigge, Handbuch des Vertragsarztrechts, 2. Aufl. 2006; *Wenzel*, Handbuch des Fachanwalts Medizinrecht, 2007, mit vertragsärztlichen und -zahnärztlichen Beiträgen von *Hess, Muschallik, Haack, Clemens, Steinhilper und Plagemann.*

B. Regelungsgehalt und Bedeutung der Norm

§ 106a Abs. 1 und Abs. 2 Satz 1 SGB V ermächtigen die Kassenärztlichen Vereinigungen, sachlich-rechnerische Richtigstellungen jeder Art durchzuführen. Diese Bestimmung impliziert einen bisher als Fallgruppe sachlich-rechnerischer Richtigstellungen anerkannten breiten „klassischen Regelungsbereich", zu dem die in Absätze 2-6 detailliert geregelten Plausibilitätsprüfungen erst später hinzugekommen sind. Bei den klassischen Falltypen handelt es sich insbesondere um Fälle folgender Art:[16] 26

[14] Zu Recht tendenziell weg von der Wirtschaftlichkeitsprüfung und hin zur sachlich-rechnerischen Richtigstellung BSG v. 24.11.1993 - 6 RKa 70/91 - BSGE 73, 234, 238 = SozR 3-2500 § 95 Nr. 4 S. 14 f. und BSG v. 26.01.1994 - 6 RKa 29/91 - BSGE 74, 44, 50 = SozR 3-1300 § 45 Nr. 21 S. 67.

[15] In BT-Drs. 15/1525, S. 117 heißt es zu § 106a SGB V sehr zurückhaltend, dass Absatz 2 die bisher in § 83 Abs. 2 SGB V enthaltenen Regelungen „übernimmt ... und konkretisiert".

[16] Zum folgenden – nicht abschließenden – Katalog vgl. z.B. BSG v. 28.09.2005 - B 6 KA 14/04 R - SozR 4-5520 § 32 Nr. 2 Rn. 10 und BSG v. 22.03.2006 - B 6 KA 76/04 R - BSGE 96, 99 = SozR 4-5520 § 33 Nr. 6 Rn. 11.

- **Fehlansätze** einzelner Leistungstatbestände, insbesondere Abrechnung von Leistungen, die **nicht vollständig** oder **überhaupt nicht erbracht** wurden,
- Abrechnung **fachfremd**er Leistungen,
- Abrechnung von **qualitativ mangelhaft**en Leistungen, d.h. von Leistungen, die **ohne** die erforderliche **persönliche Qualifikation oder** ohne die erforderliche **apparative Ausstattung** erbracht wurden,
- Abrechnung von Leistungen, die entgegen der Pflicht zur persönlichen Leistungserbringung **nicht vom Arzt persönlich erbracht** wurden,
- Abrechnung von Leistungen **nicht genehmigter Assistenten**.

27 Schon aus dem **vorgenannten umfangreichen Regelungsgehalt** ergibt sich ohne weiteres die wichtige Bedeutung des § 106a SGB V (zu den vorgenannten Falltypen vgl. Rn. 77 ff.).

28 Zu diesem Regelungsgehalt ist später die **Plausibilitätsprüfung** hinzugetreten, die zunehmend Bedeutung erlangt hat. Diese wird wegen der für sie umfänglichen speziellen Regelungen im SGB V **in einem gesonderten Kapitel** behandelt (vgl. Rn. 142 ff.).

29 **Zusätzlich große Bedeutung** hat das Rechtsinstitut der sachlich-rechnerischen Richtigstellung durch eine **weit greifende Auslegung des BSG** erhalten. Dieses hat – über die Falltypen vorgenannter Art hinausgehend – dieses Rechtsinstitut dahin ausgelegt, dass es Rechtsgrundlage für die **Rückforderung** von Honorar auch **in allen** sonstigen **Fällen** ist, **in denen ein Arzt durch rechtswidriges Verhalten zu viel Honorar erhalten hat** (vgl. Rn. 151 ff.).

30 Schließlich beruft sich der Arzt, der von einer sachlich-rechnerischen Richtigstellung wegen eines Fehlansatzes in seiner Honorarabrechnung betroffen ist, in vielen Fällen darauf, er habe auf die Abrechenbarkeit vertraut. Dann stellt sich die Frage, inwieweit die Berufung auf Vertrauensschutz gegenüber einer sachlich-rechnerischen Richtigstellung durchgreifen kann: vgl. Rn. 171 ff.

C. Terminologie

31 In der Rechtsprechung des BSG finden sich sowohl der Begriff sachlich-rechnerische **Richtigstellung** als auch der Begriff sachlich-rechnerische **Berichtigung**. Da der Begriff der Berichtigung vorgeprägt ist im Sinne von **Urteilsberichtigungen** wegen „Schreibfehler, Rechenfehler und ähnlicher offenbarer Unrichtigkeiten" (so alle Prozessordnungen, z.B. § 138 Satz 1 SGG, § 118 Abs. 1 Satz 1 VwGO, § 319 Abs. 1 ZPO), aber die Korrekturmöglichkeiten aufgrund des § 106a SGB V **weit hierüber hinaus** gehen, verwendet das BSG zunehmend seltener diesen Begriff. Deshalb wird auch in der vorliegenden Kommentierung nur der **Begriff sachlich-rechnerische Richtigstellung** verwendet.

D. Allgemeines zur sachlich-rechnerischen Richtigstellung

I. Abgrenzung von Wirtschaftlichkeitsprüfung und Schadensregress

32 Das Rechtsinstitut der **sachlich-rechnerischen Richtigstellung** ist, wie bereits oben angesprochen (vgl. Rn. 19), abzugrenzen zum einen von der in § 106 SGB V geregelten **Wirtschaftlichkeitsprüfung** (vgl. die Kommentierung zu § 106 SGB V) und zum anderen vom **Schadensregress**.

33 Grob konturiert gilt folgende Abgrenzung:[17]

- Für Fragen, **welchen Leistungstatbeständen Leistungen zuzuordnen** sind und ob der Arzt sie **erbringen durfte** und auch **korrekt erbrachte**, sowie ob die von ihm an die Kassenärztliche Vereinigung eingereichte Honoraranforderung **rechnerisch** richtig ist, ist das Rechtsinstitut der **sachlich-rechnerischen Richtigstellung** einschlägig.
- Für Fragen, ob die Behandlungs- und Verordnungstätigkeit des Arztes sich auf das medizinisch Ausreichende, Zweckmäßige und Notwendige beschränkt oder ob sie nach ihrem **Umfang** darüber hinausgeht und insofern unwirtschaftlich ist, ist das Rechtsinstitut der **Wirtschaftlichkeitsprüfung** gegeben.
- Für die Frage, ob einem Arzt in einem oder mehreren Behandlungsfällen ein Fehler und ein daraus entstandener Schaden anzulasten ist, für den er evtl. in Regress zu nehmen ist, ist das Rechtsinstitut des **Schadensregresses** einschlägig.

---

17 Vgl. dazu *Clemens* in: Schulin, Handbuch des Sozialversicherungsrechts, Bd. 1: Krankenversicherungsrecht, 1994, § 33 Rn. 8-12.

Zu diesen systematischen Abgrenzungen wird im Verhältnis von sachlich-rechnerischer Richtigstellung und Wirtschaftlichkeitsprüfung noch darauf hingewiesen, dass Wirtschaftlichkeitsprüfungen **im Grundsatz** auf Abrechnungen aufbauen, denen **sachlich-rechnerisch ordnungsgemäße Leistungen zugrunde** liegen.[18] 34

Die systematische Zuordnung der **Plausibilitätsprüfungen** war lange Zeit unklar (vgl. Rn. 21 ff.). Heute ist die Zuordnung aber durch die gesetzliche Regelung des § 106a Abs. 2 Satz 1 HS. 2 SGB V eindeutig. Durch sie ist, wie in Rn. 24 dargestellt, die Plausibilitätsprüfung darauf ausgerichtet (eingeengt)[19] worden, **ob der Arzt, zeitlich gesehen**, sämtliche von ihm in seine Abrechnung eingestellten **Leistungen überhaupt ordnungsgemäß erbracht haben kann.** In § 106a Abs. 2 Satz 1 HS. 2 SGB V heißt es: „Dazu" – d.h. **zum Bereich der sachlich-rechnerischen Prüfungen und Richtigstellungen** – **„gehört auch** die arztbezogene Prüfung der Abrechnungen auf **Plausibilität** ..." Durch diese gesetzliche Klarstellung ist endgültig die frühere missverständliche Formulierung des BSG überholt, die dahin verstanden werden konnte, das BSG sehe Plausibilitätsprüfungen durch Tagesprofile als Fall der Wirtschaftlichkeitsprüfung gemäß § 106 SGB V an (hierzu vgl. Rn. 22). 35

II. Zuständigkeitsfragen

Zuständig für die Entscheidung über sachlich-rechnerische Richtigstellungen ist die jeweilige Kassenärztliche Vereinigung, wie in § 106a Abs. 2 Satz 1 HS. 1 SGB V ausdrücklich normiert ist: „Die **Kassenärztliche Vereinigung** stellt die sachliche und rechnerische Richtigkeit der Abrechnung fest ..." 36

Eine sog. **Randzuständigkeit** bei Verfahren der sachlich-rechnerischen Richtigstellung in der Weise, dass die für dieses Verfahren zuständigen Kassenärztlichen Vereinigungen „am Rande auch" in geringem Umfang Wirtschaftlichkeitsprüfungen vornehmen könnten, **besteht nicht.**[20] **Nur umgekehrt** wird den Wirtschaftlichkeitsprüfgremien eine Randzuständigkeit zuerkannt, am Rande auch sachlich-rechnerische Richtigstellungen vorzunehmen; dabei heißt „Rand"zuständigkeit, dass die sachlich-rechnerischen Richtigstellungen nicht der Schwerpunkt sein dürfen;[21] in diesem Fall müsste das Überprüfungsverfahren an die Kassenärztliche Vereinigung abgegeben werden.[22] 37

Probleme bei der Zuständigkeitsabgrenzung kann es beispielsweise in Fällen folgender Art geben: 38

(1) Das BSG hat z.B. bei der Frage, ob Leistungen im konkreten Behandlungszusammenhang sich in **offenkundigem Widerspruch zum Stand der medizinischen Wissenschaft** befinden oder erkennbar ohne jeden Nutzen erbracht worden sind, eine Zuordnung zur sachlich-rechnerischen Richtigstellung vorgenommen.[23]

(2) Dies gilt aber nur im Fall offenkundigen Widerspruchs. Besteht dagegen **medizinisch Streit** über den Sinn einer Behandlung, so dürfte das Verfahren der Honorarkürzung wegen Unwirtschaftlichkeit zutreffen.[24]

(3) In dem Fall, dass Ärzte **auf Überweisung** tätig werden, dürfte folgendermaßen zu differenzieren sein: Bei einem Laborarzt, der einen Überweisungsauftrag, der nur eine Verdachtsdiagnose benennt, weit auslegt und umstrittene zusätzliche Leistungen erbringt, muss zunächst geprüft werden, ob er

---

[18] BSG v. 06.09.2006 - B 6 KA 40/05 R - BSGE 97, 84 = SozR 4-2500 § 106 Nr. 15 Rn. 19. Vgl. früher schon z.B. BSG v. 15.04.1986 - 6 RKa 27/84 - BSGE 60, 69, 74 = SozR 2-2200 § 368n Nr. 42 S. 142; BSG v. 23.02.2005 - B 6 KA 72/03 R - SozR 4-2500 § 106 Nr. 8 Rn. 20.

[19] In BT-Drs. 15/1525, S. 117 heißt es zu § 106a SGB V sehr zurückhaltend, dass Absatz 2 die bisher in § 83 Abs. 2 SGB V enthaltenen Regelungen „übernimmt ... und konkretisiert".

[20] BSG v. 27.04.2005 - B 6 KA 39/04 R - SozR 4-2500 § 106 Nr. 10 Rn. 13 am Ende; BSG v. 06.09.2006 - B 6 KA 40/05 R - BSGE 97, 84 = SozR 4-2500 § 106 Nr. 15 Rn. 19 am Ende. Vgl. auch z.B. BSG v. 01.07.1998 - B 6 KA 48/97 R - SozR 3-2500 § 75 Nr. 10 S. 45; ebenso BSG v. 05.02.2003 - B 6 KA 15/02 R - SozR 4-2500 § 95 Nr. 1 Rn. 11; BSG v. 16.07.2003 - B 6 KA 44/02 R - GesR 2004, 144, 147 = USK 2003-148 S. 937/938.

[21] BSG v. 27.04.2005 - B 6 KA 39/04 R - SozR 4-2500 § 106 Nr. 10 Rn. 13; BSG v. 06.09.2006 - B 6 KA 40/05 R - BSGE 97, 84 = SozR 4-2500 § 106 Nr. 15 Rn. 19. Vgl. auch BSG v. 15.04.1986 - 6 RKa 27/84 - BSGE 60, 69, 75 = SozR 3-2200 § 368n Nr. 42 S. 142 f.; BSG v. 16.06.1993 - 14a/6 RKa 37/91 - BSGE 72, 271, 279 = SozR 3-2500 § 106 Nr. 19 S. 114; BSG v. 20.09.1995 - 6 RKa 56/94 - SozR § 106 Nr. 29 S. 163; BSG v. 16.07.2003 - B 6 KA 44/02 R - GesR 2004, 144, 147 = USK 2003-148 S. 937/938.

[22] Zur Frage, ob Fristhemmungshandlungen der Prüfgremien auch für das Verfahren der sachlich-rechnerischen Richtigstellung hemmende Wirkung entfalten, vgl. – grundsätzlich bejahend – Rn. 62 f. mit näheren Rechtsprechungsangaben.

[23] BSG v. 05.02.2003 - B 6 KA 15/02 R - SozR 4-2500 § 95 Nr. 1 Rn. 11, 13-15 m.w.N.; darauf Bezug nehmend BSG v. 08.09.2004 - B 6 KA 82/03 R - SozR 4-5533 Nr. 653 Nr. 1 Rn. 7 am Ende.

[24] Vom BSG bisher nicht entschieden.

die Überweisung so weit verstehen durfte. Verneinendenfalls ist eine sachlich-rechnerische Richtigstellung vorzunehmen. Bejahendenfalls kommt nur eine Honorarkürzung wegen Unwirtschaftlichkeit in Betracht. Ist der Überweisungsauftrag nur auf eine bestimmte Laboruntersuchung gerichtet, führt aber der Laborarzt noch zusätzliche Untersuchungen durch (ohne vorher bei dem Überweiser rückzufragen und sich den Auftrag erweitern zu lassen), so ist eine sachlich-rechnerische Richtigstellung vorzunehmen.

(4) Im **Notfalldienst** kann die **Abrechenbarkeit langwieriger Leistungen** fraglich erscheinen: Die Überprüfung, ob deren Erbringung im Notfalldienst sachlich akzeptabel ist, gehört im **Regelfall** in das Verfahren **sachlich-rechnerischer** Richtigstellung. In solchen Fällen ist in erster Linie zu prüfen, ob die Leistung überhaupt (ordnungsgemäß) erbracht wurde und/oder ob die Notfalldienstordnung nicht die Abrechenbarkeit auf Leistungen der Erstversorgung beschränkt.[25] Nur in Ausnahmefällen wird in Betracht kommen, dass die Erbringung im Notfalldienst zulässig ist und auch ordnungsgemäß erfolgte, aber möglicherweise unter Wirtschaftlichkeitsgesichtspunkten ein Zuviel darstellte. Nur wenn dies in Rede stünde, wäre eine Wirtschaftlichkeitsprüfung durchzuführen.

III. Verfahrensfragen

39 Sachlich-rechnerische Richtigstellungen können zugleich mit der Honorargewährung erfolgen – in der Weise, dass das Honorar von vornherein nur in geminderter Höhe bewilligt wird: sog. **quartalsgleiche Richtigstellung**. Oder das Honorar wird zunächst in der vom Arzt angeforderten Höhe bewilligt und ausbezahlt, und erst nachträglich wird die sachlich-rechnerische Prüfung und ggf. eine sachlich-rechnerische Richtigstellung vorgenommen: sog. **nachgehende Richtigstellung**,[26] die auch als **quartalsversetzte** Richtigstellung bezeichnet wird (zur richtigen Klageart vgl. Rn. 44).

40 Das Richtigstellungsverfahren kann **von Amts wegen** oder auf **Antrag einer Krankenkasse** durchgeführt werden.[27] Die Möglichkeit der Antragstellung ist für die Plausibilitätsprüfungen ausdrücklich in § 106a Abs. 4 Satz 1 SGB V normiert.

41 Im Streit um sachlich-rechnerische Richtigstellungen ist grundsätzlich **kein Raum für Sachverständigenvernehmungen**; die Entscheidung über die Enge oder Weite von Leistungstatbeständen ist eine Frage der rechtlichen Auslegung; auf Fragen der Medizin kommt es grundsätzlich nicht an.[28]

42 Der Klarstellung halber sei erwähnt, dass für eine **Beiladung der Vertragspartner des EBM-Ä bzw. des Bema-Z** – wie z.B. der Kassenärztlichen Bundesvereinigung – **kein Raum** ist.[29]

[25] Vgl. dazu BSG v. 26.09.2002 - B 6 KA 36/02 B - unveröffentlicht - betr. Nrn. 10, 11, 17 des EBM in der bis zum 31.03.2005 geltenden Fassung.

[26] Ständige Rechtsprechung, insbesondere BSG v. 12.12.2001 - B 6 KA 3/01 R - BSGE 89, 90, 93 f = SozR 3-2500 § 82 Nr. 3 S. 6 und BSG v. 28.09.2005 - B 6 KA 14/04 R - SozR 4-5520 § 32 Nr. 2 Rn. 10 sowie BSG v. 29.11.2006 - B 6 KA 39/05 R - SozR 4-2500 § 106a Nr. 3 Rn. 18. Vgl. auch z.B. BSG v. 28.04.2004 - B 6 KA 19/03 R - SozR 4-2500 § 87 Nr. 5 Rn. 8; BSG v. 11.10.2006 - B 6 KA 35/05 R - SozR 4-5533 Nr. 40 Nr. 2 Rn. 11; BSG v. 07.02.2007 - B 6 KA 32/05 R - USK 2007-14 S. 90 (insoweit in GesR 2007, 326 nicht abgedruckt).

[27] Ständige Rechtsprechung, vgl. z.B. BSG v. 12.12.2001 - B 6 KA 3/01 R - BSGE 89, 90, 93 f = SozR 3-2500 § 82 Nr. 3 S. 6; BSG v. 28.04.2004 - B 6 KA 19/03 R - SozR 4-2500 § 87 Nr. 5 Rn. 8; BSG v. 28.09.2005 - B 6 KA 14/04 R - SozR 4-5520 § 32 Nr. 2 Rn. 10; BSG v. 11.10.2006 - B 6 KA 35/05 R - SozR 4-5533 Nr. 40 Nr. 2 Rn. 11; BSG v. 07.02.2007 - B 6 KA 32/05 R - USK 2007-14 S. 90 (insoweit in GesR 2007, 326 nicht abgedruckt).

[28] So z.B. BVerfG v. 22.10.2004 - 1 BvR 528/04 u.a. - SozR 4-2500 § 87 Nr. 6 Rn. 22 = MedR 2005, 285, 287 unter 2. c (vgl. auch die dort in MedR abgedruckte „Problemstellung" unter 3. mit zahlreichen weiteren Angaben). Vgl. aus der BSG-Rechtsprechung BSG v. 20.10.2004 - B 6 KA 41/03 R - SozR 4-2500 § 106 Nr. 6 Rn. 45 mit Ablehnung von Anträgen auf Einholung von Sachverständigengutachten wegen Entscheidungsunerheblichkeit. Vgl. ferner z. B. BSG v. 03.09.2004 - B 6 KA 53/04 B - unveröffentlicht, zum Verhältnis zweier Vergütungstatbestände zueinander – und BSG v. 10.03.2004 - B 6 KA 118/03 B - juris, zum Begehren eines Laborarztes nach vergütungsmäßiger Gleichstellung des von ihm praktizierten chemischen Bestimmungsverfahrens wegen dessen besserer Aussagekraft. Vgl. auch BSG v. 08.09.2004 - B 6 KA 6/04 B - juris Rn. 9, zur Frage, ob Anästhesieleistungen aus einem Strukturvertrag zu vergüten sind, obgleich die ausführende Anästhesistin nicht am Strukturvertrag teilnahm. Vgl. zu medizinischen Frage ferner Rn. 83.

[29] Zusammenfassung der Rechtsprechung in BSG v. 28.04.2004 - B 6 KA 19/03 R - SozR 4-2500 § 87 Nr. 5 Rn. 6.

Verfahrensmäßig wird der Streit um die Berechtigung sachlich-rechnerischer Richtigstellungen im Regelfall zwischen dem Arzt und der Kassenärztlichen Vereinigung ausgetragen. **Gelegentlich** kommen aber auch **Streitigkeiten zwischen einer Krankenkasse**[30] **und der Kassenärztlichen Vereinigung** vor. Die in diesem Fall bestehende Frage, ob die **Beiladung der (dritt-)betroffenen Ärzte** notwendig ist, ist **vom BSG verneint** worden.[31] 43

Die vom Arzt im Prozess gegen die sachlich-rechnerische Richtigstellung zu wählende **Klageart** ist unterschiedlich je nach dem, ob es sich um eine sog. quartalsgleiche oder um eine sog. nachgehende Richtigstellung handelt (vgl. hierzu Rn. 39). 44

- Entsprechend diesen Unterschieden ist vom Kläger in dem Fall, dass die Richtigstellung schon zugleich im Rahmen des Honorarbescheids erfolgte und ihm also von vornherein weniger Honorar ausbezahlt wurde, eine sog. **kombinierte Anfechtungs- und Leistungsklage** gemäß § 54 Abs. 4 SGG zu erheben.[32]
- In dem Fall erst nachgehender Richtigstellung reicht dagegen die (alleinige) **Anfechtungsklage** gemäß § 54 Abs. 1 Satz 1 HS. 1 SGG aus; denn hier kommt es für ihn nur darauf an, den Richtigstellungs-Verwaltungsakt zu beseitigen; gelingt ihm dies, ist dann zugleich ohne weiteres der ursprüngliche vollbewilligende Honorarbescheid wieder ungeschmälert vorhanden.[33] In diesem Fall bestünde für ein Leistungs- bzw. Verurteilungsbegehren des Arztes kein Rechtsschutzbedürfnis.

Für Klageart und Rechtsschutzbedürfnis gelten dann **Besonderheiten, wenn** der Arzt im Erfolgsfalle **ohnehin kein höheres Honorar** erhalten könnte, etwa deshalb, weil er sein Honorarbudget für das bzw. die betroffenen Quartale ohnehin bereits ausgeschöpft hat (wie dies infolge von Honorarbudgetierungen im EBM-Ä[34] oder in der Honorarverteilung[35] der Fall sein kann): In einer solchen Konstellation ist die richtige Klageart im Fall der sog. **nachgehenden Richtigstellung** die **Anfechtungsklage** gemäß § 54 Abs. 1 Satz 1 HS. 1 SGG (wie zuvor Rn. 44). Im Fall der sog. **quartalsgleichen Richtigstellung** ist die richtige Klageart (anders als zuvor Rn. 44) die **Verpflichtungsklage** gemäß § 54 Abs. 1 Satz 1 HS. 2 SGG, die auf die Korrektur des Inhalts des Honorarbescheids – ohne gleichzeitige Honorarerhöhung – zu richten ist.[36] Für solche Klagen kann nicht etwa deshalb, weil sie nicht honorarrelevant sind, das **Rechtsschutzbedürfnis** verneint werden. Dieses folgt jedenfalls aus dem **Interesse an der Klärung für künftige Quartale.**[37] 45

Zum sog. **vorläufigen Rechtsschutz** ist Folgendes klarzustellen: 46

- Soweit eine sog. **quartalsgleiche Richtigstellung** in Frage steht, die sachlich-rechnerische Richtigstellung also im Quartalshonorarbescheid sogleich integriert ist und deshalb von vornherein weniger Honorar gewährt worden ist (sodass als Klageart die kombinierte Anfechtungs- und Leistungsklage

---

[30] Die Krankenkassen sind nur dann interessiert, sich u.U. an Honorarstreitigkeiten zu beteiligen, wenn sich die Honorargewährung auf die Krankenkassen auswirkt. Dies ist in der Regel nicht der Fall, weil die Gesamtvergütung pauschaliert ist und ein höheres Honorar für einen Arzt sich dadurch nicht auf die Krankenkasse(n) auswirkt, sondern nur die Honorare der übrigen Ärzte schmälert. Im Zahnbereich besteht jedoch in vielen Kassenzahnärztlichen Vereinigungen eine Sondersituation: Hier wird das Gesamtvergütungsvolumen vielfach so festgelegt, dass ein kaum erreichbarer Maximalbetrag festgelegt wird, aber ein geringeres Gesamthonorarvolumen das Gesamtvergütungsvolumen verringert. In einem solchen Fall ist es für die Krankenkassen von Interesse, dass das Gesamthonorarvolumen möglichst gering ist. Dann verweigern gelegentlich Krankenkassen mit der Begründung, bestimmte einzelne Leistungen dürften nicht bezahlt werden, Gesamtvergütungszahlungen an eine Kassen(zahn)ärztliche Vereinigung oder fordern von dieser entsprechende sachlich-rechnerische Richtigstellungen gegenüber den Vertrags(zahn)ärzten. Eine solche Konstellation lag zugrunde im Fall BSG v. 28.04.2004 - B 6 KA 19/03 R - SozR 4-2500 § 87 Nr. 5.

[31] Vgl. BSG v. 28.04.2004 - B 6 KA 19/03 R - SozR 4-2500 § 87 Nr. 5 Rn. 5, im Zusammenhang mit der Frage, ob nach dem früheren Bema-Z (bis zum 31.12.2003) neben individualprophylaktischen Leistungen eine Beratung abrechenbar war (vom BSG verneint).

[32] Dies ausdrücklich klarstellend LSG Baden-Württemberg v. 10.02.1993 - L 5 Ka 138/92 - MedR 1994, 463, 464 f (unter II.).

[33] Vgl. dazu LSG Baden-Württemberg v. 10.02.1993 - L 5 Ka 138/92 - MedR 1994, 463, 464 f (unter II.).

[34] Hierzu vgl. die bis zum 30.06.2003 in Kraft gewesenen Praxis- und Zusatzbudgets (zu diesen zuletzt BSG v. 22.03.2006 - B 6 KA 80/04 R - SozR 4-2500 § 87 Nr. 12 Rn. 11-13 m.w.N.).

[35] Z.B. durch sog. Individualbudgets. Zu solchen und anderen Instrumenten vgl. *Clemens*, Honorierung und Honorarverteilung im Kassenarztrecht, in Wenzel, Handbuch des Fachanwalts Medizinrecht, 2007, Kapitel 11 unter B., S. 1020 ff. (Rn. 176 ff., insbesondere Rn. 208-232).

[36] Vgl. BSG v. 07.02.2007 - B 6 KA 32/05 R - GesR 2007, 326 = USK 2007-14 S. 90.

[37] BSG v. 07.02.2007 - B 6 KA 32/05 R - GesR 2007, 326 = USK 2007-14 S. 90.

einschlägig ist, vgl. Rn. 44), ist für den vorläufigen Rechtsschutz der Weg eines Antrags auf Erlass einer **einstweiligen Anordnung** gemäß § 86b Abs. 2 SGG gegeben. Eine Erfolgsaussicht dürfte im Regelfall allerdings nicht bestehen, denn es dürfte im Normalfall schon mangels ausreichend existenzrelevanten Finanzvolumens an der für einen **Anordnungsgrund** erforderlichen **Dringlichkeit scheitern**.

- Soweit eine sog. **nachgehende Richtigstellung** in Frage steht, geschieht die Rechtsverfolgung im Wege von Widerspruch und Anfechtungsklage im Sinne eines (reinen) Abwehrbegehrens (vgl. Rn. 44). Die Regelung des § 86a Abs. 1 Satz 1 SGG, wonach Widerspruch und Anfechtungsklage aufschiebende Wirkung haben, ist aber nicht anwendbar. Denn **§ 85 Abs. 4 Satz 9 SGB V** (i.V.m. § 86a Abs. 2 Nr. 4 SGG) enthält die Spezialregelung, dass „Widerspruch und Klage gegen die Honorarfestsetzung sowie ihre Änderung oder Aufhebung … **keine aufschiebende Wirkung**" haben. **Allerdings** kann gemäß § 86a Abs. 3 Satz 1 SGG bei der Kassenärztlichen Vereinigung oder gemäß § 86b Abs. 1 Nr. 2 SGG beim SG die **Aussetzung der Vollziehung** erreicht werden, **wenn ernstliche Zweifel**[38] an der Rechtmäßigkeit der sachlich-rechnerischen Richtigstellung bestehen.

IV. Kein Verschuldenserfordernis

47 Der Klarstellung halber sei ausdrücklich hervorgehoben, dass eine sachlich-rechnerische Richtigstellung nicht voraussetzt, dass den Arzt ein Verschulden trifft, d.h. dass er hätte wissen müssen, dass ihm der richtiggestellte bzw. richtigzustellende Honoraranspruch nicht zusteht.[39]

V. Berechnung der Richtigstellungssumme

48 Eine alte Streitfrage betraf das Problem, wie die Richtigstellungssumme zu berechnen ist, d.h. von welchem Honorarbetrag als dem richtigzustellenden auszugehen ist.

49 Wird die Richtigstellung sogleich integriert im Honorarbescheid vorgenommen, sodass es sich um eine sog. **quartalsgleiche Richtigstellung** handelt (vgl. Rn. 39), so wird ein entsprechender Punktzahlabzug von vornherein vorgenommen und werden eventuelle honorarbegrenzende Honorarverteilungsregelungen erst danach angewendet. Dies kann bedeuten, dass sich der Punktzahlabzug durch die sachlich-rechnerische Richtigstellung möglicherweise – wenn nämlich eine honorarbegrenzende Honorarverteilungsregelung das Quartalshonorar ohnehin vermindert hat – honorarmäßig überhaupt nicht auswirkt.

50 Wird die Richtigstellung dagegen erst später vorgenommen – sog. **nachgehende Richtigstellung** – (vgl. Rn. 39), so war bzw. ist umstritten, wie der Richtigstellungs-Honorarbetrag zu ermitteln ist. Eine Ansicht ging dahin, dass der Punktzahlabzug „von oben" vorzunehmen sei, d.h. die Gesamtpunktmenge herunterzurechnen sei, sodass sich der Punktzahlabzug durch die sachlich-rechnerische Richtigstellung möglicherweise – wenn nämlich eine honorarbegrenzende Honorarverteilungsregelung das Quartalshonorar ohnehin vermindert hat – honorarmäßig überhaupt nicht auswirkt. Eine andere Ansicht ging dahin, dass der gewährte durchschnittliche Punktwert zu errechnen sei und – ohne Rücksicht auf erfolgte Honorarminderungen durch Honorarverteilungsregelungen – entsprechend der Punktzahl im Umfang der sachlich-rechnerischen Richtigstellung ein Honorarbetrag zurückzufordern sei.

51 Dieser Meinungsstreit ist nunmehr **vom Gesetzgeber** für weite Bereiche im Sinne der letztgenannten Ansicht **geklärt** worden (dies allerdings noch nicht mit abschließender Klarheit, sodass insoweit noch Reformbedarf besteht, hierzu vgl. Rn. 199):

In **§ 106a Abs. 2 Satz 5 SGB V** ist bestimmt, dass „bei den Prüfungen … von dem durch den Vertragsarzt angeforderten Punktzahlvolumen unabhängig von honorarwirksamen Begrenzungsregelungen auszugehen" ist. Diese Regelung wird man – ungeachtet ihrer systematischen Stellung inmitten der Regelungen über die Plausibilitätsprüfung – als allgemeinen, gesetzlich vorgegebenen Berechnungsgrundsatz **auf alle** nachgehenden **sachlich-rechnerischen Richtigstellungen anwenden** können und müssen. Daraus folgt:

---

[38] Zur Anwendung dieser Formel des § 86a Abs. 3 Satz 2 SGG auch im Rahmen von § 86a Abs. 3 Satz 1 SGG und im Rahmen von § 86b Abs. 1 Nr. 2 SGG vgl. BT-Drs. 14/5943, S. 25 („bei zweifelhafter Rechtslage … aufschiebende Wirkung des Widerspruchs wiederherzustellen"). Hierauf Bezug nehmend *Keller* in: Meyer-Ladewig/Keller/Leitherer, SGG, 8. Aufl. 2005, § 86a Rn. 24; *Adolf* in: Hennig, SGG, § 86a – Stand 2007 – Rn. 43. Vgl. auch *Binder* in: Lüdtke, SGG, 2. Aufl. 2006, § 86b Rn. 27 und *Hommel* in: Peters/Sautter/Wolff, Kommentar zur Sozialgerichtsbarkeit, § 86a – Stand 2004 – Rn. 72.

[39] Unstreitig. Dies wird weder in der Rechtsprechung noch im Schrifttum in Frage gestellt. Anders nur im Falle der Rechtsfigur fehlerhafter Abrechnungssammelerklärung: Hierzu vgl. Rn. 192 ff.

- Die Gesetzesvorgabe, dass „von dem durch den Vertragsarzt angeforderten Punktzahlvolumen unabhängig von honorarwirksamen Begrenzungsregelungen auszugehen" ist, wird man dahin verstehen müssen, dass bei dem Honorarabzug wegen sachlich-rechnerischer Richtigstellung Honorarminderungen durch Honorarverteilungsregelungen außer Betracht zu bleiben haben, d.h. dass bei sachlich-rechnerischer Richtigstellung außerhalb der Erstellung des Quartalshonorarbescheids stets ein realer Honorarabzug vorzunehmen ist.[40]
- Der Einwand, es sei „ungerecht", in solcher Weise die sog. quartalsgleiche Richtigstellung (vgl. Rn. 49) und die nachgehende Richtigstellung unterschiedlich zu behandeln, kann schwerlich als durchgreifend erachtet werden. Eine ausreichende Rechtfertigung für diese Differenzierung dürfte darin zu sehen sein, dass diejenigen Richtigstellungen, die schon bei der routinemäßigen Erstellung des Quartalshonorarbescheids entdeckt werden, im Wesentlichen nur-versehentliche Fehlansätze des Arztes betreffen. Diejenigen Richtigstellungen, die erst nachgehend vorgenommen werden, betreffen teilweise zwar auch nur-versehentliche Fehlansätze. Gegenstand erst nachgehender Richtigstellungen sind aber auch – und wohl nicht selten – Fehlansätze des Arztes, die mehr auf einer systematisch-falschen selbstbegünstigenden Auslegung von Leistungstatbeständen beruhen, also Fälle betreffen, die einer grob fahrlässigen Falschabrechnung (vgl. hierzu Rn. 192 ff.) nahe stehen. Deshalb kann wertungsmäßig der zusätzliche Abzug über die Budgetkürzung hinaus gerechtfertigt erscheinen, auch wenn dieser bei quartalsgleichen Richtigstellungen nicht vorgenommen wird.

VI. Vier-Jahres-Frist

1. Beginn und Dauer der Frist

Die Frist, binnen derer ein Bescheid ergehen muss, der sachlich-rechnerische Richtigstellungen vornimmt, beträgt grundsätzlich **vier Jahre.** 52

Für den **Fristbeginn** gilt: Die Frist läuft ab Zugang des Honorarbescheids.[41] 53

Bei **Unerweislichkeit** der Bekanntgabe des Honorarbescheids und/oder des Zeitpunkts der Bekanntgabe liegt die **Feststellungs- und Beweislast bei der vertragsärztlichen Institution.**[42] 54

Im Übrigen besteht innerhalb der Vier-Jahres-Frist **keine zusätzliche** beschränkende Frist, wie etwa im Rahmen des § 45 SGB X die hier in Absatz 4 Satz 2 normierte **Ein-Jahres-Frist ab Kenntnis** durch die zurücknehmende Behörde. Diese Ein-Jahres-Frist im Wege analoger Anwendung in das Rechtsinstitut der sachlich-rechnerischen Richtigstellung hereinzuziehen, liefe auf eine abzulehnende Vermengung der Regelungen von § 45 SGB X und der sachlich-rechnerischen Richtigstellung hinaus. 55

Die **Frist läuft** allerdings dann **schon vorher** – d.h. vor Ablauf von vier Jahren – **ab, wenn** die Kassenärztliche Vereinigung die ihr eingeräumte Befugnis zur sachlich-rechnerischen Richtigstellung **vorher „verbraucht"**: Näheres hierzu in Rn. 176 ff. 56

2. Anwendung auf sog. Degressionsbescheide im Zahnbereich

Im Zahnbereich gilt nichts anderes (vgl. Rn. 2), **auch** nicht **insoweit, als** hier teilweise **jahresbezogene Berechnungen** erforderlich sind, wie dies bei Degressionsberechnungen erforderlich ist. Die Degressionsberechnung ergeht typischerweise dann, wenn die degressionsfreie Punktmenge überschritten worden ist, integriert in den dieses Quartal betreffenden Quartalshonorarbescheid, dies typischerweise unter dem Vorbehalt der endgültigen Gesamtabrechnung nach einem Jahr. Die **endgültige Degressi-** 57

---

[40] Im selben Sinne *Engelhard* in: Hauck/Noftz, SGB V, K § 106a Rn. 17 f. (allerdings wohl nicht beschränkt auf die nachgehenden Richtigstellungen, sondern unter Einschluss auch der quartalsgleichen Berichtigungen). Vgl. auch *Steinhilper*, Plausibilitätsprüfungen, in: Rieger/Dahm/Steinhilper, Heidelberger Kommentar Arztrecht Krankenhausrecht Medizinrecht (früherer Titel: Rieger, Lexikon des Arztrechts), Stichwort-Nr. 4160, Stand 2005, Rn. 46 (allerdings wohl beschränkt auf Richtigstellungen aufgrund von Plausibilitätsprüfungen).

[41] BSG v. 15.11.1995 - 6 RKa 57/94 - SozR 3-5535 Nr. 119 Nr. 1 (S. 2/3: „innerhalb von vier Jahren nach der vorläufigen Honorarabrechnung"). Sehr deutlich dann BSG v. 12.12.2001 - B 6 KA 3/01 R - BSGE 89, 90, 103 = SozR 3-2500 § 82 Nr. 3 S. 16; BSG v. 14.12.2005 - B 6 KA 17/05 R - BSGE 96, 1 = SozR 4-2500 § 85 Nr. 22 Rn. 14, 18; BSG v. 08.02.2006 - B 6 KA 12/05 R - SozR 4-2500 § 106a Nr. 1 Rn. 16; BSG v. 28.03.2007 - B 6 KA 22/06 R - BSGE 98 = SozR 4-2500 § 85 Nr. 33 Rn. 17, 18, 29 bzw. BSG v. 28.03.2007 - B 6 KA 26/06 R - MedR 2008, 100, 101 f. Rn. 17, 18. Überholt ist somit die noch engst mit dem SGB X verhaftete Fristberechnung in BSG v. 10.05.1995 - 6 RKa 7/94 - USK 95121 S. 640, die auf „01.01.1986 bis zum 31.12.1989" abstellte.

[42] Vgl. LSG Niedersachsen-Bremen v. 12.07.2006 - L 3 KA 76/01 - MedR 2006, 674, 675 f. - Revision nicht eingelegt.

onsgesamtberechnung ergeht dann **entweder integriert in den vierten Quartalshonorarbescheid oder gesondert kurz nach diesem.**

58 Die Frist ist bei Degressionsbescheiden **in zweifacher Hinsicht von Bedeutung**: Zum einen für die Frage, bis wann spätestens ein erster Degressionsbescheid ergehen muss, und zum anderen dafür, bis wann spätestens noch Änderungen dieses Degressionsbescheides ergehen dürfen. Das BSG hat für beides die Geltung der Vier-Jahres-Frist anerkannt:[43]

- Der **erste Degressionsbescheid** muss **innerhalb von vier Jahren nach dem** Zugang des letzten für den Degressionszeitraum maßgeblichen **Honorarbescheid**es ergehen,[44] d.h. binnen vier Jahren nach dem Quartalshonorarbescheid für das 4. Quartal.[45] Die Vier-Jahres-Frist beginnt sogleich mit dem Zugang dieses Bescheids, nicht etwa erst ab Schluss des Jahres.[46] Bescheide, die einen Quartalshonorarbescheid korrigieren (sachlich-rechnerische Richtigstellung), ergeben keinen neuen Anknüpfungspunkt (im Sinne von Frist-Neulauf oder -Hemmung).[47]
- **Änderungen des** ersten **Degressionsbescheides** müssen **binnen 4 Jahren seit dem** Zugang dieses ersten **Degressionsbescheid**es erfolgen.[48] Die Anknüpfung an den ersten Degressionsbescheid und nicht an einen bereits vorausgegangenen Quartalshonorarbescheid wird vom BSG damit begründet, dass der Degressionsbescheid zugleich ein (weiterer) Honorarbescheid sei.[49] Zum Lauf der Vier-Jahres-Frist gilt das, was im vorigen Absatz am Ende dargelegt ist: Die Frist beginnt nicht etwa erst nach Jahresschluss, und der Fristlauf wird nicht durch sachlich-rechnerische Richtigstellung o.Ä. gehemmt.

59 **Erst spätere Korrekturen** können **nur** dann noch fristgerecht sein, **falls** ein **Vertrauensausschluss** gemäß § 45 Abs. 2 Satz 3 i.V.m. Abs. 4 Satz 1 SGB X vorliegt.[50]

3. Fristenhemmung

60 In bestimmten Konstellationen ist der Fristablauf **gehemmt**. Das BSG hat dies für folgende Konstellationen anerkannt:

61 Der Fristablauf ist gehemmt, solange die **Höhe der Gesamtvergütung(en) noch nicht feststeht.**[51]

62 Der Fristablauf wird dadurch gehemmt, dass **im Rahmen einer Wirtschaftlichkeitsprüfung** ein **Hinweis** auf eventuelle **sachlich-rechnerische** Probleme erfolgt.[52] Das BSG hat dies damit begründet, dass sachlich-rechnerische Richtigstellung und Wirtschaftlichkeitsprüfung **zwar eigenständige Verfahren** sind, diese **aber denselben Honoraranspruch** betreffen.[53] Auch sonst ist diese Nähe bereits anerkannt

[43] Vgl. BSG v. 28.03.2007 - B 6 KA 22/06 R - BSGE 98 = SozR 4-2500 § 85 Nr. 33 und BSG v. 28.03.2007 - B 6 KA 26/06 R - MedR 2008, 100.

[44] So BSG v. 28.03.2007 - B 6 KA 26/06 R - MedR 2008, 100 Rn. 15, 17, 18, 29.

[45] Bzw. bezogen auf das Jahr 1997 nach dem Quartalshonorarbescheid für das 2. Quartal, weil hier die Degressionsregelung nur bis zum 30.06.1997 galt: vgl. die Fallgestaltung, die dem Urteil des BSG v. 28.03.2007 - B 6 KA 26/06 R - MedR 2008, 100 zugrunde lag.

[46] BSG v. 28.03.2007 - B 6 KA 22/06 R - BSGE 98 = SozR 4-2500 § 85 Nr. 33 Rn. 17, 18 und BSG v. 28.03.2007 - B 6 KA 26/06 R - MedR 2008, 100 Rn. 17, 18

[47] BSG v. 28.03.2007 - B 6 KA 22/06 R - BSGE 98 = SozR 4-2500 § 85 Nr. 33 Rn. 28 und BSG v. 28.03.2007 - B 6 KA 26/06 R - juris Rn. 28 (insoweit in MedR nicht abgedruckt) - MedR 2008, 100.

[48] BSG v. 28.03.2007 - B 6 KA 22/06 R - BSGE 98 = SozR 4-2500 § 85 Nr. 33 Rn. 17, 18, 29. Ausnahme, falls ein Vertrauensausschluss gemäß § 45 Abs. 2 Satz 3 i.V.m. Abs. 4 Satz 1 SGB X vorläge, hierzu vgl. BSG 28.03.2007 - B 6 KA 22/06 R - BSGE 98 = SozR 4-2500 § 85 Nr. 33 Rn. 16.

[49] BSG v. 28.03.2007 - B 6 KA 22/06 R - BSGE 98 = SozR 4-2500 § 85 Nr. 33 Rn. 17.

[50] So ausdrücklich BSG v. 28.03.2007 - B 6 KA 22/06 R - BSGE 98 = SozR 4-2500 § 85 Nr. 33 Rn. 16 und BSG v. 28.03.2007 - B 6 KA 26/06 R - MedR 2008, 100, 101 Rn. 16.

[51] Analog § 45 Abs. 2 SGB I. Zu diesem Hemmungstatbestand vgl. BSG v. 27.04.2005 - B 6 KA 46/04 B - juris. Ebenso BSG v. 28.03.2007 - B 6 KA 22/06 R - BSGE 98 = SozR 4-2500 § 85 Nr. 33 und BSG v. 28.03.2007 - B 6 KA 26/06 R - juris Rn. 28 (insoweit in MedR nicht abgedruckt) - MedR 2008, 100.

[52] Dies lässt sich allerdings nicht schon aus dem Urteil des BSG v. 02.11.2005 - B 6 KA 63/04 R - BSGE 95, 199 = SozR 4-2500 § 106 Nr. 11 Rn. 62 ableiten. Denn dieses betraf innerhalb der Wirtschaftlichkeitsprüfung das Verhältnis zweier Varianten (die Durchschnittsprüfung im Verhältnis zur Richtgrößenprüfung, die nur alternativ durchgeführt werden können), kraft deren Nähe zueinander eine „gegenseitige Fristwahrungs- und -hemmungswirkung" gilt.

[53] Vgl. BSG v. 06.09.2006 - B 6 KA 40/05 R - BSGE 97, 84 = SozR 4-2500 § 106 Nr. 15 Rn. 13 ff., insbes. Rn. 18, 20, 22. Ebenso im Ergebnis schon BSG v. 15.04.1986 - 6 RKa 27/84 - BSGE 60, 69, 75 = SozR 2200 § 368n Nr. 42 S. 143 am Ende.

(z.B. sog. Randzuständigkeit der Prüfgremien, in untergeordnetem Ausmaß auch sachlich-rechnerische Richtigstellungen vorzunehmen, vgl. Rn. 37). Soweit **dasselbe Honorarelement betroffen** ist, ist es folgerichtig, den Verfahrenshandlungen in dem einen Verfahren Wirkung auch für das andere Verfahren zuzuerkennen.

Wegen der Einschränkung auf den Fall, dass die „Prüfgegenstände tatsächlich identisch" sind, d.h. „beide Verfahren dieselbe Honorarforderung des Vertragsarztes zum Gegenstand haben"[54], bleiben z.B. folgende Fragen: 63

- Wird der Ablauf der Frist für eine sachlich-rechnerische Richtigstellung auch durch einen Bescheid im Wirtschaftlichkeitsprüfungsverfahren gehemmt, der nur global eine **Spartenprüfung** zum Gegenstand hat? Wird der Ablauf der Frist für sachlich-rechnerische Richtigstellungen hinsichtlich aller derjenigen Vergütungstatbestände gehemmt, die zu dieser Sparte gehören?
- Hemmt eine **Gesamtfallwert**-Wirtschaftlichkeitsprüfung den Ablauf der Frist für solche sachlich-rechnerischen Richtigstellungen, die sich nur auf einen einzelnen oder auf einige Vergütungstatbestände des EBM beziehen?
- Kann eine Kassenärztliche Vereinigung dadurch eine Hemmung des Fristablaufs für eine sachlich-rechnerische Richtigstellung erreichen, dass sie, **statt** einen Richtigstellungs**bescheid** zu erlassen, gegen die Prüfgremien auf Honorarkürzung im Wege der Wirtschaftlichkeitsprüfung **klagt**?[55]

Der Fristablauf ist ferner dann gehemmt, wenn die Vornahme einer sachlich-rechnerischen **Richtigstellung zunächst gegenüber dem Arzt abgelehnt** wurde, diese später aber – auf Anfechtung einer Krankenkasse – doch noch erfolgt.[56] 64

Der Fristablauf kann schließlich auch durch **Beteiligung Dritter am Verfahren** gehemmt sein, so insbesondere dann, wenn z.B. zunächst die Krankenkasse ein Verfahren gegen die Kassenärztliche Vereinigung auf Erlass eines Richtigstellungsbescheids betrieb, zu dem der Arzt hinzugezogen/beigeladen worden ist.[57] 65

Eine einmal bewirkte **Fristhemmung wirkt weiter** für die Fortsetzung des Verwaltungsverfahrens **nach gerichtlicher Aufhebung des fristhemmenden Bescheids und dessen Neuerlass**.[58] 66

Im Übrigen hat das BSG **noch nicht entschieden, ob** im Falle der Fristhemmung entsprechend § 45 Abs. 2 SGB I i.V.m. § 204 Abs. 2 BGB eine **Pflicht** der Institution besteht, **binnen sechs Monaten tätig zu werden.** 67

4. Korrekturmöglichkeiten nach der Vier-Jahres-Frist (§ 45 SGB X)

Spätere Korrekturen, nachdem die (evtl. durch Hemmung verlängerte) Vier-Jahres-Frist abgelaufen oder die Befugnis zu sachlich-rechnerischer Richtigstellung i.S.v. Rn. 176 ff. „verbraucht" ist, können **nur** dann noch fristgerecht sein, **wenn** ein **Vertrauensausschluss** gemäß § 45 Abs. 2 Satz 3 i.V.m. Abs. 4 Satz 1 SGB X vorliegt.[59] 68

Dies bedeutet, dass nach Ablauf der Vier-Jahres-Frist **im Normalfall Vertrauensschutz** anzuerkennen sein wird, weil einem Vertragsarzt im Regelfall (wenn nicht ihm selbst pflichtwidriges Bewirken einer unrechtmäßigen Honorargewährung angelastet werden kann) **kaum grobe Fahrlässigkeit** hinsichtlich des Kennenmüssens von Bescheiden angelastet werden kann.[60] 69

[54] So BSG v. 06.09.2006 - B 6 KA 40/05 R - BSGE 97, 84 = SozR 4-2500 § 106 Nr. 15 Rn. 18, 20, 22.

[55] Wohl zu bejahen, wenn eine Hinzuziehung bzw. Beiladung entsprechend Rn. 65 erfolgt.

[56] Vgl. BSG v. 15.11.1995 - 6 RKa 57/94 - SozR 3-5535 Nr. 119 Nr. 1 S. 3. Kaum ausreichend für eine Hemmung des Fristablaufs wäre es aber, wenn die Kassenärztliche Vereinigung dem Arzt die Anhängigkeit eines Richtigstellungsverfahrens mitteilt; ein Verwaltungsakt nur betreffend den Verfahrensstand kann meines Erachtens nicht für eine Fristhemmung ausreichen.

[57] Vgl. dazu BSG v. 20.09.1995 - 6 RKa 40/94 - BSGE 76, 285, 289 ff., 293 f. = SozR 3-2500 § 106 Nr. 30 S. 170 ff., 174 f.; in Bezug genommen in BSG v. 28.08.1996 - 6 RKa 88/95 - SozR 3-5545 § 23 Nr. 1 S. 6 f. und in BSG v. 06.09.2006 - B 6 KA 40/05 R - BSGE 97, 84 = SozR 4-2500 § 106 Nr. 15 Rn. 20 am Ende. Vgl. ferner 14.05.1997 - 6 RKa 63/95 - SozR 3-2500 § 106 Nr. 39 S. 215 zur Fristhemmung durch Klage einer Krankenkasse im Wirtschaftlichkeitsprüfungsverfahren, sofern der Vertrags(zahn)arzt beigeladen ist.

[58] BSG v. 06.09.2006 - B 6 KA 40/05 R - BSGE 97, 84 = SozR 4-2500 § 106 Nr. 15 Rn. 12 am Ende.

[59] So ausdrücklich BSG v. 28.03.2007 - B 6 KA 22/06 R - BSGE 98 = SozR 4-2500 § 85 Nr. 33 Rn. 16 und BSG v. 28.03.2007 - B 6 KA 26/06 R - MedR 2008, 100, 101 Rn. 16. So auch schon BSG v. 14.12.2005 - B 6 KA 17/05 R - BSGE 96, 1 = SozR 4-2500 § 85 Nr. 22 Rn. 14 am Ende und 15 am Ende.

[60] Vgl. BSG v. 12.12.2001 - B 6 KA 3/01 R - BSGE 89, 90, 100 = SozR 3-2500 § 82 Nr. 3 S. 13 unten.

70 Ein **Vertrauensschutz entfällt typischerweise nur dann, wenn** einer der Fälle des § 45 Abs. 2 Satz 3 Nrn. 1-3 i.V.m. Abs. 4 Satz 1 SGB X vorliegt, in denen der Arzt – typisiert – als bösgläubig anzusehen ist. Dies ist der Fall, wenn er

- in wesentlicher Beziehung **grob fahrlässig unrichtige Angaben** machte (entsprechend § 45 Abs. 2 Nr. 2 SGB X)[61] oder
- wenn der Fehler für ihn **ohne weiteres erkennbar** war (entsprechend § 45 Abs. 2 Nr. 3 SGB X)[62].

71 Insoweit als das Rechtsinstitut der sachlich-rechnerischen Richtigstellung nicht mehr anwendbar und deshalb auf § 45 SGB X zurückzugreifen ist, dürfte dieser in vollem Umfang heranzuziehen sein. Das bedeutet, dass nicht nur die Regelungen des § 45 Abs. 2 Satz 3 i.V.m. Abs. 4 Satz 1 SGB X zu Lasten des Betroffenen eingreifen, sondern zugleich zu seinem Schutz die Frist des **§ 45 Abs. 4 Satz 2 SGB X** gilt (sodass die Kassenärztliche Vereinigung die Rücknahme **binnen eines Jahres ab Kenntnis** der dies rechtfertigenden Tatsachen verfügen muss).[63]

72 Hierbei stellen sich dann u.U. Zurechnungsfragen, so z.B., ob die Kassenärztliche Vereinigung sich **Kenntnisse zurechnen** lassen muss, die die Prüfgremien haben und hatten.

73 Auch ist die Frage, ob die **Jahresfrist frühestens ab der Anwendbarkeit des § 45 SGB X** beginnt oder ob ihr Beginn evtl. schon vorher – während der Zeit der Noch-Anwendbarkeit des Rechtsinstituts der sachlich-rechnerischen Richtigstellung – anzusetzen ist. Meines Erachtens ist letzteres zu verneinen.[64]

VII. Haftung der Vorstände (Absatz 7)

74 Durch Absatz 7 in Verbindung mit dessen **Verweisung auf § 106 Abs. 4b SGB V** ist eine **Haftung der Vorstandsmitglieder von Kassenärztlichen Vereinigungen und Krankenkassen** für den Fall unzureichender sachlich-rechnerischer Richtigstellungen eingeführt worden, so wie dies auch im Rahmen des § 106 SGB V für Wirtschaftlichkeitsprüfungen geregelt ist (vgl. § 106 Abs. 4b Sätze 1 und 2 SGB V). Die Aufsichtsbehörden werden verpflichtet, für die Realisierung der sachlich-rechnerischen Richtigstellungen zu sorgen (vgl. § 106 Abs. 4b Satz 3 SGB V).

75 Hier gilt ebenso wie im Rahmen des § 106 Abs. 4b SGB V (vgl. die Kommentierung zu § 106 SGB V Rn. 274): Die Haftungsregelung hat praktische Bedeutung, auch wenn bisher kein Fall bekannt geworden ist, in dem eine solche Haftung durchgesetzt worden wäre. Seitdem in einem Wirtschaftlichkeitsprüfungs-Fall dem Vorstand einer Kassenärztlichen Vereinigung vorgeworfen worden war, in einem Einzelfall den in Frage stehenden und berechtigten hohen Betrag einer Honorarkürzung zugunsten eines gütlichen Verfahrensabschlusses ermäßigt zu haben, sind die Vorstände von Kassenärztlichen Vereinigungen nicht nur bei Wirtschaftlichkeitsprüfungen, sondern auch bei sachlich-rechnerischen Richtigstellungen zurückhaltend mit Zugeständnissen gegenüber den geprüften Ärzten. Indessen muss beachtet werden, dass es durchaus gerade im Interesse der Kassenärztlichen Vereinigung liegen kann, eine an sich berechtigte Honorarkorrektur zu ermäßigen, wenn dadurch die sofortige Zahlung erreicht und eine sonst eventuell drohende Zahlungsunfähigkeit des Arztes (Insolvenz) vermieden werden kann. Denn im Insolvenzfall hätte die Kassenärztliche Vereinigung nur noch eine – meist sehr geringe – Insolvenzquote zu erwarten. Solche „Gesamtabwägungen" sind zu akzeptieren und ergeben keine Haftung i.S.d. § 106 Abs. 4b SGB V.

76 Die Regelung ist – ihre gemäßigte Anwendung vorausgesetzt – auch sinnvoll. Denn durch sie wird dem vorgebeugt, dass Vorstände eine systematische Nichtanwendung der Regelungen über sachlich-rechnerische Richtigstellungen akzeptieren oder gar fördern.

E. Klassische Typen sachlich-rechnerischer Richtigstellung

77 Im Folgenden werden nur die wichtigsten der klassischen Typen näher behandelt:

- **Fehlansätze** einzelner Leistungstatbestände, insbesondere Abrechnung von Leistungen, die **nicht vollständig** oder **überhaupt nicht erbracht** wurden,

---

61 Zu diesem Maßstab vgl. vor allem BSG v. 30.06.2004 - B 6 KA 34/04 R - BSGE 93, 69 = SozR 4-2500 § 85 Nr. 11 Rn. 24.

62 Einem Vertragsarzt kann im Regelfall nicht im Sinne grober Fahrlässigkeit angelastet werden, er hätte die Rechtswidrigkeit eines Honorarbescheids kennen müssen: BSG v. 12.12.2001 - B 6 KA 3/01 R - BSGE 89, 90, 100 = SozR 3-2500 § 82 Nr. 3 S. 13 unten.

63 Vom BSG bisher nicht entschieden.

64 Dazu vgl. Rn. 55 am Ende: Ablehnung einer Vermengung von (Teil-)Anwendung von § 45 SGB X und Anwendung der sachlich-rechnerischen Richtigstellung.

- Abrechnung **fachfremd**er Leistungen,
- Abrechnung von **qualitativ mangelhaft**en Leistungen, d.h. von Leistungen, die **ohne** die erforderliche **persönliche Qualifikation oder** ohne die erforderliche **apparative Ausstattung** erbracht wurden,
- Abrechnung von Leistungen, die entgegen der Pflicht zur persönlichen Leistungserbringung **nicht vom Arzt persönlich erbracht** wurden,
- Abrechnung von Leistungen **nicht genehmigter Assistenten**.

Über diese Falltypen hinaus gehören **noch weitere Falltypen** zu den „klassischen Typen" sachlich-rechnerischer Richtigstellung, wie die Aufzählung bei Clemens[65] belegt: **z.B. Überschreitung einer Ermächtigung, Fehlen ausreichenden Überweisungsauftrags, Fehlen einer erforderlichen Leistungserbringungsgenehmigung, Abweichung vom Heil- und Kostenplan.** Auf diese wird im Folgenden nicht näher eingegangen, vielmehr insoweit auf die allgemeinen Grundsätze verwiesen, die sich aus den Ausführungen zu sachlich-rechnerischen Richtigstellungen in anderen Konstellationen ergeben. 78

I. Allgemeine Probleme der Leistungstatbestände von EBM-Ä und Bema-Z

Ob ein Arzt einen **Leistungstatbestand zu Unrecht in Ansatz gebracht** hat oder nicht, ist nicht immer ohne weiteres eindeutig zu entscheiden. Fraglich kann sein, ob ein Tatbestand **wirksam** ist (vgl. Rn. 80 ff.) und/oder ob ein Leistungstatbestand neben einem anderen **anwendbar** ist (vgl. Rn. 80 ff.) und/oder ob der Arzt den Leistungstatbestand vollständig erfüllt hat – was von der **Auslegung des Tatbestands** abhängt (vgl. Rn. 91 ff.). 79

1. Wirksamkeit oder Nichtigkeit der Leistungstatbestände

Die Leistungstatbestände sind im **Einheitlichen Bewertungsmaßstab** normiert, wobei es zum einen den Einheitlichen Bewertungsmaßstab für vertragsärztliche Leistungen, den sog. **EBM-Ä**, und zum anderen den Einheitlichen Bewertungsmaßstab für vertragszahnärztliche Leistungen, den sog. **Bema-Z**, gibt. Bei ihnen handelt es sich um sog. **Norm(setzungs)verträge**,[66] die aufgrund des § 87 SGB V zwischen der Kassenärztlichen bzw. Kassenzahnärztlichen Bundesvereinigung und den Spitzenverbänden der Krankenkassen vereinbart werden (wegen Einzelheiten vgl. die Kommentierung zu § 87 SGB V). 80

Entsprechend den Grundsätzen, die auch sonst für Rechtsnormen gelten, sind die Normgeber von EBM-Ä und Bema-Z **nicht verpflichtet, ihre Normgebung zu begründen**: Sie brauchen die ihrer Normgebung zugrunde liegenden Erwägungen nicht offenzulegen. Es kommt vielmehr allein darauf an, dass für die einzelnen Leistungstatbestände objektiv ausreichende (Gemeinwohl-)Erwägungen zu finden sind, die die Regelung sachlich rechtfertigen.[67] 81

Inhaltlich hat der Normgeber des EBM-Ä und des Bema-Z eine **weite Gestaltungsfreiheit.**[68] Er hat insbesondere die Befugnis zur **Generalisierung, Pauschalierung, Schematisierung und Typisierung.**[69] 82

---

[65] *Clemens* in: Schulin, Handbuch des Sozialversicherungsrechts, Bd. 1: Krankenversicherungsrecht, 1994, § 34 Rn. 9 ff.

[66] Sowohl das BVerfG als auch das BSG gehen in ständiger Rechtsprechung vom Normcharakter und der Wirksamkeit solcher Rechtsnormen aus: Vgl. z.B. BVerfG v. 22.10.2004 - 1 BvR 528/04, 1 BvR 550/04, 1 BvR 551/04, 1 BvR 627/04 - MedR 2005, 285, 286 unter II. 2. b aa = SozR 4-2500 § 87 Nr. 6 Rn. 18; BVerfG v. 01.07.1991 - 1 BvR 1028/88 - SozR 3-5557 Allg. Nr. 1; vgl. z.B. BSG v. 20.01.1999 - B 6 KA 9/98 R - BSGE 83, 218, 219 f. = SozR 3-2500 § 87 Nr. 21 S. 108 f; BSG v. 09.12.2004 - B 6 KA 44/03 R - BSGE 94, 50 = SozR 4-2500 § 72 Nr. 2 Rn. 64 ff. m.w.N. Vgl. ferner *Clemens* in der „Problemstellung" in MedR 2006, 285 (unter 2.).

[67] Vgl. BVerfG v. 22.10.2004 - 1 BvR 528/04, 1 BvR 550/04, 1 BvR 551/04, 1 BvR 627/04 - MedR 2005, 285, 286 unter II. 2. b aa = SozR 4-2500 § 87 Nr. 6 Rn. 18. Ebenso – betr. Honorarverteilungsregelungen – BSG v. 09.12.2004 - B 6 KA 44/03 R - BSGE 94, 50 = SozR 4-2500 § 72 Nr. 2 Rn. 44 m.w.N. Vgl. ferner die Rechtsprechungsangaben bei *Clemens* in der „Problemstellung" in MedR 2006, 285 (unter 2. a).

[68] Ständige Rechtsprechung des BVerfG und des BSG, vgl. z.B. BVerfG v. 22.10.2004 - 1 BvR 528/04, 1 BvR 550/04, 1 BvR 551/04, 1 BvR 627/04 - MedR 2005, 285, 286 unter II. 2. b aa zweiter Absatz = SozR 4-2500 § 87 Nr. 6 Rn. 19; BSG v. 08.09.2004 - B 6 KA 82/03 R - SozR 4-5533 Nr. 653 Nr. 1 Rn. 13 m.w.N.

[69] Vgl. BVerfG v. 22.10.2004 - 1 BvR 528/04, 1 BvR 550/04, 1 BvR 551/04, 1 BvR 627/04 - MedR 2005, 285, 286 unter II. 2. b aa zweiter Absatz = SozR 4-2500 § 87 Nr. 6 Rn. 19. In der Sache ebenso das BSG in ständiger Rechtsprechung, z.B. BSG v. 23.02.2005 - B 6 KA 55/03 R - SozR 4-2500 § 87 Nr. 9 Rn. 26 am Ende. Vgl. dazu auch *Clemens* in der „Problemstellung" in MedR 2006, 285 (unter 2. b).

83 **Unwirksam** wäre eine Regelung **nur** dann, wenn sie **nicht sachgerecht** wäre.[70] Ob dies der Fall ist, ist nach rechtlichen Kriterien zu beurteilen. Einwendungen aus **medizinischer Sicht** sind grundsätzlich **unerheblich.**[71]

84 Der Fall, dass Sachgerechtigkeit nicht vorliegt, ist vor allem dann gegeben, wenn eine **mit Art. 3 Abs. 1 GG unvereinbare Ungleichbehandlung** vorliegt. Dies hat das BSG bisher in zwei Fällen angenommen:

- Sachwidrigkeit der Ungleichbehandlung **zwei**er **Arztgruppen** bei der Vergütung **spezieller Leistungen**, für die beide **gleichermaßen durch Zusatzqualifikation qualifiziert** sind (hier entschieden für internistische und orthopädische Rheumatologen).[72]
- Rechtswidrigkeit der den EBM-Ä-Budgets zu Grunde gelegten **Praxiskostensätze**, weil diese für eine Arztgruppe (Hautärzte) zu niedrig angesetzt waren.[73]

85 Die **anderen Fälle**, in denen das BSG **EBM-Ä-Bestimmungen** als **unwirksam** angesehen hat, haben folgende Fallkonstellationen betroffen:

- Nichtigkeit des **Labor-Überweisungsverbot**s mangels ausreichender Rechtssetzungsermächtigung,[74]
- Nichtigkeit der rückwirkenden Inkraftsetzung von **Teilbudgets für Gesprächsleistungen**,[75]
- Unwirksamkeit der **Abrechnungsbestimmung des Arbeitsausschusses**, die die ermächtigten Krankenhausärzte von der höheren Laborvergütung ausschließen sollte.[76]

86 **Im Regelfall** sieht das BSG die ihm zur Überprüfung unterbreiteten Leistungstatbestände als wirksam an. Dies gilt insbesondere dann, wenn nicht der Inhalt des Leistungstatbestandes selbst als rechtswidrig beanstandet wird, sondern das **Begehren auf eine höhere Punktzahl** für die Leistung gerichtet wird. Das BSG betont in ständiger Rechtsprechung, dass der gemäß § 87 SGB V für die Bewertung zuständige Bewertungsausschuss bei der Festlegung der Punktzahlen einen **weiten Gestaltungsspielraum** hat (vgl. Rn. 82), insbesondere bei der Festlegung der Punktzahlen sog. **Mischkalkulationen** zugrunde legen darf.[77] Dies bedeutet, dass er außer dem Gesichtspunkt des zeitlichen[78] Aufwandes für die Leistung, des Grades der Schwierigkeit der Leistungserbringung sowie der dafür erforderlichen Qualifikation auch z.B. einfließen lassen darf, ob er für die Erbringung gerade dieser Leistung einen besonderen Leistungsanreiz schaffen – oder gerade nicht schaffen – will.[79]

87 Die Fälle, in denen die Rechtsprechung Leistungstatbestände als rechtmäßig angesehen hat, sind zahllos. Beispielhaft seien hier folgende Fälle angeführt:

- Punktzahlaufschlag nur für **Gemeinschaftspraxen**,[80]
- gesonderte Abrechenbarkeit von **Kontrastmitteln** bei Röntgendiagnostik nur im Falle jodhaltiger, nicht dagegen im Falle bariumhaltiger, die im Regelfall einzusetzen sind und auch nur ca. ein Sechstel kosten.[81]

---

[70] Vgl. BVerfG v. 22.10.2004 - 1 BvR 528/04, 1 BvR 550/04, 1 BvR 551/04, 1 BvR 627/04 - MedR 2005, 285, 286 unter II. 2. a und b cc = SozR 4-2500 § 87 Nr. 6 Rn. 13 und 21. Vgl. auch *Clemens* in der „Problemstellung" in MedR 2006, 285 (unter 2. b).

[71] Vgl. BVerfG v. 22.10.2004 - 1 BvR 528/04, 1 BvR 550/04, 1 BvR 551/04, 1 BvR 627/04 - MedR 2005, 285, 286 unter II. 2. c = SozR 4-2500 § 87 Nr. 6 Rn. 13 und 21. Vgl. auch *Clemens* in der „Problemstellung" in MedR 2006, 285 (unter 3.). Vgl. ferner Rn. 41.

[72] BSG v. 20.10.1999 - B 6 KA 9/98 R - BSGE 83, 218, 220 ff. = SozR 3-2500 § 87 Nr. 21 S. 109 ff. und BSG v. 20.01.1999 - B 6 KA 16/98 R - MedR 1999, 432, 433 f. = USK 9997 S.567 ff.

[73] BSG v. 15.05.2002 - B 6 KA 33/01 R - BSGE 89, 259, 270 f. = SozR 3-2500 § 87 Nr. 34 S. 198 f.: Ankündigung der Unwirksamkeit ab 01.07.2003.

[74] BSG v. 20.03.1996 - 6 RKa 21/95 - BSGE 78, 91, 93 ff. = SozR 3-5540 § 25 Nr. 2 S. 4 ff.

[75] BSG v. 17.09.1997 - 6 RKa 36/97 - BSGE 81, 86, 88 ff. = SozR 3-2500 § 87 Nr. 18 S. 83 ff.

[76] BSG v. 31.08.2005 - B 6 KA 35/04 R - SozR 4-2500 § 87 Nr. 11 Rn. 12 ff.

[77] Ständige Rechtsprechung, vgl. z.B. BSG v. 14.03.2001 - B 6 KA 54/00 R - BSGE 88, 20, 24 = SozR 3-2500 § 75 Nr. 12 S. 70; BSG v. 14.03.2001 - B 6 KA 67/00 R - MedR 2002, 47, 50 = USK 2001-126 S. 767; BSG v. 14.03.2001 - B 6 KA 36/00 R - SozR 3-2500 § 81 Nr. 7 S. 33 f.; BSG v. 16.05.2001 - B 6 KA 20/00 R - BSGE 88, 126, 136 = SozR 3-2500 § 87 Nr. 29 S. 155. Vgl. auch BSG v. 20.01.1999 - B 6 KA 46/97 R - BSGE 83, 205, 210 = SozR 3-2500 § 85 Nr. 29 S. 217; BSG 31.01.2001 - B 6 KA 5/00 R - SozR 3-5533 Nr. 7103 Nr. 1 S. 9.

[78] Die Punktbeträge des EBM-Ä sind also nicht Ausdruck einer „Tarifstruktur".

[79] Zu diesem und weiteren Gesichtspunkten vgl. die vorgenannte Rechtsprechung. Vgl. außerdem *Clemens* in: Schulin, Handbuch des Sozialversicherungsrechts, Bd. 1: Krankenversicherungsrecht, 1994, § 34 Rn. 6 und 14.

[80] BSG v. 28.01.2004 - B 6 KA 112/03 B - juris.

[81] BSG v. 11.09.2002 - B 6 KA 34/01 R - BSGE 90, 61 = SozR 3-2500 § 87 Nr. 35.

2. Unanwendbarkeit von Leistungstatbeständen (Spezialität, Konsumtion)

Ist ein Leistungstatbestand nach den vorstehend genannten Maßstäben (vgl. Rn. 80 ff.) wirksam, so bedeutet dies aber nicht ohne weiteres dessen Anwendbarkeit. Vielmehr können u.U. mehrere Leistungstatbestände in Betracht kommen. Diese sind dann daraufhin zu untersuchen, ob durch sog. **Konkurrenzregeln** – **Spezialität oder Konsumtion**[82] – der eine oder der andere außer Anwendung bleiben muss. Diese Konkurrenzregeln sind zum Teil auch im EBM-Ä und im Bema-Z ausdrücklich niedergelegt worden. 88

Ein wichtiger Grundsatz lautet dahin, dass eine Leistung nicht selbstständig abrechenbar ist, wenn sie **Bestandteil** einer anderen abrechenbaren Leistung ist in dem Sinne, dass ein Leistungstatbestand notwendigerweise zugleich mit einem anderen erfüllt wird (Fall der sog. **Spezialität**).[83] 89

Die Unanwendbarkeitsregel bei Spezialität (vgl. Rn. 89) hat das BSG weiterentwickelt. Es hat daraus den weiteren Grundsatz abgeleitet, dass ein Abrechnungsausschluss auch dann besteht, wenn eine Leistung im Zuge einer anderen **typischerweise miterbracht** wird und der für sie erforderliche Aufwand im Regelfall hinter dem für die andere Leistung zurücktritt (Fall der sog. **Konsumtion**[84]). So hat das BSG eine gesonderte Abrechenbarkeit verneint für z.B. folgende Fälle: 90

- **Präparieren** des Zahnes bei Zahnersatz,[85]
- Exzision von **Schleimhaut** bei Zahnersatz,[86]
- **beratende Unterstützung** des Operateurs durch den Pathologen im Zusammenhang mit histologischer Sofortuntersuchung,[87]
- Medikamenteninfusion über einen **bereits zur Dialyse gelegten und genutzten Zugang** in die Vene,[88]
- **Probeexzision** im Verlauf eines chirurgischen Eingriffs.[89]

3. Auslegung der Leistungstatbestände

Ist ein Leistungstatbestand nach den vorstehend genannten Maßstäben wirksam (vgl. Rn. 80 ff.) und auch anwendbar (vgl. Rn. 88 ff.), so bleibt aber noch die Frage, ob der Arzt den Leistungstatbestand vollständig erfüllt hat. Dies ist in manchen Fällen nicht ohne weiteres zu beantworten; vielmehr bedarf es häufig der **Auslegung des Leistungstatbestandes**. Dabei gilt nicht das sonst übliche sog. Auslegungsquart, d.h. die einigermaßen gleichwertige Heranziehung von Wortlaut, Gesetzessystematik, Regelungszweck und Entstehungsgeschichte. Vielmehr hat nach der Rechtsprechung **im Regelfall nur eine Auslegung nach dem Wortlaut** stattzufinden, die weiteren Auslegungsgesichtspunkte können nur in engen Grenzen herangezogen werden. Das BSG beschreibt dies in seiner Rechtsprechung folgendermaßen nach Art eines wiederkehrenden **Textbausteins**:[90] 91

Für die Auslegung vertragsärztlicher Vergütungsbestimmungen ist nach der ständigen Rechtsprechung des Senats in erster Linie der **Wortlaut** der Regelungen maßgeblich. Dies gründet sich zum einen darauf, dass das vertragliche Regelwerk dem Ausgleich der unterschiedlichen Interessen von Ärzten und Krankenkassen dient und es vorrangig Aufgabe des Bewertungsausschusses selbst ist, Unklarheiten zu beseitigen. Zum anderen folgt die primäre Bindung an den Wortlaut aus dem Gesamtkonzept des EBM-Ä als einer abschließenden Regelung, die keine Ergänzung oder Lückenfüllung durch Rückgriff auf andere Leistungsverzeichnisse bzw. Gebührenordnungen oder durch analoge Anwendung[91] zu- 92

[82] Diese Termini sind aus der Begriffswelt des Strafrechts entlehnt, in dem die Dogmatik zur Auflösung von Tatbestandskonkurrenzen klar strukturiert ausgeformt worden ist.

[83] Im früheren EBM-Ä bis zum 31.03.2005: Allgemeine Bestimmungen A. 1. Satz 2. In dem EBM-Ä, der seit dem 01.04.2005 gilt: Allgemeine Bestimmungen Nr. 2.1.3 Satz 2.

[84] Begriffliche Anlehnung an die Bezeichnungen der Tatbestandskonkurrenzen im Strafrecht.

[85] BSG v. 26.09.1984 - 6 RKa 36/82 - SozR 5535 Nr. 12 Nr. 1 S. 2 und 4.

[86] BSG v. 26.09.1984 - 6 RKa 3/83 - SozR 5535 Nr. 49 Nr. 1 S. 3.

[87] BSG v. 25.08.1999 - B 6 KA 57/98 R - MedR 2000, 201, 203.

[88] BSG v. 22.03.2006 - B 6 KA 44/04 R - ZMGR 2006, 101, 102 = USK 2006-90 S. 605. Ebenso zuvor BSG v. 08.09.2004 - B 6 KA 37/03 R - SozR 4-5533 Nr. 273 Nr. 1 Rn. 10.

[89] BSG v. 29.11.2006 - B 6 KA 39/05 R - SozR 4-2500 § 106a Nr. 3 Rn. 25.

[90] Zitat angelehnt an BSG v. 07.02.2007 - B 6 KA 32/05 R - GesR 2007, 326 = USK 2007-14 S. 90 f. Fast wortlautidentisch z.B. BSG v. 28.04.2004 - B 6 KA 19/03 R - SozR 4-2500 § 87 Nr. 5 Rn. 11; BSG v. 22.06.2005 - B 6 KA 80/03 R - SozR 4-2500 § 87 Nr. 10 Rn. 10; BSG v. 11.10.2006 - B 6 KA 35/05 R - SozR 4-5533 Nr. 40 Nr. 2 Rn. 13.

[91] Hiermit ist insbesondere gemeint, dass keine ergänzende Heranziehung der im privatärztlichen Bereich geltenden Gebührenordnungen – GOÄ und GOZ – in Betracht kommt.

lässt.[92] Nur soweit der Wortlaut eines Leistungstatbestandes zweifelhaft ist und es seiner Klarstellung dient, ist Raum für eine **systematische Interpretation** im Sinne einer Gesamtschau der in innerem Zusammenhang stehenden ähnlichen oder vergleichbaren Leistungstatbestände. Eine **entstehungsgeschichtliche Auslegung** kommt ebenfalls nur bei unklaren oder mehrdeutigen Regelungen in Betracht und kann nur anhand von Dokumenten erfolgen, in denen die Urheber der Bestimmungen diese in der Zeit ihrer Entstehung selbst erläutert haben.[93] Leistungsbeschreibungen dürfen **weder ausdehnend ausgelegt noch analog angewendet** werden.[94]

93 Kritiker weisen zu dieser Formel darauf hin, dass zur **Auslegung nach Sinn und Zweck** nicht ausdrücklich Stellung genommen wird. Von der Formel her wird inhaltlich allerdings auch die sog. **teleologische Interpretation** abgelehnt, da im Regelfall nur auf den Wortlaut abzustellen sei. Indessen gibt es doch gelegentlich Ansätze in der Rechtsprechung des BSG mit einer Argumentation, die Ansätze in Richtung auf eine teleologische Interpretation aufweist. So wird im Urteil vom 07.02.2007[95] auf die „Zielrichtung" des fraglichen Vergütungszuschlags abgestellt. Auch in weiteren Urteilen werden Gesichtspunkte wie der Sinngehalt einer Regelung und teleologische Gesichtspunkte herangezogen (vgl. die Beispiele in Rn. 94).

94 Kritiker weisen ferner darauf hin, das in der Formel statuierte **Verbot ausdehnender Auslegung** werde ebenfalls nicht konsequent durchgezogen. Es wird geltend gemacht, dieses werde bei den Leistungstatbeständen strikt angewendet. Leistungs**ausschlusstatbestände** dagegen würden gelegentlich ausdehnend ausgelegt.

- Paradefall ist insoweit das Urteil des BSG vom 02.04.2003.[96] Dieses hat sich mit der Regelung befasst, die eine Vergütung für **Verweilen beim Patienten** für den Fall ausschließt, dass der Arzt **in seiner Praxis** verweilt. Das BSG hat diesen Vergütungsausschluss auf den Fall ausgedehnt, dass der **Belegarzt in seiner Belegabteilung** beim Patienten verweilt; dies ergebe sich aus systematischen und teleologischen Gesichtspunkten.[97]
- Das BSG hat sich in seinem Urteil vom 08.09.2004 mit der gesonderten Abrechenbarkeit von **Sauerstoffdruckmessungen** befasst.[98] Deren Abrechenbarkeit ist nach dem Wortlaut des EBM-Ä dann ausgeschlossen, wenn sie begleitend **neben schmerztherapeutischen Anästhesien** im Sinne der Präambel des EBM-Ä-Abschnitts zu Anästhesien zur Schmerztherapie durchgeführt werden. Das BSG hat diesen Abrechnungsausschluss auf den Fall ausgedehnt, dass die Sauerstoffdruckmessungen begleitend neben schmerztherapeutischen Anästhesien **minderer Art** durchgeführt werden (mit der Folge, dass der Arzt weder eine Vergütung gemäß Abschnitt D I noch gemäß Nr. 653 EBM erhält); dies ergebe sich aus der Zusammenschau verschiedener Abrechnungsbestimmungen und aus dem Sinngehalt des Abrechnungsausschlusses.[99]
- Das BSG hat sich in seinem Urteil vom 16.05.2001 mit dem Ausschluss gesonderter Abrechenbarkeit von **Leistungen im Zusammenhang mit Kreuzbandrekonstruktionen** befasst.[100] Es hat diesen Abrechnungsausschluss auf weitere Leistungen wie Straffungen, Verkürzungen und Verstärkungen von Kniegelenkbändern ausgedehnt; diese seien zwar in der Abrechnungsausschlussregelung nicht ausdrücklich aufgeführt,[101] aber nach deren Sinngehalt[102] von dem Ausschluss mitumfasst.

---

92 So auch z.B. BSG v. 11.10.2006 - B 6 KA 35/05 R - SozR 4-5533 Nr. 40 Nr. 2 Rn. 13, in Fortführung von z.B. BSG v. 28.04.2004 - B 6 KA 19/03 R - SozR 4-2500 § 87 Nr. 5 Rn. 11 und BSG v. 22.06.2005 - B 6 KA 80/03 R - SozR 4-2500 § 87 Nr. 10 Rn. 10.

93 So auch z.B. BSG v. 28.04.2004 - B 6 KA 19/03 R - SozR 4-2500 § 87 Nr. 5 Rn. 11 m.w.N. und BSG v. 22.06.2005 - B 6 KA 80/03 R - SozR 4-2500 Nr. 10 Rn. 10 m.w.N.; BSG v. 11.10.2006 - B 6 KA 35/05 R - SozR 4-5533 Nr. 40 Nr. 2 Rn. 13.

94 So auch z.B. BSG v. 28.04.2004 - B 6 KA 19/03 R - SozR 4-2500 § 87 Nr. 5 Rn. 11 m.w.N.; BSG v. 08.09.2004 - B 6 KA 37/03 R - SozR 4-5533 Nr. 273 Nr. 1 Rn. 7; BSG v. 22.03.2006 - B 6 KA 76/04 R - BSGE 96, 99 = SozR 4-5520 § 33 Nr. 6 Rn. 17 am Ende; BSG v. 11.10.2006 - B 6 KA 35/05 R - SozR 4-5533 Nr. 40 Nr. 2 Rn. 13.

95 BSG v. 07.02.2007 - B 6 KA 32/05 R - GesR 2007, 326, 327 und Leitsatz = USK 2007-14 S. 91: „Insoweit ergeben sich Hinweise für die Gewährung des Zuschlags … aus seiner Zielrichtung."

96 BSG v. 02.04.2003 - B 6 KA 28/02 R - SozR 4-5533 Nr. 40 Nr. 1.

97 BSG v. 02.04.2003 - B 6 KA 28/02 R - SozR 4-5533 Nr. 40 Nr. 1 Rn. 7 ff., insbes. Rn. 9 und 11.

98 BSG v. 08.09.2004 - B 6 KA 82/03 R - SozR 4-5533 Nr. 653 Nr. 1.

99 BSG v. 08.09.2004 - B 6 KA 82/03 R - SozR 4-5533 Nr. 653 Nr. 1 Rn. 8, 10.

100 BSG v. 16.05.2001 - B 6 KA 87/00 R - SozR 3-5533 Nr. 2449 Nr. 2. Vgl. auch Rn. 100 (erstes Beispiel).

101 BSG v. 16.05.2001 - B 6 KA 87/00 R - SozR 3-5533 Nr. 2449 Nr. 2 S. 9 oben.

102 BSG v. 16.05.2001 - B 6 KA 87/00 R - SozR 3-5533 Nr. 2449 Nr. 2 S. 8 unten.

II. Fehlansätze einzelner Leistungstatbestände, insbesondere nicht vollständig oder überhaupt nicht erbrachte Leistungen

Fälle, in denen Leistungen nicht vollständig oder überhaupt nicht erbracht werden, gibt es in zahllosen unterschiedlichen Konstellationen. Während der Fall, dass vom Arzt in seiner Abrechnung in Ansatz gebrachte Leistungen **überhaupt nicht erbracht** wurden, eigentlich nicht vorkommen sollte – und Anlass zum Verdacht betrügerischen Verhaltens geben kann –,[103] gehört die Frage **nicht vollständiger Leistungserbringung** zu den „Standard“-Fällen sachlich-rechnerischer Richtigstellung.[104] 95

Die Fallgestaltungen, in denen sich die Frage vollständiger oder unvollständiger Leistungserbringung stellt und hierfür in der Regel eine Auslegung des Leistungstatbestandes erforderlich ist, sind vielfältig. Sie lassen sich nur wenig systematisieren. Allerdings sind immerhin einige wenige häufiger vorkommende Falltypen erkennbar. Diese werden vorab dargestellt (vgl. Rn. 97), ehe in Kurzform eine Übersicht über weitere Fälle gegeben wird (vgl. Rn. 101). 96

1. Falltypen: Testreihen, Pauschalen/Leistungskomplexe/Budgets, Operationen

Häufiger vorkommende Typen von Leistungstatbeständen betreffen Testergebnisse, die aufgrund von Testreihen erzielt werden, weiterhin Tatbestände, die Pauschalen, Leistungskomplexe bzw. Budgets festlegen, und schließlich Operationen. 97

Es gibt diverse Leistungstatbestände, die Honorar für bestimmte **Testergebnisse aufgrund von Testreihen** festlegen. Sie lauten – z.B. im Laborbereich – auf bestimmte Untersuchungen, z.B. „Chromosomenanalyse“, „Zelluntersuchung“, EKG-Messung o.Ä. Dabei war lange Zeit umstritten, ob die im Leistungstatbestand genannte Punktzahl stets nur einmal anzusetzen ist oder ob sie dann zweifach anzusetzen ist, wenn die erste Analyse bzw. Untersuchung noch kein Ergebnis erbrachte und deshalb eine zweite erfolgen musste. Diesen Streit haben die Gerichte schließlich dahin entschieden, dass die **Punktzahl stets nur einmal** anzusetzen ist. Denn wenn die erste Analyse bzw. Untersuchung noch kein Ergebnis erbrachte, war insoweit die Leistung noch nicht vollständig erbracht und die Punktzahl somit noch nicht erdient. **Erst mit der zusätzlichen zweiten Analyse bzw. Untersuchung**, die schließlich das Testergebnis erbracht bzw. abgesichert hat, ist die **Leistung vollständig erbracht** worden. 98

- Dies gilt z.B. für die **Chromosomenanalyse** (Amniozenthese), auch wenn sie mehrere Analysevorgänge erfordert.[105]
- Das gilt ebenso für eine **EKG-Untersuchung**, die erst mit einem zusätzlichen Durchlauf zur **Erfolgskontrolle** das abgesicherte Ergebnis bringt.[106]

Andere Leistungstatbestände legen **Pauschalen** „je überwiesenem Untersuchungsfall“ fest oder fassen Leistungen zu **Leistungskomplexen** zusammen. Eine Pauschale führt dazu, dass sie insgesamt nur einmal je Untersuchungs- bzw. Behandlungsfall in Ansatz gebracht werden kann, z.B.: 99

- Die **Versandkostenpauschale** bedeutet, dass ein Pathologe auch dann, wenn er im Zusammenhang mit einer Operation mehrfach **Gewebeproben versenden** muss, nur einmal die Pauschalvergütung erhält.[107]
- Die **Schwangerenbetreuungs-Pauschale** bewirkt, dass im Rahmen der Betreuung durchgeführte Sonographien nicht gesondert vergütet werden,[108] auch dann nicht, wenn eine zusätzliche **Sonographie** zur Abschlusskontrolle nach einem Schwangerschaftsabbruch erfolgt.[109]

---

[103] Hierzu vgl. das reichhaltige Schrifttum zum Thema des Abrechnungsbetrugs: vgl. die Literaturhinweise in Rn. 25.

[104] Vgl. hierzu EBM-Ä (Fassung seit dem 01.04.2005), Allgemeine Bestimmungen Nr. 2.1.2: „Eine Gebührenposition, deren Leistungstatbestand nicht vollständig erbracht wurde, kann nicht berechnet werden.“

[105] Grundlegend BSG v. 01.02.1995 - 6 RKa 10/94 - SozR 3-5533 Nr. 115 Nr. 1 S. 2 ff. = USK 9563 S. 356 ff. (S. 355 mit Hinweis darauf, dass BSG v. 01.02.1995 - 6 RKa 29/94 - in juris mit Kurztext - im gleichen Sinn und im Wesentlichen übereinstimmend entschieden hat). Ebenso BSG v. 12.12.2001 - B 6 KA 3/01 R - BSGE 89, 90, 103 = SozR 3-2500 § 82 Nr. 3 S. 17.

[106] Vgl. LSG Baden-Württemberg v. 10.02.1993 - L 5 Ka 138/92 - MedR 1994, 463: vgl. dessen Argumentation auf S. 466.

[107] BSG v. 25.08.1999 - B 6 KA 57/98 R - MedR 2000, 201, 202 f.

[108] BSG v. 26.01.2000 - B 6 KA 13/99 R - SozR 3-5533 Nr. 100 Nr. 1.

[109] Revisionsrücknahme im Verfahren B 6 KA 77/04 R nach mündlicher Verhandlung am 22.03.2006 (vgl. BSG, Termin-Bericht Nr. 11/06 v. 23.03.2006). So auch im neuen EBM-Ä ausdrücklich geregelt.

- Der EBM-Ä enthält gelegentlich sog. **kleine Budgets**. So war z.B. bestimmt, dass **max. 30 Epikutantests** je Behandlungsfall abrechenbar sind.[110] Ebenso rechtmäßig war z.B. die Regelung, dass eine mind. 30-minütige **CT-Erfolgskontrolle „höchstens sechsmal im Behandlungsfall" abrechenbar** ist.[111]

100 Bei **Leistungsbeschreibungen operativer Eingriffe** geht das BSG davon aus, dass sie umfassend sind. Sie umfassen nach Art von Komplexleistungen alle weiteren Maßnahmen, die in innerem und zeitlichem Zusammenhang mit der Operation erfolgen. Daraus folgt, dass diese mit der Vergütung für die Operation mitabgegolten sind und für sie keine weiteren Vergütungen beansprucht werden können. Dies geht über die Rechtsfigur „typischerweise miterbrachte Leistungen" (vgl. Rn. 90) hinaus. Unerheblich ist, ob die weiteren Leistungen „typischerweise" miterbracht werden oder ob es sich um Leistungen handelt, die nur individuell vom konkreten Operateur vorgenommen werden, also atypisch sind. Auch diese werden durch die Vergütung für die Operation mitabgegolten:

- Durch die Vergütung für **Kreuzbandrekonstruktionen** werden weitere Leistungen wie Straffungen, Verkürzungen und Verstärkungen von **Kniegelenkbändern** mitabgegolten.[112]
- Durch die Vergütung einer **Schultergelenkoperation** werden schmerztherapeutische Anästhesien, die postoperativ im Zusammenhang mit der **Gelenkmobilisation** erfolgen, mitabgegolten.[113]
- Durch die Vergütung **arthroskopischer Operation**en werden Übungsbehandlungen zur **Gelenk- bzw. Muskelmobilisierung** mitabgegolten.[114]
- Durch die Vergütung für eine Blinddarmentfernung und Leistenbruchoperation wird die postoperative Versorgung von **Nachblutungen** mitabgegolten.[115]
- Durch die Vergütung für eine Sterilisation wird das **begleitende Einführen** des Portioadapters zum Wegschieben der Gebärmutter zwecks besserer Übersicht mitabgegolten.[116]

2. Weitere Fälle

101 Über die vorstehend herausgestellten Falltypen hinaus gibt noch eine **weitere große Zahl unterschiedlichster Konstellationen**, in denen sich die Frage vollständiger oder unvollständiger Leistungserbringung stellt und hierfür in der Regel eine Auslegung des Leistungstatbestandes erforderlich ist. Um für den Praktiker Anhaltspunkte zu bieten, welche Urteile ihm für die Bearbeitung der ihm vorliegenden konkreten Konstellation helfen könnten, werden **im Folgenden beispielhaft diverse vom BSG entschiedene Fälle** aufgeführt:

- Keine gesonderte Abrechenbarkeit der **Übersendung von Unterlagen** an den Medizinischen Dienst der Krankenversicherung.[117]
- **Mitteilung an Weiterbehandler** im Notdienst kann nicht als ärztlicher Bericht abgerechnet werden.[118]
- grundsätzlich keine Abrechenbarkeit der **Fremdanamnese** im **Notdienst**,[119]

---

[110] BSG v. 16.05.2001 - B 6 KA 20/00 R - BSGE 88, 126, 134 f. = SozR 3-2500 § 87 Nr. 29 S. 153 f. („Leistungskomplexe … eine Art Epikutan-Test-Budget"): Dabei hat das BSG ausdrücklich herausgestellt, dass die Anknüpfung der Vergütungsbegrenzung an eine bestimmte Testzahl nicht dazu führt, die Sachgerechtigkeit solcher „kleinen Budgets" danach zu beurteilen, ob die konkrete Zahl medizinisch-fachlich begründbar ist. Hierbei handelt es sich lediglich um einen auf Finanzerwägungen beruhenden Anknüpfungspunkt für die Budgetbemessung (BSG v. 16.05.2001 - B 6 KA 20/00 R - BSGE 88, 126, 135 f. = SozR 3-2500 § 87 Nr. 29 S. 154 f.).

[111] So Nr. 5222 in dem bis 31.03.2005 geltenden EBM-Ä: abrechenbar mit 2.400 Punkten.

[112] BSG v. 16.05.2001 - B 6 KA 87/00 R - SozR 3-5533 Nr. 2449 Nr. 2 S. 8 f. Vgl. auch Rn. 94 (drittes Beispiel).

[113] BSG v. 12.12.2001 - B 6 KA 88/00 R - SozR 3-5533 Nr. 443 Nr. 1 S. 3 f.

[114] BSG v. 26.06.2002 - B 6 KA 5/02 R - SozR 3-5533 Nr. 505 Nr. 1 S. 3 f.

[115] BSG v. 20.12.1995 - 6 RKa 64/94 - SozR 3-5533 Nr. 2145 Nr. 1 S. 2 f.

[116] Vgl. die Revisionsrücknahme am 22.03.2006 im Verfahren B 6 KA 77/04 R (vgl. dazu Termin-Vorschau Nr. 11/06 vom 08.03.2006 und Termin-Bericht Nr. 11/06 vom 23.03.2006). So auch im neuen EBM-Ä ab 01.04.2005 ausdrücklich geregelt.

[117] BSG v. 18.06.1997 - 6 RKa 8/97 - USK 97127.

[118] BSG v. 20.01.1999 - B 6 KA 1/98 R - SozR 3-5540 § 36 Nr. 1.

[119] BSG v. 05.02.2003 - B 6 KA 11/02 R - SozR 4-2500 § 75 Nr. 1.

- zur Frage der Abrechenbarkeit einer **Fremdanamnese** neben einer verbalen Intervention bzw. einer intensiven ärztlichen Beratung,[120]
- Abrechenbarkeit sog. **kontinuierlicher Betreuung** nur, wenn auch zusätzliche Hausbesuche durchgeführt werden,[121]
- **Verweilvergütung** nur, wenn für konkreten Patienten und dessen Erkrankung erforderlich, also nicht für die Rückfahrt nach einer Krankentransport-Begleitfahrt mit erfolgter Ablieferung des Patienten im Krankenhaus,[122]
- keine Sondervergütung für das **Verweilen beim Patienten** außerhalb der Praxis für den im Belegkrankenhaus verweilenden Belegarzt,[123]
- keine Abrechenbarkeit des früheren Leistungstatbestands des **Besuchs zur Unzeit** bei routinemäßigen Behandlungen vor 8 Uhr oder nach 20 Uhr,[124]
- Abrechenbarkeit der **Peridural-Langzeitanalgesie** mittels Katheter nur, wenn der Katheter (neu) gelegt wurde,[125]
- keine Abrechenbarkeit von **Medikamenteninfusion** mittels Katheter, wenn der **Venenkatheter bereits** für eine Dialyse **gelegt** worden war,[126]
- keine mehrfache Abrechenbarkeit von **Arthroskopien**, wenn diese mehrfach, aber nur an einem (Schulter-)Gelenk vorgenommen werden,[127]
- zweifache Abrechenbarkeit von **Zuschlag für** farbcodierte Durchführung von **Duplex-Sonographien** bei Untersuchung sowohl der Extremitäten als auch des Körperstammes, auch wenn beides in einer Sitzung durchgeführt wird,[128]

---

[120] Offengelassen in BSG v. 10.03.2004 - B 6 KA 120/03 B - unveröffentlicht. Die Abrechenbarkeit der Fremdanamnese neben einer verbalen Intervention war nach dem früheren EBM-Ä in Sonderfällen evtl. denkbar, weil die Fremdanamnese nur eine erhebliche, nicht vollständige Kommunikationsstörung verlangt und auch durch Unterweisung und Führung von Bezugsperson erfüllt werden kann. So auch SG Freiburg v. 05.05.2004 - S 1 KA 1399/02 - MedR 2005, 251 zur Abrechenbarkeit der Fremdanamnese neben einer intensiven ärztlichen Beratung.

[121] BSG v. 28.01.04 - B 6 KA 97/03 B - juris. Vorinstanz LSG Baden-Württemberg v. 16.07.2003 - L 5 KA 2312/02 - juris. Nachfolgend Nichtannahme der Verfassungsbeschwerde durch BVerfG v. 22.10.2004 - 1 BvR 528/04, 1 BvR 550/0, 1 BvR 627/04 - MedR 2005, 285 = SozR 4-2500 § 87 Nr. 6. Ebenso ferner BSG v. 28.01.2004 - B 6 KA 98/03 B, B 6 KA 99/03 B, B 6 KA 100/03 B - jeweils unveröffentlicht.

[122] BSG v. 11.10.2006 - B 6 KA 35/05 R - SozR 4-5533 Nr. 40 Nr. 2.

[123] BSG v. 02.04.2003 - B 6 KA 28/02 R - SozR 4-5533 Nr. 40 Nr. 1.

[124] Vgl. dazu BSG v. 07.04.2005 - B 6 KA 35/05 B - unveröffentlicht; BSG v. 29.08.2007 - B 6 KA 30/07 B - unveröffentlicht; BSG v. 29.08.2007 - B 6 KA 31/07 B - unveröffentlicht; BSG v. 29.11.2007 - B 6 KA 52/07 B - juris Rn. 8: Keine Abrechenbarkeit, wenn faktische Sprechstunden auch vor 8 oder nach 20 Uhr stattfinden oder Patienten für diese Zeiten einbestellt werden. Nur abrechenbar, wenn der Arzt bei kritischer Prüfung den ernstlichen Eindruck eines wichtigen Anlasses für eine Untersuchung oder Behandlung zu ungewöhnlicher Zeit haben darf. Ein Notfall im engeren Sinne muss nicht vorliegen. Für die Abrechenbarkeit ist unerheblich, ob die Erreichbarkeit außerhalb der Sprechstunde nur gelegentlich oder ständig gegeben ist. Vgl. auch die Kommentierung zu § 106 SGB V Rn. 214 mit näheren Angaben zur Rechtsprechung im Falle von Honorarkürzungen wegen Unwirtschaftlichkeit in solchen Fällen. Hierzu vgl. auch BSG v. 06.09.2006 - B 6 KA 40/05 R - BSGE 97, 84 = SozR 4-2500 § 106 Nr. 15 Rn. 21: Hierzu ist klarzustellen, dass eine große Zahl von Behandlungen zur Unzeit, sobald darin Routine zu sehen ist, zum Fehlansatz mutiert, weil die Unzeit dann eine faktische Sprechstundenzeit darstellt.

[125] Vgl. BSG v. 02.04.2003 - B 6 KA 83/02 B - juris.

[126] BSG v. 22.03.2006 - B 6 KA 44/04 R - ZMGR 2006, 101, 102 = USK 2006-90 S. 605. Ebenso zuvor BSG v. 08.09.2004 - B 6 KA 37/03 R - SozR 4-5533 Nr. 273 Nr. 1 Rn. 10. Wurde ein bereits am Vortag gelegter Zugang genutzt, erfolgte nach dem alten EBM-Ä (bis zum 31.03.2005) immerhin eine Pauschalvergütung im Sinne eines einmaligen Ansatzes je Behandlungstag. Diese einmalige Pauschale rechtfertigte sich daraus, dass ein Zugang, der für folgende Behandlungstage liegen bleibt, immerhin insofern einen Zusatzaufwand erfordert, als er kontrolliert, ggf. desinfiziert sowie offengehalten und gesäubert werden muss (BSG v. 22.03.2006 - B 6 KA 44/04 R - ZMGR 2006, 101). Nach dem neuen EBM wird demgegenüber insoweit generell keine Vergütung gewährt.

[127] BSG v. 25.08.1999 - B 6 KA 32/98 R - SozR 3-5533 Nr. 2449 Nr. 1. Ebenso betr. Verband am Sprunggelenk BSG v. 08.03.2000 - B 6 KA 16/99 R - BSGE 86, 30, 37 = SozR 3-2500 § 83 Nr. 1 S. 9.

[128] BSG v. 07.02.2007 - B 6 KA 32/05 R - GesR 2007, 326 = USK 2007-14.

- Abrechenbarkeit einer **„ähnlichen" Untersuchung** im Rahmen der **Labor**-Leistungstatbestände nur bei Leistungen, deren Zuordnung als ähnlich auf der Hand liegt und die keine erhebliche Tragweite haben,[129]
- Abrechenbarkeit **neuer Labor-Untersuchungen** wie z.B. AIDS-Tests erst, sobald dafür ein Vergütungstatbestand normiert ist,[130]
- Abrechenbarkeit von besserem **Verfahren zur Quecksilberbestimmung** nur nach Maßgabe der vorhandenen Leistungstatbestände,[131]
- keine Abrechenbarkeit von **Leistungen gegenüber Neugeborenen** außerhalb des Kreißsaals für gynäkologischen Belegarzt, weil sie als Patienten nicht ihm, sondern dem Kinderarzt zugeordnet sind,[132]
- keine Abrechenbarkeit einer **Beratung neben individualprophylaktischen Leistungen** (nach dem Bema-Z, der bis zum 31.12.2003 galt),[133]
- Abrechenbarkeit von **Wurzelspitzenresektion nur einmal** je (Seiten-)Zahn,[134]
- Abrechenbarkeit des **Aufbissbehelfs** nur einmal, auch wenn zwei Aufbissschienen erforderlich sind,[135]
- Abrechenbarkeit einer **Keramik-Verblendung** statt einer Kunststoff-Verblendung nur bei entsprechender Verarbeitung[136].

102 Über vorgenannte Fallgestaltungen hinaus sind noch viele weitere denkbar. Erwähnt sei (vom BSG bisher nicht entschieden), dass vielfach das **Erfordernis einer Dokumentation** normiert ist – sei es, dass dies im Leistungstatbestand selbst oder in den den Leistungstatbeständen vorangestellten allgemeinen Bestimmungen geregelt ist. Besteht ein solches Erfordernis, so muss die Dokumentation erfolgt sein – und dies auch entsprechend den Anforderungen an eine **ordnungsgemäße Dokumentation**, damit der Leistungstatbestand erfüllt und die Vergütung erdient ist.[137]

III. Fachfremde Leistungen

1. Allgemeines

103 Ärzte sind grundsätzlich nicht befugt, Leistungen zu erbringen, die einem anderen Fachgebiet zugeordnet sind als dem, für das sie berufsrechtlich qualifiziert sind (sog. fachfremde Leistungen). **Im Kassenarztrecht richtet sich die Fachkompetenz**, Leistungen erbringen zu dürfen, nicht nach der allgemeinen berufsrechtlichen Fachgebietsqualifikation, sondern **danach, für welches Fachgebiet der Arzt vertragsärztlich zugelassen ist.**[138] Die berufsrechtliche und die vertragsärztliche Fachkompetenz können voneinander abweichen; denn ein Arzt, der berufsrechtlich mehrere Fachqualifikationen hat, erwirbt die **Kassenzulassung** im Allgemeinen **nur für eines** seiner **Fachgebiete.**

104 Die **Grenzen des Fachgebiets**, dem die von dem Arzt erbrachten Leistungen zugeordnet sein müssen, **ergeben sich aus den** Weiterbildungsregelungen der Ärztekammern, den sog. **berufsrechtlichen Weiterbildungsordnungen.**[139] Dabei stellt das BSG – mit Billigung des BVerfG – darauf ab, dass zum

[129] BSG v. 25.08.1999 - B 6 KA 39/98 R - BSGE 84, 247 = SozR 3-2500 § 135 Nr. 11.

[130] BSG v. 26.01.2000 - B 6 KA 59/98 R - USK 2000-97.

[131] Vgl. BSG v. 10.03.2004 - B 6 KA 118/03 B - juris: Keine Abrechenbarkeit der Nr. 4123, sondern nur der Nr. 4084 EBM-Ä (Fassung bis zum 31.03.2005).

[132] BSG v. 10.12.2003 - B 6 KA 43/02 R - SozR 4-2500 § 121 Nr. 1.

[133] BSG v. 28.04.2004 - B 6 KA 19/03 R - SozR 4-2500 § 87 Nr. 5 Rn. 9 ff.

[134] BSG v. 13.05.1998 - B 6 KA 34/97 R - SozR 3-5555 § 10 Nr. 1, mit dem Hinweis auf die Möglichkeit der Vertragspartner, es anders zu regeln. Ebenso BSG v. 08.02.2006 - B 6 KA 12/05 R - SozR 4-2500 § 106a Nr. 1 Rn. 13 f. Vgl. auch BSG v. 15.05.2002 - B 6 KA 82/01 B - juris, und BSG v. 21.05.2003 - B 6 KA 71/02 B - unveröffentlicht.

[135] Vgl. dazu – ohne abschließende Entscheidung – BSG v. 30.08.2005 - B 6 KA 39/05 B - unveröffentlicht.

[136] BSG v. 30.06.2004 - B 6 KA 12/04 B - unveröffentlicht.

[137] Außerhalb dieses Falles kann bei extrem häufiger Abrechnung einzelner Leistungstatbestände nicht mit dem Argument, der Ansatz bedürfe jeweils schriftlicher Begründung, eine sachlich-rechnerische Richtigstellung vorgenommen werden. Vielmehr muss eine Wirtschaftlichkeitsprüfung erfolgen: BSG v. 01.07.1998 - B 6 KA 48/97 R - SozR 3-2500 § 75 Nr. 10 S. 43 ff.

[138] So grundsätzlich BSG v. 26.06.2002 - B 6 KA 6/01 R - SozR 3-2500 § 115b Nr. 3 S. 8.

[139] Die Weiterbildungsordnungen sind länderrechtliche Rechtsverordnungen, die aufgrund von Ermächtigungen in den Heilberufe-Kammergesetzen ergehen. Inhaltlich orientieren sie sich im Wesentlichen an der Muster-Weiterbildungsordnung, die von der Bundesärztekammer – einer aus den Länder-Ärztekammern gebildeten privatrechtlichen Arbeitsgemeinschaft – ausgearbeitet wird.

Fachgebiet diejenigen Tätigkeiten gehören, die zu einem Bereich gehören, für den gemäß der Weiterbildungsordnung eingehende Kenntnisse, Erfahrungen und Fertigkeiten gefordert werden.[140] Mit diesen Kriterien hat sich die Rechtsprechung an der Terminologie der früher geltenden Weiterbildungsordnungen ausgerichtet. Auf jene Kriterien stellt die neue Muster-Weiterbildungsordnung von 2003[141] nicht mehr ab, und dementsprechend finden sich jene Formeln auch nicht mehr in den daran orientierten länderrechtlichen Weiterbildungsordnungen, die in den Jahren 2004-2006 in Kraft traten. Die Eckpunkte für die Definition, was zum Fachgebiet gehört und was nicht mehr dazugehört, müssen nunmehr unter Berücksichtigung der neuen Terminologie neu bestimmt werden. Dazu liegt Rechtsprechung des BSG und des BVerfG bisher nicht vor.

Ergänzend zur Weiterbildungsordnung ergehen jeweils sog. **Weiterbildungs-Richtlinien**. Diese legen 105
entsprechend der Gewichtung in der Weiterbildungsordnung fest, welche medizinischen Maßnahmen in welcher Anzahl der Arzt zur Erlangung der Fachqualifikation durchführt haben und nachweisen muss. Die Weiterbildungs-Richtlinien dürfen die **Inhalte der Weiterbildungsordnungen konkretisieren**, deren Gewicht aber **nicht verändern**. Nur soweit sie sich mit einer Konkretisierung begnügen, können sie zur Bestimmung der Fachgebietsgrenzen **ergänzend herangezogen** werden.[142]

Die für das Vertragsarztrecht maßgebliche **Fachgebietskompetenz kann** durch zusätzliche vertrags- 106
arztrechtliche Regelungen **erweitert oder eingeschränkt sein**. So sind **erweiternde** Sonderregelungen denkbar, die dahin lauten, dass für die vertragsärztliche Kompetenz eine **nur-berufsrechtliche Qualifikation ausreicht** (so im Anästhesie-Bereich[143]). Oder es kann die Kompetenz, im Rahmen seines Fachgebiets vertragsärztliche Leistungen erbringen zu dürfen, durch besondere vertragsarztrechtliche Bestimmungen **eingeschränkt** sein. So kann im SGB V oder **im EBM-Ä oder im Bema-Z** normiert sein, dass ein Arzt, der für dieses Fachgebiet vertragsärztlich zugelassen ist, bestimmte Leistungen nur erbringen darf, wenn er eine **spezielle Qualifikation** aufweist (z.B. radiologische Weiterbildung) oder wenn er eine dafür vorgesehene spezielle Genehmigung erhalten hat (z.B. sog. CT-Führerschein).[144]

Solche modifizierenden vertragsarztrechtlichen Regelungen sind **kompetentiell unbedenklich**. Denn 107
der Bundesgesetzgeber ist frei, spezielle Qualifikationserfordernisse für das Vertragsarztrecht zu normieren. Er hat dafür die Gesetzgebungskompetenz aufgrund des Art. 74 Abs. 1 Nr. 12 GG. Hierin ist **keine Einschränkung** dahingehend normiert, dass er von dieser Kompetenz **nur nach Maßgabe landesrechtlich-berufsrechtlicher Vorgaben** Gebrauch machen dürfe. Die These, kassenarztrechtliche Regelungen des Bundesrechts dürften nicht von den berufsrechtlichen (länderrechtlichen) Regelungen abweichen, weil das Berufsrecht vorrangig sei,[145] findet im Verfassungsrecht keine Stütze.[146] Art. 74 Abs. 1 Nr. 12 GG ist eine eigenständige Kompetenzermächtigung, in der keine solche Begrenzung normiert ist. Das **BVerfG** hat ausdrücklich formuliert:[147] „Der Bund hat nach **Art. 74 Abs. 1 Nr. 12 GG** die Gesetzgebungskompetenz, die vertragsärztliche Versorgung ... zu gliedern. Eine solche Regelung gehört der Sache nach zum Recht der gesetzlichen Krankenversicherung. ... Die Argumente, die von

[140] Vgl. z.B. BSG v. 08.09.2003 - B 6 KA 32/03 R - BSGE 93, 170 = SozR 4-2500 § 95 Nr. 8 Rn. 6; BSG v. 22.03.2006 - B 6 KA 46/05 B - juris Rn. 5. Gebilligt durch BVerfG v. 16.07.2004 - 1 BvR 1127/01 - MedR 2004, 608, 609 = NVwZ 2004, 1347, 1348 = SozR 4-2500 § 135 Nr. 2 Rn. 23.

[141] Muster-Weiterbildungsordnung, beschlossen vom 106. Deutschen Ärztetag 2003.

[142] Hierzu vgl. BSG v. 08.09.2003 - B 6 KA 32/03 R - BSGE 93, 170 = SozR 4-2500 § 95 Nr. 8 Rn. 6 am Ende.

[143] Dies war im vorgenannten Verfahren der Fall. Denn hier bestand eine Qualitätssicherungs-Vereinbarung, die die berufsrechtliche Qualifikation als Anästhesist für die Erbringung entsprechender vertragsärztlicher Leistungen ausreichen ließ: BSG v. 26.06.2002 - B 6 KA 6/01 R - SozR 3-2500 § 115b Nr. 3 S. 9.

[144] Beispiele hierzu in Rn. 130.

[145] Deshalb unzutreffend *Sodan/Schüffner*, Staatsmedizin auf dem Prüfstand der Verfassung – Zur aktuellen Reformgesetzgebung im Gesundheitswesen –, 2006, S. 12. f. (Gutachten für das Deutsche Institut für Gesundheitsrecht); *Pestalozza*, Kompetenzielle Fragen des Entwurfs eines Vertragsarztänderungsgesetzes, GesR 2006, 389, 393 ff., insbesondere S. 394 f. (Gutachten für die Bayerische Landesärztekammer).

[146] In diesem Sinne schon früher *Clemens* in: Umbach/Clemens, Grundgesetz, 2002, Anhang zu Art. 12, insbes. Rn. 38.

[147] Zitat aus BVerfG v. 17.06.1999 - 1 BvR 2507/97 - MedR 1999, 560 = NJW 1999, 2730, 2731 = SozR 3-2500 § 73 Nr. 3 S. 16. Vgl. auch BVerfG v. 27.10.1998 - 1 BvR 2306/96 - BVerfGE 98, 218, 303 mit Ausklammerung des Rechts der Vertragsärzte aus dem ärztlichen Berufsrecht: „... ärztliche Berufsrecht – abgesehen von ... dem Recht der Vertragsärzte – ... Kompetenz der Länder."

einer Kompetenzwidrigkeit … ausgehen, berücksichtigen nicht die **selbständige Bedeutung** der Sozialversicherung, in der **eigenständige Regelungen** auf Grundlage ihres Auftrages jederzeit möglich sind."

108 Vertragsarztrechtliche Regelungen, die die Fachgebiete gliedern und Leistungen aus einem Fachgebiet ausgrenzen, sind **inhaltlich rechtmäßig, soweit** die betroffenen Leistungen für das Fachgebiet **nicht wesentlich und nicht prägend** sind, die Abgrenzung vom fachlich medizinischen Standpunkt aus **sachgerecht** ist und der Facharzt in der auf sein Fachgebiet beschränkten Tätigkeit eine **ausreichende Lebengrundlage** finden kann.[148] Dies prüft das BSG regelmäßig. Es hat diese Rechtmäßigkeitserfordernisse in allen bisher von ihm entschiedenen Fällen bejaht (hierzu vgl. die Beispiele in Rn. 116 ff.).

109 Die Fachgebietsgrenzen und die Relevanz des Gesichtspunktes der **Fachfremdheit** haben in jüngerer Zeit an **Bedeutung verloren**. Zum einen sind in den neueren berufsrechtlichen Weiterbildungsordnungen, die in den Jahren von 2004-2006 in Kraft traten, die Fachgebietsgrenzen weniger eng und weniger streng als früher gezogen worden. Zum anderen ist in dem EBM-Ä, der zum 01.04.2005 in Kraft trat, klarer geregelt worden, welchen Fachgebieten welche Leistungen zugeordnet sind;[149] zudem sind in den Weiterbildungsordnungen zum Teil Zuordnungen zugleich zu mehreren Fachgebieten erfolgt und dadurch die Fachgebiete erweitert worden.[150] Dementsprechend ist die Anzahl der Rechtsstreitigkeiten wegen Erbringung fachfremder Leistungen seit Mitte dieses Jahrzehnts erheblich zurückgegangen; beim BSG hat keine solche Streitigkeit mehr vorgelegen.

110 Die **Entwicklung der letzten Jahre** ist nicht nur dadurch gekennzeichnet, dass das Problem zurückgeht, Ärzte in die Schranken ihres Fachgebiets verweisen zu müssen. Sie ist zusätzlich durch das **umgekehrte Phänomen** gekennzeichnet, dass Ärzte ihre **Möglichkeiten innerhalb ihres Fachgebiets nicht ausschöpfen**. Gelegentlich versuchen Ärzte (vor allem, wenn in den Honorarverteilungsbestimmungen sog. Honorarbudgets geregelt sind), es zu vermeiden, teure Leistungen selbst erbringen zu müssen. Allein deswegen eine Überweisung an einen Kollegen des eigenen Fachgebiets vorzunehmen, ist allerdings nicht gestattet.[151]

111 **Verfahrensmäßig** ist schließlich darauf hinzuweisen, dass es Fälle geben kann, in denen es sich anbietet – im Hinblick darauf, dass es sich bei den Weiterbildungsordnungen in erster Linie um berufsrechtliche Regelungen handelt – die **Ansicht und Auslegungspraxis der berufsrechtlichen Institutionen** – der Ärztekammern – zu erfragen. Dann sollte die **Auskunftsanfrage** nicht nur an die Landesärztekammer des einen Landes gerichtet werden. Vielmehr sollte **auch** die (übergreifende) Ansicht der **Bundesärztekammer** erfragt werden, die zugleich die Auslegungspraxis auch der anderen Landesärztekammern, in denen entsprechende Bestimmungen bestehen, darstellen möge.

2. Konkrete Abgrenzungen

112 Bei der Frage, ob eine Leistung noch zum Fachgebiet des Arztes gehört oder für ihn fachfremd ist und daher nicht von ihm erbracht werden darf, hat das BSG Abgrenzungskriterien herausgearbeitet. Es **unterscheidet** vor allem zwischen schwerpunktmäßig **körperregions- bzw. organbezogenen Fachgebieten** einerseits und andererseits **methodenbezogenen Fachgebieten**.[152]

a. Schwerpunktmäßig körperregions- bzw. organbezogene Fachgebiete

113 Für die körperregions- bzw. organbezogenen Fachgebiete fordert das BSG für die Frage der Zugehörigkeit die Prüfung, ob in der fachgebietlichen Körperregion bzw. in dem fachgebietlichen Organ
- die Krankheitsursache,
- die Diagnostik und Therapie sowie

[148] Vgl. BSG v. 08.09.2003 - B 6 KA 32/03 R - BSGE 93, 170 = SozR 4-2500 § 95 Nr. 8 Rn. 6 m.w.N.

[149] Der EBM-Ä weist getrennte Kapitel für die verschiedenen Fachgruppen aus, vgl. dazu die Vorgabe im letzten Halbsatz des § 87 Abs. 2a Satz 1 SGB V (hierzu vgl. die Kommentierung zu § 87 SGB V).

[150] Vgl. dazu § 2 Abs. 3 Satz 4 der Muster-Weiterbildungsordnung: „Die in der Facharztkompetenz vorgeschriebenen Weiterbildungsinhalte beschränken nicht die Ausübung der fachärztlichen Tätigkeiten im Gebiet." § 2 Abs. 2 Satz 2 der Muster-Weiterbildungsordnung: „Die Gebietsdefinition bestimmt die Grenzen für die Ausübung der fachärztlichen Tätigkeit."

[151] Vgl. dazu § 24 Abs. 4 BMV-Ä und § 27 Abs. 4 EKV-Ä. Insoweit gibt es allerdings Kombinationsfälle. So kann es geschehen, dass ein Allgemeinarzt, der endokrinologische Leistungen nicht erbringen darf, eine Überweisung an einen entsprechenden Facharzt vornimmt, dies aber nicht nur wegen dieser Leistungen, sondern zugleich wegen der auch notwendigen Laborleistungen. Auch dies ist nicht gestattet.

[152] Grundlegend BSG v. 08.09.2003 - B 6 KA 32/03 R - BSGE 93, 170 = SozR 4-2500 § 95 Nr. 8 Rn. 7 f.

- die Symptomatik

gelegen ist. Liegen nicht **mindestens zwei dieser Anknüpfungspunkte in der fachgebietlichen Körperregion bzw. in dem fachgebietlichen Organ**, so ist eine Zugehörigkeit zum Fachgebiet zu verneinen und Fachfremdheit gegeben.[153] Aus dem Urteil des BSG ist – insofern noch zugespitzter – die Tendenz zu entnehmen, dass es besonders auf die zwei Anknüpfungspunkte **Krankheitsursache und -symptomatik** ankommt in dem Sinne, dass diese beiden **in der fachgebietlichen Körperregion bzw. in dem fachgebietlichen Organ liegen müssen**.[154]

Entsprechend diesen Kriterien hat das BSG auf die Klage eines Neurologen hin für die von ihm begehrte Abklärung des sog. Subclavian-steal-Syndroms durch Doppler-sonographische Untersuchung die Fachzugehörigkeit verneint. Denn dies betraf eine Krankheitsursache im Gefäßbereich (Bereich der Internisten mit Spezialkompetenz für Angiologie oder der Gefäßchirurgen) mit Diagnostik im selben Bereich. **Nur die Symptomatik** (Schwindel, Kopfschmerzen, Gleichgewichtsstörungen usw.) gehörte zum fachlichen Bereich des Neurologen (diesem sind der gesamte Kopfbereich und im Übrigen der Nervenbereich zugeordnet). Dies hat das BSG für **unzureichend** erklärt. Für die Fachgebietszugehörigkeit müsste vielmehr sowohl die Symptomatik als auch die Krankheitsursache in dem Organ bzw. der Körperregion liegen, für den bzw. für die der Arzt zuständig ist.[155] 114

Die vorstehend dargestellte Kriterienabgrenzung des BSG ist allerdings nicht unumstritten. **Kritiker** machen geltend, die Anforderungen des BSG seien für **therapeutische** Maßnahmen durchaus tragfähig; es sei richtig, dass die Krankheitsursache (nicht aber auch das Symptom) in einem Organ des Fachgebiets liegen und hier auch die Therapie stattfinden müsse. Die Kriterienabgrenzung passe indessen nicht auf **diagnostische** Maßnahmen. Hier dürfe nicht verlangt werden, dass die Krankheitsursache im Fachgebiet liegen und hier auch die Diagnostik erfolgen müsse, vielmehr müsse ausreichen, wenn **allein die Symptomatik in der fachgebietlichen Körperregion bzw. in dem fachgebietlichen Organ** liege (mit der Folge, dass das Subclavian-steal-Syndrom wahlweise von Neurologen oder von Internisten oder Gefäßchirurgen per Doppler-Sonographie abgeklärt werden dürfe). Als Belegbeispiele für diese Kritik werden die folgenden weiteren Konstellationen genannt: 115

- **Unfruchtbarkeit** könne ihre Ursache in einer Schilddrüsenfehlfunktion (evtl. auch – dahinterstehend – in einer Hirnanhangsdrüsenfehlfunktion) oder in einer Zöliakie haben. Bei Anwendung der Kriterien des BSG auch auf diagnostische Maßnahmen dürfte weder der Gynäkologe noch der Internist die Abklärung vornehmen (denn im gynäkologischen Bereich liege nur die Symptomatik, im internistischen nur die Krankheitsursache). Medizinisch sinnvoll sei einzig das Ergebnis, dass die Diagnostik der möglichen verschiedenen Ursachen en bloc durch den Gynäkologen oder auch durch einen Internisten erfolgen könne; die danach folgende Therapie der gefundenen Störung aber sei – entsprechend den Kriterien des BSG – allein dem Internisten vorbehalten.
- **Haarausfall** könne seine Ursache in einer Schilddrüsenfehlfunktion oder in einem Stoffwechseldefekt (Biotinidasemangel) oder in einer Leberstörung haben. Bei Anwendung der Kriterien des BSG dürfte weder der Dermatologe noch der Internist die Abklärung vornehmen (denn im dermatologischen Bereich liege nur die Symptomatik, im internistischen nur die Krankheitsursache). Medizinisch sinnvoll sei einzig das Ergebnis, dass die Diagnostik der möglichen verschiedenen Ursachen en bloc durch den Dermatologen oder auch durch den Internisten erfolgen könne; die danach folgende Therapie der gefundenen Störung sei – entsprechend den Kriterien des BSG – allein dem Internisten vorbehalten.
- **Phenylketonurie** ist eine Stoffwechselkrankheit, die zur Vermeidung neurologischer Schäden unverzüglich nach der Geburt diagnostiziert und internistisch behandelt werden muss. Solange der Patient ein Kind ist, liegen Diagnostik und Therapie unproblematisch beim Arzt für Kinder- und Jugendmedizin, weil er für unter 18-Jährige umfassend zuständig ist. Aber beim Erwachsenen? Bei Anwendung der Kriterien des BSG auch auf diagnostische Maßnahmen dürfte weder der Neurologe noch der Internist die Abklärung vornehmen (denn im neurologischen Bereich liegt nur die Symptomatik, im internistischen nur die Krankheitsursache). Medizinisch sinnvoll sei einzig das Ergebnis, dass die Diagnostik wahlweise durch den Neurologen oder auch durch den Internisten erfolgen könne, die danach folgende Therapie sei – entsprechend den Kriterien des BSG – allein dem Internisten vorbehalten.

[153] Vgl. BSG v. 08.09.2003 - B 6 KA 32/03 R - BSGE 93, 170 = SozR 4-2500 § 95 Nr. 8 Rn. 10 und 11.
[154] Vgl. BSG v. 08.09.2003 - B 6 KA 32/03 R - BSGE 93, 170 = SozR 4-2500 § 95 Nr. 8 Rn. 8, vgl. auch Rn. 10.
[155] So BSG v. 08.09.2003 - B 6 KA 32/03 R - BSGE 93, 170 = SozR 4-2500 § 95 Nr. 8 Rn. 10 und 11.

116 Dieser Kritik ist zuzugeben, dass die Kriterien des BSG in der Tat bei Anwendung auch auf diagnostische Maßnahmen in manchen Fällen das medizinisch einzig sinnvolle Ergebnis verhindern. Deshalb kann vielleicht eine Modifizierung zu erwägen sein. In den sonstigen **bisher vom BSG entschiedenen Fällen** (abgesehen von dem umstrittenen Ergebnis beim Subclavian-steal-Syndrom) ergeben jene Kriterien indessen auch im Bereich diagnostischer Maßnahmen durchaus medizinisch sinnvolle Ergebnisse:[156]
- **Urologe**: Urinzytologie – fachfremd,[157]
- **Gynäkologe**: Schilddrüsenhormonbestimmungen – fachfremd,[158]
- **Gynäkologe**: Schilddrüsenfunktionsbestimmungen anhand von Thyrotropin und freiem Thyroxin – fachfremd,[159]
- **Gynäkologe**: Speziallabor auch für andere Ärzte – nicht fachfremd,[160]
- **Orthopäde**: MRT der Gelenke – fachfremd,[161]
- **Orthopäde**: Analgesien und Sympathikusblockaden – nicht fachfremd,[162]
- **HNO-Arzt**: Chirotherapie der HWS und Röntgen der HWS – fachfremd[163].

117 **Weiterhin** sei aus der Rechtsprechung, vor allem des BSG, auf **folgende Fälle** hingewiesen, in denen die Gerichte zum Ergebnis der **Fachfremdheit** gelangten:
- **Gynäkologe** behandelt Frauen auch allgemein-ärztlich sowie begleitende Männer.[164]
- Gynäkologe (mit Zusatzbezeichnung Psychotherapie) führt Psychotherapien bei Männern durch.[165]
- Gynäkologe führt im Zusammenhang mit der Partnerbehandlung für künstliche Befruchtungen gesamte Sterilisationsdiagnostik bei Männern durch.[166]
- **MKG-Chirurg** führt Warzen-Operationen am Fuß durch.[167]

118 Ähnliche Abgrenzungen gelten für den **Arzt für Kinder- und Jugendmedizin**, der für Kinder und Jugendliche insgesamt zuständig ist:
- Spezielle orthopädische Prüfungen bei Babys sind speziell den Kinderärzten zugeordnet.[168]
- Der Arzt für Kinder- und Jugendmedizin darf nicht solche Versicherten behandeln, die älter als 18 Jahre sind (vgl. aber auch Rn. 127).[169]

b. Schwerpunktmäßig methodenbezogene Fachgebiete

119 Bei den schwerpunktmäßig methodenbezogenen Fachgebieten handelt es sich um die sog. Methodenfächer Labor, Radiologie, Nuklearmedizin und Pathologie. In diesen Bereichen hat das BSG bisher entschieden:
- **MRT** der Gelenke – fachfremd für Orthopäden,[170]
- **MRT** des Herzens – fachfremd für Kardiologen,[171]

---

[156] Dies gilt ungeachtet dessen, dass in den älteren Entscheidungen des BSG nicht schon ausdrücklich die Kriterien angewendet wurden, die erst im Urteil des BSG v. 08.09.2003 - B 6 KA 32/03 R - BSGE 93, 170 = SozR 4-2500 § 95 Nr. 8 Rn. 10 und 11 herausgestellt worden sind.

[157] BSG v. 22.03.2006 - B 6 KA 46/05 B - juris.

[158] BSG v. 20.03.1996 - 6 RKa 34/95 - SozR 3-2500 § 95 Nr. 9.

[159] BSG v. 28.11.2007 - B 6 KA 56/07 B - unveröffentlicht.

[160] BSG v. 12.09.2001 - B 6 KA 89/00 R - SozR 3-2500 § 95 Nr. 33.

[161] BSG v. 31.01.2001 - B 6 KA 24/00 R - SozR 3-2500 § 135 Nr. 16. Verfassungsbeschwerde nicht zur Entscheidung angenommen: BVerfG v. 16.07.2004 - 1 BvR 1127/01 - MedR 2004, 608 = NVwZ 2004, 1347 = SozR 4-2500 § 135 Nr. 2.

[162] BSG v. 05.02.2003 - B 6 KA 15/02 R - SozR 4-2500 § 95 Nr. 1.

[163] BSG v. 22.03.2006 - B 6 KA 75/04 R - USK 2006-92 S. 613 f. = juris Rn. 13 und 17.

[164] LSG Baden-Württemberg v. 24.01.1996 - L 5 Ka 524/95 - MedR 1996, 569, und BSG v. 20.10.2004 - B 6 KA 67/03 R - BSGE 93, 269 = SozR 4-2500 § 95 Nr. 9 Rn. 11.

[165] LSG Rheinland-Pfalz v. 15.05.2003 - L 5 KA 18/02 - NZS 2004, 277.

[166] Bayerisches LSG v. 21.01.2004 - L 12 KA 115/01 - MedR 2005, 109 und Zurückweisung der Nichtzulassungsbeschwerde durch BSG v. 08.09.2004 - B 6 KA 39/04 B - juris.

[167] Berufsgericht für die Heilberufe beim OLG Nürnberg v. 17.10.2003 - BG-Ä 5/03 - rechtskräftig - Deutsches Ärzteblatt 2004, A 740 – mit umfänglichen Ausführungen: kein Notfall, kein Arzt-Patient-Vertrauensverhältnis, kein Zusammenhang mit anderer Behandlung.

[168] BSG v. 08.09.2003 - B 6 KA 27/02 R - SozR 4-2500 § 95 Nr. 7 Rn. 7 ff.

[169] LSG Baden-Württemberg v. 12.08.2003 - L 5 KA 1403/02 - juris.

[170] BSG v. 31.01.2001 - B 6 KA 24/00 R - SozR 3-2500 § 135 Nr. 16 - bestätigt von BVerfG v. 16.07.2004 - 1 BvR 1127/01 - MedR 2004, 608 = NVwZ 2004, 1347 = SozR 4-2500 § 135 Nr. 2.

[171] BSG v. 11.10.2006 - B 6 KA 1/05 R - BSGE 97 = SozR 4-2500 § 135 Nr. 10 Rn.16-19, 34.

- **Zytologie**: fachfremd für Urologen[172].

120 Aber z.B. bei **Labor** hat das BSG folgende Eingrenzungen vorgenommen:

- **Speziallabor**, das Gynäkologen durchführen: Diese dürfen solche Laboruntersuchungen auf Überweisung von anderen Gynäkologen auch für deren Patienten durchführen.[173]

121 Ähnlich gilt bezogen auf eine sog. **Einzelmethodik**:

- **Chirotherapie** – fachfremd für Anästhesisten,[174]
- **Neurolyse** – (bisher) fachfremd für Anästhesisten[175].

c. Sonstige Fälle

122 Die vorstehende Kategorisierung mit den zwei Falltypen der körperregions- bzw. organbezogenen Fachgebiete und der methodenbezogenen Fachgebiete bedarf möglicherweise noch der Ergänzung oder Modifizierung. Jedenfalls gibt es Fälle, die sich nicht ohne weiteres in eine der beiden Kategorien einordnen lassen:

- Plastische Chirurgie: **Arthroskopische Behandlung** des Karpaltunnelsyndrons – nicht fachfremd,[176]
- Anästhesist: **Psychosomatik** – nicht fachfremd[177].

3. Frage von Zusatzkompetenzen

a. Grundsatz

123 Oben in Rn. 106 ist dargelegt worden, dass das für das Vertragsarztrecht maßgebliche Fachgebiet durch zusätzliche kassenarztrechtliche Regelungen – also durch **normative** Regelungen der dafür zuständigen Institutionen bzw. Gremien – erweitert werden kann. Argumentationsversuche, durch Berufung auf **andere „mindere Rechtsgründe"** wie zusätzliche persönliche Qualifikationen, auf erworbene Zusatzbezeichnungen und/oder Weiterbildungen eine erweiterte Kompetenz zuerkannt zu erhalten, hat das BSG dagegen immer wieder zurückgewiesen.

- So hebt das BSG in ständiger Rechtsprechung immer wieder hervor, dass sich aus besonderen **persönlichen Qualifikationen** o.Ä. keine Befugnis ergibt, über das Fachgebiet hinaus tätig zu werden. Die Beschränkung auf das Fachgebiet bleibt davon unberührt.[178]
- Ebenso wenig ergibt sich aus dem Erwerb einer – berufsrechtlich zuerkannten - **Zusatzbezeichnung** die Befugnis, über das Fachgebiet hinaus tätig zu werden. Eine solche berufsrechtliche Qualifikation ist vertragsarztrechtlich unbeachtlich, weil allein das Fachgebiet, das durch die Zulassung bestimmt wird, maßgeblich ist (hierzu vgl. Rn. 103). Zusatzbezeichnungen u.Ä. können **nur im Rahmen des durch die Zulassung umgrenzten Gebiets**, falls hier für bestimmte Leistungen eine zusätzliche Qualifikation erforderlich ist, diese begründen. Das bedeutet z.B., dass der **HNO-Arzt**, der die **Zusatzbezeichnung Chirotherapie** führt, die **Chirotherapie nur im Rahmen des Hals/Nase/Ohr-Bereichs** anwenden darf, aber nicht in Körperregionen außerhalb des HNO-Bereichs, z.B. nicht bei der Halswirbelsäule, weil zwar der Bereich des Halses, nicht aber die im Hals befindliche Wirbelsäule (insoweit nur Orthopäde oder Nervenarzt) zu seinem Fachgebiet gehört.[179]

---

[172] BSG v. 22.03.2006 - B 6 KA 46/05 B - juris.

[173] BSG v. 12.09.2001 - B 6 KA 89/00 R - SozR 3-2500 § 95 Nr. 33.

[174] BSG v. 18.10.1995 - 6 RKa 52/94 - SozR 3-2500 § 95 Nr. 7.

[175] BSG v. 29.09.1999 - B 6 KA 38/98 R - BSGE 84, 290 = SozR 3-2500 § 95 Nr. 21.

[176] BSG v. 02.04.2003 - B 6 KA 30/02 R - SozR 4-2500 § 95 Nr. 5: Argumentation aus der Genese der Plastischen Chirurgie, die einst zur allgemeinen Chirurgie gehörte und aus dieser herausgewachsen ist.

[177] BSG v. 14.03.2001 - B 6 KA 49/00 R - SozR 3-2500 § 95 Nr. 30 S. 150: Argumentation aus der Begrifflichkeit der Psychotherapie-Richtlinien, die in die Weiterbildungsordnung übernommen wurde.

[178] BSG v. 18.10.1995 - 6 RKa 52/94 - SozR 3-2500 § 95 Nr. 7 S. 29; BSG v. 13.11.1996 - 6 RKa 87/95 - SozR 3-2500 § 135 Nr. 3 S. 8; BSG v. 29.09.1999 - B 6 KA 38/98 R - BSGE 84, 290, 295 = SozR 3-2500 § 95 Nr. 21 S.90; BSG v. 31.01.2001 - B 6 KA 24/00 R - SozR 3-2500 § 135 Nr. 16 S. 91; BSG v. 02.04.2003 - B 6 KA 30/02 R - SozR 4-2500 § 95 Nr. 5 Rn. 9; BSG v. 08.09.2004 - B 6 KA 27/03 R - SozR 4-2500 § 95 Nr. 7 Rn. 11; BSG v. 08.09.2004 - B 6 KA 32/03 R - BSGE 93, 170 = SozR 4-2500 § 95 Nr. 8 Rn. 15; BSG v. 22.03.2006 - B 6 KA 75/04 R - juris Rn. 14-16 - USK 2006-92 S. 613 f. m.w.N.; BSG v. 28.11.2007 - B 6 KA 56/07 B - unveröffentlicht. Zur Bezugnahme auf das vorgenannte Urteil vom 22.03.2006 vgl. auch BSG v. 27.06.2007 - B 6 KA 24/06 R - SozR 4-2500 § 73 Nr. 2 Rn. 17 = GesR 2008, 22, 24, zur ebenfalls strikten Abgrenzung der hausärztlichen von der fachärztlichen Versorgung.

[179] Zu diesem Beispiel vgl. BSG v. 22.03.2006 - B 6 KA 75/04 R - juris Rn. 16 - USK 2006-92 S. 614 m.w.N. Zu diesem Fall vgl. auch Rn. 116 am Ende.

- Eine Befugnis, über das Fachgebiet hinaus tätig zu werden, ergibt sich ferner nicht aus **fakultativen Weiterbildungen**,[180] aus **Genehmigungen nach § 121a SGB V**[181] oder aus **Abrechnungsgenehmigungen der Kassenärztlichen Vereinigungen**[182].

124 **Diese grundsätzliche Irrelevanz** von zusätzlichen persönlichen Qualifikationen und von Zusatzbezeichnungen u.Ä. ist nach der Rechtsprechung des BSG eine **bundesrechtliche Vorgabe**, sodass abweichende Länderregelungen in Weiterbildungsordnungen oder abweichende Auslegungen durch das Sozial- oder das Landessozialgericht das Revisionsgericht nicht binden.[183]

b. Ausnahmen

125 Entgegen diesen vorgenannten Grundsätzen gibt es aber doch Ausnahmen, in denen Tätigkeiten über das Fachgebiet hinaus denkbar sind. Es handelt sich dabei um folgende **drei „Ausnahme-Kategorien"**:

126 Wenn auch grundsätzlich gilt, dass **Abrechnungsgenehmigungen** eine Kompetenzerweiterung nicht begründen (vgl. Rn. 123 am Ende), so hat sich das BSG aber doch bisher zurückgehalten, **generell** zu verneinen, dass individuell erteilte Genehmigungen der vertragsärztlichen Institutionen einzelne Vertragsärzte zu Leistungen außerhalb des Fachgebiets berechtigen könnten. Diese Frage hat das BSG vielmehr **offengelassen**.[184] Sollte diese Frage bejaht werden können, so ist dann, bezogen auf den konkreten Einzelfall, der **Inhalt der erteilten Abrechnungsgenehmigung** daraufhin zu überprüfen, ob sich aus ihr auch die geltend gemachte Zusatzkompetenz ableiten lässt.[185]

127 Die **unsystematische** Erbringung fachfremder Leistungen im Gesamtumfang von **weniger als 5%** wird in vielen Kassenärztlichen Vereinigungen ohne Beanstandung toleriert. Dafür besteht in den Honorarverteilungsregelungen vieler Kassenärztlicher Vereinigungen eine entsprechende Regelung.[186]

128 Schließlich besteht eine Ausnahme dann, wenn einem Arzt **Leistungen zugewiesen** sind (Auftragsleistung auf Überweisung), die er **ohne Fachgebiets-Übergriff nicht vollständig erbringen könnte**.[187]

IV. Qualitativ mangelhafte Leistungen (Qualifikation, Ausstattung)

129 Eine weitere Kategorie der Fälle sachlich-rechnerischer Richtigstellungen betrifft die Abrechnung qualitativ mangelhafter Leistungen, d.h. von Leistungen, die ohne die erforderliche **persönliche Qualifikation** oder ohne die erforderliche **apparative Ausstattung** erbracht worden sind. Solche Fälle haben in der Praxis durchaus Bedeutung. Zu Gerichtsverfahren kommt es insoweit allerdings seltener, wohl deshalb, weil die Fälle im Allgemeinen eindeutig sind.

130 Soweit die Erbringung vertragsärztlicher Leistungen eine **persönliche Qualifikation** erfordert, kommt es im Grundsatz auf die berufsrechtliche Qualifikation an, weil diese im Grundsatz auch für das Vertragsarztrecht maßgebend ist. Soweit es allerdings auf die Fachgebietsqualifikation ankommt, ist für

---

[180] BSG v. 28.11.2007 - B 6 KA 56/07 B - unveröffentlicht - zur Fachfremdheit von Schilddrüsenfunktionsbestimmungen trotz Weiterbildung zum Gynäkologischen Endokrinologen.

[181] BSG v. 08.09.2004 - B 6 KA 39/04 B - Rn. 8 (betr. Sterilisationsdiagnostik bei Männern im Rahmen von Partnerbehandlungen im Rahmen künstlicher Befruchtungen). Zu diesem Fall vgl. auch Rn. 117.

[182] BSG v. 08.09.2004 - B 6 KA 39/04 B - Rn. 8 (betr. Sterilisationsdiagnostik bei Männern im Rahmen von Partnerbehandlungen im Rahmen künstlicher Befruchtungen). Zu diesem Fall vgl. auch Rn. 117. Zu Abrechnungsgenehmigungen vgl. allerdings auch im folgenden Text in Rn. 126 ff.

[183] So ausdrücklich BSG v. 22.03.2006 - B 6 KA 75/04 R - juris Rn. 14 f. - USK 2006-92 S. 613 f. m.w.N. (betr. Chirotherapie der HWS und Röntgen der HWS durch HNO-Arzt). Zu diesem Fall vgl. auch Rn. 116 am Ende.

[184] Vgl. BSG v. 08.09.2003 - B 6 KA 32/03 R - BSGE 93, 170 = SozR 4-2500 § 95 Nr. 8 Rn. 16 am Ende (mit Hinweis auf BSG v. 13.11.1996 - 6 RKa 87/95 - SozR 3-2500 § 135 Nr. 3 S. 8 und auf BSG v. 02.04.2003 - B 6 KA 30/02 R - SozR 4-2500 § 95 Nr. 5 Rn. 9). Zu jenem Fall (Doppler-sonographische Gefäßuntersuchung wegen Subclavian-steal-Syndroms) vgl. auch Rn. 114.

[185] Das BSG, das die Frage der generellen Eignung für eine Zusatzkompetenz offengelassen hat, hat darauf abgestellt, dass sich aus der Abrechnungsgenehmigung, die für eine frühere EBM-Ä-Nr. erteilt worden war, jedenfalls für die konkret-streitige EBM-Ä-Nr. (aus einer neueren EBM-Ä-Fassung) nichts ableiten ließ: BSG v. 08.09.2004 - B 6 KA 32/03 R - BSGE 93, 170 = SozR 4-2500 § 95 Nr. 8 Rn. 16.

[186] Vgl. dazu BSG v. 28.10.1987 - 6 RKa 4/87 - SozR 2200 § 368a Nr. 20 S. 72 f. und LSG Baden-Württemberg v. 24.01.1996 - L 5 Ka 524/95 - MedR 1996, 569, 570 unter 1. und 571 unter 4. Laut Ärzte-Zeitung stellen die 5% jedenfalls bei der Erwachsenenbehandlung durch Ärzte für Kinder- und Jugendmedizin „die seit langem übliche Toleranzgrenze" dar, die allerdings zum 01.06.2006 auf 3% – und mit der Maßgabe „Begründung im Einzelfall" – herabgesetzt worden ist (so ÄZ v. 23.05.2006).

[187] BSG v. 28.10.1987 - 6 RKa 4/87 - SozR 2200 § 368a Nr. 20 S. 72 f. zur Schilddrüsendiagnostik mit zugleich notwendigen Labor- und Ultraschall-Untersuchungen.

das Kassenarztrecht **maßgebend, für welches Fachgebiet der Arzt vertragsärztlich zugelassen ist**[188] (vgl. Rn. 103). Zu beachten ist aber, dass es modifizierende vertragsarztrechtliche Regelungen geben kann, z.B. in dem Sinne, dass für die vertragsärztliche Kompetenz eine **nur-berufsrechtliche Qualifikation ausreicht** (vgl. Rn. 106; dazu vgl. das nachfolgende Beispiel). Soweit es auf eine **spezielle Fachkunde o.Ä.** ankommt, gibt es keine kassenarztrechtlichen Sonderregelungen und ist daher auf die berufsrechtliche Qualifikation zurückzugreifen. Über diese hinaus können aber **zusätzliche kassenarztrechtliche Qualifikationsanforderungen** normiert sein, die für die Leistungserbringung im Rahmen der vertragsärztlichen Versorgung erfüllt sein müssen: Diese sind zum Teil in besonderen Vereinbarungen geregelt (z.B. Kernspintomographie-Vereinbarung, Sonographie-Vereinbarung u.v.m.) und zum Teil im EBM-Ä – insbesondere in den Präambeln der jeweiligen Kapitel – festgelegt (vgl. Rn. 106 am Ende).

- Ein Fall **besonderer vertragsarztrechtlicher Regelung** für die persönliche Qualifikation stand beim BSG im Jahr 2002 zur Entscheidung an. Ein Arzt, der als **praktischer Arzt** zur vertragsärztlichen Versorgung zugelassen war und zusätzlich die **berufsrechtliche Qualifikation als Anästhesist** hatte, wandte sich dagegen, dass die Kassenärztliche Vereinigung ihm keine Vergütung für die von ihm in Ansatz gebrachten Operationszuschläge gewährte. Er hatte mit seiner Klage beim BSG Erfolg. Dieses erkannte an, dass für die Qualifikationsanforderung Anästhesist, die im **EBM-Ä** normiert **und** in einem **Vertrag gemäß § 115b Abs. 1 SGB V** weiter erstreckt worden war, auch die nur-berufsrechtliche Qualifikation ausreicht. Denn der Sinn der damaligen Regelungen war es, gleichermaßen im niedergelassenen wie im Krankenhausbereich ambulante Operationen und Anästhesien umfassend zu fördern und dabei zugleich den Facharztstandard zu sichern.[189]
- Ein weiterer Fall betraf einen **HNO-Arzt**, der in seiner Praxis ambulante **Operationen und Anästhesien – ohne Hinzuziehung eines Anästhesisten** – durchführte und auch selbst keine berufsrechtliche Qualifikation als Anästhesist hatte. Ihm standen die von ihm geltend gemachten Operationszuschläge nicht zu, weil er die dafür nach dem EBM-Ä erforderliche Qualifikation als Anästhesist nicht hatte.[190] Die Fragen in diesen Fällen berühren sich mit den Fragen der Abgrenzung der Fachgebiete voneinander (vgl. Kapitel fachfremde Leistungen", Rn. 103 ff.).
- Ein anderer Fall betraf einen **Radiologen**, der sich während seines Urlaubs von einem anderen Radiologen hatte vertreten lassen. Dieser **Vertreter** hatte aber **nicht** die **persönliche Qualifikation** zur Erbringung von **Großgeräte-Leistungen** (sog. CT-Führerschein). Er ließ trotzdem solche Leistungen ausführen, indem er das insoweit versierte Hilfspersonal entsprechend anwies. Das BSG erklärte die gegen den Praxisinhaber wegen dieser Leistungen vorgenommenen sachlich-rechnerischen Honorarkürzungen für rechtmäßig.[191]
- Ein weiterer Fall eines **Radiologen** betraf Mängel der von ihm durchgeführten **Röntgenaufnahmen**. Die von ihm gefertigten Aufnahmen waren unzulänglich und ließen eine exakte Diagnose nicht zu, weil – so der Vorhalt – die von ihm praktizierte **Untersuchungsmethodik qualitativ unzureichend** war. Ihm wurde deshalb angesonnen, eine entsprechende Aus- oder Fortbildung zu absolvieren, und hinsichtlich der von ihm in Ansatz gebrachten Leistungen erfolgten wegen deren Mängel sachlich-rechnerische Richtigstellungen.[192]

Beispielsfälle für sachlich-rechnerische Richtigstellungen wegen **Mängel der apparativen Ausstattung** ergeben sich aus der Rechtsprechung des BSG nicht. Sie kommen aber zweifellos in der Praxis gelegentlich vor, allerdings ohne zu Rechtsstreitigkeiten bis hin in die Revisionsinstanz zu führen. 131

V. Fehlen persönlicher Leistungserbringung

Die Pflicht des niedergelassenen Arztes, im Grundsatz alle Leistungen persönlich zu erbringen, ist ein **Kernelement des Arztberufs**. Sie kommt in zahlreichen Vorschriften zum Ausdruck.[193] Die Pflicht 132

[188] So grundsätzlich BSG v. 26.06.2002 - B 6 KA 6/01 R - SozR 3-2500 § 115b Nr. 3 S. 8.

[189] BSG v. 26.06.2002 - B 6 KA 6/01 R - SozR 3-2500 § 115b Nr. 3 S. 8 ff.

[190] BSG v. 19.08.1992 - 6 RKa 18/91 - SozR 3-2500 § 87 Nr. 5.

[191] BSG v. 28.01.1998 - B 6 KA 96/96 R - SozR 3-2500 § 135 Nr. 6 betr. Urlaubsvertretung ohne die erforderliche persönliche Qualifikation.

[192] BSG v. 12.10.1994 - 6 RKa 18/93 - USK 94165 S. 910.

[193] Vgl. z.B. § 32 Ärzte-ZV, §§ 14a, 15 BMV-Ä bzw. §§ 14, 20a EKV-Ä; § 30 Abs. 1 Satz 1 Muster-Berufsordnung. Vgl. auch BT-Drs. 11/2237, S. 171 (zu § 28 Abs. 1 SGB V; vgl. auch § 19 Muster-Berufsordnung): „der Arzt seine Leistungen grundsätzlich persönlich erbringen muss." Vgl. weiterhin die Erklärung der Bundesärztekammer und der Kassenärztlichen Bundesvereinigung zur persönlichen Leistungserbringung und dem „persönlichen Gepräge" in: Deutsches Ärzteblatt 1988, A-2197. Vgl. ferner § 4 Abs. 2 Satz 1 GOÄ.

zur persönlichen Leistungserbringung **prägt alle sog. freien Berufe**, in denen sog. **Dienste höherer Art** zu erbringen sind (vgl. § 627 Abs. 1 BGB[194]). Dadurch **unterscheiden sich** diese freien Berufe grundlegend von einem sog. **Gewerbe** und auch von **Beschäftigungen als Arbeitnehmer**, wie z.B. bei Ärzten im Krankenhaus, wo andere Organisationsstrukturen bestehen und bestehen dürfen.

133 Die vorstehend vorgenommene Klassifizierung des Arztberufs als freier Beruf umschließt auch die vertragsärztliche Tätigkeit.[195] Diese ist Teil des als Einheit zu sehenden Arztberufs.[196]

134 Insofern unterscheidet sich die Tätigkeit als niedergelassener Arzt grundlegend von der des Krankenhausarztes. Wird ein **Krankenhausarzt** aber **ermächtigt**, so unterliegt er **insoweit** gemäß § 95 Abs. 4 SGB V denselben normativen[197] Bindungen wie die Vertragsärzte.[198] Das bedeutet, dass er in seiner Eigenschaft als ermächtigter Arzt auch der **Pflicht zur persönlichen Leistungserbringung** unterliegt. Er darf in dieser Tätigkeit also nicht in ebenso großem Maße wie als Beschäftigter im Krankenhaus (insoweit liegt kein sog. freier Beruf vor, vgl. Rn. 131 am Ende) Leistungen an andere Ärzte und an sonstiges Personal delegieren.[199]

135 Die Regelungen über die Pflicht zur persönlichen Leistungserbringung sind im **EBM-Ä ausdrücklich** im Sinne eines **Abrechnungsverbot**s konkretisiert worden: „Eine Gebührenposition ist nur berechnungsfähig, wenn der an der vertragsärztlichen Versorgung teilnehmende Arzt die für die Abrechnung relevanten Inhalte … persönlich erbringt."[200]

136 Von der Pflicht zur persönlichen Leistungserbringung sind verschiedene **Ausnahmen** geregelt, in denen der Arzt die Leistungserbringung **delegieren** darf. Dies gilt insbesondere für den Fall der Urlaubs- und Krankheitsvertretung sowie für die Fälle genehmigter Anstellung von Ärzten und genehmigter Beschäftigung von Assistenten.[201]

137 Soweit eine **Delegation** gestattet ist, muss der Arzt sie aber auch in ihren Einzelheiten **korrekt vornehmen**. Z.B. durfte ein Zahnarzt das Entfernen der **Zahnbeläge** nur an eine Zahnmedizinische Fachhelferin, nicht an die weniger qualifizierten Zahnarzthelferinnen delegieren. Deshalb musste er ungeachtet der Zulässigkeit einer Delegation sachlich-rechnerische Richtigstellungen gewärtigen.[202]

138 **Verstöße gegen die Pflicht zur persönlichen Leistungserbringung** sind gelegentlich Gegenstand gerichtlicher Rechtsstreitigkeiten, häufig im Rahmen von Zulassungsentziehungen und Disziplinarfällen, gelegentlich aber auch im Rahmen von sachlich-rechnerischen Richtigstellungen. Das BSG hat in einer Entscheidung herausgestellt, dass eine **zweiwöchige Abwesenheit** im Ausland die persönliche Leistungserbringung in jedem Fall ausschließt und zur Honorarversagung für diesen Zeitraum berechtigt. Dies gilt **auch dann, wenn** der Arzt jederzeit **telefonisch erreichbar** ist, und das gilt **auch bei Ärzten für Laboratoriumsmedizin** ungeachtet dessen, dass diese keine Arzt-Patienten-Kontakte haben.[203]

---

[194] Vgl. auch § 613 Sätze 1 und 2 BGB, wonach die Dienste im Zweifel in Person zu leisten und im Zweifel nicht übertragbar sind.

[195] Dazu vgl. *Clemens* in: Umbach/Clemens, Grundgesetz, 2002, Anhang zu Art. 12 GG, Rn. 1-11 mit Aufarbeitung der höchstrichterlichen Rechtsprechung und in Auseinandersetzung mit der These vom heutzutage nicht mehr freien Beruf.

[196] Zur Einheit des Arztberufs vgl. *Clemens* in: Umbach/Clemens, Grundgesetz, 2002, Anhang zu Art. 12 GG, Rn. 82 mit Nachweisen aus der bundesverfassungsgerichtlichen Rechtsprechung.

[197] D.h. Bindungen durch Gesetz, Rechtsverordnung, Richtlinie und durch sog. Norm(setzungs)verträge, zu denen die zwischen den vertragsarztrechtlichen Institutionen abgeschlossenen Verträge gehören (vgl. hierzu z.B. Rn. 11 m.w.N. und grundlegend unter anderem *Clemens*, Verfassungsrechtliche Anforderungen an untergesetzliche Rechtsnormen, MedR 1996, 432 ff.).

[198] Vgl. auch § 32a Ärzte-ZV.

[199] Vgl. hierzu nachdrücklich *Steinhilper*, Persönliche Leistungserbringung, in: Rieger/Dahm/Steinhilper, Heidelberger Kommentar Arztrecht Krankenhausrecht Medizinrecht (früherer Titel: Rieger, Lexikon des Arztrechts), Stichwort-Nr. 4060, Stand 2007, Rn. 2 und 18 ff.

[200] So EBM-Ä (Fassung seit dem 01.04.2005), Allgemeine Bestimmungen Nr. 2.2.

[201] Zu solchen Fällen vgl. z.B. die §§ 32, 32b Ärzte-ZV. Vgl. auch *Steinhilper*, Persönliche Leistungserbringung, in: Rieger/Dahm/Steinhilper, Heidelberger Kommentar Arztrecht Krankenhausrecht Medizinrecht (früherer Titel: Rieger, Lexikon des Arztrechts), Stichwort-Nr. 4060, Stand 2007, Rn. 53-62. Vgl. ferner die Gemeinsame Erklärung der Bundesärztekammer und der Kassenärztlichen Bundesvereinigung zur „Delegation ärztlicher Leistungen" (Deutsches Ärzteblatt 1988, A-2604).

[202] Vgl. BSG v. 10.05.1995 - 6/14a RKa 3/93 - USK 95122 S. 644.

[203] BSG v. 08.09.2004 - B 6 KA 25/04 B - juris Rn. 9 ff.

VI. Leistungen nicht genehmigter Assistenten

139 Leistungen nicht genehmigter Assistenten rechtfertigen fraglos keine Vergütung. Dies ergibt sich aus doppeltem Grund, **zum einen** deshalb, weil es insoweit an der **persönlichen Leistungserbringung** fehlt und mangels Genehmigung keine Ausnahme für eine Delegation gegeben ist (vgl. Rn. 131, Rn. 136), und **zum anderen** deshalb, weil Leistungserbringungen ohne die dafür erforderliche **Genehmigung** generell rechtswidrig sind (vgl. hierzu Rn. 152 ff.).

140 Die Leistungserbringung durch nicht genehmigte Assistenten ist bereits mehrfach Gegenstand gerichtlicher Streitigkeiten um die Rechtmäßigkeit von Zulassungsentziehungen und von Disziplinarmaßnahmen gewesen, seltener Gegenstand von Rechtsstreitigkeiten wegen sachlich-rechnerischen Richtigstellungen. Das BSG hat bisher – soweit ersichtlich – lediglich einmal über **sachlich-rechnerische Richtigstellung wegen** Leistungen durch einen **nicht genehmigten Assistenten** entscheiden müssen. Es handelte sich darum, dass ein Arzt in seiner Praxis einen Assistenten beschäftigte, ohne dass er dies wie erforderlich hätte genehmigen lassen. Es kam dann noch ein eigener **Krankenhausaufenthalt des Arztes** hinzu, währenddessen der Assistent allein in der Praxis tätig war. Die Kassenzahnärztliche Vereinigung forderte von ihm das Honorar, das sie für die in dieser Zeit vorgenommenen Leistungen gewährt hatte, zu Recht zurück.[204]

VII. Sonstige Fälle

141 Über die vorstehend genannten Falltypen hinaus gibt es noch zahlreiche weitere, die zum Repertoire der klassischen Typen sachlich-rechnerischer Richtigstellungen gehören. Dies betrifft z.B. die Abrechnung von Leistungen, die nicht von der **Leistungspflicht der gesetzlichen Krankenversicherung** erfasst sind. Markante Fälle hierzu sind – soweit ersichtlich – vom BSG aber bisher nicht entschieden worden. Deshalb wird in dieser Kommentierung, deren Schwerpunkt auf der Rechtsprechung des BSG liegt, insoweit auf eine nähere Darlegung verzichtet.

F. Richtigstellung aufgrund Plausibilitätsprüfung

142 Die Plausibilitätsprüfungen sind der **sachlich-rechnerischen Richtigstellung** und nicht etwa der Wirtschaftlichkeitsprüfung **zuzuordnen**, wie in Rn. 21 ff. ausgeführt worden ist. Sie sind gemäß § 106a Abs. 2 Satz 5 SGB V im zahnärztlichen Bereich nicht anzuwenden (vgl. Rn. 11).

143 Die Regelungen des § 106a SGB V über die Plausibilitätsprüfungen sehen verschiedene Überprüfungen vor. **Vor allem** ist anhand von **Tages- und Quartalsprofilen** zu überprüfen, **ob die Ärzte, zeitlich gesehen, sämtliche** von ihnen in ihre Abrechnungen eingestellten **Leistungen** überhaupt **ordnungsgemäß erbracht haben können. Zusätzlich** sind in § 106a Abs. 3 SGB V – speziell als Aufgabe der **Krankenkassen** – weitere Überprüfungen vorgesehen, so z.B. anhand von Diagnosen und Befunden (§ 106a Abs. 3 Nr. 2 SGB V) und anhand der Häufigkeit der Inanspruchnahme von Ärzten (gerichtet gegen sog. Ärztehopping und gegen missbräuchliches ärztliches Überweisungsverhalten, § 106a Abs. 3 Nr. 3 SGB V).[205] Diesen zusätzlichen Überprüfungen kommt keine praktische Bedeutung zu; die Krankenkassen sind offenbar von ihrem organisatorischen und personellen Zuschnitt her zur Durchführung solcher Prüfungen nicht angemessen in der Lage.[206]

144 Das **BSG** hat **Überprüfungen anhand von Tages- und Quartalsprofilen im Grundsatz für rechtmäßig** erklärt.[207] Das BSG hat dabei **Maßstäbe für die Bemessung** der Zeitannahmen bei den einzelnen Leistungen vorgegeben. Deren Bemessung muss sich an einem erfahrenen, geübten und zügig arbeitenden Arzt unter Weglassen delegierbarer Leistungen (hierzu vgl. Rn. 136)[208] orientieren. Zusätzlich ist zu beachten, dass von rationeller Praxisführung in einer optimal organisierten Praxis auszuge-

[204] BSG v. 10.05.1995 - 6 RKa 30/94 - SozR 3-5525 § 32 Nr. 1 S. 3 = USK 95120 S. 635. Die Kassenzahnärztliche Vereinigung hätte wohl sogar alle Honorare, die sie dem Kläger während der gesamten Beschäftigungszeit gewährt hatte, zurückfordern können: Hierzu vgl. Rn. 192 ff.

[205] Zu den noch weitergehenden Vorstellungen des Gesetzgebers vgl. BT-Drs. 15/1525, S. 118 f.

[206] Vgl. *Steinhilper* in: Orlowski/Rau/Schermer/Wasem/Zipperer, GKV-Kommentar SGB V, Kapitel-Nr. 1200, § 106a Rn. 65 f.

[207] BSG v. 24.11.1993 - 6 RKa 70/91 - BSGE 73, 234, 238-241 = SozR 3-2500 § 95 Nr. 4 S. 13-16; BSG v. 08.03.2000 - B 6 KA 16/99 R - BSGE 86, 30, 33-36 = SozR 3-2500 § 83 Nr. 1 S. 5-8. Letzteres Urteil in Bezug nehmend BSG v. 06.09.2000 - B 6 KA 17/00 B - juris Rn. 8 am Ende.

[208] Zu diesen Kriterien vgl. BSG v. 24.11.1993 - 6 RKa 70/91 - BSGE 73, 234, 239 = SozR 3-2500 § 95 Nr. 4 S. 14.

hen ist.[209] Außerdem sind Besonderheiten im Falle der Organisationsform Gemeinschaftspraxis bzw. Berufsausübungsgemeinschaft zu berücksichtigen (damit die Zuordnung jeder einzelnen Leistung zu einem bestimmten Arzt möglich ist, ist in der Quartalsabrechnung von solchen Praxen jede Leistung entsprechend zu kennzeichnen).[210] Ferner dürfen bei Leistungen, die zeitgleich bzw. sich zeitlich überschneidend mit anderen erbracht werden können, die jeweiligen Zeitannahmen nicht schlicht addiert werden, sondern müssen aufeinander angerechnet werden.[211] Zusätzlich hat *Clemens* darauf hingewiesen, dass für die Zeitannahmen von relativ pflegeleichten Patienten auszugehen ist.[212]

145 Für die praktische Umsetzung ist ferner zu beachten, dass die **Tages- und Quartalsprofile** lediglich auf die Summe solcher Leistungen angewendet werden können, die in den Quartalshonorarbescheiden der Kassenärztlichen Vereinigung aufgelistet sind, d.h. dass sie sich **nur für diejenigen Leistungen eignen, die aus** den von den Krankenkassen den Kassenärztlichen Vereinigungen gezahlten **Gesamtvergütungen vergütet werden**. Deshalb bleiben außer Betracht Einnahmen aus Sonderverträgen mit den Krankenkassen, aus Kostenerstattungsfällen gemäß § 13 Abs. 2 und 3 SGB V, aus Arztvertretungen, privatärztlichen Behandlungen und aus sog. IGEL-Leistungen.[213]

146 Kritiker beanstanden, dass es **unterschiedliche Zeitannahmen** gibt, nämlich zum einen für die Kalkulation der Punktwerte (angegeben im EBM-Ä in Kapitel VI, Anhang 3: sog. **Kalkulationszeiten**) und zum anderen für die Plausibilitätsprüfungen (im EBM-Ä im genannten Anhang 3 als **Prüfzeiten** aufgeführt). Gegenüber dieser Kritik ist indessen darauf hinzuweisen, dass die erstgenannten Zeiten **Durchschnittszeiten** sind, die letztgenannten dagegen nur **Mindestzeiten**, wie sie für Plausibilitätsprüfungen unter Beachtung der in Rn. 144 genannten Vorgaben zugrunde gelegt werden können. Von diesem Ansatz her erschiene es allerdings nicht logisch, Kalkulationszeiten kürzer als Prüfzeiten anzusetzen, wie dies in der zum 01.04.2005 in Kraft getretenen Fassung des EBM-Ä bei manchen Leistungstatbeständen anzutreffen war.[214] Die Kalkulationszeiten müssen im Übrigen nicht notwendigerweise auf die Honorierung voll durchschlagen, vielmehr sind sog. Mischkalkulationen zulässig (vgl. Rn. 86).

147 Die Plausibilitätsprüfungen sind durch die Regelungen in § 106a Abs. 2-4 SGB V nicht abschließend geregelt. Vielmehr hat der Gesetzgeber durch § 106a Abs. 5 und 6 SGB V konkretisierende **Richtlinien auf Bundesebene und Vereinbarungen auf Landesebene** vorgesehen (vgl. Rn. 16 ff.). Auf der Grundlage der Rechtslage von 2004 – zum Teil auch schon ausgerichtet auf die Änderungen des EBM-Ä ab dem 01.04.2005 – waren sowohl Richtlinien auf Bundesebene[215] als auch Vereinbarungen auf Landesebene[216] ergangen (vgl. Rn. 18). Indessen **bedürfen** diese **der Erneuerung**, **seit** der

[209] Zu diesem Gesichtspunkt vgl. *Clemens* in: Schulin, Handbuch des Sozialversicherungsrechts, Bd. 1: Krankenversicherungsrecht, 1994, § 34 Rn. 20.

[210] Vgl. hierzu EBM-Ä (Fassung seit dem 01.04.2005), Allgemeine Bestimmungen Nr. 5.2: „Bei der Berechnung sind die Gebührenordnungspositionen nach Maßgabe der Kassenärztlichen Vereinigungen unter Angabe der Arztnummer sowie aufgeschlüsselt nach Betriebs- und Nebenbetriebsstätten … zu kennzeichnen."

[211] Hierzu vgl. BSG v. 24.11.1993 - 6 RKa 70/91 - BSGE 73, 234, 239 = SozR 3-2500 § 95 Nr. 4 S. 15 oben. Vgl. außerdem *Steinhilper*, Plausibilitätsprüfungen, in: Rieger/Dahm/Steinhilper, Heidelberger Kommentar Arztrecht Krankenhausrecht Medizinrecht (früherer Titel: Rieger, Lexikon des Arztrechts), Stichwort-Nr. 4160, Stand 2005, Rn. 17 m.w.N.

[212] Vgl. *Clemens* in: Schulin, Handbuch des Sozialversicherungsrechts, Bd. 1: Krankenversicherungsrecht, 1994, § 34 Rn. 20. *Clemens* hat weiterhin in Rn. 21 geltend gemacht, dass die Zeitannahmen dann geringer zu bemessen seien, wenn bei der Bestimmung der Punktzahl für die Leistung ein geringerer zeitlicher Aufwand angesetzt wurde. Denn dann liege dem Leistungstatbestand nämlich offenbar nicht der zeitliche Aufwand bei Erfüllung des fachlichen Standards zugrunde, sondern nur ein geringerer Standard. Von einem höheren Standard könne dann auch nicht bei der Überprüfung anhand von Tages- bzw. Quartalsprofilen ausgegangen werden.

[213] Vgl. die Aufzählung bei *Steinhilper* in: Orlowski/Rau/Schermer/Wasem/Zipperer, GKV-Kommentar SGB V, Kapitel-Nr. 1200, § 106a Rn. 37 und 43.

[214] Soweit Kalkulationszeiten mit „0 Min." angesetzt sind (z.B. EBM-Ä-Leistungspositionen Nrn. 01800 ff., 02500, 31900 ff.), liegen Gründe vor, die gegen den Ansatz einer Kalkulationszeit sprechen. Ähnlich wie bei dem Vermerk KA ("keine Angabe", so z.B. Nr. 02501) kann es sich z.B. um Kostenersatz-Regelungen handeln oder um Leistungen, die nur selten vom Arzt selbst abgerechnet werden. In Fällen der Angabe „0 Min." ist es logisch, dass die Prüfzeiten höher angesetzt sind, und ist dies nicht zu beanstanden.

[215] Hierzu vgl. Deutsches Ärzteblatt 2004, A 2555, und Deutsches Ärzteblatt 2004, A 3135.

[216] Hierzu vgl. z.B. für Niedersachsen die seinerzeitige „Vereinbarung über die Prüfung der Abrechnung auf Rechtmäßigkeit durch Plausibilitätskontrollen" und die „Verfahrensordnung zur Durchführung der Plausibilitätskontrollen nach §§ 75 Absatz 1, 83 Absatz 2 SGB V".

EBM-Ä zum 01.04.2005 grundlegend neugefasst und zum 01.01.2008 weiter verändert worden ist. Bisher liegen dementsprechend aktualisierte Richtlinien auf Bundesebene und landesrechtlichen Vereinbarungen noch nicht vor. Diese werden wohl erst im Laufe des Jahres 2008 ihre endgültige Gestalt erhalten und vereinbart werden;[217] dann werden die landesrechtlichen Vereinbarungen gemäß Absatz 5 nachfolgen.

Zu den **bisherigen Regelungen** zu Plausibilitätsprüfungen ist wegen Details insbesondere auf die Ausführungen von *Engelhard* und *Steinhilper* zu verweisen.[218] 148

Zu der **noch ausstehenden Aktualisierung der Richtlinien** auf Bundesebene weist *Steinhilper* darauf hin, dass die Einbindung der Krankenkassen, wie diese gemäß § 106a Abs. 3 und 4 SGB V vorgesehen ist, problematisch erscheint. Er weist darauf hin, dass diese von ihrem organisatorischen und personellen Zuschnitt her wohl kaum in der Lage seien, die ihnen gesetzlich zugewiesenen Aufgaben zu erfüllen,[219] diese wohl allenfalls auf die Kassenärztlichen Vereinigungen (rück)übertragen könnten.[220] Wie die zu erwartenden Richtlinien gemäß § 106a Abs. 6 SGB V (vgl. hierzu Rn. 18) diesen Problemen Rechnung tragen werden, bleibt abzuwarten. Erst sobald dies erfolgt ist, erscheinen weitere kommentierende Ausführungen als sinnvoll. 149

Im Übrigen ist die **Tragweite** der Plausibilitätsprüfungen **zurückgegangen**. Durch die zunehmende Einführung von **Ordinationskomplexen bzw. Grundpauschalen** im EBM-Ä überschreiten Ärzte nur noch selten(er) die Tagesprofil-Grenzwerte. Z.B. bei Hausärzten sind die zahlreichen Gesprächsleistungen nicht mehr alle einzeln anzusetzen, sie fehlen dadurch bei den Tagesprofilen. Ebenso fehlen die Zeiten für die Leistungen im Rahmen der Ordinationskomplexe und Grundpauschalen, da diese quartalsbezogen sind. Sie finden nur Eingang in die **Quartalsprofile**. Daher haben wohl **nur diese noch größere Bedeutung**. 150

G. Richtigstellung ohne Konkretisierung der Rechtswidrigkeit

I. Allgemeines

Während bei den sog. „klassischen Falltypen" (vgl. Rn. 77 ff.) jeweils bestimmte Leistungen mängelbehaftet waren, sodass sich die sachlich-rechnerische Richtigstellung auf eine konkrete Leistung beziehen konnte, gibt es Fälle, in denen **nicht auszumachen** ist, **genau welche Leistungen mängelbehaftet sind**, in denen aber feststeht, dass der Arzt sich rechtswidrig verhalten hat. Dies wird schon deutlich an der – gesetzlich ausdrücklich in § 106a Abs. 2 ff. SGB V normierten – Rechtsfigur der sachlich-rechnerischen Richtigstellungen aufgrund **Plausibilitätsprüfungen**; diese betreffen den Fall, dass der Arzt, zeitlich gesehen, sämtliche von ihm in seine Abrechnung eingestellte Leistungen überhaupt nicht ordnungsgemäß erbracht haben kann (vgl. Rn. 142 ff.). In diesen Fällen ist lediglich dies eindeutig. Um genau welche Leistungen es sich handelt, ist nicht oder nur mit unverhältnismäßigem Aufwand feststellbar. Die gesetzliche Regelung zeigt mithin, dass auch bei solchen „zeitlichen Implausibilitäten" sachlich-rechnerische Richtigstellungen sollen erfolgen können, d.h. dass für die Anwendung dieses Rechtsinstituts nicht unbedingt konkret feststellbar sein muss, genau welche Leistung mängelbehaftet ist. 151

Das Rechtsinstitut sachlich-rechnerischer Richtigstellung auf dieser Linie fortentwickelnd hat das BSG die Rechtsfigur sachlich-rechnerischer **Richtigstellungen auch in allen anderen Fällen** für anwendbar erklärt, **in denen nicht feststeht, genau welche Leistungen** mängelbehaftet sind, in denen **aber** die **Rechtswidrigkeit ärztlichen Verhaltens** feststeht. Die Rechtsprechung des BSG macht deutlich, dass **jedes pflichtwidrige Verhalten**, das zur Abrechnung an sich nicht zu honorierender Leistungen 152

[217] Bisher liegt erst ein Entwurf für „Richtlinien der Kassenärztlichen Bundesvereinigung und der Spitzenverbände der Krankenkassen zum Inhalt und zur Durchführung der Abrechnungsprüfungen der Kassenärztlichen Vereinigungen und der Krankenkassen" vor. Sobald eine endgültige Vereinbarung zustande gekommen ist, wird diese unter www.kbv.de verfügbar sein.

[218] *Engelhard* in: Hauck/Noftz, SGB V, K § 106a Rn. 50-84; *Steinhilper* in: Orlowski/Rau/Schermer/Wasem/Zipperer, GKV-Kommentar SGB V, Kapitel-Nr. 1200, § 106a Rn. 5-69.

[219] *Steinhilper* in: Orlowski/Rau/Schermer/Wasem/Zipperer, GKV-Kommentar SGB V, Kapitel-Nr. 1200, § 106a Rn. 65, 66.

[220] Vgl. *Steinhilper* in: Orlowski/Rau/Schermer/Wasem/Zipperer, GKV-Kommentar SGB V, Kapitel-Nr. 1200, § 106a Rn. 66. Fraglich erscheint allerdings seine Ansicht, die Krankenkassen dürften diese Aufgaben zur Erledigung an Dritte übertragen.

oder zur Anforderung höherer Leistungs- bzw. Punktmengen führt, zu entsprechender **sachlich-rechnerischer Richtigstellung** berechtigt.[221] Oder kürzer ausgedrückt: **Jede Rechtswidrigkeit**, durch die ein Arzt zu viel Honorar erhalten hat, **berechtigt zur sachlich-rechnerischen Richtigstellung mit** der Folge der **Rückforderung.**

153 **Von der Feststellungslast her** gesehen ist das BSG noch einen Schritt weiter gegangen. Es geht davon aus, dass **alle Leistungen, die nicht eindeutig erdient sind, gekürzt bzw. zurückgefordert werden können.**[222]

154 **Ein Beispiel** für diesen Falltypus ist der Fall der **Praxisgemeinschaft**, deren Ärzte sich aber faktisch wie Partner einer **Gemeinschaftspraxis** verhalten: Zu diesem Fall Näheres in Rn. 162 ff.

155 **Ein weiteres Beispiel** ist der Fall der **Überbeschäftigung eines Assistenten**, der mehr tätig ist, als ihm erlaubt ist. Dabei kann es sich darum handeln, dass dem Arzt die Beschäftigung nur unter der Auflage der Einhaltung eines bestimmten Praxisumfangs gestattet worden ist, oder darum, dass eine Überschreitung nur der allgemeinen Grenze des § 32 Abs. 3 Ärzte-ZV vorliegt, wonach die Beschäftigung eines Assistenten nicht der Schaffung oder Aufrechterhaltung eines übergroßen Praxisumfangs dienen darf. In dem vom BSG entschiedenen Fall hatte der Arzt mit seiner Praxis zu viele Leistungen erbracht, ohne dass aber konkretisiert werden konnte, genau welche Leistungen die zu viel erbrachten waren. **Mithin stand nur fest, dass der Arzt Leistungen in einem unzulässigen Umfang erbrachte, ohne dass dies auf bestimmte Leistungen bezogen werden kann.**[223]

156 Das Bedürfnis, in solchen Fällen das zuviel gewährte Honorar zurückzuholen, dürfte unbestritten sein. Das BSG hat die Frage nach der dafür geeigneten **Rechtsgrundlage** (sachlich-rechnerische Richtigstellung? Anwendung der allgemeinen Vorschrift des § 45 SGB X?) im Sinne der Anwendung des Rechtsinstituts der **sachlich-rechnerischen Richtigstellung** entschieden.

II. Weitere Fallbeispiele (auch: Mängel der Honorargrundlagen)

157 Das BSG hat das Rechtsinstitut der sachlich-rechnerischen Richtigstellung – über die in Rn. 155 f. dargestellten Fälle hinaus, dies waren die Fälle:

- Praxisgemeinschaft, deren Ärzte sich faktisch wie Partner einer Gemeinschaftspraxis verhalten (vgl. Rn. 154),
- Schaffung bzw. Aufrechterhaltung eines übergroßen Praxisumfangs mit Hilfe eines Assistenten, vgl. Rn. 155),

noch in weiteren Fällen angewendet, in denen der Arzt einen Teil der von ihm in seine Abrechnung eingestellten Leistungen nicht ordnungsgemäß erbracht haben konnte, ohne dass aber feststellbar war, um genau welche Leistungen es sich handelte:

- Überhöhte Abrechnungen von Ärzten, die eine Praxisgemeinschaft gebildet haben, sich aber faktisch wie Partner einer Gemeinschaftspraxis verhalten: Hierzu noch Näheres in Rn. 162 ff.,
- Abrechnung ambulant-vertragsärztlicher Leistungen, die im Rahmen einer sog. Tagesklinik – ohne genehmigten Krankenhausstatus – erbracht werden,[224]
- Abrechnungsvolumen einer Praxis mit angestelltem Arzt oder einer Job-Sharing-Praxis über die festgelegte Abrechnungsobergrenze hinaus[225].

158 Während diese Fälle durch ein individuell-pflichtwidriges Verhalten des Vertragsarztes gekennzeichnet sind (und dadurch noch eine gewisse Nähe zu den klassischen Falltypen – vgl. Rn. 77 ff. – aufweisen), gibt es auch Fälle, in denen die Rechtswidrigkeit des Honorarbezugs auf **Mängeln der normativen Honorargrundlagen oder ihrer Auslegung** beruht und damit der individuellen Sphäre des Arztes entrückt ist. Dabei kann es sich darum handeln, dass

[221] Vgl. BSG v. 22.03.2006 - B 6 KA 76/04 R - BSGE 96, 99 = SozR 4-5520 § 33 Nr. 6 Rn. 11 in Anknüpfung an BSG v. 28.09.2005 - B 6 KA 14/04 R - SozR 4-5520 § 32 Nr. 2 Rn. 10.

[222] So sinngemäß BSG v. 22.03.2006 - B 6 KA 76/04 R - BSGE 96, 99 = SozR 4-5520 § 33 Nr. 6 Rn. 21 am Ende.

[223] Zu diesem Fall vgl. BSG v. 28.09.2005 - B 6 KA 14/04 R - SozR 4-5520 § 32 Nr. 2 insbesondere Rn. 10 m.w.N. In der Sache lag die Fallzahl um mehr als 75% über dem Fachgruppendurchschnitt, sodass eine dementsprechende Honorarversagung oder -kürzung berechtigt war.

[224] BSG v. 08.09.2004 - B 6 KA 14/03 R - SozR 4-2500 § 39 Nr. 3 Rn. 7, 13.

[225] Hierzu vgl. § 23k Bedarfsplanungs-Richtlinie.

- sich **Regelungen des EBM-Ä**, die rückwirkend in Kraft gesetzt wurden, im Umfang dieser **Rückwirkung** als **nichtig** herausstellen,[226]
- sich das **Gesamtvergütungsvolumen** als unzureichend für die erfolgten Honorarauszahlungen erweist (weil es wegen eines andauernden Schiedsamtsverfahrens zunächst nicht festgestanden hatte und deshalb **vorläufige Honorarauszahlungen** erfolgten, die sich aber später nach erfolgter Gesamtvergütungsfestlegung als **zu hoch** herausstellten)[227].

Zu dieser Fallgruppe ist auch der Fall zu rechnen, dass die Berechnungen der sog. **Degression** im Zahnbereich (§ 85 Abs. 4b ff. SGB V) **sich als fehlerhaft herausstellen** (z.B. weil die Beträge des abrechenbaren Punktvolumens aufgrund fehlerhafter Normauslegung auch bei nur jahresanteiliger Tätigkeit in voller Höhe zugrunde gelegt wurden). Richtigerweise sind diese Fälle der Fallgruppe von Mängeln der normativen Honorargrundlagen bzw. ihrer Auslegung zuzurechnen, sie betreffen nicht Mängel in der individuellen Sphäre.[228]

Weitere Fälle, die ebenfalls der Fallgruppe von Mängeln der normativen Honorargrundlagen bzw. ihrer Auslegung zuzurechnen sind, sind vorstellbar: z.B.

- Fehler bei Anwendung von EBM-Ä-Budgetregelungen,[229]
- Rechtsfehler der Honorarverteilung[230] bei der Bildung von sog. Fachgruppentöpfen, bei der Berechnung von sog. Individualbudgets oder bei der Berechnung von Fallzahlzuwachstoleranzen,
- Rechtsfehler bei der Berechnung in den Grundlagen des § 120 Abs. 1 (evtl. i.V.m. Abs. 3) SGB V wie z.B. Vergessen des 10%-Abzugs gemäß § 120 Abs. 3 Satz 2 SGB V.

Der **Zuordnung zu der Fallgruppe** „Mängel der normativen Honorargrundlagen oder ihrer Auslegung" kommt **besondere Bedeutung** zu, weil damit die Pflicht der Kassenärztlichen Vereinigung verbunden ist, die Ärzte bei Erteilung des Honorarbescheids auf eventuelle Unsicherheiten der Honorierung hinzuweisen. **Hat sie keinen sog. Vorläufigkeitshinweis erteilt**, obgleich ihr bei Erteilung des Honorarbescheids die Unsicherheiten bereits bekannt waren oder sie von diesen wissen musste, so ist ihr die **Honorarrückforderung verwehrt**: Hierzu vgl. Rn. 180 ff. 159

Diesen Fällen vergleichbar – aber doch anders gelagert – ist der Fall einer **Panne im Computersystem der Kassenärztlichen Vereinigung** oder in deren Abrechnungssoftware. Auch hier liegt die Fehlerursache außerhalb der Sphäre des Vertragsarztes.[231] Allerdings wird man in solchen Fällen eine spätere Honorarkorrektur schwerlich von einem Vorläufigkeitshinweis abhängig machen können, weil im Regelfall mit einer solchen Panne nicht gerechnet werden muss. 160

III. Einwand des Vertrauensschutzes

In allen diesen Fällen stellt das Rechtsinstitut der sachlich-rechnerischen Richtigstellung die Rechtsgrundlage für die Honorarkorrektur dar. Die in solchen Fällen typische **Frage ist aber, ob** einer Korrektur evtl. der Gesichtspunkt des **Vertrauensschutzes** entgegengehalten werden kann: vgl. hierzu Rn. 171 ff. 161

IV. Speziell: Praxisgemeinschaft statt Gemeinschaftspraxis

Die Honorarsituation einer Gemeinschaftspraxis (bzw. heute Berufsausübungsgemeinschaft) und diejenigen einer Praxisgemeinschaft weisen Unterschiede auf. Gemeinschaftspraxen erhalten Pauschalzuschläge in bestimmten Leistungsbereichen. Andererseits können sie Behandlungsquartalspauschalen 162

---

[226] Vgl. hierzu BSG v. 31.10.2001 - B 6 KA 16/00 R - BSGE 89, 62, 68 ff. = SozR 3- 2500 § 85 Nr. 42 S. 347 ff. (unter Rückgriff auf BSG v. 17.09.1997 - 6 RKa 36/97 - BSGE 81, 86 = SozR 3-2500 § 87 Nr. 18). Ebenso Folgeentscheidungen des BSG v. 26.06.2002, z.B. BSG v. 26.06.2002 - B 6 KA 24/01 R - USK 2002-123 und BSG v. 26.06.2002 - B 6 KA 26/01 R - juris.

[227] BSG v. 14.12.2005 - B 6 KA 17/05 R - BSGE 96, 1 = SozR 4-2500 § 85 Nr. 22 Rn. 13 ff.

[228] Insofern trifft das Urteil des BSG v. 30.06.2004 - B 6 KA 34/03 R - BSGE 93, 69 = SozR 4-2500 § 85 Nr. 11 Rn. 18 ff. zwar im Ergebnis zu, aber nicht in seiner Diktion. Zu Recht in der Diktion abgeschwächt und neutraler abgefasst ist das spätere Urteil des BSG v. 08.02.2006 - B 6 KA 27/05 R - GesR 2006, 365 = USK 2006-88.

[229] Dies erwähnend BSG v. 31.10.2001 - B 6 KA 16/00 R - BSGE 89, 62, 70 oben = SozR 3-2500 § 85 Nr. 42 S. 349 und BSG v. 12.12.2001 - B 6 KA 3/01 R - BSGE 89, 90, 96 = SozR 3-2500 § 82 Nr. 3 S. 9.

[230] Umfassend zur Honorarverteilung *Clemens*, Honorierung und Honorarverteilung im Kassenarztrecht, in: Wenzel, Handbuch des Fachanwalts Medizinrecht, 2007, Kapitel 11 unter B, 1020-1062.

[231] Vgl. dazu die Erwähnung solcher Fallgestaltungen in BSG v. 31.10.2001 - B 6 KA 16/00 R - BSGE 89, 62, 73 = SozR 3-2500 § 85 Nr. 42 S. 353; BSG v. 30.06.2004 - B 6 KA 34/03 R - BSGE 93, 69 = SozR 4-2500 § 85 Nr. 11 Rn. 17; BSG v. 29.08.2007 - B 6 KA 29/06 R - SozR 4-2500 § 85 Nr. 32 Rn. 14 am Ende.

insgesamt nur einmal je Quartal in Ansatz bringen, auch wenn der Patient mehrere Ärzte der Gemeinschaftspraxis konsultierte. Welche Rechtsform honorarmäßig günstiger ist, hängt von den Einzelumständen ab. Wird eine Veränderung der Form der Zusammenarbeit gewünscht, so muss andererseits berücksichtigt werden, dass die Rechte und Pflichten im Verhältnis der Partner zueinander unterschiedlich ausgestaltet sind. Eine Praxisgemeinschaft verbindet die Partner nur insofern, als sie sich das Praxispersonal teilen (wobei sie aber z.B. weiterhin getrennte Patientenkarteien zu führen haben[232]). Eine Gemeinschaftspraxis bedeutet demgegenüber einen Verbund der Partner auch z.B. hinsichtlich der Haftung gegenüber der Kassenärztlichen Vereinigung.[233]

163 Gelegentlich scheint der Blick der Partner auf die Frage honorarmäßiger Vorteile verengt zu sein: Auf die Honorarhöhe fixiert, wird die Praxisform geändert, ohne deren inhaltlichen Unterschieden Rechnung zu tragen. So ist es in den letzten Jahren gelegentlich vorgekommen, dass die Partner einer Gemeinschaftspraxis die Umwandlung in eine Praxisgemeinschaft vereinbarten, ohne aber entsprechende Änderungen in der Art ihrer Kooperation vorzunehmen.

164 Verhalten sich die Partner einer Praxisgemeinschaft faktisch wie Partner einer Gemeinschaftspraxis, so liegt darin eine **Pflichtverletzung**: Diese liegt darin, dass die Partner **nicht die Kooperationsform praktizieren, die sie gewählt haben** (Praxisgemeinschaft), sondern – verdeckt – eine Gemeinschaftspraxis führen. Führt dies zur Abrechnung an sich nicht zu honorierender Leistungen oder zur Anforderung höherer Leistungs- oder Punktmengen, so berechtigt das zu entsprechender sachlich-rechnerischer Richtigstellung, d.h. die Kassenärztliche Vereinigung versagt den Partnern teilweise das von ihnen angeforderte Honorar oder – falls sie es ihnen schon zahlte – fordert es von ihnen zurück.

165 So lag auch der **Fall**, den das **BSG** mit **Urteil v. 22.03.2006** entschieden hat.[234] Die Kassenärztliche Vereinigung warf den Partnern einer Praxisgemeinschaft vor, sie hätten nach dem Übergang zur Praxisgemeinschaft – ohne Erkennbarkeit nach außen – die Patienten auf die Pflicht zur Wahl **eines** Hausarztes hinweisen (und den Hinweis dokumentieren) müssen. Dadurch, dass sie dies unterließen, hätten sie vertragsärztliche Pflichten verletzt.[235] Die Kassenärztliche Vereinigung ermittelte genau, bei welchem der Partner[236] für jeden Patienten der Schwerpunkt der Behandlung gelegen hatte. Hierauf gegründet, strich sie dem Kläger die Ordinationsgebühr nur in den Behandlungsfällen, in denen von der Behandlung her der Schwerpunkt beim Partner lag, und die hausärztliche Grundvergütung in 30% seiner Fälle.

166 Die Kassenärztliche Vereinigung, die sehr sorgsam vorgegangen war, hätte durchaus „pauschaler" vorgehen können. Sie hätte sich darauf stützen können, dass konkret kürzbar alles ist, was **nicht eindeutig erdient** ist (vgl. die Feststellungslast gemäß Rn. 153). Sie hätte einfach alle Leistungen, die eine gesamte Quartalsbetreuung abgelten, beiden Partnern streichen können.[237] Sie hätte angesichts der großen Zahl[238] identischer Patienten ohne weiteres davon ausgehen können, dass der Sache nach eine Fortführung der Gemeinschaftspraxis vorlag, mithin nur eine Schein-Praxisgemeinschaft gegeben war. Dementsprechend hätte sie **bei allen Patienten**, die im Quartal beide Ärzte konsultierten, ihnen **beiden** die Ordinationsgebühr und die hausärztliche Grundvergütung **streichen** können. Diese Befugnis zur Streichung von Vergütungen, die nicht eindeutig einem der beiden Ärzte zustehen, gilt im Übrigen bei der hausärztlichen Grundvergütung umso mehr deshalb, weil jeder Hausarzt zu umfassender Betreuung verpflichtet ist, die hausärztliche Betreuung also „grundsätzlich unteilbar" ist.[239]

---

[232] Den zugrunde liegenden Datenschutzanforderungen wird gelegentlich nicht Rechnung getragen.

[233] Zu den Haftungsgefahren vgl. z.B. BSG v. 20.10.2004 - B 6 KA 41/03 R - SozR 4-2500 § 106 Nr. 6.

[234] BSG v. 22.03.2006 - B 6 KA 76/04 R - BSGE 96, 99 = SozR 4-5520 § 33 Nr. 6.

[235] Das BSG hat offen gelassen, ob ihnen sogar ein Rechts„missbrauch" angelastet werden könne (vgl. BSG v. 22.03.2006 - B 6 KA 76/04 R - BSGE 96, 99 = SozR 4-5520 § 33 Nr. 6 Rn. 19).

[236] Beide waren als Allgemeinärzte zugelassen, aber mit unterschiedlichen Zusatzqualifikationen und -genehmigungen, der eine hatte eine radiologische Zusatzqualifikation, der andere eine orthopädische Ausrichtung mit Skelettröntgen, Dopplersonographie, H-Arzt, Chirotherapie und Sportmedizin.

[237] BSG v. 22.03.2006 - B 6 KA 76/04 R - BSGE 96, 99 = SozR 4-5520 § 33 Nr. 6 Rn. 21 am Ende.

[238] BSG v. 22.03.2006 - B 6 KA 76/04 R - BSGE 96, 99 = SozR 4-5520 § 33 Nr. 6 Rn. 22: „jedenfalls bei einer Patientenidentität von mehr als 50%". Das Wort „jedenfalls" deutet darauf hin, dass auch ein geringerer Anteil von beiden behandelter Patienten ausreicht. An anderer Stelle ist lediglich von einem „hohen Anteil" die Rede: BSG v. 22.03.2006 - B 6 KA 76/04 R - BSGE 96, 99 = SozR 4-5520 § 33 Nr. 6 Rn. 19 am Anfang.

[239] Vgl. BSG v. 22.03.2006 - B 6 KA 76/04 R - BSGE 96, 99 = SozR 4-5520 § 33 Nr. 6 Rn. 22 f.

Nach der zwischenzeitlich gegebenen Rechtslage[240] wird man auf konkrete Feststellungen der Anzahl der Patienten, die beide Ärzte konsultierten, zunächst überhaupt verzichten können. Man wird **anhand von Erfahrungswerten** zu Honorarkürzungen kommen können: Ausgehend davon, dass die Überschneidungsquote bei Praxisgemeinschaften **normalerweise bis max. 15%** beträgt, dürften Kürzungen **ab einer Quote von 20% an Doppelpatienten** grundsätzlich rechtens sein. Und seitdem durch die **„Richtlinien zur Durchführung der Abrechnungsprüfungen der Kassenärztlichen Vereinigungen und Krankenkassen“**[241] sog. **Aufgreifkriterien** festgelegt sind, sind diese – weil normativ vorgegeben – maßgebend. Nach diesen[242] besteht Anlass zu näherer Überprüfung, wenn bei Praxisgemeinschaften der **Anteil identischer Patienten über 20%** liegt (**bzw. über 30%** bei versorgungsbereichsübergreifenden = fachgebietsverschiedenen Praxisgemeinschaften). Bei höheren Überschreitungen fordert die Kassenärztliche Vereinigung das „überschießende“ Honorar zurück, **allerdings nur, wenn der Arzt nicht darlegen kann**, dass die Behandlung derselben Patienten durch mehrere Mitglieder der Praxisgemeinschaft **medizinisch notwendig**[243] und auch wirtschaftlich war[244] **bzw. von** den vielen **Patienten** ausdrücklich **gewünscht** worden war[245]. Also bleibt dem Vertragsarzt unbenommen, darzutun, es liege ein Ausnahmefall legitimer Fallhäufung vor, z.B. dass für einen Großteil der Patienten medizinische Gründe den Wechsel zum Praxisgemeinschafts-Partner geboten hätten oder dieser von ihnen ausdrücklich gewünscht worden sei.[246] 167

Zur Festlegung des honorarmäßigen Ausmaßes sachlich-rechnerischer Richtigstellung sei klarstellend darauf hingewiesen, dass – wie dargelegt – das Honorar für Leistungen, die im Falle einer Gemeinschaftspraxis nicht hätten doppelt vergütet werden können, **beiden Ärzten gekürzt werden darf**. Die Alternative wäre, die Ärzte so zu behandeln, wie sie sich dargestellt haben, nämlich als **Gemeinschaftspraxis**, und diese als Grundlage für eine **Vergleichsberechnung** zu nehmen: Ergibt dies ein geringeres Honorar, so wird **entsprechend gekürzt**. Eine solche Kürzung kann u.U. noch größer ausfallen. 168

Problematisch kann der Fall sein, wenn **ein Partner** einer Praxisgemeinschaft **guten Glaubens** ist – auch nicht das Tun seines Partners kontrolliert – und **nur der andere** z.B. **heimlich** Patienten des Kollegen an sich zieht und/oder dessen Daten zu sich herüberzieht und abrechnet: Ist in diesem Fall eine sachlich-rechnerische Richtigstellung auch gegen den gutartigen berechtigt? Kann dieser, obgleich nur der andere den Anschein einer Gemeinschaftspraxis setzte, als gesamtschuldnerisch haftender Partner behandelt und in Anspruch genommen werden? Wenn ja: Kann er sogar auf Zahlung der vollen Zuviel-Einnahmen einschließlich derer des anderen[247] in Anspruch genommen werden? 169

Hingewiesen sei noch auf einige von Landessozialgerichten entschiedene Fälle, in denen diese die jeweiligen sachlich-rechnerischen Richtigstellungen als rechtmäßig – und in einem Fall als rechtswidrig – ansahen: 170

- LSG Nordrhein-Westfalen v. 13.12.2006 - L 11 KA 82/05 - juris: **Zahnärztliche Praxisgemeinschaft mit Öffnungszeiten „rund um die Uhr“** (werktags 7-24 Uhr bzw. wochenends + feiertags 7-19 Uhr). In **ca. 38%** der Fälle Behandlung durch mehrere Partner. Revisions-Nichtzulassungsbeschwerde anhängig unter dem Aktenzeichen B 6 KA 17/07 B. Entscheidung im Frühsommer 2008.

---

[240] Der vom BSG (v. 22.03.2006 - B 6 KA 76/04 R - BSGE 96, 99 = SozR 4-5520 § 33 Nr. 6) entschiedene Fall betraf die Zeit von 1996-1998.

[241] „Richtlinien der Kassenärztlichen Bundesvereinigung und der Spitzenverbände der Krankenkassen zum Inhalt und zur Durchführung der Abrechnungsprüfungen der Kassenärztlichen Vereinigungen und der Krankenkassen“ (Deutsches Ärzteblatt 2004, A 2555).

[242] § 11 der vorgenannten Richtlinien. Ob § 11 inhaltsidentisch in die zurzeit in Arbeit befindliche Neufassung übernommen werden wird, bleibt abzuwarten.

[243] Z.B. könnte in dem Fall einer Praxisgemeinschaft aus einem Lungen-Internisten und einem kardiologischen Internisten möglicherweise eine sehr hohe Zahl von Patienten, die beide Ärzte konsultieren, als gerechtfertigt dargelegt werden.

[244] BSG v. 22.03.2006 - B 6 KA 76/04 R - BSGE 96, 99 = SozR 4-5520 § 33 Nr. 6 Rn. 25 am Ende.

[245] Was zu dokumentieren wäre: BSG v. 22.03.2006 - B 6 KA 76/04 R - BSGE 96, 99 = SozR 4-5520 § 33 Nr. 6 Rn. 25 am Ende.

[246] BSG v. 22.03.2006 - B 6 KA 76/04 R - BSGE 96, 99 = SozR 4-5520 § 33 Nr. 6 Rn. 25 am Ende.

[247] Der seinerseits evtl. in Insolvenz ist oder sich ins Ausland abgesetzt hat. Zur gesamtschuldnerischer Haftung vgl. BSG v. 20.10.2004 - B 6 KA 41/03 R - SozR 4-2500 § 106 Nr. 6 Rn. 20 ff.

- LSG Rheinland-Pfalz v. 30.05.2005 - L 5 ER 17/05 KA - MedR 2005, 614 = GesR 2005, 419: Planmäßiges Darauf**hinwirken zweier Ärzte** in einer Praxisgemeinschaft, dass Patienten in einem Quartal jeweils beide Ärzte konsultieren, ohne dass sie dafür Anlass sehen und ohne medizinischen Grund für Doppelbehandlungen.
- LSG Saarland v. 01.12.2004 - L 3 KA 19/03: **HVM-Bestimmung** über Begrenzung der Vergütung für Praxisgemeinschaft bei Behandlung identischer Patienten durch beide Partner auf eine Fallzahl von **10%** sei rechtmäßig.
- LSG Niedersachsen-Bremen v. 26.04.2004 - L 3 KA 12/04 ER - MedR 2004, 512: Allgemeinmediziner. Knapp **30%** der Patienten werden von beiden betreut, nachdem im Zusammenhang mit der Umwandlung der Gemeinschaftspraxis in eine Praxisgemeinschaft die Fallzahlen erheblich stiegen. Das LSG gab statt (was fragwürdig erscheint).
- LSG Niedersachsen-Bremen v. 10.02.2003 - L 3 KA 434/02 ER - MedR 2003, 429: Vertragsgestaltung mit Teilung aller Gewinne (sog. Gewinnpooling), dadurch Anreiz, dem Kollegen Patienten vergütungsvermehrend zuzuschieben.
- LSG Baden-Württemberg v. 12.05.1999 - L 5 KA 94/99 - ArztR 2000, 129: Praktische Ärzte. **85%** der Patienten werden von beiden hausärztlich betreut. Dem vorangegangen: LSG Baden-Württemberg v. 28.02.1997 - L 5 Ka 192/97 eA-B und 259/97 eA-B - MedR 1997, 563 (Ablehnung einstweiliger Anordnung).

H. Allgemein: Sachlich-rechnerische Richtigstellung und Vertrauensschutz

171 Die Frage, ob einer sachlich-rechnerischen Richtigstellung der Gesichtspunkt des Vertrauensschutzes entgegengehalten werden kann, ist grundsätzlich zu bejahen.

172 Allerdings ist im Bereich des Vertragsarztrechts, weil hier speziellere Vorschriften im Sinne des § 37 Satz 1 HS. 2 SGB I bestehen (heute § 106a SGB V, früher – bis 2003 – die Bestimmungen der Bundesmantelverträge, vgl. Rn. 12), die Regelung des § 45 SGB X nicht anwendbar.[248] Auch gibt es weitere Besonderheiten, die im Bereich des Vertragsarztrechts grundsätzlich gegen Möglichkeiten der Berufung auf Vertrauensschutz sprechen könnten. Die Besonderheiten des vertragsarztrechtlichen Honorarsystems sind vor allem:

- Das **Interesse** der Gesamtheit der Vertragsärzte ist darauf gerichtet, nach jedem Quartal **möglichst zeitnah und auch umfassend Honorar** zu erhalten – dies auch im Interesse der Liquidität ihrer Praxen und um selbst etwaige Zinsgewinne einzustreichen.[249]
- **Damit ist aber das Risiko verbunden**, dass noch keine ausreichende Überprüfung aller Ansprüche erfolgen konnte, sodass ein **Interesse an späteren Korrektur**möglichkeiten besteht. In Verbindung mit der Besonderheit, dass nur ein **begrenztes Gesamtvergütungs**volumen zur Verteilung zur Verfügung steht, führt die alsbaldige vollständige Auszahlung dazu, dass **nachträgliche Korrekturen bei einem Teil** der Vertragsärzte zugleich bedeuten, dass den anderen u.U. weniger oder mehr Honorar zusteht, als ihnen bereits ausgezahlt wurde. Muss einem Teil „Honorar nachgezahlt oder von ihnen ein Teil des Honorars zurückgefordert werden, so bedeutet das, dass **andere umgekehrt zu viel oder zu wenig** erhalten haben“[250]. **Deshalb muss** im vertragsärztlichen Vergütungssystem mehr als in anderen (= den allgemeinen sozialrechtlichen) Rechtsbereichen die **Möglichkeit bestehen**, bereits erteilte **Honorarbescheide noch nachträglich zu korrigieren**.[251]

173 Aus diesen Besonderheiten folgt, dass im Vertragsarztrecht – jedenfalls im Honorarbereich – ein **erweitertes Korrekturbedürfnis** besteht. Dem kann durch das **Sonder-Rechtsinstitut der sachlich-rechnerischen Richtigstellung** – bzw. durch dessen entsprechende (weite) Auslegung – Rechnung getragen werden, womit zugleich weniger Raum für Vertrauensschutz als gemäß § 45 Abs. 2, 4 SGB X besteht.

174 Ungeachtet dieser Besonderheiten, denen das Sonder-Rechtsinstitut der sachlich-rechnerischen Richtigstellung Rechnung trägt, gibt es den Gesichtspunkt des Vertrauensschutzes: Die Korrektur eines Honorarbescheids ist deshalb nicht mehr möglich, wenn[252]

---

[248] So die ständige Rechtsprechung des BSG, vgl. vor allem BSG v. 14.12.2005 - B 6 KA 17/05 R - BSGE 96, 1 = SozR 4-2500 Nr. 22 Rn. 11 und BSG v. 29.11.2006 - B 6 KA 39/05 R - SozR 4-2500 § 106a Nr. 3 Rn. 18, jeweils m.w.N.

[249] Vgl. im Einzelnen BSG v. 14.12.2005 - B 6 KA 17/05 R - BSGE 96, 1 = SozR 4-2500 § 85 Nr. 22 Rn. 12.

[250] Salopp ausgedrückt: Es ist „wie beim Flipper: Es klingelt überall“.

[251] Vgl. im Einzelnen BSG v. 14.12.2005 - B 6 KA 17/05 R - BSGE 96, 1 = SozR 4-2500 § 85 Nr. 22 Rn. 12.

[252] Vgl. im Einzelnen BSG v. 14.12.2005 - B 6 KA 17/05 R - BSGE 96, 1 = SozR 4-2500 § 85 Nr. 22 Rn. 12. Fortführend und zusammenfassend BSG v. 08.02.2006 - B 6 KA 12/05 R - SozR 4-2500 § 106a Nr. 1 Rn. 16.

(1) die **Frist von vier Jahren** seit dem Erlass des Honorarbescheids bereits abgelaufen ist:[253] vgl. Rn. 175,

(2) die Kassenärztliche Vereinigung ihre **Befugnis zur sachlich-rechnerischen Richtigstellung bereits „verbraucht"** hat, indem sie die Honoraranforderung des Vertragsarztes in einem der ursprünglichen Honorarverteilung nachfolgenden Verfahren bereits auf ihre sachlich-rechnerische Richtigkeit überprüfte und vorbehaltlos bestätigte:[254] vgl. im Einzelnen Rn. 176 ff.,

(3) die **Kassenärztliche Vereinigung es unterließ**, bei der Erteilung des Honorarbescheids **auf Ungereimtheiten, die ihr bekannt waren oder hätten sein müssen**, hinsichtlich der (der Sphäre des einzelnen Vertragsarztes entrückten) **Grundlagen** der Honorarverteilung **hinzuweisen** und dadurch schützenswertes Vertrauen bei den Vertragsärzten hervorgerufen wurde:[255] vgl. im Einzelnen Rn. 180 ff.

(4) die Fehlerhaftigkeit nicht für die übrigen Vertragsärzte relevant ist, weil **keine „verteilungswirksamen" Honorarteile** i.S.v. Rn. 172 **betroffen** sind.[256] So im Falle von Honorar, das **nicht das Gesamtvergütungsvolumen tangiert**, sondern z.B. nur von den Krankenkassen bei der Kassenärztlichen Vereinigung „durchgereicht" wird, sodass eine dabei erfolgte Fehlhonorierung die anderen Vertragsärzte nicht betrifft und diese also kein eigenes Interesse an einer Korrektur haben und deshalb dem betroffenen Vertragsarzt Vertrauensschutz entsprechend § 45 Abs. 2, 4 SGB X zugebilligt werden kann. Vgl. im Einzelnen Rn. 186 ff.

Kein Vertrauensschutz ergibt sich aber allein daraus, dass die Kassenärztliche Vereinigung die Erbringung bestimmter Leistungen in Kenntnis aller Umstände **längere Zeit geduldet** hat: vgl. im Einzelnen Rn. 190 f.

I. Frist abgelaufen

Vertrauensschutz wird vor allem dadurch realisiert, dass sachlich-rechnerische Richtigstellungen auf eine **Frist von vier Jahren** ab Erlass des Honorarbescheides begrenzt sind. Wie diese Frist anzuwenden ist und unter welchen Voraussetzungen eine **Fristenhemmung** eintritt sowie welche Korrekturmöglichkeiten nach Fristablauf noch bestehen, ist bereits dargelegt worden: vgl. Rn. 52 ff. 175

II. Befugnis zur Richtigstellung „bereits verbraucht"

Vertrauensschutz ergibt sich schon vor Fristablauf dann, wenn eine **sachlich-rechnerische Überprüfung bereits durchgeführt** und **zu Gunsten** des Arztes entschieden wurde. In diesem Fall kann die zuerkannte Vergütung später nicht mehr zurückgefordert werden.[257] Korrekturen sind nunmehr nur noch nach Maßgabe des (strengeren) § 45 SGB X möglich.[258] 176

Zur Frage, wie weit der Vertrauensschutz aufgrund „verbrauchter Richtigstellungsbefugnis" reicht, ist auf Folgendes hinzuweisen: 177

- Der Vertrauensschutz durch die bereits durchgeführte sachlich-rechnerische Richtigstellung betrifft die geprüfte **EBM-Ä-Leistungspositions-Nr. insgesamt** und gilt u.U. auch noch weiter für Folgequartale, für die keine sachlich-rechnerische Prüfung stattgefunden hat.[259] Der Vertrauensschutz betrifft aber **nur diese EBM-Ä-Nr.**[260] und greift nur dann ein, wenn davon ausgegangen werden kann, dass insoweit eine **Prüfung tatsächlich** erfolgte,[261] und auch **nur im Verhältnis zur Kassenärztli-**

[253] Danach ist nur noch § 45 (Abs. 2 Satz 3 i.V.m. Abs. 4 Satz 1)SGB X anwendbar.

[254] Danach ist nur noch § 45 (Abs. 2 Satz 3 i.V.m. Abs. 4 Satz 1)SGB X anwendbar.

[255] Das Rechtsinstitut der sachlich-rechnerischen Richtigstellung ist einschlägig, seine Anwendbarkeit aber nach Maßgabe des § 45 (Abs. 2 Satz 3 i.V.m. Abs. 4 Satz 1)SGB X begrenzt.

[256] Das Rechtsinstitut der sachlich-rechnerischen Richtigstellung ist einschlägig, seine Anwendbarkeit aber nach Maßgabe des § 45 (Abs. 2 Satz 3 i.V.m. Abs. 4 Satz 1)SGB X begrenzt.

[257] Vgl. hierzu BSG v. 12.12.2001 - B 6 KA 3/01 R - BSGE 89, 90, 98 ff. = SozR 3-2500 § 82 Nr. 3 S. 11 ff.; BSG v. 14.12.2005 - B 6 KA 17/05 R - BSGE 96, 1 = SozR 4-2500 § 85 Nr. 22 Rn. 15, 18; BSG v. 08.02.2006 - B 6 KA 12/05 R - SozR 4-2500 § 106a Nr. 1 Rn. 17-20; BSG v. 29.11.2006 - B 6 KA 39/05 R - SozR 4-2500 § 106a Nr. 3 Rn. 26.

[258] BSG v. 12.12.2001 - B 6 KA 3/01 R - BSGE 89, 90, 98 = SozR 3-2500 § 82 Nr. 3 S. 11; BSG v. 14.12.2005 - B 6 KA 17/05 R - BSGE 96, 1 = SozR 4-2500 § 85 Nr. 22 Rn. 14 am Ende.

[259] BSG v. 12.12.2001 - B 6 KA 3/01 R - BSGE 89, 90, 98 f., 100 f. = SozR 3-2500 § 82 Nr. 3 S. 11 f., 13 f.

[260] So die Hinweise in BSG v. 12.12.2001 - B 6 KA 3/01 R - BSGE 89, 90, 100 unten = SozR 3-2500 § 82 Nr. 3 S. 14 oben und in BSG v. 08.02.2006 - B 6 KA 12/05 R - SozR 4-2500 § 106a Nr. 1 Rn. 19.

[261] Beispiel mit Verneinung in BSG v. 08.02.2006 - B 6 KA 12/05 R - SozR 4-2500 § 106a Nr. 1 Rn. 19, 20.

chen Vereinigung[262]. Ob der Vertrauensschutz auch dann weiter gilt, wenn die EBM-Ä-Nr. aufgehoben, die gleiche Regelung aber in einer anderen EBM-Ä-Nr. getroffen wird, hat das BSG bisher nicht entschieden, ebenso wenig die Frage, ob der Vertrauensschutz auch einem Praxisnachfolger zugute kommt.

- Der Vertrauensschutz durch Verbrauch der Befugnis zu sachlich-rechnerischer Richtigstellung **kann** auch **wieder entfallen** durch z.B. ein gegenläufiges Gerichtsurteil,[263] dann aber auch wieder erneuert werden durch ein weiteres, höherrangiges Gerichtsurteil[264].

178 **Ohne Wirkung** im Sinne eines Verbrauchs von **Vertrauensschutz oder dessen Erneuerung** sind bloße **Schreiben** einer Kassenärztlichen Vereinigung,[265] ebenso deren **Rundschreiben** und auch von ihr herausgegebene **Abrechnungshinweise**. Der EBM-Ä kann verbindlich nur durch paritätisches Zusammenwirken von Kassenärztlicher Bundesvereinigung und den Krankenkassen interpretiert werden.[266] Das BSG hat **noch nicht entschieden**, ob die Unerheblichkeit bloßer Schreiben einer Kassenärztlichen Vereinigung auch dann gilt, wenn eine gezielte individuelle schriftliche Auskunft an einen Arzt erfolgt ist.

179 **Unzureichend** für einen Vertrauensschutz ist die bloße Gewährung von **Honorar während längerer Zeit**: vgl. Rn. 190.[267]

III. Unterlassen der Kassenärztlichen Vereinigung, auf Ungewissheiten hinzuweisen

180 Speziell in den Fällen, in denen die Rechtswidrigkeit des Honorarbezugs auf **Mängeln der normativen Honorargrundlagen oder ihrer Auslegung** beruht und damit der individuellen Sphäre des Arztes entrückt ist (vgl. Rn. 158 ff.), bestehen – als Ausfluss des Vertrauensschutz-Prinzips – zusätzliche Erfordernisse für eine spätere sachlich-rechnerische Richtigstellung: Die Kassenärztliche Vereinigung muss, sofern ihr in diesem Zeitpunkt bereits Unsicherheiten bekannt sind oder sie von diesen wissen müsste, bei Erteilung des Honorarbescheids einen Hinweis auf die Unsicherheiten geben. Der in solchen Fällen **erforderliche Vorläufigkeitshinweis** braucht nicht ausdrücklich dem Honorarbescheid selbst beigefügt zu sein (z.B. im Sinne eines „Vorbehalts"). Vielmehr reicht es aus, wenn sich die Vertragsärzte aufgrund der **Gesamtumstände** über die Rechtsunsicherheiten im Klaren sein müssen, z.B. durch Berichte der ärztlichen Fachpresse über bestimmte Problemlagen oder durch Hinweise in allgemeinen **Rundschreiben**.[268]

181 Ist in solchem Fall ein derartiger Hinweis erfolgt, so wird man die Kenntnis bzw. das Kennenmüssen im Falle einer Praxisnachfolge auch dem Nachfolger zurechnen müssen.

---

262 So sind Krankenkassen – binnen der Vier-Jahres-Frist – nicht an einem Antrag auf sachlich-rechnerische Richtigstellung gehindert: Vgl. BSG v. 12.12.2001 - B 6 KA 3/01 R - BSGE 89, 90, 98 und 101 = SozR 3-2500 § 82 Nr. 3 S. 11 und 14 („jedenfalls im Verhältnis zur Kassenärztlichen Vereinigung" und „Krankenkasse ihrerseits …"). Ebenso BSG v. 08.02.2006 - B 6 KA 12/05 R - SozR 4-2500 § 106a Nr. 1 Rn. 23 am Ende und 28 am Ende.

263 Hierzu vgl. BSG v. 12.12.2001 - B 6 KA 3/01 R - BSGE 89, 90, 101/102 = SozR 3-2500 § 82 Nr. 3 S. 15.

264 Vgl. BSG v. 12.12.2001 - B 6 KA 3/01 R - BSGE 89, 90, 101/102 und 102 unten = SozR 3-2500 § 82 Nr. 3 S. 15 und 16. Dabei wird man entsprechend den Ausführungen im Urteil des BSG v. 08.02.2006 - B 6 KA 12/05 R - SozR 4-2500 § 106a Nr. 1 Rn. 22 nur obergerichtliche Entscheidungen und auch nur solche des landeszuständigen LSG sowie des BSG berücksichtigen müssen.

265 Wobei nicht verkannt wird, dass die Kassenärztliche Vereinigung die für den Erlass des Bescheids zuständige Stelle ist, die somit auch für den Erlass von Zusicherungen zuständig ist.

266 Vgl. BSG v. 08.02.2006 - B 6 KA 12/05 R - SozR 4-2500 § 106a Nr. 1 Rn. 23. Weniger eindeutig insoweit BSG v. 12.12.2001 - B 6 KA 3/01 R - BSGE 89, 90, 101 unten = SozR 3-2500 § 82 Nr. 3 S. 15 oben. Deshalb wäre es eventuell anders, soweit die Auskunft der Kassenärztlichen Vereinigung eine von ihr allein verantwortete Regelung – wie früher Regelungen des Honorarverteilungsmaßstabs – beträfe.

267 Vgl. BSG v. 28.09.2005 - B 6 KA 14/04 R - SozR 3-5520 § 32 Nr. 2 Rn. 20.

268 Zu ausreichenden Hinweisen bzw. ausreichender Deutlichkeit aus den Gesamtumständen vgl. z.B. BSG v. 31.10.2001 - B 6 KA 16/00 R - BSGE 89, 62, 72 = SozR 3-2500 § 85 Nr. 42 S. 352; BSG v. 26.06.2002 - B 6 KA 24/01 R - USK 2002-123 S. 783 f.; BSG v. 26.06.2002 - B 6 KA 26/01 R - juris; BSG v. 14.12.2005 - B 6 KA 17/05 R - BSGE 96, 1 = SozR 4-2500 § 85 Nr. 22 Rn. 20; BSG v. 28.03.2007 - B 6 KA 22/06 R - BSGE 98 = SozR 4-2500 § 85 Nr. 33 Rn. 28; BSG v. 28.03.2007 - B 6 KA 26/06 R - juris Rn. 28 (insoweit in MedR nicht abgedruckt) - MedR 2008, 100.

Soweit aus Entscheidungen des BSG die Forderung zu entnehmen ist, in dem Vorläufigkeits**hinweis** müsse auch der **ungefähre Umfang** eventueller **späterer Korrektur** angegeben werden,[269] ist darauf zu verweisen, dass das BSG dieses Erfordernis in besonders gelagerten Konstellationen weniger streng gesehen hat.[270] Wenn aus der Natur der Sache eine **Umfangsangabe nicht möglich** ist, ist sie auch nicht zu fordern.[271] 182

Ungeachtet dessen, dass ein Hinweis auf den ungefähren Umfang eventueller späterer Korrektur nicht erforderlich ist, so darf der **Umfang der Korrektur** aber doch nicht beliebig groß sein. Er muss sich auf **begrenzte Teile des Honorarbescheids** bzw. – wirtschaftlich betrachtet – **auf kleinere Anteile des zunächst zuerkannten Honorars** beschränken.[272] Diesen Rahmen hat das BSG dahin konkretisiert, dass er jedenfalls dann eingehalten wird, wenn die nachträgliche Rückforderung nur einen Anteil **von bis zu 15%** des ursprünglich zuerkannten Honorars betrifft.[273] 183

IV. Keine „verteilungswirksamen" Honoraranteile betroffen

In dem Fall, dass keine „verteilungswirksamen" Honoraranteile betroffen sind (hierzu Rn. 186 f.), besteht keine Grundlage für einen nur verminderten Vertrauensschutz, wie dies in Rn. 172 f. dargestellt wurde. Nur bei „verteilungswirksamen Honoraranteilen" besteht die in Rn. 172 f. geschilderte Situation, dass dann, wenn einem oder mehreren Ärzten Honorar nachgezahlt oder von ihnen Honorar zurückgefordert wird, **andere umgekehrt zu viel oder zu wenig** erhalten haben und sich daher **nachträgliche Korrekturen nicht auf einen Teil der Vertragsärzte beschränken** können. Bei „nicht verteilungswirksamen Honoraranteilen" dagegen ist die Situation nicht anders als in sonstigen allgemein-sozialrechtlichen Fällen, in denen die §§ 44 ff. SGB X zur Anwendung kommen. 184

Um dem Rechnung zu tragen, zieht das BSG in diesen Fällen nicht verteilungswirksamer Honoraranteile zwar als **Rechtsgrundlage** für die Honorarneuberechnung und -rückforderung die Rechtsfigur der **sachlich-rechnerischen Richtigstellung** heran, billigt dabei dem Vertragsarzt **aber Vertrauensschutz gemäß § 45 SGB X** zu.[274] 185

Ein solcher Fall kann z.B. vorliegen, wenn auf Grund von sog. **Strukturverträgen** oder **Modellvereinbarungen** mit Krankenkassen einzelne Ärzte **zusätzliches Honorar von den Krankenkassen** erhalten.[275] Solche Honorarzahlungen sind **„nicht verteilungswirksam"**: Zwar ist die Kassenärztliche Vereinigung in deren Auszahlung eingeschaltet, indem die Krankenkassen das Honorar an die Kassenärztliche Vereinigung leiten und diese es an die berechtigten Vertragsärzte verteilt (diese ist lediglich technisch die Honorarverteilungsstelle). Etwaige Zuvielzahlungen gehen dabei aber nicht zu Lasten des Gesamtvergütungsvolumens; die vertragsärztlichen Honorare der anderen Ärzte werden nicht berührt. 186

Sind nur solche **nicht „verteilungswirksamen" Honoraranteile** betroffen und also nicht das Gesamtvergütungsvolumen tangiert, so betrifft eine dabei erfolgte Fehlhonorierung nicht die anderen Vertragsärzte, diese haben also kein eigenes Interesse an einer Korrektur. Deshalb kann dem von einer Korrektur betroffenen Vertragsarzt Vertrauensschutz entsprechend § 45 Abs. 2, 4 SGB X zugebilligt werden. 187

Eine ähnliche Situation kann sich **im Zahnbereich** ergeben, in dem die Gesamtvergütungsverträge vielfach einen äußeren Gesamtrahmen vorgeben, der aber im Regelfall durch die Verteilung nach vereinbarten Punktwerten nicht ausgeschöpft wird. In diesem Regelfall bedeutet eine Degressions-Zuvielzahlung an einen einzelnen Vertragszahnarzt keine Belastung der übrigen Vertragszahnärzte; insoweit sind also „nicht verteilungswirksame" Honoraranteile betroffen. 188

[269] So z.B. BSG v. 31.10.2001 - B 6 KA 16/00 R - BSGE 89, 62, 72 = SozR 3-2500 § 85 Nr. 42 S. 352.

[270] Z.B. Erstmaligkeit der Problemlage: BSG v. 26.06.2002 - B 6 KA 24/01 R - USK 2002-123 S. 784; BSG v. 26.06.2002 - B 6 KA 26/01 R - juris.

[271] So insbesondere in den Fällen noch nicht festgelegter Gesamtvergütungen: vgl. dazu die Revisionsrücknahmen am 30.06.2004 in den Verfahren B 6 KA 54/03 R, B 6 KA 55/03 R, B 6 KA 57/03 R und B 6 KA 58/03 R (Presse-Vorbericht Nr. 36/04 vom 16.06.2004 sowie Presse-Mitteilung Nr. 36/04 vom 01.07.2004, jeweils unter Nrn. 1-4).

[272] BSG v. 14.12.2005 - B 6 KA 17/05 R - BSGE 96, 1 = SozR 4-2500 § 85 Nr. 22 Rn. 21.

[273] BSG v. 14.12.2005 - B 6 KA 17/05 R - BSGE 96, 1 = SozR 4-2500 § 85 Nr. 22 Rn. 21 am Ende m.w.N.

[274] Vgl. BSG v. 14.12.2005 - B 6 KA 17/05 R - BSGE 96, 1 = SozR 4-2500 § 85 Nr. 22 Rn. 19; BSG v. 08.02.2006 - B 6 KA 12/05 R - SozR 4-2500 § 106a Nr. 1 Rn. 16 am Ende, 25 ff.

[275] Zu solchen Honorarstrukturen vgl. z.B. BSG v. 23.02.2005 - B 6 KA 45/03 R - SozR 4-1500 § 86 Nr. 2 Rn. 11 f. und BSG v. 22.06.2005 - B 6 KA 20/05 B - juris; BSG v. 08.09.2004 - B 6 KA 6/04 B - juris.

189 Zu überlegen ist die Zuordnung von Fehlern beim **Fremdkassenausgleich** (z.B. die fremde Kassenärztliche Vereinigung gibt versehentlich viel zu hohe Auszahlungspunktwerte an). Insoweit liegt aus der Sicht der eigenen Kassenärztlichen Vereinigung keine verteilungswirksame Honorierung vor, wohl aber für den Bereich der fremden Kassenärztlichen Vereinigung. Dies Letztere ist für die rechtliche Bewertung als maßgebend anzusehen, sodass ein Vertrauensschutz nur im dargelegten abgeschwächten Maße nach Maßgabe der dargestellten Fallgruppen (vgl. Rn. 175, Rn. 176 ff., Rn. 180 ff.) anerkannt werden kann.[276]

V. Fehlerhafte Honorierung während längerer Zeit

190 Seit der Konturierung der vorstehenden Fallgruppen von Vertrauensschutz[277] ist wohl kein Raum mehr für die frühere gelegentlich vorgebrachte These, die Praktizierung fehlerhafter Honorierung während längerer Zeit könne Vertrauensschutz begründen.[278] Dieser ist vielmehr nur dann gegeben, wenn eine der oben aufgeführten Fallgruppen (vgl. Rn. 175, Rn. 176 ff., Rn. 180 ff.) und die dort angeführten Voraussetzungen vorliegen. Daher sind die Entscheidungen nicht mehr relevant, in denen das BSG bei Honorierung z.B. von systematisch fachfremden Leistungen[279] oder von Leistungen ohne ausreichende fachliche Qualifikation[280] einen **Vertrauensschutz gegen Korrekturen** bei solchen Honorierungen anerkannte.[281] Die **früher einzelfallbezogenen Vertrauensschutzerwägungen** hat das BSG insbesondere durch die Herausstellung der Fallgruppe „Richtigstellungsbefugnis verbraucht“ (vgl. Rn. 176 ff.) **weiterentwickelt und schärfer konturiert**. Neben diesem Falltypus noch Raum zu geben für einen allgemeinen Vertrauensschutz aufgrund fehlerhafter Honorierung während längerer Zeit würde dieser Konturierung und der dadurch gewonnenen Rechtssicherheit zuwiderlaufen.

191 Im Übrigen kann aus dem Gesichtspunkt des Vertrauensschutzes nicht etwa abgeleitet werden, die **Kassenärztlichen Vereinigungen müssten**, wenn sie seit längerer Zeit eine bestimmte Abrechnungsweise praktiziert haben, vor deren **Änderung** dies **angemessene Zeit vorher ankündigen**. Dies kann auch nicht aus dem Urteil des BSG v. 20.03.1996[282] abgeleitet werden. Abgesehen davon, dass dessen Aussagen ohnehin nicht mehr in die heutige Konturierung durch die Herausstellung der dargestellten Fallgruppen passen (vgl. Rn. 175, Rn. 176 ff., Rn. 180 ff.), enthält das Urteil lediglich eine umfängliche Schilderung der bisherigen Verwaltungspraxis und der beim Arzt u.U. vorhandenen Erwartungen der Ankündigung einer Änderung der Verwaltungspraxis. Eine rechtliche Anforderung wird damit aber nicht festgeschrieben, wie das BSG auch später klargestellt hat.[283]

VI. Aufhebung des gesamten Honorarbescheids bei grob fahrlässigem Fehlansatz

192 Im hier behandelten Kontext ist schließlich auch der Fall zu behandeln, dass dem Arzt jeglicher Bestandsschutz für das ihm zunächst zuerkannte Quartalshonorar abgesprochen wird: Wenn eine Honorarabrechnung des Vertragsarztes auch nur **einen Fehlansatz** aufweist, bei dem dem Arzt **grobe Fahrlässigkeit** vorzuwerfen ist, so erfüllt die jeder Quartalsabrechnung beizufügende sog. **Abrechnungssammelerklärung** nach der Rechtsprechung des BSG **nicht mehr** ihre **Garantiefunktion**. Die Folge ist, dass diese als nicht wirksam abgegeben gilt, sodass das **gesamte Quartalshonorar zu Fall**

---

276 Eine Rückforderung von Fremdkassenvergütungen wäre wohl auch dann möglich, wenn man dies anders sähe und diese Honorare mit gewöhnlichen Arzthonoraren gleichbehandeln würde. Dafür könnte ein Vorläufigkeitshinweis (vgl. Rn. 180) wohl nicht gefordert werden. Denn dieser ist nur im Zusammenhang mit dem Honorarbescheid denkbar. Diesen erteilt in den Fremdkassenfällen aber nur die eigene Kassenärztliche Vereinigung, die von etwaigen Unsicherheiten in den Grundlagen der Fremdkassenhonorare schwerlich etwas wissen kann.

277 Vgl. vor allem BSG v. 14.12.2005 - B 6 KA 17/05 R - BSGE 96, 1 = SozR 4-2500 § 85 Nr. 22 Rn. 12 und BSG v. 08.02.2006 - B 6 KA 12/05 R - SozR 4-2500 § 106a Nr. 1 Rn. 16.

278 So z.B. im Gefolge der Rechtsprechung noch *Engelhard* in: Hauck/Noftz, SGB V, K § 106a Rn. 33.

279 So im Falle des Urteils des BSG v. 20.03.1996 - 6 RKa 34/95 - SozR 3-2500 § 95 Nr. 9 S. 38 f.; BSG v. 05.02.2003 - B 6 KA 15/02 R - SozR 4-2500 § 95 Nr. 1 Rn. 12 am Ende.

280 Vgl. BSG v. 28.01.1998 - B 6 KA 93/96 R - SozR 3-2500 § 135 Nr. 6 S. 35.

281 Zusammenfassend BSG v. 12.12.2001 - B 6 KA 3/01 R - BSGE 89, 90, 101 = SozR 3-2500 § 82 Nr. 3 S. 14.

282 BSG v. 20.03.1996 - 6 RKa 34/95 - SozR 3-2500 § 95 Nr. 9 S. 38 f.

283 Vgl. BSG v. 12.12.2001 - B 6 KA 3/01 R - BSGE 89, 90, 101 = SozR 3-2500 § 82 Nr. 3 S. 14 – mit nur Aufzählung von „über einen längeren Zeitraum ... wissentlich geduldet“ und „der Vertragsarzt im Vertrauen ... weiterhin entsprechende Leistungen erbracht“. Dies wiederholend BSG v. 05.02.2003 - B 6 KA 15/02 R - SozR 4-2500 § 95 Nr. 1 Rn. 12 am Ende.

kommt.[284] Mithin kann der gesamte Quartalshonorarbescheid aufgehoben werden, d.h. es kann eine sachlich-rechnerische Richtigstellung mit Folgen weit über das sonst mögliche Ausmaß hinaus erfolgen. Dies ist gerechtfertigt, denn es handelt sich durch das Vorliegen grober Fahrlässigkeit[285] um einen atypischen Fall besonders gravierenden Fehlverhaltens.

Für das **Vorliegen grober Fahrlässigkeit** kann, weil von den konkreten Umständen des Einzelfalls abhängig, kein allgemein-abstrakter Maßstab angegeben werden. Als Anhaltspunkt sei auf das **Beispiel** hingewiesen, dass eine **vorgeschriebene Dokumentation völlig fehlt**. Würde sie nicht völlig fehlen, sondern nur nicht ausreichend intensiv sein, so könnte eine grobe Fahrlässigkeit wohl nicht angenommen werden.[286] 193

Die Aufhebung des gesamten Honorarbescheids hat zur Folge, dass das **Honorar neu festzusetzen** ist, wobei eine **Schätzung** erfolgen kann.[287] Diese kann sich am Fachgruppendurchschnitt orientieren.[288] Dies dürfte ein geeigneter Maßstab im Fall solcher Vertragsärzte sein, deren Abrechnungsvolumen deutlich über dem Durchschnitt ihrer Fachgruppe lag, während bei unterdurchschnittlich Abrechnenden nach anderen Maßstäben zu suchen ist. 194

VII. Möglichkeiten bei umfänglicherer Honorarneuverteilung

Wenn sich sachlich-rechnerische Richtigstellungen in großem Ausmaß als notwendig erweisen, insbesondere wenn das Gros der Ärzte betroffen ist – was vor allem bei Mängeln der normativen Honorargrundlagen oder ihrer Auslegung der Fall sein kann (dazu vgl. Rn. 158 ff.) –, können die erforderlichen Korrekturen möglicherweise de facto einer Honorarneuverteilung gleich kommen. Wenn Teile der bisherigen normativen Honorargrundlagen unwirksam sind, kann u.U die bisherige Art der Honorarverteilung als nicht mehr „passend" zu beurteilen sein. Z.B. kann in dem Fall, dass das Gesamtvergütungsvolumen geringer ist als ursprünglich erwartet und sich dadurch alle Honorarberechnungen als fehlerhaft erweisen, das Bedürfnis stärker werden, umsatzschwächere Praxen mehr zu schützen. In solchen und anderen Fällen stellt sich die **Frage, ob aus Anlass der notwendigen Korrekturen die Honorarverteilungsregelungen überarbeitet werden dürfen.** 195

Die Möglichkeit, aus Anlass der notwendigen Korrekturen die Honorarverteilung neu zu regeln, besteht grundsätzlich. Bloße **Präzisierungen** der bisher angewendeten Bestimmungen sind **auf jeden Fall zulässig.**[289] Aber auch **weitergehend** dürften Neuregelungen zulässig sein, wobei allerdings **zu fordern sein dürfte, dass** sie durch die neue Rechtslage – z.B. durch das nunmehr geringere Gesamtvergütungsvolumen – **sachlich veranlasst** sind.[290] 196

Gelegentlich enthalten **Honorarverteilungsregelungen** schon von vornherein „**Reservebestimmungen**" z.B. für den Fall, dass das Gesamtvergütungsvolumen nicht ausreicht für eine Honorierung zu den mit den Krankenkassen in den Gesamtverträgen anvisierten Punktwerten.[291] Bei solcher Gestaltung ist dann kein Anlass zu einer Honorarverteilungs-Neuregelung gegeben. 197

[284] Grundlegend BSG v. 17.09.1997 - 6 RKa 86/95 - SozR 3-5550 § 35 Nr. 1. Vgl. auch BSG v. 22.03.2006 - B 6 KA 76/04 R - BSGE 96, 99 = SozR 4-5520 § 33 Nr. 6 Rn. 28.

[285] Sachlich-rechnerische Richtigstellungen setzen ein Verschulden an sich nicht voraus, vgl. Rn. 47.

[286] Vgl. dazu auch BSG v. 31.08.2005 - B 6 KA 35/05 B - unveröffentlicht – betr. teilweise Aufhebung von Quartalshonorarbescheiden, nämlich hinsichtlich aller Nrn. 5 EBM-Ä (Inanspruchnahme des Arztes außerhalb der Sprechstunde) durch Hochrechnung nach Überprüfung nur einiger Fälle: Die Vorinstanz hatte eine Falschabrechnung bejaht, aber grobe Fahrlässigkeit verneint, sodass eine Aufhebung über die Ansätze der Nr. 5 EBM-Ä hinaus nicht gerechtfertigt war.

[287] Zu den Anforderungen an die gerichtliche Kontrolle von Schätzungen vgl. BSG v. 17.09.1997 - 6 RKa 86/95 - SozR 3-5550 § 35 Nr. 1 S. 9.

[288] BSG v. 17.09.1997 - 6 RKa 86/95 - SozR 3-5550 § 35 Nr. 1 S. 8 f.

[289] So ausdrücklich BSG v. 14.12.2005 - B 6 KA 17/05 R - BSGE 96, 1 = SozR 4-2500 § 85 Nr. 22 Rn. 24.

[290] Insoweit offengelassen von BSG v. 14.12.2005 - B 6 KA 17/05 R - BSGE 96, 1 = SozR 4-2500 § 85 Nr. 22 Rn. 24 Satz 2. Vgl. dazu auch die Revisionsrücknahmen am 30.06.2004 in den Verfahren B 6 KA 54/03 R, B 6 KA 55/03 R, B 6 KA 57/03 R, B 6 KA 58/03 R (vgl. Presse-Vorbericht Nr. 36/04 vom 16.06.2004 sowie Presse-Mitteilung Nr. 36/04 vom 01.07.2004).

[291] So lag der Fall BSG v. 14.12.2005 - B 6 KA 17/05 R - BSGE 96, 1 = SozR 4-2500 § 85 Nr. 22 Rn. 24.

I. Reformbestrebungen und -vorschläge

I. Reformbestrebungen

198 Von Reformbestrebungen ist zurzeit nichts bekannt. Ein Bedarf dafür ist – abgesehen von dem in Rn. 199 dargestellten Reformvorschlag – auch nicht ersichtlich.

II. Reformvorschläge

199 Reformbedarf besteht insofern, als zur Berechnung der Richtigstellungssumme eine gesetzliche Regelung ergehen sollte, die zweifelsfrei alle Fälle von Richtigstellungen (klassische sachlich-rechnerische Richtigstellung, Plausibilitätsprüfung, quartalsgleiche und nachgehende Richtigstellung) umfasst: dazu vgl. Rn. 48 ff.

Dritter Abschnitt: Beziehungen zu Krankhäusern und anderen Einrichtungen

§ 107 SGB V Krankenhäuser, Vorsorge- oder Rehabilitationseinrichtungen

(Fassung vom 19.06.2001, gültig ab 01.07.2001)

(1) Krankenhäuser im Sinne dieses Gesetzbuchs sind Einrichtungen, die

1. der Krankenhausbehandlung oder Geburtshilfe dienen,

2. fachlich-medizinisch unter ständiger ärztlicher Leitung stehen, über ausreichende, ihrem Versorgungsauftrag entsprechende diagnostische und therapeutische Möglichkeiten verfügen und nach wissenschaftlich anerkannten Methoden arbeiten,

3. mit Hilfe von jederzeit verfügbarem ärztlichem, Pflege-, Funktions- und medizinisch-technischem Personal darauf eingerichtet sind, vorwiegend durch ärztliche und pflegerische Hilfeleistung Krankheiten der Patienten zu erkennen, zu heilen, ihre Verschlimmerung zu verhüten, Krankheitsbeschwerden zu lindern oder Geburtshilfe zu leisten,

und in denen

4. die Patienten untergebracht und verpflegt werden können.

(2) Vorsorge- oder Rehabilitationseinrichtungen im Sinne dieses Gesetzbuchs sind Einrichtungen, die

1. der stationären Behandlung der Patienten dienen, um

a) eine Schwächung der Gesundheit, die in absehbarer Zeit voraussichtlich zu einer Krankheit führen würde, zu beseitigen oder einer Gefährdung der gesundheitlichen Entwicklung eines Kindes entgegenzuwirken (Vorsorge) oder

b) eine Krankheit zu heilen, ihre Verschlimmerung zu verhüten oder Krankheitsbeschwerden zu lindern oder im Anschluß an Krankenhausbehandlung den dabei erzielten Behandlungserfolg zu sichern oder zu festigen, auch mit dem Ziel, eine drohende Behinderung oder Pflegebedürftigkeit abzuwenden, zu beseitigen, zu mindern, auszugleichen, ihre Verschlimmerung zu verhüten oder ihre Folgen zu mildern (Rehabilitation), wobei Leistungen der aktivierenden Pflege nicht von den Krankenkassen übernommen werden dürfen.

2. fachlich-medizinisch unter ständiger ärztlicher Verantwortung und unter Mitwirkung von besonders geschultem Personal darauf eingerichtet sind, den Gesundheitszustand der Patienten nach einem ärztlichen Behandlungsplan vorwiegend durch Anwendung von Heilmitteln einschließlich Krankengymnastik, Bewegungstherapie, Sprachtherapie oder Arbeits- und Beschäftigungstherapie, ferner durch andere geeignete Hilfen, auch durch geistige und seelische Einwirkungen, zu verbessern und den Patienten bei der Entwicklung eigener Abwehr- und Heilungskräfte zu helfen,

und in denen

3. die Patienten untergebracht und verpflegt werden können.

Gliederung

A. Basisinformationen

I. Textgeschichte/Gesetzgebungsmaterialien

1 Die Regelung wurde durch das GRG[1] mit Wirkung vom **01.01.1989** eingeführt.[2] Geändert wurde bisher nur der zweite Absatz:

- Mit Wirkung vom **01.01.1995** hob das Pflege-Versicherungsgesetz[3] die in § 107 Abs. 2 Nr. 1 lit. b SGB V zuvor bei den Rehabilitationszielen bestehende Differenzierung zwischen Behinderung und Pflegebedürftigkeit auf und bestimmte zugleich, dass Leistungen der aktivierenden Pflege nicht als Rehabilitationsleistungen von den Krankenkassen übernommen werden dürfen.[4]
- Im Zuge der Kodifizierung des Rehabilitationsrechts[5] wurde in § 107 Abs. 2 Nr. 1 lit. b SGB V zum **01.07.2001** die Umschreibung der Rehabilitationsziele an den Sprachgebrauch des SGB XI angepasst.[6]

II. Vorgängervorschriften

2 § 107 SGB V hat im Recht der gesetzlichen Krankenversicherung **keinen Vorläufer**. Die RVO hatte darauf verzichtet, die Begriffe des Krankenhauses sowie der Kur- und Spezialeinrichtung – dem Vorgänger der Vorsorge- und Rehabilitationseinrichtung – zu definieren (vgl. die §§ 184, 184a, 371 RVO). Außerhalb des Krankenversicherungsrechts findet sich eine Legaldefinition des Krankenhauses in **§ 2 Nr. 1 KHG**, an der sich der Gesetzgeber bei der Schaffung des § 107 Abs. 1 SGB V orientiert hat.[7]

III. Parallelvorschriften

3 Nicht nur Vorbild, sondern auch Parallelvorschrift zu § 107 Abs. 1 SGB V ist **§ 2 Nr. 1 KHG**. Allerdings ist diese Vorschrift wesentlich weiter gefasst. Denn dem Krankenhausbegriff des § 2 Nr. 1 KHG unterfallen auch Vorsorge- und Rehabilitationseinrichtungen im Sinne des § 107 Abs. 2 SGB V, die allerdings gemäß § 5 Abs. 1 Nr. 7 KHG – der wiederum auf § 107 Abs. 2 SGB V verweist – aus der Krankenhausförderung und -planung herausgenommen werden und damit gemäß § 1 Abs. 2 Nr. 2 KHEntgG, § 1 Abs. 2 BPflV auch aus dem Anwendungsbereich des Krankenhausvergütungsrechts herausfallen.

4 Während das Recht der gesetzlichen Unfallversicherung in **§ 33 Abs. 2 SGB VII** vollumfänglich auf die Legaldefinitionen in § 107 SGB V verweist, kennt das Recht der gesetzlichen Rentenversicherung in **§ 15 Abs. 2 SGB VI** einen eigenständigen Begriff der Rehabilitationseinrichtung.

IV. Systematische Zusammenhänge

5 Die Legaldefinitionen des Krankenhauses und der Vorsorge- und Rehabilitationseinrichtung in § 107 SGB V sind Grundlage für das in den folgenden Vorschriften geregelte differenzierte Zulassungs- und Vertragssystem. Der überwiegende Teil dieser Vorschriften (**§§ 108-110 SGB V** und **§§ 112-114**

---

1 Gesundheits-Reformgesetz vom 10.12.1988, BGBl I 1988, 2477.

2 Materialien: Gesetzentwurf, BT-Drs. 11/2237, S. 196 f.; Stellungnahme des Bundesrates, BT-Drs. 11/2493, S. 28; Gegenäußerung der Bundesregierung, BT-Drs. 11/2493, S. 63; Bericht des Ausschusses für Arbeit und Sozialordnung BT-Drs. 11/3480, S. 60.

3 Vom 26.05.1994 (BGBl I 1995, 1014).

4 Materialien: Bericht des Ausschusses für Arbeit und Sozialordnung BT-Drs. 12/5952, S. 51.

5 Neunte Buch Sozialgesetzbuch vom 19.06.2001 (BGBl I 2001, 1046).

6 Materialien: Gesetzentwurf, BT-Drs. 14/5074, S. 119.

7 Vgl. BT-Drs. 11/2237, S. 196. Die vom Bundesrat geforderte Anpassung des Krankenhausbegriffes des § 2 Nr. 1 KHG (BT-Drs. 11/2493, S. 28) ist nicht zustande gekommen.

SGB V) gilt allein für Krankenhäuser. Lediglich die **§§ 111, 111a SGB V** sowie der zum 31.07.2008 durch das GKV-WSG[8] abgeschaffte § 111b SGB V betreffen Vorsorge- und Rehabilitationseinrichtungen.

V. Ausgewählte Literaturhinweise

Kaltenborn, Das „Krankenhaus" – Überlegungen zu einem vielschichtigen Rechtsbegriff, GesR 2006, 538-545. 6

B. Auslegung der Norm

I. Regelungsgehalt und Bedeutung der Norm

§ 107 SGB V **definiert** für das Recht der gesetzlichen Krankenversicherung die **Begriffe** des **Krankenhauses** sowie der **Vorsorge-** und der **Rehabilitationseinrichtung**. Dabei stellten die Vorsorge- und die Rehabilitationseinrichtung, deren Begriffsbestimmungen im zweiten Absatz des § 107 SGB V zusammengefasst sind, zwei verschiedene Arten von Einrichtungen dar. Damit enthält § 107 SGB V nicht nur zwei, sondern drei Legaldefinitionen. Da in § 107 Abs. 2 Nr. 1 SGB V auch noch die Begriffe „**Vorsorge**" und „**Rehabilitation**" näher bestimmt werden, kann sogar von fünf Legaldefinitionen die Rede sein. 7

Nach den vom Statistischen Bundesamt herausgegebenen Grunddaten gab es im Jahr 2005 in Deutschland insgesamt **2.139 Krankenhäuser** mit 523.824 Betten. Gegenüber 1991 hat sich die Zahl der Krankenhäuser um 11,3% (von 2.411) und die Zahl der Betten um 21,3% (von 665.565) verringert. Die Zahl der auf Vollkräfte umgerechneten Beschäftigten ging im selben Zeitraum um 9,1% (von 875.816 auf 796.097) zurück; gleichzeitig nahm die Zahl der hauptamtlichen Ärzte um 27,7% (von 95.208 auf 121.610) zu, während sich die Zahl der Pflegekräfte absolut gesehen im gleichen Umfang (von 326.072 auf 302.346) und relativ gesehen um 7,3% verringerte. Es fand in diesem Zeitraum nicht nur ein Kapazitätsabbau im Krankenhausbereich statt. Vielmehr unterlag auch das Behandlungsgeschehen einem tiefgreifenden strukturellen Wandel: Von 1991-2005 verkürzte sich die durchschnittliche Verweildauer um 61,4% (von 14,0 auf 8,6 Tage), wobei infolge einer Steigerung der Fallzahl um 13,6% (von 14.576.613 auf 16.873.885) die Berechnungs-/Belegungstage nur um 29,2% (von 204.204 auf 144.576) zurückgingen.[9] 8

Im Jahr 2005 gab es in Deutschland **1.270 Vorsorge- und Rehabilitationseinrichtungen**. Gegenüber 1991 ist ihre Zahl um 7,5% (von 1.181) gestiegen. Die Zahl der auf Vollkräfte umgerechneten Beschäftigten stieg im selben Zeitraum um 17,3% (von 78.074 auf 91.547). Zurückzuführen sind diese Steigerungen – die ihren Höhepunkt 1996 (mit 102.247 Vollkräften in 1.404 Einrichtungen) hatten – vor allem auf den Ausbau der Versorgungskapazitäten in den neuen Bundesländern. Dort nahm von 1991-2005 die Zahl der Einrichtungen um 80,4% (von 107 auf 193) und die Zahl der Vollkräfte um 215,4% (von 5.739 auf 18.101) zu. Demgegenüber sind die Zuwächse in den alten Bundesländern nicht nur bei der Zahl der Einrichtungen mit 0,3% (von 1.074 auf 1.077), sondern auch bei der Zahl der Vollkräfte mit 1,5% (von 72.335 auf 73.446) bescheiden.[10] 9

II. Normzweck

Die Legaldefinitionen von Krankenhaus sowie Vorsorge- und Rehabilitationseinrichtung dienen sowohl der **Abgrenzung** dieser Einrichtungen voneinander als auch gegenüber anderen Versorgungsformen. Die Abgrenzung ist erforderlich, weil die Krankenhäuser auf der einen Seite und die Vorsorge- sowie Rehabilitationseinrichtungen auf der anderen Seite sowohl hinsichtlich ihrer **Zulassung** zur Versorgung der Versicherten als auch hinsichtlich der **Vergütung** ihrer Leistungen unterschiedlichen Rechtsregimes folgen: 10

---

[8] GKV-Wettbewerbsstärkungsgesetz vom 26.03.2007, BGBl I 2007, 378.

[9] Statistisches Bundesamt, Grunddaten der Krankenhäuser 2005, Fachserie 12, Reihe 6.1.1, Tabellen 1.1 und 1.2.

[10] Statistisches Bundesamt, Grunddaten der Vorsorge- und Rehabilitationseinrichtungen 2005, Fachserie 12, Reihe 6.1.2, Tabellen 1.1 und 1.2; Statistisches Bundesamt, Grunddaten der Krankenhäuser und Vorsorge- oder Rehabilitationseinrichtungen 1991, Fachserie 12, Reihe 6.1, Tabelle 3.2.

- Die Zulassung der **Krankenhäuser** erfolgt nicht nur durch Rechtsakte, die – wie der (echte) Versorgungsvertrag (§§ 108 Nr. 3, 109 Abs. 1 Satz 1 SGB V) – ihre Grundlage im SGB V haben. Vielmehr ist die Zulassung auch Folge der Anerkennung als Hochschulklinik oder der Aufnahme in den Krankenhausplan (§§ 108 Nr. 1 und 2, 109 Abs. 1 Satz 2 SGB V) und damit von Rechtsakten des Hochschul- bzw. Krankenhausrechts. Die Finanzierung und die Vergütung der Krankenhausleistungen richten sich – wie § 109 Abs. 4 Satz 3 SGB V klarstellt – nach dem KHG, dem KHEntgG und der BPflV. Damit **knüpft** das SGB V bei Zulassung und Vergütung der Krankenhäuser sehr stark **an** das **Krankenhausrecht an**, das der staatlichen Ebene sehr weitreichende Befugnisse einräumt.
- Demgegenüber ist die Zulassung und Vergütung der **Vorsorge- und Rehabilitationseinrichtungen allein im SGB V** geregelt. Diese Einrichtungen sind damit von der staatlichen Krankenhausplanung ausgenommen. Stattdessen sind sie in ein Zulassungssystem einbezogen, das allein auf Versorgungsverträgen mit den (Landesverbänden der) Krankenkassen beruht (§ 111 SGB V). Die Vergütung für ihre Leistungen wird zwischen dem Träger der Einrichtung und den Krankenkassen frei vereinbart.[11]

11 Die Legaldefinitionen sind allerdings nicht allein für das Leistungserbringungsrecht von Bedeutung. Vielmehr dienen sie auch dazu, die **Leistungsansprüche** auf stationäre Krankenhausbehandlung, Vorsorge und Rehabilitation zu **konkretisieren**. Zentrale Merkmale der Legaldefinitionen von Krankenhaus, Vorsorge- und Rehabilitationseinrichtung in § 107 SGB V gehen auf die Rechtsprechung des BSG zum Leistungsrecht zurück. Sinn und Zweck der Kodifizierung von Kernelementen dieser Rechtsprechung ist gerade die Präzisierung des Leistungsrechts.

III. Begriff des Krankenhauses

12 Der Krankenhausbegriff des § 107 Abs. 1 SGB V knüpft an denjenigen des § 2 Nr. 1 KHG an, konkretisiert ihn jedoch – unter Rückgriff auf Merkmale, die in der Rechtsprechung des BSG entwickelt worden sind – durch fachliche und organisatorische Voraussetzungen.[12] Nach **§ 2 Nr. 1 KHG** sind Krankenhäuser Einrichtungen,

- in denen durch ärztliche und pflegerische Hilfeleistung Krankheiten, Leiden oder Körperschäden festgestellt, geheilt oder gelindert werden sollen oder Geburtshilfe geleistet wird und
- in denen die zu versorgenden Personen untergebracht und verpflegt werden können.

Diese Begriffsmerkmale tauchen fast wörtlich im zweiten Teil der Nr. 3 und in der Nr. 4 des § 107 Abs. 1 SGB V auf. Über die Definition in § 2 Nr. 1 KHG hinaus gehen jedoch die Nrn. 1 und 2 sowie der erste Teil der Nr. 3 des § 107 Abs. 1 SGB V. Hierin hat die **Rechtsprechung des BSG** zu den besonderen Mitteln, durch die sich das Krankenhaus vor anderen Formen der medizinischen Versorgung auszeichnet, ihren Niederschlag gefunden. Zu diesen krankenhausspezifischen Mitteln gehört neben einer apparativen Mindestausstattung und einem geschulten Pflegepersonal vor allem ein jederzeit präsenter bzw. rufbereiter Arzt, dessen Leistungen im Vordergrund stehen müssen (vgl. die Kommentierung zu § 39 SGB V Rn. 62 ff.). Mit dem Erfordernis eines jederzeit verfügbaren ärztlichen Personals (vgl. Rn. 28) und eines Vorwiegens seiner Hilfeleistungen (vgl. Rn. 29, § 107 Abs. 1 Nr. 3 SGB V) sowie einer ständigen ärztlichen Leitung (vgl. Rn. 22, § 107 Abs. 1 Nr. 2 SGB V) hat der Gesetzgeber Kernelemente dieser Rechtsprechung kodifiziert.

13 Die im Anschluss an § 2 Nr. 1 KHG und die Rechtsprechung des BSG geschaffene Legaldefinition des § 107 Abs. 1 SGB V ist wenig geglückt. Sie ist umfangreich und dennoch nicht trennscharf. Vielmehr enthält sie eine schwer durchschaubare Mischung von Begriffsmerkmalen,[13] die den Blick auf die **Struktur der Vorschrift** verstellt. Sind Einrichtungen Funktionseinheiten, in denen personelle und sächliche Mittel zur Verwirklichung besonderer Zwecke organisatorisch zusammengefasst sind,[14] so unterscheiden sie sich in erster Linie durch die Aufgaben, die sie erfüllen sollen, mithin im Sozialrecht durch die Leistungen, die sie bereitstellen sollen. Dementsprechend nennt § 107 Abs. 1 SGB V an erster Stelle (Nr. 1) die Aufgabenstellung des Krankenhauses und umschreibt diese mit den Leistungen, deren Erbringung es dient. Da sich die spezifische Aufgabenstellung bei Personal und Sachmitteln sowie in der Organisation ihres Einsatzes niederschlägt, bestehen auch diesbezüglich Besonderheiten, die die Einrichtungen kennzeichnen. Hieran knüpft § 107 Abs. 1 SGB V im Weiteren (Nrn. 2-4) an, unter-

---

[11] BT-Drs. 11/2237, S. 196.

[12] Vgl. BT-Drs. 11/2237, S. 177 und 196.

[13] *Kaltenborn*, GesR 2006, 538, 542.

[14] Vgl. *Kessler* in: Neumann, Handbuch SGB IX, § 9 Rn. 9.

scheidet dabei aber zwischen fachlichen (Nr. 2) und organisatorischen (Nr. 3) Anforderungen an den Mitteleinsatz, ohne diese Unterscheidung konsequent durchhalten zu können. Trotz der erkennbaren Grundstruktur tragen Überschneidungen[15] und Wiederholungen[16] nicht gerade zum besseren Verständnis bei.

Um als Krankenhaus qualifiziert zu werden, stellt das Gesetz an Einrichtungen **keine weiteren Anforderungen** als diejenigen, die in § 107 Abs. 1 SGB V genannt sind. Damit setzt es weder eine rechtliche Selbständigkeit noch eine eigenständige Wirtschaftsführung voraus. Allerdings ergibt sich aus § 111 Abs. 6 SGB V, dass zwischen Krankenhaus einerseits und Vorsorge- bzw. Rehabilitationseinrichtung andererseits eine eindeutige räumliche, organisatorische und wirtschaftliche Trennung bestehen muss.[17] 14

1. Aufgabenstellung

Nach § 107 Abs. 1 Nr. 1 SGB V müssen Krankenhäuser der Krankenhausbehandlung oder Geburtshilfe dienen. Damit wird **auf das Leistungsrecht verwiesen**. Gegenstand der Behandlung muss Krankenhausbehandlung im Sinne des § 39 SGB V oder Geburtshilfe (stationäre Entbindungspflege) im Sinne des § 197 RVO sein. § 107 Abs. 1 SGB V kennt keinen eigenständigen leistungserbringerrechtlichen Begriff der Krankenhausbehandlung[18] oder der Geburtshilfe. Derlei ließe sich nicht mit der dienenden Funktion des Leistungserbringerrechts vereinbaren. Auch wenn kein qualitativer Vorrang des Leistungsrechts vor dem Leistungserbringerrecht besteht, so müssen doch beide Teilgebiete als notwendiger Beitrag zu dem einheitlichen und widerspruchsfrei konzipierten Naturalleistungssystem der gesetzlichen Krankenversicherung betrachtet werden.[19] Dies schließt es aus, im Leistungsrecht und im Leistungserbringerrecht von verschiedenen Begriffen der Krankenhausbehandlung bzw. Geburtshilfe auszugehen. Dagegen lässt es die Einheit von Leistungsrecht und Leistungserbringerrecht zu, den Begriff der Krankenhausbehandlung bzw. Geburtshilfe in leistungserbringerrechtlichen Bestimmungen zu konkretisieren. 15

a. Krankenhausbehandlung

Ist unter der in § 107 Abs. 1 Nr. 1 SGB V erwähnten Krankenhausbehandlung diejenige im Sinne des Leistungsrechts zu verstehen, so fällt hierunter gemäß § 39 Abs. 1 Satz 1 SGB V nicht nur die voll- und teilstationäre, sondern auch die vor- und nachstationäre sowie die ambulante Behandlung im Krankenhaus (vgl. die Kommentierung zu § 39 SGB V Rn. 32 ff.). Damit ist die begriffliche Unterscheidung zwischen Krankenhäusern und Einrichtungen der ambulanten Versorgung jedoch nicht aufgehoben. Vielmehr ist eine Einrichtung, die bestimmungsgemäß **ausschließlich ambulante**, aber keine stationären **Leistungen** erbringt, **kein Krankenhaus.**[20] Dies macht § 107 Abs. 1 Nr. 4 SGB V deutlich, wonach in einem Krankenhaus die Möglichkeit bestehen muss, Patienten unterzubringen und zu verpflegen, und damit die vollstationäre Versorgung ein wesentliches Gewicht haben muss (dazu unten Rn. 32). 16

Auch wenn § 107 Abs. 1 SGB V in seiner Nr. 1 auf das Leistungsrecht verweist, so **konkretisiert** er doch in seinen Nrn. 2 und 3 **das Leistungsrecht**, soweit es um die (voll- oder teil-)stationäre Krankenhausbehandlung geht. Stationäre Krankenhausbehandlung ist nur dann im Sinne des § 39 Abs. 1 Satz 2 SGB V erforderlich, wenn die notwendige medizinische Versorgung allein mit Hilfe der besonderen Mittel eines Krankenhauses durchgeführt werden kann, wobei diese Mittel über die Möglichkeiten der ambulanten Versorgung hinausgehen müssen (vgl. die Kommentierung zu § 39 SGB V Rn. 62). Zu 17

[15] Die Behandlungsmittel werden in Nr. 2 (ausreichende diagnostische und therapeutische Möglichkeiten) und in Nr. 3 (ärztliches, Pflege-, Funktions- und medizinisch-technisches Personal) erwähnt. Organisatorische Anforderungen enthält nicht nur Nr. 3 (jederzeitige Verfügbarkeit geschulten Personals, Vorwiegen ärztlicher und pflegerischer Hilfeleistung), sondern auch Nr. 2 (ständige ärztliche Leitung).

[16] Die Aufgabenstellung taucht – der Anlehnung an § 2 Nr. 1 KHG geschuldet – im zweiten Teil der Nr. 3 wieder auf.

[17] Vgl. BSG v. 19.11.1997 - 3 RK 1/97 - BSGE 81, 189, 193.

[18] Dahingehend aber BSG v. 28.02.2007 - B 3 KR 15/06 R - juris Rn. 11 ff.; BSG v. 28.02.2007 - B 3 KR 17/06 R - juris Rn. 12 ff., wo zunächst aus § 107 Abs. 1 SGB V und dem Krankenhausfinanzierungsrecht ein eigenständiger Begriff der Krankenhausbehandlung entwickelt wird, der erst über ein Korrespondierungsgebot in Beziehung zum Leistungsrecht gesetzt wird.

[19] BSG v. 20.03.1996 - 6 RKa 62/94 - BSGE 78, 70, 85.

[20] *Quaas/Zuck*, Medizinrecht, 2005, § 23 Rn. 58.

den besonderen Mitteln des Krankenhauses zählen nach der noch unter der Geltung der RVO entwickelten Rechtsprechung des BSG eine apparative Mindestausstattung, ein geschultes Pflegepersonal und ein jederzeit präsenter bzw. rufbereiter Arzt.[21] Dabei kommt der Intensität der ärztlichen Behandlung ein besonderes Gewicht zu. Diese muss im Vordergrund stehen; sie kann durch die Tätigkeit nichtärztlicher Fachkräfte ergänzt werden, muss dieser aber übergeordnet sein.[22] Kernelemente dieses von der Rechtsprechung entwickelten Krankenhausbegriffes hat der Gesetzgeber des GRG in die Legaldefinition des § 107 Abs. 1 SGB V übernommen.[23] Die in deren Nr. 3 geforderte jederzeitige Verfügbarkeit (Rn. 28) ärztlichen Personals entspricht der von der Rechtsprechung verlangten ständigen (Ruf-)Bereitschaft eines Arztes. Aus dem ebenfalls in § 107 Abs. 1 Nr. 3 SGB V geforderten Vorwiegen ärztlicher Hilfeleistung (Rn. 29) lässt sich der Schluss ziehen, dass im Krankenhaus die intensive, aktive und fortdauernde ärztliche Behandlung im Vordergrund stehen muss.[24] Bestätigt wird die besondere Bedeutung des Arztes durch die ständige ärztliche Leitung (Rn. 22), die nach § 107 Abs. 1 Nr. 2 SGB V im Krankenhaus bestehen muss.

18 Entgegen den Gesetzesmaterialien[25] lässt es sich § 107 Abs. 1 SGB V nicht entnehmen, dass der Begriff der Krankenhausbehandlung im Sinne der gesetzlichen Krankenversicherung inhaltlich mit demjenigen der **allgemeinen Krankenhausleistungen** nach dem Krankenhausrecht übereinstimmt. Danach sind allgemeine Krankenhausleistungen diejenigen Leistungen des Krankenhauses, die unter Berücksichtigung der Leistungsfähigkeit des Krankenhauses im Einzelfall nach Art und Schwere der Krankheit für die medizinisch zweckmäßige und ausreichende Versorgung des Patienten notwendig sind (§ 2 Abs. 2 BPflV, § 2 Abs. 2 KHEntgG). Niederschlag hat der Begriff der allgemeinen Krankenhausleistungen nicht in § 107 Abs. 1 SGB V, sondern in § 39 Abs. 1 Satz 3 SGB V gefunden (vgl. näher dazu die Kommentierung zu § 39 SGB V Rn. 81 ff.).

b. Geburtshilfe

19 Der Krankenhausbegriff des § 107 Abs. 1 SGB V erfasst nicht nur Einrichtungen, die der Krankenhausbehandlung dienen, sondern auch Einrichtungen, die zugleich oder allein der Geburtshilfe dienen. Dabei ist unter Geburtshilfe die **stationäre Entbindungspflege** im Sinne des **§ 197 RVO** zu verstehen. Diese umfasst medizinische Versorgung, insbesondere ärztliche Betreuung und Hebammenhilfe zum Zwecke der Entbindung sowie für sechs Tage nach der Entbindung.[26]

20 Stationäre Entbindungspflege kann nach § 197 Satz 1 RVO nicht nur in „Krankenhäusern" erbracht werden, sondern auch in „anderen Einrichtungen". Unter den in § 197 Satz 1 RVO erwähnten „Krankenhäusern" sind Einrichtungen zu verstehen, die (auch) der Krankenhausbehandlung dienen, also **Krankenhäuser im engeren Sinne** sind. Die in § 197 Satz 1 RVO ebenfalls genannten „anderen Einrichtungen" müssen **Krankenhäuser im weiteren Sinne** des § 107 Abs. 1 SGB V sein.[27] Demnach genügt es zwar, wenn sie allein der Geburtshilfe dienen. Sie fallen aber nur dann unter den weiten Kran-

---

[21] BSG v. 27.08.1968 - 3 RK 27/65 - BSGE 28, 199, 202; BSG v. 18.11.1969 - 3 RK 24/68 - USK 69109; BSG v. 28.08.1970 - 3 RK 74/67 - BSGE 31, 279, 282; BSG v. 10.10.1978 - 3 RK 81/77 - BSGE 47, 83, 85; BSG v. 21.10.1980 - 3 RK 33/79 - USK 80211; BSG v. 20.03.1984 - 8 RK 28/83 - USK 8453; BSG v. 12.11.1985 - 3 RK 33/84 - SozR 2200 § 184 Nr. 28 S. 41 f. ; BSG v. 12.10.1988 - 3/8 RK 19/86 - USK 8888 (insoweit nicht in SozR 1500 § 75 Nr. 71); BSG v. 30.10.1990 - 8 RKn 2/89 - USK 9052; BSG v. 29.01.1991 - 4 RA 56/89 - SozR 3-2200 § 1243 Nr. 2 S. 6; BSG v. 26.02.1992 - 1 RK 4/91 - USK 92130; BSG v. 04.05.1994 - 1 RK 3/93 - USK 9471; BSG, 23.04.1996 - 1 RK 10/95 - USK 96173; BSG v. 28.01.1999 - B 3 KR 4/98 R - BSGE 83, 254, 259; BSG v. 11.04.2002 - B 3 KR 24/01 R - SozR 3-2500 § 109 Nr. 9 S. 60 f.; BSG v. 13.05.2004 - B 3 KR 18/03 R - BSGE 92, 300 Rn. 16; BSG 20.01.2005 - B 3 KR 9/03 R - BSGE 94, 139 Rn. 12; BSG v. 16.02.2005 - B 1 KR 18/03 R - BSGE 94, 161 Rn. 14 und 24; BSG v. 07.07.2005 - B 3 KR 40/04 R - GesR 2005, 558, 559.

[22] BSG v. 28.08.1970 - 3 RK 74/67 - BSGE 31, 279, 282; BSG v. 27.11.1980 - 8a/3 RK 60/78 - BSGE 51, 44, 46; BSG v. 12.11.1985 - 3 RK 45/83 - BSGE 59, 116, 118; BSG v. 12.10.1988 - 3/8 RK 15/87 - SozR 2200 § 184 Nr. 32 S. 49 f.; BSG v. 10.08.1989 - 4 RK 1/88 - USK 89146; BSG v. 30.10.1990 - 8 RKn 2/89 - USK 9052; BSG v. 27.11.1990 - 3 RK 17/89 - BSGE 68, 17, 18; BSG v. 11.12.1990 - 1 RA 3/89 - BSGE 68, 61, 63; BSG v. 29.01.1991 - 4 RA 56/89 - SozR 3-2200 § 1243 Nr. 2 S. 6; BSG v. 19.11.1997 - 3 RK 21/96 - SozR 3-2500 § 107 Nr. 1 S. 7 f.

[23] *Fichte*, ZfS 1995, 252, 253; *Quaas*, MedR 1995, 299, 301.

[24] BSG v. 28.02.2007 - B 3 KR 17/06 R - juris Rn. 12 - SozR 4-2500 § 39 Nr. 8.

[25] BT-Drs. 11/2237, S. 196.

[26] *Höfler* in: KassKomm, SGB, § 197 RVO Rn. 4a ff.

[27] Näher dazu BSG v. 21.02.2006 - B 1 KR 34/04 R - SozR 4-2200 § 197 Nr. 1 Rn. 9 ff.

kenhausbegriff des § 107 Abs. 1 SGB V, wenn sie auch dessen übrige Anforderungen erfüllen, insbesondere unter ständiger ärztlicher Leitung stehen (§ 107 Abs. 1 Nr. 2 SGB V). Dem entsprechen von Hebammen geleitete Einrichtungen nicht.[28]

2. Fachliche und organisatorische Anforderungen

Zwar liegt § 107 Abs. 1 SGB V die Unterscheidung zwischen **fachlichen** (Nr. 2) und **organisatorischen** (Nr. 3) **Anforderungen** zugrunde.[29] Doch lässt sich beides nicht trennscharf unterscheiden. So stellt Nr. 2 fachlich-medizinische Anforderungen nicht nur an Methoden und Mittel, sondern mit der geforderten ärztlichen Leitung auch an die Organisation des Krankenhauses und Nr. 3 bestimmt nicht nur, wie der Einsatz der Behandlungsmittel zu organisieren ist, sondern beschreibt zugleich, über welche personellen Mittel ein Krankenhaus verfügen muss. 21

a. Ständige ärztliche Leitung

Was unter der ständigen ärztlichen Leitung zu verstehen ist, die § 107 Abs. 1 Nr. 2 SGB V für Krankenhäuser fordert, ergibt sich in Abgrenzung zu der ständigen ärztlichen Verantwortung (Rn. 45), die nach § 107 Abs. 2 Nr. 2 SGB V bei Vorsorge- und Rehabilitationseinrichtungen ausreicht. Die im Entwurf des GRG ursprünglich auch für die Vorsorge- und Rehabilitationseinrichtungen vorgesehene „ständige ärztliche Leitung" ist im Laufe des Gesetzgebungsverfahrens durch eine „ständige ärztliche Verantwortung" ersetzt worden. Damit sollte verdeutlicht werden, dass nicht die Vorsorge- und Rehabilitationseinrichtung als solche ärztlich geleitet, sondern nur die Behandlung in der Einrichtung ärztlich verantwortet werden muss. Zugleich sollte damit klargestellt werden, dass der Träger der Einrichtung auch andere Personen als Ärzte mit der Leitung oder Geschäftsführung der Einrichtung beauftragen kann.[30] Anders als die ärztliche Verantwortung, die sich auf die konkrete Behandlung im Einzelfall bezieht, umfasst die ärztliche Leitung die **Organisation der gesamten Betriebsabläufe** – allerdings nur **in fachlich-medizinischer Hinsicht**, weshalb kaufmännische, technische und sonstige nicht-medizinische Bereiche nicht unter der Leitung eines Arztes zu stehen brauchen. Unter ärztlicher Leitung muss aber **auch** die **einzelne Behandlung** stehen; diese muss nach einem ärztlichen Behandlungsplan und unter Verantwortung eines im Krankenhaus tätigen Arztes erbracht werden. 22

Unter **Ärzten** sind nur Personen zu verstehen, die als Arzt approbiert oder gemäß § 2 Abs. 2-4 BÄO zur Ausübung des ärztlichen Berufs befugt sind (§ 2a BÄO). Hierzu zählen **nicht Psychologen**, selbst wenn sie über eine Approbation als Psychotherapeut verfügen. Etwas anderes ergibt sich auch nicht aus § 72 Abs. 1 Satz 2 SGB V. In dieser Vorschrift ist keine umfassende Gleichstellung der psychologischen Psychotherapeuten mit den Ärzten angeordnet.[31] Vielmehr wird darin nur angeordnet, dass leistungserbringerrechtliche Vorschriften über die Sicherstellung der vertragsärztlichen Versorgung für Psychotherapeuten entsprechend gelten, solange nichts Abweichendes bestimmt ist (vgl. näher dazu die Kommentierung zu § 72 SGB V Rn. 23 f.). Folglich fällt ein Zentrum für klinische Psychologie nicht unter den Krankenhausbegriff des § 107 Abs. 1 SGB V, wenn die Behandlung lediglich in enger Anbindung an niedergelassene Ärzte erfolgt, da dadurch die ständige ärztliche Leitung nicht gewährleistet ist.[32] 23

b. Spezifische Behandlungsmittel

In fachlich-medizinischer Hinsicht fordert § 107 Abs. 1 Nr. 2 SGB V weiterhin, dass ein Krankenhaus über ausreichende, dem Versorgungsauftrag entsprechende diagnostische und therapeutische Möglichkeiten verfügt. Damit verlangt das Gesetz eine gewisse **Mindestausstattung mit Behandlungsmitteln** – und zwar nicht nur in **sächlicher**,[33] sondern auch in **personeller** Hinsicht. Welche Mittel ein Krankenhaus zumindest vorhalten muss, ergibt sich nach § 107 Abs. 1 Nr. 2 SGB V aus seinem Versor- 24

---

[28] BSG v. 21.02.2006 - B 1 KR 34/04 R - SozR 4-2200 § 197 Nr. 1 Rn. 18.

[29] Vgl. BT-Drs. 11/2237, S. 177 und 196.

[30] BT-Drs. 11/3480, S. 69.

[31] So aber *Bracher*, PsychR 2001, 74 ff., der dies dahingehend einschränkt, dass die Leitung eines Krankenhauses auf psychologische Psychotherapeuten nicht umfassend, sondern nur mit einem auf die psychotherapeutische Behandlung beschränkten Weisungsrecht gegenüber Ärzten übertragen werden kann; diese Einschränkung lässt sich mit einer Interpretation des § 72 Abs. 1 Satz 2 SGB V als umfassender Gleichstellungsvorschrift jedoch nicht vereinbaren.

[32] *Rau* in: GKV-Kommentar, § 107 Rn. 7.

[33] So *Knittel* in: Krauskopf, SozKV, § 107 Rn. 4.

gungsauftrag (vgl. die Kommentierung zu § 109 SGB V). Darin kommt die Abhängigkeit der erforderlichen Mittelausstattung vom abzudeckenden Behandlungsbedarf zum Ausdruck.[34] Da der Versorgungsauftrag der einzelnen Krankenhäuser voneinander abweichen kann, schreibt § 107 Abs. 1 Nr. 2 SGB V auch keine einheitliche Ausstattung vor.

25 Hinsichtlich der personellen Mittel wird die Nr. 2 des § 107 Abs. 1 SGB V durch dessen Nr. 3 konkretisiert, wonach ein Krankenhaus über **besonders geschultes Personal**, nämlich über ärztliches, Pflege-, Funktions- und medizinisch-technisches Personal, verfügen muss. Dabei nimmt die Unterscheidung zwischen Pflege- und Funktionspersonal die Differenzierung zwischen Pflege- und Funktionsdienst auf. Während zum Pflegedienst vor allem die Allgemeinstationen und die Intensivstation zählen, umfasst der Funktionsdienst insbesondere den Operationssaal und die Anästhesie, mithin spezifische medizinische Funktionsbereiche, die aus den allgemeinen Abteilungen ausgegliedert sind.

c. Organisation des Mitteleinsatzes

26 Zu den Anforderungen, die § 107 Abs. 1 SGB V an die Organisation des Einsatzes der spezifischen Behandlungsmittel eines Krankenhauses stellt, zählt neben der bereits erwähnten ständigen ärztlichen Leitung (Nr. 2) die jederzeitige Verfügbarkeit besonders geschulten Personals und das Vorwiegen ärztlicher und pflegerischer Hilfeleistung (Nr. 3). Damit wird – gerade im Vergleich mit den Anforderungen an Vorsorge- und Rehabilitationseinrichtungen (§ 107 Abs. 2 SGB V) – das **besondere Gewicht** herausgestrichen, das den **Ärzten** im Krankenhaus zukommt.

27 Die **ständige ärztliche Leitung** (vgl. Rn. 22, § 107 Abs. 1 Nr. 2 SGB V) umfasst die Organisation der gesamten fachlich-medizinischen Betriebsabläufe und schließt damit die auch bei Vorsorge- und Rehabilitationseinrichtungen erforderliche ständige ärztliche Verantwortung (Rn. 45) für jede einzelne Behandlung ein, die nach einem ärztlichen Behandlungsplan durchgeführt werden muss.

28 Darüber geht die **jederzeitige Verfügbarkeit ärztlichen Personals** (§ 107 Abs. 1 Nr. 3 SGB V) hinaus. Für sie genügt es nicht, dass ein Arzt Behandlungsmaßnahmen nichtärztlichen Personals veranlasst und in mehr oder weniger großen Abständen kontrolliert sowie gegebenenfalls Anweisungen erteilt oder ausnahmsweise bei krisenhaften Zuspitzungen selbst eingreift. Vielmehr ist erforderlich, dass er ständig (jederzeit) bereit (verfügbar) sein muss, um ärztliche Betreuungsleistungen zu erbringen, d.h. um Maßnahmen des nichtärztlichen Personals sachkundig zu überwachen, diesem fachkundige Anweisungen zu geben und gegebenenfalls selbst einzugreifen. Das Erfordernis der jederzeitigen Verfügbarkeit ärztlichen Personals entspricht damit demjenigen des ständig präsenten bzw. rufbereiten Arztes (vgl. näher die Kommentierung zu § 39 SGB V Rn. 67).

29 Mit dem **Vorwiegen ärztlicher Hilfeleistung** (§ 107 Abs. 1 Nr. 3 SGB V) wird gefordert, dass die ärztliche Behandlung im Vordergrund steht[35] – und zwar vor allem qualitativ, d.h. von ihrer Intensität her, nicht aber unbedingt quantitativ (vgl. die Kommentierung zu § 39 SGB V Rn. 67). Zwar spricht § 107 Abs. 1 Nr. 3 SGB V von einem Vorwiegen ärztlicher und pflegerischer Hilfeleistung. Hieraus folgt aber nicht, dass die ärztliche Betreuung der Behandlung durch Pflegepersonal neben- oder gar untergeordnet sein kann, solange beide zusammen die Leistungen anderer Fachkräfte überwiegen. Vielmehr zeigt der Vergleich zu § 107 Abs. 2 Nr. 2 SGB V, wonach in Vorsorge- und Rehabilitationseinrichtungen die Behandlung vorwiegend durch Anwendung von Heilmitteln erfolgt, dass im Krankenhaus eine intensive, aktive und fortdauernde Betreuung durch Ärzte erforderlich ist.

d. Wissenschaftlich anerkannte Methoden

30 § 107 Abs. 1 Nr. 2 SGB V verlangt, dass Krankenhäuser fachlich-medizinisch nach wissenschaftlich anerkannten Methoden arbeiten müssen. Dies sind Methoden, die dem allgemein **anerkannten Stand der medizinischen Erkenntnisse** (§ 2 Abs. 1 Satz 3 SGB V) entsprechen, über deren Wirksamkeit und Zweckmäßigkeit mithin in den einschlägigen medizinischen Fachkreisen Konsens besteht, was im Regelfall voraussetzt, dass über ihre Qualität und Wirksamkeit zuverlässige, wissenschaftlich nachprüfbare Aussagen gemacht werden können.[36] Die Berücksichtigung des **medizinischen Fortschritts**, die § 2 Abs. 1 Satz 3 SGB V vorschreibt, bedeutet nicht, dass auch Anspruch auf solche Methoden besteht, deren Wirksamkeit und Zweckmäßigkeit noch erforscht wird; vielmehr wird damit nur klarge-

---

[34] Zu letzterem: BSG v. 19.11.1997 - 3 RK 6/96 - BSGE 81, 182, 186.

[35] So auch BSG v. 28.02.2007 - B 3 KR 17/06 R - juris Rn. 12 - SozR 4-2500 § 39 Nr. 8.

[36] BSG v. 13.12.2005 - B 1 KR 21/04 R - SozR 4-2500 § 18 Nr. 5 Rn. 22, 29; BSG v. 19.02.2002 - B 1 KR 16/00 R - SozR 3-2500 § 92 Nr. 12 S. 71 f.; BSG v. 16.06.1999 - B 1 KR 4/98 R - BSGE 84, 90, 96. Zu den weiteren Einzelheiten wird auf die Kommentierung zu § 2 SGB V verwiesen.

stellt, dass die Versicherten grundsätzlich Anspruch auf diejenigen Methoden haben, die dem neuesten Stand der medizinischen Erkenntnisse entsprechen.[37] Grundlagenforschung und klinische Studien dürfen daher grundsätzlich nicht zulasten der gesetzlichen Krankenversicherung durchgeführt werden.[38]

Einrichtungen, die **ausschließlich oder überwiegend** mit wissenschaftlich (noch) nicht anerkannten Methoden arbeiten, sind schon deshalb von der Versorgung der Versicherten ausgeschlossen, weil sie begrifflich **keine Krankenhäuser** im Sinne von § 107 Abs. 1 SGB V sind.[39] Unabhängig davon korrespondiert auch das Zulassungsrecht für die Leistungserbringer mit dem Leistungsanspruch des Versicherten, so dass sich dieses Ergebnis auch mit dem Standard (vgl. die Kommentierung zu § 39 SGB V Rn. 89) begründen lässt, der für die Krankenhausbehandlung gilt.[40] Allerdings besteht insoweit ein Unterschied, als es im Rahmen des § 107 Abs. 1 Nr. 2 SGB V keine Rolle spielt, ob sich der Gemeinsame Bundesausschuss bereits mit einer Methode beschäftigt hat. **§ 137c SGB V**, nach dem Untersuchungs- und Behandlungsmethoden solange im Krankenhaus angewandt werden dürfen, wie sie nicht vom Gemeinsamen Bundesausschuss aus der Versorgung ausgeschlossen wurden, **greift** insoweit **nicht**. Denn in § 137c SGB V wird nicht fingiert, dass alle im Krankenhaus angewandten Methoden dem allgemein anerkannten Stand der medizinischen Erkenntnisse entsprechen, solange der Gemeinsamen Bundesausschuss nichts Gegenteiliges beschlossen hat. 31

3. Unterbringung und Verpflegung

In der Unterbringung und Verpflegung von Patienten, die nach § 107 Abs. 1 Nr. 4 SGB V in einem Krankenhaus möglich sein muss, ist seit jeher ein wichtiges Merkmal zur Abgrenzung der stationären Versorgung von der ambulanten Krankenbehandlung erblickt worden.[41] Im Vergleich zu den diagnostischen und therapeutischen Zielen, denen die stationäre Versorgung im Krankenhaus dient, stellen Unterbringung und Verpflegung jedoch nur Nebenaspekte dar (vgl. die Kommentierung zu § 39 SGB V Rn. 32 und die Kommentierung zu § 39 SGB V Rn. 81). Dennoch ist ihre Erwähnung in § 107 Abs. 1 Nr. 4 SGB V nicht ohne Belang. Aus ihr ergibt sich nämlich, dass **prägend** für ein Krankenhaus die **vollstationäre Versorgung** ist. Denn eine Unterbringung im Krankenhaus liegt erst vor, wenn sich der Aufenthalt des Patienten über mindestens einen Tag und eine Nacht erstreckt.[42] Dieses Erfordernis des § 107 Abs. 1 Nr. 4 SGB V deckt sich insoweit mit dem Begriff der vollstationären Krankenhausbehandlung (vgl. die Kommentierung zu § 39 SGB V Rn. 34). 32

Mit diesem Erfordernis sind Krankenhäuser jedoch nicht auf die vollstationäre Versorgung beschränkt. Vielmehr stehen ihnen auch die **anderen** in § 39 Abs. 1 Satz 1 SGB V erwähnten **Versorgungsformen** – d.h. die teilstationäre, vor- und nachstationäre sowie ambulante Versorgung – offen (näher zu den verschiedenen Formen der Krankenhausbehandlung: vgl. die Kommentierung zu § 39 SGB V Rn. 32 ff.). Dass diese anderen Versorgungsformen **nicht ausgegrenzt** werden sollen, lässt sich daraus entnehmen, dass in § 107 Abs. 1 Nr. 4 SGB V nur gefordert wird, dass die Patienten untergebracht und verpflegt werden „können", nicht aber „müssen". Diese Möglichkeit muss aber prägend für das Krankenhaus sein. Einrichtungen, die ausschließlich ambulante Leistungen erbringen, sind daher keine Krankenhäuser.[43] Dagegen können Einrichtungen, die auch teilstationäre und ambulante Leistungen anbieten, Krankenhäuser sein.[44] Unerlässlich ist dann aber, dass sie in einem wesentlichen Umfang vollstationäre Leistungen erbringen. 33

IV. Begriff der Vorsorge- und der Rehabilitationseinrichtung

Mit den Begriffen der Vorsorge- und der Rehabilitationseinrichtung hat das GRG denjenigen der Kur- und Spezialeinrichtung abgelöst, den die RVO noch verwandt hatte. Ziel der völlig neuen Definition dieser Einrichtungen war die bessere **Abgrenzung zum Krankenhaus**[45] – und zwar nicht allein in leistungserbringerrechtlicher, sondern gerade auch in leistungsrechtlicher Hinsicht. Dies schlägt sich be- 34

[37] BSG v. 19.11.1997 - 3 RK 6/96 - BSGE 81, 182, 187.

[38] BSG v. 22.07.2004 - B 3 KR 21/03 R - BSGE 93, 137 Rn. 11.

[39] *Knittel* in: Krauskopf, SozKV, § 107 Rn. 4; *Jung* in: GK-SGB V, § 107 Rn. 4.

[40] Dahingehend BSG v. 19.11.1997 - 3 RK 6/96 - BSGE 81, 182, 187.

[41] Vgl. BVerwG v. 18.10.1984 - 1 C 36.83 - BVerwGE 70, 201, 203.

[42] Vgl. BSG v. 19.11.1997 - 3 RK 21/96 - SozR 3-2500 § 107 Nr. 1 S. 7. Vgl. a. BSG v. 04.03.2004 - B 3 KR 4/03 R - BSGE 92, 223 Rn. 20 f.

[43] *Quaas/Zuck*, Medizinrecht, 2005, § 23 Rn. 58.

[44] *Rau* in: GKV-Kommentar, § 107 Rn. 10; *Jung* in: GK-SGB V, § 107 Rn. 5.

[45] Vgl. BT-Drs. 11/2237, S. 197.

reits in der Bezeichnung dieser Einrichtungen nieder, die mit Vorsorge und Rehabilitation auf die Leistungen Bezug nimmt, deren Erbringung sie dienen, und setzt sich fort in § 107 Abs. 2 Nr. 1 SGB V, wo diese Leistungen in Anknüpfung an das Leistungsrecht legal definiert werden. Die in § 107 Abs. 2 Nr. 2 SGB V enthaltenen fachlichen und organisatorischen Anforderungen an Vorsorge- und Rehabilitationseinrichtungen hat der Gesetzgeber[46] **in Anlehnung an die Rechtsprechung** des BSG[47] und des BVerwG[48] entwickelt, der es um die Abgrenzung der verschiedenen Arten stationärer Versorgung ging (vgl. Rn. 44).

35 **Von** den **Leistungen her** ist die Vorsorgeeinrichtung einfacher vom Krankenhaus abzugrenzen als die Rehabilitationseinrichtung.[49] Denn medizinische **Vorsorge** (§§ 23 f. SGB V) findet vor Eintritt einer Krankheit im Sinne des § 27 Abs. 1 Satz 1 SGB V statt und unterscheidet sich damit grundlegend von der Krankenhausbehandlung, die als Leistung der Krankenbehandlung (§ 27 Abs. 1 Satz 2 Nr. 5 SGB V) das Vorliegen einer Krankheit gerade voraussetzt (näher Rn. 39 ff.). Dagegen ist die medizinische **Rehabilitation** (§§ 40 f. SGB V) als Teil der Krankenbehandlung konzipiert (§ 27 Abs. 1 Satz 2 Nr. 6 SGB V), mit der Folge, dass für sie wie für die Krankenhausbehandlung § 27 Abs. 1 Satz 1 SGB V gilt und daher zwischen beiden Leistungen kein grundsätzlicher Unterschied besteht. Daran ändert auch die eigenständige Regelung von Rehabilitationszielen in § 11 Abs. 2 SGB V wenig (näher Rn. 41 ff.).

36 Vor diesem Hintergrund gewinnen die in § 107 Abs. 2 Nr. 2 SGB V enthaltenen **fachlichen und organisatorischen Anforderungen** an Vorsorge- und Rehabilitationseinrichtungen entscheidende Bedeutung. Diese **wirken** auch und gerade **auf** das **Leistungsrecht zurück**. Nach § 107 Abs. 2 Nr. 2 SGB V müssen Leistungen der (stationären) medizinischen Vorsorge und Rehabilitation zwar eine ständige ärztliche Verantwortung erfordern, aber keine ärztliche Behandlung voraussetzen. Dementsprechend sieht das Gesetz ein Vorwiegen der Anwendung von Heilmitten vor, d.h. von Dienstleistungen, die von besonders geschultem nichtärztlichem Personal erbracht werden (näher Rn. 48). Darüber hinaus lässt sich aus § 107 Abs. 2 Nr. 2 SGB V entnehmen, dass es sich bei Leistungen der (stationären) medizinischen Vorsorge und Rehabilitation um Komplexleistungen handeln muss, da sie im Rahmen eines (ärztlichen) Planes alle zur Erreichung des Vorsorge- bzw. Rehabilitationszieles geeigneten Hilfen umfassen (vgl. Rn. 47).

37 Vorsorge- und Rehabilitationseinrichtung unterscheiden sich nicht nur vom Krankenhaus. Vielmehr handelt es sich bei ihnen auch um **zwei** verschiedene **Arten von Einrichtungen**. Diese beiden Einrichtungsarten unterscheidet § 107 Abs. 2 SGB V von ihrer Aufgabenstellung, nicht aber von den fachlichen und organisatorischen Anforderungen her. Dies entspricht dem Leistungsrecht, das für Vorsorge und für Rehabilitation in § 23 f. SGB V auf der einen und in § 40 f. SGB V auf der anderen Seite verschiedene Anspruchsgrundlagen vorsieht. Die unterschiedlichen Ziele dieser verschiedenen Leistungsarten schlagen sich nach § 107 Abs. 2 SGB V aber nicht in unterschiedlichen fachlichen und organisatorischen Anforderungen an die Einrichtungen nieder, in denen sie erbracht werden. Dementsprechend sind Vorsorge- und Rehabilitationseinrichtungen ohne weiteres[50] **unter einem Dach möglich**. Leistungserbringerrechtlich werden sie folgerichtig in § 111 SGB V gleich behandelt.

1. Aufgabenstellungen

38 Vorsorge- und Rehabilitationseinrichtungen unterscheiden sich nach § 107 Abs. 2 SGB V von ihrer Aufgabenstellung her, d.h. den Leistungen, die in ihnen erbracht werden. Diese ergeben sich aus dem Leistungsrecht. Dennoch hat der Gesetzgeber, wie die Klammerzusätze zeigen, in § 107 Abs. 2 Nr. 1 SGB V die Begriffe der Vorsorge und Rehabilitation definiert. Der eigentliche Sinn dieser **Legaldefinitionen**, die nur für die stationäre Erbringung von Vorsorge- und Rehabilitationsleistungen gelten, liegt im Leistungsrecht, das dadurch eine Konkretisierung und Präzisierung erfährt.

---

[46] BT-Drs. 11/2237, S. 196.

[47] BSG v. 12.08.1987 - 8 RK 22/86 - USK 87130; BSG v. 27.11.1980 - 8a/3 RK 60/78 - BSGE 51, 44, 46 f.; BSG v. 15.02.1978 - 3 RK 29/77 - BSGE 46, 41, 45.

[48] BVerwG v. 14.04.1988 - 3 C 36.86 - juris Rn. 45 ff. - NJW 1989, 2963, 2965.

[49] Vgl. a. BSG v. 19.11.1997 - 3 RK 1/97 - BSGE 81, 189, 193 f.

[50] § 111 Abs. 6 SGB V fordert nur für Vorsorge- oder Rehabilitationseinrichtungen an Krankenhäusern eine organisatorische Verselbständigung.

a. Vorsorge

Aufgabe von Leistungen der medizinischen Vorsorge ist ganz allgemein die Verhütung der Verschlechterung des Gesundheitszustandes **vor Eintritt einer** nach § 27 SGB V behandlungsbedürftigen **Krankheit** (vgl. die Kommentierung zu § 23 SGB V Rn. 14). Dementsprechend bezeichnet § 107 Abs. 2 Nr. 1 lit. a SGB V als (stationären) Vorsorge eine Behandlung, die dazu dient 39

- eine Schwächung der Gesundheit, die in absehbarer Zeit voraussichtlich zu einer Krankheit führen würde, zu beseitigen oder
- einer Gefährdung der gesundheitlichen Entwicklung eines Kindes entgegenzuwirken.

Diese in § 107 Abs. 2 Nr. 1 lit. a SGB V für den **stationären** Bereich aufgeführten **Vorsorgeziele** sind **enger als** diejenigen, die nach § 23 Abs. 1 SGB V für die **ambulante** Vorsorge gelten. Aufnahme in § 107 Abs. 2 Nr. 1 lit. a SGB V haben nur die in den Nrn. 1 und 2 des § 23 Abs. 1 SGB V, nicht jedoch die in dessen Nrn. 3 und 4 genannten Vorsorgeziele gefunden. Dies ist kein redaktionelles Versehen. Denn die Vermeidung von Pflegebedürftigkeit war schon immer nach § 23 Abs. 1 SGB V Ziel der ambulanten Vorsorge, jedoch noch nie nach § 107 Abs. 2 Nr. 1 lit. a SGB V ein Ziel der stationären Vorsorge. Die unterbliebene Anpassung des § 107 Abs. 2 Nr. 1 lit. a SGB V an die Einführung des Vorsorgeziels der Krankheitsverhütung und Vermeidung der Krankheitsverschlimmerung in § 23 Abs. 1 Nr. 3 SGB V durch das GKVRefG 2000[51] ist daher durchaus beredt. Dem steht auch nicht § 23 Abs. 4 Satz 1 SGB V entgegen, wonach die Erbringung von Leistungen der stationären Vorsorge voraussetzt, das Leistungen der ambulanten Vorsorge nach § 23 Abs. 1 und 2 SGB V nicht ausreichen. Denn die Leistungen der stationären Vorsorge können, wie § 23 Abs. 4 Satz 1 SGB V ebenfalls klarstellt, nur in Vorsorgeeinrichtungen erbracht werden, mit denen nach § 111 SGB V ein Versorgungsvertrag besteht. Dies können aber nur Einrichtungen sein, die sämtliche Merkmale einer Versorgungseinrichtung im Sinne des § 107 Abs. 2 SGB V aufweisen, wozu auch die Verfolgung der (engeren) Vorsorgeziele des § 107 Abs. 2 Nr. 1 lit. a SGB V zählt. Insoweit **wirkt** § 107 Abs. 2 Nr. 1 lit. a SGB V **auf das Leistungsrecht zurück.**

Die **praktischen Folgen** dieser engeren Fassung der stationären Vorsorgeziele halten sich in Grenzen. 40
Die mit dem GKVRefG in § 23 Abs. 1 Nr. 3 SGB V eingeführte Krankheitsverhütung stellt seither das allgemeinste Ziel der medizinischen Vorsorge dar. Von dem hergebrachten Ansatz der medizinischen Vorsorge unterscheidet sich diese Generalklausel darin, dass sie die Begrenzung auf eine schon bestehende Gesundheitsschwäche entfallen lässt, nicht aber darin, dass eine geringere zeitliche Nähe zu dem Eintritt der drohenden Erkrankung ausreichend wäre (vgl. näher die Kommentierung zu § 23 SGB V Rn. 30 ff. und die Kommentierung zu § 23 SGB V Rn. 34 ff.). Während damit die Leistungen der gesetzlichen Krankenversicherung ein Stück weiter in den Bereich ausgreifen, der bisher der Individualverantwortung der Versicherten überantwortet war, erschwert das ebenfalls durch das GKVRefG 2000 in § 23 Abs. 1 Nr. 3 SGB V eingeführte Risiko der Krankheitsverschlimmerung die Abgrenzung der medizinischen Vorsorge zur Krankenbehandlung nach § 27 Abs. 1 SGB V. Denn die Verhütung der Verschlimmerung einer Krankheit zählt auch zu den Zielen der Krankenbehandlung (§ 27 Abs. 1 Satz 1 SGB V). Verlangt man im Hinblick auf den Zweck der medizinische Vorsorge, dass die Krankheit, deren Verschlimmerung droht, noch nicht eingetreten sein darf,[52] erfasst der zweite Teil des § 23 Abs. 1 Nr. 3 SGB V nur den Fall, dass mit Vorsorgeleistungen der drohende Ausbruch der Erkrankung nicht mehr verhindert, sondern diese nur noch in ihrer Ausprägung beeinflusst werden kann. Ähnliches gilt für die in der Nr. 4 des § 23 Abs. 1 SGB V erwähnte Vermeidung von Pflegebedürftigkeit. Leistungen der medizinischen Vorsorge kann dies nur rechtfertigen, wenn eine Erkrankung, die zu Pflegebedürftigkeit zu führen droht, entweder noch nicht eingetreten ist oder nicht mehr mit Mitteln der Krankenbehandlung nach § 27 Abs. 1 SGB V beeinflusst werden kann. Soweit in diesen Fällen ein Schwächezustand vorliegt, der von der Nr. 1 des § 23 Abs. 1 SGB V erfasst wird, hat dessen Nr. 4 keine eigenständige Bedeutung.

b. (Medizinische) Rehabilitation

Als Ziel der medizinischen Rehabilitation kann es allgemein bezeichnet werden, den **Folgen von** 41
Krankheiten mit medizinischen Mitteln vorzubeugen, sie zu beseitigen oder zu bessern oder ihre we-

[51] GKV-Gesundheitsreformgesetz 2000 vom 22.12.1999 (BGBl I 1999, 2626). Vgl. dazu die Kommentierung zu § 23 SGB V Rn. 5.

[52] Deshalb ist maßgebend, ob die drohende Krankheit bei wertender Betrachtungsweise mit der krankenbehandlungsbedürftigen Grunderkrankung unmittelbar zusammenhängt (vgl. die Kommentierung zu § 23 SGB V Rn. 14).

sentliche Verschlimmerung abzuwenden.[53] Dabei sind nicht alle Krankheitsfolgen von Bedeutung. Vielmehr sind nach § 26 Abs. 1 SGB XI für die medizinische Rehabilitation von Relevanz: Behinderungen einschließlich chronischer Krankheiten (Nr. 1), Pflegebedürftigkeit, Einschränkungen der Erwerbsfähigkeit und (vorzeitiger) Bezug laufender Sozialleistungen (Nr. 2). Für die gesetzliche Krankenversicherung schneidet § 11 Abs. 2 SGB V den Kreis der relevanten Krankheitsfolgen noch enger: Darunter fallen nur **Behinderungen** (§ 2 Abs. 1 SGB IX) und **Pflegebedürftigkeit** (§ 14 SGB XI). Die Vorschrift des § 107 Abs. 2 Nr. 1 lit. b SGB V nimmt dies für die stationäre medizinische Rehabilitation auf, indem sie in ihrem zweiten Teil § 11 Abs. 2 Sätze 1 und 2 SGB V fast wörtlich wiederholt. In ihrem ersten Teil jedoch entspricht sie – mit Ausnahme der Umschreibung der Anschlussrehabilitation – der Bestimmung des § 27 Abs. 1 Satz 1 SGB V und nimmt demgemäß auf Krankheitsfolgen überhaupt nicht Bezug. Damit ist es möglich, auch **chronische Krankheiten** zu erfassen, die als solche nicht unter den Behinderungsbegriff des § 2 Abs. 1 SGB IX fallen.[54] Zugleich wird aber die Abgrenzung der stationären medizinischen Rehabilitation zur Krankenhausbehandlung prekär.

42 Eine strikte Trennung zwischen Krankenbehandlung und medizinischer Rehabilitation – wie sie angesichts der Neufassung des § 11 Abs. 2 SGB V durch das GKVRefG 2000 nur folgerichtig wäre[55] – kann es nicht geben.[56] Vielmehr lassen sich nur Unterschiede bei der Schwerpunktsetzung der Leistungen ausmachen. Herkömmlich werden sie verschiedenen Behandlungsphasen zugeordnet.[57] Danach erfolgt zunächst die **akutmedizinische Versorgung** mittels Leistungen der Krankenbehandlung im engeren Sinne (vgl. die Kommentierung zu § 39 SGB V Rn. 59), daran schließt sich zur Erreichung weiterer Behandlungsziele die medizinische Rehabilitation an. Diese herkömmliche Phaseneinteilung hat im Gesetz Niederschlag gefunden. Am deutlichsten kommt sie zum Ausdruck in der Anschlussrehabilitation (zum Begriff: vgl. die Kommentierung zu § 40 SGB V Rn. 25), deren Ziele in § 107 Abs. 2 Nr. 1 lit. b SGB V eigens erwähnt werden (Sicherung oder Festigung des bei einer vorangehenden Krankenhausbehandlung erzielten Behandlungserfolgs). Demgegenüber wird die Krankenhausbehandlung in § 39 Abs. 1 Satz 3 HS. 2 SGB V gerade mit Blick auf rehabilitative Leistungen (vgl. die Kommentierung zu § 39 SGB V Rn. 86) als akutstationäre Versorgung bezeichnet. Weil die Diagnostik zur akutmedizinischen Versorgung gehört, ist nach § 107 Abs. 2 Nr. 1 lit. b SGB V – abweichend von § 27 Abs. 1 Satz 1 SGB V – Ziel der medizinischen Rehabilitation nicht die Erkennung von Krankheiten.[58] Statt von Akutbehandlung ist zunehmend von **kurativer Versorgung** die Rede.[59] Während die kurative Versorgung primär auf die Behebung manifester gesundheitlicher Schädigungen gerichtet ist, geht die medizinische Rehabilitation darüber hinaus und zielt darauf ab, die gesundheitsbedingten Beeinträchtigungen der Aktivitäten eines Menschen oder seiner Teilhabe an Lebensbereichen so weit

---

[53] Vgl. BT-Drs. 14/1245, S. 61.

[54] *Mrozynski*, SGB IX Teil 1, § 2 Rn. 9, 12. Um chronische Krankheiten, die (noch) nicht zu Teilhabebeeinträchtigungen geführt haben und deshalb keine Behinderungen im Sinne des § 2 Abs. 1 SGB IX sind, dennoch in die medizinische Rehabilitation einzubeziehen, werden sie in § 26 Abs. 1 Nr. 1 SGB IX eigens erwähnt.

[55] Erklärte Absicht des GKVRefG 2000 war es, die Rehabilitationsleistungen zu eigenständigen Leistungen der gesetzlichen Krankenversicherung zu machen (vgl. BT-Drs. 14/1245, S. 61; BT-Drs. 14/1977, S. 160). Hierzu wurde in § 11 Abs. 2 SGB V, der als Anspruchsgrundlage formuliert wurde, die Zuordnung der Rehabilitationsleistungen zu den Leistungen nach § 11 Abs. 1 SGB V, die auf Vorsorge vor und Bekämpfung von Krankheiten ausgerichtet sind, aufgegeben. Umgesetzt wurde diese neue Systematik jedoch nicht. Vielmehr blieb es dabei, dass die medizinische Rehabilitation Teil der Krankenbehandlung ist (§ 27 Abs. 1 Satz 2 Nr. 6 SGB V), deren Zielen sie daher auch zu dienen hat. Dass dies der Fall ist, macht § 107 Abs. 2 Nr. 1 lit. b SGB V deutlich, der die Heilung von Krankheiten, die Verhütung ihrer Verschlimmerung und die Linderung ihrer Beschwerden zu Zielen der medizinischen Rehabilitation erklärt und damit dieselben therapeutischen Ziele nennt wie § 27 Abs. 1 Satz 1 SGB V für die Krankenbehandlung.

[56] *Bieritz-Hardner* in: Neumann, Handbuch SGB IX, § 10 Rn. 28 ff. So selbst *Noftz* in: Hauck/Noftz, SGB V, K § 11 Rn. 52, der für eine deutliche Abgrenzung der medizinischen Rehabilitation von der Krankenbehandlung eintritt (*Noftz* in: Hauck/Noftz, SGB V, K § 11 Rn. 44, 48 ff., § 40 Rn. 16 ff.).

[57] Siehe dazu Sachverständigenrat für die Konzertierte Aktion im Gesundheitswesen, Gutachten 2003, Bd. II Rn. 594 f.

[58] Allerdings umfasst die medizinische Rehabilitation auch diagnostische Maßnahmen, die notwendig sind, um die im Einzelfall anzustrebenden Rehabilitationsziele zu bestimmen und die dazu erforderlichen therapeutischen Maßnahmen festzulegen, vgl. Nr. 2.2 der Gemeinsamen Rahmenempfehlung für ambulante und stationäre Vorsorge- und Rehabilitationsleistungen gemäß § 111a SGB V (später: § 111b SGB V) vom 12.05.1999.

[59] Siehe nur § 2 Abs. 2, § 4 Abs. 3, § 7 Abs. 2, § 8 der Rehabilitations-Richtlinien des Gemeinsamen Bundesausschusses in der Fassung vom 21.02.2006 (BAnz 2006, Nr. 62, 2219).

wie möglich zu überwinden.[60] Diese Differenzierung, die auf einen Ansatz der Weltgesundheitsorganisation zurückgeht,[61] findet nur insoweit im Gesetz eine Stütze, als sich § 107 Abs. 2 Nr. 1 lit. b SGB V wie § 11 Abs. 2 SGB V auf den Behinderungsbegriff des § 2 Abs. 1 SGB IX bezieht, der sich nicht allein (medizinisch) an physischen oder psychischen Defiziten und deren Dauer orientiert, sondern auch (sozial) an der durch diese Defizite beeinträchtigten Teilhabe am Leben in der Gesellschaft.[62] Trennscharf ist auch diese Differenzierung nicht (vgl. die Kommentierung zu § 40 SGB V Rn. 16), wie nicht zuletzt § 27 SGB IX zeigt, der die Beachtung der Ziele der medizinischen Rehabilitation in der Krankenbehandlung verlangt. Gegenüber der kurativen Versorgung wird auch der ganzheitliche Ansatz der medizinischen Rehabilitation betont, der Einsatz **komplexer Maßnahmen** erfordert.[63] Das mag im ambulanten Bereich zur Abgrenzung der medizinischen Rehabilitation von der Krankenbehandlung taugen.[64] Im stationären Bereich ist es jedoch ungeeignet, weil auch die Krankenhausbehandlung eine Komplexleistung (vgl. die Kommentierung zu § 39 SGB V Rn. 81) ist.

Von entscheidender Bedeutung ist daher im stationären Bereich die **Rolle der Ärzte in der Behandlung**. Wie § 107 Abs. 2 Nr. 2 SGB V im Vergleich mit § 107 Abs. 1 Nr. 2 und 3 SGB V deutlich macht, hat im Krankenhaus die Betreuung durch Ärzte ein wesentlich höheres Gewicht als in der Rehabilitationseinrichtung. Während im Krankenhaus eine ständige ärztliche Leitung (Rn. 22), eine jederzeitige Verfügbarkeit (Rn. 28) ärztlichen Personals und ein Vorwiegen ärztlicher Hilfeleistung (Rn. 29) erforderlich ist (§ 107 Abs. 1 Nr. 2 und 3 SGB V), genügt in der Rehabilitationseinrichtung eine ständige ärztliche Verantwortung (Rn. 45) sowie ein ärztlicher Behandlungsplan (vgl. Rn. 47, § 107 Abs. 2 Nr. 2 SGB V). Daher steht bei der Krankenhausbehandlung die intensive, aktive und fortdauernde ärztliche Betreuung im Vordergrund; dagegen ist in der medizinischen Rehabilitation die Betreuung durch nichtärztliches Personal der ärztlichen Behandlung eher gleichwertig nebengeordnet.[65] 43

2. Fachliche und organisatorische Anforderungen

Die in § 107 Abs. 2 Nr. 2 SGB V an Vorsorge- und Rehabilitationseinrichtungen gestellten fachlichen und organisatorischen Anforderungen gehen auf die **Rechtsprechung** des BSG[66] zurück, der sich das BVerwG[67] angeschlossen hat. Während für die Krankenhauspflege eine im Vordergrund stehende intensive ärztliche Behandlung gefordert wurde,[68] genügte für die Behandlung in einer Kur- oder Spezialeinrichtung – dem Vorläufer der Vorsorge- und Rehabilitationseinrichtung –, wenn die Behandlung unter ärztlicher Leitung und unter Beteiligung besonders ausgebildeten Personals vorwiegend darauf gerichtet war, den Zustand des Patienten durch seelische und geistige Einwirkung und durch Anwendung von Heilmitteln zu beeinflussen, ihm Hilfestellung zur Entwicklung eigener Abwehrkräfte zu geben, wobei die Betreuung des Patienten durch nichtärztliche Fachkräfte der ärztlichen Behandlung neben- oder gar übergeordnet sein durfte.[69] Diese Rechtsprechung ist fast wörtlich in § 107 Abs. 2 SGB V eingegangen. In einem wichtigen Punkt hat sie der **Gesetzgeber** korrigiert: Während die Rechtsprechung eine ärztliche (Letzt-)Verantwortung für entbehrlich hielt,[70] verlangt der Gesetzgeber in § 107 44

[60] Vgl. Nr. 2.3, 2.4 der Rahmenempfehlungen zur ambulanten medizinischen Rehabilitation der Bundesarbeitsgemeinschaft für Rehabilitation vom 22.01.2004.

[61] Vgl. Anlage 3 zu den Rehabilitations-Richtlinien des Gemeinsamen Bundesausschusses in der Fassung vom 21.02.2006 (BAnz 2006, Nr. 62, 2219).

[62] Zu letzterem: *Mrozynski*, SGB IX Teil 1, § 2 Rn. 1 ff., der auch darauf hinweist, dass § 2 Abs. 1 SGB IX nicht vollständig dem Ansatz der Weltgesundheitsorganisation entspricht.

[63] Nr. 2.3 der Rahmenempfehlungen zur ambulanten medizinischen Rehabilitation der Bundesarbeitsgemeinschaft für Rehabilitation vom 22.01.2004.

[64] *Bieritz-Hardner* in: Neumann, Handbuch SGB IX, § 10 Rn. 51.

[65] BT-Drs. 11/2237, S. 197.

[66] BSG v. 12.08.1987 - 8 RK 22/86 - USK 87130; BSG v. 14.05.1985 - 4a RJ 13/84 - SozR 1300 § 105 Nr. 1 S. 5; BSG v. 27.11.1980 - 8a/3 RK 60/78 - BSGE 51, 44, 47 f.; BSG v. 15.02.1978 - 3 RK 29/77 - BSGE 46, 41, 45.

[67] BVerwG v. 14.04.1988 - 3 C 36.86 - juris Rn. 45 ff. - NJW 1989, 2963, 2965.

[68] BSG v. 28.08.1970 - 3 RK 74/67 - BSGE 31, 279, 282; BSG v. 27.11.1980 - 8a/3 RK 60/78 - BSGE 51, 44, 46; BSG v. 12.08.1987 - 8 RK 22/86 - USK 87130.

[69] BSG v. 15.02.1978 - 3 RK 29/77 - BSGE 46, 41, 45; BSG v. 27.11.1980 - 8a/3 RK 60/78 - BSGE 51, 44, 47 f.; BSG v. 14.05.1985 - 4a RJ 13/84 - SozR 1300 § 105 Nr. 1 S. 5; BSG v. 10.08.1989 - 4 RK 1/88 - USK 89146.

[70] BSG v. 27.11.1980 - 8a/3 RK 60/78 - BSGE 51, 44, 47, wonach bei einer psychotherapeutischen Behandlung eine orientierende ärztliche Untersuchung und ärztliche Hilfe im Bedarfsfall ausreichte.

Abs. 2 Nr. 2 SGB V ausdrücklich, dass die Behandlung in fachlich-medizinischer Hinsicht unter ständiger ärztlicher Verantwortung steht sowie nach einem ärztlichen Behandlungsplan durchgeführt wird.[71]

a. Ständige ärztliche Verantwortung

45 Die ständige ärztliche Verantwortung, die § 107 Abs. 2 Nr. 2 SGB V fordert, geht auf die Rechtsprechung zurück, die bei Behandlung in Kur- oder Spezialeinrichtungen von ärztlicher Leitung sprach,[72] sich dadurch aber nicht daran gehindert sah, eine ärztliche Verantwortung für verzichtbar zu halten.[73] Letzteres ist nach dem Recht des SGB V nicht mehr möglich. Im Entwurf des GRG war noch vorgesehen, dass nicht nur die Krankenhäuser, sondern auch die Vorsorge- und Rehabilitationseinrichtungen fachlich-medizinisch unter „ständiger ärztlicher Leitung" stehen müssen. Im Laufe des Gesetzgebungsverfahrens wurde dies durch eine „ständige ärztliche Verantwortung" ersetzt, um zu verdeutlichen, dass nicht die Vorsorge- und Rehabilitationseinrichtung als solche ärztlich geleitet, sondern nur die Behandlung in der Einrichtung ärztlich verantwortet werden muss; zugleich sollte damit klargestellt werden, dass der Träger der Einrichtung auch andere Personen als Ärzte mit der Leitung oder Geschäftsführung der Einrichtung beauftragen kann.[74] Anders als die ärztliche Leitung (Rn. 22), die demnach die Organisation der gesamten Betriebsabläufe umfasst, bezieht sich die ärztliche Verantwortung auf die **konkrete Behandlung im Einzelfall**. Diese steht dann unter ständiger ärztlicher Verantwortung, wenn sie nach einem maßgeblich von einem Arzt erstellten Behandlungsplan (Rn. 47) – den § 107 Abs. 2 Nr. 2 SGB V eigens fordert – durchgeführt wird und ständig von einem Arzt überwacht wird, der regelmäßig in der Einrichtung für die Betreuung der Patienten zur Verfügung steht.[75] Nicht erforderlich ist jedoch eine ständige Präsenz oder Verfügbarkeit eines Arztes.[76] Denn diese verlangt § 107 SGB V nur für Krankenhäuser (§ 107 Abs. 1 Nr. 3 SGB V).

b. Behandlungsmittel und Organisation ihres Einsatzes

46 Hinsichtlich der Behandlungsmittel verlangt § 107 Abs. 2 Nr. 2 SGB V lediglich die Mitwirkung von **besonders geschultem Personal**. Diese Forderung bezieht sich in erster Linie auf das nichtärztliche Personal, das die einzelnen Vorsorge- bzw. Rehabilitationsmaßnahmen durchführt. Diese müssen über die für ihre Tätigkeit erforderliche Qualifikation verfügen, insbesondere über eine einschlägige abgeschlossene Berufsausbildung. Dies gilt nicht nur für die in § 107 Abs. 2 Nr. 2 SGB V erwähnte Krankengymnastik, Bewegungstherapie, Sprachtherapie sowie Arbeits- und Beschäftigungstherapie. Vielmehr müssen auch die Pflegekräfte eine entsprechende berufliche Qualifikation besitzen.

47 Die Vorsorge- bzw. Rehabilitationsmaßnahmen müssen nach einem **ärztlichen Behandlungsplan** erbracht werden. Damit ist nicht ein bestimmtes Therapiekonzept für die Einrichtung verlangt; es genügt, wenn für jeden Patienten ein konkretes, auf ihn abgestimmtes Behandlungskonzept erstellt und auf seiner Grundlage auch die Behandlung durchgeführt wird.[77] Der Behandlungsplan muss maßgeblich von einem Arzt erstellt sein. Insoweit konkretisiert dieses Erfordernis die ebenfalls notwendige ständige ärztliche Verantwortung (Rn. 45). Darüber hinaus kommt in diesem Erfordernis auch der komplexe interdisziplinäre Ansatz der medizinischen Rehabilitation zum Ausdruck, nach dem – unter Berücksichtigung des Einzelfalls – ärztliche, pflegerische, physio- und ergotherapeutische, logopädische, diätetische und psychotherapeutische Maßnahmen unter vorrangiger Verantwortlichkeit eines Arztes zu einer Gesamtbehandlung zu verzahnen sind.[78]

48 Trotz der erheblichen Bedeutung, die demnach auch in der stationären medizinischen Vorsorge bzw. Rehabilitation dem Arzt zukommt, stehen bei ihrer Durchführung die nichtärztlichen Leistungen im Vordergrund. Dies kommt in § 107 Abs. 2 Nr. 2 SGB V in dem darin geforderten **Vorwiegen** der Anwendung **von Heilmitteln** sowie anderer geeigneter Hilfen, insbesondere von geistigen und seelischen

---

[71] *Quaas*, MedR 1995, 299, 302.

[72] Vgl. nur BSG v. 15.02.1978 - 3 RK 29/77 - BSGE 46, 41, 45.

[73] Vgl. BSG v. 27.11.1980 - 8a/3 RK 60/78 - BSGE 51, 44, 47.

[74] BT-Drs. 11/3480, S. 69.

[75] Vgl. *Knittel* in: Krauskopf, SozKV, § 107 Rn. 5

[76] So aber BSG v. 01.09.2005 - B 3 KR 3/04 R - SozR 4-2500 § 40 Nr. 2 Rn. 16 für die ambulante medizinische Rehabilitation in Anlehnung an Nr. 9.5 der Rahmenempfehlungen zur ambulanten medizinischen Rehabilitation der Bundesarbeitsgemeinschaft für Rehabilitation vom 22.01.2004.

[77] *Knittel* in: Krauskopf, SozKV, § 107 Rn. 9.

[78] Vgl. BSG v. 01.09.2005 - B 3 KR 3/04 R - SozR 4-2500 § 40 Nr. 2 Rn. 16.

Einwirkungen zum Ausdruck. Diese Formulierung geht auf die Rechtsprechung zum Recht der RVO zurück,[79] nach dem unter Heilmitteln noch vorwiegend Sachleistungen und nur bestimmte nichtärztliche Dienstleistungen verstanden wurden.[80] Dies erklärt zum einen, warum in § 107 Abs. 2 Nr. 2 SGB V zur Erläuterung des Heilmittelbegriffs mit Krankengymnastik, Bewegungstherapie, Sprachtherapie oder Arbeits- und Beschäftigungstherapie gewisse Dienstleistungen aufgeführt werden. Zum anderen rührt von diesem Begriffsverständnis auch her, warum geistige und seelische Einwirkungen eigens erwähnt werden. Inzwischen werden jedoch im Recht des SGB V unter Heilmitteln ausschließlich Dienstleistungen verstanden und zwar alle ärztlich verordneten Dienstleistungen, die einem Heilzweck dienen oder einen Heilerfolg sichern und nur von entsprechend ausgebildeten Personen erbracht werden dürfen.[81] Unter diesen Begriff fallen alle **nichtärztlichen medizinischen Dienstleistungen** mit Ausnahme derjenigen, die selbständig, d.h. außerhalb einer von einem Arzt veranlassten und verantworteten Behandlung erbracht werden. Damit haben die in § 107 Abs. 2 Nr. 2 SGB V erwähnten „anderen geeigneten Hilfen" keine eigenständige Bedeutung mehr. Mit dem Erfordernis eines Vorwiegens nichtärztlicher medizinischer Dienstleistungen macht § 107 Abs. 2 Nr. 2 SGB V deutlich, dass bei (stationären) medizinischen Vorsorge- und Rehabilitationsmaßnahmen die Betreuung durch Ärzte derjenigen durch nichtärztliches Fachpersonal eher gleichwertig nebengeordnet, wenn nicht gar untergeordnet ist.

c. Methoden

Im Gegensatz zu § 107 Abs. 1 Nr. 2 SGB V fehlt in § 107 Abs. 2 Nr. 2 SGB V das Erfordernis, dass 49
die Vorsorge- und Rehabilitationseinrichtungen nach **wissenschaftlich anerkannten Methoden** arbeiten müssen. Zwar gilt hier auch für diese Einrichtungen § 2 Abs. 1 Satz 3 SGB V. Nur ist für sie die Arbeit nach wissenschaftlich anerkannten Methoden **keine begriffliche Voraussetzung**. Von Bedeutung sind die Methoden, nach denen Vorsorge- und Rehabilitationseinrichtungen arbeiten, erst im Rahmen der Voraussetzungen für den Abschluss eines Versorgungsvertrages. Weil Versorgungsverträge nur mit Einrichtungen geschlossen werden dürfen, die für eine wirtschaftliche Versorgung der Versicherten notwendig sind (§ 111 Abs. 1 Satz 1 Nr. 2 SGB V), wird der Abschluss eines Versorgungsvertrages mit einer Einrichtung, die ausschließlich oder überwiegend mit wissenschaftlich nicht anerkannten Methoden arbeitet, nicht in Betracht kommen.[82]

3. Unterbringung und Verpflegung

Für die von § 107 Abs. 2 Nr. 3 SGB V für Vorsorge- und Rehabilitationseinrichtungen geforderte 50
Möglichkeit, Patienten unterzubringen und zu verpflegen, gelten die Ausführungen zur § 107 Abs. 1 Nr. 4 SGB V entsprechend (vgl. a. Rn. 32 f.). Auch Vorsorge- und Rehabilitationseinrichtungen sind damit **nicht auf stationäre Leistungen** beschränkt. Vielmehr können sie auch ambulante Leistungen anbieten – zu denen auch teilstationäre Leistungen zählen[83] –, solange sie in einem wesentlichen Umfang stationäre Leistungen erbringen.

---

[79] BSG v. 15.02.1978 - 3 RK 29/77 - BSGE 46, 41, 45.

[80] Zur Rechtsentwicklung näher BSG v. 28.06.2001 - B 3 KR 3/00 R - BSGE 88, 204, 207 ff.; BSG v. 28.06.2000 - B 6 KA 26/99 R - BSGE 86, 223, 232 ff.

[81] BSG v. 31.08.2000 - B 3 KR 21/99 R - BSGE 87, 105, 108; BSG v. 30.01.2001 - B 3 KR 6/00 R - SozR 3-2500 § 33 Nr. 39 S. 220; BSG v. 28.06.2001 - B 3 KR 3/00 R - BSGE 88, 204, 206; BSG v. 19.10.2004 - B 1 KR 28/02 R - SozR 4-2500 § 27 Nr. 2 Rn. 3; BSG v. 04.04.2006 - B 1 KR 12/04 R - BSGE 96, 153 Rn. 26; BSG v. 26.09.2006 - B 1 KR 3/06 R - SozR 4-2500 § 27 Nr. 10 Rn. 26.

[82] *Knittel* in: Krauskopf, SozKV, § 107 Rn. 11.

[83] So für die medizinischen Rehabilitation BSG v. 05.07.2000 - B 3 KR 12/99 R - BSGE 87, 14, 18 ff.

§ 108 SGB V Zugelassene Krankenhäuser

(Fassung vom 05.09.2006, gültig ab 01.01.2007)

Die Krankenkassen dürfen Krankenhausbehandlung nur durch folgende Krankenhäuser (zugelassene Krankenhäuser) erbringen lassen:

1. **Krankenhäuser, die nach den landesrechtlichen Vorschriften als Hochschulklinik anerkannt sind,**
2. **Krankenhäuser, die in den Krankenhausplan eines Landes aufgenommen sind (Plankrankenhäuser), oder**
3. **Krankenhäuser, die einen Versorgungsvertrag mit den Landesverbänden der Krankenkassen und den Verbänden der Ersatzkassen abgeschlossen haben.**

Gliederung

A. Basisinformationen

I. Textgeschichte/Gesetzgebungsmaterialien

1 Die durch das GRG[1] mit Wirkung vom **01.01.1989** eingeführte[2] Bestimmung wurde erstmals durch das Föderalismusreform-Begleitgesetz[3] geändert. Dabei wurde zum **01.01.2007** in § 108 Nr. 1 SGB V an die Stelle des Verweises auf das Hochschulbauförderungsgesetz derjenige auf die landesrechtliche Anerkennung als Hochschulklinik gesetzt.[4]

II. Vorgängervorschriften

2 § 108 SGB V geht auf **§ 371 Abs. 1 RVO** zurück. Auch nach § 371 Abs. 1 RVO durfte Krankenhausbehandlung (damals noch: Krankenhauspflege) nur durch Hochschulkliniken, Plankrankenhäuser und Vertragskrankenhäuser erbracht werden. Allerdings wurden die Vertragskrankenhäuser in § 371 Abs. 1 RVO als Krankenhäuser bezeichnet, die sich gegenüber den Krankenkassen zur Krankenhauspflege bereit erklärt haben; freilich kam bei ihnen mit der Annahme der Bereiterklärung durch die Krankenkassenverbände ein Vertrag zustande.[5] Neu gegenüber § 371 Abs. 1 RVO ist die zusammenfassende Bezeichnung der zur Krankenhausbehandlung berechtigten Einrichtungen als „zugelassene Krankenhäuser".

III. Parallelvorschriften

3 § 108 SGB V ist Vorbild für **§ 72 Abs. 1 Satz 1 SGB XI**, wonach die Pflegekassen ambulante und stationäre Pflege nur durch zugelassene Pflegeeinrichtungen gewähren dürfen. Vergleichbare Vorschriften enthält auch das Krankenversicherungsrecht: So dürfen gemäß **§ 124 Abs. 1 SGB V** Heilmittel nur von zugelassenen Leistungserbringern abgegeben werden.

---

1 Gesundheits-Reformgesetz vom 10.12.1988, BGBl I 1988, 2477.
2 Materialien: Gesetzentwurf, BT-Drs. 16/814, S. 24.
3 Vom 05.09.2006, BGBl I 2006, 2098.
4 Materialien: Gesetzentwurf, BT-Drs. 16/814, S. 24.
5 BSG v. 27.01.1981 - 5a/5 RKn 14/79 - BSGE 51, 126, 129 ff.

IV. Systematische Zusammenhänge

§ 108 SGB V zählt auf, welche Krankenhäuser im Sinne des **§ 107 Abs. 1 SGB V** zur Versorgung der Versicherten zugelassen sind. Nur durch diese Krankenhäuser darf Krankenhausbehandlung im Sinne des **§ 39 Abs. 1 SGB V** zulasten der gesetzlichen Krankenkassen erbracht werden. Rechtsgrundlage für die Zulassung eines Krankenhauses ist nicht § 108 SGB V selbst, sondern **§ 109 SGB V**. Entgegen dem Anschein, den § 108 SGB V erweckt, beruht nicht nur bei den dort an letzter Stelle (Nr. 3) erwähnten Vertragskrankenhäusern, sondern auch bei den an erster und zweiter Stelle (Nr. 1 und 2) genannten Hochschulkliniken und Plankrankenhäusern die Zulassung zur Versorgung der Versicherten auf einem Versorgungsvertrag. Der Status eines zugelassenen Krankenhauses kann daher auch bei ihnen durch Kündigung des Versorgungsvertrages (**§ 110 SGB V**) beendet werden. Neben den mit den einzelnen Krankenhäusern bestehenden Versorgungsverträgen sehen die **§§ 112, 115 SGB V** (zwei- und dreiseitige) Kollektivverträge auf Landesebene vor, deren Inhalt im Konfliktfall durch eine Landesschiedsstelle (**§ 114 SGB V**) festgesetzt wird. Im Hinblick auf diese kollektivrechtlichen Strukturen ist die Definition der Krankenhausgesellschaften in **§ 108a SGB V** zu sehen. 4

V. Ausgewählte Literaturhinweise

Höfling, Vom Krankenhausrecht zum Krankenhausregulierungsrecht, GesR 2007, 289-295; *Ebsen*, Perspektiven der Krankenhausplanung in einem gewandelten Markt und einem föderalen Gefüge, in: Krankenhaus-Report 2006, S. 117-131. 5

B. Auslegung der Norm

I. Regelungsgehalt und Bedeutung der Norm

§ 108 SGB V regelt, dass die Krankenkassen Krankenhausbehandlung allein durch Einrichtungen erbringen lassen dürfen, die **Krankenhäuser** im Sinne des § 107 Abs. 1 SGB V sind und die zur Erbringung von Krankenhausleistungen **zugelassen** sind. Dies ist nach der Aufzählung in § 108 SGB V der Fall bei Hochschulkliniken (Nr. 1), bei Plankrankenhäusern (Nr. 2) und bei anderen Krankenhäusern, die mit den Kassenverbänden einen Versorgungsvertrag abgeschlossen haben (Nr. 3). Die Zulassung selbst ist in § 108 SGB V nicht geregelt. Vielmehr ergibt sie sich – und zwar für alle in § 108 SGB V genannten Arten von Krankenhäusern – aus § 109 Abs. 1 SGB V.[6] 6

Nach den vom Statistischen Bundesamt herausgegebenen Grunddaten teilten sich im Jahr 2005 die 1.846 Allgemeinen Krankenhäuser in **34 Hochschulkliniken** (1,8%), **1.568 Plankrankenhäuser** (84,9%), **101 Vertragskrankenhäuser** (5,5%) und 143 Krankenhäuser ohne Zulassung zur Behandlung gesetzlich krankenversicherter Patienten (7,8%) auf. Schon allein der Zahl der Einrichtungen nach beherrschen die Hochschulkliniken und Plankrankenhäuser den Markt für Krankenhausleistungen. Die Bedeutung der Hochschulkliniken und Plankrankenhäuser ist noch wesentlich größer, wenn die Betten und die Berechnungs-/Belegungstage in die Betrachtung mit einbezogen werden: Im Jahr 2005 wiesen die Hochschulkliniken 9,1% der Betten sowie 9,7% der Berechnungs-/Belegungstage und die Plankrankenhäuser 88,7% der Betten sowie 88,3% der Berechnungs-/Belegungstage auf. Dagegen befanden sich in den Vertragskrankenhäusern lediglich 1,7% der Betten und wurden nur 1,6% der Berechnungs-/Belegungstage erbracht. Die übrigen Krankenhäuser haben mit einem Anteil von 0,5% der Betten und 0,4% der Berechnungs-/Belegungstage lediglich eine marginale Bedeutung.[7] 7

II. Normzweck

§ 108 SGB V beschränkt die Erbringung von Krankenhausleistungen zulasten der gesetzlichen Krankenversicherung auf einen umgrenzten Kreis dafür qualifizierter und dazu besonders berechtigter (zugelassener) Krankenhäuser. Dieses **Zulassungserfordernis** dient der **Sicherstellung der Leistungserbringung**. Da auch die Krankenhausbehandlung als Sach- und Dienstleistung zu erbringen ist (§ 2 Abs. 2 Satz 1 SGB V), sich die Krankenkassen aber nur in Ausnahmefällen auf Eigeneinrichtungen stützen können (vgl. § 140 SGB V), müssen sie sich der Leistungen Dritter bedienen. Hierfür fordert § 108 SGB V aufgrund der besonderen Verantwortung, die das Naturalleistungsprinzip den Kranken- 8

---

6 Vgl. BT-Drs. 11/2237, S. 197.

7 Statistisches Bundesamt, Grunddaten der Krankenhäuser 2005, Fachserie 12, Reihe 6.1.1, Tabellen 2.1.1 und 2.2.1.

kassen für das Leistungsgeschehen auferlegt, eine Zulassung zur Versorgung der Versicherten. Diese Zulassung berechtigt nicht nur zur Erbringung von Krankenhausbehandlung, sondern verpflichtet dazu auch (vgl. § 109 Abs. 4 Satz 2 SGB V).

9 Soweit § 108 SGB V aufzählt, welche Krankenhäuser zur Erbringung von Krankenhausbehandlung zugelassen sind, hat dies die Funktion einer **Einweisungsvorschrift in das** in den §§ 109, 110 SGB V ausgeformte **Vertragssystem.**[8] Denn die Zulassung zur Krankenhausbehandlung der Versicherten ist nicht in § 108 SGB V, sondern in den §§ 109, 110 SGB V geregelt (vgl. § 109 Abs. 4 Satz 1 SGB V).

III. Zulassungserfordernis

10 Nach § 108 SGB V darf die Krankenhausbehandlung nur durch eine Einrichtung erbracht werden, die ein **Krankenhaus** (vgl. die Kommentierung zu § 107 SGB V Rn. 12) im Sinne des § 107 Abs. 1 SGB V ist und die zur Versorgung der Versicherten **zugelassen** (vgl. Rn. 14) ist.[9] Dieses Zulassungserfordernis entspricht der Grundkonzeption des SGB V: Um die Naturalleistungsansprüche der Versicherten (§ 2 Abs. 2 Satz 1 SGB V) zu erfüllen, bedienen sich die Krankenkassen regelmäßig nur zugelassener Leistungserbringer, mit denen sie über die Erbringung der Sach- und Dienstleistungen Verträge schließen (§ 2 Abs. 2 Satz 3 SGB V). Unter den auf diese Weise verfügbar gehaltenen zugelassenen Leistungserbringern dürfen sich die Versicherten den gewünschten Erbringer auswählen und sich dann von ihm behandeln lassen. Auch das Zulassungserfordernis des § 108 SGB V wurzelt im Naturalleistungsprinzip. Es gilt folglich uneingeschränkt für die Gewährung der Krankenhausbehandlung als **Naturalleistung**. Jedoch darf in **Notfällen** die Krankenhausbehandlung als Naturalleistung auch durch nicht zugelassene Krankenhäuser erbracht werden (näher dazu die Kommentierung zu § 39 SGB V Rn. 46). Auch bei **Kostenerstattung** gilt grundsätzlich das Zulassungserfordernis. Die Erstattung der Kosten für die Inanspruchnahme nicht zugelassener Krankenhäuser kommt im Rahmen des § 13 Abs. 3 Satz 1 SGB V lediglich in Fällen des **Systemversagens** in Betracht.[10] Weitere Durchbrechungen des Zulassungserfordernisses kennt § 13 Abs. 4 und 5 SGB V für die Behandlung in **ausländischen Krankenhäusern** (vgl. die Kommentierung zu § 39 SGB V Rn. 45).

11 Das Zulassungserfordernis des § 108 SGB V gilt nicht nur für die Krankenkassen, sondern wirkt sich auch im Verhältnis zu den Versicherten und den Krankenhäusern aus. Adressat des § 108 SGB V sind zunächst die darin unmittelbar angesprochenen **Krankenkassen**.[11] Diese dürfen Krankenhausbehandlung nur durch zugelassene Krankenhäuser erbringen lassen. Dies kann nicht ohne Folgen für den Leistungsanspruch der **Versicherten** bleiben. Mit der in § 108 SGB V angeordneten Begrenzung des Kreises der Einrichtungen, die zulasten der Krankenkassen Krankenhausbehandlung erbringen dürfen, muss zugleich der Leistungsanspruch der Versicherten auf die Behandlung in zugelassenen Krankenhäusern beschränkt sein.[12] Die Begrenzung der Leistungspflicht der gesetzlichen Krankenversicherung auf die Krankenhausbehandlung in zugelassenen Krankenhäusern muss sich aber auch auf die **Krankenhäuser** auswirken.[13] Sie führt zum Ausschluss nicht zugelassener Krankenhäuser aus der Versorgung der Versicherten. Da die Zulassung als Krankenhaus von ihrem Umfang her auf den Versorgungsauftrag (vgl. die Kommentierung zu § 109 SGB V) des Krankenhauses beschränkt ist, dürfen zugelassene Krankenhäuser auch nur in diesem Rahmen Krankenhausleistungen erbringen.[14]

12 Zu der **Krankenhausbehandlung**, die nach § 108 SGB V nur durch zugelassene Krankenhäuser erbracht werden darf, gehört auf jeden Fall die **voll- und teilstationäre** (vgl. die Kommentierung zu § 39 SGB V Rn. 32) Behandlung im Krankenhaus. Der Begriff der Krankenhausbehandlung ist in § 108 SGB V aber nicht nur in diesem engen Sinne zu verstehen. Vielmehr umfasst er alle Formen der Behandlung, die nach § 39 Abs. 1 Satz 1 SGB V in einem Krankenhaus zulässig sind, mithin auch **vor- und nachstationäre** (vgl. die Kommentierung zu § 39 SGB V Rn. 37) sowie **ambulante** (vgl. die Kommentierung zu § 39 SGB V Rn. 38) Leistungen. Allerdings gestattet das Gesetz die Erbringung

---

8 Vgl. *Klückmann* in: Hauck/Noftz, SGB V, K § 108 Rn. 2, der allerdings zu Unrecht die Gesetzgebungskompetenz des Bundes in Frage stellt (näher dazu Rn. 15).

9 Vgl. BSG v. 09.10.2001 - B 1 KR 6/01 R - BSGE 89, 39, 42.; BSG v. 23.10.1996 - 4 RK 2/96 - BSGE 79, 190, 193.

10 Näher dazu BSG v. 18.07.2006 - B 1 KR 24/05 R - SozR 4-2500 § 13 Nr. 9 Rn. 23 ff.

11 *Rau* in: GKV-Kommentar, § 108 SGB V Rn. 3; *Knittel* in: Krauskopf, SozKV, § 108 SGB V Rn. 1.

12 *Rau* in: GKV-Kommentar, § 108 SGB V Rn. 12; *Klückmann* in: Hauck/Noftz, SGB V, K § 108 Rn. 2.

13 *Rau* in: GKV-Kommentar, § 108 SGB V Rn. 8.

14 *Hess* in: KassKomm, SGB V, § 108 Rn. 5.

dieser ambulanten Leistungen nicht immer allen zugelassenen Krankenhäusern ohne weiteres. Während die vor- und nachstationäre Behandlung (§ 115a SGB V) eine gesonderte Berechtigung nicht erfordert und die Zulassung zum ambulanten Operieren durch eine einseitige Erklärung des Krankenhauses zustande kommt (§ 115b Abs. 2 SGB V), setzt die ambulante Behandlung im Rahmen strukturierter Behandlungsprogramme (§ 116b Abs. 1 SGB V) oder im Rahmen der integrierten Versorgung (§§ 140a ff. SGB V) den Abschluss gesonderter Verträge und die ambulante Behandlung bei hochspezialisierten Leistungen bzw. Erkrankungen die Bestimmung durch die Krankenhausplanungsbehörde (§ 116b Abs. 2 SGB V) voraus.

Nicht zur Krankenhausbehandlung, für die das Zulassungserfordernis des § 108 SGB V unmittelbar gilt, zählt die **Geburtshilfe**. Diese stellt eine eigenständige Leistung dar und findet nicht ohne Grund in § 107 Abs. 1 Nr. 1 und 3 SGB V eigens neben der Krankenhausbehandlung Erwähnung. Dennoch darf die Geburtshilfe, d.h. die stationäre Entbindungspflege im Sinne des § 197 RVO, nur durch Krankenhäuser im Sinne des § 107 Abs. 1 SGB V erbracht werden,[15] die zur Versorgung der Versicherten zugelassen sind. Denn zu den Bestimmungen, die gemäß § 195 Abs. 2 Satz 1 RVO auf den Anspruch auf stationäre Entbindungspflege entsprechend anwendbar sind, zählt auch § 108 SGB V und damit das darin geregelte Zulassungserfordernis.[16] Krankenhäuser und andere Einrichtungen dürfen daher Leistungen der stationären Entbindungspflege nicht ohne weiteres zulasten der gesetzlichen Krankenversicherung erbringen, vielmehr benötigen sie die Zulassung zumindest durch Abschluss eines Versorgungsvertrages.[17] 13

IV. Zugelassene Krankenhäuser

Die Aufzählung der zugelassenen Krankenhäuser in § 108 SGB V hat rein deklaratorischen Charakter. Die **Zulassung** zur Krankenhausbehandlung der Versicherten ist nicht in § 108 SGB V, sondern in den §§ 109, 110 SGB V geregelt. § 109 Abs. 4 Satz 1 SGB V stellt klar, dass die Zulassung eines Krankenhauses **allein durch** einen **Versorgungsvertrag nach § 109 Abs. 1 SGB V** bewirkt wird. Dieser Vertrag wird zwar bei den in § 108 SGB V an erster und zweiter Stelle genannten Hochschulkliniken und Plankrankenhäusern fingiert (§ 109 Abs. 1 Satz 2 SGB V). Dennoch sind auch diese Krankenhäuser nur für die Dauer des (fingierten) Vertrages zur Versorgung der Versicherten zugelassen (§ 109 Abs. 4 Satz 1 SGB V). Auch dieser (fingierte) Vertrag kann gemäß § 110 SGB V gekündigt werden und damit der Zulassungsstatus entzogen werden. Es ist daher ungenau, wenn davon gesprochen wird, dass Hochschulkliniken und Plankrankenhäuser kraft Gesetzes zugelassene Krankenhäuser seien, während sonstige Krankenhäuser diesen Status erst durch den konstitutiven Abschluss eines Versorgungsvertrages erlangten.[18] Auch bei den Hochschulkliniken und Plankrankenhäusern hat der Versorgungsvertrag konstitutive Bedeutung. Bei ihnen kann von einer Zulassung „kraft Gesetzes" nur insoweit die Rede sein, als § 109 Abs. 1 Satz 2 SGB V der Anerkennung als Hochschulklinik und der Aufnahme in den Krankenhausplan einen Regelungsgehalt verleiht, der diesen Rechtsakten weder nach dem Hochschulrecht noch nach dem Krankenhausrecht zukommt. Dies ändert aber nichts daran, dass auch bei den Hochschulkliniken und Plankrankenhäusern die Zulassung zur Krankenhausbehandlung der Versicherten allein auf einem Versorgungsvertrag nach § 109 Abs. 1 SGB V beruht. 14

Der Sachlogik des Naturalleistungsprinzips entspricht es, wenn **für die Zulassung** derjenige Träger **zuständig** ist, der für die Ordnungsmäßigkeit der Leistungserbringung gegenüber dem Versicherten einzustehen hat.[19] Dementsprechend schreibt § 2 Abs. 2 SGB V vor, dass die Krankenkassen über die Erbringung der Sach- und Dienstleistungen, die die Versicherten als solche erhalten (Satz 1), Verträge mit den Leistungserbringern schließen (Satz 3). Hiervon weicht das Gesetz bei den Krankenhäusern ab, wenn es vorsieht, dass die Zulassung auch Folge der Anerkennung als Hochschulklinik oder der Aufnahme in den Krankenhausplan sein kann (§§ 108 Nr. 1 und 2, 109 Abs. 1 Satz 2 SGB V), und damit der **staatlichen Ebene weitreichende Befugnisse** einräumt. Hierzu war der Gesetzgeber nicht von 15

[15] Dazu, dass nicht auch die „anderen Einrichtungen" in § 197 Satz 1 RVO unter den Krankenhausbegriff des § 107 Abs. 1 SGB V fallen müssen, vgl. die Kommentierung zu § 107 SGB V Rn. 19.

[16] BSG v. 21.02.2006 - B 1 KR 34/04 R - SozR 4-2200 § 197 Nr. 1 Rn. 10. Offen gelassen noch in BSG v. 20.05.2003 - B 1 KR 9/03 R - SozR 4-2500 § 13 Nr. 1 Rn. 15. In diese Richtung aber bereits BSG v. 23.11.1995 - 1 RK 5/94 - SozR 3-2500 § 13 Nr. 9 S. 45.

[17] Dahingehend auch *Krauskopf* in: ders., SozKV, § 197 RVO Rn. 11.

[18] So etwa BSG v. 21.02.2006 - B 1 KR 22/05 R - GesR 2006, 368, 369.

[19] *Schuler-Harms*, VSSR 2005, 135, 142 f.

Verfassungs wegen verpflichtet.[20] Die Krankenhausplanung ist zwar Ländersache, aber nicht im Sinne einer ausschließlichen Gesetzgebungs- oder Vollzugskompetenz.[21] So kann sich der Bundesgesetzgeber bereits auf Art. 74 Abs. 1 Nr. 19a GG für eine Krankenhausplanung stützen, die auf die wirtschaftliche Sicherung der Krankenhäuser abzielt.[22] Noch weiter reicht aber seine Gesetzgebungskompetenz für die Sozialversicherung (Art. 74 Abs. 1 Nr. 12 GG). Diese umfasst auch das Leistungserbringerrecht, d.h. die Rechtsbeziehungen der Sozialversicherungsträger zu den Erbringern der Sach- und Dienstleistungen, die den Versicherten als solche zur Verfügung zu stellen sind.[23] Gestützt auf Art. 74 Abs. 1 Nr. 12 GG kann der Bundesgesetzgeber regeln, unter welchen Voraussetzungen Krankenhäuser zur Leistungserbringung zuzulassen sind und dabei insbesondere eine eigenständige Bedarfsplanung vorsehen.[24] Verfassungsrecht gebietet es auch nicht, insoweit den Gesetzesvollzug der unmittelbaren Staatsverwaltung vorzubehalten. Wenn die Krankenversicherungsträger für fachlich ungeeignet gehalten werden, weil sie strukturell einer Abwägung aller Belange nicht gewachsen seien, da sie von der planerischen Entscheidung betroffen seien,[25] müsste dies erst recht für die Länder gelten, die regelmäßig selbst (unmittelbar oder mittelbar) Träger von Krankenhäusern sind.[26] Mehr noch: Sollte für die Krankenhausplanung vor allem die räumliche Distribution von Krankenhausleistungen mit dem Ziel, den Zugang der Bevölkerung zur Krankenhausversorgung und zugleich deren Qualität und Effizienz zu sichern, entscheidungsrelevant sein, werden aber in gesundheitspolitischen Entscheidungsprozessen in Anbetracht der hohen wirtschaftlichen Bedeutung der Krankenhausversorgung darüber hinaus auch regional-, struktur- und arbeitsmarktpolitische Aspekte berücksichtigt,[27] so stellt sich die Frage, ob die Anknüpfung des Krankenversicherungsrechts an die Krankenhausplanung wirklich sachgerecht ist. **Tragender Grund** dieser verfassungsrechtlich keineswegs gebotenen Anknüpfung ist die Absicherung der **dualistischen Krankenhausfinanzierung**, bei der die Investitionskosten nicht über die Pflegesätze von den Krankenkassen, sondern aus staatlichen Fördermitteln getragen werden (vgl. § 4 KHG). Aufgabe der Anknüpfung des Krankenversicherungsrechts an die Krankenhaus- und Hochschulplanung ist es zu verhindern, dass die staatliche Investitionsförderung ihren Zweck verfehlt. Mit dem Übergang zu einer monistischen Krankenhausfinanzierung, bei der auch die Investitionskosten über die Krankenhausentgelte von den Krankenkassen zu tragen sind, würde auch der tragende Grund für die Bindung der Krankenkassen an planerische Entscheidungen der staatlichen Ebene entfallen.[28]

16 Die Zulassung zur Krankenhausbehandlung der Versicherten hat **statusbegründende Wirkung** mit vielfältigen Folgen, nämlich umfangreichen Rechten und Pflichten, für das Krankenhaus selbst, seinen Träger und die Krankenkassen sowie deren Verbände.[29] Die Zulassung berechtigt das Krankenhaus nicht nur, Versicherte zulasten der Krankenkassen zu behandeln, das daher unmittelbare Vergütungsansprüche (vgl. die Kommentierung zu § 109 SGB V) gegen die jeweilige Krankenkasse erwirbt. Die Zulassung verpflichtet das Krankenhaus auch dazu, die Versicherten zu den Bedingungen der gesetzlichen Krankenversicherung zu versorgen. Das zugelassene Krankenhaus hat daher sowohl die Beschränkungen, die sich aus dem Leistungsrecht ergeben, als auch diejenigen des Leistungserbringerrechts zu beachten. Insbesondere darf es voll- und teilstationäre Krankenhausbehandlung nur erbringen, wenn diese im Sinne des § 39 Abs. 1 Satz 2 SGB V erforderlich ist (dazu die Kommentierung zu § 39 SGB V Rn. 47 ff.), ist auch im Übrigen dem Wirtschaftlichkeitsgebot (§ 12 Abs. 1 SGB V) unterworfen und muss nach wissenschaftlich anerkannten Methoden arbeiten (vgl. die Kommentierung zu § 107 SGB V Rn. 29 f.).

---

[20] So aber *Heinze* in: HS-KV § 38 Rn. 37.

[21] *Thomae*, Krankenhausplanungsrecht, 2006, S. 30.

[22] Vgl. BVerfG v. 12.06.1990 - 1 BvR 355/86 - BVerfGE 82, 209, 230 f. und 232; BVerfG v. 07.02.1991 - 2 BvL 24/84 - BVerfGE 83, 363, 380; *Degenhardt* in: Sachs, GG, Art. 74 Rn. 77 mit Fn. 287.

[23] Vgl. nur BSG v. 18.06.1997 - 6 RKa 58/96 - BSGE 80, 256, 258.

[24] *Ebsen* in: Krankenhaus-Report 2006, S. 117, 125.

[25] *Burgi/Maier*, DÖV 2000, 579, 586 f.

[26] Vgl. *Höfling*, GesR 2007, 289, 291.

[27] Sachverständigenrat für die Konzertierte Aktion im Gesundheitswesen, Gutachten 2003, Bd. II Rn. 927.

[28] In diesem Sinne bereits BT-Drs. 12/3930, S. 5 f.

[29] Vgl. BSG v. 05.07.2000 - B 3 KR 20/99 R - BSGE 87, 25, 27; BSG v. 18.03.1999 - B 3 P 9/98 R - BSGE 84, 1, 2; BSG v. 29.05.1996 - 3 RK 26/95 - BSGE 78, 243, 248 f.; BSG v. 29.05.1996 - 3 RK 23/95 - BSGE 78, 233, 235 f.

1. Hochschulkliniken

Hochschulkliniken haben eine **Doppelfunktion**: Einerseits werden sie zum Zwecke praxisnaher Ausbildung und patientenorientierter Forschung betrieben; andererseits greifen sie mit den Leistungen, die sie auf der anderen Seite in der Krankenversorgung erbringen, weit über den Wissenschaftsbereich hinaus. Dass die Hochschulkliniken Krankenhäuser der **Maximalversorgung** sind, lässt sich mit den Erfordernissen von Forschung und Lehre allein nicht begründen.[30] Für die Versorgung mit Krankenhausleistungen sind sie jedoch von großer Bedeutung. Dies zeigt bereits ein Blick auf die Statistik (vgl. die Rn. 7). Danach machen die Hochschulkliniken zwar nur 1,8% der Allgemeinkrankenhäuser aus, weisen aber 9,1% der Betten sowie 9,7% der Berechnungs-/Belegungstage auf. Welch erheblicher Aufwand in ihnen betrieben wird, lässt sich daran erkennen, dass in ihnen 20,8% der auf Vollkräfte umgerechneten Krankenhausärzte beschäftigt sind.[31] 17

Bis zur Förderalismusreform sprach § 108 Nr. 1 SGB V von Hochschulkliniken im Sinne des HBFG[32], 18
wobei sich aus § 109 Abs. 1 Satz 2 SGB V ergab, dass bei diesen Krankenhäusern die Hochschule in das Hochschulverzeichnis nach § 4 HBFG aufgenommen sein musste. Hochschulkliniken waren demnach Krankenhäuser mit einem Bezug zu Hochschulen, die nach dem Hochschulbauförderungsrecht und damit auf der Grundlage der Gemeinschaftsaufgabe „Ausbau und Neubau von Hochschulen, einschließlich Hochschulkliniken" gefördert wurden. Mit der Förderalismusreform wurde diese Gemeinschaftsaufgabe abgeschafft, was zur Folge hatte, dass das HBFG zum 01.01.2007 außer Kraft trat.[33] Zeitgleich wurde in § 108 Nr. 1 SGB V an die Stelle des Verweises auf das HBFG derjenige auf die landesrechtliche Anerkennung als Hochschulklinik gesetzt. Der **Begriff der Hochschulklinik** im SGB V ist jedoch weiterhin ein Begriff des Bundesrechts. Hochschulkliniken sind Krankenhäuser, die einen festen **funktionalen Bezug zu einer Hochschule und deren Aufgaben** haben. Dieser muss so gestaltet sein, wie es für die Erfüllung der medizinischen Forschungs- und Lehraufgaben der betreffenden Hochschule erforderlich ist, und den Verbund mit den von der Hochschule vertretenen übrigen wissenschaftlichen Fächer wahren. Dies setzt bei einer rechtlichen Verselbständigung der Hochschulklinik gegenüber der Hochschule voraus, dass das Krankenhaus nach den Erfordernissen von Forschung und Lehre errichtet und betrieben wird und die Versorgung von Kranken lediglich dadurch bedingt ist.[34] Den Ländern steht es nicht frei, auch Krankenhäuser zu Hochschulkliniken zu erklären, die in keinem oder nur einem lockeren Zusammenhang mit Hochschulen mit medizinischen Fachbereichen stehen. Hochschulkliniken im Sinne des SGB V sind daher nicht akademische Lehrkrankenhäuser. Es können auch nicht alle Krankenhäuser der Maximalversorgung zu Hochschulkliniken erklärt werden. Zwar nehmen die Hochschulkliniken in der Regel Aufgaben der Maximalversorgung wahr.[35] Die besondere Qualität der in ihnen stattfindenden Krankenbehandlung ist jedoch – anders als der Bezug zur Forschung und Lehre – kein Begriffsmerkmal der Hochschulkliniken.[36] Darüber hinaus zeigt der Blick auf die im Zuge der Förderalismusreform ebenfalls neu gefasste Vorschrift des § 5 Abs. 1 Nr. 1 KHG, dass für Hochschulkliniken weiterhin wesentlich deren **staatliche Investitionsförderung** ist. Denn in § 5 Abs. 1 Nr. 1 KHG werden die Hochschulkliniken als Krankenhäuser definiert, die nach den landesrechtlichen Vorschriften für den Hochschulbau gefördert werden. Wie das KHG geht auch das SGB V von einer dualen Krankenhausfinanzierung aus. Ohne diese entfiele der Grund dafür, warum die Zulassung zur Krankenhausbehandlung der Versicherten an das Hochschulrecht der Länder gebunden sein sollte (vgl. Rn. 15).

2. Plankrankenhäuser

§ 108 Nr. 2 SGB V definiert die **Plankrankenhäuser** als Krankenhäuser, die in den Krankenhausplan 19
eines Landes aufgenommen sind. Gemeint ist damit die Aufnahme in einen **Krankenhausplan im Sinne des § 6 Abs. 1 KHG**. Die Planaufnahme hat nach dem KHG nur eine einzige Bedeutung: Sie ist

[30] *Trute/Wahl*, WissR 32 (1999), 38, 38 f. Zum Spannungsverhältnis zwischen Maximalversorgung und medizinischer Ausbildung s.a. *Wenner*, GesR 2007, 337, 340.

[31] 2005 waren in Allgemeinkrankenhäusern 116.336 ärztliche Vollkräfte tätig, davon 24.248 (20,8%) in Hochschulkliniken, 90.321 (77,6%) in Plankrankenhäusern und 1.321 (1,1%) in Vertragskrankenhäusern (Statistisches Bundesamt, Grunddaten der Krankenhäuser 2005, Fachserie 12, Reihe 6.1.1, Tabelle 2.4.1).

[32] Hochschulbauförderungsgesetz vom 01.09.1969, BGBl I 1969, 1556.

[33] Art. 125 Abs. 1 GG in der Fassung des Gesetzes vom 28.08.2006 (BGBl I 2006, 2034).

[34] Vgl. BR-Drs. 576/06, Begründung S. 4.

[35] *Quaas* in: Quaas/Zuck, Medizinrecht, 2005, § 23 Rn. 52.

[36] Vgl. *Zuck* in: Quaas/Zuck, Medizinrecht, § 81 Rn. 1.

Voraussetzung für die staatliche Investitionsförderung. Anspruch auf diese Förderung hat ein Krankenhaus nur, soweit und solange es in den Krankenhausplan eines Landes aufgenommen und dies durch Bescheid der zuständigen Landesbehörde festgestellt ist (§ 8 Abs. 1 Satz 1 und 3 KHG). Das SGB V verleiht der Planaufnahme eine weitergehende Bedeutung, indem es in § 109 Abs. 1 Satz 2 SGB V das in den Krankenhausplan aufgenommene Krankenhaus so stellt, wie wenn es einen Versorgungsvertrag abgeschlossen hätte, und ihm damit den Status eines zur Versorgung der Versicherten zugelassenen Krankenhauses verschafft. Dabei knüpft sowohl § 109 Abs. 1 Satz 2 SGB V als auch § 108 Nr. 2 SGB V allein an die Aufnahme in den Krankenhausplan (§ 6 Abs. 1 KHG) an und erwähnt deren Feststellung durch Bescheid (§ 8 Abs. 1 Satz 3 KHG) nicht. Vor diesem Hintergrund erscheint die Rechtsprechung des BVerwG überholt, wonach der Krankenhausplan eine rein verwaltungsinterne Maßnahme ohne unmittelbare Rechtswirkungen nach außen ist.[37] Weil tragender Grund für die Anknüpfung an die Krankenhausplanung die Verhinderung einer Zweckverfehlung staatlicher Fördermittel ist, müssen bei einem Krankenhaus sämtliche Voraussetzungen für die Förderfähigkeit nach dem KHG vorliegen und damit auch ein **Feststellungsbescheid im Sinne des § 8 Abs. 1 Satz 3 KHG**, um nach § 109 Abs. 1 Satz 2 SGB V zur Versorgung der Versicherten zugelassen und um ein Plankrankenhaus im Sinne des § 108 Nr. 2 SGB V zu sein. Die bloße Erwähnung eines Krankenhauses im Krankenhausplan reicht demnach nicht. Aus diesem Grunde sind die Hochschulkliniken, die nicht zu den förderfähigen Krankenhäusern zählen (§ 5 Abs. 1 Nr. 1, Abs. 2 KHG), auch dann nicht als Plankrankenhäuser im Sinne des § 108 Nr. 2 SGB V anzusehen, wenn sie von den Ländern in die Krankenhausplanung einbezogen wurden.[38]

3. Vertragskrankenhäuser

20 Bei Krankenhäusern, die **weder Hochschulkliniken noch Plankrankenhäuser** sind, wird ein Versorgungsvertrag nicht fingiert, vielmehr müssen sie einen Versorgungsvertrag mit den Krankenkassenverbänden abschließen, um zur Krankenhausbehandlung der Versicherten zugelassen zu sein (§ 109 Abs. 1 Sätze 1 und 2 SGB V). Diese Krankenhäuser hat § 108 Nr. 3 SGB V im Auge. Für sie hat sich die Bezeichnung als **Vertragskrankenhaus** eingebürgert. Zwar fallen dem Wortlaut nach unter § 108 Nr. 3 SGB V auch die Hochschulkliniken und Plankrankenhäuser, weil es bei ihnen zu einem, wenn auch fingierten, Abschluss eines Versorgungsvertrages kommt (vgl. § 109 Abs. 1 Satz 2 SGB V). Doch macht die Gegenüberstellung der verschiedenen Krankenhausarten in § 108 SGB V deutlich, dass die in Nr. 1 und 2 genannten Hochschulkliniken und Plankrankenhäuser nicht zu den Vertragskrankenhäusern im Sinne der Nr. 3 zählen. Allerdings können Hochschulkliniken und Plankrankenhäuser für Teile, die nicht von ihrem Versorgungsauftrag umfasst sind, einen Versorgungsvertrag schließen.[39] Insoweit haben dann auch sie den Status eines Vertragskrankenhauses im Sinne des § 108 Nr. 3 SGB V.

---

[37] BVerwG v. 18.12.1986 - 3 C 67/85 - NJW 1987, 2318, 2319; BVerwG v. 14.11.1985 - 3 C 41.84 - USK 85217; BVerwG v. 25.07.1985 - 3 C 25.84 - BVerwGE 72, 38, 45; BVerwG v. 26.03.1981 - 3 C 134.79 - BVerwGE 62, 86, 94 ff.

[38] Vgl. *Zuck* in: Quaas/Zuck, Medizinrecht, § 81 Rn. 1.

[39] *Hess* in: KassKomm, SGB V, § 108 Rn. 5.

§ 108a SGB V Krankenhausgesellschaften

(Fassung vom 23.06.1997, gültig ab 01.07.1997)

Die Landeskrankenhausgesellschaft ist ein Zusammenschluß von Trägern zugelassener Krankenhäuser im Land. In der Deutschen Krankenhausgesellschaft sind die Landeskrankenhausgesellschaften zusammengeschlossen. Bundesverbände oder Landesverbände der Krankenhausträger können den Krankenhausgesellschaften angehören.

Gliederung

A. Basisinformationen

I. Textgeschichte/Gesetzgebungsmaterialien

1 § 108a SGB V wurde durch das 2. GKV-NOG[1] mit Wirkung vom **01.07.1997** eingeführt[2] und seither nicht geändert

II. Vorgängervorschriften

2 § 108a SGB V hat **keinen Vorgänger**. Zwar hatten bereits die RVO und das SGB V in seiner ursprünglichen Fassung den Landeskrankenhausgesellschaften und der Deutschen Krankenhausgesellschaft Aufgaben zugewiesen (§ 368n Abs. 3 und 8 RVO, § 372 RVO, § 112 SGB V, § 115 SGB V). Eine gesetzliche Umschreibung der Krankenhausgesellschaften erfolgte aber erst im Zuge einer deutlichen Erweiterung ihrer Kompetenzen mit dem 2. GKV-NOG.[3]

III. Parallelvorschriften

3 § 108a SGB V fasst die zugelassenen Krankenhäuser nicht nach dem Beispiel der Kassenärztlichen Vereinigungen (**§§ 77 ff. SGB V**) zu öffentlich-rechtlichen Körperschaften zusammen. Wie bei den sonst im SGB V erwähnten Verbänden der Leistungserbringer (**§§ 125, 129, 132a SGB V**) handelt es sich bei den Krankenhausgesellschaften um rein privatrechtliche Zusammenschlüsse. Das Gesetz behandelt die Krankenhausgesellschaften dennoch vielfach so, als ob sie öffentlich-rechtliche Körperschaften wären, und versucht in § 108a SGB V, diese „heimliche Verklammerung"[4] rechtlich abzusichern.

IV. Systematische Zusammenhänge

4 § 108a SGB V definiert die Krankenhausgesellschaften als Verbände der Träger zugelassener Krankenhäuser. Insoweit baut die Vorschrift auf der Bestimmung des **§ 108 SGB V** auf, in der aufgezählt ist, welche Krankenhäuser zur Versorgung der Versicherten zugelassen sind. Systematisch gehört § 108a SGB V jedoch nicht zu den individualrechtlichen Beziehungen, die in § 108 SGB V und **§§ 109, 110 SGB V** geregelt sind. Vielmehr ist die Definition der Krankenhausgesellschaften in § 108a SGB V im Hinblick auf die kollektivrechtlichen Strukturen zu sehen, die das SGB V von Anfang an mit den zwei- und dreiseitigen Kollektivverträgen auf Landesebene (**§§ 112, 115 SGB V**) vorsah, deren Inhalt im Konfliktfall durch eine Landesschiedsstelle (**§ 114 SGB V**) festgesetzt wird. Diese kol-

---

[1] Zweites Gesetz zur Neuordnung von Selbstverwaltung und Eigenverantwortung in der gesetzlichen Krankenversicherung vom 23.06.1997, BGBl I 1997, 1520.

[2] Materialien: Gesetzentwurf BT-Drs. 13/6087, S. 28 f.

[3] *Jung*, GK-SGB V, § 108a Rn. 1.

[4] *Neumann*, Freiheitsgefährdungen im kooperativen Sozialstaat, 1992, S. 272.

lektivrechtlichen Strukturen sind seither immer weiter ausgebaut worden. Höhepunkt dieser Entwicklung ist die Einbeziehung der Krankenhausgesellschaften in den Gemeinsamen Bundesausschuss (**§ 91 Abs. 1 SGB V**) durch das GMG,[5] in den der durch das GKVRefG 2000[6] geschaffene Ausschuss Krankenhaus (§ 137c Abs. 2 SGB V in der Fassung des GKVRefG 2000) samt des ebenfalls durch dieses Gesetz geschaffenen Koordinierungsausschusses (§ 137e SGB V) mit dem Bundesausschuss der Ärzte und Krankenkassen verschmolzen wurde.

V. Ausgewählte Literaturhinweise

5 *Genzel*, Der Krankenhaussektor und die 3. Stufe der Gesundheitsreform, MedR 1997, 479-492; *Quaas*, Zu den Aufgaben und der Diskussion um die Rechtsform der Landeskrankenhausgesellschaften (LKG), NZS 1995, 482-487.

B. Auslegung der Norm

I. Regelungsgehalt und Bedeutung der Norm

6 § 108a SGB V bezeichnet die Landeskrankenhausgesellschaften als Zusammenschluss von Trägern zugelassener Krankenhäuser im Land (Satz 1) und bringt damit zum Ausdruck, dass sie die (Interessen-)**Vertretung** dieser Krankenhausträger sind, **ohne** aber deren **Pflichtmitgliedschaft** vorzusehen. Spitzenverband dieser Krankenhausträger ist die Deutsche Krankenhausgesellschaft, in der die Landeskrankenhausgesellschaften zusammengeschlossen sind (Satz 2). Die **Mitgliedschaft** in den Krankenhausgesellschaften steht neben den Krankenhausträgern auch deren Verbänden offen (Satz 3). Im Übrigen enthält § 108a SGB V keine Regelungen über die Organisation der Krankenhausgesellschaften. Auch gesteht § 108a SGB V den Krankenhausgesellschaften weder Aufgaben noch Befugnisse zu.

7 Die Krankenhausträger sind nahezu vollständig in der jeweils zuständigen **Landeskrankenhausgesellschaft** (durchweg eingetragene Vereine) ihres Bundeslandes organisiert. Auf Bundesebene ist die **Deutsche Krankenhausgesellschaft** tätig, bei der es sich ebenfalls um einen eingetragenen Verein handelt. Zu ihren Mitgliedern gehören neben den 16 Landeskrankenhausgesellschaften 12 Spitzenverbände der Krankenhausträger (Arbeiterwohlfahrt Bundesverband e.V., Bundesverband Deutscher Privatkliniken e.V., Deutscher Caritasverband e.V., Deutscher Landkreistag, Deutscher Paritätischer Wohlfahrtsverband Gesamtverband e.V., Deutscher Städte- und Gemeindebund, Deutscher Städtetag, Deutsches Rotes Kreuz e.V., Diakonisches Werk der Evangelischen Kirche in Deutschland e.V., Deutsche Rentenversicherung Bund, Verband der Universitätsklinika Deutschlands e.V., Zentralwohlfahrtsverband der Juden in Deutschland e.V.).[7]

II. Normzweck

8 § 108a SGB V dient dazu, die **kollektive Kooperation auf Verbandsebene**, die das Krankenversicherungs- und das Krankenhausfinanzierungsrecht **im Krankenhausbereich** vorsehen (näher dazu Rn. 26 f.), **rechtlich abzusichern**. Zu diesem Zweck schafft § 108a SGB V auf Krankenhausseite keine neuen (öffentlich-rechtlichen) Organisationen, sondern knüpft an die vorhandenen (privatrechtlichen) Verbandsstrukturen an und bestimmt die Krankenhausgesellschaften zur (Interessen-)Vertretung derjenigen Träger zugelassener Krankenhäuser, die sich ihnen angeschlossen haben.[8] Dies deckt sich allerdings nicht ganz mit den Aufgabenzuweisungen, in denen das Gesetz davon ausgeht, dass die Krankenhausgesellschaften die berufenen Vertreter aller Träger zugelassener Krankenhäuser sind (vgl. Rn. 25).

III. Krankenhausgesellschaften

9 Der Krankenhausbereich ist von einer starken staatlichen Steuerung geprägt, die zwar ihre Grundlage im Krankenhausfinanzierungsrecht hat, sich aber auf das Krankenversicherungsrecht auswirkt, weil dieses sowohl bei der Zulassung der Krankenhäuser (§ 109 Abs. 1 Satz 2 SGB V) als auch bei deren Vergütung (§ 109 Abs. 4 Satz 2 SGB V) an das Krankenhausfinanzierungsrecht anknüpft. Allerdings

---

[5] GKV-Modernisierungsgesetz vom 14.11.2003, BGBl I 2003, 2190.

[6] GKV-Gesundheitsreformgesetz 2000 vom 22.12.1999, BGBl I 19999, 2626.

[7] Siehe http://www.dkgev.de/dkg.php/cat/26/aid/2255/title/Mitglieder_der_DKG.

[8] BT-Drs. 13/6087, S. 28 f.

hat der Gesetzgeber seit den 1980er Jahren auch im Krankenhausbereich der **Verbandsebene zunehmend Aufgaben zugewiesen** und sich dabei die Verbandsstrukturen nutzbar gemacht, die er vorfand.[9] Aufseiten der Krankenhäuser griff er auf die Krankenhausgesellschaften zurück, die lange schon als privatrechtlich organisierte Interessenverbände der Krankenhausträger existierten.[10] In der Folgezeit wurde erwogen, die Krankenhausträger nach dem Vorbild der Kassenärztlichen Vereinigungen in **öffentlich-rechtlichen Körperschaften** mit **Pflichtmitgliedschaft** zusammenzufassen und ihnen in Kooperation mit den Krankenkassen die Regelung zahlreicher Fragen zu überantworten.[11] Höhepunkt war Mitte der 1990er Jahre die Debatte über die dritte Stufe der Gesundheitsreform. Während die damalige Opposition (SPD) die Bildung von Krankenhausvereinigungen als Körperschaften des öffentlichen Rechts mit Pflichtmitgliedschaft aller Träger zugelassener Krankenhäuser forderte,[12] wollten sich die damaligen Regierungsfraktionen (CDU/CSU, FDP) damit begnügen, die Landeskrankenhausgesellschaften zum Zusammenschluss aller Träger zugelassener Krankenhäuser im Land und die Deutsche Krankenhausgesellschaft zu deren Spitzenverband zu erklären.[13] Nachdem beide Vorhaben – samt der ebenfalls vorgesehenen erheblichen Aufgabenerweiterung[14] – gescheitert waren, wurde mit dem 2. GKV-NOG der jetzige § 108a SGB V eingeführt, der auf eine Pflichtmitgliedschaft der Krankenhausträger in den Krankenhausgesellschaften verzichtet und sich im Wesentlichen darauf beschränkt, den Status quo zu beschreiben.

Grund für die Diskussion über den Status der Krankenhausgesellschaften waren die verfassungsrechtlichen Probleme, die sich daraus ergeben, dass diese privatrechtlich organisierten Verbände immer stärker in die Erfüllung öffentlicher Aufgaben einbezogen wurden, insbesondere immer mehr an der Normsetzung – vor allem in Gestalt normsetzender Vereinbarungen (z.B. § 112 Abs. 1 und 2 SGB V, § 115 Abs. 1 und 2 SGB V, § 115a Abs. 3 SGB V, § 115b Abs. 1 SGB V) – mitwirkten. Auftrieb erhielt die Diskussion durch einen Vorlagebeschluss des 3. Senats des BSG zur Festbetragsregelung des § 35 SGB V, in dem unter anderem die **Beleihung Privater mit Rechtsetzungsbefugnissen** für unzulässig gehalten wurde.[15] Diese Bedenken hätten sich durch die Zusammenfassung der Krankenhausträger in öffentlich-rechtlichen Körperschaften ausräumen lassen. Gegen eine Körperschaftslösung wird aber seit jeher vor allem das **Selbstbestimmungsrecht der Kirchen** (Art. 140 GG in Verbindung mit Art. 137 Abs. 3 WRV) ins Feld geführt,[16] das bei den Krankenhäusern von Bedeutung ist, die von Religionsgemeinschaften getragen werden. Obwohl dieser Einwand näherem Zusehen nicht standhält,[17] hat er doch die Verkörperschaftlichung der Krankenhausgesellschaften letztlich verhindert. 10

---

[9] *Genzel*, NZS 1996, 401, 402; *Quaas*, NZS 1995, 482, 483.

[10] Die Deutsche Krankenhausgesellschaft wurde 1949 auf Initiative des damaligen Hauptgeschäftsführers des Deutschen Städtetages und der damaligen Arbeitsgemeinschaft der kommunalen Spitzenverbände gegründet (http://www.dkgev.de/dkg.php/cat/25/aid/5/title/Geschichte_der_Deutschen_Krankenhausgesellschaft_e.V._%28DKG%29).

[11] *Hänlein*, Rechtsquellen im Sozialversicherungsrecht, 2001, S. 340. Zu derartigen Plänen auch *Schlink*, RsDE 11 (1990), 1, 3 ff.

[12] § 108a SGB V in der Fassung des Entwurfs eines Zweiten Gesundheitsstrukturgesetzes, BT-Drs. 13/3607, S. 12.

[13] § 108a SGB V in der Fassung des Entwurfs eines Krankenhaus-Neuordnungsgesetzes 1997, BT-Drs. 13/3062, S. 4.

[14] Insbesondere sollten nach dem Entwurf der Regierungsfraktionen die Landeskrankenhausgesellschaften mit den Kassenverbänden eine landesweite Gesamtvergütung vereinbaren (§ 17b KHG in der Fassung des Entwurfs eines Krankenhaus-Neuordnungsgesetzes 1997, BT-Drs. 13/3062, S. 3 f.).

[15] BSG v. 14.06.1995 - 3 RK 20/94 - juris Rn. 119 - NZS 1995, 502-513. Das BVerfG ist den verfassungsrechtlichen Bedenken des BSG nicht gefolgt, wobei es in der Festbetragsfestsetzung schon keine Normsetzung sah (BVerfG v. 17.12.2002 - 1 BvL 28/95 - juris Rn. 126, 131 ff. - BVerfGE 106, 275-310). Freilich greifen die Einwände des 3. Senats des BSG gegen die Beteiligung der privatrechtlich organisierten Ersatzkassenverbände an der Normsetzung ohnehin nicht durch (dazu BSG v. 09.12.2004 - B 6 KA 44/03 R - juris Rn. 87 - BSGE 94, 50 Rn. 74).

[16] Vgl. nur *Genzel*, NZS 1996, 359, 365 ff.; *Rüfner*, NZS 1996, 49, 50 ff.

[17] Mit Recht weist *Quaas* (NZS 1995, 482, 486) darauf hin, dass die Abwägung des kirchlichen Selbstbestimmungsrechts mit den Anliegen des Sozialstaates in der Regel eher zugunsten des letzteren ausfallen wird (so auch jüngst in BVerfG v. 17.10.2007 - 2 BvR 1095/05 - juris Rn. 85 ff. - DVBl 2007, 1555). Maßgeblich ist dabei weniger, ob die von Kirchen getragenen Krankenhäuser in Verbänden zusammengeschlossen werden, sondern mehr, wie sich ein derartiger Zusammenschluss auf die kirchliche Betätigungsfreiheit auswirkt. Bezeichnenderweise steht der Wahrnehmung der Aufgaben, die das Gesetz gegenwärtig den Krankenhausgesellschaften übertragen hat, das Selbstverständnis der Kirchen nicht entgegen.

11 Vor diesem Hintergrund stellt die in § 108a SGB V vorgenommene Beschreibung des Status quo einen **Minimalkonsens** dar.[18] Sie geht noch hinter die ursprünglich von den Regierungsfraktionen geplante Regelung zurück, nach der die Landeskrankenhausgesellschaften „der" Zusammenschluss der Träger zugelassener Krankenhäuser im Land sein sollten,[19] was zu einer Pflichtmitgliedschaft aller Träger zugelassener Krankenhäuser geführt hätte.[20] Stattdessen heißt es in § 108a SGB V nur noch, dass die Landeskrankenhausgesellschaften „ein" Zusammenschluss der Träger zugelassener Krankenhäuser sind, womit eine Pflicht zur Mitgliedschaft nicht verbunden ist. Folgerichtig hat der Gesetzgeber darauf verzichtet, die Verbindlichkeit der kollektivvertraglichen Regelungen, die unter Mitwirkung der Krankenhausgesellschaften zustande kommen, nur für deren Mitglieder anzuordnen.[21] Vielmehr sind an diese Regelungen weiterhin auch Nichtmitglieder gebunden (vgl. § 112 Abs. 2 Satz 2 SGB V, § 115 Abs. 2 Satz 2 SGB V). Damit löst die Bestimmung des § 108a SGB V keines der verfassungsrechtlichen Probleme, die die Einbeziehung der Krankenhausgesellschaften in die Erfüllung öffentlicher Aufgaben aufwirft.[22] Befürwortet wird die bloße Beschreibung des Status quo in § 108a SGB V von den Krankenhausgesellschaften, weil sie die bisherigen privatrechtlichen Verbandsstrukturen unberührt lässt[23] und ihnen dennoch die immer stärkere Mitwirkung an der Erfüllung öffentlicher Aufgaben ermöglicht. Bezeichnenderweise halten es die Krankenhausgesellschaften nicht einmal für erforderlich, für ihre Mitglieder die Verbindlichkeit kollektivvertraglicher Regelungen auf satzungsrechtlichem Weg herzustellen.[24] Vielmehr gehen sie selbst davon aus, dass diese Regelungen unmittelbar für alle Träger zugelassener Krankenhäuser gelten.[25] Mit einem Einfluss, der demjenigen öffentlich-rechtlicher Körperschaften entspricht, bei gleichzeitiger Freiheit von jeder staatlicher Aufsicht[26] können die Krankenhausgesellschaften offenbar gut leben.

1. Mitgliedschaft und Organisation

12 Auch wenn die Bestimmung des § 108a SGB V an die vorhandenen Verbandsstrukturen im Krankenhausbereich anknüpft, so enthält sie doch gewisse normative Vorgaben für die **Mitgliedschaft** in den Krankenhausgesellschaften. Zum einen ergibt sich aus der Entstehungsgeschichte, dass **keine Pflicht** zur Mitgliedschaft besteht. Aus diesem Grunde ist in § 108a Satz 1 SGB V davon die Rede, dass die Landeskrankenhausgesellschaften nicht „der", sondern nur „ein" Zusammenschluss der Träger zugelassener Krankenhäuser sind (vgl. Rn. 9 und Rn. 11). Zum anderen trifft § 108a SGB V eine differenzierte Regelung des **Mitgliederkreises** der Landeskrankenhausgesellschaften und der Deutschen Krankenhausgesellschaft.

---

[18] *Klückmann* in: Hauck/Noftz, SGB V, K § 108a Rn. 2.

[19] § 108a Satz 1 SGB V in der Fassung des Entwurfs eines Krankenhaus-Neuordnungsgesetzes 1997, BT-Drs. 13/3062, S. 4.

[20] *Genzel*, NZS 1996, 401, 402.

[21] § 108a Satz 4 SGB V, § 112 Abs. 2 Satz 2 SGB V, § 115 Abs. 2 Satz 2 SGB V in der Fassung des Entwurfs eines Krankenhaus-Neuordnungsgesetzes 1997, BT-Drs. 13/3062, S. 4 f.

[22] *Knittel* in: Krauskopf, § 108a SGB V Rn. 2.

[23] *Klückmann* in: Hauck/Noftz, SGB V, K § 108a Rn. 3, 17.

[24] Allein § 5 Abs. 2 der Satzung der Krankenhausgesellschaft Rheinland-Pfalz enthält eine Verbindlichkeitsanordnung (http://www.kgrp.de/index.asp?sub=m02-5). Ansonsten statuieren die Satzungen der Krankenhausgesellschaften allenfalls die Pflicht der Mitglieder, den von der jeweiligen Krankenhausgesellschaft im Rahmen der Satzung gefassten Beschlüssen nachzukommen – § 3 Nr. 7 der Satzung der Landeskrankenhausgesellschaft Brandenburg (http://www.lkb-online.de/LKB/Satzung.asp), § 4 Abs. 2 der Satzung der Hamburgischen Landeskrankenhausgesellschaft (http://www.hkgev.de/hkg.nsf/0/64EEAD7C28374736C1256DC10045CC69), § 4 Abs. 2 der Satzung der Krankenhausgesellschaft Mecklenburg-Vorpommern (http://www.kgmv.de/satzung.html), § 3 Abs. 7 der Satzung der Landeskrankenhausgesellschaft Thüringen (www.lkhg-thueringen.de/satzung.asp?id=) –, oder sogar nur die Pflicht, die Arbeit der jeweiligen Krankenhausgesellschaft zu fördern bzw. zu unterstützen – § 4 Abs. 3 der Satzung der Bayerischen Krankenhausgesellschaft (http://www.bkg-online.de/bkg/app/Content/BKG/Die_BKG_stellt_sich_vor/Satzung.jsp), § 4 Nr. 1 der Satzung der Krankenhausgesellschaft der Freien Hansestadt Bremen (www.hbkg.de/download/SatzungHBKG221104.pdf), § 3 Abs. 7 der Satzung der Krankenhausgesellschaft Sachsen (http://www.kgs-online.de/satzung-p2.htm).

[25] Vgl. § 2b Abs. 2 der Satzung der Landeskrankenhausgesellschaft Thüringen (www.lkhg-thueringen.de/satzung.asp?id=).

[26] Wie sie nicht nur bei einer Körperschaftslösung, sondern auch bei einer Beleihung geboten wäre (vgl. *Quaas*, NZS 1995, 482, 485; *Klückmann* in: Hauck/Noftz, SGB V, K § 108a Rn. 16).

13 Außerdem ergeben sich aus § 108a SGB V gewisse Anforderungen an die **Organisation** der Krankenhausgesellschaften. Dabei gibt § 108a SGB V nicht nur eine **Gliederung** zwischen Landes- und Bundesebene vor. Vielmehr muss sich auch in der Binnenorganisation der Krankenhausgesellschaften widerspiegeln, dass sie (Interessen-)**Vertretung** der Träger zugelassener Krankenhäuser sind.

14 Darüber hinaus enthält § 108a SGB V keine weiteren Vorgaben. Da die Krankenhausgesellschaften nicht in eine Organisationsform des öffentlichen Rechts überführt wurden, wurde deren **privatrechtliche Organisationsform** gesetzlich festgeschrieben.[27] Dies ändert jedoch nichts daran, dass die Tätigkeit der Krankenhausgesellschaften jedenfalls aufgrund der ihnen im SGB V verliehenen Handlungs- und Entscheidungsbefugnisse inzwischen als **öffentlich-rechtliches Handeln** zu qualifizieren ist.[28]

a. Landeskrankenhausgesellschaft

15 Aus § 108a Satz 1 SGB V geht hervor, dass **Mitglieder** einer Landeskrankenhausgesellschaft nur **Träger zugelassener Krankenhäuser** im jeweiligen Land sein können, d.h. von Krankenhäusern im Sinne des § 107 Abs. 1 SGB V (vgl. die Kommentierung zu § 107 SGB V Rn. 12), die zur Krankenhausbehandlung der Versicherten zugelassen (vgl. die Kommentierung zu § 108 SGB V Rn. 14) sind.[29] Denn nur diese Träger sind nach § 108a Satz 1 SGB V in den Landeskrankenhausgesellschaften zusammengeschlossen. Aufgrund des Zwecks des § 108a SGB V, die (Interessen-)Vertretung der Träger zugelassener Krankenhäuser zu regeln, hat die darin erfolgte Definition des Mitgliederkreises der Landeskrankenhausgesellschaften **abschließenden Charakter**. Hierfür spricht auch, dass andernfalls die Ausnahmeregelung des § 108a Satz 3 SGB V überflüssig wäre. Daher können Träger von stationären Vorsorge- oder Rehabilitationseinrichtungen im Sinne des § 107 Abs. 2 SGB V (vgl. die Kommentierung zu § 107 SGB V Rn. 34)[30] oder von Pflegeeinrichtungen im Sinne des § 71 SGB XI[31] nicht Mitglieder von Landeskrankenhausgesellschaften sein. Allerdings ist es im Hinblick auf die Aufgaben, die den Krankenhausgesellschaften im Krankenhausfinanzierungsrecht zugewiesen sind, gerechtfertigt, auch Trägern nicht zugelassener Krankenhäuser die Mitgliedschaft zu ermöglichen, weil diese über § 17 Abs. 5 KHG von den auf Verbandsebene geschlossenen Vereinbarungen betroffen sein können.

16 Eine **Pflichtmitgliedschaft** der Träger zugelassener Krankenhäuser sieht § 108a SGB V **nicht** vor. Vielmehr ist die Mitgliedschaft in der Landeskrankenhausgesellschaft freiwillig. Dies wird in § 108a SGB V dadurch unterstrichen, dass die Landeskrankenhausgesellschaft nur als „ein" und nicht als „der" Zusammenschluss der Krankenhausträger im Land bezeichnet wird, und wird auch durch die Entstehungsgeschichte der Bestimmung bestätigt (vgl. Rn. 9 und Rn. 11).

17 Ist die Landeskrankenhausgesellschaft ein Zusammenschluss der Träger zugelassener Krankenhäuser im Land (§ 108a Satz 1 SGB V), muss die **Mitgliedschaft** in ihr auch **allen** diesen **Trägern offen stehen**.[32] Die Mitgliedschaft in der Landeskrankenhausgesellschaft kann daher einzelnen dieser Träger nicht verwehrt werden.

18 Neben den Trägern zugelassener Krankenhäuser können nach § 108a Satz 3 SGB V auch die Bundes- oder Landesverbände der Krankenhausträger den Krankenhausgesellschaften angehören. Diese Ausnahmeregelung zu § 108a Sätze 1 und 2 SGB V ermöglicht neben der Einzelmitgliedschaft von Krankenhausträgern auch eine **Verbandsmitgliedschaft**, d.h. eine die Einzelmitgliedschaft nicht ersetzende Mitgliedschaft des Verbandes. Denkbar ist aber auch eine **Sammelmitgliedschaft** von Verbänden für die ihnen angeschlossenen Krankenhausträger.

19 Ungeachtet der Möglichkeit, gemäß § 108a Satz 3 SGB V auch eine Mitgliedschaft von Verbänden vorzusehen, sind die Landeskrankenhausgesellschaften jedoch ein Zusammenschluss der Träger zugelassener Krankenhäuser und damit (**Interessen-)Vertretung** dieser Krankenhausträger. Diese müssen

[27] *Genzel*, NZS 1997, 479, 486.

[28] Anders noch BVerwG v. 23.12.1994 - 3 B 47/94 - juris Rn. 5 - BVerwGE 97, 282 für die Bestellung von Mitgliedern der Schiedsstelle nach § 18a KHG.

[29] So auch *Jung*, GK-SGB V, § 108a Rn. 2. Anderer Ansicht, aber ohne Begründung: *Klückmann* in: Hauck/Noftz, SGB V, K § 108a Rn. 14.

[30] So aber § 3 Abs. 1 lit. a der Satzung der baden-württembergischen Krankenhausgesellschaft (http://www.bwkg.de/ueber-uns/profil.html), § 3 Abs. 1 der Satzung der Krankenhausgesellschaft Mecklenburg-Vorpommern (http://www.kgmv.de/satzung.html).

[31] So aber § 3 Abs. 1 lit. a der Satzung der baden-württembergischen Krankenhausgesellschaft (http://www.bwkg.de/ueber-uns/profil.html).

[32] Hiervon geht auch die Deutsche Krankenhausgesellschaft in § 3 Abs. 1 Nr. 2 ihrer Satzung (http://www.dkgev.de/dkg.php/cat/27/aid/2256/title/Satzung_der_Deutschen_Krankenhausgesellschaft%2A) aus

daher auf die Willensbildung der Landeskrankenhausgesellschaften einen **bestimmenden Einfluss** haben. Dies erfordert gerade dann entsprechende Vorkehrungen, wenn die Satzung eine Verbandsmitgliedschaft vorsieht. Denn die Verbandsmitgliedschaft führt zu einer Verschränkung von Mitgliedschaften und kann daher das Gewicht der einzelnen Krankenhausträger bei der internen Willensbildung verfälschen. Hinzu kommt, dass den Verbänden, deren Mitgliedschaft § 108a SGB V ermöglicht, nicht allein Krankenhausträger angehören müssen.

b. Deutsche Krankenhausgesellschaft

20 **Spitzenverband** der Träger zugelassener Krankenhäuser ist die Deutsche Krankenhausgesellschaft. Denn sie baut auf den Landeskrankenhausgesellschaften auf (§ 108a Satz 2 SGB V), die ein Zusammenschluss der Träger zugelassener Krankenhäuser und damit deren (Interessen-)Vertretung auf Landesebene sind. Eine unmittelbare Mitgliedschaft der Krankenhausträger in der Deutschen Krankenhausgesellschaft ist nicht möglich.

21 Mitglied der Deutschen Krankenhausgesellschaft sind kraft Gesetzes alle **Landeskrankenhausgesellschaften**. Insoweit statuiert § 108a Satz 2 SGB V eine **Pflichtmitgliedschaft**.

22 **Freiwillig** ist nur die **Mitgliedschaft** von Verbänden, die die Satzung der Deutschen Krankenhausgesellschaft gestützt auf § 108a Satz 3 SGB V allen **Spitzenverbänden von Krankenhausträgern** eröffnet, deren Arbeitsbereich sich über mehrere Länder erstreckt.[33]

23 Auch bei der Deutschen Krankenhausgesellschaft muss wegen der Mitgliedschaft von Verbänden im Sinne des § 108a Satz 3 SGB V durch organisatorische Vorkehrungen sichergestellt sein, dass die **Landeskrankenhausgesellschaften** als (Interessen-)Vertretung der zugelassenen Krankenhäuser einen bestimmenden Einfluss auf die Willensbildung haben (vgl. Rn. 19).

2. Aufgaben

24 Die Krankenhausgesellschaften haben nach ihren **Satzungen** zum einen die Aufgabe, die gemeinsamen **Interessen** der Krankenhausträger **wahrzunehmen**, und zum anderen die Aufgabe, ihre **Mitglieder** bei deren Tätigkeit auf dem Gebiet des Krankenhauswesens **zu unterstützen.**[34] Letzteres ist die Grundlage für eine Vielzahl von Leistungen, die vor allem die Landeskrankenhausgesellschaften für die Krankenhausträger erbringen (von Informationen auf dem Gebiet des Gesundheits- und Sozialwesens über Beratungs- und Formulierungshilfen, Veranstaltung von Schulungen und Fortbildungen bis hin zum Angebot zentraler Dienste). Ersteres, die Wahrnehmung gemeinsamer Interessen, ist die Grundlage für die Aufgaben, die das Gesetz den Krankenhausgesellschaften zuweist.

25 Bei den **gesetzlichen Aufgabenzuweisungen** geht das Gesetz davon aus, dass die Krankenhausgesellschaften die berufenen Vertreter aller Träger zugelassener Krankenhäuser sind. Denn im Regelfall räumt es den Krankenhausgesellschaften eine **Monopolstellung** ein. Hiervon weicht das Gesetz lediglich in § 112 Abs. 1 SGB V, § 114 Abs. 1 SGB V, § 115 Abs. 1 SGB V, § 115a Abs. 3 Satz 1 SGB V und § 301 Abs. 3 SGB V sowie in § 5 Abs. 1 Satz 1 BPflV ab, indem es den Kassenverbänden offen stellt, sich statt mit den Krankenhausgesellschaften mit anderen Vereinigungen der Krankenhausträger zu einigen. Allerdings bestätigen diese Öffnungsklauseln im Grunde nur die Monopolstellung der Krankenhausgesellschaften, weil sie ein gemeinsames Handeln aller anderen Vereinigungen der Krankenhausträger verlangen und damit ungleich höhere Anforderungen stellen.

26 Den **Landeskrankenhausgesellschaften** weist das **Gesetz** folgende **Aufgaben** zu:
- die Mitwirkung bei der Erstellung des Verzeichnisses der Krankenhausleistungen und -entgelte (§ 39 Abs. 3 Satz 1 SGB V – näher dazu die Kommentierung zu § 39 SGB V Rn. 116 ff.);
- der Abschluss zwei- und dreiseitiger Verträge (§ 112 Abs. 1 SGB V, § 115 Abs. 1 SGB V, § 115a Abs. 3 Satz 1 SGB V);
- die Bildung der Landesschiedsstelle gemäß § 114 SGB V;
- die Vereinbarung und Verwaltung eines Ausgleichsfonds für die Finanzierung von Ausbildungsstätten und Ausbildungsvergütungen (§ 17a Abs. 5 KHG);
- die Bestellung von Mitgliedern des Schlichtungsausschusses gemäß § 17c Abs. 4 Satz 4 KHG;
- die Beteiligung am Pflegesatzverfahren (§ 18 Abs. 1 Satz 2 KHG);
- die Bildung der (Landes-)Schiedsstelle nach § 18a Abs. 1-4 KHG;

---

[33] § 3 Abs. 1 Nr. 1 der Satzung der Deutschen Krankenhausgesellschaft (http://www.dkgev.de/dkg.php/cat/27/aid/2256/title/Satzung_der_Deutschen_Krankenhausgesellschaft%2A).

[34] Siehe nur § 2 Abs. 1 und 2 der Satzung der Deutschen Krankenhausgesellschaft (http://www.dkgev.de/dkg.php/cat/27/aid/2256/title/Satzung_der_Deutschen_Krankenhausgesellschaft%2A).

- der Abschluss von Vereinbarungen auf Landesebene gemäß § 10 KHEntgG;
- die Bestellung von Vertretern der Krankenhäuser für die Landespflegesatzausschüsse (§ 23 Abs. 1 Satz 3 BPflV).

Der **Deutschen Krankenhausgesellschaft** hat das **Gesetz** folgende **Aufgaben** übertragen: 27

- die Bildung des Gemeinsamen Bundesausschusses und die Entsendung der Vertreter der Krankenhäuser in diesen Ausschuss (§ 91 Abs. 1 Satz 1, Abs. 2 Sätze 1 und 4 SGB V);
- die Abgabe von Rahmenempfehlungen für die zwei- und dreiseitigen Verträge (§ 112 Abs. 5 SGB V, § 115 Abs. 5 SGB V, § 115a Abs. 3 Satz 3 SGB V);
- die Vereinbarung eines Katalogs ambulant durchführbarer Operationen und sonstiger stationsersetzender Eingriffe einschließlich der Vergütung dieser Leistungen sowie von Maßnahmen zur Sicherung der Qualität und Wirtschaftlichkeit (§ 115b Abs. 1 SGB V);
- die Beteiligung an der Festlegung von Empfehlungen zur spezialisierten ambulanten Palliativversorgung (§ 132d Abs. 2 SGB V);
- die Beantragung der Bewertung von Untersuchungs- und Behandlungsmethoden im Krankenhaus durch den Gemeinsamen Bundesausschuss (§ 137c Abs. 1 Satz 1 SGB V);
- die Mitwirkung bei der Schaffung der für die Einführung und Anwendung der elektronischen Gesundheitskarte erforderlichen Telematikinfrastruktur (§ 291a Abs. 7 und 7d SGB V);
- der Abschluss von Vereinbarungen für die Datenübertragung (§ 301 Abs. 3 SGB V);
- die Vereinbarung eines diagnose-orientierten Vergütungssystems (§ 17b Abs. 2 Satz 1 KHG) einschließlich seiner Finanzierung (§ 17b Abs. 5 KHG);
- die Vereinbarung von Richtwerten für die Kosten von Ausbildungsstätten und Ausbildungsvergütungen (§ 17a Abs. 2 KHG);
- die Abgabe von Empfehlungen zur Fehlbelegungs- und Abrechnungsprüfung (§ 17c Abs. 4 Satz 9 KHG);
- die Bildung der (Bundes-)Schiedsstelle nach § 18a Abs. 6 KHG;
- der Abschluss von Vereinbarungen auf Bundesebene gemäß § 9 KHEntgG und § 15 BPflV;
- die Mitwirkung an der Durchführung eines Krankenhausvergleichs (§ 5 Abs. 1 BPflV).

§ 109 SGB V Abschluß von Versorgungsverträgen mit Krankenhäusern

(Fassung vom 26.03.2007, gültig ab 01.07.2008)

(1) Der Versorgungsvertrag nach § 108 Nr. 3 kommt durch Einigung zwischen den Landesverbänden der Krankenkassen und den Ersatzkassen gemeinsam und dem Krankenhausträger zustande; er bedarf der Schriftform. Bei den Hochschulkliniken gilt die Anerkennung nach den landesrechtlichen Vorschriften, bei den Plankrankenhäusern die Aufnahme in den Krankenhausbedarfsplan nach § 8 Abs. 1 Satz 2 des Krankenhausfinanzierungsgesetzes als Abschluss des Versorgungsvertrages. Dieser ist für alle Krankenkassen im Inland unmittelbar verbindlich. Die Vertragsparteien nach Satz 1 können im Einvernehmen mit der für die Krankenhausplanung zuständigen Landesbehörde eine gegenüber dem Krankenhausplan geringere Bettenzahl vereinbaren, soweit die Leistungsstruktur des Krankenhauses nicht verändert wird; die Vereinbarung kann befristet werden. Enthält der Krankenhausplan keine oder keine abschließende Festlegung der Bettenzahl oder der Leistungsstruktur des Krankenhauses, werden diese durch die Vertragsparteien nach Satz 1 im Benehmen mit der für die Krankenhausplanung zuständigen Landesbehörde ergänzend vereinbart.

(2) Ein Anspruch auf Abschluß eines Versorgungsvertrags nach § 108 Nr. 3 besteht nicht. Bei notwendiger Auswahl zwischen mehreren geeigneten Krankenhäusern, die sich um den Abschluß eines Versorgungsvertrags bewerben, entscheiden die Landesverbände der Krankenkassen und die Ersatzkassen gemeinsam unter Berücksichtigung der öffentlichen Interessen und der Vielfalt der Krankenhausträger nach pflichtgemäßem Ermessen, welches Krankenhaus den Erfordernissen einer bedarfsgerechten, leistungsfähigen und wirtschaftlichen Krankenhausbehandlung am besten gerecht wird.

(3) Ein Versorgungsvertrag nach § 108 Nr. 3 darf nicht abgeschlossen werden, wenn das Krankenhaus

1. **nicht die Gewähr für eine leistungsfähige und wirtschaftliche Krankenhausbehandlung bietet oder**
2. **für eine bedarfsgerechte Krankenhausbehandlung der Versicherten nicht erforderlich ist.**

Abschluß und Ablehnung des Versorgungsvertrags werden mit der Genehmigung durch die zuständigen Landesbehörden wirksam. Verträge, die vor dem 1. Januar 1989 nach § 371 Abs. 2 der Reichsversicherungsordnung abgeschlossen worden sind, gelten bis zu ihrer Kündigung nach § 110 weiter.

(4) Mit einem Versorgungsvertrag nach Absatz 1 wird das Krankenhaus für die Dauer des Vertrages zur Krankenhausbehandlung der Versicherten zugelassen. Das zugelassene Krankenhaus ist im Rahmen seines Versorgungsauftrags zur Krankenhausbehandlung (§ 39) der Versicherten verpflichtet. Die Krankenkassen sind verpflichtet, unter Beachtung der Vorschriften dieses Gesetzbuchs mit dem Krankenhausträger Pflegesatzverhandlungen nach Maßgabe des Krankenhausfinanzierungsgesetzes, des Krankenhausentgeltgesetzes und der Bundespflegesatzverordnung zu führen.

Gliederung

A. Basisinformationen

I. Textgeschichte/Gesetzgebungsmaterialien

1 Die Bestimmung wurde durch das GRG[1] zum **01.01.1989** eingeführt[2] und durch das 2. SGB V-ÄndG[3] zum **01.01.1992** redaktionell geändert (in § 109 Abs. 1 Satz 3 SGB V wurden die Worte „im Geltungsbereich dieses Gesetzes" durch die Worte „im Inland" ersetzt).[4]

2 Das GSG[5] ermächtigte mit Wirkung vom **01.01.1993** die Parteien der Versorgungsverträge dazu, planmodifizierende und -ergänzende Vereinbarungen zu schließen (§ 109 Abs. 1 Sätze 4 und 5 SGB V). Darüber hinaus entfiel in § 109 Abs. 4 Satz 3 SGB V der zweite Halbsatz in Folge der Aufhebung des Grundsatzes der Selbstkostendeckung in § 4 Abs. 2 KHG.[6]

3 Das FPG[7] erweiterte zum **30.04.2002** in § 109 Abs. 4 Satz 3 SGB V die Verweisung auf die für die Pflegesatzverhandlungen geltenden Maßgaben um diejenigen in dem zu diesem Zeitpunkt in Kraft getretenen KHEntgG.[8]

4 Durch das Föderalismusreform-Begleitgesetz[9] trat mit Wirkung vom **01.01.2007** in § 109 Abs. 1 Satz 2 SGB V an die Stelle der Aufnahme in das Hochschulverzeichnis nach dem Hochschulbauförderungsgesetz die landesrechtliche Anerkennung als Hochschulklinik.[10]

5 Das GKV-WSG[11] passte § 109 Abs. 1 Satz 1 und Abs. 2 Satz 2 SGB V zum **01.07.2008** an die Neustrukturierung der Krankenkassenverbände an. Danach gehören zu den Parteien der Versorgungsverträge nicht mehr die Verbände der Ersatzkassen, sondern die Ersatzkassen selbst.[12]

II. Vorgängervorschriften

6 § 109 Abs. 1 SGB V geht auf **§ 371 Abs. 1 und 2 RVO** zurück. Die Zulassung als Voraussetzung für die Leistungserbringung erfolgte nach dem Recht der RVO dadurch, dass sich das Krankenhaus zur Versorgung der Versicherten bereit erklärte (§ 371 Abs. 1 RVO) und diese Bereiterklärung von den

---

[1] Gesundheits-Reformgesetz vom 10.12.1988, BGBl I 1988, 2477.
[2] Materialien: Gesetzentwurf, BT-Drs. 11/2237, S. 197 f.; Stellungnahme des Bundesrates, BT-Drs. 11/2493, S. 29; Gegenäußerung der Bundesregierung, BT-Drs. 11/2493, S. 64; Bericht des Ausschusses für Arbeit und Sozialordnung BT-Drs. 11/3480, S. 60.
[3] Zweites Gesetz zur Änderung des Fünften Buches Sozialgesetzbuch vom 20.12.1991, BGBl I 1991, 2325.
[4] Materialien: Bericht des Gesundheitsausschusses, BT-Drs. 12/1392, S. 4.
[5] Gesundheitsstrukturgesetz vom 21.12.1992, BGBl I 1992, 2266.
[6] Materialien: Gesetzentwurf, BT-Drs. 12/3608, S. 101.
[7] Fallpauschalengesetz vom 23.04.2002, BGBl I 2002, 1412.
[8] Materialien: Bericht des Gesundheitsausschusses, BT-Drs. 14/7862, S. 4. Die ursprünglich beabsichtigten weiteren Änderungen des § 109 SGB V (vgl. Gesetzentwurf, BT-Drs. 14/6893, S. 3 und 29 f.) scheiterten am Bundesrat (vgl. Beschlussempfehlung des Vermittlungsausschusses, BT-Drs. 14/8362, S. 2).
[9] Vom 05.09.2006, BGBl I 2006, 2098.
[10] Materialien: Gesetzentwurf, BT-Drs. 16/814, S. 24.
[11] GKV-Wettbewerbsstärkungsgesetz vom 26.03.2007, BGBl I 2007, 378.
[12] Materialien: Gesetzentwurf, BT-Drs. 16/3100, S. 139 mit S. 90 und 160.

Landesverbänden der Krankenkassen angenommen wurde (§ 371 Abs. 2 RVO).[13] Hochschulkliniken und Plankrankenhäuser waren kraft Gesetzes zugelassen, ohne dass es einer Bereiterklärung bedurfte (§ 371 Abs. 1 RVO). Hieraus entwickelte der Gesetzgeber im SGB V die Zulassung durch Versorgungsvertrag.[14] Ein Versorgungsvertrag ist nun auch bei den Hochschulkliniken und Plankrankenhäusern Grundlage der Zulassung (§ 109 Abs. 4 Satz 1 SGB V). Der Abschluss eines Versorgungsvertrags wird bei ihnen zwar fingiert (§ 109 Abs. 1 Satz 2 SGB V); doch kann auch der mit diesen Krankenhäusern bestehende Versorgungsvertrag gekündigt werden (§ 110 SGB V).

7 Die Anforderungen an den Abschluss echter Versorgungsverträge wurden in § 109 Abs. 2 und 3 SGB V unter Rückgriff auf das Krankenhausfinanzierungsrecht (**§§ 1 Abs. 1, 8 Abs. 2 KHG**) verdeutlicht. Die Bestandsschutzregelung in § 109 Abs. 3 Satz 3 SGB V geht auf diejenige in **§ 371 Abs. 3 RVO** zurück, ist inhaltlich mit dieser jedoch nicht vergleichbar. Gänzlich ohne Vorbild ist dagegen die Regelung über die rechtlichen Wirkungen der Versorgungsverträge in § 109 Abs. 4 SGB V.

III. Parallelvorschriften

8 Die Regelung über den Versorgungsvertrag mit Krankenhäusern in den §§ 109, 110 SGB V ist in Terminologie und Struktur vorbildgebend für die Versorgungsverträge mit Vorsorge- und Rehabilitationseinrichtungen (**§§ 111, 111a SGB V**) und Pflegeeinrichtungen (**§§ 72 ff. SGB XI**).

IV. Systematische Zusammenhänge

9 § 109 SGB V ist Teil des differenzierten Zulassungs- und Vertragssystems für Krankenhäuser. Nach **§ 108 SGB V** darf Krankenhausbehandlung im Sinne des **§ 39 Abs. 1 SGB V** zulasten der gesetzlichen Krankenkassen nur durch Einrichtungen erbracht werden, die Krankenhäuser im Sinne des **§ 107 Abs. 1 SGB V** sind und die zur Erbringung von Krankenhausleistungen zugelassen sind. Die Zulassung selbst ist in § 109 SGB V geregelt. Hierfür sieht das Gesetz einen Versorgungsvertrag vor (§ 109 Abs. 4 Satz 1 SGB V), der zwar bei Hochschulkliniken und Plankrankenhäusern fingiert wird (§ 109 Abs. 1 Satz 2 SGB V), aber auch bei ihnen Grundlage der Rechtsbeziehungen zu den Krankenkassen ist. Folgerichtig können auch sie den Status eines zugelassenen Krankenhauses durch Kündigung des Versorgungsvertrages verlieren (**§ 110 SGB V**). Neben den Versorgungsverträgen mit dem einzelnen Krankenhaus sieht das Gesetz auch Kollektivverträge vor, die für die Krankenkassen und die zugelassenen Krankenhäuser unmittelbar verbindlich sind (**§§ 112, 115, 115a, 115b SGB V**).

V. Ausgewählte Literaturhinweise

10 *Fechner*, Ist das Krankenhausprivileg am Ende?, GesR 2007, 355-359; *Knispel*, Rechtsfragen der Versorgungsverträge nach SGB V, NZS 2006, 120-127; *Quaas*, Der Versorgungsauftrag des Krankenhauses – Inhalt und Grenzen der gesetzlichen und vertraglichen Leistungsverpflichtungen, MedR 1995, 54-60; *Thomae*, Abrechnung stationärer Krankenhausleistungen – aktuelle Entwicklungen, GesR 2003, 305-310; *Wünschmann*, Zum rechtlichen Umfang der Bedarfsprüfung bei Versorgungsverträgen nach den §§ 108, 109 SGB V, NZS 2006, 403-408.

B. Auslegung der Norm

I. Regelungsgehalt und Bedeutung der Norm

11 § 109 SGB V regelt die Zulassung der Krankenhäuser zur Versorgung der Versicherten und macht dabei den **Versorgungsvertrag** zur **Grundlage der Rechtsbeziehungen** zwischen Krankenkassen und Krankenhäusern.

12 Der Versorgungsvertrag kommt durch **Einigung** zwischen dem Krankenhausträger und den zuständigen Krankenkassen (-verbänden) zustande (§ 109 Abs. 1 Satz 1 HS. 1 SGB V); der Vertrag ist schriftlich zu schließen (§ 109 Abs. 1 Satz 1 HS. 2 SGB V) und bedarf zu seiner Wirksamkeit der staatlichen Genehmigung (§ 109 Abs. 3 Satz 2 SGB V). Auf diese Weise kommt allerdings nur bei **Vertragskrankenhäusern** ein Versorgungsvertrag zustande.

13 Bei **Hochschulkliniken** und **Plankrankenhäusern**, mithin beim Großteil der Krankenhäuser (vgl. die Kommentierung zu § 108 SGB V Rn. 7), wird der Abschluss eines Versorgungsvertrages **fingiert** (§ 109 Abs. 1 Satz 2 SGB V). Denkbar sind bei diesen Krankenhäusern lediglich **planmodifizierende**

---

[13] Dazu BSG v. 27.01.1981 - 5a/5 RKn 14/79 - BSGE 51, 126, 129 ff.; BSG v. 15.01.1986 - 3/8 RK 5/84 - BSGE 59, 258, 260.

[14] *Udsching*, NZS 1999, 473, 474.

und **-konkretisierenden Vereinbarungen** (§ 109 Abs. 1 Sätze 4 und 5 SGB V). Dennoch sind die Hochschulkliniken und Plankrankenhäuser mit Bedacht in das System der Versorgungsverträge einbezogen. Auch bei ihnen beruht die Zulassung zur Versorgung der Versicherten auf einem Versorgungsvertrag (§ 109 Abs. 4 Satz 1 SGB V). Auch ihre Zulassung kann daher mit der Kündigung des Versorgungsvertrages beendet werden (§ 110 SGB V).

Gebunden an den Versorgungsvertrag sind nicht nur die Krankenkassen, die unmittelbar oder mittelbar über ihre Verbände am Vertragsschluss beteiligt sind. Vielmehr **erstreckt** § 109 Abs. 1 Satz 3 SGB V die Reichweite der **Vertragsbindung** auf alle Krankenkassen im Bundesgebiet. 14

§ 109 Abs. 2 und 3 SGB V regelt, unter welchen **Voraussetzungen** ein **echter Versorgungsvertrag abgeschlossen** werden darf. Dabei ergibt sich aus § 109 Abs. 2 SGB V, dass den Krankenkassen (-verbänden) bei notwendiger **Auswahl** zwischen mehreren geeigneten Krankenhäusern ein Entscheidungsspielraum zusteht. Die **inhaltlichen** Voraussetzungen für den Abschluss eines Versorgungsvertrages ergeben sich aus § 109 Abs. 3 Satz 1 SGB V; dabei verwendet das Gesetz mit Leistungsfähigkeit, Wirtschaftlichkeit und Bedarfsgerechtigkeit eine Reihe unbestimmter Rechtsbegriffe, die die Frage nach dem Bestehen von Beurteilungsspielräumen aufwerfen. **Formell** bedarf der Abschluss und die Ablehnung eines Versorgungsvertrages der **Genehmigung** durch die zuständige Landesbehörde (§ 109 Abs. 3 Satz 2 SGB V). 15

Eine **Übergangsregelung** enthält § 109 Abs. 3 Satz 3 SGB V für Krankenhäuser, die nach dem Recht der RVO einen (Versorgungs-)Vertrag abgeschlossen hatten. Ein solcher Vertrag genießt Bestandsschutz, der nur durch eine Kündigung nach dem Recht des SGB V beseitigt werden kann. 16

Die **rechtlichen Wirkungen** des Versorgungsvertrages haben in § 109 Abs. 4 SGB V eine Regelung erfahren. Der Versorgungsvertrag bewirkt die **Zulassung** des Krankenhauses zur Versorgung der Versicherten (§ 109 Abs. 4 Satz 1 SGB V). Hiermit sind nicht nur Rechte, sondern auch Pflichten verbunden. Der Zulassung zur Versorgung der Versicherten entspricht die **Behandlungspflicht** des Krankenhauses (§ 109 Abs. 4 Satz 2 SGB V). Das Krankenhaus ist insoweit nicht unentgeltlich in Dienst genommen, sondern hat einen **Vergütungsanspruch** gegen die jeweilige Krankenkasse, dessen Höhe gesondert zu vereinbaren ist; insoweit verweist § 109 Abs. 4 Satz 3 SGB V auf die Vereinbarungen, die nach Maßgabe des KHG, des KHEntgG und der BPflV zu schließen sind. 17

II. Normzweck

§ 109 SGB V trägt dem **Naturalleistungsprinzip** (§ 2 Abs. 2 SGB V) Rechnung, das auch für die Krankenhausbehandlung (§ 39 SGB V) gilt. Da die Krankenkassen grundsätzlich keine eigenen Krankenhäuser betreiben können (vgl. § 140 SGB V), kommen sie ihrer Pflicht, die Versorgung der Versicherten mit Krankenhausleistungen sicherzustellen, durch den Abschluss von Versorgungsverträgen mit Krankenhausträgern nach.[15] 18

Dabei dient die in § 109 SGB V geregelte Zulassung von Krankenhäusern durch Versorgungsverträge dazu, den Versicherten **flächendeckend** eine **bedarfsgerechte, leistungsfähige und wirtschaftliche Versorgungsinfrastruktur** zur Verfügung stellen, die sie unmittelbar zulasten ihrer Krankenkassen in Anspruch nehmen können. Diese allgemein für die Leistungserbringung geltenden Ziele (§§ 12, 70 SGB V) haben in § 109 Abs. 2 Satz 2, Abs. 3 Satz 1 SGB V ihren Niederschlag gefunden. Damit soll insbesondere sichergestellt werden, dass die finanzielle Stabilität der gesetzlichen Krankenversicherung nicht durch eine ungeordnete Zunahme nicht bedarfsnotwendiger Krankenhauskapazitäten gefährdet wird.[16] 19

Verantwortung für die Vorhaltung einer derartigen Versorgungsinfrastruktur tragen allerdings – bezüglich der gesamten Bevölkerung – auch die Länder, indem sie die Investitionskosten der Krankenhäuser finanziell fördern und zu diesem Zwecke eine Krankenhausplanung betreiben (§§ 1 Abs. 1; 4 Nr. 1; 6 Abs. 1 KHG). Ziel des § 109 SGB V ist es, die Kassenzulassung mit der staatlichen **Krankenhausplanung zu koordinieren**. Dabei wird zwar für alle Krankenhäuser ein Versorgungsvertrag mit den Krankenkassen zur Grundlage der Zulassung erklärt (§ 109 Abs. 4 Satz 1 SGB V). Insoweit ist eine wesentliche Gleichstellung aller zugelassenen Krankenhäuser bezweckt. Doch wird durch die Fiktion des Vertragsschlusses (§ 109 Abs. 1 Satz 2 SGB V) und durch Mitwirkungsrechte (§§ 109 Abs. 1 Sätze 4 und 5, Abs. 3 Satz 2, 110 Abs. 2 Sätze 2-5 SGB V) den Krankenhausplanungsbehören ein sehr starker Einfluss auf die Kassenzulassung eingeräumt. 20

---

[15] *Quaas*, Der Versorgungsvertrag nach dem SGB V mit Krankenhäusern und Rehabilitationseinrichtungen, 2000, Rn. 8.

[16] BT-Drs. 11/2237, S. 197.

21 Der **Verknüpfung mit dem Krankenhausfinanzierungsrecht**, das als Preisrecht die Bestimmung der Entgelte für voll- und teilstationäre Krankenhausleistungen regelt (§ 1 Abs. 1 KHEntgG, § 1 Abs. 1 BPflV), dient § 109 Abs. 4 Satz 3 SGB V. Damit kann auf eine eigenständige krankenversicherungsrechtliche Regelung der Vergütungsfragen verzichtet werden, wie sie bei den ambulanten Krankenhausleistungen erforderlich ist (vgl. §§ 115a Abs. 3, 115b Abs. 1 Satz 1 Nr. 2, 116 Abs. 5 SGB V).

III. Zustandekommen und Verbindlichkeit von Versorgungsverträgen

1. Vertragsschluss bei Vertragskrankenhäusern

22 Der Versorgungsvertrag kommt durch **Einigung der Vertragsparteien** zustande (§ 109 Abs. 1 Satz 1 HS. 1 SGB V). Dies setzt nach den allgemeinen Grundsätzen des Vertragsrechts die Abgabe einander korrespondierender und inhaltlich übereinstimmender Willenserklärungen voraus.[17]

23 § 109 Abs. 1 Satz 1 HS. 1 SGB V beschränkt diese Art des Zustandekommens von Versorgungsverträgen auf **Vertragskrankenhäuser**, d.h. Krankenhäuser, die weder Hochschulkliniken noch Plankrankenhäuser sind (vgl. die Kommentierung zu § 108 SGB V Rn. 20). Soweit in § 109 SGB V von einem „Versorgungsvertrag nach § 108 Nr. 3 (SGB V)" die Rede ist (§ 109 Abs. 1 Satz 1 HS. 1, Abs. 2 Satz 1, Abs. 3 Satz 1 SGB V), sind Versorgungsverträge mit Vertragskrankenhäusern gemeint.

24 Möglich ist der Abschluss von Versorgungsverträgen aber auch bei **Plankrankenhäusern** für Teile, die nicht im Krankenhausplan enthalten sind; Entsprechendes gilt bei **Hochschulkliniken.**[18]

a. Vertragsparteien

25 Der Versorgungsvertrag ist für das **Krankenhaus** von dessen **Träger** zu schließen (§ 109 Abs. 1 Satz 1 HS. 1 SGB V). Dies ist die natürliche oder juristische Person, die das Krankenhaus betreibt.[19]

26 Die **Krankenkassen** können nicht selbst Versorgungsverträge mit den Krankenhausträgern schließen. Vielmehr sind nach § 109 Abs. 1 Satz 1 HS. 1 SGB V Vertragspartei aufseiten der Krankenkassen grundsätzlich deren Landesverbände (§ 207 Abs. 1 SGB V), wozu auch die Krankenversicherungsträger zählen, die die Aufgaben eines Landesverbandes wahrnehmen (§§ 207 Abs. 2a, Abs. 4, 212 Abs. 3 SGB V, § 36 KVLG 1989).[20] Eine Ausnahme macht das Gesetz bei den Ersatzkassen, da für diese keine Landesverbände vorgesehen sind. Während bis zum 30.06.2008 die bundesweit organisierten Ersatzkassenverbände (§ 212 Abs. 5 SGB V) am Vertragsschluss beteiligt waren, sind zum 01.07.2008 die Ersatzkassen selbst Vertragspartei geworden.

27 Die Vertragsschlusskompetenz ist bei den Krankenkassen nicht allein auf Verbandsebene angesiedelt. Vielmehr dürfen nach § 109 Abs. 1 Satz 1 HS. 1 SGB V die Krankenkassen (-Verbände) einen Versorgungsvertrag auch nur **gemeinsam** abschließen. Getrennte Versorgungsverträge für einzelne Krankenkassen oder Kassenarten sind folglich unzulässig. Da die gemeinsame Entscheidung nur einheitlich getroffen werden kann, hat ihr bei fehlender Einigung eine Mehrheitsentscheidung vorauszugehen (bis 31.03.2007 gemäß § 123 SGB V i.V.m. § 213 Abs. 2 SGB V – ab 01.07.2008 nach § 211a SGB V).[21] Haben am Vertragsschluss auch Krankenversicherungsträger mitgewirkt, die nicht gemäß § 109 Abs. 1 Satz 1 SGB V Vertragspartei sind, schadet dies nicht, solange sich dies nicht bei fehlender Einstimmigkeit auf die Mehrheitsentscheidung ausgewirkt hat.[22]

28 Welche Krankenkassen (-Verbände) für den Vertragsschluss **örtlich zuständig** sind, bestimmt sich nach dem Sitz des Krankenhauses, nicht nach demjenigen des Krankenhausträgers.

---

[17] *Quaas*, Der Versorgungsvertrag nach dem SGB V mit Krankenhäusern und Rehabilitationseinrichtungen, Rn. 56; *Knittel* in: Krauskopf, SozKV, § 109 SGB V Rn. 3.

[18] *Hess* in: KassKomm, SGB V, § 108 Rn. 5.

[19] *Quaas* in: Quaas/Zuck, Medizinrecht, 2005, § 23 Rn. 62.

[20] Hierzu gehören nicht die Krankenkasse für den Gartenbau (BSG v. 19.11.1997 - 3 RK 6/96 - BSGE 81, 182, 184; BSG v. 20.11.1996 - 3 RK 7/96 - SozR 3-2500 § 109 Nr. 3 S. 28) und die See-Krankenkasse (BSG v. 29.05.1996 - 3 RK 23/95 - BSGE 78, 233, 237).

[21] Vgl. BSG v. 29.05.1996 - 3 RK 23/95 - BSGE 78, 233, 234; BSG v. 29.05.1996 - 3 RK 26/95 - BSGE 78, 243, 245 und 247. So auch für Vorsorge- und Rehabilitationseinrichtungen BSG v. 23.07.2002 - B 3 KR 63/01 R - BSGE 89, 294, 295; BSG v. 05.07.2000 - B 3 KR 12/99 R - BSGE 87, 14, 15 f.

[22] Noch weiter gehend BSG v. 19.11.1997 - 3 RK 6/96 - BSGE 81, 182, 184; BSG v. 20.11.1996 - 3 RK 7/96 - SozR 3-1500 § 109 Nr. 3 S. 27 ff., das die Unbeachtlichkeit der Mitwirkung weiterer Krankenversicherungsträger aus verwaltungsverfahrensrechtlichen Erwägungen ableitet.

Weil Versorgungsverträge vonseiten der Krankenhäuser nicht auf Verbandsebene abgeschlossen werden können, handelt sich bei ihnen um **Individualverträge**. Daran ändert sich nichts dadurch, dass aufseiten der Krankenkassen die Vertragsschlusskompetenz auf Verbandsebene angesiedelt ist. 29

b. Schriftform

Aus Gründen der **Rechtssicherheit** schreibt § 109 Abs. 1 Satz 1 HS. 2 SGB V für den Versorgungsvertrag die Schriftform vor. Ein Versorgungsvertrag, der diesem Formerfordernis nicht genügt, ist nichtig (§ 58 Abs. 1 SGB X i.V.m. § 125 BGB). 30

Bei öffentlich-rechtlichen Verträgen, zu denen der Versorgungsvertrag nach § 109 SGB V gehört (vgl. Rn. 102), ist umstritten, inwieweit über § 61 Satz 2 SGB X die Vorschrift des § 126 BGB entsprechend Anwendung findet, insbesondere ob das **Erfordernis der Urkundeneinheit** (§ 126 Abs. 2 BGB) gilt.[23] Richtigerweise kann auf dieses Erfordernis bei den Versorgungsverträgen nach § 109 SGB V aufgrund ihrer statusbegründenden Funktion nicht verzichtet werden. Vielmehr ist bei ihnen die Aufnahme des gesamten Vertragstextes in eine Urkunde zu fordern, die von allen Vertragsparteien bzw. ihren Vertretern eigenhändig unterzeichnet wird.[24] 31

2. Fiktion bei Hochschulkliniken und Plankrankenhäusern

Bei Hochschulkliniken und Plankrankenhäusern **fingiert** § 109 Abs. 1 Satz 2 SGB V den Abschluss von Versorgungsverträgen. Denn danach gilt als Abschluss des Versorgungsvertrages 32

- bei den Hochschulkliniken die Anerkennung nach den landesrechtlichen Vorschriften und
- bei den Plankrankenhäusern die Aufnahme in den Krankenhausplan.

Für die Anerkennung als **Hochschulklinik** verweist § 109 Abs. 1 Satz 2 SGB V zwar auf die landesrechtlichen Vorschriften, d.h. auf die hochschulrechtlichen Vorschriften des jeweiligen Landes.[25] Doch bedeutet dies nicht, dass das Bundesrecht diesbezüglich keine Anforderungen enthielte. Der Begriff der Hochschulklinik im SGB V ist ein bundesrechtlicher Begriff. Danach sind Hochschulkliniken Krankenhäuser, die einen festen funktionalen Bezug zu einer Hochschule und deren Aufgaben haben; darüber hinaus setzt das SGB V voraus, dass die Hochschulkliniken nach den landesrechtlichen Vorschriften für den Hochschulbau gefördert werden (vgl. näher dazu die Kommentierung zu § 108 SGB V Rn. 18). Dagegen macht das Bundesrecht keine Vorgaben zur Rechtsform der Anerkennung. Diese kann, wie die bis zum 31.12.2006 für Hochschulkliniken geforderte Aufnahme in das Hochschulverzeichnis nach § 4 HBFG, durch Rechtsverordnung erfolgen. Möglich ist aber auch die Anerkennung durch Verwaltungsakt. 33

Unter der Aufnahme in den Krankenhausbedarfsplan, die nach § 109 Abs. 1 Satz 2 SGB V bei **Plankrankenhäusern** als Abschluss des Versorgungsvertrages gilt, ist die Aufnahme in den Krankenhausplan im Sinne des § 6 Abs. 1 KHG zu verstehen. Diese Planaufnahme hat unmittelbar nur eine einzige Bedeutung: Sie ist Voraussetzung für die Berücksichtigung bei der Vergabe staatlicher Mittel zur Investitionsförderung (§ 8 Abs. 1 Satz 1 KHG). Das SGB V verleiht der Planaufnahme eine weitergehende Bedeutung, indem es in § 109 Abs. 1 Satz 2 SGB V das in den Krankenhausplan aufgenommene Krankenhaus so stellt, wie wenn es einen Versorgungsvertrag abgeschlossen hätte, und ihm damit den Status eines zur Versorgung der Versicherten zugelassenen Krankenhauses verschafft. Hierfür ist – wie für die Investitionsförderung – neben der Aufnahme in den Krankenhausplan (§ 6 Abs. 1 SGB V) auch deren Feststellung durch Bescheid (§ 8 Abs. 1 Satz 3 KHG) erforderlich. Dies ist in § 109 Abs. 1 Satz 2 SGB V nicht ausdrücklich geregelt. Denn danach genügt die Aufnahme in den Krankenhausplan. Doch ergibt sich aus Sinn und Zweck der Anknüpfung an das Krankenhausplanungsrecht, dass auch ein Feststellungsbescheid im Sinne des § 8 Abs. 1 Satz 3 KHG vorliegen muss (vgl. die Kommentierung zu § 108 SGB V Rn. 19). Hierfür spricht auch, dass § 109 Abs. 1 Satz 2 SGB V bezüglich der Aufnahme in den Krankenhausplan auf „§ 8 Abs. 1 Satz 2 KHG“ verweist. In dieser Bestimmung ist zwar weder der Krankenhausplan noch die Aufnahme in ihn geregelt. Doch wurde durch das GSG zum 01.01.1993 in § 8 Abs. 1 KHG ein neuer Satz 2 eingefügt mit der Folge, dass die Regelung, auf die § 109 Abs. 1 Satz 2 SGB V ursprünglich verwiesen hatte, nunmehr in § 8 Abs. 1 Satz 3 KHG enthalten ist. 34

---

[23] Näher dazu *Engelmann* in: v. Wulffen, SGB X, § 56 Rn. 4 und 7.

[24] So auch *Knittel* in: Krauskopf, SozKV, § 109 SGB V Rn. 5; *Quaas*, Der Versorgungsvertrag nach dem SGB V mit Krankenhäusern und Rehabilitationseinrichtungen, Rn. 58. Vgl. BSG v. 28.10.1992 - 6 RKa 19/91 - SozR 3-2500 § 120 Nr. 3 S. 21.

[25] Vgl. BT-Drs. 16/814, S. 24.

35 Ein Versorgungsvertrag wird nach § 109 Abs. 1 Satz 2 SGB V nur **soweit** fingiert, wie der **Versorgungsauftrag** (vgl. Rn. 108) reicht, der sich aus der Anerkennung als Hochschulklinik bzw. aus den Festlegungen des Krankenhausplanes ergibt. Daher ist der Abschluss echter Versorgungsverträge bei Plankrankenhäusern möglich für Teile, die nicht im Krankenhausplan enthalten sind.[26]

36 Ein Versorgungsvertrag gilt nach § 109 Abs. 1 Satz 2 SGB V nur abgeschlossen, **sofern** es sich bei der als Hochschulklinik anerkannten bzw. in den Krankenhausplan aufgenommenen Einrichtung um ein **Krankenhaus** im Sinne des § 107 Abs. 1 SGB V (vgl. die Kommentierung zu § 107 SGB V Rn. 12) handelt. Die Einrichtung muss daher sämtliche Begriffsmerkmale eine Krankenhauses im Sinne des § 107 Abs. 1 SGB V erfüllen; insbesondere muss sie fachlich-medizinisch nach wissenschaftlich anerkannten Methoden arbeiten (vgl. näher hierzu die Kommentierung zu § 107 SGB V Rn. 29 f.). Darüber hinaus stellt das SGB V **keine weiteren inhaltlichen Anforderungen** an die Fiktion des Vertragsschlusses. Dementsprechend gilt § 109 Abs. 2 und 3 SGB V nur für den Abschluss echter Versorgungsverträge. Allerdings wirken sich die in § 109 Abs. 3 Satz 1 SGB V enthaltenen Anforderungen über § 110 Abs. 1 Satz 1 SGB V indirekt auch auf Hochschulkliniken und Plankrankenhäuser aus.

37 Verfahrensrechtlich muss die Anerkennung als Hochschulklinik bzw. die Aufnahme in den Krankenhausplan **rechtswirksam** sein. Hierfür kommt es auf die Rechtsnatur dieser Rechtsakte an. Da bei den Plankrankenhäusern neben der Planaufnahme (§ 6 Abs. 1 KHG) auch noch deren Feststellung durch Bescheid (§ 8 Abs. 1 Satz 3 KHG) erforderlich ist, haben Rechtsfehler grundsätzlich nur die Anfechtbarkeit, nicht aber die Unwirksamkeit des Verwaltungsakts zur Folge (vgl. § 43 Abs. 2 und 3 VwVfG), der die Fiktion des Vertragsschlusses auslöst. Dagegen führt jeder Rechtsverstoß zur Nichtigkeit, wenn die Anerkennung als Hochschulklinik – wie die bis zum 31.12.2006 erforderliche Aufnahme in das Hochschulverzeichnis nach § 4 HBFG – durch Rechtsverordnung erfolgt.

38 Die Anerkennung als Hochschulklinik und die Aufnahme in den Krankenhausplan vermitteln zwar den Status eines zugelassenen Krankenhauses. Die Zulassung der Hochschulkliniken und Plankrankenhäuser zur Versorgung der Versicherten ergibt sich aber weder aus dem Hochschulrecht noch aus dem Krankenhausrecht. Vielmehr wurzelt sie allein im Recht der gesetzlichen Krankenversicherung. § 109 Abs. 1 Satz 2 SGB V bestätigt dies. Allein die darin angeordnete Fiktion des Abschlusses eines Versorgungsvertrages bewirkt in Verbindung mit § 109 Abs. 4 Satz 1 SGB V die Zulassung der Hochschulkliniken und Plankrankenhäuser zur Krankenhausbehandlung der Versicherten. Die **Anknüpfung an** die **Hochschul- und Krankenhausplanung** – die auch in den Mitwirkungsrechten der Krankenhausplanungsbehörden (§§ 109 Abs. 1 Sätze 4 und 5, Abs. 3 Satz 2, 110 Abs. 2 Sätze 2-5 SGB V) zum Ausdruck kommt – entspricht nicht der Sachlogik des Naturalleistungsprinzips, nach dem für die Zulassung derjenige Träger zuständig ist, der für die Ordnungsmäßigkeit der Leistungserbringung gegenüber den Versicherten einzustehen hat (vgl. § 2 Abs. 2 Sätze 1 und 3 SGB V).[27] Eine derartige Anknüpfung ist verfassungsrechtlich keineswegs geboten (vgl. näher hierzu die Kommentierung zu § 108 SGB V Rn. 15).[28] **Tragender Grund** dafür ist vielmehr allein, im Rahmen der **dualistischen Krankenhausfinanzierung** (vgl. die Kommentierung zu § 108 SGB V Rn. 15) zu verhindern, dass die staatliche Investitionsförderung bei den Hochschulkliniken und Plankrankenhäusern ihren Zweck verfehlt. Mit dem Übergang zu einer monistischen Krankenhausfinanzierung, bei der die Investitionskosten über die Krankenhausentgelte von den Krankenkassen zu tragen wären, würde auch der tragende Grund für diese Anknüpfung entfallen.[29]

3. Planmodifizierende und plankonkretisierende Verträge

39 Bei Hochschulkliniken und Plankrankenhäusern macht die Fiktion des § 109 Abs. 1 Satz 2 SGB V den Abschluss echter Versorgungsverträge nicht nur entbehrlich, sondern schließt ihn sogar aus. § 109 Abs. 1 Sätze 4 und 5 SGB V durchbricht diese Regel und gestattet es, den **Versorgungsauftrag** (vgl. Rn. 108) aus dem fingierten Versorgungsvertrag durch vertragliche Vereinbarung zu **konkretisieren** (Satz 5) **und** zu **modifizieren** (Satz 4).[30] Zu beachten ist, dass der Versorgungsauftrag von Hochschulkliniken und Plankrankenhäusern auch durch Abschluss echter Versorgungsverträge im Sinne des

---

[26] *Hess* in: KassKomm, SGB V, § 108 Rn. 5.

[27] *Schuler-Harms*, VSSR 2005, 135, 142 f.

[28] So aber *Heinze* in: HS-KV, § 38 Rn. 37.

[29] In diesem Sinne bereits BT-Drs. 12/3930, S. 5 f.

[30] Vgl. BT-Drs. 12/3608, S. 101.

§ 109 Abs. 1 Satz 1 SGB V **erweitert** werden kann; denn der Versorgungsauftrag dieser Krankenhäuser ist nicht unbeschränkt, sondern von seiner Reichweite her durch die Anerkennung als Hochschulklinik bzw. die Festlegungen des Krankenhausplanes begrenzt.

Der Verweis auf die „Vertragsparteien im Sinne des Satzes 1" in § 109 Abs. 1 Sätze 4 und 5 SGB V ist nicht dahingehend zu verstehen, dass die planmodifizierenden und -konkretisierenden Verträge nur mit Vertragskrankenhäusern getroffen werden können. Wäre dies der Fall, wäre die Regelung überflüssig. Die Regelung des § 109 Abs. 1 Sätze 4 und 5 SGB V zielt aber gerade auf **Plankrankenhäuser** und ist auch bei **Hochschulkliniken** entsprechend anwendbar. Die Bedeutung des Verweises besteht daher darin, dass auch die planmodifizierenden und -konkretisierenden Verträge nur durch die Landesverbände der Krankenkassen und die Ersatzkassen gemeinsam mit dem Krankenhausträger abgeschlossen werden können. 40

a. Planmodifizierende Verträge

§ 109 Abs. 1 Satz 4 SGB V ermöglicht es, gegenüber dem Krankenhausplan eine **Bettenreduzierung** zu vereinbaren, soweit die Leistungsstruktur des Krankenhauses dadurch nicht verändert wird. Gegenstand derartiger Vereinbarungen ist allein die Versorgungskapazität – und auch nur ein bestimmter kapazitätsbestimmender Faktor, nämlich die Bettenzahl. Beschränkt hierauf dürfen jedoch die Festlegungen des Krankenhausplanes modifiziert und damit abgeändert werden – wobei allerdings nur eine Einschränkung und keine Erweiterung der planerischen Festlegungen zulässig ist. 41

§ 109 Abs. 1 Satz 4 SGB V stellt es in das **Ermessen** der Vertragsparteien, eine Vereinbarung über die Bettenreduzierung zu treffen, soweit diese nicht mit einer Veränderung der Leistungsstruktur des Krankenhauses einhergeht. Nach dem Wortlaut des Gesetzes können die Vertragsparteien eine solche Vereinbarung schließen. Irgendwelche Vorgaben für die Entscheidung, von dieser Möglichkeit Gebrauch zu machen, macht § 109 Abs. 1 Satz 4 SGB V im Übrigen nicht. Allerdings bedeutet dies nicht, dass den Vertragsparteien ein freies Ermessen eingeräumt wäre.[31] Vielmehr sind die Krankenkassen (-Verbände) an die allgemeinen Grundsätze des Leistungserbringerrechts gebunden, wonach die Leistungserbringer eine bedarfsgerechte und gleichmäßige, dem allgemein anerkannten Stand der medizinischen Erkenntnisse entsprechende Versorgung der Versicherten zu gewährleisten haben und die Versorgung der Versicherten ausreichend und zweckmäßig sein muss, das Maß des Notwendigen nicht überschreiten darf und in der fachlich gebotenen Qualität sowie wirtschaftlich erbracht werden muss (§ 70 Abs. 1 SGB V). Diese Grundsätze haben in § 109 Abs. 2 Satz 2, Abs. 3 Satz 1 SGB V bezüglich des Abschlusses echter Versorgungsverträge ihren Niederschlag gefunden und sind im Rahmen des § 109 Abs. 1 Satz 4 SGB V entsprechend anzuwenden. Auch planmodifizierende Vereinbarungen dürfen daher nur geschlossen werden, wenn sie den **Erfordernissen** einer **bedarfsgerechten, leistungsfähigen und wirtschaftlichen Krankenhausbehandlung** entsprechen. 42

Die Wirksamkeit der planmodifizierenden Vereinbarung steht unter dem Vorbehalt des **Einvernehmens** der zuständigen Krankenhausplanungsbehörde. Das Einvernehmen ist die stärkste Form der Beteiligung. Einvernehmen bedeutet, dass der Erklärende die Entscheidung inhaltlich mitträgt. Mit dem Erfordernis des Einvernehmens ist der Krankenhausplanungsbehörde – ohne Vertragspartei zu sein – eine mitbestimmende Stellung über die in der Vereinbarung zu treffende Regelung eingeräumt.[32] 43

Die Erteilung des Einvernehmens nach § 109 Abs. 1 Satz 4 SGB V steht im **pflichtgemäßen Ermessen** der für die Krankenhausplanung zuständigen Behörde.[33] Sie unterliegt bei der Erteilung des Einvernehmens denselben Bindungen wie die Vertragsparteien. Demnach darf das Einvernehmen nur erteilt werden, wenn die vereinbarte Bettenreduktion die Leistungsstruktur des Krankenhauses nicht verändert und wenn sie den Erfordernissen einer bedarfsgerechten, leistungsfähigen und wirtschaftlichen Krankenhausbehandlung entspricht.[34] Die zuständige Landesbehörde darf die Erteilung des Einvernehmens nicht schon deshalb verweigern, weil sie eine Änderung des Krankenhausplanes beabsichtigt. Vielmehr ist sie hierzu nur berechtigt, wenn die vereinbarte Bettenreduzierung eine ohnehin in Kürze mit Sicherheit anstehende Änderung des Krankenhausplans vorwegnimmt.[35] 44

---

[31] So aber wohl BVerwG v. 29.04.2004 - 3 C 25.03 - DVBl 2004, 1184, 1186.

[32] BVerwG v. 29.04.2004 - 3 C 25.03 - DVBl 2004, 1184, 1186.

[33] BVerwG v. 29.04.2004 - 3 C 25.03 - DVBl 2004, 1184, 1186 f.

[34] Zu Unrecht leitet das BVerwG Anforderungen an das in § 109 Abs. 1 Satz 4 SGB V geregelte Einvernehmen allein aus dem KHG ab (BVerwG v. 29.04.2004 - 3 C 25.03 - DVBl 2004, 1184, 1187).

[35] Vgl. BVerwG v. 29.04.2004 - 3 C 25.03 - DVBl 2004, 1184, 1187.

45 Seiner **Rechtsnatur** nach stellt die **Erteilung** des Einvernehmens ein bloßes **Verwaltungsinternum** dar, das nicht angefochten werden kann. Dagegen ist die **Versagung** des Einvernehmens als **Verwaltungsakt** zu qualifizieren, gegen den die Vertragsparteien mit der (Anfechtungs- und) Verpflichtungsklage vorgehen können (zum Rechtsweg vgl. Rn. 154).[36]

b. Plankonkretisierende Verträge

46 § 109 Abs. 1 Satz 5 SGB V verpflichtet die Vertragsparteien, fehlende Festlegungen des Krankenhausplanes über Bettenzahl oder Leistungsstruktur des Krankenhauses durch eine Vereinbarung zu ergänzen. Den Vertragsparteien ist damit die **Konkretisierung des Versorgungsauftrags** (vgl. Rn. 108) aufgegeben, wie er sich aus dem Krankenhausplan ergibt, nicht aber dessen Abänderung. Die Ergänzung hat sich daher im Rahmen der durch den Krankenhausplan getroffenen Festlegungen zu bewegen und darf deren Grenzen nicht überschreiten. Dies unterscheidet sie von den planmodifizierenden Verträgen nach § 109 Abs. 1 Satz 4 SGB V, die gerade eine Abänderung des durch den Krankenhausplan festgelegten Versorgungsauftrags zum Gegenstand haben.

47 **Voraussetzung** für den Abschluss plankonkretisierender Vereinbarungen ist zunächst, dass der Krankenhausplan keine oder keine abschließende Festlegung von Bettenzahl und Leistungsstruktur des Krankenhauses enthält und deshalb im Hinblick auf die Anforderungen des Krankenversicherungsrechts an den Versorgungsauftrag eines zugelassenen Krankenhauses Ergänzungsbedarf besteht. Welche Festlegungen erforderlich sind, ergibt sich nach den Erfordernissen einer bedarfsgerechten, leistungsfähigen und wirtschaftlichen Krankenhausbehandlung, die nicht nur für den Abschluss echter Versorgungsverträge gelten (§ 109 Abs. 2 Satz 2, Abs. 3 Satz 1 SGB V), sondern als Ausdruck allgemeiner Grundsätze des Leistungserbringerrechts (vgl. § 70 Abs. 1 SGB V) auch auf die plankonkretisierenden Verträge entsprechend anwendbar sind (vgl. Rn. 42).

48 Besteht ein Ergänzungsbedarf der krankenhausplanerischen Festlegungen, so sind die Vertragsparteien **verpflichtet**, den Versorgungsauftrag durch vertragliche Vereinbarung zu konkretisieren. Da die Krankenhauspläne und die Feststellungsbescheide in der Regel wenig aussagekräftig sind, um den genauen Inhalt des Versorgungsauftrages zu bestimmen,[37] müssten die plankonkretisierenden Verträge eine große Rolle spielen. Dies ist jedoch nicht der Fall. Denn diese Verträge setzen eine freiwillige Einigung voraus, da für das Scheitern der Verhandlungen **keine Konfliktlösung** vorgesehen ist.[38] Zwar stünde hierfür mit der Landesschiedsstelle nach § 114 SGB V eine Institution bereit; doch entscheidet diese nur in den ihr ausdrücklich zugewiesenen Angelegenheiten (§ 114 Abs. 1 Satz 1 SGB V), zu denen der Abschluss von plankonkretisierenden Verträgen nicht gehört.

49 Die Herstellung des in formeller Hinsicht erforderlichen **Benehmens** mit der zuständigen Krankenhausplanungsbehörde setzt wie auch sonst im Krankenversicherungsrecht grundsätzlich voraus, dass die zuständige Landesbehörde noch vor dem Abschluss der Vereinbarung dazu Stellung nehmen kann und die Vertragsparteien gegebenenfalls vorgebrachte Bedenken in ihre Entscheidungserwägungen mit einbeziehen.[39] Das Benehmen kann aber auch noch nachträglich hergestellt werden.[40] Hierfür genügt es insbesondere, wenn nach dem Abschluss der Vereinbarung so Möglichkeit zur Stellungnahme gegeben wird, dass etwaige Bedenken noch bis zum Inkrafttreten der Vereinbarung berücksichtigt werden können. Die Herstellung des Benehmens erfordert keine ausdrückliche Erklärung der Krankenhausplanungsbehörde; vielmehr reicht es aus, wenn sie informiert wird und sich nicht innerhalb der gesetzten bzw. einer angemessenen Zeit äußert.[41] Den für die Krankenhausplanung zuständigen Landesbehörden ist demzufolge bei den plankonkretisierenden Verträgen nur ein sehr schwaches Mitwirkungsrecht eingeräumt. Dies beruht darauf, dass in diesen Verträgen nur die von den Krankenhausplanungsbehörden offen gelassenen Spielräume ausgefüllt werden können. Die Krankenhausplanungsbehörden haben es in der Hand, die Festlegungen im Krankenhausplan und im Feststellungsbescheid so zu gestalten, dass es einen Spielraum für plankonkretisierende Verträge nicht gibt.

---

[36] Hiervon geht auch BVerwG v. 29.04.2004 - 3 C 25.03 - DVBl 2004, 1184 aus, ohne dies näher zu thematisieren.

[37] *Quaas* in: Quaas/Zuck, Medizinrecht, § 23 Rn. 75. Hiervon gehen auch § 11 Abs. 5 KHEntgG, § 17 Abs. 6 BPflV aus.

[38] *Quaas* in: Quaas/Zuck, Medizinrecht, § 23 Rn. 79.

[39] Vgl. BSG v. 24.08.1994 - 6 RKa 15/93 - BSGE 75, 37, 40 f.; BSG v. 03.03.1999 - B 6 KA 15/98 R - SozR 3-2500 § 85 Nr. 31 S. 235.

[40] Vgl. BSG v. 07.02.1996 - 6 RKa 68/94 - BSGE 77, 288, 290 f.; BSG v. 03.03.1999 - B 6 KA 15/98 R - SozR 3-2500 § 85 Nr. 31 S. 235.

[41] Vgl. BSG v. 09.12.2004 - B 6 KA 44/03 R - BSGE 94, 50 Rn. 37.

4. Reichweite der Vertragsbindung

§ 109 Abs. 1 Satz 3 SGB V bestimmt, dass der Versorgungsvertrag für alle Krankenkassen im Inland unmittelbar verbindlich ist. Gebunden an den Versorgungsvertrag sind nicht nur die Krankenkassen, die unmittelbar oder mittelbar über ihre Verbände am Vertragsschluss beteiligt sind. Vielmehr **erstreckt** § 109 Abs. 1 Satz 3 SGB V die **Geltung** des Versorgungsvertrages auf alle Krankenkassen im Bundesgebiet. Danach reicht es aus, dass ein Krankenhaus in einem Bundesland zugelassen ist, um Versicherte aus allen Teilen des Bundesgebietes zulasten der gesetzlichen Krankenversicherung versorgen zu können.[42] 50

Die Regelung des § 109 Abs. 1 Satz 3 SGB V ist nicht nur auf **echte**, sondern auch auf **fingierte Versorgungsverträge** anwendbar. An dem Zustandekommen der fingierten Versorgungsverträge sind zwar die Vertragsparteien nicht beteiligt. Dennoch wirken diese Verträge so, als ob sie von ihnen vereinbart worden wären. Sie würden daher auch nur die Vertragsparteien binden, wenn nicht § 109 Abs. 1 Satz 3 SGB V ihre unmittelbare Verbindlichkeit für alle Krankenkassen im Inland anordnete. Gleiches gilt für die **planmodifizierenden** und **plankonkretisierenden Verträge** (§ 109 Abs. 1 Sätze 4 und 5 SGB V). Auch diese Verträge binden nicht nur die Vertragsparteien, sondern alle Krankenkassen im Inland. 51

5. Wirkungsbeginn, Rückwirkungsverbot

Der Abschluss eines Versorgungsvertrages ist immer nur **für die Zukunft** möglich. Ein **rückwirkender** Vertragsschluss kommt **nicht** in Betracht.[43] Dem steht die **statusbegründende Wirkung** des Versorgungsvertrages (vgl. Rn. 100) entgegen. Für statusbegründende Akte ist anerkannt, dass ihnen wegen ihrer vielfältigen Folgen, nämlich umfangreichen Rechten und Pflichten, für den Leistungserbringer selbst, die Krankenkassen und die Versicherten grundsätzlich nur Wirkung für die Zukunft zukommt.[44] Dies trifft auch für die Zulassung eines Krankenhauses zur Versorgung der Versicherten zu. Daher kann ein Versorgungsvertrag nicht mit Wirkung für die Vergangenheit abgeschlossen werden.[45] Die Unzulässigkeit einer Rückwirkung ergibt sich aber auch aus dem **Naturalleistungsprinzip** in Verbindung mit der Beschränkung der Leistungserbringung auf einen umgrenzten Kreis dafür besonders berechtigter Leistungserbringer. Zum Schutz aller an der Leistungserbringung Berechtigter und aus ihr Verpflichteter, aber auch zum Schutz der Versicherten muss zu Beginn einer Behandlung feststehen, ob die zu erbringenden Leistungen innerhalb des Naturalleistungssystems durchgeführt werden oder nicht.[46] Mit dem Erfordernis eindeutiger und klarer Rechtsverhältnisse bei Beginn der Behandlung ließe sich ein rückwirkender Vertragsschluss nicht in Einklang bringen. 52

Dies gilt nicht nur für **echte** Versorgungsverträge, sondern auch für **fingierte Versorgungsverträge** mit Plankrankenhäusern oder Hochschulkliniken. Auch bei ihnen ist eine rückwirkende Statusbegründung ausgeschlossen. Selbst wenn ein Krankenhaus rückwirkend in den Krankenhausplan aufgenommen oder als Hochschulklinik anerkannt werden sollte, erwirbt es die Zulassung zur Krankenhausbehandlung der Versicherten immer nur für die Zukunft. Nach der Rechtsprechung des BVerwG ist zwar die Feststellung der nachträglichen Aufnahme in einen ersetzten und damit unwirksam gewordenen Krankenhausplan nicht mehr möglich.[47] Damit ist aber die nachträgliche Aufnahme in einen noch wirksamen Krankenhausplan nicht ausgeschlossen. Diese kann aus dem Blickwinkel der Krankenhaus- und Hochschulplanung sinnvoll sein, um die Förderung bereits getätigter Investitionen zu ermöglichen. Für die Zulassung zur Versorgung der Versicherten ist eine Rückwirkung jedoch ausgeschlossen. 53

Bei echten Versorgungsverträgen wird der Vertragsschluss erst mit **Genehmigung** durch die zuständige Landesbehörde wirksam (§ 109 Abs. 3 Satz 2 SGB V). Das Rückwirkungsverbot gilt bei ihnen nicht nur für den Vertragsschluss selbst, sondern auch für die Genehmigung (vgl. Rn. 91). 54

---

[42] *Thomae*, GesR 2003, 305, 306 spricht insoweit vom „Tatortprinzip“.

[43] BSG v. 29.05.1996 - 3 RK 26/95 - BSGE 78, 243, 248 f.

[44] BSG v. 31.05.2006 - B 6 KA 7/05 R - SozR 4-5520 § 24 Nr. 2 Rn. 14; BSG v. 01.09.2005 - B 3 KR 3/04 R - SozR 4-2500 § 40 Nr. 2 Rn. 13; BSG v. 05.02.2003 - B 6 KA 42/02 R - SozR 4-2500 § 95 Nr. 4 Rn. 15; BSG v. 05.07.2000 - B 3 KR 12/99 R - BSGE 87, 14, 17; BSG v. 10.05.2000 - B 6 KA 67/98 R - BSGE 86, 121, 123; BSG v. 28.01.1998 - B 6 KA 41/96 R - SozR 3-1500 § 97 Nr. 3 S. 5 f.; BSG v. 20.09.1995 - 6 RKa 37/94 - SozR 3-5525 § 32b Nr. 1 S. 4 ff.; BSG v. 24.11.1993 - 6 RKa 12/93 - SozR 3-2500 § 116 Nr. 5 S. 33 ff.; BSG v. 30.10.1963 - 6 RKa 18/62 - BSGE 20, 86, 90.

[45] BSG v. 29.05.1996 - 3 RK 26/95 - BSGE 78, 243, 248 f.

[46] BSG v. 28.01.1998 - B 6 KA 41/96 R - SozR 3-1500 § 97 Nr. 3 S. 5 f.

[47] BVerwG v. 25.07.1985 - 3 C 25.84 - BVerwGE 72, 38, 43; BVerwG v. 30.04.1981 - 3 C 135.79 - juris Rn. 57 f.

6. Rechtsnatur des Abschlusses eines Versorgungsvertrages

55 Der Versorgungsvertrag mit einem Krankenhaus nach § 109 SGB V ist ein öffentlich-rechtlicher Vertrag (vgl. Rn. 102, § 53 Abs. 1 SGB X). Voraussetzung für sein Zustandekommen ist bei **Vertragskrankenhäusern** das Vorliegen einander korrespondierender und inhaltlich übereinstimmender Willenserklärungen (Angebot und Annahme) der Vertragsparteien, die der jeweils anderen zugegangen sein müssen. Angebot und Annahme sind **öffentlich-rechtliche Willenserklärungen**, auf die die Grundsätze des bürgerlichen Rechts über Willenserklärungen entsprechend anzuwenden sind (§ 61 Satz 2 SGB X).

56 Die auf den Abschluss eines echten Versorgungsvertrages gerichtete gemeinsame Willenserklärung der Krankenkassen (-Verbände) stellt **keinen Verwaltungsakt** (§ 31 SGB X) dar. Zwar ist diese Erklärung auf Herbeiführung eines Rechtserfolgs gerichtet; sie ruft ihn aber nicht durch einseitiges hoheitliches Handeln, sondern erst und nur aufgrund einer durch Willensübereinstimmung der Beteiligten erzielten Einigung hervor.[48] Daher liegt kein Über-/Unterordnungsverhältnis, sondern ein Gleichordnungsverhältnis vor. Ferner regelt die Erklärung der Krankenkassen (-Verbände), einen Versorgungsvertrag abschließen zu wollen, für sich allein nichts; der mit ihr beabsichtigte Rechtserfolg kann vielmehr erst durch die Einigung mit dem Krankenhausträger erreicht werden. Damit fehlt der Erklärung der Krankenkassen (-Verbände) auch das Merkmal der Unmittelbarkeit der Rechtswirkung.[49] Dementsprechend geht das BSG davon aus, dass der Krankenhausträger die Annahme seines Vertragsangebots nicht durch eine Verpflichtungsklage, sondern durch eine Leistungsklage zu erstreiten hat.[50]

57 Stellt somit die auf den Abschluss eines echten Versorgungsvertrages gerichtete Willenserklärung der Krankenkassen (-Verbände) keinen Verwaltungsakt dar, so kann es sich bei dem **In-Aussicht-Stellen des Vertragsschlusses** auch um keine Zusicherung (§ 34 SGB X) handeln.[51] Denn nur die Zusage, einen bestimmten Verwaltungsakt später zu erlassen, stellt eine Zusicherung dar (§ 34 Abs. 1 Satz 1 SGB X).[52] Die Entscheidung der Krankenkassen (-Verbände), einen bestimmten Versorgungsvertrag schließen zu wollen, ist eine bloße Vorbereitungshandlung; bei ihrer Kundgabe gegenüber dem Krankenhausträger kann sie aber bereits eine vertragliche Willenserklärung sein.[53]

58 Bei den **Hochschulkliniken** und **Plankrankenhäusern** werden die eigentlich für den Vertragsschluss erforderlichen öffentlich-rechtlichen Willenserklärungen der Vertragsparteien **durch einseitige Rechtsakte** des Hochschul- und Krankenhausplanungsrechts **fingiert**, die ihrer Rechtsnatur nach Verwaltungsakte oder sogar Rechtsverordnungen sind (vgl. Rn. 37).

IV. Anspruch auf Vertragsschluss

59 § 109 Abs. 2 SGB V ist wenig geglückt. Entgegen dem davon erweckten Eindruck haben die Krankenkassen (-Verbände) über den Abschluss eines Versorgungsvertrages **grundsätzlich** eine **gebundene** – nicht in ihrem Ermessen stehende – **Entscheidung** zu treffen. Zwar bestimmt § 109 Abs. 2 Satz 1 SGB V, dass ein Anspruch auf Abschluss eines Versorgungsvertrages nicht besteht. Diese Bestimmung bezieht sich aber auf die nachfolgende Regelung des § 109 Abs. 2 Satz 2 SGB V. Danach ist **bei** notwendiger **Auswahl** zwischen mehreren geeigneten Krankenhäusern nach pflichtgemäßem **Ermessen** darüber zu entscheiden, mit welchem Krankenhaus ein Versorgungsvertrag geschlossen wird; diese Entscheidung ist daran auszurichten, welches Krankenhaus den Erfordernissen einer bedarfsgerechten, leistungsfähigen und wirtschaftlichen Krankenhausbehandlung am besten gerecht wird. Diese Regelung des § 109 Abs. 2 Satz 2 SGB V wird durch die Bestimmung des § 109 Abs. 2 Satz 1 SGB V lediglich im Sinne einer Klarstellung ergänzt. Nur im Rahmen einer solchen Auswahl zwischen meh-

---

48 Vgl. *Kopp/Ramsauer*, VwVfG, § 54 Rn. 20; *Bonk* in: Stelkens/Bonk/Sachs, VwVfG, § 54 Rn. 28.

49 *Bonk* in: Stelkens/Bonk/Sachs, VwVfG, § 54 Rn. 36.

50 Vgl. BSG v. 27.01.1981 - 5a/5 RKn 14/79 - BSGE 51, 126, 132; BSG v. 15.01.1986 - 3/8 RK 5/84 - BSGE 59, 258, 260; BSG v. 29.05.1996 - 3 RK 23/95 - BSGE 78, 233, 235; BSG v. 29.05.1996 - 3 RK 26/95 - BSGE 78, 243, 246; BSG v. 20.11.1996 - 3 RK 7/96 - SozR 3-2500 § 109 Nr. 3 S. 27; BSG v. 19.11.1997 - 3 RK 21/96 - SozR 3-2500 § 107 Nr. 1 S. 3; BSG v. 19.11.1997 - 3 RK 6/96 - BSGE 81, 182, 183; BSG v. 19.11.1997 - 3 RK 1/97 - BSGE 81, 189, 190; BSG v. 05.07.2000 - B 3 KR 20/99 R - BSGE 87, 25, 27; BSG v. 26.04.2001 - B 3 KR 18/99 R - BSGE 88, 111, 112; BSG v. 23.07.2002 - B 3 KR 63/01 R - BSGE 89, 294, 296.

51 Vgl. *Dörr/Jährling-Rahnefeld*, SGb 2003, 549, 551.

52 Anderer Ansicht *Gruber*, NZS 1997, 409, 410 ff.

53 Vgl. *Gurlit*, Jura 2001, 659, 663.

reren Bewerbern haben die Krankenkassen (-Verbände) einen Entscheidungsspielraum.[54] In dieser Weise wird auch die Vorschrift des § 8 Abs. 2 KHG interpretiert,[55] an der sich der Gesetzgeber bei der Schaffung des § 109 Abs. 2 SGB V orientiert hat.[56]

In § 109 Abs. 2 SGB V ist der Anspruch auf Abschluss eines Versorgungsvertrages nur zum Teil geregelt. Die **inhaltlichen Voraussetzungen** für einen Vertragsschluss ergeben sich in erster Linie aus **§ 109 Abs. 3 Satz 1 SGB V**. Danach darf ein Versorgungsvertrag nicht abgeschlossen werden, wenn das Krankenhaus nicht die Gewähr für eine leistungsfähige und wirtschaftliche Krankenhausbehandlung bietet oder für eine bedarfsgerechte Krankenhausbehandlung der Versicherten nicht erforderlich ist. Obwohl die negative Formulierung („darf nicht") auf Entscheidungsspielräume hinweist, geht die Rechtsprechung davon aus, dass ein Anspruch auf Vertragsschluss dem Grunde nach besteht, wenn die in § 109 Abs. 3 Satz 1 SGB V genannten Kriterien positiv feststehen.[57] Einen Entscheidungsspielraum haben die Krankenkassen (-Verbände) nur, wenn es mehrere geeignete, in ihrer Zahl aber nicht benötigte Krankenhäuser gibt. 60

Damit stellt sich die Situation ähnlich dar wie im **Krankenhausrecht**. Dort wird zwischen **zwei Entscheidungsstufen** unterschieden: 61

- Auf der ersten Stufe kommt es entsprechend § 1 Abs. 1 KHG darauf an, welche vorhandenen Krankenhäuser für eine bedarfsgerechte Versorgung der Bevölkerung mit leistungsfähigen Krankenhäusern zu sozial tragbaren Pflegesätzen in Betracht kommen.
- Erst wenn dies bei mehreren Krankenhäusern der Fall ist, ergibt sich auf der zweiten Stufe die Notwendigkeit einer Auswahl, bei der der zuständigen Landesbehörde gemäß § 8 Abs. 2 Satz 2 KHG ein gewisser Spielraum zusteht mit der Folge, dass ihre Entscheidung gerichtlich nicht in vollem Umfang nachprüfbar ist.[58]

Dabei wird der auf der zweiten Stufe bestehende Spielraum nicht als Ermessens-, sondern als **Beurteilungsspielraum** angesehen. Denn § 8 Abs. 2 Satz 2 KHG verpflichtet die zuständige Landesbehörde, dasjenige Krankenhaus in den Krankenhausplan aufzunehmen, das von mehreren Krankenhäusern den Zielen der Krankenhausplanung des Landes am besten gerecht wird. Die Entscheidung hierüber sei Bestandteil des Tatbestandes. Auf Rechtsfolgenseite verbleibe kein Ermessensspielraum mehr, statt des am besten geeigneten Krankenhauses ein anderes in den Krankenhausplan aufzunehmen.[59]

Wie die Bezugnahme auf § 108 Nr. 3 SGB V deutlich macht, gilt die Bestimmung des § 109 Abs. 2 SGB V – ebenso wie die Vorschrift des § 109 Abs. 3 Satz 1 SGB V – lediglich für den Abschluss **echter Versorgungsverträge** im Sinne des § 109 Abs. 1 Satz 1 SGB V. Dies schließt aber die entsprechende Anwendung des § 109 Abs. 2 SGB V wie auch des § 109 Abs. 3 Satz 1 SGB V auf den Abschluss **planmodifizierender oder -konkretisierender Verträge** mit Hochschulkliniken oder Plankrankenhäusern nicht aus (vgl. Rn. 42 und Rn. 47). 62

V. Ablehnung des Vertragsschlusses

Bei den Ablehnungsgründen, die § 109 Abs. 3 Satz 1 SGB V enthält, handelt es sich um die inhaltlichen Voraussetzungen für den Abschluss echter Versorgungsverträge. Bei der Formulierung der Ablehnungsgründe hat sich der Gesetzgeber an § 1 Abs. 1 KHG angelehnt. In den Gesetzesmaterialien heißt es, die Ablehnungsgründe entsprächen im Wesentlichen denen des § 371 Abs. 2 Satz 1 RVO,[60] zu denen insbesondere die Gefährdung der Ziele des Krankenhaus-(bedarfs-)plans gehörte. Diese Ziele ergaben sich damals und ergeben sich heute noch gemäß § 6 Abs. 1 KHG aus § 1 Abs. 1 KHG. Die **inhaltliche Anknüpfung an die Krankenhausplanung** erfolgt in § 109 Abs. 3 Satz 1 SGB V jedoch nicht mehr durch einen Verweis auf das KHG. Vielmehr wurden die Ziele des § 1 Abs. 1 KHG in Be- 63

[54] BSG v. 29.05.1996 - 3 RK 23/95 - BSGE 78, 233, 239; BSG v. 19.11.1997 - 3 RK 6/96 - BSGE 81, 182, 184; BSG v. 05.07.2000 - B 3 KR 20/99 R - BSGE 87, 25, 27 f. So auch BSG v. 28.09.2005 - B 6 KA 60/03 R - SozR 4-1300 § 32 Nr. 1 Rn. 16 zu der vergleichbaren Regelung in § 121a Abs. 3 SGB V.

[55] BVerwG v. 25.07.1985 - 3 C 25.84 - BVerwGE 72, 38, 50 f.; BVerwG v. 14.11.1985 - 3 C 41.84 - USK 85217 S. 1165; BVerwG v. 16.01.1986 - 3 C 37.83 - MedR 1986, 334, 336 f.; BVerwG v. 18.12.1986 - 3 C 67.85 - NJW 1987, 2318, 2320. Kritisch zu dieser Rechtsprechung *Thomae*, Krankenhausplanungsrecht, 2006, S. 106 ff.

[56] BT-Drs. 11/2237, S. 197.

[57] BSG v. 19.11.1997 - 3 RK 6/96 - BSGE 81, 182, 184.

[58] BVerwG v. 18.12.1986 - 3 C 67.85 - NJW 1987, 2318, 2319 f.; BVerwG v. 14.11.1985 - 3 C 41.84 - USK 85217.

[59] BVerwG v. 25.07.1985 - 3 C 25.84 - BVerwGE 72, 38, 52 ff.; BVerwG v. 14.11.1985 - 3 C 41.84 - USK 85217.

[60] BT-Drs. 11/2237, S. 198.

griffe des Krankenversicherungsrechts überführt. Dabei besteht keine vollständige Textgleichheit. Stattdessen stellen sich die Ablehnungsgründe des § 109 Abs. 3 Satz 1 SGB V als Ausdruck allgemeiner Grundsätze des Leistungserbringerrechts (§ 70 Abs. 1 SGB V) dar.

64 Neben der inhaltlichen Anknüpfung an § 1 Abs. 1 KHG hat der Gesetzgeber auch eine **verfahrensmäßige Verknüpfung mit der Krankenhausplanung** vorgenommen, indem er in § 109 Abs. 3 Satz 2 SGB V die Wirksamkeit des Abschlusses und der Ablehnung von Versorgungsverträgen von der Genehmigung der zuständigen Landesbehörde abhängig gemacht hat.

1. Inhaltliche Voraussetzungen des Vertragsschlusses

65 Nach § 109 Abs. 3 Satz 1 SGB V setzt der Abschluss eines echten Versorgungsvertrages voraus, dass das Krankenhaus die Gewähr für eine leistungsfähige und wirtschaftliche Krankenhausbehandlung bietet und für eine bedarfsgerechte Krankenhausbehandlung der Versicherten erforderlich ist. Diese Voraussetzungen gleichen den **Zielen der Krankenhausplanung**, die nach § 6 Abs. 1 KHG i.V.m. § 1 Abs. 1 KHG darin bestehen, eine bedarfsgerechte Versorgung der Bevölkerung mit leistungsfähigen, eigenverantwortlich wirtschaftenden Krankenhäusern zu gewährleisten und zu sozial tragbaren Pflegesätzen beizutragen. Die Parallelen sind keineswegs zufällig (vgl. Rn. 63). Dennoch bestehen **deutliche Unterschiede**: So ist in § 1 Abs. 1 KHG nicht von wirtschaftlicher Krankenhausbehandlung, sondern von sozial tragbaren Pflegesätzen die Rede und § 109 Abs. 3 Satz 1 SGB V verlangt nicht eine bedarfsgerechte Versorgung der Bevölkerung, sondern die Erforderlichkeit für eine bedarfsgerechte Krankenhausbehandlung der Versicherten. Dementsprechend haben die in § 109 Abs. 3 Satz 1 SGB V geregelten Ablehnungsgründe nicht notwendig dieselbe Bedeutung wie die in § 1 Abs. 1 KHG enthaltenen Ziele der Krankenhausplanung.

66 Zu den Voraussetzungen für den Abschluss eines Versorgungsvertrages gehört es auch, dass es sich bei der Einrichtung um ein **Krankenhaus** (vgl. die Kommentierung zu § 107 SGB V Rn. 12) im Sinne des § 107 Abs. 1 SGB V handelt. Dies wird zwar in § 109 Abs. 3 Satz 1 SGB V nicht so deutlich herausgestrichen wie für den Versorgungsvertrag mit Vorsorge- und Rehabilitationseinrichtungen in § 111 Abs. 2 Satz 1 SGB V, wo eigens in Nr. 1 gefordert wird, dass die Einrichtung die Anforderungen des § 107 Abs. 2 SGB V erfüllen muss. Doch reicht es aus, wenn § 109 Abs. 3 Satz 1 SGB V an die Einrichtung als „Krankenhaus“ Anforderungen stellt. Daraus ergibt sich mit hinreichender Deutlichkeit, dass die Einrichtung sämtliche Merkmale aufweisen muss, die nach § 107 Abs. 1 SGB V ein Krankenhaus ausmachen:

- Danach muss die Einrichtung der **Krankenhausbehandlung** im Sinne des § 39 SGB V oder der **Geburtshilfe** im Sinne des § 197 RVO dienen (§ 107 Abs. 1 Nr. 1 SGB V), wobei sie diese Leistungen nicht ausschließlich ambulant erbringen darf, sondern in wesentlichem Umfang vollstationär erbringen muss (vgl. näher die Kommentierung zu § 107 SGB V Rn. 15 ff. und die Kommentierung zu § 107 SGB V Rn. 32).
- Ferner muss sich die spezifische Aufgabenstellung eines Krankenhauses bei Personal und Sachmitteln sowie in der Organisation ihres Einsatzes niederschlagen. Die Einrichtung muss insbesondere unter **ständiger ärztlicher Leitung** (vgl. die Kommentierung zu § 107 SGB V Rn. 22) stehen (§ 107 Abs. 1 Nr. 2 SGB V) und **jederzeit verfügbares ärztliches Personal** (vgl. die Kommentierung zu § 107 SGB V Rn. 28) haben, dessen **Hilfeleistungen vorwiegen** (vgl. die Kommentierung zu § 107 SGB V Rn. 29, § 107 Abs. 1 Nr. 3 SGB V).
- Außerdem muss die Einrichtung nach **wissenschaftlich anerkannten Methoden** arbeiten (§ 107 Abs. 1 Nr. 2 SGB V, vgl. hierzu die Kommentierung zu § 107 SGB V Rn. 29 f.). Das schließt den Abschluss von Versorgungsverträgen mit solchen Einrichtungen grundsätzlich aus, die sog. Außenseitermethoden verfolgen.[61]

67 Der Abschluss eines Versorgungsvertrages setzt **nicht** voraus, dass die Einrichtung **bereits** vor Vertragsschluss **betrieben** wird.[62] Ist der Betrieb noch nicht aufgenommen, muss allein auf der Grundlage der vorgelegten Planung der Einrichtung über den Abschluss eines Versorgungsvertrages entschieden werden.[63] Nach dem **Versorgungskonzept**, das der Einrichtungsträger dem Vertragsangebot zugrunde

---

[61] Vgl. BSG v. 19.11.1997 - 3 RK 1/97 - BSGE 81, 189, 195.

[62] Vgl. BSG v. 05.07.2000 - B 3 KR 12/99 R - BSGE 87, 14, 16.

[63] BSG v. 19.11.1997 - 3 RK 1/97 - BSGE 81, 189, 190; vgl. auch BSG v. 05.07.2000 - B 3 KR 12/99 R - BSGE 87, 14, 16.

legt, muss es sich bei der Einrichtung um ein Krankenhaus handeln. Um die rechtliche Einordnung zu ermöglichen, muss dieses Konzept die Art der zu behandelnden Erkrankungen, die vorgesehene Therapie sowie die personelle und sachliche Ausstattung der Einrichtung erkennen lassen.[64]

Liegen die inhaltlichen Voraussetzungen des § 109 Abs. 3 Satz 1 SGB V für den Abschluss eines Versorgungsvertrages nicht vor, ist dieser **zwingend abzulehnen**. Dies ist auch dann der Fall, wenn die Voraussetzungen nur zum Teil fehlen. Ein Vertragsschluss unter **Auflagen**[65] ist **nicht möglich**. Das Gesetz sieht Auflagen nur bei Verwaltungsakten, nicht aber bei öffentlich-rechtlichen Verträgen vor. Auch ein Vertragsschluss unter Bedingungen kommt nicht in Betracht, da er mit der statusbegründenden Funktion des Versorgungsvertrages und dem Gebot klarer Rechtsverhältnisse nicht vereinbar ist.[66] 68

a. Leistungsfähigkeit

Nach § 109 Abs. 3 Satz 1 Nr. 1 SGB V muss nicht nur – wie nach § 1 Abs. 1 KHG – das Krankenhaus selbst leistungsfähig sein, sondern das Krankenhaus die Gewähr für eine leistungsfähige **Krankenhausbehandlung** bieten. Gleichwohl wird der Begriff der Leistungsfähigkeit in § 109 Abs. 3 Satz 1 Nr. 1 SGB V meist in dem gleichen Sinne verstanden wie in § 1 Abs. 1 KHG.[67] 69

Ein Krankenhaus ist leistungsfähig im Sinne des **§ 1 Abs. 1 KHG**, wenn sein Leistungsangebot dauerhaft[68] die Anforderungen erfüllt, die nach dem aktuellen[69] Stand der Erkenntnisse der medizinischen Wissenschaft an ein Krankenhaus dieser Art[70] (Allgemein-, Fach- oder Sonderkrankenhaus) zu stellen sind.[71] Dabei wird das Leistungsangebot mit der personellen und sächlichen (räumlichen wie medizinisch-technischen) Ausstattung des Krankenhauses gleichgesetzt, die seine Leistungskapazität quantitativ und qualitativ bestimmt.[72] Auf die Quantität und Qualität der Leistungen selbst kommt es dagegen nicht entscheidend an. Die Leistungsfähigkeit ist mithin nicht leistungs-, sondern **kapazitätsbezogen**.[73] 70

Eine derartige Verengung lässt sich mit dem Wortlaut § 109 Abs. 3 Satz 1 Nr. 1 SGB V nicht vereinbaren, nach dem sich das Erfordernis der Leistungsfähigkeit gerade auf die Leistung selbst (Krankenhausbehandlung) bezieht. Sie ergibt sich auch nicht daraus, dass § 107 Abs. 1 SGB V gewisse Anforderungen an ein Krankenhaus stellt, die unter den Begriff der Leistungsfähigkeit subsumiert werden können.[74] Unter Leistungsfähigkeit ist daher in § 109 Abs. 3 Satz 1 Nr. 1 SGB V die Fähigkeit zu verstehen, die Krankenhausleistungen zu erbringen, die in quantitativer wie in qualitativer Hinsicht den gesetzlichen und vertraglichen Anforderungen entsprechen. Gewähr für eine leistungsfähige Krankenhausbehandlung bietet ein Krankenhaus nicht bereits dann, wenn es über ausreichende, seinem Versorgungsauftrag entsprechende personelle und sächliche Betriebsmittel verfügt.[75] Vielmehr ist die Leistungsfähigkeit auf die **gesamte Leistungserbringung** zu beziehen und umfasst – beschränkt auf den Versorgungsauftrag (vgl. Rn. 108) – neben der **Strukturqualität** auch die **Prozess- und Ergebnisqualität**.[76] 71

---

[64] BSG v. 23.07.2002 - B 3 KR 63/01 R - BSGE 89, 294, 297; BSG v. 19.11.1997 - 3 RK 1/97 - BSGE 81, 189, 193 f.

[65] So *Quaas*, NZS 1995, 197, 201.

[66] *Maschmann*, SGb 1996, 49, 55.

[67] Vgl. *Knispel*, NZS 2006, 120, 121; *Quaas*, Der Versorgungsvertrag nach dem SGB V mit Krankenhäusern und Rehabilitationseinrichtungen, Rn. 75. Vgl. auch BSG v. 23.07.2002 - B 3 KR 63/01 R - BSGE 89, 294, 305; BSG v. 19.11.1997 - 3 RK 1/97 - BSGE 81, 189, 195 zu § 111 Abs. 2 Satz 1 Nr. 2 SGB V.

[68] BVerwG v. 25.03.1993 - 3 C 69.90 - NJW 1993, 3008.

[69] BVerfG v. 12.06.1990 - 1 BvR 355/86 - BVerfGE 82, 209, 232.

[70] BVerwG v. 18.12.1986 - 3 C 67.85 - NJW 1987, 2318, 2321; BVerwG v. 16.01.1986 - 3 C 37.83 - NJW 1986, 1561 f. Vgl. auch BVerfG v. 04.03.2004 - 1 BvR 88/00 - NJW 2004, 1648, 1649; BVerfG v. 12.06.1990 - 1 BvR 355/86 - BVerfGE 82, 209, 234.

[71] BVerwG v. 25.03.1993 - 3 C 69.90 - NJW 1993, 3008; BVerwG v. 18.12.1986 - 3 C 67.85 - NJW 1987, 2318, 2321; BVerwG v. 16.01.1986 - 3 C 37.83 - NJW 1986, 1561 f. Vgl. auch BVerfG v. 12.06.1990 - 1 BvR 355/86 - BVerfGE 82, 209, 226.

[72] Vgl. BVerwG v. 18.12.1986 - 3 C 67.85 - NJW 1987, 2318, 2331.

[73] *Quaas* in: Quaas/Zuck, Medizinrecht, § 24 Rn. 394; *Thomae*, Krankenhausplanungsrecht, S. 81.

[74] Vgl. *Knittel* in: Krauskopf, SozKV, § 109 SGB V Rn. 9.

[75] So aber *Quaas*, NZS 1995, 197, 201.

[76] Vgl. *Rau* in: in: GKV-Kommentar, § 109 SGB V Rn. 14.

72 Demnach ist insbesondere eine Einrichtung, deren Leistungen den Qualitätsstandards des § 2 Abs. 1 Satz 3 SGB V nicht entsprechen, nicht leistungsfähig. In einem derartigen Fall darf aber auch schon deshalb kein Versorgungsvertrag abgeschlossen werden, weil es sich bei einer Einrichtung, die ausschließlich oder überwiegend nach (noch) nicht **wissenschaftlich anerkannten Methoden** arbeitet, schon begrifflich nicht um ein Krankenhaus im Sinne des § 107 Abs. 1 SGB V handelt (vgl. die Kommentierung zu § 107 SGB V Rn. 29 f.).[77]

b. Wirtschaftlichkeit

73 § 109 Abs. 3 Satz 1 Nr. 1 SGB V verlangt des Weiteren, dass das Krankenhaus die Gewähr für eine wirtschaftliche Krankenhausbehandlung bietet. Dieser Ablehnungsgrund lässt sich nicht auf **§ 1 Abs. 1 KHG** zurückführen. Denn danach ist es Ziel der Krankenhausplanung nur, zu sozial tragbaren Pflegesätzen beizutragen. Das BVerwG versteht dies im Sinne von **Kostengünstigkeit**.[78] Denn ein niedriger Pflegesatz ist sozial tragbarer als ein hoher Pflegesatz.[79] Da es keine Maßstäbe für die angemessene Höhe der Krankenhausentgelte gibt, wird in der Kostengünstigkeit ein reines Vergleichsmerkmal erblickt, das erst Bedeutung gewinnt, wenn mehrere bedarfsgerechte und leistungsfähige Krankenhäuser in Betracht kommen, die insgesamt ein Überangebot erzeugen würden, so dass zwischen ihnen eine Auswahl getroffen werden muss.[80] Mit Einführung des diagnose-orientierten Fallpauschalensystems (§ 17b KHG, § 1 ff. KHEntgG) lässt sich diese Betrachtungsweise nicht mehr aufrechterhalten, da dieses Vergütungssystem zu einer Angleichung der Krankenhausentgelte führt. Soll das Merkmal der Kostengünstigkeit weiterhin Relevanz besitzen, kann es nicht mehr nur auf die Höhe der Krankenhausentgelte, sondern muss es auf die Kostensituation im Krankenhaus ankommen.[81]

74 Die von § 109 Abs. 3 Satz 1 Nr. 1 SGB V verlangte Gewähr für eine wirtschaftliche Krankenhausbehandlung ist Ausdruck des **Wirtschaftlichkeitsgebots des § 12 SGB V**. Dessen Anforderungen muss die **gesamte Leistungserbringung** des Krankenhauses genügen. Es kann daher nicht allein auf die Höhe der für die einzelne Leistung geforderten Vergütung ankommen, die dann keine wesentliche Bedeutung hat, wenn die Krankenhäuser die gleichen Fallpauschalen abrechnen. Ferner kann Unwirtschaftlichkeit nicht nur vorliegen, wenn die personelle oder sächliche Ausstattung wesentlich aufwendiger ist, als es der Versorgungsauftrag erfordert,[82] oder wenn die Organisation des Krankenhauses sonstige unwirtschaftliche Strukturen erkennen lässt.[83] Vielmehr kann auch die Behandlungsweise selbst unwirtschaftlich sein, etwa weil der im Behandlungsfall betriebene Aufwand zu hoch ist oder die Behandlungsweise zu hohe Folgekosten außerhalb des Krankenhauses nach sich zieht. Gleiches gilt für die Abrechnungsweise. Beurteilen lässt sich die Wirtschaftlichkeit der Behandlungs- und Abrechnungsweise allerdings erst, wenn das Krankenhaus betrieben wird. Bedeutung werden Unwirtschaftlichkeiten in diesem Bereich daher erst im Rahmen der Kündigung eines Versorgungsvertrages und nicht schon bei dessen Abschluss erlangen.

c. Bedarfsgerechtigkeit

75 § 109 Abs. 3 Satz 1 Nr. 2 SGB V fordert, dass das Krankenhaus für eine bedarfsgerechte Versorgung der Versicherten erforderlich ist. Diese inhaltliche Voraussetzung für den Abschluss echter Versorgungsverträge orientiert sich deutlich an dem in **§ 1 Abs. 1 KHG** formulierten Ziel der Krankenhausplanung, eine bedarfsgerechte Versorgung der Bevölkerung mit Krankenhäusern zu gewährleisten (vgl. Rn. 63). Hierbei handelt es sich allerdings, wie **§ 70 Abs. 1 Satz 1 SGB V** zeigt, um ein Ziel, das dem Krankenversicherungsrecht keineswegs fremd ist, sondern – freilich beschränkt auf die Versorgung der Versicherten – zu den allgemeinen Grundsätzen des Leistungserbringerrechts zählt.

76 Den Begriff der Bedarfsgerechtigkeit als Voraussetzung für die Aufnahme in den Krankenhausplan (§ 1 Abs. 1 KHG) hat das **BVerwG** dahin ausgelegt, dass ein Krankenhaus dann bedarfsgerecht ist, wenn es nach seinen objektiven Gegebenheiten in der Lage ist, einem vorhandenen Bedarf gerecht zu

---

77 Vgl. BSG v. 19.11.1997 - 3 RK 1/97 - BSGE 81, 189, 195.

78 BVerwG v. 26.03.1981 - 3 C 134.79 - BVerwGE 62, 86, 100; BVerwG v. 25.07.1985 - 3 C 25.84 - BVerwGE 72, 38, 50.

79 BVerwG v. 26.03.1981 - 3 C 134.79 - BVerwGE 62, 86, 106.

80 BVerwG v. 20.12.1996 - 3 B 42.96 - juris Rn. 11; BVerfG v. 12.06.1990 - 1 BvR 355/86 - BVerfGE 82, 209, 227.

81 In dieser Richtung: BVerfG v. 04.03.2004 - 1 BvR 88/00 - NJW 2004, 1648, 1649.

82 *Klückmann* in: Hauck/Noftz, SGB V, K § 109 Rn. 28; *Knittel* in: Krauskopf, SozKV, § 109 SGB V Rn. 10; *Quaas*, NZS 1996, 102, 106; *Quaas*, NZS 1995, 197, 200.

83 *Knispel*, NZS 2006, 120, 121.

werden. Das ist nicht nur dann der Fall, wenn die von dem Krankenhaus angebotenen Betten zusätzlich notwendig sind, um den in seinem Einzugsbereich aktuell vorhandenen Bettenbedarf zu decken, sondern auch dann, wenn ein Krankenhaus neben oder an Stelle eines anderen Krankenhauses geeignet wäre, den fiktiv vorhandenen Bedarf zu decken.[84] Bedarfsgerecht ist also **nicht nur** ein Krankenhaus, das konkret zur Bedarfsdeckung **notwendig** ist, **sondern auch** ein Krankenhaus, das abstrakt zur Bedarfsdeckung **geeignet** ist. Weil damit der Verweis auf bestehende Kapazitäten ausgeschlossen ist, stellt dieses Verständnis des Begriffs der Bedarfsgerechtigkeit sicher, dass neu hinzutretende Krankenhäuser eine Chance auf Aufnahme in den Krankenhausplan haben, auch wenn sich am Gesamtbedarf nichts ändert.

Das **BSG** geht zwar davon aus, dass es für die Beurteilung der Bedarfsgerechtigkeit auch nach § 109 77
Abs. 3 Satz 1 Nr. 2 SGB V auf den im Einzugsbereich des Krankenhauses bestehenden konkreten Bedarf ankommt.[85] Doch billigt es – abweichend vom Krankenhausplanungsrecht – den bestehenden **Hochschulkliniken und Plankrankenhäusern** einen **Vorrang** zu.[86] Begründet wird dies damit, dass für diese Krankenhäuser nach § 109 Abs. 1 Satz 2 SGB V der Abschluss eines Versorgungsvertrages fingiert wird und sich die Krankenkassen (-Verbände) der Bindung hieran nicht ohne weiteres durch die Kündigung nach § 110 SGB V entziehen können.[87] Die Hochschulkliniken und Plankrankenhäuser haben dabei keinen rechtlichen, sondern nur einen faktischen Vorrang gegenüber den sonstigen Krankenhäusern.[88]

In einem gewissen Spannungsverhältnis zu dem Vorrang der Plankrankenhäuser steht es, wenn das 78
BSG dem **Krankenhausplan keine Bindungs- oder Tatbestandswirkung** für die Entscheidung über den Versorgungsvertrag zuspricht.[89] Doch lässt sich beides sehr wohl vereinbaren. Denn durch den Vorrang der Hochschulkliniken und Plankrankenhäuser ist den Krankenkassen (-Verbänden) eine eigenständige Bedarfsprüfung nicht verwehrt, wie dies bei einer Bindungs- oder Tatbestandswirkung des Krankenhausplanes der Fall wäre. Vielmehr haben die Krankenkassen (-Verbände) lediglich im Rahmen der ihnen obliegenden Bedarfsprüfung die Bedarfsdeckung durch die bereits zugelassenen Krankenhäuser zu berücksichtigen.

Keine Beachtung durch das BSG hat der Umstand gefunden, dass § 109 Abs. 3 Satz 1 Nr. 2 SGB V 79
insoweit von § 1 Abs. 1 KHG abweicht, als danach das Krankenhaus **zur bedarfsgerechten Versorgung** der Versicherten **erforderlich** sein muss. Es genügt also nicht – wie im Krankenhausrecht –, dass das Krankenhaus abstrakt geeignet ist, den Bedarf zu befriedigen. Vielmehr muss es konkret zur Bedarfsdeckung notwendig sein. Dies ist nicht der Fall, wenn der Bedarf bereits durch andere Krankenhäuser befriedigt ist. Dabei kann es nicht darauf ankommen, ob es sich bei diesen um Hochschulkliniken, Plankrankenhäuser oder Vertragskrankenhäuser handelt. Vielmehr schließt die Bedarfsdeckung durch jedes zugelassene Krankenhaus es aus, dass ein weiteres Krankenhaus für eine bedarfsgerechte Versorgung erforderlich ist.[90]

Was unter dem **Bedarf** zu verstehen ist, dem das Krankenhaus bzw. die Krankenhausbehandlung ge- 80
recht werden soll, ist weder im KHG noch im SGB V definiert. Das BVerwG versteht unter dem Bedarf im Sinne des KHG den tatsächlich auftretenden und zu versorgenden Bedarf und nicht einen mit dem tatsächlichen Bedarf nicht übereinstimmenden erwünschten Bedarf.[91] Es setzt damit den Bedarf mit der tatsächlichen Nachfrage gleich, obwohl zwischen beidem zu unterscheiden ist.[92] Zudem führt die von

[84] BVerwG v. 18.12.1986 - 3 C 67.85 - NJW 1987, 2318, 2320. Vgl. auch BVerfG v. 04.03.2004 - 1 BvR 88/00 - NJW 2004, 1648, 1649. Anders noch BVerwG v. 26.03.1981 - 3 C 134.79 - BVerwGE 62, 86, 104 f.

[85] BSG v. 20.11.1996 - 3 RK 7/96 - SozR 3-2500 § 109 Nr. 3 S. 30; BSG v. 29.05.1996 - 3 RK 26/95 - BSGE 78, 243, 251; BSG v. 29.05.1996 - 3 RK 23/95 - BSGE 78, 233, 241.

[86] BSG v. 26.04.2001 - B 3 KR 18/99 R - BSGE 88, 111, 112 f.; BSG v. 06.08.1998 - B 3 KR 3/98 R - BSGE 82, 261, 264; BSG v. 19.11.1997 - 3 RK 6/96 - BSGE 81, 182, 185; BSG v. 19.11.1997 - 3 RK 21/96 - SozR 3-2500 § 107 Nr. 1 S. 8 f.; BSG 20.11.1996 - 3 RK 7/96 - SozR 3-2500 § 109 Nr. 3 S. 30; BSG v. 29.05.1996 - 3 RK 26/95 - BSGE 78, 243, 251; BSG v. 29.05.1996 - 3 RK 23/95 - BSGE 78, 233, 241.

[87] BSG v. 19.11.1997 - 3 RK 6/96 - BSGE 81, 182, 185; BSG v. 20.11.1996 - 3 RK 7/96 - SozR 3-2500 § 109 Nr. 3 S. 30; BSG v. 29.05.1996 - 3 RK 23/95 - BSGE 78, 233, 241 f.

[88] BSG v. 19.11.1997 - 3 RK 6/96 - BSGE 81, 182, 186.

[89] BSG v. 26.04.2001 - B 3 KR 18/99 R - BSGE 88, 111, 113; BSG v. 20.11.1996 - 3 RK 7/96 - SozR 3-2500 § 109 Nr. 3 S. 32; BSG v. 29.05.1996 - 3 RK 26/95 - BSGE 78, 243, 251 f. Kritisch dazu: *Knispel*, NZS 2006, 120, 121; *Knittel* in: Krauskopf, SozKV, § 109 SGB V Rn. 11b.

[90] Dahingehend auch BSG v. 05.07.2000 - B 3 KR 20/99 R - BSGE 87, 25, 29 f.

[91] BVerwG v. 25.07.1985 - 3 C 25.84 - BVerwGE 72, 38, 47.

[92] Vgl. *Wahl*, Kooperationsstrukturen im Vertragsarztrecht, 2001, S. 264 ff.

ihm anerkannte analytische Berechnungsmethode[93] zu einer Verengung des Bedarfsbegriffs auf den Bedarf an Krankenhausbetten.[94] Das BSG ist dem BVerwG im Wesentlichen gefolgt.[95] Verdeckt wird durch diese Rechtsprechung, dass der medizinische Leistungsbedarf empirisch kaum ermittelbar ist, da er von einer Vielzahl von Faktoren abhängt, die einer exakten Bewertung vielfach nicht zugänglich sind.[96] Deshalb muss der Bedarf normativ bestimmt werden.[97]

81 Gegen die Regelung in § 109 Abs. 3 Satz 1 Nr. 2 SGB V, wonach ein echter Versorgungsvertrag nicht abgeschlossen werden darf, wenn das Krankenhaus für eine bedarfsgerechte Krankenhausbehandlung nicht erforderlich ist, bestehen keine **verfassungsrechtlichen Bedenken**.[98] Allerdings hat das BSG angedeutet, dass die Bedarfsabhängigkeit der Zulassung nach der vollständigen Einführung eines pauschalierenden Vergütungssystems nicht mehr verfassungskonform sein könnte.[99] Es ist dabei davon ausgegangen, dass in der Bedarfszulassung ein Eingriff in die Grundrechte von Krankenhausbetreibern aus Art. 12, Art. 14 und Art. 2 Abs. 1 GG liegt, der durch das Ziel gerechtfertigt werden kann, die begrenzten finanziellen Mittel zur Krankenhausfinanzierung und zur Gewährung der laufenden Versorgung sparsam einzusetzen, was bei Überkapazitäten gefährdet wäre. Das BSG hat dem aber hinzugefügt, dies gelte zumindest so lange noch, wie die Vergütung stationärer Leistungen auf der Basis tagesgleicher Pflegesätze erfolge.[100] In einer späteren Entscheidung hat es vorsichtiger formuliert und es als noch nicht absehbar bezeichnet, ob die Einführung des DRG-Vergütungssystems an dieser Beurteilung etwas ändern wird.[101] Die vom BSG geäußerten Zweifel müssten sich auch gegen die Bedarfsprüfung im Rahmen der Krankenhausplanung richten.[102] Das BVerfG hat bislang nicht zu erkennen gegeben, sich ihnen anzuschließen.[103] Den vom BSG geäußerten Zweifeln liegt die Annahme zugrunde, dass ein pauschalierendes Vergütungssystem eine Überversorgung ausschließt. Der Blick auf die vertragsärztliche Versorgung zeigt, dass dies kaum zu erwarten sein wird. Wenn es bisher im Krankenhausbereich das Phänomen angebotsinduzierter Nachfrage gab, dürfte sich daran durch den Wechsel des Vergütungssystems allein nichts ändern.

d. Gerichtliche Kontrolldichte

82 Das BSG geht davon aus, dass bei Anwendung des § 109 Abs. 3 Satz 1 SGB V **kein** gerichtsfreier **Beurteilungsspielraum** besteht und insbesondere die Feststellung des Bedarfs im Streit um den Abschluss eines Versorgungsvertrages der vollen Überprüfung durch die Gerichte unterliegt.[104] Es folgt insoweit dem BVerwG, das die Kriterien der Bedarfsgerechtigkeit, Leistungsfähigkeit und Kostengünstigkeit in § 1 Abs. 1 KHG für gerichtlich voll überprüfbar hält. Diese mögen zwar inhaltlich unbestimmt sein. Bei ihrer Beurteilung soll aber der zuständigen Landesbehörde weder ein Planungs- noch ein Beurteilungsspielraum zustehen.[105] Vielmehr soll die behördliche Entscheidung vom Gericht erforderlichenfalls mit Hilfe eines Sachverständigen in vollem Umfang nachvollzogen werden.[106] Lediglich soweit Prognosen über die zukünftige Entwicklung der tatsächlichen Verhältnisse anzustellen sind, soll sich das Gericht auf die Nachprüfung beschränken müssen, ob die Behörde von zutreffenden

---

93 Vgl. nur *Thomae*; Krankenhausplanungsrecht, S. 71 f.

94 BVerwG v. 26.03.1981 - 3 C 134.79 - BVerwGE 62, 86, 104 f.; BVerwG v. 3 C 25.84 - BVerwGE 72, 38, 47; BVerwG v. 18.12.1986 - 3 C 67.85 - NJW 1987, 2318, 2320 f.; BVerwG v. 31.05.2000 - 3 B 53.99 - juris Rn. 9.

95 BSG v. 29.05.1996 - 3 RK 23/95 - BSGE 78, 233, 241; BSG v. 29.05.1996 - 3 RK 26/95 - BSGE 78, 243, 250 f.; BSG v. 26.04.2001 - B 3 KR 18/99 R - BSGE 88, 111, 114.

96 *Quaas* in: Quaas/Zuck, Medizinrecht, § 24 Rn. 381.

97 *Thomae*, Krankenhausplanungsrecht, S. 109 f.; *Wahl*, Kooperationsstrukturen im Vertragsarztrecht, S. 267 f.

98 So auch BSG v. 19.11.1997 - 3 RK 6/96 - BSGE 81, 182, 185. Vgl. zum Krankenhausplanungsrecht: BVerfG v. 12.06.1990 - 1 BvR 355/86 - BVerfGE 82, 209, 222 ff.

99 BSG v. 05.07.2000 - B 3 KR 20/99 R - BSGE 87, 25, 28; BSG v. 26.04.2001 - B 3 KR 18/99 R - BSGE 88, 111, 113.

100 BSG v. 05.07.2000 - B 3 KR 20/99 R - BSGE 87, 25, 28.

101 BSG v. 26.04.2001 - B 3 KR 18/99 R - BSGE 88, 111, 113.

102 *Knispel*, NZS 2006, 120, 121.

103 Vgl. BVerfG v. 04.03.2004 - 1 BvR 88/00 - NJW 2004, 1648, 1649.

104 BSG v. 26.04.2001 - B 3 KR 18/99 R - BSGE 88, 111, 113; BSG v. 20.11.1996 - 3 RK 7/96 - SozR 3-2500 § 109 Nr. 3 S. 32; BSG v. 29.05.1996 - 3 RK 26/95 - BSGE 78, 243, 251 f.

105 BVerwG v. 18.12.1986 - 3 C 67.85 - NJW 1987, 2318, 2320; BVerwG v. 14.11.1985 - 3 C 41.84 - USK 85217; BVerwG v. 25.07.1985 - 3 C 25.84 - BVerwGE 72, 38, 50 f.; BVerwG v. 26.03.1981 - 3 C 134.79 - BVerwGE 62, 86, 101 f.

106 BVerwG v. 18.12.1986 - 3 C 67.85 - NJW 1987, 2318, 2320.

Werten, Daten und Zahlen ausgegangen ist und ob sie sich einer wissenschaftlich anerkannten Berechnungsmethode bedient hat.[107] Im Übrigen soll erst bei der Frage, welches von mehreren Krankenhäusern den Zielen der Krankenhausplanung – mithin der Bedarfsgerechtigkeit, Leistungsfähigkeit und Kostengünstigkeit – am besten gerecht wird (§ 8 Abs. 2 Nr. 2 KHG), ein Entscheidungsspielraum bestehen.[108]

Diese Auffassung ist nicht von Bedenken frei.[109] Selbst das BVerfG hat es als naheliegend bezeichnet, dass die Bedarfsbeurteilung **wertende Annahmen voraussetzt** oder jedenfalls für sie Raum lässt.[110] Die Annahme einer uneingeschränkten gerichtlichen Kontrolldichte steht auch in einem Spannungsverhältnis zu dem Beurteilungsspielraum, der den vertragsärztlichen Zulassungsgremien bei der Prüfung und Feststellung des Versorgungsbedarfs seit jeher zugebilligt wird.[111] 83

2. Rechtsnatur der Vertragsablehnung

Das **BSG** sieht in der Ablehnung des Abschlusses eines Versorgungsvertrages durch die Krankenkassen (-Verbände) einen **Verwaltungsakt**. Es hat diese Auffassung unter Geltung der RVO entwickelt[112] und nach Einführung des SGB V weitergeführt.[113] Dabei hat es sich durch die für Versorgungsverträge mit Pflegeeinrichtungen geltende Regelung in § 73 Abs. 2 Satz 2 SGB XI bestätigt gesehen, wonach Klagen gegen die Vertragsablehnung kein Vorverfahren voraussetzen und auch keine aufschiebende Wirkung entfalten.[114] Diese Regelung ist in der Tat nur unter der Annahme sinnvoll, dass die Ablehnung ein Verwaltungsakt ist.[115] Zwingend ist dieser Schluss aber nicht. Denn der Gesetzgeber hat auch in anderen Fällen, in denen kein Verwaltungsakt vorliegt, als zulässige Klageart die Anfechtungsklage vorgesehen.[116] 84

Die Qualifizierung der Vertragsablehnung als Verwaltungsakt hatte ursprünglich die Funktion, sicherzustellen, dass für Streitigkeiten über Versorgungsverträge der Rechtsweg zu den Sozialgerichten eröffnet ist.[117] Es wurden daher Anleihen bei der **Zweistufenlehre** im Zuwendungsrecht gemacht,[118] nach der die Entscheidung darüber, ob eine privatrechtliche Willenserklärung durch die Behörde abzugeben ist, öffentlich-rechtlich durch Verwaltungsakt erfolgt, während der daraufhin geschlossene Vertrag dem Privatrecht zuzuordnen ist.[119] Handelt es sich aber bei den Versorgungsverträgen mit Krankenhäusern um öffentlich-rechtliche Verträge (vgl. Rn. 102), ergibt die Anwendung der Zweistufenlehre keinen Sinn mehr. Das BSG hat sich ohnehin nur an die Zweistufenlehre angelehnt.[120] Denn andernfalls hätte es die Annahme des Vertragsangebotes eines Krankenhausträgers durch die Krankenkassen (-Verbände) erst recht als Verwaltungsakt qualifizieren müssen. Dies hat es aber nicht getan. 85

---

[107] BVerwG v. 25.07.1985 - 3 C 25.84 - BVerwGE 72, 38, 47.

[108] BVerwG v. 18.12.1986 - 3 C 67.85 - NJW 1987, 2318, 2320; BVerwG v. 25.07.1985 - 3 C 25.84 - BVerwGE 72, 38, 51.

[109] *Thomae*, Krankenhausplanungsrecht, S. 106 ff.

[110] BVerfG v. 07.02.1991 - 2 BvL 24/84 - BVerfGE 83, 363, 388.

[111] Vgl. nur BSG v. 19.07.2006 - B 6 KA 14/05 R - SozR 4-2500 § 116 Nr. 3 Rn. 16; BSG v. 30.01.2002 - B 6 KA 12/01 R - SozR 3-2500 § 116 Nr. 24 S. 111; BSG v. 12.09.2001 - B 6 KA 86/00 R - SozR 3-2500 § 116 Nr. 23 102 f.; BSG v. 28.06.2000 - B 6 KA 35/99 R - BSGE 86, 242, 250.

[112] BSG v. 27.01.1981 - 5a/5 RKn 14/79 - BSGE 51, 126, 132; BSG v. 15.01.1986 - 3/8 RK 5/84 - BSGE 59, 258, 260.

[113] BSG v. 29.05.1996 - 3 RK 23/95 - BSGE 78, 233, 235 ff.; BSG v. 29.05.1996 - 3 RK 26/95 - BSGE 78, 243, 246; BSG v. 20.11.1996 - 3 RK 7/96 - SozR 3-2500 § 109 Nr. 3 S. 27; BSG v. 19.11.1997 - 3 RK 6/96 - BSGE 81, 182, 183; BSG v. 19.11.1997 - 3 RK 21/96 - SozR 3-2500 § 107 Nr. 1 S. 3; BSG v. 06.08.1998 - B 3 KR 3/98 R - BSGE 82, 261, 262; BSG v. 05.07.2000 - B 3 KR 20/99 R - BSGE 87, 25, 27; BSG v. 26.04.2001 - B 3 KR 18/99 R - BSGE 88, 111, 112. So auch für den Versorgungsvertrag nach § 111 SGB V: BSG v. 19.11.1997 - 3 RK 1/97 - BSGE 81, 189, 190; BSG v. 23.07.2002 - B 3 KR 63/01 R - BSGE 89, 294, 296.

[114] BSG v. 29.05.1996 - 3 RK 23/95 - BSGE 78, 233, 236.

[115] Vgl. BT-Drs. 12/5262, S. 137 f.

[116] *Engelmann* in: v. Wulffen, SGB X, § 31 Rn. 76 und § 53 Rn. 5. So auch BSG v. 14.6.1995 - 3 RK 20/94 - NZS 1995, 502, 509 f.

[117] BSG v. 27.01.1981 - 5a/5 RKn 14/79 - BSGE 51, 126.

[118] Vgl. BSG v. 27.01.1981 - 5a/5 RKn 14/79 - BSGE 51, 126, 131 f.; BSG v. 29.05.1996 - 3 RK 23/95 - BSGE 78, 233, 235 f.

[119] Vgl. nur *Bonk* in: Stelkens/Bonk/Sachs, VwVfG, § 35 Rn. 69a, § 54 Rn. 47.

[120] Vgl. BSG v. 29.05.1996 - 3 RK 23/95 - BSGE 78, 233, 235 f.

Vielmehr hat es betont, dass in diesem Falle die Rechtsposition des Krankenhauses durch Vertrag und nicht durch Verwaltungsakt geregelt wird.[121] Etwas anderes ließe sich nach dem Recht des SGB V auch nicht mit dem Gesetz vereinbaren. Denn dieses sieht in § 109 Abs. 4 Satz 1 SGB V für die Zulassung von Krankenhäusern ausschließlich den Abschluss eines Versorgungsvertrages vor.

86 Ebenso wenig überzeugt es, wenn das BSG darauf abstellt, dass zwischen den Krankenkassen (-Verbänden) und dem Krankenhausträger ein **Über- und Unterordnungsverhältnis** besteht.[122] Dies müsste dazu führen, dass die Ablehnung jedes öffentlich-rechtlichen Vertrages einen Verwaltungsakt darstellt. Dies nimmt aber auch das BSG nicht an.[123] Sieht das Gesetz vor, dass ein bestimmter Rechtserfolg nur durch den Abschluss eines öffentlich-rechtlichen Vertrages bewirkt werden kann, besteht zwischen den Vertragsparteien ein Gleichordnungsverhältnis. Dem steht die Regelung über den subordinationsrechtlichen Vertrag in § 53 Abs. 1 Satz 2 SGB X nicht entgegen.[124] Vielmehr bestätigt sie das. Denn bei dem Versorgungsvertrag nach § 109 SGB V kann es sich schon daher um keinen subordinationsrechtlichen Vertrag im Sinne des § 53 Abs. 1 Satz 2 SGB X handeln, weil das Gesetz eine Zulassung von Krankenhäusern durch Verwaltungsakt nicht erlaubt, sondern hierfür allein die Vertragsform vorsieht (§ 109 Abs. 4 Satz 1 SGB V).

87 Inzwischen betont das BSG, dass nur die Ablehnung **statusbegründender** Verträge als Verwaltungsakt zu qualifizieren ist.[125] Soweit es dabei annimmt, diese Verträge beruhten, weil in ihnen über die Zulassung zur Versorgung der Versicherten entschieden wird, auf einem Über- und Unterordnungsverhältnis,[126] lässt sich dies nicht damit vereinbaren, dass das Gesetz im Krankenhausbereich für die Zulassung gerade kein einseitiges Handeln vorsieht. Stichhaltiger ist der Hinweis auf das Bedürfnis nach Klarheit und Rechtssicherheit,[127] das gerade bei statusbegründenden Akten von Bedeutung ist und etwa dazu führt, dass weder der Abschluss noch die Genehmigung eines Versorgungsvertrages Rückwirkung entfalten können (vgl. hierzu Rn. 52 ff. und Rn. 93). Die Qualifikation der Vertragsablehnung als Verwaltungsakt bewirkt, dass Rechtsschutz nur fristgebunden erlangt werden kann. Der damit zu erlangende Gewinn an Rechtssicherheit ist jedoch verschwindend gering. Solange man es nicht zulässt, dass die Krankenkassen (-Verbände) ein Vertragsangebot, das der Krankenhausträger unverändert erneut vorlegt, allein unter Berufung auf die Bestandskraft der Vertragsablehnung ablehnen können, bleibt deren Qualifikation als Verwaltungsakt rechtlich folgenlos. Auch bei der Kündigung des Versorgungsvertrages (§ 110 SGB V), die das BSG aus den gleichen Erwägungen als Verwaltungsakt ansieht, halten sich die Folgen in engen Grenzen (vgl. näher hierzu die Kommentierung zu § 110 SGB V Rn. 30).

88 Angesichts dessen stellt die Ablehnung des Vertragsschlusses durch die Krankenkassen (-Verbände) richtigerweise **keinen Verwaltungsakt** dar.[128] Der Dogmatik des öffentlich-rechtlichen Vertrags ist eine derartige Qualifikation ohnehin fremd, weil sich danach die Parteien mit der Wahl der Vertragsform in ein Verhältnis der Gleichordnung begeben.[129] Dies muss erst recht gelten, wenn – wie in § 109 SGB V – der Gesetzgeber den Parteien die Vertragsform vorschreibt.

3. Genehmigung von Vertragsablehnung und -abschluss

a. Zuständigkeit

89 Nach § 109 Abs. 3 Satz 2 SGB V werden Abschluss und Ablehnung des Versorgungsvertrages mit der Genehmigung durch die „zuständigen Landesbehörden" wirksam. Welche Behörden dies sind, ist nach dem Wortlaut des Gesetzes – wie in § 110 Abs. 2 Satz 2 SGB V, aber anders als in § 109 Abs. 1 Sätze 4

---

[121] BSG v. 15.01.1986 - 3/8 RK 5/84 - BSGE 59, 258, 260.

[122] BSG v. 29.05.1996 - 3 RK 23/95 - BSGE 78, 233, 235 f.; BSG v. 06.08.1998 - B 3 KR 3/98 R - BSGE 82, 261, 262 f.

[123] Vgl. nur BSG v. 01.09.2005 - B 3 KR 3/04 R - SozR 4-2500 § 40 Nr. 2 Rn. 6; BSG v. 21.11.2002 - B 3 KR 14/02 R - BSGE 90, 150, 152.

[124] So aber BSG v. 29.05.1996 - 3 RK 23/95 - BSGE 78, 233, 236.

[125] BSG v. 01.09.2005 - B 3 KR 3/04 R - SozR 4-2500 § 40 Nr. 2 Rn. 6.

[126] BSG v. 29.05.1996 - 3 RK 23/95 - BSGE 78, 233, 236.

[127] BSG v. 27.01.1981 - 5a/5 RKn 14/79 - BSGE 51, 126, 132.

[128] So auch *Knispel*, NZS 2006, 120, 122; *Schuler-Harms*, VSSR 2005, 135, 147; *Dörr/Jährling-Rahnefeld*, SGb 2003, 549, 551; *Knittel* in: Krauskopf, SozKV, § 109 SGB V Rn. 6. Anderer Ansicht: *Hess* in: KassKomm, SGB V, § 109 Rn. 2; *Hencke* in: Peters Hdb, § 109 SGB V Rn. 6, 8; *Klückmann* in: Hauck/Noftz, SGB V, K § 109 Rn. 36.

[129] Vgl. nur *Maurer*, Allgemeines Verwaltungsrecht, § 10 Rn. 6, § 14 Rn. 55.

und 5 SGB V – nicht eindeutig. Doch ist auch in § 109 Abs. 3 Satz 2 SGB V mit den „zuständigen Landesbehörden" die für die **Krankenhausplanung zuständige Landesbehörde** gemeint und nicht die für die Krankenkassen (-Verbände) zuständige Aufsichtsbehörde des Landes.[130]

b. Entscheidungsmaßstäbe

Für die Entscheidung über die Genehmigung sieht das Gesetz keine eigenständigen Kriterien vor. Daher sind die Maßstäbe des **§ 109 Abs. 3 Satz 1 SGB V** heranzuziehen.[131] Folglich darf der Abschluss eines Versorgungsvertrages nur dann nicht genehmigt werden, wenn ein Ablehnungsgrund im Sinne des § 109 Abs. 3 Satz 1 SGB V vorliegt, also die Einrichtung entweder kein Krankenhaus im Sinne des § 107 Abs. 1 SGB V ist oder den Erfordernissen einer bedarfsgerechten, leistungsfähigen und wirtschaftlichen Krankenhausbehandlung nicht entspricht. Dagegen darf die Genehmigung nicht aus Gründen der Krankenhausplanung verweigert werden. Denn die Genehmigung wurzelt allein im Krankenversicherungsrecht. Allein nach dessen Maßgaben ist daher über die Genehmigung zu befinden. Deshalb darf eine Genehmigung auch dann nicht versagt werden, wenn beabsichtigt ist, das Krankenhaus in den Krankenhausplan aufzunehmen. 90

c. Wirkung der Genehmigung

Abschluss und Ablehnung eines Versorgungsvertrages werden nach § 109 Abs. 3 Satz 2 SGB V erst mit der Genehmigung durch die zuständige Landesbehörde **wirksam**. Demnach ist ein Vertragskrankenhaus nicht bereits mit dem Abschluss des Versorgungsvertrages zur Versorgung der Versicherten zugelassen. Vielmehr ist der Versorgungsvertrag bis zur Erteilung der Genehmigung schwebend unwirksam und entfaltet bis dahin keinerlei Rechtswirkungen nach außen. 91

Für die Genehmigung genügt entsprechend § 184 Abs. 1 BGB die **nachträgliche Zustimmung**. Hieraus folgt aber noch nicht, dass der Schwebezustand rückwirkend beendet werden kann. Dabei ist zwischen Abschluss und Ablehnung des Versorgungsvertrages zu unterscheiden. 92

Wird der **Abschluss** des Versorgungsvertrages genehmigt, **wirkt** dies **nicht** auf den Zeitpunkt des Vertragsschlusses **zurück**.[132] Dem steht die **statusbegründende Wirkung** des Versorgungsvertrages (vgl. Rn. 100) entgegen. Eine rückwirkender Vertragsschluss ist daher ausgeschlossen (vgl. Rn. 52). Gleiches muss für dessen Genehmigung gelten, da diese Voraussetzung für die Wirksamkeit des Versorgungsvertrages ist und damit ebenfalls statusbegründende Wirkung hat. Die Unzulässigkeit einer Rückwirkung ergibt sich auch aus dem **Naturalleistungsprinzip** in Verbindung mit der Beschränkung der Leistungserbringung auf einen umgrenzten Kreis dafür besonders berechtigter Leistungserbringer (vgl. Rn. 52). Denn daraus folgt, dass zu Beginn einer Behandlung feststehen muss, ob die zu erbringenden Leistungen innerhalb des Naturalleistungssystems durchgeführt werden oder nicht.[133] Ließe man eine Rückwirkung der Genehmigung zu, könnten bis zur Erteilung der zunächst ungewissen Genehmigung Schwebezustände auftreten, die sich mit dem Erfordernis eindeutiger und klarer Rechtsverhältnisse bezüglich des Behandlungsanspruchs bereits bei Beginn der Behandlung nicht in Einklang bringen ließen und sowohl für den Leistungserbringer als auch für den Versicherten mit kaum kalkulierbaren Risiken verbunden wären.[134] 93

Etwas anderes gilt für die **Ablehnung** des Vertragsschlusses. Zwar ist auch hierfür nach § 109 Abs. 3 Satz 2 SGB V die Genehmigung durch die zuständige Landesbehörde Wirksamkeitsvoraussetzung. Da aber nur der Versorgungsvertrag, nicht aber seine Ablehnung statusbegründende Wirkung hat, spricht nichts gegen deren **Rückwirkung**.[135] Dies spielt in der Praxis jedoch keine Rolle. Denn die Rechtsprechung geht davon aus, dass das Genehmigungserfordernis den Rechtsschutz nicht erschweren soll, weshalb Klagen auf Abschluss eines Versorgungsvertrages schon vor der Genehmigung seiner Ablehnung zulässig sind; dabei wird im Falle der rechtskräftigen Verurteilung zum Abschluss eines Versorgungsvertrages deren Genehmigung durch das Endurteil ersetzt.[136] 94

---

[130] BSG v. 29.05.1996 - 3 RK 26/95 - BSGE 78, 243, 247.

[131] *Knispel*, NZS 2006, 120, 122.

[132] BSG v. 21.02.2006 - B 1 KR 22/05 R - GesR 2006, 368, 369.

[133] BSG v. 28.01.1998 - B 6 KA 41/96 R - SozR 3-1500 § 97 Nr. 3 S. 5 f.

[134] BSG v. 21.02.2006 - B 1 KR 22/05 R - GesR 2006, 368, 369 f.

[135] Die Frage der Heilung eines Verfahrensfehlers (§ 41 Abs. 1 Nr. 5, Abs. 2 SGB X) stellt sich nur bei dem Erfordernis einer vorherigen Zustimmung (vgl. zu der Vorgängervorschrift des § 371 Abs. 2 Satz 2 RVO: BSG v. 27.01.1981 - 5a/5 RKn 14/79 - BSGE 51, 126, 132).

[136] BSG v. 29.05.1996 - 3 RK 26/95 - BSGE 78, 243, 246 ff.; BSG v. 20.11.1996 - 3 RK 7/96 - SozR 3-2500 § 109 Nr. 3 S. 27.

d. Rechtsnatur der Genehmigung

95 Die Genehmigung stellt ein bloßes **Verwaltungsinternum** dar, gegen das nicht gesondert gerichtlich vorgegangen werden muss, sofern der Vertragsabschluss durch die Krankenkassen (-Verbände) **abgelehnt** wurde. Denn die fehlende Genehmigung wird im Falle einer rechtskräftigen Verurteilung zum Abschluss eines Versorgungsvertrages durch das Endurteil ersetzt. Aus diesem Grunde ist die für die Krankenhausplanung zuständige Landesbehörde, wenn sie beteiligtenfähig ist, sonst ihr Rechtsträger notwendig beizuladen.[137]

96 Etwas anderes hat aber dann zu gelten, wenn dem **Abschluss** des Versorgungsvertrages die Genehmigung versagt wurde. In diesem Falle, in dem das Wirksamwerden des Versorgungsvertrages allein an der versagten Genehmigung scheitert, ist diese kein bloßes Verwaltungsinternum, sondern als **Verwaltungsakt** zu qualifizieren. Die Vertragsparteien können in diesem Falle nicht gezwungen sein, die Willenserklärungen einzuklagen, die bereits abgegeben wurden, sondern müssen berechtigt sein, die Verpflichtung der Krankenhausplanungsbehörde zu der allein noch fehlenden Genehmigung zu erstreiten.

VI. Bestandsschutz

97 Für **Vertragskrankenhäuser** trifft § 109 Abs. 3 Satz 3 SGB V eine Übergangsregelung. Danach gelten die (Versorgungs-)Verträge, die mit ihnen vor dem 01.01.1989 nach § 371 Abs. 2 RVO geschlossen wurden, weiter; sie können aber unter den Voraussetzungen des § 110 SGB V gekündigt werden. Der Gesetzgeber fordert also weder einen Neuabschluss von Verträgen nach dem Recht des SGB V noch ordnet er die weitere Geltung des Rechts der RVO auf die Altverträge an. Vielmehr gelten die Altverträge weiter, selbst wenn sie den Anforderungen des SGB V nicht entsprechen. Für ihren Fortbestand gilt aber das Recht des SGB V. Soweit die Altverträge mit diesem nicht vereinbar sind, kann ihre Weitergeltung durch Kündigung beseitigt werden.

98 Keinen Bestandsschutz genießen dagegen **vertragslose Krankenhäuser**, d.h. Krankenhäuser, die keinen Vertrag nach § 371 Abs. 2 RVO nachweisen können. Diese sind auf den Neuabschluss eines Versorgungsvertrages nach dem Recht des SGB V verwiesen.[138] Einen fingierten Vertragsschluss wie bei den Vorsorge- und Rehabilitationseinrichtungen (§§ 111 Abs. 3, 111a Abs. 2 SGB V) kennt das Gesetz bei den Krankenhäusern nicht. Dies rührt daher, dass die Krankenhäuser anders als die Vorsorge- und Rehabilitationseinrichtungen bereits durch § 317 RVO in ein Zulassungssystem einbezogen waren.

99 Für die **Hochschulkliniken** und **Plankrankenhäuser** war keine Bestandsschutzregelung erforderlich, weil bei ihnen mit Inkrafttreten des SGB V der Abschluss eines Versorgungsvertrages fingiert wurde (§ 109 Abs. 1 Satz 2 SGB V) und sie dadurch weiterhin zur Versorgung der Versicherten zugelassen waren (§ 109 Abs. 4 Satz 1 SGB V). Dass sie keinen absoluten Bestandsschutz mehr genießen, weil ihnen ihre Zulassung – anders als nach dem Recht der RVO – durch Kündigung (§ 110 SGB V) entzogen werden kann, war vom Gesetzgeber beabsichtigt.[139]

VII. Rechtliche Wirkungen des Versorgungsvertrages

100 Der Versorgungsvertrag bewirkt in erster Linie die **Zulassung** des Krankenhauses zur Versorgung der Versicherten (§ 109 Abs. 4 Satz 1 SGB V) und hat damit **statusbegründende Wirkung** mit vielfältigen Folgen, nämlich umfangreichen Rechten und Pflichten, für das Krankenhaus selbst, die Krankenkassen und die Versicherten.[140] Durch die Zulassung wird das Krankenhaus in das Naturalleistungssystem der gesetzlichen Krankenversicherung einbezogen, das Rechte und Pflichten miteinander verbindet. Dementsprechend ist das Krankenhaus zur Behandlung der Versicherten nicht nur berechtigt, sondern auch verpflichtet (§ 109 Abs. 4 Satz 2 SGB V). Diese Pflicht besteht nur im Rahmen des Versorgungsauftrags, den zu bestimmen Hauptaufgabe des Versorgungsvertrages ist. Der Behandlungspflicht entspricht ein Vergütungsanspruch gegen die jeweilige Krankenkasse. Der Vergütungsanspruch wurzelt ebenfalls in der Zulassung. Die Höhe der Vergütung wird jedoch gesondert vereinbart (§ 109 Abs. 4 Satz 3 SGB V), ist also selbst nicht Gegenstand des Versorgungsvertrages.

---

[137] BSG v. 29.05.1996 - 3 RK 26/95 - BSGE 78, 243, 247 f.

[138] *Quaas*, Der Versorgungsvertrag nach dem SGB V mit Krankenhäusern und Rehabilitationseinrichtungen, Rn. 35.

[139] BT-Drs. 11/2237, S. 198 f.; BT-Drs. 11/2493, S. 64.

[140] Vgl. BSG v. 05.07.2000 - B 3 KR 20/99 R - BSGE 87, 25, 27; BSG v. 19.11.1997 - 3 RK 1/97 - BSGE 81, 189, 192; BSG v. 29.05.1996 - 3 RK 26/95 - BSGE 78, 243, 248 f.; BSG v. 29.05.1996 - 3 RK 23/95 - BSGE 78, 233, 235 f.; BSG v. 27.01.1981 - 5a/5 RKn 14/79 - BSGE 51, 126, 131. Vgl. auch BT-Drs. 11/2237, S. 197 f.

Die Zulassung erfordert aufgrund ihrer statusbegründenden Wirkung das Bestehen **eindeutiger und klarer Rechtsverhältnisse**. Aus diesem Grunde kommt ein rückwirkender Abschluss (vgl. Rn. 52) oder eine rückwirkende Genehmigung (vgl. Rn. 93) des Versorgungsvertrages nicht in Betracht. 101

Der Versorgungsvertrag ist ein **öffentlich-rechtlicher Vertrag**. Dies war bereits unter der Geltung der RVO angenommen worden[141] und seither nicht wieder in Frage gestellt worden.[142] Dass der Versorgungsvertrag mit Krankenhäusern durch Vorschriften des öffentlichen Rechts geprägt ist, kann angesichts der darüber in den §§ 107 ff. SGB V enthaltenen Regelungen nicht in Abrede gestellt werden. Die Neufassung des § 69 SGB V durch das GKV-RefG 2000[143] bestätigt daher insoweit nur die bereits zuvor bestehende Rechtslage. 102

1. Zulassung zur Krankenhausbehandlung

Allein durch einen Versorgungsvertrag wird nach § 109 Abs. 4 Satz 1 SGB V die Zulassung zur Krankenhausbehandlung der Versicherten bewirkt. Dies gilt nicht nur für die echten Versorgungsverträge mit den **Vertragskrankenhäusern**, sondern auch für die fingierten Versorgungsverträge mit **Hochschulkliniken** und **Plankrankenhäusern**. Denn der Verweis auf den „Versorgungsvertrag nach Absatz 1" bezieht sich auf alle in § 109 Abs. 1 SGB V erwähnten Arten von Versorgungsverträgen und somit nicht nur auf die echten Versorgungsverträge mit Vertragskrankenhäusern (§ 109 Abs. 1 Satz 1 SGB V), sondern auch auf die fingierten Versorgungsverträge mit Hochschulkliniken und Plankrankenhäusern (§ 109 Abs. 1 Satz 2 SGB V). Bei all diesen Krankenhäusern beruht die Zulassung zur Krankenhausbehandlung der Versicherten ausschließlich auf einem Versorgungsvertrag. 103

Die Zulassung besteht nach § 109 Abs. 4 Satz 1 SGB V nur für die **Dauer** des Versorgungsvertrages. Bei **Vertragskrankenhäusern** kann die Dauer – sofern sie nicht von vornherein befristet war – nur durch Kündigung (§ 110 SGB V) beendet werden. Bei **Plankrankenhäusern** endet die Zulassung in dem Zeitpunkt, in dem das Krankenhaus aus dem Krankenhausplan ausgeschieden und dies durch einen Bescheid nach § 8 Abs. 1 Satz 3 KHG festgestellt ist; denn damit endet auch der gemäß § 109 Abs. 1 Satz 2 SGB V fingierte Versorgungsvertrag. Entsprechendes gilt für die **Hochschulkliniken**. Der fingierte Versorgungsvertrag mit Plankrankenhäusern und Hochschulkliniken kann aber auch nach § 110 SGB V gekündigt werden. Mit Wirksamwerden dieser Kündigung sind diese Krankenhäuser nach § 109 Abs. 4 Satz 1 SGB V nicht mehr zur Krankenhausbehandlung der Versicherten zugelassen. 104

Der Zulassungsstatus ist nach § 109 Abs. 4 Satz 1 SGB V von seinem **Umfang** her auf die Krankenhausbehandlung der Versicherten beschränkt. Darunter ist die Krankenhausbehandlung im Sinne des § 39 SGB V zu verstehen; einen eigenständigen leistungserbringerrechtlichen Begriff der Krankenhausbehandlung kennt das Gesetz nicht (vgl. hierzu die Kommentierung zu § 107 SGB V Rn. 15). Zur Krankenhausbehandlung zählt nach § 39 Abs. 1 Satz 1 SGB V nicht nur die voll- und teilstationäre, sondern die vor- und nachstationäre sowie ambulante Behandlung im Krankenhaus (vgl. hierzu näher die Kommentierung zu § 39 SGB V Rn. 32 ff.). Für diese ambulanten **Versorgungsformen** sind teilweise gesonderte Berechtigungen erforderlich. Während die vor- und nachstationäre Behandlung (§ 115a SGB V) eine gesonderte Berechtigung nicht erfordert und die Zulassung zum ambulanten Operieren durch eine einseitige Erklärung des Krankenhauses zustande kommt (§ 115b Abs. 2 SGB V), setzt die ambulante Behandlung im Rahmen strukturierter Behandlungsprogramme (§ 116b Abs. 1 SGB V) oder im Rahmen der integrierten Versorgung (§§ 140a ff. SGB V) den Abschluss gesonderter Verträge und die ambulante Behandlung bei hochspezialisierten Leistungen bzw. Erkrankungen die Bestimmung durch die Krankenhausplanungsbehörde (§ 116b Abs. 2 SGB V) voraus. Weiter wird der Zulassungsstatus durch den **Versorgungsauftrag** (vgl. Rn. 108) gegenständlich beschränkt. 105

2. Behandlungspflicht und Versorgungsauftrag

§ 109 Abs. 4 Satz 2 SGB V stellt klar, dass die Zulassung das Krankenhaus zur Krankenhausbehandlung der Versicherten nicht nur berechtigt, sondern auch verpflichtet. Denn nur unter dieser Voraussetzung kommen die Krankenkassen ihrer aus dem Naturalleistungsprinzip (§ 2 Abs. 2 SGB V) folgenden 106

[141] BSG v. 27.01.1981 - 5a/5 RKn 14/79 - BSGE 51, 126, 129 ff.

[142] BSG v. 29.05.1996 - 3 RK 23/95 - BSGE 78, 233, 235 f.; BSG v. 29.05.1996 - 3 RK 26/95 - BSGE 78, 243, 248 f.; BSG v. 21.08.1996 - 3 RK 2/96 - SozR 3-2500 § 39 Nr. 4 S. 15; BSG v. 19.11.1997 - 3 RK 1/97 - BSGE 81, 189, 192; BSG v. 05.07.2000 - B 3 KR 20/99 R - BSGE 87, 25, 30; BSG v. 12.05.2005 - B 3 KR 32/04 R - SozR 4-2500 § 69 Nr. 1 Rn. 17.

[143] Zum Zweck dieser Neuregelung näher: BSG v. 22.07.2004 - B 3 KR 21/03 R - BSGE 93, 137 Rn. 12 ff.; BSG v. 25.09.2001 - B 3 KR 3/01 R - BSGE 89, 24, 30 ff.

Pflicht nach, die Versorgung ihrer Versicherten mit Krankenhausleistungen (§ 39 SGB V) durch den Abschluss von Versorgungsverträgen mit Krankenhausträgern sicherzustellen. Weil die Behandlungspflicht im Naturalleistungsprinzip wurzelt, hat sie auch im Rahmen des **Naturalleistungssystems** zu erfolgen. Zugelassene Krankenhäuser sind daher nicht berechtigt, Versicherte stattdessen privat zu behandeln.

107 Die **Krankenhausbehandlung**, zu der nach § 109 Abs. 4 Satz 2 SGB V die zugelassenen Krankenhäuser verpflichtet sind, ist, wie der Klammerzusatz zeigt, **im Sinne des § 39 SGB V** zu verstehen. Einen davon abweichenden eigenständigen Begriff der Krankenhausbehandlung kennt das Leistungserbringerrecht ohnehin nicht (vgl. die Kommentierung zu § 107 SGB V Rn. 15). Er ließe sich auch nicht mit der dienenden Funktion des Leistungserbringerrechts – nämlich die Erfüllung der Leistungsansprüche der Versicherten sicherzustellen – vereinbaren. Das zugelassene Krankenhaus muss demgemäß bei der Leistungserbringung alle Anforderungen erfüllen, die das Leistungsrecht an die Krankenhausbehandlung stellt. Wird die Krankenhausbehandlung voll- oder teilstationär erbracht, muss dies erforderlich sein, weil das Behandlungsziel nicht auf andere Weise erreicht werden kann (§ 39 Abs. 1 Satz 2 SGB V – vgl. näher hierzu die Kommentierung zu § 39 SGB V Rn. 47 ff.). Daneben hat das zugelassene Krankenhaus auch das Leistungserbringerrecht zu beachten. Insbesondere darf es Leistungen nur im Rahmen seines Zulassungsstatus (vgl. Rn. 105) erbringen, wie der Hinweis auf den Versorgungsauftrag sowohl in § 109 Abs. 4 Satz 2 SGB V als auch in § 39 Abs. 1 Satz 3 SGB V deutlich macht.

108 Die Pflicht zur Krankenhausbehandlung besteht nach § 109 Abs. 4 Satz 2 SGB V nur **im Rahmen des Versorgungsauftrages** des Krankenhauses. Auch das Recht zur Krankenhausbehandlung besteht nur in diesem Rahmen, da der Zulassungsstatus des Krankenhauses auf diesen Rahmen beschränkt ist (vgl. Rn. 105).

109 Eine **Legaldefinition** des Versorgungsauftrages enthält das Krankenversicherungsrecht – anders als das Pflegeversicherungsrecht (§ 72 Abs. 1 Satz 2 SGB XI) – **nicht**.

110 Auch die **Gesetzesmaterialien** sind wenig hilfreich, obwohl es über den Begriff des Versorgungsauftrages eine Kontroverse zwischen Bundesregierung und Bundesrat gegeben hatte. Im Entwurf zum GRG war der Versorgungsauftrag dahingehend umschrieben worden, dass er Aufgabenstellung und Leistungsfähigkeit umfasse.[144] Der Bundesrat hatte dafür plädiert, anstelle des Begriffes „Versorgungsauftrag“ den Begriff „Aufgabenstellung“ zu verwenden. Denn der Begriff „Versorgungsauftrag“ sei im Hinblick auf einzelne konkrete Leistungen der Diagnostik und Therapie nicht ausreichend bestimmbar. Dagegen verhindere der Begriff „Aufgabenstellung“ mit einer klarstellenden Beschreibung einer notwendigen Leistungsbegrenzung eine nicht gewünschte und unwirtschaftliche Leistungserbringung wirksamer.[145] Dem entgegnete die Bundesregierung, der Versorgungsauftrag erfasse nicht nur die Aufgabenstellung, sondern auch die für die Patientenversorgung erforderliche Leistungsfähigkeit des Krankenhauses. Der Begriff „Versorgungsauftrag“ setze durch seinen Bezug auf die Versorgung der Versicherten eine leistungsfähige und zugleich wirtschaftliche Krankenhausbehandlung voraus.[146] Interessanterweise blieb bei dieser Kontroverse der eigentliche semantische Unterschied zwischen Versorgungsauftrag und Aufgabenstellung unerwähnt: Während ein Auftrag von einem anderen gesetzt wird, kann man sich eine Aufgabe auch selbst stellen. Angesichts dessen ist durch die Verwendung des Begriffes „Versorgungsauftrag“ **ausgeschlossen**, dass es das **Krankenhaus selbst** ist, das über seine Aufgaben und damit über den Umfang seiner Zulassung zur Versorgung der Versicherten **bestimmt**. Der Auftraggeber, den der Begriff „Versorgungsauftrag“ voraussetzt, können aus der Sicht des Krankenversicherungsrechts nur die Krankenkassen sein. Allerdings gesteht auch ihnen das Gesetz kein eigenständiges Bestimmungsrecht zu, da wesentlicher Inhalt des (echten) Versorgungsvertrages die Festlegung des Versorgungsauftrages ist.

111 Aus den **gesetzlichen Bestimmungen**, die den Begriff „Versorgungsauftrag“ verwenden, lässt sich entnehmen, dass der Versorgungsauftrag Rückschlüsse darauf zulassen muss, welche medizinischen Leistungen ein Krankenhaus erbringen darf und muss (§§ 39 Abs. 1 Satz 3, 109 Abs. 4 Satz 2 SGB V) sowie über welche diagnostischen und therapeutischen Möglichkeiten es zu verfügen hat (§ 107 Abs. 1 Nr. 2 SGB V). Ferner ergibt sich aus der Regelung in § 109 Abs. 4 und 5 SGB V, dass der Versorgungsauftrag sowohl die Leistungskapazität (Bettenzahl) als auch die Leistungsstruktur umfasst.

---

[144] BT-Drs. 11/2237, S. 198.

[145] BT-Drs. 11/2493, S. 28 zu Nr. 91.

[146] BT-Drs. 11/2493, S. 63 zu Nr. 91.

Vor diesem Hintergrund ist unter Versorgungsauftrag die Festlegung von **Art, Inhalt und Umfang der Leistungen** zu verstehen, die das Krankenhaus während der Dauer seiner Zulassung für die Versicherten zu erbringen hat. Dies entspricht der gesetzlichen Wertung in § 72 Abs. 1 Satz 2 SGB XI. Dabei ist in Anlehnung an § 76 Abs. 1 Satz 1 SGB XII davon auszugehen, dass zu den wesentlichen Leistungsmerkmalen nicht nur Art, Ziel und Qualität der Leistungen zählen, sondern auch die **erforderliche sächliche und personelle Ausstattung**, die Qualifikation des Personals und die betriebsnotwendigen Anlagen der Einrichtung. 112

Für die Zwecke der Krankenhausvergütung bestimmen **§ 8 Abs. 1 Satz 4 KHEntgG**, **§ 4 BPflV**, dass sich der Versorgungsauftrag des Krankenhauses bei Plankrankenhäusern aus den Festlegungen des Krankenhausplans i.V.m. den Bescheiden zu seiner Durchführung sowie ergänzenden Vereinbarungen nach § 109 Abs. 1 Satz 4 SGB V, bei Hochschulkliniken aus der Anerkennung nach den landesrechtlichen Vorschriften, dem Krankenhausplan sowie ergänzenden Vereinbarungen nach § 109 Abs. 1 Satz 4 SGB V und bei Vertragskrankenhäusern aus dem Versorgungsvertrag nach § 109 SGB V ergibt. Diese Bestimmungen sind zwar im Krankenversicherungsrecht nicht unmittelbar anwendbar, entsprechen aber im Wesentlichen dem, was sich aus dem SGB V ergibt. Danach ist die Festlegung des Versorgungsauftrages wesentlicher Inhalt des Versorgungsvertrages. Dies ist aber nur bei den echten Versorgungsverträgen möglich (§ 109 Abs. 1 Satz 1 SGB V). Da der Abschluss eines Versorgungsvertrages bei den Hochschulkliniken und Plankrankenhäusern fingiert wird (§ 109 Abs. 1 Satz 2 SGB V), kann sich bei ihnen der Versorgungsauftrag nur aus den Rechtsakten ergeben, die diese Fiktion auslösen; dieser Versorgungsauftrag kann nach Maßgabe des § 109 Abs. 1 Sätze 4 und 5 SGB V modifiziert oder konkretisiert werden. 113

Die **Festlegungen des Krankenhausplanes**, denen angesichts der Dominanz der Plankrankenhäuser (vgl. die Kommentierung zu § 108 SGB V Rn. 7) in der Praxis die größte Bedeutung zukommt, sind allerdings in der Regel **zu wenig aussagekräftig**, um den genauen Inhalt des Versorgungsauftrags des Krankenhauses zu bestimmen. Denn sie beschränken sich regelmäßig darauf, den Standort, die Bettenzahl und Fachabteilungsgliederung sowie die Versorgungsstufe des Krankenhauses auszuweisen. Weitere Rückschlüsse auf die Leistungsstruktur und das Leistungsangebot des Krankenhauses lassen sie nicht zu.[147] Dieses Problem wird sich bei einem Übergang zu einer Rahmenplanung noch verschärfen, da dann der Versorgungsauftrag im Krankenhausplan nur noch ungefähr umrissen wird. Abhilfe können die plankonkretisierenden Vereinbarungen nach § 109 Abs. 1 Satz 5 SGB V nicht schaffen. Zwar war mit ihrer Einführung bezweckt gewesen, eine Konkretisierung des Versorgungsauftrags zu erreichen.[148] Doch setzen diese Vereinbarungen eine freiwillige Einigung voraus, da trotz Pflicht zum Vertragsschluss für das Scheitern der Verhandlungen keine Konfliktlösung (vgl. Rn. 48) vorgesehen ist. Auch durch eine Pflegesatzvereinbarung ist eine Konkretisierung nicht erreichbar, obwohl § 17 Abs. 6 Satz 1 BPflV den Pflegesatzparteien auferlegt, wesentliche Fragen zum Versorgungsauftrag gemeinsam vorzuklären.[149] Denn auch die Umsetzung dieser Pflicht – die im Rahmen des DRG-Vergütungssystems ohnehin nicht gilt – ist in keiner Weise sanktioniert.[150] Dies führt in der Praxis zu dem Ergebnis, dass die Plankrankenhäuser und Hochschulkliniken ihren Versorgungsauftrag in erheblichem Umfang selbst bestimmen können. 114

3. Vergütungsanspruch

§ 109 Abs. 4 Satz 3 SGB V betrifft von seinem unmittelbaren Regelungsgehalt her nur einen kleinen Ausschnitt der Vergütung zugelassener Krankenhäuser. Die Vorschrift besagt zunächst, dass die **Vergütungen** für die von den zugelassenen Krankenhäusern erbrachten Leistungen **getrennt** vom Versorgungsvertrag zu verhandeln und zu **vereinbaren** sind. Die Höhe der Vergütungen ist daher nicht Teil der Zulassungsentscheidung.[151] Ist die Vergütung außerhalb des Versorgungsvertrages zu regeln, besteht auch nicht – wie nach § 109 Abs. 1 Satz 1 SGB V – eine Pflicht der Krankenkassen zum gemeinsamen und einheitlichen Vorgehen; vielmehr müsste die Vergütung grundsätzlich mit den einzelnen Krankenkassen vereinbart werden. 115

[147] *Quaas* in: Quaas/Zuck, Medizinrecht, § 23 Rn. 75 ff.; *Quaas*, MedR 1995, 54, 58.
[148] BT-Drs. 12/3608, S. 101.
[149] BSG v. 24.07.2003 - B 3 KR 28/02 R - SozR 4-5565 § 14 Nr. 3 Rn. 14 f.
[150] Vgl. *Quaas*, MedR 1995, 54, 59.
[151] Vgl. BSG v. 23.07.2002 - B 3 KR 63/01 R - BSGE 89, 294, 305.

116 Für die Regelung der Vergütung verweist § 109 Abs. 4 Satz 3 SGB V auf das **Krankenhausfinanzierungsrecht**, indem es die Krankenkassen verpflichtet, Pflegesatzverhandlungen nach Maßgabe von KHG, KHEntgG und BPflV zu führen. Dabei stimmt seit Einführung des diagnose-orientierten (DRG-)Fallpauschalensystems[152] der Begriff der Pflegesatzverhandlungen in § 109 Abs. 4 Satz 3 SGB V nicht mehr mit demjenigen des Krankenhausfinanzierungsrechts überein, das diesen nicht für das DRG-Vergütungssystem verwendet. Der Verweis auf das KHEntgG in § 109 Abs. 4 Satz 3 SGB V macht jedoch deutlich, dass davon auch die Verhandlungen im Rahmen dieses pauschalierenden Entgeltsystems erfasst sein sollen.

117 Das Krankenhausfinanzierungsrecht regelt nur die Vergütung der **stationären und teilstationären Leistungen** eines Krankenhauses (§ 1 Abs. 1 KHEntgG, § 1 Abs. 1 BPflV). Für die Vergütung ambulanter Krankenhausbehandlungen enthält das Krankenversicherungsrecht eigenständige Regelungen (§§ 115a Abs. 3, 115b Abs. 1 Satz 1 Nr. 2, 116 Abs. 5 SGB V).

118 Die Pflegesatzvorschriften des Krankenhausfinanzierungsrechts sind **nicht auf alle zugelassenen Krankenhäuser anwendbar** (§§ 3, 20 Satz 1 KHG, § 1 Abs. 2 KHEntgG, § 1 Abs. 2 BPflV). Diese Vorschriften gelten zwar für Plankrankenhäuser und Hochschulkliniken, nicht aber für alle Vertragskrankenhäuser. Allerdings dürfen die von den Pflegesatzvorschriften nicht erfassten Krankenhäuser von den Krankenkassen keine höheren Pflegesätze fordern, als bei öffentlich geförderten Krankenhäusern zu entrichten wären (§§ 17 Abs. 5, 20 Satz 2 KHG).

a. Rechtsgrundlage des Vergütungsanspruchs

119 Das BSG erblickt die Rechtsgrundlage des Vergütungsanspruchs eines zugelassenen Krankenhauses in **§ 109 Abs. 4 Satz 3 SGB V** i.V.m. der jeweiligen Pflegesatzvereinbarung. Der Behandlungspflicht der zugelassenen Krankenhäuser nach § 109 Abs. 4 Satz 2 SGB V steht ein Vergütungsanspruch gegenüber, der nach Maßgabe des KHG, des KHEntgG und der BPflV festgelegt wird.[153]

120 Soweit in der Rechtsprechung neben der Pflegesatzvereinbarung auch der **Sicherstellungsvertrag** nach § 112 Abs. 2 SGB V als Rechtsgrundlage des Vergütungsanspruchs bezeichnet wird,[154] bedeutet dies nicht, dass der Vergütungsanspruch von dem Bestehen eines solchen Vertrages abhängt. Entscheidend ist nicht, dass in einem Bundesland überhaupt ein Vertrag auf der Grundlage von § 112 Abs. 2 SGB V abgeschlossen worden ist. Ist dies aber der Fall und regelt ein solcher Vertrag die Voraussetzungen und Modalitäten der Zahlungspflichten der Krankenkassen (vgl. § 112 Abs. 2 Nr. 1 lit. b SGB V), dann wirken diese Regelungen auf den Vergütungsanspruch der Krankenhäuser ein. Fehlt ein solcher Sicherstellungsvertrag gänzlich oder enthält dieser keine Regelungen über die Zahlungspflichten der Krankenkassen, ist allein auf die einschlägige Pflegesatzvereinbarung zurückzugreifen.[155]

121 Der Vergütungsanspruch lässt sich dem Grunde nach aus der **Pflegesatzvereinbarung** ebenfalls nicht ableiten. Denn das Krankenhausfinanzierungsrecht, in dem die Pflegesatzvereinbarungen ihre Grundlage haben (§§ 16, 17, 18 KHG; §§ 17, 18 BPflV), regelt als Preisrecht nur die Höhe der Entgelte, nicht aber den Rechtsgrund für die Pflicht, die Entgelte auch zahlen zu müssen. Rechtsgrundlage des Vergütungsanspruchs eines zugelassenen Krankenhauses ist die Pflegesatzvereinbarung daher nur insoweit, als darin die Höhe des Anspruchs festgelegt wird. Dies gilt auch für das **DRG-Vergütungssystem**

---

152 Durch das FPG vom 23.04.2002 (BGBl I 2002, 1412). Näher dazu *Tuschen/Treftz*, KHEntgG 2004, S. 103 ff.

153 BSG v. 28.02.2007 - B 3 KR 17/06 R - SozR 4-2500 § 39 Nr. 8 Rn. 11; BSG v. 28.09.2006 - B 3 KR 23/05 R - SozR 4-2500 § 112 Nr. 6 Rn. 12; BSG v. 12.05.2005 - B 3 KR 18/04 R - SozR 4-5565 § 14 Nr. 8 Rn. 6; BSG v. 17.03.2005 - B 3 KR 11/04 R - SozR 4-2500 § 39 Nr. 5 Rn. 6; BSG v. 22.07.2004 - B 3 KR 21/03 R - BSGE 93, 137 Rn. 6; BSG v. 13.05.2004 - B 3 KR 18/03 R - BSGE 92, 300 Rn. 7; BSG v. 24.07.2003 - B 3 KR 28/02 R - SozR 4-5565 § 14 Nr. 3 Rn. 6; BSG v. 28.05.2003 - B 3 KR 10/02 R - SozR 4-2500 § 109 Nr. 1 Rn. 7.

154 So BSG v. 28.02.2007 - B 3 KR 17/06 R - SozR 4-2500 § 39 Nr. 8 Rn. 11; BSG v. 28.09.2006 - B 3 KR 23/05 R - SozR 4-2500 § 112 Nr. 6 Rn. 12; BSG v. 12.05.2005 - B 3 KR 32/04 R - SozR 4-2500 § 69 Nr. 1 Rn. 6; BSG v. 20.01.2005 - B 3 KR 9/03 R - BSGE 94, 139 Rn. 9; BSG v. 22.07.2004 - B 3 KR 21/03 R - BSGE 93, 137 Rn. 6; BSG v. 12.11.2003 - B 3 KR 1/03 R - SozR 4-2500 § 112 Nr. 2 Rn. 7; BSG v. 24.09.2003 - B 8 KN 7/02 KR R - SozR 4-5565 § 14 Nr. 6 Rn. 6; BSG v. 24.07.2003 - B 3 KR 28/02 R - SozR 4-5565 § 14 Nr. 3 Rn. 6; BSG v. 23.07.2002 - B 3 KR 64/01 R - BSGE 90, 1, 2; BSG v. 11.04.2002 - B 3 KR 24/01 R - SozR 3-2500 § 109 Nr. 9 S. 59; BSG v. 13.12.2001 - B 3 KR 11/01 R - BSGE 89, 104, 105; BSG v. 17.05.2000 - B 3 KR 33/99 R - BSGE 86, 166, 168.

155 BSG v. 13.05.2004 - B 3 KR 18/03 R - BSGE 92, 300 Rn. 8; BSG v. 28.05.2003 - B 3 KR 10/02 R - SozR 4-2500 § 109 Nr. 1 Rn. 7 f.

(§ 17b KHG, §§ 1 ff. KHEntgG). Pflegesatzvereinbarungen zwischen Krankenkassen und Krankenhaus sieht das Krankenhausfinanzierungsrecht nur vor, soweit dieses pauschalierende Entgeltsystem noch nicht anzuwenden ist (vgl. § 1 Abs. 1 BPflV). Für die Vereinbarungen, die innerhalb des DRG-Vergütungssystems zu schließen sind, vermeidet das Gesetz den Begriff der Pflegesatzvereinbarung (vgl. §§ 9 ff. KHEntgG). Vergütungsverhandlungen auf krankenhausindividueller Ebene, wie sie § 109 Abs. 4 Satz 3 SGB V im Auge hat, betreffen in diesem pauschalierenden Entgeltsystem nur Einzelfragen (vgl. § 11 KHEntgG).

122 Der Rechtsgrund dafür, dass eine Krankenkasse im Verhältnis zum Träger eines zugelassenen Krankenhauses Schuldnerin eines Vergütungsanspruches ist, kann daher nur der **Versorgungsvertrag** sein.[156] Denn dieser ist Grundlage der rechtlichen Beziehungen zwischen Krankenkassen und zugelassenem Krankenhaus. § 109 Abs. 4 Satz 3 SGB V besagt nicht, dass die Krankenkassen verpflichtet sind, die Krankenhausbehandlung der Versicherten zu vergüten, sondern setzt diese Vergütungspflicht als selbstverständlich voraus.[157] Die Vergütungspflicht der Krankenkasse steht – wie das BSG zu Recht betont – in einem Gegenseitigkeitsverhältnis zu der Behandlungspflicht des Krankenhauses.[158] Beide Pflichten haben ihre Grundlage in dem Versorgungsvertrag, durch den das Krankenhaus zur Versorgung der Versicherten zugelassen wird. Dem steht nicht entgegen, dass § 109 Abs. 4 Satz 3 SGB V die Festlegung der Krankenhausentgelte gesonderten Vereinbarungen vorbehält; denn dies betrifft allein die Höhe der Vergütung, nicht aber deren Rechtsgrund.

123 Der Vergütungsanspruch des Krankenhauses gegen die Krankenkasse gründet damit im Krankenversicherungsrecht. Es entspricht dem **Naturalleistungsprinzip** (§ 2 Abs. 2 SGB V), dass die Vergütung der Sach- und Dienstleistungen, auf die die Versicherten Anspruch haben, unmittelbar durch die Krankenkasse erfolgt. Da die Krankenkassen auch die Krankenhausbehandlung als Naturalleistung schulden, ist die Auffassung überholt, dass der Vergütungsanspruch einen auf das Krankenhaus übergegangenen Kostenerstattungsanspruch des Versicherten darstellt.[159] Diese früher einmal vom BSG verwandte Konstruktion diente allein dazu, für Streitigkeiten über Vergütungsansprüche von Krankenhäusern den Rechtsweg zu den Sozialgerichten zu begründen. Nachdem der BGH dies akzeptiert hatte,[160] hat das BSG die Konstruktion wieder aufgegeben.[161] Seither betont das BSG, dass der Vergütungsanspruch unmittelbar mit der Inanspruchnahme der Krankenhausbehandlung entsteht.[162] Dementsprechend ist eine zusätzliche vertragliche Vereinbarung nicht erforderlich.[163] Der Vergütungsanspruch beruht daher auch nicht auf einem Behandlungsvertrag, der anlässlich der Aufnahme des Versicherten ge-

---

[156] Vgl. BSG v. 28.02.2007 - B 3 KR 12/06 R - SozR 4-2500 § 276 Nr. 1 Rn. 15.

[157] BSG v. 28.02.2007 - B 3 KR 15/06 R - SozR 4-2500 § 39 Nr. 7 Rn. 10; BSG v. 11.04.2002 - B 3 KR 24/01 R - SozR 3-2500 § 109 Nr. 9 S. 59; BSG v. 17.05.2000 - B 3 KR 33/99 R - BSGE 86, 166, 168. Dagegen sieht BSG v. 12.05.2005 - B 3 KR 32/04 R - SozR 4-2500 § 69 Nr. 1 Rn. 10 in § 109 Abs. 4 SGB V die Anspruchsgrundlage für die Vergütungsforderung.

[158] BSG v. 28.02.2007 - B 3 KR 17/06 R - SozR 4-2500 § 39 Nr. 8 Rn. 11; BSG v. 28.09.2006 - B 3 KR 23/05 R - SozR 4-2500 § 112 Nr. 6 Rn. 12; BSG v. 12.05.2005 - B 3 KR 18/04 R - SozR 4-5565 § 14 Nr. 8 Rn. 6; BSG v. 17.03.2005 - B 3 KR 11/04 R - SozR 4-2500 § 39 Nr. 5 Rn. 6; BSG v. 22.07.2004 - B 3 KR 21/03 R - BSGE 93, 137 Rn. 6; BSG v. 13.05.2004 - B 3 KR 18/03 R - BSGE 92, 300 Rn. 9; BSG v. 04.03.2004 - B 3 KR 4/03 R - BSGE 92, 223 Rn. 10; BSG v. 12.11.2003 - B 3 KR 1/03 R - SozR 4-2500 § 112 Nr. 2 Rn. 7; BSG v. 24.09.2003 - B 8 KN 7/02 KR R - SozR 4-5565 § 14 Nr. 6 Rn. 6; BSG v. 24.07.2003 - B 3 KR 28/02 R - SozR 4-5565 § 14 Nr. 3 Rn. 6; BSG v. 28.05.2003 - B 3 KR 10/02 R - SozR 4-2500 § 109 Nr. 1 Rn. 7; BSG v. 23.07.2002 - B 3 KR 64/01 R - BSGE 90, 1, 2; BSG v. 13.12.2001 - B 3 KR 11/01 R - BSGE 89, 104, 105.

[159] So noch BSG v. 20.01.1982 - 8/8a RK 13/80 - BSGE 53, 62, 64 f.

[160] BGH v. 10.01.1984 - VI ZR 297/81 - BGHZ 89, 250, 252 ff.

[161] BSG v. 21.11.1991 - 3 RK 32/89 - BSGE 70, 20, 22 f.

[162] BSG v. 21.11.1991 - 3 RK 32/89 - BSGE 70, 20, 22; BSG v. 21.08.1996 - 3 RK 2/96 - SozR 3-2500 § 39 Nr. 4 S. 19; BSG v. 17.05.2000 - B 3 KR 33/99 R - BSGE 86, 166, 168; BSG v. 13.12.2001 - B 3 KR 11/01 R - BSGE 89, 104, 105; BSG v. 11.04.2002 - B 3 KR 24/01 R - SozR 3-2500 § 109 Nr. 9 S. 60; BSG v. 23.07.2002 - B 3 KR 64/01 R - BSGE 90, 1, 2; BSG v. 28.05.2003 - B 3 KR 10/02 R - SozR 4-2500 § 109 Nr. 1 Rn. 7; BSG v. 24.07.2003 - B 3 KR 28/02 R - SozR 4-5565 § 14 Nr. 3 Rn. 6; BSG v. 12.11.2003 - B 3 KR 1/03 R - SozR 4-2500 § 112 Nr. 2 Rn. 7; BSG v. 04.03.2004 - B 3 KR 4/03 R - BSGE 92, 223 Rn. 10; BSG v. 13.05.2004 - B 3 KR 18/03 R - BSGE 92, 300 Rn. 9; BSG v. 20.01.2005 - B 3 KR 9/03 R - BSGE 94, 139 Rn. 9; BSG v. 28.09.2006 - B 3 KR 23/05 R - SozR 4-2500 § 112 Nr. 6 Rn. 12; BSG v. 28.02.2007 - B 3 KR 17/06 R - SozR 4-2500 § 39 Nr. 8 Rn. 11.

[163] BSG v. 28.09.2006 - B 3 KR 23/05 R - SozR 4-2500 § 112 Nr. 6 Rn. 12; BSG v. 13.12.2001 - B 3 KR 11/01 R - BSGE 89, 104, 105 f.

schlossen wird.[164] Seine Grundlage ist jedoch der Versorgungsvertrag. Denn nur durch ihn ist das Krankenhaus berechtigt, Versicherte auf Kosten der Krankenkassen zu behandeln. Insoweit handelt es sich bei ihm um einen vertraglichen Anspruch.

b. Voraussetzungen des Vergütungsanspruchs

124 Im Dreiecksverhältnis zwischen Versichertem, Krankenkasse und Krankenhaus ist zu trennen zwischen dem Abrechnungsverhältnis zwischen Krankenkasse und Krankenhaus, dem Behandlungsverhältnis zwischen Krankenhaus und Versichertem sowie dem Versicherungsverhältnis zwischen Versichertem und Krankenkasse, kraft dessen der Versicherte die Krankenhausbehandlung als Naturalleistung verlangen kann.[165] Für den Vergütungsanspruch des Krankenhauses ist das **Abrechnungsverhältnis** entscheidend. Dieses wird bestimmt durch

- die auf der Grundlage von **KHG, KHEntgG und BPflV** getroffenen Vereinbarungen über die Höhe der Krankenhausentgelte,
- die Regelungen des **Sicherstellungsvertrages** über die Kostenübernahme (vgl. Rn. 133) und die Abrechnung der Entgelte (§ 112 Abs. 2 Nr. 1 lit. b SGB V), wobei letzteres auch Zahlungs- und Abrechnungsfristen umfasst,[166] sowie
- die sonstigen Anforderungen des Leistungserbringerrechts an die Erbringung und Abrechnung der Krankenhausbehandlung, wozu vor allem die Beachtung des **Zulassungsstatus** (vgl. Rn. 105) gehört.

125 Auch wenn Abrechnungsverhältnis und Versicherungsverhältnis zu trennen sind, so stehen sie doch nicht unverbunden nebeneinander. Vielmehr korrespondieren der **Behandlungsanspruch** des Versicherten gegen die Krankenkasse und der **Vergütungsanspruch** des Krankenhauses gegen die Krankenkasse in der Weise, dass sie sich **inhaltlich im Kern decken**, weil die Leistung des Krankenhauses zur Erfüllung des Naturalleistungsanspruchs des Versicherten dient.[167] Demnach setzt der Vergütungsanspruch des Krankenhauses grundsätzlich voraus, dass in der Person des Versicherten die leistungsrechtlichen Voraussetzungen für einen Anspruch auf Krankenhausbehandlung bestanden haben.

126 Demgemäß müssen beim Versicherten bei der Aufnahme in das Krankenhaus grundsätzlich die **versicherungsrechtlichen Voraussetzungen** für die Inanspruchnahme von Leistungen der gesetzlichen Krankenversicherung vorliegen.[168] Daher steht die fehlende Mitgliedschaft des Patienten einem Vergütungsanspruch entgegen, es sei denn, die Krankenkasse hat in einer vorbehaltlosen Kostenübernahmeerklärung (vgl. Rn. 133) das Bestehen eines Versicherungsverhältnisses bestätigt.[169]

127 Weiter setzt der Vergütungsanspruch voraus, dass überhaupt eine **Krankenhausbehandlung** stattgefunden hat. Bei dieser muss es sich um eine Krankenhausbehandlung **im Sinne des § 39 SGB V** gehandelt haben. So wie der Versicherte nur auf eine Krankenhausbehandlung im Sinne des § 39 SGB V Anspruch hat, ist auch der Zulassungsstatus (vgl. Rn. 105) des Krankenhauses auf die Erbringung von Leistungen beschränkt, die die Anforderungen des § 39 SGB V erfüllen. Daher kann es auch im Abrechnungsverhältnis keinen vom Leistungsrecht abweichenden Begriff der Krankenhausbehandlung geben (vgl. die Kommentierung zu § 107 SGB V Rn. 15).

128 Demgemäß muss bei dem Versicherten eine **behandlungsbedürftige Krankheit** im Sinne des § 27 Abs. 1 Satz 1 SGB V bestanden haben. Hat der Versicherte eine Erkrankung vorgetäuscht, steht dies einem Vergütungsanspruch jedoch nicht entgegen, wenn aus vorausschauender Sicht unter Zugrundelegung der im Zeitpunkt der Behandlung bekannten oder erkennbaren Umstände bei Beachtung der gebotenen Sorgfalt eine behandlungsbedürftige Krankheit angenommen werden konnte.[170]

129 Hat eine **(voll- oder teil-) stationäre Krankenhausbehandlung** stattgefunden, muss diese **erforderlich** gewesen sein, weil das **Behandlungsziel** nicht auf andere Weise erreichbar war (§ 39 Abs. 1

---

164 Missverständlich insoweit BSG v. 28.02.2007 - B 3 KR 12/06 R - SozR 4-2500 § 276 Nr. 1 Rn. 15.

165 BSG v. 21.08.1996 - 3 RK 2/96 - SozR 3-2500 § 39 Nr. 4 S. 16. Vgl. auch *Thomae*, GesR 2003, 305.

166 BSG v. 07.12.2006 - B 3 KR 29/05 R - juris Rn. 14 f.

167 BSG v. 25.09.2007 - GS 1/06 - juris Rn. 10. Vgl. auch BSG v. 28.02.2007 - B 3 KR 15/06 R - SozR 4-2500 § 39 Nr. 7 Rn. 13; BSG v. 07.11.2006 - B 1 KR 32/04 R - juris Rn. 18; BSG v. 03.08.2006 - B 3 KR 1/06 S - juris Rn. 4; BSG v. 07.07.2005 - B 3 KR 40/04 R - GesR 2005, 558, 560; BSG v. 12.05.2005 - B 3 KR 30/04 R - SozR 4-5565 § 14 Nr. 9 Rn. 6; BSG v. 22.07.2004 - B 3 KR 21/03 R - BSGE 93, 137 Rn. 10; BSG v. 13.05.2004 - B 3 KR 18/03 R - BSGE 92, 300 Rn. 9; BSG v. 17.05.2000 - B 3 KR 33/99 R - BSGE 86, 166, 168.

168 BSG v. 13.05.2004 - B 3 KR 18/03 R - BSGE 92, 300 Rn. 9; BSG v. 17.05.2000 - B 3 KR 33/99 R - BSGE 86, 166, 168.

169 BSG v. 12.11.2003 - B 3 KR 1/03 R - SozR 4-2500 § 112 Nr. 2 Rn. 9, wo insoweit von einer ersetzenden Funktion der Kostenzusage die Rede ist.

170 Vgl. BSG v. 21.08.1996 - 3 RK 2/96 - SozR 3-2500 § 39 Nr. 4.

Satz 2 SGB V – vgl. hierzu im Einzelnen die Kommentierung zu § 39 SGB V Rn. 53 ff.). Ob dies der Fall ist, richtet sich, wie der Große Senat des BSG unlängst entschieden hat, ausschließlich nach **medizinischen** Erfordernissen.[171] Der Krankenhausaufenthalt muss daher zur Behandlung einer Krankheit medizinisch erforderlich sein; andere Unterbringungsgründe reichen nicht aus, selbst wenn sie auf eine Krankheit zurückzuführen sind (vgl. die Kommentierung zu § 39 SGB V Rn. 55 ff.). Die vom 3. Senat des BSG vertretene Auffassung, eine vollstationäre Krankenhausbehandlung könne auch dann im Sinne des § 39 Abs. 1 Satz 2 SGB V erforderlich sein, wenn die Behandlung zwar abstrakt auch ambulant durchführbar wäre, aber konkret keine ambulante Behandlungsalternative bestehe (Kommentierung zu § 39 SGB V Rn. 74), ist durch die Entscheidung des Großen Senates des BSG überholt.

Ob eine (voll- oder teil-) stationäre Krankenhausbehandlung im Sinne des § 39 Abs. 1 Satz 2 SGB V 130 erforderlich war, beurteilt sich nicht allein nach den mit der Behandlung verfolgten Zielen, sondern vor allem auch nach den Mitteln, die zur Erreichung der Behandlungsziele eingesetzt werden müssen. Die stationäre Behandlung im Krankenhaus ist nur dann erforderlich, wenn die notwendige medizinische Versorgung den Einsatz der **besonderen Mittel eines Krankenhauses** erforderlich macht (vgl. die Kommentierung zu § 39 SGB V Rn. 62 ff.). Dabei kommt – wie auch § 107 Abs. 1 Nr. 2 und 3 SGB V deutlich macht (vgl. die Kommentierung zu § 107 SGB V Rn. 17 und die Kommentierung zu § 107 SGB V Rn. 26 ff.) – der Intensität der ärztlichen Behandlung ein besonderes Gewicht zu (vgl. näher hierzu die Kommentierung zu § 39 SGB V Rn. 62 ff.).

Nach Auffassung des Großen Senats des BSG ist die Frage, ob eine (voll- oder teil-) stationäre Kran- 131 kenhausbehandlung aus medizinischen Gründen notwendig ist, grundsätzlich **in vollem Umfang gerichtlich überprüfbar**; jedoch hat das Gericht dabei von dem im Behandlungszeitpunkt verfügbaren Wissens- und Kenntnisstand des verantwortlichen Krankenhausarztes auszugehen, mithin die medizinische Erforderlichkeit aus **vorausschauender Sicht** zu beurteilen.[172] Damit ist das Krankenhausprivileg am Ende,[173] das durch die Rechtsprechung des 3. Senats des BSG begründet worden war. Dieses hatte dem behandelnden Krankenhausarzt eine Einschätzungsprärogative eingeräumt,[174] die eine Bindung der Krankenkasse an die tatsächlichen Feststellungen des Krankenhausarztes bewirkte und letztlich zu einer Beweislastumkehr führte (vgl. näher hierzu die Kommentierung zu § 39 SGB V Rn. 105 und die Kommentierung zu § 39 SGB V Rn. 107). Dies lässt sich nach der Entscheidung des Großen Senats des BSG nicht mehr aufrechterhalten, auch wenn darin das Rechtskonkretisierungskonzept (vgl. die Kommentierung zu § 39 SGB V Rn. 94), das zwangsläufig zur Einschränkung der gerichtlichen Kontrolldichte führt,[175] nicht aufgegeben worden ist.

Trotz ihrer materiellrechtlichen Verknüpfung sind Abrechnungs- und Versicherungsverhältnis **verfah- 132 rensrechtlich strikt** zu **trennen**.[176] Im Abrechnungsverhältnis, das für den Vergütungsanspruch des Krankenhausträgers gegen die Krankenkasse entscheidend ist, entsteht die Zahlungspflicht der Krankenkasse – unabhängig von einer Kostenzusage (vgl. Rn. 133) – unmittelbar mit der Inanspruchnahme der Leistung durch den Versicherten.[177] Eine im Versicherungsverhältnis getroffene Feststellung über das Vorliegen der Voraussetzungen des Leistungsanspruchs schlägt auf das Abrechnungsverhältnis

---

[171] BSG v. 25.09.2007 - GS 1/06 - juris Rn. 15 ff.

[172] BSG v. 25.09.2007 - GS 1/06 - juris Rn. 27 ff.

[173] So vor der Entscheidung des Großen Senats noch fragend *Fechner*, GesR 2007, 355.

[174] BSG v. 12.05.2005 - B 3 KR 30/04 R - SozR 4-5565 § 14 Nr. 9 Rn. 8; BSG v. 07.07.2005 - B 3 KR 40/04 R - GesR 2005, 558, 560; BSG v. 03.08.2006 - B 3 KR 1/06 S - juris Rn. 10. Zuvor war sogar von einem Anscheinsbeweis die Rede: BSG v. 13.12.2001 - B 3 KR 11/01 R - BSGE 89, 104, 108 f.; BSG v. 28.05.2003 - B 3 KR 10/02 R - SozR 4-2500 § 109 Nr. 1 Rn. 11 f.; BSG v. 24.09.2003 - B 8 KN 2/02 KR R - SozR 4-5565 § 14 Nr. 4 Rn. 16; BSG v. 24.09.2003 - B 8 KN 3/02 KR R - SozR 4-5565 § 14 Nr. 5 Rn. 23.

[175] *Wahl*, Kooperationsstrukturen im Vertragsarztrecht, 2001, S. 63.

[176] BSG v. 17.05.2000 - B 3 KR 33/99 R - BSGE 86, 166, 168; BSG v. 21.08.1996 - 3 RK 2/96 - SozR 3-2500 § 39 Nr. 4 S. 16.

[177] BSG v. 28.02.2007 - B 3 KR 17/06 R - SozR 4-2500 § 39 Nr. 8 Rn. 11; BSG v. 28.09.2006 - B 3 KR 23/05 R - SozR 4-2500 § 112 Nr. 6 Rn. 12; BSG v. 13.05.2004 - B 3 KR 18/03 R - BSGE 92, 300 Rn. 9; BSG v. 04.03.2004 - B 3 KR 4/03 R - BSGE 92, 223 Rn. 10; BSG v. 12.11.2003 - B 3 KR 1/03 R - SozR 4-2500 § 112 Nr. 2 Rn. 7; BSG v. 24.09.2003 - B 8 KN 3/02 KR R - SozR 4-5565 § 14 Nr. 5 Rn. 5; BSG v. 24.07.2003 - B 3 KR 28/02 R - SozR 4-5565 § 14 Nr. 3 Rn. 6; BSG v. 28.05.2003 - B 3 KR 10/02 R - SozR 4-2500 § 109 Nr. 1 Rn. 7; BSG v. 23.07.2002 - B 3 KR 64/01 R - BSGE 90, 1, 2; BSG v. 11.04.2002 - B 3 KR 24/01 R - SozR 3-2500 § 109 Nr. 9 S. 60; BSG v. 13.12.2001 - B 3 KR 11/01 R - BSGE 89, 104, 105; BSG v. 17.05.2000 - B 3 KR 33/99 R - BSGE 86, 166, 168; BSG v. 21.08.1996 - 3 RK 2/96 - SozR 3-2500 § 39 Nr. 4 S. 19; BSG v. 21.11.1991 - 3 RK 32/89 - BSGE 70, 20, 23.

nicht durch. Dem Vergütungsanspruch steht folglich die gegenüber dem Versicherten ausgesprochene Ablehnung der Leistungsgewährung nicht entgegen, auch wenn diese bestandskräftig geworden ist – und zwar selbst wenn sie dem Krankenhaus zur Kenntnis gegeben wird.[178] Nicht mit der strikten verfahrensrechtlichen Trennung von Abrechnungs- und Versicherungsverhältnis vereinbaren lässt es sich, wenn der 3. Senat des BSG für das von ihm entwickelte Erfordernis des Aufzeigens einer konkreten Behandlungsalternative (vgl. die Kommentierung zu § 39 SGB V Rn. 74) verlangt hat, dass die Ablehnung der Leistungsgewährung gegenüber dem Versicherten auch dem Krankenhaus bekannt zu geben ist.[179] Diese Auffassung ist jedoch mit der Entscheidung des Großen Senats des BSG hinfällig geworden, in der dieser die gesamte Neukonzeption des 3. Senats verworfen hat.[180]

c. Kostenzusage

133 Der Vergütungsanspruch des zugelassenen Krankenhauses entsteht unmittelbar mit der Inanspruchnahme der Leistung durch den Versicherten und ist **unabhängig von** einer **Kostenzusage** oder – wie es auch gleichbedeutend heißt – einer **Kostenübernahmeerklärung** der Krankenkasse.[181] Dabei ist die mit diesen Erklärungen zugesagte Kostenübernahme nicht mit der Kostenerstattung (§ 13 SGB V) zu verwechseln.[182] Denn die Kostenübernahme findet nicht außerhalb, sondern innerhalb des Naturalleistungssystems statt. Im Hinblick hierauf wäre es besser, von Vergütungszusage zu sprechen. Allerdings hat der Gesetzgeber selbst in § 112 Abs. 2 Nr. 1 lit. b SGB V den Begriff der Kostenübernahme verwandt und damit zugleich zu erkennen gegeben, dass sich die rechtliche Bedeutung der Kostenzusage bzw. Kostenübernahmeerklärung in erster Linie aus dem jeweiligen Sicherstellungsvertrag ergibt.[183]

134 Die Kostenübernahmeerklärung hat für den Vergütungsanspruch des Krankenhauses keine **konstitutive** Bedeutung in dem Sinne, dass davon die Zahlungspflicht der Krankenkasse abhängt.[184] Vielmehr entsteht die Zahlungspflicht unmittelbar mit der Inanspruchnahme der Leistungen des Krankenhauses durch den Verscherten. Das Fehlen einer Kostenzusage ist daher unschädlich und steht dem Vergütungsanspruch des Krankenhauses nicht entgegen.[185]

135 Dennoch hat die Kostenübernahmeerklärung eine eigenständige Bedeutung. Sie dient dazu, frühzeitig zu klären, ob und in welchem Umfang die Krankenkasse für die Behandlungskosten aufkommt.[186] Im Hinblick hierauf wird ihr eine beweisrechtliche Funktion zugebilligt, falls sie abgegeben wird und den Behandlungszeitraum abdeckt.[187] Das BSG geht davon aus, dass mit der vorbehaltlosen Kostenübernahmeerklärung das Vorliegen bestimmter, den Vergütungsanspruch des Krankenhauses gegen die Krankenkasse begründender Voraussetzungen bestätigt wird, und erblickt in ihr deshalb ein **deklara-**

[178] BSG v. 11.04.2002 - B 3 KR 24/01 R - SozR 3-2500 § 109 Nr. 9 S. 60; BSG v. 17.05.2000 - B 3 KR 33/99 R - BSGE 86, 166, 168 f.
[179] BSG v. 13.05.2004 - B 3 KR 18/03 R - BSGE 92, 300 Rn. 20..
[180] BSG v. 25.09.2007 - GS 1/06 - juris Rn. 15 ff.
[181] BSG v. 28.02.2007 - B 3 KR 17/06 R - SozR 4-2500 § 39 Nr. 8 Rn. 11; BSG v. 28.09.2006 - B 3 KR 23/05 R - SozR 4-2500 § 112 Nr. 6 Rn. 12; BSG v. 13.05.2004 - B 3 KR 18/03 R - BSGE 92, 300 Rn. 9; BSG v. 04.03.2004 - B 3 KR 4/03 R - BSGE 92, 223 Rn. 10; BSG v. 12.11.2003 - B 3 KR 1/03 R - SozR 4-2500 § 112 Nr. 2 Rn. 7; BSG v. 24.09.2003 - B 8 KN 3/02 KR R - SozR 4-5565 § 14 Nr. 5 Rn. 5; BSG v. 24.07.2003 - B 3 KR 28/02 R - SozR 4-5565 § 14 Nr. 3 Rn. 6; BSG v. 28.05.2003 - B 3 KR 10/02 R - SozR 4-2500 § 109 Nr. 1 Rn. 7; BSG v. 23.07.2002 - B 3 KR 64/01 R - BSGE 90, 1, 2; BSG v. 11.04.2002 - B 3 KR 24/01 R - SozR 3-2500 § 109 Nr. 9 S. 60; BSG v. 13.12.2001 - B 3 KR 11/01 R - BSGE 89, 104, 105; BSG v. 17.05.2000 - B 3 KR 33/99 R - BSGE 86, 166, 168; BSG v. 21.08.1996 - 3 RK 2/96 - SozR 3-2500 § 39 Nr. 4 S. 19; BSG v. 21.11.1991 - 3 RK 32/89 - BSGE 70, 20, 23.
[182] Vgl. BSG v. 16.12.1993 - 4 RK 5/92 - BSGE 73, 271, 273 f.
[183] Vgl. *Thomae*, GesR 2003, 305, 308.
[184] BSG v. 28.09.2006 - B 3 KR 23/05 R - SozR 4-2500 § 112 Nr. 6 Rn. 12; BSG v. 12.11.2003 - B 3 KR 1/03 R - SozR 4-2500 § 112 Nr. 2 Rn. 9; BSG v. 28.05.2003 - B 3 KR 10/02 R - SozR 4-2500 § 109 Nr. 1 Rn. 10; BSG v. 13.12.2001 - B 3 KR 11/01 R - BSGE 89, 104, 106; BSG v. 17.05.2000 - B 3 KR 33/99 R - BSGE 86, 166, 170.
[185] BSG v. 11.04.2002 - B 3 KR 24/01 R - SozR 3-2500 § 109 Nr. 9 S. 59 f.; BSG v. 21.08.1996 - 3 RK 2/96 - SozR 3-2500 § 39 Nr. 4 S. 20; BSG v. 21.11.1991 - 3 RK 32/89 - BSGE 70, 20, 22 f.
[186] BSG v. 12.11.2003 - B 3 KR 1/03 R - SozR 4-2500 § 112 Nr. 2 Rn. 9; BSG v. 13.12.2001 - B 3 KR 11/01 R - BSGE 89, 104, 106; BSG v. 17.05.2000 - B 3 KR 33/99 R - BSGE 86, 166, 170.
[187] BSG v. 28.09.2006 - B 3 KR 23/05 R - SozR 4-2500 § 112 Nr. 6 Rn. 12; BSG v. 28.05.2003 - B 3 KR 10/02 R - SozR 4-2500 § 109 Nr. 1 Rn. 10; BSG v. 13.12.2001 - B 3 KR 11/01 R - BSGE 89, 104, 106.

torisches Anerkenntnis der Zahlungspflicht für die Behandlung in dem von ihr erfassten Zeitraum.[188] Infolgedessen ist die Krankenkasse mit solchen Einwendungen ausgeschlossen, die sie bei Abgabe der Kostenzusage kannte oder mit denen sie zumindest rechnen musste (**Einwendungsausschluss**).[189] Dies gilt auch hinsichtlich der Versicherteneigenschaft des Patienten; insoweit kann die Kostenzusage sogar eine ersetzende Wirkung haben, weil sie eine Zahlungsverpflichtung für Nichtversicherte begründet.[190] Darüber hinaus nimmt das BSG an, dass im Hinblick auf nachträglich bekannt werdende Umstände, die sich auf den Vergütungsanspruch auswirken, durch die Kostenübernahmeerklärung eine **Umkehr der Beweislast** eintritt. Der Wechsel der Beweislast setzt allerdings voraus, dass das Krankenhaus die für die Beurteilung der Notwendigkeit, Zweckmäßigkeit und Wirtschaftlichkeit der Behandlung erforderlichen Tatsachen sachgerecht dokumentiert hat. Bei unterbliebener oder unzulänglicher Dokumentation verbleibt die Beweislast daher trotz des Vorliegens einer Kostenzusage beim Krankenhaus.[191]

Dabei ist jedoch im Auge zu behalten, dass die rechtliche Bedeutung der Kostenübernahmeerklärung **136** sich in erster Linie aus dem **Sicherstellungsvertrag** nach § 112 Abs. 2 Nr. 1 lit. b SGB V ergibt. Das höherrangige Recht verpflichtet dessen Vertragsparteien nicht, der Kostenübernahmeerklärung dieselbe Bedeutung zu geben, wie sie das BSG anhand bestimmter Sicherstellungsverträge entwickelt hat.

Auf jeden Fall stellt eine dem Krankenhausträger erteilte Kostenzusage **keine Bewilligung gegenüber** **137** **dem Versicherten** dar.[192] Vielmehr beschränkt sich die Kostenübernahmeerklärung auf das Rechtsverhältnis zwischen dem Krankenhausträger und der Krankenkasse; weder begründet noch verkürzt sie die Rechte des Versicherten.[193]

Auch **gegenüber dem Krankenhausträger** stellt die Kostenzusage **keinen Verwaltungsakt** dar. **138** Denn durch den Versorgungsvertrag entsteht zwischen ihm und den Krankenkassen ein Gleichordnungsverhältnis, in dem eine Regelung durch Verwaltungsakt nicht in Betracht kommt. [194]

d. Fälligkeit, Verzinsung und Verjährung des Vergütungsanspruchs

Das Krankenhaus ist grundsätzlich **vorleistungspflichtig**. Die Krankenkasse hat daher die Vergütung **139** erst zu entrichten, wenn das Krankenhaus seine vollständige Leistung erbracht hat.[195] Aus diesem Grunde schreibt das Krankenhausfinanzierungsrecht vertragliche Regelungen über monatliche Teilzahlungen vor (§ 11 Abs. 1 Satz 3 KHEntgG, § 17 Abs. 1 Satz 3 BPflV) und räumt sogar einen Anspruch auf Abschlagszahlungen bei länger dauernden Behandlungen ein (§ 8 Abs. 7 Satz 2 KHEntgG, § 14 Abs. 4 BPflV).

Zur Zahlung **fällig** wird der Vergütungsanspruch mit seiner Berechnung durch den Krankenhausträger. **140** Dabei hat der Krankenhausträger eine den Erfordernissen des § 301 SGB V entsprechende Abrechnung zu erstellen und zu übermitteln.[196]

Nach der neueren Rechtsprechung des BSG unterliegt die Vergütungsforderung eines zugelassenen **141** Leistungserbringers gegen eine Krankenkasse für die Versorgung eines Versicherten bei Fehlen vertraglicher Vereinbarungen dem **Anspruch auf Verzugs- und Prozesszinsen** unter entsprechender Anwendung der Bestimmungen des BGB.[197] Zuvor war davon ausgegangen worden, dass in den in die

---

[188] BSG v. 12.11.2003 - B 3 KR 1/03 R - SozR 4-2500 § 112 Nr. 2 Rn. 9; BSG v. 13.12.2001 - B 3 KR 11/01 R - BSGE 89, 104, 106; BSG v. 17.05.2000 - B 3 KR 33/99 R - BSGE 86, 166, 170. Anders noch *Eicher/Estelmann*, DOK 1992, 134, 141 (abstraktes Schuldanerkenntnis).

[189] BSG v. 12.11.2003 - B 3 KR 1/03 R - SozR 4-2500 § 112 Nr. 2 Rn. 9; BSG v. 13.12.2001 - B 3 KR 11/01 R - BSGE 89, 104, 106; BSG v. 17.05.2000 - B 3 KR 33/99 R - BSGE 86, 166, 170. In diese Richtung bereits BSG v. 23.04.1996 - 1 RK 20/95 - BSGE 78, 154, 159.

[190] BSG v. 12.11.2003 - B 3 KR 1/03 R - SozR 4-2500 § 112 Nr. 2 Rn. 9.

[191] BSG v. 17.05.2000 - B 3 KR 33/99 R - BSGE 86, 166, 170 f.

[192] BSG v. 23.04.1996 - 1 RK 20/95 - BSGE 78, 154, 158 f.; BSG v. 09.12.1987 - 8 RK 10/87 - SozR 2200 § 184 Nr. 30 S. 47 f. Anders noch BSG v. 20.01.1982 - 8/8a RK 13/80 - SGb 1984, 21, 22 (insoweit nicht in BSGE 53, 62).

[193] BSG v. 21.11.1991 - 3 RK 32/89 - BSGE 70, 20, 23; BSG v. 12.10.1988 - 3/8 RK 19/86 - SozR 1500 § 75 Nr. 71 S. 85; BSG v. 09.12.1987 - 8 RK 10/87 - SozR 2200 § 184 Nr. 30 S. 46 ff.

[194] Vgl. nur BSG v. 17.05.2000 - B 3 KR 33/99 - BSGE 86, 166, 167; BSG v. 21.08.1996 - 3 RK 2/96 - SozR 3-2500 § 39 Nr. 4 S. 14 f.

[195] BSG v. 28.02.2007 - B 3 KR 15/06 R - SozR 4-2500 § 39 Nr. 7 Rn. 10.

[196] Vgl. BSG v. 04.03.2004 - B 3 KR 4/03 R - BSGE 92, 223 Rn.33.

[197] Zum Anspruch auf Verzugszinsen: BSG v. 03.08.2006 - B 3 KR 7/06 R - SozR 4-2500 § 129 Nr. 3 Rn. 20 ff.; BSG v. 19.04.2007 - B 3 KR 10/06 R - juris Rn. 10 ff. Zum Anspruch auf Prozesszinsen: BSG v. 23.03.2006 - B 3 KR 6/05 R - BSGE 96, 133 Rn. 11 ff.

Zuständigkeit der Sozialgerichtsbarkeit fallenden Rechtsgebieten für Verzugs- und Prozesszinsen grundsätzlich kein Raum ist und die Verzinsungsregelungen der § 44 SGB I, § 27 Abs. 1 SGB IV nicht analogiefähig sind.[198] Hiervon ist das BSG für Vergütungsforderungen zugelassener Leistungserbringer abgerückt.[199] Für die Vergütungsforderungen der Krankenhäuser ergibt sich eine Verzinsungspflicht dem Grunde nach bereits aus § 11 Abs. 1 Satz 3 KHEntgG, § 17 Abs. 1 Satz 3 BPflV, wonach in den Vereinbarungen, die für das einzelne Krankenhaus geschlossen werden, Regelungen über Verzugszinsen bei verspäteter Zahlung getroffen werden sollen. Dies schließt es aber nicht aus, statt mit dem einzelnen Krankenhaus auf Landesebene im Rahmen des Sicherstellungsvertrages nach § 112 Abs. 2 Nr. 1 lit. b SGB V eine Regelung über die Verzinsung zu treffen (vgl. näher hierzu die Kommentierung zu § 112 SGB V Rn. 65 ff.). Diese vertraglichen Regelungen können von den Bestimmungen des BGB abweichen, da es sich bei diesen um dispositives Recht handelt.[200]

142 Die Vergütungsansprüche der Krankenhäuser unterliegen einer **vierjährigen Verjährungsfrist**.[201] Dies ist zwar im Gesetz nicht ausdrücklich geregelt. Das BSG hat jedoch den Verjährungsregelungen in den Büchern des SGB (§ 45 SGB I, §§ 25, 27 SGB IV, § 113 SGB X) das allgemeine Rechtsprinzip der vierjährigen Verjährung entnommen, das auf die öffentlich-rechtlichen Vergütungsansprüche von Leistungserbringern anzuwenden ist, soweit vertraglich nichts anderes bestimmt ist.[202] Hieran hat sich mit der Neufassung des § 69 SGB V durch das GKVRefG 2000[203] nichts geändert. Die Vorschrift des § 69 Satz 3 SGB V lässt einen Rückgriff auf die Verjährungsvorschriften des BGB nicht zu.[204] Denn die in § 69 Satz 3 SGB V vorgesehene entsprechende Anwendung der Bestimmungen des BGB steht unter dem Vorbehalt, dass sich aus den übrigen Vorschriften des gesamten SGB nichts anderes ergibt;[205] Letzteres ist bei dem allgemeinen Rechtsprinzip der vierjährigen Verjährung im Sozialrecht der Fall. Dies schließt es allerdings nicht aus, im Sicherstellungsvertrag nach § 112 Abs. 2 Nr. 1 lit. b SGB V eine abweichende Regelung zu treffen.

143 Die **Verjährung** wird entsprechend § 204 Abs. 1 Nr. 1 BGB durch die Klageerhebung **gehemmt**.[206] Die vorbehaltlose Kostenübernahmeerklärung bewirkt entsprechend § 212 Abs. 1 Nr. 1 BGB als Anerkenntnis (vgl. Rn. 135) den **Neubeginn** der Verjährung.

e. Verhältnis zum Bereicherungsrecht

144 Einem Leistungserbringer steht für Leistungen, die er nicht gemäß den Bestimmungen des Leistungserbringungsrechts erbracht hat, **kein Vergütungsanspruch auf bereicherungsrechtlicher Grundlage** zu.[207] Denn die Bestimmungen des Leistungserbringungsrechts über die Erfüllung bestimmter formaler oder inhaltlicher Voraussetzungen der Leistungserbringung könnten ihre Steuerungsfunktion nicht erfüllen, wenn der Leistungserbringer die rechtswidrig bewirkten Leistungen über einen Wertersatzanspruch aus ungerechtfertigter Bereicherung im Ergebnis dennoch vergütet bekäme.[208]

145 Dies gilt allerdings nur, wenn **zwingende Gründe** die Einhaltung von formalen oder inhaltlichen Voraussetzungen erfordern, weil sonst die Funktionsfähigkeit des Systems der Leistungserbringung in Frage gestellt würde.[209] Dabei geht es vor allem um die Einhaltung von Vorschriften, die die Qualität

---

[198] Vgl. nur BSG v. 23.07.1992 - 7 RAr 98/90 - BSGE 71, 72, 74 f.

[199] Erstmals für bereicherungsrechtliche Ansprüche in BSG v. 04.03.2004 - B 3 KR 4/03 R - BSGE 92, 223 Rn. 30 f. Hinsichtlich der Prozesszinsen auch für Ansprüche Kassenärztlicher Vereinigungen auf Zahlung fälliger Gesamtvergütung in BSG v. 28.09.2005 - B 6 KA 71/04 R - BSGE 95, 141 Rn. 38 ff.

[200] Vgl. BSG v. 03.08.2006 - B 3 KR 7/06 R - SozR 4-2500 § 129 Nr. 3 Rn. 23.

[201] BSG v. 28.02.2007 - B 3 KR 12/06 R - SozR 4-2500 § 276 Nr. 1 Rn. 25; BSG v. 12.05.2005 - B 3 KR 32/04 R - SozR 4-2500 § 69 Nr. 1 Rn. 7 ff.; BSG v. 17.06.1999 - B 3 KR 6/99 R - SozR 3-1200 § 45 Nr. 8 S. 29 f.

[202] BSG v. 10.05.1995 - 6 RKa 17/94 - BSGE 76, 117, 118 ff.; BSG v. 17.06.1999 - B 3 KR 6/99 R - SozR 3-1200 § 45 Nr. 8 S. 29 f.; BSG v. 12.05.2005 - B 3 KR 32/04 R - SozR 4-2500 § 69 Nr. 1 Rn. 6.

[203] GKV-Gesundheitsreformgesetz 2000 vom 22.12.1999, BGBl I 1999, 2626.

[204] So aber *Heinze*, KH 2001, 607 ff.; *Fischer*, NZS 2003, 301 ff.; *Wern*, ZMGR 2004, 15 ff.

[205] BSG v. 12.05.2005 - B 3 KR 32/04 R - SozR 4-2500 § 69 Nr. 1 Rn. 18.

[206] BSG v. 12.05.2005 - B 3 KR 32/04 R - SozR 4-2500 § 69 Nr. 1 Rn. 20.

[207] BSG v. 28.02.2007 - B 3 KR 15/06 R - SozR 4-2500 § 39 Nr. 7 Rn. 17; BSG v. 08.09.2004 - B 6 KA 14/03 R - SozR 4-2500 § 39 Nr. 3 Rn. 14; BSG v. 28.03.2000 - B 1 KR 21/99 R - BSGE 86, 66, 76; BSG v. 18.12.1996 - 6 RKa 66/95 - BSGE 80, 1, 3 f.; BSG v. 13.11.1996 - 6 RKa 31/95 - BSGE 79, 239, 249 f.; BSG v. 21.06.1995 - 6 RKa 60/94 - BSGE 76, 153, 155 f.; BSG v. 04.05.1994 - 6 RKa 40/93 - BSGE 74, 154, 158.

[208] BSG v. 08.09.2004 - B 6 KA 14/03 R - SozR 4-2500 § 39 Nr. 3 Rn. 14; BSG v. 04.05.1994 - 6 RKa 40/93 - BSGE 74, 154, 158.

[209] BSG v. 28.02.2007 - B 3 KR 15/06 R - SozR 4-2500 § 39 Nr. 7 Rn. 17.

der Leistungserbringung sichern und deren Überprüfung erleichtern sollen.[210] Hierzu gehören insbesondere die Zulassung zur Leistungserbringung und die Einhaltung ihrer Reichweite, d.h. bei zugelassenen Krankenhäusern des Versorgungsauftrages. Soweit diese Fragen keine Rolle spielen und bestimmte Vorschriften reine **Ordnungsfunktion** haben, besteht dagegen kein Grund, dem Leistenden eine Entschädigung auf bereicherungsrechtlicher Grundlage zu versagen.[211] Dies ist etwa der Fall, wenn nur die Art und Höhe der Abrechnung einer Leistung, nicht aber die grundsätzliche Berechtigung zur Abrechnung streitig ist.[212]

f. Rückzahlungsanspruch der Krankenkasse

Rechtsgrundlage für die Rückforderung gezahlter Vergütungen ist der allgemeine **öffentlich-rechtliche Erstattungsanspruch**.[213] Dieser aus den allgemeinen Grundsätzen des öffentlichen Rechts hergeleitete Anspruch setzt voraus, dass im Rahmen eines öffentlichen Rechtsverhältnisses Leistungen ohne rechtlichen Grund erbracht oder sonstige rechtsgrundlose Vermögensverschiebungen vorgenommen worden sind.[214] Danach können jedenfalls Zahlungen, die zum Zwecke der Erfüllung einer Verbindlichkeit geleistet wurden, die in Wirklichkeit nicht bestand, zurückgefordert werden.[215] Dies ist etwa der Fall, wenn eine Krankenhausbehandlung nicht oder nicht in Übereinstimmung mit den Vorgaben des Krankenversicherungsrechts erbracht wurde, aber auch dann, wenn die Abrechnung nicht den Anforderungen des Krankenhausfinanzierungsrechts entspricht. 146

Der Rückforderung steht es nicht entgegen, wenn die Vergütung **ohne Vorbehalt** gezahlt wurde.[216] In der vorbehaltlosen Zahlung kann kein Verzicht auf die Geltendmachung von Rückzahlungsansprüchen gesehen werden. 147

Die **Aufrechnung** von Rückzahlungsansprüchen der Krankenkasse gegen (andere) Vergütungsansprüche des Krankenhausträgers ist grundsätzlich zulässig. Denn auch trotz Fehlens der Voraussetzungen des § 51 SGB I besteht allgemein die Möglichkeit, einer öffentlich-rechtlichen Forderung im Wege der Aufrechnung, auf welche die **§§ 387 ff. BGB entsprechend** anzuwenden sind, entgegenzutreten.[217] 148

Der Rückforderungsanspruch einer Krankenkasse ist in seiner Rechtsnatur als öffentlich-rechtlicher Erstattungsanspruch nur die Kehrseite des Vergütungsanspruchs des Krankenhauses. Er unterliegt daher wie die Vergütungsforderung dem Anspruch auf **Verzugs- und Prozesszinsen** (vgl. Rn. 141). Ferner gilt für den Rückforderungsanspruch wie für den Vergütungsanspruch die **vierjährige Verjährungsfrist** (vgl. Rn. 142),[218] wobei entsprechend § 204 Abs. 1 Nr. 1 BGB die Verjährung durch die Klageerhebung gehemmt wird.[219] 149

C. Praxishinweise

I. Vergütungsstreitigkeiten

Die Abrechnungsbeziehungen zwischen Krankenkasse und Krankenhaus sind öffentlich-rechtlich geprägt. Dies war bereits nach der bis zum 31.12.1988 geltenden Rechtslage gemäß §§ 371 ff. RVO angenommen worden.[220] Daran hat sich nach den ab 01.01.1989 maßgeblichen §§ 107 ff. SGB V nichts 150

---

[210] BSG v. 04.05.1994 - 6 RKa 40/93 - BSGE 74, 154, 158; BSG v. 08.09.2004 - B 6 KA 14/03 R - SozR 4-2500 § 39 Nr. 3 Rn. 14.

[211] BSG v. 28.02.2007 - B 3 KR 15/06 R - SozR 4-2500 § 39 Nr. 7 Rn. 17.

[212] BSG v. 04.03.2004 - B 3 KR 4/03 R - BSGE 92, 223 Rn. 27.

[213] BSG v. 28.02.2007 - B 3 KR 12/06 R - SozR 4-2500 § 276 Nr. 1 Rn. 25; BSG v. 28.09.2006 - B 3 KR 20/05 R - SozR 4-1500 § 92 Nr. 3 Rn. 9; BSG v. 12.05.2005 - B 3 KR 18/04 R - SozR 4-5565 § 14 Nr. 8 Rn. 8; BSG v. 22.07.2004 - B 3 KR 21/03 R - BSGE 93, 137 Rn. 8.

[214] BSG v. 22.07.2004 - B 3 KR 21/03 R - BSGE 93, 137 Rn. 8; BSG v. 01.08.1991 - 6 RKa 9/89 - BSGE 69, 158, 160.

[215] BSG v. 22.07.2004 - B 3 KR 21/03 R - BSGE 93, 137 Rn. 9.

[216] BSG v. 28.09.2006 - B 3 KR 20/05 R - SozR 4-1500 § 92 Nr. 3 Rn. 10.

[217] BSG v. 12.05.2005 - B 3 KR 18/04 R - SozR 4-5565 § 14 Nr. 8 Rn. 8; BSG v. 17.03.2005 - B 3 KR 11/04 R - SozR 4-2500 § 39 Nr. 5 Rn. 7; BSG v. 22.07.2004 - B 3 KR 21/03 R - BSGE 93, 137 Rn. 7.

[218] BSG v. 28.02.2007 - B 3 KR 12/06 R - SozR 4-2500 § 276 Nr. 1 Rn. 25; BSG v. 28.09.2006 - B 3 KR 20/05 R - SozR 4-1500 § 92 Nr. 3 Rn. 11; BSG v. 22.07.2004 - B 3 KR 21/03 R - BSGE 93, 137 Rn. 29.

[219] BSG v. 28.02.2007 - B 3 KR 12/06 R - SozR 4-2500 § 276 Nr. 1 Rn. 26; BSG v. 28.09.2006 - B 3 KR 20/05 R - SozR 4-1500 § 92 Nr. 3 Rn. 11; BSG v. 12.05.2005 - B 3 KR 32/04 R - SozR 4-2500 § 69 Nr. 1 Rn. 20.

[220] BSG v. 14.01.1981 - 3 RK 27/80 - BSGE 51, 108, 109 ff.

geändert.[221] Die Neufassung des § 69 SGB V durch das GKV-RefG 2000 bestätigt dies nur.[222] Daher ist sowohl für Zahlungsklagen von Krankenhäusern als auch für Rückforderungsklagen von Krankenkassen der **Rechtsweg** zu den **Sozialgerichten** gegeben (§ 51 Abs. 1 Nr. 2 SGG).

151 Richtige **Klageart** für die **Zahlungsklage** ist die (echte) **Leistungsklage** nach § 54 Abs. 5 SGG. Denn es geht bei einer auf Zahlung der Behandlungskosten eines Versicherten gerichteten Klage eines Krankenhausträgers gegen eine Krankenkasse um einen sog. Parteienstreit im Gleichordnungsverhältnis, in dem eine Regelung durch Verwaltungsakt nicht in Betracht kommt.[223] Dies gilt nicht nur für einen vertraglichen Vergütungsanspruch (vgl. Rn. 119), sondern auch dann, wenn der Zahlungsanspruch auf Bereicherungsrecht (vgl. Rn. 144) gestützt wird.[224] Auch die Erklärung einer Kostenübernahme oder deren Ablehnung können nicht als Ausdruck eines Über-/Unterordnungsverhältnisses angesehen werden.[225] Ein Vorverfahren ist mithin nicht durchzuführen, die Einhaltung einer Klagefrist nicht geboten.

152 Auch eine Krankenkasse kann **Rückzahlungsansprüche** nur mit der **Leistungsklage** verfolgen. Der Erlass von Verwaltungsakten ist ihr verwehrt. Möglich ist jedoch die Aufrechnung (vgl. Rn. 148) gegen andere Vergütungsansprüche. Auch kann die von einer Krankenkasse gegen einen Krankenhausträger erhobene Klage auf Feststellung des Nichtbestehens ihrer Zahlungspflicht zulässig sein.[226]

153 Betrifft ein Zahlungsanspruch einen abgeschlossenen Vorgang aus der Vergangenheit, ist er zur Vermeidung eines ansonsten im Raum stehenden zusätzlichen Streits über die Höhe des Anspruchs konkret zu beziffern. Es muss also grundsätzlich ein bestimmter **bezifferter Zahlungsantrag** gestellt und in der Klageschrift dargelegt werden, wie sich dieser Betrag im Einzelnen zusammensetzt. Zur Konkretisierung des Klagebegehrens reicht es aber aus, wenn der Klageantrag unter Heranziehung der zu den Akten gereichten Unterlagen ohne weiteres **bezifferbar** ist.[227]

II. Streitigkeiten um Versorgungsverträge

154 Beim **Rechtsweg** ist zu unterscheiden:

- Klagen auf **Abschluss** eines **echten Versorgungsvertrages** (§ 109 Abs. 1 Satz 1 SGB V) fallen in den Zuständigkeitsbereich der Sozialgerichtsbarkeit (§ 51 Abs. 1 Nr. 2 SGG). Dies gilt nicht nur für Klagen auf Abgabe der entsprechenden Willenserklärung durch die Krankenkassen (-Verbände), sondern auch für Klagen auf Erteilung der **Genehmigung** durch die zuständige Landesbehörde (§ 109 Abs. 3 Satz 2 SGB V). Denn für letztere greift die Ausnahmeregelung in § 51 Abs. 1 Nr. 2 HS. 2 SGG nicht.
- Der Rechtsweg zu den Sozialgerichten ist auch gegeben bei Streitigkeiten um den **Abschluss** von **planmodifizierenden** und **plankonkretisierenden Vereinbarungen** (§ 109 Abs. 1 Sätze 4 und 5 SGB V). Dies gilt auch für Klagen auf Erteilung des **Einvernehmens** zu einer planmodifizierenden Vereinbarung.[228] Auch diese Streitigkeiten haben ihre Wurzeln im Recht der gesetzlichen Krankenversicherung und werden von § 51 Abs. 1 Nr. 2 SGG erfasst, ohne dass die im zweiten Halbsatz dieser Bestimmung enthaltene Sonderzuweisung an die Verwaltungsgerichte greifen würde.
- Klagen auf Feststellung des **Bestehens** und des **Inhalts** eines **fingierten Versorgungsvertrages** (§ 109 Abs. 1 Satz 2 SGB V) fallen nicht von vornherein aus dem Rechtsweg zu den Sozialgerichten heraus. Die Ausnahmeregelung in § 51 Abs. 1 Nr. 2 HS. 2 SGG betrifft nur Streitigkeiten aufgrund einer Kündigung von Versorgungsverträgen mit Hochschulkliniken und Plankrankenhäusern. Die Rechtsakte, die bei diesen Krankenhäusern die Fiktion des Abschlusses eines Versorgungsvertrages

---

[221] BSG v. 21.08.1996 - 3 RK 2/96 - SozR 3-2500 § 39 Nr. 4 S. 14 f.

[222] BSG v. 22.07.2004 - B 3 KR 21/03 R - BSGE 93, 137 Rn. 8.

[223] BSG v. 13.05.2004 - B 3 KR 18/03 R - BSGE 92, 300 Rn. 5; BSG v. 04.03.2004 - B 3 KR 4/03 R - BSGE 92, 223 Rn. 7; BSG v. 24.09.2003 - B 8 KN 2/02 KR R - SozR 4-5565 § 14 Nr. 4 Rn. 5; BSG v. 28.05.2003 - B 3 KR 10/02 R - SozR 4-2500 § 109 Nr. 1 Rn. 6; BSG v. 23.07.2002 - B 3 KR 64/01 R - BSGE 90, 1 f.; BSG v. 11.04.2002 - B 3 KR 24/01 R - SozR 3-2500 § 109 Nr. 9 S. 59; BSG v. 13.12.2001 - B 3 KR 11/01 R - BSGE 89, 104, 105; BSG v. 17.05.2000 - B 3 KR 33/99 R - BSGE 86, 166, 167; BSG v. 21.08.1996 - 3 RK 2/96 - SozR 3-2500 § 39 Nr. 4 S. 14 f.

[224] BSG v. 04.03.2004 - B 3 KR 4/03 R - BSGE 92, 223 Rn. 7.

[225] BSG v. 17.05.2000 - B 3 KR 33/99 R - BSGE 86, 166, 168; BSG v. 21.08.1996 - 3 RK 2/96 - SozR 3-2500 § 39 Nr. 4 S. 14 f.

[226] BSG v. 21.11.1991 - 3 RK 32/89 - BSGE 70, 20, 21 f.

[227] BSG v. 13.05.2004 - B 3 KR 18/03 R - BSGE 92, 300 Rn. 6.

[228] In BVerwG v. 29.04.2004 - 3 C 25.03 - DVBl 2004, 1184 war im Hinblick auf § 17a Abs. 5 GVG nicht über den Rechtsweg zu befinden.

auslösen (Anerkennung als Hochschulklinik und Feststellung der Aufnahme in den Krankenhausplan), haben jedoch ihre Grundlage nicht im Recht der gesetzlichen Krankenversicherung, sondern im Hochschul- und im Krankenhausrecht. Sie können daher vor den Gerichten der Sozialgerichtsbarkeit weder erstritten noch angefochten werden. Soweit es sich bei ihnen um Verwaltungsakte handelt, ist aufgrund der eingeschränkten Fehlerfolgen (§ 43 Abs. 2 und 3 VwVfG) Rechtsschutz nur durch die Gerichte der Verwaltungsgerichtsbarkeit möglich.

Richtige **Klageart** für eine Klage auf Abschluss eines Versorgungsvertrags ist nach der Rechtsprechung des BSG eine **kombinierte Anfechtungs- und Leistungsklage** (§ 54 Abs. 1 Satz, Abs. 4 SGG).[229] Denn danach ist die Ablehnung des Vertragsschlusses durch die Krankenkassen (-Verbände) ein Verwaltungsakt (vgl. Rn. 84). Dagegen hat die Willenserklärung der Krankenkassen (-Verbände), einen (echten) Versorgungsvertrag abzuschließen, nicht den Charakter eines Verwaltungsaktes (vgl. Rn. 56). Der Rechtsprechung des BSG ist nicht zu folgen. Richtigerweise stellt auch die Ablehnung des Vertragsschlusses keinen Verwaltungsakt dar (vgl. Rn. 88). Daher braucht diese auch nicht eigens mit der Klage angefochten zu werden. Richtige Klageart ist folglich die **isolierte Leistungsklage**. 155

Bei Streitigkeiten über den Abschluss von Versorgungsverträgen sind die Krankenkassen (-Verbände) **notwendige Streitgenossen** (§ 74 SGG i.V.m. § 62 ZPO). Denn die Entscheidung über den Abschluss eines Versorgungsvertrags kann nur gemeinsam durch die Landesverbände der Krankenkassen und die Ersatzkassen getroffen werden.[230] 156

---

[229] BSG v. 26.04.2001 - B 3 KR 18/99 R - BSGE 88, 111, 112; BSG v. 05.07.2000 - B 3 KR 20/99 R - BSGE 87, 25, 27; BSG v. 19.11.1997 - 3 RK 6/96 - BSGE 81, 182, 183; BSG v. 19.11.1997 - 3 RK 21/96 - SozR 3-2500 § 107 Nr. 1 S. 3; BSG v. 20.11.1996 - 3 RK 7/96 - SozR 3-2500 § 109 Nr. 3 S. 27; BSG v. 29.05.1996 - 3 RK 26/95 - BSGE 78, 243, 246; BSG v. 29.05.1996 - 3 RK 23/95 - BSGE 78, 233, 235. Vgl. auch BSG v. 23.07.2002 - B 3 KR 63/01 R - BSGE 89, 294, 296; BSG v. 19.11.1997 - 3 RK 1/97 - BSGE 81, 189, 190.

[230] BSG v. 19.11.1997 - 3 RK 21/96 - SozR 3-2500 § 107 Nr. 1 S. 3; BSG v. 29.05.1996 - 3 RK 26/95 - BSGE 78, 243, 246; BSG v. 29.05.1996 - 3 RK 23/95 - BSGE 78, 233, 235 f. Vgl. auch BSG v. 23.07.2002 - B 3 KR 63/01 R - BSGE 89, 294, 295.

§ 110 SGB V Kündigung von Versorgungsverträgen mit Krankenhäusern

(Fassung vom 26.03.2007, gültig ab 01.07.2008)

(1) Ein Versorgungsvertrag nach § 109 Abs. 1 kann von jeder Vertragspartei mit einer Frist von einem Jahr ganz oder teilweise gekündigt werden, von den Landesverbänden der Krankenkassen und den Ersatzkassen nur gemeinsam und nur aus den in § 109 Abs. 3 Satz 1 genannten Gründen. Eine Kündigung ist nur zulässig, wenn die Kündigungsgründe nicht nur vorübergehend bestehen. Bei Plankrankenhäusern ist die Kündigung mit einem Antrag an die zuständige Landesbehörde auf Aufhebung oder Änderung des Feststellungsbescheids nach § 8 Abs. 1 Satz 2 des Krankenhausfinanzierungsgesetzes zu verbinden, mit dem das Krankenhaus in den Krankenhausplan des Landes aufgenommen worden ist.

(2) Die Kündigung durch die in Absatz 1 Satz 1 genannten Verbände erfolgt im Benehmen mit den als Pflegesatzparteien betroffenen Krankenkassen. Sie wird mit der Genehmigung durch die zuständige Landesbehörde wirksam. Diese hat ihre Entscheidung zu begründen. Bei Plankrankenhäusern kann die Genehmigung nur versagt werden, wenn und soweit das Krankenhaus für die Versorgung unverzichtbar ist. Die Genehmigung gilt als erteilt, wenn die zuständige Landesbehörde nicht innerhalb von drei Monaten nach Mitteilung der Kündigung widersprochen hat. Die Landesbehörde hat einen Widerspruch spätestens innerhalb von drei weiteren Monaten schriftlich zu begründen.

Gliederung

A. Basisinformationen

I. Textgeschichte/Gesetzgebungsmaterialien

1 Die Bestimmung wurde mit Wirkung vom **01.01.1989** durch das GRG[1] eingeführt.[2]

2 Das GSG[3] änderte zum **01.01.1993** die Regelung über die Genehmigung der Kündigung: Während es bis zum 31.12.1992 in § 110 Abs. 2 Satz 4 SGB V noch hieß, dass die Genehmigung versagt werden kann, wenn das Krankenhaus nach dem KHG und dem Landesrecht bedarfsgerecht ist, darf die Genehmigung seit dem 01.01.1993 nur noch versagt werden, wenn und soweit das Krankenhaus für die Versorgung unverzichtbar ist. Außerdem fügte das GSG§ 110 Abs. 2 SGB V die Sätze 5 und 6 an, wonach

[1] Gesundheits-Reformgesetz v. 10.12.1988, BGBl I 1988, 2477.

[2] Materialien: Gesetzentwurf, BT-Drs. 11/2237, S. 198 f.; Stellungnahme des Bundesrates, BT-Drs. 11/2493, S. 29 f.; Gegenäußerung der Bundesregierung, BT-Drs. 11/2493, S. 64; Bericht des Ausschusses für Arbeit und Sozialordnung BT-Drs. 11/3480, S. 60 f.

[3] Gesundheitsstrukturgesetz v. 21.12.1992, BGBl I 1992, 2266.

die Genehmigung als erteilt gilt, sofern der Kündigung nicht innerhalb bestimmter Fristen begründet widersprochen wird.[4]

Das GKV-WSG[5] passte § 110 Abs. 1 Satz 1 SGB V zum **01.07.2008** an die Neustrukturierung der Krankenkassenverbände an; demnach zählen zu den kündigungsberechtigten Vertragsparteien nicht mehr die Verbände der Ersatzkassen, sondern die Ersatzkassen selbst.[6] 3

II. Vorgängervorschriften

§ 110 SGB V geht auf **§ 371 Abs. 2 Sätze 2 und 3 RVO** zurück, unterscheidet sich aber von dieser Vorgängervorschrift grundlegend dadurch, dass nunmehr auch bei den Hochschulkliniken und Plankrankenhäusern eine Kündigung möglich ist.[7] Erreicht wurde dies durch die Einbeziehung dieser Krankenhäuser in das System der Versorgungsverträge (§ 109 Abs. 1 Satz 2, Abs. 4 Satz 1 SGB V). 4

III. Parallelvorschriften

§ 110 SGB V ist Vorbild für Regelungen über die Kündigung von Vorsorge- und Rehabilitationseinrichtungen (**§ 111 Abs. 4 Sätze 2 und 3 SGB V**) und von Pflegeeinrichtungen (**§ 74 SGB XI**). Dabei geht § 74 SGB XI insoweit über § 110 SGB V hinaus, als danach nicht nur eine fristgebundene Kündigung (§ 74 Abs. 1 SGB XI), sondern auch eine fristlose Kündigung (§ 74 Abs. 2 SGB XI) möglich ist. Bei den Gründen einer fristgebundenen Kündigung orientiert sich § 74 Abs. 1 Satz 1 SGB XI an § 110 Abs. 1 Satz 1 SGB V; diese Kündigung ist also möglich, wenn die Voraussetzungen für den Abschluss eines Versorgungsvertrages nicht (mehr) vorliegen. Dagegen stand für die gröbliche Pflichtverletzung, die nach § 74 Abs. 2 SGB XI eine fristlose Kündigung erlaubt, eher § 95 Abs. 6 SGB V Pate. 5

IV. Systematische Zusammenhänge

§ 110 SGB V ist Teil des differenzierten Zulassungs- und Vertragssystems für Krankenhäuser. Nach **§ 108 SGB V** darf Krankenhausbehandlung im Sinne des **§ 39 Abs. 1 SGB V** zulasten der gesetzlichen Krankenkassen nur durch Einrichtungen erbracht werden, die Krankenhäuser im Sinne des **§ 107 Abs. 1 SGB V** sind und die zur Erbringung von Krankenhausleistungen zugelassen sind. Die Zulassung selbst erfolgt nach **§ 109 SGB V** durch einen Versorgungsvertrag (§ 109 Abs. 4 Satz 1 SGB V), der zwar bei Hochschulkliniken und Plankrankenhäusern fingiert wird (§ 109 Abs. 1 Satz 2 SGB V), aber auch bei ihnen Grundlage der Rechtsbeziehungen zu den Krankenkassen ist. Daher können auch sie den Status eines zugelassenen Krankenhauses durch Kündigung des Versorgungsvertrages verlieren (§ 110 SGB V). 6

V. Ausgewählte Literaturhinweise

Knispel, Rechtsfragen der Versorgungsverträge nach SGB V, NZS 2006, 120-127; *Kuhla/Voß*, Rechtsschutz des Krankenhauses gegen die kündigungsbedingte Beendigung des Versorgungsvertrages, NZS 1999, 216-222. 7

B. Auslegung der Norm

I. Regelungsgehalt und Bedeutung der Norm

Nach § 110 Abs. 1 Satz 1 SGB V kann der Versorgungsvertrag von jeder Vertragspartei mit einer **Frist** von einem Jahr ganz oder teilweise gekündigt werden, von den beteiligten Krankenkassen(-Verbänden) jedoch nur, wenn ein **Kündigungsgrund** vorliegt. Die Kündigungsgründe entsprechend den Gründen für die Ablehnung eines Versorgungsvertrages (§ 109 Abs. 3 Satz 1 SGB V). § 110 Abs. 1 Satz 2 SGB V fordert jedoch, dass die Kündigungsgründe nicht nur vorübergehender Natur sind. Bei Plankrankenhäusern muss mit der Kündigung auch noch die **Herausnahme aus dem Krankenhausplan** beantragt werden (§ 110 Abs. 1 Satz 3 SGB V). 8

§ 110 Abs. 2 SGB V sieht die **Mitwirkung** der als Pflegesatzpartei betroffenen Krankenkassen (Satz 1) sowie der **Krankenhausplanungsbehörden** (Sätze 2-5) vor. Während mit ersteren nur das Benehmen herzustellen ist, bedarf die Kündigung der Genehmigung letzterer. 9

---

[4] Materialien: Gesetzentwurf, BT-Drs. 12/3608, S. 101.

[5] GKV-Wettbewerbsstärkungsgesetz v. 26.03.2007, BGBl I 2007, 378.

[6] Materialien: Gesetzentwurf, BT-Drs. 16/3100, S. 139 mit S. 90 und 160.

[7] Vgl. BT-Drs. 11/2237, S. 197.

II. Normzweck

10 Zentrales Anliegen bei der Schaffung des § 110 SGB V war es, alle zugelassenen Krankenhäuser **gleich zu behandeln**. Aus diesem Grunde wurden auch die Hochschulkliniken und Plankrankenhäuser in das Vertrags- und Kündigungssystem der §§ 109, 110 SGB V einbezogen.[8]

11 Wie andere Kündigungsregelungen auch, dient § 110 SGB V nicht nur dazu, die Beendigung vertraglicher Beziehungen zu ermöglichen, sondern zugleich auch dem **Kündigungsschutz**. Daher ist eine Kündigungsfrist von einem Jahr vorgeschrieben (§ 110 Abs. 1 Satz 1 SGB V). Zum Schutz des Krankenhausträgers darf die Kündigung durch die Krankenkassen(-Verbände) nur bei Vorliegen von Kündigungsgründen erfolgen (§ 110 Abs. 1 Sätze 1 und 2 SGB V). Speziell dem Schutz der Plankrankenhäuser dient es, wenn bei ihnen die Kündigung mit einem Antrag an die zuständige Landesbehörde auf Herausnahme aus dem Krankenhausplan zu verbinden ist (§ 110 Abs. 1 Satz 3 SGB V).[9]

12 Da von der Kündigung eines Versorgungsvertrages auch die Aufgabenwahrnehmung durch andere Träger öffentlicher Gewalt betroffen sein kann, sieht zur **Abstimmung** mit diesen § 110 Abs. 2 SGB V die Mitwirkung der als Pflegesatzpartei betroffenen Krankenkassen (Satz 1) und der für die Krankenhausplanung zuständigen Landesbehörden (Sätze 2-6) vor.

III. Kündigung von Versorgungsverträgen

1. Gegenstand und Umfang der Kündigung

13 § 110 Abs. 1 Satz 1 HS. 1 SGB V gestattet die Kündigung aller Versorgungsverträge nach § 109 Abs. 1 SGB V. Hierzu gehören nicht nur die echten Versorgungsverträge mit **Vertragskrankenhäusern** (§ 109 Abs. 1 Satz 2 SGB V), sondern auch die fingierten Versorgungsverträge mit **Hochschulkliniken** und **Plankrankenhäusern** (§ 109 Abs. 1 Satz 2 SGB V). Die Gleichbehandlung aller zugelassenen Krankenhäuser bei der Kündigung war ein zentrales Anliegen bei der Einführung des § 110 SGB V. Damit hat der Gesetzgeber auf die verfassungsrechtlichen Bedenken reagiert,[10] die das BSG gegen einen absoluten Vorrang der Hochschulkliniken und Plankrankenhäuser gegenüber den Vertragskrankenhäusern geäußert hatte.[11]

14 Wie § 110 Abs. 1 Satz 1 HS. 1 SGB V ausdrücklich bestimmt, kann ein Versorgungsvertrag **ganz oder teilweise** gekündigt werden. Damit ist auch eine Änderungskündigung möglich. Die Abänderung eines echten Versorgungsvertrages kann aber auch durch eine Vereinbarung erfolgen. Bei fingierten Versorgungsverträgen ist dies nur in Form planmodifizierender Vereinbarungen (§ 109 Abs. 1 Satz 4 SGB V, vgl. die Kommentierung zu § 109 SGB V Rn. 41) möglich.

2. Kündigungsberechtigung

15 Zur Kündigung eines Versorgungsvertrages mit Krankenhäusern ist nach § 110 Abs. 1 Satz 1 HS. 1 SGB V **jede Vertragspartei** berechtigt. Gemeint sind damit die Parteien aller Versorgungsverträge nach § 109 Abs. 1 SGB V, also nicht nur die Parteien echter Versorgungsverträge (§ 109 Abs. 1 Satz 1 SGB V), sondern auch die Parteien fingierter Versorgungsverträge (§ 109 Abs. 1 Satz 2 SGB V). Demnach sind Vertragspartei auf Seiten des Krankenhauses dessen Träger (vgl. die Kommentierung zu § 109 SGB V Rn. 25) und auf Seiten der Krankenkassen deren Landesverbände sowie die Ersatzkassen (vgl. die Kommentierung zu § 109 SGB V Rn. 26). Da für den Abschluss echter Versorgungsverträgen die Krankenkassen(-Verbände) des Landes örtlich zuständig sind, in dem das Krankenhaus seinen Sitz hat (vgl. die Kommentierung zu § 109 SGB V Rn. 28), sind diese auch als Vertragspartei fingierter Versorgungsverträge anzusehen. Das Gesetz lässt deshalb auch bei fingierten Versorgungsverträgen ohne weiteres die Bestimmung der Vertragsparteien zu.[12]

16 Wie die Krankenkassen(-Verbände) einen Versorgungsvertrag nur gemeinsam abschließen können (§ 109 Abs. 1 Satz 1 SGB V), können sie eine Kündigung auch nur **gemeinsam** aussprechen (§ 110 Abs. 1 Satz 1 HS. 2 SGB V). Dies setzt bei fehlender Einigung einen Mehrheitsbeschluss (vgl. die Kommentierung zu § 109 SGB V Rn. 27) voraus.

---

8 Vgl. BT-Drs. 11/2237, S. 198 f.; BT-Drs. 11/2493, S. 64.

9 BT-Drs. 11/2237, S. 198.

10 BT-Drs. 11/2237, S. 198 f.

11 BSG v. 15.01.1986 - 3/8 RK 5/84 - BSGE 59, 258, 216 f.

12 Die Kritik von *Klückmann* in: Hauck/Noftz, SGB V, K § 110 Rn. 10 erscheint daher überzogen.

3. Frist und Form der Kündigung

§ 110 SGB V kennt nur eine fristgebundene und keine fristlose Kündigung. Die Kündigungsfrist beträgt für alle Vertragsparteien – mithin nicht nur für die Krankenkassen(-Verbände), sondern auch für den Krankenhausträger – **ein Jahr** (§ 110 Abs. 1 Satz 1 HS. 1 SGB V). Gegenüber dem Recht § 371 Abs. 2 Satz 3 RVO wurde die Kündigungsfrist im Interesse einer flexibleren Kapazitätsanpassung an den tatsächlichen Bedarf von zwei Jahren auf ein Jahr verkürzt.[13] 17

§ 110 SGB V trifft zwar keine Aussage über die Form der Kündigung. Doch bedarf sie entsprechend § 59 Abs. 2 Satz 1 SGB X der **Schriftform.**[14] Außerdem soll sie (schriftlich) begründet werden (§ 59 Abs. 2 Satz 1 SGB X). Aus dem Schreiben der Krankenkassen(-Verbände) muss hervorgehen, dass die Kündigung von diesen gemeinsam ausgesprochen wird.[15] Eine nicht der Schriftform genügende Kündigung ist nichtig (§ 61 Satz 2 SGB X i.V.m. § 125 BGB); fehlt es lediglich an der Begründung, berührt dies die Wirksamkeit der Kündigung dagegen nicht.[16] 18

4. Kündigungsgründe

Der **Krankenhausträger** kann den Versorgungsvertrag kündigen, **ohne** dass besondere **Kündigungsgründe** vorliegen müssten. Denn Gründe für eine Kündigung verlangt § 110 Abs. 1 Satz 1 HS. 2 SGB V nur für die Kündigung durch die Krankenkassen(-Verbände). Die für diese in § 110 Abs. 1 Satz 1 und 2 SGB V geregelten Kündigungsgründe wirken sich allerdings insoweit auf die Kündigung durch den Krankenhausträger aus, als auch diese Kündigung zu ihrer Wirksamkeit der Genehmigung durch die zuständige Landesbehörde bedarf (§ 110 Abs. 2 Satz 2 SGB V) und diese Genehmigung nur dann zu erteilen ist, wenn ein Kündigungsgrund im Sinne des § 110 Abs. 1 Sätze 1 und 2 SGB V vorliegt (vgl. Rn. 35). 19

Die **Krankenkassen(-Verbände)** können anders als die Krankenhausträger Versorgungsverträge nur bei Vorliegen bestimmter Gründe kündigen. Die Kündigungsgründe entsprechen gemäß § 110 Abs. 1 Satz 1 HS. 2 SGB V den in § 109 Abs. 3 Satz 1 SGB V genannten Ablehnungsgründen, sie müssen aber nach § 110 Abs. 1 Satz 2 SGB V von Dauer sein. 20

Folglich setzt die Kündigung durch die Krankenkassen(-Verbände) voraus, 21

- dass es sich bei der Einrichtung nicht (mehr) um ein **Krankenhaus** im Sinne des § 107 Abs. 1 SGB V handelt (§ 109 Abs. 3 Satz 1 HS. 1 SGB V – vgl. dazu die Kommentierung zu § 109 SGB V Rn. 66),
- dass das Krankenhaus nicht (mehr) die Gewähr für eine **leistungsfähige** und **wirtschaftliche** Krankenhausbehandlung bietet (§ 109 Abs. 3 Satz 1 Nr. 1 SGB V) oder
- dass das Krankenhaus nicht (mehr) für eine **bedarfsgerechte** Krankenhausbehandlung der Versicherten erforderlich ist (§ 109 Abs. 3 Satz 1 Nr. 2 SGB V).

Dabei ist im Rahmen der Kündigung im Grundsatz vom selben Begriffsverständnis des Krankenhauses (vgl. die Kommentierung zu § 107 SGB V Rn. 12), der Leistungsfähigkeit (vgl. die Kommentierung zu § 109 SGB V Rn. 69), der Wirtschaftlichkeit (vgl. die Kommentierung zu § 109 SGB V Rn. 73) und der Bedarfsgerechtigkeit (vgl. die Kommentierung zu § 109 SGB V Rn. 75) auszugehen wie beim Vertragsabschluss.

Bei der Bedarfsgerechtigkeit bestehen jedoch gewisse **Besonderheiten.** Anders als beim Vertragsschluss (vgl. die Kommentierung zu § 109 SGB V Rn. 77) besteht bei der Kündigung **kein Vorrang der Plankrankenhäuser und Hochschulkliniken.**[17] Ein Vertragskrankenhaus kann folglich nicht deshalb gekündigt werden, weil die Plankrankenhäuser und Hochschulkliniken über genügend unausgelastete Kapazitäten verfügen, um den bisher von einem Plankrankenhaus abgedeckten Versorgungsbedarf zu befriedigen. Alles wäre auch mit dem Ziel des § 110 SGB V, alle zugelassenen Krankenhäuser gleich zu behandeln (vgl. Rn. 13), nicht vereinbar. 22

Weiterhin ist hinsichtlich des Kündigungsgrundes fehlende Bedarfsgerechtigkeit zu beachten, dass dieser es nur erlaubt, einen Überhang abzubauen. Er erlaubt es aber **nicht**, mittels der Kündigung eine **Bedarfslücke** zu schaffen.[18] 23

---

[13] BT-Drs. 11/2237, S. 198.

[14] *Klückmann* in: Hauck/Noftz, SGB V, K § 110 Rn. 13; *Knittel* in: Krauskopf, SozKV, § 110 Rn. 2.

[15] *Quaas*, Der Versorgungsvertrag nach dem SGB V mit Krankenhäusern und Rehabilitationseinrichtungen, 2000, Rn. 107.

[16] *Knittel* in: Krauskopf, SozKV, § 110 Rn. 2.

[17] BSG v. 06.08.1998 - B 3 KR 3/98 R - BSGE 82, 261, 264 ff.

[18] BSG v. 20.11.1996 - 3 RK 7/96 - SozR 3-2500 § 109 Nr. 3 S. 30 f.

24 Im Gegensatz zur Leistungsfähigkeit und Wirtschaftlichkeit wird sich das Fehlen der Bedarfsgerechtigkeit nicht nur auf ein einzelnes zugelassenes Krankenhaus beschränken, sondern regelmäßig gleichzeitig für mehrere zugelassene Krankenhäuser feststellen lassen. In diesem Falle hat eine Auswahl unter **entsprechender Anwendung des § 109 Abs. 2 Satz 2 SGB V** zu erfolgen. Zwar verweist § 110 Abs. 1 Satz 1 HS. 1 SGB V nur auf § 109 Abs. 3 Satz 1 SGB V. Dies steht einer entsprechenden Anwendung des § 109 Abs. 2 Satz 2 SGB V jedoch nicht entgegen,[19] da andernfalls eine Rückführung auf einen bedarfsgerechten Versorgungsgrad über die Kündigung weitgehend ausgeschlossen wäre.[20] Zu Recht ist darauf hingewiesen worden, dass das Merkmal des „Nicht-Mehr-Erforderlich-Seins" (§§ 110 Abs. 1 Satz 1, 109 Abs. 3 Satz 1 Nr. 2 SGB V) das Gebot einer Auswahlentscheidung unter mehreren zugelassenen Krankenhäusern enthält, die in ihrem Inhalt und in ihrer gerichtlichen Überprüfbarkeit der Auswahlentscheidung nach § 109 Abs. 2 Satz 2 SGB V entspricht.[21]

25 Unterschiede zwischen den Ablehnungsgründen nach § 109 Abs. 3 Satz 1 SGB V und den Kündigungsgründen nach § 110 Abs. 1 Satz 1 HS. 2 SGB V ergeben sich aus der unterschiedlichen Entscheidungssituation: Während die Voraussetzungen für den **Vertragsschluss** notwendigerweise **vorausschauend** zu beurteilen sind, ist über die **Kündigung** auch auf der Grundlage der während der bisherigen Vertragsdauer gewonnenen Erfahrungen und damit **rückblickend** zu entscheiden. Allerdings ist auch die Kündigung zukunftsgerichtet. Im Hinblick hierauf ist § 110 Abs. 1 Satz 2 SGB V zu verstehen, wonach die Kündigungsgründe nicht nur vorübergehend vorliegen dürfen. Dies macht auch bei der Kündigung eine vorausschauende Betrachtungsweise erforderlich, die neben die rückblickende Beurteilung tritt.

26 § 110 Abs. 1 Satz 2 SGB V trägt darüber hinaus dem **Gebot der Verhältnismäßigkeit** Rechnung, das über den Wortlaut der Bestimmung hinaus bei der Kündigung des Versorgungsvertrages zu beachten ist.[22]

5. Antrag auf Aufhebung oder Abänderung des Feststellungsbescheids

27 § 110 Abs. 1 Satz 3 SGB V verlangt bei Plankrankenhäusern, die Kündigung mit einem Antrag an die zuständige Landesbehörde auf Aufhebung oder Änderung des Feststellungsbescheides nach § 8 Abs. 1 Satz 2 (richtig: Satz 3) KHG zu verbinden. Diese Bestimmung dient dem **Schutz des Krankenhausträgers**. Damit soll sichergestellt werden, dass der Krankenhausträger nicht aufgrund eines für ihn weiterhin verbindlichen Feststellungsbescheides Kapazitäten für die Krankenhausbehandlung von Versicherten vorhält, die er nach der Wirksamwerden der Kündigung gegenüber den Krankenkassen nicht mehr abrechnen kann.[23]

28 § 110 Abs. 1 Satz 3 SGB V verlangt nur, dass die Kündigung mit einem Antrag auf Aufhebung oder Abänderung des Feststellungsbescheides verbunden werden muss, nicht aber dass über diesen Antrag vor Wirksamwerden der Kündigung in einer bestimmten Weise entschieden sein muss.[24] Die Aufhebung oder Abänderung des Feststellungsbescheides ist daher **keine Voraussetzung für die Wirksamkeit** der Kündigung des Versorgungsvertrages (vgl. näher dazu Rn. 47).

6. Rechtsnatur der Kündigung

29 Das **BSG** erblickt nicht nur in der Ablehnung eines Versorgungsvertrages (vgl. die Kommentierung zu § 109 SGB V Rn. 84), sondern auch in seiner Kündigung einen **Verwaltungsakt**. Denn bei dem Versorgungsvertrag eines Krankenhauses handele es sich um einen statusbegründenden öffentlich-rechtlichen Vertrag, der auf einem Über- und Unterordnungsverhältnis beruhe und bei dem jede Entscheidung über die Zulassung einen Verwaltungsakt darstelle.[25]

30 Dieser Auffassung kann – wie bei der Ablehnung (vgl. die Kommentierung zu § 109 SGB V Rn. 84) – auch bei der Kündigung des Versorgungsvertrages nicht gefolgt werden. Bei ihr kann noch weniger als bei der Vertragsablehnung von einem Über- und Unterordnungsverhältnis die Rede sein, weil sich die

---

[19] So aber VG Minden v. 29.08.2002 - 3 K 3280/97 - juris Rn. 68.

[20] Im Ergebnis ebenso *Knispel*, NZS 2006, 120, 124 mit Fn. 52.

[21] VG Freiburg (Breisgau) v. 20.02.2002 - 1 K 148/00 - juris Rn. 37.

[22] *Quaas*, Der Versorgungsvertrag nach dem SGB V mit Krankenhäusern und Rehabilitationseinrichtungen, Rn. 112.

[23] BT-Drs. 11/2237, S. 198.

[24] *Klückmann* in: Hauck/Noftz, SGB V, K § 110 Rn. 24.

[25] BSG v. 29.05.1996 - 3 RK 23/95 - BSGE 78, 233, 235 f.; BSG v. 06.08.1998 - B 3 KR 3/98 R - BSGE 82, 261, 262 f.

Beteiligten mit dem Abschluss eines Vertrages auf die Ebene der Gleichordnung begeben.[26] Für die Qualifikation der Kündigung als Verwaltungsakt spricht lediglich das beim Versorgungsvertrag aufgrund seiner statusbegründenden Wirkung (vgl. die Kommentierung zu § 109 SGB V Rn. 100) bestehende Bedürfnis nach Klarheit und Rechtssicherheit. Denn nur wenn die Kündigung einen Verwaltungsakt darstellt, ist eine Klagefrist zu beachten (§ 87 SGG). Die praktischen Folgen sind jedoch gering. Denn Zuwarten macht auch dann keinen Sinn, wenn die Kündigung nicht für einen Verwaltungsakt gehalten wird. Denn die Kündigung wird mit ihrer Genehmigung durch die zuständige Landesbehörde wirksam und damit entfällt der Zulassungsstatus (vgl. Rn. 46). Der Zulassungsstatus kann nach erfolgreicher Feststellungsklage für die Zwischenzeit auch nicht wieder rückwirkend erlangt werden (zum Rückwirkungsverbot bei statusbegründenden Akten: vgl. die Kommentierung zu § 109 SGB V Rn. 52). Helfen kann für die Zwischenzeit nur eine einstweilige Anordnung. Damit besteht aber kein grundlegender Unterschied gegenüber der Qualifikation als Verwaltungsakt. Zwar hat die Anfechtungsklage aufschiebende Wirkung (§ 86a Abs. 1 SGG). Doch kann diese durch die Anordnung der sofortigen Vollziehung beseitigt werden (§ 86a Abs. 2 Nr. 5 SGG). Vor diesem Hintergrund ist die Kündigung eines Versorgungsvertrages richtigerweise **nicht als Verwaltungsakt** anzusehen.[27]

IV. Mitwirkung anderer Stellen

1. Benehmen mit den Pflegesatzparteien

31 Die Kündigung durch die Krankenkassen(-Verbände) hat im Benehmen mit den als **Pflegesatzparteien** betroffenen Krankenkassen zu erfolgen (§ 110 Abs. 2 Satz 1 SGB V). Pflegesatzparteien sind nach § 18 Abs. 2 KHG die Sozialleistungsträger oder Arbeitsgemeinschaften von Sozialleistungsträgern, auf die im Jahr vor Beginn der Pflegesatzverhandlungen mehr als 5% der Belegungs- und Berechnungstage des Krankenhauses entfallen. Hierunter fallen die Krankenkassen, die im Versorgungsbereich des Krankenhauses eine gewisse Mitgliederstärke haben, also **vor Ort verankert** sind.

32 Die Herstellung des **Benehmens** setzt wie auch sonst im Krankenversicherungsrecht voraus, dass den als Pflegesatzparteien betroffenen Krankenkassen grundsätzlich noch vor der Kündigung des Versorgungsvertrages Gelegenheit zur Stellungnahme gegeben wird und gegebenenfalls vorgebrachte Bedenken in die Entscheidung über die Kündigung einbezogen werden.[28] Das Benehmen kann aber auch noch nachträglich hergestellt werden.[29] Hierfür genügt es, wenn etwaige Bedenken noch bis Wirksamwerden der Kündigung berücksichtigt werden können. Eine ausdrückliche Erklärung der als Pflegesatzparteien betroffenen Krankenkassen ist nicht erforderlich.[30]

2. Genehmigung durch die zuständige Landesbehörde

33 Der Genehmigung durch die zuständige Landesbehörde bedarf nach § 110 Abs. 2 Satz 2 SGB V **jede Kündigung**, mithin nicht nur die Kündigung durch die Krankenkassen(-Verbände), sondern auch die Kündigung durch den Krankenhausträger selbst.

a. Zuständigkeit

34 Nach § 110 Abs. 2 Satz 2 SGB V wird die Kündigung des Versorgungsvertrages mit der Genehmigung durch die zuständige Landesbehörde wirksam. Wie in § 109 Abs. 3 Satz 2 SGB V (vgl. die Kommentierung zu § 109 SGB V Rn. 89) ist darunter die für **Krankenhausplanung zuständige Landesbehörde** zu verstehen.[31]

b. Entscheidungsmaßstäbe

35 Für die Entscheidung über die Genehmigung sieht das Gesetz keine eigenständigen Kriterien vor. Daher sind die für die Kündigung selbst geltenden Maßstäbe des § 110 Abs. 1 Sätze 1 und 2 SGB V heranzuziehen. Folglich ist die Kündigung zu genehmigen, wenn ein **Kündigungsgrund** vorliegt. Dabei

---

[26] Vgl. nur *Wallerath* in: SRH, B. 12 Rn. 275.

[27] So auch *Knittel* in: Krauskopf, SozKV, § 110 Rn. 3. A.A. *Hess* in: KassKomm, SGB V, § 110 Rn. 12; *Hencke* in: Peters Hdb, § 110 Rn. 5; *Klückmann* in: Hauck/Noftz, SGB V, K § 110 Rn. 42.

[28] Vgl. BSG v. 24.08.1994 - 6 RKa 15/93 - BSGE 75, 37, 40 f.; BSG v. 03.03.1999 - B 6 KA 15/98 R - SozR 3-2500 § 85 Nr. 31 S. 235.

[29] Vgl. BSG v. 07.02.1996 - 6 RKa 68/94 - BSGE 77, 288, 290 f.; BSG v. 03.03.1999 - B 6 KA 15/98 R - SozR 3-2500 § 85 Nr. 31 S. 235.

[30] Vgl. BSG v. 09.12.2004 - B 6 KA 44/03 R - BSGE 94, 50 Rn. 37.

[31] BSG v. 29.05.1996 - 3 RK 26/95 - BSGE 78, 243, 247.

hat die zuständige Landesbehörde nur zu prüfen, ob die tatbestandlichen Voraussetzungen für eine Kündigung erfüllt sind. Sie ist insoweit auf eine bloße Rechtskontrolle beschränkt und darf ihre eigenen Zweckmäßigkeitserwägungen nicht an die Stelle derjenigen der Vertragsparteien setzen.

36 Für die Kündigung von **Plankrankenhäusern** bestimmt § 110 Abs. 2 Satz 4 SGB V, dass die Kündigung nur versagt werden kann, wenn und soweit das Krankenhaus für die Versorgung der Versicherten unverzichtbar ist. Aus dieser Bestimmung ergibt sich zunächst, dass der zuständigen Landesbehörde bei der Genehmigungsentscheidung nur dann ein **Ermessen** zusteht, wenn es um die Kündigung von Plankrankenhäusern geht. Bei Vertragskrankenhäusern und Hochschulkliniken besteht dagegen ein Anspruch auf der Genehmigung, wenn die tatbestandlichen Voraussetzungen für eine Kündigung vorliegen.

37 Sodann gibt § 110 Abs. 2 Satz 4 SGB V für die Ausübung des hinsichtlich der Plankrankenhäuser eingeräumten Ermessens vor, dass dieses nur dann zur Versagung der Genehmigung führen darf, wenn das Krankenhaus **für die Versorgung unverzichtbar** ist. Nach der ursprünglichen Fassung des § 110 Abs. 2 Satz 4 HS. 2 SGB V war die Versagung der Genehmigung nur möglich, wenn das Plankrankenhaus nach dem KHG und dem Landesrecht bedarfsgerecht war. Die heutige Fassung erhielt § 110 Abs. 2 Satz 4 HS. 2 SGB V durch das GSG, um die Voraussetzungen, bei deren Vorliegen die Genehmigung einer Kündigung verweigert werden kann, einzuengen.[32] Entgegen der Kritik an dem darin verwandten Begriff der Unverzichtbarkeit[33] ist die Neufassung des § 110 Abs. 2 Satz 4 HS. 2 SGB V durch das GSG durchaus von rechtlicher Relevanz. Zum einen lässt sie die Versagung der Kündigung nicht mehr aus Gründen des Krankenhausplanungsrechts zu und zum anderen erhöht sie den Begründungsaufwand für eine Versagung durch die zuständige Landesbehörde.

c. Begründungspflicht

38 Die zuständige Landesbehörde muss nach § 109 Abs. 2 Satz 3 SGB V ihre Entscheidung über die Genehmigung **in jedem Fall begründen**. Damit soll für alle Beteiligten auch aus Gründen der Rechtssicherheit Klarheit über die tragenden Entscheidungsgrundlagen geschaffen werden.[34]

39 Soweit bei einem **Plankrankenhaus** die Kündigung versagt wird, muss vor allem die Unverzichtbarkeit für die Versorgung (§ 110 Abs. 2 Satz 4 SGB V) in der Entscheidungsbegründung nachvollziehbar dargelegt werden.

d. Genehmigungsfiktion

40 Die Genehmigung gilt nach § 110 Abs. 2 Satz 5 SGB V als erteilt, wenn die zuständige Landesbehörde nicht innerhalb von **drei Monaten** nach Mitteilung der Kündigung **widersprochen** hat. Damit wird die Kündigung bei Fristablauf fingiert. Die Fiktion soll für klare Rechtsverhältnisse sorgen, indem alsbald der Schwebezustand beseitigt wird, der dadurch entsteht, dass die Genehmigung Wirksamkeitsvoraussetzung ist.[35]

41 Widerspricht die zuständige Landesbehörde der Kündigung, hat sie nach § 110 Abs. 2 Satz 6 SGB V den Widerspruch innerhalb von **drei weiteren Monaten** schriftlich zu **begründen**. Dabei beginnt die Begründungsfrist mit Einlegung des Widerspruchs.[36] Diese Frist ist eine Ausschlussfrist; wird sie versäumt, ist der Widerspruch gegen die Kündigung gegenstandslos.[37]

e. Wirkung der Genehmigung

42 Die Kündigung wird nach § 110 Abs. 2 Satz 2 SGB V erst mit ihrer Genehmigung durch die zuständige Landesbehörde **wirksam**. Demnach ist die Kündigung bis zur Erteilung der Genehmigung schwebend unwirksam und entfaltet bis dahin keinerlei Rechtswirkungen nach außen. Dieser Schwebezustand wird auch durch die gemäß § 110 Abs. 2 Satz 5 und 6 SGB V nach fruchtlosem Fristablauf fingierte Genehmigung beendet.

43 Aufgrund der statusbegründenden Funktion (vgl. die Kommentierung zu § 109 SGB V Rn. 100) des Versorgungsvertrages kann die Genehmigung **keine Rückwirkung** entfalten (vgl. die Kommentierung

---

32 BT-Drs. 12/3608, S. 101.

33 *Heinze* in: HS-KV § 38 Rn. 47; *Klückmann* in: Hauck/Noftz, SGB V, K § 110 Rn. 37; *Quaas*, Der Versorgungsvertrag nach dem SGB V mit Krankenhäusern und Rehabilitationseinrichtungen, Rn. 126 ff.

34 BT-Drs. 11/2237, S. 198.

35 BT-Drs. 12/3608, S. 101.

36 *Klückmann* in: Hauck/Noftz, SGB V, K § 110 Rn. 40.

37 *Quaas*, Der Versorgungsvertrag nach dem SGB V mit Krankenhäusern und Rehabilitationseinrichtungen, Rn. 125. A.A. *Klückmann* in: Hauck/Noftz, SGB V, K § 110 Rn. 41.

zu § 109 SGB V Rn. 93). Da bei der Kündigung eine Jahresfrist einzuhalten ist (§ 110 Abs. 1 Satz 1 SGB V) und die Genehmigung nach fruchtlosem Fristablauf fingiert wird (§ 110 Abs. 2 Sätze 5 und 6 SGB V), stellt sich die Frage der Rückwirkung nur, wenn die zuständige Landesbehörde der Kündigung fristgerecht widersprochen und den Widerspruch fristgerecht begründet hat.

f. Rechtsnatur der Genehmigung

Die **erteilte Genehmigung** der Kündigung ist ein bloßes **Verwaltungsinternum**, gegen das nicht gesondert gerichtlich vorgegangen werden muss.[38] Sie wird bei einer Klage gegen die Kündigung inzident geprüft.[39] 44

Die **Versagung** der Kündigung stellt dagegen einen **Verwaltungsakt** dar.[40] 45

V. Rechtsfolgen der Kündigung

Mit Wirksamwerden der Kündigung, d.h. nach Ablauf der Kündigungsfrist und erteilter oder fingierter Genehmigung (vgl. Rn. 42 f.), **entfällt die Zulassung** zur Versorgung der Versicherten. Denn nach § 109 Abs. 4 Satz 1 SGB V ist das Krankenhaus nur für die Dauer des Versorgungsvertrages zur Krankenhausbehandlung der Versicherten zugelassen. 46

Dies gilt nicht nur bei Vertragskrankenhäusern und Hochschulkliniken, sondern auch bei **Plankrankenhäusern**. Zwar ist bei diesen die Kündigung mit einem Antrag auf Aufhebung oder Abänderung des Bescheides, der die Aufnahme in den Krankenhausplan feststellt, zu verbinden (§ 110 Abs. 1 Satz 3 SGB V). Dies bedeutet aber nicht, dass die Herausnahme aus dem Krankenhausplan Voraussetzung für das Wirksamwerden der Kündigungsfolgen wäre.[41] Etwas anderes ergibt sich auch nicht daraus, dass § 108 Nr. 3 SGB V die in den Krankenhausplan eines Landes aufgenommenen Krankenhäuser zur den zugelassenen Krankenhäusern zählt. Denn die Zulassung zur Versorgung der Versicherten ergibt sich nicht aus § 108 SGB V (vgl. die Kommentierung zu § 108 SGB V Rn. 14), sondern erst aus § 109 SGB V und setzt damit das Bestehen eines Versorgungsvertrages voraus (§ 109 Abs. 4 Satz 1 SGB V). Auch mit § 109 Abs. 1 Satz 2 SGB V lässt sich ein Fortbestand der Zulassung nicht begründen. Andernfalls könnten die zuständige Landesbehörde entgegen der Regelung in § 110 Abs. 2 Sätze 5 und 6 SGB V durch Nichtstun die Kündigung ins Leere laufen lassen. Daher löst richtigerweise nur die erstmalige Planaufnahme die Fiktion eines Vertragsabschlusses aus.[42] 47

C. Praxishinweise

Der **Rechtsweg** bei der Kündigung von Versorgungsverträgen ist gespalten: 48

- Die **Sozialgerichte** sind nur für Klagen gegen die Kündigung **echter Versorgungsverträge** mit Vertragskrankenhäusern zuständig (§ 51 Abs. 1 Nr. 2 HS. 1 SGG).
- Dagegen entscheiden über die Kündigung **fingierter Versorgungsverträge** mit Hochschulkliniken oder Plankrankenhäusern die **Verwaltungsgerichte** (§ 51 Abs. 1 Nr. 2 HS. 2 SGG i.V.m. § 40 Abs. 1 Satz 1 VwGO).

Dabei sind von der Zuständigkeit der Sozialgerichtsbarkeit alle Rechtsstreitigkeiten ausgenommen, die mit dem Ausspruch einer Kündigung eines fingierten Versorgungsvertrages im Zusammenhang stehen; hierzu zählt auch der Streit über die Verpflichtung der zuständigen Landesbehörde zur **Genehmigung** einer Kündigung.[43]

Richtige **Klageart** gegen die Kündigung eines Versorgungsvertrages mit einem Krankenhaus ist nach der Rechtsprechung des BSG die **Anfechtungsklage**, weil es sich insoweit um einen statusbegründenden öffentlich-rechtlichen Vertrag handelt, der auf einem Über- und Unterordnungsverhältnis beruht und bei dem jede Entscheidung über die Zulassung einen Verwaltungsakt (vgl. Rn. 29) darstellt.[44] 49

Diese Auffassung ist abzulehnen. Die Kündigung ist eine öffentlich-rechtliche Willenserklärung ohne Verwaltungsaktscharakter (vgl. Rn. 30). Richtige Klageart ist daher die **Feststellungsklage**. 50

---

[38] Vgl. BSG v. 29.05.1996 - 3 RK 26/95 - BSGE 78, 243, 247 f.

[39] *Klückmann* in: Hauck/Noftz, SGB V, K § 110 Rn. 43.

[40] *Klückmann* in: Hauck/Noftz, SGB V, K § 110 Rn. 44.

[41] *Hess* in: KassKomm, SGB V, § 110 Rn. 8. So auch in einem obiter dictum BSG v. 19.11.1997 - 3 RK 21/96 - SozR 3-2500 § 107 Nr. 1 S. 9.

[42] *Knispel*, NZS 2006, 120, 125 f.

[43] BSG v. 24.04.1995 - 3 BS 1/94 - SozR 3-1500 § 51 Nr. 17.

[44] BSG v. 29.05.1996 - 3 RK 23/95 - BSGE 78, 233, 236 f.; BSG v. 06.08.1998 - B 3 KR 3/98 R - BSGE 82, 261, 262 f.

§ 111 SGB V Versorgungsverträge mit Vorsorge- oder Rehabilitationseinrichtungen

(Fassung vom 26.03.2007, gültig ab 01.07.2008)

(1) Die Krankenkassen dürfen medizinische Leistungen zur Vorsorge (§ 23 Abs. 4) oder Leistungen zur medizinischen Rehabilitation einschließlich der Anschlußheilbehandlung (§ 40), die eine stationäre Behandlung, aber keine Krankenhausbehandlung erfordern, nur in Vorsorge- oder Rehabilitationseinrichtungen erbringen lassen, mit denen ein Versorgungsvertrag nach Absatz 2 besteht.

(2) Die Landesverbände der Krankenkassen und die Ersatzkassen gemeinsam schließen mit Wirkung für ihre Mitgliedskassen einheitliche Versorgungsverträge über die Durchführung der in Absatz 1 genannten Leistungen mit Vorsorge- oder Rehabilitationseinrichtungen, die

1. die Anforderungen des § 107 Abs. 2 erfüllen und

2. für eine bedarfsgerechte, leistungsfähige und wirtschaftliche Versorgung der Versicherten ihrer Mitgliedskassen mit stationären medizinischen Leistungen zur Vorsorge oder Leistungen zur medizinischen Rehabilitation einschließlich der Anschlußheilbehandlung notwendig sind.

§ 109 Abs. 1 Satz 1 gilt entsprechend. Die Landesverbände der Krankenkassen eines anderen Bundeslandes und die Ersatzkassen können einem nach Satz 1 geschlossenen Versorgungsvertrag beitreten, soweit für die Behandlung der Versicherten ihrer Mitgliedskassen in der Vorsorge- oder Rehabilitationseinrichtung ein Bedarf besteht.

(3) Bei Vorsorge- oder Rehabilitationseinrichtungen, die vor dem 1. Januar 1989 stationäre medizinische Leistungen für die Krankenkassen erbracht haben, gilt ein Versorgungsvertrag in dem Umfang der in den Jahren 1986 bis 1988 erbrachten Leistungen als abgeschlossen. Satz 1 gilt nicht, wenn die Einrichtung die Anforderungen nach Absatz 2 Satz 1 nicht erfüllt und die zuständigen Landesverbände der Krankenkassen und die Ersatzkassen gemeinsam dies bis zum 30. Juni 1989 gegenüber dem Träger der Einrichtung schriftlich geltend machen.

(4) Mit dem Versorgungsvertrag wird die Vorsorge- oder Rehabilitationseinrichtung für die Dauer des Vertrages zur Versorgung der Versicherten mit stationären medizinischen Leistungen zur Vorsorge oder Rehabilitation zugelassen. Der Versorgungsvertrag kann von den Landesverbänden der Krankenkassen und den Ersatzkassen gemeinsam mit einer Frist von einem Jahr gekündigt werden, wenn die Voraussetzungen für seinen Abschluß nach Absatz 2 Satz 1 nicht mehr gegeben sind. Mit der für die Krankenhausplanung zuständigen Landesbehörde ist Einvernehmen über Abschluß und Kündigung des Versorgungsvertrags anzustreben.

(5) Die Vergütungen für die in Absatz 1 genannten Leistungen werden zwischen den Krankenkassen und den Trägern der zugelassenen Vorsorge- oder Rehabilitationseinrichtungen vereinbart.

(6) Soweit eine wirtschaftlich und organisatorisch selbständige, gebietsärztlich geleitete Vorsorge- oder Rehabilitationseinrichtung an einem zugelassenen Krankenhaus die Anforderungen des Absatzes 2 Satz 1 erfüllt, gelten im übrigen die Absätze 1 bis 5.

Gliederung

A. Basisinformationen

I. Textgeschichte/Gesetzgebungsmaterialien

Die Bestimmung wurde durch das GRG[1] mit Wirkung vom **01.01.1989** eingeführt.[2] 1

Zum **01.01.1993** fügte das GSG[3] in § 111 Abs. 2 Satz 1 Nr. 2 SGB V die Bedarfsgerechtigkeit zu den Voraussetzungen für den Abschluss eines Versorgungsvertrages hinzu und ersetzte in § 111 Abs. 4 Satz 3 SGB V die Herstellung des Benehmens durch das Anstreben des Einvernehmens.[4] 2

Im Zuge der Kodifizierung des Rehabilitationsrechts[5] wurde § 111 Abs. 1 und Abs. 2 Satz 1 Nr. 2 SGB V mit Wirkung vom **01.07.2001** an den Sprachgebrauch des SGB IX angepasst.[6] 3

Mit der Neustrukturierung der Krankenkassenverbände durch das GKV-WSG[7] zum **01.07.2008** traten in § 111 Abs. 2 Sätze 1 und 3, Abs. 3 Satz 2 und Abs. 4 Satz 2 SGB V an die Stelle der Ersatzkassenverbände die Ersatzkassen selbst.[8] 4

II. Vorgängervorschriften

§ 111 SGB V hatte im Recht der RVO **keinen Vorgänger**. Die Vorsorge- und Rehabilitationseinrichtungen wurden erstmals mit § 111 SGB V in ein Zulassungssystem einbezogen. Vorbildgebend dafür waren die für die Krankenhäuser geltenden Vorschriften der §§ 108-110 SGB V, die ihrerseits auf § 371 RVO zurückgehen. 5

III. Parallelvorschriften

§ 111 SGB V ist weitgehend den **§§ 108-110 SGB V** nachgebildet, in denen das Zulassungssystem für Krankenhäuser geregelt ist. Dabei entspricht § 111 Abs. 1 SGB V dem § 108 SGB V und § 111 Abs. 2-5 SGB V dem § 109 SGB V – mit Ausnahme des § 111 Abs. 4 Satz 2 SGB V, der das Pendant zu § 110 SGB V ist. Vergleichbar sind die ebenfalls auf die §§ 108 ff. SGB V zurückgehenden Bestimmungen über die Zulassung von Pflegeeinrichtungen (**§§ 72 ff. SGB XI**). 6

IV. Systematische Zusammenhänge

§ 111 SGB V regelt, welche Vorsorge- und Rehabilitationseinrichtungen im Sinne des **§ 107 Abs. 2 SGB V** zur Versorgung der Versicherten zugelassen sind. Nur diese Einrichtungen dürfen stationäre medizinische Leistungen zur Vorsorge (**§ 23 Abs. 4 SGB V**) oder Rehabilitation (**§ 40 Abs. 2 SGB V**) erbringen. Für die Rehabilitationseinrichtungen verlangt allerdings § 40 Abs. 2 Satz 1 SGB V neben der Zulassung eine Zertifizierung nach **§ 20 Abs. 2a SGB IX**. § 111 SGB V gilt nur für die Erbringung 7

[1] Gesundheits-Reformgesetz vom 10.12.1988, BGBl I 1988, 2477.
[2] Materialien: Gesetzentwurf, BT-Drs. 11/2237, S. 140, 196, 199; Bericht des Ausschusses für Arbeit und Sozialordnung, BT-Drs. 11/3480, S. 61.
[3] Gesundheitsstrukturgesetz vom 21.12.1992, BGBl I 1992, 2266.
[4] Materialien: Gesetzentwurf, BT-Drs. 12/3608, S. 101; Bericht des Gesundheitsausschusses, BT-Drs. 12/3937, S. 8.
[5] Neuntes Buch Sozialgesetzbuch vom 19.06.2001 (BGBl I 2001, 1046).
[6] Materialien: Gesetzentwurf, BT-Drs. 14/5074, S. 119.
[7] GKV-Wettbewerbsstärkungsgesetz vom 26.03.2007, BGBl I 2007, 378.
[8] Materialien: Gesetzentwurf, BT-Drs. 16/3100, S. 139 mit S. 90 und 160.

der allgemeinen medizinischen Vorsorge- und Rehabilitationsleistungen nach den §§ 23, 40 SGB V. Für die besonderen medizinischen Vorsorge- und Rehabilitationsleistungen für Mütter und Väter nach den §§ 24, 41 SGB V enthält **§ 111a SGB V** eine Sondervorschrift.

V. Ausgewählte Literaturhinweise

8 *Quaas*, Zu den Rechtsansprüchen einer geriatrischen Rehabilitationseinrichtung auf Abschluß eines Versorgungsvertrages nach § 111 SGB V und einer dem Versorgungsauftrag der Einrichtung angemessenen Vergütung, NZS 1996, 102-107.

B. Auslegung der Norm

I. Regelungsgehalt und Bedeutung der Norm

9 § 111 SGB V bezieht die Vorsorge- und Rehabilitationseinrichtungen in ein vertragliches Zulassungssystem ein, das demjenigen für die Krankenhäuser gleicht. Hierfür bestimmt § 111 Abs. 1 SGB V, dass die Krankenkassen stationäre medizinische Vorsorge- und Rehabilitationsleistungen im Sinne von § 23 Abs. 4 SGB V und § 40 Abs. 2 SGB V nur durch **Einrichtungen** erbringen lassen dürfen, die dazu durch einen Versorgungsvertrag **zugelassen** sind.

10 Anders als bei den Krankenhäusern ist die Zulassung der Vorsorge- und Rehabilitationseinrichtungen allein im Krankenversicherungsrecht geregelt. Mit den Vorsorge- und Rehabilitationseinrichtungen kommt ein Versorgungsvertrag ausschließlich durch **Einigung** zwischen dem Einrichtungsträger und den zuständigen Krankenkassen(-Verbänden) **zustande** (§ 111 Abs. 2 Sätze 1 und 2 i.V.m. § 109 Abs. 1 Satz 1 SGB V). Einen fingierten Vertragsschluss kennt das Gesetz nur aus Gründen des **Bestandsschutzes** (§ 111 Abs. 3 SGB V).

11 **Voraussetzung für** den **Vertragsschluss** ist nach § 111 Abs. 2 Satz 1 SGB V, dass es sich bei der Einrichtung um eine Vorsorge- oder Rehabilitationseinrichtung im Sinne des § 107 Abs. 2 SGB V handelt und dass die Einrichtung für eine bedarfsgerechte, leistungsfähige und wirtschaftliche Versorgung der Versicherten notwendig ist.

12 Der Versorgungsvertrag bewirkt die **Zulassung** zur Versorgung der Versicherten (§ 111 Abs. 4 Satz 1 SGB V). Die Zulassung gilt nicht bundesweit, vielmehr ist sie **regional begrenzt**; um den Geltungsbereich des Versorgungsvertrages zu erweitern, bedarf es daher des **Beitritts** der Krankenkassen(-Verbände) anderer Bundesländer (§ 110 Abs. 2 Satz 2 SGB V). Unter den Rechten und Pflichten, die sich aus dem Versorgungsvertrag ergeben, hat nur der **Vergütungsanspruch** in § 111 Abs. 5 SGB V eine gewisse Regelung gefunden.

13 Die **Kündigung** des Versorgungsvertrages ist nur für die Krankenkassen(-Verbände) geregelt. Diese können den Versorgungsvertrag mit einer Frist von einem Jahr kündigen, wenn die Abschlussvoraussetzungen nicht (mehr) gegeben sind (§ 111 Abs. 4 Satz 2 SGB V).

14 An Abschluss und Kündigung von Versorgungsverträgen mit Vorsorge- und Rehabilitationseinrichtungen ist die **Krankenhausplanungsbehörde** zwar zu beteiligen. Mit dem hierfür vorgesehenen Anstreben des Einvernehmens (§ 111 Abs. 4 Satz 3 SGB V) ist ihnen jedoch ein sehr schwaches Mitwirkungsrecht eingeräumt.

15 Schließlich lässt § 111 Abs. 6 SGB V die Verbindung einer Vorsorge- oder Rehabilitationseinrichtung mit einem zugelassenen **Krankenhaus** nur bei **wirtschaftlicher und organisatorischer Trennung** beider Einrichtungen zu (§ 111 Abs. 6 SGB V).

II. Normzweck

16 Mit der Einbeziehung der Vorsorge- und Rehabilitationseinrichtungen in ein vertragliches Zulassungssystem sollte einer **ungesteuerten Entwicklung** in diesem Bereich **entgegengewirkt** werden.[9] Sinn und Zweck der in § 111 SGB V geregelten Zulassung von Vorsorge- und Rehabilitationseinrichtungen zur Versorgung der Versicherten ist es daher nicht nur, **Qualität und Effizienz** der Leistungserbringung zu sichern, sondern auch, den Krankenkassen(-Verbänden) Einfluss auf die **Zahl der Leistungserbringer** zu geben.[10]

---

[9] BT-Drs. 11/2237, S. 140.

[10] Vgl. *Quaas*, Der Versorgungsvertrag nach dem SGB V mit Krankenhäusern und Rehabilitationseinrichtungen, 2000, Rn. 177.

Zugleich dient § 111 SGB V der **Abgrenzung vom Krankenhausbereich**. Auf begrifflicher Ebene nimmt bereits § 107 SGB V eine Trennung zwischen den Versorgungsbereichen vor. Praktische Relevanz gewinnt diese begriffliche Unterscheidung jedoch erst durch die verschiedenen Vertragssysteme, die die §§ 108-109 SGB V und § 111 SGB V für die Versorgungsbereiche vorsehen. 17

III. Zulassungserfordernis

§ 111 Abs. 1 SGB V beschränkt die Erbringung stationärer medizinischer Vorsorge- und Rehabilitationsleistungen zulasten der gesetzlichen Krankenversicherung auf einen umgrenzten Kreis dafür qualifizierter und dazu besonders berechtigter Einrichtungen. Nur Vorsorge- oder Rehabilitationseinrichtungen (vgl. die Kommentierung zu § 107 SGB V Rn. 34) im Sinne des § 107 Abs. 2 SGB V, mit denen ein Versorgungsvertrag besteht, sind zur Versorgung der Versicherten zugelassen. Dieses **Zulassungserfordernis** gilt nicht nur für die **Krankenkassen**, die unmittelbarer Adressat des § 111 Abs. 1 SGB V sind. Vielmehr können, wie die §§ 23 Abs. 4, 40 Abs. 2 SGB V deutlich machen, auch die **Versicherten** nur die Versorgung in zugelassenen Einrichtungen beanspruchen. Dies muss sich auch auf die **Leistungserbringer** auswirken und zum Ausschluss nicht zugelassener Vorsorge- oder Rehabilitationseinrichtungen aus der Versorgung der Versicherten führen. 18

Das Zulassungserfordernis des § 111 Abs. 1 SGB V erfasst medizinische Vorsorge- und Rehabilitationsleistungen. Dabei gelten die Legaldefinitionen von **Vorsorge** (vgl. die Kommentierung zu § 107 SGB V Rn. 39) und medizinischer **Rehabilitation** (vgl. die Kommentierung zu § 107 SGB V Rn. 41), die § 107 Abs. 2 Nr. 1 SGB V enthält. Darunter fallen auch die Vorsorge- und Rehabilitationsleistungen für Mütter und Väter nach den §§ 24, 41 SGB V. Der Ausgrenzung dieser Leistungen aus dem Zulassungserfordernis des § 111 Abs. 1 SGB V dient der Verweis auf die **§§ 23, 40 SGB V**. Allerdings ist seit dem 01.08.2002 auch für die Erbringung dieser besonderen Vorsorge- und Rehabilitationsleistungen eine Zulassung erforderlich – freilich auf der Grundlage des § 111a Abs. 1 Satz 1 SGB V (vgl. die Kommentierung zu § 111a SGB V Rn. 7 f.). 19

Das Zulassungserfordernis des § 111 Abs. 1 SGB V betrifft **nur stationäre, nicht** aber **ambulante** Vorsorge- und Rehabilitationsleistungen. Unter „stationärer Behandlung" im Sinne des § 111 Abs. 1 SGB V ist nur die vollstationäre Leistungserbringung (vgl. die Kommentierung zu § 39 SGB V Rn. 32 ff.) zu verstehen. Anders als bei der Krankenhausbehandlung (vgl. die Kommentierung zu § 39 SGB V Rn. 29 ff.) umfasst die ambulante medizinische Vorsorge und Rehabilitation auch die teilstationäre Leistungserbringung.[11] 20

Das GKV-RefG 2000 hat auch für **ambulante** medizinische **Rehabilitationsleistungen** ein Zulassungserfordernis eingeführt. Dieses ist jedoch nicht im Leistungserbringerrecht, sondern im Leistungsrecht geregelt. Nach § 40 Abs. 1 SGB V können ambulante medizinische Rehabilitationsleistungen nur in Rehabilitationseinrichtungen, mit denen ein Versorgungsvertrag nach § 111 SGB V besteht, oder durch **wohnortnahe Einrichtungen** erbracht werden. Dabei geht das BSG davon aus, dass auch die wohnortnahen Einrichtungen einer Zulassung zur Erbringung von Leistungen der ambulanten Rehabilitation bedürfen; diese Zulassung erfolgt jedoch nicht durch Versorgungsvertrag, sondern durch Verwaltungsakt.[12] 21

Ebenfalls im Leistungsrecht hat das GKV-WSG das Zulassungserfordernis ergänzt und durchbrochen: Bei **stationären** medizinischen **Rehabilitationsleistungen** ist nach § 40 Abs. 2 Satz 1 SGB V zusätzlich zur Zulassung eine **Zertifizierung nach § 20 Abs. 2a SGB IX** erforderlich. Insoweit wird das Zulassungserfordernis ergänzt. Durchbrochen wird es jedoch, indem § 40 Abs. 2 Satz 2 SGB V bestimmt, dass auch zertifizierte Rehabilitationseinrichtungen in Anspruch genommen werden können, mit denen kein Versorgungsvertrag nach § 111 SGB V besteht, sofern die Versicherten die Mehrkosten tragen.[13] Die Zertifizierung nach § 20 Abs. 2a SGB IX weist lediglich die erfolgreiche Umsetzung eines Qualitätsmanagements nach, stellt aber keine Zulassung dar. Zwar ermöglicht die Zertifizierung die Erbringung stationärer medizinischer Rehabilitationsleistungen, doch begründet sie keinen rechtlichen Status mit umfangreichen Rechten und Pflichten für Einrichtung, Krankenkassen und Versicherten. 22

---

[11] BSG v. 05.07.2000 - B 3 KR 12/99 R - BSGE 87, 14, 17.

[12] BSG v. 01.09.2005 - B 3 KR 3/04 R - SozR 4-2500 § 40 Nr. 2 Rn. 6; BSG v. 05.07.2000 - B 3 KR 12/99 R - BSGE 87, 14, 21 ff.

[13] Vgl. dazu BT-Drs. 16/3100, S. 106.

IV. Abschluss des Versorgungsvertrages

1. Vertragsparteien

23 § 111 Abs. 2 Satz 1 SGB V regelt nur, wer auf Kassenseite einen Versorgungsvertrag schließen darf, nicht jedoch, wer Vertragspartei aufseiten der Vorsorge- oder Rehabilitationseinrichtung ist. Dies ergibt sich gemäß § 111 Abs. 2 Satz 2 SGB V aus § 109 Abs. 1 Satz 1 HS. 1 SGB V. Demnach ist der Versorgungsvertrag für die **Einrichtung** von deren **Träger** (vgl. die Kommentierung zu § 109 SGB V Rn. 25) zu schließen.

24 Vertragspartei sind aufseiten der **Krankenkassen** grundsätzlich deren **Landesverbände** (§ 207 Abs. 1 SGB V), wozu auch die Krankenversicherungsträger zählen, die die Aufgaben eines Landesverbandes wahrnehmen (§ 207 Abs. 2a, Abs. 4 SGB V, § 212 Abs. 3 SGB V, § 36 KVLG 1989). Da das Gesetz für die **Ersatzkassen** keine Landesverbände vorsieht, sind diese ab 01.07.2008 selbst Vertragspartei, während es bis zum 30.06.2008 ihre bundesweit organisierten Verbände waren.

25 Die Krankenkassen(-Verbände) dürfen nur gemeinsam einen einheitlichen Versorgungsvertrag abschließen (§ 111 Abs. 2 Satz 1 SGB V). Da eine **gemeinsame** Entscheidung getroffen werden muss, hat ihr bei fehlender Einigkeit eine Mehrheitsentscheidung vorauszugehen (vgl. näher hierzu die Kommentierung zu § 109 SGB V Rn. 27).[14] Der gemeinsam abgeschlossene Versorgungsvertrag muss auch **einheitlich** sein. Damit sind nicht nur getrennte Versorgungsverträge für einzelne Krankenkassen oder Kassenarten unzulässig. Vielmehr dürfen im Versorgungsvertrag auch nicht unterschiedliche Regelungen für einzelne Krankenkassen oder Kassenarten getroffen werden.[15]

2. Zustandekommen des Vertrages

26 Hinsichtlich Art und Form des Zustandekommens ist § 109 Abs. 1 Satz 1 SGB V entsprechend anwendbar (§ 111 Abs. 2 Satz 2 SGB V). Demnach setzt der Abschluss eines Versorgungsvertrages die **Einigung der Vertragsparteien** voraus, mithin die Abgabe einander korrespondierender und inhaltlich übereinstimmender Willenserklärungen. Anders als bei den Krankenhäusern, bei denen fingierte Versorgungsverträge eine maßgebliche Rolle spielen (vgl. die Kommentierung zu § 109 SGB V Rn. 32 ff.), kommen bei den Vorsorge- und Rehabilitationseinrichtungen Versorgungsverträge stets auf diese Art zustande. Eine Ausnahme hiervon macht das Gesetz nur im Rahmen der Bestandsschutzregelung des § 111 Abs. 3 SGB V; allein im Rahmen dieser Übergangsvorschrift wird der **Vertragsschluss fingiert**.[16]

27 Ferner ergibt sich aus dem zweiten Halbsatz des gemäß § 111 Abs. 2 Satz 2 SGB V entsprechend anwendbaren § 109 Abs. 1 Satz 1 SGB V, dass auch der Versorgungsvertrag mit einer Vorsorge- oder Rehabilitationseinrichtung der **Schriftform** bedarf. Dabei gilt aufgrund der statusbegründenden Funktion des Versorgungsvertrages das Erfordernis der Urkundeneinheit (vgl. die Kommentierung zu § 109 SGB V Rn. 31).

3. Geltungsbereich und Vertragsbeitritt

28 Die Versorgungsverträge werden gemäß § 111 Abs. 2 Satz 1 SGB V von den Landesverbänden der Krankenkassen und den Ersatzkassen mit Wirkung für die Mitgliedskassen geschlossen. Hieraus wird zu Recht gefolgert, dass anders als der Versorgungsvertrag mit einem Krankenhaus, der nach § 109 Abs. 1 Satz 3 SGB V für alle Krankenkassen im Inland unmittelbar verbindlich ist (vgl. die Kommentierung zu § 109 SGB V Rn. 31), der Versorgungsvertrag mit einer Vorsorge- oder Rehabilitationseinrichtung **nur für** den Bereich des **jeweiligen Bundeslandes gilt**.[17] Diese regionale Begrenzung besteht auch im Ersatzkassenbereich.[18] Zwar sind die Ersatzkassen selbst Vertragspartei und als solche an die in einem Bundesland geschlossenen Versorgungsverträge gebunden. Doch kann für sie hinsichtlich deren Geltungsbereichs nichts anderes gelten als für die Primärkassen. Bei den Primärkassen gilt der Ver-

---

[14] Vgl. BSG v. 23.07.2002 - B 3 KR 63/01 R - BSGE 89, 294, 295; BSG v. 05.07.2000 - B 3 KR 12/99 R - BSGE 87, 14, 15 f.

[15] *Rau* in: GKV-Kommentar, § 111 SGB V Rn. 6.

[16] *Rau* in: GKV-Kommentar, § 111 SGB V Rn. 3.

[17] BSG v. 23.01.2003 - B 3 KR 7/02 R - BSGE 90, 220, 227; *Klückmann* in: Hauck/Noftz, SGB V, K § 111 Rn. 24; *Quaas*, Der Versorgungsvertrag nach dem SGB V mit Krankenhäusern und Rehabilitationseinrichtungen, Rn. 169.

[18] *Hess* in: KassKomm, SGB V, § 111 Rn. 3b; *Quaas*, Der Versorgungsvertrag nach dem SGB V mit Krankenhäusern und Rehabilitationseinrichtungen, Rn. 172.

sorgungsvertrag nur für das Bundesland, in dem er geschlossen wurde. In anderen Bundesländern entfaltet der Versorgungsvertrag erst dann Wirkungen, wenn ihm die dortigen Landesverbände der Krankenkassen gemäß § 111 Abs. 2 Satz 3 SGB V beigetreten sind. Diese Möglichkeit räumt § 111 Abs. 2 Satz 3 SGB V bezeichnenderweise auch den Ersatzkassen ein.

Der Geltungsbereich des Versorgungsvertrages kann gemäß § 111 Abs. 2 Satz 3 SGB V durch **Beitritt** 29 der Landesverbände der Krankenkassen eines anderen Bundeslandes und der Ersatzkassen erstreckt werden. Der Vertragsbeitritt kann anders als der Vertragsschluss auch durch einzelne Landesverbände und Ersatzkassen erfolgen. Denn ein gemeinsames Handeln der Krankenkassen(-Verbände) des anderen Bundeslandes fordert § 111 Abs. 2 Satz 3 SGB V für den Beitritt nicht ausdrücklich. Dies beruht nicht auf einem redaktionellen Versehen, sondern war beabsichtigt. Aus der Entstehungsgeschichte des § 111 Abs. 2 Satz 3 SGB V geht hervor, dass auch einzelne Krankenkassen(-Verbände) eines anderen Bundeslandes dem Versorgungsvertrag beitreten können.[19]

Der Beitritt muss in entsprechender Anwendung der für den Vertragsschluss geltenden Regeln (§ 111 30 Abs. 2 Satz 2 i.V.m. § 109 Abs. 1 Satz 1 HS. 2 SGB V) **schriftlich** erfolgen. Darüber hinaus bedarf er der **Zustimmung des Einrichtungsträgers**. Dagegen brauchen die vertragschließenden Krankenkassen(-Verbände) nicht zuzustimmen, da durch den Beitritt der Inhalt des Versorgungsvertrages nicht geändert werden kann.[20] Auch ist das Einvernehmen mit der Krankenhausplanungsbehörde nicht anzustreben, da § 111 Abs. 4 Satz 3 SGB V dies nur für den Abschluss des Versorgungsvertrages fordert.[21]

Voraussetzung für den Beitritt ist nach § 111 Abs. 2 Satz 3 SGB V, dass für die Behandlung der Ver- 31 sicherten der Mitgliedskassen in der Vorsorge- und Rehabilitationseinrichtung ein **Bedarf** besteht. Dies entspricht im Wesentlichen dem in § 111 Abs. 2 Satz 1 Nr. 2 SGB V für den Abschluss eines Versorgungsvertrages vorgesehenen Merkmal der Bedarfsgerechtigkeit (vgl. Rn. 39). Daneben muss die Einrichtung selbstverständlich auch den übrigen Anforderungen gerecht werden, die § 111 Abs. 2 Satz 1 SGB V an den Abschluss eines Versorgungsvertrages stellt.

4. Inhaltliche Voraussetzungen des Vertragsschlusses

Die inhaltlichen Voraussetzungen für den Abschluss eines Versorgungsvertrages sind in § 111 Abs. 2 32 Satz 1 SGB V ähnlich geregelt wie in § 109 Abs. 3 Satz 1 SGB V für das Krankenhaus, nicht aber wie dort negativ in Form von Ablehnungsgründen, sondern positiv in Form von Abschlussvoraussetzungen. Trotz der unterschiedlichen Formulierung gilt auch für § 111 Abs. 2 Satz 1 SGB V, dass der Abschluss eines Versorgungsvertrages **zwingend abzulehnen** ist, wenn die inhaltlichen Voraussetzungen dafür nicht erfüllt sind. Es ist daher nicht zulässig, einen Versorgungsvertrag mit einer Einrichtung zu schließen, die nicht alle Anforderungen des § 111 Abs. 2 Satz 1 SGB V erfüllt.

a. Anforderungen des § 107 Abs. 2 SGB V

§ 111 Abs. 2 Satz 1 Nr. 1 SGB V bestimmt ausdrücklich, dass die Einrichtung die Anforderungen des 33 § 107 Abs. 2 SGB V erfüllen muss. Sie muss also alle Merkmale aufweisen, die nach § 107 Abs. 2 SGB V eine **Vorsorge- oder Rehabilitationseinrichtung** (vgl. die Kommentierung zu § 107 SGB V Rn. 34) kennzeichnen.

Demnach muss es Aufgabe der Einrichtung sein, Leistungen der stationären medizinischen **Vorsorge** 34 (vgl. die Kommentierung zu § 107 SGB V Rn. 39) oder **Rehabilitation** (vgl. die Kommentierung zu § 107 SGB V Rn. 41) zu erbringen (§ 107 Abs. 2 Nr. 1 SGB V). Dabei muss es sich um Vorsorge- oder Rehabilitationsleistungen im Sinne der §§ 23, 40 SGB V handeln, da nur diese Leistungen in § 111 Abs. 1 SGB V genannt werden und nur über deren Durchführung gemäß § 111 Abs. 2 Satz 1 SGB V der Versorgungsvertrag zu schließen ist.

Ferner muss die Einrichtung unter **ständiger ärztlicher Verantwortung** (vgl. die Kommentierung zu 35 § 107 SGB V Rn. 45) stehen (§ 107 Abs. 2 Nr. 2 SGB V), was dann der Fall ist, wenn sie nach einem maßgeblich von einem Arzt erstellten Behandlungsplan durchgeführt wird und ständig von einem Arzt überwacht wird, der regelmäßig in der Einrichtung für die Betreuung der Patienten zur Verfügung steht. Zudem muss die Einrichtung über **besonders geschultes nichtärztliches Personal** verfügen

---

[19] BT-Drs. 11/3480, S. 61.

[20] *Quaas*, Der Versorgungsvertrag nach dem SGB V mit Krankenhäusern und Rehabilitationseinrichtungen, Rn. 173 f. – Anderer Ansicht *Klückmann* in: Hauck/Noftz, SGB V, K § 111 Rn. 33.

[21] *Klückmann* in: Hauck/Noftz, SGB V, K § 111 Rn. 33.

(§ 107 Abs. 2 Nr. 2 SGB V), dessen Leistungen bei der Durchführung der Vorsorge- bzw. Rehabilitationsmaßnahmen im Vordergrund stehen müssen (vgl. die Kommentierung zu § 107 SGB V Rn. 45 ff.).

b. Bedarfsgerechtigkeit, Leistungsfähigkeit und Wirtschaftlichkeit

36 Nach § 111 Abs. 2 Satz 1 Nr. 2 SGB V muss die Einrichtung für eine bedarfsgerechte, leistungsfähige und wirtschaftliche Versorgung der Versicherten der Mitgliedskassen der vertragsschließenden Verbände notwendig sein. Diese Abschlussvoraussetzungen **gleichen** den Ablehnungsgründen, die nach **§ 109 Abs. 3 Satz 1 SGB V** für Versorgungsverträge mit Krankenhäusern gelten. Dies war allerdings nicht immer so. In der Fassung des GRG war in § 111 Abs. 2 Satz 1 Nr. 2 SGB V die Bedarfsgerechtigkeit noch nicht als Abschlussvoraussetzung enthalten. Diese wurde erst durch das GSG zur Klarstellung eingeführt.[22] Bereits bei der Beratung des GRG war es als Ziel des § 111 SGB V bezeichnet worden, der bisherigen unkontrollierten und ungesteuerten Entwicklung der Behandlungsangebote entgegenzuwirken,[23] was folgerichtig eine Bedarfsprüfung voraussetzt.[24] Vor diesem Hintergrund sind die Merkmale der Bedarfsgerechtigkeit, Leistungsfähigkeit und Wirtschaftlichkeit in § 111 Abs. 2 Satz 1 Nr. 2 SGB V grundsätzlich genauso auszulegen wie in § 109 Abs. 3 Satz 1 Nr. 1 und 2 SGB V.

37 **Leistungsfähig** im Sinne des § 111 Abs. 2 Satz 1 Nr. 2 SGB V ist daher eine Vorsorge- oder Rehabilitationseinrichtung, die in der Lage ist, stationäre medizinische Vorsorge- bzw. Rehabilitationsleistungen zu erbringen, die in quantitativer wie in qualitativer Hinsicht den gesetzlichen und vertraglichen Anforderungen entsprechen. Die Leistungsfähigkeit bezieht sich auf die gesamte Leistungserbringung und umfasst – beschränkt auf Geltungsbereich (vgl. Rn. 28) und Versorgungsauftrag (vgl. Rn. 56) – neben der Strukturqualität auch die Prozess- und Ergebnisqualität (vgl. die Kommentierung zu § 109 SGB V Rn. 69). Die Einrichtung muss nach **wissenschaftlich anerkannten Methoden** arbeiten. Dies ist zwar – anders als bei Krankenhäusern (§ 107 Abs. 1 Nr. 2 SGB V) – kein Begriffsmerkmal von Vorsorge- und Rehabilitationseinrichtungen (vgl. § 107 Abs. 2 Nr. 2 SGB V), ergibt sich aber aus § 2 Abs. 1 Satz 3 SGB V. Eine Einrichtung ist daher nur dann leistungsfähig, wenn das von ihr verfolgte Versorgungskonzept dem jeweiligen Stand der medizinischen Erkenntnisse entspricht. Dies schließt den Abschluss von Versorgungsverträgen mit solchen Einrichtungen aus, die ausschließlich oder überwiegend mit wissenschaftlich (noch) nicht anerkannten Methoden arbeiten.[25]

38 Die ferner von § 111 Abs. 2 Satz 1 Nr. 2 SGB V verlangte **Wirtschaftlichkeit** der Versorgung ist auch hier nicht allein im Sinne von Kostengünstigkeit zu verstehen, sondern als Ausdruck des Wirtschaftlichkeitsgebots des § 12 SGB V. Daher kann Unwirtschaftlichkeit nicht nur vorliegen, wenn die personelle oder sächliche Ausstattung wesentlich aufwendiger ist, als es der Versorgungsauftrag erfordert, oder die Organisation der Einrichtung sonstige unwirtschaftliche Strukturen erkennen lässt. Vielmehr kann auch die Behandlungs- oder Abrechnungsweise unwirtschaftlich sein (vgl. die Kommentierung zu § 109 SGB V Rn. 73 f.).

39 Der Begriff der **Bedarfsgerechtigkeit** in § 111 Abs. 2 Satz 1 Nr. 2 SGB V ist nach Auffassung des BSG trotz gleichen Wortlauts nicht deckungsgleich mit demjenigen in § 109 Abs. 3 Satz 1 Nr. 2 SGB V.[26] Eine Vorsorge- oder Rehabilitationseinrichtung soll danach schon dann im Sinne des § 111 Abs. 2 Satz 1 Nr. 2 SGB V bedarfsgerecht sein, wenn sie einer Nachfrage gerecht wird, die bislang noch nicht anderweitig gedeckt wird. Die Formulierung „für eine bedarfsgerechte Versorgung notwendig" soll nicht die Unverzichtbarkeit der einzelnen Einrichtung beschreiben, sondern nur den gesetzlichen Auftrag der Krankenkassen(-Verbände) verdeutlichen, im Rahmen ihrer Planungshoheit und Strukturverantwortung zumindest so viele Versorgungsverträge abzuschließen, wie für die flächendeckende **Mindestausstattung** eines Bundeslandes mit stationären Vorsorge- oder Rehabilitationseinrichtungen erforderlich sind.[27]

40 Das BSG ist der Auffassung, dass nur eine derartige **Auslegung** des Begriffs „bedarfsgerecht" **verfassungskonform** sei. Anders als bei den Krankenhäusern gebe es im Vorsorge- und Rehabilitationsbereich keine Gemeinwohlbelange, die eine Bedarfszulassung als Eingriff in die Berufsfreiheit der Ein-

---

22 BT-Drs. 12/3608, S. 101.

23 Vgl. BT-Drs. 11/2237, S. 140.

24 So auch BSG v. 23.07.2002 - B 3 KR 63/01 R - BSGE 89, 294, 299.

25 BSG v. 19.11.1997 - 3 RK 1/97 - BSGE 81, 189, 195. Vgl. auch BSG v. 23.07.2002 - B 3 KR 63/01 R - BSGE 89, 294, 305.

26 BSG v. 23.07.2002 - B 3 KR 63/01 R - BSGE 89, 294, 299.

27 BSG v. 23.07.2002 - B 3 KR 63/01 R - BSGE 89, 294, 305.

richtungsträger rechtfertigen würden. Da die Krankenkassen weitgehend Einfluss auf Bewilligung und Dauer von stationären medizinischen Vorsorge- und Rehabilitationsleistungen und damit auch auf die Kostenentwicklung in diesem Bereich hätten, verlange der Gesichtspunkt der Kostendämpfung und der finanziellen Stabilität der gesetzlichen Krankenversicherung bei den Vorsorge- und Rehabilitationseinrichtungen nicht so dringend eine Begrenzung der Leistungsanbieter wie im Krankenhausbereich.[28] Entscheidende Bedeutung hat das BSG dem Umstand beigemessen, dass die Gewährung stationärer medizinischer Vorsorge- oder Rehabilitationsleistungen im Ermessen der Krankenkassen steht (§§ 23 Abs. 4, 40 Abs. 2 SGB V) und nach Prüfung durch den MDK (§ 275 Abs. 2 Nr. 1 SGB V) sowie nur für eine im voraus festgelegte Zeitdauer (§§ 23 Abs. 5 Satz 2, 40 Abs. 3 Satz 2 SGB V) erfolgt.[29] Zudem hat das BSG betont, dass mit der Zulassung auch nicht automatisch eine Verpflichtung der Krankenkassen, die in den Geltungsbereich des Versorgungsvertrages einbezogen sind, zur Belegung der jeweiligen Einrichtung verbunden ist.[30]

Nach dem **GKV-WSG** lässt sich diese Argumentation nicht mehr ohne weiteres aufrechterhalten. **41** Denn nach der seit dem 01.04.2007 gültigen Fassung des § 40 Abs. 2 Satz 1 SGB V besteht auch auf stationäre medizinische Rehabilitationsleistungen ein Rechtsanspruch und nach der ebenfalls seit dem 01.04.2007 gültigen Fassung des § 275 Abs. 2 Nr. 1 SGB V haben die Krankenkassen die Notwendigkeit von medizinischen Vorsorge- und Rehabilitationsleistungen vor ihrer Bewilligung nur noch stichprobenartig durch den MDK prüfen zu lassen. Auch wenn in der Neufassung des § 40 Abs. 2 SGB V lediglich eine Klarstellung gesehen wird[31] und § 40 Abs. 3 Satz 1 SGB V weiterhin – wie auch § 23 Abs. 5 Satz 1 SGB V – die Krankenkasse ermächtigt, über Art, Dauer, Umfang, Beginn und Durchführung der Leistungen nach den medizinischen Erfordernissen des Einzelfalls eine Ermessensentscheidung zu treffen, stellt sich die Frage, ob nunmehr nicht auch bei den stationären medizinischen Vorsorge- und Rehabilitationsleistungen jedes neue Angebot eine Nachfrage auslöst. Der Gesetzgeber hat sich jedenfalls von der Ausgestaltung der Rehabilitationsleistungen als Pflichtleistungen einen Ausbau des bestehenden Angebots versprochen.[32] Auch angesichts der Neufassung des § 275 Abs. 2 Nr. 1 SGB V lässt sich nicht bezweifeln, dass durch das GKV-WSG die Einflussmöglichkeiten der Krankenkassen im Verhältnis zu den Versicherten, derentwegen das BSG eine **angebotsinduzierte Nachfrage** verneint hatte, drastisch eingeschränkt wurden. Denn ohne Rückgriff auf den medizinischen Sachverstand des MDK können die Krankenkassen bei der Bewilligung der Vorsorge- und Rehabilitationsleistungen im Wesentlichen nur noch eine Plausibilitätskontrolle durchführen.

Spricht daher viel dafür, dass der Begriff der Bedarfsgerechtigkeit in § 111 Abs. 2 Satz 1 Nr. 2 SGB V **42** – wie in § 109 Abs. 3 Satz 1 Nr. 1 SGB V (vgl. die Kommentierung zu § 109 SGB V Rn. 75) – eine **Bedarfsprüfung** mit umfasst, so erfordert diese die Durchführung eines Planungsverfahrens, das rechtsstaatlichen Vorgaben entspricht.[33] Dies setzt eine **Bedarfsplanung** voraus, nach der losgelöst vom Einzelfall die gegenwärtige und zukünftige Bedarfssituation im Vorsorge- bzw. Rehabilitationsbereich beurteilt werden kann und die die Maßstäbe für die Zulassung von Leistungsanbietern erkennen lässt. Außerdem muss das Auswahlverfahren in einer Weise geregelt sein, die rechtsstaatlichen Anforderungen Rechnung trägt.[34] Mangelt es an einer derartigen Bedarfsplanung, kann es ausreichen, wenn es bei den zu behandelnden Krankheitsbildern zu Engpässen gekommen ist, die sich durch medizinisch bedenklich lange Wartezeiten für die Versicherten bemerkbar gemacht haben. Nicht ausreichen kann es hingegen, wenn eine Einrichtung in der Vergangenheit bereits regen Zuspruch durch Patienten erfahren hat, die ihre Behandlung überwiegend auf eigene Kosten durchgeführt haben.[35]

[28] BSG v. 23.07.2002 - B 3 KR 63/01 R - BSGE 89, 294, 300 ff.; BSG v. 19.11.1997 - 3 RK 1/97 - BSGE 81, 189, 196. – Dieser Auffassung hat sich inzwischen auch BGH v. 24.06.2004 - III ZR 215/03 - NJW-RR 2004, 804 angeschlossen (dazu *Rinne/Schlick*, NJW 2005, 3541).

[29] BSG v. 19.11.1997 - 3 RK 1/97 - BSGE 81, 189, 196; BSG v. 23.07.2002 - B 3 KR 63/01 R - BSGE 89, 294, 300.

[30] BSG v. 23.07.2002 - B 3 KR 63/01 R - BSGE 89, 294, 303 f.

[31] So *Schlegel*, jurisPR-SozR 9/2007, Anm. 5 unter Hinweis auf BSG v. 30.05.2006 - B 1 KR 17/05 R - SozR 4-3100 § 18c Nr. 2 Rn. 34, wo offen gelassen wurde, ob das Ermessen nur hinsichtlich des „Wie“ oder auch bezüglich des „Ob“ besteht.

[32] Vgl. BT-Drs. 16/4247 S. 34 mit BT-Drs. 16/3100 S. 106.

[33] So im Ergebnis zu Recht BSG v. 19.11.1997 - 3 RK 1/97 - BSGE 81, 189, 197 f. – Anderer Ansicht *Knittel* in: Krauskopf, SozKV, § 111 SGB V Rn. 9.

[34] BSG v. 19.11.1997 - 3 RK 1/97 - BSGE 81, 189, 198.

[35] BSG v. 19.11.1997 - 3 RK 1/97 - BSGE 81, 189, 200.

5. Anspruch auf Abschluss eines Versorgungsvertrages

43 Ob auf den Abschluss eines Versorgungsvertrages ein Rechtsanspruch besteht oder den Krankenkassen(-Verbänden) ein Entscheidungsspielraum zusteht, ist in § 111 SGB V **nicht ausdrücklich geregelt.**[36] Es fehlt eine § 72 Abs. 3 Satz 1 HS. 2 SGB XI entsprechende Regelung, wonach ein Anspruch auf Abschluss eines Versorgungsvertrages besteht, soweit und solange die Abschlussvoraussetzungen erfüllt sind. Anders als § 109 Abs. 2 SGB V bestimmt § 111 SGB V aber auch nicht, dass ein Anspruch nicht besteht und bei notwendiger Auswahl zwischen mehreren geeigneten Einrichtungen nach pflichtgemäßem Ermessen zu entscheiden ist (vgl. hierzu die Kommentierung zu § 109 SGB V Rn. 59 ff.). Trotz des „imperativen Wortlauts“[37] des § 111 Abs. 2 Satz 1 SGB V hieß es im Entwurf des GSG, dass ein Anspruch auf Abschluss eines Versorgungsvertrags nicht besteht.[38] Dies wurde allerdings während der Gesetzesberatung als missverständlich bezeichnet und betont, bei einer notwendigen Auswahl zwischen mehreren Einrichtungen, die jeweils die sachlichen Voraussetzungen für den Abschluss eines Versorgungsvertrages erfüllten, sei entscheidend, welche Einrichtung den Erfordernissen einer bedarfsgerechten, leistungsfähigen und wirtschaftlichen Versorgung der Versicherten am besten gerecht wird; insoweit besäßen die Einrichtungsträger einen Anspruch auf fehlerfreie Ermessensausübung.[39]

44 Der **Rechtsprechung** des **BSG** ist zu entnehmen, dass dann, wenn im Rahmen des § 111 Abs. 2 Satz 1 Nr. 2 SGB V eine echte Bedarfsprüfung durchzuführen ist, eine Auswahl zwischen mehreren Einrichtungen zu treffen ist,[40] was – entsprechend § 109 Abs. 2 Satz 2 SGB V – Entscheidungsspielräume impliziert. Wenn dagegen die Bedarfsgerechtigkeit in § 111 Abs. 2 Satz 1 Nr. 2 SGB V lediglich auf eine erforderliche Mindestausstattung mit Einrichtungen verweist, nimmt das BSG bei Erfüllung der Abschlussvoraussetzungen einen Anspruch auf Abschluss des Versorgungsvertrages an und gesteht den Krankenkassen erst im Rahmen der Belegungsentscheidung ein Auswahlermessen zu.[41]

45 Wenn der Begriff der **Bedarfsgerechtigkeit** in § 111 Abs. 2 Satz 1 Nr. 2 SGB V genauso wie in § 109 Abs. 3 Satz 1 Nr. 1 SGB V auszulegen ist (vgl. Rn. 39 ff.), spricht die Wertungsoffenheit des Bedarfsbegriffs (vgl. die Kommentierung zu § 109 SGB V Rn. 82) für das Bestehen von **Entscheidungsspielräumen** der Krankenkassen(-Verbände) und gegen einen Rechtsanspruch auf Abschluss eines Versorgungsvertrages.

6. Rechtsnatur von Vertragsabschluss und -ablehnung

46 Wie bei den Krankenhäusern stellt auch die auf den **Abschluss** eines Versorgungsvertrages mit einer Vorsorge- oder Rehabilitationseinrichtung gemäß § 111 SGB V gerichtete gemeinsame Willenserklärung der Krankenkassen(-Verbände) **keinen Verwaltungsakt** dar (vgl. die Kommentierung zu § 109 SGB V Rn. 56). Dementsprechend muss – auch nach der Rechtsprechung des BSG – der Einrichtungsträger die Annahme seines Vertragsangebots durch eine Leistungsklage erstreiten.[42]

47 Die **Ablehnung** des Vertragsschlusses durch die Krankenkassen(-Verbände) hält das BSG dagegen bei den Vorsorge- und Rehabilitationseinrichtungen – wie bei den Krankenhäusern (vgl. die Kommentierung zu § 109 SGB V Rn. 84) – für einen **Verwaltungsakt.**[43] Diese Auffassung ist wie bei dem Versorgungsvertrag nach § 109 SGB V abzulehnen (vgl. die Kommentierung zu § 109 SGB V Rn. 88). Weder liegt ein Anwendungsfall der Zweistufenlehre vor noch ist ein Über- und Unterordnungsverhältnis auszumachen oder zwingt die statusbegründende Wirkung des Versorgungsvertrages dazu, die Vertragsablehnung als Verwaltungsakt zu qualifizieren (vgl. näher die Kommentierung zu § 109 SGB V Rn. 84 ff.).

---

[36] *Klückmann* in: Hauck/Noftz, SGB V, K § 111 Rn. 21.

[37] *Quaas*, NZS 1996, 102, 104.

[38] BT-Drs. 12/3608, S. 101.

[39] BT-Drs. 12/3937, S. 8.

[40] Vgl. BSG v. 19.11.1997 - 3 RK 1/97 - BSGE 81, 189, 198.

[41] BSG v. 23.07.2002 - B 3 KR 63/01 R - BSGE 89, 294, 296 und 303.

[42] BSG v. 23.07.2002 - B 3 KR 63/01 R - BSGE 89, 294, 296; BSG v. 05.07.2000 - B 3 KR 12/99 R - BSGE 87, 14, 17; BSG v. 19.11.1997 - 3 RK 1/97 - BSGE 81, 189, 190; BSG v. 19.11.1997 - 3 RK 21/96 - SozR 3-2500 § 107 Nr. 1 S. 3.

[43] BSG v. 19.11.1997 - 3 RK 1/97 - BSGE 81, 189, 190; BSG v. 23.07.2002 - B 3 KR 63/01 R - BSGE 89, 294, 296.

7. Beteiligung der Krankenhausplanungsbehörde

48 Über den Abschluss des Versorgungsvertrages ist – wie auch über seine Kündigung – mit der für die Krankenhausplanung zuständigen Landesbehörde das **Einvernehmen anzustreben** (§ 111 Abs. 4 Satz 3 SGB V). Damit hat das GSG in Anlehnung an § 7 Abs. 1 Satz 2 KHG zur besseren Abstimmung beider Versorgungsbereiche an die Stelle der zuvor vorgesehenen Herstellung des Benehmens eine stärkere Beteiligungsform setzen wollen.[44] Danach soll die Entscheidung soweit wie möglich mit der Krankenhausplanungsbehörde abgestimmt und mit ihr zumindest ein Einigungsversuch unternommen werden.[45] Da aber das Einvernehmen nur anzustreben ist, kommt es auf die Zustimmung der Krankenhausplanungsbehörde nicht nur nicht an.[46] Vielmehr enthält diese Beteiligungsform auch kaum mehr als das Erfordernis des Benehmens.[47]

49 Die Rechtsprechung geht denn auch davon aus, dass der Pflicht zum Anstreben des Einvernehmens **nur** ein **verfahrensrechtlicher Beteiligungsanspruch** der Krankenhausplanungsbehörde entspricht, nicht aber ein Mitentscheidungsrecht.[48] Die Beteiligung der Krankenhausplanungsbehörde ist auch **keine Wirksamkeitsvoraussetzung**. Die Wirksamkeit des Versorgungsvertrags hängt nicht davon ab, dass die Vertragsparteien das Einvernehmen mit der Krankenhausplanungsbehörde angestrebt haben.[49]

V. Bestandsschutz

50 Vorsorge- oder Rehabilitationseinrichtungen, die vor dem 01.01.1989 stationäre medizinische Leistungen für die Krankenkassen erbracht haben, genießen nach § 111 Abs. 3 SGB V Bestandsschutz. Für diese Einrichtungen wird der Abschluss eines **Versorgungsvertrages** in dem Umfang **fingiert**, in dem sie in den Jahren 1986 bis 1988 tatsächlich für die Krankenkassen stationäre medizinische Leistungen erbracht haben (§ 111 Abs. 3 Satz 1 SGB V). Da diese Leistungen den Versorgungsauftrag der Einrichtung festlegen, müssen sie als Vorsorge- oder Rehabilitationsleistungen im Sinne der §§ 23, 40 SGB V qualifiziert werden können, da die Versorgungsverträge nach § 111 SGB V nur der Durchführung dieser Leistungen dienen (vgl. § 111 Abs. 2 Satz 1 i.V.m. Abs. 1 SGB V). Die zuständigen Krankenkassen(-Verbände) konnten den Eintritt der Fiktion dadurch verhindern, dass sie das Fehlen der Voraussetzungen für den Abschluss eines Versorgungsvertrages gemeinsam schriftlich geltend machten (§ 111 Abs. 3 Satz 2 SGB V). Aus Gründen der Rechtssicherheit war den Krankenkassen(-Verbänden) hierfür eine Frist bis zum 30.06.1989 gesetzt worden.[50]

51 Obwohl zu den Abschlussvoraussetzungen, die innerhalb dieser Frist geltend zu machen waren, gemäß § 111 Abs. 2 Satz 1 Nr. 2 SGB V auch die Merkmale gehören, die eine Vorsorge- oder Rehabilitationseinrichtung nach § 107 SGB V begrifflich von einem Krankenhaus unterscheiden, wird zu Recht davon ausgegangen, dass die von einer solchen Einrichtung vor dem 01.01.1989 erbrachte **Krankenhausbehandlung** nach § 111 Abs. 3 SGB V **keinen Bestandsschutz** genießt.[51] Dies ergibt sich daraus, dass die einer Krankenhausbehandlung entsprechenden Leistungen bei der Bestimmung des Versorgungsauftrags einer Vorsorge- oder Rehabilitationseinrichtung nicht berücksichtigungsfähig sind (vgl. § 111 Abs. 2 Satz 1 i.V.m. Abs. 1 SGB V).

52 Für die aus Gründen des Bestandsschutzes fingierten Versorgungsverträge gelten grundsätzlich dieselben Bestimmungen wie für die echten Versorgungsverträge. Daher schließt die Regelung des § 111 Abs. 3 Satz 2 SGB V die **Kündigung** des fingerten Versorgungsvertrages nach § 111 Abs. 4 Satz 2 SGB V auch dann nicht aus, wenn sie darauf gestützt wird, dass die Abschlussvoraussetzungen nie erfüllt waren.[52] Dagegen ist eine Erweiterung des bestandsgeschützten Vertragsumfangs durch **Beitritt** zu dem fiktiven Versorgungsvertrag gemäß § 111 Abs. 2 Satz 3 SGB V nicht möglich.[53] Der Bestandsschutz ist durch § 111 Abs. 3 Satz 1 SGB V zwar nicht auf den Bereich eines bestimmten Bundeslandes beschränkt; doch ist danach eine Einrichtung, die vor dem 01.01.1989 stationäre medizinische Vor-

---

[44] BT-Drs. 12/3608, S. 101.
[45] Vgl. BT-Drs. 10/2565, S. 28.
[46] *Rau* in: GKV-Kommentar, § 111 SGB V Rn. 19.
[47] *Klückmann* in: Hauck/Noftz, SGB V, K § 111 Rn. 14; *Knittel* in: Krauskopf, SozKV, § 111 SGB V Rn. 6.
[48] BSG v. 05.07.2000 - B 3 KR 12/99 R - BSGE 87, 14, 17; BSG v. 19.11.1997 - 3 RK 1/97 - BSGE 81, 189, 191.
[49] BSG v. 19.11.1997 - 3 RK 1/97 - BSGE 81, 189, 191. So auch *Klückmann* in: Hauck/Noftz, SGB V, K § 111 Rn. 16; *Hencke* in: Peters Hdb, § 111 Rn. 2, 7; *Knittel* in: Krauskopf, SozKV, § 111 SGB V Rn. 4.
[50] BT-Drs. 11/2237, S. 199.
[51] *Hess* in: KassKomm, SGB V, § 111 Rn. 4.
[52] *Klückmann* in: Hauck/Noftz, SGB V, K § 111 Rn. 35.
[53] *Klückmann* in: Hauck/Noftz, SGB V, K § 111 Rn. 52.

sorge- oder Rehabilitationsleistungen erbracht hat, damit auch in räumlicher Hinsicht nur in dem Umfang zugelassen, in dem sie diese Leistungen in den Jahren 1986 bis 1988 zulasten der Krankenkassen durchgeführt hat.[54]

VI. Rechte und Pflichten aus dem Versorgungsvertrag

53 Der Versorgungsvertrag mit einer Vorsorge- oder Rehabilitationseinrichtung ist ebenso wie der Versorgungsvertrag mit einem Krankenhaus **öffentlich-rechtlicher Natur** (vgl. die Kommentierung zu § 109 SGB V Rn. 102) und hat ebenfalls **statusbegründende Wirkung** (vgl. die Kommentierung zu § 109 SGB V Rn. 100).[55]

54 **Notwendiger Inhalt** des Versorgungsvertrages ist die Festlegung von Art, Inhalt und Umfang der stationären medizinischen Vorsorge- oder Rehabilitationsleistungen im Sinne der §§ 23, 40 SGB V, für die die Einrichtung zugelassen wird, mithin die Bestimmung ihres **Versorgungsauftrags** (vgl. Rn. 56).[56] Im Versorgungsvertrag zu regeln sind ferner – in Anlehnung an § 112 Abs. 2 Nr. 1 SGB V – die allgemeinen Bedingungen der Behandlung einschließlich der Aufnahme und Entlassung der Versicherten und der Abrechnung der Vergütung.[57] Da das Gesetz bei den Vorsorge- und Rehabilitationseinrichtungen – anders als bei den Krankenhäusern (§ 112 SGB V) – Kollektivverträge, in denen diese Fragestellungen geregelt werden könnten, nicht vorsieht, führt an einer individualvertraglichen Regelung kein Weg vorbei.

1. Zulassungswirkung

55 Mit dem Versorgungsvertrag wird die Vorsorge- oder Rehabilitationseinrichtung zur stationären Versorgung der Versicherten zugelassen (§ 111 Abs. 4 Satz 1 SGB V). Die Zulassung ist von ihrem Umfang her auf bestimmte **Leistungsarten** beschränkt, nämlich auf stationäre medizinische Vorsorge- und Rehabilitationsleistungen im Sinne der §§ 23 Abs. 4, 40 Abs. 2 SGB V. Vorsorge- und Rehabilitationseinrichtungen dürfen daher keine Krankenhausbehandlung im Sinne des § 39 SGB V erbringen. Der Gesetzgeber hat durch die unterschiedlichen Legaldefinitionen in § 107 SGB V und durch die verschiedenen Regelungen über die Zulassung sicherstellen wollen, dass der Krankenhausbereich auf der einen Seite und der Bereich der stationären medizinischen Vorsorge und Rehabilitation auf der anderen Seite voneinander getrennt werden.[58]

56 Weiter gegenständlich beschränkt wird der Zulassungsstatus der Vorsorge- oder Rehabilitationseinrichtung durch den **Versorgungsauftrag**, wie er sich aus dem Versorgungsvertrag ergibt. Unter Versorgungsauftrag ist – wie im Krankenhausbereich – die Festlegung von **Art, Inhalt und Umfang der Leistungen** zu verstehen, die die Vorsorge- oder Rehabilitationseinrichtung während der Dauer seiner Zulassung für die Versicherten zu erbringen hat. Dabei zählen zu den wesentlichen Leistungsmerkmalen nicht nur Art, Ziel und Qualität der Leistungen, sondern auch die erforderliche sächliche und personelle Ausstattung, die Qualifikation des Personals und die betriebsnotwendigen Anlagen der Einrichtung (vgl. die Kommentierung zu § 109 SGB V Rn. 111). Bei aus Gründen des Bestandsschutzes fingierten Versorgungsverträgen ergibt sich der Versorgungsauftrag aus dem tatsächlichen Leistungsumfang in den Jahren 1986 bis 1988 (vgl. näher Rn. 50 ff.).

57 Die Zulassung gilt nicht bundesweit, sondern ist grundsätzlich **regional begrenzt** (vgl. Rn. 28). Nur durch Beitritt der Krankenkassen(-Verbände) anderer Bundesländer (§ 111 Abs. 2 Satz 3 SGB V) kann der Geltungsbereich erweitert werden. Eine derartige Erweiterung ist bei den fingierten Versorgungsverträgen nicht möglich, da deren Wirkung auch in räumlicher Hinsicht an den tatsächlichen Umfang der Leistungserbringung in den Jahren 1986 bis 1988 gebunden ist (vgl. Rn. 52).

58 Zeitlich besteht, wie § 111 Abs. 4 Satz 1 SGB V ausdrücklich bestimmt, die Zulassung nur für die **Dauer** des Versorgungsvertrages. Die Vertragsdauer kann – sofern sie nicht von vornherein befristet war[59] – nur durch Kündigung (vgl. Rn. 66; § 111 Abs. 4 Satz 2 SGB V) beendet werden.

---

[54] Vgl. *Rau* in: GKV-Kommentar, § 111 SGB V Rn. 17.

[55] BSG v. 23.03.2006 - B 3 KR 6/05 R - BSGE 96, 133 Rn. 14; BSG v. 19.11.1997 - 3 RK 1/97 - BSGE 81, 189, 192; *Klückmann* in: Hauck/Noftz, SGB V, K § 111 Rn. 12; *Hess* in: KassKomm, SGB V, § 111 Rn. 2; *Rau* in: GKV-Kommentar, § 111 SGB V Rn. 3.

[56] *Quaas*, Der Versorgungsvertrag nach dem SGB V mit Krankenhäusern und Rehabilitationseinrichtungen, Rn. 193.

[57] Zu letzterem BSG v. 23.03.2006 - B 3 KR 6/05 R - BSGE 96, 133 Rn. 16.

[58] *Rau* in: GKV-Kommentar, § 111 SGB V Rn. 4.

[59] *Rau* in: GKV-Kommentar, § 111 SGB V Rn. 13.

Die Zulassung zur Versorgung der Versicherten begründet für die Vorsorge- oder Rehabilitationseinrichtung nicht nur das Recht, sondern auch die **Pflicht**, im Geltungsbereich (vgl. Rn. 57) des Versorgungsvertrages die **Leistungen zu erbringen**, die dem darin festgelegten Versorgungsauftrag (vgl. Rn. 56) entsprechen. Die Weigerung, Versicherte dementsprechend zu behandeln, stellt daher eine Vertragsverletzung dar.[60] Die Behandlung hat im Rahmen des Naturalleistungssystems zu erfolgen, weshalb die zugelassene Vorsorge- oder Rehabilitationseinrichtung auch nicht berechtigt ist, Versicherte privat zu behandeln. Bei fehlenden Aufnahmekapazitäten und bei Zerstörung des Vertrauensverhältnisses kann jedoch eine Ablehnung der Behandlung zulässig sein.[61] 59

Auch wenn die Vorsorge- oder Rehabilitationseinrichtung aufgrund der Zulassung zur Versorgung der Versicherten berechtigt ist, **garantiert** ihr der Versorgungsvertrag doch **keine bestimmte Belegung**.[62] Vielmehr hat die Einrichtung insoweit nur einen Teilhabeanspruch. Hierfür gilt im Bereich der medizinischen Rehabilitation, dass gemäß § 19 Abs. 4 Satz 1 HS. 1 SGB IX die Auswahl danach zu erfolgen hat, welche Einrichtung die Leistung in der am besten geeigneten Form ausführt. Dabei muss nach § 19 Abs. 4 Satz 2 SGB IX darauf geachtet werden, dass die Einrichtung die Leistung nach den Grundsätzen der Wirtschaftlichkeit und Sparsamkeit, insbesondere zu angemessenen Vergütungssätzen, ausführt. Daher müssen es teurere Anbieter grundsätzlich hinnehmen, dass sie bei der Belegung erst berücksichtigt werden, wenn preisgünstigere Anbieter ausgelastet sind und keine Kapazitäten mehr frei haben.[63] Diese Grundsätze können auch im Bereich der medizinischen Vorsorge entsprechend herangezogen werden. 60

2. Vergütungsanspruch

Der Vergütungsanspruch der zugelassenen Vorsorge- oder Rehabilitationseinrichtung ist im Gesetz nur rudimentär geregelt. § 111 Abs. 5 SGB V bestimmt nur, dass die Vergütungen für die von diesen Einrichtungen erbrachten medizinischen Vorsorge- bzw. Rehabilitationsleistungen gesondert vom Versorgungsvertrag zu vereinbaren sind. Dies betrifft allerdings allein die Höhe der Vergütungen, die deswegen nicht Teil der Zulassungsentscheidung ist.[64] Der **Rechtsgrund** dafür, dass die Krankenkasse dem Träger einer zugelassenen Vorsorge- oder Rehabilitationseinrichtung für die Behandlung ihrer Versicherten eine Vergütung schuldet, kann – nicht anders als im Krankenhausbereich (vgl. die Kommentierung zu § 109 SGB V Rn. 119 ff.) – nur der **Versorgungsvertrag** sein. Dieser schafft ein Grundverhältnis, aus dem sich ein unmittelbarer Vergütungsanspruch des Einrichtungsträgers gegen die Krankenkasse ergibt.[65] Auf dem durch den Versorgungsvertrag begründeten Vertragsverhältnis beruht der Vergütungsanspruch der Vorsorge- oder Rehabilitationseinrichtung.[66] 61

Der Vergütungsanspruch des Trägers einer zugelassenen Vorsorge- oder Rehabilitationseinrichtung aus der Durchführung medizinischer Vorsorge- bzw. Rehabilitationsleistungen ist **öffentlich-rechtlicher Natur**. Dies ergibt sich für die Zeit ab 2000 aus § 69 SGB V in der Fassung des GKV-RefG 2000. Für die vorhergehende Zeit galt aber nichts anderes, weil der Vergütungsanspruch im Versorgungsvertrag wurzelt und daher wie dieser durch Normen des öffentlichen Rechts vorgeprägt ist.[67] 62

Die **Höhe** der Vergütungen für medizinische Vorsorge- und Rehabilitationsleistungen wird – anders als im Krankenhausbereich, in dem gemäß § 109 Abs. 4 Satz 3 SGB V die detaillierten Maßgaben von KHG, KHEntgG und BPflV zu beachten sind – ohne staatliche Interventionsmöglichkeit frei zwischen den Krankenkassen und den Einrichtungsträgern vereinbart.[68] Das Gesetz enthält – mit Ausnahme des auch im Vorsorge- und Rehabilitationsbereich geltenden Grundsatzes der Beitragssatzstabilität (§ 71 SGB V) – keine Vorgaben für die Vergütungsvereinbarung. Nach den Gesetzesmaterialien soll Maß- 63

---

[60] *Quaas*, Der Versorgungsvertrag nach dem SGB V mit Krankenhäusern und Rehabilitationseinrichtungen, Rn. 198.

[61] *Klückmann* in: Hauck/Noftz, SGB V, K § 111 Rn. 34; *Hess* in: KassKomm, SGB V, § 111 Rn. 4.

[62] BSG v. 23.07.2002 - B 3 KR 63/01 R - BSGE 89, 294, 303 f.; *Klückmann* in: Hauck/Noftz, SGB V, K § 111 Rn. 34; *Quaas*, Der Versorgungsvertrag nach dem SGB V mit Krankenhäusern und Rehabilitationseinrichtungen, Rn. 11.

[63] BSG v. 23.07.2002 - B 3 KR 63/01 R - BSGE 89, 294, 303 f.

[64] BSG v. 23.07.2002 - B 3 KR 63/01 R - BSGE 89, 294, 305.

[65] *Quaas*, NZS 1996, 102, 105.

[66] BSG v. 23.03.2006 - B 3 KR 6/05 R - BSGE 96, 133 Rn. 15.

[67] BSG v. 23.03.2006 - B 3 KR 6/05 R - BSGE 96, 133 Rn. 13 f.

[68] *Klückmann* in: Hauck/Noftz, SGB V, K § 111 Rn. 43; *Rau* in: GKV-Kommentar, § 111 SGB V Rn. 20; *Quaas*, Der Versorgungsvertrag nach dem SGB V mit Krankenhäusern und Rehabilitationseinrichtungen, Rn. 200.

stab für die Vergütung nicht das Selbstkostendeckungsprinzip, sondern eine ausschließlich an den Leistungen orientierte Preisgestaltung sein.[69] Die demnach gebotene **leistungsgerechte Vergütung** schränkt den Gestaltungsspielraum der Vertragsparteien nicht wesentlich ein. Die Übertragung des Ziels angemessener Vergütung, wie es nach § 72 Abs. 2 SGB V im vertragsärztlichen Bereich gilt,[70] auf den Vorsorge- und Rehabilitationsbereich[71] führt aufgrund seiner Unbestimmtheit nicht weiter.[72]

64 Da nach § 111 Abs. 5 SGB V die Vergütungshöhe zwischen dem Einrichtungsträger und den einzelnen Krankenkassen getrennt vom Versorgungsvertrag zu vereinbaren ist, das Gesetz aber für den Fall des Scheiterns der Vergütungsverhandlungen kein Schiedsstellenverfahren vorsieht, ist es denkbar, dass für eine zugelassene Vorsorge- oder Rehabilitationseinrichtung **keine Vergütungsvereinbarung zustande kommt**. Damit hat der Einrichtungsträger auch keine vertraglichen Vergütungsansprüche, da diese nicht nur dem Grunde nach, sondern auch in bestimmter Höhe bestehen müssen. Dies selbst dann, wenn nach Kündigung der bisherigen Vergütungsvereinbarung noch keine neue vertragliche Übereinkunft getroffen werden konnte, da es keinen allgemeinen Fortgeltungsgrundsatz gibt.[73] Da weder dem Einrichtungsträger noch der Krankenkasse ein einseitiges Bestimmungsrecht zusteht und die mit anderen Krankenkassen oder Einrichtungsträgern vereinbarten Preise auch nicht in entsprechender Anwendung des § 612 Abs. 2 BGB als übliche Vergütung anzusehen sind, kann der Einrichtungsträger bei Fehlen einer Vergütungsvereinbarung nur auf **bereicherungsrechtlicher Grundlage** Wertersatz verlangen.[74] Dem steht nicht entgegen, dass ein Leistungserbringer für Leistungen, die er nicht gemäß den Bestimmungen des Leistungserbringungsrechts erbracht hat, nicht auf bereicherungsrechtlicher Grundlage eine Vergütung verlangen kann.[75] Denn dies gilt nur dann, wenn zwingende Gründe die Einhaltung bestimmter formaler oder inhaltlicher Voraussetzungen erfordern, weil sonst die Funktionsfähigkeit des Systems der Leistungserbringung in Frage gestellt würde.[76] Hierzu zählt das Vorliegen eines Versorgungsvertrages, weil nur dadurch die Einrichtung zur Versorgung der Versicherten zugelassen wird, nicht aber das Bestehen einer Vergütungsvereinbarung.

65 Hinsichtlich Verzinsung und Verjährung wie im Krankenhausbereich: Die Vergütungsforderung einer zugelassenen Vorsorge- oder Rehabilitationseinrichtung gegen eine Krankenkasse für die Versorgung eines Versicherten unterliegt bei Fehlen vertraglicher Vereinbarungen dem Anspruch auf **Verzugs- und Prozesszinsen** (vgl. die Kommentierung zu § 109 SGB V Rn. 141).[77] Ebenso unterliegen die Vergütungsansprüche der Vorsorge- und Rehabilitationseinrichtungen einer **vierjährigen Verjährung** (vgl. die Kommentierung zu § 109 SGB V Rn. 142 f.).

VII. Kündigung des Versorgungsvertrags

66 § 111 Abs. 4 Satz 2 SGB V gestattet die Kündigung **aller Versorgungsverträge** im Sinne des § 111 SGB V. Hierzu zählen nicht nur die seit Inkrafttreten des SGB V geschlossenen Versorgungsverträge, sondern auch die im Rahmen der Bestandsschutzregelung des § 111 Abs. 3 SGB V fingierten Versorgungsverträge.[78]

67 **Kündigungsberechtigt** sind nach § 111 Abs. 4 Satz 2 SGB V die Landesverbände der Krankenkassen und die Ersatzkassen. Wie diese **Krankenkassen(-Verbände)** den Versorgungsvertrag nur gemeinsam abschließen können (§ 111 Abs. 2 Satz 1 SGB V), können sie die Kündigung auch nur gemeinsam aussprechen (§ 111 Abs. 4 Satz 2 SGB V); dies setzt bei fehlender Einigkeit einen Mehrheitsbeschluss (vgl. die Kommentierung zu § 109 SGB V Rn. 27) voraus. Da die Kündigung das Spiegelbild zum Ver-

---

69 BT-Drs. 11/2237, S. 199.

70 Näher dazu BSG v. 09.12.2004 - B 6 KA 44/03 R - BSGE 94, 50 Rn. 117 ff.

71 *Quaas*, Der Versorgungsvertrag nach dem SGB V mit Krankenhäusern und Rehabilitationseinrichtungen, Rn. 203 f.

72 *Klückmann* in: Hauck/Noftz, SGB V, K § 111 Rn. 45.

73 Vgl. BSG v. 13.05.2004 - B 3 KR 2/03 R - SozR 4-2500 § 132a Nr. 1 Rn. 8.

74 Vgl. BSG v. 13.05.2004 - B 3 KR 2/03 R - SozR 4-2500 § 132a Nr. 1 Rn. 11 ff.; BSG v. 25.09.2001 - B 3 KR 15/00 R - SozR 3-2500 § 132a Nr. 1 S. 4 f.

75 BSG v. 08.09.2004 - B 6 KA 14/03 R - SozR 4-2500 § 39 Nr. 3 Rn. 14; BSG v. 28.03.2000 - B 1 KR 21/99 R - BSGE 86, 66, 76; BSG v. 18.12.1996 - 6 RKa 66/95 - BSGE 80, 1, 3 f.; BSG v. 13.11.1996 - 6 RKa 31/95 - BSGE 79, 239, 249 f.; BSG v. 21.06.1995 - 6 RKa 60/94 - BSGE 76, 153, 155 f.; BSG v. 04.05.1994 - 6 RKa 40/93 - BSGE 74, 154, 158.

76 BSG v. 28.02.2007 - B 3 KR 15/06 R - SozR 4-2500 § 39 Nr. 7 Rn. 17.

77 Zum Anspruch auf Prozesszinsen: BSG v. 23.03.2006 - B 3 KR 6/05 R - BSGE 96, 133 Rn. 15 ff.

78 *Klückmann* in: Hauck/Noftz, SGB V, K § 111 Rn. 37.

tragsabschluss ist, sind nur die Krankenkassen(-Verbände) zur Kündigung des Versorgungsvertrages berechtigt, die nach § 111 Abs. 2 Satz 1 SGB V Vertragspartei sind, nicht jedoch diejenigen, die dem Versorgungsvertrag nach § 111 Abs. 2 Satz 3 SGB V beigetreten sind; letztere können nur ihren Vertragsbeitritt kündigen.[79] Aus dem gleichen Grunde sind zur Kündigung eines fingierten Versorgungsvertrages (§ 111 Abs. 3 SGB V) nur die Krankenkassen(-Verbände) berechtigt, die nach dem Grundgedanken des § 111 Abs. 2 Satz 1 SGB V für dessen Abschluss örtlich zuständig wären. Dies sind die Krankenkassen(-Verbände), in deren Bezirk die Vorsorge- oder Rehabilitationseinrichtung ihren Sitz hat. Zur Kündigung berechtigt ist auch der **Einrichtungsträger**. Dies sieht § 111 Abs. 4 Satz 2 SGB V zwar nicht ausdrücklich vor, ergibt sich aber aus dem insoweit entsprechend anwendbaren § 110 Abs. 1 Satz 1 SGB V.[80]

Die **Kündigungsfrist** von einem Jahr (§ 111 Abs. 4 Satz 2 SGB V) gilt nicht nur für die Krankenkassen(-Verbände), sondern auch für den Einrichtungsträger. Bei letzterem ergibt sich dies aus § 110 Abs. 1 Satz 1 SGB V, der auch insoweit entsprechend heranzuziehen ist.[81] Ferner bedarf die Kündigung entsprechend § 59 Abs. 2 Satz 1 SGB X der **Schriftform**. Eine dieser Form nicht genügende Kündigung ist nichtig (§ 61 Satz 2 SGB X i.V.m. § 125 BGB). Fehlt es lediglich an der in § 59 Abs. 2 Satz 1 SGB X vorgesehenen Begründung, berührt dies die Wirksamkeit der Kündigung dagegen nicht.[82] 68

Die Krankenkassen(-Verbände) können den Versorgungsvertrag nur bei Vorliegen bestimmter Gründe kündigen. Nach § 111 Abs. 4 Satz 2 SGB V entsprechen die **Kündigungsgründe** den in § 111 Abs. 2 Satz 1 SGB V aufgeführten Abschlussvoraussetzungen (vgl. Rn. 32). Die fehlende Zertifizierung nach § 20 Abs. 2 Satz 2 SGB IX stellt keinen eigenständigen Kündigungsgrund dar. Zwar sind nach § 21 Abs. 3 SGB IX Verträge mit stationären Rehabilitationseinrichtungen zu kündigen, die nicht nach § 20 Abs. 2 Satz 2 SGB IX zertifiziert sind. Bei der mit der Zertifizierung nachzuweisenden fachlichen Eignung handelt es sich aber um ein Element der Leistungsfähigkeit, die nach § 111 Abs. 2 Satz 1 Nr. 2 SGB V zu den Abschlussvoraussetzungen zählt. Aus der Formulierung in § 111 Abs. 4 Satz 2 SGB V, dass die Abschlussvoraussetzungen „nicht mehr" gegeben sind, folgt nicht, dass eine Kündigung unzulässig wäre, wenn die Voraussetzungen des § 111 Abs. 2 Satz 1 SGB V schon bei Vertragsabschluss nicht vorgelegen haben. Vielmehr ist die Kündigung in einem solchen Fall erst recht zulässig.[83] Aus diesem Grunde können fingierte Versorgungsverträge auch dann gekündigt werden, wenn der Eintritt der Fiktion gemäß § 111 Abs. 3 Satz 2 SGB V hätte verhindert werden können, weil die Voraussetzungen für den Abschluss eines Versorgungsvertrages nie gegeben waren. 69

Die **Kündigung** eines Versorgungsvertrages ist auch bei den Vorsorge- und Rehabilitationseinrichtungen – wie bei den Krankenhäusern (vgl. die Kommentierung zu § 110 SGB V Rn. 30) – entgegen der Rechsprechung des BSG[84] nicht als **Verwaltungsakt** anzusehen. Zu einer derartigen Qualifikation zwingt bei der Kündigung ebenso wenig wie bei der Vertragsablehnung (vgl. Rn. 47) das Bedürfnis nach Klarheit und Rechtssicherheit, das bei Versorgungsverträgen aufgrund ihrer statusbegründenden Wirkung besteht (vgl. die Kommentierung zu § 110 SGB V Rn. 30). 70

Wie über den Abschluss des Versorgungsvertrages ist auch über seine Kündigung gemäß § 111 Abs. 4 Satz 3 SGB V das **Einvernehmen** mit der Krankenhausplanungsbehörde **anzustreben** (vgl. Rn. 48). Anders als im Krankenhausbereich (vgl. die Kommentierung zu § 110 SGB V Rn. 42) ist die Mitwirkung der Krankenhausplanungsbehörde keine Wirksamkeitsvoraussetzung der Kündigung. 71

Mit Wirksamwerden der Kündigung nach Ablauf der Kündigungsfrist **endet die Zulassung** der Vorsorge- oder Rehabilitationseinrichtung zur Versorgung der Versicherten. Denn die Zulassung besteht nach § 111 Abs. 4 Satz 1 SGB V nur für die Dauer des Versorgungsvertrages. Mit dem Ende der Zulassung wird auch der etwaige Beitritt von Krankenkassen(-Verbänden) anderer Bundesländer gegenstandslos.[85] 72

---

[79] *Klückmann* in: Hauck/Noftz, SGB V, K § 111 Rn. 40.

[80] *Jung* in: GK-SGB V, § 111 Rn. 19; *Quaas*, Der Versorgungsvertrag nach dem SGB V mit Krankenhäusern und Rehabilitationseinrichtungen, Rn. 199. – So im Ergebnis auch: *Klückmann* in: Hauck/Noftz, SGB V, K § 111 Rn. 38; *Knittel* in: Krauskopf, SozKV, § 111 SGB V Rn. 16.

[81] Inkonsequent *Quaas*, Der Versorgungsvertrag nach dem SGB V mit Krankenhäusern und Rehabilitationseinrichtungen, Rn. 199.

[82] Vgl. *Knittel* in: Krauskopf, SozKV, § 110 SGB V Rn. 2.

[83] *Klückmann* in: Hauck/Noftz, SGB V, K § 111 Rn. 35.

[84] Vgl. BSG v. 29.05.1996 - 3 RK 23/95 - BSGE 78, 233, 235 f.; BSG v. 06.08.1998 - B 3 KR 3/98 R - BSGE 82, 261, 262 f.

[85] *Klückmann* in: Hauck/Noftz, SGB V, K § 111 Rn. 39.

VIII. Verbindung mit einem Krankenhaus

73 § 111 Abs. 6 SGB V erlaubt unter bestimmten Voraussetzungen Vorsorge- oder Rehabilitationseinrichtungen an zugelassenen Krankenhäusern. Der Gesetzgeber hat sich hiervon eine **Umwidmung von Krankenhausabteilungen** in Rehabilitationsabteilungen und damit einen Abbau teurer, nicht mehr bedarfsgerechter Krankenhausbetten versprochen.[86]

74 Die Trennung zwischen dem Krankenhausbereich und dem Vorsorge- und Rehabilitationsbereich, der die verschiedenen Legaldefinitionen des § 107 SGB V und die unterschiedlichen Vertragssysteme dienen, die in den §§ 108-109 SGB V und in § 111 SGB V für die Versorgungsbereiche vorgesehen sind, wird durch § 111 Abs. 6 SGB V nicht aufgehoben. Daher verlangt § 111 Abs. 6 SGB V, dass die Vorsorge- oder Rehabilitationseinrichtung an einem zugelassenen Krankenhaus **wirtschaftlich und organisatorische selbständig** ist. Dies setzt eine eigenständige Wirtschafsführung voraus. Der Betrieb des Krankenhauses darf nicht mit demjenigen der Vorsorge- bzw. Rehabilitationseinrichtung vermischt werden. Hieran ändert § 39 Abs. 1 Satz 3 HS. 2 SGB V nichts; die danach zur akutstationären Versorgung zählende Frührehabilitation ermöglicht den Krankenhäusern keineswegs die eigenständige Erbringung medizinischer Rehabilitationsleistungen (vgl. näher hierzu die Kommentierung zu § 39 SGB V Rn. 86 ff.). Auch in räumlicher Hinsicht muss die Vorsorge- oder Rehabilitationsabteilung klar von den Krankenhausabteilungen getrennt sein.[87]

75 Eine **pauschale Zulassung**, mit der dem Einrichtungsträger freigestellt wird, ein Krankenhaus, eine Vorsorge- und Rehabilitationsklinik oder eine Kombination aus allem zu betreiben, lässt auch § 111 Abs. 6 SGB V nicht zu. Zwar darf danach Krankenhausbehandlung einerseits sowie Vorsorge- und Rehabilitation andererseits auch **in einer Einrichtung** gewährt werden, sofern diese Bereiche in räumlicher, organisatorischer und wirtschaftlicher Hinsicht eindeutig getrennt sind. In diesem Fall sind aber getrennte Zulassungen für den Krankenhausbereich einerseits und den Vorsorge- und Rehabilitationsbereich andererseits erforderlich.[88]

---

86 BT-Drs. 11/2237, S. 199.

87 *Klückmann* in: Hauck/Noftz, SGB V, K § 111 Rn. 48.

88 BSG v. 19.11.1997 - 3 RK 1/97 - BSGE 81, 189, 193.

§ 111a SGB V Versorgungsverträge mit Einrichtungen des Müttergenesungswerks oder gleichartigen Einrichtungen

(Fassung vom 26.03.2007, gültig ab 01.07.2008)

(1) Die Krankenkassen dürfen stationäre medizinische Leistungen zur Vorsorge für Mütter und Väter (§ 24) oder Rehabilitation für Mütter und Väter (§ 41) nur in Einrichtungen des Müttergenesungswerks oder gleichartigen Einrichtungen oder für Vater-Kind-Maßnahmen geeigneten Einrichtungen erbringen lassen, mit denen ein Versorgungsvertrag besteht. § 111 Abs. 2, 4 Satz 1 und 2 und Abs. 5 sowie § 111b gelten entsprechend.

(2) Bei Einrichtungen des Müttergenesungswerks oder gleichartigen Einrichtungen, die vor dem 1. August 2002 stationäre medizinische Leistungen für die Krankenkassen erbracht haben, gilt ein Versorgungsvertrag in dem Umfang der im Jahr 2001 erbrachten Leistungen als abgeschlossen. Satz 1 gilt nicht, wenn die Einrichtung die Anforderungen nach § 111 Abs. 2 Satz 1 nicht erfüllt und die zuständigen Landesverbände der Krankenkassen und die Ersatzkassen gemeinsam dies bis zum 1. Januar 2004 gegenüber dem Träger der Einrichtung schriftlich geltend machen.

Gliederung

A. Basisinformationen

I. Textgeschichte/Gesetzgebungsmaterialien

Die jetzige Vorschrift wurde mit Wirkung vom **01.08.2002** eingefügt durch das 11. SGB V-ÄndG[1], gleichzeitig wurde der bisherige § 111a SGB V zum neuen § 111b SGB V.[2] 1

Durch das GKV-WSG[3] wurde § 111a Abs. 2 Satz 2 SGB V zum **01.07.2008** an die Neustrukturierung der Krankenkassenverbände angepasst; demnach zählen zu den Vertragsparteien, die den Bestandsschutz beenden können, nicht mehr die Verbände der Ersatzkassen, sondern die Ersatzkassen selbst.[4] 2

II. Vorgängervorschriften

§ 111a SGB V lehnt sich an **§ 111 SGB V** an und verweist im Wesentlichen auf diese Vorschrift. 3

III. Systematische Zusammenhänge

§ 111a SGB V ist eine Sondervorschrift zu **§ 111 SGB V**. Auch § 111a SGB V stellt das leistungserbringerrechtliche Pendant zu den leistungsrechtlichen Bestimmungen über die medizinische Vorsorge (**§ 24 SGB V**) und Rehabilitation (**§ 41 SGB V**) für Mütter und Väter dar. Der Begriff der Vorsorge- und Rehabilitationseinrichtung ist auch mit Wirkung für § 111a SGB V in **§ 107 Abs. 2 SGB V** legal definiert. 4

B. Auslegung der Norm

I. Regelungsgehalt und Bedeutung der Norm

§ 111a SGB V bezieht die Erbringung von Leistungen zur stationären medizinischen Vorsorge und Rehabilitation für Mütter und Väter (§§ 24, 41 SGB V) in ein Zulassungssystem ein, das für sie bis 5

[1] Gesetz zur Verbesserung der Vorsorge und Rehabilitation für Mütter und Väter (11. SGB V-Änderungsgesetz) vom 26.07.2002, BGBl I 2002, 2874.

[2] Materialien: Gesetzentwurf, BT-Drs. 14/9035, S. 4 f.; Bericht, BT-Drs. 14/9611, S. 2.

[3] GKV-Wettbewerbsstärkungsgesetz vom 26.03.2007, BGBl I 2007, 378.

[4] Materialien: Gesetzentwurf, BT-Drs. 16/3100, S. 139 mit S. 90 und 160.

zum 31.07.2002 – anders als für stationäre medizinische Vorsorge- und Rehabilitationsleistungen nach den §§ 23, 40 SGB V – nicht galt (vgl. § 111 Abs. 1 SGB V). Auch die Erbringung dieser speziellen stationären medizinischen Vorsorge- und Rehabilitationsleistungen setzt nunmehr eine Zulassung durch Versorgungsvertrag voraus (**§ 111a Abs. 1 Satz SGB V**). Hinsichtlich Abschluss, Kündigung und Rechtswirkungen verweist **§ 111a Abs. 1 Satz 2 SGB V** weitgehend auf § 111 SGB V. Ausgenommen hiervon ist lediglich die Beteiligung der Krankenhausplanungsbehörden (§ 111 Abs. 4 Satz 3 SGB V). Dagegen weicht der Bestandsschutz in **§ 111a Abs. 2 SGB V** inhaltlich nicht von demjenigen in § 111 Abs. 3 SGB V ab, sondern passt nur die darin enthaltenen Zeitangaben an.

II. Normzweck

6 Ziel der Einführung eines Vertragssystems für die Erbringung stationärer medizinischer Vorsorge- und Rehabilitationsleistungen für Mütter und Väter (§§ 24, 41 SGB V) entsprechend demjenigen bei den übrigen stationären medizinischen Vorsorge- und Rehabilitationsleistungen (§ 111 SGB V) war es, die **Qualität und** die **Effizienz** dieser Leistungen zu **sichern**.[5]

III. Zulassungserfordernis

7 Nach dem **bis zum 31.07.2002** geltenden Recht wurden Leistungen zur medizinischen Vorsorge oder Rehabilitation für Mütter in Einrichtungen des Müttergenesungswerkes oder gleichartigen Einrichtungen erbracht. Eine **Zulassung** zur Erbringung dieser Leistungen sah das Gesetz **nicht** vor. Denn § 111 SGB V galt damals wie heute nur für Erbringung stationärer medizinischer Vorsorge- und Rehabilitationsleistungen nach den §§ 23, 40 SGB V.

8 Seit dem 01.08.2002 gilt auch für die speziellen medizinischen Vorsorge- und Rehabilitationsleistungen nach den §§ 24, 41 SGB V ein **Zulassungserfordernis**. Für die **stationäre** Erbringung dieser Leistungen folgt dies aus § 111a Abs. 1 Satz 1 SGB V. Aus den §§ 24 Abs. 1 Satz 3, 41 Abs. 1 Satz 3 SGB V ergibt sich, dass diese Leistungen auch **ambulant** nur durch Einrichtungen erbracht werden dürfen, die zur Versorgung der Versicherten zugelassen sind, weil mit ihnen ein Versorgungsvertrag nach § 111a SGB V besteht.

IV. Versorgungsvertrag

9 Die Zulassung erfolgt nur durch Versorgungsvertrag (§ 111a Abs. 1 Satz 1 HS. 2 SGB V). Hinsichtlich des Abschlusses, der Kündigung und der Rechtswirkungen des Versorgungsvertrages **verweist** § 111a SGB V **auf § 111 SGB V**.

10 Der **Abschluss** eines Versorgungsvertrages setzt demnach eine Einigung (vgl. die Kommentierung zu § 111 SGB V Rn. 26) des Einrichtungsträgers mit den Landesverbänden der Krankenkassen und den Ersatzkassen voraus, die gemeinsam (vgl. die Kommentierung zu § 111 SGB V Rn. 25) handeln müssen (§ 111a Abs. 1 Satz 2 SGB V i.V.m. § 111 Abs. 2 Satz 1 HS. 1 SGB V). Dabei gilt das Schriftformgebot (vgl. die Kommentierung zu § 111 SGB V Rn. 27; § 111a Abs. 1 Satz 2 SGB V i.V.m. § 111 Abs. 2 Satz 2 SGB V und § 109 Abs. 1 Satz 1 HS. 2 SGB V). Eine Beteiligung der für die Krankenhausplanung zuständigen Landesbehörde sieht das Gesetz nicht vor, da § 111a Abs. 1 Satz 2 SGB V nicht auf § 111 Abs. 4 Satz 3 SGB V verweist.

11 **Inhaltlich** setzt der Abschluss eines Versorgungsvertrages **voraus**, dass die Einrichtung

- die **Anforderungen des § 107 Abs. 2 SGB V** erfüllt (§ 111a Abs. 1 Satz 2 i.V.m. § 111 Abs. 2 Satz 1 HS. 2 Nr. 1 SGB V), also eine Vorsorge- oder Rehabilitationseinrichtung im Sinne dieser Vorschrift ist (vgl. näher dazu die Kommentierung zu § 107 SGB V Rn. 34 ff.), sowie
- für eine **bedarfsgerechte** (vgl. die Kommentierung zu § 111 SGB V Rn. 39), **leistungsfähige** (vgl. die Kommentierung zu § 111 SGB V Rn. 37) und **wirtschaftliche** (vgl. die Kommentierung zu § 111 SGB V Rn. 38) Versorgung der Versicherten mit stationären medizinischen Leistungen zur Vorsorge und Rehabilitation für Mütter und Väter notwendig ist (§ 111a Abs. 1 Satz 2 i.V.m. § 111 Abs. 2 Satz 1 HS. 2 Nr. 1 SGB V), wobei insoweit Maßstab nicht die Leistungen nach den §§ 23, 40 SGB V, sondern diejenigen nach den §§ 24, 41 SGB V sind.

12 Dass in § 111a Abs. 1 Satz 1 SGB V von „**Einrichtungen des Müttergenesungswerks** oder gleichartigen Einrichtungen oder für Väter-Kind-Maßnahmen geeigneten Einrichtungen" die Rede ist, bedeutet nicht, dass ein anderer Begriff der Vorsorge- oder Rehabilitationseinrichtung gilt als derjenige des § 107 Abs. 2 SGB V. Aus dieser Aufzählung kann weder abgeleitet werden, dass alle Einrichtungen des Müttergenesungswerks zur Versorgung der Versicherten zugelassen sein müssen, da dafür auch bei

[5] BT-Drs. 14/9035, S. 4.

ihnen ein Versorgungsvertrag erforderlich ist. Noch lässt sich daraus entnehmen, dass an diese Einrichtungen andere Anforderungen zu stellen sind, als an Vorsorge- und Rehabilitationseinrichtungen im Allgemeinen; die einzige Besonderheit dieser Einrichtungen stellt die besondere Zielsetzung der in ihnen erbrachten Leistungen dar.

Sind die Voraussetzungen für seinen Abschluss nicht mehr gegeben, kann der Versorgungsvertrag von den Krankenkassen(-Verbänden), die Vertragspartei sind, mit einer Frist von einem Jahr **gekündigt** (vgl. die Kommentierung zu § 111 SGB V) werden (§ 111a Abs. 1 Satz 2 SGB V i.V.m. § 111 Abs. 4 Satz 2 SGB V). Auch hierbei sieht das Gesetz mangels Verweises auf § 111 Abs. 4 Satz 3 SGB V keine Beteiligung der für die Krankenhausplanung zuständigen Landesbehörde vor. 13

Mit dem Versorgungsvertrag wird die Vorsorge- oder Rehabilitationseinrichtung zur Versorgung der Versicherten mit stationären medizinischen Leistungen zur Vorsorge und Rehabilitation für Mütter und Väter **zugelassen** (vgl. die Kommentierung zu § 111 SGB V Rn. 55; § 111a Abs. 1 Satz 2 SGB V i.V.m. § 111 Abs. 4 Satz 1 SGB V). Die Zulassung gilt nicht bundesweit, vielmehr ist sie **regional begrenzt** (vgl. die Kommentierung zu § 111 SGB V Rn. 28); ihre Reichweite kann jedoch durch Beitritt (vgl. die Kommentierung zu § 111 SGB V Rn. 29) der Krankenkassen(-Verbände) anderer Bundesländer erstreckt werden (§ 111a Abs. 1 Satz 2 SGB V i.V.m. § 111 Abs. 2 Satz 3 SGB V). 14

Die **Vergütung** (vgl. die Kommentierung zu § 111 SGB V Rn. 61) für die in den zugelassenen Vorsorge- und Rehabilitationseinrichtungen erbrachten Leistungen ist zwischen ihren Trägern und den Krankenkassen gesondert zu vereinbaren (§ 111a Abs. 1 Satz 2 SGB V i.V.m. § 111 Abs. 5 SGB V). 15

Der Verweis auf die **Rahmenempfehlungen nach § 111b SGB V** ist mit deren Abschaffung zum 01.08.2007 gegenstandslos geworden. 16

V. Bestandsschutzregelung

§ 111a Abs. 2 SGB V enthält eine Bestandsschutzregelung, die in der Sache derjenigen in **§ 111 Abs. 3 SGB V** (vgl. die Kommentierung zu § 111 SGB V Rn. 50) **entspricht**[6] und nur die darin enthaltenen Zeitangaben durch andere ersetzt. 17

Auch durch die Bestandsschutzregelung des § 111a Abs. 2 SGB V wird (ausnahmsweise) der Abschluss eines Versorgungsvertrages **fingiert** (Satz 1). Die Krankenkassen(-Verbände) können sich dem jedoch dadurch entziehen, dass sie schriftlich das Fehlen der Voraussetzungen für den Vertragsschluss geltend machen (Satz 2). 18

6 BT-Drs. 14/9035, S. 5.

§ 112 SGB V Zweiseitige Verträge und Rahmenempfehlungen über Krankenhausbehandlung

(Fassung vom 21.12.1992, gültig ab 01.01.1993, gültig bis 30.06.2008)

(1) Die Landesverbände der Krankenkassen und die Verbände der Ersatzkassen gemeinsam schließen mit der Landeskrankenhausgesellschaft oder mit den Vereinigungen der Krankenhausträger im Land gemeinsam Verträge, um sicherzustellen, daß Art und Umfang der Krankenhausbehandlung den Anforderungen dieses Gesetzbuchs entsprechen.

(2) Die Verträge regeln insbesondere

1. die allgemeinen Bedingungen der Krankenhausbehandlung einschließlich der
   a) Aufnahme und Entlassung der Versicherten,
   b) Kostenübernahme, Abrechnung der Entgelte, Berichte und Bescheinigungen,

2. die Überprüfung der Notwendigkeit und Dauer der Krankenhausbehandlung einschließlich eines Kataloges von Leistungen, die in der Regel teilstationär erbracht werden können,

3. Verfahrens- und Prüfungsgrundsätze für Wirtschaftlichkeits- und Qualitätsprüfungen,

4. die soziale Betreuung und Beratung der Versicherten im Krankenhaus,

5. den nahtlosen Übergang von der Krankenhausbehandlung zur Rehabilitation oder Pflege,

6. das Nähere über Voraussetzungen, Art und Umfang der medizinischen Maßnahmen zur Herbeiführung einer Schwangerschaft nach § 27a Abs. 1.

Sie sind für die Krankenkassen und die zugelassenen Krankenhäuser im Land unmittelbar verbindlich.

(3) Kommt ein Vertrag nach Absatz 1 bis zum 31. Dezember 1989 ganz oder teilweise nicht zustande, wird sein Inhalt auf Antrag einer Vertragspartei durch die Landesschiedsstelle nach § 114 festgesetzt.

(4) Die Verträge nach Absatz 1 können von jeder Vertragspartei mit einer Frist von einem Jahr ganz oder teilweise gekündigt werden. Satz 1 gilt entsprechend für die von der Landesschiedsstelle nach Absatz 3 getroffenen Regelungen. Diese können auch ohne Kündigung jederzeit durch einen Vertrag nach Absatz 1 ersetzt werden.

(5) Die Spitzenverbände der Krankenkassen gemeinsam und die Deutsche Krankenhausgesellschaft oder die Bundesverbände der Krankenhausträger gemeinsam sollen Rahmenempfehlungen zum Inhalt der Verträge nach Absatz 1 abgeben.

(6) Beim Abschluß der Verträge nach Absatz 1 und bei Abgabe der Empfehlungen nach Absatz 5 sind, soweit darin Regelungen nach Absatz 2 Nr. 5 getroffen werden, die Spitzenorganisationen der Vorsorge- und Rehabilitationseinrichtungen zu beteiligen.

Gliederung

A. Basisinformationen

I. Textgeschichte

Die Vorschrift wurde durch das **GRG**[1] mit Geltung ab 01.01.1989 verabschiedet. Art. 2 Nr. 6 KOVAnpG 1990[2] fügte Absatz 2 Satz 1 Nr. 5 rückwirkend zum 01.01.1989 ein. 1

Art. 1 Nr. 67 **GSG**[3] ergänzte mit Geltung ab 01.01.1993 Absatz 2 Satz 1 Nr. 2 durch Einfügen der Worte „einschließlich eines Kataloges von Leistungen, die in der Regel teilstationär erbracht werden können". 2

Mit Wirkung zum 01.07.2008 werden als Folgeänderung zur Strukturreform der Krankenkassen durch Art. 1 Nr. 79 **GKV-WSG**[4] in Absatz 1 die Wörter „Verbände der" gestrichen und in Absatz 5 die Wörter „Die Spitzenverbände der Krankenkassen gemeinsam" durch die Wörter „Der Spitzenverband Bund der Krankenkassen" ersetzt. 3

II. Vorgängervorschriften

§ 112 Abs. 1 und 2 SGB V ersetzt mit z.T. sprachlichen und inhaltlichen Veränderungen **§ 372 Abs. 1-3 RVO**. § 112 Abs. 3 SGB V geht auf **§ 374 Abs. 1 Satz 3 RVO**, § 112 Abs. 4 Satz 1 und 2 SGB V auf § 374 Abs. 1 Satz 4 RVO und § 112 Abs. 5 SGB V auf § 372 Abs. 7 RVO zurück. 4

III. Parallelvorschriften/Ergänzende Vorschriften

Weitere – dreiseitige – **Verträge** schließen die Vertragspartner des § 112 Abs. 1 SGB V unter Einschluss der Kassenärztlichen Vereinigungen zur Verzahnung von ambulanter und stationärer Versorgung nach § 115 SGB V. Ferner schließen sie unter Einschluss des Landesausschusses des Verbandes der privaten Krankenversicherung – zweiseitige – Verträge im Benehmen mit den Kassenärztlichen Vereinigungen nach § 115a Abs. 3 Satz 1 SGB V zur Vergütung der vor- und nachstationären Behandlung nach § 115a Abs. 1 SGB V. 5

Für die Kündigung der Verträge sowie die vertragliche Ablösung der von der erweiterten Schiedsstelle festgesetzten Verträge verweist § 115 Abs. 3 Satz 5 SGB V auf die Kündigungsregelung des § 112 Abs. 4 SGB V. 6

Allgemein sieht § 2 Abs. 3 SGB V vor, dass die Krankenkassen über die Erbringung der Sach- und Dienstleistungen nach den Vorschriften des Vierten Kapitels **Verträge mit den Leistungserbringern** schließen. 7

Die Vertragsparteien der Pflegesatzvereinbarung können auch **Rahmenvereinbarungen** abschließen, die insbesondere ihre Rechte und Pflichten, die Vorbereitung, den Beginn und das Verfahren der **Pflegesatzverhandlung** näher bestimmen sowie festlegen, welche Krankenhäuser vergleichbar sind, soweit nicht für das Krankenhaus verbindliche Regelungen nach den §§ 112-115 SGB V getroffen worden sind (§ 17 Abs. 7 und 8 BPflV[5]). 8

---

[1] Gesetz zur Strukturreform im Gesundheitswesen (Gesundheits-Reformgesetz – GRG) v. 20.12.1988, BGBl I 1988, 2477.

[2] Gesetz über die neunzehnte Anpassung der Leistungen nach dem Bundesversorgungsgesetz sowie zur Änderung weiterer sozialrechtlicher Vorschriften – KOV-Anpassungsgesetz 1990 – v. 26.06.1990, BGBl I 1990, 1211.

[3] Gesetz zur Sicherung und Strukturverbesserung der gesetzlichen Krankenversicherung/Gesundheitsstrukturgesetz v. 21.12.1992, BGBl I 1992, 2266.

[4] Gesetz zur Stärkung des Wettbewerbs in der gesetzlichen Krankenversicherung (GKV-Wettbewerbsstärkungsgesetz – GKV-WSG) v. 26.03.2007, BGBl I 2007, 378.

[5] Verordnung zur Regelung der Krankenhauspflegesätze (Bundespflegesatzverordnung – BPflV) v. 26.09.1994, BGBl I 1994, 2750; zuletzt geändert durch Art. 24 Gesetz v. 20.04.2007, BGBl I 2007, 554.

IV. Systematische Zusammenhänge

9 Der Versicherte hat einen Anspruch auf Krankenhausbehandlung nach den §§ 27 Abs. 1 Satz 1 und Satz 2 Nr. 5, 39 SGB V. Die **Krankenhausbehandlung** erfolgt nur in zugelassenen Krankenhäusern (§ 108 SGB V). Die allgemeinen Bedingungen der Krankenhausbehandlung sind in den Verträgen nach § 112 SGB V zu regeln. Als obligatorischer Vertrag ist er schiedsamtsfähig (§ 112 Abs. 3 SGB V).

10 Im **vertragsärztlichen Bereich** werden Gesamtverträge nach § 83 Abs. 1 SGB V geschlossen.

11 Die Kassenverbände erstellen nach § 39 Abs. 3 SGB V unter Einschluss der Seekrankenkasse und unter Mitwirkung der Landeskrankenhausgesellschaft und der Kassenärztlichen Vereinigung ein **Verzeichnis der Leistungen und Entgelte** für die Krankenhausbehandlung in den zugelassenen Krankenhäusern im Land oder in einer Region und passen es der Entwicklung an.

V. Literaturhinweise

12 *Biersack*, Tipps zum Umgang mit zweifelhaften Rechnungen aus dem Krankenhaus. Rechtliche Grundlagen der Abrechnungs- und Fehlbelegungsprüfung, BKK 2003, 253-257; *Manssen*, Das Schiedsstellenverfahren im Krankenhausrecht, ZfSH/SGB 1997, 81-89; *Teigelack*, Zwei- und dreiseitige Verträge nach SGB V. Die zwei- und dreiseitigen Verträge und ihre Ersetzung durch die Landesschiedsstelle oder den Landesverordnungsgeber, Baden-Baden 1994; vgl. ferner die Kommentierung zu § 38 SGB V Rn. 14.

B. Auslegung der Norm

I. Regelungsgehalt und Bedeutung der Norm

13 Die in § 112 Abs. 1 SGB V genannten Vertragspartner werden zum Abschluss eines Vertrages zur Sicherstellung der Krankenhausbehandlung **verpflichtet**. § 112 Abs. 2 SGB V nennt den **Mindestinhalt** der Verträge und ordnet die **Verbindlichkeit** für die Krankenkassen und die zugelassenen Krankenhäuser im Land an. § 112 Abs. 3 SGB V sieht die **Schiedsamtsfähigkeit** vor. § 112 Abs. 4 SGB V regelt die **Kündigungsmöglichkeit**. Nach § 112 Abs. 5 SGB V sollen die Spitzenverbände der Krankenkassen gemeinsam und die Deutsche Krankenhausgesellschaft oder die Bundesverbände der Krankenhausträger gemeinsam **Rahmenempfehlungen** zum Inhalt der Verträge nach Absatz 1 abgeben. § 112 Abs. 6 SGB V verpflichtet zur **Beteiligung** der Spitzenorganisationen der Vorsorge- und **Rehabilitationseinrichtungen** in bestimmten Fällen.

14 Durch den öffentlich-rechtlichen Sicherstellungsvertrag nach § 112 Abs. 1 bzw. Abs. 2 Satz 1 Nr. 1 SGB V sowie den koordinationsrechtlichen, bei sog. Plankrankenhäusern fingierten Versorgungsvertrag nach § 109 SGB V entsteht das **Gleichordnungsverhältnis zwischen Krankenhausträger und Krankenkasse** (vgl. Rn. 42).[6]

II. Normzweck (Gesetzesbegründung)

15 Nach der **Gesetzesbegründung**[7] soll durch die Vorschrift der **Regelungsgehalt** der bisherigen **zweiseitigen Verträge** auf Landesebene inhaltlich weiterentwickelt werden – während der siebenjährigen Geltungsdauer des § 372 RVO waren nur in drei Bundesländern zweiseitige Verträge geschlossen worden[8] – mit

- der Erweiterung des Regelungskatalogs unter Einbeziehung von Regelungen über den nahtlosen Übergang von der Krankenhausbehandlung zur Rehabilitation oder Pflege,
- einer Konfliktlösung durch eine unabhängige Landsschiedsstelle,
- der Möglichkeit der Vorgabe von Rahmenempfehlungen auf Bundesebene zum Inhalt der Verträge.

16 In § 112 Abs. 1 SGB V erhielten die Vertragspartner den Auftrag, durch (für zugelassene Krankenhäuser und Krankenkassen gleichermaßen verbindliche) **Verträge auf Landesebene** eine bedarfsgerechte, leistungsfähige und wirtschaftliche Krankenhausbehandlung der Versicherten zu gewährleisten.

---

6 Vgl. BSG v. 11.04.2002 - B 3 KR 24/01 R - juris Rn. 20 - SozR 3-2500 § 109 Nr. 9; BSG v. 21.08.1996 - 3 RK 2/96 - juris Rn. 12 - SozR 3-2500 § 39 Nr. 4 = NZS 1997, 228.

7 Vgl. BT-Drs. 11/2237, S. 199 f.

8 Vgl. *Teigelack*, Zwei- und dreiseitige Verträge nach SGB V, 1994, S. 33.

Der auch bisher schon offene Regelungskatalog des § 372 Abs. 2 RVO werde in § 112 Abs. 2 SGB V erweitert und konkretisiert. Damit sollen der Selbstverwaltung **Hinweise über vorrangig zu regelnde Sachbereiche** gegeben werden. 17

§ 112 Abs. 3 SGB V enthalte die **Konfliktlösung** durch die Landesschiedsstelle für den Fall, dass die zweiseitigen Verträge bis zum 31.12.1989 ganz oder teilweise nicht zustande kämen. 18

Die **Kündigungsvorschrift** nach § 112 Abs. 4 SGB V gelte auch für von der Landesschiedsstelle im Konfliktfall getroffene Regelungen. Diese blieben verbindlich, bis sie nach erfolgter Kündigung durch einen Vertrag nach § 112 Abs. 1 SGB V ersetzt würden. Die Vertragsparteien könnten auch ohne Kündigung die Schiedsstellenentscheidung jederzeit durch einen Vertrag ablösen. 19

§ 112 Abs. 5 SGB V gebe den Spitzenverbänden der Beteiligten auf Bundesebene in Form einer Sollvorschrift auf, **Rahmenempfehlungen** zum Inhalt der zweiseitigen Verträge auf der Landesebene abzugeben. 20

§ 112 Abs. 6 SGB V erweitere den Regelungsinhalt der zweiseitigen Verträge in § 112 Abs. 2 Nr. 5 SGB V um den „nahtlosen Übergang von der Krankenhausbehandlung zur Rehabilitation oder Pflege". Würden hierzu Regelungen auf Landes- oder Bundesebene betroffen, sei es wegen des Sachzusammenhangs geboten, auch die **Spitzenorganisationen der Vorsorge- und Rehabilitationseinrichtungen** zu beteiligen. Die Regelung schließe eine Beteiligung der Träger von Einrichtungen zur Pflege nicht aus, soweit Fragen des nahtlosen Übergangs von der Krankenhausbehandlung zur Pflege zu regeln seien. 21

III. Rahmenverträge (Absatz 1)

Die Verträge nach § 112 Abs. 1 SGB V werden zwischen den Landesverbänden der Krankenkassen und den Verbänden der Ersatzkassen einerseits und der Landeskrankenhausgesellschaft oder mit den Vereinigungen der Krankenhausträger im Land anderseits geschlossen. Es handelt sich um **allgemeine Rahmenverträge** hauptsächlich, aber nicht nur für den **stationären Versorgungsbereich**. Soweit die Krankenhäuser **teilstationäre** oder **ambulante Leistungen** erbringen, werden sie von den Rahmenverträgen ebenfalls erfasst. Sie entsprechen den Gesamtverträgen nach § 83 Abs. 1 SGB V im ambulanten Bereich, wenn auch die Dachgesellschaften der Krankenhausträger keinen Versorgungsauftrag wie die Kassenärztlichen Vereinigungen haben und eine Pflichtmitgliedschaft der Krankenhausträger nicht besteht. In der Organisationsform eines privatrechtlichen Vereins ist die Mitgliedschaft in ihnen freiwillig. Auch schreibt der Gesetzgeber mit der Zusammenfassung der Kassenbank in § 112 Abs. 1 SGB V eine **einheitliche Vertragsgestaltung aller Kassenarten** vor. Wegen Fehlens der Kassenärztlichen Vereinigung im Gegensatz zu § 115 Abs. 1 SGB V werden sie vom Gesetzgeber in der Normüberschrift **zweiseitige Verträge** genannt, wobei der Kassenblock als ein Vertragspartner gerechnet wird. 22

§ 108a Satz 1 SGB V definiert die **Landeskrankenhausgesellschaft** als den Zusammenschluss von Trägern zugelassener Krankenhäuser im Land. Der Beitritt ist freiwillig, es müssen nicht alle Krankenhausträger eines Landes in ihnen repräsentiert sein und sind es auch nicht. Vereinigungen der Krankenhausträger im Land sind weitere Verbände von freiwilligen Zusammenschlüssen von Krankenhausträgern. Sie können den Krankenhausgesellschaften angehören (§ 108a Satz 3 SGB V). Bei den Krankenhausgesellschaften handelt es sich wie bei den anderweitigen Vereinigungen der Krankenhausträger um eingetragene **Vereine des Privatrechts**. Die Gesetzesinitiative der seinerzeit oppositionellen SPD-Fraktion, die Landeskrankenhausgesellschaft durch eine öffentlich-rechtliche „Landeskrankenhausvereinigung" (und entsprechend eine „Bundeskrankenhausvereinigung") zu ersetzen,[9] blieb erfolglos. 23

Es gibt gegenwärtig funktional sieben **Landesverbände der Krankenkassen**. Sie werden für die Ortskrankenkassen, Betriebskrankenkassen und Innungskrankenkassen als Körperschaften des öffentlichen Rechts gebildet (§ 207 Abs. 1 Sätze 1 und 2 SGB V). Besteht nur noch eine Krankenkasse, nimmt diese zugleich die Aufgaben eines Landesverbandes wahr; sie hat insoweit die Rechtsstellung eines Landesverbands (§ 207 Abs. 2a und 4 SGB V). In der landwirtschaftlichen Krankenversicherung gibt es keine Landesverbände; ihre Aufgaben nimmt die landwirtschaftliche Krankenkasse wahr, in deren Bezirk die Kassenärztliche Vereinigung ihren Sitz hat (§ 36 Satz 1 KVLG 1989; vgl. die Kommentierung zu § 212 SGB V Rn. 7). Für die knappschaftliche Krankenversicherung nimmt die Deutsche Rentenversicherung Knappschaft-Bahn-See die Aufgaben eines Landesverbands wahr (§ 212 Abs. 3 SGB V). Die Ersatzkassen können sich zu Verbänden zusammenschließen (§ 212 Abs. 5 Satz 1 24

[9] Vgl. BT-Drs. 13/3607, S. 13 und 34; zur Struktur vgl. im Entwurf § 108a, S. 12 und S. 33 f.

SGB V). Derzeit gibt es den Verband der Angestellten-Krankenkassen e.V. (VdAK) und den Verband der Arbeiter-Ersatzkassen e.V. (AEV). Die Ersatzkassen und ihre Verbände haben für alle auf der Landesebene abzuschließenden Verträge einen Bevollmächtigten mit Abschlussbefugnis zu benennen (§ 212 Abs. 5 Satz 4 SGB V; vgl. im Einzelnen die Kommentierung zu § 212 SGB V Rn. 11 ff.).

25 Die **Zweiseitigkeit der Verträge** beruht darauf, dass **jede Vertragsseite einheitlich** auftreten muss. Das Gesetz verpflichtet jeweils zum „gemeinsamen" Vertragsschluss. Hierdurch sollen landesweit einheitliche Vertragsbedingungen für alle gesetzlichen Krankenkassen und alle Krankenhäuser geschaffen werden.[10] Zur Koordination der Interessen aller Krankenkassen können Arbeitsgemeinschaften auf Landesebene, wie sie nach § 219 SGB V für die Bewältigung gemeinsamer Probleme vorgesehen sind, eingerichtet werden, die den Kassenbereich auch bei den Vertragsverhandlungen vertreten,[11] auch wenn diese Möglichkeit in § 303 Abs. 2 Satz 1 SGB V nicht genannt wird. Ein **zwingender Konfliktlösungsmechanismus** besteht nicht, insbesondere gilt § 213 Abs. 2 SGB V nicht, weder über § 123 SGB V, der auf die Aufgabenerfüllung nach den §§ 109-111 SGB V begrenzt ist, noch über § 114 Abs. 2 Satz 4 SGB V (vgl. die Kommentierung zu § 114 SGB V Rn. 21). Eine Mehrheitsentscheidung – die der Gesetzgeber mit dem GKV-WSG für die Stichprobenprüfung nach § 17c KHG eingeführt hat (vgl. Rn. 83) – ist nur möglich, wenn sich alle Kassenverbände damit einverstanden erklären. Rechtlich kann aber ein Zwang allenfalls über das allgemeine Aufsichtsrecht ausgeübt werden. Gleiches gilt für die Vereinigungen der Krankenhausträger im Land, die aber keiner spezifischen Aufsicht unterstehen. Auch die Antragstellung zur Einleitung des Schiedsverfahrens nach § 112 Abs. 3 SGB V setzt einheitliches Handeln jeder Vertragsseite voraus (vgl. Rn. 146).

26 Besteht keine Landeskrankenhausgesellschaft, dann ist der Vertrag mit den **Vereinigungen der Krankenhausträger** als weiterer – subsidiärer – **Vertragspartei**, die ebenfalls einheitlich aufzutreten hat, zu schließen.[12]

27 Die **Verbindlichkeit** der Verträge folgt **unmittelbar durch Gesetz** und ist unabhängig von der Mitgliedschaft der Krankenhäuser in den Verbänden. Nach § 112 Abs. 2 Satz 2 SGB V sind die Verträge für die Krankenkassen und die zugelassenen Krankenhäuser im Land unmittelbar verbindlich (vgl. Rn. 138 ff.).

28 Die Verträge haben sicherzustellen, dass Art und Umfang der Krankenhausbehandlung den **Anforderungen des SGB V** entspricht. Eine Konkretisierung über den Inhalt der Verträge erfolgt in § 112 Abs. 2 Satz 1 SGB V. Darüber hinaus gelten die allgemeinen Vorgaben des SGB V wie insbesondere das **Wirtschaftlichkeitsgebot** (§§ 2 Abs. 1 Satz 1 und Abs. 4, 12 Abs. 1 SGB V), das **Sachleistungsprinzip** (§ 2 Abs. 2 Satz 1 SGB V) und das Gebot zur Berücksichtigung der **Belange behinderter und chronisch kranker Menschen** (§ 2a SGB V). Qualität und Wirksamkeit der Leistungen haben dem allgemein anerkannten **Stand der medizinischen Erkenntnisse** zu entsprechen und den **medizinischen Fortschritt** zu berücksichtigen (§ 2 Abs. 1 Satz 3 SGB V); die ärztliche Behandlung umfasst die Tätigkeit des Arztes, die zur Verhütung, Früherkennung und Behandlung von Krankheiten nach den Regeln der ärztlichen Kunst ausreichend und zweckmäßig ist (§ 28 Abs. 1 Satz 1 SGB V). Behandlungsmethoden, Arznei- und Heilmittel der **besonderen Therapierichtungen** sind nicht ausgeschlossen (§ 2 Abs. 1 Satz 2 SGB V). Der **Anspruch des Versicherten auf Krankenhausbehandlung** folgt aus § 27 Abs. 1 Sätze 1 und 2 Nr. 5 SGB V. Die **Krankenhausbehandlung** wird vollstationär, teilstationär, vor- und nachstationär (§ 115a SGB V) sowie ambulant (§ 115b SGB V) erbracht (§ 39 Abs. 1 Satz 1 SGB V). Alle diese Behandlungsbereiche, nicht lediglich die stationäre Behandlung, werden deshalb von § 112 SGB V erfasst.

29 Versicherte haben **Anspruch auf vollstationäre Behandlung** in einem zugelassenen Krankenhaus (§ 108 SGB V), wenn die Aufnahme nach Prüfung durch das Krankenhaus erforderlich ist, weil das Behandlungsziel nicht durch teilstationäre, vor- und nachstationäre oder ambulante Behandlung einschließlich häuslicher Krankenpflege erreicht werden kann. Die Krankenhausbehandlung umfasst im Rahmen des Versorgungsauftrags des Krankenhauses alle Leistungen, die im Einzelfall nach Art und Schwere der Krankheit für die medizinische Versorgung der Versicherten im Krankenhaus notwendig sind, insbesondere ärztliche Behandlung nach § 28 Abs. 1 SGB V, Krankenpflege, Versorgung mit Arznei-, Heil- und Hilfsmitteln, Unterkunft und Verpflegung; die akutstationäre Behandlung umfasst auch die im Einzelfall erforderlichen und zum frühestmöglichen Zeitpunkt einsetzenden Leistungen

---

[10] Eine Gesetzesinitiative, auf das Erfordernis des gemeinsamen Abschlusses auf Seiten der Krankenkassen zu verzichten, vgl. BT-Drs. 13/2608, S. 8 und 26, wurde nicht verabschiedet.

[11] Vgl. *Teigelack*, Zwei- und dreiseitige Verträge nach SGB V, 1994, S. 45.

[12] Vgl. *Teigelack*, Zwei- und dreiseitige Verträge nach SGB V, 1994, S. 46 f.

zur Frührehabilitation (§ 39 Abs. 1 Sätze 2 und 3 SGB V; zu den Voraussetzungen einer ärztlichen Verordnung vgl. § 73 Abs. 4 SGB V). § 11 Abs. 3 SGB V räumt bei stationärer Krankenhausbehandlung einen Anspruch auf Mitaufnahme einer Begleitperson, soweit medizinisch notwendig, ein.

IV. Inhalt der Rahmenverträge (Absatz 2)

§ 112 Abs. 2 SGB V gibt den **Inhalt der Verträge**, aber **nicht abschließend** („insbesondere") vor. 30
Vertragstechnisch können verschiedene Verträge, was auch der Vertragspraxis entspricht, zu den einzelnen Gegenständen abgeschlossen werden. Verträge sind, auch nicht nach § 120 Abs. 2 Satz 1 Nr. 1 und 2 SGB V, in allen Bundesländern abgeschlossen worden.

Soweit in Verträgen nach den §§ 140a-140d nicht bereits Regelungen zum Versorgungsmanagement 31
vereinbart sind, ist das Nähere im Rahmen von Verträgen u.a. nach § 112 SGB V zu regeln (§ 11 Abs. 4 Satz 5 SGB V).

1. Allgemeinen Bedingungen (Krankenhausbehandlungsvertrag) (Nr. 1)

Nach § 112 Abs. 2 Nr. 1 SGB V haben die **Verträge** die allgemeinen Bedingungen der Krankenhaus- 32
behandlung einschließlich der Aufnahme und Entlassung der Versicherten und der Kostenübernahme, Abrechnung der Entgelte, Berichte und Bescheinigungen zu regeln.

a. Vertragsgegenstand

Krankenhausbehandlung betrifft nur die Behandlung, auf die der Versicherte einen Anspruch auf 33
Behandlung durch das Krankenhaus hat. Nicht hierzu gehören Wahlleistungen und Leistungen der Belegärzte sowie der Beleghebammen und Belegentbindungshelfer.

Wahlleistungen werden mit dem Krankenhaus, d.h. mit dessen Träger[13] vereinbart. Es handelt sich um 34
die Inanspruchnahme von anderen als die allgemeinen Krankenhausleistungen nach dem SGB V (vgl. § 17 KHEntgG) und damit um Privatleistungen.

Belegärzte sind nicht am Krankenhaus angestellte Vertragsärzte, die berechtigt sind, ihre Patienten 35
(Belegpatienten) im Krankenhaus unter Inanspruchnahme der hierfür bereitgestellten Dienste, Einrichtungen und Mittel stationär oder teilstationär zu behandeln, ohne hierfür vom Krankenhaus eine Vergütung zu erhalten (§ 18 Abs. 1 Satz 1 KHEntgG; zum Leistungsumfang vgl. § 18 Abs. 1 Satz 2 KHEntgG). Nach der Systematik des SGB V gehören ihre Leistungen, obwohl stationär erbracht, zum ambulanten Versorgungsbereich, da es sich bei ihnen um nach § 95 Abs. 1 SGB V zugelassene Vertragsärzte handelt (vgl. die Kommentierung zu § 95 SGB V Rn. 18). Die nichtärztlichen Krankenhausleistungen für Belegpatienten gehören aber zum Regelungsbereich der Krankenhausbehandlungsverträge.

Beleghebammen und Belegentbindungshelfer arbeiten als freiberufliche Leistungserbringer. Ihre 36
Arbeit ist nicht Teil der Krankenhausleistung. Für sie werden Verträge nach § 134a SGB V geschlossen (vgl. die Kommentierung zu § 134a SGB V Rn. 8).

b. Erforderlichkeit der Krankenhausbehandlung

Wesentlicher Vertragsgegenstand ist die **Erforderlichkeit** bzw. **Notwendigkeit** der (stationären oder 37
teilstationären) **Krankenhausbehandlung**. Die Vertragspartner sind hierbei aber an die gesetzlichen Vorgaben gebunden. Ein Leistungskonkretisierungsrecht steht ihnen nicht zu. Eine Leistung des Krankenhauses darf auf Kosten der Krankenkasse nur der Erfüllung des Sachleistungsanspruchs des Versicherten nach § 39 SGB V dienen. Der Anspruch des Leistungserbringers auf Vergütung folgt im Wesentlichen diesem Sachleistungsanspruch und kann daher nur unter Würdigung der versicherungsrechtlichen Lage umschrieben werden.[14] Von daher ist es geboten, identische rechtliche Maßstäbe bei der Auslegung des § 39 SGB V anzuwenden.[15] Zur Erforderlichkeit kann damit im Einzelnen auf die Kommentierung zu § 39 SGB V Rn. 47 ff. verwiesen werden.

Der **Große Senat des BSG** hat nunmehr in seinem Beschluss v. 25.09.2007 die **Erforderlichkeit** einer 38
Behandlung eindeutig an medizinischen Maßstäben ausgerichtet und insoweit stärker auf das Krankenversicherungsrisiko abgestellt, wenn es auch weiterhin allein auf die Prognosemöglichkeiten des be-

---

[13] Vgl. BGH v. 01.02.2007 - III ZR 126/06 - juris Rn. 5 - GesR 2007, 165 = NJW-RR 2007, 710 = MedR 2007, 302 m.w.N.

[14] Vgl. BSG v. 07.11.2006 - B 1 KR 32/04 R - juris Rn. 18 - GesR 2007, 276; BSG v. 07.07.2005 - B 3 KR 40/04 R - juris Rn. 17 - GesR 2005, 558 = USK 2005-66.

[15] Vgl. BSG v. 07.11.2006 - B 1 KR 32/04 R - juris Rn. 18 - GesR 2007, 276.

handelnden Krankenhausarztes ankommt, also nicht auf eine rückschauende Betrachtung. Risiken der verspäteten Entlassung aufgrund fehlender Anschlussbehandlungen oder Unterbringungsalternativen gehen aber ausschließlich zu Lasten des Krankenhauses oder anderer Kostenträger. Die Frage, ob einem Versicherten vollstationäre Krankenhausbehandlung zu gewähren ist, richtet sich nach der Entscheidung des Großen Senats nach **medizinischen Erfordernissen**. Reicht nach den Krankheitsbefunden eine ambulante Therapie aus, so hat die Krankenkasse die Kosten eines Krankenhausaufenthalts auch dann nicht zu tragen, wenn der Versicherte aus anderen, nicht mit der Behandlung zusammenhängenden Gründen eine spezielle Unterbringung oder Betreuung benötigt und wegen des Fehlens einer geeigneten Einrichtung vorübergehend im Krankenhaus verbleiben muss. Ob eine stationäre Krankenhausbehandlung aus medizinischen Gründen notwendig ist, hat das **Gericht** im Streitfall **uneingeschränkt zu überprüfen**. Es hat dabei von dem im Behandlungszeitpunkt **verfügbaren Wissen und Kenntnisstand des verantwortlichen Krankenhausarztes** auszugehen. Eine „Einschätzungsprärogative" kommt dem Krankenhausarzt nicht zu.[16]

39 Die **Verordnung durch einen Vertragsarzt** ist – von Notfällen abgesehen – nach den Sicherstellungsverträgen nach § 112 Abs. 1 SGB V Voraussetzung der von der Krankenkasse geschuldeten Krankenhausbehandlung. Sie schränkt die Therapiefreiheit des Krankenhausarztes grundsätzlich jedoch nicht ein. Es bleibt dem Krankenhausarzt überlassen, über Erforderlichkeit und Art der Krankenhausbehandlung zu entscheiden.[17]

40 Der Große Senat des BSG hat ferner in seinem Beschluss vom 25.09.2007 ausdrücklich **ausgeschlossen zu vereinbaren**, dass die Entscheidung über die Notwendigkeit der Krankenhausbehandlung entgegen dem Gesetz nicht nach objektiven Maßstäben getroffen wird, sondern im Ergebnis der **subjektiven Einschätzung des Krankenhausarztes** überlassen bleibt.[18] Unbenommen bleibt den Vertragspartnern aber, **Verfahrensmodalitäten** zu vereinbaren, die im Wege über Verfahrenserfordernisse, Fristen oder Beweislastverteilungen, nicht zuletzt zur Erzielung von Verfahrens- und Verwaltungseffizienzen, zu einer geringeren Intensität der Überprüfung der Erforderlichkeit der Krankenhausbehandlung führen.

41 Soweit die Verträge gem. § 112 Abs. 2 Satz 1 Nr. 1 SGB V daher Bestimmungen über Voraussetzungen und Fallgruppen einer Krankenhauseinweisung und der Erforderlichkeit einer Krankenhausbehandlung treffen, handelt es sich um **norminterpretierende Vertragsbestimmungen**, bei denen den Vertragspartnern ein Gestaltungsspielraum nur zukommt, soweit dem nicht gesetzliche Bestimmungen entgegenstehen.

42 Das **Abrechnungsverhältnis zwischen Krankenkasse und Krankenhaus** ist andererseits vom **Behandlungsverhältnis zwischen Krankenhaus und Versicherten** sowie vom **Versicherungsverhältnis zwischen Versicherten und Krankenkasse** zu trennen.[19] Die Ablehnung einer Krankenhausbehandlungsbedürftigkeit gegenüber dem Versicherten bindet das Krankenhaus nicht, da es an einer Bindungswirkung des zur Krankenkasse im Gleichordnungsverhältnis stehenden Krankenhausträgers (vgl. Rn. 14) fehlt.[20] Leistungsrecht und Leistungserbringerrecht können also auseinanderfallen. Dies hat aber praktische Bedeutung nur für die **Risikozuweisung bei nicht gerechtfertigter Krankenhausbehandlung**. Theoretisch besteht Deckungsgleichheit. Besteht keine Notwendigkeit einer Krankenhausbehandlung, hat diese aber stattgefunden, so erwirbt der Versicherte durch diese Fehlentscheidung des Krankenhausarztes keinen Anspruch gegenüber der Krankenkasse. Diese ist auch frei gegenüber dem Krankenhaus. Das Krankenhaus hat aber mangels Vertrags gegenüber dem Versicherten keinen Vergütungsanspruch, da es die stationäre Leistung als Sachleistung erbringt, die der Versicherte auch erwartet. Dieser wird im Rahmen des Sachleistungsprinzips ohne Zahlungspflicht aufgenommen.[21]

43 Den Fall einer sog. **Krankenhauswanderin** hat das BSG zwischen Krankenhaus- und Krankenkasse nach den allgemeinen Grundsätzen über die Beurteilung von stationärer Behandlungsbedürftigkeit gelöst; war die Täuschung des Arztes nicht vermeidbar, hat die Krankenkasse für die Kosten für die Be-

---

16 Vgl. BSG v. 25.09.2007 - GS 1/06 - www.sozialgerichtsbarkeit.de.

17 Vgl. BSG v. 17.05.2000 - B 3 KR 33/99 R - juris Rn. 17 - BSGE 86, 166 = SozR 3-2500 § 112 Nr. 1 = NZS 2001, 316.

18 Vgl. BSG v. 25.09.2007 - GS 1/06 - www.sozialgerichtsbarkeit.de Rn. 30.

19 Vgl. BSG v. 11.04.2002 - B 3 KR 24/01 R - juris Rn. 23 - SozR 3-2500 § 109 Nr. 9.

20 Vgl. BSG v. 11.04.2002 - B 3 KR 24/01 R - juris Rn. 24 - SozR 3-2500 § 109 Nr. 9; BSG v. 17.05.2000 - B 3 KR 33/99 R - juris Rn. 16 - BSGE 86, 166 = SozR 3-2500 § 112 Nr. 1 = NZS 2001, 316.

21 Vgl. BSG v. 23.04.1996 - 1 RK 20/95 - juris Rn. 16 - BSGE 78, 154 = SozR 3-2500 § 39 Nr. 3 = NJW 1997, 1657.

handlung aufzukommen.[22] Dieses Lösungskonzept gilt auch nach dem Beschluss des Großen Senats des BSG v. 25.09.2007 (vgl. Rn. 38) weiterhin. Der Krankenkasse steht aber die Möglichkeit eines **Rückgriffs auf den Versicherten** offen. Die mit der Konkretisierung des Leistungsanspruchs durch den Krankenhausarzt erfolgte rechtswidrige Leistungsbewilligung gegenüber dem Versicherten ist rechtswidrig. Ob die Krankenkasse die Leistungsbewilligung nach § 45 SGB X zurücknehmen und nach § 50 Abs. 1 SGB X Erstattung der Leistung verlangen kann, richtet sich nach den allgemeinen Voraussetzungen.[23]

Die Leistungspflicht der Krankenkasse für eine konkrete Behandlungsmaßnahme hängt nicht von der **Mitgliedschaft** im Zeitpunkt des Versicherungsfalls, sondern von der Mitgliedschaft im **Zeitpunkt der tatsächlichen Leistungserbringung** ab.[24] Bei einem **Krankenkassenwechsel** wird die übernehmende Krankenkasse grundsätzlich für alle Behandlungsmaßnahmen zuständig, die im Zeitpunkt des Übertritts noch nicht durchgeführt worden sind.[25] Als **Ausnahme** hiervon hat das BSG die Fälle anerkannt, in denen sich die vorher begonnene Behandlung mit Rücksicht auf die Art der Abrechnung als Einheit darstellt und infolgedessen einer Aufteilung der Krankenkassenzuständigkeit entzieht[26] oder die Krankenkasse die Leistung rechtswidrig vorenthalten hat.[27] Handelt es sich bei der Behandlung um eine untrennbare Einheit, für die nur eine einzige Krankenkasse zuständig sein kann, so ist entscheidend, in wessen Zuständigkeitsbereich die Hauptleistung erbracht worden ist.[28] Bei **Krankenhausleistungen**, die – als Ausnahme vom Grundsatz der Leistungsvergütung mit tagesgleichen Pflegesätzen – mit **Fallpauschalen** abgerechnet werden, hat das BSG zunächst eine untrennbare Behandlungseinheit angenommen,[29] diese Rechtsprechung aber nunmehr aufgegeben und sie als **teilbare Leistungen** erfasst. Die Aufteilung hat ausgehend von der gesamten Zahl der tatsächlich mit der Fallpauschale abgerechneten Tage in der Weise zu erfolgen, dass die Rechnungs- und Leistungsteile bis zum letzten Tag der bisherigen Mitgliedschaft von denjenigen ab dem ersten Tag der neuen Mitgliedschaft zu trennen und mit einem entsprechenden Anteil gesondert in Ansatz zu bringen sind (pro rata temporis).[30] 44

c. Vertragshauptpflichten: Leistungspflicht/Vergütungsanspruch

Die **Leistungspflicht** des zugelassenen **Krankenhauses** ergibt sich aus § 109 Abs. 4 Satz 2 SGB V, ohne dass dort der Leistungsumfang näher beschrieben wird. Die Vorschrift begrenzt die Leistungspflicht lediglich auf den Rahmen des Versorgungsauftrages des Krankenhauses. Aus dem Gesetzeszusammenhang und den ergänzend abgeschlossenen Landesverträgen über die allgemeinen Bedingungen der Krankenhausbehandlung nach § 112 Abs. 2 Nr. 1 SGB V ergibt sich ferner, dass das Krankenhaus vorleistungspflichtig ist. Die Krankenkasse hat danach die Vergütung erst zu entrichten, wenn das Krankenhaus seine Leistung erbracht hat; ein Anspruch auf Abschlagszahlungen bei länger dauernden Erkrankungen bleibt davon unberührt (§ 14 Abs. 4 BPflV).[31] 45

Für den **Vergütungsanspruch des Krankenhausträgers** sieht das BSG die Rechtsgrundlage in § 109 Abs. 4 Satz 3 SGB V i.V.m. der Pflegesatzvereinbarung und den Verträgen nach § 112 Abs. 2 Satz 1 Nr. 1 und 2 SGB V.[32] Allerdings folgt der Vergütungsanspruch letztlich aus der Behandlungspflicht des Krankenhauses, weshalb es für den Vergütungsanspruch nicht auf einen Sicherstellungsvertrag ankommt.[33] 46

---

[22] Vgl. BSG v. 21.08.1996 - 3 RK 2/96 - juris Rn. 23 f. - SozR 3-2500 § 39 Nr. 4 = NZS 1997, 228.

[23] Vgl. BSG v. 21.08.1996 - 3 RK 2/96 - juris Rn. 25 - SozR 3-2500 § 39 Nr. 4 = NZS 1997, 228.

[24] Vgl. BSG v. 20.11.2001 - B 1 KR 26/00 R - juris Rn. 12 - BSGE 89, 86 = SozR 3-2500 § 19 Nr. 4; BSG v. 09.10.2001 - B 1 KR 26/99 R - juris Rn. 16 - BSGE 89, 34 = SozR 3-2500 § 18 Nr. 8 = NZS 2002, 480.

[25] Vgl. BSG v. 19.09.2007 - B 1 KR 39/06 R - juris Rn. 12.

[26] Vgl. BSG v. 20.11.2001 - B 1 KR 26/00 R - juris Rn. 15 - BSGE 89, 86 = SozR 3-2500 § 19 Nr. 4.

[27] Vgl. BSG v. 23.01.2003 - B 3 KR 7/02 R - juris Rn. 31 - BSGE 90, 220 = SozR 4-2500 § 33 Nr. 1 = MedR 2003, 699.

[28] Vgl. BSG v. 20.11.2001 - B 1 KR 26/00 R - juris Rn. 19 - BSGE 89, 86 = SozR 3-2500 § 19 Nr. 4.

[29] Vgl. BSG v. 20.11.2001 - B 1 KR 26/00 R - juris Rn. 15 ff. - BSGE 89, 86 = SozR 3-2500 § 19 Nr. 4.

[30] Vgl. BSG v. 19.09.2007 - B 1 KR 39/06 R - juris Rn. 14 f.

[31] Vgl. BSG v. 28.02.2007 - B 3 KR 15/06 R - juris Rn. 10 - SozR 4-2500 § 39 Nr. 7.

[32] Vgl. BSG v. 28.09.2006 - B 3 KR 23/05 R - juris Rn. 12 - SozR 4-2500 § 112 Nr. 6 = GesR 2007, 83 m.w.N.; BSG v. 28.02.2007 - B 3 KR 17/06 R - juris Rn. 11 - SozR 4-2500 § 39 Nr. 8; BSG v. 28.02.2007 - B 3 KR 15/06 R - juris Rn. 10 - SozR 4-2500 § 39 Nr. 7.

[33] Vgl. BSG v. 13.12.2001 - B 3 KR 11/01 R - juris Rn. 13 - BSGE 89, 104 = SozR 3-2500 § 112 Nr. 2; LSG Nordrhein-Westfalen v. 30.03.2006 - L 5 KR 142/04 - juris Rn. 29; LSG Nordrhein-Westfalen v. 06.05.2004 - L 5 KR 197/03 - juris Rn. 16.

47 Bei **Fehlen eines Sicherstellungsvertrags** ist allein auf die einschlägige **Pflegesatzvereinbarung** zurückzugreifen.[34] Die Pflegesatzvereinbarung muss auch Bestimmungen enthalten, die eine zeitnahe Zahlung der Pflegesätze an das Krankenhaus gewährleisten; hierzu sollen insbesondere Regelungen über angemessene monatliche Teilzahlungen und Verzugszinsen bei verspäteter Zahlung getroffen werden (§ 17 Abs. 1 Satz 3 BPflV). Dies gilt allerdings nicht, soweit für das Krankenhaus verbindliche Regelungen nach den § 112 SGB V getroffen worden sind (§ 17 Abs. 8 BPflV).

48 Die Zahlungsverpflichtung der gesetzlichen Krankenkassen für eine notwendige Krankenhausbehandlung entsteht unabhängig von einer **Kostenzusage** unmittelbar mit der Inanspruchnahme der Leistung durch den Versicherten. Die Krankenkasse ist bei einem zugelassenen Krankenhaus (§ 108 SGB V) als Korrelat zu dessen Behandlungspflicht auch ohne zusätzliche vertragliche Vereinbarung verpflichtet, die normativ festgelegten Entgelte zu zahlen, sofern die Versorgung im Krankenhaus erforderlich ist. Die Kostenübernahmeerklärung hat für den Zahlungsanspruch des Krankenhauses keine konstitutive Bedeutung in dem Sinne, dass davon die Zahlungspflicht der Krankenkasse abhängt. Sie hat lediglich eine **beweisrechtliche Funktion**, falls sie abgegeben wird und den streitigen Behandlungszeitraum abdeckt.[35] Das BSG hat ihr die Wirkung eines sog. **deklaratorischen Schuldanerkenntnisses** im Zivilrecht zugeschrieben.[36]

49 Das **Fehlen einer Kostenübernahmeerklärung** bezüglich der streitigen Behandlungszeit hat zur Folge, dass der **Krankenhausträger** entsprechend dem allgemeinen Beweisgrundsatz, dass derjenige, der ein Recht beansprucht, die entsprechenden Voraussetzungen beweisen muss, das Vorliegen weiterer Krankenhausbehandlungsbedürftigkeit nachweisen muss.[37] Dies gilt auch in den Fällen, in denen die Krankenkasse die Kostenübernahmeerklärung bei Behandlungsfällen mit nicht eindeutiger Diagnose **zeitlich begrenzt** hat.[38] Ebenso geht trotz Kostenübernahmeerklärung bei **unterbliebener oder unzulänglicher Dokumentation** die Beweislast wieder auf das Krankenhaus über.[39]

50 Liegt eine **Kostenübernahmeerklärung** vor, so kann die **Krankenkasse** zwar **nachträglich Einwendungen** gegen die Krankenhausbehandlungsbedürftigkeit geltend machen, trägt hierfür – vorbehaltlich einer sachgemäßen Dokumentation der Behandlung durch das Krankenhaus – aber die **Beweislast**. Sie muss dann den Nachweis führen, dass die Behandlung medizinisch nicht mehr vertretbar oder unwirtschaftlich war; die Behauptung, die gewählte Form der Behandlung sei nicht zwingend geboten gewesen, es habe Alternativen gegeben, reicht allein nicht aus. Anlass für eine Beweiserhebung besteht erst, wenn die gewählte Art der Behandlung nicht der bei Krankheiten dieser Art üblichen entspricht und eindeutig zweckmäßigere oder wirtschaftlichere Therapien zur Verfügung stehen. Lässt sich der Beweis auch durch die Anhörung von **Sachverständigen** als dem hier zumeist allein geeigneten Beweismittel nicht führen, so trifft die Kasse die Folgen der Beweislosigkeit.[40]

51 Die **Kostenübernahmeerklärung** schließt in der Regel die spätere Einwendung aus, ein **Versicherungsverhältnis** habe tatsächlich nicht bestanden, weil gerade dies außer Zweifel gestellt werden soll und von der Krankenkasse vor der Abgabe einer Kostenzusage zu klären ist; insoweit ist sogar von einer ersetzenden Wirkung der Kostenzusage auszugehen, weil sie eine Zahlungsverpflichtung auch für Nichtversicherte begründet.[41] Der Zusatz „vorbehaltlich eines Widerrufs, sofern und solange Mitgliedschaft bei unserer Kasse besteht" beinhaltet die Bedingung des Bestehens (bei Beginn der Behandlung) und der Fortdauer (bis zum Ende der Behandlung) der Mitgliedschaft und schließt damit den Einwand

---

[34] Vgl. BSG v. 13.05.2004 - B 3 KR 18/03 R - juris Rn. 14 - BSGE 92, 300 = SozR 4-2500 § 39 Nr. 2 = GesR 2004, 491 = NZS 2005, 366; BSG v. 28.05.2003 - B 3 KR 10/02 R - juris Rn. 14 - SozR 4-2500 § 109 Nr. 1 = GesR 2003, 318.

[35] Vgl. BSG v. 28.09.2006 - B 3 KR 23/05 R - juris Rn. 12 - SozR 4-2500 § 112 Nr. 6 = GesR 2007, 83 m.w.N.

[36] Vgl. BSG v. 17.05.2000 - B 3 KR 33/99 R - juris Rn. 19 - BSGE 86, 166 = SozR 3-2500 § 112 Nr. 1 = NZS 2001, 316.

[37] Vgl. BSG v. 28.09.2006 - B 3 KR 23/05 R - juris Rn. 12 - SozR 4-2500 § 112 Nr. 6 = GesR 2007, 83 m.w.N.

[38] Vgl. BSG v. 17.05.2000 - B 3 KR 33/99 R - juris Rn. 20 - BSGE 86, 166 = SozR 3-2500 § 112 Nr. 1 = NZS 2001, 316.

[39] Vgl. BSG v. 17.05.2000 - B 3 KR 33/99 R - juris Rn. 21 - BSGE 86, 166 = SozR 3-2500 § 112 Nr. 1 = NZS 2001, 316.

[40] Vgl. BSG v. 17.05.2000 - B 3 KR 33/99 R - juris Rn. 20 - BSGE 86, 166 = SozR 3-2500 § 112 Nr. 1 = NZS 2001, 316.

[41] Vgl. BSG v. 12.11.2003 - B 3 KR 1/03 R - juris Rn. 16 - SozR 4-2500 § 112 Nr. 2 = GesR 2004, 141 = NZS 2004, 590; vgl. a. BSG v. 17.05.2000 - B 3 KR 33/99 R - juris Rn. 19 - BSGE 86, 166 = SozR 3-2500 § 112 Nr. 1 = NZS 2001, 316.

der fehlenden Versicherung nicht aus.[42] Bei objektiv bestehender Ungewissheit über das Versicherungsverhältnis ist die Krankenkasse rechtlich nicht verpflichtet, eine Kostenzusage trotz möglicherweise fehlender Leistungspflicht abzugeben.[43] In diesen Fällen und bis zum Eingang der Kostenübernahmeerklärung trägt das **Krankenhaus das Kostenrisiko** für die Behandlung, soweit keine anders lautenden vertraglichen Abreden getroffen werden.[44]

Regelungen über die Fälligkeit wie die über eine Zahlungsfrist innerhalb von 14 Tagen nach Rechnungseingang, wobei vorbehalten bleibt, dass Beanstandungen rechnerischer oder sachlicher Art auch nach Bezahlung der Rechnung geltend gemacht werden können, hat das BSG immer dahingehend ausgelegt, dass die **Fälligkeit des Vergütungsanspruchs 14 Tage nach Rechnungseingang** unabhängig davon eintritt, ob ein Prüfungsverfahren zur Notwendigkeit und Dauer einer Krankenhausbehandlung noch eingeleitet werden soll bzw. ein solches noch nicht abgeschlossen ist, und die Krankenkasse in solchen Fällen zur Zahlung verpflichtet, ohne dass das Ergebnis des Prüfungsverfahrens abzuwarten bleibt. Der Krankenkasse bleiben etwaige **Einwendungen** gegen Grund und Höhe der geltend gemachten Behandlungskosten trotz der Zahlung erhalten; der Rückforderungsanspruch und die Möglichkeit späterer Aufrechnung gegen unbestrittene Forderungen des Krankenhauses aus anderen Behandlungsfällen werden durch die Zahlung nicht ausgeschlossen. Dies hat zur Folge, dass in Fällen dieser Art auch eine gerichtliche Sachaufklärung (§ 103 SGG) zur Frage der Notwendigkeit und Dauer einer Krankenhausbehandlung entbehrlich ist, solange die Krankenkasse nicht entschieden und im Rechtsstreit vorgetragen hat, ob und ggf. welche Einwendungen sie erheben will.[45] Zum Überprüfungsverfahren vgl. im Einzelnen Rn. 99 ff. 52

Ist hingegen ein **Prüfungsverfahren** bereits **abgeschlossen** und hat die Krankenkasse in substantiierter Form Einwendungen vorgetragen, so ist vom Gericht die medizinische Notwendigkeit der stationären Behandlung zu ermitteln. Die Krankenkasse kann dann nicht auf eine allein von einer formell ordnungsgemäß erstellten Rechnung (§ 301 SGB V) abhängige Zahlungspflicht und auf einen späteren gesonderten Rechtsstreit über die Berechtigung zur Aufrechnung mit einem Rückforderungsanspruch verwiesen werden.[46] 53

Eine **Aufrechnung** gegen den Zahlungsanspruch eines Krankenhauses ist analog §§ 387 ff. BGB möglich.[47] Eine vertragliche Bestimmung, wonach die Krankenkassen die Rechnung eines Krankenhauses innerhalb von 14 Kalendertagen nach Rechnungseingang zu bezahlen haben, steht einer Aufrechnung nicht entgegen.[48] 54

Die **Instanzenpraxis** hat ferner entschieden: Ein Vergütungsanspruch besteht nur, wenn es sich um eine im Rahmen des **Versorgungsauftrags** zugelassene stationäre Behandlung handelt.[49] 55

Macht die Krankenkasse auf Grund nachträglich bei ihr eingegangener Informationen trotz Vorliegens einer **Kostenübernahmeerklärung** geltend, dass Krankenhausbehandlungsbedürftigkeit nicht bestanden habe, so trägt sie hierfür – vorbehaltlich einer sachgemäßen Dokumentation der Behandlung durch das Krankenhaus – die **Beweislast**. Soweit die Kostenübernahmeerklärung der Krankenkasse im Interesse der zügigen Durchführung der Krankenhausbehandlung das Vertrauen des Krankenhauses schützt, dass die bei Abgabe der Kostenzusage feststellbaren Voraussetzungen der Eintrittspflicht der 56

---

[42] Vgl. BSG v. 12.11.2003 - B 3 KR 1/03 R - juris Rn. 19 - SozR 4-2500 § 112 Nr. 2 = GesR 2004, 141 = NZS 2004, 590.

[43] Vgl. BSG v. 12.11.2003 - B 3 KR 1/03 R - juris Rn. 21 - SozR 4-2500 § 112 Nr. 2 = GesR 2004, 141 = NZS 2004, 590.

[44] Vgl. BSG v. 12.11.2003 - B 3 KR 1/03 R - juris Rn. 23 ff. - SozR 4-2500 § 112 Nr. 2 = GesR 2004, 141 = NZS 2004, 590.

[45] Vgl. BSG v. 28.09.2006 - B 3 KR 23/05 R - juris Rn. 12 - SozR 4-2500 § 112 Nr. 6 = GesR 2007, 83 m.w.N.; BSG v. 23.07.2002 - B 3 KR 64/01 R - juris Rn. 16 - BSGE 90, 1 = SozR 3-2500 § 112 Nr. 3 = GesR 2002, 99 = NJW 2003, 845.

[46] Vgl. BSG v. 28.09.2006 - B 3 KR 23/05 R - juris Rn. 12 - SozR 4-2500 § 112 Nr. 6 = GesR 2007, 83 m.w.N.

[47] Vgl. BSG v. 22.07.2004 - B 3 KR 21/03 R - juris Rn. 14 - BSGE 93, 137 = SozR 4-2500 § 137c Nr. 2 = GesR 2004, 535 = MedR 2005, 305.

[48] Vgl. BSG v. 23.07.2002 - B 3 KR 64/01 R - juris Rn. 16 - BSGE 90, 1 = SozR 3-2500 § 112 Nr. 3 = GesR 2002, 99 = NJW 2003, 845; BSG v. 22.07.2004 - B 3 KR 21/03 R - juris Rn. 35 - BSGE 93, 137 = SozR 4-2500 § 137c Nr. 2 = GesR 2004, 535 = MedR 2005, 305.

[49] Vgl. LSG Rheinland-Pfalz v. 03.05.2007 - L 5 KR 186/06 - juris (Revision anhängig: B 3 KR 6/07 R); LSG Nordrhein-Westfalen v. 27.11.2001 - L 5 KR 42/01 - juris Rn. 25 f.

Krankenkasse, nachträglich nicht mehr in Frage gestellt werden, bezieht sich diese Wirkung jedoch nicht auf einen Umstand, der die besonderen Bedingungen des Versorgungsvertrages für die Aufnahme eines Großteiles der Patienten betrifft und den Krankenkassen bekannt war.[50]

57 Enthalten die Verträge nach den §§ 109, 112 SGB V keine Bestimmungen darüber, unter welchen Voraussetzungen der **Vergütungsanspruch** des Krankenhauses getilgt wird oder **erlischt**, so sind gemäß § 69 Satz 3 SGB V die Bestimmungen des **BGB** entsprechend heranzuziehen.[51]

58 Ein Krankenhaus kann eine **Nachforderung** erheben, auch wenn es bereits eine **Kostenrechnung** entsprechend der vertraglichen Vereinbarungen übersandt hat. Nachträgliche Korrekturen rechnerischer oder tatsächlicher Art sind grundsätzlich noch möglich, allerdings wirkt sich die Änderung der Beweislage zu Lasten dessen aus, der vertragliche Fristen nicht einhält.[52]

d. Aufnahme und Entlassung des Versicherten

59 Die Krankenhausbehandlung wird **vollstationär, teilstationär, vor- und nachstationär** (§ 115a SGB V) sowie ambulant (§ 115b SGB V) erbracht (§ 39 Abs. 1 Satz 1 SGB V). Das Gesetz hat die maßgebenden Merkmale für eine voll- und teilstationäre Behandlung weder bei den Vergütungsregelungen noch bei den Regelungen über die Leistungsansprüche des Versicherten in den §§ 39 ff. SGB V vorgegeben. Von der Ermächtigung nach § 16 Nr. 2 KHG, die verschiedenen Krankenhausleistungen voneinander abzugrenzen, hat die Bundesregierung keinen Gebrauch gemacht. Ein Katalog von Leistungen, die in der Regel teilstationär erbracht werden können, wurde auf Landesebene bislang nicht vereinbart (§ 112 Abs. 2 Satz 1 Nr. 2 SGB V). Ebenso wenig haben die Spitzenverbände auf Bundesebene insoweit eine Rahmenempfehlung i.S.d. § 112 Abs. 5 SGB V abgegeben.[53]

60 Die **Abgrenzung der vollstationären Behandlung** zu den übrigen Behandlungsformen erfolgt nach dem BSG bei **Operationen** durch das Merkmal der (geplanten) Aufenthaltsdauer. Ansonsten kommt es entscheidend darauf an, in welchem Umfang neben der Dauer der Behandlung der Patient die Infrastruktur des Krankenhauses in Anspruch nimmt. Vollstationäre Behandlung liegt vor, wenn die physische und organisatorische Eingliederung des Patienten in das spezifische Versorgungssystem des Krankenhauses sich zeitlich über **mindestens einen Tag und eine Nacht** erstreckt oder ein solcher Aufenthalt geplant ist. Eine Behandlung kann aber auch allein aufgrund ihrer Intensität vollstationär sein. Dies trifft insbesondere auf die **intensivmedizinische Behandlung** zu; diese erfolgt grundsätzlich vollstationär (vgl. im Einzelnen die Kommentierung zu § 39 SGB V Rn. 32 ff.).

61 Nach § 2 Abs. 2 Satz 2 Nr. 2 BPflV, inhaltsgleich mit § 2 Abs. 2 Satz 2 Nr. 2 KHEG, sind die allgemeinen Krankenhausleistungen nur zwischen **Krankenkasse und Krankenhaus** abzurechnen, auch wenn letzteres in bestimmtem Rahmen **Dritte hinzuzieht**; diese erbringen – rechtlich gesehen – ihre Leistung gegenüber dem Krankenhaus. Dementsprechend kann ein Vergütungsanspruch des Dritten nur gegen das Krankenhaus und nicht gegen den Patienten oder dessen Kostenträger entstehen. Dies gilt jedoch nur, soweit es sich um Leistungen handelt, die im Verhältnis zu der vom Krankenhaus zu erbringenden Hauptbehandlungsleistung lediglich ergänzende oder unterstützende Funktion haben („**Verbringung**"). Etwas anderes gilt jedoch im Falle der „**Verlegung**", wenn die Verantwortung für die Gesamtbehandlung vollständig auf das aufnehmende Krankenhaus übergeht. In einem solchen Fall scheidet der Patient aus den stationären Behandlungsabläufen und der Gesamtverantwortung des abgebenden Krankenhauses aus und wird in die stationären Abläufe des aufnehmenden Krankenhauses integriert.[54]

62 **Verlegung** liegt auch vor, wenn eine arbeitsteilige Zusammenarbeit zwischen einer Spezialklinik und einem nachsorgenden Allgemeinkrankenhaus besteht. In diesem Fall hat der Versicherte einen Anspruch auf Übernahme der Kosten für den Krankentransport zur Weiterbehandlung nach § 60 Abs. 1 SGB V auch nach der Einführung der Fallpauschalen.[55]

63 Die **Instanzenpraxis** hat weiter entschieden: Ist ein Patient während der Aufnahme planmäßig in das Versorgungssystem des Krankenhauses integriert und stirbt er bereits nach wenigen Minuten Aufenthaltsdauer im Krankenhaus, so spricht dies nicht gegen eine stationäre Aufnahme; denn es ist grundsätzlich von der **geplanten Aufenthaltsdauer** auszugehen.[56]

---

[50] Vgl. LSG Rheinland-Pfalz v. 03.05.2007 - L 5 KR 186/06 - juris (Revision anhängig: B 3 KR 6/07 R).

[51] Vgl. LSG Schleswig-Holstein v. 10.10.2007 - L 5 KR 27/07 - juris Rn. 32.

[52] Vgl. LSG Schleswig-Holstein v. 10.10.2007 - L 5 KR 27/07 - juris Rn. 33 f.

[53] BSG v. 28.02.2007 - B 3 KR 17/06 R - juris Rn. 15 - SozR 4-2500 § 39 Nr. 8.

[54] Vgl. BSG v. 28.02.2007 - B 3 KR 17/06 R - juris Rn. 22 - SozR 4-2500 § 39 Nr. 8.

[55] Vgl. BSG v. 21.02.2002 - B 3 KR 4/01 R - juris Rn. 17 - SozR 3-2500 § 60 Nr. 6 = NZS 2003, 33.

[56] Vgl. SG Leipzig v. 21.12.2006 - S 8 KR 310/05 - juris Rn. 29 ff.

64 Eine **Bade-PUVA**- bzw. Dusch-PUVA-Behandlung in einer **Tagesklinik** ist keine **teilstationäre** Leistung, wenn eine ärztliche Entscheidung zum Verbleib des Versicherten in der Haut- und Poliklinik über Nacht nicht dokumentiert ist. Es handelt sich dann um eine ambulante Behandlung.[57]

e. Verzinsung

65 Bei der Frage der **Verzinsung** handelt es sich um **dispositives Recht**.[58] Gesetzliche Vorgaben über das Ob, Umfang und Höhe einer Verzinsung bestehen nicht. Nach § 17 Abs. 1 Satz 3 BPflV muss die Pflegesatzvereinbarung auch Bestimmungen enthalten, die eine zeitnahe Zahlung der Pflegesätze an das Krankenhaus gewährleisten (vgl. Rn. 47); hierzu sollen insbesondere Regelungen über angemessene monatliche Teilzahlungen und Verzugszinsen bei verspäteter Zahlung getroffen werden. § 11 Abs. 1 Satz 3 KHEntgG sieht gleiche Regelungen für die Zahlung der Entgelte an das Krankenhaus vor.

66 Für den Kostenübernahmeanspruch eines Krankenhausträgers gegen die Krankenkasse hatte das BSG bisher mangels Rechtsgrundlage im Sozialversicherungsrecht eine Verzinsung verneint.[59] Es hat aber zunächst einen Anspruch auf **Prozesszinsen** (§ 291 BGB) hinsichtlich des Bereicherungsanspruchs eines Leistungserbringers gegenüber einer Krankenkasse bejaht, wenn im entsprechenden vertraglichen Bereich ein Anspruch auf Verzugszinsen vorgesehen ist; für die Vergütung von stationären Leistungen sei dies seit jeher der Fall.[60] Der Kassenarztsenat hat dann Ansprüchen von Kassenärztlichen Vereinigungen auf Zahlung fälliger Gesamtvergütungen, die nach dem Tag der Verkündung dieses Urteils (28.09.2005) im ersten Rechtszug klageweise geltend gemacht werden, in entsprechender Anwendung des § 291 BGB Prozesszinsen zuerkannt.[61]

67 Der 3. Senat hat dann entschieden, dass die **Vergütungsforderungen** eines zugelassenen Leistungserbringers gegen eine Krankenkasse für die Versorgung eines Versicherten bei Fehlen vertraglicher Vereinbarungen analog § 291 BGB dem Anspruch auf Prozesszinsen unterliegt.[62] Eine Verzinsung fälliger Vergütungsverordnungen kann nicht nur vereinbart werden, sondern entspricht auch der Vertragspraxis.[63] Prozesszinsen müssen vielmehr ausdrücklich ausgeschlossen werden, soll eine Forderung nicht verzinst werden.[64] Im Verhältnis Apotheker – Krankenkasse hat der 3. Senat in einer weiteren Entscheidung **Verzugszinsen** gemäß § 61 Satz 2 SGB X und § 69 Satz 3 SGB V i.V.m. den §§ 288 Abs. 1, 286 BGB analog zugesprochen.[65] In Fortführung dieser Rechtsprechung hat er im Verhältnis von Krankenpflege-Unternehmen zu Krankenkassen einen Anspruch auf Verzugszinsen ebenfalls bejaht (vgl. im Einzelnen die Kommentierung zu § 69 SGB V Rn. 236-248).[66] Folgt man dieser Rechtsprechung, so gilt dies auch im Verhältnis der Krankenhausträger zu den Krankenkassen. Die Bedeutung dürfte hier aber geringer sein, da seit längerem entsprechende vertragliche Abreden meistens bestehen.

68 Die **Verzinsungspflicht beginnt** in sozialgerichtlichen Streitigkeiten nach § 291 BGB i.V.m. § 94 SGG bereits mit dem Tag der Einreichung der Klage, nicht erst ab dem auf die Rechtshängigkeit des Zahlungsanspruchs folgenden Tag.[67]

---

[57] Vgl. LSG Hamburg v. 21.12.2005 - L 11 KR 22/05 - www.sozialgerichtsbarkeit.de.

[58] Vgl. Vgl. BSG v. 03.08.2006 - B 3 KR 7/06 R - juris Rn. 21 und 23 - SozR 4-2500 § 129 Nr. 3; BSG v. 23.03.2006 - B 3 KR 6/05 R - juris Rn. 16 - BSGE 96, 133 = SozR 4-7610 § 291 Nr. 3; BSG v. 04.03.2004 - B 3 KR 4/03 R - juris Rn. 36 - BSGE 92, 223 = SozR 4-2500 § 39 Nr. 1.

[59] Vgl. BSG v. 11.03.1987 - 8 RK 43/85 - juris Rn. 16 ff. - SozR 1300 § 61 Nr. 1; zu Erstattungsansprüche nach dem SGB X vgl. BSG v. 19.09.2007 - B 1 KR 39/06 R - juris Rn. 29 f.; für den vertragsärztlichen Bereich vgl. BSG v. 28.09.2005 - B 6 KA 71/04 R - juris Rn. 32 ff. - BSGE 95, 141 = SozR 4-2500 § 83 Nr. 2; BSG v. 17.11.1999 - B 6 KA 14/99 R - juris Rn. 32 - SozR 3-2500 § 75 Nr. 11; BSG v. 13.11.1996 - 6 RKa 78/95 - juris Rn. 22 - USK 96160; BSG v. 20.12.1983 - 6 RKa 19/82 - juris Rn. 18 - BSGE 56, 116 = SozR 1200 § 44 Nr. 10; für gesamtvertragliche Ansprüche vgl. BSG v. 28.09.2005 - B 6 KA 71/04 R - juris Rn. 32 ff. - BSGE 95, 141 = SozR 4-2500 § 83 Nr. 2; anders für privatrechtliche Verträge BSG v. 17.01.1996 - 3 RK 2/95 - juris Rn. 23 - BSGE 77, 219 = SozR 3-2500 § 124 Nr. 3.

[60] Vgl. BSG v. 04.03.2004 - B 3 KR 4/03 R - juris Rn. 37 - BSGE 92, 223 = SozR 4-2500 § 39 Nr. 1.

[61] Vgl. BSG v. 28.09.2005 - B 6 KA 71/04 R - juris Rn. 38 ff. - BSGE 95, 141 = SozR 4-2500 § 83 Nr. 2.

[62] Vgl. BSG v. 23.03.2006 - B 3 KR 6/05 R - juris Rn. 15 ff. - BSGE 96, 133 = SozR 4-7610 § 291 Nr. 3.

[63] Vgl. LSG Hessen v. 26.05.2003 - 1 KR 1527/99 - juris Rn. 25 f.; zunächst offen gelassen in BSG v. 11.03.1987 - 8 RK 43/85 - juris Rn. 20 - SozR 1300 § 61 Nr. 1.

[64] Vgl. BSG v. 23.03.2006 - B 3 KR 6/05 R - juris Rn. 16 - BSGE 96, 133 = SozR 4-7610 § 291 Nr. 3.

[65] Vgl. BSG v. 03.08.2006 - B 3 KR 7/06 R - juris Rn. 19 ff. - SozR 4-2500 § 129 Nr. 3.

[66] Vgl. BSG v. 19.04.2007 - B 3 KR 10/06 R - juris Rn. 10 ff. - PflR 2007, 382.

[67] Vgl. BSG v. 23.03.2006 - B 3 KR 6/05 R - juris Rn. 26 - BSGE 96, 133 = SozR 4-7610 § 291 Nr. 3; BSG v. 04.03.2004 - B 3 KR 4/03 R - juris Rn. 38 - BSGE 92, 223 = SozR 4-2500 § 39 Nr. 1.

69 Die **Instanzenpraxis** hat ferner entschieden: Nach LSG Sachsen-Anhalt bedarf es keiner gesonderten **Rechtsgrundlage** für die **Vereinbarung über die Zinspflicht**, gilt diese also bereits aufgrund der allgemeinen Regelungen und kann auf die Pflegesatzvereinbarung gestützt werden.[68]

70 Sieht ein **Vertrag** über allgemeine Bedingungen der Krankenhausbehandlung vor, dass der Krankenhausträger für Krankenhauskosten bei nicht fristgemäßer Zahlung Zinsen berechnen kann, so besteht ein entsprechender Verzinsungsanspruch.[69]

71 Sind nach dem Sicherstellungsvertrag Rechnungen innerhalb von 15 Kalendertagen nach Eingang zu begleichen, wobei bei Überschreitung des Zahlungsziels Verzugszinsen ab dem auf dem Fälligkeitstag folgenden Tag verlangt werden können, so hängt die Verzinsung nicht von einer **Mahnung** ab.[70]

72 Für eine Anpassung **niedrig festgelegter Verzugszinsen** im Wege einer ergänzenden Vertragsauslegung bleibt im Regelfall kein Raum.[71]

73 Ein Krankenhausträger hat gegenüber einer Krankenkasse keinen Anspruch auf **Erstattung von Rechtsanwaltskosten als Verzugsschaden**, wenn nicht neben einer Verzinsung weitere Verzugsfolgen geregelt wurden.[72]

74 Besteht kein Rückzahlungsanspruch, kann die mit der **Aufrechnung** zu bewirkende Rechtsfolge bezüglich des Vergütungsanspruches nicht eintreten. Der Vergütungsanspruch wird daher in seinem Bestand nicht berührt. Dies hat zur Folge, dass Nebenforderungen, die wegen der Fälligkeit des Vergütungsanspruches bestehen, wie der Zinsanspruch, gleichfalls unberührt bleiben.[73]

f. Verjährung

75 Vergütungsansprüche der Krankenhäuser gegen die Krankenkassen verjähren nicht nach entsprechend anwendbaren zivilrechtlichen Vorschriften, sondern nach der allgemeinen öffentlich-rechtlichen **Frist von vier Jahren**,[74] auch nach der Neuregelung der Rechtsbeziehungen zwischen Krankenkassen und Leistungserbringern zum 01.01.2000 durch § 69 SGB V.[75][76] Die vierjährige Verjährungsfrist gilt grundsätzlich für alle Rechtsbeziehungen der Leistungserbringer zu den Krankenkassen.[77] Sie gilt auch für einen Erstattungsanspruch[78] und für den in § 276 Abs. 2 Satz 1 HS. 2 SGB V enthaltenen Anspruch auf Übermittlung von Sozialdaten an den MDK.[79]

76 Die **Unterbrechung der Verjährung** erfolgt u.a. durch **Klageerhebung**, auch bei einem unzuständigen Gericht; weiter gehende Anforderungen an die Individualisierung des Klageanspruchs als es prozessual zu einer wirksamen Klageerhebung erforderlich ist, sind nicht zu stellen.[80]

g. Berichte und Bescheinigungen

77 Die Vertragspartner können über die gesetzlichen Bestimmungen hinaus die Voraussetzungen für die **Anfertigung von Berichten und Bescheinigungen** durch das Krankenhaus regeln. Dies gilt auch für Anforderungen durch den MDK.

---

[68] Vgl. LSG Sachsen-Anhalt v. 23.02.2005 - L 4 KR 2/03 - juris Rn. 21 f. - Breith 2006, 263.

[69] Vgl. LSG Berlin-Brandenburg v. 31.07.2007 - L 24 KR 8/06 - juris Rn. 27.

[70] Vgl. LSG Nordrhein-Westfalen v. 09.05.2007 - L 11 KR 12/05 - juris Rn. 21; LSG Nordrhein-Westfalen v. 04.11.2004 - L 5 KR 161/03 - juris Rn. 19 - GesR 2005, 131; LSG Rheinland-Pfalz v. 05.04.2007 - L 5 KR 201/06 - juris Rn. 23 - MedR 2007, 650; vgl. a. BSG v. 23.07.2002 - B 3 KR 64/01 R - juris Rn. 16 - BSGE 90, 1 = SozR 3-2500 § 112 Nr. 3 = GesR 2002, 99 = NJW 2003, 845.

[71] Vgl. LSG Nordrhein-Westfalen v. 04.11.2004 - L 5 KR 161/03 - juris Rn. 15 ff. - GesR 2005, 131.

[72] Vgl. LSG Hessen v. 30.11.2006 - L 8 KR 175/05 - juris Rn. 14 (Revision anhängig: B 3 KR 1/07 R); LSG Schleswig-Holstein v. 08.11.2006 - L 5 KR 93/05 - juris Rn. 23.

[73] Vgl. LSG Berlin-Brandenburg v. 31.07.2007 - L 24 KR 8/06 - juris Rn. 33.

[74] Vgl. BSG v. 17.06.1999 - B 3 KR 6/99 R - juris Rn. 11 ff. - SozR 3-1200 § 45 Nr. 8.

[75] Vgl. BSG v. 12.05.2005 - B 3 KR 32/04 R - juris Rn. 14 ff. - SozR 4-2500 § 69 Nr. 1 = GesR 2005, 409; BSG v. 28.02.2007 - B 3 KR 12/06 R - juris Rn. 25 - SozR 4-2500 § 276 Nr. 1 = NZS 2007, 653

[76] vgl. a. BSG v. 19.04.2007 - B 3 KR 10/06 R - juris Rn. 12 - PflR 2007, 382.

[77] Vgl. BSG v. 28.02.2007 - B 3 KR 12/06 R - juris Rn. 25 - SozR 4-2500 § 276 Nr. 1 = NZS 2007, 653.

[78] Vgl. BSG v. 28.09.2006 - B 3 KR 20/05 R - juris Rn. 11 - SozR 4-1500 § 92 Nr. 3; BSG v. 28.02.2007 - B 3 KR 12/06 R - juris Rn. 25 - SozR 4-2500 § 276 Nr. 1 = NZS 2007, 653; BSG v. 12.05.2005 - B 3 KR 32/04 R - juris Rn. 13 - SozR 4-2500 § 69 Nr. 1 = GesR 2005, 409.

[79] Vgl. BSG v. 28.02.2007 - B 3 KR 12/06 R - juris Rn. 25 - SozR 4-2500 § 276 Nr. 1 = NZS 2007, 653.

[80] Vgl. BSG v. 28.09.2006 - B 3 KR 20/05 R - juris Rn. 11 ff. - SozR 4-1500 § 92 Nr. 3; BSG v. 28.02.2007 - B 3 KR 12/06 R - juris Rn. 26 - SozR 4-2500 § 276 Nr. 1 = NZS 2007, 653.

§ 284 SGB V regelt im Einzelnen, **für welche Zwecke die Krankenkasse Sozialdaten erheben** darf, so u.a. für die Prüfung der Leistungspflicht und der Erbringung von Leistungen an Versicherte (§ 284 Abs. 1 Satz 1 Nr. 4 SGB V), die Unterstützung der Versicherten bei Behandlungsfehlern (§ 284 Abs. 1 Satz 1 Nr. 5 SGB V), die Abrechnung mit den Leistungserbringern, einschließlich der Prüfung der Rechtmäßigkeit und Plausibilität der Abrechnung (§ 284 Abs. 1 Satz 1 Nr. 8 SGB V) sowie die Überwachung der Wirtschaftlichkeit der Leistungserbringung (§ 284 Abs. 1 Satz 1 Nr. 9 SGB V). **78**

Die Krankenkassen sind verpflichtet, dem **MDK** die für die Beratung und Begutachtung erforderlichen **Unterlagen vorzulegen und Auskünfte** zu erteilen (§ 275 Abs. 1 Satz 1 SGB V). Die gesetzliche Befugnis zur Informationsbeschaffung für die Zwecke der Krankenversicherung und zur Weiterleitung an den MDK ergibt sich unmittelbar aus § 284 Abs. 1 Nr. 7 SGB V. **79**

Generell sind die an der vertragsärztlichen Versorgung teilnehmenden Ärzte und die übrigen Leistungserbringer **verpflichtet**, die für die Erfüllung der Aufgaben der Krankenkassen sowie der Kassenärztlichen Vereinigungen **notwendigen Angaben**, die aus der Erbringung, der Verordnung sowie der Abgabe von Versicherungsleistungen entstehen, aufzuzeichnen und gemäß den nachstehenden Vorschriften den Krankenkassen, den Kassenärztlichen Vereinigungen oder den mit der Datenverarbeitung beauftragten Stellen mitzuteilen (§ 294 SGB V). Zum Überprüfungsverfahren vgl. ferner Rn. 82 ff. **80**

Angesichts der umfangreichen gesetzlichen Vorgaben beschränkt sich die Vertragspraxis auf **ergänzende Regelungen** und Regelungen zu den **Kosten**. **81**

2. Krankenhausüberprüfungsvertrag (Nr. 2)

a. Vertragsgegenstand

Der **Überprüfungsvertrag** dient dazu, die Notwendigkeit und Dauer der Krankenhausbehandlung im einzelnen Behandlungsfall überprüfen zu können. **82**

Von der Prüfung von Notwendigkeit und Dauer eines Krankenhausaufenthaltes im Einzelfall ist die nach § 275 Abs. 1 Nr. 1 SGB V zulässige **Prüfung der ordnungsgemäßen Abrechnung** (sog. sachlich-rechnerische Prüfung) zu unterscheiden.[81] Die Prüfung der ordnungsgemäßen Abrechnung ist aber jedenfalls einer Vereinbarung nach § 112 Abs. 2 Satz 1 Nr. 1 SGB V zugänglich.[82] Zu unterschieden ist ferner die **Prüfung der Betriebsführung des gesamten Krankenhauses** nach § 113 SGB V (vgl. Rn. 110, Rn. 112 sowie die Kommentierung zu § 113 SGB V Rn. 6 und die Kommentierung zu § 113 SGB V Rn. 10). Ferner können die Krankenkassen durch Einschaltung des Medizinischen Dienstes (§ 275 Abs. 1 des SGB V) seit 01.01.2003[83] durch **Stichproben** – und damit ohne Anlass oder Anfangsverdacht – prüfen, ob 1. keine Patienten in das Krankenhaus aufgenommen werden, die nicht der stationären Krankenhausbehandlung bedürfen, und bei Abrechnung von tagesbezogenen Pflegesätzen keine Patienten im Krankenhaus verbleiben, die nicht mehr der stationären Krankenhausbehandlung bedürfen (Fehlbelegung), 2. eine vorzeitige Verlegung oder Entlassung aus wirtschaftlichen Gründen unterbleibt und 3. die Abrechnung der nach § 17b KHG vergüteten Krankenhausfälle ordnungsgemäß erfolgt (§ 17c Abs. 2 Satz 1 HS. 1 KHG). Über die Einleitung der Prüfung entscheiden, seit der Änderung durch das GKV-WSG,[84] die Krankenkassen mehrheitlich (§ 17c Abs. 2 Satz 1 HS. 2 KHG). Liegt eine fehlerhafte Abrechnung vor, sollen sich die Krankenkassen und der Krankenhausträger ein **pauschaliertes Ausgleichsverfahren** vereinbaren, das auch zu niedrige Abrechnungen berücksichtigen soll, um eine Erstattung oder Nachzahlung in jedem Einzelfall zu vermeiden; dabei kann auch die Verrechnung über das Erlösbudget oder die Fallpauschalen des folgenden Jahres vereinbart werden. Soweit nachgewiesen wird, dass Fallpauschalen grob fahrlässig zu hoch abgerechnet wurden, sind der Differenzbetrag und zusätzlich ein Betrag in derselben Höhe zurückzuzahlen, was ebenfalls im Ausgleichsverfahren zu vereinbaren ist (vgl. § 17c Abs. 3 KHG). Im Falle der Nichteinigung können Krankenhausträger und jede betroffene Krankenkasse einen entscheidungsbefugten Schlichtungsausschuss anrufen (vgl. § 17 c Abs. 4 KHG). **83**

---

[81] Vgl. BSG v. 28.02.2007 - B 3 KR 12/06 R - juris Rn. 20 und 22 - SozR 4-2500 § 276 Nr. 1 = NZS 2007, 653; BSG v. 23.07.2002 - B 3 KR 64/01 R - juris Rn. 18 - BSGE 90, 1 = SozR 3-2500 § 112 Nr. 3 = GesR 2002, 99 = NJW 2003, 845.

[82] Vgl. BSG v. 28.02.2007 - B 3 KR 12/06 R - juris Rn. 21 - SozR 4-2500 § 276 Nr. 1 = NZS 2007, 653.

[83] Vgl. Art. 2 Nr. 5 Gesetz über die Entgelte für voll- und teilstationäre Krankenhausleistungen – Krankenhausentgeltgesetz – v. 23.04.2002, BGBl I 2002, 1412, 1422.

[84] Vgl. Art. 18 Nr. 5 a aa und bb GKV-WSG v. 26.03.2007, BGBl I 2007, 378.

84 Ein **Katalog** von Leistungen, die in der Regel **teilstationär** erbracht werden können, soll den Grundsatz des Vorrangs der teilstationären Behandlung nach § 39 Abs. 1 Satz 2 SGB V (vgl. die Kommentierung zu § 39 SGB V Rn. 37, 42 und 47 ff.) ergänzen und dessen Umsetzung erleichtern. Ein Katalog wurde auf Landesebene aber bislang nicht vereinbart.[85]

b. Weitere gesetzliche Grundlagen

85 Die Krankenkassen sind u.a. dann, wenn es nach Art, Schwere, Dauer oder Häufigkeit der Erkrankung oder nach dem Krankheitsverlauf erforderlich ist, verpflichtet, bei Erbringung von Leistungen, insbesondere zur Prüfung von Voraussetzungen, Art und Umfang der Leistung, sowie bei Auffälligkeiten zur Prüfung der ordnungsgemäßen Abrechnung, **eine gutachtliche Stellungnahme des MDK** einzuholen (§ 275 Abs. 1 Nr. 1 SGB V).

86 Bei **Krankenhausbehandlung** nach § 39 SGB V ist eine **Prüfung zeitnah** durchzuführen. Die Prüfung ist spätestens sechs Wochen nach Eingang der Abrechnung bei der Krankenkasse einzuleiten und durch den MDK dem Krankenhaus anzuzeigen. Falls die Prüfung nicht zu einer Minderung des Abrechnungsbetrags führt, hat die Krankenkasse dem Krankenhaus eine Aufwandspauschale in Höhe von 100 € zu entrichten (§ 275 Abs. 1c SGB V).

87 Haben die Krankenkassen nach § 275 Abs. 1-3 SGB V eine gutachtliche Stellungnahme oder Prüfung durch den MDK veranlasst, sind die **Leistungserbringer verpflichtet**, Sozialdaten auf Anforderung des MDK unmittelbar an diesen zu übermitteln, soweit dies für die gutachtliche Stellungnahme und Prüfung erforderlich ist (§ 276 Abs. 2 Satz 1 HS. 2 SGB V).

88 Die nach § 108 SGB V zugelassenen **Krankenhäuser** sind **verpflichtet**, den Krankenkassen bei Krankenhausbehandlung u.a. den Tag, die Uhrzeit und den Grund der Aufnahme sowie die Einweisungsdiagnose, die Aufnahmediagnose, bei einer Änderung der Aufnahmediagnose die nachfolgenden Diagnosen, die voraussichtliche Dauer der Krankenhausbehandlung sowie, falls diese überschritten wird, auf Verlangen der Krankenkasse die medizinische Begründung, bei Kleinkindern bis zu einem Jahr das Aufnahmegewicht (§ 301 Abs. 1 Satz 1 Nr. 3 SGB V), Datum und Art der im jeweiligen Krankenhaus durchgeführten Operationen und sonstigen Prozeduren (§ 301 Abs. 1 Satz 1 Nr. 6 SGB V), den Tag, die Uhrzeit und den Grund der Entlassung oder der Verlegung, bei externer Verlegung das Institutionskennzeichen der aufnehmenden Institution, bei Entlassung oder Verlegung die für die Krankenhausbehandlung maßgebliche Hauptdiagnose und die Nebendiagnosen (§ 301 Abs. 1 Satz 1 Nr. 7 SGB V) und Angaben über die im jeweiligen Krankenhaus durchgeführten Leistungen zur medizinischen Rehabilitation und ergänzende Leistungen sowie Aussagen zur Arbeitsfähigkeit und Vorschläge für die Art der weiteren Behandlung mit Angabe geeigneter Einrichtungen (§ 301 Abs. 1 Satz 1 Nr. 8 SGB V) im Wege elektronischer Datenübertragung oder maschinell verwertbar auf Datenträgern zu **übermitteln**. Das Nähere über Form und Inhalt der erforderlichen Vordrucke, die Zeitabstände für die Übermittlung der Angaben nach Absatz 1 und das Verfahren der Abrechnung im Wege elektronischer Datenübertragung oder maschinell verwertbar auf Datenträgern vereinbaren die Spitzenverbände der Krankenkassen gemeinsam mit der Deutschen Krankenhausgesellschaft oder den Bundesverbänden der Krankenhausträger (§ 301 Abs. 3 SGB V).

89 Die Krankenkassen dürfen **Sozialdaten** für Zwecke der Krankenversicherung u.a. erheben und speichern, soweit diese für die Beteiligung des Medizinischen Dienstes (§ 284 Abs. 1 Satz 1 Nr. 7 SGB V), die Abrechnung mit den Leistungserbringern, einschließlich der Prüfung der Rechtmäßigkeit und Plausibilität der Abrechnung (§ 284 Abs. 1 Satz 1 Nr. 8 SGB V), und die Überwachung der Wirtschaftlichkeit der Leistungserbringung (§ 284 Abs. 1 Satz 1 Nr. 9 SGB V) erforderlich sind. Die unmittelbare Übermittlung von Behandlungsunterlagen an die Krankenkassen selbst wird hiervon aber nicht erfasst, ebenso nicht von § 301 SGB V und § 67a Abs. 2 Satz 2 Nr. 2 lit. a) und b) SGB X (vgl. a. Rn. 94 f.).[86]

90 Wenn es im Einzelfall zu einer gutachtlichen Stellungnahme über die Notwendigkeit und Dauer der stationären Behandlung des Versicherten erforderlich ist, sind die **Ärzte des Medizinischen Dienstes befugt**, zwischen 8.00 und 18.00 Uhr die Räume der **Krankenhäuser** und Vorsorge- oder Rehabilitationseinrichtungen **zu betreten**, um dort die Krankenunterlagen einzusehen und, soweit erforderlich, den Versicherten untersuchen zu können. In den Fällen des § 275 Abs. 3a SGB V sind die Ärzte des Medizinischen Dienstes befugt, zwischen 8.00 und 18.00 Uhr die Räume der Krankenhäuser zu betreten, um dort die zur Prüfung erforderlichen Unterlagen einzusehen (§ 276 Abs. 4 SGB V).

---

[85] Vgl. BSG v. 28.02.2007 - B 3 KR 17/06 R - juris Rn. 15 - SozR 4-2500 § 39 Nr. 8.

[86] Vgl. BSG v. 23.07.2002 - B 3 KR 64/01 R - juris Rn. 19 - BSGE 90, 1 = SozR 3-2500 § 112 Nr. 3 = GesR 2002, 99 = NJW 2003, 845.

In einem obiter dictum hat das BSG Zweifel geäußert, ob in einem **Überprüfungsvertrag Regelungen** über die Art und Weise der Vorbereitung und Durchführung der Begutachtung durch den insoweit unabhängigen **MDK vereinbart** werden können, die über die in den §§ 275 ff. SGB V vorgesehenen Rechte und Pflichten des MDK hinausgehen, weil der MDK nach dem Gesetz an diesen Verträgen weder vorbereitend noch als Vertragspartner beteiligt sei und die Verträge nach § 112 Abs. 2 Satz 2 SGB V nur für die Krankenkassen und die zugelassenen Krankenhäuser im Land unmittelbar verbindlich seien; der MDK sei in dieser Vorschrift nicht erwähnt.[87] [88] 91

Soweit dies zur Beurteilung der Leistungen des Krankenhauses im Rahmen seines Versorgungsauftrags im Einzelfall erforderlich ist, hat das **Krankenhaus** auf gemeinsames Verlangen der anderen Vertragsparteien nach § 18 Abs. 2 Nr. 1 und 2 KHG[89] zusätzliche Unterlagen vorzulegen und Auskünfte zu erteilen. Bei dem Verlangen muss der zu erwartende Nutzen den verursachten Aufwand deutlich übersteigen (§ 17 Abs. 5 BPflV). Dies gilt nicht, soweit für das Krankenhaus verbindliche Regelungen nach den §§ 112-115 SGB V getroffen worden sind (§ 17 Abs. 8 BPflV). 92

Trotz der Verpflichtung der Krankenkassen zur **Einschaltung des MDK** nach § 275 Abs. 1 Nr. 1 SGB V wird der MDK aber im **Verhältnis zum Krankenhaus** bzw. dessen Träger nicht zum Organ, Vertreter oder Erfüllungsgehilfen der Krankenkassen. Der MDK wird bei der ihm obliegenden Prüfung der Notwendigkeit und Dauer der Krankenhausbehandlung nicht im Pflichtenkreis der Krankenkassen, sondern in einem eigenen Pflichtenkreis tätig (vgl. auch Rn. 104).[90] 93

c. Herausgabe von Behandlungsunterlagen

Der **Anspruch** auf Herausgabe von Behandlungsunterlagen steht den **Krankenkassen** selbst zu,[91] auch wenn diese **Herausgabe nur an den MDK** verlangen können bzw. dieser die Unterlagen selbst anfordern kann[92] (§ 276 Abs. 2 Satz 1 HS. 2 SGB V). Die Krankenkassen können daher nicht verlangen, dass die Behandlungsunterlagen der Versicherten durch eigene Mitarbeiter eingesehen und ausgewertet werden.[93] 94

Das BSG ist insofern von seiner **früheren Rechtsprechung** abgewichen, als danach die Krankenkasse kein eigenständiges Recht auf Einsichtnahme in die Behandlungsunterlagen haben soll.[94] Andererseits hatte das BSG auch der Dokumentationspflicht nach dem Sicherstellungsvertrag und dem Recht der Krankenkasse aus § 276 Abs. 4 SGB V, in Einzelfällen die Notwendigkeit der Krankenhausbehandlung durch einen Arzt des MDK überprüfen zu lassen und zu diesem Zweck den Ärzten des MDK die erforderliche Unterstützung, z.B. durch Einsicht in die Krankenakten, zu gewähren, gefolgert, bei verständiger Würdigung der beiderseitigen Interessenlagen ergebe sich hieraus nicht nur das **Recht der Krankenkassen**, tatsächlich erstellte **Dokumentationen in Augenschein** zu nehmen, sondern zugleich die Pflicht des Krankenhauses, aussagefähige Dokumentationen über die Notwendigkeit der Krankenhausbehandlung zu führen.[95] 95

Fordert die **Krankenkasse** die **Behandlungsunterlagen** selbst an, so steht es dem Krankenhaus frei, ob es die Unterlagen direkt an den MDK aushändigt oder übersendet oder sie in einem verschlossenen Umschlag an die Krankenkasse zur Weiterleitung an den MDK schickt.[96] 96

---

[87] Vgl. BSG v. 28.09.2006 - B 3 KR 23/05 R - juris Rn. 17 - SozR 4-2500 § 112 Nr. 6 = GesR 2007, 83

[88] KH 2007, 139.

[89] Gesetz zur wirtschaftlichen Sicherung der Krankenhäuser und zur Regelung der Krankenhauspflegesätze (Krankenhausfinanzierungsgesetz – KHG), Geltung ab 01.01.1972, neugefasst durch B. v. 10.04.1991, BGBl I 1991, 886; zuletzt geändert durch Art. 18 Gesetz v. 26.03.2007, BGBl I 2007, 378.

[90] Vgl. BSG v. 28.09.2006 - B 3 KR 23/05 R - juris Rn. 17 - SozR 4-2500 § 112 Nr. 6 = GesR 2007, 83.

[91] Vgl. BSG v. 28.02.2007 - B 3 KR 12/06 R - juris Rn. 14 f. - SozR 4-2500 § 276 Nr. 1 = NZS 2007, 653.

[92] Vgl. BSG v. 23.07.2002 - B 3 KR 64/01 R - juris Rn. 19 - BSGE 90, 1 = SozR 3-2500 § 112 Nr. 3 = GesR 2002, 99 = NJW 2003, 845; BSG v. 28.02.2007 - B 3 KR 12/06 R - juris Rn. 15 - SozR 4-2500 § 276 Nr. 1 = NZS 2007, 653.

[93] Vgl. BSG v. 28.02.2007 - B 3 KR 12/06 R - juris Rn. 15 - SozR 4-2500 § 276 Nr. 1 = NZS 2007, 653.

[94] Vgl. BSG v. 23.07.2002 - B 3 KR 64/01 R - juris Rn. 19 - BSGE 90, 1 = SozR 3-2500 § 112 Nr. 3 = GesR 2002, 99 = NJW 2003, 845; BSG v. 28.05.2003 - B 3 KR 10/02 R - juris Rn. 21 - SozR 4-2500 § 109 Nr. 1 = GesR 2003, 318.

[95] Vgl. BSG v. 17.05.2000 - B 3 KR 33/99 R - juris Rn. 28 - BSGE 86, 166 = SozR 3-2500 § 112 Nr. 1 = NZS 2001, 316.

[96] Vgl. BSG v. 28.02.2007 - B 3 KR 12/06 R - juris Rn. 17 - SozR 4-2500 § 276 Nr. 1 = NZS 2007, 653.

d. Beschleunigungsgebot

97 Das vertraglich vereinbarte Überprüfungsverfahren, das auf eine – angesichts abnehmender Verweildauern allerdings vielfach nicht mögliche – Klärung der Krankenhausbehandlungsbedürftigkeit in der Regel noch während des stationären Aufenthalts des Versicherten angelegt ist, ist auf jeden Fall zügig und zeitnah durchzuführen (**Beschleunigungsgebot**).[97]

98 Ein Gutachter soll in der Regel nicht nachträglich allein auf schriftliche Dokumentationen angewiesen sein, sondern möglichst einen **laufenden Fall beurteilen** und die frische Erinnerung des behandelnden Krankenhausarztes nutzbar machen. Ein solches Verfahren kann im Betrieb einer Klinik nicht noch lange Zeit nach Abschluss des jeweiligen Behandlungsfalls nachgeholt werden, weil die anschauliche Erinnerung der behandelnden Ärzte nachlässt. Das verschlechtert die Beweislage des Krankenhauses und erhöht seinen Aufwand.[98]

e. Überprüfungsverfahren

99 Die Krankenkassen können zur Vorbereitung der Prüfungen nach § 112 Abs. 2 Satz 1 Nr. 2 SGB V **Arbeitsgemeinschaften** nach § 219 SGB V mit der Speicherung, Verarbeitung und Nutzung der dafür erforderlichen Daten beauftragen (§ 303 Abs. 2 Satz 1 SGB V).

100 In der Vertragspraxis muss das **Überprüfungsverfahren** unter Einschaltung des MDK spätestens nach Vorlage der Rechnung des Krankenhauses und dem Fälligwerden der geforderten Vergütung eingeleitet werden. Das BSG hält das Überprüfungsverfahren grundsätzlich jedoch für **nachholbar** auch nach Entlassung des Versicherten.[99] Ist im Vertrag nur vereinbart, die Überprüfung durch den MDK solle im Krankenhaus stattfinden, solange sich der Versicherte noch in stationärer Behandlung befindet, so darf nicht nur in begründeten Ausnahmefällen hiervon abgesehen werden und wird hierdurch kein derartiges Regel-Ausnahme-Verhältnis statuiert, sondern nur eine sinnvolle Alternative für den Fall aufgezeigt, dass es sich z.B. um einen länger dauernden Krankenhausaufenthalt handelt oder eine Begutachtung im Krankenhaus aus anderen Gründen geboten erscheint.[100] Zu den Auswirkungen auf den Vergütungsanspruch vgl. Rn. 52 f.

101 In **Ausnahmefällen**, in denen die Berufung auf Einwendungen nach Würdigung aller Umstände gegen **Treu und Glauben** verstieße und damit rechtsmissbräuchlich wäre (§ 242 BGB analog), kann eine Krankenkasse mit ihren Einwendungen ausgeschlossen sein. Die Annahme eines Rechtsmissbrauchs durch die Krankenkasse ist aber auf gravierende Fälle vertragswidrigen Verhaltens beschränkt.[101] Das BSG hat eine solche Konstellation bislang nur einmal in den „**Berliner Fällen**" angenommen, weil die Krankenkasse in einer Vielzahl von Fällen und ausnahmslos die Verweildauer ihrer Versicherten in den jeweils klagenden Universitätskrankenhäusern allein unter Hinweis auf eine angeblich statistisch festgestellte allgemeine Überschreitung der durchschnittlichen Verweildauer in diesen Krankenhäusern – und damit pauschal – angezweifelt hatte, anstatt das in dem Vertrag vereinbarte Verfahren mit der dort festgelegten Einzelfallprüfung durchzuführen, was rein statistisch begründete Einwendungen nicht zuließ.[102]

102 Die **Frist für das Überprüfungsverfahren** ist nach entsprechender Vereinbarung gewahrt, wenn spätestens nach Vorlage der Rechnung und dem Fälligwerden der geforderten Vergütung die Anforderung einer Stellungnahme (Kurzbericht) des Krankenhauses durch die Krankenkasse beim Krankenhaus eingeht oder, falls nach Ermessen auf die Anforderung eines Kurzberichts verzichtet wird („kann" anfordern), wenn bis zu diesem Zeitpunkt der Überprüfungsauftrag der Krankenkasse beim MDK (§ 275 Abs. 1 Nr. 1 SGB V) eingeht.[103]

103 Wird die Einholung eines Kurzberichts in das Ermessen der Krankenkasse gestellt, so stellt die **unterbliebene Anforderung eines Kurzberichts** des Krankenhauses keine Vertragsverletzung dar. Die Krankenkassen können ggf. auch unmittelbar den MDK mit der Überprüfung beauftragen.[104]

---

[97] Vgl. BSG v. 28.09.2006 - B 3 KR 23/05 R - juris Rn. 13 - SozR 4-2500 § 112 Nr. 6 = GesR 2007, 83 m.w.N.
[98] Vgl. BSG v. 28.02.2007 - B 3 KR 12/06 R - juris Rn. 19 - SozR 4-2500 § 276 Nr. 1 = NZS 2007, 653.
[99] Vgl. BSG v. 28.09.2006 - B 3 KR 23/05 R - juris Rn. 13 - SozR 4-2500 § 112 Nr. 6 = GesR 2007, 83 m.w.N.
[100] Vgl. BSG v. 28.09.2006 - B 3 KR 23/05 R - juris Rn. 16 - SozR 4-2500 § 112 Nr. 6 = GesR 2007, 83.
[101] Vgl. BSG v. 28.09.2006 - B 3 KR 23/05 R - juris Rn. 13 - SozR 4-2500 § 112 Nr. 6 = GesR 2007, 83 m.w.N.
[102] Vgl. BSG v. 13.12.2001 - B 3 KR 11/01 R - juris Rn. 21 f. - BSGE 89, 104 = SozR 3-2500 § 112 Nr. 2 = MedR 2002, 525 = NZS 2003, 28; vgl. a. BSG v. 28.02.2007 - B 3 KR 12/06 R - juris Rn. 19 - SozR 4-2500 § 276 Nr. 1 = NZS 2007, 653.
[103] Vgl. BSG v. 28.09.2006 - B 3 KR 23/05 R - juris Rn. 14 - SozR 4-2500 § 112 Nr. 6 = GesR 2007, 83 m.w.N.
[104] Vgl. BSG v. 28.09.2006 - B 3 KR 23/05 R - juris Rn. 16 - SozR 4-2500 § 112 Nr. 6 = GesR 2007, 83.

Wird in einem Vertrag vereinbart, die Ärzte des MDK sollen ihre Bedenken gegenüber dem **Leitenden Abteilungsarzt des Krankenhauses** oder dessen Stellvertreter darlegen und mit diesem „**erörtern**", so lässt dies auch einen schriftlichen Meinungsaustausch zu und muss nicht stets erfolgen; vor Geltendmachung eines Erstattungsanspruchs aufgrund eines negativen Gutachtens des MDK, ohne dass dessen Bedenken zuvor mit den Krankenhausärzten erörtert wurden, muss allerdings die Krankenkasse dem Krankenhaus Gelegenheit zur Stellungnahme geben.[105] Im Übrigen ist nach der BSG-Rechtsprechung ein Verschulden des MDK der Krankenkasse nicht zuzurechnen, weil der MDK im Verhältnis zum Krankenhaus bzw. dessen Träger nicht zum Organ, Vertreter oder Erfüllungsgehilfen der Krankenkassen wird, sondern in einem eigenen Pflichtenkreis tätig wird (vgl. a. Rn. 93).[106] 104

Das BSG hält es für zweifelhaft, **Vereinbarungen** über die Art und Weise der Vorbereitung und Durchführung der **Begutachtung durch** den insoweit unabhängigen **MDK** zu treffen, die über die in den §§ 275 ff. SGB V vorgesehenen Rechte und Pflichten des MDK hinausgehen, weil der MDK nach dem Gesetz an diesen Verträgen weder vorbereitend noch als Vertragspartner beteiligt ist und die Verträge nach § 112 Abs. 2 Satz 2 SGB V nicht für den MDK verbindlich sind (vgl. a. Rn. 91).[107] 105

Wenn eine Krankenkasse die in einem Vertrag zur Überprüfung der Notwendigkeit und Dauer der Krankenhausbehandlung vorgesehene möglichst zeitnahe Überprüfung einer Krankenhausbehandlung unterlässt und eine **Überprüfung** durch den MDK erst nach **Abschluss der Krankenhausbehandlung** einholt, kann sie sich nur noch in eingeschränkten Maße auf eine – vom MDK dann festgestellte – fehlende Notwendigkeit eines Behandlungszeitraums stützen. Dies gilt auch und insbesondere im Hinblick auf eine im Nachhinein festgestellte (angeblich) **mangelhafte Behandlungsdokumentation** durch die Krankenhausärzte.[108] 106

f. Gerichtliche Kontrolldichte

Ob eine stationäre Krankenhausbehandlung aus medizinischen Gründen notwendig ist, hat das **Gericht** im Streitfall **uneingeschränkt zu überprüfen**. Es hat dabei von dem im Behandlungszeitpunkt **verfügbaren Wissen und Kenntnisstand des verantwortlichen Krankenhausarztes** auszugehen. Eine „Einschätzungsprärogative" kommt dem Krankenhausarzt nicht zu (vgl. Rn. 38; vgl. ferner die Kommentierung zu § 39 SGB V Rn. 104 ff.).[109] 107

Nur in **Ausnahmefällen**, in denen die Berufung auf Einwendungen nach Würdigung aller Umstände gegen **Treu und Glauben** verstieße und damit rechtsmissbräuchlich wäre (§ 242 BGB analog), kann eine Krankenkassen mit ihren Einwendungen ausgeschlossen sein (vgl. Rn. 101). 108

Im Regelfall wird die Einholung eines medizinischen Sachverständigengutachtens erforderlich sein (vgl. Rn. 49 f.). 109

3. Wirtschaftlichkeits- und Qualitätsprüfungen (Nr. 3)

Die Verträge haben ferner die Verfahrens- und Prüfungsgrundsätze für Wirtschaftlichkeits- und Qualitätsprüfungen zu regeln. Angesichts der geringen praktischen Bedeutung der **Wirtschaftlichkeitsprüfungen** sind nur in einigen Bundesländern Verträge mit geringer Regelungstiefe geschlossen worden. 110

§ 137 SGB V i.d.F. des GRG überließ die nähere Ausgestaltung der **Qualitätssicherung** im Krankenhaus zunächst den Verträgen nach § 112 SGB V. In den Verträgen war auch zu regeln, in welchen Fällen Zweitmeinungen vor erheblichen chirurgischen Eingriffen einzuholen sind. Für das Prüfverfahren galt § 113 SGB V. § 137 SGB V i.d.F. des Art. 1 Nr. 78 GKV-GRG 2000 übertrug dann die Regelungsbefugnis auf die Spitzenverbände der Krankenkassen und den Verband der privaten Krankenversicherung sowie die Deutsche Krankenhausgesellschaft; die Vereinbarungen waren für zugelassene Krankenhäuser unmittelbar verbindlich. § 137 Abs. 1 Satz 1 SGB V i.d.F. des Art. 1 Nr. 104 GMG übertrug dann ab 01.01.2004 in der bis heute gültigen Fassung dem **Gemeinsamen Bundesausschuss** die Aufgabe, Maßnahmen der Qualitätssicherung für nach § 108 SGB V zugelassene Krankenhäuser einheitlich für alle Patienten zu beschließen. Die Beschlüsse des Gemeinsamen Bundesausschusses sind für zugelassene Krankenhäuser unmittelbar verbindlich (§ 137 Abs. 2 Satz 1 SGB V). Sie haben Vorrang vor Verträgen nach § 112 Abs. 1 SGB V, soweit diese keine ergänzenden Regelungen zur 111

---

[105] Vgl. BSG v. 28.09.2006 - B 3 KR 23/05 R - juris Rn. 16 - SozR 4-2500 § 112 Nr. 6 = GesR 2007, 83.

[106] Vgl. BSG v. 28.09.2006 - B 3 KR 23/05 R - juris Rn. 15 und 17 - SozR 4-2500 § 112 Nr. 6 = GesR 2007, 83.

[107] Vgl. BSG v. 28.09.2006 - B 3 KR 23/05 R - juris Rn. 17 - SozR 4-2500 § 112 Nr. 6 = GesR 2007, 83.

[108] Vgl. SG Aachen v. 28.11.2006 - S 13 KR 51/05 - juris Rn. 19.

[109] Vgl. BSG v. 25.09.2007 - GS 1/06 - www.sozialgerichtsbarkeit.de, Rn. 29.

Qualitätssicherung enthalten (§ 137 Abs. 2 Satz 2 SGB V). Verträge zur Qualitätssicherung nach § 112 Abs. 1 SGB V gelten bis zum Abschluss von Vereinbarungen nach § 137 Abs. 1 SGB V fort (§ 137 Abs. 3 Satz 1 SGB V).

112 Dem Gesetzesauftrag nach § 137 Abs. 1 SGB V ist der **Gemeinsame Bundesausschuss** mit der **Vereinbarung zur Qualitätssicherung**[110] und weiteren Vereinbarungen[111] nachgekommen. Für den Bereich der Qualitätssicherung haben **landesrechtliche Regelungen** daher nach § 137 Abs. 2 Satz 2 SGB V nur insoweit Bestand, als sie mit den Beschlüssen des Gemeinsamen Bundesausschusses nicht in Widerspruch stehen oder diese nur ergänzen.

113 § 112 Abs. 2 Nr. 3 SGB V ergänzt im Übrigen das **Prüfverfahren nach § 113 SGB V**. Hiervon zu unterscheiden ist die sachlich-rechnerische Prüfung der Abrechnung und die Prüfung der medizinischen Notwendigkeit im Einzelfall (vgl. Rn. 83).

114 Die Krankenkassen können zur Vorbereitung der Prüfungen nach § 113 SGB V **Arbeitsgemeinschaften** nach § 219 SGB V mit der Speicherung, Verarbeitung und Nutzung der dafür erforderlichen Daten beauftragen (§ 303 Abs. 2 Satz 1 SGB V).

115 **§ 113 SGB V** macht einzelne Vorgaben für die **Qualitäts- und Wirtschaftlichkeitsprüfung der Krankenhausbehandlung**. Die Kassenverbände können mit dem Landesausschuss des Verbandes der privaten Krankenversicherung gemeinsam die Wirtschaftlichkeit, Leistungsfähigkeit und Qualität der Krankenhausbehandlung eines zugelassenen Krankenhauses durch einvernehmlich mit dem Krankenhausträger bestellte Prüfer untersuchen lassen (§ 113 Abs. 1 Satz 1 SGB V). Die Krankenhäuser und ihre Mitarbeiter sind verpflichtet, dem Prüfer und seinen Beauftragten auf Verlangen die für die Wahrnehmung ihrer Aufgaben notwendigen Unterlagen vorzulegen und Auskünfte zu erteilen (§ 113 Abs. 2 SGB V). Die Wirtschaftlichkeit und Qualität der Versorgung durch psychiatrische Institutsambulanzen (§ 118 SGB V) und sozialpädiatrische Zentren (§ 119 SGB V) werden von den Krankenkassen in entsprechender Anwendung der nach den §§ 106a, 106 Abs. 2 und 3 und 136 SGB V geltenden Regelungen geprüft (§ 113 Abs. 4 SGB V).

116 **Prüfverfahren** nach Auffälligkeit (vgl. § 106 Abs. 2 Satz 1 Nr. 2 SGB V) oder auf statistischer Grundlage, wie sie im **vertragsärztlichen Versorgungsbereich** früher üblich waren und nunmehr vereinbart werden können (vgl. § 106 Abs. 2 Satz 4 SGB V), sind für den Krankenhausbereich – abgesehen von § 113 Abs. 4 SGB V für die dort genannten Ambulanzen (vgl. die Kommentierung zu § 113 SGB V Rn. 48) sowie nach § 106 Abs. 6 SGB V für die im Krankenhaus erbrachten ambulanten ärztlichen und belegärztlichen Leistungen – nicht obligatorisch vorgesehen. Die hierfür getroffenen gesetzlichen und vertraglichen Regelungen gelten nicht für den Krankenhausbereich.

---

[110] Vgl. Vereinbarung des Gemeinsamen Bundesausschusses gemäß § 137 Abs. 1 SGB V i.V.m. § 135a SGB V über Maßnahmen der Qualitätssicherung für nach § 108 SGB V zugelassene Krankenhäuser (Vereinbarung zur Qualitätssicherung) i.d.F. v. 15.08.2006, BAnz 2006, 6361, geändert am 10.05.2007, BAnz 2007, 6825, zuletzt geändert am 22.11.2007, Inkrafttreten am 01.01.2008, www.g-ba.de.

[111] Vereinbarung des Gemeinsamen Bundesausschusses über Maßnahmen zur Qualitätssicherung für die stationäre Versorgung von Kindern und Jugendlichen mit hämato-onkologischen Krankheiten gemäß § 137 Abs. 1 Satz 3 Nr. 2 SGB V für nach § 108 SGB V zugelassene Krankenhäuser (Vereinbarung zur Kinderonkologie) vom 16.05.2006, geändert am 19.12.2006 (Anlage 1), Inkrafttreten am 01.01.2007; Vereinbarung des Gemeinsamen Bundesausschusses zur Fortbildung der Fachärzte im Krankenhaus v. 20.12.2005, BAnz 2006, Nr. 8, 107, in Kraft getreten am 01.01.2006; Vereinbarung des Gemeinsamen Bundesausschusses über Maßnahmen zur Qualitätssicherung bei der Durchführung der Positronenemissionstomographie (PET) in Krankenhäusern bei den Indikationen nichtkleinzelliges Lungenkarzinom (NSCLC) und solide Lungenrundherde gemäß § 137 Abs. 1 Satz 3 Nr. 2 SGB V v. 15.03.2007, BAnz 2007, 5382, in Kraft getreten am 01.07.2007; Vereinbarung des Gemeinsamen Bundesausschusses über Maßnahmen zur Qualitätssicherung der Versorgung von Früh- und Neugeborenen v. 20.09.2005, BAnz 2005, 15684, in Kraft getreten am 01.01.2006, zuletzt geändert am 17.10.2006, BAnz 2006, 7050, in Kraft getreten am 25.11.2006; Vereinbarung gemäß § 137 Abs. 1 Satz 3 Nr. 1 SGB V über die grundsätzlichen Anforderungen an ein einrichtungsinternes Qualitätsmanagement für nach § 108 SGB V zugelassene Krankenhäuser i.d.F. v. 17.08.2004, BAnz 2005, Nr. 242, 16896, In Kraft getreten am 17.08.2004; Vereinbarung des Gemeinsamen Bundesausschusses gemäß § 137 Abs. 1 Satz 3 Nr. 6 SGB V über Inhalt und Umfang eines strukturierten Qualitätsberichts für nach § 108 SGB V zugelassene Krankenhäuser (Vereinbarung zum Qualitätsbericht der Krankenhäuser) v. 17.10.2006, BAnz 2006, 7258, in Kraft getreten am 01.01.2007, zuletzt geändert am 21.06.2007 (Anlagen), BAnz 2007, Beilage 202a, in Kraft getreten am 28.10.2007 (alle abrufbar unter www.g-ba.de).

§ 113 SGB V regelt die generelle Prüfung und Kontrolle der Wirtschaftlichkeit eines zugelassenen Krankenhauses **abschließend**, daneben kann unwirtschaftliches Verhalten eines Krankenhauses von der Krankenkasse allein nach Maßgabe der auf der Grundlage von § 112 Abs. 2 SGB V geschlossenen **Rahmenverträge** geltend gemacht werden.[112] 117

Prüfverfahren auf statistischer Grundlage können abgeschlossen werden,[113] was aber bisher wohl nicht der Fall ist. Die Problematik besteht allerdings nur so lange, wie Krankenhausleistungen überwiegend auf der Basis tagesgleicher Pflegesätze vergütet werden. Sie verliert ihre Bedeutung, wenn die Vergütung durch Festpreise erfolgt, etwa in Form von Fallpauschalen, wie dies für den Bereich somatischer Erkrankungen gesetzlich vorgesehen ist. 118

4. Soziale Betreuung und Beratung im Krankenhaus (Nr. 4)

Die Verträge haben ferner die **soziale Betreuung und Beratung** der Versicherten im Krankenhaus zu regeln. 119

Die Krankenkasse schuldet dem Versicherten nicht nur die notwendige medizinische Behandlung als Sachleistung (§§ 2 Abs. 2, 27 SGB V), sondern sie ist auch gegenüber dem Versicherten nach § 14 SGB I zur **Beratung über seine Rechte und Pflichten** aus dem Sozialversicherungsverhältnis verpflichtet.[114] 120

Versicherte haben ferner **Anspruch auf ein Versorgungsmanagement** insbesondere zur Lösung von Problemen beim Übergang in die verschiedenen Versorgungsbereiche. Die betroffenen Leistungserbringer sorgen für eine sachgerechte Anschlussversorgung des Versicherten und übermitteln sich gegenseitig die erforderlichen Informationen. Sie sind zur Erfüllung dieser Aufgabe von den Krankenkassen zu unterstützen. Das Versorgungsmanagement und eine dazu erforderliche Übermittlung von Daten dürfen nur mit Einwilligung und nach vorheriger Information des Versicherten erfolgen. Soweit in Verträgen nach den §§ 140a-140d SGB V nicht bereits entsprechende Regelungen vereinbart sind, ist das Nähere im Rahmen von Verträgen nach § 112 SGB V oder § 115 SGB V oder in vertraglichen Vereinbarungen mit sonstigen Leistungserbringern der gesetzlichen Krankenversicherung und mit Leistungserbringern nach dem SGB XI sowie mit den Pflegekassen zu regeln (§ 11 Abs. 4 SGB V). 121

Mit Einwilligung des Versicherten haben der behandelnde Arzt, das Krankenhaus, die Rehabilitations- und Vorsorgeeinrichtungen sowie die Sozialleistungsträger unverzüglich die zuständige **Pflegekasse zu benachrichtigen**, wenn sich der Eintritt von Pflegebedürftigkeit abzeichnet oder wenn Pflegebedürftigkeit festgestellt wird (§ 11 Abs. 2 Satz 2 SGB XI). Entsprechend soll eine evtl. erforderliche **Begutachtung** im Krankenhaus oder einer stationären Rehabilitationseinrichtung unverzüglich, spätestens innerhalb einer Woche nach Eingang des Antrags bei der zuständigen Pflegekasse, durchgeführt werden; die Frist kann durch regionale Vereinbarungen verkürzt werden (§ 18 Abs. 3 SGB XI). 122

Die **Rehabilitationsträger** sind verantwortlich, dass die im Einzelfall erforderlichen Leistungen zur Teilhabe **nahtlos und zügig** erbracht werden (§ 12 Abs. 1 Nr. 1 SGB IX) und dass die **Beratung** entsprechend den in §§ 1 und 4 SGB IX genannten Zielen geleistet wird (§ 12 Abs. 1 Nr. 3 SGB IX). Ferner haben sie gemeinsame **Empfehlungen über ihre Zusammenarbeit mit Sozialdiensten** und vergleichbaren Stellen zu vereinbaren (§ 13 Abs. 2 Nr. 10 SGB IX). 123

Die meisten **Landeskrankenhausgesetze** verpflichten das **Krankenhaus zur Vorhaltung eines Sozialdienstes** als Ergänzung zu der ärztlichen und pflegerischen Versorgung. Dieser hat insbesondere den Patienten in sozialen Fragen zu betreuen, zu beraten, geeignete Hilfen zu vermitteln und bei der Einleitung von Rehabilitationsmaßnahmen zu unterstützen.[115] 124

Als **Zielsetzung des Krankenhaus-Sozialdienstes** wird verstanden: Er ergänzt die ärztliche und pflegerische Versorgung im Krankenhaus durch fachliche Hilfen für Patienten, die persönliche und soziale Probleme im Zusammenhang mit ihrer Erkrankung oder Behinderung und deren Auswirkungen auf ihr Leben und das ihrer Angehörigen haben. Er greift diese Probleme auf und trägt zu einer Lösung bei. 125

---

[112] Vgl. BSG v. 13.12.2001 - B 3 KR 11/01 R - juris Rn. 17 - BSGE 89, 104 = SozR 3-2500 § 112 Nr. 2 = MedR 2002, 525 = NZS 2003, 28.

[113] Vgl. BSG v. 13.12.2001 - B 3 KR 11/01 R - juris Rn. 24 - BSGE 89, 104 = SozR 3-2500 § 112 Nr. 2 = MedR 2002, 525 = NZS 2003, 28.

[114] Vgl. BSG v. 13.05.2004 - B 3 KR 18/03 R - juris Rn. 25 ff. - BSGE 92, 300 = SozR 4-2500 § 39 Nr. 2 = GesR 2004, 491 = NZS 2005, 366.

[115] Vgl. z.B. § 6 Abs. 1 Gesetz zur Weiterentwicklung des Krankenhauswesens in Hessen (Hessisches Krankenhausgesetz 2002 – HKHG) v. 06.11.2002, hess. GVBl 2002, 662; § 6 Krankenhausgesetz des Landes Nordrhein-Westfalen – KHG NRW v. 16.12.1998, nrw. GVBl 1998, 696.

Hierzu arbeitet er mit Berufsgruppen im Krankenhaus und mit den im Einzelfall in Betracht kommenden Personen und Einrichtungen außerhalb des Krankenhauses zusammen. In Erfüllung dieser Zielsetzung orientiert sich der Sozialdienst an der Würde und am Selbstbestimmungsrecht des Menschen. Als **Aufgaben des Krankenhaussozialdienstes** werden definiert:

- Wiedereingliederung älterer Patienten in den eigenen Haushalt (Beratung/Vermittlung ambulanter Krankenpflege, Beratung/Beantragung und Vermittlung sozialer Hilfsdienste (Haushaltshilfen, Essen auf Rädern, Hausnotruf, Krankengymnastik));
- Heimangelegenheiten (Beratung bei Pflegeheim, Tagespflege, Kurzzeitpflege, betreutes Wohnen; Antrag auf Unterbringung in Alten- und Pflegeheimen);
- Beratung in Konfliktsituationen (bei Krebserkrankungen; Anregung/Abwicklung von Betreuungen; für Süchtige; in Ehe-, Familien- und Erziehungsfragen; in seelischen Krisen);
- Beratung und Vermittlung von Rehabilitationsmaßnahmen (Anschlussheilbehandlungen (AHB), AHB nach Krebserkrankungen, Rehabilitationsmaßnahmen in Spezialkliniken, Logopädische Behandlungen, Koronarsport, Selbsthilfegruppen);
- Beratung und Beantragung von wirtschaftlichen Hilfen (Schwerbehinderten-Antrag, Pflegegeld, Sozialhilfe/Wohngeld, Versicherungs-, sozial- und arbeitsrechtliche Angelegenheiten; Zuwendungen der Deutschen Krebshilfe);
- sonstige Maßnahmen und Hilfen (Vermittlung Allgemeiner Sozialdienst/sozial-psychiatrischer Dienst/Ordnungsamt, Wohnungssuche/Kleidung/Geld, Obdachlosigkeit, Hospiz).[116]

126 Aus dem **Fehlen einer entsprechenden Vereinbarung** nach § 112 Abs. 2 Satz 1 Nr. 4 und 5 SGB V können keine Folgerungen für die Beurteilung der Notwendigkeit der Krankenhausbehandlung gezogen werden. Soweit das BSG der Auffassung war, dass das Fehlen einer Regelung den Krankenkassen keinen berechtigten Grund gebe, sich darauf zu beschränken, die Notwendigkeit einer Krankenhausbehandlung im Nachhinein aus ihrer Sicht zu beurteilen und bei abweichendem Ergebnis die Bezahlung zu verweigern,[117] dürfte dies nicht mit dem Beschluss des Großen Senats des BSG v. 25.09.2007 (vgl. Rn. 38) in Einklang stehen.

127 Ein **subjektiver Anspruch** kann aus diesen Regelungen nicht abgeleitet werden,[118] da sie nur das Verhältnis zwischen den Vertragspartnern regeln. Ansprüche des Versicherten bestehen allein nach § 14 SGB I.

128 Einen **weitergehenden Anspruch auf Leistungen** oder Erstattungen wegen stationärer Krankenhausbehandlung begründet § 112 Abs. 2 Satz 1 Nr. 4 SGB V oder die danach ergangenen Regelungen nicht.[119]

129 Angesichts der gesetzlichen Vorgaben insbesondere in den **Landeskrankenhausgesetzen** beschränkt sich die **Vertragspraxis** auf einige wenige Regelungen.[120]

5. Übergang zur Rehabilitation oder Pflege (Nr. 5)

130 Die Verträge haben auch den **nahtlosen Übergang** von der Krankenhausbehandlung zur **Rehabilitation** oder **Pflege** zu regeln. Beim Abschluss der Verträge sind die Spitzenorganisationen der Vorsorge- und Rehabilitationseinrichtungen zu beteiligen (§ 112 Abs. 6 SGB V).

131 **Rehabilitation** (vgl. hierzu die Kommentierung zu § 39 SGB V Rn. 59) und **Pflege** sind **kein Teil der Krankenhausbehandlung.** Nicht von den Krankenkassen zu erbringen sind Leistungen der aktivierenden Pflege nach Eintritt von Pflegebedürftigkeit (§§ 11 Abs. 2 Satz 2, 107 Abs. 2 Nr. 1 lit. b SGB V). Lediglich die akutstationäre Behandlung umfasst, aber nur als integraler Bestandteil der eigentlichen akutstationären Behandlung, auch die im Einzelfall erforderlichen und zum frühestmöglichen Zeitpunkt einsetzenden Leistungen zur Frührehabilitation (§ 39 Abs. 1 Satz 3 HS. 2 SGB V; vgl. hierzu die Kommentierung zu § 39 SGB V Rn. 86 ff.).

132 Zu **Beratungspflichten** vgl. Rn. 120 ff.; zum Begriff der **Rehabilitation** vgl. die Kommentierung zu § 40 SGB V Rn. 15 ff.; zum Begriff der **Pflegebedürftigkeit** vgl. die Kommentierung zu § 27 SGB V Rn. 37.

---

[116] Vgl. www.pflegewiki.de/wiki/Krankenhaussozialdienst.

[117] Vgl. BSG v. 13.05.2004 - B 3 KR 18/03 R - juris Rn. 28 - BSGE 92, 300 = SozR 4-2500 § 39 Nr. 2 = GesR 2004, 491 = NZS 2005, 366.

[118] Offen gelassen von LSG Schleswig-Holstein v. 11.05.2005 - L 5 KR 42/04 - juris Rn. 21 (Revision eingelegt: B 3 KR 21/05 R).

[119] Vgl. LSG Schleswig-Holstein v. 11.05.2005 - L 5 KR 42/04 - juris Rn. 21 (Revision eingelegt: B 3 KR 21/05 R).

[120] Vgl. z.B. hess. Vertrag v. 03.06.1994, www.aok-gesundheitspartner.de/he/krankenhaus/vereinbarungen/laender.

Für den Versicherten kommen nach Beendigung der Krankenhausbehandlung u.U. **andere Leistungen** in Betracht, deren nahtloser Übergang sichergestellt werden soll. Im Bereich der Krankenversicherung können dies Leistungen zur medizinischen Rehabilitation (§§ 40, 41 SGB V; ergänzende Leistungen nach § 43 SGB V), häuslichen Krankenhilfe (§ 37 SGB V), Haushaltshilfe (§ 38 SGB V), Soziotherapie (§ 37a SGB V) oder Hospizleistungen (§ 39a SGB V) sein. Ferner kommen Leistungen der übrigen Rehabilitationsträger oder der Pflegekassen in Betracht. 133

6. Künstliche Befruchtung (Nr. 6)

Die Verträge haben schließlich das Nähere über Voraussetzungen, Art und Umfang der medizinischen Maßnahmen zur **Herbeiführung einer Schwangerschaft** nach § 27a Abs. 1 SGB V zu regeln. 134

Der **Gemeinsame Bundesausschuss** hat gemäß § 27a Abs. 4 i.V.m. § 92 Abs. 1 Satz 2 Nr. 10 und § 135 Abs. 1 SGB V in Richtlinien die medizinischen Einzelheiten zu Voraussetzungen, Art und Umfang der den gesetzlichen Erfordernissen des § 27a Abs. 1 SGB V entsprechenden ärztlichen Maßnahmen zur Herbeiführung einer Schwangerschaft durch künstliche Befruchtung zu bestimmen. Diese Richtlinien[121] sind von den Vertragspartnern zu beachten. 135

Zu den **Anspruchsvoraussetzungen** nach **§ 27a SGB V** vgl. die Kommentierung zu § 27a SGB V. 136

Angesichts der Vorgaben des Gesetzes und des Bundesausschusses hat die **Vertragspraxis** wohl weitgehend auf Regelungen verzichtet. 137

7. Verbindlichkeit

Die Verträge sind für die Krankenkassen und die zugelassenen Krankenhäuser im Land **unmittelbar verbindlich** (§ 112 Abs. 2 Satz 2 SGB V). Es handelt sich nach dem BSG um Normsetzungsverträge.[122] 138

Zugelassene Krankenhäuser sind alle nach Landesrecht anerkannten Hochschulkliniken, Plankrankenhäuser (Krankenhäuser, die in den Krankenhausplan eines Landes aufgenommen sind) und Krankenhäuser, die einen Versorgungsvertrag mit den Landesverbänden der Krankenkassen und den Verbänden der Ersatzkassen abgeschlossen haben (§ 108 SGB V). 139

Für die Vertragsgeltung müssen die Krankenhäuser des jeweiligen Bundeslandes in die **Kassenversorgung eingebunden** sein.[123] Der Versorgungsvertrag nach § 108 Nr. 3 SGB V kommt durch Einigung zwischen den Landesverbänden der Krankenkassen und den Verbänden der Ersatzkassen gemeinsam und dem Krankenhausträger zustande (§ 109 Abs. 1 Satz 1 SGB V). Bei den Hochschulkliniken gilt die Anerkennung nach den landesrechtlichen Vorschriften, bei den Plankrankenhäusern die Aufnahme in den Krankenhausbedarfsplan nach § 8 Abs. 1 Satz 2 des Krankenhausfinanzierungsgesetzes als Abschluss des Versorgungsvertrages (§ 109 Abs. 1 Satz 2 SGB V). 140

Weder die **Krankenkasse** noch ihr übergreifender Verband müssen vertragsschließende Partei sein. Das BSG versteht die Regelung über die Verbindlichkeit länderübergreifend. Sie gilt auch für diejenigen jeweiligen Krankenkassen, die den vertragsschließenden Krankenkassen entsprechen.[124] 141

Maßgeblich ist der **Sitz des Krankenhauses**. Für den Fall, dass der Sitz der Kasse und der Ort des Krankenhauses zu verschiedenen Ländern gehören, ist der von dem für den Krankenhausort zuständigen Landesverband der entsprechenden Kassenart abgeschlossene Vertrag maßgebend.[125] Es kommt auch nicht darauf an, wo sich die für den Versicherten zuständige Krankenkasse befindet. 142

8. Revisibilität der Verträge

Das BSG hält die Verträge nach den allgemeinen Grundsätzen für **revisibel**, wenn inhaltlich gleiche Vorschriften in Bezirken verschiedener Landessozialgerichte bestehen und die Übereinstimmung nicht 143

---

[121] Vgl. Richtlinien des Bundesausschusses der Ärzte und Krankenkassen über ärztliche Maßnahmen zur künstlichen Befruchtung („Richtlinien über künstliche Befruchtung") i.d.F. v. 14.08.1990, BABl 1990, Nr. 12, zuletzt geändert am 15.11.2005, BAnz 2006, Nr. 31, 922, in Kraft getreten am 15.02.2006, www.g-ba.de.

[122] Vgl. BSG v. 25.09.2007 - GS 1/06 - www.sozialgerichtsbarkeit.de Rn. 30; zur Problematik vgl. *Axer* in: Schnapp/Wigge, Handbuch des Vertragsarztrechts, 2. Aufl. 2006, § 9 m.w.N.

[123] Vgl. BSG v. 21.08.1996 - 3 RK 2/96 - juris Rn. 20 - SozR 3-2500 § 39 Nr. 4 = NZS 1997, 228.

[124] Vgl. BSG v. 21.08.1996 - 3 RK 2/96 - juris Rn. 20 - SozR 3-2500 § 39 Nr. 4 = NZS 1997, 228; zu Apothekenverträgen nach §129 Abs. 5 Satz 1 SGB V vgl. BSG v. 17.01.1996 - 3 RK 26/94 - juris Rn. 19 ff. - SozR 3-2500 § 129 Nr. 1.

[125] Vgl. BSG v. 28.05.2003 - B 3 KR 10/02 R - juris Rn. 15 - SozR 4-2500 § 109 Nr. 1 = GesR 2003, 318.

nur zufällig, sondern bewusst und gewollt herbeigeführt worden ist.[126] Maßgeblich ist der Inhalt, nicht der Wortlaut der Verträge; die Übereinstimmung ist jedenfalls dann auch bewusst und gewollt herbeigeführt worden, wenn die Landesverträge auf der Umsetzung der Rahmenempfehlungen der Deutschen Krankenhausgesellschaft und der Spitzenverbände der Krankenkassen beruhen.[127] Dies dürfte in der Regel zutreffen.

144 Bei der **Anwendung dieser Grundsätze** gelangte das BSG in der Vergangenheit allerdings zu **unterschiedlichen Ergebnissen**. So bejahte es die Revisibilität des saarländischen Krankenhausüberprüfungsvertrages, weil dieser auf den Rahmenempfehlungen beruhe.[128] Für den rheinland-pfälzischen Krankenhausbehandlungsvertrag und -überprüfungsvertrag reichten dagegen weitgehend ähnliche Verträge in anderen Bundesländern nicht aus, ohne dass dargelegt wurde, weshalb die Inhaltsgleichheit nicht bewusst und gewollt sein sollte.[129] Ebenso wurde ohne nähere Begründung § 6 Abs. 5 des nordrhein-westfälischen Sicherstellungsvertrags als nicht revisibles Recht angesehen, da es auf das Gebiet des Landes Nordrhein-Westfalen beschränkt sei.[130]

V. Festsetzung durch das Schiedsamt (Absatz 3)

145 Kommt ein Sicherstellungsvertrag nach § 112 Abs. 1 SGB V bis zum 31.12.1989 ganz oder teilweise nicht zustande, wird sein Inhalt auf Antrag einer Vertragspartei durch die Landesschiedsstelle nach § 114 SGB V festgesetzt. Es handelt sich eigentlich um auslaufendes **Übergangsrecht** aufgrund der Neuregelung durch das GRG. Die Kompetenz der Vertragsparteien zum Vertragsschluss wird durch die Frist nicht berührt.[131] Der Gesetzgeber hat die Frist, anders als in § 115 Abs. 3 SGB V,[132] bisher nicht gestrichen.[133] Die Bestimmung ist aber dennoch anzuwenden, falls nach Vertragskündigung **kein neuer Vertrag** zustande kommt (vgl. Rn. 149).

146 Das Schiedsamt kann aber nur tätig werden, wenn eine der beiden Vertragsparteien, d.h. jede Vertragspartei muss für sich einstimmig handeln (vgl. Rn. 25), einen **Antrag** stellt. Hiervon ist in der Vergangenheit wenig Gebrauch gemacht worden.[134] Die Gesetzesinitiative, aus diesem Grund der zuständigen Landesbehörde ein subsidiäres Antragsrecht einzuräumen,[135] wurde aber nicht verabschiedet.

147 Hat das Schiedsamt die Festsetzung vorgenommen, so haben die Vertragsparteien das Recht zur **Kündigung** nach § 112 Abs. 4 Satz 1 SGB V (§ 112 Abs. 4 Satz 2 SGB V). Die Vertragsparteien können auch ohne Kündigung jederzeit die Festsetzung des Schiedsamts durch einen Vertrag ersetzen (§ 112 Abs. 4 Satz 3 SGB V).

VI. Kündigung (Absatz 4)

148 Die Verträge nach § 112 Abs. 1 SGB V können von jeder Vertragspartei, einheitliches Handeln ist erforderlich (vgl. Rn. 25), mit einer Frist von einem Jahr ganz oder teilweise **gekündigt** werden. Dies gilt entsprechend für die von der Landesschiedsstelle getroffenen Regelungen.

149 Kommt nach Kündigung ein neuer Vertrag nicht zustande, so besteht nach Auslaufen der Kündigungsfrist ein **vertragsloser Zustand**. Das Gesetz sieht weder ein obligatorisches Schiedsamtsverfahren (vgl. für den vertragsärztlichen Bereich § 89 Abs. 1 Satz 3 SGB V) noch die Fortgeltung des alten Vertrages (vgl. § 89 Abs. 1 Satz 4 SGB V) noch ein Einschreiten der Aufsichtsbehörde (vgl. § 89 Abs. 1 Satz 5, Abs. 1a Satz 1 SGB V) vor. Aus der Verpflichtung zum Vertragsschluss nach § 112 Abs. 1

---

[126] Vgl. BSG v. 28.09.2006 - B 3 KR 23/05 R - juris Rn. 16 - SozR 4-2500 § 112 Nr. 6 = GesR 2007, 83; BSG v. 22.07.2004 - B 3 KR 20/03 R - juris Rn. 14 - SozR 4-2500 § 112 Nr. 3; BSG v. 20.01.2005 - B 3 KR 33/04 R - juris Rn. 16, jeweils m.w.N.

[127] Vgl. BSG v. 28.09.2006 - B 3 KR 23/05 R - juris Rn. 16 - SozR 4-2500 § 112 Nr. 6 = GesR 2007, 83.

[128] Vgl. BSG v. 28.09.2006 - B 3 KR 23/05 R - juris Rn. 16 - SozR 4-2500 § 112 Nr. 6 = GesR 2007, 83.

[129] Vgl. BSG v. 22.07.2004 - B 3 KR 20/03 R - juris Rn. 14 - SozR 4-2500 § 112 Nr. 3.

[130] Vgl. BSG v. 12.11.2003 - B 3 KR 1/03 R - juris Rn. 18 - SozR 4-2500 § 112 Nr. 2 = GesR 2004, 141 = NZS 2004, 590.

[131] Vgl. *Teigelack*, Zwei- und dreiseitige Verträge nach SGB V, 1994, S. 61 ff.

[132] Art. 1 Nr. 70 d) GSG.

[133] Eine entsprechende Gesetzesinitiative, vgl. BT-Drs. 13/2608, S. 8 und 26 f., blieb erfolglos.

[134] Vgl. BT-Drs. 13/2608, S. 26 f.

[135] Vgl. BT-Drs. 13/2608, S. 8 f.

SGB V mit der Konsequenz einer schiedsamtlichen Festsetzung nach § 112 Abs. 3 SGB V ist jedoch zu folgern, dass der Gesetzgeber einen vertragslosen Zustand nicht wollte. Es liegt daher nahe, in diesem Fall § 112 Abs. 3 SGB V weiter anzuwenden.[136]

VII. Rahmenempfehlungen (Absatz 5)

Die Spitzenverbände auf Bundesebene sollen **Rahmenempfehlungen** abgegeben. Das Gesetz hat die Verpflichtung nur als Sollensvorschrift ausgestaltet und sieht kein Schiedsamtsverfahren vor.[137] 150

Bei Abgabe der Empfehlungen sind, soweit darin Regelungen nach Absatz 2 Nr. 5 getroffen werden, die **Spitzenorganisationen der Vorsorge- und Rehabilitationseinrichtungen** zu beteiligen (§ 112 Abs. 6 SGB V). 151

Bei einer Änderung, Neufassung oder Aufhebung der Rahmenempfehlungen wirken die in der Verordnung nach § 140g SGB V genannten oder nach der Verordnung anerkannten Organisationen (**Patientenvertretung**) beratend mit. Das Mitberatungsrecht beinhaltet auch das Recht zur Anwesenheit bei der Beschlussfassung. Wird ihrem schriftlichen Anliegen nicht gefolgt, sind ihnen auf Verlangen die Gründe dafür schriftlich mitzuteilen (§ 140f Abs. 4 SGB V). 152

Die Spitzenverbände der Krankenkassen und die Deutsche Krankenhausgesellschaft haben bisher **Rahmenempfehlungen** nach § 112 Abs. 2 Satz 1 Nr. 1-5 SGB V beschlossen[138] und sind damit dem Gesetzesauftrag weitgehend nachgekommen. Ein Katalog von Leistungen, die in der Regel teilstationär erbracht werden können, ist als Rahmenempfehlung bisher nicht abgegeben worden.[139] 153

VIII. Beteiligung der Spitzenorganisationen der Vorsorge- und Rehabilitationseinrichtungen (Absatz 6)

Beim Abschluss der Verträge nach § 112 Abs. 1 SGB V und bei Abgabe der Empfehlungen nach § 112 Abs. 5 SGB V sind, soweit darin Regelungen zum nahtlosen **Übergang** von der Krankenhausbehandlung zur **Rehabilitation oder Pflege** nach § 112 Abs. 2 Nr. 5 SGB V getroffen werden, die Spitzenorganisationen der Vorsorge- und Rehabilitationseinrichtungen zu beteiligen. 154

Der Gesetzgeber hielt die Beteiligung der Spitzenorganisationen der Vorsorge- und Rehabilitationseinrichtungen wegen des **Sachzusammenhangs** für geboten. Die Regelung schließe auch eine Beteiligung der Träger von Einrichtungen zur Pflege nicht aus, soweit Fragen des nahtlosen Übergangs von der Krankenhausbehandlung zur Pflege zu regeln seien.[140] 155

Vorsorge- und Rehabilitationseinrichtungen werden in § 107 Abs. 2 SGB V definiert. Bei den Spitzenorganisationen der Vorsorge- und Rehabilitationseinrichtungen handelt es sich um die für die Wahrnehmung der Interessen der ambulanten und stationären Vorsorge- und Rehabilitationseinrichtungen auf Bundesebene maßgeblichen Spitzenorganisationen i.S.d. § 111b Abs. 1 Satz 1 HS. 1 SGB V. 156

---

[136] Ebenso *Klückmann* in: Hauck/Haines, Sozialgesetzbuch, § 112 Rn. 39.

[137] Vgl. BSG v. 28.02.2007 - B 3 KR 17/06 R - juris Rn. 15 - SozR 4-2500 § 39 Nr. 8.

[138] Zum Inhalt vgl. ausf. *Heinze* in: Schulin, Handbuch des Sozialversicherungsrechts, Bd. 1, Krankenversicherungsrecht, 1994, S. 985 ff., Rn. 66-75; *Kehr*, DOK 1991, 648 ff.

[139] Vgl. BSG v. 28.02.2007 - B 3 KR 17/06 R - juris Rn. 15 - SozR 4-2500 § 39 Nr. 8.

[140] Vgl. BT-Drs. 11/2237, S. 199 f.

§ 113 SGB V Qualitäts- und Wirtschaftlichkeitsprüfung der Krankenhausbehandlung

(Fassung vom 14.11.2003, gültig ab 01.01.2004, gültig bis 30.06.2008)

(1) Die Landesverbände der Krankenkassen, die Verbände der Ersatzkassen und der Landesausschuß des Verbandes der privaten Krankenversicherung können gemeinsam die Wirtschaftlichkeit, Leistungsfähigkeit und Qualität der Krankenhausbehandlung eines zugelassenen Krankenhauses durch einvernehmlich mit dem Krankenhausträger bestellte Prüfer untersuchen lassen. Kommt eine Einigung über den Prüfer nicht zustande, wird dieser auf Antrag innerhalb von zwei Monaten von der Landesschiedsstelle nach § 114 Abs. 1 bestimmt. Der Prüfer ist unabhängig und an Weisungen nicht gebunden.

(2) Die Krankenhäuser und ihre Mitarbeiter sind verpflichtet, dem Prüfer und seinen Beauftragten auf Verlangen die für die Wahrnehmung ihrer Aufgaben notwendigen Unterlagen vorzulegen und Auskünfte zu erteilen.

(3) Das Prüfungsergebnis ist, unabhängig von den sich daraus ergebenden Folgerungen für eine Kündigung des Versorgungsvertrags nach § 110, in der nächstmöglichen Pflegesatzvereinbarung mit Wirkung für die Zukunft zu berücksichtigen. Die Vorschriften über Wirtschaftlichkeitsprüfungen nach der Bundespflegesatzverordnung bleiben unberührt.

(4) Die Wirtschaftlichkeit und Qualität der Versorgung durch psychiatrische Institutsambulanzen (§ 118) und sozialpädiatrische Zentren (§ 119) werden von den Krankenkassen in entsprechender Anwendung der nach § 106a, § 106 Abs. 2 und 3 und § 136 geltenden Regelungen geprüft.

Gliederung

A. Basisinformationen

I. Textgeschichte

1 Die Vorschrift wurde durch das **GRG**[1] mit Geltung ab 01.01.1989 verabschiedet.

2 Art. 1 Nr. 68 **GSG**[2] fasste mit Geltung ab 01.01.1993 Absatz 1 Satz 2 durch Einfügen der Worte „innerhalb von zwei Monaten“ neu und ersetzte Satz 3 („Der Prüfer ist bei Durchführung seines Auftrags an Weisungen nicht gebunden.“) durch die aktuelle Fassung („Der Prüfer ist unabhängig und an Weisungen nicht gebunden.“).

[1] Gesetz zur Strukturreform im Gesundheitswesen (Gesundheits-Reformgesetz – GRG) v. 20.12.1988, BGBl I 1988, 2477.

[2] Gesetz zur Sicherung und Strukturverbesserung der gesetzlichen Krankenversicherung/Gesundheitsstrukturgesetz) v. 21.12.1992, BGBl I 1992, 2266.

Art. 1 Nr. 46 **GKVRefG 2000**[3] ergänzte mit Geltung ab 01.01.2000 die Überschrift durch den Bereich der „Qualitätsprüfung". 3

Art. 1 Nr. 84 **GMG**[4] passte redaktionell Absatz 4 an die Neuregelung der Plausibilitätsprüfung an; nach Ablösung der Regelung in § 83 Abs. 2 SGB V durch § 106a SGB V wurde mit Geltung ab 01.01.2004 die Verweisung entsprechend angepasst („§ 83 Abs. 2" wurde durch „§ 106a" ersetzt). 4

Mit Wirkung zum 01.07.2008 werden als Folgeänderung zur Strukturreform der Krankenkassen durch Art. 1 Nr. 80 **GKV-WSG**[5] in Absatz 1 Satz 1 die Wörter „Verbände der" gestrichen. 5

II. Vorgängervorschriften

§ 113 SGB V geht auf **§ 373 RVO** zurück. § 373 Abs. 1 und Abs. 2 Satz 1 RVO sah in jedem Land – im Gegensatz zu § 113 Abs. 1 SGB V – obligatorische **Prüfungsausschüsse** vor, die der Überwachung der Wirtschaftlichkeit im Einzelfall dienten. Diese waren paritätisch besetzt (§ 373 Abs. 1 Sätze 2, 3 u. 5RVO). **Demgegenüber sieht § 113 Abs. 1 Sätze 1 u. 2 SGB V** die Prüfung durch einen von den Krankenversicherungsverbänden gemeinsam mit dem Krankenhausträger bestellten Prüfer und bei Nichteinigung das Schiedsstellenverfahren vor, ist eine Prüferbestellung nicht verpflichtend und dient das Verfahren nach § 113 SGB V nicht mehr der Einzelfallprüfung. Auch hat der Gesetzgeber von einer Kompetenz des Prüfers zur verbindlichen Feststellung, wie sie der Prüfungsausschuss noch im Einzelfall treffen konnte (§ 373 Abs. 2 Satz 1 RVO), abgesehen. Die Mitglieder des Prüfungsausschusses waren an Weisungen (§ 373 Abs. 1 Satz 4 RVO) wie jetzt der Prüfer (§ 113 Abs. 1 Satz 3 SGB V) nicht gebunden. § 113 Abs. 2 SGB V ist weitgehend textidentisch mit § 373 Abs. 2 Satz 3 RVO. § 113 Abs. 3 SGB V geht über § 373 Abs. 3 RVO hinaus, der lediglich eine Beachtung der Empfehlungen des Prüfungsausschusses vorsah. § 113 Abs. 4 SGB V ist ohne Vorläuferregelung. 6

III. Parallelvorschriften/Ergänzende Vorschriften

Die **Sicherstellungsverträge** nach § 112 Abs. 1 SGB V haben Verfahrens- und Prüfungsgrundsätze für Wirtschaftlichkeits- und Qualitätsprüfungen zu regeln (§ 112 Abs. 2 Satz 1 Nr. 3 SGB V). 7

Die Krankenkassen können zur Vorbereitung der Prüfungen nach § 113 SGB V **Arbeitsgemeinschaften** nach § 219 SGB V mit der Speicherung, Verarbeitung und Nutzung der dafür erforderlichen Daten beauftragen (§ 303 Abs. 2 Satz 1 SGB V). 8

Für den **vertragsärztlichen Bereich** gelten die §§ 106, 106a SGB V, die nur für die in § 113 Abs. 4 SGB V genannten Ambulanzen, soweit auf sie verwiesen wird (vgl. Rn. 41 ff.), und den ambulanten Krankenhausbereich (§ 106 Abs. 6 SGB V) gelten. 9

IV. Systematische Zusammenhänge

113 SGB V betrifft die **Betriebsführung des gesamten Krankenhauses.** Hiervon zu unterscheiden ist die Prüfung der Wirtschaftlichkeit bzw. die Notwendigkeit und Dauer der Krankenhausbehandlung im **Einzelfall.** Sie ist Aufgabe der einzelnen Krankenkasse unter Einschaltung des MDK (vgl. §§ 275 Abs. 1 Nr. 1 u. Abs. 1c, 276 Abs. 4 SGB V), vgl. hierzu die Kommentierung zu § 112 SGB V Rn. 83 und die Kommentierung zu § 112 SGB V Rn. 85 ff. Ferner können die Krankenkassen Fehlbelegungsprüfungen nach § 17c Abs. 2 Satz 1 HS. 1 KHG vornehmen (vgl. hierzu die Kommentierung zu § 112 SGB V Rn. 83). 10

Prüfverfahren nach **Auffälligkeit** oder auf **statistischer Grundlage**, wie sie im **vertragsärztlichen Versorgungsbereich** angewandt werden (vgl. § 106 Abs. 2 Satz 1 Nr. 2 u. Satz 4 SGB V), sind für den stationären Krankenhausbereich nicht vorgesehen, können aber vereinbart werden (vgl. die Kommentierung zu § 112 SGB V Rn. 116 und die Kommentierung zu § 112 SGB V Rn. 118). 11

Für die Prüfung der Wirtschaftlichkeit der im Krankenhaus erbrachten **ambulanten** ärztlichen und belegärztlichen **Leistungen** gelten die §§ 106 Abs. 1-5 und 106a SGB V entsprechend (§ 106 Abs. 6 SGB V). 12

---

[3] Gesetz zur Reform der gesetzlichen Krankenversicherung ab dem Jahr 2000 (GKV-Gesundheitsreformgesetz 2000) v. 22.12.1999, BGBl I 1999, 2626.

[4] Gesetz zur Modernisierung der gesetzlichen Krankenversicherung (GKV-Modernisierungsgesetz – GMG) v. 14.11.2003, BGBl I 2003, 2190.

[5] Gesetz zur Stärkung des Wettbewerbs in der gesetzlichen Krankenversicherung (GKV-Wettbewerbsstärkungsgesetz – GKV-WSG) v. 26.03.2007, BGBl I 2007, 378.

V. Literaturhinweise

13 Keine; zur Qualitätssicherung vgl. die Literaturhinweise in der Kommentierung zu § 137 SGB V.

B. Auslegung der Norm

I. Regelungsgehalt und Bedeutung der Norm

14 § 113 SGB V regelt die **generelle Prüfung und Kontrolle der Betriebsführung eines Krankenhauses**. Sie erstreckt sich auf Wirtschaftlichkeit, Leistungsfähigkeit und Qualität der Krankenhausbehandlung eines zugelassenen Krankenhauses.

15 § 113 SGB V regelt die Prüfung der Wirtschaftlichkeit eines zugelassenen Krankenhauses **abschließend**, daneben kann unwirtschaftliches Verhalten eines Krankenhauses von der Krankenkasse allein nach Maßgabe der auf der Grundlage von § 112 Abs. 2 SGB V geschlossenen Rahmenverträge geltend gemacht werden (vgl. die Kommentierung zu § 112 SGB V Rn. 117 f.).[6]

16 **Praktische Bedeutung** hat die generelle Wirtschaftlichkeitsprüfung im stationären Krankenhausbereich bereits in der Vergangenheit nicht erlangt. Mit der Abkehr von einer Vergütung nach Tagessätzen dürfte ihre Bedeutung auch zukünftig eher noch geringer werden.

II. Normzweck (Gesetzesbegründung)

17 Nach der **Gesetzesbegründung**[7] wird durch § 113 SGB V die bisher in § 373 RVO vorgesehene Prüfungsregelung ersetzt. Diese habe zum Ziel gehabt, die Wirtschaftlichkeit der Krankenhausbehandlung durch paritätisch besetzte Prüfungsausschüsse zu überwachen. Die Neuregelung ermächtige die Landesverbände der Krankenkassen, zugelassene Krankenhäuser durch gemeinsam mit dem Krankenhausträger bestellte Prüfer, und zwar auch außerhalb des Pflegesatzverfahrens, untersuchen zu lassen. Die **bisherige Einzelfallprüfung** sei künftig grundsätzlich dem **Medizinischen Dienst** vorbehalten. An ihre Stelle trete hier eine umfassende Wirtschaftlichkeits- und Qualitätsprüfung für das gesamte Krankenhaus. Das schließe nicht aus, dass diese Prüfung (im Einvernehmen mit dem Medizinischen Dienst) auch mit der Überprüfung einzelner Behandlungsfälle verbunden werden könne.

18 Dem **Schutz des Krankenhauses** dienten u.a. folgende personelle und institutionelle Vorkehrungen:

- Der Prüfer könne **nicht einseitig** durch die Landesverbände der Krankenkassen **bestellt** werden. Bei Nichteignung werde er auf Antrag eines Beteiligten durch die Landesschiedsstelle bestimmt.
- Der Prüfer sei bei Durchführung seines Auftrags, auch wenn dieser einseitig von den Landesverbänden der Krankenkassen erteilt werde, an **Weisungen** nicht gebunden.
- Im **Pflegesatz** dürfe das Prüfergebnis nur mit **Wirkung für die Zukunft** umgesetzt werden. Damit solle verhindert werden, dass die von dem Krankenhausträger mit den Krankenkassen abgeschlossene Pflegesatzvereinbarung nachträglich geändert werde. Hierdurch würden eine Anfechtung der Pflegesatzvereinbarung wegen Täuschung oder Schadensersatzansprüche bei Abrechnungsmanipulationen nicht ausgeschlossen.

19 § 113 Abs. 4 SGB V stelle klar, dass die **psychiatrischen Institutsambulanzen und sozialpädiatrischen Zentren** nicht nur im Wege der Wirtschaftlichkeitsprüfung, sondern zusätzlich auch im Rahmen der kassenärztlichen Prüfverfahren geprüft werden könnten. Außerdem seien sie verpflichtet, sich an Maßnahmen zur Qualitätssicherung zu beteiligen.

III. Gegenstand der Prüfung (Absatz 1 Satz 1)

20 Gegenstand der Prüfung ist eine umfassende Wirtschaftlichkeits- und Qualitätsprüfung für das gesamte Krankenhaus (vgl. Rn. 17), d.h. die **Betriebsführung des gesamten Krankenhauses**. Mit den §§ 275 Abs. 1 Nr. 1 u. Abs. 1c, 276 Abs. 4 SGB V hat der Gesetzgeber ausdrücklich (vgl. Rn. 17) die **Einzelfallprüfung** über die Notwendigkeit und Dauer der Krankenhausbehandlung den Krankenkassen unter Einschaltung des MDK vorbehalten (vgl. Rn. 10 und die Kommentierung zu § 112 SGB V Rn. 83 und die Kommentierung zu § 112 SGB V Rn. 85 ff.). Das schließt nach der Gesetzesbegründung nicht aus, dass diese Prüfung (im Einvernehmen mit dem Medizinischen Dienst) auch mit der Überprüfung einzelner Behandlungsfälle verbunden werden kann (vgl. Rn. 17).

---

6 Vgl. BSG v. 13.12.2001 - B 3 KR 11/01 R - juris Rn. 17 - BSGE 89, 104 = SozR 3-2500 § 112 Nr. 2 = MedR 2002, 525 = NZS 2003, 28.

7 Vgl. BT-Drs. 11/2237, S. 200.

21 Das Gesetz macht keine **Vorgaben**, wie im Einzelnen **zu prüfen** ist. Die Landesverbände der Krankenkassen und die Verbände der Ersatzkassen gemeinsam haben mit der Landeskrankenhausgesellschaft oder mit den Vereinigungen der Krankenhausträger im Land gemeinsam **Sicherstellungsverträge** zu schließen (§ 112 Abs. 1 SGB V), in denen auch Verfahrens- und Prüfungsgrundsätze für Wirtschaftlichkeits- und Qualitätsprüfungen geregelt werden (§ 112 Abs. 2 Satz 1 Nr. 3 SGB V).

22 In der **Vertragspraxis** werden als **Prüfungsgegenstände** die Leistungsfähigkeit des Krankenhauses und die Qualität der Krankenhausbehandlung benannt, wozu die Leistungsstruktur, die Kostenstruktur und die Aufbau- und Ablauforganisation gehören. Je nach Prüfungsauftrag kann sich die Prüfung der Krankenhausbehandlung auf Teile eines Krankenhauses oder auf das gesamte Krankenhaus erstrecken.[8]

23 Als **Prüfungsgrundsätze** nennt z.B. der nordrhein-westfälische Prüfvertrag, Ausgangspunkt der Prüfung sei die Aufgabenstellung des Krankenhauses nach dem Versorgungsvertrag gemäß § 109 Abs. 1 SGB V. Die Prüfungsgrundsätze leiteten sich aus dem Gebot der Leistungsfähigkeit und Wirtschaftlichkeit (§ 109 Abs. 3 Nr. 1 SGB V) ab; Empfehlungen nach § 19 KHG seien zu berücksichtigen. Bei der Anwendung der Prüfungsgrundsätze seien die krankenhausindividuellen Gegebenheiten zu berücksichtigen.[9]

IV. Prüfer (Absatz 1)

1. Bestellung der Prüfer

24 Die Landesverbände der Krankenkassen, die Verbände der Ersatzkassen und der Landesausschuss des Verbandes der privaten Krankenversicherung können gemeinsam die **Wirtschaftlichkeit, Leistungsfähigkeit und Qualität der Krankenhausbehandlung** eines zugelassenen Krankenhauses durch einvernehmlich mit dem Krankenhausträger bestellte Prüfer **untersuchen** lassen.

25 Die **Prüferbestellung** ist nicht obligatorisch. Sie kann nur mit den Verbänden der gesetzlichen (vgl. die Kommentierung zu § 112 SGB V Rn. 24) und privaten Krankenkassen erfolgen. **Einvernehmlichkeit** mit dem Krankenhausträger bedeutet dessen Zustimmung. Der Gesetzgeber wollte eine einseitige Bestellung durch die Landesverbände der Krankenkassen ausschließen (vgl. Rn. 18).

26 Kommt eine Einigung über den Prüfer nicht zustande, wird dieser auf Antrag innerhalb von zwei Monaten von der **Landesschiedsstelle** nach § 114 Abs. 1 SGB V bestimmt (§ 113 Abs. 1 Satz 2 SGB V). **Antragsbefugt** ist jeder Kassenverband für sich und der Krankenhausträger. Der Antrag muss bis zur Entscheidung der Landesschiedsstelle noch vorliegen.

27 Entscheidet die Landesschiedsstelle nicht innerhalb von zwei Monaten, kann **Untätigkeitsklage** erhoben werden (§ 88 Abs. 1 Satz 1 SGG). Der Entscheidung der Landesschiedsstelle kommt im Verhältnis zu den Antragsbefugten Außenwirkung zu. Die **Aufsichtsbehörde** kann nicht mit Erfolg eingeschaltet werden. Sie ist auf die Aufsicht über die Geschäftsführung der Schiedsstelle beschränkt (§ 114 Abs. 4 SGB V) und hat damit keine Befugnis, auf den Erlass einer Entscheidung und deren Inhalt einzuwirken (vgl. die Kommentierung zu § 114 SGB V Rn. 30).

2. Rechtsstellung des Prüfers

28 Der Prüfer ist **unabhängig** und **an Weisungen nicht gebunden** (§ 113 Abs. 1 Satz 2 SGB V). Der Gesetzgeber greift damit die Regelung in der Vorläuferbestimmung für die Mitglieder des paritätisch besetzten Prüfungsausschusses auf (vgl. Rn. 6), wie er sie auch an anderer Stelle getroffen hat (vgl. §§ 89 Abs. 3 Satz 8, 90 Abs. 3 Satz 2, 91 Abs. 2 Satz 5 i.V.m. §§ 90 Abs. 3 Satz 2, 96 Abs. 2 Satz 4 SGB V).

29 Der Prüfer hat **kein öffentlich-rechtliches Amt** inne, auch wenn seine Bestellung nach öffentlich-rechtlichen Regelungen erfolgt. Seine **Befugnis** beschränkt sich auf die Erstellung eines Prüfberichts, aus dem Folgerungen gezogen werden können (vgl. § 113 Abs. 3 Satz 1 SGB V). Unmittelbare Entscheidungsbefugnisse, wie sie z.B. den Prüfgremien im vertragsärztlichen Bereich zukommen (vgl. § 106 Abs. 5 Satz 1 SGB V) oder wie sie die Vorläuferbestimmung noch vorsah (vgl. Rn. 6), hat der Prüfer nicht.

---

[8] Vgl. § 3 nordrhein-westf. Vertrag nach § 112 Abs. 2 Nr. 3 SGB V – Verfahrens- und Prüfungsgrundsätze für Wirtschaftlichkeitsprüfungen v. 11.07.1991; § 3 hess. Vertrag nach § 112 Abs. 2 Nr. 3 SGB V – Verfahrens- und Prüfungsgrundsätze für Wirtschaftlichkeitsprüfungen v. 25.01.1991; die Verträge sind abrufbar über www.aok-gesundheitspartner.de, jeweils der Link über die Länder.

[9] Vgl. § 4 nordrhein-westf. Vertrag nach § 112 Abs. 2 Nr. 3 SGB V – Verfahrens- und Prüfungsgrundsätze für Wirtschaftlichkeitsprüfungen v. 11.07.1991.

30 Letztlich hat der Prüfer nur die Funktion eines **Sachverständigen**. Die bestellenden Landesverbände, nicht auch der Krankenhausträger, sind Auftraggeber. Zu ihnen besteht ein **Dienstvertrag** nach § 611 BGB.

31 Wegen des fehlenden Amtes kann der Prüfer nach erfolgter Bestellung **abberufen** werden, nicht nur aus wichtigem Grund; seine unabhängige und weisungsfreie Stellung steht dem im Gegensatz zu anderen Regelungen nicht entgegen (vgl. die Kommentierung zu § 89 SGB V Rn. 69, die Kommentierung zu § 90 SGB V Rn. 22 und die Kommentierung zu § 96 SGB V Rn. 22). Ein Schutz besteht insofern nur, als die Abberufung nur einvernehmlich erfolgen kann. Dies gilt auch für den Fall, dass eine Bestellung durch die Landesschiedsstelle erfolgt ist.

32 Eine **Niederlegung** der Tätigkeit als Prüfer ist möglich. Öffentlich-rechtliche Vorschriften stehen dem nicht entgegen oder beschränken nicht ein Kündigungsrecht. Auch die **Bestellung** kann bereits vom ausgewählten Prüfer **abgelehnt** werden.

V. Vorlage von Unterlagen und Erteilung von Auskünften (Absatz 2)

33 Die **Krankenhäuser** und ihre Mitarbeiter sind **verpflichtet**, dem Prüfer und seinen Beauftragten auf Verlangen die für die Wahrnehmung ihrer Aufgaben notwendigen Unterlagen vorzulegen und Auskünfte zu erteilen.

34 Grundlage hierfür ist **§ 301 SGB V**, der im Einzelnen den Datentransfer regelt. Was danach den Krankenkassen zu melden ist, kann auch dem Prüfer zur Verfügung gestellt werden. Für den privatversicherungsrechtlichen Bereich gelten die allgemeinen Vorschriften.

VI. Prüfungsergebnis (Absatz 3)

35 Das Prüfungsergebnis ist, unabhängig von den sich daraus ergebenden Folgerungen für eine Kündigung des Versorgungsvertrags nach § 110 SGB V, in der nächstmöglichen **Pflegesatzvereinbarung** mit Wirkung für die Zukunft zu **berücksichtigen.**

36 Ziel der Prüfung ist zunächst allein die Erstellung eines **Prüfberichts**. Unmittelbare **Konsequenzen** wie z.B. einen Regress hat dieser nicht. Auch kommt weder dem Prüfer noch den Krankenkassen oder ihren Verbänden die Kompetenz zu, auf der Grundlage des Prüfberichts einen **Regress** festzusetzen (vgl. Rn. 18). Anders als im vertragsärztlichen Bereich (vgl. § 106 Abs. 5 Satz 1 SGB V) sieht das Gesetz dies nicht vor. Insofern kommt dem Prüfergebnis eine **Wirkung nur für die Zukunft** zu.

37 Der Prüfbericht ist vielmehr ein **Erkenntnismittel** über die Wirtschaftlichkeit der Behandlung durch das geprüfte Krankenhaus und kann Anlass geben, eine **Kündigung** auszusprechen. Ein Versorgungsvertrag nach § 109 Abs. 1 SGB V kann u.a. dann gekündigt werden, wenn das Krankenhaus nicht die Gewähr für eine leistungsfähige und wirtschaftliche Krankenhausbehandlung bietet (§ 110 Abs. 1 Satz 1 i.V.m. § 109 Abs. 3 Satz 1 Nr. 1 SGB V).

38 Ferner sind die Erkenntnisse bei der nächstmöglichen, nach § 18 KHG[10] i.V.m. § 17 BPflV[11] zu schließenden **Pflegesatzvereinbarung** zu berücksichtigen. Das Budget und die Pflegesätze sind für einen zukünftigen Zeitraum (Pflegesatzzeitraum) zu vereinbaren. Grundlage ihrer Bemessung sind die allgemeinen Krankenhausleistungen im Rahmen des Versorgungsauftrags des Krankenhauses. Das Budget und die Pflegesätze müssen medizinisch leistungsgerecht sein und einem Krankenhaus bei wirtschaftlicher Betriebsführung ermöglichen, den Versorgungsauftrag zu erfüllen (§ 3 Abs. 1 Sätze 1-3 BPflV).

39 Die Verpflichtung zur „**Berücksichtigung**" bedeutet nur, pflichtgemäß zu prüfen, ob und welche Folgerungen aus dem Prüfbericht zu ziehen sind. Die Umsetzung des Ergebnisses des Prüfberichts kann weder eingefordert werden noch kann der Prüfbericht selbst als Gutachten angefochten werden. Eine rechtliche Kontrolle kann lediglich gegenüber den darauf gestützten Maßnahmen erfolgen.

40 Die Vorschriften über **Wirtschaftlichkeitsprüfungen** nach der **Bundespflegesatzverordnung** bleiben unberührt (§ 113 Abs. 3 Satz 2 SGB V). Ein gesondertes Prüfverfahren sieht diese nicht vor. Nach § 17 Abs. 5 BPflV hat das Krankenhaus aber bei den Verhandlungen zur Pflegesatzvereinbarung auf

---

[10] Gesetz zur wirtschaftlichen Sicherung der Krankenhäuser und zur Regelung der Krankenhauspflegesätze (Krankenhausfinanzierungsgesetz – KHG), Geltung ab 01.01.1972, neugefasst durch B. v. 10.04.1991, BGBl I 1991, 886; zuletzt geändert durch Art. 18 G. v. 26.03.2007, BGBl I 2007, 378.

[11] Verordnung zur Regelung der Krankenhauspflegesätze (Bundespflegesatzverordnung – BPflV) v. 26.09.1994, BGBl I 1994, 2750; zuletzt geändert durch Art. 24 G. v. 20.04.2007, BGBl I 2007, 554.

gemeinsames Verlangen der anderen Vertragsparteien zusätzliche Unterlagen vorzulegen und Auskünfte zu erteilen. Bei dem Verlangen muss der zu erwartende Nutzen den verursachten Aufwand deutlich übersteigen.

VII. Psychiatrische Institutsambulanzen und sozialpädiatrische Zentren (Absatz 4)

Die Wirtschaftlichkeit und Qualität der Versorgung durch psychiatrische **Institutsambulanzen** (§ 118 SGB V) und sozialpädiatrische Zentren (§ 119 SGB V) werden von den Krankenkassen in entsprechender Anwendung der nach §§ 106a, 106 Abs. 2 und 3 und 136 SGB V geltenden Regelungen geprüft. Damit gilt für die genannten Ambulanzen weder das Verfahren nach § 113 SGB V noch werden sie im Rahmen der gemeinsamen Selbstverwaltung nach § 106a SGB V oder durch die Prüfgremien nach § 106 SGB V geprüft. 41

Die genannten Ambulanzen nehmen an der vertragsärztlichen Versorgung teil (§ 95 Abs. 1 Satz 1 SGB V; vgl. die Kommentierung zu § 95 SGB V Rn. 89). Die Wirtschaftlichkeit der vertragsärztlichen Versorgung erfolgt aber durch die Krankenkassen und die Kassenärztlichen Vereinigungen (§ 106 Abs. 1 SGB V), was auch für die Prüfung der Wirtschaftlichkeit der im Krankenhaus erbrachten ambulanten ärztlichen Leistungen gilt (§ 106 Abs. 6 SGB V). § 113 Abs. 4 SGB V nimmt hiervon die psychiatrischen Institutsambulanzen und sozialpädiatrischen Zentren aus und macht deren Prüfung zur **alleinigen Aufgabe der Krankenkassen.** 42

Ambulante Leistungen der Krankenhäuser oder Krankenhausabteilungen werden von der Pflegesatzvereinbarung nicht erfasst (vgl. § 1 Abs. 1 BPflV). Sie werden – hierzu zählen nicht die Leistungen ermächtigter Krankenhausärzte, vgl. § 120 Abs. 1 SGB V – wie die Leistungen der sozialpädiatrischen Zentren **außerhalb der Gesamtvergütung** (§ 85 Abs. 1 SGB V) unmittelbar von der Krankenkasse aufgrund besonderer Vereinbarung vergütet (§ 120 Abs. 2 Sätze 1 u. 2 SGB V). Von daher macht es Sinn, die Wirtschaftlichkeitsprüfung nicht der gemeinsamen Selbstverwaltung zu überantworten. 43

Allerdings werden seit 01.01.2003 auch die Leistungen der **Hochschulambulanzen** (§ 117 SGB V) nach § 120 Abs. 2 SGB V vergütet, die zuvor noch aus der Gesamtvergütung beglichen wurden.[12] Die Einbeziehung der Hochschulambulanzen in § 120 Abs. 4 SGB V hat der Gesetzgeber aber bisher unterlassen. Nach SG Hamburg[13] fällt seit dem 01.01.2003 die Wirtschaftlichkeitsprüfung von Leistungen und Verordnungen von Hochschulambulanzen in die alleinige Zuständigkeit der Krankenkassen. 44

Anwendbar sind aber alle **kassenärztlichen Prüfverfahren**, was aus der Verweisung auf § 106 Abs. 2 SGB V folgt (vgl. Rn. 19). Bei pauschalierten Vergütungen dürfte dem aber keine Bedeutung zukommen. 45

Der Verweis auf § 106 Abs. 3 SGB V bedeutet die Verpflichtung, entsprechende **Verträge** abzuschließen. In entsprechender Anwendung von § 106 Abs. 3 Satz 1 i.V.m. § 106 Abs. 2 Satz 4 SGB V sind diese zwischen den Landesverbänden der Krankenkassen und – anstatt der Kassenärztlichen Vereinigung – den Trägern der genannten Ambulanzen zu vereinbaren. 46

Mangels Verweises auf §106 Abs. 4 SGB V sind **Prüfgremien** nicht zwingend zu errichten. Ob solche unter – ggf. auch paritätischer – Beteiligung der genannten Ambulanzen bzw. deren Träger errichtet werden, obliegt der Vereinbarung. 47

Die **Prüfmaßnahmen** sind in den Verträgen ebf. zu regeln (vgl. § 106 Abs. 3 Satz 3 HS. 1 SGB V). Eine weitere Verweisung auf § 106 Abs. 5 Satz 1 SGB V ist daher entbehrlich. 48

Prüfmaßnahmen können als belastende Verwaltungsakte **angefochten** werden. 49

Bei Anfechtungen ist ein **Widerspruchsverfahren** zwingend vorgeschrieben (§ 78 SGG). Aus diesem Grund ist in der Vereinbarung ferner eine Widerspruchsstelle vorzusehen. 50

Außerdem sind die genannten Ambulanzen verpflichtet, sich an Maßnahmen zur **Qualitätssicherung** nach § 136 SGB V zu beteiligen. 51

---

[12] Vgl. Art. 1 Nr. 4 b) Gesetz zur Einführung des diagnoseorientierten Fallpauschalensystems für Krankenhäuser (Fallpauschalengesetz – FPG) v. 23.04.2002, BGBl I 2002, 1412).

[13] SG Hamburg v. 18.07.2007 - S 3 KA 532/06 - juris, Sprungrevision eingelegt: B 6 KA 36/07 R.

§ 114 SGB V Landesschiedsstelle

(Fassung vom 20.12.1988, gültig ab 01.01.1989, gültig bis 30.06.2008)

(1) Die Landesverbände der Krankenkassen und die Verbände der Ersatzkassen gemeinsam und die Landeskrankenhausgesellschaften oder die Vereinigungen der Krankenhausträger im Land gemeinsam bilden für jedes Land eine Schiedsstelle. Diese entscheidet in den ihr nach diesem Buch zugewiesenen Aufgaben.

(2) Die Landesschiedsstelle besteht aus Vertretern der Krankenkassen und zugelassenen Krankenhäuser in gleicher Zahl sowie einem unparteiischen Vorsitzenden und zwei weiteren unparteiischen Mitgliedern. Die Vertreter der Krankenkassen und deren Stellvertreter werden von den Landesverbänden der Krankenkassen und den Verbänden der Ersatzkassen, die Vertreter der zugelassenen Krankenhäuser und deren Stellvertreter von der Landeskrankenhausgesellschaft bestellt. Der Vorsitzende und die weiteren unparteiischen Mitglieder werden von den beteiligten Organisationen gemeinsam bestellt. Kommt eine Einigung nicht zustande, werden sie in entsprechender Anwendung des Verfahrens nach § 89 Abs. 3 Satz 3 und 4 durch Los bestellt. Soweit beteiligte Organisationen keine Vertreter bestellen oder im Verfahren nach Satz 3 keine Kandidaten für das Amt des Vorsitzenden oder der weiteren unparteiischen Mitglieder benennen, bestellt die zuständige Landesbehörde auf Antrag einer beteiligten Organisation die Vertreter und benennt die Kandidaten; die Amtsdauer der Mitglieder der Schiedsstelle beträgt in diesem Fall ein Jahr.

(3) Die Mitglieder der Schiedsstelle führen ihr Amt als Ehrenamt. Sie sind an Weisungen nicht gebunden. Jedes Mitglied hat eine Stimme. Die Entscheidungen werden mit der Mehrheit der Mitglieder getroffen. Ergibt sich keine Mehrheit, gibt die Stimme des Vorsitzenden den Ausschlag.

(4) Die Aufsicht über die Geschäftsführung der Schiedsstelle führt die zuständige Landesbehörde.

(5) Die Landesregierungen werden ermächtigt, durch Rechtsverordnung das Nähere über die Zahl, die Bestellung, die Amtsdauer und die Amtsführung, die Erstattung der baren Auslagen und die Entschädigung für Zeitaufwand der Mitglieder der Schiedsstelle und der erweiterten Schiedsstelle (§ 115 Abs. 3), die Geschäftsführung, das Verfahren, die Erhebung und die Höhe der Gebühren sowie über die Verteilung der Kosten zu bestimmen.

Gliederung

A. Basisinformationen

I. Textgeschichte/Gesetzgebungsmaterialien

Die Vorschrift wurde durch das **GRG**[1] mit Geltung ab 01.01.1989 verabschiedet und blieb bisher unverändert. Mit Wirkung zum 01.07.2008 werden als Folgeänderung zur Strukturreform der Krankenkassen durch Art. 1 Nr. 81 **GKV-WSG**[2] in Absatz 1 Satz 1 die Wörter „Verbände der" und in Absatz 2 Satz 2 „Verbänden der" gestrichen. 1

II. Vorgängervorschriften

§ 114 SGB V geht auf **§ 374 RVO** zurück. § 114 Abs. 1 Satz 1 SGB V entspricht – jetzt unter Einbeziehung der Ersatzkassenverbände – § 374 Abs. 2 Satz 1 RVO. Die Aufgabenzuweisung nach § 114 Abs. 1 Satz 2 SGB V war in § 374 RVO nicht ausdrücklich enthalten; § 374 Abs. 1 Sätze 1 und 2 RVO verpflichte zunächst zum Einigungsversuch und zur Abgabe eines Vermittlungsvorschlages; erst bei Nichtannahme hatte die Vertragsfestsetzung zu erfolgen. § 114 Abs. 2 Sätze 1-3 SGB V entspricht im Wesentlichen § 374 Abs. 2 Sätze 2 und 3 RVO. § 114 Abs. 2 Sätze 4 und 5 SGB V geht auf § 374 Abs. 4 Satz 2 RVO zurück. § 114 Abs. 3 SGB V ist mit Ausnahme der Regelung zur Weisungsfreiheit nach Satz 2, der auf § 374 Abs. 2 Satz 4 RVO zurückgeht, neu. § 114 Abs. 4 SGB V entspricht § 374 Abs. 4 RVO. § 114 Abs. 5 SGB V überträgt die Ausgestaltung im Einzelnen auf den Verordnungsgeber, was nach § 374 Abs. 2 Satz 5, Abs. 4 Satz 3 RVO erst nach Scheitern der Vertragsparteien erfolgte. 2

III. Parallelvorschriften/Ergänzende Vorschriften

Die **Aufgabenzuweisungen** erfolgen in den §§ 112 Abs. 3, 113 Abs. 1 Satz 2 und 115 Abs. 3 Satz 1 SGB V. 3

Entscheidet die Schiedsstelle über dreiseitige Verträge nach § 115 SGB V, ist sie als **„erweiterte Schiedsstelle"** auch mit Vertretern der Vertragsärzte nach § 115 Abs. 3 Sätze 2-4 SGB V zu besetzen. 4

IV. Systematische Zusammenhänge

Die **Landesschiedsstelle** wird nur zur Festsetzung der zweiseitigen Verträge nach § 112 Abs. 1 SGB V (§ 112 Abs. 3 SGB V) oder der dreiseitigen Verträge nach § 115 Abs. 1 SGB V (§ 115 Abs. 3 Satz 1 SGB V) sowie der Bestellung des Prüfers im Falle einer Krankenhausprüfung (§ 113 Abs. 1 Satz 2 SGB V) **tätig.** 5

Die Landeskrankenhausgesellschaften und die Landesverbände der Krankenkassen bilden ferner eine **Schiedsstelle nach § 18a Abs. 1 Satz 1 KHG**, auf die die §§ 115a Abs. 3 Satz 5 und 120 Abs. 4 SGB V verweisen. 6

Zu **weiteren**, von § 114 SGB V zu unterscheidenden **Schiedsstellen** nach dem SGB V vgl. die Kommentierung zu § 89 SGB V Rn. 6 und 7, zu vergleichbaren Schiedsstellen außerhalb des SGB V die Kommentierung zu § 89 SGB V Rn. 5. 7

V. Literaturhinweise

Grünenwald, Die Landesschiedsstelle nach dem Fünften Buch Sozialgesetzbuch, ZfS 1990, 207-209; vgl. ferner die Kommentierung zu § 89 SGB V Rn. 9. 8

B. Auslegung der Norm

I. Regelungsgehalt und Bedeutung der Norm

Die Errichtung der Landesschiedsstellen sichert die vom Gesetz vorgesehenen **Verträge** nach § 112 Abs. 1 SGB V und nach § 115 Abs. 1 SGB V sowie die **Prüferbestellung** nach § 113 Abs. 1 Satz 1 SGB V. Die Vorschrift regelt ferner die **Besetzung** (§ 114 Abs. 2 SGB V) und die Grundzüge über die 9

[1] Gesetz zur Strukturreform im Gesundheitswesen (Gesundheits-Reformgesetz – GRG) v. 20.12.1988, BGBl I 1988, 2477.

[2] Gesetz zur Stärkung des Wettbewerbs in der gesetzlichen Krankenversicherung (GKV-Wettbewerbsstärkungsgesetz – GKV-WSG) v. 26.03.2007, BGBl I 2007, 378.

Stellung der Mitglieder des Schiedsamts (§ 114 Abs. 3 Sätze 1 und 2 SGB V), das **Verfahren** (§ 114 Abs. 3 Sätze 3-5 SGB V) und die **Aufsicht** (§ 114 Abs. 4 SGB V); zur weiteren Ausgestaltung werden die Landesregierungen i.S.d. Art. 80 Abs. 1 Sätze 1 und 2 GG zum Erlass einer **Rechtsverordnung** ermächtigt (§ 114 Abs. 5 SGB V).

II. Normzweck (Gesetzesbegründung)

10 Nach der **Gesetzesbegründung**[3] ist die Aufgabenstellung der Landesschiedsstellen dem neuen Recht entsprechend angepasst worden. Sie setzten auf Antrag einer Vertragspartei den Inhalt der zweiseitigen und dreiseitigen Verträge nach den §§ 112 und 115 SGB V (im Entwurf noch die §§ 120 und 123 SGB V) fest, soweit diese bis zum 31.12.1989 ganz oder teilweise nicht zustande gekommen waren (vgl. die §§ 112 Abs. 3 und 115 Abs. 3 SGB V). Ferner bestimmten sie im Rahmen des Verfahrens zur Wirtschaftlichkeitsprüfung von zugelassenen Krankenhäusern auf Antrag den Prüfer, wenn die Landesverbände der Krankenkassen gemeinsam mit dem Krankenhausträger sich hierüber nicht einigen konnten (§ 113 Abs. 1 SGB V). Die Vorgaben über Bildung, Zusammensetzung und Geschäftsführung der Schiedsstellen beschränkten sich wegen der in Absatz 5 enthaltenen Verordnungsermächtigung zugunsten der Landesregierungen auf einige Grundregelungen.

III. Errichtung und Aufgabenzuweisung (Absatz 1)

1. Errichtung der Landesschiedsstelle

11 Die **Landesverbände der Krankenkassen** und die Verbände der Ersatzkassen (vgl. die Kommentierung zu § 112 SGB V Rn. 24) gemeinsam und die **Landeskrankenhausgesellschaften** oder die Vereinigungen der Krankenhausträger im Land (vgl. die Kommentierung zu § 112 SGB V Rn. 23) gemeinsam bilden für jedes Land eine Schiedsstelle.

12 Zur Errichtung der Landesschiedsstelle bedarf es der **Rechtsverordnung** nach § 114 Abs. 5 SGB V. Diese bestimmt auch den Sitz der Landesschiedsstelle.

13 In der Rechtsverordnung nach § 114 Abs. 5 SGB V ist auch die Geschäftsführung zu regeln. Entsprechend sehen die Rechtsverordnungen eine **Geschäftsstelle** vor.

14 Das Landesschiedsamt ist **Behörde** i.S.v. § 1 Abs. 2 SGB X.[4]

2. Aufgaben der Landesschiedsstelle

15 Die Landesschiedsstelle entscheidet in den ihr nach dem SGB V zugewiesenen Aufgaben. Dies sind:

- Festsetzung der zweiseitigen Verträge nach § 112 Abs. 1 SGB V (§ 112 Abs. 3 SGB V),
- Festsetzung der dreiseitigen Verträge nach § 115 Abs. 1 SGB V (§ 115 Abs. 3 Satz 1 SGB V) und
- Bestellung des Prüfers im Falle einer Krankenhausprüfung (§ 113 Abs. 1 Satz 2 SGB V).

16 Im Falle der **Vertragsfestsetzung** tritt das Schiedsamt an die Stelle der Vertragsparteien (vgl. die Kommentierung zu § 89 SGB V Rn. 18 ff.).

17 Bei Anrufung muss es tätig werden. Die Entscheidungen haben gegen die antragsbefugten Stellen **Verwaltungsaktscharakter**[5] und können gerichtlich **angefochten** werden; eines Widerspruchverfahrens bedarf es nicht (§ 78 Abs. 1 Satz 2 Nr. 3 und Abs. 3 SGG) (vgl. die Kommentierung zu § 89 SGB V Rn. 18 ff. und 44 ff.).

IV. Besetzung (Absatz 2)

18 Die Landesschiedsstelle ist **paritätisch** („in gleicher Zahl") mit Vertretern der Krankenkassen und zugelassenen Krankenhäusern, die jeweils von den Trägerverbänden benannt werden, sowie zusätzlich mit einem **unparteiischen** Vorsitzenden und zwei weiteren unparteiischen Mitgliedern zu besetzen (§ 114 Abs. 2 Sätze 1 und 2 SGB V).

19 Der **Vorsitzende und die beiden weiteren unparteiischen Mitglieder** werden von den beteiligten Organisationen gemeinsam bestellt (§ 114 Abs. 2 Satz 3 SGB V). „Gemeinsam" bedeutet einvernehmlich.

---

[3] Vgl. BT-Drs. 11/2237, S. 200.

[4] Vgl. *Düring*, Das Schiedswesen in der gesetzlichen Krankenversicherung 1992, S. 65.

[5] Vgl. *Düring*, Das Schiedswesen in der gesetzlichen Krankenversicherung 1992, S. 115 und 120; anders *Krauskopf*, Soziale Krankenversicherung, Pflegeversicherung, Loseblattausgabe, Stand: Juni 2007, § 114 Rn. 3.

Kommt eine **Einigung nicht zustande**, werden sie in entsprechender Anwendung des Verfahrens nach § 89 Abs. 3 Sätze 3 und 4 SGB V durch Los bestellt (§ 114 Abs. 2 Satz 4 SGB V). Bei dem Verweis handelt es sich um ein **Redaktionsversehen**. Verwiesen wird auf die Sätze 4 und 5 des § 89 Abs. 3 SGB V. Mit Art. 1 Nr. 47 d) bb) GSG[6] fügte der Gesetzgeber in § 89 SGB V den Satz 2 neu ein, ohne redaktionell § 114 Abs. 2 Satz SGB V entsprechend anzupassen. Die Sätze 3 und 4, auf die in § 114 Abs. 2 Satz SGB V verwiesen wird, sind aktuell die Sätze 4 und 5 des § 89 Abs. 3 SGB V. 20

Soweit beteiligte Organisationen keine Vertreter bestellen oder im Verfahren nach Satz 3 keine Kandidaten für das Amt des Vorsitzenden oder der weiteren unparteiischen Mitglieder benennen, **bestellt die zuständige Landesbehörde** auf Antrag einer beteiligten Organisation die **Vertreter** und **benennt die Kandidaten**; die Amtsdauer der Mitglieder der Schiedsstelle beträgt in diesem Fall ein Jahr (§ 114 Abs. 2 Satz 5 SGB V). Damit wird sichergestellt, dass nicht ein Trägerverband die ordnungsgemäße Besetzung der Landesschiedsstelle verhindern kann, indem er keinen Vertreter bestellt. Die Bestellung der unparteiischen Mitglieder kann durch Nichteinigung scheitern. Dann gilt nach § 114 Abs. 2 Satz 4 SGB V das Losverfahren. Dieses setzt aber ebenso wie die gemeinsame Einigung nach § 114 Abs. 2 Satz 3 SGB V voraus, dass die Trägerverbände Kandidaten benennen. Unterlassen sie dies, so benennt die zuständige Landesbehörde die Kandidaten. Fehlt der hierfür erforderliche Antrag, kann im Rahmen der Aufsicht über die Kassenverbände eingeschritten werden. Die fehlende Benennung kann auch daran liegen, dass eine Seite keine Einigung erzielen kann. Auch in diesem Fall benennt die zuständige Landesbehörde die Kandidaten, da es dann nicht zu einer Benennung durch beteiligte Organisationen kommt. Für einen Rückgriff auf den für die Krankenkassenverbände geltenden Konfliktlösungsmechanismus des § 213 Abs. 2 SGB V über § 89 Abs. 3 Satz 2 SGB V besteht daher kein Bedarf. 21

Die Landesschiedsstelle ist als „**erweiterte Schiedsstelle**“ zusätzlich auch – in gleicher Zahl wie jeweils die anderen Gruppen – mit Vertretern der Vertragsärzte nach § 115 Abs. 3 Satz 2 SGB V zu besetzen, wenn sie über dreiseitige Verträge nach § 115 SGB V entscheidet. Sie ist dann **drittelparitätisch** zu den unparteiischen Mitgliedern zu besetzen. Die Vertreter der Vertragsärzte werden von den Kassenärztlichen Vereinigungen bestellt (§ 115 Abs. 3 Satz 3 SGB V). 22

Die „**erweiterte Schiedsstelle**“ wird nur um die **Gruppenvertreter** erweitert, nicht um die Zahl der **unparteiischen Mitglieder**. Diese sind die der „einfachen“ Schiedsstelle. § 115 Abs. 4 SGB V sieht keine Beteiligung der Kassenärztlichen Vereinigung an der Benennung der unparteiischen Mitglieder vor, auch nicht in der Ermächtigung zum Erlass einer Rechtsverordnung nach § 114 Abs. 4 Satz 4 SGB V. Soweit in den Rechtsverordnungen ein „Benehmen“ mit der Kassenärztlichen Vereinigung verlangt wird, ist dies vom Ermächtigungsrahmen gedeckt, da die Bestellung nicht von einer Zustimmung der Kassenärztlichen Vereinigung abhängt (zum Begriff des „Benehmens“ vgl. die Kommentierung zu § 97 SGB V Rn. 10). 23

Die **Zahl der Mitglieder** der Landesschiedsstelle wird durch die Rechtsverordnung nach § 114 Abs. 5 SGB V festgelegt. Der **Vorsitzende** muss – anders noch § 374 Abs. 2 Satz 2 RVO – nicht die Befähigung zum Richteramt haben. 24

Die **Amtsdauer** wird durch die Rechtsverordnung nach § 114 Abs. 5 SGB V bestimmt, soweit nicht eine Bestellung bzw. Benennung durch die zuständige Landesbehörde erfolgt ist; in diesem Fall beträgt sie ein Jahr (§ 112 Abs. 2 Satz 5 HS. 2 SGB V). 25

V. Stellung der Mitglieder des Schiedsamts (Absatz 3 Sätze 1 und 2)

Die Mitglieder der Schiedsstelle führen ihr Amt als **Ehrenamt** (§ 112 Abs. 3 Satz 1 SGB V). **Reisekosten**, **Erstattung barer Auslagen** und **Entschädigung** sind in der Rechtsverordnung nach § 114 Abs. 5 SGB V zu regeln. 26

Die Mitglieder des Schiedsamts sind an **Weisungen** nicht gebunden (§ 112 Abs. 3 Satz 2 SGB V). Dies schließt eine **Abberufung** ohne Grund oder aus verbandspolitischen Gründen aus. Eine Abberufung kommt nur aus wichtigem Grund in Betracht; vgl. die Kommentierung zu § 89 SGB V Rn. 69. Für die unparteiischen Mitglieder muss Einigkeit der diese bestellenden Trägerverbände bestehen. Die Frage der Abberufung gehört zur „Bestellung“ und „Amtdauer“ und ist in der Rechtsverordnung nach § 114 Abs. 5 SGB V zu regeln. 27

---

6 Gesetz zur Sicherung und Strukturverbesserung der gesetzlichen Krankenversicherung/Gesundheitsstrukturgesetz v. 21.12.1992, BGBl I 1992, 2266.

VI. Verfahren (Absatz 3 Sätze 3-5)

28 Die **Beschlussfähigkeit** ist als Teil des „Verfahrens" in der Rechtsverordnung nach § 114 Abs. 5 SGB V zu regeln. Über eine Mindestteilnehmerzahl macht das Gesetz keine Vorgabe. Jedes Mitglied hat eine Stimme (§ 112 Abs. 3 Satz 3 SGB V). Stimmenthaltung ist möglich. Die Entscheidungen werden mit der Mehrheit der Mitglieder getroffen (§ 112 Abs. 3 Satz 4 SGB V). Ergibt sich keine Mehrheit, gibt die Stimme des Vorsitzenden den Ausschlag (§ 112 Abs. 3 Satz 5 SGB V). „Mehrheit der Mitglieder" stellt nicht zwingend auf die durch die Rechtsverordnung nach § 114 Abs. 5 SGB V festgelegte Mitgliederzahl ab.[7] Für die Mehrheit kann daher auch die Zahl der anwesenden Mitglieder maßgeblich sein. Regelungen in der Rechtsverordnung nach § 114 Abs. 5 SGB V können daher das Quorum der Beschlussfähigkeit, insbesondere bei Anberaumung einer zweiten Sitzung, herabsetzen.

VII. Aufsicht (Absatz 4)

29 Die **Aufsicht** über die Geschäftsführung der Schiedsstelle führt die zuständige Landesbehörde (§ 112 Abs. 4 SGB V). Sie wird in der Rechtsverordnung nach § 114 Abs. 5 SGB V bestimmt.

30 Die Aufsicht ist auf die **Geschäftsführung** beschränkt. Hierunter fällt die Rechtsaufsicht über Organisation einschließlich Bestellung und Führung der laufenden Geschäfte. Eine Rechtsaufsicht über die **Entscheidungstätigkeit** der Landsschiedsstelle besteht nicht. Hierfür fehlt es an einer Rechtsgrundlage. Auf eine § 89 Abs. 5 Satz 3 SGB V entsprechende Bestimmung hat der Gesetzgeber verzichtet. Ein Beanstandungsrecht besteht daher nicht.

VIII. Ermächtigung zum Erlass einer Rechtsverordnung (Absatz 5)

31 § 114 Abs. 5 SGB V ermächtigt i.S.d. Art. 80 Abs. 1 Satz 1 und 2 GG die Landesregierungen zur weiteren Ausgestaltung im Wege einer **Rechtsverordnung**. Ergänzt wird dies durch den Verweis in § 115 Abs. 3 Satz 4 SGB V. Im Einzelnen werden die Landesregierungen ermächtigt, durch Rechtsverordnung das Nähere über die Zahl, die Bestellung, die Amtsdauer und die Amtsführung, die Erstattung der baren Auslagen und die Entschädigung für Zeitaufwand der Mitglieder der Schiedsstelle und der erweiterten Schiedsstelle (§ 115 Abs. 3 SGB V), die Geschäftsführung, das Verfahren, die Erhebung und die Höhe der Gebühren sowie über die Verteilung der Kosten zu bestimmen.

32 Zu § 114 Abs. SGB V sind folgende **Rechtsverordnungen** ergangen:

- Baden-Württemberg: Verordnung der Landesregierung über die Schiedsstelle nach § 114 Abs. 5 des Fünften Buches Sozialgesetzbuch (Schiedsstellenverordnung SGB V – SchiedVO SGB V) vom 20.07.2004[8],
- Bayern: Verf. nicht ersichtlich;
- Berlin: Verordnung über die Errichtung und das Verfahren der Schiedsstelle und der erweiterten Schiedsstelle nach dem Sozialgesetzbuch Fünftes Buch – Gesetzliche Krankenversicherung – (SGB V) vom 02.10.1990[9], zuletzt geändert durch Verordnung vom 29.05.2001[10],
- Brandenburg: Verordnung über die Landesschiedsstelle nach § 114 des Fünften Buches Sozialgesetzbuch (Krankenhaus-Landesschiedsstellenverordnung – KLSchV) vom 26.06.2004[11],
- Bremen: Verordnung über die Errichtung und das Verfahren der Landesschiedsstelle und der erweiterten Landesschiedsstelle nach dem Fünften Buch Sozialgesetzbuch vom 17.12.1991[12], zuletzt geändert durch Gesetz vom 18.10.2005[13],
- Hamburg: Verordnung über die Landesschiedsstelle nach dem Fünften Buch Sozialgesetzbuch (SGB V) – Gesetzliche Krankenversicherung – (Landesschiedsstellenverordnung) vom 10.12.1991[14], geändert durch Verordnung vom 04.12.2001[15],

[7] Anders *Düring*, Das Schiedswesen in der gesetzlichen Krankenversicherung 1992, S. 119.
[8] GBl 2004, 587.
[9] GVBl 1990, 2155.
[10] GVBl 2001, 165.
[11] GVBl II 2004, 550.
[12] GBl 1992, 9.
[13] GBl 2005, 547, 549.
[14] HmbGVBl 1991, 415.
[15] HmbGVBl 2001, 531, 555.

- Hessen: Verordnung über die Landesschiedsstelle nach § 114 und § 115 Abs. 3 des Fünften Buches Sozialgesetzbuch vom 09.09.1996[16],
- Mecklenburg-Vorpommern: Landesverordnung über die Landesschiedsstelle nach dem Fünften Buch Sozialgesetzbuch (Landesschiedsstellenverordnung – LschVO) vom 07.08.1995[17], geändert durch Verordnung vom 19.05.1999[18],
- Nordrhein-Westfalen: Verordnung über die Landesschiedsstelle nach dem Sozialgesetzbuch – Gesetzliche Krankenversicherung – (SGB V) (Landesschiedsstellenverordnung – LSchV) vom 28.11.1989[19], zuletzt geändert durch Gesetz vom 05.04.2005[20],
- Niedersachsen: Verf. nicht ersichtlich,
- Rheinland-Pfalz: Landesverordnung über die Landesschiedsstelle nach dem Fünften Buch Sozialgesetzbuch vom 21.07.1992[21], zuletzt geändert durch Verordnung vom 28.08.2001[22],
- Saarland: Verordnung über die Errichtung und das Verfahren einer Landesschiedsstelle (Landesschiedsstellenverordnung – LSchV) vom 19.02.1990[23], zuletzt geändert durch das Gesetz vom 07.11.2001[24].
- Sachsen: Verordnung der Sächsischen Staatsregierung über die Landesschiedsstelle gemäß § 114 Abs. 5 SGB V (Landesschiedsstellenverordnung – LschiedVO) vom 23.02.2004[25],
- Sachsen-Anhalt: Verordnung über die Errichtung und das Verfahren einer Landesschiedsstelle vom 18.07.1994[26] geändert durch Gesetz vom 07.12.2001[27],
- Schleswig-Holstein: Landesverordnung über die Landesschiedsstelle nach dem Fünften Buch Sozialgesetzbuch (Landesschiedsstellenverordnung – LschVO) vom 11.12.1990[28], zuletzt geändert durch Gesetz vom 15.03.2006[29],
- Thüringen: Thüringer Verordnung über die Landesschiedsstelle nach dem Fünften Buch Sozialgesetzbuch (Thüringer Landesschiedsstellenverordnung – ThürLSchV) vom 15.04.1994[30].

---

[16] GVBl I 1996, 373.
[17] GVOBl M-V 1995, 368.
[18] GVOBl M-V 1999, 304.
[19] GV. NRW. 1989, 641.
[20] GV. NRW. 2005, 306.
[21] GVBl 1992, 273.
[22] GVBl 2001, 210.
[23] Amtsbl. S. 283.
[24] Amtsbl. S. 2158.
[25] SächsGVBl 2004, 63.
[26] GVBl LSA 1994, 857.
[27] GVBl LSA 2001, 540.
[28] GVOBl 1990, 660.
[29] GVOBl 2006, 52.
[30] GVBl 1994, 430.

Vierter Abschnitt: Beziehungen zu Krankenhäusern und Vertragsärzten

§ 115 SGB V Dreiseitige Verträge und Rahmenempfehlungen zwischen Krankenkassen, Krankenhäusern und Vertragsärzten

(Fassung vom 21.12.1992, gültig ab 01.01.1993, gültig bis 30.06.2008)

(1) Die Landesverbände der Krankenkassen und die Verbände der Ersatzkassen gemeinsam und die Kassenärztlichen Vereinigungen schließen mit der Landeskrankenhausgesellschaft oder mit den Vereinigungen der Krankenhausträger im Land gemeinsam Verträge mit dem Ziel, durch enge Zusammenarbeit zwischen Vertragsärzten und zugelassenen Krankenhäusern eine nahtlose ambulante und stationäre Behandlung der Versicherten zu gewährleisten.

(2) Die Verträge regeln insbesondere

1. **die Förderung des Belegarztwesens und der Behandlung in Einrichtungen, in denen die Versicherten durch Zusammenarbeit mehrerer Vertragsärzte ambulant und stationär versorgt werden (Praxiskliniken),**
2. **die gegenseitige Unterrichtung über die Behandlung der Patienten sowie über die Überlassung und Verwendung von Krankenunterlagen,**
3. **die Zusammenarbeit bei der Gestaltung und Durchführung eines ständig einsatzbereiten Notdienstes,**
4. **die Durchführung einer vor- und nachstationären Behandlung im Krankenhaus nach § 115a einschließlich der Prüfung der Wirtschaftlichkeit und der Verhinderung von Mißbrauch; in den Verträgen können von § 115a Abs. 2 Satz 1 bis 3 abweichende Regelungen vereinbart werden.**
5. **die allgemeinen Bedingungen der ambulanten Behandlung im Krankenhaus.**

Sie sind für die Krankenkassen, die Vertragsärzte und die zugelassenen Krankenhäuser im Land unmittelbar verbindlich.

(3) Kommt ein Vertrag nach Absatz 1 ganz oder teilweise nicht zustande, wird sein Inhalt auf Antrag einer Vertragspartei durch die Landesschiedsstelle nach § 114 festgesetzt. Diese wird hierzu um Vertreter der Vertragsärzte in der gleichen Zahl erweitert, wie sie jeweils für die Vertreter der Krankenkassen und Krankenhäuser vorgesehen ist (erweiterte Schiedsstelle). Die Vertreter der Vertragsärzte werden von den Kassenärztlichen Vereinigungen bestellt. Das Nähere wird durch die Rechtsverordnung nach § 114 Abs. 5 bestimmt. Für die Kündigung der Verträge sowie die vertragliche Ablösung der von der erweiterten Schiedsstelle festgesetzten Verträge gilt § 112 Abs. 4 entsprechend.

(4) Kommt eine Regelung nach Absatz 1 bis 3 bis zum 31. Dezember 1990 ganz oder teilweise nicht zustande, wird ihr Inhalt durch Rechtsverordnung der Landesregierung bestimmt. Eine Regelung nach den Absätzen 1 bis 3 ist zulässig, solange und soweit die Landesregierung eine Rechtsverordnung nicht erlassen hat.

(5) Die Spitzenverbände der Krankenkassen gemeinsam, die Kassenärztlichen Bundesvereinigungen und die Deutsche Krankenhausgesellschaft oder die Bundesverbände der Krankenhausträger gemeinsam sollen Rahmenempfehlungen zum Inhalt der Verträge nach Absatz 1 abgeben.

Gliederung

A. Basisinformationen

I. Textgeschichte/Gesetzgebungsmaterialien/Vorgängervorschrift

1 § 115 SGB V stellt eine Weiterentwicklung des **§ 372 Abs. 5 und 7 RVO** dar. Die Vorgängervorschrift regelte bis zum 31.12.1988 die dreiseitigen Verträge zwischen den Landesverbänden der Krankenkassen, der KV und den Krankenhäusern bzw. Vereinigungen von Krankenhäusern. Als Vertragsinhalt hob die Norm in Absatz 5 sowohl die Einweisung in geeignete Krankenhäuser als auch die gegenseitige Unterrichtung und Überlassung von Krankenunterlagen hervor. Absatz 7 Alternative 2 normierte den Erlass von Rahmenempfehlungen durch die Bundesverbände der KK, die DKG und der KBV.

2 Der Gesetzgeber führte § 372 Abs. 5 u. 7 RVO zum 01.01.1989 durch das **Gesundheitsreformgesetz (GRG)** vom 20.12.1988[1] in das SGB V ein. Er erweiterte die bisherigen Vertragstatbestände, indem er neben der bereits geregelten Thematik der gegenseitigen Unterrichtung und Überlassung von Krankenunterlagen (Nr. 2; vgl. Rn. 34) die Förderung des Belegarztwesens (vgl. Rn. 26) und der Praxiskliniken (Nr. 1; vgl. Rn. 33) unter die Zusammenarbeit bei der Gestaltung und Durchführung des Notdienstes (Nr. 3; vgl. Rn. 35), die Durchführung und Vergütung einer zeitlich begrenzten vor- und nachstationären Krankenhausbehandlung (vgl. Rn. 46) einschließlich der Wirtschaftlichkeitsprüfung und der Missbrauchsverhinderung (Nr. 4) und die allgemeinen Bedingungen (vgl. Rn. 49) der ambulanten Behandlung im Krankenhaus (Nr. 5) als weitere Themenkomplexe vorsah. Der Komplex „Einweisung in geeignete Krankenhäuser" entfiel zugunsten eines einheitlichen Regelungskreises im Rahmen der Richtlinienkompetenz des Bundesausschusses der Ärzte und KK[2] (jetzt: Gemeinsamer Bundesausschuss, § 91 SGB V).

3 Das GRG schuf zudem Konfliktlösungen, soweit Verträge nicht zustande kommen sollten: einerseits für den Fall der Nichteinigung der Vertragspartner durch Festsetzung der Landesschiedsstelle (Absatz 3; vgl. Rn. 51) und andererseits durch Ermächtigung zum Erlass einer Rechtsverordnung der Landesregierung (Absatz 4; vgl. Rn. 54), soweit weder durch Vertrag noch durch Festsetzung entsprechende Regelungen zustande kommen sollten. Infolge Fristsetzung standen beide Modelle in einem Stufenverhältnis: Für das Zustandekommen von Verträgen wurde die Frist auf den 31.12.1989 festgelegt; für das Zustandekommen von Verträgen bzw. Festsetzungen durch die Landesschiedsstelle auf den 31.12.1990.

4 Letztmalig befasste sich der Gesetzgeber 1992 im Verlauf des Gesetzgebungsverfahrens zum **Gesundheitsstrukturgesetz (GSG)** vom 21.12.1992[3] mit der Vorschrift. Grund hierfür war seine Feststellung, dass mit wenigen Ausnahmen dreiseitige Verträge nicht zustande gekommen seien.[4] Dies gelte insbe-

---

1 Gesetz zur Strukturreform im Gesundheitswesen, BGBl I 1988, 2477.

2 S. Richtlinien über die Verordnung von Krankenhausbehandlung (Krankenhausbehandlungsrichtlinien) i.d.F. v. 24.03.2003, BAnz Nr. 188, S. 22577, abgedruckt in *Engelmann*, Aichberger II Nr. 475.

3 Gesetz zur Sicherung und Strukturverbesserung in der gesetzlichen Krankenversicherung, BGBl I 1992, 2265.

4 So die Begründung des Gesetzentwurfs, s. BT-Drs. 1236/08, zu Nr. 62 (§ 115).

sondere für Verträge über die Durchführung und Vergütung einer zeitlich begrenzten vor- und nachstationären Behandlung im Krankenhaus.[5] Der Gesetzgeber regelte daher die Grundsätze einer vor- und nachstationären Behandlung im Krankenhaus mittels des § 115a SGB V. Die Vertragspartner sollten hierneben aber ergänzend zuständig sein, Abweichungen von den zeitlichen Bestimmungen der neuen Norm sollten vorbehalten werden können.[6] Zum 01.01.1993 wurde, neben der terminologischen Anpassung an § 72 SGB V (Austausch des Begriffs „Kassenarzt" durch „Vertragsarzt"), der Absatz 2 Nr. 4 des § 115 SGB V infolge der Einführung des § 115a SGB V neu gefasst.

5 Im Rahmen der Konfliktlösungsregelungen verzichtete der Gesetzgeber auf die (bereits verstrichene) Frist des 31.12.1989 (Absatz 3) und stellte in Absatz 4 klar, dass eine Regelung durch die Vertragspartner bzw. eine Festsetzung durch die Landesschiedsstelle zulässig ist, solange noch keine Rechtsverordnung durch die Bundesregierung erlassen worden ist. Im Interesse der Selbstverwaltung sollte die Regelungskompetenz der Vertragspartner erst durch Verordnungserlass entfallen.

6 Hierüber hinaus berechtigte Art. 27 GSG das BMG[7] – nunmehr das BMGS[8] – zur Bestimmung des Inhalts der dreiseitigen Verträge durch (Bundes-)Rechtsverordnung, sofern bis zum 31.12.1994 keine Regelungen der Vertragspartner, Festsetzungen durch die Schiedsstellen oder Verordnungserlasse der Landesregierungen vorlagen.

II. Untergesetzliche Normen

7 **Rechtsverordnungen** einer Landesregierung auf Grundlage der Ermächtigung nach § 115 Abs. 4 SGB V zur Regelung von Vertragsinhalten wurden bisher nicht erlassen. Rechtsverordnungen nach § 114 Abs. 5 SGB V über die Errichtung einer Landesschiedsstelle mit Bezugnahme auf die Zusammensetzung der erweiterten Schiedsstelle sind dem jeweiligen Landesrecht zu entnehmen.

III. Rahmenempfehlungen

8 Die Spitzenverbände der KK, der KBV und der DKG bzw. der Bundesverbände der Krankenhausträger haben folgende Rahmenempfehlungen (vgl. Rn. 56) nach § 115 Abs. 5 SGB V abgegeben:

- Belegarztwesen und Praxiskliniken[9] sowie
- gegenseitige Unterrichtung und Überlassung von Krankenunterlagen[10].

IV. Systematische Zusammenhänge

9 Systematisch steht § 115 SGB V zunächst in Zusammenhang mit den **§§ 115a-c SGB V**. Des Weiteren ist infolge der Verweisungen auf die Vorschriften zur Landesschiedsstelle nach § 114 SGB V (vgl. die Kommentierung zu § 114 SGB V), hier insbesondere in Bezug auf die Zusammensetzung der erweiterten Landesschiedsstelle auf § 114 Abs. 5 SGB V und auf Kündigungsregelung des § 112 Abs. 4 SGB V, welche innerhalb des § 115 SGB V zur Anwendung kommt, hinzuweisen.

10 Generell ist an § 112 SGB V (vgl. die Kommentierung zu § 112 SGB V) zu erinnern, der die zweiseitigen Verträge zwischen den Landesverbänden der KK bzw. Verbänden der ErsK und den LKG bzw. den Zusammenschlüssen der Krankenhausträger im Land normiert und somit nahezu identisch strukturiert ist.

V. Ausgewählte Literaturhinweise

11 *Grünenwald*, Dreiseitige Verträge zur Gewährleistung einer nahtlosen ambulanten und stationären Behandlung der Versicherten, ZfS 1994, 129-133; *Muckel*, Rechtsbeziehungen zwischen Vertragsärzten und sonstigen Leistungserbringern, in: Schnapp/Wigge, Handbuch des Vertragsarztrechts, 2002, § 14 Rn. 5-15.

---

[5] BT-Drs. 1236/08, zu Nr. 62 (§ 115).

[6] BT-Drs. 1236/08, zu Nr. 62 (§ 115).

[7] BGBl I 1992, 2329.

[8] Art. 27 GSG wurde durch Verordnung v. 25.11.2003 geändert, BGBl I 2003, 2304.

[9] BKK 1991, 365.

[10] BKK 1991, 366.

B. Auslegung der Norm

I. Regelungsgehalt und Bedeutung der Norm

Der Regelungsgehalt des § 115 SGB V bezieht sich nach Absatz 1 (vgl. Rn. 19) auf die Umsetzung **dreiseitiger Verträge** zwischen drei Vertragspartnern: 1. den Landesverbänden der KK und den Verbänden der ErsK, 2. der KV bzw. den KVen und 3. den Landeskrankenhausgesellschaften oder den Vereinigungen der Krankenhausträger im jeweiligen Land. Konsequenz ist ein einheitlicher Vertragsabschluss pro Bundesland für sämtliche Kassenarten, KVen und Krankenhausträger. 12

Nach dem **Katalog des Absatzes 2** regeln die Verträge 13

- die Förderung des Belegarztwesens (vgl. Rn. 26) und der Behandlung in Praxiskliniken (vgl. Rn. 33),
- die gegenseitige Unterrichtung über Patientenbehandlungen und die Überlassung von Krankenunterlagen (vgl. Rn. 34),
- die Zusammenarbeit beim Notdienst (vgl. Rn. 35),
- die Durchführung der vor- und nachstationären Krankenhausbehandlung (vgl. Rn. 46) einschließlich Wirtschaftlichkeitsprüfungen und Missbrauchsverhinderung und
- die allgemeinen Bedingungen (vgl. Rn. 49) der ambulanten Krankenhausbehandlung.

Absatz 3 (vgl. Rn. 51) und Absatz 4 (vgl. Rn. 54) enthalten **Konfliktlösungsmodelle**, soweit ein Vertrag unter den Vertragspartnern nicht zustande kommt. Stufenweise wird die Möglichkeit der Festsetzung durch die sog. erweiterte Landesschiedsstelle auf Antrag einer Vertragspartei (vgl. Rn. 51 ff.) bzw. der Erlass einer Rechtsverordnung durch eine Landesregierung bzw. der Erlass einer Rechtsverordnung durch das BMGS (vgl. Rn. 54 ff.) normiert. 14

Absatz 5 (vgl. Rn. 56) sieht gemeinsame **Rahmenempfehlungen** 1. der Spitzenverbände der KK, 2. der KBV und 3. der DKG oder der Bundesverbände der Krankenhausträger zum Inhalt der dreiseitigen Verträge vor. 15

Ob die Anforderungen des § 115 SGB V in der Praxis erfüllt wurden, kann nur schwer nachvollzogen werden. Bereits der GSG-Gesetzgeber stellte fest, dass die Vorschrift nicht ausreichend umgesetzt wurde. Jedenfalls wurden nicht für alle Themenkreise Verträge geschlossen; im Übrigen ist aufgrund der bedenklicherweise nicht gesetzlich geregelten Publikationspflicht die Vertragslage unübersichtlich.[11] Auch die Konfliktlösungsmodelle, insbesondere durch Erlass einer Rechtsverordnung, wurden weder durch die Landesregierungen noch durch das BMGS umgesetzt, so dass die Vorschrift ihrem Ziel kaum gerecht werden kann. 16

II. Normzweck

Der Zweck des § 115 SGB V ist nach dem Wortlaut des Absatzes 1 die Gewährleistung einer **nahtlosen, ambulanten und stationären Behandlung** der Versicherten. Dieses Ziel soll durch **enge Zusammenarbeit** zwischen Vertragsärzten und zugelassenen Krankenhäusern erreicht werden. Entsprechend hebt die amtliche Gesetzesbegründung hervor, dass bei grundsätzlicher Beibehaltung des Vorrangs der ambulanten vor der stationären Behandlung die bisherige Trennung zwischen beiden Bereichen überwunden werden soll und eine nahtlose leistungsfähige und wirtschaftliche Versorgung der Versicherten durch Vertragsärzte und Krankenhäuser gewährleistet werden soll.[12] 17

Soweit – ungeachtet der Möglichkeiten im Rahmen der Integrationsversorgung nach den §§ 140a ff. SGB V – eine ambulante und stationäre Trennung der Versorgung besteht, kann die Vorschrift – soweit sie tatsächlich umgesetzt würde – nur zu punktuellen Verbesserungen führen.[13] 18

III. Dreiseitige Verträge nach Absatz 1

Der Vertrag nach § 115 Abs. 1 SGB V stellt einen sog. dreiseitigen **Normenvertrag** dar. Regelungsgegenstand sind somit nicht ausschließlich die Rechte und Pflichten der Vertragspartner, sondern auch die von nicht beteiligten Dritten. Die verfassungsrechtliche Problematik liegt hier zum einen in der Drittwirkung und zum anderen in der Beteiligung der privatrechtlich organisierten Verbände der Kran- 19

---

[11] So zu Recht *Genzel* in: Laufs/Uhlenbruck, Handbuch des Arztrechts, 3. Aufl. 2002, § 87 Rn. 54 Fn. 76.

[12] BT-Drs. 11/2237, S. 201 (zu § 123, zu Absatz 1).

[13] Vgl. hierzu *Muckel* in: Schnapp/Wigge, Handbuch des Vertragsarztrechts, 2002, § 14 Rn. 15.

kenhausträger.[14] Der Vertrag beinhaltet daher abstrakt-generelle Regelungen mit Geltung für den Bereich des jeweiligen Bundeslandes.

20 **Vertragspartner** sind die Landesverbände der KK und Verbände der ErsK als eine Vertragspartei (Absatz 1: gemeinsam), die jeweilige KV und entweder der jeweilige Landeskrankenhausträger oder Vereinigungen der Krankenhausträger. Infolge der Formulierung „gemeinsam" wird verdeutlicht, dass die KK nur einheitlich verhandeln können.

21 Er erfordert die Einigung aller zu beteiligenden Vertragspartner über die Herbeiführung der Rechtsfolge. § 115 Abs. 1 SGB V zielt hierbei auf die Gewährleistung einer nahtlosen ambulanten und stationären Behandlung und normiert als Handlungsdirektive die **enge Zusammenarbeit zwischen Vertragsärzten und zugelassenen Krankenhäusern**. Erforderlich sind entsprechende miteinander korrespondierende öffentlich-rechtliche Willenserklärungen der einzelnen Vertragspartner.

22 Ob die Regelungen des **öffentlichen Vertragsrechts nach den §§ 53 ff. SGB X** auf Normsetzungsverträge anwendbar sind, ist umstritten. Gegenargument ist zum einen, dass Normsetzungsverträge nicht vom Begriff des Verwaltungsverfahrens umfasst werden. Zum anderen normiert § 69 SGB V abschließend die Vorschriften, durch welche die Rechtsbeziehungen zwischen Krankenkassen und Leistungserbringern geregelt werden. Mangels Bezugnahme auf die §§ 53 ff. SGB X wird der Anwendungsbereich des öffentlichen Vertrages im Leistungserbringungsrecht nicht unmittelbar eröffnet.[15] Steht der Charakter des Normsetzungsvertrags jedoch einer Anwendung nicht entgegen, so gebietet sich die analoge Anwendung der Vorschriften der §§ 53 ff. SGB X[16] als Mindestvoraussetzung.

23 Unablässig ist daher die **Schriftform nach § 56 SGB X,** welche § 115 SGB V selbst nicht regelt. Der Normsetzungsvertrag erfordert jedoch als echte Rechtsquelle[17] eine Publikation, was die Schriftform zwangsläufig inkludiert. Das Schriftformerfordernis setzt entsprechend § 126 BGB[18] die Aufnahme des Vertragstextes in die Urkunde und die eigenhändige Unterzeichnung durch die Parteien oder ihre Vertreter mittels Namensunterschrift oder notariell beglaubigtem Handzeichen voraus.[19] Die Relevanz der Dokumentationsfunktion bei Normsetzungsverträgen erfordert die Unterzeichnung aller Vertragsparteien auf derselben Urkunde und somit die **sog. Urkundeneinheit** i.S.d. § 126 Abs. 2 BGB.[20]

24 § 115 SGB V normiert eine **Pflicht zum Vertragsabschluss**. Dies ergibt sich zunächst aus dem Wortlaut, nach welchem die Vertragspartner Verträge untereinander „schließen", und dem Umkehrschluss aus Absatz 5, nach welchem die Dachorganisationen auf Bundesebene Rahmenempfehlungen abgeben „sollen".

25 Hierüber hinaus weist der systematische Zusammenhang mit Absatz 2, welcher die Regelung bestimmter Vertragsinhalte mit der Formulierung „Die Verträge regeln insbesondere …" verbindet, darauf hin, dass die Themenkomplexe des Kataloges nach Absatz 2 obligatorisch zu regeln sind. Daneben besteht jedoch die Freiheit, fakultativ weitere Themen zu vereinbaren.[21] Die Vertragspartner haben grds. die Möglichkeit, gemeinsam innerhalb des Normensystems Vereinbarungen zu entwickeln, soweit nicht spezielle Regelungen eine Gestaltung durch die Selbstverwaltung verhindern.

IV. Vertragsinhalte im Einzelnen (Absatz 2)

1. Förderung des Belegarztwesens/Behandlung in Praxiskliniken (Nr. 1)

26 § 115 Abs. 2 Satz 1 Nr. 1 SGB V normiert den obligatorischen Vertragsabschluss zur Förderung des Belegarztwesens bzw. der Behandlung in Privatkliniken.[22] Bei der Ausgestaltung der Verträge haben sich die Vertragspartner an den vorhandenen Vorschriften zu orientieren.

---

[14] Vgl. hierzu ausführlich *Ebsen* in: Schulin, Handbuch des Krankenversicherungsrechts, Bd. 1, Rn. 134 ff.

[15] So *Boerner*, SGb 2000, 389 ff.

[16] Vgl. hierzu *Engelmann* in: Schröder-Printzen, SGB X, § 53 Rn. 4c.

[17] Vgl. *Ebsen* in: Schulin, Handbuch des Krankenversicherungsrechts, Bd. 1, § 7 Rn. 110.

[18] Umstr. ist, ob § 126 BGB über § 61 SGB X anzuwenden ist, vgl. *Engelmann* in: Schröder-Printzen, SGB X, § 56 Rn. 4.

[19] *Engelmann* in: Schröder-Printzen, SGB X, § 56 Rn. 4.

[20] Ebenso *Knittel* in: Krauskopf, § 109 SGB V Rn. 5 f. bzgl. Versorgungsverträgen.

[21] Von dieser Möglichkeit wurde jedoch – soweit ersichtlich – kein Gebrauch gemacht, vgl. *Muckel* in: Schnapp/Wigge, Handbuch des Vertragsarztrechts, 2002, § 14 Rn. 14 Fn. 50.

[22] Vgl. hierzu etwa den bayernweit geltenden Rahmenvertrag über die Grundsätze der Belegarzttätigkeit im Rahmen der stationären kassenärztlichen Versorgung in Bayern: http://www.bkg-online.de/bkg/app/Content/BKG/Info_und_Service_Seiten/downloads/Vertraege.zip unter 13.pdf.

Das Belegarztwesen wird konkretisiert durch die **Legaldefinition des Belegarztes** nach § 121 Abs. 2 SGB V (vgl. die Kommentierung zu § 121 SGB V). Belegärzte sind hiernach nicht am Krankenhaus angestellte Vertragsärzte, die berechtigt sind, ihre Patienten im Krankenhaus unter Inanspruchnahme der hierfür bereitgestellten Dienste, Einrichtungen und Mittel vollstationär oder teilstationär zu behandeln, ohne hierfür vom Krankenhaus eine Vergütung zu erhalten. 27

Zur Förderung dieses gesetzlich umrissenen Belegarztwesens besteht grundsätzlich ein Beurteilungsspielraum. Der systematische Zusammenhang mit § 121 Abs. 1 SGB V hebt insofern hervor, dass die Vertragspartner nach § 115 Abs. 1 SGB V auf eine **leistungsfähige und wirtschaftliche Behandlung** der Belegpatienten hinwirken sollen. 28

Keine Vertragskompetenz besteht allerdings in Bezug auf eine **Vergütungsregelung**. § 121 Abs. 3 SGB V ordnet die Vergütung der belegärztlichen Leistungen explizit der vertragsärztlichen Versorgung und somit den Gesamtvertragspartnern zu, so dass aufgrund dieser speziellen Normierung der Spielraum der Vertragspartner nach § 115 Abs. 2 Nr. 1 SGB V eingeschränkt wird.[23] Zur Verbindung unterschiedlicher Verträge vgl. auch die Kommentierung zu § 120 SGB V Rn. 55 ff. 29

Ob auch die **belegärztliche Anerkennung** eines Vertragsarztes in den dreiseitigen Verträgen geregelt werden könnte, ist fraglich. Dieser Bereich wird als allgemeiner Inhalt der Gesamtverträge bundesmantelvertraglich geregelt (§§ 38 ff. BMV-Ä und §§ 31 ff. EKV-Ä). Zu Recht entschied das BSG 1991, dass dem Gesetz nicht zu entnehmen sei, dass Regelungen über die Belegarztanerkennung notwendig und ausschließlich den Verträgen nach § 115 Abs. 2 Nr. 1 SGB V vorbehalten seien.[24] Hierüber hinausgehend spricht die Notwendigkeit einer bundesweiten Regelung gegen den landesweiten Geltungsbereich der Vertragskompetenz. 30

Vorschriften zur **Praxisklinik** existieren außerhalb des § 115 SGB V nicht. Der Begriff der Praxisklinik wird erstmalig durch § 115 Abs. 2 Satz 1 Nr. 1 SGB V eingeführt und legaldefiniert. Hiernach ist eine Praxisklinik eine Einrichtung, in der die Versicherten durch Zusammenarbeit mehrerer Vertragsärzte ambulant und stationär versorgt werden. 31

Gleich der Belegarzttätigkeit erfolgt die Leistungserbringung durch Vertragsärzte. Während die belegärztlichen Leistungen des Vertragsarztes an seinen Belegpatienten ausschließlich innerhalb eines zugelassenen Krankenhauses erfolgen, bezieht sich die Praxisklinik auf die kooperative ambulante und stationäre Versorgung durch Vertragsärzte. 32

Aufgrund der Trennung zwischen ambulanter und stationärer Versorgung bedarf die Praxisklinik – gleich dem Belegkrankenhaus – jedoch einer Zulassung als Krankenhaus nach § 108 SGB V. Sondervorschriften eigens in Bezug auf die Praxisklinik berücksichtigen weder die BPflVO noch das jetzt gültige KHEntG. Das allgemeine Zulassungsrecht von Krankenhäusern sieht neben Hochschulkliniken (Nr. 1) und sog. Plankrankenhäusern, welche durch Aufnahme in den Krankenhausplan zur Krankenhausbehandlung zugelassen sind (Nr. 2), nach § 108 Nr. 3 SGB V eine Zulassung durch Abschluss eines Versorgungsvertrags mit den Landesverbänden der KK und den Verbänden der Ersatzkassen vor. § 109 SGB V konkretisiert diese Anforderungen des Weiteren, so dass ein Versorgungsvertrag nicht abgeschlossen werden darf, wenn keine Gewähr für die Leistungsfähigkeit und Wirtschaftlichkeit von Krankenhausbehandlung geboten wird und für eine bedarfsgerechte Krankenhausbehandlung nicht erforderlich ist (§ 109 Abs. 3 SGB V). Ein Anspruch auf einen Vertragsabschluss besteht nach § 109 Abs. 2 Satz 1 SGB V. Die Leistungserbringung durch eine Praxisklinik unterliegt somit hohen Anforderungen und hat kaum praktische Bedeutung. Eine Praxisklinik im Zusammenhang mit einem Belegkrankenhaus ist hingegen nur möglich[25], wenn auch organisatorisch eine Einheit zwischen Praxis und Krankenhaus besteht, anderenfalls eine Abgrenzung mehr zwischen Belegarztwesen und Praxisklinik nicht möglich ist. 33

2. Gegenseitige Unterrichtung (Nr. 2)

Zwingender Vertragsinhalt ist nach Nr. 2 auch die gegenseitige Unterrichtung über die Behandlung der Patienten, über die Überlassung und Verwendung der Krankenunterlagen. Die bereits auf der Grundlage des § 372 Abs. 5 RVO bestehenden Verträge regeln den Austausch von Befundunterlagen bei der Krankenhausaufnahme und der Krankenhausentlassung. 34

---

23 Vgl. zu dieser Problematik mit umgekehrtem Ergebnis zur Regelung der Vergütung von Notfallleistungen BSG v. 31.01.2001 - B 6 KA 33/00 R - juris Rn. 20 - SozR 3-2500 § 115 Nr. 1 S. 1, 4.

24 BSG v. 15.05.1991 - 6 RKa 11/90 - Leitsatz 2 - juris Rn. 13.

25 Anders *Hess* in: KassKomm, SGB V, § 115 Rn. 5.

3. Zusammenarbeit bzgl. des Notdienstes (Nr. 3)

35 Als weiterer Vertragsgegenstand dreiseitiger Verträge sieht der Gesetzgeber nach Nr. 3 die Zusammenarbeit bei der Gestaltung und Durchführung eines ständig einsatzbereiten Notdienstes vor.

36 Notdienst ist gem. der Legaldefinition des § 75 Abs. 1 Satz 2 SGB V die **vertragsärztliche Versorgung zu den sprechstundenfreien Zeiten**. Leistungserbringer der Notfallbehandlungen sind grds. solche, welche aufgrund Zulassung oder Ermächtigung nach den §§ 95 ff. SGB V ambulante ärztliche Leistungen nach § 73 Abs. 2 SGB V erbringen können. Insoweit obliegt der KV ein entsprechender Sicherstellungsauftrag. Da aber nach § 76 Abs. 1 Satz 2 SGB V in Notfällen auch andere Ärzte in Anspruch genommen werden dürfen, können Leistungserbringer von Notfallbehandlungen auch Nichtvertragsärzte, somit auch Krankenhäuser, sein.

37 Als vertragsärztliche Behandlung zu sprechstundenfreien Zeiten bezieht sich der Notdienst auf die ambulante ärztliche Behandlung. **Nicht** umfasst ist damit die **stationäre Notfallversorgung eines Krankenhauses**, welche Krankenhausbehandlung gem. § 39 SGB V ist. Ausgenommen ist auch die notärztliche Versorgung im Rahmen des landesrechtlich geregelten **Rettungsdienstes**, es sei denn, dass eine entsprechende landesgesetzliche Regelung existiert.[26]

38 Eine Zusammenarbeit mit Krankenhäusern durch Gestaltung und Durchführung eines ständig einsatzbereiten Notdienstes ist etwa denkbar in Form der

- Organisation einer Notfallambulanz in Krankenhausräumen oder der
- Festlegung von Abrechnungsmodalitäten bzgl. der ambulanten Notfallbehandlung im Krankenhaus.[27]

39 **Streitig** ist, ob über die organisatorische Ausgestaltung hinaus auch die **Vergütung der ambulanten Notfallbehandlungen** in Krankenhäusern innerhalb des dreiseitigen Vertrags geregelt werden kann. Entgegen zunächst std. Rspr.[28] änderte das BSG seine Ansicht in einer 2001 ergangenen Entscheidung[29]: § 115 Abs. 2 Satz 1 Nr. 3 SGB V stelle keine abschließende Regelung dar. Die grundsätzlich inhaltlich organisatorischen Regelungen könnten durch ergänzende Vergütungsregelungen abgeändert werden.

40 Die Gegenansicht weist darauf hin, dass hierdurch die Notfallleistungen aus der vertragsärztlichen Versorgung ausgegliedert und faktisch – neben dem ambulanten Operieren – ein weiterer Sonderbereich zur ambulanten Behandlung im Krankenhaus eröffnet würde.[30] Mit dem BSG[31] ist jedoch das Fehlen einer speziellen Vergütungsvorschrift entgegenzuhalten. § 76 Abs. 1 SGB V regelt ausschließlich die Zulässigkeit der Inanspruchnahme anderer Ärzte in Notfällen. Hieraus folgt im Umkehrschluss die allgemeine Berechtigung zur Behandlung des Versicherten und Abrechnung der Leistungen gegenüber der KV von nicht vertragsärztlichen Leistungserbringern. Da die in § 115 Abs. 2 Satz 1 SGB V geregelten Vertragsinhalte nur Beispielsfälle normieren und hierüber hinaus Regelungen möglich sind, können nicht nur Abrechnungsmodalitäten, sondern auch die Vergütung selbst Gegenstand der Verträge sein.

41 Zur **Vergütungshöhe** der ambulanten Notfallleistungen von Nichtvertragsärzten und Krankenhäusern urteilte das BSG bereits 1998, dass diese grundsätzlich so zu vergüten sind, „als wenn sie von zugelassenen Vertragsärzten erbracht worden wären“[32]. Da Notfallbehandlungen grds. Bestandteil der vertragsärztlichen Versorgung sind, ergibt sich auch der Vergütungsanspruch dem Grunde und der Höhe nach aus diesem System und bemisst sich regelmäßig nach den vollen Sätzen der maßgeblichen Gebührenordnung[33]. Weitergehende Vergütungsminderungen sind nur dann gerechtfertigt, wenn sachliche Gründe vorliegen.

---

[26] Zur Vergütung von Krankentransportleistungen, vgl. § 133 SGB V.

[27] Vgl. *Steege* in: Hauck/Noftz, SGB V, 3/3, 2004, § 115 Rn. K 13.

[28] BSG v. 20.12.1995 - 6 RKa 25/95 - juris Rn. 18 - SozR 3-2500 § 120 Nr. 7; BSG v. 19.03.1997 - 6 Rka 61/95 - Leitsatz 4 - juris Rn. 18 - SozR 3-1500 § 166 Nr. 6.

[29] BSG v. 31.01.2001 - B 6 KA 33/00 R - SozR 3-2500 § 115 Nr. 1, S. 1, 4.

[30] Vgl. hierzu *Steege* in: Hauck/Noftz, SGB V, § 115 Rn. 12.

[31] BSG v. 31.01.2001 - B 6 KA 33/00 R - juris Rn. 20 - SozR 3-2500 § 115 Nr. 1, S. 1, 4; vgl. auch *Clemens* in: Maaßen/Schermer/Wiegand/Zipperer, SGB V, § 120 Rn. 29.

[32] BSG v. 13.05.1998 - B 6 KA 41/97 R - juris Rn. 19 - SozR 3-2500 § 120 Nr. 8.

[33] BSG v. 20.12.1995 - 6 RKa 25/95 - juris Rn. 19 - SozR 3-2500 § 120 Nr. 7; BSG v. 19.03.1997 - 6 RKa 61/95 - juris Rn. 18 - SozR 3-1500 § 166 Nr. 6.

In Anlehnung an den allgemeinen Rechtsgedanken des § 120 Abs. 3 Satz 2 SGB V (vgl. die Kommentierung zu § 120 SGB V Rn. 82 ff.), ist insofern ein **Investitionskostenabschlag i.H.v. 10%** gerechtfertigt, soweit die Leistungen in öffentlich geförderten Krankenhäusern erbracht werden.[34] 42

Umstritten ist derzeit weiterhin, ob es mit dem Grundsatz der Honorarverteilungsgerechtigkeit vereinbar ist, wenn Notfallbehandlungen **in einem durch Vertragsärzte organisierten Notfalldienst** im Gegensatz zu Notfallbehandlungen im Krankenhaus mit einem durch den jeweiligen HVV **gestützten Punktwert** vergütet werden. Das LSG Nordrhein-Westfalen[35] erachtete dies in einer 2005 ergangenen Entscheidung als zulässig: Zum einen handele es sich um keine Vergütungsminderung von Notfallleistungen der Krankenhäuser, sondern um eine vergütungsmäßige Besserstellung dieses Leistungsbereichs, sachliche Gründe für die Privilegierung müssten daher nicht vorliegen. Zum anderen sei die privilegierte Vergütung wegen des besonderen Organisations- und Kostenaufwandes und der Anreizfunktion zur Teilnahme von Vertragsärzten am Notfalldienst sachlich gerechtfertigt. 43

Diese Entscheidung dürfte kritisch zu bewerten sein: Es stellt sich die Frage, ob über das in § 76 SGB V normierte Gleichstellungsgebot von Notfallbehandlungen durch Vertragsärzte und solchen durch Nichtvertragsärzte und Krankenhäusern eine Punktwertstützung ausschließlich der Leistungen innerhalb des organisierten Notfalldienstes nicht § 115 SGB V entgegensteht, der eine enge Zusammenarbeit in Bezug auf die Notdienstorganisation fordert. Eine Punktwertstützung zugunsten eines Teils der Notfallleistenden dürfte der Zusammenarbeit entgegenstehen. § 115 SGB V kann zusätzlich ein Anhalt für die Bildung der Vergleichsgruppe entnommen werden: Es handelt sich hierbei um die Gruppe der „Notfallleistenden". Die Stützung des Punktwerts für Notfallleistungen im organisierten Notfalldienst führt daher zur Schlechterstellung der Nichtvertragsärzte und Krankenhäuser. 44

Das BSG hat bisher die Schutzwirkung bei Anwendung des allgemeinen Rechtsgedankens nach § 120 Abs. 3 Satz 2 SGB V betont und auch in sonstigen Entscheidungen in Bezug auf eine Vergütungsminderung die Bedeutung des sachlichen Grundes hervorgehoben.[36] Soweit der besondere Organisations- und Kostenaufwand des organisierten Notfalldienstes entgegengehalten wird, darf nicht vernachlässigt werden, dass auch die Organisation des Notfalldienstes in Krankenhäusern einen erhöhten Aufwand bedeutet.[37] 45

4. Vor- und nachstationäre Behandlung im Krankenhaus (Nr. 4)

Nr. 4 zielt auf die Durchführung der vor- und nachstationären Behandlung im Krankenhaus unter Verweis auf § 115a SGB V (vgl. die Kommentierung zu § 115a SGB V) einschließlich der Wirtschaftlichkeitsprüfung und Missbrauchsverhinderung ab. Aufgrund der Bezugnahme zu § 115a SGB V ermächtigt die Norm zu Ergänzungsregelungen. Neben Regelungen zur Wirtschaftlichkeitsprüfung und Missbrauchsverhinderung kann insbesondere auch der zeitliche Umfang der vor- und nachstationären Krankenhausbehandlung verändert werden, denn der Halbsatz 2 der Norm ermächtigt zu abweichenden Regelungen von § 115a Abs. 2 Satz 1-3 SGB V (vgl. die Kommentierung zu § 115a SGB V Rn. 27). 46

Die Notwendigkeit zur Regelung der Wirtschaftlichkeitsprüfung ergibt sich daraus, dass § 106 SGB V nur die Wirtschaftlichkeit der vertragsärztlichen Versorgung regelt, nicht aber die Krankenhausbehandlung umfasst. 47

Die Verhinderung von Missbrauch kann sich auf die Kontrolle der Verordnung von Krankenhausbehandlung und vorstationäre Diagnostik beziehen. Das gesetzgeberische Ziel der Regelung war ausweislich der Gesetzesbegründung darauf gerichtet, dass Versicherte, die durch einen niedergelassenen Facharzt ausreichend behandelt werden könnten, nicht ins Krankenhaus eingewiesen werden und Krankenhäuser Versicherte, die auch ambulant behandelt werden könnten, nicht aufnehmen, sondern an einen niedergelassenen Arzt verweisen.[38] 48

---

[34] Vgl. hierzu BSG v. 20.12.1995 - 6 RKa 25/95 - juris Rn. 19 - SozR 3-2500 § 120 Nr. 7; BSG v. 19.03.1997 - 6 RKa 61/95 - juris Rn. 18 - SozR 3-1500 § 166 Nr. 6; BSG v. 31.01.2001 - B 6 KA 33/00 R - juris Rn. 21 - SozR 3-2500 § 115 Nr. 1.

[35] LSG Nordrhein-Westfalen v. 19.01.2005 - L 10 KA 11/04 - juris Rn. 33 ff. (nicht rechtskräftig, s. B 6 KA 31/05 R).

[36] BSG v. 13.05.1998 - B 6 KA 41/97 R - juris Rn. 19 - SozR 3-2500 § 120 Nr. 8.

[37] Vgl. hierzu BSG v. 20.12.1995 - 6 RKa 25/95 - juris Rn. 20 - SozR 3-2500 § 120 Nr. 7; BSG v. 19.03.1997 - 6 RKa 61/95 - Leitsatz 6 - juris Rn. 19 - SozR 3-1500 § 166 Nr. 6.

[38] Gesetzentwurf der Fraktionen der CDU/CSU und FDP zum GRG v. 03.05.1988, BT-Drs. 11/223, S. 201 (zu § 123 Abs. 2 SGB V).

5. Allgemeine Bedingungen der ambulanten Krankenhausbehandlung (Nr. 5)

49 Soweit die ambulante Behandlung von Krankenhäusern bzw. Krankenhausärzten durch das SGB V geregelt wurde (s. die §§ 95, 115b, 116 ff. SGB V), kann eine Vertragsregelung nach Nr. 5 diese Behandlung nur konkretisieren. Die Norm begründet keine Zuständigkeit außerhalb der Zulassungs- und Ermächtigungsnormen.

V. Rechtsfolgen

1. Abschluss von Verträgen nach Absatz 1 und 2

50 Nach § 115 Abs. 2 Satz 2 SGB V sind abgeschlossene Verträge ausdrücklich verbindlich (vgl. Rn. 19).

2. Nichtabschluss von Verträgen/Festsetzungen der Landesschiedsstelle (Absatz 3)

51 Scheitert das Zustandekommen von Verträgen insgesamt oder teilweise, wird der Vertragsinhalt von der Landesschiedsstelle (vgl. die Kommentierung zu § 114 SGB V) festgesetzt. Diese entscheidet in Abweichung ihrer in § 114 SGB V geregelten Organisation als sog. **erweiterte Schiedsstelle**, da neben den KK-Vertretern, den Vertretern der zugelassenen Krankenhäuser und den unparteiischen Mitgliedern auch **Vertreter der Vertragsärzte** beteiligt werden. Letztere werden von der KV entsprechend der Zahl der KK- und Krankenhausrepräsentanten bestellt. Das Nähere wird durch die Rechtsverordnung gem. § 114 Abs. 5 SGB V bestimmt.

52 Voraussetzung für die Festsetzung der Landesschiedsstelle ist der **Antrag einer Vertragspartei**. Antragsberechtigt sind somit die KKen, die KV und die Landeskrankenhausgesellschaften bzw. die Vereinigungen der Krankenhausträger.

53 Zur Schiedsvereinbarung s. die Ausführungen zu § 120 Abs. 4 SGB V (vgl. die Kommentierung zu § 120 SGB V Rn. 87).

3. Erlass einer Rechtsverordnung (Absatz 4)

54 Scheitert nicht nur ein Vertrag, sondern auch die Festsetzung durch die sog. erweiterte Landesschiedsstelle bis zum 31.12.1990, so ermächtigte § 115 Abs. 4 SGB V die jeweilige Landesregierung zur Vertragsregelung in der Form einer Rechtsverordnung. Mit Art. 27 GSG wurde die Befugnis zur Regelung durch Rechtsverordnung zunächst dem BMG bzw. nunmehr dem BMGS (mit Zustimmung des Bundesrates) übertragen, soweit die Vertragspartner, die Landesschiedsstelle oder eine Landesregierung ihre Regelungsbefugnis nach § 115 Abs. 1-4 SGB V unterlassen hatten.

55 Solange und soweit eine Rechtsverordnung nicht erlassen war, war den Vertragspartnern bzw. der Landesschiedsstelle eine Regelung möglich (§ 115 Abs. 4 Satz 2 SGB V). Mit Erlass der Rechtsverordnung ist eine Weiterentwicklung des Inhalts durch vertragliche Vereinbarung nicht mehr möglich.[39] Dies ergibt sich aus dem Umkehrschluss des Satzes 2 und aus dem Grundsatz der Geltung einer Norm bis zu ihrer Aufhebung. Maßgeblich ist somit die Aufhebung der Rechtsverordnung durch den Verordnungsgeber zugunsten der Lösung der Vertragspartner.[40]

4. Rahmenempfehlungen zum Inhalt der Verträge (Absatz 5)

56 Nach Absatz 5 sollen grundsätzlich die **Spitzenverbände der KK, die KBV und die DKG oder die Bundesverbände der Krankenhausträger** gemeinsam Rahmenempfehlungen zu den dreiseitigen Verträgen abgeben. Sinn und Zweck ist die Vereinheitlichung und **Koordination der Verträge**, welche auf Landesebene erlassen werden. Als Sollvorschrift zielt die Norm grundsätzlich darauf ab, dass Rahmenempfehlungen zu erlassen sind und nur in atypischen Situationen hiervon abgesehen werden kann.

57 Rahmenempfehlungen sind allerdings nicht unmittelbar verbindlich. Die fehlende rechtliche Bindung reduziert nicht nur ihre Funktion auf die eines Musterentwurfs, sondern modifiziert die Verpflichtungswirkung der Sollvorschrift: Rahmenempfehlungen wurden daher nur in wenigen Fällen getroffen: am 08.08.1990 mit der Thematik „gegenseitige Unterrichtung[41] und Überlassung von Krankenunterlagen" und am 30.01.1991 in Bezug auf die Thematik „Belegarztwesen und Praxiskliniken"[42].

---

[39] So aber *Hess* in: KassKomm, SGB V, § 115 Rn. 17 u. ausführlich *Steege* in: Hauck/Noftz, SGB V, 3/3, 2004, § 115 Rn. 18.

[40] So auch *Steege* in: Hauck/Noftz, SGB V, 3/3, 2004, § 115 Rn. 25.

[41] BKK 1991, 366.

[42] BKK 1991, 365.

§ 115a SGB V Vor- und nachstationäre Behandlung im Krankenhaus

(Fassung vom 20.07.2007, gültig ab 01.08.2007, gültig bis 30.06.2008)

(1) Das Krankenhaus kann bei Verordnung von Krankenhausbehandlung Versicherte in medizinisch geeigneten Fällen ohne Unterkunft und Verpflegung behandeln, um

1. die Erforderlichkeit einer vollstationären Krankenhausbehandlung zu klären oder die vollstationäre Krankenhausbehandlung vorzubereiten (vorstationäre Behandlung) oder

2. im Anschluß an eine vollstationäre Krankenhausbehandlung den Behandlungserfolg zu sichern oder zu festigen (nachstationäre Behandlung).

(2) Die vorstationäre Behandlung ist auf längstens drei Behandlungstage innerhalb von fünf Tagen vor Beginn der stationären Behandlung begrenzt. Die nachstationäre Behandlung darf sieben Behandlungstage innerhalb von 14 Tagen, bei Organübertragungen nach § 9 Abs. 1 des Transplantationsgesetzes drei Monate nach Beendigung der stationären Krankenhausbehandlung nicht überschreiten. Die Frist von 14 Tagen oder drei Monaten kann in medizinisch begründeten Einzelfällen im Einvernehmen mit dem einweisenden Arzt verlängert werden. Kontrolluntersuchungen bei Organübertragungen nach § 9 Abs. 1 des Transplantationsgesetzes dürfen vom Krankenhaus auch nach Beendigung der nachstationären Behandlung fortgeführt werden, um die weitere Krankenbehandlung oder Maßnahmen der Qualitätssicherung wissenschaftlich zu begleiten oder zu unterstützen. Eine notwendige ärztliche Behandlung außerhalb des Krankenhauses während der vor- und nachstationären Behandlung wird im Rahmen des Sicherstellungsauftrags durch die an der vertragsärztlichen Versorgung teilnehmenden Ärzte gewährleistet. Das Krankenhaus hat den einweisenden Arzt über die vor- oder nachstationäre Behandlung sowie diesen und die an der weiteren Krankenbehandlung jeweils beteiligten Ärzte über die Kontrolluntersuchungen und deren Ergebnis unverzüglich zu unterrichten. Die Sätze 2 bis 6 gelten für die Nachbetreuung von Organspendern nach § 8 Abs. 3 Satz 1 des Transplantationsgesetzes entsprechend.

(3) Die Landesverbände der Krankenkassen, die Verbände der Ersatzkassen und der Landesausschuß des Verbandes der privaten Krankenversicherung gemeinsam vereinbaren mit der Landeskrankenhausgesellschaft oder mit den Vereinigungen der Krankenhausträger im Land gemeinsam und im Benehmen mit der kassenärztlichen Vereinigung die Vergütung der Leistungen mit Wirkung für die Vertragsparteien nach § 18 Abs. 2 des Krankenhausfinanzierungsgesetzes. Die Vergütung soll pauschaliert werden und geeignet sein, eine Verminderung der stationären Kosten herbeizuführen. Die Spitzenverbände der Krankenkassen gemeinsam und die Deutsche Krankenhausgesellschaft oder die Bundesverbände der Krankenhausträger gemeinsam geben im Benehmen mit der Kassenärztlichen Bundesvereinigung Empfehlungen zur Vergütung ab. Diese gelten bis zum Inkrafttreten einer Vereinbarung nach Satz 1. Kommt eine Vereinbarung über die Vergütung innerhalb von drei Monaten nicht zustande, nachdem eine Vertragspartei schriftlich zur Aufnahme der Verhandlungen aufgefordert hat, setzt die Schiedsstelle nach § 18a Abs. 1 des Krankenhausfinanzierungsgesetzes auf Antrag einer Vertragspartei oder der zuständigen Landesbehörde die Vergütung fest.

Gliederung

A. Basisinformationen

I. Textgeschichte/Gesetzgebungsmaterialien

1 § 115a SGB V wurde mit Wirkung zum 01.01.1993 durch **Art. 1 Nr. 71 Gesundheitsstrukturgesetz (GSG)** vom 21.12.1992[1] in das SGB V eingefügt. 1997 änderte das **2. GKV-Neuordnungsgesetz** vom 23.06.1997[2] Absatz 3 Satz 5 redaktionell ab. Grund hierfür war die Einführung einer Bundesschiedsstelle nach § 18a KHG, weshalb sich der Gesetzgeber aus Klarstellungsgründen zur Hervorhebung der Zuständigkeit der Landesschiedsstelle veranlasst sah.[3] Das **Transplantationsgesetz (TPG)** vom 05.11.1997[4] erweiterte schließlich Absatz 2 mittels einer speziellen Normierung der poststationären Behandlung, um den besonderen, aus einer Organtransplantation resultierenden Gefahren gerecht zu werden.[5]

II. Vereinbarungen

2 Der gesetzlichen Aufforderung nach § 115a Abs. 3 Satz 3 SGB V zur Abgabe einer Vergütungsempfehlung im Benehmen mit der KBV sind die Spitzenverbände der KK gemeinsam und die DKG bzw. die Bundesverbände der Krankenhausträger zuletzt durch die **„Gemeinsame Empfehlung über die Vergütung für vor- und nachstationäre Behandlung nach § 115a Abs. 3 SGB V vom 30.12.1996“**[6] nachgekommen.

III. Systematische Zusammenhänge

3 Systematisch steht § 115a SGB V innerhalb des Leistungserbringungsrechts zunächst in Zusammenhang mit **§ 115 SGB V** (vgl. die Kommentierung zu § 115 SGB V). Die dreiseitigen nach **Absatz 2 Nr. 4** getroffenen Normenverträge haben lediglich ergänzende Funktion. Das ergibt sich aus der Entstehungsgeschichte des § 115a SGB V: Da Verträge über die Durchführung und Vergütung einer zeitlich begrenzten vor- bzw. nachstationären Behandlung im Krankenhaus auf Grundlage der ursprünglichen zweiseitigen Regelung des § 372 Abs. 4 RVO und der später dreiseitigen Vereinbarung auf Basis des GRG nur in Bayern, Hessen und Niedersachsen abgeschlossen wurden, erließ der GSG-Gesetzgeber § 115a SGB V als eigenständige gesetzliche Regelung.[7]

---

1 BGBl I 1992, 2265, s. auch die amtliche Begründung des Gesetzentwurfs v. 05.11.1992 in BT-Drs. 12/3608, S. 102 zu Nr. 63.
2 BGBl I 1997, 1520.
3 BT-Drs. 13/6087, S. 29.
4 Gesetz über die Spende, Entnahme und Übertragung von Organen vom 23.06.1997, BGBl I 1997, 2631.
5 Vgl. die amtliche Begründung des Gesetzentwurfs v. 16.04.1996 in BT-Drs. 13/4355, S. 32 zu § 21.
6 Vgl. unter der Homepage der Krankenhausgesellschaft Rheinland-Pfalz e.V.: http://www.kgrp.de/files/download/GemEmpfehlung_Vor_und_Nachstationär_1996.pdf.
7 BT-Drs. 12/3608, S. 102 zu Art. 1 Nr. 63 (zu § 115a).

Die spiegelbildliche Vorschrift des Leistungsrechts stellt **§ 39 SGB V** dar (vgl. die Kommentierung zu § 39 SGB V). Sie normiert, dass Krankenhausbehandlung vollstationär, teilstationär, vor- und nachstationär (§ 115a SGB V) und ambulant (§ 115b SGB V) erbracht wird. Die vollstationäre Behandlung steht zu den anderen Behandlungsformen im Verhältnis der **Subsidiarität**: Ein Anspruch der gesetzlich Versicherten auf vollstationäre Behandlung besteht nämlich nach Absatz 1 Satz 2 des § 39 SGB V nur, soweit die Aufnahme nach Prüfung durch das Krankenhaus erforderlich ist, weil das Behandlungsziel nicht durch teil-, vor- oder nachstationäre oder ambulante Behandlung einschließlich häuslicher Krankenhauspflege erreicht werden kann. 4

IV. Ausgewählte Literaturhinweise

Vgl. hierzu auch *Genzel* in: Laufs/Uhlenbruck, Handbuch des Arztrechts, § 87 Rn. 55a; *Grünenwald*, Neue Versorgungsform – Vor- und nachstationäre Behandlung im Krankenhaus, SozVers 1993, 152 f.; *ders.*, Zur Vergütung der vor- und nachstationären Behandlung im Krankenhaus, ZfS 1993, 231 ff.; *Kuhla*, Verhältnis der Ermächtigung gem. § 116 SGB V zur vor- und nachstationären Krankenhausbehandlung, NZS 2002, 461 ff.; *Neubert/Robbers*, Rechtsgrundlagen und Rechtsfragen der vor- und nachstationären Behandlung im Krankenhaus nach § 115a SGB V, KH 1994, 231; *Wagener*, Anm. zu BSG v. 19.06.1996 - 6 RKa 15/95 - KH 1997, 143 ff. 5

B. Auslegung der Norm

I. Regelungsgehalt und Bedeutung der Norm

§ 115a SGB V regelt in Absatz 1 (Rn. 10) die Befugnis zur Krankenhausbehandlung ohne Unterkunft und Verpflegung und umfasst zwei Konstellationen: die vor- und nachstationäre Behandlung. **Vorstationäre Behandlung** kommt bei zweierlei Fallkonstellationen in Betracht: zur Abklärung der Erforderlichkeit einer vollstationären Behandlung oder zur Vorbereitung einer vollstationären Krankenhausbehandlung. **Nachstationäre Behandlung** folgt auf eine stationäre Krankenhausbehandlung und dient der Sicherung oder Festigung des dort gewonnenen Behandlungserfolgs. 6

Beide Formen sind nach Absatz 2 (Rn. 23) an bestimmte **Fristen** (Anzahl von Behandlungstagen) gebunden. Sonderregelungen existieren zu Organtransplantationen. 7

Absatz 3 (Rn. 33) regelt die **Vergütung**. Die Vergütung wird durch Normenvertrag auf Landesebene geregelt. Sie soll pauschaliert werden. Dem gesetzlichen Auftrag nach Satz 3 zur Abgabe von Vergütungsempfehlungen auf Bundesebene sind die Spitzenverbände der KK und DKG im Benehmen mit der KBV nachgekommen (vgl. Rn. 2). Eine Konfliktlösungsregelung enthält Satz 5, der die Möglichkeit zur Vergütungsfestsetzung durch die Landesschiedsstelle nach § 18a KHG gibt. 8

II. Normzweck

Mit § 115a SGB V strebt der Gesetzgeber das Ziel der Vermeidung bzw. Verkürzung der vollstationären Krankenhausbehandlung an. Die beabsichtigte Reduzierung der Bettennutzung und damit der Verminderung des Bettenbedarfs will er durch das Mittel der Verlagerung von diagnostischen und therapeutischen Maßnahmen in die vor- und nachstationäre Phase erreichen.[8] 9

III. Krankenhausbehandlung ohne Unterkunft und Verpflegung (Absatz 1)

1. Tatbestandsvoraussetzungen

Tatbestandsvoraussetzungen zur ambulanten Behandlung durch Krankenhäuser nach § 115a SGB V sind 10

- Verordnung von Krankenhausbehandlung,
- Vorliegen eines medizinisch geeigneten Falls.

Die **Verordnung von Krankenhausbehandlung** richtet sich nach § 73 Abs. 2 Nr. 7 SGB V i.V.m. § 73 Abs. 4 SGB V. Sie setzt voraus, dass eine ambulante Versorgung des gesetzlich Versicherten zur Erzielung des Heil- oder Linderungserfolgs nicht ausreicht. Hat sich der vertragsärztliche Leistungser- 11

---

[8] BT-Drs. 12/3608, S. 102: Zu Art. 1 Nr. 63 (§ 115a).

bringer vom Zustand des Patienten überzeugt und die Notwendigkeit der stationären Behandlung festgestellt, so hat er unter Angabe der Haupt- und Nebendiagnose einschließlich der Gründe für die stationäre Behandlung die Krankenhausbehandlung zu verordnen.[9]

12 Der unbestimmte Rechtsbegriff „**medizinisch geeignete Fälle**" wird konkretisiert durch die beiden gesetzlich genannten Varianten der vorstationären und nachstationären Krankenhausbehandlung. Zu beiden Fallkonstellationen liefert die Norm die entsprechende Legaldefinition:

13 **Vorstationäre Behandlung** i.S.v. § 115a Abs. 1 Nr. 1 SGB V ist entweder auf die Abklärung der Erforderlichkeit eine vollstationären Krankenhausbehandlung oder auf die Vorbereitung einer vollstationären Krankenhausbehandlung gerichtet. Die 2. Alternative ist etwa erfüllt bei Leistungen wie Blutdruckmessung, Röntgen-Thorax-/ Laboruntersuchungen und der Abdrucknahme einer provisorischen Prothese im Rahmen einer Zahnentfernungs-OP.

14 **Nachstationäre Behandlung** nach Nr. 2 dient demgegenüber der Sicherung und der Festigung des Behandlungserfolges im Anschluss an eine vollstationäre Krankenhausbehandlung. Da im Normalfall diese Aufgabe den zugelassenen und ermächtigten vertragsärztlichen Leistungserbringern obliegt, wird man an die Tatbestandsmerkmale „Sicherung und Festigung des Behandlungserfolgs" **besondere Anforderungen** stellen müssen, die eine Nachversorgung durch das Krankenhaus erfordern.[10]

15 Unproblematisch ist das Tatbestandsmerkmal „Verordnung von Krankenhausbehandlung" auch in den Fällen der poststationären Behandlung gegeben und setzt **keine nochmalige Verordnung der poststationären Behandlung** voraus.[11] Nachstationäre Behandlung setzt stationäre Krankenhausbehandlung per se voraus. Ist zur Sicherung der stationären Krankenhausbehandlung eine poststationäre Behandlung erforderlich, ist die Entscheidung des Krankenhausarztes gefordert. Eine erneute Verordnung durch den vertragsärztlichen Leistungserbringer, der sich bereits zum früheren Zeitpunkt für die Notwendigkeit der Krankenhausbehandlung entschieden hat, hieße die gesetzlichen Anforderungen des § 115a SGB V zu übersteigern.

16 Medizinisch geeignete Fälle i.S.d. vor- und nachstationären Behandlung sind damit solche, die im **zeitlichen und sachlichen Zusammenhang** mit einer vollstationären Krankenhausbehandlung stehen. Sie sind dieser vor- oder nachgelagert und nehmen inhaltlich Bezug auf die stationäre Behandlung. Zu den **zeitlichen Fristen** vgl. Absatz 2 (Rn. 23).

17 **Vollstationäre Krankenhausbehandlung** ist die physische u. organisatorische Eingliederung in das spezifische Versorgungssystem eines Krankenhauses und liegt vor, wenn sie sich nach dem Behandlungsplan des Krankenhausarztes zeitlich über mindestens einen Tag und eine Nacht erstreckt. Entscheidend für die vor- und nachstationäre Behandlung ist die **geplante Aufenthaltsdauer** der vollstationären Krankenhausbehandlung grds. **im Zeitpunkt der Aufnahme** des gesetzlich Versicherten. Das Kriterium der geplanten Aufenthaltsdauer hat das BSG aufgrund der Abgrenzungsschwierigkeiten zwischen voll-/teilstationärer und ambulanter Versorgung entwickelt und ist mittlerweile senatsübergreifend ständige Rspr. des BSG.[12]

18 Ausdrücklich entschied der 3. Senat in seinem 2005 ergangenen Urteil, dass der Abbruch einer begonnenen Krankenhausbehandlung „sie nicht nachträglich in eine bloß vorstationäre Maßnahme verändert, die eine Krankenhausbehandlung lediglich vorbereiten soll".[13] Wird daher eine Patientin zwecks Durchführung einer OP stationär aufgenommen, stellt sich aber im Rahmen der operativen Voruntersuchung heraus, dass die OP wegen hohen Blutdrucks der Patientin nicht durchgeführt werden kann und die Patientin zur Einstellung des Blutdrucks in die hausärztliche Behandlung entlassen werden muss, so stellt die bereits durchgeführte Voruntersuchung keinen Fall des § 115a Abs. 1 Nr. 1 Alt. 2 SGB V, sondern einen Abbruch der vollstationären Behandlung dar.

---

[9] Vgl. hierzu auch § 7 Krankenhausbehandlungs-Richtlinien v. 24.03.2003, DÄBl. Heft 2/2004, S. 83 f.

[10] So auch *Degener-Hencke* in: Maaßen/Schermer/Wiegand/Zipperer, SGB V, § 115a Rn. 14, der daher die nachstationäre Behandlung durch Krankenhäuser als Ausnahme sieht, und *Hencke* in: Peters, Handbuch KV (SGB V), § 115a Rn. 2, der zu Recht die Vertragsparteien nach § 115 SGB V gefordert sieht.

[11] So im Ergebnis auch *Steege* in: Hauck/Noftz, SGB V, § 115a Rn. 6.

[12] Vgl. BSG v. 17.03.2005 - B 3 KR 11/04 R - juris Rn. 16 ff. - Soz 4-2500 § 39 Nr. 5; BSG v. 08.09.2004 - B 6 KA 14/03 R - juris Rn. 19 f. - SozR 4-2500 § 39 Nr. 3; BSG v. 04.03.2004 - B 3 KR 4/03 R - juris Rn. 27 ff. - BSGE 92, 223 = SozR 4-2500 § 39 Nr. 1.

[13] Vgl. BSG v. 17.03.2005 - B 3 KR 11/04 R - juris Rn. 19 (mit der Folge, dass der Krankenhausträger nicht nur einen Anspruch auf Vergütung i.H. der vorstationären Pauschale, sondern einen Anspruch auf den tagesgleichen Pflegesatz hatte).

Umgekehrt könne allerdings unter bestimmten Voraussetzungen aus einer als ambulant oder vorstationär geplanten Maßnahme eine stationäre Krankenhausbehandlung werden.[14] Grund hierfür ist, dass der Behandlungsplan und somit die Entscheidung über die Aufenthaltsdauer regelhaft zu Beginn der Behandlung getroffen werde, im Einzelfall auch noch später erfolgen könne.[15] 19

2. Rechtsfolge

Liegen die Tatbestandsvoraussetzungen „Verordnung von Krankenhausbehandlung" einschließlich der medizinisch geeigneten Fallkonstellation in Form einer vor- bzw. nachstationären Behandlungsmöglichkeit vor, so hat der Krankenhausträger vor- bzw. nachstationäre Behandlung als Krankenhausbehandlung zu erbringen. Dies steht zwar im Gegensatz zum Gesetzeswortlaut, welcher ein Ermessen des Krankenhausträgers vorsieht. Das ergibt sich aus dem systematischen Zusammenhang mit § 39 SGB V, der einen abgestuften Anspruch auf Krankenhausbehandlung umfasst. § 115a Abs. 1 SGB V stellt eine Koppelungsvorschrift dar, die bei Bejahung der Tatbestandsvoraussetzungen **kein Ermessen** mehr vorsieht. 20

3. Rechtssystematische Einordnung

Die Leistungen eines Krankenhauses nach § 115a SGB V sind **Krankenhausbehandlungen** und von der vertragsärztlichen Versorgung strikt zu trennen. Neben § 115a SGB V ergibt sich das aus der Leistungsnorm nach § 39 SGB V, nach der Krankenhausbehandlung u.a. auch vor- und nachstationär erbracht wird. Aus § 39 SGB V ergibt sich zugleich, dass es sich um eine **Leistungserbringung eigener Art** handelt[16], welche von der vollstationären, der teilstationären und der ambulanten Krankenhausbehandlung nach § 115b SGB V zu trennen ist. Konsequenterweise sieht § 115a SGB V auch eine eigenständige Vergütungsregelung vor (vgl. Absatz 3, Rn. 33). Soweit der 3. Senat des BSG[17] und *Hencke*[18] Leistungen nach § 115a SGB V der stationären Versorgung zuordnen, dürfte diese Einordnung nicht als abweichende Ansicht[19], sondern als Gegensatz zur vertragsärztlichen Versorgung zu verstehen sein. 21

Zu Überschneidungen mit dem Leistungsbereich der vertragsärztlichen Versorgung kommt es auf zweifache Weise: 22

- Leistungen nach § 115a SGB V können solche sein, die bisher der vertragsärztlichen Versorgung zugeordnet wurden. Dies zeigen Rechtsstreitigkeiten im Bereich der Ermächtigung von Krankenhausärzten: Die Ermächtigung nach § 116 SGB V, welche eine Bedarfssituation voraussetzt, kann durch die Befugnis eines Krankenhauses zur ambulanten Leistungserbringung nach § 115a SGB V beeinflusst werden. So kann der Bedarf für die Ermächtigung eines Chefarztes einer chirurgischen Abteilung zu prä- bzw. postoperativen Leistungen entfallen, wenn mit dem Krankenhaus ein Vertrag über die prä- und nachstationäre Behandlung i.S.d. § 115 SGB V abgeschlossen wird.[20] Grund hierfür ist, dass die Ermächtigung aufgrund des Bedarfsmerkmals subsidiär ist.
- Die Zielgerichtetheit der vor- und nachstationären Versorgung auf die vollstationäre Krankenhausbehandlung kann dazu führen, dass die Zuständigkeit der vertragsärztlichen Leistungserbringer bei Auftreten neuer Diagnosen parallel eröffnet wird (vgl. § 115a Abs. 2 Satz 5 SGB V, vgl. Rn. 28).

IV. Vor- und nachstationäre Versorgung im Einzelnen (Absatz 2)

1. Fristen

Absatz 2 konkretisiert den zeitlichen Zusammenhang der vor- bzw. nachstationären Versorgung, welcher an bestimmte Fristen gebunden ist. Zweck der Befristung ist die Sicherstellung, dass die ambulante vertragsärztliche Versorgung außerhalb des genannten Zeitraums durch die zugelassenen und ermächtigten Leistungserbringer Vorrang hat.[21] 23

---

[14] BSG v. 17.03.2005 - B 3 KR 11/04 R - juris Rn. 19 - SozR 4-2500 § 39 Nr. 5.

[15] BSG v. 17.03.2005 - B 3 KR 11/04 R - juris Rn. 17 - SozR 4-2500 § 39 Nr. 5.

[16] So auch *Degener-Hencke* in: Maaßen/Schermer/Wiegand/Zipperer, SGB V, § 115a Rn. 11 f. 25 f.; *Steege* in: Hauck/Noftz, SGB V, § 115a Rn. 7.

[17] BSG v. 19.06.1996 - 6 RKa 15/95 - juris Rn. 15 - SozR 3-2500 § 116 Nr. 13.

[18] *Hencke* in: Peters, Handbuch KV (SGB V), § 115a, Rn. 2.

[19] So aber *Degener-Hencke* in: Maaßen/Schermer/Wiegand/Zipperer, SGB V, § 115a Rn. 12 u. *Quaas* in: Quaas/Zuck, Medizinrecht, § 25 Rn. 23.

[20] Vgl. BSG v. 19.06.1996 - 6 RKA 15/95 - SozR 3-2500 § 116 Nr. 13.

[21] Vgl. BT-Drs. 12/3608, S. 102.

24 Die **vorstationäre Versorgung** darf längstens **3 Behandlungstage** umfassen. Zugleich muss sie **innerhalb von 5 Tagen** vor dem Beginn der stationären Behandlung erfolgen. Die **nachstationäre Behandlung** ist demgegenüber auf **7 Behandlungstage innerhalb von 14 Tagen** dem Ende der stationären Behandlung begrenzt. Der 14-Tageszeitraum kann aber in medizinisch begründeten Fällen im Einvernehmen mit dem einweisenden Arzt ausgeweitet werden.

25 Die Fristberechnung ist in entsprechender Anwendung des § 64 Abs. 2 SGG und der §§ 186 ff. BGB zu ermitteln. Ist also die vollstationäre Versorgung für den 06.06. vorgesehen, beginnt der prästationäre 5-Tages-Zeitraum am 01.06. um 0.00 Uhr und endet am 05.06. um 24.00 Uhr.

26 Die Fristen bieten zugleich das Differenzierungskriterium für die konkrete Zuordnung einer Leistung zu § 115a SGB V oder zur vertragsärztlichen Versorgung. Maßgeblich ist der typische/regelhafte Behandlungsplan, denn Ausnahmen können lediglich für den Fall der poststationären Versorgung durch gesonderte Absprachen zwischen Krankenhaus und einweisendem Arzt erfasst werden (vgl. § 115a Abs. 2 S. 3 SGB V). Für die CI(=Cochlear-Implantations)-Nachbehandlung gelangte das LSG Schleswig-Holstein zu Recht zu dem Schluss, dass § 115a SGB V keine Anwendung findet, soweit deren Regelbasistherapie ca. einen Monat nach der OP beginnt.[22]

27 Zu beachten ist, dass der Gesetzgeber den Vertragsparteien nach § 115 SGB V die Möglichkeit zur **abweichenden Fristenregelung** gegeben hat (§ 115 Abs. 2 Nr. 4 SGB V, vgl. die Kommentierung zu § 115 SGB V Rn. 46).

2. Notwendige ärztliche Behandlung während der vor- bzw. nachstationären Versorgung

28 Wird während der vor- bzw. nachstationären Versorgung eine ärztliche Behandlung außerhalb des Krankenhauses notwendig, so verweist die Regelung auf die Zuständigkeit der zugelassenen vertragsärztlichen Leistungsererbringer. Die Norm hebt hervor, dass der Sicherstellungsauftrag durch die an der vertragsärztlichen Versorgung teilnehmenden Ärzte gewährleistet ist.

3. Unterrichtungspflichten

29 Satz 6 des Absatzes 2 normiert die Pflicht des Krankenhausträgers zur Unterrichtung des einweisenden Arztes über die vor- bzw. nachstationäre Versorgung.

4. Besonderheiten bei Organtransplantationen

30 Besonderheiten gelten seit dem 01.12.1997 bei vermittlungspflichtigen Organübertragungen nach § 9 TPG. Um Transplantationszentren einen größeren zeitlichen Spielraum zu gewähren[23], kann der Behandlungszeitraum der nachstationären Versorgung bei Transplantationen von Herz, Niere, Leber, Lunge, Bauchspeicheldrüse und Darm (vgl. § 9 TPG) bis zu 3 Monate betragen. Der Gesetzgeber berücksichtigte insoweit die Gefahr plötzlich auftretender Komplikationen, insbesondere der Abstoßung des Transplantats oder anderer gesundheitlicher Störungen.[24] Aufgrund des Gesetzeszwecks der erforderlichen engmaschigen Überwachung[25] kann die Begrenzung auf 7 Behandlungstage keine Wirkung haben.

31 Über die nachstationäre Versorgung hinaus dürfen nach Beendigung der nachstationären Behandlung Kontrolluntersuchungen erfolgen. Als Zweck der Ausnahmevorschrift bezeichnet das Gesetz die Ermöglichung einer wissenschaftlichen Begleitung bzw. Unterstützung der weiteren Krankenbehandlung bzw. der Qualitätssicherungsmaßnahmen.

32 Im Übrigen sieht die Norm die Ausweitung des Gegenstandes und der Adressaten der unter 3. aufgeführten Unterrichtungspflicht (Rn. 29) vor. Adressaten sind zum einen der die Krankenhausbehandlung verordnende Arzt und die weiteren an der Krankenhausbehandlung beteiligten Ärzte. Gegenstand der Unterrichtung ist zum anderen die vor- bzw. nachstationäre Verordnung selbst bzw. die Durchführung und das Ergebnis der Kontrolluntersuchungen.

V. Vergütung (Absatz 3)

33 Leistungen der Krankenhausbehandlung werden grds. nach dem KHG[26] und dem KHEntgG[27] vergütet, soweit es sich um voll- und teilstationäre Leistungen handelt. Da die vor- und nachstationäre Leis-

[22] Schleswig-Holsteinisches LSG v. 27.10.2004 - L 4 KA 2/03 - juris Rn. 42 - MedR 2005, 611.

[23] S. hierzu die Gesetzesbegründung zum Entwurf des TPG v. 16.04.1996, BT-Drs. 13/4355, S. 32: Zu § 21.

[24] S. hierzu die Gesetzesbegründung zum Entwurf des TPG v. 16.04.1996, BT-Drs. 13/4355, S. 32: Zu § 21.

[25] S. hierzu die Gesetzesbegründung zum Entwurf des TPG v. 16.04.1996, BT-Drs. 13/4355, S. 32: Zu § 21.

[26] Gesetz zur wirtschaftlichen Sicherung der Krankenhäuser und zur Regelung der Krankenhauspflegesätze (Krankenhausfinanzierungsgesetz).

[27] Gesetz über die Entgelte für voll- und teilstationäre Krankenhausleistungen (Krankenhausentgeltgesetz).

tungserbringung im Krankenhaus eine Leistungserbringung eigener Art ist (vgl. Rn. 21), sieht § 115a SGB V eine gesonderte Vergütungsregelung durch Normenvertrag vor. Es ist allerdings zu berücksichtigen, dass seit Geltung der DRG's die Kosten der Leistungen nach § 115a SGB V grds. in die Relativgewichte einfließen und somit mit der Fallpauschale abgegolten sind. Zu einer Vergütung unabhängig der Fallpauschalen auf Grundlage der Vereinbarungen nach Satz 1-3 kommt es somit nur noch in besonderen Fällen, etwa wenn eine vollstationäre Leistung nicht erfolgte, weil die Behandlung abgebrochen wurde.

1. Zweiseitiger Normenvertrag (Absatz 3 Sätze 1 und 2)

Die Vergütung der vor- und nachstationären Behandlung vereinbaren die Vertragsparteien auf Landesebene. Es handelt sich hierbei um die im Pflegesatzverfahren nach § 18 KHG beteiligungsfähigen Institutionen. Als Vertragspartner gesetzlich vorgesehen sind insofern auf Versichertenseite 34

- die Landesverbände der KK/Verbände der ErsK/der Landesausschuss des Verbandes der PKV und
- auf Krankenhausträgerseite die Landeskrankenhausgesellschaft oder die Vereinigung der Krankenhausträger im Land.

Unterschiede zum dreiseitigen Normenvertrag des § 115 Abs. 1 SGB V sind somit folgende: Der Landesausschuss des PKV-Verbandes ist am Vertragsabschluss beteiligt. Die KV hingegen wird keine Vertragspartnerin, es ist hier die **Herstellung des Benehmens** mit der **KV** ausreichend. Es genügt insoweit, dass über eine beabsichtigte oder beschlossene Regelung informiert wird, Stellungnahmen der Beteiligten abgeben bzw. empfangen werden und die Entscheidenden den Willen haben, die Belange der anderen Seite zu berücksichtigen.[28] Grund für die Einbeziehung ist die Überschneidung der Leistungsbereiche der Krankenhausbehandlung und vertragsärztliche Versorgung (grds. zum Normenvertrag vgl. die Kommentierung zu § 115 SGB V Rn. 19 ff.). 35

2. Pauschalierung (Absatz 3 Satz 3)

Absatz 3 Satz 2 gibt die Pauschalierung der Vergütung als Sollbestimmung vor, von welcher somit nur in atypischen Fällen abgewichen werden könnte. Gesetzgeberische Zielsetzung ist die Verminderung der stationären Kosten. Im Umkehrschluss aus § 39 Abs. 1 Satz 3 SGB V ergibt sich, dass hierdurch sämtliche Leistungen, die im Einzelfall nach Art und Schwere der Krankheit für die medizinische Versorgung notwendig sind, abgegolten werden: d.h. ärztliche Behandlung, Krankenpflege, die Versorgung mit Arznei-, Heil- und Hilfsmitteln, bzw. die Frührehabilitation im Rahmen der akutstationären Versorgung, ausgenommen Unterkunft und Verpflegung. 36

3. Empfehlung der Spitzenverbände (Absatz 3 Sätze 3-4)

Der gesetzlichen Aufforderung zur Abgabe einer Vergütungsempfehlung **im Benehmen mit der KBV** sind die **Spitzenverbände der KK** gemeinsam und die **DKG** bzw. die Bundesverbände der Krankenhausträger zuletzt durch die „Gemeinsame Empfehlung über die Vergütung für vor- und nachstationäre Behandlung nach § 115a Abs. 3 SGB V vom 30.12.1996" nachgekommen (vgl. Rn. 2). Mit Wirkung seit dem 01.01.1997 regelt sie die Vergütung mittels fachabteilungsbezogenen Pauschalen, welche jeweils getrennt für die vorstationäre (vgl. Anlage 1[29]) und die nachstationäre Behandlung (Anlage 2[30]) niedergelegt wurden. Anlage 3 bestimmt die zusätzlich zu berechnenden Vergütungspauschalen für Leistungen mit medizinisch-technischen Großgeräten.[31] 37

Diese Empfehlungen erhalten eine Geltungsfiktion bis zum In-Kraft-Treten einer konkreten Vergütungsvereinbarung nach Absatz 3 Satz 1 (Rn. 34 ff.). 38

---

[28] Vgl. BSG v. 24.08.1994 - 6 RKa 15/93 - juris Rn. 21 - BSGE 75, 37 = SozR 3-2500 § 85 Nr. 7; vgl. auch BSG v. 09.12.2004 - B 6 KA 44/03 R - juris Rn. 50 - BSGE 94, 50 = SozR 4-2500 § 72 Nr. 2 zur Benehmensherstellung bzgl. § 85 SGB V (unmaßgeblich ist, wenn sich nicht innerhalb der gesetzten bzw. einer angemessenen Zeit geäußert wird).

[29] Vgl. die Pauschalvergütungen zwischen 51,64 € für Leistungen der Neonatologie und 310,87 € für Leistungen der Endokrinologie.

[30] Bzw. vgl. die Pauschalvergütungen zwischen 17,90 € für Leistungen der Allgemeinen Chirurgie und der Nuklearmedizin i.H.v. 330 €.

[31] Wie Computer-Tomographen (CT), Linksherzkatheter-Messplätze (LHM), Hochvoltgeräte oder Positronen-Emissions-Tomographie-Geräte (PET).

4. Schiedsvereinbarung (Absatz 3 Satz 5)

39 Kommt eine Vergütungsvereinbarung innerhalb von 3 Monaten nicht zustande, obwohl eine Vertragspartei hierzu schriftlich aufgefordert hat, kann Antrag auf Festsetzung der Vergütung durch die **Landesschiedsstelle nach § 18a Abs. 1 KHG** gestellt werden. Anrufungsberechtigt ist eine der Vertragsparteien und die zuständige Landesbehörde. Das Anrufungsrecht der Landesbehörde hat der Gesetzgeber wegen der Bedeutung der Entscheidung für das einzelne Krankenhaus vorgesehen.[32]

40 Vgl. hierzu im Einzelnen die Kommentierung zur Schiedsvereinbarung gem. § 120 Abs. 4 SGB V (Kommentierung zu § 120 SGB V Rn. 87). Im Unterschied zu den dortigen Ausführungen ist jedoch zu beachten, dass bei § 115a SGB V die Entscheidung des Gesetzgebers für die Zuständigkeit der Landesschiedsstelle nach § 18a Abs. 1 KHG nicht zu kritisieren ist. Auch ist Gegenstand der Schiedsstellenentscheidung die Pauschalierung der Vergütung, da § 115a Abs. 3 Satz 3 SGB V im Gegensatz zu § 120 Abs. 3 Satz 1 SGB V eine Sollbestimmung ist.

C. Praxishinweise

41 Soweit in der Praxis Krankenhäuser Pauschalvergütungen für postoperative Nachbehandlung an niedergelassene Ärzte zahlen, hatte das OLG Schleswig-Holstein in seinem Urteil vom 04.11.2003 einen Verstoß u.a. gegen § 115a SGB V angenommen und auf die Wettbewerbswidrigkeit i.S.d. § 1 UWG hingewiesen.[33]

[32] BT-Drs. 12/3608, S. 103.

[33] Schleswig-Holsteinisches Oberlandesgericht v. 04.11.2003 - 6 U 17/03 - juris Rn. 19 - NJW 2004, 1745.

§ 115b SGB V Ambulantes Operieren im Krankenhaus

(Fassung vom 26.03.2007, gültig ab 01.04.2007, gültig bis 30.06.2008)

(1) Die Spitzenverbände der Krankenkassen gemeinsam, die Deutsche Krankenhausgesellschaft oder die Bundesverbände der Krankenhausträger gemeinsam und die Kassenärztlichen Bundesvereinigungen vereinbaren

1. einen Katalog ambulant durchführbarer Operationen und sonstiger stationsersetzender Eingriffe,

2. einheitliche Vergütungen für Krankenhäuser und Vertragsärzte.

In der Vereinbarung nach Satz 1 Nr. 1 sind bis zum 31. Dezember 2000 die ambulant durchführbaren Operationen und stationsersetzenden Eingriffe gesondert zu benennen, die in der Regel ambulant durchgeführt werden können, und allgemeine Tatbestände zu bestimmen, bei deren Vorliegen eine stationäre Durchführung erforderlich sein kann. In der Vereinbarung sind die Qualitätsvoraussetzungen nach § 135 Abs. 2 sowie die Richtlinien und Beschlüsse des Gemeinsamen Bundesausschusses nach § 92 Abs. 1 Satz 2 und § 137 zu berücksichtigen.

(2) Die Krankenhäuser sind zur ambulanten Durchführung der in dem Katalog genannten Operationen und stationsersetzenden Eingriffe zugelassen. Hierzu bedarf es einer Mitteilung des Krankenhauses an die Landesverbände der Krankenkassen und die Verbände der Ersatzkassen, die Kassenärztliche Vereinigung und den Zulassungsausschuß (§ 96); die Kassenärztliche Vereinigung unterrichtet die Landeskrankenhausgesellschaft über den Versorgungsgrad in der vertragsärztlichen Versorgung. Das Krankenhaus ist zur Einhaltung des Vertrages nach Absatz 1 verpflichtet. Die Leistungen werden unmittelbar von den Krankenkassen vergütet. Die Prüfung der Wirtschaftlichkeit und Qualität erfolgt durch die Krankenkassen; die Krankenhäuser übermitteln den Krankenkassen die Daten nach § 301, soweit dies für die Erfüllung der Aufgaben der Krankenkassen erforderlich ist.

(3) Kommt eine Vereinbarung nach Absatz 1 ganz oder teilweise nicht zu Stande, wird ihr Inhalt auf Antrag einer Vertragspartei durch das Bundesschiedsamt nach § 89 Abs. 4 festgesetzt. Dieses wird hierzu um Vertreter der Deutschen Krankenhausgesellschaft in der gleichen Zahl erweitert, wie sie jeweils für die Vertreter der Krankenkassen und der Kassenärztlichen Bundesvereinigungen vorgesehen ist (erweitertes Bundesschiedsamt). Das erweiterte Bundesschiedsamt beschließt mit einer Mehrheit von zwei Dritteln der Stimmen der Mitglieder. § 112 Abs. 4 gilt entsprechend.

(4) Bis zum Inkrafttreten einer Regelung nach Absatz 1 oder 3, jedoch längstens bis zum 31. Dezember 1994, sind die Krankenhäuser zur Durchführung ambulanter Operationen auf der Grundlage des einheitlichen Bewertungsmaßstabs (§ 87) berechtigt. Hierzu bedarf es einer Mitteilung des Krankenhauses an die Landesverbände der Krankenkassen und die Verbände der Ersatzkassen, die Kassenärztliche Vereinigung und den Zulassungsausschuß (§ 96), in der die im Krankenhaus ambulant durchführbaren Operationen bezeichnet werden; Absatz 2 Satz 2 zweiter Halbsatz gilt entsprechend. Die Vergütung richtet sich nach dem einheitlichen Bewertungsmaßstab mit den für die Versicherten geltenden Vergütungssätzen. Absatz 2 Satz 4 und 5 gilt entsprechend.

(5) In der Vereinbarung nach Absatz 1 können Regelungen über ein gemeinsames Budget zur Vergütung der ambulanten Operationsleistungen der Krankenhäuser und der Vertragsärzte getroffen werden. Die Mittel sind aus der Gesamtvergütung und den Budgets der zum ambulanten Operieren zugelassenen Krankenhäuser aufzubringen.

Gliederung

A. Basisinformationen

I. Gesetzgebungsmaterialien/Text- und Vertragsgeschichte

1 § 115b SGB V wurde erstmalig mit Wirkung zum 01.01.1993 durch **Art. 1 Nr. 71 des Gesundheitsstrukturgesetzes (GSG)** zum 01.01.1993[1] in das SGB V eingefügt.

2 Art. 1 Nr. 49 des **2. GKV-Neuordnungsgesetzes (2. GKV-NOG)** vom 23.06.1997[2] ergänzte zum 01.07.1997 Absatz 1, indem er als weiteren Vertragsinhalt auch eine Regelung der Qualitätsvoraussetzungen nach § 135 Abs. 2 SGB V und der Richtlinien nach § 135 Abs. 3 SGB V vorsah.

3 Art. 1 Nr. 47 **GKV-Gesundheitsreformgesetz 2000 (GKV-GRG)** vom 22.12.1999[3] fasste die Absätze 1 und 3 neu und änderte Absatz 2 Satz 1 ab. Dies führte einerseits zur Erweiterung der ambulanten Eingriffe über Operationen hinaus auch auf stationsersetzende Eingriffe (Absatz 1). Andererseits sah die Norm für den Fall der Nichteinigung anstelle der ursprünglichen Ermächtigung zum Erlass einer zustimmungsbedürftigen Rechtsverordnung nach Absatz 3 die Kompetenz des Bundesschiedsamts zur Festsetzung des Vertragsinhalts vor.

4 Art. 1 Nr. 84 **GKV-WSG**[4] ersetzte mit Wirkung zum 01.01.2007 die gesetzliche Verpflichtung der Vertragspartner zur Vereinbarung von Maßnahmen zur Sicherung der Qualität und Wirtschaftlichkeit durch die Beachtung der Beschlüsse des G-BA nach § 92 SGB V und § 137 SGB V.

5 Die **Umsetzung** des § 115b SGB V erfolgte **erstmalig durch den AOP-Vertrag 1993**, welcher am 01.04.1993 in Kraft trat.[5] Erst ca. 10 Jahre später kündigte die KBV diesen Vertrag zum 31.12.2003.[6]

6 Der **Neuvertrag 2004** setzte die Änderungen des GKV-GRG um und berücksichtigte neben ambulanten Operationen somit erstmals auch nichtoperative sog. stationsersetzende Eingriffe, so dass eine ambulante Leistungserbringung auch in Bezug auf „nicht schneidende" Fächer berücksichtigt werden konnte. Dieser AOP-Vertrag wurde zunächst von den Spitzenverbänden zum 31.12.2004 gekündigt und per Prolongationsvereinbarung bis zum 31.03.2005 verlängert.[7] Am 18.03.2005 setzte das zwischenzeitlich angerufene sog. erweiterte Bundesschiedsamt den AOP-Vertrag 2005 fest, welcher zum 01.04.2005 in Kraft trat, allerdings durch die DKG bereits zum 01.06.2006 wieder gekündigt wurde. Am 17.08.2006 setzte das erweiterte Bundesschiedsamt mit Wirkung zum 01.10.2006 den AOP-Vertrag 2006 fest, welcher gegenwärtig gilt. Nach § 22 AOP-Vertrag kann die Vereinbarung mit einer Frist von einem Jahr jeweils zum 30.06. oder zum 31.12. eines Jahres durch einen der Vertragspartner erneut gekündigt werden.

---

1 BGBl I 1992, 2606; vgl. BT-Drs. 12/3608, S. 103; BT-Drs. 12/3930, Art. 1 Nr. 63; BT-Drs. 12/3937, S. 15, 37.

2 BGBl I 1997, 1520, 1528; vgl. auch die Beschlussempfehlung des Ausschusses für Gesundheit, BT-Drs. 13/7264, S. 31, 119.

3 Gesetz zur Reform der gesetzlichen Krankenversicherung ab dem Jahr 2000: BGBl I 1999, 2626; vgl. auch den nicht verwirklichten Fraktionsentwurf in BT-Drs. 14/1245, S. 19 f., 84, im Übrigen BT-Drs. 14/2369, S. 26.

4 Gesetz v. 26.03.2007, BGBl I 2007, 378.

5 DÄ 1993, Heft 27, S. C-1293.

6 Vgl. *Rochell/Bunzemeier/Roeder*, KH 2004, 172 (172).

7 http://www.aok-gesundheitspartner.de/inc_ges/download/dl.php/bundesverband/krankenhaus/imperia/md/content/partnerkrankenhaus/pdf2/vereinbarung_115b_ergaenzungsvereinbarung_15_11_2004.pdf.

II. Vereinbarungen

Vereinbarungen: 7

- **Sog. AOP-Vertrag**: Vertrag nach § 115b Abs. 1 SGB V – Ambulantes Operieren und stationsersetzende Eingriffe im Krankenhaus – i.d.F. der Festsetzung des Bundesschiedsamtes vom 17.08.2006[8] (vgl. auch den Vertragsleitfaden der Spitzenverbände der KK[9] und die Umsetzungshinweise der DKG[10]).
- **Sog. AOP-Katalog**: ambulant durchführbare Operationen und sonstige stationsersetzende Eingriffe (Anlage 1 zu § 3 des AOP-Vertrags).[11]
- Statische Verweisung auf Anlage 2 der Gemeinsamen Empfehlungen zum Prüfverfahren nach § 17c KHG: **Katalog der G-AEP-Kriterien.**[12]
- Vereinbarung von **Qualitätssicherungsmaßnahmen** bei ambulanten Operationen und bei sonstigen stationsersetzenden Leistungen gem. § 15 des Vertrags nach § 115b Abs. 1 SGB V.[13]

III. Systematische Zusammenhänge

§ 115b SGB V steht in systematischem Zusammenhang mit der Leistungsnorm des **§ 39 SGB V** (vgl. die Kommentierung zu § 39 SGB V). Entsprechend der vor- und nachstationären Leistungserbringung durch Krankenhäuser nach § 115a SGB V (vgl. die Kommentierung zu § 115a SGB V) handelt es sich um eine Form von Krankenhausbehandlung, welche von der ambulanten vertragsärztlichen Versorgung zu trennen ist. 8

Zur Beachtung qualitativer Voraussetzungen hat die Vereinbarung § 135 Abs. 2 SGB V und § 92 SGB V bzw. § 137 SGB V zu berücksichtigen. 9

Zur teilweisen Anerkennung von Fahrtkosten vgl. § 60 Abs. 2 Nr. 4 SGB V. Zur Vergütung von Leistungen nach § 115b SGB V bei Einbeziehung in den Standard-Basistarif vgl. § 75 Abs. 3a Satz 3 und Abs. 3 b Satz 7 SGB V (vgl. die Kommentierung zu § 75 SGB V). 10

IV. Meldeformular

In Bezug auf die Mitteilungspflicht des Krankenhausträgers nach § 115b Abs. 2 Satz 2 SGB V bzw. § 1 Abs. 2 AOP-Vertrag haben sich die DKG und die Spitzenverbände der KK auf ein einheitliches **Excel-Formular** zur Meldung, Nachmeldung ambulanter Operationen oder zu deren Löschung geeinigt. Anzugeben sind neben der Bezeichnung der Eingriffe der Name des Krankenhauses, Adresse, Institutionskennzeichen (vgl. § 301 Abs. 1 Nr. 2 SGB V) und die Fachabteilungen, in denen die ambulanten Eingriffe durchgeführt werden.[14] 11

V. Ausgewählte Literaturhinweise

DKG, Ambulantes Operieren und stationsersetzende Eingriffe im Krankenhaus nach § 115b SGB V, Materialien und Umsetzungshinweise, 11. Aufl. 2007; *Gurgel,* Kooperation im Rahmen des ambulanten Operierens nach § 115b SGB V, KH 2006, 40 ff.; *Held/Leber/Wolff,* Ambulantes Operieren neu geregelt – Dreiseitiger Vertrag im Schiedsamt entschieden, f&w 2005, 256; *Korthus,* **Abrechnung einer als Fehlbelegung eingestuften stationären Krankenhausbehandlung als ambulante Operation,** KH 2007, 229 f.; *Leber,* Vergütungsfragen, KH 2007, 48 ff.; *Roths/Volkmer/Korthus,* Erbringung und Abrechnung von ambulanten Operationen im Krankenhaus, KH 2005, 571 ff. 12

---

8 Vgl. DÄ 2006, Heft 39, S. A 2578 ff. oder http://www.aerzteblatt.de/v4/archiv/pdf.asp?id=52890.

9 http://www.aok-gesundheitspartner.de/inc_ges/download/dl.php/bundesverband/krankenhaus/imperia/md/content/gesundheitspartner/bund/krankenhaus/ambulantebehandlungen/115b_abs1_vertragsleitfaden_2005_2006.pdf.

10 Vgl. unter http://www.dkgev.de/pdf/1458.pdf.

11 Vgl. http://daris.kbv.de/daris/link.asp?ID=1003741490.

12 Vgl. den Link zur Homepage der DKG: http://www.dkgev.de/pdf/705.pdf.

13 S. DÄ 2006, Heft 40 S. A –2652 ff. oder http://www.aerzteblatt.de/v4/archiv/pdf.asp?id=52957.

14 Vgl. hierzu unter der Homepage der DKG: http://www.dkgev.de/file/1054.zip.

B. Auslegung der Norm

I. Regelungsgehalt und Bedeutung der Norm

13 Gegenstand des § 115b SGB V ist die Normierung einer **Zulassungsoption zugunsten von zugelassenen Krankenhäusern** für den Leistungsbereich der ambulanten Operationen und sonstigen stationsersetzenden Eingriffe. Grundlage ist nach Absatz 1 (Rn. 19) ein Normenvertrag der gemeinsamen Selbstverwaltung auf Bundesebene, der neben der Eingriffskatalogisierung eine einheitliche Vergütung und Maßnahmen zur Sicherung der Qualität umfassen soll. Umgesetzt wurde dies im Wesentlichen mit dem AOP-Vertrag, dem AOP-Katalog und der gesonderten Qualitätssicherungsvereinbarung (vgl. Rn. 7)

14 Nach Absatz 2 (Rn. 31) konkretisiert sich die Zulassung durch eine entsprechende **Mitteilung des Krankenhauses** an die Landesverbände der KK/Verbände der ErsK, die KV und den Zulassungsausschuss. Rechtsfolge ist die Bindung an den Normenvertrag. Die Vergütung erfolgt unmittelbar durch die Krankenkassen. Gleiches soll für die Prüfung der Wirtschaftlichkeit und Qualität gelten.

15 Eine **Konfliktlösungsregelung** enthält Absatz 3 (Rn. 48): Es besteht die Möglichkeit zum Schiedsspruch durch die erweiterte Bundesschiedsstelle auf Antrag einer Vertragspartei, soweit keine oder nur teilweise eine Vereinbarung nach Absatz 1 zustande kommt. Die Festsetzung erfolgt mit einer 2/3-Mehrheit.

16 Absatz 4 (Rn. 53) sah bis zum 31.12.1994 eine Übergangslösung für den Fall des Nichtzustandekommens eines Normenvertrags vor, welche inzwischen obsolet geworden ist.

17 Abschließend regelt Absatz 5 (Rn. 38) das Ermessen der Vertragsparteien zur **gemeinsamen Budgetbildung** in Bezug auf die Vergütung der ambulanten Operationsleistungen für Krankenhäuser und Vertragsärzte, welche bisher jedoch noch nicht umgesetzt wurde.

II. Normzweck

18 Die Zulassung von Krankenhäusern zur Durchführung von ambulanten Operationen berücksichtigt den medizinischen Fortschritt. Vollstationäre Behandlung wird vielfach nicht mehr als erforderlich angesehen.[15] Die Möglichkeit zur ambulanten Behandlung auch im Krankenhaus dient daher dem Patienteninteresse und der Wirtschaftlichkeit.[16] Die Begründung des Gesetzesentwurfs weist ausdrücklich auf die Analysen des Zentralinstituts der kassenärztlichen Versorgung hin, nach welchen im Krankenhaus im operativen Bereich erhebliche Einsparungen möglich sind, wenn vollstationäre Krankenhausbehandlung bei geeigneten Patienten auf das notwendige Maß reduziert und die Patienten ambulant behandelt werden.[17]

III. Dreiseitiger Normenvertrag (Absatz 1)

1. Vertragspartner

19 Vertragspartner der dreiseitigen Vereinbarung sind die Organisationen der gemeinsamen Selbstverwaltung auf **Bundesebene**:
- Spitzenverbände der KK (§ 213 SGB V),
- DKG/Bundesverbände der Krankenhausträger und
- KBV/KBZV (vgl. § 77 Abs. 4 SGB V).

2. Vertragsgegenstand

20 Absatz 1 ermächtigt die Beteiligten zum Abschluss von Vereinbarungen, welche auf die Benennung von ambulant durchführbaren Operationen und sonstigen stationsersetzenden Eingriffen einschließlich der Festlegungen einheitlicher Vergütungen gerichtet sind. Wesentliche Vereinbarungen sind der AOP-Vertrag einschließlich des AOP-Kataloges und die Qualitätssicherungsvereinbarung (vgl. Rn. 7).

21 Ursprünglich bezog sich die Norm ausschließlich auf **ambulante Operationen**. Das GKV-Gesundheitsreformgesetz 2000 dehnte die Regelung auf **sog. sonstige stationsersetzende Eingriffe** aus. Die Begründung des Gesetzentwurfs definiert diese als Eingriffe, „die überwiegend im Rahmen einer voll-

---

[15] BT-Drs. 12/3608, S. 103.

[16] BT-Drs. 12/3608, S. 103.

[17] BT-Drs. 12/3608, S. 102.

bzw. teilstationären Behandlung durchgeführt werden, grundsätzlich jedoch auch ambulant durchgeführt werden können und sich für eine Verlagerung aus der stationären in die ambulante Versorgung eignen"[18]. Gemeint sind hiermit invasive Maßnahmen, wie etwa Herzkatheteruntersuchungen.

Grds. zum Normenvertrag vgl. die Kommentierung zu § 115 SGB V Rn. 19 ff. 22

a. AOP-Vertrag

Der aktuelle „Vertrag nach § 115b SGB V – Ambulantes Operieren und stationsersetzende Eingriffe 23
im Krankenhaus" mit der Kurzbezeichnung „AOP-Vertrag" ist am 01.10.2006 in Kraft getreten.

Die **ambulant durchführbaren Operationen und sog. sonstigen stationsersetzenden Eingriffe**, die 24
in der Regel ambulant durchgeführt werden können, sind nach **Anlage 1** zu § 3 Abs. 1 AOP-Vertrag abschließend aufgeführt.

Soweit § 115b Abs. 1 Satz 2 SGB V über die regelhaft durchführbaren ambulanten Eingriffe auch die 25
Bestimmung der **allgemeinen Tatbestände** fordert, bei deren Vorliegen eine stationäre Durchführung notwendig sein kann, normiert § 3 Abs. 3 AOP-Vertrag seit dem 01.04.2005 eine statische Verweisung auf **Anlage 2** zu den **Gemeinsamen Empfehlungen nach § 17c KHG** i.d.F. vom 15.04.2004[19]. Bisher verwies lediglich eine Protokollnotiz darauf, dass die allgemeinen Tatbestände eine Mindestbasis zu § 17c KHG/§ 275 SGB V sind.[20] Hiernach wurde an allgemein-individuelle Tatbestände (z.B. fehlende sachgerechte Versorgung des Patienten im Haushalt) und an allgemein-morbiditäts-/diagnosebedingte Tatbestände angeknüpft (klinisch relevante Begleiterkrankungen wie etwa Herzinsuffizienz/Überwachungspflichtigkeit von mehr als 8 Stunden nach Beendigung des Eingriffs als postoperatives Risiko bzw. Schwere der Erkrankung wie z.B. akuter Blutverlust bzw. erhöhter Behandlungsaufwand wie assistierte oder kontrollierte Beatmung).[21]

Seit dem 01.04.2005 werden diese Maßstäbe durch die Kriterien A, B, D, E und F, welche die Spitzen- 26
verbände der Krankenkassen und die DKG im **Katalog der G-AEP-Kriterien** (vgl. hierzu Rn. 7) auf Grundlage ihrer Verpflichtung nach § 17c Abs. 4 Satz 9 KHG zur Abgabe einer gemeinsamen Empfehlung zum Prüfverfahren geregelt haben, ersetzt. Die G-AEP-Kriterien sind grundsätzlich auf die bundesweite einheitliche Überprüfung von Fehlbelegung nach § 17c Abs. 1 Nr. 1 KHG innerhalb der Abrechnungsprüfung von Fallpauschalen bzw. Pflegesätzen gerichtet und stellen eine nicht abschließende Positivliste zum Ausschluss unstreitig notwendigerweise vollstationär zu behandelnder Fälle dar. Sie knüpfen an die Schwere der Erkrankung (A 1-12)[22], die Intensität der Behandlung (B 1-5)[23], Komorbiditäten i.V.m. Operationen oder krankenhausspezifischen Maßnahmen (D 1-6)[24], die Notwendigkeit intensiver Betreuung i.V.m. Operationen oder krankenhausspezifischen Maßnahmen (E 1-6)[25] bzw. an soziale Faktoren (F 1-4)[26] an. Auf Basis dieser Kriterien hat der Arzt seine ex-ante-Entscheidung nach ärztlichem Ermessen zu treffen. Bei abweichender Entscheidung ist allerdings die Begründung und Dokumentation notwendig.

Zur Abgrenzung zwischen vollstationären, teilstationären und ambulanten Operationsleistungen ist 27
nach der Rechtsprechung des 3. Senats des BSG die geplante Aufenthaltsdauer entscheidend.[27]

b. AOP-Katalog

Der AOP-Katalog enthält eine **Auflistung der operativen Leistungen**. Strukturbestimmende Merk- 28
male des AOP-Kataloges sind 1. der Einheitliche Bewertungsmaßstab (EBM)[28] und 2. die OPS-Zuordnung.

[18] BT-Drs. 14/1245, zu Nr. 66 (§ 115 b Abs. 1) zu lit. a), S. 84.

[19] http://www.dkgev.de/pdf/1384.pdf.

[20] Zum AOP Vertrag von 2004 vgl. http://www.aok-gesundheitspartner.de/inc_ges/download/dl.php/bundesverband/krankenhaus/imperia/md/content/partnerkrankenhaus/pdf2/115b_abs_1_vertrag_am_op_ab_01_01_04.pdf.

[21] Vgl. die allgemeinen Tatbestände mit Geltung ab dem 01.01.004 bis zum 31.03.2004: http://www.aok-gesundheitspartner.de/inc_ges/download/dl.php/bundesverband/krankenhaus/imperia/md/content/partnerkrankenhaus/pdf2/115b_abs_1_anlage_2_allgemeine_tb_ab_01_01_04.pdf.

[22] Vgl. etwa A 8: Akute/subakute Blutung und/oder interventionsbedürftiger Hämoglobinabfall.

[23] Etwa B 3: Mehrfache Kontrolle der Vitalzeichen, auch mittels Monitor, mind. alle 4 Std.

[24] Z.B. D 2: Schlafapnoe-Syndrom: Anamnestisch bekanntes mittelschweres oder schweres Schlafapnoe-Syndrom.

[25] E 6: Kathetergestützte Schmerztherapie.

[26] F 4: fehlende Versorgungsmöglichkeiten.

[27] S. BSG v. 28.02.2007 – B 3 KR 17/06 R – juris Rn. 16 ff.- SozR 4-2500 § 39 Nr. 8;

[28] S. http://www.kbv.de/ebm2008/EBMGesamt.htm

29 Der AOP-Katalog unterscheidet zunächst Leistungen **innerhalb des Kapitels 31 Anhang 2 EBM (AOP-Katalog Abschnitt 1)** und **außerhalb (AOP-Katalog Abschnitt 2)**. Kapitel 31 EBM regelt die Gebührenordnungspositionen ambulanter Operationen und konservativ orthopädisch-chirurgischer Gebührenordnungspositionen. Anhang 2 zu Kapitel 31 EBM bestimmt die Zuordnung der operativen Prozeduren (OPS) zu den Leistungen des Kapitels 31 (u. Kap. 36). Soweit der EBM mit Anhang 2 zu Kapitel 31 keine Zuordnung trifft, legt Abschnitt 2 des AOP-Kataloges die OPS-Zuordnung fest. Abschnitt 3 des AOP-Kataloges erfasst einige wenige Leistungen, denen keine OPS zugeordnet werden, wie z.B. Leistungen nach § 121a SGB V.

30 Die **OPS-Kodierung der Eingriffe** bezeichnet den Schlüssel für Operationen und sonstige Prozeduren, welchen das Deutsche Institut für Medizinische Dokumentation und Information (DIMDI) ähnlich des Diagnoseschlüssels auf Basis des § 301 Abs. 2 SGB V für Operationen und sonstige Prozeduren entwickelte und fortschreibt. § 301 Abs. 1 Nr. 6 SGB V verpflichtet Krankenhäuser zur Übermittlung von Datum und Art der Operationen und sonstigen Prozeduren unter Anwendung des Prozedurenschlüssels.

IV. Rechtsfolge (Absatz 2)

1. Zulassungsoption von Krankenhäusern

31 Der Vertragsabschluss führt zur **Option der Zulassung** von Krankenhäusern zur ambulanten Durchführung der im AOP-Katalog enthaltenen Leistungen, sofern es sich um zugelassene Krankenhäuser, d.h. als Hochschulkliniken, Plankrankenhäuser oder Krankenhäuser mit Versorgungsvertrag nach § 108 SGB V (vgl. die Kommentierung zu § 108 SGB V) handelt. Will ein Krankenhaus von dieser Option Gebrauch machen, so ist eine **Mitteilung des Krankenhauses**

- an die Landesverbände der KK,
- die Verbände der ErsK,
- die KV und
- den Zulassungsausschuss

erforderlich.

32 Da der AOP-Vertrag die Maschinenlesbarkeit der Anzeige fordert, haben sich die Vertragsparteien auf ein Meldeformular (Rn. 11) geeinigt, welches auf dem vereinbarten Leistungskatalog basiert.[29]

33 Durch die Mitteilung setzt das Krankenhaus die gesetzliche Zulassungsoption um. Es handelt sich um einen **konkretisierenden Akt** zur Festlegung des Leistungserbringers und des Leistungsrahmens; es wird die Mitteilung wirksam im Umfang der in der Mitteilung aufgeführten Operationen.[30] Die Teilnahmeberechtigung nach § 115b SGB V kann jedoch nur für die Leistungen gelten, die Bezug zum Fachgebiet haben, für das das Krankenhaus zur stationären Versorgung zugelassen ist. Deshalb sieht § 1 Abs. 2 AOP-Vertrag die Mitteilung der abteilungsbezogenen Leistungsbereiche vor. Das Krankenhaus kann insoweit alle Operationen anbieten, die in diese Fachbereiche fallen. Dies ergibt sich aus dem Wortlaut des § 115b SGB V und dem systematischen Zusammenhang mit den Landeskrankenhausgesetzen.

34 Zweck der Mitteilung ist nach der Begründung des GSG-Gesetzentwurfs, dass die KK, die KV und der Zulassungsausschuss zur Erfüllung ihrer Verpflichtungen über das Leistungsangebot informiert sind.[31] Auch der KV obliegt eine Unterrichtungspflicht an die jeweilige Landeskrankenhausgesellschaft über den Versorgungsgrad der vertragsärztlichen Versorgung (vgl. § 101 Abs. 1 SGB V). Die Mitteilungspflicht des Krankenhauses und die Unterrichtungspflicht der KV sorgen somit für eine gegenseitige Information über die Versorgungslage im vertragsärztlichen und im Krankenhaus-Lager.

35 **Folge der Zulassung** ist, dass der Krankenhausträger neben den Vertragsärzten zur ambulanten Leistungserbringung in Bezug auf AOP-Katalogsleistungen nicht nur berechtigt, sondern auch verpflichtet ist (soweit im Einzelfall die ambulante OP durch den Krankenhausarzt medizinisch zu befürworten ist). Nicht erforderlich ist eine Überweisung durch Vertragsärzte, wenn auch in der Praxis regelmäßig Vor- und Nachuntersuchungen durch Vertragsärzte und daher auch Überweisungen vorliegen dürften.

---

[29] *Roths/Volkmar/Korthus*, KH 2005, 571, 572.

[30] Vgl. BSG v. 09.06.1999 - B 6 KA 25/98 R - juris Rn. 25 ff. - SozR 3-2500 § 116 Nr. 19.

[31] BT-Drs. 12/3608, S. 103.

Das Tätigwerden eines Krankenhauses nach § 115b SGB V hat **keine Auswirkungen auf die Bedarfsplanung** nach § 101 SGB V (vgl. die Kommentierung zu § 101 SGB V). Krankenhäuser und Vertragsärzte sind in Bezug auf die Durchführung von ambulanten Operationen gleichgestellt. Gesetzestechnisch erfolgt bei beiden die Berechtigung zur Leistungserbringung über den Zulassungsakt. Zu beachten sind jedoch die **Auswirkungen auf bereits erteilte Ermächtigungen**: Operationsleistungen, die ein Krankenhaus in seine Mitteilung aufgenommen hat, schließen eine persönliche Ermächtigung von Krankenhausärzten aus.[32] Aufgrund der vorzunehmenden Bedarfsprüfung ist die Ermächtigung subsidiär (vgl. hierzu die Kommentierung zu § 116 SGB V Rn. 36 ff.). Allerdings kann ein Krankenhaus zugunsten einer bestehenden Ermächtigung eines Krankenhausarztes von der Zulassungsoption nur eingeschränkt Gebrauch machen. Dies stellt keine rechtsmissbräuchliche Umgehung dar.[33] 36

Rechtssystematisch ist die Leistungserbringung des Krankenhauses nach § 115b SGB V nicht als vertragsärztliche Leistung, sondern als **Krankenhausbehandlung eigener Art** einzuordnen. Hierfür spricht der systematische Zusammenhang mit § 39 SGB V und die Tatsache, dass die Vergütung unmittelbar durch die KK und nicht aus der Gesamtvergütung zu zahlen ist. 37

2. Vergütung der AOP-Leistungen

Die Vergütung der AOP-Leistungen erfolgt nach Absatz 2 Satz 4 **unmittelbar durch die KK**. Absatz 1 Satz 1 Nr. 2 sieht eine **einheitliche Vergütung** für Krankenhäuser und Vertragsärzte vor. § 7 AOP-Vertrag normiert insofern die Anknüpfung an den **Einheitlichen Bewertungsmaßstab (EBM**, vgl. die Kommentierung zu § 87 SGB V).[34] 38

Nach § 7 Abs. 1 AOP-Vertrag legen die Gesamtvertragspartner (§ 83 SGB V), d.h. die Landesverbände der KK, die Verbände der ErsK und die KV, den **Punktwert** für alle Leistungen fest. Die Krankenhausseite ist somit nicht an der Punktwertfestlegung beteiligt. 39

Das Abrechnungsverfahren (§ 18 AOP-Vertrag) ist gekennzeichnet durch die **Rechnungsstellung** des Krankenhausträgers gegenüber der jeweiligen KK des GKV-Versicherten innerhalb einer Frist von 4 Wochen nach Abschluss der Leistungserbringung. Es ist ausschließlich eine einheitliche Rechnung zulässig, welche sämtlichen Leistungen umfasst. Innerhalb weiterer 4 Wochen nach Rechnungseingang bei der KV hat diese die Forderung zu erfüllen. Beide Regelungen werden nicht als Ausschlussfristen angesehen.[35] 40

Hierüber hinaus besteht nach § 115b Abs. 5 SGB V ein **Ermessen** der Vertragspartner zur **Budgetvereinbarung**, welches aus der Gesamtvergütung der Vertragsärzte und den Budgets der Krankenhäuser für ambulantes Operieren zu bilden ist. Eine Budgetvereinbarung entspräche dem in Absatz 1 Nr. 2 genannten Grundsatz der einheitlichen Vergütung, welcher bisher durch eine einheitliche Vergütungshöhe, aber getrennte Kostenstellen (KK bzw. KV) umgesetzt wurde. Eine Budgetvereinbarung würde Leistungsverlagerungen[36] zwischen den Bereichen der vertragsärztlichen Versorgung und der Krankenhausbehandlung ermöglichen. Absatz 5 wurde bisher jedoch nicht realisiert. 41

3. Prüfung der Wirtschaftlichkeit/Qualität

Gemäß § 115b Abs. 2 Satz 5 SGB V haben die KK auch die Wirtschaftlichkeits- und Qualitätsprüfungen durchzuführen. 42

§ 16 AOP-Vertrag verweist bezüglich der **Wirtschaftlichkeitsprüfung** auf eine noch zu treffende Vereinbarung, welche bisher nicht abgeschlossen werden konnte. Angesichts des ausdrücklichen Wortlauts und der rechtssystematischen Einordnung findet § 106 Abs. 6 SGB V keine Anwendung.[37] Die Norm, die die Regelungen zur Wirtschaftlichkeitsprüfung nach § 106 SGB V bei ambulanten ärztlichen und belegärztlichen Leistungen im Krankenhaus als anwendbar erklärt, bezieht sich ausschließlich auf Leistungen, welche der vertragsärztlichen Gesamtvergütung zugeordnet werden. Gemeint sind ambulante Krankenhausleistungen bei Belegarzttätigkeit oder etwa auf Basis einer Ermächtigung. 43

---

32 So BSG v. 09.06.1999 - B 6 KA 25/98 R - juris Rn. 27 ff. - SozR 2500 § 116 Nr. 19.

33 BSG v. 09.06.1999 - B 6 KA 25/98 R - juris Rn. 29 - SozR 3-2500 § 116 Nr. 19.

34 Zum Anspruch eines Krankenhauses, welches mangels Mitteilung nicht nach § 115b SGB V zugelassen war, auf Vergütung einer ambulanten OP entsprechend § 812 Abs. 1 Satz 1 Alt. 1 BGB, vgl. BSG v. 04.03.2004 - B 3 KR 4/03 R - juris Rn. 33 ff. mit kritischer Anmerkung von *Trefz*, SGb 2005, 46, 48.

35 Vgl. *Nösser/Korthus*, Rn. 62.

36 So *Hess* in: KassKomm, SGB V, § 115b Rn. 11.

37 Vgl. *Hess* in: KassKomm, SGB V, § 115b Rn. 6.

44 Vereinbarungen zur **Qualitätssicherung** bestehen hingegen. Zentrale Regelung in diesem Zusammenhang ist § 14 AOP-Vertrag, welcher auf den sog. **Facharztstandard** Bezug nimmt. Hiernach können Eingriffe nach § 115b SGB V nur von Fachärzten, unter Assistenz von Fachärzten oder unter deren unmittelbarer Aufsicht und Weisung mit der Möglichkeit des unverzüglichen Eingreifens erbracht werden. Die Regelung knüpft somit an den zivilrechtlichen Maßstab an, nach dem der Behandlungsträger verpflichtet ist, die interne Ablauforganisation so zu regeln, dass in jeder Behandlungsphase der Facharztstandard gewährleistet ist. Gleiches regelt die zwischen den Vertragspartnern abgeschlossene Qualitätssicherungsvereinbarung (§ 4 SGB V).

45 Die bisherige Vereinbarung **von Qualitätssicherungsmaßnahmen** bei ambulanten Operationen und sonstigen stationsersetzenden Leistungen gem. § 15 des Vertrages nach § 115b Abs. 1 SGB V[38], welche zum 31.03.2005 gekündigt wurde, regelte neben allgemeinen Bestimmungen (A.), die u.a. eine Erklärung von Ärzten und Krankenhäusern zur Erfüllung der Anforderungen der Vereinbarung fordert, im Wesentlichen die fachliche Befähigung und Assistenz (B.), die organisatorischen, baulichen, apparativ-technischen und hygienischen Anforderungen einschließlich Notfallsituationen (C.), das Verfahren (D.) und besondere Maßnahmen zur Qualitätssicherung (E.). Die Neuregelung erfasst nunmehr auch die Übertragung der Anforderungen nach den Qualitätssicherungsvereinbarungen nach § 135 Abs. 2 SGB V auf Krankenhäuser (vgl. § 1 SGB V), die Anpassung der Strukturqualität an die Empfehlungen des Robert-Koch-Instituts (RKI) (§ 6 SGB V) und die Etablierung einer datengestützten Qualitätssicherung für ausgewählte Eingriffe des ambulanten Operierens (§ 11 SGB V).

46 Soweit auf § 135 Abs. 2 SGB V verwiesen wird, sind insbesondere die vertragsärztlichen Richtlinien zur Arthroskopie, invasiven Kardiologie, Koloskopie und photodynamischen Therapie auch für die ambulante Behandlung im Krankenhaus relevant. Zu beachten sind die arztbezogenen Mindestfrequenzen für bestimmte Prozeduren. § 15 AOP-Vertrag sieht daher ausdrücklich vor, dass Leistungen, die unter unmittelbarer Aufsicht und Weisung von Fachärzten mit der Möglichkeit des unmittelbaren Eingreifens erbracht werden, von diesen auf die eigene Leistungsfrequenz angerechnet werden können.

47 Die Überprüfung der Einhaltung der auf Bundesebene vereinbarten Qualitätssicherungsmaßnahmen obliegt der **Landeskommission Qualitätssicherung Ambulantes Operieren** gem. § 9 Qualitätssicherungsvereinbarung nach § 115b SGB V.

V. Nichtabschluss von Verträgen/Festsetzungen des Bundesschiedsamtes (Absatz 3)

48 Scheitert das Zustandekommen von Verträgen insgesamt oder teilweise, sieht die Norm die Möglichkeit einer Festsetzung durch das Bundesschiedsamt in seiner Ausgestaltung als **sog. erweitertes Bundesschiedsamt** vor. In der Praxis tritt dieser Fall nach Vertragskündigungen auf (vgl. oben zur Vertragsgeschichte, Rn. 6).

49 Das erweiterte Bundesschiedsamt wird gem. § 89 Abs. 4 SGB V durch die KBV, die Bundesverbände der KK, die Bundesknappschaft und die Verbände der ErsK gebildet. § 115b Abs. 3 Satz 2 SGB V erweitert die Zahl der Mitglieder um Vertreter der **DKG** in gleicher Anzahl, wie sie für Ärzte und KK vorgesehen ist. Hinzu treten ein unabhängiger Vorsitzender und zwei weitere unparteiische Mitglieder.

50 Voraussetzung für die Festsetzung ist der **Antrag einer Vertragspartei**. Antragsberechtigt sind somit die Spitzenverbände der KK, die DKG bzw. die Bundesverbände der Krankenhausträger und die KBV.

51 Der Beschluss des Bundesschiedsamtes führt bei Vorliegen einer 2/3-Mehrheit zur Festsetzung. Die **Festsetzungen** sind zwar **grds. bindend**, können aber binnen Jahresfrist von jeder Vertragspartei gekündigt oder aber – ohne Kündigung – durch erneute Vereinbarung der Vertragsparteien ersetzt werden (§ 115b Abs. 3 Satz 4 SGB V i.V.m. § 112 Abs. 4 SGB V).

52 Vgl. im Einzelnen zur Schiedsstellenvereinbarung auch § 120 Abs. 4 SGB V (vgl. die Kommentierung zu § 120 SGB V Rn. 87).

VI. Übergangsregelung (Absatz 4)

53 Bis zum In-Kraft-Treten der Normenverträge nach Absatz 1, maximal bis zum 31.12.1994, regelte § 115 Abs. 4 SGB V kraft Gesetzes die Zulassungsoption von Krankenhäusern zur Durchführung ambulanter Operationen auf der Grundlage des EBM (§ 87 SGB V). Die Mitteilung der ambulant durchführbaren Operation führte zur Zulassung des Krankenhauses. Mit In-Kraft-Treten des AOP-Vertrags erstmalig zum 01.04.1993 wurde die Norm obsolet.

[38] Vgl. DÄBl. 2003, Heft 37, S. A-2398, Anlage zu Heft 37.

VII. Budgetvereinbarung (Absatz 5)

54 Vgl. hierzu die Ausführungen unter Rn. 42.

C. Reformbestrebungen

55 Beabsichtigt ist zukünftig die Umstellung der Vergütung auf ein **pauschaliertes Entgeltsystem**. Dieses Ziel haben die Vertragspartner bereits seit Jahren in § 20 AOP-Vertrag niedergelegt. Voraussetzung für die Umsetzung ist aber eine entsprechende Ermächtigungsgrundlage des Gesetzgebers für eine Pauschalierung. Entgegen § 115a Abs. 3 Satz 2 SGB V oder § 120 Abs. 3 Satz 2 SGB V sah der Gesetzgeber bisher in § 115b SGB V keine Pauschalierung der Vergütung vor, so dass eine Umsetzung der Regelung abzuwarten bleibt.

§ 115c SGB V Fortsetzung der Arzneimitteltherapie nach Krankenhausbehandlung

(Fassung vom 26.04.2006, gültig ab 01.05.2006)

(1) Ist im Anschluss an eine Krankenhausbehandlung die Verordnung von Arzneimitteln erforderlich, hat das Krankenhaus dem weiterbehandelnden Vertragsarzt die Therapievorschläge unter Verwendung der Wirkstoffbezeichnungen mitzuteilen. Falls preisgünstigere Arzneimittel mit pharmakologisch vergleichbaren Wirkstoffen oder therapeutisch vergleichbarer Wirkung verfügbar sind, ist mindestens ein preisgünstigerer Therapievorschlag anzugeben. Abweichungen in den Fällen der Sätze 1 und 2 sind in medizinisch begründeten Ausnahmefällen zulässig.

(2) Ist im Anschluss an eine Krankenhausbehandlung die Fortsetzung der im Krankenhaus begonnenen Arzneimitteltherapie in der vertragsärztlichen Versorgung für einen längeren Zeitraum notwendig, soll das Krankenhaus bei der Entlassung Arzneimittel anwenden, die auch bei Verordnung in der vertragsärztlichen Versorgung zweckmäßig und wirtschaftlich sind, soweit dies ohne eine Beeinträchtigung der Behandlung im Einzelfall oder ohne eine Verlängerung der Verweildauer möglich ist.

Gliederung

A. Basisinformationen

I. Gesetzgebungsmaterialien

1 § 115c SGB V wurde durch Art. 1 Nr. 3 **Arzneimittelausgaben-Begrenzungsgesetz (AABG)** vom 15.02.2002 in das SGB V mit Wirkung zum 23.02.2002 eingefügt.[1] Die Norm geht zurück auf den Gesetzentwurf der Fraktionen der SPD und BÜNDNIS 90/DIE GRÜNEN v. 16.10.2001[2], welcher durch die Beschlussempfehlung des Ausschusses für Gesundheit (14. Ausschuss) abgeändert wurde.[3] Ursprünglich bezog sich die Ausnahmeregelung des Satzes 3 ausschließlich auf Satz 1. Mittels der Beschlussempfehlung des Gesundheitsausschusses erhielt die Norm ihre aktuelle Ausgestaltung.

II. Systematische Zusammenhänge

2 Die Regelung steht in systematischem Zusammenhang mit der Aut-idem-Regelung der §§ 73, 129 SGB V (vgl. die Kommentierung zu § 73 SGB V und die Kommentierung zu § 129 SGB V). § 129 Abs. 1 Nr. 2 SGB V regelt die Verpflichtung der Apotheken zur Abgabe des preisgünstigsten Arzneimittels, sofern der Vertragsarzt ein Arzneimittel nur unter seiner Wirkstoffbezeichnung verordnet hat oder die Substitution des Arzneimittels durch eine wirkstoffgleiches Arzneimittel auf dem Verordnungsblatt oder in dem elektronischen Verordnungsdatensatz nicht nach § 73 Abs. 5 Satz 2 SGB V ausgeschlossen hat. Die Ausnahme vom Regelfall der Aut-idem-Substitution wird in das Ermessen der Leistungserbringer gestellt. Während jedoch die Aut-idem-Regelung die Handlungsfreiheit des Apothekers im Bereich der verordnungspflichtigen Arzneimittel eröffnet, ist Adressat des § 115c SGB V der Vertragsarzt. § 115c SGB V lässt die Verordnungsfreiheit des vertragsärztlichen Leistungserbringers unberührt. § 115c SGB V hat somit nur informativen Charakter für den Vertragsarzt.

---

1 BGBl I 2002, 684 ff.
2 BT-Drs. 14/7144, S. 5: zu Art. 1 zu Nr. 3 (§ 115c SGB V).
3 BT-Drs. 14/7827, S. 5: Art. 1 Nr. 3.

III. Literaturhinweise

Muckel in: Schnapp/Wigge, Handbuch des Vertragsarztrechts, 2002, § 14 Rn. 5 ff. 3

B. Auslegung der Norm

I. Regelungsgehalt und Bedeutung der Norm

§ 115c SGB V normiert **Mitteilungspflichten des Krankenhausträgers** gegenüber dem Vertragsarzt in Bezug auf eine im Anschluss an die Krankenhausbehandlung erforderliche Arzneimitteltherapie. Erfolgte im Rahmen der stationären Behandlung eine Arzneimittelgabe, deren Fortführung im Anschluss an die Krankenhausbehandlung erforderlich ist, so trifft die Norm Vorgaben zur Art und Weise der Arzneiempfehlungen des Krankenhausträgers gegenüber dem Vertragsarzt. Mangels Kenntnis der Apothekenarzneimittelpreise hat die Norm in der Praxis keine Bedeutung. 4

II. Normzweck

Die Norm will Einfluss nehmen auf die Arzneimitteltherapie innerhalb der vertragsärztlichen Versorgung. Sie setzt an der Schnittstelle des Übergangs der stationären zur ambulanten Versorgung an und macht sich die standardmäßig erforderliche Kommunikation zwischen Krankenhaus und Vertragsarzt zunutze, wonach der Krankenhausträger den weiterbehandelnden Arzt über die stationäre Behandlung in Form eines Entlassungsberichts oder eines vorläufigen ärztlichen Kurzberichts zu informieren hat. Die Regelung versteht sich als eine notwendige Maßnahme zur **Senkung der Arzneimittelausgaben**.[4] § 115c SGB V sollte eine Fixierung der arzneimitteltherapeutischen Folgebehandlung auf einem hohen Preisniveau vermeiden. 5

Hintergrund ist die Marketingstrategie der Pharmaindustrie, welche Krankenhausapotheken preisgünstig mit Großpackungen beliefert. Diese geht davon aus, dass Arzneimittel, welche außerhalb der Krankenhausapotheken teurer abgegeben werden, zur Anschlussbehandlung empfohlen werden.[5] 6

III. Mitteilungspflicht gegenüber dem Vertragsarzt

§ 115c SGB V normiert eine Mitteilungspflicht des Krankenhausträgers gegenüber dem Vertragsarzt. Der Krankenhausträger ist grundsätzlich zur Erstellung eines Entlassungsberichts verpflichtet. Der Therapievorschlag hat 7

- den Wirkstoff zu bezeichnen,
- bei Verfügbarkeit von mehreren Wirkstoffen mindestens ein preisgünstigeres Arzneimittel (wenn vorhanden) anzugeben, wenn
  - die Wirkstoffe pharmakologisch vergleichbar sind oder
  - sie eine therapeutisch vergleichbare Wirkung haben. In medizinisch begründeten Fällen wie etwa bei Arzneimittelunverträglichkeiten sind aufgrund der ärztlichen Therapiefreiheit Ausnahmen sowohl von der Mitteilungspflicht als auch von der Pflicht zur Wirkstoffbezeichnung bzw. der Angabe eines preisgünstigeren Arzneimittels zulässig.

Es entspricht dem medizinischen Standard, dass der seitens des Krankenhauses handelnde Krankenhausarzt nicht nur die Entlassungsdiagnose stellt, sondern den weiterbehandelnden Ärzten begleitende Vorschläge zur Veranlassung begleitender Maßnahmen mitteilt. An dieser Schnittstelle zwischen ambulanter und stationärer Versorgung will das Gesetz die Arzneimitteltherapie regeln und verpflichtet insoweit den Krankenhausträger, dem Vertragsarzt als weiterbehandelndem Arzt Vorschläge zur Arzneimitteltherapie zu unterbreiten. Für den Preisvergleich soll der Arzt nach dem Willen des Gesetzgebers auf die Preisvergleichsliste des G-BA (vgl. § 92 Abs. 1 Nr. 6 SGB V) zurückgreifen.[6] In der Praxis haben sich jedoch die Bedenken von *Hess*[7] verwirklicht, nach der diese den Krankenhausarzt vielfach nicht erreicht. 8

Da § 115c SGB V keinen Sanktionscharakter hat und angesichts der Ausgestaltung als Vorschlagsregelung lediglich **richtungweisende Funktion** haben kann, ist die **Verantwortung des weiterbehandelnden Arztes** umso mehr gefordert. 9

---

[4] BT-Drs. 14/7144, S. 5.

[5] Vgl. *Hess* in: KassKomm, SGB V, § 115 c Rn. 2.

[6] BT-Drs. 14/7144, S. 5 f. zu Art. 1 Nr. 3 (§ 115c SGB V).

[7] Vgl. auch *Hess* in: KassKomm, SGB V, § 115c Rn. 5.

§ 116 SGB V Ambulante Behandlung durch Krankenhausärzte

(Fassung vom 21.12.1992, gültig ab 01.01.1993)

Krankenhausärzte mit abgeschlossener Weiterbildung können mit Zustimmung des Krankenhausträgers vom Zulassungsausschuß (§ 96) zur Teilnahme an der vertragsärztlichen Versorgung der Versicherten ermächtigt werden. Die Ermächtigung ist zu erteilen, soweit und solange eine ausreichende ärztliche Versorgung der Versicherten ohne die besonderen Untersuchungs- und Behandlungsmethoden oder Kenntnisse von hierfür geeigneten Krankenhausärzten nicht sichergestellt wird.

Gliederung

A. Basisinformationen

I. Textgeschichte/Gesetzgebungsmaterialien

1 Die Norm, welche die Einbeziehung von Krankenhausärzten mit Facharztanerkennung in die vertragsärztliche Versorgung regelt, wurde durch das **Gesundheits-Reformgesetz (GRG)** v. 20.12.1988[1] in das SGB V eingeführt und trat zum 01.01.1989 in Kraft.

2 Art. 1 Nr. 72 **Gesundheitsstrukturgesetz (GSG)** vom 21.12.1992 veränderte letztmalig nur redaktionell die Vorschrift mit Wirkung zum 01.01.1993, indem er das Wort „kassenärztlichen" durch „vertragsärztlichen" ersetzte.[2]

II. Vorgängervorschriften

3 Bis zum In-Kraft-Treten des GRG normierte § 368a Abs. 8 RVO den wesentlichen Regelungsgegenstand des § 116 SGB V unter dem **Begriff der Beteiligung**.

4 Das **Gesetz über Kassenarztrecht (GKAR)** vom 17.08.1955[3] sah zunächst vor, dass die angestellten oder im Beamtenverhältnis stehenden **leitenden Krankenhausärzte** (Chefärzte und Leiter selbständiger Fachabteilungen) vom Zulassungsausschuss auf ihren Antrag hin für die Dauer ihrer Tätigkeit an dem Krankenhaus an der (damaligen) kassenärztlichen Versorgung auf Überweisung durch Kassenärzte zu beteiligen sind, sofern eine Beteiligung notwendig ist, um eine ausreichende ärztliche Versorgung der Versicherten zu gewährleisten. Mit Wirkung zum 01.01.1977 regelte **das Krankenversicherungs-Weiterentwicklungsgesetz (KVWG)**[4] nach Art. 1 Nr. 9 lit. a erstmalig auch die unmittelbare Inanspruchnahme.

5 Durch Art. 1 Nr. 31 lit. b **Krankenversicherungs-Kostendämpfungsgesetz (KVKG)** vom 27.06.1977[5] wurde § 368a Abs. 8 RVO schließlich erneut geändert: Einerseits wurde der Adressatenkreis der leitenden Krankenhausärzte auf **andere Krankenhausärzte mit Fachgebietsanerkennung** (nach den berufsrechtlichen Vorschriften) zur Erbringung besonderer ärztlicher Untersuchungsmethoden erweitert. Voraussetzung der Beteiligung blieb aber die Notwendigkeit, eine ausreichende ärztliche Versorgung zu gewährleisten.

---

1 BGBl I 1988, 2477.
2 BGBl I 1992, 2265, 2286.
3 Gesetz über Änderungen von Vorschriften des Zweiten Buches der Reichsversicherungsordnung und zur Ergänzung des Sozialgerichtsgesetzes, BGBl I 1955, 513 ff.
4 Gesetz zur Weiterentwicklung des Kassenarztrechts, BGBl I, 3871.
5 Gesetz zur Dämpfung der Ausgabenentwicklung und zur Strukturverbesserung in der gesetzlichen Krankenversicherung, BGBl I 1977, 1069 ff.

Erstmalig zum 01.01.1977 führte Art. 1 Nr. 9 lit. a **KVWG**[6] unter Fortbestehen der Beteiligung die **Ermächtigung von Ärzten oder ärztlich geleiteten Einrichtungen in besonderen Fällen** ein. Charakteristisch für die Ermächtigung war die Zuständigkeit der KV, welche nach § 31 ZO-Ärzte vom 20.07.1977 weitere Ärzte und ärztlich geleitete Einrichtungen zur Abwendung von Unterversorgung/Versorgung eines begrenzten Personenkreises ermächtigen konnte. Diese Vorschrift wurde durch § 31 Ärzte-ZV/§ 31 Zahnärzte-ZV fortgeführt. 6

III. Systematische Zusammenhänge

§ 116 SGB V ist bedarfsabhängiger Sondertatbestand zur Ermächtigung von Krankenhausärzten. Die Norm steht in systematischem Zusammenhang mit **§ 95 Abs. 1 und 4 SGB V** (vgl. die Kommentierung zu § 95 SGB V). Als Regelung der Ermächtigung von Krankenhausärzten konkretisiert sie Absatz 1, nach welchem die Teilnahme an der vertragsärztlichen Versorgung durch zugelassene Leistungserbringer wie Ärzte und medizinische Versorgungszentren (MVZ) und durch ermächtigte Leistungserbringer wie sonstige Ärzte und ärztlich geleitete Einrichtungen ausgestaltet ist. Absatz 4 des § 95 SGB V regelt demgegenüber die generellen Rechtsfolgen einer Ermächtigung mit Gültigkeit für jeden Ermächtigungstatbestand. Der Ermächtigungsadressat ist zur vertragsärztlichen Leistungserbringung berechtigt und verpflichtet. Im Übrigen ist er an die vertraglichen Regelungen gebunden. 7

Teilidentische Regelung des § 116 SGB V ist **§ 31 Ärzte-ZV/§ 31a Zahnärzte-ZV.** Ursprünglich als Rechtsverordnung auf Basis des **§ 98 Abs. 2 Nr. 11 SGB V** (vgl. die Kommentierung zu § 98 SGB V) durch das BMGS erlassen, ist infolge wiederholter Abänderungen durch den Bundesgesetzgeber die Qualifikation von Ärzte-ZV/Zahnärzte-ZV als formelles Gesetz anerkannt.[7] Über die Rezitierung des Wortlauts hinaus enthalten die Regelungen der Zulassungsverordnungen allgemeine Regelungen, wie etwa die zeitliche und räumliche Bestimmung bzw. die Bestimmung ihrem Umfang nach (Absatz 7 Satz 1). 8

Soweit ein Bedarf in Form von Unterversorgung vorliegt und dieser vom Landesausschuss der Ärzte und KKn anerkannt wurde, treten Krankenhausarzt nach § 116 SGB V und Krankenhausträger nach **§ 116a SGB V** als Leistungserbringer des vertragsärztlichen Bereichs in Konkurrenz zueinander (vgl. die Kommentierung zu § 116a SGB V Rn. 16 f.). 9

Eine Konkurrenzsituation anderer Art entsteht bei Durchführung von ambulanten Operationen nach **§ 115b SGB V** (vgl. die Kommentierung zu § 115b SGB V). Die ärztliche Tätigkeit kann sowohl durch Krankenhäuser (nach den §§ 107, 108 SGB V) als auch durch vertragsärztliche Leistungserbringer nach § 95 SGB V durchgeführt werden. Bei Tätigwerden eines Krankenhauses handelt es sich um Krankenhausbehandlung eigener Art (vgl. die Kommentierung zu § 115b SGB V Rn. 38), im Übrigen um ambulante vertragsärztliche Behandlung. Für die Bedarfsbeurteilung einer Ermächtigung ist von Bedeutung, ob der Bedarf zur Durchführung der ambulanten Operationen bereits durch Vertragsärzte und Krankenhäuser gedeckt ist (vgl. die Kommentierung zu § 115b SGB V Rn. 36). 10

Keine Konkurrenzsituation entsteht durch **§ 115a SGB V** (vgl. die Kommentierung zu § 115a SGB V). Prä- und poststationäre Leistungen sind ebenfalls Krankenhausbehandlungen eigener Art und fallen innerhalb der gesetzlichen Fristen in den ausschließlichen Zuständigkeitsbereich von Krankenhäusern. 11

Zur **Vergütung** der Leistungserbringung vgl. **§ 120 Abs. 1 und 5 SGB V** (vgl. die Kommentierung zu § 120 SGB V Rn. 26 ff. und die Kommentierung zu § 120 SGB V Rn. 106 ff.). 12

Zwischen den Teilnahmeformen Zulassung und Ermächtigung besteht ein rangförmiges Verhältnis[8]: Priorität hat die Zulassung nach **§ 95 Abs. 1 und 3 SGB V**, welche zur umfassenden vertragsärztlichen Leistungserbringung innerhalb eines Fachgebiets berechtigt. Ein weiteres rangförmiges Verhältnis hat das BSG in Bezug auf persönliche Ermächtigungen nach § 116 SGB V im Verhältnis zu Ermächtigungen nach § 31 Ärzte-ZV festgestellt. Gleiches gilt für das Verhältnis persönlicher Ermächtigungen und 13

---

[6] Gesetz zur Weiterentwicklung des Kassenarztrechts, BGBl I, 3871.

[7] Vgl. BSG v. 16.07.2003 - B 6 KA 34/02 R - juris Rn. 16 ff. - SozR 4-5520 § 33 Nr. 2. Neben der Wiederholung und Konkretisierung der Voraussetzungen der Ermächtigung von Krankenhausärzten wird hier auch die Ermächtigung weiterer Ärzte, insbesondere in Krankenhäusern und Einrichtungen der beruflichen Rehabilitation oder in besonderen Fällen in ärztlich geleiteten Einrichtungen (§ 31 Ärzte-ZV/§ 31 Zahnärzte-ZV) geregelt. Im Gegensatz zu § 116 SGB V erfasst letztere Norm nicht ausschließlich Krankenhausärzte mit abgeschlossener Weiterbildung, sondern neben ärztlich geleiteten Einrichtungen sämtliche Ärzte, d.h. auch Assistenzärzte des Krankenhauses.

[8] Vgl. hierzu BSG v. 02.10.1996 - 6 RKa 73/95 - BSGE 79, 159 = SozR 3-5520 § 31 Nr. 8; BSG v. 01.07.1998 - B 6 KA 43/97 R - SozR 3-5520 § 31 Nr. 9.

Institutsermächtigungen nach § 31 Ärzte-ZV, wobei die hierauf gerichtete Rechtsprechung von der seit 01.01.2004 bestehenden Möglichkeit der Zulassung von ärztlich-geleiteten Einrichtungen in Form von MVZ beeinflusst werden dürfte (vgl. § 95 Abs. 1 SGB V).

IV. Ausgewählte Literaturhinweise

14 *Andreas*, Anm. zu BVerfG v. 17.08.2004 - 1 BvR 378/00 - ArztR 2005, 160; *Beeretz,* Konkurrenzschutz bei Zulassungen, ZMGR 2005, 311 ff.; *Jolitz*, Delegationsfähigkeit vertragsärztlicher Leistungen durch gemäß § 116 SGB V ermächtigte Krankenhausärzte, MedR 2003, 340; *Klöcker*, Anm. zu BSG v. 09.06.1999 - B 6 KA 25/98 R - KH 2000, 120 f.; *Kuhla,* Persönliche Ermächtigung des Krankenhausarztes bei ambulanten Behandlungen sozialversicherter Patienten, MedR 2003, 25 ff., *Kuhla*, Verhältnis der Ermächtigung gem. § 116 SGB V zur vor- und nachstationären Krankenhausbehandlung, NZS 2002, 461 ff.; *Nix*, Anm. zu BVerfG v. 17.08.2004 - 1 BvR 378/00 - SGb 2005, 63; *Quaas* in: Quaas/Zuck, Medizinrecht, § 15 Rn. 61 ff.; *Schiller*, Zur Beschränkung der Ermächtigung von Krankenhausärzten auf Überweisung durch niedergelassene Fachkollegen, MedR 1993, 409 ff.; *Steinhilper*, Persönliche Leistungserbringung des ermächtigten Krankenhausarztes, MedR 2003, 339 f.; *Steinhilper*, Anm. zu BVerfG v. 17.08.2004 - 1 BvR 378/00 - MedR 2004, 682 ff.

B. Auslegung der Norm

I. Regelungsgehalt und Bedeutung der Norm

15 § 116 SGB V regelt die **bedarfsabhängige Ermächtigung** von Krankenhausärzten (Rn. 18), welche nach berufsrechtlichen Vorschriften über eine Weiterbildung (Rn. 21) in Form einer Facharztanerkennung i.S.d. ärztlichen Berufsrechts der Bundesländer verfügen. Tatbestandsvoraussetzung ist das Vorliegen einer Versorgungslücke (Rn. 25). Besteht diese, so besteht ein Rechtsanspruch des Krankenhausarztes auf Ermächtigung.

16 § 116 SGB V regelt somit die **persönliche Ermächtigung** im Gegensatz zur Institutsermächtigung. Persönliche Ermächtigungen wurden mit Stand zum 31.12.2004 im gesamten Bundesgebiet 10.994 Ärzten erteilt, somit 9,4% aller zugelassenen und ermächtigten Ärzte.[9] Betrachtet man die jeweilige Anzahl in den einzelnen Fachgruppen, so scheinen die größten Bedarfslücken in den Fachgebieten der Inneren Medizin (2.793 ermächtigte Ärzte), der Chirurgie (1894 ermächtigte Ärzte) und der Anästhesie (1026 ermächtigte Ärzte) zu existieren.[10]

II. Normzweck

17 Normzweck des § 116 SGB V ist die **Sicherstellung der vertragsärztlichen Versorgung.** Die amtliche Begründung zum Gesetzentwurf der Fraktionen der CDU/CSU und F.D.P.[11] bringt deutlich zum Ausdruck, dass der Anspruch auf Ermächtigung nur so lange gegeben ist, als die Versorgungslücke nicht durch niedergelassene Leistungserbringer geschlossen werden kann. In Bezug auf die Bedarfsdeckung ist es Anliegen der Norm, das Potenzial von Krankenhausärzten, welche an der Sicherstellung der stationären Versorgung beteiligt sind, in begrenztem Ausmaß – nämlich entsprechend dem Bedarf – der ambulanten vertragsärztlichen Versorgung zuzuführen. Das wird durch die Formulierung „besondere Untersuchungs- und Behandlungsmethoden oder Kenntnisse" deutlich.

III. Tatbestandsmerkmale

1. Ermächtigungsadressat

a. Krankenhausarzt

18 Der Begriff des Krankenhausarztes umfasst grundsätzlich nach dem Wortlaut sämtliche Ärzte eines Krankenhauses. Die Weite des Wortlauts reduziert sich unter Hinzuziehung des Normzwecks. Über die

[9] Vgl. KBV, Ergebnisse der Ärztestatistik zum 31.12.2004, unter www.kbv.de (im Vergleich zu 116.990 Vertragsärzten).

[10] Die Statistik differenziert zwar nicht zwischen den Ermächtigungstatbeständen, es ist aber davon auszugehen, dass es sich bei den meisten ermächtigten Ärzten um Krankenhausärzte i.S.d. § 116 SGB V handeln dürfte.

[11] BT-Drs. 11/2237 zu § 124.

Leistungsverpflichtung des Krankenhauses zur stationären Versorgung hinaus sollen Ärzte des Krankenhauses in die vertragsärztliche Versorgung einbezogen werden. Krankenhausärzte sind somit sämtliche Krankenhausärzte, die aufgrund des Versorgungsauftrags des Krankenhauses zum Einsatz gelangen und zu dessen Erfüllung beitragen. Das bestätigt sich auch daraus, dass die Norm die Zustimmung des Krankenhausträgers, welcher für den konkreten Versorgungsauftrag verantwortlich ist, nach Satz 2 voraussetzt.

Unwesentlich ist zwar die Position etwa als Chefarzt oder Oberarzt, ob aber auch der **nebenberuflich tätige Arzt** die Voraussetzung des § 116 SGB V erfüllt, ist entsprechend auszulegen.[12] Mit der Ausweitung der Leistungserbringung des Krankenhauses erweitert sich auch das Spektrum der Krankenhausärzte. Während früher Krankenhausarzt ausschließlich der Arzt mit Anstellungsverhältnis zum Krankenhaus war, wird zunehmend auch der durch freie Mitarbeit eingesetzte Arzt in das Krankenhaus integriert. Normalfall des Tatbestandsmerkmals „Krankenhausarzt" ist jeder Arzt, der Krankenhausleistungen in Bezug auf den Versorgungsauftrag des Krankenhauses erbringt, auch der nebenberuflich tätige Arzt wird daher als Krankenhausarzt anzuerkennen sein, soweit sein Beitrag in Bezug auf die Erfüllung des Versorgungsauftrags des Krankenhauses nicht völlig untergeordnet ist. 19

Kein Krankenhausarzt ist jedenfalls der **Konsiliararzt,** der zur Krankenhausbehandlung hinzugezogen wird. Zur Krankenhausleistung zählen zwar nach § 2 Abs. 2 Nr. 2 KHEntgG auch die vom Krankenhaus veranlassten Leistungen Dritter. Da der Konsiliararzt Leistungen außerhalb des Versorgungsauftrags des Krankenhauses erbringt, ist er im Verhältnis zum Krankenhaus als Dritter zu qualifizieren. Gleiches gilt auch für den **Belegarzt**, der einen eigenen Versorgungsauftrag erfüllt (§ 121 SGB V) und nicht den des Krankenhauses.[13] 20

b. Abgeschlossene Weiterbildung

Der Abschluss der Weiterbildung richtet sich nach Vorschriften des Ärztlichen Berufsrechts. Aufgrund der Gesetzgebungskompetenz der Länder handelt es sich um **Landesrecht**. Die jeweiligen Heilberufsgesetze/Heilkundekammergesetze verlagern die Zuständigkeit zur Normierung der Weiterbildung auf die Ärztekammern, welche **Weiterbildungsordnungen und Richtlinien**[14] erlassen haben. Ärzte haben zum Erwerb einer Gebietsanerkennung und zum Führen der Facharztbezeichnung eine Weiterbildung je nach Bundesland/Ärztekammerbezirk und ärztlichem Fachgebiet zwischen 3 und 7 Jahren zu absolvieren. Den Abschluss der Weiterbildung kennzeichnet eine Prüfung bei der Ärztekammer. Hiernach erlangt er die Befugnis zum Führen einer Gebietsbezeichnung und darf sich „Facharzt für ..." nennen. 21

Das Kriterium führt somit zur Gleichstellung zwischen ermächtigtem und zugelassenem Leistungserbringer. Auch der Vertragsarzt muss über eine Gebietsanerkennung verfügen (vgl. § 95 Abs. 2 i.V.m. § 95a Abs. 1 SGB V). 22

c. Zustimmung des Krankenhausträgers

Der Krankenhausträger muss seine Zustimmung zur Ermächtigung erteilen (zur Schriftform vgl. § 31a Abs. 2 Satz 2 Ärzte-ZV/§ 31a Abs. 2 Satz 2 Zahnärzte-ZV). Das ergibt sich aus der Notwendigkeit, dass der Krankenhausträger einen Versorgungsauftrag zu erfüllen hat. Ist dieser nicht gefährdet, so kann der Krankenhausträger die Zustimmung nicht verweigern. Bei der Beurteilung können die Grundsätze zur Nebentätigkeitsgenehmigung Anwendung finden. 23

d. Weitere Anforderungen

Des Weiteren fordert § 116 SGB V die **Geeignetheit des Arztes** (vgl. hierzu auch § 31a Abs. 3 Ärzte-ZV/§ 31a Abs. 3 Zahnärzte-ZV, § 31 Abs. 8 Ärzte-ZV/§ 31 Abs. 8 Zahnärzte-ZV). Hierüber hinaus ist grds. auch die **Altersgrenze von 55 Jahren** zu berücksichtigen (§ 31a Abs. 3 Ärzte-ZV/§ 31a Abs. 3 Zahnärzte-ZV, § 31 Abs. 9 Ärzte-ZV/§ 31 Abs. 9 Zahnärzte-ZV i.V.m. § 98 Abs. 2 Nr. 12 SGB V).[15] 24

---

[12] A.A. *Hencke* in: Peters, Handbuch KV (SGB V), § 116 Rn. 2, der die hauptamtliche Tätigkeit fordert. So auch LSG Baden-Württemberg v. 20.08.2003 - L 5 KR 3769/02 (nicht rechtskräftig: B 6 KA 105/03).

[13] Vgl. auch *Hencke* in: Peters, Handbuch KV (SGB V), § 116 Rn. 2, der auf den Ermächtigungstatbestand nach § 31 Ärzte-ZV/§ 31 Zahnärzte-ZV hinweist.

[14] Vgl. hierzu die (nicht rechtsgültige) Muster-WBO, abgedruckt in: *Engelmann*, Aichberger, Ergänzungsband Nr. 1420.

[15] Welche ebenfalls für Ärzte gilt, welche eine vertragsärztliche Zulassung begehren (vgl. § 25 Ärzte-ZV/§ 25 Zahnärzte-ZV).

2. Bedarf

25 Tatbestandsmerkmal des § 116 SGB V ist die fehlende Sicherstellung einer ausreichenden ärztlichen Versorgung. Das erfordert die Feststellung einer Versorgungslücke durch eine Bedarfsanalyse im Versorgungsbereich. Es ist zwischen dem quantitativen und qualitativen Bedarf zu unterscheiden.

a. Quantitativ-allgemeiner Bedarf

26 Ein **quantitativ-allgemeiner Bedarf** liegt vor, wenn für das jeweilige Fachgebiet keine ausreichende Zahl von Vertragsärzten zur Verfügung steht.[16] Beurteilungsgrundlage sind nach ständiger Rechtsprechung die Sollzahlen des für den Planungsbereich maßgebenden Bedarfsplans, da sich der quantitative Bedarf ansonsten nicht zuverlässig ermitteln lässt.[17] Maßgeblich ist die Gruppe der jeweiligen Gebietsärzte, nicht aber der Bedarf in den Teilgebieten.[18]

b. Qualitativ-spezieller Bedarf

27 **Qualitativ-spezieller Bedarf** liegt vor, wenn Leistungen, die spezielle Kenntnisse und Erfahrungen voraussetzen, von den Vertragsärzten nicht oder in nicht erforderlichem Umfang erbracht werden.[19] Grundlage hierfür ist der Wortlaut des § 116 SGB V, der die Untersuchung fordert, ob die vertragsärztliche Versorgung ohne die besonderen Untersuchungs- und Behandlungsmethoden nicht sichergestellt wird.

28 Aufgrund der vielen überversorgten Gebiete basiert die Ermächtigung in der Praxis auf einem qualitativen Bedarf. Dieser ist nicht bereits dann anzunehmen, wenn der Krankenhausarzt betont, dass er im Vergleich zu den niedergelassenen Vertragsärzten höher qualifiziert ist. Die Rechtsprechung des BSG geht von der Typik des Arztberufs aus und mutmaßt, dass jeder Vertragsarzt aufgrund seines Aus- und Weiterbildungsstandes gleich qualifiziert ist,[20] wobei sich dieser nicht nach dem wissenschaftlichen Höchststand richtet.[21] Auch in Bezug auf die Diagnose und Therapie seltener Erkrankungen, schwieriger oder komplexer Krankheitsbilder sind die Vertragsärzte grds. zur Versorgungssicherstellung in der Lage.[22] **Besondere Kenntnisse und Erfahrungen** führen grds. nur dann zu einer Ermächtigung, wenn sie sich in einem **besonderen Leistungsangebot** niederschlagen, welches bei den Vertragsärzten nicht oder nicht ausreichend angeboten wird.[23] Soweit die Norm auf Kenntnisse abstellt, wird die Ermächtigung zur konsiliarischen Beratung der Vertragsärzte ermöglicht, falls ein entsprechender Bedarf besteht.[24] Will der Arzt ein besonderes Leistungsangebot geltend machen, muss er es detailliert darlegen.[25]

29 Teil der Bedarfsprüfung ist auch die Überprüfung des Bedarfs in Bezug auf eine unmittelbare Inanspruchnahme durch den GKV-Versicherten oder auf **Überweisung** durch Vertragsärzte (vgl. die §§ 31a Abs. 3, § 31 Abs. 7 Satz 2 Ärzte-ZV/Zahnärzte-ZV).[26] Der Normzweck berücksichtigt hier die Vorrangstellung einer Zulassung. Entstehen aber durch die Zwischenschaltung des Gebietsarztes Verzögerungen und Kosten, obwohl von vornherein feststeht, dass dieser die erforderliche Leistung nicht erbringen kann, so ist die Bindung an die Überweisung unzulässig.[27]

[16] BSG v. 14.07.1993 - 6 Rka 71/91 - juris Rn. 19 - SozR 3-2500 § 116 Nr. 4.

[17] Vgl. dazu: BSG v. 23.05.1984 - 6 Rka 21/83 - juris Rn. 17 - BSGE 56, 295, 301 = SozR5520 § 29 Nr. 4.

[18] BSG v. 14.07.1993 - 6 Rka 71/91 - juris Rn. 19 - BSGE 73, 25, 29 = SozR 3-2500 § 116 Nr. 4; vgl. zur eigenen Arztgruppe der Phoniater und Pädaudiologen nach der WBO der Ärztekammer Nds., derzufolge die Leistungserbringung von HNO-Ärzten unberücksichtigt zu bleiben hat: LSG Niedersachsen-Bremen v. 09.02.2005 - L 3 KA 290/03 - juris Rn. 27 - MedR 2005, 559, 560.

[19] Vgl. etwa BSG v. 30.01.2002 - B 6 Ka 12/01 R - juris Rn. 21 ff. - SozR 3-2500 § 116 Nr. 24: Kein Bedarf zur Ermächtigung eines Radiologen mit Praxissitz am Krankenhaus zur Durchführung von Röntgenleistungen auf Überweisung der ermächtigten Krankenhausärzte, die die Röntgenleistung zur weiteren Diagnostik benötigen.

[20] Vgl. etwa BSG v. 06.06.1984 - 6 Rka 7/83 - juris Rn. 22 - SozR 5520 § 29 Nr. 5.

[21] BSG v. 16.10.1991 - 6 RKa 37/90 - juris Rn. 56 f. - SozR 3-2500 § 116 Nr. 1.

[22] BSG v. 15.03.1995 - 6 RKa 27/94 - juris Rn. 14 - SozR 3-2500 § 116 Nr. 12.

[23] Vgl. BSG v. 27.06.2001 - B 6 KA 39/00 R - juris Rn. 18.

[24] BSG v. 16.10.1991 - 6 RKa 37/90 - juris Rn. 59 - SozR 3-2500 § 116 Nr. 1: zu bes. Kenntnissen in der Tumornachsorge.

[25] BSG v. 16.10.1991 - 6 RKa 37/90 - juris Rn. 59 - SozR 3-2500 § 116 Nr. 1; BSG v. 22.06.1994 - 6 Rka 21/92 - juris Rn. 23 - SozR 3-2500 § 116 Nr. 6.

[26] Vgl. hierzu BSG v. 22.06.1994 - 6 Rka 21/92 - juris Rn. 25 - SozR 3-2500 § 116 Nr. 6: hier Überweisung durch Gebietsärzte.

[27] BSG v. 20.04.1998 - B 6 KA 36/97 B - juris Rn. 7.

Die Bindung der Überweisung durch **Ärzte desselben Fachgebiets** ist grds. nach der BSG-Rechtsprechung unzulässig; **Ausnahme** ist, wenn ein Bedarf der Leistungserbringer an den **besonderen Kenntnissen und Erfahrungen** des Ermächtigungsadressaten besteht.[28] Ist ein Bedarf zur konsiliarischen Beratung (vgl. Rn. 28) der Vertragsärzte zu bejahen, so kommt eine Ermächtigung auf Überweisung von Vertragsärzten mit derselben Gebietsbezeichnung in Betracht. Problematisch ist die Bindung an eine namentliche Überweisung: Trotz Bedenken wegen des Rechts des GKV-Versicherten auf freie Arztwahl erachtete das BSG dies als zulässig, soweit ein Bedarf der überweisenden Vertragsärzte bestünde.[29] 30

c. Ermittlung der Bedarfssituation

Die Zulassungsgremien sind zur vollen Überprüfung in tatsächlicher und rechtlicher Hinsicht verpflichtet. **Faktoren zur Ermittlung der Bedarfssituation**[30] sind etwa: 31

- Anzahl und Leistungsangebot der zugelassenen und ermächtigten Leistungserbringer,
- Art und Umfang der Inanspruchnahme der Leistungserbringer/Wartezeiten,
- Umfang und räumliche Verteilung der Nachfrage aufgrund der vorhandenen Verkehrsanbindungen,
- Bevölkerungsdichte/Bevölkerungsstruktur/Morbidität der Bevölkerung,
- Mitteilungen ambulanter Operationen durch Krankenhäuser nach § 115b SGB V, soweit diese Gegenstand der Ermächtigung sein sollen.

Die Ermittlung durch **Befragung** aller Vertragsärzte nach ihrem Leistungsangebot und der Aufnahmekapazität ist zulässig.[31] Aufgrund der Konkurrenzsituation ist eine **sorgfältige Auswertung** durch die Zulassungsgremien vorzunehmen und soweit möglich durch weitere Ermittlungen zu verobjektivieren.[32] Erforderlich ist etwa die Beiziehung von **Häufigkeitsstatistiken** der Honorarbescheide, die aktuell sein müssen.[33] Es kann auch auf statistische Erhebungen zurückgegriffen werden, wobei jedoch zu berücksichtigen ist, ob Besonderheiten des Planungsbereichs durch Ausübung des Beurteilungsspielraums Rechnung zu tragen ist.[34] Die Ermittlungen dürfen sich auf die gesamte jeweilige Gruppe der Gebietsärzte beziehen, die nach dem einschlägigen Weiterbildungsrecht befugt sind, die Leistungen eines streitigen Teilgebiets zu erbringen.[35] 32

Zur Feststellung eines qualitativ-speziellen Bedarfs können die Maßstäbe für qualitätsbezogene Sonderbedarfsfeststellungen nach Nr. 24 ff. Bedarfspl-RL herangezogen werden, welche auf Grundlage des § 101 Abs. 1 Nr. 3 SGB V (vgl. die Kommentierung zu § 101 SGB V) zur Vorgabe für die ausnahmsweise Besetzung zusätzlicher Vertragsarztsitze erlassen wurden, soweit diese zur Wahrung der Qualität der vertragsärztlichen Versorgung in einem Versorgungsbereich unerlässlich sind. Da nach Nr. 24 Satz 3 Bedarfspl-RL bei vorübergehendem Bedarf von der Ermächtigung Gebrauch zu machen ist, bedeutet das im Umkehrschluss, dass die Ausnahmekonstellationen, die zu einer Sonderbedarfszulassung berechtigen, grds. auch für die Ermächtigung in Betracht zu ziehen sind, soweit die sonstigen Voraussetzungen gegeben sind. Zu nennen sind insoweit: 33

- nachweislicher lokaler Versorgungsbedarf in Teilen eines großstädtischen Planungsbereichs oder eines großräumigen Landkreises (Nr. 24a)) und
- der besondere Versorgungsbedarf im Rahmen eines Schwerpunkts, einer fakultativen Weiterbildung oder einer besonderen Fachkunde nach der jeweiligen WBO (Nr. 24b)).

Problematisch ist die Übertragung der Ausnahmesituation jedoch bei spezieller ärztlicher Tätigkeit nach Nr. 24c) und ambulanten Operationen nach Nr. 24d). Die **spezielle ärztliche Tätigkeit** ist als qualitätsbezogene Ausnahme auf die Bildung einer Gemeinschaftspraxis mit spezialistischen Versorgungsaufgaben entsprechend kardiologischen oder onkologischen Schwerpunktpraxen gerichtet. Wenn auch die Bildung einer Gemeinschaftspraxis vertragsarztrechtlich nur unter Vertragsärzten möglich ist (§ 33 Abs. 2 Ärzte-ZV) und somit die Regelung nicht auf die Ermächtigung übertragbar ist, so 34

---

[28] Vgl. BSG v. 22.06.1994 - 6 Rka 21/92 - juris Rn. 25 f. - SozR 3-2500 § 116 Nr. 6.

[29] BSG v. 28.10.1986 - 6 RKa 11/86 - juris Rn. 19 - BSGE 60, 291 = SozR 5520 § 29 Nr. 7.

[30] Vgl. hierzu bereits BSG v. 23.05.1984 - 6 Rka 21/83 - BSGE 56, 295 = SozR 5520 § 29 Nr. 4; BSG v. 06.06.1984 - 6 Rka 7/83 - juris Rn. 16 - SozR 5520 § 29 Nr. 5; BSG v. 15.03.1995 - 6 RKa 42/93 - juris Rn. 19 - SozR 3-2500 § 116 Nr. 11; BSG v. 19.03.1997 - 6 Rka 43/96 - juris Rn. 16 - SozR 3-2500 § 101 Nr. 1.

[31] BSG v. 15.03.1995 - 6 RKa 42/93 - juris Rn. 19 - SozR 3-2500 § 116 Nr. 11.

[32] BSG v. 28.06.2000 - B 6 KA 35/99 R - juris Rn. 38 - SozR 3-2500 § 101 Nr. 5.

[33] BSG v. 28.06.2000 - B 6 KA 35/99 R - juris Rn. 39 - SozR 3-2500 § 101 Nr. 5.

[34] BSG v. 25.11.1998 - B 6 KA 81/97 R - juris Rn. 26 f. - SozR 3-2500 § 97 Nr. 2.

[35] Vgl. BSG v. 14.07.1993 - 6 Rka 71/91 - juris Rn. 19 - BSGE 73, 25, 29 = SozR 3-2500 § 116 Nr. 4.

führt die Existenz einer qualitätsbezogenen Sonderbedarfszulassung dennoch zur Frage, ob hiermit nicht von veränderten Sollvorgaben der vertragsärztlichen Versorgung auszugehen ist, welche die Rechtsprechung des BSG, die von der Typik des Arztberufs ausgeht und mutmaßt, dass jeder Vertragsarzt aufgrund seines Aus- und Weiterbildungsstandes gleich qualifiziert ist (vgl. Rn. 28), in Frage stellen.

35 Keine Anwendung kann ebenfalls Nr. 24d) finden: Eine Sonderbedarfszulassung kommt hiernach in Betracht, soweit in einem Fachgebiet, dessen Fachgebietsbeschreibung auch **ambulante Operationen** einschließt, diese Versorgungsform nicht in ausreichendem Maß angeboten wird. Ambulante Operationen werden nach § 115b SGB V (vgl. die Kommentierung zu § 115b SGB V) grds. durch Vertragsärzte und Krankenhäuser durchgeführt. Nach Nr. 24d) Satz 4 bleibt das Leistungsangebot von Krankenhäusern nach § 115b SGB V bei der Bedarfsfeststellung außer Betracht. Bei der Bedarfsfeststellung zur Ermächtigung kann diese Regelung nicht gelten, da die Ermächtigung die Beurteilung der gesamten Bedarfssituation, d.h. bei ambulanten Operationen die Beurteilung sämtlicher Leistungserbringer nach § 115b SGB V, voraussetzt (vgl. die Kommentierung zu § 115b SGB V Rn. 36).

36 Es ist daher auch die Leistungserbringung eines Krankenhauses nach § 115b SGB V zu berücksichtigen, da Leistungen des ambulanten Operierens, die durch die Zulassung der Krankenhäuser erbracht werden können, mit denjenigen Operationsleistungen, die Vertragsärzte und somit auch ermächtigte Krankenhausärzte erbringen und abrechnen können, hinsichtlich des Leistungsumfangs und der Vergütungshöhe identisch sind.[36] Die Zulassungsgremien werden durch die Mitteilungspflicht (vgl. die Kommentierung zu § 115b SGB V Rn. 31) der Krankenhäuser (§ 115b Abs. 2 Satz 1 SGB V) über die ambulante Operationstätigkeit informiert und haben zu überprüfen, ob das Versorgungsdefizit durch eine Tätigkeit des Krankenhauses nach § 115b SGB V behoben ist. Ambulante OP-Leistungen, die ein Krankenhaus nach § 115b SGB V anbietet und auch tatsächlich durchführt, sind bei der Bedarfsbeurteilung zu berücksichtigen; insoweit besteht aufgrund des Vorrangs des § 115b SGB V für eine Ermächtigung kein Raum.[37]

37 Bei der Bedarfsbeurteilung, welche im Bezug zu § 115b SGB V steht, ist die Möglichkeit des Krankenhausträgers zur Bedarfsbeeinflussung durch eingeschränkte Mitteilung von ambulanten Operationsleistungen nach dem BSG differenziert zu beurteilen[38]: Die **Frage der rechtsmissbräuchlichen Gestaltung durch künstliche Bedarfsschaffung** ist jedenfalls zu Recht dann zu verneinen, wenn der Krankenhausträger Leistungen, die bereits Gegenstand von Ermächtigungen seiner Krankenhausärzte darstellten, nicht in seine Mitteilungen aufnimmt und somit von seiner Zulassungsoption keinen Gebrauch macht. Der Sachverhalt des Verzichts eines Krankenhauses auf bisher erbrachte ambulante Operationsleistungen zur Ermöglichung einer Ermächtigung von Krankenhausärzten könne zu einer anderen Betrachtung führen.

38 Für die Abgrenzung zu vor- und nachstationären Leistungen nach § 115a SGB V ist darauf hinzuweisen, dass diese Leistungen als Krankenhausbehandlung eigener Art (vgl. die Kommentierung zu § 115a SGB V Rn. 21) grds. nicht Gegenstand der Ermächtigung und somit der vertragsärztlichen Versorgung sind. Die Abgrenzung erfolgt am Maßstab der Fristen zur prä- und poststationären Leistungserbringung nach § 115a SGB V (vgl. die Kommentierung zu § 115a SGB V Rn. 27).[39]

d. Problem: planungsbereichsübergreifender Einzugsbereich

39 Entsprechend der quantitativen Bedarfsprüfung ist grds. auf den **Planungsbereich** abzustellen, nur im **Ausnahmefall** wird man einen **planungsbereichsübergreifenden Einzugsbereich** der Bedarfsplanung zugrunde legen dürfen. Zur im systematischen Zusammenhang stehenden Sonderbedarfszulassung (vgl. Rn. 31) vertritt das BSG[40] die Ansicht, dass bei Subspezialisierungen innerhalb eines Fachgebiets nicht ausgeschlossen sei, auch die Bedarfssituation in anderen Planungsbereichen zu berücksichtigen. Sonderbedarfszulassung und Ermächtigung unterscheiden sich grds. hinsichtlich der Zeitdauer des Bedarfs (vgl. Rn. 33). Entsprechend geht das LSG Niedersachsen davon aus, dass die Maßstäbe übertragbar sind,[41] problematisiert folgerichtig aber den Begriff der **Subspezialisierung**: Da die-

[36] BSG v. 09.06.1999 - B 6 KA 25/98 R - juris Rn. 22 ff. - SozR 3-2500 § 116 Nr. 19.

[37] BSG v. 09.06.1999 - B 6 KA 25/98 R - juris Rn. 24.

[38] BSG v. 09.06.1999 - B 6 KA 25/98 R - juris Rn. 29.

[39] Vgl. hierzu auch LSG Schleswig-Holstein v. 27.10.2004 - L 4 KA 2/03 zur Ermächtigung in Bezug auf Cochlear-Implantat-Behandlung.

[40] BSG v. 28.06.2000 - B 6 KA 35/99 R - juris Rn. 36 - SozR 3-2500 § 101 Nr. 5.

[41] LSG Niedersachsen-Bremen v. 09.02.2005 - L 3 KA 253/02 - juris Rn. 61 ff. (nicht rechtskräftig, vgl. B 6 KA 14/05 R).

sem die Aussagekraft zur sachgerechten Abgrenzung fehle, sei erforderlich, dass die spezielle Leistung zahlenmäßig von einer kleinen Minderheit der Ärzte der betroffenen Fachgruppe erbracht werde.[42] Als Ausnahme von der regelhaft vorzunehmenden planungsbereichsbezogenen Betrachtung ist daher die Seltenheit der betroffenen Leistungen zu belegen und zu objektivieren.[43]

e. Beurteilungsspielraum

In Bezug auf die Bedarfsermittlung besteht ein Beurteilungsspielraum der Zulassungsgremien, denn das Tatbestandsmerkmal „keine ausreichende Sicherstellung der ärztlichen Versorgung" ist ein **unbestimmter Rechtsbegriff**. Wird im Ermächtigungsverfahren gerichtlicher Rechtsschutz ergriffen, so ist die gerichtliche Prüfung reduziert auf die Überprüfung der Richtigkeit und Vollständigkeit des Sachverhalts, die Beachtung der durch Auslegung ermittelten rechtlichen Grenzen des unbestimmten Rechtsbegriffs, die Nachvollziehbarkeit der Beurteilungsmaßstäbe durch Verdeutlichung und Begründung der Subsumtionserwägungen und die Ordnungsmäßigkeit des Verfahrens.[44] Die Erkennung der Entscheidung des Berufungsausschusses als beurteilungsfehlerhaft mit der Folge der Aufhebung und Verpflichtung zur Neuverbescheidung erfolgt erst, wenn die Entscheidung unter keinem rechtlichen Gesichtspunkt als vertretbar erscheint.[45] Maßgeblich ist Sach- und Rechtslage im Zeitpunkt der angefochtenen Entscheidung. 40

Der Beurteilungsspielraum erstreckt sich auch auf die zeitliche Dauer, so dass die Ermächtigung in Abhängigkeit zum Bedarf mit einer **Befristung** zu versehen ist. Das ergibt sich aus dem Wortlaut: „soweit und solange". Bei Wegfall des Bedarfs vor Fristablauf ist ein Widerruf aus Gründen des Vertrauensschutzes rechtswidrig.[46] Regelhaft wird die Befristung auf 2 Jahre festgesetzt. 41

IV. Rechtsfolge

Liegen die Tatbestandsvoraussetzungen vor, so hat der Krankenhausarzt einen **Rechtsanspruch auf Ermächtigung**. Die Rechtsfolge des § 116 SGB V ist widersprüchlich formuliert: Satz 2 enthält eine Bindung. Hiernach ist die Ermächtigung bei Vorliegen eines Bedarfs zwingend zu erteilen. Dem entgegen enthält Satz 1 ein Ermessen, ohne dass an das Tatbestandsmerkmal des Bedarfs angeknüpft wird. Neben dem Anspruch auf Ermächtigung bleibt jedoch kein Raum für einen weiteren Anspruch auf ermessensfehlerfreie Entscheidung: Grundsätzlich wird die vertragsärztliche Versorgung durch die Teilnahmeform der Zulassung sichergestellt. Sinn und Zweck der Ermächtigung ist die Sicherstellung der vertragsärztlichen Versorgung durch die Teilnahmeform der Zulassung. Zur Ermächtigung als subsidiäre Teilnahmeform bedarf es eines sachlichen Grundes. Da unabhängig des Bedarfs eine Begründung nicht gegeben werden kann, ist hieraus zu folgern, dass Satz 1 neben Satz 2 keine weitere Bedeutung hat. Die Bindung des Rechtsanspruchs an eine Bedarfsprüfung ist mit Art. 12 Abs. 1 GG vereinbar.[47] 42

Im Ermächtigungsbeschluss ist regelmäßig eine inhaltliche Bestimmung durch Bezeichnung der Leistungserbringung nach **EBM-Ziffern**, die unmittelbare Inanspruchnahme bzw. die Begrenzung der Inanspruchnahme auf **Überweisung** und die **zeitliche Befristung** – regelhaft von 2 Jahren – vorgesehen. Ist kein besonderer Zeitpunkt bestimmt, so wird die Ermächtigung mit Zugang des Beschlusses wirksam und es treten die Rechtsfolgen nach § 95 Abs. 4 SGB V ein. Der Ermächtigungsadressat ist zur Teilnahme an der vertragsärztlichen Versorgung berechtigt und verpflichtet, er ist außerdem an die vertragliche Regelung gebunden. 43

Der Ermächtigungsadressat hat insbesondere die **persönliche Leistungserbringung** nach § 32a Ärzte-ZV zu beachten. Er ist somit wie der Vertragsarzt zur persönlichen Leistungserbringung verpflichtet. Gerade im Krankenhausbetrieb, welcher die Möglichkeit zur Substitution bietet, wird das häufig übersehen. Deshalb weisen die Zulassungsausschüsse im Ermächtigungsbeschluss darauf hin, dass er sich innerhalb von 12 Monaten bis zur Dauer von 3 Monaten vertreten lassen kann, wenn die 44

---

[42] LSG Niedersachsen-Bremen v. 09.02.2005 - L 3 KA 253/02 - juris Rn. 66, 68 (nicht rechtskräftig, vgl. B 6 KA 14/05 R).

[43] So LSG Niedersachsen-Bremen v. 09.02.2005 - L 3 KA 253/02 - juris Rn. 66, 68 (nicht rechtskräftig, vgl. B 6 KA 14/05 R).

[44] BSG v. 28.10.1986 - 6 RKa 14/86 - BSGE 60, 297 = SozR 5520 § 29 Nr. 8; BSG v. 16.10.1991 - 6 RKa 37/90 - SozR 3-2500 § 116 Nr. 1; BSG v. 27.02.1992 - 6 RKa 15/91 - BSGE 70, 167 = SozR 3-2500 § 116 Nr. 2.

[45] Vgl. BSG v. 21.06.1989 - 6 RKa 18/88 - BSGE 65, 157 = SozR 2200 §368a Nr. 23.

[46] Vgl. BSG v. 27.02.1992 - 6 RKa 15/91 - BSGE 70, 167 = SozR 3-2500 § 116 Nr. 2; BSG v. 02.12.1992 - 6 RKa 54/91 - BSGE 71, 283 = SozR 3-2500 § 116 Nr. 3; BSG SozR 3-2500 § 116 Nr. 13.

[47] BVerfG v. 23.07.1963 - 1 BvL 1/61, 1 BvL 4/61 - BVerfGE 16, 286.

Gründe Krankheit, Urlaub, Fortbildung oder Wehrübung vorliegen. Vorschriften zum Einsatz von Assistenten entsprechend den Möglichkeiten eines Vertragsarztes (§ 32 Ärzte-ZV) sieht die Ärzte-ZV nicht vor.

C. Praxishinweise

45 Der **schriftliche Ermächtigungsantrag** gem. §§ 31a Abs. 2, 31 Abs. 6 Ärzte-ZV ist an den Zulassungsausschuss (§ 96 SGB V) zu richten, in dessen Bereich das Krankenhaus liegt. Beizulegen sind folgende Erklärungen:

- Approbationsurkunde/amtlich beglaubigte Abschrift (§§ 31a Abs. 2, 31 Abs. 6 Ärzte-ZV),
- Erklärung über Bestehen einer Rauschgiftsucht in den letzten 5 Jahren (§ 18 Abs. 2 lit. e) Ärzte-ZV),
- Erklärung über Entziehungskuren (wg. Rauschgift/Trunksucht) in den letzten 5 Jahren (§ 18 Abs. 2 lit. e) Ärzte-ZV),
- Urkunde zur Berechtigung des Führens einer Gebietsanerkennung/amtlich beglaubigte Abschrift (§ 31a Abs. 2, § 18 Abs. 3 Ärzte-ZV),
- Schriftliche Zustimmungserklärung des Krankenhausträgers (§ 31a Abs. 2 Ärzte-ZV).

46 **Rechtsschutz** gegen die Entscheidung wird durch die Möglichkeit zur Anrufung des Berufungsausschusses gewährt (§ 97 SGB V, vgl. die Kommentierung zu § 97 SGB V, § 96 Abs. 4 Satz 1 SGB V, vgl. die Kommentierung zu § 96 SGB V). Das Verfahren gilt als Widerspruchsverfahren i.S.d. § 78 SGG (vgl. § 97 Abs. 3 Satz 2 SGB V). Zu beachten ist nach § 44 Ärzte-ZV sowohl die **1-Monats-Frist** als auch die Notwendigkeit der **Begründung innerhalb der Frist**. Ist eines der Kriterien nicht erfüllt, würde der Widerspruch als unzulässig zurückgewiesen werden.

47 **Widerspruchsberechtigt** sind nicht nur der Vertragsarzt, sondern ausdrücklich auch die beteiligte KV, die Landesverbände der KK und Verbände der ErsK (§ 96 Abs. 4 Satz 1 SGB V). Hierüber hinaus ist seit dem Kammerbeschluss des 1. Senats des BVerfG[48] aus dem Jahr 2004 **auch Vertragsärzten** ein **eigenes Anfechtungsrecht** gegen die Ermächtigung eines Krankenhausarztes zuzugestehen. Bisher hatte das BSG den (die) defensive(n) Konkurrentenwiderspruch (-klage) nur im Ausnahmefall als zulässig erachtet: Unter der Voraussetzung des fachlichen und räumlichen Zusammenhangs zwischen der vertragsärztlichen Tätigkeit und der des Ermächtigungsempfängers[49] sei bei Vorliegen plausibler Anhaltspunkte für eine willkürliche Entscheidung der Zulassungsgremien eine Anfechtungsbefugnis anzuerkennen.[50] Mit Urteil vom 28.09.2005[51] änderte das BSG seine Rechtsprechung, da das BVerfG die Beschränkung auf Willkürfälle als Verstoß gegen Art. 12 Abs. 1 GG einstufte. Das BVerfG verwies in seiner Entscheidung auf seine Rechtsprechung zum Krankenhausrecht, nach welcher **Art. 12 GG** auch den **Konkurrenzschutz** umfasse, **soweit eine Wettbewerbsänderung durch Einzelakt** erfolgt, der – wie innerhalb des Systems des Vertragsarztrechts (Zulassungsbeschränkungen/Deckelung der Gesamtvergütung) – im Zusammenhang mit staatlicher Planung und Mittelverteilung steht.[52] Insoweit verwies das BSG in seiner neuen Entscheidung darauf, dass Ermächtigungen, die nicht dem Ziel der Sicherstellung der Versorgung dienen, den Vertragsarzt in seinem Grundrecht aus Art. 12 Abs. 1 GG verletzen, und erkennt eine Anfechtungsbefugnis eines Vertragsarztes, welcher **im selben räumlichen Bereich** die **gleichen Leistungen** anbietet, wenn diese seine **Erwerbsmöglichkeiten einschränken**.[53]

48 Problematisch kann die Situation für den Ermächtigungsadressaten werden, soweit gegen eine Ermächtigung **Drittwiderspruch** eingelegt wird. Grds. wird die Ermächtigung mit Bekanntgabe wirksam (§ 39 SGB X), so dass die Rechtsfolgen (vgl. Rn. 42 ff.) zu diesem Zeitpunkt eintreten. Wird hingegen Widerspruch eingelegt, so erlangt die Ermächtigung wegen der aufschiebenden Wirkung (§ 96 Abs. 4 Satz 2 SGB V) keine Wirkung. Leistungen auf Basis der Ermächtigung dürfen daher nicht erbracht und nicht abgerechnet werden. Wegen des **Suspensiveffekts des Widerspruchs**, welcher ex tunc, d.h. von Beginn an wirkt, gilt dies ebenso für vor Widerspruchseinlegung erbrachte Leistungen.

49 Da die Erbringung vertragsärztlicher Leistungen, welche nicht Gegenstand der Ermächtigung sind, einen **schadensersatzpflichtigen Verstoß gegen § 1 UWG** beinhalten kann,[54] ist von einem Tätigwer-

48 BVerfG v. 17.08.2004 - 1 BvR 378/00 - ZMGR 2005, 321 ff.
49 So BSG v. 11.12.2002 - B 6 KA 32/01 R - juris Rn. 28 - SozR 3-1500 § 54 Nr. 47.
50 BSG v. 29.09.1999 - B 6 KA 30/98 R - SozR 3-1500 § 54 Nr. 40 ohne Anerkennung einer Willkür.
51 BSG v. 28.09.2005 - B 6 KA 70/04 - juris Rn. 13 - ZMGR 2005, 321 f.
52 BVerfG v. 17.08.2004 - 1 BvR 378/00 - SozR 4-1500 § 54 Nr. 4.
53 BSG v. 28.09.2005 - B 6 KA 70/04 - juris Rn 13 - ZMGR 2005, 321 f.
54 BSG v. 25.11.1998 - B 6 KA 75/97 R - juris Rn. 21 ff. - SozR 3-2500 § 116 Nr. 17.

den vor Eintritt der Bestandskraft entweder abzusehen oder ein **Antrag auf Sofortvollzug nach § 86b SGG** zu stellen. Gegen die Antragstellung wird zwar eingewandt, dass die Spezialregelung des § 97 Abs. 3 SGB V (nach der der Berufungsausschuss den Sofortvollzug seiner Entscheidung anordnen kann) der Zulässigkeit entgegenstehe. Die Existenz der Norm, welche die Zuständigkeit des Berufungsausschusses für den Sofortvollzug eröffnet, könnte grds. jedoch nur zum Ausschluss von Anträgen nach § 86a SGG (der die Zuständigkeit des Zulassungsausschusses oder des Berufungsausschusses eröffnen würde) führen. Hierfür spricht nicht nur Art. 19 Abs. 4 GG, sondern auch die Sicherstellung der vertragsärztlichen Versorgung.

Beim Drittwiderspruch von Vertragsärzten sieht das **BVerfG** unter dem Gesichtspunkt der Prozes- 50
spraktikabilität keine Bedenken: Im Fall einer **Versorgungslücke** könne und müsse im Wege des **einstweiligen Rechtsschutzes Abhilfe** geschaffen werden.[55] Problematisch ist allerdings, dass § 96 SGB V keine Möglichkeit der Anordnung eines Sofortvollzugs bereits durch den Zulassungsausschuss vorsieht und eine Anwendung des § 86a SGG überwiegend abgelehnt wird.[56] Da zum Zeitpunkt des Zugangs der Entscheidung über die Ermächtigung durch den Zulassungsausschuss der Kreis der betroffenen Vertragsärzte nicht eindeutig abgrenzbar ist und der Gesetzgeber die Belastung eines Ermächtigungsadressaten infolge des vertragsärztlichen Drittwiderspruchs nicht gesehen hatte, spricht dies für eine **Anwendung des § 86a SGG.**[57] Soweit das BVerfG auf die vereinfachte Beiladungsvorschrift des § 75 Abs. 2a SGG verweist, ist darauf hinzuweisen, dass eine entsprechende Vorschrift im sozialgerichtlichen Verwaltungsverfahren fehlt. Wichtig ist daher die möglichst **frühzeitige Bestimmung des Kreises der Vertragsärzte**, welche im selben räumlichen Bereich die gleichen Leistungen anbieten, und deren Beiladung zum Verfahren im Vorfeld. Wird einem widerspruchsberechtigten Arzt der Ermächtigungsbescheid hingegen nicht zugestellt, so verlängert sich die Widerspruchsfrist und somit der Zeitraum einer schwebenden Unwirksamkeit auf ein Jahr ab Kenntnis.[58]

Erweist sich die Entscheidung der Zulassungsgremien als falsch, so stellt sich auch die Frage eines 51
Amtshaftungsprozesses. Die o.g. Änderung der BSG-Rechtsprechung zum Anfechtungsrecht von Vertragärzten hat Auswirkungen auf die Beurteilung der Amtspflichtverletzung. In dem Beschluss des BGH vom 31.10.2002 maß das Gericht der früheren Rechtsprechung des BSG maßgebliche Bedeutung bei der Frage bei, ob die dem Zulassungsausschuss obliegenden Amtspflichten auch gegenüber einem konkurrierenden Vertragsarzt als geschütztem Dritten bestehen.[59] Aufgrund der Bedeutung der Klagebefugnis für die Drittgerichtetheit von Amtspflichten kann zukünftig eine **Änderung der BGH-Rechtsprechung zu erwarten** sein.

Wegen der Befristung der Ermächtigung ist an die rechtzeitige Stellung eines **neuen Antrags vor Ab-** 52
lauf der Ermächtigung zu denken. Mit Eintritt des im Bescheid niedergelegten Zeitpunkts endet die Begünstigung durch Ermächtigung (§ 32 Abs. 2 Nr. 1 SGB X) und somit deren Rechtswirkungen nach § 95 Abs. 4 SGB V. Nach dem BSG ist eine rückwirkende Erteilung der Ermächtigung unzulässig.[60] Bei bereits realisiertem Fristablauf einer Ermächtigung innerhalb eines Klageverfahrens ist auf die erforderliche Umstellung des Klageantrags in einen **Fortsetzungsfeststellungsantrag**[61] hinzuweisen, da sich das Rechtsschutzinteresse in ein Fortsetzungsfeststellungsinteresse – zum Beispiel wegen der Wiederholungsgefahr – transformiert hat.

---

[55] BVerfG v. 17.08.2004 - 1 BvR 378/00 - NZS 2005, 199 Rn. 19 ff.

[56] Vgl. hierzu LSG Nordrhein-Westfalen v. 04.09.2002 - L 10 B 2/02 KA ER - MedR 2003, 310.

[57] Vgl. *Andreas*, ArztR 2005, 160, 161.

[58] *Meyer-Ladewig*, SGG, 7. Aufl. 2002, § 66 Rn. 13b.

[59] BGH v. 31.10.2002 - III ZR 89/02 - juris Rn. 4 - BGHReport 2003, 146.

[60] BSG v. 24.11.1993 - 6 RKa 12/93 - SozR 3-2500 § 116 Nr. 5.

[61] Vgl. etwa BSG v. 09.06.1999 - B 6 KA 25/98 R - juris Rn. 19 - SozR 3 2500 § 116 Nr. 19.

§ 116a SGB V Ambulante Behandlung durch Krankenhäuser bei Unterversorgung

(Fassung vom 14.11.2003, gültig ab 01.01.2004)

Der Zulassungsausschuss kann zugelassene Krankenhäuser für das entsprechende Fachgebiet in den Planungsbereichen, in denen der Landesausschuss der Ärzte und Krankenkassen Unterversorgung festgestellt hat, auf deren Antrag zur vertragsärztlichen Versorgung ermächtigen, soweit und solange dies zur Deckung der Unterversorgung erforderlich ist.

Gliederung

A. Basisinformationen

I. Textgeschichte/Gesetzgebungsmaterialien

1 Die Norm wurde mit Wirkung zum 01.01.2004 durch Art. 1 Nr. 85 **GKV-Modernisierungsgesetz (GMG)** vom 14.11.2003[1] in das SGB V eingeführt.

II. Untergesetzliche Normen

2 Zur Feststellung der Unterversorgung vgl. die Nr. 27-34 **Bedarfsplanungsrichtlinien (Bedarfspl-RL-Ä)**.[2]

III. Systematische Zusammenhänge

3 § 116a SGB V ist bedarfsabhängiger Sondertatbestand zur Ermächtigung von Krankenhäusern. Die Norm steht in systematischem Zusammenhang mit **§ 95 Abs. 1 und 4 SGB V** (vgl. die Kommentierung zu § 95 SGB V und die Kommentierung zu § 116 SGB V).

4 Die Norm ist abzugrenzen von **. § 31 Ärzte-ZV/§ 31 Zahnärzte-ZV i.V.m. § 98 Abs. 2 Nr. 11 SGB V**, welche ebenfalls Grundlage zur Ermächtigung eines Krankenhauses sein kann. Im Unterschied zu § 116a SGB V kommt als Ermächtigungsadressat jede ärztlich geleitete Einrichtung, somit auch ein Krankenhaus, in Betracht.[3] Zur Bedarfsfeststellung ist kein Feststellungsbeschluss des Landesausschusses der Ärzte und KK erforderlich, die Zulassungsgremien haben selbst den Tatbestand der Notwendigkeit zur Abwendung einer bestehenden oder drohenden Unterversorgung zu beurteilen. Das Auswahlermessen zur Ermächtigung ärztlich geleiteter Einrichtungen ist aber beschränkt auf besondere Fälle. In diesem Zusammenhang wird die Privilegierung von Krankenhäusern durch besondere Normierung nach § 116a SGB V ersichtlich.

5 Zur **Vergütung** der Leistungserbringung vgl. **§ 120 Abs. 1 SGB V** (vgl. die Kommentierung zu § 120 SGB V Rn. 26 ff.).

6 Zum Verhältnis Ermächtigung und Zulassung vgl. die Kommentierung zu § 116 SGB V Rn. 13.

B. Auslegung der Norm

I. Regelungsgehalt und Bedeutung der Norm

7 § 116a SGB V regelt die **bedarfsabhängige Institutsermächtigung** für Krankenhäuser. Sie eröffnet zugelassenen Krankenhäusern den Weg in die ambulante ärztliche Behandlung unter der Voraussetzung

---

[1] Gesetz zur Modernisierung der gesetzlichen Krankenversicherung v. 14.11.2003, BGBl 2003 I, 2190, 2217. Vgl. auch BT-Drs. 15/1525, S. 119 zu § 116a SGB V.

[2] Vgl. http://www.g-ba.de/cms/upload/pdf/richtlinien/RL_Bedarf-2005-10-18.pdf; zuletzt geändert am 18.12.2005 mit Wirkung zum 13.01.2006 (BAnz 2006, Nr. 8, 107, abgedruckt: *Engelmann*, Aichberger II Nr. 430).

[3] Vgl. zur Legaldefinition des Krankenhauses § 107 Abs. 1 SGB V.

zung, dass der Landesausschuss für Ärzte und Krankenkassen Unterversorgung in einem Planungsbereich festgestellt hat. In diesem Fall kann ein Krankenhaus einen Antrag auf Ermächtigung für das entsprechende Fachgebiet stellen. Der Zulassungsausschuss kann das Krankenhaus ermächtigen.

II. Normzweck

Normzweck ist die Schaffung einer weiteren Möglichkeit zur **Sicherstellung der vertragsärztlichen Versorgung**, soweit Unterversorgung vorliegt.[4] 8

III. Tatbestandsmerkmale

1. Zugelassene Krankenhäuser

Ermächtigungsadressaten sind nach dem Wortlaut der Norm „zugelassene Krankenhäuser". Erforderlich ist, dass die ärztlich geleitete Einrichtung (§ 95 Abs. 1 SGB V) der Legaldefinition des § 107 Abs. 1 SGB V (vgl. die Kommentierung zu § 107 SGB V), § 2 KHG entspricht und zur Erbringung von Krankenhausbehandlung nach § 108 Nr. 1-3 SGB V (vgl. die Kommentierung zu § 108 SGB V) zugelassen ist. In Frage kommen somit **Hochschulkliniken, Plankrankenhäuser und Krankenhäuser mit Versorgungsvertrag** nach § 109 SGB V. 9

2. Feststellung der Unterversorgung durch Landesausschuss

Das Vorliegen der Bedarfssituation wird rein formal durch den **Feststellungsbeschluss** des Landesausschusses für Ärzte und KK **nach § 100 Abs. 1 SGB V** (vgl. die Kommentierung zu § 100 SGB V) ausgewiesen. Hiernach obliegt dem aus Vertretern von Ärzten und Krankenkassen bestehenden Gremium (vgl. die Kommentierung zu § 90 SGB V) die Feststellung der Unterversorgung, wenn in bestimmten Gebieten eines Zulassungsbezirks Unterversorgung eingetreten ist oder unmittelbar droht. § 116a SGB V ist der einzige Ermächtigungstatbestand, der an dieses Tatbestandsmerkmal knüpft. Grds. bezeichnet Unterversorgung i.S.d. § 100 SGB V eine Bedarfslage, welche gerade nicht durch Ermächtigung von Ärzten oder ärztlich geleiteten Einrichtungen gedeckt werden kann (vgl. Nr. 28 BedarfsPL-RL). 10

Insgesamt bilden **Nr. 27-34 BedarfsPL-RL** aber weitere Maßstäbe für die Beurteilung von Unterversorgung. Unterversorgung ist hiernach zu vermuten, wenn der Bestand der hausärztlichen Versorgung den innerhalb der Bedarfsplanung ausgewiesenen Bedarf um 25% und den der fachärztlichen Versorgung um 50% unterschreitet (vgl. Nr. 29 BedarfsPL-RL). Als Beispiel für das Drohen einer Unterversorgung weist die Regelung beispielhaft auf die Altersstruktur hin, nach welcher eine Verminderung der Ärztezahl in der genannten Größenordnung zu erwarten ist. 11

Unterversorgung i.S.d. § 116a SGB V setzt somit eine massive Bedarfssituation voraus, deren Beurteilung im Gegensatz zu sonstigen Ermächtigungstatbeständen nicht durch die Zulassungsgremien selbst erfolgt, sondern durch die Landesausschüsse. Der Beschluss des Landesausschusses hat **Bindungswirkung**. 12

Abzugrenzen ist diese Unterversorgungsfeststellung vom **Begriff der Unterversorgung nach § 31 Abs. 1 a) Ärzte-ZV/§ 31 Abs. 1a) Zahnärzte-ZV**. Die Zulassungsausschüsse können hiernach Ärzte, insbesondere in Krankenhäusern und Einrichtungen der beruflichen Rehabilitation, oder in besonderen Fällen ärztlich geleitete Einrichtungen ermächtigen. Die Beurteilung der Bedarfssituation knüpft hier anders als nach § 116a SGB V nicht an das Vorliegen eines Feststellungsbeschlusses an, sondern die Zulassungsgremien haben selbständig eine Bedarfsprüfung durchzuführen und die Abwendung einer bestehenden oder drohenden Unterversorgung zu beurteilen.[5] Das ergibt sich sowohl aus dem Wortlautvergleich als auch aus den Begriffsmaßstäben der Nr. 27 ff. BedarfsPL-RL Ärzte. § 31 Abs. 1 Satz 1 a) Ärzte-ZV/§ 31 Abs. 1 Satz 1 a) Zahnärzte-ZV verweist anders als § 116a SGB V nicht ausdrücklich auf den Feststellungsbeschluss. Im Übrigen ist nach der Begriffsdefinition der Unterversorgung nach Nr. 28 die Ermächtigung vorgelagert. 13

3. Räumliche/zeitliche Bestimmung

Der Beurteilungsspielraum der Zulassungsgremien reduziert sich – wie auch bei § 116 SGB V – auf die räumliche Bestimmung und die Dauer der Ermächtigung. Das ergibt sich aus dem Wortlaut „soweit und solange". Entgegen § 116 SGB V, § 31a Abs. 3Ärzte-ZV/§ 31Zahnärzte-ZV i.V.m. § 31 Abs. 7 14

[4] BT-Drs. 15/25, S. 119.

[5] LSG Baden-Württemberg v. 12.07.1995 - MedR 1996, 44, 45.

Ärzte-ZV erfasst die Ermächtigung nach § 116a SGB V hingegen keine Umfangsbeschränkung etwa auf bestimmte EBM-Ziffern, denn die Ermächtigung nach § 116a SGB V erfolgt quantitativ für das gesamte Fachgebiet.

IV. Rechtsfolge

15 Nach dem Wortlaut der Vorschrift hat das Krankenhaus einen **Anspruch auf fehlerfreie Ermessensentscheidung, begrenzt auf das Auswahlermessen.** Ist aber ein Bedarf mittels Feststellungsbeschlusses festgestellt, so ist dieser Bedarf durch die Ermächtigung zu decken, soweit mangels sonstiger Bewerber keine Auswahlentscheidung zu treffen ist. Es besteht dann ein **Rechtsanspruch auf Ermächtigung.**[6]

16 Maßstab für das Auswahlermessen ist der Normzweck, die Bedarfsdeckung. Im Gegensatz zur Bewerbung **mehrerer Krankenhäuser** ist bei der Auswahlentscheidung zwischen einem Krankenhausarzt, welcher Antrag auf Ermächtigung nach § 116 SGB V stellt, und einem Krankenhaus auch der Rechtsanspruch des Krankenhausarztes zu berücksichtigen, der **Anspruch des Krankenhausarztes** hat grds. **Priorität** (vgl. die Kommentierung zu § 116 SGB V Rn. 42).

17 Da § 116a SGB V sich ausschließlich auf eine quantitative Bedarfsdeckung beschränkt, hat sich der GMG-Gesetzgeber offensichtlich dafür entschieden, qualitative Aspekte aus der Bedarfsprüfung auszuklammern, so dass es keine Rolle spielt, ob der Bedarf besser durch den Krankenhausarzt oder das Krankenhaus gedeckt wird. Laut Gesetzesbegründung weist er darauf hin, dass es möglich ist, dass mehrere Krankenhäuser einen Antrag stellen oder die persönliche Ermächtigung eines Krankenhausarztes zur Behebung der Unterversorgung ausreicht.[7] In Bezug auf die Öffnung der vertragsärztlichen Versorgung für ärztlich geleitete Einrichtungen und den Normzweck der Initialisierung von Wettbewerb erscheint es fragwürdig, mit § 116a SGB V den pauschalen Grundsatz der Nachrangigkeit der Institutsermächtigung fortzuführen anstatt die Entscheidung am dem Maßstab der Qualität auszurichten.

C. Praxishinweise

18 Zum **Verfahren** vor den Zulassungs- und Berufungsausschüssen sind auf die allgemeinen Vorschriften der §§ 96 f. SGB V und § 98 Abs. 2 Nr. 3 SGB V i.V.m. §§ 36 ff. Ärzte-ZV/§§ 36 ff. Zahnärzte-ZV hinzuweisen. Im Einzelnen vgl. die Kommentierung zu § 116 SGB V.

19 Die Problematik der **defensiven Konkurrentenwiderspruchs** bzw. einer Konkurrentenklage von Vertragsärzten gegen eine Krankenhausermächtigung nach § 116a SGB V ist ebenso wie bei der Ermächtigung von Krankenhausärzten gem. § 116 SGB V zu beachten (vgl. die Kommentierung zu § 116 SGB V Rn. 47 ff.).

---

6 Vgl. auch *Quaas* in: Quaas/Zuck (Hrsg.), Medizinrecht, § 15 Rn. 77.

7 BT-Drs. 15/1525, S. 119.

§ 116b SGB V Ambulante Behandlung im Krankenhaus

(Fassung vom 26.03.2007, gültig ab 01.04.2007, gültig bis 30.06.2008)

(1) Die Krankenkassen, die Landesverbände der Krankenkassen oder die Verbände der Ersatzkassen können mit zugelassenen Krankenhäusern, die an der Durchführung eines strukturierten Behandlungsprogramms nach § 137g teilnehmen, Verträge über ambulante ärztliche Behandlung schließen, soweit die Anforderungen an die ambulante Leistungserbringung in den Verträgen zu den strukturierten Behandlungsprogrammen dies erfordern. Für die sächlichen und personellen Anforderungen an die ambulante Leistungserbringung des Krankenhauses gelten als Mindestvoraussetzungen die Anforderungen nach § 135 entsprechend.

(2) Ein zugelassenes Krankenhaus ist zur ambulanten Behandlung der in dem Katalog nach Absatz 3 und 4 genannten hochspezialisierten Leistungen, seltenen Erkrankungen und Erkrankungen mit besonderen Krankheitsverläufen berechtigt, wenn und soweit es im Rahmen der Krankenhausplanung des Landes auf Antrag des Krankenhausträgers unter Berücksichtigung der vertragsärztlichen Versorgungssituation dazu bestimmt worden ist. Eine Bestimmung darf nicht erfolgen, wenn und soweit das Krankenhaus nicht geeignet ist. Eine einvernehmliche Bestimmung mit den an der Krankenhausplanung unmittelbar Beteiligten ist anzustreben.

(3) Der Katalog zur ambulanten Behandlung umfasst folgende hochspezialisierte Leistungen, seltene Erkrankungen und Erkrankungen mit besonderen Krankheitsverläufen:

1. hochspezialisierte Leistungen

- **CT/MRT-gestützte interventionelle schmerztherapeutische Leistungen**
- **Brachytherapie,**

2. seltene Erkrankungen und Erkrankungen mit besonderen Krankheitsverläufen

- **Diagnostik und Versorgung von Patienten mit onkologischen Erkrankungen**
- **Diagnostik und Versorgung von Patienten mit HIV/Aids**
- **Diagnostik und Versorgung von Patienten mit schweren Verlaufsformen rheumatologischer Erkrankungen**
- **spezialisierte Diagnostik und Therapie der schweren Herzinsuffizienz (NYHA Stadium 3-4)**
- **Diagnostik und Versorgung von Patienten mit Tuberkulose**
- **Diagnostik und Versorgung von Patienten mit Mucoviszidose**
- **Diagnostik und Versorgung von Patienten mit Hämophilie**
- **Diagnostik und Versorgung von Patienten mit Fehlbildungen, angeborenen Skelettsystemfehlbildungen und neuromuskulären Erkrankungen**
- **Diagnostik und Therapie von Patienten mit schwerwiegenden immunologischen Erkrankungen**
- **Diagnostik und Versorgung von Patienten mit Multipler Sklerose**
- **Diagnostik und Versorgung von Patienten mit Anfallsleiden**
- **Diagnostik und Versorgung von Patienten im Rahmen der pädiatrischen Kardiologie**
- **Diagnostik und Versorgung von Frühgeborenen mit Folgeschäden.**

Für die sächlichen und personellen Anforderungen an die ambulante Leistungserbringung des Krankenhauses gelten die Anforderungen für die vertragsärztliche Versorgung entsprechend.

(4) Der Gemeinsame Bundesausschuss hat erstmals bis zum 31. März 2004 den Katalog nach Absatz 3 zu ergänzen um weitere seltene Erkrankungen und Erkrankungen mit besonderen Krankheitsverläufen sowie um hochspezialisierte Leistungen, die die Kriterien nach Satz 2 erfüllen. Voraussetzung für die Aufnahme in den Katalog ist, dass der diagnostische oder therapeutische Nutzen, die medizinische Notwendigkeit und die Wirtschaftlichkeit belegt sind, wobei bei der Bewertung der medizinischen Notwendigkeit und der Wirtschaftlichkeit die Besonderheiten der Leistungserbringung im Krankenhaus im Vergleich zur Erbringung in der Vertragsarztpraxis zu berücksichtigen sind. Die Richtlinien haben außerdem Regelungen dazu zu treffen, ob und in welchen Fällen die ambulante Leistungserbringung durch das Krankenhaus die Überweisung durch den Hausarzt oder den Facharzt voraussetzt. In den Richtlinien sind zusätzliche sächliche und personelle Anforderungen sowie die einrichtungsübergreifenden Maßnahmen der Qualitätssicherung nach § 135a in Verbindung mit § 137 an die ambulante Leistungserbringung des Krankenhauses zu regeln; als Mindestanforderungen gelten die Anforderungen nach § 135 entsprechend. Der Gemeinsame Bundesausschuss hat den gesetzlich festgelegten Katalog, die Qualifikationsanforderungen und die Richtlinien spätestens alle zwei Jahre daraufhin zu überprüfen, ob sie noch den in den Sätzen 2 bis 4 genannten Kriterien entsprechen sowie zu prüfen, ob neue hochspezialisierte Leistungen, neue seltene Erkrankungen und neue Erkrankungen mit besonderen Krankheitsverläufen in den Katalog nach Absatz 3 aufgenommen werden müssen.

(5) Die nach Absatz 2 von den Krankenhäusern erbrachten Leistungen werden unmittelbar von den Krankenkassen vergütet. Die Vergütung hat der Vergütung vergleichbarer vertragsärztlicher Leistungen zu entsprechen. Das Krankenhaus teilt den Krankenkassen die von ihm nach den Absätzen 3 und 4 ambulant erbringbaren Leistungen mit und bezeichnet die hierfür berechenbaren Leistungen auf der Grundlage des einheitlichen Bewertungsmaßstabes (§ 87). Die Vergütung der in den Jahren 2007 und 2008 erbrachten ambulanten Leistungen erfolgt in den einzelnen Quartalen nach Maßgabe des durchschnittlichen Punktwertes, der sich aus den letzten vorliegenden Quartalsabrechnungen in der vertragsärztlichen Versorgung bezogen auf den Bezirk einer Kassenärztlichen Vereinigung ergibt. Der Punktwert nach Satz 4 wird aus den im Bezirk einer Kassenärztlichen Vereinigung geltenden kassenartenbezogenen Auszahlungspunktwerten je Quartal, jeweils gewichtet mit den auf der Grundlage des einheitlichen Bewertungsmaßstabes für ärztliche Leistungen abgerechneten Punktzahlvolumina, berechnet. Die Kassenärztliche Vereinigung, die Landesverbände der Krankenkassen und die Verbände der Ersatzkassen stellen regelmäßig acht Wochen nach Quartalsbeginn, erstmals bis zum 31. Mai 2007, den durchschnittlichen Punktwert nach Satz 4 gemeinsam und einheitlich fest. Erfolgt die Feststellung des durchschnittlichen Punktwertes bis zu diesem Zeitpunkt nicht, stellt die für die Kassenärztliche Vereinigung zuständige Aufsichtsbehörde den Punktwert fest. Ab dem 1. Januar 2009 werden die ambulanten Leistungen des Krankenhauses mit dem Preis der in seiner Region geltenden Euro-Gebührenordnung (§ 87a Abs. 2 Satz 6) vergütet. Die Prüfung der Wirtschaftlichkeit und Qualität erfolgt durch die Krankenkassen.

Gliederung

A. Basisinformationen

I. Textgeschichte/Gesetzgebungsmaterialien

Die Norm wurde gemeinsam mit § 116a SGB V durch **Art. 1 Nr. 85 GKV-Modernisierungsgesetz (GMG)**[1] in das SGB V integriert und trat am 01.01.2004 in Kraft. Vertragsabschlüsse nach Absatz 2 hatten in der Vergangenheit jedoch kaum Bedeutung, weil die KKn die Gefahr der additiven Zahlungsverpflichtung[2] für Leistungen sahen, welche zur vertragsärztlichen Versorgung gehören. **Art. 1 Nr. 85 GKV-Wettbewerbsstärkungsgesetz (GKV-WSG)**[3] ersetzte insofern die nach Absatz 2 bestehende Vertragskompetenz durch Einführung eines Zulassungsverfahrens zum 01.04.2007. Weitere wesentliche Änderung erfolgte mit der Vergütungsregelung nach Absatz 5. 1

II. Untergesetzliche Vorschriften

Folgende untergesetzliche Vorschriften sind im Zusammenhang mit § 116b SGB V zu beachten: 2
•. Richtlinien des Gemeinsamen Bundesausschusses (G-BA) nach § 137f SGB V,
•. **Richtlinie** des Gemeinsamen Bundesausschusses (G-BA) über die **ambulante Behandlung im Krankenhaus** nach § 116b Abs. 4 Satz 4 SGB V i.d.F.v. 18.01.2007[4].

III. Systematische Zusammenhänge

§ 116b Abs. 1 SGB V ist systematisch mit **§ 137g SGB V** verbunden (vgl. die Kommentierung zu § 137g SGB V). Beim Richtlinienerlass des G-BA nach § 116b Abs. 4 SGB V ist **§ 91 SGB V** (vgl. die Kommentierung zu § 91 SGB V) als allgemeine den G-BA konstituierende Vorschrift zu beachten. § 91 Abs. 3 Nr. 1 SGB V erteilt den gesetzlichen Auftrag zur Festlegung einer G-BA-Verfahrensordnung, welche insbesondere die methodischen Anforderungen an die wissenschaftliche sektorenübergreifende Bewertung des Nutzens, der Notwendigkeit und der Wirtschaftlichkeit von Maßnahmen zu regeln hat. Beim Richtlinienerlass hat der G-BA die Vorschrift zu berücksichtigen. Hierüber hinaus ist auf die besondere Zusammensetzung des Bundesausschusses i.S.d. **§ 91 Abs. 4 SGB V** hinzuweisen. 3

IV. Literaturhinweise

Barth/Hänlein, Gutachten v. 19.12.2005: Die Gefährdung der Berufsfreiheit (Art. 12 Abs. 1 GG) niedergelassener Vertragsärzte durch Verträge nach § 116b Abs. 2 SGB V – materiellrechtliche und verfahrensrechtliche Folgerungen aus dem „Ermächtigungsbeschluss“ des Bundesverfassungsgerichts 4

[1] BGBl I 2003, 2217; vgl. auch die amtliche Begründung des Gesetzentwurfs der Fraktionen SPD, CDU/CSU und BÜNDNIS 90/DIE GRÜNEN in: BT-Drs. 15/1525, S. 119 f. zu Nr. 85.
[2] Vgl. *Degener-Hencke*, NZS 2003, 629, 631.
[3] BGBl I 2007, 378, 407; vgl. auch BT-Drs. 16/3100, S. 139 f. zu Nr. 85.
[4] http://www.g-ba.de/informationen/richtlinien/ab/0/.

vom 17.08.2004 (1 BvR 378/00) – im Auftrag des BNHO (Berufsverband der niedergelassenen Hämatologen und internistischen Onkologen) und der Kassenärztliche Bundesvereinigung; *Degener-Hencke*, Integration von ambulanter und stationärer Versorgung – Öffnung der Krankenhäuser für die ambulante Versorgung, NZS 2003, 629-633; *DKG*, Positionen der DKG zur Umsetzung des § 116b SGB V nach In-Kraft-Treten des GKV-WSG, KH 2007, 411 ff.; *Quaas*, Die Bestimmung des Krankenhauses zur ambulanten Behandlung nach § 116b Absatz 2 SGB V, f&w 2007, 442 ff.; *Steinhilper*, Anmerkung zu BVerfGE v. 17.08.2004 - 1 BvR 378/00, MedR 2004, 682 ff.; *Vollmöller*, Rechtsfragen bei der Umsetzung von Disease-Management-Programmen, NZS 2004, 63 ff.; *Vollmöller*, Die Vereinbarkeit der Öffnung der Krankenhäuser für ambulante Leistungen (§ 116b II SGB V) mit der Berufsfreiheit der niedergelassenen Vertragsärzte (Art. 12 I GG), NZS 2006, 572 ff.

B. Auslegung der Norm

I. Regelungsgehalt und Bedeutung der Norm

5 § 116b SGB V sieht neben § 116a SGB V (vgl. die Kommentierung zu § 116a SGB V) weitere Möglichkeiten zur **Teilöffnung der Krankenhäuser** für die ambulante Versorgung vor, allerdings ohne eine Bedarfsprüfung vorauszusetzen. Die Beteiligung der Krankenhäuser geschieht entweder durch Vertragsabschluss oder Verwaltungsakt: Nach Absatz 1 ermächtigt die Vorschrift einerseits zur Vereinbarung zweiseitiger Verträge zwischen den Landesverbänden der KKn/Verbänden der ErsKn und Krankenhäusern, soweit die ambulante Leistungserbringung des Krankenhauses wegen seiner Teilnahme an einem **strukturierten Behandlungsprogramm nach § 137g SGB V** erforderlich ist. Anderseits regelt die Norm nach Absatz 2 die Zulassung zur ambulanten Leistungserbringung durch Krankenhäuser bei **hochspezialisierten Leistungen**, seltenen Erkrankungen oder Erkrankungen mit besonderen Krankheitsverläufen.

6 Die Leistungserbringung nach Absatz 2 wird durch den gesetzlichen Katalog des Absatzes 3 erfasst. Absatz 4 ermächtigt den G-BA zur Fortführung des Leistungskatalogs durch Richtlinienerlass unter Beachtung des Wirtschaftlichkeitsgebotes. Die Vergütung der Leistungen erfolgt nach Absatz 5 unmittelbar durch die KK.

II. Normzweck

7 Die Leistungserbringung nach § 116b SGB V ist auf die **Ergänzung der vertragsärztlichen Versorgung** gerichtet. Auch soweit es neben den gesondert zugelassenen DMP um spezielle Leistungen nach § 116b Abs. 2 SGB V geht, ergibt sich dies aus dem Wortlaut des Absatzes 3 Satz 1 („in Ergänzung zur vertragsärztlichen Versorgung") und dem Erfordernis der Anerkennung der Wirtschaftlichkeit unter Berücksichtigung der Besonderheiten der Leistungserbringung im Krankenhaus (vgl. Absatz 4 Satz 2). Diese **Öffnung der Krankenhäuser für ein definiertes Leistungsspektrum** bezweckt die Weiterentwicklung der Versorgungsstrukturen. Mit der Überwindung der sektoralen Grenzen zwischen verschiedenen Versorgungsformen sollte der Wettbewerb eröffnet werden, so dass den Bedürfnissen der Patienten entsprochen und Effizienzreserven erschlossen werden können.[5]

III. Leistungen innerhalb strukturierter Behandlungsprogramme/DMP (Absatz 1)

8 Vertragspartner des grundsätzlich zweiseitigen Vertrages sind die Landesverbände der **KKn**/Verbände der **ErsKn** und **zugelassene Krankenhäuser** nach den §§ 107 Abs. 1, 108 SGB V, d.h. Hochschulkliniken, Plankrankenhäuser und Krankenhäuser mit einem Versorgungsvertrag nach § 109 SGB V. Der Vertragsabschluss liegt im Ermessen der KKn.

9 Absatz 1 ermächtigt Krankenkassen und deren Verbände zum Vertragsabschluss mit Krankenhäusern nach § 137g SGB V. Liegen diese Voraussetzungen vor und entspricht der Vertrag hierüber hinaus den Anforderungen des § 116b SGB V, so können Krankenhäuser ambulante Leistungen ohne weiteren ein- oder zweiseitigen Handlungsakt erbringen.

10 Nach § 137g SGB V hat das Bundesversicherungsamt auf Antrag einer KK/eines Landesverbands einer KK strukturierte Behandlungsprogramme zuzulassen, wenn die Programme und die zu ihrer Durchführung geschlossenen Verträge den Anforderungen der RS-VO[6] entsprechen (vgl. hierzu die

---

[5] Vgl. hierzu die allgemeine Begründung des Gesetzentwurfs, BT-Drs. 15/1525, S. 74.

[6] Risikostruktur-Ausgleichsverordnung v. 03.01.1994, abgedruckt in: Aichberger I Nr. 5c (ohne Anlagen).

Kommentierung zu § 137g SGB V).[7] Der Vertrag, der durch das Bundesversicherungsamt ausschließlich am Maßstab der RS-VO überprüft wurde (§ 137g Abs. 1 SGB V, § 266 Abs. 7 SGB V), muss hierüber hinaus zu seiner Wirksamkeit den Anforderungen des § 116b Abs. 1 SGB V entsprechen: Vertragsabschlüsse über strukturierte Behandlungsprogramme haben somit drei Voraussetzungen zu beachten:

- Teilnahme des Krankenhauses an einem Programm nach § 137g SGB V,
- Erforderlichkeit des Vertragsschlusses für die ambulante Leistungserbringung und
- Berücksichtigung der sächlichen und personellen Anforderungen analog § 135 SGB V.

1. Teilnahme an einem strukturierten Behandlungsprogramm nach § 137g SGB V

Strukturierte Behandlungsprogramme können nach § 137g SGB V zugelassen werden, soweit der G-BA auf der Grundlage von § 137f SGB V Empfehlungen für deren Entwicklung ausgesprochen hat. Das geschah bei folgenden chronischen Erkrankungen: 11

- Diabetes mellitus Typ I u. II,
- Brustkrebs,
- koronare Herzkrankheit (KHK) und
- chronisch obstruktive Atemwegserkrankungen (Asthma bronchiale; COPD[8]).

Der Begriff der strukturierten Behandlungsprogramme zielt auf Disease-Management-Programme (DMP). Sowohl der Wortlaut des Gesetzes als auch die Gesetzesbegründung sprechen zwar ausschließlich von strukturierten Behandlungsprogrammen. Es handelt sich jedoch um identische Begriffe, welche auf chronische Krankheiten zielen. Durch die Strukturierung und Programmierung sollen Behandlungsablauf und die Qualität der medizinischen Versorgung verbessert werden. Die Teilnahme kann entweder durch zwei- oder mehrseitigen Vertrag zwischen einer KK bzw. KK-Verband und einem Krankenhaus oder mehreren Krankenhäusern erfolgen. In der Praxis haben sich vertragliche Vereinbarungen zwischen KK- und Krankenhausverbänden durchgesetzt, zu denen die einzelnen Krankenhäuser eine Teilnahmeerklärung abgeben. 12

2. Erforderlichkeit eines Vertragsschlusses

Die Anforderungen an die ambulante Leistungserbringung müssen den Vertragsschluss mit dem Krankenhaus erfordern. Vertragsschlüsse mit Krankenhäusern werden somit an die Notwendigkeit der Einbeziehung der Krankenhäuser geknüpft. Der Regelungsgegenstand der Vorschrift, welcher sich auf DMP bezieht, stellt klar, dass Maßstab die Struktur der Behandlungsprogramme und nicht die vertragsärztliche Versorgung insgesamt ist. § 116b SGB V ist lex specialis und erfordert daher keine Bedarfsprüfung (vgl. hierzu § 116 SGB V).[9] 13

Die Erforderlichkeit kann aus **sachlich-medizinischen Gründen** gegeben sein. Entsprechend setzt Anlage 1 zur RSAV bei DMP betreffend Brustkrebs eine interdisziplinär-, professionen- und sektorenübergreifende Betreuung in qualifizierten Einrichtungen mit dem notwendigen logistischen Hintergrund voraus. Der Begriff der sektorenübergreifenden Betreuung weist auf die Notwendigkeit des Abschlusses von Krankenhausverträgen hin.[10] 14

Umstritten ist, ob die Erforderlichkeit auch aus **ökonomischen Gründen** angenommen werden kann. Teilweise wird sie etwa bei Nutzung aufwendiger Apparaturen verneint, weil es dann einer Einschränkung der Vorschrift nicht bedurft hätte.[11] Sinn und Zweck des § 116b SGB V ist aber nicht nur die Versorgung, sondern auch die Kosteneinsparung. Der Fraktionsentwurf zum GMG weist darauf hin, dass die Erforderlichkeit etwa dann begründet ist, wenn die Versorgung des chronisch Kranken häufige stationäre Aufenthalte bedingt und die ambulante Versorgung eine Behandlung aus einer Hand gewährleistet.[12] Sachlich-medizinisch ist diese Versorgung nicht ausschließlich begründet, sondern dient auch der Kostenersparnis. Auch eine ökonomische Erforderlichkeit beinhaltet daher eine Einschränkung und ist insoweit ausreichend. 15

---

7 Hintergrund dieser DMP ist die Reform des RSA im Jahr 2001: Werden strukturierte Behandlungsprogramme und die zu ihrer Durchführung erforderlichen Verträge nach § 137g SGB V zugelassen, so findet ein besonderer RSA zwischen den Krankenkassen statt, deren Versicherte an den DMP teilgenommen hatten.

8 Chronisch obstruktive Lungenerkrankung.

9 So auch *Hess* in: KassKomm, SGB V, § 116b Rn. 3.

10 Vgl. auch *Vollmöller*, NZS 2004, 63, 64.

11 *Hess* in: KassKomm, SGB V, § 116b Rn. 3.

12 BT-Drs. 15/1525 zu § 116b Abs. 1.

3. Besondere Qualitätsanforderungen

16 Das Gesetz stellt keine besonderen Anforderungen an die Vertragsinhalte. Soweit Satz 2 für die sächlichen und personellen Anforderungen als Mindestvoraussetzung die analoge Anwendbarkeit des § 135 SGB V anordnet, ist aber im Rahmen der Vertragsausführung die Norm zu berücksichtigen. Ob hierüber hinaus eine vertragliche Fixierung erfolgt, ist zwar zu empfehlen, bleibt aber den Vertragspartnern überlassen.

17 Folge ist, dass das Krankenhaus sowohl an die Richtlinien des G-BA nach Absatz 1, die sog. NUB-RL, als auch die Regelungen des BMV-Ä gebunden ist, soweit die sächlichen und personellen Anforderungen tangiert sind. Von Bedeutung sind hier insbesondere Anforderungen an die Strukturqualität, wie die besondere Fachkunde und die besondere Ausstattung.

IV. Spezielle Leistungen (Absatz 2)

18 § 116b SGB V gewährt den Krankenhäusern einen gebundenen Rechtsanspruch auf Zulassung, soweit die gesetzlichen Voraussetzungen vorliegen. Wortwörtlich spricht die Norm von der **Berechtigung** eines Krankenhauses zur ambulanten Behandlung. Diese Normausgestaltung steht im Gegensatz zum früheren Ermessen der Krankenkassen in Bezug auf einen Vertragsabschluss, von welchem aus Kostengründen kaum Gebrauch gemacht wurde.

19 Die Voraussetzungen der Berechtigung sind allerdings nicht eindeutig formuliert. Der durch das GKV-WSG eingefügte Gesetzeswortlaut bindet die Berechtigung eines zugelassenen Krankenhauses grundsätzlich, „wenn und soweit es im Rahmen der Krankenhausplanung des Landes auf Antrag des Krankenhausträgers unter Berücksichtigung der vertragsärztlichen Versorgung dazu bestimmt worden ist". Da die Modalitäten der Bestimmung des Krankenhauses und die formelle Zuständigkeit nicht näher erläutert werden, ist die Vorschrift aufgrund der Unbestimmtheit auslegungsbedürftig.

1. Bestimmung eines zugelassenen Krankenhauses

20 Das Merkmal der **Bestimmung** eines Krankenhauses wird neben den in Absatz 1 Satz 1 genannten Aspekten durch Satz 2 konkretisiert: Eine Bestimmung darf nicht erfolgen, wenn und soweit das Krankenhaus nicht geeignet ist. Dem Umkehrschluss ist somit zu entnehmen, dass Maßstab der Bestimmung die **Eignung** eines Krankenhauses ist. Die Negativformulierung weist darauf hin, dass grundsätzlich die Eignung des Krankenhauses zu vermuten ist und eine Nichteignung seitens der zulassenden Behörde nachzuweisen ist.[13]

21 Aus dem systematischen Zusammenhang zwischen den Sätzen 1 und 2 ist zu folgern, dass eine Eignungsprüfung im Rahmen der Krankenhausplanung und unter Berücksichtigung der vertragsärztlichen Versorgung zu erfolgen hat. Eine Nichteignung wird insoweit jedoch nur eingeschränkt geltend zu machen sein.

2. Im Rahmen der Krankenhausplanung

22 Zweck der Krankenhausplanung ist die Gewährleistung der Bedarfsgerechtigkeit der stationären Versorgung der Bevölkerung mit leistungsfähigen eigenverantwortlich wirtschaftenden Krankenhäusern. Krankenhäuser, denen diese Aufgabe zukommt, sind nach § 108 SGB V zugelassen. Sie sind entweder landesrechtlich als Hochschulkliniken anerkannt oder werden unter Bezugnahme auf einzelne Fachabteilungen im Krankenhausplan ausgewiesen bzw. durch einen Versorgungsvertrag nach § 109 SGB V berücksichtigt. Die ambulante Versorgung ist hingegen nicht Gegenstand der Krankenhausplanung.[14] Sachliche Anforderungen können dem Tatbestandsmerkmal hierüber hinaus nicht entnommen werden.[15] Voraussetzung ist somit ausschließlich die Zulassung eines Krankenhauses nach § 108 SGB V. Maßgeblich ist daher die Zulassung für die Fachrichtung, die durch die ambulante Leistungserbringung nach § 116b SGB V tangiert wird. In diesem Sinn ist die Gesetzesbegründung zu verstehen, dass alle zur Behandlung von GKV-Versicherten zugelassenen Krankenhäuser einen Antrag stellen können.[16] Soweit der Gesetzgeber eine Eignung von Krankenhäusern der Grundversorgungsstufe in der Regel für

---

13 Vgl. DKG, KH 2007, 411.

14 Vgl. *Quaas*, f&w 2007, 442, 443.

15 So auch DKG, KH 2007, 411, 413.

16 BT-Drs. 16/3100, S. 139.

nicht gegeben hält[17], ist festzuhalten, dass auch Krankenhäuser dieser Versorgungsstufe grundsätzlich diese Voraussetzung erfüllen, sofern sie für den beabsichtigten Leistungsbereich nach § 108 SGB V zugelassen sind.

3. Unter Berücksichtigung der vertragsärztlichen Versorgungssituation

Das Tatbestandsmerkmal nimmt nicht auf die vertragsärztliche Bedarfsplanung Bezug. Das stellt die Gesetzesbegründung klar, nach der explizit keine Bedarfsplanung erfolgt.[18] Der Gesetzgeber qualifiziert die Leistungserbringung nach § 116b SGB V vielmehr als „Ergänzung der vertragsärztlichen Versorgung". 23

Unter Berücksichtigung der vertragsärztlichen Versorgungssituation könnte ausschließlich angenommen werden, dass auf die sächlichen und personellen Anforderungen an die ambulante Leistungserbringung durch das Krankenhaus im Einzelfall Bezug genommen werden soll. Bisher enthielt § 116b Abs. 2 SGB V eine entsprechende Verweisung. Mit der Neuregelung ist dieser Passus entfallen. Da die Gesetzesbegründung ebenfalls hierauf verweist[19], erscheint es naheliegend, dem Tatbestandsmerkmal den entsprechenden Inhalt zuzuordnen. 24

Die Auslegungsschwierigkeiten bei Ermittlung des Sinngehalts des Tatbestandsmerkmals[20] führten in Bayern zur Beteiligung der KV Bayerns an einer Arbeitsgruppe, welche dem Landesplanungsausschuss und letztlich der Landesplanungsbehörde zuzuordnen ist. Ihr wird die Möglichkeit zur Einräumung einer Stellungnahme gegeben. Unter dem Aspekt, dass gesetzlich die Einbeziehung einer KV nicht vorgesehen wurde und zudem die Kassenärztliche Bundesvereinigung am 19.12.2005 in ihrer Pressemitteilung die ambulante Versorgung im Krankenhaus als verfassungswidrig erachtete, muss die Beteiligung einer KV im Verfahren als höchst kritisch erachtet werden. 25

4. Formelle Zuständigkeit

Bisherige Vertragspartner der Krankenhäuser waren Krankenkassen und ihre Verbände. Aufgrund der nur geringen praktischen Umsetzung der Norm hat der Gesetzgeber auf die unmittelbare Beteiligung der Krankenkassen am Antragsverfahren verzichtet. Das seit 01.04.2007 geltende Antragsverfahren sieht keine ausdrückliche Zuständigkeit einer bestimmten Stelle vor. Wohl aber können hiermit Formulierungen des Absatzes 2 wie „im Rahmen der Krankenhausplanung des Landes" (Satz 1) und „eine einvernehmliche Bestimmung mit den an der Krankenhausplanung ist anzustreben" (Satz 3) in Verbindung gebracht werden. Als zuständige Stelle ist somit die Landesplanungsbehörde in Betracht zu ziehen. 26

Aus dem Zusammenspiel zwischen Wortlaut und Gesetzesbegründung ist jedoch zu entnehmen, dass die für die Krankenhausplanung zuständige Behörde zuständige Stelle für die Antragstellung ist. Mehrmals erwähnt der Gesetzgeber im Allgemeinen Teil zur Begründung des GKV-WSG, dass mit § 116b SGB V die „Einführung eines Zulassungsverfahrens durch die Länder vorangetrieben" werden soll[21]. Bei der besonderen Begründung spricht er vom Letztentscheidungsrecht des Landes wie bei der herkömmlichen Krankenhausplanung.[22] 27

5. Anstreben von Einvernehmen mit den an der Krankenhausplanung unmittelbar Beteiligten

Mit vorliegendem Tatbestandsmerkmal nimmt die Norm Bezug auf § 7 Abs. 1 Satz 2 KHG. Die gesetzliche Formulierung verweist auf eine zielgerichtete Handlung zur Herstellung des Einvernehmens. Festzuhalten ist aber, dass die Landesplanungsbehörde die Letztentscheidungskompetenz hat, soweit ein Einvernehmen nicht erzielt werden kann.[23] Laut der Gesetzesbegründung ist das Einvernehmen eine sehr weitgehende Form der Mitwirkung, es ist mehr als bloßes Anhören und mehr als Benehmen; es ist das ernsthafte Bemühen, sich mit den Beteiligten zu einigen.[24] 28

---

[17] BT-Drs. 16/3100, S. 139.
[18] BT-Drs. 16/3100, S. 139 zu Nr. 85 b) und c).
[19] BT-Drs. 16/3100, S. 139 f. zu Nr. 85 b) u. c).
[20] Vgl. DKG, KH 2007, 411, 412 f.; *Quaas*, KH 2007, 442, 444 f.
[21] BT-Drs. 16/3100, S. 87 f. u. 89.
[22] BT-Drs. 16/3100, S. 140.
[23] BT-Drs. 16/3100, S. 139 zu Nr. 85 b) u. c).
[24] BT-Drs. 16/3100, S. 140 zu Nr. 85 b) u. c).

V. § 116b-Katalog-Leistungen (Absatz 3)

29 Absatz 3 beschreibt einen Katalog der hochspezialisierten Leistungen und Behandlungen seltener Erkrankungen bzw. solche mit seltenen Krankheitsverläufen durch Aufzählung, der mit In-Kraft-Treten der Norm im Jahr 2004 zunächst als Startkatalog bezeichnet wurde.

30 Soweit kraft Gesetzes CT/MRT-gestützte interventionelle schmerztherapeutische Leistungen bzw. die Brachytherapie[25] als **hochspezialisierte Leistungen** erkannt werden, ist darauf hinzuweisen, dass es sich nach der Definition gem. § 27 Abs. 1 VO G-BA (vgl. Rn. 2) grds. um solche Leistungen handelt, zu deren Erbringung medizinische Kenntnisse und Erfahrungen erforderlich sind, die deutlich über die Facharztqualifikation hinausgehen. Im Zusammenhang mit der Leistungserbringung werden regelhaft besonders aufwendige organisatorische, bauliche, apparativ-technische oder hygienische Anforderungen gestellt werden. Es kann aber auch eine Leistungserbringung sein, welche ein besonderes Komplikationsrisiko für den Patienten oder ein Gefährdungspotenzial für Dritte beinhaltet und daher sinnvoller in der Infrastruktur eines KH behandelt werden kann.

31 Der **Begriff der seltenen Erkrankung** ergibt sich zunächst aus Art. 3 Abs. 1a) der EG-Verordnung 141/2000 über Arzneimittel für seltene Leiden.[26] Hiernach ist ein Leiden selten, welches entweder lebensbedrohend ist oder eine chronische Invalidität nach sich zieht und von dem nicht mehr als fünf von 10.000 Personen in der Gemeinschaft betroffen sind. § 27 Abs. 2 VO G-BA (vgl. Rn. 2) knüpft an diese Definition an und überträgt sie unverändert auf den Geltungsbereich der Bundesrepublik, was dazu führt, dass der Begriff der seltenen Erkrankung nach der EG-Verordnung restriktiver ist als nach der Verfahrensordnung. Im Übrigen liegt nach der Verfahrensordnung eine seltene Erkrankung ebenfalls vor, wenn bei vergleichbarer Prävalenz wegen der Eigenart der Erkrankung eine Konzentration der fachlichen Expertise im Rahmen der stationären Behandlung am Krankenhaus bereits gegeben ist. Da diese Formulierung jedoch ausschließlich eine Konkretisierung der ersten Definitionsvariante darstellt, verbleibt es bei der Definition.

32 **Erkrankungen mit besonderen Verläufen** liegen nach § 27 Abs. 3 VO G-BA (vgl. Rn. 2) vor, wenn empirisch durch entsprechendes Datenmaterial belegt ist, dass beim überwiegenden Teil der Patienten kumulativ folgende Voraussetzungen vorliegen:

- Erfolgen einer stationären Behandlung mindestens zweimal im Kalenderjahr,
- mehr als eine ambulante Behandlung pro Quartal über ein Jahr und
- Erforderlichkeit eines durchgängig abgestimmten Versorgungskonzeptes aus einer Hand.

33 Unterschieden wird zwischen Krankheiten, welche bei Vorliegen bestimmter Symptome einen eigenen Krankheitsbegriff erfüllen, und solchen Krankheiten mit unterschiedlicher Symptomatik, so dass in diesem Fall die schweren Verlaufsformen erfasst werden. Aufgrund des Inhalts des Startkatalogs können Vertragsabschlüsse mit Krankenhäusern onkologische Erkrankungen, HIV/Aids, rheumatische Erkrankungen mit schweren Verlaufsformen, schwere Herzinsuffizienz (NYHA Stadium3-4), Tuberkulose, Mukoviszidose, Hämophilie, Fehlbildungen/angeborene Skelettsystemfehlbildungen/neuromuskuläre Erkrankungen, schwerwiegende immunologische Erkrankungen, Multiple Sklerose, Anfallsleiden, pädiatrische Kardiologie bzw. Frühgeborene mit Folgeschäden erfassen.

VI. Richtlinien über die ambulante Behandlung im Krankenhaus (Absatz 4)

34 Absatz 4 erteilt dem Gemeinsamen Bundesausschuss den Auftrag, den gesetzlichen Katalog des Absatzes 3 zu ergänzen. Gesetzestechnisch erfolgt das durch **Richtlinien (RL)-Erlass** (vgl. Rn. 2), was sich aus dem systematischen Zusammenhang mit den Sätzen 3 und 4 bzw. § 91 Abs. 4 SGB V ergibt.

35 **Allgemeiner Maßstab** für die Aufnahme einer Leistung in den Katalog ist, dass 1. der Nutzen für Diagnostik und Therapie, 2. die medizinische Notwendigkeit und 3. die Wirtschaftlichkeit belegt worden ist. Insoweit erteilt § 91 Abs. 3 Nr. 1 SGB V den gesetzlichen Auftrag zur Festlegung einer **Verfahrensordnung des G-BA** (vgl. Rn. 2), welche insbesondere die methodischen Anforderungen an die wissenschaftliche sektorenübergreifende Bewertung des Nutzens, der Notwendigkeit und der Wirtschaftlichkeit von Maßnahmen zu regeln hat.[27] Nach **Kapitel D § 23 bis 30** gilt eine Bewertung des

---

[25] Kurzdistanzbestrahlung; Strahlenbehandlung durch kurzfristiges Einbringen von radioaktiven Strahlen in die Tumorregion.

[26] Verordnung (EG) Nr. 141/2000 des Europäischen Parlaments und des Rates v. 16.12.1999 über Arzneimittel für seltene Leiden: http://europa.eu.int/smartapi/cgi/sga_doc?smartapi!celexapi!prod!CELEXnumdoc&lg=DE&numdoc=32000R0141&model=guichett.

[27] http://www.g-ba.de/downloads/36-232-42/2006-07-07-VerfO.pdf.

Nutzens und der medizinischen Notwendigkeit zunächst als hinreichend belegt, wenn die Leistung oder Behandlung Bestandteil der vertragsärztlichen Versorgung ist oder durch eine Bewertung nach den §§ 135, 138 oder 137c SGB V nachgewiesen ist. Ansonsten orientiert sich die Bewertung nach Abschnitt C (§ 28 VO G-BA).[28]

Relevant ist jedoch des Weiteren, dass nach § 116b Abs. 4 Satz 2 SGB V der allgemeine Prüfungsmaßstab des G-BA um eine **Vergleichsprüfung zwischen Krankenhaus und Vertragsarztpraxis** zu ergänzen und bei der Bewertung der medizinischen Notwendigkeit und der Wirtschaftlichkeit die Besonderheiten der Leistungserbringung des Sektors Krankenhaus gegenüber der Vertragsarztpraxis zu berücksichtigen sind. Hintergrund der gesonderten Prüfung ist der Normzweck des § 116b Abs. 2 SGB V, welcher auf die Ergänzung der vertragsärztlichen Versorgung gerichtet ist (so der Wortlaut des § 116 Abs. 3 Satz 1 HS. 1 SGB V). 36

Problematisch ist zwar beim vorliegenden Sachverhalt der ambulanten Leistungserbringung durch ein Krankenhaus, dass die Leistung grds. durch beide Sektoren erbracht werden kann. Der Grundsatz „ambulant vor stationär" bietet kein Abgrenzungskriterium[29], da die hotelleistungsgeprägte Struktur des Krankenhauses mangels Nachfrage bei § 116b SGB V unbeachtlich ist. Richtig weist *Hess* auf den Ansatz bei den strukturellen Unterschieden[30] hin, welcher bei Krankenhäusern regelhaft in ihrer **Organisation** liegt. Entsprechend formuliert die Gesetzesbegründung für die medizinische Notwendigkeit einer ambulanten Behandlung im Krankenhaus folgende Beispiele[31]: 37

- Leistung, welche bisher in der Vergangenheit erbracht wurde und für deren Erbringung die Krankenhäuser die kostspieligen Einrichtungen vorhalten,[32]
- therapeutische Erforderlichkeit eines durchgängig abgestimmten Versorgungskonzeptes aus einer Hand bei Krankheitsverläufen, die durch häufig wiederkehrende stationäre Aufenthalte gekennzeichnet sind,
- besonders hohe Anforderungen der Untersuchungs- und Behandlungsmethoden an die Strukturqualität der Behandler (besonders hoch qualifizierte Ärzte in spezialisierten Zentren sind besonders prädestiniert),
- Gefährdungspotenzial der Leistung für den Patienten (z.B. bei bestimmten mikrochirurgischen Eingriffen) oder für Dritte (z.B. beim Einsatz radioaktiver Stoffe).

Da der durch den G-BA vorzunehmende Vergleich auf der Regelhaftigkeit der Organisation Krankenhaus zum einen und Vertragsarztpraxis zum anderen basiert, diese Regel im Einzelnen sowohl auf Seiten der Krankenhäuser als auch mit der Einführung der MVZ (vgl. § 95 SGB V) auf Seiten der Vertragsarztpraxen durchbrochen werden kann, verlangt das eine zeitlich dem Vertragsabschluss vorgelagerte Prüfung, ob die Voraussetzungen im Einzelfall vorliegen. 38

In Bezug auf das Kriterium der Wirtschaftlichkeit nennt die Begründung des Gesetzentwurfs den Beispielsfall, dass Krankenhäuser bereits in der Vergangenheit Leistungen erbracht haben, welche die Vorhaltung kostspieliger Einrichtungen rechtfertigen, und daher die Leistung auch ambulant erbringbar sein sollte.[33] 39

Zusätzlich sind auch Regelungen in Bezug auf 40

- die mögliche Bindung der ambulanten Leistungsanbringung an die **vorherige Überweisung** von Hausarzt oder Facharzt,

---

[28] Hiernach sind diagnostische und therapeutische Leistungen anhand von Unterlagen wie folgt zu überprüfen: Kriterien in Bezug auf den Nutzen sind die Wirksamkeit bzgl. der Indikationen, Konsequenz einer therapeutischen Methode, die Nutzen-Risiken-Abwägung, die Bewertung der unerwünschten und erwünschten Folgen und der Vergleich zu sonstigen Methoden mit der gleichen Zielsetzung. Kriterien der medizinischen Notwendigkeit sind die medizinische Problematik, der Spontanverlauf der Erkrankung und die diagnostischen und therapeutischen Alternativen. Gesichtspunkte zur Beurteilung der Wirtschaftlichkeit sind: 1. Kostenschätzung in Bezug auf die Anwendung beim einzelnen Patienten, 2. Kosten-Nutzen-Abwägung bzgl. des einzelnen Patienten und 3. bzgl. der Gesamtheit der Versicherten einschl. der Folgekostenabschätzung, 4. Kostennutzenabwägung im Vergleich zu anderen Methoden. Es handelt sich hierbei um die Kriterien, die auch in § 8 Abs. 2 BUB-RL, welcher auf Grundlage des § 135 SGB V ergangen ist, niedergelegt sind. Hierauf verweist auch § 138 SGB V i.V.m. Nr. 14 Heilmittel-RL in Bezug auf die Anwendung von Heilmitteln.

[29] So auch *Hess* in: KassKomm, SGB V, § 116b Rn. 8.

[30] *Hess* in: KassKomm, SGB V, § 116b Rn. 8.

[31] BT-Drs. 15/1525, S. 120 zu Nr. 85 zu Abs. 4.

[32] BT-Drs. 15/1525, S. 120 zu Nr. 85 zu Abs. 4.

[33] BT-Drs. 15/1525, S. 120 zu § 116b zu Abs. 4.

- die **sächlichen oder personellen Anforderungen sowie einrichtungsübergreifende Maßnahmen der Qualitätssicherung nach § 135a SGB V i.V.m. § 137 SGB V** zu treffen.

41 Spätestens alle **zwei Jahre** hat der Bundesausschuss diese **Richtlinien zu überprüfen**. Erstmals hatte er kraft Gesetzes den Auftrag, den Katalog bis zum 31.03.2004 zu ergänzen. Durch Richtlinienerlass des Bundesausschusses vom 16.03.2004 ist dies geschehen. Mit Wirkung zum 19.04.2007 hat der G-BA die Richtlinie zuletzt modifiziert.

42 Organisatorisch sieht § 91 Abs. 4 SGB V im Übrigen eine **veränderte Besetzung des G-BA** vor. Er beschließt die Richtlinien in der **Besetzung für ärztliche Angelegenheiten** nach § 5 der Geschäftsordnung des G-BA[34] durch insgesamt 21 Mitglieder, d.h. neben dem unparteiischen Vorsitzenden und 2 weiteren unparteiischen Mitgliedern 5 Vertreter der KBV, 4 Vertreter der DKG, 3 Vertreter der RK, 2 Vertreter der EK und je 1 Vertreter der Betriebskrankenkassen, der Innungskrankenkassen, der landwirtschaftlichen Krankenkassen und der Knappschaftlichen Krankenversicherung. Fraglich ist allerdings, wie der Stimmenüberschuss der KBV zu rechtfertigen ist.[35]

VII. Vergütung/Prüfung der Wirtschaftlichkeit (Absatz 5)

43 Die Leistungen der Krankenhäuser nach § 116b SGB V werden **unmittelbar von den KKn** außerhalb der vertragsärztlichen Gesamtvergütung vergütet.

44 Maßstab für die Vergütungsbemessung ist grundsätzlich der **EBM gem. § 87 SGB V, ab dem 01.01.2009 die regionale Euro-Gebührenordnung nach § 87a SGB V**. Nach Absatz 5 Satz 2 hat die Vergütung der Vergütung vergleichbarer vertragsärztlicher Leistungen zu entsprechen; nach Satz 3 hat das Krankenhaus die berechenbaren Leistungen auf der Grundlage des EBM zu bezeichnen.

45 Da der Euro-Betrag für ambulante Leistungen in den Jahren 2007 und 2008 unbestimmt ist, gibt die Norm die Kriterien zur Bestimmung des Punktwerts vor: Pro KV-Bezirk, pro Kassenart und pro Quartal ist der durchschnittliche **Punktwert** der letzten Quartalsabrechnungen zugrunde zu legen. Der Punktwert ist hierüber hinaus anhand der Punktzahlvolumina des EBM zu gewichten.

46 Acht Wochen nach Quartalsbeginn, erstmals zum 31.05.2007, haben KVen, KKn und die Verbände der KKn den Punktwert festzustellen (zum 28./29.02., 31.05., 31.08 und 30.10. eines Jahres). Zuständig sind hierfür grds. die KVen, die Landesverbände der KKn und die Verbände der ErsKn gemeinsam und einheitlich. Bei Fristüberschreitungen verlagert sich die Zuständigkeit auf die Aufsichtsbehörden der KV (nach § 78 Abs. 1 SGB V die für die Sozialversicherung zuständige oberste Verwaltungsbehörde der Länder).

47 Im Übrigen obliegt auch die Prüfung der Wirtschaftlichkeit den KKn. Hiermit übernehmen die KKn auch die Kontrolle über die induzierten Arzneimittelkosten.[36]

C. Praxishinweise

48 In ihrer Pressemitteilung vom 19.12.2005 wies die **KBV**[37] auf die **Verfassungswidrigkeit und Nichtigkeit des § 116b Abs. 2 SGB V i.d.F. bis 31.03.2007** hin. Das durch den Berufsverband der Niedergelassenen Hämatologen und Internistischen Onkologen (BNHO) in Auftrag gegebene Gutachten kam zum Ergebnis[38], dass das Grundrecht auf Berufsfreiheit gem. Art. 12 Abs. 1 GG in materieller Hinsicht verletzt sei, da das unbeschränkte Markteröffnungsermessen der zu diesem Zeitpunkt noch zuständigen KKn und ihrer Verbände Umfang und Grenzen des hiermit verbundenen Eingriffs in die Berufsfreiheit der niedergelassenen Vertragsärzte in die Konkurrenzsituation nicht hinreichend bestimmt und der Grundrechtseingriff weder erforderlich noch zumutbar sei. Anlass für diese Beurteilung war die Entscheidung des BVerfG vom 17.08.2004, der zufolge das Gericht die Belastung der Vertragsärzte durch die Öffnung ihres gesetzlich regulierten Marktes mittels einer Ermächtigung von Krankenhausärzten erkannte.

---

34 Vgl. hierzu http://www.g-ba.de/downloads/36-232-36/2006-04-18_GO_Endfassung.pdf.

35 A.A. *Degener-Hencke*, der dies mit der positiven Grundhaltung der KK gegenüber der Leistungserbringung durch Krankenhäuser rechtfertigt, NZS 2003, 629, 631.

36 Hierauf hinweisend *Scholz*, GesR 2003, 369, 373.

37 http://www.kbv.de/veranstaltungen/7353.html.

38 *Barth/Hänlein*, S. 26.

Das Gutachten berücksichtigte jedoch nicht, dass § 116b Abs. 2 SGB V nicht auf die Schließung einer Bedarfslücke, sondern auf eine **Ergänzung der vertragsärztlichen Versorgung** gerichtet ist. Konsequenterweise verweist die Regelung nicht auf die allgemeine Richtliniennorm des § 92 SGB V, nach der der G-BA zur Sicherung der ärztlichen Versorgung RL beschließt, sondern kreiert als spezielle RL-Norm Absatz 4. Dementsprechend definiert § 27 Abs. 1 a) VO G-BA hochspezialisierte Leistungen als solche, für die Kenntnisse und Erfahrungen erforderlich sind, die über die Facharztqualifikation deutlich hinausgehen. 49

Soweit dennoch ein Eingriff in den vertragsärztlichen Markt im Einzelfall erkannt werden sollte, dürfte die Regelung erforderlich sein: Sie modifiziert den Grundsatz „ambulant vor stationär" durch Einbeziehung weiterer – über die Hotelleistung hinausgehender – Organisationsmöglichkeiten eines Krankenhauses, welche der Vertragsarztpraxis im Regelfall nicht innewohnen. Demzufolge verlangt Absatz 4 Satz 2 die Berücksichtigung der Besonderheiten der Leistungserbringung im Krankenhaus in Bezug auf die medizinische Notwendigkeit und die Wirtschaftlichkeit. 50

In diesem Zusammenhang ist von Interesse, dass in Bayern der Krankenhausplanungsausschuss eine Arbeitsgruppe mit dem Auftrag eingesetzt hat, die praktische Umsetzung der Vorgaben nach §116b SGB V zu gewährleisten und Entscheidungsvorschläge zu Einzelanträgen vorzubereiten. Die Beteiligung der KV Bayerns an der Arbeitsgruppe mit Möglichkeit zur Stellungnahme muss über die Tatsache, dass die Einbeziehung der KV gesetzlich nicht vorgesehen wurde, auch in Bezug auf die rechtliche Einschätzung des § 116b SGB V (vgl. Rn. 25) als kritisch erachtet werden. 51

Gegen Entscheidungen der Landesplanungsbehörde nach § 116b SGB V kann Klage eingelegt werden. Aufgrund der Rechtswegzuweisung des § 51 Abs. 1 Nr. 2 SGG sind die Gerichte der Sozialgerichtsbarkeit zuständig.[39] 52

Da das Krankenhaus nach § 116b SGB V einen Rechtsanspruch hat, ist eine Verpflichtungsklage gem. § 54 SGG zu erheben. Ob der Klage ein Vorverfahren vorgeschaltet ist, ist abhängig von der Ausgestaltung des Planungsverfahrens auf Landesebene.[40] Wird der angegriffene Verwaltungsakt von einer obersten Landesbehörde erlassen, so bedarf es keines Vorverfahrens (§ 78 Abs. 1 Nr. 2 SGG). 53

Keine Klagebefugnis steht Vertragsärzten oder Kassenärztlichen Vereinigungen zu. Die Rspr. des BVerfG/BSG zum Anfechtungsrecht der Vertragsärzte bei Leistungserbringung des Krankenhauses nach § 116b SGB V kann nicht übertragen werden.[41] Einem transsektoralen Konkurrentenwiderspruch bzw. einer Konkurrentenklage steht der eigenständige Rechtsanspruch der Krankenhäuser auf Zulassung entgegen.[42] 54

---

[39] So auch DKG, KH 2007, 411, 416.

[40] Vgl. hierzu DKG, KH 2007, 411, 418.

[41] *Szabados*, GesR 2007, 97, 102.

[42] Vgl. auch *Vollmüller*, NZS 2006, 572, 574.

§ 117 SGB V Hochschulambulanzen

(Fassung vom 14.11.2003, gültig ab 01.01.2004, gültig bis 30.06.2008)

(1) Der Zulassungsausschuss (§ 96) ist verpflichtet, auf Verlangen von Hochschulen oder Hochschulkliniken die Ambulanzen, Institute und Abteilungen der Hochschulkliniken (Hochschulambulanzen) zur ambulanten ärztlichen Behandlung der Versicherten und der in § 75 Abs. 3 genannten Personen zu ermächtigen. Die Ermächtigung ist so zu gestalten, dass die Hochschulambulanzen die Untersuchung und Behandlung der in Satz 1 genannten Personen in dem für Forschung und Lehre erforderlichen Umfang durchführen können. Das Nähere zur Durchführung der Ermächtigung regeln die Kassenärztlichen Vereinigungen im Einvernehmen mit den Landesverbänden der Krankenkassen und den Verbänden der Ersatzkassen gemeinsam und einheitlich durch Vertrag mit den Hochschulen oder Hochschulkliniken.

(2) Absatz 1 gilt entsprechend für die Ermächtigung der Hochschulambulanzen an Psychologischen Universitätsinstituten im Rahmen des für Forschung und Lehre erforderlichen Umfangs und der Ambulanzen an Ausbildungsstätten nach § 6 des Psychotherapeutengesetzes zur ambulanten psychotherapeutischen Behandlung der Versicherten und der in § 75 Abs. 3 genannten Personen in Behandlungsverfahren, die vom Gemeinsamen Bundesausschuss nach § 92 Abs. 6a anerkannt sind, sofern die Krankenbehandlung unter der Verantwortung von Personen stattfindet, die die fachliche Qualifikation für die psychotherapeutische Behandlung im Rahmen der vertragsärztlichen Versorgung erfüllen. Im Rahmen der Ermächtigung der Hochschulambulanzen an Psychologischen Universitätsinstituten sind Fallzahlbegrenzungen vorzusehen. Für die Vergütung gilt § 120 Abs. 2 bis 4 entsprechend.

Gliederung

A. Basisinformationen

I. Textgeschichte/Gesetzgebungsmaterialien

1 § 117 SGB V wurde durch das **Gesundheitsreformgesetz (GRG)** vom 20.12.1988[1] mit Wirkung zum 01.01.1999 in das SGB V eingefügt. Die Norm sah die Ermächtigung von poliklinischen Institutsambulanzen an Hochschulen/Hochschulkliniken vor.

---

[1] BGBl I 1988, 2477, vgl. auch die amtliche Begründung des Gesetzentwurfs der Fraktionen der CDU/CSU und F.D.P. v. 03.05.1988, BT-Drs. 11/2237, S. 202 zu § 125.

Art. 2 Nr. 14 **PsychthG** vom 16.06.1998[2] fügte Absatz 2 an und bestimmte „die Ermächtigung poliklinischer Institutsambulanzen an Psychologischen Universitätsinstituten ... und an Ausbildungsstätten nach § 6 PsychthG". 2

Art. 1 Nr. 3a **Fallpauschalengesetz (FPG)**[3] vom 23.04.2002 ersetzte den Begriff „Polikliniken" mit dem der „Hochschulambulanzen" und erweiterte somit den Anwendungsbereich der Vorschrift über die Polikliniken hinaus auf spezialisierte Institute, Ambulanzen und Abteilungen der Hochschulkliniken mit Wirkung zum 01.01.2003. Der Gesetzentwurf der Regierungsfraktionen von SPD und BÜNDNIS 90/Die GRÜNEN v. 11.09.2001 enthielt die Änderung des § 117 SGB V noch nicht. Sie wurde vielmehr auf Beschlussempfehlung des Ausschusses für Gesundheit eingefügt.[4] 3

Die Änderungen des Absatzes 2 durch Art. 1 Nr. 86 **GKV-Modernisierungsgesetz (GMG)**[5] sind teilweise redaktioneller Natur. Satz 1 berücksichtigt die veränderte Bezeichnung des Bundesausschuss der Ärzte und Krankenkassen als Gemeinsamen Bundesausschuss. In Satz 2 wird die Vergütungsregelung in Form eines pauschalen Verweises auf § 120 SGB V durch Einfügung der Absätze 2 bis 4 konkretisiert. Die amtliche Begründung des Gesetzentwurfs verweist auf die vergütungsrechtliche Gleichstellung der Ausbildungsstätten nach § 6 PsychThG mit den Hochschulambulanzen nach § 117 Abs. 1 SGB V.[6] 4

II. Vorgängervorschriften

Vorgängervorschrift war **§ 368n Abs. 3 Sätze 3-7 RVO.** Die Norm regelte den Abschluss von Poliklinikverträgen und wurde m.W.v. 01.01.1989 durch Art. 5 Nr. 2 des Gesundheitsreformgesetzes v. 20.12.1988 aufgehoben. Die Poliklinikverträge hatten die Untersuchung und Behandlung von Versicherten in dem für die Lehr- und Forschungsaufgaben benötigten Umfang zu gewährleisten und die Vergütung zu vereinbaren. 5

III. Vereinbarungen/Sonstige Regelungen

Nach § 117 Abs. 1 Satz 3 SGB V hat die KV im Einvernehmen mit den Landesverbänden der KKn und den Verbänden der ErsKn mit den Hochschulen/Hochschulkliniken einen **zweiseitigen Vertrag zur Durchführung der Ermächtigung** (vgl. Rn. 24) zu vereinbaren. 6

Bei der Ermächtigung nach Absatz 2 sind die Richtlinien des Bundesausschusses über die Durchführung der Psychotherapie (**Psychotherapie-Richtlinien**, vgl. Rn. 36) zu beachten.[7] 7

IV. Systematische Zusammenhänge

§ 117 SGB V ist bedarfsunabhängiger Sondertatbestand zur Ermächtigung von Hochschulambulanzen. Die Norm steht in systematischem Zusammenhang mit der allgemeinen Ermächtigungsnorm nach **§ 95 Abs. 1 und 4 SGB V** (vgl. die Kommentierung zu § 95 SGB V). Hierneben können weitere Berechtigungen zur Teilnahme an der vertragsärztlichen Versorgung in Betracht kommen, soweit deren Voraussetzungen vorliegen. Hinzuweisen ist darauf, dass etwa universitäre Einrichtungen auch Träger von Fachambulanzen mit gesetzlicher Zulassung nach **§ 311 Abs. 2 SGB V** (vgl. die Kommentierung zu § 311 SGB V) sein können. Im Übrigen kann eine weitere Ermächtigung nach **§ 31 Ärzte-ZV** erteilt werden; es gelten dann jedoch andere Tatbestandsvoraussetzungen.[8] 8

Zur Vergütung unmittelbar durch die KKn vgl. **§ 120 Abs. 2 ff. SGB V** (vgl. die Kommentierung zu § 120 SGB V Rn. 47 ff.). 9

---

2 Gesetz über die Berufe des Psychologischen Psychotherapeuten und der Kinder- und Jugendlichenpsychotherapeuten und Änderung des 5. Sozialgesetzbuchs und anderer Gesetze BGBl I 1998, 1311, vgl. auch die Begründung des Gesetzentwurfs in BT-Drs. 13/9540, S. 2 und BT-Drs. 13/8035, S. 22.

3 Gesetz zur Einführung des diagnoseorientierten Fallpauschalensystems für Krankenhäuser v. 23.04.2002, BGBl I 2002, 1412.

4 Vgl. hierzu BT-Drs. 14/7824, S. 5 und den diesbezüglichen Bericht BT-Drs. 14/7862, S. 4 f.

5 GKV-Modernisierungsgesetz v. 14.11.2003, BGBl I 2003, 2190, 2218.

6 Vgl. die Begründung des Gesetzentwurfs in BT-Drs. 15/1525, S. 120 Nr. 86 (§ 117).

7 http://www.g-ba.de/cms/upload/pdf/richtlinien/RL-Psycho-2005-07-19.pdf, zuletzt geändert v. 19.07.2005 mit Wirkung zum 01.10.2005 (BAnz Nr. 186, S. 14549); abgedruckt in: *Engelmann*, Aichberger II Nr. 485.

8 BSG v. 01.07.1998 - B 6 KA 11/98 R - SozR 3-2500 § 31 Nr. 8; BSG v. 01.07.1998 - B 6 KA 43/97 R - BSGE 82, 216 = SozR 3-5520 § 31 Nr. 9.

10 Zum Verhältnis Ermächtigung und Zulassung vgl. § 116 SGB V (vgl. die Kommentierung zu § 116 SGB V Rn. 13).

V. Literaturhinweise

11 *Kamps*, Poliklinik- und Bedarfsermächtigung, MedR 1997, 431, 435 ff.; *Kreutzer/Rietz/Trautmann-Voigt*, Die Zulassung als staatlich anerkannte Ausbildungsstelle, PsychR 2002, 46 ff.; *Schirmer*, Eingliederung der Psychologischen Psychotherapeuten und Kinder- und Jugendlichenpsychotherapeuten in das System der vertragsärztlichen Versorgung, MedR 1998, 435 ff.; *Stellpflug*, Ermächtigung von Ausbildungsstätten nach § 117 Abs. 2 SGB V, PsychR 2001, 117 ff.; *Zuck*, Die Poliklinik, MedR 1990, 121 ff.

B. Auslegung der Norm

I. Regelungsgehalt und Bedeutung der Norm

12 § 117 SGB V regelt die **bedarfsunabhängige Institutsermächtigung von Hochschulambulanzen**. Sie ermöglicht Ambulanzen/Instituten und Abteilungen von Hochschulkliniken die Teilnahme an der ambulanten ärztlichen bzw. psychotherapeutischen Behandlung von gesetzlich Versicherten und Personen nach § 75 Abs. 3 SGB V (Absatz 1, Rn. 16).

13 Absatz 2 (Rn. 31) stellt entsprechende Hochschulambulanzen an psychologischen Universitätsinstituten unter Einschluss der Ambulanzen an psychologischen Ausbildungsstätten mit Anerkennung nach § 6 PsychThG den medizinischen Hochschulambulanzen im Hinblick auf die psychotherapeutische Behandlung gleich, soweit bestimmte Behandlungsverfahren entsprechend der Psychotherapie-Richtlinien, welche unter der Verantwortung von Personen mit einer bestimmten Qualifikation stattfinden, angewendet werden.

14 Die Ermächtigung steht unter **funktionalem Bezug zu Forschung und Lehre**. Die Konkretisierung der Ermächtigung (Rn. 24) erfolgt daher durch die Zulassungsgremien bzw. durch Vertragsabschluss zwischen KV im Einvernehmen mit den Landesverbänden der KKn und den Verbänden der EKn gemeinsam und einheitlich mit den Hochschulen bzw. Hochschulkliniken.

II. Normzweck

15 Nach § 117 Abs. 1 Satz 3 SGB V ist die Ermächtigung so zu gestalten, dass die Hochschulambulanzen die Behandlung in dem für **Forschung und Lehre** erforderlichen Umfang durchführen können. Die Norm stellt somit eine Verwirklichung der grundrechtlich gewährleisteten Wissenschaftsfreiheit nach Art. 5 Abs. 3 GG dar. Gem. § 108 Nr. 1 SGB V dürfen diese als zugelassene Krankenhäuser Krankenbehandlung nach § 39 SGB V erbringen. Da Forschung und Lehre sich auf die ärztliche Versorgung an sich beziehen und die Studierenden auch mit der Behandlung von Gesundheitsstörungen vertraut zu machen sind, die nicht oder nur in geringem Umfang im Rahmen der stationären Behandlung anfallen, ist die Ausdehnung der ärztlichen Versorgung über die stationäre Versorgung auch auf den ambulanten Bereich notwendige Konsequenz.

III. Medizinische Hochschulambulanzen (Absatz 1)

1. Begriff

16 Der Begriff der Hochschulambulanzen umfasst nach der Legaldefinition des Satzes 1 die **Ambulanzen, Institute und Abteilungen der Hochschulkliniken**. Aufgrund des systematischen Bezugs einerseits zu § 95 SGB V, welcher als grundlegende Teilnahmeform zwischen der Ermächtigung von Ärzten und der Ermächtigung von ärztlich geleiteten Einrichtungen unterscheidet, sind diese Einheiten generaliter als **ärztlich geleitete Einrichtungen** zu definieren, welche organisatorischer Teil einer Hochschulklinik sind. Ausreichend ist aufgrund der nach Art. 5 Abs. 3 GG zu berücksichtigenden Hochschulautonomie ein entsprechender Organisationsakt.

17 Bis zum 31.12.2002 stellte die Vorschrift auf den Begriff der **Poliklinik** ab, welche als **poliklinische Institutsambulanz der Hochschulen** legaldefiniert wurde. Der Begriff der Hochschulambulanz ist weiter. Die Poliklinik erfordert im Gegensatz zum Hochschulambulanzbegriff selbst eine klinische Struktur.[9] Nach Ansicht des FPG-Gesetzgebers entsprach die ausschließliche Abstellung auf Poliklini-

[9] Vgl. etwa BSG v. 05.11.2003 - B 6 KA 52/02 R - juris Rn. 20 = SozR 4-2500 § 117 Nr. 2 (s.a. Anm. v. *Beule*, Zu den Voraussetzungen der Ermächtigung einer Institutsambulanz gem. § 117 Abs. 2 SGB V, jurisPR-SozR 17/2004 Anm. 2).

ken nicht mehr der Versorgungswirklichkeit, da auch in sonstigen Instituten, Ambulanzen und Abteilungen Forschung und Lehre betrieben wird.[10] Normzweck ist die Erfassung einer jeden ärztlich geleiteten Einrichtung, welcher aus Gründen der Forschung und Lehre im Wege der ambulanten Versorgung Patienten zugewiesen werden müssen.

Nicht umfasst vom Begriff der Hochschulambulanz sind **sog. Lehrkrankenhäuser**, in denen in Zusammenarbeit mit den Hochschulen ebenfalls medizinische Lehre und Ausbildung stattfindet.[11] 18

2. Rechtsfolge: Ermächtigung zur ambulanten ärztlichen Behandlung

Es besteht ein **Rechtsanspruch auf Ermächtigung**: § 117 SGB V verpflichtet den Zulassungsausschuss (§ 96 SGB V) zur Erteilung der Ermächtigung. Ausreichend ist die Qualifikation der ärztlich geleiteten Einrichtung als Hochschulambulanz. Durch die Ermächtigung soll sichergestellt werden, dass das gesamte Spektrum medizinischer Maßnahmen auch außerhalb der stationären Versorgung zu Forschungs- und Lehrzwecken eingesetzt werden kann, so dass die Studierenden auch mit der Behandlung von Gesundheitsstörungen vertraut gemacht werden, die im Rahmen der stationären Behandlung der Hochschulkliniken nicht oder nur in geringem Umfang anfallen.[12] 19

Gegenstand der Ermächtigung ist die **ambulante ärztliche Behandlung** von GKV-Versicherten und den in § 75 Abs. 3 SGB V genannten Personen. Die Berücksichtigung des letztgenannten Personenkreises ergibt sich aus dem diesbezüglichen Sicherstellungsauftrag der KV.[13] Nach Absatz 1 Satz 2 ist die Ermächtigung so zu gestalten, dass die Hochschulambulanzen die Untersuchung und Behandlung in dem für Forschung und Lehre **erforderlichen Umfang** durchführen können. Das ergibt sich aus dem funktionalen Bezug der Ermächtigung zu **Forschung und Lehre**, der zur Ermächtigung berechtigt, aber auch zugleich den Umfang vorgibt. Die Zulassungsgremien sind somit etwa zu einer **Fallzahlbegrenzung** berechtigt[14] oder aber zur Bestimmung der unmittelbaren Inanspruchnahme bzw. zur Inanspruchnahme auf **Überweisung**. Erforderlich ist daher eine Betrachtung des Forschungs- und Lehrbedarfs, welcher in Bezug auf die einzelne ärztlich geleitete Einrichtung niederzulegen ist.[15] Soweit hierüber hinaus ein Bedarf zur Sicherstellung der vertragsärztlichen Versorgung existiert, kommt aufgrund der unterschiedlichen gesetzlichen Ausgestaltungen eine Ermächtigung nach § 31 Ärzte-ZV in Betracht.[16] 20

Umstritten ist, ob eine **Befristung der Hochschulambulanzermächtigung** i.S.d. § 31 Abs. 7 Ärzte-ZV zulässig ist: Teilweise wird die Befristung für zulässig gehalten, um auf Veränderungen der Bedarfssituation, hier in Bezug auf die Festlegung der Fallzahlbegrenzungen, zu reagieren.[17] In der erst- und zweitinstanzlichen Rechtsprechung[18] wurde eine Befristung unter Hinweis auf den Umkehrschluss nach § 31 Abs. 7 Ärzte-ZV abgelehnt. Bereits in seiner Entscheidung vom 18.06.1997 wies das BSG[19] in einem obiter dictum zutreffender Weise darauf hin, dass die Norm nicht für solche Ermächtigungen gilt, die unmittelbar auf gesetzlichen Vorschriften beruhen, wie etwa die in den §§ 117 und 118 SGB V geregelten Ermächtigungen, da der Gesetzgeber hier eigenständige Ermächtigungstatbestände geschaffen und für den jeweiligen Versorgungsbereich eine vom Vorrang der Vertragsärzte abweichende Regelung getroffen hat.[20] Einer Befristung steht jedoch die Struktur des § 117 21

---

[10] Vgl. den Bericht des Gesundheitsausschusses v. 13.12.2001 zum FPG in: BT-Drs. 14/7862, S. 4 zu Art. 1 Nr. 3a FPG.

[11] Vgl. den Bericht des Gesundheitsausschusses v. 13.12.2001 zum FPG in: BT-Drs. 14/7862, S. 4 zu Art. 1 Nr. 3a FPG.

[12] Vgl. auch BSG v. 01.07.1998 - B 6 KA 43/97 R - juris Rn. 24 - BSGE 82, 216 = SozR 3-5520 § 31 Nr. 9.

[13] Vgl. *Hess* in: KassKomm, SGB V, § 117 Rn. 4.

[14] BSG v. 01.07.1998 - B 6 KA 43/97 R - juris Rn. 24 - BSGE 82, 216 = SozR 3-5520 § 31 Nr. 9.

[15] So zu Recht in Bezug auf die Festlegung von Fallzahlkontingenten pro Einrichtung, vgl. *Hess* in: KassKomm, SGB V, § 117 Rn. 5.

[16] BSG v. 01.07.1998 - B 6 KA 43/97 R - juris Rn. 25 - BSGE 82, 216 = SozR 3-5520 § 31 Nr. 9.

[17] *Hencke* in: Peters, Handbuch KV (SGB V), § 117 Rn. 3.

[18] SG Berlin v. 27.11.1991 - S 71 Ka 46/90 - Breithaupt 1992, 705; zu § 118 SGB V vgl. LSG Nordrhein-Westfalen v. 06.11.1996 - L 11 Ka 180/95 - Breithaupt 1997, 656.

[19] Vgl. BSG v. 18.06.1997 - 6 RKa 45/96 - juris Rn. 24 - SozR 3-4450 § 5 BMV-Ärzte Nr. 4.

[20] Auch in einer späteren Entscheidung aus dem Jahr 2003 wies das Gericht zwar darauf hin, dass sich eine Übertragung der BSG-Rechtsprechung zu bedarfsabhängigen Ermächtigungen nach § 116 SGB V verbiete, ohne aber abschließend zum Streit Stellung zu nehmen: BSG v. 05.02.2003 - B 6 KA 26/02 R - juris Rn. 45 - SozR 4-2500 § 117 Nr. 1.

SGB V entgegen, der eine Verpflichtung der Zulassungsgremien zur Erteilung der Ermächtigung anordnet, soweit eine Einrichtung als Hochschulambulanz zu qualifizieren ist. Da die Norm an keine Bedarfssituation als gesetzliche Voraussetzung knüpft, liegen Bedingungen, die zum Erlass einer Nebenbestimmung ermächtigen, nicht vor (§ 32 Abs. 1 SGB X).

22 Zur Konkretisierung der Ermächtigung vgl. Rn. 24 ff.

23 Die Zulassungsgremien haben somit in Bezug auf das „Wie" der Ermächtigung einen Ermessensspielraum. Besteht ungeachtet von Forschung und Lehre ein Bedarf zur Teilnahme der Hochschulambulanz, so scheidet eine Ermächtigung nach § 117 SGB V aus; zu prüfen ist aber der Ermächtigungstatbestand des § 31 Ärzte-ZV/§ 31 Zahnärzte-ZV.[21]

3. Vertragliche Konkretisierungsregelung (Satz 3)

24 § 117 Abs. 1 Satz 3 SGB V ordnet an, dass „das Nähere zur Durchführung der Ermächtigung" durch Vertrag zu regeln ist. Derartige Konkretisierungsregelungen werden in der Praxis nicht für jede Ermächtigung gesondert abgeschlossen, es wird vielmehr ein „Gesamtvertrag" in Bezug auf die durch die Träger der Hochschulen bzw. Hochschulkliniken unterhaltenen Ambulanzen oder die Ambulanzen mehrerer Hochschulen geschlossen.[22]

25 Vertragspartner sind 1. die **KVn** und 2. die **Hochschulträger bzw. -kliniken**, die Erklärung der KV hat jedoch im Einvernehmen mit den Landesverbänden der KKn/Verbänden der ErsKn zu ergehen. Das bedeutet, dass die KK-Verbände zu einer gemeinsamen und einheitlichen Position finden müssen.

26 Der **Vertragsinhalt** weist die Kompetenz zur vertraglichen Konkretisierungsregelung nicht ausschließlich der Vertragsebene zu. Die Wortlautformulierung „das Nähere zur Durchführung der Ermächtigung" weist darauf hin, dass auch der Zulassungsausschuss Durchführungsregelungen mittels Verwaltungsakt erlassen kann. Sinn und Zweck der Vertragskompetenz ist aber die Ermöglichung einer Grundlagenregelung[23] von Ermächtigungen nach § 117 SGB V. Soweit diese nicht vorliegt, haben die Zulassungsgremien die Ermächtigung zu konkretisieren. Das gilt auch für den Fall der Nichteinigung: Da die Norm (entgegen § 368 Abs. 3 Satz 7 RVO) keine Konfliktlösungsregelung enthält, sind die erforderlichen Durchführungsregelungen durch die Zulassungsgremien im Ermächtigungsbescheid zu treffen.

27 Folgende Regelungsinhalte kommen etwa in Betracht:
- Abgrenzung der Leistungserbringung zu Notfallbehandlungen,
- Zugangsrecht der GKV-Versicherten,
- Bestimmung der Personen, die die Verantwortung für die Einhaltung vertragsärztlicher Pflichten übernehmen,
- Überweisung zwischen verschiedenen Hochschulambulanzen,
- Durchführung der Wirtschaftlichkeitsprüfung bzw. sachlich-rechnerischen Richtigstellung/Plausibilitätsprüfung[24] bzw.
- Kündigungsbestimmungen.

28 Kein Vertragsinhalt können Vergütungsregelungen sein, vgl. hierzu § 120 Abs. 2 SGB V (vgl. Kommentierung zu § 120 SGB V Rn. 55 ff.).

29 Grds. zum Normenvertrag vgl. die Kommentierung zu § 115 SGB V Rn. 19 ff.

30 Bei den Vertrag betreffenden Streitigkeiten (etwa die Wirksamkeit seiner Teilkündigung) haben die Sozialgerichte in paritätischer Besetzung zu entscheiden (§ 12 Abs. 3 Satz 1 SGG), da der Rechtsstreit keine Angelegenheit der Vertragsärzte betrifft, sondern die Verträge zum Bereich der gemeinsamen Selbstverwaltung gehören.[25]

---

[21] BSG v. 01.07.1998 - B 6 KA 43/97 R - BSGE 82, 216 = SozR 3-5520 § 31 Nr. 9: Antrag d. Klinikums Tübingen auf Durchführung ambulanter Herzkatheteruntersuchungen.

[22] *Hess* in: KassKomm, SGB V, § 117 Rn. 7; vgl. als Beispiel eines Vertrags denjenigen zwischen den Kliniken der Bayerischen Universität und der KVB: https://www.kvb.de/servlet/PB/show/1098622/Poliklinikvertrag_ab_2003.pdf.

[23] Vgl. hierzu auch *Heinemann/Liebold*, SGB V, § 117 Rn. C 117-3.

[24] Entgegen dem Wortlaut des § 106 Abs. 6 SGB V werden die entsprechenden Regelungen aufgrund der unmittelbaren Vergütung durch die KK nicht ohne weiteres anwendbar sein, vgl. *Heinemann/Liebold*, SGB V, § 117 Rn. C 117-9.

[25] Vgl. BSG v. 22.03.1984 - 6 RKa 14/81 - juris Rn. 10 ff. - BSGE 56, 222 = SozR 2200 § 368n Nr. 30.

IV. Hochschulambulanzen an psychologischen Universitätsinstituten/Ambulanzen an Ausbildungsstätten nach § 6 Psychotherapeutengesetz (Absatz 2)

Die Entstehung des Absatzes 2 geht auf die Einführung des Psychotherapeutengesetzes zurück, welchem die Regelung des Berufsbildes des Psychologischen Psychotherapeuten und des Kinder- und Jugendlichen-Psychotherapeuten obliegt. Innerhalb des Gesetzes wurden die Hochschulambulanzen an psychologischen Universitätsinstituten mit den bereits existierenden entsprechenden psychotherapeutischen Universitätsambulanzen der medizinischen Fakultäten nach § 117 Abs. 1 SGB V gleichgestellt, da der Bestand der universitären psychologischen Forschung und Lehre in höchstem Maße als gefährdet angesehen wurde.[26] 31

1. Hochschulambulanzen an psychologischen Universitätsinstituten

Der Begriff der Hochschulambulanzen an psychologischen Universitätsinstituten geht auf das Fallpauschalengesetz vom 23.04.2002 zurück, welches zum 01.01.2003 in Kraft trat (vgl. Rn. 3). Eine **psychotherapeutische Hochschulambulanz** erfordert das Bestehen eines Arbeitsbereichs, in dem psychotherapeutische Behandlung im Verbund mit Hochschulaufgaben der Forschung und/oder Lehre durchgeführt wird.[27] 32

Soweit auf den Begriff des Psychologischen Universitätsinstituts abgestellt wird, ist nach der Entscheidung des BSG vom 05.11.2003[28] die Einrichtung eines **Studienganges der Psychologie** mit dem **Ausbildungsziel Diplom-Psychologe** vorauszusetzen. Unter Hinweis auf die Gesetzesbegründung zum PsychThG und die dort gesehenen Gefahren für Forschung und Lehre gelangt das Gericht unter Berücksichtigung der Hochschulautonomie zu dem Ergebnis, dass **keine hohen Anforderungen** zu stellen sind. Unmaßgeblich ist daher, ob ein eigenständiger Fachbereich besteht oder eine Eingliederung in einen umfassenderen Gesamtfachbereich vorliegt.[29] 33

2. Ambulanzen an Ausbildungsstätten nach § 6 PsychThG

Ausbildungsstätten nach § 6 PsychThG verfügen über die staatliche Anerkennung durch die zuständige Behörde des Landes. Nicht erforderlich ist das Vorliegen einer eigenständigen Organisationseinheit mit eigener Verwaltung und hauptamtlicher Leitung. Dies ist weder systematisch mit Absatz 1 in Einklang zu bringen noch ergibt sich das aus dem Sinn und Zweck des Absatzes 2. 34

3. Rechtsfolge

Aufgrund der Verweisung auf Absatz 1 („Absatz 1 gilt entsprechend") haben die genannten Ambulanzen ebenfalls einen **Rechtsanspruch auf Ermächtigung**. Es gelten daher die Ausführungen zu Absatz 1, soweit Absatz 2 keine Besonderheiten regelt. Gegenstand der Ermächtigung ist die **ambulante psychotherapeutische Behandlung**, .d.h. Behandlungsverfahren, die vom Gemeinsamen Bundesausschuss nach § 92 Abs. 6a SGB V anerkannt sind und bei denen die Behandlungsverantwortung Personen mit fachlicher Qualifikation obliegt. 35

a. Behandlungsverfahren mit Anerkennung nach § 92 Abs. 6a SGB V

Die Ermächtigung erfasst somit nicht alle psychotherapeutischen Behandlungsverfahren, sondern nur solche, die in den Richtlinien über die Durchführung der Psychotherapie (Psychotherapie-Richtlinien) i.d.F. vom 11.12.1998[30] berücksichtigt werden. Der G-BA differenziert insofern zwischen den psychoanalytisch begründeten Verfahren und Verhaltenstherapie. 36

b. Fachliche Qualifikation

Absatz 2 bindet die entsprechende Anwendung des Absatzes 1 an ein fachliches Qualifikationsmerkmal: Die ambulante psychotherapeutische Behandlung hat unter der Verantwortung von Personen stattzufinden, welche die fachliche Qualifikation für die psychotherapeutische Behandlung im Rahmen der 37

---

[26] Vgl. den Gesetzentwurf der Fraktionen der CDU/CSU und F.D.P., BT-Drs. 13/8035, S. 22 f. zu Nr. 13 b).

[27] BSG v. 05.11.2003 - B 6 KA 52/02 R - juris Rn. 20 - SozR 4-2500 § 117 Nr. 2 unter Bezugnahme auf *Hencke* in: Peters, Handbuch KV (SGB V), § 117 Rn. 7.

[28] BSG v. 05.11.2003 - B 6 KA 52/02 R - juris Rn. 18 - SozR 4-2500 § 117 Nr. 2.

[29] BSG v. 05.11.2003 - B 6 KA 52/02 R - juris Rn. 18 - SozR 4-2500 § 117 Nr. 2.

[30] BAnz, abgedruckt in *Engelmann*, Aichberger II Nr. 485.

vertragsärztlichen Versorgung erfüllen. Sinn und Zweck der Vorschrift ist die Herstellung der Konkordanz zwischen den hochschulrechtlichen Bezügen Forschung und Lehre und dem Leistungsrecht der GKV.[31]

38 Die Tatbestandsvoraussetzung „unter der Verantwortung" steht für die Forderung, dass eine Person, die die Qualifikation erfüllt, die Gesamtverantwortung der Krankenbehandlung trägt. Das bedeutet, dass eine Delegation an andere Personen erfolgen kann, soweit die maßgebliche Person Letztentscheidungskompetenz hat. Die Norm trägt dem insoweit Rechnung, dass die Behandlungen zur Ausbildung unter Supervision eines Ausbilders erfolgen.

39 § 117 Abs. 2 SGB V knüpft hinsichtlich der fachlichen Qualifikation – soweit die entsprechende Person Psychotherapeut ist – an § 95c SGB V (vgl. die Kommentierung zu § 95c SGB V, im Fall des Arztstatus an § 95a SGB V (vgl. die Kommentierung zu § 95a SGB V) an. Erforderlich ist die **Eintragung im Arztregister** nach § 95 Abs. 2 SGB V, was die jeweilige Approbation (§ 3 BÄO/§§ 2, 12 PsychThG) und den erfolgreichen Abschluss einer Weiterbildung bzw. den **Fachkundenachweis** voraussetzt. Zu beachten sind hierüber hinaus die Vereinbarungen über die Anwendung von Psychotherapie in der vertragsärztlichen Versorgung als Anlagen zum BMV-Ä[32] bzw. EKV-Ä[33], welche die fachliche Befähigung ärztlicher (§ 5 Psychotherapie-Vereinbarung), psychologischer Psychotherapeuten (§ 6 Psychotherapie-Vereinbarung) und Kinder- und Jugendlichenpsychotherapeuten (§ 7 Psychotherapie-Vereinbarung) gesondert regelt. Des Weiteren sind auch die Ausbildungs- u. Prüfungsverordnungen für psychologische bzw. Kinder- und Jugendlichen-Psychotherapeuten zu beachten, nach denen gem. § 4 Abs. 3 PsychoTh-APrV[34]/KJPsychTh-APrV[35] die Voraussetzungen zum Supervisor geregelt sind.

40 Die Zulassungsgremien haben zu überprüfen, ob die verantwortliche Person die angestrebte Leistungserbringung nach dem SGB V erfüllt.[36] Die Frage der Eignung ist gerichtlich voll überprüfbar.[37]

41 In Konsequenz zu dieser Qualifikationsanforderung knüpft § 8 die Abrechnung der Leistungen von Einrichtungen nach § 117 Abs. 2 SGB V an folgende Voraussetzungen:

- Leistungserbringung durch ärztliche oder psychologische Psychotherapeuten/Kinder- und Jugendlichenpsychotherapeuten mit den in der Vereinbarung genannten Qualifikationen oder
- Leistungserbringung durch Ausbildungsteilnehmer, soweit diese mindestens die Hälfte der entsprechenden Ausbildung absolviert und ausreichende Kenntnisse und Erfahrungen in dem betreffenden Psychotherapie-Verfahren unter Supervision nachgewiesen haben.

c. Fallzahlbegrenzungen

42 Ausdrücklich regelt Satz 2 des Absatzes 2 die zwingende Regelung von Fallzahlbegrenzungen für Hochschulambulanzen an psychologischen Universitätsinstituten[38], nicht aber für Ambulanzen an Ausbildungsstätten. Da aber auch bei diesen Ausbildungsstättenambulanzen der Normzweck auf die Ausbildung gerichtet ist, muss diese analog Maßstab für den Umfang der Ermächtigung sein. Begrenzungen können in Form der Fallzahl oder in anderer Form, etwa durch Festlegung eines Behandlungskontingents je Ausbildungsteilnehmer[39], erfolgen.

4. Vergütungsregelung

43 § 117 Abs. 2 Satz 3 SGB V gilt für die Vergütung nach § 120 Abs. 2-4 SGB V analog. Die Vergütungsregelung obliegt damit den Landesverbänden der KKn/Verbänden der ErsKn und den Hochschu-

---

[31] Vgl. BSG v. 05.02.2003 - B 6 KA 26/02 R - juris Rn. 38 - SozR 4-2500 § 117 SGB V Nr. 1.

[32] Psychotherapie-Vereinbarung, abgedruckt in: *Engelmann*, Aichberger II Nr. 555.

[33] Psychotherapie-Vereinbarung, abgedruckt in: *Engelmann*, Aichberger II Nr. 605.

[34] Ausbildungs- und Prüfungsverordnung für Psychologische Psychotherapeuten, abgedruckt in *Engelmann*, Aichberger II, Nr. 1320.

[35] Ausbildungs- und Prüfungsordnung für Kinder- und Jugendlichenpsychotherapeuten, abgedruckt in *Engelmann*, Aichberger II, Nr. 1321.

[36] BSG v. 05.02.2003 - B 6 KA 26/02 R - juris Rn. 39 - SozR 4-2500 § 117 SGB V Nr. 1.

[37] BSG v. 05.02.2003 - B 6 KA 26/02 R - juris Rn. 39 - SozR 4-2500 § 117 SGB V Nr. 1.

[38] BT-Drs. 13/8035.

[39] Vgl. *Heinemann/Liebold*, SGB V, § 120 Rn. C 117-7; *Hencke* in: Peters, Handbuch KV (SGB V), § 117 Rn. 7a; vgl. auch *Kruschinsky*, der eine Fallzahlbegrenzung allerdings als unzulässig betrachtet, in: Hauck/Noftz, SGB V, § 117 Rn. 15.

len/Hochschulkliniken, Krankenhäusern bzw. deren Vereinigungen, vgl. die Kommentierung zu § 120 SGB V Rn. 47 ff.

Die dynamische Verweisung ist eine gesetzliche Klarstellung des GMG mit Wirkung zum 01.01.2004. 44
Hiernach sind die Ausbildungsstätten nach § 6 PsychThG auch vergütungsrechtlich mit den Hochschulambulanzen nach § 117 Abs. 1 SGB V und den Hochschulambulanzen der Psychologischen Universitätsinstitute nach § 117 Abs. 2 Alt. 1 gleichgestellt.[40] Bisher hatte § 117 Abs. 2 Satz 2 SGB V pauschal auf die entsprechende Anwendung des § 120 SGB V i.d.F. des GSG verwiesen. Die FPG-Änderung, die die Vergütung der Leistungen der Hochschulambulanzen aus der vertragsärztlichen Gesamtvergütung ausgliederte, führte zum Streit, ob Leistungen der Ambulanzen an Ausbildungsstätten nach § 6 PsychThG ebenfalls unmittelbar nach § 120 Abs. 1 SGB V durch die KK zu vergüten seien.[41]

C. Praxishinweise

Antragsteller der Ermächtigung ist der **Rechtsträger** der Hochschule und in Ausnahmefällen, soweit 45
die Rechtsträgerschaft der Hochschulklinik anerkannt ist[42], diese selbst. Die mit In-Kraft-Treten des FPG zum 01.01.2003 geänderte Gesetzesfassung, nach der die Hochschulambulanzen „auf Verlangen der Hochschulen oder Hochschulkliniken" und nicht „auf Verlangen ihrer Träger"[43] zu ermächtigen sind, ändert hieran nichts.[44] Zur Abgabe der Willenserklärung ist die Rechtsfähigkeit erforderlich; hiervon geht auch die Konkretisierungsregelung des Absatzes 1 Satz 3 aus, welche „Hochschulen oder Hochschulkliniken" als Vertragspartner berücksichtigt. Der Rechtsträger ist Antragsteller der Ermächtigung, ihm gegenüber werden die Rechtswirkungen ausgelöst[45], faktischer Leistungserbringer sind aber die Hochschulambulanzen. Nach dem Gesetzeswortlaut wird nicht der Träger als Ganzes, sondern es werden spezielle Teilbereiche förmlich ermächtigt.[46]

Da der Sitz des Rechtsträgers und der Sitz des tatsächlichen Leistungserbringers auseinanderfallen 46
können, ist für das Antragsverfahren zu beachten, dass der Antrag beim zuständigen Zulassungsausschuss gestellt wird. Maßgeblich ist der Sitz des tatsächlichen Leistungserbringers. Es ist somit zu untersuchen, in welchem Zulassungsbezirk (§ 11 Abs. 1 Ärzte-ZV) dieser liegt und – da die Geschäftsstellen der Zulassungsausschüsse bei der KV geführt werden – bei der jeweiligen KV zu erfragen, welche Zulassungsausschüsse die KV gemeinsam mit den Landesverbänden der KKn und den Verbänden der EKn errichtet hat (§ 96 SGB V).

Bei einem Ermächtigungsantrag der Fernuniversität Hagen, die ihren Sitz in Hagen hat, wäre grds. der 47
Zulassungsausschuss der KV Westfalen Lippe zuständig. Liegt das Behandlungszentrum in Bonn, so ist der Zuständigkeitsbereich der KV Nordrhein eröffnet. Die Zuständigkeit für eine Ermächtigung hängt davon ab, wo die konkrete faktische Behandlungstätigkeit der rechtlich unselbständigen Behandlungseinrichtung des universitären Trägers erfolgt.[47]

Zum **Verfahren** vor den Zulassungs- und Berufungsausschüssen ist auf die allgemeinen Vorschriften 48
der §§ 96 f. SGB V u. § 98 Abs. 2 Nr. 3 SGB V i.V.m. den §§ 36 ff. Ärzte-ZV/§§ 36 ff. Zahnärzte-ZV hinzuweisen. Im Einzelnen vgl. hierzu die Kommentierung zu § 116 SGB V Rn. 45 ff.

Die Problematik des **defensiven Konkurrentenwiderspruchs** bzw. einer Konkurrentenklage von 49
Vertragsärzten gegen die Ermächtigung einer Hochschulambulanz nach § 117 SGB V ist ebenso wie bei der Ermächtigung von Krankenhausärzten gem. § 116 SGB V zu beachten (vgl. die Kommentierung zu § 116 SGB V Rn. 47 ff.).

---

[40] BT-Drs. 15/1525, S. 120 zu Nr. 86 b) (§ 117).

[41] Vgl. BSG v. 10.12.2003 - B 6 KA 56/02 R - juris Rn. 21 ff. - SozR 4-2500 § 120 Nr. 1 mit Anm. v. *Engelhard*, Kein Abschlag für Forschung und Lehre bei Ausbildungsstätten nach § 6 Psychotherapeutengesetz, jurisPR-SozR 19/2004 Anm. 4; SG Hamburg v. 30.04.2003 - S 3 KA 438/02 - MedR 2003, 706 ff. mit Anm. v. *Stellpflug*, MedR 2003, 709 ff.; *Mannsen*, Die Vergütung der Leistungen von Ambulanzen an Ausbildungsstätten nach § 6 PsychThG, GesR 2003, 193 ff.

[42] So etwa die Unikliniken in Baden-Württemberg.

[43] § 117 SGB V i.d.F. d. GRG v. 01.01.1989 bis 31.12.2002.

[44] A.A. *Hess* in: KassKomm, SGB V, § 117 Rn. 3.

[45] Ebenfalls eindeutig auch BSG v. 05.02.2003 - B 6 KA 26/02 R - SozR 4-2500 § 117 Nr. 1 Rn. 21.

[46] Eindeutig auch BSG v. 05.02.2003 - B 6 KA 26/02 R - SozR 4-2500 § 117 Nr. 1 Rn. 21.

[47] BSG v. 05.02.2003 - B 6 KA 26/02 R - juris Rn. 30 ff. - SozR 4-2500 § 117 SGB V Nr. 1 Rn. 21.

§ 118 SGB V Psychiatrische Institutsambulanzen

(Fassung vom 22.12.1999, gültig ab 01.01.2000, gültig bis 30.06.2008)

(1) Psychiatrische Krankenhäuser sind vom Zulassungsausschuss zur ambulanten psychiatrischen und psychotherapeutischen Versorgung der Versicherten zu ermächtigen. Die Behandlung ist auf diejenigen Versicherten auszurichten, die wegen Art, Schwere oder Dauer ihrer Erkrankung oder wegen zu großer Entfernung zu geeigneten Ärzten auf die Behandlung durch diese Krankenhäuser angewiesen sind. Der Krankenhausträger stellt sicher, dass die für die ambulante psychiatrische und psychotherapeutische Behandlung erforderlichen Ärzte und nichtärztlichen Fachkräfte sowie die notwendigen Einrichtungen bei Bedarf zur Verfügung stehen.

(2) Allgemeinkrankenhäuser mit selbständigen, fachärztlich geleiteten psychiatrischen Abteilungen mit regionaler Versorgungsverpflichtung sind zur psychiatrischen und psychotherapeutischen Behandlung der im Vertrag nach Satz 2 vereinbarten Gruppe von Kranken ermächtigt. Die Spitzenverbände der Krankenkassen gemeinsam und einheitlich mit der Deutschen Krankenhausgesellschaft und der Kassenärztlichen Bundesvereinigung legen in einem Vertrag die Gruppe psychisch Kranker fest, die wegen ihrer Art, Schwere oder Dauer ihrer Erkrankung der ambulanten Behandlung durch die Einrichtungen nach Satz 1 bedürfen. Kommt der Vertrag ganz oder teilweise nicht zu Stande, wird sein Inhalt auf Antrag einer Vertragspartei durch das Bundesschiedsamt nach § 89 Abs. 4 festgelegt. Dieses wird hierzu um Vertreter der Deutschen Krankenhausgesellschaft in der gleichen Zahl erweitert, wie sie jeweils für die Vertreter der Krankenkassen und der Kassenärztlichen Bundesvereinigung vorgesehen ist (erweitertes Bundesschiedsamt). Das erweiterte Bundesschiedsamt beschließt mit einer Mehrheit von zwei Dritteln der Stimmen der Mitglieder. Absatz 1 Satz 3 gilt. Für die Qualifikation der Krankenhausärzte gilt § 135 Abs. 2 entsprechend.

Gliederung

A. Basisinformationen

I. Textgeschichte/Gesetzgebungsmaterialien

1 Die Ermächtigung für psychiatrische Institutsambulanzen nach § 118 SGB V wurde zum 01.01.1989 durch das **Gesundheits-Reformgesetz (GRG)** vom 20.12.1988[1] in das SGB V eingeführt. Sie differenzierte zwischen der bedarfsunabhängigen Ermächtigung zugunsten von psychiatrischen Krankenhäusern und der bedarfsabhängigen Ermächtigung von Allgemeinkrankenhäusern mit selbständigen Abteilungen unter fachärztlicher Leitung.

2 Die durch Art. 1 Nr. 48 **GKV-Gesundheitsreformgesetz 2000** vom 22.12.1999[2] vollzogenen Änderungen, welche zum 01.01.2000 in Kraft getreten sind, betrafen wesentlich die auf Allgemeinkrankenhäuser bezogenen Regelungen: Dem Begriff „Allgemeinkrankenhäuser" wurde das Tatbestandsmerk-

[1] Gesetz zur Strukturreform im Gesundheitswesen, BGBl 1988 S. 2477; s. hierzu auch BT-Drs. 11/2237 S. 202 zu § 127.

[2] Gesetz zur Reform der gesetzlichen Krankenversicherung ab dem Jahr 2000 BGBl I 1999, S. 2626.

mal „mit regionaler Versorgungsverpflichtung“ hinzugefügt. Des Weiteren sah die Reform statt der bisherigen Bedarfsprüfung nun die gesetzliche Ermächtigung von Allgemeinkrankenhäusern vor. Im Gesetzentwurf war die Änderung noch nicht vorgesehen[3]: Der durch die Fraktionen der SPD und BÜNDNIS 90/DIE GRÜNEN eingebrachte Änderungsantrag wurde durch den Gesundheitsausschuss übernommen[4], durch Beschlussempfehlung des Vermittlungsausschusses allerdings in Bezug auf die Konfliktlösungsregelung abgeändert (s.u.).[5] Zur Festlegung der behandelbaren Gruppe psychisch Kranker erteilte der Gesetzgeber den Spitzenverbänden der KK, der DKG und der KBV den Auftrag zum Erlass eines Normenvertrages.

II. Vorgängervorschriften

Vorgängervorschrift war § 368n Abs. 6 Sätze 2-5 RVO a.F. Im Gegensatz zur Ermächtigungsregelung 3
des SGB V sah die Norm die Teilnahme von psychiatrischen Krankenhäusern und Krankenhäusern mit selbständigen psychiatrischen Abteilungen durch das Instrument des Vertragsabschlusses mit der KV vor.

III. Normenvertrag

Vgl. hierzu die **Vereinbarung** zwischen den Spitzenverbänden der KK, der DKG und der KBV **gem.** 4
§ 118 Abs. 2 SGB V vom 21.02.2001 mit Wirkung v. 01.04.2001.[6]

IV. Systematische Zusammenhänge

118 SGB V ist bedarfsunabhängiger Sondertatbestand für Ermächtigungen von psychiatrischen Insti- 5
tutsambulanzen, differenziert allerdings zwischen der Antragsermächtigung betr. psychiatrischer Krankenhäuser und einer gesetzlichen Ermächtigung betr. Allgemeinkrankenhäusern mit psychiatrischer Abteilung; letztere ist Ausnahmefall innerhalb der Ermächtigungstatbestände (zum Ausnahmefall der gesetzlichen Zulassung, vgl. **§ 311 Abs. 2 SGB V** und die Kommentierung zu § 311 SGB V).

Die Norm steht in systematischem Zusammenhang mit der allgemeinen Ermächtigungsnorm nach **§ 95** 6
Abs. 1 und 4 SGB V (vgl. die Kommentierung zu § 95 SGB V). Hieraus ergibt sich, dass die vertragsärztliche Versorgung neben zugelassenen Leistungserbringern durch ermächtigte Ärzte und ärztliche geleitete Einrichtungen erbracht wird, diese im Fall der Ermächtigung zur vertragsärztlichen Versorgung berechtigt und verpflichtet sind und sie an vertragliche Bestimmungen gebunden sind. Sonstige Ermächtigungstatbestände wie etwa § 31 Ärzte-ZV können hierneben zur Anwendung gelangen.

Die Vergütung (unmittelbar durch die KK) regelt **§ 120 Abs. 2 ff. SGB V** (vgl. die Kommentierung zu 7
§ 120 SGB V Rn. 47 ff.). Zur Wirtschaftlichkeitsprüfung, vgl. **§ 113 Abs. 4 SGB V** (Kommentierung zu § 113 SGB V), der die Zuständigkeit der KK regelt und auf die entsprechende Anwendung der §§ 106a, 106 und 136 SGB V hinweist.

Zum Verhältnis Ermächtigung und Zulassung, vgl. **§ 116 SGB V** und die Kommentierung zu § 116 8
SGB V Rn. 13.

V. Literaturhinweise

Höchstetter/Walger, Psychiatrische Versorgung, KH 2001, 329 ff.; *Mrozynski*, Die Verbesserung der 9
Zusammenarbeit im ambulanten und stationären Bereich der psychiatrischen Versorgung, RUP 2000, 188 ff.

[3] Vgl. BT-Drs. 14/1245 v. 23.06.1999.

[4] Vom 03.11.1999, BT-Drs. 14/1977 S. 50 f. Art. 1 Nr. 67a.

[5] Vom 15.12.1999, BT-Drs. 14/2369, S. 13 f: Art. 1 Nr. 48.

[6] Vgl. etwa http://www.kbv.de/2608.html. Vgl. auch die Erläuterungen zur Vereinbarung unter http://www.aerzteblatt.de/v4/archiv/pdf.asp?id=26256 bzw. auch die Arbeitshilfe zur Interpretation der Vereinbarung: http://www.thieme.de/fz/psychoneuro/01_02/brenn_01.html, abgedruckt in DÄBl. 2001 S. A-566.

B. Auslegung der Norm

I. Regelungsgehalt und Bedeutung der Norm

10 § 118 SGB V regelt die bedarfsunabhängige Institutsermächtigung psychiatrischer Institutsambulanzen. Sie unterscheidet aber zwischen der **Ermächtigung auf Antrag** (vgl. Rn. 20) betr. psychiatrischer Krankenhäuser nach Absatz 1 und der **gesetzlichen Ermächtigung** (vgl. Rn. 25) von Allgemeinkrankenhäusern nach Absatz 2, soweit diese über eine selbständige, fachärztlich geleitete psychiatrische Abteilung mit regionaler Versorgungsverpflichtung verfügen.

11 Beide Ermächtigungstatbestände sehen als Leistungserbringung die **ambulante psychiatrische und psychotherapeutische Versorgung** der GKV-Versicherten vor. Da § 118 SGB V nicht auf eine doppelte Versorgungssicherstellung durch Vertragsärzte und ärztlich geleitete Einrichtungen zielt, sind die Ermächtigungen inhaltlich beschränkt auf **bestimmte Gruppen von GKV-Versicherten**, die der Behandlung im Krankenhaus bedürfen. Gründe hierfür sind in beiden Fällen die **Art, Schwere oder Dauer der Erkrankung**, in Bezug auf psychiatrische Krankenhäuser als zusätzlicher Grund „eine zu große **Entfernung zu geeigneten Ärzten**" berücksichtigt.

12 Während die Zulassungsgremien die inhaltliche Beschränkung der Antragsermächtigung selbst ausgestalten, erfolgt diese bei der gesetzlichen Ermächtigung durch Normenvertrag (vgl. Rn. 27) zwischen den Spitzenverbänden der KK, der DKG und der KBV.

II. Normzweck

13 Die Einführung des § 118 SGB V geht auf die Ergebnisse der **Psychiatrie-Enquete 1975** zurück[7]. Hiernach stellte man fest, dass sich die Klientel der psychiatrischen Krankenhäuser von der in nervenärztlichen Praxen erheblich unterscheidet und daher keine Konkurrenzsituation zu Vertragsärzten bestehe. Man ging davon aus, dass bestimmte Gruppen psychisch Kranker und Behinderter, insbesondere solche mit schweren Krankheitsbildern wie schizophrenen Psychosen, Suchterkrankungen und psychischen Alterskrankheiten, oftmals nur unzureichend oder gar nicht ambulant versorgt werden, weil die Bereitschaft zum Aufsuchen eines niedergelassenen Nervenarztes fehlt.

III. Tatbestandsmerkmal: Psychiatrische Institutsambulanzen

14 Wie sich aus dem Normtitel ergibt, verwendet das Gesetz den Begriff „psychiatrische Institutsambulanz" als gemeinsamen Oberbegriff.[8] Psychiatrische Institutsambulanzen sind psychiatrische Krankenhäuser nach Absatz 1 und Allgemeinkrankenhäuser mit selbständigen psychiatrischen Abteilungen nach Absatz 2. Bei beiden muss es sich um Krankenhäuser nach § 107 Abs. 1 SGB V[9] (vgl. die Kommentierung zu § 107 SGB V) handeln.

15 Unterscheidungskriterium ist nach dem BSG der **Abteilungscharakter**: Ein **psychiatrisches Krankenhaus** ist eine klinisch-psychiatrische Versorgungseinrichtung, die nicht den Charakter einer Abteilung innerhalb einer größeren Klinik hat. Auch bei Vorhandensein mehrerer Abteilungen handelt es sich um ein psychiatrisches Krankenhaus, wenn die anderen Abteilungen untergeordnete Bedeutung im Vergleich zur psychiatrischen Abteilung haben und diese eindeutig den Charakter der übrigen Abteilungen bestimmt.[10] **Psychiatrische Krankenhäuser** sind somit Krankenhäuser mit einer Gesamtausrichtung auf das Fachgebiet der Psychiatrie.[11]

16 **Allgemeinkrankenhäuser** i.S.d. § 118 SGB V sind Krankenhäuser, welche neben einer oder mehreren selbständigen Fachabteilungen auch über eine psychiatrische Abteilung verfügen, die unter fachärztlicher Leitung steht und eine regionale Versorgungsverpflichtung hat. **Selbstständige, fachärzt-**

---

7 BT-Drs. 7/4200, S. 209 ff.

8 Vgl. zum Begriff der psychiatrischen Institutsambulanz gem. § 118 SGB V i.d.F. des GRG: BSG v. 21.06.1995 - 6 RKa 3/95 - juris Rn. 18.

9 Nach den Legaldefinitionen eines Krankenhauses, vgl. § 107 Abs. 1 SGB V und § 2 KHG, handelt es sich um Einrichtungen, in denen durch ärztliche und pflegerische Hilfeleistung Krankheiten, Leiden oder Körperschäden festgestellt, geheilt oder gelindert werden sollen oder Geburtshilfe geleistet wird und in denen die zu versorgenden Personen untergebracht und verpflegt werden können.

10 BSG v. 15.04.1986 - 6 RKa 30/83 - juris Rn. 11 - SozR 2200 § 368n Nr. 41.

11 Zur Gebietsdefinition vgl. die Muster-Weiterbildungsordnung, abgedruckt in: *Engelmann*, Aichberger II Nr. 1420.

lich geleitete Abteilungen setzen eine entsprechende Organisationsentscheidung des Krankenhausträgers in Bezug auf den sachlichen Bestand der Einrichtung und die personelle Besetzung der Abteilung mit einem leitenden Abteilungsarzt, i.d.R. der Chefarzt, voraus.

Das Kriterium der **regionalen Versorgungsverpflichtung** nimmt Bezug auf die Regelungen des Betreuungsrechts und der Landesunterbringungsgesetze, nach der die Krankenhäuser die Verpflichtung zur Aufnahme der dort genannten psychisch erkrankten Personen haben.[12] Im systematischen Zusammenhang hiermit steht die Zulassung des Allgemeinkrankenhauses zur stationären Behandlung i.S.d. § 108 SGB V (vgl. die Kommentierung zu § 108 SGB V). Im Umkehrschluss ist diese Voraussetzung nicht für psychiatrische Krankenhäuser zu fordern. Da die ambulanten und stationären Teilnahmeformen unterschiedlichen Regelkreisen unterliegen, entscheidet sich die Ermächtigung des psychiatrischen Krankenhauses nach § 118 SGB V allein auf Grundlage dieser Norm.[13] 17

Außenstellen psychiatrischer Krankenhäuser stellen nach bisheriger Rspr. des BSG keinen Bestandteil der Institutsambulanz dar, es sei denn, dass eine organisatorische und räumliche Anbindung der Behandlungseinrichtung an die Klinik besteht.[14] Grund hierfür war nach der ursprünglichen Gesetzesfassung der Ausnahmecharakter der bedarfsunabhängigen Ermächtigung von psychiatrischen Krankenhäusern gegenüber der bedarfsabhängigen Ermächtigung von Allgemeinkrankenhäusern. Aufgrund der geänderten gesetzlichen Ausgestaltung nach dem GKV-GRG 2000 kann diese Rechtsprechung keinen Bestand mehr haben.[15] 18

IV. Rechtsfolge

Beide Ermächtigungen normieren einen Rechtsanspruch, welcher zur ambulanten psychiatrischen und psychotherapeutischen Versorgung ermächtigt. Während bei Absatz 1 eine Antragstellung erforderlich ist, erfolgt die Ermächtigung nach Absatz 2 kraft Gesetzes. 19

1. Ermächtigung (Absatz 1)

a. Ambulante psychiatrische und psychotherapeutische Versorgung

§ 118 SGB V normiert als Rechtsfolge einen bedarfsunabhängigen **Rechtsanspruch auf Ermächtigung**. 20

Im jeweiligen Einzelfall sind jedoch der **Gegenstand und der Umfang** der Ermächtigung nach den gesetzlichen Vorgaben **näher zu konkretisieren**.[16] Nach Absatz 1 Satz 2 ist sie auf diejenigen GKV-Versicherten auszurichten, die auf die Behandlung durch das Krankenhaus aus unterschiedlichen Gründen angewiesen sind: **Gründe** i.S.d. Gesetzes sind **Art, Schwere oder Dauer der Erkrankung oder zu große Entfernung zu geeigneten Ärzten**. 21

Die Konkretisierung geht auf die Ergebnisse der Psychiatrie-Enquete 1975 (vgl. Rn. 13) zurück.[17] Die Feststellung, dass bestimmte Gruppen psychisch Kranker und Behinderter, insbesondere solche mit schweren Krankheitsbildern wie schizophrenen Psychosen, Suchterkrankungen und psychischen Alterskrankheiten, oftmals nur unzureichend oder gar nicht ambulant versorgt werden, weil die Bereitschaft zum Aufsuchen eines niedergelassenen Nervenarztes fehlt, führte zur Ergänzung des damaligen KVWG vom 28.12.1976[18] und schließlich zur erweiterten Fassung des Gesetzes zur Verbesserung der ambulanten und teilstationären Versorgung psychisch Kranker vom 26.02.1986[19] mit der oben genannten Beschränkung des Versorgungsauftrags. 22

[12] BT-Drs. 14/1977, S. 167 f. Art. 1 Nr. 67a (§ 118).

[13] A.A. *Heinemann/Liebold*, SGB V, § 118 Rn. C 118-5; *Kruschinsky* in: Hauck/Noftz, SGB V, § 118 Rn. 5.

[14] BSG v. 21.06.1995 - 6 RKa 49/94 - juris Rn. 19 f. - SozR 3-2500 § 118 Nr. 2.

[15] So auch *Hess* in: KassKomm, SGB V, § 118 Rn. 3; vgl. auch LSG Nordrhein-Westfalen v. 22.09.2004 - L 10 KA 33/03.

[16] BSG v. 21.06.1995 - 6 RKa 3/95 - juris Rn. 19; BSG v. 15.03.1995 - 6 RKa 1/94 - juris Rn. 12 - SozR 3-2500 § 118 Nr. 1.

[17] BT-Drs. 7/4200, S. 209 ff.

[18] BGBl I 1976, S. 3871.

[19] BGBl I 1986, S. 324.

23 Eine Typisierung und somit Eingrenzung der Ermächtigung ist aufgrund der unterschiedlichen psychiatrischen Krankheitsbilder allerdings sehr schwierig. Die Ermächtigung im Grundsatz daher auf Fälle von GKV-Versicherten zu begrenzen, die bereits in stationärer Behandlung waren[20], dürfte dem Normzweck nicht gerecht werden. Orientierung für die Zulassungsgremien kann allerdings der Normenvertrag nach Absatz 2 bieten.

b. Sicherstellungsauftrag des Krankenhausträgers

24 Nach Satz 3 hat der Krankenhausträger sicherzustellen, dass die erforderlichen Ärzte und nichtärztlichen Fachkräfte sowie die notwendigen Einrichtungen bei Bedarf zur Verfügung stehen. Als Rechtsfolge aus der Ermächtigung entsteht daher die Pflicht die sachlichen und personellen Voraussetzungen „rund um die Uhr" zur Verfügung zu stellen.[21]

2. Gesetzliche Ermächtigung (Absatz 2)

25 Seit dem 01.01.2000 sind Allgemeinkrankenhäuser **kraft Gesetzes ermächtigt**. § 118 SGB V privilegiert somit psychiatrische Abteilungen von Allgemeinkrankenhäusern gegenüber psychiatrischen Krankenhäusern, so dass eine Antragstellung beim Zulassungsausschuss nicht notwendig. Den Wegfall der früheren Bedarfsprüfung begründet der Gesetzgeber mit der **Psychiatriereform**, durch welche eine Dezentralisierung des stationären Bereichs stattgefunden hat und daher eine Differenzierung zwischen den psychiatrischen Institutsambulanzen in bedarfsabhängig und bedarfsunabhängig dem Regelungsziel nicht mehr gerecht wird.[22]

26 Entsprechend der Ermächtigung nach Absatz 1 berechtigt und verpflichtet § 118 Abs. 2 SGB V zur vertragsärztlichen Leistungserbringung in Form von psychiatrischer und psychotherapeutischer Behandlung. Zur Abgrenzung gegenüber der Leistungserbringung niedergelassener Vertragsärzte ist der Normenvertrag zu beachten:

a. Normenvertrag

27 Entsprechend Absatz 1 ermöglicht die gesetzliche Ermächtigung zur psychiatrischen und psychotherapeutischen Versorgung nicht jede Leistungserbringung und Abrechnung. Die Ermächtigung bezieht sich auf eine bestimmte Gruppe von Kranken, welche durch die Vertragspartner auf Bundesebene per dreiseitigem Normenvertrag zu regeln sind. Entsprechend der Ermächtigung nach Absatz 1 werden die Spitzenverbände der KK, die DKG und die KBV zur Bestimmung jener Gruppe von Kranken ermächtigt, welche durch Art, Schwere und Dauer ihrer Erkrankung der ambulanten Behandlung bedürfen. Im Gegensatz zu Absatz 1 ist das Tatbestandsmerkmal der zu großen Entfernung nicht umfasst, das erklärt sich aus der Verbreitung von Allgemeinkrankenhäusern und ihrem regionalen Versorgungsauftrag. Der Gegenstand der Ermächtigungen nach Absatz 1 und 2 unterscheidet sich im Übrigen nicht.

28 Die Vertragsparteien haben den gesetzlichen Auftrag zum Vertragsschluss gem. § 118 Abs. 2 SGB V mit Wirkung zum 01.04.2001 umgesetzt. Als Hauptindikation nennt § 3 des Vertrages psychische Krankheiten mit chronischem oder chronisch rezidivierendem Verlauf: Beispielhaft wird auf Schizophrenien, affektive Störungen, schwere Persönlichkeitsstörungen, Suchtkrankheiten mit Komorbidität und gerontopsychiatrische Krankheiten verwiesen. Hierüber hinaus erfasst der Vertrag weitere Fallkonstellationen, bspw. wenn eine notwendige Behandlung nicht stattgefunden hat bzw. durch die Behandlung eine stationäre Aufnahme vermieden werden kann.

29 Vgl. grds. zum Normenvertrag die Kommentierung zu § 115 SGB V Rn. 19.

b. Schiedsvereinbarung (Absatz 2 Sätze 3-5)

30 Konfliktlösungsinstrument für die vertragliche Regelung ist die Kompetenz zur Entscheidung der Bundesschiedsstelle in der Form des **erweiterten Bundesschiedsamts** (§ 89 Abs. 4 SGB V). Der Gesundheitsausschuss hatte im Gesetzgebungsverfahren zunächst auf die entsprechende Anwendung der Regelung des § 116a Abs. 3 SGB V verwiesen.[23] Da die vorgesehene Regelung aber nicht Gesetz wurde, integrierte der Vermittlungsausschuss den Wortlaut des § 116a Abs. 3 SGB V in § 118 Abs. 2 Sätze 3-5 SGB V. Hiernach wird das Schiedsamt nach § 89 Abs. 4 SGB V, welches aus Vertretern der

[20] So *Hencke* in: Peters, Handbuch KV (SGB V), § 118 Rn. 4.
[21] Vgl. *Kruschinsky* in: Hauck/Noftz, SGB V, § 118 Rn. 8.
[22] BT-Drs. 14/1977, S. 168 zu Art. 1 Nr. 67a (§ 118).
[23] Regelungsgegenstand: „Ambulante Behandlung durch Krankenhäuser": BT-Drs. 14/1245, S. 20: Art. 1 Nr. 67 (§ 116a) u. 14/1977 S. 49 f.: Art. 1 Nr. 67 (§ 116a).

KBV, der Bundesverbände der **KK,** der **Deutschen Rentenversicherung Knappschaft-Bahn-See** und den Verbänden der **ErsK** besteht, um Vertreter der **DKG** in gleicher Zahl erweitert. Der Schiedsspruch erfolgt durch Mehrheitsentscheidung von **2/3 der Mitgliederstimmen** (Satz 5). Das stellt nach Ansicht des Gesetzgebers sicher, dass die Blockade des Vertragsschlusses durch eine der Parteien unmöglich wird.[24] Zu Einzelheiten vgl. die Kommentierung zu § 120 SGB V Rn. 47 ff. bzw. auch die **SchiedsamtsVO** v. 28.05.1957[25].

c. Sicherstellungsauftrag des Krankenhausträgers

Entsprechend Absatz 1 (vgl. Rn. 24). In Bezug auf die Qualifikation der Krankenhausärzte gilt § 135 Abs. 2 SGB V. Hier ist insbesondere die Facharztanerkennung des leitenden Arztes erforderlich. 31

C. Praxishinweise

Ermächtigungsadressat ist die psychiatrische Institutsambulanz. Soweit eine Antragstellung notwendig ist, ist diese durch den Rechtsträger des psychiatrischen Krankenhauses zu veranlassen. 32

Zum **Verfahren** vor den Zulassungs- und Berufungsausschüssen sind auf die allgemeinen Vorschriften der §§ 96 f. SGB V und § 98 Abs. 2 Nr. 3 SGB V i.V.m. §§ 36 ff. Ärzte-ZV/§§ 36 ff. Zahnärzte-ZV hinzuweisen. Im Einzelnen s. auch die Kommentierung zu § 116 SGB V Rn. 45 ff. 33

Die Problematik der **defensiven Konkurrentenwiderspruchs** bzw. einer Konkurrentenklage von Vertragsärzten gegen die Ermächtigung einer psychiatrischen Institutsambulanz nach § 117 SGB V ist ebenso wie bei der Ermächtigung von Krankenhausärzten gem. § 116 SGB V zu beachten (vgl. die Kommentierung zu § 116 SGB V). 34

---

[24] BT-Drs. 14/1977, S. 167 f. zu Art. 1 Nr. 67a (§ 118); vgl. auch die identische Begründung zum Entwurf des § 116a SGB V in BT-Drs. 14/1245, S. 85 zu Nr. 67 (§ 116a).

[25] Abgedruckt in: *Engelmann*, Aichberger II, Nr. 30.

§ 119 SGB V Sozialpädiatrische Zentren

(Fassung vom 20.12.1991, gültig ab 01.01.1992)

(1) Sozialpädiatrische Zentren, die fachlich-medizinisch unter ständiger ärztlicher Leitung stehen und die Gewähr für eine leistungsfähige und wirtschaftliche sozialpädiatrische Behandlung bieten, können vom Zulassungsausschuß (§ 96) zur ambulanten sozialpädiatrischen Behandlung von Kindern ermächtigt werden. Die Ermächtigung ist zu erteilen, soweit und solange sie notwendig ist, um eine ausreichende sozialpädiatrische Behandlung sicherzustellen.

(2) Die Behandlung durch sozialpädiatrische Zentren ist auf diejenigen Kinder auszurichten, die wegen der Art, Schwere oder Dauer ihrer Krankheit oder einer drohenden Krankheit nicht von geeigneten Ärzten oder in geeigneten Frühförderstellen behandelt werden können. Die Zentren sollen mit den Ärzten und den Frühförderstellen eng zusammenarbeiten.

Gliederung

A. Basisinformationen

I. Textgeschichte/Gesetzgebungsmaterialien

1 § 119 SGB V ist mit Wirkung vom 01.01.1999 durch das **Gesundheits-Reformgesetz (GRG)** vom 20.12.1988[1] erstmalig in das SGB V eingefügt worden. Eine entsprechende Vorgängervorschrift regelte die RVO nicht.

2 Ab dem 01.01.1992 ersetzte Art. 1 Nr. 28 lit. a und b des **Gesetzes vom 20.12.1991**[2] Absatz 2 a.F. durch den früheren Absatz 3 a.F. An die Stelle des bisherigen Absatzes 2 ist § 43a SGB V getreten. Da die sozialpädiatrische Betreuung nicht in vollem Umfang zum Leistungskatalog des SGB V gehörte, war eine Ergänzung des Leistungsrechts notwendig.[3]

II. Vereinbarungen

3 Grundlagen und Zielvorgaben für die Arbeit in sozialpädiatrischen Zentren enthält das **Altöttinger Papier**[4], welches 2002 als Beitrag zur Qualitätssicherung von der Bundesarbeitsgemeinschaft sozialpädiatrischer Zentren entwickelt wurde, rechtlich allerdings unverbindlich ist. Neben generellen Voraussetzungen an die räumliche und apparative Ausstattung werden der Personalbedarf niedergelegt und Anforderungsprofile für den Ärztlichen Leiter eines SPZ, sonstige Ärzte und Mitarbeiter wie Psychologen, therapeutische Mitarbeiter und Sozialarbeiter geschaffen.

4 Rechtlich unverbindlich sind auch die **Gemeinsamen Empfehlungen** der KBV und der Bundesverbände der KKn vom 16.10.1989 **zur Ermächtigung von Sozialpädiatrischen Zentren (SPZ)** im Rahmen der ambulanten sozialpädiatrischen Betreuung von Kindern nach § 119 SGB V.[5]

---

1 Gesetz zur Strukturreform im Gesundheitswesen, BGBl 1988, 2477; vgl. hierzu auch BT-Drs. 11/2237, S. 202 zu § 127.

2 BGBl I 1991, 2325.

3 Vgl. hierzu BT-Drs. 12/1363, S. 6 Nr. 5.

4 Vgl. Kinderärztliche Praxis, Bd. 73, 2002, S. 498 ff. bzw. unter http://www.dgspj.de/pdfs/altoettingerpapier.pdf.

5 Abgedruckt bei *Liebold/Zalewski*, Kassenarztrecht, LZ O 17.

III. Systematische Zusammenhänge

§ 119 SGB V ist bedarfsabhängiger Sondertatbestand für Ermächtigungen von sozialpädiatrischen Zentren. Die Norm steht in systematischem Zusammenhang mit der allgemeinen Ermächtigungsnorm nach **§ 95 Abs. 1 und 4 SGB V** (vgl. die Kommentierung zu § 95 SGB V). Hieraus ergibt sich, dass die vertragsärztliche Versorgung neben zugelassenen Leistungserbringern durch ermächtigte Ärzte und ärztlich geleitete Einrichtungen – wie etwa SPZ – erbracht wird und diese im Fall der Ermächtigung zur ambulanten sozialpädiatrischen Behandlung von Kindern berechtigt bzw. verpflichtet und an vertragliche Bestimmungen gebunden sind. 5

Sonstige Ermächtigungstatbestände – wie etwa § 31 Ärzte-ZV – können bei Vorliegen der Voraussetzungen ebenfalls zur Anwendung gelangen. Die Vergütung (unmittelbar durch die KK) regelt **§ 120 Abs. 2 ff. SGB V** (vgl. die Kommentierung zu § 120 SGB V Rn. 47 ff.). Zur Wirtschaftlichkeitsprüfung vgl. **§ 113 Abs. 4 SGB V** (vgl. die Kommentierung zu § 113 SGB V), der die Zuständigkeit der KKn regelt und auf die entsprechende Anwendung der §§ 106a, 106 und 136 SGB V hinweist. 6

Zum Verhältnis Ermächtigung und Zulassung vgl. die Kommentierung zu § 116 SGB V Rn. 13. 7

IV. Internetadressen

Deutsche Gesellschaft für Sozialpädiatrie und Jugendmedizin e.V., vgl. http://www.dgspj.de. 8

V. Literaturhinweise

Breitmeier, Sozialpädiatrische Zentren, KH 1992, 538 ff.; *Lubecki*, Sozialpädiatrische Versorgung, DOK 1992, 851 ff. 9

B. Auslegung der Norm

I. Regelungsgehalt und Bedeutung der Norm

§ 119 SGB V regelt in Absatz 1 die **bedarfsabhängige Institutsermächtigung** (vgl. Rn. 20) von SPZ (vgl. Rn. 15) als fachübergreifend tätige Einrichtung. Aufgrund der integrierten Versorgungsleistung, zu der Vertragsärzte ohne besondere Organisation kaum in der Lage sein dürften, konzentriert sich die Bedarfsprüfung wesentlich auf die Frage, ob die Versorgung durch die bereits vorhandenen SPZ gesichert ist. Ist dies zu bejahen, so besteht ein Rechtsanspruch auf Ermächtigung (vgl. Rn. 22) **zur sozialpädiatrischen Behandlung von Kindern**. 10

Nach Absatz 2 Satz 1 ist diese auf **bestimmte Gruppen von Erkrankungen** (vgl. Rn. 23) zu konkretisieren: Kriterium ist, dass eine sozialpädiatrische Behandlung wegen der Art, Schwere oder Dauer einer drohenden oder bestehenden Erkrankung nicht von geeigneten Ärzten oder Frühförderstellen durchgeführt werden kann. 11

Als Sollbestimmung gibt Satz 2 des Absatzes 2 eine enge Zusammenarbeit der an der sozialpädiatrischen Behandlung Beteiligten (ermächtigte Zentren/Ärzte/Frühförderstellen) vor. 12

II. Normzweck

Normzweck ist die Erkennung, Verhinderung, Heilung oder Abmilderung von Störungen oder Schädigungen bei Kindern mittels früher Diagnostik, Therapie und sozialer Eingliederung.[6] Der Gesetzgeber sah insofern eine ganzheitliche Behandlung durch integrierte medizinische, psychologische, pädagogische und soziale Maßnahmen als erforderlich an, welche nur in fachübergreifenden SPZ gewährleistet ist.[7] 13

III. Tatbestandsmerkmale

Voraussetzung für die Ermächtigung nach § 119 SGB V ist die Qualifikation einer ärztlich geleiteten Einrichtung als SPZ und die Bedarfsfeststellung für eine ambulante sozialpädiatrische Behandlung von Kindern. 14

---

[6] So die Begründung zum Gesetzentwurf der Fraktionen der CDU/CSU und F.D.P. in: BT-Drs. 11/2237, S. 202 zu § 128.

[7] BT-Drs. 11/2237, S. 202 zu § 128.

1. Sozialpädiatrische Zentren (SPZ)

15 SPZ haben nach § 119 SGB V fachlich-medizinisch unter ständiger ärztlicher Leitung zu stehen und eine leistungsfähige und wirtschaftliche sozialpädiatrische Behandlung zu gewährleisten. Generell ist somit unter einem SPZ eine **ärztlich geleitete Einrichtung** zu verstehen, die über die organisatorischen, personellen und apparativen Voraussetzungen zur sozialpädiatrischen Behandlung von Kindern verfügt.

16 Die Begründung des Gesetzentwurfs zu § 119 Abs. 2 SGB V i.d.F. des GRG hat auch heute noch Bedeutung, indem sie die Vorstellung des Gesetzgebers zur Integrationsaufgabe des Zentrums verdeutlicht.[8] Hiernach erfordert eine wirksame sozialpädiatrische Versorgung das **Zusammenwirken von Ärzten und nichtärztlichen Fachkräften** in einer interdisziplinären Funktionseinheit, wobei sich die Zusammensetzung des „Teams" nach den jeweiligen Krankheitsbildern richtet, die das Zentrum entsprechend seinem Versorgungsauftrag behandeln soll. Insoweit verzichtet die Norm auf eine Angabe der Art der erforderlichen Fachkräfte.

17 **Sozialpädiatrie** ist ein Bereich der Kinderheilkunde (seit 1968), bei welchem es um die Erforschung und die soziale Eingliederung pränatal oder frühgeschädigter Kinder geht.[9] Sozialpädiatrische Zentren nehmen hierauf Bezug. Da ihre Leistungserbringung auf ärztliche und nichtärztliche sozialpädiatrische Leistungen etwa in Form von psychologischen, heilpädagogischen, psychosozialen Leistungen gerichtet ist (vgl. § 43a SGB V und den früheren Absatz 2[10]), ist die Zusammenarbeit zwischen verschiedenen Berufen wie Ärzten, Psychologen, Sozial- und Heilpädagogen, Physiotherapeuten, Ergotherapeuten, Heilpädagogen, Logopäden etc. erforderlich.

18 Entsprechend dem Krankenhausbegriff nach § 107 Abs. 1 Nr. 2 SGB V fordert die Norm die **ständige ärztliche Leitung** („fachlich-medizinisch unter ständiger ärztlicher Leitung"). Die Gesetzesbegründung weist jedoch darauf hin, dass die Zentren keine zugelassenen Krankenhäuser nach § 108 SGB V oder Abteilungen an zugelassenen Krankenhäusern sein müssen.[11]

19 Insbesondere ist das Zentrum durch einen **Facharzt für Kinder- und Jugendmedizin** zu führen.[12] Ohne rechtliche Verbindlichkeit knüpft das **Altöttinger Papier** an das Anforderungsprofil eines Ärztlichen Leiters im SPZ die weiteren Voraussetzungen der Vollzeittätigkeit von mindestens 2 Jahren in einem SPZ und näher bestimmter Zusatzqualifikationen in den Fachgebieten Neuropädiatrie und Psychiatrie/Psychotherapie des Kindes- und Jugendalters (vgl. Rn. 3).

2. Bedarfsprüfung

20 **Maßstab** für die Bedarfsprüfung ist die **Rechtsfolge der Ermächtigung**. Wegen § 119 Abs. 2 Satz 2 SGB V ist die ambulante sozialpädiatrische Tätigkeit auf diejenigen Kinder auszurichten, die wegen der Art, Schwere oder Dauer ihrer Krankheit nicht von geeigneten Ärzten oder von geeigneten Frühförderstellen behandelt werden können.[13] Die Vorschrift führt zu graduell unterschiedlichen Anforderungen an die vertragsärztliche Versorgung mit der Folge, dass die Leistungserbringung nach § 119a SGB V nicht in Konkurrenz zur Tätigkeit der Vertragsärzte steht. Der Zulassungsausschuss hat zwar nach einer Entscheidung des BSG zu überprüfen, ob und inwieweit die sozialpädiatrische Versorgung bereits quantitativ oder auch qualitativ durch niedergelassene Kinderärzte sichergestellt ist.[14] Regelhaft wird sich die Leistung eines niedergelassenen Kinderarztes von der eines SPZ infolge dessen interdisziplinärer Aufgabenstellung unterscheiden. Dementsprechend war für das SG Dortmund entscheidend, ob der Einzugsbereich eines geplanten SPZ auch in Bezug auf therapeutische Dauerbetreuungen im Kindesalter durch nahe gelegene vorhandene SPZ bereits versorgt ist.[15] Aufgrund der Nennung der Frühförderstellen in Absatz 2 sind diese in die Bedarfsprüfung mit einzubeziehen, zumal Sinn der Erfassung der **Frühförderstellen** ist, dass bewährte Einrichtungen durch SPZ nicht verdrängt werden sollen.[16]

21 Zur Bedarfsprüfung im Übrigen vgl. die Kommentierung zu § 116 SGB V Rn. 25 ff.

---

[8] Vgl. BT-Drs. 11/2237, S. 202 zu § 128 zu Abs. 2.

[9] *Pschyrembel*, Klinisches Wörterbuch, S. 1116.

[10] Vgl. BT-Drs. 12/1154, S. 6 u. BR-Drs. 539/91, S. 9.

[11] BT-Drs. 11/2237, S. 202 zu § 128 zu Abs. 1.

[12] Vgl. hierzu auch *Clemens* in: Maaßen/Schermer/Wiegand/Zipperer, SGB V, § 120 Rn. 37.

[13] Ähnlich auch *Hess* in: KassKomm, SGB V, § 119 Rn. 4.

[14] BSG v. 30.11.1994 - 6 RKa 32/93 - SozR 3-2500 § 119 Nr. 1.

[15] So SG Dortmund v. 07.03.2003 - S 26 KA 193/01- juris Rn. 27 - RdLH 2003, 127.

[16] Bericht des Gesundheitsausschusses, BT-Drs. 11/3480, S. 61 zu § 128.

IV. Rechtsfolge

1. Rechtsanspruch auf Ermächtigung

Liegen die Tatbestandsvoraussetzungen vor, so hat das SPZ einen **Rechtsanspruch auf Ermächtigung.**[17] Die Rechtsfolge des § 119 SGB V ist ebenso wie § 116 SGB V widersprüchlich formuliert. Satz 2 enthält eine Bindung. Hiernach ist die Ermächtigung bei Vorliegen eines Bedarfs zwingend zu erteilen. Dem entgegen enthält Satz 1 ein Ermessen, ohne dass an das Tatbestandsmerkmal des Bedarfs angeknüpft wird. Neben dem Anspruch auf Ermächtigung bleibt jedoch kein Raum für einen weiteren Anspruch auf ermessensfehlerfreie Entscheidung (vgl. hierzu § 116 SGB V). Die Ermächtigung führt damit zur Berechtigung (und Verpflichtung) des SPZ zur ambulanten sozialpädiatrischen Behandlung von Kindern (§ 95 Abs. 4 SGB V). 22

2. Konkretisierung der Ermächtigung (Absatz 2)

Die Zulassungsgremien haben einzelfallbezogen Gegenstand und Umfang der Ermächtigung zu konkretisieren und im Ermächtigungsbescheid festzulegen. Es sind daher einzelne Krankheitsbilder in einem **Ermächtigungskatalog** präzise zu formulieren. Das ergibt sich aus Absatz 2 Satz 1, der die nähere inhaltliche Bestimmung der Ermächtigung vorgibt (vgl. hierzu oben die ähnliche Vorschrift des § 118 Abs. 2 Satz 2 SGB V). Hiernach ist die Behandlung auf diejenigen Kinder auszurichten, die wegen der Art, Schwere oder Dauer ihrer bereits eingetretenen oder drohenden Krankheit nicht von geeigneten Ärzten oder geeigneten Frühförderstellen behandelt werden können. 23

Erforderlich ist, dass die **einzelnen Krankheitsbilder** spezifisch gefasst sind, so dass eine **konkrete Abgrenzung nach Art, Schwere oder Dauer** möglich ist. Als zu unspezifisch beurteilte das LSG Nordrhein-Westfalen die sozialpädiatrische Behandlung von Kindern „mit Retardierung der motorischen und/oder geistigen Entwicklung sowie Kindern mit Teilleistungsstörungen, „minimaler cerebraler Dysfunktion“ und „Schulproblemkindern“, Kindern mit psychosomatischen Störungen, Verhaltensstörungen bzw. definierten kinder- und jugendpsychiatrischen Krankheitsbildern“[18]. 24

Die Ermächtigung ist nach Auffassung des LSG Nordrhein-Westfalen[19] zu Recht auch an eine **Überweisung durch geeignete Ärzte** zu binden. Das ergibt sich zum einen aus Absatz 2 Satz 1, welcher als Zielgruppe sozialpädiatrischer Behandlung solche Kinder erfasst, die einen bestimmten Erkrankungsgrad erreicht haben, so dass dieser nicht mehr von geeigneten Ärzten (oder Frühförderstellen) erfasst werden kann. Die Formulierung „nicht mehr“ setzt voraus, dass eine ärztliche Untersuchung zuvor stattgefunden hat; die Wendung „geeignete Ärzte“ zielt auf eine entsprechende Qualifikation. Zum anderen gebietet Satz 2 des Absatzes 2 eine „enge Zusammenarbeit“ zwischen den Zentren und den Ärzten bzw. Frühförderstellen, welche dann sinnvoll ist, wenn die Ärzte über die erforderliche Qualifikation verfügen. Aufgrund der Kompetenz zur Beurteilung pädiatrischer Krankheitsbilder und des damit verbundenen Behandlungsbedarfs kommen vor allem Ärzte für Kinderheilkunde und Ärzte für Neurologie und Psychiatrie bzw. Ärzte für Kinder- und Jugendpsychiatrie in Betracht. Ein weiteres Argument ist, dass Sozialpädiatrie ein Teilbereich der Kinderheilkunde ist und die Überweisung in diesen Teilbereich Spezialkenntnisse von der Kinderheilkunde erfordert, welche nur durch einen kleinen Teil der Vertragsärzte geleistet werden können, nämlich solche, die generelle Kenntnisse hierzu besitzen, so dass Erkrankungen, die wegen der Art, Schwere oder Dauer nicht behandelt werden können, beurteilt werden können. 25

Zur **Befristung** vgl. die Kommentierung zu § 116 SGB V Rn. 41. 26

C. Praxishinweise

Ermächtigungsadressat ist das SPZ. Der **Rechtsträger** stellt den **Antrag** auf Ermächtigung. 27

Zum **Verfahren** vor den Zulassungs- und Berufungsausschüssen ist auf die allgemeinen Vorschriften der §§ 96 f. SGB V u. § 98 Abs. 2 Nr. 3 SGB V i.V.m. den §§ 36 ff. Ärzte-ZV/§§ 36 ff. Zahnärzte-ZV hinzuweisen (im Einzelnen vgl. hierzu die Kommentierung zu § 116 SGB V Rn. 45 ff.). 28

---

[17] Vgl. „Gemeinsame Empfehlungen zur Ermächtigung sozialpädiatrischer Zentren“ als unverbindliche Vorschläge zur Gesetzeshandhabung, vgl. hierzu LSG Baden-Württemberg v. 15.09.1993 - L 5 Ka 2058/92 - MedR 1994, 119.

[18] Vgl. LSG Nordrhein-Westfalen v. 12.01.2000 - L 11 KA 156/99; vgl. auch *Heinemann/Liebold*, Kassenarztrecht, Stand: Januar 1999, § 119 SGB V Anm. C 119-5 zu Kindern mit rein schulischen Störungen.

[19] Vgl. LSG Nordrhein-Westfalen v. 12.01.2000 - L 11 KA 156/99.

29 Die Problematik des **defensiven Konkurrentenwiderspruchs** bzw. einer Konkurrentenklage von Vertragsärzten gegen eine Ermächtigung nach § 119 SGB V ist ebenso wie bei der Ermächtigung von Krankenhausärzten gem. § 116 SGB V zu beachten (vgl. die Kommentierung zu § 116 SGB V Rn. 47 ff.).

§ 119a SGB V Ambulante Behandlung in Einrichtungen der Behindertenhilfe

(Fassung vom 14.11.2003, gültig ab 01.01.2004)

Einrichtungen der Behindertenhilfe, die über eine ärztlich geleitete Abteilung verfügen, sind vom Zulassungsausschuss zur ambulanten ärztlichen Behandlung von Versicherten mit geistiger Behinderung zu ermächtigen, soweit und solange eine ausreichende ärztliche Versorgung dieser Versicherten ohne die besonderen Untersuchungs- und Behandlungsmethoden oder Kenntnisse der Ärzte in den Einrichtungen durch niedergelassene Ärzte nicht sichergestellt ist. Die Behandlung ist auf diejenigen Versicherten auszurichten, die wegen der Art oder Schwere ihrer Behinderung auf die ambulante Behandlung in diesen Einrichtungen angewiesen sind. In dem Zulassungsbescheid ist zu regeln, ob und in welchen Fällen die Ärzte in den Einrichtungen unmittelbar oder auf Überweisung in Anspruch genommen werden können. Die ärztlich geleiteten Abteilungen sollen mit den übrigen Leistungserbringern eng zusammenarbeiten.

Gliederung

A. Basisinformationen

I. Textgeschichte/Gesetzgebungsmaterialien

1 Art. 1 Nr. 86a **GKV-Modernisierungsgesetz (GMG)** vom 14.11.2003[1] führte die Norm mit Wirkung zum 01.01.2004 erstmalig in das SGB V ein. § 119a SGB V geht auf die Beschlussempfehlung des Ausschusses für Gesundheit und Soziale Sicherung vom 24.09.2003[2] zurück.

II. Systematische Zusammenhänge

2 § 119a SGB V ist analog zu § 119 SGB V (vgl. die Kommentierung zu § 119 SGB V) aufgebaut und ebenfalls bedarfsabhängiger Sondertatbestand für Ermächtigungen von Einrichtungen der Behindertenhilfe. Die Norm steht in systematischen Zusammenhang mit der allgemeinen Ermächtigungsnorm des § 95 Abs. 1 und 4 SGB V (vgl. die Kommentierung zu § 95 SGB V). Hieraus ergibt sich, dass die vertragsärztliche Versorgung neben zugelassenen Leistungserbringern durch ermächtigte Ärzte und ärztlich geleitete Einrichtungen (wie etwa Einrichtungen der Behindertenhilfe) erbracht wird und diese im Fall der Ermächtigung zur vertragsärztlichen Versorgung von geistig Behinderten berechtigt bzw. verpflichtet und an vertragliche Bestimmungen gebunden sind.

3 Sonstige Ermächtigungstatbestände wie etwa **§ 31 Ärzte-ZV** können hierneben zur Anwendung gelangen, soweit die entsprechenden Tatbestandsvoraussetzungen erfüllt sind. Die Vergütung erfolgt aus der vertragsärztlichen Gesamtvergütung gem. **§ 85 Abs. 4 SGB V** (vgl. die Kommentierung zu § 85 SGB V). Im Verhältnis zur Zulassung nach **§ 95 Abs. 1 und 3 SGB V** ist die Teilnahme nach § 119a SGB V wegen der notwendigen Bedarfsfeststellung subsidiär (vgl. die Kommentierung zu § 116 SGB V Rn. 13).

[1] Gesetz zur Modernisierung der gesetzlichen Krankenversicherung, BGBl I 2003, 2190.

[2] BT-Drs. 15/1600, S. 14.

B. Auslegung der Norm

I. Regelungsgehalt und Bedeutung der Norm

4 § 119a SGB V regelt die **bedarfsabhängige Institutsermächtigung** von Einrichtungen der Behindertenhilfe (Rn. 8) zur ambulanten ärztlichen Behandlung von GKV-Versicherten mit **geistiger Behinderung** (Satz 1). Das verlangt eine Bedarfsermittlung (Rn. 10) in Bezug auf die Sicherstellung der Versorgung (Satz 1). Kann der Bedarf bejaht werden, so besteht ein **Rechtsanspruch (Rn. 13)** der Einrichtung auf Ermächtigung (Satz 1).

5 Die Berechtigung zur ambulanten ärztlichen Behandlung von GKV-Versicherten mit geistiger Behinderung ist ähnlich § 119 SGB V zu konkretisieren (Rn. 14). Kriterium ist, dass die Behandlung in der Einrichtung wegen der Art oder Schwere der Behinderung erforderlich ist (Satz 2). Die Konkretisierung der Ermächtigung ist auch auf die Frage der unmittelbaren Inanspruchnahme oder Inanspruchnahme auf Überweisung auszurichten (Satz 3).

6 Als Sollbestimmung gibt Satz 4 die **enge Zusammenarbeit** zwischen der ermächtigten Einrichtung und den übrigen Leistungserbringern vor.

II. Normzweck

7 Sinn und Zweck der Aufnahme der Norm in das GMG sind die **Besonderheiten der ärztlichen Versorgung geistig Behinderter**. Der Gesetzgeber legte zugrunde, dass die ärztliche Behandlung geistig Behinderter spezifischer fachlicher Kompetenzen und Rahmenbedingungen bedarf. Grund hierfür ist die häufig vorhandene Multimorbidität und Besonderheiten in Bezug auf die Krankheitssymptome, im Krankheitsverlauf und Diagnostik und Therapie. Die Ermächtigung soll die Möglichkeit bieten, neben der Regelversorgung an die bereits vorhandenen Gesundheitsdienste der Behindertenhilfe anzuknüpfen.[3]

III. Tatbestandsmerkmale

1. Einrichtungen der Behindertenhilfe

8 Einrichtungen der Behindertenhilfe sind organisatorische Zusammenfassungen von sächlichen und personellen Mitteln, welche auf Dauer angelegt sind und dem Ziel der Behindertenhilfe dienen. Menschen sind nach § 2 Abs. 1 Satz 1 SGB IX bzw. § 3 BGG[4] behindert, wenn ihre körperlichen Funktion, geistige Fähigkeit oder seelische Gesundheit mit hoher Wahrscheinlichkeit länger als 6 Monate von dem für das Lebensalter typischen Zustand abweichen und daher ihre Teilhabe am Leben in der Gesellschaft beeinträchtigt ist.[5] Einrichtungen der Behindertenhilfe sind somit etwa **Beratungsstellen, integrative sonder- oder heilpädagogische Kindergärten oder Integrationsbetriebe, Sonder- oder spezielle Berufsschulen bzw. Werkstätten für behinderte Menschen etc.** Träger solcher Einrichtungen sind bspw. Caritas, Diakonisches Werk, Lebenshilfe e.V., Selbsthilfegruppen etc. Verfügen diese Einrichtungen über ärztlich geleitete Abteilungen, so kommt eine Ermächtigung nach § 119a SGB V in Betracht.

2. Ärztlich geleitete Abteilung

9 Voraussetzung für eine Ermächtigung ist, dass die Einrichtung über eine ärztlich geleitete Abteilung verfügt. Erforderlich ist damit nach dem Wortlaut die Leitung durch einen Arzt. Über die Approbation (§ 3 BÄO) sind jedoch weitere Qualifikationen aufgrund des Normzwecks zu fordern; gleiches gilt für sonstige Rahmenbedingungen wie etwa die Ausstattung mit entsprechenden Sachmitteln.[6] Die Bedarfsprüfung nach Satz 1 Halbsatz 2 knüpft an die besonderen Untersuchungs- und Behandlungsmethoden bzw. Kenntnisse dieser Ärzte. Zielgruppe der Ermächtigung sind nach Satz 2 die GKV-Versicherten, die wegen der Art oder Schwere ihrer Behinderung auf die ambulante Behandlung in diesen Einrich-

---

3 So die Begründung des Ausschusses für Gesundheit und Soziale Sicherung BT-Drs. 15/1600, zu Art. 1 Nr. 86a (§ 119a), S. 14.

4 Gesetz zur Gleichstellung Behinderter (Behindertengleichstellungsgesetz) v. 27.04.2002 m.W.v. 01.05.2002, BGBl I 2002, 1467.

5 Die Legaldefinition erfolgt in Anlehnung an die „Internationale Klassifikation der Funktionsfähigkeit, Behinderung und Gesundheit" der WHO.

6 Vgl. *Hess* in: KassKomm, SGB V, § 119a Rn. 2.

tungen angewiesen sind und hier multiprofessionell versorgt werden sollen.[7] Im Hinblick auf die ärztliche Qualifikation ist zu denken an einen Facharzt für Physikalische und Rehabilitative Medizin oder die Zusatzweiterbildung Rehabilitationswesen.

3. Bedarfsprüfung

Maßstab für die Bedarfsprüfung, die eine Ermittlung der Sicherstellung der vertragsärztlichen Versorgung erfordert, ist die **Rechtsfolge der Ermächtigung**: Die Berechtigung zur ambulanten ärztlichen Behandlung von GKV-Versicherten mit **geistiger Behinderung** wird wegen Satz 2 auf den Kreis derjenigen konzentriert, die wegen der Art oder Schwere ihrer Behinderung auf die Behandlung in der Einrichtung angewiesen sind (Satz 2).[8] Diese Regelung ist Absatz 2 der bedarfsabhängigen Ermächtigung nach § 119 SGB V ganz offensichtlich nachgebildet. Im Übrigen zeigt sich aber auch der Bezug zur Konkretisierung der Ermächtigung von psychiatrischen Institutsambulanzen nach § 118 SGB V. Anders als dort knüpft die Norm nicht unmittelbar an die Art und Schwere der Erkrankung, sondern die Art und Schwere der Behinderung an. Die graduelle Stufe der Behinderung macht ein gekoppeltes Auftreten von geistiger Behinderung zum einen und Besonderheiten in der Krankheitssymptomatik, im Krankheitsverlauf, in Therapie und Diagnostik bzw. im Kommunikations- und Kooperationsverhalten zum anderen wahrscheinlich.[9] Normzweck ist nicht die Ersetzung der Regelversorgung, sondern die **Ergänzung mit multiprofessionellen Angeboten**[10], somit die Hinzusetzung eines spezifischen Profils zur vertragsärztlichen Versorgung. 10

Die Zulassungsgremien haben daher das Vorliegen einer Versorgungslücke in Bezug auf die ambulante ärztliche Versorgung von GKV-Versicherten zu untersuchen, die wegen der Art und Schwere der geistigen Behinderung einer Behandlung in einer Einrichtung bedürfen. Im Übrigen ist auch hier ist die Frage zu stellen, ob innerhalb des Einzugsbereichs der Einrichtung der Behindertenhilfe unter Berücksichtigung etwaiger Spezialisierungen umliegender Einrichtungen die ärztliche Behandlung durch die **vorhandenen Einrichtungen** abgedeckt wird. 11

Da die Angewiesenheit des Behinderten auf die Einrichtung einen **qualitativ-speziellen Bedarf** – in Form eines multiprofessionellen Angebots – erfordert, können trotz der weitgehenden Regelungsidentität von § 119a Satz 1 HS. 2 SGB V mit § 116 Satz 2 HS. 2 SGB V die dortigen Ausführungen zu Bedarfsermittlung nicht unverändert übernommen werden. Teil der Bedarfsprüfung ist aber in jedem Fall die Prüfung der Inanspruchnahme auf **Überweisung** der Ermächtigung. Das ergibt sich sowohl aus der expliziten Regelung des Satzes 3 als auch des Satzes 2 Halbsatz 2 („soweit und solange"). Teil der Bedarfsprüfung ist somit auch die **Befristung** (vgl. die Kommentierung zu § 116 SGB V Rn. 41). 12

IV. Rechtsfolge

1. Rechtsanspruch auf Ermächtigung

Liegen die Tatbestandsvoraussetzungen vor, so hat die Einrichtung der Behindertenhilfe einen **Rechtsanspruch auf Ermächtigung**. Sie führt zur Berechtigung (und Verpflichtung) der Einrichtung zur ambulanten ärztlichen Behandlung von GKV-Versicherten mit **geistiger Behinderung** (§§ 119a S. 1 HS. 1 SGB V i.V.m. § 95 Abs. 4 SGB V). Hierüber hinaus ist die Einrichtung an die vertragsarztrechtlichen Bestimmungen gebunden. 13

2. Konkretisierung der Ermächtigung

Die Zulassungsgremien haben einzelfallbezogen Gegenstand und Umfang der Ermächtigung zu konkretisieren und im Ermächtigungsbescheid festzulegen. Es sind daher einzelne Behinderungen in einem Ermächtigungskatalog präzise zu formulieren. Das ergibt sich aus Absatz 2 Satz 1, der die nähere inhaltliche Bestimmung der Ermächtigung vorgibt (vgl. hierzu oben die ähnlichen Vorschriften gem. §§ 118 Abs. 2 Satz 2, 119 Abs. 2 Satz 1 SGB V), nach welchem die Behandlung auf diejenigen Behinderten auszurichten ist, die wegen Art oder Schwere ihrer Behinderung auf die Behandlung in der Ein- 14

[7] BT-Drs. 15/1600 S. 14 zu Art. 1 Nr. 86a (§ 119a).
[8] Ähnlich auch *Hess* in: KassKomm, SGB V, § 119 Rn. 4.
[9] BT-Drs. 15/1600, S. 14 zu Art. 1 Nr. 86a (§ 119a).
[10] BT-Drs. 15/1600, S. 14 zu Art. 1 Nr. 86a (§ 119a).

richtung angewiesen sind. Erforderlich ist eine spezifische Regelung der Behinderung, so dass eine **konkrete Abgrenzung nach Art oder Schwere** möglich ist.[11]

15 Zur Regelung der unmittelbaren Inanspruchnahme oder Inanspruchnahme auf Überweisung bzw. der Befristung vgl. Rn. 12 und die Kommentierung zu § 116 SGB V Rn. 41.

C. Praxishinweise

16 **Ermächtigungsadressat** ist die Einrichtung der Behindertenhilfe im Gegensatz zur ärztlich geleiteten Abteilung und zum Rechtsträger der Einrichtung. Der **Rechtsträger** stellt jedoch den **Antrag** auf Ermächtigung.

17 Zum **Verfahren** vor den Zulassungs- und Berufungsausschüssen sind auf die allgemeinen Vorschriften der §§ 96 f. SGB V und § 98 Abs. 2 Nr. 3 SGB V i.V.m. §§ 36 ff. Ärzte-ZVff. Ärzte-ZV/§§ 36 ff. Zahnärzte-ZV hinzuweisen. Im Einzelnen vgl. hierzu die Kommentierung zu § 116 SGB V Rn. 45 ff.

18 Die Problematik der **defensiven Konkurrentenwiderspruchs** bzw. einer Konkurrentenklage von Vertragsärzten gegen eine Ermächtigung nach § 119 SGB V ist ebenso wie bei der Ermächtigung von Krankenhausärzten gem. § 116 SGB V zu beachten (vgl. die Kommentierung zu § 116 SGB V).

[11] Das ergibt sich mittelbar auch aus der Gesetzesbegründung, nach der im Ermächtigungsbescheid Regelungen darüber zu treffen sind, ob und in welchen Fällen die ärztliche Leistungserbringung an eine Überweisung zu knüpfen sind, s. BT-Drs. 15/1600, S. 14 zu Art. 1 NR. 86a.

§ 120 SGB V Vergütung ambulanter Krankenhausleistungen

(Fassung vom 14.11.2003, gültig ab 01.01.2004, gültig bis 30.06.2008)

(1) Die im Krankenhaus erbrachten ambulanten ärztlichen Leistungen der ermächtigten Krankenhausärzte und ermächtigter ärztlich geleiteter Einrichtungen werden nach den für Vertragsärzte geltenden Grundsätzen aus der vertragsärztlichen Gesamtvergütung vergütet. Die mit diesen Leistungen verbundenen allgemeinen Praxiskosten, die durch die Anwendung von ärztlichen Geräten entstehenden Kosten sowie die sonstigen Sachkosten sind mit den Gebühren abgegolten, soweit in den einheitlichen Bewertungsmaßstäben nichts Abweichendes bestimmt ist. Die den ermächtigten Krankenhausärzten zustehende Vergütung wird für diese vom Krankenhausträger mit der Kassenärztlichen Vereinigung abgerechnet und nach Abzug der anteiligen Verwaltungskosten sowie der dem Krankenhaus nach Satz 2 entstehenden Kosten an die berechtigten Krankenhausärzte weitergeleitet.

(2) Die Leistungen der Hochschulambulanzen, der psychiatrischen Institutsambulanzen und der sozialpädiatrischen Zentren werden unmittelbar von der Krankenkasse vergütet. Die Vergütung wird von den Landesverbänden der Krankenkassen und den Verbänden der Ersatzkassen gemeinsam und einheitlich mit den Hochschulen oder Hochschulkliniken, den Krankenhäusern oder den sie vertretenden Vereinigungen im Land vereinbart. Sie muss die Leistungsfähigkeit der psychiatrischen Institutsambulanzen und der sozialpädiatrischen Zentren bei wirtschaftlicher Betriebsführung gewährleisten. Bei der Vergütung der Leistungen der Hochschulambulanzen soll eine Abstimmung mit Entgelten für vergleichbare Leistungen erfolgen. Bei Hochschulambulanzen an öffentlich geförderten Krankenhäusern ist ein Investitionskostenabschlag zu berücksichtigen. Die Gesamtvergütungen nach § 85 für das Jahr 2003 sind auf der Grundlage der um die für Leistungen der Polikliniken gezahlten Vergütungen bereinigten Gesamtvergütungen des Vorjahres zu vereinbaren.

(3) Die Vergütung der Leistungen der Hochschulambulanzen, der psychiatrischen Institutsambulanzen, der sozialpädiatrischen Zentren und sonstiger ermächtigter ärztlich geleiteter Einrichtungen kann pauschaliert werden. Bei den öffentlich geförderten Krankenhäusern ist die Vergütung nach Absatz 1 um einen Investitionskostenabschlag von 10 vom Hundert zu kürzen. § 295 Abs. 1 gilt entsprechend. Das Nähere über Form und Inhalt der Abrechnungsunterlagen und der erforderlichen Vordrucke wird für die Hochschulambulanzen, die psychiatrischen Institutsambulanzen und sozial-pädiatrischen Zentren von den Vertragsparteien nach Absatz 2 Satz 2, für die sonstigen ermächtigten ärztlich geleiteten Einrichtungen von den Vertragsparteien nach § 83 Satz 1 vereinbart.

(4) Kommt eine Vereinbarung nach Absatz 2 Satz 2 ganz oder teilweise nicht zustande, setzt die Schiedsstelle nach § 18a Abs. 1 des Krankenhausfinanzierungsgesetzes auf Antrag einer Vertragspartei die Vergütung fest.

(5) Beamtenrechtliche Vorschriften über die Entrichtung eines Entgelts bei der Inanspruchnahme von Einrichtungen, Personal und Material des Dienstherrn oder vertragliche Regelungen über ein weitergehendes Nutzungsentgelt, das neben der Kostenerstattung auch einen Vorteilsausgleich umfaßt, und sonstige Abgaben der Ärzte werden durch die Absätze 1 bis 4 nicht berührt.

Gliederung

A. Basisinformationen

I. Textgeschichte/Gesetzgebungsmaterialien

1 § 120 SGB V wurde durch Art. 1 des **Gesundheitsreformgesetzes (GRG)**[1] zum 01.01.1989 in das SGB V eingeführt. Die Vorschrift führte verschiedene RVO-Regelungen in einer Norm zusammen[2] und ist im Wesentlichen im Wortlaut bis heute erhalten.

2 Art. 1 Nr. 73 des **Gesundheitsstrukturgesetzes (GSG)** vom 21.12.1992[3] passte mit Wirkung zum 01.01.1993 Absatz 1 Satz 1 durch Transformation der Begriffe Kassenarzt bzw. kassenärztlich in Vertragsarzt und vertragsärztlich terminologisch an.

3 Art. 3 Nr. 2 des **Zweiten Gesetzes zur Änderung des Sozialgesetzbuchs (2. SGBÄndG)** vom 13.06.1994[4] ergänzt mit Wirkung zum 01.07.1994 Absatz 3 um die Sätze 3 und 4, welche die analoge Geltung des § 295 Abs. 1 SGB V anordnen und zum Abschluss von Verträgen über Form und Inhalt der Abrechnungsunterlagen bzw. der erforderlichen Vordrucke ermächtigen.

4 Art. 1 Nr. 43 nach Maßgabe von Art. 17 des **2. GKV-Neuordnungsgesetz (2. GKV-NOG)** vom 23.06.1997[5] änderte Absatz 4 mit Wirkung ab 01.07.1997, indem er die allgemeine Verweisung auf die Schiedsstellenregelung nach § 18 KHG durch Hinzufügung des Absatzes 1 konkretisierte. Das diente der Klarstellung im Hinblick auf die Schaffung einer Bundesschiedsstelle nach § 18 Abs. 6 KHG.[6]

5 Die weitreichsten Änderungen erfolgten durch das **Fallpauschalengesetz (FPG)** vom 23.04.2002[7], durch welches § 120 SGB V an die Einführung eines diagnose-orientierten Fallpauschalensystems an-

---

[1] BGBl I 1988, 2606.

[2] Vgl. die amtliche Begründung des Gesetzentwurfs in: BT-Drs. 11/2237, S. 203 zu § 129.

[3] BGBl I 1992, 2266.

[4] BGBl I 1994, 1229.

[5] Art. 2 Zweites Gesetz zur Neuordnung von Selbstverwaltung und Eigenverantwortung in der gesetzlichen Krankenversicherung, BGBl I 1997, 1520.

[6] BT-Drs. 13/6087, S. 29.

[7] Art. 1 Gesetz zur Einführung des diagnose-orientierten Fallpauschalensystems für Krankenhäuser, BGBl I 2002, 1412.

gepasst wurde: Art. 1 Nr. 4 führte zu Änderungen von Absatz 1 Satz 1, Absatz 3 Satz 1, 2 und 4 und der Neufassung von Absatz 2. Zum 01.01.2003 entfiel durch das FPG der institutionsbezogene Vergütungsabschlag i.H.v. 20% bei Polikliniken. Normzweck war, dass die Krankenkassen mit den von den Bundesländern zu tragenden Kosten für Einrichtungen der Forschung und Lehre belastet würden. Der generelle Vergütungsabschlag wurde damit begründet, dass Polikliniken typischerweise den Forschungs- und Lehrzielen dienen, ohne dass der Anteil im Einzelnen präzise bestimmt werden könnte.[8] Handelte es sich bei den Polikliniken um öffentlich geförderte Krankenhäuser, so trat der Investitionskostenabschlag i.H.v. 10% hinzu, welcher zu einer Gesamtvergütungsreduktion i.H.v. 30% führte.[9]

Die zuletzt durch das **GKV-Modernisierungsgesetz (GMG)** v. 14.11.2003[10] erfolgte Änderung von 6
Absatz 3 Satz 4 stellt lediglich eine redaktionelle Folgeänderung dar: Infolge der Aufhebung des Absatzes 2 des § 83 SGB V musste die Bezeichnung des Absatzes 1 entfallen.

II. Vorgängervorschriften

Vergleichbare Vorgängervorschriften waren nur für Teilbereiche vorhanden: § 368n Abs. 3 Satz 1 7
RVO regelte die gesonderte Vergütung der in Krankenhäusern ausgeführten **ärztlichen Sachleistungen**. Ärztliche Sachleistungen waren die in der Gebührenordnung bzw. im Bewertungsmaßstab genannten, in der Arztpraxis oder dem Krankenhaus ausgeführten Leistungen, bei denen sich an der Gesamtgebühr ein wesentlicher Anteil an Kosten infolge des Einsatzes nachgeordneter Hilfskräfte, Apparaturen und/oder Materialien ergibt.[11] Er differenzierte zwischen „ärztlichen Leistungen" und „ärztlichen Sachleistungen" auf Grundlage einer Zulassung oder Beteiligung nach § 368a Abs. 8 RVO und beauftragte KV und Krankenhäuser zur **gesonderten Vereinbarung** der Vergütung ärztlicher Sachleistungen außerhalb des Honorarverteilungsmaßstabes. Wurden ärztliche Leistungen vom Krankenhaus hingegen als Institution erbracht, waren nicht nur Kostensätze, sondert die Gesamtgebühren für die Leistungen in den Verträgen festzulegen.[12]

Schließlich wurde Absatz 6 Satz 1 RVO zum 01.12.1975 angefügt, welcher die KVen verpflichtete mit 8
den ärztlich geleiteten Einrichtungen Verträge über die ambulante Erbringung von Leistungen nach § 200f RVO (Sterilisation und Schwangerschaftsabbruch) zu schließen. Zum 01.01.1978 bzw. zum 01.01.1986 fand die Norm analoge Anwendung auf die ambulante Erbringung ärztlicher Leistungen der psychiatrischen einschließlich der psychotherapeutischen Versorgung durch psychiatrische Krankenhäuser und Allgemeinkrankenhäuser mit selbständigen psychiatrischen Abteilungen. Die Regelung verpflichtete zur Vergütung dieser Leistungen außerhalb des Honorarverteilungsmaßstabes nach den zwischen KV und Krankenhäusern bzw. deren Verbänden vereinbarten Sätzen. Durch Ärzte veranlasste nichtärztliche Leistungen waren nach Satz 6 außerhalb der Gesamtvergütung gesondert zu vergüten. Art und Umfang der ärztlichen und nichtärztlichen Leistungen wurden in Verträgen der KH mit der KV im Einvernehmen mit dem Landesverband der KK festgelegt; dabei sollte dem Ziel der Beitragssatzstabilität Rechnung getragen werden. Die Vergütung konnte ebenfalls pauschaliert werden und musste die Leistungsfähigkeit der Institutsambulanzen bei sparsamer und wirtschaftlicher Betriebsführung gewährleisten.

III. Systematische Zusammenhänge

§ 120 SGB V ist eine Vergütungsvorschrift für ambulante Leistungen der ermächtigten Krankenhaus- 9
ärzte und ärztlich geleiteten Einrichtungen. Sie setzt daher die Leistungserbringung nach folgenden Ermächtigungstatbeständen voraus: **§§ 116, 116a, 117, 118, 119, 119a SGB V** (vgl. die Kommentierung zu § 116 SGB V, die Kommentierung zu § 116a SGB V, die Kommentierung zu § 117 SGB V, die Kommentierung zu § 118 SGB V, die Kommentierung zu § 119 SGB V und die Kommentierung zu § 119a SGB V).

Da die Vertragspartner bei der Ausgestaltung der Vergütungsvereinbarungen den Grundsatz der Bei- 10
tragsstabilität zu beachten haben, nimmt sie Bezug auf **§ 71 SGB V** (vgl. die Kommentierung zu § 71 SGB V).

---

[8] Vgl. hierzu das Urteil des BSG v. 26.01.2000 - B 6 KA 47/98 R - juris Rn. 26 f. - SozR 3-2500 § 311 Nr. 6 und § 120 Nr. 10.

[9] BSG v. 10.05.1995 - 6/14a RKa 2/93 - SozR 3-2500, § 120 Nr. 6.

[10] BGBl I 2003, 2190.

[11] Vgl. *Dalichau* in: Grüner/Dalichau, SGB V, § 368n RVO, Anm. zu V.

[12] Vgl. *Dalichau* in: Grüner/Dalichau, SGB V, § 368n RVO, Anm. zu V.

11 Soweit nach § 120 Abs. 1 SGB V die Grundsätze der vertragsärztlichen Gesamtvergütung zu beachten sind, steht die Norm im systematischen Zusammenhang mit der zentralen vertragsärztlichen Vergütungsnorm des **§ 85 SGB V** (vgl. die Kommentierung zu § 85 SGB V).

12 Abzugrenzen sind sonstige Vergütungsnormen wie die **§§ 115b, 116b SGB V** (vgl. die Kommentierung zu § 115b SGB V und die Kommentierung zu § 116b SGB V), welche das ambulante Operieren bzw. sonstige ambulante Krankenhausbehandlungen erfassen. Sie regeln entsprechend des Normtitels des § 120 SGB V zwar ebenfalls „Ambulante Krankenhausleistungen"; die Leistungserbringung erfolgt aber auf Grundlage entsprechender Normenverträge, im Gegensatz zum Verwaltungsakt der Ermächtigung.

13 Keine ambulanten Krankenhausleistungen stellen vor- und nachstationäre Leistungen des Krankenhauses nach **§ 115a SGB V** (vgl. die Kommentierung zu § 115a SGB V) und die belegärztlichen Leistungen nach **§ 121 SGB V** (vgl. die Kommentierung zu § 121 SGB V) dar. Die ambulante vor- und nachstationäre Behandlung im Krankenhaus ist stationäre Krankenhausbehandlung auf der Basis des § 115a SGB V; belegärztliche Leistungen sind ausnahmsweise stationäre Leistungen eines Vertragsarztes, welche der vertragsärztlichen Gesamtvergütung nach § 121 Abs. 3 SGB V zugeordnet werden.

IV. Literaturhinweise

14 *Andreas*, Die kassenärztliche Ermächtigung des leitenden Krankenhausarztes, ArztR 1992, 293 ff.; *Breitmeier*, Sozialpädiatrische Zentren, KH 1992, 538 ff.; *Clemens*, Rechtsprechung zum Vertragsarztrecht – insbesondere neuere Entscheidungen des BSG, in Schriftenreihe der Arbeitsgemeinschaft Medizinrecht im DAV, Band 3, Selbständiges Beweisverfahren im Arzthaftungsrecht – Neue BSG-Rechtsprechung Vertragsarztrecht 2001, 29 ff.; *Deutsche Krankenhausgesellschaft (DKG)*, Positionen der DKG zur Weiterentwicklung im Gesundheitswesen, KH 2000, 849 ff.; *Heinze*, Einstweiliger und vorläufiger Rechtsschutz in Streitfällen des Arbeits-, Sozial- und Wirtschaftsrechts, Festschrift für Albrecht Zeuner zum 70. Geburtstag, 1994, 369 ff.; *Höchstetter/Walger*, Psychiatrische Versorgung, KH 2001, 329 ff.; *Klimpe/Stückradt*, Einzelleistungsabrechnung für poliklinische Behandlungen, KH 1996, 939 f.; *Leber,* Vergütung ambulanter Notfallbehandlungen, KH 2001, 709 ff.; *Robbers/Wagener*, Zum Vergütungsanspruch für ambulante Notfallbehandlungen in Krankenhäusern, KH 1996, 184 f.; *Wagener/Lehmkühler-Schneider*, Zum Vergütungsanspruch für ambulante Notfallbehandlungen im Krankenhaus, KH 1997, 700 ff.; *Zuck*, Die Poliklinik, MedR 1990, 121 ff.

B. Auslegung der Norm

I. Regelungsgehalt und Bedeutung der Norm/Normzweck

15 § 120 SGB V regelt die Vergütung der ermächtigten Krankenhausärzte und der ärztlich geleiteten Einrichtungen. Stellen die ärztlich geleiteten Einrichtungen keine Hochschulambulanzen, psychiatrische Institutsambulanzen oder sozialpädiatrische Einrichtungen (SPZ) dar, so setzt die Norm den örtlichen Bezug der Leistungserbringung zu einem Krankenhaus voraus. Sinn und Zweck der Vorschrift war, die bisher in der RVO verstreuten Regelungen über die Vergütung der im Krankenhaus erbrachten ambulanten ärztlichen Leistungen in einer Vorschrift zusammenzufassen.[13]

16 Nach Absatz 1 (Rn. 26) wird die Leistungsvergütung der **ermächtigten Krankenhausärzte** und der **ärztlich geleiteten Einrichtungen** grundsätzlich der vertragsärztlichen Gesamtvergütung zugeordnet. Als Sonderregelung nimmt Absatz 2 (Rn. 47) die **Hochschulambulanzen, psychiatrischen Institutsambulanzen und SPZ** aus und regelt die unmittelbare Vergütung durch die Krankenkassen. Die konkrete Vergütung nach Absatz 1 erfolgt daher durch Gesamtverträge zwischen den Landesverbänden der KK/den Verbänden der ErsK und der KV; nach Absatz 2 sind anstelle der KV die Leistungserbringer bzw. ihre Vertretungen Vertragspartner.

17 Absatz 3 (Rn. 74) ermächtigt zu **Vergütungsabschlägen**: Die jeweiligen Vertragspartner erhalten einerseits einen Ermessensspielraum zur Pauschalierung der Vergütung in Bezug auf ärztlich geleitete Einrichtungen. Kein Ermessensspielraum besteht hingegen bei öffentlich geförderten Krankenhäusern. Es ist die Vergütung um einen Investitionskostenabschlag i.H.v. 10% zu kürzen.

18 Kommt eine Vereinbarung nach Absatz 2 nicht zustande, so erfolgt gemäß Absatz 4 (Rn. 87) auf Antrag einer Vertragspartei die **Konfliktlösungsregelung** durch die Schiedsstelle nach § 18a KHG.

[13] Vgl. hierzu die amtliche Begründung des GRG-Gesetzentwurfs in BT-Drs. 11/2237, S. 203 zu § 129.

Absatz 5 (Rn. 106) steht in systematischem Zusammenhang mit Absatz 1 Satz 3 (Rn. 33), welcher neben der grds. Zuweisung der Leistungen der ermächtigten Leistungserbringer zur Gesamtvergütung bei der Vergütung des ermächtigten Krankenhausarztes eine Einziehungsermächtigung des Krankenhausträgers anordnet. Der Gesetzgeber setzte **Kostenerstattungsregelungen im Innenverhältnis** zwischen Krankenhaus und Krankenhausarzt voraus. Absatz 5 hat insofern Klarstellungsfunktion: Kostenerstattungsregelungen und Nutzungsentgeltregelungen im Innenverhältnis bleiben unberührt. 19

Die Norm hat Bedeutung über den Wortlaut hinaus, soweit sie den 10%-Investitionskostenabschlag (Rn. 79) für öffentlich geförderte Krankenhäuser regelt (§ 120 Abs. 3 Satz 2 SGB V). Nach h.A. in Rechtsprechung und Literatur findet sie Anwendung in Bezug auf sonstige vertragsärztliche Leistungen öffentlich geförderter Krankenhäuser, was insbesondere für Notfallleistungen nicht zugelassener Krankenhäuser gilt. 20

II. Anwendungsbereich

Die Vergütungsvorschrift des § 120 SGB V bezieht sich auf die Vergütung der Leistungen der ermächtigten Krankenhausärzte und ermächtigten ärztlich geleiteten Einrichtungen und steht grds. unter der Voraussetzung, dass **Ort der Leistungserbringung ein Krankenhaus** ist. Ausnahmen bilden Hochschulambulanzen, psychiatrische Institutsambulanzen oder ein SPZ. Es handelt sich zwar ebenfalls um ärztlich geleitete Einrichtungen, die Norm hier verzichtet aber auf den örtlichen Bezug (§ 120 Abs. 2 Satz 1 SGB V). 21

Zum **Kreis der Leistungserbringer**, deren Leistungen nach § 120 SGB V vergütet werden, können somit gehören 22

- Krankenhausärzte mit abgeschlossener Weiterbildung gem. § 116 SGB V,
- Krankenhäuser nach § 116a SGB V, § 31a Ärzte-ZV
- Hochschulambulanzen gem. § 117 SGB V,
- Psychiatrische Institutsambulanzen gem. § 118 SGB V,
- sozialpädiatrische Zentren gem. § 119 SGB V,
- ärztlich geleitete Einrichtungen gem. § 31 Ärzte-ZV.

Der Anwendungsbereich der Norm erstreckt sich ausdrücklich auch auf **Ambulanzen an Ausbildungsstätten nach § 6 PsychThG**. § 117 Abs. 2 Satz 3 SGB V sieht die analoge Anwendung des § 120 Abs. 2-4 SGB V vor. Vorherige Auslegungsunsicherheiten wurden hierdurch beseitigt.[14] 23

Die **Vergütung** der ermächtigten Ärzte nach § 31 Ärzte-ZV bzw. der ärztlichen geleiteten Einrichtungen **außerhalb eines Krankenhauses** richtet sich **ausschließlich nach § 85 Abs. 4 SGB V**. Auch wenn die KV die Gesamtvergütung nach dem Gesetzeswortlaut des § 85 Abs. 4 Satz 1 SGB V ausdrücklich an die „Vertragsärzte" verteilt, führt dies nicht zu einer Beschränkung des Anwendungsbereichs ausschließlich auf zugelassene Ärzte i.S.d. § 95 Abs. 1, 3 SGB V. Da die KK die Gesamtvergütung für die gesamte vertragsärztliche Versorgung entrichten, stehen bei ihrer Verteilung sämtlichen Leistungserbringern Honoraransprüche zu, für deren Leistungen die Gesamtvergütung gezahlt wurde.[15] § 85 Abs. 4 Satz 1 ist daher in systematischem Zusammenhang mit § 85 Abs. 1 SGB V und § 95 Abs. 4 SGB V. 24

Soweit der Titel der Vorschrift mit „Vergütung ambulanter Krankenhausleistungen" überschrieben ist, ist dies widersprüchlich. Das Gesetz berücksichtigt nicht, dass die Leistungserbringung eines ermächtigten Krankenhausarztes keine Leistung des Krankenhauses, sondern des Arztes ist. Auch ärztlich geleitete Einrichtungen müssen nicht unbedingt Teil eines Krankenhauses sein, so dass der Begriff Krankenhausleistung nicht erfüllt ist. Der Gesetzestitel ist jedoch historisch zu verstehen. Nach der amtlichen Begründung des Gesetzentwurfs fasst die Vorschrift die bisher in der RVO verstreuten Regelungen über die Vergütung der im Krankenhaus erbrachten ambulanten ärztlichen Leistungen in einer Bestimmung zusammen.[16] 25

---

[14] Vgl. hierzu *Mannsen*, Die Vergütung der Leistungen von Ambulanzen an Ausbildungsstätten nach § PsychTHG, GesR 2003, 193 und *Stellpflug*, Vergütung der Leistungen von Ambulanzen an Ausbildungsstätten nach § 6 Psychotherapeutengesetz sowie zur Vergütungspflicht der Krankenkassen bei Leistungen der Ausbildungsambulanzen nach § 6 Psychotherapeutengesetz, MedR 2003, 709.

[15] *Engelhard* in: Hauck/Noftz, SGB V, § 85 Rn. 145 und 30.

[16] BT-Drs. 11/2237, S. 203 zu § 129.

III. Vergütung nach den für Vertragsärzte geltenden Grundsätzen (Absatz 1 Satz 1)

1. Vergütung nach den für Vertragsärzte geltenden Grundsätzen

26 § 120 Abs. 1 SGB V ist lex specialis zu § 85 Abs. 4 SGB V. Grundsätzlich hat jeder Leistungserbringer, der aufgrund einer Zulassung oder Ermächtigung nach den §§ 95 ff. SGB V an der vertragsärztlichen Versorgung teilnimmt, einen Anspruch auf Teilnahme an der Verteilung der Gesamtvergütung nach § 85 Abs. 4 SGB V. Auch wenn die KKn die Gesamtvergütung nach dem Gesetzeswortlaut des § 85 Abs. 4 Satz 1 SGB V ausdrücklich an die „Vertragsärzte" verteilen, führt dies nicht zu einer Beschränkung des Anwendungsbereichs ausschließlich auf zugelassene Ärzte i.S.d. § 95 Abs. 1, 3 SGB V. Da die KK die Gesamtvergütung für die gesamte vertragsärztliche Versorgung entrichten, stehen bei ihrer Verteilung sämtlichen Leistungserbringern Honoraransprüche zu, für deren Leistungen die Gesamtvergütung gezahlt wurde.[17]

27 § 120 Abs. 1 Satz 1 SGB V knüpft an die **vertragsarztrechtlichen Grundsätze** an und regelt zugleich mittels des Begriffs „Grundsätze", dass unter Berücksichtigung der Strukturen ein **Gestaltungsspielraum** besteht.[18] Maßstab der Vergütung ist damit der zwischen KV und KK vereinbarte **Honorarverteilungsvertrag** (s. § 85 Abs. 4 Satz 2 SGB V), bei welchem insbesondere die Grundsätze der
- **leistungsproportionalen Vergütung** nach 85 Abs. 4 Satz 3 SGB V und der
- **Honorarverteilungsgerechtigkeit** nach Art. 12 Abs. 1 i.V.m. Art. 3 Abs. 1 GG

zu beachten sind und von welchen nur aus **sachlichen Gründen** abgewichen werden kann.

28 Unterschiedliche Vergütungsregelungen wie etwa Modifizierungen in Form einer anderen Punktwertberechnung sind somit gerechtfertigt, soweit dies durch Besonderheiten bedingt ist.[19] Das gilt auch, soweit zwischen zugelassenen und ermächtigten Leistungserbringern in Form einer Vorwegvergütung unterschieden wird und somit entweder Ermächtigte oder Zugelassene bevorzugt werden.[20]

29 Strittig ist, ob die KV einen Verwaltungskostenanteil einbehalten darf.[21] Zu Notfallbehandlungen eines Krankenhauses hat das BSG 2003 entschieden, dass es keiner speziellen Rechtsgrundlage bedürfe.[22] Da die meisten Honorarverteilungsregelungen gesonderte Vorschriften enthalten dürften, kann die Frage der Notwendigkeit einer Regelung im Ermächtigungsbescheid dahingestellt bleiben.

2. Grundsatz der nicht gesonderten Vergütung von Sachkosten (Absatz 1 Satz 2)

30 Satz 2 stellt klar, dass der im Vertragsarztrecht geltende **Grundsatz der nicht gesonderten Vergütung von Sachkosten** (vgl. hierzu etwa § 85 Abs. 3 Satz 1 SGB V) auch in Bezug auf ambulante Leistungen gilt, die im Krankenhaus bzw. ärztlich geleiteten Einrichtungen erbracht werden. Im Gegensatz hierzu sah **§ 368n Abs. 3 RVO** die **gesonderte Vereinbarung der ärztlichen Sachleistungen** durch Verträge zwischen der KV und den Krankenhäusern vor. Mit der Leistungserbringung verbundene Sachkosten wie allgemeine Praxiskosten, durch Anwendung von ärztlichen Geräten entstehende Kosten und sonstige Sachkosten sind abgegolten, soweit der Einheitliche Bewertungsmaßstab (EBM) nichts Abweichendes bestimmt.

31 Angeknüpft wird somit an den **EBM 2000 plus**, welcher in Kapitel 7.1. den Grundsatz regelt, dass in den berechnungsfähigen Leistungen folgende Kosten enthalten sind, soweit nichts anderes bestimmt ist:
- allgemeine Praxiskosten (d.h. Kosten, die durch die Anwendung von ärztlichen Instrumenten und Apparaturen entstanden sind),
- Kosten für Einmalartikel in der Form von Spritzen, Kanülen, Trachealtuben, Absaugkathetern, Handschuhen, Rasierern, Harnblasenkathetern, Skalpellen, Proktoskopen, Darmrohren, Spekulen und Küretten,
- Kosten für Reagenzien, Substanzen und Materialien für Laboratoriumsuntersuchungen,
- Kosten für Filmmaterial und prinzipiell auch
- Versand- und Transportkosten.

---

[17] *Engelhard* in: Hauck/Noftz, SGB V, § 85 Rn. 145 und 30.

[18] So auch die amtliche Begründung des GRG-Gesetzentwurfs in BT-Drs. 11/2237, S. 203 zu § 129 Abs. 1.

[19] Vgl. hierzu BSG v. 20.10.2004 - B 6 KA 31/03 R - juris Rn. 27.

[20] BSG v. 20.10.2004 - B 6 KA 30/03 R - juris Rn. 17 - SozR 4-2500 § 85 Nr. 12 mit krit. Anm. v. *Schnapp*, SGb 2005, 548.

[21] Pro: *Clemens* in: Maaßen/Schermer/Wiegand/Zipperer, SGB V, § 120 Rn. 9; contra: *Hencke* in: Peters, Handbuch KV (SGB V), § 120 Rn. 5.

[22] BSG v. 24.09.2003 - B 6 KA 51/02 R - SozR 4-2500 § 75 Nr. 2.

Als Ausnahmeregelung zu beachten sind aber die Kostenpauschalen nach Kapitel 40 EBM 2000plus und die Ausnahme nach Kapitel 7.3 EBM, welcher die Regelung weiterer Kosten den Gesamtvertragspartnern zuweist. 32

3. Gesetzlich angeordnete Einziehungsermächtigung des Krankenhausträgers (Absatz 1 Satz 3)

Bei der Vergütung von Leistungen eines ermächtigten Krankenhausarztes sieht § 120 Abs. 1 Satz 3 SGB V die Einzugsermächtigung des Krankenhausträgers gegenüber der KV vor. Nach Abzug der anteiligen Verwaltungskosten und der dem Krankenhaus nach Satz 2 entstehenden Kosten wird die Vergütung an den Arzt weitergeleitet. 33

a. Einziehungsermächtigung und seine Folgen für den Honorarbescheid

Die Regelung stellt keine Legalzession des Honoraranspruches dar. Nach dem Wortlaut und der Gesetzesbegründung bleibt der ermächtigte Arzt Gläubiger des Honoraranspruchs. Es „gilt" nach der GRG-Begründung „der Krankenhausträger … lediglich als ermächtigt, die Leistungen gegenüber der Kassenärztlichen Vereinigung abzurechnen und die den Krankenhausärzten zustehende Vergütung in Empfang zu nehmen"[23]. 34

Die Vorschrift normiert damit eine **gesetzlich angeordnete Einziehungsermächtigung bzw. ein sog. Inkassomandat**, welches die Befugnis beinhaltet, ein fremdes Recht im eigenen Namen geltend zu machen. Grundsätzlich wird eine **Einziehungsermächtigung**[24] wirksam, wenn sie mit Einwilligung oder Genehmigung des Berechtigten erfolgt (vgl. hierzu § 185 BGB). Die entsprechende Einwilligung/Genehmigung wird vorliegend kraft Gesetzes angeordnet. 35

Adressat des Honorarbescheids ist der ermächtigte Krankenhausarzt. Das Inkassomandat der Krankenhausträgers zugunsten des ermächtigten Krankenhausarztes nach § 120 Abs. 1 Satz 3 SGB V führt nicht zur Adressatenänderung. Gläubiger der Honorarforderung bleibt der Arzt, so dass der Honorarbescheid auch an ihn zu adressieren ist. Da das Verfahren die rechtlichen Interessen des Krankenhausträgers hinsichtlich seiner Sachkostenerstattung berühren kann[25], hat die KV ihn als Beteiligten zum Verfahren hinzuzuziehen. Es handelt sich um einen Fall **notwendiger Beiladung** i.S.d. § 13 Abs. 2 Satz 1 SGB X. 36

Sowohl der ermächtigte Krankenhausarzt als auch der Krankenhausträger haben somit das Recht gegen den Honorarbescheid (Verpflichtungs-)Widerspruch bei der KV oder (Verpflichtungs-)Klage zum Sozialgericht einzulegen. 37

b. Zulässigkeit einer Abdingungserklärung

Streitig ist, ob § 120 Abs. 1 Satz 3 SGB V dispositiv ist und durch Vereinbarung zwischen dem ermächtigten Krankenhausarzt und dem Krankenhausträger wirksam abbedungen werden kann (sog. Abdingungsvereinbarung). 38

Das BSG hat die Frage der Zulässigkeit einer Abdingungsvereinbarung **bisher nicht abschließend entschieden.**[26] Es befasste sich hiermit zuletzt im Jahr 1992 und entschied, dass unabhängig der Zulässigkeit als förmliche Mindestvoraussetzungen die Schriftform der Vereinbarung und die beidseitige Unterzeichnung auf derselben Urkunde zu fordern seien.[27] Grund hierfür war die Qualifizierung der Abdingungsvereinbarung als öffentlicher Vertrag i.S.d. §§ 53 ff. SGB X mit der Folge des Schriftformerfordernisses nach § 56 SGB X. 39

Die Zuordnung des Regelungsgegenstandes, hier die Aufhebung einer gesetzlich angeordneten Einziehungsermächtigung durch Individualvereinbarung zwischen zwei Privatrechtssubjekten (soweit der Krankenhausträger nicht öffentlich-rechtlich organisiert ist) zum öffentlich-rechtlichen Rechtsgebiet ist unproblematisch. Öffentlich-rechtliche Verträge mit der Folge der analogen Anwendung der §§ 53 ff. SGB X unter Privaten sind zulässig, soweit eine spezialgesetzliche Regelung hierzu ermächtigt. 40

---

[23] BT-Drs. 11/2237, S. 203 zu § 129 zu Abs. 1.

[24] Vgl. *Hess* in: KassKomm, SGB V, § 120 Rn. 9.

[25] So auch *Hess* in: KassKomm, SGB V, § 120 Rn. 12; *Clemens* in: Maaßen/Schirmer/Wiegand/Zipperer, SGB V, § 120 Rn. 16.

[26] Vgl. hierzu die beiden BSG-Entscheidungen: v. 15.05.1991 - 6 RKa 25/90 - juris Rn. 12 - BSGE 69, 1, 2 = SozR 3-2500 § 120 Nr. 1 S. 2 und v. 28.10.1992 - 6 RKa 19/91 - juris Rn. 16 und 18 ff. - SozR 3-2500 § 120 Nr. 3.

[27] BSG v. 28.10.1992 - 6 RKa 19/91 - juris Rn. 16 - SozR 3-2500 § 120 Nr. 3.

41 **Für die Zulässigkeit**[28] spricht die Gesetzesexegese. Der Wortlaut formuliert die Abrechnungsbefugnis und die Abrechnungspflicht des Krankenhausträgers einschließlich der Weiterleitung nach Kostenabzug. Die obligatorische Geltung der Norm kann im Umkehrschluss hieraus nicht entnommen werden.

42 Nach der amtlichen Begründung des GRG-Gesetzentwurfs dient die Regelung 1. der Erleichterung der Abrechnung, 2. der Befreiung des Krankenhausarztes vom Verwaltungsaufwand und 3. der Ordnungsmäßigkeit der Kostenerstattung.[29] Das Normziel ist somit einerseits auf die Entlastung des Krankenhausarztes gerichtet. Andererseits ist auch die Gesetzesgenese zu berücksichtigen: Während unter RVO-Geltung Sachkosten unmittelbar zwischen dem Krankenhausträger und der KV vereinbart wurden, normierte das GRG den Grundsatz der nicht gesonderten Vergütung von Sachkosten. Das gesetzliche Inkassomandat des Krankenhausträgers stellt somit die Konsequenz der Gesetzesänderung dar und beinhaltet eine Schutzwirkung zugunsten des Krankenhausträgers. Verzichten Krankenhausträger und ermächtigter Krankenhausarzt auf die sie begünstigende Regelung, indem sie einen anderen Abrechnungsweg bevorzugen, ist nicht einsichtig, aus welchen Gründen die Geltung des gesetzlichen Inkassomandats fortbestehen sollte.

43 Soweit in der Literatur vertreten wird, dass die Norm auch dem Interesse der KV an einer einheitlichen Abrechnung diene[30], wird übersehen, dass der Krankenhausarzt alleiniger Leistungserbringer und damit auch alleiniger Gläubiger des Honoraranspruchs ist. § 120 Abs. 1 Satz 3 SGB V, nach welchem die Vergütung für die Krankenhausärzte abgerechnet und an diese weitergeleitet wird, ändert an diesem Grundsatz des Vertragsarztrecht nichts (vgl. Rn. 34 ff.).

c. Abzug der anteiligen Verwaltungskosten/Sachkosten

44 Der Krankenhausträger hat Anspruch auf Zahlung der Sachkosten einschließlich der anteiligen Verwaltungskosten.[31] Der Begriff der **anteiligen Verwaltungskosten** bezieht sich nicht auf den Anspruch der KV gegenüber dem Leistungserbringer auf Zahlung der Verwaltungskosten, welcher sich daraus ergibt, dass jede KV kraft ihrer Satzung Verwaltungskosten erhebt (zur Ermächtigungsgrundlage vgl. § 81 Abs. 1 Nr. 5 SGB V). Da der ermächtigte Krankenhausarzt alleiniger Gläubiger des Honoraranspruchs ist, ist ausschließlich er zur Zahlung der Verwaltungskosten gg. der KV verpflichtet.

45 Der Begriff bezieht sich auf die **aus dem Inkassomandat entstehenden Folgekosten**. Bei abstrakter Betrachtung entstehen Unkosten für die Überprüfung des Honorarbescheids insgesamt. In Bezug auf die dem Krankenhausträger entstehenden Kosten für den Einzug[32] und die Überprüfung der Sachmittel ist der Krankenhausträger zum Vorwegabzug berechtigt.

46 **Rechtsgrund** für die Geltendmachung dieser Kosten sind die beamten-/arbeitsvertraglichen Regelungen im Innenverhältnis zwischen Arzt und Krankenhausträger. Fehlen solche, kann § 120 Abs. 1 Satz 3 SGB V Rechtswirkungen im Rahmen der Auslegung entfalten. Zur näheren Bestimmung des Vorwegabzugs sind aber detaillierte Regelungen zu empfehlen.

IV. Vergütung durch die Krankenkassen (Absatz 2)

47 Absatz 2 ist lex specialis gegenüber Absatz 1: Obwohl Hochschulambulanzen, psychiatrische Institutsambulanzen und sozialpädiatrische Zentren ärztlich geleitete Einrichtungen i.S.d. Absatzes 1 sind, werden ihre Leistungen nicht aus der vertragsärztlichen Gesamtvergütung, sondern unmittelbar durch die KK vergütet. Bei der Sonderregelung zu Absatz 1 ging der Gesetzgeber davon aus, dass es sich bei der hier geregelten Leistungserbringung um spezielle Bereiche der ärztlichen Versorgung handelt, welche aus dem Bereich der Gesamtvergütung auszugliedern sind. Sinn und Zweck war die Entlastung der vertragsärztlichen Gesamtvergütung.[33]

---

[28] Vgl. auch *Hess* in: KassKomm, SGB V, § 120 Rn. 11. S. auch *Andreas*, Anm. zu BSG v. 15.05.1991 - 6 RKa 25/90, ArztR 1991, 348.

[29] BT-Drs. 11/2237, S. 203 zu § 129 Abs. 1.

[30] So *Clemens* in: Maaßen/Schermer/Wiegand/Zipperer, SGB V, § 120 Rn. 14; *Hencke* in: Peters, Handbuch KV (SGB V), § 120 Rn. 7.

[31] Vgl. hierzu BSG v. 15.05.1991 - 6 RKa 25/90 - BSGE 68, 1 8 = SozR 3-2500 § 120 Nr. 1.

[32] So auch *Hess* in: KassKomm, SGB V, § 120 Rn. 13.

[33] So die Begründung zum Entwurf des GRG v. 03.05.1988, BT-Drs. 11/2237, S. 203 zu § 129 Abs. 2.

Bis zum In-Kraft-Treten des FPG am 01.01.2003 wurden die Leistungen der Hochschulambulanzen als ärztlich geleitete Einrichtungen der vertragsärztlichen Versorgung zugeordnet. Das FPG normierte jedoch die Entlastung der vertragsärztlichen Gesamtvergütung, da sie nicht aus Gründen der Sicherstellung, sondern im Hinblick auf Forschung und Lehre erbracht werden.[34] Weiterer Aspekt war jedoch auch die Unabhängigkeit der Vergütung von der vertragsärztlichen Honorarverteilung.[35] 48

1. Hochschulambulanzen, psychiatrische Institutsambulanzen, sozialpädiatrische Zentren

Der Begriff der Hochschulambulanzen, psychiatrischen Institutsambulanzen und sozialpädiatrischen Zentren ergibt sich aus dem systematischen Zusammenhang mit den §§ 117, 118 und 119 SGB V (vgl. Kommentierung zu § 117 SGB V, die Kommentierung zu § 118 SGB V und die Kommentierung zu § 119 SGB V). 49

2. Normenvertrag

Satz 2 des Absatzes 2 regelt die Befugnis, die Vergütung durch Normenvertrag festzulegen. 50

a. Vertragspartner

Da die Vergütung unmittelbar durch die KK erfolgt, ist eine Beteiligung der KV am Vertrag ausgeschlossen. Vertragspartner der Vergütungsvereinbarung sind nach dem Gesetzeswortlaut daher die 51

- **Landesverbände der KK/ Verbände der ErsK,**
- **Hochschulen/Hochschulkliniken** bzw.
- **Krankenhäuser oder die sie vertretenden Landesvertretungen.**

Zu beachten ist, dass die KK nur als Gesamtheit verhandeln können. Aus dem auf die KK bezogenen Tatbestandsmerkmal „gemeinsam und einheitlich" ist zu folgern, dass im Gegensatz zu den (unter Beteiligung der KV erfolgenden) Vereinbarungen über die vertragsärztlichen Gesamtvergütungen nach § 85 SGB V (vgl. die Kommentierung zu § 85 SGB V) keine auf die einzelne Krankenkasse bezogenen Verhandlungen und Vertragsabschlüsse möglich sind.[36] 52

Folge des dreiseitigen Normenvertrages ist die Bindungswirkung sowohl gegenüber den Vertragspartnern als auch gegenüber am Vertragsschluss beteiligten Nichtbetroffenen (vgl. hierzu und zu weiteren Voraussetzungen dies Normenvertrages die Kommentierung zu § 115 SGB V Rn. 19 ff.). 53

Soweit **sozialpädiatrische Einrichtungen** als Vertragspartner in § 120 Abs. 2 Satz 2 SGB V nicht genannt sind, wird zu Recht darauf hingewiesen, dass sozialpädiatrische Zentren (SPZ) selbst Vertragspartner werden müssen, sofern es sich nicht um Krankenhäuser handelt.[37] § 120 Abs. 2 Satz 2 SGB V ist aufgrund der insoweit bestehenden Regelungslücke analog auf SPZ anzuwenden. Aufgrund des Gleichheitsgrundsatzes gem. Art. 3 Abs. 1 GG sind entweder die SPZ oder zumindest eine sie vertretende Landesvertretung (soweit existent) an den Vertragsschlüssen zu beteiligen. 54

b. Kombination mit Verträgen nach den §§ 117 Abs. 1 Satz 3, 118 Abs. 2 Satz 2 SGB V?

Entgegen der Ansicht von *Clemens* können die Vergütungsvereinbarungen nach § 118 Abs. 2 SGB V nicht in den Verträgen nach § 117 Abs. 1 Satz 3 SGB V (vgl. die Kommentierung zu § 117 SGB V Rn. 24 ff.) bzw. § 118 Abs. 2 Satz 2 SGB V (vgl. die Kommentierung zu § 118 SGB V Rn. 27 ff.) mitgeregelt werden.[38] Beide Normen sehen unterschiedliche Regelungen und teilweise auch differente Vertragspartner vor, denen zum Teil keine Kompetenz zum Abschluss der Vergütungsvereinbarungen nach § 120 Abs. 2 SGB V zugeordnet ist[39]: So wird der Normenvertrag nach § 117 SGB V, welcher das Nähere zur Durchführung der Ermächtigung von Hochschulambulanzen regelt, unter Beteiligung der KV und unter Ausschluss der SPZ abgeschlossen. Die vertragliche Festlegung nach § 118 Abs. 2 SGB V bzgl. psychisch Kranker, welche der Behandlung in Allgemeinkrankenhäusern bedürfen, erfolgt auf Bundesebene unter Beteiligung der Spitzenverbände der KK, der DKG und der KBV. 55

---

[34] BT-Drs. 14/6893, S. 30 zu Art. 1 Nr. 4 FPG: § 120.

[35] BT-Drs. 14/6893, S. 30 zu Art. 1 Nr. 4 FPG: § 120.

[36] Vgl. hierzu eingehend *Clemens* in: Maaßen/Schermer/Wiegand/Zipperer, SGB V, § 120 Rn. 24 f. mit Ausführungen zu formalen Konsequenzen für spätere Gerichtsverfahren: einfache/notwendige Beiladung.

[37] *Clemens* in: Maaßen/Schermer/Wiegand/Zipperer, SGB V, § 120 Rn. 23; *Knittel* in: Krauskopf, SGB V, § 120 Rn. 6, welcher im Gegensatz zu *Clemens* die Beteiligung aller SPZ fordert.

[38] A.A. *Clemens* in: Maaßen/Schermer/Wiegand/Zipperer, SGB V, § 120 Rn. 28.

[39] Vgl. auch BSG v. 31.01.2001 - B 6 KA 33/00 R - juris Rn. 20 - SozR 3-2500 § 115 Nr. 1.

56 Sämtliche Normenverträge bedürfen einer Ermächtigungsgrundlage zum Erlass von Kollektivverträgen. Eine Kombination von Verträgen bedürfte bereits einer Ausweisung durch die jeweilige Ermächtigungsgrundlage, an der es vorliegend aber gerade fehlt. Die Qualifikation des Vertragsabschlusses als Normenerlass erfordert die Einhaltung verfassungsrechtlicher Mindestvorgaben bzgl. Verfahren, Begründung und Publikation.[40] Aus dem Rechtsstaatsprinzip des Art. 20 Abs. 3 GG ergibt sich die Beachtung des Gebots der Rechtsklarheit, welches grds. gegen eine Kombination der Verträge spricht.

57 Demgegenüber bejaht *Clemens* die Möglichkeit eines zusammengesetzten Vertragabschlusses. Soweit er zur Unterstützung der Argumentation auf die Entscheidung des BSG vom 31.01.2001[41] zur Vergütungsregelung innerhalb eines dreiseitigen Vertrags nach § 115 SGB V verweist, ist anzumerken, dass der 6. Senat hier ausdrücklich die Kompetenz der Vertragspartner zur Regelung der Vergütung ambulanter Notfallleistungen auf Basis des § 115 Abs. 2 Nr. 3 SGB V bejahte. Das Urteil erkennt die Norm als Ermächtigungsgrundlage für inhaltlich-organisatorische Bestimmungen, welche aufgrund des Tatbestandsmerkmals „insbesondere" durch weitere Regelungen wie z.B. Vergütungsregelungen ergänzt werden kann, an. Sieht das Gesetz hingegen neben einer Rechtsgrundlage für vertragliche Vereinbarungen Spezialbestimmungen zur Regelung der Vergütung vor (bei § 115 SGB V konnte das Gericht keine Sonderregelung feststellen!), so stehen unterschiedliche Rechtsgrundlagen nebeneinander.

58 Für die Zulässigkeit eines einheitlichen Vertragwerks und demzufolge die Mitregelung der Vergütung nach § 120 Abs. 2 SGB V in den Ermächtigungsverträgen nach § 117 Abs. 1 Satz 3 und § 118 Abs. 2 Satz 2 SGB V führt Clemens argumentativ die zivilrechtliche Anerkennung ins Feld, dass die formale Einbindung eines zweiseitigen Vertrags in eine weitere, mit einem Dritten abzuschließende, dreiseitige Vereinbarung zulässig ist und der Wirksamkeit der Gesamtbeurkundung nicht entgegensteht.[42]

59 Nach § 69 SGB V (vgl. die Kommentierung zu § 69 SGB V) sind die Vorschriften des BGB nur anwendbar, soweit diese dem SGB V nicht entgegenstehen. Soweit Normenverträge auf Basis selbstständiger Ermächtigungsgrundlagen erfolgen, ist eine Kombination mehrerer Normenverträge abzulehnen. Bezüglich der Vergütung von Polikliniken entschied das BSG[43], dass Rechtsgrundlage zur Pauschalierung von Poliklinikvergütungen nicht §§ 117 Satz 3 SGB V a.F. i.V.m. § 120 Abs. 3 Satz 1 SGB V ist. § 117 SGB V beziehe die Vergütung poliklinischer Leistungen nicht ein, denn hierfür enthalte § 120 Abs. 3 SGB V eine spezielle Regelung. Zur Anwendbarkeit der Grundsätze des BGB gelangt man daher nicht.

c. Festsetzung der konkreten Vergütung durch Verwaltungsakt

60 Auch vertraglich geregelte Vergütungen sind durch Bescheid der KK gg. der jeweiligen Einrichtung festzustellen.[44]

3. Besonderheiten der Vergütungsvereinbarung bei psychiatrischen Institutsambulanzen nach § 118 SGB V/sozialpädiatrischen Zentren nach § 119 SGB V

61 Bei den genannten Einrichtungen hat die Vergütungsvereinbarung die **Leistungsfähigkeit bei wirtschaftlicher Betriebsführung** zu beachten. Maßgeblich ist hierfür

- der konkrete Gegenstand einer Ermächtigung im Einzelfall,
- der Standard der Leistungserbringung nach dem SGB V,
- die übliche Vergütung vergleichbarer Einrichtungen,
- die Art des Patientenklientels.

62 Mit dem Tatbestandsmerkmal befassen sich drei LSG-Entscheidungen der Landessozialgerichte Baden-Württemberg, Niedersachsen bzw. dessen Nachfolger Niedersachsen-Bremen aus den Jahren 1996[45], 2001[46] und 2002[47]: Ausgangspunkt der Betrachtungen bilden hiernach zunächst diejenigen Leistungen, welche **Gegenstand der Ermächtigung** sind (EBM-Ziffern des Ermächtigungsbescheides). Grundlage der Beurteilung sind die Ansprüche der GKV-Versicherten auf ausreichende, zweckmäßige, wirtschaftliche, das Maß des Notwendigen nicht übersteigende Leistungen i.S.v. § 12 Abs. 1

---

40 Vgl. *Axer* in: Schnapp/Wigge, Handbuch des Vertragsarztrechts, § 9 Rn. 67.
41 BSG v. 31.01.2001 - B 6 KA 33/00 R - juris Rn. 20 - SozR 3-2500 § 115 Nr. 1.
42 Vgl. *Clemens* in: Maaßen/Schermer/Wiegand/Zipperer, SGB V, § 120 Rn. 29.
43 BSG v. 15.03.1995 - 6 Rka 36/93 - BSGE 48, 50.
44 Vgl. BSG v. 31.01.2001 - B 6 KA 33/00 R - juris Rn. 22 - SozR 3-2500 § 115 Nr. 1.
45 LSG Baden-Württemberg v. 22.03.1996 - L 4 Kr 2129/94.
46 LSG Baden-Württemberg v. 22.08.2001 - L 4 KR 187/98.
47 LSG Niedersachsen-Bremen v. 24.04.2002 - L 4 KR 133/99.

Satz 1 SGB V[48] (vgl. die Kommentierung zu § 12 SGB V). Der Standard der Leistungserbringung bzw. deren Qualitätsmaßstab bezieht sich damit nicht auf die individuellen Fähigkeiten des einzelnen Leistungserbringers, sondern maßgeblich für die Beurteilung der Leistungsfähigkeit und der angemessenen Vergütung ist der Anspruch des Versicherten unter Beachtung des Wirtschaftlichkeitsprinzips.[49]

Die Feststellung des Standards und der diesbezüglichen Vergütung kann nach Auffassung des LSG Niedersachsen-Bremen durch Vergleich mehrerer Einrichtungen miteinander[50] und der Ermittlung der üblichen Fallpauschalen im Bundesgebiet[51] erfolgen. Der Ermittlung ist somit immanent, dass die **gültigen Vergütungsregelungen** das Merkmal „Gewährleistung der Leistungsfähigkeit unter wirtschaftlicher Betriebsführung" erfüllen, so dass diese einen geeigneten Maßstab für die Beurteilung der streitigen Vergütungsregelung finden. Es handelt sich letztlich um eine Plausibilitätserwägung, dass das das Gebot des § 120 Abs. 2 Satz 2 SGB V gewahrt ist, solange die Einrichtungen fortbestehen. 63

Eine höhere Vergütung kann sich etwa aus einem Vergleich mit Einrichtungen ergeben, welche zwar über den gleichen Ermächtigungsumfang, aber ein unterschiedlich **aufwendiges Patientenklientel** verfügen. So konnte das LSG Niedersachsen-Bremen keine Verletzung des Beurteilungsspielraums feststellen, in dem die Schiedsstelle nach § 120 Abs. 4 SGB V die Fallpauschale einer PI in Relation zu Vergleichseinrichtungen um 16% (387,60 DM auf 450 DM pro Quartal für die Zeit vom 01.10.1996-30.09.1998) erhöhte.[52] 64

Hierüber hinaus kann auch die **Fallzahl** selbst zu berücksichtigen sein, wenn der Gegenstand der Vergütungsvereinbarung keine Fallpauschale, sondern etwa eine Quartalspauschale ist. Soweit *Clemens* darauf hinweist, dass eine Quartalspauschale bei geringerer Fallzahl wegen der stärker je Fall ins Gewicht fallenden Fixkosten höher, bei höherer Fallzahl niedriger bemessen werden kann[53], setzt das voraus, dass Faktoren wie Personalstruktur, Miet- und Geräteaufwand vergleichbar sind. 65

4. Besonderheiten der Vergütungsvereinbarung bei Hochschulambulanzen nach § 117 SGB V

a. Entgeltabstimmung mit vergleichbaren Leistungen (Absatz 2 Satz 4)

Maßstab für die Vergütungsvereinbarung bzgl. Hochschulambulanzen sollen **Entgelte für vergleichbare Leistungen** sein. Ursprünglich sah Art. 1 Nr. 4 b) des Gesetzesentwurfs zum FPG vor, dass eine Abstimmung mit den Vergütungen für vor- und nachstationäre Leistungen zu erfolgen hat (KH-Pflegesätze für vor- und nachstationäre Leistungen).[54] Infolge der Beschlussempfehlung des Ausschusses für Gesundheit wurde der Normentwurf entsprechend dem geltenden Wortlaut verändert.[55] Die Abänderung wurde damit begründet, dass die Vergütung für vor- und nachstationäre Leistungen ein Beispiel für Leistungsbereiche darstellen sollte, innerhalb derer eine Abstimmung erfolgen kann.[56] Generell war eine einheitliche Leistungsbewertung bezweckt.[57] 66

Da die Vergütung für vor- und nachstationäre Leistungen nach § 115a SGB V als stationäre Versorgung – wie *Hess* zu Recht kritisch darlegt[58] – unterschiedlichen Kriterien unterliegt, sind zur Ausfüllung des Tatbestandsmerkmals in Anlehnung an den Wortlaut, den Sinn und Zweck des Gesetzes und die generelle Gesetzesbegründung die ambulanten vertragsärztlichen Leistungen der Entgeltabstimmung zugrunde zu legen. Als vertragsärztliche Leistungserbringung wäre eine Klarstellung, dass Maßstab die entsprechende Vergütung in der vertragsärztlichen Versorgung sein soll, analog dem zum 01.01.2004 eingeführten § 116b Abs. 5 Satz 2 SGB V (vgl. die Kommentierung zu § 116b SGB V Rn. 43), sinnvoll gewesen. 67

---

48 Vgl. LSG Baden-Württemberg v. 22.03.1996 - L 4 Kr 2129/94 - juris Leitsatz 5; vgl. auch LSG Niedersachsen v. 22.08.2001 - L 4 KR 187/98 - juris Rn. 30.

49 LSG Niedersachsen-Bremen v. 24.04.2002 - L 4 KR 133/99 - juris Rn. 31.

50 LSG Niedersachsen-Bremen v. 24.04.2002 - L 4 KR 133/99 - juris Rn. 33.

51 LSG Niedersachsen-Bremen v. 24.04.2002 - L 4 KR 133/99 –juris Rn. 37.

52 Vgl. LSG Niedersachsen-Bremen v. 24.04.2002 - L 4 KR 133/99 - juris Rn. 29 ff.

53 *Clemens* in: Maaßen/Schermer/Wiegand/Zipperer, SGB V, § 120 Rn. 38.

54 Vgl. BT-Drs. 14/6893.

55 BT-Drs. 14/7824, S. 6.

56 Vgl. den Bericht des 14. Ausschusses v. 13.12.2001, BT-Dr. 14/7862, S. 5 zu Art. 1 Nr. 4 FPG: § 120 Abs. 2.

57 Bericht des 14. Ausschusses v. 13.12.2001, BT-Dr. 14/7862, S. 5 zu Art. 1 Nr. 4 FPG: § 120 Abs. 2.

58 *Hess* in: KassKomm, SGB V, § 120 Rn. 14a.

b. Investitionskostenabschlag (Absatz 2 Satz 5)

68 Des Weiteren ist nach Satz 5 ein Investitionskostenabschlag zu berücksichtigen, sofern es sich um Hochschulambulanzen an öffentlich geförderten Krankenhäusern handelt. Es handelt sich hierbei um eine Folgeregelung zu § 120 Abs. 3 Satz 2 SGB V i.d.F. des GRG. Diese Vorschrift, welche aufgrund des In-Kraft-Tretens des FPG bis zum 31.12.2002 galt, regelte im Anschluss an die 10%-Kürzungsregelung durch den Investitionskostenabschlag, „bei den Polikliniken zusätzlich um einen Abschlag von 20 vom Hundert für Forschung und Lehre zu kürzen." Aus dem Begriff „zusätzlich" wurde zu Recht die Geltung auch der Investitionskostenkürzungsregelung zu Lasten der Polikliniken geschlossen. Mit Urteilen zur Rechtmäßigkeit von 10%-Vergütungsabschlägen bei Polikliniken[59] und einer Fachambulanz mit Dispensaire-Auftrag (Robert-Rössle-Klinik, Berlin), welche die Legaldefinition der Poliklinik zwar erfüllte, aber ungeachtet einer Ermächtigung Leistungen nach § 311 Abs. 2 SGB V erbrachte, bestätigte das BSG diese Auslegung[60].

69 Hierüber hinaus stellte das BSG 1998 die Unerheblichkeit einer räumlichen Trennung zwischen Ambulanz und übrigen poliklinischen Einrichtungen bzgl. der Anwendung der Abschlagsregelung fest.[61] Da der Begriff der „Hochschulambulanz" gegenüber dem der „Poliklinik" weiter ist (vgl. § 117 SGB V), dürfte das Urteil in diesem Punkt seine Bedeutung jedoch verloren haben.

70 Hinsichtlich der Höhe des Investitionskostenabschlages, welcher in Satz 5 nicht näher bestimmt ist, ist sich am **10%-Vergütungsabschlag** nach Absatz 3 Satz 2 zu orientieren.[62] Dies gebietet zum einen sowohl der systematische Zusammenhang beider Vorschriften als auch die Gesetzesgenese. Zum anderen ist aber auch die durch std. Rechtsprechung des BSG erfolgte Qualifizierung der Vorschrift des § 120 Abs. 3 Satz 2 als allgemeiner Rechtsgedanke zu berücksichtigen, von welchem nur abgewichen werden kann, soweit besondere Gründe dies rechtfertigen (s. im Übrigen unten).

c. Bereinigung der Gesamtvergütung (Absatz 2 Satz 6)

71 Die Regelung des Satzes 6 wendet sich an die Vertragspartner mit Funktion zur Vereinbarung einer Gesamtvergütung. Sie steht in systematischem Zusammenhang sowohl mit § 120 Abs. 1 SGB V als auch mit § 85 SGB V und dient der Klarstellung, dass die Herausnahme der Vergütung der Hochschulambulanzen aus der vertragsärztlichen Gesamtvergütung nach § 120 Abs. 1 SGB V zur Bereinigung der Gesamtvergütung führen muss.[63] Da erstmalig ab dem 01.01.2003 die Leistungen der Hochschulambulanzen unmittelbar durch die KK vergütet wurden, normiert die Norm zur Verhinderung der Doppelbelastung der Krankenkassen[64] die Bereinigung der Gesamtvergütung des Jahres 2003 um die Vergütungen, welche für die Leistungen der Polikliniken gezahlt wurden. Soweit Satz 6 explizit auf Polikliniken abstellt, handelt es sich nicht um ein Redaktionsversehen, sondern um ein Anknüpfen an die bisherige Rechtslage, welche bis zum 31.12.2002 ausschließlich die Leistungserbringung von Polikliniken (nach § 117 SGB V) vorsah. Die auf das Jahr 2003 bezogene Korrektur ist einmalig, da Basis für die Festlegung des Ausgabenvolumens für vertragsärztliche Leistungen eines Jahres das Vorjahr ist.[65]

72 Hatte eine Poliklinik neben einer Ermächtigung nach § 117 SGB V (vgl. die Kommentierung zu § 117 SGB V) eine weitere Teilnahmeberechtigung (etwa eine Ermächtigung nach § 31 Ärzte-ZV), so darf sich die Gesamtvergütungskorrektur nur auf die Ermächtigung nach § 117 SGB V beziehen.[66]

73 Die Bereinigung der Gesamtvergütung hatte ebenfalls die Vergütung der Leistungen der Ausbildungsstätten nach § 6 PsychThG einzubeziehen, da § 120 Abs. 2-4 SGB V Anwendung fand und findet.

---

[59] BSG v. 10.05.1995 - 6/14a RKa 2/93 - SozR 3-2500 § 120 Nr. 6.

[60] Vgl. BSG v. 26.01.2000 - B 6 KA 47/98 R - juris Rn. 28 - SozR 3-2500 § 311 Nr. 6 zur Robert-Rössle-Klinik als Fachambulanz mit Dispensaireauftrag in der Trägerschaft der Freien Universität Berlin.

[61] BSG v. 13.05.1998 - B 6 KA 41/97 R - SozR 3-2500 § 120 Nr. 8.

[62] So auch *Clemens* in: Maaßen/Schermer/Wiegand/Zipperer, SGB V, § 120 Rn. 50.

[63] Vgl. hierzu den Bericht des 14. Ausschusses v. 13.12.2001, BT-Dr. 14/7862, S. 5 zu Art. 1 Nr. 4 FPG: § 120 Abs. 2.

[64] BT-Drs. 14/7862, S. 5 zu Art. 1 Nr. 4 FPG zu § 120 Abs. 2.

[65] Vgl. *Clemens* in: Maaßen/Schermer/Wiegand/Zipperer, SGB V, § 120 Rn. 52 mit Verweis auf BSG v. 16.07.2003 - B 6 KA 29/02 R - BSGE 91, 150 = SozR 4-2500 § 85 Nr. 3.

[66] So auch *Clemens* in: Maaßen/Schermer/Wiegand/Zipperer, SGB V, § 120 Rn. 52; *Hess* in: KassKomm, SGB V, § 120 Rn. 14b.

V. Pauschalierung der Vergütung ärztlich geleiteter Einrichtungen (Absatz 3 Satz 1)

Absatz 3 schafft die Rechtsgrundlage zur Pauschalierung der Vergütung ärztlich geleiteter Einrichtungen im Gegensatz zu ermächtigten Krankenhausärzten. Die Regelung ist als „Kann"-Regelung ausgestaltet und steht somit im Ermessen. Der Gesetzesentwurf zum GRG verwies in seiner Begründung auf den Gestaltungsspielraum der Beteiligten insbesondere dort, wo eine Einzelleistungsvergütung zu einer unangemessenen Leistungsausweitung oder zu abrechnungstechnischen Schwierigkeiten führen könnte.[67] 74

Die Pauschalierung der Leistungen der Hochschulambulanzen, psychiatrischen Institutsambulanzen und sozialpädiatrischen Zentren erfolgt in den in Absatz 2 genannten **Normenverträgen zwischen** den Landesverbänden der **KK und den Leistungserbringern bzw. ihren Vertretungen**. Die Pauschalierung der Leistungen sonstiger ärztlich geleiteter Einrichtungen erfolgt als **gesamtvertragliche Vereinbarung** nach § 83 SGB V **zwischen** den Landesverbänden **der KK und der KV**. Auswirkungen hat dies auf die Beteiligung der ärztlich geleiteten Einrichtungen, welche bei der gesamtvertraglichen Vereinbarung nicht gegeben ist. Für poliklinische Einrichtungen entschied das BSG 1995, dass Träger von Hochschuleinrichtungen an Pauschalierungsvereinbarungen über die Vergütung poliklinischer Einrichtungen nicht zu beteiligen sind.[68] § 120 Abs. 3 SGB V steht damit im Gegensatz zu seiner Vorläuferregelung nach § 368n Abs. 3 Satz 3 i.V.m. Satz 6 RVO, nach welcher die Pauschalierung der Vergütung durch Vertrag zwischen der KV und den Hochschulen im Einvernehmen mit den KK zu erfolgen hatte. 75

Die Pauschalierungsbefugnis nach Absatz 3 Satz 1 ist weitgehend und steht aufgrund des systematischem Zusammenhangs mit Absatz 1 und 2 grds. unter deren Vorgaben. Zur Pauschalierung der Vergütung eines auf Grundlage des § 31 Ärzte-ZV ermächtigten Universitätsklinikums stellte das BSG fest, dass die Prinzipien zur Verteilung nach Art und Umfang der Leistungen bzw. der Honorarverteilungsgerechtigkeit nach Absatz 1 fortbestehen.[69] In Anlehnung an die typischen Leistungen pro Fall ist daher eine Vergütungsberechnung nach **Kopf- oder Fallpauschalen** zulässig, eine jährliche Gesamtpauschale unabhängig der Fallzahl mit dem Wesen der für Vertragsärzte geltenden Vergütungsgrundsätze nicht vereinbar, soweit nicht ein rechtfertigender Grund vorliegt.[70] 76

Besteht keine Bindung an diesen Grundsatz wie im Fall des Absatzes 2 ist eine **Gesamtpauschalierung mit Fallzahlbegrenzung** zulässig.[71] Eine **fallzahlunabhängige Pauschale** dürfte hingegen nicht mit Satz 4 korrelieren, welcher die Vereinbarkeit mit vergleichbaren Entgelten fordert.[72] 77

Die Pauschalierung muss nicht die geltenden Honorarregelungen beachten, denn ein Vorrang der Vorschriften über die Honorargestaltung nach § 85 Abs. 4 SGB V vor den Honorarregelungen durch Verträge, etwa nach § 120 Abs. 2 SGB V, ist dem SGB V nicht zu entnehmen.[73] Zu Recht weist *Clemens* darauf hin, dass bei gewünschter Einbeziehung dies im Vertrag deutlich zu machen ist.[74] 78

VI. Investitionskostenabschlag i.H.v. 10% (Absatz 3 Satz 2)

Bei öffentlich geförderten Krankenhäusern sieht Satz 2 des Absatzes 3 als Ausgleich für die staatliche Investitionsförderung eine Vergütungskürzung i.H.v. 10% vor. Die Vergütungskürzung beinhaltet einen pauschalen Investitionskostenabschlag. Der bisher bei Polikliniken zusätzlich vorgesehene Abschlag für Forschung und Lehre i.H.v. 20% ist durch das FPG entfallen. 79

1. Tatbestandsmerkmal „öffentlich geförderte Krankenhäuser"

Das Tatbestandsmerkmal „öffentlich geförderte Krankenhäuser" umfasst Krankenhäuser, welche eine **Investitionsförderung nach dem KHG oder aus öffentlichen Steuermitteln** – insbesondere im Rah- 80

[67] BT-Drs. 11/2237, S. 203 zu § 129 Abs. 3.

[68] BSG v. 15.03.1995 - 6 RKa 36/93 - BSGE 76, 48, 51 = SozR 3-2500 § 120 Nr. 5 S. 28/29 zur Beteiligung der Träger von Hochschulkliniken auf Basis des § 120 Abs. 1 SGB V a.F.

[69] Vgl. hierzu BSG v. 20.01.1999 - B 6 KA 82/97 R - juris Rn. 18 - SozR 3-2500 § 120 Nr. 9 S. 48. So auch *Clemens* in: Maaßen/Schermer/Wiegand/Zipperer, SGB V, § 120 Rn. 57 und *Heinze* in: GK-SGB, SGB V, § 120 Rn. 5.

[70] Vgl. BSG v. 20.01.1999 - B 6 KA 82/97 R - juris Rn. 18 ff. - SozR 3-2500 § 120 Nr. 9.

[71] Vgl. *Clemens* in: Maaßen/Schermer/Wiegand/Zipperer, SGB V, § 120 Rn. 60.

[72] So auch *Hess* in: KassKomm, SGB V, § 120 Rn. 15.

[73] BSG v. 31.01.2001 - B 6 KA 33/00 R - juris Rn. 26 - SozR 3-2500 § 115 Nr. 1.

[74] *Clemens* in: Maaßen/Schermer/Wiegand/Zipperer, SGB V, § 120 Rn. 59.

men der Hochschulbauförderung – erhalten.[75] Das BSG stellte bereits in seinem 1995 zur Vergütung ambulanter Leistungen von Polikliniken ergangenen Urteil fest, dass der Wortlaut und die Entstehungsgeschichte des § 120 Abs. 3 Satz 2 SGB V nicht abschließend auf eine Förderung nach dem KHG abstellen.[76] Normzweck ist, Doppelfinanzierungen von Investitionen zum einen aus öffentlichen Steuermitteln, zum anderen über den Investitionskostenanteil in den vertragsärztlichen Gebühren zu vermeiden.[77] Die vertragsärztliche Vergütung beinhaltet Kosten für den Praxisaufbau, die Einrichtung von Praxisräumlichkeiten und Anschaffung der medizinisch-technischen Geräte. Erhält eine Einrichtung Investitionsfördermittel aus öffentlichen Mitteln, so entspricht die vertragsärztliche Vergütung nicht mehr ihrer ursprünglichen Kalkulation und rechtfertigt eine Reduktion. Da selbst im Gesetzgebungsverfahren das Merkmal „öffentliche Förderung" als Förderung aus öffentlichen Steuermitteln verstanden wurde, schloss hieraus das BSG zu Recht, dass unter diesen Begriff auch eine finanzielle Bezuschussung fällt, die außerhalb der Förderung nach dem KHG aus Steuermitteln fließt.[78]

81 Als Beispiel für ein öffentlich gefördertes Krankenhaus sind etwa **Bundeswehrkrankenhäuser** zu nennen.[79] Kein Anwendungsfall ist hingegen ein Berufsgenossenschaftliches Krankenhaus, welches sich aus öffentlichen Mitteln in Form von Beiträgen der Berufsgenossenschaften finanziert.[80]

2. Absatz 3 Satz 2 als allgemeiner Rechtsgedanke

82 Das BSG wendet den Investitionskostenabschlag bei öffentlich geförderten Krankenhäusern als allgemeinen Rechtsgedanken an. Grund hierfür ist, dass die Regelung als institutionelle Vorschrift betrachtet wird. Liegt das Tatbestandsmerkmal „öffentlich gefördertes Krankenhaus" vor, so findet die Norm für **jeden Bereich vertragsärztlicher Leistungserbringung** Anwendung:

83 Das BSG hat dies zunächst für **Notfallbehandlungen** entschieden. Da Leistungen von Nichtvertragsärzten und Krankenhäusern grundsätzlich so zu vergüten sind, als wären sie von zugelassenen Leistungserbringern erbracht worden, ist der 10%-Abschlag als allgemeiner Rechtsgedanke des § 120 Abs. 3 Satz 2 SGB V auch auf ambulante Institutsleistungen eines öffentlich geförderten Krankenhauses, welches über keine Teilnahmeberechtigung nach den §§ 95 ff. SGB V verfügt, anzuwenden.[81]

84 Der Rechtsgedanke des § 120 Abs. 3 Satz 2 SGB V findet nach ständiger BSG-Rechtsprechung auf sonstige Vergütungsregelungen in Bezug auf öffentlich geförderte Krankenhäuser analoge Anwendung: zum 10%-Investitionskostenabschlag bei **Vergütungsregelungen nach § 115 SGB V** (90% des durchschnittlichen Punktwertes)[82] vgl. die Kommentierung zu § 115 SGB V Rn. 42.

3. Schutzwirkung des Investitionskostenabschlags

85 Zugleich entfaltet die Vorschrift eine Schutzwirkung, dass ein Übersteigen des 10%-igen Abschlags – etwa im Wege prozentualer Abschläge oder durch Ausschluss der Abrechnungsfähigkeit bestimmter Leistungen – nur im Ausnahmefall bei Vorliegen sachlicher Gründe gerechtfertigt ist.[83] So hat das BSG in einer 1995 ergangenen Entscheidung den Ausschluss von Beratungsgebühren außerhalb der Zeit von 8 Uhr bis 19 Uhr und dessen Umsetzung durch sachlich-rechnerische Berichtigung als unzulässig bewertet, weil auch im Krankenhaus Beratung und Untersuchung von Patienten außerhalb der regelmäßigen Arbeitszeit mit erhöhtem und im Verhältnis zu den stationär betreuten Patienten mit einem zusätzlichen Aufwand verbunden ist.[84] 1997 erkannte es einen Abschlag i.H.v. 25% der für die Einzelleistungen angefallenen Punktzahlen als nicht mit höherem Recht in Einklang stehend; das Argument,

---

[75] Vgl. BSG v. 10.05.1995 - 6/14a RKa 2/93 - SozR 3-2500 § 120 Nr. 6 S. 33; BSG v. 13.03.2002 - B 6 KA 4/01 R - SozR 3-2500 § 120 Nr. 12, S. 55 ff.: kein Anwendungsfall ist ein Berufsgenossenschaftliches Krankenhaus, welches sich aus öffentlichen Mitteln, d.h. Beiträgen der Berufsgenossenschaften finanziert.

[76] BSG v. 10.05.1995 - 6/14a RKa 2/93 - juris Rn. 17 ff. - SozR 3-2500 § 120 Nr. 6.

[77] S. hierzu BT-Drs. 11/2493, S. 66 zu § 129 des Entwurfs und die Gegenäußerung des Bundesregierung zu einer Stellungnahme des Bundesrats in BT-Drs. 11/2493 zu Nr. 113, S. 66.

[78] BSG v. 10.05.1995 - 6/14a RKa 2/93 - juris Rn. 19 - SozR 3-2500 § 120 Nr. 6.

[79] Hierauf hinweisend: BSG v. 10.12.2003 - B 6 KA 56/02 R - juris Rn. 24 - SozR4-2500 § 120 Nr. 1.

[80] BSG v. 13.03.2002 - B 6 KA 4/01 R - SozR 3-2500 § 120 Nr. 12.

[81] Grundlegend: BSG v. 19.08.1992 - 6 RKa 6/91 - juris Rn. 20 ff. - BSGE 71, 117, 119 = SozR 3-2500 § 120 Nr. 2; s. auch BSG v. 12.10.1994 - 6 RKa 31/93 - BSGE 75, 184 -187 = SozR 3-2500 § 120 Nr. 4; BSG v. 13.05.1998 - B 6 KA 41/97 R - juris Rn. 19 - SozR 3-2500 § 120 Nr. 8.

[82] BSG v. 31.01.2001 - B 6 KA 33/00 R - juris Rn. 21 - SozR-3-2500 § 115 Nr. 1.

[83] BSG v. 13.05.1998 - B 6 KA 41/97 R - juris Rn. 19 - SozR 3-2500 § 120 Nr. 8.

[84] BSG v. 20.12.1995 - 6 RKa 25/95 - SozR 3-25000 § 120 Nr. 7.

wonach Notfallbehandlungen im Krankenhaus wegen der für die Versorgung der stationären Patienten ohnehin vorzuhaltenden Infrastruktur stets kostengünstiger vorzunehmen seien als in Praxen von Vertragsärzten, ist kein sachlicher Grund, da dieser Tatsache bereits durch den Investitionskostenabschlag Rechnung getragen wird.[85]

VII. Art und Weise der Abrechnung (Absatz 3 Satz 3)

§ 120 SGB V normiert die analoge Anwendbarkeit des § 295 SGB V (vgl. die Kommentierung zu § 295 SGB V). Das Nähere wird von den Vertragsparteien vereinbart. Handelt es sich um die Vergütung ärztlicher Behandlung von ermächtigten Krankenhausärzten und ärztlich geleiteten Einrichtungen, welche keine Hochschulambulanzen, psychiatrische Institutsambulanzen oder sozialpädiatrische Einrichtungen sind, so sind Vertragspartner dieser Regelung nicht die KK-Verbände bzw. Verbände der EK und die Leistungserbringer, sondern KK-Verbände und KV (vgl. die §§ 120 Abs. 3 Satz 3, 83 Satz 1 SGB V). 86

VIII. Schiedsvereinbarung (Absatz 4)

Absatz 4 enthält eine Konfliktlösungsregelung: Unter den Voraussetzungen, dass 1. keine die Hochschulambulanzen, psychiatrische Institutsambulanzen und SPZ betreffende Vergütungsvereinbarung nach Absatz 2 Satz 2 zustande kommt und 2. eine Vertragspartei einen Antrag stellt, setzt die **Schiedsstelle nach § 18a Abs. 1 KHG** die Vergütung fest. 87

1. Schiedsstelle nach § 18a Abs. 1 KHG

Diese Schiedsstelle wird durch die **Landeskrankenhausgesellschaften** und die **Landesverbände der KK** für jedes Land oder jeweils für Teile eines Landes gebildet. Obwohl die Norm nur auf Absatz 1 hinweist, erlangen die **Absätze 1-5** ebenfalls Geltung. Das ergibt sich aus der Normgenese: § 120 Abs. 4 SGB V konkretisierte die ursprüngliche allgemeine Verweisung auf § 18a KHG erst seit dem 01.07.1997 auf Absatz 1 (s. Art. 1 Nr. 43 2. NOG, vgl. Rn. 4). Grund hierfür war die Schaffung einer Bundesschiedsstelle nach § 18a Abs. 6 KHG, welche durch die Spitzenverbände der KK und der DKG gebildet wird. 88

Unterschiedlich wird beurteilt, ob die Regelung die in der amtlichen Begründung genannten Normziele der Verwaltungsvereinfachung und der Sachnähe[86] erreicht. Das SGB V normiert unterschiedliche Ausgestaltungen von Schiedsstellen[87]: § 89 SGB V (vgl. die Kommentierung zu § 89 SGB V) regelt als eigener (5.) Titel innerhalb des Leistungserbringungsrechts (§§ 69-140h SGB V) das Schiedswesen mit den Unterteilungen in das **Landesschiedsamt (§ 89 Abs. 2 SGB V)**, unter Beteiligung von KV und den Landesverbänden der KK bzw. den Verbänden der EK, und das **Bundesschiedsamt (§ 89 Abs. 4 SGB V)**, welches durch die KBV, die Bundesverbände der KK, die Bundesknappschaft und die Verbände der EK gebildet wird. An der **Landesschiedsstelle nach § 114 SGB V** (vgl. die Kommentierung zu § 114 SGB V) sind die Landesverbände der KK und die Verbände der Landeskrankenhausgesellschaften oder die Vereinigungen der Krankenhausträger im Land zu beteiligen. Diese erweitert sich um Vertreter der Vertragsärzte bei dreiseitigen Verträgen nach § 115 SGB V **(sog. erweiterte Schiedsstelle**, vgl. die Kommentierung zu § 115 SGB V ff.). Auf die **Landesschiedsstelle nach § 18a Abs. 1 KHG** verweist hingegen § 115a Abs. 3 SGB V für die vor- und nachstationäre Behandlung im Krankenhaus, auf die **Bundesschiedsstelle nach § 18a Abs. 6 KHG** § 295 Abs. 7a SGB V (Regelung über Erhebung und Höhe des Telematikzuschlags im Krankenhaus). Beide zuletzt genannten Normen beziehen sich auf den Krankenhausbereich. Die Zuständigkeit der Schiedsstellen nach § 18a KHG ist daher konsequent. 89

Soweit ein Regelungsgegenstand sich – wie § 120 SGB V – auf die vertragsärztliche Versorgung bezieht, erscheint die Schiedsstellenregelung nach § 89 SGB V tatsächlich sachnäher.[88] 90

Soweit der Gesetzgeber die Einbeziehung von Krankenhäusern als sachnäher erachtet, hätte eine Verweisung auf die Schiedsstellenregelung nach § 114 SGB V in der Ausgestaltung als sog. erweiterte Schiedsstelle nahe gelegen.[89] Merkmal der Schiedsstellenausgestaltung des SGB V ist grundsätzlich 91

---

[85] BSG v. 19.03.1997 - 6 RKa 61/95 - juris Rn. 18 f. - SozR 3-1500 § 166 Nr. 6.

[86] BT-Drs. 11/2237, S. 203 zu § 129 Rn. 4.

[87] Vgl. im Übrigen auch die §§ 92 Abs. 1a, 129 Abs. 7-9, 134a Abs. 3-4 SGB V.

[88] *Clemens* in: Maaßen/Schermer/Wiegand/Zipperer, SGB V, § 120 Rn. 68.

[89] Anders *Hess*, der die Schiedsstelle nach § 18a KHG eher als die Landesschiedsstelle nach § 114 geeignet ansieht, in: KassKomm, SGB V, § 120 Rn. 18.

die Repräsentanz der Vertragspartner im jeweiligen Schiedsstellengremium. Soweit eine Schiedsstelle nach § 89 SGB V ermächtigte ärztlich geleitete Einrichtungen nicht repräsentiert, ist das auf die regelhafte Teilnahmeform der Zulassung zurückzuführen. Berücksichtigt eine vertragsärztliche Regelung Krankenhäuser, so ist im Umkehrschluss die Frage zu stellen, ob nicht auch Einrichtungen ohne Möglichkeit zur stationären Aufnahme wie etwa SPZ außerhalb von Krankenhäusern und Ambulanzen an Ausbildungsstätten nach § 6 PsychThG zu beteiligen sind. *Clemens* verweist auf die Befugnis des Gesetzgebers zur Typisierung und Pauschalierung. Wählt der Gesetzgeber jedoch eine besondere Regelung wie vorliegend, so dürfte ein allgemeiner Hinweis auf die gesetzgeberische Typisierungsbefugnis kaum mehr genügen und die Regelung als rechtswidrig erachtet werden.[90]

2. Gegenstand der Schiedsvereinbarung

92 Gegenstand einer Konfliktlösungsregelung ist die Vergütungsvereinbarung nach Absatz 2 Satz 2. Aufgrund des systematischen Zusammenhangs erfasst sie auch die hiermit verbunden Regelungsgegenstände nach Absatz 2 Sätze 3-6. Hierüber hinaus erfasst sie auch Absatz 3 Satz 2 betreffend des Investitionskostenabschlags bei öffentlich geförderten Krankenhäusern.

93 Die Pauschalierung nach Absatz 3 Satz 1 kann hingegen nicht durch die Schiedsstelle entschieden werden. Grund hierfür ist, dass diese im Ermessen der Vertragspartner steht. Die Vereinbarungen über Form und Inhalt der Abrechnungsunterlagen und die Vordrucke nach Absatz 3 Satz 4 sind zwar demgegenüber ebenfalls zwingend zu regeln; als gesonderte Vereinbarungen sind sie aber der Festsetzung durch die Schiedsstelle entzogen.

3. Verfahren

94 Als Initialaspekt für das Schiedsstellenverfahren ist der **Antrag einer Vertragspartei** erforderlich. Wünschenswert wäre hier eine Angleichung an die sonstigen Voraussetzungen wie etwa Schriftform (vgl. etwa § 115a Abs. 3 SGB V) bzw. zur Verfahrensstraffung auch eine Fristsetzung (vgl. hierzu etwa die §§ 113 Abs. 2, 291a Abs. 7a SGB V), zumal Vorschriften über die Weitergeltung bisheriger Vereinbarungen (etwa die §§ 89 Abs. 1 Satz 4, 134a Abs. 3 SGB V) fehlen.[91]

95 Auch ohne gesetzliche Fixierung geht das LSG Niedersachsen/Niedersachsen-Bremen von einer Pflicht zu einer **unverzüglichen Entscheidung** aus. In dem Urteil aus 2001 verweist das Gericht darauf, dass es sich um einen Grundsatz des Schiedsstellenverfahrens handelt, der sich aus einem Vergleich mit anderen Schiedsstellenvorschriften ergibt.[92] In dem ein Jahr später erfolgenden Urteil bestätigt der Senat diese Rechtsprechung und ergänzt die Argumentation zusätzlich mit dem Hinweis auf den Sicherstellungsauftrag.[93]

96 Zu beachten ist, dass im Schiedsverfahren nicht die Amtsermittlungsmaxime des § 20 SGB X, sondern die **Beibringungspflicht** gilt. Nach der Entscheidung des LSG Niedersachsen vom 22.08.2001 begründet sich das aus der Aufgabe der Schiedsstelle, einen Interessenausgleich zu finden[94], ohne dass die Vertragsfreiheit der Vertragspartner beseitigt werden soll. Hierüber hinaus wird der Schiedsstelle die Pflicht zur unverzüglichen Entscheidung zugeordnet, was ebenfalls für den Beibringungsgrundsatz spreche. Die Beibringungspflicht verpflichtet daher die Vertragspartner vollständig vorzutragen und sämtliche Unterlagen zur Verfügung zu stellen, die sie für die Entscheidung der Schiedsstelle für notwendig erachten.[95]

97 Zum weiteren Verfahren sind die Rechtsverordnungen der Landesregierungen hinzuziehen (§ 120 Abs. 4 SGB V).

4. Entscheidung der Schiedsstelle

98 Die Schiedsstellenentscheidung hat eine Doppelnatur.[96] Festsetzungen der Schiedsstelle werden nach allgemeiner Auffassung als **Verwaltungsakte** i.S.d. § 31 SGB X eingeordnet.[97] Als Vertragsbestandteil teilt der Schiedsspruch jedoch zugleich dessen Rechtsnatur.[98] Gegenüber den am Vertragsschluss

---

[90] Anders aber *Clemens* in: Maaßen/Schermer/Wiegand/Zipperer, SGB V, § 120 Rn. 68.

[91] Ebenfalls monierend *Clemens* in: Maaßen/Schermer/Wiegand/Zipperer, SGB V, § 120 Rn. 69.

[92] LSG Niedersachsen v. 22.08.2001 - L 4 KR 187/98 - juris Rn. 33.

[93] LSG Niedersachsen-Bremen - L 4 KR 133/99 - juris Rn. 40.

[94] LSG Niedersachsen - L 4 KR 187/98 - juris Rn. 32; LSG Niedersachsen-Bremen - L 4 KR 133/99 - juris Rn. 26.

[95] LSG Baden-Württemberg v. 22.03.1996 - L 4 Kr 2129/94 - juris Leitsatz 2.

[96] Vgl. hierzu ausführlich *Axer* in: Schnapp/Wigge, Handbuch des Vertragsarztrechts, § 9 Rn. 26 m.w.N.

[97] Vgl. hierzu LSG Baden-Württemberg v. 22.03.1996 - L 4 Kr 2129/94.

[98] Vgl. *Engelmann* in: Hart (Hrsg.), Ärztliche Leitlinien, S. 199, 208.

nicht beteiligten Vertragsadressaten ist die Festsetzung als **Norm**, gegenüber den Vertragsparteien als Verwaltungsakt zu qualifizieren.

Nach einer Entscheidung des BSG zur Schiedsstelle für die Vergütung stationärer Pflegeleistungen nach § 18 KHG hat diese einen Beurteilungsspielraum mit der Folge einer eingeschränkten gerichtlichen Kontrolldichte. Grund hierfür ist, dass die Entscheidungsfindung des Spruchkörpers, aufgrund seiner unterschiedlichen Zusammensetzung, dem Mehrheitsprinzip und der fachlichen Weisungsfreiheit nicht immer die einzig sachlich Vertretbare ist und häufig Kompromisscharakter aufweist.[99] 99

5. Rechtsschutz

Der Rechtsschutz gegen die Schiedsstellenentscheidung erfordert nach überwiegender Ansicht **kein Vorverfahren** in Form eines Widerspruchsverfahrens nach den §§ 78 ff. SGG.[100] Das ergibt sich aus dem Umkehrschluss des § 85 Abs. 2 Nr. 1 SGG. Da eine nächsthöhere Behörde nicht existiert, müsste die entscheidende Schiedsstelle noch einmal entscheiden, wovon aus prozessökonomischen Gründen abgesehen werden kann.[101] 100

Es ist daher unmittelbar Klage zum Sozialgericht zu erheben. Zu Recht weist *Clemens* darauf hin, dass die dynamische Verweisung des § 120 Abs. 4 SGB V auf § 18a Abs. 1 KHG nicht die **Zuständigkeit der Sozialgerichte** nach § 51 Abs. 1 Nr. 2 SGG zu Gunsten/zu Lasten der Verwaltungsgerichtsbarkeit verändert.[102] § 18a Abs. 6 Satz 11 KHG ordnet an, dass gegen die Entscheidung der Schiedsstelle der Verwaltungsrechtsweg gegeben ist. Ziel der Verweisung nach dem SGB V ist der gesetzesökonomische Effekt, welcher durch das Mittel der Eingliederung zur Konkretisierung der Tatbestands- und Rechtsfolgenseite des verweisenden Gesetzes führt.[103] Die Vorschriften zur Gestaltung der Schiedsstelle sind für ihren Aufbau notwendig. Eine gesonderte Bestimmung des Rechtsweges bedurfte es hingegen nicht. 101

Die beklagte Schiedsstelle ist als gemeinsames Entscheidungsgremium von Leistungserbringern und KK nach § 70 Nr. 4 SGG beteiligtenfähig. 102

Richtige Klageart ist die **Bescheidungsklage** nach § 54 Abs. 1 Alt. 2 SGG. Maßgeblicher Zeitpunkt für die Beurteilung der Sach- und Rechtslage ist der Zeitpunkt des Schiedsspruchs. Unterlagen, die erst im Gerichtsverfahren vorgelegt werden, auch wenn sie sich auf neue Erkenntnisse beziehen, sind daher unbeachtlich.[104] 103

Aufgrund des Beurteilungsspielraums existiert jedoch nur eine **eingeschränkte Kontrolldichte** zur Überprüfung des Schiedsspruches. Diese ist gerichtet auf Ermittlung des Sachverhalts in einem fairen Verfahren unter Wahrung des rechtlichen Gehörs, Vollständigkeit des Sachverhalts (unter Beachtung der Beibringungspflichten, vgl. Rn. 96), keine sachfremden Erwägungen, kein Verstoß gegen die Denkgesetze, Begründung, Verfahren, Beachtung des zwingenden Gesetzesrechts. 104

Mit *Clemens* ist ein **einstweiliger Rechtsschutz** zu befürworten, wenn das Schiedsstellenverfahren zu lange andauert.[105] Kommt innerhalb angemessener Zeit keine Schiedsstellenentscheidung zustande und hat der Leistungserbringer ansonsten nur die Möglichkeit zur Akzeptanz der KK-Konditionen, so kann er zur Abwendung wesentlicher Nachteile **Antrag auf einstweiligen Erlass einer einstweiligen Anordnung** nach § 86b Abs. 2 SGG stellen. Die bisher nicht erfolgte gerichtliche Klärung der Zulässigkeit einer E.A. ergibt sich aus dem Argument der Rechtsschutzgarantie des Art. 19 GG.[106] 105

IX. Unveränderte Geltung sonstiger Regelungen über Nutzungsentgelte (Absatz 5)

Die Regelung zielt auf die Fallkonstellation, dass vertragsärztlicher Leistungserbringer und Träger der Einrichtung, in der die vertragsärztlichen Leistungen erbracht werden, auseinander fallen und das einen Ausgleich erfordert. Das ist beim ermächtigten Krankenhausarzt der Fall. Hier existieren regelmäßig beamten-, arbeits- bzw. individualvertragliche Regelungen im Innenverhältnis zwischen dem Einrich- 106

[99] Vgl. BSG v. 14.12.2000 - B 3 P 19/00 R; hierauf verweisend: LSG Niedersachsen - L 4 KR 187/98 - juris Rn. 29; LSG Niedersachsen-Bremen - L 4 KR 133/99 - juris Rn. 29.

[100] LSG Baden-Württemberg v. 22.03.1996 - L 4 Kr 2129/94 - juris Leitsatz 3; *Clemens* in: Maaßen/Schermer/Wiegand/Zipperer, SGB V, § 120 Rn. 71.

[101] So *Knittel* in: Krauskopf, SGB V, § 120 Rn. 9.

[102] Hierzu *Clemens* in: Maaßen/Schermer/Wiegand/Zipperer, SGB V, § 120 Rn. 70.

[103] Vgl. hierzu *Clemens*, Die Verweisung einer Rechtsnorm auf andere Vorschriften, AöR 111 (1986), 63, 65 ff.

[104] LSG Niedersachsen-Bremen - L 4 KR 133/99 - juris Rn. 39.

[105] Eingehend *Clemens* in: Maaßen/Schermer/Wiegand/Zipperer, SGB V, § 120 Rn. 40.

[106] Vgl. *Clemens* in: Maaßen/Schermer/Wiegand/Zipperer, SGB V, § 120 Rn. 40 m.w.N.

tungsträger und dem Arzt, welche Nutzungsentgelte in Form einer reinen **Kostenerstattung** (für die Inanspruchnahme von Geräten etc.), in Form eines **Vorteilsausgleichs** (für die erlangten Vorteile wie etwa Investitionsersparnisse bzgl. Geräten und Personal) oder **sonstigen Abgaben** vorsehen können.

107 Die auf Initiative des Bundesrates durch den Gesundheitsausschuss in das GRG eingefügte Regelung[107] stellt somit klar, dass sonstige Regelungen über Nutzungsentgelte wie beamtenrechtliche Vorschriften oder vertragliche Regelungen ungeachtet der nach § 120 SGB V geregelten Vergütung unverändert gelten.

108 Regelungsstruktur und Regelungsgehalt der Vorschrift entsprechen § 19 Abs. 5 KHEntgG.

[107] AusBer-GRG BT-Drs. 11/3480, S. 62 zu § 129 Abs. 5.

§ 121 SGB V Belegärztliche Leistungen

(Fassung vom 26.03.2007, gültig ab 02.02.2007)

(1) Die Vertragsparteien nach § 115 Abs. 1 wirken gemeinsam mit Krankenkassen und zugelassenen Krankenhäusern auf eine leistungsfähige und wirtschaftliche belegärztliche Behandlung der Versicherten hin. Die Krankenhäuser sollen Belegärzten gleicher Fachrichtung die Möglichkeit geben, ihre Patienten gemeinsam zu behandeln (kooperatives Belegarztwesen).

(2) Belegärzte im Sinne dieses Gesetzbuchs sind nicht am Krankenhaus angestellte Vertragsärzte, die berechtigt sind, ihre Patienten (Belegpatienten) im Krankenhaus unter Inanspruchnahme der hierfür bereitgestellten Dienste, Einrichtungen und Mittel vollstationär oder teilstationär zu behandeln, ohne hierfür vom Krankenhaus eine Vergütung zu erhalten.

(3) Die belegärztlichen Leistungen werden aus der vertragsärztlichen Gesamtvergütung vergütet. Die Vergütung hat die Besonderheiten der belegärztlichen Tätigkeit zu berücksichtigen. Hierzu gehören auch leistungsgerechte Entgelte für

1. den ärztlichen Bereitschaftsdienst für Belegpatienten und

2. die vom Belegarzt veranlaßten Leistungen nachgeordneter Ärzte des Krankenhauses, die bei der Behandlung seiner Belegpatienten in demselben Fachgebiet wie der Belegarzt tätig werden.

(4) Der Bewertungsausschuss hat in einem Beschluss nach § 87 mit Wirkung zum 1. April 2007 im einheitlichen Bewertungsmaßstab für ärztliche Leistungen Regelungen zur angemessenen Bewertung der belegärztlichen Leistungen unter Berücksichtigung der Vorgaben nach Absatz 3 Satz 2 und 3 zu treffen.

Gliederung

A. Basisinformationen

I. Textgeschichte/Gesetzgebungsmaterialien

§ 121 SGB V wurde durch das **GRG vom 20.12.1988**[1] mit Wirkung zum 01.01.1989 in das SGB V eingefügt. Die Änderungen des Absatzes 2 und des Absatzes 3 durch **Art. 1 Nr. 74a und b GSG vom 21.12.1992**[2] mit Wirkung zum 01.01.1993 beschränkten sich auf eine redaktionelle Transformation des Begriffs „Kassenärzte"/„kassenärztlich" in „Vertragsärzte"/„vertragsärztlich". Absatz 4 geht zurück auf Art. 1 Nr. 88a GKV-WSG v. 23.03.2007.[3] 1

[1] BGBl I 1988, 2477.
[2] BGBl I 1992, 2266.
[3] BGBl I 2007, 378.

II. Vorgängervorschriften

2 Bereits nach **§ 368g Abs. 6 Satz 2 RVO** hatten die Kassenärztlichen Vereinigungen und die Landesverbände der KKn in den Gesamtverträgen auf eine leistungsfähige belegärztliche Versorgung der Versicherten hinzuwirken. Hierüber hinaus war sicherzustellen, dass bei der Vergütung die Besonderheiten belegärztlicher Tätigkeit berücksichtigt werden und die Vergütung in einem angemessenen Verhältnis zu dem Betrag steht, der bei der Krankenhauspflege aus dem Pflegesatz für die ärztliche Behandlung berechnet würde. Die Vorschrift wurde durch **Art. 1 Nr. 34 a) KVKG**[4] mit Wirkung zum 01.07.1977 erstmalig in die RVO eingefügt.

III. Vereinbarungen

3 In den **Bundesmantelverträgen** haben die Vertragspartner auf Bundesebene Regelungen zum Anerkennungsverfahren (Rn. 28) als Belegarzt niedergelegt: **§§ 38 ff. BMV-Ä**[5]/**§§ 30 ff. EKV-Ä**[6]. Verfahrenszuständige Körperschaft ist die KV.

4 Die DKG und die KBV haben im Einvernehmen mit der BÄK **„Grundsätze für die Gestaltung von Verträgen zwischen Krankenhäusern und Belegärzten"** vereinbart. Diese Grundsätze von 1959[7] sind heute noch gültig und wurden 1981 in Bezug auf das kooperative Belegarztwesen ergänzt.[8] DKG, KBV und BÄK haben 1985 erstmals gemeinsam eine Beratungs- und Formulierungshilfe erarbeitet.[9]

IV. Systematische Zusammenhänge

5 Für den Bereich der GKV steht § 121 SGB V im Zusammenhang mit den Vorschriften des Bundesmantelvertrags (Rn. 3). Die **§§ 38 ff. BMV-Ä/§§ 30 EK-Ä** knüpfen mit ihren Regelungen zur belegärztlichen Versorgung (hier § 39 BMV-Ä/§ 31 EKV-Ä) an die Legaldefinition des § 121 Abs. 2 SGB V (vgl. Rn. 20) an und konkretisieren den Begriff. Auch stellen sie die Tätigkeit unter einen präventiven Erlaubnisvorbehalt: Erforderlich ist eine sog. „belegärztliche Anerkennung" (Rn. 28), über welche die KV im Einvernehmen mit den Krankenkassen entscheidet.

6 Als konkretes Mittel zur Förderung der belegärztlichen Tätigkeit hat der Gesetzgeber die **Sonderzulassung für Belegärzte nach § 103 Abs. 7 SGB V** (vgl. die Kommentierung zu § 103 SGB V) normiert. Es erhält der Arzt, der unter Einhaltung der Normvoraussetzungen einen Belegarztvertrag mit dem Krankenhausträger abschließt, eine Sonderzulassung, welche sich nach 10-jährigem Fortbestehen des Belegarztvertrags in eine vertragsärztliche Vollzulassung transformiert.[10] Gesetzliches Regelungsinstrument zur Förderung des Belegarztwesens ist außerdem ein durch den Gesetzgeber gewünschter **dreiseitiger Vertragsabschluss nach § 115 Abs. 2 Nr. 1 SGB V** (vgl. die Kommentierung zu § 115 SGB V Rn. 26) zwischen der Krankenkassenseite, den Landeskrankenhausgesellschaften bzw. Vereinigung der Krankenhäuser auf Landesebene und der jeweiligen KV.

7 Belegärztliche Tätigkeit wird notwendigerweise auch im Krankenhausrecht geregelt: Neben der Legaldefinition des § 18 KHEntgG – welche § 121 Abs. 2 SGB V weitestgehend entspricht –, regelt § 2 Abs. 1 Satz 2 KHEntG, dass die Leistungen der Belegärzte nicht zu den zu vergütenden Krankenhausleistungen gehören. Insoweit normiert § 18 Abs. 2 KHEntgG die Vereinbarung **besonderer (geminderter) Fallpauschalen** (vgl. auch § 8 Abs. 2 Satz 2 KHEntgG) und Zusatzentgelte nach § 17b KHG bzw. gem. § 23 Abs. 2 BPflVO **gesonderte Belegpflegesätze** (bei Einrichtungen der PsychPV für Belegpatienten). Korrespondierend hierzu stellt § 121 SGB V klar, dass belegärztliche Leistungen zur vertragsärztlichen Versorgung der GKV gehören (vgl. Absatz 3, Rn. 34).

---

4 Krankenversicherungs-Kostendämpfungsgesetz – KVKG v. 27.06.1977, BGBl I, 1069, 1074 f.

5 Abgedruckt in *Engelmann*, Aichberger, Ergänzungsband, Nr. 550.

6 Abgedruckt in *Engelmann*, Aichberger, Ergänzungsband, Nr. 600.

7 Abgedruckt bei *Eichhorn*, S. 184 ff.; s. auch KH 1959, 345 ff.

8 V. 06./18.03.1981, s. DÄBl. 1981, S. C-749 f.

9 Vgl. DKG, Beratungs- und Formulierungshilfe Belegarztvertrag, Kooperatives Belegarztsystem, Vertrag über die Durchführung von ambulanten Leistungen im Krankenhaus, 3. Aufl. 1996.

10 Trotz der klaren Fassung der Norm verweigern Zulassungsausschüsse zuweilen entsprechende Zulassungen, zumeist auf Druck der KVen. Grund hierfür ist die Konkurrenz des Arztes, dessen Schwergewicht auf der ambulanten Leistungserbringung liegen muss (vgl. § 39 BMV-Ä). Es fehlt allerdings die Kompetenz der Zulassungsausschüsse, Gründe des Krankenhausträgers für das Nichtzustandekommen eines Belegarztvertrags zu überprüfen. Auch stellt die Zulassungsentscheidung eine gebundene Entscheidung dar, auf die der Belegarzt einen Anspruch hat.

V. Literaturhinweise

Baur, Chefarzt/Belegarztvertrag, 2003; *Bohle*, Rechtsfragen der Umstrukturierung von Krankenhäusern, KH 2000, 642 ff.; *ders*., Umstrukturierung im Krankenhaus – Rechtsfragen der Kooperation mit niedergelassenen Ärzten, KH 2003, 621 ff.; *DKG*, Beratungs- und Formulierungshilfe Belegarztvertrag/Kooperativer Belegarztvertrag/Vertrag über die Durchführung von ambulanten Leistungen im Krankenhaus, 3. Aufl., 1996; *Dolinski*, Der Belegarzt, 1996; *Eichholz*, Die Rechtsstellung des Belegarztes, 1973; *Hohmann*, Das Belegarztsystem, in: Fischer/Gerhard/Greulich u.a. (Hrsg.), Management Handbuch Krankenhaus, Nr. 340, Std. 2004; *Hennies*, Zulassungsbeschränkung – Sonderzulassung für Belegärzte, KH 2002, 46; *Peikert*, Belegarzt, in: Rieger, Lexikon des Arztrechts, Nr. 805, Std: 2002; *Ratajczak,* Das Belegarztsystem, in: Arbeitsgemeinschaft Rechtsanwälte im Medizinrecht e.V. (Hrsg.), 1994, S. 17 ff. 8

B. Auslegung der Norm

I. Regelungsgehalt und Bedeutung der Norm

Absatz 1 (Rn. 12) normiert die **Förderung** des Belegarztwesens, insbesondere des **kooperativen Belegarztwesens**. Absatz 2 (Rn. 20) regelt die **Legaldefinition**. Absatz 3 (Rn. 34) befasst sich mit der **Vergütung** der belegärztlichen Tätigkeit. Belegärztliche Leistungen sind unter Berücksichtigung ihrer Besonderheiten aus der vertragsärztlichen Gesamtvergütung vergütet. Absatz 4 sieht ergänzend die Regelung einer angemessenen Vergütung durch den EBM (§ 87 SGB V) vor. 9

Entwicklungsgeschichtlich geht belegärztliche Tätigkeit auf das Mittelalter zurück, als das Krankenhaus noch primär Unterkunfts-, Beköstigungs- und Pflegestätte war und Ärzte nicht zur Verfügung standen. Da die medizinische Wissenschaft in Händen der Geistlichen lag, denen die Ausübung von Heilkunst verboten wurde, wurden die Krankenhäuser von den weltlichen Laienärzten mitversorgt.[11] Die Ursprünge des belegärztlichen Systems der neueren Zeit werden hingegen in der Frauenheilkunde gesehen: Die meisten Entbindungen wurden als Hausgeburt von Hebammen geleitet, kompliziertere Fälle wurden in die Krankenhäuser verlagert. 10

II. Normzweck

Die Überführung und Konkretisierung der Vorgängervorschrift des § 368g RVO in das SGB V sieht der Gesetzgeber als Bestätigung des Belegarztwesens, welches eine wichtige Nahtstelle zwischen der ambulanten und stationären Versorgung darstellt.[12] Der Belegarzt stellt ein **Mittel zur Verzahnung der ambulanten und stationären Versorgung** durch Fortführung der ambulanten ärztlichen Tätigkeit im stationären Ber eich dar. Ziel des Gesetzgebers ist die Förderung eines leistungsfähigen und wirtschaftlichen Belegarztwesens. 11

III. Leistungsfähige, wirtschaftliche belegärztliche Behandlung (Absatz 1 Satz 1)

Nach § 121 Abs. 1 Satz 1 SGB V erhalten die Vertragspartner nach § 115 SGB V (vgl. die Kommentierung zu § 115 SGB V Rn. 26) den gesetzlichen Auftrag, auf eine leistungsfähige wirtschaftliche Behandlung gemeinsam mit Krankenkassen und zugelassenen Krankenhäusern hinzuwirken. Die Verpflichtung betrifft somit die Landesverbände der KKn, die Verbände der ErsKn, die KVen, die Landeskrankenhausgesellschaften oder die jeweiligen Vereinigungen der Krankenhausträger im Land und die zugelassenen Krankenhäuser nach § 108 SGB V. Ausdruck dieser gewünschten Förderung des Belegarztwesens sind die dreiseitigen Verträge nach § 115 Abs. 2 Nr. 1 SGB V und die Sonderzulassung (Rn. 6) für Belegärzte nach § 103 Abs. 7 SGB V, deren Ziel ist, dass durch Zulassungsbeschränkungen die Belegarzttätigkeit nicht behindert wird. 12

Die Ausgestaltung eines Krankenhauses bzw. einer Krankenhausabteilung fällt grundsätzlich in die **Organisationsfreiheit des Krankenhausträgers**. Gemäß § 1 Abs. 1 KHG ist er wirtschaftlich eigenverantwortlich, gem. § 12 SGB V (vgl. die Kommentierung zu § 12 SGB V) dem Wirtschaftlichkeitsgebot verpflichtet. Gleichwohl der Krankenhausträger nicht zur Transformation einer Hauptabteilung 13

[11] Vgl. hierzu *Eichholz*, Die Rechtsstellung des Belegarztes, S. 9.

[12] Vgl. Gesetzentwurf der Fraktionen der CDU/CSU und F.D.P. v. 03.05.1988, BT-Drs. 11/2237, S. 203 zu § 130.

in eine Belegabteilung verpflichtet ist,[13] weist auch die Gesetzesbegründung darauf hin, dass sich der Krankenhausträger die Frage stellen muss, ob die stationäre Versorgung bei gleicher oder besserer Qualität nicht kostengünstiger in Belegabteilungen gewährleistet werden kann.[14]

14 Belegarzttätigkeit wird **vorrangig** auf dem Gebiet der **HNO- und Frauenheilkunde** ausgeübt. Weitere Arztgruppen mit nennenswerter Belegarzttätigkeit sind die Augenheilkunde, Orthopädie und Chirurgie.[15]

15 Belegärzte werden entweder in Anstaltshäusern mit einzelnen Belegabteilungen, in gemischten Haupt- und Belegabteilungen oder in reinen Belegkrankenhäusern tätig. Während früher Abteilungen mit bis zu 200 bis 300 Belegbetten anzutreffen waren, versorgen Belegärzte heute etwa bis 15 oder 25, seltener bis 40 oder mehr Betten.[16] In Bezug auf die gesetzlich verankerte Förderungspflicht ist die Begrenzung des Belegarztwesens durch **§ 39 BMV-Ä/§ 31 EKV-Ä** als **problematisch** zu bewerten. Hiernach werden der quantitativen Bedeutung des Belegarztwesens Grenzen gesetzt, da die belegärztliche Tätigkeit **nicht** das **Schwergewicht der Gesamttätigkeit** bilden darf. Innerhalb großer Krankenhausabteilungen lässt sich daher das Belegarztsystem nur schwer umsetzen.[17] Die Förderung des Belegarztwesens können daher auch die Länder beeinflussen, indem sie die Größe einzelner Fachabteilungen im Rahmen der Krankenhausplanung begrenzen.

16 Trotz der Aktivitäten des Gesetzgebers (Sonderzulassung für Belegärzte) üben **nur 5,1% aller Vertragsärzte belegärztliche Tätigkeit** aus: 2006 waren von insgesamt 118.277 Vertragsärzten 6.075 Belegärzte.[18] Da die Anzahl der Belegärzte im Gegensatz zur Anzahl der Vertragsärzte seit Jahren kaum ansteigt (1993: 5.926), ist die belegärztliche Tätigkeit insgesamt als rückgängig zu bewerten. Die Förderungsinstrumente des Gesetzgebers verliefen demnach ergebnislos.

IV. Kooperatives Belegarztwesen (Absatz 1 Satz 2)

17 Kooperatives Belegarztwesen bezeichnet die **Zusammenarbeit mehrerer Belegärzte desselben Fachgebiets** innerhalb einer als Belegabteilung geführten Fachabteilung des Krankenhauses. Das ermöglicht eine gemeinsame Versorgung der Patienten, die Organisation des Bereitschaftsdienstes und der Rufbereitschaft, begrenzt auf den stationären Bereich.

18 Da die Zusammenarbeit von Belegärzten desselben Fachgebiets Koordinations- und Kooperationsbereitschaft der Belegärzte voraussetzt, ist der Abschluss **sog. kooperativer Belegarztverträge** geboten. Hiernach verpflichtet sich der Belegarzt gegenüber dem Krankenhausträger zur Zusammenarbeit mit den anderen Belegärzten gleicher Fachrichtung und zur gemeinsamen Patientenversorgung. Ergänzt wird diese Regelung durch die Maßgabe, dass die Belegärzte der Abteilung über die Zusammenarbeit im Einvernehmen mit dem Krankenhausträger eine schriftliche Vereinbarung abschließen.

19 Zur Förderung des kooperativen Belegarztwesens haben die DKG, die BÄK und die KBV die 1959 erstmals vereinbarten Grundsätze für die Gestaltung von Verträgen zwischen Krankenhausträgern und Belegärzten 1981 erneut modifiziert.[19]

V. Definition des Belegarztes (Absatz 2)

20 Nach § 121 Abs. 2 SGB V sind Belegärzte nicht am Krankenhaus angestellte Vertragsärzte, die
1. zur voll- und teilstationären Behandlung ihrer Patienten im Krankenhaus berechtigt sind,
2. die vom Krankenhaus bereitgestellten Dienste, Einrichtungen und Mittel in Anspruch nehmen und
3. keine Vergütung seitens des Krankenhauses erhalten.

21 Diese **Legaldefinition** hat die Begriffsbestimmung des früheren § 2 Abs. 3 BPflVO a.F., welche heute durch § 18 KHEntgG fortgeführt wird, nahezu vollständig übernommen. Weitere Begriffsbestimmungen finden sich in den Bundesmantelverträgen: Die Regelungen des § 39 Abs. 1 BMV-Ä/§ 31 Abs. 1 EKV-Ä wiederholen einerseits die Definition und konkretisieren die belegärztliche Tätigkeit im Rahmen der vertragsärztlichen Versorgung durch folgende Merkmale:
1. Die stationäre Tätigkeit darf nicht das Schwergewicht der Gesamttätigkeit des Vertragsarztes sein.

---

13 Anders aber BayVGH v. 12.11.1981 - 21.B - 460/79.

14 Vgl. BT-Drs. 11/2237, S. 203 zu § 130 Abs. 1.

15 KBV, Grunddaten 2006 zur vertragsärztlichen Versorgung in Deutschland, S. 33 (Stand: 31.12.2006).

16 *Eichholz*, Die Rechtsstellung des Belegarztes, S. 12; *Dolinski*, Der Belegarzt, S. 7.

17 So zu Recht *Bohle*, KH 2000, 642, 645.

18 Vgl. KBV, Grunddaten 2006 zur vertragsärztlichen Versorgung in Deutschland, S. 11, 32 (Stand: 31.12.2006).

19 Gemeinsame Grundsätze der Deutschen Krankenhausgesellschaft, der Kassenärztlichen Bundesvereinigung und der Bundesärztekammer zur Anwendung der Belegarztgrundsätze i.d.F. vom 06./08.03.1981, DÄ 1981, 749.

2. Die Belegarzttätigkeit kommt grds. nur für ein Krankenhaus in Betracht.
3. Der Belegarzt muss persönlich geeignet sein.

1. Vertragsärzte/Vertragszahnärzte/Vertragspsychotherapeuten/MVZ

Obwohl die Legaldefinition des § 121 SGB V vom Begriff des Vertragsarztes ausgeht (anders § 39 Abs. 1 BMV-Ä: „Ärzte"), kann belegärztliche Tätigkeit durch Vertragsärzte, Vertragszahnärzte, Vertragspsychotherapeuten und MVZ ausgeübt werden[20]. Das ergibt sich aus § 72 Abs. 1 Satz 2 SGB V, wonach die Vorschriften des 4. Kapitels (§§ 69-140h SGB V), welche sich auf Ärzte beziehen, entsprechend auf Zahnärzte, Psychotherapeuten und MVZ anzuwenden sind, soweit nichts Abweichendes bestimmt ist. Belegärztliche Tätigkeit kann daher durch einen jeden Leistungserbringer ausgeübt werden, der entsprechend einem Vertragsarzt an der vertragsärztlichen Versorgung teilnimmt. Da die vertragsärztliche Tätigkeit im **MVZ** durch **angestellte Ärzte und Vertragsärzte** ausgeübt wird, erfolgt die Belegarztanerkennung zugunsten des MVZ, wird aber ausgeübt durch die entsprechenden Personen. 22

2. Belegarztvertrag zwischen Krankenhaus und Arzt

Bei der Klassifizierung des Belegarztvertrags ist zu berücksichtigen, dass nach dem KHEntgG belegärztliche Leistungen keine Krankenhausleistungen sind. Zur stationären Behandlung des Patienten ist daher ein dreifacher Vertragsabschluss erforderlich: ein gespaltener Krankenhausvertrag zwischen dem Krankenhaus und dem Patienten über die Leistungen der Unterkunft und Pflege, ein Vertrag zwischen Belegarzt und Patient über die ärztlichen Leistungen und der Belegarztvertrag zwischen Krankenhaus und Belegarzt, der die Bindung zwischen Krankenhaus und Arzt sicherstellt. 23

Der Belegarztvertrag ist ein **sog. atypischer zivilrechtlicher Vertrag** mit Elementen der Leihe, der Miete, des Dienstverschaffungs- und des Gesellschaftsvertrags. Er umfasst Regelungen der Einordnung in die Krankenhausorganisation wie Anwesenheit der Ärzte im Krankenhaus, Betriebsablauf, Vertretung bei Urlaub, Krankheit, Teilnahme an Fortbildung oder das Verhältnis zum Krankenhauspersonal.[21] 24

Im Gegenzug stellt der Krankenhausträger grundsätzlich die notwendigen Sachmittel zur Verfügung. Die zur Verfügung gestellten Betten werden zahlenmäßig bestimmt. 25

Eine Vergütungsverpflichtung des Belegarztes gegenüber dem Krankenhausträger besteht grundsätzlich nicht für Leistungen, welche durch die seitens der Krankenkasse an den Träger gezahlte Fallpauschale abgegolten sind. Hierzu gehören Kosten für die Inanspruchnahme der Räume und sonstiger Sachmittel (ärztliches und pflegerisches Instrumentarium), des Pflegepersonals und übriger Hilfskräfte. Die Kosten für die Inanspruchnahme nachgeordneter Ärzte einer ärztlichen Assistenz[22] hat der Belegarzt hingegen entweder selbst zu finanzieren oder dem Krankenhausträger zu erstatten. Es handelt sich hierbei um belegärztliche Leistungen nach § 18 KHEntgG, welche durch die vertragsärztliche Gesamtvergütung zu vergüten sind. Die Gegenleistung umfasst keinen Vergütungsanspruch der ärztlichen Leistung. Neben der Legaldefinition stellt dies auch Absatz 3 Satz 1 klar: Belegärztliche Leistungen werden aus der vertragsärztlichen Gesamtvergütung vergütet. 26

Grundsätze für die Gestaltung von Verträgen (Rn. 3) zwischen Krankenhäusern und Belegärzten wurden zwischen der DKG und der BÄK unter Mitwirkung der KBV vereinbart. 27

3. Belegarztanerkennung nach § 40 BMV-Ä/§ 31 EKV-Ä

Die Belegarztanerkennung ist Verwaltungsakt i.S.d. § 31 SGB X auf Antrag. Zuständig für die Erteilung ist die jeweilige KV, welche ihre Entscheidung im Einvernehmen mit den Landesverbänden der Krankenkassen und den Verbänden der Ersatzkassen trifft. Das Einvernehmen ist eine öffentlich-rechtliche Willenserklärung und Voraussetzung für das Wirksamwerden der Belegarztanerkennung.[23] 28

Der Arzt hat einen Rechtsanspruch auf Belegarztanerkennung. **Krankenhausbezogene Voraussetzungen** des Antragsverfahrens sind, dass das Krankenhaus **zugelassenes Krankenhaus** nach § 108 SGB V (vgl. die Kommentierung zu § 108 SGB V) ist und für das jeweilige Fachgebiet eine **Belegabteilung** nach Maßgabe der Gebietsbezeichnung der WBO[24] in Übereinstimmung mit dem Krankenhausplan oder dem Versorgungsvertrag eingerichtet ist. 29

---

[20] Vgl. auch *Weddehage*, KH 2006, 772 ff.

[21] Vgl. hierzu *Hohmann* in: Fischer/Gerhard/Greulich u.a., Management Handbuch Krankenhaus, Nr. 370 Rn. 18 ff.

[22] Erforderlich ist auch hier die Genehmigung durch die KV.

[23] Vgl. SG Stuttgart v. 30.06.1998 - S 10 KA 2843/98 ER - MedR 1998, S. 530 f.

[24] Zur nicht rechtsgültigen Muster-WBO vgl. *Engelmann,* Aichberger Ergänzungsband II Nr. 1400.

30 Eine **Erklärung des Krankenhausträgers** über die Gestattung der Belegarzttätigkeit, d.h. das Zustandekommen des Belegarztvertrages einschließlich der Angabe der Bettenzahl,[25] ist dem Antrag beizufügen.

31 **Belegarztbezogene Voraussetzungen** beziehen sich insbesondere auf die Eignung des Belegarztes. In diesem Zusammenhang untersucht die KV Gründe, die eine ordnungsgemäße stationäre Versorgung nicht mehr gewährleisten, wie etwa

- anderweitige Nebentätigkeiten und
- in der Person des Arztes liegende Gründe.

32 Entscheidend für die Eignung des Belegarztes ist auch die Entfernung zwischen Wohnung, Praxis und Krankenhaus, welche der unverzüglichen und ordnungsgemäßen Versorgung der ambulant und stationär zu betreuenden Patienten nicht entgegenstehen darf. Der Maßstab für die Entfernung ist nicht räumlich, sondern zeitlich zu beurteilen. Zutreffend bejahte das LSG Schleswig-Holstein insoweit unter normalen Verkehrsbedingungen eine Zeitdauer bis 30 Minuten als zulässige Entfernung.[26] Die räumliche Entfernung sei kein Maßstab, da Faktoren wie Verkehrsaufkommen, Straßenbeschaffenheit und Geschwindigkeitsbeschränkungen die Zeitdauer beeinflussten. Das LSG Baden-Württemberg beurteilte eine Fahrtzeit von 40 Minuten als zu lang.[27] Ein Beurteilungsspielraum wurde abgelehnt.

33 Da Maßstab die ordnungsgemäße Versorgung der Belegpatienten ist, welche bei Krankenhäusern mit kooperierendem Belegarztwesen auch in Bezug auf die zulässige und gewünschte Zusammenarbeit der Ärzte abgesichert ist, dürften die Anforderungen an die Entfernung hier großzügiger zu bemessen sein. Diese Argumentation entspricht auch dem Ziel des Gesetzgebers, dem an der Förderung des Belegarztwesens gelegen ist.

VI. Belegärztlicher Honoraranspruch (Absatz 3)

34 Nach § 121 Abs. 3 SGB V werden die belegärztlichen Leistungen aus der vertragsärztlichen Gesamtvergütung vergütet.

1. Belegärztliche Leistungen

35 Der Begriff der **belegärztliche Leistungen** erschließt sich entgegen der Überschrift der Norm nicht aus dem § 121 SGB V, sondern aus § 18 KHEntgG. Hiernach sind Leistungen des Belegarztes:

1. die persönlichen Leistungen, d.h. ärztliche Leistungen, die der Belegarzt gegenüber dem Belegpatienten erbringt,
2. der ärztliche Bereitschaftsdienst für die Belegpatienten,
3. die von ihm veranlassten Leistungen nachgeordneter Ärzte, die bei der Behandlung seiner Belegpatienten in demselben Fachgebiet wie der Belegarzt tätig werden, und
4. die von ihm veranlassten Leistungen von Ärzten und ärztlich geleiteten Einrichtungen außerhalb des Krankenhauses.

36 **Persönliche Leistungen** sind ärztliche Leistungen, die der Belegarzt oder sein Vertreter gegenüber den Belegpatienten erbringt (vgl. auch § 15 BMV-Ä/§ 14 EKV-Ä[28]). Hierzu gehören keine Leistungen, die ein gynäkologischer Belegarzt gegenüber dem Neugeborenen seiner Belegpatientin außerhalb des Kreißsaals auf der Belegstation erbringt (etwa Ziff. 1 EBM-Ä), denn nicht der Säugling, sondern die Gebärende ist Belegpatient des Gynäkologen.[29]

[25] 2006 standen fast 73% der Belegärzte bis zu 10 Betten, ca. 18% zwischen 10 und 20 Betten und 9% über 20 Betten zur Verfügung, vgl. hierzu KBV, Grunddaten 2006 zur vertragsärztlichen Versorgung in Deutschland (Stand: 31.12.2006). Die Sonderzulassung nach § 103 Abs. 7 SGB V (vgl. Rn. 6) ist nicht davon abhängig, dass das Krankenhaus dem Arzt eine Mindestbettenzahl zur Verfügung stellt. Der Zulassungsausschuss ist allerdings zur Überprüfung berechtigt, ob Anhaltspunkte für einen Rechtsmissbrauch vorliegen, welcher dem Belegarzt aber konkret nachzuweisen ist. Vgl. hierzu BSG v. 14.03.2001 - B 6 KA 34/00 R - juris Rn. 45 - BSGE 88, 6 = SozR 3-2500 § 103 Nr. 6.

[26] LSG Schleswig-Holstein v. 23.11.1999 - L 6 KA 18/99 - juris Rn. 18 - MedR 2000, 383 ff.

[27] LSG Baden-Württemberg v. 14.07.1999 - L 5 KA 3006/98 - juris Rn. 27 - MedR 2000, 385 ff. bzw. DMW 2000, 269 m. Anm. von *Rieger*.

[28] Abgedruckt in: *Engelmann*, Aichberger Ergänzungsband Nr. 565 bzw. 600.

[29] BSG v. 10.03.2003 - B 6 KA 43/02 R - juris Rn. 17 f. - SozR 4-2500 § 121 Nr. 1: Im Gegensatz hierzu stehen aber die Leistungen nach Ziff. 140, 1020 und 1040 EBM-Ä, die vom Gynäkologen aufgrund des unmittelbaren Zusammenhangs mit der Behandlung der Gebärenden während und nach der Geburt berechnet werden können.

Der **ärztliche Bereitschaftsdienst** für Belegpatienten beinhaltet den Aufenthalt eines bereitschaftsdiensthabenden Arztes auf Anordnung des Krankenhauses oder des Belegarztes außerhalb der regelmäßigen Arbeitszeit im Krankenhaus, um im Bedarfsfall auf der Belegabteilung tätig zu werden. Gem. § 39 Abs. 5 BMV-Ä/§ 31 Abs. 5-6 EKV-Ä sind Belegärzte verpflichtet, einen Bereitschaftsdienst für die Belegpatienten vorzuhalten. 37

Leistungen nachgeordneter Ärzte, welche vom Belegarzt veranlasst sind, bezeichnen entweder Leistungen eigener Assistenzärzte oder solche des Krankenhauses. Auch § 19 KHEntgG stellt klar, dass die Kosten des ärztlichen Dienstes im Belegarzthonorar enthalten sind. 38

Ziffer 4 weist darauf hin, dass zu den belegärztlichen Leistungen auch solche gehören, die zwar nicht von Belegärzten erbracht, aber von ihnen veranlasst wurden. Das betrifft zum einen die Tätigkeit niedergelassener Ärzte anderer Fachrichtungen. Zu beachten ist § 35 Abs. 6 BMV-Ä, § 33 Abs. 6 EKV-Ä, wonach Belegärzte für eine Auftragsleistung, Konsiliaruntersuchung oder Mitbehandlung einen Vertragsarzt hinzuziehen dürfen, wenn das betreffende Fach nicht am Krankenhaus vertreten ist. Regelmäßig gilt das für anästhesiologische Leistungen der Anästhesisten, welche über keine Belegarztanerkennung verfügen können, soweit das zugelassene Krankenhaus keine Anästhesiefachabteilung hat.[30] Gleiches gilt zum anderen für belegärztlich angeordnete Massagen und krankengymnastische Behandlungen, die vom Hilfspersonal des Krankenhauses ausgeführt werden.[31] Kann der Belegarzt diese Leistungen selbst erbringen, so hat er dem Krankenhaus die nicht pflegesatzfähigen Kosten zu erstatten. 39

2. Vertragsärztliche Gesamtvergütung

Belegärztliche Leistungen sind aus der vertragsärztlichen Gesamtvergütung zu vergüten. Da die Krankenkasse nach § 85 Abs. 1 SGB V mit befreiender Wirkung eine Gesamtvergütung für die gesamte vertragsärztliche Versorgung an die jeweilige KV entrichtet und der jeweiligen KV die Pflicht zur Verteilung der Gesamtvergütung obliegt, erstreckt sich der Anspruch des Belegarztes auf Teilnahme an der Honorarverteilung i.S.d. § 85 Abs. 4 SGB V neben seinen ambulant vorgenommenen Leistungen auch auf die durch ihn vorgenommene voll- oder teilstationäre Behandlung. Der Honoraranspruch aus Belegarzttätigkeit richtet sich gegen die jeweilige KV. Handelt es sich um Selbstzahler, so findet § 121 SGB V keine Anwendung; der Belegarzt macht seinen Anspruch auf (die nach § 6a GOÄ geminderte) Vergütung unmittelbar gegenüber dem Patienten geltend. 40

Für die belegärztliche Tätigkeit gelten grundsätzlich die sich aus dem Vertragsarztrecht ergebenden gleichen Rechte und Pflichten, die ambulante und belegärztlich-stationäre Tätigkeit ist in ihrer Gesamtheit zu sehen.[32] Belegärztliche Tätigkeit ist die Fortsetzung der ambulanten Tätigkeit. Auch belegärztliche Leistungen sind daher in das Verteilungsgefüge des HVM einzubeziehen. Liegen allerdings Besonderheiten der belegärztlichen Tätigkeit vor, so gebietet § 121 Abs. 3 SGB V die belegärztlichen Leistungen nach eigenständigen HVM-Mechanismen zu vergüten.[33] 41

3. Besonderheiten der Honorarverteilung

Nach § 121 Abs. 3 Satz 2 SGB V hat die Vergütung die Besonderheiten der belegärztlichen Tätigkeit zu berücksichtigen. § 121 SGB V ist somit lex specialis zu § 85 Abs. 4 SGB V: Grundsätzlich sieht der Gesetzgeber als Verteilungsmaßstäbe der Gesamtvergütung Art und Umfang der Leistungen der Vertragsärzte und die zeitlich gleichmäßige Verteilung der Gesamtvergütung auf das gesamte Jahr vor. Auch fordert er etwa Regelungen zur Verhinderung einer übermäßigen Ausdehnung der Vertragsärzte und arztgruppenspezifische Grenzwerte. 42

Besonderheit der belegärztlichen Tätigkeit ist etwa, dass der Belegarzt Personal- und Sachmittel des Krankenhauses in Anspruch nimmt, welche durch die Fallpauschale berücksichtigt werden. Es finden sich daher zwei **Kürzungsmodelle belegärztlicher Vergütung**: Ein anerkannter Vergütungstyp ist die Vergütung sämtlicher Leistungen nach dem Honorarverteilungsvertrag unter Einbeziehung der belegärztlichen Tätigkeit in entsprechenden Honorarbegrenzungsregelungen.[34] Des Weiteren wird auch eine 43

[30] Nach BSG v. 31.01.2001 - B 6 KA 23/99 R - SozR 3-2500 § 121 Nr. 3 gilt das auch dann, wenn der Krankenhausplan eine Funktionsabteilung für Anästhesie vorsieht, die Abteilung aber unbesetzt ist und der Pflegesatz Personalkosten für Anästhesisten im Funktionsdienst nicht berücksichtigt.

[31] Vgl. BSG v. 09.05.1990 - 6 RKa 1/89.

[32] BSG v. 12.12.2001 - B 6 KA 5/01 R - juris Rn. 22 ff. - SozR 3-2500 § 121 Nr. 4.

[33] So auch LSG Nordrhein-Westfalen v. 21.07.2004 - L 10 KA 5/02 - juris Rn. 89.

[34] BSG v. 12.12.2001 - B 6 KA 5/01 R - juris Rn. 22 ff. - SozR 3-2500 § 121 Nr. 4.

pauschalierende Bewertung durch Mischkalkulation praktiziert[35] bzw. eine Vergütung nur der belegärztlichen Leistungen vorgenommen, die über einer bestimmten Wertgrenze des EBM liegen.[36]

44 Das Modell der Mischkalkulation bzw. Absetzung geringfügiger Leistungen hat das LSG Niedersachsen-Bremen als zulässig erachtet. Das Gericht geht in seiner Entscheidung zutreffend davon aus, dass Kosten (etwa für Praxisräume/-ausstattung), die mittels der Fallpauschale zugunsten des Krankenhausträgers bereits vergütet wurden, nicht noch einmal gegenüber dem Belegarzt zu honorieren sind. Im Umkehrschluss entstehen diese im allgemeinen Praxisbetrieb entstehenden Unkosten beim Belegarzt typischerweise nicht.

45 Zu beachten ist aber, dass die Besonderheiten belegärztlicher Tätigkeit sowohl vergütungsreduzierend als auch vergütungssteigernd wirken können, was der Gesetzgeber in Satz 3 zum Ausdruck bringt. **Vergütungssteigernde Besonderheiten** der belegärztlichen Tätigkeit sieht er grundsätzlich in zwei Aspekten:

1. dem ärztlichen Bereitschaftsdienst für Belegpatienten und
2. den durch den Belegarzt veranlassten Leistungen nachgeordneter Ärzte des Krankenhauses, die bei der Behandlung der Belegpatienten in demselben Fachgebiet tätig werden.

46 Beide sind nach § 18 Satz 2 KHEntgG den Leistungen des Belegarztes zuzurechnen und charakteristisch für die belegärztliche Tätigkeit und somit als leistungsgerechtes Entgelt bei der Verteilung der Gesamtvergütung (im Honorarverteilungsvertrag § 85 Abs. 4 SGB V) zwingend zu berücksichtigen.

47 Die Zahlung eines leistungsgerechten Entgelts, sofern dem Belegarzt entsprechende Aufwendungen entstehen, verhandeln die Gesamtvertragspartner.[37] Erforderlich ist ein Nachweis des Belegarztes, ggf. durch eine Bestätigung des Krankenhausträgers. Die Vergütung für die Inanspruchnahme des ärztlichen Dienstes steht in systematischem Zusammenhang mit § 19 Abs. 1 KHEntgG. Die Norm regelt die zwingende gesetzliche Verpflichtung[38] der Belegärzte zur Kostenerstattung des ärztlichen Dienstes gegenüber dem Krankenhaus, soweit sie diesen in Anspruch nehmen.

VII. Besondere Regelung im einheitlichen Bewertungsmaßstab (Absatz 4)

48 Nach Absatz 4 wird der Bewertungsausschuss verpflichtet, im EBM Regelungen zur angemessenen Vergütung der belegärztlichen Leistungen unter Berücksichtigung der Vorgaben des Absatzes 3 Sätze 2 und 3 zu treffen. Hintergrund der Regelung war das In-Kraft-Treten des neuen EBM 2000 plus zum 01.04.2005, welcher zur Abwertung der Vergütung belegärztlicher Leistungen führte. Überlegungen, die Vergütung – ungeachtet der bislang bestehenden GKV-Strukturen – gleich den stationären Leistungen durch das DRG-System zu regeln, wurden im Gesetzgebungsverfahren nicht weiter verfolgt.[39] Entsprechend dem gesetzlichen Auftrag führte der Bewertungsausschuss das Kapitel 36 zum 01.04.2007 in den EBM ein. Dieses regelt belegärztliche Operationen, Anästhesien, postoperative Leistungen und den konservativ-belegärztlichen Bereich.

49 Ob durch diese Regelung die Erlössituation der Belegärzte tatsächlich verbessert wurde, ist jedoch abhängig von den jeweiligen Honorarverteilungsverträgen, welche zwischen den einzelnen KVen und KKen abzuschließen sind. Aus diesem Grund haben die Spitzenverbände der KK und die KBV eine Empfehlung nach § 86 SGB V zur Finanzierung der Einführung des Kapitels 36 gegeben.[40] Diese empfiehlt die Finanzierung der belegärztlichen Leistungen außerhalb der budgetierten Gesamtvergütung auf der Grundlage fester und angemessener Punktwerte. Fraglich bleibt aber die Umsetzung und somit die Situation der belegärztlichen Versorgung nach In-Kraft-Treten des GKV-WSG.[41]

35 LSG Niedersachsen-Bremen v. 30.06.2004 - L 3 KA 54/04.

36 LSG Niedersachsen-Bremen v. 30.06.2004 - L 3 KA 54/04: hier ab einer Punktzahl von 150.

37 Beispiel eines Kostenersatzes für die Bereitschaftsdienstvorhaltung s. Anlage C bzw. Anlage 3 zum bayerischen Gesamtvertrag Regional-/Ersatzkassen mit Wirkung zum 01.04.2005: je Patient und Pflegetag 2,56 € bei den Regionalkassen und 3,07 € bei den Ersatzkassen.

38 Entgegenstehende vertragliche Regelungen sind anzupassen, § 19 Abs. 1 Satz 3 SGB V.

39 Vgl. etwa BT-Drs. 16/4220, S. 3.

40 http://www.kvb.de/servlet/PB/show/1109974/EBM-Bundesempfehlung-belegrztichen-Vergtung-01042007.pdf.

41 Vgl. hierzu die kleine Anfrage im Bundestag: BT-Drs. 16/6691 v. 10.10.2007 u. die Antwort der Bundesregierung v. 26.10.2007, BT-Drs. 16/6848.

C. Praxishinweise

Rechtzeitig vor dem belegärztlichen Tätigwerden ist ein **Antrag** zu stellen. Eine Zeitdauer von in der Regel **vier bis acht Wochen** ist einzukalkulieren. Da die Entscheidung der KV Verwaltungsakt ist, kann sie innerhalb eines Monats mittels Verpflichtungswiderspruch bzw. Verpflichtungsklage zum Sozialgericht angefochten werden. 50

Beispielhaft für die Antragstellung auf Anerkennung als Belegarzt wird auf das **Antragsformular der KV Westfalen Lippe** verwiesen.[42] 51

D. Reformbestrebungen

Die Diskussion um die Zukunft des Belegarztsystems und insbesondere auch die Honorierung besteht weiterhin fort. Aufgrund der Unsicherheiten der Vergütungssituation haben die Partner der Bundesempfehlung (vgl. Rn. 49) vereinbart, die Auswirkungen der Einführung des Kapitels 36 EBM zu überprüfen. Es bleibt abzuwarten, ob die Vergütungsregelungen Bestand haben werden. 52

[42] http://www.kvwl.de/arzt/sicherstell/belegarzt/belegarzt.pdf.

§ 121a SGB V Genehmigung zur Durchführung künstlicher Befruchtungen

(Fassung vom 22.12.2006, gültig ab 01.01.2007)

(1) Die Krankenkassen dürfen Maßnahmen zur Herbeiführung einer Schwangerschaft (§ 27a Abs. 1) nur erbringen lassen durch

1. Vertragsärzte,

2. zugelassene medizinische Versorgungszentren,

3. ermächtigte Ärzte,

4. ermächtigte ärztlich geleitete Einrichtungen oder

5. zugelassene Krankenhäuser,

denen die zuständige Behörde eine Genehmigung nach Absatz 2 zur Durchführung dieser Maßnahmen erteilt hat. Satz 1 gilt bei Inseminationen nur dann, wenn sie nach Stimulationsverfahren durchgeführt werden, bei denen dadurch ein erhöhtes Risiko von Schwangerschaften mit drei oder mehr Embryonen besteht.

(2) Die Genehmigung darf den im Absatz 1 Satz 1 genannten Ärzten oder Einrichtungen nur erteilt werden, wenn sie

1. über die für die Durchführung der Maßnahmen zur Herbeiführung einer Schwangerschaft (§ 27a Abs. 1) notwendigen diagnostischen und therapeutischen Möglichkeiten verfügen und nach wissenschaftlich anerkannten Methoden arbeiten und

2. die Gewähr für eine bedarfsgerechte, leistungsfähige und wirtschaftliche Durchführung von Maßnahmen zur Herbeiführung einer Schwangerschaft (§ 27a Abs. 1) bieten.

(3) Ein Anspruch auf Genehmigung besteht nicht. Bei notwendiger Auswahl zwischen mehreren geeigneten Ärzten oder Einrichtungen, die sich um die Genehmigung bewerben, entscheidet die zuständige Behörde unter Berücksichtigung der öffentlichen Interessen und der Vielfalt der Bewerber nach pflichtgemäßem Ermessen, welche Ärzte oder welche Einrichtungen den Erfordernissen einer bedarfsgerechten, leistungsfähigen und wirtschaftlichen Durchführung von Maßnahmen zur Herbeiführung einer Schwangerschaft (§27a Abs. 1) am besten gerecht werden.

(4) Die zur Erteilung der Genehmigung zuständigen Behörden bestimmt die nach Landesrecht zuständige Stelle, mangels einer solchen Bestimmung die Landesregierung; diese kann die Ermächtigung weiter übertragen.

Gliederung

A. Basisinformationen

I. Textgeschichte/Gesetzgebungsmaterialien

§ 121a SGB V wurde durch **Art. 2 Nr. 6 des KOVAnpG 1990**[1] in das SGB V eingefügt. Die Vorschrift beseitigte im Verbund mit Art. 2 Nr. 2 KOVAnpG den Leistungsausschluss von Maßnahmen zur Herbeiführung einer Schwangerschaft durch das zum 01.01.1989 in Kraft getretene GRG. 1

Nach § 27 Satz 5 SGB V gehörten diese Leistungen nicht zur Krankenbehandlung, da sie außerhalb des Aufgabenbereichs der GKV lägen.[2] Bei den Beratungen zum GRG hatte man sich zunächst darauf verständigt, die Entscheidung über die Übernahme dieser Leistungen wegen der noch nicht abgeschlossenen Vorarbeiten zum EmbryonenschutzG (ESchG) zurückzustellen.[3] Im Jahr 1990 bewertete der Gesetzgeber den Leistungsausschluss jedoch als Regelungslücke[4] und führte durch Art. 2 Nr. 2 und Nr. 6 KOVAnpG 1990 die §§ 27a und 121a SGB V ein. Die Übergangsregelung des Art. 13 Abs. 3 KOVAnpG 1990 gewährte den GKV-Versicherten einen Kostenerstattungsanspruch für Maßnahmen künstlicher Befruchtung, welche im Zeitraum der Regelungslücke durchgeführt oder begonnen wurden. 2

Die Änderung durch **Art. 1 Nr. 75 GSG**[5] bezog sich ausschließlich auf die terminologische Transformation des Begriffs „Kassenarzt" in „Vertragsarzt". 3

II. Vorgängervorschriften

Vor In-Kraft-Treten des GRG waren Maßnahmen zur Herbeiführung der Schwangerschaft Teil der Krankenbehandlung nach **§ 182 RVO** (vgl. hierzu die Kommentierung zu § 27a SGB V). Hierüber hinaus existierte **keine spezielle Norm**, insbesondere nicht i.S. einer Sonderregelung entsprechend § 121a SGB V. 4

III. Parallelvorschriften

Parallelvorschriften, die die ärztliche Leistungserbringung neben den Teilnahmevorschriften nach den §§ 95 ff. SGB V an einen zusätzlichen Genehmigungsvorbehalt binden, bestehen nicht. 5

Es ist aber darauf hinzuweisen, dass § 121a Abs. 3 SGB V (im Einzelnen vgl. Rn. 35) eine **§ 8 Abs. 2 KHG** und **§ 109 Abs. 2 SGB V** entsprechende Regelungsstruktur und materiellen Regelungsgehalt enthält. Beide Vorschriften lehnen einen Anspruch auf Aufnahme eines Krankenhauses in den Krankenhausplan bzw. auf Abschluss eines Versorgungsvertrags ab. Bei notwendiger Auswahl zwischen mehreren Bewerbern binden sie die pflichtgemäße Ermessensentscheidung an die Berücksichtigung der Kriterien der öffentlichen Interessen und der Vielfalt der Krankenhausträger. Weitere Auswahlkriterien sind die Bedarfsgerechtigkeit, die Leistungsfähigkeit und Wirtschaftlichkeit. Während sich diese Kriterien in Bezug auf § 121a SGB V und § 109 SGB V unmittelbar aus dem Gesetz ergeben, folgen diese Merkmale bei § 8 KHG aus § 1 Abs. 1 KHG. 6

In Bezug auf die Aufnahme in den Krankenhausplan regeln § 8 Abs. 2 KHG und betreffend des Abschlusses eines Versorgungsvertrags § 109 Abs. 2 SGB V mit denselben Formulierungen, dass Krankenhäuser keinen Anspruch auf Aufnahme in den Landeskrankenhausplan bzw. den Abschluss eines Versorgungsvertrags haben. Bei notwendiger Auswahl zwischen mehreren Krankenhäusern entscheiden die zuständige Landesbehörde bzw. die LV der KK/die Verbände der EK nach pflichtgemäßem Ermessen. Entsprechend § 121a Abs. 3 SGB V ist Maßstab, welches Krankenhaus den Zielen der Landeskrankenhausplanung am Besten gerecht wird. Die Ermessensausübung hat die öffentlichen Interessen und die Vielfalt der Krankenhausträger zu berücksichtigen. 7

---

[1] Gesetz über die 19. Anpassung der Leistungen nach dem Bundesversorgungsgesetz sowie zur Änderung weiterer sozialrechtlicher Vorschriften (KOV-Anpassungsgesetz 1990 - KOVAnpG1990) vom 26.09.1990, BGBl I 1990, 1211.

[2] Vgl. hierzu die amtliche Begründung des GRG-Gesetzentwurfs: BR-Drs. 200/88, S. 170.

[3] So die Begründung zum Gesetzentwurf des KOVAnpG 1990, BT-Drs. 11/6760, S. 10.

[4] BT-Drs. 11/6760, S. 10 und 14 f.

[5] Gesetz v. 21.12.1992, BGBl I 1992, 2266.

8 Entgegen dem Wortlaut besteht allerdings in Rechtsprechung[6] und Literatur die einhellige Ansicht, dass Krankenhäuser einen Rechtsanspruch auf Aufnahme in den Krankenhausplan bzw. auf den Abschluss eines Versorgungsvertrags haben, soweit sie die Voraussetzungen erfüllen. Erst bei Vorliegen mehrerer Bewerber reduziert sich der Rechtsanspruch auf pflichtgemäße Ausübung des Auswahlermessens.

IV. Richtlinien

9 Zu beachten sind die Richtlinien des G-BA über ärztliche Maßnahmen zur künstlichen Befruchtung[7]: Neben Regelungen über die Leistungsvoraussetzungen (Nr. 1.-9.3), Methoden (Nr. 10.-10.5), Medizinische Indikationen (Nr. 11.-11.5), Umfang der Maßnahmen (Nr. 12.-12.9), Beratung des Ehepaares und Überweisung zur Durchführung der Maßnahmen (Nr. 13.-16.) enthalten diese auch Bestimmungen über die berechtigten Ärzte (Nr. 17.-21.) und Empfehlungen zur Qualitätssicherung (Nr. 22.-22.3).

10 Ermächtigungsgrundlage für den Richtlinienerlass ist § 92 Abs. 1 Satz 2 Nr. 10 SGB V. Die RL gelten für ambulante Maßnahmen zur Herbeiführung der Schwangerschaft. Im Rahmen der stationären Versorgung ist § 112 Abs. 2 Nr. 6 SGB V maßgeblich, nach welchem das Nähere über Voraussetzungen, Art und Umfang der medizinischen Maßnahmen durch zweiseitige Verträge zwischen den LV der KK/Verbänden der EK mit der Landeskrankenhausgesellschaft bzw. den Vereinigungen der Krankenhausträger auf Landesebene geregelt werden.

V. Systematische Zusammenhänge

11 § 121a SGB V korrespondiert mit der leistungsrechtlichen Norm des **§ 27a SGB V** (vgl. die Kommentierung zu § 27a SGB V) und steht des Weiteren im systematischen Zusammenhang mit den **§§ 73 Abs. 2 Nr. 10, 92 Abs. 1 Nr. 10 und 112 Abs. 2 Nr. 6 SGB V**.

12 Zu beachten sind im Übrigen das **ärztliche Berufsrecht** der Länder (Berufs- und Weiterbildungsordnungen). In diesem Zusammenhang ist auch auf die „**Richtlinien zur Durchführung der assistierten Reproduktion**"[8] hinzuweisen, da Ärztinnen und Ärzte nach § 13 MBO-Ä bei speziellen medizinischen Maßnahmen oder Verfahren, die ethische Probleme aufwerfen und zu denen die Ärztekammer Empfehlungen zur Indikationsstellung und zur Ausführung festgelegt hat, die entsprechenden Empfehlungen zu beachten haben.[9]

13 Als eines der Normziele ist auch auf die Beachtung des **ESchG** zu verweisen.

VI. Literaturhinweise

14 *Vogel,* Künstliche Befruchtung als Leistung der GKV, WzS 1990, 208; *Volbers*, Maßnahmen zur künstlichen Befruchtung im Leistungskatalog der GKV, SdL 1990, 243; *Ebsen*, Bedarforientierte Regulierungen der Zulassung von Leistungserbringern zur Gesetzlichen Krankenversicherung und das Grundrecht der Berufsfreiheit, ZSR 1992, 328; *Kamps*, Das Recht der Reproduktionsmedizin – Ein Überblick, MedR 1994, 339; *Langguth,* Hermann, Genehmigung künstlicher Befruchtung, DStR 2001, 585; *Noftz*, Zuständigkeit – Sozialgericht – Rechtsstreit – Genehmigung – ärztlich geleitete Einrichtungen – Herbeiführung – Schwangerschaft – Verletzung, SGb 2001, 319.

B. Auslegung der Norm

I. Regelungsgehalt

15 § 121a SGB V stellt Maßnahmen nach § 27a SGB V unter einen Genehmigungsvorbehalt. **Genehmigungspflichtige Maßnahmen** sind:

- Inseminationen (intrazervikal, intrauterin, intratubar), vgl. Nr. 10.1 der RL,

[6] Zu § 8 KHG: BVerfG v. 12.06.1990 - 1 BvR 355/86 - juris Rn. 77 - BVerfGE 83, 209 ff.; zu § 109 Abs. 2 SGB V: BSG v. 29.05.1996 - 3 RK 23/95 - juris Rn. 27 - BSGE 78, 233 ff. = SozR 3-2500 § 109 Nr. 1.

[7] http://www.g-ba.de/cms/upload/pdf/richtlinien/RL-Befruchtung-2004-10-19.pdf, abgedruckt in: *Engelmann*, Aichberger Ergänzungsband Nr. 440. Vgl. auch die Ergänzung v. 15.11.2005, in Kraft getreten am 15.02.2006 (BAnz Nr. 31 S. 922), vgl. http://www.g-ba.de/cms/upload/pdf/abs5/beschluesse/2005-11-15-Befruchtung-Zaehlweise.pdf.

[8] Vgl. DÄBl. v. 04.12.1998, Heft 49, S. A-3166, vgl. http://www.aerzteblatt.de/v4/archiv/pdf.asp?id=14693.

[9] Vgl. hierzu die (nicht rechtsgültige) Musterberufsordnung für die deutschen Ärztinnen und Ärzte, geändert durch die Beschlüsse d. 107. Dt. Ärztetages 2004: http://www.bundesaerztekammer.de/30/Berufsordnung/Mbopdf.pdf.

- nach Stimulation mit Antiöstrogenen,
- nach hormoneller Stimulation mit Gonadotropinen.

• In-Vitro-Fertilisation (IVF) mit Embryo-Transfer (ET), ggf. als Zygoten-Transfer oder als intratubarer Embryo-Transfer (EIFT = Embryo-Intrafallopian-Transfer), vgl. Nr. 10.3 der RL.
• Intratubarer-Gameten-Transfer (GIFT), vgl. Nr. 10.4 der RL.
• Intracytoplasmatische Spermieninjektion (ICSI), vgl. Nr. 10.5 der RL.

Nicht genehmigungspflichtig sind nach § 121a Abs. 1 Satz 2 SGB V solche Inseminationen, bei denen kein Stimulationsverfahren durchgeführt wurde, welches zu einem erhöhten Risiko von Schwangerschaften mit drei oder mehr Embryonen führt (Nr. 17 Satz 2 RL über künstliche Befruchtung). Ausgenommen sind somit Inseminationen im Spontanzyklus bzw. nach Ovulationsauslösung durch HCG-Gabe (vgl. Nr. 10.1. der RL). 16

§ 121a Abs. 1 SGB V (vgl. Rn. 19) begrenzt die oben bezeichnete Leistungserbringung auf zugelassene oder ermächtigte Ärzte und ärztlich geleitete Einrichtungen, welche neben ihrer GKV-Teilnahmeberechtigung nach den §§ 95 ff. SGB V über eine **spezielle Genehmigung** verfügen. Absatz 2 (Rn. 30) regelt die Voraussetzungen der Genehmigungserteilung, Absatz 3 (Rn. 35) das Auswahlermessen unter Festlegung der Kriterien, an denen sich die genehmigungserteilende Behörde bei der Ermessensausübung zu orientieren hat. Absatz 4 (Rn. 39) ermächtigt die Länder zur Bestimmung der zuständigen Landesbehörde. 17

II. Bedeutung der Norm/Normzweck

Die Einführung der Regelung des § 121a SGB V beabsichtigte die Begrenzung der künstlichen Befruchtung auf Leistungserbringer, welche durch ein besonderes, in der GKV einzigartiges Zulassungsverfahren einer besonderen Kontrolle unterworfen waren. Hintergrund ist die Sicherstellung der Beachtung der Schutzvorschriften des **Embryonenschutzgesetzes** bei der Durchführung der künstlichen Befruchtung.[10] 18

III. Normadressaten (Absatz 1)

Als Normadressaten in Bezug auf die genehmigungspflichtige Leistungserbringung kommen nach § 121a Abs. 1 SGB V 1. **Vertragsärzte**, 2. **ermächtigte Ärzte**, 3. **ermächtigte ärztlich geleitete Einrichtungen** und 4. **zugelassene Krankenhäuser** in Betracht. Der Normadressatenkatalog spricht grds. dafür, dass Anknüpfungskriterium eine Teilnahmeberechtigung in Form einer Zulassung oder einer Ermächtigung nach den §§ 95 ff. SGB V ist. 19

Obwohl die Regelung zugelassene ärztlich geleitete Einrichtungen nach § 95 SGB V, d.h. **sog. medizinische Versorgungszentren (MVZ)**, nicht ausdrücklich nennt, kann das MVZ Adressat der Genehmigung und somit berechtigter Leistungserbringer sein. Das ergibt sich aus dem Sinn und Zweck der Norm, welche die Berechtigung einerseits an Ärzte als auch an ärztlich geleitete Einrichtungen knüpft. Aus dem systematischen Zusammenhang mit Absatz 3 ist zu entnehmen, dass Kriterien für die Auswahl der Leistungserbringer die Bedarfsgerechtigkeit, die Leistungsfähigkeit und die Wirtschaftlichkeit der Durchführung von Maßnahmen sind. Versorgungs- bzw. Qualitätsaspekte verlangen die Berücksichtigung des MVZ als Leistungserbringer. Das ergibt sich auch aus dem Grundsatz der Gleichbehandlung. 20

Da das Bestehen einer Teilnahmevoraussetzung i.S. einer Zulassung oder Ermächtigung für die Genehmigung erforderlich ist, führen beendigende Voraussetzungen zur Ablehnung oder zum Entfall der Genehmigung. Hat ein Vertragsarzt die 68-Jahres-Altersgrenze nach § 95 Abs. 7 SGB V überschritten, so gilt diese auch für die Genehmigung künstlicher Befruchtungen.[11] 21

Über die Vorschrift des § 121a SGB V hinaus ist das landesrechtlich geregelte ärztliche Berufsrecht[12], hier insbesondere die entsprechende **Weiterbildungsordnung** der jeweiligen Ärztekammer, gesondert 22

---

[10] Wegen dieses Gesetzeszwecks lehnte das LSG den Anspruch einer Klägerin auf Kostenerstattung nach § 13 Abs. 4 SGB V ab, welche sich in Österreich einer Behandlung unterzog, die mit dem Embryonenschutzgesetz nicht in Einklang stand. Da die Anerkennung der Behandlungsmethode zu einer Gesetzesumgehung führen würde, bestände kein Anspruch auf Sachleistung nach § 27a SGB V i.V.m. § 121a SGB V, vgl. LSG Baden-Württemberg v. 14.09.2004 - L 11 KR 2090/04.

[11] Vgl. BSG v. 28.04.2004 - B 6 KA 107/03 B - juris Rn. 11.

[12] So auch Nr. 19 der RL über künstliche Befruchtungen, die darauf verweist, dass Regelungen in den ärztlichen Berufsordnungen zur Durchführung von Maßnahmen der künstlichen Befruchtung unberührt bleiben.

zu beachten, da das Weiterbildungsrecht die ärztlichen Fachgebiete begrenzt. Laut der Muster-Weiterbildungsordnung (M-WBO)[13] wird die Fortpflanzungsmedizin durch die Gebietsdefinition für das Gebiet der Frauenheilkunde und Geburtshilfe erfasst (Abschnitt B.7). Als Normadressaten des § 121a SGB V kommen somit ausschließlich Fachärzte für Frauenheilkunde und Geburtshilfe in Betracht. Der Genehmigung kommt somit keine fachgebietserweiternde Wirkung zu.[14] Leistungen der Sterilitätsdiagnostik des Mannes bleiben andrologisch tätigen Ärzten, d.h. Urologen, Dermatologen und endokrinologisch tätigen Internisten und Laborärzten vorbehalten. Innerhalb des Schwerpunkts „Gynäkologische Endokrinologie und Reproduktionsmedizin" wird des Weiteren die reproduktionsmedizinische Behandlung geregelt.

IV. Genehmigungsvoraussetzungen (Absatz 2)

23 Voraussetzung der Genehmigung ist, dass die Leistungserbringer

- über die **notwendigen diagnostischen und therapeutischen Möglichkeiten** verfügen und nach wissenschaftlich anerkannten Methoden arbeiten (Nr. 1) und
- die Gewähr für eine bedarfsgerechte, leistungsfähige und wirtschaftliche Durchführung der Maßnahmen bieten (Nr. 2).

24 Ziel der unter Nr. 1 genannten Tatbestandsvoraussetzung ist die Qualitätssicherung und die Einhaltung des Embryonenschutzgesetzes. Nr. 22.1 der Richtlinien über künstliche Befruchtung konkretisiert die Anforderungen an die diagnostischen und therapeutischen Möglichkeiten. Sie verlangt die Vorhaltung der notwendigen **apparativ-technischen Ausstattung** wie insbesondere zur Ultraschalldiagnostik, Hormondiagnostik, Spermadiagnostik und -aufbereitung, zur Gewinnung von Eizellen einschließlich deren Invitrokultivierung, zum Embryonentransfer und intratubaren Gametentransfer.

25 Im Übrigen werden regelmäßig die Qualifikationsvoraussetzungen der Richtlinien zur Durchführung der assistierten Reproduktion angewandt, was rechtlich unproblematisch ist, da die unter Nr. 1 genannten Voraussetzungen unbestimmte Rechtsbegriffe darstellen und somit auslegungsfähig sind.[15]

26 Die unter Nr. 2 genannten Merkmale der Bedarfsgerechtigkeit, Leistungsfähigkeit und Wirtschaftlichkeit dienen hingegen der Sicherstellung der vertragsärztlichen Versorgung. Das Erfordernis der **Bedarfsgerechtigkeit** soll einer Entwicklung vorbeugen, die durch einen Anstieg der Leistungserbringer zu einem Absenken der Indikationsschwelle für künstliche Befruchtungen führt.[16]

27 **Leistungsfähigkeit** liegt in Anlehnung an die amtliche Begründung des Gesetzentwurfs zum KOVAnpG 1990 vor, wenn der Arzt oder die Einrichtung die personellen, sachlichen und organisatorischen Voraussetzungen erfüllt, die für die vorgesehenen Maßnahmen medizinisch erforderlich sind.[17]

28 Problematisch ist das Merkmal der **Wirtschaftlichkeit**, welches auf eine Kosten-Nutzen-Abwägung gerichtet ist. Aufgrund der Begrenzung des Leistungsanspruchs nach § 27a SGB V (i.V.m. den RL über künstliche Befruchtung) und den Leistungskomplexgebühren nach dem EBM kann eine Kosten-Nutzen-Abwägung in Bezug auf den einzelnen Leistungserbringer kaum praktische Bedeutung entfalten. Als reines Vergleichskriterium erlangt es erst als Auswahlkriterium Bedeutung, wenn Bewerbungen mehrerer bedarfsgerechter und leistungsfähiger Bewerber zu einem Überangebot führen würden.

29 Die unbestimmten Rechtsbegriffe Bedarfsgerechtigkeit, Leistungsfähigkeit und Wirtschaftlichkeit sind gerichtlich voll überprüfbar.

V. Genehmigung (Absatz 2)

30 Liegen die Genehmigungsvoraussetzung nach § 121a Abs. 2 HS. 2 SGB V vor, so haben die Normadressaten grds. einen **Rechtsanspruch auf Genehmigung.**

---

[13] Als nicht rechtsgültiger Vorschlag der BÄK, Beschl. d. 106. Dt. Ärztetag 2003, http://www.bundesaerztekammer.de/30/Weiterbildung/03MWBO2005PDF.pdf (neuester Stand 5/05); abgedruckt in: *Engelmann*, Aichberger Ergänzungsband, Nr. 1420.

[14] Vgl. hierzu BSG v. 08.09.2004 - B 6 KA 39/04 B - juris Rn. 8.

[15] Vgl. *Kamps*, MedR 1994, 339 (346). Zu den Richtlinien: DÄBl. v. 04.12.1998, Heft 49, S. A-3166, vgl. http://www.aerzteblatt.de/v4/archiv/pdf.asp?id=14693.

[16] So die amtl. Begründung BT-Drs. 11/6760, S. 16 zu Nr. 6 (§ 121a SGB V).

[17] So die amtl. Begründung BT-Drs. 11/6760, S. 16 zu Nr. 6 (§ 121a SGB V).

Missverständlich ist zwar der Wortlaut des Absatzes 2: Hiernach darf die Genehmigung nur erteilt werden, wenn die Tatbestandsvoraussetzungen vorliegen. Die Norm stellt jedoch eine **sog. Koppelungsvorschrift** dar. Man versteht hierunter Rechtsnormen, die auf der Tatbestandsseite unbestimmte Rechtsbegriffe und auf der Rechtsfolgenseite eine Ermessensermächtigung enthalten.[18] Beachtet der Normadressat aber die Aspekte der Qualitätssicherung und gewährleistet hierüber hinaus die Bedarfsgerechtigkeit, Leistungsfähigkeit und Wirtschaftlichkeit der Maßnahmen, so stellt sich die Frage, welche weiteren Gesichtspunkte die Behörde im Rahmen der Ermessensausübung noch berücksichtigen kann. Der „Ermessensschwund" führt dazu, dass aus der „Kann-Vorschrift" eine „Muss-Vorschrift" wird.[19] 31

Zu keinem anderen Ergebnis führt der Wortlaut des Absatzes 3 Satz 1, welcher wie folgt regelt: „Ein Anspruch auf die Genehmigung besteht nicht." Die Normaussage bezieht sich ausschließlich auf die Konkurrenzsituation bei Vorliegen mehrerer Bewerber. Für diese Fallkonstellation normiert die Vorschrift ein Auswahlermessen der zuständigen Behörde und legt Ermessenskriterien fest. Zugunsten des grundsätzlichen Rechtsanspruchs spricht nicht nur der systematische Zusammenhang von Satz 1 und Satz 2 innerhalb des Absatzes 3, sondern auch die Identität der Regelungsstruktur und des nach ständiger Rechtsprechung vergleichbaren materiellen Regelungsgehalts von **§ 8 Abs. 2 KHG und § 109 Abs. 2 SGB V.**[20] Beide Vorschriften gewähren trotz ihres Wortlauts einen Rechtsanspruch auf Aufnahme in den Krankenhausplan bzw. auf Abschluss eines Versorgungsvertrags, soweit Bedarfsgerechtigkeit, Leistungsfähigkeit und Wirtschaftlichkeit vorliegen, ausgenommen bei Bewerberkonkurrenz (vgl. Rn. 5). 32

VI. Nebenbestimmungen zur Genehmigung, insbes. Befristung

Die Genehmigungspraxis der Genehmigungsbehörden ist unterschiedlich und sieht teilweise eine Befristung der Genehmigung vor.[21] Grundlage einer Befristung kann nur **§ 32 Abs. 1 SGB X** sein. Gebundene Verwaltungsakte können mit einer solchen Nebenbestimmung ausschließlich dann ausgestattet werden, wenn das Gesetz Nebenbestimmungen vorsieht oder sie zur Sicherstellung der Tatbestandsvoraussetzungen des Verwaltungsaktes erforderlich sind. Da § 121a SGB V – etwa im Gegensatz zur Formulierung „solange" in § 116 SGB V[22] – keine Ermächtigung zum Erlass von Nebenbestimmungen regelt, kommen **Nebenbestimmungen ausschließlich dann** in Betracht, wenn die Voraussetzungen einer Genehmigung (aufgrund Eigenschaften des Leistungserbringers oder der Einrichtung) zum Zeitpunkt ihrer Erteilung nicht vorliegen. In dem vom BSG am 28.09.2005 beurteilten Fall entschied das Gericht, dass die Befristung der Genehmigung wegen Verstoßes gegen § 32 SGB X rechtswidrig war.[23] 33

Auch sonstige Auflagen des Genehmigungsbescheides sind am Maßstab des § 32 SGB X zu messen. 34

VII. Auswahlentscheidung (Absatz 3)

Bei Vorliegen mehrerer Bewerbungen hat die Behörde eine Auswahlentscheidung unter den Bewerbern zu treffen, soweit sie geeignet sind. Der Rechtsanspruch auf Genehmigung (vgl. Rn. 30) reduziert sich auf einen Anspruch auf fehlerfreie Ermessensentscheidung, welcher aufgrund des gesetzlich eingeräumten Ermessensspielraums nur eingeschränkt gerichtlich überprüfbar ist. 35

Die **Geeignetheit** ergibt sich aus dem systematischen Zusammenhang des Absatzes 3 mit Absatz 1 und 2. Sie liegt vor, wenn grds. die Genehmigungsvoraussetzungen erfüllt sind, d.h. die Bewerber 36

- berechtigte Ärzte oder ärztliche geleitete Einrichtungen nach Absatz 1 sind und
- ein Rechtsanspruch auf Genehmigung nach Absatz 2 bestünde, sofern eine Bewerberkonkurrenz nicht vorläge.

Die **Auswahlentscheidung** bei Vorliegen mehrerer geeigneter Bewerber hat sich an folgenden Kriterien zu orientieren: 37

- der Fähigkeit eines Bewerbers zu einer optimierten Durchführung der Leistungserbringung,
- den öffentlichen Interessen und
- der Vielfalt der Bewerber.

---

[18] *Maurer*, Allgemeines Verwaltungsrecht, § 7 Rn. 48.

[19] Vgl. *Maurer*, Allgemeines Verwaltungsrecht, § 7 Rn. 49.

[20] Vgl. hierzu LSG Nordrhein-Westfalen v. 07.05.2003 - L 11 KA 197/01 - juris Rn. 39.

[21] So LSG Nordrhein-Westfalen v. 07.05.2003 - L 11 KA 197/01 - juris Rn. 42.

[22] Hierauf zu Recht hinweisend LSG Nordrhein-Westfalen v. 07.05.2003 - L 11 KA 197/01 - juris Rn. 42.

[23] BSG v. 28.09.2005 - B 6 KA 60/03 R.

38 Die Ermessensausübung erfordert die Abwägung der verschiedenen Belange. Liegen allerdings sämtliche Voraussetzungen bei jedem der Bewerber vor, so ist Sinn und Zweck der Norm bereits erreicht.[24] Ein Auswahlermessen besteht jedoch dann, wenn eine Genehmigung zwar bedarfsgerecht ist, die Genehmigung mehrerer Bewerber aber zur Ablehnung des Merkmals „Bedarfsgerechtigkeit" führen würde. Erst bei dieser Fallgestaltung wird eine Auswahl i.S.d. Gesetzes **„notwendig"**.

VIII. Zuständigkeit (Absatz 4)

39 § 121a Abs. 4 SGB V ist Vollzugsnorm i.S.d. Art. 84 Abs. 1 GG und regelt die Behördenzuständigkeit. Maßstab ist das Landesrecht. Als Auftragsangelegenheit haben einige Länder die Zuständigkeit für die Erteilung von Genehmigungen nach § 121a SGB V auf die **Ärztekammern** als Körperschaften des öffentlichen Rechts übertragen: so etwa § 6b Hessisches Heilberufsgesetz[25], § 9 Abs. 1 Nr. 1 Heilberufsgesetz Nordrhein-Westfalen[26] und § 8 Heilberufsgesetz Mecklenburg-Vorpommern[27].

40 Fehlen entsprechende Vorschriften, ist grds. der Zuständigkeitsbereich der **Landesregierung** bzw. eine von ihr ermächtigte andere Behörde gegeben.[28]

41 Die Genehmigungspraxis wird landesrechtlich in **Richtlinien** der Sozialministerien gefasst. Zum Ausdruck gelangt dies etwa in § 8 Heilberufsgesetz Mecklenburg-Vorpommern, wonach der Sozialminister den Gegenstand der Genehmigung, die Genehmigungsvoraussetzungen, das Antragsverfahren und die Gebühren in Richtlinien regelt.

C. Praxishinweise

42 Bei Streitigkeiten um die Genehmigung nach § 121a SGB V sind die **Sozialgerichte zuständig**. Das hatte bereits das BSG in seiner Entscheidung vom 16.08.2000[29] entschieden. Aufgrund der weiten Fassung des § 51 Abs. 1 Nr. 2 SGG seit dem 01.01.2002, nach welchem die Gerichte der Sozialgerichtsbarkeit in Angelegenheiten der gesetzlichen Krankenversicherung entscheiden, stellt sich die Problematik nicht mehr. Die Leistungserbringung auf der Basis des § 121a SGB V bezieht sich ausschließlich auf die nach den §§ 95 ff. SGB V berechtigten Leistungserbringer der GKV und begrenzen insoweit die freie Arztwahl des GKV-Versicherten. Zweifelsfrei stellt die Genehmigung eine ausschließliche GKV-Angelegenheit dar.

43 Zu prüfen ist weiterhin, ob die Durchführung eines Widerspruchsverfahrens Klagevoraussetzung ist. Eines Vorverfahrens bedarf es nämlich nach § 78 Abs. 1 Nr. 2 SGG nicht, wenn die Genehmigung, welche Verwaltungsakt i.S.d. § 31 SGB X ist, von der obersten Landesbehörde erlassen wurde (vgl. hierzu Rn. 39).

---

[24] So auch Hauck/Noftz, SGB V, § 121a Rn. 6.

[25] Gesetz über die Berufsvertretungen, die Berufsausübung, die Weiterbildung und die Berufsgerichtsbarkeit der Ärzte, Zahnärzte, Tierärzte, Apotheker, Psychologischen Psychotherapeuten und Kinder- und Jugendlichenpsychotherapeuten (Heilberufsgesetz) v. 07.02.2003, zul. geänd. am 20.12.2004 (GVBl. I, S. 506), abgedr. In: *Fuhr/Pfeil*, Hessische Verfassungs- und Verwaltungsgesetze, Textsammlung, Nr. 124.

[26] V. 09.05.2000, zul. geändert am 17.12.2002 (GV NRW, S. 641), abgedruckt in: *v. Hippel/Rehborn*, Gesetze des Landes Nordrhein-Westfalen, Textsammlung, Nr. 152.

[27] V. 22.01.1993, zul. geänd. am 07.01.2004 (GOVOBl. S. 12), abgedr. in: Beck'sche Textausgaben, Gesetze des Landes Mecklenburg-Vorpommern, Nr. 460.

[28] Wohl Bayern, Brandenburg, Berlin, Hamburg, Baden-Württemberg, Saarland, Niedersachsen, Thüringen, Sachsen, Sachsen-Anhalt.

[29] BSG v. 16.08.2000 - B 6 SF 1/00 R - SozR 3-1500 § 51 Nr. 26 S. 66.

Fünfter Abschnitt: Beziehungen zu Leistungserbringern von Heilmitteln

§ 124 SGB V Zulassung

(Ursprünglich kommentierte Fassung vom 14.11.2003, gültig ab 01.01.2004, gültig bis 27.12.2007)

(1) Heilmittel, die als Dienstleistungen abgegeben werden, insbesondere Leistungen der physikalischen Therapie, der Sprachtherapie oder der Ergotherapie, dürfen an Versicherte nur von zugelassenen Leistungserbringern abgegeben werden.

(2) Zuzulassen ist, wer

1. **die für die Leistungserbringung erforderliche Ausbildung sowie eine entsprechende zur Führung der Berufsbezeichnung berechtigende Erlaubnis besitzt,**
2. **über eine Praxisausstattung verfügt, die eine zweckmäßige und wirtschaftliche Leistungserbringung gewährleistet, und**
3. **die für die Versorgung der Versicherten geltenden Vereinbarungen anerkennt.**

Ein zugelassener Leistungserbringer von Heilmitteln ist in einem weiteren Heilmittelbereich zuzulassen, sofern er für diesen Bereich die Voraussetzungen des Satzes 1 Nr. 2 und 3 erfüllt und eine oder mehrere Personen beschäftigt, die die Voraussetzungen des Satzes 1 Nr. 1 nachweisen.

(3) Krankenhäuser, Rehabilitationseinrichtungen und ihnen vergleichbare Einrichtungen dürfen die in Absatz 1 genannten Heilmittel durch Personen abgeben, die die Voraussetzungen nach Absatz 2 Nr. 1 erfüllen; Absatz 2 Nr. 2 und 3 gilt entsprechend.

(4) Die Spitzenverbände der Krankenkassen gemeinsam geben Empfehlungen für eine einheitliche Anwendung der Zulassungsbedingungen nach Absatz 2 ab. Die für die Wahrnehmung der wirtschaftlichen Interessen maßgeblichen Spitzenorganisationen der Leistungserbringer auf Bundesebene sollen gehört werden.

(5) Die Zulassung wird von den Landesverbänden der Krankenkassen, den Verbänden der Ersatzkassen sowie der See-Krankenkasse erteilt. Die Zulassung berechtigt zur Versorgung der Versicherten.

(6) Die Zulassung kann widerrufen werden, wenn der Leistungserbringer nach Erteilung der Zulassung die Voraussetzungen nach Absatz 2 Nr. 1, 2 oder 3 nicht mehr erfüllt. Die Zulassung kann auch widerrufen werden, wenn der Leistungserbringer die Fortbildung nicht innerhalb der Nachfrist gemäß § 125 Abs. 2 Satz 3 erbringt. Absatz 5 Satz 1 gilt entsprechend.

§ 124 SGB V Zulassung

(Fassung vom 19.12.2007, gültig ab 28.12.2007, gültig bis 30.06.2008)

(1) Heilmittel, die als Dienstleistungen abgegeben werden, insbesondere Leistungen der physikalischen Therapie, der Sprachtherapie oder der Ergotherapie, dürfen an Versicherte nur von zugelassenen Leistungserbringern abgegeben werden.

(2) Zuzulassen ist, wer

1. **die für die Leistungserbringung erforderliche Ausbildung sowie eine entsprechende zur Führung der Berufsbezeichnung berechtigende Erlaubnis besitzt,**
2. **über eine Praxisausstattung verfügt, die eine zweckmäßige und wirtschaftliche Leistungserbringung gewährleistet, und**
3. **die für die Versorgung der Versicherten geltenden Vereinbarungen anerkennt.**

Ein zugelassener Leistungserbringer von Heilmitteln ist in einem weiteren Heilmittelbereich zuzulassen, sofern er für diesen Bereich die Voraussetzungen des Satzes 1 Nr. 2 und 3 erfüllt und eine oder mehrere Personen beschäftigt, die die Voraussetzungen des Satzes 1 Nr. 1 nachweisen.

(3) Krankenhäuser, Rehabilitationseinrichtungen und ihnen vergleichbare Einrichtungen dürfen die in Absatz 1 genannten Heilmittel durch Personen abgeben, die die Voraussetzungen nach Absatz 2 Nr. 1 erfüllen; Absatz 2 Nr. 2 und 3 gilt entsprechend.

(4) Die Spitzenverbände der Krankenkassen gemeinsam geben Empfehlungen für eine einheitliche Anwendung der Zulassungsbedingungen nach Absatz 2 ab. Die für die Wahrnehmung der wirtschaftlichen Interessen maßgeblichen Spitzenorganisationen der Leistungserbringer auf Bundesebene sollen gehört werden.

(5) Die Zulassung wird von den Landesverbänden der Krankenkassen *und* den Verbänden der Ersatzkassen erteilt. Die Zulassung berechtigt zur Versorgung der Versicherten.

(6) Die Zulassung kann widerrufen werden, wenn der Leistungserbringer nach Erteilung der Zulassung die Voraussetzungen nach Absatz 2 Nr. 1, 2 oder 3 nicht mehr erfüllt. Die Zulassung kann auch widerrufen werden, wenn der Leistungserbringer die Fortbildung nicht innerhalb der Nachfrist gemäß § 125 Abs. 2 Satz 3 erbringt. Absatz 5 Satz 1 gilt entsprechend.

Hinweis: § 124 SGB V in der Fassung vom 14.11.2003 wurde durch Art. 5 Nr. 5 des Gesetzes vom 19.12.2007 (BGBl I 2007, 3024) i.V.m. der Bek. vom 28.12.2007 (BGBl I 2007, 3305) mit Wirkung vom 28.12.2007 geändert. Die Autoren passen die Kommentierungen bei Bedarf an die aktuelle Rechtslage durch Aktualisierungshinweise an.

Gliederung

A. Basisinformationen

I. Textgeschichte/Gesetzgebungsmaterialien

1 § 124 SGB V wurde geändert durch das Masseur- und Physiotherapeutengesetz v. 26.05.1994[1], Gesetz v. 03.04.2003[2] und das GKV-Modernisierungsgesetz v. 24.11.2003[3]. Gesetzgebungsmaterialien finden sich in BT-Drs. 11/2237 zu § 133, BT-Drs. 15/1525 zu Nr. 88.[4]

II. Vorgängervorschriften

2 Eine direkte Vorläufervorschrift hat § 124 SGB V nicht, das Zulassungserfordernis ist neu durch das SGB V eingeführt worden.[5]

[1] BGBl I 1994, 1084.
[2] BGBl I 2003, 462.
[3] BGBl I 2003, 2190.
[4] BGBl I 2007, 378.
[5] BT-Drs. 11/2237 zu § 133.

III. Parallelvorschriften

Eine Parallelvorschrift findet sich in § 126 SGB V. Allerdings hat das GKV-Wettbewerbsstärkungsgesetz vom 26.03.2007 für die Hilfsmittellieferanten die formelle Zulassung als Leistungserbringer der gesetzlichen Krankenversicherung abgeschafft und durch vertragliche Vereinbarungen ersetzt. 3

IV. Systematische Zusammenhänge

§ 124 SGB V ist eine Regelung des (nichtärztlichen) Leistungserbringerrechts. Die Notwendigkeit des Leistungserbringerrechts rührt daher, dass die Versicherten der gesetzlichen Krankenkassen Ansprüche auf die Gewährung von Sachleistungen haben, die Krankenkassen aber außerstande sind, diese Ansprüche selbst zu befriedigen.[6] Sie bedienen sich dazu Dritter als **Leistungserbringer**. Dadurch entsteht ein Dreiecksverhältnis zwischen Krankenkasse, Versichertem und Leistungserbringer. Im Unterschied zu den Strukturen des Vertragsarztrechts gibt es im Recht der nichtärztlichen Leistungserbringer aber keine den Kassenärztlichen Vereinigungen vergleichbare Institutionen. § 124 SGB V regelt, wie für die Abgabe von Heilmitteln der Status eines Leistungserbringers der Krankenkassen erworben wird. 4

V. Ausgewählte Literaturhinweise

Knispel, Die Rechtsbeziehungen der Krankenkassen zu den nichtärztlichen Leistungserbringern im Lichte der Rechtsprechung des BSG, NZS 2004, 623-631. 5

B. Auslegung der Norm

I. Regelungsinhalt und Bedeutung der Norm

§ 124 SGB V regelt die Zulassung zur Versorgung der Versicherten mit Heilmitteln. Absatz 1 Satz 1 enthält den Grundsatz, dass nur zugelassene Leistungserbringer Heilmittel an Versicherte abgeben dürfen. Die Voraussetzungen der Zulassung finden sich in Absatz 2: Die Leistungserbringer müssen die erforderliche Ausbildung und die Erlaubnis zur Führung einer entsprechenden Berufsbezeichnung besitzen, eine Praxisausstattung vorhalten, welche eine zweckmäßige und wirtschaftliche Leistungserbringung garantiert, und die für die Versorgung der Versicherten geltenden Vorschriften anerkennen. Absatz 2 Satz 2 ermöglicht die erleichterte Zulassung eines bereits zugelassenen Leistungserbringers für einen weiteren Heilmittelbereich. Absatz 3 lässt sich entnehmen, dass Heilmittel nicht nur von dazu besonders zugelassenen (selbständigen) Leistungserbringern, sondern auch in Krankenhäusern und Rehabilitationseinrichtungen abgegeben werden dürfen, sofern die handelnden Personen die besonderen persönlichen Qualifikationsvoraussetzungen erfüllen; die übrigen Regeln der Heilmittelversorgung gelten entsprechend. Den Spitzenverbänden der Krankenkassen wird in Absatz 4 auferlegt, gemeinsam Empfehlungen für die einheitliche Handhabung der Zulassungsbedingungen zu formulieren, dabei sollen die Verbände der Leistungserbringer auf Bundesebene vorher gehört werden. Absatz 5 enthält eine Zuständigkeitsregelung. Die Landesverbände der Krankenkassen entscheiden zusammen mit den Verbänden der Ersatzkasse und der Seekasse über die Zulassung. Absatz 6 schließlich regelt den Widerruf einer bereits erteilten Zulassung. Der Widerruf erfolgt, wenn der Inhaber nicht mehr die Voraussetzungen für die Erteilung einer Zulassung erfüllt. Der Widerruf ist auch möglich, wenn die nach § 125 SGB V bestehende Pflicht zur Fortbildung nicht erfüllt wurde. Zuständig für den Widerruf sind dieselben Stellen wie zur Erteilung der Zulassung. 6

II. Normzweck

§ 124 SGB V behält die Versorgung der Versicherten mit Heilmitteln den zugelassenen Leistungserbringern vor und regelt die Voraussetzungen der Erteilung und des Widerrufs einer Zulassung. Die Vorschrift tritt so neben § 32 SGB V, wo der Anspruch des Versicherten gegen seine Krankenkasse auf Versorgung mit Heilmitteln geregelt ist, und § 125 SGB V, der Rechtsgrundlage für die weitere Ausgestaltung des Verhältnisses zwischen Leistungserbringer und Krankenkasse bei der Abgabe von Heilmitteln an Versicherte ist. 7

[6] Vgl. *Steege*, Festschrift 50 Jahre Bundessozialgericht, S. 522.

III. Heilmittelbegriff

8 Die Rechtsprechung des BSG definiert Heilmittel mittlerweile als **medizinische Dienstleistungen**, welche nur von entsprechend ausgebildeten Personen mit berufspraktischen Erfahrungen erbracht werden dürfen.[7] Gemeint sind insbesondere die Dienstleistungen, welche Gegenstand der vom Bundesausschuss der Ärzte und Krankenkassen (jetzt: Gemeinsamer Bundesausschuss) beschlossenen Richtlinie über die Verordnung von Heilmitteln in der vertragsärztlichen Versorgung v. 06.02.2001[8] sind, also Maßnahmen der Physikalischen Therapie, der Stimm-, Sprech- und Sprachtherapie, der Ergotherapie und der Fußpflege[9]. Allerdings wird der Heilmittelbegriff nicht abschließend durch die Heilmittelrichtlinie definiert. Unter den Begriff fallen auch sonstige persönlich zu erbringende qualifizierte medizinische Dienstleistungen, wobei dann allerdings regelmäßig problematisch sein wird, ob ein entsprechender Leistungsanspruch des Versicherten besteht.[10] Die Frage nach dem Leistungsanspruch hat jedenfalls den Vorrang vor einer Zulassung entsprechender Anbieter, weil das Leistungserbringerrecht nicht die Aufgabe haben kann, medizinische Dienstleistungen bereitzustellen, auf die der Versicherte keinen Anspruch hat. Die Definition der Heilmittel als medizinisch geprägte Dienstleistungen hat sich erst unter der Geltung des SGB V durchgesetzt, vorher wurden unter Heilmitteln auch bestimmte Sachleistungen verstanden. Daraus erklärt sich die Formulierung in Absatz 1 „Heilmittel, die als Dienstleistungen abgegeben werden".

IV. Zulassungsvoraussetzungen

1. Berufsrechtliche Qualifikation

9 Voraussetzung für die Zulassung ist zunächst der Besitz einer für die Leistungserbringung erforderlichen Ausbildung und die Erlaubnis, eine **entsprechende Berufsbezeichnung** zu führen. Das betrifft die medizinischen Dienstleistungen, die Gegenstand eines staatlich anerkannten Heilhilfsberufes sind. In Frage kommen die physiotherapeutischen Berufe[11], die sprachtherapeutischen Berufe[12] und die ergotherapeutischen Berufe[13] und der Beruf des Podologen[14]. Soweit eine besondere Berufsausbildung Voraussetzung für die Ausübung eines Heilmittelberufes ist, dürfen die Krankenkassen die persönliche Qualifikation der Bewerber allein daraufhin prüfen, ob die berufsrechtlich erforderliche Qualifikation formal vorhanden ist oder nicht. Weitere Zulassungsanforderungen dürfen nicht gestellt werden, nach der Rechtsprechung des BSG hat der Berufsabschluss **Tatbestandswirkung** hinsichtlich der fachlichen Eignung des Bewerbers.[15] Da der Heilmittelbegriff grundsätzlich offen ist, können außerhalb der berufsrechtlich geregelten Bereiche aber auch Personen eine Zulassung erhalten, welche keine der für die klassischen Heilmittelberufe kennzeichnenden Ausbildungen durchlaufen haben. Angesichts der Definition der Heilmittel als medizinische Dienstleistungen ist indessen eigentlich nicht vorstellbar, dass solche neuartigen Heilmittel gänzlich ohne Ausbildung sachgerecht verabreicht werden könnten. Ausreichend für den Beleg der Qualifikation kann in solchen Fällen ein Hochschulabschluss oder die Anerkennung durch einen Berufsverband sein, wenn dafür bestimmte qualitative Kriterien erfüllt sein müssen.[16] Als ungeschriebene Voraussetzung der Zulassungserteilung verlangt die Rechtsprechung neben der fachlichen Eignung noch die persönliche Eignung und Zuverlässigkeit.[17]

---

7 BSG v. 28.06.2001 - B 3 KR 3/00 R - BSGE 88, 204, 212; BSG v. 30.01.2001 - B 3 KR 6/00 R - SozR 3-2500 § 33 Nr. 39; zur Abgrenzung von der Behandlungspflege vgl. BSG v. 13.06.2006 - 8 KN 4/04 KR R.

8 BAnz 2001, Beilage Nr. 118 a.

9 Zu letzteren DÄBl 2002, A 1995.

10 Vgl. dazu BSG v. 19.03.2002 - B 1 KR 36/00 R - SozR 3-2500 § 138 Nr. 2 sowie die §§ 34 Abs. 4, 32 Abs. 1 SGB V in der seit dem 01.01.2004 geltenden Fassung.

11 Gesetz über die Berufe in der Physiotherapie (Masseur- und Physiotherapeutengesetz) v. 26.05.1994, BGBl I 1994, 1084.

12 Gesetz über den Beruf des Logopäden v. 07.05.1980, BGBl I 1980, 529.

13 Gesetz über den Beruf der Ergotherapeutin und des Ergotherapeuten (Ergotherapeutengesetz) v. 25.05.1976, BGBl I 1976, 1246.

14 Gesetz über den Beruf der Podologin und des Podologen v. 02.12.2001, BGBl I 2001, 3320.

15 BSG v. 29.11.1996 - 3 RK 36/94 - SozR § 124 Nr. 2.

16 BSG v. 25.09.2001 - B 3 KR 13/00 R - SozR 3-2500 § 124 Nr. 9, *Knittel* in: Krauskopf, SozKV, § 124 Rn. 9.

17 BSG v. 13.12.2001 - B 3 KR 19/00 R - SozR 3-2500 § 124 Nr. 10.

Nach der bis zum 30.04.2003 geltenden Rechtslage waren neben der beruflichen Qualifikation auch berufspraktische Erfahrungen von mindestens 2 Jahren Dauer erforderlich.[18] Seitdem ist dieses Erfordernis aufgehoben, so dass nunmehr eine Zulassung auch unmittelbar nach Abschluss der Berufsausbildung erfolgen kann. Weiter ist zu erwarten, dass die „besonderen berufspraktischen Erfahrungen" auch bei der vom BSG verwendeten Definition des Heilmittelbegriffes entfallen werden. 10

2. Persönliche Voraussetzungen

Nach der Konzeption des Gesetzes sind Heilmittel persönliche Dienstleistungen, was dafür sprechen würde, dass allein natürliche Personen als Leistungserbringer zugelassen werden können. Das BSG hat indessen unter Berufung auf die Verfassungsrang habende Berufsfreiheit auch die Zulassung **juristischer Personen** als Leistungserbringer für möglich erachtet, sofern die einschlägigen berufsrechtlichen Regelungen die Ausübung des Heilmittelberufes auch durch eine juristische Person gestatten.[19] Unter dieser Voraussetzung darf der Zulassung einer juristischer Personen kein sozialversicherungsrechtlicher Einwand mehr entgegengesetzt werden. Für diese Auffassung spricht, dass das BSG auch im Übrigen die berufsrechtliche Qualifikation für vorgreiflich und abschließend hält, wenn es um die Frage der fachlichen Eignung zur Versorgung der Versicherten geht. Möglich ist auch die Zulassung einer BGB-Gesellschaft.[20] 11

Eigentlicher Inhalt des Absatzes 2 Satz 2 ist die **Erleichterung** der Möglichkeit, **bereichsübergreifende Praxen** zu gründen. Der Gesetzgeber erlaubt mit dieser durch das Gesetz über die Berufe in der Physiotherapie (Masseur- und Physiotherapeutengesetz)[21] eingeführten Regelung einem bereits zugelassenen Leistungserbringer die Ausdehnung seiner Tätigkeit auf Bereiche, für die ihm selbst die erforderliche fachliche (berufsrechtliche) Qualifikation fehlt, bereits dann, wenn ein anderer beschäftigt wird, der diese Qualifikation mitbringt. Die Regelung enthält einen Dispens von dem ansonsten geltenden Erfordernis, dass die erforderliche Qualifikation bei der für die Leitung des Betriebs erforderlichen Stelle vorhanden sein muss. 12

3. Praxisausstattung und Anerkennung geltender Vereinbarungen

Absatz 2 Nr. 2 verlangt von dem Zulassungsbewerber eine Praxisausstattung, welche eine zweckmäßige und wirtschaftliche Leistungserbringung gewährleistet. Es handelt sich dabei um eine verfassungsrechtlich zulässige Berufsausübungsregelung[22], die das Gebot beinhaltet, zu **Behandlungszwecken taugliche Praxisräume** zu unterhalten[23]. Die Konkretisierung im Einzelfall dürfte nicht immer ganz einfach sein, das BSG hat beispielsweise eine Mindestraumhöhe von 2,50 m für einen Masseur und medizinischen Bademeister gefordert.[24] 13

Nach Absatz 2 Nr. 3 muss der Zulassungsbewerber die für die Versorgung der Versicherten geltenden Vereinbarungen anerkennen. Gemeint sind damit die **Rahmenempfehlungen** und **Verträge** nach § 125 Abs. 1 und 2 SGB V. Die Pflicht zur Anerkennung geltender Verträge hat dynamischen Inhalt, weil sie sich auf die Verträge in der jeweils geltenden Fassung bezieht. Verfassungsrechtlich handelt es sich um eine Berufsausübungsregelung, deren Rechtfertigung darin liegt, dass der Gesetzgeber allein die Verbände der Leistungserbringer für stark genug hält, angemessene Verträge mit der Krankenkassenseite zu schließen.[25] 14

4. Rahmenempfehlungen über Zulassungsbedingungen

Absatz 4 wendet sich an die Spitzenverbände der Krankenkassen. Diese setzen sich nach § 213 Abs. 1 SGB V aus den Bundesverbänden der Krankenkassen, der Bundesknappschaft, den Verbänden der Krankenkassen und der See-Krankenkasse zusammen. Die Spitzenverbände der Krankenkassen haben zwar entsprechend der Regelung in Absatz 4 Rahmenempfehlungen über die Anwendung der Zulassungsbedingungen verabschiedet. **Rechtliche Bedeutung** haben diese Empfehlungen aber **nicht er-** 15

[18] Abs. 2 Nr. 2 alter Fassung, aufgehoben durch Gesetz v. 03.04.2003 (BGBl I 2003, 462).
[19] BSG v. 29.11.1995 - 3 RK 36/94 - SozR 3-2500 § 124 Nr. 2.
[20] BSG v. 28.02.1996 - 3 RK 5/95 - SozR 3-2500 § 124 Nr. 4.
[21] V. 26.05.1994, BGBl I 1994, 1084.
[22] BSG v. 27.03.1996 - 3 RK 25/95 - SozR 3-2500 § 124 Nr. 5.
[23] *Knittel* in: Krauskopf, SozKV, § 124 Rn. 12.
[24] BSG v. 27.03.1996 - 3 RK 25/95 - SozR 3-2500 § 124 Nr. 5.
[25] BSG v. 17.01.1996 - 3 RK 2/95 - SozR 3-2500 § 124 Nr. 3.

langt, weil sie keine verbindlichen Rechtssätze mit Außenwirkung, sondern lediglich Verwaltungsbinnenrecht darstellen.[26] Deswegen kommt es für die Zulassung allein auf die in § 124 SGB V selbst zu findenden Rechtssätze an.

V. Zulassungsanspruch

16 Es besteht ein Rechtsanspruch auf Zulassung, wenn ein Bewerber die in Absatz 2 bestimmten Voraussetzungen erfüllt.[27] Zusätzliche Forderungen an den Bewerber dürfen nicht gestellt werden.[28] Es kommt auch nicht darauf an, ob die Zulassung eines weiteren Bewerbers erforderlich ist, um den Behandlungsbedarf der Versicherten zu decken. Bereits das Gesetz formuliert einen **unbedingten Rechtsanspruch** des Bewerbers bei Erfüllung der Voraussetzungen des Absatzes 2 („zuzulassen ist"), zusätzliche, über das Gesetz hinausgehende Einschränkungen wären mit der grundgesetzlich garantierten Berufsfreiheit (Art. 12 GG) unvereinbar.

VI. Zulassungsverfahren

17 **Zuständig** für die Erteilung einer Zulassung sind nach Absatz 5 zunächst die Landesverbände der Krankenkassen. Landesverbände haben nach § 207 Abs. 1 SGB V die Ortskrankenkassen, die Betriebskrankenkassen und die Innungskrankenkassen zu bilden. Beteiligt bei der Zulassung sind daneben noch die Verbände der Ersatzkassen und die Seekasse. Die Ersatzkassen sind nach § 212 Abs. 5 SGB V berechtigt, sich zu Verbänden zusammenzuschließen. Zurzeit bestehen in der Rechtsform eingetragener Vereine der Verband der Angestelltenersatzkassen und der Arbeiterersatzkassen.

18 Die erteilte Zulassung stellt einen Verwaltungsakt im Sinne des § 31 SGB X dar. Die Zulassung hat die **Wirkung**, dass der Bewerber zur Versorgung der Versicherten berechtigt ist. Sie gilt nach der Rechtsprechung des BSG bundesweit, obwohl sie von den Landesverbänden der Krankenkassen, den Verbänden der Ersatzkassen und der Seekasse getrennt nach Kassenarten erteilt wird.[29] Das BSG begründet seine Auffassung damit, dass der sachliche Entscheidungsspielraum der Krankenkassenverbände ohnehin eingeschränkt und kein Grund ersichtlich sei, welcher eine erneute Prüfung der Zulassung durch einen anderen Landesverband rechtfertigen könnte. Erst die Erteilung der Zulassung ermöglicht, dass Heilmittel zu Lasten der Krankenkassen abgegeben werden können. Die Zulassung hat keine Rückwirkung, so dass vorher erbrachte Leistungen von ihrer Wirkung nicht erfasst werden können.[30]

19 § 124 SGB V verlangt nicht, dass Heilmittel nur durch die zugelassene Person selbst abgegeben werden dürfen. Dass ein zugelassener Heilmittelerbringer auch auf **andere Personen zurückgreifen** kann, wenn sie die berufsrechtlich erforderliche Ausbildung zur Ausübung der medizinischen Dienstleistung vorweisen können, ergibt sich jedenfalls aus Absatz 2 Satz 2 und wird auch sonst in der Rechtsprechung anerkannt.[31] Dabei ist der Beschäftigungsstatus unerheblich, es kann sich sowohl um Angestellte als auch um freie Mitarbeiter handeln.[32]

20 Da nach Absatz 2 Nr. 2 die räumlichen Verhältnisse der Praxis für die Zulassung als Heilmittelerbringer erheblich sind, ist eine erteilte Zulassung nicht nur an eine Person, sondern auch an **bestimmte Räumlichkeiten gebunden**. Wird die Betriebsstätte verlegt oder eine Filiale gegründet, dann ist die Neuerteilung der Zulassung notwendig. Ohne Zulassung dürfen Leistungserbringer grundsätzlich keine Heilmittel an Versicherte der gesetzlichen Krankenversicherung abgeben. Ausnahmen gelten für die in Absatz 3 genannten Einrichtungen und auch für Ärzte.

21 § 124 Abs. 5 SGB V enthält eine **Sonderregelung** über den **Widerruf der Zulassung** für den Fall, dass der Leistungserbringer die Voraussetzungen für die Zulassung im Nachhinein nicht mehr erfüllt oder seiner gesetzlichen Pflicht zur Fortbildung nicht nachkommt. Verantwortlich ist der Zulassungsinhaber insoweit nicht nur für sich selber, sondern auch für etwaige Angestellte und freie Mitarbeiter, die er in seiner Praxis einsetzt. § 124 Abs. 5 SGB V ist eine Sondervorschrift nur zu § 48 SGB X, nicht

[26] BSG v. 27.03.1996 - 3 RK 25/95 - SozR 3-2500 § 124 Nr. 5; BSG v. 10.07.1997 - 3 RK 10/96 - SozR 3-2500 § 124 Nr. 8.

[27] BSG v. 13.12.2001 - B 3 KR 19/00 R - SozR 3-2500 § 124 Nr. 10; BSG v. 29.11.1995 - 3 RK 33/94 - SozR 3-2500 § 124 Nr. 1.

[28] *Knittel* in: Krauskopf, SozKV, § 124 Rn. 6.

[29] BSG v. 23.01.2003 - B 3 KR 7/02 R - SozR 4-2500 § 33 Nr. 1.

[30] BSG v. 15.10.1996 - 3 RK 32/95 - SozR 3-2500 § 124 Nr. 7.

[31] BSG v. 29.11.1995 - 3 RK 33/94 - SozR 3-2500 § 124 Nr. 1.

[32] *Knittel* in: Krauskopf, SozKV, § 124 Rn. 17.

aber zu § 45 SGB X, der weiter anwendbar bleibt.[33] § 124 Abs. 5 SGB V stellt die Entziehung der Zulassung nicht in das Ermessen des für die Erteilung zuständig gewesenen Krankenkassenverbandes. Trotz Verwendung des Wortes „kann" handelt es sich um eine gebundene Entscheidung.

VII. Zulassung kraft Gesetzes

Absatz 3 ermöglicht die Abgabe von Heilmitteln durch **Krankenhäuser und Rehabilitationseinrichtungen** sowie vergleichbare Einrichtungen, wenn in ihnen Personen beschäftigt werden, welche hinsichtlich ihrer Qualifikation die Voraussetzungen des Absatzes 2 Nr. 1 erfüllen, und wenn die erforderliche Praxisausstattung gegeben ist. Die Berechtigung zur Leistungserbringung wird nicht an eine ausdrückliche Zulassung geknüpft, sondern besteht kraft Gesetzes, wenn die Voraussetzungen erfüllt sind. Absatz 3 betrifft nur Behandlungen außerhalb der eigentlichen Krankenhaus- bzw. Rehabilitationsbehandlung. Für Heilmittel, die im Rahmen einer laufenden Krankenhausbehandlung oder einer Rehabilitation abgegeben werden, ist eine gesonderte Regelung nämlich überflüssig, weil es sich insoweit um Gesamtleistungen handelt. Absatz 3 ermöglicht vielmehr, für die „normale" ambulante Behandlung auf die in Kliniken vorhandenen Möglichkeiten zurückzugreifen. Insoweit gelten dann auch die für die anderen Leistungserbringer maßgeblichen Vereinbarungen nach § 125 SGB V. 22

C. Praxishinweise

Wird die Erteilung einer Zulassung verweigert, kann einstweiliger Rechtsschutz über § 86b Abs. 2 SGG gewährt werden. Der Erlass einer auf die vorläufige Zulassung gerichteten einstweiligen Anordnung wird vor dem Hintergrund der Gewährung eines effektiven Rechtsschutzes insbesondere dann in Frage kommen, wenn der Zulassungsanspruch offensichtlich besteht. Wird eine Zulassung entzogen, so haben Widerspruch und Klage gegen den entsprechenden Verwaltungsakt schon nach dem Gesetz grundsätzlich aufschiebende Wirkung (§ 86a Abs. 1 SGG). Soweit die Zulassungsbehörde die sofortige Vollziehung der entziehenden Entscheidung angeordnet hat, erfordert dies eine konkret drohende Gefährdung wichtiger Rechtsgüter.[34] 23

D. Reformbestrebungen

Auf der Grundlage des GKV-Wettbewerbsstärkungsgesetzes vom 26.03.2007[35] werden mit Wirkung vom 01.07.2008 an in Absatz 4 Satz 1 die Wörter „Die Spitzenverbände der Krankenkassen gemeinsam geben" durch die Wörter „Der Spitzenverband Bund der Krankenkassen gibt" ersetzt und in Absatz 5 Satz 1 die Wörter „Verbänden der" gestrichen. Angefügt wird auch folgender Absatz 7: „Die am 30. Juni 2008 bestehenden Zulassungen, die von den Verbänden der Ersatzkassen erteilt wurden, gelten als von den Ersatzkassen gemäß Absatz 5 erteilte Zulassungen weiter. Absatz 6 gilt entsprechend." 24

[33] *Knittel* in: Krauskopf, SozKV, § 124 Rn. 24.
[34] *Knispel*, NZS 2004, 623, 627.
[35] BGBl I 2007, 378.

§ 125 SGB V Rahmenempfehlungen und Verträge

(Fassung vom 26.03.2007, gültig ab 01.04.2007, gültig bis 30.06.2008)

(1) Die Spitzenverbände der Krankenkassen gemeinsam und einheitlich und die für die Wahrnehmung der Interessen der Heilmittelerbringer maßgeblichen Spitzenorganisationen auf Bundesebene sollen unter Berücksichtigung der Richtlinien nach § 92 Abs. 1 Satz 2 Nr. 6 gemeinsam Rahmenempfehlungen über die einheitliche Versorgung mit Heilmitteln abgeben; es kann auch mit den für den jeweiligen Leistungsbereich maßgeblichen Spitzenorganisationen eine gemeinsame entsprechende Rahmenempfehlung abgegeben werden. Vor Abschluß der Rahmenempfehlungen ist der Kassenärztlichen Bundesvereinigung Gelegenheit zur Stellungnahme zu geben. Die Stellungnahme ist in den Entscheidungsprozeß der Partner der Rahmenempfehlungen einzubeziehen. In den Rahmenempfehlungen sind insbesondere zu regeln:

1. **Inhalt der einzelnen Heilmittel einschließlich Umfang und Häufigkeit ihrer Anwendungen im Regelfall sowie deren Regelbehandlungszeit,**
2. **Maßnahmen zur Fortbildung und Qualitätssicherung, die die Qualität der Behandlung, der Versorgungsabläufe und der Behandlungsergebnisse umfassen,**
3. **Inhalt und Umfang der Zusammenarbeit des Heilmittelerbringers mit dem verordnenden Vertragsarzt,**
4. **Maßnahmen der Wirtschaftlichkeit der Leistungserbringung und deren Prüfung und**
5. **Vorgaben für Vergütungsstrukturen.**

(2) Über die Einzelheiten der Versorgung mit Heilmitteln, über die Preise, deren Abrechnung und die Verpflichtung der Leistungserbringer zur Fortbildung schließen die Krankenkassen, ihre Verbände oder Arbeitsgemeinschaften Verträge mit Leistungserbringern oder Verbänden oder sonstigen Zusammenschlüssen der Leistungserbringer; die vereinbarten Preise sind Höchstpreise. Für den Fall, dass die Fortbildung gegenüber dem jeweiligen Vertragspartner nicht nachgewiesen wird, sind in den Verträgen nach Satz 1 Vergütungsabschläge vorzusehen. Dem Leistungserbringer ist eine Frist zu setzen, innerhalb derer er die Fortbildung nachholen kann.

Gliederung

A. Basisinformationen

I. Textgeschichte/Gesetzgebungsmaterialien

§ 125 SGB V wurde geändert durch das Gesundheitsstrukturgesetz v. 21.12.1992[1], Gesetz v. 23.06.1997[2], GKV-Solidaritätsstärkungsgesetz v. 19.12.1998[3] und GKV-Modernisierungsgesetz v. 14.11.2003[4] und GKV-Wettbewerbsstärkungsgesetz v. 26.03.2007[5]. Gesetzgebungsmaterialien finden sich in BT-Drs. 11/2237 zu § 134, BT-Drs. 14/24 zu Nr. 21, BT-Drs. 15/1525 zu Nr. 89 und BT-Drs. 16/3100 zu Nr. 91. 1

II. Vorgängervorschriften

Als Vorgängervorschrift ist § 376d RVO anzusehen. 2

III. Parallelvorschriften

Eine sachlich vergleichbare Regelung enthält § 127 SGB V, der die Hilfsmittelempfänger betrifft. 3

IV. Systematische Zusammenhänge

Vgl. zunächst grundsätzlich die Kommentierung zu § 124 SGB V Rn. 4. § 125 SGB V enthält die Rechtsgrundlage für die Ausgestaltung der rechtlichen Beziehungen zwischen Heilmittelerbringer und Krankenkassen, soweit sie über die Zulassung hinausgehen. 4

V. Ausgewählte Literaturhinweise

Knispel, Die Rechtsbeziehungen der Krankenkassen zu den nichtärztlichen Leistungserbringern im Lichte der Rechtsprechung des BSG, NZS 2004, 623-631. 5

B. Auslegung der Norm

I. Regelungsinhalt und Bedeutung der Norm

§ 125 SGB V ist Rechtsgrundlage für Rahmenempfehlungen und Verträge, mit denen die Einzelheiten der Versorgung der Versicherten mit Heilmitteln im Verhältnis zwischen Krankenkassen und Leistungserbringern geregelt werden. Absatz 1 regelt die Rahmenempfehlungen, Absatz 2 die Verträge. Rahmenempfehlungen werden auf Bundesebene von den Spitzenverbänden der Krankenkassen und den Spitzenorganisationen der Heilmittelerbringer abgegeben, die Kassenärztliche Bundesvereinigung ist anzuhören. **Rahmenempfehlungen** sollen die Einheitlichkeit der Hilfsmittelversorgung gewährleisten und dabei insbesondere Regelungen enthalten über den Inhalt der Heilmittel, die Häufigkeit der Anwendung und die Regelbehandlungszeit, Maßnahmen zur Fortbildung und Qualitätssicherung, die Zusammenarbeit des Leistungserbringers mit dem verordnenden Vertragsarzt, die Sicherstellung der Wirtschaftlichkeit und ihre Prüfung sowie Vorgaben für Vergütungsstrukturen. Die **Verträge nach Absatz 2** werden geschlossen zwischen einzelnen Krankenkassen, ihren Verbänden oder Arbeitsgemeinschaften auf der einen und den Leistungserbringern, ihren Verbänden oder Arbeitsgemeinschaften auf der anderen Seite. Sie sollen Einzelheiten enthalten über die Versorgung mit Heilmitteln, die Preise und ihre Abrechnung sowie die Verpflichtung der Leistungserbringer zur Fortbildung. Ausdrücklich vorzusehen sind auch Preisabschläge für den Fall, dass ein Leistungserbringer an der vereinbarten Fortbildung nicht teilnimmt, und Fristen für die Nachholung der Fortbildung. 6

---

1 BGBl I 1992, 2266.
2 BGBl I 1997, 1520.
3 BGBl I 1998, 3853.
4 BGBl I 2003, 2190.
5 BGBl I 2007, 378.

II. Normzweck

7 Auf der Grundlage des § 125 SGB V sollen die **Beziehungen** zwischen zugelassenen Heilmittelerbringern und Krankenkassen **geregelt** werden. Wie auch sonst im Bereich der nichtärztlichen Leistungserbringer setzt der Gesetzgeber im Wesentlichen darauf, dass die Beteiligten (Leistungserbringer und Krankenkassen) ihre Interessen alleine wahrnehmen können und die erforderlichen Regelungen durch vertragliche Vereinbarung selbst gestalten. Dementsprechend enthält die Vorschrift im Wesentlichen **Verfahrensvorschriften** über die Zuständigkeit zum **Vertragsschluss** und einige **inhaltliche Vorgaben** für die abzuschließenden Empfehlungen und Verträge. Die auf der Grundlage des § 125 SGB V geschaffenen Vereinbarungen treten neben § 124 SGB V und die den Leistungsanspruch des Versicherten regelnde Vorschrift des § 32 SGB V.

III. Rahmenempfehlungen

8 Rahmenempfehlungen werden abgegeben auf **Bundesebene** von den Spitzenverbänden der Krankenkassen und den Spitzenorganisationen der Heilmittelerbringer.[6] Spitzenverbände der Krankenkassen sind nach § 213 SGB V die Bundesverbände der Krankenkassen, die Bundesknappschaft, die Verbände der Ersatzkassen und die See-Krankenkasse. Die Spitzenverbände sind nach § 213 Abs. 2 SGB V gehalten, nach außen hin eine einheitliche Haltung zu zeigen. Absatz 1 setzt voraus, dass es auf Bundesebene Spitzenorganisationen der Heilmittelerbringer in den jeweiligen Berufsbereichen gibt, die Vorschrift enthält deswegen dazu keine weiteren Vorgaben. Das Abgeben gemeinsamer Rahmenempfehlungen bedeutet der Sache nach, dass sich Spitzenverbände der Krankenkassen und Spitzenorganisationen der Heilmittelerbringer auf einen gemeinsamen Text einigen sollen. Absatz 1 sieht in Satz 1 Halbsatz 2 die Möglichkeit vor, dass Rahmenempfehlungen beschränkt auf besondere Bereiche der Heilmittelversorgung formuliert werden. In diesem Falle muss für die Leistungserbringer nur die jeweils fachlich zuständige Spitzenorganisation beteiligt werden. Die Kassenärztliche Bundesvereinigung ist vor Abschluss der Rahmenempfehlungen zu hören und ihre Stellungnahme in die Entscheidungsfindung einzubeziehen. Das stellt aber lediglich eine verfahrensrechtliche Regelung dar, aus der sich keine inhaltlichen Vorgaben ableiten lassen.[7] Der Gesetzgeber hat den Beteiligten noch die Berücksichtigung der Heilmittelrichtlinien des Gemeinsamen Bundesausschusses aufgegeben und auch formuliert, welche Gegenstände in den Rahmenempfehlungen behandelt werden sollen (vgl. im Einzelnen Absatz 1 Satz 4). Nach der Rechtsprechung des BSG verletzt es nicht die Kompetenz der Partner der Rahmenempfehlungen, wenn der Gemeinsame Bundesausschuss in seinen Richtlinien Hinweise zur wirtschaftlichen Verordnung von Heilmitteln erteilt.[8] **Rahmenempfehlungen** sind rechtlich **nicht verbindlich**.[9] Sie stellen damit – wie schon ihre Bezeichnung zum Ausdruck bringt – tatsächlich nicht mehr als eine Empfehlung dar, an der sich die Parteien der nach Absatz 2 abzuschließenden Verträge ausrichten können. Der Gesetzgeber hat kein Verfahren für den Fall vorgesehen, dass eine Rahmenempfehlung nicht zustande kommt.

IV. Verträge

9 Der Gesetzgeber geht davon aus, dass Verträge nach Absatz 2 geschlossen werden. Zu der Fassung der Vorschrift bis zur Änderung durch das GKV-Wettbewerbsstärkungsgesetz hat die Rechtsprechung angenommen, dass eine **Bindungswirkung** der von den Krankenkassenverbänden abgeschlossenen Verträge für die einzelnen Krankenkassen auch ohne besondere Vollmacht kraft normativer Wirkung eintrat.[10] Weiter hat die Rechtsprechung aus der Tatsache, dass das Gesetz in Absatz 2 (alter Fassung) die Zuständigkeit zum Vertragsschluss in die Hände eines Krankenkassenverbandes gelegt hatte, gefolgert, dass eine einzelne Krankenkasse jedenfalls dann nicht abschließen darf, wenn bereits ein Kassen-

---

[6] Vgl. dazu die Gemeinsamen Rahmenempfehlungen gemäß § 125 Abs. 1 SGB V über die einheitliche Versorgung mit Heilmitteln zwischen den Spitzenverbänden der Krankenkassen und den maßgeblichen Spitzenorganisationen der Heilmittelerbringer auf Bundesebene v. 01.10.2002 in der Fassung v. 17.01.2005 sowie die Gemeinsame Rahmenempfehlung gemäß § 125 Abs. 1 SGB V über die einheitliche Versorgung mit Heilmitteln zwischen den Spitzenverbänden der Krankenkassen und den maßgeblichen Spitzenorganisationen der Heilmittelerbringer auf Bundesebene im Bereich der Podologie v. 01.08.2002.

[7] *Kranig* in: Hauck/Noftz, SGB V, K § 125 Rn. 4.

[8] BSG v. 29.11.2006 - B 6 KA 7/06 R.

[9] *Kranig* in: Hauck/Noftz, SGB V, K § 125 Rn. 5

[10] BSG v. 17.04.1996 - 3 RK 19/95 - SozR 3-2500 § 19 Nr. 2.

verband tätig geworden ist.[11] Beide Annahmen lassen sich unter der nunmehrigen Fassung der Vorschrift, die Krankenkassen, ihre Verbände und Arbeitsgemeinschaften gleichberechtigt nebeneinander stellt, um so die Gestaltungsmöglichkeiten zu erweitern und den Wettbewerb zu fördern,[12] nicht mehr halten.

Bei den Leistungserbringern war schon früher unbestritten, dass sie durch einen Vertrag nur dann gebunden werden, wenn sie den Vertrag selbst geschlossen haben. Bei Vertragsschluss durch einen Verband der Leistungserbringer setzt die unmittelbare Bindung des einzelnen Leistungserbringers demnach voraus, dass dieser dem Verband eine entsprechende Abschlussvollmacht erteilt hat, beziehungsweise dass eine solche in der Verbandssatzung vorgesehen ist. Ist beides nicht der Fall, kann die Bindungswirkung indessen noch über § 124 Abs. 2 Nr. 3 SGB V eintreten, weil die Anerkennung der für die Versorgung der Versicherten geltenden Vereinbarungen in ihrer jeweiligen Gestalt Voraussetzung der Zulassung ist.[13] Dann muss der einzelne Leistungserbringer der Vereinbarung aber nach ihrem räumlichen und sachlichen Geltungsbereich unterfallen. 10

1. Vertragsschluss

Verträge nach Absatz 2 werden geschlossen zwischen den Krankenkassen und den Leistungserbringern. Handeln können für die Krankenkassen auch die jeweiligen Verbände oder Arbeitsgemeinschaften. Landesverbände bilden nach § 207 SGB V die Ortskrankenkassen, Betriebs- und Innungskrankenkassen. Die Bundesknappschaft nimmt nach § 212 Abs. 3 SGB V die Aufgaben eines Landesverbandes wahr. Die Ersatzkassen haben von der Möglichkeit nach § 212 Abs. 5 SGB V Gebrauch gemacht und sich zu dem Verband der Angestelltenersatzkassen bzw. dem der Arbeiterersatzkassen zusammengeschlossen. Für die Seekrankenkasse handelt derjenige Landesverband, dem die Seekrankenkasse nach § 207 Abs. 1 Satz 4 SGB V beigetreten ist. Als Landesverband für die Landwirtschaftliche Krankenversicherung gilt die Landwirtschaftliche Krankenkasse, welche für den Sitz der Kassenärztlichen Vereinigung zuständig ist (§ 36 KVLG). Auch die Bundesverbände der Krankenkassen nach § 212 SGB V können nach der Änderung der Vorschrift durch das GKV-Wettbewerbsstärkungsgesetz grundsätzlich Verträge nach Absatz 2 abschließen, die damit einhergehende Vereinheitlichung widerspricht aber dem Wunsch des Gesetzgebers nach mehr Flexibilität. Zuständig zum Vertragsschluss auf Seiten der Leistungserbringer sind die Leistungserbringer selbst, ihre Verbände und Arbeitsgemeinschaften. Ob die Leistungserbringer Verbände (oder Arbeitsgemeinschaften) bilden, bleibt ihrer Entscheidung überlassen. 11

Der Gesetzgeber hat den Beteiligten keine Vorschriften darüber gemacht, für welchen **räumlichen** oder **sachlichen Geltungsbereich** die Verträge geschlossen werden. Die Verpflichtung zum Vertragsschluss auf Landesebene ist mit Wirkung zum 01.01.2004 weggefallen.[14] Zu beachten ist aber, dass sich der Geltungsbereich in Bezug auf die Leistungserbringer nach abstrakten (räumlichen oder sachlichen) Kriterien und nicht nach ihrer Zugehörigkeit zu dem vertragsschließenden Verband bestimmen muss, wenn der Vertrag über § 124 Abs. 2 Nr. 3 SGB V auch für die nicht verbandsangehörigen Heilmittelerbringer gelten soll. 12

2. Inhalt der Verträge

Geregelt werden in den Verträgen nach Absatz 1 sollen die Einzelheiten der Versorgung. Die Verträge haben sich darauf zu beschränken, sie dürfen nicht darüber hinausgreifen und weitere Zulassungsbedingungen aufstellen.[15] Die Frage, welche Leistung unter welchen Voraussetzungen abgerechnet werden darf, bezieht sich nach dem BSG aber nicht auf den Zulassungsstatus, sondern auf die Modalitäten der Leistungserbringung, so dass § 125 SGB V Anwendung findet.[16] In Bezug auf die **Einzelheiten der Versorgung** ist der Spielraum der Vertragsparteien nicht allzu groß, weil sie durch den Inhalt des Leistungsrechts und die verbindliche Heilmittelrichtlinie des Gemeinsamen Bundesausschuss eingeengt werden.[17] Eigenständige Regelungen können die Verträge etwa bei der Frage der Öffnungszeiten von Praxen oder dem Verhalten des Praxispersonals gegenüber den Versicherten enthalten. Die Ver- 13

---

[11] BSG v. 10.07.1996 - 3 RK 11/95 - SozR 3-2500 § 125 Nr. 5.

[12] BT-Drs. 16/3100, S. 141.

[13] BSG v. 17.01.1996 - 3 RK 2/95 - SozR 3-2500 § 124 Nr. 3.

[14] Vgl. GKV-Modernisierungsgesetz v. 23.11.2003, BGBl I 2003, 2190.

[15] BSG v. 29.11.1995 - 3 RK 33/94 - SozR 3-2500 § 124 Nr. 1; *Knittel* in: Krauskopf, SozKV, § 125 Rn. 7.

[16] BSG v. 24.07.2003 - B 3 KR 31/02 R - SozR 4-2500 § 124 Nr. 1.

[17] *Kranig* in: Hauck/Noftz, SGB V, K § 125 Rn. 12.

tragsparteien können aber auch die Abrechnungsbefugnis für bestimmte Leistungen von besonderen Qualifikationsnachweisen abhängig machen.[18] Wirksam ist auch die Beschränkung der Abrechenbarkeit auf Leistungen, die in Übereinstimmung mit den Gemeinsamen Rahmenempfehlungen nach Absatz 1 erbracht werden.[19]

14 Ausdrücklich verpflichtet sind die Parteien der Verträge nach Absatz 2, **Preise** zu **vereinbaren**. Die Verträge müssen demnach Verzeichnisse der Leistungen mit entsprechenden Preisen enthalten. Die Preise sind **Höchstpreise**, was die Vereinbarung davon abweichender günstigerer Preise erlaubt. Die Ausweisung der vereinbarten Preise als Höchstpreise ist nach der Rechtsprechung des BVerfG verfassungsgemäß.[20] Denn es liege im Interesse des Gemeinwohls, durch Höchstpreise einen Preiswettbewerb zu ermöglichen, um die Ausgaben der Gesetzlichen Krankenversicherung im Rahmen zu halten. Das BSG hat nicht beanstandet, wenn die Verträge vorsehen, dass Heilmittelerbringer (zumindest vorübergehend) für einige Leistungen (nämlich die Ausstellung von Therapieberichten) keine besondere Vergütung erhalten.[21]

15 Enthalten müssen die Verträge auch Regelungen über die **Abrechnung**. Folglich ist zu vereinbaren, in welcher Form Abrechnungen zu erstellen sind, wann diese vorzulegen sind und welche Fristen für Zahlung und Verjährung gelten. Zulässig ist es auch, die Honorarzahlung auch für den Fall vorzusehen, dass die Mitgliedschaft eines Versicherten bei Vornahme der Behandlung bereits beendet war.[22]

16 Zwingender Inhalt der Verträge nach Absatz 2 sind schließlich noch Regelungen über die **Verpflichtung zur Fortbildung** und die Kürzung des Behandlungshonorars, wenn Fortbildungspflichten nicht erfüllt werden. Der Gesetzgeber wollte mit der zum 01.01.2004 eingeführten Weiterbildungspflicht zur Qualitätssicherung und -verbesserung auch im Heilmittelbereich beitragen.[23]

3. Höchstpreisregelung

17 Durch die Ausweisung der in den Verträgen nach Absatz 2 vereinbarten Preise als Höchstpreise hat der Gesetzgeber die Möglichkeit geschaffen, dass niedrigere Preise für Heilmittel vereinbart werden. Wer Partei einer solchen **besonderen Preisvereinbarung** sein kann, ist nicht ausdrücklich geregelt. Es kommen demnach insbesondere die einzelnen Krankenkassen und Leistungserbringer in Betracht, die von einer entsprechenden Regelung betroffen sein würden. Allerdings ist auch kein Grund dafür ersichtlich, das gemeinsame Verhandeln in Gruppen für untersagt zu halten. Während das Interesse der Krankenkassenseite an niedrigeren Preisen offensichtlich ist, rechnet sich eine solche Vereinbarung für den einzelnen Leistungserbringer nur dann, wenn er einen stärkeren Zulauf von Versicherten erwarten kann. Dafür besteht insoweit Anlass, als nach § 32 Abs. 2 Satz 2 SGB V i.V.m. § 61 Satz 3 SGB V der Versicherte zu Heilmitteln eine Zuzahlung leisten muss, die sich in Höhe von 10 Prozent der Kosten bestimmt. Die **Versicherten** haben folglich ein **Eigeninteresse** daran, einen möglichst günstigen Anbieter aufzusuchen, weil das ihre Zuzahlung mindert.

18 Die Höchstpreisregelung führt zu einer Ausnahme von der inhaltlichen Verbindlichkeit der nach Absatz 2 abgeschlossenen Verträge. Soweit Krankenkassen und Leistungserbringer sich einzeln oder vertreten durch Verbände bzw. Arbeitsgemeinschaften auf niedrigere Preise geeinigt haben, ist die Bindungswirkung der Verträge nach Absatz 2 aufgehoben. **Vereinbarungen** über niedrigere Preise gelten nur **für und gegen** die jeweiligen **Vertragsparteien**, es gibt keine darüber hinaus gehende normative Wirkung oder Verpflichtung zur Anerkennung dieser besonderen Vereinbarungen. Die Leistungsverpflichtung der Krankenkassen gegenüber den Versicherten begrenzt sich auch nicht durch besonders günstige Preisvereinbarungen, die mit einzelnen Anbietern bestehen. Unterhält die Krankenkasse mit einem Heilmittelerbringer keine besondere Preisvereinbarung, sondern unterfällt sie nur einem allgemeinen Vertrag nach Absatz 2, muss sie den sich daraus ergebenden Preis für die Behandlung zahlen.

---

[18] BSG v. 22.07.2004 - B 3 KR 12/04 R - SozR 4-2500 § 125 Nr. 2.

[19] Hessisches LSG v. 19.10.2006 - L 8 KR 23/06.

[20] BVerfG v. 14.05.1985 - 1 BvR 449/82, 1 BvR 523/82, 1 BvR 728/82, 1 BvR 700/82 - BVerfGE 70,1.

[21] BSG v. 20.01.2005 - B 3 KR 21/04 R und B 3 KR 33/04 R.

[22] BSG v 17.04.1996 - 3 RK 19/95 - SozR 3-2500 § 19 Nr. 2.

[23] BT-Drs. 15/1525 zu Nr. 89.

V. Zahlungsanspruch des Leistungserbringers

1. Entstehen des Anspruchs

Ein Zahlungsanspruch des einzelnen Leistungserbringer entsteht nicht schon durch den Abschluss eines Vertrags nach Absatz 2 oder durch eine besondere Preisvereinbarung, sondern erst, wenn tatsächlich eine Leistung für einen Versicherten abgerufen wird. Insoweit wird noch ein **weiterer Vertrag** geschlossen. Der Versicherte überbringt mit dem ärztlichen Rezept ein Angebot seiner Krankenkasse auf Abschluss eines (konkreten) Behandlungsvertrags, das von dem Heilmittelerbringer durch Vornahme der Behandlung angenommen wird.[24] Bei den Verträgen nach Absatz 2 handelt es sich ebenso wie bei den gleichfalls in Abs. 2 vorgesehenen besonderen Preisvereinbarungen um Rahmenverträge, welche der Konkretisierung durch einen konkreten Behandlungsauftrag bedürfen. Letzterer kann aber keinen über die einzelne Behandlung hinausgehenden Inhalt haben, weil es gerade Aufgabe der Rahmenverträge ist, den Inhalt der vertraglichen Beziehungen zwischen Krankenkasse und Heilmittelerbringer für den Fall einer Behandlung vorzuzeichnen.[25] Wird ein Versicherter behandelt, dann liegt demnach ein zweifach, oder, wenn eine besondere Preisvereinbarung eingreift, ein dreifach **gestuftes Vertragsverhältnis** vor. Die Rechtsbeziehungen gehören auf allen Ebenen dem öffentlichen Recht an.[26] Frühere Differenzierungen, welche die Beziehungen teilweise auch dem privaten Recht überantworteten, haben sich durch die zum 01.01.2002 erfolgte Neufassung des § 69 SGB V erledigt. Das gilt ebenso für den einzelnen Behandlungsvertrag. Auch insoweit entstehen Rechtsbeziehungen ausschließlich zwischen Krankenkasse und Leistungserbringer. Zwar sucht sich der Versicherte den Leistungserbringer selbst aus. Das (in der ärztlichen Verordnung liegende) Angebot wird aber für die Krankenkasse abgegeben, die freie Wahl des Leistungserbringers ist Inhalt des Leistungsanspruchs des Versicherten gegen die Krankenkasse. Eine andere Frage ist, ob neben dem eigentlichen Behandlungsvertrag für die Krankenkasse der Versicherte noch einen eigenen (zivilrechtlichen) Vertrag mit dem Heilmittelerbringer schließt, welcher den letzteren bei der Behandlung auf die Beachtung der nach den Maßstäben des bürgerlichen Rechts erforderlichen Sorgfalt verpflichtet.[27] 19

2. Zahlungsanspruch ohne Vergütungsregelung

Der Vergütungsanspruch wird für den Fall problematisch, dass es auf der Ebene des Absatzes 2 zu keiner Einigung über die Rahmenverträge gekommen ist. Eine gesonderte Regelung für diesen Fall enthält das Gesetz nicht, insbesondere ist kein Schiedsverfahren vorgesehen. Eine **Nachwirkung** ausgelaufener Verträge tritt grundsätzlich nicht ein, es sei denn, sie wäre in dem (ausgelaufenen) Vertrag ausdrücklich vereinbart gewesen.[28] Es kann auch nicht angenommen werden, dass ein einklagbarer **Anspruch auf Vertragsschluss** besteht. Dem steht schon entgegen, dass dieser Anspruch sich auf einen Vertrag mit konkretem Inhalt beziehen müsste. Die Bestimmung des Vertragsinhaltes ist aber Sache der Parteien und nicht die der Sozialgerichte.[29] Darüber hinaus gibt es auch keine Notwendigkeit. Denn die Zulassung der Leistungserbringer zur Versorgung der Versicherten erfolgt im Heilmittelbereich nach § 124 SGB V durch besonderen Verwaltungsakt. Das Fehlen einer vertraglichen Vereinbarung beseitigt daher nicht den Umstand, dass die Heilmittelerbringer kraft Zulassung zur Versorgung der Versicherten berechtigt sind. Es handelt sich auch nicht um einen Fall des § 13 Abs. 3 SGB V, wenn Heilmittelerbringer ohne Vertrag Versicherte behandeln. Denn selbstbeschafft sind Leistungen nur dann, wenn sie außerhalb des Versorgungssystems der gesetzlichen Krankenversicherung in Anspruch genommen werden. Zugelassene Heilmittelerbringer stehen aber innerhalb des Systems. 20

Während der Inhalt der zu erbringenden Leistungen im Wesentlichen bereits durch das Leistungsrecht und die Heilmittelrichtlinien des gemeinsamen Bundesausschusses vorgezeichnet sind, fehlt ohne besondere vertragliche Regelung allerdings eine Bestimmung über die Höhe der Vergütung. Insoweit ist möglicherweise auf das **Bereicherungsrecht** zurückzugreifen.[30] Rechtlicher Grund für die Erbringung 21

---

[24] BSG v 17.04.1996 - 3 RK 19/95 - SozR 3-2500 § 19 Nr. 2.

[25] BSG v. 05.08.1999 - B 3 KR 12/98 R - BSGE 84, 213.

[26] *Knittel* in: Krauskopf, SozKV, § 125 Rn. 4.

[27] Vgl. zu der im Vertragsarztrecht parallel auftauchenden Problematik *Fastabend/Schneider*, Leistungsrecht der Krankenversicherung, Rn. 35.

[28] BSG v. 25.09.2001 - B 3 KR 14/00 R - BSGE 89, 12; BSG v. 25.09.2001 - B 3 KR 15/00 R - SozR 3-2500 § 132 a Nr. 1; BSG v. 13.05.2004 - B 3 KR 2/03 R - SozR 4-2500 § 132a Nr. 1.

[29] BSG v. 05.08.1999 - B 3 KR 12/98 R - SozR 3-2500 § 126 Nr. 3.

[30] Vgl. dazu die zur häuslichen Krankenpflege ergangene Entscheidung des BSG v. 13.05.2004 - B 3 KR 2/03 R - SozR 4-2500 § 132a Nr. 1.

der Behandlungsleistungen ist nämlich nicht schon die Zulassung nach § 124 SGB V, sondern, wie sich aus Abs. 2 ergibt, erst auch eine vertragliche Regelung der Vergütung.[31] Ohne Vertrag haben die Krankenkassen nach § 818 Abs. 2 BGB den Wert der Leistung zu ersetzen. Maßgeblich ist demnach, welchen Preis die Leistungserbringer ansonsten erzielt hätten. Die Regelungen der **Geschäftsführung ohne Auftrag** finden dagegen keine Anwendung, weil es an der Übernahme eines fremden Geschäfts fehlt. Denn den Krankenkassen ist nach § 140 SGB V grundsätzlich untersagt, selbst für die Behandlung ihrer Versicherten zu sorgen.

C. Praxishinweise

22 Die Auslegung der Verträge nach Absatz 2 hat sich eng am Wortlaut zu orientieren.[32] Für Streitigkeiten ist nach § 51 Abs. 1 Nr. 2 SGG ausschließlich die Sozialgerichtsbarkeit zuständig. Mangels eines Verhältnisses der Über-/Unterordnung ist die allgemeine Leistungsklage (§ 54 Abs. 5 SGG) die richtige Klageart für gerichtliche Auseinandersetzungen. Auch wenn Verträge auf Landesebene nach Absatz 2 in Umsetzung der bundesweit geltenden Rahmenempfehlungen nach Absatz 1 geschlossen wurden, begründet dies nicht deren Revisibilität i.S.d. § 162 SGG.[33] § 125 SGB V enthält eine **abschließende Regelung** für das Verhältnis zwischen Krankenkassen und Heilmittelerbringern. Dirigistische Maßnahmen der Krankenkassen wie die Zuweisung eines Versicherten an einen bestimmten (preisgünstigen) Leistungserbringer sind unzulässig. Gegen solche Eingriffe der Krankenkassen in die Freiheit der Versicherten, ihren Leistungserbringer selbst zu wählen, können zugelassene Heilmittelerbringer mit einem sich aus den Art. 3, 12 GG ergebenden allgemeinen öffentlich-rechtlichen Unterlassungsanspruch vorgehen.[34] Das **Wettbewerbsrecht** findet dagegen keine Anwendung mehr, auch wenn die Zivilgerichtsbarkeit sich in der Vergangenheit für zuständig hielt, über die Rechtsbeziehungen von Krankenkassen und Leistungserbringern in wettbewerbsrechtlicher Hinsicht zu entscheiden.[35] Dieser Rechtsprechung ist durch die Änderung des § 51 Abs. 2 Satz 2 SGG der Boden entzogen, obgleich die zivilrechtliche Rechtsprechung noch zögert.[36] Ob das Wettbewerbsrecht nunmehr von den Sozialgerichten weiter anzuwenden ist, bleibt theoretisch umstritten, ist für die Praxis aber durch die Rechtsprechung des BSG im negativen Sinne geklärt.[37] Das **europäische Kartellrecht** (Art. 81, 82, 86 EGV) kann ebenso wenig herangezogen werden. Der EuGH hat in seiner Entscheidung über Festbeträge judiziert, dass die Krankenkassen nicht wie Unternehmer am Markt auftreten.[38] Entsprechendes muss dann auch für die Versorgung mit Heilmitteln gelten.

D. Reformbestrebungen

23 Auf der Grundlage des GKV-Wettbewerbsstärkungsgesetzes v. 26.03.2007[39] werden mit Wirkung vom 01.07.2008 an in Absatz 1 Satz 1 die Wörter „Die Spitzenverbände der Krankenkassen gemeinsam und einheitlich" durch die Wörter „Der Spitzenverband Bund der Krankenkassen" und in Absatz 2 Satz 1 das Wort „Verbände" durch das Wort „Landesverbände" ersetzt.

---

31 BSG v. 25.09.2001 - B 3 KR 14/00 R - SozR 3-2500 § 125 Nr. 7.

32 BSG v. 10.07.1996 - 3 RK 29/95 - SozR 3-2500 § 125 Nr. 6.

33 BSG v. 20.01.2005 - B 3 KR 21/04 R und B 3 KR 33/04 R.

34 So jedenfalls der fachlich zuständige 3. Senat des BSG v. 25.09.2001 - B 3 KR 3/01 R - BSGE 89, 24.

35 BGH v. 12.03.1991 - KZR 26/89 - BGHZ 114, 218.

36 Vgl. BGH v. 24.06.2003 - KZR 18/01 - NZS 2004, 33.

37 Argument aus § 69 SGB V, § 51 Abs. 2 Satz 2 SGG, BSG v. 25.09.2001 - B 3 KR 3/01 R - BSGE 89, 24; BSG v. 31.08.2000 - B 3 KR 11/98 - BSGE 87, 95.

38 EuGH v. 16.03.2004 - C-204/01, C-306/01, C-354/01, C-355/01 - ZESAR 2004, 187; für eine Korrektur dieser Rechtsprechung *Kingreen*, SGb 2004, 659, 665.

39 BGBl I 2007, 378.

Sechster Abschnitt: Beziehungen zu Leistungserbringern von Hilfsmitteln

§ 126 SGB V Versorgung durch Vertragspartner

(Fassung vom 26.03.2007, gültig ab 01.04.2007, gültig bis 30.06.2008)

(1) Hilfsmittel dürfen an Versicherte nur auf der Grundlage von Verträgen nach § 127 Abs. 1, 2 und 3 abgegeben werden. Vertragspartner der Krankenkassen können nur Leistungserbringer sein, die die Voraussetzungen für eine ausreichende, zweckmäßige und funktionsgerechte Herstellung, Abgabe und Anpassung der Hilfsmittel erfüllen; die Krankenkassen stellen sicher, dass diese Voraussetzungen erfüllt sind. Die Spitzenverbände der Krankenkassen gemeinsam geben Empfehlungen für eine einheitliche Anwendung der Anforderungen nach Satz 2, einschließlich der Fortbildung der Leistungserbringer, ab.

(2) Abweichend von Absatz 1 Satz 1 bleiben Leistungserbringer, die am 31. März 2007 über eine Zulassung nach § 126 in der zu diesem Zeitpunkt geltenden Fassung verfügen, bis zum 31. Dezember 2008 zur Versorgung der Versicherten berechtigt.

(3) Für nichtärztliche Dialyseleistungen, die nicht in der vertragsärztlichen Versorgung erbracht werden, gelten die Regelungen dieses Abschnitts entsprechend.

Gliederung

A. Basisinformationen

I. Textgeschichte/Gesetzgebungsmaterialien

1 § 126 SGB V wurde geändert durch das Gesundheitsstrukturgesetz v. 21.12.1992[1] und das GKV-Modernisierungsgesetz v. 14.11.2003. Durch das GKV-Wettbewerbsstärkungsgesetz v. 26.03.2007[2] ist die Vorschrift mit Wirkung vom 01.04.2007 an wesentlich umgestaltet und neu gefasst worden, die bisher vorgesehene gesonderte Zulassung der Leistungserbringer zur Versorgung durch Verwaltungsakt ist entfallen. Die zu dieser Änderung führenden Überlegungen des Gesetzgebers finden sich in der BT-Drs. 16/3100, Begründung zu Nr. 92.

II. Vorgängervorschriften

2 Eine eigentliche Vorgängervorschrift gibt es nicht. Eine Zulassung der Hilfsmittellieferanten zur Teilnahme an der Versorgung wurde durch das SGB V neu eingeführt und durch die Neufassung des § 126 SGB V ganz auf vertragliche Grundlage gestellt.

III. Parallelvorschriften

3 Von der Funktion her ist die Vorschrift mit § 124 SGB V vergleichbar, wo die Zulassung von Heilmittelerbringern geregelt ist. Die Regelungen unterscheiden sich aber in der Sache erheblich. Während in § 124 SGB V auch nach dem GKV-Modernisierungsgesetz vom 26.03.2007 die förmliche Zulassung der Leistungserbringer durch Verwaltungsakt beibehalten worden ist, ist sie für die Lieferanten von Hilfsmitteln aufgegeben worden.

---

[1] BGBl I 1992, 2266.
[2] BGBl I 2007, 378.

IV. Systematische Zusammenhänge

4 § 126 SGB V ist eine Regelung des (nichtärztlichen) Leistungserbringerrechts. Die Funktion des Leistungserbringerrechts ergibt sich aus der für die gesetzliche Krankenversicherung typischen Situation, dass die Versicherten der gesetzlichen Krankenkassen Ansprüche auf die Gewährung von Sachleistungen haben, die Krankenkassen aber außerstande sind, diese Ansprüche selbst zu befriedigen.[3] Strukturell unterscheidet sich das Leistungserbringerrecht der Hilfsmittellieferanten (wie das der sonstigen nichtärztlichen Leistungserbringer) dadurch vom Vertragsarztrecht, dass es keine den Kassenärztlichen Vereinigungen vergleichbare Institutionen gibt.

B. Auslegung der Norm

I. Regelungsinhalt und Bedeutung der Norm

5 § 126 SGB V regelt die Frage, welche Hilfsmittellieferanten zur Versorgung der Versicherten zu Lasten der gesetzlichen Krankenversicherung berechtigt sind. Absatz 1 Satz 1 stellt den Grundsatz auf, dass die **Versorgung** nur durch **Leistungserbringer** erfolgen darf, welche Verträge nach § 127 Abs. 1, 2 oder 3 SGB V abgeschlossen haben. Absatz 1 Satz 2 umschreibt bestimmte Voraussetzungen, welche Hilfsmittellieferanten erfüllen müssen, damit sie Vertragspartner der Krankenkassen werden können. Absatz 1 Satz 3 ermächtigt die Spitzenverbände der Krankenkassen, Empfehlungen über die Handhabung der Zulassungsbedingungen des Absatzes 1 Satz 2 zu formulieren. Absatz 2 enthält eine bis zum 31.12.2007 geltende **Bestandsschutzregelung** für die Hilfsmittellieferanten, welche über eine Zulassung nach der bis zum 31.03.2007 geltenden Fassung der Vorschrift verfügen. Absatz 3 schließlich erklärt die Regelungen des sechsten Abschnitts über die Hilfsmittelversorgung (§§ 126, 127 SGB V) für entsprechend anwendbar auf **nichtärztliche Dialyseleistungen**.

II. Normzweck

6 § 126 SGB V regelt (zusammen mit § 127 SGB V) die Verwirklichung der den Versicherten der gesetzlichen Krankenkassen nach § 33 SGB V zustehenden Ansprüche auf Versorgung mit Hilfsmitteln. Allerdings hat die Rechtsprechung einige **Einschränkungen** des in den §§ 126, 127 SGB V vorgesehenen **Versorgungsweges** anerkannt. So dürfen die Krankenkassen Hilfsmittel, die in ihrem Eigentum stehen, den Versicherten selbst auf direktem Wege leihweise zum Gebrauch zur Verfügung stellen.[4] Zulässig ist auch die Abgabe von Hilfsmitteln direkt durch den behandelnden Arzt.[5]

7 § 126 SGB V stellt den Grundsatz auf, dass für die Versorgung der Versicherten der gesetzlichen Krankenversicherung ein **Vertrag** mit den Krankenkassen oder ihren Verbänden erforderlich ist, und stellt an die Leistungserbringer bestimmte Bedingungen. In dieser Gesetzestechnik, **Anforderungen** an die **Leistungserbringer** nicht zum Gegenstand der vertraglichen Vereinbarungen zu machen, sondern als Voraussetzung des Vertragsschlusses auszugestalten, finden sich noch Anklänge an das bis zum 31.03.2007 geltende zweistufige Verfahren, in dem zuerst die formelle Zulassung der Leistungserbringer zur Versorgung und dann die Ausgestaltung der Einzelheiten durch mit den Krankenkassen abzuschließende Verträge vorgesehen war (vgl. §§ 126, 127 SGB V in der bis zum 31.03.2007 geltenden Fassung). Die Formulierung qualitativer Anforderungen an die Leistungserbringer als Voraussetzung für den Vertragsschluss stellt aber auch sicher, dass von diesen Anforderungen nicht im Wege der vertraglichen Vereinbarung Abstand genommen werden kann.[6] Absatz 2 gewährt Leistungserbringern und Krankenkassen eine gewisse Übergangsfrist, indem er die Wirkungen einer nach altem Recht erteilten Zulassung aufrechterhält, aber auch bis zum 31.12.2008 beschränkt. Absatz 3 unterstellt die nichtärztlichen Dialyseleistungen im Wesentlichen den für die Hilfsmittelversorgung geltenden Regelungen.

---

[3] Vgl. *Steege*, Festschrift 50 Jahre Bundessozialgericht, S. 522.

[4] BSG v. 09.02.1989 - 3 RK 7/88 - BSGE 64, 260.

[5] BGH v. 29.06.2000 - I ZR 59/98 - NJW 2000, 2745; BSG v. 23.01.2003 - B 3 KR 7/02 R - BSGE 90, 220.

[6] BT-Drs. 16/3100, S. 141.

III. Hilfsmittelbegriff

Hilfsmittel sind nach der Rechtsprechung des **BSG** mittlerweile **definiert** als Gegenstände, die im Einzelfall erforderlich sind, um den Erfolg einer Krankenbehandlung zu sichern, einer drohenden Behinderung vorzubeugen oder eine Behinderung auszugleichen.[7] Während die Trennungslinie des Hilfsmittelbegriffs zu den Heilmitteln relativ deutlich ist, weil letztere als medizinische Dienstleistungen definiert werden, ist die Abgrenzung der Leistungszuständigkeit bei der Hilfsmittelversorgung zwischen der gesetzlichen Krankenversicherung und der Pflegeversicherung nach wie vor problematisch.[8] 8

Absatz 1 Satz 2 beschreibt die Tätigkeit der Hilfsmittellieferanten als **Herstellung**, **Abgabe** und **Anpassung** von **Hilfsmitteln**. Herstellung und Anpassung kommen nur dann in Frage, wenn es sich um individuell zu fertigende oder wenigstens anzupassende Hilfsmittel handelt. In den übrigen Fällen bleibt es bei der Abgabe von Hilfsmitteln. Der industrielle Hersteller von Hilfsmitteln unterfällt der Vorschrift nämlich nicht, da sich Absatz 1 Satz 1 entnehmen lässt, dass nur derjenige gemeint ist, der den Versicherten bei der Abgabe unmittelbar gegenüber auftritt. Der Begriff der Abgabe meint nicht nur die Übereignung eines Hilfsmittels, sondern auch andere Arten der Überlassung zum Gebrauch. In geeigneten Fällen können die Krankenkassen ihre Leistungspflicht nämlich auch erfüllen, indem den Versicherten das Hilfsmittel **leihweise** zur Verfügung gestellt wird.[9] 9

IV. Eignung der Lieferanten

Nach Absatz 1 Satz 2 können Vertragspartner der Krankenkassen nur Leistungserbringer sein, welche bestimmte Voraussetzungen erfüllen. Nach der Vorstellung des Gesetzgebers haben die Krankenkassen unabhängig von der Abschaffung der bisherigen formellen Zulassung vor Vertragsschluss die Eignung des Leistungserbringers zu prüfen.[10] Insoweit behält die alte **Rechtsprechung** zur **Eignung** von Hilfsmittellieferanten ihre Bedeutung, denn die zu stellenden Anforderungen sind (mit Ausnahme der weggefallenen „Wirtschaftlichkeit“) identisch formuliert geblieben. Verändert haben sich lediglich die Folgen, weil bei Nichteignung nun nicht länger die Verweigerung der Zulassung, sondern der Nichtabschluss eines Vertrags droht. 10

In Bezug auf die Eignung von Hilfsmittellieferanten ist zu beachten, dass ihre Tätigkeit zu einem erheblichen Teil von der **Handwerksordnung** (Augenoptiker, Hörgeräte-Akustiker, Orthopädie-Schuhmacher und Orthopädie-Techniker) oder durch Vorschriften der **Gewerbeordnung** erfasst wird, nach der besondere berufsrechtliche Anforderungen bestehen. Diese müssen erfüllt sein, ehe ein Vertrag zur Versorgung der Versicherten der gesetzlichen Krankenversicherung geschlossen werden kann. Denn wer eine Tätigkeit aus berufsrechtlichen Gründen nicht ausüben darf, kann nicht geeignet zur Versorgung der Versicherten im Sinne des Absatzes 1 sein. 11

1. Berufsrecht

Ob jemand zur ausreichenden, zweckmäßigen, funktionsgerechten und wirtschaftlichen Versorgung der Versicherten in der Lage ist, bestimmt sich nach den einschlägigen besonderen **berufsrechtlichen Voraussetzungen**, wenn sie die Ausübung der in Aussicht genommenen Tätigkeit erfassen.[11] Die berufsrechtlichen Entscheidungen haben für die Krankenkassen **Tatbestandswirkung**. Die fachliche Eignung als Orthopädie-Schuhmacher beispielsweise darf nicht angezweifelt werden, nachdem ein Bewerber die Meisterprüfung in dem Handwerk abgelegt hat. Das BSG schließt aus der verfassungsrechtlich verbürgten Berufsfreiheit, dass die Krankenversicherung an die fachliche Qualifikation der Leistungserbringer der Hilfsmittelversorgung keine weitergehenden Anforderungen stellen darf, als sich schon aus dem allgemeinen Berufsrecht ergibt. Denn die Versagung der Teilnahme an der Versorgung der Versicherten der gesetzlichen Krankenversicherung stehe angesichts der Tatsache, dass die weit überwiegende Zahl der Bürger in der gesetzlichen Krankenversicherung versichert sei, einer Beeinträchtigung der Freiheit zur Berufswahl nahe.[12] Das steht zwar im Gegensatz zum Vertragsarztrecht, dem es durchaus nicht fremd ist, für die Zulassung zur Erbringung besonderer Leistungen spezielle so- 12

---

7 BSG v. 28.06.2001 - B 3 KR 3/00 R - BSGE 88, 204.

8 Vgl. dazu etwa BSG v. 24.09.2002 - B 3 KR 15/02 R - SozR 3-2500 § 33 Nr. 47; vgl. jetzt auch § 33 Abs. 1 Satz 2 SGB V in der ab 01.04.2007 geltenden Fassung des GKV-Wettbewerbsstärkungsgesetzes.

9 § 33 Abs. 5 Satz 1 SGB V.

10 BT-Drs. 16/3100, S. 141.

11 BSG v. 29.11.1995 - 3 RK 25/94 - SozR 3-2500 § 126 Nr. 1.

12 BSG v. 19.11.1995 - 3 RK 25/94 - SozR 3-2500 § 126 Nr. 1.

zialversicherungsrechtliche Qualifikationen abzufordern.[13] Insoweit ist die bisherige Rechtsprechung für die Hilfsmittellieferanten aber schlicht großzügiger. Auch möglicherweise in der Sache gerechtfertigte weitere Anforderungen an die fachliche Eignung dürfen nicht gestellt werden. Nur ausnahmsweise ist der Krankenkassenseite eine weitergehende Beurteilung der fachlichen Eignung möglich, beispielsweise im Hinblick auf die **persönliche** Eignung und **Zuverlässigkeit**, die auch ohne ausdrückliche Erwähnung im Gesetz selbstverständliche Voraussetzungen für die Teilnahme an der Versorgung sind.[14]

2. Eignungsprüfung durch die Krankenkassen

13 Liegt die in Aussicht genommene Tätigkeit **außerhalb** der **berufsrechtlich** besonders geregelten Bereiche, so sind die Krankenkassen zur eigenen Prüfung der fachlichen Eignung berufen. Die berufsrechtlichen Regelungen entfalten jedenfalls keine Sperrwirkung des Inhaltes, dass ein Bewerber stets die Voraussetzungen irgendeines sachlich einschlägigen Berufs erfüllen müsste. Angesichts der in Art. 12 GG verankerten Berufsfreiheit ist Maßstab für die Eignung allein die Frage, ob die Teilnahme des Bewerbers an der Versorgung zu einer Gefährdung der Versicherten führen würde. Demnach ist eine Teilnahme auch begrenzt auf einzelne **Teilbereiche** der Hilfsmittelversorgung möglich, wenn die Qualifikation des Bewerbers für diese ausreicht.[15] Vorstellbar wäre also, dass ein Hilfsmittellieferant Vertragspartner ausschließlich zur Abgabe von vorgefertigten Hilfsmitteln ohne Anpassung oder Zurichtung an die besonderen Verhältnisse beim Versicherten wird. Hier unterscheidet sich die Rechtslage demnach von den Anforderungen, die an eine Zulassung zur Erbringung von Krankenpflegeleistungen gestellt werden. In letzterem Falle hat das BSG nämlich aus dem Interesse der Krankenkassen, alle anfallenden Leistungen aus einer Hand zu erhalten, abgeleitet, dass es keine auf besondere Leistungen begrenzte Zulassung geben könne.[16]

14 Eine eigenständige Prüfungskompetenz der Krankenkassenseite besteht in Bezug auf die sachlichen Anforderungen zur Leistungserbringung, was insbesondere Fragen der **Praxisausstattung** betrifft. Prüfungsmaßstab ist Art. 12 GG, der Beschränkungen zulässt, soweit sie zur Sicherung des Versorgungsauftrages der Krankenkassen gerechtfertigt sind. Allgemein kann formuliert werden, dass der Bewerber Räumlichkeiten sowie sachliche und persönliche Mittel vorhalten muss, wenn und soweit sie zu einer angemessenen Versorgung der Versicherten erforderlich sind.[17] Fehlen diese Mittel, ist die Eignung nicht gegeben.

3. Rahmenempfehlungen der Spitzenverbände

15 Die in Absatz 1 Satz 3 angesprochenen Rahmenempfehlungen der Spitzenverbände der Krankenkassen können für die Eignung der Leistungserbringer keine besondere Bedeutung erlangen. Zwar haben die Spitzenverbände unter der Geltung des alten § 126 SGB V den Auftrag des Gesetzgebers ausgeführt und Gemeinsame Zulassungsempfehlungen verabschiedet, an die die Neufassung der Vorschrift anknüpft.[18] Diese Empfehlungen stehen aber im **Rang unterhalb** des **Gesetzes** und sind deswegen nicht in der Lage, die gesetzlich formulierten Eignungsvoraussetzungen zu verschärfen.[19] Die Empfehlungen sind Verwaltungsbinnenrecht und können aus diesem Grund lediglich über eine Selbstbindung der Verwaltung für einen Bewerber erheblich werden.[20] Zu einer Konkretisierung der allgemein gehaltenen gesetzlichen Anforderungen[21] würde es nur kommen, wenn man den Spitzenverbänden einen gerichtsfreien Beurteilungsspielraum einräumen würde.

---

[13] *Wenner*, NZS 2002, 1, 2.

[14] Vgl. die für den Heilmittelbereich ergangene Entscheidung des BSG v. 13.12.2001 - B 3 KR 19/00 R - SozR 3-2500 § 124 Nr. 10.

[15] BSG v. 25.09.2001 - B 3 KR 3/01 R - BSGE 89, 24.

[16] BSG v. 21.11.2002 - B 3 KR 14/02 R - SozR 3-2500 § 132a Nr. 4.

[17] *Kranig* in: Hauck/Noftz, SGB V, K § 125 Rn. 8.

[18] BT-Drs. 16/3100, S. 141.

[19] BSG v. 29.11.1995 - 3 RK 25/94 - SozR 3-2500 § 126 Nr. 1.

[20] *Knispel*, NZS 2004, 623, 624.

[21] So BT-Drs. 16/3100, S. 141.

V. Übergangsregelung

16 Nach Absatz 2 bleiben Leistungserbringer, denen nach **altem Recht** eine **Zulassung** erteilt worden war, bis zum 31.12.2008 zur Versorgung der Versicherten berechtigt. Nach der Vorstellung des Gesetzgebers soll diese Regelung den Leistungserbringern, die bisher keine vertraglichen Beziehungen zu den Krankenkassen unterhalten haben, ermöglichen, sich auf die veränderten Bedingungen einzustellen.[22] § 33 Abs. 7 SGB V beantwortet die Frage, welche **Gegenleistung** diese noch übergangsweise „zugelassenen" Leistungserbringer zu erwarten haben, indem die zu übernehmenden Kosten auf die Höhe des niedrigsten Preises festgesetzt werden, der für eine vergleichbare Leistung mit einem anderen Leistungserbringer vereinbart worden ist, nach oben begrenzt noch auf den Rahmen eines etwa festgesetzten Festbetrages. Das entspricht im Wesentlichen den Leistungen, welche Lieferanten unter der Geltung des alten Rechts zu erwarten hatten.[23]

VI. Nichtärztliche Dialyseleistungen

17 Absatz 3 bezieht sich auf nichtärztliche Dialyseleistungen, die außerhalb der vertragsärztlichen Versorgung erbracht werden. Die Vorschrift regelt nicht speziell Fragen der Zulassung zur Leistungserbringung, sondern erklärt generell das Recht der Leistungserbringer von Hilfsmitteln für anwendbar. Der inhaltsgleiche § 126 Abs. 5 SGB V in der bis zum 31.03.2007 geltenden Fassung ist am 01.01.1993 in Kraft getreten, er ist als **Folgeregelung** zu den besonderen Vorschriften über die Honorierung der Dialysebehandlung im Rahmen der vertragsärztlichen Versorgung (§ 85 Abs. 3a Satz 4 SGB V) gedacht gewesen.[24] Sachlich bezieht sich die Regelung auf die im Rahmen einer Dialysebehandlung außerhalb der eigentlichen ärztlichen Tätigkeit erforderlichen Sach- und Dienstleistungen. Der Vorschrift fehlt indessen noch jedweder praktischer Anwendungsbereich, da Dialyseleistungen bislang ausschließlich im Rahmen der vertragsärztlichen Versorgung erbracht werden.[25]

C. Praxishinweise

18 Nach altem Recht hatte die Rechtsprechung des BSG für den einzelnen Leistungserbringer aus der grundrechtlich verbürgten Berufsfreiheit (Art. 12 GG) einen Anspruch auf Zulassung abgeleitet.[26] Auch nach altem Recht war indessen zunehmend fraglich geworden, ob sich aus der (bei Eignung zu erteilenden) Zulassung ein Anspruch gegen die Krankenkassen auf Berücksichtigung bei der Versorgung ergab oder ob die Krankenkassen preisgünstigeren Mitbewerbern den Vorzug geben durften. Diese Problematik hat nach der Neufassung der Vorschrift Bedeutung nur noch für die Übergangsvorschrift in Absatz 2. Im Übrigen ergeben sich aus der Eignung eines Leistungserbringers keine direkten Rechtsfolgen mehr, sie wird nur noch inzidenter als Vorfrage für den Abschluss eines Vertrages nach § 127 SGB V geprüft, der stets auch die Preise regelt. Die fehlende Eignung rechtfertigt zwar stets die Ablehnung des Vertragsschlusses durch die Krankenkasse, aus der positiv festgestellten Eignung ergibt sich aber noch kein Anspruch auf einen Vertragsschluss. Letzteres entspricht der Absicht des Gesetzgebers. Denn die Ablösung der statusrechtlich wirkenden Zulassung durch ein stetes Bemühen der Leistungserbringer um den Abschluss von Verträgen nach § 127 SGB V soll die Ausschöpfung von Wirtschaftlichkeitsreserven ermöglichen.[27] Den betroffenen Leistungserbringern bleibt – neben der Übergangsregelung in § 126 Abs. 2 SGB V – als Ausweg, einem Verband beizutreten, der mit der Krankenkasse eine Vereinbarung nach § 127 Abs. 2 SGB V unterhält.[28]

D. Reformvorhaben

19 Das GKV-Wettbewerbsstärkungsgesetz hat mit Wirkung zum 01.07.2008 in Absatz 1 Satz 3 die Wörter „Die Spitzenverbände der Krankenkassen gemeinsam geben" durch die Wörter „Der Spitzenverband Bund der Krankenkassen gibt" ersetzt.

---

[22] BT-Drs. 16/3100, S. 141.

[23] Vgl. *Knispel*, GesR 2005, 110, 113.

[24] BT-Drs. 12/3930, zu Artikel 1 Nr. 64b.

[25] *Hess* in: KassKomm, § 126 SGB V Rn. 9.

[26] BSG v. 29.11.1995 - 3 RK 25/94 - SozR 3-2500 § 126 Nr. 1.

[27] BT-Drs. 16/3100, S. 141.

[28] *Steiner*, GesR 2007, 245, 248.

§ 127 SGB V Verträge

(Fassung vom 26.03.2007, gültig ab 01.04.2007, gültig bis 30.06.2008)

(1) Soweit dies zur Gewährleistung einer wirtschaftlichen und in der Qualität gesicherten Versorgung zweckmäßig ist, sollen die Krankenkassen, ihre Verbände oder Arbeitsgemeinschaften im Wege der Ausschreibung Verträge mit Leistungserbringern oder zu diesem Zweck gebildeten Zusammenschlüssen der Leistungserbringer über die Lieferung einer bestimmten Menge von Hilfsmitteln, die Durchführung einer bestimmten Anzahl von Versorgungen oder die Versorgung für einen bestimmten Zeitraum schließen. Dabei haben sie die Qualität der Hilfsmittel sowie die notwendige Beratung der Versicherten und sonstige erforderliche Dienstleistungen sicherzustellen und für eine wohnortnahe Versorgung der Versicherten zu sorgen. Die im Hilfsmittelverzeichnis nach § 139 festgelegten Anforderungen an die Qualität der Versorgung und der Produkte sind zu beachten. Für Hilfsmittel, die für einen bestimmten Versicherten individuell angefertigt werden, oder Versorgungen mit hohem Dienstleistungsanteil sind Ausschreibungen in der Regel nicht zweckmäßig.

(2) Soweit Ausschreibungen nach Absatz 1 nicht zweckmäßig sind, schließen die Krankenkassen, ihre Verbände oder Arbeitsgemeinschaften Verträge mit Leistungserbringern oder Verbänden oder sonstigen Zusammenschlüssen der Leistungserbringer über die Einzelheiten der Versorgung mit Hilfsmitteln, deren Wiedereinsatz, die Qualität der Hilfsmittel und zusätzlich zu erbringender Leistungen, die Anforderungen an die Fortbildung der Leistungserbringer, die Preise und die Abrechnung. Absatz 1 Satz 3 gilt entsprechend. Die Absicht, über die Versorgung mit bestimmten Hilfsmitteln Verträge zu schließen, ist in geeigneter Weise öffentlich bekannt zu machen.

(3) Soweit für ein erforderliches Hilfsmittel keine Verträge der Krankenkasse nach Absatz 1 und 2 mit Leistungserbringern bestehen oder durch Vertragspartner eine Versorgung der Versicherten in einer für sie zumutbaren Weise nicht möglich ist, trifft die Krankenkasse eine Vereinbarung im Einzelfall mit einem Leistungserbringer. Sie kann vorher auch bei anderen Leistungserbringern in pseudonymisierter Form Preisangebote einholen. In den Fällen des § 33 Abs. 1 Satz 5 und Abs. 6 Satz 3 gilt Satz 1 entsprechend.

(4) Für Hilfsmittel, für die ein Festbetrag festgesetzt wurde, können in den Verträgen nach den Absätzen 1, 2 und 3 Preise höchstens bis zur Höhe des Festbetrags vereinbart werden.

(5) Die Krankenkassen haben ihre Versicherten über die zur Versorgung berechtigten Vertragspartner und auf Nachfrage über die wesentlichen Inhalte der Verträge zu informieren. Sie können auch den Vertragsärzten entsprechende Informationen zur Verfügung stellen.

Gliederung

A. Basisinformationen

I. Textgeschichte/Gesetzgebungsmaterialien

§ 127 SGB V wurde nach Änderungen durch das Gesundheitsstrukturgesetz v. 21.12.1992[1] und das GKV-Modernisierungsgesetz v. 14.11.2003[2] mit Wirkung vom 01.04.2007 neu gefasst durch das GKV-Wettbewerbsstärkungsgesetz v. 26.03.2007[3]. Der ursprüngliche Gesetzesentwurf der Neufassung wurde in den Ausschussberatungen verändert, die Gesetzgebungsmaterialien finden sich in BT-Drs. 16/3100; BT-Drs. 16/4200 und BT-Drs. 16/4247. 1

II. Vorgängervorschriften

Vorgängervorschrift ist § 376d RVO. 2

III. Parallelvorschriften

§ 127 SGB V weist strukturelle Gemeinsamkeiten zu der für Heilmittelerbringer geltenden Vorschrift des § 125 SGB V auf, weil es auch dort um vertragliche Beziehungen der Leistungserbringer zur Krankenkassenseite geht. Allerdings sind die vom Gesetzgeber dort vorgesehenen Vertragsbeziehungen nicht mit denen in § 127 SGB V identisch. 3

IV. Systematische Zusammenhänge

Vgl. zunächst die Kommentierung zu § 126 SGB V Rn. 4. Aus § 127 SGB V ergibt sich, zu welchen Bedingungen die Leistungserbringer Hilfsmittel auf Kosten der gesetzlichen Krankenkassen an Versicherte abgeben können. Die Bedingungen werden aber nicht vom Gesetzgeber selbst festgelegt. Das Gesetz enthält vielmehr Verfahrensvorschriften und teilweise auch inhaltliche Vorgaben für den Abschluss von Vereinbarungen und Verträgen, in denen die Leistungserbringer zusammen mit den Krankenkassen die maßgeblichen Regelungen selbst schaffen sollen. 4

V. Ausgewählte Literaturhinweise

Steiner, Der neue § 127 SGB V oder: Das Gesetz zur Stärkung des Wettbewerbsrechts, GesR 2007, 245-249. 5

B. Auslegung der Norm

I. Regelungsinhalt und Bedeutung der Norm

Nach Absatz 1 der Vorschrift sollen die Krankenkassen, ihre Verbände oder Arbeitsgemeinschaften mit Leistungserbringern oder zu diesem Zweck gebildeten Zusammenschlüssen der Leistungserbringer Verträge über die Lieferung einer bestimmten Menge von Hilfsmitteln, die Durchführung einer bestimmten Anzahl von Versorgungen oder die Versorgung in einem bestimmten Zeitraum schließen. Diese Verträge sind im Wege der **Ausschreibung** und insoweit zu schließen, als es zur Gewährleistung einer wirtschaftlichen und in der Qualität gesicherten Versorgung zweckmäßig ist. 6

Soweit eine Ausschreibung nicht zweckmäßig ist, haben die Krankenkassen, ihre Verbände oder Arbeitsgemeinschaften **Verträge** mit Leistungserbringern, deren Verbänden oder sonstigen Zusammenschlüssen über die Einzelheiten der Versorgung zu schließen. Geregelt werden sollen in diesen Verträgen insbesondere der Wiedereinsatz von Hilfsmitteln, die Qualität der Hilfsmittel und zusätzlich zu erbringender Leistungen, die Fortbildung der Leistungserbringer sowie die Preise und das Abrechnungsverfahren. Nach Absatz 3 kann im **Einzelfall** zwischen Krankenkasse und Leistungserbringer eine Versorgung vereinbart werden, soweit für ein erforderliches Hilfsmittel keine Vereinbarungen nach Absatz 1 oder Absatz 2 bestehen oder auf der Grundlage dieser Vereinbarungen eine Versorgung des Versicherten nicht zumutbar durchgeführt werden kann. Nach Absatz 4 dürfen die Krankenkassen für ein Hilfsmittel, für das ein Festbetrag festgesetzt worden ist, einen Preis nur bis zur Höhe des Festbe- 7

[1] BGBl I 1992, 2266.
[2] BGBl I 2003, 2190.
[3] BGBl I 2007, 378.

trages zahlen. Die Krankenkasse müssen ihre Versicherten über die bestehenden Versorgungsverträge informieren und können den Vertragsärzten entsprechende Informationen zur Verfügung stellen (Absatz 5).

8 Eigentlicher Inhalt der Vorschrift ist demnach, den Krankenkassen **drei** Arten von **Vertragstypen** für die Versorgung ihrer Versicherten zur Verfügung zu stellen: Verträge nach einem Ausschreibungsverfahren gemäß Absatz 1, die sich auf bestimmte Kontingente beziehen, allgemeine Verträge nach Absatz 2, welche ebenso wie die Verträge nach Absatz 1 im Voraus und unabhängig von einem konkreten Versorgungsfall geschlossen werden, und schließlich noch Einzelverträge, welche für den konkreten Einzelfall eine Versorgung des Versicherten ermöglichen, die über die nach den Absätzen 1 und 2 geschlossenen Verträge nicht zumutbar bewirkt werden könnte.

II. Normzweck

9 Die Vorschrift regelt neben § 126 SGB V als Norm des Leistungserbringerrechts die Versorgung der Versicherten mit Hilfsmitteln und dient damit dem Zweck, den Krankenkassen das **rechtliche Instrumentarium** bereitzustellen, damit diese die **Versorgung** ihrer Versicherten bewerkstelligen können. Deutlich ist der Vorschrift aber auch anzumerken, dass sie den Krankenkassen ermöglichen soll, auf den jeweils **günstigsten Anbieter** zurückzugreifen.[4] Zur Abschöpfung von (wirklichen oder vermeintlichen) Wirtschaftlichkeitsreserven bei der Hilfsmittelversorgung setzt der Gesetzgeber nicht mehr auf die Festlegung bestimmter Preise („Festbeträge"), sondern auf die **Konkurrenz** der Anbieter untereinander. Das zeigt sich in Absatz 1 an der Verpflichtung zur Ausschreibung, in Absatz 2 an der Verpflichtung der Krankenkassen, ihre Absicht zum Vertragsschluss öffentlich bekannt zu machen und in Absatz 3 an der den Krankenkassen ausdrücklich eingeräumten Berechtigung, auch im Einzelfall vor der Erteilung eines Zuschlages verschiedene Angebote einzuholen. Diese auf die Vereinbarung möglichst günstiger Preise abzielenden Regelungen führen im Verbund mit der in § 126 SGB V enthaltenen Einschränkung, dass nur der Hilfsmittellieferant zu Lasten der gesetzlichen Krankenversicherung leisten kann, der Vertragspartner der Krankenkassen ist, dazu, dass von einer Wahlfreiheit der Versicherten zwischen verschiedenen Leistungsanbietern im Rahmen der Hilfsmittelversorgung nicht viel übrig geblieben ist.[5] **Parallel** eröffnet § 33 Abs. 6 Sätze 1 und 2 SGB V als Norm des **Leistungsrechts** den Versicherten nur noch die Möglichkeit, Leistungserbringer in Anspruch zu nehmen, die mit der Krankenkasse einen entsprechenden Vertrag haben. Nur ausnahmsweise bei berechtigtem Interesse und Übernahme der Mehrkosten können sie einen anderen wählen (§ 33 Abs. 6 Satz 3 SGB V).

III. Verträge nach Absatz 1

1. Parteien

10 Vertragsparteien nach Absatz 1 sind die Krankenkassen, ihre Verbände oder Arbeitsgemeinschaften auf der einen sowie die Leistungserbringer oder Zusammenschlüsse von Leistungserbringern auf der anderen Seite. Die nach § 127 Abs. 1 SGB V zu schließenden Verträge haben nicht den Anspruch, für alle Leistungserbringer zu gelten oder ihnen offen zu stehen. Ein Ausschreibungsverfahren zielt darauf ab, den **günstigsten Anbieter** zu ermitteln und ihm den **Zuschlag** zu erteilen. Das hat zur Folge, dass nur er zur Leistungserbringung berechtigt (und verpflichtet) ist, und die anderen Mitbewerber außen vor bleiben. Soweit die Möglichkeit einer solchen Ausschlusswirkung unter der Geltung des alten Rechts in Frage gestellt worden ist,[6] besteht für entsprechende Zweifel nach Abschaffung einer Zulassung von Hilfsmittellieferanten durch die Neufassung des § 126 SGB V kein Anlass mehr. Für die Konzentration auf den günstigsten Anbieter spricht auch, dass die Lieferanten den Krankenkassen nur dann besonders günstige Angebote machen werden, wenn sie dafür auch einen verstärkten Kundenzulauf erwarten können. Für sie wird sich ein Preisnachlass nur in Hinblick auf einen höheren Gesamtumsatz lohnen. Wenn der Gesetzgeber alle Wirtschaftlichkeitsreserven ausschöpfen will, muss er also sicherstellen, dass die Anbieter die kalkulierten Mengen auch tatsächlich absetzen können.

---

4 BT-Drs. 16/3100, S. 141 („... soll der Preiswettbewerb im Hilfsmittelbereich gefördert werden").

5 Einschränken schon BSG v. 23.01.2003 - B 3 KR 7/02 R - BSGE 90, 290, kritisch dazu *Knispel*, NZS 2004, 623, 626.

6 Vgl. *Knispel*, NZS 2004, 623, 630.

2. Inhalt der Verträge

Über den Inhalt der nach Absatz 1 abzuschließenden Verträge enthält die Vorschrift einige inhaltliche Vorgaben. Erst in den Beratungen des Ausschusses für Gesundheit ist die Einschränkung in den Gesetzesentwurf gekommen, dass der Abschluss von Versorgungsverträgen nur erfolgen soll, soweit dies zweckmäßig erscheint, wobei nach Absatz 1 Satz 4 die Zweckmäßigkeit in der Regel nicht gegeben ist, wenn Hilfsmittel mit einem hohen Dienstleistungsanteil oder solche geliefert werden, welche individuell gefertigt werden.[7] Gleich stehen dürfte damit eine Versorgung, welche umfangreiche individuelle Anpassungsarbeiten erfordert. Der klassische Fall, für den eine Ausschreibung durchzuführen ist, wäre demnach die Versorgung der Versicherten mit Inkontinenzmaterial. Die **Einschränkung** auf eine bestimmte **Art** von **Hilfsmitteln** soll sowohl den Interessen der Versicherten als auch denen der Leistungserbringer Rechnung tragen.[8] Ist eine **individuelle Versorgung** der Versicherten notwendig, soll diese **nicht zentral** über einen Anbieter erfolgen, sondern Gegenstand der Tätigkeit kleiner und mittlerer Unternehmen bleiben. Für eine entsprechende Einschränkung der Ausschreibungspflicht spricht auch, dass Absatz 1 eine Ausschreibung nur für im Voraus bestimmte (und damit bestimmbare) Kontingente vorsieht. Im Übrigen soll Gegenstand eines Vertrages nach Absatz 1 nicht nur die Vereinbarung eines möglichst günstigen Preises, sondern auch die Sicherung der Qualität der Versorgung der Versicherten sein. Dies wird in Absatz 1 Satz 2 sowie in dem in Absatz 1 Satz 3 enthaltenen Verweis auf die Anforderungen des Hilfsmittelverzeichnisses (§ 139 SGB V) deutlich. So soll verhindert werden, dass günstige Preise für die Krankenkassen gleichbedeutend mit einer Verschlechterung der Versorgungsqualität für die Versicherten werden.[9] 11

3. Öffentliche Ausschreibung

Der Abschluss von Verträgen nach Absatz 1 setzt eine vorhergehende öffentliche Ausschreibung voraus. In der Praxis sind schon vor der erstmals durch das GKV-Modernisierungsgesetz zum 01.01.2004 erfolgten Einführung einer Ausschreibungspflicht in das SGB V Aufträge zur Hilfsmittelversorgung öffentlich ausgeschrieben worden.[10] Das Gesetz formuliert die Ausschreibungspflicht nunmehr abhängig von der Art der Hilfsmittel als Sollvorschrift (insoweit dies … zweckmäßig ist, sollen die Krankenkassen … im Wege der Ausschreibung Verträge … schließen). Die Ausschreibungspflicht beinhaltet, dass die Krankenkasse sich an die Öffentlichkeit (der Leistungserbringer) wendet und diese zur Abgabe von Angeboten über genau bestimmte Leistungen innerhalb einer bestimmten Frist auffordert. Bei der **Ausschreibung** handelt es sich um eine solche **eigener Art**, die sonstigen Vorschriften des Vergaberechts greifen bei der Beschaffung von Hilfsmitteln nicht.[11] Das gilt zunächst für § 22 der (auf der Grundlage des § 78 SGB IV erlassenen) Verordnung über das Haushaltswesen in der Sozialversicherung. Diese Vorschrift beansprucht nach ihrem Wortlaut nämlich nur Geltung für Verträge, mit denen nicht die Erbringung von auf Gesetz oder Satzung beruhenden Versicherungsleistungen bezweckt wird. Genau das ist aber Sinn der Verpflichtung von Hilfsmittellieferanten, weil diese den Krankenkassen ermöglichen sollen, ihre nach § 33 SGB V bestehenden Leistungspflichten gegenüber den Versicherten zu erfüllen.[12] 12

Auch die **§§ 97 ff. GWB** sind **nicht anzuwenden**. Das ergibt sich möglicherweise schon daraus, dass in § 69 SGB V der Grundsatz enthalten ist, dass sich die Rechtsbeziehungen zwischen den sonstigen (nichtärztlichen) Leistungserbringern und den Krankenkassen ausschließlich nach den Regelungen des vierten Kapitels des SGB V bestimmen.[13] Es kommt hinzu, dass die Voraussetzungen der §§ 97 ff. GWB nicht vorliegen. Denn nach § 2 Nr. 3 der auf der Grundlage des § 127 GWB erlassenen Vergabeverordnung betreffen die (in Umsetzung einer EG-Richtlinie) geschaffenen Vorschriften zunächst nur Aufträge, welche den Schwellenwert von 200.000 € übersteigen. Oberhalb dieses Betrages gilt, dass die Ausschreibungspflicht grundsätzlich nur bestimmte öffentliche Auftraggeber, insbesondere Gebietskörperschaften, trifft (§ 98 Nr. 1 GWB). Andere juristische Personen des öffentlichen Rechts 13

[7] BT-Drs. 16/4200, S. 77.

[8] BT-Drs. 16/4247, S. 46.

[9] BT-Drs. 16/3100, S. 141.

[10] Vgl. den Fall BGH v. 24.06.2003 - KZR 18/01 - BGHReport 2003, 1083-1085.

[11] Allerdings ist in BT-Drs. 16/3100, S. 141 formuliert, dass „die jeweils gültigen Vorschriften des Vergaberechts anzuwenden“ seien.

[12] Vgl. *Koenig/Engelmann/Hentschel*, MedR 2003, 562, 563; *Kingreen*, MedR 2004, 188, 193.

[13] *Kingreen*, MedR 2004, 188, 192; *Koenig/Busch*, NZS 2003, 461, 462.

werden nach § 98 Nr. 2 GWB nur erfasst, wenn sie unter dem bestimmenden Einfluss einer Gebietskörperschaft stehen. Dass ist nicht schon dann der Fall, wenn sie – wie die gesetzlichen Krankenkassen – der Staatsaufsicht unterliegen.[14]

14 Dem Gesetz ist weiter nicht zu entnehmen, welche Rechtsfolgen eintreten, wenn die in § 127 Abs. 3 Satz 1 SGB V vorgeschriebene **Ausschreibung unterblieben** ist. Es verweist auch nicht auf einzelne Vorschriften des Vergaberechts, obwohl mit der Neufassung des § 69 Satz 2 SGB V durch das GKV-Wettbewerbsstärkungsgesetz gerade noch bestimmte Vorschriften des GWB ausdrücklich für anwendbar erklärt worden sind.[15] Danach können nicht bestimmte vergaberechtliche Vorschriften, sondern nur allgemeine Grundsätze des Vergaberechts angewendet werden. In Übereinstimmung mit den allgemeinen Grundsätzen des Vergaberechts, wie sie etwa in den VOB/A und VOB/B geregelt sind, verfolgt die Ausschreibung eines Vertrags über die Versorgung mit Hilfsmitteln nach der geltenden Fassung der Vorschrift nunmehr das alleinige Ziel, den günstigsten Anbieter zu ermitteln. Damit korrespondiert ein Anspruch des Anbieters auf Vertragsschluss, der die günstigsten Preise bietet und gleichzeitig die Qualitätsanforderungen erfüllt. Bei unterbliebener Ausschreibung ist aber zu beachten, dass die Durchführung einer Ausschreibung im Ermessen der Krankenkassen steht, da sie nach dem Gesetzeswortlaut von Zweckmäßigkeitsgesichtspunkten abhängt. Das dürfte die Durchsetzung eines Anspruches auf Vertragsschluss jedenfalls erschweren.[16]

IV. Verträge nach Absatz 2

1. Parteien/Vertragsschluss

15 Für die Verträge nach Absatz 2 sind als Parteien Krankenkassen, ihre Verbände oder Arbeitsgemeinschaften auf der einen und Leistungserbringer, ihre Verbände oder sonstige Zusammenschlüsse auf der anderen Seite vorgesehen. Die Verbände (oder sonstige Zusammenschlüsse) der Leistungserbringer werden im SGB V keiner weiteren Regelung unterworfen, der Gesetzgeber geht von ihrem Bestehen aus. Als vertragsschließende **Verbände** kommen bei den **Leistungserbringern**, die einen Handwerksberuf ausüben (Augenoptiker, Hörgeräte-Akustiker, Orthopädie-Schuhmacher und Orthopädie-Techniker), insbesondere deren Innungen mit ihren Landes- und Bundesverbänden in Betracht. Durch die Einbeziehung der Verbände in den Kreis der (möglichen) Vertragspartner wird deutlich, dass Verträge nach Absatz 2 für eine Vielzahl von Leistungserbringern gelten können. Allerdings gibt es keine Verpflichtung der Hilfsmittellieferanten, sich einem Verband anzuschließen, selbst die Mitgliedschaft in einer Innung ist nach § 52 HandwO freiwillig.

16 Das neue Recht stellt auf der Seite der Hilfsmittellieferanten (im Gegensatz zum alten § 127 Abs. 1 SGB V) den einzelnen Leistungserbringer gleichberechtigt neben seinen Verband. Das eröffnet den Krankenkassen die Möglichkeit, Versorgungsverträge mit **einzelnen Leistungserbringern** abzuschließen, deren Konditionen von der mit dem Verband geschlossenen Vereinbarung abweichen, aber auch die Option, Verträge ausschließlich mit einzelnen Leistungserbringern zu schließen. Damit wird die Verbandsebene der Leistungserbringer (weiter) geschwächt. Allerdings war schon nach altem Recht (§ 127 Abs. 2 SGB V in der bis zum 31.03.2007 geltenden Fassung) möglich, dass einzelne Leistungserbringer mit den Krankenkassen **niedrigere Preise** als in den Verbandsverträgen vorgesehen vereinbarten. Der Gesetzgeber wollte so Wirtschaftlichkeitsreserven ausschöpfen.[17] Das alte Recht sah eine vom Verbandsvertrag abweichende Regelung ausdrücklich aber nur in Bezug auf den Preis vor, so dass fraglich blieb, ob auch darüber hinausgehende Regelungen wirksam auf der Ebene des einzelnen Leistungserbringers vereinbart werden konnten.[18] Solchen Bedenken ist durch die nunmehrige Fassung der Vorschrift der Boden entzogen worden. Unproblematisch ist die Schwächung der Verbandsebene als Regelungsinstanz deswegen aber nicht. Rechtstatsächlich steht einer überschaubaren Zahl von Krankenkassen eine Vielzahl von relativ kleinen Leistungserbringern gegenüber, welche die

[14] BayObLG v. 24.05.2004 - Verg 6/04 - NZS 2005, S. 27; *Kingreen*, Sgb 2004, 664, im Ergebnis auch *Koenig/Engelmann/Hentschel*, MedR 2003, 562, 566.

[15] Vgl. dazu LSG Baden-Württemberg v. 04.04.2007 - L 5 KR 518/07 ER-B.

[16] Vgl. dazu auch *Steiner*, GesR 2007, 245, 248 zu dem (umgekehrten) Fall, dass ein Leistungserbringer die Durchführung eines Ausschreibungsverfahrens verhindern will.

[17] BT-Drs. 15/1525 zu Nr. 91 zu lit. b.

[18] Dagegen etwa *Knispel*, GesR 2005, 110, 114.

Versorgung der Versicherten oft handwerksartig betreiben.[19] Deswegen ist fraglich, ob die Verhandlungsmacht der Leistungserbringer nicht einer Stärkung im Wege einer **kollektiven Interessenvertretung** durch Verbände bedarf.

Der durch die Neufassung des § 127 SGB V nochmals geförderte Wettbewerb über den Preis birgt zunächst für den Versicherten die Gefahr, dass es zu Beeinträchtigungen der Versorgungsqualität kommt. Dieser Gefahr begegnet der Gesetzgeber, indem er Qualitätsvereinbarungen fordert und auf das Hilfsmittelverzeichnis verweist.[20] Die Verdrängung der (kleinen) Anbieter vom Markt, welche möglicherweise aus strukturellen Gründen nicht die günstigsten Preise anbieten können, nimmt er dagegen hin. Auf der anderen Seite ist ein Vertragsschluss nach Absatz 2 – anders als bei Absatz 1 – nicht nur auf den günstigsten Anbieter beschränkt. Dass der Gesetzgeber auch insoweit aber ein wirtschaftliches Verhalten der Krankenkassen erwartet, wird daran deutlich, dass sie ihre Absicht, über die Versorgung mit bestimmten Hilfsmitteln Verträge zu schließen, öffentlich bekannt machen müssen. Es dürfte indessen mit der Intention des Gesetzgebers im Einklang stehen, wenn die Krankenkassen im Interesse etwa der wohnortnahen Versorgung ihrer Versicherten Verträge mit mehreren Anbietern schließen. Ein einklagbarer **Anspruch auf Vertragsschluss** besteht dagegen nicht. Einem solchen Anspruch steht schon entgegen, dass er sich auf einen Vertrag mit konkretem Inhalt beziehen müsste, wobei die Festlegung des Vertragsinhaltes jedoch Sache der Parteien und nicht die der Sozialgerichte ist.[21] Auch eine Nachwirkung ausgelaufener Verträge bis zum Neuabschluss tritt grundsätzlich nicht ein, es sei denn, sie wäre in dem (ausgelaufenen) Vertrag ausdrücklich vereinbart gewesen.[22] Allerdings gelten zum Schutz der Leistungserbringer seit der Neufassung des § 69 Satz 2 SGB V durch das GKV-Wettbewerbsstärkungsgesetz v. 26.03.2007[23] die §§ 19-21 GWB.[24] 17

2. Inhalt der Verträge

Nach der gesetzlichen Vorgabe sollen in den Verträgen die Einzelheiten der Versorgung geregelt werden. Von dieser Formulierung gedeckt sind alle Regelungen, die einen inhaltlichen **Bezug zu Hilfsmitteln** haben. Aus dem Umstand, dass der Gesetzgeber die nach Absatz 1 zu schließenden Verträge für vorrangig hält[25], ergibt sich indessen, dass über die Verträge nach Absatz 2 nur noch die Versorgung mit solchen Hilfsmitteln geregelt werden soll, die entweder einen hohen Dienstleistungsanteil aufweisen oder individuell angefertigt werden. Für diesen Bereich sind die nach Absatz 2 zu schließenden Verträge ihrer Funktion nach denen vergleichbar, die nach § 127 Abs. 1 und 2 SGB V alter Fassung für den gesamten Bereich der Hilfsmittelversorgung zu schließen waren.[26] 18

Die nach Absatz 2 abzuschließenden Verträge sind (ebenso wie die Verträge nach Absatz 1) **Rahmenverträge**. Bei der Versorgung eines Versicherten im Einzelfall ist noch ein Vertrag zwischen dem Leistungserbringer und Krankenkasse zu schließen, dessen Inhalt aber durch die bereits getroffenen Vereinbarungen als Rahmenverträge vorgeprägt ist.[27] Zu den typischen Inhalten eines Rahmenvertrages gehört etwa eine Abrede zu der Frage, welche Hilfsmittel allein aufgrund ärztlicher Verordnung ohne vorherige Genehmigung der Krankenkasse dem Versicherten zur Verfügung gestellt werden dürfen.[28] Zulässig sind ebenso Vereinbarungen über die Zahlungswege, auch in Hinblick auf die Selbstbeteiligung der Versicherten.[29] Die Verträge und Beziehungen zwischen Krankenkassen und Leistungserbringern gehören sämtlich dem öffentlichen Recht an. Der früher geführte Streit, ob es sich teilweise um privatrechtliche Beziehungen handelt, hat sich erledigt.[30] Der Abschluss eines **Einzelvertrages auf der Grundlage** eines Rahmenvertrages ist im Gesetz nicht geregelt. §127 Abs. 3 SGB V betrifft nur 19

---

[19] Vgl. *Schütze*, NZS 2003, 467, 468.

[20] BT-Drs. 16/3100, S. 141.

[21] BSG v. 05.08.1999 - B 3 KR 12/98 R - SozR 3-2500 § 126 Nr. 3.

[22] BSG v. 25.09.2001 - B 3 KR 12/98 R - BSGE 89, 12; BSG v. 25.09.2001 - B 3 KR 15/00 R - SozR 3-2500 § 132a Nr. 1; BSG v. 13.05.2004 - B 3 KR 2/03 R - SozR 4-2500 § 132a Nr. 1.

[23] BGBl I 2007, 378.

[24] *Gassner*, NZS 2007, 281, 283.

[25] Vgl. die Formulierung in Absatz 2: „Soweit Ausschreibungen nach Abs. 1 nicht zweckmäßig sind …".

[26] BT-Drs. 16/3100, S.141.

[27] BSG v. 05.08.1999 - B 3 KR 12/98 R - BSGE 84, 213. Vgl. im Einzelnen die Kommentierung zu § 125 SGB V Rn. 19.

[28] Vgl. LSG Halle v. 29.01.2004 - L 4 KR 1/01 - Sgb 2004, S. 362.

[29] BSG v. 07.12.2006 - B 3 KR 29/05 R - ZfS 2007, 55.

[30] Vgl. dazu *Steiner*, GesR 2007, 245, 246.

den Fall, dass kein Rahmenvertrag vorhanden ist. Ist dagegen ein Rahmenvertrag geschlossen, so ergeben sich aus ihm Ansprüche auf Abschluss eines Einzelvertrages, weil dort festgelegt ist, dass der Leistungserbringer Versicherte der vertragsschließenden Krankenkassen zu den vereinbarten Bedingungen mit Hilfsmitteln versorgen wird. Hat eine Krankenkasse mit mehreren Leistungsanbietern Versorgungsverträge geschlossen, ist die Auswahl Sache des Versicherten.[31]

20 Absatz 2 gibt den Parteien insbesondere vor, dass sie Regelungen über den **Wiedereinsatz von Hilfsmitteln** vereinbaren sollen. Durch diese (früher in Absatz 1 der alten Fassung des § 127 SGB V enthaltenen Vorgabe) will der Gesetzgeber erreichen, dass von der in § 33 Abs. 5 Satz 1 SGB V vorgesehenen Möglichkeit, Hilfsmittel den Versicherten **leihweise** zu **überlassen**, verstärkt Gebrauch gemacht wird.[32] Grundsätzlich hat der Anspruch der Versicherten gegen ihre Krankenkasse nur den Inhalt, dass ihnen die Benutzung eines Hilfsmittels ermöglicht wird, weswegen nicht notwendigerweise eine Übereignung erfolgen muss. Eine Ausleihe kommt insbesondere dann in Betracht, wenn es sich um Hilfsmittel handelt, die nicht zum Verbrauch bestimmt sind, sondern eine mehrmalige Verwendung ermöglichen und vom Versicherten nicht auf unbestimmte Zeit benötigt werden.[33] Die **Entscheidung** über Leihe oder Übereignung ist Sache der **Krankenkasse**. Der Versicherte kann sie nicht umgehen, indem er einen Hilfsmittellieferanten findet, der zur Übereignung eines verschriebenen Hilfsmittels bereit ist.[34] Absatz 2 gibt den Leistungserbringern nun ausdrücklich die Möglichkeit, bei der Formulierung von allgemeinen Vorgaben zu der Frage mitzuwirken, in welcher Weise die Krankenkassen von dem ihnen zustehenden Auswahlrecht Gebrauch machen sollen. Dazu kann beispielsweise vereinbart werden, welche Art von Hilfsmitteln übereignet und welche nur leihweise zur Verfügung gestellt werden soll. Die Ausleihe eines Hilfsmittels kann aber auch zur Folge haben, dass die Versorgung völlig unabhängig von den Leistungserbringern erfolgt. Denn den Krankenkassen wird unter Berufung auf das Wirtschaftlichkeitsgebot das Recht eingeräumt, zunächst auf eigene Bestände zurückzugreifen.[35] Damit korrespondiert die Verpflichtung der Leistungserbringer, in geeigneten Fällen zunächst bei der Krankenkasse anzufragen, ob die Versorgung des Versicherten aus eigenen Mitteln erfolgen soll. Möglich ist aber auch eine **Leihe** über einen **Leistungserbringer**, die in der Weise erfolgt, dass das Eigentum bei dem Lieferanten verbleibt, der den Gegenstand dem Versicherten zur Verfügung stellt und dafür ein Nutzungsentgelt von der Krankenkasse erhält. Probleme mit dieser Verfahrensweise können sich insbesondere dann ergeben, wenn der Versicherte Nachbesserungen oder Reparaturen an dem Hilfsmittel verlangt. Denn der Hilfsmittellieferant wird möglicherweise weniger Neigung haben, diesem Verlangen nachzukommen, wenn er einen Pauschalvertrag mit der Krankenkasse abgeschlossen hat, als in dem Falle, dass er jede zusätzliche Leistung der Krankenkasse gesondert in Rechnung stellen könnte. Ausgehend vom Versicherten besteht Anspruch auf kostenlose Instandhaltung eines Hilfsmittels, es sei denn, er habe eine Beschädigung wenigstens grob fahrlässig herbeigeführt.[36] Die Parteien der nach § 127 Abs. 2 SGB V zu schließenden Verträge haben somit den möglichen Problemen durch Vereinbarung geeigneter Regelungen entgegenzuwirken. Die Krankenkasse kann sich indessen im Verhältnis zu ihrem Versicherten nicht mit befreiender Wirkung auf die mit den Leistungserbringern geschlossenen Verträge berufen. Denn auf den Inhalt des Anspruchs des Versicherten können diese Verträge nicht einwirken.

V. Verträge nach Absatz 3

21 Verträge nach Absatz 3 sollen nur im **Einzelfall** zwischen Krankenkasse und einzelnem Leistungserbringer geschlossen werden, was voraussetzt, dass entweder über das benötigte Hilfsmittel kein Vertrag nach Absatz 1 oder Absatz 2 geschlossen ist, oder aber, dass durch die Vertragspartner eine Versorgung des Versicherten zu zumutbaren Bedingungen nicht möglich ist. Zur Zumutbarkeit kann auch die räumliche Nähe des Leistungserbringers zu dem Versicherten gehören, insbesondere wenn Betreuungsleistungen erforderlich werden, etwa ein Hilfsmittel besonders angepasst werden muss. Nach der Vorstellung des Gesetzgebers soll Absatz 3 die **Lücke schließen**, die sich daraus ergibt, dass nicht für alle Hilfsmittel, die erforderlich werden können, Verträge bestehen werden.[37] Der Sache nach wird so

31 Vgl. BSG v. 23.01.2003 - B 3 KR 7/02 R - BSGE 90, 290, *Knispel*, NZS 2004, 623, 626.
32 BT-Drs. 15/1525, S. 121.
33 BSG v. 09.02.1989 - 3 RK 7/88 - BSGE 64, 260.
34 BGH v. 24.06.2003 - KZR 18/01 - BGHReport 2003, 1083-1085.
35 BSG v. 09.02.1989 - 3 RK 7/88 - BSGE 64, 260.
36 BSG v. 27.11.1990 - 3 RK 31/89 - SozR 3-2200 § 182 b Nr. 3.
37 BT-Drs. 16/3100, S. 141.

die Möglichkeit zu einer Nischenexistenz für Leistungsanbieter geschaffen, die bei den Verhandlungen über die eher Standardleistungen abdeckenden Verträge nach den Absätzen 1 und 2 preislich nicht mithalten können. Verträge nach Absatz 3 sind (echte) Einzelverträge ohne Rahmenvertrag, was bedeutet, dass die Modalitäten der Versorgung, insbesondere auch der Preis, jeweils im Einzelfall verhandelt werden müssen. Die Krankenkassen sind auch unter den Voraussetzungen des Absatzes 3 Satz 1 nicht zum Abschluss eines Vertrages mit dem vom Versicherten ausgewählten Leistungserbringer verpflichtet, da ihnen der Gesetzgeber Vertrags- und damit Abschlussfreiheit eingeräumt hat. Der Gesetzgeber sieht auch insoweit eine **Orientierung** der Krankenkassen an dem jeweils günstigsten **Preis** vor, was sich daran zeigt, dass er ihnen in Absatz 3 Satz 2 ausdrücklich die Möglichkeit eingeräumt hat, Preisangebote bei mehreren Leistungserbringern einzuholen. Allerdings verlangt er den Krankenkassen bei nur im Einzelfall anfallenden Versorgungen weniger Aufwand für die Ermittlung des günstigsten Angebotes ab.

Nach Absatz 3 Satz 3 gilt die Möglichkeit zum Abschluss von Einzelverträgen auch in den Fällen des § 33 Abs. 1 Satz 5 und Abs. 6 Satz 3 SGB V. Das betrifft die Fälle, in denen Versicherte Hilfsmittel oder zusätzliche Leistungen wählen, die über das Maß des **Notwendigen hinausgehen**, und sie deswegen die Mehr- und Folgekosten zu tragen haben,[38] oder die Fälle, in denen Versicherte sich selbst einen Leistungsbringer aussuchen, obwohl ihre Krankenkasse ihnen einen Lieferanten nennen könnte, mit dem eine Vereinbarung nach § 127 Abs. 1 SGB V besteht. Letzteres ist nur bei berechtigtem Interesse der Versicherten möglich und führt dazu, dass sie die entstehenden Mehrkosten selbst tragen müssen. Da die Krankenkassen in den Fällen des Absatzes 3 Satz 3 keine Mehrkosten durch die Wahl des Versicherten befürchten müssen, wird man sie für verpflichtet halten können, bei objektiver Eignung des vom Versicherten ausgesuchten Leistungserbringers einen Vertrag mit ihm zu schließen. 22

VI. Festbeträge

§ 127 Abs. 4 SGB V regelt das **Verhältnis** der **Verträge** zu den **Festbeträgen**. Nach § 36 SGB V werden Festbeträge, die sich auf bestimmte Arten von Hilfsmitteln beziehen, von den Spitzenverbänden der Krankenkassen bundesweit einheitlich festgelegt. Das Beteiligungsrecht der Leistungserbringer ist auf ein bloßes Anhörungsrecht beschränkt (§ 36 Abs. 1 Satz 3 SGB V). Seit dem 01.01.2005 gelten bundeseinheitliche Festbeträge für Einlagen, Hörhilfen, Inkontinenzhilfen, Hilfsmittel zur Kompressionstherapie, Sehhilfen und Stomaartikel.[39] Obwohl nach den §§ 36 Abs. 3, 35 Abs. 5 SGB V schon bei der Festsetzung der Festbeträge Wirtschaftlichkeitsreserven auszuschöpfen waren, sieht der Gesetzgeber offenbar noch weitergehende Möglichkeiten durch eine Konkurrenz der Leistungsanbieter untereinander, weil er in Absatz 4 die Festbeträge als Höchstpreise ausgestaltet hat. 23

Festbeträge für Hilfsmittel sind kein unproblematisches Mittel der Leistungssteuerung, weil sie nach § 36 SGB V durch die Spitzenverbände der Krankenkassen (§ 213 SGB V) festgesetzt werden, ohne dass die Lieferantenseite zugestimmt haben muss. Allein die Festsetzung von Festbeträgen führt folglich nicht dazu, dass die Krankenkassen die Möglichkeit hätten, Hilfsmittel zu den bestimmten Festbeträgen zu beziehen. Festbeträge dürfen nicht willkürlich niedrig angesetzt werden, nach § 36 Abs. 3 SGB V i.V.m. § 35 Abs. 5 Satz 1 SGB V sollen sie vielmehr für eine ausreichende und wirtschaftliche **Versorgung** der Versicherten **auskömmlich** sein. Deswegen steht die Richtigkeit der Festbeträge in Frage, wenn sich auf dem Markt der Leistungsanbieter niemand findet, der Hilfsmittel tatsächlich zum Festbetragspreis liefert.[40] Erst die Einbeziehung der Festbeträge in die mit Leistungserbringern zu schließenden Verträge sichert den Krankenkassen damit die Möglichkeit, ihre Versicherten auch tatsächlich mit Hilfsmitteln zum Festbetragspreis versorgen zu können. 24

VII. Information der Versicherten

Absatz 5 ermöglicht den Krankenkassen, ihre Versicherten über die zur Versorgung berechtigten Hilfsmittellieferanten und den Inhalt der mit ihnen abgeschlossenen Verträge zu informieren. Die **Versicherten** haben ein berechtigtes **Interesse** an solchen Informationen, weil sie nach § 33 Abs. 6 SGB V Anspruch auf Versorgung grundsätzlich nur durch solche Lieferanten haben, mit denen ihre Krankenkasse einen Vertrag unterhält, und weil sie bei anderen Lieferanten, welche nur übergangsweise noch an der Versorgung teilnehmen dürfen, befürchten müssen, dass sie einen Teil der entstehenden Kosten 25

[38] Vgl. dazu BSG v. 23.01.2003 - B 3 KR 7/02 R - BSGE 90, 220.
[39] BAnz 2004, 23948 (Beilage Nr. 235a) v. 10.12.2004.
[40] Vgl. BVerfG v. 17.12.2002 - 1 BvL 28/95, 1 BvL 29/95 und 1 BvL 30/95 - SozR 3-2500 § 35 Nr. 2.

selbst tragen müssen (§ 33 Abs. 7 Satz 2 SGB V). Die Information dient insoweit der Verwirklichung des Sachleistungsprinzips, nach dem die Versicherten die ihnen zustehenden Leistungen ohne einen über eine Zuzahlung hinausgehenden Eigenanteil erhalten müssen.[41] Bei mehreren vertraglich verbundenen Lieferanten mit unterschiedlichen Preisen – was auch nach neuem Recht im Rahmen des Absatzes 2 noch möglich ist – liegt es dagegen im Interesse der Krankenkassen, ihre Versicherten möglichst zu den Anbietern mit den niedrigsten Preisen zu lenken. Da ein Recht der Krankenkassen zur Beratung und Information ausdrücklich in das Gesetz aufgenommen worden ist, können die Konkurrenten in einem solchen Vorgehen keinen Anlass sehen, einen Eingriff in das den Versicherten zustehende Recht zu rügen, unter allen zugelassenen Anbietern den Lieferanten ihrer Wahl auszusuchen.[42]

26 Der Versicherte wird typischerweise über seinen **behandelnden Arzt** die Verordnung eines Hilfsmittels erhalten. Deswegen ist es sachgerecht, dass auch den Vertragsärzten entsprechende Informationen zur Verfügung gestellt werden, damit sie diese an ihre Patienten weitergeben können (Absatz 5 Satz 2).[43]

C. Praxishinweise

27 Für Streitigkeiten zwischen Krankenkassen und Hilfsmittellieferanten ist nach § 51 Abs. 1 Nr. 2 SGG ausschließlich die Sozialgerichtsbarkeit zuständig. Mangels eines Verhältnisses der Über-/Unterordnung ist die **allgemeine Leistungsklage** (§ 54 Abs. 5 SGG) die richtige Klageart für gerichtliche Auseinandersetzungen. Das Verhältnis zwischen Krankenkassen und Leistungserbringern wird durch die §§ 126, 127 SGB V abschließend geregelt. Weitergehende dirigistische Maßnahmen wie die Vornahme einer Umversorgung (Verweisung des Versicherten trotz Vertrages an einen anderen Leistungserbringer als den ursprünglich ausgesuchten) sind unzulässig.[44] Zugelassene Leistungserbringer können gegen Eingriffe der Krankenkassen in die Freiheit der Versicherten, ihren Leistungserbringer selbst zu wählen, mit einem sich aus den Art. 3, 12 GG ergebenden allgemeinen **öffentlich-rechtlichen Unterlassungsanspruch** vorgehen.[45] Allerdings hat die Neufassung des § 127 SGB V das Wahlrecht der Versicherten weiter eingeschränkt. Das Wettbewerbsrecht findet keine Anwendung mehr, auch wenn die Zivilgerichtsbarkeit sich in der Vergangenheit für zuständig hielt, über die Rechtsbeziehungen von Krankenkassen und Leistungserbringern unter speziell wettbewerbsrechtlichen Gesichtspunkten zu entscheiden.[46] Dieser Rechtsprechung ist durch die Änderung des § 51 Abs. 2 Satz 2 SGG der Boden entzogen, auch wenn die zivilrechtliche Rechtsprechung noch zögert.[47] Ob das Wettbewerbsrecht der Sache nach von den Sozialgerichten weiter anzuwenden ist, bleibt theoretisch umstritten, ist für die Praxis aber durch die Rechtsprechung des BSG im negativen Sinne geklärt.[48] Auch das europäische Kartellrecht (Art. 81, 82, 86 EGV) ist nicht heranzuziehen. Der EuGH hat in seiner Entscheidung über Festbeträge judiziert, dass die Krankenkassen nicht wie Unternehmer am Markt auftreten.[49] Entsprechendes muss dann auch für die Versorgung mit Hilfsmitteln gelten.

D. Reformbestrebungen

28 Mit Wirkung ab dem 01.07.2008 hat das GKV-Wettbewerbsstärkungsgesetz vom 26.03.2007[50] das Wort „Verbände“ in Absatz 1 Satz 1 und Absatz 2 Satz 1 durch das Wort „Landesverbände“ ersetzt.

---

[41] BSG v. 23.01.2003 - B 3 KR 7/02 R - BSGE 90, 220-231.

[42] Vgl. zu letzterem BSG v. 23.01.2003 - B 3 KR 7/02 R - BSGE 90, 220.

[43] BT-Drs. 16/3100, S. 141.

[44] LSG Berlin v. 29.10.2003 - L 15 B 10/03 KR ER.

[45] So jedenfalls der fachlich zuständige 3. Senat des BSG v. 25.09.2001 - B 3 KR 3/01 R - BSGE 89, 24.

[46] BGH v. 12.03.1991 - KZR 26/89 - BGHZ 114, 218.

[47] Vgl. BGH v. 24.06.2003 - KZR 18/01 - NZS 2004, 33

[48] Argument aus § 69 SGB V, § 51 Abs. 2 Satz 2 SGG, BSG v. 25.09.2001 - B 3 KR 3/01 R - BSGE 89, 24; BSG v. 31.08.2000 - B 3 KR 11/98 - BSGE 87, 95.

[49] EuGH v. 16.03.2004 - C-204/01, C-306/01, C-354/01, C-355/01 - ZESAR 2004, S. 187; für eine Korrektur dieser Rechtsprechung *Kingreen*, SGb 2004, 659, 665.

[50] BGBl I 2007, 378.

Siebter Abschnitt: Beziehungen zu Apotheken und pharmazeutischen Unternehmern

§ 129 SGB V Rahmenvertrag über die Arzneimittelversorgung

(Fassung vom 26.03.2007, gültig ab 01.04.2007, gültig bis 30.06.2008)

(1) Die Apotheken sind bei der Abgabe verordneter Arzneimittel an Versicherte nach Maßgabe des Rahmenvertrages nach Absatz 2 verpflichtet zur

1. Abgabe eines preisgünstigen Arzneimittels in den Fällen, in denen der verordnende Arzt

a) ein Arzneimittel nur unter seiner Wirkstoffbezeichnung verordnet oder

b) die Ersetzung des Arzneimittels durch ein wirkstoffgleiches Arzneimittel nicht ausgeschlossen hat,

2. Abgabe von preisgünstigen importierten Arzneimitteln, deren für den Versicherten maßgeblicher Arzneimittelabgabepreis mindestens 15 vom Hundert oder mindestens 15 Euro niedriger ist als der Preis des Bezugsarzneimittels; in dem Rahmenvertrag nach Absatz 2 können Regelungen vereinbart werden, die zusätzliche Wirtschaftlichkeitsreserven erschließen,

3. Abgabe von wirtschaftlichen Einzelmengen und

4. Angabe des Apothekenabgabepreises auf der Arzneimittelpackung.

In den Fällen der Ersetzung durch ein wirkstoffgleiches Arzneimittel haben die Apotheken ein Arzneimittel abzugeben, das mit dem verordneten in Wirkstärke und Packungsgröße identisch sowie für den gleichen Indikationsbereich zugelassen ist und ferner die gleiche oder eine austauschbare Darreichungsform besitzt. Dabei ist die Ersetzung durch ein wirkstoffgleiches Arzneimittel vorzunehmen, für das eine Vereinbarung nach § 130a Abs. 8 mit Wirkung für die Krankenkasse besteht, soweit hierzu in Verträgen nach Absatz 5 nichts anderes vereinbart ist. Besteht keine entsprechende Vereinbarung nach § 130a Abs. 8, hat die Apotheke die Ersetzung durch ein preisgünstigeres Arzneimittel nach Maßgabe des Rahmenvertrages vorzunehmen.

(1a) Der Gemeinsame Bundesausschuss gibt in den Richtlinien nach § 92 Abs. 1 Satz 2 Nr. 6 unverzüglich Hinweise zur Austauschbarkeit von Darreichungsformen unter Berücksichtigung ihrer therapeutischen Vergleichbarkeit.

(2) Die Spitzenverbände der Krankenkassen und die für die Wahrnehmung der wirtschaftlichen Interessen gebildete maßgebliche Spitzenorganisation der Apotheker regeln in einem gemeinsamen Rahmenvertrag das Nähere.

(3) Der Rahmenvertrag nach Absatz 2 hat Rechtswirkung für Apotheken, wenn sie

1. einem Mitgliedsverband der Spitzenorganisation angehören und die Satzung des Verbandes vorsieht, daß von der Spitzenorganisation abgeschlossene Verträge dieser Art Rechtswirkung für die dem Verband angehörenden Apotheken haben, oder

2. dem Rahmenvertrag beitreten.

(4) Im Rahmenvertrag nach Absatz 2 ist zu regeln, welche Maßnahmen die Vertragspartner auf Landesebene ergreifen können, wenn Apotheken gegen ihre Verpflichtungen nach Absatz 1, 2 oder 5 verstoßen. Bei gröblichen und wiederholten Verstößen ist vorzusehen, daß Apotheken von der Versorgung der Versicherten bis zur Dauer von zwei Jahren ausgeschlossen werden können.

(5) Die Krankenkassen oder ihre Verbände können mit der für die Wahrnehmung der wirtschaftlichen Interessen maßgeblichen Organisation der Apotheker auf Landesebene ergänzende Verträge schließen. Absatz 3 gilt entsprechend. Die Versorgung mit in Apotheken hergestellten Zytostatika zur unmittelbaren ärztlichen Anwendung bei Patienten kann von der Krankenkasse durch Verträge mit Apotheken sichergestellt werden; dabei können Abschläge auf den Abgabepreis des pharmazeutischen Unternehmers und die Preise und Preisspannen der Apotheken vereinbart werden. In dem Vertrag nach Satz 1 kann abweichend vom Rahmenvertrag nach Absatz 2 vereinbart werden, dass die Apotheke die Ersetzung wirkstoffgleicher Arzneimittel so vorzunehmen hat, dass der Krankenkasse Kosten nur in Höhe eines zu vereinbarenden durchschnittlichen Betrags je Arzneimittel entstehen.

(5a) Bei Abgabe eines nicht verschreibungspflichtigen Arzneimittels gilt bei Abrechnung nach § 300 ein für die Versicherten maßgeblicher Arzneimittelabgabepreis in Höhe des Abgabepreises des pharmazeutischen Unternehmens zuzüglich der Zuschläge nach den §§ 2 und 3 der Arzneimittelpreisverordnung in der am 31. Dezember 2003 gültigen Fassung.

(5b) Apotheken können an vertraglich vereinbarten Versorgungsformen beteiligt werden; die Angebote sind öffentlich auszuschreiben. In Verträgen nach Satz 1 sollen auch Maßnahmen zur qualitätsgesicherten Beratung des Versicherten durch die Apotheke vereinbart werden. In der integrierten Versorgung kann in Verträgen nach Satz 1 das Nähere über Qualität und Struktur der Arzneimittelversorgung für die an der integrierten Versorgung teilnehmenden Versicherten auch abweichend von Vorschriften dieses Buches vereinbart werden.

(6) Die für die Wahrnehmung der wirtschaftlichen Interessen gebildete maßgebliche Spitzenorganisation der Apotheker ist verpflichtet, die zur Wahrnehmung der Aufgaben nach Absatz 1 Satz 4 und Absatz 1a, die zur Herstellung einer pharmakologisch-therapeutischen und preislichen Transparenz im Rahmen der Richtlinien nach § 92 Abs. 1 Satz 2 Nr. 6 und die zur Festsetzung von Festbeträgen nach § 35 Abs. 1 und 2 oder zur Erfüllung der Aufgaben nach § 35a Abs. 1 Satz 2 und Abs. 5 erforderlichen Daten dem Gemeinsamen Bundesausschuss sowie den Spitzenverbänden der Krankenkassen zu übermitteln und auf Verlangen notwendige Auskünfte zu erteilen. Das Nähere regelt der Rahmenvertrag nach Absatz 2.

(7) Kommt der Rahmenvertrag nach Absatz 2 ganz oder teilweise nicht oder nicht innerhalb einer vom Bundesministerium für Gesundheit bestimmten Frist zustande, wird der Vertragsinhalt durch die Schiedsstelle nach Absatz 8 festgesetzt.

(8) Die Spitzenverbände der Krankenkassen und die für die Wahrnehmung der wirtschaftlichen Interessen gebildete maßgebliche Spitzenorganisation der Apotheker bilden eine gemeinsame Schiedsstelle. Sie besteht aus Vertretern der Krankenkassen und der Apotheker in gleicher Zahl sowie aus einem unparteiischen Vorsitzenden und zwei weiteren unparteiischen Mitgliedern. Über den Vorsitzenden und die zwei weiteren unparteiischen Mitglieder sowie deren Stellvertreter sollen sich die Vertragspartner einigen. Kommt eine Einigung nicht zustande, gilt § 89 Abs. 3 Satz 3 und 4 entsprechend.

(9) Die Schiedsstelle gibt sich eine Geschäftsordnung. Die Mitglieder der Schiedsstelle führen ihr Amt als Ehrenamt. Sie sind an Weisungen nicht gebunden. Jedes Mitglied hat eine Stimme. Die Entscheidungen werden mit der Mehrheit der Mitglieder getroffen. Ergibt sich keine Mehrheit, gibt die Stimme des Vorsitzenden den Ausschlag.

(10) Die Aufsicht über die Geschäftsführung der Schiedsstelle führt das Bundesministerium für Gesundheit. Es kann durch Rechtsverordnung mit Zustimmung des Bundesrates das Nähere über die Zahl und die Bestellung der Mitglieder, die Erstattung der baren Auslagen und die Entschädigung für Zeitaufwand der Mitglieder, das Verfahren sowie über die Verteilung der Kosten regeln.

Gliederung

A. Basisinformationen

I. Textgeschichte/Gesetzgebungsmaterialien

§ 129 SGB V ist mit dem SGB V am 01.01.1989 in Kraft getreten. Eine direkte Vorgängervorschrift in der RVO gab es nicht, allerdings teilweise entsprechende Regelungen in den §§ 375, 407 Abs. 1 Nr. 1 und 414e Satz 2 RVO. § 129 SGB V wurde geändert durch Gesetz vom 20.12.1991[1], 28.10.1996[2] und 22.12.1999[3], das Festbetrags-Anpassungsgesetz vom 27.07.2001[4], VO vom 29.10.2001[5], das Arzneimittelausgaben-Begrenzungsgesetz vom 15.02.2002[6], das GKV-Modernisierungsgesetz vom 14.11.2003[7], VO v. 25.11.2003[8], Gesetz vom 14.11.2003[9] i.V.m. Bekanntmachung v. 15.03.2004[10], VO v. 31.10.2006[11] und das GKV-Modernisierungsgesetz v. 26.03.2007[12]. Gesetzgebungsmaterialien finden sich in BT-Drs. 11/2237, 11/3320, 11/3480 (jeweils zu § 138), BT-Drs. 13/2317, 13/4407, BT-Drs. 14/1245, 14/1977, BT-Drs. 14/7144, BT-Drs. 14/7827, BT-Drs. 15/1525, BT-Drs. 16/3100, BT-Drs. 16/4200 und BT-Drs. 16/4247. 1

II. Systematische Zusammenhänge

Nach Arzneimittel- und Apothekengesetz dürfen die meisten Arzneimittel nur über eine Apotheke abgegeben werden. § 129 SGB V knüpft an diese außerhalb des Sozialversicherungsrechts stehenden, aber auch für die Versorgung der Versicherten der gesetzlichen Krankenkassen geltenden Regeln an und enthält das Leistungserbringerrecht für die Versorgung von Versicherten der gesetzlichen Krankenversicherung mit Arzneimitteln. 2

III. Ausgewählte Literaturhinweise

Francke, Die regulatorischen Strukturen der Arzneimittelversorgung nach dem SGB V, MedR 2006, 683-692; *Kiewel*, Versandhandel – Chance für mehr Qualität, Wettbewerb und Wirtschaftlichkeit, 3

[1] BGBl I 1991, 2325.
[2] BGBl I 1996, 1559.
[3] BGBl I 1999, 2657.
[4] BGBl I 2001, 1948.
[5] BGBl I 2001, 2785.
[6] BGBl I 2002, 684.
[7] BGBl I 2003, 2190.
[8] BGBl I 2003, 2304.
[9] BGBl I 2003, 2190.
[10] BGBl I 2004, 452.
[11] BGBl I 2006, 2407
[12] BGBl I 2007, 378.

KrV 2004, 228-231; *Koenig/Müller*, „Aut idem" und die Abgabeverpflichtung für Importarzneimittel gemäß § 129 Abs. 1 Satz 1 SGB V, SGb 2003, 371-379; *Sendatzki*, Neuregelung zur Abgabe von importierten Arzneimitteln, BKK 2004, 302-306; *Wigge*, Arzneimittelversorgung durch niedergelassene Apotheker in der gesetzlichen Krankenversicherung, NZS 1999, 584-589.

B. Auslegung der Norm

I. Regelungsinhalt und Bedeutung der Norm

4 § 129 SGB V regelt die **Rechtsstellung** der **Apotheken** im Zusammenhang mit der Abgabe von Arzneimitteln an Versicherte der gesetzlichen Krankenversicherung. Absatz 1 Satz 1 der Vorschrift verpflichtet die Apotheken zu einem wirtschaftlichen Handeln im Interesse der Krankenkassen. Diese Verpflichtung beinhaltet zunächst, dass in den Fällen ein preisgünstiges Arzneimittel ausgesucht wird, in denen der verordnende Arzt entweder das Arzneimittel nur unter seiner Wirkstoffbezeichnung verordnet (Nr. 1 lit. a)) oder die Ersetzung des verordneten Arzneimittels durch ein anderes wirkstoffgleiches nicht ausdrücklich ausgeschlossen hat (Nr. 1 lit. b)). Absatz 1 Satz 1 Nr. 2 legt dem Apotheker die Verpflichtung auf, dem Versicherten preisgünstige importierte Arzneimittel auszuhändigen, wenn die Preisersparnis gegenüber dem Bezugsarzneimittel eine bestimmte Schwelle überschreitet. Schließlich sind Arzneimittel nur in wirtschaftlichen Mengen abzugeben und ist ihr Abgabepreis auf der Packung zu vermerken (Absatz 1 Satz 1 Nr. 3 und 4).

5 Die **Ersetzung** des vom Arzt **verordneten Arzneimittels** durch den Apotheker ist in Absatz 1 Sätze 2-4 und Absatz 1a genauer geregelt. Absatz 1 Satz 2 begrenzt die Ersetzungsbefugnis (und -pflicht) des Apothekers auf die Fälle, in denen das preisgünstigere Arzneimittel mit dem verordneten hinsichtlich Wirkungsstärke und Packungsgröße übereinstimmt, es für denselben Indikationsbereich zugelassen und die Darreichungsform gleich oder vergleichbar ist. Die Sätze 3 und 4 erweitern die Möglichkeiten, den Apotheker zur Ersetzung eines ärztlich verordneten Arzneimittels zu verpflichten, indem die Ersetzung ausdrücklich als möglicher Gegenstand eines Vertrags zwischen Krankenkassen und Apotheken nach Absatz 5 genannt wird und im Übrigen eine Ersetzung durch solche Arzneimittel angeordnet wird, für die der jeweilige pharmazeutische Unternehmer eine Rabattvereinbarung nach § 130a Abs. 8 SGB V geschlossen hat. Zur Frage der Austauschbarkeit (= Vergleichbarkeit) verschiedener Darreichungsformen soll sich der Gemeinsame Bundesausschuss unverzüglich äußern (Absatz 1a).

6 Neben den sich unmittelbar aus dem Gesetz ergebenden Pflichten der Apotheker sieht § 129 SGB V in seinen Absätzen 2-5 auch eine vertragliche Regelung der Beziehungen zwischen Krankenkassen und Apotheken vor. Bei diesen Verträgen handelt es sich durchweg um öffentlich-rechtliche Normen, wie durch die Neufassung des § 69 SGB V mit Wirkung vom 01.01.2000 klargestellt ist.[13] Nach Absatz 2 sollen die Spitzenverbände der Krankenkassen und die Spitzenorganisation der Apotheker das Nähere zur Versorgung der Versicherten in Rahmenverträgen regeln. Rechtswirkungen hat der **Rahmenvertrag** für die einzelne Apotheke nur, wenn sie entweder einem in der Spitzenorganisation vertretenen Verband angehört und der Verband in der Satzung die Verpflichtung seiner Mitglieder durch die von der Spitzenorganisation abgeschlossenen Verträge vorgesehen hat, oder wenn die Apotheke dem Rahmenvertrag beitritt (Absatz 3 Nr. 1 und 2). Der nach Absatz 2 zu schließende Rahmenvertrag soll auch Sanktionen für den Fall vorsehen, dass ein Apotheker seinen gesetzlichen oder vertraglichen Verpflichtungen in Bezug auf die Versorgung der Versicherten nicht nachkommt; bei groben und wiederholten Verstößen muss insbesondere der zeitweilige Ausschluss von der Versorgung der Versicherten der gesetzlichen Krankenversicherung möglich sein (Absatz 4). Absatz 5 ermöglicht den Abschluss von ergänzenden Verträgen zwischen Apotheken und Krankenkassen auf Landesebene. Diese können nach Absatz 5 Satz 2 bei bestimmten Rezepturarzneimitteln Abschläge gegenüber den Abgabepreisen des pharmazeutischen Unternehmers vorsehen. Absatz 5 Satz 3 enthält die Möglichkeit, auf Landesebene abweichend vom Rahmenvertrag nach Absatz 2 eigene Regelungen über das Wirtschaftlichkeitsziel bei der Ersetzung wirkstoffgleicher Arzneimittel zu vereinbaren.

7 Absatz 5a enthält eine **Sondervorschrift** zur Frage des anzusetzenden Preises für die (nach § 34 Abs. 1 Satz 1 SGB V i.V.m. § 92 Abs. 1 Satz 2 Nr. 6 SGB V nur ausnahmsweise mögliche) Abgabe von nicht verschreibungspflichtigen Arzneimitteln an Versicherte. Absatz 5b ermöglicht die Einbeziehung und

---

[13] BSG v. 25.09.2001 - B 3 KR 3/01 R - BSGE 89, 24.

Beteiligung von Apothekern an den durch Verträge zwischen Leistungserbringern und Krankenkassen eingeführten besonderen Formen der Versorgung (integrierte Versorgung/Disease Management (§§ 140a-140h, 137f, 137g SGB V)).

Absatz 6 verpflichtet die Spitzenorganisation der Apotheker, den Gemeinsamen Bundesausschuss sowie die Spitzenverbände der Krankenkassen mit den erforderlichen **Informationen** zu versehen und ihnen auf Verlangen die notwendigen Auskünfte zu erteilen. Diese Regelung steht vor dem Hintergrund, dass der Gemeinsame Bundesausschuss in den Arzneimittelrichtlinien Hinweise zu Ersetzungsmöglichkeiten von Medikamenten zu geben hat (§ 92 Abs. 1 Satz 2 Nr. 6 SGB V) und zusammen mit den Spitzenverbänden der Krankenkassen über die Festlegung von Festbeträgen für Arzneimittel entscheidet bzw. die Entscheidungen vorbereitet (§§ 35 Abs. 1 und 3, 35a Abs. 1 Satz 2, Abs. 5 SGB V). 8

Die Absätze 7-11 schließlich treffen Vorsorge für den Fall, dass eine Einigung zwischen den Spitzenverbänden der Krankenkassen und der Spitzenorganisation der Apotheker nicht zustande kommt. Es ist eine **Schiedsstelle** einzurichten, welche unter der Aufsicht des Bundesministeriums für Gesundheit und Soziale Sicherung steht. Diese besteht neben den Vertretern von Krankenkassen und Ärzten auch aus neutralen Mitgliedern und hat insbesondere die Aufgabe, eine Rahmenempfehlung nach Absatz 2 zu beschließen, wenn diese nicht binnen einer vom Bundesministerium zu bestimmenden Frist in dem eigentlich dafür vorgesehenen Verfahren zustande gekommen ist. 9

II. Normzweck

Sinn der Vorschrift ist die Formulierung besonderer gesetzlicher Pflichten, welche die Apotheker bei der Versorgung der Versicherten der gesetzlichen Krankenkassen treffen, und insbesondere die Sicherung der Wirtschaftlichkeit bezwecken. Daneben enthält die Norm zusätzlich eine Grundlage für Verträge, mit denen Krankenkassen und Apotheker ihre Rechtsbeziehungen selbst ausgestalten können. Diese stehen ebenso unter der gesetzlichen Zielvorgabe, eine möglichst wirtschaftliche Versorgung der Versicherten zu erreichen. 10

III. Teilnahme an der Versorgung

1. Zulassung

Absatz 1 geht davon aus, dass Apotheken zur Abgabe verordneter Heilmittel an Versicherte berechtigt sind. Im Gegensatz zu den anderen Bereichen des Rechts der nichtärztlichen Leistungserbringer sieht das Gesetz nicht vor, dass – wie beispielsweise bei den Heilmittelerbringern – eine besondere Zulassung zur Teilnahme an der Versorgung der Versicherten erfolgt, oder – wie etwa bei der häuslichen Krankenpflege – die Berechtigung zur Teilnahme durch Abschluss eines Vertrages mit der Krankenkassenseite erworben wird. **Ausreichend** für die Teilnahme ist vielmehr grundsätzlich, dass die nach § 1 Absatz 2 des Apothekengesetzes für den **Betrieb einer Apotheke erforderliche Erlaubnis** erworben worden ist.[14] Aus der Betriebserlaubnis ergibt sich der Auftrag, an der im öffentlichen Interesse gebotenen Arzneimittelversorgung der Bevölkerung mitzuwirken. Dieser Auftrag bezieht sich auch auf die Versicherten der gesetzlichen Krankenversicherung. Das Apotheken- und Arzneimittelgesetz begründet für die Apotheker eine Monopolstellung für die Abgabe von Arzneimitteln, die in ihrem Anwendungsbereich andere Leistungserbringer von der Versorgung der Versicherten der gesetzlichen Krankenkassen ausschließt.[15] Soweit daneben Arzneimittel ausnahmsweise auch durch andere Stellen abgegeben werden dürfen, die nicht zu den ausdrücklich geregelten Leistungserbringern des SGB V gehören (denkbar etwa bei Insulinteststreifen, vgl. § 31 Abs. 1 Satz 1 am Ende SGB V), müssen diese entsprechend § 69 Satz 3 SGB V eine vertragliche Vereinbarung mit den Krankenkassen abgeschlossen haben, um Zahlungsansprüche erwerben zu können.[16] Eine gesonderte Einbeziehung auf vertraglicher Basis ist nach Absatz 5b aber auch für Apotheker erforderlich, welche an den neuen Versorgungsformen der integrierten Versorgung (§§ 140a-140h SGB V) oder Disease-Management-Programmen (§§ 137f, 137g SGB V) teilnehmen wollen.[17] 11

---

[14] *Kranig* in: Hauck/Noftz, SGB V, K § 129 Rn. 5.

[15] BSG v. 25.09.2001 - B 3 KR 3/01 R - BSGE 89, 24.

[16] LSG Schleswig-Holstein v. 15.03.2005 - L 5 KR 84/03 - Breith 2005, 813-817; BSG v. 27.07.05 - B 3 KR 21/05 B.

[17] Dazu *Kirchhoff*, SGb 2006, 710-719.

12 Die Liberalisierung des Apotheken- und Arzneimittelrechts zum 01.01.2004 hat dazu geführt, dass nunmehr auch ein **Versandhandel** mit Arzneimitteln möglich ist. Das bisherige uneingeschränkte Verbot steht jetzt nach § 43 des Arzneimittelgesetzes, § 11a des Apothekengesetzes unter Erlaubnisvorbehalt. Eine erteilte Erlaubnis berechtigt entsprechend dem oben (vgl. Rn. 11) Ausgeführten auch zur Versorgung von Versicherten der gesetzlichen Krankenversicherung. Im Ausland gelegene sogenannte **Internetapotheken** (insbesondere „Doc Morris" mit grenznahem Sitz in den Niederlanden) sind schon vor dem 01.01.2004 unter Berufung auf das Europarecht zur Versorgung der deutschen Versicherten tätig geworden. Obwohl das Europarecht nach der Rechtsprechung des Europäischen Gerichtshofs[18] einem Verbot des Versandhandels für verschreibungspflichtige Medikamente nicht entgegenstehen würde, erlaubt § 73 Abs. 1 Nr. 1a des Arzneimittelgesetzes seit dem 01.01.2004 den Versandhandel durch eine Apotheke mit Sitz in einem Mitgliedstaat der Europäischen Union, wenn die Apotheke die Anforderungen ihres Sitzstaates für die Teilnahme am Versandhandel erfüllt und diese Anforderungen denen des deutschen Rechts entsprechen. Nach § 73 Abs. 1 Satz 3 des Arzneimittelgesetzes veröffentlicht das Bundesministerium in regelmäßigen Abständen eine Übersicht über die Mitgliedstaaten der Union, deren Sicherheitsstandards für den Versandhandel von Arzneimitteln denen des deutschen Rechts entsprechen. Erst die Listung führt dazu, dass das nach § 73 AMG grundsätzlich bestehende **Verbringungsverbot** von Arzneimitteln in das Inland aufgehoben wird.[19] Allerdings fehlt den Apotheken mit Sitz in den Mitgliedstaaten der europäischen Union der Unterbau des Leistungserbringerrechts, da sich die Geltung des § 129 SGB V räumlich auf die Bundesrepublik Deutschland beschränkt. Diese Lücke wird durch die §§ 13 Abs. 4 Satz und 140e SGB V gefüllt, wo vorgesehen ist, dass Versicherte bei Inanspruchnahme von in den Mitgliedsstaaten der Europäischen Union gelegenen Leistungsträgern Anspruch auf Kostenerstattung haben (in der Höhe, wie sie bei Inanspruchnahme eines Leistungsträgers im Inland angefallen wären), und den Krankenkassen auch die Möglichkeit gegeben wird, mit den im europäischen Ausland befindlichen Leistungserbringern besondere Verträge abzuschließen.

2. Rahmenvertrag

13 Obwohl die Versorgung der Versicherten der gesetzlichen Krankenversicherung durch Apotheken im Wesentlichen schon durch das SGB V selbst geregelt ist, enthält Absatz 2 die an die Spitzenverbände der Krankenkassen und die Spitzenorganisation der Apotheker gerichtete Verpflichtung, in einem gemeinsamen **Rahmenvertrag** das Nähere zu regeln. Dabei bestimmt sich der Kreis der Spitzenorganisationen der Krankenkassen nach § 213 Abs. 1 SGB V. Die Bildung einer Spitzenorganisation der Apotheker hat der Gesetzgeber der Initiative des Berufsstandes überlassen. Als Spitzenorganisation tritt der Deutsche Apothekerverband e.V. auf, der sich aus den einzelnen Landesverbänden zusammensetzt. Der **Abschluss** eines Rahmenvertrages ist **rechtliche Verpflichtung**, denn nach Absatz 7 kann die fehlende Einigung der Parteien durch die Entscheidung der Schiedsstelle nach Absatz 8 ersetzt werden. Das Gesetz stellt allerdings nicht selbst die allgemeine Verbindlichkeit des Rahmenvertrages für sämtliche Apotheken sicher. Es beschränkt die Rechtswirkungen des Rahmenvertrages in Absatz 3 vielmehr auf Apotheker, welche einem Mitgliedsverband der Spitzenorganisation angehören, wenn die Satzung des Verbandes eine entsprechende Rechtswirkung solcher Verträge vorsieht, und auf Apotheker, welche dem Rahmenvertrag beitreten. Offensichtlich verfehlt wäre es aber, wenn Apotheker durch den Nichtbeitritt zum Rahmenvertrag erreichen könnten, dass für sie Sanktionen nicht gelten, welche sich an die Verletzung der für die Versorgung der Versicherten geltenden Pflichten knüpfen. Deswegen ist zu fordern, dass **Voraussetzung der Teilnahme** an der Versorgung der Versicherten der gesetzlichen Krankenkassen entweder die Zugehörigkeit zu einem Verband, über den der Rahmenvertrag gilt, oder der ausdrückliche **Beitritt zum Rahmenvertrag ist**.[20]

14 Schon vor In-Kraft-Treten der Änderungen des SGB V durch das GKV-Wettbewerbsstärkungsgesetz ist der Rahmenvertrag über die Arzneimittelversorgung am 23.03.2007 neu gefasst worden, so dass die Neufassung zeitgleich mit den Änderungen des SGB V am 01.04.2007 in Kraft treten konnte. Inhaltlich enthält der Rahmenvertrag Regeln über die Abgabe von Medikamenten, etwa den Grundsatz, dass vertragsärztliche Verordnungen nur innerhalb eines Monats nach Ausstellung beliefert werden dürfen (§ 3 Abs. 1), aber auch nähere Bestimmungen über die im Gesetz vorgesehenen Mechanismen zur Sicherstellung der wirtschaftlichen Versorgung (aut idem, Importarzneimittel) sowie über das Verfahren

---

[18] EuGH v. 11.12.2003 - C-322/01 - EuGHE I 2003, 14887-15012.

[19] So jedenfalls SG Berlin v. 16.11.2005 - S 89 KR 2244/03 - GesR 2006, 236-238.

[20] *Kranig* in: Hauck/Noftz, SGB V, K § 129 Rn. 5.

bei den in den §§ 130, 130a SGB V vorgesehenen Abschlägen. Daneben sind in § 11 die nach § 129a Abs. 4 SGB V für den Fall vorzusehenden Sanktionen geregelt, dass ein Apotheker seine gesetzlichen Pflichten bei der Versorgung der Versicherten der gesetzlichen Krankenkassen verletzt, wobei die Sanktionen entsprechend der gesetzlichen Vorgabe die Möglichkeit eines zeitweiligen Ausschlusses von der Versorgung der Versicherten enthalten, und finden sich weiter Bestimmungen etwa über die Rechnungslegung und die Datenübermittlung.

3. Arzneimittelpreise

Die Höhe des von den Krankenkassen für die Medikamente zu zahlenden Preises bedarf keiner gesonderten vertraglichen Regelung zwischen Krankenkassen und Leistungserbringer. Es gelten einheitliche Preise, die sich zunächst aus, den Handelsspannen der Apotheker zusammensetzen, die bei dem Verkauf von verschreibungspflichtigen Medikamenten in der gemäß § 78 des Arzneimittelgesetzes erlassenen **Arzneimittelpreisverordnung**[21] geregelt sind. Deren Regelungen gelten bei der Abgabe von Medikamenten gleichermaßen für Versicherte der gesetzlichen Krankenkassen wie für Privatpatienten. Den Krankenkassen ist allerdings nach § 130 SGB V ein Rabatt in gesetzlich bestimmter Höhe einzuräumen. Weitere Nachlässe der Apotheken wie Rabatte an Versicherte sind unzulässig.[22] Ausgenommen davon als verkehrsüblich sind allein geringwertige Zugaben, mit denen die Apotheker traditionell die Bindung ihrer Kunden festigen wollen. Zu den vorgegebenen Handelsspannen sind die Herstellerabgabepreise zu addieren. Diese sind dem Einfluss der Krankenkassen entzogen, da über ihre Höhe der pharmazeutische Unternehmer frei entscheidet.[23] Der Herstellerabgabepreis muss aber einheitlich für den gesamten Geltungsbereich des Arzneimittelgesetzes festgelegt werden (§ 78 Abs. 3 des Arzneimittelgesetzes). Daraus ergibt sich, dass für ein bestimmtes Arzneimittel unabhängig von den beteiligten Krankenkassen und Apotheken immer derselbe Preis zu entrichten ist. Eine Sondervorschrift für die Preise nicht verschreibungspflichtiger Arzneimittel enthält Absatz 5a. Zeitgleich mit der Herausnahme der nicht verschreibungspflichtigen Arzneimittel aus der Leistungspflicht der gesetzlichen Krankenversicherung mit Wirkung vom 01.01.2004 sind diese Arzneimittel auch von der Geltung der Arzneimittelpreisverordnung (nach deren § 1 Absatz 4) ausgenommen worden. Für die Fälle, in denen ausnahmsweise die Leistungspflicht der Krankenkassen auch weiterhin nicht verschreibungspflichtige Medikamente erfasst[24], schreibt Absatz 5a der Sache nach die weitere Geltung der Regeln der Arzneimittelpreisverordnung vor[25]. Dass auch in diesen Fällen der pharmazeutische Unternehmer verpflichtet ist, einen einheitlichen Abgabepreis festzusetzen, ergibt sich dagegen aus § 78 Abs. 3 Satz 1 HS. 2 des Arzneimittelgesetzes. Zu finden sind die für Arzneimittel maßgeblichen Abgabepreise in einer auf privater Initiative beruhenden Sammlung, der sogenannten Lauer-Taxe. Fraglich ist indessen, ob die deutschen preisrechtlichen Regeln auch bei Bezug von Arzneimitteln aus einer im Ausland gelegenen Versandapotheke (Internet-Apotheke) gelten.[26] Dagegen spricht, dass eine Apotheke mit Sitz im Ausland nicht dem räumlichen Geltungsbereich des Arzneimittelgesetzes unterfällt und die Frage der zu entrichtenden Entgelte leistungsrechtlich in § 13 Abs. 4 SGB V geregelt ist. 15

4. Verträge auf Landesebene

Die Möglichkeit zum Abschluss von **Verträgen auf Landesebene** zwischen Krankenkassen und Apothekern ist in Absatz 5 vorgesehen. Auf Landesebene ist kein Schiedsverfahren vorgesehen, woraus abzuleiten ist, dass der Vertragsschluss auf dieser Ebene lediglich eine weitere Gestaltungsmöglichkeit und keine rechtliche Verpflichtung darstellt.[27] Der räumliche Geltungsbereich solcher Verträge bezieht sich auf den Sitz des Apothekers. Es kommt nicht darauf an, wo sich die für den Versicherten zuständige Krankenkasse befindet.[28] Das GKV-Wettbewerbsstärkungsgesetz hat die Landesebene, auf wel- 16

---

[21] V. 14.11.1980 (BGBl I 1980, 2147), zuletzt geändert durch Art. 24 des GKV-Modernisierungsgesetzes v. 14.11.2003 (BGBl I 2003, 2190).

[22] OLG Sachsen-Anhalt v. 09.06.2006 - 10 U 13/06 - NJW-RR 2007, 695-698.

[23] *Francke*, MedR 2006, 683; BT-Drs. 16/3100, S. 199 (zu § 78 AMG).

[24] Vgl. dazu *Fastabend/Schneider*, Leistungsrecht der gesetzlichen Krankenversicherung, 2004, Rn. 129a.

[25] BT-Drs. 15/1525 zu Nr. 92 lit. c.

[26] Nach OLG Hamm v. 21.09.2004 - 4 U 74/04 - CR 2005, 209-214 findet die Arzneimittelpreisverordnung keine Anwendung, a.A. aber LG Hamburg v. 17.08.2006 - 315 O 340/06 - Pharma Recht 2006, 477-482 und LG Saarbrücken v. 31.01.2007 - 71 O 103/06 - A&R 2007, 87-91.

[27] *Kranig* in: Hauck/Noftz, SGB V, K § 129 Rn. 18; *Hess* in: KassKomm, SGB V, § 129 Rn. 12.

[28] BSG v. 17.01.1996 - 3 RK 26/94 - BSGE 77, 194.

cher bislang lediglich ergänzende Verträge geschlossen werden sollten (Absatz 5 Satz 1), dadurch aufgewertet, dass nunmehr Sonderregelungen über die Versorgung mit Zytostatika zur Krebstherapie vereinbart werden können (Absatz 5 Satz 2). Grundsätzlich ist auch die Vergütung für solche Rezepturarzneimittel Gegenstand der Arzneimittelpreisverordnung.[29] In Sonderregelungen auf Landesebene sollen Preisnachlässe vereinbart werden, welche sowohl die Vergütung der Apotheken für die Zubereitung als auch die von den Apotheken an die pharmazeutischen Unternehmer für die bezogenen Stoffe zu entrichtenden Preise erfassen, wobei die Apotheken entsprechend § 130a Abs. 8 SGB V mit dem pharmazeutischen Unternehmer Rabattvereinbarungen zugunsten der Krankenkasse schließen sollen.[30] Weiter ermöglicht Absatz 5 Satz 3 jetzt, dass im Rahmen der aut idem Regelung von den auf Bundesebene vereinbarten Inhalten abgewichen wird, soweit dies zu wirtschaftlicheren Ergebnissen führt.[31]

IV. Wirtschaftlichkeit

17 Da die Preisgestaltung für Arzneimittel auf gesetzlicher Grundlage geregelt ist, ergibt sich für die auf Wirtschaftlichkeit bedachten **Krankenkassen** das Problem, dass sie selbst **keinen** direkten **Einfluss** auf die Preise haben. Auch das Verordnungsverhalten der Vertragsärzte entzieht sich ihrer Kontrolle. Angesichts der festen Preise können Einsparungen nur durch eine Beschränkung der Leistungspflicht auf bestimmte Arzneimittel erzielt werden. Eine so genannte Positivliste, welche den Kreis der zu Lasten der gesetzlichen Krankenversicherung verordnenbaren Arzneimittel abschließend beschreiben sollte, ist trotz mancher Ansätze nicht eingeführt worden.[32] Allerdings nimmt das Gesetz bestimmte Arzneimittel von der Verordnenbarkeit aus (§ 34 Abs. 1 SGB V). Daneben gibt es die Möglichkeit, Arzneimittel durch Rechtsverordnung als unwirtschaftlich oder nur gegen geringfügige Krankheiten bestimmt von der Leistungspflicht der gesetzlichen Krankenversicherung auszunehmen (vgl. § 34 Abs. 2 und 3 SGB V, zusammenstellt nach § 93 Abs. 1 SGB V in der so genannten Negativliste). Für eine darüber hinausgehende und angesichts der Ausgabensteigerungen für Arzneimittel zunehmend für notwendig gehaltene **Kostenkontrolle** gibt es im gegenwärtig geltenden Recht mehrere Ansatzpunkte: Die Leistungspflicht der Krankenkassen wird zunächst für bestimmte Gruppen von Arzneimitteln durch Festbeträge beschränkt. Daneben sollen die Apotheker nach der so genannten Aut-idem-Regelung ärztlich verordnete Medikamente durch wirkstoffgleiche preiswertere ersetzen, auch sind sie zur Abgabe von preisgünstigen importierten Arzneimitteln verpflichtet. Schließlich sind sie angehalten, nur wirtschaftliche Einzelmengen abzugeben und den Preis des Arzneimittels auf der Packung zu vermerken.

1. Festbeträge

18 Festbeträge werden nach § 35 Abs. 1 SGB V für Arzneimittel mit denselben Wirkstoffen, vergleichbaren Wirkstoffen oder mit therapeutisch vergleichbarer Wirkung festgelegt. Die Grenzen der zu vergleichenden Medikamente werden also ungleich weiter als bei der Aut-idem-Regelung gezogen, weil sie sich nicht nach einem einzigen Wirkstoff bestimmen. Zuständig für die **Festsetzung der Festbeträge** sind die Spitzenverbände der Krankenkassen, nachdem der Gemeinsame Bundesausschuss in seinen Richtlinien bestimmt hat, für welche Arzneimittel Festbeträge bestimmt werden können. Die Zuständigkeit des Bundesministeriums für Gesundheit und Soziale Sicherung nach § 35a SGB V ist mit dem 31.12.2003 erloschen. Festbeträge begrenzen die Leistungspflicht der Krankenkassen (§ 31 Abs. 2 SGB V), müssen aber auch im Allgemeinen für eine ausreichende, zweckmäßige, wirtschaftliche und qualitätsgesicherte Versorgung der Versicherten ausreichen (§ 35 Abs. 3 SGB V). Dies ist nach der Rechtsprechung des BVerfG Voraussetzung für die Wirksamkeit der Festbeträge, da anderenfalls die Rechte der Ärzte und Patienten verletzt seien.[33] Der Versicherte, der die Versorgung mit einem teureren Arzneimittel wünscht, muss die den Festbetrag übersteigende Differenz selbst tragen und schließt insoweit einen eigenen privatrechtlichen Kaufvertrag mit dem Apotheker.[34]

---

[29] Vgl. LSG Rheinland-Pfalz v. 06.10.2005 - L 5 KR 96/04 - Breith 2006, 455-457.

[30] BT-Drs. 16/4247, S. 46/47.

[31] BT-Drs. 16/3100, S. 142.

[32] *Fastabend/Schneider*, Leistungsrecht der gesetzlichen Krankenversicherung, 2004, Rn. 139.

[33] BVerfG v. 17.12.2002 - 1 BvL 28/95, 1 BvL 29/95 und 1 BvL 30/95 - SozR 3-2500 § 35 Nr. 2.

[34] Vgl. BSG v. 03.08.2006 - B 3 KR 6/06 R - SozR 4-2500 § 129 Nr. 2.

2. Aut-idem

19 Die Aut-idem-Regelung in Absatz 1 ist durch das GKV-Wettbewerbsstärkungsgesetz mit Wirkung vom 01.04.2007 neu gefasst worden. Ihr Gegenstand ist die Verpflichtung der Apotheker, das ärztlich verordnete Arzneimittel zu konkretisieren oder durch ein anderes zu ersetzen. Dem liegt die Vorstellung zugrunde, dass der therapeutische Nutzen eines Medikamentes ausschließlich durch seinen Wirkstoff bestimmt wird, weswegen ein unter seiner Handelsbezeichnung verordnetes Medikament im Interesse der Wirtschaftlichkeit der Versorgung durch ein anderes wirkstoffgleiches ausgetauscht werden darf. Der Apotheker muss in den Fällen, in denen der Arzt entweder ein Arzneimittel unter seiner **Wirkstoffbezeichnung** verordnet hat, oder er zwar ein bestimmtes Heilmittel verordnet, seine Ersetzung durch ein **wirkstoffgleiches Mittel** aber nicht ausgeschlossen hat, ein preisgünstiges Arzneimittel abgeben. Dieses Medikament muss mit dem verordneten in Wirkstärke und Packungsgröße identisch sowie für die gleiche Indikation zugelassen sein und die gleiche oder eine austauchbare Darreichungsform besitzen. Neu geregelt ist mit Wirkung vom 01.04.2007, mit welchen Medikamenten die Apotheken zu ersetzen haben: Abzugeben sind nunmehr in erster Linie Arzneimittel, für die Rabattvereinbarungen zwischen Krankenkassen und den pharmazeutischen Unternehmern nach § 130a Abs. 8 SGB V bestehen. Auch das steht noch unter dem Vorbehalt, dass keine abweichende oder ergänzende Vereinbarung in den nach Absatz 5 auf Landesebene zwischen den Krankenkassen und Apotheken abzuschließenden Verträgen gegeben ist. Nur wenn beide Möglichkeiten nicht greifen, findet die schon bisher in dem Rahmenvertrag nach Absatz 2 vorgesehene Regelung weitere Anwendung, dass bei ärztlicher Verordnung nur unter Wirkstoffbezeichnung die drei günstigsten Medikamente und bei Verordnung unter der Handelsbezeichnung die drei günstigsten Medikamente und das verordnete zur Wahl stehen.[35] Hinweise zur Austauschbarkeit von Darreichungsformen unter Berücksichtigung ihrer therapeutischen Vergleichbarkeit soll der gemeinsame Bundesausschuss in den Arzneimittelrichtlinien geben. Die Frage der Wirkstoffgleichheit haben dagegen die Apotheken in eigner Verantwortung zu entscheiden. Problematisch ist die aut-idem-Regelung deswegen, weil der Gesetzgeber mit ihr die Verantwortung für die Auswahl des Medikamentes jedenfalls teilweise vom Arzt auf den Apotheker verlagert.[36] In Hinblick auf die mit ihr angestrebte Steigerung der Wirtschaftlichkeit besteht die Gefahr, dass sie von den verordnenden Ärzten durch einen regelmäßig erfolgenden ausdrücklichen Ausschluss der Ersetzbarkeit unterlaufen wird. Die letzten Erweiterungen durch das GKV-Wettbewerbsstärkungsgesetz sollen nun insbesondere den Abschluss von Rabattvereinbarungen nach § 130a Abs. 8 SGB V befördern.[37] Dieser Regelung liegt offenbar die Vorstellung zugrunde, dass die pharmazeutischen Unternehmer zu einem größeren Rabatt bereit sind, wenn sie dafür höhere Umsätze erwarten dürfen, was wiederum eine Lenkung der Versicherten zu den günstigen Medikamenten hin voraussetzt. Misslich ist dabei insbesondere, dass die Rabattverträge von den einzelnen Krankenkassen abgeschlossen werden können. Dies ermöglicht Entwicklungen, die dazu führen, dass die Auswahl des abzugebenden Medikamentes abhängig von der jeweiligen Krankenkasse ist. Dadurch wird jedenfalls bei den Versicherten (weiter) der Eindruck gefördert, dass die Leistungen der gesetzlichen Krankenversicherung nicht (mehr) für alle Versicherten gleich sind, sondern sich je nach Art der Krankenkasse („Billigkasse") unterscheiden.

3. Importarzneimittel

20 Die Apotheken sind nach Absatz 1 Satz 1 Nr. 2 zur Abgabe von **Importarzneimitteln** verpflichtet, wenn deren für den Versicherten maßgeblicher Abgabepreis mindestens 15% oder 15 € niedriger als der Preis des Bezugsarzneimittels ist. Mit Wirkung vom 01.01.2000 ist die Pflicht zur Abgabe von importierten Arzneimitteln zur Erschließung von Wirtschaftlichkeitsreserven wieder eingeführt worden, nachdem sie vorher wegen Bedenken im Hinblick auf den Patentschutz zunächst aufgehoben worden war.[38] Das GKV-Modernisierungsgesetz hat die Voraussetzungen der Preisgünstigkeit genauer definiert und überlässt das Weitere dem nach Absatz 2 zu vereinbarenden Rahmenvertrag.[39] Der Import

---

[35] BT-Drs. 16/3100, S. 142, vgl. auch § 4 des Rahmenvertrags über die Arzneimittelversorgung nach § 129 Abs. 2 SGB V v. 23.03.2007.

[36] *Fastabend/Schneider*, Leistungsrecht der gesetzlichen Krankenversicherung, 2004, Rn. 132.

[37] BT-Drs. 16/3100, S. 142 (…"Wirksamkeit…verbessert").

[38] BT-Drs. 14/1245 zu Nr. 70.

[39] BT-Drs. 15/1525 zu Nr. 92 lit. a sublit. aa; vgl. nunmehr § 5 des Rahmenvertrags über die Arzneimittelversorgung nach § 129 Abs. 2 SGB V v. 23.03.2007.

von Arzneimitteln kann deswegen zu geringeren Kosten führen, weil Arzneimittel von ihren Herstellern regelmäßig in mehreren Ländern zu unterschiedlichen Preisen angeboten werden. Im Wege des Imports von Arzneimitteln aus Ländern mit niedrigeren Preisen können diese Preisdifferenzen an die deutsche Krankenversicherung weitergegeben werden. Der Importeur ist nämlich pharmazeutischer Unternehmer im Sinne des Arzneimittelgesetzes mit dem Recht, einen eigenen Herstellerabgabepreis festzusetzen. Bezugarzneimittel im Sinne von Absatz 1 Satz 1 Nr. 2 ist das Arzneimittel, auf das wegen der Zulassung des Importarzneimittels für den deutschen Markt Bezug genommen worden ist. Aus Sicht der Versicherten stellt sich die Versorgung mit Importarzneimitteln als geringster Eingriff dar, da die Identität des verordneten Medikamentes erhalten bleibt.

4. Sonstiges

21 Allgemein dienen der Förderung der Wirtschaftlichkeit noch die weiteren Regelungen des Absatz 1 Satz 1 Nr. 3 und 4, wonach der Apotheker **wirtschaftliche Packungsgrößen** abgeben und den **Preis** des Arzneimittels auf der Packung **vermerken** soll. Die Pflicht zur Abgabe wirtschaftlicher Einzelmengen kommt nur zum Tragen, wenn nicht der verordnende Arzt bereits eine bestimmte Menge bestimmt hat.[40] Die Kennzeichnung des Apothekenabgabepreises soll dem Versicherten die entstehenden Kosten vor Augen führen und ihn so zu einem wirtschaftlichen Handeln anhalten.[41]

V. Vergütungsanspruch

22 Ein Vergütungsanspruch des Apothekers gegen eine gesetzliche Krankenkasse ergibt sich auf **vertraglicher Grundlage**. Der verordnende Kassenarzt gibt für die Krankenkassen ein Angebot ab, das in der Verordnung verkörpert, von dem Versicherten dem Apotheker überbracht und von diesem angenommen wird.[42] Es handelt sich um öffentlich-rechtliche Kaufverträge.[43] Da das Rezept aber keine umfassende Regelung der Vertragsabwicklung enthält, muss **ergänzend** auf die gesetzlichen und vertraglichen **Regelungen der Versorgung** zurückgegriffen werden. Deren Erheblichkeit für den Vergütungsanspruch ergibt sich jedenfalls daraus, dass die Apotheken in den Rahmenverträgen nach den Absätzen 2 und 5 auf ihre Einhaltung verpflichtet werden. Der Vergütungsanspruch setzt neben dem Vertragsschluss deswegen noch voraus, dass der Apotheker die für die Abgaben von Arzneimitteln allgemein geltenden Vorschriften (Apothekengesetz, Arzneimittelgesetz) eingehalten hat.[44] Bei der Abgabe von Medikamenten ist insbesondere auch die Vorlagefrist von einem Monat nach Ausstellung der ärztlichen Verordnung zu beachten.[45] Der Apotheker darf weiter nur wirtschaftliche Mengen abgeben.[46] Werden Versicherte unter Verstoß gegen die maßgebenden Vorschriften beliefert, so ergibt sich auch aus den Grundsätzen der Geschäftsführung ohne Auftrag oder dem Bereicherungsrecht kein Vergütungsanspruch gegen die Krankenkassen.[47] Wurde bereits gezahlt, ist die Krankenkasse (auch ohne ausdrückliche Regelung im Rahmenvertrag) zur nachträglichen Berichtigung (Retaxierung) berechtigt, das schließt auch die vom Versicherten zu übernehmende Zuzahlung ein.[48] Das BSG unterscheidet indessen in Bezug auf den Rahmenvertrag zwischen Bestimmungen, welche die Abgabe, und solchen, welche die Abrechnung regeln.[49] Ein Verstoß gegen letztere soll nicht zu einem Verlust des Zahlungsanspruches führen. Im Übrigen sind auch ohne besondere Regelung Zinsen entsprechend §§ 288, 291 BGB zu entrichten.[50] **Pflichten der Apotheker** ergeben sich auch daraus, dass sie als Leistungserbringer der gesetzlichen Krankenversicherung agieren und deswegen an die Versicherten keine Arzneimittel zu Lasten der gesetzlichen Krankenversicherung außerhalb der dafür maßgebenden Vorschriften

[40] *Kranig* in: Hauck/Noftz, SGB V, K § 129 Rn. 11; *Hess* in: KassKomm, SGB V, § 129 Rn. 7.
[41] *Kranig* in: Hauck/Noftz, SGB V, K § 129 Rn. 12.
[42] BSG v. 17.01.1996 - 3 RK 26/94 - BSGE 77, 194; BSG v. 03.08.2006 - B 3 KR 6/06 R - SozR 4-2500 § 129 Nr. 2.
[43] BSG v. 17.03.2005 - B 3 KR 2/05 R - SozR 4-5570 § 30 Nr. 1; BSG v. 03.08.2006 - B 3 KR 6/06 R und B 3 KR 7/06 R.
[44] LSG Nordrhein-Westfalen v. 19.12.1996 - L 16 Kr 233/94.
[45] BSG v. 03.08.2006 - B 3 KR 6/06 R - SozR 4-2500 § 129 Nr. 2.
[46] BSG v. 03.08.2006 - B 3 KR 7/05 R - SozR 4-2500 § 129 Nr. 1.
[47] BSG v. 17.05.2000 - B 3 KR 19/99 B - MedR 2001, 649-650; BSG v. 17.03.2005 - B 3 KR 2/05 R - SozR 4-5570 § 30 Nr. 1; BSG v. 03.08.2006 - B 3 KR 7/05 R - SozR 4-2500 § 129 Nr. 1.
[48] BSG v. 03.08.2006 - B 3 KR 6/06 R - SozR 4-2500 § 129 Nr. 2.
[49] BSG v. 03.08.2006 - B 3 KR 7/06 R - SozR 4-2500 § 129 Nr. 1.
[50] BSG v. 03.08.2006 - B 3 KR 7/06 R - SozR 4-2500 § 129 Nr. 1.

des Leistungsrechts abgeben dürfen.[51] Daraus ergibt sich insbesondere, dass die ärztliche Verordnung Voraussetzung der Abgabe eines Medikamentes zu Lasten der Krankenkassen ist[52], dass kein nach § 34 SGB V ausgeschlossenes Medikament abgegeben werden darf, im Regelfall also nur ein verschreibungspflichtiges, und dass nur der Festbetrag abzurechnen ist, wenn ein solcher festgesetzt worden ist. Die Apotheker sind indessen nicht verpflichtet, die Zulässigkeit einer ärztlichen Verordnung zu überprüfen und werden auch durch eine von den Krankenkassen dem Versicherten gegenüber durch Verwaltungsakt ausgesprochene Begrenzung der Leistungspflicht nicht gebunden.[53] Sie müssen auch nicht die Kassenzugehörigkeit eines Versicherten kontrollieren.[54] Wohl aber haben sie die Verkehrs- und Importfähigkeit eines Arzneimittels zu prüfen.[55] Die Problematik der Arzneimittel im off-label-use[56] wird insoweit aber regelmäßig nicht betroffen, da diese Medikamente üblicherweise offen außerhalb des Leistungssystems der gesetzlichen Krankenversicherung abgegeben werden, so dass die Frage der Einhaltung des Leistungserbringungsrechts durch die Apotheke sich nicht stellt, der Versicherte vielmehr über § 13 Abs. 3 SGB V gegen seine Krankenkasse vorgeht.

VI. Informationspflichten

Absatz 6 verpflichtet die Spitzenorganisation der Apotheker, an den Gemeinsamen Bundesausschuss 23
und die Spitzenverbände der Krankenkassen **Daten** über pharmakologisch-therapeutische und preisliche Fakten zu **liefern**, welche zur Fertigung einer Vergleichsliste über Wirkstoffe und Preise (Absatz 1 Satz 4 und Absatz 1a), zum Erlass der Arzneimittelrichtlinien (§ 92 Abs. 1 Satz 2 Nr. 6 SGB V) und zur Festlegung von Festbeträgen (§§ 35, 35a SGB V) benötigt werden. Diese Informationspflichten sind fortlaufend nach dem jeweiligen Stand der Versorgung zu erfüllen, sie beinhalten aber auch die Verpflichtung zur Datenlieferung auf gezielte Nachfrage.[57] Die Vorschrift wird flankiert von der sich an die pharmazeutischen Unternehmer wendenden entsprechenden Regelung in § 131 Abs. 4 SGB V, so dass die rechtlichen Voraussetzungen für eine effektive und zeitnahe Datenübermittlung geschaffen worden sind.

VII. Schiedsstelle

Nach Absatz 8 haben die Spitzenverbände der Krankenkassen und die Spitzenorganisation der Apothe- 24
ker eine **Schiedsstelle** zu bilden. Diese wird von Vertretern der Krankenkassen und der Apotheker sowie mit einem neutralen Vorsitzenden und zwei weiteren unparteiischen Mitgliedern besetzt. Die Einrichtung und das Verfahren der Schiedsstelle ist im Wesentlichen der Vorschrift des § 89 SGB V nachgebildet, die das Schiedswesen in der vertragsärztlichen Versorgung regelt. Im Gegensatz zum Vertragsarztrecht ist bei den Apotheken aber nur eine Schiedsstelle auf Bundesebene vorgesehen. Die Schiedsstelle hat sich eine Geschäftsordnung zu geben, das bei der Abstimmung einzuhaltende Verfahren und die Führung des Amtes als Ehrenamt ist bereits im Gesetz durch Absatz 9 vorgegeben. Nach Absatz 10 führt das Bundesministerium für Gesundheit und Soziale Sicherung die Aufsicht über die Schiedsstelle. Die Aufsicht bezieht sich indessen nur auf die Art und Weise der Amtsführung, nicht auf den Inhalt der Entscheidungen der Schiedsstelle.[58]

C. Praxishinweise

Die Versicherten sind zu dem zwischen Apotheke und Krankenkasse geführten Rechtsstreit über Ver- 25
gütungsansprüche nicht nach § 75 Abs. 2 SGG notwendig beizuladen.[59] Prozessual sind die Ansprüche im Wege der allgemeinen Leistungsklage nach § 54 Abs. 5 SGG zu verfolgen.[60] Auch für wettbewerbs-

---

[51] *Kranig* in: Hauck/Noftz, SGB V, K § 129 Rn. 8.
[52] BSG v. 21.11.1991 - 3 RK 8/90 - BSGE 70, 24; BSG v. 17.01.1996 - 3 RK 26/94 - BSGE 77, 194.
[53] BSG v. 17.01.1996 - 3 RK 26/94 - BSGE 77, 194.
[54] BSG v. 03.08.2006 - B 3 KR 6/06 R - SozR 4-2500 § 129 Nr. 2.
[55] BSG v. 17.03.2005 - B 3 KR 2/05 R - SozR 4-5570 § 30 Nr. 1.
[56] Vgl. dazu *Fastabend/Schneider*, Leistungsrecht der gesetzlichen Krankenversicherung, 2004, Rn. 121.
[57] *Kranig* in: Hauck/Noftz, SGB V, K § 129 Rn. 20.
[58] *Hess* in: KassKomm, SGB V, § 129 Rn. 17; *Kranig* in: Hauck/Noftz, SGB V, K § 129 Rn. 27.
[59] BSG v. 17.01.1996 - 3 RK 26/94 - BSGE 77, 194; BSG v. 17.03.2005 - B 3 KR 2/05 R - SozR 4-5570 § 30 Nr. 1.
[60] BSG v. 17.01.1996 - 3 RK 26/94 - BSGE 77, 194; BSG v. 17.03.2005 - B 3 KR 2/05 R - SozR 4-5570 § 30 Nr. 1; BSG v. 03.08.2006 - B 3 KR 6/06 R und B 3 KR 7/06 R.

rechtliche Fragen mit Bezug zum Leistungserbringerrecht der Apotheken ist ausschließlich die Sozialgerichtsbarkeit sachlich zuständig.[61] Dass sich die zivilrechtliche Praxis daran nicht immer hält, steht auf einem anderen Blatt.

D. Reformbestrebungen

26 Mit Wirkung ab dem 01.07.2008 werden durch das GKV-Wettbewerbsstärkungsgesetz v. 26.03.2007[62] in Absatz 2 und Absatz 8 Satz 1 die Wörter „Die Spitzenverbände" durch die Wörter „Der Spitzenverband Bund" und die Wörter in Absatz 6 Satz 1 „den Spitzenverbänden" durch die Wörter „dem Spitzenverband Bund" ersetzt.

---

61 Vgl. BSG v. 29.09.2001 - B 3 KR 3/01 R - SozR 3-2500 § 69 Nr. 1; Hessisches LSG v. 30.04.2007 - L 8 KR 199/06 ER - A&R 2007, 128-134.

62 BGBl I 2007, 378.

§ 129a SGB V Krankenhausapotheken

(Fassung vom 14.11.2003, gültig ab 01.01.2004)

Die Krankenkassen oder ihre Verbände vereinbaren mit dem Träger des zugelassenen Krankenhauses das Nähere über die Abgabe verordneter Arzneimittel durch die Krankenhausapotheke an Versicherte, insbesondere die Höhe des für den Versicherten maßgeblichen Abgabepreises. Die nach § 300 Abs. 3 getroffenen Regelungen sind Teil der Vereinbarungen nach Satz 1. Eine Krankenhausapotheke darf verordnete Arzneimittel zu Lasten von Krankenkassen nur abgeben, wenn für sie eine Vereinbarung nach Satz 1 besteht.

Gliederung

A. Basisinformationen

I. Textgeschichte/Gesetzgebungsmaterialien

§ 129a SGB V ist erst mit Wirkung vom 01.01.2004 durch das GKV-Modernisierungsgesetz eingefügt worden.[1] Die Vorschrift hat keinen Vorläufer im bisherigen Recht. 1

II. Systematische Zusammenhänge

§ 129a SGB V ist eine Norm des (nichtärztlichen) Leistungserbringerrechts. Versicherte haben Leistungsansprüche gegen ihre Krankenkasse, welche die Krankenkassen nach § 140 SGB V aber nicht selbst erfüllen dürfen. Daraus ergibt sich ein Dreiecksverhältnis zwischen Versicherten, Krankenkassen und Leistungserbringern, dessen allgemeine Grundsätze sich in den §§ 69-71 SGB V finden. § 129a SGB V enthält die für Krankenhausapotheken maßgebenden Einzelregelungen. 2

B. Auslegung der Norm

I. Regelungsinhalt und Bedeutung der Norm

Die Vorschrift regelt die **Abgabe** von Arzneimitteln **durch** eine **Krankenhausapotheke**. Den Krankenkassen wird aufgegeben, mit den Krankenhäusern Vereinbarungen über die Abgabe verordneter Arzneimittel zuschließen. Ohne eine solche Vereinbarung können die Krankenhäuser keine Medikamente an Versicherte zu Lasten der gesetzlichen Krankenkassen abgeben. Wird ein Vertrag über die Abgabe von Medikamenten geschlossen, so sind nach dem Gesetz die in § 300 Abs. 3 SGB V zu findenden allgemeinen Regelungen über die Abrechnung von Arzneimitteln automatisch Bestandteil des Vertrages. 3

II. Normzweck

Die Vorschrift will erreichen, dass Krankenhausapotheken in die Versorgung der Versicherten der gesetzlichen Krankenkassen bei der ambulanten Behandlung im Krankenhaus einbezogen werden. Dazu wird Krankenkassen und Krankenhausapotheken die rechtliche Möglichkeit eröffnet, miteinander Verträge zu schließen. 4

III. Tatbestandsmerkmale

Die Vorschrift betrifft nur die Abgabe von Arzneimitteln an Versicherte im Rahmen einer im **Krankenhaus** stattfindenden **ambulanten** Versorgung.[2] Soweit der Versicherte zu einer stationären Behandlung im Sinne des § 39 SGB V aufgenommen worden ist, wird die Behandlung nämlich als Ge- 5

---

[1] Die Vorstellungen des Gesetzgebers finden sich in der BT-Drs. 15/1525 zu Nr. 93.

[2] BT-Drs. 15/1525 zu Nr. 93.

samtleistung erfasst und vergütet, die abgegebenen Medikamente werden der Krankenkasse nicht gesondert in Rechnung gestellt. Insbesondere das GKV-Modernisierungsgesetz hat die Möglichkeiten der Krankenhäuser zur Teilnahme an der ambulanten Versorgung der Versicherten aber erheblich ausgebaut. So hat § 116a SGB V mit Wirkung vom 01.01.2004 die Möglichkeit geschaffen, dass Krankenhäuser bei festgestellter Unterversorgung zur Teilnahme an der vertragsärztlichen Versorgung zugelassen werden. § 116b SGB V ermöglicht die Beteiligung von Krankenhäusern an Disease-Management-Programmen im Sinne der §§ 137g, 137f SGB V sowie den Abschluss von Verträgen zwischen Krankenkassen und Krankenhäusern, mit denen die letzteren in Ergänzung der vertragsärztlichen Versorgung zur ambulanten Behandlung seltener oder besonderer Krankheiten zugelassen werden.

6 Apothekenrechtlich ist es den **Krankenhausapotheken** möglich, Arzneimittel auch dann an Krankenhauspatienten abzugeben, wenn diese nicht stationär zur Behandlung aufgenommen wurden. Denn die Erlaubnis zum Betrieb einer Krankenhausapotheke nach § 14 des Apothekengesetzes beinhaltet nach § 14 Abs. 7 des Apothekengesetzes unter bestimmten Voraussetzungen auch die Berechtigung zur Versorgung nicht stationär aufgenommener Patienten. Gleichwohl können die Krankenhausapotheken die ambulante Versorgung der Patienten im Krankenhaus nicht nach den allgemein für Versicherte der gesetzlichen Krankenkassen geltenden Regelungen vornehmen, wie sie in § 129 SGB V normiert sind. Denn sie sind vom Anwendungsbereich dieser Vorschriften ausgenommen. § 129 SGB V betrifft nur öffentliche Apotheken und nicht Krankenhausapotheken[3]. Auch die **Arzneimittelpreisverordnung (die nicht die – vom Hersteller vorgegebenen – Preise, sondern Handelsspannen regelt) gilt nicht**, weil nach § 1 Abs. 3 Nr. 1 dieser Verordnung Krankenhausapotheken vom Geltungsbereich ausgenommen sind. Gegenstand der nach § 129a SGB V abzuschließenden Verträge ist die Ausfüllung dieser Lücke, die entsteht bei der Versorgung eines Versicherten durch eine Krankenhausapotheke außerhalb einer stationären Aufnahme. § 129a SGB V knüpft an die Sonderstellung der Krankenhausapotheken an und macht die Befugnis zur Abgabe von Medikamenten an Versicherte von dem Abschluss und dem Inhalt eines besonderen Vertrages mit der Krankenkassenseite abhängig, der insbesondere auch die Abgabepreise regeln muss. Bei den anderen Apotheken reicht dagegen die apothekenrechtliche Zulassung grundsätzlich aus.[4] Das gleiche Ergebnis hätte auch durch die Änderung und Ausdehnung des Geltungsbereiches der Arzneimittelpreisverordnung erreicht werden können.

7 Vertragschließende Parteien sind nach § 129a SGB V die Krankenkassen, ihre Verbände sowie die jeweiligen Träger des zugelassenen Krankenhauses. Durch diese Vielzahl der potentiellen Vertragspartner ergibt sich theoretisch die Möglichkeit zu differenzierenden Regelungen. In der Sache kann aber nicht erwartet werden, dass sich die abgeschlossenen Verträge inhaltlich wesentlich voneinander unterscheiden. Nach der Vorstellung des Gesetzgebers sollen die **Verträge nur ausgleichen**, dass die nach § 78 Arzneimittelgesetz erlassene Arzneimittelpreisverordnung offensichtlich noch davon ausging, dass Krankenhausapotheken Arzneimittel nur im Rahmen einer stationären Aufnahme abgeben, und folglich gesonderte Regelungen zur Preisbestimmung für überflüssig hielt.[5] Deswegen erscheint es ohne weiteres zulässig, wenn die Verträge inhaltlich weitgehend übereinstimmen und sich damit begnügen, die für die übrige ambulante Versorgung geltenden Vorschriften der Arzneimittelpreisverordnung für entsprechend anwendbar zu erklären. Darauf deutet auch die Bestimmung in Satz 2 hin, wonach die Regelungen nach § 300 Abs. 3 SGB V Bestandteil der Verträge werden. Zulässig erscheint aber auch eine Klarstellung, dass auch die sonstigen über § 129 SGB V für öffentliche Apotheken geltenden Vorschriften zu beachten sind.

3 BT-Drs. 11/2237 zu § 138, *Kirchhoff*, SGb 2006, 710, 719.

4 Vgl. die Kommentierung zu § 129 SGB V Rn. 11.

5 BT-Drs. 15/1525 zu Nr. 93.

§ 130 SGB V Rabatt

(Fassung vom 26.03.2007, gültig ab 01.04.2007)

(1) Die Krankenkassen erhalten von den Apotheken für verschreibungspflichtige Fertigarzneimittel einen Abschlag von 2,30 Euro je Arzneimittel, für sonstige Arzneimittel einen Abschlag in Höhe von 5 vom Hundert auf den für den Versicherten maßgeblichen Arzneimittelabgabepreis. Der Abschlag nach Satz 1 erster Halbsatz ist erstmalig mit Wirkung für das Kalenderjahr 2009 von den Vertragspartnern in der Vereinbarung nach § 129 Abs. 2 so anzupassen, dass die Summe der Vergütungen der Apotheken für die Abgabe verschreibungspflichtiger Arzneimittel leistungsgerecht ist unter Berücksichtigung von Art und Umfang der Leistungen und der Kosten der Apotheken bei wirtschaftlicher Betriebsführung.

(1a) (weggefallen)

(2) Ist für das Arzneimittel ein Festbetrag nach § 35 oder § 35a festgesetzt, bemißt sich der Abschlag nach dem Festbetrag. Liegt der maßgebliche Arzneimittelabgabepreis nach Absatz 1 unter dem Festbetrag, bemißt sich der Abschlag nach dem niedrigeren Abgabepreis.

(3) Die Gewährung des Abschlags setzt voraus, daß die Rechnung des Apothekers innerhalb von zehn Tagen nach Eingang bei der Krankenkasse beglichen wird. Das Nähere regelt der Rahmenvertrag nach § 129.

Gliederung

A. Basisinformationen

I. Textgeschichte/Gesetzgebungsmaterialien

§ 130 SGB V wurde mit Wirkung vom 01.01.1989 eingeführt und blieb bis August 2001 unverändert. Danach ist die Vorschrift durch Gesetz vom 27.07.2001[1], vom 15.02.2002[2], vom 23.12.2002[3] und vom 14.11.2003[4] geändert worden, wobei die letzte Änderung durch das GKV-Modernisierungsgesetz zu erheblichen Umgestaltungen geführt hat.[5] Weitere Änderungen ergaben sich durch das Gesetz vom 29.08.2005[6] und das GKV-Wettbewerbsstärkungsgesetz v. 26.03.2007[7]. 1

II. Vorgängervorschriften

Eine Verpflichtung der Apotheken zur Gewährung eines Rabatts an die Krankenkassen war bereits in § 376a RVO vorgesehen.[8] 2

---

1 BGBl I 2001, 1948 (Festbetrags-Anpassungsgesetz).
2 BGBl I 2002, 684 (Arzneimittelausgaben-Begrenzungsgesetz).
3 BGBl I 2002, 4637 (Beitragssicherungsgesetz).
4 BGBl I 2003, 2190 (GKV-Modernisierungsgesetz).
5 Die entsprechenden Erwägungen des Gesetzgebers finden sich in BT-Drs. 15/1525 zu Nr. 94.
6 BGBl I 2005, 2570.
7 BGBl I 2007, 378 mit Gesetzesmaterialien in BT-Drs. 16/3100; BT-Drs. 16/4200 und BT-Drs. 16/4247.
8 BSG v. 01.09.2005 - B 3 KR 34/04 R - SozR 4-2500 § 130 Nr. 1.

III. Parallelvorschriften

3 Rabattvorschriften zu Gunsten der gesetzlichen Krankenversicherung bei der Arzneimittelversorgung finden sich neben § 130 SGB V, der den von den Apotheken zu tragenden Rabatt regelt, noch in § 130a SGB V zu Lasten der pharmazeutischen Unternehmer.

IV. Systematische Zusammenhänge

4 Die Rabattfestlegung knüpft daran an, dass die Arzneimittelpreise **ohne Einfluss** der **Krankenkassen** festgelegt werden. Das nimmt den Krankenkassen die Möglichkeit, besondere Konditionen für ihre Versicherten auszuhandeln, obwohl sie auch bei den Arzneimitteln der stärkste Nachfrager auf dem Gesundheitsmarkt sind. Als **Ausgleich** gewährt § 130 SGB V den Krankenkassen einen gesetzlichen Rabatt, den die Apotheker einräumen müssen.

V. Ausgewählte Literaturhinweise

5 *Becker*, Arzneimittelrabatte und Verfassungsrecht – zur Zulässigkeit der Preisabschläge nach dem Beitragssicherungsgesetz, NZS 2003, 561-568; *Wallerath*, Preisdirigismen in der Gesetzlichen Krankenversicherung, SGb 2006, 505-513.

B. Auslegung der Norm

I. Regelungsinhalt und Bedeutung der Norm

6 § 130 SGB V bestimmt, in welcher Höhe Krankenkassen Rabatt auf Arzneimittelpreise erhalten. Absatz 1 unterscheidet zwischen verschreibungspflichtigen Fertigarzneimitteln und sonstigen Arzneimitteln. Bei verschreibungspflichtigen Fertigarzneimitteln ist der Rabattabschlag ein fester Betrag von 2,30 € je Arzneimittel, bei sonstigen Arzneimitteln ist er variabel und beträgt 5% des für den Versicherten maßgeblichen Abgabepreises. Nach Absatz 1 Satz 2 ist der Abschlag von 2,30 € je verschreibungspflichtigem Fertigarzneimittel keine auf Dauer festgesetzte Größe, sondern soll sich danach bestimmen (und gegebenenfalls ändern), ob die Apotheken insgesamt eine leistungsgerechte Vergütung erhalten. Erstmals für das Jahr 2009 soll von den Vertragspartnern nach § 129 Abs. 2 SGB V (Spitzenverbände der Krankenkassen und Spitzenorganisation der Apotheker) der Apothekenrabatt neu festgesetzt werden. Absatz 2 bestimmt, dass bei Arzneimitteln, für die ein Festbetrag bestimmt ist, sich der Rabattabschlag nach dem Festbetrag beziehungsweise nach dem tatsächlichen Abgabepreis bestimmt, wenn dieser niedriger als der Festbetrag ist. Eine Krankenkasse kann einen Rabatt aber stets nur dann abziehen, wenn sie die Rechnung des Apothekers innerhalb von 10 Tagen begleicht (Absatz 3).

II. Normzweck

7 Sinn der Vorschrift ist es, die Ausgaben der Krankenkassen für Arzneimittel zu beschränken. Der ihnen vom Gesetzgeber zwangsweise eingeräumte Rabatt verletzt nicht die Grundrechte der Apothekenbetreiber.[9]

III. Arzneimittelabgabepreis

8 Zu gewähren ist der Rabatt von dem für den Versicherten maßgeblichen Arzneimittelabgabepreis. Dieser bestimmt sich zunächst nach dem **Herstellerabgabepreis**, der zwar (im Geltungsbereich des Arzneimittelgesetzes) für alle Arzneimittel, die zu Lasten der gesetzlichen Krankenversicherung abgegeben werden (insbesondere für verschreibungspflichtige Medikamente), einheitlich gestaltet sein muss (§ 78 Abs. 2 Sätze 2 und 3, Abs. 3 Satz 1 AMG), dessen Höhe aber der freien Festsetzung durch den Hersteller unterliegt. Nach der Arzneimittelpreisverordnung kommen bei apothekenpflichtigen Arzneimitteln noch **Apotheken**- und **Großhandelszuschläge** sowie Mehrwertsteuer hinzu. Für rezeptpflichtige und sonstige zu Lasten der Gesetzlichen Krankenversicherung verordnenbare Arzneimittel gibt es damit zwar eine Preisbindung, aber keine Kontrolle der Preise auf ihre Angemessenheit hin.

---

9 BSG v. 01.09.2005 - B 3 KR 34/04 R - SozR 4-2500 § 130 Nr. 1; BVerfG v. 13.09.2005 - 2 BvF 2/03 - SozR 4-2500 § 266 Nr. 9.

Welcher Preis zu einem bestimmten Zeitpunkt maßgebend ist, lässt sich der so genannten Lauer-Taxe entnehmen, bei der es sich um eine auf privater Initiative beruhende Aufstellung von Arzneimitteln und sonstigen apothekenüblichen Waren mit Preisen handelt.

IV. Rabatthöhe

Die Rabatthöhe ist mit Wirkung vom 01.01.2004 an neu geregelt worden. Statt der ursprünglich vorgesehenen Staffelung der Rabatthöhe nach dem Abgabepreis des Arzneimittels ist nunmehr bei verschreibungspflichtigen Fertigarzneimitteln ein Abschlag von 2 € je Arzneimittel, der durch das GKV-Wettbewerbsstärkungsgesetz auf **2,30 €** erhöht worden ist, und bei sonstigen Arzneimitteln, soweit sie in die Leistungspflicht der gesetzlichen Krankenversicherung fallen, ein Rabatt in Höhe von **5 Prozent** des für den Versicherten maßgeblichen Abgabepreises vorgesehen. Die von dem Versicherten zu leistenden Zuzahlungen sind davon nicht in Abzug zu bringen.[10] Maßgebend für die Höhe des zu gewährenden Rabattes sind die jeweils geltenden Vorschriften zum Zeitpunkt der Abgabe der Medikamente an die Versicherten, nicht zu dem der Abrechnung mit den Krankenkassen.[11] Der in Absatz 1 Satz 1 für Fertigarzneimittel bestimmte feste Rabattsatz führt dazu, dass der Rabatt prozentual dann am höchsten ist, wenn kleine Arzneimittelpackungen mit entsprechend geringen Preisen abgegeben werden. Da der Rabatt zu Lasten des Apothekers geht, wirkt er sich im Ergebnis wie eine Minderung des in der Arzneimittelpreisverordnung vorgesehenen Handelssatzes des Apothekers aus.[12] Bei der Einführung der neuen Rabattregelungen im Jahre 2004 wollte der Gesetzgeber mit der Regelung einen Rabatt für die gesetzlichen Krankenversicherungen in Höhe von 1 Mrd. € erreichen, was im Ergebnis dem Rabattvolumen für das Jahr 2002 entsprochen haben soll.[13] Die Erhöhung des Rabatts ist in den Beratungen des Ausschusses für Gesundheit als Ausgleich dafür in das Gesetz eingefügt worden, dass die Apotheken nun nicht mehr – wie im ursprünglichen Gesetzentwurf noch vorgesehen – durch die bevorzugte Abgabe wirkstoffgleicher günstigerer Arzneimittel ein Einsparvolumen von 500 Mio. Euro realisieren sollten.[14] Die Anpassung der Rabatthöhe hat der Gesetzgeber des GKV-Wettbewerbsstärkungsgesetzes bis zum Jahre 2009 ausgesetzt, weil die Selbstverwaltung dies bereits so vereinbart hatte.[15] Nach seiner ursprünglichen Vorstellung soll in den dann anschließenden Vereinbarungen berücksichtigt werden, ob die Apotheken ein Einsparziel erreicht haben.[16] Wird das nicht erreicht, soll offensichtlich im Wege einer Erhöhung des Rabattsatzes reagiert werden. Allerdings wird nicht sichergestellt, dass die Vertragspartner nach § 129 SGB V auch tatsächlich entsprechende Vereinbarungen treffen. Davon abgesehen gibt es nach der Änderung des § 130 SGB V in den Ausschussberatungen auch keine eindeutige Vorgabe für das Einsparvolumen mehr. 9

V. Festbeträge

Absatz 2 regelt den Rabatt bei Arzneimitteln, für die ein Festbetrag nach den §§ 35, 35a SGB V bestimmt worden ist. Der Vorschrift lässt sich zunächst der Grundsatz entnehmen, dass auch für Festbetragsarzneimittel ein **Rabatt** zu **gewähren** ist. Da der Rabatt der Krankenkasse zugute kommt, ist es nur konsequent, dass er sich nach der Höhe des von ihr zu zahlenden Betrages bestimmt. Daraus erklärt sich das Anliegen des Absatzes 2, wonach der Rabatt vom Festbetrag zu berechnen ist, es sei denn, der tatsächliche Abgabepreis läge darunter. Allerdings hat sich die Bedeutung des Absatzes 2 mit der durch das GKV-Modernisierungsgesetz vorgenommenen Änderung des Absatzes 1 mittlerweile deswegen weitgehend erledigt, weil der Rabatt bei verschreibungspflichtigen Fertigarzneimitteln nunmehr ohne Rücksicht auf den tatsächlichen Verkaufspreis zu bestimmen ist. Für einen festgesetzten Rabatt von 2,30 € je Arzneimittel spielt die Höhe des Abgabepreises keine Rolle. 10

[10] LSG Hamburg v. 10.10.2004 - I KRBf 14/97; *Krauskopf-Knittel*, § 130 SGB V Rn. 2.
[11] BSG v. 01.09.2005 - B 3 KR 34/04 R - SozR 4-2500 § 130 Nr. 1.
[12] BT-Drs. 15/1525 zu Nr. 94.
[13] BT-Drs. 15/1525 zu Nr. 94.
[14] BT-Drs. 16/4247, S. 47 i.V.m. BT-Drs. 16/3100, S. 142/142.
[15] BT-Drs. 16/3100, S. 142.
[16] BT-Drs. 16/3100, S. 143.

VI. Zahlungsfrist

11 In Übereinstimmung mit den Vorgängervorschriften macht Absatz 3 den Anspruch auf Rabattgewährung davon abhängig, dass die Krankenkasse innerhalb von 10 Tagen nach Eingang der Rechnung zahlt. Insoweit hat der Rabatt also auch eine Skontofunktion und hält die Krankenkassen zum zügigen Ausgleich der Apothekenrechnungen an.

§ 130a SGB V Rabatte der pharmazeutischen Unternehmer

(Fassung vom 26.03.2007, gültig ab 01.04.2007, gültig bis 30.06.2008)

(1) Die Krankenkassen erhalten von Apotheken für ab dem 1. Januar 2003 zu ihren Lasten abgegebene Arzneimittel einen Abschlag in Höhe von 6 vom Hundert des Abgabepreises des pharmazeutischen Unternehmers ohne Mehrwertsteuer. Pharmazeutische Unternehmer sind verpflichtet, den Apotheken den Abschlag zu erstatten. Soweit pharmazeutische Großhändler nach Absatz 5 bestimmt sind, sind pharmazeutische Unternehmer verpflichtet, den Abschlag den pharmazeutischen Großhändlern zu erstatten. Der Abschlag ist den Apotheken und pharmazeutischen Großhändlern innerhalb von zehn Tagen nach Geltendmachung des Anspruches zu erstatten. Satz 1 gilt für Fertigarzneimittel, deren Apothekenabgabepreise aufgrund der Preisvorschriften nach dem Arzneimittelgesetz oder aufgrund des § 129 Abs. 5a bestimmt sind.

(1a) Im Jahr 2004 beträgt abweichend von Absatz 1 Satz 1 der Abschlag für verschreibungspflichtige Arzneimittel 16 vom Hundert.

(2) Ab dem 1. Januar 2003 bis zum 31. Dezember 2004 erhöht sich der Abschlag um den Betrag einer Erhöhung des Abgabepreises des pharmazeutischen Unternehmers gegenüber dem Preisstand vom 1. Oktober 2002. Für Arzneimittel, die nach dem 1. Oktober 2002 erstmals in den Markt eingeführt werden, gilt Satz 1 mit der Maßgabe, dass der Preisstand der Markteinführung Anwendung findet.

(3) Die Absätze 1, 1a und 2 gelten nicht für Arzneimittel, für die ein Festbetrag auf Grund des § 35 oder des § 35a festgesetzt ist.

(3a) Erhöht sich der Abgabepreis des pharmazeutischen Unternehmers ohne Mehrwertsteuer gegenüber dem Preisstand am 1. November 2005, erhalten die Krankenkassen für die zu ihren Lasten abgegebenen Arzneimittel ab dem 1. April 2006 bis zum 31. März 2008 einen Abschlag in Höhe des Betrages der Preiserhöhung; dies gilt nicht für Preiserhöhungsbeträge oberhalb des Festbetrags. Für Arzneimittel, die nach dem 1. April 2006 in den Markt eingeführt werden, gilt Satz 1 mit der Maßgabe, dass der Preisstand der Markteinführung Anwendung findet. Für importierte Arzneimittel, die nach § 129 abgegeben werden, gilt abweichend von Satz 1 ein Abrechnungsbetrag von höchstens dem Betrag, welcher entsprechend den Vorgaben des § 129 niedriger ist als der Arzneimittelabgabepreis des Bezugsarzneimittels einschließlich Mehrwertsteuer, unter Berücksichtigung von Abschlägen für das Bezugsarzneimittel aufgrund dieser Vorschrift. Abschläge nach Absatz 1 und 3b werden zusätzlich zu dem Abschlag nach den Sätzen 1 bis 3 erhoben. Rabattbeträge, die auf Preiserhöhungen nach Absatz 1 und 3b zu gewähren sind, vermindern den Abschlag nach Satz 1 bis 3 entsprechend. Für die Abrechnung des Abschlags nach den Sätzen 1 bis 3 gelten die Absätze 1, 5 bis 7 und 9 entsprechend. Absatz 4 findet Anwendung. Das Nähere regeln die Spitzenverbände nach § 213 Abs. 2.

(3b) Für patentfreie, wirkstoffgleiche Arzneimittel erhalten die Krankenkassen ab dem 1. April 2006 einen Abschlag von 10 vom Hundert des Abgabepreises des pharmazeutischen Unternehmers ohne Mehrwertsteuer; für preisgünstige importierte Arzneimittel gilt Absatz 3a Satz 3 entsprechend. Eine Absenkung des Abgabepreises des pharmazeutischen Unternehmers ohne Mehrwertsteuer, die ab dem 1. Januar 2007 vorgenommen wird, vermindert den Abschlag nach Satz 1 in Höhe des Betrages der Preissenkung; wird der Preis innerhalb der folgenden 36 Monate erhöht, erhöht sich der Abschlag nach Satz 1 um den Betrag der Preiserhöhung ab der Wirksamkeit der Preiserhöhung bei der Abrechnung mit der Krankenkasse. Die Sätze 1 und 2 gelten nicht für Arzneimittel, deren Apothekeneinkaufspreis einschließlich Mehrwertsteuer

mindestens um 30 vom Hundert niedriger als der jeweils gültige Festbetrag ist, der diesem Preis zugrunde liegt. Absatz 3a Satz 5 bis 8 gilt entsprechend. Satz 2 gilt nicht für ein Arzneimittel, dessen Abgabepreis nach Satz 1 im Zeitraum von 36 Monaten vor der Preissenkung erhöht worden ist; Preiserhöhungen vor dem 1. Dezember 2006 sind nicht zu berücksichtigen. Für ein Arzneimittel, dessen Preis einmalig zwischen dem 1. Dezember 2006 und dem 1. April 2007 erhöht und anschließend gesenkt worden ist, kann der pharmazeutische Unternehmer den Abschlag nach Satz 1 durch eine ab 1. April 2007 neu vorgenommene Preissenkung von mindestens 10 vom Hundert des Abgabepreises des pharmazeutischen Unternehmers ohne Mehrwertsteuer ablösen, sofern er für die Dauer von zwölf Monaten ab der neu vorgenommenen Preissenkung einen weiteren Abschlag von 2 vom Hundert des Abgabepreises nach Satz 1 gewährt.

(4) Das Bundesministerium für Gesundheit hat nach einer Überprüfung der Erforderlichkeit der Abschläge nach den Absätzen 1 und 2 nach Maßgabe des Artikels 4 der Richtlinie 89/105/EWG des Rates vom 21. Dezember 1988 betreffend die Transparenz von Maßnahmen zur Regelung der Preisfestsetzung bei Arzneimitteln für den menschlichen Gebrauch und ihre Einbeziehung in die staatlichen Krankenversicherungssysteme die Abschläge durch Rechtsverordnung mit Zustimmung des Bundesrates aufzuheben oder zu verringern, wenn und soweit diese nach der gesamtwirtschaftlichen Lage, einschließlich ihrer Auswirkung auf die gesetzliche Krankenversicherung, nicht mehr gerechtfertigt sind.

(5) Die Apotheke kann mit pharmazeutischen Großhändlern vereinbaren, den Abschlag mit pharmazeutischen Unternehmern abzurechnen. Bis zum 31. Dezember 2003 kann die Apotheke von demjenigen pharmazeutischen Großhändler, mit dem sie im ersten Halbjahr 2002 den größten Umsatz abgerechnet hat, verlangen, die Abrechnung mit pharmazeutischen Unternehmern nach Absatz 1 Satz 3 durchzuführen. Pharmazeutische Großhändler können zu diesem Zweck mit Apotheken Arbeitsgemeinschaften bilden. Einer Vereinbarung nach Satz 1 bedarf es nicht, soweit die pharmazeutischen Großhändler die von ihnen abgegebenen Arzneimittel mit einem maschinenlesbaren bundeseinheitlichen Kennzeichen für den abgebenden pharmazeutischen Groß händler versehen und die Apotheken dieses Kennzeichen bei der Abrechnung von Arzneimitteln nach § 300 erfassen. Die für die Wahrnehmung der wirtschaftlichen Interessen gebildeten maßgeblichen Spitzenorganisationen der Apotheker und der pharmazeutischen Großhändler regeln in einem gemeinsamen Rahmenvertrag das Nähere.

(6) Zum Nachweis des Abschlags übermitteln die Apotheken die Arzneimittelkennzeichen über die abgegebenen Arzneimittel sowie deren Abgabedatum auf der Grundlage der den Krankenkassen nach § 300 Abs. 1 übermittelten Angaben maschinenlesbar an die pharmazeutischen Unternehmer oder, bei einer Vereinbarung nach Absatz 5, an die pharmazeutischen Großhändler. Im Falle einer Regelung nach Absatz 5 Satz 4 ist zusätzlich das Kennzeichen für den pharmazeutischen Großhändler zu übermitteln. Die pharmazeutischen Unternehmer sind verpflichtet, die erforderlichen Angaben zur Bestimmung des Abschlags an die für die Wahrnehmung der wirtschaftlichen Interessen maßgeblichen Organisationen der Apotheker sowie die Spitzenverbände der Krankenkassen zur Erfüllung ihrer gesetzlichen Aufgaben auf maschinell lesbaren Datenträgern zu übermitteln. Die für die Wahrnehmung der wirtschaftlichen Interessen gebildeten maßgeblichen Spitzenorganisationen der Apotheker, der pharmazeutischen Großhändler und der pharmazeutischen Unternehmer können in einem gemeinsamen Rahmenvertrag das Nähere regeln.

(7) Die Apotheke kann den Abschlag nach Ablauf der Frist nach Absatz 1 Satz 4 gegenüber pharmazeutischen Großhändlern verrechnen. Pharmazeutische Großhändler können den nach Satz 1 verrechneten Abschlag, auch in pauschalierter Form, gegenüber den pharmazeutischen Unternehmern verrechnen.

(8) Die Krankenkassen oder ihre Verbände können mit pharmazeutischen Unternehmern zusätzlich zu den Abschlägen nach den Absätzen 1 und 2 Rabatte für die zu ihren Lasten abgegebenen Arzneimittel vereinbaren. Dabei kann auch ein jährliches Umsatzvolumen sowie eine Abstaffelung von Mehrerlösen gegenüber dem vereinbarten Umsatzvolumen vereinbart werden. Rabatte nach Satz 1 sind von den pharmazeutischen Unternehmern an die Krankenkassen zu vergüten. Eine Vereinbarung nach Satz 1 berührt Abschläge nach den Absätzen 1, 3a und 3b nicht. Die Krankenkassen oder ihre Verbände können Leistungserbringer oder Dritte am Abschluss von Verträgen nach Satz 1 beteiligen oder diese mit dem Abschluss solcher Verträge beauftragen. Das Bundesministerium für Gesundheit berichtet dem Deutschen Bundestag bis zum 31. März 2008 über die Auswirkungen von Rabattvereinbarungen insbesondere auf die Wirksamkeit der Festbetragsregelung.

(9) Bei Streitigkeiten in Angelegenheiten dieser Vorschrift ist der Rechtsweg vor den Gerichten der Sozialgerichtsbarkeit gegeben.

Gliederung

A. Basisinformationen

I. Textgeschichte/Gesetzgebungsmaterialien

Die Vorschrift wurde durch das Beitragssicherungsgesetz vom 23.12.2002[1] eingeführt. Das BVerfG lehnte den Erlass einer von Seiten der pharmazeutischen Unternehmer beantragten einstweiligen Anordnung gegen das In-Kraft-Treten des Gesetzes ab.[2] Nachfolgend kam es zu einer Änderung durch das GKV-Modernisierungsgesetz vom 14.11.2003[3], das für das Jahr 2004 einen stark erhöhten Rabattsatz von 16% vorgab. Geringfügige Änderungen erfolgten durch Gesetz v. 29.08.2005[4] und die Verordnung v. 31.10.2006[5]. Das Gesetz v. 26.04.2006[6] hat die Absätze 3a und 3b eingeführt, das GKV-Wettbewerbsstärkungsgesetz v. 26.03.2007[7] weitere Veränderungen vorgenommen. Die Erwägungen des Gesetzgebers finden sich in BT-Drs. 15/1525 zu Nr. 95, BT-Drs. 16/194 und BT-Drs. 16/691 zu Nr. 7. 1

II. Parallelvorschriften

In § 130 SGB V findet sich die Verpflichtung der Apotheker, den gesetzlichen Krankenkassen Rabatt bei der Arzneimittelversorgung zu gewähren. 2

---

[1] BGBl I 2002, 4637.
[2] BVerfG v. 26.03.2003 - 1 BvR 112/03 - BVerfGE 108, 45.
[3] BGBl I 2003, 2190.
[4] BGBl I 2005, 2570.
[5] BGBl I 2006, 2407.
[6] BGBl I 2006, 984.
[7] BGBl I 2007, 378.

III. Systematische Zusammenhänge

3 Die Vorschrift stellt einen systematischen Fremdkörper im Leistungserbringerrecht des SGB V dar, weil sie sich an die pharmazeutischen Unternehmer wendet. Diese sind keine Leistungserbringer, weil sie selbst keinen unmittelbaren Kontakt mit den Versicherten haben. Allerdings haben die pharmazeutischen Unternehmer erheblichen Einfluss auf den Umfang der von den Krankenkassen zu gewährenden Leistungen, weil sie über den Herstellerabgabepreis bestimmen, der nach der Arzneimittelpreisverordnung wesentlicher Faktor der von den Krankenkassen an die Apotheken zu zahlenden Abgabepreise ist.

IV. Ausgewählte Literaturhinweise

4 *Becker*, Arzneimittelrabatte und Verfassungsrecht – zur Zulässigkeit der Preisabschläge nach dem Beitragssicherungsgesetz, NZS 2003, 561-568.

B. Auslegung der Norm

I. Regelungsinhalt und Bedeutung der Norm

5 § 130a SGB V enthält Vorschriften über einen Rabatt auf den Arzneimittelpreis, der den gesetzlichen Krankenkassen zugute kommen und im Ergebnis von den **pharmazeutischen Unternehmern** getragen werden soll. Absatz 1 bestimmt als Rabatt einen Satz von 6% für alle Arzneimittel, der von den Krankenkassen bei den Apothekern geltend gemacht wird, den Apothekern aber von dem pharmazeutischen Unternehmer bzw. dem pharmazeutischen Großhändler zu erstatten ist. Für das Jahr 2004 gilt ein spezieller Rabattsatz von 16% (Absatz 1a). Preiserhöhungen aus der Zeit vom 01.01.2003-31.12.2004 wirken nach Absatz 2 nicht zu Lasten der gesetzlichen Krankenkassen, weil sie den gesetzlich bestimmten Rabattsatz erhöhen und deswegen im Ergebnis preisneutral sind. Gemäß Absatz 3 fällt aber kein Rabatt nach den Absätzen 1-2 an, an, wenn für das Arzneimittel ein Festbetrag festgesetzt worden ist. Absatz 3a enthält den Grundsatz, dass Erhöhungen der vom pharmazeutischen Unternehmer festgesetzten Abgabepreise gegenüber dem Stand vom November 2005 in der Zeit vom 01.04.2006 bis zum 31.03.2008 nicht zu Lasten der gesetzlichen Krankenkassen wirksam werden, weil sie den Rabatt erhöhen. Absatz 3b ist eine Sonderregelung für die patentfreien, wirkstoffgleichen Arzneimittel (Generika). Die Höhe der nach § 130a SGB V anfallenden Rabattabschläge ist nach Absatz 4 durch das Bundesministerium für Gesundheit und Soziale Sicherung auf ihre Erforderlichkeit hin nach Maßgabe der Richtlinie 89/105/EWG des Rates vom 21.12.1988 zu **überprüfen**. Maßgeblich ist, inwieweit sie nach der gesamtwirtschaftlichen Lage, auch in Hinblick auf die Auswirkungen auf die gesetzliche Krankenversicherung, noch gerechtfertigt sind. Die Absätze 5-7 der Vorschrift regeln Verfahrensfragen der Rabattgewährung. Möglich ist, dass sich der Apotheker wegen der Erstattung des bereits von den Krankenkassen einbehaltenen Rabattes direkt an den pharmazeutischen Unternehmer oder an seinen pharmazeutischen Großhändler wendet. Die Abrechnung erfolgt unterstützt durch die maschinenlesbare Kennzeichnung der Arzneimittel, Einzelheiten sind vertraglich zu vereinbaren. Die sich ergebenden Abschläge können auch mit weiteren Lieferungen verrechnet werden. Absatz 8 ermöglicht den pharmazeutischen Unternehmern, mit den Krankenkassen zusätzliche Preisabschläge zu vereinbaren, welche über den Umfang des gesetzlich bestimmten Rabattes hinausgehen. Die Umsetzung (Auszahlung) dieser zusätzlichen Preisnachlässe erfolgt nur direkt zwischen Krankenkasse und pharmazeutischem Unternehmer. Absatz 9 schließlich stellt klar, dass für Streitigkeiten die Sozialgerichte zuständig sind.

II. Normzweck

6 Ziel der Vorschrift ist es, die **Ausgabensteigerungen** der Krankenkassen zu **begrenzen**, welche ihren Grund in der Entwicklung der Herstellerabgabepreise haben. Die Erhöhung des Rabattsatzes von 6 auf 16% für das Jahr 2004 sollte die Arzneimittelausgaben für das Jahr 2004 auf dem Stand des Vorjahres halten. Ab 2005 sollten dann Festbeträge die Funktion einer Preisbremse übernehmen.[8] Diese Vorstellungen des Gesetzgebers haben sich so nicht verwirklicht, deswegen sind durch Gesetz vom 26.04.2006 die einzuräumenden Rabatte ab April 2006 allgemein erhöht worden.[9]

---

[8] BT-Drs. 15/1525 zu Nr. 95.

[9] BT-Drs. 16/194, S. 6.

III. Rabatthöhe

Der Rabatt bestimmt sich in § 130a SGB V nach dem **Herstellerabgabepreis ohne Mehrwertsteuer**. Seine Erhebung steht mit dem Grundgesetz im Einklang.[10] Absatz 1 Satz 5 soll klarstellen, dass nur Arzneimittel betroffen werden, für die Preisbindungsvorschriften gelten.[11] Der Herstellerabgabepreis ist nicht gleichbedeutend mit dem in § 130 Abs. 1 Alt. 2 SGB V in Bezug genommenen für den Versicherten maßgeblichen Abgabepreis, insbesondere die nach der Arzneimittelpreisverordnung anfallenden Großhandels- und Apothekenzuschläge unterliegen nicht der Rabattierung. Die Höhe des Rabattsatzes beträgt grundsätzlich **6 v.H.** Für den Zeitraum vom 01.01.2004-31.12.2004 setzt Absatz 2 einen besonderen Rabattsatz von **16 v.H.** für verschreibungspflichtige Arzneimittel fest (nicht aber für sonstige Arzneimittel, soweit sie noch in die Leistungspflicht der gesetzlichen Krankenversicherung fallen). Dies sollte Einsparungen in Höhe von 1 Milliarde € ergeben. Die **Befristung** auf den 31.12.2004 wurde vorgenommen, weil der Gesetzgeber der Auffassung war, dass bis zu diesem Zeitpunkt die neue Festbetragsregelung umgesetzt werden würde, von der Einsparungen in vergleichbarer Höhe erwartet wurden.[12] Maßgeblich für die Anwendung des Rabattsatzes ist der Zeitpunkt der Abgabe des Arzneimittels an den Versicherten.[13] 7

Absatz 2 reagiert darauf, dass die Festlegung der Höhe des Abgabepreises Sache des Herstellers ist. Der Hersteller hätte es demnach in der Hand, seinen Rabattverpflichtungen zu entgehen, indem er den zu gewährenden Rabatt auf den Herstellerabgabepreis aufschlägt. Absatz 2 verhindert dies, indem er bestimmt, dass **Preisaufschläge** ab dem 01.01.2003 (Datum des In-Kraft-Tretens der Vorschrift) bis zum 31.12.2004 den **Rabatt** in Höhe des Aufschlags **erhöhen**. Maßgeblicher Grundpreis ist der Preisstand vom 01.10.2002, bei späterer Markteinführung eines Arzneimittels der Preis zum Zeitpunkt der Markteinführung. 8

Kein Rabatt ist nach Absatz 3 zu gewähren für Arzneimittel, für welche ein Festbetrag festgesetzt worden ist. Das ist deswegen konsequent, weil die Festsetzung von Festbeträgen ebenso wie die den pharmazeutischen Unternehmern auferlegte Rabattpflicht der Ausschöpfung von Wirtschaftlichkeitsreserven dient, so dass eine Kumulation ungerechtfertigt erschiene. Allerdings gilt der Ausschluss nur für Rabatte nach den Absätzen 1-2, nicht auch für solche nach den Absätzen 3a und 3b. 9

Absatz 3a enthält eine dem Absatz 2 vergleichbare Regelung, mit der verhindert werden soll, dass **Preiserhöhungen** der pharmazeutischen Unternehmer in der Zeit **ab November 2005** für die Zeit vom 01.04.2006 bis 31.03.2008 zu Lasten der gesetzlichen Krankenversicherung wirksam werden.[14] Dieses Ziel wird ebenso wie nach Absatz 2 dadurch erreicht, dass Preiserhöhungen den jeweiligen Rabatt erhöhen. Maßgebend für den Basispreis ist der 01.11.2005 als Stichtag; für erst später eingeführte Arzneimittel ist Referenzpreis der Preis bei Markteinführung. Im Gegensatz zu Absatz 2 gilt Absatz 3a auch für Arzneimittel, für die ein Festbetrag festgesetzt worden ist. Entsprechend enthält Absatz 3a Satz 1 letzter Halbsatz die Klarstellung, dass Preiserhöhungen oberhalb des Festbetrages nicht den Rabatt erhöhen. Denn insoweit sind die Kosten des Arzneimittels ausschließlich vom Versicherten zu tragen; es besteht somit kein Anlass, der Krankenkasse Rabatt zu gewähren.[15] Absatz 3a Satz 3 enthält eine Sonderregelung für **Importarzneimittel**, die Preiserhöhungen auch zulasten der gesetzlichen Krankenversicherung wirksam werden lässt. Voraussetzung dafür ist indessen, wie sich aus dem Verweis auf § 129 SGB V ergibt, dass das (preiserhöhte) Importarzneimittel für die Krankenkassen noch 15% oder mindestens 15 € billiger als das Bezugsarzneimittel (vor Berücksichtigung der vom pharmazeutischen Unternehmer zu rabattierenden Preiserhöhungen) ist.[16] Der Rabatt nach Absatz 3a ist zusätzlich zu anderen Rabatten zu gewähren (Absatz 3a Satz 4), allerdings führen zu rabattierende Erhöhungen des Abgabepreises des pharmazeutischen Unternehmers nicht dazu, dass daneben auch der nach dem Abgabepreis zu berechnende allgemeine Rabatt nach Absatz 1 erhöht wird. Insoweit findet eine Anrechnung statt (Absatz 3a Satz 5). 10

---

[10] BVerfG v. 13.09.2005 - 2 BvF 2/03.

[11] BT-Drs. 16/691 S. 17.

[12] BT-Drs. 15/1525 zu Nr. 95.

[13] Vgl. *Hess* in: KassKomm, SGB V, § 130a Rn 3.

[14] BT-Drs. 16/194 S. 10.

[15] BT-Drs. 16/691 S. 17.

[16] BT-Drs. 16/194 S. 10.

11 Absatz 3b enthält eine Sonderregelung für die so genannten **Generika**. Hier beträgt der Rabatt grundsätzlich 10 v.H. des Abgabepreises. Deren Einbeziehung unter Erhöhung des allgemeinen Rabattsatzes, der nach Absatz 1 grundsätzlich lediglich 6 v.H. beträgt, hat der Gesetzgeber damit gerechtfertigt, dass er gleichzeitig die Möglichkeit der Gewährung von Zuwendungen der pharmazeutischen Unternehmer an die Apotheken abgeschafft habe.[17] Bis dahin seien solche Zuwendungen regelmäßig von den Apothekern eingefordert worden. Die Neuregelung diene der Verlagerung dieser von den Unternehmern schon bisher gewährten Nachlässe von den Apotheken auf die Krankenkassen.[18] Absatz 3b erfasst alle patentfreien Arzneimittel, zu denen es mindestens noch ein weiteres wirkstoffgleiches Arzneimittel mit unterschiedlichem Warenzeichen gibt. Im Einzelnen werden erfasst patentfreie Arzneimittel in den Festbetragsgruppen nach § 35, Arzneimittel, für welche die Spitzenverbände der Krankenkassen im Rahmen ihrer Regelungskompetenz die Geltung dieser besonderen Rabattvorschrift angeordnet haben und regelmäßig (aber nicht ausnahmslos) Arzneimittel, die nach den §§ 24a und 24b des Arzneimittelgesetzes (oder entsprechenden Vorschriften) zugelassen worden sind.[19] Ausgenommen von der Rabattpflichtigkeit sind Arzneimittel, welche in ihrer Festbetragsgruppe schon um 30 v.H. günstiger als der Festbetrag sind (Absatz 3b Satz 3). Das Gesetz sieht auch vor, dass Preissenkungen auf Rabattpflichten angerechnet werden (Absatz 3b Satz 2 Halbsatz 1). Die nur wenig übersichtlichen Regelungen in Absatz 3b Satz 2 Halbsatz 2, Sätze 5 und 6 wollen in diesem Zusammenhang verhindern, dass vorherige Preiserhöhungen zu Mitnahmeeffekten führen.[20]

IV. Überprüfung der Rabatthöhe

12 Absatz 4 verpflichtet das Bundesministerium für Gesundheit und Soziale Sicherung zur Überprüfung der Abschläge nach Maßgabe des Art. 4 der Richtlinie 89/105/EWG. Falls sich ergeben sollte, dass die Rabattverpflichtung der pharmazeutischen Unternehmer nach der gesamtwirtschaftlichen Lage, einschließlich ihrer Auswirkungen auf die Krankenversicherung, **nicht** mehr **gerechtfertigt** ist, sind die Abschläge durch Rechtsverordnung mit Zustimmung des Bundesrates aufzuheben oder zu vermindern. Insoweit ist zu berücksichtigen, dass die Rabattverpflichtungen der Unternehmer eingeführt wurden, um der angespannten finanziellen Situation der Gesetzlichen Krankenversicherung vor dem Hintergrund von überproportional gestiegenen Ausgaben für Arzneimittel zu begegnen.[21]

V. Verfahren

13 Verpflichtet zur Rabattgewährung gegenüber den Krankenkassen sind nach Absatz 1 Satz 1 die Apotheken. Demnach können die Krankenkassen die ihnen von den Apotheken erteilten Rechnungen um den weiteren Rabatt der pharmazeutischen Unternehmen kürzen. Die **Abwälzung** des Rabatts auf den pharmazeutischen Unternehmer ist Sache der Apotheke. Über einen Abschlag zu Lasten des pharmazeutischen Unternehmers ist dementsprechend schon im Rechtsstreit zwischen Krankenkasse und Apotheke zu entscheiden,[22] was zur Notwendigkeit entsprechender Beiladungen nach § 75 SGG führt. Das Verfahren, in dem sich die Apotheken den von ihnen den Krankenkassen zu gewährenden Rabatt von dem pharmazeutischen Unternehmer rückerstatten lassen können, ist im Einzelnen in den Absätzen 5-7 geregelt. Bereits Absatz 1 Sätze 2-4 enthält den Grundsatz, dass der Apotheker sich wegen der Erstattung entweder an den **pharmazeutischen Unternehmer** oder den **Großhändler** wenden kann, der sich wiederum an den Unternehmer halten muss. Erstattungen sind innerhalb einer Frist von 10 Tagen nach Anmeldung des Anspruchs vorzunehmen. Allerdings setzt der Erstattungsanspruch voraus, dass die Apotheke ihrerseits nach § 130a SGB V den gesetzlichen Krankenkassen verpflichtet ist, was etwa bei Internet-Apotheken mit Sitz im Ausland nicht der Fall ist.[23]

14 Aus Absatz 1 Satz 2 ergibt sich die Grundregel, dass der Rabatt dem Apotheker vom pharmazeutischen Unternehmer zu erstatten ist. Unter welchen Voraussetzungen der Apotheker stattdessen auch eine Erstattung vom pharmazeutischen Großhändler verlangen kann, ist in Absatz 5 bestimmt. Die direkte **Abrechnung** zwischen Apotheker und Großhändler ist zunächst dann möglich, wenn beide eine entsprechende Vereinbarung getroffen haben. Der Apotheker kann darüber hinaus einseitig die Abrechnung

---

17 BT-Drs. 16/194 S. 11.

18 BT-Drs. 16/194 S. 10.

19 BT-Drs. 16/194 S. 11.

20 Vgl. im Einzelnen BT-Drs. 16/194, S. 11; BT-Drs. 16/691, S. 17; BT-Drs. 16/4247, S. 47.

21 BT-Drs. 15/28 A II 1 a und BT-Drs. 15/1525 zu Nr. 95.

22 Vgl. SG Frankfurt v. 05.06.2007 - S 18 KR 614/05.

23 SG Berlin v. 16.11.2005 - S 89 KR 2244/03.

mit dem Großhändler verlangen, wenn Zeiträume bis zum 31.12.2003 betroffen sind und er bei dem Großhändler im ersten Halbjahr 2002 seinen größten Umsatz getätigt hatte. Eine besondere Vereinbarung zwischen Apotheker und Großhändler ist auch entbehrlich, wenn der Großhändler Arzneimittel mit seinem Kennzeichen versieht und dieses Kennzeichen von den Apotheken bei der Abrechnung erfasst wird. Einzelheiten sind in einem Rahmenvertrag zwischen den Spitzenverbänden der Apotheker und den der pharmazeutischen Großhändler zu regeln, die Apotheken können darüber hinaus Arbeitsgemeinschaften mit pharmazeutischen Großhändlern bilden.

Welche Nachweise bei der Geltendmachung des Erstattungsanspruches zu erbringen sind, ist in Absatz 6 geregelt. Zu übermitteln sind **maschinenlesbare Datensätze**, welche Arzneimittelkennzeichen, Abgabedatum und gegebenenfalls noch das Kennzeichen des Großhändlers enthalten müssen. Die Krankenkassen können den ihnen von den Apotheken gewährten Herstellerrabatt dadurch überprüfen, dass die pharmazeutischen Unternehmer ihnen die erforderlichen Informationen, insbesondere also die Abgabepreise, maschinenlesbar übermitteln müssen. Über Einzelheiten können auch hier Verträge zwischen den Spitzenorganisationen von Apothekern, den pharmazeutischen Großhändler und den pharmazeutischen Herstellern geschlossen werden. Absatz 7 bestimmt, dass zu erstattende Abschläge auch aufrechnungsweise mit den Forderungen von pharmazeutischem Unternehmer bzw. Großhändler verrechnet werden dürfen. 15

VI. Weitere Rabatte

Absatz 8 ermöglicht den Krankenkassen oder ihren Verbänden, mit pharmazeutischen Unternehmern weitere **Rabatte** gegenüber den gesetzlich bestimmten nach den Absätzen 1 und 2 zu **vereinbaren**. Die Höhe dieser Rabatte kann von dem auf eine Krankenkasse entfallenden Umsatz des pharmazeutischen Unternehmers abhängig gemacht werden. Ein so vereinbarter zusätzlicher Rabatt wäre nach Absatz 8 Satz 3 nicht von den Apotheken vorzufinanzieren, sondern direkt von dem Unternehmen an die Krankenkasse zu zahlen. Problematisch an dieser Regelung ist, welche **Gegenleistung** die Krankenkassen den pharmazeutischen Unternehmen für einen eingeräumten besonderen Rabatt bieten könnten. Weder haben die Krankenkassen in der Hand, welche Arzneimittel an ihre Versicherten verordnet werden, noch können sie ihre Versicherten zu Arzneimitteln lenken, welche von einem bestimmten Unternehmer hergestellt wurden. Die Auswahlentscheidungen treffen vielmehr der behandelnde Arzt und der Apotheker. Von daher war zunächst nicht zu erwarten, dass die Praxis von der in Absatz 8 geschaffenen Möglichkeit regen Gebrauch machen würde.[24] Allerdings wird der Apotheker nunmehr durch die Neufassung des § 129a SGB V zum 01.04.2007 im Rahmen der Aut-idem-Regelung verstärkt zur Abgabe solcher Arzneimittel angehalten, über die ein Vertrag nach Absatz 8 besteht. 16

C. Reformvorhaben

Mit Wirkung vom 01.07.2008 hat das GKV-Wettbewerbsstärkungsgesetz Absatz 3a Satz 7 wie folgt gefasst: „Das Nähere regelt der Spitzenverband Bund der Krankenkassen“. 17

[24] *Hess* in: KassKomm, SGB V, § 130a Rn. 9.

§ 131 SGB V Rahmenverträge mit pharmazeutischen Unternehmern

(Fassung vom 26.04.2006, gültig ab 01.05.2006, gültig bis 30.06.2008)

(1) Die Spitzenverbände der Krankenkassen und die für die Wahrnehmung der wirtschaftlichen Interessen gebildeten maßgeblichen Spitzenorganisationen der pharmazeutischen Unternehmer auf Bundesebene können einen Vertrag über die Arzneimittelversorgung in der gesetzlichen Krankenversicherung schließen.

(2) Der Vertrag kann sich erstrecken auf

1. **die Bestimmung therapiegerechter und wirtschaftlicher Packungsgrößen und die Ausstattung der Packungen,**
2. **Maßnahmen zur Erleichterung der Erfassung und Auswertung von Arzneimittelpreisdaten, Arzneimittelverbrauchsdaten und Arzneimittelverordnungsdaten einschließlich des Datenaustausches, insbesondere für die Ermittlung der Preisvergleichsliste (§ 92 Abs. 2) und die Festsetzung von Festbeträgen.**

(3) § 129 Abs. 3 gilt für pharmazeutische Unternehmer entsprechend.

(4) Die pharmazeutischen Unternehmer sind verpflichtet, die zur Herstellung einer pharmakologisch-therapeutischen und preislichen Transparenz im Rahmen der Richtlinien nach § 92 Abs. 1 Satz 2 Nr. 6 und die zur Festsetzung von Festbeträgen nach § 35 Abs. 1 und 2 oder zur Erfüllung der Aufgaben nach § 35a Abs. 1 Satz 2 und Abs. 5 sowie die zur Wahrnehmung der Aufgaben nach § 129 Abs. 1a erforderlichen Daten dem Gemeinsamen Bundesausschuss sowie den Spitzenverbänden der Krankenkassen zu übermitteln und auf Verlangen notwendige Auskünfte zu erteilen. Für die Abrechnung von Fertigarzneimitteln übermitteln die pharmazeutischen Unternehmer die für die Abrechnung nach § 300 erforderlichen Preis- und Produktangaben einschließlich der Rabatte nach § 130a an die in § 129 Abs. 2 genannten Verbände sowie an die Kassenärztliche Bundesvereinigung und den Gemeinsamen Bundesausschuss im Wege elektronischer Datenübertragung und maschinell verwertbar auf Datenträgern; dabei ist auch der für den Versicherten maßgebliche Arzneimittelabgabepreis (§ 129 Abs. 5a) anzugeben.

(5) Die pharmazeutischen Unternehmer sind verpflichtet, auf den äußeren Umhüllungen der Arzneimittel das Arzneimittelkennzeichen nach § 300 Abs. 1 Nr. 1 in einer für Apotheken maschinell erfaßbaren bundeseinheitlichen Form anzugeben. Das Nähere regeln die Spitzenverbände der Krankenkassen und die für die Wahrnehmung der wirtschaftlichen Interessen gebildeten maßgeblichen Spitzenorganisationen der pharmazeutischen Unternehmer auf Bundesebene in Verträgen.

Gliederung

A. Basisinformationen

I. Textgeschichte/Gesetzgebungsmaterialien

1 § 131 SGB V ist mit dem SGB V am 01.01.1989 in Kraft getreten. Eine Vorgängervorschrift in der RVO gab es nicht. § 131 SGB V wurde geändert durch das Festbetrags-Anpassungsgesetz vom

27.07.2001[1], das Arzneimittelausgaben-Begrenzungsgesetz vom 15.02.2002[2], das GKV-Modernisierungsgesetz vom 14.11.2003[3] und das Gesetz v. 26.04.2006[4]. Gesetzgebungsmaterialien finden sich in BT-Drs. 11/2237 zu § 140, BT-Drs. 15/1525 zu Nr. 96 und BT-Drs. 16/194 zu Nr. 8.

II. Systematische Zusammenhänge

§ 131 SGB V zeichnet sich – ebenso wie schon § 130a SGB V – dadurch aus, dass pharmazeutische Unternehmer in das Leistungserbringerrecht einbezogen werden, obwohl sie **nicht** zum Kreis der **Leistungserbringer** gehören. Seine Rechtfertigung findet dieses Vorgehen darin, dass Gestalt und Preis der Leistungen in der Arzneimittelversorgung mehr durch die pharmazeutischen Unternehmer als durch die Apotheker als eigentliche Leistungserbringer bestimmt werden. 2

B. Auslegung der Norm

I. Regelungsinhalt und Bedeutung der Norm

§ 131 SGB V wendet sich an die pharmazeutischen Unternehmer und ermöglicht ihnen in den Absätzen 1-3, über ihre Spitzenorganisationen **Verträge** mit den Spitzenverbänden der Krankenkassen zu schließen. Gegenstand dieser Verträge können zunächst Bestimmungen über Packungsgrößen sowie die Ausstattungen von Packungen sein (Absatz 2 Nr. 1). Daneben kann vertraglich noch die erleichterte Erfassung und Auswertung von Daten betreffend die Preise sowie den Verbrauch und die Verordnung von Arzneimitteln vereinbart werden (Absatz 2 Nr. 2). Auch ohne besondere vertragliche Vereinbarung sind die pharmazeutischen Unternehmen aber – ebenso wie die Spitzenorganisation der Apotheker nach § 129 Abs. 6 SGB V – verpflichtet, dem Gemeinsamen Bundesausschuss und den Spitzenverbänden der Krankenkassen **Daten** zu **übermitteln** und Auskünfte zu erteilen, welche diese bei der Bestimmung von Festbeträgen für Arzneimittel und im Zusammenhang mit den Arzneimittelrichtlinien benötigen (Absatz 4). Schließlich haben die pharmazeutischen Unternehmer nach Absatz 5 auf den Arzneimittelpackungen eine maschinenlesbare Kennzeichnung anzubringen. 3

II. Normzweck

§ 131 SGB V ermöglicht zum einen den Krankenkassen, die pharmazeutischen Unternehmer durch Verträge auf eine bestimmte Gestaltung ihrer Produkte zu verpflichten. Daneben ist er gesetzliche Grundlage für Auskunftspflichten, um den Krankenkassen den Arzneimittelmarkt transparent zu machen. 4

III. Vertragsschließende Parteien

Die Verträge nach Absatz 1 sind von den Spitzenverbänden der Krankenkassen und der Spitzenorganisation der pharmazeutischen Unternehmer zu schließen. Wer die **Spitzenverbände der Krankenkassen** sind, bestimmt sich nach § 213 Abs. 1 SGB V. Der Begriff „pharmazeutischer Unternehmer" stammt aus dem Arzneimittelrecht. Nach § 4 Abs. 18 des Arzneimittelgesetzes ist **pharmazeutischer Unternehmer**, wer Arzneimittel unter seinen Namen in den Verkehr bringt. Zum Vertragsschluss mit den Spitzenverbänden der Krankenkassen auf Bundesebene sind von den Pharmazeutischen Unternehmern gebildete Spitzenorganisationen berechtigt. Dabei meint Spitzenorganisation nur, dass der Verband bundesweit tätig sein muss, es können also durchaus mehrere Verbände der pharmazeutischen Unternehmer nebeneinander Verträge nach Absatz 1 abschließen. 5

Die Spitzen von Krankenkassen und pharmazeutischen Unternehmen sind **nicht verpflichtet**, Rahmenverträge **abzuschließen**. Das Gesetz kennt kein Verfahren, um eine Einigung herbeizuführen oder zu ersetzen, und knüpft auch keinerlei Sanktionen an den unterbliebenen Vertragsschluss. Daraus ist zu schließen, dass es sich lediglich um eine rechtliche Möglichkeit handelt, von der die Beteiligten Gebrauch machen dürfen, aber nicht müssen.[5] Die von ihren Verbänden abgeschlossenen Verträge ver- 6

[1] BGBl I 2001, 1948.
[2] BGBl I 2002, 684.
[3] BGBl I 2003, 2190.
[4] BGBl I 2006, 984.
[5] *Kranig* in: Hauck/Noftz, SGB V, § 131 Rn. 8; Hess in: KassKomm, SGB V, § 131 Rn. 1.

pflichten die pharmazeutischen Unternehmer nur dann, wenn sie dem Verband angehören und die Satzung des Verbandes die Verpflichtung der Mitglieder vorsieht, oder wenn sie dem Vertrag ausdrücklich beitreten. Das stellt Absatz 3 durch die Verweisung auf § 129 Abs. 3 SGB V klar.

IV. Inhalt der Verträge

7 Gegenstand der Verträge kann insbesondere die Bestimmung therapiegerechter und wirtschaftlicher **Packungsgrößen** sein. Bereits 1980 haben sich die Bundesvereinigung Deutscher Apothekerverbände, die Kassenärztliche Bundesvereinigung, die Spitzenverbände der Krankenkassen und der Bundesverband der Pharmazeutischen Industrie allerdings unverbindlich darauf geeinigt, Arzneimittel in drei Packungsgrößen zu vertreiben, die als N1, N2 und N3 bezeichnet werden. N1 bedeutet eine kleine Packung für kurze Behandlung, N2 eine mittlere für mittlere Behandlung und N3 eine große Packung für Dauerbehandlungen.[6] Fragen der Packungsausstattung betreffen etwa die Art der Verpackung von Arzneimitteln oder die Beifügung eines Beipackzettels.

8 Die Einführung von vertraglichen Regelungen über die Erfassung und Auswertung von **Arzneimitteldaten** sollte ermöglichen, dass die Möglichkeiten von Datenverarbeitungssystemen weitgehend genutzt werden können.[7]

V. Verpflichtungen kraft Gesetzes

9 Unmittelbar **kraft Gesetzes** (Absatz 4) sind die pharmazeutischen Unternehmer verpflichtet, dem Gemeinsamen Bundesausschuss und den Spitzenverbänden der Krankenkassen die **Daten** zu **übermitteln**, welche für die Formulierung von Richtlinien über Arzneimittelverordnung (§ 92 Abs. 1 Nr. 6 SGB V), Festsetzung von Festbeträgen (§ 35 Abs. 1 und 2 SGB V), Erstellung von Informationen zu von Festbeträgen betroffenen Arzneimitteln (§ 35a Abs. 1 Satz 2 und Abs. 5 SGB V) und Formulierung von Richtlinien zur Austauschbarkeit von Arzneimitteln im Rahmen der aut idem Regelung (§ 129 Abs. 1a SGB V) erforderlich sind. Diese Mitteilungspflicht, welche auch die Verpflichtung zur Erteilung von Auskünften auf Nachfrage einschließt, betrifft die **pharmakologisch-therapeutische Beschaffenheit** der Arzneimittel wie auch Fragen der **Preisgestaltung**. Zusammen mit der die Apotheker betreffenden Auskunftsverpflichtung in § 129 Abs. 6 SGB V wird so sichergestellt, dass eine (zeitnahe) Weitergabe der Daten erfolgt. Ein rechtswidriger Eingriff in die unternehmerische Freiheit liegt in der Auferlegung der Mitteilungspflicht nicht, weil die maßgeblichen Daten ohnehin anderen staatlichen Stellen mitzuteilen sind.[8] Absatz 4 Satz 2 hatte ursprünglich mit Wirkung vom 01.01.2004 eine Informationspflicht über Preise und Produkte für nichtverschreibungspflichtige Fertigarzneimittel eingeführt, nachdem die unmittelbare Geltung der Arzneimittelpreisverordnung für diese Arzneimittel mit Wirkung vom 01.01.2004 durch § 1 Abs. 4 der Verordnung aufgehoben worden war. Erreicht werden sollte so, dass die Abrechnung weiterhin wie nach der Arzneimittelpreisverordnung (§ 129a Abs. 5a SGB V), also auf der Basis einheitlicher Preise erfolgen kann.[9] Durch die Änderung der Vorschrift zum 01.05.2006[10] ist die Informationspflicht nunmehr auf alle Fertigarzneimittel ausgedehnt worden.[11]

10 Absatz 5 verpflichtet die pharmazeutischen Unternehmer kraft Gesetzes, auf den Arzneimittelverpackungen ein **Arzneimittelkennzeichen** in maschinenlesbarer Form anzubringen. Die Vorschrift bezieht sich auf § 300 Abs. 1 Nr. 1 SGB V und damit auch auf § 300 Abs. 3 Nr. 1 SGB V. § 300 Abs. 1 SGB V begründet die Pflicht der Apotheker, die maschinenlesbare Kennzeichnung an die Krankenkassen weiterzugeben, wenn sie ein Fertigarzneimittel an Versicherte abgeben wird; nach § 300 Abs. 3 Nr. 1 SGB V sollen die Spitzenverbände der Krankenkassen und die Spitzenorganisation der Apotheker Einzelheiten der Verwendung des Arzneimittelkennzeichens regeln. Absatz 5 begründet eine rechtliche Verpflichtung der pharmazeutischen Unternehmer und stellt so sicher, dass die Arzneimittel eine Kennzeichnung tragen, auf welche die Apotheken im weiteren Verkehr zurückgreifen können. Absatz 5 Satz 2 verpflichtet die Spitzen der Krankenkassen und pharmazeutischen Unternehmer zwar, Vereinbarungen zu treffen, die sich mit den Einzelheiten des Arzneimittelkennzeichens („Das Nähere

---

6 *Kranig* in: Hauck/Noftz, SGB V, § 131 Rn. 6.

7 BT-Drs. 11/2237 zu § 140 Abs. 2.

8 *Hess* in: KassKomm, SGB V, § 131 Rn 5.

9 BT-Drs. 15/1525 zu Nr. 96.

10 BGBl I 2006, 984.

11 BT-Drs. 16/194, S. 11.

regeln …") beschäftigen. Die Einhaltung dieser Verpflichtung wird aber (im Gegensatz zu der die Apothekerverbände betreffenden Regelung des § 300 Abs. 4 SGB V) nicht durch ein obligatorisches Schiedsverfahren oder die Möglichkeit einer Ersatzvornahme gesichert. Letztlich besteht auch keine unmittelbare praktische Notwendigkeit für eine Vereinbarung zwischen den Spitzen der Krankenkassen und pharmazeutischer Unternehmer, weil die wesentlichen Einzelheiten zur Arzneimittelkennzeichnung schon nach § 300 Abs. 3 SGB V im Verhältnis zwischen Krankenkassen und Apothekern festgelegt sind.[12]

C. Reformbestrebungen

Mit Wirkung vom 01.07.2008 werden durch das GKV-Wettbewerbsstärkungsgesetz v. 26.03.2007[13] in 11
Absatz 1 die Wörter „Die Spitzenverbände der Krankenkassen" durch die Wörter „Der Spitzenverband Bund der Krankenkassen", in Absatz 4 Satz 1 die Wörter „den Spitzenverbänden der Krankenkassen" durch die Wörter „dem Spitzenverband Bund der Krankenkassen" und in Absatz 5 Satz 2 die Wörter „regeln die Spitzenverbände der Krankenkassen" durch die Wörter „regelt der Spitzenverband Bund der Krankenkassen" ersetzt.

[12] *Kranig* in: Hauck/Noftz, SGB V, § 131 Rn. 11; *Hess* in: KassKomm, SGB V, § 131 Rn. 6.
[13] BGBl I 2007, 378.

Achter Abschnitt: Beziehungen zu sonstigen Leistungserbringern

§ 132 SGB V Versorgung mit Haushaltshilfe

(Fassung vom 23.06.1997, gültig ab 01.07.1997)

(1) Die Krankenkasse kann zur Gewährung von Haushaltshilfe geeignete Personen anstellen. Wenn die Krankenkasse dafür andere geeignete Personen, Einrichtungen oder Unternehmen in Anspruch nimmt, hat sie über Inhalt, Umfang, Vergütung sowie Prüfung der Qualität und Wirtschaftlichkeit der Dienstleistungen Verträge zu schließen.
(2) Die Krankenkasse hat darauf zu achten, daß die Leistungen wirtschaftlich und preisgünstig erbracht werden. Bei der Auswahl der Leistungserbringer ist ihrer Vielfalt, insbesondere der Bedeutung der freien Wohlfahrtspflege, Rechnung zu tragen.

Gliederung

A. Basisinformationen

I. Textgeschichte/Gesetzgebungsmaterialien

1 § 132 SGB V wurde bisher geändert durch das Pflegeversicherungsgesetz v. 26.05.1994[1] und das 2. GKV-Neuordnungsgesetz v. 23.06.1997[2].

II. Vorgängervorschriften

2 Vorgängervorschrift ist § 376b RVO.

III. Parallelvorschriften

3 Vergleichbar in ihrer Dogmatik sind die §§ 132a, 132b, 132c SGB V.

IV. Systematische Zusammenhänge

4 § 132 SGB V regelt als Parallelvorschrift des Leistungserbringerrechts zu § 38 SGB V die Frage, wer zu Lasten der gesetzlichen Krankenversicherung Haushaltshilfe erbringen darf. Die praktische Bedeutung der Norm ist geringer als die anderer Vorschriften des Rechts der nichtärztlichen Leistungserbringer, weil Haushaltshilfe eine nichtmedizinische Betreuungsleistung darstellt und weniger häufig als eigentliche Behandlungsleistungen zu erbringen ist. Auch die Gesetzestechnik unterscheidet sich von der für Heilmittelerbringer maßgeblichen Rechtslage, weil es keine ausdrücklich zu erteilende Zulassung zur Leistungserbringung gibt

B. Auslegung der Norm

I. Regelungsinhalt und Bedeutung der Norm

5 § 132 Abs. 1 Satz 1 SGB V ermöglicht den Krankenkassen, **eigene Kräfte** zur Gewährung von Haushaltshilfe anzustellen. Nach Absatz 1 Satz 2 SGB V dürfen die Krankenkassen aber auch Dritte heranziehen. Mit diesen Dienstleistern sind dann **Verträge** über den Inhalt und die Vergütung der Leistungen zu schließen. Absatz 2 verpflichtet die Krankenkassen, auf die Wirtschaftlichkeit der Leistungserbringung und – bei der Auswahl der Leistungserbringer – auf die Vielfalt der Leistungsträger zu achten, insbesondere auf die Anbieter der freien Wohlfahrtspflege.

---

[1] BGBl I 1994, 1984.
[2] BGBl I 2007, 1520.

II. Normzweck

Die Vorschrift regelt, wer zu welchen Bedingungen die den Krankenkassen obliegende Verpflichtung zur Gewährung von Haushaltshilfe erfüllt. 6

III. Haushaltshilfe

Was Haushaltshilfe ist, ergibt sich aus der leistungsrechtlichen Vorschrift des § 38 SGB V. Das Leistungserbringerrecht weicht hier nicht vom Leistungsrecht ab. Gemeint sind alle die für die Weiterführung eines privaten Haushalts notwendigen Dienstleistungen, insbesondere hauswirtschaftlicher Art. 7

Wer eine geeignete Person (bzw. geeignete Einrichtungen oder Unternehmen) zur Erbringung solcher Leistungen ist, wird in § 132 Abs. 1 SGB V nicht näher ausgeführt. Im Unterschied etwa zu den Leistungsanbietern für Heilmittel (vgl. die Kommentierung zu § 124 SGB V Rn. 9) kann auch nicht auf ein der Sozialversicherung vorgelagertes Berufsbild zurückgegriffen werden, weil es sich bei der Haushaltshilfe um eine **unqualifizierte nichtmedizinische Dienstleistung** handelt. Der Tatsache, dass § 132 Abs. 1 SGG den Krankenkassen aufgibt, geeignete Personen anzustellen, ist immerhin zu entnehmen, dass die Beurteilung der Eignung Aufgabe der Krankenkassen ist. Unbedenklich sind dabei solche Beurteilungskriterien, bei denen ein sachlicher Zusammenhang mit der zu erbringenden Haushaltshilfe nachzuvollziehen ist. Dies betrifft etwa die fachliche und persönliche Eignung der Dienstleister sowie die Bereitschaft, sich hinsichtlich von Ort und Zeit der Leistung durch die Wünsche der Versicherten bestimmen zu lassen.[3] Mit dieser Einschränkung kommt als Vertragspartner der Krankenkassen jede natürliche oder juristische Person in Betracht. 8

IV. Eigene Kräfte

Der Wortlaut des Absatzes 1 der Vorschrift legt die Annahme nahe, dass die Krankenkassen das freie Wahlrecht haben, ob sie zur Erbringung von Leistungen der Haushaltshilfe selbst geeignete Kräfte anstellen oder auf natürliche Personen ohne Anstellungsvertrag bzw. fremde Unternehmen und Einrichtungen zurückgreifen. Indessen stellt diese Regelung eine Ausnahme von dem ansonsten die Krankenkassen grundsätzlich treffenden Verbot, Eigeneinrichtungen zur Versorgung ihrer Versicherten zu betreiben (§ 140 SGB V), dar und ist entsprechend einschränkend auszulegen. Auch der historische Gesetzgeber wollte den Krankenkassen den Einsatz eigener Kräfte nur **subsidiär** erlauben.[4] § 132 Abs. 1 Satz 1 SGB V ist danach die weitere ungeschriebene Voraussetzung hinzuzufügen, dass eine Einstellung eigener Kräfte nur dann in Frage kommt, wenn anderweitig der Leistungsbedarf der Versicherten nicht gedeckt werden kann.[5] 9

V. Verträge

Mit Verträgen meint § 132 Abs. 1 SGB V (auch) **Rahmenverträge**, in denen die Modalitäten der Leistungserbringung allgemein geregelt werden. Denn (professionelle) Leistungsanbieter, welche für eine Vielzahl von Leistungsfällen zur Verfügung stehen, wollen die Umstände der Leistungserbringung losgelöst vom konkreten Einzelfall abstrakt vorgeregelt wissen, so dass bei Abruf des Einsatzes kein weiterer Verhandlungsbedarf besteht. Daneben ist aber auch vorstellbar, dass in geeigneten Fällen, beispielsweise bei dem Ausfall des in einer ländlichen Großfamilie für die Haushaltsführung zuständigen Versicherten, ein Vertrag mit den helfenden Nachbarn nur für einen bestimmten Versorgungsfall geschlossen wird. 10

Die mit den Krankenkassen abzuschließenden Vereinbarungen sind öffentlich rechtlich.[6] Ein Rahmenvertrag soll die Durchführung einer unbestimmten Vielzahl von Einzelaufträgen ermöglichen, in seiner Wirkung ist er folglich mit einer **Zulassungsentscheidung** vergleichbar. Besteht ein Rahmenvertrag, so ist nur noch die Beauftragung im konkreten Einzelfall erforderlich, wobei die Auswahlentscheidung zwischen mehreren möglichen Leistungsanbietern in der Hand des Versicherten liegt. Da es sich bei der Erbringung von Leistungen der Haushaltshilfe wegen der in Art. 12 GG verbürgten Berufsfreiheit um einen grundrechtsrelevanten Bereich handelt, haben geeignete Bewerber **Anspruch** auf Abschluss eines Rahmenvertrages. Bei der Frage der Vergütung ist zu beachten, dass die Krankenkassen nach 11

[3] Vgl. *Kranig* in: Hauck/Noftz, SGB V, K § 132 Rn. 7.
[4] BT-Drs. 12/2237, S. 206.
[5] Vgl. die zu § 132a SGB V ergangene Rechtsprechung des BSG v. 24.09.2002 - B 3 A 1/02 R - BSGE 90, 84.
[6] BSG v. 25.09.2001 - B 3 KR 3/01 R - BSGE 89, 24.

§ 132 Abs. 2 SGB V zur Beachtung der Wirtschaftlichkeit und Preisgünstigkeit verpflichtet sind. Deswegen besteht ein Anspruch auf Abschluss grundsätzlich nur zu den Sätzen, welche üblich sind. Etwas anderes kann sich daraus ergeben, dass die Krankenkassen nicht nur der Wirtschaftlichkeit, sondern auch dem Erhalt der Vielfalt der Leistungsanbieter und der Förderung der freien Wohlfahrtspflege verpflichtet sind. Wenn bei diesen Anbietern ein höherer Preis durch eine unvermeidbare **besondere Kostenstruktur** verursacht ist, ergibt sich auch ein Anspruch auf Abschluss zu höheren Preisen.[7]

C. Praxishinweise

12 Leistungen der Haushaltshilfe werden – abgesehen vom Bereich der privaten Aushilfe – regelmäßig von Pflegediensten miterledigt. Für die Pflegedienste steht wirtschaftlich das Interesse an den Leistungen der häuslichen Krankenpflege nach § 132a SGB V im Vordergrund. Deswegen sind leistungserbringerrechtliche Streitigkeiten im Bereich der Haushaltshilfe eher selten. Auch der Gesetzgeber hat das in § 132a Abs. 2 Sätze 6-8 SGB V eingeführte Schlichtungsverfahren auf die häusliche Krankenpflege beschränkt, obgleich die Probleme, welche Anlass der Regelung waren, auch im Rahmen des § 132 SGB V auftreten könnten. Vgl. die Kommentierung zu § 132a SGB V Rn. 18 f.

[7] Vgl. dazu LSG Niedersachsen v. 31.05.2000 - L 4 KR 44/98.

§ 132a SGB V Versorgung mit häuslicher Krankenpflege

(Fassung vom 14.11.2003, gültig ab 01.01.2004, gültig bis 30.06.2008)

(1) Die Spitzenverbände der Krankenkassen gemeinsam und einheitlich und die für die Wahrnehmung der Interessen von Pflegediensten maßgeblichen Spitzenorganisationen auf Bundesebene sollen unter Berücksichtigung der Richtlinien nach § 92 Abs. 1 Satz 2 Nr. 6 gemeinsam Rahmenempfehlungen über die einheitliche Versorgung mit häuslicher Krankenpflege abgeben; für Pflegedienste, die einer Kirche oder einer Religionsgemeinschaft des öffentlichen Rechts oder einem sonstigen freigemeinnützigen Träger zuzuordnen sind, können die Rahmenempfehlungen gemeinsam mit den übrigen Partnern der Rahmenempfehlungen auch von der Kirche oder der Religionsgemeinschaft oder von dem Wahlfahrtsverband abgeschlossen werden, dem die Einrichtung angehört. Vor Abschluß der Vereinbarung ist der Kassenärztlichen Bundesvereinigung und der Deutschen Krankenhausgesellschaft Gelegenheit zur Stellungnahme zu geben. Die Stellungnahmen sind in den Entscheidungsprozeß der Partner der Rahmenempfehlungen einzubeziehen. In den Rahmenempfehlungen sind insbesondere zu regeln:

1. Inhalte der häuslichen Krankenpflege einschließlich deren Abgrenzung,

2. Eignung der Leistungserbringer,

3. Maßnahmen zur Qualitätssicherung und Fortbildung,

4. Inhalt und Umfang der Zusammenarbeit des Leistungserbringers mit dem verordnenden Vertragsarzt und dem Krankenhaus,

5. Grundsätze der Wirtschaftlichkeit der Leistungserbringung einschließlich deren Prüfung und

6. Grundsätze der Vergütungen und ihrer Strukturen.

(2) Über die Einzelheiten der Versorgung mit häuslicher Krankenpflege, über die Preise und deren Abrechnung und die Verpflichtung der Leistungserbringer zur Fortbildung schließen die Krankenkassen Verträge mit den Leistungserbringern. Wird die Fortbildung nicht nachgewiesen, sind Vergütungsabschläge vorzusehen. Dem Leistungserbringer ist eine Frist zu setzen, innerhalb derer er die Fortbildung nachholen kann. Erbringt der Leistungserbringer in diesem Zeitraum die Fortbildung nicht, ist der Vertrag zu kündigen. Die Krankenkassen haben darauf zu achten, daß die Leistungen wirtschaftlich und preisgünstig erbracht werden. In den Verträgen ist zu regeln, dass im Falle von Nichteinigung eine von den Parteien zu bestimmende unabhängige Schiedsperson den Vertragsinhalt festlegt. Einigen sich die Vertragspartner nicht auf eine Schiedsperson, so wird diese von der für die vertragschließende Krankenkasse zuständigen Aufsichtsbehörde bestimmt. Die Kosten des Schiedsverfahrens tragen die Vertragspartner zu gleichen Teilen. Bei der Auswahl der Leistungserbringer ist ihrer Vielfalt, insbesondere der Bedeutung der freien Wohlfahrtspflege, Rechnung zu tragen. Abweichend von Satz 1 kann die Krankenkasse zur Gewährung von häuslicher Krankenpflege geeignete Personen anstellen.

Gliederung

A. Basisinformationen

I. Textgeschichte/Gesetzgebungsmaterialien

1 § 132a SGB V wurde eingeführt durch das 2. GKV-Neuordnungsgesetz v. 23.06.1997[1] und geändert durch das GKV-Modernisierungsgesetz v. 14.11.2003[2]. Die Gesetzgebungsmaterialien finden sich in BT-Drs. 11/2237, 13/7264 und 15/1525.

II. Systematische Zusammenhänge

2 § 132a SGB V tritt als Norm des Leistungserbringerrechts neben § 37 SGB V, in dem die Ansprüche der Versicherten auf häusliche Krankenpflege geregelt sind. Die Vorschrift sieht unterschiedliche **Regelungsebenen** vor: Nach Absatz 1 sollen auf Bundesebene die Verbände Rahmenempfehlungen für die Erbringung der häuslichen Krankenpflege vereinbaren, wohingegen auf der Ebene der einzelnen Krankenkassen und Leistungserbringer die Einzelheiten der Versorgung zu verhandeln sind. Die Rahmenempfehlungen können aber auch Auswirkungen auf die Versicherten haben. Ihr Inhalt soll sich nach der Aufzählung in § 132a Abs. 1 Satz 4 Nr. 1 SGB V („Inhalte der häuslichen Krankenpflege") keineswegs nur auf das Verhältnis zwischen Leistungserbringern und Krankenkassen beschränken, sondern betrifft auch die Versicherten.

3 Absatz 2 der Vorschrift enthält zunächst die im Rahmen des Rechts der nichtärztlichen Leistungserbringer typische Regelung, wonach den Krankenkassen und Leistungserbringern auferlegt wird, ihre Beziehungen durch Verträge zu regeln. § 132a Abs. 2 SGB V weicht aber in zweierlei Hinsicht von den sonst für die nichtärztlichen Leistungserbringer typischen Regelungen ab: Zunächst ist für den Fall, dass sich die Beteiligten nicht selbst einigen können, ein **Schiedsverfahren** vorgesehen. Daneben enthält die Vorschrift die auch aus dem Bereich der Haushaltshilfe (§ 132 SGB V) bekannte Regelung, dass die Krankenkassen **eigene Kräfte** zur Erbringung der Leistungen einstellen dürfen.

III. Ausgewählte Literaturhinweise

4 *Knispel*, Die Rechtsbeziehungen der Krankenkassen zu den nichtärztlichen Leistungserbringern im Licht der Rechtsprechung des BSG, NZS 2004, 623-631.

B. Auslegung der Norm

I. Regelungsinhalt und Bedeutung der Norm

5 § 132a SGB V regelt das Leistungserbringerrecht für die Versorgung mit häuslicher Krankenpflege. Absatz 1 der Vorschrift enthält eine Ermächtigungsgrundlage für den Abschluss von **Rahmenempfehlungen** zur Versorgung mit Leistungen der häuslichen Krankenpflege. Diese richtet sich an die Spitzenorganisationen der Krankenversicherung und die Verbände der Pflegedienste auf Bundesebene. Soweit konfessionell gebundene Pflegedienste betroffen sind, kann für die Pflegedienste auch eine Religionsgemeinschaft oder ein Wohlfahrtsverband auftreten. Die Rahmenempfehlungen sollen sich nach gesetzlicher Vorgabe mit dem Inhalt der Krankenpflegeleistungen, der Eignung der Leistungserbringer, der Qualitätssicherung und Fortbildung, Zusammenarbeit der Leistungserbringer mit Ärzten und Krankenhaus, der Wirtschaftlichkeit und ihrer Prüfung sowie den Vergütungsstrukturen beschäftigen.

6 Absatz 2 ordnet an, dass Krankenkassen **Verträge** mit den Leistungserbringern der häuslichen Krankenpflege zu schließen haben, in denen die Einzelheiten der Versorgung, Preise, Abrechnung und die Verpflichtung der Leistungserbringer zur Fortbildung zu regeln sind (Satz 1). Die Nichtteilnahme an der Fortbildung führt zu Abschlägen bei der Vergütung und schließlich zur Kündigung des Vertrages (Sätze 2-4). Aufgabe der Krankenkassen ist es, beim Vertragsschluss auf die Wirtschaftlichkeit der Leistungserbringung zu achten (Satz 5), aber auch sicherzustellen, dass die Vielfalt der Leistungserbringer gewahrt und die Bedeutung der freien Wohlfahrtspflege beachtet wird (Satz 9). Für den Fall der Nichteinigung haben die Beteiligten eine unabhängige **Schiedsperson** zu bestimmen, welche den Inhalt des Vertrages bestimmt (Satz 6). Können sich die Beteiligten nicht auf eine Schiedsperson einigen, bestimmt sie die Aufsichtsbehörde (Satz 7). Die Kosten des Schiedsverfahrens haben die Betei-

[1] BGBl I 1997, 1520.
[2] BGBl I 2003, 2190.

ligten zu gleichen Teilen zu tragen (Satz 8). Die Krankenkassen haben schließlich noch die Möglichkeit, statt einen Vertrag mit Leistungserbringern zu schließen, eigene Kräfte zur Versorgung der Versicherten einzustellen (Satz 10).

II. Normzweck

§ 132a SGB V ist Rechtsgrundlage für Empfehlungen und Verträge, mit denen die Krankenkassen und Leistungserbringer ihre Rechtsbeziehungen regeln können. Der Gesetzgeber hat damit einen Regelungsauftrag erteilt, für diesen gleichzeitig aber auch gewisse Grenzen gesetzt. 7

III. Rahmenempfehlungen

§ 132a Abs. 1 SGB V verpflichtet die **Spitzenverbände** der Krankenkassen und die der Pflegedienste zum Abschluss von Rahmenempfehlungen über die einheitliche Versorgung mit häuslicher Krankenpflege. Pflegedienste, die einer Kirche, einer Religionsgemeinschaft oder einem gemeinnützigen Träger der freien Wohlfahrtspflege angehören, können sich bei der Vereinbarung der Empfehlungen statt von den Spitzenverbänden der Pflegedienste auch von der Kirche, der Religionsgemeinschaft oder dem Wohlfahrtsverband vertreten lassen, dem sie angehören. Während die Spitzenverbände der Krankenkassen in § 213 SGB V geregelt sind, geht Absatz 1 bezüglich der Pflegedienste davon aus, dass sie sich unabhängig von gesetzlichen Vorgaben in Verbänden organisiert haben. Mit der in Absatz 1 vorgesehenen Rahmenempfehlung wollte der Gesetzgeber erreichen, dass die Versorgung im ganzen Bundesgebiet qualitativ gleichwertig ist. Nach der gesetzlichen Konzeption tritt die Rahmenempfehlung neben das Gesetz und die Richtlinien des gemeinsamen Bundesausschusses zur häuslichen Krankenpflege, denen sie im Rang allerdings nachgeht. Die Verbände der Pflegedienste sind bei Abschluss der Rahmenempfehlung Vertragspartei, so dass ohne ihre Zustimmung keine Rahmenempfehlung zustande kommen kann. Auf den Inhalt von Gesetz und Richtlinie haben sie dagegen keinen direkten Einfluss. Während die Richtlinie über die Verordnung häuslicher Krankenpflege mittlerweile vorliegt[3], haben sich die Verbände von Krankenkassen und Pflegediensten bis heute nicht auf eine Rahmenempfehlung einigen können. Dass die Richtlinien Vorgaben für die abrechnungsfähigen Leistungen enthalten, verletzt nicht die Rechte der Partner der Rahmenempfehlungen.[4] 8

Die in § 132a Abs. 1 SGB V den Verbänden der Krankenkassen und Leistungserbringer auferlegte Pflicht, Rahmenempfehlungen abzugeben, kann schon deswegen noch **keine Rechtsfolgen** gehabt haben, weil die Rahmenempfehlungen bis heute nicht vorliegen. Wenn es zu einer Einigung kommen sollte, hätten die Rahmenempfehlungen zwar keine Rechtswirkungen nach außen, könnten die Krankenkassen und Pflegedienste aber über ihre Verbände binden und so vorgreiflich für den Inhalt der nach § 132a Abs. 2 SGB V abzuschließenden Verträge sein.[5] Dies allerdings nur unter der (selbstverständlichen) Einschränkung, dass die Rahmenempfehlungen mit dem Gesetz und den Richtlinien des gemeinsamen Bundesausschusses vereinbar sind. Das Untätigbleiben der Verbände löst dagegen keine weiteren Rechtsfolgen aus, insbesondere ist die Verabschiedung einer Rahmenempfehlung nicht erzwingbar.[6] 9

IV. Verträge nach Absatz 2

1. Inhalt

§ 132a Abs. 2 SGB V sieht für die Krankenkassen und Pflegedienste den Abschluss eines Vertrags nur über die **Einzelheiten** der Versorgung vor. Daraus kann man aber nicht ableiten, dass grundsätzliche Fragen der Versorgung nicht Gegenstand der Verträge sein könnten. Die vom Gesetzgeber vorgegebene Zuständigkeitsverteilung, dass die Rahmenempfehlungen Grundsätze und Strukturen der Vergütungen vorgeben, ist durch das Ausbleiben einer entsprechenden Rahmenempfehlung bisher gegenstandslos geblieben. Angesichts des Fehlens einer Rahmenempfehlung muss in den Verträgen nach Absatz 2 notwendigerweise mehr als nur Einzelheiten geregelt werden. Was sinnvollerweise Gegenstand der Regelung ist, lässt sich der Aufzählung in Absatz 1 Satz 4 entnehmen, welche der Gesetzge- 10

---

[3] V. 16.02.2000, BAnz 2000, 8878.

[4] BSG v. 31.05.2006 - B 6 KA 69/04 R - GesR 2007, 90-94; Vorinstanz: LSG Nordrhein-Westfalen v. 30.06.2004 - L 11 KA 160/03.

[5] *Hess* in: KassKomm, SGB V, § 132a Rn. 4.

[6] *Hess* in: KassKomm, SGB V, § 111b Rn. 3.

ber ursprünglich für die Rahmenempfehlung geschaffen hat. Insbesondere die **Zulassung** der Leistungserbringer und die Einzelheiten der **Versorgung** sind zu regeln.[7] Im Übrigen hat der Gesetzgeber die Bedeutung der Verträge nach Absatz 2 durch das GMG zum 01.01.2004 dadurch aufgewertet, dass er Regelungen über die Fortbildung ausdrücklich zum Gegenstand der Einzelverträge erhoben hat. Damit hat er sich an den für Ärzte geltenden Regelungen orientiert, sein Ziel ist die Qualitätssteigerung der Pflegedienstleistungen.[8] Notwendiger Inhalt der Verträge sind schließlich noch Vereinbarungen über die **Preise**.

2. Vertragsschluss

11 Abschlussberechtigt für Verträge nach Absatz 2 sind nach dem Wortlaut der Vorschrift die Krankenkassen auf der einen und die Leistungserbringer auf der anderen Seite. **Möglich** ist aber auch ein Vertragsschluss auf **Verbandsebene**, wenn die vertragsschließenden Verbände von Krankenkassen und Pflegediensten entsprechend bevollmächtigt worden sind.[9] § 132a Abs. 2 SGB V ist nicht zu entnehmen, dass die Verträge für die einzelnen Leistungserbringer unterschiedlich ausgestaltet sein müssen. Zulässig wäre auch der Abschluss eines Rahmenvertrages durch einen Verband, der einzelne Fragen ausspart und den einzelnen Pflegediensten noch Raum für spezielle Vereinbarungen lässt. Die Vereinbarungen gehören jedenfalls dem öffentlichen Recht an.[10]

12 Verhandlungspartner der Krankenkassen im Rahmen des Absatzes 2 sind die **Pflegedienste**. Der Begriff findet sich auch im Rahmen der Pflegeversicherung, dort werden darunter selbständig wirtschaftende Einrichtungen unter Verantwortung einer Pflegefachkraft verstanden, die Pflegebedürftige in ihrer Wohnung pflegen (§ 71 SGB XI). Welche Anforderungen die Krankenkassen an die Qualifikation ihrer Vertragspartner stellen dürfen, ist in § 132a SGB V nicht ausdrücklich geregelt. § 132a Abs. 2 SGB V redet von einem Vertragsschluss „mit den Leistungserbringern“, aus § 37 Abs 1 SGB V lässt sich noch entnehmen, dass die Pflegeleistungen durch geeignete Pflegekräfte erbracht werden müssen. Im Gegensatz dazu stehen die Regelungen der Pflegeversicherung, wo in § 71 Abs. 3 SGB XI für eine Pflegefachkraft ausdrücklich eine mehrjährige kranken- oder altenpflegerische Ausbildung verlangt wird. Leistungsrechtlich erfordert die Krankenpflege im Sinne des § 37 SGB V nicht unbedingt eine besondere medizinische Qualifikation. Denn die Krankenpflege kann den gesamten Bereich von medizinisch geprägter Behandlungspflege bis zur einfachen Grundpflege erfassen.[11] Für einfache Grundpflegeleistungen reicht auch berufsrechtlich gesehen eine angelernte Kraft aus, nach dem Krankenpflegegesetz ist nur für bestimmte qualifizierte Tätigkeiten eine besondere Ausbildung erforderlich. Gleichwohl dürfen die Krankenkassen für den Abschluss eines Vertrages fordern, dass der Pflegedienst unter ständiger Verantwortung einer **ausgebildeten Pflegefachkraft** im Sinne des § 71 Abs. 3 SGB XI steht. Dies ergibt sich aus dem Interesse der Krankenkassen, nur Vertragspartner zu haben, welche alle anfallenden Leistungen eines Pflegedienstes übernehmen können.[12] Neben dieser fachlichen Qualifikation sind noch die Bereitschaft zur Versorgung der Versicherten nach deren Wünschen sowie die erforderliche materielle und personelle Kapazität notwendig.

13 § 132a Abs. 2 SGB V meint den Abschluss von Rahmenverträgen, aus denen sich die Bedingungen für die Leistungserbringung, der Preis und das Abrechnungsverfahren ergeben. Insoweit kommt es nicht darauf an, ob der Vertrag mit einem Verband oder einem einzelnen Leistungserbringer geschlossen worden ist. Diese Rahmenverträge enthalten aber keine Entscheidung über die Frage, welcher Anbieter im konkreten Einzelfall für die Versorgung eines Versicherten heranzuziehen ist. Die Bezeichnung „Einzelvertrag“ für den außerhalb eines Verbandes geschlossenen Rahmenvertrag[13] darf insoweit nicht missverstanden werden. Die **Auswahlentscheidung** zwischen den Pflegediensten im **Einzelfall** („Auftragserteilung“) ist Sache des Versicherten, der für seine Krankenkasse einen Vertrag mit dem Pflegedienst schließt.[14] Die Krankenkasse darf zwar versuchen, das Verhalten ihres Versicherten durch Beratung zu steuern. Sie kann aber dem Versicherten nicht verbieten, einen Leistungserbringer in An-

---

7 *Kranig* in: Hauck/Noftz, SGB V, K § 132a Rn. 7, 8.

8 BT-Drs. 15/1525 zu Nr. 97.

9 *Hess* in: KassKomm, SGB V, § 132a Rn. 7, *Kranig* in: Hauck/Noftz, SGB V, K § 132a Rn. 10.

10 BSG v. 25.09.2001 - B 3 KR 3/01 R - BSGE 89, 24.

11 BSG v. 30.03.2000 - B 3 KR 23/99 R - BSGE 86, 101.

12 BSG v. 21.11.2002 - B 3 KR 14/02 R - SozR 3-2500 § 132a Nr. 4; BSG. v. 07.12.2006 - B 3 KR 5/06 R - GesR 2007, 236 .

13 Zu dieser Problematik *Kranig* in: Hauck/Noftz, SGB V, K § 132a Rn. 11.

14 BSG v. 24.09.2002 - B 3 A 1/02 R - BSGE 90, 84.

spruch zu nehmen, mit dem sie einen Rahmenvertrag unterhält. Insoweit hilft ihr auch das Wirtschaftlichkeitsgebot nicht weiter. Dieses ist nämlich nur eine Vorgabe für den Abschluss der Rahmenverträge, relativiert aber nicht die Rechtswirkungen eines abgeschlossenen Rahmenvertrags.

In Übereinstimmung mit der Rechtslage bei den sonstigen nichtärztlichen Leistungserbringern ist auch 14 bei der häuslichen Krankenpflege davon auszugehen, dass **Anspruch** gegen die Krankenkasse auf Abschluss eines **Rahmenvertrages** besteht, wenn ein Leistungsanbieter die Voraussetzungen erfüllt.[15] Alles andere wäre vor dem Nachfragemonopol der Krankenkassen mit der durch Art. 12 GG geschützten Berufswahlfreiheit der Leistungsanbieter nicht vereinbar. Mangels einer gesetzlichen Regelung, welche den Krankenkassen ausdrücklich erlauben würde, die Menge der Anbieter zu begrenzen, darf folglich auch unter Berufung auf das Wirtschaftlichkeitsgebot ein Vertragsschluss nicht deswegen abgelehnt werden, weil die Versorgung der Versicherten schon anderweitig gesichert ist.[16] Dafür muss nicht erst auf die Forderung in Absatz 2 Satz 9 zurückgegriffen werden, dass die Krankenkassen die Vielfalt des Angebots berücksichtigen sollen.

Verträge im Sinne des Absatzes 2 enden grundsätzlich mit Ablauf der im Vertrag bestimmten Gel- 15 tungsdauer. Wie bei jedem Dauerschuldverhältnis ist auch hier die vorzeitige Auflösung durch fristlose Kündigung möglich, wenn eine Vertragspartei beharrlich gegen ihre Verpflichtungen verstößt oder beispielsweise wenn die erforderliche Qualifikation beim Leistungserbringer wegfällt.[17]

3. Vergütungsfragen

Als besonders problematisch hat sich in den letzten Jahren die Frage nach der Vergütung der Kranken- 16 pflegeleistungen gezeigt, die wiederholt Gegenstand gerichtlicher Auseinandersetzungen gewesen ist. Das Gesetz erhält nur allgemeine Vorgaben, die sich daraus ergeben, dass nach Absatz 2 Satz 5 die Leistungen wirtschaftlich und preisgünstig erbracht werden sollen. Daraus lässt sich schwerlich ein konkreter Preis ableiten. Zu weitgehend erscheint es aber, wenn man aus der Forderung nach wirtschaftlicher Leistungserbringung und günstigen Preisen ableitet, dass nur derjenige einen Anspruch auf Vertragsschluss hat, der nicht teurer als der **billigste Anbieter** ist, mit dem die Krankenkasse bereits einen Vertrag unterhält.[18] Denn diese Ansicht vernachlässigt die auch im Gesetz enthaltene Forderung nach Vielfalt der Leistungserbringer und Berücksichtigung der Bedeutung der freien Wohlfahrtspflege. Wenn eine Vielfalt der Anbieter gewollt ist, bedingt das auch, dass – jedenfalls in einem gewissen Rahmen – unterschiedliche Preise hingenommen werden müssen, da unterschiedliche Strukturen einen unterschiedlichen Aufwand für die Leistungen auslösen können, der wiederum unterschiedliche Preise rechtfertigt.[19] Im Übrigen könnte der Vergleich mit anderen Anbietern auch eine Angleichung nach oben auslösen und zu der Schlussfolgerung führen, dass Anspruch auf Abschluss zu dem höchsten Preis besteht, den die Krankenkasse mit einem anderen Leistungserbringer vereinbart hat, weil dieser offenbar (noch) als wirtschaftlich anzusehen ist.

Beschäftigt hat die Gerichte weiter die Frage, nach welchen Grundsätzen Leistungen zu entlohnen sind, 17 die **nach** dem **Auslaufen** eines alten und vor dem Abschluss eines neuen Vertrags erbracht worden sind. Es gilt insoweit nicht der Grundsatz, dass abgelaufene Rahmenverträge (ähnlich wie Tarifverträge) nach Ablauf der als Laufzeit bestimmten Frist weitergelten.[20] Etwas anderen kann sich nur dann ergeben, wenn eine Weitergeltungsklausel ausdrücklich vereinbart war.[21] Auch die tatsächliche Inanspruchnahme von Leistungen begründet nicht einen **faktischen Rahmenvertrag**.[22] Denn Einzelverträge werden auf einer anderen, niedrigeren Ebene als ein Rahmenvertrag geschlossen, Sie setzen diesen voraus und können ihn schon deswegen nicht ersetzen. Auch die §§ 315, 316 BGB sind nicht (entsprechend) anwendbar.[23] Denn bei einem offen zu Tage liegenden Dissens ist gerade nicht gewollt, dass der Preis von einer Seite bestimmt wird. Zurückzugreifen ist nach der Rechtsprechung des BSG

---

15 BSG v. 21.11.2002 - B 3 KR 14/02 R - SozR 3-2500 § 132a Nr. 4; *Kranig* in: Hauck/Noftz, SGB V, K § 132a Rn. 11.

16 *Hess* in: KassKomm, SGB V, § 132a Rn. 9

17 *Kranig* in: Hauck/Noftz, SGB V, K § 132a Rn. 14.

18 So aber BSG v. 27.05.2004 - B 3 KR 29/03 B.

19 LSG Niedersachsen v. 14.05.1998 - L 4 KR 143/97 ER - Sgb 1998, 411.

20 BSG v. 25.09.2001 - B 3 KR 15/00 R - SozR 3-2500 § 132a Nr. 1.

21 Weitergehend aber *Kranig* in: Hauck/Noftz, SGB V, K § 132 a Rn. 16.

22 LSG Niedersachsen v. 14.05.1998 - L 4 KR 143/97 ER - Sgb 1998, 411, BSG v. 13.05.2004 - B 3 KR 2/03 R - SozR 4-2500 § 132a Nr. 1.

23 BSG v. 25.09.2001 - B 3 KR 15/00 R - SozR 3-2500 § 132a Nr. 1.

auf **§ 812 BGB**.[24] Geschuldet sei Wertersatz, der sich danach richte, was andere Krankenkassen üblicherweise für die in Anspruch genommenen Leistungen entrichtet hätten, da dieser marktübliche Betrag dem Wert im Sinne des § 818 Abs. 2 BGB entspreche. Diese Rechtsprechung entspricht sicherlich einem praktischen Bedürfnis. Auf der anderen Seite ist aber nicht ersichtlich, wie sie mit dem Grundsatz des Rechts der nichtärztlichen Leistungserbringer in Übereinstimmung zu bringen ist, dass nicht schon die Leistung, sondern erst der Vertrag bzw. die Zulassung zum Entstehen eines Vergütungsanspruches führen kann. In diesem Zusammenhang bietet sich natürlich an, die Vergütung für in der Vergangenheit erbrachte Leistungen zum Gegenstand des entsprechend Absatz 2 Sätze 6-8 ergehenden Schlichterspruchs zu machen.

4. Schlichtung

18 Die mit Wirkung ab 01.01.2004 neu eingeführte Schlichtungsregelung in Absatz 2 Sätze 6-8 soll nach der Vorstellung des Gesetzgebers die Schwierigkeiten lösen, die sich ergeben, wenn die Beteiligten sich nicht auf den Vertragsinhalt, insbesondere nicht auf den Preis der Leistungen verständigen konnten.[25] Der Wortlaut des Gesetzes in Absatz 2 Satz 6 scheint nahe zu legen, dass die Möglichkeit einer Schlichtung zwischen den Beteiligten vertraglich vereinbart worden sein muss („in den Verträgen … zu regeln"). Daraus wird man aber nicht den Schluss ziehen können, dass es im Belieben der Vertragsparteien steht, sich einer Schlichtung zu unterwerfen. Dagegen spricht nämlich, dass die Schlichtung als notwendiger Inhalt der abzuschließenden Verträge im Gesetz steht und die Aufsichtsbehörde einen Schlichter bestimmen kann. Es handelt sich folglich um eine **Zwangsschlichtung**, die gegebenenfalls auf Antrag stattfindet, ohne dass die andere Partei damit einverstanden sein muss. Dann kann es aber auch nicht darauf ankommen, ob in der Vergangenheit zwischen den Beteiligten schon ein Vertrag bestanden hat, der nunmehr ausgelaufen ist. Denn rechtlich unterscheidet sich die Position des Leistungserbringers nach Ablaufen des Vertrags nicht von der eines Leistungserbringers, der noch nie einen Vertrag erhalten hat. Eine der Zulassung nach § 124 SGB V vergleichbare Begründung einer besonderen Rechtsstellung erfolgt bei der Krankenpflege nämlich ausschließlich im Wege des Abschlusses eines Rahmenvertrages.[26] Da sie vom Bestand des Vertrages abhängt, kann sie nach seinem Auslaufen nicht weiter wirken.[27] Die Regelung in Absatz 2 Sätze 6-8 betrifft folglich nicht nur die Fälle der Nichtverlängerung eines bestehenden Vertrags. Sie gilt für alle am Markt auftretenden (potentiellen) Leistungserbringer (= Pflegedienste), da deren Berechtigung zur Versorgung der Versicherten der gesetzlichen Krankenversicherung Gegenstand des abzuschließenden (Rahmen-)Vertrags ist, der Vertrag aber entsprechend § 154 BGB nicht unabhängig von einer Einigung in der Entgeltfrage zustande kommt.

19 Die Schlichtung dient dazu, eine fehlende **Einigung** zwischen den Beteiligten durch den Spruch eines Dritten zu **ersetzen**, der für die Beteiligten verbindlich wird. Der Gedanke, dass an die Stelle der Einigung der Parteien die Entscheidung eines Dritten treten kann, ist der Regelung des § 317 BGB entlehnt.[28] Die Schlichtungsmöglichkeit stärkt insbesondere die Verhandlungsposition der Pflegedienste, welche den Krankenkassen nunmehr notfalls über die Schlichtung einen Vertrag aufdrängen können. Die Entscheidung des Schlichters ist allerdings nicht der gerichtlichen Nachprüfung entzogen. Vielmehr gilt § 319 BGB entsprechend, wonach eine getroffene Bestimmung dann nicht verbindlich ist, wenn sie unbillig ist. Unbillig ist eine über die Preise getroffene Bestimmung aber nicht schon dann, wenn sie einen günstigeren Preis überschreitet, der von der Krankenkasse mit anderen Anbietern vereinbart worden ist. In Anlehnung an den Rechtsgedanken der §§ 35 Abs. 5, 36 Abs. 3 SGB V erscheint eine Preisfestsetzung durch den Schlichter jedenfalls dann nicht als unbillig, wenn sie sich im unteren Drittel der sonstigen Angebote bewegt. Die gesetzliche Verankerung der Schlichtung führt im Übrigen dazu, dass trotz der Änderung des § 69 Satz 2 SGB V durch das GKV-Wettbewerbsstärkungsgesetz v. 26.03.2007[29] die §§ 19-21 GWB im Bereich der Versorgung mit häuslicher Krankenpflege nicht gelten.

---

[24] BSG v. 13.05.2004 - B 3 KR 2/03 R - SozR 4-2500 § 132a Nr. 1.

[25] BT-Drs. 15/1525 zu Nr. 97 b.

[26] *Hess* in: KassKomm, SGB V, § 132a Rn. 9.

[27] Anderer Ansicht aber *Kranig* in: Hauck/Noftz, SGB V, K § 132a Rn. 15.

[28] BT-Drs. 15/1525 zu Nr. 97 b.

[29] BGBl I 2007, 378.

V. Rückgriff auf eigene Kräfte

20 § 132a Abs. 2 Satz 10 SGB V erlaubt einer Krankenkasse, zur Versorgung ihrer Versicherten eigene Kräfte einzustellen. Es handelt sich um eine **Ausnahmevorschrift**, weil den Krankenkassen grundsätzlich untersagt ist, Eigeneinrichtungen zu betreiben (§ 140 SGB V), in denen (medizinische) Leistungen an die Versicherten erbracht werden. Der Ausnahmecharakter führt dazu, dass die Krankenkassen keineswegs die freie Wahl haben, ob sie sich eines fremden Pflegedienstes bedienen oder auf eigene angestellte Kräfte zurückgreifen. Die Anstellung eigener Kräfte ist nämlich nur subsidiär zulässig, sie setzt voraus, dass die auf dem Markt auftretenden Leistungserbringer nicht zur Versorgung der Versicherten in der Lage sind.[30] Dies wäre etwa der Fall, wenn es zu wenig Anbieter geben würde, möglicherweise aber auch dann, wenn die von den Anbietern angebotenen Bedingungen den Krankenkassen nicht zugemutet werden können.[31]

C. Reformvorhaben

21 Das GKV-Wettbewerbsstärkungsgesetz v. 26.03.2007[32] hat mit Wirkung vom 01.07.2008 in Absatz 1 die Wörter „Die Spitzenverbände" durch die Wörter „Der Spitzenverband Bund" ersetzt.

[30] BSG v. 24.09.2002 - B 3 A 1/02 R - BSGE 90, 84.
[31] *Kranig* in: Hauck/Noftz, SGB V, K § 132a Rn. 17.
[32] BGBl I 2007, 378.

§ 132b SGB V Versorgung mit Soziotherapie

(Fassung vom 22.12.1999, gültig ab 01.01.2000, gültig bis 30.06.2008)

(1) Die Krankenkassen oder die Landesverbände der Krankenkassen und die Verbände der Ersatzkassen können unter Berücksichtigung der Richtlinien nach § 37a Abs. 2 mit geeigneten Personen oder Einrichtungen Verträge über die Versorgung mit Soziotherapie schließen, soweit dies für eine bedarfsgerechte Versorgung notwendig ist.

(2) Die Spitzenverbände der Krankenkassen legen gemeinsam und einheitlich in Empfehlungen die Anforderungen an die Leistungserbringer für Soziotherapie fest.

Gliederung

A. Basisinformationen

I. Textgeschichte/Gesetzgebungsmaterialien

1 § 132a SGB V wurde eingeführt durch das GKV-Gesundheitsreformgesetz 2000 v. 22.12.1999[1]. Die Gesetzgebungsmaterialien finden sich in der BT-Drs. 14/1245 zu Nr. 71.

II. Systematische Zusammenhänge

2 Die Vorschrift beschäftigt sich mit dem Recht der Leistungserbringer der Soziotherapie. Sie ist Parallelvorschrift zu § 37a SGB V, mit dem – gleichfalls mit Wirkung ab 01.01.2001 – ein Anspruch der Versicherten auf Leistungen der Soziotherapie eingeführt wurde. Die **Regelungstechnik** orientiert sich an § 132a SGB V, was sich daran zeigt, dass die Vorschrift nicht wie beim Recht der Erbringer von Heil- und Hilfsmitteln zwischen der Zulassung zur Leistungserbringung und dem Abschluss von die Leistungserbringung regelnden Verträgen unterscheidet.[2]

III. Ausgewählte Literaturhinweise

3 *Rosenthal*, Soziotherapie, WzS 2002, 71-75.

B. Auslegung der Norm

I. Regelungsinhalt und Bedeutung der Norm

4 Die Vorschrift regelt die Beziehungen der Krankenkassen mit den Leistungserbringern der Soziotherapie. Den Krankenkassen oder ihren Verbänden wird die Möglichkeit eingeräumt, **Verträge** mit geeigneten Leistungserbringern zu schließen. Die Spitzenverbände der Krankenkassen sollen dagegen **Empfehlungen** über die an die Eignung der Leistungserbringer zu stellenden Anforderungen abgeben.

II. Normzweck

5 Die Vorschrift soll den Krankenkassen und Soziotherapeuten ermöglichen, das sie betreffende Leistungserbringerrecht durch vertragliche Vereinbarungen selbst zu gestalten.

---

[1] BGBl I 1999, 2626.

[2] *Rosenthal*, WzS 2002, 71, 72; *Hess* in: KassKomm, SGB V, § 132b Rn. 3.

III. Leistungsinhalt

Soziotherapie ist eine mit Wirkung vom 01.01.2000 in § 37a SGB V neu eingeführte Leistung der GKV. Sie beinhaltet nicht – wie der Begriff nahe legen könnte – allgemein eine soziale Betreuung der Versicherten der gesetzlichen Krankenversicherung, sondern betrifft nur Fälle, in denen Versicherte wegen einer schweren **psychischen Erkrankung** nicht in der Lage sind, ärztliche oder ärztlich verordnete Leistungen selbständig in Anspruch zu nehmen. Weiter muss die Übernahme von Leistungen der Soziotherapie sonst bestehende Krankenhausbehandlungsbedürftigkeit zu vermeiden helfen. Gegenstand der Soziotherapie ist die **Anleitung** und **Betreuung** der Versicherten in Hinblick auf die regelmäßige Inanspruchnahme ärztlicher Behandlung. Es handelt sich bei ihr nicht um eine eigentliche medizinische Dienstleistung, weil für die Behandlungselemente Ärzte sowie die Angehörigen der anderen Heilberufe zuständig bleiben.[3] 6

IV. Verträge nach Absatz 1

Vertragspartner auf Krankenkassenseite sind nach Absatz 1 die einzelnen Krankenkassen oder ihre Landesverbände (§ 207 SGB V) bzw. die Verbände der Ersatzkassen (§ 212 Abs. 5 SGB V). Eine verdrängende **Zuständigkeit** ist im Gesetz nicht vorgesehen, so dass es den einzelnen Krankenkassen auch nach Vertragsabschluss durch einen Verband möglich bleibt, selbst Verträge zu schließen. Konkurrenzprobleme sind nach allgemeinen Regeln zu lösen, der speziellere geht dem allgemeinen und der spätere dem früheren Vertrag vor. 7

Verträge sind zu schließen mit geeigneten Personen oder Einrichtungen. Das Gesetz gibt nicht im Einzelnen vor, was es unter Eignung versteht. Es gibt auch **kein Berufsrecht** des Soziotherapeuten außerhalb des SGB V, wie es etwa bei den Heilmittelerbringern (im Sinne der §§ 124, 125 SGB V) der Fall ist. Allgemein lässt sich formulieren, dass die Eignung nach dem sich aus § 37a SGB V ergebenden Leistungsinhalt i.V.m. mit der Richtlinie des Gemeinsamen Bundesausschusses (§ 37a Abs. 2 SGB V i.V.m. § 92 Abs. 1 Nr. 6 SGB V) zu beurteilen ist. Im Übrigen hat der Gesetzgeber in Absatz 2 die Spitzenverbände der Krankenkassen damit beauftragt, Anforderungen an die Leistungserbringer festzulegen. 8

Absatz 1 enthält keine Vorgaben zum Vertragsinhalt. Die abzuschließenden Verträge haben das Leistungsrecht zu beachten. Das gilt nicht nur für § 37a SGB V, sondern auch für die vom Gemeinsamen Bundesausschuss erlassene Richtlinie.[4] Die Richtlinie ist als verbindliche und höherrangige Regelung von den Vertragsparteien zu berücksichtigen.[5] Die Verträge müssen nicht nur Festlegungen über den **Leistungsinhalt** erhalten, sondern auch **sonstige Regelungen**, etwa über Preise und Abrechnungsbestimmungen.[6] Denn ansonsten könnten sie die ihnen zugedachte Funktion nicht erfüllen, das Verhältnis zwischen Leistungserbringern und Krankenkassen zu ordnen. Entsprechend § 69 SGB V handelt es sich auch bei den Verträgen nach Absatz 1 um öffentlich-rechtliche Verträge.[7] 9

Nach dem Wortlaut der Vorschrift können Verträge geschlossen werden. Daraus kann man aber nicht ableiten, dass der Vertragsschluss in das freie Belieben der Krankenkassen gestellt ist. Denn die Krankenkassen sind leistungsrechtlich **verpflichtet**, bei Vorliegen der entsprechenden Voraussetzungen Leistungen der Soziotherapie an ihre Versicherten zu erbringen. Da sie die Leistungen nicht selbst vornehmen dürfen, sondern auf fremde Dienstleister zurückgreifen müssen, bleibt ihnen nichts anderes übrig, als Verträge zu schließen.[8] Der abgeschlossene Vertrag bindet die Beteiligten. Ein Vergütungsanspruch der Leistungserbringer entsteht erst, wenn die Leistungen tatsächlich von einem Versicherten abgefordert worden sind. Die Verträge nach Absatz 1 sind Rahmenverträge, insoweit gilt das zur Versorgung mit Heilmitteln ausgeführte entsprechend (vgl. die Kommentierung zu § 125 SGB V Rn. 19). 10

Aus dem Wortlaut des Gesetzes ergibt sich, dass kein Anspruch der geeigneten Leistungserbringer auf Vertragsschluss besteht. Denn Verträge sind von der Krankenkassenseite nur zu schließen, soweit dies für eine bedarfsgerechte Versorgung notwendig ist. Die damit eingeführte **Bedarfsprüfung** unterscheidet sich zwar von der ansonsten für die nichtärztlichen Leistungserbringer geltenden Rechtslage.[9] 11

---

[3] BT-Drs. 14/1245 zu Nr. 20.

[4] BAnz 2001, 23735.

[5] *Knittel* in: Krauskopf, SozKV, § 132b Rn. 4.

[6] *Hess* in: KassKomm, SGB V, § 132b Rn. 7.

[7] *Hess* in: KassKomm, SGB V, § 132b Rn. 4.

[8] *Rosenthal*, WzS 2002, 71, 72.

[9] Vgl. etwa zum Heilmittelbereich BSG v. 29.11.1995 - 3 RK 33/94 - SozR 3-2500 § 124 Nr. 1.

Sie entspricht aber dem ausdrücklichen Willen des historischen Gesetzgebers.[10] Dadurch ergibt sich das Problem, ob der Ausschluss potentieller Leistungserbringer von der Versorgung der Versicherten der gesetzlichen Krankenversicherung mit Art. 12 GG vereinbar ist.[11] Das BSG hat bekanntlich aus dem hohen Anteil der gesetzlich Krankenversicherten an der Zahl der insgesamt für eine Behandlung in Betracht kommenden Patienten abgeleitet, dass der Ausschluss von der Teilnahme an der Versorgung der Kassenpatienten in seinen Auswirkungen einer Einschränkung der Berufswahlfreiheit gleichkommt.[12] Die Problematik bei der Soziotherapie liegt indessen deswegen anders, weil es sich hier nicht um eine speziell medizinische Dienstleistung handelt, so dass das Berufsfeld außerhalb der gesetzlichen Krankenversicherung schon aus diesem Grund größer sein kann. Damit erscheint hier eine abweichende Rechtslage möglich.

V. Empfehlungen nach Absatz 2

12 Nach Absatz 2 haben die Spitzenverbände der Krankenkassen Empfehlungen auszusprechen. Der Kreis der Spitzenverbände und das bei der Entscheidung zu beachtende Verfahren bestimmt sich nach § 213 SGB V. Inhaltlich sollen sich die Empfehlungen auf Anforderungen an die Qualifikation der Leistungserbringer beschränken. Die Spitzenverbände sind ihrer gesetzlichen Aufgabe nachgekommen und haben mittlerweile Gemeinsame Empfehlungen der Spitzenverbände der Krankenkassen gemäß § 132b Abs. 2 SGB V zu den Anforderungen an die Leistungserbringer für Soziotherapie mit Stand vom 29.11.2001 erlassen. Gefordert wird in diesen Empfehlungen unter anderem eine Zugehörigkeit zu den Berufsgruppen Diplom-Sozialarbeiter, Diplom-Sozialpädagoge oder Fachkrankenschwester für Psychiatrie, sowie eine dreijährige Berufspraxis.

13 Die Empfehlungen der Spitzenverbände über die Voraussetzungen der Eignung sind nach außen hin **unverbindlich**.[13] Insoweit gilt das Gleiche wie etwa für die Empfehlungen im Bereich der Heilmittelerbringung.[14] Die Parteien der Verträge nach Absatz 1 haben damit durchaus die Möglichkeit, einem weiteren Personenkreis als in der entsprechend Absatz 2 erlassenen Rahmenempfehlung genannt die Eignung zur Leistungserbringung zuzusprechen.[15]

C. Reformbestrebungen

14 Mit Wirkung vom 01.07.2008 an sind in Absatz 1 die Wörter „und die Verbände der Ersatzkassen" gestrichen sowie Absatz 2 durch das GKV-Wettbewerbsstärkungsgesetz v. 27.03.2007[16] aufgehoben worden. Der Gesetzgeber hat die letztere Entscheidung damit begründet, dass die Aufgaben des neuen Spitzenverbandes Bund der Krankenkassen verschlankt werden sollen.[17] Da schon die bestehenden Empfehlungen keine Rechtswirkung nach außen gehabt haben, stellt sich die Frage einer Nachwirkung nicht.

[10] BT-Drs. 14/1245 zu Nr. 71.
[11] Vgl. *Knittel* in: Krauskopf, SozKV, § 132b Rn. 5 „verfassungsrechtlich problematisch".
[12] BSG v. 29.11.1995 - 3 RK 25/94 - SozR 3-2500 § 126 Nr. 1.
[13] *Hess* in: KassKomm, SGB V, § 132b Rn. 8.
[14] Vgl. BSG v. 27.03.1996 - 3 RK 25/95 - SozR 3-2500 § 124 Nr. 5.
[15] Vgl. dazu *Rosenthal*, WzS 2002, 71, 74.
[16] BGBl I 2007, 378.
[17] BT-Drs. 16/3100, S. 144.

§ 132c SGB V Versorgung mit sozialmedizinischen Nachsorgemaßnahmen

(Fassung vom 14.11.2003, gültig ab 01.01.2004, gültig bis 30.06.2008)

(1) Die Krankenkassen oder die Landesverbände der Krankenkassen können mit geeigneten Personen oder Einrichtungen Verträge über die Erbringung sozialmedizinischer Nachsorgemaßnahmen schließen, soweit dies für eine bedarfsgerechte Versorgung notwendig ist.

(2) Die Spitzenverbände der Krankenkassen legen gemeinsam und einheitlich in Empfehlungen die Anforderungen an die Leistungserbringer der sozialmedizinischen Nachsorgemaßnahmen fest.

Gliederung

A. Basisinformationen

I. Textgeschichte/Gesetzgebungsmaterialien

§ 132c SGB V wurde durch das GKV-Modernisierungsgesetz v. 14.11.2003[1] eingeführt. Die Gesetzgebungsmaterialien finden sich in BT-Drs. 15/1525 zu Nr. 98. 1

II. Systematische Zusammenhänge

§ 132b SGB V ist als flankierende Regelung bei der Einführung der sozialmedizinischen Nachsorge 2
deswegen nötig geworden, weil diese neue Leistung ihrer Art nach nicht in die Kompetenz eines Berufes fällt, der bereits Gegenstand einer Regelung des Leistungserbringerrechtes ist. Folglich war eine eigene Regelung zum Verhältnis zwischen Leistungserbringern und Krankenkasse erforderlich. Die Vorschrift folgt weitgehend – wie schon der zum 01.01.2000 in Kraft getretene § 132b SGB V – dem Regelungsmodell des § 132a SGB V.

B. Auslegung der Norm

I. Regelungsinhalt und Bedeutung der Norm

§ 132c SGB V regelt die **Rechtsstellung** der **Leistungserbringer** bei der zum 01.01.2004 als neue 3
Leistung der gesetzlichen Krankenversicherung eingeführten sozialmedizinischen Nachsorge (§ 44 Abs. 2 SGB V). Krankenkassen oder ihren Landesverbänden wird in Absatz 1 die Möglichkeit eingeräumt, mit geeigneten Personen Verträge über die Leistungserbringung zu schließen, wenn das für eine bedarfsgerechte Versorgung erforderlich ist. Absatz 2 überträgt den Spitzenverbänden der Krankenkassen die Aufgabe, Empfehlungen über die an die Leistungserbringer zu stellenden Anforderungen zu formulieren.

II. Normzweck

Die Vorschrift überantwortet es den Leistungserbringern der sozialmedizinischen Nachsorge und den 4
Krankenkassen, ihr Verhältnis durch vertragliche Regelungen zu gestalten, wobei das Gesetz für den Inhalt der Regelungen gewisse Vorgaben enthält.

[1] BGBl I 2003, 2190.

III. Verträge nach Absatz 1

5 Abschlussberechtigt sind auf Seiten der Krankenkassen die einzelnen Krankenkassen sowie ihre Landesverbände und auf Seiten der Leistungserbringer geeignete Personen und Einrichtungen. Der Gesetzgeber geht danach von dem Abschluss **individueller Vereinbarungen** aus. Das hindert aber nicht den Abschluss gleichlautender Verträge oder das gemeinsame Verhandeln, wenn jeweils Abschlussvollmacht für den einzelnen Leistungserbringer bzw. die einzelne Krankenkasse (oder den Landesverband) vorliegt.

6 Ob eine Person zur Leistungserbringung **geeignet** ist, bestimmt sich insbesondere nach dem Inhalt der Leistung. Nachsorgemaßnahmen werden nach § 43 Abs. 2 SGB V nur an chronisch kranke oder schwerkranke Kinder unter 12 Jahren erbracht, sie erfassen die Koordinierung der verordneten Leistungen sowie Anleitung und Motivation zur Inanspruchnahme. Danach liegen die Leistungen im **Randbereich** der **medizinischen Dienstleistungen**. Sie sollen nicht unmittelbar eine ärztliche Behandlung unterstützen, sondern die Überforderung von Eltern und Betreuern ausgleichen.[2] Als geeignet erscheinen demnach Personen oder Einrichtungen mit Kenntnissen und Erfahrungen in der Sozialarbeit oder der Betreuung von Kindern und Jugendlichen. Welchen Inhalt die zu schließenden Verträge haben sollen, sagt Absatz 1 nicht. Der Sache nach wären erforderlich insbesondere Regelungen über den Inhalt der Leistungen, den Preis und die Einzelheiten der Abrechnung.

7 Abgeschlossene Verträge binden die Beteiligten. Im Gegensatz zur Rechtslage bei anderen nichtärztlichen Leistungserbringern besteht aber **kein Anspruch** auf **Vertragsschluss**, selbst wenn ein Bewerber alle Voraussetzungen erfüllt und demnach grundsätzlich als geeigneter Leistungserbringer anzusehen wäre. Denn § 132c SGB V stellt den Vertragsschluss unter die Einschränkung, dass er für eine bedarfsgerechte Versorgung notwendig sein muss. Mit der gleichlautenden Formulierung in § 132b Abs. 1 SGB V wollte der Gesetzgeber zum Ausdruck bringen, dass der Umfang der abzuschließenden Verträge auf den Bedarf der Versicherten beschränkt bleiben soll.[3] Eine solche Bedarfsprüfung lässt sich vor Art. 12 GG möglicherweise dann rechtfertigen, wenn die Betroffenen zur Berufsausübung nicht notwendigerweise auch im erheblichen Umfang auf die Versicherten der Gesetzlichen Krankenversicherung angewiesen sind.

IV. Empfehlungen nach Absatz 2

8 Zuständig für die Abgabe von Empfehlungen sind nach Absatz 2 die Spitzenverbände der Krankenkassen. Deren Zusammensetzung sowie das bei der Entscheidung einzuhaltende Verfahren ist in § 213 SGB V geregelt. Inhaltlich gibt Absatz 2 den Rahmenempfehlungen vor, sich mit den Anforderungen an die Leistungserbringer zu befassen. Mit den Empfehlungen der Spitzenverbände der Krankenkassen zu den Anforderungen an die Leistungserbringer sozialmedizinischer Nachsorgemaßnahmen nach § 132c SGB V vom 01.07.2005 ist der Auftrag des Gesetzgebers ausgeführt worden.

9 Die Empfehlungen der Spitzenverbände stellen – in Übereinstimmung mit der Rechtslage bei den §§ 125 Abs. 1, 132a, 132b Abs. 2 SGB V – tatsächlich nur Empfehlungen dar, sie beinhalten nicht mehr als **Anregungen** und **Lösungsmuster**, auf welche die Beteiligten beim Vertragsschluss nach Absatz 1 zurückgreifen können.

C. Reformbestrebungen

10 Mit Wirkung vom 01.07.2008 an ist Absatz 2 durch das GKV-Wettbewerbsstärkungsgesetz v. 27.03.2007[4] aufgehoben worden. Der Gesetzgeber hat diese Entscheidung damit begründet, dass die Aufgaben des neuen Spitzenverbandes Bund der Krankenkassen verschlankt werden sollen.[5]

---

2 BT-Drs. 15/1525 zu Nr. 33.

3 BT-Drs. 14/1245 zu Nr. 71.

4 BGBl I 2007, 378.

5 BT-Drs. 16/3100, S. 144.

§ 132d SGB V Spezialisierte ambulante Palliativversorgung

(Fassung vom 26.03.2007, gültig ab 01.04.2007, gültig bis 30.06.2008)

(1) Über die spezialisierte ambulante Palliativversorgung einschließlich der Vergütung und deren Abrechnung schließen die Krankenkassen unter Berücksichtigung der Richtlinien nach § 37b Verträge mit geeigneten Einrichtungen oder Personen, soweit dies für eine bedarfsgerechte Versorgung notwendig ist. In den Verträgen ist ergänzend zu regeln, in welcher Weise die Leistungserbringer auch beratend tätig werden.

(2) Die Spitzenverbände der Krankenkassen legen gemeinsam und einheitlich unter Beteiligung der Deutschen Krankenhausgesellschaft, der Vereinigungen der Träger der Pflegeeinrichtungen auf Bundesebene, der Spitzenorganisationen der Hospizarbeit und der Palliativversorgung sowie der Kassenärztlichen Bundesvereinigung in Empfehlungen

1. **die sächlichen und personellen Anforderungen an die Leistungserbringung,**
2. **Maßnahmen zur Qualitätssicherung und Fortbildung,**
3. **Maßstäbe für eine bedarfsgerechte Versorgung mit spezialisierter ambulanter Palliativversorgung**

fest.

Gliederung

A. Basisinformationen

I. Textgeschichte/Gesetzgebungsmaterialien

§ 132d SGB V wurde mit Wirkung v. 01.04.2007 eingeführt durch das GKV-Wettbewerbsstärkungsgesetz v. 26.03.2007[1]. Die Gesetzgebungsmaterialien finden sich in der BT-Drs. 16/3100 zu Nr. 102. 1

II. Systematische Zusammenhänge

Die Vorschrift behandelt das Recht der Leistungserbringer der ambulanten Palliativversorgung. Sie ist parallel zu § 37b SGB V entstanden, wo – gleichfalls mit Wirkung ab 01.04.2007 – ein Anspruch der Versicherten auf Leistungen der ambulanten Palliativversorgung eingeführt worden ist. Die **Regelungstechnik** entspricht § 132a SGB V: § 132d SGB V begründet ebenso wie § 132a SGB V eine vertragliche Regelungsbefugnis im Rahmen von Richtlinien und der von den Spitzenverbänden der Krankenkassen festgelegten Empfehlungen. 2

B. Auslegung der Norm

I. Regelungsinhalt und Bedeutung der Norm

Die Vorschrift ist die Grundlage für die Regelung der Beziehungen der Krankenkassen zu den Leistungserbringern der ambulanten Palliativversorgung. Sie betrifft dagegen nicht die Hospize. Deren Rechtsstellung behandelt § 39a SGB V. Für die ambulante Palliativversorgung ermöglicht § 132d SGB V den Krankenkassen, **Verträge** mit geeigneten Einrichtungen oder Personen zu schließen. Dabei wird näher bestimmt, welchen Inhalt die Verträge haben sollen. Daneben wird den Spitzenverbän- 3

[1] BGBl I 2007, 378.

den der Krankenkassen aufgegeben, unter Beteiligung der Leistungserbringer **Empfehlungen** über die an die Leistungserbringer zu stellenden Anforderungen sowie über die Maßstäbe einer bedarfsgerechten Versorgung abzugeben.

II. Normzweck

4 Die Vorschrift enthält eine Grundlage für das spezielle Leistungserbringerrecht der ambulanten Palliativversorgung, sie soll den Krankenkassen und Soziotherapeuten ermöglichen, das Leistungserbringerrecht durch vertragliche Vereinbarungen im Wesentlichen selbst zu gestalten. Insoweit sollen auch für Vertragsärzte gesonderte Vergütungsstrukturen (außerhalb der Gesamtvergütung) geschaffen werden.[2]

III. Leistungsinhalt

5 Die spezialisierte ambulante Palliativversorgung ist eine in der GKV mit Wirkung vom 01.04.2007 an durch § 37b SGB V neu eingeführte Leistung. Es handelt sich um eine Komplexleistung, die aus ärztlichen und pflegerischen Anteilen sowie speziellen Koordinationsleistungen besteht und die nach § 37b Abs. 1 Satz 2 SGB V speziell verordnet werden muss. Der Leistungsanspruch des Versicherten setzt die Notwendigkeit einer besonders **aufwendigen Versorgung** voraus. Versicherte ohne diese Voraussetzung sind weiter im Rahmen der bisherigen Leistungen (vertragsärztliche Behandlung, Pflegedienste und stationäre Einrichtungen) zu versorgen.[3] Zu den von den Einrichtungen der spezialisierten ambulanten Palliativversorgung zu erbringenden Leistungen soll nach Absatz 1 Satz 2 auch gehören, die im Bereich der Palliativmedizin tätigen „einfachen" Leistungserbringer zu beraten.[4]

IV. Vertragsschluss nach Absatz 1

6 Vertragspartner der Krankenkassen sind geeignete Einrichtungen oder Personen. Als neue Komplexleistung fordert die ambulante palliative Versorgung einen Leistungsträger, den es bisher in dem gegliederten Leistungssystem der GKV so noch nicht gegeben hat, nämlich eine Zusammenarbeit von Vertragsärzten, Versorgungseinrichtungen, Pflegediensten, Krankenhäusern und Hospizen. Nach den Vorstellungen des Gesetzgebers kann jeder der bisher in seinem Segment tätig gewordenen Leistungserbringer an der neuen Komplexleistung teilnehmen, wenn er durch vertragliche Vereinbarungen mit anderen Leistungserbringern sicherstellen kann, dass das gesamte Spektrum der Leistung abgedeckt wird. Vertragspartner der Krankenkassen wäre dann ein vertraglich begründeter **Verbund** zwischen verschiedenen Leistungserbringern.[5] Welche Voraussetzungen der Verbund erfüllen muss und welche Leistungen er anzubieten hat, gibt das Gesetz nicht im Einzelnen vor, sondern überantwortet diese Fragen einer Regelung durch die nach § 37b Abs. 3 SGB V zu erlassenden Richtlinien des Gemeinsamen Bundesausschusses und die nach § 132d Abs. 2 SGB V von den Spitzenverbänden der Krankenkassen zu erlassenden Empfehlungen.

7 Absatz 1 enthält an Vorgaben zum Vertragsinhalt, dass die (noch zu erlassende) Richtlinie (des gemeinsamen Bundesausschusses) zu beachten ist, sowie Regelungen über Vergütung und Abrechnung zu vereinbaren sind. Letzteres ergibt sich bereits aus der Aufgabe der Verträge, das Verhältnis zwischen Leistungserbringern und Krankenkassen zu ordnen. Auch im Rahmen des § 132d Abs. 1 SGB V handelt es sich um öffentlich-rechtliche **Rahmenverträge**, welche die Grundlage für einen im Einzelfall zu schließenden Versorgungsvertrag abgeben. Insoweit gilt das zur Versorgung mit Heilmitteln Ausgeführte entsprechend (vgl. die Kommentierung zu § 125 SGB V Rn. 19).

8 Nach dem Wortlaut des Gesetzes sind Verträge zu schließen, soweit es für eine bedarfsgerechte Versorgung notwendig ist. Nach der Vorstellung des Gesetzgebers beinhaltet das eine quantitative Schranke: Es sollen nicht mehr Einrichtungen vertraglich verpflichtet werden, als dem Umfang nach für eine bedarfsgerechte Versorgung benötigt würden, weswegen auch kein Anspruch auf Vertragsschluss bestehe.[6] Für die Vereinbarkeit der damit eingeführten **Bedarfsprüfung** mit Art. 12 GG spricht, dass es sich um eine bloße Berufsausübungsregelung handeln dürfte. Denn die spezialisierte

[2] BT-Drs. 16/3100, S. 144.
[3] BT-Drs. 16/3100, S. 144.
[4] BT-Drs. 16/3100, S. 144.
[5] BT-Drs. 16/3100, S. 144.
[6] BT-Drs. 16/3100, S. 144.

ambulante Palliativversorgung betrifft bereits deswegen nur einen engen Teilbereich der zum Berufsbild der betroffenen Leistungserbringer gehörenden Tätigkeiten, weil die „einfache“ Versorgung nicht von einem Vertragsschluss nach § 132d SGB V erfasst wird.

V. Empfehlungen nach Absatz 2

Nach Absatz 2 haben die Spitzenverbände der Krankenkassen Empfehlungen auszusprechen. Dabei haben sie die Organisationen auf Bundesebene der potentiell betroffenen Leitungserbringer zu beteiligen, nämlich die Deutsche Krankenhausgesellschaft, die Vereinigungen der Träger der Pflegeeinrichtungen auf Bundesebene, die Spitzenorganisationen der Hospizarbeit und der Palliativversorgung und die Kassenärztliche Bundesvereinigung. Beteiligung ist weniger als Einvernehmen, die Spitzenverbände sind folglich nicht gehindert, Empfehlungen auch gegen das Votum der zu beteiligenden Organisationen auszusprechen, wenn sie nur deren Stellungnahmen bei der Entscheidungsfindung berücksichtigen. Für die Leistungserbringer sind die Empfehlungen erst verbindlich, wenn sie Inhalt der Verträge geworden sind. Die Empfehlungen sollen sich nach der Vorgabe des Gesetzes insbesondere mit den Maßstäben für eine bedarfsgerechte Versorgung befassen. Das ist quantitativ zu verstehen, aus den Gesetzesmaterialien ergibt sich, dass aufgrund bisheriger Erfahrungen ein Verhältnis von einer Einrichtung mit 8 Vollzeitkräften auf 250.000 Einwohner für angemessen gehalten wird.[7] 9

C. Reformvorhaben

Das GKV-Wettbewerbsstärkungsgesetz hat mit Wirkung vom 01.07.2008 in Absatz 2 die Wörter „Die Spitzenverbände der Krankenkassen legen“ durch die Wörter „Der Spitzenverband Bund der Krankenkassen legt“ ersetzt. 10

[7] BT-Drs. 16/3100, S. 145.

§ 132e SGB V Versorgung mit Schutzimpfungen

(Fassung vom 26.03.2007, gültig ab 01.04.2007)

Die Krankenkassen oder ihre Verbände schließen mit Kassenärztlichen Vereinigungen, geeigneten Ärzten, deren Gemeinschaften, ärztlich geleiteten Einrichtungen oder dem öffentlichen Gesundheitsdienst Verträge über die Durchführung von Schutzimpfungen nach § 20d Abs. 1 und 2. Dabei haben sie sicherzustellen, dass insbesondere die an der vertragsärztlichen Versorgung teilnehmenden Ärzte berechtigt sind, Schutzimpfungen zu Lasten der Krankenkasse vorzunehmen.

Gliederung

A. Basisinformationen

I. Textgeschichte/Gesetzgebungsmaterialien

1 § 132e SGB V wurde eingeführt durch das GKV-Wettbewerbsstärkungsgesetz v. 26.03.2007[1]. Im ursprünglichen Gesetzesentwurf war die Vorschrift noch nicht vorhanden, sie wurde auf Initiative des Ausschusses für Gesundheit in das Gesetz eingefügt.[2] Die Gesetzgebungsmaterialien finden sich in der BT-Drs. 16/4247 zu Nr. 102a.

II. Systematische Zusammenhänge

2 Die Vorschrift regelt das Leistungserbringerrecht parallel zu dem ebenfalls durch das GKV-Wettbewerbsstärkungsgesetz in § 20d SGB V neu eingeführten Anspruch der Versicherten auf Prävention durch Schutzimpfungen. Die **Regelungstechnik** orientiert sich an den §§ 132b, 132c SGB V, indem (ausschließlich) auf vertragliche Vereinbarungen verwiesen wird. Die Vorschrift sieht kein Verfahren vor, in dem die sachliche Eignung der Leistungserbringer geprüft werden könnte. Auch verweist sie nicht auf Anforderungen, die von anderen Stellen (etwa im Wege von gemeinsamen Empfehlungen der Spitzenverbände) schon festgelegt wären.

B. Auslegung der Norm

I. Regelungsinhalt und Bedeutung der Norm

3 Den Krankenkassen oder ihren Verbänden wird aufgegeben, die Beziehung zu den Leistungserbringern der Schutzimpfung auf vertraglicher Grundlage zu regeln. Daneben wird geregelt, wer als Leistungserbringer in Betracht kommt, nämlich Ärzte, ihre Einrichtungen und der öffentliche Gesundheitsdienst. Schließlich wird noch gefordert, dass jedenfalls die an der vertragsärztlichen Versorgung teilnehmenden Ärzte zur Vornahme von Schutzimpfungen zu Lasten der Krankenkasse berechtigt sein müssen.

II. Normzweck

4 Die Versorgung mit Schutzimpfungen ist erst mit Wirkung vom 01.04.2007 an eine Pflichtleistung der GKV geworden.[3] Um sie weder in das Arzneimittelbudget noch in die vertragsärztliche Gesamtvergütung einzubeziehen, sollte die Leistungserbringung außerhalb der vertragsärztlichen Versorgung geregelt werden.[4] Dadurch wurde eine gesonderte Norm des Leistungserbringerrechts notwendig.

---

[1] BGBl I, 2007, 378.
[2] BT-Drs. 16/4200, S. 81/82.
[3] Zur Rechtslage vor dem GKV-Wettbewerbsstärkungsgesetz vgl. *Fastabend/Schneider*, Das Leistungsrecht der gesetzlichen Krankenversicherung, 2004, Rn. 315.
[4] BT-Drs. 16/4247, S. 47.

III. Vertragspartner

5 Vertragspartner auf Krankenkassenseite sind nach Absatz 1 die einzelnen Krankenkassen oder ihre Verbände. In Übereinstimmung mit dem allgemeinen Ziel des Wettbewerbsstärkungsgesetzes, die vertraglichen Beziehungen zu flexibilisieren[5], kann eine verdrängende **Zuständigkeit** nicht angenommen werden. Den einzelnen Krankenkassen bleibt es auch nach Vertragsabschluss durch einen Verband möglich, selbst Verträge zu schließen. Konkurrenzprobleme sind nach allgemeinen Regeln zu lösen, der speziellere geht dem allgemeinen und der spätere dem früheren Vertrag vor.

6 Verträge sind zu schließen mit Kassenärztlichen Vereinigungen, geeigneten Ärzten, deren Gemeinschaften, ärztlich geleiteten Einrichtungen oder dem öffentlichen Gesundheitsdienst. Da die Erbringung von Leistungen der Schutzimpfung außerhalb der vertragsärztlichen Versorgung organisiert werden sollte, gehören zu den Ärzten im Sinne des Satzes 1 auch die Ärzte, die nicht den Status eines Vertragsarztes erworben haben. Dass § 132e SGB V keine weitere Qualifikation von den Leistungserbringern fordert, erklärt sich daraus, dass diese bei dem in Betracht kommenden Personenkreis schon berufsrechtlich garantiert wird.

7 Nach den Gesetzesmaterialien soll kein Anspruch der Leistungserbringer auf Abschluss eines Vertrages bestehen.[6] In Gegensatz dazu steht allerdings die Aussage in Satz 2 der Vorschrift, dass die Berechtigung der an der vertragsärztlichen Versorgung teilnehmenden Ärzte sicherzustellen sei. Insoweit erscheint ein Anspruch auf Zulassung schon deswegen begründet, weil die Schutzimpfung von Versicherten der GKV zum gewachsenen Tätigkeitsbereich der Vertragsärzte gehört.[7] Im Übrigen ist die Ablehnung eines Vertragsschlusses von Seiten der Krankenkassen dem Grunde nach mit Art. 12 GG vereinbar, weil nur ein enger Teilbereich der ärztlichen Tätigkeit betroffen ist. Gegenüber dem öffentlichen Gesundheitsdienst sind die Krankenkassen schon deswegen frei in ihrer Entscheidung, weil dieser nicht Inhaber des Grundrechts aus Art. 12 GG ist.

IV. Vertragsinhalt

8 Zum Inhalt der abzuschließenden Verträge sagt § 132e SGB V nichts. Sie müssen aber die ihnen zugedachte Funktion erfüllen, das Verhältnis zwischen Krankenkassen und Leistungserbringern in Hinblick auf die Versorgung der Versicherten mit Schutzimpfungen zu ordnen. Demnach müssen sie den **Leistungsinhalt** und die Modalitäten der Leistungserbringung regeln, etwa auch Vereinbarungen über Preise und Abrechnungsbestimmungen enthalten. Denn ansonsten könnten sie die ihnen zugedachte Funktion nicht erfüllen, das Verhältnis zwischen Leistungserbringern und Krankenkassen zu ordnen. Entsprechend § 69 SGB V handelt es sich um öffentlich-rechtliche Verträge. Die Verträge sind als Rahmenverträge auszugestalten, für das Verhältnis von Rahmenvertrag und Einzelvertrag ist auf das zur Versorgung mit Heilmitteln Ausgeführte zu verweisen (vgl. die Kommentierung zu § 125 SGB V Rn. 19).

---

5 BT-Drs. 16/4247, S. 2.

6 BT-Drs. 16/4247, S. 47.

7 BT-Drs. 16/4247, S. 47.

§ 133 SGB V Versorgung mit Krankentransportleistungen

(Fassung vom 26.03.2007, gültig ab 01.04.2007, gültig bis 30.06.2008)

(1) Soweit die Entgelte für die Inanspruchnahme von Leistungen des Rettungsdienstes und anderer Krankentransporte nicht durch landesrechtliche oder kommunalrechtliche Bestimmungen festgelegt werden, schließen die Krankenkassen oder ihre Verbände Verträge über die Vergütung dieser Leistungen unter Beachtung des § 71 Abs. 1 bis 3 mit dafür geeigneten Einrichtungen oder Unternehmen. Kommt eine Vereinbarung nach Satz 1 nicht zu Stande und sieht das Landesrecht für diesen Fall eine Festlegung der Vergütungen vor, ist auch bei dieser Festlegung § 71 Abs. 1 bis 3 zu beachten. Sie haben dabei die Sicherstellung der flächendeckenden rettungsdienstlichen Versorgung und die Empfehlungen der Konzertierten Aktion im Gesundheitswesen zu berücksichtigen. Die vereinbarten Preise sind Höchstpreise. Die Preisvereinbarungen haben sich an möglichst preisgünstigen Versorgungsmöglichkeiten auszurichten.

(2) Werden die Entgelte für die Inanspruchnahme von Leistungen des Rettungsdienstes durch landesrechtliche oder kommunalrechtliche Bestimmungen festgelegt, können die Krankenkassen ihre Leistungspflicht zur Übernahme der Kosten auf Festbeträge an die Versicherten in Höhe vergleichbarer wirtschaftlich erbrachter Leistungen beschränken, wenn

1. **vor der Entgeltfestsetzung den Krankenkassen oder ihren Verbänden keine Gelegenheit zur Erörterung gegeben wurde,**
2. **bei der Entgeltbemessung Investitionskosten und Kosten der Reservevorhaltung berücksichtigt worden sind, die durch eine über die Sicherstellung der Leistungen des Rettungsdienstes hinausgehende öffentliche Aufgabe der Einrichtungen bedingt sind, oder**
3. **die Leistungserbringung gemessen an den rechtlich vorgegebenen Sicherstellungsverpflichtungen unwirtschaftlich ist.**

(3) Absatz 1 gilt auch für Leistungen des Rettungsdienstes und andere Krankentransporte im Rahmen des Personenbeförderungsgesetzes.

Gliederung

A. Basisinformationen

I. Textgeschichte/Gesetzgebungsmaterialien

1 § 133 SGB V wurde als inhaltlich neue Vorschrift eingeführt durch das SGB V und geändert durch das Gesundheitsstrukturgesetz v. 21.12.1991[1], das GKV-Solidaritätsstärkungsgesetz v. 19.12.1998[2], das GKV-Gesundheitsreformgesetz 2000 v. 22.12.1999[3] und das GKV-Wettbewerbsstärkungsgesetz

[1] BGBl I 1991, 2266.
[2] BGBl I 1998, 3853.
[3] BGBl I 1999, 2626.

v. 26.03.2007[4]. Gesetzgebungsmaterialien finden sich in BT-Drs. 11/2237 zu § 142; BT-Drs. 14/24 zu Nr. 22 und 14/1245 zu Nr. 72 sowie BT-Drs. 16/3100, 16/4200 und 16/4247 (zu Nr. 103).

II. Systematische Zusammenhänge

§ 133 SGB V korrespondiert als Norm des Leistungserbringerrechts mit § 60 SGB V, in dem die Ansprüche der Versicherten auf Übernahme der Fahrkosten geregelt sind. Ausgenommen sind die Ansprüche auf Kostenerstattung bei Benutzung eines öffentlichen Verkehrsmittels oder eines Privatwagens, für die es im SGB V keine Vorschriften des Leistungserbringerrechts gibt. Die übrigen Transporte erfasst § 133 SGB V. Transportleistungen werden wie andere Leistungen der gesetzlichen Krankenversicherung als **Sachleistung** erbracht.[5] Die Vorschrift regelt also nicht einen Kostenerstattungsanspruch der Versicherten, sondern wendet sich an die Krankenkassen, ihre Verbände und die Leistungserbringer der Kranken- und Rettungsfahrten. Sie enthält die für das Leistungserbringerrecht typischen Vorgaben darüber, wer zu Lasten der Krankenkassen an der Versorgung teilnehmen darf und wie hoch die dafür von dem Krankenkassen zu entrichtenden Entgelte sind. Indessen lässt sich der Vorschrift keine Bestimmung über den Inhalt der Leistungen entnehmen. Insoweit muss auf das Leistungsrecht (§ 60 SGB V) zurückgegriffen werden. 2

III. Ausgewählte Literaturhinweise

Abig, Finanzierung des Rettungswesens – Wie die Krankenkassen die Entgelte beeinflussen können, ErsK 2003, 121-125; *Dalhoff/Rau*, Finanzierungsregelungen im Rettungsdienst: Gegenwart und Zukunftsperspektiven, NZS 1995, 153-162; *Geisler/Temming*, Der Anspruch auf angemessene Vergütung von Rettungs- und Krankentransportleistungen im Rahmen des § 133 SGB V, NZS 2005, 125-128. 3

B. Auslegung der Norm

I. Regelungsinhalt und Bedeutung der Norm

§ 133 SGB V regelt die **Versorgung** der Versicherten der gesetzlichen Krankenversicherung mit **Rettungs-** und **Krankentransportfahrten**. Absatz 1 betrifft Leistungen des Rettungsdienstes und anderer Krankentransporte, für welche die Entgelte nicht durch landesrechtliche oder kommunalrechtliche Bestimmungen festgelegt sind, und überträgt den Krankenkassen oder ihren Verbänden die Aufgabe, Verträge mit den Leistungserbringern über die Vergütung zu schließen, wobei der Inhalt der Verträge näheren Vorgaben in Bezug auf die Preisgestaltung unterworfen wird. Absatz 2 der Vorschrift behandelt die Fälle, in denen die Entgelte für Leistungen des Rettungsdienstes schon durch landesrechtliche oder kommunalrechtliche Bestimmungen festgelegt sind. Hier haben die Krankenkassen unter bestimmten Voraussetzungen das Recht, ihre Leistungspflicht auf Festbeträge zu beschränken. Absatz 3 schließlich erklärt die Regelungen des Absatzes 1 für entsprechend anwendbar bei Rettungsfahrten und Krankentransporten nach dem Personenbeförderungsgesetz. Damit wird den Krankenkassen auch für diesen Bereich die Aufgabe übertragen, die Entgelte für die Leistungen durch Verträge zu regeln. 4

II. Normzweck

Wie sich insbesondere aus Absatz 1 der Vorschrift ergibt, ist wesentliches Regelungsziel des § 133 SGB V, den Anstieg der Preise für Kranken- und Rettungsfahrten zu begrenzen.[6] Das SGB V ist aber nur begrenzt dazu in der Lage, die **Preisgestaltung** von Kranken- und Rettungsfahrten vorzugeben. Der mögliche Regelungsinhalt des § 133 SGB V und damit auch der Umfang der der Krankenversicherung übertragbaren Regelungskompetenz wird nämlich dadurch eingegrenzt, dass das Rettungswesen nach der bundesrechtlichen Zuständigkeitsverteilung Ländersache ist.[7] Das erfasst auch die Frage der anfallenden Gebühren.[8] Das SGB V respektiert diese vorrangige Zuständigkeit der **Landesrechts** für 5

---

[4] BGBl I 2007, 378.

[5] BSG v 29.11.1995 - 3 RK 32/94 - BSGE 77,119, ebenso jetzt BGH v. 29.06.2004 - VI ZR 211/03 - NJW 2004, S. 519, *Knittel* in: Krauskopf, SozKV, § 133 Rn. 2; anderer Ansicht noch *Hauck-Noftz,* SGB V, K § 133 Rn. 6.

[6] *Knittel* in: Krauskopf, SozKV, § 133 Rn. 2.

[7] *Dalhoff/Rau,* NZS 1995, 153, 154/155.

[8] Vgl. *Abig*, ErsK 2003, 121/122.

den Bereich der gesetzlichen Krankenversicherung[9], was insbesondere in Absatz 2 der Vorschrift deutlich wird. Soweit es um Fahrten außerhalb des Rettungswesens geht, besteht nach Art. 74 Abs. 1 Nr. 22 GG die **konkurrierende Gesetzgebungskompetenz** des Bundes.[10] Der Bund hat von dieser Kompetenz durch das Personenbeförderungsgesetz Gebrauch gemacht, das zwar nicht für Rettungsfahrten oder für Fahrten mit Krankenwagen gilt, wenn damit kranke, verletzte oder sonstige hilfsbedürftige Personen befördert werden, die während der Fahrt einer medizinischen Betreuung oder der besonderen Einrichtungen eines Krankenwagens bedürfen, wohl aber auf einfache Krankentransporte Anwendung findet (§ 1 PBefG). Auch das PBefG tritt neben der Regelungskompetenz der Krankenkassen ein, weil es den Ländern die Möglichkeit gibt, mit Rechtsverordnungen über die Preise von einfachen Krankentransportfahrten zu bestimmen, die mit Taxen ausgeführt werden (§ 47 PBefG).

III. Rettungsdienstleistungen/Krankentransporte

6 § 133 SGB V unterscheidet zwischen Leistungen des Rettungsdienstes und anderen Krankentransporten. Der Begriff des Rettungsdienstes findet sich in allen drei Absätzen der Vorschrift. Orientiert man sich an der leistungsrechtlichen Vorschrift des § 60 SGB V und den Rettungsdienstgesetzen der Länder, würde es nahe liegen, als Krankentransport Fahrten, welche Fahrzeuge mit besonderen Einrichtungen zum Transport von Kranken erfordern, und als Rettungsdienst die Beförderung von Notfallpatienten, insbesondere nach Unfällen, anzusehen. Krankentransport wäre dann der Oberbegriff und der Rettungsdienst ein besonderer Teil davon. Nach Auffassung des BSG bestimmen sich im Rahmen des § 133 SGB V die Begriffe jedoch nicht funktional nach dem Inhalt der Leistung, sondern nach dem **Status** des **Leistungserbringers**. Der Begriff des Rettungsdienstes ergibt sich dann aus Absatz 2 und meint nur die aufgrund öffentlichen Rechts eingerichteten Rettungsdienste.[11] Erfasst werden so beispielsweise die Rettungstransporte der Feuerwehr. Nur für die Inanspruchnahme eines öffentlich-rechtlichen Dienstleisters können Entgelte nach landesrechtlichen oder kommunalrechtlichen Bestimmungen als (öffentlich-rechtliche) Gebühren festgesetzt werden. § 133 Abs. 2 SGB V will zwar – ebenso wenig wie die landesrechtlichen Rettungsgesetze – die Erbringung von Rettungsdienstleistungen (im funktionalen Sinne) auf öffentlich-rechtliche Träger beschränken. Gewollt ist vielmehr die Konkurrenz von öffentlichen und privaten Unternehmen.[12] Bei den privatrechtlichen Unternehmen fehlt es aber an der Möglichkeit, die Entgelte durch Hoheitsakt zu bestimmen, weswegen es sich – bei Orientierung an der Rechtsprechung des BSG – begrifflich im Rahmen des § 133 SGB V dann nur um Krankentransporte handelt.

7 Soweit auch § 133 Abs. 1 SGB V von Rettungsdiensten spricht, ermöglicht die Vorschrift danach eine vertragliche Vereinbarung der Entgelte auch für öffentlich-rechtliche Rettungsdienste, wenn es für deren Leistungen **keine hoheitliche Festsetzung** gibt, weil der öffentlich-rechtliche Träger von der Möglichkeit, die Gebühren für die Inanspruchnahme zu bestimmen, keinen Gebrauch gemacht hat.[13] Keinen Anwendungsbereich hat hingegen der Begriff des Rettungsdienstes in Absatz 3 der Vorschrift. Das PBefG erfasst Rettungsdienstleistungen weder im funktionalen noch im statusrechtlichen Sinne. Anwendbar ist es vielmehr nur auf privatrechtliche Fahrten, für welche die besonderen Einrichtungen eines Krankenwagens nicht erforderlich sind. Zusammenfassend lässt sich daher feststellen, dass Absatz 1 der Vorschrift den qualifizierten Krankentransport erfasst, Absatz 2 den Rettungsdienst durch öffentliche Träger, soweit die Entgelte aufgrund öffentlichen Rechts festgeschrieben worden sind, und Absatz 3 die übrig bleibenden einfachen Krankenfahrten.

IV. Eignung zur Leistungserbringung

8 Absatz 1 Satz 1 setzt für den Vertragsschluss über Rettungsdienste und Krankentransporte voraus, dass die Einrichtungen und Unternehmen für die Leistungserbringung geeignet sind. Diese Forderung gilt nach Absatz 3 entsprechend für den Vertragsschluss über Leistungen nach dem Personenbeförderungsgesetz. Gleichwohl sind die Krankenkassen nicht berechtigt, die Eignung eines Rettungs- oder Transportunternehmens selbst zu beurteilen. Denn ein Rettungs- oder Transportunternehmen bedarf nach den **Rettungsgesetzen** der **Länder** bzw. dem PBefG der Zulassung, welche von der dazu zuständigen

[9] BSG v. 30.01.2001 - B 3 KR 2/00 R - SozR 3-2500 § 60 Nr. 5.
[10] BSG v. 30.01.2001 - B 3 KR 2/00 R - SozR 3-2500 § 60 Nr. 5.
[11] BSG v. 16.04.1998 - B 3 KR 14/96 R - SozR 3-2500 § 60 Nr. 2.
[12] BSG v. 29.11.1995 - 3 RK 32/94 - BSGE 77, 119.
[13] Vgl. dazu *Abig*, ErsK 2003, 121.

Landesbehörde zu erteilen ist.[14] Die Zulassung setzt die Eignung voraus, sie hat deswegen gegenüber den Krankenkassen **Tatbestandswirkung**. Die Krankenkassen dürfen eine fehlende Zulassung weder ersetzen noch eine bestehende Zulassung ignorieren. Ein Unternehmen gilt demnach im Sinne des § 133 SGB V als geeignet, wenn es die Zulassung zum Rettungs- oder Krankentransport oder zur Personenbeförderung bereits erhalten hat. Eine weitere Eignungsprüfung durch die Krankenkassen findet nicht statt, ohne dass es darauf ankommt, ob es sich um ein Unternehmen des privaten oder des öffentlichen Rechts handelt.[15]

Auch im Übrigen haben die Krankenkassen kein eigenes Prüfungsrecht. Absatz 1 Satz 3 verpflichtet die Krankenkassen zwar darauf, die **Sicherstellung** der flächendeckenden rettungsdienstlichen **Versorgung** zu berücksichtigen. Die Vorstellung, dass sich aus dieser Verpflichtung ein Auswahlermessen oder Beurteilungsspielraum ergeben könnte, hat das BSG aber mit Hinweis darauf entkräftet, dass die Sicherstellung der flächendeckenden rettungsdienstlichen Versorgung nicht Aufgabe der Krankenversicherung sei.[16] Folglich kommt es nicht darauf an, welche Auffassung eine Krankenkasse zu der Frage hat, ob ein weiteres Rettungs- oder Transportunternehmen zur Sicherstellung der Versorgung ihrer Versicherten erforderlich ist. Selbst das Gebot in Absatz 1 Satz 5, möglichst **günstige Preise** zu vereinbaren, ermöglicht den Krankenkassen nicht, den Vertragsschluss mit Anbietern zu verweigern, die ihrer Auffassung nach überflüssig sind. Denn nach Ansicht des BSG enthält die Vorschrift keine Ermächtigung zur Wirtschaftlichkeitsprüfung, sondern nur zum individuellen Preisvergleich.[17] Auch insoweit gilt also der Satz, dass die durch Landesbehörden getroffene Zulassungsentscheidung abschließend ist. 9

V. Vergütungsanspruch nach Absatz 1

1. Anspruch auf Vertragsschluss

Das BSG hat der gesetzlichen Formulierung in § 133 Abs. 1 SGB V (und entsprechend Absatz 3), wonach die Krankenkassen oder ihre Verbände Verträge schließen, den Sinn gegeben, dass ein Bewerber Anspruch auf Abschluss eines Vertrags hat, soweit er die Voraussetzungen dafür erfüllt.[18] Da die fachliche Eignung von den Krankenkassen nicht überprüft werden darf, hat grundsätzlich jeder Unternehmer Anspruch auf Vertragsschluss, dem die **behördliche Zulassung** zur Erbringung von Leistungen des Rettungsdienstes oder des Krankentransportes **erteilt** worden ist. Über die Preise der Leistungen müssen sich die Beteiligten allerdings noch einigen. Insoweit ist die Entscheidungskompetenz der Krankenkassen nämlich unangefochten. Im Pflichtfahrbereich nach dem PBefG kann die Geltung der durch entsprechende **Rechtsverordnung** bestimmten Preise vereinbart werden,[19] die Krankenkassen dürfen aber auch Vergütungen unterhalb der durch Entgeltverordnung festgelegten Sätze anstreben, solange die Ordnung des Verkehrsmarktes nicht gestört wird.[20] Die Regelungskompetenz der Beteiligten ist auch nicht einzig auf den **Preis** beschränkt. Es bleibt ihnen möglich, auch andere mit der Leistungserbringung in Zusammenhang stehenden Fragen zu regeln, beispielsweise die Frage, welche Vertragsverletzungen zur vorzeitigen Auflösung eines Vertrags berechtigen.[21] Nach der Rechtsprechung besteht Anspruch auf den Abschluss eines Vertrags, soweit die üblichen Preise nicht überboten werden.[22] Schwierigkeiten, einen Vertrag zu erhalten, hat demnach nur der (zugelassene) Unternehmer zu erwarten, der höhere Preise als bisher üblich durchsetzen will. Die in Absatz 1 Sätze 4 und 5 a.F. vorgesehene Begrenzung der Preisanstiegsrate für das Jahr 1999 auf die Veränderung der beitragspflichtigen Einnahmen der Mitglieder gegenüber 1998 hatte sich bereits durch Zeitablauf erledigt und ist nunmehr durch die Neufassung der Vorschrift durch das GKV-Wettbewerbsstärkungsgesetz aufgehoben worden. Der im ursprünglichen Entwurf des GKV-Wettbewerbsstärkungsgesetzes noch vorgesehene Abschlag von 3% zugunsten der gesetzlichen Krankenkassen ist nicht Gesetz geworden.[23] 10

[14] *v. Maydell* in: GK-SGB V, § 133 Rn. 19.
[15] BSG v. 29.11.1995 - 3 RK 32/94 - BSGE 77, 119.
[16] BSG v. 29.11.1995 - 3 RK 32/94 - BSGE 77, 119.
[17] BSG v. 29.11.1995 - 3 RK 32/94 - BSGE 77, 119.
[18] BSG v. 29.11.1995 - 3 RK 32/94 - BSGE 77, 119; *Knittel* in: Krauskopf, SozKV, § 133 Rn. 5.
[19] Vgl. LSG Baden-Württemberg v. 04.04.2007 - L 5 KR 518/07 ER-B,
[20] VG Schleswig-Holstein v. 10.10.2006 - 3 B 120/06.
[21] Vgl. dazu LSG Berlin v. 31.07.2001 - L 15 B 25/01 KR ER - NZS 2002, S. 223.
[22] BSG v. 29.11.1995 - 3 RK 32/94 - BSGE 77, 119; LSG Thüringen v. 22.01.2004 - L 6 B 34/03 KR.
[23] Vgl. BT-Drs. 16/4200, S. 82; BT-Drs. 16/4247, S. 47.

11 Ungeachtet der Tatsache, dass es einen einklagbaren Anspruch auf Vertragsschluss gibt, ist der Abschluss eines Vertrags **Voraussetzung** für den **Vergütungsanspruch**.[24] Ein einmal geschlossener Vertrag wirkt auch nur zwischen seinen Parteien und nicht zugunsten von Versicherten anderer Krankenkassen. Insbesondere gibt es keine Ausdehnung des Geltungsbereichs von regional begrenzten Vereinbarungen.[25] Auch der Umstand, dass ein Unternehmer Leistungen an Versicherte erbracht und dem Grunde nach Anspruch auf Vertragsschluss hat, reicht nicht aus, um eine Vergütung für die erbrachten Leistungen fordern zu können. Abrechenbar werden solche in der Vergangenheit erbrachten Leistungen aber möglicherweise dann, wenn die Beteiligten die rückwirkende Geltung des Vertrags vereinbaren.[26]

2. Vergütung ohne Vertrag

12 Problematisch wird es, wenn deswegen kein Vertrag geschlossen wird, weil sich Krankenkassen und Anbieter nicht auf einen Preis einigen können. Diese Situation kann nicht nur dann entstehen, wenn ein Anbieter höhere Preise als alle anderen fordert, sondern auch dann, wenn etwa die Krankenkasse mit einem neuen Unternehmen zu besonders niedrigen Preisen abgeschlossen hat und diese neuen Preise nun allen Anbietern als mittlerweile üblich entgegenhält. Zahlungsansprüche des Unternehmers, der (weiter) Leistungen erbringt, obwohl er keinen Vertrag (mehr) hat, ergeben sich jedenfalls weder aus **Geschäftsführung ohne Auftrag** (§§ 677-687 BGB) noch aus **ungerechtfertigter Bereicherung** (§§ 812 ff. BGB). Eine direkte Anwendung der Vorschriften scheidet aus, weil die Beziehungen zwischen (privaten) Leistungserbringern und den Krankenkassen öffentlich-rechtlich sind.[27] Auch wenn der Tatbestand einer öffentlich-rechtlichen Geschäftsführung ohne Auftrag dem Grunde nach gegeben sind, weil der Transport der Versicherten ein objektiv fremdes Geschäft ist (dem Versicherten gegenüber ist die Krankenkasse zur Leistung verpflichtet) und ein entgegenstehender Wille jedenfalls dann unbeachtlich wäre, weil jedenfalls die Durchführung von Rettungsfahrten (im funktionellen Sinne) im öffentlichen Interesse liegen würde, wäre der Rückgriff gesperrt, weil in Bezug auf die Vergütung von Krankentransporten § 133 SGB V als abschließende gesetzliche Regelung für das Verhältnis zwischen Leistungserbringern und Krankenkassen angesehen werden muss.[28] Auch die durch kommunalrechtliche oder landesrechtliche Bestimmungen festgelegten Entgelte für Rettungsdienstleistungen sind kein Maßstab für Vereinbarungen nach Absatz 1.[29] Die Gegenansicht verkennt, dass nach Absatz 2 die Krankenkassen auch die Berechtigung der öffentlich-rechtlichen einseitig festgesetzten Entgelte überprüfen können. Die einzige Hoffnung eines Anbieters, der sich im Preiskampf mit einer Krankenkasse befindet, ist demnach, dass er über den (gegebenenfalls abgetretenen) Anspruch des Versicherten aus § 13 Abs. 3 SGB V zu einem Honorar kommt. Dies setzte allerdings voraus, dass die Krankenkasse mit den Anbietern, mit denen sie (noch) vertragliche Beziehungen unterhält, nicht in der Lage war, den Transport des Versicherten zu bewirken. Allerdings gelten seit dem 01.04.2007 aufgrund der Änderung des § 69 Abs. 1 SGB V zugunsten der Leistungserbringer die §§ 19-21 des GWB.[30]

3. Beauftragung des Unternehmers

13 Die von den Krankenkassen, ihren Verbänden und den Leistungserbringern gemäß § 133 Abs. 1 SGB V geschlossenen Verträge sind Rahmenvereinbarungen. Ebenso wie im Bereich der Heilmittelversorgung (vgl. dazu die Kommentierung zu § 125 SGB V Rn. 19) ist in jedem konkreten Einzelfall noch ein besonderer **Einzelvertrag** erforderlich, mit dem gerade einem bestimmten Anbieter der Zuschlag erteilt wird. Grundsätzlich ist demnach jede einzelne Fahrt von der Krankenkasse zu genehmigen. Den Parteien eines nach § 133 Abs. 1 SGB V geschlossenen Vertrags steht es allerdings frei, davon Abstand zu nehmen und zu vereinbaren, dass allein eine ärztliche Verordnung ausreicht, um dem vom Versicherten ausgewählten Anbieter den Zuschlag zu erteilen.[31] Allerdings setzt die Wirksamkeit eines Einzelvertrags einen gültigen Rahmenvertrag voraus, da dieser nach § 133 SGB V unabdingbar

---

[24] Vgl. BSG v. 03.11.1999 - B 3 KR 4/99 R - BSGE 85, 110.

[25] LSG Brandenburg v. 28.08.2002 - L 4 KR 14/00.

[26] LSG Brandenburg v. 28.08.2002 - L 4 KR 14/00.

[27] *Knittel* in: Krauskopf, SozKV, § 133 Rn. 2.

[28] BSG v. 03.11.1999 - B 3 KR 4/99 R - BSGE 85, 110. Einschränkend aber BSG v. 04.10.2004 - B 3 KR 16/04 B, wonach unter Umständen ein Anspruch aus GoA möglich sei, wenn es sich um einen Notfalltransport handelt.

[29] So aber *Geisler/Temming*, NZS 2005, 125, 127/128.

[30] Vgl. dazu LSG Baden-Württemberg v. 04.04.2007 - L 5 KR 518/07 ER-B.

[31] BSG v. 30.01.2001 - B 3 KR 2/00 R - SozR 3-2500 § 60 Nr. 5.

für die Entstehung eines Vergütungsanspruchs ist. Und der einen Krankentransport bestellende Krankenhausarzt ist mit Sicherheit nicht Vertreter einer Krankenkasse, soweit es um den Abschluss von Rahmenvereinbarungen geht.[32] Der Einzelvertrag vermag daher einen Rahmenvertrag nicht zu ersetzen, so dass der Versicherte seine Krankenkasse nicht dadurch verpflichten kann, dass er einen vertragslosen Anbieter in Anspruch nimmt.

4. Leistungsbestimmerrecht der Krankenkassen

Das BSG hat die Frage, ob besonders günstige Preise eines Anbieters das Wahlrecht der Versicherten 14
einschränken und der Krankenkasse ermöglichen, nur den **günstigen Anbieter** mit der Durchführung von Fahrten zu betreuen, für die Fälle bejaht, in denen die Entgelte nicht außervertraglich durch besondere Gebührentatbestände (etwa entsprechend § 133 Abs. 2 SGB V) geregelt sind.[33] Das überzeugt deswegen nicht, weil diese den Krankenkassen eröffnete Lenkungsmöglichkeit den Vertragsstatus der anderen Anbieter entwertet, der sich aus dem abgeschlossenen Rahmenvertrag herleitet. Eine Rechtsgrundlage dafür ist nicht ersichtlich. Sie findet sich insbesondere auch nicht in § 133 Abs. 1 Satz 5 SGB V. Diese Vorschrift bezieht sich auf die Vereinbarung von Preisen in Rahmenverträgen. Sie ermächtigt aber nicht, Rahmenvereinbarungen dadurch zu brechen, dass bereits vereinbarte Preise nicht mehr zur Anwendung kommen, weil sie der Krankenkasse nunmehr aufgrund neuerer Entwicklungen zu hoch erscheinen.

VI. Vergütungsansprüche nach Absatz 2

§ 133 Abs. 2 SGB V betrifft die öffentlich-rechtlichen Rettungsdienste, für welche die **öffentliche** 15
Hand die **Benutzungsentgelte** festgelegt hat. Die Vorschrift gibt den Krankenkassen das Recht, unter bestimmten Voraussetzungen ihre Leistungspflicht auf Festbeträge zu beschränken. Dem ist zu entnehmen, dass die Krankenkassen – von den aufgeführten Ausnahmefällen abgesehen – grundsätzlich verpflichtet sind, die (aus Sicht der Krankenkassen) fremdbestimmten Entgelte zu entrichten. Als Ausnahmevorschrift von dem Grundsatz, dass die Krankenkassen über die von ihnen zu entrichtenden Entgelte Verträge schließen, legt das BSG die Vorschrift eng aus. § 133 Abs. 2 SGB V enthält demnach nicht allein deswegen einen Dispens von dem Erfordernis eines Vertrags zwischen Rettungsdienst und Krankenkasse, weil der Rettungsdienst öffentlich-rechtlich ist und für sein Handeln Entgelte festgesetzt sind. Nur wenn das Landesrecht ausdrücklich die Zahlungsverpflichtung der Krankenkassen für den Fall vorsieht, dass ihre Versicherten vom Rettungsdienst transportiert werden, ergibt sich auch ohne vertragliche Bindung eine Honorierungspflicht der Krankenkassen. Dafür soll die Formulierung, dass der Benutzer Gebühren zu entrichten habe, nicht ausreichen.[34] Abzustellen ist danach auf die Formulierung der Gebührentatbestände in den einzelnen Bundesländern. Ergibt sich dann deren Verbindlichkeit auch gegenüber den gesetzlichen Krankenkassen, sind diese zur Zahlung verpflichtet, es sei denn einer der in § 133 Abs. 2 Nr. 1-3 SGB V beschriebenen Fälle liegt vor. Die dann eintretende Beschränkung der Leistungspflicht auf den **Festbetrag** ist ein Ausgleich für den Umstand, dass die Krankenkassen im Bereich der festgesetzten Gebühren kein direktes Mitspracherecht zur Höhe der Kosten haben[35], der Leistungsträger vielmehr nach eigenem Ermessen entscheidet. Die für eine vertragliche Vereinbarung nach § 133 Abs. 1 SGB V geltenden Regelungen des SGB V über die Begrenzung des Preisanstieges greifen für die Gebührentatbestände nämlich nicht.[36]

C. Praxishinweise

Richtige Klageart für Streitigkeiten zwischen Krankenkassen und Beförderungsunternehmer ist die **all-** 16
gemeine Leistungsklage, da es an einem Verhältnis der Über- bzw. Unterordnung fehlt.[37] Zuständig ist nach § 51 Abs. 1 Nr. 2, Abs. 2 SGG stets die Sozialgerichtsbarkeit.[38] Streitigkeiten über die Höhe der nach den Rettungsdienstgesetzen festgelegten Entgelte gehören dagegen vor das Verwaltungsge-

[32] Jedenfalls missverständlich deswegen Hess. LSG v. 29.04.2004 - L 14 KR 1370/00.
[33] BSG v. 30.01.2001 - B 3 KR 2/00 R - SozR 3-2500 § 60 Nr. 5.
[34] BSG v. 03.11.1999 - B 3 KR 4/99 R - BSGE 85, 110; vgl. auch BSG v. 04.10.2004 - B 3 KR 16/04 B.
[35] BSG v. 29.11.1995 - 3 RK 32/94 - BSGE 77, 119.
[36] BVerwG v. 21.05.1996 - 3 N 1/94 - BVerwGE 101, 177.
[37] BSG v. 30.01.2001 - B 3 KR 2/00 R - SozR 3-2500 § 60 Nr. 5; BSG v. 16.04.1998 - B 3 KR 14/96 R - SozR 3-2500 § 60 Nr. 2.
[38] Fraglich deswegen BGH v. 29.06.2004 - VI ZR 211/03 - NJW 2004, S. 3326.

richt.[39] Soweit es sich um nicht qualifizierte Krankentransporte handelt, gilt das PBefG, für das ebenfalls die Verwaltungsgerichte zuständig sind. § 51 Abs. 2 PBefG soll drittschützende Wirkung haben.[40] Gegen Preisvereinbarungen von Beförderungsunternehmern mit Krankenkassen unterhalb der durch Rechtsverordnung festgesetzten Sätze besteht danach dann ein Anspruch auf aufsichtsbehördliches Einschreiten, wenn die Vereinbarungen dazu führen, dass keine Beförderung zu den festgesetzten Tarifen mehr nachgefragt wird.

D. Reformbestrebungen

17 Das GKV-Wettbewerbsstärkungsgesetz v. 26.03.2007[41] hat mit Wirkung vom 01.07.2008 in Absatz 1 Satz 1 das Wort „Verbände" durch das Wort „Landesverbände" ersetzt.

---

[39] VG Schleswig-Holstein v. 19.12.2006 - 3 A 249/03.
[40] VG Schleswig-Holstein v. 20.10.2006 - 3 B 120/06.
[41] BGBl I 2007, 378.

§ 134a SGB V Versorgung mit Hebammenhilfe

(Fassung vom 26.03.2007, gültig ab 01.04.2007, gültig bis 30.06.2008)

(1) Die Spitzenverbände der Krankenkassen schließen gemeinsam und einheitlich mit den für die Wahrnehmung der wirtschaftlichen Interessen gebildeten maßgeblichen Berufsverbänden der Hebammen und den Verbänden der von Hebammen geleiteten Einrichtungen auf Bundesebene, erstmalig bis zum 30. November 2006 mit Wirkung ab dem 1. Januar 2007, mit bindender Wirkung für die Krankenkassen Verträge über die Versorgung mit Hebammenhilfe, die abrechnungsfähigen Leistungen unter Einschluss einer Betriebskostenpauschale bei ambulanten Entbindungen in von Hebammen geleiteten Einrichtungen und der Anforderungen an die Qualitätssicherung in diesen Einrichtungen sowie über die Höhe der Vergütung und die Einzelheiten der Vergütungsabrechnung durch die Krankenkassen. Die Vertragspartner haben dabei den Bedarf der Versicherten an Hebammenhilfe und deren Qualität, den Grundsatz der Beitragssatzstabilität sowie die berechtigten wirtschaftlichen Interessen der freiberuflich tätigen Hebammen zu berücksichtigen.

(2) Die Verträge nach Absatz 1 haben Rechtswirkung für freiberuflich tätige Hebammen, wenn sie

1. einem Verband nach Absatz 1 Satz 1 auf Bundes- oder Landesebene angehören und die Satzung des Verbandes vorsieht, dass die von dem Verband nach Absatz 1 abgeschlossenen Verträge Rechtswirkung für die dem Verband angehörenden Hebammen haben, oder

2. einem nach Absatz 1 geschlossenen Vertrag beitreten.

Hebammen, für die die Verträge nach Absatz 1 keine Rechtswirkung haben, sind nicht als Leistungserbringer zugelassen. Das Nähere über Form und Verfahren des Nachweises der Mitgliedschaft in einem Verband nach Satz 1 Nr. 1 sowie des Beitritts nach Satz 1 Nr. 2 regeln die Spitzenverbände der Krankenkassen gemeinsam und einheitlich.

(3) Kommt ein Vertrag nach Absatz 1 ganz oder teilweise nicht bis zum Ablauf

a) der nach Absatz 1 Satz 1 bestimmten Frist oder

b) einer von den Vertragspartnern vereinbarten Vertragslaufzeit

zu Stande, wird der Vertragsinhalt durch die Schiedsstelle nach Absatz 4 festgesetzt. Im Falle des Satzes 1 Buchstabe b gilt der bisherige Vertrag bis zu der Entscheidung der Schiedsstelle weiter.

(4) Die Spitzenverbände der Krankenkassen und die für die Wahrnehmung der wirtschaftlichen Interessen gebildeten maßgeblichen Berufsverbände der Hebammen sowie die Verbände der von Hebammen geleiteten Einrichtungen auf Bundesebene bilden eine gemeinsame Schiedsstelle. Sie besteht aus Vertretern der Krankenkassen und der Hebammen in gleicher Zahl sowie aus einem unparteiischen Vorsitzenden und zwei weiteren unparteiischen Mitgliedern. Die Amtsdauer beträgt vier Jahre. Über den Vorsitzenden und die zwei weiteren unparteiischen Mitglieder sowie deren Stellvertreter sollen sich die Vertragspartner einigen. Kommt eine Einigung nicht zu Stande, gilt § 89 Abs. 3 Satz 5 und 6 entsprechend. Im Übrigen gilt § 129 Abs. 9 und 10 entsprechend.

(5) Als Hebammen im Sinne dieser Vorschrift gelten auch Entbindungspfleger.

Gliederung

A. Basisinformationen

I. Textgeschichte

1 Die Vorschrift wurde eingeführt durch Art. 5 Nr. 2 des Gesetzes v. 15.12.2004[1] und mit Wirkung vom 01.01.2007 geändert durch das GKV-Wettbewerbsstärkungsgesetz v. 26.03.2007[2], das insbesondere in Absatz 1 Satz 1 der Vorschrift die Berücksichtigung einer Betriebskostenpauschale für Entbindungen in von Hebammen geleiteten Einrichtungen eingeführt hat.

II. Vorgängervorschrift

2 Bis zum In-Kraft-Treten des SGB V waren die für die Tätigkeit der Hebammen von den Krankenkassen zu entrichtenden Gebühren in § 376a RVO geregelt. Diese Vorschrift war im Wesentlichen inhaltsgleich mit der nach Einführung des SGB V zunächst geltenden Vorschrift des **§ 134 SGB V**, die mit Wirkung vom 01.01.2007 durch Gesetz v. 15.12.2004[3] aufgehoben und der Sache nach durch § 134a SGB V **ersetzt worden** ist.

III. Systematische Zusammenhänge

3 § 134a SGB V ordnet die **freiberuflich tätigen Hebammen** in den Kreis der Leistungserbringer der gesetzlichen Krankenkassen ein (vgl. allgemein zum Leistungserbringerrecht die Kommentierung zu § 124 SGB V Rn. 4). § 134a SGB V steht damit in Zusammenhang mit den in den §§ 195 ff. RVO geregelten Leistungsansprüchen der Versicherten auf Hebammenhilfe und dem sich aus dem Hebammengesetz[4] ergebenden Berufsrecht der Hebammen.

B. Auslegung der Norm

I. Regelungsinhalt und Bedeutung der Norm

4 § 134a SGB V ist die zentrale Vorschrift des Leistungserbringungsrechts für Hebammen und Geburtshelfer. Im Vordergrund der Regelung (Absatz 1) steht die Verpflichtung der Berufsverbände der Hebammen und der Spitzenverbände der Krankenkassen, die Versorgung der Versicherten mit Hebammenhilfe und die **Vergütung** dieser Leistungen durch **Vertrag** zu regeln. Daneben enthält die Vorschrift auch Vorgaben zum Geltungsbereich der Verträge und zu den Voraussetzungen, unter denen Hebammen Leistungen zu Lasten der gesetzlichen Krankenversicherung erbringen dürfen (Absatz 2). Schließlich wird die Einrichtung einer Schiedsstelle für den Fall vorgeschrieben, dass es zu keiner Einigung zwischen den Verbänden über den Abschluss eines Vertrages kommt (Absätze 3 und 4).

II. Normzweck

5 In **Abkehr** von der bisherigen Rechtslage, welche eine Regelung der Vergütung von Hebammenleistungen auf der Grundlage einer vom Bundesminister für Gesundheit zu erlassenden Rechtsverordnung vorsah (nämlich der **Hebammenhilfe-Gebührenverordnung**, die am 28.10.1986 noch auf der Grundlage des § 376a RVO erlassen wurde[5]), setzt § 134a SGB V nun auf vertragliche Vereinbarungen zwi-

---

[1] BGBl I 2004, 3429.
[2] BGBl I 2007, 378.
[3] BGBl I 2004, 3429.
[4] Vom 04.06.1985 (BGBl I 1985, 902).
[5] BGBl I 1986, 1662, zuletzt geändert durch Gesetz v. 15.12.2004, BGBl I 2004, 3429.

schen den Berufsverbänden und den Krankenkassen und führt so auch für die Hebammen die im übrigen Leistungserbringerrecht geltenden Mechanismen ein. Die Vergütungen sollen eigenverantwortlich weiterentwickelt statt wie bisher staatlich vorgegeben werden.[6]

III. Verträge über Hebammenhilfe

Gewollt vom Gesetzgeber ist eine einheitliche, für das gesamte Bundesgebiet geltende vertragliche Regelung der Hebammenleistungen. Vertragspartner sind auf Seiten der Krankenkassen die Spitzenverbände (§ 213 SGB V), auf Seiten der Leistungserbringer die **Berufsverbände** der Hebammen und die Verbände der von Hebammen geleisteten Einrichtungen auf Bundesebene. Als Berufsverbände der Hebammen in diesem Sinne kommen in Betracht der Bund Deutscher Hebammen e.V. mit nachgeordneten Verbänden auf Landesebene sowie der Bund freiberuflicher Hebammen Deutschlands e.V., als Verband der Einrichtungen das Netzwerk der Geburtshäuser. 6

Geregelt werden soll in den nach Absatz 1 zu schließenden Verträgen die Hebammenhilfe. Darunter sind die Leistungen der freiberuflichen Hebammen (sowie der nach Absatz 5 gleichgestellten Entbindungspfleger) zu verstehen, soweit sie nach § 196 RVO der Leistungspflicht der gesetzlichen Krankenversicherung unterfallen. Hebammen und Entbindungspfleger sind Personen, denen nach den §§ 1-3 des Hebammengesetzes[7] die Erlaubnis erteilt worden ist, eine entsprechende **Berufsbezeichnung** zu führen. Dies setzt die erfolgreich abgeschlossene Ausbildung voraus, Frauen in der Schwangerschaft, bei der Geburt und im Wochenbett Rat und Hilfe zu gewähren. Leistungen von Hebammen und Geburtspflegern sind alle Tätigkeiten, welche nach dem Hebammengesetz und den von den Ländern erlassenen Berufsordnungen als **berufsspezifisch** anzusehen sind. Von der Leistungspflicht der gesetzlichen Krankenversicherung erfasst sind diese Tätigkeiten nach den allgemeinen Vorschriften der §§ 2, 12, 70 SGB V dann, wenn sie notwendig, zweckmäßig und wirtschaftlich sind. Da die Neuregelung der Hebammenhilfe in § 134a SGB V nicht den **Inhalt** der von den Krankenkassen zu übernehmenden **Leistungen** ändern sollte[8], kann davon ausgegangen werden, dass eine bestimmte Leistung jedenfalls dann in den Kreis der vertraglich geregelten abrechnungsfähigen Leistungen aufzunehmen ist, wenn sie in der Hebammenhilfe-Gebührenverordnung ausgewiesen (gewesen) ist. 7

§ 134a SGB V erfasst nur die freiberufliche Hebammentätigkeit. Auf Hebammen, die festangestellt auf der Entbindungsstation eines Krankenhauses arbeiten, ist weder die Vorschrift noch die auf ihrer Grundlage vereinbarte Vergütungsregelung anzuwenden.[9] Die Vergütung der im Krankenhaus angestellten Hebammen ist Teil des Krankenhauspflegesatzes. Etwas anderes gilt, wenn **freiberuflich** tätige **Hebammen** (oder Entbindungspfleger) im Krankenhaus Geburtshilfeleistungen erbringen, etwa als Beleghebamme. Entscheidend ist, dass die Hebamme (oder der Entbindungspfleger) keine Entlohnung für ihre (seine) Tätigkeit von dem Krankenhaus erhält. § 134a SGB V bezieht in die zu regelnden Vergütungen nunmehr auch ausdrücklich eine **Betriebskostenpauschale** bei ambulanten Entbindungen in von Hebammen geleiteten Einrichtungen ein. Gemeint sind damit sogenannte **Geburtshäuser**. Der Gesetzgeber wollte für deren Aufwendungen – in Abkehr von der bisherigen Rechtsprechung des BSG[10] – eine besondere Vergütung einführen.[11] Damit einher geht die Verpflichtung zur Formulierung von Anforderungen an die Qualitätssicherung in den Geburtshäusern. 8

Soweit § 134a Abs. 1 Satz 2 SGB V den Vertragspartnern aufgibt, den Bedarf der Versicherten an Hebammenhilfe und die Qualität der Leistungen zu berücksichtigen, lässt sich daraus **keine** Grundlage für eine **Beschränkung** der **Zahl** der an der Versorgung teilnehmenden Hebammen ableiten. Das ergibt sich schon daraus, dass nach Absatz 2 Satz 1 Nr. 2 der Vorschrift jede Hebamme den Verträgen nach Absatz 1 beitreten kann, womit sie als zugelassen gilt, was sich einem Umkehrschluss aus Absatz 2 Satz 2 entnehmen lässt. Dass Absatz 1 Satz 2 die berechtigten wirtschaftlichen Interessen der freiberuflich tätigen Hebammen besonders erwähnt, mag seinen Grund darin haben, dass die Hebammen die Honorarentwicklung unter der alten Hebammenhilfe-Gebührenverordnung nicht als zufriedenstellend eingeschätzt haben.[12] 9

---

[6] BT-Drs. 15/3672, S. 16.

[7] Vom 04.06.1985 (BGBl I 1985, 902).

[8] Vgl. BT-Drs. 15/3672, S. 16.

[9] *Fastabend/Schneider*, Leistungsrecht der gesetzlichen Krankenversicherung, 2004, Rn. 341.

[10] BSG v. 21.02.2006 - B 1 KR 34/04 R - SozR 4-2200 § 197 Nr. 1.

[11] BT-Drs. 16/3100, S. 145.

[12] Vgl. BT-Drs. 16/2222.

IV. Rechtsfolgen

10 Nach altem Recht entstand **kraft Gesetzes** eine **Vergütungspflicht** der Krankenkasse, wenn eine freiberuflich tätig Hebamme (oder ein Entbindungspfleger) medizinisch notwendige Leistungen der Geburtshilfe an eine Versicherte der gesetzlichen Krankenkassen erbracht hat. Dies begründete sich allein daraus, dass die Versicherte Hebammenleistungen **tatsächlich in Anspruch** nahm, weder war eine ärztliche Verordnung noch eine vorherige Genehmigung durch die Krankenkasse erforderlich.[13] Ansprüche der Hebamme (des Entbindungspflegers) gegen die Versicherte aus Dienstvertrag (§ 611 BGB) konnten nur insoweit entstehen, als die erbrachten Leistungen nicht in die Zuständigkeit der gesetzlichen Krankenversicherung fallen, weil sie das Maß des Notwendigen oder Angemessenen überstiegen oder eine im Einzelfall erforderliche ärztliche Anordnung durch einen Nichtvertragsarzt erfolgte.[14] Für die Vergütung solcher Leistungen musste sich die Hebamme oder der Entbindungspfleger direkt an die Versicherte wenden.[15] An dieser Rechtslage hat sich durch § 134a SGB V nur insoweit etwas geändert, als nunmehr die **Zulassung** zur Leistungserbringung (und damit die Vergütungspflicht der Krankenkassen) davon **abhängt**, dass der nach Absatz 1 geschlossene Vertrag für die Hebamme (oder den Entbindungspfleger) gilt. Das setzt nach Absatz 2 voraus, dass die Hebamme entweder einem vertragsschließenden Verband angehört oder ihren Beitritt erklärt. Weitere Voraussetzungen sind im Gesetz nicht vorgesehen.[16] Insbesondere erfolgt nach dem Erwerb der berufsrechtlichen Qualifikation **keine** gesonderte sozialrechtliche **Zulassung** mit eigenen Qualitätsanforderungen an die Leistungserbringer.

11 Nach dem ursprünglichen **Zeitplan** des Gesetzgebers sollten bereits ab dem 01.01.2006 die Verbände der Hebammen Verhandlungen mit den Spitzenverbänden der Krankenkassen über den Inhalt der Vereinbarungen aufnehmen. Die Verträge sollen bis zum 30.11.2006 abgeschlossen sein. Für den Fall, dass eine Einigung nicht zustande kam, sollte ab dem 01.12.2006 eine Schiedsstelle tätig werden, damit mit dem 01.01.2007 die Hebammenhilfe-Gebührenverordnung und § 134 SGB V durch das neue Recht ersetzt werden können. Tatsächlich ist § 134a SGB V in Kraft getreten, ohne dass vorher eine Vereinbarung nach Absatz 1 bereits abgeschlossen gewesen ist. Nach einer Pressemitteilung der Berufsverbände der Hebammen ist im November 2006 das Schlichtungsverfahren nach Absatz 3 eingeleitet worden, die Schiedsstelle nach Absatz 4 sollte erstmals im Januar 2007 tagen. Bis zum Abschluss eines Vertrags **gilt** nach Art. 7 Abs. 5 des Zweiten Fallpauschalengesetzes v. 15.12.2004[17] die **Hebammenhilfe-Gebührenverordnung weiter**, auf deren Grundlage die Hebammenleistungen einstweilen weiter zu vergüten sind.

C. Praxishinweise

12 Richtige Klageart für die Durchsetzung der Honoraransprüche der Hebamme oder des Entbindungspflegers gegen die Krankenkasse vor dem Sozialgericht ist die **allgemeine Leistungsklage** nach § 54 Abs. 5 SGG.[18] Denn mangels eines Verhältnisses der Über- und Unterordnung dürfen die Krankenkassen nicht mit Verwaltungsakt entscheiden.[19] Nach früherer Rechtsprechung konnten Zinsansprüche wegen der Honorarforderung nicht entstehen, weil es sich um einen sozialrechtlichen Anspruch handele, dessen Verzinsung abschließend in den § 44 SGB I, § 27 SGB IV geregelt sei.[20] In einer neueren Entscheidung aus dem Jahre 2006 hat das BSG aber nunmehr zumindest einen Anspruch auf Prozesszinsen entsprechend § 291 BGB zugesprochen, weil sich das sozialgerichtliche Kostenrecht mittlerweile dem der VwGO angenähert habe.[21]

---

[13] BSG v. 21.08.1996 - 3 RK 22/95 - SozR 3-5595 § 2 Nr. 1.

[14] LSG Niedersachsen v. 12.07.2000 - L 4 KR 15/99.

[15] Vgl. BT-Drs. 13/7264, S. 121.

[16] BT-Drs. 15/3672, S. 17.

[17] BGBl I 2004, 3444.

[18] LSG Niedersachsen v. 12.07.2000 - L 4 KR 15/99.

[19] BSG v. 21.08.1996 - 3 RK 22/95 - SozR 3-5595 § 2 Nr. 1.

[20] BSG v. 21.08.1996 - 3 RK 22/95 - SozR 3-5595 § 2 Nr. 1.

[21] BSG v. 29.03.2006 - B 3 KR 6/05 R - SozR 4-7610 § 291 Nr. 3.

D. Reformvorhaben

Mit Wirkung ab dem 01.07.2008 hat das GKV-Wettbewerbsstärkungsgesetz in Absatz 1 Satz 1 die Wörter „Die Spitzenverbände der Krankenkassen schließen gemeinsam und einheitlich" durch die Wörter „Der Spitzenverband Bund der Krankenkassen schließt" ersetzt und die Wörter „„erstmalig bis zum 30. November 2006 mit Wirkung ab dem 1. Januar 2007," gestrichen. In Absatz 2 Satz 3 werden die Wörter „regeln die Spitzenverbände der Krankenkassen gemeinsam und einheitlich" durch die Wörter „regelt der Spitzenverband Bund der Krankenkassen" und in Absatz 4 Satz 1 die Wörter „Die Spitzenverbände der Krankenkassen" durch die Wörter „Der Spitzenverband Bund der Krankenkassen" ersetzt. 13

Neunter Abschnitt: Sicherung der Qualität der Leistungserbringung

§ 135 SGB V Bewertung von Untersuchungs- und Behandlungsmethoden

(Fassung vom 26.03.2007, gültig ab 01.07.2008)

(1) Neue Untersuchungs- und Behandlungsmethoden dürfen in der vertragsärztlichen und vertragszahnärztlichen Versorgung zu Lasten der Krankenkassen nur erbracht werden, wenn der Gemeinsame Bundesausschuss auf Antrag eines Unparteiischen nach § 91 Abs. 2 Satz 1, einer Kassenärztlichen Bundesvereinigung, einer Kassenärztlichen Vereinigung oder des Spitzenverbandes Bund der Krankenkassen in Richtlinien nach § 92 Abs. 1 Satz 2 Nr. 5 Empfehlungen abgegeben hat über

1. **die Anerkennung des diagnostischen und therapeutischen Nutzens der neuen Methode sowie deren medizinische Notwendigkeit und Wirtschaftlichkeit - auch im Vergleich zu bereits zu Lasten der Krankenkassen erbrachte Methoden - nach dem jeweiligen Stand der wissenschaftlichen Erkenntnisse in der jeweiligen Therapierichtung,**
2. **die notwendige Qualifikation der Ärzte, die apparativen Anforderungen sowie Anforderungen an Maßnahmen der Qualitätssicherung, um eine sachgerechte Anwendung der neuen Methode zu sichern, und**
3. **die erforderlichen Aufzeichnungen über die ärztliche Behandlung.**

Der Gemeinsame Bundesausschuss überprüft die zu Lasten der Krankenkassen erbrachten vertragsärztlichen und vertragszahnärztlichen Leistungen daraufhin, ob sie den Kriterien nach Satz 1 Nr. 1 entsprechen. Falls die Überprüfung ergibt, daß diese Kriterien nicht erfüllt werden, dürfen die Leistungen nicht mehr als vertragsärztliche oder vertragszahnärztliche Leistungen zu Lasten der Krankenkassen erbracht werden. Hat der Gemeinsame Bundesausschuss in einem Verfahren zur Bewertung einer neuen Untersuchungs- und Behandlungsmethode nach Ablauf von sechs Monaten seit Vorliegen der für die Entscheidung erforderlichen Auswertung der wissenschaftlichen Erkenntnisse noch keinen Beschluss gefasst, können die Antragsberechtigten nach Satz 1 sowie das Bundesministerium für Gesundheit vom Gemeinsamen Bundesausschuss die Beschlussfassung innerhalb eines Zeitraums von weiteren sechs Monaten verlangen. Kommt innerhalb dieser Frist kein Beschluss zustande, darf die Untersuchungs- und Behandlungsmethode in der vertragsärztlichen oder vertragszahnärztlichen Versorgung zu Lasten der Krankenkassen erbracht werden.

(2) Für ärztliche und zahnärztliche Leistungen, welche wegen der Anforderungen an ihre Ausführung oder wegen der Neuheit des Verfahrens besonderer Kenntnisse und Erfahrungen (Fachkundenachweis) sowie einer besonderen Praxisausstattung oder weiterer Anforderungen an die Strukturqualität bedürfen, können die Partner der Bundesmantelverträge einheitlich entsprechende Voraussetzungen für die Ausführung und Abrechnung dieser Leistungen vereinbaren. Soweit für die notwendigen Kenntnisse und Erfahrungen, welche als Qualifikation vorausgesetzt werden müssen, in landesrechtlichen Regelungen zur ärztlichen Berufsausübung, insbesondere solchen des Facharztrechts, bundesweit inhaltsgleich und hinsichtlich der Qualitätsvoraussetzungen nach Satz 1 gleichwertige Qualifikationen eingeführt sind, sind diese notwendige und ausreichende Voraussetzung. Wird die Erbringung ärztlicher Leistungen erstmalig von einer Qualifikation abhängig gemacht, so können die Vertragspartner für Ärzte, welche entsprechende Qualifikationen nicht während einer Weiterbildung erworben haben, übergangsweise Qualifikationen einführen, welche dem Kenntnis-

und Erfahrungsstand der facharztrechtlichen Regelungen entsprechen müssen. Abweichend von Satz 2 können die Vertragspartner nach Satz 1 zur Sicherung der Qualität und der Wirtschaftlichkeit der Leistungserbringung Regelungen treffen, nach denen die Erbringung bestimmter medizinisch-technischer Leistungen den Fachärzten vorbehalten ist, für die diese Leistungen zum Kern ihres Fachgebietes gehören.

(3) bis (6) (weggefallen)

Gliederung

A. Basisinformationen

I. Textgeschichte/Gesetzgebungsmaterialien

Während der Geltung der RVO wurde die Qualitätssicherung der kassen-(zahn)ärztlichen Leistungen als Teil des allgemeinen Sicherstellungsauftrags verstanden. Eine ausdrückliche gesetzliche Regelung wurde mit § 135 SGB V erst durch das Gesundheits-Reformgesetz (GRG) vom 20.12.1988[1] mit Wirkung vom 01.01.1989 geschaffen. Durch Art. 1 Nr. 83 lit. a Gesundheitsstrukturgesetz vom 21.12.1992[2] wurden mit Wirkung vom 21.12.1993 die Überschrift redaktionell an die vertragsärztliche bzw. vertragszahnärztliche Versorgung angepasst, die Absätze 1 und 2 geändert, Absatz 4 neu gefasst und die Absätze 5 und 6 geändert. Durch Art. 1 Nr. 50 2. GKV-Neuordnungsgesetz vom 23.06.1997[3] wurden nach Maßgabe des Art. 17 des Gesetzes mit Wirkung vom 01.07.1997 die Absätze 1 und 3 neu gefasst. Insbesondere wurde die Kompetenz des G-BA mit Absatz 1 Satz 2 um die Überprüfung bereits zu Lasten der Krankenkassen erbrachter vertrags-(zahn)ärztlicher Leistungen erweitert. Mit Wirkung vom 01.01.2000 erhielt die Überschrift durch Art. 1 Nr. 51a GKV-Gesundheitsreformgesetz 2000 vom 22.12.1999[4] eine neue Fassung, wurden Absatz 1 geändert und die Absätze 3-6 aufgehoben. 1

Durch Art. 1 Nr. 99 lit. a Gesundheitsmodernisierungsgesetz (GMG) vom 14.11.2003[5] wurden mit Wirkung vom 01.01.2004 der frühere Satz 4 in Absatz 1 aufgehoben und in Absatz 2 Satz 4 eingefügt. Die Zuständigkeit der Bundesausschüsse ist durch das GMG auf den Gemeinsamen Bundesausschuss (G-BA) übertragen worden. 2

Durch Art. 1 Nr. 105 GKV-Wettbewerbsstärkungsgesetz (GKV-WSG) vom 26.03.2007[6] wurde zum 01.04.2007 in Absatz 1 die Antragsbefugnis eines Unparteiischen eingeführt (Satz 1) sowie die Sätze 4 und 5 angefügt. Durch Art 2 Nr. 23 GKV-WSG wurden mit Wirkung vom 01.07.2008 die Spitzenverbände der Krankenkassen als Antragsberechtigte nach Absatz 1 Satz 1 vom Spitzenverband Bund der Krankenkassen abgelöst. 3

II. Systematische Zusammenhänge

§ 135 SGB V als erste Vorschrift des mit „Sicherung der Qualität der Leistungserbringung" überschriebenen neunten Abschnittes im vierten Kapitel des SGB V betrifft seiner systematischen Stellung nach das durch Kollektivverträge (Gesamt- und Mantelverträge gem. §§ 82 ff. SGB V) geregelte Verhältnis zwischen den Krankenkassen bzw. ihren Verbänden einerseits und den Kassen(zahn)ärztlichen Verei- 4

[1] BGBl I 1988, 2477.
[2] BGBl I 1992, 2266.
[3] BGBl I 1997, 520.
[4] BGBl I 1999, 2626.
[5] BGBl I 2003, 2190.
[6] BGBl I 2007, 378.

nigungen andererseits. Wenn der G-BA auf der Grundlage von § 135 Abs. 1 Satz 1 SGB V eine Richtlinie erlässt, wirkt er auf den Inhalt der Kollektivverträge und somit unmittelbar auf die zwischen den Partnern dieser Verträge bestehenden Rechtsverhältnisse ein, da die Richtlinien gem. § 92 Abs. 8 SGB V **Bestandteil der Bundesmantelverträge** und damit auch nach § 82 Abs. 1 Satz 2 SGB V zugleich Bestandteil der **Gesamtverträge** sind. Außerdem wirkt er ein auf die Rechtsstellung der kraft Gesetzes an diese vertraglichen Bestimmungen gebundenen Rechtssubjekte, wie z.B. der Vertragsärzte (vgl. § 95 Abs. 3 Satz 3 SGB V). Die Richtlinie entfaltet ihre Wirkung somit in dem Bereich des vertraglichen, d.h. von den Verbänden der Kassen und Leistungserbringer einvernehmlich geschaffenen Rechts. Nach Maßgabe dieses Vertragsrechts bestimmt sich die vertragsärztliche Versorgung, d.h. die Frage, welche Behandlungsmethoden die Vertragsärzte zu Lasten der Krankenkassen anwenden und abrechnen können.[7] Systematisch gehört § 135 SGB V zwar zum Leistungserbringungsrecht, jedoch können die Versicherten ihre Ansprüche nur innerhalb der Vorgaben des Leistungserbringungsrechts verwirklichen.[8]

5 Der Anspruch der Versicherten gegen ihre Krankenkasse ergibt sich dabei nicht aus (Kollektiv-)Vertrag, sondern unmittelbar aus Gesetz, nämlich entweder in Gestalt eines Sachleistungsanspruchs aus § 2 SGB V (i.V.m. den Vorschriften des Dritten Kapitels) oder in Gestalt eines Kostenerstattungsanspruchs aus § 13 SGB V.

6 Die Versicherten der GKV haben gem. § 27 Abs. 1 Satz 1 SGB V Anspruch auf Krankenbehandlung, wenn sie notwendig ist, um eine Krankheit zu erkennen, zu heilen, ihre Verschlimmerung zu verhüten oder Krankheitsbeschwerden zu lindern. Die jeweiligen Leistungen dürfen aber nicht in einer beliebigen Qualität erbracht werden, sondern § 2 Abs. 1 Satz 3 SGB V bestimmt, dass Qualität und Wirksamkeit der Leistungen dem „**allgemein anerkannten Stand der medizinischen Erkenntnisse**" zu entsprechen und den medizinischen Fortschritt zu berücksichtigen haben. In der Gesetzesbegründung zu § 2 Abs. 1 SGB V[9] wird ausdrücklich betont, dass die Leistungen der GKV einem bestimmten Qualitätsstandard entsprechen und wirksam sein müssen. Ähnlich heißt es in § 70 Abs. 1 Satz 1 SGB V und § 72 Abs. 2 SGB V, dass die Krankenkassen und die Leistungserbringer eine dem allgemein anerkannten Stand der medizinischen Erkenntnisse[10] entsprechende Versorgung der Versicherten zu gewährleisten haben. Das gilt gem. § 18 Abs. 1 Satz 1 SGB V ebenso für eine Kostenübernahme bei Behandlung außerhalb des Geltungsbereiches des EG-Vertrages, die voraussetzt, dass alle dem allgemein anerkannten Stand der medizinischen Erkenntnisse entsprechende Behandlung nur außerhalb des erwähnten Geltungsbereiches möglich ist. Damit kommt dem Begriff „allgemein anerkannter Stand der medizinischen Erkenntnisse" zentrale Bedeutung für die Leistungsgewährung in der GKV zu.[11] Er stellt die gesundheitsrechtliche Anknüpfung an den außerrechtlichen Begriff des „medizinischen Standards" dar, indem er die den allgemeinen Standard-Begriff prägenden Elemente, nämlich wissenschaftliche Erkenntnisse und berufliche Erfahrung, inhaltlich aufnimmt.

7 Die Aufgabenstellung des G-BA nach Absatz 1 überschneidet sich mit der Aufgabenstellung des **Bewertungsausschusses** nach § 87 Abs. 2 Satz 2 SGB V. Eine Aufgabenteilung hat in der Weise zu erfolgen, dass die wissenschaftliche Beurteilung einer neuen oder bestehenden medizinischen Untersuchungs- oder Behandlungsmethode dem G-BA obliegt und seine Entscheidung den Bewertungsausschuss insoweit bindet. Die Anforderungen an die Wirtschaftlichkeit einer als abrechnungsfähig definierten oder zur Aufnahme in den Einheitlichen Bewertungsmaßstab (EBM) vorgeschlagenen ärztlichen Leistung legt jedoch der Bewertungsausschuss fest, wenn die ihr zugrunde liegende Methode anerkannt ist. Außerdem muss der Bewertungsausschuss die Finanzierbarkeit neuer Leistungen zu Lasten der GKV beurteilen, bevor er deren Einführung beschließt.[12]

III. Parallelvorschriften

8 § 135 SGB V als allgemeine Bestimmung zur Methodenbewertung wird durch die Regelungen der §§ 137c und 138 SGB V ergänzt. **§ 138 SGB V** bindet die ärztliche Verordnung von neuen Heilmitteln an entsprechende Empfehlungen des G-BA. Für die Bewertung von Untersuchungs- und Behandlungsmethoden in Krankenhäusern fordert die gesetzliche Regelung in **§ 137c SGB V** gleichfalls, dass der

---

[7] *Saalfrank/Wesser*, NZS 2008, 19.

[8] BSG v. 28.03.2000 - B 1 KR 11/98 R - SozR 3-2500 § 135 Nr. 14.

[9] I.d.F. des Gesundheits-Reformgesetzes, BT-Drs. 11/2237, S. 157, zu § 2, zu Abs. 1.

[10] Zum Inhalt vgl. BSG v. 13.12.2005 - B 1 KR 21/04 R - SozR 4-2500 § 18 Nr. 5.

[11] *Engelmann*, MedR 2006, 245.

[12] *Hess* in: KassKomm, SGB V, § 135 Rn. 14.

allgemein anerkannte Stand der medizinischen Erkenntnisse zu berücksichtigen ist. Von ihrer Zielrichtung sind die in den Verfahren nach § 135 Abs. 1 SGB V und § 138 SGB V einerseits und § 137c SGB V andererseits jeweils zu treffenden Entscheidungen zur Bewertung neuer Methoden grundsätzlich unterschiedlich. Im Verfahren nach § 135 Abs. 1 SGB V und § 138 SGB V entscheidet der G-BA, ob eine bisher nicht zu Lasten der GKV erbringbare neue Methode wegen Anerkennung des diagnostischen oder therapeutischen Nutzens zukünftig zu Lasten der GKV erbracht werden kann. Im Verfahren nach § 137c SGB V entscheidet er, ob eine neue Methode von der zugelassenen Leistungserbringung im Krankenhaus wegen nicht bestehender Erforderlichkeit für eine ausreichende, zweckmäßige und notwendige Versorgung ausgeschlossen werden soll. In den Verträgen über Integrierte Versorgung nach **§ 140b Abs. 3 Satz 3 SGB V** ist sicherzustellen, dass die Voraussetzungen für eine Versorgung entsprechend dem allgemein anerkannten Stand der medizinischen Erkenntnisse und des medizinischen Fortschritts erfüllt werden (**§ 137f Abs. 2 Satz 2 Nr. 1 SGB V**). Ähnlich wird schließlich bei den Anforderungen an strukturierte Behandlungsprogramme bei chronischen Krankheiten formuliert. Auch hier sollen die Behandlungen unter Berücksichtigung des aktuellen Standes der medizinischen Wissenschaft erfolgen.

IV. Literaturhinweise

Abholz, Schwierigkeiten bei der Bestimmung von Qualität in ambulant-ärztlicher Versorgung, GSP 2007, Nr. 7/8, 32-38; *Beschorner*, Zu den Anforderungen an den vorläufigen Rechtsschutz bei möglichem Systemversagen gemäß § 135 Absatz 1 Satz 1 SGB V, RsDE Nr. 59, 75-80 (2005); *Busse*, Nutzen und Wirtschaftlichkeit der Versorgung – wie kann Health Technologie Assessment helfen?, Gedanken 2006, 17-22; *Czypionka/Riedel/Röhrling*, Qualitätssicherung in Praxen – Eine europäische Perspektive, SozSich Öst 2006, Beilage, Heft 6, 1-20; *Dietz*, Die Verfahrensordnung – Sektorenübergreifende Nutzenbewertung oder weitere Abschottung, KrV 2005, 307-310; *Doerner*, Kooperative Normgebung im staatlich gesetzten Rahmen – Betrachtungen am Beispiel der Methodenbewertung und der Qualitätssicherung durch den Gemeinsamen Bundesausschuss, Steuerungsinstrumente des Gesundheitswesens 2006, 1-21; *Engelhard*, Rechtsschutz gegen Methodenentscheidungen des Gemeinsamen Bundesausschusses nach § 135 Absatz 1 Satz 1 SGB V, SGb 2006, 132-139; *Engelmann*, Die Kontrolle medizinischer Standards durch die Sozialgerichtsbarkeit – Zur Anerkennung neuer untersuchungs- und Behandlungsmethoden und zur Stellung des IQWiG, MedR 2006, 245-259; *Francke/Hart*, Die Leistungspflicht der Gesetzlichen Krankenversicherung für Heilversuche, MedR 2006, 131-138; *Günter/Pelzer*, Leistungspflicht der GKV für Behandlungsmethoden, Arznei- und Heilmittel der besonderen Therapierichtungen, Pharma Recht 2006, 110-114; *Hauck*, Medizinische Fortschritt im Dreieck IQWiG, G-BA und Fachgesellschaften: Wann wird eine innovative Therapie zur notwendigen medizinischen Maßnahme?, NZS 2007, 461-468; *Hauck*, Gestaltung des Leistungsrechts der gesetzlichen Krankenversicherung durch das Grundgesetz? – Auswirkungen des Beschlusses des BVerfG vom 6.12.2005, NJW 2007, 1320-1325; *Hess*, Darstellung der Aufgaben des Gemeinsamen Bundesausschusses, MedR 2005, 385-389; *Kellner*, Die Aufsicht des Bundesministeriums für Gesundheit über den Gemeinsamen Bundesausschuss, GesR 2006, 204-209; *Kingreen*, Verfassungsrechtliche Grenzen der Rechtsetzungsbefugnis des Gemeinsamen Bundesausschusses im Gesundheitsrecht, NJW 2006, 877-880; *Lange*, Die Auswirkungen untergesetzlicher Normsetzung auf das Vertragsarztrecht, Diss. Augsburg 2004; *Nahnhauer*, Brauchen wir weitere Ausnahmeregelungen im Arzeimittelbereich? – Beschluss des Bundesverfassungsgerichts zu alternativen Behandlungsmethoden, BKK 2006, 204-208; *Neumann/Nicklas-Faust*, Evidenzbasierte Leitlinien als Maßstab ärztlichen Handelns in medizinischer und rechtlicher Sicht, RsDE Nr. 60, 23-49 (2006); *Saalfrank/Wesser*, Die Pflicht der Gesetzlichen Krankenversicherung zur Leistung neuer Behandlungsmethoden, NZS 2008, 17-25; *Schmidt-Rögnitz*, Die Gewährung von alternativen sowie neuen Behandlungs- und Heilmethoden durch die gesetzliche Krankenversicherung, Diss. 1996; *Seeringer*, Der Gemeinsame Bundesausschuss nach dem SGB V, Diss. Bremen 2005; *von Wullfen*, Rechtsprechung des Bundessozialgerichts zu noch nicht anerkannten Behandlungsmethoden, GesR 2006, 385-389; *von Wulffen*, die gerichtliche Kontrolle des Leistungsumfangs in der Gesetzlichen Krankenversicherung, Gedanken 2006, 225-244; *Wartensleben*, Vereinbarung von Wirtschaftlichkeit und innovativer Therapie?, A&R 2005, 5-7; *Welti*, Der sozialrechtliche Rahmen ärztlicher Therapiefreiheit, GesR 2006, 1-12; *Wigge*, Zur Verfassungsmäßigkeit der Beschränkung der Abrechnungsgenehmigung in der Kernspintomographie-Vereinbarung auf die Fachgebiete Radiologie und Nuklearmedizin, NZS 2005, 176-180; *Zuck*, Der verfassungsrechtliche Rahmen von Evaluation und Pluralismus, MedR 2006, 515-519. 9

B. Auslegung der Norm

I. Regelungsgehalt und Bedeutung der Norm

1. Bewertung neuer Untersuchungs- und Behandlungsmethoden (Absatz 1 Satz 1)

a. Allgemeines

10 Neue Untersuchungs- und Behandlungsmethoden dürfen in der vertrags-(zahn)ärztlichen Versorgung zu Lasten der Krankenkassen nur erbracht werden, wenn der G-BA entsprechende Empfehlungen abgegeben hat. Wenn (noch) keine Empfehlung des G-BA zu einer neuen Methode abgegeben wurde, kommt eine **Abrechnungsfähigkeit** in der vertragsärztlichen Versorgung regelmäßig nicht in Betracht. Die in einem ordnungsgemäßen Bewertungsverfahren getroffene Empfehlung zur Nichtanerkennung einer Methode führt grundsätzlich zum **Ausschluss von Leistungsansprüchen** des Versicherten. Die Kostenerstattung für eine vom Versicherten selbst beschaffte Maßnahme ist in diesen Fällen grundsätzlich ausgeschlossen.[13]

11 Der Begriff der (Untersuchung- und) **Behandlungsmethode** ist umfassender als der der ärztlichen Leistung in § 87 SGB V. Er bezeichnet ein medizinisches Vorgehen, dem ein eigenes theoretisch-wissenschaftliches Konzept zugrunde liegt, das es von anderen Therapien unterscheidet und seine systematische Anwendung in der Behandlung bestimmter Krankheiten rechtfertigen soll.[14] Zu den Behandlungsmethoden gehören auch Arzneimittel und Medizinprodukte.[15] Pharmakotherapien unterliegen dem Erlaubnisvorbehalt jedoch nur dann, wenn die eingesetzten Präparate keine Zulassung nach dem Arzneimittelgesetz benötigen, wie dies z.B. bei Rezepturarzneimitteln der Fall ist.[16]

12 Als **„neue" Untersuchungs- und Behandlungsmethode** i.S.v. Absatz 1 Satz 1 gelten nach § 9 Abs. 1 der Verfahrensordnung des G-BA (VerfO)[17] Leistungen, die nicht als abrechnungsfähige ärztliche oder zahnärztliche Leistungen im Einheitlichen Bewertungsmaßstab (EBM) oder Bewertungsmaßstab (Bema) enthalten sind oder die zwar im EBM oder im Bema enthalten sind, deren Indikation oder deren Art der Erbringung wesentliche Änderungen oder Erweiterungen erfahren hat. Es kommt also darauf an, ob die Methode bisher nicht oder nicht in dieser Form Gegenstand der vertragsärztlichen Versorgung war.[18] Gleiches gilt, wenn sie sich aus einer neuartigen Kombination verschiedener, für sich allein jeweils anerkannter oder zugelassener Maßnahmen zusammensetzt.[19] Entsprechendes gilt für die Definition „neuer Heilmittel" i.S.d. § 138 SGB V.[20]

13 Bestehen **Zweifel**, ob es sich um eine „neue" Methode handelt, ist eine Stellungnahme des Bewertungsausschusses gem. § 87 SGB V einzuholen (§ 9 Abs. 2 VerfO).

b. Sonderfälle

14 **Abweichungen von dem** in § 135 Abs. 1 Satz 1 SGB V bestimmten **Verbot mit Erlaubnisvorbehalt** gelten, wenn ein sog. Systemmangel (Systemversagen) vorliegt, es sich um sehr seltene (singuläre) Erkrankungen handelt, Arzneimitteltherapien betroffen sind und/oder eine lebensbedrohliche Erkrankung mit einer neuen, noch nicht empfohlenen Behandlungsmethode behandelt werden soll (d.h. der sog. Nikolaus-Beschluss des BVerfG einschlägig ist: Der schwerwiegend gesundheitlich beeinträchtigte Patient hat ein Recht auf Behandlung mit unkonventionellen Methoden auch jenseits der nicht vorhandenen, nicht anwendbaren oder fruchtlos angewandten Standardtherapie, wenn folgende Vor-

---

13 BSG v. 16.09.1997 - 1 RK 28/95 - BSGE 81, 54; BSG v. 28.03.2000 - B 1 KR 11/98 R - BSGE 86, 54; BSG v. 19.02.2002 - B 1 KR 16/00 R - SozR 3-2500 § 92 Nr. 12; BSG v. 19.02.2003 - B 1 KR 18/01 R - SozR 4-2500 § 135 Nr. 1; BSG v. 19.10.2004 - B 1 KR 27/02 R - SozR 4-2500 § 27 Nr. 1.

14 BSG v. 27.09.2005 - B 1 KR 28/03 R - USK 2005-77.

15 BSG v. 23.07.1998 - B 1 KR 19/96 R - SozR 3-2500 § 31 Nr. 5, S. 13, 19; BSG v. 28.03.2000 - B 1 KR 11/98 R - SozR 3-2500 § 135 Nr. 14, S. 59, 62 ff.

16 BSG v. 27.03.2007 - B 1 KR 30/06 R - SGb 2007, 287; BSG v. 28.03.2000 - B 1 KR 11/98 R - BSGE 86, 54 = SozR 3-2500 § 135 Nr. 14.

17 Vom 20.09.2005, BAnz 2006, 16998, geändert durch Beschl. v. 18.04.2006, BAnz 2006, 4876.

18 BSG v. 27.09.2005 - B 1 KR 28/03 R - USK 2005-77.

19 BSG v. 19.10.2004 - B 1 KR 27/02 R - BSGE 93, 236 = SozR 4-2500 § 27 Nr. 1.

20 Vgl. auch BSG v. 16.09.1997 - 1 RK 28/95 - BSGE 81, 54 = SozR 3-2500 § 135 Nr. 4; BSG v. 22.03.2005 - B 1 A 1/03 R - SozR 4-2400 § 89 Nr. 3; BSG v. 27.09.2005 - B 1 KR 28/03 R - USK 2005-77.

aussetzungen vorliegen: Das Risiko bei einer Nichtbehandlung muss für ihn größer sein als das bei der beantragten Behandlung und die höheren Kosten der Behandlung müssen in einem vernünftigen Verhältnis zu dem ermittelten Zusatznutzen stehen.[21]

Eine Leistungsgewährung auch ohne positive Empfehlung des G-BA ist dann ausnahmsweise statthaft, wenn die Krankenkasse wegen eines Mangels des gesetzlichen Leistungssystems nicht zur Leistungserbringung in der Lage ist. Ein solcher **Systemmangel** liegt vor, wenn die fehlende Anerkennung der neuen Methode darauf zurückzuführen ist, dass das Verfahren vor dem G-BA von den antragsberechtigten Stellen bzw. dem Bundesausschuss selbst überhaupt nicht bzw. nicht zeitgerecht oder nicht ordnungsgemäß durchgeführt wurde.[22] Wann von einer nicht **zeitgerechten Entscheidung**, also von einer unangemessenen Verfahrensdauer auszugehen ist, hängt allgemein von den Begleitumständen ab, etwa der Komplexität der Materie, der allgemeinen Belastung des G-BA oder der therapeutischen Bedeutung des Anliegens.[23] Gerade bei der Bewertung der medizinischen Dringlichkeit wird dem G-BA ein weiter Ermessensspielraum zugestanden. Der für eine gründliche Prüfung und Bewertung anzusetzende Zeitrahmen ist insbesondere dann nicht überschritten, solange wissenschaftliche Studien über die Erfolgsaussichten und Risiken noch nicht abgeschlossen sind.[24] Der mögliche Systemmangel liegt jedoch nicht (allein) in der Verfahrensdauer, sondern in der **willkürlichen** oder **sachfremden Verzögerung** der Ausschussentscheidung.[25] Dabei ist ein zielgerichtetes Handeln des G-BA oder seiner Mitglieder nicht erforderlich. So könnte es einen Mangel begründen, wenn der G-BA von ihm als notwendig erachtete gesetzliche Vorgaben vermisst oder irrtümlich angenommen hat, für eine Beurteilung nicht zuständig zu sein.[26] Auch wenn ein Systemmangel vorliegt, begründet allein dies noch nicht zwingend eine Leistungspflicht der Krankenkasse, da die zum Systemversagen entwickelten Grundsätze keine Sanktion darstellen, sondern lediglich den dem Versicherten bei ordnungsgemäßer Verfahrensweise zustehenden Anspruch durchsetzen sollen. Es bedarf daher darüber hinaus der Feststellung, dass tatsächlich eine **Versorgungslücke** besteht, also der G-BA verpflichtet gewesen wäre, eine positive Empfehlung für die in Rede stehende Behandlungs- oder Untersuchungsmethode abzugeben.[27] Zur Feststellung einer durch Untätigkeit hervorgerufenen Versorgungslücke sind allerdings nicht die Krankenkassen, sondern ausschließlich die Gerichte befugt, wobei insoweit eine rechtskräftige gerichtliche Entscheidung zu fordern sein dürfte.[28] 15

Wird die Einleitung oder die Durchführung eines Verfahrens zur Beurteilung einer neuen Untersuchungs- oder Behandlungsmethode verzögert und kann deswegen eine neue Methode vom Versicherten nicht in Anspruch genommen werden, hat dieser einen Anspruch auf **Kostenerstattung** gegen seine Krankenkasse, wenn Qualität und Wirtschaftlichkeit der Maßnahme dem allgemein anerkannten Stand der medizinischen Erkenntnisse entsprechen, der sich in zuverlässigen wissenschaftlich nachprüfbaren Aussagen niedergeschlagen hat.[29] Hat allerdings der G-BA rechtswidrig eine Entscheidung verschleppt oder grob fehlerhaft gehandelt, kommt es nur darauf an, dass sich diese neue Methode bereits in der Praxis insoweit durchgesetzt hat, als sie in der medizinischen Fachdiskussion eine breite 16

---

[21] *Roters*, NZS 2007, 176, 181.

[22] BSG v. 27.03.2007 - B 1 KR 30/06 R - SGb 2007, 287: kein Systemmangel bei der Gewährung cannabinoidhaltiger Arzneimittel zur Schmerztherapie; BSG v. 09.11.2006 - B 10 KR 3/06 B - Elektroakupunktur nach Dr. Voll; vgl. auch BSG v. 03.04.2001 - B 1 KR 40/00 R - SozR 3-2500 § 27a Nr. 3; BSG v. 16.09.1997 - 1 RK 28/95 - SozR 3-2500 § 135 Nr. 4.

[23] Vgl. BSG v. 19.03.2002 - B 1 KR 36/00 R - SozR 3-2500 § 138 Nr. 2, S. 22, 31 und BSG v. 03.04.2001 - B 1 KR 22/00 R - SozR 3-2500 § 27a Nr. 2, S. 9, 21: 3 Jahre; vgl. auch Bayer. LSG v. 20.01.2005 - L 4 KR 209/02 - Die Leistungen Beilage 2005, 155 ff.: 4 Jahre; Sächsisches LSG v. 16.07.2003 - L 1 KR 17/02: 2 1/2 Jahre.

[24] BSG v. 03.04.2001 - B 1 KR 22/00 R - SozR 3-2500 § 27a Nr. 2, S. 9, 21.

[25] BSG v. 19.03.2002 - B 1 KR 36/00 R - SozR 3-2500 § 138 Nr. 2, S. 22, 31 m.w.N.; BSG v. 16.09.1997 - 1 RK 28/95 - SozR 3-2500 § 135 Nr. 4, S. 9, 21; BSG v. 03.04.2001 - B 1 KR 22/00 R - SozR 3-2500 § 27a Nr. 2, S. 9, 21; BSG v. 19.02.2002 - B 1 KR 16/00 R - SozR 3-2500 § 92 Nr. 12, S. 65, 71.

[26] BSG v. 28.03.2000 - B 1 KR 11/98 R - SozR 3-2500 § 135 Nr. 14, S. 59, 67.

[27] *Engelhard*, SGb 2006, 132.

[28] Vgl. BSG v. 22.03.2005 - B 1 A 1/03 R - SozR 4-2400 § 89 Nr. 3.

[29] BSG v. 03.04.2001 - B 1 KR 40/00 R - BSGE 88, 62 = SozR 3-2500 § 27a Nr. 3; BSG v. 16.09.1997 - 1 RK 28/95 - SozR 3-2500 § 135 Nr. 4; BSG v. 05.07.1995 - 1 RK 6/95 - BSGE 76, 194 = SozR 3-2500 § 27 Nr. 5.

Resonanz gefunden hat und von einer erheblichen Zahl von Ärzten bereits angewandt wird.[30] Dabei ist auf den internationalen Erkenntnisstand abzustellen.[31] Der Systemmangel muss aber im Zeitpunkt der Leistungserbringung bereits vorgelegen haben.[32]

17 Für praktische Anwendungsfälle der Figur des Systemmangels dürfte nach Einfügung der Sätze 4 und 5 weniger Raum verbleiben.

18 Nach einem Urteil des BSG vom 19.10.2004[33] setzt die unkonventionelle Vorgehensweise des Arztes bei einer **singulären Erkrankung** die vorherige Anerkennung durch den (damaligen) Bundesausschuss der Ärzte und Krankenkassen nicht voraus. Der Erlaubnisvorbehalt für neue Therapien in der vertragsärztlichen Versorgung gelte nur für Behandlungsmethoden. Hierunter verstehe schon die bisherige Rechtsprechung nur Behandlungsmaßnahmen, die der Arzt bei einem bestimmten Krankheitsbild systematisch anwendet und zu deren therapeutischem Nutzen infolgedessen generelle Aussagen möglich sind. Die Vorgehensweise bei einer einzigartigen Erkrankung, die weltweit nur extrem selten auftritt und die deshalb im nationalen wie im internationalen Rahmen weder systematisch erforscht noch systematisch behandelt werden kann, stelle daher keine Methode dar. In solchen Fällen müsse entscheidend sein, ob die Wahrscheinlichkeit eines patientenrelevanten Erfolges das aufgrund der Unsicherheit erhöhte Behandlungsrisiko überwiegt.[34] Die Entscheidung liegt im pflichtgemäßen Ermessen des Vertragsarztes, der bei Unvertretbarkeit von der Krankenkasse widersprochen werden kann.[35] Ein Off-Label-Use von Arzneimitteln kommt in solchen Fällen nur in Betracht, wenn es 1. um die Behandlung einer schwerwiegenden (lebensbedrohlichen oder die Lebensqualität auf Dauer nachhaltig beeinträchtigenden) Erkrankung geht, wenn 2. keine andere Therapie verfügbar ist und wenn 3. aufgrund der Datenlage die begründete Aussicht besteht, dass mit dem betreffenden Präparat ein Behandlungserfolg (kurativ oder palliativ) erzielt werden kann.[36]

19 Das BSG verlangt in diesen Fällen, dass ein **Mindestmaß an Arzneimittel- und Behandlungsqualität** eingehalten wird. Davon kann ausgegangen werden, wenn pharmakologisch-toxische Daten und aussagekräftige Studien die Unbedenklichkeit und die therapeutische Wirksamkeit des Mittels zumindest für andere Krankheiten belegen. Dies muss nicht weiter geprüft werden, wenn das Medikament in anderen Staaten zugelassen worden ist, die Abkommen zur Gute-Labor- bzw. Gute-Herstellungspraxis unterzeichnet haben.[37] Zusätzlich beschränkt das BSG die Anwendbarkeit dieser Ausnahme auf schwerwiegende (d.h. lebensbedrohliche oder die Lebensqualität auf Dauer nachhaltig beeinträchtigende) Erkrankungen, für die keine andere Behandlungsmöglichkeit zur Verfügung steht. Andernfalls sei die Gefahr zu hoch, dass ein unzureichend kontrollierter Arzneimittelgebrauch kaum abschätzbare Gefahren mit sich brächte.[38] Mit dem Kriterium einer Krankheit, die mit einer lebensbedrohlichen oder regelmäßig tödlich verlaufenden Erkrankung in der Bewertung vergleichbar ist, ist eine strengere Voraussetzung umschrieben, als sie etwa mit dem Erfordernis einer „schwerwiegenden" Erkrankung für die Eröffnung des sog Off-Label-Use[39] formuliert ist. Versicherte der GKV haben danach Anspruch auf eine verfassungskonforme Leistungserweiterung nur wegen solcher Krankheiten, die in absehbarer Zeit zum Verlust des Lebens oder eines wichtigen Sinnesorgans oder einer herausgehobenen Körperfunktion führen.[40]

20 **Arzneimittel**: Die Wirksamkeitsprüfung, die der G-BA für neue Untersuchungs- und Behandlungsmethoden nach § 135 Abs. 1 SGB V vornimmt, und die auch die Prüfung beinhaltet, ob der diagnostische oder therapeutische Nutzen der Methode im Vergleich zu bereits etablierten Methoden belegt ist, wird

30 BSG v. 19.02.2002 - B 1 KR 16/00 R - SozR 3-2500 § 92 Nr. 12.

31 BSG v. 13.12.2005 - B 1 KR 21/04 R - SozR 4-2500 § 18 Nr. 5.

32 BSG v. 08.02.2000 - B 1 KR 18/99 B - SozR 3-2500 § 135 Nr. 12.

33 BSG v. 19.10.2004 - B 1 KR 27/02 R - BSGE 93, 236 = SozR 4-2500 § 27 Nr. 1 - Photodynamische Therapie im Kindesalter. Vgl. auch BSG v. 27.03.2007 - B 1 KR 30/06 R - SGb 2007, 287: kein Seltenheitsfall bei der Gewährung cannabinoidhaltiger Arzneimittel zur Schmerztherapie.

34 Vgl. *Roters*, NZS 2007, 176.

35 BSG v. 19.10.2004 - B 1 KR 27/02 R - SozR 4-2500 § 27 Nr. 1.

36 BSG v. 27.03.2007 - B 1 KR 17/06 R - SGb 2007, 287: keine zulassungsüberschreitende Anwendung von „Polyglobin 10%" zur Behandlung einer Multiplen Sklerose in einer sekundär-chronischen Form mit Schüben; vgl. auch BSG v. 26.09.2006 - B 1 KR 1/06 R - SozR 4-2500 § 31 Nr. 5.

37 BSG v. 04.04.2006 - B 1 KR 7/05 R - SozR 4-2500 § 31 Nr. 4.

38 BSG v. 19.10.2004 - B 1 KR 27/02 - SozR 4-2500 § 27 Nr. 1.

39 Vgl. BSG v. 19.03.2002 - B 1 KR 37/00 R - BSGE 89, 184 = SozR 3-2500 § 31 Nr. 8.

40 BSG v. 14.05.2007 - B 1 KR 16/07 B.

für zulassungspflichtige Arzneimittel mit Wirkung für die gesetzliche Krankenversicherung durch die Prüfung des Bundesinstituts für Arzneimittel und Medizinprodukte (BfArM)[41] im Rahmen des arzneimittelrechtlichen Zulassungsverfahrens nach §§ 21 ff. AMG ersetzt. Das heißt, dass bezogen auf die von der Zulassung erfassten Merkmale des Arzneimittels, wie Anwendungsgebiet, Beschaffenheit und Darreichungsform[42], von der Verordnungsfähigkeit zulasten der gesetzlichen Krankenversicherung auszugehen ist, da nach der Rechtsprechung des BSG die durch die Zulassung vorgenommene Kontrolle der pharmazeutischen Qualität, der Wirksamkeit und der Unbedenklichkeit auch mit Wirkung für das Krankenversicherungsrecht die Qualität des Arzneimittels ausreichend gewährleistet. Eine bestehende Arzneimittelzulassung im Ausland entfaltet jedoch nicht zugleich auch entsprechende Rechtswirkungen für Deutschland.[43]

Zulassungspflichtige Arzneimittel können jedoch aufgrund der medizinischen Erkenntnisse oder auf- 21
grund der Vorgaben im Einheitlichen Bewertungsmaßstab (EBM) nach § 87 SGB V gebührenordnungsmäßig **Teil eines ärztlichen Behandlungskonzeptes** sein, für dessen Beurteilung prinzipiell der Bundesausschuss nach § 135 Abs. 1 SGB V zuständig ist. Bereits für den Hilfsmittelbereich hatte das BSG entschieden, dass allein die Aufnahme eines Hilfsmittels in das Hilfsmittelverzeichnis nach §§ 128, 139 SGB V den Vertragsarzt nicht ermächtigt, auch die entsprechende therapeutische Behandlung durchzuführen, solange es an einer Empfehlung des Bundesausschusses nach § 135 Abs. 1 SGB V mangelt.[44] Das BSG hatte zuvor stets betont, dass als Behandlungsmethoden i.S.v. § 135 Abs. 1 SGB V solche Verfahren anzusehen sind, denen „ein eigenes theoretisch-wissenschaftliches Konzept, das sie von anderen Therapieverfahren unterscheidet und das ihre systematische Anwendung in der Behandlung bestimmter Krankheiten rechtfertigen soll"[45], zugrunde liegt. In diesem Zusammenhang stellt sich der Begriff der Methode i.S.v. § 135 Abs. 1 Satz 1 SGB V im Verhältnis zu dem der ärztlichen Leistung i.S.v. § 87 SGB V als der umfassendere dar,[46] so dass es Leistungen gibt, die vom Bewertungsausschuss im Rahmen seiner Entscheidungsfreiheit als im Rahmen der vertragsärztlichen Versorgung abrechenbare Leistungen neu in den EBM aufgenommen werden können, ohne dass es einer vorherigen Entscheidung des Bundesausschusses bedarf.[47] Das BSG hat in seiner Entscheidung vom 19.10.2004[48] geklärt, dass, soweit eine ärztliche Behandlung über die schlichte Verabreichung eines Arzneimittels hinausgeht und sie selbst wegen des besonderen Aufwandes eine neue Behandlungsmethode darstellt, eine Leistungspflicht nach dem SGB V nur dann in Betracht kommen kann, wenn die leistungsrechtlichen Mindestvoraussetzungen für ein neues Arzneimittel und diejenigen für eine neue Behandlungsmethode kumulativ erfüllt sind. Das verwendete Arzneimittel darf daher weder von dem arzneimittelrechtlichen Verkehrsverbot erfasst sein noch von dem krankenversicherungsrechtlichen Erlaubnisvorbehalt des § 135 Abs. 1 SGB V. Dies gilt nach dem BSG insbesondere dann, wenn die ärztliche Handlung maßgeblich mit über den Erfolg der Arzneimitteltherapie entscheidet. Eine Ausnahme hiervon ist aber dann zu machen, wenn trotz des hohen Aufwandes des Arztes keine Behandlungsmethode vorliegt. Der Erlaubnisvorbehalt nach § 135 Abs. 1 SGB V für neue Therapien in der vertragsärztlichen Versorgung gilt nach dem BSG nur für Behandlungsmaßnahmen, die der Arzt bei einem bestimmten Krankheitsbild systematisch anwendet und zu deren therapeutischem Nutzen infolgedessen generelle Aussagen möglich sind. Soweit die Verabreichung des Arzneimittels zwingend eine begleitende ärztliche Leistung voraussetzt, die inhaltlich über die bloße Verabreichung des Arzneimittels hinausgeht, ist der Bewertungsausschuss nach § 87 SGB V nicht nur berechtigt, sondern verpflichtet, eine entsprechende Gebührenposition für das Verfahren im EBM zu schaffen. Zulassungspflichtige Arzneimittel, die dagegen durch den Arzt ohne zusätzlichen Aufwand bloß verabreicht werden bzw. die durch den Kassenpatienten selbst eingenommen werden, unterliegen nicht der Prüfungs-

---

41 www.bfarm.de.

42 Vgl. § 29 Abs. 3 AMG.

43 BSG v. 27.03.2007 - B 1 KR 30/06 R - SGb 2007, 287.

44 BSG v. 31.08.2000 - B 3 KR 21/99 R - SozR 3-2500 § 139 Nr. 1, S. 7 - Magnetfeldtherapie.

45 BSG v. 23.07.1998 - B 1 KR 19/96 R - SozR 3-2500 § 31 Nr. 5, S. 19; BSG v. 25.08.1999 - B 6 KA 39/98 R - SozR 3-2500 § 135 Nr. 11, S. 50.

46 BSG v. 23.07.1998 - B 1 KR 19/96 R - SozR 3-2500 § 31 Nr. 5, S. 19; BSG v. 25.08.1999 - B 6 KA 39/98 R - SozR 3-2500 § 135 Nr. 11, S. 50.

47 BSG v. 13.11.1996 - 6 RKa 31/95 - SozR 3-2500 § 87 Nr. 14, S. 49; BSG v. 25.08.1999 - B 6 KA 39/98 R - SozR 3-2500 § 135 Nr. 11, S. 51.

48 BSG v. 19.10.2004 - B 1 KR 27/02 R - SozR 4-2500 § 27 Nr. 1.

kompetenz des Bundesausschusses nach § 135 Abs. 1 SGB V, sondern in diesen Fällen wird der Wirksamkeits-, Unbedenklichkeits- und Qualitätsnachweis durch die arzneimittelrechtliche Zulassung geführt.

22 **Lebensbedrohliche Erkrankungen**: Die Behandlung von lebensbedrohlichen oder regelmäßig tödlichen Erkrankungen ohne kurative Standardtherapie hat durch die jüngere Rechtsprechung eine stärkere Konturierung erfahren. Mit Beschluss vom 06.12.2005[49], der sog. **Nikolaus-Entscheidung**, hat das BVerfG die Rechte von Patienten mit lebensbedrohlichen Erkrankungen gestärkt und das Folgende klargestellt: Eine Leistungsverweigerung der Krankenkasse unter Berufung darauf, eine bestimmte neue ärztliche Behandlungsmethode im ambulanten Bereich sei im Rahmen der GKV ausgeschlossen, weil der G-BA diese noch nicht anerkannt oder sie sich zumindest in der Praxis und in der medizinischen Fachdiskussion noch nicht durchgesetzt hat, verstößt gegen das Grundgesetz, wenn folgende drei **Voraussetzungen** kumulativ erfüllt sind:[50]

1. Es liegt eine lebensbedrohliche oder regelmäßig tödlich verlaufende Erkrankung vor.
2. Bezüglich dieser Krankheit steht eine allgemein anerkannte, medizinischem Standard entsprechende Behandlung nicht zur Verfügung.
3. Bezüglich der beim Versicherten ärztlich angewandten (neuen, nicht allgemein anerkannten) Behandlungsmethode besteht eine auf Indizien gestützte, nicht ganz fernliegende Aussicht auf Heilung oder wenigstens auf eine spürbare positive Einwirkung auf den Krankheitsverlauf.

23 Das BVerfG hat mit seinem Beschluss ein Urteil des BSG aufgehoben, das einem an Duchenne'scher Muskeldystrophie leidenden jungen Versicherten den Anspruch darauf absprach, zu Lasten der GKV von einem Arzt mit Thymuspeptiden, Zytoplasma, homöopathischen Mitteln und hochfrequenten Schwingungen („Bioresonanztherapie") behandelt zu werden.[51]

24 Eine **lebensbedrohliche Erkrankung** hat die Rechtsprechung des BSG bisher bejaht bei dem Auftreten von Metastasen nach Entfernung eines Darmtumors (Caecumcarzinom) im Stadium III in einem Fall, in dem die statistische Überlebenswahrscheinlichkeit auf Grund des fortgeschrittenen Stadiums und der unklaren Situation in Bezug auf Fernmetastasen erheblich herabgesetzt war.[52] Ebenso hat es eine schwere sekundäre pulmonale Hypertonie (NYHA Stadium IV) als Folge eines CREST-Syndroms hierher gezählt.[53] Nicht als ausreichend angesehen hat es dagegen ein Prostatakarzinom im Anfangsstadium ohne Hinweise auf metastatische Absiedelungen[54] oder einen MAD-Mangel, der zu belastungsabhängigen, muskelkaterähnlichen Schmerzen, schmerzhaften Muskelversteifungen und sehr selten zum Untergang von Muskelgewebe führen kann.[55] Eine Gleichstellung mit lebensbedrohlichen Erkrankungen würde es für den Fall akut drohender Erblindung[56] erwägen.[57] Dagegen hat es ein Restless-Legs-Syndrom „selbst bei schwerer Ausprägung" nicht ausreichen lassen und ausgeführt, auch eine wegen des Restless-Legs-Syndroms bestehende hochgradige akute Suizidgefahr bewirke grundsätzlich nicht, dass Leistungen außerhalb des Leistungskatalogs der GKV beansprucht werden können. Vielmehr könnte Suizidgefahr regelmäßig nur Anspruch auf eine spezifische Behandlung etwa mit den Mitteln der Psychiatrie begründen.[58]

25 **Allgemein anerkannte, dem medizinischen Stand entsprechende Methoden** stehen nicht zur Verfügung, wenn – bezogen auf das konkrete Behandlungsziel – überhaupt keine Behandlungsmethoden verfügbar sind oder es zwar eine Standardtherapie gibt, diese aber bei dem konkreten Versicherten wegen Bestehens gravierender gesundheitlicher Risiken, insbesondere schwerwiegender Nebenwirkungen, nicht angewandt werden kann.[59] So stand etwa im Falle des Prostatakarzinoms im Anfangsstadium

[49] BVerfG v. 06.12.2005 - 1 BvR 347/98 - SozR 4-2500 § 27 Nr. 5.
[50] Vgl. umfassend *Hauck*, NJW 2007, 1320 ff.
[51] BSG v. 16.09.1997 - 1 RK 28/95 - SozR 3-2500 § 135 Nr. 4.
[52] Vgl. BSG v. 04.04.2006 - B 1 KR 7/05 R - SozR 4-2500 § 31 Nr. 4 = NJW 2007, 1380 Rn. 30 - Tomudex.
[53] Vgl. BSG v. 26.09.2006 - B 1 KR 1/06 R - SozR 4-2500 § 31 Nr. 5 - Ilomedin.
[54] Vgl. BSG v. 04.04.2006 - B 1 KR 12/05 R - SozR 4-2500 § 27 Nr. 8 - Permanente Brachytherapie – radioaktive Jod-Seeds.
[55] Vgl. BSG v. 04.04.2006 - B 1 KR 12/04 R - NZS 2007, 88 = SozR 4-2500 § 27 Nr. 7 - D-Ribose; entsprechend BSG v. 26.09.2006 - B 1 KR 14/06 R - SozR 4-2500 § 31 Nr. 6: drohende Erblindung in 20 bis 30 Jahren wegen Stoffwechselstörung.
[56] Vgl. dazu BSG v. 19.10.2004 - B 1 KR 27/02 R - NZS 2005, 589 = SozR 4-2500 § 27 Nr. 1 - Visudyne.
[57] Vgl. BSG v. 04.04.2006 - B 1 KR 12/04 R - NZS 2007, 88 = SozR 4-2500 § 27 Nr. 7 Rn. 31 - D-Ribose.
[58] Vgl. BSG v. 26.09.2006 - B 1 KR 14/06 R - SozR 4-2500 § 31 Nr. 6 - Restless-Legs-Syndrom mit Suizidgefahr.
[59] Vgl. BSG v. 04.04.2006 - B 1 KR 7/05 R - SozR 4-2500 § 31 Nr. 4 = NJW 2007,1380 Rn. 31 - Tomudex.

als Standardtherapie die Entfernung der Prostata und der Samenblase nebst konventioneller Radiologie zur Verfügung.[60] In einem anderen Fall konnte das LSG im Eilverfahren aus zeitlichen Gründen nicht feststellen, ob es einem an einem metastasierenden Prostatakarzinom erkrankten Versicherten zumutbar ist, sich an Stelle der in Aussicht genommenen Dendritischen Zelltherapie auf eine taxanbasierte Chemotherapie als Standardtherapie verweisen zu lassen. Es erklärte, in einem solchen Fall könne eine unter verfassungsrechtlichen Aspekten vorzunehmende Folgenabwägung dazu führen, dass die Krankenkasse vorläufig zur Übernahme der Kosten einer Dendritischen Zelltherapie verpflichtet wird.[61] Bei der Frage, ob Behandlungsalternativen zur Verfügung stehen, ist grundsätzlich zunächst das konkrete Behandlungsziel der streitigen Methode i.S.v. § 27 Abs. 1 Satz 1 SGB V zu klären. Es muss festgestellt werden, ob es um die Heilung einer Krankheit, die Verhütung ihrer Verschlimmerung oder die Linderung von Krankheitsbeschwerden geht, ob eine Behandlung kurative oder palliative Ziele verfolgt. Ausgehend hiervon ist die Wirksamkeit der Therapie zu ermitteln und das Vorhandensein alternativer Methoden gerade auf das mit ihr beabsichtigte Behandlungsziel abzufragen.[62]

Bezüglich der **erforderlichen Aussichten auf eine positive Einwirkung auf den Krankheitsverlauf** 26
ist grundsätzlich die **Doppelfunktion der verfassungsrechtlichen Schutzpflichten**[63] zu beachten. Die Schutzpflichten konkretisieren die Leistungsansprüche der Versicherten nicht nur leistungserweiternd, sondern auch leistungsbeschränkend. Sie sollen die Versicherten auch davor bewahren, auf Kosten der GKV mit zweifelhaften Therapien behandelt zu werden, wenn auf diese Weise eine naheliegende, medizinischem Standard entsprechende Behandlung nicht wahrgenommen wird. Ebenso wenig darf die Rechtsprechung des BVerfG dazu führen, dass unter Berufung auf sie im Einzelfall Rechte begründet werden, die bei konsequenter Ausnutzung durch die Leistungsberechtigten **institutionelle Sicherungen** aushebeln, die der Gesetzgeber gerade im Interesse des Gesundheitsschutzes der Versicherten und der Gesamtbevölkerung errichtet hat.[64] Dem entspricht es, für den Bereich der Arzneimittel die spezifischen Sicherungen auch des Arzneimittelrechts zu berücksichtigen.[65] Allerdings können Versicherte in notstandsähnlichen Situationen insoweit unter engen Voraussetzungen die Versorgung mit arzneimittelrechtlich in Deutschland bzw. EU-weit nicht zugelassenen Import-Fertigarzneimitteln beanspruchen.[66] Auch bei ärztlichen Behandlungen liegt es nahe, grundsätzlich auf die vorhandenen institutionellen Sicherungen zurückzugreifen. Hierzu hat das BVerfG betont, dass es dem Gesetzgeber nicht von Verfassungs wegen verwehrt ist, zur Sicherung der Qualität der Leistungserbringung, im Interesse einer Gleichbehandlung der Versicherten und zum Zweck der Ausrichtung der Leistungen am Gesichtspunkt der Wirtschaftlichkeit ein Verfahren vorzusehen, in dem neue Untersuchungs- und Behandlungsmethoden in der vertragsärztlichen Versorgung auf ihren diagnostischen und therapeutischen Nutzen sowie ihre medizinische Notwendigkeit und Wirtschaftlichkeit nach dem jeweiligen Stand der wissenschaftlichen Erkenntnisse sachverständig geprüft werden, um die Anwendung dieser Methoden zu Lasten der Krankenkassen auf eine fachlich-medizinisch zuverlässige Grundlage zu stellen.[67]

Auch wenn das BVerfG in seinem Beschluss die Frage nach der hinreichenden **Legitimation des** 27
G-BA offen gelassen hat, bejaht sie das BSG in ständiger Rechtsprechung.[68] Daraus wird gefolgert, rechtmäßige – auch **negative** – **Entscheidungen** des G-BA zu respektieren, auch wenn sie lebensbedrohliche Erkrankungen betreffen.[69] Der zeitliche Anwendungsbereich, in dem die Grundsätze des BVerfG-Beschlusses bei ärztlichen Behandlungsmethoden zu beachten sind, beschränkt sich danach auf den Zeitraum, in dem noch keine (negative) rechtmäßige Entscheidung des G-BA veröffentlicht

[60] Vgl. BSG v. 04.04.2006 - B 1 KR 12/05 R - SozR 4-2500 § 27 Nr. 8 = NZS 2006, 652 L - permanente Brachytherapie.

[61] LSG Schleswig-Holstein v. 24.09.2007 - L 5 KR 504/07 KR ER; Anschluss an LSG Berlin-Potsdam v. 01.12.2005 - L 1 B 1039/05 KR ER.

[62] BSG v. 07.11.2006 - B 1 KR 24/06 R - NJW 2007, 1385.

[63] BVerfG v. 06.12.2005 - 1 BvR 347/98 - SozR4-2500 § 27 Nr. 5 Rn. 34 = NJW 2006, 891 = NZS 2006, 84.

[64] Vgl. BSG v. 26.09.2006 - B 1 KR 3/06 R - SozR 4-2500 § 27 Nr. 10.

[65] Vgl. BSG v. 04.04.2006 - B 1 KR 7/05 R - SozR 4-2500 § 31 Nr. 4 = NJW 2007,1380 Rn. 24 - Tomudex.

[66] BSG v. 04.04.2006 - B 1 KR 7/05 R - BSGE 96, 170 = SozR 4-2500 § 31 Nr. 4; Fortentwicklung von BSG v. 19.10.2004 - B 1 KR 27/02 R - BSGE 93, 236 = SozR 4-2500 § 27 Nr. 1 - Visudyne.

[67] BVerfG v. 06.12.2005 - 1 BvR 347/98 - SozR4-2500 § 27 Nr. 5 Rn. 28 = NJW 2006, 891 = NZS 2006, 84.

[68] Vgl. z.B. BSG v. 07.11.2006 - B 1 KR 24/06 R - NJW 2007, 1385; BSG v. 20.03.1996 - 6 RKa 62/94 - BSGE 78, 70 = SozR 3-2500 § 92 Nr. 6; BSG v. 09.12.2004 - B 6 KA 44/03 R - BSGE 94, 50 = SozR 4-2500 § 72 Nr. 2 Rn. 65 ff.; vgl. auch die Zusammenfassung bei *Engelmann*, MedR 2006, 245, 248.

[69] *Hauck*, NJW 2007, 1320, 1324 f. Vgl. BSG v. 07.11.2006 - B 1 KR 24/06 R - NJW 2007, 1385.

worden ist. Diese Auffassung des 1. Senats des BSG führt, wie das LSG Nordrhein-Westfalen in seinem Beschluss vom 22.02.2007[70] bemerkt, dazu, dass je nachdem, ob sich der G-BA mit einer neuen Behandlungsmethode bereits befasst hat oder nicht, ein unterschiedlicher Maßstab anzuwenden ist. Dies ist auch von der Literatur aufgegriffen worden:[71] Das Vorhandensein einer solchen „Negativ-Entscheidung" rechtfertige es nicht, einem gesetzlich Krankenversicherten die Leistung der den Gegenstand dieser Entscheidung bildenden Behandlungsmethode zu versagen, wenn eine standardgemäße Methode zur Behandlung seiner (akut) lebensbedrohlichen Erkrankung nicht zur Verfügung steht[72] und eine nicht ganz entfernt liegende Aussicht darauf gegeben ist, dass mittels dieser Behandlungsmethode seine Krankheit geheilt, seine Überlebenszeit verlängert oder zumindest die Qualität seines Lebens spürbar verbessert werden kann.[73]

28 Die erforderlichen Aussichten auf eine positive Einwirkung auf den Krankheitsverlauf erfordern eine **Risiko/Nutzen-Analyse**. Fehlt es an der institutionalisierten Prüfung – sei es, weil es etwa um einen Arzneimittelimport aus dem Ausland im Einzelfall[74] oder um eine neue ärztliche Behandlungsmethode geht, über die der G-BA noch nicht entschieden hat[75] –, hat die abstrakte oder generalisierende Prüfung von Chancen und Risiken anlässlich des Einzelfalls stattzufinden. Aus der Pflicht, die Regeln der ärztlichen Kunst zu beachten, folgt zugleich die Notwendigkeit, nicht nur abstrakt, sondern auch konkret bezogen auf den Einzelfall Risiken und Nutzen zu ermitteln und zu bewerten. Bei jeder Form der Risiko/Nutzen-Abwägung ist an das erstrebte Behandlungsziel – Erkennen, Heilen, Verhüten einer Verschlimmerung einer Krankheit oder Lindern der durch sie hervorgerufenen Beschwerden[76] – anzuknüpfen.[77] Insbesondere bei lebensbedrohlichen unerforschten singulären Erkrankungen reicht es für die Leistungspflicht der Krankenkasse aus, dass positive Forschungsergebnisse bzw. einem bestimmten Standard entsprechende wissenschaftliche Fachveröffentlichungen vorliegen. Diese müssen die Annahme rechtfertigen, dass der voraussichtliche Nutzen der Behandlungsmaßnahme die möglichen Risiken überwiegen wird.[78] Insoweit besteht ebenfalls weitgehende Übereinstimmung mit den Regelungen der Verfahrensordnung des G-BA, die bei Methoden ohne vorhandene Alternative gleichfalls geringere Anforderungen an die Evidenz stellt.[79]

29 Der **Wahrscheinlichkeitsmaßstab**, der zu verlangen ist, um davon ausgehen zu dürfen, dass die behaupteten Behandlungserfolge mit hinreichender Sicherheit dem Einsatz gerade der streitigen Behandlung zugerechnet werden können und das einzugehende Risiko vertretbar ist, unterliegt Abstufungen je nach der Schwere und dem Stadium der Erkrankung sowie Ausmaß und Eintrittswahrscheinlichkeit von unerwünschten Nebenwirkungen.[80] Dabei sind **Differenzierungen im Sinne der Geltung abgestufter Evidenzgrade** nach dem Grundsatz vorzunehmen „je schwerwiegender die Erkrankung und ‚hoffnungsloser' die Situation bei vertretbaren Risiken der Behandlung, desto geringere Anforderungen sind an die ‚ernsthaften Hinweise' auf einen nicht ganz entfernt liegenden Behandlungserfolg zu stellen." Anhaltspunkte zur Entwicklung solcher Abstufungen können die in der Richtlinie des G-BA

70 LSG Nordrhein-Westfalen v. 22.02.2007 - L 5 B 8/07 KR ER.

71 *Saalfrank/Wesser*, NZS 2008, 17, 19.

72 Wobei allerdings die therapeutische Alternativlosigkeit immer nur in Bezug auf ein bestimmtes Behandlungsziel (Heilung, Linderung, Vorbeugung einer Verschlimmerung) bestimmt werden kann, vgl. *Franke/Hart*, MedR 2006, 131 ff., 136.

73 Eine hier nicht zu erörternde Frage ist, ob die Rechtsprechung des BVerfG dazu führt, die gesetzliche Leistungspflicht der GKV in einer vom Gesetz nicht vorgesehenen Weise zu erweitern, indem aus der Pflicht zur Leistung der Standardbehandlung eine – vom SGB V grundsätzlich nicht vorgesehene – Pflicht zur Leistung eines Heilversuchs gemacht wird, vgl. dazu *Franke/Hart*, MedR 2006, 131 ff.

74 Vgl. § 73m AMG und hierzu BSG v. 04.04.2006 - B 1 KR 7/05 R - SozR 4-2500 § 31 Nr. 4 = NJW 2007, 1380 - Tomudex; BSG v. 26.09.2006 - B 1 KR 1/06 R - SozR 4-2500 § 31 Nr. 5 - Ilomedin.

75 Vgl. dazu BSG v. 07.11.2006 - B 1 KR 24/06 R - NJW 2007, 1385 - LITT.

76 Vgl. § 27 Abs. 1 Satz 1 SGB V.

77 BSG v. 07.11.2006 - B 1 KR 24/06 R - NJW 2007, 1385.

78 BSG v. 19.10.2004 - B 1 KR 27/02 R - BSGE 93, 236 = SozR 4-2500 § 27 Nr. 1, jew. Rn. 28 - Visudyne, m. Anm. *Hart*, SGb 2005, 649.

79 *Engelmann*, MedR 2006, 245, 253.

80 BSG v. 04.04.2006 - B 1 KR 7/05 R - SozR 4-2500 § 31 Nr. 4 = NJW 2007, 1380 Rn. 39 - Tomudex; BSG v. 07.11.2006 - B 1 KR 24/06 R - NJW 2007,1385 - LITT.

über die Bewertung medizinischer Untersuchungs- und Behandlungsmethoden niedergelegten Grundsätze bieten,[81] ebenso die Verfahrensordnung des G-BA.[82]

Der **Prüfungsmaßstab** für die Erfüllung der o.g. drei Voraussetzungen (vgl. Rn. 22) sind die Regeln der ärztlichen Kunst. Das BVerfG hat in seinem Beschluss vom 06.12.2005 betont, dass es mit der Verfassung in Einklang steht, die Konkretisierung der Leistungen vor allem den Ärzten vorzubehalten (§ 15 Abs. 1 SGB V), und dass dementsprechend gerade die ärztliche Einschätzung der Behandlungschancen maßgeblich ist. Das SGB V und die höchstrichterliche Rechtsprechung fordern und akzeptieren zusammenwirkend, dass die Leistungen der Krankenkassen allein nach Maßgabe der Erkenntnisse der medizinischen Wissenschaft zu beanspruchen und zu erbringen sind.[83] Andere als medizinische Verfahren – wie etwa lediglich auf rituelle Heilung ausgerichtete Maßnahmen, z.B. bloßes Handauflegen eines „Geist-“ oder „Wunderheilers“[84], kommen keinesfalls in Betracht, selbst wenn sich ein Arzt hierzu bereit finden sollte. Die Erkenntnisse müssen vielmehr wissenschaftlich, d.h. objektivierbar und damit überprüfbar sein. Dem entsprechend hat das BVerfG[85] bereits früher die Verfassungsmäßigkeit des Arztvorbehalts[86] in der GKV mit der Begründung bestätigt, dass der Gesetzgeber durch den Arztvorbehalt für einen wichtigen Gemeinschaftsbelang sorgt, nämlich dafür, dass eine auf öffentliche Kosten durchgeführte Behandlung durch die Art der angewendeten Methoden und die Qualifikation der behandelnden Personen objektiv Erfolg verspricht. 30

Die Beurteilung durch den G-BA soll gem. § 135 Abs. 1 Satz 1 Nr. 1 SGB V nach dem Stand der wissenschaftlichen Erkenntnisse „in der jeweiligen Therapierichtung“ vorgenommen werden. Durch diese Klarstellung soll den sog. **besonderen Therapierichtungen** Rechnung getragen werden.[87] Trotzdem ist umstritten, inwieweit der Erlaubnisvorbehalt des G-BA für neue Untersuchungs- und Behandlungsmethoden nach § 135 Abs. 1 Satz 1 SGB V für die **besonderen Therapierichtungen** einschlägig ist.[88] Während manche Stimmen in der Literatur zum Teil keinerlei Unterschiede zu den für die konventionelle Behandlung geltenden Grundsätzen über die Leistungspflicht sehen,[89] wird von anderen Autoren darauf abgestellt, dass außerhalb der Schulmedizin eine „Plausibilität“ oder „Vertretbarkeit“ der Behandlung[90] oder eine gewisse Ernsthaftigkeit der Methode mit nicht ganz geringer Erfolgsaussicht[91] ausreichten bzw. dass therapie-immanente Kriterien maßgeblich sein müssten.[92] Dabei wird dem G-BA zum Teil überhaupt die Befugnis abgesprochen, Festlegungen über die Leistungspflicht für neue Untersuchungs- und Behandlungsmethoden sowie Heilmittel im Bereich der besonderen Therapierichtun- 31

---

[81] I.d.F. v. 01.12.2003, BAnz 2004, 5678, zuletzt geändert am 18.10.2005, BAnz 2006, 107 (BUB-RL); seit 01.04.2006 überführt in die „Richtlinie des G-BA zu Untersuchungs- und Behandlungsmethoden in der vertragsärztlichen Versorgung (Richtlinie Methoden vertragsärztliche Versorgung)“, G-BA-Beschl. v. 17.01.2006, BAnz 2006, 1523, der in § 3 auf Teil C der Verfahrensordnung des G-BA verweist.

[82] Vom 20.09.2005, BAnz 2006, 16998, geändert durch Beschl. v. 18.04.2006, BAnz 2006, 4876. Näheres bei *Hauck*, NJW 2007, 1320, 1323 f.

[83] Vgl. z.B. §§ 2 Abs. 1 Satz 3, 15 Abs. 1, 70 Abs. 1, 72 Abs. 2, 135 SGB V; BVerfG v. 06.12.2005 - 1 BvR 347/98 - SozR4-2500 § 27 Nr. 5 Rn. 28 = NJW 2006, 891 = NZS 2006, 84.

[84] Vgl. dazu z.B. BVerfG v. 02.03.2004 - 1 BvR 784/03 - NJW-RR 2004, 705 = MedR 2005, 35; BVerfG v. 03.06.2004 - 2 BvR 1802/02 - NJW 2004, 2890.

[85] Vgl. BVerfG v. 10.05.1988 - 1 BvR 111/77 - BVerfGE 78, 155 = SozR 2200 § 368 Nr. 11.

[86] Vgl. auch BSG v. 07.11.2006 - B 1 KR 24/06 R - NJW 2007, 1385.

[87] BT-Drs. 13/7264, S. 69.

[88] Auch keine abschließende Klärung durch das Urteil des BSG v. 22.03.2005 - B 1 A 1/03 R - SozR 4-2400 § 89 Nr. 3 m. Anm. *Engelhard*, jurisPR-SozR 25/2005, Anm. 3.

[89] Vgl. z.B. *Biehl/Ortwein*, SGb 1991, 529, 537; *Krauskopf* in: ders., Soziale Krankenversicherung/Pflegeversicherung, § 2 SGB V Rn. 6.

[90] So *Estelmann/Eicher*, SGb 1991, 247, 256.

[91] So *Schulin*, ZSR 1994, 546, 565.

[92] So *Noftz* in: Hauck, K § 2 Rn. 52 und K § 12 Rn. 39; vgl. auch § 135 Abs. 1 Satz 1 Nr. 1 SGB V: „nach dem jeweiligen Stand der wissenschaftlichen Erkenntnisse in der jeweiligen Therapierichtung“. Ferner: *Busse*, SGb 2000, 61; *Roters*, Die gebotene Kontrolldichte bei der gerichtlichen Prüfung der Richtlinien des Bundesausschusses der Ärzte und Krankenkassen, Diss. 2003; *Steck*, Strittige Behandlungsmethoden in der gesetzlichen Krankenversicherung nach dem 2. GKV-Neuordnungsgesetz, Diss. 1998; *Pentek*, Die Leistungspflicht der gesetzlichen Krankenversicherung bei der Anwendung von Außenseitermethoden in der Medizin, Diss. 1996; *Schmidt-Rögnitz*, Die Gewährung von alternativen sowie neuen Behandlungs- und Heilmethoden durch die gesetzliche Krankenversicherung, Diss. 1996.

gen zu treffen. Das gilt insbesondere für den Bereich der Homöopathie, weil diese als Pharmakotherapie bereits an anderer Stelle des SGB V und im Arzneimittelrecht eine ausdrückliche Anerkennung erfahren habe.[93] Diesem Einwand könnte vor allem unter dem Blickwinkel Bedeutung zukommen, dass auf der Grundlage der jüngeren Rechtsprechung des 1. Senats des BSG Pharmakotherapien dem Erlaubnisvorbehalt des § 135 Abs. 1 SGB V nur dann unterfallen, wenn die dabei eingesetzten Präparate (z.B. als Rezepturarzneimittel) keine arzneimittelrechtliche Zulassung benötigen; bei zulassungspflichtigen Fertigarzneimitteln regelt demgegenüber schon das Arzneimittelrecht die wesentlichen Voraussetzungen auch für die krankenversicherungsrechtliche Leistungspflicht, weil der G-BA insoweit zu einer „Zweitprüfung" nicht befugt ist.[94] Da homöopathische Fertigarzneimittel arzneimittelrechtlich (vgl. § 38 AMG) und europarechtlich (vgl. Art. 1 Nr. 5, Art. 14 und 15 der EG-Richtlinie 2001/83 vom 06.11.2001, ABl. L 311/67) eine Privilegierung erfahren haben – insbesondere in Bezug auf eine bloße Registrierungspflicht anstelle des Zulassungserfordernisses –, erscheint es zumindest fraglich, ob und inwieweit der G-BA über das Arzneimittelrecht hinaus in seinen Richtlinien Einzelheiten zu homöopathischen Behandlungsmethoden festlegen dürfte. Allerdings hat die Frage durch die zum 01.01.2004 mit dem GKV-Modernisierungsgesetz eingeführten Leistungsausschlüsse für nicht verschreibungspflichtige Arzneimittel in § 34 Abs. 1 SGB V an Bedeutung verloren. Fraglich ist zudem, nach welcher **Beurteilungs-Methodik** der G-BA die besonderen Therapierichtungen beurteilen müsste. So sind Vertreter dieser Therapierichtungen, insbesondere aus dem Bereich der Homöopathie, der Auffassung, dass randomisierte kontrollierte Studien, die bei der Bewertung einer neuen Untersuchungs- und Behandlungsmethode einen besonders hohen Stellenwert haben, von vornherein ungeeignet seien, um die Qualität und Wirksamkeit solcher Therapien zu beurteilen.[95]

c. Verfahren

32 Das Bewertungsverfahren untergliedert sich gem. § 14 Abs. 1 VerfO in die sektorenübergreifende[96] und damit einheitliche Bewertung des Nutzens und der medizinischen Notwendigkeit sowie die sektorspezifische Bewertung der Wirtschaftlichkeit und Notwendigkeit im Versorgungskontext. Es basiert auf den Grundlagen der **evidenzbasierten Medizin**. Diese stellt den derzeit anerkannten Stand der wissenschaftlichen Erkenntnisse in der Beurteilung des Nutzens bzw. der Risiken medizinischer Untersuchungs- und Behandlungsmethoden dar. Die VerfO übernimmt diesen Standard insbesondere in § 20 Abs. 2 VerfO als Grundlage der Beurteilung von Methoden durch den G-BA, weil andere vergleichbar wissenschaftlich gesicherte Erkenntnisse derzeit nicht zur Verfügung stehen, der G-BA aber schon aus Gründen der Rechtssicherheit und zur Wahrung des Gleichheitsgrundsatzes verpflichtet ist, seiner Beurteilung einen einheitlichen wissenschaftlichen Maßstab zugrunde zu legen. Das BSG hat in ständiger Rechtsprechung diese Bewertungsgrundlage als rechtmäßig bestätigt, dabei aber betont, dass der G-BA nicht selbst über den Nutzen einer Methode zu entscheiden hat, sondern an Hand eines Überblickes relevanter Meinungen der medizinischen Fachkreise festzustellen hat, ob ein durch wissenschaftliche Studie belegter hinreichend untermauerter Konsens über Qualität und Wirtschaftlichkeit der Methode besteht.[97]

33 Die Bewertungsverfahren werden auf **Antrag** einer Kassenärztlichen Bundesvereinigung, einer Kassenärztlichen Vereinigung oder (ab dem 01.07.2008) des Spitzenverbandes Bund der Krankenkassen[98] in Richtlinien nach § 92 Abs. 1 Satz 2 Nr. 5 SGB V eingeleitet. Das bedeutet, der G-BA wird im Rahmen seiner Aufgaben nach Absatz 1 nur auf Antrag der Genannten tätig. Patienten-Vertretungsorganisationen haben nach dieser Bestimmung kein Antragsrecht. Allerdings regelt § 11 Abs. 2 lit. d VerfO,

93 So *Zuck*, Homöopathie und Verfassungsrecht, 2004, Rn. 42 ff., 75, 116 ff.

94 Vgl. BSG v. 19.03.2002 - B 1 KR 37/00 R - BSGE 89, 184, 185, 191 = SozR 3-2500 § 31 Nr. 8 - Sandoglobulin; BSG v. 19.10.2004 - B 1 KR 27/02 R - SozR 4-2500 § 27 Nr. 1 - Visudyne.

95 Vgl. z.B. *Zuck*, Homöopathie und Verfassungsrecht, Rn. 147 ff.

96 Zur sektorenübergreifenden Nutzenbewertung *Roters*, NZS 2007, 176, 181.

97 BSG v. 16.09.1997 - 1 RK 28/95 - BSGE 81, 54 = SozR 3-2500 § 135 Nr. 4; BSG v. 28.03.2000 - B 1 KR 11/98 R - BSGE 86, 54 = SozR 3-2500 § 135 Nr. 14; BSG v. 19.02.2002 - B 1 KR 16/00 R - SozR 3-2500 § 92 Nr. 12; BSG v. 19.02.2003 - B 1 KR 18/01 R - SozR 4-2500 § 135 Nr. 1; BSG v. 19.10.2004 - B 1 KR 27/02 R - BSGE 93, 236 = SozR 4-2500 § 27 Nr. 1; BSG v. 22.03.2005 - B 1 A 1/03 R - BSGE 94, 221 = SozR 4-2400 § 89 Nr. 3; BSG v. 27.09.2005 - B 1 KR 28/03 R - USK 2005-77 m. Anm. *Meyerhoff*, jurisPR-SozR 4/2007, Anm. 2.

98 Durch Art. 2 Nr. 23 GKV-WSG wurden mit Wirkung vom 01.07.2008 die Spitzenverbände der Krankenkassen als Antragsberechtigte nach Absatz 1 Satz 1 vom Spitzenverband Bund der Krankenkassen abgelöst.

dass die nach der Patientenbeteiligungsverordnung anerkannten Organisationen im Bewertungsverfahren antragsberechtigt sind.[99] Dies bezieht sich aber auf Anträge im Verfahren und nicht auf Anträge zur Einleitung eines Verfahrens.

Durch Art. 1 Nr. 105 lit. a GKV-WSG wurde der Kreis der Antragsberechtigten um die **Unparteiischen** nach § 91 Abs. 2 Satz 1 SGB V erweitert. Hierdurch erhalten der unparteiische Vorsitzende und die weiteren unparteiischen Mitglieder des Beschlussgremiums des G-BA das Recht, einen Antrag auf die Einleitung eines Prüfverfahrens für eine neue Untersuchungs- oder Behandlungsmethode zu stellen. Das Initiativrecht der Unparteiischen stärkt deren Stellung im G-BA und trägt der Tatsache Rechnung, dass in der Vergangenheit Anträge vor dem Hintergrund von Interessenkonflikten der Gemeinsamen Selbstverwaltung vielfach verspätet oder sogar gar nicht gestellt wurden. Durch das Antragsrecht der Unparteiischen ist gewährleistet, dass das Prüfverfahren nunmehr unabhängig von der Interessenlage bei den betroffenen Selbstverwaltungen eingeleitet werden kann.[100] Eine alternativ vorstellbare Prüfung **von Amts wegen**, so ist zu befürchten, würde den G-BA wegen der Vielfalt wissenschaftlicher Publikationen zu neuen und bestehenden Untersuchungs- und Behandlungsmethoden überfordern. 34

Nach § 11 Abs. 3 VerfO ist der **Antrag** schriftlich bei der Geschäftsstelle des G-BA einzureichen. Er muss die zu prüfende Methode in ihrer Art, die zu prüfenden Indikationen und indikationsbezogenen Zielsetzungen beschreiben, die Rechtsgrundlagen der beantragten Entscheidung angeben und soll eine substantiierte Begründung enthalten. In der Begründung sind gem. § 11 Abs. 4 VerfO indikationsbezogen Angaben zum Nutzen, zur medizinischen Notwendigkeit und zur Wirtschaftlichkeit der zu beratenden Methode jeweils auch im Vergleich zu bereits erbrachten Methoden zu machen und mit Unterlagen gemäß § 17 VerfO zu belegen. Außerdem sind Angaben zur Relevanz und Dringlichkeit der beantragten Prüfung zu machen, auf die eine Priorisierung gem. § 12 VerfO gestützt werden kann. 35

Nach § 13 VerfO **veröffentlicht** das Beschlussgremium u.a. im Bundesanzeiger und im Internet[101] diejenigen Methoden oder Leistungen, die zur Bewertung anstehen. Mit der Veröffentlichung wird insbesondere Sachverständigen der medizinischen Wissenschaft und Praxis, Dachverbänden von Ärztegesellschaften, Spitzenverbänden der Selbsthilfegruppen und Patientenvertretungen sowie Spitzenorganisationen der Hersteller von Medizinprodukten und -geräten Gelegenheit zur Stellungnahme gegeben. Die nach § 32 VerfO anerkannten und die nach § 91 Abs. 8a SGB V zu beteiligenden Organisationen werden über die Veröffentlichung und ihr Recht zur Stellungnahme schriftlich unterrichtet. Anders als § 92 SGB V enthält § 135 Abs. 1 SGB V keine Anhörungspflicht des G-BA vor seinen Entscheidungen zu Untersuchungs- und Behandlungsmethoden.[102] 36

Das Beschlussgremium entscheidet nach § 6 VerfO durch **Beschluss** über das Ergebnis des Bewertungsverfahrens oder über seine Aussetzung (§ 21 Abs. 1 VerfO). Der G-BA kann bei Methoden, bei denen noch keine ausreichende Evidenz vorliegt, aber zu erwarten ist, dass solche Studien in naher Zukunft vorgelegt werden können, Beschlüsse mit der Maßgabe treffen, dass bei Untersuchungs- und Behandlungsmethoden in der ambulanten vertragsärztlichen Versorgung gemäß § 135 Abs. 1 SGB V oder bei neuen Heilmitteln gemäß § 138 SGB V eine Beschlussfassung ausgesetzt wird mit der Maßgabe, dass insbesondere durch Modellvorhaben i.S.d. §§ 63-65 SGB V im Rahmen vom G-BA festgelegter Anforderungen die erforderlichen aussagekräftigen Unterlagen innerhalb der vom G-BA festgelegten Frist von höchstens drei Jahren beschafft werden (§ 21 Abs. 4 VerfO). 37

Der G-BA muss seine Empfehlungen in **Richtlinien** nach § 92 Abs. 1 Satz 2 Nr. 5 SGB V abgeben. Bei diesen handelt es sich um untergesetzliche Rechtsnormen.[103] Die verfassungsrechtliche Zulässigkeit dieser Form der autonomen Rechtsetzung hat das BSG in ständiger Rechtsprechung bestätigt.[104] 38

---

[99] Vgl. auch § 140f Abs. 2 Satz 5 SGB V, wonach sie bei Beschlüssen des G-BA nach § 91 Abs. 4-7 SGB V das Recht haben, Anträge zu stellen.

[100] Gesetzesbegründung, BT-Drs. 16/3100 zu Art. 1 Nr. 105 lit. a GKV-WSG.

[101] www.g-ba.de.

[102] BSG v. 23.07.1998 - B 1 KR 3/97 R - SozR 3-2500 § 13 Nr. 17 = NZS 1999, 187.

[103] Nachweise bei *Engelhard*, SGb 2006, 132, 133.

[104] Z.B. im Urteil des BSG v. 27.09.2005 - B 1 KR 28/03 R - USK 2005-77 m. Anm. *Meyerhoff*, jurisPR-SozR 4/2007, Anm. 2; und im Urteil des BSG v. 09.12.2004 - B 6 KA 44/03 R - BSGE 94, 50 = SozR 4-2500 § 72 Nr. 2. Nachweise zur Kritik im Schrifttum bei *Engelmann*, NZS 2000, 1 ff., Fn. 50.

39 Auch die Entscheidungen über die (Nicht-)Aufnahme neuer Untersuchungs- und Behandlungsmethoden, die in Gestalt von sog. Empfehlungen oder Beschlüssen ergehen, erfolgen in Form von Richtlinien. Der G-BA (bzw. die Vorgängerinstitution Bundesausschuss der Ärzte und Krankenkassen) hat bisher für den Bereich der **ambulanten vertragsärztlichen Versorgung** die folgenden Richtlinien erlassen:[105]

- Arzneimittel-Richtlinie,
- Heilmittel-Richtlinien,
- Hilfsmittel-Richtlinien,
- Arbeitsunfähigkeits-Richtlinien,
- Rehabilitations-Richtlinien,
- Chroniker-Richtlinie,
- Richtlinien über künstliche Befruchtung,
- Richtlinien zur Empfängnisregelung und zum Schwangerschaftsabbruch,
- Mutterschafts-Richtlinien,
- Kinder-Richtlinien,
- Richtlinien zur Jugendgesundheitsuntersuchung,
- Gesundheitsuntersuchungs-Richtlinien,
- Krebsfrüherkennungs-Richtlinien,
- Krankenhausbehandlungs-Richtlinien,
- Krankentransport-Richtlinien,
- Psychotherapie-Richtlinien,
- Richtlinien zu Untersuchungs- und Behandlungsmethoden in der vertragsärztlichen Versorgung,
- Richtlinien über Kriterien zur Qualitätsbeurteilung in der radiologischen Diagnostik,
- Qualitätsbeurteilungs-Richtlinien für die Kernspintomographie,
- Häusliche Krankenpflege-Richtlinien,
- Soziotherapie-Richtlinien,
- Qualitätsmanagement-Richtlinie vertragsärztliche Versorgung,
- Bedarfsplanungs-Richtlinie-Ärzte,
- Schutzimpfungs-Richtlinie,
- Qualitätsprüfungs-Richtlinie vertragsärztliche Versorgung,
- Qualitätssicherungs-Richtlinie Dialyse,
- Richtlinie Methoden vertragsärztliche Versorgung.

40 Für die ambulante **vertragszahnärztliche** Versorgung sind bisher folgende Richtlinien in Kraft gesetzt worden:

- Bedarfsplanungs-Richtlinie-Zahnärzte,
- Behandlungs-Richtlinien,
- Festzuschuss-Richtlinie,
- Individualprophylaxe-Richtlinien,
- KFO-Richtlinien,
- Richtlinien für eine ausreichende, zweckmäßige und wirtschaftliche vertragszahnärztliche Versorgung mit Zahnersatz und Zahnkronen,
- Richtlinien über die Früherkennungsuntersuchungen auf Zahn-, Mund- und Kieferkrankheiten,
- Richtlinien über die Einführung neuer Untersuchungs- und Behandlungsmethoden und die Überprüfung erbrachter vertragszahnärztlicher Leistungen,
- Qualitätsmanagement-Richtlinie Zahnärzte.

41 Streit entfaltet sich in der (Fach-)Öffentlichkeit lediglich in einem kleinen Segment, nämlich vor allem über diejenigen Maßnahmen, die der G-BA im Rahmen der Arzneimittelversorgung insbesondere in

[105] Aktualisierte und detaillierte Nachweise unter www.g-ba.de/informationen/richtlinien/ab/0/.

den Arzneimittel-Richtlinien zu treffen hat, und bei den Entscheidungen des G-BA über die Anerkennung neuer Untersuchungs- und Behandlungsmethoden.[106]

d. Rechtsschutz gegen Entscheidungen des G-BA

Negative oder (im ambulanten Bereich) fehlende positive Entscheidungen des G-BA betreffen neben 42
den Versicherten und den Krankenkassen auch die Leistungserbringer sowie die Hersteller entsprechender Präparate.

Den **Versicherten** stehen zwei prozessuale Wege offen, nämlich (ggf. kombiniert) die Klage auf Ver- 43
pflichtung der Krankenkasse zur Leistungsgewährung und die Klage auf Erstattung der Kosten einer selbst beschafften Leistung nach § 13 Abs. 3 SGB V. Da es sich bei den Richtlinien des G-BA um Rechtsnormen handelt und das sozialgerichtliche Verfahren ein Normenkontrollverfahren für untergesetzliche Rechtsnormen nicht kennt, erfolgt eine inzidente Überprüfung im Rahmen einer Anfechtungs- und Verpflichtungsklage.[107]

Die Rechtsprechung hat die Frage der Beschwer von **Herstellern von Arzneimitteln und Medizin-** 44
produkten unterschiedlich beantwortet.[108] Die Beurteilung ist primär davon abhängig, ob man durch die Richtlinien ausschließlich die Erhaltung des bisherigen Geschäftsumfangs und die Sicherung weiterer Erwerbsmöglichkeiten als gefährdet und damit den Schutzbereich des Art. 12 Abs. 1 Satz 1 GG nicht als tangiert ansieht, oder ob durch sie die Rahmenbedingungen der beruflichen Betätigung verändert werden.[109] Die Rechtsprechung des BVerfG ist uneinheitlich.[110] Demgegenüber bejahen die sozialgerichtliche Rechtsprechung und auch die Literatur[111] überwiegend die für die Zulässigkeit derartiger Klagen erforderliche Beschwer. Während das LSG Nordrhein-Westfalen wiederholt Klagen von Anbietern mangels Eingriff in die grundrechtlich geschützte Sphäre als unzulässig abgewiesen hat,[112] hat insbesondere der 6. Senat des BSG mit Urteil vom 11.09.2002[113] eine auf Änderung des EBM gerichtete Klage einer Herstellers von bariumhaltigen Kontrastmitteln als zulässig angesehen, weil dieser geltend machen könne, ohne die von ihm begehrte Änderung in seiner Betätigungsfreiheit am Markt gegenüber anderen Anbietern benachteiligt zu sein. Hierzu hat der Senat unter Bezugnahme auf seine „Diätassistentin"-Entscheidung[114] ausdrücklich betont, dass durch Richtlinien des G-BA immer dann

---

[106] Beispiele: Hessisches LSG v. 19.05.2005 - L 8/14 KR 166/02 - keine Anerkennung der epiduralen Wirbelsäulenkathetertechnik nach Racz; Thüringisches LSG v. 06.06.2005 - L 6 KR 132/03 - keine Anerkennung ambulanter Operation von Krampfadern nach der CHIVA-Methode; LSG Rheinland-Pfalz v. 24.02.2005 - L 1 KR 13/04 - keine Anerkennung der permanenten Brachytherapie zur Behandlung eines Prostatakarzinoms (aufgehoben durch BSG v. 04.04.2006 - B 1 KR 12/05 R - SozR 4-2500 § 27 Nr. 8); LSG Hamburg v. 28.02.2005 - L 1 B 7/05 ER KR - keine Anerkennung der neuropsychologischen Therapie bei Schlaganfall; Hessisches LSG v. 15.02.2005 - L 8/14 KR 186/04 - keine Anerkennung der offenen Magnetresonanz-Tomographie; LSG Nordrhein-Westfalen v. 20.01.2005 - L 5 KR 227/03 - GesR 2005, 237-239 - keine Anerkennung der ambulant durchgeführten Uterus-Arterien-Embolisation zur Behandlung eines Myoms (nachgehend BSG v. 04.04.2006 - B 1 KR 5/05 R - SozR 4-2500 § 13 Nr. 8); LSG Nordrhein-Westfalen v. 13.04.2005 - L 11 (16) KR 216/02 - keine Anerkennung einer Behandlung nach Mammakarzinom durch Injektionen von Thymus und Mesenchym, die Verordnung der Arzneimittel Intraglobolin F und Faktor AF 2 sowie des Präparates Wobe-Mugos; LSG Niedersachsen-Bremen v. 15.02.2005 - L 4 KR 25/01 - keine Anerkennung der Behandlung von Multipler Sklerose mit der Behandlung nach Dr. Hebener; LSG für das Land Brandenburg v. 25.01.2005 - L 24 KR 69/03 - keine Anerkennung der autologen Chondrozytenimplantation zur Behandlung von Knorpeldefekten; SG Dresden v. 08.09.2005 - S 18 KR 477/02, S 18 KR 271/03 - keine Anerkennung der ambulanten Hochfrequenz-Liposuktion zur Behandlung eines Lipödems.

[107] *Engelmann*, NZS 2000, 76, 83.

[108] Vgl. BSG v. 31.05.2006 - B 6 KA 13/05 R - SozR 4-2500 § 92 Nr. 5 zum Feststellungsinteresse eines Arzneimittelherstellers.

[109] *Engelmann*, NZS 2000, 76, 83.

[110] Vgl. BVerfG v. 17.12.2002 - 1 BvL 28/95, 1 BvL 29/95, 1 BvL 30/95 - SozR 3-2500 § 35 Nr. 2, S. 12, 17 ff.; BVerfG v. 20.09.1991 - 1 BvR 879/90 - SozR 3-2500 § 34 Nr. 1, S. 1, 4; BVerfG v. 25.02.1999 - 1 BvR 1472/91, 1 BvR 1510/91 - NJW 1999, 3404 = NZS 1999, 338.

[111] Vgl. etwa *Buchner/Krane*, NZS 2002, 65, 67 ff.; *Wigge*, NZS 2001, 623, 626 f.; a.A. wohl *Hess* in: KassKomm, SGB V, § 91 Rn. 26 und § 92 Rn. 4.

[112] LSG Nordrhein-Westfalen v. 30.06.1999 - L 11 KA 54/99 - NZS 2000, 245 - NUB-RL; ebenso LSG Nordrhein-Westfalen v. 17.03.1999 - L 11 B 45/98 KA; vgl. auch LSG Nordrhein-Westfalen v. 25.08.2000 - L 11 B 39/00 KA - RzP § 92 SGB V Nr. 1 - ambulanter Pflegedienst.

[113] BSG v. 11.09.2002 - B 6 KA 34/01 R - SozR 3-2500 § 87 Nr. 35, S. 200, 204 f.

[114] BSG v. 28.06.2000 - B 6 KA 26/99 R - SozR 3-2500 § 138 Nr. 1, S. 1 ff.

in den Schutzbereich des Art. 12 Abs. 1 Satz 1 GG eingegriffen werde, wenn diese tatsächlich daran gehindert würden, ihre Produkte bzw. Dienstleistungen Versicherten der Krankenkassen zukommen zu lassen und damit – weitgehend – von der Gesundheitsversorgung ausgeschlossen seien.[115] Auch der 3. Senat des BSG hat wiederholt eine Beschwer der Hersteller angenommen; so z.B. im Vorlagebeschluss vom 14.06.1995[116] und im Urteil vom 31.08.2000[117], in dem er die auf Aufnahme eines Hilfsmittels in das Hilfsmittelverzeichnis gerichtete Klage eines Herstellers als zulässig angesehen hat, weil über das Verzeichnis das Verordnungsverhalten der Vertragsärzte gesteuert werde und dessen Auswirkungen daher nicht bloße Rechtsreflexe darstellten.[118] In diesem Lichte ist zumindest dann die Möglichkeit einer Beschwer durch Entscheidungen des G-BA zu bejahen, wenn die Richtlinien des G-BA in den Wettbewerb eingreifen.[119]

45 Prozessual ist zu beachten, dass es einer notwendigen **Beiladung** (§ 75 Abs. 2 SGG) des – beteiligtenfähigen[120] – **G-BA** zu einem Verfahren, in dem es (inzident) um die Rechtmäßigkeit seiner Richtlinien geht, nicht bedarf, weil seine Interessen allenfalls mittelbar berührt sein können.[121] Gleiches gilt für die den G-BA bildenden Körperschaften.[122] Zulässig ist jedoch eine einfache Beiladung.[123] Da die Träger des G-BA durch ein Urteil, das Vorschriften für unwirksam erklärt, die sie im G-BA vereinbart haben, beschwert sein können, sind sie als Beigeladene auch rechtsmittelbefugt.[124]

46 Zum **Umfang der gerichtlichen Kontrolle** nimmt das BSG nach den Maßstäben der Rechtslage bis zum Inkrafttreten des GMG am 01.01.2004 an, dass eine in den Grenzen der Rechtssetzungsbefugnisse des Bundesausschusses[125] getroffene negative Entscheidung außer der **Prüfung auf Willkür und auf Einhaltung der Ermächtigungsgrundlage** und der verhältnismäßigen Anforderungen grundsätzlich keiner inhaltlichen Überprüfung durch Verwaltung und Gerichte unterliege.[126] Dies gelte deshalb, weil die Ermächtigung zur Rechtssetzung dem Bundesausschuss wie jedem Normgeber einen eigenen Gestaltungs- und Beurteilungsspielraum eröffne. Dieser sei zwar enger als der des parlamentarischen Gesetzgebers, weil er von vornherein nur innerhalb der durch die gesetzliche Ermächtigung gezogenen

---

[115] BSG v. 11.09.2002 - B 6 KA 34/01 R - SozR 3-2500 § 87 Nr. 35, S. 200, 207.

[116] BSG v. 14.06.1995 - 3 RK 20/94 - NZS 1995, 502 ff.

[117] BSG v. 31.08.2000 - B 3 KR 21/99 R - SozR 3-2500 § 139 Nr. 1. S. 1, 3 f.

[118] Vgl. auch BSG v. 24.11.2004 - B 3 KR 23/04 R - SozR 4-2500 § 35 Nr. 3, S. 9, 13 ff. sowie BSG v. 24.11.2004 - B 3 KR 23/04 R - SozR 4-2500 § 35 Nr. 3; anders jedoch für entsprechende Klagen einer Handwerksinnung: BSG v. 24.11.2004 - B 3 KR 16/03 R - SozR 4-2500 § 36 Nr. 1 m. Anm. *Meyerhoff*, jurisPR-SozR 19/2005, Anm. 3.

[119] *Engelhard*, SGb 2006, 132, 137 f. m.w.N.

[120] BSG v. 20.09.1988 - 6 RKa 3/88 - SozR 1500 § 51 Nr. 50, S. 95, 100.

[121] BSG v. 10.05.2005 - B 1 KR 25/03 R - BSGE 94, 302 = SozR 4-2500 § 34 Nr. 2; BSG v. 06.01.2005 - B 1 KR 51/03 B.

[122] Vgl. BSG v. 13.11.1996 - 6 RKa 31/95 - SozR 3-2500 § 87 Nr. 14, S. 46, 48 m.w.N.

[123] *Engelhard*, SGb 2006, 132, 134.

[124] BSG v. 30.01.2002 - B 6 KA 73/00 R - SozR 3-2500 § 135 Nr. 21, S. 106, 107; BSG v. 28.06.2000 - B 6 KA 27/99 R - MedR 2001, 265, 266; vgl. auch BSG v. 20.03.1996 - 6 RKa 51/95 - SozR 3-2500 § 87 Nr. 12, S. 32, 34.

[125] Das BSG hat mehrfach Entscheidungen des Bundesausschusses der Ärzte und Krankenkassen für rechtswidrig erklärt, da dieser die Grenzen seiner Rechtssetzungsbefugnis überschritten habe: vgl. etwa BSG v. 30.09.1999 - B 8 KN 9/98 R - BSGE 84, 126 = SozR 3-8575 Art. 2 § 6 Nr. 1; BSG v. 08.03.2000 - B 6 KA 12/99 R - BSGE 85, 36 = SozR 3-2500 § 72 Nr. 11 - erektile Dysfunktion - SKAT; BSG v. 16.11.1999 - B 1 KR 9/97 R - BSGE 85, 132 = SozR 3-2500 § 27 Nr. 12 - medizinische Fußpflege; BSG v. 03.04.2001 - B 1 KR 40/00 R - BSGE 88, 62 = SozR 3-2500 § 27a Nr. 3 - ICSI; BSG v. 17.03.2005 - B 3 KR 35/04 R - BSGE 94, 205, Rn. 16 = SozR 4-2500 § 37 Nr. 4 - Häusliche Krankenpflege; BSG v. 10.11.2005 - B 3 KR 38/04 R - SozR 4-2500 § 37 Nr. 6 - Häusliche Krankenpflege; m. Anm. *Koch*, jurisPR-SozR 5/2005, Anm. 2; BSG v. 28.06.2000 - B 6 KA 26/99 R - BSGE 86, 223, 224 f. = SozR 3-2500 § 138 Nr. 1 - Diätassistent, in dem der Bundesausschuss verpflichtet wurde, über die Aufnahme von Maßnahmen der Diättherapie in den Leistungskatalog der GKV zu entscheiden.

[126] Beginnend mit dem Urteil des BSG v. 16.09.1997 - 1 RK 32/95 - BSGE 81, 73, 85 = SozR 3-2500 § 92 Nr. 7; vgl. insbes. Urteil des BSG v. 19.02.2003 - B 1 KR 18/01 R - SozR 4-2500 § 135 Nr. 1 - Bioresonanztherapie; aufrechterhalten in Urteil des BSG v. 22.03.2005 - B 1 A 1/03 R - BSGE 94, 221 = SozR 4-2400 § 89 Nr. 3, jew. Rn. 23 - Securvita.

Grenzen bestehe. Vor allem sei der Bundesausschuss wegen seiner verlassungsrechtlichen Stellung als Exekutivorgan mit lediglich abgeleiteter Rechtssetzungsbefugnis in besonderer Weise an das Gleichbehandlungsgebot gebunden.

Bezüglich der Beurteilung des dem G-BA eingeräumten **Gestaltungsspielraumes** bei der Anerkennung neuer Methoden ist auf der Grundlage der durch das GMG eingetretenen Veränderungen unter Berücksichtigung der in der Literatur geäußerten Kritik nunmehr zu **differenzieren**. Dabei ist das Folgende zu beachten:[127] 47

Bezüglich der **Anerkennung des diagnostischen und therapeutischen Nutzens der neuen Methode** 48 hat der G-BA nicht die Wirksamkeit einer Methode festzustellen, sondern zu beurteilen, ob sie „anerkannt" ist, also dem allgemein anerkannten Stand der medizinischen Erkenntnisse entspricht. Das hat zur Folge, dass das Ergebnis, eine Methode entspreche nicht dem genannten Stand der medizinischen Erkenntnisse, nicht dadurch widerlegt werden kann, dass Sachverständige zu dem Ergebnis kommen, die Wirksamkeit einer Methode sei im Einzelfall nachgewiesen. Im Vordergrund steht dabei der vom G-BA auf der Grundlage der ihm zur Verfügung stehenden Unterlagen, insbesondere der Empfehlungen des IQWiG, vorzunehmende Erkenntnisvorgang. Dieser kann nachvollzogen werden und ist daher einer gerichtlichen Kontrolle zugänglich. Wird im gerichtlichen Verfahren von einem Verfahrensbeteiligten substantiiert geltend gemacht, das IQWiG habe bei seiner – der Entscheidung des G-BA zu Grunde liegenden – Empfehlung Originalstudien nicht berücksichtigt oder deren Inhalt falsch wiedergegeben, ist dies zu überprüfen.

Bezüglich der Bewertung des Nutzens und der Notwendigkeit neuer Methoden sind diejenigen Fälle 49 problematisch, in denen die **Evidenzprüfung keine klaren Ergebnisse erbracht** hat. In solchen Fällen ist ein Gestaltungsspielraum des G-BA bei der Frage anzuerkennen, ob die Methode zu Lasten der gesetzlichen Krankenkassen erbracht werden soll oder nicht. Der G-BA ist allerdings auch in Wahrnehmung seines Gestaltungsspielraumes nicht völlig frei. Auch soweit die gerichtliche Kontrolle auf das Nachvollziehen des Abwägungsvorgangs beschränkt ist, erfordert es das Gebot rationaler Abwägung, die maßgeblichen Gesichtspunkte für die Entscheidung über den Ausschluss von Methoden, die nicht zu Lasten der gesetzlichen Krankenkassen erbracht werden sollen, offenzulegen. Dabei kann eine Begründung der Entscheidung auch erst im gerichtlichen Verfahren vorgebracht werden.

Das in Zweifelsfällen bestehende Normsetzungsermessen des G-BA hat wiederum zur Folge, dass die 50 Gerichte – von dem Ausnahmefall einer Schrumpfung des Normsetzungsermessens „auf Null" abgesehen – nicht befugt sind, ihre eigene Entscheidung an die Stelle derjenigen des G-BA zu setzen. Erweist sich eine Entscheidung des G-BA unter solchen Voraussetzungen als rechtswidrig, ergibt sich seine Verpflichtung, eine neue Entscheidung – ggf. unter nochmaliger Einschaltung des IQWiG – zu treffen.[128]

Bei der Frage, ob eine neue Untersuchungs- oder Behandlungsmethode den Voraussetzungen einer 51 **wirtschaftlichen Leistungserbringung** genügt, handelt es sich um eine wertende Beurteilung mit zum Teil prognostischen Erwägungen über den wirtschaftlichen Einsatz einer Methode durch Kosten/Nutzen-Abwägungen in Bezug auf den einzelnen Patienten, auf die Gesamtheit der Versicherten einschließlich der Folgekostenabschätzung und einer Kosten/Nutzen-Abwägung auch im Vergleich zu anderen Methoden (§ 17 Abs. 2 Nr. 3 VerfO). Der G-BA hat eine Abwägungsentscheidung vorzunehmen, die es erfordert, einen Ausgleich zwischen dem Interesse an möglichst niedrigen Ausgaben in der GKV und dem Interesse der Versicherten an möglichst umfassenden, wirksamen Leistungen herzustellen. Bei diesem komplexen Bewertungsvorgang steht dem G-BA ein Gestaltungsspielraum zu, der mit einer Reduzierung der gerichtlichen Kontrolldichte einhergeht. Der Ausschluss einer Methode aus der Anwendung im Bereich der GKV allein wegen fehlender Wirtschaftlichkeit setzt voraus, dass andere – weitgehend gleichwertige – Untersuchungs- oder Behandlungsmethoden zur Verfügung stehen. Ist dies nicht der Fall, so ist der Gestaltungsspielraum des G-BA beschränkt, ggf. auf Null reduziert, die neue Methode von der Behandlung im Rahmen der GKV auszuschließen.[129]

---

[127] *Engelmann*, MedR 2006, 245, 255 f.

[128] *Engelmann*, MedR 2006, 245, 256.

[129] Vgl. BSG v. 20.03.1996 - 6 RKa 62/94 - BSGE 78, 70, 89 = SozR 3-2500 § 92 Nr. 6: Sofern im Einzelfall nur eine einzige Methode eine reale Chance zur Erreichung des Behandlungsziels bietet, ergibt sich aus § 27 Abs. 1 SGB V ein Anspruch auf eine Heilbehandlung nach dieser Methode.

e. Folgen rechtswidrigen Handelns des G-BA

52 Liegt ein **Systemversagen** im Sinne einer rechtswidrigen Untätigkeit des G-BA vor und ergibt die vom G-BA unterlassene inhaltliche Überprüfung der neuen Methode durch das Gericht, dass diese den gesetzlichen Anforderungen entspricht, resultiert hieraus eine Verurteilung der Krankenkasse zur Leistungsgewährung bzw. zur Kostenerstattung. Soweit es sich um eine höchstrichterliche Rechtsprechung handelt, bindet diese die Krankenkassen, so dass diese die Entscheidung auch in vergleichbaren Fällen zu respektieren haben.[130] Macht allerdings der G-BA nachfolgend von seiner Kompetenz Gebrauch und lehnt er die Anerkennung der Methode ab, geht diese Entscheidung der lediglich ersatzweise getroffenen Entscheidung des Gerichts vor.[131]

53 Liegt hingegen eine **negative Entscheidung** des G-BA vor und ergibt die gerichtliche Überprüfung, dass diese gegen höherrangiges Recht verstößt oder evidente Verfahrensfehler[132] vorliegen, ist die Richtlinie als Rechtsnorm nicht bloß anfechtbar, sondern nichtig.[133] Hieraus resultiert wegen des präventiven Verbots mit Erlaubnisvorbehalt jedoch keine Leistungspflicht der Krankenkasse. Es stellt sich daher die Frage, ob dem G-BA als Normgeber in einem derartigen Fall zunächst Gelegenheit zu geben ist, seine Entscheidung zu korrigieren, oder ob auch insoweit die zum Systemmangel entwickelten Grundsätze heranzuziehen sind, also eine ersatzweise Prüfung und Entscheidung durch die Gerichte erfolgt. Für die erste Alternative spricht, dass der 6. Senat des BSG zu Regelungen des EBM sowie in Honorarverteilungsmaßstäben regelmäßig die Auffassung vertreten hat, es sei nicht Sache des Normgebers, im Rahmen des ihm zustehenden normativen Ermessens zu entscheiden, mit welchen Mitteln und in welcher Weise er den rechts- bzw. verfassungswidrigen Zustand beseitigen will.[134]

2. Überprüfung laufender Leistungen (Absatz 1 Sätze 2, 3)

54 Neben den neuen Untersuchungs- und Behandlungsmethoden überprüft der G-BA nach Absatz 1 **Satz 2** auch die zu Lasten der Krankenkassen erbrachten vertrags-(zahn)ärztlichen Leistungen daraufhin, ob sie den Kriterien nach Satz 1 Nr. 1 entsprechen. Satz 3 bestimmt die zwingende Rechtsfolge eines negativen Prüfungsergebnisses: Falls die Überprüfung ergibt, dass diese Kriterien nicht erfüllt werden, dürfen die Leistungen nicht mehr als vertrags-(zahn)ärztliche Leistungen zu Lasten der Krankenkassen erbracht werden.

55 Die in Absatz 1 Satz 4 i.d.F. des 2. GKV-Neuordnungsgesetzes noch gegebene Möglichkeit, Leistungen zu benennen, die den Kriterien nach Absatz 1 Satz 1 Nr. 1 nicht zweifelsfrei in vollem Umfang entsprechen, und sie für einen begrenzten Zeitraum zu evaluierten Satzungsleistungen zu machen, ist durch das GKV-Gesundheitsreformgesetz 2000 gestrichen worden. Allerdings besteht die Möglichkeit der Leistungserbringung innerhalb eines Modellvorhabens nach den §§ 63, 64 SGB V, sofern keine negative Entscheidung des G-BA vorliegt.

3. Beschleunigungsregelung (Absatz 1 Sätze 4, 5)

56 Mit den durch Art. 1 Nr. 105 lit. b GKV-WSG angefügten Sätzen 4 und 5 wurde ein Instrument eingeführt, um auf einen beschleunigten Abschluss des Bewertungsprozesses hinzuwirken. Hat der G-BA in einem Verfahren zur Bewertung einer neuen Untersuchungs- und Behandlungsmethode nach Ablauf von sechs Monaten seit Vorliegen der für die Entscheidung erforderlichen Auswertung der wissenschaftlichen Erkenntnisse, wie z.B. Berichte und Empfehlungen des Instituts für Qualität und Wirtschaftlichkeit im Gesundheitswesen oder Gutachten sonstiger externer Sachverständiger, noch keinen

[130] BSG v. 22.03.2005 - B 1 A 1/03 R - BSGE 94, 221 = SozR 4-2400 § 89 Nr. 3; m. Anm. *Engelhard*, jurisPR-SozR 25/2005, Anm. 3.

[131] *Engelhard*, SGb 2006, 132, 139.

[132] Vgl. *Wigge*, NZS 2001, 578, 580 m.w.N.

[133] Vgl. hierzu die Rspr. des BSG zum Bewertungsmaßstab und zu Honorarverteilungsmaßstäben: BSG v. 21.01.1969 - 6 RKa 27/67 - SozR Nr.12 zu § 368f RVO; BSG v. 24.08.1994 - 6 RKa 15/93 - SozR 3-2500 § 85 Nr. 7, S. 37, 41; BSG v. 09.09.1998 - B 6 KA 55/97 R - SozR 3-2500 § 85 Nr. 26, S. 182, 188; BSG v. 08.03.2000 - B 6 KA 7/99 R - BSGE 86, 16 = SozR 3-2500 § 87 Nr. 23, S. 15.

[134] Vgl. z.B. BSG v. 29.09.1993 - 6 RKa 65/91 - BSGE 73, 131 = SozR 3-2500 § 85 Nr. 4, S. 18, 29; vgl. auch BSG v. 13.11.1996 - 6 RKa 15/96 - SozR 3-2500 § 85 Nr. 16, S. 97, 107 und BSG v. 21.10.1998 - B 6 KA 74/97 R - ZfS 1999, 56.

Beschluss gefasst, können die Antragsberechtigten nach Satz 1 sowie das Bundesministerium für Gesundheit (BMG) vom G-BA die Beschlussfassung innerhalb eines Zeitraums von weiteren sechs Monaten verlangen. Kommt innerhalb dieser Frist kein Beschluss zustande, darf die Methode in der vertrags-(zahn)ärztlichen Versorgung zu Lasten der Krankenkassen erbracht werden.

Das Verlangen nach einer Beschlussfassung innerhalb der nächsten sechs Monate ist an den Vorsitzenden des G-BA zu richten. Durch die Regelung in Satz 5 wird der Druck auf die Herbeiführung eines Beschlusses des G-BA verstärkt, indem an den Ablauf der vorgegebenen Frist die Folge geknüpft wird, dass die Methode danach auch ohne eine Anerkennung durch den G-BA als Leistung der gesetzlichen Krankenversicherung erbracht werden kann.[135] 57

Nach der Gesetzesbegründung bleibt die Regelung nach **§ 94 Abs. 1 Satz 5 SGB V** unberührt.[136] Nach dieser Bestimmung erlässt das BMG die Richtlinien, wenn die für die Sicherstellung der ärztlichen Versorgung erforderlichen Beschlüsse des G-BA nicht oder nicht innerhalb einer vom BMG gesetzten Frist zustande kommen oder die Beanstandungen des BMG nicht innerhalb der von ihm gesetzten Frist behoben werden. 58

4. Qualifikationserfordernisse (Absatz 2)

Absatz 2 **Satz 1** sieht Vereinbarungen für ärztliche und zahnärztliche Leistungen vor, die wegen der Anforderungen an ihre Ausführung oder wegen der Neuheit des Verfahrens besonderer Kenntnisse und Erfahrungen (**Fachkundenachweis**) sowie einer besonderen Praxisausstattung oder weiterer Anforderungen an die Strukturqualität bedürfen. Die Vertragspartner der Bundesmantelverträge (§ 82 Abs. 1 SGB V) werden ermächtigt und beauftragt, einheitliche Qualifikationserfordernisse für die an der vertrags-(zahn)ärztliche Versorgung teilnehmenden Ärzte zu vereinbaren. Entsprechende Vereinbarungen können als Bestandteil des Bundesmantelvertrages oder auch gesondert getroffen werden. In jedem Fall sind die Vereinbarungen für die an der vertrags-(zahn)ärztlichen Versorgung teilnehmenden Ärzte unmittelbar verbindlich (§ 81 Abs. 3 Nr. 1 SGB V, § 95 Abs. 3 und 4 SGB V). Ein Arzt, der diese Qualifikationsanforderungen nicht erfüllt, darf die entsprechenden Leistungen weder erbringen noch abrechnen. Dies ergibt sich Absatz 2 Satz 1, wonach die zu schließenden Vereinbarungen inhaltlich die „Voraussetzungen für die Ausführung und Abrechnung der Leistungen" erfassen. Dies gilt auch für die Abrechnungsfähigkeit von Leistungen, die ein Praxis-Vertreter erbracht hat. Sie sind für den Vertragsarzt nur abrechenbar, wenn der Vertreter im Zeitpunkt der Leistungserbringung ebenfalls die erforderliche Qualifikation besessen hat.[137] Die Fachkundegenehmigung muss vor Leistungserbringung erteilt sein und wirkt nicht auf einen vor Erteilung liegenden Zeitpunkt zurück.[138] 59

Derzeit bestehen die nachfolgend aufgelisteten[139] **Qualitätssicherungsvereinbarungen** für besondere Untersuchungs- und Behandlungsmethoden. Sie enthalten nicht nur Fachkundenachweise, sondern, soweit relevant, auch apparative Anforderungen. 60

- Qualitätssicherungsvereinbarung zur Akupunktur bei chronisch schmerzkranken Patienten nach § 135 Abs. 2 SGB V (Qualitätssicherungsvereinbarung Akupunktur),
- Vereinbarung von Qualifikationsvoraussetzungen gemäß § 135 Abs. 2 SGB V zur Ausführung und Abrechnung arthroskopischer Leistungen (Arthroskopie-Vereinbarung),
- Vereinbarung gemäß § 135 Abs. 2 SGB V zur Ausführung und Abrechnung von Blutreinigungsverfahren (Qualitätssicherungsvereinbarung zu den Blutreinigungsverfahren),
- Vereinbarung von Qualitätssicherungsvoraussetzungen gemäß § 135 Abs. 2 SGB V zur Funktionsanalyse eines Herzschrittmachers (Qualitätssicherungsvereinbarung zur Herzschrittmacher-Kontrolle),
- Vereinbarung von Qualitätssicherungsmaßnahmen nach § 135 Abs. 2 SGB V zur interventionellen Radiologie (Qualitätssicherungsvereinbarung zur interventionellen Radiologie),
- Voraussetzungen gemäß § 135 Abs. 2 SGB V zur Ausführung und Abrechnung invasiver kardiologischer Leistungen (Vereinbarung zur invasiven Kardiologie),

[135] Gesetzesbegründung zu Art. 1 Nr. 105 lit. b GKV-WSG, BT-Drs. 16/3100.

[136] Art. 1 Nr. 105 lit. b GKV-WSG, BT-Drs. 16/3100.

[137] BSG v. 28.01.1998 - B 6 KA 93/96 R - SozR 3-2500 § 135 Nr. 6 = NZS 1998, 540.

[138] BSG v. 28.01.1998 - B 6 KA 93/96 R - SozR 3-2500 § 135 Nr. 6 = NZS 1998, 540; BSG v. 02.10.1996 - 6 RKa 28/96 - BSGE 80, 48 = SozR 3-2500 § 85 Nr. 17.

[139] www.kbv.de/rechtsquellen/print/131.html.

- Vereinbarung von Qualifikationsvoraussetzungen gemäß § 135 Abs. 2 SGB V zur Durchführung von Untersuchungen in der Kernspintomographie (Kernspintomographie-Vereinbarung)[140],
- Voraussetzungen gemäß § 135 Abs. 2 SGB V zur Ausführung und Abrechnung von koloskopischen Leistungen (Qualitätssicherungsvereinbarung zur Koloskopie),
- Vereinbarung von Qualitätssicherungsmaßnahmen nach § 135 Abs. 2 SGB V zur kurativen Mammographie (Mammographie-Vereinbarung),
- Vereinbarung von Qualifikationsvoraussetzungen gemäß § 135 Abs. 2 SGB V zur Durchführung von Langzeit-EKG-Untersuchungen,
- Vereinbarung von Qualitätssicherungsmaßnahmen nach § 135 Abs. 2 SGB V zur MR-Angiografie (Qualitätssicherungsvereinbarung zur MR-Angiografie),
- Vereinbarung von Qualitätssicherungsmaßnahmen nach § 135 Abs. 2 SGB V zur phototherapeutischen Keratektomie (Qualitätssicherungsvereinbarung PTK),
- Vereinbarung von Qualitätssicherungsmaßnahmen gemäß § 135 Abs. 2 SGB V zur Verordnung von Leistungen zur medizinischen Rehabilitation gemäß den Rehabilitations-Richtlinien des Gemeinsamen Bundesausschusses,
- Qualitätssicherungsvereinbarung gemäß § 135 Abs. 2 SGB V zur photodynamischen Therapie am Augenhintergrund,
- Qualitätssicherungsvereinbarung gemäß § 135 Abs. 2 SGB V zur Diagnostik und Therapie schlafbezogener Atmungsstörungen (Schlafapnoe-Vereinbarung),
- Qualitätssicherungsvereinbarung zur schmerztherapeutischen Versorgung chronisch schmerzkranker Patienten gem. § 135 Abs. 2 SGB V (Qualitätssicherungsvereinbarung Schmerztherapie),
- Vereinbarung von Qualifikationsvoraussetzungen gemäß § 135 Abs. 2 SGB V zur Durchführung von Untersuchungen in der diagnostischen Radiologie und Nuklearmedizin und von Strahlentherapie (Vereinbarung zur Strahlendiagnostik und -therapie),
- Vereinbarung von Qualifikationsvoraussetzungen gemäß § 135 Abs. 2 SGB V zur Durchführung von Untersuchungen in der Ultraschalldiagnostik (Ultraschall-Vereinbarung),
- Vereinbarung von Qualitätssicherungsmaßnahmen nach § 135 Abs. 2 SGB V zur zytologischen Untersuchung von Abstrichen der Zervix Uteri (Qualitätssicherungsvereinbarung Zervix-Zytologie).

61 Soweit das **landesrechtliche Berufsrecht**, insbesondere die Berufs- und Weiterbildungs- bzw. Facharztordnungen hinsichtlich der notwendigen Kenntnisse und Erfahrungen inhaltsgleiche und in Bezug auf die Qualitätsvoraussetzungen gleichwertige Kriterien i.S. des Satzes 1 normieren, so gelten diese nach **Satz 2** als zwingend notwendig, aber auch als ausreichend. Satz 2 trägt damit der grundsätzlichen Geltung des ärztlichen Berufsrechts auch für die vertragsärztliche Tätigkeit Rechnung. Soweit das ärztliche Berufsrecht in der Weiterbildungsordnung der Ärztekammer Gebiete, Teilgebiete und Bereiche mit ankündigungsfähigen Arztbezeichnungen definiert, sind diese auch für die vertragsärztliche Tätigkeit maßgebend und grenzen bei einer für ein Gebiet ausgesprochenen Zulassung den Umfang der Kassenzulassung ab. Die Weiterbildungsordnungen enthalten zunehmend innerhalb von Gebiets- und Teilgebietsdefinitionen Fachkundenachweise, die ein Facharzt zusätzlich zu seiner Facharztqualifikation nachweisen muss, wenn er berufsrechtlich entsprechende Leistungen erbringen will. Sie sind gem. Satz 2 auch für die vertragsärztliche Versorgung unter der Voraussetzung maßgebend, dass sie bundesweit inhaltsgleiche und hinsichtlich ihrer Qualitätsvoraussetzungen gleichwertige Qualifikationen wie Satz 1 einführen. Diese Einschränkung der Vorrangigkeit des landesrechtlichen ärztlichen Berufsrechts ergibt sich zwingend aus der Notwendigkeit bundeseinheitlich geregelter Fachkundeanforderungen für Vertragsärzte in einem bundeseinheitlichen Leistungsrecht der GKV.[141] Als Grundlage kann hier die vom Deutschen Ärztetag beschlossene Musterberufs- und Musterweiterbildungsordnung dienen.[142] Für die Teilnahme an der vertragsärztlichen Versorgung dürfen von den Parteien der Bundesmantelverträge auf der Rechtsgrundlage der §§ 72 Abs. 2 und 82 Abs. 1 Satz 1 SGB V stets aber höhere Qualitätsanforderungen gestellt werden, als sie in der Weiterbildungsordnung (z.B. für die Erlangung einer Schwerpunkt- oder Zusatzbezeichnung) normiert sind.[143] Die im Bundesmantelvertrag ver-

[140] Die Regelung in § 8 Abs. 2 Satz 3 Kernspintomographie-Vereinbarung, die einen Vorrang des Qualifikationsnachweises durch Bescheinigungen über durchgeführte Ausbildungen vor einem Kolloquium normiert, ist nicht zu beanstanden; BSG v. 11.10.2006 - B 6 KA 1/05 R - SozR 4-2500 § 135 Nr. 10.

[141] *Hess* in: KassKomm, SGB V, § 135 Rn. 16.

[142] *Hencke* in: Peters, Krankenversicherung (SGB V), § 135 Rn. 6.

[143] BSG v. 08.09.2004 - B 6 KA 18/03 R - SozR 4-2500 § 82 Nr. 1 = MedR 2005, 480 ff.

einbarte grundsätzliche Bindung von Fachkundenachweisen nach Satz 1 an das Bestehen einer Prüfung gilt auch für berufsrechtliche Fachkundenachweise, wenn sie Vorrang beanspruchen, es sei denn, in Fachkundevereinbarungen nach Satz 1 wird auf eine solche Prüfung verzichtet.[144]

Endet die Berechtigung zur Teilnahme an der vertragsärztlichen Versorgung, so verliert auch eine erteilte Genehmigung zur Erbringung von Leistungen, für die Qualitätsvoraussetzungen festgelegt sind und die deshalb einer Abrechnungsgenehmigung der KÄV bedürfen, automatisch ihre Wirkung, ohne dass es insoweit einer gesonderten Aufhebung bedarf. Dies gilt auch im Falle einer späteren Wiederzulassung.[145] **62**

Satz 3 bestimmt für den Fall, dass Ärzte während ihrer Weiterbildungszeit die geforderten Qualifikationen nach dem früher gültigen Recht noch nicht erworben haben, dass die Kassenärztlichen Bundesvereinigungen übergangsweise Qualifikationen regeln können, die allerdings dem Kenntnis- und Erfahrungsstand der fachärztlichen Vorschriften entsprechen müssen. Damit kommt das Gesetz der Rechtsprechung des BVerfG nach, dass aus den rechtsstaatlichen Grundsätzen des Vertrauensschutzes und der Verhältnismäßigkeit für diejenigen **Übergangsregelungen** zu schaffen sind, die eine künftig unzulässige Tätigkeit in der Vergangenheit in erlaubter Weise ausgeübt haben.[146] **63**

Durch **Satz 4** werden die Partner des Bundesmantelvertrages ermächtigt, die Durchführung bestimmter medizinisch-technischer Leistungen (z.B. Computertomographie, MR-Tomographie) auf Grund einer vertraglichen Vereinbarung – in Abweichung von der Regelvorschrift des Satzes 1 – solchen **Fachärzten** vorzubehalten, die im Rahmen ihrer fachärztlichen Weiterbildung vorrangig diesen medizinisch-technischen Leistungsbereich beherrschen und entsprechende Untersuchungen regelmäßig fachgebietsübergreifend erbringen. Fachärzte, die die betreffenden Untersuchungen nach der Weiterbildungsordnung zwar im Rahmen ihres Fachgebiets ausführen dürfen und auch die Qualifikationsvoraussetzungen nach Satz 1 erfüllen, dennoch aber solche Verrichtungen nur gelegentlich – regelmäßig bei eigenen Patienten – durchführen, dürfen folglich von der Leistungserbringung ausgeschlossen werden. Zu fordern ist allerdings, dass diesen Ärzten eine ausreichend lange **Übergangsfrist** eingeräumt wird, um die Apparaturen angemessen amortisieren oder veräußern zu können.[147] Mit der Konzentrierung besonders aufwendiger medizinisch-technischer Leistungen auf erfahrene Spezialisten erhofft sich der Gesetzgeber eine Steigerung der Leistungsqualität sowie die Vermeidung überflüssiger und damit unwirtschaftlicher Untersuchungen. Zudem soll erreicht werden, dass die arbeitsteilige Zuordnung von Diagnostik und Therapie auf verschiedene Ärzte („Mehraugenprinzip") zu einer erheblich sichereren Krankheitserkennung (z.B. Erkennung von Zufallsbefunden) führt und dem Patienten wegen der besonderen Kenntnisse und Erfahrungen des Spezialisten möglicherweise zugleich vermeidbare Belastungen erspart. Eine solche vertragliche Konzentrierung bestimmter medizinisch-technischer Untersuchungen auf besonders qualifizierte Ärzte kann zwar die Berufsfreiheit der übrigen derzeit zur Leistungserbringung befugten Ärzte berühren. Als Berufsausübungsregelung i.S. des Art. 12 Abs. 1 Satz 2 GG wäre sie jedoch aus Gründen des höherrangigen Gemeinwohls als verhältnismäßig und damit als verfassungskonform anzusehen, weil diejenigen Ärzte, die die entsprechenden Untersuchungen nur am Rande ihres Fachgebiets erbringen, durch eine solche Regelung nicht in existenzbedrohender und somit nicht zumutbarer Weise belastet würden.[148] **64**

5. Abgrenzung der Zuständigkeiten nach den Absätzen 1 und 2

Der Regelungsbereich des Absatzes 2 überlappt mit der Aufgabenstellung des G-BA nach Absatz 1 insoweit, als der G-BA im Zusammenhang mit der Anerkennung einer neuen Methode auch eine Empfehlung zu Anforderungen an die notwendige Qualifikation der Ärzte, die apparativen Anforderungen sowie Anforderungen an Maßnahmen der Qualitätssicherung abzugeben hat, um deren sachgerechte Anwendung zu sichern. Dabei handelt es sich bei entsprechenden Anforderungen des G-BA ebenso wie bei der Bewertungsentscheidung selbst um verbindliche Vorgaben im Zusammenhang mit der An- **65**

[144] *Hess* in: KassKomm, SGB V, § 135 Rn. 16.

[145] BSG v. 13.11.1996 - 6 RKa 87/95 - SozR 3-2500 § 135 Nr. 3 = SGb 1997, 579.

[146] Vgl. BVerfG v. 15.02.1967 - 1 BvR 569/62 - BVerfGE 21,173, 183; BVerfG v. 28.02.1979 - 1 BvR 111/75 - BVerfGE 50, 265, 274; BVerfG v. 18.11.1980 - 1 BvR 228/73, 1 BvR 311/73 - BVerfGE 55, 185, 201; vgl. auch BSG v. 18.03.1998 - B 6 KA 23/97 R - BSGE 82, 55 = SozR 3-2500 § 135 Nr. 9 und BSG v. 18.03.1998 - B 6 KA 18/97 R - MedR 1998, 578.

[147] *Hencke* in: Peters, Krankenversicherung (SGB V), § 135 Rn. 9.

[148] Vgl. BSG v. 31.01.2001 - B 6 KA 24/00 R - SozR 3-2500 § 135 Nr. 16 = MedR 2001, 535; vgl. auch Gesetzesbegründung zu Satz 4, BT-Drs. 15/1525, S. 124.

erkennung einer Methode. Sofern nur durch eine solche Verbindung der Anerkennung einer Methode mit qualitativen Anforderungen eine sachgerechte Anwendung gewährleistet werden kann, muss der G-BA sie in seinen Richtlinien festlegen und kann nicht auf Vereinbarungen der Vertragspartner des Bundesmanteltarifvertrages nach Absatz 2 verweisen. Er kann sich dabei jedoch auf grundsätzliche Festlegungen beschränken und deren Ausgestaltung im Einzelnen den Vertragspartnern nach Absatz 2 übertragen.[149] In solchen Fällen kann ein Arzt die Leistungen im Rahmen der vertragsärztlichen Versorgung nur abrechnen, wenn er die entsprechenden Voraussetzungen erfüllt und dies gegenüber seiner KV nachweist. Wird für bestimmte Leistungen der Nachweis der Teilnahme an Qualitätssicherungsmaßnahmen gefordert, ist die Vorlage eines entsprechenden Zertifikates nach Maßgabe der vertraglichen Vereinbarungen oder Richtlinien Abrechnungsvoraussetzung.[150]

66 Absatz 2 Satz 4 ermöglicht einen Facharztvorbehalt im Bundesmantelvertrag für die Erbringung bestimmter medizinisch-technischer Leistungen (insbesondere Großgeräte), wenn diese Leistungen zum Kern eines Fachgebietes gehören (z.B. Röntgendiagnostik, Strahlentherapie). Die Leistungserbringung in der vertragsärztlichen Versorgung kann dann den Fachärzten dieses Gebietes vorbehalten werden, wenn dadurch die Qualität und Wirtschaftlichkeit der Erbringung dieser Leistung erhöht wird.[151] Soweit nach Maßgabe des Weiterbildungsrechtes auch andere Arztgruppen derartige Leistungen erbringen können, bedeutet eine derartige Regelung einen Eingriff in deren berufsrechtlichen Status, der aber durch die spezifischen Anforderungen der GKV an die Qualität und Wirtschaftlichkeit der Leistungserbringung gerechtfertigt ist.[152]

II. Normzwecke

67 § 135 Abs. 1 SGB V ist die Rechtsgrundlage für die Bewertung medizinischer Methoden in der ambulanten vertrags-(zahn)ärztliche Versorgung. Dabei konkretisiert der G-BA für das Leistungs- und Leistungserbringungsrecht einheitlich vor allem das Wirtschaftlichkeitsgebot gem. §§ 12 Abs. 1, 70 Abs. 1, 72 Abs. 2 SGB V unter Beachtung des allgemein anerkannten Stands der medizinischen Erkenntnisse.

68 Die Methodenentscheidungen des G-BA legen für Leistungserbringer, Krankenkassen und Versicherte grundsätzlich verbindlich fest, welche neuen Untersuchungs- und Behandlungsmethoden zum Leistungskatalog der GKV gehören. Die Vorschrift des Absatzes 1 dient der Sicherung der Qualität der Leistungserbringung in der GKV. Sie beinhaltet den Schutz der Versicherten vor etwaigen gesundheitlichen Risiken[153] sowie der Versichertengemeinschaft vor unwirtschaftlichen Behandlungen.[154]

69 Absatz 2 regelt die Qualifikationserfordernisse für (zahn-)ärztliche Leistungen im Hinblick auf die fachliche Qualifikation der Ärzte. Damit trifft er insbesondere Regelungen zur Strukturqualität.[155]

C. Praxishinweise

70 Für die von der sog. **Nikolausentscheidung** des BVerfG tangierten Fälle kann die geforderte Beachtung der Regeln der ärztlichen Kunst zusätzlich bedingen, dass die Therapie nur durch einen hinreichend qualifizierten Arzt erfolgt.[156] Jedenfalls soweit dies entsprechend der „Deklaration von Helsinki“[157] in der jeweiligen Berufsordnung vorgesehen ist, kann es erforderlich sein, vorab eine zuständige Ethikkommission einzuschalten und ihre (gegebenenfalls positive) Beurteilung abzuwarten,[158] weil der Bereich medizinischer Versuche am Menschen berührt ist. Geboten ist auch eine hinreichende Dokumentation der Behandlung und die Vornahme von Kontrollen und gebotenen Sicherheitsvorkehrungen – zum Beispiel durch Überwachung geeigneter medizinischer Parameter oder Verordnung von

[149] *Hess* in: KassKomm, SGB V, § 135 Rn. 18.

[150] BSG v. 24.10.1984 - 6 RKa 10/83 - USK 84261.

[151] FraktE-GMG BT-Drs. 15/1525 zu § 135 unter Hinweis auf die Rechtsprechung des BSG zur Rechtmäßigkeit der wieder aufgehobenen Großgeräteplanung.

[152] *Hess* in: KassKomm, SGB V, § 135 Rn. 20.

[153] BSG v. 16.09.1997 - 1 RK 28/95 - SozR 3-2500 § 135 Nr. 4, S. 9, 14; BSG v. 08.02.2000 - B 1 KR 18/99 B - SozR 3-2500 § 135 Nr. 12, S. 54, 56.

[154] BSG v. 16.09.1997 - 1 RK 28/95 - SozR 3-2500 § 135 Nr. 4, S. 9, 14; BSG v. 30.01.2002 - B 6 KA 73/00 R - SozR 3-2500 § 135 Nr. 21, S. 106, 115.

[155] Vgl. *Hess* in: KassKomm, SGB V, vor §§ 135-139 Rn. 3.

[156] Vgl. BSG v. 04.04.2006 - B 1 KR 7/05 R - SozR 4-2500 § 31 Nr. 4 = NJW 2007, 1380 Rn. 50 - Tomudex.

[157] *Hauck*, NJW 2007, 1320, 1324 m.w.N.

[158] Vgl. BSG v. 07.11.2006 - B 1 KR 24/06 R - NJW 2007, 1385 - LITT m.w.N.

stationärer Behandlung – bei Realisierung von Gefahren, um das Risiko für den Patienten gering zu halten und bei Bedarf schnell reagieren zu können.[159]

Auch in den Fällen einer lebensbedrohlichen Erkrankung i.S. der o.g. Entscheidung bleibt die Prüfung der **allgemeinen Voraussetzungen** des SGB V für einen Leistungsanspruch unberührt.[160] So muss beispielsweise der Anspruchsteller „Versicherter" sein, das begehrte Medikament muss ärztlich verordnet und darf etwa nicht im Rahmen einer Arzneimittelstudie verabreicht sein.[161] Um dem Wirtschaftlichkeitsgebot aus § 12 Abs. 1 SGB V Rechnung zu tragen, ist dabei auch zu prüfen, ob unter Beachtung der Möglichkeiten grundrechtsorientierter Leistungserweiterung weitere Therapiealternativen beansprucht werden können, die im Vergleich zur zunächst erstrebten Behandlung in punkto Eignung, Erforderlichkeit und Wirtschaftlichkeit vorzugswürdiger sind.[162] Sind all diese Voraussetzungen erfüllt, besteht der begehrte Leistungsanspruch kraft grundrechtsorientierter Auslegung. Zusätzlich muss – im Sinne einer allgemeinen Voraussetzung – sichergestellt sein, dass der Versicherte nach der erforderlichen umfassenden ärztlichen Aufklärung ausdrücklich in die beabsichtigte Behandlung eingewilligt hat.[163] Diesbezüglich haben Ärzte und Krankenkassen ihren Aufklärungs- und Beratungspflichten nachzukommen. 71

[159] Vgl. BSG v. 04.04.2006 - B 1 KR 7/05 R - SozR 4-2500 § 31 Nr. 4 = NJW 2007, 1380 Rn. 50 - Tomudex.

[160] Vgl. BSG v. 04.04.2006 - B 1 KR 7/05 R - SozR 4-2500 § 31 Nr. 4 = NJW 2007, 1380 Rn. 23 - Tomudex.

[161] Vgl. zum grundsätzlichen Ausschluss BSG v. 22.07.2004 - B 3 KR 21/03 R - BSGE 93, 137 = SozR 4-2500 § 137c Nr. 2.

[162] Vgl. z.B. BSG v. 26.09.2006 - B 1 KR 1/06 R - SozR 4-2500 § 31 Nr. 5 - Ilomedin.

[163] *Roters*, NZS 2007, 176, weist auf den Schutz des Patienten vor sich selbst in verzweifelter Situation hin und bemängelt insofern das fehlende Eingehen des BVerfG auf diesen Aspekt.

§ 135a SGB V Verpflichtung zur Qualitätssicherung

(Fassung vom 26.03.2007, gültig ab 01.07.2008)

(1) Die Leistungserbringer sind zur Sicherung und Weiterentwicklung der Qualität der von ihnen erbrachten Leistungen verpflichtet. Die Leistungen müssen dem jeweiligen Stand der wissenschaftlichen Erkenntnisse entsprechen und in der fachlich gebotenen Qualität erbracht werden.

(2) Vertragsärzte, medizinische Versorgungszentren, zugelassene Krankenhäuser, Erbringer von Vorsorgeleistungen oder Rehabilitationsmaßnahmen und Einrichtungen, mit denen ein Versorgungsvertrag nach § 111a besteht, sind nach Maßgabe der §§ 137 und 137d verpflichtet,

1. sich an einrichtungsübergreifenden Maßnahmen der Qualitätssicherung zu beteiligen, die insbesondere zum Ziel haben, die Ergebnisqualität zu verbessern und

2. einrichtungsintern ein Qualitätsmanagement einzuführen und weiterzuentwickeln.

Vertragsärzte, medizinische Versorgungszentren und zugelassene Krankenhäuser haben der Institution nach § 137a Abs. 1 die für die Wahrnehmung ihrer Aufgaben nach § 137a Abs. 2 Nr. 2 und 3 erforderlichen Daten zur Verfügung zu stellen.

Gliederung

A. Basisinformation

I. Textgeschichte/Gesetzgebungsmaterialien

1 Die Vorschrift wurde erstmalig mit Wirkung zum 01.01.1993 durch das Gesundheitsstrukturgesetz vom 21.12.1992[1] in das SGB V eingefügt. Ursprünglich bezog sie sich auf die Sicherung der Qualität bei ambulanten Vorsorge- und Rehabilitationskuren und sollte eine aus Sicht des Gesetzgebers bestehende Versorgungslücke in der Qualitätssicherung gegenüber der ambulanten und stationären Versorgung schließen.[2]

2 Mit Wirkung zum 01.01.2000 wurde die Vorschrift durch das GKV-Gesundheitsreformgesetz 2000 vom 22.12.1999[3] vollkommen neu gefasst. Zu diesem Zeitpunkt hätte es sich gesetzessystematisch angeboten, die bis heute in Absatz 1 der Vorschrift angesprochene grundsätzliche Verpflichtung aller Leistungserbringer zur Qualitätssicherung allen anderen Vorschriften im Neunten Abschnitt des 4. Kapitels im SGB V voranzustellen. Dies ist allem Anschein nach deshalb unterblieben, weil die Regelung mit ihrem ursprünglichen Bezug auf ambulante Vorsorge- und Rehabilitationskuren als entbehrlich er-

[1] BGBl I 1992, 2266.
[2] Vgl. hierzu den Gesetzentwurf der Fraktionen CDU/CSU, SPD und FDP zu § 135a SGB V (BT-Drs. 12/3608, S. 107).
[3] BGBl I 1999, 2626.

achtet wurde und wegfallen sollte.[4] In der jetzigen Fassung ist die Vorschrift erst im Vermittlungsverfahren wieder aufgenommen worden.[5]

Im Anschluss wurde Absatz 1 der Vorschrift durch das Gesetz zur Verbesserung der Vorsorge und Rehabilitation für Mütter und Väter vom 26.07.2002[6] um Satz 2 ergänzt. Weiter wurde Absatz 2 der Vorschrift durch das GKV-Modernisierungsgesetz vom 14.11.2003[7] anderen Gesetzesänderungen angepasst und durch das GKV-Wettbewerbsstärkungsgesetz vom 26.03.2007[8] um Satz 2 erweitert. 3

II. Systematische Zusammenhänge und Normzweck der Qualitätssicherung im SGB V

Der Begriff der Qualitätssicherung selbst wird im Gesetz nicht definiert, lässt sich aber aus seinem engen gesetzessystematischen Zusammenhang mit den programmatischen Grundsätzen in den §§ 2 Abs. 1 Satz 3, 70 Abs. 1 SGB V sowie dem Wirtschaftlichkeitsgebot in § 12 SGB V herleiten. Danach bezieht sich die Qualitätssicherung im SGB V auf eine **dem allgemein anerkannten Stand der medizinischen Erkenntnisse entsprechende** und zugleich **wirtschaftliche Gestaltung** von Strukturen, Prozessen und Ergebnissen bei der **medizinischen Versorgung** der Versicherten. Die Aufteilung geht auf das Jahresgutachten 1989 des Sachverständigenrats für die Konzertierte Aktion im Gesundheitswesen[9] zurück, der damals zur Verbesserung der **Strukturqualität** (Qualifikation des Arztes und des Personals, Ausstattung der Arbeitsstätte), der **Prozessqualität** (Indikation und Durchführung der Diagnostik und Therapie) sowie der **Ergebnisqualität** (der am Patienten abzulesenden und der ärztlichen Behandlung zuzuschreibenden Ergebnis-Qualität in Form der Letalität, Heilungsdauer, Lebensqualität, therapiebedingter Komplikationen, etc.) umfangreiche Vorschläge unterbreitete. 4

Die gesetzessystematische Ausrichtung der Vorschriften gibt zugleich Aufschluss über deren Sinn und Zweck: Die Qualitätssicherung im SGB V soll zunächst gewährleisten, dass die Versicherten eine medizinische Versorgung erhalten, die dem aktuell anerkannten Standard entspricht. Daneben ist sie ein wichtiges Instrument zur Steuerung der Leistungserbringer in einem teilweise stark budgetierten Versorgungssystem. So lassen sich über Qualitätsanforderungen Wirtschaftlichkeitsreserven beispielsweise durch den Ausschluss unwirksamer oder nicht ausreichend wirksamer Behandlungsmethoden erschließen.[10] Die beiden genannten Aspekte ergänzen sich und verdeutlichen den Zusammenhang mit dem Wirtschaftlichkeitsgebot. Der Prozess der Qualitätssicherung selbst ist dabei nach dem Gesetzeswortlaut in § 135a SGB V („Sicherung und Weiterentwicklung der Qualität") nicht statisch, sondern **dynamisch** angelegt. Die Leistungserbringer im SGB V sind demnach verpflichtet, die Qualität ihrer medizinischen Leistungen stetig zu verbessern. 5

Seit dem 01.01.2004 obliegt es im Wesentlichen dem Gemeinsamen Bundesausschusses als sektorenübergreifende Einrichtung der gemeinsamen Selbstverwaltung, die einzelnen Qualitätsanforderungen in der ambulanten und stationären Versorgung der Versicherten über Richtlinien gemäß § 92 Abs. 1 Satz 2 Nr. 13 SGB V und Beschlüsse festzulegen. Nach dem Gesetzeswortlaut in den §§ 135-139c SGB V liegt dabei gegenwärtig der Schwerpunkt auf der Einführung eines flächendeckenden Qualitätsmanagements, strukturierten Behandlungsprogrammen bei chronischen Krankheiten (Disease-Management-Programmen) sowie der Erarbeitung und anschließenden Umsetzung einer sektoren- und berufsgruppenübergreifenden Qualitätssicherung im Gesundheitswesen. 6

---

[4] Vgl. hierzu den Gesetzentwurf der Fraktionen SPD und BÜNDNIS 90/DIE GRÜNEN zu § 135a SGB V (BT-Drs. 14/1245, S. 86).

[5] Vgl. hierzu die Beschlussempfehlung des Vermittlungsausschusses zu § 135a SGB V (BT-Drs. 14/2369, S. 14).

[6] BGBl I 2002, 2874.

[7] BGBl I 2003, 2190.

[8] BGBl I 2007, 378.

[9] Jahresgutachten 1989; Qualität, Wirtschaftlichkeit und Perspektiven der Gesundheitsversorgung: Vorschläge für die konzertierte Aktion im Gesundheitswesen; Baden-Baden 1989.

[10] Vgl. hierzu auch BSG v. 31.01.2001 - B 6 KA 24/00 R = SozR 3-2500 § 135 Nr. 16, wonach sich das Genehmigungserfordernis zur Durchführung kernspintomographischer Leistungen u.a. vor dem Hintergrund eines sparsamen Einsatzes von Leistungsressourcen rechtfertigen lässt und damit der finanziellen Stabilität und Funktionsfähigkeit der gesetzlichen Krankenversicherung dient.

III. Ausgewählte Literaturhinweise

7 *Debong*, Ärztliche Therapiefreiheit und Qualitätssicherung in der Behandlung: Ein Gegensatz?, in: ArztR 2007, 32; *Katzenmeier*, Qualität im Gesundheitswesen, in: MedR 1997, 498; *Schneider*, Rechtliche Grundlagen der Qualitätssicherung in der vertragsärztlichen Versorgung, in: NZS 1997, 267; *Wenner*, Maßnahmen der Qualitätssicherung in der vertragsärztlichen Versorgung auf dem Prüfstand der Rechtsprechung, in: NZS 2002, 1.

B. Auslegung der Norm

I. Regelungsgehalt und Bedeutung der Norm

8 § 135a SGB V sieht eine grundsätzliche Verpflichtung aller an der medizinischen Versorgung der Versicherten beteiligten Leistungserbringer vor, die Qualität der von ihnen erbrachten Leistungen zu sichern und weiterzuentwickeln. Die einzelnen Maßnahmen der Qualitätssicherung sollen dabei – angesichts der immer komplizierter werdenden diagnostischen und therapeutischen Verfahren – zur Bildung von Standards beitragen und prospektiv eine kontinuierliche Qualitätsverbesserung ermöglichen.

9 Die Vorschrift kann ferner als Rechtsgrundlage für die umfassende Einführung eines Qualitätsmanagements in der ambulanten und stationären Versorgung herangezogen werden.

II. Normzweck

10 Zweck der Vorschrift ist es, alle Leistungserbringer im Gesundheitswesen für die Qualität und die Sicherung der Qualität ihrer Leistungen in die Verantwortung zu nehmen (Absatz 1) und für maßgebliche Bereiche des Gesundheitswesens die aus Sicht des Gesetzgebers erforderlichen Maßnahmen zur Qualitätssicherung vorzugeben (Absatz 2).[11]

III. Tatbestandsmerkmale

1. Allgemeine Verpflichtung zur Qualitätssicherung (Absatz 1 Satz 1)

11 In Absatz 1 Satz 1 wird den Leistungserbringern im Bereich der gesetzlichen Krankenversicherung die Verantwortung für die **Sicherung und Weiterentwicklung** der Qualität ihrer medizinischen Leistungen übertragen. Der Gesetzeswortlaut verdeutlicht, dass es sich hierbei um einen dynamischen Prozess handelt, der neben der Sicherung eines definierten Qualitätsniveaus dessen kontinuierliche Weiterentwicklung und damit stetige Verbesserung miteinbezieht.

12 Dabei ergibt sich aus der Gesetzesbegründung[12] für die Leistungserbringer eine **Verpflichtung** zur Qualitätssicherung. Dementsprechend geht Absatz 1 Satz 1 in seiner Bedeutung über die einer Auslegungshilfe hinaus;[13] trotz des allgemein gefassten Wortlauts ist von einer Klarstellung des Gesetzgebers auszugehen, dass selbst dann eine Verpflichtung der Leistungserbringer zur Qualitätssicherung besteht, wenn konkrete untergesetzliche Regelungen fehlen.[14] Ein solches Verständnis vom Regelungsgehalt der Vorschrift in Absatz 1 Satz 1 eröffnet zumindest dem Grunde nach Sanktionsmöglichkeiten gegenüber den Leistungserbringern, die sich gegenüber der erforderlichen Qualitätssicherung verweigern. Dabei obliegt es nach § 137 Abs. 1 Satz 2 SGB V dem Gemeinsamen Bundesausschuss, soweit erforderlich „Durchführungsbestimmungen und Grundsätze für Konsequenzen insbesondere für Vergütungsabschläge" zu erlassen, wenn Leistungserbringer ihre Verpflichtungen zur Qualitätssicherung nicht einhalten. Hinsichtlich der Einzelheiten hierzu wird auf die Kommentierung zu § 137 SGB V Rn. 11 verwiesen.

---

[11] Vgl. hierzu den Gesetzentwurf der Fraktionen SPD und BÜNDNIS 90/DIE GRÜNEN zu § 136 SGB V (BT-Drs. 14/1245, S. 86 (später: § 135a SGB V)).

[12] Vgl. hierzu die Beschlussempfehlung des Ausschusses für Gesundheit vom 03.11.1999 zu § 136 SGB V (BT-Drs. 14/1977, S. 169 (später: § 135a SGB V)).

[13] So aber *Knittel* in: Krauskopf, SGB V, § 135a Rn. 3.

[14] Vgl. hierzu den Gesetzentwurf der Fraktionen SPD und BÜNDNIS 90/DIE GRÜNEN zu § 136 SGB V (BT-Drs. 14/1245, S. 86 (später: § 135a SGB V)).

2. Maßstab der Qualitätssicherung (Absatz 1 Satz 2)

In Absatz 1 Satz 2 der Vorschrift wird nach dem Gesetzeswortlaut der für die Qualitätssicherung im SGB V maßgebliche rechtliche Standard normiert. Danach müssen die medizinischen Leistungen im Gesundheitswesen dem **jeweiligen Stand der wissenschaftlichen Erkenntnisse** entsprechen und in der **fachlich gebotenen Qualität** erbracht werden. 13

Demgegenüber stellt der Gesetzgeber in § 2 Abs. 1 Satz 3 SGB V auf den „allgemein anerkannten Stand der medizinischen Erkenntnisse“ ab. Die unterschiedliche Wortwahl soll über den Begriff der Weiterentwicklung in Absatz 1 Satz 1 hinaus klarstellen, dass die Qualitätssicherung im SGB V einer **dynamischen Entwicklung** unterworfen ist und die Leistungserbringer die Qualität ihrer Leistungen stetig zu verbessern haben.[15] Ein unterschiedlicher rechtlicher Standard zwischen dem Leistungsrecht im SGB V und den Vorschriften zur Qualitätssicherung ergibt sich hieraus nicht, weil § 2 Abs. 1 Satz 3 SGB V ausdrücklich eine Anknüpfung an den medizinische Fortschritt und damit ebenfalls eine entsprechende Dynamik beinhaltet. 14

Die einzelne medizinische Leistung muss ferner der fachlich gebotenen Qualität und damit dem „state of art“ entsprechen. Dabei kann auf die Legaldefinition in § 106 Abs. 2a Nr. 3 SGB V zurückgegriffen werden, wonach hiermit die **Übereinstimung** der Leistung **mit den anerkannten Kriterien für ihre fachliche Erbringung** gemeint ist.[16] 15

3. Externe und interne Qualitätssicherung (Absatz 2 Satz 1)

Nach Absatz 2 Satz 1 der Vorschrift erstreckt sich die Verpflichtung zur Beteiligung an einrichtungsübergreifenden Maßnahmen zur Qualitätssicherung (als externe Qualitätssicherung) sowie der Einführung und Weiterentwicklung eines einrichtungsinternen Qualitätsmanagements (als interne Qualitätssicherung) auf alle Leistungserbringer im stationären und ambulanten Bereich. Gemäß § 137 SGB V ist es dabei im Wesentlichen Aufgabe des Gemeinsamen Bundesausschusses, diese unbestimmten Rechtsbegriffe zu konkretisieren und im Einzelnen durch Beschlüsse bzw. Richtlinien festzulegen, welche speziellen Maßnahmen zur Qualitätssicherung von den Leistungserbringern dabei zu beachten sind. 16

Allgemein ist unter **einrichtungsübergreifenden Maßnahmen** eine **Qualitätsbeurteilung im Vergleich zu anderen Leistungserbringern** zu verstehen. Ein solcher Vergleich soll dazu beitragen, mögliche Qualitätsdefizite zu erkennen und abzustellen.[17] 17

Die bislang seitens des Gemeinsamen Bundesausschusses konkretisierten Maßnahmen zur vergleichenden externen Qualitätssicherung beziehen sich fast ausschließlich auf den stationären Bereich.[18] Ein entsprechender Einstieg im ambulanten Bereich erfolgte mit der am 24.06.2006 in Kraft getretenen und im Juli 2007 hinsichtlich der Umsetzungsfristen angepassten Qualitätssicherungs-Richtlinie Dialyse[19]. In dieser Richtlinie werden Regelungskriterien zur Qualitätsbeurteilung der Dialyse-Behandlung, die sich darauf beziehenden Stichprobenprüfungen nach § 136 Abs. 2 SGB V und die Verpflichtung der Dialyse-Einrichtung zur Teilnahme an einrichtungsübergreifenden Maßnahmen zur Qualitätssicherung miteinander verknüpft. Hierdurch soll u.a. sichergestellt werden, dass die beteiligten Dialyseeinrichtungen aufgrund einer zeitnahen Rückmeldung ihrer Ergebnisse die Versorgung der Patienten optimieren können. 18

Unter einem **einrichtungsinternen Qualitätsmanagement** wird demgegenüber eine Methode verstanden, die auf die Mitwirkung aller Mitarbeiter gestützt die Qualität in den Mittelpunkt ihrer Bemühungen stellt und kontinuierlich bestrebt ist, die Bedürfnisse der Patienten, Mitarbeiter, Angehörigen oder beispielsweise auch der zuweisenden Ärzte zu berücksichtigen. Besondere Bedeutung hat hierbei die berufsgruppen-, hierarchie- und fachübergreifende Zusammenarbeit sowie die stetige interne, systematische Bewertung des erreichten Standes der jeweiligen Anstrengungen zur Qualitätssicherung. Hierzu und im Interesse eines kontinuierlichen und zielgerichteten Verbesserungsprozesses ist die interne Dokumentation der durchgeführten Maßnahmen ein wesentliches Instrument. Darüber hinaus 19

---

[15] Vgl. hierzu die Beschlussempfehlung des Ausschusses für Gesundheit vom 03.11.1999 zu § 136 SGB V (BT-Drs. 14/1977, S. 169 (später: § 135a SGB V)).

[16] So auch *Francke* in: Wannagat, SGB V, § 135a Rn. 6.

[17] Vgl. hierzu den Gesetzentwurf der Fraktionen SPD und BÜNDNIS 90/DIE GRÜNEN zu § 136 SGB V (BT-Drs. 14/1245, S. 86 (später: § 135a SGB V)).

[18] Einen Überblick über die bisherigen Maßnahmen bietet die Homepage des Gemeinsamen Bundesausschusses unter www.g-ba.de.

[19] BAnz 2006, Nr. 58 (Beilage Nr. 115a).

soll die Anwendung von anerkannten Leitlinien gefördert werden.[20] Dabei geht der Gesetzgeber davon aus, dass der Umfang der Maßnahmen im Zusammenhang mit dem Qualitätsmanagement im ambulanten Bereich in einem angemessenen Verhältnis insbesondere in Bezug auf die personelle und strukturelle Ausstattung steht.

4. Datenübermittlung an ein unabhängiges Qualitätsinstitut (Absatz 2 Satz 2)

20 Ausweislich der Gesetzesbegründung soll durch die mit dem GKV-WSG zum 01.07.2008 eingeführte Ergänzung in Absatz 2 Satz 2 der Vorschrift verdeutlicht werden, dass die dort genannten Leistungserbringer verpflichtet sind, Daten zur Durchführung einer vergleichenden Qualitätssicherung an das vom Gemeinsamen Bundesausschuss noch zu beauftragende unabhängige Qualitätsinstitut nach § 137a Abs. 1 SGB V zu übermitteln. Der Umfang der Datenweitergabe soll sich dabei nach den von diesem Institut unter Berücksichtigung des Gebots der Datensparsamkeit bestimmten Dokumentationsanforderungen richten.[21]

21 Bislang steht allerdings nicht fest, welche „fachlich unabhängige Institution" mit den in § 137a SGB V genannten Aufgaben beauftragt wird. Der beim Gemeinsamen Bundesausschuss angesiedelte Unterausschuss „Sektorenübergreifende Qualitätssicherung" bereitet derzeit ein entsprechendes Vergabeverfahren vor.

[20] Vgl. hierzu den Gesetzentwurf der Fraktionen SPD und BÜNDNIS 90/DIE GRÜNEN zu § 136 SGB V (BT-Drs. 14/1245, S. 86 (später: § 135a SGB V)).

[21] Vgl. hierzu den Gesetzentwurf der Fraktionen CDU/CSU und SPD zu § 135a SGB V (BT-Drs. 16/3100, S. 146).

§ 136 SGB V Förderung der Qualität durch die Kassenärztlichen Vereinigungen

(Fassung vom 26.03.2007, gültig ab 01.04.2007)

(1) Die Kassenärztlichen Vereinigungen haben Maßnahmen zur Förderung der Qualität der vertragsärztlichen Versorgung durchzuführen. Die Ziele und Ergebnisse dieser Qualitätssicherungsmaßnahmen sind von den Kassenärztlichen Vereinigungen zu dokumentieren und jährlich zu veröffentlichen.

(2) Die Kassenärztlichen Vereinigungen prüfen die Qualität der in der vertragsärztlichen Versorgung erbrachten Leistungen einschließlich der belegärztlichen Leistungen im Einzelfall durch Stichproben; in Ausnahmefällen sind auch Vollerhebungen zulässig. Der Gemeinsame Bundesausschuss entwickelt in Richtlinien nach § 92 Abs. 1 Satz 2 Nr. 13 Kriterien zur Qualitätsbeurteilung in der vertragsärztlichen Versorgung sowie nach Maßgabe des § 299 Abs. 1 und 2 Vorgaben zu Auswahl, Umfang und Verfahren der Qualitätsprüfungen nach Satz 1; dabei sind die Ergebnisse nach § 137a Abs. 2 Nr. 1 und 2 zu berücksichtigen.

(3) Die Absätze 1 und 2 gelten auch für die im Krankenhaus erbrachten ambulanten ärztlichen Leistungen.

Gliederung

A. Basisinformationen

I. Textgeschichte/Gesetzgebungsmaterialien

Die Vorschrift ist zum 01.01.1989 durch das Gesundheits-Reformgesetz[1] in das SGB V eingeführt worden. Im Anschluss wurde Absatz 1 der Vorschrift durch das Gesundheitsstrukturgesetz vom 21.12.1992[2] redaktionell angepasst. 1

Durch Art. 1 des GKV-Modernisierungsgesetzes vom 14.11.2003[3] wurde der jetzige Absatz 1 neu eingefügt und die Absätze 2 und 3 geändert. 2

Schließlich ist mit Wirkung zum 01.04.2007 durch das GKV-Wettbewerbsstärkungsgesetz vom 26.03.2007[4] die in Absatz 2 festgelegte Verpflichtung der Kassenärztlichen Vereinigungen zur Qualitätsprüfung im Einzelfall um die Möglichkeit von Vollerhebungen erweitert worden. Daneben hat der Gesetzgeber diesen Absatz hinsichtlich der vom Gemeinsamen Bundesausschuss in Richtlinien nach § 92 SGB V zu entwickelnden Kriterien zur Qualitätsbeurteilung in der vertragsärztlichen Versorgung präzisiert. 3

II. Systematische Zusammenhänge

Die §§ 135-139c SGB V stehen in einem engen gesetzessystematischen Zusammenhang mit den programmatischen Grundsätzen aus den §§ 2 Abs. 1 Satz 3, 70 Abs. 1 SGB V sowie dem Wirtschaftlichkeitsgebot aus § 12 SGB V. Insoweit wird auf die Kommentierung zu § 135a SGB V Rn. 4 verwiesen. 4

---

[1] BGBl I 1988, 2477.

[2] BGBl I 1992, 2266.

[3] BGBl I 2003, 2190.

[4] BGBl I 2007, 378.

B. Auslegung der Norm

I. Regelungsgehalt und Bedeutung der Norm

5 Die Vorschrift sieht eine grundsätzliche Verpflichtung der Kassenärztlichen Vereinigungen vor, im Bereich der ambulanten medizinischen Versorgung Maßnahmen zur Qualitätsförderung durchzuführen, deren Ergebnisse zu veröffentlichen und durch Qualitätsprüfungen im Einzelfall zu bewerten.

II. Normzweck

6 Erkennbarer Zweck der Vorschrift ist es, die von den Leistungserbringern nach § 77 Abs 1 SGB V zu bildenden Kassenärztlichen Vereinigungen mit in die kontinuierliche Sicherung und Verbesserung der Qualität in der vertragsärztlichen Versorgung einzubinden. Hierdurch soll der besonderen Verantwortung der Körperschaften für die Qualitätssicherung im Gesundheitswesen Rechnung getragen werden.[5]

III. Tatbestandsmerkmale

1. Maßnahmen zur Förderung der Qualität (Absatz 1)

7 In Absatz 1 Satz 1 wird den Kassenärztlichen Vereinigungen die Aufgabe übertragen, **Maßnahmen zur Förderung der Qualität** in der vertragsärztlichen Versorgung durchzuführen. Nach dem Gesetzeswortlaut („haben [...] durchzuführen") ist diese Verpflichtung dem Grunde nach bindend; im Ermessen der Körperschaften stehen demgegenüber Art und Umfang der konkreten Förderungsmaßnahmen.

8 Die **Ziele und Ergebnisse** der einzelnen Qualitätssicherungsmaßnahmen sind nach Absatz 1 Satz 2 der Vorschrift von den Körperschaften zu dokumentieren und jährlich zu veröffentlichen. Hierdurch soll zum einen die Effektivität bzw. Stringenz der Förderung und zum anderen deren Transparenz für die Versicherten gewährleistet werden.[6]

9 Schwerpunkte in der Förderung liegen gegenwärtig in der Einführung
- eines Qualitätsmanagements in der vertragsärztlichen Praxis,
- eines Systems von allgemein anerkannten Qualitätsindikatoren sowie Kennzahlen, um den Grad der Versorgungsqualität in unserem Gesundheitswesen „messbar" machen zu können, sowie
- in der Qualitätssicherung ärztlicher Untersuchungs- und Behandlungsmethoden.

Einen Überblick über die zahlreichen Einzelmaßnahmen bietet die Homepage der Kassenärztlichen Bundesvereinigung zu dem Stichwort „Qualitätssicherung" unter www.kbv.de.

2. Qualitätsbeurteilung im Einzelfall (Absatz 2)

10 Nach Absatz 2 Satz 1 sind die Kassenärztlichen Vereinigungen weiter verpflichtet, die Qualität der in der vertragsärztlichen Versorgung erbrachten Leistungen zu überprüfen. Dies soll nach dem Gesetzeswortlaut im Regelfall durch **einzelfallbezogene Stichproben**, im Ausnahmefall durch eine **Vollerhebung** erfolgen.

11 Eine solche Stichprobenauswahl ist – neben dem Bereich der Qualitätsprüfung – nach der Legaldefinition in § 106 Abs. 2 Nr. 2 SGB V noch für das Verfahren der Wirtschaftlichkeitsprüfung sowie nach § 10 Abs. 1 der aktuellen Richtlinien zu Inhalt und Durchführung der Abrechnungsprüfungen[7] auch für die Plausibilitätsprüfung vorgesehen. Wesen dieser Prüfmethode ist es, dass die von den Körperschaften zu treffende Einzelauswahl hinsichtlich der zu überprüfenden Leistungserbringer bzw. der jeweiligen medizinischen Leistungen nach dem Zufallsprinzip erfolgt.

12 Entsprechend den gesetzlichen Vorgaben in Absatz 2 Satz 2 hat der Gemeinsame Bundesausschuss Auswahl, Umfang und Verfahren der Stichprobenprüfung zur Qualitätsbeurteilung in der „**Qualitätsprüfungs-Richtlinie vertragsärztliche Versorgung**" vom 18.04.2006[8] geregelt. Danach werden in Leistungsbereichen, für die der Ausschuss Kriterien zur Qualitätsbeurteilung vorgegeben hat, pro Jahr

---

5 Vgl. hierzu den Gesetzentwurf der Fraktionen SPD, CDU/CSU und BÜNDNIS 90/DIE GRÜNEN zu § 136 SGB V (BT-Drs. 15/1525, S. 124).

6 Vgl. hierzu den Gesetzentwurf der Fraktionen SPD, CDU/CSU und BÜNDNIS 90/DIE GRÜNEN zu § 136 SGB V (BT-Drs. 15/1525, S. 124).

7 Vgl. hierzu die Richtlinien der Kassenärztlichen Bundesvereinigung und der Spitzenverbände der Krankenkassen zum Inhalt und zur Durchführung der Abrechnungsprüfungen der Kassenärztlichen Vereinigungen und der Krankenkassen; erhältlich über deren Homepage unter www.kbv.de.

8 Erhältlich über die Homepage des Gemeinsamen Bundesausschusses unter www.g-ba.de.

vier Prozent der Vertragsärzte – ausgewählt nach dem Zufallsprinzip – überprüft, die in diesen Bereichen medizinische Leistungen abgerechnet haben. Dazu werden 12 Akten von wiederum zufällig ausgewählten Patienten dieser Leistungserbringer von einer eigens hierfür bei den Kassenärztlichen Vereinigungen einzurichtenden Qualitätssicherungs-Kommission ausgewertet. Die Ergebnisse der Stichprobenprüfungen werden anschließend anhand von vorgegebenen Beurteilungsparametern („keine", „geringe", „erhebliche" oder „schwerwiegende" Beanstandungen) ermittelt, wobei je nach Gesamtbewertung und Art der festgestellten Mängel geeignete Gegenmaßnahmen vom Beratungsgespräch bis zum Genehmigungsentzug ergriffen werden können.

Ob eine Überarbeitung des Richtlinientextes wegen der mit dem GKV-WSG zum 01.04.2007 an Absatz 2 Satz 2 der Vorschrift angefügten Klarstellung des Gesetzgebers erforderlich sein wird[9], wonach der Gemeinsame Bundesausschuss bei Bestimmung der Richtlinien zur Qualitätsbeurteilung die Arbeitsergebnisse des noch nach § 137a Abs. 2 Nr. 1 und 2 SGB V zu beauftragenden **unabhängigen Instituts** zu berücksichtigen hat, bleibt abzuwarten. 13

Zumindest hat der Ausschuss konkrete Kriterien für eine Qualitätsbeurteilung bislang lediglich 14

- in der vertragsärztlichen Versorgung bei bildgebenden Verfahren über die **Qualitätsbeurteilungs-Richtlinie Radiologie** und die **Qualitätsbeurteilungs-Richtlinie Kernspintomographie** und
- in der vertragszahnärztlichen Versorgung über die **Behandlungsrichtlinie-Zahnärzte**[10] für eine ausreichende, zweckmäßige und wirtschaftliche Versorgung

vorgegeben.

Tatsächlich aber überprüfen die Kassenärztlichen Vereinigungen aufgrund ihres gesetzlichen Auftrags aus § 136 Abs. 2 Satz 1 SGB V darüber hinaus weitere Leistungsbereiche wie beispielsweise den der Sonographie, der Arthroskopie, der Funktionsanalysen von Herzschrittmachern bei quantitativen laboratoriumsmedizinischen Untersuchungen oder den der invasiven Kardiologie. Die Auswahl der Körperschaften hinsichtlich der zu überprüfenden Bereiche ist teilweise unterschiedlich und abhängig von regionalen Besonderheiten in der vertragsärztlichen Versorgung. Der Gemeinsame Bundesausschuss hat vor diesem Hintergrund über § 1 Abs. 4 Satz 2 in der Qualitätsprüfungs-Richtlinie vertragsärztliche Versorgung den Kassenärztlichen Vereinigungen die Berechtigung eingeräumt, ggf. ohne eine ausdrückliche Richtlinienvorgabe des Ausschusses Stichprobenprüfungen auf der Grundlage eigener Kriterien zur Qualitätsbeurteilung durchzuführen. Eine solche „Auffangzuständigkeit" der Körperschaften entspricht zwar nicht der Kompetenzzuweisung in § 136 Abs. 2 Satz 2 SGB V; ausweislich der Gesetzesbegründung ist eine derartige Berechtigung der Kassenärztlichen Vereinigungen aber gewollt.[11] 15

Darüber hinaus lässt sich aus der Qualitätsbeurteilungs-Richtlinie vertragsärztliche Versorgung eine Konkretisierung hinsichtlich der nach dem Gesetzeswortlaut nur **ausnahmsweise zulässigen Vollerhebung** im Zusammenhang mit der Qualitätsprüfung entnehmen. So ist in § 4 Abs. 3 der Richtlinie geregelt, wann neben der zufallsgesteuerten Stichprobenprüfung auch eine kriterienbezogene Prüfung möglich ist. Die dort genannten Kriterien wie beispielsweise die Feststellung erheblicher oder schwerwiegender Mängel dürften (ausnahmsweise auch) die Vollerhebung der medizinischen Leistungen eines Leistungserbringers hinsichtlich ihrer Qualität rechtfertigen. Eine ausdrückliche Regelung hierzu wäre allerdings vor dem Hintergrund wünschenswert, durch die Vorgaben des Gemeinsamen Bundesausschusses eine bundeseinheitliche Handhabung bei der Qualitätsprüfung zu gewährleisten. 16

3. Im Krankenhaus erbrachte ambulante ärztliche Leistungen (Absatz 3)

Nach Absatz 3 bezieht sich die Verpflichtung der Kassenärztlichen Vereinigungen zur Überprüfung der Qualität in der vertragsärztlichen Versorgung auch auf die im Krankenhaus erbrachten ambulanten ärztlichen Leistungen. Eine Beschränkung auf bestimmte ambulante Leistungen ist zwar dem Gesetzeswortlaut nicht zu entnehmen; allerdings zeigt die Stellung der Regelung im Gesetz, dass sie sich lediglich klarstellend auf die Leistungen bezieht, die bereits Gegenstand der vertragsärztlichen Versorgung sind.[12] Hierfür spricht auch, dass beispielsweise für das ambulante Operieren im Krankenhaus die Qualitätsprüfung nach § 115b Abs. 2 Satz 5 SGB V ausdrücklich durch die Krankenkassen erfolgt. 17

---

[9] Vgl. hierzu den Gesetzentwurf der Fraktionen CDU/CSU und SPD zu § 136 SGB V (BT-Drs. 16/3100, S. 146).

[10] Die drei Richtlinien sind über die Homepage des Gemeinsamen Bundesausschusses unter www.g-ba.de erhältlich. Allerdings enthält die Behandlungsrichtlinie-Zahnärzte – offensichtlich versehentlich – noch einen Hinweis auf die Vorgängerregelung in § 136 Abs. 1 Satz 2 SGB V a.F.

[11] Vgl. hierzu den Gesetzentwurf der Fraktionen SPD, CDU/CSU und BÜNDNIS 90/DIE GRÜNEN zu § 136 SGB V (BT-Drs. 15/1525, S. 124).

[12] So auch *Hess* in: KassKomm, SGB V, § 136 Rn. 6; a.A. *Francke* in: Wannagat, SGB V, § 136 Rn. 9.

§ 137 SGB V Richtlinien und Beschlüsse zur Qualitätssicherung

(Fassung vom 26.03.2007, gültig ab 01.07.2008)

(1) Der Gemeinsame Bundesausschuss bestimmt für die vertragsärztliche Versorgung und für zugelassene Krankenhäuser durch Richtlinien nach § 92 Abs. 1 Satz 2 Nr. 13 insbesondere

1. die verpflichtenden Maßnahmen der Qualitätssicherung nach § 135a Abs. 2, § 115b Abs. 1 Satz 3 und § 116b Abs. 4 Satz 4 und 5 unter Beachtung der Ergebnisse nach § 137a Abs. 2 Nr. 1 und 2 sowie die grundsätzlichen Anforderungen an ein einrichtungsinternes Qualitätsmanagement und

2. Kriterien für die indikationsbezogene Notwendigkeit und Qualität der durchgeführten diagnostischen und therapeutischen Leistungen, insbesondere aufwändiger medizintechnischer Leistungen; dabei sind auch Mindestanforderungen an die Struktur-, Prozess- und Ergebnisqualität festzulegen.

Soweit erforderlich erlässt er die notwendigen Durchführungsbestimmungen und Grundsätze für Konsequenzen insbesondere für Vergütungsabschläge für Leistungserbringer, die ihre Verpflichtungen zur Qualitätssicherung nicht einhalten.

(2) Die Richtlinien nach Absatz 1 sind sektorenübergreifend zu erlassen, es sei denn, die Qualität der Leistungserbringung kann nur durch sektorbezogene Regelungen angemessen gesichert werden. Die Regelungen in Absatz 3 und 4 bleiben unberührt.

(3) Der Gemeinsame Bundesausschuss fasst für zugelassene Krankenhäuser auch Beschlüsse über

1. die im Abstand von fünf Jahren zu erbringenden Nachweise über die Erfüllung der Fortbildungspflichten der Fachärzte, der Psychologischen Psychotherapeuten und der Kinder- und Jugendlichenpsychotherapeuten,

2. einen Katalog planbarer Leistungen nach den §§ 17 und 17b des Krankenhausfinanzierungsgesetzes, bei denen die Qualität des Behandlungsergebnisses in besonderem Maße von der Menge der erbrachten Leistungen abhängig ist sowie Mindestmengen für die jeweiligen Leistungen je Arzt oder Krankenhaus und Ausnahmetatbestände,

3. Grundsätze zur Einholung von Zweitmeinungen vor Eingriffen und

4. Inhalt, Umfang und Datenformat eines im Abstand von zwei Jahren zu veröffentlichenden strukturierten Qualitätsberichts der zugelassenen Krankenhäuser, in dem der Stand der Qualitätssicherung insbesondere unter Berücksichtigung der Anforderungen nach Absatz 1 sowie der Umsetzung der Regelungen nach den Nummern 1 und 2 dargestellt wird. Der Bericht hat auch Art und Anzahl der Leistungen des Krankenhauses auszuweisen und ist in einem für die Abbildung aller Kriterien geeigneten standardisierten Datensatzformat zu erstellen. Er ist über den in dem Beschluss festgelegten Empfängerkreis hinaus auch von den Landesverbänden der Krankenkassen und den Ersatzkassen im Internet zu veröffentlichen.

Wenn die nach Satz 1 Nr. 2 erforderliche Mindestmenge bei planbaren Leistungen voraussichtlich nicht erreicht wird, dürfen entsprechende Leistungen nicht erbracht werden. Die für die Krankenhausplanung zuständige Landesbehörde kann Leistungen aus dem Katalog nach Satz 1 Nr. 2 bestimmen, bei denen die Anwendung von Satz 2 die Sicherstellung einer flächendeckenden Versorgung der Bevölkerung gefährden könnte; sie entscheidet auf Antrag des Krankenhauses bei diesen Leistungen über die Nichtanwendung von Satz 2. Zum Zwecke der Erhöhung von Transparenz und Qualität der stationären Versorgung können die Kassenärztlichen Vereinigungen sowie die Krankenkassen und ihre Verbände die Vertragsärzte und die Versicherten auf der Basis der Qualitätsberichte nach Nummer 4 auch vergleichend über die Qualitätsmerkmale der Krankenhäuser informieren und Empfehlungen aussprechen. Der Verband der privaten Krankenversicherung, die Bundesärztekammer sowie die Berufsorganisationen der Pflegeberufe sind bei den Beschlüssen nach den Nummern 1 bis 4 zu beteiligen; bei den Beschlüssen nach Nummer 1 ist zusätzlich die Bundespsychotherapeutenkammer zu beteiligen. Die Beschlüsse sind für zugelassene Krankenhäuser unmittelbar verbindlich. Sie haben Vorrang vor Verträgen nach § 112 Abs. 1, soweit diese keine ergänzenden Regelungen zur Qualitätssicherung enthalten. Verträge zur Qualitätssicherung nach § 112 Abs. 1 gelten bis zum Inkrafttreten von Richtlinien nach Absatz 1 fort. Ergänzende Qualitätsanforderungen einschließlich Vorgaben zur Führung klinischer Krebsregister im Rahmen der Krankenhausplanung der Länder sind zulässig.

(4) Der Gemeinsame Bundesausschuss hat auch Qualitätskriterien für die Versorgung mit Füllungen und Zahnersatz zu beschließen. Bei der Festlegung von Qualitätskriterien für Zahnersatz ist der Verband Deutscher Zahntechniker-Innungen zu beteiligen; die Stellungnahmen sind in die Entscheidung einzubeziehen. Der Zahnarzt übernimmt für Füllungen und die Versorgung mit Zahnersatz eine zweijährige Gewähr. Identische und Teilwiederholungen von Füllungen sowie die Erneuerung und Wiederherstellung von Zahnersatz einschließlich Zahnkronen sind in diesem Zeitraum vom Zahnarzt kostenfrei vorzunehmen. Ausnahmen hiervon bestimmen die Kassenzahnärztliche Bundesvereinigung und der Spitzenverband Bund der Krankenkassen. § 195 des Bürgerlichen Gesetzbuchs bleibt unberührt. Längere Gewährleistungsfristen können zwischen den Kassenzahnärztlichen Vereinigungen und den Landesverbänden der Krankenkassen und den Ersatzkassen sowie in Einzel- oder Gruppenverträgen zwischen Zahnärzten und Krankenkassen vereinbart werden. Die Krankenkassen können hierfür Vergütungszuschläge gewähren; der Eigenanteil der Versicherten bei Zahnersatz bleibt unberührt. Die Zahnärzte, die ihren Patienten eine längere Gewährleistungsfrist einräumen, können dies ihren Patienten bekannt machen.

Gliederung

A. Basisinformationen

I. Textgeschichte/Gesetzgebungsmaterialien

1 Die Vorschrift wurde zum 01.01.1989 durch das Gesundheits-Reformgesetz[1] in das SGB V eingeführt und sah ursprünglich eine Verpflichtung für alle stationären Leistungserbringer vor, sich an Maßnahmen zur Qualitätssicherung zu beteiligen. Hierzu sollten die Vertragspartner auf Landesebene nach den §§ 111, 112 SGB V verpflichtende Vereinbarungen über Verfahren und Maßnahmen der Qualitätssicherung treffen.

2 Da derartige Vereinbarungen zumindest nicht bundesweit zustande kamen, übertrug der Gesetzgeber diese Aufgabe im Rahmen einer Neufassung der Vorschrift durch das GKV-Gesundheitsreformgesetz 2000 vom 22.12.1999[2] den Vertragspartnern auf Bundesebene. Daneben wurde mit Wirkung zum 01.01.2000 die Vorschrift inhaltlich auf die Anforderungen an die Qualitätssicherung in zugelassenen Krankenhäusern beschränkt und um einzelne gesetzliche Vorgaben für die abzuschließenden Vereinbarungen erweitert.

3 Im Anschluss erfolgte mit der Einführung des Gemeinsamen Bundesausschusses als sektorenübergreifende Einrichtung der gemeinsamen Selbstverwaltung durch das GKV-Modernisierungsgesetz vom 14.11.2003[3] eine entsprechende Änderung der Vorschrift. Mit Wirkung zum 01.01.2004 obliegt es seitdem dem Gemeinsamen Bundesausschuss, einheitliche Vorgaben für die Qualitätssicherung im ambulanten (damals geregelt in den §§ 136a und 136b SGB V) und stationären Bereich (damals geregelt in § 137 SGB V) zu ermöglichen.[4]

4 In der gegenwärtig gültigen Fassung der Vorschrift durch das GKV-Wettbewerbsstärkungsgesetz vom 26.03.2007[5] wurden die bis dahin in unterschiedlichen Vorschriften bestimmten Aufgaben des Gemeinsamen Bundesausschusses zur Qualitätssicherung für die vertrags(zahn)ärztliche Versorgung sowie die Krankenhausversorgung in den Absätzen 1, 3 und 4 mit Wirkung zum 01.07.2008 zusammengefasst. Gleichzeitig wurde der Aufgabenbereich des Ausschusses in Absatz 1 Satz 1 Nr. 1 um die Festlegung der Qualitätsanforderungen für das ambulante Operieren, die ambulante Erbringung hochspezialisierter Leistungen, seltener Erkrankungen und Erkrankungen mit besonderen Krankheitsverläufen erweitert. Daneben sieht jetzt der vollkommen neu gefasste Absatz 2 der Vorschrift eine Verpflichtung des Gemeinsamen Bundesausschusses vor, seine Vorgaben für die Qualitätssicherung grundsätzlich sektorenübergreifend auszurichten.

II. Systematische Zusammenhänge

5 Die §§ 135-139c SGB V stehen in einem engen gesetzessystematischen Zusammenhang mit den programmatischen Grundsätzen aus den §§ 2 Abs. 1 Satz 3, 70 Abs. 1 SGB V sowie dem Wirtschaftlichkeitsgebot aus § 12 SGB V. Insoweit wird auf die Kommentierung zu § 135a SGB V Rn. 4 ff. verwiesen.

B. Auslegung der Norm

I. Regelungsgehalt und Bedeutung der Norm

6 Die Vorschrift konkretisiert die vom Gesetzgeber an den Gemeinsamen Bundesausschuss übertragene Aufgabe, bundesweit und im Wesentlichen sektorenübergreifende Vorgaben für die Qualitätssicherung in der vertrags(zahn)ärztlichen Versorgung bzw. in der Krankenhausversorgung nach Maßgabe der gesetzlichen Vorschriften festzulegen.

II. Normzweck

7 Die Regelung korrespondiert dabei mit den §§ 91 Abs. 6, 92 Abs. 1 Satz 2 Nr. 13 SGB V und ermächtigt den Gemeinsamen Bundesausschuss, durch Richtlinien und Beschlüsse die Anforderungen an die Qualitätssicherung hinsichtlich der genannten Leistungserbringer zu bestimmen.

---

[1] BGBl I 1988, 2477.

[2] BGBl I 1999, 2626.

[3] BGBl I 2003, 2190.

[4] Vgl. hierzu den Gesetzentwurf der Fraktionen SPD, CDU/CSU und BÜNDNIS 90/DIE GRÜNEN zu § 136a SGB V (BT-Drs. 15/1525, S. 125).

[5] BGBl I 2007, 378.

III. Tatbestandsmerkmale

1. Richtlinienkompetenz des Gemeinsamen Bundesausschusses (Absatz 1)

8 In Absatz 1 hat der Gesetzgeber die nach dem GKV-GMG noch in unterschiedlichen Vorschriften[6] normierte Richtlinienkompetenz des Gemeinsamen Bundesausschusses zur Vorgabe der Anforderungen an die Qualitätssicherung in der ambulanten und in der stationären Versorgung in einer Regelung zusammengefasst.

9 Dabei bezieht sich die Kompetenz des Ausschusses in Absatz 1 Satz 1 Nr. 1 nach der entsprechenden Ergänzung des Gesetzestextes mit Wirkung zum 01.07.2008 durch das GKV-WSG jetzt zusätzlich auf das ambulante Operieren gemäß § 115b SGB V und auf die ambulante Erbringung von Leistungen gemäß § 116b Abs. 2-5 SGB V. Konkrete Qualitätsvorgaben hierfür bestehen allerdings noch nicht.

10 Nach dem Gesetzeswortlaut in Absatz 1 Satz 1 Nr. 1 und 2 ist der Gemeinsame Bundesausschuss **verpflichtet** („bestimmt"), durch **Richtlinien**[7] nach § 92 Abs. 1 Satz 2 Nr. 13 SGB V **Qualitätsvorgaben** für Vertrags(zahn)ärzte und die Träger von zugelassenen Krankenhäusern **festzulegen**. Eine Frist, innerhalb derer der Ausschuss einzelne Qualitätsvorgaben zu bestimmen hat, besteht aber nicht.

11 Der umfangreiche Aufgabenkatalog des Gemeinsamen Bundesausschusses im Rahmen der Qualitätssicherung schließt nach Absatz 1 Satz 2 der Vorschrift die Berechtigung mit ein, **Durchführungsbestimmungen** über **Maßnahmen zur Durchsetzung der Qualitätsvorgaben** zu erlassen. Ausweislich der Gesetzesbegründung[8] können derartige Bestimmungen neben der Einführung von Vergütungsabschlägen auch eine Einladung zu entsprechenden Kolloquien oder eine Praxisbegehung beinhalten.

12 Für den vertrags(zahn)ärztlichen Bereich hat der Gemeinsame Bundesausschuss einzelne Maßnahmen zur Durchsetzung von Qualitätsvorgaben bereits in der **Qualitätsprüfungs-Richtlinie vertragsärztliche Versorgung** vom 18.04.2006 (vgl. hierzu die Kommentierung zu § 136 SGB V Rn. 12 ff.) aufgrund der sich aus § 136 Abs. 2 Satz 2 SGB V ergebenden Richtlinienkompetenz festgelegt. Zweifel an der Berechtigung des Ausschusses hierzu sind spätestens mit der ausdrücklichen Ermächtigung in § 137 Abs. 1 Satz 2 SGB V durch das GKV-WSG mit Wirkung zum 01.07.2008 ausgeräumt worden.

13 Auch im Bereich der Krankenhausversorgung sind einzelne Maßnahmen zur Durchsetzung von Qualitätsvorgaben vorgesehen. Nach der zuletzt am 22.11.2007 geänderten **Vereinbarung zur Qualitätssicherung** in Krankenhäusern sind seitens der Träger sogenannte Qualitätssicherungsabschläge zu zahlen, soweit zugelassene Krankenhäuser den dort festgelegten Berichtspflichten (vgl. hierzu Rn. 17) verspätet oder gar nicht nachkommen.

14 Zu beachten ist weiter, dass der insoweit vom Gemeinsamen Bundesausschuss bislang festgelegte **Maßnahmekatalog** vor dem Hintergrund des Gleichbehandlungsanspruchs aus Art. 3 Abs. 1 GG **abschließend** sein dürfte. Spezielle vertragsarztrechtliche Sanktionsmöglichkeiten (wie z.B. die Einleitung eines Disziplinarverfahrens wegen fehlender oder nicht ordnungsgemäßer Erfüllung vertragsärztlicher Pflichten bis hin zu einem Zulassungsentzug unter der Voraussetzung einer gröblichen Pflichtverletzung nach § 95 Abs. 6 SGB V) kommen bei Verstößen einzelner Ärzte gegen die Verpflichtung zur Qualitätssicherung mangels vergleichbarer Regelungen im Bereich der Krankenhausversorgung nicht in Betracht.

a. Verpflichtende Maßnahmen der Qualitätssicherung (Absatz 1 Satz 1 Nr. 1)

15 Unter **verpflichtenden Maßnahmen der Qualitätssicherung nach § 135a Abs. 2 SGB V** sind sowohl einrichtungsübergreifende Maßnahmen zur Verbesserung der Ergebnisqualität (§ 135a Abs. 2 Nr. 1 SGB V, vgl. die Kommentierung zu § 135a SGB V Rn. 17) als auch die Einführung und Weiterentwicklung eines einrichtungsinternen Qualitätsmanagements (§ 135a Abs. 2 Nr. 2 SGB V, vgl. die Kommentierung zu § 135a SGB V Rn. 19) zu subsumieren. Allerdings sollen sich die Vorgaben für Letzteres nach dem Gesetzeswortlaut auf grundlegende Mindestanforderungen beschränken („grundsätzliche Anforderungen"), weil die Einführung und Umsetzung entsprechender Managementsysteme stark von den einrichtungsspezifischen Gegebenheiten abhängt.[9]

---

[6] Vgl. hierzu die §§ 136a, 136b und 137 SGB V a.F.

[7] Nach der ständigen Rechtsprechung des BSG handelt es sich bei den Richtlinien im Sinne von § 92 SGB V um untergesetzliche Rechtsnormen, die normative Wirkung nicht nur gegenüber den Leistungserbringern und ggf. ihren Körperschaften, sondern auch gegenüber den am Versicherungsverhältnis beteiligten Krankenkassen und gesetzlich Krankenversicherten entfalten; vgl. zuletzt die Entscheidung des BSG vom 31.05.2006 - B 6 KA 13/05 R - SozR 4-2500 § 92 Nr. 5. Zusammenfassend hierzu *Engelmann*, NZS 2000, 1 und 76.

[8] Vgl. hierzu den Gesetzesentwurf der Fraktionen CDU/CSU und SPD zu § 137 SGB V (BT-Drs. 16/3100, S. 146).

[9] Vgl. hierzu den Gesetzentwurf der Fraktionen SPD und BÜNDNIS 90/DIE GRÜNEN zu § 136a SGB V (BT-Drs. 14/1245, S. 87).

aa. Einrichtungsübergreifende Maßnahmen

16 Im Bereich der vertragsärztlichen Versorgung hat der Gemeinsame Bundesausschuss einrichtungsübergreifende Qualitätsvorgaben erstmals mit der am 24.06.2006 in Kraft getretenen und im Juli 2007 hinsichtlich der Umsetzungsfristen angepassten **Qualitätssicherungs-Richtlinie Dialyse**[10] festgelegt. In der Richtlinie werden Regelungskriterien zur Qualitätsbeurteilung der Dialyse-Behandlung, die sich darauf beziehenden Stichprobenprüfungen nach § 136 Abs. 2 SGB V und die Verpflichtung der Dialyse-Einrichtung zur Teilnahme an einrichtungsübergreifenden Maßnahmen zur Qualitätssicherung miteinander verknüpft. Hierdurch soll u.a. sichergestellt werden, dass die beteiligten Dialyseeinrichtungen aufgrund einer zeitnahen Rückmeldung ihrer Ergebnisse die Versorgung der Patienten optimieren können.

17 Für den Bereich der stationären Versorgung hat der Gemeinsame Bundesausschuss einrichtungsübergreifende Qualitätsvorgaben durch die zuletzt am 22.11.2007 geänderte **Vereinbarung zur Qualitätssicherung** in Krankenhäusern bestimmt. Danach messen alle bundesweit zugelassenen Krankenhäuser ihre Leistungen in festgelegten Bereichen (z.B. bei Herztransplantationen). Ihre jeweiligen Daten übermitteln die Einrichtungen anschließend der Bundesgeschäftsstelle Qualitätssicherung (BQS), die daraus einen jährlichen Qualitätsreport erstellt. So hat jedes Krankenhaus die Möglichkeit, den eigenen Leistungsstand einzuschätzen und ggf. konkrete Ansätze für eine Qualitätsverbesserung zu entwickeln.

bb. Einrichtungsinterne Maßnahmen

18 Für Vertragsärzte werden die grundsätzlichen Anforderungen an ein einrichtungsinternes Qualitätsmanagement durch die **Qualitätsmanagement-Richtlinie für die vertragsärztliche Versorgung** vom 18.10.2005 konkretisiert. Hinsichtlich der flächendeckenden Einführung eines Qualitätsmanagement-Systems ist darin ein Zeitraum von 4 Jahren vorgesehen. Ab dem Kalenderjahr 2011 will der Gemeinsame Bundesausschuss überprüfen, inwieweit ein einrichtungsinternes Qualitätsmanagement durch die Leistungserbringer eingeführt und weiterentwickelt worden ist. In dem Zusammenhang soll auch über die Akkreditierung von Qualitätsmanagement-Systemen sowie über die Notwendigkeit von Sanktionen für Leistungserbringer entschieden werden, die ein einrichtungsinternes Qualitätsmanagement nicht oder nur unzureichend einführen bzw. weiterentwickeln.

19 Für Vertragszahnärzte hat der Gemeinsame Bundesausschuss entsprechende Vorgaben durch die **Qualitätsmanagement-Richtlinie für die vertragszahnärztliche Versorgung** vom 17.11.2006 bestimmt. Darin ist die praxisbezogene Einführung eines Qualitätsmanagement-Systems innerhalb eines Zeitraums von vier Jahren vorgesehen, dessen Umsetzungsstand anschließend durch eine stichprobenartige Vorlage entsprechender Dokumentationsunterlagen überprüft werden soll.

20 Im Bereich der Krankenhausversorgung besteht eine **Vereinbarung über die grundsätzlichen Anforderungen an ein einrichtungsinternes Qualitätsmanagement für zugelassene Krankenhäuser**.

b. Notwendigkeit und Qualität medizinischer Leistungen (Absatz 1 Satz 1 Nr. 2)

21 Die Richtlinienkompetenz des Gemeinsamen Bundesausschusses hinsichtlich verbindlicher **Kriterien für die Notwendigkeit diagnostischer und therapeutischer Leistungen** bezieht sich auf Vorgaben für etablierte Merkmale oder das zu erreichende Ergebnis einer medizinischen Behandlung, an denen sich maßgeblich deren Qualität beurteilen lässt. Hierzu können insbesondere medizinische Leitlinien herangezogen werden, die für bestimmte Erkrankungen indikationsbezogene Untersuchungs- und Behandlungsempfehlungen geben.[11] Nach dem Gesetzeswortlaut bezieht sich die Kompetenz des Ausschusses insbesondere darauf, für den Einsatz aufwendiger Medizintechnik in der ambulanten und/oder stationären Versorgung der Versicherten diagnosebezogene Leitlinien vorzugeben[12] und so bundesweit einheitliche Qualitätskriterien zu entwickeln[13].

22 Entsprechende Richtlinien bestehen bislang nur im Bereich der Krankenhausversorgung (vgl. hierzu die **Vereinbarung zur Versorgung von Früh- und Neugeborenen**, die **Vereinbarung zur Positronenemissionstomographie beim NSCLC** und die **Vereinbarung zur Kinderonkologie**).

---

[10] BAnz 2006, Nr. 58 (Beilage Nr. 115a).

[11] Vgl. *Hess* in: KassKomm, SGB V, § 136a Rn. 5.

[12] Vgl. hierzu den Gesetzentwurf der Fraktionen SPD und BÜNDNIS 90/DIE GRÜNEN zu § 136a SGB V (BT-Drs. 14/1245, S. 87).

[13] Vgl. hierzu den Gesetzentwurf der Fraktionen CDU/CSU und SPD zu § 137 SGB V (BT-Drs. 16/3100, S. 146).

2. Sektorenübergreifende Qualitätssicherung (Absatz 2)

Nach Absatz 2 Satz 1 der Vorschrift sind die vom Gemeinsamen Bundesausschuss zu erlassenden Richtlinien grundsätzlich („es sei denn“) **sektorenübergreifend** auszurichten. Ausweislich der Gesetzesbegründung ist dies erforderlich, um gerade bei bereichsübergreifenden Behandlungen eine „sachgerechte Beurteilung der Qualität zu ermöglichen“.[14] 23

Konkrete Qualitätsvorgaben, die sich im Rahmen der Richtlinienkompetenz des Gemeinsamen Bundesausschusses übergreifend auf den ambulanten und den stationären Versorgungssektor beziehen, bestehen bislang noch nicht. Zurzeit bereitet der dort angesiedelte Unterausschuss „Sektorenübergreifende Qualitätssicherung“ ein Vergabeverfahren für das nach § 137a Abs. 1 SGB V zu beauftragende unabhängige Qualitätsinstitut vor. Die weitere Entwicklung hierzu bleibt abzuwarten. 24

Daneben wird in Absatz 2 Satz 2 klargestellt, dass die über die in Absatz 1 der Vorschrift hinausgehenden Qualitätsanforderungen an die Krankenhausversorgung bzw. die vertragszahnärztliche Versorgung der Versicherten weiterhin Geltung besitzen. 25

3. Beschlusskompetenz des Gemeinsamen Bundesausschusses (Absatz 3)

In Absatz 3 der Vorschrift wird die spezifisch auf den **Bereich der Krankenhausversorgung bezogene Kompetenz** des Gemeinsamen Bundesausschusses für die Festlegung von Qualitätsvorgaben konkretisiert. Die Regelung entspricht weitestgehend dem bereits nach dem GKV-GMG bestehenden Rechtszustand. 26

Danach werden die Anforderungen an die Qualitätssicherung für die im Gesetzestext in den Nr. 1-4 angesprochenen Bereiche der Krankenhausversorgung durch **Beschluss** des Gemeinsamen Bundesausschusses auf der Grundlage des in § 91 SGB V geregelten Verfahrens bestimmt. In Absatz 3 Satz 5 der Vorschrift sind dabei weiterhin **Beteiligungsrechte** an der Erarbeitung dieser Qualitätsvorgaben (Verband der privaten Krankenversicherung, Bundesärztekammer und Berufsorganisationen für Pflegeberufe nebst der neu mit in den Gesetzestext aufgenommenen Bundespsychotherapeutenkammer) vorgesehen; ferner sind die Beschlüsse nach Satz 6 für die zugelassenen Krankenhäuser unmittelbar verbindlich. 27

a. Fortbildungspflichten (Absatz 3 Satz 1 Nr. 1)

Nach der Regelung in der Nr. 1 ist der Gemeinsame Bundesausschuss unverändert beauftragt, die Anforderungen zur Erfüllung der Fortbildungspflichten für die im Krankenhaus tätigen Fachärzte festzulegen. Die Inhalte einer solch fachärztlichen Fortbildung ergeben sich aber weiterhin aus den berufsrechtlichen Vorgaben.[15] 28

Eine entsprechende **Vereinbarung zur Fortbildung der Fachärzte im Krankenhaus** besteht seit dem 01.01.2006. Danach müssen alle im Krankenhaus tätigen Fachärzte innerhalb von fünf Jahren an Fortbildungsmaßnahmen teilnehmen, von denen der überwiegende Teil „dem Erhalt und der Weiterentwicklung der fachärztlichen Kompetenz“ zu dienen hat. 29

b. Mindestmengen (Absatz 3 Satz 1 Nr. 2)

Die bereits mit Wirkung ab dem 30.04.2002 durch das Fallpauschalengesetz eingeführte Mindestmengenregelung beruht auf dem wissenschaftlich hinlänglich belegten Umstand, dass ein Zusammenhang zwischen der Häufigkeit operativer Eingriffe und deren Behandlungsergebnissen besteht. Vor diesem Hintergrund hat der Gesetzgeber den Gemeinsamen Bundesausschuss berechtigt, einen Katalog planbarer Leistungen zu erstellen, bei denen in besonderem Maße ein Zusammenhang zwischen der Anzahl der durchgeführten Eingriffe und der Qualität der medizinischen Leistungen besteht. 30

Bislang hat der Ausschuss für insgesamt sechs Leistungsbereiche in der **Mindestmengenvereinbarung** entsprechende Regelungen getroffen. Es handelt sich dabei um Eingriffe bei Lebertransplantationen (Anzahl: 20), Nierentransplantationen (Anzahl: 25), komplexe Eingriffe am Organsystem Ösophagus (Anzahl: 10), komplexe Eingriffe am Organsystem Pankreas (Anzahl: 10), Stammzellentransplantationen (Anzahl: 25) sowie Kniegelenk-Totalendoprothesen (Anzahl: 50). Weiter sind koronarchirurgische Eingriffe vorerst ohne Festlegung einer konkreten Mindestmenge in den Katalog aufgenommen worden. Als allgemeine **Ausnahmetatbestände** werden weiter in der Anlage 2 der Mindestmengenvereinbarung den Krankenhäusern Übergangszeiträume von bis zu 36 Monaten u.a. bei dem Aufbau neuer Leistungsbereiche bzw. bei der personellen Neuausrichtung bestehender Leistungsbereiche eingeräumt. Grundsätzlich gilt jedoch nach Absatz 3 Satz 2 der Vorschrift, dass die genannten 31

---

[14] Vgl. hierzu den Gesetzentwurf der Fraktionen CDU/CSU und SPD zu § 137 SGB V (BT-Drs. 16/3100, S. 146).

[15] Vgl. hierzu den Gesetzentwurf der Fraktionen CDU/CSU und SPD zu § 137 SGB V (BT-Drs. 16/3100, S. 147).

Leistungen nicht erbracht werden dürfen, wenn die jeweils vereinbarte Mindestmenge bei planbaren Leistungen voraussichtlich nicht erreicht wird.

32 Gegen die Mindestmengenregelung sind im Schrifttum erhebliche **verfassungsrechtliche Einwände** erhoben worden.[16] Danach greife die Regelung massiv in die Krankenhausplanung der Länder und damit in die Gesetzgebungszuständigkeit nach dem Grundgesetz ein. Sie verstoße gegen das verfassungsrechtliche Bestimmtheitsgebot; zudem sei der Gemeinsame Bundesausschuss als sektorenübergreifende Einrichtung der gemeinsamen Selbstverwaltung nicht ausreichend demokratisch legitimiert.

33 Im Ergebnis vermögen die geltend gemachten Einwände nicht zu überzeugen.[17] Nach dem Gesetzeswortlaut in Absatz 3 Satz 3 der Vorschrift kann sich die zuständige Planungsbehörde aus sachlichen Erwägungen über die Vorgaben der Mindestmengenvereinbarung hinwegsetzen, womit die krankenhausplanerischen Belange der Bundesländer ausreichend berücksichtigt sein dürften. Eine mangelnde Bestimmtheit der Regelung in Absazu 3 Satz 1 Nr. 2 kann ferner nicht aus der Verwendung unbestimmter Rechtsbegriffe („bei denen die Qualität des Behandlungsergebnisses in besonderem Maße von der Menge der erbachten Leistungen abhängig ist") hergeleitet werden. Weiter sind die Beschlüsse des Gemeinsamen Bundesausschusses kraft Gesetzes nach § 91 Abs. 6 SGB V für die Versicherten, die Krankenkassen und für die an der vertragsärztlichen Versorgung teilnehmenden Leistungserbringer sowie die zugelassenen Krankenhäuser als verbindlich anzusehen.[18] Gleiches gilt ausweislich der Regelung in Absatz 3 Satz 6 der Vorschrift für die Vereinbarung von Mindestmengen, so dass die Entscheidungen insgesamt ausreichend demokratisch legitimiert sind.

c. Zweitmeinungen (Absatz 3 Satz 1 Nr. 3)

34 Die im GKV-WSG unverändert unter der Nr. 4 aufgeführte Regelung berechtigt den Gemeinsamen Bundesausschuss, die Grundsätze zur Einholung von Zweitmeinungen vor allen operativen Eingriffen festzulegen.

d. Qualitätsberichte (Absatz 3 Satz 1 Nr. 4)

35 Auch die Regelung in der Nr. 4, wonach der Gemeinsame Bundesausschuss die Grundsätze zu **Inhalt und Umfang eines Qualitätsberichts** für die zugelassenen Krankenhäuser vorgibt, hat der Gesetzgeber weitestgehend unverändert im GKV-WSG übernommen. Der bisherige Regelungsumfang wurde allerdings um die Verpflichtung erweitert, die Berichte in einem „für die Abbildung aller Kriterien geeigneten standardisierten" – und damit einheitlichen – Datensatzformat zu erstellen. Ausweislich der Gesetzesbegründung ist dies erforderlich, weil ohne entsprechende Vorgaben des Gemeinsamen Bundesausschusses aufwendige und kostenträchtige, zum Teil sogar manuelle Nacherfassungen durchgeführt werden mussten. Weiter trage ein standardisiertes Datensatzformat maßgeblich zur Verbesserung der Qualitätstransparenz bei, indem es für die Patienten die Daten für eine vergleichende Qualitätsdarstellung der Krankenhäuser verfügbar mache.[19]

36 Einzelheiten hierzu hat der Gemeinsame Bundesausschuss in der zuletzt am 22.11.2007 geänderten **Vereinbarung zur Qualitätssicherung** in Krankenhäusern festgelegt (vgl. hierzu die Rn. 17).

4. Versorgung mit Füllungen und Zahnersatz (Absatz 4)

37 Nach Absatz 4 hat der Gemeinsame Bundesausschuss wie bisher nach der Regelung in § 136b SGB V a.F. unter Beteiligung des Verbands Deutscher Zahntechniker-Innungen **Qualitätskriterien für** die Versorgung der Versicherten mit **Füllungen und Zahnersatz** festzulegen. Die Beteiligung erfolgt nach dem Gesetzeswortlaut in der Form, dass die Stellungnahmen der Innungen „in die Entscheidung einzubeziehen" sind. Die Beschlusskompetenz des Ausschusses bleibt davon aber unberührt.

38 Daneben sieht der Gesetzgeber in den Sätzen 3-9 des Absatzes bei Füllungen und Zahnersatz als Mindest-Qualitätsstandard eine zweijährige Haltbarkeit vor, die mit einer entsprechenden Gewährleistungspflicht der Vertragszahnärzte einhergeht. Soweit die Kassenzahnärztliche Bundesvereinigung gemeinsam mit den Spitzenverbänden der Krankenkassen hiervon keine Ausnahmen vereinbart, ist innerhalb der Gewährleistungsfrist entsprechend dem Nacherfüllungsanspruch aus § 635 BGB eine kostenfreie Erneuerung oder Wiederherstellung der konservierenden bzw. prothetischen Zahnbehandlung vorzunehmen.

---

[16] Vgl. hierzu u.a. *Kingreen*, NZS 2007, 113 und *Schimmelpfeng-Schütte*, MedR 2006, 630.

[17] Vgl. hierzu *Stollmann*, GesR 2007, 303, m.w.N.

[18] Vgl. hierzu auch *Engelmann*, MedR 2006, 245.

[19] Vgl. hierzu den Gesetzentwurf der Fraktionen CDU/CSU und SPD zu § 137 SGB V (BT-Drs. 16/3100, S. 147).

§ 137a SGB V Umsetzung der Qualitätssicherung und Darstellung der Qualität

(Fassung vom 26.03.2007, gültig ab 01.04.2007)

(1) Der Gemeinsame Bundesausschuss nach § 91 beauftragt im Rahmen eines Vergabeverfahrens eine fachlich unabhängige Institution, Verfahren zur Messung und Darstellung der Versorgungsqualität für die Durchführung der einrichtungsübergreifenden Qualitätssicherung nach § 115b Abs. 1, § 116b Abs. 4 Satz 4 und 5, § 137 Abs. 1 und § 137f Abs. 2 Nr. 2 zu entwickeln, die möglichst sektorenübergreifend anzulegen sind. Dieser Institution soll auch die Aufgabe übertragen werden, sich an der Durchführung der einrichtungsübergreifenden Qualitätssicherung zu beteiligen. Bereits existierende Einrichtungen sollen genutzt und, soweit erforderlich, in ihrer Organisationsform den in den Sätzen 1 und 2 genannten Aufgaben angepasst werden.

(2) Die Institution ist insbesondere zu beauftragen,

1. **für die Messung und Darstellung der Versorgungsqualität möglichst sektorenübergreifend abgestimmte Indikatoren und Instrumente zu entwickeln,**
2. **die notwendige Dokumentation für die einrichtungsübergreifende Qualitätssicherung unter Berücksichtigung des Gebotes der Datensparsamkeit zu entwickeln,**
3. **sich an der Durchführung der einrichtungsübergreifenden Qualitätssicherung zu beteiligen und soweit erforderlich, die weiteren Einrichtungen nach Satz 2 einzubeziehen, sowie**
4. **die Ergebnisse der Qualitätssicherungsmaßnahmen durch die Institution in geeigneter Weise und in einer für die Allgemeinheit verständlichen Form zu veröffentlichen.**

In den Fällen, in denen weitere Einrichtungen an der Durchführung der verpflichtenden Maßnahmen der Qualitätssicherung nach § 137 Abs. 1 Nr. 1 mitwirken, haben diese der Institution nach Absatz 1 die für die Wahrnehmung ihrer Aufgaben nach Absatz 2 erforderlichen Daten zur Verfügung zu stellen. Die Institution nach Absatz 1 hat die im Rahmen der verpflichtenden Maßnahmen der Qualitätssicherung nach § 137 Abs. 1 Nr. 1 erhobenen und gemäß Satz 2 übermittelten Daten für Zwecke der wissenschaftlichen Forschung und der Weiterentwicklung der sektoren- und einrichtungsübergreifenden Qualitätssicherung in einem transparenten Verfahren und unter Beachtung datenschutzrechtlicher Vorschriften vorzuhalten und auszuwerten. Die Institution hat dem Gemeinsamen Bundesausschuss auf Anforderung Datenauswertungen zur Verfügung zu stellen, sofern er diese zur Erfüllung seiner gesetzlichen Aufgaben benötigt.

(3) Bei der Entwicklung der Inhalte nach Absatz 2 sind die Kassenärztlichen Bundesvereinigungen, die Deutsche Krankenhausgesellschaft, der Spitzenverband Bund der Krankenkassen, der Verband der privaten Krankenversicherung, die Bundesärztekammer, die Bundeszahnärztekammer, die Bundespsychotherapeutenkammer, die Berufsorganisationen der Krankenpflegeberufe, die wissenschaftlichen medizinischen Fachgesellschaften, die für die Wahrnehmung der Interessen der Patientinnen und Patienten und der Selbsthilfe chronisch kranker und behinderter Menschen maßgeblichen Organisationen auf Bundesebene sowie der oder die Beauftragte der Bundesregierung für die Belange der Patientinnen und Patienten zu beteiligen.

(4) Für die Erfüllung der Aufgaben erhält die Institution vom Gemeinsamen Bundesausschuss eine leistungsbezogene Vergütung. Die Institution kann auch im Auftrag anderer Institutionen gegen Kostenbeteiligung Aufgaben nach Absatz 2 wahrnehmen.

(5) Der Gemeinsame Bundesausschuss hat im Rahmen der Beauftragung sicherzustellen, dass die an der Aufgabenerfüllung nach Absatz 2 beteiligten Institutionen und Personen mögliche Interessenkonflikte offen zu legen haben.

Gliederung

A. Basisinformationen

I. Textgeschichte/Gesetzgebungsmaterialien

1 § 137a SGB V wurde durch Art. 1 Nr. 111 GKV-Wettbewerbsstärkungsgesetz (GKV-WSG) vom 26.03.2007[1] in das SGB V eingefügt. Die Vorschrift trat zum 01.04.2007 in Kraft.

2 **Gesetzgebungsmaterialien**: Gesetzentwurf der Fraktionen der CDU/CSU und SPD zur Stärkung des Wettbewerbs in der gesetzlichen Krankenversicherung (GKV-Wettbewerbsstärkungsgesetz – GKV-WSG).[2] Hierzu Bericht des Ausschusses für Gesundheit.[3]

II. Vorgängervorschriften

3 Bereits in der Zeit vom 01.07.1997 bis zum 31.12.1999 existierte mit § 137a SGB V in der Fassung des **2. GKV-Neuordnungsgesetzes** vom 23.06.1997[4] eine Bestimmung zur **Qualitätssicherung** ärztlicher Leistungen im Krankenhaus. Federführend für die Qualitätssicherung war seinerzeit die Bundesärztekammer, wobei sie gemeinsam mit den Spitzenverbänden der KKn, der Deutschen Krankenhausgesellschaft oder den Bundesverbänden der Krankenhausträger in Empfehlungen die ärztlichen Leistungen festzulegen hatte, für die besondere Qualitätssicherungsmaßnahmen vorzusehen waren. Die heutige Vorschrift des § 137a SGB V stellt demgegenüber eine vollständige Neuregelung dar.

III. Systematische Zusammenhänge

4 Nach § 135a Abs. 2 SGB V sind Vertragsärzte, MVZen, zugelassene Krankenhäuser, Erbringer von Vorsorgeleistungen oder Rehabilitationsmaßnahmen und Einrichtungen, mit denen ein Versorgungsvertrag nach § 111a SGB V besteht, nach Maßgabe der jeweiligen Spezialvorschriften (§§ 136a, 136b, 137, 137d SGB V) verpflichtet, sich **einrichtungsübergreifend** an Maßnahmen der **Qualitätssicherung** zu beteiligen und **einrichtungsintern** ein **Qualitätsmanagement** einzuführen und weiterzuentwickeln.

5 Der **G-BA** nimmt dabei im Bereich der Qualitätssicherung eine **Schlüsselrolle** ein. Nach § 92 Abs. 1 Satz 2 Nr. 13 SGB V hat er Richtlinien zur Qualitätssicherung zu beschließen, deren näherer Inhalt in § 137 SGB V geregelt ist. Insoweit bringt § 137 Abs. 2 SGB V zum Ausdruck, dass die Qualitätssicherung **sektorenübergreifend** erfolgen soll. Gemäß § 116b Abs. 4 Satz 4 und 5 SGB V muss der G-BA in den Richtlinien auch Empfehlungen zum ambulanten Operieren, für die ambulante Erbringung bei hochspezialisierten Leistungen, seltenen Erkrankungen und Erkrankungen mit besonderen Krankheits-

---

[1] BGBl I 2007, 378.
[2] BT-Drs. 16/3100.
[3] BT-Drs. 16/4247.
[4] BGBl I 1997, 1520.

verläufen abgeben. Zudem verpflichtet § 137f Abs. 2 Satz 1 Nr. 2 SGB V ihn zu Empfehlungen für die Qualitätssicherung bei strukturierten Behandlungsprogrammen.[5]

§ 137a SGB V betrifft die **einrichtungsübergreifende Qualitätssicherung**. Zur Unterstützung bei der Wahrnehmung seiner zentralen Rolle stellt die Vorschrift dem G-BA eine **stärker wissenschaftlich ausgerichtete Institution** zur Seite, die die Normen und Werkzeuge für die Qualitätsmessung (entsprechend dem Leitbild des § 137 Abs. 2 SGB V) möglichst sektorenübergreifend entwickeln, die Durchführung der einrichtungsübergreifenden Qualitätssicherung gestalten, durchführen, auswerten und die Einrichtungen über die Ergebnisse informieren soll. Umgekehrt verpflichtet § 136 Abs. 2 Satz 2 SGB V den G-BA, die Ergebnisse nach § 137a Abs. 2 Satz 1 Nr. 1 und 2 SGB V bei der Richtlinien nach § 92 Abs. 1 Satz 2 Nr. 13 SGB V für den Bereich der vertragsärztlichen Versorgung zu berücksichtigen. 6

IV. Ausgewählte Literaturhinweise

Byok, Auftragsvergabe im Gesundheitssektor, GesR 2007, 553-559; *Lorff*, Unterliegen die gesetzlichen Krankenversicherungsleistungen der EU-Ausschreibungspflicht?, ZESAR 2007, 104-110. 7

B. Auslegung der Norm

I. Regelungsgehalt und Bedeutung der Norm

§ 137a SGB V regelt **Beauftragung** und **Auftrag** der unabhängigen Institution, die entsprechend der in Rn. 4 ff. dargelegten Zielsetzung Verfahren zur Messung und Darstellung der Versorgungsqualität für die Durchführung der einrichtungsübergreifenden Qualitätssicherung entwickeln soll. 8

Absatz 1 regelt, dass die Institution vom G-BA im Rahmen eines Vergabeverfahrens zu beauftragen und welcher zentrale Auftrag im Vergabeverfahren zu formulieren ist. 9

Absatz 2 beschreibt die wesentlichen Aufgaben der Institution sowie den Informationsfluss von den an der Qualitätssicherung mitwirkenden weiteren Einrichtungen an die Institution und von dieser an den G-BA. 10

Absatz 3 beinhaltet die Beteiligung der näher bezeichneten Spitzenverbände und -organisationen des Gesundheitswesens an der Entwicklung der Inhalte des Auftrags nach Absatz 2. 11

Absatz 4 trifft Bestimmungen zur Vergütung der Institution. 12

Absatz 5 enthält eine Regelung zur Absicherung der Transparenz des Verfahrens und Neutralität der beteiligten Akteure. 13

II. Normzweck

Durch § 137a SGB V wird der G-BA (vgl. § 91 SGB V) damit beauftragt, eine Institution mit der Umsetzung der einrichtungsübergreifenden Qualitätssicherung sowie der Darstellung der Ergebnisse der Bemühungen um Qualitätssicherung zu beauftragen. Die Vorschrift ist Ausdruck der zentralen Verantwortung des G-BA im Bereich der Qualitätssicherung. Vgl. Rn. 5 sowie die Kommentierung zu § 91 SGB V Rn. 11 ff. 14

Durch die Spezialisierung und Unabhängigkeit der Institution soll einerseits ein **hoher Standard der Qualitätssicherung** gewährleistet werden. Gleichzeitig will der Gesetzgeber mit der Verpflichtung der Institution, die im Rahmen der verpflichtenden Maßnahmen zur Qualitätssicherung erhobenen Daten für Zwecke der wissenschaftlichen Forschung und der Weiterentwicklung der Qualitätssicherung in einem transparenten Verfahren vorzuhalten und auszuwerten, auch die **Transparenz der Versorgungsqualität** sowie das **Informationsbedürfnis und Selbstbestimmungsrecht der Bürger** stärken.[6] 15

III. Auswahl der Institution (Absatz 1)

§ 137a Abs. 1 SGB V verpflichtet den G-BA, die Institution im Rahmen eines **Vergabeverfahrens** zu beauftragen. Der ursprüngliche Gesetzentwurf hatte noch eine öffentliche Ausschreibung vorgesehen. Die jetzige, auf der Ausschussempfehlung beruhende Fassung bringt zum Ausdruck, dass der G-BA das Vergabeverfahren mit allen zulässigen Vergabearten durchführen kann, ohne auf die öffentliche Ausschreibung gesetzlich festgelegt zu sein.[7] Zu den **Vergabearten** vgl. im Einzelnen § 101 GWB.[8] 16

---

[5] Vgl. zur Systematik der Qualitätssicherung in der GKV auch die Übersicht von *Seewald* in: Schnapp/Wigge, Handbuch des Vertragsarztrechts, 2. Aufl. 2006, S. 631.

[6] BT-Drs. 16/3100, S. 147 zu Nr. 111.

[7] BT-Drs. 16/4247, S. 48 zu Nr. 111.

[8] Eingehend hierzu *Byok*, GesR 2007, 553, 558.

17 Der G-BA darf nur eine solche Institution beauftragen, die **fachlich unabhängig** ist (§ 137a Abs. 1 Satz 1 SGB V). Das ist insbesondere dann der Fall, wenn sie vollständige organisatorische und wirtschaftliche Unabhängigkeit besitzt, frei von Interessenkollisionen handelt und keinem Weisungsrecht unterliegt (zur Finanzierung vgl. auch § 137a Abs. 4 SGB V). Nicht ausdrücklich in § 137a Abs. 1 Satz 1 SGB V geregelt, aber aus dem Gesamtzusammenhang sowie aus den Gesetzesmaterialien zu erschließen ist, dass die Institution über die erforderliche medizinisch-pflegerische, methodische, statistisch-biometrische und informationstechnische Kompetenz verfügen muss. Das Ziel größtmöglicher Qualität, Stabilität und Nachhaltigkeit ihrer Arbeit kann die Institution zudem nur dann erreichen, wenn eine angemessene, nicht zu knapp bemessene Auftragsdauer „ausgeschrieben" und vereinbart wird.[9]

18 Die **Aufgaben** der Institution sind in § 137a Abs. 1 Satz 1 SGB V im Groben umrissen. Unter Verweis auf die §§ 115b Abs. 1, 116b Abs. 4 Sätze 4 und 5, 137 Abs. 1 und 137f Abs. 2 Nr. 2 SGB V stellt der Gesetzgeber klar, dass die Institution Vorgaben für das ambulante Operieren, die ambulante Erbringung hochspezialisierter Leistungen durch Vertragsärzte und Krankenhäuser, die vertrags-, vertragszahnärztliche und die stationäre Versorgung sowie die strukturierten Behandlungsprogramme zu erarbeiten hat.

19 Die **Verbindlichkeit** der Vorgaben gegenüber den angesprochenen Leistungserbringern und die **Umsetzung** dieser Vorgaben durch sie wird nicht durch § 137a SGB V, sondern durch die in § 135a Abs. 2 SGB V geregelte Verpflichtung sichergestellt, sich nach näherer Maßgabe dieser Bestimmung an Maßnahmen der Qualitätssicherung zu beteiligen.

20 Die Vorgaben sollen möglichst **sektorenübergreifend** erarbeitet werden. Denn die Qualität der Versorgung ist nur dann vergleichbar, wenn so weit wie möglich einheitliche Bewertungsmaßstäbe angelegt werden. Zudem lassen sich mit einer stringenten Qualitätssicherung die Vielzahl der mit Qualitätssicherung befassten Gremien einschränken und bürokratische Hemmnisse abbauen.[10]

21 Für die Durchführung der einrichtungsübergreifenden Qualitätssicherung hat die Institution **kein Monopol**. Sie hat sich hieran vielmehr, wie § 137a Abs. 1 Satz 2 SGB V klarstellt, „zu beteiligen". Zu den möglichen anderen verantwortlichen Institutionen Rn. 26. Das Verhältnis von § 137a Abs. 1 Satz 2 SGB V, dem Wortlaut nach einer Soll-Vorschrift, zu § 137a Abs. 2 Satz 1 Nr. 3 SGB V, einer im Übrigen praktisch wortgleichen Ist-Vorschrift, ist unklar. Es spricht angesichts der Einbeziehung der Beteiligung an der Durchführung der Qualitätssicherung in den Katalog des § 137a Abs. 2 Satz 1 SGB V viel dafür, dass es sich dabei um eine **Pflichtaufgabe** handelt. Bei diesem Verständnis hätte § 137a Abs. 1 Satz 2 SGB V keinen eigenständigen Regelungsgehalt.

22 Nach § 137a Abs. 1 Satz 3 SGB V sollen **bereits existierende Einrichtungen genutzt** werden. Soweit erforderlich, ist ihre Organisationsform den Vorgaben in § 137a Abs. 1 und 2 SGB V anzupassen. Hierdurch will der Gesetzgeber zusätzlichen finanziellen und organisatorischen Aufwand sowie Probleme bei der Neugestaltung der Qualitätssicherung vermeiden. Explizit gedacht ist dabei an die Bundesgeschäftsstelle Qualitätssicherung (vgl. hierzu die Kommentierung zu § 70 SGB V Rn. 33).[11]

IV. Aufgaben der Institution und Datenfluss (Absatz 2)

1. Aufgaben der Institution (Absatz 2 Satz 1)

23 § 137a Abs. 2 SGB V beschreibt die **wesentlichen Aufgaben** der Institution. Die Aufzählung ist **nicht abschließend**, wie der Begriff „insbesondere" zeigt.

24 Nach § 137a Abs. 2 Satz 1 Nr. 1 SGB V muss die Institution abgestimmte **Indikatoren** und **Instrumente** entwickeln, mit denen man die Versorgungsqualität möglichst sektorenübergreifend messen und darstellen kann. Dabei sind ausweislich der Gesetzesmaterialien insbesondere ergebnisorientierte Behandlungspfade (vgl. eingehend hierzu die Kommentierung zu § 11 SGB V Rn. 30) zu berücksichtigen.[12] Der im ursprünglichen Gesetzentwurf noch enthaltene Zusatz „in allen Versorgungsbereichen" ist in den Ausschussberatungen geschlossen worden, um klarzustellen, dass der Auftrag an die Institution nicht alle Versorgungsbereiche zugleich umfassen muss.[13]

---

9 Vgl. BT-Drs. 16/3100, S. 148 zu Nr. 111.

10 BT-Drs. 16/3100, S. 148 zu Nr. 111.

11 BT-Drs. 16/3100, S. 148 zu Nr. 111; vgl. hierzu näher www.bqs.de.

12 BT-Drs. 16/3100, S. 148 zu Nr. 111.

13 BT-Drs. 16/4247, S. 48 zu Nr. 111.

Zu den wesentlichen Aufgaben der Institution gehört außerdem die Entwicklung der **Dokumentationsinhalte** der Leistungserbringer (§ 137a Abs. 2 Satz 1 Nr. 2 SGB V). Der Hinweis auf die „notwendige" Dokumentation macht deutlich, dass die Dokumentationsanforderungen auf das zwingend erforderliche Maß reduziert werden sollen. Bei möglichst geringen bürokratischen Anforderungen an die Leistungserbringer ist eine größtmögliche Effektivität der Qualitätssicherung anzustreben. 25

Gemäß § 137a Abs. 2 Satz 1 Nr. 3 SGB V wird die Institution damit beauftragt, sich an der **Durchführung** der einrichtungsübergreifenden **Qualitätssicherung** zu **beteiligen**. Das schließt die Beteiligung an der Datenauswertung nach § 299 SGB V ein.[14] Neben der Institution nach § 137a Abs. 1 SGB V können Aufgaben der Qualitätssicherung auch von anderen Institutionen auf Landesebene wahrgenommen werden. Die Qualitätssicherung zugelassener Krankenhäuser kann z.B. den Landesgeschäftsstellen für Qualitätssicherung und diejenige für den vertragsärztlichen Bereich den KVen übertragen werden. Zum Verhältnis zu § 137a Abs. 1 Satz 2 SGB V vgl. Rn. 21. 26

§ 137a Abs. 2 Satz 1 Nr. 4 SGB V dient der **Transparenz der Versorgungsqualität**. Zu diesem Zweck wird die Institution verpflichtet, die Ergebnisse der Qualitätssicherung in geeigneter Weise **allgemeinverständlich** zu **veröffentlichen**. 27

2. Datenübermittlung (Absatz 2 Sätze 2-4)

§ 137a Abs. 2 Satz 2 SGB V stellt sicher, dass die Einrichtungen, die sich außer der Institution nach Absatz 1 an der Durchführung der einrichtungsübergreifenden Qualitätssicherung beteiligen (vgl. die §§ 137a Abs. 2 Satz 1 Nr. 2, 137 Abs. 1 Nr. 1 SGB V), der Institution die für die Wahrnehmung ihrer Aufgaben erforderlichen **Daten** übermitteln. § 137a Abs. 2 Satz 3 SGB V regelt die Verpflichtung der Institution zur Vorhaltung und Auswertung der Daten. Dabei soll sichergestellt sein, dass die Daten auch für die wissenschaftliche Forschung und die Weiterentwicklung der Qualitätssicherung zur Verfügung stehen.[15] Schließlich erhält der G-BA in § 137a Abs. 2 Satz 4 SGB V das Recht, von der Institution Auswertungen zu erhalten, sofern er diese Kenntnisse für seine Arbeit benötigt, z.B. bei der Festlegung von Mindestmengen nach § 137 Abs. 3 Nr. 2 SGB V. 28

Eine **weitere Vorschrift zur Datenübermittlung** enthält **§ 21 KHEntgG**. Danach kann die Institution ausgewählte Leistungsdaten gemäß § 21 Abs. 2 Nr. 2 lit. a-f KHEntgG anfordern, soweit diese nach Art und Umfang notwendig und geeignet sind, um Maßnahmen der Qualitätssicherung nach § 137a Abs. 2 Nr. 1-3 SGB V durchführen zu können. Die Institution kann entsprechende Daten auch für Zwecke der einrichtungsübergreifenden Qualitätssicherung auf Landesebene anfordern und diese an die jeweils zuständige Institution auf Landesebene, z.B. an die Landesgeschäftsstelle für Qualitätssicherung, weitergeben. Die DRG-Datenstelle (vgl. zu dieser § 21 Abs. 1 Satz 1 KHEntgG) übermittelt die Daten, soweit die Notwendigkeit von der Institution glaubhaft dargelegt wurde. Der Wortlaut des § 21 KHEntgG spricht dabei jeweils von der Institution „auf Bundesebene". Damit ist klargestellt, dass die dortige Befugnis den weiteren mit der Qualitätssicherung im Krankenhaussektor befassten Institutionen auf Landesebene nicht zusteht. 29

V. Beteiligung der maßgeblichen Verbände (Absatz 3)

Nach § 137a Abs. 3 Satz 1 SGB V hat die Institution bei der Bearbeitung ihrer Aufträge die maßgeblichen **Interessenverbände**, **Vertreter** der wissenschaftlichen medizinischen Fachgesellschaften sowie **Spitzenverbände** der KKn und den Verband der privaten Krankenversicherung zu beteiligen. Dabei handelt es sich um die Kreise, die traditionell die Verantwortung für die Qualitätssicherung in der gesetzlichen Krankenversicherung getragen haben (vgl. z.B. die Zusammensetzung der vormaligen Arbeitsgemeinschaft zur Förderung der Qualitätssicherung in der Medizin in § 137b SGB V in der bis zum 31.12.2003 geltenden Fassung; vgl. hierzu im Einzelnen die Kommentierung zu § 137b SGB V Rn. 8 m.w.N.), zuzüglich der Patientenvertreter und der Vertreter der Wissenschaft. 30

Im Einzelnen sind zu **beteiligen**: die KBV und die KZBV (§ 77 Abs. 4 SGB V), die Deutsche Krankenhausgesellschaft (§ 108a Satz 2 SGB V), der Spitzenverband Bund der KKn (§ 217a SGB V), der Verband der privaten Krankenversicherung,[16] die Bundesärztekammer,[17] die Bundeszahnärztekam- 31

---

[14] BT-Drs. 16/3100, S. 148 zu Nr. 111.

[15] BT-Drs. 16/4247, S. 48 zu Nr. 111.

[16] Vgl. www.pkv.de.

[17] Vgl. www.bundesaerztekammer.de.

mer,[18] die Bundespsychotherapeutenkammer,[19] die Berufsorganisationen der Krankenpflegeberufe,[20] die wissenschaftlichen medizinischen Fachgesellschaften,[21] die für die Wahrnehmung der Interessen der Patientinnen und Patienten und der Selbsthilfe chronisch kranker und behinderter Menschen maßgeblichen Organisationen auf Bundesebene (vgl. § 2 PatBeteiligungsV; näher hierzu die Kommentierung zu § 140f SGB V Rn. 22 ff.) sowie der oder die Beauftragte der Bundesregierung für die Belange der Patienten und Patienten (§ 140h SGB V).

32 Das Gesetz enthält keine näheren Vorgaben für Inhalt oder Art der Beteiligung. Den Gesetzesmaterialien ist jedoch zu entnehmen, dass sich der Gesetzgeber eine Zusammenarbeit z.B. in **Expertengruppen** vorgestellt hat.[22]

VI. Vergütung der Institution (Absatz 4)

33 Der G-BA hat die Institution gemäß den ihr übertragenen Aufgaben **angemessen** und **aufwandsgerecht** zu **vergüten** (§ 137a Abs. 4 Satz 1 SGB V). Die Zahlung der Vergütung gehört zu den Kosten des G-BA, deren Finanzierung in § 91 Abs. 2 Satz 6 SGB V geregelt ist. Aus der dortigen Verweisung auf § 139c Abs. 1 SGB V ergibt sich, dass die Finanzierung des Instituts letztlich aus Zuschlägen für jeden abzurechnenden Krankenhausfall und der Anhebung der Gesamtvergütungen für die ambulante vertragsärztliche und vertragszahnärztliche Versorgung aufgebracht wird.

34 § 137a Abs. 4 Satz 2 SGB V stellt klar, dass die Institution nicht ausschließlich im Auftrag des G-BA tätig wird, sondern auch **Aufträge Dritter** annehmen kann. Zu denken ist dabei an einzelne Leistungserbringer (wie Ärzte oder Krankenhäuser), an Krankenhausverbünde und Krankenhausketten, aber auch an die medizinisch-wissenschaftlichen Fachgesellschaften.

35 Bei den Aufträgen Dritter muss es sich allerdings um **Aufgabenstellungen** handeln, die den Aufgaben nach § 137a Abs. 2 SGB V entsprechen. Da § 137a Abs. 4 Satz 2 SGB V den Kreis der Auftraggeber nicht einengt, sondern insoweit auch einzelne Leistungserbringer zulässt, braucht die Aufgabenstellung jedoch nicht einrichtungs- und erst recht nicht sektorenübergreifend zu sein.

36 Die **Beauftragung durch Dritte** muss **gegen Kostenbeteiligung**, darf also nicht unentgeltlich erfolgen. Nähere Angaben zur Höhe der Vergütung und zum Zahlungsweg enthält die Vorschrift nicht. Die Prinzipien der Angemessenheit und Aufwandsgerechtigkeit müssen jedoch auch hier gewahrt sein, wie sich mittelbar aus dem Begriff „beteiligen" ablesen lässt. Insbesondere darf keine die Neutralität der Institution gefährdende Vergütungshöhe vereinbart werden oder finanzielle Abhängigkeit entstehen.

37 Nach Auffassung des Gesetzgebers soll dies dazu beitragen, die vorhandene Kompetenz stärker und flächendeckender zu nutzen und die Einheitlichkeit der Qualitätssicherung in den unterschiedlichen Versorgungsbereichen zu fördern.[23] Zu beachten wird freilich sein, dass durch die Bearbeitung von Aufgaben Dritter die geforderte Objektivität und Neutralität der Institution nicht in Gefahr geraten darf.

VII. Offenlegung von Interessenkonflikten (Absatz 5)

38 Die erst im Zuge der Ausschussberatungen eingefügte Vorschrift des § 137a Abs. 5 SGB V verpflichtet den G-BA sicherzustellen, dass die an der Aufgabenerfüllung nach Absatz 2 beteiligten Institutionen und Personen mögliche Interessenkonflikte offenzulegen haben. Damit soll die **Transparenz** und **Unabhängigkeit** der Genannten gewährleistet werden.[24]

---

[18] Vgl. www.bzaek.de.

[19] Vgl. www.bptk.de.

[20] Vgl. z.B. www.deutscher-pflegerat.de.

[21] Vgl. www.awmf.de.

[22] BT-Drs. 16/3100, S. 148.

[23] BT-Drs. 16/3100, S. 148.

[24] BT-Drs. 16/4247, S. 48.

§ 137b SGB V Förderung der Qualitätssicherung in der Medizin

(Fassung vom 14.11.2003, gültig ab 01.01.2004)

Der Gemeinsame Bundesausschuss hat den Stand der Qualitätssicherung im Gesundheitswesen festzustellen, sich daraus ergebenden Weiterentwicklungsbedarf zu benennen, eingeführte Qualitätssicherungsmaßnahmen auf ihre Wirksamkeit hin zu bewerten und Empfehlungen für eine an einheitlichen Grundsätzen ausgerichtete sowie sektoren- und berufsgruppenübergreifende Qualitätssicherung im Gesundheitswesen einschließlich ihrer Umsetzung zu erarbeiten. Er erstellt in regelmäßigen Abständen einen Bericht über den Stand der Qualitätssicherung.

Gliederung

A. Basisinformationen

I. Textgeschichte/Gesetzgebungsmaterialien

§ 137b SGB V wurde mit Wirkung vom 01.07.1997 durch Art. 1 Nr. 51 des **2. GKV-Neuordnungsgesetzes** v. 23.06.1997[1] eingeführt. Er enthielt zunächst lediglich die Verpflichtung der Bundesärztekammer, der KBV, der Deutschen Krankenhausgesellschaft und der Spitzenverbände der KKn, zur Förderung der Qualitätssicherung in der Medizin eine Arbeitsgemeinschaft zu gründen. Die Aufgaben dieser Arbeitsgemeinschaft sind durch Art. 1 Nr. 56 **GKV-Gesundheitsreformgesetz 2000 (GKV-GRG 2000)** v. 22.12.1999[2] maßgeblich präzisiert worden. Die heutige Fassung beruht auf Art. 1 Nr. 105 des **Gesetzes zur Modernisierung der gesetzlichen Krankenversicherung (GMG)** vom 14.11.2003.[3] Die durch das GKV-GRG 2000 eingeführten Aufgaben sind dabei in wesentlichen Punkten erhalten worden. Die **Zuständigkeit** für diese Aufgaben hat der Gesetzgeber jedoch von der Arbeitsgemeinschaft auf den **G-BA** übertragen. 1

Gesetzgebungsmaterialien: Gesetzentwurf der Fraktionen SPD und BÜNDNIS 90/DIE GRÜNEN zur Reform der gesetzlichen Krankenversicherung ab dem Jahr 2000 (GKV-Gesundheitsreform 2000).[4] Hierzu Beschlussempfehlung und Bericht des Ausschusses für Gesundheit.[5] Gesetzentwurf der Fraktionen SPD, CDU/CSU und BÜNDNIS 90/DIE GRÜNEN zum Entwurf eines Gesetzes zur Modernisierung der gesetzlichen Krankenversicherung.[6] Hierzu Beschlussempfehlung[7] und Bericht[8] des Ausschusses für Gesundheit und Soziale Sicherung. 2

II. Vorgängervorschriften

Zu § 137b SGB V existiert keine Vorgängervorschrift. 3

III. Systematische Zusammenhänge

§ 137b SGB V benennt Kompetenzen und Aufgaben des G-BA (§ 91 SGB V) für die Qualitätssicherung im Gesundheitswesen. Die Vorschrift ergänzt damit die in § 92 SGB V, insbesondere in § 92 Abs. 1 Satz 2 Nr. 13 SGB V (Richtlinien zur Qualitätssicherung) enthaltenen Aufgabenzuweisungen. Vor allem ist sie aber im Zusammenhang mit den dem G-BA gleichfalls mit Wirkung vom 01.01.2004 4

1 BGBl I 1997, 1520.
2 BGBl I 1999, 2626.
3 BGBl I 2003, 2190.
4 BT-Drs. 14/1245.
5 BT-Drs. 14/1977.
6 GKV-Modernisierungsgesetzes – GMG, BT-Drs. 15/1525.
7 BT-Drs. 15/1584.
8 BT-Drs. 15/1600.

übertragenen zusätzlichen Aufgaben im Bereich der Qualitätssicherung zu sehen (vgl. die §§ 136 Abs. 1 Satz 1, 136a Satz 1 SGB V für den vertragsärztlichen Bereich, § 136b SGB V für die vertragszahnärztliche Versorgung, § 137 Abs. 1 SGB V für den stationären Sektor, § 137f SGB V für strukturierte Behandlungsprogramme; zu den weiteren Aufgaben des G-BA im Bereich der Qualitätssicherung vgl. § 136 Abs. . vgl. auch die Kommentierung zu § 91 SGB V Rn. 11 ff.).

IV. Ausgewählte Literaturhinweise

5 *Schirmer*, Das Kassenarztrecht im 2. GKV-Neuordnungsgesetz, MedR 1997, 431-456; *Wigge*, Evidenz-basierte Richtlinien und Leitlinien, MedR 2000, 574-585.

B. Auslegung der Norm

I. Regelungsgehalt und Bedeutung der Norm

6 § 137b SGB V **konkretisiert** die **Aufgaben des G-BA** auf dem Gebiet der Qualitätssicherung in der Medizin. Auf der Grundlage dieser Vorschrift hat der G-BA den Unterausschuss „Sektorübergreifende Qualitätssicherung nach § 137b SGB V" gegründet, der sich mit einer einheitlichen sektorenübergreifenden Themenfindung in allen qualitätssichernden Unterausschüssen beschäftigen soll.[9]

II. Normzweck

7 § 137b SGB V soll die **sektorenübergreifende Qualitätssicherung** und die **Transparenz** im Gesundheitswesen **verbessern**. Der Anwendungsbereich der Vorschrift weist damit über die GKV hinaus. Dem hat der Gesetzgeber Rechnung getragen, indem er auch den Verband der privaten Krankenversicherung in die bis zum 31.12.2003 zuständige Arbeitsgemeinschaft (vgl. Rn. 1) einbezogen hat.[10]

8 Mit der Ursprungsfassung der Norm hat der Gesetzgeber an eine **Empfehlung des Sachverständigenrates für die Konzertierte Aktion im Gesundheitswesen** angeknüpft, der bereits in seinem Jahresgutachten 1989 empfohlen hatte, eine Einrichtung zur Förderung der Qualitätssicherung in der ambulanten und stationären Versorgung zu schaffen. Zu diesem Zweck hatte sich 1993 die **Arbeitsgemeinschaft zur Förderung der Qualitätssicherung in der Medizin** gegründet (Hinweise zu den Mitgliedern der Arbeitsgemeinschaft auch in der Kommentierung zu § 137a SGB V Rn. 31).[11] Ihr Ziel war es, die Qualitätssicherung auf Bundesebene dazu voranzubringen, dass sie insbesondere Vorkehrungen zur gegenseitigen Abstimmung im Sinne einer Einheitlichkeit von Qualifikations- und Qualitätssicherungsanforderungen traf. Darüber hinaus hatte sie es sich zum Ziel gesetzt, laufend den Qualitätssicherungsbedarf in Deutschland festzustellen, sich daraus ergebende Fördemaßnahmen auch zwischen dem ambulanten und stationären Sektor zu koordinieren, Hilfestellung bei der Entwicklung von Qualitätssicherungssicherungsprogrammen zu leisten sowie eingeführte Qualitätssicherungsmaßnahmen auf ihre Wirksamkeit zu prüfen. Die ursprüngliche Fassung des § 137b SGB V, die die Arbeitsgemeinschaft gesetzlich institutionalisierte, sollte ihre Bedeutung vor dem Hintergrund der genannten Zielsetzungen unterstreichen.[12] Es ist nicht erkennbar, dass der Gesetzgeber von diesen Zielsetzungen durch den Wechsel der Zuständigkeit auf den G-BA abrücken wollte.

III. Aufgaben des G-BA

9 Die in § 137b SGB V beschriebenen **Aufgaben obliegen seit dem 01.01.2004 dem G-BA**. Der Zuständigkeitswechsel ist vor dem Hintergrund zu sehen, dass der G-BA zum selben Zeitpunkt verpflichtet worden ist, für die Vertragsärzte und Krankenhäuser alle erforderlichen Qualitätsanforderungen festzulegen (dazu i.E. Rn. 4). Zur Vermeidung von Doppelstrukturen war es daher folgerichtig, ihm auch die Zuständigkeit für die diese Sektoren übergreifende Qualitätssicherung sowie die Ermittlung und Benennung des Qualitäts- und Weiterentwicklungsbedarfs zu geben. Auf diese Weise soll eine einheitliche Gestaltung der Qualitätssicherung in der GKV erleichtert werden.[13]

---

9 Aktuelle Informationen jeweils unter http://www.g-ba.de/institution/beschlussgremien/aerztliche-angelegenheiten/unterausschuesse/32/.

10 Vgl. hierzu BT-Drs. 14/1977, S. 170 zu Art. 1 Nr. 80.

11 Die Vereinbarung zur Bildung der Arbeitsgemeinschaft v. 21.12.1993 ist abgedruckt in: Die Leistungen 1994, 291-295.

12 Vgl. BT-Drs. 13/7264, S. 127.

13 BT-Drs. 15/1525, S. 126 zu Nr. 105.

Der G-BA hat nach § 137b SGB V **fünf Aufgaben:** 10

(1) Feststellung des Standes der Qualitätssicherung im Gesundheitswesen.

(2) Benennung des sich hieraus ergebenden Weiterentwicklungsbedarfs.

(3) Bewertung eingeführter Qualitätssicherungsmaßnahmen auf ihre Wirksamkeit hin.

(4) Erarbeitung von Empfehlungen für eine an einheitlichen Grundsätzen ausgerichtete sowie sektoren- und berufsgruppenübergreifende Qualitätssicherung im Gesundheitswesen einschließlich ihrer Umsetzung.

(5) Erstellung regelmäßiger Berichte über den Stand der Qualitätssicherung.

Während die **Möglichkeiten des G-BA zur Feststellung** des Standes der Qualität bislang sektorbezogen geregelt waren, bestimmt § 137a SGB V nunmehr, dass entsprechende Feststellungen insbesondere durch ein unabhängiges Institut getroffen werden. Daneben kann sich der G-BA zur Erfüllung dieser Aufgabe z.B. auch der Erkenntnisse des Instituts für Qualität und Wirtschaftlichkeit im Gesundheitswesen (§ 139a SGB V) bedienen. 11

Der G-BA hat auch **Empfehlungen** für eine an einheitlichen Grundsätzen orientierte sektorenübergreifende Qualitätssicherung zu erteilen. Anders als z.B. in § 135 Abs. 1 SGB V ist eine Regelung über **Rechtscharakter und Verbindlichkeit** dieser Empfehlungen nicht getroffen. 12

Der für die sektorenübergreifende Qualitätssicherung vorbereitend tätig werdende Unterausschuss des G-BA (vgl. Rn. 6) soll im Laufe des Jahres 2008 Instrumente für die zukünftige Arbeit des G-BA erarbeiten.[14] 13

[14] Newsletter des G-BA 1/2008, S. 9; http://www.g-ba.de/downloads/33-211-74/2008-02-07-Newsletter_01.pdf.

§ 137c SGB V Bewertung von Untersuchungs- und Behandlungsmethoden im Krankenhaus

(Fassung vom 26.03.2007, gültig ab 01.07.2008)

(1) Der Gemeinsame Bundesausschuss nach § 91 überprüft auf Antrag des Spitzenverbandes Bund, der Deutschen Krankenhausgesellschaft oder eines Bundesverbandes der Krankenhausträger Untersuchungs- und Behandlungsmethoden, die zu Lasten der gesetzlichen Krankenkassen im Rahmen einer Krankenhausbehandlung angewandt werden oder angewandt werden sollen, daraufhin, ob sie für eine ausreichende, zweckmäßige und wirtschaftliche Versorgung der Versicherten unter Berücksichtigung des allgemein anerkannten Standes der medizinischen Erkenntnisse erforderlich sind. Ergibt die Überprüfung, dass die Methode nicht den Kriterien nach Satz 1 entspricht, erlässt der Gemeinsame Bundesausschuss eine entsprechende Richtlinie.

(2) Wird eine Beanstandung des Bundesministeriums für Gesundheit nach § 94 Abs. 1 Satz 2 nicht innerhalb der von ihm gesetzten Frist behoben, kann das Bundesministerium die Richtlinie erlassen. Ab dem Tag des Inkrafttretens einer Richtlinie darf die ausgeschlossene Methode im Rahmen einer Krankenhausbehandlung nicht mehr zu Lasten der Krankenkassen erbracht werden; die Durchführung klinischer Studien bleibt unberührt.

Gliederung

A. Basisinformationen

I. Textgeschichte/Gesetzgebungsmaterialien

1 Die Vorschrift ist durch Art. 1 Nr. 57 i.V.m. Art. 22 Abs. 5 des Gesetzes zur Reform der gesetzlichen Krankenversicherung ab dem Jahr 2000 (GKV-Gesundheitsreformgesetz 2000) vom 22.12.1999[1] mit Wirkung vom 01.01.2000 neu in das SGB V aufgenommen worden. Die Regelung basiert auf dem Gesetzentwurf der Fraktionen SPD und Bündnis 90/Die Grünen.[2] Durch Art. 1 Nr. 6 des Gesetzes zur Einführung des diagnoseorientierten Fallpauschalensystems für Krankenhäuser (Fallpauschalengesetz – FPG) vom 23.04.2002[3] ist in Absatz 2 die Zusammensetzung des Ausschusses Krankenhaus neu geregelt worden. Die Bewertung von Untersuchungs- und Behandlungsmethoden im Krankenhaus, die nach dem bis zum 31.12.2003 geltenden Recht einem sog. „Ausschuss Krankenhaus" oblag, ist auf der Grundlage des Gesetzentwurfs der Fraktionen SPD, CDU/CSU und Bündnis 90/Die Grünen[4] durch Art. 1 Nr. 106 i.V.m. Art. 37 Abs. 1 des Gesetzes zur Modernisierung der gesetzlichen Krankenversicherung (GKV-Modernisierungsgesetz – GMG) vom 14.11.2003[5] mit Wirkung vom 01.01.2004 dem Gemeinsamen Bundesausschuss (G-BA) übertragen worden; der „Ausschuss Krankenhaus" wurde aufgelöst. Gleichzeitig ist die Vorschrift insbesondere hinsichtlich der Durchführung des Beanstandungsverfahrens novelliert worden.

---

1 BGBl I 1999, 2626, 2639, 2655.
2 BT-Drs. 14/1245, S. 60 f.
3 BGBl I 2002, 1412, 1413.
4 BT-Drs. 15/1525, S. 36, 126.
5 BGBl I 2003, 2190, 2222, 2257.

Durch Art. 1 Nr. 112 i.V.m. Art. 46 Abs. 9 GKV-Wettbewerbsstärkungsgesetz (GKV-WSG)[6] wurde mit Wirkung vom 01.07.2008 der Spitzenverband Bund der Krankenkasse anstelle der Spitzenverbände der Krankenkassen Antragsberechtigter nach Absatz 1 Satz 1. 2

II. Systematische Zusammenhänge

Vgl. die Kommentierung zu § 135 SGB V Rn. 4 ff. 3

III. Parallelvorschriften

Der dem G-BA erteilte Auftrag zur Überprüfung von Untersuchungs- und Behandlungsmethoden, die zu Lasten der Krankenkassen in der Krankenhausbehandlung angewandt werden oder angewandt werden sollen, ist vergleichbar mit dem Auftrag in § 135 Abs. 1 SGB V bezogen auf die vertragsärztliche Versorgung. Zu beachten ist jedoch, dass sich die unterschiedliche leistungsrechtliche Einordnung von im Krankenhaus vor einer Bewertung durch den G-BA erbrachter Leistungen in anderer Weise auf die Bewertungsentscheidungen des G-BA auswirkt.[7] Während im ambulanten Bereich nach § 135 Abs. 1 SGB V neu entwickelte Untersuchungs- und Behandlungsmethoden erst nach Anerkennung durch den G-BA im Rahmen der GKV angewendet werden dürfen („Verbot mit Erlaubnisvorbehalt"), ist das Krankenhaus in der Methodenwahl bei der stationären Behandlung – unbeschadet der Beachtung des Wirtschaftlichkeitsgebots (§ 12 Abs. 1 SGB V) – jedenfalls zunächst nicht beschränkt („Erlaubnis mit Verbotsvorbehalt"); dies gilt unabhängig davon, ob es sich um bisher angewandte etablierte oder um neu eingeführte Untersuchungs- und Behandlungsmethoden handelt.[8] 4

Durch den aufgezeigten **Unterschied im Bewertungsverfahren** soll insbesondere das Tor zu Innovationen am Krankenhaus offen gehalten werden. Das uneingeschränkte Recht, vor einer Bewertung durch den G-BA Untersuchungs- und Behandlungsmethoden im Krankenhaus erbringen zu können, birgt aber auch Risiken für die Qualität und die Wirtschaftlichkeit der Versorgung.[9] 5

IV. Literaturhinweise

Brenske/Schorn/Walger/Schlottmann, Der Gemeinsame Bundesausschuss – aktuelle und künftige Bedeutung für den Krankenhaussektor, KH 2005, 167-173; *Fuhrmann/Zimmermann*, Vergütung von Krankenhausbehandlungen im Rahmen der Durchführung von klinischen Arzneimittelstudien, NZS 2005, 352-359; *Gödicke*, Krankenversicherung – Krankenhausbehandlung – keine Finanzierung klinischer Arzneimittelprüfungen, MedR 2005, 310-311; *Herz/Rath/Schmidt*, Mehr Sicherheit nach dem GMG?, ErsK 2004, 258-261; *Knispel*, Krankenversicherung – neuropsychologische Therapie gehörte in 2003/2004 nicht zum Leistungskatalog, SGb 2007, 369-372; *Nösser*, Krankenversicherung – keine Vergütung von Krankenhausbehandlungskosten im Rahmen klinischer Arzneimittelstudien, KH 2005, 124-125; *Wartensleben/Kuhlen*, Kostentragungspflicht für Krankenhausbehandlungskosten bei gleichzeitiger stationärer Behandlung und Teilnahme an einer klinischen Prüfung, KHuR 2005, 6-8; *Wigge/Eickmann*, Keine Finanzierung klinischer Studien im Krankenhaus? A&R 2005, 66-69. Vgl. ansonsten die Kommentierung zu § 135 SGB V Rn. 9. 6

B. Auslegung der Norm

I. Regelungsgehalt und Bedeutung der Norm

1. Überprüfung von Untersuchungs- und Behandlungsmethoden (Absatz 1 Satz 1)

In Absatz 1 Satz 1 wird dem G-BA der Auftrag erteilt, Untersuchungs- und Behandlungsmethoden, die zu Lasten der GKV im Rahmen der Krankenhausbehandlung angewandt werden oder angewandt werden sollen, darauf zu überprüfen, ob sie für eine ausreichende, zweckmäßige und wirtschaftliche Versorgung der Versicherten unter Berücksichtigung des allgemein anerkannten Standes der medizinischen Erkenntnisse erforderlich sind.[10] Es handelt sich bei dieser Regelung inhaltlich um eine Bekräf- 7

---

[6] BGBl I 2007, 378, 472.

[7] Kritisch hierzu *Hess* in: KassKomm, SGB V, Vorbem. vor §§ 135-137d.

[8] *Hencke* in: Peters, Krankenversicherung (SGB V), § 137c Rn. 3.

[9] Kritisch *Hess* in: KassKomm, SGB V, § 137c Rn. 4.

[10] Vgl. BSG v. 19.02.2003 - B 1 KR 1/02 R - BSGE 90, 289 = SozR 4-2500 § 137c Nr. 1 zur Kompetenz des Ausschusses Krankenhaus als Vorgänger des G-BA.

tigung bzw. Konkretisierung des bereits in § 12 Abs. 1 SGB V normierten Wirtschaftlichkeitsgebots, das bei jeder Krankenhausbehandlung (§ 39 Abs. 1 SGB V) zu beachten ist.[11]

8 Der Gesetzgeber geht in Absatz 1 davon aus, dass neue Leistungen im Krankenhaus ohne vorherige Anerkennung durch den G-BA erbracht werden können. Das gilt auch für die ambulante Behandlung im Krankenhaus.[12] Die Anerkennung der Leistung durch den G-BA ist, anders als nach § 135 Abs. 1 SGB V, nicht Abrechnungsvoraussetzung. In Verfahren nach Absatz 1 geht es somit nicht um die Anerkennung, sondern um die **Aberkennung der Abrechnungsbefugnis.**[13] Eine Leistungspflicht ist nur dann ausgeschlossen, wenn der Bundesausschuss eine negative Stellungnahme abgegeben hat.[14] Dies gilt auch im Fall neuartiger, unerprobter Behandlungsmethoden. So hat das LSG Nordrhein-Westfalen[15] entschieden, dass eine Krankenkasse den Erstattungsanspruch für die DOTATOC-Therapie mit radioaktiven Arzneimitteln nicht nach § 135 Abs. 1 SGB V wegen der fehlenden Anerkennung dieser Behandlungsmethode durch den (früheren) Bundesausschuss der Ärzte und Krankenkassen ablehnen darf, da die Vorschrift nur für ambulante Behandlungen gilt. Ggf. hat die Krankenkasse den Versicherten auf die stationäre Inanspruchnahmemöglichkeit hinzuweisen.[16]

9 Die unterschiedliche Behandlung von ambulanten und stationären Leistungen vollzieht die Rechtsprechung wie folgt nach: Die Gefahr, dass deshalb zweifelhafte oder unwirksame Maßnahmen zum Einsatz kommen, ist im Krankenhaus schon wegen der internen Kontrollmechanismen und der anderen Vergütungsstrukturen geringer als bei der Behandlung durch einzelne niedergelassene Ärzte.[17] Neue, noch nicht ausreichend gesicherte Diagnose- und Behandlungsmethoden können im Krankenhaus im Rahmen klinischer Studien erprobt werden, die in § 137c Abs. 1 Satz 2 SGB V vom Anwendungsbereich der Vorschrift ausdrücklich ausgenommen sind. Bei Zweifeln am medizinischen Nutzen einer neuen Behandlung hat die Krankenkasse – wie im Übrigen bei allen etablierten Methoden, die weder im ambulanten noch im stationären Bereich einer automatischen Überprüfung unterliegen – die Möglichkeit, über ihren Spitzenverband eine Beurteilung durch den Ausschuss Krankenhaus zu veranlassen und ggf. auf diesem Wege eine Ausgrenzung zu erreichen.[18]

10 In einigen **Entscheidungen** haben die Landessozialgerichte Methoden von der Leistungspflicht der Krankenkassen (im Wege der beantragten Kostenerstattung) ausgenommen. So hat das LSG Hessen[19] entschieden, dass das epidurale Wirbelsäulenkatheterinjektionsverfahren nach *Racz* zur Behandlung von Rückenschmerzen keine von der gesetzlichen Krankenversicherung zu erbringende Leistung ist.[20] Mangels Ausschlusses durch den Bundesausschuss könnte das epidurale Injektionsverfahren nach *Racz* in einem zugelassenen Krankenhaus zu Lasten der gesetzlichen Krankenversicherung angewandt werden, allerdings nur mit der Wirkung, dass durch Entrichtung der maßgeblichen Pflegesätze die besonderen Aufwendungen für diese Behandlungsmaßnahme abgegolten sind. Die Krankenkassen wiederum können dann nicht einwenden, sie müssten keine vollständige Bezahlung der Pflegesätze leisten, weil im Rahmen der stationären Behandlung nicht anerkannte Untersuchungs- und Behandlungsmethoden zum Einsatz gekommen sind. Das streitgegenständliche epidurale Wirbelsäulenkatheterverfahren sei jedoch abrechnungstechnisch in der Form einer privatärztlichen Wahlleistung erfolgt, die gerade nicht mit den Pflegesätzen abgegolten sein sollte. Das LSG Brandenburg[21] hat bezüglich einer vom G-BA nach § 135 SGB V für die ambulante Versorgung ausgeschlossenen Methode entschieden, dass mangels Beschluss nach § 137c SGB V bezüglich der stationären Leistung (lediglich) zu ermitteln

---

[11] *Hencke* in: Peters, Krankenversicherung (SGB V), § 137c Rn. 2.

[12] BSG v. 27.03.2007 - B 1 KR 25/06 R - SGb 2007, 286.

[13] *Hess* in: KassKomm, SGB V, § 137c Rn. 3.

[14] BSG v. 19.02.2003 - B 1 KR 1/02 R - BSGE 90, 289 = SozR 4-2500 § 137c Nr. 1; BSG v. 04.04.2006 - B 1 KR 12/05 R - SozR 4-2500 § 27 Nr. 8; BSG v. 26.09.2006 - B 1 KR 3/06 R - SozR 4-2500 § 27 Nr. 10.

[15] v. 17.01.2007 - L 11 KR 6/06.

[16] LSG Hessen v. 19.10.2006 - L 8 KR 118/05 - ZM 2007, Nr. 6, 110 bezüglich einer Uterus-Arterien-Embolisation (UAE).

[17] BSG v. 19.02.2003 - B 1 KR 1/02 R - BSGE 90, 289.

[18] LSG Berlin v. 24.03.2004 - L 15 KR 11/02 - juris Rn. 13.

[19] LSG Nordrhein-Westfalen v. 19.05.2005 - L 8/14 KR 166/02.

[20] So auch LSG Baden-Württemberg v. 20.04.2004 - L 11 KR 4487/03, allerdings mit der Begründung, es habe angesichts anderer Methoden und des experimentellen Stadiums keine Indikation für diese Therapie bestanden.

[21] LSG Brandenburg v. 25.01.2005 - L 24 KR 69/03 und Hinweis auf BSG v. 19.02.2003 - B 1 KR 1/02 R - SozR 4-2500 § 137c Nr. 1.

sei, ob die neue Behandlungsmethode nach dem aktuellen Stand der wissenschaftlichen Diskussion aus medizinischer Sicht die Voraussetzungen für den Einsatz dieser Methode nach den Kriterien des Bundesausschusses für die Behandlung erfüllt.

Antragsberechtigt sind (ab 01.07.2008) der Spitzenverband Bund der Krankenkassen, die Deutsche Krankenhausgesellschaft oder ein Bundesverband der Krankenhausträger. Die Patientenvertretungsorganisationen haben wegen der enumerativen Aufzählung der Antragsberechtigung für Bewertungsentscheidungen nach den §§ 135 Abs. 1, 137c, 138 SGB V kein Antragsrecht, obwohl sie gem. § 140f Abs. 2 Satz 5 SGB V bei Beschlüssen des G-BA nach § 91 Abs. 4-7 SGB V das Recht haben, Anträge zu stellen. Dies bezieht sich aber auf Anträge im Verfahren und nicht auf Anträge zur Einleitung eines Verfahrens. Nach § 6 Abs. 2 Satz 7 KHEntgG können die Vertragsparteien nach § 9 SGB V – das ist u.a. der Verband der privaten Krankenversicherung – eine Bewertung der Untersuchungs- und Behandlungsmethode nach § 137c SGB V veranlassen. 11

Bezüglich des **Bewertungsverfahrens und -maßstabes** ist problematisch, ob bei § 137c SGB V andere Voraussetzungen als bei § 135 SGB V gelten.[22] Müsste § 137c SGB V so ausgelegt werden, dass der Nutzen einer Methode als grundsätzlich belegt zu gelten hat und nur im belegten Ausnahmefall ein Ausschluss möglich wäre, käme dem G-BA eine Art „Beweislast" zu, die eine von der Verfahrensordnung des G-BA (VerfO)[23] propagierte sektorenübergreifende Nutzenbewertung weitgehend unmöglich machen würde, weil § 135 SGB V diese „Beweislast" nicht auferlegt. Für die Erforderlichkeit des Nachweises geringerer Wirksamkeit spricht die Wortlautauslegung des § 137c Abs. 1 Satz 2 SGB V. Dieser Auslegung stehen aber die systematische und insbesondere die teleologische Betrachtung eindeutig entgegen: So zeigt die systematische Auslegung, dass eine Methode, die dem allgemein anerkannten Stand der medizinischen Erkenntnisse i.S.v. § 2 Abs. 1 Satz 3 SGB V nicht entspricht, weil für sie keine hinreichenden Wirksamkeitsnachweise vorliegen, nach § 137c SGB V auszuschließen ist. Entscheidend für das Auslegungsergebnis ist aber die Auslegung nach Sinn und Zweck der Vorschrift. Die wesentliche Zielsetzung, fragwürdige Leistungen aus der GKV auszuschließen, könnte nicht erreicht werden, wenn der G-BA für einen Ausschluss den Nachweis geringerer Wirksamkeit führen müsste. Daraus folgt, dass ein einheitliches Verfahren bezüglich der Bewertung medizinischer Methoden, wie es die VerfO für den ambulanten und den stationären Bereich vorsieht, nicht zu beanstanden ist. Die unterschiedlichen Ermächtigungsgrundlagen nach den §§ 135 und 137c SGB V zielen gemeinsam darauf ab, nicht wirksame, nicht notwendige oder im Vergleich zu ihrem Nutzen zu teure Methoden von der Leistungspflicht der GKV nach gleichen Prüfmaßstäben zu beurteilen und ggf. auszuschließen. 12

Zur Grundlage des Bewertungsverfahrens (**evidenzbasierte Medizin**) vgl. ansonsten die Kommentierung zu § 135 SGB V Rn. 37. 13

Die Überprüfung erfolgt – wie auch im ambulanten Bereich nach § 135 Abs. 1 SGB V – nicht von Amts wegen, sondern nur auf **Antrag** (ab 01.07.2008) des Spitzenverbandes Bund der Krankenkassen, der Deutschen Krankenhausgesellschaft oder eines Bundesverbandes der Krankenhausträger; die Bundesärztekammer, die im früheren „Ausschuss Krankenhaus" vertreten war, ist mithin nicht antragsberechtigt. Die Patientenvertretungsorganisationen haben wegen der enumerativen Aufzählung der Antragsberechtigung für Bewertungsentscheidungen nach § 137c SGB V kein Antragsrecht, obwohl sie gem. § 140f Abs. 2 Satz 5 SGB V bei Beschlüssen des G-BA nach § 91 Abs. 4-7 SGB V das Recht haben, Anträge zu stellen (vgl. § 11 Abs. 2 VerfO). Dies bezieht sich aber auf Anträge im Verfahren und nicht auf Anträge zur Einleitung eines Verfahrens. 14

Nach § 13 VerfO **veröffentlicht** das Beschlussgremium u.a. im Bundesanzeiger und im Internet[24] diejenigen Methoden oder Leistungen, die zur Bewertung anstehen. Mit der Veröffentlichung wird insbesondere Sachverständigen der medizinischen Wissenschaft und Praxis, Dachverbänden von Ärztegesellschaften, Spitzenverbänden der Selbsthilfegruppen und Patientenvertretungen, sowie Spitzenorganisationen der Hersteller von Medizinprodukten und -geräten Gelegenheit zur Stellungnahme gegeben. Die nach § 32 VerfO anerkannten und die nach § 91 Abs. 8a SGB V zu beteiligenden Organisationen werden über die Veröffentlichung und ihr Recht zur Stellungnahme schriftlich unterrichtet. Anders als § 92 SGB V enthält § 135 Abs. 1 SGB V keine Anhörungspflicht des G-BA vor seinen Entscheidungen zu Untersuchungs- und Behandlungsmethoden.[25] 15

---

[22] Ausführlich hierzu *Roters*, NZS 2007, 176, 182 ff.

[23] V. 20.09.2005, BAnz 2006, 16998, geändert durch Beschl. v. 18.04.2006, BAnz 2006, 4876.

[24] www.g-ba.de.

[25] BSG v. 23.07.1998 - B 1 KR 3/97 R - SozR 3-2500 § 13 Nr. 17 = NZS 1999, 187.

16 Das Beschlussgremium entscheidet nach § 6 VerfO durch **Beschluss** über das Ergebnis des Bewertungsverfahrens oder über seine **Aussetzung** (§ 21 Abs. 1 VerfO). Der G-BA kann bei Methoden, bei denen noch keine ausreichende Evidenz vorliegt, aber zu erwarten ist, dass solche Studien in naher Zukunft vorgelegt werden können, Beschlüsse mit der Maßgabe treffen, dass bei Untersuchungs- und Behandlungsmethoden im Krankenhaus gem. § 137c SGB V eine Aussetzung der Beschlussfassung mit der Maßgabe erfolgt, dass innerhalb einer vom G-BA hierfür zu setzenden Frist der Nachweis des Nutzens mittels klinischer Studien geführt werden kann (§ 21 Abs. 4 VerfO).

2. Erlass von Richtlinien (Absatz 1 Satz 2)

17 Erst wenn es sich aufgrund der auf Antrag durchgeführten Überprüfung verbindlich ergibt, dass eine Untersuchungs- und Behandlungsmethode den Kriterien für die Erforderlichkeit nicht entspricht, muss der G-BA durch Erlass normierter Richtlinien gem. § 92 SGB V eingreifen. Ein Ermessen besteht insofern nicht. Gem. § 92 Abs. 1 Satz 1 i.V.m. Satz 2 Nr. 5 SGB V kann der G-BA – wie im ambulanten niedergelassenen Bereich auch – die Erbringung und Verordnung von Leistungen oder Maßnahmen somit einschränken oder ausschließen, wenn nach dem allgemein anerkannten Stand der medizinischen Erkenntnisse der diagnostische oder therapeutische Nutzen, die medizinische Notwendigkeit oder die Wirtschaftlichkeit nicht nachgewiesen sind. Es ist auch zulässig, die Methode für einzelne medizinische Teilbereiche auszuschließen, bei ganz speziellen Indikationen aber zuzulassen.[26]

18 Die Richtlinien sind gem. § 94 Abs. 2 SGB V im Bundesanzeiger **bekannt zu machen**, die tragenden Gründe im Internet. Sie treten zu dem vom G-BA bestimmten Zeitpunkt in Kraft, frühestens mit der Veröffentlichung im Bundesanzeiger.

3. Beanstandung von Richtlinien durch das BMG (Absatz 2 Satz 1)

19 Nach § 94 Abs. 1 Satz 1 SGB V hat der G-BA die von ihm beschlossenen Richtlinien dem Bundesministerium für Gesundheit (BMG) vorzulegen. Dieses kann die Richtlinien innerhalb von zwei Monaten ganz oder teilweise beanstanden und dem G-BA aufgeben, die vermeintlichen Mängel innerhalb der gesetzten Frist zu beheben und die Richtlinien entsprechend zu ändern (§ 94 Abs. 1 Satz 2 SGB V). Kommt der G-BA dieser Aufforderung innerhalb der gesetzten Frist nicht nach, kann das BMG die Richtlinie in Wege der Ersatzvornahme selbst erlassen (§ 137c Abs. 2 **Satz 1** SGB V). Bei der gesetzten Frist wird es sich um eine angemessene handeln müssen, was meint, dass sie im konkreten Fall ausreichend sein muss. Dabei hat das BMG über den G-BA hinsichtlich der Beanstandungspflicht nur eine Rechtsaufsicht.[27] Das BMG kann vom G-BA alle Auskünfte und Unterlagen verlangen, die den Weg vom Überprüfungsantrag bis zum Richtlinienbeschluss transparent machen. Die damit korrespondierende Pflicht des G-BA umfasst jedoch nicht, dass er seine Entscheidung begründen muss.[28]

20 **Rechtsfolge** der Beanstandung ist, dass die Richtlinien nicht in Kraft treten können. Die Beanstandung hat im Gegensatz zur vertragsärztlichen Versorgung zur Folge, dass die Leistung stationär am Krankenhaus weiterhin erbracht und bei einer entsprechenden Vergütungsvereinbarung zu Lasten der Krankenkassen abgerechnet werden kann.

4. Abrechnungsausschluss (Absatz 2 Satz 2)

21 Vom Tage des Inkrafttretens der Richtlinie an (vgl. Rn. 20) darf die in den Richtlinien ausgeschlossene Behandlungsmethode im Rahmen einer Krankenhausbehandlung nicht mehr zu Lasten der Krankenkassen erbracht werden (§ 137c Abs. 2 **Satz 2 HS. 1** SGB V).

22 Der G-BA kann nach § 21 Abs. 4 Satz 1 VerfO bei Methoden, bei denen noch keine ausreichende Evidenz vorliegt, aber zu erwarten ist, dass solche Studien in naher Zukunft vorgelegt werden können, Beschlüsse mit der Maßgabe treffen, dass eine **Aussetzung** der Beschlussfassung mit der Maßgabe erfolgt, dass innerhalb einer vom G-BA hierfür zu setzenden Frist der Nachweis des Nutzens mittels klinischer Studien geführt werden kann. Anders formuliert: Besteht im Zeitpunkt der Entscheidung Aussicht, dass durch Studien Zweifel an der Evidenz kurzfristig ausgeräumt werden können, kann der G-BA nach § 21 Abs. 4 VerfO die Entscheidung für eine bestimmte Frist aussetzen und damit die Mög-

---

[26] *Hencke* in: Peters, Krankenversicherung (SGB V), § 137c Rn. 3.

[27] SG Köln v. 21.03.2007 - S 19 KA 27/05 - Änderung von SG Köln v. 27.03.2002 - S 19 KA 23/01 - GesR 2002, 30 und SG Köln v. 19.08.2002 - S 19 KA 25/02 ER.

[28] SG Köln v. 19.10.2005 - S 19 KR 76/05 - Pharma Recht 2005, 473.

lichkeit zum Nachweis der Nutzens mittels evidenzbasierter Studien eröffnen. Daneben kann sie die dann weiterhin mögliche Leistungserbringung im Krankenhaus mit Auflagen an die Qualitätssicherung nach § 137 Abs. 1 Satz 3 Nr. 2 SGB V verbinden.

Von der Anwendung der ausgeschlossenen Methode soll die **Durchführung klinischer Studien** unberührt bleiben (Satz 2 Halbsatz 2). Abweichend von § 135 Abs. 1 SGB V bleibt die Durchführung klinischer Studien gem. Absatz 2 Satz 2 Halbsatz 2 ausdrücklich von einem negativen Votum unberührt. Damit sollen insbesondere klinische Studien oder multizentrische Studien, die unter der Verantwortung von Hochschulkliniken durchgeführt werden, zu Lasten der Krankenkassen auch dann noch zulässig sein, wenn die erprobte Methode nach wissenschaftlich belegter Überzeugung nicht den Kriterien nach Satz 1 entspricht.[29] 23

Diese Ausnahme kann, sofern die ausgeschlossene Methode mit zusätzlichen Kosten verbunden ist, im Bereich der GKV rechtlich nicht relevant werden, weil die Kosten bzw. Mehrkosten für die wissenschaftliche Forschung und Lehre, die über den normalen Krankenhausbetrieb hinausgehen, nach § 17 Abs. 3 Nr. 2 KHG ohnehin im Pflegesatz nicht berücksichtigt werden dürfen. Wenn die Prüfung nach Satz 1 zu dem Ergebnis führt, dass die betreffende Untersuchungs- oder Behandlungsmethode den Anforderungen des Absatzes 1 Satz 1 nicht genügt, so können deren Kosten bzw. Mehrkosten zumindest in der Zukunft den Krankenkassen auch dann nicht im Rahmen des Pflegesatzes berechnet werden, wenn es sich um die Durchführung klinischer Studien handelt. Dies gilt umso mehr, als wissenschaftliche Studien auch im ambulanten Bereich ausnahmslos von der vertragsärztlichen Versorgung ausgeschlossen sind und deshalb von den Krankenkassen nicht vergütet werden dürfen.[30] 24

Das BSG[31] hat entschieden, dass klinische **Arzneimittelstudien** nicht von der GKV zu finanzieren sind, und begründet dies mit drei Argumenten: Dieser Grundsatz sei bereits in § 47 Abs. 1 Nr. 2g AMG zu erkennen, wonach Arzneimittel, die klinisch geprüft werden sollen, nur an Krankenhäuser abgegeben werden dürfen, sofern sie kostenlos zur Verfügung gestellt werden. Der besondere Status der Arzneimittelprüfung zeige sich auch an § 63 Abs. 4 Satz 2 SGB V, wonach Forschungen zur Entwicklung und Prüfung von Arzneimitteln nicht Gegenstand von Modellvorhaben in der vertragsärztlichen Versorgung sein können. Schließlich sei ein finanzielles Engagement der Krankenkassen auch nicht erforderlich, weil pharmazeutische Unternehmen ihre Entwicklungskosten über die Gestaltung der Arzneimittelpreise amortisieren könnten. Im Ergebnis sei deshalb eine stationäre Krankenhausbehandlung nicht von der GKV zu vergüten, solange sie der klinischen Prüfung eines nicht zugelassenen Arzneimittels diene, ohne dass es darauf ankomme, ob die Arzneimittelstudie im Vordergrund der Behandlung stehe (zur Kritik vgl. Literaturverzeichnis, Rn. 6). 25

Zum **Rechtsschutz** gegen Entscheidungen des G-BA vgl. die Kommentierung zu § 135 SGB V Rn. 42 ff. 26

II. Normzwecke

In Anlehnung an die in der vertragsärztlichen Versorgung bestehenden Verfahren zur Beurteilung von Untersuchungs- und Behandlungsmethoden durch den GBA (§ 135 Abs. 1 SGB V) wird der G-BA beauftragt, Untersuchungs- und Behandlungsmethoden in der Krankenhausbehandlung nach den Maßstäben und Kriterien evidenz-basierter Medizin daraufhin zu prüfen, ob sie für eine ausreichende, zweckmäßige und wirtschaftliche Versorgung der Versicherten unter Berücksichtigung des allgemein anerkannten Standes der medizinischen Erkenntnisse erforderlich sind.[32] Die Regelung soll die Qualität der Krankenhausversorgung sichern und in Begrenzung der uneingeschränkten Therapiefreiheit vermeiden helfen, dass fragwürdige Leistungen zu Lasten der GKV erbracht werden. 27

---

[29] Vgl. BT-Drs. 14/1245, S. 90.

[30] *Hencke* in: Peters, Krankenversicherung (SGB V), § 137c Rn. 5.

[31] V. 22.07.2004 - B 3 KR 21/03 R - BSGE 93, 137 = SozR 4-2500 § 137c Nr. 2 m. krit. Anm. *Hänlein*, jurisPR-SozR 13/2005, Anm. 2.

[32] BT-Drs. 14/1245, S. 90.

§ 137d SGB V Qualitätssicherung bei der ambulanten und stationären Vorsorge oder Rehabilitation

(Fassung vom 26.03.2007, gültig ab 01.07.2008)

(1) Für stationäre Rehabilitationseinrichtungen, mit denen ein Vertrag nach § 111 oder § 111a und für ambulante Rehabilitationseinrichtungen, mit denen ein Vertrag über die Erbringung ambulanter Leistungen zur medizinischen Rehabilitation nach § 40 Abs. 1 besteht, vereinbart der Spitzenverband Bund der Krankenkassen auf der Grundlage der Empfehlungen nach § 20 Abs. 1 des Neunten Buches mit den für die Wahrnehmung der Interessen der ambulanten und stationären Rehabilitationseinrichtungen und der Einrichtungen des Müttergenesungswerks oder gleichartiger Einrichtungen auf Bundesebene maßgeblichen Spitzenorganisationen die Maßnahmen der Qualitätssicherung nach § 135a Abs. 2 Nr. 1. Die Kosten der Auswertung von Maßnahmen der einrichtungsübergreifenden Qualitätssicherung tragen die Krankenkassen anteilig nach ihrer Belegung der Einrichtungen oder Fachabteilungen. Das einrichtungsinterne Qualitätsmanagement und die Verpflichtung zur Zertifizierung für stationäre Rehabilitationseinrichtungen richten sich nach § 20 des Neunten Buches.

(2) Für stationäre Vorsorgeeinrichtungen, mit denen ein Versorgungsvertrag nach § 111 und für Einrichtungen, mit denen ein Versorgungsvertrag nach § 111a besteht, vereinbart der Spitzenverband Bund der Krankenkassen mit den für die Wahrnehmung der Interessen der stationären Vorsorgeeinrichtungen und der Einrichtungen des Müttergenesungswerks oder gleichartiger Einrichtungen auf Bundesebene maßgeblichen Spitzenorganisationen die Maßnahmen der Qualitätssicherung nach § 135a Abs. 2 Nr. 1 und die Anforderungen an ein einrichtungsinternes Qualitätsmanagement nach § 135a Abs. 2 Nr. 2. Dabei sind die gemeinsamen Empfehlungen nach § 20 Abs. 1 des Neunten Buches zu berücksichtigen und in ihren Grundzügen zu übernehmen. Die Kostentragungspflicht nach Absatz 1 Satz 3 gilt entsprechend.

(3) Für Leistungserbringer, die ambulante Vorsorgeleistungen nach § 23 Abs. 2 erbringen, vereinbart der Spitzenverband Bund der Krankenkassen mit der Kassenärztlichen Bundesvereinigung und den maßgeblichen Bundesverbänden der Leistungserbringer, die ambulante Vorsorgeleistungen durchführen, die grundsätzlichen Anforderungen an ein einrichtungsinternes Qualitätsmanagement nach § 135a Abs. 2 Nr. 2.

(4) Die Vertragspartner haben durch geeignete Maßnahmen sicherzustellen, dass die Anforderungen an die Qualitätssicherung für die ambulante und stationäre Vorsorge und Rehabilitation einheitlichen Grundsätzen genügen, und die Erfordernisse einer sektor- und berufsgruppenübergreifenden Versorgung angemessen berücksichtigt sind. Bei Vereinbarungen nach den Absätzen 1 und 2 ist der Bundesärztekammer, der Bundespsychotherapeutenkammer und der Deutschen Krankenhausgesellschaft Gelegenheit zur Stellungnahme zu geben.

Gliederung

A. Basisinformationen

I. Textgeschichte/Gesetzgebungsmaterialien

§ 137d SGB V wurde durch Art. 1 Nr. 57 **GKV-Gesundheitsreformgesetz** v. 22.12.1999[1] mit Wirkung vom 01.01.2000 in das SGB V eingefügt. Die Vorschrift sah von Anfang an Vereinbarungen zu Maßnahmen der Qualitätssicherung nach § 135a Abs. 2 SGB V für stationäre Vorsorge- und Rehabilitationseinrichtungen (Absatz 1) und für Erbringer ambulanter Vorsorge- oder Rehabilitationsmaßnahmen (Absatz 2) vor. Der wesentliche Inhalt des jetzigen Absatzes 4 war in der Ursprungsversion Absatz 3. 1

Durch Art. 1 Nr. 7 des **11. SGB V-Änderungsgesetzes** v. 26.07.2002[2] wurde mit Wirkung vom 01.08.2002 in Gestalt von Absatz 1a eine entsprechende Regelung für Einrichtungen des Müttergenesungswerks oder vergleichbare Einrichtungen (§ 111a SGB V) geschaffen. Ebenso wie zuvor schon dort und im ursprünglichen Absatz 1 wurde durch Art. 1 Nr. 107 **GKV-Modernisierungsgesetz (GMG)** v. 14.11.2003[3] mit Wirkung vom 01.01.2004 auch für ambulante Einrichtungen in Absatz 2 die zusätzliche Verpflichtung verankert, die grundsätzlichen Anforderungen an ein einrichtungsinternes Qualitätsmanagement zu vereinbaren. 2

Durch Art. 1 Nr. 113 **GKV-Wettbewerbsstärkungsgesetz (GKV-WSG)** vom 26.03.2007[4] wurde die Vorschrift mit Wirkung vom 01.04.2007 in erheblichen Teilen neu gefasst und im Wesentlichen in die gegenwärtig geltende Form gebracht. Art. 2 Nr. 24 GKV-WSG passt den Wortlaut mit Wirkung vom 01.07.2008 an die Gründung des Spitzenverbandes Bund der KKn (§§ 217a ff. SGB V) an. 3

Gesetzgebungsmaterialien: Gesetzentwurf der Fraktionen der CDU/CSU und SPD zur Stärkung des Wettbewerbs in der gesetzlichen Krankenversicherung (GKV-Wettbewerbsstärkungsgesetz – GKV-WSG).[5] Hierzu Bericht des Ausschusses für Gesundheit.[6] 4

II. Vorgängervorschriften

Eine Vorgängervorschrift zu § 137d SGB V besteht nicht. 5

III. Parallelvorschriften

Parallelvorschriften sind für die vertragsärztliche Versorgung **§ 136a SGB V**, für die vertragszahnärztliche Versorgung **§ 136b SGB V** und für die stationäre Krankenhausversorgung **§ 137 Abs. 1 SGB V**. Anders als hier werden die Maßnahmen der Qualitätssicherung und die Anforderungen an ein einrichtungsinternes Qualitätsmanagement dort nicht vereinbart, sondern vom GBA in den Richtlinien nach § 92 Abs. 1 Satz 2 Nr. 13 SGB V festgelegt (vgl. im Einzelnen die Kommentierung zu § 137 SGB V). 6

IV. Systematische Zusammenhänge

§ 135a Abs. 2 SGB V verpflichtet die dort genannten Leistungserbringer zur Beteiligung an **einrichtungsübergreifenden** Maßnahmen der **Qualitätssicherung** sowie zur Einführung und Weiterentwicklung eines **einrichtungsinternen Qualitätsmanagements**. Angesprochen sind einerseits die Vertragsärzte, MVZen und die zugelassenen Krankenhäuser und andererseits die Leistungserbringer, um die es in § 137d SGB V geht: die Erbringer von Vorsorgeleistungen und Rehabilitationsmaßnahmen sowie die Einrichtungen, mit denen ein Versorgungsvertrag nach § 111a SGB V besteht. 7

Die von § 137d SGB V erfassten **Leistungserbringer** und **Einrichtungen** erbringen folgende **Leistungen**: 8

- ambulante Vorsorgeleistungen (§ 23 Abs. 2 SGB V), geregelt in § 137d Abs. 3 SGB V,

[1] BGBl I 1999, 2626.
[2] BGBl I 2002, 2874.
[3] BGBl I 2003, 2190.
[4] BGBl I 2007, 378.
[5] BT-Drs. 16/3100.
[6] BT-Drs. 16/4247.

- stationäre Vorsorgeleistungen (§ 23 Abs. 4 SGB V) mit Vertragseinrichtungen nach § 111 SGB V, geregelt in § 137d Abs. 2 SGB V,
- stationäre medizinische Vorsorgeleistungen für Mütter und Väter (§ 24 SGB V) mit Vertragseinrichtungen nach § 111a SGB V, geregelt in § 137d Abs. 2 SGB V,
- ambulante Rehabilitationsleistungen (§ 40 Abs. 1 SGB V) mit den dort genannten Vertragseinrichtungen, geregelt in § 137d Abs. 1 SGB V,
- stationäre Rehabilitationsleistungen (§ 40 Abs. 2 SGB V) mit Vertragseinrichtungen nach § 111 SGB V und Zertifizierung nach § 20 Abs. 2a SGB IX, geregelt in § 137d Abs. 1 SGB V,
- stationäre Rehabilitationsleistungen für Mütter und Väter (§ 41 SGB V) mit Vertragseinrichtungen nach § 111a SGB V, geregelt in § 137d Abs. 1 SGB V.

Zur **Abgrenzung** zwischen den Leistungen nach § 23 SGB V und § 40 SGB V bzw. zwischen den Leistungen nach § 24 SGB V und § 41 SGB V vgl. die Kommentierung zu § 23 SGB V Rn. 13 ff.

9 Regelungen zur **Qualitätssicherung** bestehen nunmehr auch in **§ 20 SGB IX**. Nach § 20 Abs. 2 Satz 1 SGB IX stellen die Erbringer von Leistungen ein Qualitätsmanagement sicher, das durch zielgerichtete und systematische Verfahren und Maßnahmen die Qualität der Versorgung gewährleistet und kontinuierlich verbessert. § 20 Abs. 2 Satz 2 SGB IX verpflichtet stationäre Rehabilitationseinrichtungen (u.a. nach §§ 111, 111a SGB V), sich an dem in **§ 20 Abs. 2a SGB IX** geregelten **Zertifizierungsverfahren** zu beteiligen. § 20 Abs. 2a SGB IX bestimmt, dass die Spitzenverbände der Rehabilitationsträger nach § 6 Abs. 1 Nr. 1 und 3-5 SGB IX im Rahmen der Bundesarbeitsgemeinschaft für Rehabilitation (BAR) grundsätzliche Anforderungen an ein einrichtungsinternes Qualitätsmanagement nach § 20 Abs. 2 Satz 1 SGB IX sowie ein einheitliches, unabhängiges Zertifizierungsverfahren vereinbaren, mit dem die erfolgreiche Umsetzung des Qualitätsmanagements in regelmäßigen Abständen nachgewiesen wird. Nach **§ 20 Abs. 1 SGB IX** vereinbaren die **Rehabilitationsträger** gemäß § 6 Abs. 1 Nr. 1-5 SGB IX **gemeinsame Empfehlungen** zur **Sicherung** und **Weiterentwicklung** der **Qualität** der Leistungen sowie für die Durchführung **vergleichender Qualitätsanalysen** als Grundlage für ein **effektives Qualitätsmanagement** der Leistungserbringer. Zu den Trägern nach § 6 Abs. 1 SGB IX gehören neben der Bundesagentur für Arbeit, den Trägern der gesetzlichen Unfall- und Rentenversicherung (einschließlich der Träger der Alterssicherung der Landwirte) sowie den Trägern der Kriegsopferversorgung und Kriegsopferfürsorge auch die **gesetzlichen Krankenkassen (§ 6 Abs. 1 Nr. 1 SGB IX)**. § 137d Abs. 1 SGB V trägt nunmehr der Notwendigkeit Rechnung, die Vereinbarungen zur Qualitätssicherung mit den Regelungen des § 20 SGB IX zu **synchronisieren**.

V. Ausgewählte Literaturhinweise

10 *Berghaus*, Das QS-Reha-Verfahren der GKV – Die Beteiligten – Sichtweisen, BKK 2005, 66-68 ; *Farin/Jäckel/Follert/Gerdelmann*, Qualitätssicherung in der medizinischen Rehabilitation durch die Gesetzliche Krankenversicherung – Hintergrund, Anforderungen und Ergebnisse, PuR 2005, 125-143; *Gerdelmann/Blatt*, Qualität messbar machen – Das QS-Reha-Verfahren der Gesetzlichen Krankenversicherung, ErsK 2004, 262-266.

B. Auslegung der Norm

I. Regelungsgehalt und Bedeutung der Norm

11 § 137d SGB V regelt, welche **Vereinbarungen** zur externen, d.h. einrichtungsübergreifenden Qualitätssicherung und zum internen Qualitätsmanagement im Bereich der Vorsorge- und Rehabilitationseinrichtungen zu schließen sind, und legt deren wesentlichen Inhalt fest.

12 **Absatz 1** betrifft die Vereinbarungen zur externen Qualitätssicherung bei stationären und ambulanten Rehabilitationseinrichtungen.

13 **Absatz 2** regelt die Vereinbarungen zur externen Qualitätssicherung und zum internen Qualitätsmanagement bei stationären Vorsorgeeinrichtungen.

14 **Absatz 3** enthält Vorgaben für Vereinbarungen zum internen Qualitätsmanagement bei Erbringern ambulanter Vorsorgeeinrichtungen.

15 **Absatz 4** enthält gemeinsame Regelungen für die Vereinbarungen nach den Absätzen 1-3.

16 Zur Umsetzung der Qualitätssicherung in der medizinischen Rehabilitation haben KKn und Leistungserbringer das sog. **QS-Reha-Verfahren** entwickelt.[7] Die Akzeptanz bei KKn wie Leistungserbringern ist bislang unterschiedlich.[8]

II. Normzweck

Die Vorschrift dient der **Konkretisierung** und **Umsetzung** der einrichtungsübergreifenden Qualitätssicherung und des einrichtungsinternen Qualitätsmanagements. § 137d Abs. 4 SGB V bringt zudem den auch in § 137a SGB V zum Ausdruck kommenden Gedanken der **sektorenübergreifenden Qualitätssicherung** zum Tragen. 17

III. Rehabilitationseinrichtungen (Absatz 1)

1. Vereinbarung der Maßnahmen der Qualitätssicherung (Absatz 1 Sätze 1 und 3)

§ 137d Abs. 1 SGB V betrifft die **externe Qualitätssicherung** der Leistungserbringer **ambulanter und stationärer Rehabilitationsleistungen** nach den §§ 40, 41 SGB V. 18

Vertragspartner sind der Spitzenverband Bund der KKn (§ 217a SGB V) einerseits und andererseits die auf Bundesebene maßgeblichen Spitzenorganisationen für die Wahrnehmung der Interessen der ambulanten und stationären Rehabilitationseinrichtungen und der Einrichtungen des Müttergenesungswerks oder gleichartiger Einrichtungen. Hierbei handelt es sich insbesondere um den Arbeiterwohlfahrt Bundesverband e.V., die Arbeitsgemeinschaft Rehabilitation für Kinder und Jugendliche Bundesrepublik Deutschland, den Bundesverband Deutscher Privatkrankenanstalten e.V. (BDPK), den Bundesverband für stationäre Suchtkrankenhilfe e.V., den Deutschen Caritasverband e.V., die Deutsche Gesellschaft für Medizinische Rehabilitation (DEGEMED) e.V., das Diakonische Werk der Evangelischen Kirche in Deutschland e.V., den Fachverband Sucht e.V., das Deutsche Müttergenesungswerk (MGW), den Deutschen Paritäten Wohlfahrtsverband – Gesamtverband e.V. (DPWV), das Deutsche Rote Kreuz e.V. (DRK), den Verband der Kurbeherbergungsbetriebe Deutschlands e.V. (VDKB) und die Zentralwohlfahrtsstelle der Juden in Deutschland e.V. (ZWST). 19

Gegenstand der Vereinbarung sind die **Maßnahmen der Qualitätssicherung** nach § 135a Abs. 2 Nr. 1 SGB V, d.h. die Beteiligung an einrichtungsübergreifenden Maßnahmen der Qualitätssicherung, die insbesondere das Ziel haben, die Ergebnisqualität zu verbessern (vgl. hierzu die Kommentierung zu § 135a SGB V). 20

Nicht Gegenstand der Vereinbarungen sind demgegenüber – anders als bei den Vereinbarungen nach § 137d Abs. 2 und 3 SGB V – die Einführung und Weiterentwicklung eines **einrichtungsinternen Qualitätsmanagements** nach § 135a Abs. 2 Nr. 2 SGB V. Hintergrund ist die Neuregelung des **§ 20 Abs. 2a SGB IX**, wonach diesbezügliche Regelungen jetzt von den Spitzenverbänden der Träger der medizinischen Rehabilitation vereinbart werden (vgl. hierzu Rn. 9). **§ 137d Abs. 1 Satz 3 SGB V** bestimmt daher **klarstellend**, dass sich das einrichtungsinterne Qualitätsmanagement und die Verpflichtung zur Zertifizierung (ausschließlich) nach § 20 SGB IX richten. 21

Anders als bei der bis zum 31.03.2007 geltenden Fassung der Vorschrift werden die Regelungen für die **ambulante und stationäre Rehabilitation** nunmehr **zusammengefasst**. Der Gesetzgeber hält dies für sachgerecht, da für beide Bereiche hinsichtlich der Qualität der medizinischen und medizinisch-therapeutischen Leistungen die gleichen Maßstäbe anzulegen seien. Die insoweit einheitliche Qualitätssicherung sei insbesondere auch geboten, um den für Einrichtungen nach § 111 SGB V geltenden Grundsatz „ambulant vor stationär" bei bestehender Rehabilitationsbedürftigkeit adäquat umsetzen und die Versorgung in beiden Bereichen besser aufeinander abstimmen zu können.[9] 22

Die demgegenüber in § 137d Abs. 1 SGB V in der bis zum 31.03.2007 geltenden Fassung enthaltene **Zusammenfassung** der stationären Vorsorge- und Rehabilitationsleistungen hat der Gesetzgeber wegen der deutlichen inhaltlichen und strukturellen Unterschiede der Leistungen und Einrichtungen aufgegeben.[10] 23

Die Vereinbarungen nach § 137d Abs. 1 SGB V sind auf der **Grundlage der Empfehlungen nach § 20 Abs. 1 SGB IX** zu schließen. Dadurch sollen die Regelungen der Qualitätssicherung in den verschiedenen Sozialleistungsbereichen besser aufeinander abgestimmt werden. Insbesondere soll zukünftig verhindert werden, dass die Umsetzung der zwischen den Rehabilitationsträgern nach dem SGB IX getroffenen Vereinbarungen im Bereich der GKV durch Vereinbarungen mit den Leistungserbringerverbänden erschwert wird. Maßgebend ist derzeit die **Gemeinsame Empfehlung vom 27.03.2003.**[11] 24

---

7 Eingehend hierzu www.qs-reha.de.

8 Vgl. *Berghaus*, BKK 2005, 66 ff.

9 BT-Drs. 16/3100, S. 149.

10 BT-Drs. 16/3100, S. 149.

11 http://www.qs-reha.de/downloads/bar_gemeinsame_empfehlung.pdf.

25 Aus dem Regelungszusammenhang ergibt sich, dass die **Empfehlungen** nach § 20 Abs. 1 SGB IX für die Partner der Vereinbarung nach § 137d Abs. 1 SGB V **verbindlich** sind. Der genaue Grad der Verbindlichkeit ist im Gesetz nicht festgelegt und lässt sich auch den Materialien nicht entnehmen. Der Begriff „auf der Grundlage" spricht dafür, dass von den Empfehlungen allenfalls aus gewichtigen sachlichen Gründen abgewichen werden kann. Die zum 01.01.2004 getroffene Vereinbarung nach § 137d Abs. 1 und 1a SGB V geht in ihrem § 1 Abs. 3 noch von einer „Berücksichtigung" der Empfehlungen aus.[12] In der Sache dürfte es sich in erster Linie um terminologische Unterschiede ohne wesentliche inhaltliche Auswirkungen handeln.

26 Die Verbindlichkeit der Empfehlungen nach § 20 Abs. 1 SGB IX beschreibt lediglich den **Mindeststandard** der Vereinbarung nach § 137d Abs. 1 SGB V. Über die Inhalte der Empfehlungen hinaus sollen in der Vereinbarung konkretisierende oder ergänzende Regelungen für die besonderen Verhältnisse der Rehabilitation im Rahmen der GKV getroffen werden.[13]

2. Kosten der einrichtungsübergreifenden Qualitätssicherung (Absatz 1 Satz 2)

27 § 137d Abs. 1 Satz 2 SGB V bestimmt, dass die **Kosten** der Auswertung von Maßnahmen der **einrichtungsübergreifenden** Qualitätssicherung **von den KKn zu tragen** sind. Dies entspricht der im Bereich der Rentenversicherung bereits auf freiwilliger Basis bestehenden Praxis. Durch die Verlagerung der Kosten auf die KKn soll eine breitere Teilnahme der **Rehabilitationseinrichtungen** an der externen Qualitätssicherung erreicht werden. Diese sollen zukünftig lediglich die Kosten der **einrichtungsinternen** Qualitätsdokumentation tragen müssen.[14]

28 Die KKn tragen die Kosten **entsprechend ihrer Belegungsanteile** in den Einrichtungen oder Fachabteilungen. Die Belegungsanteile sind mit den übrigen Belegern der Einrichtung (d.h. den anderen Rehabilitationsträgern) zu ermitteln.

IV. Stationäre Vorsorgeeinrichtungen (Absatz 2)

1. Vereinbarung zu Qualitätssicherung und -management (Absatz 2 Sätze 1 und 2)

29 § 137d Abs. 2 SGB V betrifft die **externe Qualitätssicherung** und das **interne Qualitätsmanagement** der Leistungserbringer **stationärer Vorsorgeleistungen** nach den §§ 23 Abs. 4, 24 SGB V.

30 **Vertragspartner** sind der Spitzenverband Bund der KKn (§ 217a SGB V) einerseits und andererseits die auf Bundesebene maßgeblichen Spitzenorganisationen für die Wahrnehmung der Interessen der stationären Vorsorgeeinrichtungen und der Einrichtungen des Müttergenesungswerks oder gleichartiger Einrichtungen (vgl. hierzu näher Rn. 19).

31 **Gegenstand der Vereinbarungen** sind sowohl die **Maßnahmen der Qualitätssicherung** nach § 135a Abs. 2 Nr. 1 SGB V als auch die Einführung und Weiterentwicklung eines einrichtungsinternen **Qualitätsmanagements** nach § 135a Abs. 2 Nr. 2 SGB V (vgl. hierzu die Kommentierung zu § 135a SGB V).

32 Um über die Versorgungsbereiche hinweg eine möglichst einheitliche Systematik der Qualitätssicherung zu erreichen, sollen nach § 137d Abs. 2 Satz 2 SGB V die **gemeinsamen Empfehlungen** nach § 20 Abs. 1 SGB IX **Berücksichtigung** finden, soweit ihre Übernahme auch für die Leistungen in den betreffenden Einrichtungen geeignet und angemessen ist. Die Formulierung „zu berücksichtigen und in ihren Grundzügen zu übernehmen" bringt einen schwächeren Grad an Verbindlichkeit zum Ausdruck als „auf der Grundlage" in § 137d Abs. 1 SGB V. Freilich ist die Berücksichtigung der Empfehlungen nicht etwa in das Belieben der Vertragspartner gestellt.

2. Kostentragung

33 Soweit § 137d Abs. 2 Satz 3 SGB V hinsichtlich der Kostentragungspflicht auf § 137d Abs. 1 Satz 3 SGB V verweist, handelt es sich offenbar um ein redaktionelles Versehen. Gemeint ist § 137d Abs. 1 Satz 2 SGB V.

V. Ambulante Vorsorgeeinrichtungen (Absatz 3)

34 § 137d Abs. 3 SGB V betrifft das **interne Qualitätsmanagement** der Leistungserbringer **ambulanter Vorsorgeleistungen** nach § 23 Abs. 1 SGB V.

---

[12] http://www.qs-reha.de/downloads/vereinbarung.pdf.

[13] BT-Drs. 16/3100, S. 149.

[14] BT-Drs. 16/3100, S. 149.

Vertragspartner sind der Spitzenverband Bund der KKn (§ 217a SGB V), die KBV und die maßgeblichen Bundesverbände der Leistungserbringer, die ambulante Vorsorgeleistungen durchführen. 35

Gegenstand der Vereinbarungen sind die **grundsätzlichen Anforderungen** an ein **einrichtungsinternes Qualitätsmanagement** nach § 135a Abs. 2 Nr. 2 SGB V. Mit dem Begriff „grundsätzlich" wird verdeutlicht, dass es sich dabei nur um Rahmenvorgaben handeln kann. Die konkrete Ausgestaltung des internen Qualitätsmanagements bleibt der einzelnen Einrichtung überlassen. 36

Nicht Gegenstand der Vereinbarungen sind demgegenüber, anders als nach der bis zum 31.03.2007 geltenden Fassung der Vorschrift, die **einrichtungsübergreifenden Qualitätssicherungsmaßnahmen** nach § 135a Abs. 2 Nr. 1 SGB V. Zur Begründung führen die Gesetzesmaterialien aus, dass viele dieser Leistungen kurortspezifisch und nicht flächendeckend angeboten würden. Hinzu komme, dass die Leistungserbringerstruktur im Bereich der ambulanten Vorsorge besonders heterogen sei. Vor diesem Hintergrund erscheine die Durchführung einer mit regelhafter Dokumentation verbundenen externen Qualitätssicherung weder angemessen noch praktikabel.[15] 37

Die Vertragspartner sind an die **Empfehlungen** nach § 20 Abs. 1 SGB IX **nicht gebunden**. Eine Übernahme passender Regelungen in diesen Empfehlungen wird dadurch aber nicht ausgeschlossen. 38

VI. Sektorenübergreifende Regelungen und Fragestellungen

1. Sektorenübergreifende Regelungen (Absatz 4)

Die Vertragspartner aller in § 137d Abs. 1-3 SGB V geregelten Vereinbarungen müssen sicherstellen, dass die Anforderungen an die Qualitätssicherung **einheitlichen Grundsätzen** genügen und die Erfordernisse einer **sektor- und berufsgruppenübergreifenden Versorgung** angemessen berücksichtigen (§ 137d Abs. 4 Satz 1 SGB V). 39

Bei Vereinbarungen nach § 137d Abs. 1 und 2 SGB V ist der Bundesärztekammer, der Bundespsychotherapeutenkammer und der Deutschen Krankenhausgesellschaft Gelegenheit zur **Stellungnahme** zu geben (§ 137d Abs. 4 Satz 2 SGB V). Die Beteiligung der Bundespsychotherapeutenkammer ist erst in den Ausschussberatungen in das Gesetz eingefügt worden mit dem Ziel, auch den Sachverstand der Psychotherapeuten angemessen einfließen zu lassen.[16] Die Beteiligungsrechte sind im Rahmen des § 137d Abs. 4 Satz 2 SGB V deutlich **schwächer ausgestaltet** als bei den §§ 136a Satz 2, 136b Abs. 1 Satz 2 und 137a Abs. 2 SGB V. 40

2. Gemeinsame Fragestellungen

Anders als § 137 Abs. 2 Satz 1 SGB V ordnet § 137d SGB V **nicht** an, dass die Vereinbarungen **unmittelbar** gegenüber den einzelnen Leistungserbringern bzw. Einrichtungen **verbindlich** sind. Die Verbindlichkeit kann sich allerdings zum einen aus den Satzungen der Spitzenorganisationen und ihrer Unterverbände ergeben. Zum anderen besteht die Möglichkeit, in den Verträgen nach den §§ 23, 111, 111a SGB V die Verbindlichkeit der Verträge sicherzustellen. 41

Einen **Konfliktlösungsmechanismus** sieht § 137d SGB V **nicht** vor. Für den Fall, dass es zu keiner Einigung kommt, ist daher ein Schiedsverfahren ebenso wenig vorgesehen wie eine Nachwirkung voriger Verträge. 42

---

[15] BT-Drs. 16/3100, S. 149.

[16] BT-Drs. 16/4247, S. 48 zu Nr. 113.

§ 137f SGB V Strukturierte Behandlungsprogramme bei chronischen Krankheiten

(Fassung vom 26.03.2007, gültig ab 01.07.2008)

(1) Der Gemeinsame Bundesausschuss nach § 91 empfiehlt dem Bundesministerium für Gesundheit für die Abgrenzung der Versichertengruppen nach § 267 Abs. 2 Satz 4 nach Maßgabe von Satz 2 geeignete chronische Krankheiten, für die strukturierte Behandlungsprogramme entwickelt werden sollen, die den Behandlungsablauf und die Qualität der medizinischen Versorgung chronisch Kranker verbessern. Bei der Auswahl der zu empfehlenden chronischen Krankheiten sind insbesondere die folgenden Kriterien zu berücksichtigen:

1. Zahl der von der Krankheit betroffenen Versicherten,

2. Möglichkeiten zur Verbesserung der Qualität der Versorgung,

3. Verfügbarkeit von evidenzbasierten Leitlinien,

4. sektorenübergreifender Behandlungsbedarf,

5. Beeinflussbarkeit des Krankheitsverlaufs durch Eigeninitiative des Versicherten und

6. hoher finanzieller Aufwand der Behandlung.

(2) Der Gemeinsame Bundesausschuss nach § 91 empfiehlt dem Bundesministerium für Gesundheit für die Rechtsverordnung nach § 266 Abs. 7 Anforderungen an die Ausgestaltung von Behandlungsprogrammen nach Absatz 1. Zu benennen sind insbesondere Anforderungen an die

1. Behandlung nach dem aktuellen Stand der medizinischen Wissenschaft unter Berücksichtigung von evidenzbasierten Leitlinien oder nach der jeweils besten, verfügbaren Evidenz sowie unter Berücksichtigung des jeweiligen Versorgungssektors,

2. durchzuführenden Qualitätssicherungsmaßnahmen unter Berücksichtigung der Ergebnisse nach § 137a Abs. 2 Nr. 1 und 2,

3. Voraussetzungen und Verfahren für die Einschreibung des Versicherten in ein Programm, einschließlich der Dauer der Teilnahme,

4. Schulungen der Leistungserbringer und der Versicherten,

5. Dokumentation und

6. Bewertung der Wirksamkeit und der Kosten (Evaluation) und die zeitlichen Abstände zwischen den Evaluationen eines Programms sowie die Dauer seiner Zulassung nach § 137g.

Das Bundesministerium für Gesundheit gibt dem Gemeinsamen Bundesausschuss nach Satz 1 bekannt, für welche chronischen Krankheiten nach Absatz 1 die Anforderungen zu empfehlen sind; die Empfehlung ist unverzüglich nach dieser Bekanntgabe vorzulegen. Der Spitzenverband Bund der Krankenkassen hat den Medizinischen Dienst des Spitzenverbandes Bund der Krankenkassen zu beteiligen. Den für die Wahrnehmung der Interessen der ambulanten und stationären Vorsorge- und Rehabilitationseinrichtungen und der Selbsthilfe sowie den für die sonstigen Leistungserbringer auf Bundesebene maßgeblichen Spitzenorganisationen ist Gelegenheit zur Stellungnahme zu geben, soweit ihre Belange berührt sind; die Stellungnahmen sind in die Entscheidungen mit einzubeziehen.

(3) Für die Versicherten ist die Teilnahme an Programmen nach Absatz 1 freiwillig. Voraussetzung für die Einschreibung ist die nach umfassender Information durch die Krankenkasse erteilte schriftliche Einwilligung zur Teilnahme an dem Programm, zur Erhebung, Verarbeitung und Nutzung der in der Rechtsverordnung nach § 266 Abs. 7 festgelegten Daten durch die Krankenkasse, die Sachverständigen nach Absatz 4 und die beteiligten Leistungserbringer sowie zur Übermittlung dieser Daten an die Krankenkasse. Die Einwilligung kann widerrufen werden.

(4) Die Krankenkassen oder ihre Verbände haben eine externe Evaluation der Programme nach Absatz 1 durch einen vom Bundesversicherungsamt im Benehmen mit der Krankenkasse oder dem Verband auf deren Kosten bestellten unabhängigen Sachverständigen auf der Grundlage allgemein anerkannter wissenschaftlicher Standards zu veranlassen, die zu veröffentlichen ist.

(5) Die Verbände der Krankenkassen und der Spitzenverband Bund der Krankenkassen unterstützen ihre Mitglieder bei dem Aufbau und der Durchführung von Programmen nach Absatz 1; hierzu gehört auch, dass die in Satz 2 genannten Aufträge auch von diesen Verbänden erteilt werden können, soweit hierdurch bundes- oder landeseinheitliche Vorgaben umgesetzt werden sollen. Die Krankenkassen können ihre Aufgaben zur Durchführung von mit zugelassenen Leistungserbringern vertraglich vereinbarten Programmen nach Absatz 1 auf Dritte übertragen. § 80 des Zehnten Buches bleibt unberührt.

(6) Soweit in den Verträgen zur Durchführung strukturierter Behandlungsprogramme nach Absatz 1 die Bildung einer Arbeitsgemeinschaft vorgesehen ist, darf diese zur Erfüllung ihrer Aufgaben abweichend von § 80 Abs. 5 Nr. 2 des Zehnten Buches dem Auftragnehmer die Verarbeitung des gesamten Datenbestandes übertragen. Der Auftraggeber hat den für ihn zuständigen Datenschutzbeauftragten rechtzeitig vor der Auftragserteilung die in § 80 Abs. 3 Satz 1 Nr. 1 bis 4 des Zehnten Buches genannten Angaben schriftlich anzuzeigen. § 80 Abs. 6 Satz 4 des Zehnten Buches bleibt unberührt. Die für die Auftraggeber und Auftragnehmer zuständigen Aufsichtsbehörden haben bei der Kontrolle der Verträge nach Satz 1 eng zusammenzuarbeiten.

Gliederung

A. Basisinformationen

I. Vorbemerkung §§ 137f, 137g SGB V

1. Einleitung

1 Chronische Krankheiten erfordern eine besonders gut aufeinander abgestimmte, kontinuierliche Behandlung und Betreuung der Patienten. Deshalb wurden zum 01.01.2002 durch das Gesetz zur Reform des Risikostrukturausgleiches (RSA) in der gesetzlichen Krankenversicherung[1] sog. strukturierte Behandlungsprogramme in das SGB V eingefügt (vgl. die §§ 137f und 137g SGB V). Diese Programme – auch Disease-Management-Programme (DMP) genannt – können die Versorgung von chronisch Kranken verbessern.[2] Das DMP ist ein Organisationsansatz von medizinischer Versorgung, bei dem die Behandlungs- und Betreuungsprozesse von Patienten über den gesamten Verlauf einer (chronischen) Krankheit und über die Grenzen der einzelnen Leistungserbringer hinweg koordiniert und auf der Grundlage medizinischer Evidenz optimiert werden. Ziel ist dabei, die Behandlung der Erkrankung zu verbessern und die durch die Krankheit bedingten Beeinträchtigungen und Folgeerkrankungen zu reduzieren. Die Behandlung von Patienten mit Diabetes mellitus hat bereits Ende der 90er Jahre die GKV jährlich mehr als 16 Mrd. € gekostet. Die Hälfte davon wurde für Krankenhausbehandlung, also für die Therapie von Folgeerkrankungen, ausgegeben.[3] So sind z.B. für einen deutschen Typ-2-Diabetiker als Folgeerkrankung Herzinfarkt, Schlaganfall, Amputation, dialysepflichtiger Nierenschaden oder Erblindung nicht unwahrscheinlich.[4] Seit Jahren wird daher versucht, gerade diese Folgekosten durch eine verbesserte Versorgungsstruktur zu vermindern. Die Reduktion eines Folgeerkrankungsrisikos ist jedoch nicht nur von medizinischen, sondern auch verhaltensbedingten – also versichertenbezogenen – Faktoren abhängig.[5]

2 Die Anforderungen an die Ausgestaltung von strukturierten Behandlungsprogrammen gemäß § 137f Abs. 2 SGB V werden vom Unterausschuss DMP des Gemeinsamen Bundesausschusses (G-BA) entwickelt und regelmäßig aktualisiert sowie durch den G-BA in der Besetzung nach § 91 Abs. 4 SGB V beschlossen und dem BMG für die Rechtsverordnung nach § 266 Abs. 7 SGB V empfohlen. Zudem gibt der G-BA dem Bundesministerium für Gesundheit (BMG) Empfehlungen, für welche chronischen Krankheiten oder Diagnosen strukturierte Behandlungsprogramme entwickelt werden sollen.[6] Unterstützt wird der G-BA vom Institut für Qualität und Wirtschaftlichkeit (IQWiG) im Gesundheitswesen (vgl. § 137a Abs. 3 Nr. 3 SGB V), das die notwendigen wissenschaftlichen Grundlagen erarbeitet.

---

1 V. 10.12.2001, BGBl I 2001, 3465.

2 Ursprünglich wurde dieser Begriff in den USA geprägt und bezeichnet den strukturierten Umgang mit der Erkrankung unter Einbeziehung aller an der Behandlung Beteiligten. Ziel ist es, die Qualität der medizinischen Versorgung chronisch kranker Menschen zu verbessern und die Behandlungsabläufe genau aufeinander abzustimmen – mit aktiver Beteiligung der Versicherten.

3 *Liebl/Neiss/Spannheimer/Reitberger/Wagner/Gortz*, Kosten des Typ-2-Diabetes in Deutschland. Dtsch. Med. Wochenschr. 126 (2001), 585-589.

4 Mit konkreten Wahrscheinlichkeitsberechnungen der einzelnen Folgeerkrankungen: *Häussler/Berger*, Bedingungen für effektive Disease Management Programme, Beiträge zum Gesundheitsmanagement, Bd. 7, S. 11.

5 Die Dauer der Erkrankung, bereits eingetretene Komplikationen sowie die Fähigkeit des Patienten, ihr Risikoverhalten zu ändern, spielen hierbei eine zentrale Rolle. Vgl. *Häussler/Berger*, Bedingungen für effektive Disease Management Programme, Beiträge zum Gesundheitsmanagement, Bd. 7, S. 11.

6 Bei der Auswahl der chronischen Krankheiten werden unter anderem folgende Kriterien berücksichtigt: die Zahl der von der Krankheit betroffenen Versicherten, die Möglichkeiten zur Verbesserung der Versorgungsqualität, die Verfügbarkeit von evidenzbasierten Leitlinien, der sektorenübergreifende Behandlungsbedarf, die Beeinflussbarkeit des Krankheitsverlaufs durch Eigeninitiative des Versicherten und der hohe finanzielle Aufwand der Behandlung.

Ob es durch die DMP im Allgemeinen gegenüber dem Leistungsangebot der Regelversorgung konkret zu einer verbesserten Versorgung der Versicherten gekommen ist, ist anhand verlässlicher Parameter nur schwer feststellbar, da auch vor dem Jahre 2002 Strukturverträge zu Diabetes mellitus Typ 1 und 2 die Versorgung chronisch kranker Diabetes Patienten sicherstellten. Diese Programme legen ganz ähnliche Behandlungsabläufe wie die entsprechen DMP fest. Hinzu kommt, dass Qualitätsparameter, die Erfolge messbar machen würden (z.B. Veränderung der HbA1c-Werte bei Diabetes mellitus), wegen der fehlenden strukturierten Dokumentation in der Regelversorgung nur bedingt vorliegen. Teilweise laufen die strukturierten Behandlungsprogramme noch zu kurz, um deren medizinischen Erfolg z.B. anhand der Kriterien „Vermeidung weiterer Folgeerkrankung“ oder „Vermeidung stationärer Aufenthalte“ zu messen.[7] Der Behandlungsansatz, der hinter den DMP steht, nämlich die kontinuierliche und strukturierte Behandlung und Betreuung chronisch Kranker (z.B. durch die Vereinbarung eines Behandlungsplanes mit regelmäßiger Wiedervorstellung des Patienten, Patientenschulungen), ist ohne Zweifel medizinisch sinnvoll. Dies bedeutet aber nicht, dass DMP nicht noch weiter optimiert bzw. weiterentwickelt werden könnten. 3

2. Inhalte von DMP

An die Inhalte der DMP werden auf Grundlage des SGB V folgende zum Teil indikationsspezifische Anforderungen gestellt: 4

- Behandlung nach dem aktuellen Stand der medizinischen Wissenschaft unter Berücksichtigung von evidenzbasierten Leitlinien oder nach der jeweils besten, verfügbaren Evidenz sowie unter Berücksichtigung des jeweiligen Versorgungssektors,
- Durchführung von Qualitätssicherungsmaßnahmen,
- Voraussetzungen und Verfahren für die Einschreibung der Versicherten in ein DMP einschließlich der Dauer der Teilnahme,
- Schulungen der Leistungserbringer und der Versicherten,
- Dokumentation der therapeutischen Maßnahmen, Befunde und Behandlungsergebnisse sowie
- Evaluation der Wirksamkeit und der Kosten der DMP.

Übergreifende Ziele von strukturierten Behandlungsprogrammen sind zudem der Abbau von Über-, Unter- und Fehlversorgung, die finanzielle Entlastung der Krankenkassen mit einer großen Zahl an chronisch kranken Mitgliedern durch die Verknüpfung mit dem Risikostrukturausgleich (RSA) und durch in der Summe und Länge verringerte Krankenhausaufenthalte von chronisch Kranken. Weitere finanzielle Einsparungen sollen durch die Vermeidung bzw. Verringerung von Komplikationen und der Häufigkeit von Begleiterkrankungen (Komorbiditäten) durch evidenzbasierte Therapien erzielt werden. Ob allerdings die DMP diesen hohen Zielsetzungen gerecht geworden sind, ist auch bezweifelt worden.[8] 5

Die konkreten Inhalte von DMP und die zu ihrer Durchführung zu schließenden Verträge werden durch die Bestimmungen der RSAV, insbesondere der §§ 28b-28g RSAV sowie deren Anlagen, verbindlich geregelt. Die Erfüllung dieser Voraussetzungen ist im Rahmen der Antragstellung beim Bundesversicherungsamt (BVA) (vgl. § 137g SGB V) im Einzelnen dazulegen. 6

Inzwischen bieten die Krankenkassen ihren Versicherten eine Vielzahl strukturierter Behandlungsprogramme an: flächendeckend für Diabetes mellitus Typ 2, nahezu flächendeckend für Brustkrebs und koronare Herzkrankheit sowie in einigen Regionen für Diabetes mellitus Typ 1 und – ebenfalls in einigen Regionen – seit Januar 2006 auch für Asthma bronchiale/COPD. Zum 01.07.2008 ist eine nahezu flächendeckende Umsetzung aller 6 DMP-Indikationen geplant. 7

[7] Der erste umfassende DMP-Bericht aus dem Bezirk der KV Nordrhein aus dem Jahre 2005 zeigte keine eindeutige Erfolgsbilanz der DMP Dieses ernüchternde Ergebnis einer DMP-Analyse, die das Zentralinstitut für die kassenärztliche Versorgung (ZI) im Auftrag der nordrheinischen Kassen, Krankenhäuser und KV durchgeführt hat, ist auf die kurze Laufzeit der Programme (seit März 2003), aber auch auf regionale Besonderheiten zurückzuführen. Vorläufer der DMP waren im Rheinland Strukturverträge, deren positive Wirkungen bis heute spürbar sind. Vgl. Ärzte Zeitung v. 09.02.2005.

[8] Vgl. z.B. Ärzte Zeitung, 06.12.2004.

3. Bewältigung Multimorbidität, Verknüpfung von DMP

8 Für die Krankheiten Diabetes mellitus Typ 1 und 2[9], Brustkrebs[10], koronare Herzkrankheit[11] sowie Asthma bronchiale oder chronisch obstruktive Lungenerkrankung (COPD)[12] sind die Anforderungen an strukturierte Behandlungsprogramme bereits seit längerem in der Risikostruktur-Ausgleichsverordnung (RSAV) festgelegt. Die medizinische Praxis hat aber gezeigt, dass chronische Erkrankungen häufig nicht einzeln auftreten, sondern dass sich bei chronisch kranken Menschen mit zunehmendem Alter oftmals weitere chronische Krankheiten entwickeln. So ist davon auszugehen, dass über 50% aller chronisch Kranken an mehr als einer chronischen Krankheit leiden.[13] Der Unterausschuss DMP des G-BA hat daher empfohlen, zunächst eine modulare Erweiterung von bestehenden strukturierten Behandlungsprogrammen vorzunehmen und bestimmte chronische Krankheiten bei Vorliegen einer Komorbidität innerhalb bestehender DMP zu berücksichtigen. Auch die Formulierung des § 268 Abs. 1 Nr. 1 SGB V, die von der Morbidität der Versicherten „auf Grundlage von Diagnosen, Diagnosengruppen, Indikationen, Indikationengruppen, medizinischen Leistungen oder Kombinationen dieser Merkmale“ spricht, weist bereits darauf hin, dass der Gesetzgeber nicht nur einzelne Diagnosen, sondern auch eine Kombination von Krankheiten für berücksichtigungsfähig innerhalb des RSA hält. In diesem Sinne hat der Unterausschuss DMP des G-BA zunächst

- die chronische Herzinsuffizienz (Herzschwäche) und
- die Adipositas (krankhafte Fettleibigkeit)

---

9 Mit dem Begriff Diabetes mellitus werden verschiedene Störungen des Kohlenhydratstoffwechsels zusammengefasst, die durch erhöhte Blutzuckerwerte gekennzeichnet sind. Die beiden wichtigsten Formen sind der Typ-1-Diabetes, an dem 5-10% der Menschen mit Diabetes in Deutschland leiden, und der Typ-2-Diabetes, dem ca. 90% der Menschen mit Diabetes zuzuordnen sind. In den letzten vier Jahrzehnten wurde in Deutschland eine kontinuierliche Zunahme der Zahl betroffener Menschen registriert, ähnlich der Entwicklung in anderen europäischen Ländern. Der Zuwachs betrifft im Wesentlichen Menschen mit Typ-2-Diabetes. Verantwortlich ist dafür vor allem der weitere Anstieg des Übergewichts als der wichtigste Risikofaktor. Angestrebt werden die verbesserte Behandlung der Zuckerkrankheit und ihrer Komplikationen mit dem Ergebnis einer höheren Lebenserwartung und eine frühere Diagnosestellung. Vgl. hierzu: World Health Organisation (WHO), *Definition, Diagnosis and Classification of Diabetes mellitus and its Complications,* Geneva: World Health Organization, 1999; IQWIG, Patienteninformation „Insulintherapie v. 29.05.2007 unter www.Gesundheitsinformation.de. Vgl. zur Definition der RSAV: Anlage 1 Ziff. 1.1. RSAV und Anlage 7 Ziff. 1.1. RSAV.

10 Jährlich erkranken rund 55.150 Frauen in Deutschland neu an Brustkrebs (Zahl für 2002). Etwa 17.200 starben im Jahr 2003 an der Krankheit. Damit ist das Mammakarzinom die häufigste Krebserkrankung und die häufigste krebsbedingte Todesursache bei Frauen (Zahlen Robert-Koch-Institut). Beim Brustkrebs handelt es sich um eine von der Brustdrüse ausgehende bösartige Neubildung. Dies umfasst auch das ductale in situ Karzinom (DCIS), das noch nicht infiltrierend in das umgebende Gewebe wächst (vgl. Anlage 3 Ziff. 1.1. RSAV).

11 Nach den Daten des Bundesgesundheits-Surveys 1997/1998 lebten in Deutschland ca. 1,45 Mio. Menschen zwischen 30 und 79 Jahren, die bereits mindestens einen Herzinfarkt erlitten haben. Gemäß den Angaben des Statistischen Bundesamtes war im Jahr 2003 die chronische ischämische Herzkrankheit die häufigste Todesursache in Deutschland. Entscheidend für den Erfolg einer langfristig angelegten Versorgung ist vor allem auch das adäquate Management der Risikofaktoren. Vgl. BMG, Information zu strukturierten Behandlungsprogrammen unter http://www.die-gesundheitsreform.de/gesundheitssystem/zukunft_entwickeln/index.html. Die koronare Herzkrankheit ist die Manifestation einer Arteriosklerose an den Herzkranzarterien. Sie führt häufig zu einem Missverhältnis zwischen Sauerstoffbedarf und -angebot im Herzmuskel (vgl. Anlage 5 Ziff. 1.1. RSAV).

12 In Deutschland leiden etwa fünf Prozent der Erwachsenen und fünf bis zehn Prozent der Kinder an Asthma bronchiale. Asthma bronchiale ist eine chronische entzündliche Erkrankung der Atemwege, charakterisiert durch bronchiale Hyperreagibilität und variable Atemwegsobstruktion (vgl. Anlage 9 Ziff. 1.1. RSAV). Es gibt allergische und nicht-allergische Formen des Asthmas. Im Gegensatz dazu ist bei einer chronisch obstruktiven Bronchitis (COPD) die Bronchialverengung nur geringfügig oder gar nicht beeinflussbar. Etwa jeder zehnte bis zwanzigste Erwachsene über 40 Jahre hat COPD. Bei Menschen mit COPD liegt eine chronische Entzündung der Bronchien (chronische Bronchitis) vor oder eine Schädigung der Lungenbläschen. Häufig tritt beides gleichzeitig auf (vgl. Merkblatt des IQWIG zu COPD v. 29.03.2007, vgl. auch Definition der Anlage 11 Ziff. 1.1. RSAV). Ein wesentlicher Bestandteil der strukturierten Behandlungsprogramme für Asthma bronchiale sowie COPD ist es, dass das Fortschreiten der Krankheit gestoppt wird, krankheitsbedingte Beeinträchtigungen verringert werden und eine bestmögliche Lungenfunktion erreicht wird.

13 Vgl. Pressemitteilung des G-BA v. 17.05.2006.

als chronische Krankheiten vorgeschlagen, die in Form einer modularen Weiterentwicklung in bestehende DMP integriert werden sollen. Der G-BA ist dieser Empfehlung gefolgt und hat den Beschluss gefasst, die Indikationen Chronische Herzinsuffizienz und Adipositas als i.S.v. § 137f Abs. 1 Satz 1 SGB V für strukturierte Behandlungsprogramme geeignete chronische Krankheiten dem BMG zu empfehlen, mit der Maßgabe, dass für die genannten Indikationen kein eigenständiges isoliertes DMP, sondern jeweils ein Modul für bestehende DMP zu entwickeln ist.

4. Teilnahme der Versicherten und der Leistungserbringer

Für die Versicherten ist die Teilnahme an strukturierten Behandlungsprogrammen ihrer Krankenkasse 9
freiwillig. Das Einschreibeverfahren bildet eine unabdingbare Komponente eines strukturierten Behandlungsprogramms und ist gesetzlich vorgeschrieben (vgl. § 137 Abs. 3 SGB V). Die Teilnahmevoraussetzungen und die Dauer der Teilnahme an den Programmen (Einschreibekriterien) sind in der RSAV (vgl. hier § 28d RSAV) und den darauf aufbauenden Programmen der einzelnen Krankenkassen geregelt. Für jede einzelne Indikation wurden zwischen dem BVA und den Spitzenverbänden der Krankenkassen Patientenmerkblätter, Datenschutzerklärungen und andere Unterlagen RSAV-konform abgestimmt. Grundsätzlich gilt, dass der Arzt nach dem aktuellen Stand der wissenschaftlichen Erkenntnisse eine Diagnose über die betreffende Krankheit gesichert feststellen muss und bei dem Patienten die grundsätzliche Bereitschaft zur aktiven Mitwirkung bei der Behandlung (z.B. Teilnahme an Schulungen) bestehen muss.

Durch § 65a Abs. 2 SGB V erhalten die Krankenkassen die Möglichkeit, die Teilnahme ihrer Versi- 10
cherten an besonderen Versorgungsformen – z.B. an strukturierten Behandlungsprogrammen – durch Bonuslösungen zu fördern. Als Vergünstigung für den Versicherten darf die Krankenkasse die Zuzahlung oder die Beiträge ermäßigen. Ein bisher kassenartenübergreifendes Problem stellt die Sicherstellung der Einhaltung der Folgetermine und Schulungen der Patienten dar. Soweit dieser wegen der DMP-Teilnahme erst einmal von der Zuzahlung befreit wurde oder er vorweg einen Bonus erhielt, ist der Patient zumindest aus finanziellen Gründen nicht mehr motiviert, sich therapietreu zu verhalten und fristgerecht Termine einzuhalten. Patientenbezogene Qualitätssicherungsmaßnahmen als Aufgabe der Krankenkassen spielen in diesem Bereich eine wichtige Rolle (telefonische Rücksprachen, Reminder).

Patienten-Reminder haben im DMP die Funktion von 11
- Verbesserung der Einhaltung von ärztlichen Untersuchungs- bzw. Kontrollterminen,
- Unterstreichung der Wichtigkeit von einzuhaltenden Selbstkontrollmessungen,
- Stärkung des Verantwortungsbewusstseins und des Selbstmanagements des Patienten für seine Erkrankung und Unterstützung seiner Rolle als gleichberechtigter aktiver Partner,
- Verstärkung positiver Verhaltensänderungen hinsichtlich der Vorbeugung bzw. Ausschaltung von Risikofaktoren,
- Verbesserung der Patientendokumentation von häuslichen durchzuführenden Kontrollmessungen,
- Steigerung der Aufmerksamkeit der spezifischen Belange chronisch Kranker.[14]

Wissenschaftliche Studien belegen den Erfolg von Reminder-Systemen.[15] Ein Fallmanagement[16] der 12
Krankenkassen kann hierbei nützlich sein, um die Versorgung von Hochkostenpatienten zu steuern.

Die Beteiligung des Vertragsarztes an strukturierten Behandlungsprogrammen ist ebenfalls freiwillig 13
und ergibt sich nicht als Pflicht aus der vertragsärztlichen Zulassung.[17] Die Auswahlkriterien, die in DMP-Verträgen vereinbart werden und die Teilnahme für die Leistungserbringer (zugelassene Vertragsärzte und Krankenhäuser) an einem DMP von der Erfüllung bestimmter Qualitätsanforderungen abhängig machen, haben Einfluss auf die berufliche Betätigungsfreiheit derselben. Das Wettbewerbsrecht findet jedoch ausweislich des § 69 Satz 3 SGB V auf die Beziehung der Krankenkassen zu den Leistungserbringern keine Anwendung. Ob das Vergaberecht,[18] insbesondere die §§ 97 ff. GWB (Kartellvergaberecht), einschlägig ist, ist derweilen höchstrichterlich nicht geklärt und insbesondere davon

---

[14] Vgl. Gutachten von *Lauterbach* zu DMP für den VDAK im Jahre 2001, S. 125.

[15] Vgl. Studienauswahl im Gutachten von *Lauterbach* zu DMP für den VDAK im Jahre 2001, S. 126 f.

[16] Vgl. hierzu *Fleckenstein/Heinzen*, Die BKK, 2006, 478 ff.

[17] Vgl. mit weiteren Einzelheiten: *Hess* in: KassKomm, SGB V, vor §§ 137 f, 137g Rn. 8.

[18] Das Vergaberecht ist im Gesetz gegen Wettbewerbsbeschränkungen (GWB), in der Verordnung über die Vergabe öffentlicher Aufträge (VgV), in der Verordnung über das Haushaltswesen in der Sozialversicherung (SVHV), in der Verdingungsordnung für Lieferungen und Leistungen (VOL) und EU-Richtlinien geregelt.

abhängig, ob man die Krankenkassen als öffentliche Auftrageber i.S.d. § 98 GWB[19] und die DMP-Verträge als öffentliche Aufträge i.S.d. § 99 GWB charakterisieren möchte. Es bestehen jedoch Zweifel daran, ob die derzeitige Gestaltung der DMP-Verträge auch unter Berücksichtigung der gesetzlichen Vorgaben so beschaffen ist, dass bereits durch den Vertragsabschluss eine vergaberechtlich verbindliche Auswahl von Leistungserbringern stattfindet.[20] Dies wird letztendlich von der Gestaltung des DMP-Vertrages im Einzelnen abhängen, also inwieweit dieser z.B. durch die Gewährung von Boni den Versichertenstrom zu Gunsten einzelner Leistungserbringer beeinflusst.[21] Zudem darf für den konkreten Beschaffungsvorgang auch keine gesetzlich normierte Bereichsausnahme einschlägig sein, die diesen dem Anwendungsbereich des Vergaberechts entzieht. So sind freiberufliche nicht-prioritäre Dienstleistungen den Vorgaben des förmlichen Vergaberechts weitgehend nicht unterworfen (vgl. § 1a Nr. 2 Abs. 2VOL/A). Auch gesetzliche Versicherungsleistungen sind unterhalb des Schwellenwertes von aktuell 206.000 €[22] nicht auszuschreiben (vgl. § 22 Abs. 1 Verordnung über das Haushaltswesen in der Sozialversicherung (SVHV)[23]). Zwar besagt § 69 Satz 2 SGB V, dass die Rechtsbeziehungen der Krankenkassen zu den Leistungserbringern abschließend durch das 4. Kapitel des SGB V sowie die §§ 63, 64 SGB V (und im Übrigen das BGB, vgl. § 69 Satz 4 SGB V) geregelt werden. Daraus ergibt sich allerdings keine generelle Bereichsausnahme, derzufolge für die Beschaffungstätigkeit der Krankenkassen die Anwendung des Vergaberechts ausgeschlossen ist. Eine solche Schlussfolgerung wäre vor gemeinschaftsrechtlichem Hintergrund auch verfehlt, da die §§ 97 ff. GWB in Umsetzung europäischer Richtlinien normiert worden und insofern einem Ausschluss auf Grund einer nationalen Bereichsausnahme von vornherein nicht zugänglich sind.[24]

5. Wahl der geeigneten Vertragsform

14 Zur Durchführung der strukturierten Behandlungsprogramme stehen grundsätzlich sämtliche im SGB V geregelten Vertragstypen zur Verfügung, das heißt Bundesmantel- und Gesamtverträge (§§ 82 f. SGB V), Strukturverträge (§ 73a SGB V), Integrationsverträge (§§ 140a ff. SGB V) sowie Modellverträge (§§ 63 f. SGB V).[25] Nicht zulässig ist hingegen der Abschluss von anderen öffentlich-rechtlichen oder privatrechtlichen Verträgen. Der ansonsten geltende Grundsatz der Formenwahlfreiheit der Verwaltung, wonach sich diese zur Erfüllung ihrer Aufgaben sowohl der Rechtsform des öffentlichen als auch des privaten Rechts bedienen darf, wird insofern durch § 69 SGB V eingeschränkt.[26] Andere Vertragsformen als die im SGB V geregelten scheiden damit ebenso aus wie ein Vertrag sui generis.[27]

15 Bundesmantelvertragliche Regelungen können nur von den Spitzenverbänden der Krankenkassen mit der Kassenärztlichen Bundesvereinigung vereinbart werden. Regelungen dieser Art gelten dann für die vertragsärztliche Versorgung insgesamt und damit unabhängig von der Zugehörigkeit zu einer bestimmten Krankenkasse. Für die Initiativen einzelner Krankenkassen, das vertragsärztliche DMP vertraglich umzusetzen, stellen bundesmantelvertragliche Regelungen daher keine reale Möglichkeit dar.

---

[19] Für die Anwendung jüngst: *Gabriel*, NZS 2007, 344 ff; *Hartmann/Suoglu*, SGb 2007, 404 ff. Dagegen ist nach einer älteren und auch umstrittenen Entscheidung des Bay. OLG die AOK Bayern kein öffentlicher Auftraggeber im Sinne des § 98 Nr. 2 GWB, weil eine entsprechende Staatsgebundenheit fehle. Bay. OLG v. 24.05.2004 - Verg 006/04.

[20] *Koenig/Beer/Hentschel*, Qmed 2003, 93.

[21] *König/Engelmann/Hentschel*, MedR 2003, 569; *Grüne* in: Halbe/Schirner, HBKG, B 1600, Rn. 91 f.

[22] Mit der Verordnung 1422/2007 EG, veröffentlicht im Amtsblatt am 05.12.2007, hat die EU die Schwellenwerte für die Ausschreibungspflichten für öffentliche Aufträge gesenkt. Für Liefer- und Dienstleistungsaufträge der Richtlinie 2004/18/EG wurde ein Schwellenwert von 206.000 € (vorher 211.000 €) festgesetzt.

[23] V. v. 21.12.1977, BGBl I 1977, 3147; Geltung ab 31.12.1977.

[24] Vgl. *Rixen*, GesR 2006, 49, 54; *Boldt*, NJW 2005, 3757, 3758; *Hesselmann/Motz*, MedR 2005, 498, 499; *Wollenschläger*, NZBau 2004, 655; *Kingreen*, MedR 2004, 188, 192; *Vollmöller*, NZS 2004, 63, 65 f.; *Quaas*, VSSR 2004, 175, 190; *Kuhlmann*, Integrierte Versorgung 2004, 417, 424; *Koenig/Engelmann/Hentschel,* MedR 2003, 562, 564; *Koenig/Busch*, NZS 2003, 461, 462 f.; 2. Vergabekammer des Bundes v. 15.11.2007 - VK 2-102/07, OLG Düsseldorf v. 19.12.2007 - VII-Verg 50/07.

[25] Leitfaden des BVA für die Antragstellung zur Zulassung strukturierte Behandlungsprogramme, abgedruckt in: *Krauskopf*, Disease-Management in der GKV, Kommentar und Materialsammlung, Bd. 1, Sankt Augustin 2004, Kennzahl 750, S. 1.

[26] *Vollmöller*, Rechtsfragen bei der Umsetzung von Disease-Management-Programmen, NZS 2004, 63 f.

[27] Vgl. *Grüne* in: Halbe/Schirner, HBKG, B 1600 Rn. 15.

Gleiches gilt für die Umsetzung der DMP im Rahmen eines Gesamtvertrages. Sie kann nur über Vereinbarungen des jeweiligen Landesverbandes der Krankenkasse bzw. des jeweiligen Verbandes der Ersatzkasse mit der regional zuständigen Kassenärztlichen Vereinigung erfolgen.[28] Hinzu kommt, dass der Regelungsgegenstand eines Gesamtvertrages nur den Bereich der ambulanten vertragsärztlichen Versorgung betrifft und damit nicht sektorenübergreifend ist. Neben einem Gesamtvertrag müssten diesem Ansatz zufolge dem BVA für die Zulassung der DMP weitere Verträge mit Krankenhäusern vorgelegt werden. Zwar ist von der jeweiligen DMP-Indikation abhängig, wie stark eine Einbindung des stationären Sektors erfolgen kann. Das DMP Brustkrebs erfordert eine stärke Einbindung des stationären Bereiches als das DMP Diabetes mellitus. Allerdings soll der Diabetiker auch bei letzteren in ein geeignetes Krankenhaus zur weiteren Behandlung eingewiesen werden. Der Gesamtvertrag könnte hier aber auch Regelungen treffen, die dem überweisenden Arzt die Verantwortung für die Auswahl des geeigneten Krankenhauses übertragen.[29]

Der Gesetzgeber hat es insofern vermissen lassen, einen eigenen für die strukturierten Behandlungsprogramme optimal geeigneten Vertrag im SGB V zu schaffen.[30] Die Eigenart strukturierter Behandlungsprogramme liegt in der Bildung sektorenübergreifender Versorgungsketten. Nicht alle im SGB V genannten Vertragstypen dürften sich daher gleichermaßen für die Erreichung der mit der Einführung von DMP bezweckten Versorgungsziele eignen. Der Strukturvertrag ist einer der am häufigsten verwendeten Vertragstypen zur Umsetzung von DMP.[31] Der Geltungsbereich dieses Vertrages ist aber ebenfalls auf die ambulante ärztliche Versorgung begrenzt und ist daher auch organisatorisch für die Integration weiterer Leistungserbringer bzw. Sektoren in die DMP-Versorgungskette nur bedingt geeignet. Verträge zu Modellvorhaben (§§ 63 ff. SGB V) und Integrationsverträge (§§ 140a f. SGB V) dürften sich daher am ehesten zur Umsetzung von strukturierten Behandlungsprogrammen eignen. 16

6. Kurzeinführung in den Risikostrukturausgleich (RSA) unter besonderer Berücksichtigung der Neuregelungen über den morbiditätsorientierten RSA (Morbi-RSA)

Der RSA wurde mit Wirkung zum 01.01.1994 durch das Gesetz zur Sicherung und Strukturverbesserung der gesetzlichen Krankenversicherung (GSG)[32] in das SGB V eingeführt. Er bildete zusammen mit dem Recht der freien Krankenkassenwahl das Kernstück der Organisationsreform der gesetzlichen Krankenversicherung.[33] Der RSA bezweckt eine gerechtere Beitragsbelastung der Versicherten und einen Abbau der Wettbewerbsverzerrungen zwischen den Krankenkassen. Nach § 266 Abs. 1 SGB V findet der RSA jährlich zwischen den Krankenkassen unter Einbeziehung aller gesetzlichen Krankenkassen – mit Ausnahme der Landwirtschaftlichen Krankenkassen (§ 266 Abs. 9 SGB V) – statt. § 266 Abs. 1 Sätze 2 und 3 SGB V legt jedoch enumerativ fest, dass ausschließlich die finanziellen Auswirkungen ganz bestimmter Faktoren ausgeglichen werden dürfen. Auszugleichende Faktoren sind u. a. die Höhe der beitragspflichtigen Einnahmen der Mitglieder, die Zahl der nach § 10 SGB V Versicherten (Familienversicherung) sowie das Alter und das Geschlecht der Versicherten. Mit § 266 Abs. 7 SGB V schuf der Gesetzgeber die Ermächtigungsgrundlage für den Erlass der Verordnung über das Verfahren zum Risikostrukturausgleich in der gesetzlichen Krankenversicherung (Risikostruktur-Ausgleichsverordnung – RSAV[34]). Die Verordnung regelt Einzelheiten des Berechnungs- und Ausgleichs- 17

[28] *Häussler/Berger*, Bedingungen für effektive Disease-Management-Programme 2004, S. 73; Vgl. *Grüne* in: Halbe/Schirner, HBKG, B 1600 Rn. 17.

[29] Nach Auffassung des BMG ist aus dem Inhalt und dem Wortlaut der RSAV eine für die Zulassung der Programme zwingende Vorlage von Verträgen mit Krankenhäusern daher nicht herzuleiten. Vgl. Schreiben vom BMG abgedruckt in: *Krauskopf*, Bd. I, Disease Management in der GKV, Kennzahl 702, S. 1.

[30] Mit Kritik: *Hess* in: KassKomm, SGB V, vor §§ 137 f, 137g Rn. 8.

[31] *Demmler/Wenning*, Die BKK 2004, 186, 191.

[32] Gesundheitsstrukturgesetz v. 21.12.1992, BGBl I 1992, 2266.

[33] Unmittelbarer Anlass für die Neuregelungen waren rapide steigende Kosten im Gesundheitswesen (vgl. BT-Drs. 12/3608, S. 66). Die damaligen berufs- und betriebsbezogenen Gliederungsprinzipien der GKV führten zu unterschiedlichen Risikostrukturen, zu Risikoselektionen und zu Wettbewerbsverzerrungen zwischen den Kassen, wodurch das Solidaritätsprinzip der gesetzlichen Krankenversicherung zunehmend gefährdet wurde. Die Folgen dieser Entwicklung waren Beitragssatzunterschiede zwischen einzelnen Kassen von bis zu 7,5 v.H. bei einem weitgehend identischen Leistungsspektrum.

[34] Vom 03.01.1994, BGBl I 1994, 55.

verfahrens. Die RSAV wurde in den vergangenen Jahren mehrfach zur Einbeziehung weiterer Indikationen in die DMP und zur Überarbeitung der bereits beschlossenen Voraussetzungen und Kriterien novelliert (vgl. Rn. 33).

18 In den Grundzügen lässt sich die Technik des RSA so beschreiben, dass gesondert für jede einzelne Krankenkasse ein Ausgleichsanspruch oder eine Ausgleichsverpflichtung in Höhe eines bestimmten Geldbetrages ermittelt wird. Hierbei ist die Gegenüberstellung der beiden Rechengrößen „Beitragsbedarf" und „Finanzkraft" von zentraler Bedeutung (vgl. § 266 Abs. 2 Satz 1 SGB V, §§ 10, 12 RSAV). In der Finanzkraft kommt die Höhe der beitragspflichtigen Einnahmen einer Krankenkasse zum Ausdruck (vgl. § 266 Abs. 3 Satz 1 SGB V). Der Beitragsbedarf soll die Höhe der Leistungsausgaben widerspiegeln, die einer Kasse unter Zugrundelegung ihrer spezifischen Versichertenstruktur auf der Basis eines bundesweit ermittelten Durchschnittswerts entstehen.[35] Jede Kasse zahlt die Differenz zwischen ihrer Finanzkraft und ihrem Beitragsbedarf in den RSA ein, beziehungsweise erhält diesen Differenzbetrag, falls der Beitragsbedarf die Finanzkraft übersteigt. Die tatsächlichen Kosten pro Versichertem werden jedoch vom RSA in der vorliegenden Fassung genauso wenig erfasst wie die Morbiditätsstruktur der Versicherten.[36]

19 Die finanzielle Bedeutung des Risikostrukturausgleichs ist enorm. Nach einer Statistik des BVA wurde in 2003 der RSA fast ausschließlich durch die BKKn (9,2 Mrd. € netto) und durch die Ersatzkassen (4,3 Mrd. € netto) finanziert. Empfängerkassen waren 2003 die AOKn (13,2 Mrd. € netto) und die Knappschaft (1,6 Mrd. € netto). Mit einem neuen Rekordbetrag von 13,1 Mrd. € waren im Jahr 2006 wie auch im Jahr 2005 die AOKn Hauptnutznießer des RSA. Weiterer Nehmer war die Knappschaft mit 1,6 Mrd. € (2006). Zu den Gebern gehörten die BKKn mit 8,7 Mrd. € und die Angestellten-Ersatzkassen mit 4,2 Mrd. € (2006).[37]

20 Der derart ohne eine direkte Erfassung der Morbiditätsunterschiede gestaltete RSA gab den Krankenkassen den Anreiz, ihre Geschäftspolitik an unterschiedlichen Risiken zu orientieren. Eine Kasse konnte daher Beitragssatzvorteile erzielen, wenn sie innerhalb der einzelnen Alters- und Geschlechtsgruppen viele gesunde und wenige chronisch kranke Menschen aufwies.[38] Dies nahm der Gesetzgeber im Jahre 2001 zum Anlass, den RSA durch kurz- und mittelfristig wirkende Maßnahmen zu reformieren. Um bereits kurzfristig Fehlentwicklungen des bisherigen RSA korrigieren zu können, waren ein **Risikopool** und **strukturierte Behandlungsprogramme** Bestandteile des Gesetzes zur Reform des RSAs in der gesetzlichen Krankenversicherung vom 10.12.2001.[39] Durch den im Jahre 2002 in § 269 SGB V eingeführten Risikopool sollen die finanziellen Belastungen für aufwändige Leistungsfälle zwischen den Krankenkassen teilweise ausgeglichen werden (vgl. auch § 28a RSAV). Ausgleichsfähig sind dabei 60% der Aufwendungen für einzelne Versicherte in den Leistungsbereichen Krankenhausbehandlung, Arznei- und Verbandmittel, Krankengeld, Sterbegeld und nichtärztliche Leistungen der ambulanten Dialyse, soweit diese den Schwellenwert, welcher in den Jahren 2002 und 2003 per Gesetz auf 20.450 € festgelegt wurde, übersteigen. Der Schwellenwert ist als dynamische Größe ab dem Jahre 2004 jährlich an die Entwicklung der Durchschnittsentgelte anzupassen (§ 268 Abs. 1 Satz 3 SGB V). Die im Risikopool ausgeglichenen Aufwendungen blieben bei der Ermittlung der standardisierten Leistungsausgaben im RSA außer Betracht (§ 266 Abs. 4 Satz 1 Nr. 3 SGB V).

21 Der Zusammenhang zwischen den strukturierten Behandlungsprogrammen und dem RSA besteht darin, dass den Krankenkassen für eingeschriebene Versicherte als **eigene RSA-Versichertengruppe** erhöhte standardisierte Ausgaben zugewiesen werden (§§ 266 Abs. 1 Satz 2, 267 Abs. 2 Satz 4 SGB V).

---

[35] Nach Feststellung des Beitragbedarfes ist der Ausgleichsbedarfssatz festzustellen (§ 266 Abs. 3 Satz 2 SGB V, § 11 RSAV). Ihn erhält man durch Addition der Beitragsbedarfe aller Kassen (so genannte Beitragsbedarfssumme, vgl. § 11 Abs. 1 Nr. 1 RSAV) und anschließende Division dieses Gesamtbetrages durch die Summe der beitragspflichtigen Einnahmen aller Mitglieder der gesetzlichen Krankenversicherung. In einem dritten Schritt wird die individuelle Finanzkraft der einzelnen Krankenkasse in der Weise ermittelt, dass der Ausgleichsbedarfssatz mit der Summe der beitragspflichtigen Einnahmen der Mitglieder dieser Kasse multipliziert wird. Im letzten Schritt sind Beitragsbedarf und Finanzkraft einer individuellen Krankenkasse gegenüberzustellen. In Höhe des Unterschiedsbetrags ist die Kasse entweder ausgleichsverpflichtet oder ausgleichsberechtigt.

[36] Vgl. *Wille/Koch*, Gesundheitsreform 2007, S. 365.

[37] Vgl. Ärztezeitung v. 11.04.2007, S. 6.; vgl. zu den Ergebnissen aus dem Jahr 2004 *Otto/Göpffarth*, Gesundheits- und Sozialpolitik, 2006, 49 ff.

[38] Vgl. Bericht der Bundesregierung über die Untersuchung zu den Wirkungen des Risikostrukturausgleichs in der gesetzlichen Krankenversicherung v. 28.03.2001, BT-Drs. 14/5681, S. 5 ff.; Gesetzesbegründung, BT-Drs. 14/6432, S. 8 f.

[39] BGBl I 2001, 3465.

Der konkrete Gesamtbetrag, welcher der Krankenkasse für die DMP-Einschreibung des Versicherten zukommt, ist im Vorhinein nur sehr schwer berechenbar.[40] Daneben erhalten die RSA-Krankenkassen eine Programmpauschale für die Aufwendungen für die Programmentwicklung und Akkreditierung, Versicherteninformation und Betreuung der DMP-Teilnehmer, Dokumentation, Evaluation und Prüfdienste sowie eine Finanzierungspauschale für Datenstellen und Arbeitsgemeinschaften, die derzeit bei ca. 84 € liegt.[41] Zielsetzung der Koppelung der RSA mit den DMP ist es, einen Wettbewerb der Krankenkassen um eine gute Versorgung der chronisch Kranken zu initiieren. Tatsächlich sind auf Grund der Standardisierung der berücksichtigten Leistungsausgaben die Krankenkassen aber gleichzeitig bemüht, die Kosten der Durchführung der DMP möglichst gering zu halten. Der derzeitige Vorsitzende des Gemeinsamen Bundesausschuss, Hess, wies insofern mit Recht auf die Gefahr der Vernachlässigung nicht zugelassener Programme für andere chronische Krankheiten hin und auf die Manipulationsgefahr bei nicht ordnungsgemäßer Durchführung der Programme.[42] Die Teilnahme an strukturierten Behandlungsprogrammen und deren Durchführung auf gleichem Qualitätsniveau ist gegenüber den bisherigen Kriterien des RSA ungleich schwieriger objektivierbar und deswegen im viel höheren Maße manipulationsanfällig. Der Umfang der Dokumentation geht daher weit über das hinaus, was dem Arzt im Rahmen der bereits zuvor abgeschlossenen Strukturverträge abverlangt wurde. Allerdings gelang im Jahre 2006 im Zuge der vom BMG eingesetzten „AG Bürokratieabbau" eine weitgehende Abspeckung der Dokumentationsanforderungen (vgl. hierzu Rn. 50).

Der **morbiditätsorientierte RSA** (kurz: **Morbi-RSA**) ist grundsätzlich eine gerechte bzw. konse- 22
quente Weiterentwicklung des Risikostrukturausgleiches, welcher in der heutigen Fassung den Versicherten in eine der 5.640 Gruppen zuordnet (Zuordnung zu den Kriterien Alter, Geschlecht, Erwerbsminderung, Teilnahme DMP und Krankengeldbezug), aber dennoch nicht den wirklichen Krankheitszustand bzw. Leistungsaufwand der Krankenkassen abbildet. Angestrebt werden mehr Gerechtigkeit, Transparenz und Manipulationsresistenz innerhalb des RSA.[43] Der Morbi-RSA war bereits Bestandteil des GMG.[44] Hierzu sollten ab dem 01.01.2007 nach § 268 Abs. 1 SGB V die Versichertengruppen und die Gewichtungsfaktoren nach Klassifikationsmerkmalen zu bilden sein, die zugleich die Morbidität, also die unterschiedlichen Gesundheitszustände der Versicherten, unmittelbar berücksichtigen.[45] Rechnerisch wird hierbei der Finanzkraftausgleich wie bisher erhalten, der Beitragsbedarfsausgleich jedoch entsprechend obiger Ausführungen modifiziert. Wissenschaftler hatten im Auftrag der Bundesregierung insgesamt 18 Verfahren zur Klassifikation von Krankheiten auf ihre Tauglichkeit für den Morbi-RSA geprüft und sich am Ende für das US-amerikanische Modell entschieden.[46] Hiernach werden die Versicherten nicht nach demografischen Merkmalen in Gruppen eingeteilt, sondern Zuschläge für Morbiditätsmerkmale (Arzneiverordnungen und Krankenhausdiagnosen) und für Alter, Geschlecht und Erwerbsminderungsstatus ermittelt.[47] Für die Teilnahme an DMP sollte eine Managementpauschale in Ansatz gebracht werden, der Risikopool entfallen. Damit blieb auch der Morbi-RSA in der Rechtslage vor dem GKV-WSG[48] nicht versorgungsformenneutral.

Im Jahre 2006 zeigte sich den beteiligten Akteuren aber sehr schnell, dass die praktische Umsetzung 23
der geplanten Reformen zum 01.01.2007, insbesondere die Schaffung der notwenigen Datengrundlage, arbeitsintensiv und damit sehr zeitaufwändig war. Die Weiterentwicklung des Morbi-RSA verzögerte sich daher – ähnlich wie die Neuregelung der ambulanten Versorgung mittels der Morbi-Regelleistungsvolumina – erheblich. Schon Mitte des Jahres 2006 stand fest, dass der Morbi-RSA bis Ende des Jahres nicht realisierbar ist. Man sah zudem die Gefahr, dass die Einführung des Morbi-RSA mit der Gefahr verbunden sei, dass die Krankenkassen, um eine verbesserte Einnahmesituation zu erreichen, dazu übergehen, möglichst viele Krankheiten ihrer Versicherten zu dokumentieren (sog. „Upcoding"[49]), denn der geplante Morbi-RSA legt seinen Berechnungen der Ausgleichszahlungen Krankenhausdiagnosen und Arzneimittelverordnungen zugrunde. Das Fehler- und Manipulationsrisiko bei der

[40] Vgl. hierzu: *Otto/Göpffarth*, Gesundheits- und Sozialpolitik, 2006, 49 ff.
[41] Vgl. Vereinbarung der Spitzenverbände der Krankenkassen nach § 267 Abs. 7 v. 13.06.2006.
[42] *Hess* in: KassKomm, SGB V, vor § 137f, 137g Rn. 5.
[43] Vgl. hierzu *Jacobs/Schulze*, GGW 2007 (Heft 3), 7 ff.
[44] BGBl I 2003, 2190, 2222.
[45] Vgl. zur politischen Weiterentwicklung des RSA im Einzelnen *Göpffarth*, GGW 2007 (Heft 3), 23 ff.
[46] Vgl. *Wille/Koch*, Gesundheitsreform 2007, 368.
[47] *Göpffarth*, GGW 2007 (Heft 3), 23 ff.; *Wasem*, GGW 2007 (Heft 3), 15 ff.,19.
[48] V. 26.03.2007, BGBl I 2007, 378.
[49] Vgl. auch *IGES/Kassel/Wasern*, Zur Wirkung des RSA in der GKV, Eine Untersuchung im Auftrag des BMG, Endbericht 15.01.2001, S. 84.

versichertenindividuellen Zuordnung der rund 800 Mio. Einzelverordnungen in der GKV pro Jahr ist beträchtlich. Die Versicherten könnten also vereinfacht gesagt durch die Krankenkassen kränker dargestellt werden, als sie es wirklich sind. Zudem wurden Fehlanreize für die Versorger befürchtet (Versorgungsqualität von Patienten in „unattraktiven“ Morbi-Gruppen sinkt, weil das zur Verfügung stehende Geld von teuren Behandlungsgruppen absorbiert wird).[50]

24 Mit dem GKV-WSG[51] wird deshalb das bisherige Verfahren des RSA ab dem 01.01.2009 zielgerichteter ausgestaltet und darüber hinaus durch die gleichzeitige Einführung des Gesundheitsfonds wesentlich vereinfacht. Ob allerdings dieser neue Morbi-RSA den Krankenkassen mehr Planungssicherheit bietet, ist auch bezweifelt worden.[52] Gemäß § 266 Abs. 1 SGB V erhalten die Krankenkassen als Zuweisungen aus dem Gesundheitsfonds (§ 271 SGB V) zur Deckung ihrer Ausgaben eine Grundpauschale, alters-, geschlechts- und risikoadjustierte Zu- und Abschläge zum Ausgleich der unterschiedlichen Risikostrukturen und Zuweisungen für sonstige Ausgaben (§ 270 SGB V).

25 Die Auswahl des Versichertenklassifikationsmodells nach § 29 Satz 1 Nr. 1 RSAV und seine Anpassung an die Gegebenheiten der gesetzlichen Krankenversicherung haben so zu erfolgen, dass keine Anreize für medizinisch nicht gerechtfertigte Leistungsausweitungen geschaffen und Anreize zur Risikoselektion vermieden werden. Das nach Satz 1 an die gesetzliche Krankenversicherung angepasste Versichertenklassifikationsmodell ist an Hand von 50-80 Krankheiten zu filtern und prospektiv auszugestalten (vgl. § 31 Abs. RSAV „Auswahl und Anpassung des Klassifikationsmodells“). Dazu werden für 50-80 schwerwiegende und kostenintensive chronische Krankheiten Morbiditätszuschläge ermittelt, bei denen die durchschnittlichen Leistungsausgaben je Versicherten die GKV-weiten durchschnittlichen Leistungsausgaben je Versicherten um mindestens 50% übersteigen (vgl. § 268 Abs. 1 Satz 1 Nr. 5 SGB V i.d.F. des GKV-WSG[53]).[54] Die Krankheiten sollen eng abgrenzbar sein. Im Entwurf des GKV-WSG hießt es dazu:

„Durch die weitere Vorgabe, dass das gewählte und an die spezifischen Gegebenheiten der gesetzlichen Krankenversicherung angepasste Klassifikationsmodell an Hand von 50 bis 80 Krankheiten zu filtern ist, soll eine gleitende Einführung der direkten Morbiditätsorientierung sichergestellt werden, um die Kalkulationssicherheit und Planbarkeit für die Krankenkassen zu erhöhen. Um nicht vorhersehbare Verwerfungen in der Übergangsphase zu vermeiden, sollen Risikozuschläge daher zunächst nur für ein begrenztes Krankheitsspektrum ermittelt werden. Die Ausgaben für die hiervon nicht erfassten Krankheiten werden weiterhin den Alters- und Geschlechtsgruppen zugeordnet. (…) Die Auswahl soll sich danach auf Krankheiten erstrecken, die für das Versorgungsgeschehen von besonderer Bedeutung sind und wesentlichen Einfluss auf die Kostenbelastung der Krankenkassen haben. Hierdurch wird sichergestellt, dass auch mit einer begrenzten Zahl von Krankheiten ein hohes Maß an Zielgenauigkeit des Risikostrukturausgleichs erreicht wird ...“[55]

26 Insoweit wurde jedoch kritisiert, dass weder die Begrenzung auf 50 bis 80 Krankheiten, noch die „Zulassungsvoraussetzung“ eines Übersteigens der durchschnittlichen Leistungsausgaben aller Versicherten um 50% sachlich zu begründen sei.[56] Krankheiten können ohnehin bereits aus statistischen Gründen in einem morbiditätsorientierten RSA nur dann Berücksichtigung finden, wenn sie in signifikanter Weise prospektiv Kostenbelastungen für eine Krankenkasse verursachen. In diese Menge einzuschneiden heißt, eine Krankenkasse mit einer unterdurchschnittlichen Zahl von Betroffenen der im „Filterungs“-Prozess entfallenen Krankheit weiterhin Vorteile aus dieser Tatsache ziehen zu lassen. Hiermit wird das Interesse der Krankenkassen, medizinisch und wirtschaftlich sinnvolle neue Versorgungsformen zu entwickeln für die nicht berücksichtigten Krankheiten nicht gestärkt, vielmehr eine Abwehr dieser Betroffenen durch die Krankenkassen weiterhin gefördert.[57]

---

[50] Vgl. *Wille/Koch*, Gesundheitsreform 2007, 369.

[51] V. 26.03.2007, BGBl I 2007, 378.

[52] So die BARMER-Ersatzkasse: „Das Argument einer höheren Planungssicherheit für die Krankenkassen durch eine „gefilterte“ Umsetzung eines morbiditätsorientierten RSA kann nicht überzeugen. Die Planungssicherheit erhöht sich gerade nicht, wenn in sich stimmige Gruppierungsverfahren anhand sachfremder Höchstzahlen oder Mindestprozentsätze willkürlich beschnitten werden.“ Vgl. Änderungsvorschläge der BARMER am GKV-WSG v. 24.10.2006, S. 28.

[53] V. 26.03.2007, BGBl I 2007, 378.

[54] Vgl. *Göpffarth*, GGW 2007 (Heft 3), 23 ff., 26.

[55] Entwurf eines Gesetzes zur Stärkung des Wettbewerbs in der GKV (GKV-Wettbewerbsstärkungsgesetz – GKV-WSG) v. 24.10.06, BT-Drs. 16/3100, S. 589.

[56] Vgl. zur Kritik am Morbi-RSA: *Wille/Koch*, Gesundheitsreform 2007, 371.

[57] Vgl. Änderungsvorschläge der BARMER-Ersatzkasse am GKV-WSG v. 24.10.2006, S. 28.

Das BMG bestellte auf Vorschlag des BVAs und nach Anhörung der Spitzenverbände der Krankenkassen einen wissenschaftlichen Beirat beim BVA, der einen Vorschlag für die Anpassung des Klassifikationsmodells an die gesetzliche Krankenversicherung zu unterbreiten und ein Verfahren zu seiner laufenden Pflege vorzuschlagen hatte.[58] Dieser legte sein Gutachten zur Weiterentwicklung des RSA im Dezember 2007 vor. Darin sind 80 Krankheiten aufgeführt, deren Belastungen nach Auffassung des Beirates künftig im neuen morbiditätsorientierten Risikostrukturausgleich der Krankenkassen berücksichtigt werden sollen. Konkret handelt es sich dabei um Erkrankungen, wie beispielsweise Diabetes mellitus Typ 1 und 2, Morbus Parkinson oder HIV, bei denen die durchschnittlichen Leistungsausgaben je Versicherten die durchschnittlichen Leistungsausgaben der Kassen um mindestens 50% übersteigen. Mit dem Start des Gesundheitsfonds zum 01.01.2009 sollen die Kassen für die ausgewählten Krankheiten ihrer Versicherten entsprechende Zuschläge erhalten. 27

Vgl. zur Auswirkung des Morbi-RSA auf die DMP 7. 28

7. Verknüpfung von Risikostruktur-Ausgleichsverordnung (RSAV) und DMP

Die Inhalte von DMP und von zu ihrer Durchführung zu schließenden Verträgen werden durch die Bestimmungen der Risikostruktur-Ausgleichsverordnung (RSAV, hier insbesondere die §§ 28b-28g sowie deren Anlagen), verbindlich vorgegeben. Nur soweit das DMP RSAV konform ist, wird es von dem BVA, welches auch für die Durchführung des RSA zuständig ist (vgl. § 266 Abs. 5 SGB V), genehmigt. Die Erfüllung der Voraussetzungen der RSAV ist bei Antragstellung detailliert darzulegen: 29

- Normierung der Anforderungen an eine Behandlung nach evidenzbasierten Leitlinien (§ 28b RSAV),
- Anforderungen an Qualitätssicherungsmaßnahmen (§ 28c RSAV),[59]
- Voraussetzungen und Verfahren der Einschreibung eines Versicherten in ein strukturiertes Behandlungsprogramm (§ 28d Abs. 1 RSAV),
- Regelungen über die Schulung von Versicherten und Leistungserbringern (§ 28e RSAV),
- Daten und Dokumentation (§ 28f RSAV),[60]
- Evaluation (§ 28g RSAV).[61]

Bei den in der RSAV festgelegten Anforderungen an die medizinischen Inhalte strukturierter Behandlungsprogramme handelt es sich weder um Leitlinien noch um Richtlinien. Die Anforderungen zu den medizinischen Inhalten beschränken sich vor diesem Hintergrund auf grundlegende Aussagen, die für die Zulassung der strukturierten Behandlungsprogramme durch das BVA verbindlich sind.[62] Erst die 30

---

[58] Vgl. im Einzelnen: *Göpffarth*, GGW 2007 (Heft 3), 23 ff., 27.

[59] Notwendige Voraussetzung für die Zulassung eines Programms ist, dass im Programm Ziele und Maßnahmen der Qualitätssicherung festgelegt sind und diese durch entsprechende Vereinbarungen mit den beteiligten Leistungserbringern und Versicherten auch umgesetzt werden (vgl. § 28c RSAV). Programmziele sind dabei bei DMP Diabetes mellitus Typ 2 z.B. die Vermeidung schwerer Stoffwechselentgleisung, Erreichung der Zielvereinbarung Blutdruck, jährliche augenärztliche Untersuchung, Behandlung durch eine auf Behandlung des diabetischen Fußes spezialisierte Einrichtung bei auffälligem Fußstatus, Sicherstellung der aktiven Teilnahme der Versicherten sowie Sicherstellung der Wahrnehmung der vereinbarten Schulungstermine.

[60] Die Wirkung von DMP können nur anhand einer zweckmäßigen und möglichst vollständigen Dokumentation transparent und prüfbar gemacht werden. Auch die Überprüfbarkeit der Einschreibekriterien nach § 28d RSAV muss durch die Dokumentation sichergestellt sein. Ebenso basiert die Qualitätssicherung als elementarer Bestandteil eines strukturierten Behandlungsprogramms auf einer Dokumentation, die die Effizienz des Programms hinsichtlich einer Verbesserung der Versorgungsqualität und des Gesundheitszustandes der teilnehmenden Versicherten darstellt. Vgl. *Grüne* in: Handbuch Kooperationen im Gesundheitswesen (HBKG), GW 2005, B 160, Rn. 60.

[61] Eine Bewertung (Evaluation) der Wirksamkeit und der Kosten von strukturierten Behandlungsprogrammen ist notwendig und gesetzlich festgeschrieben. Sie hat auf der Grundlage allgemein anerkannter wissenschaftlicher Standards stattzufinden (§ 137f Abs. 2 Nr. 6 SGB V). Durchgeführt wird die Evaluation durch einen vom BVA bestellten, unabhängigen Sachverständigen (vgl. § 137f Abs. 4 SGB V). Die Ergebnisse der Evaluation fließen in die Weiterentwicklung der Programme ein. Gemäß § 28g Abs. 2 RSAV hat das BVA zudem durch Vorgaben methodischer Kriterien darauf hinzuwirken, dass die Evaluation unterschiedlicher strukturierter Behandlungsprogramme zu denselben Indikationen diagnosebezogen vergleichbar ist.

[62] Es steht den Krankenkassen als Trägern der einzelnen strukturierten Behandlungsprogramme und ihren Vertragspartnern auf Seite der Leistungserbringer im Übrigen frei, Programminhalte zu vereinbaren, die über die Anforderungen der Rechtsverordnung hinausgehen, sofern die zusätzlichen vereinbarten Programminhalte den Vorgaben der RSAV nicht widersprechen und der bestverfügbaren Evidenz entsprechen. Vgl. Referentenentwurf der Vierzehnten Verordnung zur Änderung der Risikostruktur-Ausgleichsverordnung (14. RSA-ÄndV; DMP Brustkrebs), Quelle: BMGS; Stand 14.09.2005.

Zulassung von strukturierten Behandlungsprogrammen durch das Bundesversicherungsamt (BVA) nach § 137 g Abs. 1 SGB V und die Einschreibung der Versicherten mit entsprechend chronischen Erkrankungen in solche Programme bei ihren Krankenkassen gemäß § 137f Abs. 3 SGB V führt zur Bildung besonderer Versichertengruppen für jede dieser Erkrankungen im RSA (§ 266 Abs. 4 Satz 2 i.V.m. Abs. 7 Satz 1 Nr. 3 SGB V). Für alle am RSA teilnehmenden Krankenkassen ist die Zulassung durch das BVA daher obligatorisch.[63]

31 Mit Einführung der Morbiditätsorientierung im RSA geht die Streichung der DMP als eigenständige Variable im RSA einher.[64] Als Zuteilung aus dem Gesundheitsfonds für sonstige Ausgaben erhalten die Krankenkassen aus dem Gesundheitsfonds aber Zuweisungen zur Deckung ihrer standardisierten Aufwendungen nach § 266 Abs. 4 Satz 1 Nr. 2 SGB V mit Ausnahme der Leistungen nach § 53 Abs. 5 SGB V, ihrer standardisierten Aufwendungen, die auf Grund der Entwicklung und Durchführung von Programmen nach § 137g SGB V entstehen (DMP) und die in der Rechtsverordnung nach § 266 Abs. 7 SGB V näher zu bestimmen sind sowie ihrer standardisierten Verwaltungsausgaben (vgl. § 270 Abs. 1 SGB V). Nach der RSAV erhalten die Krankenkassen Zuweisungen für jeden nach § 2 Abs. 1 Satz 3 RSAV eingeschriebenen Versicherten zur Deckung der Programmkosten für medizinisch notwendige Aufwendungen wie Dokumentations- oder Koordinationsleistungen. Hebt das BVA auf Grund der Evaluationsberichte nach § 28g RSAV die Zulassung eines Programms auf oder lehnt es die Verlängerung der Zulassung ab, ist die Zuweisung nach Satz 1 zurückzuzahlen (vgl. § 33 RSAV).

32 Vollständigkeitshalber sei hier erwähnt, dass von einigen Stimmen der Sinn bzw. Nutzen der Anbindung der DMP an die RSAV überhaupt in Zweifel gezogen wird. Das Institut für Gesundheits- und Sozialforschung (IGES) kam in einer durch die Techniker Krankenkasse in Auftrag gegebene Studie u.a. zu der These, dass vereinzelt Krankenkassen bei der Durchführung der DMP primär die Maximierung der Einschreibequoten vor Augen haben, und erst sekundär versorgungspolitische Ziele wie Qualitätssteigerungen.[65] Darüber hinaus würde nur ein Teil der DMP-Patienten von einer Teilnahme an den Chronikerprogrammen im Sinne einer Ergebnisqualität profitieren. Weil unter den DMP-Teilnehmern zu wenig Schwerkranke seien, liefe der hohe Aufwand für die Programme teilweise ins Leere. Damit verkennt das IGES nach Auffassung des AOK-BV jedoch, dass das Ziel der DMP in der Breitenwirkung liegt. Die präventiven Elemente der DMP sollen dazu führen, dass gerade auch die Patienten, die noch keine Folgeerkrankungen haben, einen Nutzen aus den Programmen ziehen.[66] Richtig ist, dass die DMP für Ärzte keine Vergütungsanreize im Hinblick auf die Versorgungsintegration und -qualität setzen.[67] Dies spricht aber erst einmal für eine Optimierung der mittels der RSAV geschaffenen Anforderungen. Unbestreitbar ist in jedem Falle, dass zu viele unterschiedliche DMP-Verträge bundesweit die Umsetzung des Versorgungskonzeptes erschweren. Beim BVA waren bis Ende 2005 z.B. 3.406 Anträge für DMP Diabetes mellitus Typ 2 eingegangen, von denen 3.137 beschieden waren.[68] Hierbei ist zu bedenken, dass jede Abänderung der RSAV wiederum eine Anpassung dieser Verträge erfordert. Auch der Datenfluss bereitet erhebliche Umsetzungsprobleme: Viele Dokumentationen sind fehlerhaft oder fehlen gänzlich. Einige Krankenkassen reagierten mit großen Aus- und sofortigen Wiedereinschreibungen aller DMP-Patienten, was sowohl für Ärzte als auch für Patienten nur schwer nachvollziehbar war.[69] Diesen Mangel hat das GKV-WSG[70] durch eine Vereinfachung der Ausschreibeprozedur behoben.

---

[63] Vgl. *Wille/Koch*, Gesundheitsreform 2007, S. 253 ff.

[64] Vgl. *Wasern*, GGW 2007 (Heft 3), 15 ff., 21.

[65] *Häussler/Berger*, Bedingungen für effektive Disease-Management-Programme, Nomos Verlag 2004; vgl. auch *Häussler*, Strukturierte Behandlung von Diabetespatienten, Der Diabetologe 2006, 509.

[66] *van Lente*, Gesundheit und Gesellschaft 2004, Heft 3, 28.

[67] Zu diesem Ergebnis kommt auch ein Gutachten des Sachverständigenrats für die Konzertierte Aktion im Gesundheitswesen aus dem Jahre 2003. Die Lang- und Kurzfassung des Gutachtens 2003 sind über die Internet-Seiten des Rates (www.svrgesundheit.de) zugänglich.

[68] Von den 485 Anträgen für ein DMP Diabetes mellitus Typ 1 waren Ende September 2005 noch keiner bewilligt. Beim DMP Brustkrebs waren von 2.404 Antragsverfahren 793 abgeschlossen, bei KHK von 1.930 bisher 793. Vgl. Ärzteblatt, PP 4, Ausgabe November 2005, S. 493.

[69] *Seitz/Fritz*, Managed Care in der gesetzlichen Krankenversicherung, ZögU, Beiheft 33, 2005, 66.

[70] V. 26.03.2007, BGBl I 2007, 378.

8. Vielfältige Novellierung der RSAV

Die RSAV wurde mehrfach zur Einbeziehung weiterer Indikationen in die DMP und zur Überarbeitung der bereits beschlossenen Voraussetzungen und Kriterien novelliert (im Folgenden die wichtigsten Änderungen): 33

- So wurden mit der **vierten Verordnung** zur Änderung der RSAV vom 27.06.2002 die Anforderungen für die Zulassung von DMP für Patienten mit Diabetes mellitus Typ 2 und für Patientinnen mit Brustkrebs festgelegt.[71]
- Die Dokumentation der Daten und Befunde von Patienten mit Diabetes mellitus Typ 2 wurde am 27.12.2002 mit der **sechsten Verordnung** zur Änderung der RSAV modifiziert.[72]
- Mit der **siebenten Verordnung** zur Änderung der RSAV vom 28.04.2003 wurden die Anforderungen an strukturierte Behandlungsprogramme für Patienten mit koronarer Herzkrankheit (KHK) in Kraft gesetzt.[73]
- Mit der **neunten Verordnung** zur Änderung der RSAV vom 18.02.2004 wurden die Anforderungen an strukturierte Behandlungsprogramme für Patienten mit Diabetes mellitus Typ 1 festgelegt. Zudem wurden die Anforderungen an die Dokumentation für Diabetes mellitus Typ 2 und KHK neu gefasst und Änderungen zur Vereinfachung der Umsetzung der Programme vorgenommen.[74]
- Mit der **elften Verordnung** zur Änderung der RSAV vom 22.12.2004 wurden schließlich die Anforderungen an strukturierte Behandlungsprogramme für Patienten mit Asthma und Patienten mit einer chronischen obstruktiven Lungenerkrankung (COPD) festgelegt.[75]
- Mit der **zwölften Verordnung** zur Änderung der RSAV vom 15.08.2005 wurden überarbeitete Anforderungen an die strukturierten Behandlungsprogramme für Patienten mit Diabetes mellitus Typ 2 festgelegt.[76]
- Die **dreizehnte Verordnung** zur Änderung der RSAV definierte zum 01.02.2006 die Anforderungen an die Behandlung der Indikation Brustkrebs neu.[77]
- Durch das **GKV-WSG** wurde die RSAV an den neugestalteten Morbi-RSA angepasst.[78]
- Die **vierzehnte Verordnung** zur Änderung der RSAV ist zum 22.12.2006 in Kraft getreten.[79] Die Verordnung war Voraussetzung dafür, dass die Krankenkassen die notwendigen Daten zur Einführung des Morbi-RSA erheben konnten.
- Letztmalig geändert wurde die RSAV durch die 15. Änderungsverordnung vom 23.10.2007[80] und Art. 5c des Gesetzes zur Änderung des Vierten Buches Sozialgesetzbuch und anderer Gesetze vom 19.12.2007[81] und die 16. Änderungsverordnung vom 20.12. 2007.[82]

9. Zulassung durch das BVA

Die Zulassung und Verlängerung eines Programms ist auf **höchstens drei Jahre befristet (seit 01.04.2007: 5 Jahre)**, so dass auch laufende Programme einer regelmäßigen Prüfung durch das BVA unterliegen. Um die Zulassung durch das BVA zu erhalten, muss ein Anforderungskatalog erfüllt sein, der im Einzelnen in der RSAV und in dem „Leitfaden für die Antragstellung auf Zulassung strukturierter Behandlungsprogramme" festgelegt ist (z.B. wissenschaftlich abgesicherte Behandlung gemäß evidenzbasierter Leitlinien oder der besten verfügbaren Evidenz, Qualitätssicherungsmaßnahmen, Einschreibekriterien, Schulungen der Leistungserbringer und der Versicherten, Dokumentation, Evaluation). 34

Voraussetzung für die Zulassung eines strukturierten Behandlungsprogramms ist nach § 28b Abs. 1 RSAV, dass die Behandlung der Krankheit nach § 2 Abs. 1 Satz 3 insbesondere 35

---

71 V. 27.06.2002, BGBl I 2002, 2286.
72 V. 27.12.2002, BGBl I 2003, 5.
73 V. 28.04.2003, BGBl I 2003, 553.
74 V. 18.12.2004, BGBl I 2005, 271.
75 V. 22.12.2004, BGBl I 2004, 3722.
76 V. 13.08.2005, BGBl I 2005, 2457.
77 V. 23.01.2006, BGBl I 2006, 228.
78 V. 26.03.2007, BGBl I 2007, 378.
79 V. 18.12.2006, BGBl I 2006, 3224.
80 BGBl I 2007, 2495.
81 BGBl I 2007, 3024 ff., 3031.
82 BGBl I 2007, 3083.

1. nach dem aktuellen Stand der medizinischen Wissenschaft unter Berücksichtigung von evidenzbasierten Leitlinien oder nach der jeweils best verfügbaren Evidenz erfolgt,
2. den diagnosebezogenen Therapiezielen entspricht und, soweit medizinisch sinnvoll und möglich, auf der Grundlage individueller und aktueller Zielvereinbarungen mit dem eingeschriebenen Versicherten erfolgt und
3. bei der Kooperation der Versorgungsebenen die Vorgaben für eine qualitätsorientierte und effiziente Versorgung beachtet.

36 Für die Zulassung eines Programms sind jeweils die Vorgaben in Ziffer 1 der Anlagen 1, 3, 5, 7, 9 und 11 zu beachten. Die Anlagen der RSAV enthalten für einbezogene Krankheiten ein für die Zulassungsentscheidung des BVA verbindliches medizinisches Anforderungsprofil an strukturierte Behandlungsprogramme. Durch diese Standardisierung der medizinischen Inhalte der DMP soll verhindert werden, dass einzelne Krankenkassen durch Minderanforderungen Vorteile erhalten.[83] Soweit diese Vorgaben Inhalte der ärztlichen Therapie betreffen, schränken sie den zur Erfüllung des ärztlichen Behandlungsauftrags im Einzelfall erforderlichen ärztlichen Behandlungsspielraum nicht ein (vgl. § 28b Abs. 1 Satz 3 RSAV).

10. Vergütung der im Rahmen von DMP erbrachten ärztlichen Behandlung

37 Die RSAV führt allerdings in Bezug auf das Leistungsangebot des EBM keine neuen Leistungen ein, sondern enthält nur Vorgaben zur Verbesserung der Qualität und Effizienz der Versorgung (vgl. § 85 Abs. 2 Satz 2 SGB V).[84] Die Vergütungen der vertragsärztlichen Leistungen für eingeschriebene Versicherte erfolgen daher nach der Maßgabe des EBM. Die Leistungen sind mit der Gesamtvergütungsvereinbarung nach § 85 SGB V abgegolten, es sei denn, es wird vertraglich hierzu etwas Abweichendes vereinbart. Die Vertragsärzte erhalten üblicherweise eine Pauschalvergütung für die vollständig, fristgemäß und plausibel übermittelte Dokumentation, sowie für die vollständigen Unterlagen zur Einschreibung des Versicherten in das Programm sowie für die Schulung eines eingeschriebenen Versicherten. Die KV, soweit beteiligt, sorgt dafür, dass die Vergütungen aus diesem Vertrag gegenüber den teilnehmenden Vertragsärzten in den Abrechnungsunterlagen deutlich und gesondert herausgestellt werden. Die beteiligte KV wiederum liefert gemäß § 295 Abs. 2 Satz 4 SGB V quartalsbezogen, spätestens nach Erstellung der Honorarbescheide für die Vertragsärzte, die für das Programm erforderlichen Abrechnungsdaten versicherten- und arztbezogen an die teilnehmenden Krankenkassen. Die Datenübermittlung erfolgt analog den Regelungen des zwischen den Spitzenverbänden der Krankenkassen und der Kassenärztlichen Bundesvereinigung abgeschlossenen Vertrages über den Datenaustausch auf Datenträgern in der jeweils gültigen Fassung.

38 Die Vergütung stationärer Leistungen für eingeschriebene Versicherte erfolgt nach Maßgabe der gesetzlichen Regelungen, d.h. nach dem Krankenhausfinanzierungsgesetz, nach der Bundespflegesatzverordnung und nach dem Krankenhausentgeltgesetz, sofern keine abweichende Vereinbarung in dem DMP-Vertrag getroffen wurde. Auch hier werden für die ausführliche Beratung und Information des Patienten, die Einschreibung, Erstellung der Dokumentation sowie deren Versand an die Datenstelle Pauschalen vereinbart.

11. Beitragssatzerhöhungen durch DMP

39 Bei dem Abschluss von Verträgen zur Umsetzung von DMP haben die Vertragspartner die Vereinbarungen grundsätzlich so zu gestalten, dass Beitragssatzerhöhungen ausgeschlossen werden, es sei denn, die notwenige medizinische Versorgung ist auch nach Ausschöpfung von Wirtschaftlichkeitsreserven ohne Beitragssatzerhöhung nicht zu gewährleisten (vgl. § 71 Abs. 1 SGB V). Durch das Beitragssatzsicherungsgesetz[85] ist jedoch in § 71 Abs. 1 Satz 2 SGB V ein Ausnahmetatbestand durch DMP bedingte Ausgabensteigerungen eingefügt worden (z.B. Finanzielle Mittel für Dokumentationen nach § 137f Abs. 2 Satz 2 Nr. 5 SGB V oder Schulungen der Versicherten nach Nr. 4).

40 Für Integrationsverträge, eine für Disease-Management-Programme geeignete Vertragsform, gilt der Grundsatz der Beitragssatzstabilität qua Gesetz für Verträge, die bis zum 31.12.2008 abgeschlossen werden, nicht (vgl. § 140b Abs. 4 Satz 2 SGB V).

[83] *Hess* in: KassKomm, SGB V, vor §§ 137 f, 137g Rn. 6.

[84] *Orlowski*, Die BKK 2002, 329.

[85] Gesetz zur Sicherung der Beitragssätze in der gesetzlichen Krankenversicherung und in der gesetzlichen Rentenversicherung v. 23.12.2002.

12. DMP unter der Beteiligung der KV

§ 28f Abs. 2 RSAV regelt die Datenerhebung und -übermittlung für den Fall, dass vertragliche Vereinbarungen zur Durchführung strukturierter Behandlungsprogramme unter Beteiligung der KVen getroffen werden, was der Regelfall ist. Die Vertragspartner der Bundesmantelverträge erhalten aufgrund dieser Regelung die Möglichkeit, eine arbeitsteilige Steuerung der strukturierten Behandlungsprogramme durch die Krankenkassen und die Kassenärztlichen Vereinigungen vorzusehen. Voraussetzung für die Anwendung der Vorschrift ist, dass die Vertragspartner der Bundesmantelverträge die Bildung von **Arbeitsgemeinschaften** zur Versorgung chronischer Kranker nach § 219 SGB V vorsehen.[86] Denkbar ist jedoch auch, dass die Vertragspartner in den jeweiligen Verträgen (z.B. Vertrag nach den §§ 140a ff. SGB V) eine Regelung aufnehmen, wonach die Vertragsbestandteile zum Datenfluss des jeweiligen Gesamtvertrages werden.[87] 41

Weiterhin haben im Falle des § 28f Abs. 2 RSAV die an der Durchführung der DMP beteiligten Leistungserbringer die jeweils in der Anlage der RSAV aufgeführten Daten an die Arbeitsgemeinschaft zu übermitteln (A-Datensatz, auch als Langdatensatz bezeichnet). Die Übermittlung der Daten und die Trennung des Volldatensatzes der Erst- und Folgedokumentation in den A- und B-Datensatz (auch als Kurzdatensatz bezeichnet) erfolgte mittels der Datenannahmestellen, privatrechtlich beauftragten Unternehmen, die die Daten im Namen der Arbeitsgemeinschaft verwalteten. Die durch die Arbeitsgemeinschaften pseudonymisierten Daten stehen sodann für die Qualitätssicherung im DMP durch die Kassenärztlichen Vereinigungen sowie für die gemeinsame Qualitätssicherung durch die Krankenkassen und die Kassenärztlichen Vereinigungen zur Verfügung.[88] 42

Die Qualitätssicherung und Evaluation der strukturierten Behandlungsprogramme (vgl. hierzu die §§ 28c und 28g RSAV) findet durch eine Gemeinsame Einrichtung gemäß § 28f Abs. 2 RSAV statt, welche von den Mitgliedern der Arbeitsgemeinschaft nach § 219 SGB V zu gründen ist. Der Gemeinsamen Einrichtung ist es auch möglich, ihr obliegende Aufgaben an Dritte zu vergeben, so z.B. bezüglich der nach der Anlage 1, Nr. 2 der RSAV zu erstellenden Feedbackberichte. Eine Übertragung der Aufgaben der Gemeinsamen Einrichtung auf die KVen ist nicht zulässig.[89] 43

Insgesamt sind also am Datenfluss neben der Kassenärztlichen Vereinigung und den Krankenkassen eine Datenstelle, eine Arbeitsgemeinschaft und eine Gemeinsame Einrichtung beteiligt. 44

13. DMP ohne Beteiligung der KV

Soweit strukturierte Behandlungsprogramme ohne Beteiligung von Kassenärztlichen Vereinigungen durchgeführt werden (z.B. DMP Brustkrebs Berlin) oder wenn sich die Vertragpartner der Bundesmantelverträge nicht auf eine arbeitsteilige Steuerung der Programme durch Krankenkassen und Kassenärztliche Vereinigungen einigen, muss ebenfalls sichergestellt werden, dass die Krankenkassen die für die Programmsteuerung notwendigen Daten erhalten.[90] 45

14. Qualitätssicherung, Dokumentation und Evaluation als wichtige Bestandteile der DMP

a. Qualitätssicherung

Notwendige Voraussetzung für die Zulassung eines Programms ist, dass im Programm Ziele und Maßnahmen der **Qualitätssicherung** festgelegt sind und diese durch entsprechende Vereinbarungen mit den beteiligten Leistungserbringern und Versicherten auch umgesetzt werden (vgl. § 28c RSAV). Programmziele sind dabei bei DMP Diabetes mellitus Typ 2 z.B. 46

- die Vermeidung schwerer Stoffwechselentgleisung,
- Erreichung der Zielvereinbarung Blutdruck,
- jährliche augenärztliche Untersuchung,
- Behandlung durch eine auf Behandlung des diabetischen Fußes spezialisierte Einrichtung bei auffälligem Fußstatus,

[86] *Grüne* in: HBKG, GW 2005, Kennzahl B 1600, Rn. 62

[87] Leitfaden des Bundesversicherungsamts für die Antragstellung zur Zulassung strukturierte Behandlungsprogramme, 12.06.2006, 14.

[88] Amtliche Begründung zur 4. RSVA-ÄndV vom 26.06.2002, abgedruckt in: *Krauskopf*, Disease-Management in der GKV, Kommentar und Materialsammlung, Bd. 1, Sankt Augustin 2004, Kennzahl 450, 12.

[89] Vgl. Leitfaden für die Antragstellung auf Zulassung strukturierter Behandlungsprogramme, 12.06.2006, 14.

[90] Amtliche Begründung zur 4. RSVA-ÄndV vom 26.06.2002, abgedruckt in: *Krauskopf*, Disease-Management in der GKV, Kommentar und Materialsammlung, Bd. 1, Sankt Augustin 2004, Kennzahl 450, 13.

- Sicherstellung der aktiven Teilnahme der Versicherten, sowie
- Sicherstellung der Wahrnehmung der vereinbarten Schulungstermine.

47 Maßnahmen der Qualitätssicherung bilden einen wesentlichen Bestandteil von strukturierten Behandlungsprogrammen. Ihrem Inhalt nach differenziert man hier zwischen der Struktur-, der Prozess- und die Ergebnisqualität. Zu unterscheiden ist weiterhin die **arzt- und die versichertenbezogene Qualitätssicherung.**[91] Die ärztliche Qualitätssicherung wird von den Gemeinsamen Einrichtungen bzw. den Datenstellen eines jeden KV-Bereiches durchgeführt. Schwerpunkt der Qualitätssicherung des Arztes ist der sog. Feedback-Bericht. Dieser enthält Informationen zu anamnestischen und aktuellen Befunden, Laborparametern und Medikation sowie zu Schulungen und Zielvereinbarungen mit Versicherten im zeitlichen Verlauf. Jeder Arzt kann aus dem ihm zugestellten Bericht den Behandlungsverlauf und Erfolg seiner eingeschriebenen Patienten im Vergleich zu denen seiner Kollegen ersehen. Grundlage ist die Auswertung der regelmäßig zu erstellenden Dokumentationen. Der Feedback-Bericht wird gemäß der vertraglichen Vereinbarung halbjährlich an die teilnehmenden Ärzte versendet. Des Weiteren werden die teilnehmenden Ärzte monatlich an die für ihre Patienten erforderlichen Wiedervorstellungstermine und Dokumentationspflichten erinnert.

48 Wird auf Kassenseite auf Grund der vom Arzt ausgefüllten Dokumentationen festgestellt, dass die gesetzten Ziele innerhalb der vorgesehenen Zeitspanne nicht erreicht wurden, leiten auch die Krankenkassen versichertenbezogene Qualitätsmaßnahmen ein. So werden Basisinformationen zu der Erkrankung und deren Begleit- und Folgeerkrankungen und Erinnerungsschreiben an den Versicherten versendet. Darüber hinaus geben die Krankenkassen Informationen über alle im Programm stattfindenden Patienten-Schulungen und Beratungen.

49 Um zu erreichen, dass für die jeweiligen strukturierten Behandlungsprogramme ein einheitlicher Qualitätsstandard gilt, sind die an die RSAV gebundenen Vertragspartner in der inhaltlichen Ausgestaltung der Ziele und Maßnahmen nicht frei. Integrale Bestandteile der programmübergreifend anzustrebenden Ziele sowie eine beispielhafte Auflistung der Maßnahmen zur Zielerreichung sind in Ziffer 2 der Anlagen 1 (Diabetes mellitus Typ 2), Anlage 3 (Brustkrebs), Anlage 5 (KHK), Anlage 7 (Diabetes mellitus Typ 1), Anlage 9 (Asthma) und Anlage 11 (COPD) zur RSAV festgelegt und durch § 28c Satz 2 RSAV verbindlich. Die inhaltliche Festlegung von Zielen, Qualitätssicherungsmaßnahmen und Qualitätsindikatoren kann dagegen nur programmspezifisch erfolgen und bleibt daher der vertraglichen Vereinbarung vorbehalten.[92] Die Anzahl der Ziele und Qualitätsindikatoren innerhalb der Bereiche ist nicht vorgegeben, allerdings ist die Vereinbarung zumindest eines Zieles obligatorisch.[93]

b. Dokumentation

50 Alter, Geschlecht, Versichertenstatus und beitragspflichtige Einnahmen einer Krankenkasse als bisherige Kriterien des RSA waren relativ leicht objektiv nachprüfbar. Die Teilnahme an strukturierten Behandlungsprogrammen und deren Durchführung auf gleichbleibendem Qualitätsniveau ist ungleich schwieriger objektivierbar und deswegen in viel höherem Maße manipulationsanfällig.[94] Die Wirkung von DMP kann daher nur anhand einer zweckmäßigen und möglichst vollständigen Dokumentation transparent und prüfbar gemacht werden. Auch die Überprüfbarkeit der Einschreibekriterien nach § 28d RSAV muss durch die Dokumentation sichergestellt sein. Ebenso basiert die Qualitätssicherung als elementarer Bestandteil eines strukturierten Behandlungsprogramms auf einer Dokumentation, die die Effizienz des Programms hinsichtlich einer Verbesserung der Versorgungsqualität und des Gesundheitszustandes der teilnehmenden Versicherten darstellt.[95] Die entsprechende Anlage der RSAV legt für jede DMP-Indikation den Umfang des zu erhebenden Datensatzes genau fest.

51 Auch der Datenfluss zu den Krankenkassen dient nicht nur zur Durchführung von strukturierten Behandlungsprogrammen, sondern auch der Überprüfbarkeit der in der RSAV einzuhaltenden Kriterien durch das BVA.[96] Der umfassende Datensatz nach der entsprechende Anlage der RSAV ist durch den Arzt oder das Krankenhaus nach § 219 SGB V zwecks Pseudonymisierung des Versichertenbezuges an die Arbeitsgemeinschaft[97] zu übermitteln (vgl. § 28f Abs. 2 Satz 1 Nr. 1 RSAV). Diese leitet den

---

[91] Leitfaden des Bundesversicherungsamts für die Antragstellung zur Zulassung strukturierte Behandlungsprogramme, 12.06.2006, Anhang 1, 18.

[92] *Grüne* in: Handbuch Kooperationen im Gesundheitswesen (HBKG), GW 2005, Kennzahl B 160, Rn. 42.

[93] BVA, Leitfaden für die Antragstellung zur Zulassung strukturierte Behandlungsprogramme, 12.06.2006, 10.

[94] *Hess* in: KassKomm, SGB V, vor §§ 137 f, 137g Rn. 9.

[95] *Grüne* in: Handbuch Kooperationen im Gesundheitswesen (HBKG), GW 2005, Kennzahl B 160, Rn. 60.

[96] *Hess* in: KassKomm, SGB V, vor §§ 137 f, 137g Rn. 9.

[97] DMP unter Beteiligung der KV: Eine Arbeitsgemeinschaft gemäß § 291 SGB V ist zu gründen.

pseudonymisierten Datensatz an die KV und die von den Mitgliedern der Arbeitsgemeinschaft gebildete gemeinsame Einrichtung zur Nutzung dieser Daten für die Qualitätssicherung (§ 28f Abs. 2 Satz 1 Nr. 4 RSAV). Zur Vereinfachung des Dokumentationsverfahrens wurden in allen DMP-Regionen **Daten(annahme)stellen** eingerichtet und mit der Annahme, Prüfung und Weiterleitung der Dokumentationsdaten beauftragt. Diese können auch Aufgaben der Qualitätssicherung übernehmen (z.B. Versendung von Feedback-Berichten an die Koordinationsärzte). Fast alle Datenstellen sind externe Dienstleister.

Wird im Rahmen eines Datenflussmodells nach § 28 Abs. 2 RSAV (DMP unter Beteiligung der KV) eine vorgelagerte Datenannahmestelle eingerichtet, die vorab die Richtigkeit und Vollständigkeit der Datensätze prüft und die Datensätze anschließend in dem nach § 28f Abs. 2 RSAV vorgesehenen Umfang weiterleitet, handelt es sich hierbei um eine Auftragsdatenverarbeitung nach § 11 BDSG im Auftrag des Arztes.[98] Das Auftragsvolumen der Krankenkassen überschreitet hier im Regelfall den vergaberechtlichen Schwellenwert von 206.000 €[99] (Dienstleistung), so dass aus kartellvergaberechtlichen Gründen eine europaweite Ausschreibung vor der Beauftragung eines externen Dienstleiters erforderlich sein dürfte (vgl. die §§ 97 ff. GWB). 52

Der Versicherte muss vorher gemäß § 137f SGB V der Übertragung der in der RSAV genannten Daten zustimmen. Das sind zum Beispiel Angaben zu Alter und Versichertennummer sowie in begrenztem Umfang medizinische Angaben, die für die Betreuung der Teilnehmer wichtig sind. Soweit diese Daten die Einschreibung eines Versicherten in das Programm betreffen, sind die Daten versicherten- und leistungserbringerbezogen an die Krankenkassen zu übermitteln, im Übrigen nur versichertenbezogen, da für die Steuerung der Versicherten durch die Krankenkassen die Kenntnis des Arztbezuges nicht erforderlich ist.[100] 53

Die Vertragspartner haben sich in den Verträgen entsprechend der gesetzlichen Vorgaben (z.B. Datenschutz, RSAV) üblicherweise auf eine zweiteilige Dokumentation geeinigt (vgl. zu dem Entbürokratisierungsprozess im Jahre 2006: Rn. 63). Danach erhalten die Kassen von den Datenstellen nur die Daten, die sie zur Wahrnehmung ihrer gesetzlich geregelten Aufgaben benötigen (**B-Datensatz** der Erst- und Folgedokumentation auch als Kurzdatensatz bezeichnet). Dies sind die 54

- Zeilen 1-13 der Erstdokumentation nach Anlage 2b,
- Zeilen 1-13 der Erstdokumentation nach Anlage 4b,
- Zeilen 1-12 der Erstdokumentation nach Anlage 6b,
- Zeilen 1-10 der Erstdokumentation nach Anlage 8b,
- Zeilen 1-17 der Erstdokumentation nach Anlage 10b und
- Zeilen 1-11 der Erstdokumentation nach Anlage 12b.

Die oben aufgeführten Daten sind spätestens innerhalb von zehn Tagen nach Ablauf des Dokumentationszeitraums maschinell verwertbar versicherten- und leistungserbringerbezogen, die übrigen in diesen Anlagen aufgeführten Daten nur versichertenbezogen (vgl. Rn. 57) zu übermitteln (vgl. § 28f Abs. 2 Satz 1 Nr. 2 RSAV). Es ist Voraussetzung für die Zulassung eines strukturierten Behandlungsprogramms, dass im Programm auf elektronischem Weg zu übermittelnde Erst- und Folgedokumentationen vorgesehen sind, die nur die in den Anlagen 2a, 4a, 6a, 8a, 10a und 12a jeweils aufgeführten Angaben umfassen (vgl. § 28 Abs. 1 Satz 1 Nr. 1 RSAV). Würde andere Daten als die in § 28 Abs. 2 Satz 1 Nr. 2 vorgesehenen Daten an die Krankenkassen übermittelt, ist das Programm durch das BVA nicht zuzulassen. Datensatz und Datenfluss als solcher sind nach der Rechtsauffassung des BVA vertraglich nicht abdingbar, da diese durch die §§ 137f, 137g SGB V und die RSAV verbindlich festgelegt werden.[101] 55

Die übermittelten Daten der Erst- und Folgedokumentation sind bei den Krankenkassen in einer gesonderten Annahmestelle und Datenbank getrennt von den Leistungs- und Stammdaten zu speichern. Diese Daten dienen der Fallführung, dem Reminding und der versichertenbezogenen Qualitätssicherung. Die Unterlagen sind entsprechend zu archivieren. Sie ermöglichen es, dem Versicherten Infor- 56

---

98 *Grüne* in: Handbuch Kooperationen im Gesundheitswesen (HBKG), GW 2005, Kennzahl B 160, Rn. 67.

99 Mit der Verordnung 1422/2007 EG, veröffentlicht im Amtsblatt am 05.12.2007, hat die EU die Schwellenwerte für die Ausschreibungspflichten für öffentliche Aufträge gesenkt. Für Liefer- und Dienstleistungsaufträge der Richtlinie 2004/18/EG wurde ein Schwellenwert von 206.000 € (vorher 211.000 €) festgesetzt.

100 Amtliche Begründung zur 4. RSVA-ÄndV vom 26.06.2002, abgedruckt in: *Krauskopf*, Disease-Management in der GKV, Kommentar und Materialsammlung, Bd. 1, Sankt Augustin 2004, Kennzahl 450, 12.

101 *Hess* in: KassKomm, SGB V, § 137g Rn. 9.

mationsmaterial über das DMP zukommen zu lassen oder den Versicherten bei fehlenden Dokumentationsbögen anzusprechen. Nach § 28d Abs. 2 Nr. 1 RSAV haben die Krankenkassen die Pflicht, die aktive Teilnahme der Versicherten anhand der nach § 28f RSAV übermittelten Daten zu überprüfen.

57 Nur die Volldokumentation (**A-Datensatz** der Erst- und Folgedokumentation auch als Langdatensatz bezeichnet), welche die Krankenkassen aber nicht erhalten (vgl. § 28f Abs. 2 Satz 1 Nr. 2 RSAV), enthält detaillierte Befunde. Sie dient der Qualitätssicherung und der Evaluation. Durch die Trennung der Daten in pseudonymisierte und versichertenbezogene Datensätze soll ein besserer Datenschutz der medizinischen Befunddaten ermöglicht werden. Die Krankenkassen sollen nur dann versichertenbezogene Daten erhalten, wenn sie diese zur Durchführung der strukturierten Behandlungsprogramme benötigen. Eine auf den einzelnen Behandlungsfall bezogene direkte Intervention der Krankenkasse in das Patienten-Arztverhältnis soll dadurch soweit als möglich ausgeschlossen werden.[102]

58 Bei Auffälligkeiten, die sich aus der Beurteilung anonymisierter Daten ergeben, hat jedes Mitglied der Arbeitsgemeinschaft einen Anspruch auf Herstellung des Versichertenbezuges nach § 28f Abs. 2 Satz 1 Nr. 5 RSAV.

59 Zusätzlich zum B-Datensatz erhält die Krankenkasse einen Einschreibedatensatz mit der Teilnahme- und Datenschutzerklärung des Patienten. Zugang zu den DMP-Dokumentationen dürfen bei den Krankenkassen außerdem nur Personen haben, die Aufgaben im Rahmen der Betreuung Versicherter in strukturierten Behandlungsprogrammen wahrnehmen und hierfür besonders geschult worden sind.[103]

60 Die Einhaltung der Vorgaben der RSAV hat jedoch zur Folge, dass die Dokumentation, Evaluation, Datenverarbeitung und Qualitätssicherung der DMP aufwändig ist. Die Kritik der Ärzteschaft richtete sich gegen den durch die Koppelung von DMP und RSA erforderlichen Dokumentionsaufwand, der nach ihrer Auffassung eine Überbürokratisierung der ärztlichen Tätigkeit darstelle. Zudem befürchteten die Ärzte durch das ständige Nachkontrollieren aller Termine und Werte als quasi „verlängerter Arm der Krankenkassen“ eine negative Beeinflussung des Arzt- und Patientenverhältnisses.[104]

61 Im Hinblick auf diese nicht unberechtigte Kritik wurde im Laufe des Jahres 2006 von den beteiligten Akteuren (BMG, G-BA) beschlossen, den **Datenfluss erheblich zu vereinfachen**. Die Anbindung der DMP an den RSA und die hohen Qualitätssicherungs- und Evaluationsziele erschweren die Vereinfachung der Formalien jedoch erheblich. Die Aussagefähigkeit und Rechtssicherheit der Dokumentation in Bezug auf Diagnosesicherung und Teilnahmeüberwachung müssen, ebenso wie eine sinnvolle Qualitätssicherung, zu diesem Zwecke erhalten bleiben. Ziel war es allerdings, nur noch Parameter zu erheben, welche für diese Zielsetzungen tatsächlich erforderlich sind. Durch die Vielzahl der beteiligten Organisationen und die divergierende Interessenlage war der Entbürokratisierungsprozess aufwändig. Gesetz- und Verordnungsgeber mussten mitspielen, da sowohl das SGB V als auch die RSAV geändert werden mussten. Dies erkennend hat sich im Mai 2006 eine Arbeitsgruppe „Bürokratieabbau“ im BMG u.a. mit der Vereinfachung der gesetzlichen Bestimmungen im Zusammenhang mit der Durchführung von DMP befasst. Diese hat dem G-BA den Auftrag erteilt, die Einschreibedokumentation erheblich zu vereinfachen und zu reduzieren, so dass künftig nur noch eine einzige indikationsübergreifende Dokumentation erforderlich ist. In der Folgedokumentation sollen nur Daten erhoben werden, die für eine aussagefähige Qualitätssicherung und Evaluation unabdingbar sind. Es soll angestrebt werden, die Trennung der Datensätze in einen Kurz- und Langdatensatz aufzuheben. Der erste Vorschlag wurde durch den Gesetzgeber bereits aufgegriffen, indem die RSAV im Rahmen des GKV-WSG hinsichtlich der elektronisch zu übermittelnden Dokumentation angepasst wurde. Die Voraussetzungen für die praktische Umsetzung der elektronischen Dokumentation waren allerdings durch die im G-BA beteiligten Trägerorganisationen auf Grundlage der durch den Unterausschuss DMP erarbeiteten Neufassung der Dokumentation zu schaffen. Von besonderer Bedeutung war insofern ein Beschluss des G-BA vom 13.09.2007.[105] Der G-BA hat in diesem die Empfehlung ausgesprochen, die Inhalte der Anlagen 2a und 2b (Dokumentation DMP Diabetes mellitus Typ 2), 6a und 6b (Dokumentation DMP Koronare Herzkrankheit), 8a und 8b (Dokumentation DMP Diabetes mellitus Typ 1), 10a und 10b (Dokumentation DMP Asthma bronchiale) sowie 12a und 12b (Dokumentation DMP Chronischobstruktive Lungenerkrankung) zu den §§ 28b-28g der RSAV durch die Vorgaben für die **indikationsü-**

[102] Vgl. *Hess* in: KassKomm, SGB V, § 137g Rn. 8.

[103] Vgl. *Wille/Koch*, Gesundheitsreform 2007, 257.

[104] Vgl. hierzu auch *Hess* in: KassKomm, SGB V, vor §§ 137 f, 137g Rn. 9.

[105] Beschluss des G-BA über die Empfehlung zur Neufassung der Dokumentation von strukturierten Behandlungsprogrammen nach § 137f SGB V und zur Einschreibung von Versicherten v. 13.09.2007.

bergreifende Dokumentation gemäß Anlage 1 dieses Beschlusses und die Vorgaben für die indikationsspezifischen Datensätze gemäß Anlagen 2-5 dieses Beschlusses vom 13.09.2007 zu ersetzen. Darüber hinaus wurde ein **einheitlicher Datensatz** empfohlen. Ein Teildatensatz für die Erfüllung unterschiedlicher Aufgaben soll dementsprechend nicht mehr gebildet werden.

c. Evaluation

Gemäß § 28g Abs. 2 RSAV hat das BVA durch Vorgabe methodischer Kriterien darauf hinzuwirken, dass die **Evaluationen** unterschiedlicher Programme diagnosebezogen vergleichbar sind. Zur Erstellung dieser Kriterien hat das BVA einen wissenschaftlichen Beirat berufen, der sich in seiner 1. Sitzung am 26.03.2003 konstituiert hat. Der Beirat hat den Kriterien des BVA zur Evaluation strukturierter Behandlungsprogramme bei Diabetes mellitus Typ 2, Brustkrebs und Koronarer Herzkrankheit zugestimmt. Aus methodischen Gründen (Vergleichbarkeit) und ökonomischen Gründen (Wirtschaftlichkeitsgebot) sollte gemeinsam von allen Krankenkassen eine zentrale Evaluation angestrebt werden und zu diesem Zwecke ein gemeinsamer Evaluator durch ein geeignetes Ausschreibungsverfahren ausgewählt werden. Aus diesen Gründen hat das BVA Kriterien zur Evaluation strukturierter Behandlungsprogramme[106] erlassen, die Mindestanforderungen formulieren. 62

15. GKV-WSG: Entbürokratisierung und Optimierung von DMP

Für die Erprobung einer neuen Versorgungsform ist es nicht untypisch, dass sich nach einiger Zeit auch Punkte ergeben, die einer kritischen Würdigung und Überarbeitung bedürfen, was aber nicht insgesamt die Sinnhaftigkeit des Konzeptes in Frage stellen sollte. Mit Recht wurde eine Entbürokratisierung der DMP angestrebt, also eine Vereinfachung der umfangreichen Dokumentation. So befasste sich im Mai 2006 eine Arbeitsgruppe „**Bürokratieabbau**" im BMG u.a. mit der Vereinfachung der gesetzlichen Bestimmungen im Zusammenhang mit der Durchführung von DMP. Neben Maßnahmen, die nicht an den G-BA adressiert sind, wurden insbesondere drei Vorschläge formuliert, in die der G-BA direkt oder mittelbar involviert ist: 63

- Die Dokumentation der DMP soll vollständig auf eine elektronische Dokumentation umgestellt werden.
- Die Einschreibedokumentation soll vereinfacht und reduziert werden, so dass künftig eine einzige indikationsübergreifende Dokumentation zur Erhebung administrativer Daten und zur Diagnosesicherung ausreicht und eine Routinedokumentation medizinischer Daten in der Erstdokumentation entfallen kann. In der Folgedokumentation sollen nur Daten erhoben werden, die für eine aussagefähige Qualitätssicherung und Evaluation unabdingbar sind.
- Es soll angestrebt werden, die Trennung der Datensätze in einen Kurz- und Langdatensatz aufzuheben.

Der erste Vorschlag wurde durch den Gesetzgeber bereits aufgegriffen, indem die RSAV im Rahmen des GKV-WSG hinsichtlich der elektronisch zu übermittelnden Dokumentation angepasst wurde. Bereits im Eckpunktepapier hieß es unter „10. Transparenz und Bürokratieabbau": 64

„Die Beteiligten im Gesundheitswesen beklagen übereinstimmend mangelnde Transparenz und zunehmenden bürokratischen Aufwand. Bei allen gesetzlichen und administrativen Vorgaben und bei vertraglichen Vereinbarungen ist der berechtigten Kritik Rechnung zu tragen. Im Rahmen dieser Gesundheitsreform wird das u. a. an folgenden Stellen geschehen: (...)- einheitlicher und entbürokratisierter Rahmen für Chronikerprogramme (DMP),- vereinfachter und zielgenauerer Risikostrukturausgleich (RSA) einschließlich der Neugestaltung der Verknüpfung mit den DMP."

Im Ergebnis sind im **GKV-WSG**[107] folgende Änderungen getroffen worden: 65

- Die Krankenkassen erhalten als Anreiz für die weitere Fortführung der DMP Zuweisungen aus dem Gesundheitsfond für die Entwicklung und Durchführung der Programme nach § 137g SGB V (Dokumentations- und Koordinationsleistungen). **Die Berücksichtigung der eingeschriebenen Versicherten in eigenen Versichertengruppen erfolgt nicht mehr**. Diese werden voraussichtlich in den neuen Morbiditätsgruppen des Morbi-RSA aufgehen (Morbiditäts-Risikostrukturausgleich). Insofern könnte der Anreiz der Krankenkassen zur Durchführung der DMP jedoch zunächst gemildert werden.

---

[106] BVA, Kriterien zur Evaluation strukturierter Behandlungsprogramme, Version 1.0 Stand v. 15.05.2007.

[107] V. 26.03.2007, BGBl I 2007, 378.

- Die DMP-Dokumentation wird auf eine elektronische Dokumentation festgeschrieben.[108]

66 Zudem erfolgten zahlreiche weitere kleinere Änderungen durch das GKV-WSG bezüglich der Genehmigung der Programme (Zulassung) und der Ein- und Ausschreibekriterien, die der Verfahrensvereinfachung dienen:

- Die Überprüfung der aktiven Programmteilnahme eines Versicherten wird auf der Grundlage der übermittelten Dokumentationen neu geregelt: So endet die Teilnahme am Programm, wenn er die Voraussetzungen für eine Einschreibung nicht mehr erfüllt (vgl. § 28d Abs. 2 Nr. 2a RSAV). Gleiches gilt, wenn er innerhalb von zwölf Monaten zwei der in § 3 Abs. 3 Satz 8 Nr. 3 RSAV genannten Anlagen veranlassten Schulungen ohne plausible Begründung nicht wahrgenommen hat oder zwei aufeinander folgende der quartalsbezogen zu erstellenden Dokumentationen nicht innerhalb von sechs Wochen nach Ablauf der in § 28f Abs. 2 Satz 1 Nr. 2 RSAV genannten Frist übermittelt worden sind (vgl. § 28d Abs. 2 Nr. 2c RSAV).
- Für die rechtssichere Einschreibung des Versicherten ist nicht mehr die Übersendung des sogenannten a-Datensatzes erforderlich. Dieser dient nur noch der Qualitätssicherung und Evaluation der Programme, aber nicht mehr der Einschreibung (vgl. § 28d Abs.1 RSAV).
- Ein strukturiertes Behandlungsprogramm kann auch zugelassen werden, wenn es vorsieht, dass bei einer Unterbrechung der Zugehörigkeit des Versicherten zur Krankenkasse, die sich über nicht mehr als sechs Monate erstreckt, seine Teilnahme am Programm auf Grund einer Folgedokumentation fortgesetzt werden kann (Fall des Kassenwechsels, vgl. § 28d Abs. 3 RSAV).
- Die Folgedokumentation soll nicht mehr vom Arzt unterschrieben werden (vgl. § 28f Abs. 2 Satz 1 Nr. 7 RSAV).[109]
- Die Zulassung der Programme gilt nun für 5 Jahre (vgl. § 28g Abs. 5 RSAV).

67 Die Voraussetzungen für die praktische Umsetzung der elektronischen Dokumentation waren allerdings durch die im G-BA beteiligten Trägerorganisationen auf Grundlage der durch den Unterausschuss DMP erarbeiteten Neufassung der Dokumentation zu schaffen. Diese Neufassung der Dokumentation wurde daher mit dem zweiten und dritten Vorschlag der AG „Bürokratieabbau" an den G-BA adressiert. In seiner Sitzung am 05.07.2006 hat der Unterausschuss DMP die Arbeitsgruppe „DMP Dokumentation" mit der Neufassung der Dokumentation beauftragt. Grundlage war die Bekanntgabe des BMG vom 29.06.2006, mit der der Gesetzgeber die Beschlüsse des G-BA vom 16.05.2006 bestätigt hat, die der Entwicklung von DMP-Modulen sowie der Berücksichtigung von Multimorbidität und der Erarbeitung von Maßnahmen zur Reduktion des Verwaltungsaufwandes im Zusammenhang mit DMP dienen. Insoweit konnte festgestellt werden, dass die diesbezüglichen Beschlüsse des G-BA auch mit der Zielvorgabe der Vereinfachung der DMP-Dokumentation in Einklang stehen. Aus der Komplexität der verschiedenen DMP-Prozesse ergibt sich, dass die Weiterentwicklung von DMP und die Vereinfachung administrativer Abläufe Hand in Hand gehen und entsprechend aufeinander abgestimmt werden müssen. In diesem Sinne verfolgte der Unterausschuss DMP die Zielsetzung, die bestehenden Programme entsprechend den Bestimmungen der RSAV zu aktualisieren und zugleich die Programme um modulare Komponenten bei Komorbidität zu erweitern. Zusätzlich sollte die Dokumentation indikationsübergreifend vereinfacht und dabei die unterschiedlichen Aspekte der Weiterentwicklung der Programme bereits bei der Umstellung der Dokumentation ab 2008 berücksichtigt oder zumindest vorausschauend eingeplant werden.[110] Dem folgend hat der G-BA in seiner Sitzung am 13.09.2007 beschlossen[111], dem BMG folgende Anforderungen an die Dokumentation von strukturierten Behandlungsprogrammen nach § 137f Abs. 2 Satz 2 Nr. 5 SGB V sowie die Voraussetzungen für die Einschreibung der Versicherten nach § 137f Abs. 2 Satz 2 Nr. 3 SGB V zu empfehlen (In-Kraft-Treten zum 13.09.2007):

---

[108] Durch die Ergänzung in § 28f Abs. 1 Nr. 1 RSAV soll die vollständige Umstellung auf die elektronische Dokumentation erfolgen, die dann Voraussetzung für die Zulassung eines strukturierten Behandlungsprogramms ist. Die geltende Übergangsregelung des § 28b Abs. 3 RSAV geht von einer Anpassungsfrist an das neue Recht von einem Jahr aus.

[109] Kritik des VdAK: Sonderstellungnahme zum Entwurf eines Gesetzes zur Stärkung des Wettbewerbs in der GKV (GKV-Wettbewerbsstärkungsgesetz – GKV-WSG) v. 24.10.06, BT-Drs. 16/3100, S. 5.

[110] Vgl. Tragende Gründe des Beschlusses des G-BA über die Empfehlung zur Neufassung der Dokumentation von strukturierten Behandlungsprogrammen nach § 137f SGB V und zur Einschreibung von Versicherten v. 13.09.2007, S. 3.

[111] Beschluss des G-BA über die Empfehlung zur Neufassung der Dokumentation von strukturierten Behandlungsprogrammen nach § 137f SGB V und zur Einschreibung von Versicherten v. 13.09.2007.

- Die Inhalte der Anlagen 2a und 2b (Dokumentation DMP Diabetes mellitus Typ 2), 6a und 6b (Dokumentation DMP Koronare Herzkrankheit), 8a und 8b (Dokumentation DMP Diabetes mellitus Typ 1), 10a und 10b (Dokumentation DMP Asthma bronchiale) sowie 12a und 12b (Dokumentation DMP Chronischobstruktive Lungenerkrankung) zu den §§ 28b-28g der RSAV werden durch die Vorgaben für den **indikationsübergreifenden Datensatz** gemäß Anlage 1 dieses Beschlusses und die Vorgaben für die indikationsspezifischen Datensätze gemäß Anlagen 2-5 dieses Beschlusses ersetzt.
- Die gemäß Anlagen 1-5 zu erfassenden Daten werden ausschließlich zur Erfüllung der gemäß §§ 28b-28g RSAV vorgeschriebenen Aufgaben genutzt. Zu diesem Zweck werden die Daten vollständig an die zuständigen Datenstellen bzw. Krankenkassen übermittelt. Ein Teildatensatz für die Erfüllung unterschiedlicher Aufgaben wird nicht gebildet.
- Die Datenerfassung und -übermittlung erfolgt ab 01.04.2008 ausschließlich auf elektronischem Wege.
- Die Einschreibung der Versicherten erfolgt aufgrund der schriftlichen Bestätigung einer gesicherten Diagnose durch den behandelnden Arzt bzw. die behandelnde Ärztin in Verbindung mit der Dokumentation gemäß Anlagen 1 und 2, 1 und 3, 1 und 4 oder 1 und 5.

Die Einführung dieses neuen indikationsübergreifenden Dokumentationsbogens kann aufgrund seiner **68** Komplexität ohnehin ausschließlich als (elektronischer) Datensatz erfolgen.[112] Die Einführung der neuen, indikationsübergreifenden Dokumentation für die DMP verschiebt sich allerdings nun auf den 01.07.2008. Der Termin für die Einführung wurde verschoben, um sicherzustellen, dass den Arztpraxen bei der Auslieferung der neuen Software ein gut funktionierendes Programm zur Verfügung steht. Es soll gewährleistet sein, dass alle Praxen von Anfang an nach dem neuen Verfahren dokumentieren können. Von der Verschiebung nicht betroffen ist die verbindliche Einführung der elektronischen Dokumentation für alle Arztpraxen, die an den DMP teilnehmen. Die elektronische Verarbeitung der DMP-Daten, die in den meisten Arztpraxen bereits erfolgreich praktiziert wird, wird zum 01.04.2008 verpflichtend.

16. Belohnung therapietreuer Versicherter, besondere Belastungsgrenze für Chroniker

Durch § 65a Abs. 2 SGB V a.F. erhielten die Krankenkassen die Möglichkeit, die Teilnahme ihrer Ver- **69** sicherten an besonderen Versorgungsformen – z.B. DMP-Programmen – durch Bonuslösungen zu fördern. Eine gesonderte Regelung für Boni für die Teilnahme an bestimmten Versorgungsformen wurde durch die Einführung spezieller Tarife durch das GKV-WSG, die unter anderem auch an diese Versorgungsformen anknüpfen, überflüssig.[113] Der Gesetzgeber hat § 65a Abs. 2 SGB V a.F. daher durch das GKV-WSG[114] gestrichen.

Die bisherige Bonusgewährung für die Teilnahme an besonderen Versorgungsformen wird durch eine **70** Prämienzahlung bzw. Zuzahlungsermäßigung durch das GKV-WSG ersetzt (§ 53 Abs. 3 SGB V). Das Besondere an dieser Regelung ist, dass die Krankenkasse hier kein Ermessen hat, sondern diese Regelung ist in der Satzung vorzusehen. Für spezielle Versorgungsformen muss die Krankenkasse somit auch spezielle Tarifgestaltungen anbieten. Dies betrifft Modellvorhaben, die hausarztzentrierte Versorgung, Tarife mit Bindung an bestimmte Leistungserbringer, DMP sowie die integrierte Versorgung.[115]

Das GKV-WSG modifizierte zur Stärkung der Eigenverantwortung des Versicherten auch die Rege- **71** lung in § 62 SGB V zur Belastungsgrenze. Künftig sollen nur die Versicherten von der reduzierten Belastungsgrenze profitieren, die vor ihrer Erkrankung regelmäßig die für sie relevanten, vom Gemeinsamen Bundesausschuss näher zu bestimmenden Vorsorgeuntersuchungen in Anspruch genommen haben. Zwar profitieren von dieser auch Versicherte, die chronisch krank sind. Voraussetzung für die Aufrechterhaltung ist allerdings, dass sie sich therapiegerecht verhalten (vgl. § 62 Abs. 1 Satz 3 Nr. 1 SGB V i.d.F. des GKV-WSG[116]).[117] Deshalb darf die Bescheinigung über die Fortdauer der chronischen Erkrankung nur ausgestellt werden, wenn der Arzt ein therapiegerechtes Verhalten des Patienten

[112] Vgl. Stellungnahme des IKK-Bundesverbandes zu den RSA-Regelungen im GKV-WSG v. 03.11.2006.

[113] Entwurf eines Gesetzes zur Stärkung des Wettbewerbs in der GKV (GKV-Wettbewerbsstärkungsgesetz – GKV-WSG) v. 24.10.06, BT-Drs. 16/3100, S. 317.

[114] V. 26.03.2007, BGBl I 2007, 378.

[115] Entwurf eines Gesetzes zur Stärkung des Wettbewerbs in der GKV (GKV-Wettbewerbsstärkungsgesetz – GKV-WSG) v. 24.10.06, BT-Drs. 16/3100, S. 311.

[116] V. 26.03.2007, BGBl I 2007, 378.

[117] Entwurf eines Gesetzes zur Stärkung des Wettbewerbs in der GKV (GKV-Wettbewerbsstärkungsgesetz – GKV-WSG) v. 24.10.06, BT-Drs. 16/3100, S. 316.

feststellt. Therapiegerechtes Verhalten kann zum Beispiel die Teilnahme an einem DMP sein. Dies benachteiligt allerdings diejenigen chronisch Kranken, für deren Krankheit kein DMP angeboten wird.[118]

II. Normgeschichte/Vorgängervorschrift

72 Die Vorschrift ist durch Art. 1 Nr. 1 des Gesetzes zur Reform des Risikostrukturausgleichs in der gesetzlichen Krankenversicherung vom 10.12.2001[119] mit Wirkung vom 01.01.2002[120] neu in das SGB V aufgenommen worden. Sie beruht auf dem Gesetzesentwurf der Fraktionen der SPD und Bündnis 90/Die Grünen[121] sowie dem gleich lautenden, später vom Bundestag für erledigt erklärten Gesetzesentwurf der Bundesregierung.[122]

73 Der 14. Ausschuss hat zu dem Entwurf eine Reihe von Änderungen und Ergänzungen vorgeschlagen,[123] die auch Gesetz geworden sind. Ziel des Gesetzes zur Reform des Strukturausgleichs – RSA – (vg. hierzu die §§ 266 und 267 SGB V) ist es, stärker als bisher eine solidarische Verteilung der Risikobelastung innerhalb der GKV herbeizuführen und damit eine Selektion günstiger Risiken zum Zwecke der Erlangung von „Wettbewerbsvorteilen" bei der Beitragsgestaltung zu vermeiden. Durch das Gesetz sollen für die Krankenkassen weitere Anreize geschaffen werden, sich um eine Verbesserung der Versorgung kranker, insbesondere chronisch kranker Versicherter zu bemühen.[124] Dieses Vorhaben will der Gesetzgeber auf der Grundlage einer direkten Erfassung der unterschiedlichen Morbidität der Versicherten vorrangig mit der Durchführung strukturierter Behandlungsprogramme für bestimmte chronische Erkrankungen erreichen, die im RSA finanziell besonders berücksichtigt und gefördert werden sollen.[125]

74 Durch Art. 1 Nr. 109 lit. a) und b) des auf dem Fraktionenentwurf der SPD/CDU/CSU und Bündnis 90/Die Grünen[126] beruhenden Gesetzes zur Modernisierung der gesetzlichen Krankenversicherung (GKV-Modernisierungsgesetz = GMG vom 14.11.2003[127]) sind mit Wirkung vom 01.01.2004[128] Absatz 1 Satz 1, Absatz 2 Satz 1, Absatz 2 Satz 2 Nr. 1 und Absatz 2 Satz 3 neu gefasst worden. Es handelt sich im Wesentlichen um reine Folgeänderungen, die sich auf Grund der gesetzlichen Auflösung des Koordinierungsausschusses (§ 137e SGB V a.F.) und der Übertragung seiner früheren Aufgaben auf den Gemeinsamen Bundesausschuss (§ 91 SGB V) ergeben. Mit der Änderung des Absatzes 2 Satz 2 Nr. 1 soll klargestellt werden, dass Empfehlungen zur Ausgestaltung von Behandlungsprogrammen nach Absatz 1 gegenüber dem BMG auch dann ausgesprochen werden müssen, wenn evidenzbasierte Leitlinie nicht zur Verfügung stehen.[129] In Anpassung an § 28b Abs. 1 Nr. 1 der Risikostruktur-Ausgleichsverordnung (RSVA) vom 03.01.1994[130] in der Fassung vom 19.12.2003[131] wird zur Vermeidung von Auslegungsschwierigkeiten nunmehr bestimmt, dass der G-BA die Anforderungen an die Ausgestaltung von Behandlungsprogrammen nach Absatz 1 bei Fehlen evidenzbasierter Leitlinien auch „nach der jeweils besten verfügbaren Evidenz" festlegen darf.[132] Die Neufassung wurde außerdem wegen der Bezugnahme auf Absatz 3 Nr. 1 des durch das GMG aufgehobenen § 137e SGB V erforderlich.

75 Durch Art. 4 Nr. 6 des Gesetzes zur Vereinfachung des Verwaltungsverfahrens im Sozialrecht (Verwaltungsvereinfachungsgesetz) vom 21.03.2005[133] ist der Vorschrift dem Vorschlag des Regierungsentwurfs[134] folgend mit Wirkung vom 30.03.2005[135] ein neuer Abs. 6 angefügt worden. Er regelt die

[118] Vgl. Änderungsvorschläge der BARMER-Ersatzkasse am GKV-WSG vom 24.10.2006, S. 6.

[119] BGBl I 2001, 3465.

[120] Art. 4, BGBl I 2002, 3470.

[121] BT-Drs. 14/6432.

[122] BT-Drs. 14/7123.

[123] BT-Drs. 14/7355.

[124] *Hencke* in: Peters, KV (SGB V), § 137f Rn. 1.

[125] Vgl. zur Begründung des Gesetzes im Einzelnen BT-Drs. 14/6432, S. 24 ff., BT-Drs. 14/7123, S. 10 ff. und Bericht des 14. Ausschusse BT-Drs. 14/7395; vgl. auch *Wille/Koch*, Gesundheitsreform 2007, S. 364.

[126] BT-Drs. 15/1525, S. 36.

[127] BGBl I 2003, 2190, 2222.

[128] Art. 37 Abs. 1, BGBl I 2004, 2257.

[129] *Hencke* in: Peters, KV (SGB V), § 137f Rn. 1a.

[130] BGBl I 1994, 55.

[131] BGBl I 2003, 2813.

[132] Vgl. Begr. zum GesEntw. BT-Drs. 15/1525, S. 127.

[133] BGBl I 2005, 318, 823.

[134] BT-Drs. 15/4228, S. 11 und 26.

[135] Art. 32 Abs. 1, BGBl I 2005, 836.

Datenverarbeitung im Rahmen strukturierter Behandlungsprogramme, wenn zu deren Durchführung Arbeitsgemeinschaften gem. § 28f Abs. 2 i.V.m. Abs. 3 RSAV gebildet worden sind. In diesem Fall dürfen nach Maßgabe der gesetzlichen Vorgaben auch private Stellen mit der Verarbeitung sensibler Gesundheitsdaten beauftragt werden (vgl. hierzu Rn. 50).

Durch das Gesetz zur Stärkung des Wettbewerbs in der Gesetzlichen Krankenversicherung (GKV-Wettbewerbsstärkungsgesetz – GKV-WSG)[136] wurde § 137f Abs. 2 Satz 2 Nr. 2 SGB V wie folgt abgeändert: Zu benennen sind durch den G-BA insbesondere Anforderungen an die durchzuführenden Qualitätssicherungsmaßnahmen „unter Berücksichtigung der Ergebnisse nach § 137a Abs. 2 Nr. 1 und Nr. 2 SGB V". Durch die Ergänzung wird sichergestellt, dass der G-BA bei seinen Empfehlungen zu den Qualitätssicherungsmaßnahmen für die strukturierten Behandlungsprogramme die nach § 137a Abs. 2 Nr. 1 und Nr. 2 festgelegten Indikatoren und Instrumente sowie die Anforderungen an die Dokumentation einzubeziehen hat. Ziel dieser Einbeziehung ist, die Qualitätssicherungsmaßnahmen bei den unterschiedlichen Versorgungsformen möglichst einheitlich zu gestalten.[137] 76

Die Änderungen des GKV-WSG[138] zu Absatz 2 Satz 4 sind erst zum 01.07.2008 in Kraft getreten. Es handelte sich um eine Folgeänderung zur Änderung der Organisationsstrukturen bei den Verbänden der Krankenkassen und beim Medizinischen Dienst. Die Ergänzung des Absatzes 5 dient der Erleichterung und Vereinfachung der Beauftragung der Datenstellen zur Umsetzung bundeseinheitlicher abgestimmter Vorgaben im Formularwesen der strukturierten Behandlungsprogramme und im technischen Bereich (z.B. Dokumentationsbögen, Plausibilitätsprüfung, Datensatzformate). Die Verbände der Krankenkassen werden damit ermächtigt, die Datenstellen entsprechend zu beauftragen. Damit muss nicht mehr wie bisher eine inhaltsgleiche Beauftragung in jeder Region einzeln durch die regionalen Arbeitsgemeinschaften (also für 17 KV-Bereiche) erfolgen. Damit wird vermieden, dass dieselben Aufgaben mehrfach an die regionenübergreifend tätigen Datenstellen herangetragen werden.[139] Zudem werden mit Wirkung ab dem 01.07.2008 im Satz 1 die Wörter „Die Landes- und Spitzenverbände der Krankenkassen" durch die Wörter „die Verbände der Krankenkassen und der Spitzenverband Bund" ersetzt.[140] Es handelt sich auch insoweit um eine Folgeänderung zur Änderung der Organisationsstruktur bei den Verbänden der Krankenkassen. Absatz 5 Satz 1 wurde durch das GKV-WSG[141] wie folgt ergänzt: „Hierzu gehört auch, dass die in Satz 2 genannten Aufträge auch von diesen Verbänden erteilt werden können, soweit die in Satz 2 genannten Aufträge auch von diesen Verbänden umgesetzt werden sollen." Die Unterstützung der Mitgliedskassen bei dem Aufbau und der Durchführung von strukturierten Behandlungsprogrammen kann danach durch die Landesverbände der Krankenkassen sowie durch den Spitzenverband Bund der Krankenkassen, welcher dann die Aufgaben der ehemaligen Spitzenverbände der Krankenkassen zukünftig übernehmen kann, soweit es sich um die Umsetzung bundeseinheitlicher Vorgaben handelt, durchgeführt werden.[142] 77

III. Parallelvorschriften

Parallelvorschriften existieren im SGB V nicht. 78

Der RSA bezweckt eine gerechtere Beitragsbelastung der Versicherten und einen Abbau der Wettbewerbsverzerrungen zwischen den Krankenkassen. § 266 Abs. 1 Sätze 2 und 3 SGB V legt jedoch enumerativ fest, dass ausschließlich die finanziellen Auswirkungen ganz bestimmter Faktoren ausgeglichen werden dürfen. Auszugleichende Faktoren sind u.a. die Höhe der beitragspflichtigen Einnahmen der Mitglieder, die Zahl der nach § 10 SGB V Versicherten (Familienversicherung) sowie das Alter und das Geschlecht der Versicherten. Mit § 266 Abs. 7 SGB V schuf der Gesetzgeber die Ermächtigungsgrundlage für den Erlass der RSAV. Die Verordnung regelt Einzelheiten des Berechnungs- und Ausgleichsverfahrens.[143] 79

---

136 V. 26.03.2007, BGBl I 2007, 378.

137 Gesetzentwurf der Fraktionen der CDU/CSU und SPD Entwurf eines Gesetzes zur Stärkung des Wettbewerbs in der gesetzlichen Krankenversicherung (GKV-WSG) v. 24.10.2006, BT-Drs. 16/3100, S. 424.

138 V. 26.03.2007, BGBl I 2007, 378.

139 Gesetzentwurf der Fraktionen der CDU/CSU und SPD Entwurf eines Gesetzes zur Stärkung des Wettbewerbs in der gesetzlichen Krankenversicherung (GKV-WSG) v. 24.10.2006, BT-Drs. 16/3100, S. 424.

140 Art. 46 Abs. 9 GKV-WSG.

141 V. 26.03.2007, BGBl I 2007, 378.

142 Gesetzentwurf der Fraktionen der CDU/CSU und SPD Entwurf eines Gesetzes zur Stärkung des Wettbewerbs in der gesetzlichen Krankenversicherung (GKV-WSG) v. 24.10.2006, BT-Drs. 16/3100, S. 424.

143 Vgl. *Wille/Koch*, Gesundheitsreform 2007, 364.

80 Nach § 266 Abs. 1 SGB V findet der RSA jährlich zwischen den Krankenkassen unter Einbeziehung aller gesetzlichen Krankenkassen – mit Ausnahme der Landwirtschaftlichen Krankenkassen (LKKen) (§ 266 Abs. 9 SGB V) – statt. Dementsprechend sind die LKKen auch keine Krankenkassen und der Bundesverband der landwirtschaftlichen Krankenkassen (BLK) kein Spitzenverband i.S.v. § 1 Abs. 3 und 4 RSAV. Die LKKen verfügen zwar über einen hohen Altenteileranteil, die erhöhten Ausgaben werden aber größtenteils durch den Bund – also durch Steuermittel – gedeckt. Dieser hat sich verpflichtet, die Leistungsaufwendungen der Altenteiler zu finanzieren, soweit eigene Beiträge der Altenteiler hierzu nicht ausreichen. An dieser Grundposition hat sich auch durch die mittels des Haushaltbegleitgesetzes 2005 eingeführte Verpflichtung der aktiven Mitglieder der landwirtschaftlichen Krankenversicherung, einen Teil der Leistungsaufwendungen für die Altenteiler selbst zu übernehmen, nichts geändert.[144] Das Gesetz gibt nach § 54 KVLG 1989[145] in Verbindung mit § 265 SGB V den LKKen lediglich die Möglichkeit eines systeminternen Finanzausgleichs für aufwendige Leistungsfälle und für andere aufwendige Belastungen. Von der Möglichkeit eines Finanzausgleichs bei aufwendigen Leistungsfällen haben die LKKen Gebrauch gemacht. Das Nähere regelt die Satzung des BLK (§§ 7 ff. BLK). Daneben gibt es zurzeit keinen Finanzausgleich bei den LKKen.[146] Eine Pflicht zur Teilnahme an den strukturierten Behandlungsprogrammen gibt es für die LKKen nicht, weil diese nicht am RSA teilnehmen (vgl. § 266 Abs. 9 SGB V). Auch ohne rechtliche Verpflichtung haben sich die LKKen, um eine kassenart- und regionenübergreifende gleichförmige Versorgung ihrer Versicherten zu gewährleisten, zahlreichen Programmen angeschlossen.

IV. Systematische Einordnung

81 Der Gesetzgeber richtet sich über die Anbindung an den RSA mit dem Angebot strukturierter Behandlungsprogramme ausschließlich an die Krankenkassen und überlässt es diesen, geeignete Vertragspartner zur Durchführung der Programme zu finden. Die Krankenkassen können dabei strukturierte Behandlungsprogramme nicht frei entwickeln, sondern müssen bundeseinheitliche Voraussetzungen an das Verfahren für die Einschreibung der Versicherten erfüllen, einschließlich der Dauer der Teilnahme, der Schulung der Leistungserbringer und der Versicherten, der Dokumentation der Befunde, therapeutischen Maßnahmen und Behandlungsergebnisse sowie der Evaluation der Wirksamkeit und Kosten, und die befristete Zulassung des BVA einholen (vgl. § 137g SGB V). Die Einzelheiten finden sich in den §§ 28b-28g RSAV bzw. den krankheitsspezifischen Anlagen der RSA-Verordnungen nach § 266 Abs. 7 SGB V.

82 Der § 137f SGB V selbst befindet sich im 9. Abschnitt des 4. Kapitels des SGB V, das sich mit den Beziehungen der Krankenkassen zu den Leistungserbringern beschäftigt. Dieser Abschnitt regelt die Sicherung der Qualität der Leistungserbringung. Der Belastungsausgleich zwischen den Krankenkassen soll verbessert und zugleich Anreize zur Verbesserung der Versorgung insbesondere von chronisch Kranken geschaffen werden. Zu diesem Zweck wird die Durchführung strukturierter Behandlungsprogramme für bestimmte chronische Erkrankungen finanziell gefördert, indem die Ausgaben für solche chronisch kranken Versicherten, die sich in zugelassene, qualitätsgesicherte DMP eingeschrieben haben, im Risikostrukturausgleich besonders berücksichtigt werden.[147] Die Erlangung von Beitragssatz- und Wettbewerbsvorteilen durch die Selektion günstiger Versichertenrisiken soll mit der Weiterentwicklung des Risikostrukturausgleichs ausgeschlossen werden.[148]

83 Die Krankenkassen bzw. deren Verbände müssen beim BVA für ein strukturiertes Behandlungsprogramm eine Zulassung beantragen (vgl. hierzu § 137g SGB V). Auf Grundlage der Empfehlungen des G-BA gemäß § 137f Abs. 1 und 2 SGB V regelt das BMG in den §§ 28b-28g RSAV die allgemeinen Anforderungen für strukturierte Behandlungsprogramme und in den Anlagen der RSAV die speziellen Anforderungen an die einzelnen Programme (z.B. Brustkrebs). Die RSAV selbst gibt keine Behandlungsprogramme für chronisch Kranke vor, sondern regelt die Voraussetzungen, die DMPe erfüllen müssen, damit sie vom BVA RSA-wirksam zugelassen werden können.[149]

---

[144] Vgl. *Siebert*, Soziale Sicherheit in der Landwirtschaft, 2005 (Heft 2), 77 ff., 82.

[145] Zweites Gesetz über die Krankenversicherung der Landwirte (KVLG 1989) vom 20.12.1988, BGBl I 1988, 2477.

[146] Vgl. hierzu im Einzelnen *Siebert*, SdL 2005, Heft 2, 73 ff.,135.

[147] BT-Drs. 14/6432, S. 1.

[148] BT-Drs. 14/6432, S. 8, vgl. auch *Krauskopf*, Bd. I, Disease Management in der GKV, S. 3.

[149] Vgl. *Grüne* in: Halbe/Schirner, HBKG, B 1600 Rn. 13.

V. Literaturhinweise

BVA, Leitfaden für die Antragstellung zur Zulassung strukturierte Behandlungsprogramme, abgedruckt in: Krauskopf, Disease-Management in der Gesetzlichen Krankenversicherung, Kommentar und Materialsammlung, Bd. 1, Sankt Augustin 2004; *Halbe/Schirner*, Handbuch Kooperationen im Gesundheitswesen, B 1600 (Disease-Management-Programme); *Kolpatzik/Meyers-Middendorf*, Zielführende Maßnahmen der GKV im Bereich der krankheitsbezogenen Ziele – Das Disease Management Programm zum Diabetes Typ 2, Gesundheitsziele.de 2005, 163 (Schriftenreihe der GVG, Bd. 49); *Krauskopf*, Disease-Management in der Gesetzlichen Krankenversicherung, Kommentar und Materialsammlung, Bd. 1, Sankt Augustin 2004; *Lauterbach*, Disease Management in Deutschland, Siegburg 2001; *Lauterbach/Wille*, Modell eines fairen Wettbewerbs durch den Risikostrukturausgleich, Gutachten im Auftrag des VdAK/AEV, des AOK-BV und des IKK-BV, Köln/Mannheim Februar 2001; *Häussler/Berger*, Bedingungen für effektive Disease-Management-Programme, Nomos Verlag 2004; *Orlowski*, Strukturierte Behandlungsprogramme im RSA, Die BKK 2002, 329; *Schulte*, Wettbewerb und Risikostrukturausgleich in der gesetzlichen Krankenversicherung, RPG 2007, 87; *Seitz/Fritz*, Managed Care in der gesetzlichen Krankenversicherung, ZögU, Beiheft 33, 2005, S. 66; *Stock/Lüngen/Lauterbach*, Der Risikostrukturausgleich im Gesundheitsfonds, SozSich 2006, 407. 84

B. Auslegung der Norm

I. Regelungsgehalt

Strukturierte Behandlungsprogramme beschreiben nach der Gesetzesbegründung einen Organisationsansatz, der verbindliche und aufeinander abgestimmte Behandlungs- und Betreuungsprozesse über Krankheitsverlaufe und institutionelle Grenzen hinweg auf der Grundlage medizinischer Evidenz vorgeben soll.[150] Der Begriff ist in der medizinischen Versorgungslandschaft der Bundesrepublik neu und an den US-amerikanischen Begriff des Disease Managements angelehnt, weshalb verbreitet auch von Disease-Management-Programmen, abgekürzt DMP, die Rede ist.[151] 85

§ 137f SGB V regelt die Auswahl der chronischen Krankheiten, für die strukturierte Behandlungsprogramme entwickelt werden sollen (Absatz 1), die Anforderungen an die Ausgestaltung der Behandlungsprogramme (Absatz 2), die Teilnahme der Versicherten an den Behandlungsprogrammen (Absatz 3), die externe Evaluation (Absatz 4) sowie eine mögliche Unterstützung der Krankenkassen durch die Landes- und Spitzenverbände (Absatz 5).[152] 86

DMP stellen eine medizinische Versorgungsform dar, mit der mit Hilfe einer hochwertigen und in einem angemessenen Kosten-Nutzungsverhältnis stehenden medizinischen Versorgung vor allem die Prävention und Behandlung einer Krankheit, insbesondere einer schweren chronischen Erkrankung, verbessert und krankheitsbedingte Beeinträchtigungen verringert werden sollen.[153] Hierzu bedarf es sektorenübergreifend verbindlicher, auf der Grundlage von medizinischer Evidenz festgelegter Betreuungsprozesse über die Krankheitsverläufe.[154] 87

Die Krankenkassen sind nicht frei in der Ausgestaltung und Durchführung von DMP. Da eine Verknüpfung zwischen DMP und Belastungsausgleichen durch den Risikostrukturausgleich besteht, ist es notwendig, die Voraussetzungen für die Anforderungen, die Ausgestaltung, die Durchführung sowie die Evaluierung der DMP bundesweit für alle Krankenkassen einheitlich und verbindlich zu regeln.[155] 88

Mit § 137f Abs. 1 SGB V in seiner ursprünglichen Fassung erhielt der mittlerweile nicht mehr existente Koordinierungsausschuss nach § 137e Abs. 2 Satz 2 SGB V a.F. den gesetzlichen Auftrag, dem BMG sieben, jedoch mindestens vier Krankheiten vorzuschlagen, für die strukturierte Behandlungsprogramme eingeführt werden sollen und darüber hinaus erste Empfehlungen abzugeben, welchen Anforderungen strukturierte Behandlungsprogramme genügen müssen. Am 29.01.2002 schlug der Koordinierungsausschuss dem BMG die Einführung von strukturierten Behandlungsprogrammen für folgende vier Krankheiten vor: Diabetes mellitus Typ 2, Mammakarzinom, Koronare Herzerkrankung und Asthma bronchiale/COPD. Die inhaltlichen Empfehlungen des Koordinierungsausschusses hat 89

[150] BT-Drs. 14/7123, S. 13-zu Art. 1 Nr. 1.

[151] *Hohnholz* in: Hauck/Noftz, SGB V, §§ 137f und 137g Rn. 10.

[152] *Krauskopf*, Bd. I, Disease Management in der GKV, S. 3.

[153] Vgl. auch BT-Drs. 14/6432, S. 11.

[154] *Hencke* in: *Peters*, KV (SGB V), § 137f Rn. 2.

[155] *Krauskopf*, Bd. I, Disease Management in der GKV, S. 4.

das BMG mit der auf der Grundlage von § 266 Abs. 7 erlassenen 4. Verordnung zur Änderung der Risikostruktur-Ausgleichsverordnung (RSAV) vom 27.06.2002[156] umgesetzt.[157] Die Aufgabe, Empfehlungen an das BMG abzugeben, ist mit dem GMG auf den Gemeinsamen Bundesausschuss nach § 91 SGB V übergegangen.

90 Die Dokumentation der Daten und Befunde von Patienten mit Diabetes mellitus Typ 2 wurde am 27.12.2002 mit der 6. Verordnung zur Änderung der RSAV modifiziert. Mit der 7. Änderungsverordnung vom 28.04.2003 wurden die Anforderungen an die strukturierten Behandlungsprogramme mit koronarer Herzkrankheit (KHK) in Kraft gesetzt. Mit der 9. Änderungsverordnung vom 18.02.2004 wurden die Anforderungen an Behandlungsprogramme für Patienten mit Diabetes mellitus Typ 1 festgelegt. Zudem wurden die Anforderungen an die Dokumentation für Diabetes mellitus Typ 2 und KHK neu gefasst und Änderungen zur Vereinfachung der Umsetzung der Programme vorgenommen. Mit der 11. Änderungsverordnung vom 22.12.2004 wurden die Anforderungen an Programme für Patienten mit Asthma und Patienten mit chronischen Lungenerkrankungen (COPD) formuliert. Mit der 12. Änderungsverordnung wurden überarbeitete Anforderungen an die Programme für Patienten mit Diabetes mellitus Typ 2 bestimmt.[158]

91 Nach einer Entscheidung des BVerfG aus dem Jahre 2005 sind die §§ 137f, 137g, 268 und 269 SGB V seit ihrer Einführung beziehungsweise Neufassung durch Art. 1 Nr. 1 und 4 des Gesetzes zur Reform des Risikostrukturausgleichs in der gesetzlichen Krankenversicherung vom 10.12.2001[159] mit dem Grundgesetz vereinbar.[160]

II. Erläuterung und Zweck der Norm

1. Vorschlag von Versichertengruppen durch den G-BA (Absatz 1)

92 Gemäß § 137f Abs. 1 Satz 1 SGB V empfiehlt der G-BA dem BMG geeignete chronische Krankheiten, für die strukturierte Behandlungsprogramme (DMP) entwickelt werden sollen. Vormals, das heißt bis zum 01.01.2004, war hierfür der Koordinierungsausschuss zuständig. Chronisch Kranke, die in DMP entsprechend der vertraglichen Grundlagen versorgt werden, werden im Rahmen des Risikostrukturausgleichs (RSA) zwischen den Krankenkassen als Versichertengruppe berücksichtigt. Durch die Beteiligung des G-BA soll sichergestellt werden, dass in die Entscheidung darüber, für welche chronischen Krankheiten besondere Versichertengruppen zu bilden sind, auch der medizinische Sachverstand der Verbände der Leistungserbringer einfließt, die maßgeblich an der Durchführung von DMP beteiligt sind.[161] Dies führt auch zu einer größeren Rechtsicherheit der entsprechenden Verordnungsregelungen.[162]

93 Die Entwicklung von DMP erfolgt in einem mehrstufigen Entwicklungsprozess, an dessen Anfang die Auswahl von chronischen Krankheiten steht, für die strukturierte Behandlungsprogramme entwickelt werden sollen. Bislang hat der G-BA die Anforderungen an strukturierte Behandlungsprogramme für Patienten mit Diabetes mellitus Typ 1 und 2, koronarer Herzkrankheit (KHK), Asthma bronchiale, chronisch obstruktiver Lungenerkrankung (COPD) und Brustkrebs formuliert. Bei der Empfehlung zur Entwicklung weiterer DMP sind insbesondere die Kriterien des § 137f Abs. 1 Satz 2 Nr. 1-6 SGB V zu berücksichtigen:

- Zahl der von der Krankheit betroffenen Versicherten,
- Möglichkeiten zur Verbesserung der Qualität der Versorgung,
- Verfügbarkeit von evidenzbasierten Leitlinien,
- sektorenübergreifender Behandlungsbedarf,
- Beeinflussbarkeit des Krankheitsverlaufs durch Eigeninitiative des Versicherten und
- hoher finanzieller Aufwand der Behandlung.

94 Die Aufzählung ist nicht abschließend, da die Formulierung „sind insbesondere die folgenden Kriterien" die Berücksichtigung zusätzlicher Kriterien erlaubt. Im Einzelnen:

---

[156] 4. RSAÄndV zum 01.07.2002.

[157] BGBl I 2002, 2286

[158] *Hohnholz* in: Hauck/Noftz, SGB V, §§ 137f und g Rn. 7.

[159] BGBl I 2001, 3465.

[160] BVerfG v. 18.07.2005 - 2 BvF 2/01 - SozR 4-2500 § 266 Nr. 8.

[161] BT-Drs. 14/6432, S. 11.

[162] *Grüne* in: Halbe/Schirner, HBKG, B 1600, Rn. 3.

- Vor dem Hintergrund der Zielsetzung der DMP ist es notwendig, dass eine ausreichende Anzahl von Versicherten von dieser Krankheit betroffen ist (hohe Prävalenz).[163] Die Prävalenz liefert Angaben zu der Zahl der mit einer bestimmten Krankheitsdiagnose lebenden Personen in der Bevölkerung. Die Prävalenz hängt ab von der Inzidenz (Häufigkeit des Auftretens von Neuerkrankungen pro Jahr) und der Überlebenszeit.[164]
- DMP können nur dann erfolgreich sein, wenn ein nennenswerter Einfluss auf den Krankheitsverlauf sowie die Mortalität der betroffenen Versicherten und darüber hinaus eine positive Beeinflussung ihres subjektiven Lebensgefühls möglich ist.[165] Daher hat der Gesetzgeber vorgegeben (§ 137f Abs. 1 Satz 2 Nr. 2 SGB V), dass bei der Auswahl der zu empfehlenden Krankheiten die Möglichkeiten zur Verbesserung der Qualität der Versorgung zu berücksichtigen sind.
- Eine gesicherte Beeinflussung des Krankheitsverlaufs setzt die Behandlung auf der Grundlage wissenschaftlich orientierter Leitlinien voraus,[166] daher ist nach § 137f Abs. 1 Satz 2 Nr. 3 SGB V bei der Auswahl der Krankheiten die Verfügbarkeit von evidenzbasierten Leitlinien für diese Krankheiten zu berücksichtigen.
- Für DMP geeignete Krankheiten zeichnen sich dadurch aus, dass überwiegend verschiedene Behandlungsbereiche betroffen sind und die Koordination der Behandlung schnittstellenübergreifend erforderlich ist, daher ist nach § 137f Abs. 1 Satz 2 Nr. 4 SGB V bei der Auswahl der Krankheiten der Sektoren übergreifende Behandlungsbedarf zu berücksichtigen.
- Nach § 137f Abs. 1 Satz 2 Nr. 5 SGB V ist bei der Auswahl der Krankheiten die Beeinflussbarkeit des Krankheitsverlaufs durch Eigeninitiative des Versicherten zu berücksichtigen. Der Erfolg von strukturierten Behandlungsprogrammen hängt nämlich im Wesentlichen von der Bereitschaft des Patienten ab, den Behandlungsverlauf aktiv mitzugestalten (Compliance, vgl. hierzu Rn. 9).[167]
- Die zu bestimmenden chronischen Krankheiten sollen mit hohen Krankheitskosten verbunden sein, um sicherzustellen, dass der finanzielle Aufwand für die Durchführung von DMP in einem angemessenen Verhältnis zu den Krankheitskosten und der zu erwartenden Verbesserung der Wirtschaftlichkeit der Versorgung steht, daher ist nach § 137f Abs. 1 Satz 2 Nr. 6 SGB V bei der Auswahl der Krankheit das Kriterium „hoher finanzieller Aufwand der Behandlung“ zu berücksichtigen.[168]

Unterstützt wird der G-BA vom IQWiG (vgl. § 137a Abs. 3 Nr. 3 SGB V), das die notwendigen wissenschaftlichen Grundlagen erarbeitet. Entscheidend für die Aufnahme von medizinischen Maßnahmen in ein Behandlungsprogramm sind deren wissenschaftlich belegte Wirksamkeit und deren Sicherheit. 95

Der Verordnungsgeber ist an die Empfehlung des G-BA nicht gebunden. Eine entsprechende Verordnungsregelung kann auch erlassen werden, wenn keine Empfehlung abgegeben wird.[169] 96

Die Berücksichtigung der in DMP eingeschriebenen chronisch kranken Versicherten als eigene Versichertengruppen im Risikostrukturausgleich hat Auswirkungen auf die Ausgleichsansprüche und Verpflichtungen der Krankenkassen. Krankenkassen, die diese eingeschriebenen chronisch Kranken versichern, können die höheren standardisierten Leistungsausgaben für diese Versicherten im Risikostrukturausgleich geltend machen.[170] Wegen dieser finanziellen Auswirkungen soll die Abgrenzung dieser Versichertengruppen in der RSAV durch Empfehlungen des G-BA (vormals: Koordinierungsausschusses) vorbereitet werden. Auf diese Weise ist sichergestellt, dass in die Entscheidung darüber, für welche chronischen Krankheiten besondere Versichertengruppen zu bilden sind, auch der medizinische Sachverstand der Verbände der Leistungserbringer einfließt, die maßgeblich an der Durchführung von DMP beteiligt sind. Dies führt auch zu einer größeren Rechtssicherheit der entsprechenden Verordnungsregelungen.[171] 97

Da die gesonderte Berücksichtigung der in DMP eingeschriebenen chronisch Kranken im Risikostrukturausgleich erstmals im Jahre 2003 erfolgen sollte, war die Auswahl der geeigneten Krankheiten ter- 98

---

[163] BT-Drs. 14/6432, S. 11.

[164] Zur Ermittlung der Prävalenz von chronischen Erkrankungen in der GKV siehe *Lauterbach/Wille*, Modell eines fairen Wettbewerbs durch den Risikostrukturausgleich, S. 157 ff.

[165] BT-Drs. 14/6432, S. 11.

[166] BT-Drs. 14/6432, S. 11.

[167] BT-Drs. 14/6432, S. 11.

[168] BT-Drs. 14/6432, S. 11.

[169] BT-Drs. 14/6432.

[170] *Krauskopf*, Bd. I, Disease Management in der GKV, S. 6.

[171] BT-Drs. 14/6432, S. 11.

miniert, nämlich bis zum 28.01.2002. Im Gesetzentwurf der Fraktionen von SPD und BÜNDNIS 90/DIE GRÜNEN war als Empfehlungsfrist der 20.04.2002 vorgesehen.[172] Die Fristverkürzung wurde auf Empfehlung des Bundestags-Ausschusses für Gesundheit aufgenommen,[173] der sie wie folgt begründete: „Diese Verkürzung der Frist ist erforderlich, um ein In-Kraft-Treten der Verordnungsregelungen über die finanzielle Förderung strukturierter Behandlungsprogramme im Risikostrukturausgleich noch im Laufe des Jahres 2002 zu ermöglichen und auf diese Weise eine kurzfristige finanzielle Entlastung der Krankenkassen mit einem hohen Anteil chronisch Kranker herbeizuführen."[174] Für nachfolgende Auswahl-Empfehlungen enthält § 137 f Abs. 1 SGB V keine Fristsetzungen. Der damalige Koordinierungsausschuss sollte zunächst bis zu 7, mindestens jedoch 4 geeignete chronische Krankheiten empfehlen.[175] Im Gesetzentwurf der Fraktionen von SPD und BÜNDNIS 90/DIE GRÜNEN lautete die Formulierung „erstmals ... bis zu sieben". Die Änderung ist durch Empfehlung des Bundestags-Ausschusses für Gesundheit aufgenommen worden,[176] der folgende Begründung dazu gab: „Außerdem soll klargestellt werden, dass der Koordinierungsausschuss dem BMG zu einem späteren Zeitpunkt noch weitere chronische Krankheiten empfehlen kann. Insgesamt soll durch die Änderung eine frühzeitige Verbesserung der Versorgung einer möglichst großen Zahl chronisch Kranker erreicht werden."[177] Die Begrenzung auf sieben Krankheiten war vorgenommen worden, um die finanziellen Auswirkungen der Erweiterung der Versichertengruppen für die Krankenkassen in einem überschaubaren Rahmen zu halten.[178] In Erfüllung dieses Auftrages hat der Koordinierungsausschuss folgende chronische Erkrankungen bestimmt

- Brustkrebs,
- Diabetes,
- schwere Herz-Kreislauf-Erkrankungen und
- Asthma.

99 Die Definitionen dieser Krankheiten stellten sich laut RSAV wie folgt dar:

- Als Diabetes mellitus Typ 2 wird die Form des Diabetes bezeichnet, die durch relativen Insulinmangel auf Grund einer Störung der Insulinsekretion entsteht und in der Regel mit einer Insulinresistenz einhergeht (vgl. Anlage 1 Ziff. 1.1. RSAV).
- Beim Brustkrebs handelt es sich um eine von der Brustdrüse ausgehende bösartige Neubildung. Dies umfasst auch das ductale in situ Karzinom (DCIS), das noch nicht infiltrierend in das umgebende Gewebe wächst (vgl. Anlage 3 Ziff. 1.1. RSAV).
- Die koronare Herzkrankheit ist die Manifestation einer Arteriosklerose an den Herzkranzarterien. Sie führt häufig zu einem Missverhältnis zwischen Sauerstoffbedarf und -angebot im Herzmuskel (vgl. Anlage 5 Ziff. 1.1. RSAV).
- Als Diabetes mellitus Typ 1 wird die Form des Diabetes bezeichnet, die durch absoluten Insulinmangel auf Grund einer sukzessiven Zerstörung der Betazellen in der Regel im Rahmen eines Autoimmungeschehens entsteht (vgl. Anlage 7 Ziff. 1.1. RSAV).
- Asthma bronchiale ist eine chronische entzündliche Erkrankung der Atemwege, charakterisiert durch bronchiale Hyperreagibilität und variable Atemwegsobstruktion (vgl. Anlage 9 Ziff. 1.1. RSAV).
- Die COPD ist eine chronische, in der Regel progrediente Atemwegs- und Lungenerkrankung, die durch eine nach Gabe von Bronchodilatatoren und/oder Glukokortikosteroiden nicht vollständig reversible Atemwegsobstruktion auf dem Boden einer chronischen Bronchitis mit oder ohne Lungenemphysem gekennzeichnet ist. Eine chronische Bronchitis ist durch dauerhaften Husten, in der Regel mit Auswurf über mindestens ein Jahr gekennzeichnet. Eine chronische obstruktive Bronchitis ist zusätzlich durch eine permanente Atemwegsobstruktion mit oder ohne Lungenüberblähung gekennzeichnet. Das Lungenemphysem ist charakterisiert durch eine Abnahme der Gasaustauschfläche der Lunge. Ausmaß der Obstruktion, Lungenüberblähung und Gasaustauschstörung können unabhängig voneinander variieren (vgl. Anlage 11 Ziff. 1.1. RSAV).

---

[172] BT-Drs. 14/6432, S. 3.

[173] BT-Drs. 14/7355, S. 4.

[174] BT-Drs. 14/7395, S. 5.

[175] Vgl. hierzu *Krauskopf*, Band I, Disease Management in der GKV, S. 4.

[176] BT-Drs. 14/7355, S. 4.

[177] BT-Drs. 14/7395, S. 5.

[178] BT-Drs. 14/6432, S. 11.

Mit dem Gesetz zur Reform des Risikostrukturausgleichs in der gesetzlichen Krankenversicherung vom 10.12.2001 hat der Gesetzgeber die Weiterentwicklung des Risikostrukturausgleichs dahingehend geregelt, dass gemäß § 268 Abs. 1 Nr. 1 SGB V „die Morbidität der Versicherten auf Grundlage von Diagnosen, Diagnosengruppen, Indikationen, Indikationengruppen, medizinischen Leistungen oder Kombinationen dieser Merkmale" unmittelbar zu berücksichtigen sind. Diese Formulierung weist bereits darauf hin, dass der Gesetzgeber nicht nur einzelne Diagnosen, sondern auch eine Kombination von Krankheiten für die Berücksichtigung innerhalb des Risikostrukturausgleichs im Auge hatte. Die Bestimmungen des § 137f SGB V schreiben zudem nicht zwingend vor, dass ein DMP nur für eine einzelne Krankheit erstellt werden kann. Denkbar wäre insofern, Empfehlungen für mehrere Krankheiten innerhalb eines DMP abzugeben, zumal es dem Wesen einer chronischen Krankheit entspricht, dass es sich um einen dauerhaften Krankheitszustand handelt, der, wenn weitere Erkrankungen hinzutreten, die Behandlung auch dieser Erkrankungen potentiell beeinflusst. Umgekehrt hat jede weitere Erkrankung, die zu der bestehenden chronischen Krankheit hinzutritt, einen potentiellen Einfluss auf die Behandlung der Indexerkrankung. Der G-BA ist dementsprechend zu dem Ergebnis gekommen, dass eine Empfehlung nach § 137f Abs. 1 Satz 1 SGB V nicht notwendigerweise die Empfehlung einzelner chronischer Krankheiten für voneinander isolierte strukturierte Behandlungsprogramme sein muss, sondern gerade mit Blick auf die Versorgungssituation chronisch Kranker und die Realität in der ambulanten und stationären Versorgung so ausgerichtet sein kann und sollte, dass Multimorbidität bzw. Komorbidität bei der zukünftigen Ausgestaltung von DMP berücksichtigt wird. Mit einer auf die Berücksichtigung von Multimorbidität bzw. Komorbidität gerichteten Empfehlung sollen grundsätzliche Bestrebungen zur Verschlankung und Entbürokratisierung von Prozessabläufen innerhalb von DMP verknüpft sein. Er hat darüber den Beschluss gefasst, die Indikationen 100

- Chronische Herzinsuffizienz und
- Adipositas

als im Sinne von § 137f Abs. 1 Satz 1 SGB V für strukturierte Behandlungsprogramme geeignete chronische Krankheiten dem BMG zu empfehlen, mit der Maßgabe, dass für die genannten Indikationen kein eigenständiges isoliertes DMP, sondern jeweils ein Modul für bestehende DMP zu entwickeln ist.

Erleichtert wird das Ineinandergreifen der verschiedenen DMP durch den indikationsübergreifenden Dokumentationsbogen. So ist für die Teilnahme am DMP-Modul „Chronische Herzinsuffizienz" bei Einschreibung in das DMP KHK bereits eine Dokumentationsmöglichkeit im indikationsübergreifenden Datensatz vorgesehen und der indikationsspezifische Datensatz für das DMP KHK so angelegt, dass die erforderlichen Parameter für die chronische Herzinsuffizienz miterfasst werden können. Die für das DMP-Modul „Chronische Herzinsuffizienz" vorgegebenen Ergänzungen werden jedoch erst wirksam, wenn der G-BA die Empfehlungen zur Ausgestaltung des Moduls beschlossen hat und die Rechtsverordnung des BMG zum DMP-Modul „Chronische Herzinsuffizienz" in Kraft getreten ist. 101

Der G-BA hat die Vorgaben der Anlagen nach § 28b Abs. 1 RSAV mindestens in Jahresabständen zu überprüfen. Bei Änderungen der den Vorgaben zu Grunde liegenden Verhältnisse hat er unverzüglich, mindestens aber jeweils zum 01.07. eines Jahres, erstmalig zum 01.07.2003, dem BMG Empfehlungen zur Aktualisierung der Anlagen vorzulegen (vgl. § 28b Abs. 2 RSAV). Derzeit aktualisiert der G-BA die am 15.12.2003 vom Koordinierungsausschuss beschlossenen und am 01.03.2004 per Rechtsverordnung in Kraft getretenen Anforderungen an die Behandlung von Patientinnen und Patienten mit Diabetes mellitus Typ 1. Die am 18.01.2005 beschlossenen und am 01.09.2005 per Rechtsverordnung in Kraft getretenen Anforderungen an die Behandlung von Patientinnen und Patienten mit Diabetes mellitus Typ 2 überarbeitet der G-BA gerade ein zweites Mal. Bereits mit der 12. Änderungsverordnung vom 15.08.2005 wurden die am 01.07.2002 in Kraft getretenen Anforderungen bereits erstmalig aktualisiert. Dasselbe gilt für die Anforderungen an die Koronarer Herzkrankheit (KHK) (Aktualisierung auf der Grundlage des Beschlusses des Koordinierungsausschusses vom 31.03.2003 und der 2. Änderungsverordnung vom 28.04.2003 sowie der 9. Änderungsverordnung vom 18.02.2004). 102

2. Absatz 2

Nach § 137f Abs. 2 Satz 1 SGB V empfiehlt der G-BA dem BMG für die Rechtsverordnung nach § 266 Abs. 7 SGB V Anforderungen an die Ausgestaltung von Behandlungsprogrammen. Nach § 266 Abs. 7 Satz 1 Nr. 3 SGB V legt das BMG durch Rechtsverordnung mit Zustimmung des Bundesrates die Krankheiten nach § 137f Abs. 2 Satz 3 SGB V, die Gegenstand von Programmen nach § 137g 103

SGB V sein können, die Anforderungen an die Zulassung dieser Programme sowie die für die Durchführung dieser Programme für die jeweiligen Krankheiten erforderlichen personenbezogenen Daten fest. In § 137f Abs. 2 Satz 2 Nr. 1-6 SGB V wird präzisiert, woran Anforderungen zu benennen sind.

104 Die Begründung des Gesetzesentwurfes[179] enthielt hierzu folgende Aussagen:

„Die Spitzenverbände der Krankenkassen[180] werden beauftragt, dem BMG erstmals bis zum 30.06.2002 auf der Grundlage der vom Koordinierungsausschuss nach Absatz 1 empfohlenen Krankheiten Kriterien für die Ausgestaltung von Disease-Management-Programmen zu entwickeln, deren Erfüllung Voraussetzung für eine Berücksichtigung der Programme im Risikostrukturausgleich ist. Dabei sind insbesondere die in Satz 2 genannten Kriterien zu beachten. Die von den Spitzenverbänden entwickelten Kriterien dienen der Vorbereitung entsprechender Regelungen in der Risikostruktur-Ausgleichsverordnung. Der Vorschlag der Spitzenverbände soll ausführen, welche evidenzbasierten Leitlinien für die Behandlung der Patienten heranzuziehen sind. Dabei sollen diese Leitlinien auch die unterschiedlichen Versorgungsbereiche sowie die Arbeitsteilung zwischen den verschiedenen Leistungserbringern beachten (Nr. 1). Um sicherzustellen, dass die Behandlung des Patienten hohe Qualitätsanforderungen erfüllt, müssen die im Rahmen des DMPs durchzuführenden Qualitätssicherungsmaßnahmen einschließlich Qualitätsprüfungen bestimmt werden. Hierzu gehören beispielsweise neben Anforderungen an die Qualifikation der beteiligten Leistungserbringer auch Maßnahmen zur regelmäßigen Wiedereinbestellung von Patienten (Wiedereinbestellungsroutinen) (Nr. 2). Um die Entscheidung des Patienten zur Aufnahme in ein DMP überprüfen zu können, ist es erforderlich, die inhaltlichen und formalen Voraussetzungen für die Aufnahme eines Patienten in ein Programm sowie für den Ausschluss aus einem Programm zu konkretisieren. Dabei ist beispielsweise zu entscheiden, ob das Vorliegen der morbiditätsbedingten Voraussetzungen für die Einschreibung grundsätzlich die Einholung einer Zweitmeinung (z.B. durch den MDK) voraussetzt oder über ein Stichprobenverfahren zu kontrollieren ist. In diesem Zusammenhang ist auch festzulegen, in welcher Art und in welchem Umfang der Patient über das Programm aufgeklärt werden muss und wie seine Einwilligung eingeholt wird (Nr. 3). Der Erfolg eines Disease-Managements erfordert eine enge Einbeziehung des Patienten in die Behandlung. Hierfür sind beispielsweise Patientenleitlinien und gesonderte Schulungsmaßnahmen für Patienten vorzusehen (Nr. 4). Es sind auch Regelungen zu treffen, in welcher Art und Weise die Dokumentation zu führen und vorzuhalten ist (Nr. 5). Um einen kontinuierlichen Prozess der Verbesserung von DMP sicherzustellen, sind die Programme einer wiederholten Bewertung ihrer Wirkungen (Evaluation) zu unterziehen und das Ergebnis dieser Bewertungen ist der jeweiligen Entscheidung über die Zulassung eines Programms nach § 137g SGB V zu Grunde zu legen (Nr. 6). Um sicherzustellen, dass bei den Vorschlägen der Spitzenverbände der Krankenkassen[181] zur Ausgestaltung der DMP die Sachkenntnis der Ärzteschaft sowie der übrigen betroffenen Leistungserbringer berücksichtigt wird, werden die Spitzenverbände der Krankenkassen gesetzlich verpflichtet, die Kassenärztliche Bundesvereinigung, die Bundesärztekammer, die Deutsche Krankenhausgesellschaft und die für die Wahrnehmung der Interessen der ambulanten und stationären Vorsorge- und Rehabilitationseinrichtungen, der Selbsthilfe und der sonstigen Leistungserbringer auf Bundesebene maßgeblichen Spitzenorganisationen an der Erarbeitung der Vorschläge zu beteiligen. Die Spitzenverbände[182] haben sich zwingend mit deren Argumenten auseinanderzusetzen. Aus ihrer Entscheidung muss erkennbar sein, dass dies geschehen ist und aus welchem Grund die Spitzenverbände den Einwendungen ggf. nicht gefolgt sind. Die Vorschläge der Spitzenverbände sind für den Verordnungsgeber nicht verbindlich. Das Zustandekommen eines Vorschlags ist nicht Voraussetzung für den Erlass einer entsprechenden Verordnungsregelung."

a. Im Einzelnen

105 Die Aufzählung ist nicht abschließend, da die Formulierung „insbesondere" weitere Tatbestände zulässt, an die Anforderungen benannt werden können.[183]

---

[179] BT-Drs. 14/6432.

[180] Anm.: Auf Grund der Beschlussempfehlung des 14. Ausschusses war an die Stelle der Spitzenverbände der Krankenkassen der frühere Koordinierungsausschuss getreten, später zum 01.10.2004 wurde der G-BA zuständig.

[181] Anm. später Koordinierungsausschuss, dann G-BA.

[182] Anm. später Koordinierungsausschuss, dann G-BA.

[183] Vgl. hierzu *Krauskopf*, Bd. I, Disease Management in der GKV, S. 9.

aa. Satz 2 Nr. 1

Vom G-BA sind (§ 137 Abs. 2 Satz 2 Nr. 1 SGB V) Anforderungen an die Behandlung nach evidenzbasierten Leitlinien unter Berücksichtigung des jeweiligen Versorgungssektors zu benennen. Der Vorschlag des G-BA soll ausführen, welche evidenzbasierenden Leitlinien für die Behandlung der Patienten heranzuziehen sind. Durch diese Anforderungen soll erreicht werden, dass Versicherte, die sich in strukturierte Behandlungsprogramme einschreiben, unter Berücksichtigung von evidenzbasierten Leitlinien bzw. der jeweils bestverfügbaren Evidenz behandelt werden.[184] Dabei sollen diese Leitlinien auch die unterschiedlichen Versorgungsbereiche sowie die Arbeitsteilung zwischen den verschiedenen Leistungsbereichen beachten.[185] Ein wesentliches Instrument der Versorgungslage chronisch Kranker durch die Einführung von DMPen besteht in der Herstellung sektorenübergreifender Versorgungsketten. Die DMPs sollen eine sektoren-, institutionen- und professionenübergreifende Behandlung der jeweiligen Krankheit ermöglichen.[186] Die sektorenübergreifende Versorgung von Versicherten soll dazu führen, dass der Versicherte auf der jeweils optimalen Versorgungsstufe versorgt wird. 106

Wesentlicher Kern strukturierter Behandlungsprogramme ist die Orientierung an evidenzbasierten Leitlinien oder, wie mit dem GMG neu formuliert wurde, die Behandlung nach der „jeweils besten, verfügbaren Evidenz" unter „Berücksichtigung des jeweiligen Versorgungssektors" (vgl. § 137f Abs. 2 Satz 2 Nr. 1 in Verbindung mit § 28b Abs. 1 Nr. 1 RSA-VO).[187] Die wissenschaftlichen Fachgesellschaften wie auch eine Clearing-Stelle beim Ärztlichen Zentrum für Qualität in der Medizin (ÄZQ), einer gemeinsamen Einrichtung der Bundesärztekammer und der Kassenärztlichen Bundesvereinigung, sind bestrebt, bestehende Leitlinien auf ihre Qualität hin zu prüfen und eine Bewertung mit Evidenzgraden von Grad IV bis Ia, Ib vorzunehmen. Evidenzgrad IV ist dabei belegt durch Berichte und Meinungen von Expertenkreisen und/oder klinische Erfahrungen und weist auf das Fehlen direkt anwendbarer klinischer Studien hin. Die Evidenzgrade IIa, IIb, III stehen für gut durchgeführte, aber nicht randomisierte Studien. Die Evidenzgrade la und Ib zeichnen sich durch schlüssige Literatur guter Qualität aus, die mindestens eine randomisierte, kontrollierte Studie enthält.[188] 107

Dabei ist zu berücksichtigen, dass der G-BA nicht die Aufgabe hat, konkrete medizinische Leitlinien zu beschließen und dem Verordnungsgeber zur Übernahme in die RSAV zu empfehlen. Seine Aufgabe ist es vielmehr, Anforderungen an die Behandlung nach vorhandenen evidenzbasierten Leitlinien für die Ausgestaltung von strukturierten Behandlungsprogrammen zu empfehlen, damit der Verordnungsgeber diese Anforderungen an die Behandlung als Voraussetzung für die Zulassung der DMPe durch das BVA verbindlich vorgeben kann.[189] 108

Die Neufassung des Absatzes 2 Satz 2 Nr. 1 durch das GMG soll gegenüber der bis zum 31.12.2003 geltenden Regelung klarstellen, dass der G-BA zur Abgabe von Empfehlungen an das BMG auch dann verpflichtet ist, wenn evidenzbasierte Leitlinien nicht vorhanden sind. In diesem Fall müssen sich die Empfehlungen an der jeweils besten, verfügbaren Evidenz sowie unter Berücksichtigung des jeweiligen Versorgungssektors orientieren.[190] 109

bb. Satz 2 Nr. 2

Strukturierte Behandlungsprogramme unterstehen besonderen Qualitätssicherungsmaßnahmen, die im Einzelnen in den RSAV geregelt sind und in den von den Kassen zu schließenden regionalen Verträgen konkretisiert werden. Der G-BA gibt auch hierzu Empfehlungen ab. Zu den Maßnahmen gehören insbesondere Systeme mit Erinnerungs- und Rückmeldefunktion (sog. Reminder-Systeme) für Versicherte wie für Leistungserbringer als auch die regelmäßige Durchführung von Qualitätszirkeln. 110

Um sicherzustellen, dass die Behandlung des Patienten hohe Qualitätsanforderungen erfüllt, müssen die im Rahmen des DMPs durchzuführenden Qualitätssicherungsmaßnahmen einschließlich Qualitätsprüfungen bestimmt werden. Hierzu gehören beispielsweise neben Anforderungen an die Qualifikation der beteiligten Leistungserbringer auch Maßnahmen zur regelmäßigen Wiedereinbestellung von Patienten (Wiedereinbestellungsroutinen).[191] § 137f Abs. 2 Satz 2 Nr.2 SGB V bestimmt, dass durch den G-BA Anforderungen an die durchzuführenden Qualitätssicherungsmaßnahmen zu benennen sind. 111

---

184 Vgl. *Grüne* in: Halbe/Schirner, HBKG, B 1600 Rn. 6.

185 BT-Drs. 14/6432, S. 12; Vgl. auch *Krauskopf*, Bd. I, Disease Management in der GKV, S. 9.

186 Vgl. *Grüne* in: Halbe/Schirner, HBKG, B 1600 Rn. 9.

187 *Hohnholz* in: Hauck/Noftz, SGB V, §§ 137f und 137g Rn. 11.

188 *Hohnholz* in: Hauck/Noftz, SGB V, §§ 137f und 137g Rn. 12.

189 Vgl. *Grüne* in: Halbe/Schirner, HBKG, B 1600 Rn. 8.

190 *Hencke* in: *Peters*, KV (SGB V), § 137f Rn. 6.

191 BT-Drs. 14/6432, S.12.

cc. Satz 2 Nr. 3

112 § 137 Abs. 2 Satz 2 Nr. 3 SGB V sieht vor, dass durch den G-BA Anforderungen an die Voraussetzungen und Verfahren für die Einschreibung des Versicherten in ein Programm, einschließlich der Dauer der Teilnahme, zu benennen sind. Um die Aufnahmeentscheidung eines Patienten in ein DMP überprüfen zu können, ist es erforderlich, die inhaltlichen und formalen Voraussetzungen für die Aufnahme eines Patienten in ein Programm sowie für den Ausschluss aus einem Programm zu konkretisieren. Dabei ist beispielsweise zu entscheiden, ob das Vorliegen der morbiditätsbedingten Voraussetzungen für die Einschreibung grundsätzlich die Einholung einer Zweitmeinung (z.B. durch den MDK) voraussetzt oder über ein Stichprobenverfahren zu kontrollieren ist. In diesem Zusammenhang ist auch festzulegen, in welcher Art und in welchem Umfang der Patient über das Programm aufgeklärt werden muss und wie seine Einwilligung eingeholt wird.

dd. Satz 2 Nr. 4

113 Der Erfolg eines DMPs erfordert eine enge Einbeziehung des Patienten in die Behandlung. Hierfür sind beispielsweise Patientenleitlinien und gesonderte Schulungsmaßnahmen für Patienten vorzusehen.[192] § 137 Abs. 2 Satz 2 Nr. 4 SGB V beauftragt den G-BA, Anforderungen an die Schulungen der Leistungserbringer und der Versicherten zu benennen.

ee. Satz 2 Nr. 5

114 § 137 Abs. 2 Satz 2 Nr. 5 SGB V sieht vor, dass der G-BA Anforderungen an die Dokumentation benennt. Es sind Regelungen zu treffen, in welcher Art und Weise die Dokumentation zu führen und vorzuhalten ist.[193] Auf Grundlage von § 137f Abs. 2 SGB V empfiehlt der G-BA daher dem BMG Anforderungen an die Ausgestaltung von strukturierten Behandlungsprogrammen, die im Rahmen einer Rechtsverordnung nach § 266 Abs. 7 SGB V umgesetzt werden. Nach § 137f Abs. 2 Satz 2 Nr. 5 SGB V sind im Rahmen dieser Empfehlungen auch Anforderungen an die Dokumentation der Programme zu benennen. Eine Voraussetzung für die Zulassung eines DMPs ist, dass im Programm Erst- und Folgedokumentationen vorgesehen sind, die in den entsprechenden Anlagen zur RSAV festgelegt werden. Die Dokumentation darf ausschließlich für die Zwecke der Behandlung gemäß den Anforderungen nach § 28b RSAV (Anforderungen an die Behandlung nach evidenzbasierten Leitlinien), für die Qualitätssicherung nach § 28c RSAV, die Überprüfung der Einschreibung nach § 28d RSAV, die Schulung von Versicherten und Leistungserbringern nach § 28e RSAV und die Evaluation der Programme nach § 28f RSAV genutzt werden. Die Versicherten müssen in die mit der Programmteilnahme verbundene Erhebung, Verarbeitung und Nutzung der Daten einwilligen. Eine weitere Voraussetzung für die Zulassung eines DMPs ist, dass die Sicherung der Diagnose, die zur Teilnahme am Programm führt, schriftlich durch den behandelnden Arzt bestätigt wird. Gemäß § 28d Abs. 1 Satz 1 Nr. 1 RSAV müssen in diesem Zusammenhang auch die Einschreibekriterien dokumentiert werden. Die Dokumentation ist nach einer Übergangsfrist spätestens ab 01.04.2008 generell auf elektronischem Wege zu übermitteln.[194]

115 Von besonderer Bedeutung war insofern ein Beschluss des G-BA vom 13.09.2007.[195] Der G-BA hat in diesem die Empfehlung ausgesprochen, die Inhalte der Anlagen 2a und 2b (Dokumentation DMP Diabetes mellitus Typ 2), 6a und 6b (Dokumentation DMP Koronare Herzkrankheit), 8a und 8b (Dokumentation DMP Diabetes mellitus Typ 1), 10a und 10b (Dokumentation DMP Asthma bronchiale) sowie 12a und 12b (Dokumentation DMP Chronischobstruktive Lungenerkrankung) zu den §§ 28b-28g der RSAV durch die Vorgaben für den **indikationsübergreifenden Datensatz** gemäß Anlage 1 dieses Beschlusses und die Vorgaben für die indikationsspezifischen Datensätze gemäß Anlagen 2-5 dieses Beschlusses vom 13.09.2007 zu ersetzen. Darüber hinaus wurde ein einheitlicher Datensatz empfohlen. Ein Teildatensatz für die Erfüllung unterschiedlicher Aufgaben soll dementsprechend nicht mehr gebildet werden. Die Einschreibung der Versicherten erfolgt aufgrund der schriftli-

[192] BT-Drs. 14/6432, S. 12; vgl. auch *Krauskopf*, Bd. I, Disease Management in der GKV, S. 9.

[193] BT-Drs. 14/6432, S. 12.

[194] Beschluss des G-BA über die Empfehlung zur Neufassung der Dokumentation von strukturierten Behandlungsprogrammen nach § 137f SGB V und zur Einschreibung von Versicherten v. 13.09.2007.

[195] Beschluss des G-BA über die Empfehlung zur Neufassung der Dokumentation von strukturierten Behandlungsprogrammen nach § 137f SGB V und zur Einschreibung von Versicherten v. 13.09.2007.

chen Bestätigung einer gesicherten Diagnose durch den behandelnden Arzt bzw. die behandelnde Ärztin in Verbindung mit der Dokumentation gemäß Anlagen 1 und 2, 1 und 3, 1 und 4 oder 1 und 5. Hierdurch wurde die Dokumentation wesentlich vereinfacht.

ff. Satz 2 Nr. 6

Um einen kontinuierlichen Prozess der Verbesserung von Disease-Management-Programmen sicherzustellen, sind die Programme einer wiederholten Bewertung ihrer Wirkungen (Evaluation) zu unterziehen und das Ergebnis dieser Bewertungen ist der jeweiligen Entscheidung über die Zulassung eines Programms nach § 137g SGB V zugrunde zu legen.[196] § 137 Abs. 2 Satz 2 Nr. 6 SGB V sieht die Benennung von Anforderungen an die Bewertung der Wirksamkeit und der Kosten (Evaluation) und die zeitlichen Abstände zwischen den Evaluationen eines Programms sowie die Dauer seiner Zulassung nach § 137g SGB V vor. Nach § 137g Abs. 2 Satz 1 SGB V erfolgt die Verlängerung der Zulassung eines DMPs auf der Grundlage der Evaluation nach § 137f Abs. 4 SGB V.[197] 116

b. Verordnungsermächtigung nach § 266 Abs. 7 Satz 1 Nr. 3 SGB V i.V.m. § 137 Abs. 2 Satz 1 SGB V

Die in § 266 Abs. 7 Satz 1 Nr. 3 SGB V in Verbindung mit § 137f Abs. 2 Satz 1 SGB V enthaltene Verordnungsermächtigung betrifft die Ausgestaltung der strukturierten Behandlungsprogramme, deren Kosten im Risikostrukturausgleich gesondert berücksichtigt werden. Die Ermächtigung ist nach Einschätzung des BVerfG auch hinreichend bestimmt.[198] Zieht man die Entstehungsgeschichte der Norm zur Auslegung der Ermächtigung heran, dann geht aus dem Gesetz klar hervor, welches vom Gesetzgeber gesetzte Programm durch die Rechtsverordnung erreicht werden soll. Auch der Zweck der Ermächtigungsnorm ist eindeutig. Mit den strukturierten Behandlungsprogrammen soll die Versorgung chronisch kranker Menschen verbessert werden. Worum es beim so genannten Disease-Management genau geht und welche chronischen Erkrankungen aus Sicht des Gesetzgebers in Betracht kommen, ist der Gesetzesbegründung zu entnehmen.[199] 117

Die Ermächtigungsnorm enthält die abstrakten Maßstäbe für die Auswahl der Krankheiten. So nimmt etwa das Kriterium der Zahl der von der Krankheit betroffenen Versicherten (§ 137f Abs. 1 Satz 2 Nr. 1 SGB V) auf den Gesichtspunkt der Krankheitsprävalenz Bezug. Disease-Management gilt nur bei solchen Krankheiten als sinnvoll, die, wie etwa Diabetes mellitus, in der Bevölkerung sehr häufig vorkommen. Die anderen im Gesetz genannten Kriterien sind ebenfalls hinreichend bestimmt. Es geht bei den strukturierten Behandlungsprogrammen nicht zuletzt auch um Kosteneinsparungen durch Verbesserung der Krankenversorgung. Dem entspricht das Kriterium des hohen finanziellen Behandlungsaufwandes (§ 137f Abs. 1 Satz 2 Nr. 6 SGB V). Der Regelungsbereich des § 137f SGB V hat keine besondere grundrechtliche Bedeutung. Für den unmittelbar regelungsbetroffenen Personenkreis, die chronisch kranken Versicherten, ist die Einschreibung in ein strukturiertes Behandlungsprogramm ohnehin freiwillig (§ 137g Abs. 3 Satz 1 SGB V). Die gesonderte Berücksichtigung der Kosten dieser Programme im Risikostrukturausgleich beeinflusst lediglich die Beitragssatzrelationen zwischen den Kassen und führt so zu einer mittelbaren Belastung der Beitragszahler in Höhe des Arbeitnehmeranteils. 118

c. Absatz 2 Satz 3

Durch die auf Vorschlag des 14. BT-Ausschusses in das Gesetz zur Reform des Risikostrukturausgleichs in der gesetzlichen Krankenversicherung aufgenommenen Sätze 3 und 4 wurde das BMG verpflichtet, dem Koordinierungsausschuss (jetzt G-BA) unverzüglich nach dem 28.01.2002 bekannt zu geben, für welche chronischen Krankheiten nach Absatz 1 die Anforderungen zu empfehlen sind. Wegen Zeitablaufs hat sich Absatz 2 Satz 3 zwischenzeitlich erledigt; der neu gefasste Absatz 2 Satz 3 bestimmt nunmehr generell, dass das BMG dem G-BA bekannt zu geben hat, für welche chronischen Krankheiten nach Absatz 1 die Anforderungen zu empfehlen sind. Der G-BA muss die entsprechenden Empfehlungen unverzüglich, also ohne schuldhaftes Zögern, dem BMG vorlegen.[200] 119

---

[196] BT-Drs. 14/6432, S. 12.

[197] Vgl. hierzu *Krauskopf*, Bd. I, Disease Management in der GKV, S. 4.

[198] BVerfG v. 18.07.2005 - 2 BvF 2/01 - SozR 4-2500 § 266 Nr. 8.

[199] BT-Drs. 14/6432, S. 1, 10, 110.

[200] *Hencke* in: *Peters*, KV (SGB V), § 137f Rn. 7.

120 Die Vorschläge des G-BA sind für den Verordnungsgeber nicht verbindlich. Das Zustandekommen eines Vorschlags ist nicht Voraussetzung für den Erlass einer entsprechenden Verordnungsregelung. Nach § 137f Abs. 2 Satz 3 SGB V gibt das BMG dem G-BA bekannt, für welche der auf Grund von § 137f Abs. 1 SGB V festgestellten chronischen Krankheiten Anforderungen zu empfehlen sind. Das BMG ist auch nicht an das Ergebnis aus § 137f Abs. 1 SGB V gebunden, es kann auch andere als die vom G-BA empfohlenen Krankheiten, die es in seine Rechtsverordnung nach § 266 Abs. 7 SGB V aufnehmen will, nennen.

d. Absatz 2 Satz 4

121 Die Spitzenverbände der Krankenkassen haben nach § 137f Abs. 2 Satz 4 SGB V die Arbeitsgemeinschaft nach § 282 SGB V (Medizinischer Dienst der Spitzenverbände der Krankenkassen – MDS) zu beteiligen. Nicht der G-BA hat den MDS zu beteiligen, sondern die Spitzenverbände der Krankenkassen. Beim Medizinischen Dienst handelt es sich um eine Institution, die auf Landesebene von den Orts-, Betriebs- und Innungskrankenkassen, den landwirtschaftlichen Krankenkassen und den Verbänden der Ersatzkassen getragen wird (§ 278 Abs. 1 und 2 SGB V). Zur Förderung der wirksamen Durchführung der Aufgaben und der Zusammenarbeit der landesbezogenen Medizinischen Dienste haben die Spitzenverbände der Krankenkassen gemäß § 282 Satz 1 SGB V eine Arbeitsgemeinschaft mit dem Namen „Medizinischer Dienst der Spitzenverbände der Krankenkassen" gebildet. Der G-BA muss sich mit dem Inhalt der eingegangenen Stellungnahmen sorgfältig auseinandersetzen, irgendeine Bindung an diese besteht jedoch nicht.

e. Satz 5

122 Den für die Wahrnehmung der Interessen der ambulanten und stationären Vorsorge- und Rehabilitationseinrichtungen und der Selbsthilfe sowie den für die sonstigen Leistungserbringer auf Bundesebene maßgeblichen Spitzenorganisationen ist Gelegenheit zur Stellungnahme zu geben, soweit ihre Belange berührt sind (§ 137f Abs. 2 Satz 5 HS. 1 SGB V). Der G-BA hat sich zwingend mit den Argumenten aus den Stellungnahmen auseinanderzusetzen. Aus seiner Entscheidung muss erkennbar sein, dass dies geschehen ist, und auch, aus welchem Grund er den Einwendungen ggf. nicht gefolgt ist.[201]

3. Teilnahme der Versicherten an den Behandlungsprogrammen (Absatz 3)

123 Für die Versicherten ist die Teilnahme an den Disease-Management-Programmen freiwillig. Die freiwillige Teilnahme entspricht der gesetzgeberischen Zielsetzung, den Wettbewerb der Krankenkassen auf Versicherte umzulenken, die in Folge einer chronischen Erkrankung in der Regel hohe Kosten verursachen und sie ergibt sich auch als Folge aus der in § 76 SGB V garantierten freien Arztwahl.[202] Notwendig ist daher eine Motivation des Versicherten, sich in ein solches Programm einzuschreiben. § 137f Abs. 3 Satz 1 SGB V stellt klar, dass kein Zwang auf den chronisch kranken Versicherten ausgeübt werden darf, an einem DMP teilzunehmen.[203] Für die Teilnahme am DMP ist es erforderlich, dass sich der Versicherte in das DMP einschreibt. Die Teilnahmeerklärung ist jederzeit widerrufbar. Voraussetzung für die Einschreibung ist nach § 137 Abs. 3 Satz 2 SGB V:

- eine umfassende Information des Versicherten durch die Krankenkasse,
- eine durch den Versicherten schriftlich erteilte Einwilligung zur Teilnahme an dem Programm,
- eine durch den Versicherten schriftlich erteilte Einwilligung zur Erhebung, Verarbeitung und Nutzung der in der Rechtsverordnung nach § 266 Abs. 7 SGB V festgelegten Daten durch die Krankenkasse, die Sachverständigen für die Evaluation (§ 137 Abs. 4 SGB V) und die beteiligten Leistungserbringer sowie zur Übermittlung dieser Daten an die Krankenkassen.

124 Auch hier verlangt die Rechtssicherheit des RSA, dass ein Versicherter, der nicht aktiv an den ihm angebotenen Terminen und Schulungsprogrammen teilnimmt, aus den DMP ausgeschrieben wird. Die ausgeschriebene Versicherte behält aber seinen Anspruch auf die medizinisch notwendige ärztliche Behandlung zur Lasten der GKV in vollem Umfang. Er kann dann aber nicht mehr an eigens für die DMP-Teilnehmer geschaffenen Schulungs- oder sonstigen Informationsveranstaltungen teilnehmen. Gleichfalls wird die Einhaltung seiner Termine, das heißt die Kontinuierlichkeit seiner Behandlung, nicht mehr mit derselben Aufmerksamkeit überwacht. Die medizinische Betreuung bei seinem Arzt, der ihn nun „außerhalb des strukturierten Behandlungsprogramms" betreut, wird aber gleich bleiben.[204]

---

[201] BT-Drs. 14/6432, S. 12.

[202] *Hess* in: KassKomm, SGB V, § 137f Rn. 6.

[203] BT-Drs. 14/6432, S. 12.

[204] *Hess* in: KassKomm, SGB V, vor § 137 f, 137g Rn. 8.

Pauschalisiert kann man festhalten, dass strukturierte Behandlungsprogramme besonders für Patienten von Nutzen sind, die selbst aktiv ihren Gesundheitszustand positiv beeinflussen wollen, also eine gewisse Therapietreue aufweisen.

Art und Umfang der betroffenen Daten werden für die jeweilige Krankheit in der Risikostruktur-Ausgleichsverordnung geregelt. Der Gesetzentwurf der Fraktionen SPD und BÜNDNIS 90/DIE GRÜNEN sah vor, dass der Versicherte bezogen auf die Daten nur seine schriftliche Einwilligung zur Erhebung, Verarbeitung und Nutzung der in der Rechtsverordnung nach § 266 Abs. 7 SGB V festgelegten Daten durch die Krankenkassen gibt.[205] Auf Empfehlung des Bundestags-Ausschusses für Gesundheit wurde § 137 Abs. 3 Satz 2 SGB V um die Formulierung ergänzt „die Sachverständigen nach Abs. 4 und die beteiligten Leistungserbringer sowie zur Übermittlung dieser Daten an die Krankenkasse". Der Bundestagsausschuss begründete seine Empfehlung wie folgt: „Durch die Änderung wird klargestellt, dass sich die Einwilligung der chronisch Kranken bei Teilnahme an dem strukturierten Behandlungsprogramm nicht nur auf die Erhebung, Verarbeitung und Nutzung der für die Durchführung des Programms erforderlichen Daten durch die Krankenkassen bezieht, sondern auch durch die Sachverständigen und die Leistungserbringer sowie die Übermittlung dieser Daten durch die Leistungserbringer an die Krankenkassen, soweit sie den Krankenkassen noch nicht vorliegen."[206] 125

Die Teilnahmevoraussetzungen und die Dauer der Teilnahme an den Programmen (Einschreibekriterien) sind in der RSAV (vgl. hier § 28d RSAV) und den darauf aufbauenden Programmen der einzelnen Krankenkassen geregelt. Eine wirksame Einschreibung des Versicherten vor In-Kraft-Treten des GKV-WSG[207] lag nur dann vor, wenn eine vollständige Erstdokumentation sowohl nach den Anlagen 2a, 4a, 6a, 8a, 10a und 12a (so genannte a-Datensätze) als auch nach den Anlagen 2b, 4b, 6b, 8b, 10b und 12b (so genannte b-Datensätze) erstellt und übersandt wurde. Dies führte zu einer erheblichen bürokratischen Belastung aller am strukturierten Behandlungsprogramm Beteiligten. Der Gesetzgeber hat daher im GKV-WSG[208] durch Abänderung des § 28d RSAV vorgesehen, dass eine RSA-wirksame Einschreibung künftig auf Grund der Teilnahme- und Einwilligungserklärung des Versicherten und der schriftlichen Bestätigung der gesicherten Diagnose durch den behandelnden Arzt durch Erstellung der Erstdokumentation des jeweiligen b-Datensatzes erfolgt. Für die Zulassung strukturierter Behandlungsprogramme ist die Erstellung und Übermittlung einer vollständigen Erstdokumentation auch des jeweiligen a-Datensatzes weiterhin vertraglich zu vereinbaren. Die Überprüfung der Einhaltung dieser Verpflichtung erfolgt im Rahmen der Qualitätssicherung und der Evaluation des Programms, deren Ergebnis der Entscheidung über die Aufrechterhaltung der Programmzulassung zu Grunde gelegt wird.[209] 126

In der Krankenversichertenkarte wird – nur elektronisch lesbar – ein Hinweis aufgenommen, dass der Patient am DMP teilnimmt (§§ 267 Abs. 2 Satz 4, 291 Abs. 2 Nr. 7 SGB V), so dass auch bei späteren Arzt-Patientenkontakten der Arzt die Zugehörigkeit zum Programm feststellen und die Kasse bei Anlieferung von Abrechnungsdaten eine Zuordnung zum DMP vornehmen kann. 127

Alle im Rahmen der Durchführung des RSAs maschinell erzeugten Datengrundlagen sowie die gesamte Dokumentation aller erzeugten Korrekturmeldungen sind 9 Jahre – bei Genehmigung durch das BVA höchstens 12 Jahre – aufzubewahren und nach Ablauf dieser Frist zu löschen (vgl. § 3 Abs. 7 RSAV). Die an die Krankenkassen übersandten Daten sind bereits nach sieben Jahren zu löschen (vgl. § 28f Abs. 1 Nr. 3 RSAV). 128

4. Externe Evaluation (Absatz 4)

Analog zu den Vorschriften über die Auswertung der Modellvorhaben nach § 65 SGB V werden die Krankenkassen durch § 137 Abs. 4 SGB V verpflichtet, eine tief gehende wissenschaftliche Bewertung über die Wirkungen (Evaluation) der Disease-Management-Programme auf der Grundlage der Anforderungen nach § 137f Abs. 2 SGB V zu veranlassen.[210] Inhaltliche Grundlage der Evaluation müssen dieselben wissenschaftlichen Kriterien sein, die für die Zulassung maßgebend waren.[211] 129

---

[205] BT-Drs. 14/6432, S. 3.

[206] BT-Drs. 14/7395, S. 5.

[207] V. 26.03.2007, BGBl I 2007, 378.

[208] V. 26.03.2007, BGBl I 2007, 378.

[209] Gesetzentwurf der Fraktionen der CDU/CSU und SPD Entwurf eines Gesetzes zur Stärkung des Wettbewerbs in der gesetzlichen Krankenversicherung (GKV-WSG) v. 24.10.2006, BT-Drs. 16/3100, S. 584.

[210] BT-Drs. 14/6432, S. 12.

[211] *Hess* in: KassKomm, SGB V, § 137f Rn. 7.

130 Die externe Evaluation wird durch einen vom Bundesversicherungsamt bestellten unabhängigen Sachverständigen durchgeführt. Dies trägt zur Steigerung der Qualität der strukturierten Behandlungsprogramme bei.[212] Die Krankenkasse oder der Verband wird bei der Bestellung des Sachverständigen vom Bundesversicherungsamt nur ins Benehmen gesetzt. § 137 Abs. 4 SGB V nennt keine Anforderungen, die an die unabhängigen, neutralen Sachverständigen zu stellen sind. In der amtlichen Begründung[213] wird darauf hingewiesen, dass das Bundesversicherungsamt bei der Auswahl der Sachverständigen geeignete Einrichtungen, wie etwa das Deutsche Zentrum für Luft- und Raumfahrt (DLR), beteiligen kann.

131 Die Kosten der externen Evaluation haben die Krankenkasse oder der Verband der Krankenkasse zu tragen. Die externe Evaluation muss auf der Grundlage allgemein anerkannter wissenschaftlicher Standards erfolgen. Der G-BA empfiehlt gemäß § 137f Abs. 2 Satz 2 Nr. 6 SGB V dem BMG Anforderungen für die Evaluation und für die zeitlichen Abstände zwischen den Evaluationen eines Programms sowie die Dauer seiner Zulassung nach § 137g SGB V. Die Evaluation ist zu veröffentlichen. Wie, wann, wo und durch wen schreibt das Gesetz nicht vor.

5. Unterstützung der Krankenkassen durch die Landes- und Spitzenverbände (Absatz 5)

132 § 137f Abs. 5 SGB V enthält eine Aufgabenzuweisung an die Landes- und Spitzenverbände der Krankenkassen, ihre Mitglieder bei dem Aufbau und der Durchführung von Programmen nach § 137f Abs. 1 SGB V zu unterstützen. Grundsätzlich können die Krankenkassen den Kernbereich der gesetzlich vorgeschriebenen oder zugelassenen Aufgaben nicht auf Dritte übertragen, sondern haben ihn selbst mit eigenen Mitarbeitern wahrzunehmen. Hierzu gehören etwa auch Aufgaben wie die Aufklärung und Beratung der Versicherten, die im Rahmen der Durchführung strukturierter Behandlungsprogramme verstärkt anfallen. Insbesondere für kleinere Krankenkassen kann es jedoch erheblich wirtschaftlicher sein, diese Aufgaben (Verwaltungs- und Managementaufgaben) auf Dritte zu übertragen, als hierfür neue Mitarbeiter einzustellen.[214] Hierfür bieten sich am Markt sogenannte Call-Center an, die gegen eine Pauschale für jeden der teilnehmenden Versicherten der Krankenkasse ein case-management übernehmen. Derartige Unternehmen dürfen auch unter Beachtung des § 80 SGB X die Datenverarbeitung arzt- und versichertenbezogener Daten für die Krankenkasse im Auftrag übernehmen.[215] Auf Empfehlung des Bundestags-Ausschusses für Gesundheit wurde Satz 2 in § 137f Abs. 5 SGB V aufgenommen.[216] Der Bundestags-Ausschuss für Gesundheit begründete seine Empfehlung wie folgt:[217] „Durch die Änderung wird daher klargestellt, dass die Krankenkassen ihre Aufgaben zur Durchführung von mit zugelassenen Leistungserbringern vertraglich vereinbarten strukturierten Behandlungsprogrammen auf Dritte übertragen können. Hierbei wird es sich im Wesentlichen um Verwaltungs- und Managementaufgaben handeln. Eine Übertragung von Aufgaben der Leistungserbringung ist dagegen nicht möglich. Die Vorschriften des SGB X zur Datenverarbeitung im Auftrag gelten entsprechend."

6. Datenverarbeitung bei gebildeten Arbeitsgemeinschaften (Absatz 7)

133 Bei strukturierten Behandlungsprogrammen, die von den Krankenkassen und einer Kassenärztlichen Vereinigung gemeinsam durchgeführt werden, kann auf der Grundlage des § 28f Abs. 2 i.V.m. Abs. 3 RSAV eine Arbeitsgemeinschaft gebildet werden, der die Anonymisierung der von den ärztlichen Leistungserbringern übermittelten versichertenbezogenen Daten obliegt. Auch ohne Beteiligung der Kassenärztlichen Vereinigung können die Krankenkassen mit anderen Leistungserbringern Arbeitsgemeinschaften bilden, wenn dies in den entsprechenden Verträgen vorgesehen ist. Abweichend von der Regelung des § 80 Abs. 5 Nr. 2 SGB X erlaubt es der Gesetzgeber in dem neu eingeführten Absatz 6,

[212] BT-Drs. 14/7395, S. 5.
[213] BT-Drs. 14/7395, S. 5.
[214] BT-Drs. 14/7395, S. 5.
[215] *Hess* in: KassKomm, SGB V, § 137f Rn. 8.
[216] BT-Drs. 14/7355, S. 6.
[217] BT-Drs. 14/7395, S. 5.

die gesamte Datenverarbeitung nicht nur einem öffentlich-rechtlichen Dritten, sondern auch einer privaten dritten Stelle zu übertragen.[218]

Mit der Gestaltung einer solchen Aufgabenübertragung soll der Arbeitsgemeinschaft bzw. ihren Trägern ein mit regelmäßig erheblichen personellen und technischen Kosten verbundener Aufbau einer eigenen für die Anonymisierung erforderlichen Datenverarbeitung erspart werden.[219] Der Auftraggeber (Arbeitsgemeinschaft oder deren Träger) hat dem für ihn zuständigen Datenschutzbeauftragten rechtzeitig vor der Auftragserteilung die in § 80 Abs. 3 Satz 1 Nr. 1-4 SGB X aufgeführten Daten schriftlich mitzuteilen, um diesem Gelegenheit zu gehen, ihn zuvor datenschutzrechtlich zu beraten.[220] 134

Ist der Auftragnehmer eine nichtöffentlich-rechtliche Stelle, so wird die Beachtung der Regelungen des § 80 Abs. 1-5 SGB X von der für den Auftragnehmer jeweils zuständigen Aufsichtsbehörde kontrolliert, die nicht mit der Aufsichtsbehörde des Auftraggebers identisch zu sein braucht. Die Kontrolle kann mithin auch verschiedenen Aufsichtsbehörden obliegen. Dies ist z.B. der Fall, soweit Auftraggeber und Auftragnehmer ihre Sitze in verschiedenen Bundesländern haben oder nach dem Landesrecht für private und öffentlich-rechtliche Stellen unterschiedliche Kontrollinstanzen eingerichtet worden sind (Satz 2). Aus diesem Grund wird in Satz 4 für den Fall der Zuständigkeit mehrerer Aufsichtsbehörden bestimmt, dass diese bei der Kontrolle der Verträge über die Auftragsübertragung eng zusammenarbeiten sollen. Der Anspruch der Aufsichtsbehörden auf Auskunftserteilung und Übermittlung der erforderlichen Daten folgt § 38 Bundesdatenschutzgesetz.[221] 135

[218] Gemäß § 80 Abs. 5 Nr. 2 Satz 1 SGB V ist die Auftragsvergabe an nicht-öffentliche Stellen zulässig, wenn die übertragenen Arbeiten beim Auftragnehmer erheblich kostengünstiger besorgt werden können und der Auftrag nicht die Speicherung des gesamten Datenbestandes des Auftraggebers umfasst. Diese Voraussetzung zeigt deutlich, dass der Gesetzgeber den Sozialleistungsträgern die Vorteile des Outsourcings sichern möchte.

[219] Vgl. Begründung zu § 137f SGB V: BT-Drs. 15/4228, S. 26.

[220] *Hencke* in: *Peters*, KV (SGB V), § 137f Rn. 11.

[221] *Hencke* in: *Peters*, KV (SGB V), § 137f Rn. 11.

§ 137g SGB V Zulassung strukturierter Behandlungsprogramme

(Fassung vom 26.03.2007, gültig ab 01.04.2007)

(1) Das Bundesversicherungsamt hat auf Antrag einer oder mehrerer Krankenkassen oder eines Verbandes der Krankenkassen die Zulassung von Programmen nach § 137f Abs. 1 zu erteilen, wenn die Programme und die zu ihrer Durchführung geschlossenen Verträge die in der Rechtsverordnung nach § 266 Abs. 7 genannten Anforderungen erfüllen. Dabei kann es wissenschaftliche Sachverständige hinzuziehen. Die Zulassung ist zu befristen. Sie kann mit Auflagen und Bedingungen versehen werden. Die Zulassung ist innerhalb von drei Monaten zu erteilen. Die Frist nach Satz 5 gilt als gewahrt, wenn die Zulassung aus Gründen, die von der Krankenkasse zu vertreten sind, nicht innerhalb dieser Frist erteilt werden kann. Die Zulassung wird mit dem Tage wirksam, an dem die in der Rechtsverordnung nach § 266 Abs. 7 genannten Anforderungen erfüllt und die Verträge nach Satz 1 geschlossen sind, frühestens mit dem Tag der Antragstellung, nicht jedoch vor dem Inkrafttreten dieser Verordnungsregelungen. Für die Bescheiderteilung sind Kosten deckende Gebühren zu erheben. Die Kosten werden nach dem tatsächlich entstandenen Personal- und Sachaufwand berechnet. Zusätzlich zu den Personalkosten entstehende Verwaltungsausgaben sind den Kosten in ihrer tatsächlichen Höhe hinzuzurechnen. Soweit dem Bundesversicherungsamt im Zusammenhang mit der Zulassung von Programmen nach § 137f Abs. 1 notwendige Vorhaltekosten entstehen, die durch die Gebühren nach Satz 8 nicht gedeckt sind, sind diese durch Erhöhung des Ausgleichsbedarfssatzes von den Krankenkassen zu finanzieren. Das Nähere über die Berechnung der Kosten nach den Sätzen 9 und 10 und über die Berücksichtigung der Kosten nach Satz 11 im Risikostrukturausgleich regelt das Bundesministerium für Gesundheit ohne Zustimmung des Bundesrates in der Rechtsverordnung nach § 266 Abs. 7. In der Rechtsverordnung nach § 266 Abs. 7 kann vorgesehen werden, dass die tatsächlich entstandenen Kosten nach den Sätzen 9 und 10 auf der Grundlage pauschalierter Kostensätze zu berechnen sind. Klagen gegen die Gebührenbescheide des Bundesversicherungsamts haben keine aufschiebende Wirkung.

(2) Die Verlängerung der Zulassung eines Programms nach § 137f Abs. 1 erfolgt auf der Grundlage der Evaluation nach § 137f Abs. 4. Im Übrigen gilt Absatz 1 für die Verlängerung der Zulassung entsprechend.

(3) (weggefallen)

§ 137g: Nach Maßgabe der Entscheidungsformel mit dem GG vereinbar gem. BVerfGE v. 18.7.2005 I 2888 - 2 BvF 2/01 -

Gliederung

A. Basisinformationen

I. Vorbemerkung §§ 137f, 137g SGB V

1 Vgl. hierzu die Kommentierung zu § 137f SGB V Rn. 1 ff.

II. Normgeschichte/Vorgängervorschrift

§ 137g SGB V wurde durch Art. 1 Nr. 1 des Gesetzes zur Reform des Risikostrukturausgleichs in der gesetzlichen Krankenversicherung vom 10.12.2001[1] eingefügt, und zwar mit Wirkung vom 01.01.2002 (Art. 4). Grundlage war ein Gesetzentwurf der Fraktionen SPD und BÜNDNIS 90/DIE GRÜNEN vom 26.06.2001.[2] Der geltende Gesetzestext hat die Fassung der Beschlussempfehlung des Ausschusses für Gesundheit des Deutschen Bundestages.[3] 2

Durch das Gesetz zur Stärkung des Wettbewerbs in der Gesetzlichen Krankenversicherung (GKV-Wettbewerbsstärkungsgesetz – GKV-WSG)[4] wurde im Absatz 1 Satz 1 das Wort „Krankenkasse" durch die Wörter „oder mehrerer Krankenkassen" ersetzt. Die Regelung wird erweitert, indem auch mehrere Kassen gemeinsam einen Antrag stellen können.[5] Antragsberechtigt für die Zulassung von Programmen nach § 137f Abs. 1 SGB V sind demnach einzelne oder mehrere Krankenkassen oder deren Verbände. 3

Zudem wurde durch das GKV-WSG[6] § 137g Abs. 3 SGB V gestrichen. Die Berichtspflicht des Bundesversicherungsamtes (BVA) bis zum 30.04.2004 über die Auswirkungen der Regelungen in § 267 Abs. 2 Satz 4 und Abs. 3 Satz 3 SGB V in Verbindung mit den §§ 137f und 137g SGB V auf die Ausgleichsansprüche und -verpflichtungen der Krankenkassen sowie die Durchführung des Verfahrens zum Risikostrukturausgleich wird aufgehoben. Die Regelung hatte in der Einführungsphase der strukturierten Behandlungsprogramme den Sinn, die Auswirkungen der Neuregelung zu analysieren. Dieser Zweck ist erfüllt. Eine dauerhafte Berichtspflicht macht dagegen keinen Sinn, da man die Auswirkungen der Kopplung der strukturierten Behandlungsprogramme, welche auch als Disease-Management-Programme (DMP) bezeichnet werden, an den Risikostrukturausgleich (RSA) mittlerweile jedem Jahresausgleich im RSA entnehmen kann. 4

III. Parallelvorschriften

Parallelvorschriften existieren im SGB V nicht. 5

IV. Systematische Einordnung

§ 137g SGB V selbst befindet sich im 9. Abschnitt des 4. Kapitels des SGB V, das sich mit den Beziehungen der Krankenkassen zu den Leistungserbringern beschäftigt. Dieser Abschnitt regelt die Sicherung der Qualität der Leistungserbringung. Der Belastungsausgleich zwischen den Krankenkassen soll verbessert und zugleich sollen Anreize zur Verbesserung der Versorgung insbesondere von chronisch Kranken geschaffen werden. Zu diesem Zweck wird die Durchführung strukturierter Behandlungsprogramme für bestimmte chronische Erkrankungen finanziell gefördert, indem die Ausgaben für solche chronisch kranken Versicherten, die sich in zugelassene, qualitätsgesicherte DMP eingeschrieben haben, im Risikostrukturausgleich besonders berücksichtigt werden.[7] Die Erlangung von Beitragssatz- und Wettbewerbsvorteilen durch die Selektion günstiger Versichertenrisiken soll mit der Weiterentwicklung des Risikostrukturausgleichs ausgeschlossen werden.[8] 6

Als strukturiertes Behandlungsprogramm wird eine medizinische Versorgungsform bezeichnet, mit der u.a. die Prävention und Behandlung einer Krankheit verbessert und die durch diese Krankheit bedingten Beeinträchtigungen reduziert werden können.[9] Eine entsprechende Legaldefinition enthält auch § 137f Abs. 1 Satz 1 SGB V, welcher ergänzend zu § 137g SGB V die Auswahl der chronischen Krankheiten, für die strukturierte Behandlungsprogramme entwickelt werden sollen (Absatz 1), die Anforderungen an die Ausgestaltung der Behandlungsprogramme (Absatz 2), die Teilnahme der Versicherten an den Behandlungsprogrammen (Absatz 3), die externe Evaluation (Absatz 4) sowie eine mögliche Unterstützung der Krankenkassen durch die Landes- und Spitzenverbände (Absatz 5) regelt.[10] 7

---

1 BGBl I 2001, 3465.

2 BT-Drs. 14/6432.

3 BT-Drs. 14/7355vom 07.11.2001, S. 6 f.

4 Vom 26.03.2007 (BGBl I 2007, 378).

5 Gesetzentwurf der Fraktionen der CDU/CSU und SPD Entwurf eines Gesetzes zur Stärkung des Wettbewerbs in der gesetzlichen Krankenversicherung (GKV-WSG) v. 24.10.2006, BT-Drs. 16/3100, S. 424.

6 Vom 26.03.2007 (BGBl I 2007, 378).

7 BT-Drs. 14/6432, S. 1.

8 BT-Drs. 14/6432, S. 8; vgl. auch *Krauskopf*, Band I, Disease Management in der GKV, S. 3.

9 BT-Drs. 14/6432, S. 11.

10 *Krauskopf*, Band I, Disease Management in der GKV, § 137g, S. 3.

8 Die Krankenkassen bzw. deren Verbände müssen beim BVA für ein strukturiertes Behandlungsprogramm eine Zulassung beantragen (vgl. hierzu § 137g SGB V). Die Einzelheiten, unter denen ein strukturiertes Behandlungsprogramm zuzulassen ist, ergeben sich nicht aus dem SGB V selbst, sondern aus der Risikostruktur-Ausgleichsverordnung (RSAV), welche die Anforderungen an diese Programme detailliert regelt. Die §§ 28b-28g**RSAV** bestimmen allgemein die Anforderungen an

- die Behandlung nach evidenzbasierten Leitlinien,
- die Qualitätssicherungsmaßnahmen,
- das Verfahren zur Ein- und Ausschreibung und die Teilnahme von Versicherten und Leistungserbringern,
- die Dokumentation und die Evaluation

für alle in strukturierte Behandlungsprogramme einbezogenen chronischen Krankheiten. Primär bestimmen aber die Anlagen der RSAV die Inhalte der DMP, insbesondere die qualitätssichernden Maßnahmen, die Teilnahmevoraussetzungen und die Dauer der Teilnahme, die Schulungen, die Evaluation und die Dokumentation. Der Umfang der Anlagen und die darin für eine Verordnung ungewöhnlich breite Festlegung medizinischer Sachverhalte und medizinischer Befunddaten für die Dokumentation resultieren aus dem mit der Einbindung dieser Programme in den RSA verbundenen Finanztransfer unter den Krankenkassen und der hierfür erforderlichen Rechtssicherheit.[11] Unabhängig vom gewählten Vertragstyp erfordert die Rechtssicherheit des RSA die Überprüfbarkeit der ordnungsgemäßen Durchführung der Chronikerprogramme durch das BVA auf der Grundlage geeigneter Daten. Die jeweiligen Anlagen der RSAV enthalten für die nach der RSAV zu behandelnden Krankheiten jeweils einen differenzierten Datensatz, den es an die entsprechenden Stellen (z.B. Daten-(annahme-)stelle, Krankenkassen, vgl. hierzu die Kommentierung zu § 137f SGB V Rn. 9) zu übermitteln gilt.

9 Mit der Einbindung der strukturierten Behandlungsprogramme in den RSA hat der Gesetzgeber eine besondere finanzielle Förderung dieser Versorgungsformen angestrebt. Hiermit sollte die Versorgung chronisch Kranker, die bislang von gleichzeitig bestehender Über-, Unter- und Fehlversorgung gekennzeichnet war, verbessert werden.[12] Dies war hinsichtlich des RSA ein Novum, da hier erstmalig zu den RSA-Zielen (Ausgleich unterschiedlicher Risikostrukturen zwischen den Krankenkassen) ein Versorgungsziel (Verbesserung der Chronikerversorgung) in den RSA-Mechanismus aufgenommen wurde.[13] Mit Einführung der Morbiditätsorientierung im RSA zum 01.01.2009 (vgl. § 268 SGB V) geht die Streichung der DMP als eigenständige Variable im RSA einher. Die Neuregelung bedeutet, dass sich der Stellenwert und die Ausgestaltung der strukturierten Behandlungsprogramme deutlich ändern werden. Haben die Krankenkassen bislang ein erhebliches finanzielles Interesse, Versicherte in die Programme einzuschreiben, sind sie nach Einführung des morbiditätsbezogenen RSA diesbezüglich deutlich neutraler eingestellt. Dies eröffnet gleichzeitig Chancen einer stärkeren Risikostratifizierung und Zielgruppenorientierung der Strukturierten Behandlungsprogramme.[14]

10 Vgl. im Weiteren und insbesondere zur Entbürokratisierung und Optimierung von DMP im Zuge des GKV-WSG die Kommentierung zu § 137f SGB V Rn. 46 ff. und die Kommentierung zu § 137f SGB V Rn. 63 ff.

V. Literaturhinweise

11 *BVA*, Leitfaden für die Antragstellung zur Zulassung strukturierter Behandlungsprogramme, abgedruckt in: Disease-Management in der Gesetzlichen Krankenversicherung, Kommentar und Materialsammlung, Band 1, 2004; *Häussler/Berger*, Bedingungen für effektive Disease-Management-Programme, 2004; *Kolpatzik/Meyers-Middendorf*, Zielführende Maßnahmen der GKV im Bereich der krankheitsbezogenen Ziele – Das Disease-Management-Programm zum Diabetes Typ 2, Gesundheitsziele.de 2005, 163 (Schriftenreihe der GVG, Band 49); *Lauterbach*, Disease Management in Deutschland, Siegburg 2001; *Lauterbach/Wille*, Modell eines fairen Wettbewerbs durch den Risikostrukturausgleich, Gutachten im Auftrag des VdAK/AEV, des AOK-BV und des IKK-BV, 2001; *Orlowski*, Strukturierte Behandlungsprogramme im RSA, Die BKK 2002, 329; *Schulte*, Wettbewerb und Risikostrukturausgleich in der gesetzlichen Krankenversicherung, RPG 2007, 87; *Seitz/Fritz*, Managed Care in der gesetzlichen Krankenversicherung, ZögU, Beiheft 33, 2005, S. 66; *Stock/Lüngen/Lauterbach*, Der Risikostrukturausgleich im Gesundheitsfonds, SozSich 2006, 407.

[11] *Hess* in: KassKomm, SGB V, § 137g Rn. 3.

[12] Vgl. zu den Einzelheiten der finanziellen Förderung *Otto/Göpffarth*, Gesundheits- und Sozialpolitik, 2006, 49 ff.

[13] *Grüne* in: Halbe/Schirmer, HBKG, B 1600, Rn. 2.

[14] Vgl. *Jacobs/Schulze*, GGW 2007 (Heft 3), 7 ff., 21.

B. Auslegung der Norm

I. Regelungsgehalt

§ 137g SGB V regelt die Zulassung dieser Behandlungsprogramme (Absatz 1), die Verlängerung der Zulassung eines Programms (Absatz 2) und die Berichterstattung durch das BVA (Absatz 3). Das BVA ist nach § 137g Abs. 1 SGB V für die Zulassung der strukturierten Behandlungsprogramme zuständig. Dadurch soll gewährleistet werden, dass die Zulassung bundesweit nach einheitlichen Zulassungskriterien und Verfahrensweisen erfolgt. 12

Seit dem Inkrafttreten der Vierten Verordnung zur Änderung der Risikostruktur-Ausgleichsverordnung (4. RSA-ÄndV) am 01.07.2002 können Krankenkassen oder Verbände der Krankenkassen Anträge auf Zulassung von Behandlungsprogrammen für die Krankheit Diabetes mellitus Typ 2 und Brustkrebs stellen. Mit dem Inkrafttreten der Siebten Verordnung zur Änderung der Risikostruktur-Ausgleichsverordnung (7. RSA-ÄndV) am 01.05.2003 können strukturierte Behandlungsprogramme für die koronare Herzkrankheit (KHK), seit dem 01.03.2004 mit Inkrafttreten des 9. RSA-ÄndV für die Indikation Diabetes mellitus Typ 1, sowie seit dem 01.01.2005 mit Inkrafttreten der 11. RSA-ÄndV für die Indikationen Asthma bronchiale und chronisch obstruktive Lungenerkrankung (COPD) zugelassen werden. Mit der am 01.09.2005 in Kraft getretenen 12. RSA-ÄndV sind die Anforderungen an die Behandlung bei der Indikation Diabetes mellitus Typ 2 und mit der am 01.02.2006 in Kraft getretenen 13. RSA-ÄndV die Anforderungen an die Behandlung bei der Indikation Brustkrebs geändert worden. 13

Nach einer Entscheidung des BVerfG aus dem Jahre 2005 sind die §§ 137f, 137g, 268 und 269 SGB V seit ihrer Einführung beziehungsweise Neufassung durch Art. 1 Nr. 1 und 4 des Gesetzes zur Reform des Risikostrukturausgleichs in der gesetzlichen Krankenversicherung vom 10.12.2001[15] mit dem Grundgesetz vereinbar.[16] 14

II. Erläuterung und Zweck der Norm

Erst die Zulassung von strukturierten Behandlungsprogrammen durch das BVA nach § 137g Abs. 1 SGB V und die Einschreibung der Versicherten mit entsprechend chronischen Erkrankungen in solche Programme bei ihren Krankenkassen gemäß § 137f Abs. 3 SGB V führt zur Bildung besonderer Versichertengruppen für jede dieser Erkrankungen im RSA (§ 266 Abs. 4 Satz 2 i.V.m. Abs. 7 Satz 1 Nr. 3 SGB V). Für alle am RSA teilnehmenden Krankenkassen ist die Zulassung durch das BVA daher obligatorisch. Eine Zulassung der strukturierten Behandlungsprogramme durch das BVA ist für die Landwirtschaftlichen Krankenkassen jedoch nicht möglich, da diese nicht am RSA teilnehmen und auch keine Krankenkassen im Sinne der RSAV darstellen.[17] 15

Mit dem GKV-WSG[18] werden auch für die Finanzierung der DMP ab dem 01.01.2009 weitreichende Änderungen eintreten. Mit der Einführung des Gesundheitsfonds zum 01.01.2009 werden alle Beitragszahler den gleichen Beitragssatz an ihre Krankenkasse zahlen. Jede Krankenkasse erhält zur Versorgung ihrer Versicherten aus dem Gesundheitsfonds eine Grundpauschale sowie Zuschläge zum Ausgleich des nach Alter, Geschlecht und Krankheit unterschiedlichen Versorgungsbedarfs.[19] Das BVA wird in Zusammenarbeit mit dem Wissenschaftlichen Beirat 50 bis 80 schwerwiegende und kostenintensive chronische Krankheiten ermitteln, für die es ab Einführung des Gesundheitsfonds krankheitsbedingte Zuschläge (Morbiditätszuschläge) geben wird.[20] Der bisherige Ausgleich der erhöhten standardisierten Leistungsausgaben der Krankenkassen für DMP-Versicherte im RSA entfällt ab diesem Zeitpunkt. Zur Förderung der DMP erhalten die Krankenkassen stattdessen aus dem Gesundheitsfonds Zuweisungen für jeden eingeschriebenen Versicherten zur Deckung der Programmkosten für medizinisch notwendige Aufwendungen wie Dokumentations- oder Koordinationsleistungen. Zusätzlich zu dieser Programmkostenpauschale erhalten die Krankenkassen aus dem Gesundheitsfonds auch Zuweisungen zur Deckung ihrer standardisierten allgemeinen Verwaltungskosten. Bei der Ermittlung 16

---

[15] BGBl I 2001, 3465.

[16] BVerfG v. 18.07.2005 - 2 BvF 2/01 - SozR 4-2500 § 266 Nr. 8.

[17] Vgl. auch Gesetzesbegründung zu Art. 10 des GMG-Gesetzesenwurfes, BT-Drs. 15/1525.

[18] Vom 26.03.2007 (BGBl I 2007, 378).

[19] Vgl. zu den Einzelheiten des neuen Morbi-RSA *Göpffarth*, GGW 2007 (Heft 3), 23 ff.; *Wasem*, GGW 2007 (Heft 3), 15 ff., 19.

[20] Vgl. *Wille/Koch*, Gesundheitsreform 2007, S. 368.

der standardisierten allgemeinen Verwaltungskosten sind auch die DMP-Verwaltungskosten zu berücksichtigen (vgl. hierzu im Einzelnen die Kommentierung zu § 137f SGB V Rn. 63 ff.). Die Neuregelung bedeutet, dass sich Stellenwert und Ausgestaltung der DMP wesentlich ändern werden.[21]

17 Um die Zulassung durch das BVA zu erhalten, muss ein Anforderungskatalog erfüllt sein, der im Einzelnen in der RSAV und in dem „Leitfaden für die Antragstellung auf Zulassung strukturierter Behandlungsprogramme" festgelegt ist (z.B. wissenschaftlich abgesicherte Behandlung gemäß evidenzbasierter Leitlinien oder der besten verfügbaren Evidenz, Qualitätssicherungsmaßnahmen, Einschreibekriterien, Schulungen der Leistungserbringer und der Versicherten, Dokumentation, Evaluation). § 28b RSAV regelt die Einzelheiten der Anforderungen an die Zulassung strukturierter Behandlungsprogramme nach § 137 Abs. 2 SGB V.

18 Das Antragsverfahren auf erstmalige Verlängerung der Zulassung (vgl. hierzu Absatz 2) ist möglichst sechs Monate vor Auslauf der Erstzulassung einzuleiten. Eingereicht werden müssen der ursprüngliche Antrag, aktualisierte Programme und Verträge, ein erster und zweiter Zwischenbericht zur Evaluation und Berichte zur Umsetzung von Qualitätssicherungsmaßnahmen.[22] Die Berichte zur Umsetzung der Qualitätssicherungsmaßnahmen müssen mindestens einen Zeitraum von zwei Jahren umfassen und sollen Aussagen zur Häufigkeit, Umfang und Art aller durchgeführten versicherten- und leistungserbringerbezogenen Maßnahmen enthalten.[23] Die Zulassung kann gemäß § 137g Abs. 1 Satz 4 SGB V auch mit Auflagen und Bedingungen versehen werden.

19 Mittlerweile sind ca. 14.000 DMP zugelassen bzw. auch bereits wiederzugelassen worden (vgl. Tabelle, Zahlen des BVA vom September 2007):

Indikationen	**DMP möglich seit**	**Zulassungen bisher**
Diabetes mellitus Typ 2	01.07.2002	3.325
Brustkrebs	01.07.2002	2.846
Koronare Herzkrankheit	01.05.2003	3.016
Diabetes mellitus Typ 1	01.03. 2004	1.952
Asthma	01.01.2005	1.428
Chronisch obstruktive Lungenerkrankung	01.01.2005	1.416

1. Zulassung durch das Bundesversicherungsamt (BVA) (Absatz 1)

20 Die Zulassung von strukturierten Behandlungsprogrammen nach § 137f Abs. 1 SGB V wird durch das BVA erteilt. Die Zulassung durch das BVA stellt eine bundesweit einheitliche Verfahrensweise und die neutrale Überprüfung der Zulassungsvoraussetzungen sicher.[24] Diese Regelung ist eine Konsequenz aus der Verbindung von DMPs und Risikostrukturausgleich, der auf Bundesebene einheitlich durchgeführt wird. Die Zulassung erfolgt auf Antrag.

21 Der Antrag auf Zulassung eines strukturierten Behandlungsprogramms durch das BVA hat mindestens folgende Angaben und Nachweise zu beinhalten[25]:

- Bezeichnung des Antragstellers,
- Bestimmung der Krankheit, für die das strukturierte Behandlungsprogramm gelten soll,
- Bestimmung des räumlichen Geltungsbereichs des Behandlungsprogramms,
- Darstellung der konzeptionellen Inhalte des Behandlungsprogramms (Programmbeschreibung einschließlich der darin bezeichneten Anlagen),
- Bennennung der Stellen, die das Behandlungsprogramm ausführen (Antragsteller, Leistungserbringer, Dritte),
- Nachweis der Verträge mit Leistungserbringern und Dritten einschließlich der darin bezeichneten Anlagen.

[21] Vgl. *Wasem*, GGW 2007 (Heft 3), 15 ff., 21.

[22] Vgl. BVA, Leitfaden für die Antragstellung zur Zulassung strukturierter Behandlungsprogramme, 12.06.2006, S. 4.

[23] BVA, Leitfaden für die Antragstellung zur Zulassung strukturierter Behandlungsprogramme, 12.06.2006, Anhang 1, S. 18.

[24] BT-Drs. 14/6432, S. 12.

[25] Vgl. BVA, Leitfaden für die Antragstellung zur Zulassung der strukturierten Behandlungsprogramme, 18.12.2006.

Im Antragsverfahren auf erstmalige Verlängerung der Zulassung strukturierter Behandlungsprogramme sind folgende Unterlagen möglichst sechs Monate vor Auslaufen der Erstzulassung einzureichen: 22

- Antrag entsprechend den Unterlagen bei der Erstzulassung mit aktualisierter Programmbeschreibung und aktualisierten Verträgen,
- erster und zweiter Zwischenbericht zur Evaluation (§ 28g Abs. 3 Sätze 2 und 3 RSAV) sowie
- Berichte zur Umsetzung von Qualitätssicherungsmaßnahmen auf der Grundlage der Mindestanforderungen des BVA[26].

Der Antrag soll in zweifacher Ausfertigung (1 Original, 1 Kopie) eingereicht werden.[27] 23

Antragsteller nach § 137g Abs. 1 Satz 1 SGB V können sein: 24

- die einzelnen Krankenkassen oder mehrere Krankenkassen,
- ein Landes- oder Bundesverband der Krankenkassen.

Die Zulassung eines strukturierten Behandlungsprogramms ist gemäß § 137g Abs. 1 Satz 1 SGB V zu erteilen, wenn das Behandlungsprogramm und die zu seiner Durchführung geschlossenen Verträge die in der RSAV genannten Anforderungen erfüllen. Die Ausgaben der Krankenkassen für chronisch Kranke, die in DMP eingeschrieben sind, werden in standardisierter Form nur dann im Risikostrukturausgleich gesondert berücksichtigt, wenn die Programme den gesetzlich festgelegten Qualitätsanforderungen genügen und durch das Bundesversicherungsamt zugelassen worden sind.[28] Im Gesetzentwurf der Fraktionen SPD und BÜNDNIS 90/DIE GRÜNEN war vorgesehen, dass das BVA die Zulassung zu erteilen hat, „wenn die in der Rechtsverordnung nach § 266 Abs. 7 SGB V genannten Anforderungen erfüllt sind".[29] 25

Auf Empfehlung des Bundestags-Ausschusses für Gesundheit wurde die Bestimmung erweitert um die Formulierung, wenn die „Programme und die zu ihrer Durchführung geschlossenen Verträge" die in der Rechtsverordnung nach § 266 Abs. 7 SGB V genannten Anforderungen erfüllen.[30] Der Bundestags-Ausschuss gab dazu folgende Begründung:[31] „Durch die Änderung in Satz 1 wird klargestellt, dass das BVA im Zusammenhang mit der Zulassung strukturierte Behandlungsprogramme auch zu prüfen hat, ob die zur Durchführung der Programme geschlossenen Verträge mit dem Inhalt der Programme übereinstimmen. Dies gilt sowohl für die Verträge, die mit zugelassenen Leistungserbringern geschlossen worden sind, als auch für Verträge mit Dritten, denen die Krankenkasse nach § 137f Abs. 5 Satz 2 SGB V (vgl. Änderung zu § 175f Abs. 5 SGB V) ihre Aufgaben zur Durchführung der Programme übertragen hat. Hierdurch wird gewährleistet, dass sowohl die Programme als auch die Verträge für alle Krankenkassen nach einheitlichen Maßstäben geprüft werden. Die Krankenkassen haben auch die Möglichkeit, sich die Übereinstimmung des Programms mit den in der RSAV geregelten Anforderungen vorab vom BVA bestätigen zu lassen, bevor sie auf dieser Grundlage in die Vertragsverhandlungen mit den Leistungserbringern eintreten. In die bisherigen Kompetenzen der Landesaufsichtsbehörden wird hierdurch nicht eingegriffen, da diese weiterhin etwa die Wirksamkeit von Gesamtverträgen prüfen können. Das Prüfrecht des BVAs beschränkt sich ausschließlich auf die Frage, ob die in der RSAV festgelegten Anforderungen an die strukturierten Behandlungsprogramme, auch durch den Abschluss von Verträgen mit den Leistungserbringern, erfüllt sind." 26

Die Zulassung ist zu erteilen, wenn die Programme und die zu ihrer Durchführung abgeschlossenen Verträge die in der RSAV genannten Anforderungen erfüllen (vgl. § 137g Abs. 1 Satz 1 SGB V). Das BVA hat insofern keinen Ermessensspielraum. Die in Satz 2 ausdrücklich zugelassene Zuziehung wissenschaftlicher Sachverständiger impliziert jedoch auch eine wissenschaftliche Beurteilung, die mit einem entsprechend hierauf begrenzten Beurteilungsspielraum verbunden sein muss.[32] 27

Die Zulassung muss jeweils nach der aktuellen Fassung der RSAV erteilt werden. Voraussetzung für die Zulassung eines Programms ist es weiterhin, dass im Programm und in den zu seiner Durchführung geschlossenen Verträgen vorgesehen ist, dass das Programm und die zu seiner Durchführung geschlossenen Verträge unverzüglich, spätestens innerhalb eines Jahres an Änderungen der Zulassungsvoraus- 28

[26] Vgl. Anhang 1.

[27] BVA, Leitfaden für die Antragstellung zur Zulassung der strukturierten Behandlungsprogramme, 18.12.2006, S. 3.

[28] BT-Drs. 14/6432, S. 12.

[29] *Krauskopf*, Band I, Disease Management in der GKV, § 137g, S. 4.

[30] BT-Drs. 14/7355, S. 6.

[31] BT-Drs. 14/7395, S. 6.

[32] Vgl. *Hess* in: KassKomm, SGB V, § 137g Rn. 2.

setzungen nach dieser Verordnung angepasst werden (vgl. § 28b Abs. 3 Satz 1 RSAV). Hierdurch wird sichergestellt, dass die Verträge immer zeitnah an die aktuelle Rechtslage angepasst werden. Abweichend hiervon hat die Anpassung des Programms und der zu seiner Durchführung geschlossenen Verträge an Änderungen der in § 3 Abs. 3 Satz 8 Nr. 3 genannten Anlagen spätestens zum ersten Tag des übernächsten auf das Inkrafttreten der Änderungen folgenden Quartals zu erfolgen (vgl. § 28b Abs. 3 Satz 2 RSAV). Die Krankenkasse hat das BVA und die zuständige Aufsichtsbehörde unverzüglich über die Anpassung des Programms und der Verträge zu unterrichten. Für die Dauer der erteilten Zulassung gilt das Programm als zugelassen.

a. Prüfungsmaßstab des Bundesversicherungsamtes

29 Für den Nachweis der Erfüllung der nach § 266 Abs. 7 SGB V genannten Anforderungen ergibt sich folgender Prüfungsumfang[33]:

30 **Behandlungsprogramm**:

- Der Geltungsbereich des Behandlungsprogramms ist zu bestimmen (z.B. regionale Begrenzung).
- Die konzeptionellen Inhalte des Programms müssen die Anforderungen nach den §§ 137f, 137g SGB V sowie den §§ 28b ff. RSAV erfüllen.
- Zur Beurteilung, ob alle zur Durchführung abgeschlossenen Verträge vorliegen, muss die vorgesehene organisatorische Umsetzung des Behandlungsprogramms dargestellt sein; hierfür sind die das Programm ausführenden Stellen (Antragsteller, Leistungserbringer, Dritte) zu benennen.

31 **Nachweis der Verträge mit Leistungserbringern und Dritten**:

- Die Vertragsinhalte müssen für den Geltungsbereich mit den konzeptionellen Vorgaben übereinstimmen. Die Verträge müssen vollständig vorliegen; d.h. alle Programminhalte, die nicht durch den Antragsteller ausgeführt werden, müssen durch Vertrag abgesichert sein.
- Es muss feststellbar sein, zu welchen Terminen die Verträge wirksam geworden sind bzw. wirksam werden.

b. Erläuterungen zu den medizinischen und sonstigen inhaltlichen Anforderungen

32 Voraussetzung für die Zulassung des Programms ist die Erfüllung aller in den §§ 137f und 137g SGB V und den §§ 28b-g RSAV sowie deren Anlagen genannten Anforderungen. Die Erfüllung dieser Voraussetzungen ist im Einzelnen darzulegen durch Prüfung der Anforderungen nach

- § 28b RSAV (Behandlung nach evidenzbasierten Leitlinien unter Berücksichtigung des jeweiligen Versorgungssektors),
- § 28c RSAV (Qualitätssicherungsmaßnahmen),
- § 28d RSAV (Anforderungen an die Einschreibung),
- § 28e RSAV (Anforderungen an die Schulungen),
- § 28f RSAV,
- § 28g RSAV (Anforderungen an die Evaluation).

c. Vorlagepflicht für Verträge

33 Das BVA prüft ergänzend auch, ob die an die Programme zu stellenden Anforderungen auch in den Verträgen erfüllt sind. Im Falle des Abschlusses kollektivrechtlicher Regelungen, die nicht zu einer unmittelbaren vertraglichen Bindung des einzelnen Vertragsarztes führen, hat der Antragsteller zum Nachweis der vertragsärztlichen Versorgung im Behandlungsprogramm dem Antrag eine Liste der bereits vertraglich einbezogenen Vertragsärzte beizufügen.[34]

34 Zum Nachweis der Durchführung des Behandlungsprogramms in den verschiedenen Versorgungssektoren sind die Verträge mit Krankenhäusern und den anderen maßgeblichen Leistungserbringern der verschiedenen Sektoren ebenfalls einzureichen.[35] Bei strukturierten Behandlungsprogrammen für die

---

[33] BVA, Leitfaden für die Antragstellung zur Zulassung der strukturierten Behandlungsprogramme, 18.12.2006, S. 4.

[34] BVA, Leitfaden für die Antragstellung zur Zulassung der strukturierten Behandlungsprogramme v. 18.12.2006, S. 5. Vgl. auch zur Einbeziehung von Verträgen mit Dritten in die Vorlagepflicht nach § 137 Abs. 5 BT-Drs. 14/7395 zu § 137f.

[35] BVA, Leitfaden für die Antragstellung zur Zulassung der strukturierten Behandlungsprogramme v. 18.12.2006, S. 4.

Indikationen KHK, Diabetes mellitus Typ 1, Asthma bronchiale und COPD sind Krankenhausverträge und Verträge mit Rehabilitationseinrichtungen nachzuweisen.[36]

35 Zudem sind bei den Indikationen KHK, Asthma bronchiale und COPD die Rentenversicherungsträger als Rehabilitationsträger vertraglich einzubinden. Dies ist durch die gemeinsame Erklärung der Spitzenverbände der gesetzlichen Krankenversicherung und der gesetzlichen Rentenversicherung vom 28.09.2004 erfolgt, auf Grund der die Rentenversicherungsträger sich verpflichtet haben, eine Behandlung von DMP-Patienten nach den Vorgaben der RSAV sicherzustellen. Die Verpflichtung zur Vorlage von Verträgen der Antragsteller mit Rehabilitationseinrichtungen im Hinblick auf die Rehabilitationszuständigkeit der Krankenkasse bleibt hiervon unberührt.[37]

36 Werden bei der Zulassung von Behandlungsprogrammen für Diabetes mellitus Typ 2 keine Verträge mit Krankenhäusern vorgelegt, kann das Behandlungsprogramm mit folgender Auflage zugelassen werden: Der Antragsteller muss innerhalb von sechs Monaten nach Zugang des Zulassungsbescheides die für die Behandlung von Patienten aufgrund einer Überweisung nach Ziffer 1.8.3 der Anlage 1 der RSAV erforderlichen Verträge mit Krankenhäusern nachweisen. Die Notfallbehandlung bleibt ausgenommen. Gleiches gilt, wenn bei der Erstzulassung keine Verträge mit Rehabilitationseinrichtungen vorgelegt werden. In diesen Fällen muss der Antragsteller innerhalb von sechs Monaten nach Zugang des Zulassungsbescheides einen Vertrag mit mindestens einer Rehabilitationseinrichtung bzw. einem Rehabilitationsträger nachweisen.

37 Sind Leistungserbringer im Rahmen der Regelungen zur Kooperation der Versorgungsebenen angesprochen, für die aus der RSAV keine Anforderungen an die Behandlung abzuleiten sind, ist der Nachweis gesonderter Verträge mit diesen Leistungserbringern zur Einbeziehung in ein Behandlungsprogramm nicht erforderlich. In diesen Fällen gibt es keinen Bedarf, über die bestehende Einbeziehung des Leistungserbringers in die Versorgung hinaus (z.B. durch sog. Zielaufträge) besondere Inhalte zum Behandlungsprogramm zu vereinbaren. So ist beispielsweise für die Indikation Brustkrebs nicht erforderlich, dass Rehabilitationseinrichtungen bzw. Rehabilitationsträger in das strukturierte Behandlungsprogramm vertraglich eingebunden werden.

d. Hinzuziehung wissenschaftlichen Sachverstandes (Absatz 1 Satz 2)

38 Für die Prüfung, ob die festgelegten Qualitätsanforderungen erfüllt sind, hat das BVA entsprechend qualifiziertes Personal bereitzustellen.[38] Das BVA kann nach § 137g Abs. 1 Satz 2 SGB V außerdem wissenschaftliche Sachverständige hinzuziehen. In welcher Form es diesen wissenschaftlichen Sachverstand einbezieht (z.B. als ständigen wissenschaftlichen Beirat, als Ad-hoc-Ausschüsse oder als Einzelsachverständige bzw. Fachgutachter) bleibt dem BVA überlassen.[39]

e. Befristete Zulassung (Absatz 1 Satz 3)

39 Die Zulassung ist zu befristen (§ 137g Abs. 1 Satz 3 SGB V). Die Befristung betrug ursprünglich nach § 28f Abs. 5 RSAV höchstens drei Jahre. Durch das GKV-WSG[40] wurde die RSAV aber so abgeändert, das nun eine Zulassung bis zum Zeitraum von 5 Jahren möglich ist. Die Verlängerung des Zulassungszeitraums trägt der Tatsache Rechnung, dass sich die bisherige Regelung in der Praxis als zu kurz erwiesen hat, um in der Evaluation zu verwertbaren Ergebnissen zu führen.[41]

40 Damit wird gewährleistet, dass für die Programme in gewissen Zeitabständen das Zulassungsverfahren wiederholt werden muss. Die automatische Weitergeltung zugelassener Programme über die Frist hinaus bis zum Abschluss der Fortsetzungszulassung ist damit ausgeschlossen. Das dient der Qualitätssicherung. Die Befristung der Zulassung gilt für alle strukturierten Behandlungsprogramme. Es ist nicht in das Ermessen des BVAs gelegt, ob es eine Befristung vornimmt oder nicht.[42] Das Gesetz sieht keine Ausnahmen vor. Amtliche Begründung zu § 137 Abs. 1 Satz 3 SGB V:[43] „Um den hohen Qualitätsan-

[36] BVA, Leitfaden für die Antragstellung zur Zulassung der strukturierten Behandlungsprogramme v. 18.12.2006, S. 4.

[37] BVA, Leitfaden für die Antragstellung zur Zulassung der strukturierten Behandlungsprogramme v. 18.12.2006, S. 4.

[38] BT-Drs. 14/6432, S. 12.

[39] *Krauskopf*, Band I, Disease Management in der GKV, § 137g, S. 6.

[40] Vom 26.03.2007 (BGBl I 2007, 378).

[41] Gesetzentwurf der Fraktionen der CDU/CSU und SPD Entwurf eines Gesetzes zur Stärkung des Wettbewerbs in der gesetzlichen Krankenversicherung (GKV-WSG) v. 24.10.2006, BT-Drs. 16/3100, S. 588.

[42] *Krauskopf*, Band I, Disease Management in der GKV, § 137g, S. 6.

[43] BT-Drs. 14/6432, S. 12.

spruch der Programme dauerhaft sicherzustellen, müssen ihre Wirkungen in bestimmten Abständen einer Evaluation unterzogen werden. Zur Evaluation gehört auch die Prüfung, ob die Ziele des Programms in der Umsetzung erreicht worden sind. Aus diesem Grund ist die Zulassung der Programme zu befristen."

f. Auflagen und Bedingungen (Absatz 1 Satz 4)

41 Die Zulassung kann nach § 137g Abs. 1 Satz 4 SGB V mit Auflagen und Bedingungen versehen werden. Dieser Satz ist auf Empfehlung des Bundestagsausschusses für Gesundheit aufgenommen worden.[44] Der Ausschuss wollte damit klarstellen, dass die Zulassung eines strukturierten Behandlungsprogramms vom BVA auch mit Auflagen und Bedingungen versehen werden kann, wenn dies erforderlich ist, um den Zweck der Zulassung zu erreichen.[45]

g. Zulassungserteilung innerhalb von drei Monaten (Absatz 1 Sätze 5, 6)

42 Wenn die Voraussetzungen für die Zulassung eines Programms erfüllt sind, ist die Zulassung innerhalb von drei Monaten zu erteilen. Die Zulassung ist nicht stillschweigend nach Ablauf der drei Monate erteilt, sondern es hat ein Zulassungsbescheid zu ergehen. Die verbindliche Frist dient der Beschleunigung des Zulassungsverfahrens.[46]

43 Die Drei-Monatsfrist gilt nach § 137g Abs. 1 Satz 6 SGB V als gewahrt, wenn die Zulassung aus Gründen, die von der Krankenkasse zu vertreten sind, nicht innerhalb dieser Frist erteilt werden kann. Ein solcher Grund kann z.B. die unvollständige Einreichung von Antragsunterlagen sein.[47]

h. Wirksamwerden der Zulassung (Absatz 1 Satz 7)

44 Die Zulassung wird nach § 137g Abs. 1 Satz 7 SGB V mit dem Tage wirksam, an dem die in der Rechtsverordnung nach § 266 Abs. 7 SGB V genannten Anforderungen erfüllt und die Verträge nach § 137g Abs. 1 Satz 1 SGB V geschlossen sind, frühestens mit dem Tag der Antragstellung, nicht jedoch vor dem In-Kraft-Treten dieser Verordnungsregelungen. Die Wirksamkeit der Zulassung kann also bereits mit dem Tag der Antragstellung eintreten, wenn zu diesem Zeitpunkt alle Voraussetzungen für die Zulassung erfüllt waren. Dies ist insbesondere für die Behandlungsprogramme von Bedeutung, die im Zeitpunkt der Antragstellung bereits durchgeführt werden. Auf diese Weise wird vermieden, dass die Dauer der Bearbeitung des Zulassungsantrags beim BVA zu finanziellen Nachteilen für die Krankenkasse führt.[48] Frühester Zeitpunkt für die Wirksamkeit der Zulassung ist das In-Kraft-Treten der Verordnungsregelungen nach § 266 Abs. 7 SGB V, mit denen die maßgeblichen chronischen Krankheiten und die Anforderungen an die strukturierten Behandlungsprogramme festgelegt werden. Dies ist sachgerecht, da die Versichertengruppen der eingeschriebenen chronisch Kranken erst von diesem Zeitpunkt an rechtswirksam gebildet sind und auch eine Bearbeitung der Zulassungsanträge durch das BVA erst von diesem Zeitpunkt an möglich ist.[49]

i. Kostentragung (Absatz 1 Sätze 8-13)

45 Für die Bescheiderteilung sind nach § 137g Abs. 1 Satz 8 SGB V durch das BVA kostendeckende Gebühren zu erheben. Die Sätze 8-10 sehen insoweit zunächst unabhängig vom Ausgang des Verwaltungsverfahrens für die Bescheiderteilung die Erhebung von Gebühren in Höhe des tatsächlichen Personal- und Sachaufwandes ergänzt um entsprechende Verwaltungsausgaben vor.

46 § 137g Abs. 1 SGB V unterscheidet zwischen verursachungsgerechten Kosten gemäß § 137g Abs. 1 Sätze 9 und 10 SGB V, die dem Antragsteller unmittelbar in Rechnung gestellt werden, und allgemeinen Kosten (Vorhaltekosten, vgl. § 137g Abs. 1 Satz 11 SGB V), die alle Krankenkassen gemeinsam tragen, unabhängig davon, ob sie einen Antrag stellen oder nicht. Die verursachungsgerechten Kosten entstehen für Tätigkeiten, die unmittelbar durch die Bearbeitung des Antrags veranlasst sind (vgl. § 28h Abs. 1 Satz 1 RSAV). Vorhaltekosten sind die beim BVA anfallenden notwendigen Kosten, die durch Leistungen im Zusammenhang mit der Zulassung strukturierter Behandlungsprogramme veranlasst werden, die aber nicht unmittelbar durch die Bescheiderteilung entstehen (vgl. § 28h Abs. 2 Satz 1

---

[44] BT-Drs. 14/7355, S. 6.
[45] BT-Drs. 14/7395, S. 6.
[46] BT-Drs. 14/7395, S. 6.
[47] BT-Drs. 14/7395, S. 6.
[48] *Krauskopf*, Band I, Disease Management in der GKV, § 137g, S. 6.
[49] BT-Drs. 14/7395, S. 6.

RSAV).[50] Die verursachungsgerechten Kosten werden dem Antragsteller in jedem Falle angelastet: Mit dem Bescheid kann die Zulassung erteilt oder auch versagt werden, d.h. die kostendeckenden Gebühren fallen nicht nur bei der Zulassung, sondern auch bei einem für den Antragsteller negativen Bescheid an. Daher wird in § 137g Abs. 1 Satz 8 SGB V nicht auf die Zulassung, sondern auf die Bescheiderteilung abgestellt. In den Gebühren sind alle Tätigkeiten zu berücksichtigen, die unmittelbar durch die Bearbeitung des Antrags veranlasst sind. Dies ist sachgerecht, da der dem BVA entstehende Verwaltungsaufwand unabhängig vom Ausgang des Zulassungsverfahrens ist.[51]

Die Kosten werden gemäß § 137g Abs. 1 Satz 9 SGB V nach dem tatsächlich entstandenen Personal- 47 und Sachaufwand berechnet. Da die Zulassung eines DMPs für die Krankenkassen zu finanziellen Vorteilen im Risikostrukturausgleich führen kann, ist der auf Grund der Zulassung anfallende Personal- und Sachaufwand durch kostendeckende Gebühren der jeweiligen Krankenkasse zu finanzieren.[52]

Zusätzlich zu den Personalkosten entstehende Verwaltungsausgaben sind nach § 137g Abs. 1 Satz 10 48 SGB V den Kosten in ihrer tatsächlichen Höhe hinzuzurechnen. Was unter den hinzuzurechnenden Verwaltungsausgaben im Einzelnen zu verstehen ist, ist nicht näher erläutert.

Soweit dem BVA im Zusammenhang mit der Zulassung von Programmen nach § 137f Abs. 1 SGB V 49 notwendige Vorhaltekosten entstehen, die durch die Gebühren nach § 137g Abs. 1 Satz 8 SGB V nicht gedeckt sind, sind diese durch Erhöhung des Ausgleichsbedarfssatzes (vgl. § 11 RSAV) von den Krankenkassen zu finanzieren. Diese Regelung trägt dem Umstand Rechnung, dass zum Zeitpunkt der parlamentarischen Entscheidung über § 137g SGB V nicht abschätzbar war, wie viele Zulassungsanträge vom BVA zu bearbeiten sind und wie hoch der hierdurch entstehende Verwaltungsaufwand ist. Gleichwohl muss das BVA eine bestimmte Personal- und Sachausstattung vorhalten, um im Interesse der Krankenkassen eine zügige Bearbeitung der Zulassungsanträge gewährleisten zu können. Um zu verhindern, dass das BVA auf Grund dessen mit Kosten belastet bleibt, sollen die nicht durch Gebühren der Krankenkassen gedeckten notwendigen Vorhaltekosten im Risikostrukturausgleich durch Erhöhung des Ausgleichsbedarfssatzes berücksichtigt und damit von allen Krankenkassen gemeinsam getragen werden. Bei den auf Grund dieser Regelung im Risikostrukturausgleich zu berücksichtigenden Ausgaben handelt es sich ausschließlich um solche des BVAs, nicht aber um Verwaltungsausgaben der Krankenkassen.[53]

Das Nähere über die Berechnung der Kosten nach § 137g Abs. 1 Sätze 9 und 10 SGB V (verursa- 50 chungsgerechte Kosten, die der Antragsteller unmittelbar zu tragen hat) und § 137g Abs. 1 Satz 11 SGB V (Vorhaltekosten, die alle Krankenkassen zu tragen haben) regelt das BMG in der RSAV (§ 266 Abs. 7 SGB V, § 28h RSAV). Der Verordnungsgeber wird ermächtigt, das Nähere über die Kostenberechnung und -berücksichtigung ohne Zustimmung des Bundesrates in der Risikostruktur-Ausgleichsverordnung zu regeln, obgleich die RSAV nach § 266 Abs. 7 Satz 1 SGB V generell zustimmungspflichtig durch den Bundesrat ist. Diese Ausnahme wurde deswegen gewählt, um sicherzustellen, dass die Regelungen über die Zulassungsgebühren in der RSAV zum gleichen Zeitpunkt in Kraft treten wie die übrigen Verordnungsregelungen zur Umsetzung der finanziellen Förderung strukturierter Behandlungsprogramme im Risikostrukturausgleich.[54]

In der RSAV nach § 266 Abs. 7 SGB V kann vorgesehen werden, dass die tatsächlich entstandenen 51 Kosten nach § 137g Abs. 1 Sätze 9 und 10 SGB V auf der Grundlage pauschalierter Kostensätze zu berechnen sind (§ 137g Abs. 1 Satz 13 SGB V). Pauschalierte Kostenansätze werden für den Bereich der Bundesverwaltung vom Bundesministerium der Finanzen ermittelt.[55] Von dieser Möglichkeit hat der Verordnungsgeber Gebrauch gemacht (§ 28h Abs. 1 Satz 2 RSAV): „Der Berechnung der Gebühren sind die vom Bundesministerium der Finanzen erstellten Übersicherten über die Personalkostensätze für Beamte, Angestellte und Lohnempfänger einschließlich der Sachkostenpauschale eines Arbeitsplatzes oder Beschäftigten in der Bundesverwaltung in ihrer jeweils jüngsten Fassung zu Grunde zu legen."

[50] *Krauskopf*, Band I, Disease Management in der GKV, § 137g, S. 7.

[51] BT-Drs. 14/7395, S. 6.

[52] BT-Drs. 14/6432, S. 12.

[53] BT-Drs. 14/7395, S. 6.

[54] BT-Drs. 14/7395, S. 6; vgl. auch *Krauskopf*, Band I, Disease Management in der GKV, § 137g, S. 8.

[55] BT-Drs. 14/7395, S. 6.

j. Klagen gegen die Gebührenbescheide (Absatz 1 Satz 14)

52 Klagen gegen die Gebührenbescheide des BVA haben nach § 137g Abs. 1 Satz 14 SGB V keine aufschiebende Wirkung. Dies ist sachgerecht, da das BVA auf eine zeitnahe Zahlung der Gebühren angewiesen ist, um den durch das Zulassungsverfahren entstehenden Verwaltungsaufwand zu decken.[56]

k. Antragstellung durch den Verband

53 Bei der Antragstellung durch Verband sind folgende Besonderheiten zu berücksichtigen[57]:

- Der Antrag des Verbandes auf Zulassung eines Behandlungsprogramms hat festzulegen, für welche Krankenkassen das Programm gelten soll.
- Der Verband hat nachzuweisen, ob er durch die im Antrag benannten Einzelkassen bevollmächtigt ist, für diese den Antrag auf Zulassung zu stellen.
- Der Verband hat für den gesamten Geltungsbereich des Behandlungsprogramms die zur Umsetzung geschlossenen Verträge nachzuweisen.
- Falls eine Krankenkasse in Teilbereichen vom Programmkonzept abweicht oder andere Vertragspartner mit der Umsetzung beauftragt, hat das Programmkonzept die nur für diese Krankenkasse geltende Besonderheit auszuweisen; die für die Umsetzung dieser Programmbesonderheiten geschlossenen Verträge hat der Verband nachzuweisen.
- Es ergehen gegenüber dem Verband ein Zulassungsbescheid und ein gesonderter Gebührenbescheid.

54 Folgende Vorgehensweise ist zur Vereinfachung ebenfalls möglich: Der Verband übersendet dem BVA ein Muster-Behandlungsprogramm mit der Bitte um Auskunft, ob das Musterprogramm grundsätzlich mit den Anforderungen der RSAV vereinbar ist. Ein Musterprogramm, das diesen Anforderungen entspricht, kann den Krankenkassen als Grundlage für den Antrag auf Zulassung dienen. Etwaige vom Musterprogramm abweichende Programmbesonderheiten sind im Antrag gesondert darzustellen; die Durchführung des Programms ist durch die Vorlage der abgeschlossenen Verträge nachzuweisen.[58]

2. Verlängerung der Zulassung eines Programms (Absatz 2)

55 Die Zulassung wird aufgrund der gesetzlichen Vorgaben immer nur befristet erteilt, im Regelfall für – jetzt – fünf Jahre (vgl. § 28g Abs. 5 Satz 1 RSAV). Bei der Entscheidung über eine Verlängerung der Zulassung sind insbesondere die Ergebnisse der Bewertung zu Grunde zu legen.[59] Nach § 137g Abs. 2 Satz 2 SGB V gilt § 137g Abs. 1 SGB V für die Verlängerung entsprechend, das heißt für das Verfahren der Verlängerung gelten die gleichen Regelungen wie für die erstmalige Erteilung der Zulassung.

56 Die Verlängerung der Zulassung eines Programms nach § 137f Abs. 1 SGB V erfolgt gemäß § 137g Abs. 2 Satz 1 SGB V insbesondere auf der Grundlage der Evaluation nach § 137f Abs. 4 SGB V. Zur dauerhaften Sicherstellung der Qualität und der Wirtschaftlichkeit der DMP sollen von Beginn an regelmäßige Evaluationen der Programme beitragen. Die Evaluation ist gesetzlich vorgeschrieben und fester Bestandteil der Zulassungsvoraussetzungen. Sie hat auf der Grundlage allgemein anerkannter wissenschaftlicher Standards zu erfolgen. Das BVA hat entsprechend seines gesetzlichen Auftrags im Benehmen mit den Verbänden der Krankenkassen eine externe Evaluation durch unabhängige Sachverständige veranlasst. Für die Allgemeinen Ortskrankenkassen (AOKen), die See-Krankenkasse und die Deutsche Rentenversicherung Knappschaft-Bahn-See als Träger der knappschaftlichen Krankenversicherung führt das Institut für angewandte Sozialwissenschaft (Infas), Bonn, in Zusammenarbeit mit der Prognos AG, Düsseldorf, und dem Wissenschaftlichen Institut der Ärzte Deutschlands (WIAD), Bonn, die Evaluation der DMP durch, für die Betriebs- und Innungskranken- sowie die Ersatzkassen erfolgt sie durch die Medical Netcare GmbH (MNC), Münster. Gemäß § 28g Abs. 2 RSAV hat das BVA durch Vorgabe methodischer Kriterien darauf hinzuwirken, dass die Evaluationen unterschiedlicher strukturierter Behandlungsprogramme diagnosebezogen vergleichbar sind.[60]

---

56 BT-Drs. 14/7395, S. 6.

57 BVA, Leitfaden für die Antragstellung zur Zulassung der strukturierten Behandlungsprogramme v. 18.12.2006, S. 7.

58 BVA, Leitfaden für die Antragstellung zur Zulassung der strukturierten Behandlungsprogramme v. 18.12.2006, S. 8.

59 BT-Drs. 14/6432, S. 13.

60 BVA, Kriterien zur Evaluation strukturierter Behandlungsprogramme, Version 1.0, Stand 15.05.2007, S. 7.

Im Antragsverfahren auf erstmalige Verlängerung der Zulassung strukturierter Behandlungsprogramme sind folgende Unterlagen möglichst sechs Monate vor Auslaufen der Erstzulassung einzureichen: 57

- Antrag entsprechend den Unterlagen bei der Erstzulassung mit aktualisierter Programmbeschreibung und aktualisierten Verträgen,
- erster und zweiter Zwischenbericht zur Evaluation (§ 28g Abs. 3 Sätze 2 und 3 RSAV) sowie Berichte zur Umsetzung von Qualitätssicherungsmaßnahmen auf der Grundlage der Mindestanforderungen des Bundesversicherungsamtes.[61]

[61] BVA, Leitfaden für die Antragstellung zur Zulassung der strukturierten Behandlungsprogramme v. 18.12.2006, S. 3 und Anhang.

§ 138 SGB V Neue Heilmittel

(Fassung vom 14.11.2003, gültig ab 01.01.2004)

Die an der vertragsärztlichen Versorgung teilnehmenden Ärzte dürfen neue Heilmittel nur verordnen, wenn der Gemeinsame Bundesausschuss zuvor ihren therapeutischen Nutzen anerkannt und in den Richtlinien nach § 92 Abs. 1 Satz 2 Nr. 6 Empfehlungen für die Sicherung der Qualität bei der Leistungserbringung abgegeben hat.

Gliederung

A. Basisinformationen

I. Textgeschichte/Gesetzgebungsmaterialien

1 Die Vorschrift wurde durch das Gesundheits-Reformgesetz (GRG) vom 20.12.1988[1] mit Wirkung vom 01.01.1989 geschaffen. Durch Art. 1 Nr. 87 Gesundheitsstrukturgesetz vom 21.12.1992[2] wurde sie mit Wirkung vom 21.12. 1993 redaktionell an die vertragsärztliche Versorgung angepasst. Durch Art. 1 Nr. 110 Gesundheitsmodernisierungsgesetz (GMG) vom 14.11.2003[3] erhielt die Regelung mit Wirkung vom 01.01.2004 ihre heutige Fassung durch die Berücksichtigung der Schaffung des Gemeinsamen Bundesausschusses (G-BA), der an die Stelle des Bundesausschusses der Ärzte und Krankenkassen getreten ist.

II. Systematische Zusammenhänge

2 § 138 SGB V betrifft seiner systematischen Stellung nach das durch Kollektivverträge (Gesamt- und Mantelverträge gem. §§ 82 ff. SGB V) geregelte Verhältnis zwischen den Krankenkassen bzw. ihren Verbänden einerseits und den Kassenärztlichen Vereinigungen andererseits. Wenn der G-BA auf der Grundlage von § 138 SGB V eine Richtlinie erlässt, wirkt er auf den Inhalt der Kollektivverträge und somit unmittelbar auf die zwischen den Partnern dieser Verträge bestehenden Rechtsverhältnisse ein, da die Richtlinien gem. § 92 Abs. 8 SGB V **Bestandteil der Bundesmantelverträge** und damit auch nach § 82 Abs. 1 Satz 2 SGB V zugleich Bestandteil der **Gesamtverträge** sind. Außerdem wirkt er ein auf die Rechtsstellung der kraft Gesetzes an diese vertraglichen Bestimmungen gebundenen Rechtssubjekte, wie z.B. auf die Rechtsstellung der Vertragsärzte (vgl. § 95 Abs. 3 Satz 3 SGB V). Die Richtlinie entfaltet ihre Wirkung somit in dem Bereich des vertraglichen, d.h. von den Verbänden der Kassen und Leistungserbringer einvernehmlich geschaffenen Rechts. Nach Maßgabe dieses Vertragsrechts bestimmt sich die vertragsärztliche Versorgung, d.h. die Frage, welche Heilmittel die Vertragsärzte zu Lasten der Krankenkassen verordnen dürfen. Systematisch gehört § 138 SGB V zwar zum Leistungserbringungsrecht, jedoch können die Versicherten ihre Ansprüche nur innerhalb der Vorgaben des Leistungserbringungsrechts verwirklichen.[4] Der Anspruch der Versicherten gegen ihre Krankenkasse ergibt sich dabei nicht aus (Kollektiv-)Vertrag, sondern unmittelbar aus Gesetz, nämlich entweder in Gestalt eines Sachleistungsanspruchs aus § 2 SGB V (i.V.m. den Vorschriften des Dritten Kapitels) oder in Gestalt eines Kostenerstattungsanspruchs aus § 13 SGB V.

3 § 138 SGB V bezieht sich auf und wirkt zusammen mit § 92 Abs. 1 Sätze 1 und 2 Nr. 6 SGB V. § 92 Abs. 1 Satz 2 Nr. 6 SGB V beauftragt den G-BA mit der Beschlussfassung von Richtlinien, während § 138 SGB V die Verordnungsfähigkeit eines Heilmittels von einer solchen Richtlinie abhängig macht.

---

[1] BGBl I 1988, 2477.
[2] BGBl I 1992, 2266.
[3] BGBI I 2003, 2190.
[4] BSG v. 28.03.2000 - B 1 KR 11/98 R - SozR 3-2500 § 135 Nr. 14.

III. Parallelvorschriften

Die allgemeine Bestimmung zur Methodenbewertung, **§ 135 SGB V**, wird durch die Regelungen der §§ 137c und 138 SGB V ergänzt. § 138 SGB V bindet die ärztliche Verordnung von neuen Heilmitteln an entsprechende Empfehlungen des G-BA. Damit dehnt die Vorschrift den gem. § 135 SGB V für neue Untersuchungs- und Behandlungsmethoden geltenden Erlaubnisvorbehalt auf neue Heilmittel aus. Für die Bewertung von Untersuchungs- und Behandlungsmethoden in Krankenhäusern fordert die gesetzliche Regelung in **§ 137c SGB V** gleichfalls, dass der allgemein anerkannte Stand der medizinischen Erkenntnisse zu berücksichtigen ist. Von ihrer Zielrichtung sind die in den Verfahren nach § 135 Abs. 1 SGB V und § 138 SGB V einerseits und § 137c SGB V andererseits jeweils zu treffenden Entscheidungen zur Bewertung neuer Methoden grundsätzlich unterschiedlich. Im Verfahren nach § 135 Abs. 1 SGB V und § 138 SGB V entscheidet der G-BA, ob eine bisher nicht zu Lasten der GKV erbringbare neue Methode wegen Anerkennung des diagnostischen oder therapeutischen Nutzens zukünftig zu Lasten der GKV erbracht werden kann. Im Verfahren nach § 137c SGB V entscheidet er, ob eine neue Methode von der zugelassenen Leistungserbringung im Krankenhaus wegen nicht bestehender Erforderlichkeit für eine ausreichende, zweckmäßige und notwendige Versorgung ausgeschlossen werden soll. 4

IV. Literaturhinweise

Kruse, Erläuterungen zu den Heilmittel-Richtlinien des Bundesausschusses Ärzte und Krankenkassen, SdL 2002, 41-110; *Schumacher*, Therapeutisches Reiten ist keine Kassenleistung, RdLH 2002, 167-168; *von Voss/Blank*, Modellprojekt Petö, ErsK 2002, 272-277; vgl. ansonsten die Kommentierung zu § 135 SGB V Rn. 9. 5

B. Auslegung der Norm

I. Regelungsgehalt und Bedeutung der Norm – Bewertung neuer Heilmittel

Neue Heilmittel sind nach § 138 SGB V vom Leistungsumfang der gesetzlichen Krankenversicherung solange ausgeschlossen, bis der G-BA ihren therapeutischen Nutzen anerkannt und in entsprechenden Richtlinien Empfehlungen für die Sicherung der Qualität bei der Leistungserbringung abgegeben hat. Dem entspricht Nr. 14 der Heilmittel-Richtlinien.[5] Auch in Bezug auf Heilmittel scheiden Leistungsansprüche der Versicherten gegen ihre Krankenkasse regelmäßig aus, wenn eine positive Anerkennung des Mittels in den vom Bundesausschuss erlassenen Heilmittel-Richtlinien fehlt.[6] Die Kostenerstattung für eine vom Versicherten selbst beschaffte Maßnahme ist in diesen Fällen grundsätzlich ausgeschlossen. 6

Förmlicher Normadressat sind die an der vertragsärztlichen Versorgung teilnehmenden Ärzte. Dabei berücksichtigt § 138 SGB V, dass die Heilmittelabgabe zu Lasten der GKV eine **ärztliche Verordnung** voraussetzt. Das gilt auch bei der Inanspruchnahme von Heilmittelerbringern im Geltungsbereich des EG-Vertrages und des EWR-Abkommens.[7] 7

Wenn (noch) keine Empfehlung des G-BA zu einer neuen Methode abgegeben wurde, kommt eine **Abrechnungsfähigkeit** in der vertragsärztlichen Versorgung regelmäßig nicht in Betracht. Die in einem ordnungsgemäßen Bewertungsverfahren getroffene Empfehlung zur Nichtanerkennung eines Heilmittels führt grundsätzlich zum **Ausschluss von Leistungsansprüchen** des Versicherten. Die Kostenerstattung für eine vom Versicherten selbst beschaffte Maßnahme ist in diesen Fällen grundsätzlich ausgeschlossen.[8] 8

---

[5] I.d.F. v. 01.12.2003, BAnz 2004, Nr. 106a, zul. geändert am 21.12.2004, BAnz 2005, Nr. 61; www.g-ba.de/informationen/richtlinien/12/.

[6] So ausdrücklich BSG v. 19.03.2002 - B 1 KR 36/00 R - SozR 3-2500 § 138 Nr. 2, S. 26, 28 - Hippotherapie; vgl. auch BSG v. 16.11.1999 - B 1 KR 9/97 R - BSGE 85, 132, 140 = SozR 3-2500 § 27 Nr. 12 - Medizinische Fußpflege.

[7] SG Dresden v. 19.05.2005 - S 18 KR 400/01, Anschluss EuGH v. 13.05.2003 - C-385/99 - EuGHE I 2003, 4509 und EuGH v. 28.04.1998 - C-120/95 - EuGHE I 1998, 1831.

[8] BSG v. 16.09.1997 - 1 RK 28/95 - BSGE 81, 54; BSG v. 28.03.2000 - B 1 KR 11/98 R - BSGE 86, 54; BSG v. 19.02.2002 - B 1 KR 16/00 R - SozR 3-2500 § 92 Nr. 12; BSG v. 19.02.2003 - B 1 KR 18/01 R - SozR 4-2500 § 135 Nr. 1; BSG v. 19.10.2004 - B 1 KR 27/02 R - SozR 4-2500 § 27 Nr. 1.

9 Die Vorschrift weist dem G-BA (§ 91 SGB V) in Ergänzung und Ausfüllung des § 92 Abs. 1 Satz 2 Nr. 6 SGB V die Kompetenz zu, den therapeutischen Nutzen neu eingeführter Heilmittel zu beurteilen. Sie bestimmt auch, dass in den Richtlinien nach § 92 Abs. 1 Satz 2 Nr. 6 SGB V Empfehlungen für die Sicherung der Qualität bei der Leistungserbringung abgegeben worden sind.[9] Erst nach Erfüllung dieser Voraussetzungen darf das betreffende Heilmittel zu Lasten der GKV verordnet werden (§ 73 Abs. 2 Nr. 7 SGB V i.V.m. § 32 Abs. 1 SGB V).

10 **Heilmittel** sind ärztlich verordnete Dienstleistungen, die einem Heilzweck dienen oder einen Heilerfolg sichern sollen und nur von entsprechend ausgebildeten Personen erbracht werden dürfen.[10] Zur **Begriffsbestimmung** und zu einzelnen Heilmitteln vgl. auch die Kommentierung zu § 135 SGB V Rn. 12 ff.

11 **Neue Heilmittel** sind nach § 9 Abs. 3 der Verfahrensordnung des G-BA[11] (VerfO) Maßnahmen, die nach der Heilmittelrichtlinie nicht verordnungsfähig sind oder die für bestimmte Indikationen bereits nach der Heilmittelrichtlinie verordnet werden können, deren Indikationsbereiche oder die Art ihrer Erbringung aber wesentliche Änderungen oder Erweiterungen erfahren haben. Ob eine Methode „neu" ist, kann dabei nur aus Sicht des Krankenversicherungsrechts als demjenigen Recht beurteilt werden, aus dem der Versicherte seine Leistungsansprüche herleitet. Dabei ist an formelle Maßstäbe anzuknüpfen.[12] Es kommt also darauf an, ob die Methode bisher nicht oder nicht in dieser Form Gegenstand der vertragsärztlichen Versorgung war.[13] Gleiches gilt, wenn sie sich aus einer neuartigen Kombination verschiedener, für sich allein jeweils anerkannter oder zugelassener Maßnahmen zusammensetzt.[14]

12 Solange eine Behandlungsmethode gem. § 138 SGB V als Heilmittel mangels Anerkennung durch den G-BA vom Leistungsumfang der gesetzlichen Krankenversicherung ausgeschlossen ist, kann die gleiche Behandlungsmethode, vom Versicherten mittels **Hilfsmitteln** zur Krankenbehandlung selbst angewandt, nicht als wirksam, notwendig und wirtschaftlich angesehen werden und deshalb die Versorgung mit dem Therapiehilfsmittel zu Lasten der gesetzlichen Krankenversicherung nach § 33 Abs. 1 Satz 1 SGB V nicht rechtfertigen.[15]

13 Auch im Bereich der Heilmittelversorgung gelten die Grundsätze über das **Systemversagen** bei Untätigkeit des G-BA entsprechend.[16]

14 Wird ein im **Ausland** entwickeltes Heilmittel auch in Deutschland angeboten, gilt der Erlaubnisvorbehalt des § 138 SGB V unabhängig davon, ob die konkrete Behandlung im Inland oder im Ausland durchgeführt wird.[17]

15 Bei der Bewertung neuer Heilmittel hat der Bundesausschuss in gleicher Weise wie bei der Bewertung neuer Behandlungsmethoden neben dem therapeutischen Nutzen auch die medizinische Notwendigkeit und Wirtschaftlichkeit zu berücksichtigen. Bei der Bewertung neuer Heilmittel hat der Bundesausschuss der Ärzte und Krankenkassen in gleicher Weise wie bei der Bewertung neuer Behandlungsmethoden neben dem therapeutischen Nutzen auch die medizinische Notwendigkeit und Wirtschaftlichkeit zu berücksichtigen.[18] Zum **Bewertungsverfahren** vgl. die Kommentierung zu § 135 SGB V Rn. 32 ff.

---

[9] Vgl. auch § 21 Abs. 3 VerfO.

[10] So BSG v. 30.01.2001 - B 3 KR 6/00 R - SozR 3-2500 § 33 Nr. 39 S. 220; BSG v. 19.03.2002 - B 1 KR 36/00 R - SozR 3-2500 § 138 Nr. 2 S. 25.

[11] Vom 20.09.2005, BAnz 2005, 16998, zuletzt geändert am 18.04.2006, BAnz 2006, 4876.

[12] BSG v. 26.09.2006 - B 1 KR 3/06 R - SozR 4-2500 § 27 Nr. 10 - neuropsychologischen Therapie.

[13] BSG v. 27.09.2005 - B 1 KR 28/03 R - USK 2005-77.

[14] Vgl. auch BSG v. 16.09.1997 - 1 RK 28/95 - BSGE 81, 54 = SozR 3-2500 § 135 Nr. 4; BSG v. 22.03.2005 - B 1 A 1/03 R - SozR 4-2400 § 89 Nr. 3; BSG v. 27.09.2005 - B 1 KR 28/03 R - USK 2005-77.

[15] SG Dresden v. 06.04.2006 - S 18 KR 1272/04 - MedR 2006, 476 - an Stelle ambulanter Neuropsychologie empfohlene Software für ein computergestütztes neuropsychologisches Trainingsprogramm.

[16] Vgl. BSG v. 26.09.2006 - B 1 KR 3/06 R - SozR 4-2500 § 27 Nr. 10 - neuropsychologische Therapie; BSG v. 19.03.2002 - B 1 KR 36/00 R - SozR 3-2500 § 138 Nr. 2 S. 26, 28, 31 - Hippotherapie und SG Dresden v. 19.05.2005 - S 18 KR 400/01 im Anschluss an BSG v. 28.03.2000 - B 1 KR 11/98 R - BSGE 86, 54 = SozR 3-2500 § 135 Nr. 14 - autologe Tumorvakzine und BSG v. 05.07.1995 - 1 RK 6/95 - BSGE 76, 194 = SozR 3-2500 § 27 Nr. 5 - Remedacen.

[17] BSG v. 03.09.2003 - B 1 KR 34/01 R - SozR 4-2500 § 18 Nr. 1 - Petö-Methode.

[18] BSG v. 19.03.2002 - B 1 KR 36/00 R - SozR 3-2500 § 138 Nr. 2.

Zum **Rechtsschutz** vgl. die Kommentierung zu § 135 SGB V Rn. 42 ff. Im Falle der Anfechtungsklage des Antragstellers ist die gem. § 51 Abs. 2 Satz 1 Nr. 3 SGG zuständige Sozialgerichtsbarkeit verpflichtet, inzidenter auch die Rechtmäßigkeit der Entscheidung des G-BA zu überprüfen. Der Angehörige eines Heilhilfsberufs mit einem gesetzlich geregelten Berufsbild kann jedenfalls bei Vorliegen eines ausreichenden medizinisch-wissenschaftlichen Materials unter dem Aspekt der Berufsfreiheit (Art. 12 Abs. 1 GG i.V.m. der Rechtsweggarantie nach Art. 19 Abs. 4 GG) im Wege einer Leistungsklage verlangen, dass der G-BA in einem förmlichen Verfahren über die Aufnahme einer bestimmten Therapieform in den Katalog der im Rahmen der Krankenbehandlung zulässigen Heilmittel entscheidet.[19] Zu den Folgen rechtswidrigen Handelns des G-BA vgl. ansonsten die Kommentierung zu § 135 SGB V Rn. 52 f. 16

II. Normzwecke

§ 138 SGB V ist die Rechtsgrundlage für die Bewertung von neuen Heilmitteln in der ambulanten Versorgung. Dabei konkretisiert der G-BA für das Leistungs- und Leistungserbringungsrecht einheitlich vor allem das Wirtschaftlichkeitsgebot gem. §§ 12 Abs. 1, 70 Abs. 1 SGB V unter Beachtung des allgemein anerkannten Stands der medizinischen Erkenntnisse. 17

Die Entscheidungen des G-BA legen für Leistungserbringer, Krankenkassen und Versicherte grundsätzlich verbindlich fest, welche Heilmittel zum Leistungskatalog der GKV gehören. Die Vorschrift dient der Sicherung der Qualität der Leistungserbringung. Sie beinhaltet den Schutz der Versicherten vor etwaigen gesundheitlichen Risiken[20] sowie der Versichertengemeinschaft vor unwirtschaftlichen Behandlungen.[21] 18

C. Praxishinweise

Aus der positiven Entscheidung des G-BA über die Anerkennung eines neuen Heilmittels ergibt sich für die GKV die Konsequenz, dass der Antragsteller des neuen Heilmittels, das als Dienstleistung abgegeben wird (§ 124 Abs. 1 SGB V), bei Erfüllung der Bedingungen des § 124 Abs. 2 SGB V zur Leistungserbringung **zuzulassen** ist. Versagt der G-BA dem neuen Heilmittel hingegen die Anerkennung, ist der Zulassungsantrag abzulehnen. 19

---

19 BSG v. 28.06.2000 - B 6 KA 26/99 R - BSGE 86, 223 = SozR 3-2500 § 138 Nr. 1.

20 Vgl. BSG v. 16.09.1997 - 1 RK 28/95 - SozR 3-2500 § 135 Nr. 4, S. 9, 14; BSG v. 08.02.2000 - B 1 KR 18/99 B - SozR 3-2500 § 135 Nr. 12, S. 54, 56.

21 Vgl. BSG v. 16.09.1997 - 1 RK 28/95 - SozR 3-2500 § 135 Nr. 4, S. 9, 14; BSG v. 30.01.2002 - B 6 KA 73/00 R - SozR 3-2500 § 135 Nr. 21, S. 106, 115.

§ 139 SGB V Hilfsmittelverzeichnis, Qualitätssicherung bei Hilfsmitteln

(Fassung vom 26.03.2007, gültig ab 01.07.2008)

(1) Der Spitzenverband Bund der Krankenkassen erstellt ein systematisch strukturiertes Hilfsmittelverzeichnis. In dem Verzeichnis sind von der Leistungspflicht umfasste Hilfsmittel aufzuführen. Das Hilfsmittelverzeichnis ist im Bundesanzeiger bekannt zu machen.

(2) Soweit dies zur Gewährleistung einer ausreichenden, zweckmäßigen und wirtschaftlichen Versorgung erforderlich ist, können im Hilfsmittelverzeichnis indikations- oder einsatzbezogen besondere Qualitätsanforderungen für Hilfsmittel festgelegt werden. Besondere Qualitätsanforderungen nach Satz 1 können auch festgelegt werden, um eine ausreichend lange Nutzungsdauer oder in geeigneten Fällen den Wiedereinsatz von Hilfsmitteln bei anderen Versicherten zu ermöglichen. Im Hilfsmittelverzeichnis können auch die Anforderungen an die zusätzlich zur Bereitstellung des Hilfsmittels zu erbringenden Leistungen geregelt werden.

(3) Die Aufnahme eines Hilfsmittels in das Hilfsmittelverzeichnis erfolgt auf Antrag des Herstellers. Über die Aufnahme entscheidet der Spitzenverband Bund der Krankenkassen; er kann vom Medizinischen Dienst prüfen lassen, ob die Voraussetzungen nach Absatz 4 erfüllt sind.

(4) Das Hilfsmittel ist aufzunehmen, wenn der Hersteller die Funktionstauglichkeit und Sicherheit, die Erfüllung der Qualitätsanforderungen nach Absatz 2 und, soweit erforderlich, den medizinischen Nutzen nachgewiesen hat und es mit den für eine ordnungsgemäße und sichere Handhabung erforderlichen Informationen in deutscher Sprache versehen ist.

(5) Für Medizinprodukte im Sinne des § 3 Nr. 1 des Medizinproduktegesetzes gilt der Nachweis der Funktionstauglichkeit und der Sicherheit durch die CE-Kennzeichnung grundsätzlich als erbracht. Der Spitzenverband Bund der Krankenkassen vergewissert sich von der formalen Rechtmäßigkeit der CE-Kennzeichnung anhand der Konformitätserklärung und, soweit zutreffend, der Zertifikate der an der Konformitätsbewertung beteiligten Benannten Stelle. Aus begründetem Anlass können zusätzliche Prüfungen vorgenommen und hierfür erforderliche Nachweise verlangt werden. Prüfungen nach Satz 3 können nach erfolgter Aufnahme des Produkts auch auf der Grundlage von Stichproben vorgenommen werden. Ergeben sich bei den Prüfungen nach Satz 2 bis 4 Hinweise darauf, dass Vorschriften des Medizinprodukterechts nicht beachtet sind, sind unbeschadet sonstiger Konsequenzen die danach zuständigen Behörden hierüber zu informieren.

(6) Legt der Hersteller unvollständige Antragsunterlagen vor, ist ihm eine angemessene Frist, die insgesamt sechs Monate nicht übersteigen darf, zur Nachreichung fehlender Unterlagen einzuräumen. Wenn nach Ablauf der Frist die für die Entscheidung über den Antrag erforderlichen Unterlagen nicht vollständig vorliegen, ist der Antrag abzulehnen. Ansonsten entscheidet der Spitzenverband Bund der Krankenkassen innerhalb von drei Monaten nach Vorlage der vollständigen Unterlagen. Über die Entscheidung ist ein Bescheid zu erteilen. Die Aufnahme ist zu widerrufen, wenn die Anforderungen nach Absatz 4 nicht mehr erfüllt sind.

(7) Das Verfahren zur Aufnahme von Hilfsmitteln in das Hilfsmittelverzeichnis regelt der Spitzenverband Bund der Krankenkassen nach Maßgabe der Absätze 3 bis 6. Er kann dabei vorsehen, dass von der Erfüllung bestimmter Anforderungen ausgegangen wird, sofern Prüfzertifikate geeigneter Institutionen vorgelegt werden oder die Einhaltung einschlägiger Normen oder Standards in geeigneter Weise nachgewiesen wird.

(8) Das Hilfsmittelverzeichnis ist regelmäßig fortzuschreiben. Die Fortschreibung umfasst die Weiterentwicklung und Änderungen der Systematik und der Anforderungen nach Absatz 2, die Aufnahme neuer Hilfsmittel sowie die Streichung von Produkten, deren Aufnahme zurückgenommen oder nach Absatz 6 Satz 5 widerrufen wurde. Vor einer Weiterentwicklung und Änderungen der Systematik und der Anforderungen nach Absatz 2 ist den Spitzenorganisationen der betroffenen Hersteller und Leistungserbringer unter Übermittlung der hierfür erforderlichen Informationen innerhalb einer angemessenen Frist Gelegenheit zur Stellungnahme zu geben; die Stellungnahmen sind in die Entscheidung einzubeziehen.

Gliederung

A. Basisinformationen

§ 139 SGB V, der bisher ausschließlich die Qualitätssicherung bei Hilfsmitteln betraf, ist durch das GKV-Wettbewerbstärkungsgesetz (GKV-WSG) vom 26.03.2007[1] **völlig neu gefasst** worden. In der Vorschrift sind der bisherige § 128 SGB V, der die Verpflichtung zur Erstellung eines Hilfsmittelverzeichnisses, das Verfahren der Erstellung und zur Bekanntgabe des Hilfsmittelverzeichnisses zum Inhalt hatte, und die Regelungen des bisherigen 139 SGB V über die Qualitätssicherung bei Hilfsmitteln zusammengefasst worden. Die Vorschrift enthält nunmehr die maßgeblichen Regelungen über das **Hilfsmittelverzeichnis** sowie die Bestimmungen über die **Qualitätssicherung**. 1

I. Gesetzgebungsmaterialien

§ 139 SGB V a.F. wurde durch das Gesundheits-Reformgesetz vom 20.12.1988[2] mit Wirkung vom 01.01.1989 eingeführt und regelte ausschließlich die Qualitätssicherung bei Hilfsmitteln. Danach hat- 2

[1] BGBl I 2007, 378.
[2] BGBl I 1988, 2477.

ten die Spitzenverbände der Krankenkassen gemeinsam und einheitlich zur Sicherung einer ausreichenden, zweckmäßigen, funktionsgerechten und wirtschaftlichen Versorgung der Versicherten mit Hilfsmitteln Qualitätsstandards für bestimmte Hilfsmittel zu entwickeln und diese im Hilfsmittelverzeichnis nach § 128 SGB V zu veröffentlichen (§ 139 Abs. 1 SGB V a.F.). Nach § 139 Abs. 2 SGB V a.F. war Voraussetzung für die Aufnahme neuer Hilfsmittel in das Hilfsmittelverzeichnis der Nachweis der Funktionstauglichkeit, des therapeutischen Nutzens und der Qualität des Hilfsmittels. Über die Aufnahme der Hilfsmittel in das Hilfsmittelverzeichnis hatten die Spitzenverbände der Krankenkassen gemeinsam und einheitlich zu entscheiden. Insoweit galt für die Verordnung von Hilfsmitteln in der GKV ein Verbot mit Erlaubnisvorbehalt. Nur in das Hilfsmittelverzeichnis aufgenommene Hilfsmittel waren verordnungsfähig.

3 § 139 SGB V ist erstmals durch das GKV-Modernisierungsgesetz (GMG) vom 14.11.2003[3] geändert worden. In Absatz 2 sind die Sätze 3-5 angefügt worden. In ihnen war bestimmt, dass das Verfahren zur Aufnahme in das Hilfsmittelverzeichnis von den Spitzenverbänden der Krankenkassen zu regeln war (Satz 3). Satz 4 enthielt eine Fristenregelung für die Vorlage der Unterlagen zur Antragstellung und für die Entscheidung. Satz 5 bestimmte, dass über die Entscheidung der Spitzenverbände ein Bescheid zu erteilen war. In dem ebenfalls neu eingefügten Absatz 3 war geregelt, dass die Spitzenverbände der Krankenkassen gemeinsam und einheitlich produktbezogene Empfehlungen zur Fortbildung der Leistungserbringer von Hilfsmitteln und zur Qualitätssicherung der Leistungserbringung abgeben.

4 § 139 SGB V wurde durch das GKV-WSG mit Wirkung vom 01.04.2007 erneut geändert und völlig neu gefasst. Absatz 1 entspricht den Sätzen 1, 2 und 5 des bisherigen § 128 SGB V.[4] Absatz 2 ersetzt Absatz 1 des bisherigen § 139 SGB V. Absatz 3 Satz 2 entspricht dem bisherigen § 139 Abs. 2 Satz 2 SGB V, Absatz 4 dem bisherigen § 139 Abs. 2 Satz 1 SGB V. Absatz 5 enthält neue Regelungen, die mögliche Überschneidungen der Vorschriften über das Hilfsmittelverzeichnis mit dem Medizinprodukterecht zum Gegenstand haben. Die in Absatz 6 getroffenen Fristenregelungen ersetzen die bisherige Bestimmung in § 139 Abs. 2 Satz 4 SGB V a.F. Dabei entspricht Absatz 6 Satz 4 dem bisherigen § 139 Abs. 2 Satz 5 SGB V. Der neue Absatz 7 konkretisiert die bisherige Vorschrift über das Aufnahmeverfahren durch die Spitzenverbände (§ 139 Abs. 2 Satz 3 SGB V a.F.). Absatz 8 regelt die Fortschreibung des Hilfsmittelverzeichnisses. Sein Satz 1 entspricht und verändert den bisherigen § 128 Satz 2 SGB V. Absatz 8 Satz 3 ersetzt und konkretisiert die bisherige Regelung in § 128 Satz 4 SGB V a.F.

II. Untergesetzliche Normen

5 Die Versorgung der Versicherten mit Hilfsmitteln wird im Leistungsrecht gemäß § 92 Abs. 1 Satz 2 Nr. 6 SGB V durch die Richtlinien des Gemeinsamen Bundesausschusses über die Verordnung von Hilfsmitteln in der vertragsärztlichen Versorgung (Hilfsmittel-Richtlinien) konkretisiert.

III. Ausgewählte Literaturhinweise

6 *Hadank*, Reicht das CE-Zeichen, um Produkte ins Hilfsmittelverzeichnis aufzunehmen?, ErsK 2006, 435-436; *Lüker*, Der Konflikt zwischen Medizinprodukterecht und Krankenversicherungsrecht, NZS 2007, 401-404; *Seidel/Hartmann*, Die Aufnahme eines Hilfsmittels in das Hilfsmittelverzeichnis gemäß § 139 Abs. 2 SGB 5 – Der Konflikt zwischen Europarecht und nationalem Krankenversicherungsrecht, NZS 2006, 511-517; *Zuck*, Hilfsmittel und die rechtliche Bedeutung des Hilfsmittelverzeichnisses, MedR 2003, 335-338.

B. Auslegung der Norm

I. Regelungsgehalt und Bedeutung der Norm

7 Die Versicherten der gesetzlichen Krankenkassen haben Anspruch auf eine Versorgung mit Hilfsmitteln (§§ 27 Abs. 1 Satz 2 Nr. 3, 33 SGB V). Die **Versorgung mit Hilfsmitteln** umfasst nach § 33 Abs. 1 Satz 1 SGB V die Versorgung mit Seh- und Hörhilfen, Körperersatzstücken, orthopädischen und anderen Hilfsmitteln, die im Einzelfall erforderlich sind, um den Erfolg der Krankenbehandlung zu sichern, einer drohenden Behinderung vorzubeugen oder eine Behinderung auszugleichen, soweit die Hilfsmittel nicht als allgemeine Gebrauchsgegenstände des täglichen Lebens anzusehen oder nach § 34 Abs. 4 SGB V ausgeschlossen sind. Nach der Rechtsprechung des BSG wird die Vorschrift des

[3] BGBl I 2003, 2190.

[4] Vgl. Begr. zum Gesetzentwurf eines GKV-WSG, BT-Drs. 16/3100, S. 150, zu Nr. 116, § 139.

§ 33 Abs. 1 SGB V durch § 31 Abs. 1 SGB IX konkretisiert.[5] Danach betrifft die Versorgung mit Hilfsmitteln (Körperersatzstücke sowie orthopädische und andere Hilfsmittel) auch die technischen Hilfen, die von den Leistungsempfängern getragen oder mitgeführt oder bei einem Wohnungswechsel mitgenommen werden können und unter Berücksichtigung der Umstände des Einzelfalls erforderlich sind, um einer drohenden Behinderung vorzubeugen, den Erfolg einer Heilbehandlung zu sichern oder eine Behinderung bei der Befriedigung von Grundbedürfnissen des täglichen Lebens auszugleichen, soweit sie nicht allgemeine Gebrauchsgegenstände des täglichen Lebens sind.

Die Vorschrift des § 139 SGB V verpflichtet die Spitzenverbände der Krankenkassen, ein Verzeichnis 8 der Hilfsmittel zu erstellen. In das Verzeichnis aufgenommen werden sollen sämtliche **Hilfsmittel**, die Gegenstand der Leistungspflicht der GKV sind. Das Hilfsmittelverzeichnis ist regelmäßig fortzuschreiben, vor seiner Erstellung und Fortschreibung sind die Spitzenorganisationen der Leistungserbringer und Hilfsmittelhersteller anzuhören. Das Hilfsmittelverzeichnis ist allgemein zugänglich zu machen, indem es im Bundesanzeiger veröffentlicht wird.

II. Normzweck

Das Hilfsmittelverzeichnis dient dem Zweck, den Versicherten, den verordnenden Ärzten und den 9 Leistungserbringern eine **Übersicht** über die bei der Versorgung in Frage kommenden Hilfsmittel zu verschaffen. Den Krankenkassen erleichtert es die Entscheidung, über welche Hilfsmittel Preisvereinbarungen zu führen sind. Die Vorschrift ermächtigt zur Festlegung indikations- oder einsatzbezogener besonderer Qualitätsanforderungen, sofern das erforderlich ist, und macht die Zulassung neuer Hilfsmittel von dem Nachweis abhängig, dass der Hersteller deren Funktionstauglichkeit, den therapeutischen Nutzen sowie deren Qualität nachweist.

III. Absatz 1

Absatz 1 übernimmt die Sätze 1, 2 und 5 des bisherigen, durch das GKV-WSG mit Wirkung zum 10 01.04.2007 aufgehobenen § 128 SGB V.[6]

1. Absatz 1 Satz 1

In Satz 1 ist die Verpflichtung der Spitzenverbände der Krankenkassen geregelt, gemeinsam ein Hilfs- 11 mittelverzeichnis zu erstellen. Gegenüber der Fassung des bisherigen § 128 Satz 1 SGB V hat der Gesetzgeber eine Ergänzung insoweit vorgenommen, als ein „systematisch strukturiertes" Hilfsmittelverzeichnis zu erstellen ist. In der Begründung des Gesetzentwurfs heißt es dazu, diese Ergänzung sei geboten, weil der Systematik des Hilfsmittelverzeichnisses eine wesentliche Bedeutung zukomme.[7]

Zuständig für die Erstellung des Hilfsmittelverzeichnisses sind allein die Spitzenverbände der Kran- 12 kenkassen. Die Mitwirkung der Leistungserbringer und Hilfsmittelhersteller ist darauf beschränkt, vor einer Weiterentwicklung und Änderungen der Systematik und der Anforderungen des Hilfsmittelverzeichnisses im Rahmen einer Anhörung Stellungnahmen abzugeben, die in die Entscheidung einzubeziehen sind (Absatz 8 Satz 3). Die **Spitzenverbände der Krankenkassen** bestehen nach § 213 Abs. 1 SGB V aus den Bundesverbänden der Krankenkassen, der Deutschen Rentenversicherung-Knappschaft-Bahn-See, den Verbänden der Ersatzkassen und der See-Krankenkasse.

Fraglich ist, ob aus der Formulierung der „gemeinsamen" Entscheidung der Spitzenverbände abgeleitet 13 werden kann, dass das in § 213 Abs. 2 und 3 SGB V für die Fälle vorgesehene Verfahren eingreift, in denen die Spitzenverbände gemeinsam und einheitlich handeln sollen, aber keine Einigung erfolgt.[8] Die Beantwortung kann offen bleiben. Denn über Neuaufnahmen eines Hilfsmittels in das Hilfsmittelverzeichnis entscheiden die Spitzenverbände der Krankenkassen **gemeinsam und einheitlich** (Absatz 3 Satz 2). Im Übrigen ist die Fragestellung ohnehin demnächst überholt. Nach der zum 01.07.2008 in Kraft tretenden Änderung des § 139 SGB V tritt an die Stelle der Spitzenverbände der Krankenkassen der Spitzenverband Bund der Krankenkassen.[9]

---

5 BSG v. 28.09.2006 - B 3 KR 28/05 R - NZS 2007, 495-499.

6 Vgl. Begr. zum Gesetzentwurf eines GKV-WSG, BT-Drs. 16/3100, S. 150, zu Nr. 116, § 139.

7 Begr. zum Gesetzentwurf eines GKV-WSG, BT-Drs. 16/3100, S. 150, zu Nr. 116, § 139.

8 Vgl. *Kranig* in: Hauck/Noftz, SGB V, K § 128 Rn. 6.

9 Art. 2 Nr. 26 des GKV-WSG vom 26.03.2007, BGBl I 2007, 378.

2. Absatz 1 Satz 2

14 Satz 2 bestimmt, dass in dem Hilfsmittelverzeichnis **von der Leistungspflicht der GKV umfasste Hilfsmittel** aufzuführen sind. Die Vorschrift entspricht fast wörtlich der des früheren § 128 Satz 2 SGB V mit dem einzigen Unterschied, dass es dort hieß, „die“ von der Leistungspflicht umfassten Hilfsmittel seien aufzuführen. Nach der Begründung des Gesetzentwurfs dient die Streichung des bestimmten Artikels in Satz 2 der Klarstellung, dass der Leistungsanspruch der Versicherten durch das Hilfsmittelverzeichnis nicht abschließend konkretisiert wird.[10] Aufzunehmen sind von der Leistungspflicht „umfasste“ Hilfsmittel, also verordnungsfähige Hilfsmittel. Aus welchen Gründen ein Hilfsmittel nicht verordnungsfähig ist, bleibt unerheblich, so dass Hilfsmittel, die wegen ihres fraglichen therapeutischen Nutzens oder geringen Preises nach § 34 Abs. 4 SGB V ausgeschlossen sind, nicht in das Verzeichnis aufgenommen werden müssen. Den Spitzenverbänden ist allerdings freigestellt, ausgeschlossene Hilfsmittel im Hilfsmittelverzeichnis zu Informationszwecken ausdrücklich als solche zu kennzeichnen.[11]

3. Absatz 1 Satz 3

15 Satz 3 verpflichtet die Spitzenverbände der Krankenkassen, das Hilfsmittelverzeichnis im Bundesanzeiger bekanntzumachen. Die Vorschrift entspricht Satz 5 des früheren § 128 SGB V. Mit der **Bekanntmachungspflicht** wird dem Publizitätsbedürfnis der Beteiligten Rechnung getragen.

4. Wirkung des Hilfsmittelverzeichnisses

16 Das Hilfsmittelverzeichnis enthält **keine leistungsrechtliche Entscheidung** über den Inhalt des Versorgungsanspruches der Versicherten. Das wird in der Begründung des Gesetzentwurfs zur Änderung des § 139 Abs. 1 Satz 2 SGB V ausdrücklich klargestellt.[12] Den Spitzenverbänden der Krankenkassen ist nicht die Rechtsmacht verliehen worden, die einzelnen Krankenkassen an ihre Auffassung zur Verordnungsfähigkeit bestimmter Hilfsmittel zu binden.[13] Der Versorgungsanspruch der Versicherten richtet sich nach § 33 SGB V in Verbindung mit § 34 SGB V sowie den zur Konkretisierung des Anspruchs auf Hilfsmittelversorgung ergangenen Richtlinien des Gemeinsamen Bundesausschusses (Hilfsmittel-Richtlinien). Der Anspruch auf Versorgung mit einem bestimmten Hilfsmittel wird letztlich erst im Rechtsstreit des Versicherten mit seiner Krankenkasse vor den Sozialgerichten abschließend konkretisiert.[14] Das Hilfsmittelverzeichnis spiegelt daher nur die Auffassung der Spitzenverbände über den Kreis der verordnungsfähigen Hilfsmittel wider. Eine weitergehende Bedeutung hat die Norm nicht. Insbesondere hängt die Verordnungsfähigkeit eines Hilfsmittels nicht davon ab, dass es bereits Aufnahme in das Hilfsmittelverzeichnis gefunden hat.[15] Andererseits zwingt auch die erfolgte Aufnahme eine Krankenkasse im Streitfall nicht dazu, entsprechende Leistungen zu gewähren. Allerdings stellt die Auflistung ein **gewichtiges Indiz** dafür dar, dass ein bestimmtes Hilfsmittel von der Leistungspflicht der gesetzlichen Krankenkassen erfasst ist.[16]

IV. Absatz 2

17 Die Vorschrift dient der Qualitätssicherung. Anders als bei den Heilmitteln, bei denen die Sicherung der Qualität gemäß § 138 SGB V dem Gemeinsamen Bundesausschuss übertragen ist, haben im Bereich der Hilfsmittel die **Spitzenverbände der Krankenkassen** – bzw. zukünftig der Spitzenverband Bund der Krankenkassen – die **Aufgabe der Qualitätssicherung**.

18 Absatz 2 tritt an die Stelle von Absatz 1 des bisherigen § 139 SGB V.

[10] Begr. zum Gesetzentwurf eines GKV-WSG, BT-Drs. 16/3100, S. 150, zu Nr. 116, § 139.

[11] *Kranig* in: Hauck/Noftz, SGB V, K § 128 Rn. 5.

[12] BT-Drs. 16/3100, S. 150, zu Nr. 116, § 139.

[13] Vgl. u.a. BSG v. 03.08.2006 - B 3 KR 25/05 R - SozR 4-2500 § 33 Nr. 13 Rn. 11 m.w.N.; *v. Maydell* in: GK-SGB V, § 128 Rn. 6; *Kranig* in: Hauck/Noftz, SGB V, K § 128 Rn. 1 und 3.

[14] Vgl. *Fastabend/Schneider*, Leistungsrecht der Krankenversicherung, 2004, Rn. 168.

[15] BSG v. 16.04.1998 - B 3 KR 9/97 R - SozR 3-2500 § 33 Nr. 27; BSG v. 25.10.1995 - 3 RK 30/94 - SozR 3-2500 § 33 Nr. 17.

[16] BSG v. 16.04.1998 - B 3 KR 9/97 R - SozR 3-2500 § 33 Nr. 27.

1. Absatz 2 Satz 1

19 Satz 1 macht die Festlegung **besonderer, indikations- oder einsatzbezogener Qualitätsanforderungen** für Hilfsmittel davon abhängig, dass dies zur Gewährleistung einer ausreichenden, zweckmäßigen und wirtschaftlichen Versorgung **erforderlich** ist. Im Gegensatz zur bisherigen Regelung des § 139 Abs. 1 Satz 1 SGB V (a.F.) wird nicht mehr auf die Gewährleistung einer funktionsgerechten Versorgung der Versicherten abgestellt. Die besonderen Qualitätsanforderungen gehen damit über diejenigen Anforderungen hinaus, die Hilfsmittel, bei denen es sich üblicherweise um Medizinprodukte im Sinne des Medizinprodukterechts handelt, allgemein erfüllen müssen. Werden solche besonderen Qualitätsanforderungen aufgestellt, kann nicht mehr ohne weiteres angenommen werden, dass Hilfsmittel, bei denen es sich um Medizinprodukte im Sinne des Medizinprodukterechts handelt, bereits mit der Erlangung der CE-Kennzeichnung[17] den Qualitätsanforderungen entsprechen.[18] Insoweit hat sich die Rechtslage geändert.

20 Die Befugnis der Spitzenverbände der Krankenkassen zur Festlegung von Qualitätsstandards ist damit auf die zur Erreichung der sich aus dem Wirtschaftlichkeitsgebot ergebenden Zielsetzung, eine ausreichende, zweckmäßige und wirtschaftliche Versorgung mit Hilfsmitteln zu gewährleisten, und auf die Aufstellung erforderlicher besonderer Qualitätsanforderungen (Absatz 2 Satz 2) beschränkt. Damit sollen Überschneidungen mit dem Medizinprodukterecht, nach dem Hilfsmittel auf ihre Funktionstauglichkeit zu prüfen sind, vermieden werden.[19]

2. Absatz 2 Satz 2

21 Über den bisherigen Rechtszustand hinausgehend ermächtigt Satz 2 die Spitzenverbände der Krankenkassen, besondere Qualitätsanforderungen nach Satz 1 auch festzulegen, um eine **ausreichend lange Nutzungsdauer** oder in geeigneten Fällen den **Wiedereinsatz** von Hilfsmitteln bei anderen Versicherten zu ermöglichen. Die Vorschrift konkretisiert insoweit die Voraussetzungen für eine ausreichende, zweckmäßige und wirtschaftliche Versorgung. Zu denken ist z.B. an die Wiederverwendung von Gehhilfen oder Rollstühlen.

3. Absatz 2 Satz 3

22 Satz 3 erfasst einen die eigentliche Hilfsmittelversorgung ergänzenden Bereich. Wie in der Gesetzesbegründung ausgeführt ist,[20] sind neben der Bereitstellung der Hilfsmittel auch noch **zusätzliche Leistungen** erforderlich. Satz 3 schafft die Rechtsgrundlage dafür, dass im Hilfsmittelverzeichnis auch Anforderungen an solche zusätzlich zu erbringenden Leistungen aufgestellt werden können.

V. Absatz 3

23 Absatz 2 betrifft das Verfahrenserfordernis und die Entscheidungszuständigkeit für die Aufnahme eines Hilfsmittels in das Hilfsmittelverzeichnis.

1. Absatz 3 Satz 1

24 Satz 1 stellt klar, dass Hilfsmittel nicht von Amts wegen in das Hilfsmittelverzeichnis aufzunehmen sind, sondern dass insoweit ein **Antrag des Herstellers** erforderlich ist.

2. Absatz 3 Satz 2

25 Satz 2 entspricht Satz 2 des bisherigen § 139 Abs. 2 SGB V. Nach Halbsatz 1 des Satzes 2 entscheiden die Spitzenverbände der Krankenkassen gemeinsam und einheitlich (zukünftig der Spitzenverband Bund der Krankenkassen). Nach Halbsatz 2 des Satzes 2 **können** die Krankenkassen vom Medizinischen Dienst **prüfen lassen**, ob die Voraussetzungen nach Absatz 4 erfüllt sind. Die Vorschrift enthält insoweit eine **Änderung** gegenüber der bisher geltenden Regelung, in der es hieß, dass die Spitzenverbände entscheiden, „nachdem der Medizinische Dienst die Voraussetzungen geprüft hat“. Durch die Änderung soll klargestellt werden, dass der Medizinische Dienst keine originäre Prüfungszuständigkeit hat, sondern dass die Spitzenverbände der Krankenkassen Herr des Verfahrens sind und die Entschei-

[17] Vgl. dazu Absätze 4 und 5.

[18] In diesem Sinne noch die bisherige Rechtsprechung des BSG (BSG v. 16.09.2004 - B 3 KR 20/04 R - BSGE 93, 183 = SozR 4-2500 § 33 Nr. 8, jeweils Rn. 8; BSG v. 28.09.2006 - B 3 KR 28/05 R - juris Rn. 37 - SGb 2007, 489 ff. m. Anm. *Joussen*, NZS 2007, 495 ff.).

[19] Begr. zum Gesetzentwurf eines GKV-WSG, BT-Drs. 16/3100, S. 150, zu Nr. 116, § 139.

[20] BT-Drs. 16/3100, S. 150, zu Nr. 116, § 139.

dung auch inhaltlich zu verantworten haben.[21] Mit der Neufassung der Vorschrift kann eine Verpflichtung der Spitzenverbände, generell alle neu aufzunehmenden Hilfsmittel durch den Medizinischen Dienst prüfen zu lassen, nicht mehr angenommen werden.

26 Weitere Regelungen über die Entscheidungen der Spitzenverbände sind in Absatz 6 Sätze 3 f. (z.B. Entscheidung durch Verwaltungsakt) getroffen worden.

VI. Absatz 4

27 In Absatz 4 werden die Voraussetzungen für die Aufnahme von Hilfsmitteln in das Hilfsmittelverzeichnis inhaltlich konkretisiert. Die Vorschrift dient entspricht dem bisherigen Absatz 2 Satz 1 des § 139 SGB V (a.F.). Sie stellt klar, dass ein **Anspruch des Herstellers auf Aufnahme** des Hilfsmittels in das Hilfsmittelverzeichnis besteht, sofern die Voraussetzungen des Absatzes 4 – Nachweis von Funktionstauglichkeit, Sicherheit, Erfüllen der Qualitätsanforderungen nach Absatz 2, Nachweis des medizinischen Nutzens, Informationen in deutscher Sprache – erfüllt sind („ist aufzunehmen)".

1. Funktionstauglichkeit

28 Zunächst muss der Hersteller die Funktionstauglichkeit des Hilfsmittels nachweisen. Bei den meisten Hilfsmitteln handelt es sich um Medizinprodukte im Sinne des Medizinproduktegesetzes.[22] Diese dürfen nur in den Verkehr gebracht und in Betrieb genommen werden, wenn sie mit einer CE-Kennzeichnung[23] versehen sind. Voraussetzung für diese Kennzeichnung ist, dass die grundlegenden Anforderungen nach § 7 Medizinproduktegesetz erfüllt sind und ein für das jeweilige Hilfsmittel vorgeschriebenes Konformitätsbewertungsverfahren durchgeführt worden ist. Ist das der Fall, ist nach der **bisherigen Rechtsprechung des BSG** davon auszugehen, dass das Hilfsmittel grundsätzlich geeignet ist, den medizinischen Zweck zu erfüllen, also funktionstauglich ist, und dass es die erforderliche Qualität besitzt, die notwendig ist, um die Sicherheit seines Benutzers zu gewährleisten. Mit der CE-Kennzeichnung sei ein Hilfsmittel im Sinne der Produktsicherheit und Zwecktauglichkeit auch im krankenversicherungsrechtlichen Sinne funktionstauglich, ohne dass dies von den Krankenkassen oder Gerichten noch eigenständig zu prüfen wäre. Der CE-Kennzeichnung komme insoweit Tatbestandswirkung zu.[24]

29 Diese **Rechtsprechung**, die von einer strikten Tatbestandswirkung der CE-Kennzeichnung ausging und offen ließ, ob überhaupt und ggf. in welchem Umfang in Einzelfällen aufgrund besonderer Umstände weitere Prüfanforderungen verlangt werden könnten, ist durch § 139 Abs. 5 Satz 1 i.d.F. des GKV-WSG **überholt**. Danach gilt der **Nachweis der Funktionstauglichkeit** im Sinne der Eignung für die vorgesehene Verwendung oder der Erfüllung der vom Hersteller vorgegebenen Zweckbestimmung und Produktleistung und der Sicherheit (nur) **grundsätzlich als erbracht** (Absatz 5 Satz 1). Nach der neuen Gesetzeslage können die Spitzenverbände der Krankenkassen (zukünftig: Spitzenverband Bund der Krankenkassen) in begründeten Einzelfällen die Funktionstauglichkeit des Hilfsmittels trotz einer vorliegenden CE-Kennzeichnung überprüfen (Absatz 5 Satz 2). Der Gesetzgeber hat damit ersichtlich der von den Spitzenverbänden der Krankenkassen/Pflegekassen in dem „Positionspapier zu den Anforderungen an Medizinprodukte für die Aufnahme in das Hilfsmittelverzeichnis nach § 128 SGB V oder Pflegehilfsmittelverzeichnis nach § 78 SGB XI" vom 04.04.2006 geäußerten Auffassung Rechnung getragen.

2. Sicherheit

30 In Absatz 4 ist der Nachweis der Sicherheit des Hilfsmittels, die bisher als Teil der Qualität angesehen wurde, als eigenständige Voraussetzung aufgenommen worden. Dies erfolgte im Hinblick auf die Regelungen des Absatzes 5,[25] nach denen in begründeten Einzelfällen trotz vorliegender CE-Kennzeichnung eines Hilfsmittels, das zugleich ein Medizinprodukt ist, eine Überprüfung auch hinsichtlich der Sicherheit des Hilfsmittels vorgenommen werden kann.

---

21 Begr. zum Gesetzentwurf eines GKV-WSG, BT-Drs. 16/3100, S. 150, zu Nr. 116, § 139.

22 In der Fassung der Bekanntmachung vom 07.08.2002, BGBl I 2002, 3146.

23 Vgl. dazu Absatz 5 Satz 1.

24 BSG v. 16.09.2004 - B 3 KR 20/04 R - BSGE 93, 183 = SozR 4-2500 § 33 Nr. 8, jeweils Rn. 8; BSG v. 28.09.2006 - B 3 KR 28/05 R - juris Rn. 37 - SGb 2007, 489 ff. m. Anm. *Joussen*, NZS 2007, 495 ff.

25 Begr. zum Gesetzentwurf eines GKV-WSG, BT-Drs. 16/3100, S. 150, zu Nr. 116, § 139.

3. Erfüllung der Qualitätsanforderungen nach Absatz 2

Des Weiteren muss der Hersteller nachweisen, dass das Hilfsmittel, dessen Aufnahme er in das Hilfsmittelverzeichnis beantragt, die Qualitätsanforderungen nach Absatz 2 erfüllt. Es handelt sich um **indikations- oder einsatzbezogene besondere Qualitätsanforderungen**, auch hinsichtlich einer ausreichenden langen Nutzungsdauer oder des Wiedereinsatzes von Hilfsmitteln bei anderen Versicherten. Diese besonderen Qualitätsanforderungen gehen über diejenigen hinaus, die Hilfsmittel, bei denen es sich üblicherweise um Medizinprodukte im Sinne des Medizinprodukterechts handelt, allgemein erfüllen müssen. Insofern besteht auch ein eigenständiges Prüfungsrecht der Spitzenverbände der Krankenkassen, das umfassender ist als das ihnen aufgrund der Regelung des Absatzes 4 in Verbindung mit Absatz 5 ohnehin zustehende Prüfungsrecht. 31

4. Medizinischer Nutzen

Die Vorschrift verlangt auch den Nachweis des **medizinischen Nutzens**, soweit dies erforderlich ist. Sie geht damit über die bisherige Formulierung des § 139 Abs. 2 Satz 1 SGB V (a.F.) hinaus, nach der der Nachweis des „therapeutischen" Nutzens des Hilfsmittels zu erbringen war. Diese bisherige begriffliche Einschränkung auf den therapeutischen Nutzen hat sich nach der Begründung des Gesetzentwurfs zum GKV-WSG als nicht sachgerecht erwiesen.[26] Der Begriff des „medizinischen Nutzens" ist der umfassendere und ermöglicht damit die Berücksichtigung aller einschlägigen Gesichtspunkte. Entsprechend der bisher bereits praktizierten Verfahrensweise[27] muss der medizinische Nutzen nur nachgewiesen werden, soweit dies erforderlich ist. Der **Begriff der Erforderlichkeit** eröffnet damit den Spitzenverbänden der Krankenkassen einen Beurteilungsspielraum, ob sie eine entsprechende Überprüfung vornehmen. 32

5. Erforderliche Informationen in deutscher Sprache

Neu im Verhältnis zur bisherigen Rechtslage ist, dass das Hilfsmittel mit den für eine ordnungsgemäße und sichere Handhabung erforderlichen Informationen in deutscher Sprache versehen ist. Damit soll dem Umstand Rechnung getragen werden, dass die Hilfsmittel typischerweise vom Versicherten selbst, ggf. mit Unterstützung der sie betreuenden Personen, bei denen es sich in der Regel auch nicht um Fachpersonal handelt, genutzt werden.[28] Mit dem Erfordernis des Vorliegens von Informationen in deutscher Sprache soll ein bestimmungsgemäßer Gebrauch ermöglicht werden. 33

Diese Voraussetzungen sind nach dem Regelungszweck der Norm ebenfalls vom Hersteller nachzuweisen, auch wenn dies so nicht ausdrücklich in die Vorschrift aufgenommen worden ist. 34

6. Nachweis der Voraussetzungen

Nach Absatz 4 ist ein Hilfsmittel in das Hilfsmittelverzeichnis aufzunehmen, wenn der Hersteller die Voraussetzungen des Absatzes 4 **nachgewiesen** hat. 35

Die Rechtsprechung des BSG hat zur Rechtslage unter der Geltung des § 139 Abs. 2 Satz 1 SGB V a.F., wonach Voraussetzung der Aufnahme ebenfalls der entsprechende Nachweis des Herstellers war, entschieden, dass Entscheidungsgrundlagen für die Spitzenverbände der Krankenkassen nicht allein die vom Antragsteller im Verwaltungsverfahren vorgelegten Unterlagen, sondern auch sonstige Erkenntnisquellen seien. Die Spitzenverbände der Krankenkassen dürften sich bei der Prüfung eines Antrages auf Aufnahme eines neuen Hilfsmittels in das Hilfsmittelverzeichnis gemäß § 20 SGB X nicht nur auf die eingereichten Unterlagen des Antragstellers beschränken, sondern hätten den Sachverhalt von Amts wegen zu ermitteln. Der medizinische Dienst habe dabei ein Gutachten als Entscheidungshilfe zu erstellen, in dem er nicht nur die vorgelegten Unterlagen auf ihre Plausibilität hin zu prüfen habe, sondern grundsätzlich alle ihm erreichbaren Veröffentlichungen und sonstigen Quellen des In- und Auslandes, die sich mit der Funktionstauglichkeit, der Qualität und dem therapeutischen Nutzen dieses neuen Hilfsmittels und vergleichbarer Fabrikate befassten, als Entscheidungsgrundlage heranziehen und auswerten müsse. Die Nachweispflicht des Herstellers sei insoweit als bloße Beweislastregel zu verstehen.[29] 36

---

[26] BT-Drs. 16/3100, S. 150, zu Nr. 116, § 139.

[27] So Begr. zum Gesetzentwurf eines GKV-WSG, BT-Drs. 16/3100, S. 150, zu Nr. 116, § 139.

[28] Begr. zum Gesetzentwurf eines GKV-WSG, BT-Drs. 16/3100, S. 150, zu Nr. 116, § 139.

[29] BSG v. 31.08.2000 - B 3 KR 21/99 R - BSGE 87, 105, 109 = SozR 3-2500 § 139 Nr. 1; BSG v. 28.09.2006 - B 3 KR 28/05 R - juris Rn. 28 - SGb 2007, 489 ff. m. Anm. *Joussen*, NZS 2007, 495 ff.

37 Es ist fraglich, ob diese Rechtsprechung auf die durch das GKV-WSG geänderte Vorschrift des § 139 SGB V übertragen werden kann. Zwar handelt es sich bei einem Aufnahmeverfahren für ein Hilfsmittel um ein Verwaltungsverfahren i.S.d. § 8 SGB X, in dem grundsätzlich die Amtsermittlungspflicht der Behörde gemäß § 20 SGB X gilt. Der Amtsermittlungsgrundsatz kann aber durch materiellrechtliche Regelungen eingeschränkt werden, soweit diese die Gewährung einer Leistung von einer entsprechenden Mitwirkungsverpflichtung des Antragstellers abhängig machen. So stellt sich die Sachlage bei dem neu gefassten § 139 SGB V dar. Der Gesetzgeber hat die **Mitwirkungspflichten des Herstellers verstärkt**, indem er ihm, wie der Umkehrschluss aus § 139 Abs. 6 Satz 1 SGB V zeigt, die Vorlage vollständiger Unterlagen aufgegeben hat.

38 Diese Unterlagen betreffen die inhaltlichen Voraussetzungen des Absatzes 4. Legt der Hersteller bei unvollständigen Unterlagen innerhalb einer ihm von den Spitzenverbänden einzuräumenden Frist von höchstens sechs Monaten Unterlagen nicht vollständig vor, ist der Antrag abzulegen. Im Gegensatz zur bisher geltenden Regelung des § 139 Abs. 2 Satz 4 SGB V a.F., nach der die Spitzenverbände nur darauf „hinzuwirken" hatten, dass vollständige Unterlagen innerhalb von sechs Monaten nach Antragstellung vorliegen, enthält die Vorschrift mit ihrer Begrenzung auf eine Höchstfrist von sechs Monaten und der daran anschließenden Verpflichtung zur Ablehnung des Antrages bei unvollständigen Unterlagen eine Verschärfung. Damit soll eine Beschleunigung des Verfahrens[30] erreicht werden. Das Gesetz geht mithin nicht von einer Pflicht der Spitzenverbände aus, von Amts wegen aufzuklären, ob ein in das Hilfsmittelverzeichnis aufzunehmendes Hilfsmittel die Voraussetzungen des Absatzes 4 erfüllt.

39 Auch eine Verpflichtung des Medizinischen Dienstes, den Sachverhalt von Amts wegen aufzuklären, besteht nach der neuen Rechtslage nicht (mehr). Anders als nach § 139 Abs. 2 Satz 2 SGB V a.F., nach dem die Spitzenverbände zu entscheiden hatten, „nachdem der Medizinische Dienst die Voraussetzungen geprüft" hatte, ist ihm eine solche Prüfungspflicht von Amts wegen – wenn sie denn überhaupt bestanden hat – nicht mehr zugewiesen. Nach § 139 Abs. 3 Satz 2 HS. 2 SGB V „können" die Spitzenverbände vom Medizinischen Dienst prüfen lassen, ob die Voraussetzungen nach Absatz 4 vorliegen. Durch die Änderung soll klargestellt werden, dass der Medizinische Dienst keine originäre Prüfungszuständigkeit hat, sondern dass die Spitzenverbände der Krankenkassen Herr des Verfahrens sind und die Entscheidung auch inhaltlich zu verantworten haben.[31]

VII. Absatz 5

40 Absatz 5 enthält Neuregelungen über den Nachweis der Funktionstauglichkeit und der Sicherheit von Hilfsmitteln, soweit es sich bei diesen um Medizinprodukte im Sinne des Medizinproduktegesetzes handelt.

1. Absatz 5 Satz 1

41 Zur **Vermeidung von Doppeluntersuchungen** stellt Satz 1 klar, dass bei denjenigen Hilfsmitteln, die Medizinprodukte i.S.d. § 3 Nr. 1 des Medizinproduktegesetzes sind, der Nachweis der Funktionstauglichkeit i.S.d. Eignung für die vorgesehene Verwendung oder der Erfüllung der vom Hersteller vorgegebenen Zweckbestimmung und Produktleistung und der Sicherheit durch die CE-Kennzeichnung grundsätzlich als erbracht gilt.[32]

42 Bei der **CE-Kennzeichnung** handelt es sich um eine Kennzeichnung nach EU-Recht, die im Zusammenhang mit der Gewährleistung der Produktsicherheit steht. Durch das Verwenden der CE-Kennzeichnung bestätigt der Hersteller, dass das Produkt den geltenden europäischen Bestimmungen entspricht. Nach § 6 Abs. 1 des Medizinproduktegesetzes dürfen regelmäßig Medizinprodukte in Deutschland nur in den Verkehr gebracht oder in Betrieb genommen werden, wenn sie mit einer CE-Kennzeichnung nach Maßgabe des § 6 Abs. 2 Satz 1 oder des § 6 Abs. 3 Satz 1 Medizinproduktegesetz versehen sind.

43 Die Vorschrift entlastet somit sowohl die Hersteller solcher Hilfsmittel, die zugleich die **Eigenschaft eines Medizinproduktes** aufweisen, als auch die Spitzenverbände der Krankenkassen bei der Überprüfung von Funktionstauglichkeit und Sicherheit von Hilfsmitteln (zur bisherigen Rechtsprechung des BSG zum Nachweis der Funktionstauglichkeit vgl. Rn. 28).

[30] Vgl. Fraktionsentwurf zum GKV-Modernisierungsgesetzes, BT-Drs. 15/1525, S. 127, zu Nr. 111, § 139.
[31] Begr. zum Gesetzentwurf eines GKV-WSG, BT-Drs. 16/3100, S. 150, zu Nr. 116, § 139.
[32] Begr. zum Gesetzentwurf eines GKV-WSG, BT-Drs. 16/3100, S. 150, zu Nr. 116, § 139.

Nach § 3 Nr. 1 des Medizinproduktegesetzes sind **Medizinprodukte** alle einzeln oder miteinander verbunden verwendete Instrumente, Apparate, Vorrichtungen, Stoffe und Zubereitungen aus Stoffen oder andere Gegenstände einschließlich der für ein einwandfreies Funktionieren des Medizinproduktes eingesetzten Software, die vom Hersteller zur Anwendung für Menschen mittels ihrer Funktionen zum Zwecke 44
a) der Erkennung, Verhütung, Überwachung, Behandlung oder Linderung von Krankheiten,
b) der Erkennung, Überwachung, Behandlung, Linderung oder Kompensierung von Verletzungen oder Behinderungen,
c) der Untersuchung, der Ersetzung oder der Veränderung des anatomischen Aufbaus oder eines physiologischen Vorgangs oder
d) der Empfängnisregelung
zu dienen bestimmt sind und deren bestimmungsgemäße Hauptwirkung im oder am menschlichen Körper weder durch pharmakologisch oder immunologisch wirkende Mittel noch durch Metabolismus erreicht wird, deren Wirkungsweise aber durch solche Mittel unterstützt werden kann.

2. Absatz 5 Satz 2

Satz 2 bestimmt, dass die Spitzenverbände der Krankenkassen sich hinsichtlich des Nachweises der Funktionstauglichkeit und der Sicherheit des Hilfsmittels, bei dem es sich um ein Medizinprodukt handelt, routinemäßig nur von der **formalen Rechtmäßigkeit der CE-Kennzeichnung** zu überzeugen haben[33] und zwar anhand der Konformitätserklärung und, soweit zutreffend, der Zertifikate der an der Konformitätsbewertung beteiligten genannten Stellen. 45

3. Absatz 5 Sätze 3 und 4

Nach Satz 3 der Vorschrift können aus begründetem Anlass **zusätzliche Prüfungen** vorgenommen und hierfür erforderliche Nachweise verlangt werden. Nach erfolgter Aufnahme können Prüfungen aus begründetem Anlass auf der Grundlage von Stichproben vorgenommen werden (Satz 4). 46

Die Regelungen der Sätze 3 und 4 sind nach der Begründung des Gesetzentwurfs[34] so zu verstehen, dass weitergehende materielle Überprüfungen bezüglich Funktionstauglichkeit und Sicherheit nur in Einzelfällen aus begründetem Anlass in Betracht kommen. Damit scheint eine generelle Überprüfung von Tauglichkeit und Sicherheit von Hilfsmitteln aufgrund von Stichproben auszuscheiden. Diese Einschränkung gibt der Wortlaut der Vorschrift allerdings nicht her. Den Spitzenverbänden der Krankenkassen bleibt es danach unbenommen, sofern ein Anlass dafür besteht, stichprobenartig die Geeignetheit des Hilfsmittels hinsichtlich seiner Funktionstauglichkeit und seiner Sicherheit zu überprüfen und bei entsprechenden Zweifeln weitere Nachweise hierüber zu verlangen. 47

4. Absatz 5 Satz 5

Satz 5 regelt eine **Informationsverpflichtung** der Spitzenverbände der Krankenkassen gegenüber den zuständigen Behörden, sofern sich bei den Prüfungen nach den Sätzen 2-4 Hinweise darauf ergeben, dass Vorschriften des Medizinprodukterechts nicht beachtet sind. Die Vorschrift stellt mit der Formulierung „unbeschadet sonstiger Konsequenzen" zugleich klar, dass sich aus einer solchen Nichtbeachtung weitere Konsequenzen für die Aufnahme des Hilfsmittels in das Hilfsmittelverzeichnis ergeben können, etwa der Widerruf der Aufnahmeentscheidung gemäß Absatz 6 Satz 4.[35] 48

VIII. Absatz 6

Die Vorschrift legt bestimmte Voraussetzungen für das Verfahren bei der Antragstellung, über die Aufnahme in das Hilfsmittelverzeichnis und über den Widerruf einer solchen Aufnahme fest. 49

1. Absatz 6 Satz 1

§ 139 Abs. 2 Satz 4 SGB V a.F. enthielt bisher ebenfalls eine Regelung über die Vorlage vollständiger Antragsunterlagen, verbunden mit einer Fristenbestimmung. Die Neuregelung des Absatzes 6 Satz 1 präzisiert die **Fristenregelung zur Vorlage vollständiger Antragsunterlagen**. Danach ist einem Hersteller, der unvollständige Antragsunterlagen für die Aufnahme in das Hilfsmittelverzeichnis vorlegt, eine angemessene Frist zur Nachreichung fehlender Unterlagen einzuräumen. Diese Frist darf **insgesamt sechs Monate** nicht übersteigen. 50

[33] Begr. zum Gesetzentwurf eines GKV-WSG, BT-Drs. 16/3100, S. 150, zu Nr. 116, § 139.

[34] BT-Drs. 16/3100, S. 151, zu Nr. 116, § 139.

[35] Vgl. Begr. zum Gesetzentwurf eines GKV-WSG, BT-Drs. 16/3100, S. 151, zu Nr. 116, § 139.

51 Im Gegensatz zur bisher geltenden Regelung des § 139 Abs. 2 Satz 4 SGB V a.F., nach der darauf „hingewirkt“ werden sollte, dass vollständige Unterlagen innerhalb von sechs Monaten nach Antragstellung vorliegen, enthält die Vorschrift mit ihrer Begrenzung auf eine Höchstfrist von sechs Monaten eine Verschärfung. Damit soll eine Beschleunigung des Verfahrens[36] erreicht werden.

2. Absatz 6 Satz 2

52 Satz 2 legt die **Rechtsfolge** für den Fall fest, dass nach dem **Ablauf der Frist** des Satzes 1 die für die Entscheidung über den Antrag erforderlichen Unterlagen nicht vollständig vorliegen. In diesem Fall **ist der Antrag abzulehnen**. Das Gesetz geht damit nicht davon aus, dass die Spitzenverbände selbst eigene Ermittlungen anstellen müssen, ob bei unvollständigen Unterlagen dennoch die Voraussetzungen für eine Aufnahme eines Hilfsmittels gegeben sind (zum Nachweis der Voraussetzungen durch den Hersteller vgl. Rn. 29).

53 Die Ablehnung der Aufnahme hat durch Bescheid zu erfolgen (vgl. Satz 4).

3. Absatz 6 Satz 3

54 Die Regelung betrifft den Fall, dass die Antragsunterlagen für die Aufnahme eines Hilfsmittels in das Hilfsmittelverzeichnis vom Hersteller vollständig vorgelegt worden sind („ansonsten“). In diesem Fall haben die Spitzenverbände der Krankenkassen innerhalb von drei Monaten nach Vorlage der vollständigen Unterlagen zu entscheiden. Im Verhältnis zur bisherigen Regelung des § 139 Abs. 2 Satz 4 SGB V a.F., nach der sicherzustellen war, dass die Entscheidung spätestens sechs Monate nach Vorlage der vollständige Unterlagen getroffen wird, hat der Gesetzgeber in einer Neuregelung eine Verkürzung der **Frist zur Entscheidung auf drei Monate** vorgenommen. Dies soll ebenfalls der Straffung des Verfahrens dienen.[37]

4. Absatz 6 Satz 4

55 Satz 4 übernimmt die bisherige Regelung des § 139 Abs. 2 Satz 5 SGB V a.F. und bestimmt, dass über die Aufnahme und die Ablehnung der Aufnahme ein **Bescheid** (Verwaltungsakt i.S.d. § 31 SGB X) zu erteilen ist. Der Gesetzgeber hatte mit der durch das GKV-Modernisierungsgesetz vom 14.11.2003[38] eingeführten Regelung die Rechtsprechung des BSG umgesetzt, nach der es sich bei den Entscheidungen der Spitzenverbände über die Aufnahme in das Hilfsmittelverzeichnis um Verwaltungsakte handelt[39] (zum gerichtlichen Verfahren vgl. Rn. 58).

5. Absatz 6 Satz 5

56 Liegen die gemäß Absatz 4 zu erfüllenden Voraussetzungen für die Aufnahme eines Hilfsmittels in das Hilfsmittelverzeichnis nicht mehr vor, muss die Möglichkeit bestehen, das Hilfsmittel aus dem Hilfsmittelverzeichnis zu streichen. Die Regelung des Satzes 5 schafft hierfür eine ausdrückliche Ermächtigungsgrundlage über den **Widerruf der Aufnahme**. Danach sind die Spitzenverbände verpflichtet („ist zu widerrufen“), die Aufnahme zu widerrufen, wenn die Voraussetzungen des Absatzes 4 nicht mehr gegeben sind. Bei dem Widerruf handelt es sich – entsprechend der Terminologie im Verwaltungsverfahrensrecht – um die Aufhebung eines ursprünglich **rechtmäßigen Aufnahmebescheides**, bei der **Rücknahme** um die Aufhebung einer **rechtswidrigen** – etwa bei Fehlen der Aufnahmevoraussetzungen – **Aufnahmeentscheidung**.

57 Auch der Widerruf der Aufnahme hat durch **Bescheid** zu erfolgen, der der gerichtlichen Nachprüfung unterliegt (vgl. Rn. 58).

6. Gerichtliche Geltendmachung des Anspruchs auf Aufnahme in Hilfsmittelverzeichnis

58 Der Hersteller kann gegen die Ablehnung der Aufnahme eines Hilfsmittels in das Hilfsmittelverzeichnis mit der **kombinierten Anfechtungs- und Verpflichtungsklage** i.S.d. § 54 Abs. 1 Satz 1 SGG vorgehen.[40]

---

[36] Vgl. Fraktionsentwurf zum GKV-Modernisierungsgesetz, BT-Drs. 15/1525, S. 127, zu Nr. 111, § 139.

[37] Begr. zum Gesetzentwurf eines GKV-WSG, BT-Drs. 16/3100, S. 151, zu Nr. 116, § 139.

[38] BGBl I 2003, 2190.

[39] Grundlegend: BSG v. 31.08.2000 - B 3 KR 21/99 R - BSGE 87, 105, 107 = SozR 3-2500 § 139 Nr. 1.

[40] BSG v. 31.08.2000 - B 3 KR 21/99 R - BSGE 87, 105, 106 = SozR 3-2500 § 139 Nr. 1; BSG v. 28.09.2006 - B 3 KR 28/05 R - juris Rn. 17 - SGb 2007, 489 ff. m. Anm. *Joussen*, NZS 2007, 495 ff.; ebenso auch LSG Nordrhein-Westfalen v. 31.05.2007 - L 16 (5, 2) KR 70/00 - juris Rn. 24.

Vor Erhebung einer Anfechtungs- und Verpflichtungsklage ist gemäß § 78 SGG die Durchführung eines **Vorverfahrens** erforderlich. Der Widerspruch des Herstellers gegen einen Bescheid der Spitzenverbände ist – mangels Bestehen einer anderen Widerspruchsbehörde – ebenfalls von den Spitzenverbänden als Widerspruchsbehörde zu bescheiden.[41] 59

Nach der Rechtsprechung des BSG ist im gerichtlichen Verfahren über eine Entscheidung, mit der die Spitzenverbände der Krankenkassen eine Aufnahme eines Hilfsmittels in das Hilfsmittelverzeichnis abgelehnt haben, der **Gemeinsame Bundesausschuss** gemäß § 75 Abs. 2 SGG **notwendig beizuladen**, sofern das Hilfsmittel zugleich der Erbringung einer neuen Untersuchungs- oder Behandlungsmethode im Sinne des § 135 Abs. 1 SGB V dient.[42] 60

IX. Absatz 7

Absatz 7 befasst sich mit dem Verfahren zur Aufnahme von Hilfsmitteln. 61

1. Absatz 7 Satz 1

In Absatz 7 Satz 1 wird die bisher schon in § 139 Abs. 2 Satz 3 SGB V a.F. enthaltene **Ermächtigung** für die Spitzenverbände der Krankenkassen zur näheren Regelung des **Aufnahmeverfahrens** übernommen. Durch die ausdrückliche Verweisung auf die Vorschriften der Absätze 3-6 wird der Ermächtigungsrahmen näher konkretisiert.[43] 62

2. Absatz 7 Satz 2

Absatz 7 Satz 2 eröffnet den Spitzenverbänden der Krankenkassen die Möglichkeit, im Sinne einer Konformitätsvermutung bestimmte **Nachweiserleichterungen** vorzusehen. Sie können in der Verfahrensregelung festlegen, dass von der Erfüllung bestimmter Anforderungen ausgegangen wird, sofern Zertifikate geeigneter Institutionen vorgelegt werden oder die Einhaltung einschlägiger Normen oder Standards in geeigneter Weise nachgewiesen wird. Damit soll nach der Begründung des Gesetzentwurfs sichergestellt werden, dass in der Praxis bewährte Instrumente und Nachweismöglichkeiten (z.B. Gütesiegel, Prüfzertifikate, Normenkonformität) auch weiterhin ihren Stellenwert behalten, ohne dass sie verbindlich vorgeschrieben werden.[44] 63

X. Absatz 8

Absatz 8 regelt die Fortschreibung des Hilfsmittelverzeichnisses. 64

1. Absatz 8 Satz 1

Absatz 8 Satz 1 entspricht unverändert dem Satz 3 des bisherigen, durch das GKV-WSG aufgehobenen § 128 SGB V. Die Vorschrift enthält die Verpflichtung der Spitzenverbände der Krankenkassen zur **Fortschreibung des Hilfsmittelverzeichnisses**. Damit soll sichergestellt werden, dass den Beteiligten jeweils aktuelle Informationen auch über neu zugelassene Hilfsmittel zur Verfügung stehen. Die Fortschreibung soll **regelmäßig** erfolgen. 65

2. Absatz 8 Satz 2

Der gegenüber der bisherigen Rechtslage neu aufgenommene Satz 2 des Absatzes 8 konkretisiert inhaltlich die Fortschreibungsverpflichtung. Die Fortschreibung soll danach nicht nur die Weiterentwicklung und Änderungen der Systematik und die Aufnahme von Hilfsmitteln umfassen, sondern auch die Weiterentwicklung der Qualitäts- und sonstigen Anforderungen gemäß Absatz 2 sowie die Streichung von Produkten, deren Aufnahme zurückgenommen oder widerrufen wurde.[45] 66

3. Absatz 8 Satz 3

Satz 3 übernimmt im Wesentlichen die bisher in § 128 Satz 4 SGB V enthaltene Regelung und präzisiert sie. Nach Satz 3 Halbsatz 1 haben die Spitzenverbände der Krankenkassen vor einer Weiterentwicklung und Änderungen der Systematik und der Anforderungen nach Absatz 2 (besondere Qualitäts- 67

---

[41] BSG v. 31.08.2000 - B 3 KR 21/99 R - BSGE 87, 105, 108 = SozR 3-2500 § 139 Nr. 1; BSG v. 28.09.2006 - B 3 KR 28/05 R - juris Rn. 20 - SGb 2007, 489 ff. m. Anm. *Joussen*, NZS 2007, 495 ff.

[42] BSG v. 31.08.2000 - B 3 KR 21/99 R - BSGE 87, 105, 111 f. = SozR 3-2500 § 139 Nr. 1.

[43] Begr. zum Gesetzentwurf eines GKV-WSG, BT-Drs. 16/3100, S. 151, zu Nr. 116, § 139.

[44] Begr. zum Gesetzentwurf eines GKV-WSG, BT-Drs. 16/3100, S. 151, zu Nr. 116, § 139.

[45] Begr. zum Gesetzentwurf eines GKV-WSG, BT-Drs. 16/3100, S. 151, zu Nr. 116, § 139.

anforderungen) den Spitzenorganisationen der betroffenen Hersteller und Leistungserbringer unter Übermittlung der hierfür erforderlichen Informationen innerhalb einer angemessenen Frist **Gelegenheit zur Stellungnahme** zu geben. Damit soll den Spitzenorganisationen ein größeres Mitspracherecht vor einer Entscheidung über die Fortschreibung des Hilfsmittelverzeichnisses eingeräumt werden. Nach Satz 3 Halbsatz 2 sind die Stellungnahmen in die Entscheidung einzubeziehen. Das erfordert, dass sich die Spitzenverbände der Krankenkassen mit den Argumenten von Hilfsmittelhersteller und Hilfsmittelerbringer auseinandersetzen müssen, wenn sie ihnen nicht folgen wollen. Diese Vorgaben entsprechen denen, die beim Erlass von Richtlinien durch den Gemeinsamen Bundesausschuss vorgesehen sind (vgl. z.B. § 92 Abs. 3a, 5, 6 SGB V).

§ 139a SGB V Institut für Qualität und Wirtschaftlichkeit im Gesundheitswesen

(Fassung vom 26.03.2007, gültig ab 01.04.2007)

(1) Der Gemeinsame Bundesausschuss nach § 91 gründet ein fachlich unabhängiges, rechtsfähiges, wissenschaftliches Institut für Qualität und Wirtschaftlichkeit im Gesundheitswesen und ist dessen Träger. Hierzu kann eine Stiftung des privaten Rechts errichtet werden.

(2) Die Bestellung der Institutsleitung hat im Einvernehmen mit dem Bundesministerium für Gesundheit zu erfolgen. Wird eine Stiftung des privaten Rechts errichtet, erfolgt das Einvernehmen innerhalb des Stiftungsvorstands, in den das Bundesministerium für Gesundheit einen Vertreter entsendet.

(3) Das Institut wird zu Fragen von grundsätzlicher Bedeutung für die Qualität und Wirtschaftlichkeit der im Rahmen der gesetzlichen Krankenversicherung erbrachten Leistungen insbesondere auf folgenden Gebieten tätig:

1. **Recherche, Darstellung und Bewertung des aktuellen medizinischen Wissensstandes zu diagnostischen und therapeutischen Verfahren bei ausgewählten Krankheiten,**
2. **Erstellung von wissenschaftlichen Ausarbeitungen, Gutachten und Stellungnahmen zu Fragen der Qualität und Wirtschaftlichkeit der im Rahmen der gesetzlichen Krankenversicherung erbrachten Leistungen unter Berücksichtigung alters-, geschlechts- und lebenslagenspezifischer Besonderheiten,**
3. **Bewertungen evidenzbasierter Leitlinien für die epidemiologisch wichtigsten Krankheiten,**
4. **Abgabe von Empfehlungen zu Disease-Management-Programmen,**
5. **Bewertung des Nutzens und der Kosten von Arzneimitteln,**
6. **Bereitstellung von für alle Bürgerinnen und Bürger verständlichen allgemeinen Informationen zur Qualität und Effizienz in der Gesundheitsversorgung sowie zu Diagnostik und Therapie von Krankheiten mit erheblicher epidemiologischer Bedeutung.**

(4) Das Institut hat zu gewährleisten, dass die Bewertung des medizinischen Nutzens nach den international anerkannten Standards der evidenzbasierten Medizin und die ökonomische Bewertung nach den hierfür maßgeblichen international anerkannten Standards, insbesondere der Gesundheitsökonomie erfolgt. Es hat in regelmäßigen Abständen über die Arbeitsprozesse und -ergebnisse einschließlich der Grundlagen für die Entscheidungsfindung öffentlich zu berichten.

(5) Das Institut hat in allen wichtigen Abschnitten des Bewertungsverfahrens Sachverständigen der medizinischen, pharmazeutischen und gesundheitsökonomischen Wissenschaft und Praxis, den Arzneimittelherstellern sowie den für die Wahrnehmung der Interessen der Patientinnen und Patienten und der Selbsthilfe chronisch Kranker und behinderter Menschen maßgeblichen Organisationen sowie der oder dem Beauftragten der Bundesregierung für die Belange der Patientinnen und Patienten Gelegenheit zur Stellungnahme zu geben. Die Stellungnahmen sind in die Entscheidung einzubeziehen.

(6) Zur Sicherstellung der fachlichen Unabhängigkeit des Instituts haben die Beschäftigten vor ihrer Einstellung alle Beziehungen zu Interessenverbänden, Auftragsinstituten, insbesondere der pharmazeutischen Industrie und der Medizinprodukteindustrie, einschließlich Art und Höhe von Zuwendungen offen zu legen.

Gliederung

A. Basisinformationen

1 Der Gesetzgeber des GKV-Modernisierungsgesetzes vom 14.11.2003[1] hat den Gemeinsamen Bundesausschuss (G-BA) verpflichtet, ein fachlich unabhängiges, wissenschaftliches Institut für Qualität und Wirtschaftlichkeit im Gesundheitswesen (IQWiG) einzurichten und es zu unterhalten. Das Institut steht in der Trägerschaft des G-BA.

2 Die Errichtung des Instituts ist der zurückhaltende **Versuch des Gesetzgebers**, mehr Rationalität in das Leistungsgeschehen in der gesetzlichen Krankenversicherung zu transferieren. Dieses Leistungsgeschehen leidet unter einem Strukturdefizit,[2] nämlich dem Auseinanderfallen von Indikationsverantwortung (Verantwortung für Leistungsveranlassung) und Finanzierungslast.[3] Diejenigen, die Leistungen der gesetzlichen Krankenkassen im Einzelfall veranlassen (Leistungserbringer) und diejenigen, die sie in Anspruch nehmen (Versicherte), spüren die finanziellen Auswirkungen für die Kostenträger nicht unmittelbar im eigenen Verantwortungsbereich. Somit besteht weder für Leistungserbringer noch für Versicherte ein Anreiz, auf eine kostengünstige Versorgung bei der Behandlung und bei der Versorgung mit Arznei-, Heil- und Hilfsmitteln hinzuwirken.[4] Dem Fehlen des Interesses und von Anreizen zur Beschränkung der Leistungsmenge steht die Intransparenz der Leistungserbringung zur Seite. Die für die wirtschaftliche Leistungserbringung im System der GKV insgesamt verantwortlichen Institutionen, die KÄVen einerseits und die Krankenkassen andererseits, haben nur in sehr eingeschränktem Umfang die Möglichkeit, zu überprüfen, ob die vom einzelnen Leistungserbringer gegenüber einem Versicherten jeweils erbrachte oder veranlasste Leistung unter Beachtung des Wirtschaftlichkeitsgebots erfolgt ist. So ist es regelmäßig schwierig nachzuvollziehen, ob die im Einzelfall vom Leistungserbringer bei einem Versicherten aufgrund der erhobenen Befunde gestellte Diagnose zutrifft und ob die durchgeführten Behandlungsmaßnahmen den Diagnosen entsprechen. Hinzu tritt die Intransparenz des Leistungserbringungsmarktes, bei dem zum Teil Anbietermonopole vorherrschen. So sind kostenintensive Bereiche wie die der Arzneimittelversorgung bisher keiner geregelten Kontrolle zugänglich. Nach der Rechtsprechung des BSG sind Arzneimittel mit ihrer arzneimittelrechtlichen Zulassung auch in der GKV verordnungsfähig,[5] unabhängig davon, ob es sich um kostengünstige oder kostentreibende Arzneimittel handelt, ob sie ein innovatives Potenzial haben, also die Versorgung der Versicherten verbessern, oder ob es sich nur um so genannte Me too-Präparate handelt, bei denen durch geringfügige Änderung der Zusammensetzung des Arzneimittels ohne wirkliche Innovation ein erneuter Patentschutz erreicht wird. Die Arzneimittelhersteller unterliegen bisher bei der Preisgestaltung für neue Arzneimittel keiner Kontrolle und keiner Beschränkung (vgl. dazu die Diskussion um die Kosten für das

---

[1] BGBl I 2003, 2190.
[2] BVerfG v. 17.12.2002 - 1 BvL 28/95 u.a. - BVerfGE 106, 275, 277 = SozR 3-2500 § 35 Nr. 2 S. 13.
[3] BVerfG v. 17.12.2002 - 1 BvL 28/95 u.a. - BVerfGE 106, 275, 303 = SozR 3-2500 § 35 Nr. 2 S. 21.
[4] BVerfG v. 17.12. 2002 - 1 BvL 28/95 u.a. - BVerfGE 106, 275, 277 = SozR 3-2500 § 35 Nr. 2 S. 13.
[5] Vgl. dazu zuletzt *Francke/Hart*, MedR 2008, 2, 3.

Arzneimittel Lucentis, das zur Behandlung der feuchten Makuladegeneration eingesetzt wird). Mit der Einführung einer Kosten-Nutzen-Bewertung gemäß § 35b SGB V, die vom IQWiG durchzuführen ist, will der Gesetzgeber hier Einschränkungen vornehmen lassen. Das Verfahren ist allerdings wiederum so kompliziert, dass nachhaltige Kostenbegrenzungseffekte kaum zu erwarten sind.[6]

I. Gesetzgebungsmaterialien

§ 139a SGB V ist durch das GMG vom 14.11.2003[7] in das SGB V eingefügt worden. 3

Redaktionelle Änderungen in Absatz 2 Sätze 1 und 2 erfolgten durch die 9. Zuständigkeitsanpassungs- 4
verordnung vom 31.10.2006.[8]

Durch das **GKV-Wettbewerbstärkungsgesetz** vom 26.03.2007[9] sind mit Wirkung vom 01.04.2007 5
in Absatz 3 die Nrn. 5 und 6 geändert und die Absätze 4 und 5 neu gefasst worden.

In Absatz 3 Nr. 5 wurde zur Bewertung des Nutzens von Arzneimitteln auch die Bewertung der Kosten 6
von Arzneimitteln hinzugefügt.[10] In Absatz 3 Nr. 6 wurde die Informationsverpflichtung des IQWiG erweitert. Das Institut soll auch Informationen zu Diagnostik und Therapie von Krankheiten mit erheblicher epidemiologischer Bedeutung geben. Damit wurde die bisher beim G-BA angesiedelte Aufgabe, die Versicherten über Krankheiten, die hohe soziale und volkswirtschaftliche Folgen verursachen und somit eine hohe Versorgungsrelevanz haben, zu informieren, auf das IQWiG übertragen.[11] Das sei, so die Begründung des Gesetzentwurfs, sinnvoll, da das Institut bereits die Aufgabe habe, für Bürgerinnen und Bürger Informationen zur Qualität und Effizienz in der Gesundheitsversorgung in allgemein verständlicher Form bereitzustellen. Mit der Übertragung dieser Aufgaben auf das IQWiG würden die Kompetenzen gebündelt und eine Doppelbefassung vermieden.[12]

In Absatz 4 wurde die Verpflichtung des Instituts normiert, seine Aufgaben auf Basis international üb- 7
licher und akzeptierter Standards der evidenzbasierten Medizin zu erfüllen und in regelmäßigen Abständen über die Arbeitsprozesse und -ergebnisse öffentlich zu berichten. Nach der Begründung des Gesetzentwurfs soll damit klargestellt werden, dass das Institut seine Arbeitsmethode nach den international üblichen und akzeptierten Standards der evidenzbasierten Medizin auszurichten hat. Das verdeutliche, dass das Institut in vergleichbarer hoch qualitativer Weise wie andere mit entsprechenden Aufgaben betraute Stellen im internationalen Bereich, z.B. das National Institut for Health and Clinical Excellence, bei seinen Bewertungen vorgehe. Um die Akzeptanz dieser Arbeit auch nach außen zu stärken, habe das Institut gleichzeitig die Aufgabe, seine Arbeit in einer transparenten Weise durchzuführen und Betroffenen und Interessierten über alle Arbeitsschritte und Arbeitsergebnisse zu berichten. Dies könne auch über das Internet geschehen.[13] Im Gesetzgebungsverfahren zum GKV-WSG wurde die im Gesetzentwurf vorgesehene Fassung des Absatzes 4 geändert.[14] Durch die Änderung sollte verdeutlicht werden, dass die Bewertung des medizinischen Nutzens auf der Grundlage der international anerkannten Standards der evidenzbasierten Medizin zu erfolgen habe. Für die Bewertung der Kosten bzw. die monetäre Bewertung des Nutzens gelte dann in der Folge der international anerkannte Stand der Wissenschaft vor allem im Bereich der Gesundheitsökonomie.[15]

Nach dem durch das GKV-WSG neu gefassten Absatz 5 der Vorschrift hat das Institut in allen wichti- 8
gen Abschnitten des Bewertungsverfahrens Sachverständigen der betroffenen Professionen, den Arzneimittelherstellern sowie den Institutionen, die für die Wahrnehmung der Interessen der Patienten eintreten sowie schließlich dem/der Beauftragten der Bundesregierung für die Belange der Patienten Gelegenheit zur Stellungnahme zu geben, die jeweils in die Entscheidung einzubeziehen ist.

Zur Begründung ist in der Begründung des Gesetzentwurfs zum GKV-WSG ausgeführt, Absatz 5 kon- 9
kretisiere die Beteiligung der wesentlich Betroffenen an der Arbeit des Instituts. Über die bisher bereits vorgesehene Beteiligung der Patientinnen- und Patientenorganisationen, Behindertenverbände einschließlich der Selbsthilfe sowie der oder dem Patientenbeauftragten der Bundesregierung erhielten

[6] *K. Engelmann*, SGb 2008, 133, 135.

[7] BGBl I 2003, 2190.

[8] BGBl I 2006, 2407.

[9] BGBl I 2007, 378.

[10] Vgl. Begr. des Gesetzentwurfs, BT-Drs. 16/3100, S. 151, zu Nr. 117, § 139a, zu lit. a, zu sublit. aa.

[11] Begr. des Gesetzentwurfs, BT-Drs. 16/3100, S. 151, zu Nr. 117, § 139a, zu lit. a, zu sublit. bb.

[12] Begr. des Gesetzentwurfs, BT-Drs. 16/3100, S. 151, zu Nr. 117, § 139a, zu lit. a, zu sublit. bb.

[13] Begr. des Gesetzentwurfs, BT-Drs. 16/3100, S. 151, zu Nr. 117, § 139a, zu lit. a, zu sublit. bb.

[14] Vgl. Beschluss des BT-Ausschusses für Gesundheit, BT-Drs. 16/4200, S. 88, Nr. 117 lit. b.

[15] Bericht des BT-Ausschusses für Gesundheit, BT-Drs. 16/4247, S. 49, zu Nr. 117, zu lit. b.

ausdrücklich auch die Sachverständigen der medizinischen und pharmazeutischen Wissenschaft und Praxis und die Arzneimittelhersteller die Gelegenheit zur Stellungnahme. Dadurch werde gewährleistet, dass eine ausreichende Transparenz über die Arbeit und Ergebnisse des Instituts geschaffen und hierbei der externe Sachverstand dieser Vertreter frühzeitig einbezogen werde. Der Gesetzgeber gehe davon aus, dass diese Fachkreise und Betroffenen sowohl bei der Erstellung der Berichtspläne als auch bei den Vorberichten beteiligt würden. Dazu gehöre auch, dass Stellungnahmen zu den Endberichten auch im Hinblick auf den sich ergebenden Änderungs- oder Ergänzungsbedarf durch das Institut geprüft würden und ggf. notwendige Aktualisierungen frühzeitig durchgeführt werden könnten. Diese Beteiligungsmöglichkeiten sollten jedoch nicht dazu führen, dass die Arbeit des Instituts unangemessen verzögert werde.[16]

10 Durch den Beschluss des BT-Ausschusses für Gesundheit[17] wurde die Vorschrift insoweit ergänzt, als auch Sachverständigen der gesundheitsökonomischen Wissenschaft Gelegenheit zur Stellungnahme zu geben ist.

II. Ausgewählte Literaturhinweise

11 *Becker*, Die Steuerung der Arzneimittelversorgung im Recht der GKV, 2006; *Engelmann*, Die Kontrolle medizinischer Standards durch die Sozialgerichtsbarkeit, MedR 2006, 245-259; *Francke/Hart*, Bewertungskriterien und -methoden nach dem SGB V, MedR 2008, 2-24; *Hauck*, Gestaltung des Leistungsrechts der gesetzlichen Krankenversicherung durch das Grundgesetz?, NJW 2007, 1320-1325; *Hauck*, Medizinischer Fortschritt im Dreieck IQWiG, GBA und Fachgesellschaften: Wann wird eine innovative Therapie zur notwendigen medizinischen Maßnahme?, NZS 2007, 461-468; *Hess*, Darstellung der Aufgaben des Gemeinsamen Bundesausschusses, MedR 2005, 385-389; *Kingreen*, Legitimation und Partizipation im Gesundheitswesen, NZS 2007, 113-121; *Kügel*, Beteiligung und Rechtsschutz der Arzneimittelhersteller bei der Nutzenbewertung von Arzneimitteln durch das IQWiG (Teil 1), NZS 2006, 232-237 (Teil 2), NZS 2006, 297-303; *Pitschas*, Information der Leistungserbringer und Patienten im rechtlichen Handlungsrahmen von G-BA und IQWiG, MedR 2008, 34-41; *Rixen*, Verhältnis von IQWiG und G-BA: Vertrauen oder Kontrolle? – Insbesondere zur Bindungswirkung der Empfehlungen des IQWiG, MedR 2008, 24-30; *Sawicki*, Aufgaben und Arbeit des Instituts für Qualität und Wirtschaftlichkeit im Gesundheitswesen, MedR 2005, 389-391; *Schimmelpfeng-Schütte*, Demokratische und rechtsstaatliche Defizite der gesetzlichen Krankenversicherung, MedR 2006, 519-521; *Schlegel*, Gerichtliche Kontrolle von Kriterien und Verfahren, MedR 2008, 30 -34; *Seeringer*, Der Gemeinsame Bundesausschuss nach dem SGB V, 2006.

B. Auslegung der Norm

I. Regelungsgehalt und Bedeutung der Norm

12 Ziel der Schaffung eines Instituts für Qualität und Wirtschaftlichkeit im Gesundheitswesen war es nach der Gesetzesbegründung,[18] den dynamischen Prozess der Fortentwicklung der medizinischen und pflegerischen Leistungen zu sichern und die kontinuierliche Einbeziehung neuer wissenschaftlicher Erkenntnisse in eine qualitativ gesicherte Leistungserbringung zu gewährleisten. Dabei soll es eine Hauptaufgabe des IQWiG sein, eine **unabhängige wissenschaftliche Bewertung** des medizinischen Nutzens, der Qualität und der Wirtschaftlichkeit der Leistungen vorzunehmen. Diese Bewertung des medizinischen Nutzens soll nach den international anerkannten Standards der evidenzbasierten Medizin und die Bewertung der Kosten-Nutzen-Relation nach den hierfür maßgeblichen international anerkannten Standards, insbesondere der Gesundheitsökonomie, erfolgen. Dazu gehört auch eine Bewertung des Nutzens und der Kosten von Arzneimitteln (§ 35b SGB V). Das Institut hat zugleich umfangreiche Informationsverpflichtungen gegenüber den Versicherten.

II. Gründung des Instituts (Absatz 1)

13 Nach Abs. 1 Satz 1 gründet der G-BA (§ 91) ein fachlich unabhängiges, rechtsfähiges, wissenschaftliches Institut für Qualität und Wirtschaftlichkeit im Gesundheitswesen und ist dessen Träger. Hierzu kann – so Satz 2 – eine Stiftung des privaten Rechts errichtet werden.

[16] BT-Drs. 16/3100, S. 151, zu Nr. 117, § 139a, zu lit. c.

[17] Beschluss des BT-Ausschusses für Gesundheit, BT-Drs. 16/4200, S. 88, Nr. 117 lit. c.

[18] Begr. Fraktionsentwurf zum GMG, BT-Drs. 15/1525, S. 127, zu Nr. 112, zu § 139a, zu Absatz 1.

1. Errichtung des Instituts

14 Nach der Begründung des Gesetzentwurfs zum GKV-Modernisierungsgesetz war der G-BA grundsätzlich frei, die Rechtsform des Instituts sowie die Art und Weise der dauerhaften Finanzierung festzulegen. Der Gesetzgeber präferierte jedoch eindeutig die Rechtsform einer Stiftung des privaten Rechts, die das Institut errichten sollte. Damit sollte dem vordringlichen Erfordernis einer Unabhängigkeit des Instituts entsprochen werden.[19]

15 Der G-BA hat zum 01.06.2004 die rechtsfähige bürgerlich-rechtliche „Stiftung für Qualität und Wirtschaftlichkeit im Gesundheitswesen" gegründet. Dieser Stiftung ist die Trägerschaft für das Institut übertragen worden.[20] Die Stiftung hat ihren Sitz in Berlin und – bis 31.12.2008 – eine Geschäftsstelle in Köln.

2. Fachliche Unabhängigkeit des Instituts

16 Die Gesetzesbegründung betont mehrfach die Notwendigkeit der fachlichen Unabhängigkeit des Instituts (unabhängige wissenschaftliche Bewertung, fachlich unabhängige Institution). Dabei hat die fachliche Unabhängigkeit zwei Stoßrichtungen. Zum einen geht es um die institutionelle Absicherung der fachlichen Unabhängigkeit, auch wenn das Institut in der Trägerschaft der Stiftung steht, die vom G-BA errichtet worden ist. Zum anderen soll eine fachliche Unabhängigkeit dadurch erreicht werden, dass die Mitarbeiter des Instituts verpflichtet sind, alle Interessenkonflikte, die sich aus Beziehungen zu Interessenverbänden, Hersteller von Arzneimitteln und Medizinprodukten ergeben können, offen zu legen (vgl. dazu Absatz 6).

17 Die **institutionelle fachliche Unabhängigkeit** wird u.a. dadurch erreicht, dass in der Satzung der Stiftung für Qualität und Wirtschaftlichkeit im Gesundheitswesen[21] als Trägerin des gleichnamigen Instituts geregelt ist, dass das Institut eine Einrichtung der Stiftung unter verantwortlicher wissenschaftlicher **unabhängiger Leitung** ist.[22] Bestimmungen zur Absicherung der fachlichen Unabhängigkeit des Instituts enthält zudem die **Verfahrensordnung des G-BA**.[23] Nach § 39 Abs. 2 der Verfahrensordnung arbeiten der G-BA und das IQWiG voneinander fachlich und personell unabhängig. Der Inhalt der Empfehlungen gemäß § 139b Abs. 4 SGB V liegt in der alleinigen Verantwortung des Instituts.

3. Rechtsfähigkeit der Stiftung

18 Absatz 1 Satz 1 gibt vor, dass die Einrichtung rechtsfähig zu sein hat. Dem ist dadurch Rechnung getragen worden, dass der G-BA eine rechtsfähige Stiftung des privaten Rechts gegründet hat. Die Rechtsfähigkeit sollte gewährleisten, dass das Institut die notwendige Kompetenz beispielsweise zur Requirierung von personellen und sachlichen Mitteln erlangen kann.[24]

III. Bestellung der Institutsleitung (Absatz 2)

19 Absatz 2 befasst sich mit der Bestellung der Institutsleitung. Wird – wie geschehen – eine Stiftung des privaten Rechts errichtet, erfolgt das Einvernehmen mit der Bestellung der Institutsleitung innerhalb des Stiftungsvorstands,[25] in den das Bundesministerium für Gesundheit einen Vertreter entsendet.

IV. Aufgaben des Instituts (Absatz 3)

20 Mit den in Absatz 3 genannten Aufgaben des Instituts ist das Ziel verbunden, die grundsätzlichen Anforderungen des SGB V bei der Leistungserbringung zu sichern. Hierzu soll das Institut Erkenntnisse über den Wert der Leistungen auch im Verhältnis zu den aufzuwendenden Kosten sowie den Auswirkungen auf die Verbesserung der medizinischen Behandlung erarbeiten. Dadurch soll gewährleistet werden, dass diagnostische und therapeutische Maßnahmen dem besten, verfügbaren wissenschaftlichen Stand entsprechen und auch weiterhin finanzierbar bleiben.[26]

---

[19] Begr. Fraktionsentwurf zum GMG, BT-Drs. 15/1525, S. 127, zu Nr. 112, zu § 139a, zu Absatz 1.

[20] § 1 der Satzung der Stiftung; dazu *Hess*, KassKomm, SGB V, § 139a Rn. 4.

[21] Vgl. unter www.iqwig.de.

[22] § 4 Abs. 2 der Satzung; vgl. zum Ganzen auch *Hess*, KassKomm, SGB V, § 139a Rn. 4.

[23] www.g-ba.de.

[24] Begr. Fraktionsentwurf zum GMG, BT-Drs. 15/1525, S. 127, zu Nr. 112, zu § 139a, zu Absatz 1.

[25] Die Zusammensetzung des Stiftungsvorstands ist in § 6 der Satzung der Stiftung geregelt.

[26] Begr. Fraktionsentwurf zum GMG, BT-Drs. 15/1525, S. 127, zu Nr. 112, zu § 139a, zu Absatz 3.

21 Die **konkreten Aufgaben** des Instituts ergeben sich durch die gesetzliche Aufgabenstellung des G-BA als zentralem Auftraggeber (vgl. § 139b Abs. 1 SGB V) sowie durch im Rahmen von Absatz 3 Nr. 1-6 mögliche unmittelbare Aufträge des Bundesgesundheitsministeriums (§ 139b Abs. 2 SGB V).

22 Das Institut wird danach als fachlich unabhängige wissenschaftliche Einrichtung zu Fragen von grundsätzlicher Bedeutung für die Qualität und Wirtschaftlichkeit der im Rahmen der gesetzlichen Krankenversicherung erbrachten Leistungen insbesondere auf folgenden Gebieten tätig:

1. Absatz 3 Nr. 1

23 Recherche, Darstellung und Bewertung des aktuellen medizinischen Wissensstandes zu diagnostischen und therapeutischen Verfahren bei ausgewählten Krankheiten.

2. Absatz 2 Nr. 2

24 Erstellung von wissenschaftlichen Ausarbeitungen, Gutachten und Stellungnahmen zu Fragen der Qualität und Wirtschaftlichkeit der im Rahmen der gesetzlichen Krankenversicherung erbrachten Leistungen unter Berücksichtigung alters-, geschlechts- und lebenslagenspezifischer Besonderheiten. Nach der Begründung des Gesetzentwurfs dient der Hinweis auf die Berücksichtigung von Besonderheiten der Klarstellung, dass das Institut darauf hinzuwirken hat, dass in der Situation der Zielgruppe bzw. der von den Arbeitsergebnissen Betroffenen liegende besondere Umstände berücksichtigt werden sollen. So sei beispielsweise bekannt, dass die Arzneimitteltherapie sich derzeit überwiegend an einem durchschnittlichen Körpergewicht orientiere und altersspezifischen Besonderheiten nicht ausreichend entsprochen werde. Auch im Rahmen von Studien werde geschlechtsspezifischen Aspekten nicht ausreichend Rechnung getragen. Lebensumstände, wie beispielsweise eine unzureichende Betreuung im Alter, und berufliche oder familiäre Situationen seien ebenso zu beachten.[27]

3. Absatz 3 Nr. 3

25 Bewertungen evidenzbasierter Leitlinien für die epidemiologisch wichtigsten Krankheiten.

4. Absatz 3 Nr. 4

26 Abgabe von Empfehlungen zu Disease-Management-Programmen. Dieser Punkt wurde aufgenommen, um dem G-BA die notwendigen Erkenntnisse für die Disease-Management-Programme (§ 137f SGB V) zur Verfügung zu stellen.

5. Absatz 3 Nr. 5

27 Bewertung des Nutzens und der Kosten von Arzneimitteln. Absatz 5 Nr. 3 bezieht sich auf die Vorschrift des § 35b SGB V über die Kosten-Nutzen-Bewertung von Arzneimitteln. Nach der Begründung des Gesetzentwurfs zum GMG soll das Institut Nutzenbewertungen erarbeiten, die eine Aussage über den Beitrag neuer Arzneimittel auch im Vergleich zu Standardtherapeutika zur Verbesserung der medizinischen Behandlung von Patienten beinhalten. Damit solle erreicht werden, dass eine Arzneimitteltherapie nach dem aktuellen Stand der wissenschaftlichen Erkenntnis auch weiterhin finanzierbar und die Teilhabe der Versicherten der GKV am Fortschritt in der Medizin gewährleistet bleibe.[28] Die Bewertung der Kosten von Arzneimitteln ist durch das GKV-WSG angefügt worden.

6. Absatz 3 Nr. 6

28 Bereitstellung von für alle Bürgerinnen und Bürger verständlichen allgemeinen Informationen zur Qualität und Effizienz in der Gesundheitsversorgung sowie zu Diagnostik und Therapie von Krankheiten mit erheblicher epidemiologischer Bedeutung.[29] Nach dieser Vorschrift hat das IQWiG die Aufgabe der Schaffung einer **Informationsplattform** für die Bevölkerung. Durch das GKV-WSG wurde in Nr. 6 die Informationsverpflichtung des IQWiG erweitert. Das Institut soll danach auch Informationen zu Diagnostik und Therapie von Krankheiten mit erheblicher epidemiologischer Bedeutung geben. Damit wurde die bisher beim G-BA angesiedelte Aufgabe, die Versicherten über Krankheiten zu informieren, die hohe soziale und volkswirtschaftliche Folgen verursachen und somit eine hohe Versorgungsrelevanz haben, auf das IQWiG übertragen.

---

[27] Begr. Fraktionsentwurf zum GMG, BT-Drs. 15/1525, S. 127 f., zu Nr. 112, zu § 139a, zu Absatz 3.

[28] Begr. Fraktionsentwurf zum GMG, BT-Drs. 15/1525, S. 128, zu Nr. 112, zu § 139a, zu Absatz 3.

[29] Der zweite Halbsatz ist durch das GKV-WSG angefügt worden.

7. Fragen von grundsätzlicher Bedeutung

Das IQWiG soll in den in Absatz 3 Nr. 1-6 aufgeführten Bereichen zu Fragen von grundsätzlicher Bedeutung tätig werden. Nach § 38 Abs. 2 Satz 2 der Verfahrensordnung des G-BA liegt eine grundsätzliche Bedeutung in der Regel in Fragen mit **sektorenübergreifender Versorgungsrelevanz**. 29

V. Absatz 4

1. Absatz 4 Satz 1

Der erst durch das GKV-WSG eingefügte Satz 1 des Absatzes 4 schreibt vor, dass das Institut zu gewährleisten hat, dass es seine Aufgaben auf Basis international üblicher und akzeptierter Standards der evidenzbasierten Medizin erfüllt. Nach der Gesetzesbegründung wird dadurch verdeutlicht, dass das Institut in vergleichbar hoch qualitativer Weise wie andere mit entsprechenden Aufgaben betraute Stellen im internationalen Bereich, z.B. das National Institut for Health and Clinical Excellence, bei seinen Bewertungen vorgehe.[30] 30

In Anwendung der **Maßstäbe der evidenzbasierten Medizin**[31] ist z.B. zu prüfen, ob eine Untersuchungs- oder Behandlungsmethode dem medizinischen Standard entspricht. Die aus dem angloamerikanischen Raum stammende Methode der evidenzbasierten Medizin[32] hat sich mittlerweile auch in Deutschland etabliert. 31

Grundlage der Bewertung nach den Maßstäben der evidenzbasierten Medizin ist die Sammlung, Sichtung, Zusammenfassung und verlässliche Bewertung der weltweiten Fachliteratur. Es geht mithin um die Nutzung des augenblicklich besten Beweismaterials bei der Entscheidungsfindung für die Betreuung des einzelnen Patienten.[33] Es handelt sich um die bewusste Hinwendung zu medizinisch begründeten Entscheidungskriterien, die auf einem Nachweis („Evidence") beruhen.[34] Für die Evaluation hat sich eine international anerkannte Evaluationsgraduierung herausgebildet, bei der die Evidenzstärke nach Grad und Evidenztyp eingeteilt wird:[35] 32

- Ia: Evidenz aufgrund von Metaanalysen randomisierter kontrollierter Studien;
- Ib: Evidenz aufgrund mindestens einer randomisierten kontrollierten Studie;
- IIa: Evidenz aufgrund mindestens einer gut angelegten, kontrollierten Studie ohne Randomisierung;
- IIb: Evidenz aufgrund mindestens einer gut angelegten, quasi-experimentellen Studie;
- III: Evidenz aufgrund gut angelegter, nicht experimenteller deskriptiver Studien;
- IV: Evidenz aufgrund von Berichten/Meinungen von Expertenkreisen, Konsensuskonferenzen und/oder klinischer Erfahrung anerkannter Autoritäten.[36]

Damit wird die Bewertung des medizinischen Nutzens von Therapieverfahren vor allem an der Qualität von Evaluationsstudien gemessen.[37] 33

Satz 1 schreibt weiter vor, dass die **ökonomische Bewertung** nach den hierfür maßgeblichen international anerkannten Standards, insbesondere der Gesundheitsökonomie, erfolgt. Mit dieser erst im Gesetzgebungsverfahren durch den BT-Ausschuss für Gesundheit erfolgten Ergänzung des Absatzes 4 Satz 1[38] soll erreicht werden, dass für die Bewertung der Kosten bzw. die monetäre Bewertung des Nutzens der international anerkannte Stand der Wissenschaft vor allem im Bereich der Gesundheitsökonomie gilt.[39] Während es für die Bewertung medizinischer Verfahren mit den Maßstäben der evidenzba- 34

---

30 BT-Drs. 16/3100, S. 151, zu Nr. 117, § 139a, zu lit. b.

31 *Hart*, KritV 2005, 154; zur evidenzbasierten Medizin weiter: *Quaas/Zuck*, Medizinrecht, 2005, § 11 Rn. 112 ff.; *Ihle*, Ärztliche Leitlinien, Standards und Sozialrecht, 2006, 22 ff.

32 *Sacket*, Evidence-based-medicine: What it is and what isn't, British Medical Journal 312, 1996, 71 ff.; *Perleth*, Münchner Medizinische Wochenschrift 139, 1997, 654 ff.

33 Eingehend dazu: *Laubin*, Wirksamkeit ärztlichen Handelns im Versicherungs- und Beihilferecht, 2001, 68 ff.

34 *Quaas/Zuck*, Medizinrecht, 2005, § 11 Rn. 112.

35 Nach *Laubin*, Wirksamkeit ärztlichen Handelns im Versicherungs- und Beihilferecht, 2001, 69.

36 Zu den Voraussetzungen der einzelnen Evidenztypen: *Laubin*, Wirksamkeit ärztlichen Handelns im Versicherungs- und Beihilferecht, 2001, 70 ff.

37 Die Zugrundelegung der Methode der evidenzbasierten Medizin ist nicht unumstritten. Vgl. die Diskussionswiedergabe in der Zeitschrift „Der Kassenarzt" 2005, Heft 22, 24 f.

38 BT-Drs. 16/4200, S. 90, Nr. 117 lit. b.

39 Bericht des BT-Ausschusses für Gesundheit, BT-Drs. 16/4247, S. 49, zu Nr. 117, zu lit. b.

sierten Medizin noch vergleichsweise einfach nachprüfbare Bewertungsschemata gibt, stellt sich bei der ökonomischen Bewertung die Frage, was **international anerkannte Standards der Gesundheitsökonomie** sind und wer die Standards festlegt.[40]

2. Absatz 4 Satz 2

35 Absatz 4 Satz 2 verpflichtet das Institut, in regelmäßigen Abständen über seine Arbeitsprozesse und -ergebnisse einschließlich der Grundlagen für die Entscheidungsfindung **öffentlich zu berichten**. Dadurch soll sichergestellt werden, dass die Arbeit des Instituts in einer transparenten Form erfolgt und Betroffene und Interessierte über alle Arbeitsschritte und die Ergebnisse unterrichtet werden. Sämtliche Ergebnisse sind in geeigneter Form, beispielsweise über das Internet, stets aktuell zu veröffentlichen.[41]

VI. Absatz 5

36 Absatz 5 regelt die **Beteiligung der wesentlichen Betroffenen** an der Arbeit des Instituts.[42] Danach ist in allen wichtigen Abschnitten des Bewertungsverfahrens Sachverständigen der medizinischen, pharmazeutischen und gesundheitsökonomischen Wissenschaft und Praxis, den Arzneimittelherstellern sowie den Patientinnen- und Patientenorganisationen, Behindertenverbänden einschließlich der Selbsthilfe sowie der oder dem Beauftragten der Bundesregierung für die Belange der Patientinnen und Patienten[43] Gelegenheit zur Stellungnahme zu geben. Die Stellungnahmen sind in die Entscheidung einzubeziehen.

37 Nach der Begründung des Entwurfs zum GMG gehört dazu auch, dass Stellungnahmen zu den Endberichten auch im Hinblick auf den sich ergebenden Änderungs- oder Ergänzungsbedarf durch das Institut geprüft werden und ggf. notwendige Aktualisierungen frühzeitig durchgeführt werden können. Diese Beteiligungsmöglichkeiten sollten jedoch nicht dazu führen, dass die Arbeit des Instituts unangemessen verzögert werde.[44]

38 Die für die Wahrnehmung der Interessen und der Selbsthilfeeinrichtungen maßgeblichen Organisationen ergeben sich aus der – auf der Rechtsgrundlage des § 140g SGB V erlassenen – Patientenbeteiligungsverordnung vom 14.12.2003.[45]

VII. Absatz 6

39 Absatz 6 betrifft die **Sicherstellung der fachlichen Unabhängigkeit in personeller Hinsicht**. Die Vorschrift schreibt für diejenigen Personen, die eine Beschäftigung beim IQWiG anstreben, vor, dass sie vor ihrer Einstellung alle Beziehungen zu Interessenverbänden, Auftragsinstituten, insbesondere der pharmazeutischen Industrie und der Medizinprodukteindustrie, einschließlich Art und Höhe von Zuwendungen offen zu legen haben. Danach entscheidet das Institut darüber, ob bisherige Verbindungen zu den genannten Einrichtungen einer Tätigkeit im IQWiG entgegenstehen.

---

[40] Zu gesundheitsökonomischen Positionen zur Kosten-Nutzen-Bewertung für Arzneimittel und international anerkannten Standards: *Antes/Jöckel/Kohlmann/Raspe/Wasem*, Kommentierende Synopse der Fachpositionen zur Kosten-Nutzenbewertung für Arzneimittel, 2007. Zu Zielen, Methodik und Relevanz der Gesundheitsökonomie: *Busse*, Bundesgesundheitsblatt 2006, 3 ff. Vgl. auch *Noelle/Jaskulla/Sawicki*, Bundesgesundheitsblatt 2006, 28 ff.

[41] Begr. Fraktionsentwurf zum GMG, BT-Drs. 15/1525, S. 128, zu Nr. 112, zu § 139a, zu Absatz 4; vgl. auch Begr. des Gesetzentwurfs zum GKV-WSG, BT-Drs. 16/3100, S. 151, zu Nr. 117, § 139a, zu lit. b.

[42] Begr. Fraktionsentwurf zum GMG, BT-Drs. 15/1525, S. 128, zu Nr. 112, zu § 139a, zu Absatz 5.

[43] Zum Amt des oder der Patientenbeauftragten vgl. § 140h SGB V.

[44] Begr. Fraktionsentwurf zum GMG, BT-Drs. 15/1525, S. 128, zu Nr. 112, zu § 139a, zu Absatz 5.

[45] Verordnung zur Beteiligung von Patientinnen und Patienten in der Gesetzlichen Krankenversicherung, BGBl I 2003, 2753.

§ 139b SGB V Aufgabendurchführung

(Fassung vom 31.10.2006, gültig ab 08.11.2006)

(1) Der Gemeinsame Bundesausschuss nach § 91 beauftragt das Institut mit Arbeiten nach § 139a Abs. 3. Die den Gemeinsamen Bundesausschuss bildenden Institutionen, das Bundesministerium für Gesundheit und die für die Wahrnehmung der Interessen der Patientinnen und Patienten und der Selbsthilfe chronisch kranker und behinderter Menschen maßgeblichen Organisationen sowie die oder der Beauftragte der Bundesregierung für die Belange der Patientinnen und Patienten können die Beauftragung des Instituts beim Gemeinsamen Bundesausschuss beantragen.

(2) Das Bundesministerium für Gesundheit kann die Bearbeitung von Aufgaben nach § 139a Abs. 3 unmittelbar beim Institut beantragen. Das Institut kann einen Antrag des Bundesministeriums für Gesundheit als unbegründet ablehnen, es sei denn, das Bundesministerium für Gesundheit übernimmt die Finanzierung der Bearbeitung des Auftrags.

(3) Zur Erledigung der Aufgaben nach § 139a Abs. 3 Nr. 1 bis 5 hat das Institut wissenschaftliche Forschungsaufträge an externe Sachverständige zu vergeben. Diese haben alle Beziehungen zu Interessenverbänden, Auftragsinstituten, insbesondere der pharmazeutischen Industrie und der Medizinprodukteindustrie, einschließlich Art und Höhe von Zuwendungen offen zu legen.

(4) Das Institut leitet die Arbeitsergebnisse der Aufträge nach den Absätzen 1 und 2 dem Gemeinsamen Bundesausschuss nach § 91 als Empfehlungen zu. Der Gemeinsame Bundesausschuss hat die Empfehlungen im Rahmen seiner Aufgabenstellung zu berücksichtigen.

Gliederung

A. Basisinformationen

§ 139b SGB V regelt die Durchführung der Aufgaben durch das IQWiG. Die Vorschrift stellt in Absatz 1 klar, dass die konkrete Beauftragung des Instituts mit Aufgaben nach § 139a Abs. 3 SGB V durch den gemeinsamen Bundesausschuss erfolgt. Absatz 2 eröffnet dem Bundesministerium für Gesundheit (BMG) ein eigenes Antragsrecht beim Institut. In Absatz 3 wird die Verpflichtung des Instituts konkretisiert, ausgewiesene Experten mit wissenschaftlichen und praktischen Erfahrungen in ihren jeweiligen Arbeitsbereichen in die Arbeit des Instituts miteinzubeziehen. Absatz 4 regelt das Verhältnis des IQWiG zum G-BA. 1

I. Gesetzgebungsmaterialien

§ 139b SGB V ist durch das GKV-Modernisierungsgesetz (GMG) vom 14.11.2003[1] mit Wirkung vom 01.01.2004 in das SGB V eingefügt worden. 2

Die Vorschrift gilt seitdem unverändert, von der redaktionellen Änderung in den Absätzen 1 und 2 durch die 9. Zuständigkeitsanpassungsverordnung vom 31.10.2006[2] abgesehen. 3

II. Ausgewählte Literaturhinweise

Becker, Die Steuerung der Arzneimittelversorgung im Recht der GKV, 2006; *Engelmann*, Die Kontrolle medizinischer Standards durch die Sozialgerichtsbarkeit, MedR 2006, 245-259; *Genzel*, Aufga- 4

---

[1] BGBl I 2003, 2190.

[2] BGBl I 2006, 2407.

ben des Instituts für Qualität und Wirtschaftlichkeit im Gesundheitswesen, Arztrecht 2006, 228, 233; *Kügel*, Beteiligung und Rechtsschutz der Arzneimittelhersteller bei der Nutzenbewertung von Arzneimitteln durch das IQWiG (Teil 1), NZS 2006, 232-237 (Teil 2), NZS 2006, 297-303; *Maassen/Uwer*, Verfahrensrechtliche Fragen zum Methodenpapier des Instituts für Qualität und Wirtschaftlichkeit im Gesundheitswesen vom 1.3.2005, MedR 2006, 32-39; *Pitschas*, Information der Leistungserbringer und Patienten im rechtlichen Handlungsrahmen von G-BA und IQWiG, MedR 2008, 34-41; *Rixen*, Verhältnis von IQWiG und G-BA: Vertrauen oder Kontrolle? – Insbesondere zur Bindungswirkung der Empfehlungen des IQWiG, MedR 2008, 24-30; *Seeringer*, Der Gemeinsame Bundesausschuss nach dem SGB V, 2006.

B. Auslegung der Norm

I. Absatz 1

5 Absatz 1 stellt klar, dass die Beauftragung des Instituts mit Arbeiten nach § 139a Abs. 3 SGB V durch den G-BA erfolgt. Die ihn bildenden Institutionen, weiter das BMG, die Patientinnen- und Patientenorganisation und Behindertenverbände einschließlich der Selbsthilfe sowie die/der Patientenbeauftragte der Bundesregierung (§ 140h SGB V) können beim G-BA die Beauftragung des Instituts lediglich beantragen.

6 Zu einer der wesentlichen Aufgaben des IQWiG bei einer Beauftragung nach § 139b Abs. 1 und 2 SGB V zählt die Bewertung des Nutzens und der Kosten von Arzneimitteln gemäß § 35b SGB V. Für die Bewertung des Nutzens hat das IQWiG gemäß § 35b Abs. 1 Satz 3 SGB V einheitliche Methoden für die Erarbeitung der Bewertungen zu bestimmen und diese abrufähig im Internet zu veröffentlichen. Das ist mit dem Methodenkatalog erfolgt.[3]

II. Absatz 2

7 Mit der Regelung des Absatzes 2 wird dem BMG ein eigenes, **unmittelbares Antragsrecht** beim Institut eröffnet. Das Ministerium ist also nicht darauf verwiesen, jeweils einen Antrag für eine Beauftragung des IQWiG beim G-BA zu stellen.

8 Nach Absatz 2 Satz 2 Halbsatz 1 kann das IQWiG einen Antrag des BMG als unbegründet ablehnen. Nach Absatz 2 Satz 2 Halbsatz 2 scheidet eine Ablehnung aus, sofern das BMG die Finanzierung der Bearbeitung des Auftrags übernimmt.

III. Absatz 3

9 Nach Absatz 3 Satz 1 hat das IQWiG zur Erledigung der Aufgaben nach § 139a Abs. 2 Nr. 1-5 SGB V wissenschaftliche Forschungsaufträge an **externe Sachverständige** zu vergeben. Dadurch soll gewährleistet werden, dass die Arbeiten des Instituts höchsten wissenschaftlichen Anforderungen gerecht werden.[4]

10 Wie immer stellt sich auch hier das Problem der fachlichen Unabhängigkeit der Sachverständigen. Gerade im Bereich der Bewertung von Arzneimitteln oder von Medizinprodukten ist nicht auszuschließen, dass diese interessengeleitet sein können.[5] Um mögliche Interessenkonflikte offen zu legen und die **fachliche Unabhängigkeit der Sachverständigen** zu gewährleisten, bestimmt Satz 2, dass diese alle Beziehungen zu Interessenverbänden, Auftragsinstituten, insbesondere der pharmazeutischen Industrie und der Medizinprodukteindustrie, einschließlich Art und Höhe von Zuwendungen offen zu legen haben. Das IQWiG kann dann darüber entscheiden, ob eine Befangenheit der Sachverständigen gegeben ist.[6]

---

3 Methodenkatalog, www.iqwig.de; eingehend dazu: *Maassen/Uwer*, MedR 2006, 32 ff.

4 Begr. Fraktionsentwurf zum GMG, BT-Drs. 15/1525, S. 128, zu Nr. 112, zu § 139b, zu Absatz 3.

5 Zu den entsprechenden Anforderungen an gerichtliche Sachverständige vgl. BSG v. 31.05.2006 - B 6 KA 13/05 R - BSGE 97 = SozR 4-2500 § 92 Nr. 5 Rn. 77 f.

6 Vgl. zur entsprechenden Sachlage bei gerichtlichen Sachverständigen: BSG v. 31.05.2006 - B 6 KA 13/05 R - BSGE 97 = SozR 4-2500 § 92 Nr. 5 Rn. 78.

IV. Absatz 4

11 Absatz 4 betrifft die Zusammenarbeit zwischen dem IQWiG und dem G-BA. Das IQWiG hat die Arbeitsergebnisse der Aufträge nach § 139b Abs. 1 und 2 SGB V dem G-BA als Empfehlungen zuzuleiten (Satz 1). Dieser hat die Empfehlungen im Rahmen seiner Aufgabenstellung zu berücksichtigen (Satz 2).

1. Empfehlungen des IQWiG

12 Das Gesetz verwendet mit dem Begriff „Empfehlungen" einen Terminus, der deutlich macht, dass aus ihnen keine strikte Bindungswirkung abzuleiten ist. Auch aus der Formulierung des Satzes 2, nach der der G-BA die Empfehlungen (nur) „zu berücksichtigen" hat, lässt sich eine Bindungswirkung der Empfehlungen des IQWiG nicht ableiten.[7] „Berücksichtigen" bedeutet in diesem Zusammenhang, dass die Empfehlungen in den Entscheidungsprozess miteinzubeziehen sind,[8] ohne dass sie insoweit eine Bindungswirkung entfalten. Absatz 4 Sätze 1 und 2 schließt damit eine kritische Überprüfung und Bewertung der Empfehlungen des Instituts durch den G-BA nicht aus.[9]

2. Rechtsqualität der Empfehlungen

13 Bei der Beurteilung der Rechtsqualität der Empfehlungen des IQWiG an den G-BA ist zunächst zu beachten, dass es sich bei dem Institut als Stiftung privaten Rechts um eine privatrechtliche Einrichtung handelt. Diese kann aufgrund der Annahme, dass insoweit eine Indienstnahme Privater vorliegt, hoheitlich tätig werden. Von einer solchen hoheitlichen Tätigkeit des IQWiG geht das Gesetz ersichtlich selbst aus.[10] Es regelt nämlich bei einem weiteren Zuständigkeitsbereich des IQWiG, der Bewertung des Nutzens und der Kosten von Arzneimitteln (§ 35b SGB V),[11] dass gesonderte Klagen gegen die vom IQWiG vorgenommenen Bewertungen nicht zulässig sind (Absatz 4). Diese Regelung setzt voraus, dass es sich bei den Bewertungen des IQWiG um eine hoheitliche Tätigkeit handelt. Allerdings liegt kein Fall der Beleihung vor.[12]

14 Die Empfehlungen des IQWiG sind Vorstufen für den Richtlinienerlass durch den G-BA.[13] Die Empfehlungen im Rahmen des § 139a Abs. 3 SGB V stellen sich als sachverständige Stellungnahmen[14] dar, die keine unmittelbare rechtliche Außenwirkung entfalten[15]. Eine Rechtswirkung der Empfehlungen des IQWiG tritt erst durch ihre Umsetzung in Richtlinien des G-BA ein[16] und dann sind es die Richtlinien – und nicht die Empfehlungen des IQWiG –, denen rechtliche Außenwirkung zukommt und die der gerichtlichen Überprüfung zugeführt werden können. Das bedeutet gleichzeitig, dass Empfehlungen des IQWiG nicht isoliert angefochten werden können.[17] Zwar fehlt bei den Regelungen der §§ 139a ff. SGB V eine dem § 35b Abs. 4 SGB V entsprechende Vorschrift, nach der gesonderte Klage gegen die Bewertungen des Nutzens von Arzneimitteln durch das IQWiG nicht zugelassen sind.[18] Einer solchen Regelung bedarf es jedoch auch nicht, da vorbereitende bzw. verwaltungsinterne Vorgänge wie die Empfehlungen des IQWiG an den G-BA mangels rechtlicher Außenwirkung nicht der isolierten Anfechtbarkeit zugänglich sind.[19]

---

[7] *Seeringer*, Der Gemeinsame Bundesausschuss nach dem SGB V, 2006, 48 m.w.N.; *Hess*, MedR 2005, 385, 389.

[8] So auch *Rixen*, MedR 2008, 24, 27.

[9] Ebenso: *Hencke* in: *Peters*, Handbuch der Krankenversicherung, § 139b Rn. 5; *Becker*, Die Steuerung der Arzneimittelversorgung im Recht der GKV, 2006, 182 f.

[10] *K. Engelmann*, MedR 2006, 245, 254; *Pitschas*, MedR 2008, 34, 38.

[11] Dazu *Becker*, Die Steuerung der Arzneimittelversorgung im Recht der GKV, 2006, 177 ff.

[12] Nach *Pitschas*, MedR 2008, 34, 38 f. handele es sich um einen Fall der Verwaltungshilfe.

[13] *Becker*, Die Steuerung der Arzneimittelversorgung im Recht der GKV, 2006, 179.

[14] *Hess*, KassKomm, SGB V, § 35b Rn. 8, 12: gutachtliche Stellungnahmen; *Rixen*, MedR 2008, 24, 27.

[15] BSG v. 31.05.2006 - B 6 KA 13/05 R - BSGE 97 = SozR 4-2500 § 92 Nr. 5 Rn. 72; *Becker*, Die Steuerung der Arzneimittelversorgung im Recht der GKV, 2006, S. 182; *Maassen/Uwer*, MedR 2006, 32, 38: verwaltungsinterner Vorgang.

[16] Vgl. den BT-Ausschussbericht zur Nutzenbewertung von Arzneimitteln durch das IQWiG, BT-Drs. 15/1525, S. 89, zu Nr. 25, zu Absatz 4.

[17] *Maassen/Uwer*, MedR 2006, 32, 37.

[18] Dazu *Hess*, KassKomm, SGB V, § 35b Rn. 14. Fraglich ist allerdings, ob der Auffassung von *Hess* zu folgen ist, nach der bei einem Rechtsstreit über die Rechtmäßigkeit von Richtlinien des G-BA, die auf einer Empfehlung des Instituts beruhen, dieses beizuladen ist.

[19] Vgl. *K. Engelmann* in: v. Wulffen, SGB X, 5. Aufl. 2005, § 31 Rn. 34.

§ 139c SGB V Finanzierung

(Fassung vom 26.03.2007, gültig ab 01.04.2007)

Die Finanzierung des Instituts nach § 139a Abs. 1 erfolgt jeweils zur Hälfte durch die Erhebung eines Zuschlags für jeden abzurechnenden Krankenhausfall und durch die zusätzliche Anhebung der Vergütungen für die ambulante vertragsärztliche und vertragszahnärztliche Versorgung nach den §§ 85 und 87a um einen entsprechenden Vomhundertsatz. Die im stationären Bereich erhobenen Zuschläge werden in der Rechnung des Krankenhauses gesondert ausgewiesen; sie gehen nicht in die Gesamtbeträge nach den §§ 3 und 4 des Krankenhausentgeltgesetzes oder nach § 6 der Bundespflegesatzverordnung sowie nicht in die entsprechenden Erlösausgleiche ein. Der Zuschlag für jeden Krankenhausfall, die Anteile der Kassenärztlichen und der Kassenzahnärztlichen Vereinigungen sowie das Nähere zur Weiterleitung dieser Mittel an eine zu benennende Stelle werden durch den Gemeinsamen Bundesausschuss festgelegt.

Gliederung

A. Basisinformationen

1 Die Vorschrift regelt die **Finanzierung des Instituts für Qualität und Wirtschaftlichkeit im Gesundheitswesen** (IQWiG). Sie bestand ursprünglich aus zwei Absätzen. Im (früheren) Absatz 2 hatte der Gesetzgeber klargestellt, dass die Finanzierungsregelung des (früheren) Absatzes 1 nur für den Fall anzuwenden war, dass der G-BA eine Stiftung mit dem Zweck der Institutsgründung einrichtet, weil er diese Lösung präferierte. Wäre keine Stiftung errichtet worden, wären die Kosten je zur Hälfte von den Spitzenverbänden der Krankenkassen und den Verbänden der Leistungserbringer aufzubringen gewesen.[1]

2 Nach § 139c SGB V erfolgt die Finanzierung des IQWiG durch einen Zuschlag zu jedem abzurechnenden Krankenhausfall und aus Anteilen der Vergütung für die ambulante vertragsärztliche und vertragszahnärztliche Vergütung.

B. Gesetzgebungsmaterialien

3 § 139c SGB V ist durch das GKV-Modernisierungsgesetz (GMG) vom 14.11.2003[2] in das SGB V eingefügt worden.

4 Die Vorschrift ist durch das GKV-Wettbewerbstärkungsgesetz vom 26.03.2007[3] mit Wirkung vom 01.04.2007 geändert worden. Absatz 2 ist aufgehoben worden. Der Grund hierfür war, dass der G-BA eine Stiftung des bürgerlichen Rechts „Stiftung für Qualität und Wirtschaftlichkeit im Gesundheitswesen“ gegründet hatte und sich damit die Finanzierung des IQWiG ausschließlich nach dem (früheren) Absatz 1, dem jetzigen § 139c SGB V, richtet, so dass der frühere Absatz 2 entbehrlich wurde.[4] In Satz 1 der Vorschrift ist im Hinblick darauf, dass zum 01.04.2007 § 85a SGB V gestrichen worden ist, die Angabe „§ 85a“ durch die Angabe „§ 87a“ ersetzt worden.

C. Normzweck

5 Die Vorschrift regelt die Finanzierung des IQWiG. Diese erfolgt durch die Erhebung von Zuschlägen zu den Leistungsentgelten aus der ambulanten vertragsärztlichen Versorgung und der Krankenhausbehandlung.

---

[1] Begr. Fraktionsentwurf zum GMG, BT-Drs. 15/1525, S. 129, zu § 139c, zu Absatz 2.

[2] BGBl I 2003, 2190.

[3] BGBl I 2007, 378.

[4] Vgl. Begr. des Gesetzentwurfs zum GKV-WSG, BT-Drs. 16/3100, S. 151, zu Nr. 118, § 139c.

D. Regelungsgehalt der Norm

Satz 1 legt fest, dass die Finanzierung des IQWiG jeweils zur Hälfte durch die Erhebung eines Zuschlages für jeden abzurechnenden Krankenhausfall und durch die zusätzliche Anhebung der Vergütungen für die ambulante vertragsärztliche und vertragszahnärztliche Versorgung nach den §§ 85 und 87a SGB V um einen entsprechenden Vomhundertsatz erfolgt. 6

Die Zuschläge für jeden abzurechnenden Krankenhausbehandlungsfall sind gemäß **Satz 2** in den Rechnungen der Krankenhäuser gesondert auszuweisen. Sie gehen nicht in die Berechnungen der zu vereinbarenden Gesamtbeträge für die Krankenhausbehandlung sowie auch nicht in die entsprechenden Erlösausgleiche ein. 7

Nach **Satz 3** hat der G-BA den Zuschlag für jeden Krankenhausfall, die Anteile der Kassenärztlichen und der Kassenzahnärztlichen Vereinigungen festzulegen und auch das Nähere zur Weiterleitung dieser Mittel an eine zu benennende Stelle zu regeln. 8

Er beschließt für jedes Jahr die Höhe des Systemzuschlags im ambulanten und stationären Sektor. Dieser beträgt für das Jahr 2008 im vertragsärztlichen Sektor 1,9061373 Cent pro Fall, im vertragszahnärztlichen Sektor 1,9109955 Cent pro Fall und im stationären Sektor 0,64 € pro Fall (Beschluss vom 22.11.2007).[5] Die Einzelheiten über die Festlegung des Systemzuschlags finden sich auf der Homepage des G-BA. 9

[5] www.g-ba.de.

Zehnter Abschnitt: Eigeneinrichtungen der Krankenkassen

§ 140 SGB V Eigeneinrichtungen

(Fassung vom 21.03.2005, gültig ab 30.03.2005)

(1) Krankenkassen dürfen der Versorgung der Versicherten dienende Eigeneinrichtungen, die am 1. Januar 1989 bestehen, weiterbetreiben. Die Eigeneinrichtungen können nach Art, Umfang und finanzieller Ausstattung an den Versorgungsbedarf unter Beachtung der Landeskrankenhausplanung und der Zulassungsbeschränkungen im vertragsärztlichen Bereich angepasst werden; sie können Gründer von medizinischen Versorgungszentren nach § 95 Abs. 1 sein.

(2) Sie dürfen neue Eigeneinrichtungen nur errichten, soweit sie die Durchführung ihrer Aufgaben bei der Gesundheitsvorsorge und der Rehabilitation auf andere Weise nicht sicherstellen können. Die Krankenkassen oder ihre Verbände dürfen Eigeneinrichtungen auch dann errichten, wenn mit ihnen der Sicherstellungsauftrag nach § 72a Abs. 1 erfüllt werden soll.

Gliederung

A. Basisinformation

I. Textgeschichte/Gesetzesmaterialien

1 Die Vorschrift wurde in ihren Grundzügen mit dem SGB V als Art. 1 des Gesundheits-Reformgesetzes (GRG) vom 20.12.1988[1] erlassen und trat am 01.01.1989 in Kraft. Sie beruht auf § 149 des Entwurfs der Fraktionen der CDU/CSU und FDP[2], der im Wesentlichen unverändert[3] blieb.

2 **Absatz 2 Satz 2** basiert auf dem Gesundheitsstrukturgesetz (GSG) vom 21.12.1992[4] und trat am 01.01.1993 in Kraft. Er flankiert den ebenfalls mit dem GSG geschaffenen § 72a SGB V in den Fällen, in denen der Sicherstellungsauftrag von den KVen auf die Krankenkassen übergeht, und erlaubt insoweit ausnahmsweise die Errichtung neuer Eigeneinrichtungen.[5]

3 **Absatz 1 Satz 2** wurde durch Art. 4 Nr. 6 a des Gesetzes zur Vereinfachung der Verwaltungsverfahren im Sozialrecht (Verwaltungsvereinfachungsgesetz) vom 21.03.2005[6] mit Wirkung vom 30.03.2005[7] eingefügt. Die Neuregelung war im Gesetzentwurf nicht vorgesehen und beruht auf dem Beschluss des 13. Ausschusses (Gesundheit und Soziale Sicherung)[8]. Sie soll den als Eigeneinrichtungen betrie-

---

[1] BGBl I, 2477.
[2] BT-Drs. 11/2237, S. 48, 207 f; siehe auch den gleichlautenden Entwurf der Bundesregierung, BT-Drs. 11/2493.
[3] Vgl. den Bericht (BT-Drs. 11/3480) und die Beschlussempfehlung (BT-Drs. 11/3320, S. 92) des Ausschusses für Arbeit und Sozialordnung (11. Ausschuss).
[4] BGBl I, 2266.
[5] Siehe die Begründung zum Gesetzentwurf der Fraktionen der CDU/CSU, SPD und FDP, BT-Drs. 12/3608, S. 83 und 107.
[6] BGBl I, 818.
[7] Art. 32 Abs. 1 Verwaltungsvereinfachungsgesetz.
[8] BT-Drs. 15/4751, S. 14.

benen Krankenhäusern und stationären Vorsorge- und Rehabilitationseinrichtungen dieselben Entwicklungsmöglichkeiten der Leistungserbringung eröffnen wie den anderen stationären Einrichtungen.[9]

II. Vorgängervorschriften

Die RVO normierte weder die Errichtung noch den Betrieb von Eigeneinrichtungen. Vor In-Kraft-Tre- 4
ten des SGB V am 01.01.1989 enthielt lediglich **§ 368d Abs. 1 Sätze 3 und 4 RVO**[10] für den **Bereich des Kassenarztrechts** die Regelung, dass Eigeneinrichtungen nur im Rahmen der hierüber abgeschlossenen Verträge in Anspruch genommen werden konnten und die Gründung zusätzlicher Eigeneinrichtungen sowie eine Ausweitung bestehender nur aufgrund einer vertraglichen Regelung zwischen der Krankenkasse und der KV möglich war. Die Gründung von Eigeneinrichtungen stand also lediglich unter dem Vorbehalt einer vertraglichen Regelung, war jedoch nicht verboten.

III. Parallelvorschriften

Die Errichtung und der Betrieb von Eigeneinrichtungen sind weder in der gesetzlichen Rentenversiche- 5
rung noch in der gesetzlichen Unfallversicherung verboten. Vielmehr sieht § 15 Abs. 2 Satz 1 SGB VI für den Bereich der gesetzlichen Rentenversicherung und § 33 Abs. 3 SGB VII für den Bereich der gesetzlichen Unfallversicherung die Errichtung und den Betrieb von Eigeneinrichtungen vor.

IV. Systematische Zusammenhänge

Die Norm konkretisiert das in der gesetzlichen Krankenversicherung geltende **Sachleistungsprinzip** 6
(§ 2 Abs. 2 SGB V) im Sinne einer Pflicht der Krankenkassen zur **Leistungsverschaffung durch Dritte** und flankiert insoweit auch § 2 Abs. 2 Satz 3 SGB V, nach dem die Krankenkassen mit den Leistungserbringern Verträge abzuschließen haben, sowie das vierte Kapitel des SGB V über die Beziehungen zu den Leistungserbringern.

Soweit Eigeneinrichtungen im ambulanten vertragsärztlichen Bereich betrieben werden, ist die Inan- 7
spruchnahme durch Versicherte in **Verträgen nach § 76 Abs. 1 Satz 3 SGB V** zu regeln.

B. Auslegung der Norm

I. Regelungsgehalt und Bedeutung der Norm

Absatz 1 Satz 1 gewährt für alle am 01.01.1989 bestehenden Eigeneinrichtungen der Krankenkassen 8
einen **Bestandsschutz**. Die Kassen dürfen diese Einrichtungen also weiterführen. Die Regelung beinhaltet zugleich konkludent ein Verbot der Errichtung und des Betriebes von Eigeneinrichtungen. Nachdem insbesondere im medizinisch-technischen Bereich ohne Anpassung an den jeweiligen Versorgungsbedarf der Bestandsschutz entwertet würde, sieht **Absatz 1 Satz 2** nunmehr einen **erweiterten Bestandsschutz** vor, der nach Art, Umfang und finanzieller Ausstattung entsprechende Modernisierungen unter Beachtung der Krankenhausplanung und des Zulassungsrechts ermöglicht.

Absatz 2 regelt zwei Ausnahmen vom Verbot der Eigeneinrichtungen, jeweils im Zusammenhang mit 9
einer **Gefährdung der Sicherstellung. Satz 1** erlaubt im Bereich der Gesundheitsvorsorge und der Rehabilitation zur Sicherstellung die Errichtung neuer Eigeneinrichtungen, sofern dies vertraglich mit der KV vereinbart wurde (vgl. § 76 Abs. 1 Satz 4 SGB V). **Satz 2** erlaubt in den Fällen, in denen der Sicherstellungsauftrag von den KVen nach § 72a SGB V („Ärzteboykott") an die Krankenkassen zurückgefallen ist, die Errichtung von Eigeneinrichtungen auch ohne vertragliche Grundlage.

Die praktische Bedeutung der Norm ist bisher eher gering. Der Bestand der Krankenkassen an Eigen- 10
einrichtungen ist von marginaler Bedeutung, die in Absatz 2 geregelten Gefährdungen der Sicherstellung sind allenfalls im Bereich der vertragszahnärztlichen Versorgung (z.B. Kieferorthopäden[11]) relevant.

---

[9] Vgl. den Ausschussbericht BT-Drs. 15/4751, S. 42 und 45.

[10] Vgl. auch die Nachfolgeregelung § 76 Abs. 1 Sätze 3 und 4 SGB V, die auf § 140 SGB V Bezug nimmt.

[11] Siehe die Rückgabe der Zulassung durch 40 niedersächsische Kieferorthopäden aus Protest gegen das GMG im Jahre 2004; die Quote von 50% (§ 72a) wurde allerdings unterschritten.

II. Normzweck

11 Da vor In-Kraft-Treten der Vorschrift Errichtung und Betrieb von Eigeneinrichtungen nicht explizit ausgeschlossen waren, betrieben die Krankenkassen im ambulanten (Ambulatorien, Röntgen- und Bestrahlungsinstitute sowie Zahnkliniken) wie im stationären (Krankenhäuser, Sanatorien und Kurheime) Bereich etliche Einrichtungen. Außerdem gaben sie über sog. Selbstabgabestellen Heil- und Hilfsmittel (insbesondere Brillen und Krankenpflegeartikel) ab. Der Betrieb dieser Eigeneinrichtungen war in Literatur und Rechtsprechung umstritten.[12] Mit der Einführung von § 140 SGB V zum 01.01.1989 wurde diese umstrittene Frage im Sinne eines Verbots von Eigeneinrichtungen gelöst.

III. Eigeneinrichtungen

12 Eigeneinrichtungen sind **Einrichtungen zur Erbringung von Leistungen der gesetzlichen Krankenversicherung im ambulanten und stationären Bereich, die** abweichend vom Regelfall nicht von öffentlichen, freigemeinnützigen oder privaten Trägern („Dritten") betrieben und vertraglich in die Leistungserbringung einbezogen werden, sondern **unmittelbar in Trägerschaft der gesetzlichen Krankenkassen stehen**. Durch den Betrieb von Eigeneinrichtungen werden die Krankenkassen also selbst Leistungserbringer und stehen insoweit in Konkurrenz zu den anderen Leistungserbringern.

13 Die Krankenkassen können Eigeneinrichtungen sowohl in rechtlich unselbständiger[13] wie auch in rechtlich selbständiger Form[14] betreiben. Die Leistungserbringung erfolgt nach den allgemeinen Grundsätzen unter Beachtung der nach § 76 Abs. 1 Satz 3 abgeschlossenen Verträge.

14 Soweit **spezialgesetzliche Regelungen** bestehen, gehen diese der allgemeinen Vorschrift in § 140 SGB V vor. So erlaubt **§ 33 Abs. 5 SGB V** den Kassen die leihweise Überlassung von **Hilfsmitteln.**[15] Nach **§ 132 Abs. 1 Satz 1 SGB V** können die Krankenkassen zur Gewährung von **Haushaltshilfe** (§ 38 SGB V) geeignete Personen anstellen, nach **§ 132a Abs. 2 Satz 10 SGB V** zur Gewährung von **häuslicher Krankenpflege** (§ 39 SGB V)[16].

15 **Keine Eigeneinrichtungen** sind die in den neuen Bundesländern nach **§ 311 Abs. 2 SGB V** zur vertragsärztlichen Versorgung zugelassenen kommunalen, staatlichen und freigemeinnützigen Gesundheitseinrichtungen und Fachambulanzen[17], weil sie per definitionem nicht in der Trägerschaft der Krankenkassen stehen.[18] Dasselbe gilt für die zur Sicherstellung der ambulanten Versorgung im Rahmen von **§ 105 Abs. 1 Satz 2 SGB V** von den KVen betriebenen Einrichtungen, die im Benehmen mit den Landesverbänden der Krankenkassen und den Verbänden der Ersatzkassen betrieben werden.[19]

IV. Erweiterter Bestandsschutz

16 Nach Absatz 1 Satz 2 genießen die vor 1989 bestehenden Eigeneinrichtungen der Krankenkassen einen erweiterten Bestandsschutz, d.h., sie können nach **Art** (ambulant, stationär, präventiv/rehabilitativ), **Umfang** (Bettenzahl, Zahl der Ärzte, Untersuchungskapazitäten) und finanzieller Ausstattung an den aktuellen Versorgungsbedarf angepasst werden. Mit dieser Regelung erhalten die Eigeneinrichtungen über einen reinen Schutz des (Alt-)Bestandes nach Satz 1 hinaus erstmals die Option, ihre Konkur-

---

[12] Gegen Eigeneinrichtungen z.B. *Zacher*, Krankenkassen oder nationaler Gesundheitsdienst, 1980; *von Maydell/Scholz*, Grenzen der Eigenwirtschaft gesetzlicher Krankenversicherungsträger, 1980; aus der Rechtsprechung BGH v. 18.12.1981 - I ZR 34/80 - BGHZ 82, 375 (zur Selbstabgabe von Brillen). Für Eigeneinrichtungen z.B. *Krauskopf*, Zur Zulässigkeit von Eigenbetrieben der Krankenkassen, DOK 1982, 569; *Rohwer-Kahlmann*, Die Sozialleistung der „Versorgung mit Brillen", ZSR 1980,197.

[13] Als Eigenbetriebe, die wie im kommunalen Bereich rechtlich unselbständig, aber organisatorisch von der Krankenkasse getrennt sind.

[14] Z.B. als GmbH, vgl. die AOK-Klinik GmbH der AOK Baden-Württemberg, die drei Fachkliniken betreibt.

[15] Hierzu BSG v. 09.02.1989 - 3 RK 7/88 - BSGE 64, 260 mit Verweis auf die Materialien, BR-Drs. 200/88, S. 174 zu § 33 Abs 6 SGB V.

[16] Hierzu BSG v. 24.09.2002 - B 3 A 1/02 R - BSGE 90, 84.

[17] D.h. insbesondere Polikliniken, Ambulatorien und Arztpraxen sowie Einrichtungen des Betriebsgesundheitswesens der ehemaligen DDR.

[18] Zu dem Sonderfall, dass eine Krankenkasse eine kommunale Zahnklinik i.S.v. § 311 Abs. 2 SGB V in eigene Trägerschaft nimmt, so dass sie als Eigeneinrichtung zu werten ist, LSG Sachsen-Anhalt v. 07.10.1998 - L 4 KA 2/94.

[19] Vgl. z.B. die als „Eigeneinrichtung" bezeichnete Einrichtung der KV Thüringen in Ohrdruf und den Beschluss des Landesausschusses der Ärzte und Krankenkassen in Thüringen vom 13.07.2005.

renzfähigkeit im Verhältnis zu den übrigen Leistungserbringern durch Umstrukturierung und Fortentwicklung zu erhalten und damit ihren Bestand langfristig zu sichern. Wenngleich die Ausschussbegründung lediglich stationäre Eigeneinrichtungen erwähnt[20], genießen **alle Eigeneinrichtungen** den erweiterten Bestandsschutz. Dies ergibt sich bereits aus dem Wortlaut der Vorschrift, der nicht zwischen ambulanten und stationären Eigeneinrichtungen unterscheidet, ferner aus dem Hinweis auf die Beachtung der Zulassungsbeschränkungen.

Die Regelung stellt bestehende Eigeneinrichtungen anderen Leistungserbringern gleich und ermöglicht 17
es ihnen damit, wie diese **Verträge** nach dem SGB V abzuschließen, z.B. Verträge über die Teilnahme an der integrierten Versorgung (§§ 140a ff. SGB V), Verträge über die ambulante Erbringung hochspezialisierter Leistungen oder die Behandlung von seltenen Erkrankungen und von Erkrankungen mit besonderen Krankheitsverläufen nach § 116b Abs. 2 SGB V. Ferner haben sie die Möglichkeit, **medizinische Versorgungszentren (§ 95 Abs. 1 Sätze 2 und 3 SGB V)** zu gründen.

Dieser erweiterte Bestandsschutz ist auch im Bereich der vertragsärztlichen Versorgung **unabhängig** 18
von vertraglichen Regelungen, da von § 76 Abs. 1 Satz 4 i.d.F. des Verwaltungsvereinfachungsgesetzes nur noch die Errichtung neuer Einrichtungen erfasst wird, nicht die Änderung des Umfanges.

Um eine nicht bedarfsgerechte Leistungsausweitung durch Eigeneinrichtungen der Krankenkassen zu 19
verhindern, normiert Absatz 1 Satz 2 explizit, dass die **Landeskrankenhausplanung** und die **Zulassungsbeschränkungen im vertragsärztlichen Bereich** zu beachten sind. Damit ist die Umstrukturierung von Akutkrankenhäusern nur im Rahmen der Landeskrankenhausplanung auf der Grundlage des Versorgungsauftrages, die Gründung eines Medizinischen Versorgungszentrums nur unter Beachtung von § 95 Abs. 2 Satz 8 SGB V möglich.

V. Zulässigkeit von Neuerrichtungen

1. Eigeneinrichtungen im Bereich der Gesundheitsvorsorge und Rehabilitation (Absatz 2 Satz 1)

Soweit die Aufgaben der Gesundheitsvorsorge (§ 23 SGB V) und der Rehabilitation (§ 40 SGB V) auf 20
andere Weise, d.h. durch vertraglich einbezogene Leistungserbringer, nicht sichergestellt werden können, können die Krankenkassen **subsidiär** neue Eigeneinrichtungen errichten. Im vertragsärztlichen Bereich ist gem. **§ 76 Abs. 1 Satz 3 SGB V** die Errichtung nur aufgrund eines **Vertrages** der Krankenkasse mit der KV möglich, wenn die Voraussetzungen des § 140 Abs. 2 Satz 1 SGB V vorliegen.

Die Errichtung neuer Eigeneinrichtungen muss **erforderlich** sein. Vorrangig ist also zu prüfen, ob der 21
Bedarf mit dritten Leistungserbringern befriedigt werden kann. Im Rehabilitationsbereich sind vor allem die Einrichtungen der gesetzlichen Rentenversicherung sowie der Unfallversicherung durch entsprechende Verträge zur Leistungserbringung heranzuziehen.

2. Eigeneinrichtungen bei Übergang des Sicherstellungsauftrages (Absatz 2 Satz 2)

Liegen die Voraussetzungen des § 72a SGB V vor und ist deshalb der Sicherstellungsauftrag von der 22
KV auf die Krankenkassen übergegangen, müssen die Krankenkassen das entsprechende rechtliche Instrumentarium haben, um ihrerseits die Verpflichtung zur Sicherstellung der ärztlichen Versorgung zu erfüllen. Deshalb gibt ihnen Absatz 2 Satz 2 die Möglichkeit, Eigeneinrichtungen zu errichten. Abweichend von den Regelungen in Absatz 1 und Absatz 2 Satz 1 befugt die Norm auch die **Verbände der Krankenkassen** zur Errichtung von Eigeneinrichtungen.[21]

3. Weitere Kompetenzen zur Errichtung von Eigeneinrichtungen

Mit Hinblick auf **Modellvorhaben** und **integrierte Versorgung** kann vertraglich von den Vorschriften 23
des vierten Kapitels des SGB V über die Beziehungen der Krankenkassen zu den Leistungserbringern abgewichen werden, soweit es erforderlich ist (vgl. die §§ 63 Abs. 3 Satz 1 und 140b Abs. 4 Satz 1 SGB V). Damit ist nach Wortlaut und Systematik auch § 140 SGB V als Vorschrift des vierten Kapitels disponibel, so dass in der Konsequenz im Rahmen von Modellvorhaben und in der integrierten Versorgung abweichend von § 140 SGB V die Errichtung neuer Eigeneinrichtungen möglich ist.[22] Verfas-

[20] BT-Drs. 15/4751, S. 42 und 45.

[21] Ablehnend zu einer Errichtungskompetenz der Kassenverbände *Hencke* in: Peters, Handbuch KV (SGB V), § 140 Rn. 5, allerdings im Hinblick auf den klaren Gesetzeswortlaut ohne überzeugende Begründung.

[22] Ebenso *Murawski* in: LPK-SGB V, § 140 rn. 6, 7 und *Knieps*, Handbuch des Vertragsarztrechts, Neue Versorgungsformen, Rn. 9.

sungsrechtliche Bedenken[23] gegen diese Regelung bestehen nicht, da ein möglicher Eingriff in die grundrechtlich geschützte Berufsfreiheit (Art. 12 Abs. 1 GG) eines konkurrierenden Leistungserbringers nicht unverhältnismäßig wäre. Die Weiterentwicklung des Systems der Leistungserbringung zur Sicherung der Funktionsfähigkeit der gesetzlichen Krankenversicherung ist ein wichtiges Gemeinschaftsgut, das die relativ geringfügige Beeinträchtigung der Berufsfreiheit rechtfertigt.

VI. Rechtsschutzfragen

24 Für alle Streitigkeiten über Eigeneinrichtungen ist der **Sozialrechtsweg** eröffnet (§ 51 Abs. 1 Nr. 3, Abs. 2 SGG). Diese früher umstrittene Frage ist nunmehr gesetzlich geregelt.

25 Errichtet oder erweitert eine Krankenkasse eine Eigeneinrichtung, so liegt ein **Realakt** vor. Wendet sich ein Dritter, d.h. ein Konkurrent, oder eine KV gegen die Errichtung oder Erweiterung, so ist eine **Leistungsklage (§ 54 Abs. 5 SGG) in Form der Unterlassungsklage** statthaft.

[23] Vgl. *Orlowski* in: GKV-Komm, SGB V, § 140 Rn. 6.

Elfter Abschnitt: Beziehungen zu Leistungserbringern in der integrierten Versorgung

§ 140a SGB V Integrierte Versorgung

(Fassung vom 26.03.2007, gültig ab 01.04.2007)

(1) Abweichend von den übrigen Regelungen dieses Kapitels können die Krankenkassen Verträge über eine verschiedene Leistungssektoren übergreifende Versorgung der Versicherten oder eine interdisziplinär-fachübergreifende Versorgung mit den in § 140b Abs. 1 genannten Vertragspartnern abschließen. Die Verträge zur integrierten Versorgung sollen eine bevölkerungsbezogene Flächendeckung der Versorgung ermöglichen. Soweit die Versorgung der Versicherten nach diesen Verträgen durchgeführt wird, ist der Sicherstellungsauftrag nach § 75 Abs. 1 eingeschränkt. Das Versorgungsangebot und die Voraussetzungen seiner Inanspruchnahme ergeben sich aus dem Vertrag zur integrierten Versorgung. Die für die ambulante Behandlung im Rahmen der integrierten Versorgung notwendige Versorgung mit Arzneimitteln soll durch Verträge nach § 130a Abs. 8 erfolgen.

(2) Die Teilnahme der Versicherten an den integrierten Versorgungsformen ist freiwillig. Ein behandelnder Leistungserbringer darf aus der gemeinsamen Dokumentation nach § 140b Abs. 3 die den Versicherten betreffenden Behandlungsdaten und Befunde nur dann abrufen, wenn der Versicherte ihm gegenüber seine Einwilligung erteilt hat, die Information für den konkret anstehenden Behandlungsfall genutzt werden soll und der Leistungserbringer zu dem Personenkreis gehört, der nach § 203 des Strafgesetzbuches zur Geheimhaltung verpflichtet ist.

(3) Die Versicherten haben das Recht, von ihrer Krankenkasse umfassend über die Verträge zur integrierten Versorgung, die teilnehmenden Leistungserbringer, besondere Leistungen und vereinbarte Qualitätsstandards informiert zu werden.

Gliederung

A. Basisinformationen

I. Textgeschichte/Gesetzgebungsmaterialien

1 Durch das Gesetz zur Reform der gesetzlichen Krankenversicherung ab dem Jahr 2000[1] fügte der Gesetzgeber die Vorschriften betreffend die integrierte Versorgung mit Wirkung zum **01.01.2000** erstmals als Elften Abschnitt „Beziehungen zu Leistungserbringern in der integrierten Versorgung" in das vierte Kapitel des SGB V[2] ein. Damals umfasste der Elfte Abschnitt die §§ 140a-140h SGB V.

2 Die integrierte Versorgung stellte nach dem Willen des Gesetzgebers ein Kernelement der Reform dar, mit dem die bisher starre Aufgabenteilung zwischen der ambulanten und stationären Versorgung durchbrochen werden sollte.[3] Er eröffnete den Krankenkassen die Möglichkeit, mit Leistungserbringern außerhalb der „bisherigen Regelversorgung" als „alternative Regelversorgung"[4] Verträge über die Versorgung der Versicherten in sog. integrierten Versorgungsformen zu schließen. Ziel war es, zwischen den Krankenkassen, aber auch zwischen den Leistungserbringern einen Wettbewerb um die beste Versorgung der Versicherten zu entfachen. In der integrierten Versorgung sollten die Leistungserbringer ihre Leistungen stärker als in der bisherigen Regelversorgung aufeinander abstimmen. So sollten vor allem Wartezeiten, Doppeluntersuchungen und Behandlungsdiskontinuitäten vermieden werden. Der Gesetzgeber erhoffte sich davon nicht nur eine Verbesserung der Versorgungsqualität, sondern auch Einspareffekte.

3 Doch als sich die integrierte Versorgung nicht wie gewünscht entwickelte[5], wurden bereits mit Wirkung zum **01.01.2004** viele der Vorschriften, die sich für entsprechende Verträge als hinderlich erwiesen haben, durch die Art. 1 und 2 des Gesetzes zur Modernisierung der gesetzlichen Krankenversicherung (GMG)[6] neu gefasst oder aufgehoben.[7] Die integrierte Versorgung wurde dereguliert[8] und finanziell attraktiver, wodurch sie eine erhebliche Aufwertung erfahren hat[9] und – mittelfristig betrachtet – die Wettbewerbssituation für niedergelassene Ärzte grundlegend verändern kann.[10]

4 § 140a Abs. 1 SGB V gehörte zu den Bestimmungen, die neu gefasst wurden. Während integrierte Versorgungsformen bis dahin nur eine „verschiedene Leistungssektoren übergreifende Versorgung" ermöglichten (§ 140a Abs. 1 Satz 1 SGB V a.F.), erstreckte der Gesetzgeber den Anwendungsbereich der integrierten Versorgung nun auf die sog. interdisziplinär-fachübergreifende Versorgung (§ 140a Abs. 1 Satz 1 SGB V).

4.1 Auch durch das Gesetz zur Stärkung des Wettbewerbs in der gesetzlichen Krankenversicherung GKV-Wettbewerbsstärkungsgesetz (GKV-Wettbewerbsstärkungsgesetz = GKV-WSG) vom 26.03.2007 (BGBl I 2007, 378) wurden die Vorschriften über die integrierte Versorgung geändert. Konkret wurden in § 140a Abs. 1 SGB V mit Wirkung zum 01.04.2007 ein neuer Satz 2 sowie ein neuer Satz 5 eingefügt: danach sollen Verträge zu integrierten Versorgungsformen zum einen eine bevölkerungsbezogene Flächendeckung der Versorgung ermöglichen; zum anderen soll die für die ambulante Behandlung im Rahmen der integrierten Versorgung notwendige Versorgung mit Arzneimitteln durch Verträge nach § 130a Abs. 8 SGB V erfolgen. Bei beiden Einfügungen handelt es sich um sogenannte Sollvorschriften, deren Nichtbeachtung sanktionslos bleibt.

---

[1] Gesetz zur Reform der gesetzlichen Krankenversicherung ab dem Jahr 2000 (GKV-Gesundheitsreformgesetz 2000) vom 22.12.1999, BGBl I 1999, 2657.

[2] Sozialgesetzbuch (SGB) Fünftes Buch (V) vom 20.12.1988; BGBl I 1988, 2477.

[3] BT-Drs. 14/1245, S. 91.

[4] So ausdrücklich *Degener-Hencke*, NZS 2003, 629, 632; *Quaas*, VSSR 2004, 175, 181; *Knieps* in: Schnapp/Wigge, Handbuch des Vertragsarztrechts, § 11 Rn. 33 spricht von der zweiten Säule der Regelversorgung.

[5] Vgl. *Armbruster*, Versorgungsnetzwerke im französischen und deutschen Gesundheitswesen, S. 168.

[6] Gesetz zur Modernisierung der gesetzlichen Krankenversicherung (GKV-Modernisierungsgesetz – GMG) vom 14.11.2003, BGBl I 2003, 2190.

[7] Vgl. statt vieler: *Beule*, GesR 2004, 209; *Hiddemann/Muckel*, NJW 2004, 7, 8; *Rehborn*, VSSR 2004, 157.

[8] Insbesondere wurde die Rahmenvereinbarung nach § 140d SGB V a.F. abgeschafft und die integrierte Versorgung so konsequent aus dem kollektivvertraglichen System herausgelöst. Vgl. Begründung des Gesetzentwurfs der Fraktionen SPD, CDU/CSU und Bündnis 90/Die Grünen v. 08.09.2003; BT-Drs. 15/1525, S. 129; *Kilgreen*, ZMGR 2005, 163, 166; *Quaas*, Das Krankenhaus 2005, 967.

[9] *Kilgreen*, MedR 2004, 188, 189.

[10] *Butzer*, MedR 2004, 177, 186.

II. Verwaltungsvorschriften

Die integrierte Versorgung ist aktuell nur im SGB V geregelt. Untergesetzliche Bestimmungen/Verwaltungsvorschriften, die diese Vorschriften näher ausgestalten, müssen bei der Schaffung und Umsetzung integrierter Versorgungsformen nicht (mehr) beachtet werden. 5

Ursprünglich hatte der Gesetzgeber bewusst darauf verzichtet, die integrierte Versorgung selbst detailliert zu regeln;[11] statt dessen hatte er die Ausgestaltung der Einzelheiten den Spitzenverbänden der Krankenkassen und den Spitzenverbänden der Leistungserbringer, insbesondere den Kassenärztlichen Bundesvereinigungen (KBV und KZBV), übertragen. Insofern hieß es in § 140a Abs. 1 Satz 2 SGB V a.F.: „das Versorgungsangebot und die Voraussetzungen seiner Inanspruchnahme [ergäben] sich aus dem [zwischen den Krankenkassen und ihre Vertragspartnern zu schließenden] Vertrag [zur integrierten Versorgungsform] und, soweit es die vertragsärztliche Versorgung [einschließe], aus den Rahmenvereinbarungen nach § 140d SGB V.“ 6

In diesen Rahmenvereinbarungen nach § 140d SGB V a.F. sollten die Spitzenverbänden der Krankenkassen gemeinsam und einheitlich mit den Kassenärztlichen Bundesvereinigungen insbesondere den Inhalt und die Mindeststandards des Versorgungsauftrags der integrierten Versorgung (§ 140d Abs. 1 Satz 2 Nr. 1 SGB V a.F.), die Mindestanforderungen an die Qualitätssicherung bei der Übernahme eines Versorgungsauftrages (§ 140b Abs. 1 Satz 2 Nr. 2 SGB V a.F.), die inhaltlichen Voraussetzungen zur Teilnahme der Vertragsärzte an der integrierten Versorgung einschließlich der Festlegung von einer Mindest- oder Höchstzahl der teilnehmenden Vertragsärzte sowie ggf. Regelungen zur Einbeziehung der hausärztlichen Versorgung (§ 140d Abs. 1 S. 2 Nr. 3 SGB V a.F.), die Finanzierung der integrierten Versorgung und ihre Vergütung sowie die rechnerische Bereinigung der Gesamtvergütungen (§ 140d Abs. 1 S. 2 Nr. 4 SGB V a.F.) regeln. 7

Obwohl § 140d Abs. 2 Satz 1 SGB V vorschrieb, dass die Spitzenverbände der Krankenkassen und die Kassenärztlichen Bundesvereinigungen die Rahmenvereinbarung spätestens bis zum 01.07.2000 abschließen sollten, verzögerte sich der Abschluss der Rahmenvereinbarung unter Beteiligung der KBV wegen der widerstreitenden Interessen der Vertragspartner bis zum 27.10.2000. 8

Eine Rahmenvereinbarung unter Beteiligung der KZBV hat es bis zuletzt nicht gegeben. Das BMG hatte deshalb das Bundesschiedsamt angerufen und um Festsetzung einer Rahmenvereinbarung gebeten. 9

Der Gesetzgeber hat die Rahmenvereinbarungen bzw. die sie betreffenden gesetzlichen Bestimmung nun jedoch zum 01.01.2004 abgeschafft. Da er die integrierte Versorgung selbst nicht detailliert geregelt hat, ist sie nun, wo auch keine untergesetzlichen Bestimmungen mehr zu beachten sind – insbesondere im Verhältnis zur sog. bisherigen Regelversorgung – durch viele Freiheitsgrade gekennzeichnet.[12] 10

III. Systematische Zusammenhänge

Der Bundesgesetzgeber hält es für dringend geboten, neue Versorgungsstrukturen zu schaffen und zu etablieren, um die Qualität und Finanzierbarkeit der GKV zu wahren.[13] Dabei stehen Versorgungsstrukturen im Mittelpunkt, die die Leistungssektoren zu verzahnen geeignet sind. Dazu zählen neben der integrierten Versorgung die medizinischen Versorgungszentren und die – für die ambulante Versorgung geöffneten – Krankenhäuser.[14] 11

Sofern im Rahmen der integrierten Versorgung neue Versorgungsstrukturen erprobt werden können und sollen, steht sie in einem systematischen Zusammenhang mit den – schon vor dem 01.01.2000 rechtlich möglichen – Modellvorhaben (§§ 63-65 SGB V) und Strukturverträgen (§ 73a SGB V).[15] 12

---

[11] BT-Beschlussempfehlung und Bericht Ausschuss für Gesundheit 03.11.1999, BT-Drs. 14/1977, S. 2.

[12] Vgl. *Pfeiffer*, VSSR 2004, 149, 154.

[13] Vgl. *Butzer*, MedR 2004, 177, 187.

[14] Vgl. *Butzer*, MedR 2004, 177, 187.

[15] Vgl. zum Verhältnis der integrierten Versorgung zu den bisherigen Versorgungsformen: *Beule*, Rechtsfragen der integrierten Versorgung (§§ 140a-140h SGB V), S. 169 ff.

IV. Literaturhinweise

13 *Armbruster*, Versorgungsnetzwerke im französischen und deutschen Gesundheitswesen – Eine vergleichende Studie unter Berücksichtigung rechts- und gesundheitswissenschaftlicher Aspekte, 2004; *Becker*, Rechtliche Rahmenbedingungen der integrierten Versorgung – Ein Aufriss und neun Thesen, NZS 2001, 505-514; *Beule*[16], Rechtsfragen der integrierten Versorgung (§§ 140a-140h SGB V), Schriftenreihe Medizinrecht, 2003 (zugleich Dissertation); *Beule*[17], Integrierte Versorgung nach neuem Recht, GesR 2004, 209-214; *Dahm*, Vertragsgestaltung bei integrierter Versorgung am Beispiel „Prosper – Gesund im Verbund", MedR 2005, 121-126; *Franken*, Die privatrechtliche Binnenstruktur der integrierten Versorgung, §§ 140a-h SGB V – Zugleich ein Beitrag zum Anwendungsbereich von § 69 SGB V sowie der Normen des UWG und GWB im Bereich der gesetzlichen Krankenversicherung, 2003 (zugleich Dissertation); *Hauck/Noftz* (Hrsg.), Sozialgesetzbuch, Gesamtkommentar, SGB V Gesetzliche Krankenversicherung, Bd. 2, Stand: Oktober 2005; *Hellmann* (Hrsg.), Handbuch integrierte Versorgung, Strategien – Konzepte – Praxis, Stand Juni 2005; Kassler Kommentar Sozialversicherungsrecht, Bd. I, 49. ErgL, Stand: Januar 2006; *Quaas*, Ungelöste Rechtsfragen der Vergütung in der Integrierten Versorgung, Das Krankenhaus 2005, 967-972; *Quaas*, Vertragsgestaltung in der integrierten Versorgung aus der Sicht der Krankenhäuser, VSSR 2004, 175-195; *Rehborn*, Erweiterte Vertragskompetenz der Krankenkassen unter besonderer Berücksichtigung der Verträge zur hausarztzentrierten und integrierten Versorgung – Vertragsgestaltung aus der Sicht niedergelassener Vertragsärzte, VSSR 2004, 157-173; *Schnapp/Wigge* (Hrsg.), Handbuch des Vertragsarztrechts – Das gesamte Kassenarztrecht, 2002; *Tophoven/Lieschke* (Hrsg.), Integrierte Versorgung – Entwicklungsperspektiven für Praxisnetze, 2003; *Wigge*, Integrierte Versorgung und Vertragsarztrecht (Teil 1), NZS 2001, 17-24; *Wigge*, Integrierte Versorgung und Vertragsarztrecht (Teil 2), NZS 2001, 66-71; *Windthorst*, Die integrierte Versorgung in der gesetzlichen Krankenversicherung: Gefahr oder Chance für die Gesundheitsversorgung?, Düsseldorfer Rechtswissenschaftliche Schriften, Bd. 18, 2002.

B. Auslegung der Norm

I. Regelungsgehalt und Bedeutung der Norm

1. Definition der integrierten Versorgung (Absatz 1 Satz 1)

14 § 140a Abs. 1 Satz 1 SGB V definiert die integrierte Versorgung als eine verschiedene Leistungssektoren übergreifende Versorgung der Versicherten oder eine interdisziplinär-fachübergreifende Versorgung. Wann jedoch eine verschiedene Leistungssektoren übergreifende oder eine interdisziplinär-fachübergreifende Versorgung vorliegt, wird vom Gesetzgeber selbst nicht näher erläutert, sondern muss durch Auslegung ermittelt werden.

2. Sicherstellungsauftrag (Absatz 1 Satz 2)

15 § 140a Abs. 1 Satz 2 SGB V befasst sich mit dem in § 75 Abs. 1 SGB V geregelten Sicherstellungsauftrag und sieht vor, dass dieser eingeschränkt ist, soweit die Versorgung der Versicherten nach Verträgen über die integrierte Versorgung durchgeführt wird.

3. Freiwillige Teilnahme (Absatz 2 Satz 1)

16 Die gesetzlich krankenversicherten Patienten können in der bisherigen Regelversorgung ihren Behandler frei wählen (Stichwort: freie Arztwahl). Dementsprechend ist auch die Teilnahme der Versicherten an den integrierten Versorgungsformen freiwillig.

17 Ob und ggf. welchen Einfluss es auf die freie Arztwahl hat, wenn sich der Versicherte dann (freiwillig) für die Teilnahme an einer integrierten Versorgungsform entschieden hat, ist eine andere Frage. Das Recht auf freie Arztwahl besteht in der bisherigen Regelversorgung nur eingeschränkt: der Versicherte darf grundsätzlich nur unter den an der Versorgung der gesetzlich Krankenversicherten teilnehmenden Leistungserbringern wählen; die Leistungserbringer sind nur für einzelne Fachgebiete zugelassen oder ermächtigt; der Patient darf sich von einem Vertragsarzt nur entweder hausärztlich oder fachärztlich versorgen lassen; bestimmte Ärzte darf er nur auf Überweisung in Anspruch nehmen. Gleiches gilt bei

[16] Geburtsname der Verfasserin dieses Artikels.
[17] Geburtsname der Verfasserin dieses Artikels.

der Teilnahme des Versicherten an einer integrierten Versorgungsform; der Unterschied besteht nur darin, dass die Zahl der Ärzte unter denen der Versicherte wählen kann, hier kleiner ist. Das Prinzip der freien Arztwahl bleibt indes erhalten.[18]

Einen Anreiz zur Teilnahme an einer integrierten Versorgungsform können die Krankenkassen ihren Versicherten in Form eines Bonus für gesundheitsbewusstes Verhalten bieten (siehe § 65a Abs. 2 SGB V). 18

4. Zugriff auf Behandlungsdaten (Absatz 2 Satz 2)

In einer integrierten Versorgungsform gibt es eine gemeinsame Dokumentation (vgl. § 140b Abs. 3 SGB V). Aus dieser Dokumentation darf ein behandelnder Leistungserbringer die den Versicherten betreffenden Behandlungsdaten und Befunde nur dann abrufen, wenn der Versicherte ihm gegenüber seine Einwilligung erteilt hat, die Information für den konkret anstehenden Behandlungsfall genutzt werden soll und der Leistungserbringer zu dem Personenkreis gehört, der nach § 203 des Strafgesetzbuches zur Gemeinhaltung verpflichtet ist. 19

5. Informationsrecht des Patienten (Absatz 3)

Nach dem Willen des Gesetzgebers sollen die Bestimmungen über die integrierte Versorgung dazu führen, dass vielfältige integrierte Versorgungsformen entstehen und die Versicherten unter verschiedenen – auf sie und ihre Bedürfnisse passenden – qualitativ hochwertigen Angeboten wählen können. Damit die Versicherten diese Wahl möglichst profund treffen können, räumt der Gesetzgeber ihnen das Recht ein, von ihrer Krankenkasse umfassend über die Verträge zur integrierten Versorgung, die teilnehmenden Leistungserbringer, besondere Leistungen und vereinbarte Qualitätsstandards informiert zu werden. 20

II. Normzweck

Die sektorale Leistungserbringung behindert die medizinischen Behandlungsabläufe und eine wirtschaftliche Leistungserbringung und entspricht auch nicht den Bedürfnissen der Patienten.[19] Um die störenden, starren Versorgungsstrukturen zu durchbrechen wurden die Vorschriften zur integrierten Versorgung eingeführt. Doppeluntersuchungen sollten vermieden, die Koordinierung der Behandlung beim Wechsel zwischen Leistungserbringern verbessert und die Behandlungsqualität gesteigert werden. Durch das Zusammenwirken aller Leistungserbringer mit einem effizienten Schnittstellenmanagement in der integrierten Versorgung ist es möglich, dass der Patient zum richtigen Zeitpunkt die medizinisch notwendige Behandlung in der dafür am besten geeigneten Einrichtung erhält.[20] 21

Kritiker werfen der integrierten Versorgung vor, durch sie drohe man in ein Szenario vor Gründung der Kassenärztlichen Vereinigungen zurückzufallen.[21] Sie wollen ein Einkaufsmodell der Krankenkassen verhindern und dem ein Verkaufsmodell (in diesem Fall der Vertragsärzte) entgegensetzen.[22] 22

III. Integrierte Versorgung (Absatz 1)

Gemäß § 140a Abs. 1 Satz 1 SGB V kann eine integrierte Versorgung entweder eine verschiedene Leistungssektoren übergreifende Versorgung der Versicherten sein oder eine interdisziplinär-fachübergreifende Versorgung. 23

[18] BT-Gesetzentwurf SPD, Bündnis 90/Die Grünen 23.06.1999, BT-Drs. 14/1245, S. 91.

[19] *Degener-Hencke*, NZS 2003, 629, 632.

[20] *Degener-Hencke*, NZS 2003, 629, 632.

[21] Vgl. Zitat aus einem Rundschreiben der KV Baden-Württemberg „Aufgaben für das Jahr 2000" in: Landessozialgericht Baden-Württemberg v. 24.07.2001 - L 5 KA 5097/00 ER-B; vgl. auch *Knieps* in: Schnapp/Wigge, Handbuch des Vertragsarztrechts, § 11 Rn. 25.

[22] Vgl. Zitat aus einem Beschluss der Vertreterversammlung der KV Baden-Württemberg vom 01.12.1999 in: Landessozialgericht Baden-Württemberg v. 24.07.2001 - L 5 KA 5097/00 ER-B.

1. Leistungssektorenübergreifende Versorgung

24 Eine **verschiedene Leistungssektoren übergreifende Versorgung** liegt begrifflich dann vor, wenn die Versicherten in der Versorgungsform mit Leistungen verschiedener Leistungssektoren versorgt werden. Damit stellt sich zunächst die Frage, welche Leistungssektoren das Recht der gesetzlichen Krankenversicherung kennt. Sodann ist zu klären, wann eine Versorgungsform in verschiedene Leistungssektoren übergreift.

a. Leistungssektoren

25 Der Gesetzgeber selbst hat die **Leistungssektoren** nicht definiert. Nach der hier vertretenen Auffassung lassen sich jedoch im Rahmen der Auslegung die folgenden 13 Leistungssektoren ermitteln[23]: „ambulante Versorgung mit Leistungen der hausärztlichen Versorgung", „ambulante Versorgung mit Leistungen der fachärztlichen Versorgung", „ambulante Versorgung mit Leistungen der vertragszahnärztlichen Versorgung", „Versorgung mit Leistungen der Krankenhausbehandlung", „Versorgung mit Arznei- und Verbandmitteln, Harn- und Blutteststreifen"[24], „Versorgung mit Heilmitteln" [25], „Versorgung mit Hilfsmitteln"[26], „stationäre Versorgung mit Leistungen der medizinischen Vorsorge", „ambulante und stationäre Versorgung mit Leistungen der medizinischen Rehabilitation"[27], „Versorgung mit Krankentransportleistungen", „Versorgung mit Leistungen der Soziotherapie", „Versorgung mit Hebammenleistungen" und „Versorgung mit Pflegeleistungen".

26 Über die verschiedenen Leistungssektoren besteht im einzelnen Streit. So werden die „ambulante Versorgung mit Leistungen der hausärztlichen Versorgung" und die „ambulante Versorgung mit Leistungen der fachärztlichen Versorgung" zum Teil zu einem einheitlichen Leistungssektor „ambulante Versorgung (mit vertragsärztlichen Leistungen)" zusammengefasst.[28] Solange die integrierte Versorgung nur leistungssektorenübergreifend sein konnte, und nach dem Willen des Gesetzgebers auch solche Projekte als integrierte Versorgung nach den §§ 140a ff. SGB V laufen sollten, in denen es um die bessere Verzahlung nur hausärztlicher und fachärztlicher Leistungen ging, war es m.E. geboten, diese Leistungen unterschiedlichen Leistungssektoren zuzuordnen; seit die integrierte Versorgung nun auch interdisziplinär-fachübergreifend sein kann, ist dieser Streit nicht mehr relevant.

b. Übergreifen verschiedener Leistungssektoren

27 Eine Versorgungsform ist dann eine verschiedene Leistungssektoren **übergreifende Versorgungsform**, wenn der Versicherte in ihr mit Leistungen aus zwei oder mehr Leistungssektoren versorgt wird.

28 Nahe liegend ist es, wenn die zur Erbringung von Leistungen eines Leistungssektors zugelassenen oder ermächtigten Leistungserbringer im Rahmen ihres Zulassungs- oder Ermächtigungsstatus tätig werden und mit Leistungserbringern kooperieren, die zur Erbringung von Leistungen eines anderen Leistungssektors zugelassen oder ermächtigt sind.[29]

29 Grundsätzlich zulässig ist es aber auch, dass Leistungserbringer in der integrierten Versorgung außerhalb ihres im Rahmen der bisherigen Regelversorgung stets zu beachtenden Zulassungs- oder Ermächtigungsstatus tätig werden. Voraussetzung dafür ist aber, dass sich die Vertragspartner der integrierten Versorgung auf der Grundlage ihres jeweiligen Zulassungsstatus für die Durchführung der integrierten Versorgung darauf verständigen, dass Leistungen auch dann erbracht werden können, wenn die Erbringung dieser Leistungen vom Zulassungs- oder Ermächtigungsstatus des jeweiligen Leistungserbringers nicht gedeckt ist (vgl. § 140b Abs. 4 Satz 3 SGB V).[30] Der Zulassungsstatus eines Vertragspartners kann also nicht allein durch Vertrag mit den Krankenkassen erweitert werden.[31]

---

[23] Siehe hierzu im Einzelnen: *Beule*, Rechtsfragen der integrierten Versorgung (§§ 140a-140h SGB V), S. 25 ff.

[24] Zweifelnd *Bohle* in: Hellmann, Handbuch integrierte Versorgung, 3.1.1, S. 5 f. für die Arzneimittelversorgung.

[25] Zweifelnd *Bohle* in: Hellmann, Handbuch integrierte Versorgung, 3.1.1 S. 6 f.

[26] Zweifelnd *Bohle* in: Hellmann, Handbuch integrierte Versorgung, 3.1.1 S. 6 f.

[27] Das LSG Baden-Württemberg verneint in seinem nicht rechtskräftigen Urt. v. 13.12.2006 - L 5 KA 758/06 - GesR 2007, 125-133 die Existenz eines Leistungssektors „Rehabilitation" neben einem Leistungssektor „stationäre Versorgung" und sieht als Leistungssektoren „typischerweise die akut stationäre Versorgung, die Heil- und Hilfsmittelversorgung, die Arzneimittelversorgung sowie die vertragsärztliche Versorgung".

[28] So *Bohle* in: Hellmann, Handbuch integrierte Versorgung, 3.1.1 S. 7 f.

[29] *Beule*, Rechtsfragen der integrierten Versorgung (§§ 140a-140h SGB V), S. 47 ff.

[30] So *Dahm*, MedR 2005, 121, 122; *Kuhlmann*, Das Krankenhaus 2004, 13, 18; so schon zur alten Rechtslage: *Beule*, Rechtsfragen der integrierten Versorgung (§§ 140a-140h SGB V), S. 49 ff.

[31] *Beule*, GesR 2004, 209, 212; *Dahm*, MedR 2005, 121, 122 f.; *Quaas*, VSSR 2004, 175, 184.

Schließlich ist eine leistungssektorenübergreifende und damit integrierte Versorgung auch dann zu bejahen, wenn Leistungserbringer Leistungen nur eines Leistungssektors erbringen, aber zudem die finanzielle Verantwortung für die Ausgaben mindestens eines anderen Leistungssektors übernehmen; das ergibt sich aus dem Sinn und Zweck der integrierten Versorgung: sowohl die Einsparung von Kosten als auch die Vermeidung von Doppeluntersuchungen sind Ziele, die auch allein durch die Übernahme der Budgetverantwortung für einen anderen Leistungssektor wirksam verfolgt werden können.[32] 30

2. Interdisziplinär-fachübergreifende Versorgung

Wann eine Versorgungsform interdisziplinär-fachübergreifend ist, hat der Gesetzgeber ebenso wenig geregelt, wie die Frage, wann eine Versorgungsform verschiedene Leistungssektoren umfasst. Die Auslegung dieses Begriffes ergibt, dass dies dann der Fall ist, wenn Leistungen aus verschiedenen medizinischen Fachgebieten bei der Versorgung des Patienten aufeinander abgestimmt werden.[33] 31

Damit kann eine integrierte Versorgungsform auch dann schon vorliegen, wenn lediglich ein Krankenhaus die Krankenhausbehandlungen mit Leistungen verschiedener Fachgebiete anbietet. 32

3. Abgrenzung zwischen einer verschiedene Leistungssektoren übergreifenden und einer interdisziplinär-fachübergreifenden Versorgung

Die beiden Anwendungsbereiche der integrierten Versorgung haben dort eine gemeinsame Schnittmenge, wo unterschiedliche Disziplinen oder Fächer auch in unterschiedlichen Leistungssektoren angesiedelt sind (z.B. ambulante Versorgung mit Leistungen der hausärztlichen Versorgung und stationäre Versorgung mit Leistungen der Krankenhausbehandlung). 33

Es gibt aber auch Konstellationen, die entweder nur leistungssektorenübergreifend oder nur interdisziplinär-fachübergreifend sind: eine Versorgungsform, die die Versorgung mit ambulanten und stationären orthopädischen Leistungen zum Gegenstand hat, übergreift nur verschiedene Leistungssektoren, ist aber nicht „interdisziplinär-fachübergreifend". 34

Andererseits ist eine auf Vertragsärzte verschiedener Fachrichtungen beschränkte Kooperation nur interdisziplinär-fachübergreifend, umgreift aber nicht verschiedene Leistungssektoren; diese Konstellation war bis zur Änderung der §§ 140a ff. SGB V kein Fall für eine integrierte Versorgung. Dadurch, dass eine integrierte Versorgungsform mittlerweile nun aber nicht nur verschiedene Leistungssektoren übergreifend, sondern auch interdisziplinär-fachübergreifend sein kann, kann sie sich auch nur in einem einzigen Leistungssektor abspielen.[34] 35

Vor diesem Hintergrund ist die Frage, ob die ambulante Versorgung mit vertragsärztlichen Leistungen einen einheitlichen Leistungssektor bildet, oder – wie hier vertreten – in zwei Leistungssektoren („ambulante Versorgung mit Leistungen der hausärztlichen Versorgung" und „ambulante Versorgung mit Leistungen der fachärztlichen Versorgung") zu unterteilen ist, nur noch von akademischer Relevanz. Jedenfalls können Patienten mit hausärztlichen und fachärztlichen Leistungen interdisziplinär-fachübergreifend und damit im Sinne des § 140a Abs. 1 Satz 1 SGB V integriert behandelt werden. 36

4. Sicherstellungsauftrag

Vor dem In-Kraft-Treten des GMG „[schlossen] die Spitzenverbände der Krankenkassen gemeinsam und einheitlich [...] mit [der KBV] im Rahmen der Sicherstellung der vertragsärztlichen Versorgung nach § 75 SGB V als Bestandteil der Bundesmantelverträge [eine Rahmenvereinbarung] über die integrierte Versorgung nach § 140a SGB V [a.F.] ab" (§ 140d Abs. 1 Satz 1 SGB V a.F.). In § 75 SGB V statuierte der Gesetzgeber schon damals die umfassende Sicherstellungsverantwortung der vertragsärztlichen Selbstverwaltung, bestehend im einzelnen aus dem besonderen Sicherstellungsauftrag (§ 75 Abs. 1 Satz 1 HS. 1 SGB V), der Gewährleistungspflicht (§ 75 Abs. 1 Satz 1 HS. 2 SGB V), der Pflicht zur Wahrung der Rechte der Vertragsärzte (§ 75 Abs. 2 Satz 1 SGB V) und der Pflicht zur Überwachung der Vertragsärzteschaft (§ 75 Abs. 2 Satz 2 SGB V).[35] 37

---

[32] *Beule*, Rechtsfragen der integrierten Versorgung (§§ 140a bis 140h SGB V), S. 66 f.

[33] Siehe hierzu im Einzelnen: *Beule*, GesR 2004, 209, 210.

[34] Vgl. *Beule*, GesR 2004, 209, 210.

[35] Siehe hierzu im Einzelnen: *Beule*, Rechtsfragen der integrierten Versorgung (§§ 140a-140h SGB V), S. 177 ff.

38 Eine Analyse der Auswirkungen der integrierten Versorgung auf den umfassenden Sicherstellungsauftrag der vertragsärztlichen Selbstverwaltung ergab, dass integrierte Versorgungsformen den besonderen Sicherstellungsauftrag der vertragsärztlichen Selbstverwaltung (§ 75 Abs. 1 Satz 1 HS. 1 SGB V) unberührt ließen[36], während die drei übrigen Aufgaben (§ 75 Abs. 1 Satz 1 HS. 2, Abs. 2 Satz 1 und 2 SGB V) durch die integrierte Versorgung eingeschränkt wurden.[37]

39 Bisher bettete die Rahmenvereinbarung die integrierte Versorgung hinsichtlich der vertragsärztlichen Leistungen in den (besonderen) Sicherstellungsauftrag ein.[38] Indem der Gesetzgeber die Rahmenvereinbarung nun jedoch mit dem GMG zum 01.01.2004 abgeschafft hat, wird nun auch der besondere Sicherstellungsauftrag durch integrierte Versorgungsformen eingeschränkt.

40 Folgerichtig heißt es seit dem In-Kraft-Treten des GMG zum 01.01.2004 in § 140a Abs. 1 Satz 2 SGB V nun, dass der Sicherstellungsauftrag nach § 75 Abs. 1 SGB V (also der besondere Sicherstellungsauftrag[39] und die Gewährleistungspflicht[40]) insoweit eingeschränkt werde, als die Versorgung der Versicherten nach diesen Verträgen durchgeführt werde. Diese Neufassung des § 140a Abs. 1 Satz 2 SGB V enthält also für den besonderen Sicherstellungsauftrag[41] eine materielle Änderung gegenüber der bisherigen Rechtslage,[42] während sie für die Gewährleistungspflicht[43] lediglich deklaratorischen Inhalts ist.

41 Wie auch bisher schon bleiben eingeschränkt die in § 75 Abs. 2 SGB V geregelten Pflichten zur Wahrung der Rechte der Vertragsärzte[44] und zur Überwachung der Vertragsärzteschaft[45]. Korrekt wäre es daher gewesen, in § 140a Abs. 1 Satz 2 SGB V nicht nur auf § 75 Abs. 1 SGB V, sondern auch auf dessen Absatz 2 Bezug zu nehmen.

5. Versorgungsangebot

42 Das Versorgungsangebot und die Voraussetzungen seiner Inanspruchnahme ergeben sich gemäß § 140a Abs. 1 Satz 3 SGB V aus dem Vertrag zur integrierten Versorgung. Bis zum In-Kraft-Treten des GMG am 01.01.2004 war bei integrierten Versorgungsformen, die Leistungen der vertragsärztlichen Versorgung einschlossen, auch noch die Rahmenvereinbarung zu berücksichtigen.

43 So können die Krankenkassen und ihre Vertragspartner in den Verträgen zu integrierten Versorgungsformen die Inanspruchnahme des Versorgungsangebotes der integrierten Versorgungsform durch einen Versicherten beispielsweise von dessen Einwilligung in die Einsichtnahme aller beteiligten Leistungserbringer in seine Patientenunterlagen (einschließlich der in der gemeinsamen Dokumentation nach § 140b Abs. 3 Satz 3 SGB V enthaltenen Behandlungsdaten und Befunde) abhängig machen.[46]

44 Ferner können die Krankenkassen und ihre Vertragspartner in den Verträgen zu integrierten Versorgungsformen regeln, dass nur diejenigen Versicherten an der integrierten Versorgungsform teilnehmen dürfen, die sich verpflichten, die einbezogenen Leistungen ausschließlich bei den an der integrierten Versorgung teilnehmenden Leistungserbringern in Anspruch zu nehmen,[47] und, dass diejenigen, die gegen diese Pflicht verstoßen, auf die für sie mit der Teilnahme an der integrierten Versorgungsform verbundenen Vorteilen – ggf. auch nachträglich – entfallen. Darüber hinausgehende Einschnitte in die Rechte der Versicherten sind ausgeschlossen, weil sich eine solche Regelung als unzulässiger Vertrag zu Lasten Dritter darstellen würde.

45 Fraglich ist, ob sich das Versorgungsangebot und die Voraussetzungen seiner Inanspruchnahme nach § 140a Abs. 1 Satz 3 SGB V ausschließlich aus dem Vertrag zur integrierten Versorgung ergeben, oder ob die Krankenkassen die Inanspruchnahme des integrierten Versorgungsangebotes durch ihre Versicherten an weitere Bedingungen knüpfen dürfen.

---

36 Siehe hierzu im Einzelnen: *Beule*, Rechtsfragen der integrierten Versorgung (§§ 140a-140h SGB V), S. 178 ff.

37 Siehe hierzu im Einzelnen: *Beule*, Rechtsfragen der integrierten Versorgung (§§ 140a-140h SGB V), S. 181 ff.

38 *Beule*, GesR 2004, 209, 210.

39 § 75 Abs. 1 Satz 1 HS. 1 SGB V.

40 § 75 Abs. 1 Satz 1 HS. 2 SGB V.

41 § 75 Abs. 1 Satz 1 HS. 1 SGB V.

42 *Beule*, GesR 2004, 209, 210.

43 § 75 Abs. 1 Satz 1 HS. 2 SGB V.

44 § 75 Abs. 2 Satz 1 SGB V.

45 § 75 Abs. 2 Satz 2 SGB V.

46 *Beule*, Rechtsfragen der integrierten Versorgung (§§ 140a-140h SGB V), S. 140.

47 *Beule*, Rechtsfragen der integrierten Versorgung (§§ 140a-140h SGB V), S. 140.

Man könnte erwägen, weitere Teilnahmebedingungen in der Satzung der Krankenkasse zu formulieren. Mangels einer ausdrücklichen Ermächtigung ist es den Krankenkassen indes untersagt, solche Bedingungen für die Teilnahme an einer integrierten Versorgungsform in ihrer Satzung zu regeln.[48] 46

Damit bleibt letztendlich nur die Möglichkeit, dass die Krankenkasse mit ihrem Versicherten eine Vereinbarung über dessen Teilnahme schließt. § 140a Abs. 1 Satz 3 SGB V steht dem auch nicht entgegen. Im Gegenteil: die zwischen den Krankenkassen und ihren Vertragspartnern geschlossenen Verträge zu integrierten Versorgungsformen dürfen keine Regelungen zu Lasten Dritter und folglich auch keine in die Rechte der Versicherten eingreifenden Regelungen wie Teilnahmebedingungen enthalten. 47

Das Versorgungsangebot einer integrierten Versorgungsform kann indikationsspezifisch oder nicht-indikationsspezifisch sein. In der Praxis überwiegen deutlich die indikationsspezifischen Angebote. Ein Grund hierfür ist, dass eine indikationsspezifische Versorgung bereits von einem kleineren Kreis von Leistungserbringern angeboten werden kann, während nicht-indikationsspezifische Versorgungsformen das gesamte Spektrum der GKV-Leistungen umfassen und sich folglich – was in der Praxis schwierig ist – Leistungserbringer aus sämtlichen Sektoren an dieser Versorgungsform beteiligen müssen. Auch aus ökonomischer Sicht ist es sinnvoll, neue Versorgungsstrukturen zunächst in einfach zu überschauenden kleineren Einheiten zu entwickeln und sie erst dann auf komplexere Gebilde zu übertragen, wenn sie sich im Wesentlichen bewährt haben. 48

IV. Freiwillige Teilnahme der Versicherten (Absatz 2 Satz 1)

Die Teilnahme der Versicherten an den – von ihrer Krankenkasse vereinbarten[49] – integrierten Versorgungsformen ist freiwillig (§ 140a Abs. 2 Satz 1 SGB V). Der Versicherte muss seinen Willen zur Teilnahme ggf. gegenüber seiner Krankenkasse erklären.[50] 49

Der Versicherte kann nicht zur Teilnahme an einer integrierten Versorgungsform gezwungen werden; davor schützt ihn § 140a Abs. 2 Satz 1 SGB V. Das steht im Einklang mit dem Recht der Versicherten auf freie Arztwahl.[51] 50

In der bisherigen Regelversorgung erlaubt das Recht auf freie Arztwahl dem Versicherten, unter den an der Versorgung der gesetzlich Krankenversicherten teilnehmenden Leistungserbringern frei zu wählen. Von nicht an der Versorgung teilnehmenden Leistungserbringern (z.B. nicht zur vertragsärztlichen Versorgung zugelassenen niedergelassenen Ärzten) darf sich der Versicherte grundsätzlich[52] nicht behandeln lassen. Insofern ist das Recht auf freie Arztwahl eingeschränkt. 51

Eine Einschränkung erfährt das Recht auf freie Arztwahl in der bisherigen Regelversorgung auch insofern, als die Leistungserbringer die Versicherten nur mit solchen Leistungen versorgen dürfen, zu deren Erbringung sie besonders qualifiziert sind; so werden Ärzte nur für die Gebiete zugelassen oder ermächtigt, für die sie die Anerkennung als Facharzt erworben haben. Zudem hat der Versicherte keinen Einfluss auf die Qualifikation eines Arztes als potentieller Hausarzt, auf dessen Leistungsspektrum[53] oder die Voraussetzungen für dessen Inanspruchnahme.[54] Die genannten Einschränkungen gelten grundsätzlich[55] auch im Rahmen der integrierten Versorgung. 52

Es ist fraglich, ob das Recht der – freiwillig teilnehmenden – Versicherten auf freie Arztwahl zudem grundsätzlich[56] auch insofern eingeschränkt werden kann, als dass er andere als die an der integrierten Versorgungsform teilnehmenden Leistungserbringer nicht in Anspruch nehmen darf.[57] 53

---

[48] *Engelhard* in: Hauck/Noftz, SGB V, § 140a Rn. 21, 22.

[49] *Engelhard* in: Hauck/Noftz, SGB V, § 140a Rn. 16.

[50] *Engelhard* in: Hauck/Noftz, SGB V, § 140a Rn. 17.

[51] §§ 76 Abs. 1 Satz 1 SGB V, 13 Abs. 3 Satz 1 BMV-Ä, 7 Abs. 3 Satz 1 EKV-Ä.

[52] Ausnahme: Behandlung in Notfällen (§§ 76 Abs. 1 Satz 2 SGB V, 13 Abs. 3 Satz 2 BMV-Ä, 7 Abs. 3 Satz 2 EKV-Ä).

[53] Beschränkungen ergeben sich beispielsweise durch Qualifikationserfordernisse bei Röntgenleistungen.

[54] So kann eine Überweisung erforderlich sein.

[55] Anders als in der bisherigen Regelversorgung dürfen die Leistungserbringer in der integrierten Versorgung grundsätzlich auch außerhalb ihres Zulassungs- oder Ermächtigungsstatus tätig werden.

[56] Ausnahmen: 1. Notfälle, 2. für die in die integrierte Versorgungsform einbezogenen Leistungen steht dort tatsächlich kein Leistungserbringer zur Verfügung.

[57] So *Windthorst*, S. 141; wohl auch *Engelhard* in: Hauck/Noftz, K § 140a SGB V Rn. 23, dem zufolge sich das Wahlrecht eines an einer integrierten Versorgungsform teilnehmenden Versicherten auf die an der Versorgungsform teilnehmenden Ärzte beschränkt.

54 Für die Rechtswidrigkeit eines solchen Verbotes spricht § 140c Abs. 1 Satz 3 SGB V, dem zufolge aus der Vergütung für eine integrierte Versorgungsform auch die Leistungen zu vergüten sind, die die teilnehmenden Versicherten bei nicht an der integrierten Versorgung teilnehmenden Leistungserbringern in Anspruch genommen haben. Daraus folgt, dass die an einer integrierten Versorgungsform teilnehmenden Versicherten nach dem Willen des Gesetzgebers die in die Versorgungsform eingeschlossenen Leistungen stets auch von nicht teilnehmenden Leistungserbringern sollen in Anspruch nehmen dürfen.[58] Man kann auch nicht vertreten, dass der Versicherte zwar die Leistungen der nicht teilnehmenden Leistungserbringer in Anspruch nehmen kann, für die dadurch entstehenden Kosten – ganz oder zum Teil – aber selbst aufkommen muss, denn § 140c Abs. 1 Satz 3 SGB V bestimmt ja gerade, dass die Leistungen des in Anspruch genommenen Dritten aus der Vergütung für die integrierte Versorgungsform zu vergüten sind.

V. Zugriff auf Behandlungsdaten (Absatz 2 Satz 2)

55 Gemäß § 140a Abs. 2 Satz 2 SGB V darf ein behandelnder Leistungserbringer aus der gemeinsamen Dokumentation nach § 140b Abs. 3 SGB V die den Versicherten betreffenden Behandlungsdaten und Befunde nur dann abrufen, wenn drei Voraussetzungen erfüllt sind: Einwilligung des Versicherten, Nutzung der Informationen für den konkret anstehenden Behandlungsfall und Zugehörigkeit des Leistungserbringers zu dem nach § 203 des Strafgesetzbuches zur Gemeinhaltung verpflichteten Personenkreis.

56 Damit erfasst der Wortlaut der Norm lediglich den Fall, dass ein an einer integrierten Versorgungsform teilnehmender Leistungserbringer Daten aus der gemeinsamen Dokumentation nach § 140b Abs. 3 SGB V abrufen will.

57 Da der Versicherte nach dem Willen des Gesetzgebers indes die Hoheit über seine persönlichen Behandlungsdaten und Befunde hat, kann er auch dritten, nicht an der integrierten Versorgungsform teilnehmenden Leistungserbringern, den Zugriff auf diese Daten gestatten. Allein der Umstand, dass die Dokumentation nach § 140b Abs. 3 SGB V im Rahmen der integrierten Versorgung erfolgt und finanziert wird, führt nicht zu einer Datenhoheit der an der integrierten Versorgungsform teilnehmenden Leistungserbringer.

1. Einwilligung des Versicherten

58 Im Rahmen einer integrierten Versorgungsform dokumentieren die teilnehmenden Leistungserbringer die von ihnen erhobenen Behandlungsdaten und Befunde in einer einzigen gemeinsamen Dokumentation. § 140a Abs. 2 Satz 2 SGB V stellt klar, dass den teilnehmenden Leistungserbringern aus dem Zusammenwirken bzw. aus dieser Einheitlichkeit der Dokumentation indes nicht das Recht auf Einsicht auch in die von anderen Leistungserbringern erhobenen Informationen erwächst. Vielmehr muss der Versicherte entsprechend den auch sonst außerhalb von Berufsausübungsgemeinschaften geltenden allgemeinen datenschutzrechtlichen Bestimmungen in das Abrufen dieser ihn betreffenden Behandlungsdaten und Befunde durch den Leistungserbringer einwilligen.

59 Unter einer Einwilligung versteht man (im Unterschied zur Genehmigung) die vorherige Zustimmung (§ 183 S. 1 BGB). Seine Zustimmung muss der Versicherte grundsätzlich ausdrücklich erklären. Ausnahmsweise reicht eine mutmaßliche Einwilligung aus.[59]

60 Der Gesetzgeber knüpft die Einwilligung nicht an eine bestimmte Form.[60] Damit der Leistungserbringer die Einwilligung und damit seine Berechtigung nachweisen kann, sollte er sie jedoch jedenfalls dokumentieren, besser noch sich die Einwilligung vom Versicherten schriftlich geben lassen.

61 Das Einwilligungserfordernis impliziert das Recht des Patienten, seine Einwilligung zu verweigern oder später zu widerrufen.[61] Es stellt sich allerdings die Frage, welche Konsequenz es hat, wenn es an der Einwilligung des Versicherten fehlt. Darf der Leistungserbringer die für seine Behandlung erforderlichen Behandlungsdaten und Befunde nicht aus der gemeinsamen Dokumentation abfragen, hat er theoretisch zwei Möglichkeiten: er kann die erforderlichen Informationen erneut entweder selbst erheben bzw. erheben lassen oder aber die Behandlung des Versicherten (jedenfalls im Rahmen der inte-

---

[58] *Beule*, Rechtsfragen der integrierten Versorgung (§§ 140a -140h SGB V), S. 159 f.

[59] *Engelhard* in: Hauck/Noftz, SGB V, § 140a Rn. 25.

[60] Anders noch der Fraktionsentwurf zum GKV-GRG 2000 (BT-Drs. 14/1245, S. 24) sowie der Ausschussbericht zum GKV-GRG 2000 (BT-Drs. 14/1977, S. 63).

[61] *Engelhard* in: Hauck/Noftz, SGB V, § 140a Rn. 27.

grierten Versorgung) ablehnen. Es widerspräche aber nicht nur dem Wirtschaftlichkeitsgebot[62], sondern vor allem auch dem erklärten Ziel der integrierten Versorgung, d.h. der Vermeidung von Doppeluntersuchungen, in der gemeinsamen Dokumentation bereits vorhandene Behandlungsdaten und Befunde erneut und damit doppelt zu erheben. Es wäre daher rechtswidrig, die erforderlichen Behandlungsdaten und Befunde im Rahmen der integrierten Versorgung erneut zu erheben. Da der Leistungserbringer die erforderlichen Daten weder abfragen noch erheben darf, kann er die Versorgung des Versicherten im Rahmen der integrierten Versorgung praktisch nur verweigern.

Verweigert ein Versicherter seine Einwilligung, oder widerruft er sie später, so führt dies dazu, dass er die erforderliche Behandlung nur im Rahmen der bisherigen Regelversorgung erhalten kann. Die Leistung kann dabei von dem (auch) an der integrierten Versorgungsform teilnehmenden oder aber von einem anderen Leistungserbringer erbracht werden. Wird die fragliche Leistung im Rahmen der bisherigen Regelversorgung erbracht, entfallen selbstverständlich die für den Versicherten mit seiner Teilnahme an der integrierten Versorgungsform verbundenen Vorteile. 62

2. Nutzung der Information für den konkreten Behandlungsfall

Der Leistungserbringer darf die Behandlungsdaten und Befunde aus der Dokumentation nach § 140b Abs. 3 SGB V nur dann abrufen, wenn er sie für den konkret anstehenden Behandlungsfall nutzen will. Von Nutzen können nur solche Informationen sein, deren Kenntnis für die konkrete Behandlung erforderlich ist. Daher darf der Leistungserbringer auch nur die tatsächlich erforderlichen – und nicht etwa sämtliche – Informationen abrufen. 63

3. Verpflichtung zur Geheimhaltung

Schließlich darf der Leistungserbringer die Behandlungsdaten und Befunde aus der gemeinsamen Dokumentationen nur dann abrufen, wenn er zu dem nach § 203 des Strafgesetzbuches zur Gemeinhaltung verpflichteten Personenkreis gehört. 64

VI. Informationsrecht des Patienten (Absatz 3)

Die Versicherten haben gemäß § 140a Abs. 3 SGB V das Recht, von ihrer Krankenkasse umfassend über die Verträge zur integrierten Versorgung, die teilnehmenden Leistungserbringer, besondere Leistungen und vereinbarte Qualitätsstandards informiert zu werden. 65

Damit sich die Versicherten ein eigenes Urteil über die von ihrer Krankenkasse angebotenen integrierte Versorgungsformen bilden können, hat der Gesetzgeber den Versicherten in § 140a Abs. 3 SGB V einen umfassenden Informationsanspruch über die Verträge zur integrierten Versorgung eingeräumt. Dazu gehören insbesondere Informationen über die teilnehmenden Leistungserbringer, die besonderen Leistungen und vereinbarte Qualitätsstandards.[63] 66

Der Anspruch richtet sich nach Aufhebung des § 140a Abs. 3 Satz 2 SGB V a.F. nunmehr allein gegen die Krankenkasse, deren Mitglied der Versicherte ist, und nicht mehr auch gegen die Leistungserbringer und ihre Zusammenschlüsse. Der Gesetzgeber hat die Verpflichtung der Leistungserbringer und ihrer Zusammenschlüsse zur Information der Versicherten gestrichen, weil sie für diese ein erhebliches finanzielles Risiko darstellte, welches beseitigt werden sollte.[64] 67

VII. Übergangsrecht

Die Änderung der §§ 140a-140h SGB V i.d.F. vom 01.01.2000 erfolgte ohne Übergangsbestimmungen zum 01.01.2004. 68

[62] *Engelhard* in: Hauck/Noftz, SGB V, § 140a Rn. 28.

[63] *Beule*, GesR 2004, 209, 213.

[64] Begründung des Gesetzentwurfs der Fraktionen SPD, CDU/CSU und Bündnis 90/Die Grünen v. 08.09.2003, BT-Drs. 15/1525, S. 129.

§ 140b SGB V Verträge zu integrierten Versorgungsformen

(Fassung vom 26.03.2007, gültig ab 01.04.2007)

(1) Die Krankenkassen können die Verträge nach § 140a Abs. 1 nur mit

1. einzelnen, zur vertragsärztlichen Versorgung zugelassenen Ärzten und Zahnärzten und einzelnen sonstigen, nach diesem Kapitel zur Versorgung der Versicherten berechtigten Leistungserbringern oder deren Gemeinschaften,

2. Trägern zugelassener Krankenhäuser, soweit sie zur Versorgung der Versicherten berechtigt sind, Trägern von stationären Vorsorge- und Rehabilitationseinrichtungen, soweit mit ihnen ein Versorgungsvertrag nach § 111 Abs. 2 besteht, Trägern von ambulanten Rehabilitationseinrichtungen oder deren Gemeinschaften,

3. Trägern von Einrichtungen nach § 95 Abs. 1 Satz 2 oder deren Gemeinschaften,

4. Trägern von Einrichtungen, die eine integrierte Versorgung nach § 140a durch zur Versorgung der Versicherten nach dem Vierten Kapitel berechtigte Leistungserbringer anbieten,

5. Pflegekassen und zugelassenen Pflegeeinrichtungen auf der Grundlage des § 92b des Elften Buches,

6. Gemeinschaften der vorgenannten Leistungserbringer und deren Gemeinschaften

abschließen.

(2) (weggefallen)

(3) In den Verträgen nach Absatz 1 müssen sich die Vertragspartner der Krankenkassen zu einer qualitätsgesicherten, wirksamen, ausreichenden, zweckmäßigen und wirtschaftlichen Versorgung der Versicherten verpflichten. Die Vertragspartner haben die Erfüllung der Leistungsansprüche der Versicherten nach den §§ 2 und 11 bis 62 in dem Maße zu gewährleisten, zu dem die Leistungserbringer nach diesem Kapitel verpflichtet sind. Insbesondere müssen die Vertragspartner die Gewähr dafür übernehmen, dass sie die organisatorischen, betriebswirtschaftlichen sowie die medizinischen und medizinisch-technischen Voraussetzungen für die vereinbarte integrierte Versorgung entsprechend dem allgemein anerkannten Stand der medizinischen Erkenntnisse und des medizinischen Fortschritts erfüllen und eine an dem Versorgungsbedarf der Versicherten orientierte Zusammenarbeit zwischen allen an der Versorgung Beteiligten einschließlich der Koordination zwischen den verschiedenen Versorgungsbereichen und einer ausreichenden Dokumentation, die allen an der integrierten Versorgung Beteiligten im jeweils erforderlichen Umfang zugänglich sein muss, sicherstellen. Gegenstand des Versorgungsauftrags an die Vertragspartner der Krankenkassen nach den Absätzen 1 und 2 dürfen nur solche Leistungen sein, über deren Eignung als Leistung der Krankenversicherung der Gemeinsame Bundesausschuss nach § 91 im Rahmen der Beschlüsse nach § 92 Abs. 1 Satz 2 Nr. 5 und im Rahmen der Beschlüsse nach § 137c Abs. 1 keine ablehnende Entscheidung getroffen hat.

(4) Die Verträge können Abweichendes von den Vorschriften dieses Kapitels, des Krankenhausfinanzierungsgesetzes, des Krankenhausentgeltgesetzes sowie den nach diesen Vorschriften getroffenen Regelungen insoweit regeln, als die abweichende Regelung dem Sinn und der Eigenart der integrierten Versorgung entspricht, die Qualität, die Wirksamkeit und die Wirtschaftlichkeit der integrierten Versorgung verbessert oder aus sonstigen Gründen zu ihrer Durchführung erforderlich ist. Der Grundsatz der Beitragssatzstabilität nach § 71 Abs. 1 gilt für Verträge, die bis zum 31. Dezem-

ber 2008 abgeschlossen werden, nicht. Die Vertragspartner der integrierten Versorgung können sich auf der Grundlage ihres jeweiligen Zulassungsstatus für die Durchführung der integrierten Versorgung darauf verständigen, dass Leistungen auch dann erbracht werden können, wenn die Erbringung dieser Leistungen vom Zulassungs- oder Ermächtigungsstatus des jeweiligen Leistungserbringers nicht gedeckt ist. Die Krankenhäuser sind unabhängig von Satz 3 im Rahmen eines Vertrages zur integrierten Versorgung zur ambulanten Behandlung der im Katalog nach § 116b Abs. 3 genannten hochspezialisierten Leistungen, seltenen Erkrankungen und Erkrankungen mit besonderen Behandlungsverläufen berechtigt.

(5) Ein Beitritt Dritter zu Verträgen der integrierten Versorgung ist nur mit Zustimmung aller Vertragspartner möglich.

Gliederung

A. Basisinformationen

I. Textgeschichte/Gesetzgebungsmaterialien

1 § 140b SGB V betreffend die Verträge zu integrierten Versorgungsformen wurde durch Art. 1 Nr. 58 des GKV-GRG 2000 mit Wirkung zum 01.01.2000 neu in das SGB V eingefügt. § 140b Abs. 1 SGB V a.F. wurde durch das GMG[1] zum 01.01.2004 neu gefasst; § 140b Abs. 2 SGB V a.F. wurde aufgehoben.

2 Das In-Kraft-Treten des Gesetzes zur Einführung des diagnose-orientierten Fallpauschalensystems für Krankenhäuser[2] erforderte mit Wirkung ab dem 24.02.2002 einen ergänzenden Verweis in § 140b Abs. 4 Satz 1 und 2 SGB V.

3 § 140b Abs. 1 SGB V a.F., d.h. i.d.F. des GKV-GRG 2000[3] verpflichtete die Krankenkassen und ihre Vertragspartner noch, die Verträge zu integrierten Versorgungsformen nach Maßgabe der aufgrund von § 140d SGB V a.F. getroffenen Rahmenvereinbarung zu regeln. Da die Regelungen über die Rah-

[1] Gesetz zur Modernisierung der gesetzlichen Krankenversicherung (GKV-Modernisierungsgesetz – GMG) vom 14.11.2003, BGBl I 2003, 2190.

[2] Gesetz zur Einführung des diagnoseorientierten Fallpauschalensystems für Krankenhäuser (Fallpauschalengesetz – FPG) vom 22.04.2002, BGBl I 2002, 1412, 1413.

[3] Gesetz zur Reform der gesetzlichen Krankenversicherung ab dem Jahr 2000 (GKV-Gesundheitsreformgesetz 2000) vom 22.12.1999, BGBl I 1999, 2657.

menvereinbarungen durch das GMG aufgehoben wurden, war die Inbezugnahme derselben durch § 140b Abs. 1 SGB V zu streichen. Nunmehr herrscht eine weitgehende Gestaltungsfreiheit.[4]

4 Während der Gesetzesentwurf zu dieser Norm in der Fassung des Ausschussberichts zum GKV-GRG 2000[5] noch erhebliche Mitwirkungs- und Beteiligungsrechte der Kassenärztlichen Vereinigungen vorsah, sind diese schon nicht Gegenstand des § 140b SGB V a.F. geworden. Durch das GMG wurde dann die Möglichkeit, Kassenärztliche Vereinigungen an integrierten Versorgungsformen zu beteiligen, gänzlich gestrichen. Dies betraf sowohl die Stellung der Kassenärztlichen Vereinigungen als Vertragspartner der Krankenkassen (§ 140b Abs. 2 2. Spiegelstrich SGB V a.F.), als auch ihre Funktion als Berater der Vertragsärzte (§ 140b Abs. 1 Satz 3 SGB V a.F.) oder als Honorarabrechnungsstelle für Gemeinschaften zur vertragsärztlichen Versorgung zugelassener Ärzte und Zahnärzte, die Vertragspartner der Krankenkassen waren (§ 140b Abs. 1 Satz 4 SGB V a.F.).

5 Einmal abgesehen von der Streichung der Kassenärztlichen Vereinigungen als Vertragspartner der Krankenkassen, wurde der Kreis der potentiellen Vertragspartner – jedenfalls dem Wortlaut nach – erweitert.

6 Durch Art. 1 Nr. 13 des Gesetzes zur Änderung des Vertragsarztrechts und anderer Gesetze (Vertragsarztrechtsänderungsgesetz – VÄndG) vom 22.12.2006[6] wurde die Anlaufphase für die integrierte Versorgung verlängert: So läuft nun u.a. die Aussetzung des Grundsatzes der Beitragssatzstabilität nicht schon am 31.12.2006, sondern erst am 31.12.2008 aus.

6.1 Durch das Gesetz zur Stärkung des Wettbewerbs in der gesetzlichen Krankenversicherung GKV-Wettbewerbsstärkungsgesetz (GKV-Wettbewerbsstärkungsgesetz = GKV-WSG) vom 26.03.2007 wurde in § 140b Abs. 1 SGB V mit Wirkung zum 01.04.2007 der Kreis der Vertragspartner der Krankenkassen erweitert: nun können Krankenkassen Verträge zu integrierten Versorgungsformen auch mit Pflegekassen und zugelassenen Pflegeeinrichtungen auf der Grundlage des § 92b SGB XI schließen. Außerdem hat der Gesetzgeber hier durch das GKV-WSG nunmehr ausdrücklich geregelt, dass die Krankenhäuser im Rahmen eines Vertrages zur integrierten Versorgung zur ambulanten Behandlung der im Katalog nach § 116b Abs. 3 SGB V genannten hochspezialisierten Leistungen, seltenen Erkrankungen und Erkrankungen mit besonderen Behandlungsverläufen berechtigt sind.

II. Verwaltungsvorschriften

7 Siehe die Kommentierung zu § 140a SGB V Rn. 5.

III. Systematische Zusammenhänge

8 In § 140b SGB V regelt der Gesetzgeber die Verträge zu integrierten Versorgungsformen. Bei diesen Verträgen handelt es sich um sog. Einzelverträge, die zwischen den Krankenkassen und ihren Vertragspartnern abgeschlossen werden.[7]

9 Sofern Leistungen der vertragsärztlichen Versorgung Gegenstand der integrierten Versorgung sind, stellt § 140b SGB V die zentrale Bestimmung dar, die die integrierte Versorgung von der bisherigen vertragsärztlichen Regelversorgung unterscheidet, denn die bisherige vertragsärztliche Regelversorgung kennt – anders als die integrierte Versorgung – keine Einzelverträge, sondern ist durch das Kollektivvertragssystem gekennzeichnet.

B. Auslegung der Norm

I. Regelungsgehalt und Bedeutung der Norm

10 Integrierte Versorgungsformen entstehen dadurch, dass Krankenkassen Verträge zu integrierten Versorgungsformen mit einzelnen oder mehreren der in § 140b Abs. 1 SGB V genannten Vertragspartner schließen. Dabei müssen die Verträge den Anforderungen des § 140b Abs. 4 SGB V genügen. In den

---

[4] Vgl. Begründung des Gesetzentwurfs der Fraktionen SPD, CDU/CSU und Bündnis 90/Die Grünen v. 08.09.2003, BT-Drs. 15/1525, S. 129; *Quaas*, KH 2005, 967.

[5] Ausschussbericht zum GKV-GRG 2000, BT-Drs. 14/1977, S. 63 f.

[6] BGBl I 2006, 3439.

[7] Zur Kritik an den Einzelverträgen siehe *Beule*, Rechtsfragen der integrierten Versorgung (§§ 140a -140h SGB V), S. 3 Rn. 8.

Verträgen zu integrierten Versorgungsformen können die Vertragsparteien grundsätzlich von den Vorschriften des vierten Kapitels, d.h. des Leistungserbringungsrechts, abweichende Regelungen vereinbaren.

1. Vertragspartner (Absatz 1)

Die Vertragsabschlusskompetenz auf Seiten der Krankenkassen liegt bei den einzelnen Krankenkassen. Es besteht jedoch auch die Möglichkeit, dass am Abschluss eines Vertrages mehrere Krankenkassen beteiligt sind. 11

Unzulässig ist hingegen der Vertragsschluss durch – einen oder mehrere – Krankenkassenverbände.[8] Sie haben keine eigene Kompetenz zum Abschluss von Verträgen zu integrierten Versorgungsformen. Die Krankenkassenverbände können solche Verträge jedoch als Vertreter einzelner Krankenkassen abschließen (vgl. §§ 211 Abs. 2 Nr. 3, 212 Abs. 5 Satz 4, 217 Abs. 2 Nr. 3 SGB V).[9] 12

Die potentiellen Vertragspartner der Krankenkassen werden abschließend in § 140b Abs. 1 Nr. 1-5 SGB V aufgezählt. Ihre Teilnahme ist – ebenso wie die der Versicherten – freiwillig.[10] 13

2. Anforderungen an den Versorgungsvertrag (Absatz 3)

Die inhaltlichen Anforderungen an die Verträge zu integrierten Versorgungsformen haben sich durch das GMG im Wesentlichen nicht geändert. In § 140b Abs. 3 SGB V mussten lediglich die Begriffe geändert werden, weil der bisher genannte Bundesausschuss Ärzte und Krankenkassen (§ 91 SGB V a.F.) zum 01.01.2004 durch den Gemeinsamen Bundesausschuss (§ 91 SGB V) ersetzt wurde. 14

§ 140b Abs. 3 SGB V enthält eine Fülle von Pflichten, die die Vertragspartner der Krankenkassen mit Abschluss eines Vertrages zu einer integrierten Versorgungsform übernehmen müssen. Hintergrund dieser Regelung ist der Umstand, dass die Verträge zu integrierten Versorgungsformen Einzelverträge sind, und viele all der sonst kollektivvertraglich geregelten Punkte in eben diesen Einzelverträgen geregelt werden müssen. Als Stichwort sei an dieser Stelle nur die Sicherstellung der Versorgung genannt. 15

3. Abweichen von gesetzlichen und untergesetzlichen Bestimmungen (Absatz 4)

Grundsätzlich können die Krankenkassen und ihre Vertragspartner in den Verträgen zu integrierten Versorgungsformen Abweichendes von den Vorschriften des Leistungserbringungsrechts (4. Kapitel SGB V), des Krankenhausfinanzierungsgesetzes, des Krankenhausentgeltgesetzes sowie den nach diesen Vorschriften getroffenen Regelungen regeln. Diese Befugnis gilt allerdings nur dann und insofern, als die abweichende Regelung dem Sinn und der Eigenart der integrierten Versorgung entspricht, die Qualität, die Wirksamkeit und die Wirtschaftlichkeit der integrierten Versorgung verbessert oder aus sonstigen Gründen zu ihrer Durchführung erforderlich ist. 16

Außerdem gilt der Grundsatz der Beitragssatzstabilität nach § 71 Abs. 1 SGB V für Verträge, die bis zum 31.12.2006 abgeschlossen werden, nicht. 17

In integrierten Versorgungsformen dürfen die Leistungserbringer – anders als in der bisherigen Regelversorgung – auch außerhalb ihres Zulassungs- oder Ermächtigungsstatus tätig werden (§ 140b Abs. 4 Satz 3 SGB V). Voraussetzung dafür ist allerdings, dass an der integrierten Versorgungsform mindestens ein anderer Leistungserbringer teilnimmt, von dessen Zulassungs- oder Ermächtigungsstatus die fragliche Leistung gedeckt ist, und dass dieser andere Leistungserbringer der Leistungserbringung durch einen anderen Leistungserbringer außerhalb dessen Zulassungs- oder Ermächtigungsstatus zustimmt. 18

4. Beitritt Dritter (Absatz 5)

Der Beitritt Dritter zu Verträgen zu integrierten Versorgungsformen war bisher gesetzlich nicht geregelt. Nun bestimmt § 140b Abs. 5 SGB V, dass ein Beitritt Dritter zu Verträgen der integrierten Versorgung nur mit Zustimmung aller Vertragspartner möglich ist. 19

---

[8] *Dahm*, MedR 2005, 121; *Hess* in: KassKomm, SGB V, § 140b Rn. 2; *Limpinsel* in: Jahn/Klose, SGB V, § 140b Rn. 3; *Orlowski* in: Maaßen/Schermer/Wiegang/Zipperer, SGB V, § 140b Rn. 1; *Windthorst*, S. 94.

[9] *Beule*, Rechtsfragen der integrierten Versorgung (§§ 140a -140h SGB V), S. 117 ff.; *Hencke* in: Peters, Handbuch KV (SGB V), § 140b Rn. 2; *Orlowski*, BKK 2000, 191, 192.

[10] *Engelhard* in: Hauck/Noftz, SGB V, § 140b Rn. 5.

II. Normzweck

20 § 140b SGB V bildet den rechtlichen Rahmen für die Verträge zu integrierten Versorgungsformen. Die Vorschrift ist betont weit gefasst und eröffnet den Krankenkassen und ihren Vertragspartnern – insbesondere dadurch, dass sie den Krankenkassen und ihren Vertragspartnern grundsätzlich das Recht einräumt, von den maßgeblichen, für die bisherige Regelversorgung geltenden, gesetzlichen und untergesetzlichen Bestimmungen abzuweichen – ein großes Maß an Gestaltungsfreiheit. Der Gesetzgeber will den Vertragsparteien so einen Anreiz bieten, zu ihresgleichen in einen Wettbewerb um die besten Versorgungsideen einzutreten.

21 Der Abschluss eines Vertrages mit einer Krankenkasse ist freiwillig.[11]

III. Vertragspartner der Krankenkassen (Absatz 1)

22 § 140b Abs. 1 SGB V nennt die Vertragspartner „der Krankenkassen". Auf Seiten der Krankenkassen kommen damit lediglich einzelne Krankenkassen – oder einzelne Krankenkassen gemeinsam[12] – als Vertragspartner in Betracht.

1. Absatz 1 Nr. 1

23 Jedenfalls dem Wortlaut nach neu ist die Vertragsabschlusskompetenz einzelner, zur vertragsärztlichen Versorgung zugelassener Ärzte und Zahnärzte (§ 140b Abs. 1 Nr. 1 Alt. 1 SGB V).[13] Damit ist der bisherige Streit darüber, ob einzelne, zur vertragsärztlichen Versorgung zugelassene Ärzte und Zahnärzte schon bisher befugt waren, Verträge über integrierte Versorgungsformen abzuschließen, entschieden.[14]

24 Wie bisher auch schon kommen einzelne sonstige, nach dem vierten Kapitel des SGB V zur Versorgung der Versicherten berechtigte Leistungserbringer oder Gemeinschaften der genannten Leistungserbringer als Vertragspartner der Krankenkassen in Betracht (§ 140b Abs. 1 Nr. 1 Alt. 2 und 3 SGB V).

25 Die Gemeinschaften von Leistungserbringern unterliegen bei der Wahl ihrer Rechtsform nach dem SGB V keinen Beschränkungen. Als Rechtsformen stehen damit „insbesondere also die Personengesellschaften und die juristischen Personen des Privatrechts, einschließlich Kapitalgesellschaften und Vereine" zur Verfügung.[15] Es sind aber die berufsrechtlichen Bestimmungen der Leistungserbringer (insbesondere der Ärzte) zu beachten, die die Organisationsform zum Teil erheblich einschränken.[16]

2. Absatz 1 Nr. 2

26 Auch nach dem bisher geltenden Recht konnten die Krankenkassen Verträge zu integrierten Versorgungsformen mit Trägern zugelassener Krankenhäuser sowie mit Trägern von stationären Vorsorge- und Rehabilitationseinrichtungen, soweit mit ihnen ein Versorgungsvertrag nach § 111 SGB V[17] besteht, mit Trägern von ambulanten Rehabilitationseinrichtungen oder deren Gemeinschaften schließen (§ 140b Abs. 1 Nr. 2 SGB V).

27 Durch das GMG wurde diese Bestimmung insofern neu gefasst, als die Träger zugelassener Krankenhäuser als Vertragspartner nun nur insoweit in Betracht kommen, als sie zur Versorgung der Versicherten berechtigt sind (§ 140b Abs. 1 Nr. 2 Alt. 1 SGB V). Die Formulierung ist vor dem Hintergrund, dass das GMG den Vertragspartnern der integrierten Versorgung in § 140b Abs. 4 Satz 3 SGB V das Recht einräumt, sich auf der Grundlage ihres jeweiligen Zulassungsstatus für die Durchführung der integrierten Versorgung darauf zu verständigen, dass Leistungen auch dann erbracht werden können,

---

[11] Zu den Erwägungen des Vertragsarztes vor der Teilnahme eines Vertragsarztes an einer integrierten Versorgungsform siehe *Rehborn*, VSSR 2004, 157, 158 ff.

[12] Möglich sind hier nach *Pfeiffer*, VSSR 2004, 149, 154 die Konstellationen: mehrere Einzelkassen einer Kassenart, mehrere Einzelkassen unterschiedlicher Kassenarten und alle Kassen einer Kassenart.

[13] Siehe dazu ausführlich: *Beule*, Rechtsfragen der integrierten Versorgung (§§ 140a -140h SGB V), S. 119 ff. und *Franken*, Die privatrechtliche Binnenstruktur der integrierten Versorgung, §§ 140a -h SGB V, S. 19 ff. denen zufolge bei verfassungskonformer Auslegung schon nach der alten Rechtslage auch einzelne Ärzte Vertragspartner der Krankenkassen sein konnten; a.A. *Quaas*, VSSR 2004, 175, 184; *Rehborn*, VSSR 2004, 157, 169.

[14] Vgl. dazu im Einzelnen: *Beule*, Rechtsfragen der integrierten Versorgung (§§ 140a -140h SGB V), S. 119 ff; *Beule*, GesR 2004, 209, 211.

[15] *Rehborn*, VSSR 2004, 157, 170.

[16] *Kuhlmann*, KH 2004, 13, 17.

[17] Sofern durch das GMG die bisherige Verweisung auf § 111 Abs. 2 SGB V durch eine solche auf § 111 SGB V ersetzt wurde, wurde lediglich die bisher nicht ganz korrekte Verweisung richtig gestellt. Siehe zum Thema Integrierte Versorgung und Rehabilitation *Vollmöller*, ZMGR 2005, 97 ff.

wenn die Erbringung dieser Leistung vom Zulassungs- oder Ermächtigungsstatus des jeweiligen Leistungserbringers nicht gedeckt ist, nicht geglückt; denn die Formulierung des § 140b Abs. 1 Nr. 2 Alt. 1 SGB V suggeriert, dass Krankenhäuser gerade keine Leistungen außerhalb ihres Zulassungsstatus erbringen dürfen. Legt man § 140b Abs. 1 Nr. 2 Alt. 1 SGB V jedoch im Einklang mit § 140b Abs. 4 Satz 3 SGB V aus, besagt sie, dass Krankenhäuser anderen Leistungserbringern nur insofern die Möglichkeit einräumen können, Leistungen der Krankenhausbehandlung zu erbringen, als diese Leistungen bisher bereits vom Zulassungsstatus des Krankenhauses umfasst sind.[18]

3. Absatz 1 Nr. 3

Seit dem In-Kraft-Treten des GMG zum 01.01.2004 tauchen als potentielle Vertragspartner der Krankenkassen beim Abschluss von Verträgen zu integrierten Versorgungsformen die Träger von Einrichtungen nach § 95 Abs. 1 Satz 2 SGB V oder deren Gemeinschaften auf (§ 140b Abs. 1 Nr. 3 SGB V). Bei den genannten Einrichtungen handelt es sich um die sog. Medizinischen Versorgungszentren (MVZ), die der Gesetzgeber durch das GMG einführte. 28

4. Absatz 1 Nr. 4

Ebenfalls neu ist, dass auch Träger von Einrichtungen, die eine integrierte Versorgung nach § 140a SGB V durch zur Versorgung der Versicherten nach dem Vierten Kapitel berechtigte Leistungserbringer anbieten (sog. Managementgesellschaften), als Vertragspartner der Krankenkassen in Betracht kommen (§ 140b Abs. 1 Nr. 4 SGB V). Diese Ausdehnung des Kreises der Vertragspartner der Krankenkassen dient dazu, in Berücksichtigung der vielfältigen Interessen der Beteiligten die Möglichkeiten für eine spezifizierte integrierte Versorgung zu erweitern.[19] 29

5. Absatz 1 Nr. 5

Schließlich können auch Gemeinschaften der vorgenannten Leistungserbringer und deren Gemeinschaften als Vertragspartner der Krankenkassen beim Abschluss von Verträgen zu integrierten Versorgungsformen fungieren (§ 140b Abs. 1 Nr. 5 SGB V). 30

Neu ist insofern die zweite Alternative. Als Vertragspartner kommen nun auch Gemeinschaften in Betracht, die aus Gemeinschaften der in § 140b Abs. 1 Nr. 1-4 SGB V n.F. genannten Leistungserbringer bestehen. Der Gesetzgeber erhofft sich „dadurch, dass Beteiligte in unterschiedlichsten Gesellschaftsformen an einer integrierten Versorgung teilnehmen können(, dass) der Wettbewerb gestärkt (wird). Sämtliche Rechts- und Gesellschaftsformen (stünden) zur Verfügung, insbesondere also die Personengesellschaften und die juristischen Personen des Privatrechts, einschließlich der Kapitalgesellschaften und Vereine".[20] Doch auch, wenn der Gesetzgeber des SGB V der Ansicht ist, es stünden sämtliche Rechts- und Gesellschaftsformen zur Verfügung, ist dem nicht so: Tatsächlich schränkt das ständische Berufsrecht der Ärzte und Apotheker die grundsätzliche Vielfalt möglicher Rechts- und Gesellschaftsformen ein.[21] 31

6. Ausschluss der Kassenärztlichen Vereinigungen

§ 140b Abs. 1 SGB V nennt die Kassenärztlichen Vereinigungen nicht mehr als Vertragspartner der Krankenkassen. Da der Katalog abschließend ist, kommen sie als Vertragspartner der Krankenkassen nicht mehr in Betracht.[22] Ausweislich der Gesetzesbegründung erfolgte der Ausschluss, weil „die Kassenärztlichen Vereinigungen in das System einer einzelvertraglichen Vereinbarung über die Durchführung der Versorgung ohne Veränderung ihrer eigentlichen Aufgabe, der Erfüllung des Sicherstellungsauftrages, nicht einzupassen [seien]. [...] Auch [seien] die Beiträge ihrer Mitglieder ausschließlich dazu gedacht, die gesetzlichen Aufgaben nach dem Sicherstellungsauftrag wahrzunehmen und nicht auf das 32

---

[18] Vgl. *Beule*, GesR 2004, 209, 211.

[19] Begründung des Gesetzentwurfs der Fraktionen SPD, CDU/CSU und Bündnis 90/Die Grünen v. 08.09.2003, BT-Drs. 15/1525, S. 129.

[20] Begründung des Gesetzentwurfs der Fraktionen SPD, CDU/CSU und Bündnis 90/Die Grünen v. 08.09.2003, BT-Drs. 15/1525, S. 129 f.

[21] Vgl. *Becker*, NZS 2001, 505, 512; *Beule*, GesR 2004, 209, 211, *Deutsche Krankenhausgesellschaft*, Informationen für Krankenhäuser zur integrierten Versorgung §§ 140a -d SGB V, Februar 2004, S. 7; *Kuhlmann*, KH 2004, 13, 17.

[22] *Beule*, GesR 2004, 209, 211; *Butzer*, MedR 2004, 209; *Steck*, ZMGR 2005, 87, 88.

Aushandeln, die Überwachung und die Durchführung der Verträge zur integrierten Versorgung und damit für einzelne Mitglieder einzusetzen".[23]

33 Auch als Mitglied einer Gemeinschaft von Leistungserbringern oder deren Gemeinschaften im Sinne von § 140b Abs. 1 Nr. 1 SGB V oder § 140b Abs. 1 Nr. 5 SGB V scheiden die Kassenärztlichen Vereinigungen aus; sie sind keine Leistungserbringer.[24]

34 Zudem gehört die Beteiligung an solchen Gemeinschaften nicht zu den gesetzlichen Aufgaben der Kassenärztlichen Vereinigungen. Ebenso wenig haben die Kassenärztlichen Vereinigungen die Aufgabe (und folglich das Recht), Vertragsärzte im Rahmen der integrierten Versorgung zu beraten.[25]

7. Apotheken als Vertragspartner

35 § 140b Abs. 1 SGB V nennt als potentiellen Vertragspartner nicht die Apotheken. Diese sind insbesondere keine „sonstigen, nach [dem Vierten] Kapitel zur Versorgung der Versicherten berechtigten Leistungserbringer" im Sinne des § 140b Abs. 1 Nr. 1 SGB V. Die maßgeblichen Bestimmungen finden sich insofern im AMG und dem ApoG.

36 Auch wenn Apotheken nicht Vertragspartner sein können, so sind sie gleichwohl zur Teilnahme an einer – zwischen der Krankenkasse und ihren Vertragspartnern vereinbarten – integrierten Versorgungsform berechtigt.[26] Das folgt seit dem In-Kraft-Treten des GMG zum 01.01.2004 aus § 129 Abs. 5b SGB V.[27]

IV. Anforderungen an den Versorgungsvertrag (Absatz 3)

37 Das Versorgungsangebot einer integrierten Versorgungsform ergibt sich – nach Wegfall der Rahmenvereinbarung – ausschließlich aus den zwischen den Krankenkassen und ihren Vertragspartnern vereinbarten Verträgen zu integrierten Versorgungsformen. Die inhaltlichen Anforderungen an diese Verträge ergeben sich aus dem – im Wesentlichen[28] durch das GMG unveränderten – § 140b Abs. 3 SGB V.

1. Anforderungen an die Versorgung der Versicherten

38 In den Verträgen zu integrierten Versorgungsformen müssen sich die Vertragspartner der Krankenkassen zunächst zu einer qualitätsgesicherten, wirksamen, ausreichenden, zweckmäßigen und wirtschaftlichen Versorgung der Versicherten verpflichten (§ 140b Abs. 3 Satz 1 SGB V).

39 Im Vergleich dazu: im Rahmen der bisherigen Regelversorgung muss die Versorgung gemäß § 70 Abs. 1 Satz 2 SGB V „ausreichend und zweckmäßig sein, darf das Maß des Notwendigen nicht überschreiten und muss in der fachlich gebotenen Qualität sowie wirtschaftlich erbracht werden".

40 Während die Versorgung sowohl in der integrierten als auch in der bisherigen Regelversorgung „ausreichend", „zweckmäßig, „in der gebotenen Qualität" und „wirtschaftlich" sein muss, darf sie nur in der bisherigen Regelversorgung „das Maß des Notwendigen nicht überschreiten".[29] Mit anderen Worten: die integrierte Versorgung darf das Maß des Notwendigen überschreiten. Das steht im Einklang mit dem Ziel, die Qualität der Versorgung in der integrierten Versorgung zu verbessern.

41 Sofern sich die Vertragspartner der Krankenkassen nach dem Wortlaut des § 140b Abs. 3 Satz 1 SGB V zu einer „wirksamen Versorgung der Versicherten verpflichten" sollen, geht dies nicht über die bisherige Regelversorgung hinaus, welche in § 2 Abs. 1 Satz 3 SGB V regelt, dass „die Wirksamkeit der [den Versicherten von den Krankenkassen zur Verfügung gestellten] Leistungen [...] dem allgemein anerkannten Stand der medizinischen Erkenntnisse zu entsprechen und den medizinischen Fortschritt zu berücksichtigen [hat]".[30]

---

23 BT-Drs. 15/1525, S. 130.

24 Vgl. Landessozialgericht Baden-Württemberg v. 24.07.2001 - L 5 KA 5097/00 ER-B - MedR 2002, 212 ff. m. Anm. Steck; Landessozialgericht Schleswig-Holstein v. 26.06.2000 - L 6 B 61/00 KA ER - Breith. 2000, 995 ff.; *Steck*, ZMGR 2005, 87, 89.

25 Vgl. dazu *Steck*, ZMGR 2005, 87, 90 f.

26 Siehe dazu *Grau* in: Hellmann, Handbuch integrierte Versorgung, 3.1.3.

27 Vgl. dazu *Bohle* in: Hellmann, Handbuch integrierte Versorgung, 3.1.1, S. 13 f.; *Wigge/Kleinke*, MedR 2002, 391, 394.

28 § 140b Abs. 3 Satz 4 SGB V wurde redaktionell geändert, nachdem in dem in Bezug genommenen § 91 SGB V nun nicht mehr der Bundesausschuss Ärzte und Krankenkassen, sondern der Gemeinsame Bundesausschuss geregelt ist.

29 Vgl. *Beule*, Rechtsfragen der integrierten Versorgung (§§ 140a -140h SGB V), S. 140 f.

30 Vgl. *Beule*, Rechtsfragen der integrierten Versorgung (§§ 140a -140h SGB V), S. 142.

2. Gewährleistungspflicht

Sodann haben die Vertragspartner die Erfüllung der Leistungsansprüche der Versicherten nach den §§ 2 und 11-62 SGB V in dem Maße zu gewährleisten, zu dem die Leistungserbringer nach dem vierten Kapitel des SGB V, d.h. nach dem Leistungserbringungsrecht verpflichtet sind (§ 140b Abs. 3 Satz 2 SGB V). Insbesondere müssen die Vertragspartner die Gewähr dafür übernehmen, dass sie die organisatorischen, betriebswirtschaftlichen sowie die medizinischen und medizinisch-technischen Voraussetzungen für die vereinbarte integrierte Versorgung entsprechend dem allgemein anerkannten Stand der medizinischen Erkenntnisse und des medizinischen Fortschritts erfüllen und eine an dem Versorgungsbedarf der Versicherten orientierte Zusammenarbeit zwischen allen an der Versorgung Beteiligten einschließlich der Koordination zwischen den verschiedenen Versorgungsbereichen und einer ausreichenden Dokumentation, die allen an der integrierten Versorgung Beteiligten im jeweils erforderlichen Umfang zugänglich sein muss, sicherstellen (§ 140b Abs. 3 Satz 3 SGB V). 42

Fraglich ist, ob darin eine vom Gesetzgeber angeordnete gesamtschuldnerische Haftung der Vertragspartner der Krankenkassen liegt.[31] Rechtsprechung zu dieser Frage bleibt abzuwarten. 43

In der Gewährleistungspflicht liegen erhebliche wirtschaftliche Risiken für die Vertragspartner der Krankenkassen.[32] Der Gegenstand der Gewährleistung und der Gewährleistungszeitraum sollten daher vertraglich ebenso exakt bezeichnet werden, wie Ausschlusstatbestände und -fristen sowie die Person des Gläubigers.[33] 44

3. Gegenstand des Versorgungsauftrages

Gemäß § 140b Abs. 3 Satz 4 SGB V dürfen Gegenstand des Versorgungsauftrags an die Vertragspartner der Krankenkassen nach den Absätzen 1 und 2 nur solche Leistungen sein, über deren Eignung als Leistung der Krankenversicherung der Gemeinsame Bundesausschuss nach § 91 im Rahmen der Beschlüsse nach § 92 Abs. 1 Satz 2 Nr. 5 und im Rahmen der Beschlüsse nach § 137c Abs. 1 keine ablehnende Entscheidung getroffen hat. 45

Damit eröffnet sich den Krankenkassen und ihren Vertragspartnern nicht nur die Möglichkeit, solche Leistungen zum Gegenstand einer integrierten Versorgungsform zu machen, die bereits Gegenstand des Leistungskataloges der GKV ist, sondern sie können – genau wie in Modellvorhaben (§ 63 Abs. 2 und 4 Satz 1 SGB V) – auch diejenigen Untersuchungs- und/oder Behandlungsmethoden in den Versorgungsauftrag ihrer integrierten Versorgungsform einbeziehen, deren Aufnahme in den Leistungskatalog der Gemeinsame Bundesausschuss bzw. der Ausschuss Krankenhaus noch nicht abgelehnt haben.[34] 46

V. Abweichen von gesetzlichen und untergesetzlichen Bestimmungen (Absatz 4)

§ 140b Abs. 4 Satz 1 SGB V erlaubt den Krankenkassen und ihren Vertragspartnern, in den Verträgen Abweichendes von den Vorschriften des vierten Kapitels des SGB V (d.h. des Leistungserbringungsrechts[35]), des Krankenhausfinanzierungsgesetzes, des Krankenhausentgeltgesetzes sowie den nach diesen Vorschriften getroffenen Regelungen insoweit zu regeln, als die abweichende Regelung dem Sinn und der Eigenart der integrierten Versorgung entspricht, die Qualität, die Wirksamkeit und die Wirtschaftlichkeit der integrierten Versorgung verbessert oder aus sonstigen Gründen zu ihrer Durchführung erforderlich ist. 47

---

[31] *Rehborn*, VSSR 2004, 157, 170.

[32] *Beule*, Rechtsfragen der integrierten Versorgung (§§ 140a -140h SGB V), S. 144; *Conrad* in: Hellmann, S. 1, 6; *Dierks* in: Hellmann, Handbuch integrierte Versorgung, S. 104, 113.

[33] *Bohle* in: Hellmann, Handbuch integrierte Versorgung, 3.1.1, S. 25 f.

[34] Vgl. *Beule*, Rechtsfragen der integrierten Versorgung (§§ 140a -140h SGB V), S. 138 f; *Engelhard* in: Hauck/Noftz, SGB V, § 140b Rn. 43; *Knieps* in: Schnapp/Wigge, Handbuch des Vertragsarztrechts, § 11 Rn. 13; *Korenke*, SF 2001, 268, 271; *Wigge*, NZS 2001, 66, 67; a.A. *Knittel* in: Krauskopf, SGB V, § 140b Rn. 8; *Orlowski*, BKK 2000, 191, 194.

[35] Unzulässig ist daher grundsätzlich insbesondere kein Abweichen von dem im Dritten Kapitel SGB V geregelten Leistungsrecht. Hiervon macht der Gesetzgeber selbst insofern eine Ausnahme, als nach § 140b Abs. 3 Satz 4 SGB V – wie oben dargestellt – auch neue Untersuchungs- und Behandlungsmethoden in den Versorgungsauftrag der integrierten Versorgungsform einbezogen werden dürfen (siehe *Beule*, Rechtsfragen der integrierten Versorgung (§§ 140a -140h SGB V), S. 150; a.A. *Knittel* in: Krauskopf, SGB V, § 140b Rn. 8 und 11).

48 Ein Abweichen muss erforderlich sein. Der Gesetzgeber nennt hier drei Fälle:
•. Die abweichende Regelung entspricht dem Sinn und der Eigenart der integrierten Versorgung.
•. Sie verbessert die Qualität, die Wirksamkeit und die Wirtschaftlichkeit der integrierten Versorgung.
•. Die Abweichung ist aus einem sonstigen Grund erforderlich.

1. Abweichen bereits durch das Gesetz

49 Schon von Gesetzes wegen abgewichen wird von den Bestimmungen betreffend die Überprüfung der Abrechnungen durch die Kassenärztliche Vereinigung auf sachlich-rechnerische Richtigkeit (§ 75 Abs. 2 Satz 2 SGB V), insbesondere durch Plausibilitätskontrollen (§ 83 Abs. 2 SGB V), wenn der Gesetzgeber die Krankenkassen und ihre Vertragspartner verpflichtet, die Vergütung zu regeln (vgl. § 140c Abs. 1 Satz 1 SGB V).

50 Außerdem hat der Gesetzgeber u.a. § 140b Abs. 1 Satz 4 SGB V a.F. aufgehoben, der einer Gemeinschaft zur vertragsärztlichen Versorgung zugelassener Ärzte gestattete, ihre Kassenärztliche Vereinigung mit der Verteilung des auf die Gemeinschaft entfallenden Honoraranteils zu beauftragen. Die Aufhebung belegt, dass die Kassenärztliche Vereinigung diese Aufgabe nun nicht mehr übernehmen kann.

51 Gleiches gilt für die Überprüfung der Wirtschaftlichkeit, an der in der bisherigen Regelversorgung auch die Kassenärztlichen Vereinigungen beteiligt sind (vgl. § 106 SGB V).

52 Gemäß § 140b Abs. 4 Satz 2 SGB V gilt der Grundsatz der Beitragssatzstabilität für diejenigen Verträge nicht, die bis zum 31.12.2008 abgeschlossen werden. Da sich der Wortlaut dieser Regelung auf den Zeitpunkt des Vertragsschlusses bezieht, kann von dem Grundsatz der Beitragssatzstabilität zur Finanzierung eines bis zum 31.01.2008 geschlossenen Vertrags auch noch nach diesem Zeitpunkt abgewichen werden. Das ist auch praxisgerecht, weil sonst die Idee der Förderung der integrierten Versorgung unterlaufen würde. Der Gesetzgeber will so dem Umstand Rechnung tragen, dass die Leistungserbringer erhebliche Investitionen aufzubringen haben.[36]

53 Für ab dem 01.01.2009 abgeschlossene Verträge gilt der Grundsatz der Beitragssatzstabilität dann wieder. Von den Vorschriften des Vierten Kapitels abgewichen werden darf insofern dann – entgegen § 140b Abs. 4 Satz 1 SGB V – nicht; § 140b Abs. 4 Satz 2 SGB V ist hier lex specialis. Allerdings sind aufgrund der unterschiedlichen Vergütungen in der bisherigen Regelversorgung und der integrierten Versorgung rechtliche und tatsächliche Schwierigkeiten zu erwarten, wenn es um die Berechnung der nach § 71 SGB V zulässigen Veränderungsrate geht.[37]

54 Auch der Sicherstellungsauftrag des § 75 SGB V ist bereits von Gesetzes wegen eingeschränkt (siehe § 140a Abs. 1 Satz 2 SGB V).

2. Bestimmungen, von denen nicht abgewichen werden kann

55 Während die Aufteilung der Versorgung in eine hausärztliche und eine fachärztliche zur Disposition der Krankenkassen und ihrer Vertragspartner steht, können sie nicht regeln, welche Fachärzte in einer integrierten Versorgungsform hausärztlich tätig werden dürfen. Diese Frage regelt das – nicht zu ihrer Disposition stehende – Weiterbildungsrecht, welches diese Tätigkeit den Fachärzten für Allgemeinmedizin, den Fachärzten für Innere Medizin und den Ärzten ohne Gebietsbezeichnung vorbehält.

56 Vor dem In-Kraft-Treten des GMG war umstritten, ob von dem in § 71 SGB V niedergelegten Grundsatz der Beitragssatzstabilität abgewichen werden konnte.[38] Diesen Streit hat der Gesetzgeber nun in § 140b Abs. 4 Satz 2 SGB V dahingehend entschieden, dass der Grundsatz für diejenigen Verträge nicht gilt, die bis zum 31.12.2006 bzw. – seit dem In-Kraft-Treten des VÄndG zum 01.01.2007 nun bis zum 31.12.2008 – abgeschlossen werden.

---

[36] Z.B. für „Konzeption und Ausarbeitung – ggf. unter Hinzuziehung der Hilfe Dritter – der Rechtsform der Gemeinschaften, der Organisation von Binnenstrukturen, der Vergütungsforderungen der Gemeinschaft wie aber auch der Entwicklung eines internen Vergütungssystems, der vertraglichen Leistungsbeschreibung einschließlich arbeitsteiliger Behandlungskonzepte, ggf. unter Beteiligung vertraglich verbundener externer Leistungserbringer, des Betriebs-, Qualitäts- und Leistungsmanagements einschließlich des Datensicherungs- und Datenschutzsystems wie aber auch der sektorübergreifenden Gestaltung der Versorgungsprozesse" (siehe Begründung des Gesetzentwurfs der Fraktionen SPD, CDU/CSU und Bündnis 90/Die Grünen v. 08.09.2003 BT-Drs. 15/1525, S. 129).

[37] *Quaas*, KH 2005, 967, 968.

[38] Vgl. zum alten Rechtsstreit: *Beule*, Rechtsfragen der integrierten Versorgung (§§ 140a -140h SGB V), S. 152 m.w.N.

Ebenfalls nicht abgewichen werden kann in einer integrierten Versorgungsform von dem in §§ 76 Abs. 1 Satz 1 SGB V, 13 Abs. 3 Satz 1 BMV-Ä, 7 Abs. 3 Satz 1 EKV-Ä geregelten Recht auf freie Arztwahl.[39] 57

Abgewichen werden kann auch nicht von dem Grundsatz der persönlichen Leistungserbringung (§ 76 Abs. 4 SGB V i.V.m. § 613 Satz 1 BGB).[40] Dieser Grundsatz ist nämlich nicht nur im Leistungserbringerrecht, sondern insbesondere auch im ärztlichen Berufsrecht geregelt, welches in die Regelungskompetenz der Landesgesetzgeber und Landesärztekammern fällt. 58

Auch nicht disponibel sind die Bestimmungen betreffend die Zulassung zur vertragsärztlichen Versorgung (§ 95 Abs. 1 Satz 1, Abs. 2 Satz 4 und § 98 SGB V i.V.m. Ärzte-ZV) und die Bedarfsplanung (§ 92 Abs. 1 Satz 2 Nr. 9 SGB V i.V.m. der BedarfsplRL-Ä)[41]; denn die Teilnahme an einer integrierten Versorgungsform setzt voraus, dass die Leistungserbringer im Rahmen der bisherigen Regelversorgung bereits an der Versorgung der Versicherten teilnehmen. 59

3. Bestimmungen, von denen abgewichen werden kann

Die bisherige vertragsärztliche Regelversorgung gliedert sich in eine hausärztliche und eine fachärztliche Versorgung (vgl. § 73 Abs. 1 Satz 1 SGB V und §§ 10 Satz 1 BMV-Ä, 3 Satz 1 EKV-Ä). In einer integrierten Versorgungsform muss diese Trennung nun nicht beibehalten werden.[42] Vor dem In-Kraft-Treten sprach systematisch gegen ein Abweichen von dieser Aufgliederung, dass sich der Gesetzgeber in § 140d SGB V mit der Einbeziehung der hausärztlichen Versorgung in die integrierte Versorgung befasst und damit die Existenz der hausärztlichen Versorgung auch in der integrierten Versorgung unterstellt hatte.[43] 60

Abgewichen werden kann zudem von den Richtlinien des Gemeinsamen Bundesausschusses, sofern die Abweichung dazu führt, dass die Qualität und Wirksamkeit der Versorgung verbessert wird.[44] 61

Zusammenfassend lässt sich festhalten, dass sich die weit reichende Befugnis zum Abweichen von den genannten Vorschriften bei genauerer Betrachtung als recht eingeschränkt herausstellt.[45] 62

VI. Beitritt Dritter (Absatz 5)

Obwohl der Beitritt Dritter zu Verträgen zu integrierten Versorgungsformen bisher gesetzlich nicht geregelt wurde und eine Ermächtigung zur Regelung durch untergesetzliche Bestimmungen ebenfalls nicht existierte, hatten die Spitzenverbände der Krankenkassen und die KBV in der Rahmenvereinbarung nach § 140d Abs. 1 SGB V a.F. einen § 13 Abs. 3 Satz 1 entworfen, der ein Beitrittsrecht der Kassenärztlichen Vereinigungen vorsah. Diese Regelung widersprach jedoch dem Sinn und Zweck der integrierten Versorgung.[46] 63

Über das Recht sonstiger Dritter, einem Vertrag über eine integrierte Versorgungsform beizutreten, enthielt auch die Rahmenvereinbarung nach § 140d Abs. 1 SGB V a.F. keine Regelung. 64

Nun aber bestimmt § 140b Abs. 5 SGB V, dass ein Beitritt Dritter zu Verträgen der integrierten Versorgung nur mit Zustimmung aller Vertragspartner möglich ist. 65

Die Kooperation von nicht in einer Berufsausübungsgemeinschaft verbundenen Ärzten und Krankenhäusern in einer integrierten Versorgungsform stellt berufsrechtlich gesehen die Kooperation in einem Praxisverbund[47] dar. Die Kooperation ist auf die Erfüllung eines durch gemeinsame oder gleichgerichtete Maßnahmen bestimmten Versorgungsauftrages oder auf eine andere Form der Patientenversorgung, z.B. auf dem Felde der Qualitätssicherung oder Versorgungsbereitschaft, gerichtet. Die Teil- 66

---

[39] *Beule*, Rechtsfragen der integrierten Versorgung (§§ 140a -140h SGB V), S. 157 ff; *Knieps* in: Schnapp/Wigge, Handbuch des Vertragsarztrechts, § 11 Rn. 28; *Quaas*, VSSR 2004, 175, 181.

[40] *Beule*, Rechtsfragen der integrierten Versorgung (§§ 140a -140h SGB V), S. 160 ff; *Quaas*, VSSR 2004, 175, 181.

[41] Siehe hierzu *Bohle* in: Hellmann, Handbuch integrierte Versorgung, 3.1.1, S. 2 f., der die möglichen Auswirkungen der integrierten Versorgung auf die Zulassung und die Bedarfsplanung skizziert.

[42] So schon zur alten Rechtslage: *Zuck*, NZS-Forum, S. 1, 9.

[43] Vgl. *Beule*, Rechtsfragen der integrierten Versorgung (§§ 140a -140h SGB V), S. 154.

[44] *Beule*, Rechtsfragen der integrierten Versorgung (§§ 140a -140h SGB V), S. 164 f; *Quaas*, VSSR 2004, 175, 181.

[45] A.A. *Bohle* in: Hellmann, Handbuch integrierte Versorgung, 3.1.1, S. 4.

[46] *Becker*, NZS 2001, 505, 510; *Beule*, Rechtsfragen der integrierten Versorgung (§§ 140a -140h SGB V), S. 106 ff; *Quaas*, VSSR 2004, 175, 190; *Steck*, BKK 2001, 182; *Windthorst*, S. 147.

[47] Vgl. zum Praxisverbund die Berufsordnungen der Landesärztekammern, z.B. § 23d Berufsordnung der Hamburger Ärzte und Ärztinnen vom 27.03.2000 i.d.F. vom 21.02.2005 (in Kraft getreten am 01.05.2005).

nahme soll allen dazu bereiten Ärzten ermöglicht werden; soll die Möglichkeit zur Teilnahme beschränkt werden, müssen die dafür maßgeblichen Kriterien für den Versorgungsauftrag notwendig und nicht diskriminierend sein und der Ärztekammer gegenüber offen gelegt werden. In die Kooperation können auch Krankenhäuser, Vorsorge- und Rehabilitationskliniken und Angehörige anderer Gesundheitsberufe einbezogen werden. Damit dürfen Ärzte von der Teilnahme an einem Praxisverbund, an dem andere Ärzte teilnehmen, nur dann ausgeschlossen werden, wenn sie – nicht diskriminierende – Kriterien nicht erfüllen, die für den Versorgungsauftrag notwendig sind.

67 Das darin geregelte Recht von Ärzten auf Teilnahme an einem Praxisverbund steht dann im Widerspruch zu der Regelung des § 140b Abs. 5 SGB V, wenn einem beitrittswilligen Arzt, der die – nicht diskriminierenden – Teilnahmevoraussetzungen erfüllt, der Beitritt zu einem Vertrag der integrierten Versorgung verweigert wird, an dem andere Ärzte in einem Praxisverbund teilnehmen.

68 Wird einem von Berufsrechts wegen teilnahmeberechtigten Arzt der Beitritt gleichwohl verweigert, liegt darin ein kartellrechtlicher Verstoß (§ 20 GWB).

VII. Ausschreibungspflicht?

69 Fraglich und äußert umstritten ist, ob die Krankenkassen Verträge zu integrierten Versorgungsformen ausschreiben müssen.[48] Die §§ 140a -140d SGB V selbst enthalten dazu – anders als § 73c Abs. 2 Satz 3 SGB V – keine Regelung. Das ließe den Umkehrschluss zu, dass eine Ausschreibung der Verträge zu integrierten Versorgungsformen nicht erforderlich ist. § 69 SGB V sieht vor, dass die Bestimmungen des Vergaberechts insbesondere im Leistungserbringerrecht der gesetzlichen Krankenversicherung nicht anwendbar sind.[49]

70 Doch während der Gesetzgeber den Ausschluss nationalen Vergaberechts[50] regeln kann, fehlt ihm für das – im Vierten Teil des GWB umgesetzte – europäische Vergaberecht jenseits eines Beschwerdewertes von 200.000 € die Regelungsbefugnis. Die Anwendung dieser Bestimmungen kann nicht ausgeschlossen werden.[51]

71 Danach wären Verträge zu integrierten Versorgungsformen oberhalb des genannten Schwellenwertes dann auszuschreiben, wenn die Krankenkassen öffentliche Auftraggeber im Sinne der §§ 97 Abs. 1, 98 GWB wären, und es um die Vergabe eines öffentlichen Auftrags ginge. Krankenkassen sind öffentliche Auftraggeber im Sinne des § 98 Nr. 2 GWB; sie erfüllen als rechtsfähige Körperschaften des öffentlichen Rechts im Allgemeininteresse nicht gewerbliche Aufgaben der Gesundheitsvorsorge.[52]

72 Doch liegt in dem Abschluss eines Vertrages zu einer integrierten Versorgungsform die Vergabe eines öffentlichen Auftrages im Sinne des § 99 GWB? Öffentliche Aufträge sind entgeltliche Verträge zwischen einem öffentlichen Auftraggeber und einem Unternehmer u.a. über Liefer- oder Dienstleistungen. Ob es sich bei dem Abschluss eines Vertrages zu einer integrierten Versorgungsform um einen Beschaffungsvorgang (und nicht um eine von der Anwendung des Vergaberechts ausgenommene Dienstleistungskonzession[53]) handelt, hängt maßgeblich davon ab, ob die Krankenkasse eine bindende Auswahl zwischen verschiedenen, miteinander im Wettbewerb stehenden Bewerbern trifft.[54]

73 Zweifel hieran bestehen, weil die Krankenkasse durch den Abschluss des Vertrages zu einer integrierten Versorgungsform lediglich die generelle Voraussetzung dafür schafft, dass der Versicherte im konkreten Bedarfsfall unter den teilnehmenden Leistungserbringern wählt.[55] Je mehr Leistungserbringer

---

[48] Vgl. *Becker*, NZS 2001, 505, 513; *Hesselmann/Motz*, MedR 2005, 498 ff., denen zufolge das Vergaberecht dann nicht anwendbar ist, wenn Anbieter (insbesondere also die Leistungserbringer) der Krankenkasse den Abschluss eines Vertrages zu einer integrierten Versorgungsform „andienen" (von den Autoren sog. „Andienungsverfahren").

[49] Vgl. *Hesselmann/Motz*, MedR 2005, 498 ff.

[50] Unterhalb eines Schwellenwertes von 200.000 € siehe § 22 Verordnung über das Haushaltswesen in der Sozialversicherung v. 30.12.1977, BGBl I 1977, 3147, geändert durch die erste Verordnung zur Änderung der Verordnung über das Haushaltswesen in der Sozialversicherung v. 30.10.2000, BGBl I 2000, 1485.

[51] *Becker*, NZS 2001, 505, 511; *Hesselmann/Motz*, MedR 2005, 498, 499; *Kuhlmann*, KH 2004, 13, 18.

[52] Dazu im Einzelnen *Hesselmann/Motz*, MedR 2005, 498, 501; *Quaas*, VSSR 2004, 175, 190 f.

[53] Dazu differenzierend *Hesselmann/Motz*, MedR 2005, 498, 499 f.

[54] Vgl. *Koenig/Engelmann/Hentschel*, MedR 2003, 562, 564.

[55] *Bohle* in: Hellmann, Handbuch integrierte Versorgung, 3.1.1, S. 26 f.

an der integrierten Versorgungsform teilnehmen und je weniger Anreize[56] eine Krankenkasse für die Inanspruchnahme einzelner Leistungserbringer setzt, um so eher wird man im Abschluss des Vertrags zur integrierten Versorgungsform keinen Beschaffungsvorgang sehen können.

Eine Vergabe bzw. ein (abgeschlossener) Beschaffungsvorgang ist dann zu verneinen, wenn ein Vertrag zu einer integrierten Versorgungsform für all die Leistungserbringer geöffnet ist, die die – nicht diskriminierenden – Kriterien für die Teilnahme erfüllen. Die Krankenkassen werden daher solch offene Verträge bevorzugen. 74

Verstößt die Krankenkasse gegen eine Ausschreibungspflicht, dann macht sie sich in der Regel schadenersatzpflichtig.[57] 75

VIII. Übergangsrecht

Vgl. die Kommentierung zu § 140a SGB V Rn. 68. 76

[56] Zum Erlass der Praxisgebühr vgl. SG Saarland v. 22.01.2004 - S 24 ER 68/03 KN-KR - ZMGR 2004, 84 ff.
[57] *Kuhlmann*, KH 2004, 13, 18.

§ 140c SGB V Vergütung

(Fassung vom 14.11.2003, gültig ab 01.01.2004)

(1) Die Verträge zur integrierten Versorgung legen die Vergütung fest. Aus der Vergütung für die integrierten Versorgungsformen sind sämtliche Leistungen, die von teilnehmenden Versicherten im Rahmen des vertraglichen Versorgungsauftrags in Anspruch genommen werden, zu vergüten. Dies gilt auch für die Inanspruchnahme von Leistungen von nicht an der integrierten Versorgung teilnehmenden Leistungserbringern, soweit die Versicherten von an der integrierten Versorgung teilnehmenden Leistungserbringern an die nicht teilnehmenden Leistungserbringer überwiesen wurden oder aus sonstigen, in dem Vertrag zur integrierten Versorgung geregelten Gründen berechtigt waren, nicht teilnehmende Leistungserbringer in Anspruch zu nehmen.

(2) Die Verträge zur integrierten Versorgung können die Übernahme der Budgetverantwortung insgesamt oder für definierbare Teilbereiche (kombiniertes Budget) vorsehen. Die Zahl der teilnehmenden Versicherten und deren Risikostruktur sind zu berücksichtigen. Ergänzende Morbiditätskriterien sollen in den Vereinbarungen berücksichtigt werden.

Gliederung

A. Basisinformationen

I. Textgeschichte/Gesetzgebungsmaterialien

1 § 140c SGB V enthält Regelungen zur Vergütung für die integrierten Versorgungsformen.

2 Die Vorschrift des § 140c SGB V a.F. wurde – zusammen mit den §§ 140a, 140b und 140d – 140h SGB V a.F. – durch Art. 1 Nr. 58 des Gesetzes zur Reform der gesetzlichen Krankenversicherung ab dem Jahr 2000 (GKV-Gesundheitsreformgesetz 2000) vom 22.12.1999[1] mit Wirkung vom 01.01.2000 in das SGB V eingeführt.

3 Durch Art. 1 Nr. 115 des Gesetzes zur Modernisierung der gesetzlichen Krankenversicherung (GKV-Modernisierungsgesetz – GMG) vom 14.11.2003[2] wurde § 140c SGB V dann mit Wirkung vom 01.01.2004 geändert. Die Änderungen betrafen § 140c Abs. 1 Satz 2 SGB V und § 140c Abs. 1 Satz 3 SGB V.

4 § 140c Abs. 1 Satz 2 SGB V a.F. regelte, dass „[aus] der Vergütung für die integrierten Versorgungsformen sämtliche Leistungen, die von teilnehmenden Versicherten im Rahmen der einbezogenen Leistungen in Anspruch genommen [wurden], zu vergüten [waren]". Diese Bestimmung wurde insofern geändert, als dass sie nun nicht mehr auf die „einbezogenen Leistungen", sondern auf den „vertraglichen Versorgungsauftrag" abstellt.

5 § 140c Abs. 1 Satz 3 SGB V a.F. wurde zu § 140c Abs. 1 Satz 3 HS. 1 SGB V und um einen zweiten Halbsatz ergänzt. Der Gesetzgeber hat darin die Voraussetzungen konkretisiert, unter denen aus der Vergütung für integrierte Versorgungsformen auch die Leistungen zu vergüten sind, die die teilneh-

---

[1] BGBl I 1999, 2626, 2641.
[2] BGBl I 2003, 2190, 2225.

menden Versicherten bei nicht an der integrierten Versorgung teilnehmenden Leistungserbringern in Anspruch genommen haben.

§ 140c SGB V wurde durch das Gesetz zur Stärkung des Wettbewerbs in der gesetzlichen Krankenver- 5.1
sicherung (GKV-Wettbewerbsstärkungsgesetz = GKV-WSG) vom 26.03.2007 nicht geändert.

II. Systematische Zusammenhänge

§ 140c SGB V betreffend die Vergütung der integrierten Versorgungsformen steht im systematischen 6
Zusammenhang mit § 140d Abs. 1 SGB V betreffend die sog. Anschubfinanzierung der integrierten Versorgung, mit § 140c Abs. 2 SGB V betreffend die Bereinigung der Gesamtvergütung (§ 85 Abs. 2 SGB V), mit § 140c Abs. 3 SGB V betreffend die Bereinigung der Ausgabenvolumen für Arznei- und Heilmittel (§ 84 SGB V) und mit § 140c Abs. 4 SGB V betreffend die Vergütung, die Krankenhäuser aus der für die integrierte Versorgungsform vereinbarten Vergütung erhalten können.

Die in integrierten Versorgungsformen erbrachten Leistungen werden – ebenso wie die Leistungen der 7
bisherigen Regelversorgung – aus dem Beitragsaufkommen der Versicherten finanziert. Die Mittel werden von der an die Kassenärztlichen Vereinigungen für die ambulante Versorgung der Versicherten zu entrichtenden Gesamtvergütung sowie von der von den Krankenhäusern für deren voll- und teilstationäre Versorgung in Rechnung gestellten Vergütung abgezogen.

III. Ausgewählte Literaturhinweise

Siehe die Kommentierung zu § 140a SGB V. 8

B. Auslegung der Norm

I. Regelungsgehalt und Bedeutung der Norm

§ 140c SGB V regelt die Vergütung der integrierten Versorgung. Die Norm bestimmt in Absatz 1, wel- 9
che Leistungen aus den für die Vergütung der integrierten Versorgung zur Verfügung stehenden Mitteln vergütet werden. Geregelt wird insbesondere, unter welchen Voraussetzungen auch die von nicht an der integrierten Versorgungsform teilnehmenden Leistungserbringern erbrachten Leistungen zugunsten teilnehmender Versicherter aus der Vergütung für integrierte Versorgungsformen zu vergüten sind.

§ 140c Abs. 2 SGB V betrifft hingegen die Frage der Budgetverantwortung und die Kriterien die bei 10
der Vereinbarung solcher Budgets beachten werden müssen oder sollen.

II. Normzweck

§ 140c Abs. 1 SGB V weist den Vertragspartnern einer integrierten Versorgungsform die Aufgabe zu, 11
die Vergütung in den Verträgen zu diesen Versorgungsformen festzulegen, und regelt damit gleichzeitig, dass die gesetzlichen Bestimmungen, die die Vergütung in der bisherigen Regelversorgung regeln, für die Vergütung integrierter Versorgungsformen nicht von Gesetzes wegen gelten. Da die Integrationsvergütung Sektoren und Fachgebiete überschreitet, sind die auf die einzelnen Leistungssektoren zugeschnittenen Vergütungsregelungen naturgemäß nicht oder nur eingeschränkt geeignet.[3] Das schließt selbstverständlich nicht aus, dass die Vertragspartner in den Verträgen zu integrierten Versorgungsformen die Geltung einzelner oder mehrerer der für die bisherige Regelversorgung geltenden Vergütungsregeln vereinbaren.[4]

§ 140c Abs. 2 SGB V betrifft die Frage der finanziellen Verantwortung für die integrierte Versor- 12
gungsform. Die Verträge zur integrierten Versorgung können gemäß § 140c Abs. 2 Satz 1 SGB V die Budgetverantwortung insgesamt oder für definierte Teilbereiche (kombiniertes Budget) vorsehen. Welche Kriterien die Vertragsparteien dabei berücksichtigen müssen und können, regelt § 140c Abs. 2 Satz 2 und 3 SGB V.

---

[3] *Quaas*, Das Krankenhaus 2005, 967, 968.

[4] Während die Vorschriften des vierten Kapitels SGB V betreffend das Leistungserbringungsrecht, gemäß § 140b Abs. 4 Satz 1 SGB V grundsätzlich auch in der integrierten Versorgung gelten (und unter den dort genannten Voraussetzungen ausnahmsweise zur Disposition der Vertragspartner stehen), hat der Gesetzgeber sich hinsichtlich der ebenfalls im vierten Kapitel des SGB V geregelten Vorschriften zur Vergütung gegen deren grundsätzliche Geltung entschieden.

III. Vergütung (Absatz 1 Satz 1)

13 Die Krankenkassen und ihre Vertragspartner legen in den Verträgen zu integrierten Versorgungsformen die Vergütung fest.

14 Der Begriff der Vergütung hat in der bisherigen Regelversorgung zwei Bedeutungen. Zum einen meint er das Honorar/die Summe Geldes, die die Leistungserbringer für die Versorgung der Versicherten mit den Leistungen der gesetzlichen Krankenversicherung erhalten. Zum anderen beschreibt der Begriff der Vergütung den Vorgang des Honorierens/Verteilens/Vergütens.[5]

15 Beide Aspekte müssen die Vertragspartner selbst ausdrücklich regeln; die gesetzlichen Bestimmungen, die die Vergütung in der bisherigen Regelversorgung regeln, gelten für die Vergütung integrierter Versorgungsformen nicht schon von Gesetzes wegen.[6] Regeln die Krankenkassen und ihre Vertragspartner die Vergütung nicht in dem Vertrag zur integrierten Versorgungsform, so fehlt ein wesentlicher Vertragsbestandteil. Der Vertrag kommt somit nicht zustande.[7]

16 Fraglich ist, ob insbesondere die an der bisherigen Regelversorgung teilnehmenden Leistungserbringer verlangen können, dass und ggf. in welchem Umfang aufgrund eines unwirksamen Vertrages eine für eine integrierte Versorgungsform gezahlte Vergütung an die Krankenkassen zurückzuzahlen und sodann im Rahmen der Regelversorgung nachzuvergüten ist. In Betracht kommt solch eine Nachvergütung nur dort, wo Honorar zuvor auch einbehalten wurde, also von der vertragsärztlichen Gesamtvergütung und von den Krankenhausrechnungen.

1. Vergütung im Sinne von Honorar

17 Wenn die Krankenkassen und ihre Vertragspartner in den Verträgen zu integrierten Versorgungsformen die Vergütung festlegen sollen, bedeutet das zunächst, dass sie die Höhe der konkret zu zahlenden Vergütung festlegen und die Berechnungsart wählen.[8] Mit anderen Worten: sie vereinbaren, welchen Preis die Krankenkassen für welche der in den Versorgungsauftrag einbezogenen Leistungen[9] zahlen.

18 Hier sind die verschiedensten Preisgestaltungen denkbar. So kann beispielsweise der Preis für eine einzelne Leistung gezahlt werden (Einzelleistungsvergütung wie z.B. im EBM 2000+). Denkbar ist aber auch die Vereinbarung einer Pauschale für einen ganzen, aus mehreren Leistungen bestehenden Behandlungsfall (Fallpauschale wie z.B. die DRG's) oder einer Kopfpauschale. Es sind aber auch Mischformen oder gänzlich andere Vergütungsmodelle möglich.[10]

19 Ein weiterer Aspekt ist, ob der Preis für jede Einzelleistung bzw. ob jede Pauschale bezahlt wird[11], ob die insgesamt zur Verfügung stehende Summe Geldes budgetiert, d.h. gedeckelt wird[12], oder ob jen-

---

5 *Quaas*, Das Krankenhaus 2005, 967, 968 hingegen bezeichnet als Vergütung zum einen die „Honorierung der erbrachten Leistungen, also die Verteilung der Geldmenge unter den Leistungserbringern", und zum anderen „ihre Bereitstellung, d.h. die Finanzierung".

6 Anders wohl *Engelhard* in: Hauck/Noftz, SGB V, § 140c Rn. 6, demzufolge die Vertragspartner gemäß § 140b Abs. 4 Satz 1 SGB V von den in der Regelversorgung geltenden Vergütungsregelungen abweichende Regelungen treffen können, und der damit suggeriert, dass ohne eine solche abweichende Regelung im Vertrag über die integrierte Versorgungsform auch in der integrierten Versorgung die in der Regelversorgung geltenden Vergütungsregelungen anzuwenden sind.

7 So auch *Engelhard* in: Hauck/Noftz, SGB V, § 140c Rn. 7 i.V.m. § 140b Rn. 46 und 47, der dort herausarbeitet, dass es in der integrierten Versorgung – anders als in der bisherigen vertragsärztlichen Regelversorgung – nicht möglich ist, im Konfliktfall einen Vertrag durch das Schiedsamt festsetzen zu lassen, weil Verträge zu integrierten Versorgungsformen gesetzlich nicht vorgeschrieben und damit nicht schiedsamtsfähig sind.

8 *Beule*, Rechtsfragen der integrierten Versorgung, S. 89; *Windthorst*, Die integrierte Versorgung in der gesetzlichen Krankenversicherung: Gefahr oder Chance für die Gesundheitsversorgung?, S. 22.

9 Neben den Leistungen im Sinne der §§ 2 und 11-62 SGB V, ist auch der Preis für den „durch die notwendige Vernetzung entstehende zeitliche Mehraufwand – etwa durch Teamsitzungen, Treffen der Facharztgruppen o.Ä. – zu berücksichtigen. Darüber hinaus dürften weitere Mittel im Sinne einer Anschubfinanzierung – etwa für durch Koordinierungsmaßnahmen bedingte zusätzliche sächliche und personelle Aufwendungen – erforderlich sein" (*Engelhard* in: Hauck/Noftz, SGB V, § 140c Rn. 10).

10 Vgl. *Stellpflug* in: Hellmann, Handbuch integrierte Versorgung, 3.1.2, S. 8.

11 Dann trägt die Krankenkasse – wie in der bisherigen Regelversorgung bei der Vergütung stationärer Leistungen – das Morbiditätsrisiko.

12 Dann tragen die Leistungserbringer (und davon geht *Engelhard* in: Hauck/Noftz, SGB V, § 140c Rn. 8 aus) – wie in der bisherigen Regelversorgung bei der sog. Gesamtvergütung für ambulante Leistungen – das Morbiditätsrisiko. Innerhalb des Budgets variiert dann der Preis für die einzelne Leistung so wie sich der Punktwert, und damit der Preis für die einzelnen Leistungen, in der bisherigen vertragsärztlichen Regelversorgung ändert.

seits einer bestimmten Anzahl an Leistungen, Behandlungsfällen oder behandelter Versicherter der Preis für die einzelne Leistung bzw. die einzelne Pauschale geringer wird[13].

2. Vergütung im Sinne von Honorarverteilung

Unter dem Aspekt der Vergütung muss auch die Verteilung des Honorars an die einzelnen Leistungserbringer von den Krankenkassen und ihren Vertragspartnern in den Verträgen zu integrierten Versorgungsformen geregelt werden.[14] 20

Dabei ist zunächst eine – natürliche oder juristische – Person oder Gesellschaft zu bestimmen, die das Honorar verteilt. In Betracht kommen hier die Vertragspartner[15] eines Vertrages zu einer integrierten Versorgungsform oder aber ein Dritter. Dabei ist zu beachten, dass die Kassenärztlichen Vereinigungen nach der aktuellen Rechtslage[16] als Dritte ausscheiden. 21

Sodann müssen die Krankenkassen und ihre Vertragspartner in einem Vertrag zu einer integrierten Versorgungsform regeln, nach welchen Kriterien das Honorar verteilt wird. In der bisherigen Regelversorgung richtet sich die Verteilung der vertragsärztlichen Gesamtvergütung nach den zwischen den Kassenärztlichen Vereinigungen und den Landesverbänden der Krankenkassen getroffenen Honorarverteilungsvereinbarungen. 22

3. Abrechnung als Bestandteil der Honorarverteilung?

Zur Honorarverteilung zählt im weiteren Sinne auch die Frage, wie das Honorar angefordert wird (Stichwort: Abrechnungsverfahren), und ob und ggf. durch wen, unter welchem Aspekt, in welcher Form und mit welchen Konsequenzen die Honoraranforderungen der Vertragspartner kontrolliert und ggf. korrigiert werden (Stichwort: Kontrollverfahren)[17]; das folgt aus § 285 Abs. 1 Nr. 2 SGB V. Die aktuell geltenden gesetzlichen Bestimmungen zur integrierten Versorgung (§§ 140a-d SGB V) enthalten weder zum Abrechnungs- noch zum Kontrollverfahren in der integrierten Versorgung Bestimmungen. 23

Da öffentlich-rechtliche Körperschaften – wie z.B. die Kassenärztlichen Vereinigungen – nur zur Erledigung von Aufgaben zuständig sind, wenn und soweit sie ihnen gesetzlich ausdrücklich zugewiesen sind, folgt daraus, dass die Kassenärztlichen Vereinigungen zwar noch nach der alten gesetzlichen Regelung mit der Honorarverteilung beauftragt werden konnten, aber nicht mehr nach der neuen.[18] Die Zuständigkeit anderer öffentlich-rechtlicher Körperschaften scheidet aus demselben Grund aus. 24

Ist nach dem Gesetz niemand für die Abrechnung und Kontrolle der Honoraranforderung zuständig, ist insbesondere die Anwendung der für die bisherige vertragsärztliche Regelversorgung geltenden Vorschriften über die sachlich-rechnerische Berichtigung sowie über die Wirtschaftlichkeitsprüfung logisch ausgeschlossen. Es ist somit nicht erforderlich, dass die Vertragspartner die Geltung dieser Bestimmungen nach § 140b Abs. 4 Satz 1 SGB V im Vertrag zur integrierten Versorgungsform abbedingen. 25

Es fragt sich aber, ob die Krankenkassen und ihre Vertragspartner in den Verträgen zu integrierten Versorgungsformen möglicherweise gemäß § 140c Abs. 1 Satz 1 SGB V Abrechnungs- und Kontrollverfahren vereinbaren müssen. Maßgeblich ist, ob die Abrechnung und die Kontrolle zwingender Bestandteil der Vergütung im Sinne einer Honorarverteilung sind. M.E. ist weder das Abrechnungs- noch das Kontrollverfahren ein zwingender Bestandteil der Vergütung im Sinne einer Honorarverteilung. 26

---

13 Dann teilen sich die Krankenkassen und die Leistungserbringer das Morbiditätsrisiko; auch *Quaas*, Das Krankenhaus 2005, 967 (970) geht davon aus, dass – entgegen Engelhard – ein Budget nicht zwingend vereinbart werden muss.

14 *Beule*, Rechtsfragen der integrierten Versorgung, S. 90; *Wigge*, NZS 2001, 66, 69.

15 D.h. die Krankenkassen und ihre in § 140b Abs. 1 Nr. 1-5 SGB V genannten Vertragspartner.

16 Nach § 140b Abs. 1 Satz 4 SGB V a.F. „[konnten] Gemeinschaften zur vertragsärztlichen Versorgung zugelassener Ärzte und Zahnärzte, die Vertragspartner [...] sind, [...] ihre Kassenärztliche Vereinigung mit der Verteilung der auf die Gemeinschaft entfallenden Vergütung beauftragen".

17 In der bisherigen vertragsärztlichen Regelversorgung beispielsweise überprüfen die Kassenärztlichen Vereinigungen die Honoraranforderungen der Leistungserbringer auf ihre sachliche und rechnerische Richtigkeit; die gemeinsame Selbstverwaltung (aus Kassenärztlichen Vereinigungen und Verbänden der Krankenkassen) überwacht im Rahmen von Wirtschaftlichkeitsprüfverfahren die Wirtschaftlichkeit der Versorgung.

18 § 140b Abs. 1 Satz 4 SGB V a.F. wurde insofern zum 01.01.2004 geändert.

27 Für das Abrechnungsverfahren folgt dies aus der Überlegung, dass in der bisherigen vertragsärztlichen Regelversorgung die Abrechnung einschließlich der sachlichen und rechnerischen Überprüfung der Honoraranforderungen in die alleinige Zuständigkeit der ärztlichen Selbstverwaltung fällt. Es entspräche somit nicht der gesetzlichen Systematik, die Krankenkassen zwingend an der Regelung des Abrechnungsverfahrens zu beteiligen[19]; gleichwohl wäre eine Regelung des Abrechnungsverfahrens natürlich sinnvoll.[20]

28 Auch braucht es für die Verteilung des Honorars nicht zwingend Verfahren zur Kontrolle. Das zeigt sich z.B. daran, dass die Kassenärztlichen Vereinigungen in der bisherigen Regelversorgung die Gesamtvergütung bereits vor einer Überprüfung der Wirtschaftlichkeit an die Leistungserbringer verteilen. Sind die Kontrollmechanismen damit kein zwingender Bestandteil der Vergütung im Sinne einer Honorarverteilung, müssen auch diese nicht zwingend nach § 140c Abs. 1 Satz 1 SGB V in den Verträgen zu integrierten Versorgungsformen geregelt werden.[21]

29 Wenn man dem gegenüber jedoch die Ansicht vertreten sollte, dass § 140c Abs. 1 Satz 1 SGB V auch vertragliche Regelungen zur Abrechnung sowie zur Kontrolle von Honoraranforderungen beinhalten muss, besagt das noch nicht, dass diese Verfahren auch tatsächlich durchgeführt werden müssen. Da sich die Vertragspartner dann zunächst über das „Ob“ und anschließend über das „Wie“ solcher Verfahren einigen müssten, könnten sie sich auf der ersten Ebene gegen die Durchführung von Kontroll- und Korrekturverfahren aussprechen. Vertraglich geregelt würde dann lediglich, dass die Honoraranforderungen nicht kontrolliert und folglich auch nicht korrigiert werden.

30 Wenn die Vertragspartner keine Kontroll- und Korrekturmechanismen vereinbaren wollen, sollten sie dies explizit vereinbaren, und so der Diskussion darüber, ob ihre vertragliche Regelung betreffend die Vergütung den gesetzlichen Anforderungen des § 140c Abs. 1 Satz 1 SGB V genügt, ebenso aus dem Weg gehen, wie der Frage, welche Rechtsfolge es hat, wenn die Regelung nicht den gesetzlichen Anforderungen entsprechen sollte.

IV. Einbezogene Leistungen (Absatz 1 Satz 2 und 3)

31 Aus der Vergütung für die integrierten Versorgungsformen sind sämtliche Leistungen, die von teilnehmenden Versicherten im Rahmen des vertraglichen Versorgungsauftrages in Anspruch genommen werden, zu vergüten (§ 140c Abs. 1 Satz 2 SGB V). Einbezogen sind damit in erster Linie die vom vertraglich vereinbarten Versorgungsauftrag umfassten Leistungen der an der integrierten Versorgungsform teilnehmenden Leistungserbringer; in zweiter Linie und unter bestimmten Voraussetzungen aber auch die entsprechenden Leistungen von nicht an der integrierten Versorgungsform teilnehmenden Leistungserbringern (§ 140c Abs. 1 Satz 3 SGB V).

32 Die Krankenkassen zahlen für die Versorgung ihrer Versicherten, die an einer integrierten Versorgungsform teilnehmen, ein bestimmtes Honorar. Das Honorar wird für die integrierte Versorgung durch die an der integrierten Versorgungsform teilnehmenden Leistungserbringer gezahlt. Deshalb sollen die Versicherten – soweit sie einer in den Versorgungsauftrag fallenden Behandlung bedürfen – die entsprechenden Leistungen auch nur bei denjenigen Leistungserbringern in Anspruch nehmen, die an der integrierten Versorgungsform teilnehmen.

33 Gleichwohl gibt es Ausnahmefälle[22]: von teilnehmenden Versicherten in Anspruch genommene und nicht an der integrierten Versorgungsform teilnehmende Leistungserbringer erhalten ihr Honorar aus der Vergütung für die integrierte Versorgungsform, „soweit die Versicherten von an der integrierten Versorgung teilnehmenden Leistungserbringern an die nicht teilnehmenden Leistungserbringer überwiesen wurden oder aus sonstigen, in dem Vertrag zur integrierten Versorgung geregelten Gründen berechtigt waren, nicht teilnehmende Leistungserbringer in Anspruch zu nehmen“.

34 Voraussetzung dafür, dass auch die Leistungen von nicht an der integrierten Versorgungsform teilnehmenden Leistungserbringern aus der Vergütung für die integrierten Versorgungsformen zu vergüten sind, ist demnach, dass der teilnehmende Versicherte im konkreten Fall berechtigt war, einen nicht an

---

19 Anders bei der Wirtschaftlichkeitsprüfung, die gemäß § 106 SGB V in der bisherigen vertragsärztlichen Regelversorgung in den Händen der gemeinsamen Selbstverwaltung liegt.

20 So *Engelhard* in: Hauck/Noftz, SGB V, § 140c Rn. 28 unter Geltung noch des alten Rechts zur Regelung des Abrechnungsverfahrens in der Rahmenvereinbarung.

21 Davon scheint auch *Engelhard* in: Hauck/Noftz, SGB V, § 140c Rn. 28 auszugehen.

22 Ausschussbericht zum GKV-GRG 2000, BT-Drs. 14/1977, S. 173 zu § 140g Satz 1 SGB V.

der integrierten Versorgungsform teilnehmenden Leistungserbringer in Anspruch zu nehmen (§ 140c Abs. 1 Satz 3 SGB V). Die Berechtigung kann sich nur entweder aus dem Gesetz selbst oder aber aus dem Vertrag zur integrierten Versorgungsform ergeben.

Von Gesetzes wegen sind die teilnehmenden Versicherten in jedem Falle dann berechtigt, einen nicht 35 an der integrierten Versorgungsform teilnehmenden Leistungserbringer für eine vom vertraglich vereinbarten Versorgungsauftrag umfasste Leistung in Anspruch zu nehmen, wenn ein teilnehmender Leistungserbringer den teilnehmenden Versicherten für eine solche Leistung an einen nicht teilnehmenden Leistungserbringer überweist (§ 140c Abs. 1 Satz 3 Alt. 1 SGB V). [23]

Sonstige Gründe berechtigten den teilnehmenden Versicherten nach dem Wortlaut des § 140c Abs. 1 36 Satz 3 Alt. 2 SGB V[24] nur dann, einen nicht an der integrierten Versorgungsform teilnehmenden Leistungserbringer in Anspruch zu nehmen, wenn der Vertrag zur integrierten Versorgungsform dies ausdrücklich vorsieht.

Gründe, die die Inanspruchnahme von nicht an einer integrierten Leistungsform teilnehmenden Leis- 37 tungserbringern ausnahmsweise rechtfertigen, können beispielsweise sein:

- Der an der integrierten Versorgungsform teilnehmende Leistungserbringer steht tatsächlich nicht oder nicht rechtzeitig zur Behandlung des an der integrierten Versorgungsform teilnehmenden Versicherten zur Verfügung (Notfall, Vertretungsfall).
- Die Inanspruchnahme des teilnehmenden Leistungserbringers ist dem teilnehmenden Versicherten nicht zumutbar.
- Ärzte der benötigten Fachrichtung stehen in der integrierten Versorgungsform nicht oder nicht in ausreichendem Maße zur Verfügung.[25]

Doch was passiert, wenn die Krankenkassen und ihre Vertragspartner im Vertrag zur integrierten Ver- 38 sorgungsform keine sonstigen, noch nicht einmal die aus der Sicht des Versicherten zwingenden Gründe geregelt haben? Entgegen dem Wortlaut des § 140c Abs. 1 Satz 3 Alt. 2 SGB V wird die Leistung eines nicht an der integrierten Versorgungsform teilnehmenden Leistungserbringers jedenfalls auch dann aus der Vergütung der integrierten Versorgungsform zu vergüten sein, wenn die Inanspruchnahme eines an der integrierten Versorgungsform teilnehmenden Leistungserbringers tatsächlich nicht möglich war.

Fraglich ist, nach welchen Vergütungsregelungen die Leistungen der nicht an der integrierten Versor- 39 gungsform teilnehmenden Leistungserbringer zu vergüten sind. Denkbar ist zum einen, dass die Leistungen mit demselben Betrag wie in der bisherigen Regelversorgung vergütet werden; zum anderen möglich erscheint aber auch eine Vergütung entsprechend der Vergütung in der integrierten Versorgung. Der Wortlaut der Vorschrift lässt dies offen; er spricht lediglich davon, dass diese Leistungen „aus der Vergütung für integrierte Versorgungsformen" zu vergüten sind. Dass die Vergütung damit zwingend der in der integrierten Versorgungsform gezahlten entsprechen muss, folgt daraus nicht.[26] Die Systematik, die Teleologie und die Historie gebieten ebenfalls keine bestimmte Auslegung.[27]

Damit der nicht an der integrierten Versorgungsform teilnehmende Leistungserbringer über die Höhe 40 seines Honoraranspruchs nicht – mehr als sonst – im Unklaren ist, empfiehlt es sich praktisch, seine Leistungen grundsätzlich wie in der bisherigen Regelversorgung zu vergüten. Soll er hingegen ausnahmsweise dieselbe Vergütung wie die an der integrierten Versorgungsform teilnehmenden Erbringer entsprechender Leistungen erhalten, sollte er sich damit vor der Behandlung einverstanden erklären oder jedenfalls darüber informiert werden.[28]

V. Budgetverantwortung (Absatz 2)

Gemäß § 140c Abs. 2 Satz 1 SGB V können die Verträge zur integrierten Versorgung die Übernahme 41 der Budgetverantwortung insgesamt oder für definierte Teilbereiche (kombiniertes Budget) vorsehen.

Fraglich ist, ob die Vereinbarung eines Budgets selbst fakultativ ist, oder die Übernahme der Budget- 42 verantwortung zwingend ist und sich allein die Frage stellt, ob diese insgesamt oder nur für definierte Teilbereiche übernommen wird. Die Übernahme einer Budgetverantwortung ist nach der hier vertrete-

[23] *Quaas*, Das Krankenhaus 2005, 967, 968 spricht hier von einer medizinischen Notwendigkeit.

[24] „[...] oder aus sonstigen, in dem Vertrag zur integrierten Versorgung geregelten Gründen berechtigt waren [...]".

[25] *Engelhard* in: Hauck/Noftz, SGB V, § 140a Rn. 19.

[26] Vgl. *Quaas*, Das Krankenhaus 2005, 967, 969.

[27] So auch *Dahm*, MedR 2005, 121, 123.

[28] So auch *Quaas*, Das Krankenhaus 2005, 967, 969.

nen Auffassung nicht zwingend,[29] denn anderenfalls hätte der Gesetzgeber diesen Aspekt der Vergütung nicht in § 140c Abs. 1 Satz 1 SGB V der Gestaltungsfreiheit der Krankenkassen und ihrer Vertragspartner überlassen.

1. Budgetverantwortlicher

43 Die Frage, wer die Budgetverantwortung übernehmen kann, ist im Gesetz nicht ausdrücklich geregelt. Nach dem Wortlaut der Vorschrift scheinen daher sowohl die Krankenkassen als auch einzelne oder mehrere ihrer Vertragspartner in Betracht zu kommen. Zweifel an dieser Wortlautauslegung weckt indes bereits der Begriff „übernehmen“: liegt die finanzielle Verantwortung für die Versorgung nicht zunächst bei den Krankenkassen? Und können dann nicht nur die Leistungserbringer und -anbieter diese Verantwortung von ihnen „übernehmen“? Spätestens nach einer am Sinn und Zweck der Vorschrift orientierten Auslegung scheiden die Krankenkassen als Übernehmer der Budgetverantwortung aus. Eines der mit Einführung der Vorschriften über die integrierte Versorgung verfolgten Ziele war es, Wirtschaftlichkeitsreserven im System zu heben. Die Übernahme der Budgetverantwortung ist ein Instrument, mit dem derjenige, der sie übernommen hat, zu einem wirtschaftlichen Verhalten angehalten wird.[30] Dieses Verhalten kann naturgemäß nicht eines der Krankenkassen, sondern nur eines der Leistungserbringer oder -anbieter sein.

2. Umfang der Budgetverantwortung

44 Die Budgetverantwortung kann sich gemäß § 140c Abs. 2 Satz 1 SGB V auf die gesamte integrierte Versorgungsform oder aber auf definierte Teilbereiche (sog. kombiniertes Budget) beziehen.

45 Als definierte Teilbereiche einer integrierten Versorgungsform kommen z.B. die einzelnen Leistungssektoren[31] (Stichwort: leistungssektorenübergreifende Versorgung) und die einzelnen Disziplinen oder Fächer (Stichwort: interdisziplinär-fachübergreifend[32]) in Betracht. Es können auch die von den Leistungserbringern selbst erbrachten Leistungen oder aber die von ihnen verordneten und veranlassten Leistungen einen Teilbereich darstellen, für den die Budgetverantwortung übernommen werden kann.[33]

46 Unklar ist, ob von einem sog. kombinierten Budget nur dann gesprochen werden kann, wenn die Budgetverantwortung für mindestens zwei definierte Teilbereiche übernommen wird. Der Wortlaut „kombiniertes Budget“ legt diese Annahme nahe, denn wenn die Budgetverantwortung für nur einen Teilbereich übernommen wird, fehlt dem Budget das „Kombinierte“. Andererseits macht eine solche Beschränkung keinen Sinn, denn die Übernahme einer Budgetverantwortung ist weder für die gesamte integrierte Versorgungsform noch für definierte Teilbereiche zwingend.

3. Kriterien für die Berechnung des Budgets

47 Die für die Berechnung der Budgets relevanten Kriterien gliedern sich in zwei Gruppen: die, deren Berücksichtigung zwingend ist – das sind die Zahl der teilnehmenden Versicherten und deren Risikostruktur (§ 140c Abs. 2 Satz 2 SGB V) – und diejenigen Kriterien, die lediglich berücksichtigt werden sollen – das sind sog. ergänzende Morbiditätskriterien (§ 140c Abs. 2 Satz 3 SGB V).

48 Die Berücksichtigung der Risikostruktur ist zwingend. Sie dient dem Zweck, den jeweils erwarteten Versorgungsbedarf so genau wie möglich zu ermitteln und somit einer etwaigen Risikoselektion vorzubeugen.[34] Der Begriff der Risikostruktur meint hier die in §§ 266, 267 SGB V genannten Risikostrukturmerkmale, sofern sie die Ausgabenseite betreffen, also das Alter der an der integrierten Versorgungsform teilnehmenden Versicherten, ihr Geschlecht und ihre Invalidität.[35]

49 Ergänzende Morbiditätskriterien sollen berücksichtigt werden. Als solche kommen z.B. die Krankenhausausgaben für die teilnehmenden Versicherten im Vorjahreszeitraum in Betracht.[36]

---

[29] So auch *Engelhard* in: Hauck/Noftz, SGB V, § 140c Rn. 5 und 18.

[30] *Engelhard* in: Hauck/Noftz, SGB V, § 140c Rn. 19.

[31] Vgl. *Beule*, Rechtsfragen der integrierten Versorgung (§§ 140a-140h SGB V), S. 45 f.

[32] Vgl. *Beule*, GesR 2004, 209, 210.

[33] So auch *Engelhard* in: Hauck/Noftz, SGB V, § 140c Rn. 19.

[34] Vgl. Ausschussbericht zum GKV-GRG 2000, BT-Drs. 14/1977, S. 162 zu § 64 Abs. 3.

[35] Zur Abgrenzung des hiesigen Begriffs der Risikostruktur von dem im Rahmen des Risikostrukturausgleich verwendeten siehe *Engelhard* in: Hauck/Noftz, SGB V, § 140c Rn. 26.

[36] Vgl. *Engelhard* in: Hauck/Noftz, SGB V, § 140c Rn. 27.

4. Rechtsfolge der Budgetübernahme

Der Begriff des Budgets besagt, dass für die Versorgung der Versicherten mit den vom Budget erfassten Leistungen nur eine zuvor bestimmte Menge Geldes zur Verfügung steht. Die Verantwortung für ein solches Budget übernimmt derjenige, der die mit dem Überschreiten des Budgets verbundenen Nachteile, d.h. das Morbiditätsrisiko trägt. **50**

Haben die Krankenkassen und ihre Vertragspartner vereinbart, dass letzteren für die Behandlung mit einbezogenen Leistungen ein Budget zur Verfügung steht, so ist die Rechtsfolge unterschiedlich je nachdem, ob die Budget für eigene oder andere Leistungen übernommen wurde: Wurde die Budgetverantwortung für eigene Leistungen übernommen, dann gilt: Werden mehr Leistungen erbracht als aus dem Budget zum vereinbarten Preis finanziert werden können, werden entweder die Mehrleistungen nicht vergütet oder aber die Preise bereits erbrachter Leistungen reduziert. Wurde hingegen die Budgetverantwortung für verordnete oder veranlasste Leistungen übernommen, dann gilt: Eine Überschreitung des Budgets führt zu einer Verringerung des für die Vergütung der eigenen Leistungen zur Verfügung stehenden Finanzvolumens.[37] **51**

[37] *Engelhard* in: Hauck/Noftz, SGB V, § 140c Rn. 20.

§ 140d SGB V Anschubfinanzierung, Bereinigung

(Fassung vom 26.03.2007, gültig ab 01.04.2007, gültig bis 30.06.2008)

(1) Zur Förderung der integrierten Versorgung hat jede Krankenkasse in den Jahren 2004 bis 2008 jeweils Mittel bis zu 1 vom Hundert von der nach § 85 Abs. 2 an die Kassenärztliche Vereinigung zu entrichtenden Gesamtvergütung sowie von den Rechnungen der einzelnen Krankenhäuser für voll- und teilstationäre Versorgung einzubehalten, soweit die einbehaltenen Mittel zur Umsetzung von nach § 140b geschlossenen Verträgen erforderlich sind. Sie dürfen nur für voll- oder teilstationäre und ambulante Leistungen der Krankenhäuser und für ambulante vertragsärztliche Leistungen verwendet werden; dies gilt nicht für Aufwendungen für besondere Integrationsaufgaben. Satz 2 gilt nicht für Verträge, die vor dem 1. April 2007 abgeschlossen worden sind. Die Krankenkassen müssen gegenüber den Kassenärztlichen Vereinigungen und den Krankenhäusern die Verwendung der einbehaltenen Mittel darlegen. Satz 1 gilt nicht für die vertragszahnärztlichen Gesamtvergütungen. Die nach Satz 1 einbehaltenen Mittel sind ausschließlich zur Finanzierung der nach § 140c Abs. 1 Satz 1 vereinbarten Vergütungen zu verwenden. Sie sollen in dem Bezirk der Kassenärztlichen Vereinigung, an die die nach Satz 1 verringerten Gesamtvergütungen gezahlt wurden, verwendet werden. Werden die einbehaltenen Mittel nicht innerhalb von drei Jahren für die Zwecke nach Satz 1 verwendet, sind die nicht verwendeten Mittel spätestens zum 31. März 2009 an die Kassenärztliche Vereinigung sowie an die einzelnen Krankenhäuser, soweit die Mittel in den Jahren 2007 und 2008 einbehalten wurden, entsprechend ihrem Anteil an den jeweils einbehaltenen Beträgen auszuzahlen.

(2) Die Vertragspartner der Gesamtverträge nach § 83 Abs. 1 haben für den Fall, dass die zur Förderung der integrierten Versorgung aufgewendeten Mittel die nach Absatz 1 einbehaltenen Mittel übersteigen, die Gesamtvergütungen nach § 85 Abs. 2 in den Jahren 2004 bis einschließlich 2008 entsprechend der Zahl der an der integrierten Versorgung teilnehmenden Versicherten sowie dem im Vertrag nach § 140a vereinbarten Versorgungsauftrag zu bereinigen, soweit der damit verbundene einzelvertragliche Leistungsbedarf den nach § 295 Abs. 2 auf Grundlage des einheitlichen Bewertungsmaßstabes für vertragsärztliche Leistungen abgerechneten Leistungsbedarf vermindert. Ab dem 1. Januar 2009 ist der Behandlungsbedarf nach § 87a Abs. 3 Satz 2 ist entsprechend der Zahl und der Morbiditätsstruktur der an der integrierten Versorgung teilnehmenden Versicherten sowie dem im Vertrag nach § 140a vereinbarten Versorgungsbedarf zu bereinigen. Kommt eine Einigung über die Verringerung der Gesamtvergütungen nach Satz 1 oder des Behandlungsbedarfs nach Satz 2 nicht zu Stande, können auch die Krankenkassen oder ihre Verbände, die Vertragspartner der Verträge nach § 140a sind, das Schiedsamt nach § 89 anrufen. Die für die Bereinigungsverfahren erforderlichen arzt- und versichertenbezogenen Daten übermitteln die Krankenkassen den zuständigen Gesamtvertragspartnern.

(3) Die Vertragspartner der Vereinbarungen nach § 84 Abs. 1 haben die Ausgabenvolumen rechnerisch zu bereinigen, soweit die integrierte Versorgung die Versorgung mit Arznei- und Heilmitteln einschließt. Die Ausgabenvolumen sind entsprechend der Zahl und der Risikostruktur der an der integrierten Versorgung teilnehmenden Versicherten zu verringern. Ergänzende Morbiditätskriterien sollen berücksichtigt werden.

(4) Mit der nach § 140c Abs. 1 Satz 1 mit Krankenhäusern zu vereinbarenden Vergütung werden bis zum 31. Dezember 2008 nur die Leistungen finanziert, die über die im Gesamtbetrag nach den §§ 3 und 4 des Krankenhausentgeltgesetzes oder dem § 6 der Bundespflegesatzverordnung enthaltenen Leistungen hinaus vereinbart werden.

(5) Die Krankenkassen melden der von der Kassenärztlichen Bundesvereinigung, der Deutschen Krankenhausgesellschaft und den Spitzenverbänden der Krankenkassen gebildeten gemeinsamen Registrierungsstelle die Einzelheiten über die Verwendung der einbehaltenen Mittel nach Absatz 1 Satz 1. Die Registrierungsstelle veröffentlicht einmal jährlich einen Bericht über die Entwicklung der integrierten Versorgung. Der Bericht soll auch Informationen über Inhalt und Umfang der Verträge enthalten.

Gliederung

A. Basisinformationen

I. Textgeschichte/Gesetzgebungsmaterialien

1 § 140d SGB V regelt die sog. Anschubfinanzierung und enthält zudem Regelungen zur Bereinigung von Ausgabenvolumina in der vertragsärztlichen Regelversorgung, d.h. zur Bereinigung der Gesamtvergütung nach § 85 Abs. 2 SGB V sowie der Vereinbarungen nach § 84 Abs. 1 SGB V.

2 Die Vorschrift wurde – zusammen mit den §§ 140a-140c und 140e-140h SGB V a.F. – durch Art. 1 Nr. 58 des Gesetzes zur Reform der gesetzlichen Krankenversicherung ab dem Jahr 2000 (GKV-Gesundheitsreformgesetz 2000) vom 22.12.1999[1] mit Wirkung vom 01.01.2000 in das SGB V eingeführt. § 140d SGB V a.F. bildete damals die gesetzliche Grundlage für die von den Spitzenverbänden der Krankenkassen und den Kassenärztlichen Bundesvereinigungen abzuschließenden Rahmenvereinbarungen zur integrierten Versorgung.

3 Durch Art. 1 Nr. 115 des Gesetzes zur Modernisierung der gesetzlichen Krankenversicherung (GKV-Modernisierungsgesetz – GMG) vom 14.11.2003[2] wurde § 140d SGB V dann mit Wirkung vom 01.01.2004 völlig neu gefasst. Der Gesetzgeber nahm den Kassenärztlichen Vereinigungen die Möglichkeiten, die integrierte Versorgung mitzugestalten; in diesem Zusammenhang schloss er die Kassenärztlichen Vereinigungen nicht nur als Vertragspartner der Krankenkassen und Berater sowie

[1] BGBl I 1999, 2626, 2641.
[2] BGBl I 2003, 2190, 2225.

Abrechnungsstelle für an der integrierten Versorgungsform teilnehmende Erbringer vertragsärztlicher Leistungen aus; er hob auch die Bestimmung zur Rahmenvereinbarung und damit die Befugnis der Kassenärztlichen Bundesvereinigungen zur Mitgestaltung der Rahmenbedingungen für die integrierte Versorgung auf.[3] Die Rahmenvereinbarung war ein wesentliches Hemmnis bei der Umsetzung integrierter Versorgungsformen.[4]

4 Statt der Bestimmungen zur Rahmenvereinbarung enthält § 140d SGB V seitdem die erwähnten Regelungen zur Anschubfinanzierung und zur Bereinigung.

5 Durch Art. 1 Ziffer 14 des Gesetzes zur Änderung des Vertragsarztrechts und anderer Gesetze (Vertragsarztrechtsänderungsgesetz – VÄndG) vom 22.12.2006[5] wurde im Wesentlichen die Anlaufphase für die integrierte Versorgung verlängert: U.a. die Anschubfinanzierung läuft nun nicht schon am 31.12.2006, sondern erst am 31.12.2008 aus.

5.1 Die umfangsreichsten Änderungen durch das Gesetz zur Stärkung des Wettbewerbs in der gesetzlichen Krankenversicherung (GKV-Wettbewerbsstärkungsgesetz = GKV-WSG) vom 26.03.2007 hat § 140d SGB V erfahren. Im Wesentlichen wurden in dessen Absatz 1 mit Wirkung zum 01.04.2007 die Sätze 2-4 eingefügt, denen zufolge die Mittel aus der Anschubfinanzierung für Verträge, die nach dem 01.04.2007 abgeschlossen werden, ausschließlich für voll- oder teilstationäre und ambulante Leistungen der Krankenhäuser und für ambulante vertragsärztliche Leistungen sowie für Aufwendungen für besondere Integrationsaufgaben verwendet werden dürfen. Außerdem ist nun ausdrücklich geregelt, dass die Krankenkassen gegenüber den Kassenärztlichen Vereinigungen und den Krankenhäusern die Verwendung der einbehaltenen Mittel darlegen müssen. Zudem sind der gemeinsamen Registrierungsstelle nunmehr auch die Einzelheiten über die Verwendung der einbehaltenen Mittel zu melden und die Registrierungsstelle muss einmal jährlich einen Bericht über die Entwicklung der integrierten Versorgung veröffentlichen, der auch Informationen über Inhalt und Umfang der Verträge enthalten soll.

II. Systematische Zusammenhänge

6 § 140d SGB V betreffend die Anschubfinanzierung und die Bereinigung von Ausgabenvolumina (d.h. der vertragsärztlichen Gesamtvergütung sowie die Budgets für die Versorgung mit Arznei- und Heilmitteln) in der vertragsärztlichen Regelversorgung steht im Wesentlichen im systematischen Zusammenhang mit § 140c SGB V betreffend die in den Verträgen zu integrierten Versorgungsformen von den Krankenkassen und ihren Vertragspartnern vereinbarte Vergütung der integrierten Versorgung, mit § 85 Abs. 2 SGB V betreffend die Gesamtvergütung und mit § 84 SGB V betreffend die Ausgabenvolumina für Arznei- und Heilmittel.

III. Literaturhinweise

7 Siehe die Kommentierung zu § 140a SGB V.

B. Auslegung der Norm

I. Regelungsgehalt und Bedeutung der Norm

8 Die integrierte Versorgung muss – ebenso wie die bisherige Regelversorgung – aus dem Beitragsaufkommen der Versicherten finanziert werden. Soweit dies zur Umsetzung von Verträgen zu integrierten Versorgungsformen erforderlich ist, müssen dazu als sog. Anschubfinanzierung in den Jahren 2004 bis 2006 jeweils Mittel bis zu 1% von der nach § 85 Abs. 2 SGB V an die Kassenärztlichen Vereinigungen zu entrichtenden Gesamtvergütung sowie von den Rechnungen der einzelnen Krankenhäuser für voll- und teilstationäre Leistungen einbehalten werden (§ 140d Abs. 1 Satz 1 SGB V).[6]

---

[3] Begründung des Gesetzentwurfs der Fraktionen SPD, CDU/CSU und Bündnis 90/Die Grünen v. 08.09.2003, BT-Drs. 15/1525, S. 130.

[4] *Bohle* in: Hellmann, Handbuch integrierte Versorgung, 3.1.1, S. 1; *Quaas*, Das Krankenhaus 2005, 967; *Quaas*, VSSR 2004, 175, 181.

[5] BGBl I 2006, 3439.

[6] Die in Krankenhäusern ambulant erbrachten Leistungen (z.B. ambulantes Operieren sowie vor- und nachstationäre Behandlung durch das Krankenhaus, Leistungen ermächtigter Krankenhausärzte, ärztliche Leistungen von Belegärzten) werden aus der vertragsärztlichen Gesamtvergütung vergütet, so dass diese Leistungen hier nicht gesondert erwähnt werden.

Aus der Anschubfinanzierung müssen die einbezogenen Leistungen ebenso finanziert werden wie die zum Teil erst zu schaffenden vernetzten Strukturen. Es mutet auf den ersten Blick ungerechtfertigt an, wenn das Beitragsaufkommen in der integrierten Versorgung nicht nur für die Vergütung medizinischer Leistungen, sondern auch für die Schaffung vernetzter Strukturen eingesetzt wird. Auf den zweiten Blick stellt sich jedoch heraus, dass das Beitragsaufkommen auch in der bisherigen Regelversorgung nicht ausschließlich der Vergütung medizinischer Leistungen, sondern auch der Finanzierung der Verwaltung dient. So erhalten z.B. die Kassenärztlichen Vereinigungen einen Teil der vertragsärztlichen Gesamtvergütung als Verwaltungskosten. 9

Übersteigen die zur Förderung der integrierten Versorgung aufgewendeten Mittel die einbehaltenen Mittel, müssen die Gesamtvergütungen nach § 85 Abs. 2 SGB V in den Jahren 2004 bis 2006 entsprechend bereinigt werden (§ 140d Abs. 2 Satz 1 SGB V). 10

Soweit die integrierte Versorgung die Versorgung mit Arznei- und Heilmitteln einschließt, müssen die Vertragspartner der Vereinbarungen nach § 84 Abs. 1 SGB V auch diese Ausgabenvolumen rechnerisch bereinigen (§ 140d Abs. 3 Satz 1 SGB V). 11

§ 140d Abs. 4 SGB V regelt, dass „[mit] der nach § 140c Abs. 1 Satz 1 SGB V mit Krankenhäusern zu vereinbarenden Vergütung [...] nur die Leistungen finanziert [werden], die über die im Gesamtbetrag nach den §§ 3 und 4 des Krankenhausentgeltgesetzes oder dem § 6 der Bundespflegesatzverordnung enthaltenen Leistungen hinaus vereinbart werden". 12

II. Normzweck

§ 140d SGB V dient dazu, das Verhältnis der finanziellen Ausstattung der integrierten Versorgung zur finanziellen Ausstattung der bisherigen Regelversorgung zu regeln: Leistungen sollen dort vergütet werden, wo sie erbrachte werden, Doppelvergütungen sollen vermieden werden.[7] Es soll einerseits ein finanzieller Anreiz zur Teilnahme an einer integrierten Versorgungsform gesetzt werden; zum anderen versucht der Gesetzgeber aber auch dafür zu sorgen, dass die bisherige Regelversorgung finanziell nicht „ausblutet". 13

III. Anschubfinanzierung (§ 140d Abs. 1 SGB V)

1. Pflicht zum Einbehalt der Anschubfinanzierung

Der Gesetzgeber will die integrierte Versorgung dadurch fördern, dass er die Krankenkassen verpflichtet, in den Jahren 2004 bis 2006 Mittel bis zu 1 vom Hundert von der nach § 85 Abs. 2 SGB V an die Kassenärztlichen Vereinigungen zu entrichtenden Gesamtvergütungen sowie von den Rechnungen der einzelnen Krankenhäuser für voll- und teilstationäre Versorgung einzubehalten, wenn diese zur Förderung der integrierten Versorgung erforderlich ist (sog. Anschubfinanzierung). Der Einbehalt steht damit nicht im Ermessen der Krankenkassen. Er steht auch nicht zur Disposition der Krankenkassen und ihrer Gesamtvertrags- oder Vertragspartner.[8] 14

2. Einzubehaltende Mittel (§ 140d Abs. 1 Satz 1 SGB V)

a. Betroffene Leistungssektoren

Die Anschubfinanzierung wird nur der an die Kassenärztlichen Vereinigungen zu entrichtenden Gesamtvergütung und der von den Krankenhäusern[9] berechneten Vergütungen für voll- und teilstationäre Leistungen und mit den Leistungssektoren „ambulante Versorgung mit Leistungen der hausärztlichen Versorgung", „ambulante Versorgung mit Leistungen der fachärztlichen Versorgung" und „Versorgung mit Leistungen der Krankenhausbehandlung" entnommen. 15

Von der Vergütung für die Leistungen in den anderen Leistungssektoren – insbesondere auch dem der „Versorgung mit Leistungen der vertragszahnärztlichen Versorgung" (vgl. § 140d Abs. 1 Satz 2 SGB V) – werden für die Anschubfinanzierung keine Mittel einbehalten. 16

---

7 *Orlowski* in: Maaßen/Schermer/Wiegand/Zipperer, SGB V, Bd. 2, 1200 § 140d Rn. 7.

8 LSG Brandenburg v. 01.11.2004 = GesR 2005, 62 m. Anm. Clemens; *Orlowski* in: Maaßen/Schermer/Wiegand/Zipperer, SGB V, Bd. 2, 1200 § 140d Rn. 11.

9 Eingeschlossen sind die Rechnungen der Zahnkliniken, vgl. *Bohle* in: Hellmann, Handbuch integrierte Versorgung, 3.1.1, S. 9; *Quaas*, Das Krankenhaus 2005, 967, 972.

17 Fraglich ist, ob die darin liegende Ungleichbehandlung von Vertragsärzten und Krankenhäusern gegenüber den sonstigen Leistungserbringern verfassungsrechtlichen Bedenken begegnet.[10] Die integrierte Versorgung dient in erster Linie der besseren Verzahnung von ambulanter und stationärer Versorgung. Eine Belastung allein der in den entsprechenden Leistungssektoren tätigen Vertragsärzte und Krankenhäuser mit der Anschubfinanzierung ist geeignet, dieses Ziel zu erreichen. Sie ist aber nicht erforderlich, denn der Anreiz für die Vertragsärzte und Krankenhäuser wäre nicht geringer gewesen, wenn auch die übrigen Leistungserbringer Mittel für die Anschubfinanzierung hätten bereitstellen müssen.

b. Volumen der Anschubfinanzierung

18 Einzubehalten sind Mittel in Höhe von jeweils maximal 1% der an die Kassenärztlichen Vereinigungen zu entrichtenden Gesamtvergütungen sowie von den Rechnungen der einzelnen Krankenhäuser für die voll- und teilstationäre Versorgung. Das 1% entsprach im Jahre 2002 in der vertragsärztlichen Versorgung einem Volumen von ca. 220 Mio €; 1% der von den Krankenhäusern berechneten voll- und teilstationären Leistungen ergab ein Finanzvolumen von weiteren ca. 460 Mio. €. Damit hätten 2002 als Anschubfinanzierung rund 680 Mio. € zur Verfügung gestanden.[11]

19 Nicht ausdrücklich geregelt ist die Frage, ob sich der Anteil des Einbehalts von der an die Kassenärztlichen Vereinigungen zu entrichtenden Gesamtvergütungen einerseits und von den Rechnungen der einzelnen Krankenhäuser für die voll- und teilstationäre Versorgung anderseits entsprechen müssen. Eine zwingende Auslegung ist leider nicht möglich. Da § 140d Abs. 1 Satz 5 SGB V jedoch regelt, dass einbehaltene Mittel, die nicht innerhalb von drei Jahren für die Umsetzung eines Vertrages zu einer integrierten Versorgungsform verwendet wurden, an die Kassenärztlichen Vereinigungen sowie an die einzelnen Krankenhäuser „entsprechend ihrem Anteil an den jeweils einbehaltenen Beträgen" auszuzahlen sind, dürfte die Vorschrift wohl unterstellen, dass unterschiedliche Anteile möglich sind.[12]

3. Vertragsschluss als Voraussetzung für den Einbehalt

20 Da von bereits „geschlossenen" Verträgen die Rede ist, besteht keine Verpflichtung der Krankenkassen zum Einbehalt, wenn solche Verträge noch nicht abgeschlossen wurden.[13]

21 Indes ist der Begriff des Vertragsschlusses von dem des In-Kraft-Tretens zu unterscheiden. Daraus, dass § 140d Abs. 1 Satz 1 SGB V nur den Abschluss eines Vertrages zu einer integrierten Versorgungsform fordert, folgt, dass der Vertrag noch nicht in Kraft getreten sein muss, um zu einem Einbehalt von bzw. einer Kürzung der Gesamtvergütung und der maßgeblichen Rechnungen der einzelnen Krankenhäuser zu führen.

4. Erforderlichkeit des Einbehalts (§ 140d Abs. 1 Satz 1 SGB V)

22 Nach dem Wortlaut des § 140d Abs. 1 Satz 1 SGB V besteht die Verpflichtung zum Einbehalt von Mitteln, „soweit die einbehaltenen Mittel zur Umsetzung von nach § 140b SGB V geschlossenen Verträgen erforderlich sind". Fraglich ist somit, wann und in welcher Höhe die einzubehaltenden Mittel zur Umsetzung von nach § 140b SGB V geschlossenen Verträgen erforderlich sind.

a. Beurteilungsspielraum der Krankenkassen

23 Die Kalkulation der für die Umsetzung einer integrierten Versorgungsform erforderlichen Mittel kann bei Vertragsschluss naturgemäß nur näherungsweise erfolgen. Der Finanzbedarf hängt insbesondere davon ab, wie viele Versicherte sich für die Teilnahme entschließen. An das Tatbestandsmerkmal der Erforderlichkeit können daher keine allzu hohen Anforderungen gestellt werden. Es reicht aus, wenn die Mittel nach den plausiblen prognostischen Berechnungen der Krankenkasse zur Umsetzung einer konkreten integrierten Versorgungsform erforderlich sind.[14] „Erforderlich" bedeutet nach allgemeinem juristischem Verständnis, dass sich der vorgenommene Abzug an den Kriterien der Verhältnismäßigkeit messen lassen muss, und dass der Abzug insoweit justitiabel ist.[15]

---

10 Siehe hierzu für Krankenhäuser: *Bohle* in: Hellmann, Handbuch integrierte Versorgung, 3.1.1, S. 9; *Quaas*, Das Krankenhaus 2005, 967, 972.

11 Siehe BT-Drs. 14/1245, S. 131.

12 *Orlowski* in: Maaßen/Schermer/Wiegand/Zipperer, SGB V, Bd. 2, 1200 § 140d Rn. 14.

13 *Beule*, GesR 2004, 209, 213; *Bohle* in: Hellmann, Handbuch integrierte Versorgung, 3.1.1, S. 11.

14 Vgl. *Bohle* in: Hellmann, Handbuch integrierte Versorgung, 3.1.1. S. 13; *Dahm*, MedR 2005, 121, 122; *Orlowski*, in: Maaßen/Schermer/Wiegand/Zipperer, SGB V, Bd. 2, 1200 § 140d Rn. 13.

15 *Dahm*, MedR 2005, 121, 122.

b. Zu berücksichtigender Zeitraum

Zur Frage der Erforderlichkeit gehören auch der Zeitpunkt des Einbehalts und die Zeitspanne, während derer die Krankenkasse die integrierte Versorgungsform aus den einbehaltenen Mitteln zu finanzieren gedenkt. Mit anderen Worten: kann es erforderlich sein, sogleich nach Vertragsschluss Mittel für den gesamten Zeitraum, in dem es der Anschubfinanzierung nach § 140d Abs. 1 Satz 1 SGB V für den konkreten Vertrag zu einer integrierten Versorgungsform bedarf, einzubehalten? Oder kann erforderlich nur der Einbehalt der Mittel sein, die zur Finanzierung der integrierten Versorgung in dem Zeitraum bis zum nächstmöglichen Einbehalt erforderlich sind? 24

Der Wortlaut des § 140d Abs.1 Satz 1 SGB V bietet keinen über das Merkmal der Erforderlichkeit selbst hinausgehenden Anhaltspunkt für die eine oder andere Annahme. Es könnte aber die systematische Auslegung für die Annahme sprechen, dass die Krankenkasse sogleich nach Vertragsschluss Mittel für den gesamten Zeitraum, in dem es der Anschubfinanzierung nach § 140d Abs. 1 Satz 1 SGB V für den konkreten Vertrag zu einer integrierten Versorgungsform bedarf, einbehalten kann: Denn dadurch, dass § 140d Abs. 1 Satz 5 SGB V eine Auszahlung der einbehaltenen Mittel für den Fall vorsieht, dass einbehaltene Mittel nicht innerhalb von drei Jahren für die Umsetzung einer integrierten Versorgungsform verwendet wurden, könnte die Vorschrift implizieren, dass einbehaltene Mittel nicht sogleich verwendet werden müssen. Dieser Schluss ist jedoch logisch nicht zwingend, denn es ist ebenso gut möglich, dass die Krankenkassen bei ihrer plausiblen Berechnung der erforderlichen Mittel Prämissen angenommen hat, die sich später als unzutreffend herausgestellt haben (z.B. Anzahl der teilnehmenden Versicherten). 25

Gleichwohl spricht m.E. mehr dafür, dass die Krankenkassen sogleich ab Vertragsschluss die Mittel für den gesamten verbleibenden Zeitraum der Anschubfinanzierung einbehalten dürfen. Denn wenn sich auch nicht zwingend aus § 140d Abs. 1 Satz 5 SGB V ergibt, dass einbehaltene Mittel nicht sofort verwendet werden müssen, so ist die in der Bestimmung enthaltene Drei-Jahres-Frist doch gleichwohl Ausdruck einer gewissen Großzügigkeit bei der Auslegung des Tatbestandsmerkmals der Erforderlichkeit. Denn unterstellt, erforderlich im Sinne des § 140d Abs. 1 Satz 1 SGB V wäre nur der Einbehalt der Mittel, die zur Finanzierung der integrierten Versorgung in dem Zeitraum bis zum nächstmöglichen Einbehalt erforderlich sind, dann würde eine Auszahlung erst nach drei Jahren nicht systemkonform sein; es wäre dann vielmehr geboten gewesen, die zuviel einbehaltenen Mittel sogleich zum nächstmöglichen Termin mit dem nächstmöglichen Einbehalt zu verrechnen. 26

c. Berechnung der Zahlungskürzungen

Zur Berechnung der Zahlungskürzung gelten die Regelungen der Anlagen 1 (Kassenärztliche Vereinigungen) und 2 (Krankenhäuser)[16] der Vereinbarung über die Einrichtung einer gemeinsamen Registrierungsstelle zur Unterstützung der Umsetzung des § 140d SGB V[17]. Beachten Sie hierzu bitte auch die Protokollnotiz. 27

Die Anlage 1 betrifft die Berechnung der Zahlungskürzung gegenüber den Kassenärztlichen Vereinigungen. Gemäß Ziffer 1 Anlage 1 errechnet sich der Kürzungsbetrag für Abschlagszahlungen an die Kassenärztliche Vereinigung als das Produkt aus der errechneten Abzugsquote und dem angeforderten Zahlbetrag. Gemäß Ziffer 2 Anlage 2 entspricht der Kürzungsbetrag für Schlusszahlungen an die Kassenärztliche Vereinigung dem Produkt aus der errechneten Abzugsquote und den im Formblatt 3-Position D 99-90-99 ausgewiesenen Betrag abzüglich fehlerhaft bzw. systematisch abweichend zugeordneter Beträge. 28

Nicht geregelt ist hingegen, wie die in der Anschubfinanzierung liegende Honorarkürzung zwischen den beiden Leistungssektoren „ambulante Versorgung mit Leistungen der hausärztlichen Versorgung" und „ambulante Versorgung mit Leistungen der fachärztlichen Versorgung" verteilt wird.[18] Ebenso wenig findet sich eine Regelung, nach der die verschiedenen Facharztgruppen an den Kürzungen beteiligt werden. 29

---

[16] In den Sitzungen der Lenkungsgruppe § 140d SGB V am 09.08.2005 und 22.11.2005 wurde beschlossen, dass ergänzend zu den in Anlage 2 der Vereinbarung aufgeführten Entgeltarten auch die Entgeltarten mit den Entgeltschlüsseln 4710000x vor Berechnung des Abzugs nach § 140d SGB V abgesetzt werden, sofern sie in dem Brutto-Rechnungsbetrag des Krankenhauses enthalten sind.

[17] Text unter http://www.bqs-register140d.de/.

[18] Vgl. *Orlowski* in: Maaßen/Schermer/Wiegand/Zipperer, SGB V, Bd. 2, 1200 § 140d Rn. 16; *Quaas*, Das Krankenhaus 2005, 967, 972.

30 Nach der Anlage 2 hingegen werden Zahlungskürzungen bei Krankenhäusern berechnet. Da das 1% nur von den Rechnungen der einzelnen Krankenhäuser für voll- und teilstationäre Versorgung einzubehalten ist, sind von den Rechnungen der Krankenhäuser (d.h. von dem Brutto-Rechnungsbetrag) vor einer solchen Kürzung zunächst alle übrigen Rechnungspositionen bzw. Entgeltarten[19] abzusetzen.

5. Zeitliche Geltung der Anschubfinanzierung (§ 140d Abs. 1 Satz 1 SGB V)

31 Die Anschubfinanzierung, d.h. den Einbehalt von Mitteln, sieht der Gesetzgeber – jedenfalls zurzeit – für die Jahre 2004 bis 2008 vor.

6. Recht zum Einbehalt jenseits der Pflicht zum Einbehalt?

a. Einbehalt auch von mehr als 1 vom Hundert?

32 Nach § 140d Abs. 1 Satz 1 SGB V müssen die Krankenkassen Mittel bis zu 1 vom Hundert von der Gesamtvergütung sowie von den Rechnungen der Krankenhäuser für voll- und teilstationäre Versorgung einbehalten, „soweit die einbehaltenen Mittel zur Umsetzung von nach § 140b SGB V geschlossenen Verträgen erforderlich sind". Das wirft die Frage auf, ob die Krankenkassen über diese sog. Anschubfinanzierung hinausgehende Mittel einbehalten dürfen, wenn dies zur Umsetzung von nach § 140b SGB V geschlossenen Verträgen erforderlich ist.

33 Der Wortlaut des § 140d Abs. 1 Satz 1 SGB V schließt das nicht aus.[20] Indes ergibt eine gesetzessystematische Auslegung, dass das Nebeneinander von „Einbehalt" (in § 140d Abs. 1 Satz 1 SGB V) und „Bereinigung" (in § 140d Abs. 2 SGB V) einem über die Anschubfinanzierung hinausgehenden Einbehalt jedenfalls von Mitteln aus der vertragsärztlichen Gesamtvergütung entgegensteht: § 140d Abs. 2 Satz 1 HS. 1 SGB V bestimmt, dass „[die] Vertragspartner der Gesamtverträge nach § 83 Abs. 1 SGB V [...] die Gesamtvergütung [für den Fall] zu bereinigen [haben, dass die zur Förderung der integrierten Versorgung aufgewendeten Mittel die nach § 140d Abs. 1 SGB V einbehaltenen Mittel übersteigen]". Da die Bereinigung für den Fall vorgeschrieben ist, dass die zur Förderung aufgewendeten Mittel die nach § 140d Abs. 1 SGB V eingehaltenen Mittel übersteigen, ist es denklogisch ausgeschlossen, dass über die Anschubfinanzierung hinausgehende Mittel aus der Gesamtvergütung (im Vorhinein) einbehalten werden dürfen.[21] Dem steht auch nicht entgegen, dass in § 140d Abs. 2 Satz 1 HS. 1 SGB V von bereits aufgewendeten Mitteln die Rede ist, denn die Krankenkassen können nicht nur solche Mittel aufwenden, die sie zuvor von der Gesamtvergütung einbehalten, d.h. um die sie die Gesamtvergütung gekürzt haben.[22] Diese Auslegung wird durch die historische Betrachtung gestützt: In der Gesetzesbegründung heißt es insofern, dass die Krankenkassen weniger, aber nicht mehr als 1 vom Hundert der jeweiligen Gesamtvergütung kürzen können.[23]

34 Diese Argumente gelten indes nur für die an die Kassenärztlichen Vereinigungen gezahlte Gesamtvergütung, nicht aber für die Mittel, die die Krankenkassen an die Krankenhäuser für die voll- und teilstationäre Versorgung der Versicherten entrichten. Es fragt sich daher, ob die Krankenkassen denn „von den Rechnungen der einzelnen Krankenhäuser für voll- und teilstationäre Versorgung" über 1 vom Hundert hinausgehende Mittel einbehalten dürfen, wenn und „soweit die einbehaltenen Mittel zur Um-

[19] Im Einzelnen handelt es sich bei diesen Entgelten um den Zuschlag nach § 14 Abs. 8 BPflV (Investitionszuschlag), das Entgelt für die vor- sowie für die nachstationäre Behandlung, den Pflegesatz bei Beurlaubung (ggf. bei Abrechnung nach BPflV), die Kosten für die Wahlleistung Unterkunft (nur Bundesknappschaft), den Zuschlag für die Qualitätssicherung nach § 137 SGB V, die Zu- und Abschläge nach GMG, den Zuschlag für den Gemeinsamen Bundesausschuss (§ 91 Abs. 2 Satz 6 SGB V), den Zuschlag für das Institut nach § 139c SGB V, den Zuschlag für Verbesserung der Arbeitszeitbedingungen (§ 4 Abs. 13 KHEntgG und § 6 Abs. 5 BPflV, ab 2005), den Zuschlag für Ärzte im Praktikum (§ 4 Abs. 14 KHEntgG und § 6 Abs. 1 Satz 3 Nr. 8 BPflV, ab 2005), den DRG-Systemzuschlag, das Entgelt für die integrierte Versorgung nach § 140c SGB V sowie den Zu- und Abschlag nach § 7 Nr. 4 KHEntgG (Anlage 2 Ziffer 2 Vereinbarung über die Einrichtung einer gemeinsamen Registrierungsstelle zur Unterstützung der Umsetzung des § 140d SGB V).

[20] *Beule*, GesR 2004, 209, 213; a.A. *Orlowski* in: Maaßen/Schermer/Wiegand/Zipperer, SGB V, Bd. 2, 1200 § 140d Rn. 10.

[21] So im Ergebnis auch *Orlowski* in: Maaßen/Schermer/Wiegand/Zipperer, SGB V, Bd. 2, 1200 § 140d Rn. 10.

[22] *Orlowski* in: Maaßen/Schermer/Wiegand/Zipperer, SGB V, Bd. 2, 1200 § 140d Rn. 10 sprechen insofern davon, dass Krankenkassen die „über den kürzbaren Betrag hinausgehenden weiteren Mittel[, die] zur Vergütung von integrationsvertraglichen Leistungen erforderlich [sind]", „aus Mitteln außerhalb der Anschubfinanzierung bereitzustellen und - ggf. - im Wege der Bereinigung der Kollektivbudgets zu refinanzieren [sind]".

[23] Vgl. BT-Drs. 14/1245, S. 131; im Ergebnis a.A. *Quaas*, Das Krankenhaus 2005, 967, 972.

setzung von nach § 140bgeschlossenen Verträgen erforderlich sind". Weder der Wortlaut des § 140d Abs. 1 Satz 1 SGB V und des § 140d Abs. 2 Satz 1 HS. 1 SGB V, noch die systematische Bedeutung des § 140d Abs. 2 Satz 1 HS. 1 SGB V sprechen dagegen.

Eine Kürzung der Rechnungen über 1 vom Hundert wäre gleichwohl rechtswidrig.[24] In die Rechte eines Beteiligten – hier also eines Krankenhauses – darf die Verwaltung – hier also die Krankenkasse – darf nur durch oder aufgrund eines Gesetzes eingreifen. § 140d Abs. 1 Satz 1 SGB V gestattet einen solchen Eingriff gerade nicht. Auch aus § 140b Abs. 4 Satz 1 SGB V lässt sich eine solche Befugnis nicht herleiten: Die Norm berechtigt die Krankenkassen und ihre Vertragspartner, in ihrem Innenverhältnis von den Bestimmungen u.a. des Krankenhausentgeltgesetzes abzuweichen. Die Befugnis erstreckt sich jedoch nicht auf das Außenverhältnis. Eine Vereinbarung zwischen den Krankenkassen und ihren Vertragspartnern, der zufolge die Rechnungsbeträge der einzelnen Krankenhäuser um einen über 1 vom Hundert hinausgehenden Betrag gekürzt werden, würde einen unzulässigen Vertrag zu Lasten Dritter darstellen. Diese Auslegung steht im Einklang damit, dass § 140d Abs. 4 SGB V die Leistungen der stationären Regelversorgung einschließlich ihrer Vergütung aus dem Anwendungsbereich der integrierten Versorgung bzw. dem ihrer Vergütung ausklammert: ist dieser Bereich von Gesetzes wegen einer Regelung entzogen, steht den Krankenkassen weder ein einseitiges Kürzungsrecht zu, noch sind sie befugt gemeinsam mit ihren Vertragspartnern eine über 1 vom Hundert hinausgehende Kürzung zu vereinbaren. 35

b. Einbehalt auch zur Umsetzung bis dato nur geplanter Verträge?

Da die Krankenkassen in die Rechte Dritter nur durch oder aufgrund eines Gesetzes eingreifen dürfen und der Wortlaut des § 140d Abs. 1 Satz 1 SGB V davon spricht, dass der Einbehalt für die Umsetzung von nach § 140b SGB V „geschlossenen Verträgen" erforderlich sein muss, ist es den Krankenkassen zudem untersagt, allein in Erwartung von Vertragsabschlüssen über die Anschubfinanzierung hinausgehende Mittel einzubehalten.[25] 36

Dem steht auch nicht die systematische Auslegung im Lichte des § 140d Abs. 1 Satz 5 SGB V entgegen, der eine Regelung für den Fall trifft, dass die einbehaltenen Mittel nicht innerhalb von drei Jahren für die Zwecke nach § 140d Abs. 1 Satz 1 SGB V verwendet werden.[26] Diese Regelung macht auch dann Sinn, wenn die Krankenkassen Mittel nur dann einbehalten dürfen, wenn sich das Erfordernis, sie zu verwenden aus einem bereits abgeschlossenen Vertrag ergeben muss.[27] Es kann nämlich sein, dass die Krankenkasse bei Vertragsschluss einen Finanzbedarf unterstellt hat, der dann tatsächlich nicht in der Höhe bestand.[28] 37

Der Einbehalt ist damit auf maximal 1% der jeweiligen Beträge (d.h. der Gesamtvergütung bzw. der Rechnungsbeträge der Krankenhäuser) beschränkt. 38

7. Zu finanzierende Leistungen (§ 140d Abs. 1 Satz 3 SGB V)

Gemäß § 140d Abs. 1 Satz 3 SGB V „[sind] die nach [§ 140d Abs. 1] S. 1 [SGB V n.F.] einbehaltenen Mittel ausschließlich zur Finanzierung der nach § 140c Abs. 1 Satz 1 [SGB V n.F.] vereinbarten Vergütungen zu verwenden". 39

Zu beachten ist dabei jedoch § 140d Abs. 4 SGB V, der bestimmt, dass „[mit] der nach § 140c Abs. 1 Satz 1 SGB V n.F. mit Krankenhäusern zu vereinbarenden Vergütung [nur] die Leistungen finanziert [werden], die über die im Gesamtbetrag nach den §§ 3 und 4 KHEntgG oder dem § 6 BPflV enthaltenen Leistungen hinaus vereinbart werden"; die im Gesamtbetrag nach den §§ 3 und 4 KHEntgG oder dem § 6 BPflV enthaltenen Leistungen hingegen werden nach wie vor in der bisherigen Regelversor- 40

[24] So auch *Quaas*, Das Krankenhaus 2005, 967, 972.

[25] So SG Saarland v. 14.12.2004; *Bohle* in: Hellmann, Handbuch integrierte Versorgung, 3.1.1., S. 12; *Dahm*, MedR 2005, 121, 122; *Orlowski* in: Maaßen/Schermer/Wiegand/Zipperer, SGB V, Bd. 2, 1200 § 140d Rn. 12 (vgl. allerdings dort auch Rn. 18, wo Orlowski gleichwohl davon auszugehen scheint, dass Kürzungen auch für noch nicht abgeschlossene Verträge vorgenommen werden); *Quaas*, Das Krankenhaus 2005, 967, 972; a.A. LSG Brandenburg v. 01.11.2004 - L 5 B 105/04 KA - GesR 2005, 62 = MedR 2005, 62 m. Anm. Bold; a.A. auch noch *Beule*, GesR 2004, 209, 213.

[26] So aber LSG Brandenburg v. 01.11.2004 - L 5 B 105/04 KA ER - GesR 2005, 62.

[27] A.A. noch *Beule*, GesR 2004, 209, 213.

[28] *Orlowski* in: Maaßen/Schermer/Wiegand/Zipperer, SGB V, Bd. 2, 1200 § 140d Rn. 12.

gung vergütet. Das können ausweislich der Gesetzesbegründung[29] entweder zusätzlich vereinbarte Leistungsmengen oder aber sonstige Zusatzleistungen wie Dokumentations- oder Koordinierungsaufwand sein.[30]

41 Dürfen die Mittel aus der Anschubfinanzierung allein zur Finanzierung der nach § 140c SGB V vereinbarten Vergütung verwendet werden, dann dürfen die Krankenkassen sie insbesondere nicht zur Deckung ihrer Verwaltungskosten einsetzen, auch dann nicht, wenn die Verwaltungskosten durch die Umsetzung eines Vertrages zu einer integrierten Versorgungsform entstanden sind.[31]

42 Eine darüber hinausgehende Forderung des Inhalts, dass die im Rahmen der Anschubfinanzierung zur Verfügung gestellten Mittel in der integrierten Versorgungsform zur Vergütung der Leistungen desjenigen Leistungssektors verwendet werden müssen, dem sie entnommen wurden, stellt der Wortlaut des Gesetzes nicht auf.[32] Daher können aus der Anschubfinanzierung auch die anderen Leistungssektoren als denen der „ambulanten Versorgung mit Leistungen der hausärztlichen Versorgung“, der „ambulanten Versorgung mit Leistungen der fachärztlichen Versorgung“ und der „Versorgung mit Leistungen der Krankenhausbehandlung“ zuzuordnenden Leistungen finanziert werden.

8. Regionale Verwendung (§ 140d Abs. 1 Satz 4 SGB V)

43 Die Krankenkassen behalten nach § 140d Abs. 1 Satz 1 SGB V von einer, d.h. von jeder Gesamtvergütung, die sie an eine Kassenärztliche Vereinigung zahlen, Mittel ein. Krankenkassen, deren Versicherte in mehreren KV-Bezirken wohnen, behalten damit von den an mehrere Kassenärztliche Vereinigungen jeweils zu zahlenden Gesamtvergütungen Mittel ein. Die einbehaltenen Mittel sollen gemäß § 140d Abs. 1 Satz 4 SGB V in dem Bezirk der Kassenärztlichen Vereinigung, an die die nach Satz 1 verringerten Gesamtvergütungen gezahlt wurden, verwendet werden. Die Krankenkassen werden so angehalten, die integrierte Versorgung möglichst gleichmäßig über die Republik verteilt zu fördern.

44 § 140d Abs. 1 Satz 4 SGB V ist eine Soll-Vorschrift. Werden die Mittel – entgegen dem Wunsch des Gesetzgebers – in einem anderen als dem Bezirk der Kassenärztlichen Vereinigung, an die die nach § 140d Abs. 1 Satz 1 SGB V verringerte Gesamtvergütung gezahlt wurden, verwendet, hat dies keine rechtlichen Konsequenzen.

45 Eine dem § 140d Abs. 1 Satz 4 SGB V entsprechende Vorschrift gibt es für Krankenhäuser nicht. Der Wortlaut gibt nichts für die Annahme her, dass die Mittel im Einzugsbereich eines Krankenhauses verwendet werden sollen.[33]

9. Rückzahlung nicht verwendeter Mittel (§ 140d Abs. 1 Satz 5 SGB V)

46 Werden die nach § 140d Abs. 1 Satz 1 SGB V einbehaltenen Mittel nicht innerhalb von drei Jahren für die Zwecke nach § 140d Abs. 1 Satz 1 SGB V verwendet, sind die nicht verwendeten Mittel gemäß § 140d Abs. 1 Satz 5 SGB V spätestes bis zum 31.03.2009 an die Kassenärztliche Vereinigung sowie an die einzelnen Krankenhäuser entsprechend ihrem Anteil an den jeweils einbehaltenen Beträgen auszuzahlen.

47 Die Frage, zu welchem Zeitpunkt die Krankenkassen die nicht verwendeten Mittel an die Kassenärztlichen Vereinigungen sowie die Krankenhäuser auszuzahlen haben, hängt davon ab, wann der Zeitraum von drei Jahren beginnt. Maßgeblich ist der Zeitpunkt eines konkret für eine bestimmte integrierte Versorgungsform vorgenommenen Einbehalts. Nach dem In-Kraft-Treten des VÄndG[34] zum 01.01.2007 müssen die Gelder jedoch unabhängig von dem Drei-Jahres-Zeitraum spätestens zum 31.03.2009 ausgezahlt werden.

---

29 Vgl. BT-Drs. 14/1245, S. 131. Zu den daraus in Bezug auf die zusätzlichen Leistungsmengen resultierenden praktischen Problemen siehe *Quaas*, Das Krankenhaus 2005, 967, 971.

30 Angesichts des schon in der bisherigen Regelversorgung überhand nehmenden Dokumentationsaufwandes fragt sich *Dahm*, MedR 2005, 121, 123 zu Recht, ob hier nicht „aus Wohltat Plage“ wird.

31 Vgl. Orlowski in: Maaßen/Schermer/Wiegand/Zipperer, SGB V, Bd. 2, 1200 § 140d Rn. 17.

32 *Orlowski* in: Maaßen/Schermer/Wiegand/Zipperer, SGB V, Bd. 2, 1200 § 140d Rn. 15 spricht vom Fehlen eines Konnexes zwischen gekürzten Mitteln und Mittelverwendung; *Quaas*, Das Krankenhaus 2005, 967, 972.

33 So auch *Quaas*, Das Krankenhaus 2005, 967, 972.

34 Ziffer 14 VÄndG (BGBl I 2006, 3439, 3442).

IV. Bereinigung der Gesamtvergütung (§ 140d Abs. 2 SGB V)

§ 140d Abs. 2 Satz 1 HS. 1 SGB V regelt, dass „die Vertragspartner der Gesamtverträge nach § 83 Abs. 1 [die Gesamtvergütungen nach § 85 Abs. 2 SGB V in den Jahren 2004 bis einschließlich 2008 entsprechend der Zahl und der Risikostruktur der an der integrierten Versorgung teilnehmenden Versicherten sowie dem im Vertrag nach § 140a SGB V vereinbarten Versorgungsauftrag für den Fall zu bereinigen haben], dass die zur Förderung der integrierten Versorgung aufgewendeten Mittel die nach [§ 140d Abs. 1 Satz 1 SGB V n.F.] einbehaltenen Mittel übersteigen".[35] 48

1. Einigung über die Bereinigung

Indem der Gesetzgeber die Vertragspartner der Gesamtverträge nach § 83 Abs. 1 SGB V verpflichtet, die Gesamtvergütungen zu bereinigen, verpflichtet er sie eine entsprechende Vereinbarung abzuschließen. 49

2. Bereinigung nur der Gesamtvergütung

Die Gesamtvergütungen – und nur diese – sind zu bereinigen, wenn und soweit die Krankenkassen aus zusätzlichen, d.h. über die Anschubfinanzierung hinausgehenden Mitteln („entsprechend [...] dem im Vertrag nach § 140a SGB V vereinbarten Versorgungsauftrag") ambulante Leistungen der hausärztlichen und/oder der fachärztlichen Versorgung in einer integrierten Versorgungsform vergütet haben. Mit anderen Worten: die Kassenärztlichen Vereinigungen müssen aus den erhaltenen Gesamtvergütungen die entsprechenden Beträge an die Krankenkassen zurückzahlen. So werden die Leistungen nicht doppelt, sondern dort bezahlt, wo sie erbracht werden. 50

Das Risiko einer doppelten Bezahlung (in der bisherigen Regelversorgung einerseits und in einer integrierten Versorgungsform andererseits) besteht nur dort, wo die Krankenkassen in der bisherigen Regelversorgung keine einzelnen Leistungen, sondern eine Gesamtheit von Leistungen mit einer Pauschale vergüten. Denn bei der Berechnung der Pauschale für die bisherige Regelversorgung wird eine bestimmte Leistungsmenge unterstellt. Wenn und soweit diese für die Regelversorgung unterstellte Leistungsmenge unterschritten wird, weil die Leistungen tatsächlich nicht in der bisherigen Regelversorgung, sondern in einer integrierten Versorgungsform erbracht und auch vergütet wurden, wurden Leistungen doppelt vergütet und sind zu bereinigen. Das ist nur bei der an die Kassenärztlichen Vereinigungen zu entrichtenden Gesamtvergütung der Fall, welche die Krankenkassen für alle vermutlich im Rahmen der bisherigen Regelversorgung erforderlich werdenden ambulanten Leistungen der hausärztlichen und der fachärztlichen Versorgung entrichten. 51

Alle anderen Leistungen der gesetzlichen Krankenversicherung vergüten die Krankenkassen einzeln[36]; diese Leistungen werden daher auch nur entweder in der bisherigen Regelversorgung oder aber einer integrierten Versorgungsform vergütet; das Risiko einer doppelten Vergütung besteht hier nicht. 52

3. Für die Bereinigung maßgebliche Kriterien

a. Gesamtvergütung nach § 85 Abs. 2 SGB V

Die Bereinigung der Gesamtvergütung nach § 85 Abs. 2 SGB V muss entsprechend der Zahl und der Risikostruktur der an der integrierten Versorgungsform teilnehmenden Versicherten sowie dem im Vertrag nach § 140a SGB V vereinbarten Versorgungsauftrag bereinigt werden (§ 140d Abs. 2 Satz 1 Hs. 1 SGB V). Ergänzende Morbiditätskriterien sollen berücksichtigt werden. 53

b. Behandlungsbedarf nach § 85a Abs. 2 Satz 1 Nr. 1 SGB V

Nach Einführung der Regelleistungsvolumina ist der Behandlungsbedarf nach § 85a Abs. 2 S. 1 Nr. 1 SGB V entsprechend der Zahl und der Morbiditätsstruktur der an der integrierten Versorgungsform teilnehmenden Versicherten sowie dem im Vertrag nach § 140a SGB V vereinbarten Versorgungsbedarf zu bereinigen (§ 140d Abs. 2 Satz 2 SGB V). 54

[35] So wird nach *Quaas*, Das Krankenhaus 2005, 967, 972 aus der Anschubfinanzierung – für den ambulanten Bereich – finanzierungstechnisch ein Mittel zur Vermeidung einer Doppelbelastung bzw. – zulasten der Krankenhäuser – eine zusätzliche Finanzierungsquelle für die Krankenkassen.

[36] Z.B. Krankenhausbehandlungen; vgl. *Orlowski* in: Maaßen/Schermer/Wiegand/Zipperer, SGB V, Bd. 2, 1200 § 140d Rn. 20.

4. Bereinigungsintervalle

55 Aus der Formulierung „in den Jahren 2004 bis 2008 einschließlich" folgt m.E., dass die Bereinigung jeweils nach Abschluss eines der genannten Jahre zu erfolgen hat.

V. Bereinigung der Arznei- und Heilmittelbudgets (§ 140d Abs. 3 SGB V)

56 Die Vertragspartner der Vereinbarungen nach § 84 Abs. 1 SGB V haben die Ausgabenvolumen rechnerisch zu bereinigen, soweit die integrierte Versorgung die Versorgung mit Arznei- und Heilmitteln einschließt (§ 140d Abs. 3 Satz 1 SGB V). Diese Ausgabenvolumen sind entsprechend der Zahl und der Risikostruktur der an der integrierten Versorgung teilnehmenden Versicherten zu verringern (§ 140d Abs. 3 Satz 2 SGB V). Ergänzende Morbiditätskriterien sollen berücksichtigt werden (§ 140d Abs. 3 Satz 3 SGB V).

VI. Verhältnis des Einbehalts (nach § 140d Abs. 1 Satz 1 SGB V) zur Bereinigung (nach § 140d Abs. 2 SGB V)

57 Die Begriffe „einbehalten" und „zu entrichten" weisen darauf hin, dass die Krankenkassen diese Mittel (von vornherein) nicht schulden und nur die reduzierten Beträge an die Kassenärztlichen Vereinigungen und die Krankenhäuser auszahlen müssen. Die einbehaltenen Mittel werden von den Krankenkassen gesondert verbucht und stehen ihnen als „Anschubfinanzierung" sogleich zur Verfügung.

58 Während die Krankenkassen die Mittel für die Anschubfinanzierung demnach nach Maßgabe des § 140d Abs. 1 SGB V (von vornherein) von den zu entrichtenden Beträgen einbehalten, werden weitere, zur Förderung der integrierten Versorgung aufgewendete Mittel gemäß § 140d Abs. 2 SGB V erst (nachträglich) durch eine Bereinigung der Gesamtvergütung in den Jahren 2004 bis 2006 zurückgeholt. Sofern der Gesetzgeber durch die Anschubfinanzierung eine Bereinigung überflüssig macht, beseitigt er ein zentrales Problem der bisherigen Bestimmungen; die zur integrierten Versorgung wird so attraktiver.[37]

59 Der Einbehalt auf der einen Seite und die Bereinigung auf der anderen Seite haben insbesondere dann unterschiedliche rechtliche Konsequenzen, wenn sich die Krankenkassen mit den Kassenärztlichen Vereinigungen bzw. mit den Krankenhäusern über die Frage streiten, ob und in welcher Höhe die Krankenkassen Mittel aus Vergütung für die bisherige vertragsärztliche sowie voll- und teilstationäre Regelversorgung für die integrierte Versorgung ausgegeben werden dürfen: Hat die Krankenkasse die Mittel einbehalten, stehen sie zunächst einmal zur Finanzierung der integrierte Versorgungsform zur Verfügung; geht es hingegen um eine über die einbehaltenen Mittel hinausgehende Finanzausstattung integrierter Versorgungsformen, müssen die Krankenkassen die Mittel im Wege der Bereinigung des Gesamtbudgets von den Kassenärztlichen Vereinigungen – möglicherweise unter langwieriger Anrufung des Schiedsgerichts – zurückholen.

VII. Rechtsmittel gegen den Einbehalt und die Bereinigung

60 Fraglich ist, ob und ggf. welche Rechtsmittel den Betroffenen gegen den Einbehalt durch die Krankenkassen und im Falle eines Streits über die Bereinigung der Gesamtvergütung zur Verfügung stehen.

61 Der Einbehalt stellt einen Verwaltungsakt im Sinne des § 31 SGB X dar. Vor der Vornahme eines Verwaltungsaktes ist den Beteiligten in der Regel rechtliches Gehör zu gewähren (vgl. § 24 SGB X). Beteiligt sind die Kassenärztlichen Vereinigungen und die Krankenhäuser, wenn und sofern eine Krankenkasse Mittel aus der Gesamtvergütung bzw. von den Krankenhausrechnungen einbehält. Zudem haben die Beteiligten nach § 25 Abs. 1 SGB X das Recht, Akteneinsicht zu verlangen. Gegen den Einbehalt können die Beteiligten Widerspruch einlegen und Klage erheben.[38]

62 Für den Fall eines Streits über die Bereinigung der Gesamtvergütung regelt § 140d Abs. 2 Satz 3 SGB V, dass nicht nur die Leistungserbringer, sondern „auch [!] die Krankenkassen oder ihre Verbände, die Vertragspartner der Verträge nach § 140a SGB V n.F. sind, das Schiedsamt anrufen [können]".

---

[37] Vgl. *Orlowski* in: Maaßen/Schermer/Wiegand/Zipperer, SGB V, Bd. 2, 1200 § 140d Rn. 7.

[38] *Dahm*, MedR 2005, 121, 122.

VIII. I.V.-Leistungen im Krankenhaus (§ 140d Abs. 4 SGB V)

§ 140d Abs. 4 SGB V regelt, dass „[mit] der nach § 140c Abs. 1 Satz 1 SGB V mit Krankenhäusern zu vereinbarenden Vergütung [...] bis zum 31.12.2008 nur die Leistungen finanziert [werden], die über die im Gesamtbetrag nach den §§ 3 und 4 des Krankenhausentgeltgesetzes oder dem § 6 der Bundespflegesatzverordnung enthaltenen Leistungen hinaus vereinbart werden". Damit klammert der Gesetzgeber die Leistungen der stationären Regelversorgung einschließlich ihrer Vergütung aus dem Anwendungsbereich der integrierten Versorgung bzw. dem ihrer Vergütung aus.[39] **63**

Die integrierte Versorgung dient u.a. dazu, die starre Trennung zwischen der ambulanten und der stationären Versorgung zu durchbrechen. Ein Grund für die Trennung sind die unterschiedlichen Vergütungsstrukturen in der ambulanten Versorgung einerseits und in der stationären Versorgung andererseits. Dadurch, dass § 140d Abs. 4 SGB V die Leistungen der stationären Regelversorgung einschließlich ihrer Vergütung aus dem Anwendungsbereich der integrierten Versorgung bzw. dem ihrer Vergütung ausklammert, können die Vergütungsstrukturen nur dadurch angeglichen werden, dass sich die Vergütung für die ambulante Versorgung an die Vergütung für die stationäre Regelversorgung und damit an das DRG-Entgeltsystem angleicht.[40] **64**

Anders als bei der vertragsärztlichen Gesamtvergütung sieht § 140d SGB V bei der Vergütung der Leistungen der Krankenhausbehandlung keine Bereinigung vor. Indes bedarf es einer solchen Bereinigung auch nicht. Während § 140d Abs. 2 Satz 1 HS. 1 SGB V die Bereinigung der Gesamtvergütung für den Fall vorschreibt, dass „die zur Förderung der integrierten Versorgung aufgewendeten Mittel die nach § 140d Abs. 1 SGB V für die Anschubfinanzierung einbehaltenen Mittel übersteigen", kann dieser Fall bei der Vergütung von Leistungen der Krankenhausbehandlung nicht eintreten, weil die Leistungen der bisherigen Krankenhausbehandlung gemäß § 140d Abs. 4 SGB V nicht in der integrierten Versorgung, sondern in der bisherigen Regelversorgung vergütet werden.[41] **65**

C. Praxishinweise

Um zu überprüfen, ob die von den Krankenkassen von der nach § 85 Abs. 2 SGB V an die Kassenärztlichen Vereinigungen zu entrichtenden Gesamtvergütung sowie von den Rechnungen der einzelnen Krankenhäuser für voll- und teilstationäre Versorgung einbehaltenen Mittel zur Umsetzung von nach § 140b SGB V geschlossenen Verträgen tatsächlich erforderlich waren (vgl. § 140d Abs. 1 SGB V), und um die Gesamtvergütung nach § 85 Abs. 2 SGB V zu bereinigen (vgl. § 140d Abs. 2 SGB V), sind die Kassenärztlichen Vereinigungen sowie die Krankenhäuser auf die maßgeblichen Informationen über die nach § 140b SGB V geschlossenen Verträge angewiesen. **66**

Dazu haben die Kassenärztliche Bundesvereinigung, die Deutsche Krankenhausgesellschaft und die Spitzenverbände der Krankenkassen die „Vereinbarung über die Einrichtung einer gemeinsamen Registrierungsstelle zur Unterstützung der Umsetzung des § 140d SGB V"[42] geschlossen. Mit der Einrichtung und dem Betrieb der Registrierungsstelle haben sie die BQS Bundesgeschäftsstelle Qualitätssicherung gGmbH[43] beauftragt. **67**

Aufgabe der Registrierungsstelle ist seit dem 01.04.2004 zum einen die Erfassung der (freiwilligen) Meldungen der Krankenkassen über abgeschlossene Verträge zur integrierten Versorgung nach § 140a SGB V und zum anderen die Erteilung von Einzelauskünften[44] oder stichtagsbezogenen Sammelauskünften[45] über abgeschlossene Verträge. Die Registrierungsstelle erteilt diese Auskünfte nur an Kran- **68**

---

[39] Zur Vergütung von Krankenhausleistungen siehe im Einzelnen *Quaas*, Das Krankenhaus 2005, 967, 970.

[40] Vgl. zum Problem der unterschiedlich strukturierten Zulassungssysteme und getrennten Finanzierung *Udsching*, NZS 2003, 411, 412.

[41] Vgl. *Orlowski* in: Maaßen/Schermer/Wiegand/Zipperer, SGB V, Bd. 2, 1200 § 140d Rn. 22.

[42] Text der Vereinbarung samt Anlagen 1 und 2 sowie einer Protokollnotiz unter http://www.bqs-register140d.de/. Mangels gesetzlicher Grundlage hat die Vereinbarung keinen normativen Charakter; so auch *Bohle*, in: Hellmann, Handbuch integrierte Versorgung, 3.1.1, S. 13.

[43] BQS Bundesgeschäftsstelle Qualitätssicherung gGmbH, Registrierungsstelle § 140d, Tersteegenstr. 12, 40474 Düsseldorf.

[44] Die Einzelauskunft bezieht sich auf einen konkreten Vertrag und enthält die wesentlichen Vertragsinformationen, die der Leistungserbringer bzw. die Kassenärztliche Vereinigung benötigt, um die Berechtigung der Rechnungskürzung dem Grunde und der Höhe nach nachzuvollziehen.

[45] Die Sammelauskunft bezieht sich hingegen auf alle Verträge einer Krankenkasse in einer Versorgungsregion und enthält stichtagsbezogen die Abzugsquote; damit kann die Berechtigung der Rechnungskürzung der Höhe nach nachvollzogen werden. Eine Sammelauskunft kann nur für den KV-Bezirk angefordert werden, in dem das Krankenhaus (dessen Betriebsstätte) bzw. die Kassenärztliche Vereinigung seinen (ihren) Sitz hat.

kenhäuser und Kassenärztliche Vereinigungen, die von einer Rechnungskürzung betroffen sind[46]; die Weitergabe der Daten an Dritte ist nicht gestattet.

69 Die Krankenkassen melden der Registrierungsstelle den Abschluss von Verträgen zur integrierten Versorgungsform nach § 140b SGB V, soweit aus dem Vertrag eine Zahlungskürzung nach § 140d SGB V vorgenommen wird.[47] Die Meldung erfolgt, indem die Krankenkassen der Registrierungsstelle einen vollständig ausgefüllten und rechtsverbindlich unterschriebenen Meldebogen[48] sowie je eine Kopie des Deckblattes (und damit des Rubrums) und der Unterschriftenseite(n) des nach § 140b SGB V geschlossenen Vertrages übersenden.[49]

70 Damit die Registrierungsstelle dem Krankenhaus oder der Kassenärztlichen Vereinigung eine Einzelauskunft erteilen kann, müssen diese folgende Angaben machen:
- Versorgungsregion, für welche die Auskunft erbeten wird (KV-Bezirk des Krankenhauses),
- Krankenkasse, welche die Kürzung vorgenommen hat,
- für Krankenhäuser: Aufnahmedatum des Patienten,
- für Kassenärztliche Vereinigungen: Datum der gekürzten Rechnung,
- Name und Anschrift der anfragenden Stelle, gegebenenfalls Sitz der Betriebsstätte,
- Datum der Anfrage,
- Ansprechpartner (anfragende Person) und Erreichbarkeit (Telefon, und E-Mail),
- rechtsverbindliche Unterschrift.

71 Liegen der Registrierungsstelle dann Informationen über den fraglichen Vertrag zur integrierten Versorgung vor, übermittelt sie in der Einzelauskunft folgende Angaben:
- Vertragsbezeichnung,
- Vertragsgegenstand (z.B. Indikation),
- Vertragspartner,
- Vertragsbeginn/-dauer,
- Abzugsdatum,
- vereinbarte Vergütungsform,
- Umfang der vereinbarten Vergütung, bezogen auf das Kalenderjahr,
- Geschätzte Anzahl der teilnehmenden Versicherten, bezogen auf das Kalenderjahr,
- aus dem Vergütungsvolumen abgeleitete Quote, die zur Zahlungskürzung in Ansatz gebracht wird,
- Zeitraum, für den die Quote zur Zahlungskürzung in Ansatz gebracht werden kann,
- Name und Anschrift der meldenden Krankenkasse,
- Datum der Meldung,
- Ansprechpartner (meldende Person) und Erreichbarkeit (Tel. und E-Mail), sofern von der meldenden Krankenkasse gewünscht,
- Stand der Auskunft.

72 Damit die Registrierungsstelle eine Sammelauskunft erteilen kann, muss die Auskunft begehrende Person (das Krankenhaus oder die Kassenärztliche Vereinigung) folgende Angaben machen:
- Versorgungsregion, für welche die Auskunft erbeten wird (Versorgungsregion der anfragenden Stelle),
- Name und Anschrift der anfragenden Stelle, ggf. Sitz der Betriebsstätte(n),
- Stichtag, für den die Auskunft erbeten wird,
- Datum der Anfrage,
- Ansprechpartner (anfragende Person) mit Erreichbarkeit (Tel. und E-Mail),
- rechtsverbindliche Unterschrift.

73 Die Sammelauskunft der Registrierungsstelle enthält dann stichtagsbezogen zum ersten Tag des Monates folgende Informationen:
- Stichtag der Gültigkeit,

---

[46] § 4 Abs. 3 Vereinbarung über die Einrichtung einer gemeinsamen Registrierungsstelle zur Unterstützung der Umsetzung des § 140d SGB V.

[47] § 3 Abs. 1 Satz 1 Vereinbarung über die Einrichtung einer gemeinsamen Registrierungsstelle zur Unterstützung der Umsetzung des § 140d SGB V. Verträge, die nicht zu einer Zahlungskürzung nach § 140d SGB V führen, werden bei der Registrierungsstelle nicht erfasst.

[48] Zu den im Meldebogen abgefragten Informationen siehe § 3 Abs. 2 Vereinbarung über die Einrichtung einer gemeinsamen Registrierungsstelle zur Unterstützung der Umsetzung des § 140d SGB V.

[49] § 3 Abs. 1 Satz 2 Vereinbarung über die Einrichtung einer gemeinsamen Registrierungsstelle zur Unterstützung der Umsetzung des § 140d SGB V.

- Versorgungsregion,
- Name der meldenden Krankenkasse,
- aus dem Vergütungsvolumen abgeleitete Quote, die zur Zahlungskürzung in Ansatz gebracht wird.

Zudem veröffentlicht die BQS regelmäßig seit dem 31.03.2005 zum Ende eines Quartals Auswertungen über 74

- die Anzahl der gemeldeten Verträge, die teilnehmenden Versicherten und die gemeldeten Vergütungsvolumina, bezogen auf die Versorgungsregion der jeweiligen Kassenärztlichen Vereinigung
- die Art der vertragsschließenden Parteien differenziert
  - auf der Seite der Leistungserbringer nach anzutreffenden Kombinationen Vertragspartner (Krankenhaus, niedergelassener Arzt, Rehabilitation, Sonstige und
  - auf der Seite der Kostenträger nach Verträgen, die von einer Krankenkasse alleine oder von mehreren Krankenkassen abgeschlossen wurden sowie
- eine Statistik der von der Registrierungsstelle angeforderten Auskünfte zu Verträgen zur integrierten Versorgung.

D. Reformbestrebungen

Soweit erkennbar, wird eine Verlängerung der noch bis zum 31.12.2008 laufenden Anschubfinanzierung in der derzeitigen Form über diesen Zeitpunkt hinaus nicht erwogen. Wohl aber wird nach alternativen Konzepten für die Finanzierung der integrierten Versorgung gesucht. So haben sich schon die Mitglieder einer gemeinsamen Arbeitsgruppe des Bundesverbandes Managed Care e.V. (BMC) und der Deutschen Gesellschaft für Integrierte Versorgung e.V. (DGIV) in einem Papier vom 04.01.2008 bereit erklärt, hierzu Vorschläge zu entwickeln (vgl. http://www.dgiv.org/News/9/ Gemeinsame_Forderungen_von_BMC_und_DGIV_zur_integrierten_Versorgung/artikel,3,1,1.html). Das Ergebnis dieser Diskussion bleibt abzuwarten. 75

Zwölfter Abschnitt: Beziehungen zu Leistungserbringern in Staaten, in denen die Verordnung (EWG) Nr. 1408/71 anzuwenden ist

§ 140e SGB V Verträge mit Leistungserbringern in Staaten, in denen die Verordnung (EWG) Nr. 1408/71 anzuwenden ist

(Fassung vom 22.12.2006, gültig ab 01.01.2007)

Krankenkassen dürfen zur Versorgung ihrer Versicherten nach Maßgabe des Dritten Kapitels und des dazugehörigen untergesetzlichen Rechts Verträge mit Leistungserbringern nach § 13 Abs. 4 Satz 2 in Staaten abschließen, in denen die Verordnung (EWG) Nr. 1408/71 des Rates vom 14. Juni 1971 zur Anwendung der Systeme der sozialen Sicherheit auf Arbeitnehmer und deren Familien, die innerhalb der Gemeinschaft zu- und abwandern (ABl. EG Nr. L 149 S. 2), in ihrer jeweils geltenden Fassung anzuwenden ist.

Gliederung

A. Basisinformation

I. Textgeschichte/Gesetzgebungsmaterialien

1 Die Vorschrift ist die einzige Regelung des 12. Abschnitts „Beziehungen zu Leistungserbringern im Geltungsbereich des Vertrages zur Gründung der Europäischen Gemeinschaft und des Abkommens über den Europäischen Wirtschaftsraum" im IV. Kapitel, der durch Art. 1 Nr. 118 des Gesetzes zur Modernisierung der gesetzlichen Krankenversicherung – GKV-Modernisierungsgesetz – GMG vom 14.11.2003[1] zum **01.01.2004** eingeführt wurde. § 140e SGB V tritt insoweit mit den Vorschriften des 13. Abschnitts zur Patientenbeteiligung an die Stelle der bisherigen Vorschriften über die integrierte Versorgung, die nunmehr im 11. Abschnitt des IV. Kapitels in den §§ 140a-140d SGB V abschließend geregelt ist. Die Abschnittsüberschrift wurde durch Art. 1 Nr. 14 a des Gesetzes zur Änderung des Vertragsarztrechts und anderer Gesetze (Vertragsarztrechtsänderungsgesetz – VÄndG)[2] vom 22.12.2006 **mit Wirkung vom 01.01.2007**[3] an die Neufassung des § 140e SGB V angepasst .

2 § 140e SGB V basiert auf dem Gesetzentwurf der Fraktionen SPD, CDU/CSU und Bündnis 90/Die GRÜNEN[4], der die Beratungen im Ausschuss für Gesundheit ohne Änderungen passierte.[5] Die Regelung sollte den Krankenkassen die Möglichkeit eröffnen, zur Versorgung ihrer Versicherten mit Leistungserbringern im Geltungsbereich des EG-Vertrages und des EWR-Abkommens Verträge abzuschließen und damit das **Sachleistungsprinzip** auch **im Ausland** umzusetzen.[6] Art. 1 Nr. 14 b des VÄndG fasst die Norm **ab 01.01.2007**[7] neu. Die Neufassung war im Entwurf des VÄndG[8] nicht enthalten und beruht auf der Beschlussempfehlung und dem Bericht des Ausschusses für Gesundheit

---

1 BGBl I 2003, 2190.
2 BGBl I 2006, 3439.
3 Art. 8 Abs. 1 VÄndG.
4 BT-Drs. 15/1525, S. 39, 73 und 132.
5 Vgl. die Beschlussempfehlungen des Ausschusses für Gesundheit und soziale Sicherung (13. Ausschuss), BT-Drs. 15/1584 sowie den Bericht, BT-Drs. 15/1600.
6 BT-Drs. 15/1525, S. 132.
7 Art. 8 Abs. 1 VÄndG.
8 BT-Drs. 16/2474.

(14. Ausschuss) vom 25.10.2006.[9] Sie erweitert die Vertragskompetenz der Krankenkassen auf die **Schweiz** und erlaubt den Versicherten zusammen mit den parallelen Änderungen von § 13 Abs. 4 und 5 SGB V nunmehr auch eine Inanspruchnahme von Leistungserbringern in der Schweiz.

II. Vorgängervorschriften

Die Norm hat keine Vorläufervorschriften. Sie ist Reaktion auf die Auslegung des EGV durch den EuGH, nach der die Waren- und Dienstleistungsfreiheit auch im Bereich des öffentlichen Gesundheitswesens gilt, so dass Versicherte Leistungen im Ausland ohne Genehmigung in Anspruch nehmen können, soweit das nationale Recht keine vorsieht.[10] 3

III. Systematische Zusammenhänge

§ 140e SGB V ergänzt als Vorschrift des Leistungserbringungsrechts die leistungsrechtlichen Regelungen in § 13 Abs. 4-6 SGB V, die ebenfalls durch das GMG zum 01.01.2004 eingeführt wurden. 4

Nach der Neuregelung stehen für die Versicherten nunmehr **folgende Wege der Leistungserbringung im Ausland** zur Verfügung: 5

- Ein **Sachleistungsanspruch** im Rahmen des koordinierenden **Sekundärrechts** der Europäischen Gemeinschaften, der EWGV 1408/71 und der EWGV 578/72, bei dem die Sachleistungen im Wege der Leistungsaushilfe durch den Träger des Aufenthaltslandes **nach entsprechender Genehmigung** (Art. 22 Abs. 1 lit. c EWGV 1408/71) erbracht werden (**„gemeinschaftsrechtlicher Sachleistungsanspruch“**).
- Ein **Kostenerstattungsanspruch**, der ursprünglich europarechtlich begründet wurde, weil der durch Art. 28 und 49 EGVtr garantierte freie Waren- und Dienstleistungsverkehr auch im System der sozialen Sicherheit zu gewährleisten ist[11], und seit 01.01.2004 in **§ 13 Abs. 4-6 SGB V** detailliert geregelt wurde, um das nationale und das supranationale Recht zu harmonisieren.
- Ein **Sachleistungsanspruch**, der auf einen (Versorgungs-)**Vertrag** mit einem ausländischen Leistungserbringer in der EG, im EWR oder in der Schweiz nach § 140e SGB V gegründet ist (**„vertraglicher Sachleistungsanspruch“**).[12]

Während der gemeinschaftsrechtliche Sachleistungsanspruch auf einer Integration in das Leistungssystem des ausländischen Staates beruht (Art. 22 Abs. 1 lit. i EWGV), setzt der vertragliche Sachleistungsanspruch auf einen Export des deutschen Leistungsrechts („nach Maßgabe des Dritten Kapitels und des dazugehörigen untergesetzlichen Rechts“).[13]

IV. Ausgewählte Literaturhinweise

Kindgreen, Ein neuer rechtlicher Rahmen für einen Binnenmarkt für Gesundheitsleistungen, NZS 2005, 505; *Fuchs*, Das neue Recht der Auslandskrankenbehandlung, NZS 2004, 225. 6

B. Auslegung der Norm

I. Regelungsgehalt und Bedeutung der Norm

§ 140e SGB V ermöglicht den Krankenkassen den Abschluss von Verträgen unter Abweichung vom Territorialitätsprinzip[14] mit Leistungserbringern in EG-, EWR-Staaten und in der Schweiz. Sie müssen dabei die leistungsrechtlichen Vorschriften des Krankenversicherungsrechts, d.h. die §§ 11 ff. SGB V und die untergesetzlichen Vorschriften, insbesondere die Richtlinien des Gemeinsamen Bundesausschusses nach § 92 SGB V über die Gewähr für eine ausreichende, zweckmäßige und wirtschaftliche 7

[9] BT-Drs. 16/3157, S. 6, 14 und 25.

[10] Vgl. die Urteile des EuGH v. 28.04.1998 - C-158/96 - SozR 3 - 6030 Art. 59 EGVtr Nr. 5 - Kohll; EuGH v. 28.04.1998 - C-120/95 - SozR 3 Art 30 EGVtr Nr. 1 - Decker; EuGH v. 12.07.2001 - C-157/99 - Slg. 2001, I-5473 - Smits und Peerbooms; EuGH v. 13.05.2003 - C-385/99 - Slg. 2003, I-4509 - Müller-Fauré/van Riet.

[11] Vgl. die Urteile des EuGH v. 28.04.1998 - C-158/96 - SozR 3 - 6030 Art. 59 EGVtr Nr. 5 - Kohll; EuGH v. 28.04.1998 - C-120/95 - SozR 3 Art 30 EGVtr Nr. 1 - Decker; EuGH v. 12.07.2001 - C-157/99 - Slg. 2001, I-5473 - Smits und Peerbooms; EuGH v. 13.05.2003 - C-385/99 - Slg. 2003, I-4509 - Müller-Fauré/van Riet.

[12] Vgl. BT-Drs. 15/1545, S. 132.

[13] Siehe auch *Noftz* in: Hauck, SGB V, K §13 Rn. 76.

[14] Zum Territorialitätsprinzip in der gesetzlichen Krankenversicherung *Becker*, NJW 2003, 2272.

Versorgung, beachten. Außerdem setzt ein Vertragsabschluss voraus, dass bei den Leistungserbringern der Zugang und die Ausübung des Berufs Gegenstand einer Richtlinie der EG sind oder dass sie im jeweiligen nationalen System der Krankenversicherung zur Leistungserbringung berechtigt sind (§ 13 Abs. 4 Satz 2 SGB V). Durch diese Beschränkung soll die Strukturqualität gewährleistet werden.

8 Die Vorschrift ist keine Umsetzung der Rechtsprechung des EuGH zur Waren- und Dienstleistungsfreiheit im Gesundheitssektor,[15] sondern der Versuch, den Krankenkassen ein **Steuerungsinstrument bezüglich der Inanspruchnahme sowie der Erbringung von Leistungen im Ausland** in die Hand zu geben. Durch den Abschluss von Verträgen haben die Krankenkassen – anders als bei der Kostenerstattung nach § 13 Abs. 4-6 SGB V – die Möglichkeit, ausländische Leistungserbringer auszuwählen und durch eine entsprechende Vertragsgestaltung auf die **Prozess- sowie die Ergebnisqualität** Einfluss zu nehmen. Zugleich können die Krankenkassen den Versicherten entsprechende Leistungen im Ausland anbieten, so dass diese nicht von ihrem Recht auf Kostenerstattung nach § 13 Abs. 4-6 SGB V Gebrauch machen.

9 Insbesondere im Hinblick auf kostengünstigere Anbieter von Vorsorge- und Rehabilitationsleistungen in den 2004 beigetretenen EU-Staaten schließen die Kassen zunehmend Verträge nach § 140e SGB V ab.[16]

II. Räumlicher Anwendungsbereich

10 Nach der ab 01.01.2007 geltenden Fassung können die Krankenkassen in allen Staaten Verträge mit Leistungserbringern abschließen, in denen die **Verordnung (EWG) Nr. 1408/71** des Rates vom 14.06.1971 zur Anwendung der Systeme der sozialen Sicherheit auf Arbeitnehmer und deren Familien, die innerhalb der Gemeinschaft zu- und abwandern[17], in ihrer jeweils geltenden Fassung anzuwenden ist. Die Verordnung (EWG) Nr. 1408/71 gilt gem. Art. 249 Satz 2 EGV in den Mitgliedstaaten der **Europäischen Gemeinschaft** unmittelbar. Die Krankenkassen können also Verträge in Belgien, Bulgarien, Dänemark, Estland, Finnland, Frankreich, Griechenland, Großbritannien, Irland, Italien, Lettland, Litauen, Luxemburg, Malta, Niederlande, Österreich, Polen, Portugal, Rumänien, Schweden, Slowakei, Slowenien, Spanien, Tschechien, Ungarn und Zypern abschließen. Außerdem besteht eine Vertragskompetenz im Geltungsbereich **des Abkommens über den Europäischen Wirtschaftsraum (EWR)**, d.h. in Island, Liechtenstein und Norwegen, da die Verordnung (EWG) Nr. 1408/71 nach Art. 7 Buchst. a i.V.m. dem Anhang VI des Abkommens über den Europäischen Wirtschaftsraum (EWR-Abkommen)[18] für die Mitgliedstaaten verbindlich ist und in das innerstaatliche Recht übernommen wird.

11 Die **Schweiz** ist kein EWR-Staat. Aufgrund der am 01.01.2007 in Kraft getretenen Neufassung können die Krankenkassen seit diesem Zeitpunkt auch Verträge mit Leistungserbringern in der Schweiz abschließen[19], weil die Verordnung (EWG) 1408/71 auf Grund des Abkommens zwischen der Europäischen Gemeinschaft und ihren Mitgliedstaaten einerseits und der Schweizerischen Eidgenossenschaft andererseits über die Freizügigkeit[20] auch in der Schweiz anzuwenden ist.

III. Zulässige Leistungserbringer

12 § 140e SGB V verweist auf § 13 Abs. 4 Satz 2 SGB V. Deshalb dürfen Verträge nur mit Leistungserbringern abgeschlossen werden, bei denen die Berufszugangs- und Ausübungsregelungen Gegenstand einer Richtlinie der Europäischen Gemeinschaft sind oder die im jeweiligen nationalen System der Krankenversicherung zur Versorgung der Versicherten berechtigt sind.

13 Die **erste Alternative** nimmt auf das sekundäre Koordinierungs- und Harmonisierungsrecht der Europäischen Gemeinschaft nach Art. 46 Abs. 2 und 47 EGVtr Bezug. Der Gesetzgeber knüpft mit dieser Regelung an die Rechtsprechung des EuGH an.[21] Der EuGH legte in seinen einschlägigen Entscheidungen dar, dass Leistungserbringer als ebenso qualifiziert anerkannt werden müssen wie im Inland

[15] Vgl. auch *Becker*, NJW 2003, 2272, 2275.
[16] Süddeutsche Zeitung vom 01.02.2006, S. 1.
[17] ABl EG Nr. L 149 S. 2.
[18] BGBl II 1993, 267.
[19] Vgl. den Ausschussbericht BT-Drs. 16/3157, S. 25.
[20] BGBl II 2001, 810.
[21] Vgl. BT-Drs. 15/1525, S. 81.

niedergelassene, soweit Berufszugang und -ausübung durch Richtlinien geregelt sind. Damit sei der Gesundheitsschutz in der Europäischen Gemeinschaft ausreichend gewährleistet.[22]

Eine **Auflistung** der möglichen ausländischen Leistungserbringer haben die Spitzenverbände der Krankenkassen und die Deutsche Verbindungsstelle Krankenversicherung – Ausland erstellt.[23] 14

Die **zweite Alternative** ermöglicht darüber hinaus den Vertragsabschluss mit allen Leistungserbringern, die im jeweiligen nationalen System leistungsberechtigt sind. Damit wird der Anwendungsbereich von § 140e SGB V über den EG-rechtlich harmonisierten Bereich hinaus ausgedehnt und allein dem jeweiligen nationalen Recht überantwortet. Den Krankenkassen kommen deshalb mit Hinblick auf den Gesundheitsschutz der Versicherten eine besondere Prüfungsverantwortung vor dem Vertragsabschluss und eine intensive Überwachungspflicht zu. 15

Die Krankenkassen müssen ihre Versicherten **informieren**, an welchen Orten und mit welchen Leistungserbringern Verträge abgeschlossen wurden.[24] Eine spezielle Rechtsgrundlage wurde nicht geschaffen, die Verpflichtung ergibt sich bereits aus der allgemeinen Beratungspflicht der Versicherungsträger in § 14 SGB I. 16

IV. Qualifizierung der Verträge

Die Verträge nach § 140e SGB V sind **öffentlich-rechtliche Verträge** nach § 53 SGB X[25], da sie Teil des öffentlich-rechtlich strukturierten Rechts der Leistungserbringung in der Krankenversicherung sind. 17

V. Rechtsschutz

Bei Streitigkeiten aus nach § 140e SGB V abgeschlossenen Verträgen mit ausländischen Leistungserbringern sind die **Sozialgerichte** zuständig. Die **internationale Zuständigkeit** folgt daraus, dass der Prüfungsmaßstab für das Verwaltungshandeln der Krankenkassen allein das **inländische öffentliche Sozialrecht** ist, insbesondere das SGB V und die dazu ergangenen untergesetzlichen Normen und Normverträge und das SGB X. Dieser Prüfungsmaßstab unterliegt der internationalen Zuständigkeit der deutschen Sozialgerichte.[26] 18

---

22 Der EuGH verweist insbesondere auf folgende Richtlinien: Richtlinie 78/686/EWG des Rates vom 25.07.1978 für die gegenseitige Anerkennung der Diplome, Prüfungszeugnisse und sonstigen Befähigungsnachweise des Zahnarztes und für Maßnahmen zur Erleichterung der tatsächlichen Ausübung des Niederlassungsrechts und des Rechts auf freien Dienstleistungsverkehr, ABl. L 233, S. 1; Richtlinie 78/687/EWG des Rates vom 25.07.1978 zur Koordinierung der Rechts- und Verwaltungsvorschriften für die Tätigkeiten des Zahnarztes, ABl. L 233, S. 10, und Richtlinie 93/16/EWG des Rates vom 05.04.1993 zur Erleichterung der Freizügigkeit für Ärzte und zur gegenseitigen Anerkennung ihrer Diplome, Prüfungszeugnisse und sonstigen Befähigungsnachweise, ABl. L 165, S. 1.

23 Die Leistungen 2004, 145 (Anlage 3).

24 BT-Drs. 15/1525, S. 132.

25 Ebenso *Kindgreen*, NZS 2005, 505, 507.

26 *Eichenhofer*, Internationales Sozialrecht, 1994, Rn. 639.

Dreizehnter Abschnitt: Beteiligung von Patientinnen und Patienten, Beauftragte oder Beauftragter der Bundesregierung für die Belange der Patientinnen und Patienten

§ 140f SGB V Beteiligung von Interessenvertretungen der Patientinnen und Patienten

(Fassung vom 26.03.2007, gültig ab 01.04.2007, gültig bis 30.06.2008)

(1) Die für die Wahrnehmung der Interessen der Patientinnen und Patienten und der Selbsthilfe chronisch kranker und behinderter Menschen maßgeblichen Organisationen sind in Fragen, die die Versorgung betreffen, nach Maßgabe der folgenden Vorschriften zu beteiligen.

(2) Im Gemeinsamen Bundesausschuss nach § 91 und im Beirat der Arbeitsgemeinschaft für Aufgaben der Datentransparenz nach § 303b erhalten die für die Wahrnehmung der Interessen der Patientinnen und Patienten und der Selbsthilfe chronisch kranker und behinderter Menschen auf Bundesebene maßgeblichen Organisationen ein Mitberatungsrecht; die Organisationen benennen hierzu sachkundige Personen. Das Mitberatungsrecht beinhaltet auch das Recht zur Anwesenheit bei der Beschlussfassung. Die Zahl der sachkundigen Personen soll höchstens der Zahl der von den Spitzenverbänden der Krankenkassen entsandten Mitglieder in diesen Gremien entsprechen. Die sachkundigen Personen werden einvernehmlich von den in der Verordnung nach § 140g genannten oder nach der Verordnung anerkannten Organisationen benannt. Bei Beschlüssen des Gemeinsamen Bundesausschusses nach § 91 Abs. 4 bis 7 erhalten die Organisationen das Recht, Anträge zu stellen.

(3) In den Landesausschüssen nach § 90 sowie den Zulassungsausschüssen nach § 96 und den Berufungsausschüssen nach § 97, soweit Entscheidungen über die ausnahmsweise Besetzung zusätzlicher Vertragsarztsitze nach § 101 Abs. 1 Satz 1 Nr. 3 oder über die Ermächtigung von Ärzten und ärztlich geleiteten Einrichtungen betroffen sind, erhalten die auf Landesebene für die Wahrnehmung der Interessen der Patientinnen und Patienten und der Selbsthilfe chronisch kranker und behinderter Menschen maßgeblichen Organisationen ein Mitberatungsrecht; die Organisationen benennen hierzu sachkundige Personen. Das Mitberatungsrecht beinhaltet auch das Recht zur Anwesenheit bei der Beschlussfassung. Die Zahl der sachkundigen Personen soll höchstens der Zahl der von den Krankenkassen entsandten Mitglieder in diesen Gremien entsprechen. Die sachkundigen Personen werden einvernehmlich von den in der Verordnung nach § 140g genannten oder nach der Verordnung anerkannten Organisationen benannt.

(4) Bei einer Änderung, Neufassung oder Aufhebung der in § 21 Abs. 2, § 84 Abs. 7 Satz 6, §§ 111b, 112 Abs. 5, § 115 Abs. 5, § 124 Abs. 4, § 125 Abs. 1, § 126 Abs. 1 Satz 3, §§ 132a, 132b Abs. 2 und § 132d Abs. 2 vorgesehenen Rahmenempfehlungen, Empfehlungen und Richtlinien der Spitzenverbände der Krankenkassen, des Hilfsmittelverzeichnisses nach § 139 sowie bei der Bestimmung der Festbetragsgruppen nach § 36 Abs. 1 und der Festsetzung der Festbeträge nach § 36 Abs. 2 wirken die in der Verordnung nach § 140g genannten oder nach der Verordnung anerkannten Organisationen beratend mit. Das Mitberatungsrecht beinhaltet auch das Recht zur Anwesenheit bei der Beschlussfassung. Wird ihrem schriftlichen Anliegen nicht gefolgt, sind ihnen auf Verlangen die Gründe dafür schriftlich mitzuteilen.

(5) Die sachkundigen Personen erhalten Reisekosten nach dem Bundesreisekostengesetz oder nach den Vorschriften des Landes über Reisekostenvergütung, Ersatz des Verdienstausfalls in entsprechender Anwendung des § 41 Abs. 2 des Vierten Buches sowie einen Pauschbetrag für Zeitaufwand in Höhe eines Fünfzigstels der monatlichen Bezugsgröße (§ 18 des Vierten Buches) für jeden Kalendertag einer Sitzung. Der Anspruch richtet sich gegen die Gremien, in denen sie als sachkundige Personen mitberatend tätig sind.

(6) Die in der Verordnung nach § 140g genannten oder nach der Verordnung anerkannten Organisationen sowie die sachkundigen Personen werden bei der Durchführung ihres Mitberatungsrechts nach Absatz 2 vom Gemeinsamen Bundesausschuss durch geeignete Maßnahmen organisatorisch und inhaltlich unterstützt. Hierzu kann der Gemeinsame Bundesausschuss eine Stabstelle Patientenbeteiligung einrichten. Die Unterstützung erfolgt insbesondere durch Organisation von Fortbildung und Schulungen, Aufbereitung von Sitzungsunterlagen, koordinatorische Leitung des Benennungsverfahrens auf Bundesebene und bei der Ausübung des in Absatz 2 Satz 4 genannten Antragsrechts.

Gliederung

A. Basisinformation

I. Textgeschichte/Gesetzgebungsmaterialien

Die Vorschrift ist Teil des 13. Abschnitts „Beteiligung von Patientinnen und Patienten, Beauftragte oder Beauftragter der Bundesregierung für die Belange der Patientinnen und Patienten“ im IV. Kapitel, der durch das Gesetz zur Modernisierung der gesetzlichen Krankenversicherung – GKV-Modernisierungsgesetz – GMG vom 14.11.2003[1] zum 01.01.2004 eingeführt wurde. Die neugefassten §§ 140f-140h SGB V treten insoweit an die Stelle der bisherigen Vorschriften über die integrierte Versorgung, die nunmehr im 11. Abschnitt des IV. Kapitels in den §§ 140a-140d SGB V abschließend geregelt ist. 1

[1] BGBl I 2003, 2190.

2 § 140f SGB V basiert auf dem Gesetzentwurf der Fraktionen SPD, CDU/CSU und Bündnis 90/Die GRÜNEN[2], der die Beratungen im Ausschuss für Gesundheit ohne Änderungen passierte.[3] Er ist Ergebnis der wissenschaftlichen und politischen Diskussion über Patientenrechte und Patientenbeteiligung, die in die Gutachten des Sachverständigenrates für die Konzertierte Aktion im Gesundheitswesen[4] einging. Absatz 5 Satz 1 wurde mit Wirkung vom 01.09.2005 durch Art. 9 des Gesetzes zur Reform des Reisekostenrechts vom 26.05.2005[5] an das neue Reisekostenrecht des Bundes angepasst.[6] Durch das Gesetz zur Änderung des Vertragsarztrechts und anderer Gesetze (Vertragsarztrechtsänderungsgesetz – VändG) vom 22.12.2006[7] stellte der Gesetzgeber klar, dass das Mitberatungsrecht der Patientenvertreterinnen und -vertreter in den Selbstverwaltungsgremien auf Bundes- und Landesebene auch das Recht auf Anwesenheit bei der Beschlussfassung umfasst.[8] Dazu ergänzte er die Absätze 2, 3 und 4 ab 01.01.2007 jeweils um Satz 2[9]. Zugleich gewährte er neben der bis 31.12.2006 in Absatz 5 vorgesehenen Reisekostenerstattung eine Aufwandsentschädigung.[10]

Absatz 4 Satz 1 wurde durch Art. 1 Nr. 122 lit. b sublit. aa **Gesetz zur Stärkung des Wettbewerbs in der gesetzlichen Krankenversicherung (GKV-Wettbewerbsstärkungsgesetz – GKV-WSG)** vom 26.03.2007[11] mit Wirkung vom 01.04.2007[12] redaktionell angepasst, **Absatz 6** durch Art. 1 Nr. 122 lit. c eingefügt. Im Gesetzentwurf war Absatz 6 noch nicht vorgesehen, er ist erstmalig in der Beschlussempfehlung des Ausschusses für Gesundheit enthalten.[13] Absatz 6 soll dazu beitragen, die Informations- und Beteiligungsrechte der Patientinnen und Patienten auszubauen und die Transparenz zu erhöhen.[14]

II. Vorgängervorschriften

3 § 140f SGB V regelt **erstmals** im Recht der gesetzlichen Krankenversicherung Mitberatungs- und Antragsrechte von Patienten- und Selbsthilfeorganisationen, die durch von diesen benannten sachkundige Personen wahrgenommen werden.

III. Parallelvorschriften

4 Nach **§ 139a Abs. 5 SGB V** ist den Patienten- und Selbsthilfeorganisationen und dem Beauftragten der Bundesregierung im Rahmen der Aufgabenerfüllung des **Instituts für Qualität und Wirtschaftlichkeit im Gesundheitswesen** Gelegenheit zur **Stellungnahme** zu geben. Außerdem können sie nach **§ 139b Abs. 1 Satz 2 SGB V** beim Gemeinsamen Bundesausschuss die Beauftragung des Instituts beantragen.

5 In den übrigen Sozialleistungsbereichen gibt es keine Vorschriften über die Beteiligung der Leistungsberechtigten bzw. Versicherten, da mit der gemeinsamen Selbstverwaltung der gesetzlichen Krankenversicherung vergleichbare Institutionen und Regelungsbefugnisse nicht bestehen.

---

2 BT-Drs. 15/1525, S. 40, 72 und 132.

3 Vgl. die Beschlussempfehlungen des Ausschusses für Gesundheit und soziale Sicherung (13. Ausschuss), BT-Drs. 15/1584 sowie den Bericht, BT-Drs. 15/1600.

4 Gutachten 2000/2001, BT-Drs. 14/5660, S. 169 ff., und Gutachten 2003, BT-Drs. 15/530, S. 94 ff.

5 BGBl I 2005, 1418; zum In-Kraft-Treten siehe Art. 18 Abs. 1.

6 Zur Entstehungsgeschichte vgl. den Entwurf der Bundesregierung, BT-Drs. 15/4919, der unverändert blieb.

7 BGBl I 2006, 3439.

8 Näher Regierungsentwurf vom 30.08.2006, BT-Drs. 16/2474, S. 17, 26, der in den Ausschussberatungen (vgl. Beschlussempfehlung und Bericht des Ausschusses für Gesundheit, BT-Drs. 16/3157) unverändert blieb.

9 Art. 1 Nr. 15 Buchst. a, b bb, c VÄndG. Zum In-Kraft-Treten von Art. 8 Abs. 1 VÄndG. Mit Art. 1 Nr. 15 Buchst. b aa VÄndG wird lediglich ein redaktioneller Fehler der ursprünglichen Fassung korrigiert.

10 Art. 1 Nr. 15 lit. d VÄndG.

11 BGBl I 2007, 378.

12 Art. 46 Abs. 1 GKV-WSG.

13 BT-Drs. 16/4200, S. 92.

14 Vgl. den Bericht des Ausschusses für Gesundheit, BT-Drs. 16/4247, S. 70.

IV. Untergesetzliche Normen

Ergänzende Vorschriften zu den maßgeblichen Organisationen i.S.v. § 140 Abs. 1 SGB V, zur Anerkennung weiterer Organisationen und zum Verfahren der Patientenbeteiligung enthält die aufgrund der Ermächtigungsgrundlage in § 140g SGB V erlassene Verordnung zur Beteiligung von Patientinnen und Patienten in der Gesetzlichen Krankenversicherung (Patientenbeteiligungsverordnung – PatBeteiligungsV) vom 19.12.2003 i.d.F. vom 08.11.2006[15], die am 24.12.2003 in Kraft trat. 6

V. Ausgewählte Literaturhinweise

Gutachten 2000/2001 des Sachverständigenrates für die Konzertierte Aktion im Gesundheitswesen, Bedarfsgerechtigkeit und Wirtschaftlichkeit, Band 1 Zielbildung, Prävention, Nutzerorientierung und Partizipation, BT-Drs. 14/5660, S. 169 ff.; Gutachten 2003 des Sachverständigenrates für die Konzertierte Aktion im Gesundheitswesen, Finanzierung, Nutzerorientierung und Qualität, BT-Drs. 15/530, S. 94 ff.; *Becker-Schwarze,* Kollektive Patientenrechte durch das GKV-Modernisierungsgesetz, GesR 2004, 215. 7

B. Auslegung der Norm

I. Regelungsgehalt und Bedeutung der Norm

Absatz 1 enthält den **Grundsatz**, dass die Patienten- und Selbsthilfeorganisationen nach den §§ 1-3 PatBeteiligungsV entsprechend der nachfolgenden Absätze in allen die Versorgung betreffenden Fragen zu beteiligen sind. 8

Auf **Bundesebene** haben die Patienten- und Selbsthilfeorganisationen gem. **Absatz 2** Satz 1 ein **Mitberatungsrecht** im gemeinsamen Bundesausschuss nach § 91 SGB V sowie im Beirat der Arbeitsgemeinschaft für Aufgaben der Datentransparenz nach § 303b SGB V. 9

Außerdem wird ihnen durch Absatz 2 Satz 5 ein weitergehendes **Antragsrecht** bei Beschlüssen des **gemeinsamen Bundesausschusses** nach § 91 Abs. 4-7 SGB V eingeräumt, d.h. bei Beschlüssen 10

- zur Ergänzung des Kataloges hochspezialisierter Leistungen, seltener Erkrankungen und Erkrankungen mit besonderen Krankheitsverläufen, die von zugelassenen Krankenhäusern ambulant erbracht werden können (§ 116b Abs. 4 SGB V),
- zur Förderung der Qualitätssicherung in der Medizin (§ 137b SGB V),
- über Empfehlungen zu chronischen Krankheiten, für die strukturierte Behandlungsprogramme entwickelt werden sollen, sowie zu den Anforderungen an die Behandlungsprogramme (§ 137f SGB V),
- zu Richtlinien nach § 92 Abs. 1 Satz 2 SGB V für eine ausreichende, zweckmäßige und wirtschaftliche Versorgung (vgl. die Zusammenstellung in der Kommentierung zu § 73 SGB V Rn. 27),
- zu Richtlinien zur Qualitätsbeurteilung und Qualitätssicherung in der vertragsärztlichen Versorgung (§§ 136 Abs. 2 Satz 2, 136a SGB V),
- zu Richtlinien über die Regelversorgung mit Zahnersatz (§ 56 Abs. 1 SGB V) und die zahnärztliche Behandlung (§ 92 Abs. 1 Satz 2 Nr. 2 SGB V) sowie zu Richtlinien zur Qualitätsbeurteilung und Qualitätssicherung in der vertragszahnärztlichen Versorgung (§§ 136 Abs. 2 Satz 3, 136b SGB V) und
- zu Maßnahmen der Qualitätssicherung für zugelassene Krankenhäuser und zur Bewertung von Untersuchungs- und Behandlungsmethoden im Rahmen der Krankenhausbehandlung (§§ 137, 137c SGB V).

Auf **Landesebene** haben die Patienten- und Selbsthilfeorganisationen nach **Absatz 3** ein **Mitberatungsrecht** in den **Landesausschüssen** nach § 90 SGB V sowie in den Zulassungsausschüssen nach § 96 SGB V und den Berufungsausschüssen nach § 97 SGB V, wenn **Sonderbedarfszulassungen** (§ 101 Abs. 1 Nr. 3 SGB V[16]) oder **Ermächtigungen** von Ärzten oder ärztlich geleiteten Einrichtungen behandelt werden. 11

---

[15] BGBl I 2003, 2753. Die §§ 2 und 3 wurden geändert durch Art. 457 der Neunten Zuständigkeitsanpassungsverordnung vom 31.10.2006, BGBl I 2006, 2407, m.W.v. 08.11.2006 (jeweils „und soziale Sicherung" gestrichen).

[16] Das Gesetz spricht irrtümlich von Satz 3.

12 Da die Landesausschüsse eine **Unterversorgung** feststellen (§ 101 SGB V) und bei einer festgestellten **Überversorgung** Zulassungsbeschränkungen anordnen (§ 103 SGB V), sind die Patienten- und Selbsthilfeorganisationen sowohl im Regelfall der Bedarfsplanung als auch bei „außerplanmäßigen" Sonderbedarfszulassungen und Ermächtigungen beratend beteiligt.

13 Die Mitberatungsrechte nach Absatz 2 und Absatz 3 sowie das Antragsrecht nach Absatz 2 Satz 5 nehmen die Patienten- und Selbsthilfeorganisationen durch von **ihnen einvernehmlich benannte sachkundige Personen** wahr (Absatz 2 Satz 1 Halbsatz 2, Absatz 3 Satz 1 Halbsatz 2), deren Zahl die der von den Spitzenverbänden der Krankenkassen bzw. von den Krankenkassen entsandten Mitglieder nicht übersteigen soll.

14 **Absatz 4** sieht neben der Beteiligung in der gemeinsamen Selbstverwaltung auf Bundes- und Landesebene eine Mitberatung der Patienten- und Selbsthilfeorganisationen vor, soweit die **Krankenkassenverbände** auf Landesebene und die **Spitzenverbände der Krankenkassen** auf Bundesebene versorgungsrelevante Regelungskompetenzen haben:

- Rahmenvereinbarungen der Krankenkassenverbände zur Gruppenprophylaxe von Zahnerkrankungen (§ 21 Abs. 2 SGB V)
- Empfehlungen der Kassenärztlichen Bundesvereinigung und der Spitzenverbände zur Festlegung von Arzneimittelrichtgrößen auf Landesebene (§ 84 Abs. 7 Satz 6 SGB V),
- Rahmenverträge der Spitzenverbände über Vorsorge- und Rehabilitationsmaßnahmen (§ 111b SGB V),
- Rahmenempfehlungen der Spitzenverbände und der Deutschen Krankenhausgesellschaft für Verträge zwischen den Krankenkassenverbänden und den Landeskrankenhausgesellschaften über Art und Umfang der Krankenhausbehandlung (§ 112 Abs. 5 SGB V),
- Rahmenempfehlungen der Spitzenverbände, der Kassenärztlichen Bundesvereinigung und der Deutschen Krankenhausgesellschaft zu den Verträgen auf Landesebene zur Gewährleistung einer nahtlosen ambulanten und stationären Behandlung (§ 115 Abs. 5 SGB V),
- gemeinsame Empfehlungen der Spitzenverbände zu den Zulassungsbedingungen für Heilmittelerbringer (§ 124 Abs. 4 SGB V) und Hilfsmittelerbringer (§ 126 Abs. 1 Satz 3 SGB V) sowie Rahmenempfehlungen über die einheitliche Versorgung mit Heilmitteln (§ 125 Abs. 1 SGB V),
- Rahmenempfehlungen der Spitzenverbände über die einheitliche Versorgung mit häuslicher Krankenpflege (§ 132a SGB V),
- gemeinsame Empfehlungen der Spitzenverbände zu den Anforderungen an die Leistungserbringer von Soziotherapie (§ 132b SGB V),
- gemeinsame Empfehlungen der Spitzenverbände zur spezialisierten ambulanten Palliativversorgung (§ 132d Abs. 2 SGB V),
- gemeinsame Erstellung des Hilfsmittelverzeichnisses durch die Spitzenverbände (§ 139 SGB V),
- gemeinsame Bestimmung der Festbetragsgruppen für Hilfsmittel durch die Spitzenverbände und gemeinsame Festsetzung der Festbeträge für Hilfsmittel durch die Landesverbände (§ 36 SGB V).

15 **Absatz 5** sieht einen Anspruch auf **Reisekostenerstattung** und Aufwandsentschädigung für die von den Patienten- und Selbsthilfeorganisationen entsandten Patientenvertreter gegen die jeweiligen Gremien vor.

II. Normzweck

16 § 140f SGB V verankert erstmals Antrags- und Mitwirkungsrechte von Patienten- und Selbsthilfeorganisationen im Recht der gesetzlichen Krankenversicherung. Die Versicherten sollen stärker in die Entscheidungsprozesse eingebunden werden, um Transparenz über Angebote, Leistungen, Kosten und Qualität herzustellen[17] sowie die Sachkompetenz und die Erfahrungen der Betroffenen, d.h. der Leistungsempfänger, in die Versorgung einzuführen. Allerdings werden weder die Patientenbeauftragten noch die Patienten- und Selbsthilfeorganisationen im Sinne einer Mitbestimmung beteiligt. Eine echte Partizipation, d.h. Entscheidungskompetenz wird nicht geschaffen. Die Patientenbeteiligung beschränkt sich auf ein Initiativrecht bzw. eine Mitberatung.

17 Ob die institutionelle Patientenbeteiligung im Rahmen von § 140f SGB V positive Effekte in der gesetzlichen Krankenversicherung bewirkt, sollte in einer wissenschaftlichen Begleitstudie verifiziert werden.[18]

---

[17] Vgl. die Begründung zum Gesetzentwurf BT-Drs. 15/1525, S. 72.

[18] Erste Bewertungen aus Sicht der Patientenvertreter liegen bereits vor, vgl. z.B. *Etgeton/Oldiges/Faber/Scharfberger/Nachtigäller/Storf/Balke*, Die Krankenversicherung 2005, 70.

III. Maßgebliche Organisationen der Patientenbeteiligung (Absatz 1)

Die Patienten- und Selbsthilfeorganisationen sind in allen die Versorgung betreffenden Fragen nach Maßgabe der Absätze 2 bis 4 zu beteiligen. Welche Organisationen dies sind, bestimmt sich nach der auf § 140g SGB V beruhenden Verordnung zur Beteiligung von Patientinnen und Patienten in der Gesetzlichen Krankenversicherung (Patientenbeteiligungsverordnung – PatBeteiligungsV).[19] 18

1. Allgemeine Anforderungen (§ 1 PatBeteiligungsV)

§ 1 PatBeteiligungsV beschreibt die allgemeinen **Anforderungen an die Organisationen auf Bundesebene**. Die Organisationen müssen auf Dauer ideell die Belange von Patientinnen und Patienten oder der Selbsthilfe vertreten (Nr. 1) und bereits seit mindestens drei Jahren bundesweit tätig sein (Nr. 4), so dass eine gewisse **Kontinuität** gesichert ist. Außerdem muss die innere Struktur **demokratischen Grundsätzen** entsprechen (Nr. 2), wobei dies insbesondere durch die entsprechenden satzungsmäßigen Rechte der Mitgliederversammlung gewährleistet wird. 19

Zentral für die Anforderungen sind die Vorgaben, die die **Neutralität und Unabhängigkeit** der Organisationen sicherstellen sollen. Deshalb muss bereits der Mitgliederkreis Gewähr dafür bieten, dass die Organisation dazu berufen ist, die Patienten- und Selbsthilfeinteressen zu vertreten (Nr. 3). Dies ist im Zweifel dann nicht der Fall, wenn ein bedeutsamer Teil der Mitglieder für Leistungserbringer (z.B. Krankenhäuser, Pharmaunternehmen) tätig ist und damit die Arbeit der Organisation maßgeblich beeinflussen kann. Außerdem muss die **Finanzierung** offen gelegt werden (Nr. 6) und die **Gemeinnützigkeit** anerkannt sein (Nr. 7). 20

Die Organisation muss die **Gewähr für eine sachgerechte Aufgabenerfüllung** bieten (Nr. 5), wobei vor allem die bisherige Tätigkeit ausschlaggebend sein dürfte. 21

2. Anerkannte Organisationen (§ 2 PatBeteiligungsV)

Durch § 2 PatBeteiligungsV sind bisher anerkannt 22

- der Deutsche Behindertenrat,
- die Bundesarbeitsgemeinschaft der PatientInnenstellen,
- die Deutsche Arbeitsgemeinschaft Selbsthilfegruppen e.V. und
- der Verbraucherzentrale Bundesverband e.V.

Von seinem Antragsrecht, die allgemeinen Anforderungen im Hinblick auf die anerkannten Organisationen durch das Bundesministerium für Gesundheit und soziale Sicherheit überprüfen zu lassen, hat der gemeinsame Bundesausschuss nicht innerhalb der 3-Monats-Frist ab In-Kraft-Treten der Verordnung, also bis 24.03.2004, Gebrauch gemacht. 23

Hat der gemeinsame Bundesausschuss jedoch künftig berechtigte Zweifel, ob die allgemeinen Voraussetzungen bei einer durch Verordnung oder aufgrund der Verordnung nach § 3 PatBeteiligungsV anerkannten Organisation noch vorliegen, kann er auch nach Fristablauf die Überprüfung beantragen. Die Aberkennung erfolgt durch **Verwaltungsakt** (§ 2 Abs. 3 PatBeteiligungsV). 24

3. Anerkennung weiterer Organisationen (§ 3 PatBeteiligungsV)

Die Anerkennung weiterer Organisationen kann auf Antrag durch **Verwaltungsakt** erfolgen, wenn die allgemeinen Anforderungen von § 1 PatBeteiligungsV erfüllt sind und die Organisation dies nachweist. 25

Es besteht also kein Anspruch auf Anerkennung, sondern nur ein **Anspruch auf fehlerfreie Ermessensentscheidung** durch das zuständige Ministerium. 26

4. Rechtsschutz der Organisationen

Für Streitigkeiten über die Anerkennung als maßgebliche Organisation bzw. die Aberkennung dieses Status sind die **Sozialgerichte** zuständig. Es handelt sich um Streitigkeiten in Angelegenheiten der gesetzlichen Krankenversicherung (§ 51 Abs. 1 Nr. 2 SGG). Da die An- wie auch die Aberkennung als maßgebliche Organisation nach Absatz 1 durch Verwaltungsakt erfolgt, können die Organisationen die Aberkennung mit Anfechtungsklage überprüfen lassen, die Anerkennung mit Verpflichtungsklage (Bescheidungsklage) anstreben. 27

[19] Vom 19.12.2003, BGBl I 2003, 2753.

IV. Entsendung sachkundiger Personen

1. Entsendung auf Bundes- und Landesebene

28 Die nach Absatz 1 **maßgeblichen Organisationen auf Bundesebene** nehmen ihre Mitberatungs- und Antragsrechte durch die **Benennung sachkundiger Personen** wahr (Absatz 2 Satz 1 Halbsatz 2 und Absatz 3 Satz 1 Halbsatz 2), und zwar sowohl in die Gremien der Bundesebene (Gemeinsamer Bundesausschuss und Beirat für Datentransparenz nach § 303b SGB V) als auch in die Gremien auf Landesebene (Landesausschüsse sowie Zulassungs- und Berufungsausschüsse). Dies sieht § 4 Abs. 1 Satz 1 PatBeteiligungsV ausdrücklich vor, obwohl das SGB V in Absatz 2 und Absatz 3 differenziert und von einer Benennung durch die auf Bundesebene maßgeblichen (Absatz 2 Satz 1) bzw. durch die auf Landesebene maßgeblichen (Absatz 3 Satz 1) Organisationen spricht.

2. Verfahren und Rechtsschutz

29 Die Entsendung wirft etliche Rechtsfragen auf, die sich weder aus dem Gesetz noch aus der PatBeteiligungsV beantworten lassen: Wie lange ist die Amtszeit eines sachkundigen Vertreters? Kann ein sachkundiger Vertreter abberufen werden? Wer kann darüber entscheiden? Wie kann sich ein übergangener Bewerber wehren? Müssen die Organisationen den Gleichheitssatz Art. 3 GG beachten?

30 Zunächst ist festzustellen, dass juristische Personen des Privatrechts nicht grundrechtsgebunden sind. Außerdem schreibt § 1 PatBeteiligungsV keine Rechtsform für Patienten- und Selbsthilfeorganisationen vor. So ist z.B. der Deutsche Behindertenrat keine rechtlich selbständige Organisation, sondern ein Aktionsbündnis rechtlich selbständiger Verbände. Dies darf jedoch nicht bedeuten, dass die betroffenen sachkundigen Personen ohne Rechtsschutz willkürlichen Maßnahmen ausgesetzt sind.

31 Deshalb ist davon auszugehen, dass in der gesetzlichen Ermächtigung, sachkundige Personen in die Gremien zu entsenden (Absatz 2 Satz 1 Halbsatz 2 und Absatz 3 Satz 1 Halbsatz 3), eine **Beleihung** der aufgrund § 2 Abs. 1 PatBeteiligungsV oder durch Verwaltungsakt nach § 3 PatBeteiligungsV anerkannten Patienten- und Selbsthilfeorganisationen liegt. Die Organisationen sind damit innerhalb der Ermächtigung Verwaltungsträger und insoweit grundrechtsgebunden, so dass die Beachtung der Grundrechte, insbesondere des Gleichheitssatzes (Art. 3 GG) gewährleistet ist.

32 Die **Bestellung** einer sachkundigen Person ist als Regelung eines Einzelfalles ein **Verwaltungsakt**. **Zuständig** ist jeweils die **entsendende Organisation**. Sie erlässt den Verwaltungsakt nach der Zustimmung der übrigen Organisationen.[20] Das Einvernehmen ist in der Bestellung kenntlich zu machen (§ 4 Abs. 1 Satz 2 PatBeteiligungsV). Eine Befristung ist weder im Gesetz noch in der PatBeteiligungsV vorgesehen.

33 Die Benennung erfolgt zu **spezifischen Themen**, bei denen mindestens die Hälfte selbst Betroffene sein sollen (§ 4 Abs. 1 Satz 1 PatBeteiligungsV). So soll gewährleistet werden, dass möglichst viel Sachkunde zu den jeweils behandelten Themen in die Gremien gebracht wird.

34 Da die Bestellung ein Verwaltungsakt ist, ist eine Abberufung nur unter den Voraussetzungen der §§ 44 ff. SGB X, d.h. durch eine Rücknahme oder einen Widerruf möglich. Der Betroffene hat Rechtsschutzmöglichkeiten durch Widerspruch und Anfechtungsklage. Übergangene Bewerber können Verpflichtungsklage erheben. Zuständig sind die **Sozialgerichte**, da es sich um Streitigkeiten in Angelegenheiten der gesetzlichen Krankenversicherung handelt (§ 51 Abs. 1 Nr. 2 SGG).

V. Patientenbeteiligung auf Bundesebene (Absatz 2)

35 Die anerkannten Patienten- und Selbsthilfeorganisationen auf Bundesebene nehmen ihre Mitberatungs- und Antragsrechte **durch** von ihnen einvernehmlich benannte **sachkundige Personen** wahr. Die Zahl der Patientenvertreter darf die Zahl der von den Spitzenverbänden der Krankenkassen entsandten Mitglieder nicht übersteigen, d.h. es dürfen **maximal 9 Personen** entsandt werden. Eine Unterschreitung ist möglich, wenn die Organisationen nicht genügend Sachkundige mit entsprechender Fachkompetenz bestellen können.

---

[20] „Mehrstufiger" Verwaltungsakt; die Verweigerung der Zustimmung kann vom betroffenen Bewerber nicht isoliert angefochten werden. Er muss im Falle seiner Ablehnung Verpflichtungsklage erheben.

1. Beteiligungsverfahren im Gemeinsamen Bundesausschuss

In der **Geschäftsordnung**[21] – GO – (§ 91 Abs. 3 Satz 1 Nr. 2 SGB V) hat der Gemeinsame Bundesausschuss die Patientenbeteiligung geregelt und ist damit seiner gesetzlichen Verpflichtung nach § 91 Abs. 3 Satz 1 Nr. 2 SGB V umfassend nachgekommen. § 2 GO verweist deklaratorisch auf die PatBeteiligungsV, in § 3 Abs. 4 GO ist die Mitberatung der Patientenvertreter in den Sitzungen vorgesehen. Die Mitberatung umfasst nach § 140e Abs. 2 Satz 2 SGB V auch das Recht zur Anwesenheit bei der Beschlussfassung. § 3 Abs. 5 GO bestimmt, dass die Benennung der Patientenvertreter **schriftlich** erfolgen und ein spezifisches Thema i.S.v. § 4 Satz 1 PatBeteiligungsV angegeben werden muss. Dabei gelten als spezifische Themen alle vom selben Unterausschuss vorbereiteten Beratungsgegenstände (§ 3 Abs. 5 Satz 4 GO). Die Patientenvertreter bleiben bis zur Abgabe einer Verzichtserklärung oder bis zur ordnungsgemäßen Benennung eines anderen Patientenvertreters im Amt (§ 3 Abs. 6 GO). 36

Die Patientenvertreter sind keine Mitglieder des Gemeinsamen Bundesausschusses, aber an den Sitzungen **Teilnahmeberechtigte** (§ 13 Abs. 5 GO). Damit sind sie unter Angabe der Tagesordnung zu den Sitzungen zu laden (§ 14 Abs. 3 GO) und erhalten die Beratungsunterlagen (§ 15 Abs. 1 GO). Nach § 19 Abs. 2 GO erhalten sie eine Niederschrift der betreffenden Sitzung. In den **Unterausschüssen** sind maximal 5 Patientenvertreter teilnahmeberechtigt (§ 21 Abs. 11 GO). 37

Obwohl die Patienten- und Selbsthilfeorganisationen ihr Mitwirkungsrecht durch sachkundige Personen wahrnehmen, sieht § 14 Abs. 3 Satz 3 GO vor, dass die Einladung auch an die anerkannten Patienten- und Selbsthilfeorganisationen zu richten ist. 38

2. Umfang der Beteiligung im Gemeinsamen Bundesausschusses

Die Patienten haben ein umfassendes **Mitberatungsrecht** im gesamten Zuständigkeitsbereich des Gemeinsamen Bundesausschusses, das in § 4 Abs. 1 Satz 3 PatBeteiligungsV und in § 3 Abs. 4 GO nochmals beschrieben wird. 39

Das weitergehende **Antragsrecht** (zu den Bereichen des Antragsrechts vgl. Rn. 10) ist in § 4 Abs. 2 PatBeteiligungsV präzisiert. Insoweit verweist die Verordnung auf die für die Kassenärztlichen Vereinigungen, die Deutsche Krankenhausgesellschaft und die Spitzenverbände der Krankenkassen geltenden Vorschriften. Die **Verfahrensordnung** für den Gemeinsamen Bundesausschuss[22] regelt das Antragsrecht in § 11 Abs. 2 lit. d und Abs. 3. Danach ist der Antrag schriftlich bei der Geschäftsstelle des Gemeinsamen Bundesausschusses zu stellen und substantiiert zu begründen. 40

Das Mitberatungs- und Antragsrecht wird durch Absatz 6 flankiert. Die Patientenvertreter sowie die Patienten- und Selbsthilfeorganisationen haben Anspruch auf **organisatorische und inhaltliche Unterstützung durch den Gemeinsamen Bundesausschuss** (Absatz 6 Satz 1). Der Gemeinsame Bundesausschuss wird ermächtigt, nach Ermessen eine „**Stabstelle Patientenbeteiligung**" einzurichten (Absatz 6 Satz 2), er kann diese Aufgabe aber auch von der **Geschäftsstelle** durchführen lassen.[23] Konkrete Umsetzungsmaßnahmen sind bisher noch nicht erfolgt.

Die möglichen Unterstützungsmaßnahmen werden **nicht abschließend** in Absatz 6 Satz 3 dargestellt. In Betracht kommen – neben der koordinatorischen Leitung des Benennungsverfahrens auf Bundesebene – insbesondere **Fortbildungen und Schulungen**, die **Aufbereitung von Sitzungsunterlagen** und die **Unterstützung bei der Ausübung des Antragsrechts** nach Absatz 2 Satz 5.[24] Dies umfasst auch die Beschaffung kostenpflichtiger Studien.[25] Von besonderer Bedeutung dürfte in der Praxis die Unterstützung bei der Antragstellung sein, da die Anforderungen an Anträge nach § 11 Abs. 3 Verfahrensordnung sehr komplex sind, so dass bisher von Patientenvertretern keine Anträge gestellt wurden[26] und damit die Patientenbeteiligung insoweit ins Leere ging.

Die erforderlichen **Kosten** der Unterstützung sind nach den §§ 91 Abs. 2 Satz 6, 139c SGB V aufzubringen.[27]

---

[21] Vom 13.01.2004, BAnz 2004, Nr. 67, 7246, zuletzt geändert am 15.06.2004, BAnz 2004, Nr. 164, 19566.

[22] Vom 20.09.2005, BAnz 2005, 16998.

[23] Ausschussbericht BT-Drs. 16/4247, S. 70.

[24] Der Verweis im Gesetzestext auf Satz 4 ist ein redaktionelles Versehen.

[25] So die Gesetzesbegründung, BT-Drs. 16/4247, S. 70.

[26] BT-Drs. 16/4247, S. 70.

[27] BT-Drs. 16/4247, S. 71.

3. Mitwirkung im Beirat der Arbeitsgemeinschaft für Aufgaben der Datentransparenz

41 Auch im Beirat ist eine **Mitberatung** vorgesehen. Der Beirat gibt sich eine Verfahrensordnung, die das Nähere bestimmt (§ 303b Satz 3 SGB V). Der Beirat hat sich bisher noch nicht konstituiert.

VI. Patientenbeteiligung auf Landesebene (Absatz 3)

42 Nach Absatz 3 besteht ein **Mitberatungsrecht** der auf Landesebene tätigen Patienten- und Selbsthilfeorganisationen in den **Landesausschüssen** sowie in den **Zulassungs-** und **Berufungsausschüssen**, soweit die ausnahmsweise Besetzung zusätzlicher Vertragsarztsitze (§ 101 Abs. 1 Nr. 3 SGB V, Sonderbedarfszulassung) oder die Ermächtigung von Ärzten oder ärztlich geleiteten Einrichtungen verhandelt wird. Die anerkannten Organisationen nehmen ihr Mitberatungsrecht durch von den Organisationen auf Bundesebene benannte sachkundige Personen wahr (vgl. § 4 Abs. 1 Satz 1 PatBeteiligungsV). Diese Regelung ist fragwürdig, da sie von der gesetzlichen Regelung in Absatz 3 Satz 1 abweicht. Es ist zweifelhaft, ob die Regelung noch von der Verordnungsermächtigung umfasst wird. Allerdings haben sich nunmehr in den Bundesländern Koordinationsstellen gegründet oder es sind Koordinatoren eingesetzt worden, die die einvernehmliche Benennung von Patientenvertretern organisieren. Das Mitberatungsrecht umfasst seit 01.01.2007 ausdrücklich auch das Recht der Patientenvertreterinnen und Patientenvertreter zur **Anwesenheit bei der Beschlussfassung** (Absatz 3 Satz 2).

43 Die Zahl der auf Landesebene zu bestellenden Patientenvertreter darf die Zahl der Kassenvertreter nicht überschreiten, so dass maximal acht zu bestellen sind (vgl. § 90 Abs. 2 Satz 1 SGB V). Eine Unterschreitung ist wie auf Bundesebene möglich, wenn die Organisationen nicht genügend Sachkundige mit entsprechender Fachkompetenz bestellen können.

1. Beteiligungsverfahren

44 Das **Verfahren in den Landesausschüssen** ist jeweils in Geschäftsordnungen geregelt. Bei der Beteiligung der Patientenvertreter treten in manchen Bundesländern Probleme auf, weil die Unterlagen nicht zur Verfügung gestellt werden und damit keine Mitberatung möglich ist. Die Erfahrungen in anderen Bundesländern sind dagegen sehr positiv.

45 Bei den **Zulassungs- und Berufungsausschüssen** ist die Mitberatung der Patientenvertreter nunmehr auch in der Zulassungsverordnung für Vertragsärzte (Ärzte-ZV) und der Zulassungsverordnung für Vertragszahnärzte (Zahnärzte-ZV) geregelt. Die Besetzungsvorschriften in den §§ 34 und 35 Ärzte-ZV/Zahnärzte-ZV wurden zwar nicht geändert, in den Verfahrensregelungen der §§ 36 ff. Ärzte-ZV/Zahnärzte-ZV werden die Patientenvertreter jedoch berücksichtigt. § 36 Abs. 2 Ärzte-ZV/Zahnärzte-ZV sieht vor, dass die Patientenvertreterinnen und -vertreter mit einer Frist von zwei Wochen unter Angabe der Tagesordnung zu den Sitzungen zu laden sind. Nach § 41 Abs. 1 Satz 3 Ärzte-ZV/Zahnärzte-ZV nehmen die Patientenvertreterinnen und -vertreter an den Sitzungen mit beratender Stimme teil und haben ein Recht auf Anwesenheit bei der Beschlussfassung. Außerdem erhalten sie nach § 41 Abs. 5 Satz 2Ärzte-ZV/Zahnärzte-ZV eine Abschrift des Beschlusses.

2. Rechtsschutz

46 Werden die Rechte der Patientenvertreter verletzt, können sie bei den Sozialgerichten klagen, da Streitigkeiten in Angelegenheiten der gesetzlichen Krankenversicherung vorliegen (§ 51 Abs. 1 Nr. 2 SGG).

VII. Mitwirkung bei Empfehlungen und Richtlinien (Absatz 4)

47 Die Patienten- und Selbsthilfeorganisationen wirken bei der Änderung, Neufassung oder Aufhebung von Rahmenempfehlungen, Empfehlungen, Rahmenvereinbarungen oder Richtlinien[28] sowie der Bestimmung der Festbetragsgruppen und der Festsetzung der Festbeträge für Hilfsmittel beratend mit, die die Spitzenverbände der Krankenkassen bzw. die Landesverbände der Krankenkassen erlassen oder vereinbaren. Bezüglich des Anwendungsbereichs wird auf Rn. 14 verwiesen.

[28] Die Aufzählung des Gesetzgebers enthält irrtümlich den Terminus „Richtlinien", da die in Absatz 4 genannten Vorschriften keine Kompetenz der Kassenseite zum Richtlinienerlass enthalten.

1. Verfahren

In § 4 Abs. 3 PatBeteiligungsV ist vorgesehen, dass den maßgeblichen Patienten- und Selbsthilfeorganisationen die erforderlichen Unterlagen rechtzeitig und vollständig zur Verfügung zu stellen sind und ihnen eine angemessene Frist zur Stellungnahme einzuräumen ist. Das Mitberatungsrecht beinhaltet nach Absatz 4 Satz 2 wiederum das Recht zur Anwesenheit bei der Beschlussfassung. Absatz 4 Satz 3 sieht vor, dass die maßgeblichen Organisationen einen Anspruch auf eine schriftliche Begründung haben, soweit ihrem Anliegen nicht gefolgt wird und sie es verlangen. 48

2. Rechtsschutz

Für Streitigkeiten sind die Sozialgerichte zuständig (§ 51 Abs. 1 Nr. 2 SGG). 49

VIII. Anspruch auf Reisekostenerstattung und Aufwendungsersatz (Absatz 5)

Die sachkundigen Personen haben Anspruch auf Reisekostenerstattung nach den Vorschriften des Bundesreisekostengesetzes oder den Vorschriften über Reisekostenvergütung des jeweiligen Landes. 50

Zur finanziellen Absicherung der Patientenvertreter ist ferner eine **Aufwandsentschädigung** vorgesehen. Damit wird dem Umstand Rechnung getragen, dass die Beteiligung in den Selbstverwaltungsgremien für die benannten Personen mit einem erheblichen Aufwand an Zeit und Sachmitteln verbunden ist, der nicht alleine durch die Erstattung von Reisekosten aufgefangen werden kann. Deshalb erhalten sie eine **Erstattung des Verdienstausfalles** und zusätzlich einen **Pauschbetrag für den Zeitaufwand bei Sitzungen**. 51

Die **Erstattung des Verdienstausfalles** erfolgt in entsprechender Anwendung von § 41 Abs. 2 SGB IV und beträgt maximal 1/75 der monatlichen Bezugsgröße (§ 18 SGB IV) je Stunde der durch die Sitzung und die An- und Abreise versäumten regelmäßigen Arbeitszeit. Die **Pauschale für den Zeitaufwand** beträgt 1/50 der Bezugsgröße (§ 18 SGB IV) je Sitzungstag.[29] 52

Der Anspruch richtet sich gegen die Gremien, in denen die Patientenvertreterinnen und -vertreter mitberatend tätig sind. 53

[29] Zur Begründung für die Höhe siehe Gesetzesbegründung, BT-Drs. 16/2474, S. 26.

§ 140g SGB V Verordnungsermächtigung

(Fassung vom 31.10.2006, gültig ab 08.11.2006)

Das Bundesministerium für Gesundheit wird ermächtigt, durch Rechtsverordnung mit Zustimmung des Bundesrates Näheres zu den Voraussetzungen der Anerkennung der für die Wahrnehmung der Interessen der Patientinnen und Patienten und der Selbsthilfe chronisch kranker und behinderter Menschen maßgeblichen Organisationen auf Bundesebene, insbesondere zu den Erfordernissen an die Organisationsform und die Offenlegung der Finanzierung, sowie zum Verfahren der Patientenbeteiligung zu regeln.

1 Die Vorschrift ist Teil des 13. Abschnitts „Beteiligung von Patientinnen und Patienten, Beauftragte oder Beauftragter der Bundesregierung für die Belange der Patientinnen und Patienten" im IV. Kapitel, der durch das Gesetz zur Modernisierung der gesetzlichen Krankenversicherung – GKV-Modernisierungsgesetz – GMG vom 14.11.2003[1] zum 01.01.2004 eingeführt wurde. Die neugefassten §§ 140f-140h SGB V treten insoweit an die Stelle der bisherigen Vorschriften über die integrierte Versorgung, die nunmehr im 11. Abschnitt des IV. Kapitels in den §§ 140a-d SGB V abschließend geregelt ist.

2 § 140g SGB V basiert auf dem Gesetzentwurf der Fraktionen SPD, CDU/CSU und Bündnis 90/Die GRÜNEN[2], der die Beratungen im Ausschuss für Gesundheit ohne Änderungen passierte.[3] Er ist Ergebnis der wissenschaftlichen und politischen Diskussion über Patientenrechte und Patientenbeteiligung, die in die Gutachten des Sachverständigenrates für die Konzertierte Aktion im Gesundheitswesen[4] einging.

3 Aufgrund von § 140g SGB V wurde die **Verordnung zur Beteiligung von Patientinnen und Patienten in der Gesetzlichen Krankenversicherung (Patientenbeteiligungsverordnung – PatBeteiligungsV** vom 19.12.2003[5] erlassen, die am 24.12.2003 in Kraft trat.

4 Die Erläuterungen zur **PatBeteiligungsV** wurden in die Kommentierung zu § 140f SGB V Rn. 18 ff. eingearbeitet.

---

1 BGBl I 2003, 2190.

2 BT-Drs. 15/1525, S. 40, 72 und132.

3 Vgl. die Beschlussempfehlungen des Ausschusses für Gesundheit und soziale Sicherung (13. Ausschuss), BT-Drs. 15/1584 sowie den Bericht, BT-Drs. 15/1600.

4 Gutachten 2000/2001, BT-Drs. 14/5660, S. 169 ff., und Gutachten 2003, BT-Drs. 15/530, S. 94 ff.

5 BGBl I 2003, 2753.

§ 140h SGB V Amt, Aufgabe und Befugnisse der oder des Beauftragten der Bundesregierung für die Belange der Patientinnen und Patienten

(Fassung vom 14.11.2003, gültig ab 01.01.2004)

(1) Die Bundesregierung bestellt eine Beauftragte oder einen Beauftragten für die Belange der Patientinnen und Patienten. Der beauftragten Person ist die für die Erfüllung ihrer Aufgabe notwendige Personal- und Sachausstattung zur Verfügung zu stellen. Das Amt endet, außer im Falle der Entlassung, mit dem Zusammentreten eines neuen Bundestages.

(2) Aufgabe der beauftragten Person ist es, darauf hinzuwirken, dass die Belange von Patientinnen und Patienten besonders hinsichtlich ihrer Rechte auf umfassende und unabhängige Beratung und objektive Information durch Leistungserbringer, Kostenträger und Behörden im Gesundheitswesen und auf die Beteiligung bei Fragen der Sicherstellung der medizinischen Versorgung berücksichtigt werden. Sie setzt sich bei der Wahrnehmung dieser Aufgabe dafür ein, dass unterschiedliche Lebensbedingungen und Bedürfnisse von Frauen und Männern beachtet und in der medizinischen Versorgung sowie in der Forschung geschlechtsspezifische Aspekte berücksichtigt werden.

(3) Zur Wahrnehmung der Aufgabe nach Absatz 2 beteiligen die Bundesministerien die beauftragte Person bei allen Gesetzes-, Verordnungs- und sonstigen wichtigen Vorhaben, soweit sie Fragen der Rechte und des Schutzes von Patientinnen und Patienten behandeln oder berühren. Alle Bundesbehörden und sonstigen öffentlichen Stellen im Bereich des Bundes unterstützen die beauftragte Person bei der Erfüllung der Aufgabe.

Gliederung

A. Basisinformationen

I. Textgeschichte/Gesetzgebungsmaterialien

Die Vorschrift wurde zusammen mit den §§ 140f und 140g SGB V durch Art. 1 Nr. 118 des GKV-Modernisierungsgesetzes (GMG) vom 14.11.2003 eingeführt und trat zum 01.01.2004 in Kraft.[1] Die außer Kraft getretene frühere Fassung des § 140h SGB V hatte noch die wissenschaftliche Begleitung und Auswertung der integrierten Versorgung zum Gegenstand. 1

II. Vorgängervorschriften

Vorgängervorschriften existieren nicht. 2

III. Parallelvorschriften

Parallelvorschriften sind nicht vorhanden. 3

[1] BGBl I 2003, 2190.

IV. Normverträge

4 Normverträge sind dazu nicht geschlossen.

V. Ausgewählte Literaturhinweise

5 *Becker-Schwarze*, Kollektive Patientenrechte durch das GKV-Modernisierungsgesetz, GesR 2004, 215 ff.; *Günther*, Der Patient im Mittelpunkt – Durchbruch für Patienten- und Verbraucherrechte durch die Gesundheitsreform?, VuR 2003, 319 ff.; *Hart*, Fortentwicklung individueller und kollektiver Patientenrechte, Die Krankenversicherung, 2003/10, 279 ff.; *Hart/Francke*, Patientenrechte und Bürgerbeteiligung, Bundesgesundheitsblatt 1/2002, 13 f.; *Marburger*, Weiterentwicklung der Patientenrechte durch das GMG, Markt und Wettbewerb 2004, 33 ff.; *Merten*, Ein ungeliebtes Kind, DÄ 2003, A-2831 f.; *Schulte*, Vom Payer zum Player, ff.; *Wöllenstein*, Spielfeld statt Tribüne, G+G 2004, Nr 2, 20.

B. Auslegung der Norm

I. Regelungsgehalt und Bedeutung der Norm

6 Das SGB V hatte bislang Patientenrechte nur als Leistungs-, Behandlungsrechte und sonstige Rechte des Einzelnen gegenüber Krankenkasse und Arzt gekannt (**individuelle Patientenrechte**). Eine Teilhabe an der Gestaltung des Gesundheitssystems durch die Gruppe der Patienten war bisher nicht vorgesehen. Systematisch war die Sachwaltung der Patientenrechte allein den Krankenkassen und ihren Verbänden zugewiesen, in denen die Gruppe der Versicherten nach Wahl aufgrund Vorschlagslisten paritätisch vertreten sind und die Arbeitgeber die zweite Gruppe bilden. Das Argument der Förderung und Durchsetzung von Patientenrechten, sowohl auf der Ebene des Arzt-/Patientenverhältnisses als auch auf institutioneller Ebene, durch den Sachwalter Krankenkasse kann in Zeiten begrenzter finanzieller Ressourcen verbunden mit dem Wettbewerb der Krankenkassen untereinander nur bedingt aufrechterhalten werden

7 Durch die genannten Vorschriften werden erstmals **kollektive Patientenrechte** geschaffen, wobei Entscheidungskompetenzen nicht vorgesehen sind. Ergänzend zur Installierung von institutionell mitwirkenden Patientenvertretern in den §§ 140f und 140h SGB V sieht die Norm die Bestellung eines **Beauftragten der Bundesregierung für die Belange der Patientinnen und Patienten** (i.F.: Patientenbeauftragter) vor und regelt dessen Aufgaben und Befugnisse.[2] Die Einfügung beruht auf einer Empfehlung des Sachverständigenrats für die Konzertierte Aktion im Gesundheitswesen.[3]

II. Normzweck

8 Die Vorschrift bezweckt über die Tätigkeit des Patientenbeauftragten die vorhandenen individuellen Rechte der Patienten zu stärken. Ein Teilaspekt mangelnder Durchsetzung individueller Patientenrechte betrifft die Diskrepanz zwischen Normativität und Normalität der Praxis medizinischer Versorgung, was wiederum zum Teil auf mangelnde Information und Beratung der Patienten zurückzuführen ist.[4] Hier setzt die Tätigkeit des Beauftragten an. Neue individuelle Patientenrechte werden nicht geschaffen.

III. Amt (Absatz 1)

9 Nach Absatz 1 hat die Bundesregierung eine Beauftragte oder einen Beauftragten für die Belange der Patientinnen und Patienten zu bestellen (Satz 1). Das Amt ist – mit Ausnahme der Rechte des Absatzes 3 – nicht mit hoheitlichen Verwaltungskompetenzen ausgestattet, sondern dient der politischen Geltendmachung von Patienteninteressen.[5] Wenngleich dem Beauftragten für den Erlass von Verwaltungsakten jedwede Befugnis fehlt, qualifiziert sich sein Handeln als öffentlich-rechtlich. Das Amt ist dem Beauftragten der Bundesregierung für die Belange behinderter Menschen nachgebildet.

---

[2] Hier nicht im Sinne von Eingriffsermächtigung; klassische Befugnisse stehen dem Patientenbeauftragten nicht zu.

[3] Gutachten 2003 des Sachverständigenrates für die Konzertierte Aktion im Gesundheitswesen, BT Drs. 15/530, Rn. 272.

[4] *Becker-Schwarze*, GesR 2004, 215, m.w.N.

[5] BT-Drs. 15/1525, S. 133.

Der Patientenbeauftragte ist nicht juristische Person und im Verwaltungs- und Sozialgerichtsprozess **nicht parteifähig.** 10

Der Amtswalter wird durch Kabinettsbeschluss eingesetzt. Das Amt endet mit Erlass eines Entlassungsbeschlusses des Kabinetts, der ohne Angaben von Gründen erfolgen kann, ansonsten spätestens mit Beginn einer neuen Legislaturperiode (Zusammentreten eines neuen Bundestags, Satz 3). Dem Beauftragten ist die zur Aufgabenwahrnehmung erforderliche personelle und sachliche Ausstattung zur Verfügung zu stellen (Satz 2). Die Geschäftsstelle ist beim BMGS eingerichtet worden.[6] 11

IV. Aufgaben (Absatz 2)

Absatz 2 regelt die Aufgaben des Patientenbeauftragten. Generalnormartig wird aufgegeben, aufklärend und beratend darauf **hinzuwirken**, dass **alle Belange der Patienten in allen relevanten gesellschaftlichen Bereichen** beachtet werden.[7] Dabei ist der Beauftragte Weisungen nicht unterworfen. Er handelt im Rahmen geltenden Rechts, insbesondere seiner Aufgaben, weisungsunabhängig. 12

Der Aufgabenbereich beschränkt sich nicht auf die Berücksichtigung der Belange nur der gesetzlich versicherten Patienten. Vielmehr hat der Gesetzgeber in Abkehr der anzutreffenden Beschränkung des normativen Regelungsgehalts des SGB V auf Angelegenheiten der gesetzlichen Krankenversicherung eine umfassende, **sämtliche Patienten** betreffende Regelung geschaffen. 13

Eine Zuweisung hoheitlicher **Regelungsbefugnisse** ist damit nicht verbunden. Insbesondere darf der Beauftragte Behörden nicht anweisen und auch ansonsten keinerlei Verwaltungsakte erlassen. Auch besitzt er kein Antragsrecht, weder in Vertretung einzelner Patienten noch etwa als Vertreter kollektiver Patienteninteressen, im Gemeinsamen Bundesausschuss, beim Institut für Qualität und Wirtschaftlichkeit im Gesundheitswesen[8] oder in den Gremien der gemeinsamen Selbstverwaltung. 14

Im Rahmen des sachlich weiten Aufgabenfeldes steht dem Beauftragten somit nur ein „weiches“ Instrumentarium zur Verfügung. Er kann Auskünfte einholen (dazu auch Absatz 3 Satz 2), im Einzelfall aufklären und beraten sowie Öffentlichkeitsarbeit betreiben. Dabei darf er als Sprachrohr der Patienten auf Missstände öffentlich aufmerksam machen.[9] Beispielsweise kann der Beauftragte eine ungerechtfertigte Leistungsverweigerung eines Behandlers der zuständigen KÄV/KZV anzeigen oder die Beteiligten der gemeinsamen Sicherstellung und deren (gemeinsame) Gremien auf ein regionales Versorgungsdefizit aufmerksam machen, um auf die Erteilung einer Sonderbedarfszulassung oder Ermächtigung hinzuwirken. Bildlich gesprochen lässt sich der Patientenbeauftragte als Löwe ohne Tatzen und Zähne beschreiben, dem nur das Hören, Sprechen und Brüllen möglich ist. 15

Soweit darüber hinaus in Satz 1 Halbsatz 2 und Satz 2 spezielle Aufgaben angesprochen sind, erfolgt dies nur mittels einer „insbesondere“-Verknüpfung. Besonders hinzuwirken ist danach auf eine 16

- Berücksichtigung der Patientenrechte auf umfassende und unabhängige Beratung und objektive Information durch Leistungserbringer, Kostenträger und Behörden im Gesundheitswesen,
- Beteiligung bei Fragen der medizinischen Versorgung und
- Beachtung des Gender-Mainstreaming-Prinzips in Forschung und Versorgung.

V. Beteiligungsrecht (Absatz 3)

Satz 1 regelt die Pflicht der Bundesministerien, den Patientenbeauftragten bei allen Gesetzes-, Verordnungs- und sonstigen wichtigen Vorhaben zu **beteiligen**, soweit sie Fragen der Rechte und des Schutzes von Patientinnen und Patienten „behandeln oder berühren“. Aus der offenen Formulierung wird deutlich, dass damit alle Initiativen erfasst sind, die unmittelbar oder mittelbar mit Fragen der medizinischen Versorgung einschließlich der Vorsorge und Prävention und deren rechtlichem oder tatsächlichem Umfeld zu tun haben. Beteiligung ist hier im Sinne von Information und Anhörung zu verstehen. Über ein Recht zur Einstellung einer Äußerung in den weiteren Entscheidungsprozess hinaus sind weitere Mitwirkungsrechte, wie Zustimmungsrechte oder dergleichen, nicht zuerkannt. Die Landesministerien oder andere Bundesbehörden gehören nicht zu den Verpflichteten. 17

Unter **sonstigen wichtigen Vorhaben** wird ein Handeln der Bundesministerien mit erheblicher Bedeutung für die Patientenrechte zu verstehen sein, wie z.B. ein entsprechendes Tätigwerden in der Europäischen Union, Stellungnahmen des Bundesministeriums (z.B. im Zusammenhang mit Auslegungs- 18

---

[6] www.patientenbeauftragte.de.

[7] BT-Drs. 15/1525, S. 133.

[8] Vgl. aber *Merten*, DÄ 2003, A-2831.

[9] BT-Drs. 15/1525, S. 133.

empfehlungen), die Prüfung der Wahrnehmung von Beanstandungsrechten von Richtlinien des Gemeinsamen Bundesausschusses[10] oder eine evtl. Mitarbeit des BMGS an einschlägigen Projekten der Konferenzen der Landesgesundheitsminister.

19 **Satz 2** verpflichtet alle Bundesbehörden und sonstigen öffentlichen Stellen im Bereich des Bundes zur Unterstützung des Patientenbeauftragten bei dessen Aufgabenerfüllung. Die Unterstützung wird dabei insbesondere in der Information und der Bereitstellung von Datenmaterial unter Beachtung datenschutzrechtlicher Belange bestehen. Angesprochen sind sämtliche Träger bundesunmittelbarer und bundesmittelbarer Verwaltung einschließlich der Krankenkassenbundesverbände, der Kassenärztlichen Bundesvereinigungen, des Gemeinsamen Bundesausschusses und des Instituts für Qualität und Wirtschaftlichkeit im Gesundheitswesen.[11]

C. Praxishinweise

20 Geht es um die Beseitigung struktureller Missstände, könnte sich ein Ansprechen des Patientenbeauftragten lohnen. In welchen Fällen ein Tätigwerden im Einzelfall erfolgt, wird abzuwarten sein. Möglicherweise könnten Patientenhinweise zur Schließung regional bestehender qualitativer Versorgungslücken bzw. zur Versorgung problematischer, damit häufig schlecht versorgter Patientengruppen[12] – auch im Zusammenwirken mit den Patientenvertretern gem. § 140f SGB V – beitragen. Sicherlich wird eine direkte Parteinahme in laufenden Verwaltungs- und Gerichtsverfahren nicht stattfinden können.

---

[10] § 94 SGB V.

[11] Siehe auch § 139a Abs. 5 SGB V.

[12] Z.B. gynäkologische Untersuchung von Rollstuhlfahrerinnen, Psychotherapie fremdsprachiger Patienten, budgetbelastende Versicherte mit seltenen Erkrankungen usw.

Fünftes Kapitel: Sachverständigenrat zur Begutachtung der Entwicklung im Gesundheitswesen

§ 142 SGB V Unterstützung der Konzertierten Aktion; Sachverständigenrat

(Fassung vom 31.10.2006, gültig ab 08.11.2006)

(1) Das Bundesministerium für Gesundheit beruft einen Sachverständigenrat zur Begutachtung der Entwicklung im Gesundheitswesen. Zur Unterstützung der Arbeiten des Sachverständigenrates richtet das Bundesministerium für Gesundheit eine Geschäftsstelle ein.

(2) Der Sachverständigenrat hat die Aufgabe, Gutachten zur Entwicklung der gesundheitlichen Versorgung mit ihren medizinischen und wirtschaftlichen Auswirkungen zu erstellen. Im Rahmen der Gutachten entwickelt der Sachverständigenrat unter Berücksichtigung der finanziellen Rahmenbedingungen und vorhandener Wirtschaftlichkeitsreserven Prioritäten für den Abbau von Versorgungsdefiziten und bestehenden Überversorgungen und zeigt Möglichkeiten und Wege zur Weiterentwicklung des Gesundheitswesens auf; er kann in seine Gutachten Entwicklungen in anderen Zweigen der Sozialen Sicherung einbeziehen. Das Bundesministerium für Gesundheit kann den Gegenstand der Gutachten näher bestimmen sowie den Sachverständigenrat mit der Erstellung von Sondergutachten beauftragen.

(3) Der Sachverständigenrat erstellt das Gutachten im Abstand von zwei Jahren und leitet es dem Bundesministerium für Gesundheit in der Regel zum 15. April, erstmals im Jahr 2005, zu. Das Bundesministerium für Gesundheit legt das Gutachten den gesetzgebenden Körperschaften des Bundes unverzüglich vor.

Gliederung

A. Basisinformationen

I. Textgeschichte/Gesetzgebungsmaterialien/Vorgängervorschriften

Die durch das Gesetz zur Modernisierung der gesetzlichen Krankenversicherung (GKV-Modernisierungsgesetz – GMG) vom 19.11.2003[1] mit Wirkung zum 01.01.2004 in § 142 SGB V neu gefassten Regelungen zum „Sachverständigenrat zur Begutachtung der Entwicklung im Gesundheitswesen" basieren im Wesentlichen auf den bereits in der Reichsversicherungsordnung seit 1985 (§ 405a Abs. 4 RVO) in Verbindung mit einem Erlass des seinerzeit für den Bereich der gesetzlichen Krankenversicherung zuständigen Bundesministeriums für Arbeit und Sozialordnung vom 12.12.1985 verankerten Regelungen eines „Sachverständigenrats für die Konzertierte Aktion im Gesundheitswesen". Dieses durch das Gesundheitsreformgesetz (GRG) vom 20.12.1988[2] erstmalig im SGB V in § 142 Absatz 2 verankerte Expertengremium diente zunächst u.a. dem Ziel, die bis Ende 2003 in § 141 SGB V vorge- 1

[1] BGBl I 2003, 2190.
[2] BGBl I 1988, 2477.

sehene „Konzertierte Aktion im Gesundheitswesen" bei der Erfüllung ihrer Aufgaben zu unterstützen. Die Konzertierte Aktion – ein Gremium aus den wesentlichen gesundheitspolitischen Entscheidungsträgern von Bund, Ländern und Gemeinden sowie den maßgeblichen Organisationen des Gesundheitswesens – wurde mit dem GKV-Modernisierungsgesetz (GMG) durch Aufhebung des § 141 SGB V aufgelöst. Damit ergab sich für den Gesetzgeber gleichzeitig die Notwendigkeit, die Aufgaben des Rates in Teilen neu zu definieren und die Bezeichnung des Expertengremiums zu ändern. Entsprechend der Begründung im Gesetzentwurf zum GKV-Modernisierungsgesetz vom 08.09.1003[3] wird die Neufassung des § 142 SGB V somit im Wesentlichen als Folgeänderung zur Aufhebung des § 141 SGB V und Sicherstellung der weiteren Berufung und Aufgaben des Sachverständigenrats unabhängig von der Konzertierten Aktion charakterisiert.

II. Ausgewählte Literaturhinweise

2 *Wille*, Steuerungskonzepte für die GKV – Korporativismus versus Wettbewerb, KrV 2006, 7-11; Bundesministerium für Arbeit und Sozialordnung, Übersicht über das Sozialrecht, 2006, 189; *Burger/Männel*, Sachverständigenrat lotet Reformspielräume aus, BKK 2005, 306-311; *Fälker/Stiel/Meyers-Middendorf*, Weiterentwicklung des Gesundheitswesens, GSP 2003, Nr. 3/4, 56-61.

B. Auslegung der Norm

I. Regelungsgehalt und Bedeutung der Norm

3 § 142 SGB V enthält in den Absätzen 1-3 Regelungen zum Berufungsverfahren und den Aufgaben des Sachverständigenrates sowie zu den Inhalten, der zeitlichen Abfolge und den Vorlagepflichten der vom Rat vorzulegenden Gutachten. Unmittelbare Konsequenzen für die Ausgestaltung und Weiterentwicklung des Rechts der gesetzlichen Krankenversicherung im Hinblick auf versicherten Personenkreis, das Leistungs- und Vertragsrecht, das Organisations- und Verbänderecht sowie das Finanzierungsrecht lassen sich aus den Regelungen des § 142 SGB V nicht ableiten. Gleichwohl kann der Gesetzgeber aus den Ausführungen in den Gutachten des Rates Schlussfolgerungen für entsprechende Neugestaltungen im Rahmen des SGB V oder anderer im Bereich des Gesundheitswesens oder der Sozialen Sicherung relevanter Rechtsgebiete ziehen.

II. Berufung durch Bundesministerium für Gesundheit (Absatz 1)

4 In Absatz 1 wird dem Bundesministerium für Gesundheit als dem für den Bereich der gesetzlichen Krankenversicherung innerhalb der Bundesregierung zuständigen Ressort die Aufgabe und Zuständigkeit übertragen, den „Sachverständigenrat zur Begutachtung der Entwicklung im Gesundheitswesen" zu berufen. Weiterhin ist das Bundesministerium verpflichtet, dem Rat zur Unterstützung seiner Arbeiten eine Geschäftsstelle einzurichten. Die finanziellen Aufwendungen für den Rat und seine Geschäftsstelle werden folglich aus dem Haushalt des Bundesministeriums für Gesundheit finanziert. Näheres zum Berufungsverfahren und zur Auswahl und fachlichen Qualifikation der Gutachter hat das Bundesministerium für Gesundheit in einem Errichtungserlass geregelt (vgl. Rn. 7) geregelt.

III. Bestimmung der Aufgaben des Rates und Inhalte der Gutachten (Absatz 2)

5 In Absatz 2 werden die inhaltlichen Aufgaben des Sachverständigenrates definiert und konkretisiert. Danach kommt dem Rat die zentrale Aufgabe zu, Gutachten zur Entwicklung in der gesundheitlichen Versorgung mit ihren medizinischen und wirtschaftlichen Auswirkungen zu erstellen. Für die im Rahmen dieser Gutachten zu behandelnden Fragen macht der Gesetzgeber weitere Vorgaben. Es sollen unter Berücksichtigung der finanziellen Rahmenbedingungen und vorhandener Wirtschaftlichkeitsreserven Prioritäten für den Abbau von Versorgungsdefiziten und bestehenden Überversorgungen entwickelt und Vorschläge für medizinische und ökonomische Orientierungsdaten vorgelegt sowie Möglichkeiten und Wege zur Weiterentwicklung des Gesundheitswesens aufgezeigt werden. Durch den Hinweis, auch andere Zweige der sozialen Sicherheit in die Überlegungen des Rates einzubeziehen, soll die Fokussierung der Gutachten ausschließlich auf die Entwicklung in der gesetzlichen Krankenversicherung vermieden und eine Erweiterung des Blickwinkels auf weitere gesundheitspolitisch relevante

[3] BT-Drs. 15/1525, S. 134.

Bereiche und Institutionen eröffnet werden. Das Bundesministerium für Gesundheit enthält ausdrücklich die Möglichkeit sowohl einer Konkretisierung der Gutachtensaufträge als auch der Beauftragung des Rates mit der Erstellung von Sondergutachten.

IV. Zeitlicher Turnus der Gutachten und Vorlagepflichten (Absatz 3)

In den Regelungen zu Absatz 3 Satz 1 wird für die Erstellung des Gutachtens ein regelmäßiger Turnus 6
von zwei Jahren beginnend mit dem 15.04.2005 vorgesehen. Die Möglichkeiten der Beauftragung des Rates mit der Erstellung von Sondergutachten durch das Bundesministerium für Gesundheit nach Absatz 2 Satz 4 bleiben davon unberührt. Mit den Bestimmungen in Satz 2 wird über die unverzügliche Vorlagepflicht an Bundestag und Bundesrat durch das Bundesministerium für Gesundheit eine Befassung der gesetzgebenden Körperschaften des Bundes und seiner zuständigen Fachausschüsse mit den Inhalten und Empfehlungen des Gutachtens ermöglicht. Die bis zum In-Kraft-Treten des GMG Anfang 2004 vorgesehene Verpflichtung des Bundesministeriums für Gesundheit, zu dem Gutachten gegenüber den gesetzgebenden Körperschaften in angemessener Pflicht Stellung zu nehmen, ist in den aktuellen Regelungen nicht mehr enthalten.

V. Ergänzende Verwaltungsvorschriften

Über die gesetzlichen Vorschriften des § 142 SGB V hinaus ist Näheres zur Stellung und fachlichen 7
Qualifikation der zu berufenden Räte, zum Berufungsverfahren, zur Arbeitsweise und zu einer internen vom Rat zu verabschiedenden Geschäftsordnung in einem entsprechenden Erlass des Bundesministeriums für Gesundheit geregelt (Erlass über die Errichtung eines Sachverständigenrats für die Konzertierte Aktion im Gesundheitswesen beim Bundesministerium für Gesundheit vom 12.11.1992, zuletzt geändert am 02.01.1997). Darin ist u.a. vorgesehen, dass der Rat nur an den durch diesen Erlass begründeten Auftrag gebunden und im Übrigen in seiner Tätigkeit unabhängig ist.

Die sieben Mitglieder des Rates, die in regelmäßigen Abständen neu berufen werden, müssen über be- 8
sondere medizinische oder wirtschafts- oder sozialwissenschaftliche oder sozialrechtliche Kenntnisse und Erfahrungen verfügen. Somit ist eine interdisziplinäre Ausrichtung des Gremiums vorgegeben. Die Unabhängigkeit der Ratsmitglieder soll dadurch gewährleistet werden, dass sie weder der Regierung oder einer gesetzgebenden Körperschaft des Bundes oder eines Landes oder einer sonstigen juristischen Person des öffentlichen Rechts, es sei denn, als Hochschullehrer oder als Mitarbeiter eines wissenschaftlichen Instituts, angehören dürfen. Außerdem sind die Repräsentanten oder Mitarbeiterinnen von Wirtschaftsunternehmen und -verbänden von Sozialpartnern sowie sonstiger Organisationen und Institutionen im Gesundheitswesen von einer Ratstätigkeit ausgeschlossen. Die Entscheidungen des Rates werden mit der Mehrheit der Mitglieder gefällt, wobei Minderheitenvoten auch im Gutachten zum Ausdruck gebracht werden können. Der Vorsitzende des Rates, der von den Mitgliedern vorgeschlagen und vom Bundesministerium für Gesundheit berufen wird, vertritt den Rat nach außen. Derzeit wird diese Funktion von dem Mannheimer Wirtschaftswissenschaftler Prof. Dr. Eberhard Wille wahrgenommen.[4]

Des Weiteren ist eine interne Geschäftsordnung für die Ratsarbeit vorgesehen, die der Genehmigung 9
des Ministeriums bedarf. Zur Erweiterung der Expertise kann sowohl das Bundesministerium für Gesundheit als auch der Rat selbst weitere Sachverständige und Experten beauftragen, an der Erstellung von Spezialfragen mitzuwirken.

C. Inhaltliche Schwerpunkte der bisher vorgelegten Gutachten

Der Sachverständigenrat hat in seinen bisher sowohl unter der ursprünglichen Ratsbezeichnung „Sach- 10
verständigenrat für die Konzertierte Aktion im Gesundheitswesen" als auch der neuen Bezeichnung „Sachverständigenrat zur Begutachtung der Entwicklung im Gesundheitswesen" vorgelegten 13 Gutachten eine Bestandsaufnahme des medizinischen Versorgungssystems in der Bundesrepublik Deutschland durchgeführt. Neben der Analyse der aktuellen Entwicklungen in den verschiedenen Leistungsbereichen (ambulante ärztliche und zahnärztliche Versorgung, Krankenhausversorgung, Versorgung mit Arznei-, Heil- und Hilfsmitteln) wurden die wesentlichen Bestimmungsfaktoren des Leistungsgeschehens – Altersentwicklung, Morbidität, Mortalität, Angebotsstruktur, Inanspruchnahme sowie wirtschaftliche und finanzielle Rahmenbedingungen – untersucht. Darüber hinaus hat der Rat Vor-

[4] Eine Liste mit den Namen aller Ratsmitglieder findet sich unter http://www.svr-gesundheit.de.

schläge zur Weiterentwicklung des gesundheitlichen Versorgungssystems vorgelegt, insbesondere zur allgemein- und fachärztlichen ambulanten Versorgung, zur Arzthonorierung und zur Krankenhausfinanzierung sowie zur Reform der Organisations- und Finanzierungsstrukturen der GKV. Auch der Aufbau des Gesundheitswesens in den neuen Ländern und die Auswirkungen der Europäischen Union auf das deutsche Gesundheitssystem wurden analysiert.

11 Anstelle der bis Anfang der 90er Jahre üblichen Jahresgutachten hat das Bundesministerium für Gesundheit dem Sachverständigenrat erstmals Anfang 1993 den Auftrag für ein Sondergutachten erteilt, das vor dem Hintergrund der demographischen, medizinischen und medizinisch-technischen Entwicklung Vorschläge für die langfristige Weiterentwicklung der GKV erarbeiten sollte. Dabei standen insbesondere Fragen der Prävention, der Beitragsgestaltung, der Vertragsbeziehungen sowie des Leistungskatalogs im Vordergrund. Ein weiteres Sondergutachten, das die Wachstums- und Beschäftigungswirkungen des Gesundheitswesens und seiner Finanzierung in der Bundesrepublik Deutschland näher untersuchte, wurde 1997 vorgelegt. Schwerpunktthema eines Sondergutachtens, das Mitte 2000 vorgelegt wurde, war die Leistungssteuerung im Gesundheitswesen unter den Aspekten der Qualitätssicherung und neuer Vergütungsformen. Im Jahr 2001 hat der Sachverständigenrat ein mehrere Teile umfassendes und in der Öffentlichkeit viel beachtetes Gutachten zur Ermittlung von Über-, Unter- und Fehlversorgungen im deutschen Gesundheitswesen, insbesondere im Bereich der Prävention sowie bei der Diagnose und Therapie wichtiger chronischer Erkrankungen, vorgelegt und entsprechende Verbesserungsmöglichkeiten aufgezeigt. Die Aussagen dieses Gutachtens hat die Bundesregierung in einer Stellungnahme gegenüber dem Parlament ausführlich bewertet. Außerdem wurden Wirtschaftlichkeitsreserven im Bereich der Arzneimittelversorgung analysiert und Vorschläge zur Ausschöpfung dieser Potentiale unterbreitet.

12 In seinem neuesten im Frühjahr 2005 vorgelegten Gutachten mit dem Titel „Koordination und Qualität im Gesundheitswesen“ hat sich der Sachverständigenrat schwerpunktmäßig mit Fragen der korporativen Steuerung in der Selbstverwaltung der GKV, Verbesserungsmöglichkeiten im Bereich der Prävention, Rehabilitation und Pflege, der Versorgung mit Heil- und Hilfsmitteln sowie der Qualität der Arzneimittelversorgung befasst. Das nächste im zweijährigen Turnus vorzulegende Gutachten des Rates soll im Frühjahr 2007 vorgelegt werden.

D. Informationsquellen zur Arbeit und den Gutachten des Sachverständigenrates

13 Näheres über die Aufgaben des Rates, die gesetzlichen Grundlagen, die Ratsmitglieder und die Geschäftsstelle, die bislang erstellten Gutachten als Lang- und Kurzfassungen (z.T. auch in englischer Sprache) sowie aktuelle Informationen finden sich auf der Homepage des „Sachverständigenrats zur Begutachtung der Entwicklung im Gesundheitswesen“ unter http://www.svr-gesundheit.de.

Sechstes Kapitel: Organisation der Krankenkassen

Erster Abschnitt: Arten der Krankenkassen

Erster Titel: Ortskrankenkassen

§ 143 SGB V Bezirk der Ortskrankenkassen

(Fassung vom 21.12.1992, gültig ab 01.01.1993)

(1) Ortskrankenkassen bestehen für abgegrenzte Regionen.

(2) Die Landesregierung kann die Abgrenzung der Regionen durch Rechtsverordnung regeln. Die Landesregierung kann die Ermächtigung auf die nach Landesrecht zuständige Behörde übertragen.

(3) Die betroffenen Länder können durch Staatsvertrag vereinbaren, daß sich die Region über mehrere Länder erstreckt.

Gliederung

A. Basisinformationen

I. Vorgängervorschriften/Normgeschichte

1 Bis zum In-Kraft-Treten des Gesundheitsreformgesetzes (GRG) vom 20.12.1988[1] am 01.01.1989[2] enthielt die RVO eine ähnliche Bestimmung in **§ 226 a.F.**[3] Mit diesem Datum sind die Errichtungsvorschriften für Allgemeine Ortskrankenkassen (§§ 231-233 RVO a.F.) und die Vorschriften über besondere Ortskrankenkassen entfallen. Die aktuelle, um Absatz 3 erweiterte Fassung des § 143 SGB V beruht auf Art. 1 Nr. 90 Gesundheitsstrukturgesetz (GSG) vom 21.12.1992.[4] Sie gilt seit dem 01.01.1993.[5] Das unmittelbare Vorgängerrecht (§ 143 i.d.F. des Art. 1 GRG) entsprach den jetzigen Absätzen 1 und 2 des § 143 SGB V mit dem Unterschied, dass zuvor die kreisfreien Städte oder Landkreise als Regelbezirk der örtlichen Zuständigkeit bestimmt waren. Mit der zum 01.01.1996[6] in Kraft getretenen Organisationsreform, die grundsätzlich die freie Kassenwahl für alle Versicherten eingeführt hat,[7] ist die Funktion der Ortskrankenkassen als Basis- bzw. Auffangkrankenkassen entfallen.[8]

2 Die Fortführung der Bezeichnung der nunmehr regelmäßig ein ganzes Bundesland umfassenden Krankenversicherungsträger als „Ortskrankenkassen“ erscheint nur angesichts des eingeführten Kürzels „AOK“ noch verständlich. Um Ortskrankenkassen im ursprünglichen Wortsinn handelt es sich heute nicht mehr.[9]

---

[1] BGBl I 1988, 2477.
[2] Gem. Art. 79 Abs. 1 GRG, BGBl I 1988, 2596.
[3] Ausführlich hierzu *Peters*, Handbuch KV (SGB V), § 143 Rn. 5 ff.
[4] BGBl I 1992, 2266.
[5] Gem. Art. 35 Abs. 1 GSG.
[6] Gem. Art. 35 Abs. 6 GSG.
[7] Vgl. Art. 1 Nr. 116, Art. 35 Abs. 6 GSG.
[8] Vgl. Gesetzesbegründung zu Art. 1 Nr. 76 GSG, BT-Drs. 12/3608.
[9] Zur Entwicklung (Zahlen und Größe) der Ortskrankenkassen vgl. *Peters* in: KassKomm-SGB, SGB V, § 143 Rn. 5.

II. Parallelvorschriften

3 Während in § 143 SGB V die Existenz von Ortskrankenkassen vorausgesetzt wird, müssen Betriebs- und Innungskrankenkassen errichtet werden. Die hierbei zu beachtenden Voraussetzungen sowie das vorgesehene Verfahren sind in den **§§ 147, 148 und 157, 158 SGB V** geregelt. § 143 SGB V steht in Konkurrenz zu den folgenden Vorschriften: **§ 144 SGB V** regelt die freiwillige Vereinigung von Ortskrankenkassen auf Beschluss ihrer Verwaltungsräte, **§ 145 SGB V** die Vereinigung von Ortskrankenkassen durch Rechtsverordnung der Landesregierung auf Antrag einer Ortskrankenkasse oder des Landesverbandes.

III. Literaturhinweise

4 *Cassel*, Organisationsreform der gesetzlichen Krankenversicherung (GKV), SGb 1993, 97-102; *Finkenbusch*, Die Träger der Krankenversicherung – Verfassung und Organisation, 5. Aufl. 2004; *Hixt*, Regionalisierung und Föderalisierung der gesetzlichen Krankenversicherung, 1996; *Leopold*, Wettbewerb zwingt zu Fusionen, SozSich 1999, 356-357; *Marburger*, Zur Organisation der gesetzlichen Krankenversicherung seit Inkrafttreten der Gesundheitsreform, SGb 1993, 190-193; *Marschner*, Die Änderungen des Aufsichtsrechts der Sozialversicherung durch das Gesundheitsstrukturgesetz, WzS 1993, 203-208; *Meesters*, Organisationsrecht der Krankenkassen auf dem Prüfstand; ErsK 2004, 181-184; *Möller/Papier*, Rechtsfragen des Zusammenschlusses von Allgemeinen Ortskrankenkassen; SGb 1994, 601-609; *von der Schulenburg*, Weiterentwicklung der gegliederten Krankenversicherung durch eine Organisationsreform, 1992; *Tänzer*, Zwang zur Fusion per Gesetz, SozSich 2003, 45-47; *Veith*, Machtpotentiale der Interessengruppen und des Staates in der gesetzlichen Krankenversicherung, 1987; *Waibel*, Vereinigung von Sozialversicherungsträgern, ZfS 2003, 225-237; *Wigge*, Die Neuordnung der Organisationsstrukturen der Ortskrankenkassen durch das Gesundheitsstrukturgesetz, VSSR 1994, 131-177.

B. Auslegung der Norm

I. Regelungsgehalt und Bedeutung der Norm

1. Bestehen für abgegrenzte Regionen (Absatz 1)

5 Absatz 1 enthält die Festschreibung des Grundsatzes der regionalen Gliederung der Ortskrankenkassen. Damit ist die Ausrichtung – anders als bei den Betriebs- und Innungskrankenkassen mit ihrem historisch entstandenen berufsständischen Bezug – traditionell rein **territorial**. Der Begriff der **Region** ist allerdings weder im SGB noch in anderen hier anwendbaren Gesetzen näher bestimmt. Er lehnt sich jedenfalls nicht wie das frühere Recht an das Gebiet von Landkreisen und kreisfreien Städten an.

6 Absatz 1 setzt das Bestehen eines bundesweiten Netzes von Ortskrankenkassen voraus. Die Ortskrankenkassen bildeten bis zur Einführung der allgemeinen Kassenwahlfreiheit zum 01.01.1996[10] ein flächendeckendes Auffangsystem. Sie waren für alle Versicherungspflichtigen zuständig, soweit keine besondere Zuständigkeit vorlag. Aus diesem Grund konnte **auf eine Errichtungsvorschrift verzichtet** werden. Die Errichtung von Ortskrankenkassen für das Gebiet der **ehemaligen DDR** war in dem früheren § 312 Abs. 2 i.d.F. der Anlage I Kapitel VIII Sachgebiet G Abschnitt II Nr. 1 des Einigungsvertrages i.V.m. Art. 1 EinigungsvertragsG vom 23.09.1990[11] geregelt.

7 Der Bezirk der Ortskrankenkasse muss nach § 194 Abs. 1 Nr. 2 SGB V in der **Satzung** bestimmt sein. Die Satzungsbestimmung ist allerdings rein deklaratorisch und gibt den Ist-Zustand wieder. Veränderungen des Bezirkes lassen sich nicht durch eine Satzungsänderung, sondern allein durch Rechtsverordnung gem. Absatz 2 bzw. § 145 SGB V oder durch aufsichtsbehördlich genehmigte Vereinigungsbeschlüsse gem. § 144 Abs. 1 SGB V bewirken.

2. Abgrenzung der Regionen durch Rechtsverordnung (Absatz 2)

8 Der Gesetzgeber hat in Absatz 2 die Festlegung der Regionen dem jeweiligen Land überlassen. Dies entspricht den verfassungsrechtlichen Vorgaben aus Art. 30 und Art. 83 GG. Die Gesetzesbegründung nennt die unterschiedlichen Gebiets- und Versorgungsstrukturen als Grund für diese Regelung.[12] Der

---

[10] Durch Art. 1 Nr. 99, Art. 35 VI GSG.

[11] BGBl II 1990, 885.

[12] Zu Art. 1 Nr. 73 GSG, BT-Drs. 12/3608.

Begriff der Region ist zu der des Bezirkes der Ortskrankenkasse in Beziehung zu setzen. Nach dem Wortlaut des Absatzes 2 Satz 2 hätte der Verordnungsgeber lediglich die Regelungsbefugnis zur Abgrenzung der Regionen. Gemeint ist jedoch (auch) die Veränderung der Bezirke der Ortskrankenkassen, da ansonsten die Bestimmung keinen Sinn ergäbe. Unter „**Abgrenzung**" der Regionen ist nicht nur die Anpassung an Veränderungen von Gebietsgrenzen zu verstehen, sondern sie beinhaltet nach der Gesetzesbegründung[13] auch und insbesondere die **Schaffung einer oder mehrerer Ortskrankenkassen** auf dem Gebiet eines Bundeslandes. Damit konkurriert die Bestimmung mit § 144 SGB V und § 145 SGB V.

Das Gesetz macht keine näheren Angaben zur **Größe** der Regionen. Hieraus wird in der Literatur vereinzelt der Schluss gezogen, dass die Verordnungsermächtigung wegen Verstoßes gegen Art. 80 Abs. 1 Satz 2 GG nichtig sein könnte.[14] Dem wird jedoch zu Recht mehrheitlich unter Hinweis auf den erkennbaren Willen des Gesetzgebers widersprochen.[15] Der Gesetzesbegründung ist zu entnehmen, dass die Region das **gesamte Bundesland** umfassen kann, aber nicht muss. Dies entspricht weitgehend der derzeitigen Struktur der Allgemeinen Ortskrankenkassen. Das in der Gesetzesbegründung geäußerte Bedenken, bei den Flächenstaaten könnte die Gleichsetzung des Landes mit der Region zu zu großen Organisationseinheiten führen, haben die Entscheidungsträger in der Praxis nicht geteilt. 9

Nach der Loslösung vom Bezug auf die Landkreise und kreisfreien Städte ist es den Ländern überlassen, andere **Kriterien** heranzuziehen. Die Gesetzesbegründung nennt Raumordnungsgesichtspunkte, volks- und betriebswirtschaftliche Kriterien.[16] Es steht im **politischen Ermessen** der Landesregierung, ob sie von ihrer Ermächtigung Gebrauch macht. 10

Ob mangels einer Bestimmung in § 143 SGB V bezüglich des weiteren **Verfahrens** auf die Regelung des § 144 Abs. 2-4 SGB V bzw. § 146 SGB V zurückgegriffen werden sollte, ist nicht recht klar, wird aber für sinnvoll gehalten.[17] 11

Die Landesregierung kann nach Absatz 2 Satz 2 ihre Verordnungsermächtigung **auf die nach Landesrecht zuständige Stelle übertragen**. Unter zuständiger Stelle ist die für die Krankenversicherung zuständige Landesbehörde gemeint. Hierbei wird es sich regelmäßig um die Sozialminister bzw. Sozialsenatoren handeln. Je nach Behördenorganisation kommen aber auch die Versicherungsbehörden[18] oder die allgemeinen Verwaltungsober- bzw. Mittelbehörden in Betracht. Die Delegation muss durch Rechtsverordnung erfolgen.[19] 12

3. Erstrecken der Region über mehrere Länder (Absatz 3)

Absatz 3 regelt das Verfahren der Abgrenzung einer Region, die sich über die Grenze eines Landes hinaus erstreckt. Eine solche Änderung der Regionen ist nur per **Staatsvertrag** zu erzielen. Auf seiner Grundlage regeln die Landesregierungen der beteiligten Bundesländer bzw. die nach Absatz 2 Satz 2 ermächtigten Behörden durch übereinstimmende Rechtsverordnung die Abgrenzung der Region. Von der Ermächtigung des Absatz 3 gedeckt sind nicht nur Arrondierungen, die über ein Bundesland hinausgehen und damit Regionen schaffen, die ein Land und den Teil eines oder mehrerer weiterer Länder betreffen, sondern auch solche Vereinbarungen, die zwei oder mehrere Länder komplett umfassen. 13

Gründe für die Erstreckung einer Region über mehrere Länder können neben der besonderen Stadtstaaten-Problematik[20] Ländergrenzen überschreitende Wirtschaftsräume, verkehrstechnische Gesichtspunkte und die Leistungs- bzw. Wettbewerbsfähigkeit der Ortskrankenkasse sein. 14

Ob aus dem Wortlaut des Absatzes 3 die Befugnis zur Schaffung einer **Bundes-AOK** ableitbar ist,[21] dürfte zu verneinen sein. Zum einen ist in Absatz 3 nur davon die Rede, dass sich die Region über „mehrere" Länder und eben nicht über „alle" Länder erstreckt. Zum anderen spricht die Gesetzesbe- 15

[13] Zu Art. 1 Nr. 73 GSG, BT-Drs. 12/3608.

[14] *Möller/Papier*, SGb 1994, 601, 605.

[15] *Hauck* in: Hauck/Noftz, SGB V, § 143 Rn. 4; *Baier* in: Krauskopf, Soziale Krankenversicherung, SGB V, § 143 Rn. 6; *Wigge*, VSSR 1994, 131, 149.

[16] Gesetzesbegründung zu Art. 1 Nr. 73 GSG, BT-Drs. 12/3608.

[17] *Hauck* in: Hauck/Noftz, SGB V, § 143 Rn. 5 m.w.N., *Baier* in: Krauskopf, Soziale Krankenversicherung, SGB V § 143 Rn. 8.

[18] Gem. § 91 SGB IV.

[19] Vgl. BVerwG v. 28.09.1961 - II C 168.60 - NJW 1962, 316.

[20] Vgl. Gesetzesbegründung zu Art. 1 Nr. 73 GSG, BT-Drs. 12/3608.

[21] Das Bundesverfassungsgericht hat selbst eine bundesweite Vereinigung aller Krankenkassen als mit dem Grundgesetz vereinbar angesehen; vgl. BVerfG v. 09.04.1975 - 2 BvR 879/73 - USK 7551 - DOK 1975, 899.

gründung dagegen.[22] Danach kann es sinnvoll ein, wenn die Region über die Grenze eines Landes hinausreicht. Die plurale Formulierung des Absatzes 1 („Ortskrankenkassen“, „Regionen“) sowie die Systematik der Absätze 1 bis 3 zwingen gleichfalls zu diesem Ergebnis. Wenn § 143 SGB V keine Ermächtigung zur einvernehmlichen Reduzierung der Zahl der Regionen auf eine zulässt, so ist doch fraglich, ob es eine gesetzliche Mindestzahl von Regionen geben muss.[23] Diese Frage ist m.E. zu verneinen. Zwar ist der Gesetzesbegründung zu entnehmen, dass die Regelung vor allem den Bedürfnissen der Stadtstaaten Rechnung trägt, weil deren Gesundheitseinrichtungen in hohem Maße von den Versicherten der umliegenden Länder genutzt werden. Dies bedeutet aber nicht, dass nur solche Vereinbarungen von Absatz 3 gedeckt sind, die Stadtstaaten einschließen. M.E. ist aufgrund der Regelung des Absatzes 3 eine **Reduzierung der Zahl der Regionen auf zwei** möglich. Dieses Ergebnis folgt aus der Formulierung „mehrere“ Länder und dem Verzicht auf eine klare zahlenmäßige Bestimmung.

16 Entsteht eine länderübergreifende Ortskrankenkasse, so kann diese nach § 90 Abs. 1 SGB IV **bundesunmittelbar** werden, sofern die Ortskrankenkasse sich nicht über mehr als drei Länder erstreckt und die beteiligten Länder nicht das aufsichtführende Land bestimmt haben. Gleiches gilt, wenn sich der Zuständigkeitsbereich über mindestens vier Bundesländer erstreckt (Umkehrschluss aus § 90 Abs. 3 SGB IV). In diesen Fällen führt nach § 90 Abs. 1 SGB IV das BVA die Aufsicht.

II. Normzwecke

17 § 143 SGB V greift als erste Vorschrift im Abschnitt „Arten der Krankenkassen“ die durch § 4 Abs. 2 SGB V vorgegebene Gliederung der gesetzlichen Krankenversicherung in sieben Kassenarten auf und enthält im Wesentlichen die Befugnis zur Änderung der (vormals) bestehenden Regionen. Nach der Gesetzesbegründung soll die Regelung dem Bestreben nach größeren und effektiveren Versicherungsträgern Rechnung tragen.[24]

18 § 143 SGB V soll nach einer Auffassung sicherstellen, dass auch in Zukunft ein Netz von Allgemeinen Ortskrankenkassen besteht, das sich über das gesamte Bundesgebiet erstreckt.[25] Folgte man dieser Auffassung, so hätte die Norm quasi Fusionsschutzcharakter. Das Gegenteil ist nach dem oben Gesagten der Fall. § 143 SGB V verhindert allenfalls eine Reduzierung der Zahl der Ortskrankenkassen auf eine einzige. Nach der Gesetzesbegründung trägt die Regelung insbesondere den Bedürfnissen der Stadtstaaten Rechnung.[26]

C. Praxishinweise

19 Die Bestimmung des § 143 Abs. 2 SGB V ist inzwischen nahezu ohne praktische Bedeutung. Lediglich in Nordrhein-Westfalen ist das Territorium des Landes nicht mit dem der Allgemeinen Ortskrankenkasse kongruent. Nur in diesem Bundesland bestehen (noch) zwei Allgemeine Ortskrankenkassen. Näheres zu den Ortskrankenkassen siehe unter www.aok.de.

---

[22] BT-Drs. 12/3608 zu Art. 1 Nr. 73 (§ 143 SGB V).

[23] *Hauck* in: Hauck/Noftz, SGB V, § 143 Rn. 6, spricht davon, dass Absatz 3 eine Ausnahmevorschrift und dementsprechend eng auszulegen sei.

[24] Gesetzesbegründung zu Art. 1 Nr. 73 GSG, BT-Drs. 12/3608.

[25] *Hauck* in: Hauck/Noftz, SGB V, § 143 Rn. 1.

[26] Gesetzesbegründung zu Art. 1 Nr. 73 GSG, BT-Drs. 12/3608.

§ 144 SGB V Freiwillige Vereinigung

(Fassung vom 26.03.2007, gültig ab 01.04.2007)

(1) Ortskrankenkassen können sich auf Beschluss ihrer Verwaltungsräte auch dann vereinigen, wenn sich der Bezirk der neuen Krankenkasse nach der Vereinigung über das Gebiet eines Landes hinaus erstreckt. Der Beschluß bedarf der Genehmigung der vor der Vereinigung zuständigen Aufsichtsbehörden.

(2) Die beteiligten Krankenkassen fügen dem Antrag auf Genehmigung eine Satzung, einen Vorschlag zur Berufung der Mitglieder der Organe, ein Konzept zur Organisations-, Personal- und Finanzstruktur der neuen Krankenkasse einschließlich der Zahl und der Verteilung ihrer Geschäftsstellen sowie eine Vereinbarung über die Rechtsbeziehungen zu Dritten bei.

(3) Die Aufsichtsbehörde genehmigt die Satzung und die Vereinbarung, beruft die Mitglieder der Organe und bestimmt den Zeitpunkt, an dem die Vereinigung wirksam wird.

(4) Mit diesem Zeitpunkt sind die bisherigen Krankenkassen geschlossen. Die neue Krankenkasse tritt in die Rechte und Pflichten der bisherigen Krankenkassen ein.

Gliederung

A. Basisinformationen

I. Vorgängervorschriften/Normgeschichte

1 § 144 SGB V ist mit Wirkung vom 01.01.1989 aufgrund von Art. 1, 79 Abs. 1 Gesundheitsreformgesetz (GRG) am 01.01.1989 in Kraft getreten.[1] Er hat die **§§ 265, 280-296 RVO a.F.** abgelöst und dabei das bisherige Recht weitgehend übernommen. Allerdings wurde das Verfahren vereinfacht. Die Beschränkung auf Vereinigungen innerhalb eines Bundeslandes (§ 265 RVO a.F.) ist entfallen.

2 **Absatz 2 Satz 2** wurde mit Wirkung vom 01.01.1993 neu gefasst; die Genehmigungszuständigkeit wurde den vor der Vereinigung zuständigen Aufsichtsbehörden übertragen. **Absatz 1 Satz 1** wurde mit Wirkung vom 01.01.1996 an die geänderten Organbezeichnungen angepasst.[2] Durch Art. 1 Nr. 123 i.V.m. Art. 46 Abs. 1 GKV-WSG[3] wurde er zum 01.04.2007 inhaltlich erweitert. Gleichzeitig wurde Absatz 2 Satz 1 ergänzt.

II. Parallelvorschriften

3 Die Vorschrift hat ihre Parallelen in **§ 150 SGB V** (freiwillige Vereinigung von Betriebskrankenkassen) und **§ 160 SGB V** (Vereinigung von Innungskrankenkassen). Die Regelungen sind (teil-)identisch.

III. Literaturhinweise

4 *Bieback*, Fusionen öffentlich-rechtlicher Körperschaften und § 613a BGB, PersR 2000, 13-18; *Bruns/Freter*, Rechtsfolgen der Vereinigung aller Krankenkassen in einem Landesverband zu einer

[1] BGBl I 1988, 2477.

[2] Gem. Art. 1 Nr. 91 Buchst. a und b, Art. 35 Abs. 6 Gesundheitsstrukturgesetz (GSG) v. 21.12.1992, BGBl I 1992, 2266.

[3] BGBl I 2007, 378.

Krankenkasse, KrV 1994, 107-109; *Methner*, Gedanken über Fusion und Finanzausgleich innerhalb der GKV am Beispiel einen Flächenstaates, KrV 1994, 244-248; *Möller/Papier*, Rechtsfragen des Zusammenschlusses von Allgemeinen Ortskrankenkassen, SGb 1994, 601-609; *Okoniewski*, Gesetzliche Krankenversicherung in Bewegung, SozSich 1993, 118-127; *Papier*, Verfassungsrechtliche Probleme bei der Organisation der Sozialversicherungsträger, Der Verwaltungsstaat im Wandel 1996, 273-289 (Festschrift für Franz Knöpfel zum 70. Geburtstag); *Paquet*, Konfusionen um Fusionen, FfG 2003, 401-405; *Schroeder-Printzen*, Besonderheiten des Rechtsschutzes bei Fusion von Krankenkassen im Zusammenhang mit dem Risikostrukturausgleich, NZS 1997, 319-320; *Sjuts*, Fusionen, FfG 2003, 398-400; *Waibel*, Vereinigung von Sozialversicherungsträgern, ZfS 2003, 225-237; *Wigge*, Die Neuordnung der Organisationsstrukturen der Ortskrankenkassen durch das Gesundheitsstrukturgesetz, VSSR 1994, 131-177.

B. Auslegung der Norm

I. Regelungsgehalt und Bedeutung der Norm

1. Vereinigung durch Beschluss der Verwaltungsräte und Genehmigungsvorbehalt (Absatz 1)

5 Absatz 1 ermöglicht die **Vereinigung**, d.h. den freiwilligen Zusammenschluss zweier oder mehrerer Ortskrankenkassen zu einer neuen. Die Fusion ist ein Akt der Selbstverwaltung. Im Gegensatz zu den anderen Vereinigungsmöglichkeiten sind bei der freiwilligen Vereinigung die Verwaltungsräte der beteiligten Ortskrankenkassen Herr des Verfahrens. Die Aufsichtsbehörden üben lediglich eine Rechtskontrolle aus. Die Vereinigung nach § 144 SGB V geht sowohl der nach § 145 SGB V (durch Rechtsverordnung der Landesregierung) als auch der gem. § 143 Abs. 2 SGB V (durch Abgrenzung der Regionen per Rechtsverordnung) vor. § 144 SGB V erlaubte bisher keine Vereinigung außerhalb des Rahmens der Ortskrankenkassen, wie die neue Bestimmung des § 171a SGB V verdeutlicht. Durch die Ergänzung des Satzes 1 wird klargestellt, dass eine Vereinigung von Ortskrankenkassen durch Beschluss der Verwaltungsräte auch dann möglich ist, wenn sich der Bezirk der vereinigten Krankenkasse über das Gebiet eines Landes hinaus erstreckt. Insofern besteht Rechtsgleichheit im Verhältnis zu anderen Krankenkassen.

6 **Teilvereinigungen** in dem Sinne, dass eine Ortskrankenkasse auf mehrere andere aufgeteilt wird, sind nur im Rahmen des § 143 SGB V möglich. Ob es erforderlich ist, dass die beteiligten Krankenkassen **räumlich aneinandergrenzen,**[4] darf angesichts des Wortlauts der Norm bezweifelt werden.[5] Der Hinweis auf die in § 143 SGB V vorgegebene regionale Struktur und die Verwaltungseffizienz zwingt m.E. nicht mehr zu dieser Auffassung.

7 Bei einer zukünftigen länderübergreifenden Fusion wird regelmäßig ein **bundesunmittelbarer Träger** entstehen. Die Fusion bewirkt jedoch nicht zwingend, dass die neue Krankenkasse nach § 90 Abs. 1 SGB IV der Aufsicht des Bundesversicherungsamtes untersteht. Gem. Art. 87 Abs. 2 Satz 2 GG i.V.m. § 90 Abs. 3 SGB IV können abweichend von § 90 Abs. 2 SGB IV auch solche Versicherungsträger, deren Zuständigkeitsbereich sich über das Gebiet eines Landes hinaus erstreckt, landesunmittelbar sein. Dies ist aufgrund des Staatsvertrages der Länder über die Bestimmung der aufsichtsführenden Länder der Fall.

8 Nach dem durch das GKV-WSG eingefügten § 171a SGB V sind seit dem 01.04.2007 kassenartenübergreifende Fusionen möglich.

9 Das die Vereinigung bewirkende Organ sind gem. § 33 Abs. 3 i.V.m. § 31 Abs. 3a SGB IV die jeweiligen **Verwaltungsräte**. Das Verfahren über die Beschlussfassung ist in § 64 SGB IV geregelt. Erforderlich ist danach, dass sämtliche Mitglieder ordnungsgemäß geladen sind und die Mehrheit der Mitglieder anwesend und stimmberechtigt ist (§ 64 Abs. 1 Satz 1 SGB IV). Die Beschlüsse werden grundsätzlich mit der Mehrheit der abgegebenen Stimmen gefasst (§ 64 Abs. 2 Satz 1 SGB IV). Die Beschlüsse der beteiligten Verwaltungsräte müssen übereinstimmen.

---

[4] So *Hauck* in: Hauck/Noftz, SGB V, § 144 Rn. 3 m.w.N.; *Baier* in: Krauskopf, Soziale Krankenversicherung, SGB V, § 144 Rn. 4 und *Peters* in: KassKomm, SGB V, § 144 Rn. 4.

[5] So auch *Peters*, Handbuch KV (SGB V), § 144 Rn. 7.

Die Beschlüsse bedürfen der **Genehmigung der vor der Vereinigung zuständigen Aufsichtsbehörden.** Die Genehmigung nach Absatz 1 Satz 2 ist Wirksamkeitsvoraussetzung.[6] Sie kann unabhängig von den Entscheidungen nach Absatz 3 erteilt werden. Es handelt sich um ein staatliches Mitwirkungsrecht, welches nicht Teil der allgemeinen Staatsaufsicht ist; § 87 Abs. 1 SGB IV kommt an dieser Stelle nicht zur Anwendung.[7] Anders als nach dem früheren Recht sind nunmehr die Aufsichtsbehörden der an der Vereinigung beteiligten Krankenkassen für die Genehmigung der Beschlüsse zuständig.[8] Früher war die Aufsichtsbehörde der neu geschaffenen Kasse zuständig. Dies bedeutet, dass die Genehmigung durch die Aufsichtsbehörde eines[9] oder mehrerer Länder zu erteilen wäre.[10] Da zurzeit (noch) keine bundesunmittelbare Ortskrankenkasse existiert, kommt das Bundesversicherungsamt als Genehmigungsbehörde (noch) nicht in Betracht. 10

Umstritten ist, ob es sich bei der Prüfungskompetenz um eine bloße Rechtmäßigkeitskontrolle[11] oder auch um die Befugnis zur **Zweckmäßigkeitsprüfung**[12] handelt. Die Zusammenschau mit § 145 SGB V führt m.E. zu dem Ergebnis, dass die Behörden auch die Zweckmäßigkeit der Maßnahme prüfen dürfen. Die Genehmigung ist damit eine Ermessensentscheidung.[13] Die Aufsichtsbehörde hat bei ihrer Entscheidung vorrangig auf ausgewogene Risikostrukturen und die Leistungsfähigkeit der neu entstehenden Ortskrankenkasse zu achten. Da den beteiligten Krankenkassen diesbezüglich eine Einschätzungsprärogative zukommt, wird die Aufsichtsbehörde die Genehmigung nur versagen dürfen, wenn die Vereinigung offensichtlich berechtigte Interessen der beteiligten Versicherten und Arbeitgeber verletzt. Dies könnte dann der Fall sein, wenn die Leistungsfähigkeit der vereinigten Krankenkasse fraglich ist. 11

Auf die Genehmigung besteht ein **Rechtsanspruch**, sofern keine Versagensgründe vorliegen.[14] Gegen eine Ablehnung können die beteiligten Krankenkassen einzeln oder gemeinsam vor dem zuständigen Sozialgericht vorgehen. Bei der Genehmigung handelt es sich um einen rechtsgestaltenden Verwaltungsakt, der nicht wegen Rechtswidrigkeit zurückgenommen oder durch **Anfechtungsklage** aufgehoben werden kann.[15] War die Genehmigung rechtswidrig, kann dies nur in einem gesonderten, auf Schließung der Krankenkasse bzw. Auflösung der Anschlusserrichtung gerichteten Verfahren durchgesetzt werden.[16] Die Genehmigung wird nach § 37 SGB X mit dem Zeitpunkt **wirksam**, zu dem sie dem Adressaten bekannt gegeben wird. Zu dem in der Genehmigung festgelegten Zeitpunkt werden damit die Krankenkassen vereinigt. 12

2. Verfahren (Absätze 2 und 3)

Nach Absatz 2 fügen die beteiligten Krankenkassen dem **Antrag** auf Genehmigung bestimmte Unterlagen bei. Entgegen dem Wortlaut der Norm ist ein gemeinsamer Antrag nicht ausreichend,[17] sondern jede der beteiligten Ortskrankenkassen hat einen Genehmigungsantrag zu stellen. Dieses Ergebnis ergibt sich bereits aus der Zuständigkeit unterschiedlicher Aufsichtsbehörden. Lediglich für die Vereinigung der beiden in Nordrhein-Westfalen bestehenden Ortskrankenkassen sind die zuständigen Aufsichtsbehörden identisch. Die Anträge müssen inhaltlich deckungsgleich sein. Sie bringen das Genehmigungsverfahren in Gang. 13

Die beteiligten Krankenkassen haben ihrem Beschluss über die Vereinigung eine Satzung (vgl. § 194 SGB V), einen Vorschlag zur Berufung der Organmitglieder (§§ 31 Abs. 3a, 35a, 44 Abs. 4 SGB IV), ein Konzept zur Organisations-, Personal- und Finanzstruktur der neuen Krankenkasse einschließlich der Zahl und der Verteilung ihrer Geschäftsstellen sowie eine Vereinbarung über die Rechtsbeziehun- 14

---

[6] Vgl. BSG v. 13.11.1985 - 1/8 RR 5/83 - SozR 2200 § 253 Nr. 2.

[7] *Hauck* in: Hauck/Noftz, SGB V, § 144 Rn. 5 m.w.N.

[8] Vgl. Gesetzesbegründung zu Art. 1 Nr. 74 GSG, BT-Drs. 12/3608.

[9] Im Falle der Vereinigung der beiden nordrhein-westfälischen Ortskrankenkassen.

[10] Vgl. §§ 90, 90a SGB IV i.V.m. Art. 87 Abs. 2 Satz 2 GG und der Behördenorganisation der Länder.

[11] So *Peters*, Handbuch KV (SGB V), § 144 Rn. 9; *Hauck* in: Hauck/Noftz, SGB V, § 144 Rn. 5 m.w.N.

[12] So *Wigge*, VSSR 1994, 243; *Baier* in: Krauskopf, Soziale Krankenversicherung, SGB V, § 144 Rn. 6.

[13] So auch *Peters*, Handbuch KV (SGB V), § 144 Rn. 10; a.A. *Hauck* in: Hauck/Noftz, SGB V, § 144 Rn. 5.

[14] Vgl. *Schnapp/Oltermann*, SGb 1989, 273, 276; *Schnapp*, NZS 2002, 449/450.

[15] Vgl. BSG v. 13.11.1985 - 1/8 RR 5/83 - SozR 2200 § 253 Nr. 2.

[16] Vgl. BSG v. 08.04.1987 - 1 RR 14/85 - SozR 3-2200 § 225a Nr. 2, S. 2 und 5.

[17] A.A. *Peters* in: KassKomm, SGB V, § 144 Rn. 7.

gen zu Dritten beizufügen. Diese Unterlagen sind auch dann beizufügen, wenn – was regelmäßig der Fall sein wird – die Aufsichtsbehörde nur für die Genehmigung nach Absatz 1, aber nicht für die Entscheidungen nach Absatz 3 zuständig ist.

15 Wer die beizufügende **Satzung** aufzustellen hat, ist nicht geregelt. Zwar hat gem. § 197 Abs. 1 Nr. 1 SGB V sowie § 33 Abs. 1 und Abs. 3 Satz 1 SGB IV der Verwaltungsrat die Satzung zu beschließen; der nach diesen Vorschriften zuständige Verwaltungsrat ist jedoch erst noch zu berufen. Aus der generellen Aufgaben- und Kompetenzzuweisung wird man folgern dürfen, dass primär die **Verwaltungsräte** der beteiligten Krankenkassen die Satzung für die gemeinsame Kasse aufzustellen haben. Mit der Begründung, dass es lediglich um vorbereitende Arbeiten für die Vereinigung von Krankenkassen gehe, für die das Legislativorgan nicht zuständig sein müsse, wird alternativ ein aus Mitgliedern der Organe aller beteiligten Krankenkassen gebildeter Satzungsausschuss für aufstellungsbefugt erachtet.[18] Angesichts der Bedeutung der Satzung sollte m.E. das generell zuständige Organ, hier in Form der Verwaltungsräte der beteiligten Krankenkassen, diese aufstellen. Das bedeutet, dass die Satzung von allen beteiligten Verwaltungsräten mit der erforderlichen Mehrheit beschlossen werden muss.

16 Unter den in den Absätzen 2 und 3 genannten **Organen** ist entgegen dem den Plural nahe legenden Wortlaut ausschließlich der **Verwaltungsrat** zu verstehen.[19] Der hauptamtliche **Vorstand** der neuen Ortskrankenkasse ist nicht von der Aufsichtsbehörde zu berufen, sondern gem. § 35a Abs. 5 und 6 SGB IV vom berufenen Verwaltungsrat zu bestellen. Ebenfalls nicht von der Aufsichtsbehörde zu berufen sind die Mitglieder des Widerspruchsausschusses nach § 36a Abs. 1 Nr. 1 SGB IV sowie der nach § 112 Abs. 2 SGB IV zu bestimmenden Stelle.

17 Der **Vorschlag** zur Berufung der Organmitglieder sollte ein von den Verwaltungsräten aller beteiligten Ortskrankenkassen getragener sein.[20] Möglich ist sowohl ein gemeinsamer Vorschlag als auch getrennte Vorschläge der beteiligten Ortskrankenkassen, die jeweils soviel Mitglieder benennen, wie von ihr gemäß der Vereinbarung der beteiligten Kassen in den Verwaltungsrat der neuen Kasse entsandt werden sollen.

18 Weil das SGB V bisher keine inhaltlichen Vorgaben machte, die als Grundlage für die Prüfung eines Vereinigungsbeschlusses dienen können, konnten die Aufsichtsbehörden nur prüfen, ob die formalen Voraussetzungen einer Vereinigung erfüllt waren. Diese machen jedoch nicht ohne weiteres erkennbar, welche Auswirkungen die geplante Vereinigung auf das Personal, die Organisation und die Finanzausstattung der neuen Krankenkasse und die Betreuung der Versicherten haben wird. Um die Transparenz des Meinungsbildungsprozesses innerhalb der an der Vereinigung beteiligten Krankenkassen für die zur Genehmigung der Vereinigung berufenen Aufsichtsbehörden zu verbessern und die Auswirkungen der Vereinigung zu verdeutlichen, ist in dem Antrag auf Genehmigung der Vereinigung künftig ein Konzept über die Organisations-, Personal- und Finanzstruktur der neuen Krankenkasse beizufügen. Aus der ebenfalls beizufügenden Zahl und Verteilung der Geschäftsstellen der neuen Krankenkasse lässt sich entnehmen, welche Auswirkungen die Vereinigung auf die Betreuung der Versicherten haben wird. Dies gilt nicht nur für die Vereinigungen von Ortskrankenkassen. Durch die Verweisungen in den §§ 150 Abs. 2 Satz 1, 160 Abs. 1 Satz 3 und 168a Abs. 1 Satz 3 SGB V gelten sie auch für die Vereinigungen von Betriebs-, Innungs- und Ersatzkassen sowie auf Grund der Regelung in § 171a Abs. 1 Satz 4 SGB V auch für die seit dem 01.04.2007 möglichen kassenartenübergreifenden Vereinigungen von Krankenkassen.

19 Die gleichfalls beizufügende **Vereinbarung über die Rechtsbeziehungen zu Dritten** erfasst die Rechtsbeziehungen, welche gem. Absatz 4 Satz 2 auf die entstehende Krankenkasse übergehen. Unter Dritten sind hier u.a. die Leistungserbringer zu verstehen (vgl. §§ 69-133 SGB V). Da die Vereinbarung in die Rechtsbeziehungen nicht gestaltend eingreifen kann, geht es allein um die Neuordnung derselben, soweit es sich um Folgen der Vereinigung handelt. Ob unter den Rechtsbeziehungen zu Dritten i.S.v. Absatz 2 auch die **Arbeits- und Dienstverhältnisse** zu verstehen sind, ist umstritten.[21] Da diese zunächst automatisch auf die neue Ortskrankenkasse übergehen, erscheint eine diesbezügliche vorlagepflichtige Vereinbarung verzichtbar.

---

[18] Vgl. *Baier* in: Krauskopf, Soziale Krankenversicherung, SGB V, § 144 Rn. 11.

[19] Vgl. *Baier* in: Krauskopf, Soziale Krankenversicherung, SGB V, § 144 Rn. 12.

[20] *Baier* in: Krauskopf, Soziale Krankenversicherung, SGB V, § 144 Rn. 13, hält auch einen Vorschlag eines aus Mitgliedern der Verwaltungsräte der beteiligten Krankenkassen bestehenden Ausschusses für ausreichend.

[21] Dafür *Baier* in: Krauskopf, Soziale Krankenversicherung, SGB V, § 144 Rn. 15; wohl dagegen *Hauck* in: Hauck/Noftz, SGB V, § 144 Rn. 7.

Anders als bei der Genehmigung nach Absatz 1 ist für Genehmigung und die sonstigen Entscheidungen nach Absatz 3 die **nach der Vereinigung zuständige Aufsichtsbehörde** berufen. Dies ergibt sich aus der Überlegung, dass nur eine (gemeinsame) Aufsichtsbehörde für die Genehmigung der neuen (gemeinsamen) Satzung und die sonstigen Regelungen zuständig sein kann. Sollten die Aufsichtsbehörden nach Absatz 1 sowie Absatz 2 und Absatz 3 identisch sein – das wäre der Fall bei einer Vereinigung der beiden nordrhein-westfälischen Ortskrankenkassen –, können die Entscheidungen in einem Bescheid zusammengefasst werden. Bei gesonderten Bescheiden muss der Genehmigungsbescheid nach Absatz 1 den Entscheidungen nach Absatz 3 vorausgehen. 20

Nach erfolgter positiver Prüfung werden die beteiligten Aufsichtsbehörden den Vereinigungsbeschluss, die Satzung und die Vereinbarung genehmigen, die Organmitglieder berufen und den Zeitpunkt der Wirksamkeit der Vereinigung bestimmen. Dabei ist die **Satzung**, wie auch die Vereinbarung, vor dem Zeitpunkt, an dem die Vereinigung wirksam wird, zu genehmigen. Der Zeitpunkt des Inkrafttretens der Satzung muss mit dem der Vereinigung der Krankenkassen identisch sein, was sich mit einer entsprechenden Satzungsbestimmung bewerkstelligen lässt. Die **Berufung der Verwaltungsratsmitglieder** sollte spätestens kurz nach dem Zeitpunkt der Vereinigung erfolgen. Die berufenen Mitglieder bleiben bis zu den nächsten allgemeinen Sozialwahlen im Amt. Die in § 45 Abs. 1 SGB IV vorgesehenen Wahlen in besonderen Fällen sind nachrangig gegenüber der Berufung nach § 144 Abs. 3 SGB V. 21

Sofern die Aufsichtsbehörde **Beanstandungen** hat, die zur Verweigerung der Genehmigung führen würden, hat sie Einigungsverhandlungen mit der betreffenden Kasse zu führen. Dabei kann es z.B. um die Wählbarkeit der vorgeschlagenen Personen gehen oder um eine unausgewogene Zusammensetzung des neuen Verwaltungsrates. Nur in den Fällen, in denen eine Einigung nicht erzielt werden kann, kommt unter analoger Anwendung des § 46 Abs. 4 Satz 2 SGB IV eine Berufung von Mitgliedern des Verwaltungsrates durch die Aufsichtsbehörde in Betracht.[22] 22

Die Bestimmung des **Zeitpunktes, an dem die Vereinigung wirksam wird**, erfolgt nach pflichtgemäßem Ermessen der Aufsichtsbehörde. Sie hat dabei den Stand der organisatorischen Vorbereitungen zu berücksichtigen. 23

Vor der Entscheidung über die Genehmigung des Vereinigungsbeschlusses haben die Aufsichtsbehörden nach § 172 SGB V die Verbände der beteiligten Krankenkassen anzuhören. Da es mit Ausnahme der beiden Ortskrankenkassen in Nordrhein-Westfalen ausschließlich landesweite Ortskrankenkassen gibt, wäre bei einer Vereinigung regelmäßig der AOK-Bundesverband anzuhören (vgl. hierzu die Kommentierung zu § 207 SGB V Rn. 11). Ein mangels **Anhörung** rechtswidriger Verwaltungsakt über die Genehmigung oder Ablehnung kann jedoch von dem Verband nicht angefochten werden (Näheres vgl. die Kommentierung zu § 172 SGB V Rn. 10). Wegen einer Ablehnung der Genehmigung können die Ortskrankenkassen nach § 54 SGG das zuständige **Sozialgericht** anrufen. 24

3. Schließung der bisherigen Krankenkassen und Rechtsnachfolge (Absatz 4)

In dem Zeitpunkt, in dem die Vereinigungsvereinbarung wirksam wird, sind die bisherigen Krankenkassen geschlossen und ist die neue Krankenkasse entstanden. Die **bisherigen Kassen verlieren ihre Rechtsfähigkeit** und die neue Kasse übernimmt kraft Gesetzes deren Rechte und Pflichten.[23] Betroffen sind insbesondere die Rechte und Pflichten aus den Versicherungsverhältnissen[24], den Beschäftigungs-[25] und den Vermögensverhältnissen.[26] Die Organe der fusionierten Ortskrankenkassen verlieren ihre Funktion. 25

Das Amt der Mitglieder der **Verwaltungsräte** endet, ebenso die Organstellung des **Vorstandes** und das Amt seiner Mitglieder. Deren dienst- oder arbeitsrechtliche Stellung bestimmt sich nach den entsprechenden Verträgen. Mangels abweichender Regelungen tritt die neue Krankenkasse als Rechtsnachfolgerin an die Stelle der alten. 26

---

[22] Vgl. *Baier* in: Krauskopf, Soziale Krankenversicherung, SGB V, § 144 Rn. 20.

[23] Hierzu BSG v. 02.12.2004 - B 12 KR 23/04 R - SozR 4-2500 § 175 Nr. 1.

[24] Leistungsansprüche von Versicherten richten sich bis zur Vereinigung nach den Satzungen der alten Kassen, ab der Vereinigung nach dem Satzungsrecht der neuen Kasse.

[25] Das gilt auch für die Rechtsverhältnisse der Dienstordnungsangestellten, vgl. Art. 5 Nr. 2 GRG und Gesetzesbegründung zu § 153 Abs. 4 GRG, BT-Drs. 11/2237.

[26] Die neue Krankenkasse wird Gesamtrechtsnachfolgerin der alten Kassen. Übereignungen sind nicht erforderlich, ggf. ist das Grundbuch zu berichtigen.

27 Die neue Krankenkasse tritt in die **Dienst- und Arbeitsverhältnisse** der Beschäftigten der fusionierten Kassen ein. Bestimmte Funktionen sind, soweit nicht vertraglich vereinbart, nicht geschützt. Sollte eine entsprechende vertragliche Vereinbarung bestehen, ist dies für die neue Krankenkasse dann beachtlich, wenn diese Funktion fortbesteht.[27]

28 Auch die **Mitglieder** gehen im Wege der Rechtsnachfolge auf die neue Kasse über. Es besteht kein besonderes Kassenwahlrecht aus diesem Anlass. Kündigungen und andere mitgliedschaftsrechtliche Willenserklärungen bleiben auch gegenüber der neuen Kasse wirksam. Das Sonderkündigungsrecht wegen Beitragssatzerhöhung besteht auch dann, wenn die Beitragssatzerhöhung mit einer Kassenfusion zusammentrifft.[28]

II. Normzwecke

29 § 144 SGB V regelt die Voraussetzungen (Absatz 1) und das Verfahren (Absatz 2) für die freiwillige Vereinigung von Ortskrankenkassen. Diese soll über die **Schaffung ausgewogener Risikostrukturen** und den **Abbau von Wettbewerbsverzerrungen** im Ergebnis der Beitragssatzstabilität dienen. Die Vereinigung wird auch über Landesgrenzen hinweg zugelassen. Damit wird den besonderen Gegebenheiten in länderübergreifenden Problemgebieten Rechnung getragen.[29] Absatz 3 regelt die Aufgaben der Aufsichtsbehörde, Absatz 4 die Rechtsfolgen.

C. Praxishinweise

30 Seit In-Kraft-Treten des GSG am 01.01.1993 hat sich infolge der Kassenwahlfreiheit und der dadurch geschaffenen Wettbewerbssituation die Zahl der Ortskrankenkassen von 248 auf heute 16 verringert.[30] Zum 01.07.2006 haben die AOK Hamburg und die AOK Rheinland fusioniert.

31 Bei der derzeit allein noch möglichen länderübergreifenden Vereinigung von Ortskrankenkassen würden grundsätzlich mindestens zwei Aufsichtsbehörden bei der Genehmigung zu beteiligen sein. Es ist denkbar, dass die Aufsichtsbehörden aufgrund unterschiedlicher Rechtsauffassungen oder unterschiedlicher Vorgaben der beteiligten Krankenkassen zu **unterschiedlichen Entscheidungen** kämen. Um dies nach Möglichkeit zu vermeiden, sollten die Aufsichtsbehörden – trotz fehlender gesetzlicher Bestimmungen – eng zusammenarbeiten. Kommt es dennoch zu divergierenden Aufsichtsentscheidungen, wird die beschlossene Vereinigung nicht wirksam. Sollten drei oder mehr Ortskrankenkassen die Vereinigung beschlossen haben, kommt eine Vereinigung eines Teils der ursprünglich beteiligten Kassen dann in Betracht, wenn diese alternativ auch für diese Fallgestaltung die Vereinigung beschlossen haben und die Beschlüsse auch insoweit genehmigt worden sind.

---

27 Vgl. *Baier* in: Krauskopf, Soziale Krankenversicherung, SGB V, § 144 Rn. 24.

28 BSG v. 02.12.2004 - B 12 KR 23/04 R - SozR 4-2500 § 175 Nr. 1.

29 Vgl. Gesetzesbegründung zu Art. 1 § 153 GRG, BT-Drs. 11/2237.

30 Vgl. auch Globus Infografik 8988 http://db.gobus.pictures.de.

§ 145 SGB V Vereinigung innerhalb eines Landes auf Antrag

(Fassung vom 21.03.2005, gültig ab 30.03.2005)

(1) Die Landesregierung kann auf Antrag einer Ortskrankenkasse oder des Landesverbandes durch Rechtsverordnung einzelne oder alle Ortskrankenkassen des Landes nach Anhörung der betroffenen Ortskrankenkassen und ihrer Landesverbände vereinigen, wenn

1. durch Vereinigung die Leistungsfähigkeit der betroffenen Krankenkassen verbessert werden kann oder

2. der Bedarfssatz einer Ortskrankenkasse den durchschnittlichen Bedarfssatz aller Ortskrankenkassen auf Bundes- oder Landesebene um mehr als 5 vom Hundert übersteigt. § 313 Abs. 10 Buchstabe a gilt entsprechend.

(2) Die Landesregierung vereinigt auf Antrag des Landesverbandes durch Rechtsverordnung einzelne oder alle Ortskrankenkassen des Landes nach Anhörung der betroffenen Ortskrankenkassen und ihrer Landesverbände, wenn

1. die Voraussetzungen nach Absatz 1 erfüllt sind und

2. eine freiwillige Vereinigung innerhalb von zwölf Monaten nach Antragstellung nicht zustande gekommen ist. Erstreckt sich der Bezirk nach der Vereinigung der Ortskrankenkassen über das Gebiet eines Landes hinaus, gilt § 143 Abs. 3 entsprechend.

(3) Bedarfssatz ist das Verhältnis der Ausgaben für Leistungen zur Summe der beitragspflichtigen Einnahmen der Mitglieder im abgelaufenen Geschäftsjahr. Die Ausgaben sind zu mindern um die von Dritten erstatteten Ausgaben für Leistungen, um die Ausgaben für Mehr- und Erprobungsleistungen sowie für Leistungen, auf die kein Rechtsanspruch besteht, um den nach § 266 erhaltenen Risikostrukturausgleich und um den nach § 269 erhaltenen Ausgleich aus dem Risikopool. Zu den Ausgaben zählen auch die nach den §§ 266 und 269 zu tragenden Ausgleiche.

Gliederung

A. Basisinformationen

I. Vorgängervorschriften/Normgeschichte

Nach dem bis zum 31.12.1988 geltenden **§ 226 Abs. 4 RVO** war eine Fusion von Ortskrankenkassen durch Rechtsverordnung der Landesregierung nur durch Anpassung der Bezirke der Ortskrankenkassen an die Bezirke der Gebietskörperschaften möglich. § 145 i.d.F. des Art. 1 Gesundheitsreformgesetz (GRG) vom 20.12.1988[1] eröffnete erstmals die Möglichkeit zur zwangsweisen Vereinigung von Ortskrankenkassen, um hohen Bedarfssatzabweichungen zu begegnen,[2] wenn ein Finanzausgleich auf Landesebene nicht Erfolg versprechend war und eine freiwillige Vereinigung sich nicht realisieren lies. Mit Wirkung vom 01.01.1993 wurde § 145 SGB V insofern verändert, als die zwangsweise Vereinigung von Ortskrankenkassen erleichtert wurde.[3] Die bis dato auch in **Absatz 1** vorgesehene Zwölfmonats- 1

[1] BGBl I 1988, 2477.

[2] Vgl. Gesetzesbegründung zu Art. 1 § 154 GRG, BT-Drs. 11/2237.

[3] Gem. Art. 1 Nr. 92, Art. 79 Abs. 1 Gesundheitsstrukturgesetz (GSG) v. 21.12.1992, BGBl I 1992, 2266.

frist für eine freiwillige Vereinigung wurde dort gestrichen. Außerdem müssen die in Absatz 1 genannten Voraussetzungen seither nicht mehr kumulativ vorliegen, sondern alternativ. Schließlich wurde in den Fällen des **Absatzes 1** und **Absatzes 2** der Bedarfsschwellenwert reduziert und das Erfordernis eines vorherigen Finanzausgleichs nach § 266 SGB V gestrichen.

II. Parallelvorschriften

2 Es bestehen keine Parallelregelungen bei der Vereinigung anderer Kassen. Das Verfahren und die Rechtsfolgen der Vereinigung nach § 145 SGB V sind in **§ 146 SGB V** geregelt.

III. Literaturhinweise

3 *Dürschke*, Klagearten und einstweiliger Rechtsschutz im Rahmen des Verfahrens bei der Vereinigung von Krankenkassen auf Antrag, SGb 1996, 631-634; *Marburger*, Quo vadis, AOK? – Die Auswirkungen der Organisationsreform am Beispiel der AOKen in Baden-Württemberg, ZfS 1993, 261-265; *Möller/Papier*, Rechtsfragen des Zusammenschlusses von Allgemeinen Ortskrankenkassen, SGb 1994, 601-609; *Okoniewski*, Gesetzliche Krankenversicherung in Bewegung, SozSich 1993, 118-127; *Wasem*, Wahlfreiheit und Risikostrukturausgleich – eine neue Organisationsstruktur der GKV, KrV 1993, 79-84; *Wigge*, Die organrechtliche Zuständigkeit zur Antragstellung, DOK 1995, 37-43; *ders.*, Die Neuordnung der Organisationsstrukturen der Ortskrankenkassen durch das Gesundheitsstrukturgesetz, VSSR 1994, 131-177; *Waibel*, Vereinigung von Sozialversicherungsträgern, ZfS 2003, 225-237.

B. Auslegung der Norm

I. Regelungsgehalt und Bedeutung der Norm

1. Vereinigung nach Absatz 1

4 Absatz 1 ermöglicht der Landesregierung den zwangsweisen Zusammenschluss der Ortskrankenkassen des Landes durch **Rechtsverordnung**. Inhalt der Rechtsverordnung ist lediglich die Vereinigungsentscheidung. Das weitere Verfahren richtet sich nach § 146 SGB V. Hierfür ist die **Antragstellung** einer der beteiligten Krankenkassen oder des Landesverbandes (vgl. § 207 SGB V) erforderlich. Beteiligte Ortskrankenkasse ist jede, die von der angestrebten Fusion betroffen wäre. Ein Landesverband ist antragsberechtigt, wenn bei einer seiner Mitgliedskassen eine der Voraussetzungen des Absatzes 1 erfüllt ist. Wenn die Voraussetzungen des Absatzes 1 vorliegen, ist die Aufsichtsbehörde nach den §§ 87 Abs. 1, 89 Abs. 1 SGB IV berechtigt und verpflichtet, die Antragsberechtigten zur Antragstellung anzuhalten.[4] Fraglich ist, ob der Antrag **begründet** werden muss. Da eine solche Pflicht dem Gesetzestext nicht zu entnehmen und auch ansonsten nicht zwingend ist, erscheint eine Begründung zwar sinnvoll, sie ist aber nicht obligatorisch.

5 Antragsberechtigtes Organ ist entgegen dem ersten Anschein der **Vorstand**. Der Verwaltungsrat hat zwar nach § 197 Abs. 1 Nr. 6 über die Auflösung der Krankenkasse oder die freiwillige Vereinigung mit anderen Krankenkassen zu beschließen, damit ist jedoch nicht das Antragsrecht nach § 145 SGB V gemeint.[5]

6 Eine Vereinigung ist nach Absatz 1 Nr. 1 zulässig, wenn dadurch die **Leistungsfähigkeit** der betroffenen Krankenkassen **verbessert** werden kann. „Leistungsfähigkeit"[6] ist ein unbestimmter Rechtsbegriff. Das BSG versteht hierunter die finanzielle Fähigkeit, den vergleichbaren Kassen entsprechende Regel- und Mehrleistungen zu gewähren, sich also annähernd im durchschnittlichen Beitrags- und Leistungsniveau halten zu können.[7] Es ist nicht eine Gefährdung der Leistungsfähigkeit erforderlich, sondern eine mögliche Verbesserung der Leistungsfähigkeit reicht aus. Nach der Gesetzesbegründung wird die Leistungsfähigkeit der betroffenen Krankenkassen verbessert, wenn die Aufgaben durch die Vereinigung (z.B. durch Rationalisierung in der Verwaltung) wirtschaftlicher wahrgenommen werden können oder eine Verbesserung der Wettbewerbsfähigkeit der betroffenen Ortskrankenkassen zu einer

---

4 Vgl. *Hauck* in: Hauck/Noftz, SGB V, § 145 Rn. 3.

5 So auch *Baier* in: Krauskopf, Soziale Krankenversicherung, SGB V, § 145 Rn. 5.

6 Siehe auch §§ 147 Abs. 1, 157 Abs. 2 SGB V.

7 BSG v. 17.07.1985 - 1 RR 8/84 - SozR 2200 § 250 RVO Nr. 10.

in der Region konkurrierenden Kasse eintritt.[8] Aus der Formulierung „verbessert werden kann" ergibt sich, dass die Verbesserung der Leistungsfähigkeit nicht schlüssig nachgewiesen werden muss. Ob allein der Gedanke, dass die Leistungsfähigkeit mit der Größe des Trägers steige ausreicht, darf jedoch bezweifelt werden. Die Leistungsfähigkeit muss nicht in beiden von der Vereinigung betroffenen Ortskrankenkassen dergestalt verbessert werden können, dass die Beitragssätze sinken. Die Leistungsfähigkeit der neuen Ortskrankenkasse muss gegenüber der Gesamtsituation der beiden beteiligten Kassen verbessert werden.

Nach Absatz 1 Nr. 2 ist die Vereinigung ebenfalls zulässig, wenn der **Bedarfssatz** einer Ortskrankenkasse den durchschnittlichen Bedarfssatz aller Ortskrankenkassen auf Bundes- oder Landesebene um mehr als 5% übersteigt. Die Ortskrankenkasse müsste bei einem Verzicht auf die Vereinigung zur Abwendung eines Defizits ihren Beitragssatz im Verhältnis zum durchschnittlichen Beitragssatz der Ortskrankenkassen überproportional erhöhen. Was unter Bedarfssatz zu verstehen ist, wird in Absatz 3 definiert. Absatz 1 Satz 2 verweist auf § 313 Abs. 10 lit. a SGB V. Für Ortskrankenkassen im **Beitrittsgebiet** erfolgt demnach die Ermittlung des bundesdurchschnittlichen Bedarfssatzes getrennt. 7

Die betroffenen Ortskrankenkassen und ihre Landesverbände (§ 207 SGB V) sind anzuhören (Absatz 1 Satz 1 und Absatz 2 Satz 1 i.V.m. § 172 SGB V). Die Form der **Anhörung** ist nicht vorgeschrieben, wenngleich eine schriftliche Anhörung vorzugswürdig ist. Auch der Umfang der Anhörung ergibt sich nicht aus dem Gesetz. Der Anhörungspflicht dürfte die Überlegung zugrunde liegen, die abweichenden oder einschränkenden Argumente der betroffenen nicht antragstellenden Körperschaft zur Kenntnis zu nehmen. Deshalb wird auf die Anhörung des Antragstellers verzichtet werden können. Dasselbe gilt im Falle eines gemeinsamen Antrags bzw. einer zeitlich und inhaltlich parallelen Antragstellung. 8

Sofern die unten erläuterten Voraussetzungen vorliegen, kann die Landesregierung die Kassen vereinigen, sie hat also einen **Ermessensspielraum**, während sie im Fall des Absatzes 2 zum Erlass einer entsprechenden Rechtsverordnung verpflichtet ist. Bei der Ermessensausübung ist abzuwägen zwischen den berechtigten Interessen der betroffenen Selbstverwaltungskörperschaften einerseits und dem Interesse an gesunden Risikostrukturen (finanziell potenten und wettbewerbsfähigen Krankenkassen) und der damit verbundenen Beitragssatzstabilität andererseits. Dabei sind die Ortskrankenkassen insgesamt in den Blick zu nehmen, was bedeutet, dass eine leistungsfähige Ortskrankenkasse dann vereinigt werden kann bzw. wird, wenn (nur) die Andere die Voraussetzungen hierfür erfüllt. 9

2. Vereinigung nach Absatz 2

Eine zwangsweise Vereinigung nach Absatz 2 Satz 1 ist zulässig, wenn zunächst die in Absatz 1 genannten Voraussetzungen vorliegen, nämlich ein auf Vereinigung nach Absatz 2 gerichteter Antrag gestellt und die betroffenen Ortskrankenkassen und ihre Landesverbände angehört wurden und entweder durch die Vereinigung die Leistungsfähigkeit der betroffenen Ortskrankenkassen verbessert werden kann oder der Bedarfssatz einer Ortskrankenkasse den durchschnittlichen Bedarfssatz aller Ortskrankenkassen auf Bundes- oder Landesebene um mehr als 5% übersteigt. Als zusätzliche Voraussetzung wird verlangt, dass eine **freiwillige Vereinigung nach § 144 SGB V innerhalb von zwölf Monaten nach Antragstellung nicht zustande gekommen** ist. Die Zwölfmonatsfrist berechnet sich nach § 26 Abs. 1 SGB X i.V.m. § 187 Abs. 1 SGB V und § 188 Abs. 2 und 3 BGB. Die Frist beginnt am Tag nach dem Eingang des Antrags bei der Landesregierung. Abweichend von Absatz 1 kommt als Antragsteller nach Absatz 2 nur der entsprechende **Landesverband** in Betracht, nicht jedoch eine Ortskrankenkasse. Über die Antragstellung entscheidet der Vorstand des Landesverbandes. Die Landesregierung hat im Falle des Absatzes 2 **keinen Ermessensspielraum**, sondern ist zum Erlass einer entsprechenden Rechtsverordnung verpflichtet. Allerdings hat sie eine Einschätzungsprärogative hinsichtlich der Beurteilung der Verbesserung der Leistungsfähigkeit.[9] Die betroffenen Ortskrankenkassen sind von der Landesregierung anzuhören. Die Vereinigung erfolgt durch **Rechtsverordnung**. Die Frage, ob in diesen Fällen der Rechtsweg zu den Sozialgerichten eröffnet ist, wurde lange Zeit überwiegend verneint. Inzwischen vertritt das BSG die Auffassung, die Unwirksamkeit einer durch Rechtsverordnung der Landesregierung herbeigeführten Vereinigung von Krankenkassen könne von den bisherigen Kassen mit der Feststellungsklage geltend gemacht werden.[10] 10

---

[8] Vgl. Gesetzesbegründung zu Art. 1 Nr. 75 GSG, BT-Drs. 12/3608.

[9] Vgl. BSG v. 24.11.1998 - B 1 A 1/96 R - SozR 3-2500 § 145 Nr. 1.

[10] BSG v. 24.11.1998 - B 1 A 1/96 R - SozR 3-2500 § 145 Nr. 1 m.w.N.

11 Während eine Vereinigung nach Absatz 1 die Grenzen eines Landes nicht überschreiten darf, verweist Absatz 2 Satz 2 diesbezüglich auf die Regelung des § 143 Abs. 3 SGB V. Eine Vereinigung mit Krankenkassen einer **anderen Kassenart** ist nicht möglich.

3. Bedarfssatz (Absatz 3)

12 Gem. den Absätzen 1 und 2 ist der Bedarfssatz ein alternatives Kriterium für die Entscheidung über die Vereinigung. Nach Absatz 3 Satz 1 ist er zunächst das Verhältnis der Ausgaben für Leistungen zur Summe der beitragspflichtigen Einnahmen der Mitglieder im abgelaufenen Geschäftsjahr. Zur Feststellung der beitragspflichtigen Einnahmen ist das Beitragssoll mit der Zahl 100 zu multiplizieren und durch den Beitragssatz zu teilen.

13 Nach Absatz 3 Satz 2 sind die **Ausgaben**, zu denen nach Absatz 3 Satz 3 auch der zu tragende Risikostrukturausgleich nach § 266 SGB V gehört, zunächst zu mindern um die **von Dritten zu erstattenden Ausgaben** für Leistungen.[11] Diese Bestimmung führt zur Nichtbeachtung der Ausgaben, mit der die Krankenkasse im Ergebnis nicht belastet bleibt (vgl. z.B. § 264 SGB V). Ebenfalls abzusetzen sind die **Ausgaben für Mehr- und Erprobungsleistungen**[12] sowie für **Leistungen, auf die kein Rechtsanspruch besteht** (vgl. z.B. §§ 23 Abs. 2-4, 24, 40, 41, 43, 63-68 SGB V). Hierdurch sollen Belastungen wirtschaftlich agierender Kassen durch „großzügigere" Kassen vermieden werden. Schließlich sind die Ausgaben auch um den nach § 266 SGB V **erhaltenen Risikostrukturausgleich** zu mindern.

II. Normzwecke

14 Der Gesetzesbegründung ist zu entnehmen, dass die Regelung dazu dienen soll, **Wettbewerbsverzerrungen** zwischen den Kassenarten abzubauen und mehr **Beitragsgerechtigkeit** herbeizuführen.[13] Ratio legis ist also die Gestaltung einer Landschaft von konkurrenzfähigen Ortskrankenkassen.

15 Absatz 2 trägt dem Vorrang und dem **Gestaltungsrecht der Selbstverwaltung** Rechnung. Nur wenn die Selbstverwaltungsorgane der beteiligten Ortskrankenkassen es bei Vorliegen der materiellen Voraussetzungen des Absatzes 1 innerhalb der Zwölfmonatsfrist nicht geschafft haben eine Einigung zu erzielen, wird die Landesregierung auf Antrag des Landesverbandes die Vereinigung durch Rechtsverordnung vornehmen. Diese Systematik entspricht dem Gebot der Verhältnismäßigkeit.

C. Praxishinweise

16 Da es nur noch in Nordrhein-Westfalen zwei Ortskrankenkassen gibt, hat die Regelung faktisch lediglich für dieses Bundesland Bedeutung. Eine länderübergreifende Vereinigung kommt nach Absatz 2 Satz 2 i.V.m. § 143 Abs. 3 SGB V nur durch Staatsvertrag in Betracht. Dabei dürfte die Verweisung sich nicht nur auf Vereinigungen nach Absatz 2, sondern auch auf solche nach Absatz 1 beziehen.

---

[11] Vgl. hierzu *Baier* in: Krauskopf, Soziale Krankenversicherung, SGB V, § 145 Rn. 21.

[12] Gemeint sind Leistungen zur Weiterentwicklung der Versorgung.

[13] Gesetzesbegründung zu Art. 1 Nr. 75 GSG, BT-Drs. 12/3608.

§ 146 SGB V Verfahren bei Vereinigung innerhalb eines Landes auf Antrag

(Fassung vom 20.12.1988, gültig ab 01.01.1989)

(1) Werden Ortskrankenkassen nach § 145 vereinigt, legen sie der Aufsichtsbehörde eine Satzung, einen Vorschlag zur Berufung der Mitglieder der Organe und eine Vereinbarung über die Neuordnung der Rechtsbeziehungen zu Dritten vor.

(2) Die Aufsichtsbehörde genehmigt die Satzung und die Vereinbarung, beruft die Mitglieder der Organe und bestimmt den Zeitpunkt, an dem die Vereinigung wirksam wird.

(3) Mit diesem Zeitpunkt sind die bisherigen Krankenkassen geschlossen. Die neue Krankenkasse tritt in die Rechte und Pflichten der bisherigen Krankenkassen ein.

(4) Kommen die beteiligten Krankenkassen ihrer Verpflichtung nach Absatz 1 nicht innerhalb einer von der Aufsichtsbehörde gesetzten Frist nach, setzt die Aufsichtsbehörde die Satzung fest, bestellt die Mitglieder der Organe, regelt die Neuordnung der Rechtsbeziehungen zu Dritten und bestimmt den Zeitpunkt, an dem die Vereinigung wirksam wird. Absatz 3 gilt.

Gliederung

A. Basisinformationen

I. Vorgängervorschriften/Normgeschichte

1 § 146 SGB V ist mit Wirkung vom 01.01.1989 aufgrund von Art. 1, 79 Abs. 1 Gesundheitsreformgesetz (GRG) am 01.01.1989 in Kraft getreten.[1] Die Bestimmung hat keinen direkten Vorläufer. Gegenüber dem alten Recht (§§ 280-296 RVO a.F.) wurde das Verfahren der Vereinigung der Ortskrankenkassen wesentlich vereinfacht.

II. Parallelvorschrift

2 Die Regelung des § 146 SGB V entspricht dem Verfahren bei der freiwilligen Vereinigung nach **§ 144 SGB V**, ermächtigt jedoch darüber hinaus die Aufsichtsbehörde zur Ersatzvornahme.

III. Literaturhinweise

3 *Waibel*, Vereinigung von Sozialversicherungsträgern, ZfS 2003, 225-237; *Bieback*, Fusion öffentlich-rechtlicher Körperschaften und § 613a BGB, PersR 2000, 13-18; *Dürschke*, Klagearten und einstweiliger Rechtsschutz im Rahmen des Verfahrens bei der Vereinigung von Krankenkassen auf Antrag, SGb 1996, 631-634; *Wigge*, Die Neuordnung der Organisationsstrukturen der Ortskrankenkassen durch das Gesundheitsstrukturgesetz, VSSR 1994, 131-177.

[1] BGBl I 1988, 2477.

B. Auslegung der Norm

I. Regelungsgehalt und Bedeutung der Norm

1. Verfahren (Absätze 1 und 2)

4 § 146 Abs. 1 SGB V bestimmt, dass im Falle der zwangsweisen Vereinigung durch Rechtsverordnung der Landesregierung nach § 145 SGB V die beteiligten Ortskrankenkassen verpflichtet sind, der zuständigen Aufsichtsbehörde eine Satzung (vgl. § 194 SGB V), einen Vorschlag zur Berufung der Mitglieder der Organe (vgl. §§ 31 Abs. 3a, 35a SGB IV) und eine Vereinbarung über die Neuordnung der Rechtsbeziehungen zu Dritten (vgl. §§ 69-133 SGB V) für die neue Krankenkasse vorzulegen. Die Vorlagepflicht besteht erst nach Verkündung der Rechtsverordnung nach § 145 SGB V, wenngleich eine frühere Vorlage möglich ist.[2]

5 Nach Absatz 2 genehmigt die Aufsichtsbehörde – sofern keine Beanstandungen vorliegen – die Satzung und die Vereinbarung, beruft die Organmitglieder und bestimmt den Zeitpunkt der Wirksamkeit der Vereinigung. Dabei handelt es sich um ein staatliches **Mitwirkungsrecht**, welches sich auf die **Rechtskontrolle** beschränkt. Gegen eine Ablehnung der Genehmigung können die beteiligten Ortskrankenkassen das zuständige Sozialgericht anrufen. Unter **Aufsichtsbehörde** i.S.v. § 146 SGB V ist die für die neue Krankenkasse zuständige Aufsichtsbehörde zu verstehen, d.h. die für die Sozialversicherung zuständige oberste Verwaltungsbehörde des Landes oder die von ihr bestimmte Behörde (§ 90 Abs. 2 SGB IV).

2. Rechtsfolgen (Absatz 3)

6 Mit dem Zeitpunkt der Wirksamkeit der Vereinigung ist die neue Krankenkasse entstanden und sind nach Absatz 3 Satz 1 die bisherigen Krankenkassen geschlossen. Nach Absatz 3 Satz 2 tritt die neue Krankenkasse in die Rechte und Pflichten der bisherigen Krankenkassen ein, wird also deren generelle Rechtsnachfolgerin. Die Rechtsnachfolge bezieht sich insbesondere auf die Rechte und Pflichten aus den Versicherungs-, den Vermögens- und den Beschäftigungsverhältnissen.

3. Ersatzvornahme (Absatz 4)

7 Absatz 4 berechtigt die Aufsichtsbehörde zur Ersatzvornahme. Die Regelung geht den allgemeinen Vorschriften über die Ersatzvornahme im Rahmen des Verwaltungsvollstreckungsrechts vor. Kommen die beteiligten Ortskrankenkassen ihrer Verpflichtung, die Satzung, den Vorschlag zur Berufung der Organmitglieder und die Vereinbarung nach Absatz 1 nicht innerhalb einer von der Aufsichtsbehörde gesetzten Frist nach, so setzt diese die Satzung selbst fest, bestellt die Organmitglieder und regelt die Neuordnung der Rechtsbeziehungen zu den Leistungserbringern. Dasselbe gilt, wenn die Aufsichtsbehörde die Unterlagen zwar erhält, diese aber rechtlich zu beanstanden sind und die beteiligten Ortskrankenkassen nicht innerhalb einer gesetzten Frist für Abhilfe sorgen. Insofern ist die Vorlage nicht genehmigungsfähiger oder lückenhafter Unterlagen mit der Nichtvorlage gleichzusetzen. Die **Fristsetzung** kann erst nach Verkündung der Rechtsverordnung wirksam erfolgen. Die von der Aufsichtsbehörde einzuräumende Frist muss angemessen sein (vgl. § 89 Abs. 1 Satz 2 SGB IV), was bei einem Zeitablauf von drei Monaten der Fall sein dürfte.[3] Die beteiligten Ortskrankenkassen können sich gegen die Verpflichtung zur Abhilfe vor dem Sozialgericht zur Wehr setzen (§ 54 SGG).

II. Normzwecke

8 Die Absätze 1-3 regeln das **Verfahren** im Falle der Vereinigung nach § 145 SGB V. Die Regelung des § 146 SGB V entspricht im Wesentlichen der bei der freiwilligen Vereinigung nach § 144 SGB V mit dem Unterschied, dass § 146 Abs. 4 SGB V die **ersatzweise Vornahme** durch die Aufsichtsbehörde vorsieht. Die im Verhältnis zur freiwilligen Vereinigung weitergehenden Befugnisse der Aufsichtsbehörde bei dem Verfahren der Vereinigung entsprechen dem Charakter des § 145 SGB V als zwangsweiser Vereinigung.

C. Praxishinweis

9 Da es nur noch in Nordrhein-Westfalen zwei Ortskrankenkassen gibt, hat die Regelung faktisch lediglich für dieses Bundesland Bedeutung.

---

[2] So auch *Baier* in: Krauskopf, Soziale Krankenversicherung, SGB V, § 146 Rn. 3.

[3] Vgl. *Baier* in: Krauskopf, Soziale Krankenversicherung, SGB V, § 146 Rn. 5.

§ 146a SGB V Schließung

(Fassung vom 21.12.1992, gültig ab 01.01.1996)

Eine Ortskrankenkasse wird von der Aufsichtsbehörde geschlossen, wenn ihre Leistungsfähigkeit nicht mehr auf Dauer gesichert ist. Die Aufsichtsbehörde bestimmt den Zeitpunkt, an dem die Schließung wirksam wird. § 155 und § 164 Abs. 2 bis 5 gelten entsprechend.

Gliederung

A. Basisinformationen

I. Vorgängervorschriften/Normgeschichte

Die Vorschrift wurde durch Art. 1 Nr. 93 Gesundheitsstrukturgesetz (GSG) vom 21.12.1992[1] in das SGB V eingefügt und trat am 01.01.1996[2] in Kraft. Eine Vorgängerregelung gab es nicht. Die Einführung einer entsprechenden gesetzlichen Vorschrift auch für die allgemeinen Ortskrankenkassen ergab sich durch die umfassenden Kassenwahlrechte für die Versicherten (siehe § 173 SGB V). 1

II. Parallelvorschriften

Die Regelung des § 146a SGB V entspricht teilweise den **§ 153 SGB V** (Schließung einer Betriebskrankenkasse), **§ 163 SGB V** (Schließung einer Innungskrankenkasse) und **§ 170 SGB V** (Schließung einer Ersatzkasse). 2

III. Literaturhinweise

Cassel, Organisationsreform der gesetzlichen Krankenversicherung (GKV), SGb 1993, 97-102; *Fröhlingsdorf*, Das Organisationsrecht der IKK im SGB V, KrV 1989, 43-48; *Schlitt*, Flurbereinigung in der Kassenlandschaft, Der Kassenarzt 2004, Nr. 6, 18-20; *Schnapp*, Kassenschließung trotz fehlerfreier Errichtung?, NZS 2002, 449-454; *Schöffski/Galas/von der Schulenburg*, Der Wettbewerb innerhalb der GKV unter besonderer Berücksichtigung der Kassenwahlfreiheit, Sozialer Fortschritt 1996, 293-305. 3

B. Auslegung der Norm

I. Regelungsgehalt und Bedeutung der Norm

1. Schließung einer Ortskrankenkasse (Satz 1)

Satz 1 bestimmt die Schließung einer Ortskrankenkasse durch die Aufsichtsbehörde für den Fall, dass die Leistungsfähigkeit der Krankenkasse nicht mehr auf Dauer gesichert ist. Ob diese Voraussetzungen gegeben sind, hängt vor allem von der Versicherten- und Risikostruktur der Ortskrankenkasse sowie deren perspektivischen Marktposition ab. Der Grundsatz der Beitragssatzstabilität (§ 71 SGB V) dient hierbei zur Orientierung. Nach der Rechtsprechung des BSG[3] ist unter **Leistungsfähigkeit** einer Krankenkasse deren finanzielle Fähigkeit zu verstehen, entsprechende Regel- und Mehrleistungen vergleichbarer Kassen zu gewähren, sich also annähernd im durchschnittlichen Beitrags- und Leistungs- 4

[1] BGBl I 1992, 2266.
[2] Gem. Art. 35 Abs. 6 GSG.
[3] BSG v. 17.07.1985 - RR 8/84 - SozR 2000 § 250 RVO Nr. 10.

niveau der Vergleichskassen halten zu können. Als Vergleichskassen kommen alle mit der Krankenkasse im Wettbewerb stehenden Krankenkassen in Betracht. Bezüglich der Frage, wann die Leistungsfähigkeit nicht mehr „**gesichert**" ist, wird in der Literatur auf die Legaldefinition des § 147 Abs. 1 Satz 2 SGB V a.F. zurückgegriffen.[4] Danach ist die Leistungsfähigkeit insbesondere dann „gefährdet", wenn der Bedarfssatz einer Krankenkasse den landesdurchschnittlichen Bedarfssatz aller Krankenkassen derselben Kassenart um mehr als 10% oder den bundesdurchschnittlichen Bedarfssatz aller Krankenkassen um mehr als 12,5% übersteigt.[5] Nach einer anderen Auffassung[6] ist die Leistungsfähigkeit auch dann als gefährdet anzusehen, wenn die Beiträge der Krankenkasse nicht § 220 Abs. 1 Satz 2 SGB V entsprechen und eine notwendige Beitragserhöhung nicht vom Verwaltungsrat beschlossen und auch nicht vom Vorstand nach § 220 Abs. 2 Satz 2 SGB V verfügt oder eine vom Vorstand verfügte vorläufige Beitragserhöhung vom Verwaltungsrat nicht beschlossen wird. Die für diesen Fall in § 220 Abs. 2 Satz 3 SGB V vorgesehene Verpflichtung der Aufsichtsbehörde zur Anordnung einer Beitragserhöhung steht einer Schließung nicht zwingend entgegen. Das Tatbestandsmerkmal der **Dauerhaftigkeit** meint einen vorausschätzbaren Zeitraum.[7] Im Gegensatz zu den Betriebs-, und den Innungskrankenkassen (vgl. §§ 153 Satz 1 Nr. 1 und 2, 163 Satz 1 Nr. 1 und 2 SGB V) kommen bei den Ortskrankenkassen weitere Schließungsgründe nicht in Betracht. Die Krankenkasse kann die Gefährdung ihrer Leistungsfähigkeit durch verschiedene Maßnahmen abwenden (vgl. §§ 222 Abs. 1, 265, 265a SGB V).

5 Nach der Formulierung des § 146a Satz 1 SGB V hat die Aufsichtsbehörde bei Vorliegen der Schließungsvoraussetzungen **keinen Ermessensspielraum**. Die Schließung nach § 146a SGB V ist jedoch subsidiär gegenüber einer Vereinigung nach den §§ 144 oder 145 SGB V. Die Nachrangigkeit ergibt sich aus der Überlegung, dass eine Vereinigung nach den vorgenannten Vorschriften dem Gedanken der Selbstverwaltung und den Interessen der Versicherten besser entspricht.

6 Nach § 146a Satz 2 SGB V bestimmt die Aufsichtsbehörde[8] den **Zeitpunkt**, an dem die Schließung wirksam wird. Nach pflichtgemäßem Ermessen wird sie dann den frühestmöglichen Zeitpunkt wählen, wenn die Mittel der Ortskrankenkasse zur Erfüllung ihrer Zahlungsverpflichtungen nicht mehr ausreichen.

7 Obgleich ein **Anhörungsrecht** der betroffenen Ortskrankenkasse in § 146a SGB V nicht geregelt und § 24 SGB X wegen der speziellen Materie der §§ 143 ff. SGB V nicht anwendbar ist,[9] sollte ihr Gelegenheit zur Äußerung gegeben werden. Die Anhörung anderer Krankenkassen ist nicht erforderlich. Die Aufsichtsbehörde hat vor ihrer Entscheidung gem. § 172 Abs. 1 Satz 1 SGB V die Verbände der betroffenen Krankenkassen zu hören.

8 Nach § 220 Abs. 2 Satz 3 SGB V ordnet die Aufsichtsbehörde die notwendige **Erhöhung der Beiträge** an, wenn die Krankenkasse, um ihre Leistungsfähigkeit zu erhalten oder herzustellen dies zwar tun muss, es aber unterlässt. Diese Regelung schließt ein Verfahren nach § 146a SGB V nicht aus.

2. Abwicklung der Geschäfte und Haftung (Satz 3 i.V.m. den §§ 155, 164 Abs. 2-5 SGB V)

9 Satz 3 ordnet die entsprechende Geltung des § 155 SGB V an, der die Abwicklung der Geschäfte und die Haftung für Verpflichtungen einer geschlossenen Betriebskrankenkasse regelt. Einige Bestimmungen des § 155 SGB V (insbes. Absatz 4 Sätze 1, 2 und 6) sind jedoch deswegen nicht entsprechend anwendbar, weil es bei einer Ortskrankenkasse keinen Trägerarbeitgeber gibt. In diesem Sinne ist § 155 Abs. 4 Satz 3 SGB V so anzuwenden, dass der Landesverband originär haftet. Siehe hierzu die Kommentierung zu § 155 SGB V Rn. 5 ff.

10 Für Ansprüche der Bediensteten und der Versorgungsempfänger der geschlossenen Ortskrankenkasse gilt § 164 Abs. 2-5 SGB V entsprechend. Siehe hierzu die Kommentierung zu § 164 SGB V Rn. 12 ff.

---

4 So *Engelhard* in: Hauck/Noftz, SGB V, § 146a Rn. 4 und *Cassel*, SGb 1993, 97 ff.

5 Vgl. auch BSG v. 23.11.1995 - 1 RR 1/95 - USK 9541 und *Engelhard*, SGb 1989, 461 ff. m.w.N.

6 *Baier* in: Krauskopf, Soziale Krankenversicherung, SGB V § 170 Rn. 2.

7 *Engelhard* in: Hauck/Noftz, SGB V, § 146a Rn. 3.

8 Zur Zuständigkeit vgl. § 90 SGB IV i.V.m. Art. 87 Abs. 2 Satz 2 GG.

9 Vgl. *Baier* in: Krauskopf, Soziale Krankenversicherung, SGB V, § 146a Rn. 6.

II. Normzwecke

Mit dem Verlust der Funktion als Basis- bzw. Auffangkrankenkassen zum 01.01.1996 unterliegen auch die Ortskrankenkassen dem allgemeinen **Wettbewerb**.[10] Dauerhaft nicht leistungsfähige Ortskrankenkassen sollen, wie die Betriebs-, die Innungs- und die Ersatzkrankenkassen, folgerichtig geschlossen werden können. 11

C. Praxishinweis

Die Schließung einer Ortskrankenkasse dürfte angesichts der vorrangigen Lösungsmöglichkeiten über §§ 144 und 145 SGB V praktisch kaum in Betracht kommen. 12

[10] Nachweise bei *Engelhard* in: Hauck/Noftz, SGB V, § 146a Rn. 1a.

Zweiter Titel: Betriebskrankenkassen

§ 147 SGB V Errichtung

(Fassung vom 14.11.2003, gültig ab 01.01.2004)

(1) Der Arbeitgeber kann für einen oder mehrere Betriebe eine Betriebskrankenkasse errichten, wenn

1. in diesen Betrieben regelmäßig mindestens 1.000 Versicherungspflichtige beschäftigt werden und

2. ihre Leistungsfähigkeit auf Dauer gesichert ist.

(2) Bei Betriebskrankenkassen, deren Satzung keine Regelung nach § 173 Abs. 2 Satz 1 Nr. 4 enthält, kann der Arbeitgeber auf seine Kosten die für die Führung der Geschäfte erforderlichen Personen bestellen. Nicht bestellt werden dürfen Personen, die im Personalbereich des Betriebes oder Dienstbetriebes tätig sein dürfen. Wird eine Betriebskrankenkasse nach dem 31. Dezember 1995 errichtet, ist in der dem Antrag auf Genehmigung nach § 148 Abs. 3 beigefügten Satzung zu bestimmen, ob der Arbeitgeber auf seine Kosten das Personal bestellt. Lehnt der Arbeitgeber die weitere Übernahme der Kosten des für die Führung der Geschäfte erforderlichen Personals durch unwiderrufliche Erklärung gegenüber dem Vorstand der Krankenkasse ab, übernimmt die Betriebskrankenkasse spätestens zum 1. Januar des auf den Zugang der Erklärung folgenden übernächsten Kalenderjahres die bisher mit der Führung der Geschäfte der Betriebskrankenkasse beauftragten Personen, wenn diese zustimmen. Die Betriebskrankenkasse tritt in die Rechte und Pflichten aus den Dienst- oder Arbeitsverhältnissen der übernommenen Personen ein; § 613a des Bürgerlichen Gesetzbuchs ist entsprechend anzuwenden. Neueinstellungen nimmt vom Tag des Zugangs der Erklärung nach Satz 4 an die Betriebskrankenkasse vor. Die Sätze 4 bis 6 gelten entsprechend, wenn die Betriebskrankenkasse in ihrer Satzung eine Regelung nach § 173 Abs. 2 Satz 1 Nr. 4 vorsieht, vom Tag des Wirksamwerdens dieser Satzungsbestimmung an.

(3) Betriebskrankenkassen, deren Satzung am 1. Januar 2004 eine Regelung nach § 173 Abs. 2 Satz 1 Nr. 4 enthält und bei denen der Arbeitgeber die Kosten des für die Führung der Geschäfte erforderlichen Personals trägt, übernehmen spätestens bis zum 31. Dezember 2004 die mit der Führung der Geschäfte beauftragten Personen, wenn diese zustimmen. Absatz 2 Satz 5 gilt entsprechend. Neueinstellungen nimmt ab dem 1. Januar 2004 die Betriebskrankenkasse vor.

(4) Absatz 1 gilt nicht für Betriebe, die als Leistungserbringer zugelassen sind oder deren maßgebliche Zielsetzung die Wahrnehmung wirtschaftlicher Interessen von Leistungserbringern ist, soweit sie nach diesem Buch Verträge mit den Krankenkassen oder deren Verbänden zu schließen haben. Satz 1 gilt nicht für Leistungserbringer, die nicht überwiegend Leistungen auf Grund von Verträgen mit den Krankenkassen oder deren Verbänden erbringen.

Gliederung

A. Basisinformationen

I. Vorgängervorschriften/Normgeschichte

§ 147 SGB V ist mit Wirkung vom 01.01.1989 aufgrund von Art. 1, 79 Abs. 1 Gesundheitsreformgesetz (GRG) am 01.01.1989 in Kraft getreten[1] und hat die §§ 245, 248 RVO abgelöst. Die Vorschrift wurde neu gefasst durch Art. 1 Nr. 94a Gesundheitsstrukturgesetz (GSG) vom 21.12.1992.[2] In **Absatz 1 Satz 1 Nr. 1** wurde die Zahl der Versicherungspflichtigen von mindestens 450 auf mindestens 1.000 erhöht und es wurde in den **Sätzen 2 und 3** eine Definition des Begriffes der Leistungsgefährdung angefügt. Durch Art. 2 Nr. 3 GSG wurden **Absatz 1 Satz 1 Nr. 3, Satz 2 und Satz 3** mit Wirkung ab dem 01.01.1996[3] gestrichen, wonach eine Betriebskrankenkasse (BKK) nur errichtet werden durfte, wenn dadurch der Bestand oder die Leistungsfähigkeit vorhandener Ortskrankenkassen nicht gefährdet wurde. Zum selben Zeitpunkt wurde **Absatz 2 Satz 1** durch Art. 1 Nr. 94b GSG neu gefasst sowie die Sätze 3-11 neu eingefügt. Mit Wirkung vom 01.01.2004 wurden durch Art. 1 Nr. 122a, 37 Abs. 1 GKV-Modernisierungsgesetz (GMG) **Absatz 2 Satz 1 und Sätze 4-7** neu gefasst und hierdurch die Personalbestellung durch den Arbeitgeber auf nicht geöffnete BKKn beschränkt.[4] Die **Sätze 8-11** wurden gestrichen. Gleichzeitig wurden die **Absätze 3 und 4** durch Art. 1 Nr. 122b GMG angefügt. 1

II. Parallelvorschrift

Eine entsprechende Regelung für die IKKn findet sich in **§ 157 SGB V.** 2

III. Literaturhinweise

Arzt, Die Neuregelung des § 147 Abs. 2 SGB V zum 1. Januar 1996, BKK 1994, 400-407; *Bauer*, AOK oder BKK – Aktuelle Rechtsprechung des BSG zur Selbständigkeit/Unselbständigkeit von Betrieben, DOK 1991, 283-287; *ders.*, Leistungsfähigkeitsgefährdung der AOK's, DOK 1990, 317-323; *Bieback*, Fusion öffentlich-rechtlicher Körperschaften und § 613a BGB, PersR 2000, 13-18; *Brüning/Wank*, Der Übergang des Personals von Betriebskrankenkassen nach § 147 Abs. 2 SGB V, ZfA 1995, 699-745; *Burger/Männel/Schröter*, Partnership for Mutual Benefit – Betriebskrankenkassen und ihre Partnerunternehmen, BKK 2005, 110-117; *Engelhard*, Errichtung von Betriebs- und Innungskrankenkassen nach dem SGB V, SGb 1992, 534-538; *Finkenbusch*, Die Träger der Krankenversicherung - Verfassung und Organisation, 5. Aufl. 2004; *Friede*, Die Betriebskrankenkassen in der Bundesrepublik Deutschland, 3. Aufl. 1987; *von Hoyningen-Huene*, Die Diskussion zur Neuerrichtung von Betriebskrankenkassen, NZA 1990, 81-85; *Kaack*, Wann gefährdet eine BKK eine AOK?, BKK 1990, 119-121; *König*, Die Errichtung von Betriebskrankenkassen aus historischer Sicht, BKK 1989, 257-262; *Kunze*, Selbständiger Betrieb und unselbständiger Betriebsteil in Recht der gesetzlichen Krankenversicherung, BKK 1983, 105-118; *Langguth*, Kein sofortiges Wahlrecht bei Öffnung einer BKK für Betriebsfremde, DStR 2001, 2128; *Meesters*, Organisationsrecht der Krankenkassen auf dem Prüfstand, ErsK 2004, 181-184; *Nommsen/van Stipout*, Versicherungs-, beitrags- und organisationsrechtliche Auswirkungen des GSG, BKK 1993, 284-291; *Paquet*, Öffnung und Vereinigung von Betriebskrankenkassen, BKK 1994, 338-341; *Pfaff*, Zur Neugründung von Betriebskrankenkassen im Gefolge des GRG, DOK 1989, 353-357; *Schnapp*, Die Rechtsstellung geöffneter und „virtueller" Krankenkassen, NZS 2004, 113-120; *ders.*, Errichtung und errichtungsähnliche Organisationsakte in der betrieblichen Krankenversicherung, SGb 1989, 273-278. 3

[1] BGBl I 1988, 2477.
[2] BGBl I 1992, 2266.
[3] Gem. Art. 35 Abs. 6 GSG.
[4] BGBl I 2003, 2190.

B. Auslegung der Norm

I. Regelungsgehalt und Bedeutung der Norm

1. Voraussetzungen der Errichtung (Absatz 1)

4 Absatz 1 enthält die allgemeinen Voraussetzungen für die Errichtung einer BKK. Danach kann der Arbeitgeber eine BKK errichten, wenn in dem Betrieb bzw. in den Betrieben regelmäßig mehr als 1.000 Versicherungspflichtige beschäftigt sind und die Leistungsfähigkeit der BKK auf Dauer gesichert ist. Zu beachten sind außerdem die in § 148 SGB V genannten Voraussetzungen. BKKn sind nach § 4 Abs. 1 und 2 SGB V rechtsfähige Körperschaften des öffentlichen Rechts mit Selbstverwaltung. Damit handelt es sich um den ungewöhnlichen Fall der Errichtung einer öffentlich-rechtlichen Körperschaft durch eine Privatperson.[5]

5 Die Errichtung einer BKK für Betriebe mehrerer Arbeitgeber oder für Betriebsteile eines Arbeitgebers ist wegen des **Grundsatzes der Einheit des Arbeitgebers und der Einheit des Betriebes** ausgeschlossen.[6] Gewahrt ist der Grundsatz, wenn mehrere Unternehmen sich zu einer Gesellschaft nach den §§ 705 ff. BGB zusammenschließen, nicht jedoch bei bloßer organisatorischer und wirtschaftlicher Verflechtung bzw. Personengleichheit der Gesellschafter und Geschäftsführer mehrerer selbständiger Gesellschaften.[7] Durchbrochen wird der Grundsatz der Einheit des Arbeitgebers und der Einheit des Betriebes nur durch die Vorschriften der §§ 150 und 151 SGB V. Nach § 150 SGB V können BKKn für Betriebe mehrerer Arbeitgeber vereinigt werden. Nach § 151 SGB V kann es bei einem Betriebsübergang zum Ausscheiden eines Betriebes aus der gemeinsamen BKK kommen.

6 **Arbeitgeber** ist eine juristische oder natürliche Person bzw. Personenmehrheit, der die Arbeit unmittelbar an andere vergibt und dem die Verfügung über die Arbeitskraft, die Einstellung, die Verwendung und die Entlassung zusteht, für dessen Rechnung das Arbeitsentgelt gezahlt wird und dem der Erfolg der Arbeitsleistung zugute kommt.[8]

7 Hat ein Arbeitgeber **mehrere selbständige Betriebe**, so wird er regelmäßig eine gemeinsame BKK errichten wollen. Alternativ hat er jedoch die Möglichkeit, nur für einen oder einen Teil der Betriebe eine BKK zu errichten. Auch die Errichtung mehrerer BKKn ist zulässig. Der **Grundsatz der Einheit des Arbeitgebers** verlangt jedoch, dass alle Betriebe, für die die BKK errichtet werden soll, einem einheitlichen Arbeitgeber gehören. Rechtlich getrennte juristische Personen oder Gesellschaften gelten auch dann nicht als einheitlicher Arbeitgeber, wenn eine davon sämtliche Geschäftsanteile der anderen besitzt oder Personengleichheit der Gesellschafter und Geschäftsführer der einzelnen Unternehmen besteht, selbst wenn deren Betriebe organisatorisch und wirtschaftlich eng miteinander verflochten sind.[9]

8 Wollen **mehrere Arbeitgeber** eine gemeinsame BKK schaffen, so ist dies derzeit[10] nur über eine getrennte Errichtung und (unmittelbar) folgende Vereinigung nach § 150 SGB V möglich. Eine weitere Durchbrechung des Grundsatzes von der Einheit des Arbeitgebers liegt vor, wenn ein zu einer gemeinsamen BKK gehörender Betrieb auf einen anderen Arbeitgeber übergeht und keiner der beteiligten Arbeitgeber das Ausscheiden aus der gemeinsamen BKK nach § 151 Abs. 1 SGB V beantragt.

9 Ein (selbständiger) **Betrieb** ist die auf Erreichung eines arbeitstechnischen Zwecks gerichtete organisatorische Zusammenfassung personeller, sächlicher und anderer Arbeitsmittel zu einer selbständigen Einheit.[11] Der Betrieb muss – in Abgrenzung zum Betriebsteil, für den eine eigene BKK nicht errichtet werden kann – über einen selbständigen Verwaltungsapparat verfügen, dem hinsichtlich der Gesamtheit der eingesetzten Arbeitsmittel wesentliche, für die Führung des Betriebes typische Entscheidungsspielräume verbleiben.[12] Selbständigkeit ist insbesondere zu verneinen, wenn die interne arbeitstechnische Betriebstätigkeit und die einzelnen betrieblichen Arbeitsabläufe, insbesondere Arbeitsorganisation, Personaleinsatz- und Verwaltung, Einstellung und Entlassung von Mitarbeitern, Disposition über

---

5 *Schnapp* in: Schulin, Handbuch des Sozialversicherungsrechts, Bd. 1, § 49 Rn. 99.

6 Hierzu BSG v. 20.12.1962 - 3 RK 31/58 - SozR Nr. 1 zu § 245 RVO; BSG v. 06.11.1985 - 8 RK 20/84 - SozR 2200 § 245 RVO Nr. 4.

7 Vgl. BSG v. 20.12.1962 - 3 RK 31/58 - SozR Nr. 1 zu § 245 RVO.

8 Siehe BSG v. 20.12.1962 - 3 RK 31/58 - SozR Nr. 1 zu § 245 RVO.

9 BSG v. 20.12.1962 - 3 RK 31/58 - SozR Nr. 1 zu § 245 RVO.

10 *Baier* in: Krauskopf, Soziale Krankenversicherung, SGB V § 147 Rn. 6 mahnt eine gesetzgeberische Initiative an.

11 Vgl. BSG v. 06.11.1985 - 8 RK 20/84 - BSGE 59, 87, 89.

12 BSG v. 11.12.1990 - 1 RR 3/89 - SozR 3-2500 § 147 Nr. 2, S. 1, 5.

Lagerhaltung und Betriebstätigkeit, nicht eigenverantwortlich durchgeführt werden, sondern alle wesentlichen Vorgänge des internen Betriebsablaufs durch detaillierte Arbeitsanweisungen oder sonstige geschäftsordnende Regelungen des Unternehmens verbindlich festgelegt sind.[13]

Ein (unselbständiger) **Betriebsteil** ist gegeben, wenn eine Produktionsstätte in Bezug auf die Gesamtheit der eingesetzten Arbeitsmittel über keinen selbständigen Leitungsapparat verfügt und zwischen der vorhandenen Zentrale und der Produktionsstätte auf dem Gebiet der Planung, der Entwicklung und des Vertriebs eine derart starke organisatorische Verflechtung besteht, dass eine Verselbständigung nicht ohne grundlegende Umwandlung der Organisationsstruktur möglich wäre.[14] Ein Betriebsteil kann, ohne dass es eines Errichtungsverfahrens bedarf, an eine bestehende BKK angeschlossen werden.[15] Das gilt auch für den Fall, dass sich ein Betriebsteil zu einem Betrieb desselben Unternehmers entwickelt hat.[16] Voraussetzung für den Anschluss ist ein bestimmter Grad an organisatorischer Verflechtung zwischen bestehendem Betrieb und hinzukommendem Betriebsteil. Eine völlige Eingliederung ist nicht erforderlich. 10

Zur Beurteilung der Selbständigkeit bzw. Unselbständigkeit ist eine **Gesamtbewertung** unter Berücksichtigung aller Umstände des Einzelfalls vorzunehmen. Ein (selbständiger) Betrieb ist dann gegeben, wenn die hierfür sprechenden Faktoren qualitativ überwiegen.[17] Dabei sind im Falle der **Übernahme** nicht die bisherigen Gegebenheiten maßgebend, sondern die **künftigen Organisationsverhältnisse**.[18] Ein hinzukommender Betrieb oder Betriebsteil kann die Anpassung der Satzungsbestimmungen über den Bezirk der BKK erforderlich machen. Ein Verfahren nach § 149 SGB V i.V.m. § 148 SGB V ist nicht erforderlich.[19] Andere Krankenkassen können auch in diesem Fall den Bescheid über die Genehmigung der Satzungsänderung nicht anfechten, sondern nur im Wege der Feststellungsklage gem. § 55 Abs. 1 Nr. 2 SGG ihre Zuständigkeit für die betroffenen Mitglieder geltend machen.[20] Im Falle der **Ausgliederung** eines (unselbständigen) Betriebsteiles und dessen Weiterführung als selbständigem Betrieb desselben Arbeitgebers bleibt die BKK auch für diesen Betrieb zuständig.[21] Dasselbe gilt, wenn ein selbständiger Betrieb oder ein unselbständiger Betriebsteil einer (gemeinsamen) BKK in den Besitz eines anderen Arbeitgebers übergeht, und von ihm als selbständiger Betrieb fortgeführt wird und keiner der beteiligten Arbeitgeber nach § 151 Abs. 1 SGB V das Ausscheiden aus der BKK beantragt.[22] Wird dagegen ein Trägerbetrieb einer (gemeinsamen) BKK oder ein (unselbständiger) Betriebsteil in einen anderen Betrieb eingegliedert oder mit anderen Betrieben bzw. Betriebsteilen zu einem neuen selbständigen Betrieb zusammengefasst, scheidet er ohne Anwendung des § 151 SGB V aus; eine nur für den eingegliederten Trägerbetrieb bestehende BKK wird nach § 153 Satz 1 Nr. 1 SGB V geschlossen.[23] 11

Nach Absatz 1 müssen kumulativ zwei Voraussetzungen für die Errichtung einer BKK vorliegen, ohne die eine Genehmigung nach § 148 Abs. 1 SGB V nicht erteilt werden darf. Wird ihr Fehlen nachträglich festgestellt und sind die fehlenden Errichtungsvoraussetzungen auch zwischenzeitlich nicht erfüllt, ist die BKK gem. § 153 Satz 1 Nr. 2 SGB V zu schließen.[24] Das Gleiche gilt nach § 153 Satz 1 Nr. 3 SGB V, wenn die dauerhafte Leistungsfähigkeit der BKK entfällt. Die Reduzierung der Mitgliederzahl auf unter 1.000 ist insofern unschädlich. 12

Es müssen in dem Betrieb bzw. in der Gesamtheit der Betriebe, für die eine BKK errichtet werden soll, regelmäßig **mindestens 1.000 Versicherungspflichtige beschäftigt** sein. Irrelevant ist – anders als in § 148 Abs. 1 Satz 2 SGB V – für welche Krankenkasse sich diese Personen entschieden haben oder entscheiden werden. Dieses Erfordernis berücksichtigt den Gedanken, dass ein dauerhafter Risikoaus- 13

[13] BSG v. 11.12.1990 - 1 RR 3/89 - SozR 3-2500 § 147 Nr. 2, S. 1, 5.
[14] BSG v. 06.11.1985 - 8 RK 20/84 - SozR 2200 § 245 Nr. 4 m.w.N.
[15] BSG v. 11.05.1993 - 12 BK 17/92 - SozR 2200 § 245 Nr. 3 m.w.N.
[16] BSG v. 19.01.1971 - 3 RK 19/68 - SozR Nr. 6 zu § 245 RVO.
[17] BSG v. 11.12.1990 - 1 RR 3/89 - SozR 3-2500 § 147 Nr. 2, S. 1, 5.
[18] BSG v. 13.07.1978 - 8/3 RK 22/77 - SozR 2200 § 245 Nr. 2.
[19] BSG v. 18.05.1976 - 3 RK 16/75 - USK 7638 zur Übernahme eines (selbständigen) Betriebes mit einer BKK durch einen anderen Betrieb mit einer BKK.
[20] BSG v. 13.07.1978 - 8/3 RK 22/77 - SozR 2200 § 245 Nr. 2.
[21] BSG v. 19.01.1971 - 3 RK 19/68 - USK 7101; a.A. zwar BSG v. 09.12.1987 - 8 RK 10/85 - USK 87160, dort allerdings nicht entscheidungserheblich.
[22] BSG v. 20.12.1962 - 3 RK 31/58 - BSGE 18, 190, 194; BSG v. 22.11.1968 - 3 RK 3/66 - USK 68106.
[23] *Baier* in: Krauskopf, Soziale Krankenversicherung, SGB V, § 147 Rn. 13.
[24] BSG v. 13.11.1985 - 1/8 RR 5/83 - USK 85177.

gleich innerhalb der Versichertengemeinschaft eine bestimmte Mindestgröße erfordert.[25] Die **Regelmäßigkeit** stellt auf die jüngere Vergangenheit und die Aussichten für die Zukunft ab. Ein gelegentliches Unterschreiten ist unbeachtlich.

14 Die **Leistungsfähigkeit** der zu errichtenden BKK muss auf Dauer gesichert sein. Leistungsfähigkeit in diesem Sinne meint die finanzielle Fähigkeit der BKK, die vergleichbaren Krankenkassen entsprechenden Regel- und Mehrleistungen zu gewähren, sich also annähernd im durchschnittlichen Beitrags- und Leistungsniveau der Vergleichskassen halten zu können.[26] Beurteilungskriterien sind insbesondere die Mitglieder- und die Risikostruktur und deren voraussichtliche Entwicklung. Dabei bleibt der Risikostrukturausgleich nach § 266 SGB V außer Betracht. Von einer **auf Dauer** gesicherten Leistungsfähigkeit ist dann auszugehen, wenn diese für einen vorausschätzbaren Zeitraum bestehen wird. Die Leistungsfähigkeit der zu errichtenden BKK ist dann nicht gesichert, wenn der prognostizierte bzw. errechnete Bedarf den landesdurchschnittlichen Bedarfssatz aller BKKn um mehr als 10% oder den bundesdurchschnittlichen Bedarfssatz aller BKKn um mehr als 12,5% übersteigen würde.[27] Bei einer geringeren Überschreitung hat die Aufsichtsbehörde eine entsprechende Prognose für die kommenden Jahre zu erstellen. Wenn der für den potentiellen Mitgliederkreis vorauszuberechnende oder zu schätzende Bedarfssatz der neuen Krankenkasse so hoch sein würde, dass sie im Risikostrukturausgleich dauerhaft Empfängerkasse ist, kann die Leistungsfähigkeit kaum als gesichert angesehen werden.[28]

2. Personal der BKK (Absätze 2 und 3)

15 In den Absätzen 2 und 3 finden sich Regelungen über die Anstellung des Personals und die Tragung der Personalkosten. Dabei ist zwischen verschiedenen Ausgangssituationen und entsprechend unterschiedlichen rechtlichen Regelungen zu unterscheiden.

a. Nicht geöffnete BKKn

16 Seit dem 01.01.2004 besteht nur noch für die **nicht für Betriebsfremde geöffneten BKKn** ein Wahlrecht, ob der Arbeitgeber bei der Errichtung der BKK das Personal anstellen und die Kosten tragen will, oder ob dies die BKK tun soll (Absatz 2 Satz 1). Nach den Vorgängerbestimmungen hatte der Arbeitgeber ein uneingeschränktes Wahlrecht bzw. er war nach dem bis Ende 1995 geltenden Recht zur Einstellung und Kostentragung verpflichtet. Der Ausschluss des Wahlrechts die geöffneten BKKn betreffend wird mit dem Erfordernis gleicher Wettbewerbsbedingungen gerechtfertigt. Durch die Tragung der Personalkosten seitens des Arbeitgebers würden die BKKn gegenüber Mitbewerbern begünstigt und könnten einen um ca. 0,5 Beitragssatzpunkte niedrigeren Beitrag anbieten.[29]

17 Das Wahlrecht gilt sowohl für **neu errichtete**[30] **BKKn** als auch für bestehende. Bei den Erstgenannten ist die Entscheidung in der Satzung festzuschreiben, die der Arbeitgeber dem Antrag auf Genehmigung beizufügen hat (§ 147 Abs. 2 Satz 3 SGB V i.V.m. § 148 Abs. 3 Satz 1 SGB V). Hat sich der Arbeitgeber für die Bestellung des erforderlichen Personals entschieden, besteht das **Arbeitsverhältnis** allein mit dem Arbeitgeber, jedoch unterliegen die Beschäftigten dem Direktionsrecht der BKK.[31] Der Arbeitgeber ist im Wesentlichen für die Anstellung, die Kündigung und die Entgeltzahlung zuständig. Er hat das Direktionsrecht auf den Vorstand der BKK zu übertragen und die entsprechenden arbeitsvertraglichen Regelungen zu treffen. Auch die **Bestellung** der **Mitglieder des hauptamtlichen Vorstands** obliegt in diesen Fällen dem Arbeitgeber. Erforderlich ist gem. § 35a Abs. 5 Satz 2 und 3 SGB IV die Zustimmung der Mehrheit der Versichertenvertreter im Verwaltungsrat. Die **Abberufung** der Mitglieder des Vorstands ist alternativ durch den Arbeitgeber oder den Verwaltungsrat möglich.

18 Um **Interessenkollisionen** auszuschließen, bestimmt § 147 Abs. 2 Satz 2 SGB V, dass Personen, die im Personalbereich des Betriebes tätig sein dürfen, nicht für die Führung der Geschäfte der BKK bestellt werden dürfen.[32] Außerdem sollen besonders schutzwürdige Informationen, wie Krankheitsdaten, von Personalentscheidungen getrennt sein.

---

[25] Vgl. Gesetzesbegründung zu Art. 1 Nr. 77 GSG, BT-Drs. 12/3608.

[26] Vgl. BSG v. 17.07.1985 - 1 RR 8/84 - SozR 2200 § 250 Nr. 10.

[27] Vgl. BSG v. 26.02.1992 - 1 RR 10/91 - SozR 3-2500 § 147 Nr. 3.

[28] *Peters* in: KassKomm-SGB, SGB V, § 147 Rn. 15.

[29] Vgl. Gesetzesbegründung zu Art. 1 Nr. 77 GSG, BT-Drs. 12/3608.

[30] Nicht jedoch für BKKn, die vereinigt werden; vgl. hierzu Baier in: Krauskopf, Soziale Krankenversicherung, SGB V, § 147 Rn. 22.

[31] Vgl. *Baier* in: Krauskopf, Soziale Krankenversicherung, SGB V, § 147 Rn. 25 ff., *Engelhard* in: Hauck/Noftz, SGB V, § 147 Rn. 29.

[32] Vgl. Gesetzesbegründung zu Art. 1 GRG, BT-Drs. 11/2237.

Der Arbeitgeber kann auch bei **bestehenden BKKn** nach Absatz 2 Satz 4 **die weitere Übernahme der Personalkosten** jederzeit **ablehnen**. In diesem Fall übernimmt die BKK spätestens zum 01.01. des auf den Zugang der Ablehnungserklärung folgenden übernächsten Kalenderjahres die bisher mit der Führung der Geschäfte der BKK beauftragten Personen, wenn diese zustimmen. Ab der Personalübernahme trägt die BKK die Kosten. Die relativ lange, verkürzbare Übergangsregelung berücksichtigt die durch einen möglichen Personalwechsel evtl. beeinträchtigte Arbeitsfähigkeit der BKK.[33] Die gegenüber dem Vorstand der BKK abzugebende Erklärung des Arbeitgebers ist unwiderruflich. Damit ist eine erneute Übernahme der Personalkosten der BKK durch den Arbeitgeber ausgeschlossen. Für die Entscheidung, ab wann das Personal zu übernehmen ist, ist gem. § 197 Abs. 1 Nr. 1b SGB V der Verwaltungsrat zuständig. Das Personal kann auch sukzessive übernommen werden.[34] Stimmen die betroffenen Bediensteten innerhalb einer gesetzten Frist – ohne Fristsetzung spätestens bis zum angekündigten Übernahmezeitpunkt – nicht zu, bleibt das Arbeitsverhältnis zum bisherigen Arbeitgeber bestehen. 19

Nach Absatz 2 Satz 5 Halbsatz 1 **tritt die BKK in die Rechte und Pflichten aus den Dienst- und Arbeitsverhältnissen der übernommenen Personen ein**. Dies geschieht kraft Gesetzes; arbeitsvertraglichen Regelungen bedarf es insoweit nicht. Sofern die BKK keine Übernahmeerklärung abgibt, gehen die Dienst- und Arbeitsverhältnisse der Bediensteten, die der Übernahme zugestimmt haben, mit Ablauf der Frist auf die BKK über. Absatz 2 Satz 5 Halbsatz 2 erklärt § 613a BGB für entsprechend anwendbar. Das bedeutet, die bisher anzuwendenden Tarifverträge und Betriebsvereinbarungen sind grundsätzlich weiterhin anzuwenden und eine Kündigung aus Anlass der Personalübernahme ist unwirksam. Außerdem haftet der bisherige Arbeitgeber für Verpflichtungen aus dem Arbeitsverhältnis, die vor der Personalübernahme entstanden sind und vor Ablauf eines Jahres nach diesem Zeitpunkt fällig werden, als Gesamtschuldner mit. 20

Neueinstellungen nimmt vom Tag des Zugangs der Erklärung des Arbeitgebers nach Satz 4 die BKK vor (Absatz 2 Satz 6). Das führt dazu, dass spätestens nach Ablauf der Übergangsfrist gem. Absatz 2 Satz 4 bei der BKK ausschließlich ihrer eigenen Personalhoheit unterstehende Personen beschäftigt sind. Innerhalb der Übergangsfrist trifft den Arbeitgeber grundsätzlich keine Verpflichtung, den Personalbestand auf einem bestimmten Niveau zu halten.[35] 21

b. Am 01.01.2004 geöffnete BKKn

Bei den bereits geöffneten BKKn ist die Bestellung des Personals und die Übernahme der Personalkosten durch den Arbeitgeber ausgeschlossen (Umkehrschluss aus Absatz 2 Satz 1). Die in **Absatz 3** festgeschriebene Übergangsregelung für BKKn, die am 01.01.2004 geöffnet waren, hat ab dem Jahr 2005 ihre Bedeutung verloren. Nur bis zum 31.12.2004 konnte das (am 31.12.2003 bei ihr tätige) Personal von der BKK übernommen werden. Neue Arbeitsverhältnisse können seit dem 01.01.2004 nur noch mit der BKK begründet werden (Absatz 3 Satz 3). Der Verweis von Absatz 3 Satz 2 auf Absatz 2 Satz 5 führt dazu, dass diejenigen Beschäftigten, die ihrer Übernahme nicht zugestimmt haben, weiterhin Beschäftigte des Arbeitgebers bleiben. Eine Tätigkeit für die BKK nach dem 31.12.2004 kommt nicht mehr in Betracht. 22

Nach **Absatz 2 Satz 7** gelten die Sätze 4-6 entsprechend, wenn sich eine bislang nicht geöffnete BKK, deren Personal vom Arbeitgeber gestellt wurde, in ihrer Satzung eine Regelung nach § 173 Abs. 2 Satz 1 Nr. 4 SGB V vorsieht. Das bedeutet, die BKK hat die Beschäftigten mit dem Tag des Wirksamwerdens der Satzungsbestimmung (Tag der Öffnung der BKK) zu übernehmen[36] sowie die Neueinstellungen vorzunehmen. Absatz 2 Satz 4 ist nur insofern entsprechend anwendbar, als die Zustimmung der Beschäftigten zur Übernahme erforderlich ist; die genannte Frist zur Übernahme findet keine Anwendung. 23

c. Nach dem 01.01.2004 neu errichtete BKKn

Nach dem 01.01.2004 neu errichtete BKKn haben gem. Art. 35 § 7 GMG bis zum 01.01.2007 nicht das Recht, sich durch eine Satzungsregelung gem. § 173 Abs. 2 Satz 1 Nr. 4 SGB V zu öffnen, sofern die Abstimmung nach § 148 Abs. 2 SGB V am 02.09.2003 (Tag der 3. Lesung des GMG im Bundestag) noch nicht durchgeführt worden war. Als Begründung wird angeführt, die neu öffnenden BKKn zögen insbesondere Versicherte mit günstigen Risikostrukturen an sich und trügen damit zu einem Ungleich- 24

[33] Vgl. Gesetzesbegründung zu Art. 1 Nr. 122 GMG, BT-Drs. 15/1525.
[34] *Baier* in: Krauskopf, Soziale Krankenversicherung, SGB V, § 147 Rn. 31.
[35] Vgl. hierzu *Baier* in: Krauskopf, Soziale Krankenversicherung, SGB V, § 147 Rn. 34.
[36] Vgl. Gesetzesbegründung zu Art. 1 Nr. 122 GMG, BT-Drs. 15/1525.

gewicht in der Verteilung der Versichertenrisiken bei. Die entsprechenden finanziellen Wirkungen könnten erst mit Einführung des morbiditätsorientierten Risikostrukturausgleichs gem. § 268 SGB V zum 01.01.2007 kompensiert werden.[37]

3. Ausschluss des Errichtungsrechts für Leistungserbringer und ihre Verbände (Absatz 4)

25 Das Errichtungsrecht besteht nach Absatz 4 für bestimmte Leistungserbringer und ihre Verbände nicht. Betroffen sind als Leistungserbringer zugelassene Betriebe oder Betriebe, deren Zielsetzung die Wahrnehmung wirtschaftlicher Interessen solcher Leistungserbringer ist. Der Zweck der Bestimmung ist die Wahrung des **Grundsatzes der Gegnerfreiheit** im Verhältnis zwischen gesetzlicher Krankenversicherung und Leistungserbringern.[38]

26 Unter **Leistungserbringern** i.S.v. Absatz 4 sind Leistungserbringer im Gesundheitswesen zu verstehen, die nach den Vorschriften des Vierten Kapitels des SGB V eine Berechtigung zur Versorgung der Versicherten der gesetzlichen Krankenversicherung erhalten haben. Hierunter fallen auch Vorsorge- und Rehabilitationseinrichtungen und Einrichtungen des Müttergenesungswerkes (vgl. §§ 111 und 111a SGB V), obwohl das Gesetz diesbezüglich nicht von „Zulassung" spricht. Nach Sinn und Zweck von § 147 Abs. 4 SGB V kommt es nicht auf eine „Zulassung" an, sondern es ist das Bestehen von Versorgungsverträgen gemeint. § 147 Abs. 4 SGB V betrifft Leistungserbringer, soweit sie nach dem SGB V Verträge mit den Krankenkassen zu schließen haben. Vertragspartner der Krankenkassen muss nicht zwingend der Leistungserbringer selbst sein; es kommt insofern auch sein Verband in Betracht.

27 Unter **Betrieben**, deren Zielsetzung die Wahrnehmung wirtschaftlicher Interessen solcher Leistungserbringer ist, sind alle Verbände, Vereinigungen und Berufsorganisationen der Leistungserbringer zu verstehen, mit denen die Krankenkassen oder ihre Verbände Verträge über die Vergütung, Bewertung, Abrechnung, Qualität oder Inhalte von Leistungen, über Wirtschaftlichkeitsprüfungen oder Preise von Gesundheitsgütern vereinbaren. Hierzu zählen z.B. die Kassenärztlichen und Kassenzahnärztlichen Vereinigungen und ihre Spitzenorganisationen, die Landes- und die Bundesapothekerkammer, die Berufsorganisationen der Ärzte, Zahnärzte und Krankenhausärzte, die Landeskrankenhausgesellschaften, die Deutsche Krankenhausgesellschaft, die Vereinigungen der Krankenhausträger auf Landes- und Bundesebene, die Verbände der sonstigen Leistungserbringer im Bereich der Heil- und Hilfsmittel sowie der Bundesinnungsverband der Zahntechniker. Die Verbände der pharmazeutischen Unternehmen und ihre Mitglieder zählen nicht dazu.[39] Gleiches gilt für die Hersteller von Hilfsmitteln, die lediglich Leistungserbringer beliefern.[40]

28 Nach **Absatz 4 Satz 2** gilt das vorgenannte Verbot nicht für Leistungserbringer, die **nicht überwiegend** Leistungen auf Grund von Verträgen mit den Krankenkassen oder deren Verbänden erbringen. Gemeint sind insbesondere Kommunen, die u.a. – und nicht als Hauptbetätigung – Krankenhäuser betreiben,[41] wohl aber auch Betriebe, die überwiegend Leistungen für andere Sozialleistungsträger, z.B. Träger der Rentenversicherung, erbringen.

II. Normzwecke

29 Die Bestimmung des Absatzes 1 gibt dem Arbeitgeber ab einer bestimmten Betriebsgröße bei dauerhafter Sicherung deren Leistungsfähigkeit das **Recht zur Errichtung einer BKK**. Die Errichtung setzt darüber hinaus die nach § 148 Abs. 2 Satz 1 SGB V erforderliche Zustimmung der Mehrheit der im Betrieb Beschäftigten und eine Genehmigung voraus, die nur aus Rechtsgründen versagt werden darf.[42]

30 Absatz 2 eröffnet dem Arbeitgeber bei einer nicht geöffneten BKK die Möglichkeit, das für die Führung der Geschäfte erforderliche **Personal** zu bestellen, zu einem späteren Zeitpunkt dies aber unwiderruflich abzulehnen.

31 Absatz 3 bestimmt für die geöffneten BKKn die obligatorische **Einstellung des Personals** durch die BKK.

---

[37] Vgl. Gesetzesbegründung zu Art. 35 § 7 GMG, BT-Drs. 15/1525.

[38] Gesetzesbegründung zu Art. 1 GMG Nr. 122, BT-Drs. 15/1525.

[39] Gesetzesbegründung zu Art. 1 GMG Nr. 122, BT-Drs. 15/1525.

[40] Vgl. *Baier* in: Krauskopf, Soziale Krankenversicherung, SGB V, § 147 Rn. 39.

[41] Vgl. Gesetzesbegründung zu Art. 1 Nr. 122 GMG, BT-Drs. 15/1525; kritisch hierzu *Engelhard* in: Hauck/Noftz, SGB V, § 147 Rn. 24.

[42] Gem. § 148 Abs. 1 Satz 1 und 2 SGB V.

Absatz 4 grenzt die Leistungserbringer gemäß dem Grundsatz der **Gegnerfreiheit** vom Recht auf Errichtung einer BKK aus. 32

C. Praxishinweise

Betrieben mit eigener BKK, die **erst später**, z.B. nach Änderung ihrer Produktpalette, **als Leistungserbringer zugelassen** werden wollen, kann Absatz 4 nicht entgegen gehalten werden. 33

Zu den BKKn siehe auch unter www.bkk.de. 34

§ 148 SGB V Verfahren bei Errichtung

(Fassung vom 14.11.2003, gültig ab 01.01.2004)

(1) Die Errichtung der Betriebskrankenkasse bedarf der Genehmigung der nach der Errichtung zuständigen Aufsichtsbehörde. Die Genehmigung darf nur versagt werden, wenn eine der in § 147 Abs. 1 genannten Voraussetzungen nicht vorliegt oder die Krankenkasse zum Errichtungszeitpunkt nicht 1.000 Mitglieder haben wird.

(2) Die Errichtung bedarf der Zustimmung der Mehrheit der im Betrieb Beschäftigten. Die Aufsichtsbehörde oder die von ihr beauftragte Behörde leitet die Abstimmung. Die Abstimmung ist geheim.

(3) Der Arbeitgeber hat dem Antrag auf Genehmigung eine Satzung beizufügen. Die Aufsichtsbehörde genehmigt die Satzung und bestimmt den Zeitpunkt, an dem die Errichtung wirksam wird.

Gliederung

A. Basisinformationen

I. Vorgängervorschriften/Normgeschichte

1 Die Vorschrift trat mit Wirkung vom 01.01.1989 auf Grund von Art. 1, 79 Abs. 1 Gesundheitsreformgesetz (GRG) vom 20.12.1988 in Kraft[1] und entspricht weitgehend dem bisherigen Recht (vgl. §§ 225a, 253, 320 RVO a.F.).

2 **Absatz 1 Satz 2** wurde durch Art. 1 Nr. 95a Gesundheitsstrukturgesetz (GSG) vom 21.12.1992[2] mit Wirkung ab dem 01.01.1993[3] insofern geändert, als statt 450 jetzt 1.000 Versicherungspflichtige gefordert werden. **Absatz 1 Satz 3** wurde durch Art. 1 Nr. 123 GKV-Modernisierungsgesetz (GMG) vom 14.11.2003[4] mit Wirkung ab dem 01.01.2004[5] aufgehoben. **Absatz 2 Satz 1** wurde durch Art. 1 Nr. 95b GSG mit Wirkung ab dem 01.01.1993[6] neu gefasst. Seitdem ist die Zustimmung der Mehrheit der Beschäftigten (an Stelle der Abstimmenden) erforderlich.

II. Parallelvorschriften

3 Die Vorschrift ist nahezu identisch mit **§ 158 SGB V**, der das Verfahren bei Errichtung einer Innungskrankenkasse regelt. § 148 SGB V ergänzt **§ 147 SGB V**.

III. Literaturhinweise

4 *Friede*, Die Betriebskrankenkassen in der Bundesrepublik Deutschland, 3. Aufl. 1987; *Schnapp*, Kassenschließung trotz fehlerfreier Errichtung, NZS 2002, 449-454; *ders.*, Gesetzesbindung oder behördlicher Beurteilungsspielraum bei der Erteilung der Errichtungsgenehmigung?, BKK 1990, 368-375;

[1] BGBl I 1988, 2477.
[2] BGBl I 1992, 2266.
[3] Gem. Art. 35 Abs. 1 GSG.
[4] BGBl I 2003, 2190.
[5] Gem. Art. 37 Abs. 1 GMG.
[6] Gem. Art. 35 Abs. 1 GSG.

ders., Errichtung und errichtungsähnliche Organisationsakte in der betrieblichen Krankenversicherung, SGb 1989, 273-278.

B. Auslegung der Norm

I. Regelungsgehalt und Bedeutung der Norm

1. Aufsichtsbehördliche Genehmigung (Absatz 1)

Nach Absatz 1 Satz 1 bedarf die Errichtung einer Betriebskrankenkasse (BKK) der Genehmigung der nach der Errichtung **zuständigen Aufsichtsbehörde**. Die für die Sozialversicherung zuständige oberste Verwaltungsbehörde des Landes ist zuständig, wenn sich die BKK nicht über das Gebiet eines Landes oder über das Gebiet von maximal drei Ländern erstreckt, welche das aufsichtführende Land bestimmt haben (vgl. § 90 Abs. 2 und 3 SGB IV, § 90a SGB IV). Für die anderen, die bundesunmittelbaren Krankenversicherungsträger, ist das Bundesversicherungsamt zuständig (vgl. § 90 Abs. 1 SGB IV). 5

Vor der Entscheidung über die Genehmigung der Errichtung der BKK hat die Aufsichtsbehörde die **Verbände** der beteiligten Krankenkassen nach § 172 Abs. 1 Satz 1 SGB V **zu hören**. 6

Nach Absatz 1 Satz 2 **darf die Genehmigung nur versagt werden**, wenn eine der in § 147 Abs. 1 SGB V genannten Voraussetzungen nicht vorliegt oder die BKK zum Errichtungszeitpunkt nicht (mindestens) 1.000 Mitglieder haben wird. Die fehlende Zustimmung der Beschäftigten (§ 148 Abs. 2 SGB V) ist, ebenso wie ein Verstoß gegen Absatz 3 Satz 1 (Arbeitgeber fügt dem Genehmigungsantrag keine Satzung bei), ein weiterer zwingender Versagungsgrund.[7] Das Mindesterfordernis dient der Gewährleistung der finanziellen Leistungsfähigkeit der BKK. Hinsichtlich der Genehmigungskriterien hat die Genehmigungsbehörde eine Einschätzungsprärogative. Die Genehmigung ist dann rechtmäßig, wenn die Behörde insofern von zutreffenden Annahmen ausgegangen ist, alle maßgebenden Gesichtspunkte berücksichtigt und hieraus folgerichtige Schlüsse gezogen hat.[8] 7

Das Erfordernis der Mindestzahl von **1.000 Mitgliedern zum Errichtungszeitpunkt** nach Absatz 1 Satz 2 ist zu unterscheiden von der in § 147 Abs. 1 Nr. 1 SGB V genannten Errichtungsvoraussetzung von mindestens 1.000 Versicherungspflichtigen. Einerseits können unter den Versicherungspflichtigen auch Personen sein, die nicht zur neuen BKK wechseln wollen. Andererseits zählen zu den Mitgliedern i.S.v. §148 SGB V auch nicht beschäftigte Versicherungspflichtige, wie Rentner und freiwillig Versicherte. 8

Die Beitrittswilligen müssen die zu errichtende BKK im Errichtungszeitpunkt auch wählen können. Da nach dem 01.01.2004 neu errichtete BKKn gem. Art. 35 § 7 GMG bis zum 01.01.2007 nicht das Recht haben, sich durch eine Satzungsregelung gem. § 173 Abs. 2 Satz 1 Nr. 4 SGB V zu öffnen, scheiden Betriebsfremde bis dahin als Mitglieder aus. Die in Betracht kommenden Personen können ihren Beitrittswillen durch schriftliche Erklärungen dokumentieren. Versicherte anderer Krankenkassen könnten ihren Beitrittswillen durch bedingte Erklärungen über ihr Ausscheiden aus der bisherigen Krankenkasse belegen.[9] Ggf. hat die Aufsichtsbehörde eine auf eine Befragung im Betrieb gestützte Prognose abzugeben.[10] 9

Stellt sich nach erteilter Genehmigung und erfolgter Errichtung der BKK heraus, dass die Mindestmitgliederzahl nicht erreicht wurde, kommt eine Schließung nach § 153 Abs. 1 Nr. 2 SGB V in Betracht. Angesichts der naturgemäß mit Unwägbarkeiten belasteten Prognose dürfte ein vom Arbeitgeber nicht verschuldetes geringfügiges Unterschreiten des Quorums insofern unbeachtlich sein. Handelt es sich nur um eine temporäre Absenkung und würde die Zahl von 1.000 Mitgliedern zum Zeitpunkt der Schließungsanordnung (mutmaßlich) wieder erreicht, so ist nach Sinn und Zweck der Bestimmung von einer Schließung abzusehen.[11] 10

---

[7] Vgl. hierzu BSG v. 28.02.1961 - 3 RK 59/56 - BSGE 14, 75. A.A. *Baier* in: Krauskopf, Soziale Krankenversicherung, SGB V § 148 Rn. 6, der aus Absatz 1 Satz 2 ableitet, dass nur die dort genannten Versagungsgründe anzuerkennen sind. Nach seiner Auffassung hat die Aufsichtsbehörde bei einer fehlenden oder fehlerhaft durchgeführten Abstimmung auf die Nachholung hinzuwirken. Kommt dennoch keine rechtmäßige Abstimmung zustande, sei die Genehmigung förmlich zu versagen.

[8] Vgl. *Baier* in: Krauskopf, Soziale Krankenversicherung, SGB V, § 148 Rn. 5.

[9] Vgl. Gesetzesbegründung zu Art. 1 § 157 Abs. 1 GRG, BT-Drs. 11/2237.

[10] *Engelhard* in: Hauck/Noftz, SGB V, § 148 Rn. 21, *Peters* in: KassKomm-SGB, SGBV, § 148 Rn. 9.

[11] Vgl. hierzu BSG v. 13.11.1985 - 1/8 RR 5/83 - SozR 2200 § 253 RVO Nr. 2.

11 Die Genehmigung ist ein rechtsgestaltender **Verwaltungsakt,** auf den ein **Rechtsanspruch** besteht, sofern keine Versagensgründe vorliegen.[12] Obwohl die Schriftform nicht ausdrücklich vorgeschrieben ist, empfiehlt sie sich.[13] Der Genehmigungsbescheid ist gem. § 35 Abs. 1 Sätze 1 und 2 SGB X schriftlich zu begründen.

12 Gegen eine Ablehnung kann der Arbeitgeber vor dem zuständigen Sozialgericht vorgehen. Eine Klagebefugnis einer von der Errichtung betroffenen Ortskrankenkasse gibt es nach Einführung der Kassenwahlfreiheit nicht mehr.[14] Allein die Verbände der beteiligten Krankenkassen können ggf. eine Verletzung ihres Anhörungsrechts nach § 172 SGB V geltend machen. Siehe hierzu die Kommentierung zu § 172 SGB V Rn. 10.

13 Die Genehmigung wird nach § 37 SGB X mit dem Zeitpunkt **wirksam**, zu dem sie dem Adressaten, d.h. dem Arbeitgeber, bekannt gegeben wird. Neben der Bekanntgabe gegenüber dem Arbeitgeber erscheint eine **öffentliche Bekanntmachung** der Errichtungsgenehmigung wegen der bei einer geöffneten BKK bestehenden allgemeinen Kassenwahlrechte nach § 173 SGB V erforderlich.[15]

14 Zu dem in der Genehmigung festgelegten Zeitpunkt wird die BKK errichtet.[16] Der Arbeitgeber kann bis dahin seine Errichtungsentscheidung ändern. War die Genehmigung rechtswidrig, kann dies nur in einem gesonderten, auf Schließung der BKK bzw. Auflösung der Anschlusserrichtung gerichteten Verfahren durchgesetzt werden.[17] Wurde die Genehmigung verweigert, ist der antragstellende Arbeitgeber klageberechtigt, nicht jedoch andere Krankenkassen,[18] ein nach § 172 SGB V anzuhörender Verband oder ein Versicherter, der die BKK wählen könnte.

2. Zustimmung der Mehrheit der Beschäftigten (Absatz 2)

15 Neben den in Absatz 3 Satz 1 erwähnten Antrag des Arbeitgebers ist die Zustimmung der Mehrheit der im Betrieb Beschäftigten erforderlich. Das **Mehrheitserfordernis** bezieht sich auf alle Beschäftigten des Betriebes bzw. der Betriebe, für die die BKK errichtet werden soll. Es dient der demokratischen Legitimierung der Errichtung.[19] Ob die Zustimmung in dem Zeitraum nach Stellung des Errichtungsantrags und vor der Erteilung der Errichtungsgenehmigung widerrufbar ist, ist umstritten.[20]

16 Für einen (unselbständigen) Betriebsteil kommt die Errichtung einer BKK nicht in Betracht. Siehe hierzu die Kommentierung zu § 147 SGB V Rn. 10. Wenn ein solcher Betriebsteil in einen Betrieb eingegliedert werden soll, für den eine BKK besteht, müssen die Beschäftigten folglich nicht zustimmen. Die Zahl der in dem eingegliederten Betriebsteil Beschäftigten ist dabei ohne rechtliche Bedeutung.[21]

17 Die Stellung des Zustimmungserfordernisses im zweiten Absatz des § 148 SGB V und die Verweisung des Absatzes 1 Satz 2 haben zu unterschiedlichen rechtlichen Beurteilungen geführt.[22] Einerseits gehört die Zustimmung der Beschäftigten nicht zu den in § 147 Abs. 1 SGB V aufgeführten Errichtungsvoraussetzungen, andererseits kann die BKK nach § 153 Satz 1 Nr. 2 SGB V geschlossen werden, wenn sie nicht hätte errichtet werden dürfen; § 148 Abs. 2 Satz 1 SGB V sagt unzweideutig, dass die Errichtung der Zustimmung der Beschäftigten bedarf. Trotz z.T. nicht unberechtigter Kritik am Zustimmungserfordernis, ist es wegen der eindeutigen gesetzgeberischen Intention zu beachten. Der durch die handwerklich fehlerhafte Systematik entstandene Widerspruch wird stimmig durch folgende Lesart des Absatz 1 Satz 2 aufgelöst: Die Errichtung ist auch dann zu versagen, wenn die erforderliche Zustimmung der Beschäftigten fehlt.[23]

---

[12] Vgl. *Schnapp/Oltermann*, SGb 1989, 273, 276; *Schnapp*, NZS 2002, 449.

[13] So auch *Baier* in: Krauskopf, Soziale Krankenversicherung, SGB V § 148 Rn. 3.

[14] Offen gelassen bei *Engelhard* in: Hauck/Noftz, SGB V, § 148 Rn. 26 f.

[15] So auch *Baier* in: Krauskopf, Soziale Krankenversicherung, SGB V, § 148 Rn. 10.

[16] Vgl. BSG v. 13.11.1985 - 1/8 RR 5/83 - SozR 2200 § 253 RVO Nr. 2.

[17] BSG v. 08.04.1987 - 1 RR 14/85 - SozR 3-2200 § 225a Nr. 2.

[18] Zur Klagebefugnis der beteiligten Ortskrankenkassen bis 31.12.1995 vgl. BSG v. 29.06.1994 - 1 RR 4/92 - SozR 3-2200 § 225a Nr. 2.

[19] Gesetzesbegründung zu Art. 1 Nr. 78 GSG, BT-Drs. 12/3608.

[20] Dafür *Engelhard* in: Hauck/Noftz, SGB V, § 148 Rn. 4, dagegen BSG v. 28.08.1970 - 3 RK 48/69 - SozR Nr. 8 zu § 250 RVO und BSG v. 16.12.1970 - 3 RK 64/67 - SozR Nr. 9 zu § 250 RVO.

[21] BSG v. 11.05.1993 - 12 BK 17/92 - m.w.N.

[22] *Schnapp*, NZS 2002, 449 ff. hält das Zustimmungserfordernis im Ergebnis für obsolet bzw. verfassungswidrig.

[23] So auch ausführlich *Engelhard* in: Hauck/Noftz, SGB V, § 148 Rn. 7.

Unter den (stimmberechtigten) **Beschäftigten** versteht man in Anlehnung an § 7 SGB IV diejenigen, die nichtselbständige Arbeit, insbesondere in einem Arbeitsverhältnis leisten sowie diejenigen, die berufliche Kenntnisse, Fertigkeiten oder Erfahrungen im Rahmen betrieblicher Berufsbildung erwerben. Noch nicht volljährige Arbeitnehmer und Auszubildende sind eingeschlossen. Zu den Beschäftigten zählen auch diejenigen, die später einer anderen Krankenkasse angehören werden.[24] Personen, deren Ausscheiden aus dem Betrieb vor der Errichtung der BKK im Zeitpunkt der Abstimmung bekannt ist, zählen nicht zu den Beschäftigten i.S.v. § 148 Abs. 2 SGB V.[25] 18

Die **Abstimmung** wird nach Absatz 2 Satz 2 von der **Aufsichtsbehörde** oder der von ihr beauftragten Behörde **geleitet**. Mangels näherer Bestimmungen hat die Aufsichtsbehörde die Befugnis, alles für die Abstimmung Erforderliche zu regeln.[26] Als beauftragte Behörde kommt z.B. das Bundesversicherungsamt, aber auch das örtliche Versicherungsamt[27] in Betracht. Absatz 2 Satz 2 enthält jedoch keine Rechtsgrundlage für einen entsprechenden Auftrag. Deshalb ist – sofern kein Über-/Unterordnungsverhältnis besteht – jede Vereinbarung oder die Durchführung im Wege der Amtshilfe gem. §§ 3-6 SGB X, §§ 4-7 VwVfG möglich.[28] 19

Absatz 2 Satz 3 bestimmt, dass die Abstimmung **geheim** ist. Außerdem muss sie selbstverständlich frei und gleich sein. Briefwahl ist zulässig.[29] Aufklärungsaktionen anderer Krankenkassen im Vorfeld der Abstimmung sind unzulässig, sofern sie über die in den §§ 13-15 SGB I geregelte Aufklärungs-, Beratungs- und Auskunftspflicht hinausgehen.[30] 20

Abstimmungsmängel führen ggf. dazu, dass die Aufsichtsbehörde vor der Genehmigung eine erneute Abstimmung durchzuführen hat. Eine Verletzung von Vorschriften über das Abstimmungsrecht und das Abstimmungsverfahren ist nur dann erheblich, wenn sie sich auf das Abstimmungsergebnis und die Genehmigung ausgewirkt haben kann.[31] Die Abstimmung kann nur zusammen mit der späteren Errichtungsgenehmigung angefochten werden.[32] 21

Anders als nach früherem Recht ist das Abstimmungsverfahren **getrennt nach Betrieben** durchzuführen, wenn die BKK für mehrere selbständige Betriebe errichtet werden soll oder selbständige Betriebe an eine bereits bestehende BKK angeschlossen werden sollen.[33] Mit (unselbständigen) Betriebsteilen ist eine gemeinsame Abstimmung durchzuführen. 22

Die **Mehrheit** ist dann erreicht, wenn mehr als die Hälfte der Beschäftigten der in dem von der Errichtung betroffenen Betrieb (ausdrücklich) zustimmt.[34] Es kommt also nicht auf die Zahl der tatsächlich Abstimmenden an.[35] Stimmenthaltungen und ungültige Stimmen zählen im Ergebnis als Stimmen gegen die Errichtung. 23

Kommt die erforderliche Mehrheit nicht zustande, endet damit das Errichtungsverfahren. Sofern die Abstimmung in mehreren Betrieben durchzuführen war, kann die BKK nur für den Betrieb bzw. für die Betriebe errichtet werden, deren Beschäftigte mehrheitlich für die Errichtung votiert haben. 24

3. Vorlage und Genehmigung der Satzung (Absatz 3 Satz 1)

Nach Absatz 3 Satz 1 hat der Arbeitgeber dem Genehmigungsantrag eine Satzung beizufügen. Der Inhalt der Satzung richtet sich nach § 194 SGB V. Er wird ansonsten vom Arbeitgeber nach eigenem Ermessen festgelegt. Nach § 147 Abs. 2 Satz 3 SGB V ist in der Satzung zu bestimmen, ob der Arbeitgeber auf seine Kosten das Personal der BKK bestellt. Dies gilt nach § 147 Abs. 2 Satz 1 SGB V jedoch ausschließlich für nicht geöffnete BKKn, denn nur bei diesen darf der Arbeitgeber dies tun. 25

---

[24] Vgl. Gesetzesbegründung zu Art. 1 § 157 Abs. 2 GRG, BT-Drs. 11/2237.
[25] Vgl. Gesetzesbegründung zu Art. 1 Nr. 78 GSG, BT-Drs. 12/3608.
[26] Zu den Einzelheiten *Baier* in: Krauskopf, Soziale Krankenversicherung, SGB V, § 148 Rn. 15.
[27] Vgl. Gesetzesbegründung zu Art. 1 § 157 Abs. 2 GRG, BT-Drs. 11/2237.
[28] Vgl. *Baier* in: Krauskopf, Soziale Krankenversicherung, SGB V, § 148 Rn. 16.
[29] So BSG v. 29.06.1994 - 1 RR 4/92 - SozR 3-2200 § 225a Nr. 2, S. 2, 8 f., zum alten Recht.
[30] Hierzu *Baier* in: Krauskopf, Soziale Krankenversicherung, SGB V, § 148 Rn. 18.
[31] BSG v. 29.06.1994 - 1 RR 4/92 - SozR 3-2200 § 225a Nr. 2.
[32] Bayer. LSG v. 03.04.1957 - Kr 212/55 - Breith. 1957, 793.
[33] Ebenso *Engelhard* in: Hauck/Noftz, SGB V, § 148 Rn. 11, *Peters* in: KassKomm-SGB, SGB V, § 148 Rn. 3.
[34] Warum das BSG in seinem Urteil v. 29.06.1994 - 1 RR 4/92 - SozR 3-2200 § 225a Nr. 2 bereits die Zustimmung der „Hälfte der Zahl aller dort Beschäftigten" für ausreichend hielt, bleibt offen.
[35] Vgl. Gesetzesbegründung zu Art. 1 Nr. 78 GSG, BT-Drs. 12/3608.

26 Die Satzung wird nur einer **Rechtsmäßigkeitsprüfung** unterzogen; eine Zweckmäßigkeitskontrolle findet nicht statt.[36] Kommt der Arbeitgeber Beanstandungen der Aufsichtsbehörde nicht nach, kann diese die Genehmigung der Satzung verweigern. Hiergegen kann der Arbeitgeber klagen, nicht jedoch andere Krankenkassen.[37] Die Genehmigung ist ein rechtsfeststellender, kein rechtsgestaltender Verwaltungsakt.[38] Die Genehmigung der Satzung setzt keine Bestandskraft der Errichtungsgenehmigung voraus.[39]

4. Bestimmung des Errichtungszeitpunktes (Absatz 3 Satz 2)

27 Gem. Absatz 3 Satz 2 bestimmt die Aufsichtsbehörde den Zeitpunkt, an dem die Errichtung der BKK wirksam wird, d.h. an dem die Krankenkasse als Körperschaft des öffentlichen Rechts ihre Existenz verliert. Bei der Bestimmung des Zeitpunktes hat die Behörde einen möglichst reibungslosen Übergang der Versicherten anzustreben und wird deshalb i.d.R. den Beginn des nächsten Quartals wählen.[40] Die Bestandskraft der Errichtungsgenehmigung ist nicht Voraussetzung für die Bestimmung des Errichtungszeitpunktes.[41]

II. Normzweck

28 § 148 SGB V ergänzt § 147 SGB V um Regelungen betreffend das **Verfahren** bei der Errichtung von BKKn, enthält aber auch Errichtungsvoraussetzungen.

C. Praxishinweis

29 Die Errichtungsgenehmigung, die Genehmigung der Satzung und die Bestimmung des Zeitpunkts des Wirksamwerdens der Errichtung werden zweckmäßigerweise in einem gemeinsamen Bescheid zusammengefasst.

[36] Vgl. BSG v. 07.11.2000 - B 1 A 4/99 R - SozR 3-3300 § 47 Nr. 1 zur Genehmigung der Satzung einer Pflegekasse.

[37] Vgl. BSG v. 13.07.1978 - 8/3 RK 22/77 - SozR 2200 § 245 Nr. 2.

[38] So auch *Engelhard* in: Hauck/Noftz, SGB V, § 148 Rn. 30; a.A. *Peters*, Handbuch KV (SGB V), § 148 Rn. 17.

[39] Vgl. BSG v. 13.11.1985 - 1/8 RR 5/83 - SozR 2200 § 253 Nr. 2.

[40] Vgl. Gesetzesbegründung zu Art. 1 § 157 GRG, BT-Drs. 11/2237.

[41] Vgl. BSG v. 13.11.1985 - 1/8 RR 5/83 - SozR 2200 § 253 Nr. 2.

§ 149 SGB V Ausdehnung auf weitere Betriebe

(Fassung vom 14.11.2003, gültig ab 01.01.2004)

Eine Betriebskrankenkasse, deren Satzung keine Regelung nach § 173 Abs. 2 Satz 1 Nr. 4 enthält, kann auf Antrag des Arbeitgebers auf weitere Betriebe desselben Arbeitgebers ausgedehnt werden. § 148 gilt entsprechend.

Gliederung

A. Basisinformationen

I. Vorgängervorschriften/Normgeschichte

Die Vorschrift trat mit Wirkung vom 01.01.1989 auf Grund von Art. 1, 79 Abs. 1 Gesundheitsreformgesetz (GRG) vom 20.12.1988 in Kraft.[1] Mangels Vorgängerbestimmung wurde vor 1989 bei der Ausdehnung einer Betriebskrankenkasse (BKK) auf weitere Betriebe desselben Arbeitgebers die Errichtungsvorschrift entsprechend angewendet.[2] In **Satz 1** wurde durch Art. 1 Nr. 124 GKV-Modernisierungsgesetz (GMG) vom 14.11.2003[3] mit Wirkung ab dem 01.01.2004[4] die Einschränkung auf nicht geöffnete BKKn eingefügt. In **Satz 2** wurde durch Art. 1 Nr. 96 Gesundheitsstrukturgesetz (GSG) vom 21.12.1992[5] mit Wirkung ab dem 01.01.1993[6] die entsprechende Anwendung von § 147 Abs. 1 Nr. 1 SGB V gestrichen (wegen Neufassung des § 147 Abs. 1 SGB V, Wegfall der Bestands- und Leistungsgefährdung). 1

II. Parallelvorschrift

Die Vorschrift ist nur der Überschrift nach vergleichbar mit **§ 159 SGB V** (Ausdehnung auf weitere Handwerksinnungen). 2

III. Literaturhinweise

Friede, Die Betriebskrankenkassen in der Bundesrepublik Deutschland, 3. Aufl. 1987; *Schnapp*, Errichtung und errichtungsähnliche Organisationsakte in der betrieblichen Krankenversicherung, SGb 1989, 273-278; *Schneider*, Einstweilige Anordnungen bei Errichtung von Betriebs- und Innungskrankenkassen sowie bei Kassenbereichserweiterungen?, SGb 1989, 501-504. 3

B. Auslegung der Norm

I. Regelungsgehalt und Bedeutung der Norm

1. Ausdehnungsrecht (Satz 1)

§ 149 Satz 1 SGB V enthält den Grundsatz, wonach eine Betriebskrankenkasse (BKK) auf weitere Betriebe **desselben Arbeitgebers** ausgedehnt werden kann, wenn deren Satzung keine Regelung nach 4

[1] BGBl I 1988, 2477.
[2] Vgl. *Brackmann*, Handbuch der Sozialversicherung, Bd. I/2 S. 330 f.; *Baier* in: Krauskopf, Soziale Krankenversicherung, SGB V, § 149 Rn. 2.
[3] BGBl I 2003, 2190.
[4] Gem. Art. 37 Abs. 1 GMG.
[5] BGBl I 1992, 2266.
[6] Gem. Art. 35 Abs. 1 GSG.

§ 173 Abs. 2 Satz 1 Nr. 4 SGB V enthält, d.h. sie **nicht für betriebsfremde Versicherte geöffnet** ist.[7] Ist eine BKK für Betriebe verschiedener Arbeitgeber zuständig, müssen zumindest einer der Trägerbetriebe und der hinzukommende Betrieb dem Arbeitgeber gehören. Vorausgesetzt wird, dass es sich um **selbständige Betriebe** des Arbeitgebers handelt. Die Vorschrift wird also nicht benötigt, wenn lediglich ein unselbständiger Teil des Betriebes einbezogen werden soll. Entscheidend ist, ob die Selbständigkeit des hinzukommenden Betriebes im Zeitpunkt der Ausdehnung der BKK vorliegt. Antragsberechtigt ist allein der Arbeitgeber.

2. Anwendung des § 148 SGB V (Satz 2)

5 Nach Satz 2 gilt § 148 SGB V entsprechend. Danach muss die **Mehrheit** der im einzubeziehenden Betrieb Beschäftigten der Ausdehnung **zustimmen**. Eine Zustimmung der Beschäftigten des Betriebes, für die die BKK bereits besteht, ist nicht vorgesehen.[8] Zur Zustimmung siehe die Kommentierung zu § 148 SGB V Rn. 15 ff. Trotz der Verweisung auf § 148 SGB V ist der dortige Absatz 1 Satz 2 nicht entsprechend anzuwenden. Weder die Voraussetzungen des § 148 Abs. 1 Satz 2 SGB V i.V.m. § 147 Abs. 1 SGB V, noch eine Mindestmitgliederzahl nach § 148 Abs. 1 Satz 2 SGB V sind erforderlich.[9] Dieses Ergebnis ergibt sich aus der Überlegung, dass die betreffenden Kriterien kein Schließungsgrund i.S.v. § 153 sind. Die Aufsichtsbehörde oder die von ihr beauftragte Behörde leitet die Abstimmung. Siehe hierzu die Kommentierung zu § 148 SGB V Rn. 19.

6 Ebenfalls erforderlich ist die **Genehmigung** der Ausdehnung durch die für die erweiterte BKK zuständige Aufsichtsbehörde. Siehe die Kommentierung zu § 148 SGB V Rn. 5. Die Vorlage und Genehmigung einer **Satzung** ist entbehrlich, da die Satzung der bereits bestehenden BKK gilt. Adressat des Genehmigungsbescheides ist der Arbeitgeber. Der aufnehmenden BKK als Betroffener ist der Bescheid gem. § 37 Abs. 1 Satz 1 SGB X bekannt zu geben.

7 Die Rechtswidrigkeit der Genehmigung zur Ausdehnung kann von der aufnehmenden BKK nach Eintritt der Wirksamkeit nur noch im Wege der Fortsetzungsfeststellungsklage gem. § 131 SGG geltend gemacht werden.[10]

8 Ob die **Verbände** der beteiligten Krankenkassen vor der Genehmigung **anzuhören** sind, könnte fraglich sein, da § 172 Abs. 1 SGB V die Ausdehnung von bestehenden BKKn auf weitere Betriebe nicht erwähnt. Faktisch handelt es sich jedoch um eine Vereinigung von Krankenkassen, weshalb die Verbände angehört werden müssen.[11]

II. Normzweck

9 § 149 SGB V ermöglicht es dem Arbeitgeber, eine BKK – insbesondere im Fall der Erwerbs weiterer selbständiger Betriebe – in einem **vereinfachten Verfahren** auf diese auszudehnen. Eine Einbeziehung von Betrieben anderer Arbeitgeber mittels analoger Anwendung der Vorschrift ist nicht möglich. Durch die zum 01.01.2004 wirksam gewordene Änderung wurde die Regelung auf nicht geöffnete BKKn beschränkt, um zu verhindern, dass regionale **Wettbewerbsungleichgewichte** geschaffen werden können.[12]

C. Praxishinweise

10 Die Satzungsregelung über den **Bezirk** der BKK (§ 194 Abs. 1 Nr. 2 SGB V) ist nach der Ausdehnung des Bezirks der BKK anzupassen. Unterbleibt die Anpassung, hat dies keine Auswirkungen auf die Genehmigung der Ausdehnung. Die Aufsichtsbehörde kann in diesem Fall gem. § 195 Abs. 2 und 3 SGB V die Anpassung anordnen oder selbst vornehmen. Den Zeitpunkt, an dem die Ausdehnung wirksam wird, bestimmt die Aufsichtsbehörde gem. Satz 2 i.V.m. § 148 Abs. 3 Satz 2 SGB V nach pflichtgemäßem Ermessen. Siehe hierzu die Kommentierung zu § 148 SGB V Rn. 27.

11 Die Zusammensetzung des Verwaltungsrates ändert sich durch die Ausdehnung der BKK zunächst nicht. Neuwahlen oder eine Aufstockung sind nicht vorgesehen.

---

7 Vgl. Gesetzesbegründung zu Art. 1 Nr. 124 GMG, BT-Drs. 15/1525.

8 Kritisch hierzu *Peters* in: KassKomm-SGB, SGB V, § 149 Rn. 4.

9 Vgl. *Baier* in: Krauskopf, Soziale Krankenversicherung, SGB V, § 149 Rn. 5.

10 BSG v. 08.04.1987 - 1 RR 14/85 - BSGE 61, 244.

11 Vgl. auch *Baier* in: Krauskopf, Soziale Krankenversicherung, SGB V, § 149 Rn. 6.

12 Vgl. Gesetzesbegründung zu Art. 1 Nr. 124 GMG, BT-Drs. 15/1525.

§ 150 SGB V Freiwillige Vereinigung

(Fassung vom 21.12.1992, gültig ab 01.01.1996)

(1) Betriebskrankenkassen können sich auf Beschluß ihrer Verwaltungsräte zu einer gemeinsamen Betriebskrankenkasse vereinigen. Der Beschluß bedarf der Genehmigung der vor der Vereinigung zuständigen Aufsichtsbehörden.

(2) § 144 Abs. 2 bis 4 gilt entsprechend. Für Betriebskrankenkassen, deren Satzungen eine Regelung nach § 173 Abs. 2 Satz 1 Nr. 4 enthalten, gelten die §§ 145 und 146 entsprechend; für die Vereinigung einer oder mehrerer bundesunmittelbarer Betriebskrankenkassen mit anderen Betriebskrankenkassen gilt § 168a Abs. 2 entsprechend.

Gliederung

A. Basisinformationen

I. Vorgängervorschriften/Normgeschichte

Eine entsprechende Regelung fand sich zunächst in den früheren §§ 270, 280, 296 RVO. Der ab dem 01.01.1989 auf Grund Art. 1, 79 Abs. 1 Gesundheitsreformgesetz (GRG) vom 20.12.1988[1] geltende § 150 SGB V wurde durch Art. Nr. 97 Gesundheitsstrukturgesetz (GSG) vom 21.12.1992[2] mit Wirkung vom 01.01.1996[3] neu gefasst. Die Neufassung dehnt die Vereinigungsmöglichkeiten aus, indem sie eine Betriebs- oder Arbeitgeberverflechtung nicht mehr voraussetzt und im Gefolge der Einführung der freien Kassenwahl über den eingefügten **Absatz 2 Satz 2** die Möglichkeit der zwangsweisen Vereinigung von Betriebskrankenkassen (BKKn) eröffnet. Wie bei den anderen Krankenkassen kann die Landesregierung geöffnete BKKn seither zwangsweise vereinigen. Die Überschrift über § 150 SGB V hätte insofern geändert werden müssen. Des Weiteren vollzieht sie die Neuregelungen im Selbstverwaltungsrecht nach[4] und ändert die Zuständigkeit für die Genehmigung des Vereinigungsbeschlusses (**Absatz 1**). 1

II. Parallelvorschriften

Die Vorschrift des Absatzes 1 hat ihre Parallele in **§ 144 SGB V** (freiwillige Vereinigung von Ortskrankenkassen), **§ 160 Abs. 1 SGB V** (freiwillige Vereinigung von IKKn) und **§ 168a Abs. 1 SGB V** (freiwillige Vereinigung von Ersatzkassen). Für geöffnete Betriebskrankenkassen verweist § 150 Abs. 2 SGB V auf **§ 145 SGB V** und **§ 146 SGB V** (Vereinigung von Ortskrankenkassen). Die Verweisung hat ihre Parallele in **§ 160 Abs. 3 SGB V** (Vereinigung von IKKn). Für die Vereinigung bundesunmittelbarer BKKn mit anderen BKKn wird auf **§ 168a Abs. 2 SGB V** (Vereinigung von Ersatzkassen) verwiesen. Seit dem 01.04.2007 ist die kassenartenübergreifende Vereinigung von Krankenkassen nach § 171a SGB V möglich. 2

III. Literaturhinweise

Friede, Die Betriebskrankenkassen in der Bundesrepublik Deutschland, 3. Aufl. 1987; *Methner*, Gedanken über Fusion und Finanzausgleich innerhalb der GKV am Beispiel eines Flächenstaates, 3

[1] BGBl I 1988, 2477.
[2] BGBl I 1992, 2266.
[3] Gem. Art. 35 Abs. 6 GSG.
[4] Vgl. hierzu die §§ 31 Abs. 3a und 35a SGB IV.

KrV 1994, 244-248; *Paquet*, Wozu sind Fusionen gut?, BKK 2004, 193-196; *ders.*, Öffnung und Vereinigung von Betriebskrankenkassen, BKK 1994, 338-341; *Schlitt*, Flurbereinigung in der Kassenlandschaft, Statistik aus Der Kassenarzt 2004, Nr. 6, 18-21; *Schroeder-Printzen*, Besonderheiten des Rechtsschutzes bei Fusion von Krankenkassen im Zusammenhang mit dem Risikostrukturausgleich, NZS 1997, 319-320; *Waibel*, Vereinigung von Sozialversicherungsträgern, ZfS 2003, 225-237.

B. Auslegung der Norm

I. Regelungsgehalt und Bedeutung der Norm

1. Freiwillige Vereinigung (Absätze 1 und 2 Satz 1)

4 **Absatz 1** ermöglicht die **freiwillige Vereinigung** von BKKn. Dabei ist der für die Errichtung einer BKK geltende Grundsatz der Einheit des Arbeitgebers (siehe hierzu die Kommentierung zu § 147 SGB V Rn. 5) aufgegeben worden. Das bedeutet, es kommt nicht mehr darauf an, ob es sich um BKKn für Betriebe desselben Arbeitgebers handelt. Ebenfalls ohne Bedeutung ist es insofern, ob die beteiligten BKKn sich für Betriebsfremde geöffnet haben oder nicht (§ 173 Abs. 2 Satz 1 Nr. 3 und 4 SGB V). Sofern bei der Vereinigung mindestens eine für Betriebsfremde geöffnete BKK beteiligt ist, muss auch die vereinigte BKK eine entsprechende Satzungsbestimmung enthalten.[5] Ohne Relevanz ist, ob die beteiligten BKKn landes- oder bundesunmittelbare Krankenkassen sind (Absatz 2 Satz 2 Halbsatz 2). Gleichfalls ohne Bedeutung sind die wirtschaftlichen, organisatorischen oder räumlichen Beziehungen zwischen den Trägerbetrieben.

5 Die Bestimmung setzt mehrere BKKn für jeweils **selbständige Betriebe** voraus. Keine freiwillige Vereinigung i.S.v. Absatz 1 liegt deshalb vor, wenn ein bisher selbständiger Betrieb mit BKK in einen Trägerbetrieb einer BKK als unselbständiger Betriebsteil eingegliedert wird. In diesem Fall ist die BKK des eingegliederten Betriebs – sofern es sich nicht um eine für Betriebsfremde geöffnete Kasse handelt – nach § 153 Satz 1 Nr. 1 SGB V zu schließen.[6]

6 Bei der freiwilligen Vereinigung können BKKn beteiligt sein, deren Arbeitgeber sich bei der **Personalbestellung** (vgl. § 147 Abs. 2 SGB V) unterschiedlich entschieden haben. In diesem Fall ist eine Neuregelung erforderlich, in den anderen Fällen ist sie möglich. Dabei obliegt es den Arbeitgebern, die weitere Übernahme der Personalkosten der BKK abzulehnen oder sich dafür zu entscheiden, die Personalkosten weiterhin oder erstmals zu tragen.[7]

7 Zur freiwilligen Vereinigung bedarf es getrennter, aber inhaltlich übereinstimmender Beschlüsse der **Verwaltungsräte** der beteiligten BKKn. Vorbehaltlich abweichender Satzungsbestimmungen ist dabei die einfache Abstimmungsmehrheit erforderlich und ausreichend (vgl. § 64 Abs. 2 SGB IV).

8 Die Beschlüsse wiederum bedürfen der **Genehmigung** durch die vor der Vereinigung zuständigen Aufsichtsbehörden; siehe hierzu die Kommentierung zu § 144 SGB V Rn. 10. Diese haben nicht nur die nach Absatz 2 Satz 1 i.V.m. § 144 Abs. 2 SGB V erforderlichen Kriterien zu prüfen, sondern es müssen auch die für die Errichtung einer BKK maßgeblichen Mindesterfordernisse erfüllt sein. Die **Zuständigkeit der Aufsichtsbehörden** ergibt sich aus § 90 SGB IV i.V.m. Art. 87 Abs. 2 Satz 2 GG; siehe hierzu die Kommentierung zu § 148 SGB V Rn. 5. Lehnt eine von mehreren zuständigen Aufsichtsbehörden die Genehmigung des Vereinigungsbeschlusses ab, scheidet die Vereinigung nach Absatz 1 aus.

2. Zwangsweise Vereinigung (Absatz 2 Satz 2)

9 Die Bestimmung des Absatz 2 Satz 2 Halbsatz 1 i.V.m. § 145 Abs. 1 SGB V bewirkt, dass **landesunmittelbare** BKKn, die für Betriebsfremde geöffnet sind, durch Rechtsverordnung der Landesregierung **zwangsweise vereinigt** werden können. Eine solche Vereinigung ist möglich, wenn eine BKK oder der zuständige Landesverband der BKKn einen entsprechenden Antrag stellt. Des Weiteren ist Voraussetzung, dass die Leistungsfähigkeit der betroffenen BKKn durch die Vereinigung verbessert werden kann oder der Bedarfssatz einer BKK den durchschnittlichen Bedarfssatz aller BKKn auf Bundes- oder Landesebene um mehr als 5% übersteigt. Siehe hierzu die Kommentierung zu § 145 SGB V Rn. 6 ff.

---

5 Vgl. *Baier* in: Krauskopf, Soziale Krankenversicherung, SGB V, § 150 Rn. 5.

6 Vgl. BSG v. 14.04.1983 - 8 RK 11/82 - SozR 2200 § 245 Nr. 3.

7 Vgl. *Baier* in: Krauskopf, Soziale Krankenversicherung, SGB V, § 150 Rn. 6.

Wegen der generellen Verweisung auf § 145 SGB V kann die Landesregierung sogar nach dessen Absatz 2 verpflichtet sein, BKKn durch Rechtsverordnung zwangsweise zu vereinigen. Hierfür ist zunächst Voraussetzung, dass der zuständige Landesverband einen entsprechenden Antrag stellt. Des Weiteren ist Voraussetzung, dass durch die Vereinigung die Leistungsfähigkeit der betroffenen BKKn verbessert werden kann oder der Bedarfssatz einer BKK den durchschnittlichen Bedarfssatz aller BKKn auf Bundes- oder Landesebene um mehr als 5% übersteigt. Schließlich darf eine freiwillige Vereinigung nach Absatz 1 innerhalb von zwölf Monaten nach Antragstellung nicht zu Stande gekommen sein. Siehe hierzu die Kommentierung zu § 145 SGB V Rn. 10. 10

Bundesunmittelbare BKKn, die für Betriebsfremde geöffnet sind, können gem. Absatz 2 Satz 2 Halbsatz 2 i.V.m. § 168a Abs. 2 SGB V durch Rechtsverordnung des Bundesministeriums für Gesundheit und Soziale Sicherung zwangsweise vereinigt werden; die Rechtsverordnung bedarf der Zustimmung des Bundesrates. Es kommt sowohl eine Vereinigung mit bundes- als auch mit landesunmittelbaren BKKn in Betracht. Formelle Voraussetzung hierfür ist ein entsprechender Antrag einer bundesunmittelbaren BKK oder des Bundesverbandes der BKKn.[8] Wegen der Verweisung des § 168a SGB V auf § 145 SGB V sind die materiellen Voraussetzungen für eine Vereinigung mit denen bei einer zwangsweisen Vereinigung landesunmittelbarer BKKn identisch. Folglich muss die Leistungsfähigkeit der betroffenen BKKn durch die Vereinigung verbessert werden können oder der Bedarfssatz einer BKK den durchschnittlichen Bedarfssatz aller BKKn auf Bundes- oder Landesebene um mehr als 5% übersteigen. 11

3. Verfahren, Schließung und Rechtsnachfolge

Bezüglich des Verfahrens gibt es zwischen freiwilliger und zwangsweiser Vereinigung Gemeinsamkeiten, aber auch Unterschiede. Für das Verfahren **zur freiwilligen Vereinigung** von BKKn gelten nach Absatz 2 Satz 1 die Bestimmungen des § 144 Abs. 2-4 SGB V entsprechend (siehe die Kommentierung zu § 144 SGB V Rn. 13 ff.). Absatz 2 Satz 2 Halbsatz 1 verweist bezüglich des Verfahrens **bei zwangsweiser Vereinigung** auf § 146 SGB V (siehe die Kommentierung zu § 146 SGB V Rn. 4 ff.). 12

Vor der Entscheidung über die Genehmigung des Vereinigungsbeschlusses bzw. vor der zwangsweisen Vereinigung haben die Aufsichtsbehörden nach § 172 SGB V die **Verbände** der beteiligten Krankenkassen **anzuhören**. Unter Aufsichtsbehörde i.S.v. § 146 SGB V ist – anders als bei einer freiwilligen Vereinigung – die für die neue Krankenkasse zuständige Aufsichtsbehörde zu verstehen. Zu den Rechtsfolgen einer mangelhaften Anhörung siehe die Kommentierung zu § 172 SGB V Rn. 10. 13

Absatz 2 Satz 1 i.V.m. § 146 Abs. 4 SGB V berechtigt die Aufsichtsbehörde im Falle der zwangsweisen Fusion zur **Ersatzvornahme**. Kommen die beteiligten Krankenkassen ihrer Verpflichtung, die Satzung, den Vorschlag zur Berufung der Organmitglieder und die Vereinbarung nach Absatz 1 nicht innerhalb einer von der Aufsichtsbehörde gesetzten Frist nach, so setzt diese die Satzung selbst fest, bestellt die Organmitglieder und regelt die Neuordnung der Rechtsbeziehungen zu den Leistungserbringern. Dasselbe gilt, wenn die Aufsichtsbehörde die Unterlagen zwar erhält, diese aber rechtlich zu beanstanden sind und die beteiligten Krankenkassen nicht innerhalb einer gesetzten Frist für Abhilfe sorgen. Insofern ist die Vorlage nicht genehmigungsfähiger Unterlagen mit der Nichtvorlage gleichzusetzen. Die von der Aufsichtsbehörde einzuräumende Frist muss angemessen sein. Die beteiligten Krankenkassen können sich gegen die Verpflichtung zur Abhilfe zur Wehr vor dem Sozialgericht setzen (§ 54 SGG). 14

Mit dem Zeitpunkt der Wirksamkeit der Vereinigung ist die neue Krankenkasse entstanden und sind nach Absatz 2 Satz 1 i.V.m. § 144 Abs. 4 Satz 1 SGB V bzw. Absatz 2 Satz 2 i.V.m. § 146 Abs. 3 Satz 1 SGB V die bisherigen Krankenkassen geschlossen. Die neue Krankenkasse tritt in die Rechte und Pflichten der bisherigen BKKn ein, wird also deren generelle Rechtsnachfolgerin. Die **Rechtsnachfolge** bezieht sich insbesondere auf die Rechte und Pflichten aus den Versicherungs-, den Vermögens- und den Beschäftigungsverhältnissen. 15

II. Normzwecke

§ 150 SGB V soll es ermöglichen, größere und leistungsfähigere Solidargemeinschaften zu bilden. Dies trägt auch den **wettbewerblichen Herausforderungen** Rechnung, die als Folge der Neuregelung des Kassenwahlrechts (§§ 173 ff. SGB V) und des Risikostrukturausgleichs (§ 266 SGB V) auf die 16

---

[8] A.A. *Baier* in: Krauskopf, Soziale Krankenversicherung, SGB V, § 150 Rn. 10, der i.d.R. den jeweiligen Landesverband für zuständig hält.

Krankenkassen zugekommen sind. Die über Absatz 2 ermöglichte zwangsweise Vereinigung über die Anwendung der §§ 145, 146 bzw. 168a Abs. 2 SGB V trägt der Tatsache Rechnung, dass durch eine Öffnung der BKKn für Betriebsfremde ein gleichberechtigter Wettbewerb um Mitglieder zwischen allen Kassenarten entsteht, der dazu zwingt, auch die Anforderungen an die organisatorische Leistungsfähigkeit der Krankenkassen nach einheitlichen Grundsätzen zu regeln. [9]

C. Praxishinweise

17 Sofern an einer freiwilligen Vereinigung mehrere Aufsichtsbehörden beteiligt sind, empfiehlt sich eine enge Zusammenarbeit derselben, die dann auch einheitlich die Organmitglieder berufen und den Zeitpunkt bestimmen, an dem die Vereinigung wirksam wird.

18 Die Zahl der BKKn ist von 1980 bis April 2007 von 851 auf 188 zurückgegangen.[10]

[9] Vgl. Gesetzesbegründung zu Art. 1 Nr. 80 GSG, BT-Drs. 12/3608.

[10] www.bkk.de.

§ 151 SGB V Ausscheiden von Betrieben

(Fassung vom 21.12.1992, gültig ab 01.01.1996)

(1) Geht von mehreren Betrieben desselben Arbeitgebers, für die eine gemeinsame Betriebskrankenkasse besteht, einer auf einen anderen Arbeitgeber über, kann jeder beteiligte Arbeitgeber das Ausscheiden des übergegangenen Betriebes aus der gemeinsamen Betriebskrankenkasse beantragen.

(2) Besteht für mehrere Betriebe verschiedener Arbeitgeber eine gemeinsame Betriebskrankenkasse, kann jeder beteiligte Arbeitgeber beantragen, mit seinem Betrieb aus der gemeinsamen Betriebskrankenkasse auszuscheiden. Satz 1 gilt nicht für Betriebskrankenkassen mehrerer Arbeitgeber, deren Satzung eine Regelung nach § 173 Abs. 2 Satz 1 Nr. 4 enthält.

(3) Über den Antrag auf Ausscheiden des Betriebes aus der gemeinsamen Betriebskrankenkasse entscheidet die Aufsichtsbehörde. Sie bestimmt den Zeitpunkt, an dem das Ausscheiden wirksam wird.

Gliederung

A. Basisinformationen

I. Vorgängervorschriften/Normgeschichte

Die Vorschrift trat mit Wirkung vom 01.01.1989 auf Grund von Art. 1, 79 Abs. 1 Gesundheitsreformgesetz (GRG) vom 20.12.1988 in Kraft.[1] Mangels ausdrücklicher Regelung des Ausscheidens von Betrieben aus einer gemeinsamen Betriebskrankenkasse (BKK) wurden die entsprechende Regelungen in den §§ 280, 298 Abs. 1 Nr. 5 und 6 RVO a.F. herangezogen. Zum 01.01.1996[2] wurde **Absatz 2 Satz 2** durch Art. 1 Nr. 98 Gesundheitsstrukturgesetz (GSG) vom 21.12.1992[3] eingefügt. 1

II. Parallelvorschrift

Die Vorschrift hat eine gewisse Parallelität mit **§ 161 SGB V** (Ausscheiden einer Handwerksinnung). 2

III. Literaturhinweise

Friede, Die Betriebskrankenkassen in der Bundesrepublik Deutschland, 3. Aufl. 1987; *Paquet*, Wozu sind Fusionen gut?, BKK 2004, 193-196; ders., Öffnung und Vereinigung von Betriebskrankenkassen, BKK 1994, 338-341; *Schnapp*, Errichtung und errichtungsähnliche Organisationsakte in der betrieblichen Krankenversicherung, SGb 1989, 273-278; *Waibel*, Vereinigung von Sozialversicherungsträgern, ZfS 2003, 225-237. 3

---

[1] BGBl I 1988, 2477.
[2] Gem. Art. 36 Abs. 6 GSG.
[3] BGBl I 1992, 2266.

B. Auslegung der Norm

I. Regelungsgehalt und Bedeutung der Norm

1. Betriebsübergang auf einen anderen Arbeitgeber (Absatz 1)

4 Hat ein Arbeitgeber mehrere Betriebe, für die eine gemeinsame BKK besteht, so führt der Übergang eines dieser Betriebe auf einen anderen Arbeitgeber dazu, dass jeder der beteiligten Arbeitgeber das Ausscheiden dieses Betriebes aus der gemeinsamen BKK beantragen kann. Obwohl der Wortlaut der Norm etwas anderes nahe legen könnte, sind auch die **Höhe des Bonus** und der Zahlungszeitpunkt in der Satzung zu bestimmen.

5 Dem Wortlaut nach muss der übergehende Betrieb einer von mehreren eines Arbeitgebers sein. Es besteht Einigkeit, dass die Regelung auch gilt, wenn einer von mehreren Betrieben einer gemeinsamen BKK **verschiedener Arbeitgeber** auf einen anderen Arbeitgeber übergeht.[4] Die Vorschrift ist nicht anwendbar, wenn es sich um einen (unselbständigen) Betriebsteil handelt, der ausgegliedert wird. Sollte der Betriebsteil jedoch als selbständiger Betrieb von einem anderen Arbeitgeber weitergeführt werden, ist Absatz 1 entsprechend anwendbar.[5] Geht der gesamte Betrieb auf einen neuen Arbeitgeber über, kommt ggf. nur eine Auflösung nach § 152 SGB V in Betracht. Unter **Betriebsübergang** ist nicht allein der Übergang des Eigentums zu verstehen; es genügt auch beispielsweise eine Verpachtung.[6]

6 Es bleibt bei dem Bestand einer gemeinsamen BKK, wenn ein **Antrag** auf Ausscheiden nicht gestellt wird. Eine Antragsfrist ist im Gesetz nicht genannt. Dennoch erscheint im Interesse der Rechtssicherheit eine Ausschlussfrist von drei Monaten nach dem Ausscheiden angemessen und ausreichend.[7] Unterbleibt der Antrag, wird durch das Fortbestehen der BKK der Grundsatz der Einheit des Arbeitgebers bei BKKn durchbrochen. In diesem Fall kann der Betrieb jedoch weiterhin nach Absatz 2 ausscheiden, sofern es sich um eine nicht für Betriebsfremde geöffnete BKK handelt. **Antragsbefugt** ist jeder „beteiligte" Arbeitgeber. Das ist sowohl der „alte" als auch der „neue" Arbeitgeber. Außerdem ist bei einer gemeinsamen BKK verschiedener Arbeitgeber auch jeder andere Arbeitgeber eines Trägerbetriebs antragsberechtigt, denn seine Interessenlage ist diesbezüglich gleich.

2. Ausscheiden bei einer gemeinsamen BKK mehrerer Arbeitgeber (Absatz 2)

7 Nach Absatz 2 kann jeder Arbeitgeber beantragen, mit seinem Betrieb aus einer für mehrere Betriebe bestehenden BKK auszuscheiden, wenn es sich um eine BKK handelt, die nicht für Betriebsfremde geöffnet ist. Anders als bei Absatz 1 ist ein Betriebsübergang nicht Anlass des Ausscheidens. Wenn das Ausscheiden aus der gemeinsamen BKK im Zusammenhang mit dem Übergang eines Betriebes auf einen anderen Arbeitgeber beantragt wird, ist ausschließlich Absatz 1 anwendbar.

8 Die Vorschrift betrifft BKKn, die sich auf Beschluss ihrer Verwaltungsräte vereinigt haben (§ 150 Abs. 1 SGB V) und BKKn i.S.v. Absatz 1, bei denen ein Antrag auf Ausscheiden nicht gestellt bzw. diesem Antrag nicht entsprochen wurde.

9 Bei gemeinsamen BKKn, die nach ihrer Satzung für Betriebsfremde geöffnet sind (§ 173 Abs. 2 Satz 1 Nr. 4 SGB V) ist das Ausscheiden eines Arbeitgebers mit einem Betrieb unzulässig. Zweck dieser Bestimmung ist die Vermeidung einer „unvertretbaren Schwächung der neu gebildeten Solidargemeinschaft." Nach der Gesetzesbegründung sollen außerdem damit die Wettbewerbsbedingungen der Kassenarten einander angeglichen werden.[8] **Antragsberechtigt** ist nur der Arbeitgeber, dessen Betrieb ausscheiden will.

---

[4] So z.B. *Baier* in: Krauskopf, Soziale Krankenversicherung, SGB V, § 151 Rn. 5.

[5] Vgl. BSG v. 22.11.1968 - 3 RK 3/66 - BSGE 29, 21, 25.

[6] *Brackmann*, Handbuch der Sozialversicherung Bd. I/2 S. 334 d.

[7] Vgl. *Baier* in: Krauskopf, Soziale Krankenversicherung, SGB V, § 151 Rn. 7. A.A. *Hauck* in: Hauck/Noftz, SGB V, § 151 Rn. 5.

[8] BT-Drs. 12/3608 zu Art. 1 Nr. 81 GSG (§ 151 SGB V); kritisch hierzu *Baier* in: Krauskopf, Soziale Krankenversicherung, SGB V, § 151 Rn. 10.

3. Entscheidung der Aufsichtsbehörde (Absatz 3)

Die **Aufsichtsbehörde** entscheidet über den Antrag auf Ausscheiden eines Betriebes aus der gemeinsamen BKK. Zuständig ist die für die gemeinsame BKK zuständige Aufsichtsbehörde. Bei einer bundesunmittelbaren BKK ist dies das Bundesversicherungsamt. Bei einer landesunmittelbaren BKK ist der Antrag an die für die Sozialversicherung zuständige oberste Verwaltungsbehörde des Landes (Minister bzw. Senator für Soziales) oder die von ihr bestimmte Stelle zu richten.[9] 10

Bei ihrer Entscheidung hat die Aufsichtsbehörde nicht nur die Voraussetzungen nach Absatz 1 bzw. 2 zu prüfen, sondern auch die **Interessen** der Versicherten und der BKK gegen die des Antragstellers **abzuwägen**.[10] Sie wird dem Antrag des Arbeitgebers entsprechen müssen, wenn dem Ausscheiden keine wichtigen Interessen der betroffenen Versicherten, der beteiligten Krankenkassen oder der Allgemeinheit entgegenstehen. 11

Eine **Anhörung** der betroffenen BKK ist in § 151 SGB V nicht vorgesehen. Da das Organisationsrecht der gesetzlichen Krankenkassen grundsätzlich eigene Anhörungsvorschriften beinhaltet (vgl. z.B. § 145 Abs. 1 SGB V), ist § 24 Abs. 1 SGB X nicht anwendbar. Dennoch empfiehlt es sich zur Vorbereitung der Entscheidung der Aufsichtsbehörde die BKK anzuhören. Ein Anhörungsrecht der Verbände bei Ausscheiden von Betrieben gibt es nach § 172 SGB V nicht. Den Tatbestand des Ausscheidens insoweit als anhörungspflichtige „Teilschließung" zu verstehen[11], entspricht erkennbar nicht dem Willen des Gesetzgebers. 12

Die Aufsichtsbehörde bestimmt auch den **Zeitpunkt**, an dem das Ausscheiden wirksam wird. Auch hierbei wird sie ggf. eine Interessenabwägung vornehmen. Die Entscheidung ist dem Antragsteller und der betroffenen BKK **bekannt zu geben**. Gegen die Entscheidung der Aufsichtsbehörde kann vor dem zuständigen Sozialgericht geklagt werden (§ 54 SGG). 13

II. Normzwecke

Die Vorschrift will das Ausscheiden eines Betriebes aus einer für mehrere Betriebe bestehenden BKK ermöglichen, wenn der Betrieb auf einen anderen Arbeitgeber übergeht oder wenn es sich um eine BKK für Betriebe mehrerer Arbeitgeber handelt und die BKK nicht für Betriebsfremde geöffnet ist. Der Ausschluss des Ausscheidens aus einer für Betriebsfremde geöffneten BKK soll eine Schwächung der BKK verhindern und dient dem Ziel, die Wettbewerbsbedingungen der Kassenarten einander anzugleichen.[12] 14

C. Praxishinweise

Nach herrschender Meinung beendet der spätere Wegfall der für die Kassenwahl maßgebenden Voraussetzungen die **Mitgliedschaft** nicht. Das bedeutet, dass nach dem Ausscheiden die Beschäftigten des ausgeschiedenen Betriebes – sofern die **BKK nicht für Betriebsfremde geöffnet** ist – diese zwar nicht mehr wählen können, neue Wahlrechte aber grundsätzlich nur einen zeitversetzten Kassenwechsel nach § 175 Abs. 4 SGB V ermöglichen. Ein außerordentliches Wahlrecht analog zu § 175 Abs. 5 SGB V besteht nicht.[13] Das Ausscheiden eines Betriebes aus einer **für Betriebsfremde geöffneten BKK** hat für die betroffenen Beschäftigten grundsätzlich keine mitgliedschaftsrechtlichen Folgen. Etwas anderes gilt jedoch, wenn für den ausgeschiedenen Betrieb eine BKK nach § 147 SGB V errichtet wird oder eine bestehende BKK im Wege der Ausdehnung nach § 149 SGB V zuständig wird; in diesen Fällen gilt das außerordentliche Wahlrecht nach § 175 Abs. 5 SGB V. 15

---

9 Vgl. § 90 SGB IV i.V.m. Art. 87 Abs. 2 Satz 2 GG.

10 Vgl. *Brackmann*, Handbuch der Sozialversicherung Bd. I/2 S. 334e.

11 *Baier* in: Krauskopf, Soziale Krankenversicherung, SGB V, § 151 Rn. 12.

12 Vgl. Gesetzesbegründung zu Art. 1 Nr. 81 GSG, BT-Drs. 12/3608.

13 *Baier* in: Krauskopf, Soziale Krankenversicherung, SGB V, § 151 Rn. 15.

§ 152 SGB V Auflösung

(Fassung vom 21.12.1992, gültig ab 01.01.1996)

Eine Betriebskrankenkasse kann auf Antrag des Arbeitgebers aufgelöst werden, wenn der Verwaltungsrat mit einer Mehrheit von mehr als drei Vierteln der stimmberechtigten Mitglieder zustimmt. Über den Antrag entscheidet die Aufsichtsbehörde. Sie bestimmt den Zeitpunkt, an dem die Auflösung wirksam wird. Die Sätze 1 und 2 gelten nicht, wenn die Satzung der Betriebskrankenkasse eine Regelung nach § 173 Abs. 2 Satz 1 Nr. 4 enthält. Für Betriebskrankenkassen mehrerer Arbeitgeber, die nach dem 31. Dezember 1995 vereinigt wurden, ist der Antrag nach Satz 1 von allen beteiligten Arbeitgebern zu stellen.

Gliederung

A. Basisinformationen

I. Vorgängervorschriften/Normgeschichte

1 Die Vorschrift trat mit Wirkung vom 01.01.1989 auf Grund von Art. 1, 79 Abs. 1 Gesundheitsreformgesetz (GRG) vom 20.12.1988 in Kraft[1] und entspricht weitgehend den früheren §§ 272, 280 RVO. Zum 01.01.1996[2] wurde durch Art. 1 Nr. 99 Gesundheitsstrukturgesetz (GSG) vom 21.12.1992[3] als Folge der Neuordnung des Selbstverwaltungsrechts in der gesetzlichen Krankenversicherung durch die §§ 31 Abs. 3a und 35a SGB IV in Satz 1 die „Vertreterversammlung" durch den „Verwaltungsrat" ersetzt. Außerdem wurden auf Grund der Einführung des Kassenwahlrechts die **Sätze 4 und 5** angefügt.

II. Parallelvorschriften

2 Die Vorschrift hat eine Parallele in **§ 162 SGB V** (Auflösung einer IKK). Orts- und Ersatzkrankenkassen können nicht aufgelöst werden. Die Auflösung geht der Schließung nach **§ 163 SGB V** vor.

III. Literaturhinweise

3 *Cassel*, Organisationsreform der gesetzlichen Krankenversicherung (GKV) – Anspruch und Wirklichkeit –, SGb 1993, 97-102; *Friede*, Die Betriebskrankenkassen in der Bundesrepublik Deutschland, 3. Aufl. 1987.

B. Auslegung der Norm

I. Regelungsgehalt und Bedeutung der Norm

1. Auflösungsvoraussetzungen (Sätze 1, 4 und 5)

4 Der Arbeitgeber kann die Auflösung „seiner" Betriebskrankenkasse (BKK) betreiben, wenn der **Verwaltungsrat** mit einer **qualifizierten Mehrheit** von mehr als drei Vierteln der „stimmberechtigten Mitglieder" zustimmt. Gemeint ist, dass das Gremium mit mehr als drei Viertel der Stimmen aller Mitglieder beschließt, im Ergebnis also neben dem Arbeitgeber die Mehrheit der Vertreter der Versicherten für die Auflösung votiert.[4] Das von der Bestimmung des § 64 SGB IV abweichende besondere

[1] BGBl I 1988, 2477.
[2] Gem. Art. 35 Abs. 6 GSG.
[3] BGBl I 1992, 2266.
[4] Vgl. *Baier* in: Krauskopf, Soziale Krankenversicherung, SGB V, § 152 Rn. 3.

Mehrheitserfordernis bezieht sich ausdrücklich auf die stimmberechtigten, nicht auf die anwesenden Mitglieder. Der Zustimmungsbeschluss ist vor der Entscheidung der Aufsichtsbehörde zu fassen. Er kann vor oder nach der Antragstellung durch den Arbeitgeber erfolgen. Ist er nach der Antragstellung zustande gekommen, kann er nicht mehr widerrufen werden.[5] Hat der Verwaltungsrat zunächst die Zustimmung verweigert, kann er bis zur Entscheidung der Aufsichtsbehörde einen neuen Beschluss fassen.[6]

Von der Vorschrift erfasst sind nur BKKn, die in ihrer Satzung **keine Öffnungsklausel** für Betriebs- 5
fremde haben (§ 173 Abs. 2 Satz 1 Nr. 4 SGB V). Geöffnete BKKn haben nicht die Möglichkeit der Auflösung nach § 152 SGB V, weil sie „eine über den Betriebsbezug hinausreichende gesundheits- und sozialpolitische Verantwortung" übernommen haben. Außerdem wäre ein auf einzelne Kassenarten begrenztes Auflösungsrecht nicht mit dem Ziel vereinbar, die Wettbewerbsbedingungen der Kassenarten einander anzugleichen.[7] Die Schließung einer für alle Versicherten wählbaren BKK ist nur noch durch die Aufsichtsbehörde unter den Voraussetzungen des § 153 SGB V möglich.

Bei einer gemeinsamen BKK für Betriebe **mehrerer Arbeitgeber** reicht der Antrag eines Arbeitgebers 6
aus. Handelt es sich jedoch um eine BKK mehrerer Arbeitgeber, die nach dem 31.12.1995 vereinigt wurde, ist der Antrag von allen beteiligten Arbeitgebern zu stellen (Satz 5). In diesem Fall kann jeder an der gemeinsamen BKK beteiligte Arbeitgeber die Auflösung verhindern. Die anderen Arbeitgeber hätten allerdings nach § 151 Abs. 2 SGB V die Möglichkeit, das Ausscheiden aus der BKK zu beantragen. Zwar ist nach dem Wortlaut des Satzes 5 erforderlich, dass die BKK „vereinigt" wurde, von Sinn und Zweck der Norm erfasst sind jedoch auch andere Entstehungsgründe, wie etwa ein Betriebsübergang.[8]

2. Entscheidung der Aufsichtsbehörde (Sätze 2 und 3)

Die Aufsichtsbehörde entscheidet über den Antrag auf Auflösung der BKK. **Zuständig** ist die für die 7
gemeinsame BKK zuständige Aufsichtsbehörde. Bei einer bundesunmittelbaren BKK ist dies das Bundesversicherungsamt. Bei einer landesunmittelbaren BKK ist der Antrag an die für die Sozialversicherung zuständige oberste Verwaltungsbehörde des Landes (Minister bzw. Senator für Soziales) oder die von ihr bestimmte Stelle zu richten.[9]

Bei ihrer Entscheidung hat die Aufsichtsbehörde zunächst die Voraussetzungen nach den Sätzen 1, 4 8
und 5 zu prüfen. Sofern diese vorliegen, darf sie die Auflösung nur versagen, wenn wichtige Interessen der betroffenen Versicherten, der beteiligten Krankenkasse oder der Allgemeinheit entgegenstehen.[10] Zwar hat die Aufsichtsbehörde grundsätzlich einen **Ermessenspielraum**, dieser wird jedoch wegen des Gestaltungsrechts der Selbstverwaltung, zu der auch das Recht auf Selbstauflösung gehört, im vorgenannten Sinn eingeschränkt. Die Auflösung kann nur aus wichtigem Grund versagt werden.[11] Gem. § 172 SGB V muss die Aufsichtsbehörde vor ihrer Entscheidung den für die BKK zuständigen Verband anhören.

Die Aufsichtsbehörde bestimmt gem. Satz 3 auch den **Zeitpunkt, an dem die Auflösung wirksam** 9
wird. Sie wird ihn nach pflichtgemäßem Ermessen so wählen, dass die Abwicklung der Geschäfte nach § 155 SGB V erleichtert wird und den Mitgliedern eine angemessene Zeit zur Ausübung ihres Wahlrechts bleibt. Dabei bietet sich der Quartalsbeginn an.[12] Gegen die Entscheidung der Aufsichtsbehörde kann vor dem zuständigen Sozialgericht geklagt werden (§ 54 SGG). Wegen der **Abwicklung der Geschäfte** der aufgelösten BKK siehe § 155 SGB V.

---

[5] BSG v. 28.08.1970 - 3 RK 48/69 - USK 70205 zu § 158 Abs. 2.

[6] Vgl. *Baier* in: Krauskopf, Soziale Krankenversicherung, SGB V, § 152 Rn. 4.

[7] Vgl. Gesetzesbegründung zu Art. 1 Nr. 82 GSG, BT-Drs. 12/3608.

[8] Vgl. *Baier* in: Krauskopf, Soziale Krankenversicherung, SGB V, § 152 Rn. 4.

[9] Vgl. § 90 SGB IV i.V.m. Art. 87 Abs. 2 Satz 2 GG.

[10] *Brackmann*, Handbuch der Sozialversicherung, Bd. I/2 S. 334e; *Baier* in: Krauskopf, Soziale Krankenversicherung, SGB V, § 152 Rn. 5.

[11] Vgl. *Peters*, Handbuch KV (SGB V), § 152 Rn. 11 m.w.N.

[12] Vgl. *Baier* in: Krauskopf, Soziale Krankenversicherung, SGB V, § 152 Rn. 6.

II. Normzwecke

10 § 152 SGB V lässt die Auflösung einer BKK auf Antrag des Arbeitgebers zu. Die Auflösung liegt, da sie von einem qualifizierten Antrag abhängig ist, in der Hand der Selbstverwaltung und ist des Weiteren von der Genehmigung der Aufsichtsbehörde abhängig. Sie ist das vorrangige Instrument zur Beendigung der Existenz einer BKK.

C. Praxishinweise

11 Obwohl im Gesetz nicht ausdrücklich vorgesehen, sollte der Auflösungsantrag zweckmäßigerweise mit einer **Begründung** versehen sein, denn die Aufsichtsbehörde wird bei ihrer Ermessensentscheidung grundsätzlich die Argumentation des Arbeitgebers zu berücksichtigen haben.

12 Die **Mitglieder** der aufgelösten BKK wählen innerhalb der 2-Wochen-Frist des § 175 Abs. 5 SGB V eine neue Krankenkasse. Die Frist beginnt mit dem Tag der Auflösung der BKK.

§ 153 SGB V Schließung

(Fassung vom 21.12.1992, gültig ab 01.01.1996)

Eine Betriebskrankenkasse wird von der Aufsichtsbehörde geschlossen, wenn

1. **der Betrieb schließt, für den sie errichtet worden ist und die Satzung keine Regelung nach § 173 Abs. 2 Satz 1 Nr. 4 enthält,**
2. **sie nicht hätte errichtet werden dürfen oder**
3. **ihre Leistungsfähigkeit nicht mehr auf Dauer gesichert ist.**

Die Aufsichtsbehörde bestimmt den Zeitpunkt, an dem die Schließung wirksam wird.

Gliederung

A. Basisinformationen

I. Vorgängervorschriften/Normgeschichte

1 Die Vorschrift trat mit Wirkung vom 01.01.1989 auf Grund von Art. 1, 79 Abs. 1 Gesundheitsreformgesetz (GRG) vom 20.12.1988 in Kraft[1] und entspricht den §§ 273 Abs. 1 Nr. 1 und 3, 274 Nr. 4 RVO a.F. Mit Wirkung vom 01.01.1996 wurde **Satz 1 Nr. 1** dahin gehend geändert, dass für Betriebsfremde geöffnete Betriebskrankenkassen (BKKn) nicht im Wege des § 153 SGB V geschlossen werden können.[2]

II. Parallelvorschriften

2 Die Vorschrift hat eine Parallele in **§ 146a** SGB V (Schließung einer Ortskrankenkasse) und **§ 170 SGB V** (Schließung einer Ersatzkasse), vor allem aber in **§ 163 SGB V** (Schließung einer IKK). Die Auflösung nach **§ 152 SGB V** geht der Schließung vor.

III. Literaturhinweise

3 *Cassel*, Organisationsreform der gesetzlichen Krankenversicherung (GKV), SGb 1993, 97-102; *Friede*, Die Betriebskrankenkassen in der Bundesrepublik Deutschland, 3. Aufl. 1987; *Fröhlingsdorf*, Das Organisationsrecht der IKK im SGB V, KrV 1989, 43-48; *Schlitt*, Flurbereinigung in der Kassenlandschaft, Der Kassenarzt 2004, Nr. 6, 18-20; *Schnapp*, Kassenschließung trotz fehlerfreier Errichtung?, NZS 2002, 449-454; *Schöffski/Galas/von der Schulenburg*, Der Wettbewerb innerhalb der GKV unter besonderer Berücksichtigung der Kassenwahlfreiheit, Sozialer Fortschritt 1996, 293-305.

IV. Regelungsgehalt und Bedeutung der Norm

1. Schließungsvoraussetzungen (Satz 1)

4 Die Vorschrift enthält drei alternative Voraussetzungen für die Schließung einer BKK. Die Aufzählung der Schließungsgründe ist abschließend. Bei Vorliegen eines Schließungsgrundes hat die Aufsichtsbehörde einen **streng rechtsgebundenen Verwaltungsakt** zu erlassen. Lediglich im Falle des Schließungsgrundes nach Satz 1 Nr. 3 hat sie einen Beurteilungsspielraum bei der Auslegung der unbestimmten Rechtsbegriffe.

5 Nach **Satz 1 Nr. 1** wird eine nicht für Betriebsfremde geöffnete BKK geschlossen, wenn der Betrieb schließt, für den sie errichtet worden ist. Vom Normzweck erfasst werden entgegen des Wortlautes

---

[1] BGBl I 1988, 2477.

[2] Auf Grund Art. 1 Nr. 100, Art. 35 Abs. 6 Gesundheitsstrukturgesetz (GSG) v. 21.12.1992, BGBl I 1992, 2266.

(„für den sie errichtet worden ist") auch BKKn, die auf weitere Betriebe desselben Arbeitgebers ausgedehnt worden sind (vgl. § 149 SGB V) oder die mit einer anderen BKK vereinigt worden sind (vgl. § 150 SGB V). Unter **Schließung des Betriebes** ist zu verstehen, dass der gesamte Betrieb[3] dauernd eingestellt wird. Sofern die BKK für mehrere Betriebe desselben Arbeitgebers oder mehrerer Arbeitgeber besteht, müssen alle Betriebe auf Dauer eingestellt werden. Keine Betriebsschließung liegt vor bei einer Änderung der Betriebsart oder der Produktion.[4] Wird ein Betrieb dagegen als unselbständiger Betrieb in einen anderen Betrieb eingegliedert oder mit anderen Betrieben oder Betriebsteilen zu einem neuen selbständigen Betrieb zusammengefasst, ist die BKK zu schließen.[5] Bei Abgabe eines von mehreren Betrieben eines Arbeitgebers ist kein Fall des § 153 SGB V, sondern ein Ausscheiden gem. § 151 SGB V gegeben. Für Betriebsfremde geöffnete BKKn können nicht nach Satz 1 Nr. 1, sondern nur nach Satz 1 Nr. 2 und Nr. 3 geschlossen werden, weil die Schließung des ursprünglichen Trägerbetriebes kein sachgerechter Grund für die Schließung der BKK sein kann.[6]

6 Nach **Satz 1 Nr. 2** wird eine BKK geschlossen, **wenn sie nicht hätte errichtet werden dürfen**, die Errichtung also rechtswidrig war. Eine rechtswidrige Errichtung liegt vor, wenn die Aufsichtsbehörde sie wegen Fehlens der materiell-rechtlichen Errichtungsvoraussetzungen – Form- und Verfahrensfehler sind insoweit unbeachtlich[7] – nicht hätte genehmigen dürfen. Das ist u.a. der Fall, wenn die in § 147 SGB V geforderte Mindestzahl von 1.000 versicherungspflichtig Beschäftigten nicht erreicht wurde oder die Zustimmung der Mehrheit der im Betrieb Beschäftigten (§ 148 Abs. 2 SGB V) fehlt. Die Vorschrift ist nicht anzuwenden, wenn zwar die Errichtung rechtswidrig war, aber eine Heilung beispielsweise dadurch eingetreten ist, dass die Zahl der Mitglieder inzwischen 1.000 erreicht oder überschritten hat.[8] Fällt umgekehrt eine zunächst gegebene Errichtungsvoraussetzung später weg, bewirkt dies keinen Schließungsgrund nach Satz 1 Nr. 2. Hat sich eine rechtswidrig errichtete BKK nach § 150 SGB V freiwillig mit einer anderen BKK vereinigt, kommt eine Schließung unter den Voraussetzungen des Satzes 1 Nr. 2 nicht mehr in Betracht. Satz 1 Nr. 2 ist auch anzuwenden, wenn sich bei Erweiterung einer BKK auf weitere Betriebe herausstellt, dass diese nicht zulässig war. Ob die Aufsichtsbehörde die Rechtswidrigkeit der Errichtungsgenehmigung selbst erkennt oder ob sie durch gerichtliche Entscheidung[9] festgestellt wird, ist gleich.

7 **Satz 1 Nr. 3** bestimmt die Schließung einer BKK durch die Aufsichtsbehörde für den Fall, dass ihre **Leistungsfähigkeit nicht mehr auf Dauer gesichert** ist. Siehe hierzu die Kommentierung zu § 146a SGB V Rn. 4.

2. Entscheidung der Aufsichtsbehörde (Sätze 2 und 3)

8 Bei Vorliegen der Voraussetzungen des Satzes 1 muss die Aufsichtsbehörde die BKK schließen. Bei einer bundesunmittelbaren BKK ist das Bundesversicherungsamt die zuständige Aufsichtsbehörde. Bei einer landesunmittelbaren BKK ist dies die für die Sozialversicherung zuständige oberste Verwaltungsbehörde des Landes (Minister bzw. Senator für Soziales).[10]

9 Nach § 153 Satz 2 SGB V bestimmt die Aufsichtsbehörde den **Zeitpunkt**, an dem die Schließung wirksam wird. Nach pflichtgemäßem Ermessen wird sie im Falle des Satzes 1 Nr. 1 die beiden Schließungstermine deckungsgleich halten. Bei Vorliegen eines anderen Schließungsgrundes sollte die BKK zum frühestmöglichen geeigneten Zeitpunkt geschlossen werden. Gegen die Entscheidung der Aufsichtsbehörde kann vor dem zuständigen Sozialgericht geklagt werden (§ 54 SGG). Wegen der Abwicklung der Geschäfte der geschlossenen BKK siehe § 155 SGB V.

---

3 Zur Abgrenzung von bloßen Betriebsteilen vgl. BSG v. 13.07.1978 - 8/3 RK 22/77 - SozR 2200 § 245 RVO Nr. 2.

4 Vgl. BSG v. 22.11.1968 - 3 RK 3/66 - USK 68106; BSG v. 14.04.1983 - 8 RK 11/82 - SozR § 245 RVO Nr. 3.

5 Vgl. BSG v. 14.04.1983 - 8 RK 11/82 - SozR § 245 RVO Nr. 3.

6 So die Gesetzesbegründung zu Art. 1 Nr. 83 GSG, BT-Drs. 12/3608.

7 Vgl. BSG v. 13.11.1985 - 1/8 RR 5/83 - BSGE 59, 122.

8 Vgl. *Peters*, Handbuch KV (SGB V), § 153 Rn. 13; nach *Baier* in: Krauskopf, Soziale Krankenversicherung, SGB V, § 153 Rn. 6 kommt es bei der Beurteilung der Errichtungsvoraussetzungen auf die Verhältnisse im Schließungszeitpunkt an. Diese Lesart widerspricht jedoch dem Wortlaut der Norm.

9 Vgl. BSG v. 13.11.1985 - 1/8 RR 5/83 - BSGE 59, 122.

10 Vgl. § 90 SGB IV i.V.m. Art. 87 Abs. 2 Satz 2 GG.

V. Normzwecke

Die Vorschrift regelt die gesetzliche Schließung nicht geöffneter BKKn im Falle der Betriebsschließung und im Falle der rechtswidrigen Errichtung. Im Falle des dritten Schließungsgrundes – die Leistungsfähigkeit ist nicht mehr auf Dauer gesichert – ist die Schließung einer BKK ultima ratio für den Fall, dass die anderen Möglichkeiten (freiwillige Vereinigung gem. § 150 SGB V, Auflösung gem. § 152 SGB V) nicht greifen. 10

B. Praxishinweis

Gem. § 172 SGB V muss die Aufsichtsbehörde vor ihrer Entscheidung den für die BKK zuständigen Verband anhören. Weitere Anhörungspflichten bestehen nicht. Trotzdem wird bei einer Schließung nach Satz 1 Nr. 3 eine **Stellungnahme der BKK** zur Beurteilung ihrer Leistungsfähigkeit anzufordern sein, um eine umfassende Information der Aufsichtsbehörde zu gewährleisten.[11] 11

[11] *Baier* in: Krauskopf, Soziale Krankenversicherung, SGB V, § 153 Rn. 8.

§ 155 SGB V Abwicklung der Geschäfte, Haftung für Verpflichtungen

(Fassung vom 14.11.2003, gültig ab 01.01.2004, gültig bis 30.06.2008)

(1) Der Vorstand einer aufgelösten oder geschlossenen Betriebskrankenkasse wickelt die Geschäfte ab. Bis die Geschäfte abgewickelt sind, gilt die Betriebskrankenkasse als fortbestehend, soweit es der Zweck der Abwicklung erfordert.

(2) Der Vorstand macht die Auflösung oder Schließung öffentlich bekannt. Die Befriedigung von Gläubigern, die ihre Forderungen nicht innerhalb von sechs Monaten nach der Bekanntmachung anmelden, kann verweigert werden, wenn die Bekanntmachung einen entsprechenden Hinweis enthält. Bekannte Gläubiger sind unter Hinweis auf diese Folgen zur Anmeldung besonders aufzufordern. Die Sätze 2 und 3 gelten nicht für Ansprüche aus der Versicherung sowie für Forderungen auf Grund zwischen- oder überstaatlichen Rechts.

(3) Verbleibt nach Abwicklung der Geschäfte noch Vermögen, geht dieses auf den Landesverband über. Das Vermögen geht auf den Bundesverband über, wenn der Landesverband nicht besteht oder die Betriebskrankenkasse keinem Landesverband angehörte.

(4) Reicht das Vermögen einer aufgelösten oder geschlossenen Betriebskrankenkasse nicht aus, um die Gläubiger zu befriedigen, hat der Arbeitgeber die Verpflichtungen zu erfüllen. Sind mehrere Arbeitgeber beteiligt, haften sie als Gesamtschuldner. Reicht das Vermögen des Arbeitgebers nicht aus, um die Gläubiger zu befriedigen, hat der Landesverband der Betriebskrankenkassen die Verpflichtungen zu erfüllen. Die Sätze 1 bis 3 gelten nicht, wenn die Satzung der geschlossenen Betriebskrankenkasse eine Regelung nach § 173 Abs. 2 Satz 1 Nr. 4 enthält; in diesem Falle hat der Landesverband die Verpflichtungen zu erfüllen. Die Verpflichtungen hat der Bundesverband zu erfüllen, wenn der Landesverband nicht besteht oder die Betriebskrankenkasse keinem Landesverband angehörte. Übersteigen die Verpflichtungen einer Betriebskrankenkasse ihr Vermögen zum Zeitpunkt des Inkrafttretens einer Satzungsbestimmung nach § 173 Abs. 2 Satz 1 Nr. 4, hat der Arbeitgeber den Unterschiedsbetrag innerhalb von sechs Monaten nach dem Inkrafttreten der Satzungsbestimmung auszugleichen.

(5) Die Landesverbände können in ihrer Satzung die Bildung eines Fonds vorsehen, dessen Mittel zur Erfüllung ihrer Haftungsverpflichtung nach Absatz 4 zu verwenden sind. Satz 1 gilt entsprechend für den Bundesverband mit der Maßgabe, dass die Mittel des Fonds auch dazu verwendet werden können, die Landesverbände bei der Erfüllung ihrer Haftungsverpflichtung zu unterstützen.

Gliederung

A. Basisinformationen

I. Vorgängervorschriften/Normgeschichte

§ 155 SGB V ist mit Wirkung vom 01.01.1989 auf Grund von Art. 1, 79 Abs. 1 Gesundheitsreformgesetz (GRG) vom 20.12.1988 in Kraft getreten.[1] Die Norm entspricht weitgehend den **§§ 301, 303 und 304 RVO** a.F. 1

Absatz 3 wurde durch Art. 1 Nr. 102a Gesundheitsstrukturgesetz (GSG) vom 21.12.1992[2] als Folge der Einführung des allgemeinen Kassenwahlrechts neu gefasst. In **Absatz 4** wurden durch Art. 1 Nr. 102b GSG ebenfalls mit Wirkung ab dem 01.01.1996[3] die Sätze 4 und 5, und durch Art. 1 Nr. 125a, 125b GKV-Modernisierungsgesetz (GMG) vom 14.11.2003[4] mit Wirkung ab dem 01.01.2004[5] der Satz 6 sowie der **Absatz 5** angefügt. 2

II. Parallelvorschriften

§ 164 SGB V ist die entsprechende Vorschrift für die Innungskrankenkassen, **§ 171 SGB V** für die Ersatzkassen. Die genannten Bestimmungen verweisen jeweils in ihrem Absatz 1 Satz 1 auf **§ 155 Abs. 1-3 SGB V**. 3

III. Literaturhinweise

Felix, Die Haftung für Verpflichtungen geschlossener Betriebskrankenkassen – Zur Auslegung des § 155 Abs. 4 SGB V –, NZS 2005, 57-62; *Freitag*, Aufrechnung, Haftung, Gläubigerprivileg und Abwicklungsermessen im Sozialverwaltungsrecht – Dargestellt am Beispiel der Geschäftsabwicklung einer geschlossenen BKK, BlStSozArbR 1972, 273-276; *Fröhlingsdorf*, Das Organisationsrecht der IKK im SGB V, KrV 1989, 43-48; *Meydam*, Amtsfunktion und Anstellungsverhältnis der Vorstände gesetzlicher Krankenkassen, NZS 2000, 332-337. 4

IV. Regelungsgehalt und Bedeutung der Norm

1. Abwicklung der Geschäfte (Absatz 1 Satz 1)

Gem. Absatz 1 Satz 1 wickelt der Vorstand einer aufgelösten oder geschlossenen Betriebskrankenkasse (BKK) die Geschäfte ab. Ein denkbares Ende der Amtszeit gem. § 35a Abs. 3 Satz 2 SGB IV berührt die Zuständigkeit als Abwicklungsvorstand nicht.[6] Seine Befugnisse sind auf die Abwicklung der Geschäfte beschränkt. Die Abwicklung der Geschäfte meint neben der Klärung der vermögensrechtlichen Angelegenheiten u.U. auch die Versorgung des Personals der BKK. Während bei einer nicht für Betriebsfremde geöffneten BKK, bei der das **Personal** vom Arbeitgeber bestellt und finanziert wird, dieser für dessen Versorgung zuständig ist, sind Konstellationen möglich, in denen die BKK selbst für das Personal verantwortlich ist. Das ist zum einen der Fall, wenn der Arbeitgeber nach § 147 Abs. 2 SGB V die Bestellung des Personals und die Übernahme der Kosten abgelehnt hat, und zum anderen, wenn das Personal einer für Betriebsfremde geöffneten BKK gem. § 147 Abs. 2 Satz 7, Abs. 3 Satz 1 SGB V von dieser übernommen wird. In diesen Fällen gehört die Versorgung des Personals zur Abwicklung der Geschäfte der BKK. Anders als § 164 SGB V (Auflösung bzw. Schließung einer IKK) enthält § 155 SGB V keine entsprechende Regelung. Dieses gesetzgeberische Versehen dürfte zu einer analogen Anwendung des § 164 Abs. 3 bis 5 SGB V führen.[7] 5

[1] BGBl I 1988, 2477.
[2] BGBl I 1992, 2266.
[3] Gem. Art. 35 Abs. 6 GSG.
[4] BGBl I 2003, 2190.
[5] Gem. Art. 37 Abs. 1 GMG.
[6] Vgl. *Baier* in: Krauskopf, Soziale Krankenversicherung, SGB V, § 155 Rn. 3.
[7] *Meydam*, NZS 2000, 332, 336 weist darauf hin, dass die BKKn, anders als die IKKn, keine dienstordnungsmäßigen Angestellten haben.

2. Fortbestehensfiktion (Absatz 1 Satz 2)

6 Absatz 1 Satz 2 fingiert das Fortbestehen einer aufgelösten oder geschlossenen BKK, soweit es der Zweck der Abwicklung erfordert. Diese Fiktion ist erforderlich, denn ab dem von der Aufsichtsbehörde nach § 152 Satz 3 SGB V und § 153 Satz 2 SGB V zu bestimmenden Zeitpunkt verliert die BKK ihre Handlungsfähigkeit. Soweit und solange die Liquidation durchzuführen ist, gilt die BKK als fortbestehend, um dem Vorstand[8] die **Abwicklung der Geschäfte** zu ermöglichen; die Befugnisse und Zuständigkeiten der Organe der BKK enden ansonsten mit dem Wirksamwerden der Auflösung oder Schließung. Die BKK bleibt also zunächst als Körperschaft des öffentlichen Rechts mit Behördeneigenschaft bestehen.[9] Da die Vertretung der aufgelösten oder geschlossenen BKK gegenüber dem Vorstand und dessen Mitgliedern (§ 33 Abs. 3 Satz 1 i.V.m. Abs. 2 Satz 1 SGB IV) mangels eigenen Fortbestehens nicht mehr vom Verwaltungsrat wahrgenommen werden kann, muss die Aufsichtsbehörde diese Funktion übernehmen (vgl. § 37 SGB IV).[10]

3. Bekanntmachung, Anspruchsanmeldung (Absatz 2)

7 Der Vorstand einer aufgelösten oder geschlossenen BKK hat gem. Absatz 2 Sätze 1 und 3 die Auflösung oder Schließung öffentlich bekannt zu machen. Dabei hat er nach Absatz 2 Satz 2 die Gläubiger zur Anmeldung ihrer Forderungen innerhalb von sechs Monaten aufzufordern und diese Aufforderung mit dem Hinweis zu versehen, dass die Erfüllung später geltend gemachter Forderungen verweigert werden kann. Zwar ist Absatz 2 Satz 2 nicht ausdrücklich als Pflicht des Vorstandes formuliert, die Verpflichtung ergibt sich jedoch aus der Fürsorgepflicht des Vorstands gegenüber der BKK.

8 **Bekannte Gläubiger** hat der Vorstand nach Absatz 2 Satz 3 unter Hinweis auf die vorgenannten Folgen zur Anmeldung ihrer Forderungen besonders aufzufordern. Hiermit dürften insbesondere Leistungserbringer gemeint sein. Schriftform ist nicht ausdrücklich vorgeschrieben, aber ratsam.

9 Unter den in Absatz 2 genannten Voraussetzungen hat die aufgelöste bzw. geschlossene BKK ein **Leistungsverweigerungsrecht**. Das Leistungsverweigerungsrecht bezieht sich jedoch nicht auf **Ansprüche aus den Versicherungsverhältnissen** (diesbezüglich gilt für die Verjährung § 45 SGB I) sowie auf **Forderungen auf Grund zwischen- und überstaatlichen Rechts** (Absatz 2 Satz 4).[11] Die Ausschlussfrist von sechs Monaten beginnt mit dem Tag der – fehlerfreien – öffentlichen Bekanntmachung der Auflösung bzw. Schließung der BKK.

10 Unter **öffentlicher Bekanntmachung** ist die Eröffnung der Möglichkeit zur allgemeinen Kenntnisnahme zu verstehen. Insbesondere ist dafür Sorge zu tragen, dass jeder potentiell Betroffene von der Auflösung oder Schließung der BKK Kenntnis nehmen kann. Da § 155 SGB V keine näheren Angaben macht, hat die Bekanntmachung grundsätzlich in der in der Satzung bestimmten Art (§ 194 Abs. 1 Nr. 11 SGB V) zu erfolgen. Allerdings dürfte dann eine zusätzliche Veröffentlichung im Bundesanzeiger oder in Tageszeitungen angeraten sein, wenn die in der Satzung bestimmte Bekanntmachungsart ausschließlich auf den Mitgliederkreis bezogen ist und damit Vertragspartner nicht automatisch erreicht. Die Bekanntmachung kann frühestens nach der Entscheidung der Aufsichtsbehörde erfolgen, weil in ihr auch der Zeitpunkt des Wirksamwerdens der Auflösung bzw. Schließung der BKK mitzuteilen ist (§ 152 Satz 3 SGB V, § 153 Satz 2 SGB V).

4. Vermögensübergang (Absatz 3)

11 Falls nach der Abwicklung der Geschäfte noch Vermögen verbleibt, geht dies nach Absatz 3 Satz 1 auf den **Landesverband** über. Damit wird der Landesverband qua Gesetz Inhaber des Vermögens, nicht jedoch Rechtsnachfolger der früheren BKK. Das Gesetz nennt keinen **Zeitpunkt** des Vermögensübergangs. „Nach Abwicklung der Geschäfte" dürfte deshalb den Zeitpunkt meinen, an dem der Vorstand die Abwicklung für beendet erklärt.

12 Wenn ein Landesverband nicht besteht oder die BKK keinem Landesverband angehörte, geht das Vermögen auf den **Bundesverband** über (Absatz 3 Satz 2). Kein Landesverband besteht, wenn nur eine einzige BKK in einem Land existiert (vgl. § 207 Abs. 4 SGB V) oder im Fall der BKKn der Dienstbetriebe des Bundes; diese gehören dem Bundesverband der BKKn an (vgl. § 212 Abs. 1 Satz 2 SGB V).

---

8 Nach §§ 155 Abs. 1 Satz 1 i.V.m. §§ 31 Abs. 3a, 35a SGB IV.

9 Gem. § 4 Abs. 1, §§ 29 Abs. 1, 31 Abs. 3 SGB IV.

10 So auch *Baier* in: Krauskopf, Soziale Krankenversicherung, SGB V, § 155 Rn. 4.

11 Siehe auch Gesetzesbegründung zu Art. 1 § 164 GRG, BT-Drs. 11/2237.

Hat der Verband nach Absatz 5 einen Fonds zur Erfüllung der Haftungsverpflichtungen nach Absatz 4 gebildet, sind nach Absatz 3 übergehende Vermögen diesem Fonds zuzuführen.[12] 13

5. Haftung (Absatz 4 Sätze 1 bis 5)

Falls das Vermögen einer aufgelösten oder geschlossenen **BKK, die nicht für Betriebsfremde geöffnet war**, zur Befriedigung der Gläubiger nicht ausreicht, hat der **Arbeitgeber** die Verpflichtungen zu erfüllen (vgl. Absatz 4 Sätze 1 und 4). Mehrere Arbeitgeber[13] haften nach Absatz 4 Sätze 1 und 2 als Gesamtschuldner. Der Arbeitgeber ist damit gesetzlicher Ausfallbürge. Reicht auch sein Vermögen zur Gläubigerbefriedigung nicht aus, trifft diese Verpflichtung den **Landesverband** der BKKn (vgl. Absatz 4 Satz 3). Sofern auch dessen Vermögen nicht ausreicht, hat der **Bundesverband** die Verpflichtungen zu erfüllen (vgl. Absatz 4 Satz 5). Gleiches gilt, wenn kein Landesverband besteht oder die BKK keinem Landesverband angehörte. 14

Bei **für Betriebsfremde geöffneten BKKn** haftet im Fall der Schließung[14] allein der Landes- bzw. Bundesverband. Der Arbeitgeber haftet grundsätzlich nicht; beachte aber die Vorab-Ausgleichspflicht nach Absatz 4 Satz 6. 15

Aus dem Vorstehenden ergibt sich, dass der die Abwicklung vornehmende Vorstand bei unzureichendem Vermögen dem Arbeitgeber bzw. dem Landes- und Bundesverband für eine ordnungsgemäße Liquidation verantwortlich ist. Die Gläubigerrechte werden insofern gewahrt, als diese sich ggf. an die nachrangigen Einstandspflichtigen halten können. Eine anteilige Befriedigung der Gläubiger gehört somit nicht zu den Pflichten des Vorstandes.[15] 16

6. Vorab-Ausgleichspflicht (Absatz 4 Satz 6)

Nach Absatz 4 Satz 6 hat der Arbeitgeber ggf. eine Vorab-Ausgleichspflicht gegenüber der BKK. Das ist dann der Fall, wenn zum Zeitpunkt des In-Kraft-Tretens der Öffnung für Betriebsfremde die Verpflichtungen der BKK deren Vermögen übersteigen. Der Arbeitgeber hat dann den Unterschiedsbetrag innerhalb einer Frist von sechs Monaten auszugleichen. Zweck der zum 01.01.2004 in Kraft getretenen Regelung ist die **Missbrauchsabwehr**. Die nach Absatz 4 Satz 1 bestehende Arbeitgeberhaftung geht bei geöffneten BKKn gem. Absatz 4 Satz 4 auf den Landesverband über. Diese Bestimmung könnte einen Arbeitgeber in Versuchung führen, angesichts einer drohenden Schließung der BKK diese für Betriebsfremde zu öffnen und sich somit seiner Haftungsverpflichtung zu entziehen. Dem soll die Regelung des Satzes 6 entgegenwirken.[16] 17

Die Feststellung, ob die Verpflichtungen der sich öffnenden BKK deren Vermögen übersteigen und in welchem Umfang dies ggf. der Fall ist, muss die Aufsichtsbehörde vor Genehmigung der Satzung nach einer entsprechenden Prüfung treffen. In diesem Zusammenhang kann auch der zuständige Landesverband nicht nur von seinem Anhörungsrecht nach § 172 Abs. 1 Satz 1 SGB V Gebrauch machen, sondern nach § 172 Abs. 2 SGB V die entsprechenden **Unterlagen bei der BKK anfordern** und ggf. die Aufsichtsbehörde über seine Erkenntnisse informieren.[17] 18

Sollte sich die Ausgleichspflicht erst nach Ablauf von sechs Monaten nach In-Kraft-Treten der Satzungsbestimmung über die Öffnung der BKK für Betriebsfremde herausstellen, so ist dies insofern unerheblich, als die Sechs-Monats-Frist als **bloße Handlungsfrist** für den Arbeitgeber zu verstehen ist. Eine spätere Inanspruchnahme des Arbeitgebers ist angesichts des Gesetzeszwecks, eine missbräuchliche Öffnung einer in ihrer Leistungsfähigkeit gefährdeten BKK abzuwenden, nicht ausgeschlossen.[18] 19

7. Haftungsfonds (Absatz 5)

Nach Absatz 5 Satz 1 können die **Landesverbände** der BKKn in ihrer Satzung die Bildung eines Fonds vorsehen, dessen Mittel zur Erfüllung ihrer Haftungsverpflichtung nach Absatz 4 zu verwenden sind. Nach der Gesetzesbegründung[19] dient die Ermächtigung dazu, die haushaltsrechtliche Planbarkeit finanzieller Belastungen auf Grund der Schließung oder Auflösung einer BKK zu erhöhen. Wenn der 20

---

[12] *Baier* in: Krauskopf, Soziale Krankenversicherung, SGB V, § 155 Rn. 11.

[13] Z.B. im Falle einer durch freiwillige Vereinigung nach § 150 entstandenen gemeinsamen BKK.

[14] Eine Auflösung ist nach § 152 Satz 4 nicht möglich.

[15] So auch *Engelhard* in: Hauck/Noftz, SGB V, § 155 Rn. 10.

[16] Vgl. Gesetzesbegründung zu Art. 1 Nr. 125 GMG, BT-Drs. 15/1525.

[17] Vgl. Gesetzesbegründung zu Art. 1 Nr. 132 GMG, BT-Drs. 15/1525.

[18] *Engelhard* in: Hauck/Noftz, SGB V, § 155 Rn. 18.

[19] Vgl. zu Art. 1 Nr. 125 GMG, BT-Drs. 15/1525.

Gesetzgeber die Gemeinschaft der BKKn für die Verbindlichkeiten einer ehemaligen BKK haften lässt, kann dies bei den BKKn zu abrupten Beitragserhöhungen führen. Um dies auszuschließen, sollen die Mitglieder der BKK-Landesverbände regelmäßig kleinere Beträge in einen Fonds einzahlen können und so einen finanziellen Grundstock für den Haftungsfall aufbauen. Dass der Gesetzgeber sich angesichts der erkannten Problematik mit einer Satzungsermächtigung begnügt und auf eine obligatorische Regelung in § 210 SGB V verzichtet hat, wird kritisiert.[20] Dem Wortlaut der Norm ist klar zu entnehmen, dass die Verbände zwar berechtigt, aber nicht verpflichtet sind, entsprechende Satzungsbestimmungen zu haben. Wegen der erforderlichen Satzungsregelung ist der Verwaltungsrat zuständig. In der Satzung sind auch die Höhe der Umlage, der Bemessungsmaßstab und die Fälligkeit zu bestimmen.[21] Reichen die Fondsmittel im Haftungsfall nicht aus, muss der fehlende Betrag aus allgemeinen Verbandsmittel bestritten werden. Die Verwendung der Mittel eines Haftungsfonds nach Absatz 5 ist an eine bereits eingetretene, insolvenzbedingte Kassenschließung gebunden; die Norm ermächtigt nicht zur Gewährung von Finanzhilfen, um die Schließung einer Krankenkasse und damit die Haftung des Landesverbandes im Vorfeld zu vermeiden.[22]

21 Auch der **Bundesverband** der BKKn kann nach Absatz 5 Satz 2 i.V.m. Satz 1 von der Satzungsermächtigung Gebrauch machen. Wie bei den Landesverbänden erstreckt sie sich auf die Bildung eines Fonds zur Absicherung der eigenen Haftungsverpflichtungen. Darüber hinaus wird der Bundesverband ermächtigt, die Fondsmittel zur Unterstützung der Landesverbände bei der Erfüllung ihrer Haftungsverpflichtung zu verwenden. Zweck der Eröffnung dieser Möglichkeit ist die Entlastung der verbleibenden Verbandsmitglieder.[23] Die bei der Aufsichtsbehörde beantragte Genehmigung der Satzungsänderung des BKK-Bundesverbandes kann im Wege der einstweiligen Anordnung angegriffen werden.[24] Dem Wortlaut der Norm ist klar zu entnehmen, dass der Bundesverband zwar berechtigt, aber nicht verpflichtet ist, den Landesverbänden eine Unterstützung zukommen zu lassen.

V. Normzwecke

22 § 155 Abs. 1 Satz 2 SGB V statuiert für die aufgelöste oder geschlossene BKK eine Fortbestehensfiktion, um ihre Abwicklung durch den Vorstand zu ermöglichen.

23 Die Bekanntmachungspflicht aus Absatz 2 dient dem Gläubigerschutz und – durch die sechsmonatige Verjährung – auch den Interessen des haftenden Arbeitgebers bzw. des Landesverbandes der BKKn.

24 Die Überschuldung einer BKK soll nicht zu Lasten der Gläubiger gehen. Vielmehr sollen der Arbeitgeber bzw. der Landes- und Bundesverband für die Schulden einer früheren BKK einstehen müssen. Aus dieser Einstandspflicht erklärt sich die Übertragung des verbleibenden Vermögens der aufgelösten oder geschlossenen BKK auf die Spitzenverbände.

25 Die Vorab-Ausgleichspflicht des Arbeitgebers nach Absatz 4 Satz 6 dient der Absicherung des Landesverbandes als potentiellem Haftungsverpflichteten.

26 Durch die Ermächtigung des Absatzes 5 werden die Landesverbände und der Bundesverband der BKKn in die Lage versetzt, für den Haftungsfall Vorkehrungen zu treffen.

B. Praxishinweise

27 Die **Mitglieder** der aufgelösten oder geschlossenen BKK wählen innerhalb von zwei Wochen nach der Auflösung bzw. Schließung eine neue Krankenkasse. Wird das Wahlrecht nicht ausgeübt, gilt die Regelung des § 175 Abs. 3 Satz 2 HS. 2 SGB V.

28 **Leistungsansprüche** gegen die BKK enden mit dem Wirksamwerden der Auflösung bzw. Schließung. Laufende Leistungen werden von der neu zuständigen Krankenkasse übernommen.

29 Die **Durchsetzung des Ausgleichsanspruchs** gem. Absatz 4 Satz 6 ist problematisch. Die Aufsichtsbehörde kann aufsichtsrechtlich nach § 87 Abs. 1 Satz 1 i.V.m. § 89 SGB IV nur gegen die BKK vorgehen, nicht gegen den Arbeitgeber. Sofern die Ausgleichspflicht bereits festgestellt worden ist, sollte die Aufsichtsbehörde die Satzungsänderung nur unter der Bedingung genehmigen, dass der Arbeitgeber der Ausgleichspflicht nachkommt. Alternativ kommt eine Klage der BKK bzw. des haftungsbetroffenen Landesverbandes auf Ausgleichszahlung in Betracht.

[20] *Engelhard* in: Hauck/Noftz, SGB V, § 155 Rn. 12.
[21] *Baier* in: Krauskopf, Soziale Krankenversicherung, SGB V, § 155 Rn. 17.
[22] SG Aachen v. 13.07.2004 - S 13 KR 20/03 - MedR 2004, 642.
[23] Vgl. Gesetzesbegründung zu Art. 1 Nr. 125 GMG, BT-Drs. 15/1525.
[24] LSG Hessen v. 28.04.2004 - L 14 KR 66/04 - ErsK 2004, 208.

C. Reformbestrebungen

Die Vorschrift wird gem. Art. 1 Nr. 124 i.V.m. Art. 46 Abs. 9 GKV-Wettbewerbsstärkungsgesetz (GKV-WSG) zum 01.07.2008 geändert.[25] 30

Der **Begründung** zum Regierungsentwurf zu Art. 1 Nr. 124 GKV-WSG[26] ist zu entnehmen, dass die bisherige Haftung des Landesverbands oder des Bundesverbands der Betriebskrankenkassen für die Verbindlichkeiten einer aufgelösten oder geschlossenen Betriebskrankenkasse aus den nachfolgend genannten Gründen aufgehoben werden soll: Die Haftung insbesondere der Landesverbände hat sich in der Vergangenheit aus mehreren Gründen als nicht mehr sachgerecht erwiesen. Zum einen verfügt eine zunehmend größere Zahl von Betriebskrankenkassen über einen Kassenbezirk, der sich über den Bereich des Landesverbands hinaus erstreckt, in dem die Betriebskrankenkasse ihren Sitz hat, und dessen Mitgliedskassen letztlich im Fall ihrer Schließung für die bestehenden Verbindlichkeiten haften müssten. Es ist jedoch nicht sachgerecht, diese zur Haftung für Verbindlichkeiten heranzuziehen, die durch die Geschäftstätigkeit der geschlossenen Krankenkassen außerhalb des Bereichs des Landesverbands entstanden sind. Hinzu kommt, dass auf Grund des starken Mitgliederwachstums bei Betriebskrankenkassen mögliche Haftungsfälle ein Ausmaß erreichen können, das die Finanzkraft der Mitgliedskassen eines Landesverbands übersteigt. Außerdem ist eine solidarische Einstandspflicht der Verbandsmitglieder für die Verbindlichkeiten eines anderen Mitglieds nur dann sachgerecht, solange die Verbandsmitglieder nicht im Wettbewerb zueinander stehen. Da die Verbände künftig nicht mehr für die Verbindlichkeiten einer aufgelösten oder geschlossenen Betriebskrankenkasse haften, ist die bisherige Regelung über die Bildung von Haftungs- und Unterstützungsfonds der Verbände entbehrlich. 31

Der Haftung für diese Verpflichtungen kann sich eine Betriebskrankenkasse nicht dadurch entziehen, dass sie sich nach § 171a SGB V mit einer Krankenkasse einer anderen Kassenart vereinigt und die neue Krankenkasse nicht mehr der Kassenart der Betriebskrankenkassen angehört. Vielmehr geht die Haftung in diesem Fall auf die neue Krankenkasse über. Auf Grund der fortwirkenden Verantwortlichkeit der Kassenart, der die aufgelöste oder geschlossene Betriebskrankenkasse am 01.01.2008 angehört hat, wird die Haftung auch nicht dadurch berührt, dass sich diese Krankenkasse zwischenzeitlich mit einer Krankenkasse einer anderen Kassenart nach § 171a SGB V vereinigt hat und die neue Krankenkasse einer anderen Kassenart angehört. 32

Die organisatorische Abwicklung der Tilgung der Altschulden erfolgt durch den Spitzenverband Bund der Krankenkassen. 33

---

[25] BGBl I 2007, 378.

[26] BT-Drs. 16/3100.

§ 156 SGB V Betriebskrankenkassen öffentlicher Verwaltungen

(Fassung vom 21.12.1992, gültig ab 01.01.1996)

Die §§ 147 bis 155 Abs. 4 gelten entsprechend für Dienstbetriebe von Verwaltungen des Bundes, der Länder, der Gemeindeverbände oder der Gemeinden. An die Stelle des Arbeitgebers tritt die Verwaltung.

Gliederung

Basisinformationen

I. Vorgängervorschriften/Normgeschichte

1 § 156 SGB V ist mit Wirkung vom 01.01.1989 auf Grund von Art. 1, 79 Abs. 1 Gesundheitsreformgesetz (GRG) vom 20.12.1988 in Kraft getreten.[1] Die Norm entspricht weitgehend § 246 RVO a.F. In **Satz 1** wurde durch Art. 1 Nr. 103, Art. 35 Abs. 6 Gesundheitsstrukturgesetz (GSG) vom 21.12.1992 mit Wirkung vom 01.01.1996 die Verweisung an die geänderte Fassung des § 155 Abs. 4 SGB V angepasst.[2]

II. Parallelvorschriften

2 Parallelvorschriften gibt es nicht.

III. Literaturhinweise

3 Siehe Literaturangaben zu den §§ 147-155.

IV. Regelungsgehalt und Bedeutung der Norm

4 § 156 Satz 1 SGB V bestimmt, dass die in den §§ 147-155 Abs. 4 SGB V für die privatwirtschaftlichen Betriebe getroffenen Regelungen auch für die Dienstbetriebe von Verwaltungen des Bundes, der Länder, der Gemeindeverbände und der Gemeinden entsprechend gelten. Daraus folgt,

- dass für diese Dienstbetriebe Betriebskrankenkassen (BKKn) als Körperschaften des öffentlichen Rechts mit Selbstverwaltung errichtet werden können,[3] wobei das Verfahren nach § 148 SGB V zu beachten ist;
- dass eine Ausdehnung einer BKK auf weitere Betriebe derselben Verwaltung entsprechend § 149 SGB V möglich ist;
- dass eine freiwillige Vereinigung mit einer oder mehreren BKKn entsprechend § 150 SGB V möglich ist;
- die Anwendung der Bestimmungen über das Ausscheiden von Betrieben (§ 151 SGB V);
- die Auflösungsmöglichkeit unter den Voraussetzungen des § 152 SGB V;
- die Geltung der Vorschriften für die Schließung einer BKK durch die Aufsichtsbehörde (§ 153 SGB V);
- die Anwendung der Regelungen betr. die Abwicklung der Geschäfte und die Haftung (§ 155 SGB V).

5 § 155 Abs. 5 SGB V ist für BKKn öffentlicher Verwaltungen nicht anzuwenden, da der Gesetzgeber bei der Anfügung des Absatzes 5 den Wortlaut des § 156 Satz 1 SGB V („§§ 147bis § 155 Abs. ") unverändert gelassen hat.

6 Als Gemeindeverband i.S.v. Satz 1 gilt jeder Zusammenschluss von Gemeinden, gleich ob auf freiwilliger Basis oder kraft Gesetzes.

---

[1] BGBl I 1988, 2477.
[2] BGBl I 1992, 2266.
[3] Gem. § 147 i.V.m. § 4 Abs. 1, § 29 SGB IV.

Nach Satz 2 tritt bei der Anwendung der §§ 147-155 SGB V an die Stelle des Arbeitgebers die Verwaltung. 7

V. Normzweck

Die Regelung stellt die entsprechende Geltung der für die Privatwirtschaft geltenden §§ 147-155 SGB V für Dienstbetriebe von öffentlichen Verwaltungen fest. 8

Dritter Titel: Innungskrankenkassen

§ 157 SGB V Errichtung

(Fassung vom 14.11.2003, gültig ab 01.01.2004)

(1) Eine oder mehrere Handwerksinnungen können für die Handwerksbetriebe ihrer Mitglieder, die in die Handwerksrolle eingetragen sind, eine Innungskrankenkasse errichten.

(2) Eine Innungskrankenkasse darf nur errichtet werden, wenn

1. **in den Handwerksbetrieben der Mitglieder der Handwerksinnung regelmäßig mindestens 1.000 Versicherungspflichtige beschäftigt werden,**
2. **ihre Leistungsfähigkeit auf Dauer gesichert ist.**

(3) Absatz 1 gilt nicht für Handwerksbetriebe, die als Leistungserbringer zugelassen sind, soweit sie nach diesem Buch Verträge mit den Krankenkassen oder deren Verbänden zu schließen haben.

Gliederung

A. Basisinformationen

I. Vorgängervorschriften/Normgeschichte

1 § 157 SGB V trat mit Wirkung vom 01.01.1989 in Kraft[1] und löste die §§ 250 Abs. 1, 251 Abs. 1 RVO ab. **Absatz 2 Nr. 1** wurde neugefasst durch Art. 1 Nr. 104a Gesundheitsstrukturgesetz (GSG) vom 21.12.1992[2] und mit Wirkung ab dem 01.01.1993[3] dahingehend geändert, dass die Zahl der Versicherungspflichtigen von mindestens 450 auf mindestens 1.000 erhöht wurde. **Absatz 2 Nr. 3** (eine Innungskrankenkasse (IKK) durfte nur errichtet werden, wenn dadurch der Bestand oder die Leistungsfähigkeit vorhandener Ortskrankenkassen nicht gefährdet wurde) wurde durch Art. 1 Nr. 104c GSG gestrichen. **Absatz 3** wurde mit Wirkung vom 01.01.2004 durch Art. 1 Nr. 126, Art. 37 Abs. 1 GKV-Modernisierungsgesetz (GMG) vom 14.11.2003 eingefügt.[4] Damit wurde das Errichtungsrecht für als Leistungserbringer zugelassene Handwerksbetriebe bzw. deren Innungen ausgeschlossen.

II. Parallelvorschrift

2 Die Errichtung einer BKK ist in **§ 147 SGB V** geregelt. Die Vorschriften sind weitgehend deckungsgleich. Errichtungsvorschriften für Ortskrankenkassen und für Ersatzkassen gibt es nicht.

III. Literaturhinweise

3 *Engelhard*, Errichtung von Betriebs- und Innungskrankenkassen nach dem SGB V, SGb 1992, 534-538; *ders.*, Im Spannungsfeld zwischen AOK und IKK: „Mischbetriebe", DOK 1991, 584; *Falk*, Begriff des Handwerksbetriebes und Tatbestandswirkung der Handwerksrolleneintragung für die

---

1 Auf Grund von Art. 1, 79 Abs. 1 Gesundheitsreformgesetz (GRG) v. 20.12.1988, BGBl I 1988, 2477.
2 BGBl I 1992, 2266.
3 Gem. Art. 35 Abs. 1 GSG.
4 BGBl I 2003, 2190.

IKK-Zuständigkeit, KrV 1990, 59-62; *Finkenbusch*, Die Träger der Krankenversicherung – Verfassung und Organisation, 5. Aufl. 2004; *ders.*, Die Zuständigkeit von IKK, WzS 1987, 293; *Fröhlingsdorf*, Das Organisationsrecht der IKK im SGB V, KrV 1989, 43-48; *Hageblling*, Zur Tatbestandswirkung der Handwerksrolleneintragung, KrV 1985, 122-125; *Knispel*, Zum Zuständigkeitsbereich von Innungskrankenkassen, SGb 1987, 460-464; *Meesters*, Organisationsrecht der Krankenkassen auf dem Prüfstand, ErsK 2004, 181-184; *Schnapp*, Die Rechtsstellung geöffneter und „virtueller" Krankenkassen, NZS 2004, 113-120; *Siewert*, Kassenzuständigkeit Mischbetriebe: AOK oder IKK? DOK 1995, 264-267; *ders.*, Kassenzuständigkeit der Innungskrankenkassen, DOK 1986, 520-522; *Wertenbruch*, Rechtsgutachten über Fragen der Errichtung und Erweiterung von Innungskrankenkassen, 1972.

B. Auslegung der Norm

I. Regelungsgehalt und Bedeutung der Norm

1. Zuständigkeit und Voraussetzungen für die Errichtung (Absatz 1)

Absatz 1 regelt die Zuständigkeit sowie die Voraussetzungen für die Errichtung einer IKK. Das Errichtungsverfahren ist in § 158 SGB V beschrieben. Nach Absatz 1 können eine oder mehrere **Handwerksinnungen** (sog. Trägerinnungen) für die in die Handwerksrolle eingetragenen Handwerksbetriebe ihrer Mitglieder eine IKK errichten. Richtigerweise ist es jedoch die Aufsichtsbehörde, die die Errichtung vornimmt; die Innungen haben ein entsprechendes Antragsrecht. Zu diesen Mitgliedern zählen nicht die Gastmitglieder nach § 59 HwO.[5] Damit hat die IKK keinen selbständigen räumlichen Kassenbezirk, sondern erstreckt sich auf die Betriebe, mit denen ein selbständiger Handwerker einer Trägerinnung angehört.[6] 4

Nach § 52 Abs. 1 Satz 1 HwO können selbständige Handwerker des gleichen Handwerks oder solcher Handwerke, die sich fachlich oder wirtschaftlich nahe stehen, zur Förderung ihrer gemeinsamen wirtschaftlichen Interessen innerhalb eines bestimmten Bezirks zu einer Handwerksinnung zusammentreten. Die Handwerksinnung ist gem. § 53 Satz 1 HwO eine Körperschaft des öffentlichen Rechts. Eine IKK kann auch von mehreren, ggf. unterschiedlichen Handwerksinnungen errichtet werden. Nichthandwerkliche Innungen dürfen keine IKKn mehr errichten. Sie können jedoch nach Art. V Abs. 2 Satz 1 des 4. GewOÄndG bestehende IKKn fortführen.[7] 5

Ein Gewerbebetrieb ist dann ein **Handwerksbetrieb**, wenn er handwerksmäßig betrieben wird und ein Gewerbe vollständig umfasst, das in der Anlage A zur Handwerksordnung aufgeführt ist, oder Tätigkeiten ausgeübt werden, die für dieses Gewerbe wesentlich sind (§ 1 Abs. 2 HwO). Der Handwerksbetrieb muss nach § 157 Abs. 1 SGB V in die Handwerksrolle einzutragen sein; auf die Größe des Betriebes oder überkommene Vorstellungen von einem Handwerksbetrieb kommt es dabei nicht an.[8] **Handwerksrolle** ist nach § 6 Abs. 1 das bei der Handwerkskammer zu führende Verzeichnis, in welches die selbständigen Handwerker (vgl. § 1 Abs. 1 HwO) ihres Bezirkes mit dem von ihnen zu betreibenden Handwerk einzutragen sind. Sind bei einem mehrere Betriebe umfassenden Gesamtbetrieb nicht alle Gewerbe in der Handwerksrolle eingetragen, ist es entscheidend, ob der Charakter des Betriebes durch den handwerklichen, in der Handwerksrolle eingetragenen Betriebsteil geprägt wird.[9] Die Eintragung in die Handwerksrolle und die Aufnahme in die Handwerksinnung haben für die gesetzliche Krankenversicherung – abgesehen von den Fällen der Nichtigkeit wegen grober Mängel – **Tatbestandswirkung.**[10] Die Tatbestandswirkung kann auch dann unbeachtlich sein, wenn ein Betrieb in vollem Umfang von der handwerklichen zur industriellen Produktion übergegangen ist und es sich somit nicht mehr um das Gewerbe handelt, das der Innungsmitgliedschaft zugrunde liegt.[11] 6

---

5 Vgl. BSG v. 28.02.1985 - 8 RK 40/83 - USK 8567.

6 Näheres bei *Baier* in: Krauskopf, Soziale Krankenversicherung, SGB V, § 157 Rn. 8 m.w.N.

7 BSG v. 11.12.1990 - 1 RR 2/88 - SozR 3-2500 § 159 Nr. 1.

8 Vgl. BSG v. 16.02.1982 - 8 RK 4/81 - SozR 2200 § 250 RVO Nr. 8.

9 Vgl. BSG v. 11.12.1990 - 1 RR 2/88 - SozR 2200 § 250 RVO Nr. 1 und BSG v. 06.11.1985 - 8 RK 42/84 - SozR 2200 § 250 RVO Nr. 11.

10 Vgl. BSG v. 31.08.1989 - 3/8 RK 23/87 - SozR 2200 § 250 Nr. 13 und BSG v. 31.08.1989 - 3 RK 33/88 - USK 8946.

11 Vgl. BSG v. 19.03.1986 - 8 RK 57/84 - USK 8638.

7 Falls der Betrieb eines Mitglieds einer Trägerinnung **mehrere Gewerbe als Einzelbetriebe** umfasst, besteht die Zugehörigkeit zur IKK nur für die Betriebe, mit denen der Arbeitgeber einer Trägerinnung der IKK angehört.[12] Ist ein mehrere Gewerbe umfassender Betrieb eines Mitglieds einer Trägerinnung als einheitlicher Gesamtbetrieb (**Mischbetrieb**) anzusehen, besteht die IKK für den Gesamtbetrieb, wenn dieser durch den handwerklichen Betriebsteil, mit dem der Inhaber in die Handwerksrolle eingetragen und Mitglied der Trägerinnung ist, geprägt wird.[13] Hierbei sind die Zahl der Beschäftigten und die auf sie entfallende Lohnsumme, die sächlichen Betriebsmittel sowie die Umsätze zu berücksichtigen.[14] Die Zugehörigkeit eines Mischbetriebes zur IKK wird nicht dadurch ausgeschlossen, dass der Betriebsinhaber zugleich Mitglied der Trägerinnung und der Industrie- und Handelskammer ist.[15]

8 Wenn ein **Nebenbetrieb** i.S.v. § 2 Nr. 2 oder 3 i.V.m. § 7 Abs. 5 HwO als solcher in der Handwerksrolle eingetragen ist, können die dort beschäftigten Arbeitnehmer nicht Mitglied einer für dieses Handwerk zuständigen IKK sein, weil dieser Handwerksbetrieb nur unselbständiger Teil eines sog. Mischbetriebes ist und im Verhältnis zu den anderen Betriebsteilen lediglich untergeordnete Bedeutung hat.[16]

9 Welches **Organ** der Innung für die Errichtung einer IKK zuständig ist, regelt das SGB V nicht. Nach § 61 HwO ist die **Innungsversammlung**, die nach § 158 Abs. 2 SGB V der Errichtung zustimmen muss, auch das für den Errichtungsbeschluss zuständige Organ. Die Innungsversammlung hat also zwei Beschlüsse zu fassen, den handwerksrechtlichen Errichtungsbeschluss und die sozialversicherungsrechtliche Zustimmung. Zur Errichtung einer **gemeinsamen IKK** sind getrennte Willensentscheidungen der beteiligten Innungen erforderlich. Die Innungen müssen in keinen besonderen fachlichen oder räumlichen Beziehungen stehen. Mit der Errichtung wird die IKK rechtsfähige Körperschaft des öffentlichen Rechts mit Selbstverwaltung (vgl. § 4 SGB V; §§ 29, 31 Abs. 3a, 35a SGB IV).

10 Nicht endgültig geklärt ist die Zulässigkeit des Verfahrens der sog. **Anschlusserrichtung**. Anders als bei den BKKn (vgl. § 149 SGB V) hat der Gesetzgeber die nachträgliche Erstreckung einer IKK auf eine weitere Innung nicht ausdrücklich geregelt. Daraus wird der Schluss gezogen, dass das von der Rechtsprechung entwickelte[17] Anschlussverfahren auch weiterhin praktikabel sei.[18] Danach bedarf es der Mitwirkung der Trägerinnungen der IKK und ihrer Gesellenausschüsse nicht.[19] Der Verwaltungsrat der IKK muss lediglich gem. § 33 Abs. 1 und 3 SGB IV, § 197 Abs. 1 Nr. 1 SGB V eine entsprechende Änderung der Satzung beschließen. Soll die zu errichtende IKK sich auch auf einen Betrieb mit **BKK** erstrecken, muss die BKK zunächst aufgelöst werden, weil eine kassenübergreifende Vereinigung unzulässig ist. Ansonsten ist die Errichtung einer BKK für einen Innungsbetrieb nicht ausgeschlossen.

2. Weitere Voraussetzungen für die Errichtung (Absatz 2)

11 Neben den in Absatz 1 genannten persönlichen und betrieblichen Voraussetzungen darf nach Absatz 2 eine IKK nur errichtet werden, wenn in den Handwerksbetrieben der Mitglieder der Handwerksinnung **regelmäßig mindestens 1.000 Versicherungspflichtige beschäftigt** werden und die Leistungsfähigkeit der IKK auf Dauer gesichert ist. Ob diese versicherungspflichtig beschäftigten Personen Mitglieder der IKK werden, ist i.S.v. Absatz 2 Nr. 1 unerheblich. Entscheidend ist, dass mindestens 1.000 Personen regelmäßig in einem Beschäftigungsverhältnis zu den entsprechenden Handwerksbetrieben stehen und auf Grund dessen in der gesetzlichen Krankenversicherung pflichtversichert sind; allerdings verlangt § 158 Abs. 1 SGB V Satz 2 1.000 Mitglieder der IKK im Errichtungszeitpunkt. Dieses Erfordernis berücksichtigt den Gedanken, dass ein dauerhafter Risikoausgleich innerhalb der Versichertengemeinschaft eine bestimmte Mindestgröße erfordert.[20] Die Regelmäßigkeit stellt auf die jüngere Vergangenheit und die Aussichten für die Zukunft ab. Bei Anschlussverfahren muss in den der anschlusswilligen Innung angehörenden Betrieben keine Mindestzahl Versicherungspflichtiger beschäftigt sein.

---

[12] Vgl. BSG v. 06.11.1985 - 8 RK 42/84 - USK 85210.

[13] BSG v. 31.08.1989 - 3 RK 33/88 - USK 8946; BSG v. 22.04.1986 - 8 RK 4/85 - SozR 2200 § 250 Nr. 12; BSG v. 06.11.1985 - 8 RK 42/84 - SozR 2200 § 250 Nr. 11.

[14] BSG v. 22.02.1974 - 3 RK 88/72 - BSGE 37, 135.

[15] Vgl. hierzu auch BVerwG v. 25.10.1977 - I C 21.73 - NJW 1978, 389.

[16] BSG v. 10.11.1994 - 12 RK 58/93 - SozR 3-2500 § 175 Nr. 1; BSG v. 23.02.1973 - 3 RK 21/71 - USK 7310.

[17] BSG v. 29.04.1958 - 3 RK 9/57 - BSGE 7, 169.

[18] *Baier* in: Krauskopf, Soziale Krankenversicherung, SGB V, § 157 Rn. 6, 7; *Peters* in: KassKomm-SGB, SGB V, § 157 Rn. 7.

[19] Vgl. BSG v. 29.08.1980 - 8a RK 15/79 - SozR 2200 § 250 Nr. 7.

[20] Vgl. Gesetzesbegründung zu Art. 1 Nr. 77 GSG, BT-Drs. 12/3608.

Die **Leistungsfähigkeit** der zu errichtenden IKK muss auf Dauer gesichert sein. Siehe hierzu die Kommentierung zu § 147 SGB V Rn. 14. Weitere Errichtungsvoraussetzungen ergeben sich aus § 158 SGB V. 12

3. Ausschluss des Errichtungsrechts für Leistungserbringer und ihre Verbände (Absatz 3)

Das Errichtungsrecht besteht nach Absatz 3 für „Handwerksbetriebe, die als Leistungserbringer zugelassen sind" nicht, soweit sie nach diesem Buch Verträge mit den Krankenkassen oder deren Verbänden zu schließen haben. Die Bestimmung ist dahingehend auszulegen, dass diejenigen Innungen kein Errichtungsrecht haben, die sich aus entsprechenden Betrieben zusammensetzen. Der Zweck der Bestimmung ist die Wahrung des **Grundsatzes der Gegnerfreiheit im Verhältnis zwischen gesetzlicher Krankenversicherung und Leistungserbringern.**[21] 13

Unter **Leistungserbringern** i.S.v. Absatz 3 sind Leistungserbringer im Gesundheitswesen zu verstehen, die nach den Vorschriften des Vierten Kapitels des SGB V eine Berechtigung zur Versorgung der Versicherten der gesetzlichen Krankenversicherung erhalten haben. Die Vorschrift betrifft Leistungserbringer, soweit sie nach dem SGB V Verträge mit den Krankenkassen zu schließen haben. Betroffen sind die Gesundheitshandwerker als Leistungserbringer von Hilfsmitteln i.S.v. § 126 SGB V, z.B. Augenoptiker, Hörgeräteakustiker, Orthopädiemechaniker und Orthopädieschuhmacher. Für die Verbände der Gesundheitshandwerker gilt der Errichtungsausschluss gem. § 147 Abs. 4 SGB V. Eine dem § 147 Abs. 4 Satz 2 SGB V entsprechende Bestimmung war in § 157 Abs. 3 SGB V entbehrlich. 14

II. Normzwecke

Die Vorschrift regelt insbesondere das Recht und die Zuständigkeit (Absatz 1) sowie die Voraussetzungen (Absatz 2) für die Errichtung einer IKK. Sie schließt die Errichtung einer IKK für Handwerksbetriebe, die als Leistungserbringer zugelassen sind, aus (Absatz 3). 15

C. Praxishinweise

Die errichtete IKK kann von den Beschäftigten der Mitgliedsbetriebe der Trägerinnung gem. § 173 Abs. 2 Nr. 3 SGB V als Krankenkasse gewählt werden. Sofern die IKK in ihrer Satzung eine Öffnungsklausel für Innungsfremde hat, können auch andere Versicherungspflichtige und Versicherungsberechtigte die IKK wählen (§ 173 Abs. 2 Satz 1 Nr. 4 SGB V). 16

[21] Vgl. Gesetzesbegründung zu Art. 1 Nr. 126 GMG, BT-Drs. 15/1525.

§ 158 SGB V Verfahren bei Errichtung

(Fassung vom 14.11.2003, gültig ab 01.01.2004)

(1) Die Errichtung der Innungskrankenkasse bedarf der Genehmigung der nach der Errichtung zuständigen Aufsichtsbehörde. Die Genehmigung darf nur versagt werden, wenn eine der in § 157 genannten Voraussetzungen nicht vorliegt oder die Krankenkasse zum Errichtungszeitpunkt nicht 1.000 Mitglieder haben wird.

(2) Die Errichtung bedarf der Zustimmung der Innungsversammlung und der Mehrheit der in den Innungsbetrieben Beschäftigten.

(3) Für das Verfahren gilt § 148 Abs. 2 Satz 2 und 3 und Abs. 3 entsprechend. An die Stelle des Arbeitgebers tritt die Handwerksinnung.

Gliederung

A. Basisinformationen

I. Vorgängervorschriften/Normgeschichte

1 Die Vorschrift trat mit Wirkung vom 01.01.1989 aufgrund von Art. 1, 79 Abs. 1 Gesundheitsreformgesetz (GRG) vom 20.12.1988 in Kraft[1] und entspricht weitgehend dem bisherigen Recht (vgl. §§ 250 Abs. 1 Satz 1, 252, 253 RVO a.F.).

2 **Absatz 1 Satz 2** wurde durch Art. 1 Nr. 105a Gesundheitsstrukturgesetz (GSG) vom 21.12.1992[2] mit Wirkung ab dem 01.01.1993[3] insofern geändert, als statt 450 jetzt 1.000 Versicherungspflichtige gefordert werden. **Absatz 1 Satz 3** (Äußerungsrecht der Ortskrankenkassen) wurde durch Art. 1 Nr. 127 GKV-Modernisierungsgesetz (GMG) vom 14.11.2003[4] mit Wirkung ab dem 01.01.2004[5] aufgehoben. **Absatz 2** wurde durch Art. 1 Nr. 105b GSG mit Wirkung ab dem 01.01.1996[6] neu gefasst. Seitdem ist die Zustimmung der Beschäftigten (an Stelle des Gesellenausschusses) erforderlich.

II. Parallelvorschriften

3 Die Vorschrift ist nahezu identisch mit **§ 148 SGB V**, der das Verfahren bei Errichtung einer Betriebskrankenkasse regelt. § 158 SGB V ergänzt **§ 157 SGB V**.

III. Literaturhinweise

4 *Schnapp*, Kassenschließung trotz fehlerfreier Errichtung, NZS 2002, 449-454: *ders.*, Gesetzesbindung oder behördlicher Genehmigungsspielraum bei der Erteilung der Errichtungsgenehmigung?, BKK 1990, 368-375; *Schneider*, Einstweilige Anordnungen bei Errichtung von Betriebs- oder Innungskrankenkassen sowie bei Kassenerweiterungen?, SGb 1989, 501-504.

---

[1] BGBl I 1988, 2477.
[2] BGBl I 1992, 2266.
[3] Gem. Art. 35 Abs. 1 GSG.
[4] BGBl I 2003, 2190.
[5] Gem. Art. 37 Abs. 1 GMG.
[6] Gem. Art. 35 Abs. 6 GSG.

IV. Regelungsgehalt und Bedeutung der Norm

1. Aufsichtsbehördliche Genehmigung, Errichtungsvoraussetzungen (Absatz 1)

Nach Absatz 1 Satz 1 bedarf die Errichtung der Innungskrankenkasse (IKK) der Genehmigung der nach der Errichtung **zuständigen Aufsichtsbehörde**. Die für die Sozialversicherung zuständige oberste Verwaltungsbehörde des Landes ist zuständig, wenn sich die IKK nicht über das Gebiet eines Landes oder über das Gebiet von maximal drei Ländern erstreckt, welche das aufsichtführende Land bestimmt haben. Für die anderen, die bundesunmittelbaren Krankenversicherungsträger ist das Bundesversicherungsamt zuständig (vgl. §§ 90, 90a SGB IV). 5

Vor der Entscheidung über die Genehmigung der Errichtung der IKK hat die Aufsichtsbehörde die **Verbände** der beteiligten Krankenkassen nach § 172 Abs. 1 Satz 1 SGB V **zu hören**. Das frühere einseitige Anhörungsrecht der betroffenen Ortskrankenkassen bei Errichtung einer IKK ist durch das GKV-Modernisierungsgesetz infolge des Wegfalls der Basisfunktion der Ortskrankenkassen zum 01.01.1996 abgeschafft worden. 6

Nach Absatz 1 Satz 2 **darf die Genehmigung nur versagt werden**, wenn eine der in § 157 Abs. 1 SGB V genannten Voraussetzungen nicht vorliegt oder die IKK zum Errichtungszeitpunkt nicht (mindestens) 1.000 Mitglieder haben wird. Das Mindesterfordernis dient der Gewährleistung der finanziellen Leistungsfähigkeit der IKK. Das Erfordernis der Mindestzahl von **1.000 Mitgliedern zum Errichtungszeitpunkt** nach Absatz 1 Satz 2 ist zu unterscheiden von der in § 157 Abs. 1 Nr. 1 SGB V genannten Errichtungsvoraussetzung von mindestens 1.000 Versicherungspflichtigen. Einerseits können unter den Versicherungspflichtigen auch Personen sein, die nicht zur neuen IKK wechseln wollen, andererseits zählen zu den Mitgliedern i.S.v. § 158 auch nicht beschäftigte Versicherungspflichtige, wie Rentner und freiwillig Versicherte. Nach § 10 SGB V familienversicherte Personen sind keine Mitglieder. 7

Die Beitrittswilligen müssen die zu errichtende IKK im Errichtungszeitpunkt auch wählen können. Da nach dem 01.01.2004 neu errichtete IKKn gem. Art. 35 § 7 GMG bis zum 01.01.2007 nicht das Recht haben, sich durch eine Satzungsregelung gem. § 173 Abs. 2 Satz 1 Nr. 4 SGB V zu öffnen, kommen Innungsfremde bis dahin nicht als Mitglieder in Betracht. Die in Betracht kommenden Personen können ihren Beitrittswillen durch schriftliche Erklärungen dokumentieren. Versicherte anderer Krankenkassen können ihren Beitrittswillen durch bedingte Erklärungen über ihr Ausscheiden aus der bisherigen Krankenkasse belegen.[7] Ggf. hat die Aufsichtsbehörde eine auf eine Befragung im Betrieb gestützte Prognose abzugeben.[8] 8

Stellt sich nach erteilter Genehmigung und erfolgter Errichtung der IKK heraus, dass die Mindestmitgliederzahl nicht erreicht wurde, kommt eine Schließung nach § 163 Abs. 1 Nr. 2 SGB V in Betracht. Angesichts der naturgemäß mit Unwägbarkeiten belasteten Prognose dürfte ein von der Handwerksinnung nicht verschuldetes geringfügiges Unterschreiten des Quorums insofern unbeachtlich sein. Handelt es sich nur um eine temporäre Absenkung und würde die Zahl von 1.000 Mitgliedern zum Zeitpunkt der Schließungsanordnung (mutmaßlich) wieder erreicht, so ist nach Sinn und Zweck der Bestimmung von einer Schließung abzusehen.[9] 9

Die **fehlende Zustimmung der Beschäftigten** (Absatz 2) ist, ebenso wie ein Verstoß gegen Absatz 3 i.V.m. § 148 Abs. 3 Satz 1 SGB V (die Handwerksinnung fügt dem Genehmigungsantrag keine Satzung bei) ein weiterer zwingender Versagungsgrund. Die Stellung des Zustimmungserfordernisses im zweiten Absatz des § 158 SGB V und die Verweisung des Absatzes 1 Satz 2 haben zu unterschiedlichen rechtlichen Beurteilungen geführt.[10] Einerseits gehört die Zustimmung der Beschäftigten nicht zu den in § 157 Abs. 1 SGB V aufgeführten Errichtungsvoraussetzungen, andererseits kann die BKK nach § 163 Satz 1 Nr. 2 SGB V geschlossen werden, wenn sie nicht hätte errichtet werden dürfen; Absatz 2 Satz 1 sagt unzweideutig, dass die Errichtung der Zustimmung der Beschäftigten bedarf. Trotz z.T. nicht unberechtigter Kritik am Zustimmungserfordernis, ist es wegen der eindeutigen gesetzgeberischen Intention zu beachten. Der durch die handwerklich fehlerhafte Systematik entstandene Widerspruch wird stimmig durch folgende Lesart des § 158 Abs. 1 Satz 2 SGB V aufgelöst: Die Errichtung ist auch dann zu versagen, wenn die erforderliche Zustimmung der Beschäftigten fehlt.[11] 10

[7] Vgl. Gesetzesbegründung zu Art. 1 § 157 GRG, BT-Drs. 11/2237.

[8] Vgl. *Engelhard* in: Hauck/Noftz, SGB V, § 148 Rn. 21, *Peters* in: KassKomm-SGB, SGB V, § 148 Rn. 5.

[9] Vgl. auch *Engelhard* in: Hauck/Noftz, SGB V, § 158 Rn. 22.

[10] *Schnapp*, NZS 2002, 449 ff. hält das Zustimmungserfordernis im Ergebnis für obsolet bzw. verfassungswidrig.

[11] So auch ausführlich *Engelhard* in: Hauck/Noftz, SGB V, § 158 Rn. 7a.

11 Zur **Rechtsnatur** und **Form** der Genehmigung siehe die Kommentierung zu § 148 SGB V Rn. 11.

12 Die Genehmigung wird nach § 37 SGB X mit dem Zeitpunkt **wirksam**, zu dem sie dem Adressaten bekannt gegeben wird. Zu dem in der Genehmigung festgelegten Zeitpunkt wird damit die IKK errichtet.[12] War die Genehmigung rechtswidrig, kann dies nur in einem gesonderten, auf Schließung der Krankenkasse bzw. Auflösung der Anschlusserrichtung gerichteten Verfahren durchgesetzt werden.[13] Die fehlende oder fehlerhafte Zustimmung der Innungsversammlung und die Abstimmung der in den Innungsbetrieben Beschäftigten können nicht gesondert angegriffen werden. Die Errichtungsgenehmigung ist insofern nicht nichtig, sondern rechtswidrig.[14] Ein fehlerhaftes Abstimmungsverfahren ist dann erheblich, wenn es sich auf das Abstimmungsergebnis ausgewirkt haben kann.[15]

2. Zustimmung der Innungsversammlung und der Mehrheit der Beschäftigten (Absatz 2)

13 Wie sich aus Absatz 3 i.V.m. § 148 Abs. 3 Satz 1 SGB V ergibt, hat die Handwerksinnung das Recht, die Errichtung einer IKK zu beantragen. Die Errichtung der IKK bedarf zunächst der Zustimmung der **Innungsversammlung** der Trägerinnung. Die Innungsversammlung ist quasi das Legislativorgan der Innung (vgl. §§ 60-65 HwO). Sie besteht nach § 60 Abs. 1 Satz 2 HwO aus den Mitgliedern der Handwerksinnung. Die Satzung kann bestimmen, dass die Innungsversammlung aus Vertretern besteht, die von den Mitgliedern der Handwerksinnung aus ihrer Mitte gewählt werden (§ 60 Abs. 1 Satz 3 HwO).

14 Die Zustimmung ist in geheimer **Abstimmung** zu ermitteln (Absatz 3 Satz 1 i.V.m. § 148 Abs. 2 Satz 3 SGB V). Die Abstimmung muss im Übrigen frei und gleich sein. Fraglich ist, welche **Mehrheitserfordernisse** bestehen. Nach wohl herrschender Auffassung muss die Mehrheit der erschienenen Mitglieder der Innungsversammlung für die Errichtung stimmen (mehr Ja- als Neinstimmen).[16] Diese Auffassung wendet § 62 Abs. 2 Satz 1 HwO an. Die Anwendung der Vorschrift ergibt sich jedoch nicht ganz zweifelsfrei. Nach § 54 Abs. 5 HwO richtet sich die Errichtung der IKK nach den hierfür geltenden bundesrechtlichen Bestimmungen. Insofern wäre an § 64 SGB IV zu denken. Nach § 64 Abs. 2 Satz 1 SGB IV werden Beschlüsse grundsätzlich mit der Mehrheit der abgegebenen Stimmen gefasst. Gastmitglieder dürfen gem. § 59 Satz 3 HwO an der Abstimmung nicht teilnehmen.[17] Wenn eine IKK von mehreren Handwerksinnungen errichtet wird, müssen sämtliche beteiligten Innungsversammlungen zustimmen. Nach einer Auffassung kann die Innungsversammlung ihre **Zustimmung** bis zur Entscheidung der Aufsichtsbehörde über die Errichtungsgenehmigung **widerrufen**.[18] Dem entgegen steht eine Entscheidung des BSG, wonach die einmal erklärte Zustimmung jedenfalls nach Einleitung des Errichtungsverfahrens nicht widerrufen werden kann.[19] Ein mangelhafter Zustimmungsbeschluss wird durch ordnungsgemäße Wiederholung geheilt.[20] Auch diese Abstimmung wird von der nach der Errichtung der IKK zuständigen **Aufsichtsbehörde** durchgeführt, die wiederum eine andere Behörde (z.B. das örtliche Versicherungsamt) damit beauftragen kann (Absatz 3 i.V.m. § 148 Abs. 2 Satz 2 SGB V). Die Genehmigungsbehörde und die Sozialgerichte können den Zustimmungsbeschluss in vollem Umfang überprüfen und sind dabei an entsprechende Erklärungen der Handwerkskammer als Aufsichtsbehörde der Innung nicht gebunden.[21]

15 Absatz 2 verlangt außerdem die **Zustimmung der Mehrheit der in den Innungsbetrieben Beschäftigten**.[22] Siehe hierzu die Kommentierung zu § 148 SGB V Rn. 18 und die Kommentierung zu § 148 SGB V Rn. 23.

[12] Vgl. BSG v. 13.11.1985 - 1/8 RR 5/83 - SozR 2200 § 253 RVO Nr. 2.
[13] Vgl. BSG v. 08.04.1987 - 1 RR 14/85 - SozR 3-2200 § 225a Nr. 2, S. 2, 5.
[14] Vgl. BSG v. 21.11.1961 - 3 RK 35/60 - BSGE 15, 264.
[15] Vgl. BSG v. 29.06.1994 - 1 RR 4/92 - SozR 3-2200 § 225a Nr. 2.
[16] *Engelhard* in: Hauck/Noftz, SGB V, § 158 Rn. 3; *Baier* in: Krauskopf, Soziale Krankenversicherung, SGB V, § 158 Rn. 6.
[17] Vgl. BSG v. 25.04.1962 - 3 RK 21/58 - SozR 2200 § 250 RVO Nr. 4.
[18] *Engelhard* in: HauckNoftz, SGB V, § 158 Rn. 4b.
[19] BSG v. 28.08.1970 - 3 RK 48/69 - BSGE 31, 283. Siehe auch *Baier* in: Krauskopf, Soziale Krankenversicherung, § 158 Rn. 7.
[20] BSG v. 28.08.1970 - 3 RK 48/69 - BSGE 31, 283.
[21] BSG v. 28.08.1970 - 3 RK 48/69 - BSGE 31, 283 und BSG v. 15.05.1974 - 3 RK 87/72 - BSGE 37, 211.
[22] Warum das BSG in seinem Urteil v. 29.06.1994 - 1 RR 4/92 - SozR 3-2200 § 225a Nr. 2 bereits die Zustimmung der „Hälfte der Zahl aller dort Beschäftigten“ für ausreichend hielt, bleibt offen.

Für die Abstimmung gelten dieselben Grundsätze wie bei der Innungsversammlung. Briefwahl ist zulässig.[23] Wenn eine IKK durch mehrere Handwerksinnungen errichtet werden soll, ist die mehrheitliche Zustimmung der Beschäftigten in den Betrieben jeder einzelnen Innung erforderlich. Ggf. muss bei negativem Ausgang der Abstimmung bei nur einer Trägerinnung diese entscheiden, ob sie die IKK allein errichteten will. Die Abstimmung wird nach Absatz 2 Satz 2 von der **Aufsichtsbehörde** oder der von ihr beauftragten Behörde geleitet. Als beauftragte Behörde kommt z.B. das Bundesversicherungsamt in Betracht. Ausweislich § 158 Abs. 1 Satz 2 SGB V stellen Abstimmungsmängel keinen Versagungsgrund für die Genehmigung dar. Siehe weiter die Kommentierung zu § 148 SGB V Rn. 19 ff. 16

Umstritten ist, ob die Beschäftigten ihre Zustimmung zur Errichtung der IKK bis zur Entscheidung der Aufsichtsbehörde widerrufen können. Das BSG hat die Frage verneint.[24] Richtigerweise wird man dieses Ergebnis nur in Bezug auf ein ordnungsgemäß durchgeführtes Abstimmungsverfahren aufrechterhalten können. Bei Vorliegen von Abstimmungsmängeln steht einer erneuten Abstimmung nichts entgegen.[25] 17

3. Vorlage und Genehmigung der Satzung, Bestimmung des Errichtungszeitpunktes (Absatz 3 i.V.m. § 148 Abs. 3 SGB V)

Nach Absatz 3 i.V.m. § 148 Abs. 3 Satz 1 SGB V hat die Handwerksinnung dem Genehmigungsantrag eine Satzung beizufügen. Der Inhalt der Satzung richtet sich nach § 194 SGB V. Nach Handwerksrecht zuständiges Organ ist zunächst die Innungsversammlung (vgl. § 61 HwO), die wiederum einen Ausschuss beauftragen kann (vgl. § 67 HwO). Errichten mehrere Handwerksinnungen eine gemeinsame IKK, ist eine inhaltlich übereinstimmende Satzung von allen beteiligten Innungen zu beschließen. Im Falle eines Anschlussverfahrens ist lediglich eine Satzungsänderung der aufnehmenden IKK erforderlich. Siehe ansonsten unter der Kommentierung zu § 148 SGB V Rn. 26. 18

V. Normzwecke

§ 158 SGB V ergänzt § 157 SGB V um Regelungen betreffend das Verfahren bei der Errichtung von IKKn. Die Norm bestimmt insbesondere die Genehmigungsbedürftigkeit und -zuständigkeit (Absatz 1 Satz 1) sowie weitere Errichtungsvoraussetzungen (Absatz 1 Satz 2 und Absatz 2). 19

Das Zustimmungserfordernis der Mehrheit der in den Innungsbetrieben Beschäftigten dient der demokratischen Legitimation. Ob allerdings nach Einführung der allgemeinen Kassenwahlfreiheit ein solches Votum der Beschäftigten für die Errichtung einer IKK sachlich begründet ist, erscheint fraglich.[26] 20

B. Praxishinweis

Die Vorschrift dürfte angesichts des Konzentrationsprozesses bei den IKKn kaum aktuelle Praxisbedeutung haben.[27] 21

---

[23] So das BSG v. 29.06.1994 - 1 RR 4/92 - SozR 3-2200 § 225a Nr. 2, S. 2, 8 f., zum alten Recht.

[24] BSG v. 28.08.1970 - 3 RK 48/69 - BSGE 31, 283 zur Zustimmung durch den Gesellenausschuss.

[25] Vgl. *Engelhard* in: HauckNoftz, SGB V, § 158 Rn. 4b m.w.N.

[26] So *Baier* in: Krauskopf, Soziale Krankenversicherung, SGB V, § 158 Rn. 10.

[27] Die Zahl der IKKn hat sich von 1994 bis 2004 von 165 auf 19 verringert; Quelle: www.ikk.de.

§ 159 SGB V Ausdehnung auf weitere Handwerksinnungen

(Fassung vom 14.11.2003, gültig ab 01.01.2004)

(1) Wird eine Handwerksinnung, die allein oder gemeinsam mit anderen Handwerksinnungen eine Innungskrankenkasse errichtet hat (Trägerinnung), mit einer anderen Handwerksinnung vereinigt, für die keine Innungskrankenkasse besteht, so gehören die in den Betrieben der anderen Handwerksinnung versicherungspflichtigen Beschäftigten der Innungskrankenkasse an, wenn die Mehrheit der in den Innungsbetrieben Beschäftigten zustimmt; § 157 Abs. 2 Nr. 2 gilt entsprechend. Satz 1 gilt entsprechend, wenn eine Trägerinnung ihren Zuständigkeitsbereich örtlich oder sachlich erweitert. § 158 gilt entsprechend.

(2) Wird auf Grund von Änderungen des Handwerksrechts der Kreis der Innungsmitglieder einer Trägerinnung verändert, hat die zuständige Aufsichtsbehörde den Mitgliederkreis der Innungskrankenkasse entsprechend anzupassen. Sind von der Anpassung mehr als 1.000 Beschäftige von Innungsmitgliedern der Trägerinnung betroffen, gelten die §§ 157, 158 entsprechend.

(3) Erstreckt sich die Innungskrankenkasse nach der Anpassung über die Bezirke mehrerer Aufsichtsbehörden, treffen die Entscheidung nach Absatz 2 die Aufsichtsbehörden, die vor der Anpassung zuständig waren.

Gliederung

A. Basisinformationen

I. Vorgängervorschriften/Normgeschichte

1 Die Vorschrift trat mit Wirkung vom 01.01.1989 auf Grund von Art. 1, 79 Abs. 1 Gesundheitsreformgesetz (GRG) vom 20.12.1988 in Kraft.[1] Abs. 1 entspricht weitgehend § 250 Abs. 1a RVO a.F. § 159 Abs. 2 und 3 SGB V entsprechen § 33 Abs. 2 bis 5 SVwG a.F. **Absatz 1 Satz 1** wurde durch Art. 1 Nr. 106a Gesundheitsstrukturgesetz (GSG) vom 21.12.1992[2] mit Wirkung ab dem 01.01.1996[3] geändert. Seither ist die Zustimmung der Beschäftigten anstelle des Gesellenausschusses erforderlich. Die Verweisung auf § 157 Abs. 2 Nr. 3 entfiel wegen dessen Streichung. **Absatz 2 Satz 2** wurde durch Art. 1 Nr. 106b GSG mit Wirkung ab dem 01.01.1993[4] dahingehend geändert, dass nunmehr 1.000 statt 450 Beschäftigte von der Anpassung betroffen sein müssen. **Absatz 3 Satz 1** wurde durch Art. 1 Nr. 106c GSG mit Wirkung ab dem 01.01.1993 modifiziert. Die Entscheidungen nach Absatz 2 sind seitdem den vor (früher nach) der Anpassung zuständigen Aufsichtsbehörden übertragen. **Satz 2** wurde durch Art. 1 Nr. 128 GKV-Modernisierungsgesetz (GMG) vom 14.11.2003[5] mit Wirkung ab dem 01.01.2004[6] gestrichen. Damit ist – infolge der Einführung der allgemeinen Kassenwahlfreiheit – das Anhörungsrecht der Ortskrankenkassen weggefallen.

---

[1] BGBl I 1988, 2477.
[2] BGBl I 1992, 2266.
[3] Gem. Art. 35 Abs. 6 GSG.
[4] Gem. Art. 35 Abs. 1 GSG.
[5] BGBl I 2003, 2190.
[6] Gem. Art. 37 Abs. 1 GMG.

II. Parallelvorschrift

Die Vorschrift ist nur der Überschrift nach vergleichbar mit **§ 149 SGB V** (Ausdehnung einer BKK auf weitere Betriebe). 2

III. Literaturhinweise

Fröhlingsdorf, § 159 Abs. 1 SGB V bei Beteiligung mehrerer IKK, KrV 1989, 213-214; *Schneider*, Einstweilige Anordnungen bei Errichtung von Betriebs- oder Innungskrankenkassen sowie bei Kassenerweiterungen?, SGb 1989, 501-504. 3

B. Auslegung der Norm

I. Regelungsgehalt und Bedeutung der Norm

1. Vereinigung der Trägerinnung mit einer anderen Handwerksinnung (Absatz 1 Satz 1)

Absatz 1 Satz 1 regelt die Zugehörigkeit der versicherungspflichtig Beschäftigten zu einer Innungskrankenkasse (IKK), wenn eine Trägerinnung sich mit einer Handwerksinnung vereinigt, für die keine IKK besteht. Unter **Trägerinnung** ist eine Handwerksinnung zu verstehen, die allein oder gemeinsam mit anderen Handwerksinnungen eine IKK errichtet hat. Sofern beide sich vereinigenden Innungen Träger einer IKK sind, kommt nicht § 159 SGB V, sondern § 160 Abs. 2 SGB V (Vereinigung von IKKn) zur Anwendung. 4

Für die Vereinigung einer Trägerinnung mit einer anderen Handwerksinnung, die nicht Trägerinnung ist, gelten gem. Absatz 1 Satz 3 i.V.m. § 158 SGB V die für die Errichtung einer IKK maßgebenden Grundsätze. Das bedeutet, dass auch in diesem Fall ein förmliches Errichtungsverfahren durchzuführen ist.[7] Die versicherungspflichtig Beschäftigten in Betrieben einer sich mit einer Trägerinnung vereinigenden Handwerksinnung gehören danach nur dann zur IKK, wenn 5

- die Leistungsfähigkeit der ausgedehnten IKK auf Dauer gesichert ist (vgl. § 159 Abs. 1 Satz 1 HS. 2 i.V.m. § 157 Abs. 2 Nr. 2 SGB V; Näheres siehe die Kommentierung zu § 147 SGB V Rn. 14),
- die Innungsversammlung[8] und die Mehrheit der Beschäftigten in den Betrieben[9] der vereinigten Handwerksinnung[10] zustimmen (vgl. § 159 Abs. 1 Satz 1 HS. 1 und Satz 3 i.V.m. § 158 Abs. 2 SGB V; Näheres siehe die Kommentierung zu § 158 SGB V Rn. 13 ff.),
- die für die ausgedehnte IKK zuständige Aufsichtsbehörde die Ausdehnung genehmigt. Bezüglich des Genehmigungsverfahrens verweist § 159 Abs. 1 Satz 3 SGB V auf § 158 Abs. 1 und 3 SGB V. Näheres siehe die Kommentierung zu § 158 SGB V Rn. 5 ff.

Nach Einführung der allgemeinen Kassenwahlfreiheit ist Absatz 1 Satz 1 – entgegen dem „veralteten" Wortlaut – so zu verstehen, dass die betroffenen Beschäftigten nach § 173 Abs. 2 Satz 1 Nr. 3 SGB V die IKK wählen können. Sollte es sich um eine auch für Innungsfremde geöffnete IKK handeln, ändert sich durch die Ausdehnung nichts, weil die IKK auch schon vorher wählbar war. 6

Die Vorschrift findet sowohl auf freiwillige als auch auf zwangsweise Vereinigungen Anwendung. Sie ist auch auf IKKn anzuwenden, die von nichthandwerklichen Innungen fortgeführt werden.[11] 7

Weder durch Absatz 1 noch durch die folgenden Absätze des § 159 SGB V geregelt ist der Fall, dass sich eine Handwerksinnung unmittelbar einer IKK anschließen will. Nach einer Entscheidung des BSG[12] kommt der Anschluss (nur) für die anschlusswillige Innung einer Errichtung gleich. Er setzt allerdings die Bereitschaft der IKK voraus, die anschlusswillige Innung aufzunehmen. Diese Aufnahmebereitschaft wird durch die – genehmigungspflichtige – Änderung der Satzung der IKK beschlossen. 8

---

[7] Vgl. Gesetzesbegründung zu Art. 1 § 168 GRG, BT-Drs. 11/2237.

[8] Nach *Baier* in: Krauskopf, Soziale Krankenversicherung, SGB V, § 159 Rn. 11 ist bei einem vor der Vereinigung der Innungen betriebenen Verfahren zur Ausdehnung der IKK die Zuständigkeit der Innungsversammlung der Innung anzunehmen, für die keine IKK besteht. Ansonsten besteht ohnehin nur noch die Innungsversammlung der vereinigten Innung.

[9] Die doppelte Regelung in Absatz 1 Satz 1 und in Absatz 1 Satz 3 i.V.m. § 158 Abs. 2 SGB V beruht auf einem redaktionellen Versehen.

[10] Die Abstimmung ist auf die Beschäftigten der Innungsbetriebe beschränkt, für die die IKK nicht bereits zuständig ist, vgl. *Baier* in: Krauskopf, Soziale Krankenversicherung, SGB V, § 159 Rn. 12.

[11] Vgl. BSG v. 11.12.1990 - 1 RR 2/88 - BSGE 68, 47.

[12] BSG v. 29.08.1980 - 8a RK 15/79 - SozR 2200 § 2500 RVO Nr. 7.

9 Bezüglich des Verfahrens verweist Absatz 1 Satz 3 auf § 158 SGB V, dessen Absatz 3 Satz 1 wiederum die entsprechende Geltung des § 148 Abs. 3 Satz 1 SGB V anordnet. Anders als bei der Errichtung oder Anschlusserrichtung ist die **Einleitung des Verfahrens** zur Ausdehnung einer IKK aber nicht von einem Antrag abhängig, denn Absatz 1 verpflichtet bei Vorliegen der gesetzlichen Voraussetzungen zur Ausdehnung des IKK-Bezirks. Eine Satzung ist nicht vorzulegen, denn es gilt weiterhin die bisherige Satzung der IKK, die lediglich durch den Verwaltungsrat anzupassen ist (vgl. § 33 Abs. 1 und 3 SGB IV, § 197 Abs. 1 Nr. 1 SGB V). Den Zeitpunkt der Wirksamkeit der Ausdehnung des IKK-Bezirks bestimmt die Aufsichtsbehörde nach pflichtgemäßem Ermessen. Er muss nach der Organisationsänderung liegen. Ein Quartalsbeginn bietet sich an.

2. Erweiterung des Zuständigkeitsbereichs der Trägerinnung (Absatz 1 Satz 2)

10 Satz 2 ordnet für den Fall der Ausweitung des örtlichen oder sachlichen Zuständigkeitsbereichs einer Trägerinnung dieselbe Rechtsfolge an wie Satz 1. Das bedeutet, dass ein förmliches Errichtungsverfahren erforderlich ist, um den von der Ausdehnung des Zuständigkeitsbereichs der Trägerinnung betroffenen Arbeitnehmern den Zugang zur IKK zu eröffnen. Es kann insofern auf die obigen Ausführungen verwiesen werden.

11 **Nichthandwerkliche Innungen** dürfen keine IKKn mehr errichten. Sie können jedoch nach Art. V Abs. 2 Satz 1 des 4. GewOÄndG bestehende IKKn fortführen. Fortbestehende IKKn können ihren Zuständigkeitsbezirk erweitern.[13]

3. Änderung des Handwerksrechts (Übereinstimmungsverfahren) (Absätze 2 und 3)

12 Wird auf Grund von Änderungen des Handwerksrechts der Kreis der Innungsmitglieder einer Trägerinnung verändert, hat die zuständige Aufsichtsbehörde den Mitgliederkreis der IKK entsprechend anzupassen (Absatz 2 Satz 1). Ein Ermessen steht der Aufsichtsbehörde nicht zu. Die Änderungen dürfen nicht nur einzelne Innungsmitglieder betreffen, sondern müssen einen nach allgemeinen Kriterien abgrenzbaren Personenkreis erfassen.[14] Unter **Anpassen** ist in diesem Zusammenhang sowohl das Eingliedern als auch das Ausscheiden von Betrieben aus dem Zuständigkeitsbereich einer IKK zu verstehen. Damit ändert sich der Personenkreis, der die Mitgliedschaft bei dieser IKK wählen kann. Aus Absatz 2 Satz 2 ergibt sich, dass die Regelung des Absatzes 2 Satz 1 nur gilt, wenn von der Anpassung nicht mehr als 1.000 Beschäftigte von Innungsmitgliedern der Trägerinnung betroffen sind. **Betroffene Beschäftigte** i.S.v. Absatz 2 sind diejenigen Beschäftigten bei Innungsmitgliedern, deren Wahlrechte nach §§ 173, 174 SGB V sich durch die Anpassung ändern.

13 Sind **mehr als 1.000 Beschäftigte betroffen**, gelten gem. Absatz 2 Satz 2 die Vorschriften der §§ 157, 158 SGB V entsprechend. In diesem Fall sind also die für die Errichtung einer IKK geltenden Bestimmungen anzuwenden. Daraus folgt, dass die Anpassung nicht stattfindet, wenn

- durch sie die Leistungsfähigkeit der IKK nicht auf Dauer gesichert wäre (Absatz 2 Satz 2 i.V.m. § 157 Abs. 2 Nr. 2 SGB V; siehe hierzu die Kommentierung zu § 147 SGB V Rn. 14),
- die Innungsversammlung der Anpassung die Zustimmung nicht erteilt (Absatz 2 Satz 2 i.V.m. § 158 Abs. 2 SGB V; siehe hierzu die Kommentierung zu § 158 SGB V Rn. 13 und die Kommentierung zu § 158 SGB V Rn. 14),
- die Mehrheit der in den Innungsbetrieben Beschäftigten der Anpassung nicht zustimmt (Absatz 2 Satz 2 i.V.m. § 158 Abs. 2 SGB V; siehe die Kommentierung zu § 158 SGB V Rn. 15 ff.).

14 Aus mehreren Gründen können die Errichtungsvorschriften aber nicht vollständig angewendet werden. So setzt die Anpassung keinen Antrag der betroffenen Handwerksinnung voraus (vgl. Absatz 2 Satz 2 i.V.m. §§ 158 Abs. 3, 148 Abs. 3 Satz 1 SGB V).

15 Falls sich die IKK nach der Anpassung über den Bezirk mehrerer Aufsichtsbehörden erstreckt, ist die Anpassung des Mitgliederkreises gem. Absatz 3 von den **Aufsichtsbehörden** durchzuführen, die bisher zuständig waren. Die Anpassung erfolgt durch Verwaltungsakt, der der betroffenen IKK bekannt zu geben ist.

4. Anhörungspflichten

16 Ob die **Verbände** der beteiligten Krankenkassen vor der Genehmigung anzuhören sind, könnte fraglich sein, da § 172 Abs. 1 SGB V die Ausdehnung von bestehenden Krankenkassen auf weitere Betriebe nicht erwähnt. Faktisch handelt es sich jedoch um eine Vereinigung von Krankenkassen, wes-

---

[13] Vgl. BSG v. 11.12.1990 - 1 RR 2/88 - SozR 3-2500 § 159 Nr. 1.

[14] *Baier* in: Krauskopf, Soziale Krankenversicherung, SGB V, § 159 Rn. 17.

halb die Verbände angehört werden müssen. Das Anhörungsrecht der betroffenen Ortskrankenkassen nach § 159 Abs. 3 Satz 2 a.F. ist durch das GKV-Modernisierungsgesetz weggefallen.[15] Wegen der Anhörung der betroffenen IKK siehe die Kommentierung zu § 151 SGB V Rn. 12.

II. Normzwecke

Die Norm bezweckt Änderungen im Zuständigkeitsbereich der Trägerinnung entsprechend auf die IKK zu übertragen. Dabei sollen Trägerinnung(en) und IKK möglichst deckungsgleich sein. Entscheidend ist jedoch, ob jeweils eine Mehrheit der Beschäftigten dieser Zielvorstellung zustimmt. 17

Sinn und Zweck der Verweisung auf die Errichtungsvorschriften im Fall der Anpassung mit mehr als 1.000 betroffenen Beschäftigten (Absatz 2 Satz 2) ist, Anpassungen größeren Umfangs nur unter den für die Errichtung von IKKn maßgebenden Voraussetzungen zuzulassen. 18

Aus der Verweisung auf die Errichtungsvorschriften folgt, dass Absatz 2 Satz 2 nur bei **Erweiterung** von IKK-Bezirken gelten kann.[16] Ungeregelt ist der Fall, in dem die Trägerinnung ihren **Zuständigkeitsbereich einschränkt**. Ohne dass ein förmliches Verfahren stattfindet, erstreckt sich die IKK in diesem Fall nur noch auf den eingeschränkten Innungsbezirk. Bei einer für Innungsfremde geöffneten IKK bleiben bestehende Mitgliedschaften von Änderungen des Zuständigkeitsbereichs unberührt, wohingegen eine auf § 173 Abs. 2 Satz 1 Nr. 3 SGB V beruhende Mitgliedschaft endet. 19

C. Praxishinweis

Sollte eine der sich aus der Verweisung des Absatz 2 Satz 2 ergebenden Voraussetzungen für die Anpassung bei mit mehr als 1.000 betroffenen Beschäftigten (vgl. Rn. 13) erst nachträglich erfüllt werden, so hat die Aufsichtsbehörde die Anpassung nachzuholen. 20

---

[15] Vgl. Gesetzesbegründung zu Art. 1 Nr. 123, 127 und 128 GMG, BT-Drs. 15/1525.

[16] Vgl. auch *Baier* in: Krauskopf, Soziale Krankenversicherung, SGB V § 159 Rn. 21.

§ 160 SGB V Vereinigung von Innungskrankenkassen

(Fassung vom 21.12.1992, gültig ab 01.01.1996)

(1) Innungskrankenkassen können sich auf Beschluß ihrer Verwaltungsräte miteinander vereinigen. Der Beschluß bedarf der Genehmigung der vor der Vereinigung zuständigen Aufsichtsbehörden. Für das Verfahren gilt § 144 Abs. 2 bis 4 entsprechend.

(2) Innungskrankenkassen werden vereinigt, wenn sich ihre Trägerinnungen vereinigen. Für das Verfahren gilt § 146 entsprechend.

(3) Für die Vereinigung von Innungskrankenkassen durch die Landesregierung gelten die §§ 145 und 146 entsprechend.

Gliederung

A. Basisinformationen

I. Vorgängervorschriften/Normgeschichte

1 Die Vorschrift ist am 01.01.1989 i.d.F. des Art. 1, Art. 79 Abs. 1 Gesundheitsreformgesetz (GRG) vom 20.12.1988 in Kraft getreten.[1] Die Absätze 1 und 2 entsprechen weitgehend den früheren §§ 270, 280 ff. RVO. **Absatz 1 Satz 2** (Zuständigkeit der bisherigen Aufsichtsbehörde anstelle der neuen) und **Absatz 3** (Möglichkeit der Vereinigung durch Rechtsverordnung) wurden durch Art. 1 Nr. 107 Buchst. b Gesundheitsstrukturgesetz (GSG) vom 21.12.1992[2] mit Wirkung vom 01.01.1993[3] neu gefasst. Durch Buchst. a derselben Vorschrift wurde als Folge der Neuordnung des Selbstverwaltungsrechts durch die §§ 31 Abs. 3a und 35a SGB IV zum 01.01.1996 in **Absatz 1 Satz 1** die „Vertreterversammlung" durch die „Verwaltungsräte" ersetzt.

II. Parallelvorschriften

2 Die Vorschrift hat ihre Parallele in **§ 150 SGB V** (Vereinigung von Betriebskrankenkassen) und **§ 168 SGB V** (Vereinigung von Ersatzkassen). Seit dem 01.04.2007 ist nach § 171a SGB V auch die kassenartenübergreifende Vereinigung von Krankenkassen möglich.

III. Literaturhinweise

3 *Dürschke*, Klagearten und einstweiliger Rechtsschutz im Rahmen des Verfahrens bei der Vereinigung von Krankenkassen auf Antrag, SGb 1996, 631-634; *Falk*, Westfalen-Lippe – Mit vier Innungskrankenkassen auf zu neuen Ufern, KrV 1995, 154-158; *Methner*, Gedanken über Fusion und Finanzausgleich innerhalb der GKV am Beispiel eines Flächenstaates, KrV 1994, 244-248; *Schroeder-Printzen*, Besonderheiten des Rechtsschutzes bei Fusion von Krankenkassen im Zusammenhang mit dem Risikostrukturausgleich, NZS 1997, 319-320; *Wigge*, Zum Rechtsschutz von Innungskrankenkassen gegen deren Vereinigung, NZS 1996, 504-512.

---

1 BGBl I 1988, 2477.
2 BGBl I 1992, 2266.
3 Gem. Art. 35 Abs. 1 GSG.

B. Auslegung der Norm

I. Regelungsgehalt und Bedeutung der Norm

1. Freiwillige Vereinigung (Absatz 1)

Absatz 1 Satz 1 bestimmt, dass sich Innungskrankenkassen (IKKn) auf Beschluss ihrer Verwaltungsräte vereinigen können. Damit ist der Selbstverwaltung eine gegenüber der Vereinigung durch Rechtsverordnung nach Absatz 3 **vorrangige Fusionsmöglichkeit** eingeräumt. Für den Beschluss genügt gem. § 64 Abs. 2 Satz 1 SGB IV grundsätzlich die einfache Abstimmungsmehrheit. Die Beteiligung der Trägerinnungen oder der Gesellenausschüsse ist nicht vorgesehen. Die Fusion einer IKK mit einer anderen Kasse einer anderen Kassenart ist (nur) nach § 171b SGB V möglich. Ansonsten enthält Absatz 1 keine sachlichen Einschränkungen. 4

Absatz 1 Satz 2 verlangt, dass der Beschluss von der vor der Vereinigung zuständigen Aufsichtsbehörde **genehmigt** wurde. Die Zuständigkeit der **Aufsichtsbehörden** ergibt sich aus §§ 90, 90a SGB IV i.V.m. Art. 87 Abs. 2 Satz 2 GG. Nach der Vereinigung kann, sofern die neue IKK länderübergreifend besteht, ein bundesunmittelbarer Sozialversicherungsträger entstanden sein, woraus sich ein Wechsel der Aufsichtsbehörde ergäbe. 5

Für das **Verfahren** verweist Absatz 1 Satz 3 auf § 144 Abs. 2 bis 4 SGB V. Daraus folgt, dass die beteiligten IKKn dem Genehmigungsantrag eine Satzung und einen Vorschlag zur Berufung der Organmitglieder, ein Konzept zur Organisations-, Personal- und Finanzstruktur der neuen Krankenkasse einschließlich der Zahl und der Verteilung ihrer Geschäftsstellen sowie eine Vereinbarung über die Rechtsbeziehungen zu Dritten beifügen. Siehe hierzu die Kommentierung zu § 144 SGB V Rn. 13 ff. Die Aufsichtsbehörde genehmigt die Satzung und die Vereinbarung, beruft die Mitglieder der Organe und bestimmt den Zeitpunkt der Wirksamkeit der Vereinigung und bestimmt den Zeitpunkt, an dem die Vereinigung wirksam wird. Siehe hierzu die Kommentierung zu § 144 SGB V Rn. 21 ff. Mit diesem Zeitpunkt sind die bisherigen IKKn geschlossen und die neue Krankenkasse tritt deren generelle Rechtsnachfolge an. Siehe hierzu die Kommentierung zu § 144 SGB V Rn. 25 ff. 6

2. Vereinigung der Trägerinnungen (Absatz 2)

Absatz 2 Satz 1 bestimmt die Vereinigung von IKKn, wenn deren Trägerinnungen sich vereinigen. Damit führt eine handwerksinterne Fusion zu einer versicherungsrechtlichen Vereinigung. Das gilt unabhängig davon, ob eine oder alle beteiligten IKKn eine Satzungsregelung gem. § 173 Abs. 2 Satz 1 Nr. 4 SGB V haben.[4] Absatz 2 ist nicht anzuwenden, wenn mehr als eine der beteiligten Innungen Trägerinnung einer gemeinsamen IKK ist, denn die Vereinigung einzelner Trägerinnungen mit Trägerinnungen anderer IKKn kann nicht die zwangsweise Vereinigung gemeinsamer IKKn auslösen.[5] Falls sich die betroffenen IKKn nicht auf eine freiwillige Vereinigung verständigen, ist die Übereinstimmung von Innungs- und IKK-Bezirk dadurch herzustellen, dass die Trägerinnungen bis auf eine aus der gemeinsamen IKK ausscheiden und die IKK dann ihren Bezirk gem. § 159 Abs. 1 Satz 1 SGB V ausdehnt. 7

Weil Absatz 2 Satz 2 die entsprechende Anwendung des § 146 SGB V erklärt, legen die beteiligten IKKn der nach der Vereinigung zuständigen Aufsichtsbehörde eine Satzung, einen Vorschlag zur Berufung der Organmitglieder und eine Vereinbarung über die Neuordnung der Rechtsbeziehungen zu den Leistungserbringern vor. Außerdem genehmigt die Aufsichtsbehörde die Satzung und die o.g. Vereinbarung, beruft die Organmitglieder und bestimmt den Zeitpunkt, an dem die Vereinbarung wirksam wird. Die bisherigen Krankenkassen sind mit dem o.g. Zeitpunkt geschlossen und die neue IKK tritt in deren Rechte und Pflichten ein. 8

3. Vereinigung durch die Landesregierung (Absatz 3)

Absatz 3 bestimmt für den Fall der Vereinigung von IKKn durch die Landesregierung die Geltung der §§ 145 und 146 SGB V. Danach kann die Landesregierung durch Rechtsverordnung einzelne oder alle IKKn eines Landes vereinigen, wenn eine IKK oder der zuständige Landesverband dies beantragen (siehe hierzu die Kommentierung zu § 145 SGB V Rn. 4 und die Kommentierung zu § 145 SGB V Rn. 5) und durch die Vereinigung die Leistungsfähigkeit der betroffenen IKK verbessert werden kann (siehe hierzu die Kommentierung zu § 145 SGB V Rn. 6) oder der Bedarfssatz der IKK (Verhältnis ih- 9

---

[4] So auch *Baier* in: Krauskopf, Soziale Krankenversicherung, SGB V, § 160 Rn. 10.

[5] *Baier* in: Krauskopf, Soziale Krankenversicherung, SGB V, § 160 Rn. 9.

rer Ausgaben zu den Einnahmen) den durchschnittlichen Bedarfssatz aller IKKn auf Bundes- oder Landesebene um mehr als 5 % übersteigt (siehe hierzu die Kommentierung zu § 145 SGB V Rn. 7, die Kommentierung zu § 145 SGB V Rn. 12 und die Kommentierung zu § 145 SGB V Rn. 13).

10 Wegen der generellen Verweisung auf § 145 SGB V, und damit auch auf § 145 Abs. 2 SGB V, kann die Landesregierung sogar verpflichtet sein, IKKn durch Rechtsverordnung **zwangsweise** zu vereinigen. Hierfür ist zunächst Voraussetzung, dass der zuständige Landesverband einen entsprechenden Antrag stellt. Des Weiteren ist Voraussetzung, dass durch die Vereinigung die Leistungsfähigkeit der betroffenen IKKn verbessert werden kann oder der Bedarfssatz einer BKK den durchschnittlichen Bedarfssatz aller IKKn auf Bundes- oder Landesebene um mehr als 5 % übersteigt. Schließlich darf eine freiwillige Vereinigung nach Absatz 1 innerhalb von zwölf Monaten nach Antragstellung nicht zu Stande gekommen sein. Näheres hierzu siehe die Kommentierung zu § 145 SGB V Rn. 10.

II. Normzwecke

11 § 160 SGB V soll es ermöglichen, größere und **leistungsfähigere Solidargemeinschaften** zu bilden. Dies trägt auch den wettbewerblichen Herausforderungen Rechnung, die als Folge der Neuregelung des Kassenwahlrechts (§§ 173 ff. SGB V) und des Risikostrukturausgleichs (§ 266 SGB V) auf die Krankenkassen zugekommen sind.[6] Absatz 3 soll dazu dienen, besonders hohe Beitragssatzunterschiede zu beheben.[7]

12 Die Möglichkeiten des § 160 SGB V erlauben nur **vollständige Vereinigungen**. Teilweise Vereinigungen durch den Wechsel einzelner Trägerinnungen zu anderen IKKn sind nur durch Ausscheiden gem. § 161 SGB V und Anschlusserrichtung (siehe die Kommentierung zu § 157 SGB V Rn. 10) oder im Fall des § 159 SGB V möglich.

C. Praxishinweise

13 Umstritten war, ob fusionswillige IKKn **räumlich aneinander angrenzen** müssen. Die Frage wird zu Recht mit Hinweis auf die Verwaltungseffizienz bejaht.[8] Da der Gesetzgeber diesbezügliche Einschränkungen nicht vorgenommen hat und die pauschal angeführte Verwaltungseffizienz angesichts der modernen Kommunikationsmittel neu zu beurteilen sein dürfte, sollte das Nachbarschaftserfordernis nicht gelten.[9] Die Zahl der IKKn hat sich von 1994 bis 2007 von 165 auf 17 reduziert.[10]

---

6 Vgl. Gesetzesbegründung zu Art. 1 Nr. 80 GSG, BT-Drs. 12/3608.

7 Gesetzesbegründung zu Art. 1 § 170 GRG, BT-Drs. 11/2237.

8 *Peters* in: KassKomm-SGB, SGB V, § 160 Rn. 3.

9 Die IKK Bayern und die IKK Westfalen haben sich mit Wirkung vom 01.01.2006 zur Vereinigten IKK zusammengeschlossen.

10 Quelle: www.ikk.de.

§ 161 SGB V Ausscheiden einer Handwerksinnung

(Fassung vom 21.12.1992, gültig ab 01.01.1996)

Eine Handwerksinnung kann das Ausscheiden aus einer gemeinsamen Innungskrankenkasse beantragen. Über den Antrag auf Ausscheiden entscheidet die Aufsichtsbehörde. Sie bestimmt den Zeitpunkt, an dem das Ausscheiden wirksam wird. Die Sätze 1 bis 3 gelten nicht für Innungskrankenkassen, deren Satzung eine Regelung nach § 173 Abs. 2 Satz 1 Nr. 4 enthält.

Gliederung

A. Basisinformationen

I. Vorgängervorschriften/Normgeschichte

1 Die Vorschrift trat mit Wirkung vom 01.01.1989 auf Grund von Art. 1, 79 Abs. 1 Gesundheitsreformgesetz (GRG) vom 20.12.1988 in Kraft.[1] Eine entsprechende Regelung fand sich in § 298 Abs. 1 Nr. 8 i.V.m. den §§ 280 ff. RVO a.F. **Satz 4** wurde mit Wirkung zum 01.01.1996 durch Art. 1 Nr. 108, Art. 35 Abs. 6 Gesundheitsstrukturgesetz (GSG) vom 21.12.1992 angefügt.[2]

II. Parallelvorschrift

2 Die Vorschrift hat eine gewisse Parallelität in **§ 151 SGB V** (Ausscheiden von Betrieben).

III. Literaturhinweis

3 *Fröhlingsdorf*, Das Organisationsrecht der IKK im SGB V, KrV 1989, 43-48.

B. Auslegung der Norm

I. Regelungsgehalt und Bedeutung der Norm

1. Beantragung des Ausscheidens durch eine Handwerksinnung (Sätze 1 und 4)

4 Nach Satz 1 i.V.m. Satz 4 der Vorschrift kann eine Handwerksinnung das Ausscheiden aus einer gemeinsamen Innungskrankenkasse (IKK) beantragen, wenn es sich um eine IKK handelt, die **nicht für Innungsfremde geöffnet** ist. Vorausgesetzt wird also, dass es sich um eine IKK handelt, die für mehrere Handwerksinnungen besteht. Dabei kann es um eine IKK gehen, die gem. § 157 Abs. 1 SGB V durch mehrere Handwerksinnungen errichtet wurde, oder um eine IKK, die im Wege des § 160 Abs. 1 SGB V (Vereinigung durch Beschluss der Verwaltungsräte) bzw. Absatz 3 (Vereinigung durch die Landesregierung) entstanden ist. Wenn die IKK lediglich für eine Innung besteht, kommt nur eine Auflösung nach § 162 SGB V in Betracht.

5 Die **Innungsversammlung** der Handwerksinnung entscheidet, ob sie den Vorstand beauftragen will, einen entsprechenden Antrag zu stellen (vgl. die §§ 61, 66 Abs. 3 HwO). Der Gesellenausschuss ist – anders als bei der Auflösung nach § 162 SGB V – nicht anzuhören. Bei einer gemeinsamen IKK, die nach ihrer Satzung für Innungsfremde geöffnet ist (§ 173 Abs. 2 Satz 1 Nr. 4 SGB V), ist das Ausscheiden einer Handwerksinnung gem. Satz 4 unzulässig.

---

[1] BGBl I 1988, 2477.
[2] BGBl I 1992, 2266.

2. Entscheidung der Aufsichtsbehörde (Sätze 2 und 3)

6 Die Aufsichtsbehörde entscheidet gem. Satz 2 über den Antrag auf Ausscheiden einer Handwerksinnung aus der gemeinsamen IKK. Zuständig ist die für die gemeinsame IKK im Zeitpunkt der Entscheidung über das Ausscheiden zuständige Aufsichtsbehörde. Bei einer bundesunmittelbaren IKK ist dies das Bundesversicherungsamt. Bei einer landesunmittelbaren IKK ist der Antrag an die für die Sozialversicherung zuständige oberste Verwaltungsbehörde des Landes (Minister bzw. Senator für Soziales) oder die von ihr bestimmte Stelle zu richten.[3] Bei ihrer Entscheidung hat die Aufsichtsbehörde nicht nur die Voraussetzung nach den Sätzen 1 und 4 zu prüfen, sondern auch die **Interessen** der Versicherten und der IKK gegen die des Antragstellers **abzuwägen**.[4]

7 Die Aufsichtsbehörde bestimmt auch den **Zeitpunkt**, an dem das Ausscheiden wirksam wird. Auch hierbei wird sie ggf. eine Interessenabwägung vornehmen. Im Sinne eines reibungslosen Mitgliederüberganges empfiehlt sich der Quartalsbeginn.

8 § 161 SGB V enthält keine näheren Bestimmungen zum Verfahren. Da der Gesetzgeber Anhörungspflichten bei Organisationsänderungen in der GKV spezialgesetzlich (z.B. in § 162 Satz 1 SGB V) geregelt hat, scheint ein Rückgriff auf § 24 SGB X ausgeschlossen. Dennoch sollte die betroffene IKK angehört werden. Gleiches gilt für den IKK-Landesverband, weil das Ausscheiden einer teilweisen Schließung gleichkommt (vgl. § 172 Abs. 1 Satz 1 SGB V). Gegen eine ablehnende Entscheidung der Aufsichtsbehörde kann die antragstellende Innung vor dem zuständigen Sozialgericht klagen (§ 54 SGG).

II. Normzwecke

9 Die Vorschrift ermöglicht das Ausscheiden einer Handwerksinnung aus einer für mehrere Innungen bestehenden, nicht für Innungsfremde geöffneten IKK. Zweck des Satzes 4 (Nichtgeltung für IKKn, die durch Satzungswahlrecht von allen Versicherten gewählt werden können) ist die Vermeidung einer „unvertretbaren Schwächung der neu gebildeten Solidargemeinschaft“. Nach der Gesetzesbegründung sollen außerdem damit die Wettbewerbsbedingungen der Kassenarten einander angeglichen werden.[5] Da das Ausscheiden einer Trägerinnung jedoch keine unmittelbare Auswirkung auf den Kreis der Mitglieder hat und sonstige Nachteile kaum ersichtlich sind, bleibt die Bestimmung des Satzes 4 fragwürdig.[6]

C. Praxishinweis

10 Ist die Trägerinnung aus einer nicht für Innungsfremde geöffneten IKK ausgeschieden, so können die in den Innungsbetrieben Beschäftigten die IKK nicht mehr wählen. Allerdings scheiden die betroffenen Mitglieder der IKK nicht unmittelbar aus, denn nach herrschender Auffassung beendet der spätere Wegfall der für die Kassenwahl maßgebenden Voraussetzungen die Mitgliedschaft nicht.[7]

---

[3] Vgl. die §§ 90, 90a SGB IV i.V.m. Art. 87 Abs. 2 Satz 2 GG.

[4] Vgl. *Hauck* in: Hauck/Noftz, SGB V, § 161 Rn. 4.

[5] Vgl. Gesetzesbegründung zu Art. 1 Nr. 91 i.V.m. Nr. 81 GSG, BT-Drs. 12/3608.

[6] So auch *Baier* in: Krauskopf, Soziale Krankenversicherung, SGB V, § 161 Rn. 14.

[7] *Baier* in: Krauskopf, Soziale Krankenversicherung, SGB V, § 161 Rn. 12.

§ 162 SGB V Auflösung

(Fassung vom 21.12.1992, gültig ab 01.01.1996)

Eine Innungskrankenkasse kann auf Antrag der Innungsversammlung nach Anhörung des Gesellenausschusses, eine gemeinsame Innungskrankenkasse auf Antrag aller Innungsversammlungen nach Anhörung der Gesellenausschüsse aufgelöst werden, wenn der Verwaltungsrat mit einer Mehrheit von mehr als drei Vierteln der stimmberechtigten Mitglieder zustimmt. Über den Antrag entscheidet die Aufsichtsbehörde. Sie bestimmt den Zeitpunkt, an dem die Auflösung wirksam wird. Die Sätze 1 bis 3 gelten nicht, wenn die Satzung der Innungskrankenkasse eine Regelung nach § 173 Abs. 2 Satz 1 Nr. 4 enthält.

Gliederung

A. Basisinformationen

I. Vorgängervorschriften/Normgeschichte

Die Vorschrift trat mit Wirkung vom 01.01.1989 auf Grund von Art. 1, 79 Abs. 1 Gesundheitsreformgesetz (GRG) vom 20.12.1988 in Kraft[1] und entspricht weitgehend den früheren §§ 278, 280 ff. RVO. Zum 01.01.1996 wurde durch Art. 1 Nr. 109, Art. 35 Abs. 6 Gesundheitsstrukturgesetz (GSG) vom 21.12.1992[2] als Folge der Neuordnung des Selbstverwaltungsrechts in der gesetzlichen Krankenversicherung durch die §§ 31 Abs. 3a und 35a SGB IV in **Satz 1** die „Vertreterversammlung" durch den „Verwaltungsrat" ersetzt. Außerdem wurden auf Grund der Einführung des Kassenwahlrechts **Satz 4** angefügt. 1

II. Parallelvorschriften

Die Vorschrift entspricht weitgehend **§ 152 SGB V** (Auflösung einer BKK). Ortskrankenkassen und Ersatzkassen können nicht aufgelöst werden. Die Auflösung geht der Schließung nach **§ 163 SGB V** vor. 2

III. Literaturhinweise

Fröhlingsdorf, Das Organisationsrecht der IKK im SGB V, KrV 1989, 43-48; *Schöffski/Galas/von der Schulenburg*, Der Wettbewerb innerhalb der GKV unter besonderer Berücksichtigung der Kassenwahlfreiheit, Sozialer Fortschritt 1996, 293-305. 3

B. Auslegung der Norm

I. Regelungsgehalt und Bedeutung der Norm

1. Auflösungsvoraussetzungen (Sätze 1 und 4)

Die Innungsversammlung kann die Auflösung „ihrer" Innungskrankenkasse (IKK) betreiben, wenn der **Verwaltungsrat** mit einer **qualifizierten Mehrheit** von mehr als drei Vierteln der stimmberechtigten, d.h. der satzungsmäßigen Mitglieder zustimmt. Das von der Bestimmung des § 64 SGB IV abweichende besondere Mehrheitserfordernis bezieht sich ausdrücklich auf die stimmberechtigten, nicht auf die anwesenden Mitglieder. Damit ist gewährleistet, dass eine Mehrheit der Mitglieder beiden Gruppen (Versicherte und Arbeitgeber) der Auflösung zustimmen muss. Der Zustimmungsbeschluss muss vor der Entscheidung der Aufsichtsbehörde vorliegen, und kann auch bereits vor der Antragstellung der In- 4

---

[1] BGBl I 1988, 2477.

[2] BGBl I 1992, 2266.

nungsversammlung gefasst worden sein. Eine nach der Antragstellung erteilte Zustimmung kann nicht mehr widerrufen werden.[3] Besteht eine gemeinsame IKK für mehrere Innungen, so müssen alle Innungsversammlungen den Auflösungsantrag stellen.

5 Der **Gesellenausschuss**[4] bzw. die Gesellenausschüsse aller Trägerinnungen sind **anzuhören**. Nach § 68 Abs. 1 Satz 1 HwO wird im Interesse eines guten Verhältnisses zwischen den Innungsmitgliedern und den bei ihnen beschäftigten Gesellen ein Gesellenausschuss errichtet. Seine Aufgaben und entsprechende Zustimmungserfordernisse sind in § 68 Abs. 2 ff. HwO aufgeführt. Da hier die Auflösung der IKK nicht erwähnt wird, ist eine Zustimmung des Gesellenausschusses zum Antrag der Innungsversammlung nicht erforderlich. Nach dem Wortlaut des Satzes 1 ist nicht recht deutlich, wer den Gesellenausschuss anzuhören hat. Da es die Aufsichtsbehörde ist, die die Entscheidung über die Auflösung zu treffen hat, ist sie im Zweifel berechtigt und verpflichtet, den Gesellenausschuss anzuhören. Eine von der Innungsversammlung veranlasste Stellungnahme des Gesellenausschusses reicht ebenfalls aus. Das Ergebnis der Anhörung ist bei der Entscheidung zu würdigen.

6 Von der Vorschrift erfasst sind nach Satz 4 nur IKKn, die in ihrer Satzung keine Öffnungsklausel für Innungsfremde haben (§ 173 Abs. 2 Satz 1 Nr. 4 SGB V). **Geöffnete IKKn haben nicht die Möglichkeit der Auflösung** nach § 162 SGB V, weil sie „eine über den Betriebsbezug hinausreichende gesundheits- und sozialpolitische Verantwortung" übernommen haben. Außerdem wäre ein auf einzelne Kassenarten begrenztes Auflösungsrecht nicht mit dem Ziel vereinbar, die Wettbewerbsbedingungen der Kassenarten einander anzugleichen.[5] Die Schließung einer für alle Versicherten wählbaren IKK ist nur noch durch die Aufsichtsbehörde unter den Voraussetzungen des § 163 Satz 1 Nr. 2 und 3 SGB V möglich. Alternativ ist eine Vereinigung gem. § 160 SGB V möglich.

2. Entscheidung der Aufsichtsbehörde (Sätze 2 und 3)

7 Die Aufsichtsbehörde entscheidet über den Antrag auf Auflösung der IKK durch Verwaltungsakt. Bei einer bundesunmittelbaren IKK ist das Bundesversicherungsamt zuständig. Bei einer landesunmittelbaren IKK ist der Antrag an die für die Sozialversicherung zuständige oberste Verwaltungsbehörde des Landes (Minister bzw. Senator für Soziales) oder die von ihr bestimmte Stelle zu richten.[6]

8 Bei ihrer Entscheidung hat die Aufsichtsbehörde zunächst die Voraussetzungen des § 162 SGB V zu prüfen. Sofern diese vorliegen, darf sie die Auflösung nur versagen, wenn wichtige Interessen der betroffenen Versicherten und Arbeitgeber, der IKK oder der Allgemeinheit entgegenstehen.[7] Zwar hat die Aufsichtsbehörde grundsätzlich einen Ermessenspielraum, dieser wird jedoch wegen des Gestaltungsrechts der Selbstverwaltung, zu der auch das Recht auf Selbstauflösung gehört, im vorgenannten Sinn eingeschränkt. Die Aufsichtsbehörde bestimmt ggf. gem. Satz 3 auch den **Zeitpunkt**, an dem die Auflösung wirksam wird. Auch hierbei wird sie ggf. eine Interessenabwägung vornehmen. Im Sinne eines reibungslosen Mitgliederüberganges empfiehlt sich der Quartalsbeginn. Gegen die Entscheidung der Aufsichtsbehörde kann vor dem zuständigen Sozialgericht geklagt werden (§ 54 SGG). Wegen der Abwicklung der Geschäfte der aufgelösten IKK siehe § 164 SGB V. Die Mitglieder der aufgelösten IKK wählen eine andere Krankenkasse. Gem. § 172 Abs. 1 Satz 1 SGB V muss die Aufsichtsbehörde vor ihrer Entscheidung den für die BKK zuständigen Verband anhören.

II. Normzwecke

9 Die Vorschrift lässt die Auflösung von nicht für Innungsfremde geöffneten IKKn zu. Die Auflösung liegt, da sie von einem qualifizierten Antrag abhängig ist, in der Hand der Selbstverwaltung, wenngleich die Zustimmung des Verwaltungsrates und die Genehmigung der Aufsichtsbehörde erforderlich sind. Sie ist das vorrangige Instrument zur Beendigung der Existenz einer IKK.

C. Praxishinweis

10 Einer Gefährdung der Leistungsfähigkeit einer IKK kann alternativ zur Auflösung nach § 162 SGB V durch **freiwillige Vereinigung** mit einer oder mehreren anderen IKKn gem. § 160 SGB V begegnet werden.

---

3 Vgl. BSG v. 16.12.1970 - 3 RK 64/67 - USK 70206.

4 Der Gesellenausschuss setzt sich nach § 69 Abs. 1 aus dem Vorsitzenden (Altgesellen) und weiteren Mitgliedern zusammen.

5 Vgl. Gesetzesbegründung zu Art. 1 Nr. 82 i.V.m. Nr. 92 GSG, BT-Drs. 12/3608.

6 Vgl. die §§ 90, 90a SGB IV i.V.m. Art. 87 Abs. 2 Satz 2 GG.

7 Vgl. *Baier* in: Krauskopf, Soziale Krankenversicherung, SGB V, § 162 Rn. 6; *Brackmann*, Handbuch der Sozialversicherung, Bd. I/2 S. 334e; *Hauck* in: Hauck/Noftz, SGB V, § 162 Rn. 4.

§ 163 SGB V Schließung

(Fassung vom 21.12.1992, gültig ab 01.01.1996)

Eine Innungskrankenkasse wird von der Aufsichtsbehörde geschlossen, wenn

1. **die Handwerksinnung, die sie errichtet hat, aufgelöst wird, eine gemeinsame Innungskrankenkasse dann, wenn alle beteiligten Handwerksinnungen aufgelöst werden,**
2. **sie nicht hätte errichtet werden dürfen oder**
3. **ihre Leistungsfähigkeit nicht mehr auf Dauer gesichert ist.**

Die Aufsichtsbehörde bestimmt den Zeitpunkt, an dem die Schließung wirksam wird. Satz 1 Nr. 1 gilt nicht, wenn die Satzung der Innungskrankenkasse eine Regelung nach § 173 Abs. 2 Satz 1 Nr. 4 enthält.

Gliederung

A. Basisinformationen

I. Vorgängervorschriften/Normgeschichte

1 Die Vorschrift trat mit Wirkung vom 01.01.1989 auf Grund von Art. 1, 79 Abs. 1 Gesundheitsreformgesetz (GRG) vom 20.12.1988 in Kraft[1] und entspricht den §§ 279 ff. RVO a.F. Mit Wirkung vom 01.01.1996 wurde **Satz 3** durch Art. 1 Nr. 110 Gesundheitsstrukturgesetz (GSG) vom 21.12.1992[2] mit Wirkung zum 01.01.1996[3] angefügt und damit die Geltung der Vorschrift für Innungskrankenkassen (IKKn) ausgeschlossen, die für Innungsfremde geöffnet sind.

II. Parallelvorschriften

2 Die Vorschrift hat Parallelen in **§ 146 SGB V** (Schließung einer Ortskrankenkasse) und **§ 170 SGB V** (Schließung einer Ersatzkasse), vor allem aber in **§ 153 SGB V** (Schließung einer BKK). Die Auflösung nach **§ 162 SGB V** geht der Schließung vor.

III. Literaturhinweise

3 *Fröhlingsdorf*, Das Organisationsrecht der IKK im SGB V, KrV 1989, 43-48; *Schlitt*, Flurbereinigung in der Kassenlandschaft, Der Kassenarzt 2004, Nr. 6, 18-20; *Schnapp*, Kassenschließung trotz fehlerfreier Errichtung?, NZS 2002, 449-454; *Schöffski/Galas/von der Schulenburg*, Der Wettbewerb innerhalb der GKV unter besonderer Berücksichtigung der Kassenwahlfreiheit, Sozialer Fortschritt 1996, 293-305.

IV. Regelungsgehalt und Bedeutung der Norm

1. Schließungsvoraussetzungen (Satz 1)

4 § 163 SGB V beinhaltet einen Numerus Clausus der zwingenden Schließungsgründe. Die Vorschrift enthält drei alternative Voraussetzungen für die Schließung einer IKK. Nach Satz 1 **Nr. 1** i.V.m. Satz 3 wird eine **nicht für Innungsfremde geöffnete IKK** geschlossen, wenn die Handwerksinnung, die sie

[1] BGBl I 1988, 2477.
[2] BGBl I 1992, 2266.
[3] Gem. Art. 35 Abs. 6 GSG.

errichtet hat, aufgelöst wird (vgl. die §§ 76, 77 Abs. 1 HwO). Vom Normzweck erfasst werden entgegen des Wortlautes („die Handwerksinnung, die sie errichtet hat") auch IKKn, die im Wege des § 159 SGB V auf andere Handwerksinnungen ausgedehnt worden sind und IKKn, die durch Vereinigung gem. § 160 SGB V entstanden sind. Wird die IKK von mehreren Handwerksinnungen getragen, wird sie nur dann nach Satz 1 Nr. 1 von der Aufsichtsbehörde geschlossen, wenn alle beteiligten Handwerksinnungen aufgelöst werden. Die **Auflösung** einer Innung obliegt gem. § 61 Abs. 2 Nr. 8 HwO der Innungsversammlung. Die Auflösung von nur einer von mehreren Trägerinnungen ist nicht ausdrücklich geregelt. Soweit die Beschäftigten in den Innungsbetrieben der aufgelösten Innung die IKK auf Grund des § 173 Abs. 2 Satz 1 Nr. 3 SGB V gewählt haben, scheiden sie aus und müssen eine andere Krankenkasse wählen.

5 Die Schließung einer **für Innungsfremde geöffneten IKK** kommt gem. Satz 3 nur nach den Bestimmungen von Satz 1 Nr. 2 oder Nr. 3 in Betracht. Geöffnete IKKn haben nicht die Möglichkeit der Schließung nach Nr. 1, weil die Auflösung einer Handwerksinnung kein sachgerechter Grund für die Schließung einer für alle Versicherten wählbaren Krankenkasse sein kann.[4]

6 Nach Satz 1 **Nr. 2** wird eine IKK geschlossen, **wenn sie nicht hätte errichtet werden dürfen**, die Errichtung also rechtswidrig war. Eine rechtswidrige Errichtung liegt vor, wenn die Aufsichtsbehörde sie nicht hätte genehmigen dürfen. Das ist der Fall, wenn die in § 157 Abs. 2 SGB V, § 158 Abs. 1 Satz 2 und Abs. 2 SGB V genannten materiell-rechtlichen Errichtungsvoraussetzungen nicht vorgelegen haben. Die Vorschrift ist nicht anzuwenden, wenn zwar die Errichtung rechtswidrig war, aber eine Heilung beispielsweise dadurch eingetreten ist, dass die Zahl der Mitglieder inzwischen 1000 erreicht oder überschritten hat. Hat sich eine rechtswidrig errichtete IKK nach § 160 SGB V mit einer anderen IKK vereinigt, kommt eine Schließung unter den Voraussetzungen des Satzes 1 Nr. 2 nicht mehr in Betracht. Fällt eine ursprünglich gegebene Errichtungsvoraussetzung später weg, führt das – abgesehen vom in Satz 1 Nr. 3 geregelten Fall der dauernden Leistungsfähigkeit – nicht zur Schließung der IKK.

7 Satz 1 **Nr. 3** bestimmt die Schließung einer IKK durch die Aufsichtsbehörde für den Fall, dass ihre **Leistungsfähigkeit nicht mehr auf Dauer gesichert** ist. Siehe hierzu die Kommentierung zu § 146a SGB V Rn. 4. War **bereits bei Errichtung** der IKK deren Leistungsfähigkeit nicht auf Dauer gesichert, liegt ein Fall des § 163 Satz 1 Nr. 2 SGB V vor, denn diese IKK hätte gem. § 157 Abs. 2 Nr. 2 SGB V nicht errichtet werden dürfen. Insofern kann jedoch zwischenzeitlich eine Heilung eingetreten sein.

8 Nach der Formulierung des § 163 Satz 1 SGB V hat die Aufsichtsbehörde bei Vorliegen der Schließungsvoraussetzungen **keinen Ermessensspielraum**.

2. Entscheidung der Aufsichtsbehörde (Sätze 2 und 3)

9 Bei Vorliegen der Voraussetzungen des Satzes 1 muss die Aufsichtsbehörde die IKK schließen. Bei einer bundesunmittelbaren IKK ist das Bundesversicherungsamt die zuständige Aufsichtsbehörde. Bei einer landesunmittelbaren IKK ist dies die für die Sozialversicherung zuständige oberste Verwaltungsbehörde des Landes (Minister bzw. Senator für Soziales).[5]

10 Nach Satz 2 bestimmt die Aufsichtsbehörde den **Zeitpunkt**, an dem die Schließung wirksam wird. Nach pflichtgemäßem Ermessen wird sie die IKK im Fall des Satzes 1 Nr. 2 und Nr. 3 zum frühestmöglichen Zeitpunkt schließen. Ansonsten empfiehlt sich im Sinne eines reibungslosen Mitgliederüberganges der Quartalsbeginn. Gegen die Entscheidung der Aufsichtsbehörde kann vor dem zuständigen Sozialgericht geklagt werden (§ 54 SGG). Wegen der Abwicklung der Geschäfte der geschlossenen IKK siehe § 164 SGB V.

V. Normzwecke

11 Die Vorschrift regelt die gesetzliche Schließung nicht für Innungsfremde geöffneter IKKn im Falle der Auflösung der Trägerinnung(en) und im Falle der rechtswidrigen Errichtung. Im Falle des dritten Schließungsgrundes – die Leistungsfähigkeit ist nicht mehr auf Dauer gesichert – ist die Schließung einer IKK **ultima ratio** für den Fall, dass die anderen Möglichkeiten (freiwillige Vereinigung gem. § 160 SGB V, Auflösung gem. § 162 SGB V) nicht greifen.

---

[4] Vgl. Gesetzesbegründung zu Art. 1 Nr. 93 i.V.m. Nr. 83 GSG, BT-Drs. 12/3608.

[5] Vgl. die §§ 90, 90a SGB IV i.V.m. Art. 87 Abs. 2 Satz 2 GG.

B. Praxishinweise

Gem. § 172 SGB V muss die Aufsichtsbehörde vor ihrer Entscheidung den für die IKK zuständigen Verband anhören. Das Gleiche gilt auf Grund § 24 SGB X für die betroffene IKK. Hier ist die **Anhörung** insbesondere wegen Satz 1 Nr. 3 erforderlich. Eine Anhörung der Handwerksinnung(en) ist nicht vorgesehen. 12

§ 164 SGB V Auseinandersetzung, Abwicklung der Geschäfte, Haftung bei Verpflichtungen, Dienstordnungsangestellte

(Fassung vom 14.11.2003, gültig ab 01.01.2004, gültig bis 30.06.2008)

(1) Bei Auflösung und Schließung von Innungskrankenkassen gelten die §§ 154 und 155 Abs. 1 bis 3 entsprechend. Reicht das Vermögen einer aufgelösten oder geschlossenen Innungskrankenkasse nicht aus, um die Gläubiger zu befriedigen, hat die Handwerksinnung die Verpflichtungen zu erfüllen. Sind mehrere Handwerksinnungen beteiligt, haften sie als Gesamtschuldner. Reicht das Vermögen der Handwerksinnung nicht aus, um die Gläubiger zu befriedigen, hat der Landesverband der Innungskrankenkassen die Verpflichtungen zu erfüllen. Besteht kein Landesverband mehr, hat der Bundesverband der Innungskrankenkassen die Verpflichtungen zu erfüllen. Die Sätze 2 bis 4 gelten nicht, wenn die Satzung der geschlossenen Innungskrankenkasse eine Regelung nach § 173 Abs. 2 Satz 1 Nr. 4 enthält; in diesem Fall gilt § 155 Abs. 4 Satz 4 und 5 entsprechend. Für die Haftung im Zeitpunkt des Inkrafttretens einer Satzungsbestimmung nach § 173 Abs. 2 Satz 1 Nr. 4 gilt § 155 Abs. 4 Satz 6 entsprechend. § 155 Abs. 5 gilt für die Landesverbände und den Bundesverband der Innungskrankenkassen entsprechend.

(2) Die Versorgungsansprüche der am Tag der Auflösung oder Schließung einer Innungskrankenkasse vorhandenen Versorgungsempfänger und ihrer Hinterbliebenen bleiben unberührt.

(3) Die dienstordnungsmäßigen Angestellten sind verpflichtet, eine vom Landesverband der Innungskrankenkassen nachgewiesene dienstordnungsmäßige Stellung bei ihm oder einer anderen Innungskrankenkasse anzutreten, wenn die Stellung nicht in auffälligem Mißverhältnis zu den Fähigkeiten der Angestellten steht. Entstehen hierdurch geringere Besoldungs- oder Versorgungsansprüche, sind diese auszugleichen. Den übrigen Beschäftigten ist bei dem Landesverband der Innungskrankenkassen oder einer anderen Innungskrankenkasse eine Stellung anzubieten, die ihnen unter Berücksichtigung ihrer Fähigkeiten und bisherigen Dienststellung zuzumuten ist.

(4) Die Vertragsverhältnisse der Beschäftigten, die nicht nach Absatz 3 untergebracht werden, enden mit dem Tag der Auflösung oder Schließung. Vertragsmäßige Rechte, zu einem früheren Zeitpunkt zu kündigen, werden hierdurch nicht berührt.

(5) Für die Haftung aus den Verpflichtungen nach den Absätzen 2 bis 4 gilt Absatz 1 entsprechend.

Gliederung

A. Basisinformationen

I. Vorgängervorschriften/Normgeschichte

§ 164 SGB V ist mit Wirkung vom 01.01.1989 auf Grund von Art. 1, 79 Abs. 1 Gesundheitsreformgesetz (GRG) vom 20.12.1988 in Kraft getreten.[1] Absatz 1 entspricht weitgehend den §§ 296 Abs. 2, 299-304 RVO a.F. Die weiteren Absätze sind gänzlich neu. **Absatz 1 Satz 6** wurde durch Art. 1 Nr. 111 Gesundheitsstrukturgesetz (GSG) vom 21.12.1992[2] als Folge der Einführung des allgemeinen Kassenwahlrechts eingefügt und trat am 01.01.1996[3] in Kraft. Gleichzeitig wurde in **Absatz 1 Satz 1** die Verweisung auf § 154 SGB V wegen dessen Wegfalls obsolet. Die **Sätze 7 und 8** wurden durch Art. 1 Nr. 129, Art. 37 Abs. 1 GKV-Modernisierungsgesetz (GMG) vom 14.11.2003 mit Wirkung ab dem 01.01.2004 in Absatz 1 angefügt.[4] 1

II. Parallelvorschriften

§ 155 SGB V ist die entsprechende Vorschrift für die BKKn. Die §§ 155 und 164 Abs. 2-5 SGB V gelten nach **§ 146a Satz 3 SGB V** für die Ortskrankenkassen entsprechend. § 171 SGB V ist bezüglich der Ersatzkassen zu beachten. 2

III. Literaturhinweis

Fröhlingsdorf, Das Organisationsrecht der IKK im SGB V, KrV 1989, 43-48. 3

IV. Regelungsgehalt und Bedeutung der Norm

1. Abwicklung der Geschäfte und Fortbestehensfiktion (Absatz 1 Satz 1 i.V.m. § 155 Abs. 1 SGB V)

Absatz 1 Satz 1 ordnet bei der Auflösung und Schließung von Innungskrankenkassen (IKKn) die entsprechende Geltung des § 155 Abs. 1 SGB V an. Nach Absatz 1 Satz 1 i.V.m. § 155 Abs. 1 Satz 1 SGB V wickelt der Vorstand der aufgelösten oder geschlossenen Krankenkasse die Geschäfte ab. Die Abwicklung der Geschäfte meint vor allem die Klärung der vermögensrechtlichen Angelegenheiten der IKK. Wegen der Einzelheiten vgl. die Kommentierung zu § 155 SGB V Rn. 5. Absatz 1 Satz 1 i.V.m. § 155 Abs. 1 Satz 2 SGB V fingiert das Fortbestehen einer aufgelösten oder geschlossenen IKK, soweit es der Zweck der Abwicklung erfordert. Siehe vgl. die Kommentierung zu § 155 SGB V Rn. 6. 4

2. Bekanntmachung der Auflösung bzw. Schließung (Absatz 1 Satz 1 i.V.m. § 155 Abs. 2 SGB V)

Der Vorstand einer aufgelösten oder geschlossenen IKK hat gem. Absatz 1 Satz 1 i.V.m. § 155 Abs. 2 Sätze 1 und 3 SGB V die Auflösung oder Schließung öffentlich bekannt zu machen. Wegen der Einzelheiten vgl. die Kommentierung zu § 155 SGB V Rn. 7 ff. 5

3. Vermögensübergang (Absatz 1 Satz 1 i.V.m. § 155 Abs. 3 SGB V)

Falls nach der Abwicklung der Geschäfte noch Vermögen verbleibt, geht dies nach § 164 Abs. 1 Satz 1 SGB V i.V.m. § 155 Abs. 3 Satz 1 SGB V auf den **Landesverband** der IKKn über; eine nach früherem Recht vorgesehene Vermögensauseinandersetzung mit Nachfolgekassen[5] findet nicht statt. Vgl. hierzu die Kommentierung zu § 155 SGB V Rn. 11 ff. 6

4. Haftung (Absatz 1 Sätze 2-6)

Falls das Vermögen einer aufgelösten oder geschlossenen **IKK, die nicht für Innungsfremde geöffnet war**, zur Befriedigung der Gläubiger nicht ausreicht, hat die **Handwerksinnung**, die die IKK errichtet hat, die Verpflichtungen zu erfüllen (vgl. Absatz 1 Sätze 2 und 6).[6] Sind mehrere Handwerks- 7

---

[1] BGBl I 1988, 2477.

[2] BGBl I 1992, 2266.

[3] Gem. Art. 35 Abs. 6 GSG.

[4] BGBl I 2003, 2190.

[5] Hierzu ausführlich *Engelhard* in: Hauck/Noftz, SGB V, § 164 Rn. 5 und 6.

[6] Nach der hier nicht unterstützten Auffassung von *Fröhlingsdorf*, KrV 1989, 43, 48, läuft die Einstandspflicht in der Praxis ins Leere, weil die Innung nicht gezwungen werden könne, für ihre Aufgabenerfüllung benötigte Mittel für eine Verpflichtung aus Absatz 1 Satz 2 einzusetzen.

innungen beteiligt, haften sie als Gesamtschuldner (Absatz 1 Satz 3). Im Innenverhältnis haftet die Innung nach dem Anteil der in ihren Innungsbetrieben beschäftigten Versicherten zur Gesamtzahl der in den gesamten beteiligten Innungsbetrieben beschäftigten Mitglieder der IKK.

8 Reicht das Vermögen der Handwerksinnung(en) zur Gläubigerbefriedigung nicht aus, trifft diese Verpflichtung den **Landesverband** der IKKn (vgl. Absatz 4 Satz 3). Wenn kein Landesverband mehr besteht, hat der **Bundesverband** die Verpflichtungen zu erfüllen (vgl. Absatz 1 Sätze 4 und 5). Gleiches gilt, sofern das Vermögen des Landesverbandes nicht ausreicht. Bei für Innungsfremde **geöffneten IKKn** haftet im Fall der Schließung[7] allein der Landes- bzw. Bundesverband. Die Handwerksinnung haftet grundsätzlich nicht.[8]

9 Aus dem Vorstehenden ergibt sich, dass der die Abwicklung vornehmende **Vorstand** bei unzureichendem Vermögen der Handwerksinnung bzw. dem Landes- und Bundesverband für eine ordnungsgemäße Liquidation verantwortlich ist. Die Gläubigerrechte werden insofern gewahrt, als diese sich ggf. an die nachrangig Einstandspflichtigen halten können. Eine anteilige Befriedigung der Gläubiger gehört somit nicht zu den Pflichten des Vorstandes.[9]

5. Vorab-Ausgleichspflicht (Absatz 1 Satz 7 i.V.m. § 155 Abs. 4 Satz 6 SGB V)

10 Nach Absatz 1 Satz 7 i.V.m. § 155 Abs. 4 Satz 6 SGB V hat die Handwerksinnung bzw. haben die Trägerinnungen ggf. eine Vorab-Ausgleichspflicht gegenüber der IKK. Das ist dann der Fall, wenn zum Zeitpunkt des Inkrafttretens der Öffnung für Innungsfremde die Verpflichtungen der IKK deren Vermögen übersteigen. Aus diesem Grund ist zum Zeitpunkt des In-Kraft-Tretens der Öffnung einer IKK ein Rechnungsabschluss zu erstellen. Übersteigen die Verpflichtungen der IKK ihr Vermögen, hat die Handwerksinnung bzw. haben die Handwerksinnungen den Unterschiedsbetrag innerhalb einer Frist von sechs Monaten auszugleichen. Als Verteilungsmaßstab zwischen Trägerinnungen einer gemeinsamen IKK kommen die anteilige Mitgliederzahl und die Summe der beitragspflichtigen Einnahmen der Mitglieder in Betracht.[10] Eine gesamtschuldnerische Haftung scheidet aus, da Satz 7 anders als Satz 3 nicht hierauf verweist. Im Übrigen vgl. die Kommentierung zu § 155 SGB V Rn. 17 ff.

6. Haftungsfonds (Absatz 1 Satz 8 i.V.m. § 155 Abs. 5 SGB V)

11 Nach Absatz 1 Satz 8 i.V.m. § 155 Abs. 5 Satz 1 SGB V können die Landesverbände der IKKn in ihrer Satzung die Bildung eines Fonds vorsehen, dessen Mittel zur Erfüllung ihrer Haftungsverpflichtung zu verwenden sind. Auch der Bundesverband der IKKn kann nach Absatz 1 Satz 8 i.V.m. § 155 Abs. 5 Satz 2 i.V.m. Satz 1 SGB V von der Satzungsermächtigung Gebrauch machen. Wie bei den Landesverbänden erstreckt sie sich auf die Bildung eines Fonds zur Absicherung der eigenen Haftungsverpflichtungen. Darüber hinaus wird der Bundesverband ermächtigt, die Fondsmittel zur Unterstützung der Landesverbände bei der Erfüllung ihrer Haftungsverpflichtung zu verwenden. Näheres vgl. die Kommentierung zu § 155 SGB V Rn. 20 und die Kommentierung zu § 155 SGB V Rn. 21.

7. Versorgungsansprüche (Absätze 2 und 5)

12 Absatz 2 stellt klar, dass die Ansprüche der Versorgungsempfänger und ihrer Hinterbliebenen durch die Liquidation der IKK nicht berührt werden. Entscheidend ist, dass die Ansprüche an dem von der Aufsichtsbehörde gem. § 162 Satz 3 SGB V bzw. § 163 Satz 2 SGB V festgesetzten Tag der Wirksamkeit der Auflösung oder Schließung der IKK vorhanden sind. Für sie haftet gem. Absatz 5 i.V.m. Absatz 2 und Absatz 1 die Handwerksinnung oder der Landes- bzw. der Bundesverband der IKKn. Die Bekanntmachungspflicht sowie Anmeldeverpflichtung nach Absatz 1 Satz 1 i.V.m. § 155 Abs. 2 SGB V gelten nicht. Falls die IKK nicht Mitglied einer Versorgungskasse war, erscheint es zweckmäßig, dass der IKK-Landesverband die entsprechenden Verpflichtungen gegen Zahlung eines dem Kapitalwert der Ansprüche entsprechenden Betrags übernimmt.[11]

---

7 Eine Auflösung ist nach § 162 Satz 4 SGB V nicht möglich.

8 Beachte aber die Vorab-Ausgleichspflicht nach Absatz 1 Satz 7 i.V.m. § 155 Abs. 4 Satz 6 SGB V.

9 So auch *Engelhard* in: Hauck/Noftz, SGB V, § 164 Rn. 11.

10 *Baier* in: Krauskopf, Soziale Krankenversicherung, SGB V, § 164 Rn. 10.

11 So auch *Baier* in: Krauskopf, Soziale Krankenversicherung, SGB V, § 164 Rn. 12.

8. Dienst- und Arbeitsverhältnisse (Absätze 3-5)

Absätze 3 und 4 regeln die Dienst- und Arbeitsverhältnisse bei der liquidierten IKK und unterscheidet dabei zwischen den Dienstordnungsangestellten mit ihrem beamten-ähnlichen Status einerseits und den sonstigen Angestellten sowie den Arbeitern andererseits. 13

Die Rechtsverhältnisse der **dienstordnungsmäßig Angestellten** richten sich nach einer Dienstordnung der Krankenkasse (vgl. die §§ 349-357 RVO). Absatz 3 Satz 1 verpflichtet die Dienstordnungsangestellten der aufgelösten bzw. geschlossenen IKK, eine vom Landesverband der IKKn angebotene dienstordnungsmäßige Stellung bei ihm oder einer anderen IKK anzutreten, wenn die Stelle nicht in einem auffälligen Missverhältnis zu den Fähigkeiten des Angestellten steht. Das indiziert eine entsprechende Verpflichtung des Landesverbandes, (zumindest) eine entsprechende Stelle bei ihm selbst oder bei einer IKK anzubieten.[12] Ab dem 01.01.1993 dürfen gem. § 358 RVO Dienstordnungsverhältnisse nicht mehr neu begründet werden. Auf diesem Hintergrund ist die Regelung des Absatz 1 Sätze 1 und 2 zu verstehen, wonach ein Dienstordnungsangestellter ggf. auch eine Stelle annehmen muss, die geringere Besoldungs- und Versorgungsansprüche mit sich bringt. Was letztlich unter einem „auffälligem Missverhältnis" i.S.v. Absatz 1 Satz 1 zu verstehen ist, dürfte sich nach den beamtenrechtlichen Grundsätzen beurteilen. Ein auffälliges Missverhältnis soll bei einer um zwei Besoldungsgruppen niedriger bewerteten Stelle noch nicht gegeben sein, sofern es sich um eine Anstellung in derselben Laufbahngruppe handelt.[13] Eventuelle besoldungs- und versorgungsrechtliche **Nachteile** sind nach Absatz 1 Satz 2 **auszugleichen**. Die Vorschrift begründet keinen Anspruch auf Beförderungen, die der Dienstordnungsangestellte ohne die Organisationsänderung bei seinem bisherigen Dienstherrn hätte erwarten können.[14] Kann ein dienstordnungsmäßig Angestellter nicht nach Absatz 3 untergebracht werden, endet sein Dienstverhältnis nach Absatz 4 Satz 1 mit dem Tag der Auflösung oder Schließung der IKK. Etwaige Möglichkeiten zu einer frühzeitigeren Kündigung bleiben gem. Absatz 4 Satz 2 unberührt. Ein Dienstordnungsangestellter muss jedoch keine Stelle als Tarifangestellter annehmen. Für die Verpflichtungen aus den Absätzen 3-4 haftet nach Absatz 5 die Trägerinnung oder der Landes- bzw. der Bundesverband der IKKn. 14

Absatz 3 Satz 3 bestimmt, dass den nicht dienstordnungsmäßig Beschäftigten – also den **Tarifangestellten, Arbeitern und Auszubildenden** – eine Stelle bei dem Landesverband der IKKn oder einer anderen IKK anzubieten ist. Adressat der Regelung kann nur der Landesverband sein. Auch in diesem Fall dürften sich angesichts der Größe der IKKn Probleme bei der anderweitigen Verwendung des Personals ergeben. Daraus wird angesichts des eindeutigen Wortlautes der Norm zu Unrecht gefolgert, dass es keine absolute Pflicht geben könne, allen Betroffenen eine andere Stellung anzubieten, mit der Folge der Beendigung der Vertragsverhältnisse gem. Absatz 4 Satz 1.[15] Die Stelle muss ihnen unter Berücksichtigung ihrer Fähigkeiten und bisherigen Dienststellung zuzumuten sein. Die Grenze des Zumutbaren entspricht dem „auffälligen Missverhältnis" in Satz 1. Anders als bei den Dienstordnungsangestellten ist hier aus tarifvertragsrechtlichen Gründen nicht von einer Verpflichtung zum Antritt der angebotenen Stelle die Rede. 15

Lehnt der Angestellte oder Arbeiter[16] eine ihm im Rahmen des Absatz 3 Satz 3 offerierte Stelle ab, **endet das Dienstverhältnis** nach Absatz 4 Satz 1 mit dem Tag der Auflösung oder Schließung der IKK. Eine arbeitsvertragliche Möglichkeit zu einer früheren Kündigung bleiben gem. Absatz 4 Satz 2 unberührt. Für die Verpflichtungen aus den Absätzen 3-4 haftet nach Absatz 5 die Trägerinnung oder der Landes- bzw. der Bundesverband der IKKn. 16

V. Normzwecke

Absatz 1 Satz 1 i.V.m. § 155 Abs. 1 Satz 2 SGB V statuiert für die aufgelöste oder geschlossene IKK eine Fortbestehensfiktion, um ihre **Abwicklung** durch den Vorstand zu ermöglichen. 17

---

[12] Vgl. Gesetzesbegründung zu Art. 1 § 173 GRG, BT-Drs. 11/2237. Kritisch zu den Umsetzungsmöglichkeiten *Baier* in: Krauskopf, Soziale Krankenversicherung, SGB V, § 164 Rn. 14.

[13] Vgl. *Baier* in: Krauskopf, Soziale Krankenversicherung, § 164 Rn. 14.

[14] Vgl. BVerwG v. 11.07.1975 - VI C 44.72 - BVerwGE 49, 64.

[15] So *Baier* in: Krauskopf, Soziale Krankenversicherung, SGB V, § 164 Rn. 19.

[16] *Baier* in: Krauskopf, Soziale Krankenversicherung, SGB V, § 164 Rn. 19 bezieht die Regelung – fälschlicherweise – generell auch auf Dienstordnungsangestellte und verkennt damit deren beamtenähnlichen Status. Richtigerweise können nur diejenigen Dienstordnungsangestellten gemeint sein, die eine annehmbare Stellung abgelehnt haben.

18 Die Bekanntmachungspflicht aus Absatz 1 Satz 1 i.V.m. § 155 Abs. 2 SGB V dient dem **Gläubigerschutz** und – durch die sechsmonatige Verjährung – auch den Interessen des haftenden Arbeitgebers bzw. des Landesverbandes der IKKn.

19 Absatz 1 Sätze 2-6 regeln, wie ein nach Abwicklung der Geschäfte verbleibender **Fehlbetrag auszugleichen** ist. Die Überschuldung einer IKK soll nicht zu Lasten der Gläubiger gehen. Vielmehr sollen die Handwerksinnung bzw. der Landes- und Bundesverband für die Schulden einer liquidierten IKK einstehen müssen.

20 Die Vorab-Ausgleichspflicht der Handwerksinnung nach Absatz 1 Satz 7 i.V.m. § 155 Abs. 4 Satz 6 SGB V dient der **Absicherung des Landesverbandes** als potentiellem Haftungsverpflichteten.

21 Durch die Ermächtigung des Absatz 1 Satz 8 i.V.m. § 155 Abs. 5 SGB V werden die Landesverbände und der Bundesverband der IKKn in die Lage versetzt, für den Haftungsfall **Vorkehrungen** zu treffen.

22 Absatz 2 enthält eine „notwendige Klarstellung" über die rechtlichen Folgen der Auflösung oder Schließung einer IKK für die vorhandenen **Versorgungsempfänger** und ihre Hinterbliebenen.[17]

23 Die Absätze 3-5 verdeutlichen das Interesse des Gesetzgebers an der **Weiterbeschäftigung** der von der Auflösung oder Schließung einer IKK betroffenen Bediensteten.

B. Praxishinweise

24 Die **Durchsetzung des Ausgleichsanspruchs** gem. Absatz 1 Satz 7 i.V.m. § 155 Abs. 4 Satz 6 SGB V ist problematisch. Die Aufsichtsbehörde kann aufsichtsrechtlich nach § 87 Abs. 1 Satz 1 i.V.m. § 89 SGB IV nur gegen die IKK vorgehen, nicht gegen die Handwerksinnung. Sofern die Ausgleichspflicht bereits festgestellt worden ist, sollte die Aufsichtsbehörde die Satzungsänderung nur unter der Bedingung genehmigen, dass die Innung der Ausgleichspflicht nachkommt. Alternativ kommt eine Klage der IKK bzw. des haftungsbetroffenen Landesverbandes auf Ausgleichszahlung in Betracht.

C. Reformbestrebungen

25 Durch Art. 1 Nr. 125 i.V.m. Art. 46 Abs. 9 GKV-Wettbewerbsstärkungsgesetz (GKV-WSG) werden Absatz 1 und Absatz 5 der Norm geändert.[18]

26 Aus der **Begründung** im Regierungsentwurf zu Art. 1 Nr. 125 GKV-WSG[19] ergibt sich, dass die Haftung der IKK-Verbände für die nach Schließung einer Innungskrankenkasse bestehenden Verbindlichkeiten aus den gleichen Gründen aufgehoben wird wie bei den Betriebskrankenkassen (vgl. § 155 SGB V). Im Übrigen handelt es sich um redaktionelle Folgeänderungen zur Änderung in § 155 SGB V. Die Änderung in Absatz 5 stellt klar, dass im Fall der Auflösung oder Schließung einer Innungskrankenkasse alle verbleibenden Innungskrankenkassen für die finanziellen Lasten haften, die sich aus den Beschäftigungs-, Vergütungs- und Versorgungsansprüchen der Dienstordnungsangestellten der aufgelösten oder geschlossenen Innungskrankenkasse ergeben. Da die Betroffenen existenziell auf die Erfüllung dieser Ansprüche angewiesen sind, ist es sachgerecht, die Haftung hierfür auf eine möglichst breite Grundlage zu stellen.

---

[17] Gesetzesbegründung zu Art. 1 § 173 GRG, BT-Drs. 11/2237.

[18] BGBl I 2007, 378.

[19] BT-Drs. 16/3100.

Vierter Titel: See-Krankenkasse

§ 165 SGB V See-Krankenkasse

(Ursprünglich kommentierte Fassung vom 09.12.2004, gültig ab 01.10.2005, gültig bis 22.12.2007)

(1) Die See-Krankenversicherung wird von der See-Krankenkasse durchgeführt. Es gelten die Vorschriften der gesetzlichen Krankenversicherung.

(2) Die Beschäftigten der See-Krankenkasse können Beschäftigte der See-Berufsgenossenschaft sein. Die Beschäftigungsverhältnisse der Beschäftigten der See-Krankenkasse richten sich nach den für die See-Berufsgenossenschaft maßgeblichen Vorschriften.

(3) Die Versicherten der See-Krankenkasse erhalten die ihnen zustehenden Leistungen im Auftrage und für Rechnung dieser Krankenkasse von der Ortskrankenkasse des Beschäftigungs- oder Wohnorts, soweit sie nicht durch die See-Krankenkasse selbst gewährt werden. Die Satzung kann bestimmen, daß andere Krankenkassen mit der Leistungsgewährung beauftragt werden. Hat die See-Krankenkasse eigene Verträge geschlossen, sind diese maßgebend; im übrigen gelten die Verträge der beauftragten Krankenkasse. Die See-Krankenkasse hat der beauftragten Krankenkasse neben den Leistungsaufwendungen 5 vom Hundert dieses Betrages als Verwaltungskosten zu erstatten. § 91 Abs. 4 des Zehnten Buches gilt entsprechend.

§ 165 SGB V See-Krankenkasse

(Fassung vom 19.12.2007, gültig ab 28.12.2007)

(weggefallen)

Hinweis: § 165 SGB V in der Fassung vom 09.12.2004 wurde durch Art. 5 Nr. 6 des Gesetzes vom 19.12.2007 (BGBl I 2007, 3024) mit Wirkung vom 23.12.2007 geändert. Die Autoren passen die Kommentierungen bei Bedarf an die aktuelle Rechtslage durch Aktualisierungshinweise an.

Hinweis: Der Vierte Titel des Ersten Abschnitts des Sechsten Kapitels wurde durch Art. 5 Nr. 7 des Gesetzes vom 19.12.2007 (BGBl I 2007, 3024) i.V.m. der Bek. vom 28.12.2007 (BGBl I 2007, 3305) mit Wirkung vom 28.12.2007 aufgehoben. Die Autoren passen die Kommentierungen bei Bedarf an die aktuelle Rechtslage durch Aktualisierungshinweise an.

Gliederung

A. Basisinformationen

I. Vorgängervorschriften/Normgeschichte

§ 165 SGB V ist mit Wirkung vom 01.01.1989 auf Grund von Art. 1, 79 Abs. 1 Gesundheitsreformgesetz (GRG) vom 20.12.1988 in Kraft getreten.[1] Die Vorschrift entspricht weitgehend den §§ 476, 483, 488 Abs. 5 und 6 RVO a.F. In **Absatz 1** wurde mit Wirkung vom 01.01.1992 der Klammerzusatz „SGB VI" statt des früheren Hinweises auf § 1375 RVO a.F. durch Art. 4 Nr. 8, Art. 85 Abs. 1 Rentenreformgesetz 1992 vom 18.12.1989[2] eingefügt. 1

[1] BGBl I 1988, 2477.

[2] BGBl I 1989, 2261.

2 Zum 01.10.2005 trat in Folge der Fusion zur „Deutschen Rentenversicherung Knappschaft-Bahn-See" die neugefasste Vorschrift in Kraft.[3]

II. Literaturhinweis

3 *Waibel*, Rechtsnatur der „besonderen Abteilungen" der Sozialversicherungsträger, WzS 2003, 238-246.

B. Auslegung der Norm

I. Regelungsgehalt und Bedeutung der Norm

1. Organisation (Absätze 1 und 2)

4 Absatz 1 Satz 1 bestimmt, dass die See-Krankenversicherung von der See-Krankenkasse durchgeführt wird. Nach Satz 2 gelten die Vorschriften der gesetzlichen Krankenversicherung. Vor dem 01.10.2005 war die See-Krankenkasse im Gegensatz zur See-Kasse **kein Versicherungsträger** und keine Körperschaft des öffentlichen Rechts mit Selbstverwaltung i.S.v. § 4 Abs. 1 SGB V und § 29 Abs. 1 SGB IV. Von der Neuordnung der Organe der gesetzlichen Krankenversicherung zum 01.01.1996[4] war die See-Krankenkasse nicht betroffen.

5 Organe der See-Krankenkasse sind nach § 32 Abs. 2 SGB IV die Organe der See-Berufsgenossenschaft. Die Satzungen der See-Berufsgenossenschaft und der See-Krankenkasse können vorsehen, dass für beide Versicherungsträger ein gemeinsamer Geschäftsführer und Stellvertreter gewählt wird, und das Nähere hierzu bestimmen. Von dieser Regelung wurde Gebrauch gemacht.

6 Nach Absatz 2 Satz 1 können die **Beschäftigten** der See-Krankenkasse Beschäftigte der See-BG sein. Nach Satz 2 richten sich die Beschäftigungsverhältnisse der Beschäftigten der See-Krankenkasse nach den für die See-BG maßgeblichen Vorschriften.

2. Leistungserbringung (Absatz 3)

7 Soweit die Leistungen an die Versicherten nicht von der See-Krankenkasse selbst gewährt werden, sind es die Ortskrankenkassen des Beschäftigungs-[5] oder Wohnortes[6] der Versicherten, die die Leistungen im Auftrag und für Rechnung der See-Krankenkasse erbringen. Absatz 3 Satz 1 sieht die Ortskrankenkassen als geborene Beauftragte der See-Krankenkasse vor. Nach Absatz 3 Satz 2 kann die Satzung der See-Krankenkasse jedoch bestimmen, dass **andere Krankenkassen** mit der Leistungserbringung beauftragt werden. In diesem Fall ist nach Sinn und Zweck des § 165 SGB V eine versichertennahe Betreuung sicherzustellen.

8 Neben den Leistungsaufwendungen hat die See-Krankenkasse der beauftragen Krankenkasse 5% dieses Betrages als Verwaltungskosten zu erstatten (vgl. Absatz 3 Satz 4). Aus dem Verweis des Absatz 3 Satz 5 auf § 91 Abs. 4 SGB X ergibt sich die Zulässigkeit hiervon abweichender Vereinbarungen, insbesondere über pauschalierte Erstattungen.

9 Da es sich um einen **gesetzlichen Auftrag** i.S.v. § 93 SGB X handelt, trifft die beauftragte Krankenkasse nach § 89 Abs. 3 SGB V die Pflicht, der See-Krankenkasse die erforderlichen Mitteilungen zu machen, auf Verlangen über die Ausführung des Auftrags Auskunft zu erteilen und nach der Ausführung des Auftrags Rechenschaft abzulegen. Nach § 93 i.V.m. § 89 Abs. 5 SGB X ist die See-Krankenkasse als Auftraggeber berechtigt, die beauftragte Krankenkasse an ihre Auffassung zu binden. § 93 i.V.m. § 91 Abs. 1 SGB X konkretisiert die Erstattungspflicht; § 91 Abs. 3 SGB X bestimmt, dass die beauftragte Krankenkasse einen angemessenen Vorschuss verlangen kann.

10 Bezüglich der **Vergütung** der zu gewährenden Leistungen bestimmt Absatz 3 Satz 3, dass die von der See-Krankenkasse mit den Leistungserbringern abgeschlossenen Verträge maßgeblich sind.[7] Sofern solche Verträge nicht bestehen, gelten die Verträge der beauftragten Krankenkassen.

---

[3] Gem. Art. 6 Nr. 13, Art. 86 Abs. 4 Gesetz zur Organisationsreform in der gesetzlichen Rentenversicherung (RVOrgG) vom 09.12.2004, BGBl I 2004, 3242.

[4] Vgl. Art. 3 Nr. 2-4 und Art. 35 Abs. 6 Gesundheitsstrukturgesetz (GSG), §§ 31 Abs. 3a, 35a Abs. 1 SGB IV.

[5] Vgl. hierzu §§ 9, 10 SGB IV.

[6] I.S.v. § 30 Abs. 3 SGB I.

[7] Vgl. hierzu die §§ 2 Abs. 2 Satz 2 i.V.m. den §§ 69 ff. SGB V.

II. Normzwecke

Die Norm trägt den Besonderheiten dieser berufsständischen Sozialversicherung Rechnung. 11

C. Praxishinweise

Die Zuständigkeit der See-Krankenkasse bestimmt sich nach § 176 SGB V. Die See-Krankenversicherung wird vorbehaltlich spezieller Regelungen (vgl. z.B. die §§ 16 Abs. 3, 17 Abs. 3, 47 Abs. 4 Satz 1, 233 SGB V) nach den allgemeinen Vorschriften durchgeführt. 12

Siehe auch unter www.see-bg.de. 13

D. Reformbestrebungen

Durch Art. 1 Nr. 126 i.V.m. Art. 46 Abs. 9 GKV-Wettbewerbsstärkungsgesetz (GKV-WSG) wird die Vorschrift zum 01.07.2008 geändert.[8] **Absatz 1** wird wie folgt gefasst: „Der Bezirk der See-Krankenkasse erstreckt sich auf das Bundesgebiet.“ 14

Dem **Absatz 2** wird folgender Satz angefügt: „Soweit die See-Berufsgenossenschaft Verwaltungsausgaben der See-Krankenkasse trägt, sind diese von der See-Krankenkasse zu erstatten.“ 15

Absatz 3 wird wie folgt gefasst: „Die See-Krankenkasse wird von der Aufsichtsbehörde geschlossen, wenn ihre Leistungsfähigkeit nicht mehr auf Dauer gesichert ist. Die Aufsichtsbehörde bestimmt den Zeitpunkt, an dem die Schließung wirksam wird. Bei Schließung gilt § 155 Abs. 1 bis 3 entsprechend mit der Maßgabe, dass nach der Abwicklung der Geschäfte verbleibendes Vermögen auf die Bundesrepublik Deutschland übergeht.“ 16

Nach der **Begründung** zum Regierungsentwurf zu Art. 1 Nr. 126 GKV-WSG[9] handelt es sich um Folgeregelungen zur Öffnung der See-Krankenkasse für Versicherte außerhalb der Seeschifffahrt (vgl. § 173 Abs. 2 Satz 1 Nr. 4a SGB V). Die See-Krankenkasse wird hierdurch weitestgehend den anderen Krankenkassen gleichgestellt. Durch die Regelung in Absatz 2 soll verhindert werden, dass die See-Krankenkasse gegenüber den anderen Krankenkassen Wettbewerbsvorteile dadurch hat, dass ihre Verwaltungsausgaben ganz oder teilweise von der See-Berufsgenossenschaft getragen werden. 17

[8] BGBl I 2007, 378.

[9] BT-Drs. 16/3100.

Fünfter Titel: Landwirtschaftliche Krankenkassen

§ 166 SGB V Landwirtschaftliche Krankenkassen

(Fassung vom 20.12.1988, gültig ab 01.01.1989)

Träger der Krankenversicherung der Landwirte sind die in § 17 des Zweiten Gesetzes über die Krankenversicherung der Landwirte vorgesehenen Krankenkassen. Es gelten die Vorschriften der Gesetze über die Krankenversicherung der Landwirte.

Gliederung

A. Basisinformationen

I. Vorgängervorschriften/Normgeschichte

1 Die Vorschrift ist mit Wirkung vom 01.01.1989 auf Grund von Art. 1, 79 Abs. 1 Gesundheitsreformgesetz (GRG) vom 20.12.1988 in Kraft getreten.[1] Sie entspricht weitgehend dem bisher geltenden Recht. Die landwirtschaftliche Krankenversicherung wurde – nach der Unfallversicherung und der landwirtschaftlichen Alterssicherung – als eigenständiger dritter Zweig der berufsständischen Sozialversicherung durch das KVLG 1972[2] zum 01.10.1972 eingeführt.[3]

II. Parallelvorschriften

2 Es gibt drei im SGB V angesprochene[4] öffentlich-rechtliche Sondersysteme der Krankenversicherung, nämlich die See-Krankenkasse (**§ 165 SGB V**), die Bundesknappschaft (**§ 167 SGB V**) und das System der landwirtschaftlichen Krankenkassen. Während die Erstgenannten durch einen Einheitsträger verkörpert werden, gibt es insgesamt neun landwirtschaftliche Krankenkassen.[5]

III. Literaturhinweise

3 *Noell/Deisler*, Die Krankenversicherung der Landwirte, 2001; *Volbers* in: Schulin, Handbuch des Sozialversicherungsrechts, Bd. 1 (Krankenversicherungsrecht), §§ 57 ff.

B. Auslegung der Norm

I. Regelungsgehalt und Bedeutung der Norm

1. Sondersystem (Satz 1)

4 Das seit dem 01.10.1972 bestehende Sondersystem der landwirtschaftlichen Krankenversicherung ist die jüngste Sparte der gesetzlichen Krankenversicherung und bezieht vor allem die landwirtschaftlichen Unternehmer, deren mitarbeitende Familienangehörige und die Altenteiler in die Versicherungspflicht ein (vgl. die §§ 2 ff. KVLG 1989). Träger der Krankenversicherung der Landwirte sind die

---

[1] BGBl I 1988, 2477.

[2] Gesetz über die Krankenversicherung der Landwirte vom 10.08.1972, BGBl I 1972, 1433.

[3] Zur Geschichte der landwirtschaftlichen Krankenversicherung *Volbers* in: Schulin, Handbuch des Sozialversicherungsrechts, Bd. 1, § 57.

[4] Seit dem 01.01.1983 sind nach den näheren Bestimmungen des Künstlersozialversicherungsgesetzes vom 27.07.1981, BGBl I 1981, 705, auch selbständige Künstler und Publizisten in der gesetzlichen Krankenversicherung versicherungspflichtig.

[5] www.lsv.de.

landwirtschaftlichen Krankenkassen (LKKn), die nach § 17 Abs. 1 KVLG 1989 bei jeder landwirtschaftlichen Berufsgenossenschaft eingerichtet sind. Die landwirtschaftlichen Berufsgenossenschaften (LBGn) umfassen – abgesehen von der für das gesamte Bundesgebiet zuständigen Berufsgenossenschaft für den Gartenbau – jeweils ein oder mehrere Bundesländer; lediglich im Freistaat Bayern bestehen zwei LBGn.

Die LKKn sind öffentlich-rechtliche Körperschaften mit Selbstverwaltung (§ 4 Abs. 1 i.V.m. § 29 Abs. 1 SGB IV). Zusammen mit den LBGn und der landwirtschaftlichen Alterskasse bilden die LKKn jeweils eine Verwaltungsgemeinschaft. Die Organe der LBG sind – teilweise[6] – auch die Organe der LKK und der Alterskasse (vgl. § 32 Abs. 1 i.V.m. § 31 Abs. 1 SGB IV). Es besteht gem. § 26 Abs. 2 KVLG 1989 und § 52 Abs. 1 ALG[7] eine gemeinsame Geschäftsführung. Von der Neuordnung der Organe der gesetzlichen Krankenversicherung zum 01.01.1996[8] waren die LKKn nicht betroffen.[9] 5

2. Geltung des KVLG 1972 und des KVLG 1989 (Satz 2)

Nach Satz 2 gelten für die LKKn die Vorschriften der Gesetze über die Krankenversicherung der Landwirte. Anders als die anderen Krankenkassen ist für die LKKn und ihre Versicherten nicht (direkt) das SGB V anwendbar, sondern die Bestimmungen des KVLG 1972 und des KVLG 1989. Allerdings verweist § 8 Abs. 1 KVLG 1989 auf das 3. Kapitel des SGB V, wodurch die meisten Leistungen der LKKn denen der anderen Krankenkassen entsprechen. Das KVLG 1972 besteht fort, weil seinerzeit aus politischen Gründen die Vorschriften über die Leistungen bei Schwangerschaft und Mutterschaft sowie über sonstige Hilfen nicht in das KVLG 1989 übernommen wurden. 6

II. Normzwecke

Die Vorschrift ist nur deklaratorischer Art und hat keine konstitutive Bedeutung. 7

C. Praxishinweise

Wegen der für die Praxis bedeutsamen Abgrenzung der Versicherungspflicht von sog. Nebenerwerbslandwirten siehe zuletzt BSG vom 29.04.1997 und BSG vom 16.11.1995.[10] 8

Die LKKn hatten im Jahr 2003 ca. 618.000 Mitglieder.[11] 9

---

6 Da sich sowohl die landwirtschaftliche Krankenversicherung als auch die Alterssicherung der Landwirte auf die selbständigen Landwirte beziehen, wirken in deren Angelegenheiten die Vertreter der Arbeitnehmer in den Organen der LBG nach § 44 Abs. 3 SGB IV nicht mit.

7 Gesetz über die Alterssicherung der Landwirte vom 29.07.1994, BGBl I 1994, 1890.

8 Vgl. Art. 3 Nr. 2 bis 4 und Art. 35 Abs. 6 GSG, §§ 31 Abs. 3a, 35a Abs. 1 SGB IV.

9 Vgl. Art. 3 Nr. 2 bis 4 und Art. 35 Abs. 6 GSG, §§ 31 Abs. 3a, 35a Abs. 1 SGB IV.

10 BSG v. 29.04.1997 - 10/4 RK 3/96 und BSG v. 16.11.1995 - 4 RK 2/94; hierzu *Koch*, SdL 1997, 302.

11 Quelle: www.lsv.de.

Sechster Titel: Deutsche Rentenversicherung Knappschaft-Bahn-See

§ 167 SGB V Deutsche Rentenversicherung Knappschaft-Bahn-See

(Fassung vom 26.03.2007, gültig ab 01.04.2007)

Die Deutsche Rentenversicherung Knappschaft-Bahn-See führt die Krankenversicherung nach den Vorschriften dieses Buches durch.

Gliederung

A. Basisinformationen

I. Vorgängervorschriften/Normgeschichte

1 Die Vorschrift ist mit Wirkung vom 01.01.1989 auf Grund von Art. 1, 79 Abs. 1 Gesundheitsreformgesetz (GRG) vom 20.12.1988 in Kraft getreten.[1] Die Bestimmung beendete das Sonderrecht für die Krankenversicherung der im Bergbau Beschäftigten und hat die knappschaftliche Krankenversicherung in die allgemeine Krankenversicherung eingegliedert. **Satz 2** wurde mit Wirkung vom 01.01.1992 neugefasst durch Art. 4 Nr. 9, Art. 85 Abs. 1 Rentenreformgesetz 1992 vom 18.12.1989.[2] Er wurde durch Art. 1 Nr. 127 i.V.m. Art. 46 Abs. 1 GKV-WSG mit Wirkung vom 01.04.2007 gestrichen. Der Wortlaut wurde ansonsten erneut geändert.[3]

2 Zum 01.10.2005 trat in Folge der Fusion zur „Deutschen Rentenversicherung Knappschaft-Bahn-See" die geänderte Bezeichnung in Kraft.[4]

II. Parallelvorschriften

3 Neben der See-Krankenkasse war die Bundesknappschaft der einzige Einheitsträger der gesetzlichen Krankenversicherung, der im SGB V als solcher genannt wird.

III. Literaturhinweise

4 *Schindler*, Der aktuelle Stand des GKV-Wettbewerbsstärkungsgesetzes, Kompass/KBS 2006, Nr. 11/12, 3-7; *Schulte*, Die Bundesknappschaft – insbesondere als Krankenversicherung – und ihre Stellung im Gesundheitswesen, Kompass 1996, 549-554; *Waibel*, Rechtsnatur der „besonderen Abteilungen" der Sozialversicherungsträger, WzS 2003, 238-246.

B. Auslegung der Norm

5 Durch Art. 1 Nr. 133 i.V.m. Art. 46 Abs. 1 GKV-WSG wurde § 173 Abs. 2 Satz 1 dergestalt geändert, dass seit dem 01.04.2007 auch die Deutsche Rentenversicherung Knappschaft-Bahn-See zu den von Versicherungspflichtigen und Versicherungsberechtigten wählbaren Krankenkassen gehört. Die Änderung des § 167 SGB V ist eine Folgeregelung zur Öffnung der Deutschen Rentenversicherung Knappschaft-Bahn-See als Krankenversicherungsträger für Versicherte außerhalb des Bergbaus.

6 Die Deutsche Rentenversicherung Knappschaft-Bahn-See ist ein deutscher Rentenversicherungsträger im Verbund der Deutschen Rentenversicherung, der am 01.10.2005 aus dem Zusammenschluss von Bundesknappschaft, Bahnversicherungsanstalt und Seekasse hervorgegangen ist. Sie hat ihren Sitz in Bochum.

7 Der Zusammenschluss der drei Versicherungsträger zur Deutschen Rentenversicherung Knappschaft-Bahn-See ist Teil eines Gesamtkonzepts zur Neuorganisation der gesetzlichen Rentenversiche-

[1] BGBl I 1988, 2477.
[2] BGBl I 1988, 2261.
[3] BGBl I 2007,
[4] Gem. Art. 6 Nr. 15, Art. 86 Abs. 4 Gesetz zur Organisationsreform in der gesetzlichen Rentenversicherung (RVOrgG) vom 09.12.2004, BGBl I 2004, 3242.

rung in Deutschland. Rechtsgrundlage dafür ist das Gesetz zur Organisationsreform in der gesetzlichen Rentenversicherung vom 09.12.2004. Dazu gingen die Bahnversicherungsanstalt und die Seekasse mit ihren Vermögen sowie ihren Rechte und Pflichten in die bisherige Bundesknappschaft über.

Die Deutsche Rentenversicherung Knappschaft-Bahn-See ist die Einzugsstelle für die Lohnsteuer und die Sozialversicherungsbeiträge für sämtliche geringfügig Beschäftigte (so genannte Mini-Jobs). 8

Die Bezeichnung, unter der die Deutsche Rentenversicherung Knappschaft-Bahn-See die Krankenversicherung durchführt, ist nach § 194 Abs. 1 Nr. 1 SGB V in der Satzung zu regeln. Nach § 43 der Satzung wurde die Bezeichnung Knappschaft gewählt. Das hat zur Folge, dass sie auch unter diesem Namen klagen und verklagt werden kann. Sie hat ihren Sitz in Bochum. 9

Es handelt sich zurzeit um den einzigen Fall, in dem ein Rentenversicherungsträger die Krankenversicherung durchführt. Von der Neuordnung der Organe der gesetzlichen Krankenversicherung zum 01.01.1996[5] war die Bundesknappschaft nicht betroffen.[6] 10

§ 71 Abs. 1 Satz 1 SGB IV bestimmt, dass der **Haushaltsplan** der Bundesknappschaft getrennt nach knappschaftlicher Krankenversicherung, knappschaftlicher Rentenversicherung und knappschaftlicher Pflegeversicherung aufzustellen ist. Dementsprechend ist auch die Aufbringung und Verwaltung der Mittel für die drei Versicherungszweige separat geregelt.[7] 11

C. Praxishinweise

In der knappschaftlichen Krankenversicherung sind ca. 1,4 Millionen Menschen versichert.[8] 12

---

[5] Vgl. Art. 3 Nr. 2-4 und Art. 35 Abs. 6 GSG, §§ 31 Abs. 3a, 35a Abs. 1 SGB IV.

[6] Vgl. Art. 3 Nr. 2-4 und Art. 35 Abs. 6 GSG, §§ 31 Abs. 3a, 35a Abs. 1 SGB IV.

[7] Siehe die §§ 220 und 259 ff. SGB V, §§ 153, 157 ff., 215 SGB VI und § 54 ff. SGB XI.

[8] www.knappschaft.de.

Siebter Titel: Ersatzkassen

§ 168 SGB V Ersatzkassen

(Fassung vom 21.12.1992, gültig ab 01.01.1996)

(1) Ersatzkassen sind am 31. Dezember 1992 bestehende Krankenkassen, bei denen Versicherte die Mitgliedschaft bis zum 31. Dezember 1995 durch Ausübung des Wahlrechts erlangen können.

(2) Beschränkungen des aufnahmeberechtigten Mitgliederkreises sind nicht zulässig.

(3) Der Bezirk einer Ersatzkasse kann durch Satzungsregelung auf das Gebiet eines oder mehrerer Länder oder das Bundesgebiet erweitert werden. Die Satzungsregelung bedarf der Genehmigung der vor der Erweiterung zuständigen Aufsichtsbehörde.

Gliederung

A. Basisinformationen

I. Vorgängervorschriften/Normgeschichte

1 Die Vorschrift trat mit Wirkung vom 01.01.1989 auf Grund von Art. 1, 79 Abs. 1 Gesundheitsreformgesetz (GRG) vom 20.12.1988 in Kraft.[1] Die jetzige Fassung ist am 01.01.1996 in Kraft getreten.[2] Sie beruht auf Art. 1 Nr. 112 Gesundheitsstrukturgesetz (GSG) vom 21.12.1992[3] und bildet den vorläufigen Abschluss einer Entwicklung der schrittweisen Beseitigung der Sonderstellung der Ersatzkassen. Die mehrheitlich zwischen 1883 und 1911 entstandenen Ersatzkassen[4] sind ursprünglich private Selbsthilfeeinrichtungen gewesen, die durch die RVO in die gesetzliche Krankenversicherung einbezogen und inzwischen bezüglich Leistungen, Beiträgen und Mitgliedschaftsrecht den anderen Kassenarten gleichgestellt wurden.

II. Parallelvorschriften

2 **Absatz 1** definiert den Ersatzkassenbegriff und damit eine Kassenart. Ähnlich wie in **§ 143 SGB V** für die Ortskrankenkassen (siehe auch **§§ 165 bis 167 SGB V** für weitere Kassenarten) wird die Existenz von Ersatzkassen vom Gesetzgeber vorausgesetzt; auf Errichtungsvorschriften konnte demnach verzichtet werden.[5] Betriebs- und Innungskrankenkassen hingegen müssen nach der Gesetzessystematik zunächst errichtet werden. **Absatz 3** hat gewisse Parallele in **§ 149 SGB V** (Ausdehnung einer für Betriebsfremde geschlossenen BKK auf weitere Betriebe).

III. Literaturhinweise

3 *Cassel*, Organisationsreform der gesetzlichen Krankenversicherung (GKV), SGb 1993, 97-102; *Fette/Goeschel*, Die Stellung der Ersatzkassen in den Raumordnungsregionen der Bundesrepublik Deutschland – Ausgangsdaten für die Krankenkassenstrukturplanung, SozVers 1990, 231-237; *Kirchhof*, Rechtliche Bestimmung des Wettbewerbsgebiets zwischen Krankenkassen, VSSR 1990, 139-151; *Klose*, Das Mitgliedschaftsrecht der Ersatzkassen im SGB V, SGb 1995, 477-486; *Marburger*, Zur Or-

---

1 BGBl I 1988, 2477.
2 Gem. Art. 35 Abs. 6 GSG.
3 BGBl I 1992, 2266.
4 Zur geschichtlichen Entwicklung vgl. *Baier* in: Krauskopf, Soziale Krankenversicherung, SGB V, § 168 Rn. 1-7.
5 Eine Ausnahme gilt für das Beitrittsgebiet, vgl. § 312 Abs. 2 SGB V.

ganisation der gesetzlichen Krankenversicherung seit Inkrafttreten der Gesundheitsreform, SGb 1993, 190-193; *Meesters*, Organisationsrecht der Krankenkassen auf dem Prüfstand; ErsK 2004, 181-184; *Schermer*, Auswirkungen auf das Mitgliedschaftsrecht der Ersatzkassen, ErsK 1989, 214-220; *Waibel*, Vereinigung von Sozialversicherungsträgern, ZfS 2003, 225-237.

B. Auslegung der Norm

I. Regelungsgehalt und Bedeutung der Norm

1. Definition (Absatz 1)

Die Definition des Ersatzkassenbegriffs berücksichtigt, dass bis zur Neuorganisation der gesetzlichen Krankenversicherung am 01.01.1996[6] bei den Ersatzkassen – anders als bei den anderen Kassenarten – die Mitgliedschaft nur durch Ausübung eines Wahlrechts erworben werden konnte. Anfang 1996 haben 15 Krankenkassen mit ca. 18,6 Millionen Versicherten diese Voraussetzung erfüllt.[7] 4

Seit dem 01.01.1996 ist die **Errichtung weiterer Ersatzkassen ausgeschlossen**. Dies ergibt sich zum einen aus der Formulierung des Absatz 1 und zum anderen aus dem Fehlen einer Errichtungsvorschrift. Auch die Auflösung von Ersatzkassen ist nicht vorgesehen. Die entsprechende Vorschrift (§ 169 SGB V) ist durch Art. 1 Nr. 114 GSG mit Wirkung vom 01.01.1996 gestrichen worden. Daraus folgt, dass sich die Zahl der Ersatzkassen nur durch ihre Vereinigung gem. § 168a SGB V oder durch Schließung nach § 170 SGB V verändern, d.h. verringern kann. 5

Die Ersatzkassen sind rechtsfähige Körperschaften des öffentlichen Rechts mit Selbstverwaltung i.S.v. § 4 Abs. 1 SGB V i.V.m. § 29 Abs. 1 SGB IV. Sie handeln durch den hauptamtlichen Vorstand und den Verwaltungsrat (vgl. die §§ 31 Abs. 3a, 35a SGB IV). Abweichend von den anderen Krankenkassen besteht der **Verwaltungsrat** bei den Ersatzkassen grundsätzlich nur aus Versichertenvertretern.[8] Nahezu alle Ersatzkassen sind inzwischen bundesunmittelbare Versicherungsträger und unterstehen folglich der Aufsicht durch das Bundesversicherungsamt (gem. §§ 90 Abs. 1 Satz 1, 90a Abs. 1 Nr. 4 SGB IV i.V.m. Art. 87 Abs. 2 Satz 2 GG). 6

2. Mitgliederkreis (Absatz 2)

Nach Absatz 2 sind Beschränkungen des aufnahmeberechtigten Mitgliederkreises unzulässig. Diese Bestimmung erklärt sich aus dem vor 1996 geltenden Recht, wonach Ersatzkassen nur für bestimmte Berufsgruppen zuständig waren.[9] Nunmehr sind alle Versicherten unabhängig von ihrer beruflichen Tätigkeit und ihrem Status als Arbeiter oder Angestellte zutrittsberechtigt. Nach der Gesetzesbegründung stellt die Regelung einen verfassungsrechtlich zulässigen Einschnitt in die bisherige berufsständisch orientierte Struktur der Ersatzkassen dar. Weder aus dem Sozialstaatsprinzip noch aus den ausdrücklich auf die Sozialversicherung bezugnehmenden Kompetenz- und Organisationsnormen des Grundgesetzes lasse sich ein Bestandsschutz für bestehende Organisationsprinzipien im gegliederten System ableiten.[10] Wegen der Regelung des § 173 Abs. 2 Satz 1 Nr. 2 SGB V wäre Absatz 2 verzichtbar gewesen. 7

3. Räumliche Erweiterung der Zuständigkeit (Absatz 3)

Die Regelung des Absatzes 3 ist nahezu obsolet geworden, da fast alle Ersatzkassen bereits bundesweit tätig sind. Lediglich die Handelskrankenkasse (HKK) ist nur für Bremen und Niedersachsen geöffnet. 8

II. Normzwecke

Die Bestimmung dient nach der Gesetzesbegründung der Herstellung gleicher Wettbewerbsbedingungen für alle Kassenarten. Absatz 2 bezweckt die Öffnung der Ersatzkassen für alle Versicherten. Absatz 3 wollte für regional zuständige Ersatzkassen die Möglichkeit der räumlichen Ausdehnung durch Satzungsregelung schaffen.[11] 9

---

6 Vgl. Art. 1 Nr. 116, Art. 35 Abs. 6 GSG.
7 BABl 5/96 S. 100-103.
8 Siehe §§ 44 Abs. 1 Nr. 4 und Abs. 4 SGB IV.
9 Zu Einzelheiten vgl. *Hauck* in: Hauck/Noftz, SGB V, § 168 Rn. 6.
10 Gesetzesbegründung zu Art. 1 Nr. 95 GSG, BT-Drs. 11/3608.
11 Zu Art. 1 Nr. 95 GSG, BT-Drs. 12/3608.

C. Praxishinweise

10 Bei den sieben im VdAK e.V. zusammengeschlossenen Ersatzkassen sind ca. 22 Millionen Menschen versichert:[12]

- BARMER Ersatzkasse, www.barmer.de,
- DAK – Deutsche Angestellten-Krankenkasse, www.dak.de,
- Techniker Krankenkasse, www.tk-online.de,
- Kaufmännische Krankenkasse – KKH, www.kkh.de,
- Hamburg Münchener Krankenkasse, www.hamburg-muenchener-krankenkasse.de,
- HEK – Hanseatische Krankenkasse, www.hek.de,
- Handelskrankenkasse, www.hkk.de.

11 Bei den drei Mitgliedskassen des Arbeiter-Ersatzkassenverbandes e.V. sind mehr als 1,5 Millionen Menschen versichert:[13]

- Gmünder ErsatzKasse (GEK), www.gek.de,
- HZK – Die ProfiKrankenkasse für Bau- und Holzberufe, www.hzk-online.de.
- KEH Ersatzkasse, www.keh.biz.

---

[12] Quelle: www.vdak-aev.de.

[13] Quelle: www.vdak-aev.de.

§ 168a SGB V Vereinigung von Ersatzkassen

(Fassung vom 31.10.2006, gültig ab 08.11.2006, gültig bis 30.06.2008)

(1) Ersatzkassen können sich auf Beschluß ihrer Verwaltungsräte vereinigen. Der Beschluß bedarf der Genehmigung der vor der Vereinigung zuständigen Aufsichtsbehörden. Für das Verfahren gilt § 144 Abs. 2 bis 4 entsprechend.

(2) Das Bundesministerium für Gesundheit kann auf Antrag einer Ersatzkasse oder eines Spitzenverbandes der Ersatzkassen durch Rechtsverordnung mit Zustimmung des Bundesrates einzelne Ersatzkassen nach Anhörung der betroffenen Ersatzkassen vereinigen. Für die Vereinigung von Ersatzkassen durch Rechtsverordnung des Bundesministeriums für Gesundheit gelten die §§ 145 und 146 entsprechend.

Gliederung

A. Basisinformationen

I. Vorgängervorschriften/Normgeschichte

1 Die Vorschrift wurde durch Art. 1 Nr. 113 Gesundheitsstrukturgesetz (GSG) vom 21.12.1992[1] mit Wirkung vom 01.01.1995[2] eingefügt. Sie stellt eine Neuregelung für die Ersatzkassen dar.

II. Parallelvorschriften

2 Die Vorschrift lehnt sich an die für die Ortskrankenkasse geltenden **§§ 144-146 SGB V** an. Sie hat eine weitere Parallele in **§ 160 SGB V** (Vereinigung von Innungskrankenkassen). Bezüglich der Vereinigung von Betriebskrankenkassen verweist **§ 150 Abs. 2 SGB V** gleichfalls auf § 144 bzw. auf die §§ 145 und 146 SGB V. Seit dem 01.04.2007 ist nach § 171a SGB V die kassenartenübergreifende Vereinigung von Krankenkassen möglich.

III. Literaturhinweise

3 *Bieback*, Fusion, Schließung und Kooperation von Ersatzklassen – Ihre sozial- und arbeitsrechtlichen Aspekte, insbesondere die Auswirkungen auf die Beschäftigten, 1999; *Paquet*, Wozu sind Fusionen gut?, BKK 2004, 193-196; *ders.*, Öffnung und Vereinigung von Betriebskrankenkassen, BKK 1994, 338-341; *Schlitt*, Flurbereinigung in der Kassenlandschaft, Der Kassenarzt 2004, Nr. 6, 18-21; *Schroeder-Printzen*, Besonderheiten des Rechtsschutzes bei Fusion von Krankenkassen im Zusammenhang mit dem Risikostrukturausgleich, NZS 1997, 319-320; *Waibel*, Vereinigung von Sozialversicherungsträgern, ZfS 2003, 225-237.

B. Auslegung der Norm

I. Regelungsgehalt und Bedeutung der Norm

1. Freiwillige Vereinigung (Absatz 1)

4 Absatz 1 ermöglicht die freiwillige Vereinigung von Ersatzkassen als Ausfluss der Gestaltungsfreiheit der Selbstverwaltung. Zur freiwilligen Vereinigung bedarf es zunächst eines Beschlusses der Verwaltungsräte der beteiligten Kassen. Dieser Beschluss wiederum bedarf der Genehmigung durch die vor

---
[1] BGBl I 1992, 2266.
[2] Gem. Art. 35 Abs. 5 GSG.

der Vereinigung zuständigen Aufsichtsbehörden. Die freiwillige Fusion nach Absatz 1 geht der zwangsweisen Vereinigung nach Absatz 2 vor. Das Gesetz sieht für die Vereinigung von Ersatzkassen keinerlei Beschränkungen vor.

5 Das die Vereinigung bewirkende Organ sind die jeweiligen Verwaltungsräte. Das **Verfahren über die Beschlussfassung** ist in § 64 SGB IV geregelt. Erforderlich ist danach, dass sämtliche Mitglieder ordnungsgemäß geladen sind und die Mehrheit der Mitglieder anwesend und stimmberechtigt ist (§ 64 Abs. 1 Satz 1 SGB IV). Die Beschlüsse werden grundsätzlich mit der Mehrheit der abgegebenen Stimmen gefasst (§ 64 Abs. 2 Satz 1 SGB IV).

6 Die Beschlüsse bedürfen der **Genehmigung** der vor der Vereinigung zuständigen Aufsichtsbehörden. Näheres vgl. die Kommentierung zu § 144 SGB V Rn. 10. Die **Zuständigkeit der Aufsichtsbehörden** ergibt sich aus §§ 90, 90a SGB IV i.V.m. Art. 87 Abs. 2 Satz 2 GG. Da fast alle Ersatzkassen bundesunmittelbare Träger sind, ist das Bundesversicherungsamt zuständig.

2. Zwangsweise Vereinigung (Absatz 2)

7 Nach Absatz 2 Satz 1 kann das Bundesministerium für Gesundheit und Soziale Sicherung (BMGS) auf **Antrag** einer Ersatzkasse oder eines Spitzenverbandes der Ersatzkassen[3] durch Rechtsverordnung[4] einzelne Ersatzkasse vereinigen. Hierzu ist die Anhörung der betroffenen Ersatzkassen und Zustimmung des Bundesrates erforderlich. Die zwangsweise Vereinigung kann demnach nicht von Amts wegen betrieben werden. Der Antrag kann auch ohne oder gegen den Willen eines oder mehrerer der Fusionskandidaten gestellt werden. Er ist, obgleich Schriftform nicht ausdrücklich vorgesehen ist, wegen der Bedeutung der Entscheidung schriftlich zu stellen. Er kann mangels entsprechender Regelungen nicht zurückgenommen werden, jedoch kann er in entsprechender Anwendung der §§ 119-124 BGB wegen Irrtum, Täuschung oder Drohung angefochten werden.[5]

8 Voraussetzung der Vereinigung ist gem. Absatz 2 Satz 2 i.V.m. § 145 Abs. 1 Satz 1 SGB V, dass die **Leistungsfähigkeit** der betroffenen Ersatzkassen durch die Vereinigung **verbessert** werden kann oder der Bedarfssatz einer Ersatzkasse den durchschnittlichen Bedarfssatz aller Ersatzkassen auf Bundes- oder Landesebene um mehr als 5% übersteigt. Vgl. hierzu die Kommentierung zu § 145 SGB V Rn. 6.

9 Nach Absatz 2 Satz 2 i.V.m. § 145 Abs. 1 Nr. 2 SGB V ist die Vereinigung ebenfalls zulässig, wenn der **Bedarfssatz** einer Ersatzkasse den durchschnittlichen Bedarfssatz aller Ersatzkassen auf Bundesebene um mehr als 5% übersteigt. Vgl. hierzu die Kommentierung zu § 145 SGB V Rn. 7.

10 Bei Vorliegen der genannten Voraussetzungen „kann“ das BMGS die Ersatzkassen vereinigen. Die Entscheidung liegt in seinem pflichtgemäßen **Ermessen**. Dabei ist einerseits die ratio legis des § 168a SGB V zu beachten, wonach finanziell gesunde, wettbewerbsfähige Krankenkassen entstehen sollen; andererseits sollen sich – gemäß dem Gedanken der Selbstverwaltung – staatliche Zwangsmaßnahmen stets streng am Grundsatz der Verhältnismäßigkeit orientieren. Sofern sich die Vereinigung allein mit der Verbesserung der Leistungsfähigkeit begründen lässt, ohne dass eine „Gefährdung“ derselben vorliegt, wird der Wille der beteiligten Selbstverwaltungsorgane erhebliches Gewicht haben. Eine wettbewerbsfähige Ersatzkasse gegen ihren Willen mit einer anderen Kasse zu vereinigen, dürfte ausgeschlossen sein.

11 Ob wegen der generellen Verweisung auf § 145 SGB V das BMGS sogar nach dessen Absatz 2 **verpflichtet** sein kann, Ersatzkassen durch Rechtsverordnung zwangsweise zu vereinigen, ist umstritten.[6] *Baier*[7] weist anhand der Regelungssystematik nach, dass auf Grund der Verweisung des Satzes 2 nur § 145 Abs. 1 und 3 SGB V sowie § 146 SGB V entsprechend anzuwenden sind.

3. Verfahren

12 Für das Verfahren **zur freiwilligen Vereinigung** von Ersatzkassen gelten nach Absatz 1 Satz 3 die Bestimmungen des § 144 Abs. 2-4 SGB V entsprechend. Vgl. hierzu die Kommentierung zu § 144 SGB V Rn. 13 ff.

---

3 Der Verband der Angestellten-Krankenkassen e.V. nimmt auch die Geschäftsführung des Arbeiter-Ersatzkassen-Verbandes e.V. wahr; siehe auch unter www.vdak-aev.de.

4 Die Rechtsverordnung regelt nur die Vereinigung als solche. Die weiteren Maßnahmen i.S.v. Absatz 2 Satz 2 i.V.m. § 146 SGB V obliegen der Aufsichtsbehörde.

5 *Hauck* in: Hauck, SGB V, § 168a Rn. 13; m.w.N.

6 Dafür *Hauck* in: Hauck/Noftz, SGB V, § 168a Rn. 16; *Peters*, Handbuch KV (SGB V), § 168a Rn. 8.

7 *Baier* in: Krauskopf, Soziale Krankenversicherung, SGB V, § 168 Rn. 7.

Absatz 2 Satz 2 erster Halbsatz verweist bezüglich des Verfahrens **bei zwangsweiser Vereinigung** auf die §§ 145 und 146 SGB V. § 146 Abs. 4 SGB V berechtigt die Aufsichtsbehörde **im Falle der zwangsweisen Fusion** zur **Ersatzvornahme**. Vgl. hierzu die Kommentierung zu § 146 SGB V Rn. 7. 13

Mit dem Zeitpunkt der Wirksamkeit der Vereinigung ist die **neue Krankenkasse entstanden** und sind nach Absatz 2 Satz 1 i.V.m. § 144 Abs. 4 Satz 1 bzw. Abs. 2 Satz 2 i.V.m. § 146 Abs. 3 Satz 1 SGB V **die bisherigen Krankenkassen geschlossen**. Die neue Krankenkasse tritt in die Rechte und Pflichten der bisherigen ein, wird also deren **generelle Rechtsnachfolgerin**. Die Rechtsnachfolge bezieht sich insbesondere auf die Rechte und Pflichten aus den Versicherungs-, den Vermögens- und den Beschäftigungsverhältnissen. Vgl. hierzu die Kommentierung zu § 144 SGB V Rn. 25 ff. 14

II. Normzwecke

Durch § 168a Abs. 1 SGB V erhalten vor allem kleinere Ersatzkassen die Möglichkeit, ihre Organisationsstrukturen an die Anforderungen einer wettbewerbsorientierten Krankenversicherung anzupassen. Die Regelung trägt damit zu mehr Beitragsgerechtigkeit und zum Abbau der Wettbewerbsverzerrungen zwischen den Krankenkassen bei. Daneben lässt Absatz 2 die zwangsweise Vereinigung von Ersatzkassen zu. Nach der Gesetzesbegründung sollen die für Orts-, Innungs- und Betriebskrankenkassen vorgesehenen Vereinigungsregelungen auch für Ersatzkassen gelten.[8] 15

C. Praxishinweise

Zu den Ersatzkassen und ihren Verbänden siehe www.vdak-aev.de. 16

D. Reformbestrebungen

Durch Art. 1 Nr. 128 i.V.m. Art. 46 Abs. 9 GKV-Wettbewerbsstärkungsgesetz (GKV-WSG) wird die Vorschrift zum 01.07.2008 geändert.[9] In Absatz 2 Satz 1 werden die Wörter „oder eines Spitzenverbandes der Ersatzkassen“ gestrichen. Es handelt sich um eine Folgeänderung zur neuen Organisationsstruktur der Verbände der Krankenkassen.[10] 17

---

[8] Vgl. Gesetzesbegründung zu Art. 1 Nr. 96 GSG, BT-Drs. 12/3608.

[9] BGBl I 2007, 378.

[10] Begründung zum Regierungsentwurf des GKV-WSG, BT-Drs. 16/3100.

§ 170 SGB V Schließung

(Fassung vom 20.12.1988, gültig ab 01.01.1989)

Eine Ersatzkasse wird von der Aufsichtsbehörde geschlossen, wenn ihre Leistungsfähigkeit nicht mehr auf Dauer gesichert ist. Die Aufsichtsbehörde bestimmt den Zeitpunkt, an dem die Schließung wirksam wird.

Gliederung

A. Basisinformationen

I. Vorgängervorschriften/Normgeschichte

1 Die Vorschrift ist mit Wirkung vom 01.01.1989 auf Grund von Art. 1, 79 Abs. 1 Gesundheitsreformgesetz (GRG) vom 20.12.1988 in Kraft getreten.[1] Eine Vorgängerregelung gab es nicht. Nachdem eine Auflösung von Ersatzkassen nicht mehr möglich ist, ist eine Bestandsveränderung nur noch durch Vereinigung nach § 168a SGB V oder durch Schließung erreichbar.

II. Parallelvorschriften

2 Die Regelung des § 170 SGB V entspricht **§ 146a Satz 1 und 2 SGB V** (Schließung einer Ortskrankenkasse) sowie teilweise den **§§ 153 Satz 1 Nr. 3, Satz 2 SGB V** (Schließung einer Betriebskrankenkasse) und **§ 163 Satz 1 Nr. 3, Satz 2 SGB V** (Schließung einer Innungskrankenkasse).

III. Literaturhinweise

3 *Bieback*, Fusion, Schließung und Kooperation von Ersatzklassen – Ihre sozial- und arbeitsrechtlichen Aspekte, insbesondere die Auswirkungen auf die Beschäftigten, 1999; *Fröhlingsdorf*, Das Organisationsrecht der IKK im SGB V, KrV 1989, 43-48; *Schlitt*, Flurbereinigung in der Kassenlandschaft, Der Kassenarzt 2004, Nr. 6, 18-20; *Schnapp*, Kassenschließung trotz fehlerfreier Errichtung?, NZS 2002, 449-454; *Schöffski/Galas/von der Schulenburg*, Der Wettbewerb innerhalb der GKV unter besonderer Berücksichtigung der Kassenwahlfreiheit, Sozialer Fortschritt 1996, 293-305.

B. Auslegung der Norm

I. Regelungsgehalt und Bedeutung der Norm

1. Schließung einer Ersatzkasse (Satz 1)

4 Satz 1 bestimmt die Schließung einer Ersatzkasse durch die Aufsichtsbehörde für den Fall, dass die **Leistungsfähigkeit der Krankenkasse nicht mehr auf Dauer gesichert** ist. Ob diese Voraussetzungen gegeben sind, hängt vor allem von der Versicherten- und Risikostruktur der Ersatzkasse sowie deren perspektivischen Marktposition ab. Vgl. hierzu die Kommentierung zu § 146a SGB V Rn. 4. Im Gegensatz zu den Betriebs-, und den Innungskrankenkassen (vgl. § 153 Satz 1 Nr. 1 und 2 SGB V, § 163 Satz 1 Nr. 1 und 2 SGB V) kommen bei den Ersatzkassen weitere Schließungsgründe nicht in Betracht.

5 Die **Zuständigkeit der Aufsichtsbehörde** ergibt sich aus den §§ 90 Abs. 1 Satz 1, 90a Abs. 1 Nr. 4 SGB IV i.V.m. Art. 87 Abs. 2 Satz 2 GG. Da fast alle Ersatzkassen bundesunmittelbare Träger sind, ist regelmäßig das Bundesversicherungsamt zuständig. Die Abwicklung der Geschäfte der geschlossenen Ersatzkasse richtet sich nach § 171 SGB V.

---

[1] BGBl I 1988, 2477.

Nach der Formulierung des § 170 Satz 1 SGB V hat die Aufsichtsbehörde bei Vorliegen der Schließungsvoraussetzungen **keinen Ermessensspielraum**. Die Schließung nach § 170 SGB V ist jedoch subsidiär gegenüber einer Vereinigung nach § 168a SGB V.[2] Die Nachrangigkeit ergibt sich aus der Überlegung, dass eine Vereinigung nach den vorgenannten Vorschriften dem Gedanken der Selbstverwaltung und den Interessen der Versicherten besser entspricht. 6

Die Aufsichtsbehörde hat vor ihrer Entscheidung gem. § 172 Abs. 1 Satz 1 SGB V die **Verbände** der beteiligten Krankenkassen zu **hören**. Die Anhörung der betroffenen Ersatzkasse ist, obwohl die Anwendung des § 24 SGB X zumindest zweifelhaft ist, geboten. 7

Nach § 220 Abs. 2 Satz 3 SGB V ordnet die Aufsichtsbehörde die notwendige Erhöhung der Beiträge an, wenn die Krankenkasse um ihre Leistungsfähigkeit zu erhalten oder herzustellen dies zwar tun muss, es aber unterlässt. Diese Regelung schließt ein Verfahren nach § 170 SGB V nicht aus. 8

2. Wirksamkeitszeitpunkt (Satz 2)

Nach § 170 Satz 2 SGB V bestimmt die Aufsichtsbehörde den Zeitpunkt, an dem die Schließung wirksam wird. Sie hat dies nach pflichtgemäßem Ermessen zu tun. 9

II. Normzweck

Die Schließung ist **ultima ratio**. Sie wird nur dann erfolgen, wenn die nicht mehr dauerhaft gesicherte Leistungsfähigkeit nicht anders abgewendet werden kann. 10

C. Praxishinweis

Die Schließung einer Ersatzkasse dürfte angesichts der vorrangigen Lösungsmöglichkeiten über § 168a SGB V praktisch kaum in Betracht kommen. 11

[2] *Engelhard* in: Hauck/Noftz, SGB V, § 170 Rn. 5.

§ 171 SGB V Auseinandersetzung, Abwicklung der Geschäfte, Haftung für Verpflichtungen

(Fassung vom 14.11.2003, gültig ab 01.01.2004, gültig bis 30.06.2008)

Bei Schließung gelten die §§ 154 und 155 Abs. 1 bis 3 entsprechend. Reicht das Vermögen einer aufgelösten oder geschlossenen Ersatzkasse nicht aus, um die Gläubiger zu befriedigen, hat der Verband, dem die Ersatzkasse angehörte, die Verpflichtungen zu erfüllen. Die Verbände der Ersatzkassen können in ihrer Satzung die Bildung eines Fonds vorsehen, dessen Mittel zur Erfüllung ihrer Haftungsverpflichtung nach Satz 2 zu verwenden sind.

Gliederung

A. Basisinformationen

I. Vorgängervorschriften/Normgeschichte

1 § 171 SGB V ist mit Wirkung vom 01.01.1989 aufgrund von Art. 1, 79 Abs. 1 Gesundheitsreformgesetz (GRG) vom 20.12.1988 in Kraft getreten.[1] Die Bestimmung hatte keinen Vorläufer in der RVO. **Satz 1** wurde durch Art. 1 Nr. 115 Gesundheitsstrukturgesetz (GSG) vom 21.12.1992[2] mit Wirkung ab dem 01.01.1996[3] geändert. Das Wort „Auflösung" wurde infolge des Wegfalls dieser Möglichkeit (früher § 169) gestrichen.[4] **Satz 3** wurde durch Art. 1 Nr. 130 GKV-Modernisierungsgesetz (GMG) vom 14.11.2003[5] mit Wirkung ab dem 01.01.2004[6] angefügt. Es handelt sich um eine Folgeänderung zur Einführung des § 155 Abs. 5 SGB V.[7]

II. Parallelvorschriften

2 **§ 155 SGB V** ist die entsprechende Vorschrift für die BKKn, **§ 164 SGB V** für die IKKn. Diese Regelungen gelten nach **§ 146a Satz 3 SGB V** für die Ortskrankenkassen entsprechend.

III. Literaturhinweise

3 *Bieback*, Fusion, Schließung und Kooperation von Ersatzklassen – Ihre sozial- und arbeitsrechtlichen Aspekte, insbesondere die Auswirkungen auf die Beschäftigten –, 1999; *Freitag*, Aufrechnung, Haftung, Gläubigerprivileg und Abwicklungsermessen im Sozialverwaltungsrecht – Dargestellt am Beispiel der Geschäftsabwicklung einer geschlossenen BKK, BlStSozArbR 1972, 273-276; *Fröhlingsdorf*, Das Organisationsrecht der IKK im SGB V, KrV 1989, 43-48; *Meydam*, Amtsfunktion und Anstellungsverhältnis der Vorstände gesetzlicher Krankenkassen, NZS 2000, 332-337.

---

1 BGBl I 1988, 2477.
2 BGBl I 1992, 2266.
3 Gem. Art. 35 Abs. 6 GSG.
4 Gem. Art. 1 Nr. 114 GSG.
5 BGBl I 2003, 2190.
6 Gem. Art. 37 Abs. 1 GMG.
7 Vgl. Gesetzesbegründung zu Art. 1 Nr. 130 GMG, BT-Drs. 15/1525.

IV. Regelungsgehalt und Bedeutung der Norm

1. Abwicklung der Geschäfte (Absatz 1 Satz 1 i.V.m. § 155 Abs. 1 Satz 1 SGB V)

Die dem Vorstand obliegende Abwicklung der Geschäfte meint vor allem die Klärung der vermögensrechtlichen Angelegenheiten der Ersatzkasse. Für die Dienst- und Arbeitsverhältnisse der geschlossenen Ersatzkasse enthält § 171 SGB V, im Gegensatz zu § 164 Abs. 3 und 4 SGB V, für die IKKn keine Regelungen. Daraus folgt, dass sich die Rechtsverhältnisse der Arbeiter und Angestellten der liquidierten Ersatzkasse nach den allgemeinen arbeitsrechtlichen Bestimmungen beurteilen.[8] Etwaige Versorgungsansprüche gegen die Ersatzkasse sind in die Bilanz einzustellen. Vgl. hierzu die Kommentierung zu § 155 SGB V Rn. 5. 4

2. Fortbestehensfiktion (Absatz 1 Satz 1 i.V.m. § 155 Abs. 1 Satz 2 SGB V)

Absatz 1 Satz 1 i.V.m. § 155 Abs. 1 Satz 2 SGB V fingiert das Fortbestehen einer aufgelösten oder geschlossenen Ersatzkasse, soweit es der Zweck der Abwicklung erfordert. Vgl. hierzu die Kommentierung zu § 155 SGB V Rn. 6. 5

3. Bekanntmachung der Auflösung bzw. Schließung (Absatz 1 Satz 1 i.V.m. § 155 Abs. 2 SGB V)

Der Vorstand einer aufgelösten oder geschlossenen Ersatzkasse hat gem. Absatz 1 Satz 1 i.V.m. § 155 Abs. 2 Satz 1 und 3 SGB V die Auflösung oder Schließung öffentlich bekannt zu machen. Näheres unter der Kommentierung zu § 155 SGB V Rn. 7 ff. 6

4. Vermögensübergang (Absatz 1 Satz 1 i.V.m. § 155 Abs. 3 SGB V)

Falls nach der Abwicklung der Geschäfte noch Vermögen verbleibt, geht dies nach Absatz 1 Satz 1 i.V.m. § 155 Abs. 3 Satz 1 SGB V auf den Ersatzkassenverband über. Vgl. hierzu die Kommentierung zu § 155 SGB V Rn. 11 ff. 7

5. Haftung (Absatz 1 Sätze 2-5)

Falls das Vermögen einer geschlossenen[9] Ersatzkasse zur Befriedigung der Gläubiger nicht ausreicht, hat der **Verband**, dem die Ersatzkasse angehörte, die Verpflichtungen zu erfüllen (vgl. Absatz 1 Satz 2). Das gilt sowohl für Gläubiger- und Mitgliederansprüche als auch für Ansprüche aus den Arbeits- und Dienstverhältnissen. Die erforderlichen Mittel sind von den Verbandsmitgliedern nach dem für die Finanzierung des Verbandes maßgebenden Schlüssel aufzubringen. 8

Aus dem Vorstehenden ergibt sich, dass der die Abwicklung vornehmende **Vorstand** bei unzureichendem Vermögen dem Ersatzkassenverband für eine ordnungsgemäße Liquidation verantwortlich ist. Die Gläubigerrechte werden insofern gewahrt, als diese sich ggf. an die nachrangig Einstandspflichtigen, nämlich den Verband, halten können. Eine anteilige Befriedigung der Gläubiger gehört somit nicht zu den Pflichten des Vorstandes.[10] 9

6. Haftungsfonds (Absatz 1 Satz 3)

Nach Absatz 1 Satz 3 können die Verbände der Ersatzkassen in ihrer Satzung die **Bildung eines Fonds** vorsehen, dessen Mittel zur Erfüllung ihrer Haftungsverpflichtung bei Schließung einer Ersatzkasse zu verwenden sind. Vgl. hierzu die Kommentierung zu § 155 SGB V Rn. 20 und die Kommentierung zu § 155 SGB V Rn. 21. 10

V. Normzwecke

Absatz 1 Satz 1 i.V.m. § 155 Abs. 1 Satz 2 SGB V statuiert für die geschlossene Ersatzkasse eine Fortbestehensfiktion, um ihre Abwicklung durch den Vorstand zu ermöglichen. 11

Die Bekanntmachungspflicht aus Absatz 1 Satz 1 i.V.m. § 155 Abs. 2 SGB V dient dem Gläubigerschutz und – durch die sechsmonatige Verjährung – auch den Interessen des haftenden Landesverbandes der Ersatzkassen. 12

---

[8] Vgl. aber *Meydam*, NZS 2000, 332, 336.

[9] Das Gesetz spricht von einer „aufgelösten oder geschlossenen Ersatzkasse". § 169 SGB V, der die Auflösung einer Ersatzkasse regelte, ist jedoch weggefallen.

[10] So auch *Engelhard* in: Hauck/Noftz, SGB V, § 164 Rn. 11.

13 Die Überschuldung einer Ersatzkasse soll nicht zu Lasten der Gläubiger gehen. Vielmehr sollen die Spitzenverbände der Ersatzkassen für die Schulden einer liquidierten Ersatzkasse einstehen müssen.

14 Durch die Ermächtigung des Absatzes 1 Satz 3 werden die Verbände der Ersatzkassen in die Lage versetzt, für den Haftungsfall Vorkehrungen zu treffen.

B. Praxishinweise

15 Die **Mitglieder** der geschlossenen Ersatzkasse wählen innerhalb von zwei Wochen nach der Schließung eine neue Krankenkasse. Wird das Wahlrecht nicht ausgeübt, gilt die Regelung des § 175 Abs. 3 Satz 2 HS. 2 SGB V.

16 **Leistungsansprüche** gegen die Ersatzkasse enden mit dem Wirksamwerden der Schließung. Laufende Leistungen werden von der neu zuständigen Krankenkasse übernommen.

C. Reformbestrebungen

17 Die Vorschrift wird durch Art. 1 Nr. 129 i.V.m. Art. 46 Abs. 9 GKV-Wettbewerbsstärkungsgesetz (GKV-WSG) zum 01.07.2008 geändert.[11] Die **Sätze 2 und 3** werden durch folgenden Satz ersetzt: „Reicht das Vermögen einer geschlossenen Ersatzkasse nicht aus, um die Gläubiger zu befriedigen, gilt § 155 Abs. 4 Satz 4 bis 6 und Abs. 5 entsprechend." Die Haftung der Ersatzkassenverbände für die Verpflichtungen einer geschlossenen Ersatzkasse wird aus den gleichen Gründen aufgehoben wie bei den Betriebskrankenkassen (vgl. § 155 SGB V).

---

[11] BGBl I 2007, 378.

§ 171a SGB V Kassenartenübergreifende Vereinigung von Krankenkassen

(Ursprünglich kommentierte Fassung vom 26.03.2007, gültig ab 01.04.2007, gültig bis 27.12.2007)

(1) Die im Ersten bis Vierten und diesem Titel dieses Abschnitts genannten Krankenkassen können sich auf Beschluss ihrer Verwaltungsräte mit den in diesen Titeln genannten Krankenkassen anderer Kassenarten vereinigen. Der Beschluss bedarf der Genehmigung der vor der Vereinigung zuständigen Aufsichtsbehörden. § 144 Abs. 2 bis 4 gilt entsprechend mit der Maßgabe, dass dem Antrag auf Genehmigung auch eine Erklärung beizufügen ist, welche Kassenartzugehörigkeit aufrechterhalten bleiben soll. Soll danach die neue Krankenkasse Mitglied des Verbandes werden, dem die an der Vereinigung beteiligte Krankenkasse mit der kleinsten Mitgliederzahl am Tag der Beantragung der Genehmigung angehört hat, kann dieser die Mitgliedschaft der neuen Krankenkasse gegenüber den Aufsichtsbehörden nach Satz 2 ablehnen, wenn auf Grund einer von der Aufsichtsbehörde dieses Verbandes durchgeführten Prüfung einvernehmlich festgestellt wird, dass hierdurch seine finanziellen Grundlagen gefährdet würden.

(2) Die neue Krankenkasse hat für die Dauer von fünf Jahren nach dem Wirksamwerden der Vereinigung Zahlungsverpflichtungen auf Grund der Haftung nach Schließung einer Krankenkasse oder der Gewährung finanzieller Hilfen nach § 265a gegenüber den Verbänden zu erfüllen, denen gegenüber die an der Vereinigung beteiligten Krankenkassen ohne die Vereinigung zahlungspflichtig geworden wären. § 155 Abs. 5 gilt. Die für die Ermittlung der Zahlungsverpflichtung maßgeblichen Größen sind auf die neue Krankenkasse unter Zugrundelegung des Verhältnisses anzuwenden, in dem diese Größen bei den an der Vereinigung beteiligten Krankenkassen am Tag der Stellung des Antrags auf Genehmigung der Vereinigung zueinander gestanden haben. Die neue Krankenkasse hat den betroffenen Verbänden die für die Ermittlung der Höhe des Zahlungsanspruchs erforderlichen Angaben mitzuteilen. Handelt es sich bei der neuen Krankenkasse um eine Betriebs- oder Ersatzkasse, gilt bei Schließung dieser Krankenkasse § 164 Abs. 2 bis 5 entsprechend.

§ 171a SGB V Kassenartenübergreifende Vereinigung von Krankenkassen

(Fassung vom 19.12.2007, gültig ab 28.12.2007)

(1) Die im Ersten bis *Dritten* und diesem Titel dieses Abschnitts genannten Krankenkassen können sich auf Beschluss ihrer Verwaltungsräte mit den in diesen Titeln genannten Krankenkassen anderer Kassenarten vereinigen. Der Beschluss bedarf der Genehmigung der vor der Vereinigung zuständigen Aufsichtsbehörden. § 144 Abs. 2 bis 4 gilt entsprechend mit der Maßgabe, dass dem Antrag auf Genehmigung auch eine Erklärung beizufügen ist, welche Kassenartzugehörigkeit aufrechterhalten bleiben soll. Soll danach die neue Krankenkasse Mitglied des Verbandes werden, dem die an der Vereinigung beteiligte Krankenkasse mit der kleinsten Mitgliederzahl am Tag der Beantragung der Genehmigung angehört hat, kann dieser die Mitgliedschaft der neuen Krankenkasse gegenüber den Aufsichtsbehörden nach Satz 2 ablehnen, wenn auf Grund einer von der Aufsichtsbehörde dieses Verbandes durchgeführten Prüfung einvernehmlich festgestellt wird, dass hierdurch seine finanziellen Grundlagen gefährdet würden.

(2) Die neue Krankenkasse hat für die Dauer von fünf Jahren nach dem Wirksamwerden der Vereinigung Zahlungsverpflichtungen auf Grund der Haftung nach Schließung einer Krankenkasse oder der Gewährung finanzieller Hilfen nach § 265a gegenüber den Verbänden zu erfüllen, denen gegenüber die an der Vereinigung beteiligten Krankenkassen ohne die Vereinigung zahlungspflichtig geworden wären. § 155 Abs. 5 gilt. Die für die Ermittlung der Zahlungsverpflichtung maßgeblichen Größen sind auf die neue Krankenkasse unter Zugrundelegung des Verhältnisses anzuwenden, in dem diese Größen bei den an der Vereinigung beteiligten Krankenkassen am Tag der Stellung des Antrags auf Genehmigung der Vereinigung zueinander gestanden haben. Die neue Krankenkasse hat den betroffenen Verbänden die für die Ermittlung der Höhe des Zahlungsanspruchs erforderlichen Angaben mitzuteilen. Handelt es sich bei der neuen Krankenkasse um eine Betriebs- oder Ersatzkasse, gilt bei Schließung dieser Krankenkasse § 164 Abs. 2 bis 5 entsprechend.

Hinweis: § 171a SGB V in der Fassung vom 26.03.2007 wurde durch Art. 5 Nr. 8 des Gesetzes vom 19.12.2007 (BGBl I 2007, 3024) i.V.m. der Bek. vom 28.12.2007 (BGBl I 2007, 3305) mit Wirkung vom 28.12.2007 geändert. Die Autoren passen die Kommentierungen bei Bedarf an die aktuelle Rechtslage durch Aktualisierungshinweise an.

Gliederung

A. Basisinformationen

I. Textgeschichte

1 Die Norm ist durch das Gesetz zur Stärkung des Wettbewerbs in der gesetzlichen Krankenversicherung (GKV-WSG) vom 26.03.2007[1] in das SGB V eingefügt worden (Art. 1 Nr. 130 GKV-WSG). Sie ist am 01.04.2007 in Kraft getreten (Art. 46 Abs. 1 GKV-WSG).

2 Auf Empfehlung des Bundestagsausschusses für Arbeit und Soziales[2] ist § 171a Abs. 1 Satz 1 SGB V durch das Gesetz zur Änderung des Vierten Buches Sozialgesetzbuch und anderer Gesetze vom 19.12.2007[3] geändert worden. Vor dieser Modifizierung bestimmte Absatz 1 Satz 1, dass sich die im 1. bis 4. und 7. Titel des 1. Abschnittes des 6. Kapitels des SGB V (§§ 143-165 SGB V und §§ 168-171b SGB V) genannten Krankenkassen (AOK, BKK, IKK, See-Krankenkasse und Ersatzkassen) auf Beschluss ihrer Verwaltungsräte vereinigen können. Das Wort „Vierten" wurde durch das Wort „Dritten" ersetzt (Art. 5 Nr. 8 des Gesetzes zur Änderung des Sozialgesetzbuches und anderer Gesetze)[4]. Dies erfolgte offenbar wegen der zu dieser Zeit schon geplanten Eingliederung der See-Kranken- und Pflegekasse in die Deutsche Rentenversicherung Knappschaft-Bahn-See (DRV KBS). Es war bereits abzusehen, dass sich im Rahmen der zu erwartenden Reform der Unfallversicherungsträger die See-Berufsgenossenschaft und die Fahrzeug-Berufsgenossenschaft vereinigen werden.

[1] BGBl I 2007, 378.
[2] BT-Drs. 16/6986.
[3] BGBl I 2007, 3024.
[4] BGBl I 2007, 3024.

Durch die damit verbundene Auflösung der zwischen der See-Berufsgenossenschaft und der See-Krankenkasse bestehenden Verwaltungsgemeinschaft sah der Gesetzgeber keine Gewähr dafür, die See-Krankenkasse auf Dauer als eigenständige Einrichtung zu erhalten[5]. Deswegen schränkte er durch das Gesetz zur Änderung des Vierten Sozialgesetzbuches und anderer Gesetze die Vereinigungsmöglichkeiten der See-Krankenkasse derart ein, dass ihr als einziger Fusionspartner nur noch die DRV KBS verblieb. Die See-Krankenkasse wurde dann auch mit Wirkung zum 01.01.2008 in die DRV KBS eingegliedert.

II. Vorgänger- und Parallelvorschriften

Vorgängervorschriften zu § 171a SGB V gibt es nicht. Vor Einfügung der Norm waren kassenartübergreifende Fusionen nicht möglich. 3

Der Regelungsgehalt von § 171a Abs. 1 SGB V stimmt im Wesentlichen mit den Vorschriften über die Vereinigungen von Krankenkassen innerhalb einer Kassenart überein. Das in Absatz 1 Sätze 1 und 2 vorgesehene Genehmigungsverfahren der Fusionsbeschlüsse entspricht den Regelungen zu den kassenartinternen Vereinigungen. Für die weiteren Vereinigungsvoraussetzungen gelten nach Absatz 1 Satz 3 die Bestimmungen über die kassenartinternen Vereinigungen (§ 144 Abs. 2-4 SGB V) entsprechend. Dadurch sind die verbleibenden unterschiedlichen Vereinigungsvoraussetzungen bei kassenartübergreifenden Fusionen im Vergleich zu kassenartinternen Zusammenschlüssen marginal. 4

III. Systematische Zusammenhänge und Abgrenzungen

Nicht nachvollziehbar ist, warum die Vorschrift über „Kassenartübergreifende Vereinigungen" ebenso wie § 171b SGB V (Einführungsregelung zur Insolvenzfähigkeit von Krankenkassen) bei den Bestimmungen über die Ersatzkassen (7. Titel) aufgenommen wurde und nicht in den unmittelbar folgenden und systematisch wesentlich zutreffenderen 8. Titel über „Kassenartübergreifende Regelungen". Allerdings wird diese systematische Schwäche keine praktischen Folgen haben. 5

§ 171a SGB V regelt die freiwillige Fusion von Krankenkassen, die unterschiedlichen Krankenkassenarten angehören. Davon zu trennen ist die freiwillige Vereinigung von Krankenkassen einer Kassenart (§§ 144, 150, 160 und 168a SGB V) und der zwangsweise kassenartinterne Zusammenschluss auf Antrag einer Krankenkasse oder eines Landesverbandes (§§ 145, 150 Abs. 2 Satz 2, 160 Abs. 3 und 168a Abs. 2 Satz 2 SGB V). 6

IV. Literaturhinweise

Balzer, SGb 2007, 573 ff., 638 ff.; *Becker*, ZMGR 2007, 101 ff.; *Gaßner/Ahrens*, SGb 2007, 528 ff.; *Heistermann*, ZMGR 2007, 112 ff.; *Krasney*, NZS 2007, 574 ff.; *Pfeiffer*, ZMGR 2007, 119 ff.; *Roth*, GRUR 2007, 645 ff. 7

B. Regelungehalt und Bedeutung der Norm

I. Regelungsgehalt der Norm

§ 171a SGB V regelt ausschließlich die Voraussetzungen und Folgen bei Vereinigungen von Krankenkassen, die unterschiedlichen Kassenarten angehören (kassenartübergreifende Fusionen). Er greift nicht ein, wenn sich Krankenkassen zusammenschließen wollen, die derselben Kassenart angehören (kassenartinterne Vereinigungen). Für solche Fusionen verweisen die Vorschriften über die Arten der Krankenkassen (§§ 143-171 SGB V) jeweils auf die Regelungen in § 144 Abs. 2-4 SGB V. Da auch Absatz 1 Satz 3 auf diese Bestimmungen verweist, sind die Fusionsverfahren bei kassenartübergreifenden Vereinigungen und bei kassenartinternen Zusammenschlüssen weitgehend identisch. 8

Absatz 1 regelt die Voraussetzungen und das Verfahren bei kassenartübergreifenden Fusionen. Dabei legt Satz 1 den Kreis der Fusionspartner fest. Ferner wiederholt er den Regelungsgehalt von § 197 Abs. 1 Nr. 6 SGB V, indem er bestimmt, dass über die Vereinigung die Verwaltungsräte der betroffenen Krankenkassen beschließen. Die Sätze 2-4 betreffen das Vereinigungsverfahren. 9

Absatz 2 modifiziert für einen bestimmten Teil der Verbindlichkeiten die Haftungsfolgen der neuen Krankenkasse gegenüber den Verbänden, denen die an der Fusion beteiligten Krankenkassen zuvor angehörten. 10

---

[5] BT-Drs. 16/6986.

II. Bedeutung der Norm

11 Die Bedeutung der Norm ist erheblich. In der Praxis bestand ein starkes Bedürfnis nach flexibleren Fusionsmöglichkeiten. Bereits unmittelbar nach und z.T. schon während des Gesetzgebungsverfahrens zum GKV-WSG fanden kassenartübergreifende Fusionsgespräche statt. Schon zum 01.01.2008 wurden die ersten kassenartenübergreifenden Vereinigungen wirksam. Allein dieses „Fusionstempo" zeigt die praktische Bedeutung von § 171a SGB V.

12 Dass Krankenkassen nunmehr auch kassenartübergreifend fusionieren können, ist zu begrüßen. Es trägt dem Umstand Rechnung, dass der Gesundheitsmarkt immer mehr ein Teil des allgemeinen Wirtschaftslebens ist.[6] Die Krankenkassen müssen sich dieser Situation gerade in letzter Zeit verstärkt stellen und vor allem deswegen die Möglichkeit haben, sich sowohl gegenüber der Marktgegenseite „Leistungserbringern" als auch gegenüber den Wettbewerbern neu aufzustellen. Dazu gehört auch die Chance, sich mit einer anderen Krankenkasse zu vereinigen, sofern dies sinnvoll oder sogar erforderlich ist. Dabei darf man die Krankenkasse nicht auf das überholte „Denken in Kassenarten" beschränken. Insofern war die Einfügung von § 171a SGB V ein wichtiger Schritt, damit sich die Krankenkassen den (neuen) Herausforderungen, die eine Professionalisierung des Gesundheitsmarktes auch in dieser Hinsicht mit sich bringt, angemessen stellen können. Zu dieser Entwicklung würde allerdings ebenso gehören, dass für die Fusionen von Krankenkassen die allgemeinen Spielregeln und damit insbesondere die Vorschriften des GWB über die Zusammenschlusskontrolle (§§ 35-43 GWB) entsprechend gelten. Dies ist de lege lata nicht der Fall (vgl. Rn. 29 ff.).

13 Der Grund für die Einführung der Vorschrift lag aber wohl nicht nur in der sachgerechten Erwägung, die Handlungsmöglichkeiten der Krankenkassen zu erweitern, damit sie sich besser dem Wettbewerb untereinander und zu den Leistungserbringern stellen können. Die neu geschaffene Möglichkeit von kassenartübergreifenden Fusionen ist vielmehr im Zusammenhang mit der politischen Absicht zu sehen, die Anzahl der Krankenkassen zu reduzieren und letztlich die Kassenarten abzuschaffen. Vordergründig wird dies mit dem Bestreben nach effizienten Strukturen in der gesetzlichen Krankenversicherung begründet.[7] So soll nach der Gesetzesbegründung mit der Neuregelung erreicht werden, dass sich die Krankenkassen zu größeren Einheiten zusammenschließen, weil kleinere Krankenkassen angeblich nur noch beschränkt in der Lage sind, die an sie gestellten Anforderungen zu erfüllen.[8] Allerdings lässt sich die These, dass viele kleine Kassen teurer sind als wenige große Kassen, empirisch nicht bestätigen. Die Daten der GKV-Statistik legen sogar eher den umgekehrten Schluss nahe, dass gesetzliche Krankenkassen mit zunehmender Größe kostengünstiger arbeiten.[9] Insofern hat die gegenteilige Aussage zumindest gegenwärtig lediglich die Bedeutung einer politischen Behauptung.

C. Auslegung der Norm

I. Mögliche Fusionspartner (Absatz 1 Satz 1)

14 Wegen der in Satz 1 vorgenommenen Beschränkung auf die im 1. bis 3 und 7. Titel genannten Krankenkassen können nur die AOK, die IKK, die BKK und die Ersatzkassen kassenartübergreifend fusionieren. Die DRV KBS kann sich nicht mit Krankenkassen anderer Kassenarten vereinigen. Dies liegt daran, dass dort die Krankenversicherung nicht von einer selbständigen Krankenkasse, sondern von einer unselbständigen Abteilung durchgeführt wird.[10] Die landwirtschaftlichen Krankenkassen können ebenfalls nicht kassenartübergreifend fusionieren. Aufgrund der für sie geltenden Besonderheiten im Beitrags- und Leistungsrecht ist eine Vereinigung mit Krankenkassen anderer Kassenarten nicht ohne weiteres möglich.[11]

---

6 Vgl. nur BSG v. 03.08.2006 - B 3 KR 7/06 R - SozR 4-2500 § 129 Nr. 3.
7 Vgl. nur BT-Drs. 16/6986 zu Art. 5 Nr. 6.
8 BT-Drs. 16/2100, S. 156.
9 *Rürup*, BKK 2006, 332, 334.
10 BT-Drs. 16/3100, S. 156.
11 BT-Drs. 16/3100, S. 156.

II. Das Vereinigungsverfahren (Absatz 1 Sätze 1-3)

Das Vereinigungsverfahren wird durch einen entsprechenden Beschluss der beteiligten Verwaltungsräte eingeleitet (Absatz 1 Satz 1, § 197 Abs. 1 Nr. 6 SGB V). Die Fusionsbeschlüsse der Verwaltungsräte müssen von der jeweils vor der Vereinigung zuständigen Aufsichtsbehörde genehmigt werden (Absatz 1 Satz 2). Sind für die an der Fusion beteiligten Krankenkassen unterschiedliche Aufsichtsbehörden zuständig, müssen alle Behörden die Beschlüsse genehmigen.[12] Die Genehmigung ist Wirksamkeitsvoraussetzung für den Fusionsbeschluss.[13] Nach den Genehmigungen der Verwaltungsratsbeschlüsse beantragen die am Zusammenschluss beteiligten Krankenkassen die Genehmigung der Vereinigung (§ 144 Abs. 2 und 3 SGB V). Dafür ist ausschließlich die Behörde zuständig, die nach der Vereinigung die Aufsicht über die neue (fusionierte) Krankenkasse ausübt[14] und nicht kumulativ alle vor der Vereinigung zuständigen Aufsichtsbehörden[15]. Neben dem Wortlaut von § 144 Abs. 3 SGB V, der von „der Aufsichtsbehörde" und nicht – wie § 144 Abs. 1 SGB V – von „den Aufsichtsbehörden" spricht, sind vor allem verwaltungs- und verfahrensökonomische Gründe dafür anzuführen, dass nur eine Behörde und nicht mehrere Behörden (mit der Gefahr divergierender Entscheidungen) die Fusion genehmigt. 15

Strittig ist, ob der Antrag auf Genehmigung der Fusion einer Zweckmäßigkeits-[16] oder nur eine Rechtmäßigkeitskontrolle[17] der Aufsichtsbehörde unterliegt. Selbst wenn man eine Zweckmäßigkeitskontrolle annehmen würde, wäre diese auf die Prüfung beschränkt, ob durch die Fusion die Leistungsfähigkeit der Krankenkasse gefährdet ist. Diesbezüglich steht den Krankenkassen aber ein unternehmerischer Prognosespielraum zu. Eine dies beachtende und darauf beschränkte Zweckmäßigkeitskontrolle ist sinnvoll und akzeptabel. 16

Bei kassenartübergreifenden Fusionen ist dem Antrag auf Genehmigung der Vereinigung eine Erklärung beizufügen, welche Kassenartzugehörigkeit aufrechterhalten bleiben soll. Dies ist schon deshalb erforderlich, weil immer noch eine Vielzahl von Verträgen von den Landesverbänden mit normativer Wirkung gegenüber ihren Mitgliedskassen abgeschlossen wird (z.B. § 82 Abs. 2 SGB V – Gesamtverträge). 17

Nach Satz 4 kann der gewählte Verband die Mitgliedschaft der neuen Krankenkasse ablehnen, wenn er für die an der Fusion beteiligte kleinere Krankenkasse zuständig war. Dieses „Widerspruchsrecht" ist in dem bis zum 30.06.2008 geltenden Haftungssystem begründet. Bis zu diesem Zeitpunkt kann die Entscheidung der neuen Krankenkasse für den gewählten (Landes-)Verband erhebliche Folgen haben (vgl. Rn. 22 ff.). 18

Bis zum 30.06.2008 haftet der Verband vorrangig für die bei der Schließung oder Auflösung der Mitgliedskasse nicht durch das Vermögen der Kasse gedeckten Verbindlichkeiten (§§ 146a, 155 Abs. 4 Satz 5, 164 Abs. 1 Satz 7, 171 SGB V). Diese Haftungsregelungen treten zum 01.07.2008 außer Kraft.[18] Danach haften nicht mehr die zuständigen Landesverbände, sondern alle anderen Krankenkassen der gewählten Kassenart. Die Haftung wird insofern auf „breitere Schultern" verteilt. Es findet eine Risikoverlagerung statt. Von der Entscheidung der Fusionskassen ist dann nicht mehr der zuständige Landesverband betroffen, sondern alle anderen Kassen der gewählten Kassenart. Diesen steht gegen die Wahl der Kassenart kein Widerspruchsrecht zu. Dies kann dazu führen, dass eine ganze Kassenart durch eine Fusion, auf die sie keinen Einfluss hat, in eine finanzielle Schieflage gerät. Die Schließung einer großen und hoch verschuldeten Kasse könnte aufgrund des Haftungssystems (kassenartintern) zu Folgeschließungen führen (Dominoeffekt). Allerdings ist zuzugeben, dass ein Haftungssystem, das alle Kassen unabhängig von der Kassenart an den Schließungskosten beteiligt, wegen der extrem unterschiedlichen Finanzsituation der verschiedenen Kassenarten nicht die „gerechtere" Lösung wäre. 19

Wegen der bis zum 30.06.2008 begrenzten Bedeutung des Satzes 4 kann auf eine tiefer gehende Kommentierung verzichtet werden. 20

---

[12] *Peters* in: KassKomm, SGB V, § 144 Rn. 6.
[13] *Beier* in: Krauskopf, Soziale KV, § 144 Rn. 7; *Schnapp* in: Schulin HS-KV, § 49 Rn. 88.
[14] *Beier* in: Krauskopf, Soziale KV, § 144 Rn. 6.
[15] *Hauck* in: Hauck/Noftz, SGB V, § 144 Rn. 7.
[16] *Peters* in: KassKomm, SGB V, § 144 Rn. 10; *Beier* in: Krauskopf, Soziale KV, § 144 Rn. 6.
[17] *Hauck* in: Hauck/Noftz, SGB V, § 144 Rn. 5; *Peters*, Handbuch der Krankenversicherung, § 144 Rn. 9.
[18] Art. 1 Nr. 124, Art. 46 Abs. 9 GKV WSG.

III. Rechtsfolgen der Vereinigung

21 Für die Rechtsfolgen der Vereinigung verweist Absatz 1 Satz 3 auf § 144 Abs. 4 SGB V. Danach sind mit dem Zeitpunkt der Vereinigung die am Zusammenschluss beteiligten Krankenkassen geschlossen und die neu entstandene Krankenkasse tritt in die Rechte und Pflichten der bisherigen (fusionierten) Krankenkassen ein. Es gibt demnach keine aufnehmende und keine aufgenommene Krankenkasse. Von daher ist die Vereinigung von Krankenkassen hinsichtlich der Rechtsfolgen der privatrechtlichen Verschmelzung im Wege der Neugründung (§ 2 Nr. 2 UmwG) vergleichbar. Die Rechte und Pflichten der beteiligten Krankenkassen gehen auf die neue Krankenkasse im Wege der Gesamtrechtsnachfolge über.[19] Insofern bedarf es keiner Übereignung von Vermögensbeständen und keiner Abtretung von Rechten. Die neue Krankenkasse hat alle bestehenden Pflichten der an der Fusion beteiligten Krankenkassen gegenüber Dritten einschließlich der Leistungsansprüche zu erfüllen. Dies gilt unabhängig davon, ob die Verbindlichkeiten im Zeitpunkt der Vereinigung bekannt oder feststellbar waren oder erst nachträglich bekannt geworden sind.[20]

IV. Besondere Haftungsregelungen (Absatz 2)

22 Die Bestimmung in Absatz 2 führt zu einer verschärften Haftung der neuen Krankenkasse.

23 Hinsichtlich der Zahlungsverpflichtungen aufgrund der Haftung nach Schließung einer Krankenkasse oder der Gewährung finanzieller Hilfen nach § 265a SGB V wird die neue Krankenkasse für die Dauer von fünf Jahren so behandelt, als ob die Fusion nicht stattgefunden hätte. Dies bedeutet, dass die neue Krankenkasse sowohl gegenüber dem gewählten als auch gegenüber dem nicht gewählten Verband für deren Verbindlichkeiten aufgrund von Kassenschließungen oder finanzieller Hilfen haftet.

24 Wegen der nur noch bis zum 30.06.2008 bestehenden vorrangigen Haftung der Landesverbände bei Schließung einer Mitgliedskasse ist das darauf beruhende Risiko der neuen Krankenkasse überschaubar. Problematischer ist dies bei der Haftung aufgrund der Gewährung finanzieller Hilfen nach § 265a SGB V. Da die Landesverbände persönlich haftende Gesellschafter der in Gesellschaften bürgerlichen Rechts umgewandelten Bundesverbände werden[21], haftet die neue Krankenkasse über ihre Mitgliedschaft in dem Landesverband auch für die von den Bundesverbänden gewährten finanziellen Hilfen. Dieses Risiko ist erheblich. Aufgrund der Regelung in Absatz 2 wird es für die neue Krankenkasse verdoppelt.

25 Die Haftung der neuen Krankenkasse betrifft vor allem die nach der Fusion entstehenden und eingegangenen Verpflichtungen der Landesverbände bei der Schließung einer Krankenkasse oder der Gewährung finanzieller Hilfen. Für die bei der Fusion bereits entstandenen Verbindlichkeiten haftet die neue Krankenkasse ohnehin im Wege der Gesamtrechtsnachfolge (Absatz 1 Satz 3, § 144 Abs. 4 Satz 2 SGB V). Dafür hätte es der Regelung in Absatz 2 nicht bedurft. Die lange Haftungszeit von fünf Jahren für neue Haftungs- oder Schließungsfälle macht das mit der Fusion diesbezüglich eingegangene Risiko schwer überschaubar.

26 Die Verweisung in Satz 2 auf § 155 Abs. 5 SGB V betrifft erst die dort zum 01.07.2008 in Kraft tretende Regelung. Der Verweis auf die zurzeit noch gültige Fassung (Haftungs- und Unterstützungsfonds der Bundes- und Landesverbände) macht in diesem Zusammenhang keinen Sinn.

27 Die Sätze 3 und 4 legen die Haftungsparameter fest. Danach wird das bei der Vereinigung bestehende Größenverhältnis für die Haftung gegenüber den Verbänden eingefroren. Herauszustellen ist, dass nur das Verhältnis, nicht aber die Mitglieder oder Versichertenzahl festgeschrieben werden. Eine Mitgliedersteigerung bei der neuen Krankenkasse kann damit auch zu einer Erhöhung der Haftung gegenüber den Verbänden führen.

28 Satz 5 enthält eine Folgeregelung zur Sicherung der Ansprüche der Dienstordnungsangestellten durch die vereinigte Krankenkasse.[22]

---

19 *Bloch* in: GK-SGB V, § 144 Rn. 20.
20 *Beier* in: Krauskopf, Soziale KV, § 144 Rn. 24.
21 Art. 1 Nr. 144 lit. a Abs. 2 GKV-WSG.
22 BT-Drs. 16/3100, S. 156.

V. Anwendbarkeit der §§ 35-43 GWB auf die Fusion von Krankenkassen

In der Diskussion ist die Frage, ob auf die Fusion von Krankenkassen die Zusammenschlusskontrolle des Gesetzes gegen Wettbewerbsbeschränkungen (GWB) Anwendung findet oder nicht. Sie wurde erst mit der Einführung von kassenartübergreifenden Vereinigungen intensiv geführt, obwohl sich die gleichen Fragen bereits bei den schon seit langem möglichen und üblichen kassenartinternen Zusammenschlüssen gestellt haben. Die Frage wurde im Gesetzgebungsverfahren unterschiedlich beantwortet (vgl. Rn. 30). Für die Anwendbarkeit der kartellrechtlichen Vorschriften sprechen gute Gründe (vgl. Rn. 32). Bei der Beantwortung der Frage ist von der zumindest in Deutschland herrschenden Trennung zwischen dem öffentlichen und dem privaten Recht auszugehen. Insofern ist zunächst zu prüfen, ob das GWB dem öffentlichen oder dem privaten Recht angehört (vgl. Rn. 33). Anschließend sind die auf dem jeweils betroffenen Markt bestehenden Wettbewerbsbeziehungen daraufhin zu untersuchen, ob sie öffentlich-rechtlicher oder privatrechtlicher Natur sind, auf die das Kartellrecht dann entweder anwendbar ist oder nicht (vgl. Rn. 38). 29

1. Diskussion im Gesetzgebungsverfahren zum GKV-WSG

Die Frage, ob auf die Vereinigungen von Krankenkassen die Zusammenschlusskontrolle des GWB (§§ 35-43 GWB) anwendbar ist[23] oder ob sich die Krankenkassen bei ihren Fusionen im kartellrechtsfreien Raum bewegen, ist bereits im Gesetzgebungsverfahren zum GKV-WSG kontrovers diskutiert worden. 30

Die Bundesregierung vertrat in der Begründung ihres Gesetzentwurfes[24] zu § 171a SGB V und in ihrer Gegenäußerung zur Stellungnahme des Bundesrates[25] die Ansicht, dass die Vereinigungen von Krankenkassen vom Bundeskartellamt nach den Regeln der Fusionskontrolle des GWB zu prüfen sind. Deshalb wurden flankierende gesetzliche Regelungen, die verhindern, dass durch Fusionen wettbewerbsschädliche Monopolbildungen entstehen, für nicht erforderlich gehalten.[26] Der Bundesrat sprach sich hingegen eindeutig gegen die Anwendung des Kartellrechts auf die Fusionen von Krankenkassen aus.[27] Die Spitzenverbände der Krankenkassen hielten in ihrer gemeinsamen Stellungnahme zum GKV-WSG die Anwendbarkeit des GWB auf den Zusammenschluss von Krankenkassen ohne ausdrückliche gesetzliche Anordnung für sehr fraglich.[28] Das Bundesversicherungsamt vertrat die Ansicht, dass auf Zusammenschlüsse von Krankenkassen das GWB nicht anwendbar ist und regte deswegen an, die Ausführungen in der Begründung zu streichen, wonach die Fusionen zwischen gesetzlichen Krankenkassen dem GWB und der Kontrolle des Bundeskartellamtes unterliegen sollen.[29] Dem widersprach das Bundeskartellamt. Aus Gründen der Rechtssicherheit schlug es aber vor, in § 171a SGB V den Satz „Die Anwendung der Fusionskontrollvorschriften des Gesetzes gegen Wettbewerbsbeschränkungen durch die zuständige Kartellbehörde bleibt hiervon unberührt" einzufügen.[30] Diesem Vorschlag ist der Gesetzgeber nicht gefolgt. Allerdings ist später auch auf Empfehlung des Ausschusses für Gesundheit[31] zumindest § 69 SGB V dahin gehend geändert worden, dass für die Rechtsbeziehungen zwischen den Krankenkassen (und ihren Verbänden) und den Leistungserbringern (und ihren Verbänden) die §§ 19-21 GWB (Missbrauchs-, Diskriminierungs- und Boykottverbot) grundsätzlich entsprechend gelten. Nicht erkennbar sind die Motive, die dazu geführt haben, die partielle Geltung des Kartellrechts zwar für die Rechtsbeziehungen der Krankenkassen zu den Leistungserbringern (§ 69 SGB V) anzuordnen, nicht aber für das Verhältnis der Krankenkassen untereinander (Fusionsregelungen). Dies wäre für die Rechtsanwendung zumindest hilfreich und in Anbetracht der im Gesetzgebungsverfahren geführten Diskussion wohl auch erforderlich gewesen. 31

---

[23] Es ist nicht davon auszugehen, dass der Zusammenschluss von Krankenkassen der EG-Fusionskontrollverordnung (VO 139/2004 vom 20.01.2004, ABl. L 24/1 ff) unterliegt. Zum einen dürften die beteiligten Krankenkassen nicht die für eine gemeinschaftsweite Bedeutung erforderlichen Umsatzschwellen erreichen und zum anderen erzielen sie mehr als 2/3 ihrer „Umsätze" in Deutschland (Art. 1 VO 139/2004).

[24] BT-Drs. 16/3100, S. 156, BR-Drs. 755/06, S. 423.

[25] BT-Drs. 16/4020, S. 7.

[26] BT-Drs. 16/3100, S. 156, BR-Drs. 755/06, S. 423.

[27] BR-Drs. 755/06, S. 63.

[28] Gemeinsame Stellungnahme der Spitzenverbände zum Entwurf des GKV-WSG, S. 287 f.

[29] Stellungnahme des Bundesversicherungsamtes zum GKV-WSG – Block II – Organisation.

[30] Stellungnahme des Bundeskartellamtes zum GKV-WSG, S. 11 ff.

[31] BT-Drs. 16/4200, S. 33; die Bundesregierung hatte bereits in ihrer Gegenäußerung zur Stellungnahme des Bundesrates einem entsprechenden Vorschlag des Bundesrates zugestimmt, BT-Drs. 16/4020.

32 Für die Anwendbarkeit der kartellrechtlichen Fusionskontrolle auf den Zusammenschluss von Krankenkassen sprechen gute Gründe. Ein wesentliches Ziel des GKV-WSG ist die Stärkung des Wettbewerbs in der gesetzlichen Krankenversicherung. Ein Mittel zur Intensivierung des Wettbewerbs soll die Ermöglichung kassenartübergreifender Fusionen sein. Des Weiteren sollen insbesondere die Kompetenz der Krankenkassen zum Abschluss von Einzelverträgen mit den Leistungserbringern (z.B. hausarztzentrierte Versorgung) und das Angebot von Wahltarifen (z.B. Prämienzahlung bei Nichtinanspruchnahme von Leistungen, Selbstbehalte und Kostenerstattung, § 53 SGB V) den Wettbewerb zwischen den Krankenkassen und auch zwischen den Leistungserbringern stärken. Vor diesem Hintergrund ist die (entsprechende) Anwendung der Fusionskontrolle nach dem GWB zu befürworten. Die Forderung nach mehr Wettbewerb zwischen den Krankenkassen würde letztlich ins Leere laufen, wenn sich die Krankenkassen aufgrund ihrer marktbeherrschenden Stellung diesem Wettbewerb dann doch nicht stellen müssten.[32] Ein funktionierender Wettbewerb setzt Marktstrukturen voraus, die nicht durch ein oder mehrere Unternehmen dominiert werden. Es ist Ziel der Fusionskontrolle, solche wettbewerblich organisierten Marktstrukturen zu sichern.[33] Mit der (entsprechenden) Geltung der Zusammenschlusskontrolle des Kartellrechts könnte von daher ein adäquater wettbewerbsrechtlicher Rahmen geschaffen werden, der bereits die Entstehung oder Verstärkung marktbeherrschender Stellungen von Krankenkassen verhindert. Dadurch würden sowohl die Krankenkassen als auch die Leistungserbringer effektiv vor Diskriminierung und Missbrauch durch marktbeherrschende Krankenkassen geschützt. Eine funktionierende Fusionskontrolle ist effektiver als die Wirkungen des Missbrauchs-, Diskriminierungs- und Boykottverbots (§§ 19-21 GWB). Solche Regelungen greifen erst ein, wenn sich marktbeherrschende Strukturen bereits entwickelt haben. Das Vereinigungsverfahren (vgl. Rn. 15 ff.) bietet ebenfalls sowohl für die Leistungserbringer als auch für die konkurrierenden Krankenkassen keinen ausreichenden Schutz vor fusionsbedingten wettbewerbsschädlichen Strukturen. Dort steht die Leistungsfähigkeit der neuen Kasse und nicht die durch die Fusion veränderten Marktverhältnisse im Vordergrund.[34] Im Vereinigungsverfahren zu beachtende Grundrechte von Leistungserbringern können das Entstehen von marktbeherrschenden Strukturen ebenfalls nicht verhindern. Zum einen wird durch die bloße Fusion noch nicht in die Grundrechte der Leistungserbringer eingegriffen. Zum anderen sind die Krankenkassen nicht grundrechtsfähig.[35] Gerade sie sind deswegen auf den Schutz des „einfachen" Wettbewerbsrechts besonders angewiesen.

2. Unanwendbarkeit des Kartellrechts als Privatrecht auf öffentlich-rechtliche Rechtsverhältnisse

33 Die ganz herrschende Meinung ist der Ansicht, dass die Anwendbarkeit des GWB das Vorliegen bürgerlich-rechtlicher Rechtsverhältnisse (Leistungsbeziehungen) voraussetzt und bei öffentlich-rechtlichen Rechtsbeziehungen nicht eingreift.[36]

34 Dieser Ansicht ist zu folgen.

35 Bereits in der Begründung zu § 1 GWB führte der Gesetzgeber unter 3b letzter Absatz aus, dass sich das Gesetz gegen Verträge und Beschlüsse richte, die den Wettbewerb im geschäftlichen Verkehr aus-

---

[32] *Böge* in: Klauber/Robra/Schellschmidt, Krankenhausreport 2006, 35, 37 zur Fusion von Krankenhäusern.

[33] *Böge* in: Klauber/Robra/Schellschmidt, Krankenhausreport 2006, 35, 36.

[34] Vgl. die Stellungnahme des Bundesversicherungsamtes zum GKV-WSG Block II – Organisation, S. 1 Abs. 3.

[35] BVerfG v. 09.06.2004 - 2 BvR 1248/03, 2 BvR 1249/03 - NZS 2005, 139, 140; vgl. dazu auch *Ramsauer*, NZS 2006, 505; BSG v. 31.08.200 - B 3 KR 11/98 R - BSGE 89, 24, 33 f. und BGH v. 23.02.2006 - I ZR 164/03 - NZS 2006, 647, 648 zum Schutz der Leistungserbringer trotz Ausschlusses des GWB.

[36] BGH v. 26.10.1961 - KZR 1/61 - BGHZ 36, 91, 101; BGH v. 18.12.1981 - I ZR 34/80 - BGHZ 82, 375, 382; BGH v. 10.04.1986 - GmS-OGB 1/85 - BGHZ 97, 312, 316 f.; BGH v. 07.07.1992 - KZR 15/91 - BGHZ 119, 93, 98 f.; BGH v. 23.02.2006 - I ZR 164/03 - NZS 2006, 647 (zum UWG); BSG v. 31.08.200 - B 3 KR 11/98 R - BSGE 87, 95, 99; BSG v. 25.09.2001 - B 3 KR 3/01 R - BSGE 89, 24, 32 f.; BSG v. 12.05.2005 - B 3 KR 32/04 R - SozR 4-2500 § 69 Nr. 1; nunmehr auch der 6. Senat im Urteil v. 28.09.2005 - B 6 KA 71/04 R - SozR 4-2500 § 83 Nr. 2 Rn. 35; *Emmerich* in: Immenga/Mestmeker, GWB, § 130 Rn. 9; *Langen/Jungbluth*, KartellR, § 130 Rn. 8; *Bechtold*, GWB, § 1 Rn. 10; *von Maydell*, DB 1985, 276, 280; *Kleinmann*, NJW 1985, 1367; *Schulz*, NZS 1998, 269; *Gikmann/Wildberger*, NZS 2004, 15 ff.; *Bechtold*, NJW 2007, 3761, 3766; a.A. *Scholz*, ZHR 132 (1969), 97, 131 ff.; *Neumann*, Kartellrechtliche Sanktionierung von Wettbewerbsbeschränkungen im Gesundheitswesen, S. 82; *Mühlhausen*, SGb 2000, 528; *Adam*, NZS 2006, 113 ff.

schließen, also innerhalb des Gebiets wirtschaftlicher Vorgänge bleiben, die durch privatrechtliche Rechtsgeschäfte abgewickelt werden. Nur insoweit lägen Marktverhältnisse vor.[37]

Mit der Neufassung des § 69 SGB V durch das GKV-Gesundheitsreformgesetz 2000 vom 22.12.1999[38] bekräftigte der Gesetzgeber seine Ansicht, dass das Kartellrecht nur auf privatrechtliche Rechtsverhältnisse anwendbar ist. Der Gesetzesbegründung ist eindeutig zu entnehmen, dass durch die Reform des § 69 SGB V die Anwendbarkeit des GWB auf die Rechtsbeziehungen zwischen den Krankenkassen und deren Verbänden einerseits und den Leistungserbringern und ihrer Verbände andererseits ausgeschlossen werden sollte.[39] Um dieses Ziel zu erreichen, nahm der Gesetzgeber die Krankenkassen nicht etwa aus dem Anwendungsbereich des GWB heraus (Bereichsausnahme)[40], sondern qualifizierte die maßgeblichen Rechtsbeziehungen als öffentlich-rechtlich[41]. Der Wille des Gesetzgebers kommt im Wortlaut von § 69 SGB V durch die gewählte Formulierung der „abschließenden" Regelung hinreichend deutlich zum Ausdruck.[42] **36**

Mit der erneuten Änderung des § 69 SGB V durch das GKV-WSG bekräftigt der Gesetzgeber seine Meinung, dass das GWB nur auf Privatrechtsverhältnisse anwendbar ist. Andernfalls hätte es des Zusatzes „entsprechend" und der Bezugnahme auf nur drei Paragraphen des GWB nicht bedurft. Bei Geltung des GWB auch auf öffentlich-rechtliche Rechtsbeziehungen wären nicht nur die §§ 19-21 GWB unmittelbar auf die in § 69 SGB V aufgeführten Rechtsbeziehungen anwendbar. Wie bereits ausgeführt, begründet § 69 SGB V keine kartellrechtliche Bereichsausnahme. Er knüpft vielmehr an die in Deutschland herrschende Differenzierung zwischen dem öffentlichen Recht und dem Privatrecht an und kommt über die öffentlich-rechtliche Qualifizierung der Rechtsverhältnisse zum Ausschluss des GWB. **37**

3. Die von der Fusion von Krankenkassen betroffenen Wettbewerbsbeziehungen

Nachdem festgestellt wurde, dass das Kartellrecht als Privatrecht auf öffentlich-rechtliche Rechtsbeziehungen nicht anwendbar ist, muss nunmehr geprüft werden, ob die bei einer Vereinigung von Krankenkassen betroffenen Wettbewerbsbeziehungen öffentlich-rechtlicher (keine Anwendung des GWB) oder privatrechtlicher Natur (Anwendung des GWB) sind. **38**

Bei der Prüfung muss zwischen dem Sozialversicherungsmarkt (vgl. Rn. 40), dem Nachfragemarkt der Krankenkassen (vgl. Rn. 45) und dem Privatversicherungsmarkt (vgl. Rn. 46) differenziert werden. **39**

Der Markt, auf dem die Krankenkassen ihre Leistungen anbieten, kann als Sozialversicherungsmarkt bezeichnet werden. Auf diesem Markt bieten ausschließlich die gesetzlichen Krankenkassen die im SGB V aufgeführten Leistungen an. Nur sie begegnen sich dort als Wettbewerber. Zwischen den Krankenkassen und den privaten Krankenversicherungsunternehmen bestehen hingegen keine Wettbewerbsbeziehungen. Die privaten Krankenversicherer sind auf diesem „Sozialversicherungsmarkt" nicht tätig. Die Leistungen der Krankenkassen sind mit denen der privaten Krankenversicherungsunternehmen nicht austauschbar. Die in der gesetzlichen Krankenversicherung Pflichtversicherten haben zwischen den Leistungen der Krankenkassen und denen der privaten Versicherungsunternehmen kein Wahlrecht. Sie müssen die Leistungen der Krankenkassen wählen. Nur innerhalb dieses Systems haben sie dann ein Wahlrecht. Die Krankenkassen und die privaten Krankenversicherungsunternehmen decken damit nicht den gleichen Bedarf ab. **40**

Bei den Angeboten der Krankenkassen auf dem Sozialversicherungsmarkt ist hingegen i.S. des Bedarfmarktkonzepts von einer (fast) absoluten Austauschbarkeit auszugehen. Die Angebote der gesetzlichen Krankenkassen sind in ihren Eigenschaften, ihrem wirtschaftlichen Verwendungszweck und ihrer Preislage so nahe stehend, dass der Versicherte sie für die Deckung seines Bedarfs (gesetzliche Krankenversicherung) als gleichwertig geeignet ansieht. Die geringen gesetzlich zulässigen Unterschiede im Leistungsbereich ändern nichts an der grundsätzlichen Austauschbarkeit der Angebote. **41**

---

[37] BT-Drs. 2/1158, S. 30 f.; ganz in diesem Sinne auch die „Michel-Kommission", die in ihrem Bericht zur Wettbewerbsgleichheit von Presse, Funk/Fernsehen und Film für die Anwendbarkeit des GWB auf das Vorliegen privatrechtlicher Rechtsverhältnisse abstellt und die Geltung des Kartellrechts bei öffentlich-rechtlichen Wettbewerbsbeziehungen verneint, BT-Drs. 5/2120, S. 211 ff.

[38] BGBl I 1999, 2626.

[39] BT-Drs. 14/1245, S. 68.

[40] Dafür plädierten aber *Manssen*, SGb 1992, 339 ff.; *Gaa*, WRP 1997, 837 ff.

[41] Dazu auch *Pietzcker* in: Boecken/Ruland/Steinmeyer, FS für von Maydell, 531, 543.

[42] Vgl. für viele *Pietzcker* in: Boecken/Ruland/Steinmeyer, FS für von Maydell, 531, 543.

42 Die auf dem Sozialversicherungsmarkt ausschließlich zwischen den Trägern der gesetzlichen Krankenversicherung bestehenden Wettbewerbsbeziehungen sind nach der Rechtsprechung öffentlich-rechtlicher Natur.[43] Das Konkurrenzverhältnis zwischen den gesetzlichen Krankenkassen werde von sozialversicherungsrechtlichen Normen geprägt.[44] Nach Ansicht des BVerfG dient der Kassenwettbewerb allein der sozialstaatlichen Aufgabe, den Versicherten einen öffentlich-rechtlich geregelten Krankenversicherungsschutz zu gewähren.[45] An dieser Bewertung haben nach Meinung der Rechtsprechung auch die Erweiterungen der freien Kassenwahl durch die Versicherten nichts geändert. Das BVerfG sieht in den Änderungen der Wahlrechte der Versicherten lediglich das Mittel zum Zweck, um die den gesetzlichen Krankenkassen zugewiesene öffentliche Aufgabe zu erfüllen.[46] Das BSG ist ebenfalls der Ansicht, dass trotz der Wahlmöglichkeiten der Versicherten und dem damit verbundenen Konkurrenzverhältnis der Krankenkassen untereinander die Krankenkassen der gemeinsamen öffentlichen Aufgabe der gesundheitlichen Aufgabe der gesundheitlichen Daseinsvorsorge verpflichtet sind.[47] Danach steht der öffentlich-rechtliche Charakter der Wettbewerbsbeziehungen eindeutig im Vordergrund. Auch das BVerfG geht davon aus, dass zwischen den Krankenkassen lediglich eine Wettbewerbsordnung auf der Grundlage des Solidarprinzips gewollt gewesen sei.[48] Aus diesen Gründen ist nach der Rechtsprechung der Wettbewerb zwischen den gesetzlichen Krankenkassen nicht mit dem in der gewerblichen Wirtschaft vergleichbar.[49] Während das Interesse der privaten Wettbewerber darauf gerichtet sei, die eigene Marktposition zu Lasten der Konkurrenten auszubauen und diese nach Möglichkeit ganz vom Markt zu verdrängen, hätten die Krankenkassen zusammenzuarbeiten, um eine zweckmäßige, wirtschaftliche und qualitativ hochwertige medizinische Versorgung aller Versicherten zu den gesetzlich festgelegten Bedingungen einer sozialen Krankenversicherung zu gewährleisten. Diesem Ziel – und nicht der gegenseitigen Ausgrenzung – diene der Wettbewerb zwischen den Krankenkassen. Der Gesetzgeber verspreche sich davon positive Auswirkungen insbesondere im Sinne von mehr Effektivität und Flexibilität des Verwaltungshandelns, besserer Kundenorientierung, eines permanenten Ansporns zur Innovation und eines Druckes auf Preise und Beiträge.

43 In Anbetracht dieser gefestigten Rechtsprechung des BVerfG und der obersten Gerichtshöfe des Bundes ist in der Praxis davon auszugehen, dass die Rechtsbeziehungen der Krankenkassen untereinander öffentlich-rechtlicher Natur sind.[50] Es ist auch nicht zu erwarten, dass die durch das GKV-WSG eingeführten zusätzlichen Wettbewerbselemente (Wahltarife, kassenartübergreifende Fusionen, Individualverträge) zu einer Änderung der Rechtsprechung führen. Zum einen sind die Neuerungen des GKV-WSG in diesem Bereich im Vergleich zu den Änderungen durch das Gesundheitsstrukturgesetz vom 21.12.1992[51], mit dem das Kassenwahlrecht begründet wurde, weitaus weniger einschneidend. Zum anderen konterkariert der Gesundheitsfonds mit seinem einheitlichen Beitragssatz die wettbewerblichen Möglichkeiten der Krankenkassen als Nachfrage, indem er die Wettbewerbsmöglichkeiten der Kassen auf der Angebotsseite gegenüber den Wettbewerbern einschränkt. Diesbezüglich kann man feststellen, dass der über die Beiträge ausgetragene Wettbewerb zugunsten eines Nebenleistungswettbewerbs (Wahltarife, kassenartübergreifende Fusionen, Individualverträge) aufgegeben wurde.[52] Trotz der wettbewerbsfreundlichen Reformen in den letzen 15 Jahren, ist die staatliche Regelungsdichte des Wettbewerbs noch derart hoch, dass den Krankenkassen eine eigenverantwortliche Gestaltung des Sat-

---

43 BVerfG v. 09.06.2004 - 2 BvR 1248/03, 2 BvR 1249/03 - NZS 2005, 139; BSG v. 15.11.1973 - 3 RK 50/72 - BSGE 36, 238; BSG v. 02.02.1984 - 8 RK 41/82 - BSGE 56, 140; BSG v. 20.04.1988 - 3/8 RK 4/87 - BSGE 63, 144; BSG v. 31.03.1998 - B 1 KR 9/95 R - BSGE 82, 78; BGH v. 10.07.1989 - GmS-OGB 1/88 - BGHZ 108, 284; BGH v. 15.01.1998 - I ZB 20/97 - NZS 1998, 330.

44 BGH v. 15.01.1998 - I ZB 20/97 - NZS 1998, 330, 331.

45 BVerfG v. 09.06.2004 - 2 BvR 1248/03, 2 BvR 1249/03 - NZS 2005, 139, 141.

46 BVerfG v. 09.06.2004 - 2 BvR 1248/03, 2 BvR 1249/03 - NZS 2005, 139, 141.

47 BSG v. 31.03.1998 - B 1 KR 9/95 R - BSGE 82, 78, 80.

48 BVerfG v. 09.06.2004 - 2 BvR 1248/03, 2 BvR 1249/03 - NZS 2005, 139, 141.

49 BVerfG v. 18.07.2005 - 2 BvF 2/01 - SozR 4-2500 § 266 Nr. 8 Rn. 129.

50 A.A. *Gaßner/Ahrens*, SGb 2007, 528, 530 f., die dabei überwiegend auf das zwischen den Krankenkassen bestehende Gleichordnungsverhältnis abstellen und so zur Annahme von privatrechtlichen Rechtsbeziehungen kommen. Von der Gleichordnung auf das Vorliegen von Privatrechtsverhältnissen zu schließen, müsste aber an sich spätestens seit der (gesetzlichen) Anerkennung des öffentlich-rechtlichen Vertrages als überholt gelten.

51 BGBl I 1992, 2266.

52 *Heistermann*, ZMGR 2007, 112, 114.

zungs-, Organisations-, Beitrags- und Leistungsrechts weitgehend verwehrt ist. Dies rechtfertigt die Annahme, dass zwischen den Krankenkassen immer noch ein öffentlich-rechtliches Wettbewerbsverhältnis besteht.

Da die Rechtsbeziehungen der Krankenkassen untereinander weiterhin öffentlich-rechtlicher Natur sind, ist das Kartellrecht als Privatrecht auf diese nicht anwendbar. 44

Auch die Wettbewerbsbeziehungen auf dem Nachfragemarkt (Krankenkassen als Nachfrager von Gesundheitsleistungen) sind öffentlich-rechtlicher Natur. Dies bestimmt § 69 SGB V mit der Formulierung, dass die Rechtsbeziehungen zwischen den Krankenkassen und den Leistungserbringern abschließend im 4. Kapitel des SGB V und weiteren Normen des SGB V geregelt sind.[53] Das entspricht dem geäußerten Willen des Gesetzgebers, mit der öffentlich-rechtlichen Qualifikation der betroffenen Rechtsbeziehungen die Anwendbarkeit des GWB auszuschließen. Deswegen musste er mit dem GKV-WSG in § 69 SGB V eine abweichende Regelung schaffen, um zur Anwendbarkeit der §§ 19-21 GWB zu gelangen. Dementsprechend hat er die (nur) „entsprechende" Geltung der §§ 19-21 GWB angeordnet (vgl. Rn. 36 f.). 45

Von den öffentlich-rechtlichen Wettbewerbsbeziehungen zwischen den Krankenkassen untereinander und den Krankenkassen zu den Leistungserbringern sind die Wettbewerbsbeziehungen der Krankenkassen zu den privaten Krankenversicherungsunternehmen („Privatversicherungsmarkt") zu unterscheiden. Diese Unterscheidung nehmen auch das BSG[54] und das Bundeskartellamt[55] vor. Auf dem Privatversicherungsmarkt bestehen zwischen den Krankenkassen und den privaten Versicherungsunternehmen Wettbewerbsbeziehungen. 46

Hinsichtlich der Personen, die zwischen der gesetzlichen Krankenversicherung und der privaten Krankenversicherung die freie Wahl haben (freiwillige Versicherte), wenden sich die Krankenkassen und die private Krankenversicherung an denselben Kreis potenzieller Versicherungsnehmer.[56] 47

Auf die im Privatversicherungsmarkt bestehenden Wettbewerbsverhältnisse ist das Kartellrecht anwendbar. Denn anders als die Wettbewerbsbeziehungen zwischen den Krankenkassen untereinander sind die Wettbewerbsbeziehungen zwischen den privaten Krankenversicherungsunternehmen und den gesetzlichen Krankenkassen privat-rechtlicher Natur. Die Krankenkassen stehen im Privatversicherungsmarkt zu den Privatversicherern in einem echten Wettbewerbsverhältnis, das nicht abschließend durch öffentlich-rechtliche Bestimmungen geregelt wird.[57] Insofern wird man trotz zahlreicher öffentlich-rechtlicher Bindungen, denen die Krankenkassen auch bei ihrem Tätigwerden auf dem Privatversicherungsmarkt „unterliegen", das Wettbewerbsverhältnis zwischen ihnen und den privaten Versicherern als privat-rechtlich einordnen müssen.[58] Daher unterliegt auf dem Privatversicherungsmarkt der Zusammenschluss von Krankenkassen auch ohne ausdrückliche gesetzliche Anordnung der Fusionskontrolle nach dem GWB. 48

Der Zusammenschluss von Krankenkassen muss deshalb unabhängig von der Rechtslage auf dem Sozialversicherungsmarkt grundsätzlich untersagt werden, wenn er dazu führt, dass auf dem Privatversicherungsmarkt eine marktbeherrschende Stellung begründet oder verstärkt wird. Insofern wirkt sich die Fusionskontrolle auf dem Privatversicherungsmarkt auch auf den Sozialversicherungsmarkt aus. Allerdings ist aufgrund der auf dem Privatversicherungsmarkt bestehenden Marktverhältnisse zunächst nicht damit zu rechnen, dass Krankenkassen durch Fusionen dort eine marktbeherrschende Stellung erlangen. Deshalb wird die Geltung der Zusammenschlusskontrolle auf den „Privatversicherungsmarkt" auch tatsächlich keine Schutzwirkung zugunsten des „Sozialversicherungsmarktes" entfalten können. 49

Zusammenfassend kann festgestellt werden, dass die in dem Gesetzgebungsverfahren von der Bundesregierung mehrfach geäußerte Ansicht, das Kartellrecht sei auf die Zusammenschlüsse von Krankenkassen anwendbar, mit der Rechtsprechung der Obersten Gerichtshöfe des Bundes und der herrschenden Meinung in der Literatur nicht vereinbar ist. Da sie auch keinen Eingang in die gesetzliche Formulierung gefunden hat, ist sie bei der Gesetzesauslegung nicht zu berücksichtigen. Die Folge davon ist, 50

---

53 BSG v. 31.08.2000 - B 3 KR 11/98 R - BSGE 87, 95, 99; BSG v. 25.09.2001 - B 3 KR 3/01 R - BSGE 89, 24, 32; SK-Meyer/Lindemann, § 87 Rn. 18 ff.; dazu ausführlich *Orlowsky* in: GKV-Komm, § 67 SGB V Rn. 6 ff.; *Engelmann*, NZS 2000, 213, 219; *Krasney*, NZS 2007, 574, 576 ff.

54 BSG v. 28.11.2002 - B 7/1 A 2/00 R - BSGE 90, 162, 165.

55 Stellungnahme des Bundeskartellamtes vom 28.11.2006 zum GKV-WSG.

56 BGH v. 22.03.1976 - GSZ 1/75 - BGHZ 66, 229, 233.

57 BGH v. 22.03.1976 - GSZ 1/75 - BGHZ 66, 229, 237; BGH v. 14.05.1998 - I ZB 17/98 - NJW 1998, 3418, 3419.

58 BGH v. 14.05.1998 - I ZB 17/98 - NJW 1998, 3418, 3419; *Götting* in: L/M/R, KartellR Band 2, § 130 Rn. 13; *Emmerich* in: Immenga/Mestmeker, GWB, § 130 Rn. 20.

dass sich die Krankenkassen bei ihren Fusionen weiterhin überwiegend im kartellrechtsfreien Raum bewegen. Die Zusammenschlusskontrolle des GWB findet auf dem maßgeblichen Sozialversicherungsmarkt keine Anwendung. Die von der Fusion auf diesem Markt betroffenen Wettbewerbsverhältnisse sind öffentlich-rechtlicher Natur, auf die das Kartellrecht als Privatrecht nicht anwendbar ist. Dies gilt sowohl für den Angebots- als auch für den Nachfragemarkt. Anders ist die Rechtslage auf dem Privatversicherungsmarkt, in dem sich die Krankenkassen und die privaten Krankenversicherer als Wettbewerber um die nicht der Versicherungspflicht unterliegenden potenziellen Versicherungsnehmer gegenüberstehen. Diese Wettbewerbsbeziehungen sind privat-rechtlicher Natur und unterliegen damit dem Kartellrecht. Würden Krankenkassen durch eine Vereinigung auf dem Privatversicherungsmarkt eine marktbeherrschende Stellung erlangen, müsste die Fusion untersagt werden.

51 Zur Förderung des Wettbewerbs zwischen den Krankenkassen und zur Erhaltung wettbewerblicher Strukturen sollten allerdings die Auswirkungen von Kassenfusionen auch auf dem Sozialversicherungsmarkt der Zusammenschlusskontrolle des GWB unterliegen. Dafür wäre es erforderlich, dass der Gesetzgeber bei den Vereinigungsvorschriften (kassenartintern und kassenartübergreifend) die entsprechende Geltung der Fusionskontrollvorschriften des GWB anordnet.

§ 171b SGB V Einführungsregelung zur Insolvenzfähigkeit von Krankenkassen

(Fassung vom 26.03.2007, gültig ab 01.04.2007)

Die Krankenkassen bilden vom 1. Januar 2010 an einen Kapitalstock zur Absicherung ihrer Verpflichtungen aus Versorgungszusagen, der im Insolvenzfall ausschließlich zur Befriedigung der unverfallbaren Versorgungsanwartschaften zur Verfügung steht und zum Zeitpunkt der Anwendbarkeit der Insolvenzordnung auf alle Krankenkassen eine Überschuldung wegen ungedeckter Versorgungsverpflichtungen ausschließt. Der Zeitpunkt, von dem an die Insolvenzordnung für alle Krankenkassen gelten soll, die Abgrenzung der Verpflichtungen aus Versorgungszusagen, die Festlegung der für die Krankenkassen nach Einführung der Insolvenzfähigkeit maßgeblichen Rechnungslegungsvorschriften sowie das Entfallen der Haftung der Länder nach § 12 Abs. 2 der Insolvenzordnung spätestens zum Zeitpunkt des Inkrafttretens des Gesundheitsfonds wird durch Bundesgesetz geregelt.

Gliederung

A. Basisinformationen

I. Textgeschichte/Gesetzgebungsmaterialien

1 § 171b SGB V ist mit Wirkung vom 01.04.2007 aufgrund Art. 1 Nr. 149 i.V.m. Art. 46 Abs. 1 GKV-WSG[1] vom 26.03.2007 in Kraft getreten.

II. Vorgängervorschriften/Normgeschichte

2 Eine Vorgängervorschrift im engeren Sinne gibt es nicht.

3 In den Monaten vor der Entscheidung des Bundestages über das GKV-WSG hatten die Pläne der Bundesregierung bezüglich der Insolvenzfähigkeit der Krankenkassen für erhebliche Unruhe gesorgt.[2] Sie waren auf scharfen Widerstand der Krankenkassen und ihrer Verbände gestoßen.

4 Im 4. Arbeitsentwurf zum GKV-WSG war erstmals die Insolvenzfähigkeit aller Krankenkassen angeordnet worden. Im Kabinettsentwurf und im Regierungsentwurf zu § 171b SGB V (Art. 1 Nr. 131 GKV-WSG) lautete der Text schlicht „§ 12 Abs. 1 Nr. 2 der Insolvenzordnung findet auf Krankenkassen keine Anwendung." In der Begründung des Regierungsentwurfs zu Art. 1 Nr. 131 GKV-WSG (§ 171b SGB V) heißt es u.a.: „Durch die Regelung werden alle Krankenkassen für insolvenzfähig erklärt. Damit kann künftig über das Vermögen jeder Krankenkasse das Insolvenzverfahren eröffnet werden. Bisher war dies nur für bundesunmittelbare Krankenkassen der Fall sowie für die landesunmittelbaren Krankenkassen, bei denen das zuständige Land nicht von der Regelung des § 12 Abs. 1 Nr. 2 InsO Gebrauch gemacht hatte. Danach kann durch Landesrecht bestimmt werden, dass das Insolvenzverfahren über das Vermögen einer juristischen Person des öffentlichen Rechts, die der Aufsicht eines Landes untersteht, unzulässig ist. Da eine Vielzahl von Ländern von dieser Möglichkeit Gebrauch gemacht hatte, ist der größte Teil der landesunmittelbaren Krankenkassen bisher nicht insolvenzfähig. In einem wettbewerblich geprägten Krankenkassensystem müssen für alle Wettbewerber jedoch die glei-

---

1 Gesetz zur Stärkung des Wettbewerbs in der gesetzlichen Krankenversicherung, BGBl I 2007, 378.

2 Vgl. nur *Schmidt*, ZInsO 2006, 1244.

chen rechtlichen Rahmenbedingungen gelten. Die Frage der Anwendbarkeit der Insolvenzordnung auf die Krankenkassen ist insofern wettbewerblich relevant, als die Krankenkassen, bei denen auf Grund von Landesrecht das Insolvenzverfahren für unzulässig erklärt worden ist, nicht an der Umlage zur Finanzierung des Insolvenzgeldes und an der Umlage zur Finanzierung der Insolvenzsicherung nach dem BetrAVG beteiligt werden. Im Insolvenzfall können die Arbeitnehmer vielmehr von dem Land die Leistungen verlangen, die sie im Fall eines Insolvenzverfahrens nach den Vorschriften des SGB III von der Agentur für Arbeit (Insolvenzgeld) und nach den Vorschriften des Gesetzes zur Verbesserung der betrieblichen Altersversorgung (BetrAVG) vom Träger der Insolvenzsicherung (Pensionssicherungsverein) beanspruchen könnten (§ 12 Abs. 2 InsO). Dies führt bei den betroffenen Krankenkassen zu Einsparungen und damit zu einem finanziellen Vorteil im Wettbewerb. Mit der Regelung wird daher ein Beitrag zur Belastungsgleichheit für alle Krankenkassen geleistet."

5 In einem **Rechtsgutachten** von *Prof. Dr. Scholz/Dr. Buchner* wird unter Anwendung der in der Rechtsprechung des BVerfG zur Insolvenzunfähigkeit öffentlich-rechtlicher Rundfunkanstalten[3] entwickelten Kriterien dargelegt, dass unter den geltenden Regelungen der Insolvenzordnung die Anordnung der Insolvenzfähigkeit aus verfassungsrechtlichen Gründen ausgeschlossen ist. Dies deshalb, weil die geltenden Regelungen der Insolvenzordnung keine hinreichende Gewähr dafür bieten, dass die aus dem Sozialstaatsprinzip des Art. 20 Abs. 1 GG und der Schutzpflicht des Staates für Leben und Gesundheit aus Art. 2 Abs. 2 Satz 2 GG folgende zwingende Verpflichtung des Staates, die Gesundheitsversorgung der Bevölkerung in Fällen von Krankheit sicherzustellen, erfüllt wird.[4]

6 Aufgrund zahlreicher offener Fragen, z.B. nach dem Schicksal der Mitgliedschaftsverhältnisse im Falle der Eröffnung des Insolvenzverfahrens über eine gesetzliche Krankenkasse, dem Überschneidungsbereich der Aufgaben und Befugnisse des Insolvenzverwalters einerseits und des Vorstands der gesetzlichen Krankenkasse im Falle des Insolvenzverfahrens andererseits, dem Verhältnis von aufsichtsrechtlichem Schließungsrecht und Insolvenzrecht sowie nicht zuletzt nach den möglichen wirtschaftlichen Auswirkungen erschien der Krankenversicherungsschutz nicht hinreichend gesichert und damit die angestrebte gesetzliche Regelung nicht angeraten. Von zentraler Bedeutung sind in diesem Zusammenhang die bestehenden **Versorgungslasten** insbesondere der Dienstordnungsangestellten[5] einiger Krankenkassen (z.B. der AOKen). Wäre § 171b SGB V in der von der Bundesregierung ursprünglich angedachten Fassung in Kraft getreten, hätte dies womöglich die Überschuldung zahlreicher gesetzlicher Krankenkassen zum 01.01.2008 und die Notwendigkeit der Stellung eines Insolvenzantrags zur Folge gehabt. Dies deshalb, weil für die Versorgungsansprüche der Dienstordnungsangestellten aufgrund ihres beamtengleichen Status nach der RVO überwiegend keine Rückstellungen gebildet werden konnten, während bei Anordnung der Insolvenzfähigkeit diese Verpflichtungen im Rahmen eines insolvenzrechtlichen Überschuldungsstatus zwingend berücksichtigt werden müssten. Soweit mehrere größere gesetzliche Krankenkassen aufgrund dieser Umstände Insolvenzanträge stellen müssten, würden unübersehbare Haftungsansprüche mit dem Risiko des Zusammenbruchs aller Krankenkassen einer Kassenart drohen.

III. Parallelvorschriften

7 Parallelvorschriften innerhalb des Krankenversicherungsrechts existieren nicht. Im Bereich der Unfallversicherung besteht gem. § 120 SGB VII eine Bundes- bzw. Landesgarantie für den Fall der Auflösung eines Trägers. Nach § 214 Abs. 1 SGB VI leistet der Bund den Trägern der allgemeinen Rentenversicherung eine Liquiditätshilfe in Höhe der fehlenden Mittel, wenn in der allgemeinen Rentenversicherung die liquiden Mittel der Nachhaltigkeitsrücklage nicht ausreichen, die Zahlungsverpflichtungen zu erfüllen (Bundesgarantie). In der Alterssicherung der Landwirte gibt es gem. § 78 ALG eine Defizithaftung des Bundes.

IV. Literaturhinweise

8 *Becker*, Kassen-Insolvenz unzulässig, G+G 2006, Nr. 11, 25; *Dauderstädt*, Schöne Pleite! – Kann der Bundestag Insolvenz anordnen?, GdS 2006, Nr. 12, 12-14; *Kiefer*, Ein durchschaubares Verwirrspiel, KrV 2006, 295; *Kohlhepp*, Die Reform der GKV im Bereich der Rechnungslegung, KrV 2006, 257-258; *Schlegel*, GKV-Wettbewerbsstärkungsgesetz und Selbstverwaltung aus sozialrechtlicher

[3] BVerfG v. 05.10.1993 - 1 BvL 35/81 - BVerfGE 89, 144.

[4] *Scholz/Buchner*, KrV 2007, 77.

[5] Vgl. auch *Dauderstädt*, GdS 2006, Nr. 10, 16 zum DO-Recht.

Sicht, SozSich 2006, 378-383; *Schmidt*, Werden die Gesamtsozialversicherungsträger nach der geplanten Gesundheitsreform die Eröffnung des Insolvenzverfahrens beantragen? ZInsO 2006, 1244-1246; *Schumacher*, Noch viele Fragezeichen – Gesundheitsreform 2006 hat Risiken und Nebenwirkungen, RdLH 2006, 147-152.

B. Auslegung der Norm

I. Regelungsgehalt und Bedeutung der Norm

1. Bildung eines Kapitalstocks (Satz 1)

Angesichts der Vielzahl und der Schwere der Probleme im Zusammenhang mit der Insolvenzfähigkeit enthält das GKV-WSG mit § 171b SGB V nur eine sog. **Einführungsregelung** zur Insolvenzfähigkeit von Krankenkassen. Danach bilden die Krankenkassen vom 01.01.2010 an einen Kapitalstock zur Absicherung ihrer Verpflichtungen aus Versorgungszusagen, der im Insolvenzfall ausschließlich zur Befriedigung der unverfallbaren Versorgungsanwartschaften zur Verfügung steht und zum Zeitpunkt der Anwendbarkeit der Insolvenzordnung auf alle Krankenkassen eine Überschuldung wegen ungedeckter Versorgungsverpflichtungen ausschließt. 9

Unter „**Verpflichtungen aus Versorgungszusagen**" sind insbesondere die Pensionsverpflichtungen gegenüber den **Dienstordnungsangestellten** zu verstehen. Dienstordnungsangestellte sind Beschäftigte einer Krankenkasse (oder Berufsgenossenschaft), die zwar in einem privatrechtlichem Arbeitsverhältnis stehen, für die aber beamtenrechtliche Grundsätze und damit auch Bestimmungen über eine beamtenrechtliche Versorgung gelten. Die allgemeinen Krankenkassen dürfen seit 1993 keine neuen Dienstordnungsangestellten mehr einstellen. Neue Arbeitsverhältnisse werden grundsätzlich nur noch auf tarifrechtlicher Grundlage abgeschlossen. Für die noch bei den Krankenkassen beschäftigten DO-Angestellten gelten die §§ 349-358 RVO. Betroffen sind vor allem die AOKen. 10

Der Begriff der **unverfallbaren Versorgungsanwartschaften** kommt insbesondere im BetrAVG vor. Neben den gesetzlich unverfallbaren Versorgungsanwartschaften erstreckt sich der gesetzliche Insolvenzschutz auch auf die mit einem Rechtsanspruch ausgestatteten Versorgungszusagen (§ 7 Abs. 1 und 2 BetrAVG). Vom gesetzlichen Insolvenzschutz werden diejenigen Anwartschaften nicht erfasst, die lediglich aufgrund einer vertraglichen Vereinbarung zwischen Arbeitgeber und Arbeitnehmer für unverfallbar bestimmt worden sind, aber zum Insolvenzstichtag noch nicht die Unverfallbarkeitsfristen erfüllt haben. 11

Bezugspunkt der Regelung des Satzes 1 ist der **Insolvenzfall.** Ein solcher war dem Organisationsrecht der Krankenkassen in der Vergangenheit fremd. Bislang sind nach allgemeiner Auffassung auch für bundesunmittelbare Krankenkassen die sozialrechtlichen Schließungsvorschriften vorrangig anwendbar, sodass trotz fehlender gesetzlicher Anordnung einer Insolvenzunfähigkeit die Durchführung eines Insolvenzverfahrens nicht in Betracht kommt. Die in der Begründung des Regierungsentwurfes zu § 171b SGB V unterstellte wettbewerbliche Ungleichbehandlung ist somit nicht gegeben. 12

Die Anwendung des Insolvenzrechts begegnet **verfassungsrechtlichen Bedenken**. Sie erscheint nicht nur unvereinbar mit tragenden Grundsätzen des SGB V (Sachleistungsprinzip), sondern kann auch bedeuten, dass sich der Bund seiner verfassungsrechtlichen Funktionsgewährleistungsverantwortung für die gesetzliche Krankenversicherung entzieht: Einerseits begrenzt der Bund über den Gesundheitsfonds die Einnahmemöglichkeiten der Krankenkassen, andererseits schreibt er über den Spitzenverband Bund die Ausgaben vor. Das Risiko, dass das vorgegebene Finanzvolumen zur Aufgabenerfüllung wegen einer ungünstigen Versichertenstruktur nicht ausreicht, wird letztlich über das Insolvenzverfahren den Gläubigern der Krankenkasse, also den Versicherten, Arbeitnehmern, Ärzten, Krankenhäusern und anderen Leistungserbringern, aufgelastet. Die Insolvenz insbesondere großer Krankenkassen kann auf Seiten der Leistungserbringer zu Anschlussinsolvenzen führen. Zudem führt das erhöhte Sicherungsbedürfnis von Leistungserbringern zu Mehrkosten. Gleiches gilt für Finanzierungsgeschäfte der gesetzlichen Krankenkassen sowie für die Wahrnehmung der aufgrund der Insolvenzordnung gebotenen Wirtschaftsprüfungs- und Dokumentationspflichten. 13

Die noch zu treffenden Regelungen sollen die Überschuldung der Krankenkassen wegen ungedeckter Versorgungsverpflichtungen ausschließen. 14

Entgegen der üblichen Systematik des GKV-WSG wird das In-Kraft-Treten der Regelung nach Satz 1 – **01.01.2010** – nicht in Art. 46 GKV-WSG, sondern in der Norm selbst geregelt. 15

2. Inaussichtstellung bundesgesetzlicher Regelungen (Satz 2)

16 Satz 2 enthält eine Ankündigungsbestimmung bezüglich eines Bundesgesetzes. Dabei geht es bei zwei Regelungen um den Zeitpunkt deren Wirksamkeit: 1. die Geltung der Insolvenzordnung für alle Krankenkassen und 2. das Entfallen der Haftung der Länder nach § 12 Abs. 2 der Insolvenzordnung. Bezüglich der letztgenannten Thematik ist eine gesetzliche Regelung spätestens zum Zeitpunkt des In-Kraft-Tretens des Gesundheitsfonds, also zum 01.01.2009, zu treffen.

17 Das BMG geht ausweislich der Begründung zum Regierungsentwurf zu Art. 1 Nr. 131 GKV-WSG (§ 171b SGB V) davon aus, dass alle bundesunmittelbaren Krankenkassen bereits bisher insolvenzfähig waren. Gleiches soll für diejenigen landesunmittelbaren Krankenkassen gelten, bei denen das Land nicht von der Regelung des § 12 Abs. 1 Nr. 2 der Insolvenzordnung Gebrauch gemacht hat.

18 § 12 Abs. 2 der Insolvenzordnung bestimmt, dass in den Fällen, in denen ein Land das Insolvenzverfahren über das Vermögen einer juristischen Person für unzulässig erklärt hat, bei Zahlungsunfähigkeit oder Überschuldung dieser juristischen Person deren Arbeitnehmer von dem Land die Leistungen verlangen können, die sie im Falle der Eröffnung eines Insolvenzverfahrens nach den Vorschriften des SGB III über das Insolvenzgeld von der Agentur für Arbeit und nach den Vorschriften des BetrAVG vom Träger der Insolvenzsicherung beanspruchen könnten.

19 Des Weiteren werden angesprochen bzw. einem zukünftigen Bundesgesetz überlassen die Abgrenzung der Verpflichtungen aus Versorgungszusagen sowie die Festlegung der für die Krankenkassen nach Einführung der Insolvenzfähigkeit maßgeblichen Rechnungslegungsvorschriften.[6]

3. Insolvenzfähigkeit der Krankenkassen der Sondersysteme

20 Obgleich § 171b SGB V generalisierend von „allen" Krankenkassen spricht, dürften die Knappschaft und die landwirtschaftlichen Krankenkassen ausgenommen sein.

21 Die Exzeption der **Knappschaft** ergibt sich aus der Begründung zum Regierungsentwurf zu § 171b SGB V: „Die Regelung (Anm.: über die generelle Einführung der Insolvenzfähigkeit aller Krankenkassen) gilt nicht für die Rentenversicherung Knappschaft-Bahn-See als Träger der Krankenversicherung, da es sich hierbei nicht um eine Krankenkasse in der Rechtsform einer selbständigen Körperschaft des öffentlichen Rechts, sondern um einen Rentenversicherungsträger handelt, der die Krankenversicherung in einer unselbständigen Organisationseinheit durchführt." Damit scheint klargestellt, dass die Knappschaft generell nicht für insolvenzfähig gehalten werden kann. Das hat zur Folge, dass auch § 171b SGB V in der endgültigen Fassung für die Knappschaft keine Bedeutung hat.

22 In Bezug auf die **landwirtschaftliche Krankenkassen** zeigt sich bei Betrachtung der Entstehungsgeschichte des GKV-WSG ein heterogenes Bild. Wie im 4. Arbeitsentwurf – nach einer entgegengesetzten Regelung im Referentenentwurf – verweist auch der Regierungsentwurf zu § 17 Abs. 1 Satz 2 KVLG 1989 auf § 171b SGB V. Überdies sollte nach dem Regierungsentwurf die Insolvenzregelung für die landwirtschaftlichen Krankenkassen nach Art. 15 Nr. 9 lit. a i.V.m. Art. 46 Abs. 4 bereits mit Gesetzesverkündung in Kraft treten, obwohl § 171b SGB V nach Art. 46 Abs. 5 GKV-WSG erst am 01.01.2008 wirksam geworden wäre. In der endgültigen Gesetzesfassung ist der Verweis auf die Geltung des § 171b SGB V entfallen. Dieser Umstand beruht auf einem Änderungsantrag der Fraktionen der Regierungskoalition vom 11.01.2007. In diesem wird von einer Nichtanwendbarkeit der Insolvenzordnung auf die landwirtschaftlichen Krankenkassen ausgegangen.

23 Bereits die Argumentation in der Begründung des Regierungsentwurfes schließt eine Insolvenzfähigkeit der LKKen im Ergebnis aus. Die Insolvenzfähigkeit auch der landes-unmittelbaren Krankenkassen wird mit der erforderlichen Gleichheit der wettbewerblichen Rahmenbedingungen für alle Krankenkassen begründet. Dieses Argument geht gegenüber den LKKen jedoch fehl, weil diese als Teil des agrarsozialen Sondersystems gerade nicht am Wettbewerb teilnehmen.

24 Die Nichtanwendbarkeit des § 171b SGB V in der Form des GKV-WSG bedingt für die Knappschaft und für die landwirtschaftlichen Krankenkassen das Folgende: Sie müssen keinen Kapitalstock i.S.v. Satz 1 bilden und die durch Bundesgesetz spätestens zum Zeitpunkt des In-Kraft-Tretens des Gesundheitsfonds zu treffenden Folgebestimmungen gem. Satz 2 gelten für sie nicht.

---

6 Vgl. zur Reform der GKV im Bereich der Rechnungslegung *Kohlhepp*, KrV 2006, 257.

II. Normzwecke

Satz 1 führt an die politisch gewollte und rechtlich problematische generelle Insolvenzfähigkeit der Krankenkassen heran. Geregelt werden die Bildung und der Bestimmungszweck eines Kapitalstocks vom 01.01.2010 an. Erklärtes Ziel der Regelung des Satzes 1 ist der Ausschluss einer Überschuldung wegen ungedeckter Versorgungsverpflichtungen. Damit soll einerseits die Eröffnung eines Insolvenzverfahrens wegen einer mangelnden Absicherung der Versorgungsansprüche verhindert werden, andererseits sollen die Versorgungsansprüche und -anwartschaften insbesondere der Dienstordnungsangestellten im Insolvenzfall gesichert sein. 25

Satz 2 stellt ein Bundesgesetz in Aussicht, das den Zeitpunkt und die grundlegenden Voraussetzungen für die Anwendung des Insolvenzrechts auf die Krankenkassen regeln soll. 26

C. Praxishinweise

Im Zusammenhang mit der Bestimmung des § 171b SGB V sind eine Reihe von Fragen noch klärungsbedürftig. Hierzu gehören: 27

- die Vorrangigkeit des Krankenversicherungsrechts vor dem Insolvenzrecht für Ansprüche der Versicherten (und der Leistungserbringer);
- die (gleichen) Regularien für Bildung von Pensionsrückstellungen;
- der Insolvenzschutz für bereits gebildete und neu zu bildende Pensionsrückstellungen;
- ein ausreichend langer Zeitraum zum Aufbau der erforderlichen Kapitalstöcke;
- die Institutionalisierung der Kapitalstockbildung (z.B. durch Versorgungswerk, Pensionsfonds, CTA oder Rückdeckungsversicherung);
- die Verhinderung des Zugriffs des Spitzenverbandes Bund auf die Kapitalstöcke;
- ein besonderer Regelungsbedarf zur Absicherung von Personen mit Beihilfeansprüchen;
- die Fortführung der Möglichkeit zur kassenartinternen Haftungsprävention;
- die Kompetenzabgrenzung zwischen Vorstand/Selbstverwaltung der Krankenkasse einerseits und Insolvenzverwalter andererseits im Falle einer Insolvenz;
- die Kompetenzabgrenzung zwischen zuständiger Aufsichtsbehörde und Insolvenzgericht;
- die Festlegung der anzuwendenden Bilanzierungsvorschriften sowie evtl. Anpassung der anzuwendenden Rechnungslegungsvorschriften/Bilanzierungsvorschriften;
- die Dauer des Übergangszeitraumes bis zum vollständigen Aufbau der erforderlichen Kapitalstöcke zur Absicherung der Verpflichtungen gem. § 171b SGB V.

Achter Titel: Kassenartenübergreifende Regelungen

§ 172 SGB V Anhörungs- und Informationsrechte der Verbände

(Fassung vom 14.11.2003, gültig ab 01.01.2004)

(1) Vor Errichtung, Vereinigung, Öffnung (§ 173 Abs. 2 Satz 1 Nr. 4), Auflösung oder Schließung von Krankenkassen sind die Verbände der beteiligten Krankenkassen zu hören. Satz 1 gilt entsprechend, wenn eine Krankenkasse ihren Sitz in den Bezirk eines anderen Verbandes verlegt.

(2) Die Krankenkassen haben dem Verband, der im Falle ihrer Auflösung oder Schließung ihre Verpflichtungen gegenüber den Gläubigern zu erfüllen hat, auf Verlangen unverzüglich die Unterlagen vorzulegen und die Auskünfte zu erteilen, die dieser zur Beurteilung ihrer dauerhaften Leistungsfähigkeit für erforderlich hält, oder ihm auf Verlangen die Einsichtnahme in diese Unterlagen in ihren Räumen zu gestatten. Hält der Verband auf Grund der nach Satz 1 übermittelten Informationen die dauerhafte Leistungsfähigkeit der Krankenkasse für bedroht, hat er die Krankenkasse über geeignete Maßnahmen zur Sicherung ihrer dauerhaften Leistungsfähigkeit zu beraten und die Aufsichtsbehörde der Krankenkasse über die finanzielle Situation der Krankenkasse und die vorgeschlagenen Maßnahmen zu unterrichten. Kommt eine Krankenkasse ihren Verpflichtungen nach Satz 1 nicht nach, ist die Aufsichtsbehörde der Krankenkasse auch hierüber zu unterrichten.

Gliederung

A. Basisinformationen

I. Vorgängervorschriften/Normgeschichte

1 § 172 SGB V ist mit Wirkung vom 01.01.1989 aufgrund von Art. 1, 79 Abs. 1 Gesundheitsreformgesetz (GRG) vom 20.12.1988 in Kraft getreten.[1] **Absatz 1** wurde durch Art. 1 Nr. 132 GKV-Modernisierungsgesetz (GMG) vom 14.11.2003[2] mit Wirkung ab dem 01.01.2004[3] neu gefasst. Dabei wurde das Anhörungsrecht auf die Öffnung einer Betriebskrankenkasse (BKK) oder Innungskrankenkasse (IKK) nach § 173 Abs. 2 Satz 1 Nr. 4 SGB V und auf die Sitzverlegung erstreckt. Absatz 1 entspricht ansonsten weitgehend § 414h RVO a.F. **Absatz 2** wurde durch Art. 1 Nr. 132 GMG mit Wirkung ab dem 01.01.2004 angefügt.

II. Regelungsgehalt und Bedeutung der Norm

1. Anhörungsrecht der Verbände (Absatz 1)

2 Absatz 1 Satz 1 verpflichtet zur Anhörung der Verbände der beteiligten Krankenkassen vor der Errichtung (von BKKn und IKKn gem. §§ 147 bzw. 157 SGB V), Vereinigung (von Ortskrankenkassen gem. §§ 144, 145 SGB V, BKKn gem. § 150 SGB V und IKKn gem. § 160 SGB V), Öffnung (einer BKK oder IKK durch Einführung einer Satzungsbestimmung gem. § 173 Abs. 2 Satz 1 Nr. 4 SGB V), Auflösung (von BKKn und IKKn gem. §§ 152 bzw. 162 SGB V) oder Schließung (von Ortskrankenkassen gem. § 146a SGB V, BKKn gem. § 153 SGB V, IKKn gem. § 163 SGB V und Ersatzkassen gem.

[1] BGBl I 1988, 2477.
[2] BGBl I 2003, 2190.
[3] Gem. Art. 37 Abs. 1 GMG.

§ 170 SGB V). Gleiches gilt nach Satz 2 im Fall der Verlegung des Kassensitzes in den Bezirk eines anderen Verbandes.

Grundsätzlich sind es die **Aufsichtsbehörden**[4], die vor ihren jeweiligen Entscheidungen[5] die betroffenen Verbände anzuhören haben. In den Fällen der Vereinigung von Ortskrankenkassen bzw. IKKn durch Rechtsverordnung gem. §§ 145, 160 Abs. 3 SGB V trifft die Anhörungspflicht die Landesregierung oder die durch Delegation zuständige Behörde[6] bzw. das BMGS.[7] Diesbezüglich ist die Anhörung der Landesverbände der betroffenen Krankenkassen außerdem durch die §§ 145 Abs. 1 und 160 Abs. 3 SGB V i.V.m. § 145 Abs. 1 SGB V geregelt. 3

Die Äußerung des Verbandes ist bei der jeweiligen Entscheidung zu würdigen. Das Anhörungserfordernis ist ausdrücklich als Recht der Verbände ausgestaltet; diese trifft keine Pflicht zur Äußerung. 4

Das Anhörungsrecht wurde durch das GKV-Modernisierungsgesetz auch auf die Öffnung von Betriebs- und Innungskrankenkassen erstreckt. Diese Ausdehnung erfolgte, weil durch die Öffnung einer BKK bzw. IKK gem. §§ 155 Abs. 4 Satz 4 bzw. 164 Abs. 1 Satz 6 SGB V die Haftung im Fall der Schließung dieser Kassen auf deren Verbände übergeht. Dementsprechend sollen die betroffenen Verbände auch eine Mitwirkungsmöglichkeit bei der Öffnung einer BKK oder IKK erhalten. Dadurch kann einer missbräuchlichen Anwendung der Öffnungs- und Haftungsregelung entgegengewirkt werden.[8] Außerdem soll durch das Anhörungsrecht die Vorab-Ausgleichspflicht[9] des Arbeitgebers bzw. der Innung abgesichert werden. 5

Die ebenfalls durch das GKV-Modernisierungsgesetz eingeführte Anhörungspflicht bei **Sitzverlegung** in den Bezirk eines anderen Verbandes (Absatz 1 Satz 2) berücksichtigt, dass sich dadurch die Haftungszuständigkeit ändert.[10] Denkbar ist dieser Fall nur bei Ortskrankenkassen, Betriebskrankenkassen und Innungskrankenkassen; die Ersatzkassen sind sämtlich bundesunmittelbar. In diesem Fall sind der vormalig zuständige und der zukünftig zuständige Verband anzuhören. 6

In § 172 Abs. 1 SGB V nicht genannt sind insbes. die Ausdehnung einer BKK auf weitere Betriebe[11], das Ausscheiden eines Betriebes aus einer BKK[12], die Ausdehnung einer IKK auf andere Handwerksinnungen und die Erweiterung der sachlichen Zuständigkeit einer Trägerinnung[13] sowie das Ausscheiden einer Handwerksinnung aus einer IKK[14]. Es ist deshalb fraglich, ob auch diese organisatorischen Änderungen, über die ebenfalls die Aufsichtsbehörden zu entscheiden haben, vom Anhörungsrecht erfasst sind. Nach Sinn und Zweck der Vorschrift wird diese Frage zu bejahen sein[15], denn die genannten Organisationsänderungen sind als „Teilschließung" bzw. „Teilerrichtung" zu werten und haben grundsätzlich eine den in Absatz 1 aufgeführten Tatbeständen gleichzusetzende Bedeutung[16]. 7

Die Anhörungspflicht bezieht sich auf die Verbände der **beteiligten Krankenkassen**. Gem. § 12 Abs. 1 SGB X sind Beteiligte u.a. die Antragsteller und diejenigen, an die die Behörde den Verwaltungsakt richten will oder gerichtet hat. Daraus folgt, dass Verbände nur mittelbar betroffener Krankenkassen kein Anhörungsrecht haben. Verbände nicht betroffener Kassenarten, also Verbände von Wettbewerbern, kommen als Anhörungsberechtigte nicht mehr in Betracht.[17] 8

Als **anhörungsberechtigte Verbände** kommen sowohl Landes- als auch Bundesverbände in Betracht. Landesverbände sind nach § 207 Abs. 1 Satz 1 SGB V von den Ortskrankenkassen, den BKKn und den IKKn zu bilden. Ausschließlich Bundesverbände bestehen gem. § 212 Abs. 5 Satz 1 SGB V für die Er- 9

---

[4] Vgl. § 90 SGB IV i.V.m. Art. 87 Abs. 2 Satz 2 GG.

[5] Siehe die §§ 144 Abs. 1 Satz 2, 146a Satz 1, 148 Abs. 1 Satz 1, 149 Satz 2, 150 Abs. 1 Satz 2, 151 Abs. 3 Satz 1, 152 Satz 2, 153 Satz 1, 158 Abs. 1 Satz 1, 159 Abs. 1 Satz 3 und Abs. 2 Satz 2, 160 Abs. 1 Satz 2, 161 Satz 2, 162 Satz 2, 163 Satz 1, 168a Abs. 1 Satz 2 und 170 Satz 1 SGB V.

[6] Gem. §§ 145 Abs. 1, 150 Abs. 2 Satz 2 SGB V i.V.m. den §§ 145 Abs. 1 und 160 Abs. 3 SGB V i.V.m. § 145 Abs. 1 SGB V.

[7] Gem. § 168a Abs. 2 SGB V.

[8] Vgl. hierzu Gesetzesbegründung zu Art. 1 Nr. 132 GMG, BT-Drs. 15/1525.

[9] Siehe die §§ 155 Abs. 4 Satz 6 bzw. 164 Abs. 1 Satz 7SGB V.

[10] Vgl. hierzu Gesetzesbegründung zu Art. 1 Nr. 132 GMG, BT-Drs. 15/1525.

[11] Gem. § 149 SGB V i.V.m. § 148 Abs. 1 Satz 1 SGB V.

[12] Gem. § 151 Abs. 3 SGB V.

[13] Gem. § 159 Abs. 1 SGB V i.V.m. § 158 Abs. 1 Satz 1 SGB V.

[14] Gem. § 161 Satz 2 SGB V.

[15] So auch *Engelhard* in: Hauck/Noftz, SGB V, § 172 Rn. 7, der von einem Redaktionsversehen ausgeht.

[16] Vgl. *Baier* in: Krauskopf, Soziale Krankenversicherung, SGB V, § 172 Rn. 8.

[17] Ausführlich zum vor dem 01.01.1996 geltenden Recht vgl. *Engelhard* in: Hauck/Noftz, SGB V, § 172 Rn. 8.

satzkassen und gem. § 212 Abs. 1 Satz 2 SGB V für die BKKn für Dienstbetriebe des Bundes. Wenn eine Krankenkasse Mitglied sowohl eines Landes- als auch eines Bundesverbandes ist, sind ggf. beide Verbände anzuhören. Absatz 1 Satz 1 spricht von Verbänden der „**beteiligten**“ Krankenkassen. Dies sind alle Krankenkassen, deren Existenz unmittelbar betroffen ist oder deren Mitgliederkreis unmittelbar geändert wird.[18] Im Falle der Errichtung, Öffnung, Auflösung oder Schließung ist der Verband anzuhören, dem die Krankenkasse angehört bzw. angehören wird, bei einer Vereinigung die Verbände der beteiligten Krankenkassen. Wenn eine Krankenkasse ihren Sitz in den Bezirk eines anderen Verbandes verlegt (Absatz 1 Satz 2), ist der „alte“ und der „neue“ Verband anzuhören. Arbeitgemeinschaften i.S.v. § 219 SGB V haben kein Anhörungsrecht.

10 Die **Rechtsfolgen der Nichtanhörung** sind umstritten. Nach einer Auffassung[19] ist nicht einmal von der Anfechtbarkeit des jeweiligen Verwaltungsaktes auszugehen, weil es sich bei den Landesverbänden nicht um (unmittelbar) „Beteiligte“ i.S.v. § 41 Abs. 1 Nr. 3 SGB X handele (vgl. hierzu auch § 42 SGB X). Nach anderer Auffassung ist grundsätzlich die Rechtswidrigkeit der entsprechenden Entscheidung der Aufsichtsbehörde und damit die Anfechtbarkeit des jeweiligen Verwaltungaktes die Folge der unterlassenen Anhörung. Sofern die Anhörung nicht bis zum Abschluss des Vorverfahrens oder bei Fehlen eines Vorverfahrens bis zur Klageerhebung nachgeholt werde (vgl. § 41 Abs. 1 Nr. 3 SGB X), sei die angefochtene Entscheidung der Aufsichtsbehörde gem. § 42 Satz 2 SGB X stets aufzuheben.[20] Dem ist angesichts des Wortlautes der genannten Vorschriften zuzustimmen. Anders ist dies jedoch im Fall der Genehmigung der Errichtung einer BKK oder einer IKK. Diese ist ein rechtsgestaltender Verwaltungsakt. Zu dem in der Genehmigung festgelegten Zeitpunkt wird die BKK bzw. IKK errichtet.[21] War die Genehmigung rechtswidrig, kann dies nur in einem gesonderten, auf Schließung der Krankenkasse bzw. Auflösung der Anschlusserrichtung gerichteten Verfahren durchgesetzt werden.[22]

2. Informationsrechte des haftenden Verbandes (Absatz 2)

11 Nach Absatz 2 Satz 1 haben die Krankenkassen dem ggf. haftenden Verband auf dessen Verlangen Unterlagen vorzulegen und Auskünfte zu erteilen. Das **Verlangen** ist aus Gründen der Rechtssicherheit schriftlich zu verdeutlichen und zu konkretisieren. Der Verband wird insbesondere dann von seinem Recht aus Absatz 2 Satz 1 Gebrauch machen, wenn er Hinweise auf eine ungünstige Finanzentwicklung hat. Diese können sich aus dem ihm im Wege des § 79 SGB IV zugeleiteten Geschäftsübersichten und Statistiken ergeben. **Haftungsverpflichtete Verbände** sind diejenigen Verbände, welche im Falle einer Kassenschließung für die ausstehenden Verbindlichkeiten einstehen müssen.[23]

12 Der **Umfang** der Informationspflichten beschränkt sich auf die Vorlage von Unterlagen und die Erteilung von Auskünften, die der Verband für seine Beurteilung der dauerhaften Leistungsfähigkeit der Mitgliedskasse für erforderlich hält. Alternativ muss ihm die Krankenkasse auf Verlangen die Einsichtnahme in diese Unterlagen in ihren Räumen gestatten. Aus der Formulierung von Absatz 1 Satz 2 wird deutlich, dass Art und Umfang der Informationsrechte im Ermessen des jeweiligen Verbandes liegen.

13 Die Krankenkasse hat die Unterlagen **unverzüglich** vorzulegen bzw. die Auskünfte unverzüglich zu erteilen. In Anlehnung an § 121 Abs. 1 Satz 1 BGB bedeutet dies, dass sie ohne schuldhaftes Zögern handeln muss. Zwar scheint sich dem Wortlaut der Norm nach das Gebot der Unverzüglichkeit nicht auf die dritte Möglichkeit der Information, nämlich die Akteneinsichtnahme in den Räumen der Krankenkasse zu beziehen; richtigerweise muss die Krankenkasse auch hier ohne schuldhaftes Zögern die Einsichtnahme ermöglichen.

14 Hält der Verband auf Grund der nach Absatz 1 übermittelten oder gewonnenen Informationen die dauerhafte Leistungsfähigkeit der Krankenkasse für bedroht, hat er nach Absatz 2 Satz 2 einerseits die Krankenkasse zu beraten und andererseits die Aufsichtsbehörde zu unterrichten. Dauerhafte **Leistungsfähigkeit** meint die finanzielle Fähigkeit der Krankenkasse, die vergleichbaren Krankenkassen entsprechenden Regel- und Mehrleistungen zu gewähren, sich also annähernd im durchschnittlichen Beitrags- und Leistungsniveau der Vergleichskassen halten zu können.[24] Beurteilungskriterien sind

[18] *Baier* in: Krauskopf, Soziale Krankenversicherung, SGB V, § 172 Rn. 9.

[19] *Baier* in: Krauskopf, Soziale Krankenversicherung, SGB V, § 172 Rn. 5.

[20] *Engelhard* in: Hauck/Noftz, SGB V, § 172 Rn. 11.

[21] Vgl. BSG v. 13.11.1985 - 1/8 RR 5/83 - SozR 2200 § 253 RVO Nr. 2.

[22] BSG v. 08.04.1987 - 1 RR 14/85 - SozR 3-2200 § 225a Nr. 2, S. 2, 5.

[23] Vgl. § 146a Satz 3 für Ortskrankenkassen, § 155 Abs. 4 Satz 3-5 für BKKn, § 164 Abs. 1 Satz 4-6 für IKKn und § 171 Satz 2 für Ersatzkassen.

[24] BSG v. 17.07.1985 - 1 RR 8/84 - SozR 2200 § 250 Nr. 10.

insbesondere die Mitglieder- und die Risikostruktur und deren voraussichtliche Entwicklung. Dabei bleibt der Risikostrukturausgleich nach § 266 SGB V außer Betracht. Von einer **auf Dauer** gesicherten Leistungsfähigkeit ist dann auszugehen, wenn diese für einen vorausschätzbaren Zeitraum bestehen wird. Die Leistungsfähigkeit einer Krankenkasse ist dann nicht gesichert, wenn der prognostizierte bzw. errechnete Bedarf den landesdurchschnittlichen Bedarfssatz aller Krankenkassen um mehr als 10% oder den bundesdurchschnittlichen Bedarfssatz aller Krankenkassen um mehr als 12,5% übersteigen würde.[25] Bei einer geringeren Überschreitung hat die Aufsichtsbehörde eine entsprechende Prognose für die kommenden Jahre zu erstellen. Die **Beratungspflicht** gegenüber der Krankenkasse beinhaltet geeignete Maßnahmen zur Sicherung deren dauerhafter Leistungsfähigkeit. Unter geeigneten Maßnahmen sind alle Maßnahmen zu verstehen, die dazu dienen können, die dauerhafte Leistungsfähigkeit der Krankenkasse zu sichern. Aus der Gesamtschau des Satzes 2 ergibt sich, dass die Beratung in konkreten Vorschlägen zu münden hat. Da die Krankenkasse den Vorschlägen nicht folgen muss, können sie auch nicht mit Zwangsmitteln durchgesetzt werden. Hält der Verband die dauerhafte Leistungsfähigkeit für nicht nur bedroht, sondern für nicht mehr gesichert, muss die Krankenkasse geschlossen werden.[26]

15 Der Verband hat die **Aufsichtsbehörde** der Krankenkasse unter den genannten Voraussetzungen über die finanzielle Situation der Krankenkasse und die vorgeschlagenen Maßnahmen zu **unterrichten**. Hierdurch soll der Informationskreislauf zwischen Krankenkasse, Verband und Aufsichtsbehörde geschlossen werden. Letztgenannte soll dadurch in die Lage versetzt werden, im Rahmen ihrer aufsichtsrechtlichen Befugnisse die erforderlichen Maßnahmen zur Sicherung der dauerhaften Leistungsfähigkeit der Krankenkasse zu ergreifen.[27]

16 Der Verband hat nach Absatz 2 Satz 3 die Aufsichtsbehörde über etwaige **Verstöße** der Krankenkasse gegen ihre Verpflichtungen aus Satz 1 zu **unterrichten**. Solche Verstöße liegen vor, wenn die Krankenkasse den Verband nicht, unvollständig oder nicht unverzüglich unterrichtet. In diesem Fall muss die Aufsichtsbehörde das Informationsrecht des Verbandes im Rahmen ihrer aufsichtsrechtlichen Befugnisse durchsetzen.

III. Normzwecke

17 Das Anhörungsrecht der Verbände gegenüber den Aufsichtsbehörden vor organisatorischen Änderungen ihrer Mitgliedskrankenkassen nach Absatz 1 dient der umfassenden **Sachaufklärung** und damit der Vorbereitung einer sachgerechten Entscheidung der Aufsichtsbehörde.

18 Die Informationsrechte der Verbände gegenüber ihren Mitgliedskassen entsprechen deren ggf. auf sie zukommenden Verpflichtungen im Falle einer Auflösung oder Schließung.[28] Die Verbände sollen schon im Vorfeld eines Haftungsfalles die erforderlichen Informationen über die finanzielle Situation der Mitgliedskasse erhalten.[29]

B. Praxishinweise

19 Die **Form** der Anhörung nach Absatz 1 ist nicht vorgeschrieben. Die Anhörung sollte ggf. unter Fristsetzung erfolgen, um Verzögerungen zu vermeiden. Zu einer substantiierten Stellungnahme des Verbandes wird i.d.R. eine Frist von vier Wochen nicht unterschritten werden dürfen.[30] Hat der Landesverband selbst die Organisationsmaßnahme beantragt (im Fall der Vereinigung von Ortskrankenkassen nach § 145 Abs. 1 SGB V oder bei der Vereinigung von IKKn nach § 160 Abs. 3 SGB V i.V.m. § 145 Abs. 1 SGB V), erübrigt sich seine Anhörung.

20 Im Falle des Absatz 2 Satz 2 kommen auch **verbandsinterne Maßnahmen**, wie finanzielle Hilfen in besonderen Notlagen oder zur Erhaltung der Wettbewerbsfähigkeit gem. § 265a SGB V in Betracht, sofern die Satzung des Spitzenverbandes entsprechende Möglichkeiten vorsieht.

---

[25] Vgl. BSG v. 26.02.1992 - 1 RR 10/91 - SozR 3-2500 § 147 Nr. 3.

[26] Siehe §§ 146a Satz 1, 153 Satz 1 Nr. 3, 163 Satz 1 Nr. 3 und 170 Satz 1 SGB V.

[27] Gesetzesbegründung zu Art. 1 Nr. 132 GMG, BT-Drs. 15/1525.

[28] Vgl. § 146a Satz 3 für Ortskrankenkassen, § 155 Abs. 4 Sätze 3-5 für BKKn, § 164 Abs. 1 Satz 4-6 für IKKn und § 171 Satz 2 für Ersatzkassen.

[29] Vgl. Gesetzesbegründung zu Art. 1 Nr. 132 GMG, BT-Drs. 15/1525.

[30] So auch *Baier* in: Krauskopf, Soziale Krankenversicherung, SGB V, § 172 Rn. 4.

Zweiter Abschnitt: Wahlrechte und Zuständigkeit

Erster Titel: Wahlrechte der Mitglieder

§ 173 SGB V Allgemeine Wahlrechte

(Fassung vom 26.03.2007, gültig ab 01.04.2007, gültig bis 31.12.2008)

Versicherungspflichtige (§ 5) und Versicherungsberechtigte (§ 9) sind Mitglied der von ihnen gewählten Krankenkasse, soweit in den nachfolgenden Vorschriften, im Zweiten Gesetz über die Krankenversicherung der Landwirte oder im Künstlersozialversicherungsgesetz nichts Abweichendes bestimmt ist.

(2) Versicherungspflichtige und Versicherungsberechtigte können wählen

1. **die Ortskrankenkasse des Beschäftigungs- oder Wohnorts,**
2. **jede Ersatzkasse, deren Zuständigkeit sich nach der Satzung auf den Beschäftigungs- oder Wohnort erstreckt,**
3. **die Betriebs- oder Innungskrankenkasse, wenn sie in dem Betrieb beschäftigt sind, für den die Betriebs- oder die Innungskrankenkasse besteht,**
4. **die Betriebs- oder Innungskrankenkasse, wenn die Satzung der Betriebs- oder Innungskrankenkasse dies vorsieht,**

4a. **die Deutsche Rentenversicherung Knappschaft-Bahn-See,**

5. **die Krankenkasse, bei der vor Beginn der Versicherungspflicht oder Versicherungsberechtigung zuletzt eine Mitgliedschaft oder eine Versicherung nach § 10 bestanden hat,**
6. **die Krankenkasse, bei der der Ehegatte versichert ist.**

Falls die Satzung eine Regelung nach Nummer 4 enthält, gilt diese für die Gebiete der Länder, in denen Betriebe oder Innungsbetriebe bestehen und die Zuständigkeit für diese Betriebe sich aus der Satzung der Betriebs- oder Innungskrankenkasse ergibt; soweit eine Satzungsregelung am 31. März 2007 für ein darüber hinausgehendes Gebiet gegolten hat, bleibt dies unberührt; die Satzung darf das Wahlrecht nicht auf bestimmte Personen beschränken oder von Bedingungen abhängig machen. Eine Satzungsregelung nach Satz 1 Nr. 4 kann nicht widerrufen werden. Ist an der Vereinigung von Betriebskrankenkassen oder von Innungskrankenkassen eine Krankenkasse mit einer Satzungsregelung nach Satz 1 Nr. 4 beteiligt, gilt diese Satzungsregelung auch für die vereinigte Krankenkasse. Satz 1 Nr. 4 und Satz 4 gelten nicht für Betriebskrankenkassen, die für Betriebe privater Kranken- oder Lebensversicherungen errichtet oder aus einer Vereinigung mit solchen Betriebskrankenkassen hervorgegangen sind, wenn die Satzung dieser Krankenkassen am 26. September 2003 keine Regelung nach Satz 1 Nr. 4 enthalten hat.

(2a) § 2 Abs. 1 der Verordnung über den weiteren Ausbau der knappschaftlichen Versicherung in der im Bundesgesetzblatt Teil III, Gliederungsnummer 822-4, veröffentlichten bereinigten Fassung, die zuletzt durch Artikel 22 Nr. 1 des Gesetzes vom 22. Dezember 1983 (BGBl. I S. 1532) geändert worden ist, gilt nicht für Personen, die nach dem 31. März 2007 Versicherte der Deutschen Rentenversicherung Knappschaft-Bahn-See werden.

(3) Studenten können zusätzlich die Ortskrankenkasse oder jede Ersatzkasse an dem Ort wählen, in dem die Hochschule ihren Sitz hat.

(4) Nach § 5 Abs. 1 Nr. 5 bis 8 versicherungspflichtige Jugendliche, Teilnehmer an Leistungen zur Teilhabe am Arbeitsleben, behinderte Menschen und nach § 5 Abs. 1 Nr. 11 und 12 oder nach § 9 versicherte Rentner sowie nach § 9 Abs. 1 Nr. 4 versicherte behinderte Menschen können zusätzlich die Krankenkasse wählen, bei der ein Elternteil versichert ist.

(5) Versicherte Rentner können zusätzlich die Betriebs- oder Innungskrankenkasse wählen, wenn sie in dem Betrieb beschäftigt gewesen sind, für den die Betriebs- oder Innungskrankenkasse besteht.

(6) Für nach § 10 Versicherte gilt die Wahlentscheidung des Mitglieds.

(7) War an einer Vereinigung nach § 171a eine Betriebs- oder Innungskrankenkasse ohne Satzungsregelung nach Absatz 2 Satz 1 Nr. 4 beteiligt, und gehört die aus der Vereinigung hervorgegangene Krankenkasse einem Verband der Betriebs- oder Innungskrankenkassen an, ist die neue Krankenkasse auch für die Versicherungspflichtigen und Versicherungsberechtigten wählbar, die ein Wahlrecht zu der Betriebs- oder Innungskrankenkasse gehabt hätten, wenn deren Satzung vor der Vereinigung eine Regelung nach Absatz 2 Satz 1 Nr. 4 enthalten hätte.

Gliederung

A. Basisinformationen

I. Textgeschichte/Gesetzgebungsmaterialien

Die Vorschrift ist durch das Gesundheitsstrukturgesetz vom 21.12.1992[1] vollkommen neu gefasst und aufgrund von dessen Art. 1 Nr. 116 mit Wirkung ab dem 01.01.1996 in das SGB V eingeführt worden. Die maßgeblichen Gesetzesmaterialien finden sich in der BT-Drs. 12/3608, S. 25, 112 f. 1

Im Anschluss wurde der in Absatz 1 ursprünglich vorhandene Hinweis auf abweichende Regelungen im AFG mit Wirkung zum 01.01.1998 durch Art. 5 des Gesetzes zur Reform der Arbeitsförderung vom 24.03.1997[2] gestrichen. Weiter ist Absatz 4 der Vorschrift durch die Einführung des Sozialgesetzbuchs – Neuntes Buch – (SGB IX) Rehabilitation und Teilhabe behinderter Menschen vom 19.06.2001[3] redaktionell angepasst worden. Daneben wurden durch das GKV-Modernisierungsgesetz vom 14.11.2003[4] an den Absatz 2 der Vorschrift die Sätze 3 bis 5 angefügt. 2

Weiter hat der Gesetzgeber mit Wirkung zum 01.04.2007 im GKV-Wettbewerbsstärkungsgesetz[5] die Deutsche Rentenversicherung Knappschaft-Bahn-See für alle Versicherten geöffnet und die bis dahin vorgesehene gesetzliche Zuweisung von Mitgliedern (geregelt in § 177 SGB V a.F.) abgeschafft. Entsprechend sind die Wahlmöglichkeiten der Versicherten in Absatz 2 erweitert sowie leistungs- und organisationsrechtliche Besonderheiten dieser Kassenart über die Einführung von Absatz 2a abgeschafft 3

[1] BGBl I 1992, 2266.
[2] BGBl I 1997, 594.
[3] BGBl I 2001, 1046.
[4] BGBl I 2003, 2190.
[5] BGBl I 2007, 378.

worden. Darüber hinaus sind die geöffneten Betriebs- und Innungskrankenkassen hinsichtlich des Rechts, ihren Kassenbezirk selbständig zu bestimmen, den Ersatzkassen gleichgestellt worden; die bis dahin geltende Bindung an die abgegrenzten Bezirke der Ortskrankenkassen in Absatz 2 wurde aufgegeben. Daneben sind die allgemeinen Wahlrechte der Versicherten in Folge der Ermöglichung kassenartenübergreifender Fusionen durch die Einführung von Absatz 7 ergänzt worden.

II. Vorgängervorschriften

4 Die bis Ende 1995 gültigen Vorgängervorschriften der §§ 173-182 SGB V a.F. sahen grundsätzlich eine **gesetzliche Zuweisung** der Versicherten an Primärkassen (Orts-, Betriebs- und Innungskrankenkassen) vor. **Wahlrechte** (z.B. für die Mitgliedschaft bei einer Ersatzkasse) bestanden lediglich unter engen gesetzlichen Voraussetzungen (§§ 183-185 SGB V a.F.).

III. Reformbestrebungen

5 Die allgemeinen Wahlrechte der Versicherten werden nach Art. 2 Nr. 27a des GKV-Wettbewerbsstärkungsgesetzes[6] zum 01.01.2009 durch die Öffnung der See-Krankenkasse erneut erweitert. Zu diesem Zeitpunkt wird die See-Krankenkasse ausdrücklich in die Aufzählung der nach Absatz 2 wählbaren Krankenkassen mit aufgenommen.

6 Die damit – zumindest gegenüber der Deutschen Rentenversicherung Knappschaft-Bahn-See – zeitlich spätere Öffnung der See-Krankenkasse ist mit dem auf einen speziellen Kreis von Beschäftigten und Unternehmern ausgerichteten Melde- und Beitragsverfahren begründet worden, für dessen notwendige Umstellung ein zeitlicher Vorlauf benötigt wird.[7]

IV. Systematische Zusammenhänge

7 Die allgemeinen Kassenwahlrechte der §§ 173 ff. SGB V stehen in einem engen reformsystematischen Zusammenhang mit der Einführung des kassenartenübergreifenden Risikostrukturausgleichs in den §§ 266 f. SGB V. Sowohl die Wahlrechte als auch der einnahmen- und ausgabenorientierte Ausgleich zwischen den einzelnen Krankenkassen bilden das Fundament für die gegenwärtige, wettbewerbsorientierte Rahmenordnung (Rn. 13) der gesetzlichen Krankenversicherung.

8 Weiter besteht ein gesetzessystematischer Zusammenhang mit den §§ 5, 9 SGB V über die Versicherungspflicht bzw. -berechtigung und den §§ 186-193 SGB V über Beginn und Ende der Mitgliedschaft in der gesetzlichen Krankenversicherung. Allerdings bezieht sich der Begriff der Mitgliedschaft in den §§ 173 ff. SGB V ausschließlich auf die Mitgliedschaft in einer gesetzlichen Krankenkasse (Kassenmitgliedschaft, Rn. 18); hingegen ist in den §§ 186 ff. SGB V die Mitgliedschaft des Versicherten in der Solidargemeinschaft der gesetzlichen Krankenversicherung geregelt (versicherungsrechtliche Mitgliedschaft, Rn. 18). Dieser unterschiedliche Bezug trotz gleicher Begriffswahl trägt wesentlich zum Verständnis der §§ 173 ff. SGB V bei.

V. Ausgewählte Literaturhinweise

9 *Kokemoor*, Die gesetzlichen Regelungen zum Krankenkassenwahlrecht gem. §§ 173 ff. SGB V – Bestandsaufnahme und Zweifelsfragen zum seit 01.01.2002 geltenden Recht, SGb 2003, 433; *Schmidt*, Das Recht auf Wahl der Krankenkasse – insbesondere zum Sonderkündigungsrecht bei Beitragssatzanhebungen, NJW 2004, 2628, 2629; *Schnapp*, Die Rechtsstellung geöffneter und „virtueller" Krankenkassen, NZS 2004, 113; *Schneider*, Das Recht der Kassenwahl '96, DOK 1995, 67 und 144; *van Stiphout*, Kassenwahl ab 1996, BKK 1995, 158.

B. Auslegung der Norm

I. Regelungsgehalt und Bedeutung der Norm

10 Die Vorschrift normiert und konkretisiert die **allgemeinen Wahlrechte** der nach § 5 SGB V versicherungspflichtigen bzw. nach § 9 SGB V versicherungsberechtigten Mitglieder der gesetzlichen Krankenversicherung.

---

[6] BGBl I 2007, 441.

[7] BR-Drs. 755/06, S. 83.

Mit Einführung dieser Wahlmöglichkeiten zum 01.01.1996 hat der Gesetzgeber das bis dahin bestehende Regel-Ausnahme-Verhältnis in Form einer regelmäßigen gesetzlichen Zuweisung Versicherter an einzelne Krankenkassen aufgegeben und umgekehrt neu konstituiert. Gegenwärtig kann daher der weit überwiegende Teil der gesetzlich Krankenversicherten im Rahmen von § 173 SGB V zwischen den verschiedenen Krankenkassen eine Auswahl treffen. Nur im Ausnahmefall (z.B. bei Landwirten und Künstlern) ist noch eine Zuweisung Versicherter an einzelne Krankenkassen vorgesehen. 11

Nicht geregelt ist in § 173 SGB V, nach welchen Maßgaben die Versicherten ihre Wahlrechte konkret ausüben können. Hierfür hat der Gesetzgeber über § 175 SGB V ein mehrstufiges Verfahren (Kommentierung zu § 175 SGB V Rn. 9) vorgesehen. 12

II. Normzweck der §§ 173 ff. SGB V

Die Einführung allgemeiner Wahlrechte ist Teil einer umfassenden Organisationsreform der gesetzlichen Krankenversicherung, die durch das Gesundheitsstrukturgesetz vom 21.12.1992[8] eingeleitet wurde. Weitere, wesentliche Bestandteile dieser Organisationsreform waren die Einführung eines kassenartenübergreifenden Risikostrukturausgleichs sowie die Beseitigung der bis dato bestehenden Ungleichbehandlung von Arbeitern und Angestellten bzw. die überkommenen berufs- und betriebsbezogenen Gliederungsprinzipien der damaligen gesetzlichen Krankenversicherung. 13

Ziel dieser Organisationsreform war es, bestehende Strukturmängel und Fehlsteuerungen innerhalb des Solidarsystems zu beseitigen. Die bisherige strenge Differenzierung zwischen Primär- und Ersatzkassen nebst einem komplizierten Zuweisungs- und Wahlrecht der Versicherten hatte zu Beitragssatzunterschieden zwischen den einzelnen Krankenkassen von bis zu 7,5 Prozentpunkten vor Ort bei einem vom Gesetzgeber vorgegebenen grundsätzlich gleichen Leistungsspektrum geführt.[9] Dem sollte durch eine Umstrukturierung in Richtung wettbewerbsorientierter Rahmenbedingungen entgegengewirkt werden, wozu aus Sicht des Gesetzgebers weitgehend gleiche Wahlrechte der Versicherten zwischen allen Krankenkassen, eine ausgewogene Risikostruktur sowie größtmögliche Chancengleichheit aller konkurrierenden Krankenkassen vor Ort zentrale Voraussetzungen waren.[10] 14

III. Tatbestandsmerkmale

1. Allgemeine Wahlrechte (Absatz 1)

Aus Absatz 1 ergibt sich die grundsätzliche Berechtigung der Versicherten, ihre Kassenmitgliedschaft durch eine Wahl selbst zu bestimmen. 15

Nach dem Gesetzeswortlaut setzen die allgemeinen Wahlrechte eine Versicherungspflicht (vgl. § 5 SGB V) bzw. eine Versicherungsberechtigung (vgl. § 9 SGB V) und damit eine versicherungsrechtliche Mitgliedschaft nach den §§ 186 ff. SGB V in der gesetzlichen Krankenversicherung voraus. Dabei ist in § 175 SGB V geregelt, nach welchen Maßgaben die allgemeinen Wahlrechte konkret ausgeübt werden können. 16

Weiter ergibt sich aus der Vorschrift („soweit in den nachfolgenden Vorschriften [...] nichts Abweichendes bestimmt ist“), dass der Gesetzgeber den Versicherten keine **schrankenlosen Wahlrechte** eröffnet hat. Zu beachten sind insbesondere die abweichenden Bestimmungen in § 176 SGB V, dem Gesetz über die Krankenversicherung der Landwirte (KVLG) und dem Künstlersozialversicherungsgesetz (KSVG). 17

Für das Verständnis der §§ 173 ff. SGB V ist die Trennung zwischen der **Kassenmitgliedschaft** und der **versicherungsrechtlichen Mitgliedschaft** eines Versicherten von wesentlicher Bedeutung. So beinhaltet ein Wechsel innerhalb der versicherungsrechtlichen Mitgliedschaft (z.B. das Ende einer abhängigen Beschäftigung und der Beginn einer Versicherungsberechtigung bei gleichzeitiger Aufnahme einer selbständigen Tätigkeit) nicht zwangsläufig auch das Ende der ursprünglich gewählten Kassenmitgliedschaft. Anders als die versicherungsrechtliche Mitgliedschaft ist die Mitgliedschaft bei einer gesetzlichen Krankenkasse nach dem Gesetzeswortlaut regelmäßig von der Einhaltung einer Bindungs- und Kündigungsfrist abhängig (vgl. § 175 Abs. 4 Sätze 1 und 2 SGB V). Ist daher bei Eintritt eines neuen Versicherungsgrundes die Bindungsfrist von 18 Monaten an die ursprünglich gewählte Krankenkasse noch nicht abgelaufen, kann der Versicherte frühestens zu deren Ablauf die Kassenmitglied- 18

---

[8] BGBl I 1992, 2266.

[9] Gesetzesbegründung Art. 1, 2, 23-33 zum GSG 1993 (BT-Drs. 12/3608, S. 68).

[10] Vgl. dazu auch *Schneider*, DOK 1995, 67 ff.

schaft kündigen und neu von seinen allgemeinen Wahlrechten Gebrauch machen. Bei dem hier gewählten Beispiel kann dies bedeuten, dass der Versicherungsberechtigte über eine gewisse Zeit noch an seine ursprüngliche Krankenkassenwahl gebunden ist, obwohl ihm u.U. die satzungsrechtlichen Bestimmungen dieser Krankenkasse für freiwillige Mitglieder nicht zusagen.

2. Umfang der Wahlrechte (Absatz 2 Satz 1)

19 Aus Absatz 2 Satz 1 ergibt sich der Umfang der allgemeinen Wahlrechte. Danach können Versicherte wählen zwischen:

- den Primärkassen bzw. Ersatzkassen an ihrem Beschäftigungs- oder Wohnort,
- den geöffneten oder nicht geöffneten Betriebs- oder Innungskrankenkassen unter den dort genannten Voraussetzungen,
- der Deutschen Rentenversicherung Knappschaft-Bahn-See
- der letzten früheren Krankenkasse
- und der Krankenkasse des Ehegatten.

a. Primär- bzw. Ersatzkasse

20 Nach Absatz 2 Satz 1 Nr. 1 kann jeder Versicherungspflichtige bzw. Versicherungsberechtigte die Ortskrankenkasse seines Beschäftigungs- oder Wohnorts wählen. Einer dieser beiden Orte muss allerdings in der Region liegen, für die die Ortskrankenkasse besteht und die in deren Satzung als Bezirk umschrieben wird.[11]

21 Gleiches gilt nach Absatz 2 Satz 1 Nr. 2 hinsichtlich der Wahlmöglichkeit für eine Ersatzkasse. Auch hier gilt eine regionale Zuständigkeitsbeschränkung insofern, als dass sich nach der Satzung der jeweilige Bezirk der Ersatzkasse auf den Beschäftigungs- oder Wohnort des Versicherten erstrecken muss. Allerdings kann der Bezirk einer Ersatzkasse durch Satzungsregelung auf das Gebiet eines oder mehrerer Länder oder das Bundesgebiet erweitert werden.[12]

22 Was in diesem Zusammenhang unter dem **Beschäftigungsort** eines Versicherten zu verstehen ist, ergibt sich aus den §§ 9, 10 SGB IV. Aufgrund dieser gesetzlichen Vorschriften ist es in der Regel unproblematisch, den Umfang der allgemeinen Wahlrechte jedes Versicherten zu bestimmen. Ungeregelt gelassen hat der Gesetzgeber jedoch die Bestimmung des Beschäftigungsorts bei Mehrfachbeschäftigten bzw. unständig Beschäftigten[13], die regelmäßig an mehreren Orten tätig sind. Diese können sowohl nach dem Gesetzeswortlaut als auch nach Sinn und Zweck der §§ 173 ff. SGB V eine Primär- oder Ersatzkasse an den verschiedenen Beschäftigungsorten wählen und sind in ihren Wahlrechten nicht auf den Ort der überwiegenden Beschäftigung beschränkt.[14]

23 Was demgegenüber unter dem **Wohnort** eines Versicherten zu verstehen ist, hat der Gesetzgeber nicht festgelegt. Es besteht lediglich in § 30 Abs. 3 SGB I eine Begriffsbestimmung für den Wohnsitz und den gewöhnlichen Aufenthaltsort eines Versicherten. Weshalb der Gesetzgeber bei der Einführung der allgemeinen Wahlrechte hierauf nicht zurückgegriffen hat, erschließt sich nicht. Dennoch ist unter dem Wohnort i.S. des Gesetzes sowohl der Wohnsitz als auch der gewöhnliche Aufenthaltsort des Versicherten nach SGB I zu verstehen. Soweit diese auseinanderfallen oder Versicherte an mehreren Orten einen Wohnsitz nutzen, sind wiederum sowohl nach dem Gesetzeswortlaut als auch nach Sinn und Zweck der §§ 173 ff. SGB V die Versicherten in ihren Wahlrechten nicht auf einen Ort (z.B. den des familiären Mittelpunkts) beschränkt.[15]

24 Bei einem **Wechsel des** Versicherten hinsichtlich seines **Beschäftigungs- oder Wohnorts** bleibt die auf dem bisherigen Wohn- oder Beschäftigungsort beruhende Kassenmitgliedschaft unberührt. Neue allgemeine Wahlrechte stehen dem Versicherten grundsätzlich nur unter Berücksichtigung der Bindungs- und Kündigungsfrist in § 175 Abs 4 Sätze 1 und 2 SGB V zu. Allerdings können die gesetzlichen Krankenkassen in ihren Satzungen die Einhaltung der Bindungsfrist ausschließen, wenn eine Mitgliedschaft bei einer anderen Krankenkasse der gleichen Kassenart begründet werden soll (§ 175 Abs. 4 Satz 7 SGB V).

[11] Vgl. hierzu §§ 143 Abs. 1, 194 Abs. 1 Nr. 2 SGB V.
[12] Vgl. hierzu § 168 Abs. 3 SGB V.
[13] Vgl. zur Definition § 232 Abs. 3 SGB V.
[14] So auch *Peters* in: KassKomm, SGB V, § 173 Rn. 14.
[15] A.A. *Baier* in: Krauskopf, SGB V, § 173 Rn. 9, wonach der Ort des gewöhnlichen Aufenthalts maßgebend sein soll.

b. Betriebs- und Innungskrankenkassen

Hinsichtlich der Wahlmöglichkeiten von Betriebs- und Innungskrankenkassen ist zu unterscheiden, ob diese nach Absatz 2 Satz 1 Nr. 3 **nicht geöffnet** (und damit für Betriebsfremde allenfalls nach Absatz 2 Satz 1 Nr. 5/6 wählbar) oder nach Absatz 2 Satz 1 Nr. 4 **geöffnet** (und damit grundsätzlich auch von Betriebsfremden wählbar) sind. 25

Für die **Öffnung** einer BKK/IKK selbst ist nach dem Gesetzeswortlaut lediglich eine entsprechende Satzungsregelung erforderlich. Mit dieser Regelung verliert die jeweilige BKK/IKK ihre betriebs- bzw. innungsbezogene Zuständigkeit und nimmt uneingeschränkt am Wettbewerb zwischen den gesetzlichen Krankenkassen teil. Neben der Erweiterung der allgemeinen Wahlrechte hat dabei die Öffnung einer BKK/IKK vor allem organisationsrechtliche Bedeutung, die in Absatz 2 Sätze 2 bis 5 und den §§ 147 ff., 157 ff. SGB V geregelt ist. 26

Nach Absatz 2 Satz 2 gilt auch für geöffnete BKKn/IKKn – ähnlich wie für Primär- und Ersatzkassen – eine **regionale Zuständigkeitsbeschränkung**: Wählbar ist die geöffnete Krankenkasse in den Gebieten der Länder, in denen Betriebe oder Innungsbetriebe bestehen und die Zuständigkeit für diese Betriebe sich aus der jeweiligen Satzung ergibt. Entsprechend dem Gesetzeswortlaut hängt damit die Wählbarkeit einer geöffneten BKK/IKK von dem aktuellen Bestand an Betrieben oder Innungsbetrieben zum Zeitpunkt der Ausübung des allgemeinen Wahlrechts ab **(dynamische Zuständigkeitsregelung)**. Demgegenüber ergibt sich aus der Gesetzesbegründung zu dieser Vorschrift, dass das Wahlrecht auf die Regionen beschränkt werden soll, auf die sich die Zuständigkeit der Krankenkasse vor der öffnenden Satzungsregelung erstreckte[16] **(statische Zuständigkeitsregelung)**. 27

Welche der beiden Betrachtungsweisen vorzuziehen ist, lässt sich nicht pauschal festlegen. Zum einen benötigen geöffnete BKKn/IKKn zur dauerhaften Teilnahme am Wettbewerb einen Bestandsschutz in der Form, als dass sie auch bei Schließung einzelner Betriebe in den betreffenden Regionen wählbar bleiben. Dies spräche für eine statische Betrachtungsweise. Allerdings darf nicht unberücksichtigt bleiben, dass beispielsweise nach den §§ 149, 159 SGB V eine Ausdehnung der regionalen Zuständigkeit geöffneter Krankenkassen ausdrücklich möglich sein soll. Dies spräche für eine dynamische Betrachtungsweise. Letztlich ist nach dem Sinn und Zweck der Vorschrift in Absatz 2 Satz 2 eine **gemischt statisch-dynamische Zuständigkeitsregelung** zu erblicken. Hierüber soll den geöffneten BKKn/IKKn die unbeschränkte Teilnahme am Wettbewerb der gesetzlichen Krankenkassen ermöglicht werden, wobei nur über eine wettbewerbskonforme Auslegung der Vorschrift einheitliche Rahmenbedingungen für alle teilnehmenden Krankenkassen bestehen.[17] Einerseits steht den BKKn/IKKn daher Bestandsschutz in der Form zu, als dass sie unabhängig vom Fortbestehen der Trägerbetriebe bzw. Trägerinnung zumindest in den Regionen wählbar bleiben, in denen sie vor der Einführung einer Öffnungsklausel vertreten waren. Insofern handelt es sich um eine statische Zuständigkeitsregelung. Weiter erfordert der Wettbewerb unter den gesetzlichen Krankenkassen auch die Möglichkeit, den regionalisierten Zuständigkeitsbereich beispielsweise durch Ausdehnung auf weitere Betriebe oder Vereinigung mit anderen Krankenkassen ggf. zu erweitern. Insofern handelt es sich um eine dynamische Zuständigkeitsregelung. 28

Zu den geöffneten BKKn/IKKn zählen schließlich auch die sogenannten **virtuellen Krankenkassen**[18], die keinerlei Bezug mehr zu einem Trägerbetrieb bzw. einer Trägerinnung aufweisen. Für diese gilt ebenfalls eine regionalisierte Zuständigkeitsbeschränkung nach Absatz 2 Satz 2 im Rahmen einer statischen Betrachtungsweise. Entsprechend sind virtuelle Krankenkassen zumindest immer in den Bezirken der Ortskrankenkassen wählbar, in denen bis zur Öffnung der Krankenkasse Betriebe bestanden. 29

c. Letzte frühere Krankenkasse

Nach Absatz 2 Satz 1 Nr. 5 ist für die Versicherten jede Krankenkasse wählbar, bei der vor Beginn der Versicherungspflicht oder der Versicherungsberechtigung eine Kassenmitgliedschaft oder eine Familienversicherung bestanden hat. 30

Dabei ist nach dem Gesetzeswortlaut offen, ob dieses Wahlrecht nur bei Beginn der Versicherungspflicht bzw. Versicherungsberechtigung ausgeübt werden kann (**Bleiberecht**) oder ob der Versicherte nach einer zunächst getroffenen Wahlentscheidung für eine andere Krankenkasse wieder zu der letzten 31

[16] BT-Drs. 12/3608, S. 113.

[17] So im Ergebnis auch *Schnapp*, NZS 2004, 113, 118 m.w.N.

[18] Gemeint sind Betriebs- oder Innungskrankenkassen, deren Trägerbetrieb bzw. Trägerinnung nach Öffnung der Krankenkasse untergegangen ist.

früheren Krankenkasse vor Eintritt der Versicherungspflicht bzw. Versicherungsberechtigung zurückkehren kann (**Rückkehrrecht**). Nach der Rechtsprechung des Bundessozialgerichts[19] ist unter Berücksichtigung des Sinns und Zwecks der Vorschrift dessen Auslegung i.S. eines Bleiberechts zutreffend. Zur Begründung wird ausgeführt, dass auch die Neuregelung der allgemeinen Wahlrechte ab dem 01.01.2002 keine andere Auslegung dieser Norm rechtfertige. Die Vorschrift habe als Bleiberecht weiterhin Bedeutung, wenn vor Beginn eines Versicherungspflicht-Tatbestandes keine Mitgliedschaft bestanden habe und dann auf die letzte vorherige Mitgliedschaft in der gesetzlichen Krankenversicherung zurückgegriffen werden könne.

d. Krankenkasse des Ehegatten

32 Das allgemeine Wahlrecht nach Absatz 2 Satz 1 Nr. 6 hinsichtlich der Krankenkasse des Ehegatten setzt das Bestehen einer nach deutschem Recht geschlossenen oder als gültig anerkannten Ehe voraus. Wählbar ist nach dem Gesetzeswortlaut jede gesetzliche Krankenkasse – also auch die See-Krankenkasse mit ihrem ansonsten zugewiesenen Mitgliederstamm gemäß § 176 SGB V.

33 Eine Wahlmöglichkeit der Krankenkasse des Lebenspartners i.S.d. Lebenspartnerschaftsgesetzes hat der Gesetzgeber nicht ausdrücklich vorgesehen. Dies überrascht vor dem Hintergrund, dass im SGB die Lebenspartner den Ehegatten weitestgehend gleichgestellt worden sind.[20] Sachliche Gründe dafür, an dieser Stelle die Lebenspartner anders als Ehegatten zu behandeln, sind nicht ersichtlich.[21] Zwar fehlt es insoweit an einer einfachgesetzlichen Grundlage für eine entsprechende Wahlmöglichkeit der Lebenspartner, allerdings kommt hier unter Berücksichtigung von Art. 3 GG i.V.m. dem Sozialstaatsprinzip aus Art. 20 GG die Annahme eines derivativen Teilhaberechts[22] in Betracht. Dabei ist davon auszugehen, dass der Gesetzgeber an dem von ihm eingeführten System der allgemeinen Wahlrechte erkennbar festhalten will und derzeit nur so den Lebenspartnern der Zugang zu einer Kassenmitgliedschaft im selben Umfang wie den Ehegatten ermöglicht werden kann.[23]

3. Öffnung von Betriebs- und Innungskrankenkassen (Absatz 2 Sätze 2 bis 5)

34 In Absatz 2 Sätze 2 bis 5 sind die Maßgaben normiert, nach denen sich Betriebs- und Innungskrankenkassen öffnen können. Der Gesetzestext ist sprachlich misslungen[24] und betrifft zudem das Organisations- und Satzungsrecht der jeweiligen Krankenkassen. Gesetzessystematisch hätten die einzelnen Vorschriften in den Regelungsbereich der §§ 147 ff., 157 ff. SGB V oder § 194 SGB V gehört.[25]

35 Nach Absatz 2 Satz 2 wird bei den geöffneten Betriebs- und Innungskrankenkassen deren früherer Bezug an einen Betrieb bzw. eine Innung durch eine regionale Zuständigkeit (Rn. 27) abgelöst. Danach erstreckt sich der Bezirk einer geöffneten BKK/IKK auf die (Bundes-)Länder, in denen Betriebe oder Innungsbetriebe bestehen und die Zuständigkeit für diese Betriebe sich aus der Satzung der jeweiligen Krankenkasse ergibt. Er erfasst auch Regionen, in denen unselbständige Betriebsteile oder Betriebsstätten liegen. Bei einer entsprechenden Satzungsregelung gilt das Wahlrecht für alle Versicherungspflichtigen und -berechtigten, die in dem Bezirk der jeweiligen Ortskrankenkasse wohnen oder beschäftigt sind, in dem der Betrieb oder die Betriebsstätte ihren Sitz hat.[26]

36 Um weiter einen Wettbewerb der Krankenkassen nach einheitlichen Grundsätzen zu gewährleisten, dürfen geöffnete BKKn/IKKn die allgemeinen Wahlrechte der Versicherten nicht auf bestimmte Personenkreise beschränken oder von Bedingungen abhängig machen. Aus diesem Grund ist es nach Absatz 2 Satz 3 auch nicht möglich eine öffnende Satzungsregelung zu widerrufen oder nach Absatz 2 Satz 4 durch eine Vereinigung mit einer nicht-geöffneten Krankenkasse wieder die Bindung an einen Trägerbetrieb bzw. eine Trägerinnung wieder herzustellen.[27] Die Entscheidung einer Betriebs- oder Innungskrankenkasse, sich dem Wettbewerb der Krankenkassen über eine öffnende Satzungsregelung zu stellen, ist endgültig.

---

19 BSG v. 06.09.2001 - B 12 KR 3/01 R.

20 Vgl. z.B. die Gleichstellung in § 10 Abs. 1 SGB V.

21 So auch *Baier* in: Krauskopf, SGB V, § 173 Rn. 28; *Peters* in: KassKomm, SGB V, § 173 Rn. 22.

22 Dazu *Gubelt* in: v. Münch/Kunig, Art. 3 GG Rn. 2 m.w.N.

23 A.A. ohne gesonderte Begründung *Baier* in: KassKomm, SGB V, § 173 Rn. 28.

24 Siehe hierzu die Ausführungen unter Rn. 27.

25 So auch *Peters* in: KassKomm, SGB V, § 173 Rn. 19.

26 Vgl. hierzu BT-Drs. 12/3608, S. 113.

27 Vgl. hierzu BT-Drs. 15/1525, S. 136/137.

Nach Absatz 2 Satz 5 ist eine Öffnung von BKKn ausgeschlossen, die für Betriebe privater Kranken- und Lebensversicherungen errichtet oder aus einer Vereinigung mit einer solchen BKK hervorgegangen sind. Hierdurch sollen nach der Begründung des Gesetzesentwurfs[28] Wettbewerbsverzerrungen zwischen gesetzlichen Krankenkassen und privaten Versicherungsunternehmen verhindert werden. 37

4. Öffnung der Deutschen Rentenversicherung Knappschaft-Bahn-See (Absatz 2a)

Mit der Erweiterung der allgemeinen Wahlrechte in Absatz 2 Satz 1 Nr. 4a bezogen auf die Deutsche Rentenversicherung Knappschaft-Bahn-See hat der Gesetzgeber durch die Ergänzung in Absatz 2a besondere satzungsrechtliche Gestaltungsmöglichkeiten dieses Sozialversicherungsträgers abgeschafft. Dies war erforderlich, um die mit dem GKV-Wettbewerbsstärkungsgesetz[29] u.a. beabsichtigte Stärkung des Wettbewerbs zwischen den allgemein wählbaren Krankenkassen bzw. Kassenarten zu gewährleisten. 38

5. Zusätzliche Wahlrechte (Absätze 3 bis 5)

In den Absätzen 3 bis 5 sind zusätzliche, allgemeine Wahlrechte von Mitgliedergruppen benannt, die weitgehend dem bis Ende 1995 geltenden Recht entsprechen. 39

Danach können Studenten gemäß Absatz 3 zusätzlich die Ortskrankenkasse oder jede Ersatzkasse am Sitz der Hochschule wählen, wobei der Sitz der Hochschule dem Hochschulgesetz des jeweiligen Bundeslandes zu entnehmen ist. 40

Weiter können die im Gesetz genannten Mitgliedergruppen gemäß Absatz 4 zusätzlich die Krankenkasse wählen, bei der einer der beiden Elternteile im Zeitpunkt der Wahl pflicht- oder freiwillig versichert ist. Nach Absatz 5 können versicherte Rentner zusätzlich die BKK/IKK wählen, wenn sie in dem Betrieb beschäftigt gewesen sind, für den die Betriebs- oder Innungskrankenkasse besteht. Auf die Dauer und den Zeitraum einer derartigen Zugehörigkeit kommt es nach dem Gesetzeswortlaut nicht an. 41

6. Wahlentscheidung des Mitglieds (Absatz 6)

Nach Absatz 6 hat der Familienversicherte kein eigenes Wahlrecht. Dies entspricht den Voraussetzungen in § 173 Abs. 1 SGB V, wonach die allgemeinen Wahlrechte an das Bestehen einer Versicherungspflicht oder -berechtigung gebunden sind. 42

Kommen für Familienversicherte mehrere Krankenkassen in Frage, weil Mitgliedschaften bei verschiedenen Krankenkassen bestehen, gilt die Entscheidung des die Familienversicherung vermittelnden Mitglieds nach § 10 Abs. 5 SGB V. 43

7. Wahlrechte bei einer kassenartenübergreifenden Fusion (Absatz 7)

Seit dem 01.04.2007 sind nach § 171a SGB V auch kassenartenübergreifende Fusionen – beispielsweise zwischen einer Betriebs- und einer Innungskrankenkasse – möglich. Absatz 7 soll in diesem Zusammenhang gewährleisten, dass die aus einem solchen Zusammenschluss hervorgehende Krankenkasse ggf. auch von den Mitgliedern gewählt werden kann, die ursprünglich Kassenmitglieder bei einem nicht geöffneten Fusionspartner waren. Hierzu geht der Gesetzeswortlaut fiktiv von einer Öffnungsklausel der beteiligten Betriebs- oder Innungskrankenkasse aus. 44

IV. Rechtsfolgen

Rechtsfolge eines nach den Maßgaben der §§ 173, 175 SGB V ausgeübten Wahlrechts ist die Kassenmitgliedschaft des Versicherten bei der ausgewählten Krankenkasse. Diese ist zukünftig für die Durchführung der gesetzlichen Krankenversicherung des Mitglieds zuständig. 45

Dabei bezieht sich das Wahlrecht aus Absatz 1 sowohl auf die erstmalige Wahl einer gesetzlichen Krankenkasse als auch auf den Wechsel von der einen zu einer anderen Krankenkasse. Die Möglichkeit einer Doppelversicherung besteht nicht. Weiter steht die Wahlberechtigung ausschließlich Versicherungspflichtigen und Versicherungsberechtigten zu; die gesetzlichen Krankenkassen haben ihrerseits keine Möglichkeit, von sich aus ihre Mitglieder zu wählen. 46

---

[28] Vgl. hierzu BT-Drs. 15/1525, S. 137.

[29] BGBl I 2007, 378.

§ 174 SGB V Besondere Wahlrechte

(Fassung vom 26.03.2007, gültig ab 01.04.2007, gültig bis 31.12.2008)

(1) (weggefallen)

(2) Für Versicherungspflichtige und Versicherungsberechtigte, die bei einer Betriebs- oder Innungskrankenkasse beschäftigt sind oder vor dem Rentenbezug beschäftigt waren, gilt § 173 Abs. 2 Satz 1 Nr. 3 entsprechend.

(3) Versicherungspflichtige und Versicherungsberechtigte, die bei einem Verband der Betriebs- oder Innungskrankenkassen beschäftigt sind oder vor dem Rentenbezug beschäftigt waren, können eine Betriebs- oder Innungskrankenkasse am Wohn- oder Beschäftigungsort wählen.

(4) Die bei der See-Berufsgenossenschaft beschäftigten versicherungspflichtigen oder versicherungsberechtigten Arbeitnehmer können die Mitgliedschaft bei der See-Krankenkasse wählen.

(5) Abweichend von § 173 werden Versicherungspflichtige nach § 5 Abs. 1 Nr. 13 Mitglied der Krankenkasse oder des Rechtsnachfolgers der Krankenkasse, bei der sie zuletzt versichert waren, andernfalls werden sie Mitglied der von ihnen nach § 173 Abs. 1 gewählten Krankenkasse; § 173 gilt.

Gliederung

A. Basisinformationen

I. Textgeschichte/Gesetzgebungsmaterialien

1 Die Vorschrift ist durch das Gesundheitsstrukturgesetz vom 21.12.1992[1] vollkommen neu gefasst und aufgrund von dessen Art. 1 Nr. 116 mit Wirkung ab dem 01.01.1996 in das SGB V eingeführt worden. Die maßgeblichen Gesetzesmaterialien finden sich in der BT-Drs. 12/3608, S. 25, 113.

2 Der Wortlaut der Vorschrift wurde mit Wirkung ab dem 01.10.2005 der Organisationsreform der gesetzlichen Rentenversicherung über Art. 1 Nr. 16 RVOrgG vom 09.12.2004[2] angepasst.

3 Weiter wurde Absatz 1 der Vorschrift mit Wirkung zum 01.04.2007 durch das GKV-Wettbewerbsstärkungsgesetz[3] aufgehoben, weil mit der allgemeinen Wählbarkeit der Deutschen Rentenversicherung Knappschaft-Bahn-See eine gesonderte gesetzliche Regelung über besondere Wahlrechte einzelner Mitgliedergruppen nicht mehr erforderlich ist. Gleichzeitig wurden die mit der Einführung einer allgemeinen Versicherungspflicht einhergehenden Wahlrechte in Absatz 5 geregelt.

II. Vorgängervorschriften/Systematische Zusammenhänge

4 Hinsichtlich der Vorgängervorschriften sowie der mit § 174 SGB V in einem systematischen Zusammenhang stehenden Vorschriften wird auf die Kommentierung zu § 173 SGB V Rn. 4 verwiesen.

[1] BGBl I 1992, 2266.
[2] BGBl I 2004, 3242.
[3] BGBl I 2007, 378.

III. Reformbestrebungen

Die allgemeinen Wahlrechte der Versicherten werden nach Art. 2 Nr. 27a des GKV-Wettbewerbsstärkungsgesetzes[4] zum 01.01.2009 durch die Öffnung der See-Krankenkasse erneut erweitert. Zu diesem Zeitpunkt wird die See-Krankenkasse ausdrücklich in die Aufzählung der nach § 173 Abs. 2 SGB V wählbaren Krankenkassen mit aufgenommen. 5

Wie schon bei der Öffnung der Deutschen Rentenversicherung Knappschaft-Bahn-See ist mit der allgemeinen Wählbarkeit dieser Krankenkasse eine gesonderte gesetzliche Regelung über besondere Wahlrechte einzelner Mitgliedergruppen nicht mehr erforderlich; entsprechend wird Absatz 4 der Vorschrift mit Wirkung zum 01.01.2009 aufgehoben. 6

B. Auslegung der Norm

I. Regelungsgehalt und Bedeutung der Norm

Die Vorschrift regelt Besonderheiten einzelner Mitgliedergruppen hinsichtlich ihrer allgemeinen Wahlrechte.[5] 7

II. Tatbestandsmerkmale

1. Beschäftigte bei einer Betriebs- oder Innungskrankenkasse (Absatz 2)

Die Regelung in Absatz 2 führt für Versicherungspflichtige bzw. -berechtigte, die bei einer BKK oder IKK beschäftigt sind oder es vor dem Rentenbezug waren, zu einer Erweiterung der allgemeinen Wahlrechte nach § 173 SGB V. 8

Diesen Versicherten steht in entsprechender Anwendung von § 173 Abs. 2 Satz 1 Nr. 3 SGB V ein allgemeines Wahlrecht hinsichtlich der BKK/IKK ihrer früheren Beschäftigung zu, auch wenn sich die jeweilige Kasse nicht geöffnet hat. Dabei kann nach dem eindeutigen Wortlaut der Vorschrift das Wahlrecht durch den Versicherten sowohl zu Beginn seines Rentenbezugs als auch zu jedem späteren Zeitpunkt ausgeübt werden. 9

2. Beschäftigte bei einem Verband (Absatz 3)

Nach Absatz 3 werden die allgemeinen Wahlrechte nach § 173 SGB V von Versicherungspflichtigen bzw. -berechtigten, die bei einem Verband der Betriebs- oder Innungskrankenkasse beschäftigt sind oder vor dem Rentenbezug beschäftigt waren, ebenfalls auf die jeweilige BKK/IKK am Wohn- oder Beschäftigungsort (zur Begriffsbestimmung vgl. die Kommentierung zu § 173 SGB V Rn. 22 f.) erweitert. Dies gilt nach dem eindeutigen Wortlaut der Vorschrift auch dann, wenn die jeweilige Kasse sich nicht nach § 173 Abs. 2 Satz 1 Nr. 4 SGB V geöffnet hat. 10

3. Beschäftigte bei der See-Berufsgenossenschaft (Absatz 4)

Unter Berücksichtigung von Absatz 4 können die bei einer See-Berufsgenossenschaft beschäftigten Arbeitnehmer die Mitgliedschaft bei der Seekrankenkasse wählen. In diesem Zusammenhang ist der Begriff Arbeitnehmer weit auszulegen und erfasst alle, die in einem Arbeits- oder Dienstverhältnis zur See-Berufsgenossenschaft stehen. 11

4. Versicherungspflichtige, die bisher keinen anderweitigen Anspruch auf Absicherung im Krankheitsfall hatten (Absatz 5)

Nach Absatz 5 werden die Versicherten gemäß § 5 Abs. 1 Nr. 13 SGB V, die von der Einführung einer allgemeinen Versicherungspflicht durch das GKV-Wettbewerbsstärkungsgesetz[6] profitieren, der gesetzlichen Krankenkasse zugewiesen, bei der sie zuletzt versichert waren. Nach dem Gesetzeswortlaut kommt es dabei auf Art, Umfang oder Dauer des letzten Versicherungsverhältnisses nicht an. Soweit ein solches Versicherungsverhältnis fehlt, entscheidet die Wahl des jetzt Versicherungspflichtigen über dessen Mitgliedschaft bei einer gesetzlichen Krankenkasse. 12

---

[4] BGBl I 2007, 441.

[5] So auch die Begründung des Gesetzesentwurfs in BT-Drs. 12/3608, S. 92.

[6] BGBl I 2007, 378.

13 Den insoweit zugewiesenen Mitgliedern bleiben allerdings die allgemeinen Wahlrechte nach § 173 SGB V unabhängig von dem Bestand eines Versicherungsverhältnisses in der Vergangenheit ausdrücklich erhalten; sie haben grundsätzlich („§ 173 SGB V gilt") die Möglichkeit, die Zuweisung zu ihrer letzten gesetzlichen Krankenkasse zu umgehen und stattdessen Mitglied bei einer anderen, allgemein wählbaren Krankenkasse zu werden.

§ 175 SGB V Ausübung des Wahlrechts

(Fassung vom 26.03.2007, gültig ab 01.04.2007, gültig bis 30.06.2008)

(1) Die Ausübung des Wahlrechts ist gegenüber der gewählten Krankenkasse zu erklären. Diese darf die Mitgliedschaft nicht ablehnen. Das Wahlrecht kann nach Vollendung des 15. Lebensjahres ausgeübt werden.

(2) Die gewählte Krankenkasse hat nach Ausübung des Wahlrechts unverzüglich eine Mitgliedsbescheinigung auszustellen. Hat innerhalb der letzten 18 Monate vor Beginn der Versicherungspflicht oder Versicherungsberechtigung eine Mitgliedschaft bei einer anderen Krankenkasse bestanden, kann die Mitgliedsbescheinigung nur ausgestellt werden, wenn die Kündigungsbestätigung nach Absatz 4 Satz 3 vorgelegt wird. Eine Mitgliedsbescheinigung ist zum Zweck der Vorlage bei der zur Meldung verpflichteten Stelle auch bei Eintritt einer Versicherungspflicht unverzüglich auszustellen.

(3) Versicherungspflichtige haben der zur Meldung verpflichteten Stelle unverzüglich eine Mitgliedsbescheinigung vorzulegen. Wird die Mitgliedsbescheinigung nicht spätestens zwei Wochen nach Eintritt der Versicherungspflicht vorgelegt, hat die zur Meldung verpflichtete Stelle den Versicherungspflichtigen ab Eintritt der Versicherungspflicht bei der Krankenkasse anzumelden, bei der zuletzt eine Versicherung bestand; bestand vor Eintritt der Versicherungspflicht keine Versicherung, hat die zur Meldung verpflichtete Stelle den Versicherungspflichtigen ab Eintritt der Versicherungspflicht bei einer nach § 173 wählbaren Krankenkasse anzumelden und den Versicherungspflichtigen unverzüglich über die gewählte Krankenkasse zu unterrichten. Für die Fälle, in denen eine Mitgliedsbescheinigung nach Satz 1 nicht vorgelegt wird und keine Meldung nach Satz 2 erfolgt, vereinbaren die Spitzenverbände der Orts-, Betriebs-, Innungs- und Ersatzkassen gemeinsam und einheitlich Regeln über die Zuständigkeit.

(4) Versicherungspflichtige und Versicherungsberechtigte sind an die Wahl der Krankenkasse mindestens 18 Monate gebunden, wenn sie das Wahlrecht ab dem 1. Januar 2002 ausüben. Eine Kündigung der Mitgliedschaft ist zum Ablauf des übernächsten Kalendermonats möglich, gerechnet von dem Monat, in dem das Mitglied die Kündigung erklärt. Die Krankenkasse hat dem Mitglied unverzüglich, spätestens jedoch innerhalb von zwei Wochen nach Eingang der Kündigung eine Kündigungsbestätigung auszustellen. Die Kündigung wird wirksam, wenn das Mitglied innerhalb der Kündigungsfrist eine Mitgliedschaft bei einer anderen Krankenkasse durch eine Mitgliedsbescheinigung oder das Bestehen einer anderweitigen Absicherung im Krankheitsfall nachweist. Erhöht eine Krankenkasse ihren Beitragssatz, kann die Mitgliedschaft abweichend von Satz 1 bis zum Ablauf des auf das Inkrafttreten des der Beitragserhöhung folgenden Kalendermonats gekündigt werden. Die Sätze 1 und 4 gelten nicht, wenn die Kündigung eines Versicherungsberechtigten erfolgt, weil die Voraussetzungen einer Versicherung nach § 10 erfüllt sind, Satz 1 gilt nicht, wenn die Kündigung erfolgt, weil keine Mitgliedschaft bei einer Krankenkasse begründet werden soll. Die Krankenkassen können in ihren Satzungen vorsehen, dass die Frist nach Satz 1 nicht gilt, wenn eine Mitgliedschaft bei einer anderen Krankenkasse der gleichen Kassenart begründet werden soll. Die Kündigung der Mitgliedschaft durch eine Person, die am 2. Februar 2007 oder später erfolgt, um in ein privates Krankenversicherungsunternehmen zu wechseln, ist unwirksam, wenn die Voraussetzungen des § 6 Abs. 1 Nr. 1 zu diesem Zeitpunkt nicht vorliegen.

(5) Absatz 4 gilt nicht für Versicherungspflichtige, die durch die Errichtung oder Ausdehnung einer Betriebs- oder Innungskrankenkasse oder durch betriebliche Veränderungen Mitglieder einer Betriebs- oder Innungskrankenkasse werden können, wenn sie die Wahl innerhalb von zwei Wochen nach dem Zeitpunkt der Errichtung, Ausdehnung oder betrieblichen Veränderung ausüben.

(6) Die Spitzenverbände vereinbaren für die Meldungen und Mitgliedsbescheinigungen nach dieser Vorschrift einheitliche Verfahren und Vordrucke.

Gliederung

A. Basisinformationen

I. Textgeschichte/Gesetzgebungsmaterialien

1 Die Vorschrift ist durch das Gesundheitsstrukturgesetz vom 21.12.1992[1] vollkommen neu gefasst und aufgrund von dessen Art. 1 Nr. 116 mit Wirkung ab dem 01.01.1996 in das SGB V eingeführt worden. Die maßgeblichen Gesetzesmaterialien finden sich in den BT-Drs. 12/3608, S. 25, 26 und 113, BT-Drs. 12/3930, S. 63 und der BT-Drs. 12/3937, S. 17.

2 Im Anschluss wurde Absatz 4 Satz 3 mit Wirkung vom 01.07.1997 durch Art. 1 des 1.Gesetzes zur Neuordnung von Selbstverwaltung und Eigenverantwortung in der gesetzlichen Krankenversicherung[2] eingefügt und zum gleichen Zeitpunkt neu durch Art. 1 und 2 des Zweiten Gesetzes zur Neuordnung von Selbstverwaltung und Eigenverantwortung in der gesetzlichen Krankenversicherung (2. GKV-Neuordnungsgesetz) vom 23.06.1997[3] gefasst. Eine erneute Änderung erfolgte mit Wirkung vom 01.01.1999 durch Art. 1 und 2 des Gesetzes zur Stärkung der Solidarität in der gesetzlichen Krankenversicherung (GKV-Solidaritätsstärkungsgesetz) vom 19.12.1998[4]. Mit Wirkung vom 01.01.2000 wurde in Absatz 1 der Satz 3 durch Art. 1 des Gesetzes zur Reform der gesetzlichen Krankenversicherung ab dem Jahr 2000 (GKV-Gesundheitsreformgesetz 2000) vom 22.12.1999[5] angefügt. Schließlich wurden die Absätze 2 und 3 geändert sowie Absatz 4 mit Wirkung vom 01.01.2002 durch Art. 1 des Gesetzes zur Neuregelung der Kassenwahlrechte vom 27.07.2001[6] neu gefasst. Daneben ist Absatz 4 Satz 5 mit Wirkung vom 01.01.2004 durch Art. 1 und 2 des Gesetzes zur Modernisierung der gesetzlichen Krankenversicherung (GKV-Modernisierungsgesetz) neu gefasst worden.

3 Schließlich ist durch das GKV-Wettbewerbsstärkungsgesetz[7] mit Wirkung zum 01.04.2007 der Absatz 4 in den Sätzen 4 und 6 bezüglich eines vom Versicherten beabsichtigten Wechsels zu einem privaten Versicherungsunternehmen angepasst bzw. um Satz 8 ergänzt worden.

II. Vorgängervorschriften/Systematische Zusammenhänge

4 Hinsichtlich der Vorgängervorschriften sowie der mit § 175 SGB V in einem systematischen Zusammenhang stehenden Vorschriften wird auf die entsprechende Kommentierung zu § 173 SGB V Rn. 4 verwiesen.

---

[1] BGBl I 1992, 2266.
[2] 1. GKV-Neuordnungsgesetz, BGBl I 1997, 1518.
[3] BGBl I 1997, 1520.
[4] BGBl I 1998, 3853.
[5] BGBl I 1999, 2657.
[6] BGBl I 2001, 1946.
[7] BGBl I 2007, 378.

III. Reformbestrebungen

Durch das GKV-Wettbewerbsstärkungsgesetz[8] hat der Gesetzgeber u.a. die Finanzierungsordnung der gesetzlichen Krankenversicherung grundlegend reformiert. Kernpunkt ist hierbei die Einführung eines Gesundheitsfonds zum 01.01.2009, in den sämtliche Beiträge der Versicherten, der Arbeitgeber sowie Steuermittel fließen werden. Aus diesem Gesundheitsfonds erhält jede Krankenkasse pro Versichertem eine pauschale Zuweisung nebst ergänzenden Zu- und Abschlägen unter Berücksichtigung von Alter, Geschlecht und Gesundheitszustand der Versicherten. Gleichzeitig wird ein einheitlicher Beitragssatz eingeführt, so dass alle Versicherten wie bereits in anderen Bereichen des Sozialversicherungsrechts für den Schutz der Solidargemeinschaft den gleichen Beitrag zahlen werden. 5

Die gesetzlichen Krankenkassen wiederum können gegenüber ihren Versicherten finanzielle Vergünstigungen oder Prämienauszahlungen gewähren; ggf. müssen sie aber gegenüber ihren Versicherten auch einen in der Höhe begrenzten Zusatzbeitrag erheben, soweit die aus dem Gesundheitsfonds zugewiesenen Mittel nicht ausreichen. 6

Entsprechend besteht in Absatz 4 Sätze 5 und 6 ab dem 01.01.2009 zugunsten der Versicherten ein Sonderkündigungsrecht, soweit eine gesetzliche Krankenkasse von ihren Versicherten einen Zusatzbeitrag fordert oder eine Prämienzahlung verringert. Die Krankenkassen werden ferner verpflichtet, die Versicherten ggf. auf ihr Sonderkündigungsrecht hinzuweisen. 7

IV. Ausgewählte Literaturhinweise

Kokemoor, Die gesetzlichen Regelungen zum Krankenkassenwahlrecht gemäß §§ 173 ff. SGB V – Bestandsaufnahme und Zweifelsfragen zum seit 01.01.2002 geltenden Recht, SGb 2003, 433; *Schmidt*, Das Recht auf Wahl der Krankenkasse – insbesondere zum Sonderkündigungsrecht bei Beitragssatzanhebungen, NJW 2004, 2628, 2629; *Schneider*, Das Recht der Kassenwahl ’96, DOK 1995, 67, 144; *van Stiphout*, Kassenwahl ab 1996, BKK 1995, 158. 8

B. Auslegung der Norm

I. Regelungsgehalt und Bedeutung der Norm

Die Vorschrift regelt und konkretisiert die Ausübung der Kassenwahlrechte nach den §§ 173, 174 SGB V. 9

Regelungsinhalt ist das mit der Wahlausübung zusammenhängende **mehrstufige Verfahren**. Danach wird eine Mitgliedschaft bei der ausgewählten Krankenkasse nicht allein durch die Abgabe einer entsprechenden Wahlrechtserklärung erreicht; vielmehr sind darüber hinaus regelmäßig Mitwirkungshandlungen des Versicherten als auch der ausgewählten und/oder der gekündigten Krankenkasse erforderlich. Hierdurch soll sichergestellt werden, dass – insbesondere bei Vorliegen einer Versicherungspflicht – die Durchführung der gesetzlichen Krankenversicherung lückenlos gewährleistet ist. 10

Der Umfang der Mitwirkungshandlungen hängt davon ab, ob der Versicherte erstmalig eine gesetzliche Krankenkasse wählt oder ob er zu einer anderen gesetzlichen Krankenkasse wechselt. Im Einzelnen können erforderlich sein: 11

- die Kündigungserklärung des Versicherten nach Absatz 4 Satz 2,
- das Ausstellen einer Kündigungsbestätigung nach Absatz 4 Satz 3,
- die Abgabe einer Wahlrechtserklärung des Versicherten gegenüber der neu ausgewählten Krankenkasse nach Absatz 1 Satz 1,
- das Ausstellen einer Mitgliedsbescheinigung – ggf. nur gegen Vorlage einer Kündigungsbestätigung nach Absatz 4 Satz 2 – der neu ausgewählten Krankenkasse nach Absatz 2,
- die Vorlage der Mitgliedsbescheinigung bei der meldepflichtigen Stelle nach Absatz 3 und
- die Vorlage der Mitgliedsbescheinigung bei der gekündigten Krankenkasse nach Absatz 4 Satz 4.

In diesem Zusammenhang ist allerdings nur unzureichend in den §§ 173 ff. SGB V geregelt, welche Folgen das Unterlassen einzelner Mitwirkungshandlungen für das gesamte mehrstufige Verfahren hat. 12

[8] BGBl I 2007, 378.

II. Tatbestandsmerkmale

1. Ausübung des Wahlrechts (Absatz 1)

13 Aus Absatz 1 ergibt sich der Adressat für die Wahlrechtserklärung der Versicherten (Satz 1), die grundsätzliche Verbindlichkeit der Wahlrechtserklärung für die gewählte Krankenkasse (Satz 2) sowie das für die Abgabe einer wirksamen Wahlrechtserklärung erforderliche Alter der Versicherten (Satz 3).

a. Wahlrechtserklärung

14 Nach Absatz 1 Satz 1 ist die **Wahlrechtserklärung** des Versicherten gegenüber der ausgewählten Krankenkasse abzugeben. Die Erklärung selbst ist eine **einseitige, empfangsbedürftige Willenserklärung**, die dem öffentlichen Recht zuzuordnen ist und auf die die **bürgerlich-rechtlichen Vorschriften der §§ 104 ff. BGB** entsprechende Anwendung finden.[9] Die Erklärung kann sowohl mündlich als auch schriftlich abgegeben werden und ist unter Berücksichtigung von § 130 Abs. 1 Satz 2 BGB widerrufbar bzw. nach den §§ 119, 120 BGB anfechtbar.

15 Hinsichtlich der **Widerrufsmöglichkeiten** einer abgegebenen Wahlrechtserklärung sind die Spitzenverbände der Krankenkassen übereingekommen, den Versicherten einen Widerruf ihrer Wahlrechtserklärung bis zum Zeitpunkt der Rechtswirksamkeit einer Kündigung nach Absatz 4 Satz 2 zuzugestehen.[10] Demnach können die Versicherten ihre Wahlrechtserklärung im Falle eines Kassenwechsels unter Berücksichtigung von Absatz 4 Satz 4 solange widerrufen, bis sie gegenüber der ursprünglich gewählten Krankenkasse ihre Mitgliedschaft bei der neu gewählten Krankenkasse nachweisen. Eine derartig lange Widerrufsfrist entspricht aber weder der gesetzlichen Bestimmung in § 130 Abs. 1 Satz 2 BGB noch besteht hierfür ein Bedürfnis.[11] Die Regelung in Absatz 4 Satz 4 über die Wirksamkeit einer Kündigung der Kassenmitgliedschaft hat erkennbar den Sinn und Zweck, einen fortlaufenden Krankenversicherungsschutz zu gewährleisten, soweit der Versicherte sich innerhalb der Kündigungsfrist nicht für eine der anderen gesetzlichen Krankenkassen entscheiden kann. Der Versicherte hat aber gerade aufgrund der Kündigungsfrist ausreichend Zeit, sich vor Abgabe einer Wahlrechterklärung über die Vor- und Nachteile anderer gesetzlicher Krankenkassen zu informieren und erst im Anschluss die aus seiner Sicht beste Krankenkasse auszuwählen. Insoweit sind die hier entsprechend anwendbaren zivilrechtlichen Widerrufsmöglichkeiten mehr als ausreichend.

16 Von Bedeutung ist die Dauer der **Widerrufsfrist** insbesondere, wenn der Versicherte (z.B. aus Unkenntnis über die Bedeutung seiner Wahlrechtserklärung oder aus Bequemlichkeit) gegenüber mehreren gesetzlichen Krankenkassen einen Beitritt erklärt hat. Dies ist regelmäßig unzulässig. Die allgemeinen Wahlrechte können nur unter den Voraussetzungen von § 175 Abs. 4 und 5 SGB V erneut ausgeübt werden. Wählt dementsprechend jemand die Mitgliedschaft in mehreren gesetzlichen Krankenkassen, so ist nur die Krankenkasse wirksam gewählt, bei der zuerst die Erklärung nach Absatz 1 Satz 1 eingegangen ist. Dies ergibt sich sowohl aus dem Gesetzeswortlaut als auch aus der Gesetzessystematik, wonach mit der Ausübung des Wahlrechts eine achtzehnmonatige Bindungswirkung nach § 175 Abs. 4 Satz 1 SGB V einhergeht.[12]

b. Aufnahmeverpflichtung der gewählten Krankenkasse

17 Die ausgewählte Krankenkasse ist nach Absatz 1 Satz 2 verpflichtet, den Versicherten gemäß § 173 Abs. 1 SGB V als Mitglied aufzunehmen. Die Krankenkasse darf die Kassenmitgliedschaft nicht ablehnen.

18 Das sich aus dem Gesetzeswortlaut ergebende **Ablehnungsverbot** der Krankenkassen hat lediglich klarstellenden Charakter. Bereits aufgrund des die gesetzliche Krankenversicherung beherrschenden Solidaritätsprinzips (vgl. hierzu u.a. §§ 1, 3 SGB V) ist den Krankenkassen eine Risikoauswahl unter

---

[9] *Baier* in: Krauskopf, SGB V, § 175 Rn. 7 f.; *Hauck* in: Hauck/Noftz, SGB V, § 175 Rn. 3 m.w.N.; *Peters* in: KassKomm, SGB V, § 175 Rn. 7.

[10] Gemeinsame Verlautbarung der Spitzenverbände der Krankenkassen zum Krankenkassenwahlrecht v. 22.11.2001, S. 20.

[11] A.A. *Baier* in: Krauskopf, SGB V, § 175 Rn. 9, dem dies zulässig erscheint, soweit die Erklärung des Versicherten bis zum Beginn der Mitgliedschaft noch keine rechtliche Wirkung entfaltet hat.

[12] Dies ist streitig. Eine a.A. vertreten sowohl *Schneider*, DOK 1995, 144, 151 als auch *Stiphout*, BKK 1995, 158, 163, wonach spätere Erklärungen als Widerruf der davor liegenden Wahlerklärungen anzusehen sind und daher die letzte abgegebene Wahlerklärung gültig sei.

den versicherungsrechtlichen Mitgliedern versagt. Entsprechend kann die ausgewählte Krankenkasse die Kassenmitgliedschaft eines Versicherten nicht von weiteren Bedingungen (wie z.B. dem Gesundheitszustand oder dem Alter) abhängig machen.

Gleichwohl ist trotz des eindeutigen Wortlauts in Absatz 1 Satz 2 eine **Ablehnung der Kassenmitgliedschaft** möglich, soweit die Voraussetzungen einer wirksamen Wahlrechtserklärung nicht vorlagen oder die ausgewählte Krankenkasse nach dem Umfang der allgemeinen oder besonderen Wahlrechte nicht wählbar war. 19

Dabei setzt eine **wirksame Wahlrechtserklärung** auf Seiten des Wählenden voraus: 20

- eine versicherungsrechtliche Mitgliedschaft (Kommentierung zu § 173 SGB V Rn. 16) nach den §§ 186 ff. SGB V,
- die rechtliche Handlungsfähigkeit (Rn. 22) nach Absatz 1 Satz 3
- und – soweit ein Kassenwechsel erfolgt – eine Beendigung der Bindung an die ursprüngliche Krankenkassenwahl.

Zum **Umfang der allgemeinen und der besonderen Wahlrechte** siehe die entsprechende Kommentierung der §§ 173, 174 SGB V. 21

c. Rechtliche Handlungsfähigkeit

Eine wirksame Wahlrechtserklärung kann nur derjenige abgeben, der nach Absatz 1 Satz 3 rechtlich handlungsfähig ist. Dies ist in Anlehnung an § 36 Abs. 1 Satz 1 SGB I[13] bereits mit Vollendung des 15. Lebensjahres der Fall. 22

Aus Sicht des Gesetzgebers sind durch die Regelung Belange des Minderjährigenschutzes nicht beeinträchtigt, da die Wahl einer Krankenkasse keine dauerhafte Bindung zur Folge habe.[14] 23

2. Die Mitgliedsbescheinigung (Absatz 2)

Aus Absatz 2 ergibt sich die Verpflichtung der gesetzlichen Krankenkassen, den Versicherten eine Mitgliedsbescheinigung über die neu begründete Kassenmitgliedschaft auszustellen. 24

Das Ausstellen einer solchen Bescheinigung ist fester Bestandteil des unter Rn. 9 angesprochenen mehrstufigen Verfahrens im Rahmen der Ausübung von Kassenwahlrechten. Die Bescheinigung selbst dient dabei unterschiedlichen Zwecken: Sie wird zum einen nach Absatz 4 Satz 4 bei einem Kassenwechsel benötigt, um durch Vorlage die Wirksamkeit der Kündigung gegenüber der bisherigen Krankenkasse herbeizuführen. Andererseits dient sie zur Information der Stellen, die nach Absatz 3 Satz 1 gegenüber der gewählten Krankenkasse meldepflichtig sind. Versäumt der Versicherte die Vorlage der Mitgliedsbescheinigung nach Absatz 3 und/oder 4, hat dies u.U. Auswirkungen auf die Wirksamkeit der abgegebenen Wahlrechtserklärung (siehe hierzu Rn. 35 f.). 25

a. Rechtscharakter der Mitgliedsbescheinigung

Die ausgewählte Krankenkasse hat gemäß Absatz 2 Satz 1 nach Abgabe der Wahlrechtserklärung eine Mitgliedsbescheinigung auszustellen. Dabei ergibt sich aus dem Gesetzeswortlaut, dass dies von Amts wegen schriftlich zu erfolgen hat. 26

Der Rechtscharakter einer Mitgliedsbescheinigung ist der eines **Verwaltungsakts mit Dauerwirkung**, wobei der Regelungsgehalt der Bescheinigung sich auf die Abgabe einer wirksamen Wahlrechtserklärung (siehe hierzu Rn. 20) durch den Wählenden bezieht.[15] Soweit zwischen der Wahlrechtserklärung des Versicherten und dem Beginn der Kassenmitgliedschaft u.U. eine (wesentliche) Änderung hinsichtlich der versicherungsrechtlichen Mitgliedschaft in der gesetzlichen Krankenversicherung (z.B. Ende der Versicherungspflicht ohne Weiterversicherungsberechtigung) eintritt, hat die ausgewählte Krankenkasse nach § 48 SGB X die Möglichkeit, die Mitgliedsbescheinigung aufzuheben. Sollte hingegen die ausgewählte Krankenkasse trotz einer unwirksamen Wahlrechtserklärung (z.B. bei Annahme einer Versicherungspflicht des Wählenden entgegen der Regelung in § 6 Abs. 3a SGB V) versehentlich eine Mitgliedsbescheinigung ausstellen, kann der (begünstigende) Verwaltungsakt unter Beachtung von § 45 SGB X zurückgenommen werden. Dabei dürften sich aus einer (rechts- 27

---

[13] Diese Vorschrift regelt ausschließlich die Handlungsfähigkeit der Versicherten im Leistungsbereich.

[14] BT-Drs. 14/1245, S. 96.

[15] A.A. *Peters* in: KassKomm, SGB V, § 175 Rn. 20. Danach handelt es sich um einen aufschiebend bedingten VA oder um einen VA, dessen Inhalt sich in der Aussage zur Wählbarkeit der angegangenen Kasse beschränkt.

widrigen) Kassenmitgliedschaft[16] ohne wirksame Wahlrechtserklärung keine leistungsrechtlichen Ansprüche des Mitglieds nach den §§ 20 ff. SGB V, aber auch keine beitragsrechtlichen Ansprüche der ausgewählten Krankenkasse nach den §§ 226 ff. SGB V herleiten lassen.

28 Die auswählte Krankenkasse „hat" die Mitgliedsbescheinigung „unverzüglich" auszustellen. Diese **Mitwirkungsverpflichtung** der Krankenkasse gilt entgegen dem Gesetzeswortlaut aber nur, soweit bei Abgabe der Wahlrechtserklärung die Voraussetzungen einer wirksamen Erklärung vorlagen und die ausgewählte Krankenkasse nach dem Umfang der allgemeinen oder besonderen Wahlrechte wählbar war (siehe hierzu auch die Ausführungen unter Rn. 19). **Unverzüglich** ausgestellt ist eine Mitgliedsbescheinigung dabei nur ohne schuldhaftes Zögern i.S.v. § 121 Abs. 1 Satz 1 BGB. Dies bedeutet nicht, dass die ausgewählte Krankenkasse keine Ermittlungen von Amts wegen gemäß § 20 SGB X durchführen kann. Sollten aufgrund unzureichender Angaben des Versicherten entsprechende Ermittlungen erforderlich sein, erfolgt die Ausstellung einer Mitgliedsbescheinigung unmittelbar nach Abschluss der Ermittlungen immer noch ohne schuldhaftes Zögern und damit unverzüglich i.S.d. Gesetzes.

b. Vorlage einer Kündigungsbestätigung

29 Nach Absatz 2 Satz 2 ist das Ausstellen einer Mitgliedsbescheinigung von der Vorlage einer **Kündigungsbestätigung** nach Absatz 4 Satz 3 abhängig, wenn innerhalb der letzten achtzehn Monate eine Mitgliedschaft bei einer anderen gesetzlichen Krankenkasse bestanden hat.

30 Diese Einschränkung soll die Einhaltung der Bindungsfrist aus Absatz 4 Satz 1 sichern[17] und klarstellen, dass bei einer Unterbrechung der Mitgliedschaft von mehr als achtzehn Monaten eine neue gesetzliche Krankenkasse auch dann gewählt werden kann, wenn die Mindestbindungsdauer bei der ursprünglich gewählten Krankenkasse noch nicht abgelaufen war.[18]

31 Unklar ist, ob die Verpflichtung des Versicherten zur Vorlage einer Kündigungsbestätigung auch dann gilt, wenn die gekündigte Krankenkasse sich zu Unrecht weigert, eine solche Bestätigung nach Absatz 4 Satz 3 auszustellen. Der Gesetzeswortlaut („kann [...] nur ausgestellt werden") legt dies zwar nahe, allerdings könnte so aufgrund des engen zeitlichen Rahmens – die Mitgliedsbescheinigung ist wiederum zur Wirksamkeit der Kündigungserklärung nach Absatz 4 Satz 3 kurzfristig der gekündigten Krankenkasse vorzulegen – ein Kassenwechsel vereitelt werden. Es ist daher auf den Sinn und Zweck der angesprochenen Mitwirkungshandlung abzustellen, wonach lediglich die Einhaltung der Bindungsfrist aus Absatz 4 Satz 1 gewährleistet werden soll. Insoweit ist der Nachweis des Versicherten hinsichtlich der Abgabe einer wirksamen Kündigungserklärung sowie der Einhaltung der achtzehnmonatigen Bindungsfrist gegenüber der ausgewählten Krankenkasse ausreichend. Diese muss nach Vorlage des Nachweises abweichend vom Gesetzeswortlaut eine Mitgliedsbescheinigung ausstellen.[19]

32 Weiter verdeutlicht das Erfordernis für die Vorlage einer Kündigungsbestätigung, dass zwischen der **Kassenmitgliedschaft** nach den §§ 173 ff. SGB V und der **versicherungsrechtlichen Mitgliedschaft** nach den §§ 186 ff. SGB V trotz gleicher Begriffswahl des Gesetzgebers zu unterscheiden ist (vgl. hierzu auch die Kommentierung zu § 173 SGB V Rn. 18). Danach ist der Versicherte erst bei einer länger als achtzehnmonatigen Unterbrechung kraft gesetzlicher Fiktion ohne die sonst nach Absatz 4 Satz 2 erforderliche Kündigungserklärung nicht mehr an seine ursprüngliche Wahlentscheidung gebunden. Hieraus folgt, dass beispielsweise das Ende der Mitgliedschaft eines Versicherungspflichtigen kraft Gesetzes nach § 190 SGB V nicht zwangsläufig auch eine Beendigung der Mitgliedschaft bei der bis dahin ausgewählten Krankenkasse beinhaltet. Sollte vielmehr der ehemals Versicherungspflichtige innerhalb der nächsten achtzehn Monate wieder nach § 5 SGB V versicherungspflichtig werden, ist er – soweit er seine damalige Kassenmitgliedschaft nicht gesondert gekündigt hat – nach Absatz 2 Satz 2 weiter an seine bisherige Wahlrechtserklärung gebunden. Die für den Zeitraum der Unterbrechung allenfalls ruhende Kassenmitgliedschaft lebt in diesem Fall wieder auf. Dies gilt nach dem Gesetzeswort-

---

[16] Zur Unterscheidung zwischen der Kassenmitgliedschaft und der versicherungsrechtlichen Mitgliedschaft siehe auch die Kommentierung zu § 173 SGB V Rn. 18.

[17] BT-Drs. 14/5957, S. 4.

[18] BT-Drs. 14/6568, S. 5.

[19] Anders BSG v. 02.12.2004 - B 12 KR 23/04 R - SozR 4-2500 § 175 Nr. 1. Danach sollen die beteiligten Krankenkassen eine Absprache über die Durchführung der Mitgliedschaft treffen, soweit „in einem Rechtsstreit die tatsächlichen Voraussetzungen der Ausübung des Kündigungsrechts streitig sind und der Streit sich über längere Zeit hinzieht."

laut selbst dann, wenn die Bindungsfrist an die ursprüngliche Wahlrechtserklärung nach Absatz 4 Satz 1 bereits abgelaufen ist.[20]

c. Versicherungspflicht und Mitgliedsbescheinigung

Nach Absatz 2 Satz 3 ist auch bei Eintritt einer Versicherungspflicht unverzüglich eine Mitgliedsbescheinigung auszustellen. 33

Da eine solche Verpflichtung bereits nach Absatz 2 Satz 1 besteht, ist Sinn und Zweck dieser ergänzenden Regelung, dass eine aufgrund einer Versicherungsberechtigung gewählte Krankenkasse bei Eintritt einer Versicherungspflicht eine Mitgliedsbescheinigung zum Nachweis bei der meldepflichtigen Stelle auszustellen hat. 34

3. Vorlage der Mitgliedsbescheinigung (Absatz 3)

Aus Absatz 3 resultiert eine Verpflichtung der Versicherten, die für sie nach Absatz 2 ausgestellte Mitgliedsbescheinigung der meldepflichtigen Stelle vorzulegen. Ferner sind dort die Folgen einer unterlassenen Wahlrechtserklärung geregelt. 35

Die Vorschrift ist wiederum Bestandteil des unter Rn. 9 angeführten mehrstufigen Verfahrens im Rahmen der Ausübung von Kassenwahlrechten. Die aus ihr resultierende Mitwirkungspflicht gilt nur für Versicherungspflichtige, weil bei ihnen – anders als bei versicherungsberechtigten Mitgliedern – die Durchführung der gesetzlichen Krankenversicherung sichergestellt werden muss. 36

a. Vorlage bei der meldepflichtigen Stelle

Nach Absatz 3 Satz 1 haben Versicherungspflichtige die ausgestellte Mitgliedsbescheinigung „unverzüglich" der meldepflichtigen Stelle vorzulegen. Geschieht dies innerhalb der Zwei-Wochen-Frist des Absatz 3 Satz 2 nicht, wählt die nach den §§ 198 ff. SGB V meldepflichtige Stelle im Rahmen der gesetzlichen Vorschriften eine Krankenkasse aus. 37

Dies gilt allerdings nur, soweit dem Versicherten auch die Kassenwahlrechte zustanden und die Mitgliedsbescheinigung nicht nur der Anzeige des Fortbestands der Mitgliedschaft bei der bisherigen Kasse i.S.v. Absatz 2 Satz 3 dient. 38

b. Anmeldung durch die meldepflichtige Stelle

Versäumt der Versicherungspflichtige die rechtzeitige Vorlage der Mitgliedsbescheinigung, gehen die Kassenwahlrechte auf die nach den §§ 198 ff. SGB V meldepflichtige Stelle über. Dabei hängt der Umfang des Wahlrechts davon ab, ob zuletzt vor Eintritt der Versicherungspflicht eine Kassenmitgliedschaft bestanden hat (dann hat die Anmeldung dort zu erfolgen) oder nicht (dann kann die meldepflichtige Stelle den Versicherten bei einer nach § 173 Abs. 2 SGB V wählbaren Krankenkasse anmelden). Die Wahl der meldepflichtigen Stelle hat dieselben Wirkungen wie die Ausübung des Wahlrechts durch den Versicherten selbst.[21] 39

Nach dem Gesetzeswortlaut gehen die Kassenwahlrechte stets auf die meldepflichtige Stelle über, soweit die Mitgliedsbescheinigung nicht rechtzeitig durch den Versicherungspflichtigen vorgelegt wird. Nach dem Sinn und Zweck der Vorschrift gilt dies aber nur, soweit allein dadurch die Durchführung der Versicherungspflicht gewährleistet werden kann. Entsprechend hat die Wahlrechtserklärung des Versicherten Bestand (und geht ggf. derjenigen der meldepflichtigen Stelle vor), wenn er eine solche nach Absatz 1 Satz 1 zwar abgegeben, die daraufhin ausgestellte Mitgliedsbescheinigung aber nicht rechtzeitig vorgelegt hat.[22] 40

c. Auffangzuständigkeit

Schließlich hat der Gesetzgeber in Absatz 3 Satz 3 vorgesehen, dass die Spitzenverbände der Orts-, Betriebs-, Innungs- und Ersatzkassen gemeinsam und einheitlich eine Auffangzuständigkeit festlegen, soweit weder das Wahlrecht durch den Versicherten ausgeübt und eine Mitgliedsbescheinigung vorgelegt wird, noch die meldepflichtige Stelle eine Anmeldung durchführt.[23] 41

---

[20] Im Ergebnis so auch - allerdings ohne zwischen einer Kassenmitgliedschaft und einer versicherungsrechtlichen Mitgliedschaft zu unterscheiden - die Gemeinsame Verlautbarung der Spitzenverbände der Krankenkassen zum Krankenkassenwahlrecht v. 22.11.2001, S. 26.

[21] BSG v. 08.10.1998 - B 12 KR 11/98 R - BSGE 83, 48 - SozR 3-2500 § 175 Nr. 2.

[22] So auch *Baier* in: Krauskopf, SGB V, § 175 Rn. 19.

[23] Siehe hierzu die Regelungen unter der Nr. 5.3.1 f. der Gemeinsamen Verlautbarung der Spitzenverbände der Krankenkassen zum Krankenkassenwahlrecht v. 22.11.2001.

4. Bindung an die Wahlrechtserklärung (Absatz 4)

42 Aus Absatz 4 geht hervor, in welchem Umfang die Versicherten an eine abgegebene Wahlrechtserklärung gebunden sind. Gleichzeitig ist in der Vorschrift abschließend geregelt, unter welchen Voraussetzungen eine Kassenmitgliedschaft beendet werden kann.

a. Umfang der Bindung vor dem 01.01.2002

43 Die bis Ende 2001 gültige Regelung sah in Absatz 4 nur eine Bindungsfrist von mindestens zwölf Monaten vor und galt nur für versicherungspflichtige, nicht aber für versicherungsberechtigte Mitglieder. Hinsichtlich der Kündigungsfrist war nur eine Kündigung zum Jahresende und nicht, wie gegenwärtig in Absatz 4 Satz 2 geregelt, auch eine unterjährige Beendigung der Kassenmitgliedschaft mit zweimonatiger Kündigungsfrist möglich.

44 Dabei ist auf Kassenmitgliedschaften, die durch ein vor dem 01.01.2002 ausgeübtes Wahlrecht begründet worden sind, die bisherige Mindestbindungsdauer von zwölf Monaten anzuwenden.[24] Dies gilt selbst dann, wenn die Kündigung nach dem 31.12.2001 erfolgt.

b. Umfang der Bindung ab dem 01.01.2002

45 Die verlängerte, achtzehnmonatige **Mindestbindungsdauer** nach Absatz 4 Satz 1 der aktuellen Fassung des Gesetzestextes gilt nur für Versicherte, die ihr Wahlrecht ab dem 01.01.2002 ausgeübt haben.

46 Die Mindestbindungsdauer berechnet sich dabei nicht nur aus den Zeiten einer zusammenhängend verlaufenden Mitgliedschaft. Auch die Zeiten einer Unterbrechung der versicherungsrechtlichen Mitgliedschaft sind zu berücksichtigen[25]. Dies ergibt sich bereits aus dem Gesetzeswortlaut, wonach der Versicherte achtzehn Monate lang „an die Wahl der Krankenkasse" gebunden ist – unabhängig davon, ob er anschließend tatsächlich für die gesamte Zeit dort Kassenmitglied bzw. versicherungsrechtliches Mitglied in der gesetzlichen Krankenversicherung bleibt.

c. Kündigung einer Kassenmitgliedschaft

47 Aus Absatz 4 Satz 2 folgt, dass auch nach Ablauf der Mindestbindungsdauer der Versicherte seine Kassenmitgliedschaft nicht ohne weiteres neu wählen kann. Unterlässt der Versicherte beispielsweise bei einer Beendigung der versicherungsrechtlichen Mitgliedschaft nach § 190 SGB V die Abgabe einer Kündigungserklärung, ist er bei dem erneuten Eintritt einer Versicherungspflicht nach § 5 SGB V u.U. weiter an seine ursprüngliche Wahlrechtserklärung gebunden. Insoweit ist ebenfalls an dieser Stelle eine Mitwirkung des Versicherten bei der Ausübung seiner Kassenwahlrechte erforderlich.

48 Die **Beendigung der Kassenmitgliedschaft** setzt grundsätzlich eine **Kündigung** des Versicherten voraus. Eine solche Kündigung ist, wie bereits die Wahlrechtserklärung des Versicherten, eine **einseitige empfangsbedürftige Willenserklärung**. Zur Anwendbarkeit der bürgerlich-rechtlichen Vorschriften über Willenserklärung und zur rechtlichen Handlungsfähigkeit des Erklärenden siehe die Ausführungen unter Rn. 14 bzw. Rn. 19. Eine abgegebene Kündigungserklärung ist dabei nach Absatz 4 Satz 3 zunächst schwebend unwirksam; ihre Wirksamkeit erlangt sie erst durch Vorlage einer Mitgliedsbescheinigung einer anderen gesetzlichen Krankenkasse bzw. dem Nachweis einer anderweitigen (privaten) Absicherung im Krankheitsfall innerhalb der Kündigungsfrist. Weiter soll nach dem Gesetzeswortlaut die Kündigungserklärung des Mitglieds spätestens am letzten Tag eines Kalendermonats zugegangen sein, um zum Ablauf des übernächsten Kalendermonats wirksam zu werden. Dabei muss die Mindestbindungsdauer nach Absatz 4 Satz 1 zumindest zum Zeitpunkt des Wirksamwerdens der Kündigung abgelaufen sein. Ist dies (noch) nicht der Fall, ist die Erklärung des Mitglieds von der jeweiligen Krankenkasse in entsprechender Anwendung von § 140 BGB in eine Kündigung zum nächstmöglichen Zeitpunkt umzudeuten.

49 Nach der Rechtsprechung des BSG[26] gilt die sich im Umkehrschluss aus Absatz 4 Satz 3 ergebende **Frist für eine Wahlrechtsausübung** des Versicherten nebst einem Nachweis hierfür nicht, „wenn die gekündigte Krankenkasse durch die rechtswidrige Weigerung, eine Kündigungsbestätigung auszustellen, die Ursache dafür setzt, dass das Verfahren zum Wechsel der Krankenkasse nicht den im Gesetz vorausgesetzten Ablauf nehmen kann". Dem ist zuzustimmen. Allerdings ist allein dadurch nicht ausreichend gesichert, dass der Versicherte den von ihm beabsichtigten Krankenkassenwechsel tatsächlich durchführen kann. So wird die neu ausgewählte Krankenkasse im Rahmen des angesprochenen mehr-

---

[24] Vgl. BT-Drs. 14/5957, S. 5.

[25] So auch die Gemeinsame Verlautbarung der Spitzenverbände der Krankenkassen v. 22.11.2001, S. 22 f.

[26] BSG v. 02.12.2004 - B 12 KR 23/04 R - SozR 4-2500 § 175 Nr. 1.

stufigen Verfahrens bei der Wahlausübung eine Mitgliedsbescheinigung nach Absatz 2 Satz 2 ohne die zu Unrecht verweigerte Kündigungsbestätigung nicht ausstellen. Insoweit ist es konsequent, abweichend vom Gesetzeswortlaut in Absatz 2 Satz 2 den Nachweis des Versicherten hinsichtlich der Voraussetzungen einer rechtswirksamen Kündigung ausreichen zu lassen, damit eine Mitgliedsbescheinigung ausgestellt werden kann (vgl. hierzu bereits die Ausführungen unter Rn. 31).

Die **Bindung** des Versicherten an seine Wahlrechtserklärung **gilt** aber **nicht uneingeschränkt**. Ausnahmen hierzu sind in Absatz 4 Sätze 5 bis 7 vorgesehen. 50

Nach Absatz 4 Satz 5 schließt eine Beitragssatzerhöhung der ausgewählten Krankenkasse die Anwendung der Mindestbindungsdauer gemäß Absatz 4 Satz 1 aus. Die Kassenmitgliedschaft kann dann vorzeitig unter Berücksichtigung der Kündigungsfrist von Absatz 4 Satz 2 gekündigt werden. Allerdings muss die Kündigungserklärung spätestens am letzten Tage des dem Zeitpunkt der Beitragssatzerhöhung folgenden Kalendermonats bei der jeweiligen Krankenkasse eingegangen sein. Es handelt sich dem Gesetzeswortlaut nach um eine Ausschlussfrist, nach deren Ablauf die Kündigung nur noch unter Beachtung der Mindestbindungsdauer möglich ist. Zu beachten ist, dass dieses vorzeitige Kündigungsrecht unabhängig von der Ursache der Beitragssatzerhöhung besteht. Auch eine Erhöhung im Zusammenhang mit einer Kassenfusion berechtigt die Versicherten zur vorzeitigen Kündigung ihrer Kassenmitgliedschaft.[27] 51

Nach Absatz 4 Satz 6 sind Kassenmitgliedschaften aufgrund einer Versicherungsberechtigung nicht im selben Umfang wie Kassenmitgliedschaften aufgrund einer Versicherungspflicht an ihre Wahlrechtserklärung gebunden. Versicherungsberechtigte können jederzeit ihre Kassenmitgliedschaft beenden, soweit die Kündigung aufgrund einer Familienversicherung nach § 10 SGB V erfolgt oder weil keine versicherungsrechtliche Mitgliedschaft in der gesetzlichen Krankenversicherung mehr begründet werden soll. Eine gesonderte Kündigungsfrist besteht nach dem Gesetzeswortlaut nicht, wobei nach § 191 Nr. 4 SGB V mit dem Wirksamwerden der Kündigung einer Kassenmitgliedschaft auch die versicherungsrechtliche Mitgliedschaft endet. Zu beachten ist lediglich die durch das GKV-Wettbewerbsstärkungsgesetz[28] eingeführte Einschränkung für diejenigen Versicherten, die aufgrund eines Überschreitens der Jahresarbeitsentgeltgrenze gemäß § 6 Abs. 1 Nr. 1 SGB V versicherungsfrei werden. 52

Schließlich hat der Gesetzgeber in Absatz 4 Satz 7 den gesetzlichen Krankenkassen die Möglichkeit eingeräumt, über eine Satzungsregelung eine weitere Ausnahme von der Mindestbindungsdauer vorzusehen. Die Ausnahme muss sich darauf beziehen, dass eine Mitgliedschaft bei einer anderen Krankenkasse der gleichen Kassenart begründet werden soll. Die Regelung soll den Besonderheiten von gesetzlichen Krankenkassen mit regional begrenzten Bezirken Rechnung tragen. 53

5. Mitglieder von Betriebs- oder Innungskrankenkassen (Absatz 5)

In Absatz 5 ist eine weitere Ausnahme von der achtzehnmonatigen Bindungsdauer nach Absatz 4 Satz 1 für den Fall vorgesehen, dass Versicherungspflichtige durch Errichtung oder Ausdehnung einer BKK/IKK oder durch betriebliche Veränderungen dort Mitglied werden können. 54

Dabei ist die Wahl innerhalb von zwei Wochen nach dem Zeitpunkt der Errichtung, Ausdehnung oder betrieblichen Veränderung auszuüben. Nach dem Gesetzeswortlaut der Vorschrift bedarf es keiner gesonderten Kündigung der bisherigen Mitgliedschaft bei einer anderen gesetzlichen Krankenkasse. 55

Die Ausnahmeregelung gilt nur für die darin angesprochenen versicherungspflichtigen Mitglieder, nicht für deren Ehegatten. Diese können nur unter Maßgabe des Absatz 4 ein allgemeines Wahlrecht nach § 173 Abs. 2 Satz 1 Nr. 6 SGB V geltend machen.[29] 56

6. Vereinbarung der Spitzenverbände (Absatz 6)

Über Absatz 6 hat der Gesetzgeber die Spitzenverbände der Krankenkassen verpflichtet, für Meldungen und Mitgliedsbescheinigungen nach § 175 SGB V einheitliche Verfahren und Vordrucke zu vereinbaren. Einzelheiten hierzu können der aktuellen Gemeinsamen Verlautbarung der Spitzenverbände der Krankenkassen zum Krankenkassenwahlrecht vom 22.11.2001 entnommen werden. 57

---

[27] BSG v. 02.12.2004 - B 12 KR 23/04 R - SozR 4-2500 § 175 Nr. 1.

[28] BGBl I 2007, 378.

[29] So bereits das zum früheren Absatz 4 BSG v. 10.08.2000 - B 12 KR 10/00 R - SozR 3-2500 § 175 Nr. 4.

III. Rechtsfolgen

58 Rechtsfolge eines nach den Maßgaben der §§ 173-175 SGB V ausgeübten Wahlrechts ist die Kassenmitgliedschaft des Versicherten bei der ausgewählten Krankenkasse. Diese ist zukünftig für die Durchführung der gesetzlichen Krankenversicherung des Mitglieds zuständig.

Zweiter Titel: Zuständigkeit

§ 176 SGB V Zuständigkeit der See-Krankenkasse

(Fassung vom 21.03.2005, gültig ab 30.03.2005, gültig bis 31.12.2008)

(1) Versicherungspflichtige Mitglieder der See-Krankenkasse sind abweichend von § 173

1. Seeleute deutscher Seeschiffe nach § 13 des Vierten Buches und

2. Seeleute von Beruf, die nicht für eine Fahrt angemustert sind, für die Zeit, während der sie vorübergehend auf einem deutschen Seeschiff in einem deutschen Hafen mit Diensten an Bord für Rechnung des Reeders beschäftigt sind,

3. deutsche Seeleute, für die der Reeder einen Antrag gemäß § 2 Abs. 3 des Vierten Buches gestellt hat,

wenn sie bei der See-Berufsgenossenschaft gegen Unfall versichert sind, sowie ferner

4. für die Seefahrt Auszubildende in der Ausbildung an Land und

5. Bezieher von Vorruhestandsgeld, die unmittelbar vor Bezug des Vorruhestandsgeldes bei der See-Krankenkasse versichert waren.

(2) Die in § 5 Abs. 1 Nr. 2, 2a oder 5 bis 12 genannten Versicherungspflichtigen und die in § 189 genannten Rentenantragsteller gehören der See-Krankenkasse an, wenn sie zuletzt bei der See-Krankenkasse versichert waren; § 173 gilt.

Gliederung

A. Basisinformationen

I. Textgeschichte/Gesetzgebungsmaterialien

Die Vorschrift ist durch das Gesundheitsstrukturgesetz vom 21.12.1992[1] vollkommen neu gefasst und aufgrund von dessen Art. 1 Nr. 116 mit Wirkung ab dem 01.01.1996 in das SGB V eingeführt worden. Die maßgeblichen Gesetzesmaterialien finden sich in der BT-Drs. 12/3608.[2] 1

Im Anschluss wurde Absatz 1 Nr. 3 mit Wirkung vom 01.01.1998 durch Art. 4 Nr. 3 des 1. Gesetzes zur Änderung des Dritten Buches Sozialgesetzbuch und anderer Gesetze vom 16.12.1997[3] eingefügt. Weiter ist Absatz 1 mit Wirkung vom 27.04.2000 ohne eine Änderung des Wortlauts durch das Gesetz zur Stabilisierung des Mitgliederkreises von Bundesknappschaft und der See-Krankenkasse vom 19.04.2000[4] modifiziert worden. Die letzte Änderung erfolgte in Absatz 2 mit Wirkung vom 30.03.2005 durch Art. 4 Nr. 7a des Gesetzes zur Vereinfachung der Verwaltungsverfahren im Sozialrecht vom 21.03.2005. 2

II. Vorgängervorschriften/Systematische Zusammenhänge

Hinsichtlich der Vorgängervorschriften sowie der mit § 176 SGB V in einem systematischen Zusammenhang stehenden Vorschriften wird auf die Kommentierung zu § 173 SGB V Rn. 4 verwiesen. 3

---

[1] BGBl I 1992, 2266.
[2] BT-Drs. 12/3608, S. 26, 113.
[3] BGBl I 1997, 2970.
[4] BGBl I 2000, 571.

B. Auslegung der Norm

I. Regelungsgehalt und Bedeutung der Norm

4 Die Vorschrift regelt abweichend von den §§ 173, 174 SGB V die gesetzliche Zuständigkeit der See-Krankenkasse unter weitgehender Einschränkung der allgemeinen Wahlrechte.

5 Unter Berücksichtigung von § 176 SGB V bleibt die See-Krankenkasse eine Krankenkasse mit einem in erster Linie gesetzlich zugewiesenen Mitgliederstamm. Sie kann von anderen als den ihr zugewiesenen Mitgliedern nur eingeschränkt im Rahmen der allgemeinen Wahlrechte (wählbar nach § 173Abs. 2 Satz 1 Nr. 5/6, Abs. 4 letzte Alternative SGB V) ausgewählt werden. Ergänzend besteht neben dem besonderen Wahlrecht in § 174 Abs. 4 SGB V nur noch die Möglichkeit einer Wahl nach § 1 des Gesetzes zur Stabilisierung des Mitgliederkreises von Bundesknappschaft und See-Krankenkasse. Demnach können Versicherungspflichtige und Versicherungsberechtigte diese Mitgliedschaft wählen, wenn die See-Kasse für die Leistungsgewährung in der gesetzlichen Rentenversicherung zuständig ist.

II. Normzweck

6 Mit Einführung der allgemeinen Wahlrechte in § 173 SGB V hat der Gesetzgeber das bis Ende 1995 bestehende Regel-Ausnahme-Verhältnis in Form einer regelmäßigen gesetzlichen Zuweisung Versicherter an einzelne Krankenkassen aufgegeben und umgekehrt neu konstituiert. Damit kann heute der weit überwiegende Teil der Versicherten innerhalb der gesetzlichen Krankenversicherung zwischen den verschiedenen Krankenkassen eine Auswahl treffen.[5]

7 Zugunsten der See-Krankenkasse sind hiervon über § 176 SGB V Ausnahmen gemacht worden. So besteht weiterhin eine gesetzlich geregelte Zuständigkeit – sprich: Zuweisung – Versicherter an die See-Krankenkasse, um Bestand und Leistungsfähigkeit dieser berufsständischen Krankenkasse nicht zu gefährden.[6]

III. Tatbestandsmerkmale

1. Zuweisung versicherungspflichtiger Mitglieder (Absatz 1)

8 In Absatz 1 ist geregelt, welche versicherungsrechtlichen Mitglieder der See-Krankenkasse (als Kassenmitglieder) zugewiesen werden.

9 Die zugewiesenen Mitglieder haben nach dem Gesetzeswortlaut („abweichend von § 173SGB V") keine Möglichkeit, eine andere gesetzliche Krankenkasse zu wählen. Von der gesetzlichen Zuweisung sind nur versicherungspflichtige Mitglieder (§ 5 SGB V) erfasst; die allgemeinen Wahlrechte der versicherungsberechtigten Mitglieder (§ 9 SGB V) bleiben unberührt.

a. Seeleute

10 Zugewiesen werden nach Absatz 1 Nr. 1 Seeleute deutscher Seeschiffe während der Reise, wobei zur Begriffsbestimmung auf § 13 SGB IV verwiesen wird. Eine Zuweisung besteht nach Absatz 1 Nr. 2 auch für ausgemusterte Seeleute, solange sie vorübergehend auf einem deutschen Seeschiff in einem deutschen Hafen mit Diensten an Bord auf Rechnung des Reeders beschäftigt sind. Hierdurch soll sichergestellt werden, dass in der Zeit zwischen der Aus- und erneuten Anmusterung[7] von Seeleuten weiter die See-Krankenkasse zuständig bleibt. In diesem Sinne dürfte jede Beschäftigung als eine vorübergehende einzustufen sein, die zur Überbrückung der üblichen Zeit zwischen Aus- und Anmusterung dient.

11 Nach dem Gesetzeswortlaut ist eine gemeinsame Voraussetzung für die gesetzliche Zuweisung nach Absatz 1 Nr. 1 und 2 eine Versicherung dieser Mitglieder bei der See-Berufsgenossenschaft gegen das Unfallrisiko. Dabei ist nach § 121 Abs. 2 SGB VII die See-Berufsgenossenschaft zuständig für Unternehmen der Seefahrt, soweit sich nicht eine Zuständigkeit der Unfallversicherungsträger der öffentlichen Hand ergibt.

---

5 Zu dem Hintergrund für die Einführung allgemeiner Wahlrechte in der gesetzlichen Krankenversicherung siehe die Kommentierung zu § 173 SGB V Rn. 13.

6 Vgl. BT-Drs. 12/3608, S. 113.

7 Vgl. § 15 Seemannsgesetz.

b. Antrag des Reeders

Nach Absatz 1 Nr. 3 gilt die Zuweisung auch für deutsche Seeleute, für die ihr Reeder einen Antrag gem. § 2 Abs. 3 SGB IV auf Einbeziehung in der gesetzlichen Kranken-, Renten- und Pflegeversicherung gestellt hat. Der Gesetzeswortlaut verweist dabei nicht ausdrücklich auf die Nr. 1 und 2, so dass ein Antrag des Reeders auf Einbeziehung in der gesetzlichen Unfallversicherung und Unterstellung des Seeschiffes der Unfallverhütung und der Schiffsicherheitsüberwachung durch die See-Berufsgenossenschaft nicht erforderlich ist.[8] 12

c. Auszubildende, Bezieher von Vorruhestandsgeld

Absatz 1 Nr. 4 erfasst Auszubildende in Ausbildungsberufen für die Seefahrt in ihrer Ausbildung an Land. Gleiches gilt nach Absatz 1 Nr. 5 für Bezieher von Vorruhestandsgeld, die unmittelbar vor Bezug dessen bei der See-Krankenkasse versichert waren. Die Regelung dürfte allerdings nach § 14 Vorruhestandsgesetz in ihrer Bedeutung abnehmen, da danach ein Vorruhestandsgeld nur noch gezahlt wird, wenn die Voraussetzungen vor dem 01.01.1989 erfüllt waren. 13

2. Zuweisung sonstiger Mitglieder (Absatz 2)

Nach Absatz 2 werden Versicherungspflichtige nach § 5 Abs. 1 Nr. 25-12 SGB V, und Rentenantragsteller nach § 189 SGB V ebenfalls der See-Krankenkasse zugewiesen. Voraussetzung ist, dass sie zuletzt bei dieser Krankenkasse versichert waren. Nach dem Gesetzeswortlaut kommt es dabei auf Art, Umfang oder Dauer des letzten Versicherungsverhältnisses nicht an. 14

Anders als den nach Absatz 1 zugewiesenen Mitgliedern bleiben hier die allgemeinen Wahlrechte nach § 173 SGB V bestehen. Die Mitglieder haben daher die Möglichkeit, die Zuweisung zur See-Krankenkasse zu umgehen und stattdessen eine andere gesetzliche Krankenkasse auszuwählen. Hintergrund dieser unterschiedlichen Handhabung der allgemeinen Wahlrechte ist, dass die von Absatz 2 erfassten Mitglieder schon nach dem bisherigen Recht Wahlmöglichkeiten hatten.[9] 15

IV. Rechtsfolgen

Rechtsfolge der Vorschrift ist die gesetzliche Zuweisung der erfassten versicherungsrechtlichen Mitglieder an die See-Krankenkasse – und damit die Begründung der Kassenmitgliedschaft bei dieser Krankenkasse. 16

---

[8] A.A. *Peters* in: KassKomm, SGB V, § 176 Rn. 4.

[9] So BT-Drs. 12/3608, S. 113.

Dritter Abschnitt: Mitgliedschaft und Verfassung

Erster Titel: Mitgliedschaft

§ 186 SGB V Beginn der Mitgliedschaft Versicherungspflichtiger

(Fassung vom 26.03.2007, gültig ab 01.04.2007)

(1) Die Mitgliedschaft versicherungspflichtig Beschäftigter beginnt mit dem Tag des Eintritts in das Beschäftigungsverhältnis.

(2) Die Mitgliedschaft unständig Beschäftigter (§ 179 Abs. 2) beginnt mit dem Tag der Aufnahme der unständigen Beschäftigung, für die die zuständige Krankenkasse erstmalig Versicherungspflicht festgestellt hat, wenn die Feststellung innerhalb eines Monats nach Aufnahme der Beschäftigung erfolgt, andernfalls mit dem Tag der Feststellung. Die Mitgliedschaft besteht auch an den Tagen fort, an denen der unständig Beschäftigte vorübergehend, längstens für drei Wochen nicht beschäftigt wird.

(2a) Die Mitgliedschaft der Bezieher von Arbeitslosengeld II nach dem Zweiten Buch und Arbeitslosengeld oder Unterhaltsgeld nach dem Dritten Buch beginnt mit dem Tag, von dem an die Leistung bezogen wird.

(3) Die Mitgliedschaft der nach dem Künstlersozialversicherungsgesetz Versicherten beginnt mit dem Tage, an dem die Versicherungspflicht auf Grund der Feststellung der Künstlersozialkasse beginnt. Ist die Versicherungspflicht nach dem Künstlersozialversicherungsgesetz durch eine unständige Beschäftigung (§ 179 Abs. 2) unterbrochen worden, beginnt die Mitgliedschaft mit dem Tage nach dem Ende der unständigen Beschäftigung. Kann nach § 9 des Künstlersozialversicherungsgesetzes ein Versicherungsvertrag gekündigt werden, beginnt die Mitgliedschaft mit dem auf die Kündigung folgenden Monat, spätestens zwei Monate nach der Feststellung der Versicherungspflicht.

(4) Die Mitgliedschaft von Personen, die in Einrichtungen der Jugendhilfe für eine Erwerbstätigkeit befähigt werden, beginnt mit dem Beginn der Maßnahme.

(5) Die Mitgliedschaft versicherungspflichtiger Teilnehmer an Leistungen zur Teilhabe am Arbeitsleben beginnt mit dem Beginn der Maßnahme.

(6) Die Mitgliedschaft versicherungspflichtiger behinderter Menschen beginnt mit dem Beginn der Tätigkeit in den anerkannten Werkstätten für behinderte Menschen, Anstalten, Heimen oder gleichartigen Einrichtungen.

(7) Die Mitgliedschaft versicherungspflichtiger Studenten beginnt mit dem Semester, frühestens mit dem Tag der Einschreibung oder der Rückmeldung an der Hochschule.

(8) Die Mitgliedschaft versicherungspflichtiger Praktikanten beginnt mit dem Tag der Aufnahme der berufspraktischen Tätigkeit. Die Mitgliedschaft von zu ihrer Berufsausbildung ohne Arbeitsentgelt Beschäftigten beginnt mit dem Tag des Eintritts in die Beschäftigung.

(9) Die Mitgliedschaft versicherungspflichtiger Rentner beginnt mit dem Tag der Stellung des Rentenantrags.

(10) Wird die Mitgliedschaft Versicherungspflichtiger zu einer Krankenkasse gekündigt (§ 175), beginnt die Mitgliedschaft bei der neugewählten Krankenkasse abweichend von den Absätzen 1 bis 9 mit dem Tag nach Eintritt der Rechtswirksamkeit der Kündigung.

(11) Die Mitgliedschaft der nach § 5 Abs. 1 Nr. 13 Versicherungspflichtigen beginnt mit dem ersten Tag ohne anderweitigen Anspruch auf Absicherung im Krankheitsfall im Inland. Die Mitgliedschaft von Ausländern, die nicht Angehörige eines Mitgliedstaates der Europäischen Union, eines Vertragsstaates des Abkommens über den Europäischen Wirtschaftsraum oder Staatsangehörige der Schweiz sind, beginnt mit dem ersten Tag der Geltung der Niederlassungserlaubnis oder der Aufenthaltserlaubnis. Für Personen, die am 1. April 2007 keinen anderweitigen Anspruch auf Absicherung im Krankheitsfall haben, beginnt die Mitgliedschaft an diesem Tag. Zeigt der Versicherte aus Gründen, die er nicht zu vertreten hat, das Vorliegen der Voraussetzungen der Versicherungspflicht nach den in Satz 1 und 2 genannten Zeitpunkten an, hat die Krankenkasse in ihrer Satzung vorzusehen, dass der für die Zeit seit dem Eintritt der Versicherungspflicht nachzuzahlende Beitrag angemessen ermäßigt, gestundet oder von seiner Erhebung abgesehen werden kann.

Gliederung

A. Basisinformationen

I. Textgeschichte/Gesetzgebungsmaterialien

§ 186 SGB V wurde durch Art. 1 des **Gesetzes zur Strukturreform im Gesundheitswesen**[1] geschaffen. Die Regelung hat weitgehend geltendes Recht übernommen.[2] 1

Seit ihrem In-Kraft-Treten wurde die Regelung mehrfach modifiziert. Durch Art. 2 Nr. 4 des **Gesetzes zur Änderung des Künstlersozialversicherungsgesetzes**[3] wurde § 186 Abs. 3 SGB V neu gefasst. § 186 Abs. 10 SGB V wurde durch Art. 1 Nr. 18 des **Gesetzes zur Sicherung und Strukturverbesserung der gesetzlichen Krankenversicherung**[4] angefügt. Die Vorschrift war durch die Neuregelung der Kassenwahlrechte in den §§ 173 ff. SGB V notwendig geworden.[5] Das **Gesetz zur Reform der Arbeitsförderung**[6] führte zur Einfügung des Absatzes 2a. Im Jahr 1998 wurde durch das **Gesetz zur sozialrechtlichen Absicherung flexibler Arbeitszeitregelungen**[7] in § 186 Abs. 1 SGB V der Begriff „die Beschäftigung" durch „das Beschäftigungsverhältnis" ersetzt. Es handelte sich um eine Folgeregelung zu § 7 Abs. 1a SGB IV.[8] Mit der Schaffung des **Sozialgesetzbuchs – Neuntes Buch (SGB IX)** 2

1 Gesundheits-Reformgesetz – GRG – v. 20.12.1988, BGBl I 1988, 2477.
2 BR-Drs. 200/88, S. 214.
3 V. 20.12.1988, BGBl I 1988, 2606, 2913 (hierzu BT-Drs. 11/3629, S. 8).
4 Gesundheitsstrukturgesetz v. 21.12.1992, BGBl I 1992, 2266.
5 BT-Drs. 12/3608, S. 114.
6 Arbeitsförderungs-Reformgesetz (AFRG) v. 24.03.1997, BGBl I 1997, 594, 692 (hierzu BT-Drs. 13/4941, S. 234).
7 V. 06.04.1998, BGBl I 1998, 688, 690.
8 BT-Drs. 13/9741.

Rehabilitation und Teilhabe behinderter Menschen[9] wurde eine sprachliche Anpassung[10] in den Absätzen 5 und 6 erforderlich. Eine weitere Änderung der Norm erfolgte mit Blick auf die Aufhebung der Vorschriften über die Arbeitslosenhilfe durch Einführung der Grundsicherung für Arbeitsuchende im SGB II[11] durch das **Vierte Gesetz für moderne Dienstleistungen**[12] und führte zur Anpassung des Absatzes 2a. Durch Art. 1 Nr. 137 des **Gesetzes zur Stärkung des Wettbewerbs in der gesetzlichen Krankenversicherung** (GKV-Wettbewerbsstärkungsgesetz)[13] wurde mit Wirkung vom 01.04.2007 Absatz 11 angefügt.

II. Vorgängervorschriften

3 § 186 SGB V entspricht im Wesentlichen den §§ 306 und 443 Abs. 1 und 2 RVO.

III. Parallelvorschriften

4 § 186 SGB V regelt den Beginn der Mitgliedschaft Versicherungspflichtiger. In der gesetzlichen Pflegeversicherung ist der Beginn der Mitgliedschaft in **§ 49 SGB XI** geregelt. Vergleichbare Regelungen in den übrigen Sozialversicherungszweigen bestehen weder im SGB IV noch in den besonderen Teilen des Sozialgesetzbuchs; § 47 SGB IV unterstreicht vielmehr die Bedeutung der Mitgliedschaft lediglich für das SGB V und das SGB XI. Das Fehlen von Regelungen über die Mitgliedschaft hat unterschiedliche Gründe. Im Recht der Arbeitsförderung sind die Beitragspflichtigen nicht Mitglieder, sondern Benutzer. Die Träger der Rentenversicherung weisen eine nur sehr schwach körperschaftliche Struktur auf. Die gesetzliche Unfallversicherung hat zwar durchaus körperschaftliche Strukturen; hier fallen jedoch das Versicherungsverhältnis einerseits und das Mitgliedschaftsverhältnis andererseits auseinander. Insgesamt ist festzustellen, dass die Regelungen über die Mitgliedschaft in den §§ 186 ff. SGB V und § 49 SGB XI der dogmatisch sauberen Ausgestaltung der Körperschaftsstrukturen der Kranken- und Pflegekassen geschuldet sind.

IV. Systematische Zusammenhänge

5 § 186 SGB V findet sich im Sechsten Kapitel des SGB V und eröffnet den mit „Mitgliedschaft und Verfassung“ überschriebenen Dritten Abschnitt. Die §§ 186-193 SGB V normieren die Mitgliedschaft in der GKV, wobei es zunächst um den **Beginn** (§§ 186 ff. SGB V), anschließend um das **Ende** (§§ 190 f. SGB V) und schließlich um das **Fortbestehen der Mitgliedschaft** (§§ 192, 193 SGB V) geht.

6 Der GKV liegt die **Unterscheidung von Mitgliedern einerseits und Versicherten andererseits** zugrunde, wobei sowohl gemäß § 5 SGB V versicherungspflichtige Personen wie auch freiwillig Versicherte (§ 9 SGB V) Mitglieder der Krankenkasse sind. Keine Mitglieder, aber dennoch versichert sind die Familienangehörigen im Rahmen des § 10 SGB V. Sie haben zwar eigene Leistungsansprüche gegen die Krankenkasse, haben aber nicht alle Rechte eines Mitglieds (hierzu die Kommentierung zu § 10 SGB V Rn. 8). **Familienversicherte Personen** sind keine Mitglieder der Krankenkasse; sie haben bei Vorliegen der in § 10 SGB V normierten Voraussetzungen mit dem Wirksamwerden der Mitgliedschaft des Stammversicherten Anspruch auf Leistungen nach dem SGB V. Schließlich gibt es Personen, die weder versichert noch Mitglieder sind, aber aus einer früheren Mitgliedschaft noch in bestimmtem Umfang Ansprüche geltend machen können – einen solchen Fall regelt etwa **§ 19 Abs. 2 SGB V**.

7 § 186 SGB V knüpft an **§ 5 SGB V** an. In ihrer Systematik folgt die Regelung weitgehend der in § 5 SGB V enthaltenen Auflistung und beginnt mit der Mitgliedschaft Beschäftigter gemäß § 5 Abs. 1 Nr. 1 SGB V. § 186 SGB V wird ergänzt durch spezialgesetzliche Vorschriften wie § 22 KVLG 1989, der den Beginn der Mitgliedschaft in der landwirtschaftlichen Krankenversicherung (vgl. hierzu die Kommentierung zu § 5 SGB V Rn. 38 ff.) normiert.

---

9 V. 19.06.2001, BGBl I 2001, 1046, 1099.
10 BT-Drs. 14/5074, S. 119.
11 BT-Drs. 15/1516, S. 72.
12 V. 23.12.2003, BGBl I 2003, 2954, 2976.
13 GKV-WSG v. 26.03.2007, BGBl I 2007, 378.

V. Ausgewählte Literaturhinweise

Gagel, Probleme mit Anfang und Ende des Beschäftigungsverhältnisses, der Mitgliedschaft und der Beitragspflicht, SGb 1985, 268; *Hansen*, Der „unständig Beschäftigte", Die Beiträge 2001, 129, 193; *Schauen*, Unständig Beschäftigte unzureichend erfasst, SozSich 2001, 166. 8

B. Auslegung der Norm

I. Regelungsgehalt und Bedeutung der Norm

§ 186 SGB V normiert den Beginn der Mitgliedschaft versicherungspflichtiger Personen und nimmt damit Bezug auf § 5 SGB V. Die Frage der **Mitgliedschaft hat** aus zwei Gründen **zentrale Bedeutung für die GKV**: Zum einen bestehen mit Wirksamwerden der Mitgliedschaft ohne Einhaltung von Wartezeiten **Leistungsansprüche** gegen die Krankenkasse, und es kann eine Familienversicherung gemäß § 10 SGB V begründet werden; zum anderen beginnt mit der Mitgliedschaft grundsätzlich auch die Pflicht zur **Beitragstragung.** 9

Die GKV ist für Versicherungspflichtige eine **Zwangsversicherung.** Mit der Erfüllung der jeweils maßgeblichen Tatbestandsmerkmale – beispielsweise der Beschäftigung – tritt die Versicherungspflicht ein; ob das Mitglied von seiner Versicherungspflicht Kenntnis hat, ist unerheblich.[14] Einer Feststellung der Versicherung durch die Krankenkasse bedarf es in der Regel nicht; für bestimmte Fallgestaltungen – etwa für unständig Beschäftigte oder Künstler (hierzu Rn. 17 und Rn. 23) – ist dies jedoch anders geregelt.[15] 10

II. Normzweck

Da die Frage der Mitgliedschaft für die GKV von entscheidender Bedeutung ist (Rn. 9), ermöglicht § 186 SGB V für die Gruppe der versicherungspflichtigen Personen die **genaue Bestimmung des Beginns der Mitgliedschaft.** 11

III. Beginn der Mitgliedschaft Versicherungspflichtiger

1. Beschäftigte (Absatz 1)

Die Mitgliedschaft versicherungspflichtig beschäftigter Personen gemäß § 5 Abs. 1 Nr. 1 SGB V beginnt nach § 186 Abs. 1 SGB V **mit dem Tag des Eintritts in das Beschäftigungsverhältnis.** Der Wortlaut der Norm ist insoweit irreführend, als es nicht auf die tatsächliche Arbeitsaufnahme ankommt; maßgeblich ist vielmehr der Tag, an dem das Beschäftigungsverhältnis beginnt. Das BSG hatte in seiner älteren Rechtsprechung auf die Arbeitsaufnahme, d.h. das Erscheinen des Beschäftigten am Arbeitsort und den Beginn der Tätigkeit abgestellt[16]; der Gesetzgeber wollte jedoch 1998[17] klarstellen, dass die Mitgliedschaft versicherungspflichtig Beschäftigter mit dem Beschäftigungsverhältnis auch dann beginnt, wenn zunächst eine Freistellung oder Arbeitsunfähigkeit[18] vorliegt, es also tatsächlich noch gar nicht zur **Arbeitsaufnahme** gekommen ist.[19] Dies gilt insbesondere auch für **flexible Arbeitszeitregelungen**, bei denen der Beschäftigte zu Beginn von der Arbeitsleistung freigestellt ist, aber bereits Arbeitsentgelt erhält.[20] Ob die Regelungsabsicht in Hinblick auf eine beginnende Mitglied- 12

---

[14] BSG v. 13.12.1984 - 11 RK 3/84 - SozR 5420 § 2 Nr. 33; vgl. aber auch BSG v. 04.06.1991 - 12 RK 52/90 - BSGE 69, 20 = SozR 3-2200 § 381 Nr. 2.

[15] Hierzu auch BSG v. 27.08.1998 - B 10 KR 5/97 R - BSGE 82, 283 = SozR 3-5420 § 24 Nr. 1.

[16] Hierzu vgl. BSG v. 15.12.1994 - 12 RK 17/92 - BSGE 75, 277 = SozR 3-2500 § 186 Nr. 2, wobei das Gericht allerdings Ausnahmen zugelassen hatte. Vgl. auch BSG v. 28.02.1967 - 3 RK 17/65 - BSGE 26,124 = SozR Nr. 3 zu § 306 RVO; BSG v. 18.09.1973 - 12 RK 15/72 - BSGE 36, 161, 164; BSG v. 28.06.1979 - 8b/3 RK 80/77 - BSGE 48, 235 = SozR 2200 § 306 Nr. 5; BSG v. 15.12.1994 - 12 RK 7/93 - SozR 3-2500 § 186 Nr. 3, BSG v. 21.05.1996 - 12 RK 67/94 - SozR 3-2500 § 186 Nr. 4 und BSG v. 08.08.1995 - 1 RK 28/94 - USK 9524.

[17] Gesetz zur sozialrechtlichen Absicherung flexibler Arbeitszeitregelungen v. 14.04.1998, BGBl I 1998, 688.

[18] In diesem Sinne auch § 8 Abs. 1 Satz 1 KSVG.

[19] BT-Drs. 13/9741, S. 12. Der Gesetzgeber hat die Gesetzesänderung auch im Hinblick auf die Urteile des BSG v. 15.12.1994 - 12 RK 17/92 - SozR 3-2500 § 186 Nr. 2 und BSG v. 08.08.1995 - 1 RK 28/94 - USK 9524 für erforderlich gehalten.

[20] Zu solchen Wertguthabenverträgen vgl. § 7 Abs. 1a, 1b SGB IV; vgl. auch BT-Drs. 13/9818, S. 26; BSG v. 14.12.2006 - B 1 KR 9/06 R - SGb 2007, 95 zu „Kurzarbeit Null".

schaft trotz Arbeitsunfähigkeit hinreichend zum Ausdruck gekommen ist, ist jedoch zweifelhaft.[21] Die Mitgliedschaft beginnt auch zum Zeitpunkt eines Beschäftigungsverbots nach dem MuSchG, wenn der Arbeitsvertrag auf diesen Zeitpunkt hin abgeschlossen wurde. In diesem Fall ist es sogar unschädlich, wenn kein Arbeitsentgelt gezahlt werde, weil es andernfalls zu einer europarechtswidrigen Diskriminierung von Frauen käme.[22] Hat die Mitgliedschaft eines Beschäftigten wegen eines längeren unbezahlten Urlaubs geendet, ist für den erneuten Beginn nach Ende des Urlaubs der Wiedereintritt in die Beschäftigung erforderlich.[23]

13 Eine Besonderheit gilt im Rahmen des so genannten **Anfrageverfahrens gemäß § 7a SGB IV**, durch das die Beteiligten durch die Bundesversicherungsanstalt für Angestellte klären lassen können, ob eine Beschäftigung oder eine selbständige Tätigkeit vorliegt.[24] Gemäß § 7a Abs. 6 SGB IV tritt die Versicherungspflicht unter den dort genannten Voraussetzungen erst mit der **Bekanntgabe der Entscheidung** ein. Dieser Zeitpunkt ist dann auch für die GKV maßgeblich.

14 Der Rechtsfigur des **missglückten Arbeitsversuchs** kommt heute keine Bedeutung mehr zu.[25] Die Rechtsprechung hatte früher die Mitgliedschaft trotz Arbeitsaufnahme verneint, wenn der Arbeitnehmer zur Verrichtung der Arbeit gesundheitlich gar nicht in der Lage war und die Arbeit dementsprechend vor Ablauf einer wirtschaftlich ins Gewicht fallenden Zeit aufgeben musste.[26] Nach massiver Kritik an dieser Rechtsprechung[27] hat das BSG diese Rechtsfigur, die mit dem aktuellen Gesetzeswortlaut ohnehin unvereinbar wäre, ausdrücklich aufgegeben[28]. Allerdings entsteht keine Mitgliedschaft, wenn ein Arbeitsverhältnis nur zum Schein begründet wird.[29]

15 § 186 Abs. 1 Nr. 1 SGB V stellt auf den Tag des Eintritts in das Beschäftigungsverhältnis ab. Maßgeblich ist also nicht der vereinbarte Arbeitsbeginn, sondern der Beginn dieses Tages. Die Mitgliedschaft beginnt damit um **0.00 Uhr des betreffenden Tages**. Fällt der Beginn des Beschäftigungsverhältnisses auf einen arbeitsfreien Tag, beispielsweise einen Sonntag, beginnt auch die Mitgliedschaft an diesem Tag.[30]

16 Zum Ende der Mitgliedschaft versicherungspflichtig Beschäftigter vgl. § 190 Abs. 2 SGB V.

2. Unständig Beschäftigte (Absatz 2)

17 Eine Sonderregelung für unständig Beschäftigte[31] trifft § 186 Abs. 2 SGB V. Eine unständige Beschäftigung liegt nach der in § 232 Abs. 3 SGB V[32] enthaltenen **Legaldefinition** dann vor, wenn sie auf weniger als eine Woche entweder nach der Natur der Sache befristet zu sein pflegt oder im Voraus durch Arbeitsvertrag befristet ist. Die Regelung erfasst beispielsweise freie Mitarbeiter bei Rundfunk und Fernsehen[33] oder Musiker in Gaststätten[34]. Die Erfassung unständig Beschäftigter bereitet in der Praxis trotz der in § 199 SGB V normierten Meldepflichten Schwierigkeiten. § 186 Abs. 2 Satz 1 SGB V regelt den Beginn der Mitgliedschaft, § 186 Abs. 2 Satz 2 SGB V ihre Fortdauer.

18 Bei unständig Beschäftigten ist zusätzlich die **konstitutive Feststellung der Versicherungspflicht durch die zuständige Krankenkasse** erforderlich. Erfolgt die Feststellung **innerhalb eines Monats** nach Aufnahme der Beschäftigung, ist der Tag der Aufnahme der Beschäftigung maßgeblich. Bei späterer Feststellung ist die Mitgliedschaft an den Tag der Feststellung selbst geknüpft. So soll verhindert

---

21 Offen gelassen BSG v. 14.12.2006 - B 1 KR 9/06 R - SGb 2007, 95 m.w.N.

22 Hierzu BSG v. 10.12.1998 - B 12 KR 7/98 R - BSGE 83, 186 = SozR 3-2500 § 186 Nr. 7.

23 BSG v. 15.12.1994 - 12 RK 17/92 - SozR 3-2500 § 186 Nr. 2; bezüglich der krankheitsbedingten Arbeitsunfähigkeit ist die Entscheidung überholt.

24 Vgl. auch § 7c SGB IV.

25 Vgl. nur BSG v. 29.09.1998 - B 1 KR 10/96 R - SozR 3-2500 § 5 Nr. 40.

26 Hierzu etwa BSG v. 11.05.1993 - 12 RK 36/91 - BSGE 72, 221 = SozR 3 § 165 Nr. 10.

27 Hierzu *Wollenschläger/Löcher*, SGb 1997, 137; *Gagel*, SGb 1990, 1.

28 BSG v. 04.12.1997 - 12 RK 3/97 - BSGE 81, 231 = SozR 3-2500 § 5 Nr. 37.

29 BSG v. 29.09.1998 - B 1 KR 10/96 R - SozR 3-2500 § 5 Nr. 40.

30 So schon BSG v. 15.12.1994 - 12 RK 7/93 - SozR 3-2500 § 186 Nr. 3, das allerdings auf den tatsächlichen Arbeitsbeginn abstellte.

31 Zur Feststellungslast BSG v. 04.06.1998 - B 12 KR 5/97 R - SozR 3-2400 § 7 Nr. 13.

32 § 179 SGB V ist nicht mehr in Kraft; aufgrund eines redaktionellen Versehens wurde der Wortlaut des § 186 Abs. 2 SGB V nicht angepasst.

33 BSG v. 22.11.1973 - 12 RK 17/72 - BSGE 36, 262 = SozR Nr. 8 zu § 441 RVO.

34 BSG v. 13.02.1962 - 3 RK 2/58 - BSGE 16, 158 = SozR Nr. 1 zu § 441 RVO.

werden, dass unständig Beschäftigte erst im Leistungsfall als Versicherte in Erscheinung treten. § 186 Abs. 2 SGB V orientiert sich – anders als Absatz 1 (hierzu Rn. 12) – an der **Aufnahme der Beschäftigung**.

Um eine **Kontinuität der Krankenversicherung** zu gewährleisten, bestimmt § 186 Abs. 2 Satz 2 SGB V das Fortbestehen der Mitgliedschaft auch an den Tagen, an denen der unständig Beschäftigte vorübergehend nicht beschäftigt ist. Es ist also unschädlich, wenn der Betreffende – dies dürfte häufig vorkommen – **vorübergehend ohne Beschäftigung** ist. Allerdings gilt eine Höchstgrenze von **drei Wochen**: Mit Ablauf dieser Zeit endet in der Regel auch die Mitgliedschaft. 19

Die Regelung des § 186 Abs. 2 Satz 1 SGB V ist auf § 190 Abs. 4 SGB V, der das Ende der Mitgliedschaft regelt, abgestimmt. 20

3. Bezieher von Entgeltersatzleistungen (Absatz 2a)

Für die Bezieher von Entgeltersatzleistungen (vgl. die Kommentierung zu § 5 SGB V Rn. 25 ff.) ist gemäß § 186 Abs. 2a SGB V der Tag (0:00 Uhr) maßgeblich, von dem an Arbeitslosengeld, das Unterhaltsgeld oder das Arbeitslosengeld II nach dem SGB II **bezogen** wird. Danach ist der Zeitpunkt der Bewilligung ebenso ohne Bedeutung wie der Tag der tatsächlichen Auszahlung; die Regelung entspricht § 155 Abs. 3 Satz 1 AFG.[35] 21

Zum Ende der Mitgliedschaft vgl. § 190 Abs. 12 SGB V. 22

4. Künstler und Publizisten (Absatz 3)

Für die nach § 5 Abs. 1 Nr. 4 SGB V i.V.m. §§ 11 ff. KSVG versicherten Personen (vgl. die Kommentierung zu § 5 SGB V Rn. 41 ff.) ist der Beginn der Mitgliedschaft in § 186 Abs. 3 SGB V geregelt. Da aufgrund der die Versicherungspflicht begründenden Merkmale nicht selten Zweifel über den Beginn entstehen dürften[36], hat der Gesetzgeber hier den Inhalt bzw. den Zeitpunkt des **Feststellungsbescheids** als maßgeblich zugrunde gelegt. Die Mitgliedschaft beginnt also nicht kraft Gesetzes, sondern um 0.00 Uhr des Tages, an dem die Versicherungspflicht aufgrund der Feststellung der Künstlersozialkasse beginnt. Der Feststellungsbescheid der Künstlersozialkasse begründet damit die Mitgliedschaft. 23

Die Künstlersozialkasse trifft die maßgebliche Feststellung gemäß **§ 8 KSVG.** Danach beginnt die Versicherungspflicht in der gesetzlichen Krankenversicherung grundsätzlich mit dem Tag, an dem die **Meldung des Versicherten nach § 11 Abs. 1 KSVG** eingeht. Kommt der versicherungspflichtige selbständige Künstler und Publizist also seiner gesetzlichen Meldepflicht nach, hat die Feststellung der Künstlersozialkasse gemäß § 8 KSVG lediglich bestätigende Wirkung und begründet die Mitgliedschaft des Versicherten zum Zeitpunkt des Eingangs der Meldung. Erfolgt **keine Meldung** durch den Künstler oder Publizisten, ist gemäß § 8 Abs. 1 Satz 2 KSVG der Tag des Bescheides maßgeblich, durch den die Künstlersozialkasse die Versicherungspflicht feststellt. In diesem Fall ist der Feststellungsbescheid der Kasse konstitutiv. In jedem Fall beginnt die Versicherungspflicht erst bei Vorliegen der Voraussetzungen für die Versicherung; unterlässt der Künstler oder Publizist die erforderliche Meldung, kann es zu einer zeitlichen Verzögerung der Mitgliedschaft kommen. Als „Tag des Bescheides" im Sinne von § 8 Abs. 1 Satz 1 KSVG ist der Tag zu verstehen, an dem die Künstlersozialkasse ihre Entscheidung trifft; auf die Bekanntgabe und die damit verbundene Wirksamkeit des Verwaltungsakts kommt es nicht an. 24

Wird die Versicherungspflicht durch eine **unständige Beschäftigung** (hierzu schon oben Rn. 17) unterbrochen, beginnt die Mitgliedschaft erst mit dem Tag nach dem Ende der unständigen Beschäftigung. **§ 186 Abs. 3 Satz 2 SGB V** hat folgenden Hintergrund: Hat bereits vor der unständigen Beschäftigung eine Versicherungspflicht nach dem KSVG bestanden, soll der weitere Schutz – während der Dauer der unständigen Beschäftigung hat die Versicherung als Beschäftigter Vorrang vor derjenigen nach dem KSVG (§ 5 Abs. 1 Nr. 1 KSVG) – unmittelbar nach dem Ende der unständigen Beschäftigung wieder aufleben und nicht durch ein neues Verwaltungsverfahren bei der Künstlersozialkasse verzögert werden.[37] 25

§ 186 Abs. 3 Satz 3 SGB V dient der Koordination der beiden Krankenversicherungssysteme. Der versicherungspflichtige Künstler oder Publizist soll vor einer nicht zumutbaren finanziellen Doppelbelastung bewahrt werden.[38] Gemäß § 9 KSVG kann ein Künstler oder Publizist bei Eintritt der Versiche- 26

---

[35] BT-Drs. 13/4941, S. 234.

[36] BT-Drs. 8/3172, S. 256 zu Nr. 4.

[37] BT-Drs. 11/2964, S. 21 zu § 306 Abs. 6 RVO.

[38] BT-Drs. 11/2964, S. 21.

rungspflicht nach dem KSVG einen bestehenden **privatrechtlichen Krankenversicherungsvertrag** zum Ende des Monats kündigen, indem er dort den Eintritt der Versicherungspflicht nachweist (zur vergleichbaren Regelung für andere Versicherungspflichtige § 5 Abs. 9 SGB V; vgl. die Kommentierung zu § 5 SGB V Rn. 107). § 186 Abs. 3 Satz 3 SGB V stellt auf die Möglichkeit dieser Kündigung ab und verschiebt den Beginn der Mitgliedschaft auf den der Kündigung des privaten Vertrags folgenden Monat, so dass eine „nahtlose" Versicherung besteht. Allerdings beginnt die Mitgliedschaft bei der GKV **spätestens zwei Monate nach der Feststellung der Versicherungspflicht.**

27 Zum Ende der Mitgliedschaft vgl. § 190 Abs. 5 SGB V.

5. Personen in Einrichtungen der Jugendhilfe (Absatz 4)

28 Personen, die in Einrichtungen der Jugendhilfe für eine Erwerbstätigkeit befähigt werden sollen, sind gemäß § 5 Abs. 1 Nr. 5 SGB V versicherungspflichtig (hierzu die Kommentierung zu § 5 SGB V Rn. 44). § 186 Abs. 4 SGB V bestimmt als Zeitpunkt für den Beginn der Mitgliedschaft den „Beginn der Maßnahme", während der Gesetzgeber an anderer Stelle – vgl. etwa § 186 Abs. 8 SGB V – auf den Beginn des jeweiligen Tages abstellt. Obwohl die Maßnahme nicht um **0.00 Uhr des betreffenden Tages** beginnt, sollte schon angesichts von § 223 Abs. 1 SGB V, der die Beitragspflicht für volle Kalendertage zugrunde legt, auf den konkreten Tag als solchen abgestellt werden.[39]

29 Zum Ende der Mitgliedschaft vgl. § 190 Abs. 6 SGB V.

6. Teilnehmer an Leistungen zur Teilhabe am Arbeitsleben (Absatz 5)

30 Teilnehmer an Leistungen zur Teilhabe am Arbeitsleben sowie an Abklärungen der beruflichen Eignung oder Arbeitserprobung sind gemäß § 5 Abs. 1 Nr. 6 SGB V versicherungspflichtig. Ihre Mitgliedschaft beginnt mit dem „Beginn der Maßnahme"; insoweit gelten die unter Rn. 28 gemachten Ausführungen entsprechend. Auf den Bezug von Übergangsgeld kommt es nicht an; hierdurch soll ein **lückenloser Versicherungsschutz** sichergestellt werden.[40] Der Rechtsprechung des BSG zum missglückten Arbeitsversuch, die auch im Rahmen dieser Regelung zum Tragen kam[41], kommt seit der Aufgabe dieser Rechtsfigur keine Bedeutung mehr zu (vgl. Rn. 14).

31 Zum Ende der Mitgliedschaft vgl. § 190 Abs. 7 SGB V.

7. Behinderte Menschen in Werkstätten und anderen Einrichtungen (Absatz 6)

32 Die Regelung des § 186 Abs. 6 SGB V nimmt Bezug auf zwei in § 5 SGB V geregelte Fallkonstellationen. Sie betrifft zum einen behinderte Menschen, die in anerkannten Werkstätten und vergleichbaren Einrichtungen oder in Heimarbeit (vgl. im Einzelnen die Kommentierung zu § 5 SGB V Rn. 49 ff.) tätig sind und gemäß § 5 Abs. 1 Nr. 7 SGB V versicherungspflichtig sind; zum anderen geht es um behinderte Menschen, die in bestimmten Einrichtungen in gewissem Umfang eine Arbeitsleistung erbringen (§ 5 Abs. 1 Nr. 8 SGB V; vgl. im Einzelnen die Kommentierung zu § 5 SGB V Rn. 54). Die Mitgliedschaft dieser Personen beginnt mit dem „**Beginn der Tätigkeit**". Auch hier ist trotz des unklaren Wortlauts 0.00 Uhr des betreffenden Tages der entscheidende Zeitpunkt; insoweit wird auf die Ausführungen unter Rn. 28 verwiesen.

33 Zum Ende der Mitgliedschaft vgl. § 190 Abs. 8 SGB V.

8. Studenten (Absatz 7)

34 § 186 Abs. 7 SGB V nimmt Bezug auf § 5 Abs. 1 Nr. 9 SGB V und regelt den Beginn der Mitgliedschaft von Studenten. Aus Gründen der Verwaltungsvereinfachung ist er formalisiert: Die Mitgliedschaft beginnt grundsätzlich „mit dem Semester". Maßgeblich ist damit das **Datum des Semesterbeginns** (z.B. 01.10.), das nicht mit dem Vorlesungsbeginn identisch ist. Erfolgen **Einschreibung oder Rückmeldung** allerdings erst nach Semesterbeginn – dies ist die Ausnahme –, ist der entsprechende Tag maßgeblich, d.h. Einschreibung und Rückmeldung wirken bezogen auf die Mitgliedschaft des Studenten nicht zurück. Dies gilt auch dann, wenn die Verzögerung krankheitsbedingt ist und die Einschreibung hochschulrechtlich zurückwirkt.[42] Da das Gesetz auf ein abstraktes Datum bzw. den formalen Akt abstellt, steht eine Krankheit, die zur Studierunfähigkeit führt, bei erfolgter Einschreibung der Mitgliedschaft nicht entgegen.[43]

---

[39] Ebenso *Peters* in: KassKomm, SGB V, § 186 Rn. 24.

[40] BT-Drs. 11/2237, S. 216.

[41] Vgl. BSG v. 26.10.1982 - 3 RK 26/81 - SozR 2200 § 306 Nr. 12, S. 15 f.

[42] BSG v. 17.10.1986 - 12 RK 36/85 - SozR 2200 § 306 Nr. 16.

[43] LSG Berlin v. 07.11.1984 - L 9 Kr 3/84.

Die **Beitragszahlung** ist keine Voraussetzung der Mitgliedschaft. Allerdings ist durch **§ 254 Satz 3 SGB V** in der Praxis die Beitragszahlung sichergestellt: Kann der Student, der gemäß § 254 Satz 1 SGB V grundsätzlich die Beiträge vor der Einschreibung oder Rückmeldung für das Semester im Voraus an die Krankenkasse überweisen muss, die Erfüllung dieser Verpflichtung nicht nachweisen, verweigert die Hochschule nach § 254 Satz 3 SGB V die Einschreibung oder die Annahme der Rückmeldung. Kommt es dennoch – unter Missachtung des Gesetzes – zur Einschreibung oder Rückmeldung, ist der betreffende Student allerdings Mitglied der Krankenkasse, da § 186 Abs. 7 SGB V nicht auf die tatsächliche Beitragszahlung abstellt. 35

Zum Ende der Mitgliedschaft vgl. § 190 Abs. 9 SGB V. 36

9. Praktikanten (Absatz 8)

Die Mitgliedschaft der nach § 5 Abs. 1 Nr. 10 versicherungspflichtigen **Praktikanten** (vgl. hierzu die Kommentierung zu § 5 SGB V Rn. 67) beginnt „mit dem Tag der Aufnahme der berufspraktischen Tätigkeit". Maßgeblich ist 0.00 Uhr des betreffenden Tages. 37

Für die **zu ihrer Berufsausbildung ohne Arbeitsentgelt Beschäftigten** (vgl. die Kommentierung zu § 5 SGB V Rn. 69 f.) gilt § 186 Abs. 8 Satz 2 SGB V: Ihre Mitgliedschaft beginnt mit dem Tag des Eintritts in das Beschäftigungsverhältnis. Der Wortlaut entspricht der in § 186 Abs. 1 SGB V getroffenen Regelung für Beschäftigte; insoweit wird auf die in Rn. 28 gemachten Ausführungen verwiesen. 38

Zum Ende der Mitgliedschaft vgl. § 190 Abs. 10 SGB V. 39

10. Rentner (Absatz 9)

§ 186 Abs. 9 SGB V betrifft die in § 5 Abs. 1 Nr. 11, 11a und 12 SGB V genannten versicherungspflichtigen Personen (vgl. im Einzelnen die Kommentierung zu § 5 SGB V Rn. 72 ff.) und bestimmt als Zeitpunkt für den Beginn der Mitgliedschaft den **Tag der Stellung des Rentenantrags**. Leistungen in der gesetzlichen Rentenversicherung werden gemäß § 19 Abs. 1 Satz 2 SGB IV grundsätzlich nur auf Antrag erbracht. Der Rentenantrag ist eine **empfangsbedürftige Willenserklärung**, die an keine bestimmte Form gebunden ist. Maßgeblich für den Beginn der Mitgliedschaft ist demnach 0.00 Uhr des Tages, an dem der Rentenantrag beim Rentenversicherungsträger eingeht, wobei Zweifel über den Zugang zu Lasten des Antragstellers gehen. Wann der Rentenversicherungsträger die Rente bewilligt und ob die Bewilligung auf einen Zeitpunkt zurückwirkt, der vor der Antragstellung liegt, ist ohne Bedeutung. Unerheblich ist auch, ob der Antragsteller seiner Meldepflicht nach § 201 Abs. 1 SGB V genügt hat. Ist ein Rentenantrag früher bindend abgelehnt worden, so beginnt die Mitgliedschaft aufgrund des Rentenbezugs erst mit Bekanntgabe des **Rücknahme- und Bewilligungsbescheids**; dies gilt auch dann, wenn die Rente rückwirkend bewilligt wird.[44] Scheitert ein **Rehabilitationsantrag** und gilt dieser gemäß § 116 Abs. 2 SGB VI als Rentenantrag, gilt diese Fiktion auch im Rahmen des § 186 Abs. 9 SGB V[45]; es kann sich also im Nachhinein ergeben, dass ein Rehabilitationsantrag eine Mitgliedschaft bei der Krankenkasse ausgelöst hat. 40

Ob tatsächlich ein Anspruch auf Rente besteht, steht erst nach der Entscheidung des Rentenversicherungsträgers über den Rentenantrag fest. Für die **Zeit des Schwebezustands** gilt ein Antragsteller, dessen Antrag scheitert, weil zwar die Voraussetzungen nach § 5 Abs. 1 Nr. 11 und 12 SGB V, nicht jedoch die sachlichen oder persönlichen rentenversicherungsrechtlichen Voraussetzungen vorliegen, gemäß § 189 Abs. 1 Satz 1 SGB V als Mitglied. Diese Fiktion gilt gemäß § 186 Abs. 1 Satz 2 SGB V allerdings nicht für Personen, die nicht nach anderen Vorschriften versicherungspflichtig oder gemäß § 6 Abs. 1 SGB V versicherungsfrei sind – für sie besteht aus sozialen Gründen kein Bedürfnis für die in § 189 Abs. 1 SGB V normierte **Formalmitgliedschaft**. Die Formalmitgliedschaft beginnt mit dem Tag der Stellung des Rentenantrags und endet mit dem Tag, an dem der Antrag entweder zurückgenommen wurde oder die Ablehnung des Antrags unanfechtbar wird. 41

Zum Ende der Mitgliedschaft § 190 Abs. 11 SGB V. 42

11. Mitgliedschaftsbeginn bei Wechsel der Krankenkasse (Absatz 10)

Seit dem 01.01.1996[46] können gesetzliche Krankenversicherte ihre Krankenkasse gemäß § 173 Abs. 1 SGB V grundsätzlich frei wählen. An die Wahl der Krankenkasse sind die Versicherungspflichtigen und -berechtigten zwar eine gewisse Zeit gebunden – vgl. im Einzelnen § 175 Abs. 4 SGB V –, im Üb- 43

---

[44] BSG v. 25.02.1997 - 12 RK 4/96 - BSGE 80, 102 = SozR 3-2500 § 5 Nr. 33.

[45] BSG v. 12.03.1981 - 11 RJz 2/80 - BSGE 51, 226 = SozR 2200 § 381 Nr. 46.

[46] Gesundheitsstrukturgesetz v. 21.12.1992, BGBl I 1992, 2266.

rigen sind sie jedoch berechtigt, sich von der bisherigen Krankenkasse durch Kündigung zu lösen. Kommt es infolge einer Kündigung zu einem **Krankenkassenwechsel**, bestimmt § 186 Abs. 10 SGB V für den Beginn der Mitgliedschaft bei der neuen Krankenkasse den **Tag des Eintritts der Rechtswirksamkeit der Kündigung**. Auf diese Weise wird sichergestellt, dass ein nahtloser Versicherungsschutz besteht und es nicht zu sozial nicht gerechtfertigten Doppelzahlungen kommt. Die Regelung des § 186 Abs. 10 SGB V hat gemäß Satz 2 Vorrang vor den übrigen Absätzen der Regelung.

12. Personen ohne anderweitigen Versicherungsschutz (Absatz 11)

44 Durch Art. 1 Nr.137 des **Gesetzes zur Stärkung des Wettbewerbs in der gesetzlichen Krankenversicherung** (GKV-Wettbewerbsstärkungsgesetz)[47] wurde in § 186 SGB V mit Wirkung vom 01.04.2007 Absatz 11 angefügt. Es handelt sich um eine Folgeänderung mit Blick auf die mit § 5 Abs. 1 Nr. 13 SGB V eingeführte Versicherungspflicht für Personen ohne anderweitige Absicherung im Krankheitsfall.

45 Gemäß **§ 186 Abs. 11 Satz 1 SGB V** beginnt die Mitgliedschaft der nach § 5 Abs. 1 Nr. 13 SGB V Versicherungspflichtigen mit dem ersten Tag ohne anderweitigen Anspruch auf Absicherung im Krankheitsfall im Inland, wobei Versicherungsbeginn frühestens der 01.04.2007 (In-Kraft-Treten der Regelung) sein kann. Für Personen, die am **01.04.2007** keinen anderweitigen Schutz haben, beginnt die Mitgliedschaft gemäß **§ 186 Abs. 11 Satz 3 SGB V** an genau diesem Tag. Der Gesetzgeber hat den Beginn der Versicherungspflicht **gesetzlich geregelt**, um Rechtsmissbrauch zu verhindern: Könnten die betreffenden Personen selbst über den Versicherungsbeginn entscheiden, würden sie ihn unter Umständen so lange hinausschieben, bis die anfallenden Krankheitskosten die gesetzlichen Beiträge übersteigen würden.[48] Trotz der eindeutigen gesetzlichen Regelung bestehen in praktischer Hinsicht Probleme insoweit, als die nach § 174 SGB V zuständige Krankenkasse in der Regel **keine Kenntnis von der Versicherungspflicht** des Einzelnen erhält. Eine ausdrückliche **Mitteilungspflicht** dahingehend, dass keine anderweitige Absicherung im Krankheitsfall besteht, enthält § 186 Abs. 11 SGB V nicht; auch § 60 SGB I ist nicht unmittelbar einschlägig. Allerdings liegt es im eigenen Interesse des Versicherten, die Krankenkasse zu informieren, da es andernfalls bis zur Verjährung der Ansprüche (§ 25 SGB IV) zu erheblichen **Nachzahlungen** kommen kann. Nur bei unverschuldeter Nichtinformation der Krankenkasse kommen gemäß § 186 Abs. 11 Satz 4 SGB V gesonderte Ermäßigungen, Stundungen oder auch ein Absehen von der Erhebung der Beiträge in Betracht. Insofern liegt die Mitteilung durch den Versicherten in seinem eigenen Interesse.

46 Während sich der Beginn der Mitgliedschaft von EU-Angehörigen, der Angehörigen eines anderen Vertragsstaates des Abkommens über den Europäischen Wirtschaftsraum sowie der Staatsangehörigen der Schweiz nach § 186 Abs. 11 Satz 1 SGB V beurteilt, gelten für alle übrigen **Ausländer** gesonderte Regelungen. **§ 186 Abs. 11 Satz 3 SGB V** regelt den Beginn ihrer Mitgliedschaft in Anlehnung an § 5 Abs. 11 SGB V: Maßgeblich ist nach dem Gesetzeswortlaut der **erste Tag der Geltung der Niederlassungserlaubnis oder der Aufenthaltserlaubnis**. Als Verwaltungsakt „gilt" der Aufenthaltstitel grundsätzlich mit seiner Bekanntgabe, mit der er Wirksamkeit erlangt, es sei denn, dass im Bescheid ausdrücklich ein anderer Termin genannt ist.

47 Da die Versicherungspflicht gemäß § 186 Abs. 11 Sätze 1-3 SGB V kraft Gesetzes eintritt, besteht vom Tag der Mitgliedschaft an eine **Beitragspflicht**. Der Versicherte hat gegebenenfalls Nachzahlungen zu leisten, wenn seine Krankenkasse erst später von seiner Mitgliedschaft Kenntnis erlangt; im Gegenzug übernimmt die Krankenkasse die Kosten für die bis dahin angefallenen Leistungen. Um zu verhindern, dass es infolge der Nachzahlungen zu **unbilligen Härten** kommt, sieht § 186 Abs. 11 Satz 4 SGB V vor, dass Beiträge ermäßigt oder gestundet werden können oder von ihrer Erhebung abgesehen werden kann, wenn der Versicherte die Voraussetzungen der Versicherungspflicht aus Gründen, die er nicht zu vertreten hat, nicht anzeigt. Die Krankenkassen haben in ihren **Satzungen** entsprechende Regelungen zu treffen. Nach der Vorstellung des Gesetzgebers soll ein solches Vorgehen insbesondere dann in Betracht kommen, wenn in der Zwischenzeit keine oder nur geringe Leistungen in Anspruch genommen wurden[49]; das Gesetz stellt allerdings auf das fehlende Verschulden des Versicherten bezüglich der Mitteilung von Fakten ab. § 186 Abs. 11 Satz 4 SGB V gilt für alle in § 186 Abs. 11 SGB V geregelten Fallkonstellationen.

---

[47] GKV-WSG v. 26.3.2007, BGBl I 2007, 378.
[48] BT-Drs. 16/3100, S. 158.
[49] BT-Drs. 16/3100, S. 159.

Mit dem Wirksamwerden der Mitgliedschaft entstehen unabhängig vom Gesundheitszustand des Versicherungspflichtigen sofort **Leistungsansprüche** gegen die Krankenkasse. Eine Familienversicherung gemäß § 10 SGB V kann mit Beginn der Mitgliedschaft begründet werden. Auf der anderen Seite beginnt mit der Mitgliedschaft grundsätzlich auch die Pflicht zur **Beitragstragung**. **48**

C. Praxishinweise

Die Mitgliedschaft Versicherungspflichtiger beginnt gemäß § 186 SGB V grundsätzlich kraft Gesetzes. Für unständig Beschäftigte gilt dies nicht; hier ist nach Maßgabe des § 186 Abs. 2 SGB V eine Feststellung der zuständigen Krankenkasse erforderlich. Der in § 199 SGB V vorgesehenen Meldepflicht sollte daher schon in eigenem Interesse nachgekommen werden. Entsprechendes gilt für Künstler und Publizisten nach Maßgabe des Künstlersozialversicherungsgesetzes (§ 186 Abs. 3 SGB V – Feststellung durch die Künstlersozialkasse). **49**

D. Reformbestrebungen

Eine grundlegende Änderung des § 186 SGB V steht momentan nicht zur Diskussion. **50**

§ 187 SGB V Beginn der Mitgliedschaft

(Fassung vom 20.12.1988, gültig ab 01.01.1989)

Die Mitgliedschaft bei einer neu errichteten Krankenkasse beginnt für Versicherungspflichtige, für die diese Krankenkasse zuständig ist, mit dem Zeitpunkt, an dem die Errichtung der Krankenkasse wirksam wird.

Gliederung

A. Basisinformationen

I. Textgeschichte/Gesetzgebungsmaterialien

1 § 187 SGB V wurde durch Art. 1 des **Gesetzes zur Strukturreform im Gesundheitswesen**[1] geschaffen[2] und seither nicht mehr geändert.

II. Vorgängervorschriften

2 § 187 SGB V entspricht den §§ 307, 308 RVO.

III. Systematische Zusammenhänge

3 Die Regelung des § 187 SGB V ist im Zusammenhang mit der gesetzlichen Pflichtmitgliedschaft bei Betriebs- und Innungskrankenkassen zu sehen, die in den §§ 174 und 175 SGB V a.F. geregelt war.

B. Auslegung der Norm

I. Regelungsgehalt und Bedeutung der Norm

4 § 187 SGB V regelt die Mitgliedschaft bei einer neu errichteten Krankenkasse und bestimmt, dass die Mitgliedschaft für Versicherungspflichtige, für die diese Krankenkasse zuständig ist, mit dem Zeitpunkt der wirksamen Errichtung beginnt. § 187 SGB V ist im Zusammenhang mit den §§ 174 und 175 SGB V a.F. zu sehen, die die zwingende Zuweisung von Mitgliedern an **Betriebs- und Innungskrankenkassen** regelten; bei einer **Neuerrichtung** einer solchen Kasse erfolgten Errichtung der Krankenkasse einerseits und **Mitgliedschaft** andererseits zeitgleich.

5 Die Norm hat infolge einer geänderten Gesetzeslage **faktisch keine Bedeutung** mehr.[3] Durch die Einführung umfassender Kassenwahlrechte[4] gibt es die in § 187 SGB V angesprochenen, gesetzlich zugewiesenen Pflichtmitglieder nicht mehr. Auch bei neu errichteten Betriebskrankenkassen oder Innungskrankenkassen besteht ein sofortiges Wahlrecht zugunsten dieser Kassen.[5]

II. Normzweck

6 § 187 SGB V diente – vor Einführung der Kassenwahlrechte (Rn. 5) dem Zweck, neu eingerichteten Krankenkassen sogleich den Kreis der versicherungspflichtigen Personen zuzuweisen, für die sie nach der gesetzlichen Regelung zuständig waren.

[1] Gesundheits-Reformgesetz – GRG – v. 20.12.1988, BGBl I 1988, 2477.
[2] BR-Drs. 200/88, S. 214.
[3] *Hänlein* in: LPK-SGB V, § 187 Rn. 1 sieht in der Nichtstreichung der Norm ein redaktionelles Versehen.
[4] Hierzu BT-Drs. 12/3608, S. 114.
[5] Vgl. § 173 Abs. 2 SGB V und § 175 Abs. 5 SGB V.

III. Neuerrichtung von Betriebs- oder Innungskrankenkassen

§ 187 SGB V betrifft ausschließlich die Fallgestaltung der Neuerrichtung einer Krankenkasse. Die Errichtung von Betriebskrankenkassen ist in § 148 SGB V geregelt; diese Norm gilt für die Errichtung von Innungskrankenkassen gemäß § 158 Abs. 3 SGB V entsprechend. Der Zeitpunkt des Wirksamwerdens der Errichtung wird gemäß § 148 Abs. 3 Satz 2 SGB V von der Aufsichtsbehörde bestimmt. Zu diesem bestimmten Zeitpunkt begann dann gemäß § 187 SGB V auch die Mitgliedschaft der gesetzlich zugewiesenen Pflichtmitglieder. 7

IV. Rechtsfolgen

Mit der Einführung der Kassenwahlrechte ist die Regelung obsolet geworden.[6] 8

---

[6] Zur Anwendung auf Versicherungspflichtige, die gemäß § 175 Abs. 5 SGB V innerhalb von zwei Wochen nach Errichtung von ihrem Wahlrecht zu dieser Kasse Gebrauch machen, *Baier* in: Krauskopf, Soziale Krankenversicherung, SGB V, § 187 Rn. 3.

§ 188 SGB V Beginn der freiwilligen Mitgliedschaft

(Fassung vom 23.03.2002, gültig ab 29.03.2002)

(1) Die Mitgliedschaft Versicherungsberechtigter beginnt mit dem Tag ihres Beitritts zur Krankenkasse.

(2) Die Mitgliedschaft der in § 9 Abs. 1 Nr. 1 und 2 genannten Versicherungsberechtigten beginnt mit dem Tag nach dem Ausscheiden aus der Versicherungspflicht oder mit dem Tag nach dem Ende der Versicherung nach § 10. Die Mitgliedschaft der in § 9 Abs. 1 Nr. 6 genannten Versicherungsberechtigten beginnt mit dem Eintritt der Versicherungspflicht nach § 5 Abs. 1 Nr. 11.

(3) Der Beitritt ist schriftlich zu erklären.

Gliederung

A. Basisinformationen

I. Textgeschichte/Gesetzgebungsmaterialien

1 § 188 SGB V wurde durch Art. 1 des **Gesetzes zur Strukturreform im Gesundheitswesen**[1] geschaffen.

2 Eine Ergänzung des Absatzes 2 um seinen jetzigen Satz 2 erfolgte durch Art. 1 Nr. 2 des **Zehnten Gesetzes zur Änderung des Fünften Buches Sozialgesetzbuch**.[2]

II. Vorgängervorschriften

3 § 188 SGB V entspricht im Wesentlichen § 310 RVO; teilweise finden sich auch Parallelen zu § 313 RVO.

III. Parallelvorschriften

4 In der gesetzlichen Pflegeversicherung ist die Mitgliedschaft freiwilliger Mitglieder in § 49 SGB XI geregelt. Vgl. im Übrigen die Kommentierung zu § 186 SGB V Rn. 4.

IV. Systematische Zusammenhänge

5 Gemäß **§ 9 SGB V** können nicht versicherungspflichtige Personen unter bestimmten Voraussetzungen freiwillig der GKV beitreten und dadurch ihre Mitgliedschaft begründen. Den Beginn dieser freiwilligen Mitgliedschaft regelt § 188 SGB V.

V. Ausgewählte Literaturhinweise

6 *Bress*, Freiwillige Krankenversicherung, SVFAng Nr. 136, 51 und Nr. 137, 49.

---

[1] Gesundheits-Reformgesetz – GRG – v. 20.12.1988, BGBl I 1988, 2477.

[2] 10. SGB V-Änderungsgesetz v. 23.03.2002, BGBl I 12002, 1169; hierzu BT-Drs. 14/8099, S. 4.

B. Auslegung der Norm

I. Regelungsgehalt und Bedeutung der Norm

Der Beginn der freiwilligen Mitgliedschaft gemäß § 9 SGB V wird durch § 187 SGB V bestimmt. Die Regelung differenziert zwischen **zwei Fallgruppen**: § 188 Abs. 1 SGB V normiert den Beginn der Mitgliedschaft im Fall des Beitritts zur Krankenkasse; § 188 Abs. 2 SGB V regelt die Mitgliedschaft nach Beendigung einer früheren Versicherung in der GKV. Gemäß § 188 Abs. 3 SGB V ist der Beitritt schriftlich zu erklären. 7

Die Regelung betrifft die Gruppe der in der GKV freiwillig versicherten Personen in Deutschland. 8

II. Normzweck

Die Regelung dient der **eindeutigen Bestimmung des Beginns der Mitgliedschaft**, die für das Leistungs- und Beitragsrecht von grundlegender Bedeutung ist (hierzu die Kommentierung zu § 186 SGB V Rn. 9). Für die in der Praxis häufig auftretenden Fallgestaltungen der Beendigung einer früheren Versicherung in der GKV – etwa durch Beendigung der Familienversicherung wegen Erreichens der maßgeblichen Altersgrenze – bezweckt § 188 Abs. 2 SGB V zudem eine **nahtlose Weiterversicherung** in der GKV. 9

III. § 9 SGB V und Beginn der Mitgliedschaft

1. Freiwillige Mitgliedschaft

Gemäß § 9 SGB V können nicht versicherungspflichtige oder versicherungsfreie Personen freiwillig der GKV beitreten.[3] Der Gesetzgeber hat hier eine notwendige Ergänzung zur Pflichtversicherung vorgesehen: Wenn der Gesetzgeber zahlreiche Personengruppen für längere Zeit der Versicherungspflicht unterwirft, darf er sie nicht ohne Schutz lassen, wenn diese Versicherungspflicht endet.[4] Die freiwillige Versicherung in der GKV wurde vom Gesetzgeber – anders als etwa in der Rentenversicherung[5] – restriktiv gehandhabt: Nur in den in § 9 Abs. 1 Satz 1 Nr. 1-6 SGB V genannten Fallgestaltungen ist es möglich, der GKV freiwillig beizutreten. 10

Der Beitritt ist der Krankenkasse gemäß § 9 Abs. 2 SGB V innerhalb bestimmter Fristen **anzuzeigen.** Die Anzeige ist eine öffentlich-rechtliche empfangsbedürftige Willenserklärung, die mit der Ausübung des Kassenwahlrechts (§ 175 Abs. 1 Satz 1 SGB V) zusammenfällt. 11

2. Beginn der Mitgliedschaft mit dem Tag des Beitritts (Absatz 1)

Die Regelung des § 188 Abs. 1 SGB V ist lediglich für die Fallgestaltungen **des § 9 Abs. 1 Satz 1 Nr. 3-5 SGB V** maßgeblich; für die in Nr. 1, 2 und 6 enthält § 188 Abs. 2 SGB V eine Sonderregelung (hierzu Rn. 14 ff.). 12

§ 188 Abs. 1 SGB V knüpft den Beginn der Mitgliedschaft grundsätzlich an den Tag des Beitritts zur Krankenkasse. Als **Tag des Beitritts** gilt dabei der Tag, an dem der Krankenkasse die schriftlich abgefasste (§ 188 Abs. 3 SGB V; hierzu Rn. 18) Beitrittserklärung zugeht. Die Mitgliedschaft des freiwilligen Mitglieds beginnt dann um 0.00 Uhr des betreffenden Tages. Etwas anderes gilt, wenn in der Beitrittserklärung ein späterer Tag (z.B. der 01. des folgenden Monats) als maßgeblich genannt wird. Zur Mitgliedschaft führt nur eine wirksame Beitrittserklärung. Sozialhilfeträger können einen Beitritt nicht ohne Einverständnis des Hilfeempfängers erklären[6]; eine rückwirkende Beitrittserklärung des Erben für den Erblasser ist nicht möglich[7]. 13

---

[3] *Peters* in: KassKomm-SGB, SGB V, § 9 Rn. 2.

[4] Ein Wechsel in die private Krankenversicherung ist oft infolge bereits erkennbarer Risiken oder bereits aus Altersgründen zu tragbaren Beiträgen oft nicht mehr möglich.

[5] Vgl. § 7 SGB VI.

[6] BSG v. 19.12.1991 - 12 RK 24/90 - BSGE 70, 72; BSG v. 27.08.1998 - B 10 KR 5/97 R - BSGE 82, 283, 287.

[7] BSG v. 27.08.1998 - B 10 KR 5/97 R - BSGE 82, 283, 287.

3. Beginn der Mitgliedschaft bei Weiterversicherung (Absatz 2)

14 Praktisch bedeutsam ist die in § 188 Abs. 2 SGB V geregelte Weiterversicherung. Das Gesetz nimmt hier in Satz 1 zunächst Bezug auf § 9 Abs. 1 Satz 1 Nr. 1 und 2 SGB V und bestimmt den Beginn der Mitgliedschaft anders als § 188 Abs. 1 SGB V nicht nach dem Zugang der Beitrittserklärung. Maßgeblich ist vielmehr das **Ende der vorher bestehenden gesetzlichen Krankenversicherung**.

15 **§ 9 Abs. 1 Satz 1 Nr. 1 SGB V** betrifft Personen, die als **Mitglieder aus der Versicherungspflicht ausgeschieden** sind und bestimmte Vorversicherungszeiten erfüllt haben. Treten sie der Kasse freiwillig bei, beginnt ihre Mitgliedschaft mit dem Tag nach dem Ausscheiden aus der Versicherungspflicht. Auf die Weise wird eine nahtlose Weiterversicherung in der GKV sichergestellt, auch wenn die Beitrittserklärung der Krankenkasse erst später zugeht. § 9 Abs. 2 SGB V und die darin genannten Ausschlussfristen sind jedoch zu beachten.

16 Auch das Erlöschen der Versicherungspflicht gemäß § 10 SGB V eröffnet **gemäß § 9 Abs. 1 Satz 1 Nr. 2 SGB V** bei Vorliegen eigener oder abgeleiteter Vorversicherungszeiten die Möglichkeit der freiwilligen Weiterversicherung. Die Mitgliedschaft beginnt im Fall eines rechtzeitigen Beitritts gemäß § 9 Abs. 2 SGB V mit dem Tag nach dem Ende der Familienversicherung. Unklar ist, wie die in § 9 Abs. 1 Satz 1 Nr. 2 Alt. 2 SGB V genannte Fallgestaltung zu handhaben ist. § 188 Abs. 2 Satz 1 SGB V stellt auf das Ende der Familienversicherung ab; besteht gar keine Familienversicherung, weil die Voraussetzungen des **§ 10 Abs. 3 SGB V** (hierzu ausführlich die Kommentierung zu § 10 SGB V Rn. 25 ff.) vorliegen, ist der Wortlaut der Norm jedenfalls dann einschlägig, wenn bei einem familienversicherten Kind der besserverdienende Elternteil im Sinne des § 10 Abs. 3 SGB V nunmehr aus der GKV ausscheidet und sich privat versichert. In diesem Fall endet die Familienversicherung. Wird dagegen bei Vorliegen der in § 10 Abs. 3 SGB V genannten Voraussetzungen ein Kind geboren, so war dieses zu keinem Zeitpunkt familienversichert, so dass ein „Ende der Familienversicherung“ nicht auszumachen ist. Insoweit ist an eine Anwendung des § 188 Abs. 1 SGB V (Tag des Beitritts) zu denken.

17 § 188 Abs. 2 Satz 2 SGB V[8] bezieht sich auf die Regelung des § 9 Abs. 1 Nr. 6 SGB V und regelt den Beginn der **Mitgliedschaft bestimmter freiwillig versicherter Rentner**. Die Vorschrift dient der nahtlosen Fortsetzung der freiwilligen Versicherung und betrifft freiwillig versicherte Rentenbezieher, die bis zum 31.03.2002 nicht versicherungspflichtig waren, weil sie die seit 1993 geltenden verschärften Voraussetzungen des § 5 Abs. 1 Nr. 11 SGB V nicht erfüllten (statt Halbbelegung während des gesamten Erwerbslebens Neun-Zehntel-Belegung in dessen zweiter Hälfte; ausführlich hierzu die Kommentierung zu § 5 SGB V Rn. 76 ff.). Da diese Verschärfung vom BVerfG mit Wirkung vom 01.04.2002 für verfassungswidrig erklärt wurde[9], waren diese Rentner wieder versicherungspflichtig. Um insoweit Beitragsnachteile zu vermeiden, hat der Gesetzgeber mit § 9 Abs. 1 Nr. 6 SGB V das befristete Recht eingeführt, die Versicherungspflicht wieder in eine freiwillige Versicherung umzuwandeln. Nach § 188 Abs. 2 Satz 2 SGB V wirkt der freiwillige Beitritt zur GKV zurück auf den Zeitpunkt, zu dem nach der ab 01.04.2002 maßgeblichen Fassung des § 5 Abs. 1 Nr. 11 SGB V wieder Versicherungspflicht eingetreten war. Insoweit besteht bei Ausübung des Beitrittsrechts eine **ununterbrochene freiwillige Versicherung**.[10]

4. Schriftliche Beitrittserklärung (Absatz 3)

18 Gemäß § 188 Abs. 3 SGB V ist der freiwillige Beitritt zur GKV schriftlich zu erklären. Die Regelung dient der **Rechtssicherheit**[11] und ergänzt das im Übrigen in § 9 SGB V geregelte Verfahren des Beitritts.

IV. Rechtsfolgen

19 Ein wirksamer, form- und fristgerechter Beitritt zur Krankenkasse begründet die freiwillige Versicherung mit allen Leistungsansprüchen und Beitragspflichten. Welche Kasse der Betreffende wählt, steht ihm auf Grund der in den §§ 173 ff. SGB V geregelten Kassenwahlrechte weitgehend frei. Das Ende der freiwilligen Mitgliedschaft ist in § 191 SGB V geregelt.

---

[8] Eingefügt durch Art. 1 Nr. 2 des 10. SGB V-Änderungsgesetz vom 23.03.2002, BGBl I 2002, 1169.

[9] BVerfG v. 15.03.2000 - 1 BvL 16/96 u.a. - BVerfGE 102, 69 = SozR 3-2500 § 5 Nr. 42.

[10] BT-Drs. 14/8099, S. 4.

[11] RegE-GRG S. 216 zu § 197 Abs. 3.

C. Praxishinweise

20 Anders als § 9 SGB V verlangt § 188 SGB V für den Beitritt ausdrücklich eine schriftliche Beitrittserklärung.

D. Reformbestrebungen

21 Eine grundlegende Änderung des § 188 SGB V steht momentan nicht zur Diskussion.

§ 189 SGB V Mitgliedschaft von Rentenantragstellern

(Fassung vom 20.12.1988, gültig ab 01.01.1989)

(1) Als Mitglieder gelten Personen, die eine Rente der gesetzlichen Rentenversicherung beantragt haben und die Voraussetzungen nach § 5 Abs. 1 Nr. 11 und 12 und Abs. 2, jedoch nicht die Voraussetzungen für den Bezug der Rente erfüllen. Satz 1 gilt nicht für Personen, die nach anderen Vorschriften versicherungspflichtig oder nach § 6 Abs. 1 versicherungsfrei sind.

(2) Die Mitgliedschaft beginnt mit dem Tag der Stellung des Rentenantrags. Sie endet mit dem Tod oder mit dem Tag, an dem der Antrag zurückgenommen oder die Ablehnung des Antrags unanfechtbar wird.

Gliederung

A. Basisinformationen

I. Textgeschichte/Gesetzgebungsmaterialien

1 § 189 SGB V wurde durch Art. 1 des **Gesetzes zur Strukturreform im Gesundheitswesen**[1] geschaffen und seither nicht geändert.

II. Vorgängervorschriften

2 § 189 Abs. 1 SGB V entspricht im Wesentlichen § 315a Abs. 1 Satz 1 RVO. § 189 Abs. 2 SGB V ist § 315a Abs. 2 RVO nachgebildet.

III. Parallelvorschriften

3 § 189 SGB V findet in der gesetzlichen Pflegeversicherung gemäß § 49 Abs. 2 SGB XI entsprechende Anwendung. Vgl. im Übrigen die Kommentierung zu § 186 SGB V Rn. 4.

IV. Systematische Zusammenhänge

4 § 189 SGB V ist im Zusammenhang mit § 5 Abs. 1 Nr. 11, 11a und 12 SGB V sowie mit § 5 Abs. 2 SGB V zu sehen. Versicherungspflichtig sind danach bestimmte Rentenantragsteller; § 189 SGB V fingiert deren Mitgliedschaft für den Fall, dass sie die Voraussetzungen für den Bezug der Rente letztlich nicht erfüllen.

V. Ausgewählte Literaturhinweise

5 *Bönecke,* Ausgewählte Fragen zur Krankenversicherung der Rentner, SVFAng Nr. 136 (2003), 25.

[1] Gesundheitsreformgesetz – GRG – v. 20.12.1988, BGBl I 1988, 2477.

B. Auslegung der Norm

I. Regelungsgehalt und Bedeutung der Norm

§ 189 SGB V regelt die so genannte **Formalmitgliedschaft** oder **Formalversicherung.** Sie fingiert Rentenantragsteller während des Verfahrens der Rentenantragstellung unter bestimmten Voraussetzungen als Mitglieder und bestimmt in Absatz 2 Beginn und Ende dieser Mitgliedschaft. 6

Die Regelung hat während des Entscheidungsverfahrens beim Rentenversicherungsträger Bedeutung für Rentenantragsteller, deren Antrag wegen fehlenden Rentenanspruchs letztlich abgelehnt wird. 7

II. Normzweck

§ 189 SGB V soll verhindern, dass während des Rentenantragsverfahrens, dessen Ausgang letztlich von der Entscheidung des Rentenversicherungsträgers abhängt, **Unsicherheiten über den Krankenversicherungsschutz** entstehen. Kann der Antragsteller die Rente aus der gesetzlichen Rentenversicherung beanspruchen und liegen die übrigen Voraussetzungen nach § 5 Abs. 1 Nr. 11 und 12 SGB V vor, ist der Betreffende versicherungspflichtig in der GKV; seine Mitgliedschaft ist in § 186 Abs. 9 SGB V geregelt. Zum Zeitpunkt der Antragstellung steht jedoch gerade nicht fest, ob überhaupt ein Rentenanspruch besteht. Da dies einerseits nicht von der Krankenkasse geprüft werden soll, andererseits bezogen auf den Versicherungsschutz kein Schwebezustand entstehen darf, gilt der Antragsteller als Mitglied der Krankenkasse. 8

§ 189 SGB V dient zudem der Vermeidung von Lücken im Versicherungsschutz für den Fall, dass die Rente nicht unmittelbar an das Ausscheiden aus dem Arbeitsleben anschließt, sondern erst ab einem späteren Zeitpunkt bewilligt wird. 9

III. Formalmitgliedschaft

1. Voraussetzungen der Formalmitgliedschaft (Absatz 1 Satz 1)

Die Formalmitgliedschaft nach § 189 Abs. 1 SGB V setzt zunächst voraus, dass ein **Antrag** auf Rente aus der gesetzlichen Rentenversicherung gestellt wurde. Welche Art von Rente beantragt wurde, ist unerheblich; es kann sich also um eine Rente wegen Alters, wegen verminderter Erwerbsfähigkeit oder wegen Todes handeln (vgl. im Einzelnen § 33 SGB VI). Auch der Antrag auf eine so genannte Artikelrente genügt.[2] Ob der Antrag Aussicht auf Erfolg hat, ist nach dem Gesetzeswortlaut ohne Bedeutung – auch unbegründete Anträge lösen die Fiktion des § 189 Abs. 1 SGB V aus. Etwas anderes soll im Fall eines rechtsmissbräuchlichen Verhaltens des Antragstellers gelten: Wird ein Rentenverfahren trotz offensichtlich unbegründeten Rentenbegehrens mit dem Ziel eingeleitet oder fortgeführt, sich den Schutz der Formalmitgliedschaft **rechtsmissbräuchlich** zu verschaffen, besteht keine Formalmitgliedschaft.[3] Anders ist dies, wenn der Betreffende den Antrag auf ausdrückliche Aufforderung der Krankenkasse hin stellt.[4] 10

§ 189 SGB V erfasst nur Antragsteller, die die Voraussetzungen nach § 5 Abs. 1 Nr. 11 und 12 – und gegebenenfalls Absatz 2 – erfüllen. Zu den **Vorversicherungszeiten** im Einzelnen vgl. die Kommentierung zu § 5 SGB V Rn. 72 ff. Lässt sich diese Frage, die in die Zuständigkeit der Krankenkasse fällt, nicht zweifelsfrei klären, besteht keine Formalversicherung. § 189 Abs. 1 SGB V gilt im Übrigen auch für die Fallgestaltung des § 5 Abs. 1 Nr. 11a SGB V; dass die Ergänzung des § 5 SGB V[5] im Rahmen des § 189 Abs. 1 SGB V keine Berücksichtigung gefunden hat, dürfte ein redaktionelles Versehen sein. 11

Der Antragsteller darf die **Voraussetzungen für den Bezug der Rente** aus der gesetzlichen Rentenversicherung nicht erfüllen. Die Formalmitgliedschaft besteht nur wenn und auch nur solange, wie die im SGB VI geregelten Voraussetzungen **nicht vorliegen**. Wird die Rente bewilligt, wandelt sich die Formalmitgliedschaft in eine echte Mitgliedschaft um; wird der Rentenantrag abgelehnt, endet die Formalmitgliedschaft nach Maßgabe des § 189 Abs. 2 SGB V. 12

---

[2] BSG v. 09.02.1993 - 12 RK 58/92 - BSGE 72, 85 = SozR 3-2500 § 228 Nr. 1.

[3] BSG v. 19.05.1978 - 8/3 RK 4/76 - BSGE 46, 187 = SozR 2200 § 315a Nr. 7.

[4] BSG v. 22.09.1981 - 11 RK 3/80 - BSGE 52, 139 = SozR 2200 § 315a Nr. 14.

[5] Zweites Gesetz zur Änderung des Künstlersozialversicherungsgesetzes und anderer Gesetze v. 13.06.2001, BGBl I 2001, 1027.

2. Nachrang der Formalversicherung (Absatz 1 Satz 2)

13 § 189 Abs. 1 Satz 1 SGB V gilt gemäß Satz 2 nicht für Personen, die nach anderen Vorschriften versicherungspflichtig oder nach § 6 Abs. 1 SGB V versicherungsfrei sind. Für sie ist die Formalversicherung nachrangig.

14 Der Nachrang besteht nach dem ausdrücklichen Wortlaut ausnahmslos im Verhältnis zu **allen Versicherungspflichttatbeständen**. Alle in § 5 Abs. 1 SGB V normierten Tatbestände – auch die studentische Versicherung, die von der Krankenversicherung der Rentner ansonsten verdrängt wird (§ 5 Abs. 7 SGB V) – haben Vorrang vor der Formalversicherung. Kein Nachrang der Formalversicherung besteht dagegen im Verhältnis zur freiwilligen Mitgliedschaft oder zur Familienversicherung, die gar keine Mitgliedschaft begründet.

15 § 189 Abs. 2 Satz 2 SGB V bestimmt die Formalmitgliedschaft im Übrigen nur im Verhältnis zur Versicherungsfreiheit nach § 6 Abs. 1 SGB V als nachrangig. Andere Fallgestaltungen einer Versicherungsfreiheit – wie etwa § 5 Abs. 5 SGB V (hauptberufliche selbständige Erwerbstätigkeit) – sind nicht erwähnt. Angesichts der Tatsache, dass selbst die Pflichtmitgliedschaft von Rentenbeziehern durch § 5 Abs. 5 SGB V verdrängt wird, leuchtet es nicht ein, dass dies für die Formalversicherung nicht gelten soll. Entsprechendes gilt für die Fallgestaltung des § 6 Abs. 3a SGB V oder den Fall der Befreiung nach Maßgabe des § 8 SGB V. Insoweit erscheint die Regelung des § 189 Abs. 2 Satz 2 SGB V als **unvollständig** und sollte ergänzt werden.[6]

3. Beginn und Ende der Mitgliedschaft (Absatz 2)

16 Gemäß § 189 Abs. 2 Satz 1 SGB V **beginnt** die Mitgliedschaft **mit dem Tag der Antragstellung**. Maßgeblich ist 0.00 Uhr des Tages, an dem der Rentenantrag beim Rentenversicherungsträger eingeht. Ist die Formalmitgliedschaft zum Zeitpunkt der Antragstellung durch Versicherungspflichttatbestände gemäß § 5 Abs. 1 SGB V verdrängt und entfällt der Nachrang der Formalversicherung während des Antragsverfahrens, ist ein entsprechend späterer Beginn der Mitgliedschaft denkbar.

17 Das **Ende** der Mitgliedschaft ist in § 189 Abs. 2 Satz 2 SGB V normiert. Der Gesetzgeber hat folgende Fallgestaltungen normiert: Stirbt der Antragsteller, so endet die Formalversicherung mit dem **Tod**; Entsprechendes gilt bei der – jederzeit möglichen – **Rücknahme des Antrags**. Der praktisch bedeutsamste Fall ist jedoch die Ablehnung des Rentenantrags: An dem Tag, an dem diese **Ablehnung unanfechtbar** wird, also nicht mehr durch einen Rechtsbehelf angegriffen werden kann[7], endet die Formalmitgliedschaft. Wird der unanfechtbare Bescheid im Rahmen einer späteren Überprüfung aufgehoben und dem Rentenantrag stattgegeben, bleibt es beim Ende der Formalmitgliedschaft nach § 189 Abs. 2 Satz 2 SGB V; die Mitgliedschaft in der Versicherung der Rentner beginnt neu zum Zeitpunkt der Bekanntgabe des Rücknahme- und Bewilligungsbescheids an den Versicherten.[8] Endet ein Rentenprozess mit einer unzulässigen Nichtzulassungsbeschwerde, wird die Ablehnung mit Ablauf der Frist für die Revision gegen das die Rentenablehnung bestätigende Urteil des LSG endgültig.[9] Unabhängig von § 189 Abs. 2 Satz 2 SGB V endet die Formalversicherung auch mit Wegfall der in § 189 Abs. 1 SGB V genannten Voraussetzungen.

IV. Rechtsfolgen

18 Die Rechtsstellung der Formalmitglieder unterscheidet sich **leistungsrechtlich** nicht von denen anderer Mitglieder. Deutliche Unterschiede bestehen jedoch im **Beitragsrecht**: Formalmitglieder nach § 189 SGB V tragen ihre Beiträge – zur Beitragsbemessung vgl. § 239 SGB V – gemäß § 250 Abs. 2 SGB V allein. Unter den Voraussetzungen des § 225 SGB V besteht allerdings Beitragsfreiheit.

19 **§ 8 Abs. 1 Nr. 4 SGB V** ist auch auf die Formalmitgliedschaft anzuwenden.[10] Zeiten der Formalmitgliedschaft werden gemäß **§ 9 Abs. 1 Nr. 1 HS. 2 SGB V** nicht als Vorversicherungszeiten berücksichtigt.[11]

---

[6] Kritisch *Peters* in: KassKomm-SGB, SGB V § 189 Rn. 10.

[7] Nach § 184 SGG beträgt die Widerspruchsfrist einen Monat. Zum Widerrufsvergleich im Rentenprozess BSG v. 29.08.1963 - 3 RK 35/61 - BSGE 19, 295 = SozR Nr. 1 zu § 315a RVO.

[8] BSG v. 25.02.1997 - 12 RK 4/96 - BSGE 80, 102, 106, 108 = SozR 3-2500 § 5 Nr. 33.

[9] BSG v. 19.05.1978 - 8/3 RK 4/76 - BSGE 46, 187 = SozR 2200 § 315a Nr. 7; vgl. aber auch Gemeinsamer Senat der Obersten Gerichtshöfe des Bundes v. 24.10.1983 - GmS-OGB 1/83 - BVerwGE 68, 379.

[10] *Peters* in: KassKomm-SGB, SGB V § 189 SGB V Rn. 8.

[11] Kritisch hierzu *Peters* in: KassKomm-SGB, SGB V § 9 Rn. 18a.

C. Praxishinweise

Formalmitglieder können ihre **Krankenkasse frei wählen** (§§ 173 ff. SGB V); vgl. aber auch § 176 Abs. 2 SGB V (See-Krankenkasse) und § 177 Abs. 2 SGB V. 20

D. Reformbestrebungen

Eine grundlegende Änderung der Norm steht momentan nicht zur Diskussion. 21

§ 190 SGB V Ende der Mitgliedschaft Versicherungspflichtiger

(Fassung vom 26.03.2007, gültig ab 01.04.2007)

(1) Die Mitgliedschaft Versicherungspflichtiger endet mit dem Tod des Mitglieds.

(2) Die Mitgliedschaft versicherungspflichtig Beschäftigter endet mit Ablauf des Tages, an dem das Beschäftigungsverhältnis gegen Arbeitsentgelt endet.

(3) Die Mitgliedschaft von Personen, deren Versicherungspflicht nach § 6 Abs. 4 erlischt, endet zu dem in dieser Vorschrift vorgesehenen Zeitpunkt nur, wenn das Mitglied innerhalb von zwei Wochen nach Hinweis der Krankenkasse über die Austrittsmöglichkeit seinen Austritt erklärt. Wird der Austritt nicht erklärt, setzt sich die Mitgliedschaft als freiwillige Mitgliedschaft fort.

(4) Die Mitgliedschaft unständig Beschäftigter endet, wenn das Mitglied die berufsmäßige Ausübung der unständigen Beschäftigung nicht nur vorübergehend aufgibt, spätestens mit Ablauf von drei Wochen nach dem Ende der letzten unständigen Beschäftigung.

(5) Die Mitgliedschaft der nach dem Künstlersozialversicherungsgesetz Versicherten endet mit dem Tage, an dem die Versicherungspflicht auf Grund der Feststellung der Künstlersozialkasse endet; § 192 Abs. 1 Nr. 2 und 3 bleibt unberührt.

(6) Die Mitgliedschaft von Personen, die in Einrichtungen der Jugendhilfe für eine Erwerbstätigkeit befähigt werden, endet mit dem Ende der Maßnahme.

(7) Die Mitgliedschaft versicherungspflichtiger Teilnehmer an Leistungen zur Teilhabe am Arbeitsleben endet mit dem Ende der Maßnahme, bei Weiterzahlung des Übergangsgeldes mit Ablauf des Tages, bis zu dem Übergangsgeld gezahlt wird.

(8) Die Mitgliedschaft von versicherungspflichtigen behinderten Menschen in anerkannten Werkstätten für behinderte Menschen, Anstalten, Heimen oder gleichartigen Einrichtungen endet mit Aufgabe der Tätigkeit.

(9) Die Mitgliedschaft versicherungspflichtiger Studenten endet einen Monat nach Ablauf des Semesters, für das sie sich zuletzt eingeschrieben oder zurückgemeldet haben.

(10) Die Mitgliedschaft versicherungspflichtiger Praktikanten endet mit dem Tag der Aufgabe der berufspraktischen Tätigkeit. Die Mitgliedschaft von zu ihrer Berufsausbildung ohne Arbeitsentgelt Beschäftigten endet mit dem Tag der Aufgabe der Beschäftigung.

(11) Die Mitgliedschaft versicherungspflichtiger Rentner endet

1. **mit Ablauf des Monats, in dem der Anspruch auf Rente wegfällt oder die Entscheidung über den Wegfall oder den Entzug der Rente unanfechtbar geworden ist, frühestens mit Ablauf des Monats, für den letztmalig Rente zu zahlen ist,**
2. **bei Gewährung einer Rente für zurückliegende Zeiträume mit Ablauf des Monats, in dem die Entscheidung unanfechtbar wird.**

(11a) Die Mitgliedschaft der in § 9 Abs. 1 Nr. 6 genannten Personen, die das Beitrittsrecht ausgeübt haben, sowie ihrer Familienangehörigen, die nach dem 31. März 2002 nach § 5 Abs. 1 Nr. 11 versicherungspflichtig geworden sind, deren Anspruch auf Rente schon an diesem Tag bestand, die aber nicht die Vorversicherungszeit des § 5 Abs. 1 Nr. 11 in der seit dem 1. Januar 1993 geltenden Fassung erfüllt hatten und die bis zum 31. März 2002 nach § 10 oder nach § 7 des Zweiten Gesetzes über die Krankenversicherung der Landwirte versichert waren, endet mit dem Eintritt der Versicherungspflicht nach § 5 Abs. 1 Nr. 11.

(12) Die Mitgliedschaft der Bezieher von Arbeitslosengeld II nach dem Zweiten Buch und Arbeitslosengeld oder Unterhaltsgeld nach dem Dritten Buch endet mit Ablauf des letzten Tages, für den die Leistung bezogen wird.

(13) Die Mitgliedschaft der in § 5 Abs. 1 Nr. 13 genannten Personen endet mit Ablauf des Vortages, an dem

1. **ein anderweitiger Anspruch auf Absicherung im Krankheitsfall begründet wird oder**
2. **der Wohnsitz oder gewöhnliche Aufenthalt in einen anderen Staat verlegt wird.**

Satz 1 Nr. 1 gilt nicht für Mitglieder, die Empfänger von Leistungen nach dem Dritten, Vierten, Sechsten und Siebten Kapitel des Zwölften Buches sind.

Gliederung

A. Basisinformationen

I. Textgeschichte/Gesetzgebungsmaterialien

§ 190 SGB V wurde durch Art. 1 des **Gesetzes zur Strukturreform im Gesundheitswesen**[1] geschaffen und seither wiederholt geändert. 1

§ 190 Abs. 5 SGB V wurde durch Art. 2 Nr. 5 des **Gesetzes zur Änderung des Künstlersozialversicherungsgesetzes**[2] neu gefasst. § 190 Abs. 12 SGB V enthielt ursprünglich eine Sonderregelung für Ersatzkassen; diese wurde durch Art. 1 Nr. 119 des **Gesetzes zur Sicherung und Strukturverbesserung der gesetzlichen Krankenversicherung**[3] gestrichen, weil sie nach der Einführung umfassender Kassenwahlrechte und nach der Angleichung der Wettbewerbsvoraussetzungen zwischen den Krankenkassen entbehrlich geworden war.[4] Durch Art. 1 Nr. 1 des **Dritten Gesetzes zur Änderung des Fünften Buches Sozialgesetzbuch**[5] wurde § 190 Abs. 9 SGB V neu gefasst. Der heute geltende – allerdings zwischenzeitlich erneut modifizierte – Absatz 12 wurde durch Art. 5 Nr. 6 des **Gesetzes zur Reform der Arbeitsförderung**[6] geschaffen. In § 190 Abs. 2 SGB V wurden durch Art. 5 Nr. 4 des **Gesetzes zur Reform der gesetzlichen Rentenversicherung**[7] die Worte „gegen Arbeitsentgelt" eingefügt. Das **Sozialgesetzbuch Neuntes Buch – (SGB IX) Rehabilitation und Teilhabe behinderter** 2

[1] Gesundheits-Reformgesetz – GRG – v. 20.12.1988, BGBl I 1988, 2477.
[2] V. 20.12.1988, BGBl I 1988, 2606, 2913; hierzu BT-Drs. 11/3629, S. 8.
[3] Gesundheitsstrukturgesetz v. 21.12.1992, BGBl I 1992, 2266.
[4] BT-Drs. 12/3608, S. 114.
[5] 3. SGB V-Änderungsgesetz v. 10.05.1995, BGBl I 1995, 678.
[6] Arbeitsförderungs-Reformgesetz (AFRG) v. 24.03.1997, BGBl I 1997, 594, 692 (BT-Drs. 13/4941, S. 234).
[7] Rentenreformgesetz 1999 (RRG 1999) v. 16.12.1997, BGBl I 1997, 2998, 3024 (hierzu BT-Drs. 13/8011).

Menschen[8] führte zu sprachlichen Anpassungen[9] in § 190 Abs. 7 und 8 SGB V. § 190 Abs. 11a SGB V wurde durch das **Zehnte Gesetz zur Änderung des Fünften Buches Sozialgesetzbuch**[10] geschaffen. Eine weitere Änderung erfolgte durch Art. 5 Nr. 9 des **Vierten Gesetzes für moderne Dienstleistungen am Arbeitsmarkt**[11]; § 190 Abs. 12 SGB V wurde an die Reform des Sozialhilfe- und Arbeitslosenhilferechts angepasst[12]. Durch Art. 1 Nr. 138 des Gesetzes zur **Stärkung des Wettbewerbs in der gesetzlichen Krankenversicherung** (GKV-Wettbewerbsstärkungsgesetz)[13] wurde mit Wirkung vom 01.04.2007 § 190 Abs. 3 SGB V neu gefasst und Absatz 13 angefügt.

II. Vorgängervorschriften

3 § 190 SGB V entspricht im Wesentlichen den §§ 165 Abs. 5, 312, 443 Abs. 3 und 513 RVO.

III. Parallelvorschriften

4 Eine parallele Vorschrift für die gesetzliche Pflegeversicherung findet sich in § 49 Abs. 1 Satz 2 SGB XI.

IV. Systematische Zusammenhänge

5 § 190 SGB V bildet das **Gegenstück zu § 186 SGB V**, der den Beginn der Mitgliedschaft Versicherungspflichtiger regelt.

V. Ausgewählte Literaturhinweise

6 *Gagel*, Probleme mit Anfang und Ende des Beschäftigungsverhältnisses, der Mitgliedschaft und der Beitragspflicht, SGb 1985, 268; *Hansen*, Der „unständig Beschäftigte", Die Beiträge 2001, 129 und 193; *Schauen*, Unständig Beschäftigte unzureichend erfasst, SozSich 2001, 166.

B. Auslegung der Norm

I. Regelungsgehalt und Bedeutung der Norm

7 § 190 SGB V normiert das **Ende der Mitgliedschaft Versicherungspflichtiger** und bildet damit das Gegenstück zu § 186 SGB V. Die Beendigung der Mitgliedschaft ist – ebenso wie ihr Beginn – von **zentraler Bedeutung für die GKV**, weil die Mitgliedschaft Leistungsansprüche gegen die Krankenkasse und – umgekehrt – Beitragsansprüche gegen das Mitglied – begründet. § 190 SGB V betrifft dabei die Mitgliedschaft in der GKV als solche; ein Wechsel der Krankenkasse ist dagegen in den §§ 173 ff. SGB V normiert.

8 Mit dem Ende der Mitgliedschaft erlischt der Leistungsanspruch des Mitglieds. Gemäß **§ 19 Abs. 2 SGB V** besteht jedoch Anspruch auf Leistungen längstens für einen Monat nach dem Ende der Mitgliedschaft, sofern keine Erwerbstätigkeit ausgeübt wird; insoweit gibt es einen nachgehenden Versicherungsschutz, der auch für familienversicherte Angehörige gilt. Eine gesonderte Regelung für Familienversicherte enthält zudem **§ 19 Abs. 3 SGB V**: Sie erhalten Leistungen längstens für einen Monat nach dem Tod des Mitglieds, sofern dessen Mitgliedschaft tatsächlich durch Tod geendet hat.

9 In seiner **Systematik** folgt § 190 SGB V weitgehend der in § 5 SGB V enthaltenen Auflistung.[14] Vorangestellt ist in § 190 Abs. 1 SGB V jedoch die Fallgestaltung des Todes des Mitglieds, der die Mitgliedschaft kraft Gesetzes enden lässt. Die in § 190 SGB V geregelten Beendigungsgründe, die das Ende der Mitgliedschaft in der Regel kraft Gesetzes eintreten lassen, haben **abschließenden Charak-**

[8] V. 19.06.2001 BGBl I 2001, 1046, 1099.

[9] BT-Drs. 14/5074, S. 119.

[10] 10. SGB V-Änderungsgesetz v. 23.03.2003, BGBl I 2003, 1169; hierzu ausführlich BT-Drs. 14/8099, S. 4.

[11] V. 23.12.2003, BGBl I 2003, 2954, 2976.

[12] BT-Drs. 15/1516, S. 72.

[13] GKV-WSG v. 16.03.2007, BGBl I 2007, 378.

[14] Allerdings ist die Systematik des § 5 Abs. 1 SGB V nicht durchgehend eingehalten; so findet sich die Regelung über das Ende der Mitgliedschaft von Beziehern von Entgeltersatzleistungen (§ 5 Abs. 1 Nr. 3 SGB V) in § 190 Abs. 12 SGB V.

ter. Ergänzt wird § 190 SGB V durch spezialgesetzliche Regelungen wie § 24 KVLG 1989 für Landwirte.[15] Familienversicherte sind keine Mitglieder der GKV; ihre Versicherung endet jedenfalls mit dem Ende der Mitgliedschaft des Stammversicherten; § 19 Abs. 3 SGB V ist zu beachten.

Endet die Mitgliedschaft einer vormals versicherungspflichtigen Person, besteht innerhalb der Drei-Monats-Frist des § 9 Abs. 2 SGB V unter den in § 9 Abs. 1 SGB V genannten Voraussetzungen die Möglichkeit des **freiwilligen Beitritts** zur GKV. 10

Angesichts der großen Anzahl von versicherungspflichtigen Personen (vgl. hierzu die Kommentierung zu § 5 SGB V Rn. 12) ist die Regelung von erheblicher praktischer Bedeutung. 11

II. Normzweck

Da die Frage der Mitgliedschaft für die GKV bedeutsam ist (vgl. die Kommentierung zu § 186 SGB V Rn. 9), ermöglicht § 190 SGB V für die Gruppe der versicherungspflichtigen Personen die genaue Bestimmung des Zeitpunkts, in dem die Mitgliedschaft endet. 12

III. Ende der Mitgliedschaft Versicherungspflichtiger

§ 190 SGB V umschreibt den Kreis der kraft Gesetzes versicherungspflichtigen Personen und benennt dabei insgesamt zwölf unterschiedliche Fallgestaltungen. 13

1. Tod des Mitglieds (Absatz 1)

Die Mitgliedschaft einer versicherungspflichtigen Person endet gemäß § 190 Abs. 1 SGB V mit dem Tod des Mitglieds. Maßgeblich ist insoweit der **amtlich festgestellte Todeszeitpunkt**. Auch die Mitgliedschaft von Rentenantragstellern endet gemäß § 189 Abs. 2 SGB V mit deren Tod; für freiwillig versicherte Personen gilt § 191 Satz 1 Nr. 1 SGB V. 14

2. Beschäftigte (Absatz 2)

Die Mitgliedschaft versicherungspflichtig Beschäftigter endet gemäß § 190 Abs. 2 SGB V mit Ablauf des Tages, an dem das **Beschäftigungsverhältnis gegen Arbeitsentgelt endet**. § 190 Abs. 2 SGB V nimmt Bezug auf § 5 Abs. 1 Nr. 1 SGB V und ergänzt § 186 Abs. 1 SGB V. Zu beachten ist, dass die Mitgliedschaft von Beschäftigten auch ohne Beendigung des Beschäftigungsverhältnisses gegen Arbeitsentgelt enden kann. Dies ist zum einen denkbar in Fallgestaltungen, in denen bei fortbestehendem Beschäftigungsverhältnis nunmehr nur noch eine geringfügige Beschäftigung im Sinne des § 7 SGB V ausgeübt wird; zum andern endet die Versicherungspflicht und damit auch die Mitgliedschaft bei Überschreitung der JAE-Grenze nach § 6 Abs. 4 SGB V – hier enthält § 190 Abs. 3 SGB V eine gesonderte Regelung (hierzu Rn. 19). Zu beachten ist zudem die Sonderregelung für unständig Beschäftigte in § 190 Abs. 4 SGB V (Rn. 21). 15

Die **Gründe für die Beendigung eines Beschäftigungsverhältnisses** sind vielfältig. In der Regel endet es durch Kündigung des Arbeitnehmers oder Arbeitgebers oder durch einvernehmliche Aufhebung. Bei befristeten Beschäftigungsverhältnissen tritt die Beendigung automatisch ein. Das Beschäftigungsverhältnis endet nicht allein durch Annahmeverzug des Arbeitgebers oder eine Freistellung im Konkurs.[16] Endet die Beschäftigung im Laufe eines Tages – dies wäre etwa denkbar bei einer fristlosen Kündigung – endet die Mitgliedschaft aufgrund des eindeutigen Wortlauts der Norm erst mit Ablauf des betreffenden Tages. 16

§ 190 Abs. 2 SGB V stellt auf das Ende des Beschäftigungsverhältnisses gegen Arbeitsentgelt[17] ab. Die Mitgliedschaft endet damit auch bei Fortbestehen des Beschäftigungsverhältnisses, wenn **kein Arbeitsentgelt** mehr geschuldet wird. Zu beachten ist hier **§ 7 Abs. 3 SGB IV**, der eine Beschäftigung gegen Arbeitsentgelt fingiert, sowie die **§§ 192 und 193 SGB V**, die das Fortbestehen der Mitgliedschaft in bestimmten Fallkonstellationen bestimmen. 17

[15] Hierzu BSG v. 27.08.1998 - B 10 KR 5/97 R - BSGE 82, 283, 288 = SozR 3-5420 § 24 Nr. 1.

[16] BSG v. 26.11.1985 - 12 RK 51/83 - BSGE 59, 183 = SozR 4100 § 168 Nr. 19.

[17] Eingefügt durch Gesetz zur Reform der gesetzlichen Rentenversicherung v. 16.12.1997 (BGBl I 1997, 594, 692; vgl. BT-Drs. 13/8011, S. 69).

3. Überschreiten der JAE-Grenze (Absatz 3)

18 In Ergänzung zu § 190 Abs. 2 SGB V normiert § 190 Abs. 3 SGB V eine besondere Fallgestaltung, in der die Versicherungspflicht eines Beschäftigten endet: Wird die Jahresarbeitsentgeltgrenze in drei aufeinander folgenden Kalenderjahren überschritten, tritt gemäß § 6 Abs. 1 Nr. 1 SGB V Versicherungsfreiheit ein. Maßgeblich für das Ende der Versicherungspflicht ist nach § 6 Abs. 4 SGB V der **Ablauf des dritten Kalenderjahres**, in dem die JAE-Grenze überschritten wird, soweit das Arbeitsentgelt auch im nächsten Kalenderjahr die dann maßgebliche Grenze übersteigt (vgl. im Einzelnen zu § 6 Abs. 4 SGB V die Kommentierung zu § 6 SGB V Rn. 25).

19 § 190 Abs. 3 SGB V nimmt Bezug auf § 6 Abs. 4 SGB V und verlangt – abweichend von den meisten anderen Fallgestaltungen des § 190 SGB V, in denen das Ende der Mitgliedschaft kraft Gesetzes eintritt – eine **Willenserklärung des Mitglieds**: Nur wenn das Mitglied innerhalb von zwei Wochen nach einem entsprechenden Hinweis der Krankenkasse[18] über die Austrittsmöglichkeit seinen Austritt erklärt, endet die Mitgliedschaft wie in § 6 Abs. 4 SGB V vorgesehen zum betreffenden Jahresende. Wird der Austritt nicht erklärt – es handelt sich um eine **empfangsbedürftige Willenserklärung**, die an **keine bestimmte Form** gebunden ist –, setzt sich die Versicherung als **freiwillige Versicherung** nach § 9 Abs. 1 Nr. 1 SGB V fort. Das Unterlassen eines Austritts wandelt also das Versicherungspflichtverhältnis in ein freiwilliges Versicherungsverhältnis um. Für das Mitglied hat diese Regelung insoweit Vorteile, als es nicht erneut aktiv tätig werden muss, weil keine Beitrittserklärung erforderlich ist; zudem ist die Frist des § 9 Abs. 3 SGB V unbeachtlich. Die freiwillige Versicherung besteht bei der Krankenkasse, bei der das Mitglied zuvor versicherungspflichtig versichert war; ein Wechsel der Krankenkasse ist nach Maßgabe der §§ 173 ff. SGB V möglich. Die bis 31.03.2007 in § 190 Abs. 3 Satz 2 SGB V enthaltene Verknüpfung mit den in § 9 Abs. 1 Nr. 1 SGB V geforderten **Vorversicherungszeiten** ist angesichts der Schaffung einer Dreijahresfrist in § 6 Abs. 1 Nr. 1 SGB V entbehrlich geworden, da die Vorversicherungszeit nunmehr in jedem Fall erfüllt ist.

20 Hat das Mitglied es versäumt, den Austritt aus der GKV zu erklären, bleibt die Möglichkeit der **Kündigung** gemäß § 191 Abs. 1 Nr. 3 SGB V i. V. m. § 175 Abs. 4 Satz 6 Alt. 2 SGB V. Dies gilt auch dann, wenn die Kasse es versäumt hat, den gesetzlich vorgesehenen Hinweis zu erteilen. Sind dem Mitglied durch dieses Versäumnis zusätzliche Kosten entstanden, können diese im Wege der Amtshaftung geltend gemacht werden. Denkbar ist zudem ein sozialrechtlicher Herstellungsanspruch.

4. Unständig Beschäftigte (Absatz 4)

21 Für unständig Beschäftigte (vgl. hierzu § 232 Abs. 3 SGB V) enthält § 190 SGB V – wie schon § 186 SGB V (vgl. hierzu die Kommentierung zu § 186 SGB V Rn. 17) – eine Sonderregelung, die zwei Fallkonstellationen normiert. Die Mitgliedschaft endet, wenn die **berufsmäßige Ausübung der unständigen Beschäftigung nicht nur vorübergehend aufgegeben** wird, **spätestens aber mit Ablauf von drei Wochen** nach dem Ende der letzten unständigen Beschäftigung. Diese Frist von drei Wochen entbindet die Krankenkasse von der häufig schwierigen Beantwortung der Frage, ob eine unständige Beschäftigung auf Dauer, also nicht vorübergehend, aufgegeben wurde. Bezüglich der Dauer der Frist knüpft § 190 Abs. 4 SGB V an die Regelung des § 186 Abs. 2 Satz 2 SGB V an. Der unständig Beschäftigte ist im Übrigen gemäß **§ 199 Abs. 1 SGB V** verpflichtet, Beginn und Ende der berufsmäßigen Ausübung von unständigen Beschäftigungen unverzüglich, d.h. ohne schuldhaftes Zögern, zu melden.

5. Künstler und Publizisten (Absatz 5)

22 Die Mitgliedschaft der nach dem Künstlersozialversicherungsgesetz versicherten selbständigen Künstler und Publizisten (§ 5 Abs. 1 Nr. 4 SGB V) endet gemäß § 190 Abs. 5 SGB V[19] **mit dem Ablauf des Tages, an dem die Versicherungspflicht endet**, wobei insoweit die **Feststellung der Künstlersozialkasse** maßgeblich ist. Gemäß § 8 Abs. 2 KSVG wird der Bescheid über die Feststellung der Versicherungspflicht aufgehoben, wobei in den Fällen des § 8 Abs. 2 Satz 1 KSVG der Zeitpunkt der Änderung der Verhältnisse, im Übrigen der Erste des folgenden Monats, maßgeblich ist. Das Ende der Mitgliedschaft entspricht damit grundsätzlich dem Ende der Versicherungspflicht.

---

[18] Zu den Rechtsfolgen eines unterbliebenen Hinweises SG Dresden v. 07.06.2006 - S 25 KR 283/06 ER - nv.

[19] Zur Entstehungsgeschichte BT-Drs. 11/2964, S. 11, 21; BT-Drs. 11/3609, S. 20, 21 und BT-Drs.11/3629 jeweils zur Vorgängerregelung des § 312 Abs. 4a RVO.

Auch bei Beendigung der Versicherungspflicht kann die Mitgliedschaft gemäß **§ 192 Abs. 1 Nr. 2 und 3 SGB V** fortbestehen (§ 190 Abs. 5 HS. 2 SGB V). Bezieht also beispielsweise eine Frau, die bislang als selbständige Künstlerin tätig war, diese Tätigkeit nun aber aufgegeben hat, Erziehungsgeld, so bleibt ihre Mitgliedschaft in der Krankenversicherung für die Dauer des Bezugs von Erziehungsgeld bestehen. 23

6. Personen in Einrichtungen der Jugendhilfe (Absatz 6)

Für den nach § 5 Abs. 1 Nr. 5 SGB V versicherungspflichtigen Personenkreis ist das Ende der Mitgliedschaft in der GKV an das Ende der Maßnahme geknüpft. § 190 Abs. 6 SGB V korrespondiert insoweit mit § 186 Abs. 4 SGB V. „Ende der Maßnahme" bedeutet – entsprechend den zu § 186 Abs. 4 SGB V gemachten Ausführungen (vgl. die Kommentierung zu § 186 SGB V Rn. 28) – **Ablauf des Tages, an dem die Maßnahme endet.** 24

7. Teilnehmer an Leistungen zur Teilhabe am Arbeitsleben (Absatz 7)

§ 190 Abs. 7 SGB V normiert das Ende der Mitgliedschaft für den nach § 5 Abs. 1 Nr. 6 SGB V versicherungspflichtigen Personenkreis (vgl. ausführlich die Kommentierung zu § 5 SGB V Rn. 46); es geht um Teilnehmer an Leistungen zur Teilhabe am Arbeitsleben. Entsprechend der in § 186 Abs. 5 SGB V getroffenen Regelung kommt es auch für das Ende der Mitgliedschaft entscheidend auf die Dauer der Maßnahme selbst an – mit ihr beginnt und endet die Mitgliedschaft, wobei auch Beginn und Ende des jeweiligen Tages maßgeblich sind.[20] 25

Wird im konkreten Fall **Übergangsgeld** über das Ende der Maßnahme hinaus weitergezahlt, endet die Mitgliedschaft mit Ablauf des Tages, bis zu dem das Übergangsgeld gezahlt wird (§ 190 Abs. 7 HS. 2 SGB V). Dies gilt auch dann, wenn das Übergangsgeld zu Unrecht gezahlt wurde.[21] 26

8. Behinderte Menschen in Werkstätten und anderen Einrichtungen (Absatz 8)

§ 190 Abs. 8 SGB V betrifft behinderte Menschen und nimmt Bezug auf zwei in § 5 Abs. 1 SGB V als versicherungspflichtig genannte Personengruppen (§ 5 Abs. 1 Nr. 7 und 8 SGB V). Die für den Beginn der Mitgliedschaft in § 186 Abs. 6 SGB V gewählte Systematik wird damit für die Bestimmung des Endes der Mitgliedschaft beibehalten. Die Mitgliedschaft endet mit **Aufgabe der Tätigkeit**, wobei auch hier der Ablauf des betreffenden Tages maßgeblich ist. 27

9. Studenten (Absatz 9)

Das Ende der Mitgliedschaft der nach § 5 Abs. 1 Nr. 9 SGB V versicherungspflichtigen Studenten, deren Mitgliedschaft gemäß § 186 Abs. 7 SGB V beginnt, ist in § 190 Abs. 9 SGB V geregelt. Dabei knüpft das Gesetz nicht an das Ende des jeweiligen Semesters der letzten Einschreibung oder Rückmeldung, sondern bewirkt insoweit **eine um einen Monat verlängerte Mitgliedschaft**. Hat sich der Student beispielsweise für das Wintersemester 2004/2005 letztmalig rückgemeldet und endet dieses am 31.03.2005, so besteht die Mitgliedschaft in der KVdS bis 30.04.2005. Der bis Mai 1995 maßgebliche Tatbestand der Exmatrikulation[22], der durch das 3. SGB V-Änderungsgesetz abgeschafft wurde[23], hatte sich nicht bewährt; auch in dieser Fallkonstellation ist daher heute § 190 Abs. 9 SGB V maßgeblich. Die Änderung des Gesetzes sollte für Hochschulverwaltungen und Krankenkassen den Verwaltungsaufwand reduzieren.[24] Vor diesem Hintergrund spricht viel dafür, § 190 Abs. 9 SGB V auch dann anzuwenden, wenn die Versicherungspflicht des Studenten erlischt, weil die in § 5 Abs. 1 Nr. 9 SGB V genannten Voraussetzungen nicht mehr erfüllt sind, der Student also beispielsweise im laufenden Semester das 30. Lebensjahr vollendet.[25] 28

Bis zur Abschlussprüfung kann sich ein Student – maximal für die Dauer von sechs Monaten – gemäß **§ 245 Abs. 2 SGB V** zum günstigen Beitragssatz der KVdS freiwillig weiterversichern, wenn die Voraussetzungen des § 9 Abs. 1 SGB V erfüllt sind. 29

---

20 Anders *Peters* in: KassKomm-SGB, SGB V § 190 Rn. 15, der auf Grund der unterschiedlichen Formulierung innerhalb eines Absatzes eine „bewusste Unterscheidung" annimmt.

21 BSG v. 18.12.1980 - 8a RK 20/79 - BSGE 51, 100.

22 Hierzu BSG v. 23.06.1994 - 12 RK 7/94 - BSGE 74, 282 = SozR 3-2500 § 192 Nr. 2.

23 Art. 1 Nr. 5 des 3. SGB V-ÄndG v. 10.05.1995, BGBl I 1995, 678.

24 BT-Drs. 13/340, S. 9.

25 Ebenso *Hänlein* in: LPK-SGB V § 190 Rn. 18; *Peters* in: KassKomm-SGB, SGB V § 190 Rn. 18; anders *Baier* in: Krauskopf, SozKV § 190 SGB V Rn. 34.

10. Praktikanten (Absatz 10)

30 § 190 Abs. 10 SGB V nimmt Bezug auf § 5 Abs. 1 Nr. 10 SGB V und normiert das Ende der Mitgliedschaft von Praktikanten und zu ihrer Berufsausbildung ohne Arbeitsentgelt Beschäftigten, bei denen die Mitgliedschaft nach Maßgabe des § 186 Abs. 8 SGB V beginnt. Bei Praktikanten endet die Mitgliedschaft mit dem **Tag der Aufgabe der berufspraktischen Tätigkeit** (§ 190 Abs. 10 Satz 1 SGB V); für Personen, die zu ihrer Berufsausbildung beschäftigt sind, ist der **Tag der Aufgabe der Beschäftigung** maßgeblich (§ 190 Abs. 10 Satz 2 SGB V). § 190 Abs. 10 Satz 2 SGB V ist – wie die entsprechende Regelung zum Beginn (vgl. die Kommentierung zu § 186 SGB V Rn. 37) – im Gesetzgebungsverfahren angefügt worden; es gilt insoweit die gleiche Regelung wie für gegen Arbeitsentgelt Beschäftigte (§ 190 Abs. 2 SGB V).

11. Rentner (Absätze 11 und 11a)

31 Das Ende der Mitgliedschaft der gemäß § 5 Abs. 1 Nr. 11, 11a und 12 SGB V versicherungspflichtigen Rentner ist in § 190 Abs. 11 SGB V geregelt. Auf freiwillig versicherte Rentner ist die Vorschrift nicht anwendbar. § 190 Abs. 11a SGB V normiert das Ende der Mitgliedschaft der Rentner, die unter den besonderen Voraussetzungen des § 9 Abs. 1 Nr. 6 SGB V freiwillig der Versicherung beigetreten sind. Zu beachten ist die Sonderregelung für Formalmitglieder (§ 189 Abs. 2 Satz 2 SGB V).

32 § 190 Abs. 11 SGB V regelt das Ende der Mitgliedschaft bei laufender Rentenzahlung, wobei verschiedene Fallkonstellationen zu unterscheiden sind. Gemäß **§ 190 Abs. 11 Nr. 1 SGB V** endet die Mitgliedschaft versicherungspflichtiger Rentner **mit Ablauf des Monats, in dem der Anspruch auf Rente wegfällt**; insoweit korrespondiert die Regelung mit § 100 Abs. 3 SGB VI. Der Wegfall des Anspruchs kann unterschiedliche Gründe haben, wie etwa den Wegfall der Erwerbsminderung oder aber auch Zeitablauf im Fall einer befristet bewilligten Rente. Frühestens endet die Mitgliedschaft mit Ablauf des Monats, für den letztmalig Rente zu zahlen ist. Wird über den Wegfall der Rente durch Bescheid entschieden, tritt das Ende der Mitgliedschaft gemäß § 190 Abs. 11 Nr. 1 SGB V mit Ablauf des Monats ein, in dem die **Entscheidung über den Wegfall oder Entzug der Rente unanfechtbar** geworden ist – auch hier frühestens mit Ablauf des Monats, für den letztmalig Rente zu zahlen ist. Stellt sich im Widerspruchsverfahren oder im Gerichtsverfahren heraus, dass der Bescheid rechtmäßig war, der Rentenversicherungsträger das Ende der Anspruchsberechtigung also zu Recht zum Ablauf eines bestimmten Monats festgestellt hatte, besteht dennoch bis zum Ablauf des Eintritts der Unanfechtbarkeit der Entscheidung weiterhin eine Mitgliedschaft in der GKV. Es handelt sich hierbei allerdings um eine § 189 Abs. 2 SGB V vergleichbare Formalmitgliedschaft (vgl. hierzu die Kommentierung zu § 189 SGB V Rn. 16 ff.).[26]

33 **§ 190 Abs. 11 Nr. 2 SGB V** regelt das Ende der Mitgliedschaft bei Gewährung einer Rente für zurückliegende Zeiträume. In diesem Fall endet die Mitgliedschaft erst mit Ablauf des Monats, in dem die Entscheidung unanfechtbar wird.[27]

34 Durch das 10. SGB V-Änderungsgesetz[28] wurde § 190 SGB V um seinen Absatz 11a ergänzt. Die Regelung betrifft freiwillig versicherte Rentenbezieher, die bis zum 31.03.2002 nicht als Rentner versicherungspflichtig waren, weil sie die seit 1993 geltenden verschärften Voraussetzungen des § 5 Abs. 1 Nr. 11 SGB V nicht erfüllten (Neun-Zehntel-Belegung in der zweiten Hälfte des Erwerbslebens statt Halbbelegung während des gesamten Erwerbslebens; vgl. hierzu die Kommentierung zu § 5 SGB V Rn. 76). Da diese Regelung verfassungswidrig ist und seit dem 01.04.2002 nicht mehr angewandt werden darf[29], waren die bis dahin freiwillig versicherten Rentner ab diesem Zeitpunkt wieder versicherungspflichtig. Um für einzelne Betroffene beitragsrechtliche Nachteile zu vermeiden, hatte der Gesetzgeber in **§ 9 Abs. 1 Nr. 6 SGB V** das befristete Recht zum freiwilligen Beitritt eröffnet. Gemäß § 188 Abs. 2 Satz 2 SGB V beginnt die Mitgliedschaft der betroffenen Rentner im Fall des Beitritts mit dem Eintritt der Versicherungspflicht nach § 5 Abs. 1 Nr. 11 SGB V. Auf denselben Zeitpunkt stellt nun **§ 190 Abs. 11a SGB V** für das Ende der Versicherungspflicht ab, d.h. Beginn und Ende der Versicherungspflicht sind identisch. Auf diese – dogmatisch in der Tat nicht gelungene[30] – Weise wird sichergestellt, dass die bisherige freiwillige Mitgliedschaft nahtlos fortgeführt werden kann.[31] Die Mitgliedschaft der betreffenden Rentner beginnt und endet am 01.04.2002. Unter den in § 190 Abs. 11a

[26] *Peters*: in KassKomm-SGB, SGB V § 190 Rn. 21.

[27] Zum Prozessvergleich BSG v. 29.08.1963 - 3 RK 35/61 - BSGE 19, 295 = SozR Nr. 1 zu § 315a RVO.

[28] V. 23.03.2002, BGBl. I 2002, 1169.

[29] BVerfG v. 15.03.2000 - 1 BvL 16/96 u.a. - BVerfGE 102, 68, 98 = SozR 3-2500 § 5 Nr. 42.

[30] Kritisch *Peters*: in KassKomm-SGB, SGB V § 190 Rn. 23 spricht von einer „geradezu grotesken" Regelung.

[31] BT-Drs. 14/8099, S. 4.

SGB V genannten Voraussetzungen endet auch eine Pflichtmitgliedschaft von **Familienangehörigen**, die ab dem 01.04.2002 in der KVdR eintritt, schon mit ihrem Beginn. Dadurch soll eine vom bislang freiwillig versicherten und nunmehr gemäß § 9 Abs. 1 Nr. 6 SGB V der freiwilligen Versicherung beigetretenen Rentner als Stammversicherten abgeleitete Familienversicherung erhalten bleiben. § 190 Abs. 11a SGB V benennt folgende Voraussetzungen: Der Familienangehörige muss nach dem 31.03.2002 nach § 5 Abs. 1 Nr. 11 SGB V – andere Versicherungspflichttatbestände genügen nicht – versicherungspflichtig geworden sein, sein Anspruch auf Rente muss schon an diesem Tag bestanden haben, ohne dass die Vorversicherungszeit des § 5 Abs. 1 Nr. 11 SGB V in der seit dem 01.01.1993 geltenden Fassung erfüllt wäre, und er muss bis zum 31.03.2002 nach § 10 SGB V oder § 7 KVLG 1989 familienversichert gewesen sein.

12. Bezieher von Entgeltersatzleistungen (Absatz 12)

Die Regelung über das Ende der Mitgliedschaft der nach § 5 Abs. 1 Nr. 2 SGB V versicherten Personen findet sich – insoweit hat sich der Gesetzgeber anders als in § 186 SGB V nicht an der Systematik des § 5 SGB V orientiert – in § 190 Abs. 12 SGB V. Die Mitgliedschaft der Bezieher von Arbeitslosengeld, oder Unterhaltsgeld nach dem Dritten Buch oder von Arbeitslosengeld II endet **mit Ablauf des letzten Tages, für den die Leistung bezogen wird**. § 190 Abs. 12 SGB V korrespondiert insoweit mit § 186 Abs. 2a SGB V. Wegen § 5 Abs. 1 Nr. 2 SGB V (vgl. hierzu die Kommentierung zu § 5 SGB V Rn. 25 ff.) endet die Mitgliedschaft nicht rückwirkend, wenn die Entscheidung über die Leistungsbewilligung rückwirkend aufgehoben oder die Leistung zurückgefordert oder zurückgezahlt wird.[32] 35

13. Personen ohne anderweitigen Versicherungsschutz (Absatz 13)

Durch Art. 1 Nr. 138 b) des GKV-WSG wurde § 190 SGB V um seinen Absatz 13 ergänzt. Es handelt sich um eine Folgeänderung zur Versicherungspflicht nach **§ 5 Abs. 1 Nr. 13 SGB V**, mit der das Ende der Versicherungspflicht geregelt wird. Die Mitgliedschaft der dort genannten Personen endet **mit Ablauf des Vortages**, an dem ein **anderweitiger Anspruch** auf Absicherung im Krankheitsfall begründet wird oder an dem der **Wohnsitz oder gewöhnliche Aufenthalt in einen anderen Staat verlegt** wird. Schließt der Versicherte also etwa eine Krankheitskostenvollversicherung bei einem privaten Unternehmen ab, die ihm ab 01.09. einen entsprechenden Schutz gewährt, endet die Mitgliedschaft in der GKV am 31.08. um 24 Uhr. Bei Verlegung des Wohnsitzes oder gewöhnlichen Aufenthalts (hierzu § 30 SGB I) in das Ausland besteht nach Einschätzung des Gesetzgebers grundsätzlich kein Schutzbedürfnis für das Aufrechterhalten der Pflichtmitgliedschaft nach § 5 Abs. 1 Nr. 13 SGB V[33]; zu beachten ist allerdings, dass **Regelungen des über- und zwischenstaatlichen Rechts** gemäß § 6 SGB IV unberührt bleiben. 36

§ 190 Abs. 13 Satz 2 SGB V, der durch den Ausschuss für Gesundheit eine Klarstellung erfahren hat[34], stellt sicher, dass Personen, die gemäß § 5 Abs. 1 Nr. 13 SGB V Mitglied der gesetzlichen Krankenkasse geworden sind, auch dann Mitglied bleiben, wenn sie nach dem Beitritt Empfänger von Leistungen nach dem Dritten, Vierten, Sechsten und Siebten Kapitel des SGB XII werden. Satz 2 bezieht sich nur auf die Regelung zur Beendigung der Mitgliedschaft von Personen, bei denen ein anderweitiger Anspruch auf Absicherung im Krankheitsfall begründet wird. 37

IV. Rechtsfolgen

Mit dem Ende der Mitgliedschaft enden grundsätzlich die Leistungsansprüche und die Beitragspflicht aus der Pflichtversicherung. Gemäß § 19 Abs. 2 und 3 SGB V können jedoch Leistungsansprüche für einen bestimmten Zeitraum weiter bestehen. Zu prüfen ist außerdem, ob die Mitgliedschaft gemäß §§ 192, 193 SGB V fortbesteht. 38

C. Praxishinweise

Bei Vorliegen der gesetzlichen Voraussetzungen besteht im Übrigen die Möglichkeit des freiwilligen Beitritts zur GKV gemäß § 9 SGB V. 39

D. Reformbestrebungen

Eine grundlegende Änderung des § 190 SGB V ist nicht zu erwarten. 40

---

[32] Vgl. hierzu auch LSG Nordrhein-Westfalen v. 31.08.2006 - L 11 B 18/06 KR ER - n.v.

[33] BT-Drs. 16/3100, S. 159.

[34] BT-Drs. 16/4200, S. 8.

§ 191 SGB V Ende der freiwilligen Mitgliedschaft

(Fassung vom 26.03.2007, gültig ab 01.04.2007)

Die freiwillige Mitgliedschaft endet

1. **mit dem Tod des Mitglieds,**
2. **mit Beginn einer Pflichtmitgliedschaft oder**
3. **mit dem Wirksamwerden der Kündigung (§ 175 Abs. 4); die Satzung kann einen früheren Zeitpunkt bestimmen, wenn das Mitglied die Voraussetzungen einer Versicherung nach § 10 erfüllt.**

Gliederung

A. Basisinformationen

I. Textgeschichte/Gesetzgebungsmaterialien

1 § 191 SGB V wurde durch Art. 1 des **Gesetzes zur Strukturreform im Gesundheitswesen**[1] geschaffen und seit seinem In-Kraft-Treten wiederholt modifiziert.

2 Der in § 191 Nr. 4 SGB V zunächst enthaltene Verweis auf § 175 Abs. 4 Satz 3 SGB V wurde durch Art. 1 Nr. 3 des **Ersten Gesetzes zur Neuordnung von Selbstverwaltung und Eigenverantwortung in der gesetzlichen Krankenversicherung**[2] angefügt. § 191 Nr. 4 SGB V wurde neu gefasst durch Art. 1 Nr. 2 des **Gesetzes zur Neuregelung der Kassenwahlrechte**.[3] Der Satz 2 des § 191 SGB V wurde zum Schutz des Mitglieds[4] angefügt durch Art. 1 Nr. 135 des **Gesetzes zur Modernisierung der gesetzlichen Krankenversicherung**.[5] Mit Art. 4 Nr. 6 des **Gesetzes zur Einordnung des Sozialhilferechts in das Sozialgesetzbuch**[6] wurde § 191 SGB V an das SGB XII angepasst. Die letzte Änderung erfolgte mit Wirkung vom 01.04.2007 durch Art. 1 Nr. 139 des **Gesetzes zur Stärkung des Wettbewerbs in der gesetzlichen Krankenversicherung** (GKV-Wettbewerbsstärkungsgesetz)[7]; Satz 1 Nr. 2 wurde neu gefasst.[8] § 191 Abs. 1 Nr. 3 SGB V wurde aufgehoben; nach Einführung der Versicherungspflicht für Personen, die keinen anderweitigen Versicherungsschutz haben (§ 5 Abs. 1 Nr. 13 SGB V), ist die Regelung über das Ende der Mitgliedschaft freiwillig Versicherter bei Nichtzahlung von Beiträgen, die eine Vielzahl von Rechtsstreitigkeiten verursacht hatte[9], entbehrlich geworden.[10] Satz 2 wurde gestrichen.

[1] Gesundheits-Reformgesetz – GRG v. 20.12.1988, BGBl I 1988, 2477.
[2] 1. GKV-Neuordnungsgesetz (1. NOG) v. 23.07.1997, BGBl I 1997,1518 (hierzu BT-Drs. 13/5724, S. 6).
[3] Vom 27.07.2001, BGBl I 2001, 1946 (hierzu BT-Drs. 14/5957, S. 5).
[4] BT-Drs. 15/1525, S. 137.
[5] GKV-Modernisierungsgesetz (GMG) v. 14.11.2003, BGBl I 2190, 2228.
[6] Vom 27.12.2003, BGBl I 2003, 3022, 3055 (BT-Drs. 15/1514).
[7] GKV-WSG v. 26.03.2007, BGBl I 2007, 378.
[8] Hier wurde allerdings lediglich das Komma durch das Wort „oder" ersetzt.
[9] Vgl. LSG Rheinland-Pfalz v. 02.10.2006 - L 5 ER 185/06 KR - nv; LSG Hessen v. 25.09.2006 - L 1 KR 204/05 - nv; LSG Rheinland-Pfalz v. 03.08.2006 - L 5 KR 55/05 - Breith 2006, 885; LSG Rheinland-Pfalz v. 17.06.2005 - L 5 ER 37/05 KR - Breith 2005, 893; Sächsisches LSG v. 13.07.2005 - L 1 B 68/05 KR-ER - nv; SG Bremen v. 27.07.2005 - S 7 KR 90/05 ER - ASR 2005, 116; LSG Hamburg v. 21.02.2006 - L 1 B 390/05 ER KR - nv; LSG Rheinland-Pfalz v. 19.10.2006 - L 5 ER 189/06 KR - nv.; vgl. zu § 191 Abs1. Satz 1 Nr. 3 SGB V auch *Krön*, ZfS 2006, 261.
[10] BT-Drs. 16/3100, S. 159.

II. Vorgängervorschriften

§ 191 SGB V entspricht im Wesentlichen den §§ 313, 513 RVO. Die Nr. 1 und 2 des § 191 SGB V waren in der RVO nicht ausdrücklich geregelt. 3

III. Parallelvorschriften

In der gesetzlichen Pflegeversicherung wird das Ende der freiwilligen Mitgliedschaft durch § 49 Abs. 3 SGB XI bestimmt. 4

IV. Systematische Zusammenhänge

§ 191 SGB V ist im Zusammenhang mit **§ 9 SGB V** zu sehen. Als Gegenstück zu § 188 SGB V, der den Beginn der freiwilligen Mitgliedschaft regelt, normiert § 191 SGB V dessen Ende. 5

V. Ausgewählte Literaturhinweise

Bress, Freiwillige Krankenversicherung, SVFAng Nr. 136, 51 und Nr. 137, 49; *Kron/Meinulf*, Verfahrenshinweise für die Fälle der Beendigung der freiwilligen Mitgliedschaft in der gesetzlichen Krankenversicherung wegen Beitragsrückständen, ZfS 2006, 261. 6

B. Auslegung der Norm

I. Regelungsgehalt und Bedeutung der Norm

§ 191 SGB V normiert das Ende der freiwilligen Mitgliedschaft in der GKV und bildet damit das Gegenstück zu § 188 SGB V. Die Vorschrift benennt in Absatz 1 Satz 1 drei Fallgestaltungen, in denen die freiwillige Mitgliedschaft endet. 7

II. Normzweck

Die Beendigung der freiwilligen Mitgliedschaft erfolgt nach anderen Prinzipien als die Beendigung der Mitgliedschaft Versicherungspflichtiger (§ 190 SGB V). Während letztere davon abhängt, dass ein bestimmter, die Versicherungspflicht begründender Tatbestand erfüllt ist und auch erfüllt bleibt – etwa das Vorliegen einer Beschäftigung gegen Arbeitsentgelt –, bleibt eine freiwillige Versicherung unabhängig vom Fortbestand der in § 9 SGB V normierten Beitrittsvoraussetzungen bestehen. Eine Pflichtmitgliedschaft kann grundsätzlich nicht durch eine Willenserklärung des Versicherungspflichtigen beendet werden, es sein denn, die Voraussetzungen des § 8 SGB V (Befreiung von der Versicherungspflicht) wären erfüllt. Eine freiwillige Versicherung kann dagegen gemäß § 191 Abs. 1 Nr. 4 SGB V gekündigt werden. § 191 SGB V trägt den **Besonderheiten der freiwilligen Versicherung** Rechnung und regelt abschließend die Gründe für ihre Beendigung. 8

III. Ende der freiwilligen Mitgliedschaft

§ 190 Abs. 1 Satz 1 SGB V benennt abschließend drei Fallgestaltungen, in denen die Mitgliedschaft eines freiwillig Versicherten in der GKV endet. Das Ende der Mitgliedschaft tritt in diesem Fall kraft Gesetzes ein, ohne dass es einer konstitutiven Feststellung durch die Krankenkasse bedürfte. Von § 191 SGB V abweichende Regelungen in der Satzung wären unbeachtlich. 9

1. Tod des Mitglieds (Absatz 1 Satz 1 Nr. 1)

Entsprechend § 190 Abs. 1 SGB V, der für alle Fallgestaltungen der Versicherungspflicht gilt, bestimmt auch § 191 Abs. 1 Satz 1 SGB V den Tod des Mitglieds als Grund für die Beendigung der Mitgliedschaft. Die freiwillige Mitgliedschaft ist als persönliches Recht nicht vererblich. Maßgeblich ist insoweit der **amtlich festgestellte Todeszeitpunkt.** Mit dem Tod des Mitglieds erlischt auch die an sie geknüpfte Familienversicherung; es besteht gemäß § 9 Abs. 1 Satz 1 Nr. 2 SGB V allerdings die Möglichkeit des freiwilligen Beitritts der Familienangehörigen selbst. 10

2. Beginn einer Pflichtmitgliedschaft (Absatz 1 Satz 1 Nr. 2)

11 Die freiwillige Mitgliedschaft erlischt kraft Gesetzes mit dem Beginn einer Mitgliedschaft als Versicherungspflichtiger. Sobald einer der in § 5 Abs. 1 SGB V aufgelisteten Tatbestände[11] erfüllt ist, die eine Versicherungspflicht begründen, endet mit dem Beginn dieser Mitgliedschaft – maßgeblich ist insoweit § 186 SGB V – die Mitgliedschaft als freiwillig Versicherter.[12] § 191 Abs. 1 Satz 1 Nr. 2 SGB V verdeutlicht den **Vorrang der Versicherungspflicht vor der freiwilligen Versicherung**. Auf welchem Tatbestand des § 5 Abs. 1 SGB V die Versicherungspflicht gründet, ist ohne Bedeutung. Auch eine Formalmitgliedschaft nach § 189 SGB V beendet die Mitgliedschaft als freiwillig Versicherter. Dagegen führt der Eintritt einer **Familienversicherung** (§ 10 SGB V), die keine Mitgliedschaft begründet, nicht zum Ende der Mitgliedschaft als freiwillig Versicherter; die Familienversicherung ist insoweit nachrangig (vgl. auch § 10 Abs. 1 Satz 1 Nr. 2 SGB V a.E.). Das freiwillig versicherte Mitglied, das nunmehr die Voraussetzungen der Familienversicherung erfüllt, kann jedoch seine Mitgliedschaft gemäß § 191 Abs. 1 Satz 1 Nr. 3 SGB V kündigen und so in den Genuss der – gemäß § 3 Satz 3 SGB V beitragsfreien – Familienversicherung gelangen.

12 Endet die Mitgliedschaft als freiwillig Versicherter durch den Beginn einer Pflichtmitgliedschaft, erledigen sich die **Beitragsbescheide zur freiwilligen Versicherung**, ohne dass es einer Anfechtung oder Aufhebung bedürfte.[13] Die Zugehörigkeit zur bisherigen Krankenkasse bleibt bestehen; ein Wechsel ist jedoch nach Maßgabe der §§ 173 ff. SGB V möglich.

3. Kündigung durch das Mitglied (Absatz 1 Satz 1 Nr. 3)

13 Die freiwillige Mitgliedschaft endet schließlich mit dem **Wirksamwerden einer Kündigung** gemäß § 175 Abs. 4 SGB V. Die Satzung der Krankenkasse kann einen früheren Zeitpunkt für das Ende der Mitgliedschaft vorsehen, wenn das Mitglied die Voraussetzungen der Familienversicherung erfüllt. Ein freiwilliges Mitglied kann seine Mitgliedschaft anders als ein Versicherungspflichtiger durch Abgabe der **Kündigung als empfangsbedürftige Willenserklärung** beenden. Dabei sind zwei Fallgestaltungen zu unterscheiden: Wie ein Versicherungspflichtiger auch kann das freiwillige Mitglied eine Kündigung zum Zweck des Kassenwechsels aussprechen; nur das freiwillige Mitglied kann dagegen auch zum Zweck des Austritts aus der GKV insgesamt seine Mitgliedschaft kündigen. § 191 Abs. 1 Satz 1 Nr. 3 SGB V **regelt das Ende der Mitgliedschaft in der GKV insgesamt** und nicht nur den Wechsel der zuständigen Kasse innerhalb der GKV.

14 § 191 Abs. 1 Satz 1 Nr. 3 SGB V (bis 31.03.2007: Nr. 4), der durch das Gesetz zur Neuregelung der Kassenwahlrechte[14] neu gefasst wurde, verweist pauschal auf **§ 175 Abs. 4 SGB V**[15]. Relevant ist jedoch vor allem die in § 175 Abs. 4 Satz 2 SGB V geregelte **Kündigungsfrist**: Eine Kündigung der Mitgliedschaft ist danach zum Ablauf des übernächsten Kalendermonats möglich, gerechnet von dem Monat an, in dem das Mitglied seine Kündigung erklärt. Die Sätze 1 und 4 des § 175 Abs. 4 SGB V gelten gemäß § 175 Abs. 4 Satz 6 SGB V bei einer Kündigung eines Versicherungsberechtigten zum Zweck des Austritts aus der GKV ohnehin nicht; § 175 Abs. 4 Satz 3 SGB V ist im Kontext des § 191 SGB V ohne unmittelbare Relevanz. Fraglich ist allenfalls, ob im Fall einer Beitragssatzerhöhung (§ 175 Abs. 4 Satz 5 SGB V) eine Kündigung bis zum Ablauf des auf die Beitragserhöhung folgenden Kalendermonats erfolgen kann; dies dürfte zu bejahen sein.[16] Zur Kündigung einer freiwilligen Mitgliedschaft wegen der beabsichtigten Aufnahme einer Beschäftigung vgl. das Urteil des LSG Rheinland-Pfalz[17].

15 Für freiwillig Versicherte, die die Voraussetzungen für die **Familienversicherung** erfüllen, kann die Satzung der Krankenkasse einen früheren Zeitpunkt für die Beendigung der Mitgliedschaft als freiwilliges Mitglied vorsehen; in diesem Fall kommt der Betreffende schneller in den Genuss der gemäß § 3 Satz 3 SGB V beitragsfreien Familienversicherung. Ein Anspruch auf eine entsprechende Vorverlegung des Wirksamwerdens der Kündigung besteht allerdings nicht. Hat die Krankenkasse in der Sat-

[11] Zur Inanspruchnahme von Elternzeit SG Frankfurt v. 08.11.2006 - S 18 KR 959/05 - nv.
[12] Hierzu BSG v. 21.09.1993 - 12 RK 19/93 - SozR 3-2500 § 183 Nr. 3.
[13] BSG v. 10.12.1998 - B 12 KR 7/98 R - BSGE 83, 186, 187 = SozR 3-2500 § 186 Nr. 7, S. 20.
[14] Vom 27.07.2001, BGBl I 2001, 1946; BT-Drs. 14/5957, S. 5, 6.
[15] Kritisch insoweit zu Recht *Peters* in: KassKomm-SGB, SGB V § 191 Rn. 15.
[16] Ebenso *Peters* in: KassKomm-SGB, SGB V § 191 Rn. 15.
[17] LSG Rheinland-Pfalz v. 03.03.1988 - L 5 K 26/87 - NZA 1988, 416.

zung von der in **§ 191 Abs. 1 Satz 1 Nr. 3 HS. 2 SGB V** eröffneten Möglichkeit keinen Gebrauch gemacht, bleibt es bei der allgemeinen Regelung: Maßgeblich ist das Wirksamwerden der Kündigung gemäß § 175 Abs. 4 Satz 2 SGB V.

IV. Rechtsfolgen

Die freiwillige Mitgliedschaft endet gemäß § 191 SGB V **kraft Gesetzes**, ohne dass es einer entsprechenden Feststellung durch die Krankenkasse bedürfte. Ein Fortbestehen der Mitgliedschaft nach § 192 SGB V ist ausgeschlossen, weil diese Regelung sich nur auf Versicherungspflichtige bezieht. Auch § 193 SGB V ist nicht einschlägig. Allerdings können nach Beendigung der Mitgliedschaft noch Leistungsansprüche nach Maßgabe des **§ 19 SGB V** bestehen. **16**

C. Praxishinweise

Wurde der gemäß § 191 Satz 1 Nr. 3 SGB V a.F. erforderliche Hinweis nicht erteilt, endete die freiwillige Mitgliedschaft nicht; in diesem Fall spielte es keine Rolle, wie hoch die ausstehenden Beiträge waren. **17**

D. Reformbestrebungen

Eine grundlegende Reform des § 191 SGB V ist derzeit nicht zu erwarten. **18**

§ 192 SGB V Fortbestehen der Mitgliedschaft Versicherungspflichtiger

(Fassung vom 05.12.2006, gültig ab 01.01.2007)

(1) Die Mitgliedschaft Versicherungspflichtiger bleibt erhalten, solange

1. sie sich in einem rechtmäßigen Arbeitskampf befinden,

2. Anspruch auf Krankengeld oder Mutterschaftsgeld besteht oder eine dieser Leistungen oder nach gesetzlichen Vorschriften Erziehungsgeld oder Elterngeld bezogen oder Elternzeit in Anspruch genommen wird,

3. von einem Rehabilitationsträger während einer Leistung zur medizinischen Rehabilitation Verletztengeld, Versorgungskrankengeld oder Übergangsgeld gezahlt wird oder

4. Kurzarbeitergeld nach dem Dritten Buch bezogen wird.

(2) Während der Schwangerschaft bleibt die Mitgliedschaft Versicherungspflichtiger auch erhalten, wenn das Beschäftigungsverhältnis vom Arbeitgeber zulässig aufgelöst oder das Mitglied unter Wegfall des Arbeitsentgelts beurlaubt worden ist, es sei denn, es besteht eine Mitgliedschaft nach anderen Vorschriften.

Gliederung

A. Basisinformationen

I. Textgeschichte/Gesetzgebungsmaterialien

1 § 192 SGB V wurde durch Art. 1 des **Gesetzes zur Strukturreform im Gesundheitswesen**[1] geschaffen und seither wiederholt modifiziert.

2 Eine Anpassung an das geänderte Bundeserziehungsgeldgesetz erfolgte durch Art. 3 des **Zweiten Gesetzes zur Änderung des Bundeserziehungsgeldgesetzes und anderer Vorschriften**[2]; § 192 Abs. 1 Nr. 2 SGB V wurde entsprechend geändert. Eine weitere Änderung des § 192 Abs. 1 Nr. 2 SGB V erfolgte durch Art. 1 Nr. 120 des **Gesetzes zur Sicherung und Strukturverbesserung der gesetzlichen Krankenversicherung**.[3] Durch Art. 5 Nr. 7 des **Gesetzes zur Reform der Arbeitsförderung**[4] wurde § 192 Abs. 1 Nr. 2 und 3 SGB V geändert sowie die Nr. 4 geschaffen. § 192 Abs. 1 Nr. 1 SGB V wurde neu gefasst durch Art. 5 Nr. 5 des **Gesetzes zur Reform der gesetzlichen Rentenversicherung**.[5]

---

1 Gesundheits-Reformgesetz – GRG – v. 20.12.1988, BGBl I 1988, 2477.

2 Vom 06.12.1991, BGBl I 1991, 2142, 2145.

3 Gesundheitsstrukturgesetz v. 21.12.1992, BGBl I 1992, 2266; hierzu BT-Drs. 12/3608, S. 114.

4 Arbeitsförderungs-Reformgesetz (AFRG) v. 24.03.1997, BGBl I 1997, 594, 692 (BT-Drs. 13/4941, S. 234).

5 Rentenreformgesetz 1999 (RRG 1999) v. 16.12.1997, BGBl I 1997, 2998, 3024; hierzu BT-Drs. 13/8011, S. 69. Vgl. in diesem Kontext BSG v. 17.02.2004 - B 1 KR 7/02 - BSGE 92, 172 = SozR 4-2200 § 200 Nr. 1: Die Pflichtmitgliedschaft blieb nach § 192 Abs. 1 Nr. 1 SGB V in seiner bis 31.12.1998 geltenden Fassung auch dann längstens für einen Monat erhalten, wenn dieser nicht unmittelbar auf die entgeltliche Beschäftigung folgte; es genügte, wenn die Mitgliedschaft zwischenzeitlich wegen des Bezugs von Mutterschafts- und Erziehungsgeld sowie wegen Erziehungsurlaubs nahtlos fortbestanden hatte – vgl. heute § 7 Abs. 3 SGB IV; vgl. auch BSG v. 08.08.1995 - 1 RK 28/94 - USK 9524.

§ 192 Abs. 1 Nr. 2 SGB V wurde erneut an eine Reform des Erziehungsgeldrechts angepasst; durch Art. 19 Nr. 2 des **Gesetzes zur Änderung des Begriffs „Erziehungsurlaub"**[6] erfolgte auch in § 192 SGB V eine entsprechende Modifikation. Das **Sozialgesetzbuch – Neuntes Buch – (SGB IX) Rehabilitation und Teilhabe behinderter Menschen**[7] führte zu einer Änderung des § 192 Abs. 1 Nr. 3 SGB V. Durch Art. 47b Nr. 2 des **Gesetzes zur Gleichstellung behinderter Menschen und zur Änderung anderer Gesetze**[8] **wurde ebenfalls § 192 Abs. 1 Nr. 3 SGB V geändert**. Im Zuge der Streichung des Winterausfallgeldes durch das Gesetz zur Förderung ganzjähriger Beschäftigung[9] wurde § 192 Abs. 1 Nr. 4 SGB V mit Wirkung zum 01.01.2007 angepasst.[10] Die letzte Änderung erfolgte durch die Einführung des Elterngeldes. § 192 Abs. 1 Nr. 2 SGB V wurde um die Worte „und Elterngeld" ergänzt.[11]

II. Vorgängervorschriften

§ 192 SGB V entspricht im Wesentlichen § 311 RVO. 3

III. Parallelvorschriften

§ 192 SGB V findet im Recht der gesetzlichen Pflegeversicherung gemäß § 49 Abs. 2 SGB XI entsprechende Anwendung. 4

IV. Systematische Zusammenhänge

§ 192 SGB V fingiert das Fortbestehen der Mitgliedschaft versicherungspflichtiger Personen. Die Regelung ist im Zusammenhang mit den §§ 5, 186, 190 SGB V zu sehen. 5

V. Ausgewählte Literaturhinweise

Marburger, Erhaltung der Mitgliedschaft in der gesetzlichen Krankenversicherung, Die Beiträge 2002, 577 und 641; *Voelzke*, Soziale Sicherung bei der Gewährung von Erziehungsgeld oder der Inanspruchnahme von Erziehungsurlaub, Brennpunkte des Sozialrechts 1999, 95. 6

B. Auslegung der Norm

I. Regelungsgehalt und Bedeutung der Norm

§ 192 SGB V regelt das **Fortbestehen der Mitgliedschaft Versicherungspflichtiger**. Der Gesetzgeber hat insgesamt **fünf Fallgestaltungen** festgeschrieben, in denen trotz § 190 SGB V die Mitgliedschaft weiterhin besteht. Das Fortbestehen ist jedoch jeweils zeitlich begrenzt. Anders als bei **§ 7 Abs. 3 SGB IV**, der den Tatbestand der Versicherungspflicht im Fall einer Beschäftigung ohne Arbeitsentgelt unter bestimmten Voraussetzungen fingiert und dadurch auch zum Fortbestand der Mitgliedschaft führt, verlängert § 192 SGB V die Mitgliedschaft als solche. § 192 SGB V kann daher auch dann ein Weiterbestehen der Mitgliedschaft begründen, wenn § 7 Abs. 3 SGB IV wegen Ablauf der Monatsfrist oder wegen des Bezugs der in § 7 Abs. 3 Satz 2 SGB IV genannten Leistungen nicht einschlägig ist. Erst das Ende der Mitgliedschaft löst die in **§ 19 SGB V** normierten Rechtsfolgen aus; bei einer Prüfung dieser Vorschrift ist daher immer auch an § 192 SGB V zu denken. Ergänzt wird § 192 SGB V durch die Regelung des § 193 SGB V, der das Fortbestehen der Mitgliedschaft bei Wehr- oder Zivildienst regelt. 7

[6] Vom 30.11.2000, BGBl I 2000, 1638, 1642 (BT-Drs. 14/4133, S. 11 f.).
[7] Vom 19.06.2001, BGBl I 2001, 1046, 1099 (BT-Drs. 14/5074, S. 118).
[8] Vom 27.04.2002, BGBl I 2002, 1467, 1479 (BT-Drs. 14/7420, S. 36).
[9] Vom 24.04.2006, BGBl I 2006, 926.
[10] Art. 4 Nr. 3, Art. 24 Abs. 3 des Gesetzes.
[11] Art. 2 Abs. 19 Nr. 3 des Gesetzes zur Einführung des Elterngeldes vom 05.12.2006, BGBl I 2006, 2748.

II. Normzweck

8 Ziel der Regelung ist es, die **Mitgliedschaft** versicherungspflichtiger Personen noch für eine bestimmte Zeit über das gemäß § 190 SGB V an sich eingetretene Ende der Mitgliedschaft hinaus **fortbestehen zu lassen**.[12] Die Gründe für das Fortbestehen der Mitgliedschaft sind unterschiedlich und reichen von Zeiten des Arbeitskampfes bis hin zur Schwangerschaft des Mitglieds.

III. Fortbestehen der Mitgliedschaft Versicherungspflichtiger

1. Allgemeines

9 § 192 SGB V betrifft nur die Mitgliedschaft Versicherungspflichtiger. Auf welchem Versicherungspflichttatbestand sie beruht, ist ohne Bedeutung.[13] Freiwillig Versicherte sind von der Regelung nicht erfasst – ihre Mitgliedschaft ist unbefristet und endet nur in den in § 191 SGB V genannten Fällen. Nicht betroffen von § 192 SGB V sind auch die familienversicherten Angehörigen: § 192 SGB V knüpft mit den Begriffen „Mitgliedschaft" und „Versicherungspflichtiger" an § 5 SGB V und nicht an § 10 SGB V an.

10 Denkbar ist, dass **mehrere Tatbestände des § 192 SGB V gleichzeitig erfüllt** sind. Die Mitgliedschaft bleibt in jedem Fall erhalten; mit Blick auf mögliche Unterschiede im Beitragsrecht müsste eine Konkurrenz allerdings entschieden werden.[14]

11 Das Fortbestehen der Mitgliedschaft Versicherungspflichtiger gemäß § 192 SGB V kann mit anderen Tatbeständen konkurrieren. Hier stellt sich mit Blick auf das möglicherweise unterschiedlich ausgestaltete Beitragsrecht die Frage, welche Mitgliedschaft im konkreten Fall maßgeblich sein soll. Die **Konkurrenz** von § 192 SGB V einerseits und anderen Mitgliedschaften andererseits ist – mit Ausnahme der in § 192 Abs. 2 HS. 2 SGB V enthaltenen Regelung für schwangere Frauen (hierzu Rn. 23 ff.) – nur sehr vereinzelt ausdrücklich geregelt. So räumt etwa § 3 Abs. 1 Nr. 2 KVLG 1989 § 192 SGB V den Vorrang vor einer Versicherung als Landwirt nach dem KVLG ein. Unzweifelhaft besteht kein Bedarf für § 192 SGB V, wenn nach Beendigung eines Beschäftigungsverhältnisses ein neues begründet wurde, das seinerseits Versicherungspflicht begründet und damit zu einer erneuten Mitgliedschaft führt[15]; Entsprechendes gilt, wenn von mehreren versicherungspflichtigen Beschäftigungen eine aufgegeben wird.[16] Als vorrangig kann § 192 SGB V letztlich überhaupt nur dann angesehen werden[17], wenn der Versicherungspflichttatbestand, der gemäß § 192 SGB V den Fortbestand der Mitgliedschaft begründet, seinerseits gegenüber dem konkurrierenden Versicherungspflichttatbestand, dessen Voraussetzungen erfüllt sind, vorrangig ist (zur Konkurrenz verschiedener Versicherungspflichttatbestände ausführlich die Kommentierung zu § 5 SGB V Rn. 96 ff.). Eine freiwillige Versicherung kann daher erst begründet werden, wenn die gemäß § 192 SGB V fortbestehende Mitgliedschaft als Versicherungspflichtiger endet.

2. Rechtmäßiger Arbeitskampf (Absatz 1 Nr. 1)

12 In seiner aktuellen Fassung[18] regelt § 192 Abs. 1 Nr. 1 SGB V[19] lediglich das Fortbestehen der Mitgliedschaft Versicherungspflichtiger, die sich in einem **rechtmäßigen Arbeitskampf** befinden. Die Frage der Rechtmäßigkeit eines Arbeitskampfes beurteilt sich nach den **allgemeinen Kriterien des Arbeitsrechts**.[20] Befindet sich der Versicherungspflichtige in einem rechtmäßigen Arbeitskampf,

---

12 Hierzu auch BSG v. 15.12.1994 - 12 RK 7/93 - SozR 3-2500 § 186 Nr. 3.

13 Vgl. BSG v. 13.02.1994 - 3 RK 4/59 - BSGE 20, 143 = SozR Nr. 2 zu § 311 RVO; BSG v. 09.03.1965 - 3 RK 43/62 - BSGE 22, 295 = SozR Nr. 3 zu § 311 RVO und BSG v. 23.06.1994 - 12 RK 7/94 - BSGE 74, 282 = SozR 3-2500 § 192 Nr. 2.

14 Vgl. BSG v. 12.12.1990 - 12 RK 35/89 - BSGE 68, 82 = SozR 3-2200 § 381 Nr. 1 zum Verhältnis des Bezugs von Krankengeld und Verletztengeld sowie BSG v. 17.12.1996 - 12 RK 45/95 - BSGE 79, 302 = SozR 3-2500 § 251 Nr. 1.

15 Vgl. BSG v. 28.06.1979 - 8b/3 RK 80/77 - BSGE 48, 235, 236 f. = SozR 2200 § 306 Nr. 5.

16 BSG v. 27.08.1968 - 3 RK 36/66 - BSGE 28, 202 = SozR Nr. 6 zu § 212 RVO.

17 Vgl. in diesem Kontext auch BSG v. 16.03.1978 - 11 RK 9/77 - BSGE 46, 81 = SozR 5420 § 3 Nr. 7; ausführlich auch *Töns*, SGb 1989, 322, 327.

18 In der Fassung des Art. 5 Nr. 9 RRG 1999 v. 16.12.1997, BGBl I 1997, 2998; BT-Drs. 13/8011, S. 69.

19 Ausführlich zum Thema „Arbeitskampf" und zur Entstehungsgeschichte des Gesetzes *Peters* in: KassKomm-SGB, SGB V § 192 Rn. 6 ff.

20 Hierzu *Schaub*, Arbeitsrechtshandbuch, § 193 Rn. 1 ff.

bleibt seine Mitgliedschaft auch über die in § 7 Abs. 3 SGB IV normierte Monatsfrist hinaus bestehen. Eine **zeitliche Begrenzung** enthält § 192 Abs. 1 Nr. 1 SGB V nicht.[21] Bei einem **rechtswidrigen Streik** bleibt die Mitgliedschaft aufgrund der Fiktion des § 7 Abs. 3 Satz 1 SGB IV nur während der dort genannten Monatsfrist bestehen. Im Fall einer **rechtswidrigen Aussperrung** bedarf es keiner gesonderten Regelung; sie lässt das Beschäftigungsverhältnis und den Anspruch auf Arbeitsentgelt unverändert fortbestehen, so dass die Voraussetzungen des § 5 Abs. 1 Nr. 1 SGB V auch während dieser Zeit erfüllt sind.

Da § 192 Abs. 1 Nr. 1 SGB V die Mitgliedschaft von Personen überbrückt, die kein Arbeitsentgelt beziehen, sind **keine Beiträge** zu entrichten. Soweit jedoch „nicht versicherungspflichtbezogene Einnahmen" der Beitragspflicht unterliegen, ändert sich durch die Anwendung des § 192 Abs. 1 Nr. 1 SGB V daran nichts.[22] 13

3. Sozialleistungen (Absatz 1 Nr. 2)

§ 192 Abs. 1 Nr. 2 SGB V begründet das Fortbestehen der Mitgliedschaft Versicherungspflichtiger, die Anspruch auf Krankengeld oder Mutterschaftsgeld haben oder eine dieser Leistungen bezogen haben. Die Regelung gilt auch dann, wenn nach gesetzlichen Vorschriften Erziehungsgeld oder Elterngeld bezogen oder Elternzeit in Anspruch genommen wird. Gemäß § 7 Abs. 3 Satz 1 SGB IV gilt zwar eine Beschäftigung gegen Arbeitsentgelt längstens für die Dauer eines Monats als fortbestehend, wenn das Beschäftigungsverhältnis als solches ohne Anspruch auf Arbeitsentgelt fortbesteht. Dies gilt jedoch nicht, wenn eine der in Satz 2 genannten Sozialleistungen in Anspruch genommen wird. In dieser Fallgestaltung hilft § 192 Abs. 1 Nr. 2 SGB V. Die Regelung gilt jedoch nicht für Arbeitslose, die sich der Kinderbetreuung widmen.[23] Die Erhaltung der Mitgliedschaft bedeutet nicht, dass auch der die Mitgliedschaft ursprünglich begründende Tatbestand – etwa die versicherungspflichtige Beschäftigung – erhalten bleibt.[24] 14

Die Mitgliedschaft Versicherungspflichtiger besteht zunächst fort bei Bestehen eines **Anspruchs auf Krankengeld oder bei Bezug von Krankengeld**. Da das Gesetz einerseits zwischen „Anspruch" und „Bezug" differenziert, andererseits aber beides genügen lässt, kommt es nicht darauf an, ob Krankengeld im konkreten Fall zu Recht gewährt wird oder nicht. Umgekehrt genügt allein der Anspruch auf Krankengeld, um das Fortbestehen der Mitgliedschaft in der GKV zu bewirken. Krankengeld wird nach Maßgabe der §§ 44, 45 SGB V gewährt. Auch wenn der Anspruch auf Krankengeld nur dem Grunde nach besteht, weil beispielsweise ein Ruhenstatbestand des § 49 SGB V einschlägig ist, besteht die Mitgliedschaft fort.[25] Die Mitgliedschaft in der GKV ist an die **Dauer** des Bezugs bzw. der Anspruchsberechtigung geknüpft (hierzu § 48 SGB V). 15

Zum Fortbestand der Mitgliedschaft einer versicherungspflichtigen Frau führt auch der Anspruch auf bzw. der Bezug von Mutterschaftsgeld. **Mutterschaftsgeld** wird gemäß **§ 200 RVO** gewährt. Eine Versicherte, die während des Bezugs von Erziehungsgeld ein weiteres Kind erwartet, hat keinen Anspruch auf Mutterschaftsgeld, wenn sie mehrere Monate vorher ihr bis dahin ruhendes Arbeitsverhältnis gekündigt hat.[26] 16

§ 192 Abs. 1 Nr. 2 SGB V benennt schließlich den Bezug von **Erziehungsgeld** bzw. **Elterngeld**[27] oder die **Inanspruchnahme von Elternzeit**. Elternzeit im Sinn der Norm ist die Arbeitnehmern gewährte Freistellung von der Arbeit zum Zweck der Kindesbetreuung.[28] Anders als beim Kranken- bzw. Mutterschaftsgeld genügt hier der Anspruch als solcher nicht; maßgeblich ist der tatsächliche Bezug bzw. die tatsächliche Inanspruchnahme. Dabei bezieht sich das Gesetz nicht explizit auf das Bundeserziehungsgeldgesetz[29] bzw. das Bundeselterngeld- und Elternzeitgesetz[30], so dass auch bei Erziehungsgeld oder Elternzeit nach Maßgabe landesrechtlicher Vorschriften die Mitgliedschaft fortbesteht. Da der 17

[21] Hierzu BSG v. 15.12.1971 - 3 RK 87/68 - BSGE 33, 254; vgl. auch *Hallmann/von Stiphout*, BKK 1991, 186.
[22] BSG v. 23.06.1994 - 12 RK 7/94 - BSGE 74, 282, 284 = SozR 3-2500 § 192 Nr. 2.
[23] BSG v. 17.06.1999 - B 12 KR 22/98 R - SozR 3-2500 § 192 Nr. 6.
[24] BSG v. 08.08.1995 - 1 RK 21/94 - SozR 2200 § 200 Nr. 4.
[25] A.A. *Töns*, SGb 1989, 322, 325.
[26] BSG v. 08.08.1995 - 1 RK 21/94 - SozR 3-2200 § 200 Nr. 4.
[27] Gem. § 24 Abs. 4 BErzGG sind für die nach dem 31.12.2006 geborenen oder mit dem Ziel der Adoption aufgenommenen Kinder die Vorschriften des BEEG anzuwenden.
[28] BSG v. 17.06.1999 - B 12 KR 22/98 R - SozR 3-2500 § 192 Nr. 6.
[29] Vgl. dort die §§ 4 ff. und 15 BErzGG.
[30] Vgl. dort die §§ 1 ff. und 15 BErzGG.

Bezug von Erziehungsgeld bzw. Elterngeld genügt, ist die Regelung nicht nur auf Versicherungspflichtige in einem Arbeitsverhältnis[31] anwendbar.[32] Die Dauer des Fortbestehens der Mitgliedschaft ist an den Bezug bzw. die Inanspruchnahme der jeweiligen Leistung geknüpft. Eine krankenversicherungspflichtige Studentin, deren Mitgliedschaft nach der Exmatrikulation wegen des Bezugs von Erziehungsgeld erhalten bleibt, ist zur Entrichtung des Studentenbeitrags nicht verpflichtet.[33]

18 **Beiträge** zur GKV werden im Fall des § 192 Abs.1 Nr. 2 SGB V nicht erhoben. Dies ergibt sich aus § 224 SGB V.

4. Leistungen der medizinischen Rehabilitation (Absatz 1 Nr. 3)

19 Die Mitgliedschaft Versicherungspflichtiger bleibt erhalten, solange von einem Rehabilitationsträger während einer Leistung zur medizinischen Rehabilitation Verletztengeld (§ 47 SGB VII)[34], Versorgungskrankengeld (§ 16 BVG) oder Übergangsgeld (§ 20 SGB VII) gezahlt wird. Angesichts der Tatsache, dass § 192 Abs. 1 Nr. 3 SGB V – anders als in Nr. 1 und 2 – ausdrücklich auf den Bezug der jeweiligen Leistung abstellt, genügt das Bestehen eines Anspruchs nicht.[35] Unerheblich ist dagegen, ob ein tatsächlicher Bezug zu Unrecht erfolgt.[36] Ein Anspruch des Unfallversicherungsträgers gegen die Krankenkasse auf Erstattung der Krankenversicherungsbeiträge besteht, wenn ohne Bezug von Übergangsgeld eine beitragsfreie Krankenversicherung kraft Bezugs von Krankengeld bestanden hätte.[37] Umgekehrt muss der Unfallversicherungsträger Beiträge auf Verletztengeld zurückzahlen, wenn zunächst Krankengeld gezahlt wurde, dieses aber der Krankenkasse vom Unfallversicherungsträger erstattet wurde, weil ein Arbeitsunfall vorlag und Verletztengeld zu zahlen war.[38]

20 Für die Erhaltung der Mitgliedschaft im Fall des § 192 Abs. 1 Nr. 3 SGB V zahlt der Rehabilitationsträger gemäß **§ 251 Abs. 1 SGB V** die Beiträge.

5. Kurzarbeitergeld (Absatz 1 Nr. 4)

21 Bezieht das Mitglied Kurzarbeitergeld (§§ 169 ff. SGB III), besteht seine Mitgliedschaft als Versicherungspflichtiger **für die Dauer des Bezugs** fort. Da es auf den tatsächlichen Bezug und nicht auf die Anspruchsberechtigung ankommt, berührt eine rückwirkende Aufhebung des Bewilligungsbescheids und eine Rückforderung der gezahlten Gelder den Fortbestand der Mitgliedschaft nicht.

22 Die Beitragszahlung richtet sich nach **§ 249 Abs. 2 SGB V**: Der Arbeitgeber trägt den Beitrag allein für Beschäftigte, soweit Beiträge für Kurzarbeitergeld zu zahlen sind. Berechnet werden die Beiträge nach fiktiven Einnahmen gemäß § 232a Abs. 2 SGB V.

6. Schwangerschaft (Absatz 2)

23 Eine gesonderte Regelung über das Fortbestehen der Mitgliedschaft Versicherungspflichtiger enthält § 192 Abs. 2 SGB V für die Dauer der Schwangerschaft. Die Regelung ergänzt § 192 Abs. 1 SGB V und bestimmt, dass die Mitgliedschaft während der Schwangerschaft auch dann erhalten bleibt, wenn das Beschäftigungsverhältnis vom Arbeitgeber zulässig aufgelöst oder die Beschäftigte unter Wegfall des Arbeitsentgelts beurlaubt worden ist. Etwas anderes gilt nach Halbsatz 2, wenn eine Mitgliedschaft nach anderen Vorschriften besteht.

24 Gemäß **§ 9 Abs. 1 Satz 1 MuSchG** darf einer schwangeren Frau grundsätzlich nicht gekündigt werden.[39] Das Beschäftigungsverhältnis besteht daher bis zum Beginn der **Schutzfrist** nach § 3 Abs. 2 MuSchG fort. Die Mitgliedschaft besteht während der Zeit, in der die Frau Anspruch auf Mutterschaftsgeld hat oder dieses bezieht, gemäß **§ 192 Abs. 1 Nr. 2 SGB V** fort. Wird das Beschäftigungsverhältnis mit der schwangeren Frau ausnahmsweise zulässig – vgl. hierzu im Einzelnen § 9 Abs. 1 Satz 2 und Abs. 3 MuSchG – vom Arbeitgeber beendet oder wird sie unter Wegfall des Arbeitsentgelts

---

[31] Gemäß § 15 BErzGG können nur sie Elternzeit in Anspruch nehmen.

[32] Vgl. auch BT-Drs. 12/3608, S. 114.

[33] BSG v. 23.06.1994 - 12 RK 7/94 - BSGE 74, 282 = SozR 3-2500 § 192 Nr. 2.

[34] Zum Verhältnis der Verlängerungstatbestände der Nr. 2 einerseits und Nr. 3 andererseits BSG v. 17.12.1996 - 12 RK 45/95 - BSGE 79, 302 = SozR 3-2500 § 251 Nr. 1.

[35] A.A. *Peters* in: KassKomm-SGB, SGB V § 192 Rn. 15.

[36] Hierzu auch BSG v. 18.12.1980 - 8a RK 20/79 - BSGE 51, 100 = SozR 2200 § 381 Nr. 43.

[37] BSG v. 12.12.1990 - 12 RK 35/89 - BSGE 68, 82 = SozR 3-2200 § 381 Nr. 1.

[38] BSG v. 17.12.1996 - 12 RK 45/95 - BSGE 79, 302 = SozR 3-2500 § 251 Nr. 1.

[39] Ausführlich zu den Voraussetzungen und Folgen des Kündigungsverbots *Buchner* in: Buchner/Becker, Mutterschutzgesetz, Bundeserziehungsgeldgesetz, § 9 MuSchG Rn. 1 ff.

beurlaubt, greift **§ 192 Abs. 2 SGB V** ein: Während der Dauer der Schwangerschaft bleibt die Mitgliedschaft als Versicherungspflichtige bestehen, obwohl nunmehr die **Voraussetzungen des § 5 Abs. 1 Nr. 1 SGB V nicht mehr erfüllt** sind. Nach dem Ende der Schwangerschaft, also nach der Geburt des Kindes, besteht die Mitgliedschaft wiederum gemäß § 192 Abs. 2 Nr. 2 SGB V fort, weil Anspruch auf Mutterschaftsgeld besteht (§§ 13 Abs. 1, 3 Abs. 2 und 6 Abs. 1 MuSchG i.V.m. § 200 RVO).

§ 192 Abs. 2 SGB V ist gegenüber anderen Vorschriften, die eine Mitgliedschaft in der GKV begründen, **subsidiär**. Ist die Frau nach der Kündigung während der Schwangerschaft beispielsweise als Studentin gemäß § 5 Abs. 1 Nr. 9 SGB V versichert, ist die Regelung über das Fortbestehen der Mitgliedschaft überflüssig. Aufgrund der weiten Formulierung in § 192 Abs. 2 HS. 2 SGB V ist § 192 Abs. 2 SGB V auch nachrangig gegenüber § 192 Abs. 1 SGB V. 25

Schwangere, deren Mitgliedschaft nach § 192 Abs. 2 SGB V erhalten bleibt, tragen den Beitrag gemäß **§ 250 Abs. 2 SGB V** allein. Die Bestimmung der beitragspflichtigen Einnahmen ist in der Satzung zu regeln (§ 226 Abs. 3 SGB V). 26

IV. Rechtsfolgen

In der nach § 192 SGB V enthaltenen Mitgliedschaft setzt sich die bisherige Mitgliedschaft unverändert fort. § 192 SGB V begründet also durch die Verlängerung in leistungs- und beitragsrechtlicher Hinsicht ein **vollwertiges Mitgliedschaftsverhältnis**, das seinerseits eine Familienversicherung begründen kann und geeignet ist, Vorversicherungszeiten – etwa im Rahmen von § 9 Abs. 1 Satz 1 Nr. 1 SGB V – zu erfüllen. 27

Die fortgesetzte Mitgliedschaft besteht grundsätzlich bei der Kasse fort, bei der die Pflichtmitgliedschaft bestanden hat; ein Kassenwechsel ist nach Maßgabe der §§ 173 ff. SGB V auch während der Zeit einer nur fortbestehenden Mitgliedschaft möglich.[40] 28

Obwohl die fortbestehende Mitgliedschaft ein vollwertiges Mitgliedschaftsverhältnis begründet, sind im **Beitragsrecht** Besonderheiten zu beachten (vgl. im Einzelnen Rn. 13, Rn. 18, Rn. 20, Rn. 22 und Rn. 26). 29

Die Mitgliedschaft nach § 192 SGB V besteht **nur zeitlich befristet** fort. Gemäß § 192 Abs. 1 SGB V gilt dies nur „solange“, wie die im Gesetz genannten Leistungen bezogen bzw. beansprucht werden können; § 192 Abs. 2 SGB V schützt längstens für die Dauer der Schwangerschaft. Endet die fortbestehende Mitgliedschaft, kommt unter den in § 9 SGB V genannten Voraussetzungen ein freiwilliger Beitritt zur GKV in Betracht, soweit keine neue Pflichtmitgliedschaft – etwa durch Aufnahme einer neuen Beschäftigung – begründet wird. Zu prüfen ist zudem, ob nachgehende Ansprüche gemäß § 19 SGB V bestehen. 30

C. Praxishinweise

Hat eine Krankenkasse gegenüber einem Sozialhilfeempfänger durch Verwaltungsakt das Bestehen einer beitragspflichtigen freiwilligen Versicherung und die Beitragshöhe festgestellt sowie der Sozialhilfeempfänger dagegen Klage erhoben, so ist die daneben vom Sozialhilfeträger gegen die Krankenkasse erhobene Klage auf Feststellung einer beitragsfreien Pflichtmitgliedschaft des Sozialhilfeempfängers unzulässig.[41] 31

D. Reformbestrebungen

Eine Änderung des § 192 SGB V steht derzeit nicht zur Diskussion. 32

---

40 Hierzu BSG v. 27.02.1981 - 8/8a RK 8/80 - BSGE 51, 218 = SozR 2200 § 300 Nr. 1.

41 BSG v. 30.06.1993 - 12 RK 47/92 - SozR 3-2500 § 192 Nr. 1.

§ 193 SGB V Fortbestehen der Mitgliedschaft bei Wehrdienst oder Zivildienst

(Ursprünglich kommentierte Fassung vom 22.04.2005, gültig ab 30.04.2005, gültig bis 17.12.2007)

(1) Bei versicherungspflichtig Beschäftigten, denen nach § 1 Abs. 2 des Arbeitsplatzschutzgesetzes Entgelt weiterzugewähren ist, gilt das Beschäftigungsverhältnis als durch den Wehrdienst nach § 4 Abs. 1 und § 6b Abs. 1 des Wehrpflichtgesetzes nicht unterbrochen.

(2) Bei Versicherungspflichtigen, die nicht unter Absatz 1 fallen, sowie bei freiwilligen Mitgliedern berührt der Wehrdienst nach § 4 Abs. 1 und § 6b Abs. 1 des Wehrpflichtgesetzes eine bestehende Mitgliedschaft bei einer Krankenkasse nicht. Die versicherungspflichtige Mitgliedschaft gilt als fortbestehend, wenn die Versicherungspflicht am Tag vor dem Beginn des Wehrdienstes endet oder wenn zwischen dem letzten Tag der Mitgliedschaft und dem Beginn des Wehrdienstes ein Samstag, Sonntag oder gesetzlicher Feiertag liegt.

(3) Die Absätze 1 und 2 gelten für den Zivildienst entsprechend.

(4) Die Absätze 1 und 2 gelten für Personen, die Dienstleistungen oder Übungen nach dem Vierten Abschnitt des Soldatengesetzes leisten. Die Dienstleistungen und Übungen gelten nicht als Beschäftigungen im Sinne des § 5 Abs. 1 Nr. 1 und § 6 Abs. 1 Nr. 3.

§ 193 SGB V Fortbestehen der Mitgliedschaft bei Wehrdienst oder Zivildienst

(Fassung vom 12.12.2007, gültig ab 18.12.2007)

(1) Bei versicherungspflichtig Beschäftigten, denen nach § 1 Abs. 2 des Arbeitsplatzschutzgesetzes Entgelt weiterzugewähren ist, gilt das Beschäftigungsverhältnis als durch den Wehrdienst nach § 4 Abs. 1 und § 6b Abs. 1 des Wehrpflichtgesetzes nicht unterbrochen. *Dies gilt auch für Personen in einem Wehrdienstverhältnis besonderer Art nach § 6 des Einsatz-Weiterverwendungsgesetzes, wenn sie den Einsatzunfall in einem Versicherungsverhältnis erlitten haben.*

(2) Bei Versicherungspflichtigen, die nicht unter Absatz 1 fallen, sowie bei freiwilligen Mitgliedern berührt der Wehrdienst nach § 4 Abs. 1 und § 6b Abs. 1 des Wehrpflichtgesetzes eine bestehende Mitgliedschaft bei einer Krankenkasse nicht. Die versicherungspflichtige Mitgliedschaft gilt als fortbestehend, wenn die Versicherungspflicht am Tag vor dem Beginn des Wehrdienstes endet oder wenn zwischen dem letzten Tag der Mitgliedschaft und dem Beginn des Wehrdienstes ein Samstag, Sonntag oder gesetzlicher Feiertag liegt. *Absatz 1 Satz 2 gilt entsprechend.*

(3) Die Absätze 1 und 2 gelten für den Zivildienst entsprechend.

(4) Die Absätze 1 und 2 gelten für Personen, die Dienstleistungen oder Übungen nach dem Vierten Abschnitt des Soldatengesetzes leisten. Die Dienstleistungen und Übungen gelten nicht als Beschäftigungen im Sinne des § 5 Abs. 1 Nr. 1 und § 6 Abs. 1 Nr. 3.

(5) Die Zeit in einem Wehrdienstverhältnis besonderer Art nach § 6 des Einsatz-Weiterverwendungsgesetzes gilt nicht als Beschäftigung im Sinne von § 5 Abs. 1 Nr. 1 und § 6 Abs. 1 Nr. 3.

Hinweis: § 193 SGB V in der Fassung vom 22.04.2005 wurde durch § 22 Abs. 7 Nr. 2 des Gesetzes vom 12.12.2007 (BGBl I 2007, 2861) mit Wirkung vom 18.12.2007 geändert. Die Autoren passen die Kommentierungen bei Bedarf an die aktuelle Rechtslage durch Aktualisierungshinweise an.

Gliederung

A. Basisinformationen

I. Textgeschichte/Gesetzgebungsmaterialien

§ 193 SGB V wurde durch Art. 1 des **Gesetzes zur Strukturreform im Gesundheitswesen**[1] geschaffen und seitdem wiederholt geändert. 1

§ 193 Abs. 4 SGB V wurde ergänzt durch Art. 18 Nr. 2 des **Gesetzes zur Änderung wehrpflichtrechtlicher, beamtenrechtlicher und anderer Vorschriften.**[2] § 193 Abs. 1 und 2 SGB V wurden ergänzt durch Art. 14 des **Gesetzes zur Änderung wehrrechtlicher Vorschriften.**[3] Eine weitere Reform erfolgte durch Art. 1 Nr. 62 des **Gesetzes zur Reform der gesetzlichen Krankenversicherung ab dem Jahr 2000**[4]; § 193 Abs. 2 Satz 2 SGB V wurde angefügt. Geändert wurde § 193 SGB V durch das **Gesetz zur Änderung des Soldatengesetzes und anderer Vorschriften.**[5] Die letzte Änderung der Norm war eine Konsequenz der Neufassung der Änderung des Soldatengesetzes durch das **Gesetz über die Neuordnung der Reserve der Streitkräfte und zur Rechtsbereinigung des Wehrpflichtgesetzes.**[6] 2

II. Vorgängervorschriften

§ 193 SGB V entspricht im Wesentlichen § 209a Abs. 1 Satz 1, Abs. 2 Satz 1 und Abs. 5 Satz 1 RVO. 3

III. Parallelvorschriften

Das Recht der gesetzlichen Pflegeversicherung kennt keine § 192 SGB V entsprechende Vorschrift; auch in § 49 SGB XI wird sie nicht in Bezug genommen. Da § 193 SGB V jedoch das Fortbestehen der Beschäftigung und damit der Versicherungspflicht fingiert, führt die Regelung auch zum Fortbestand der Mitgliedschaft in der gesetzlichen Pflegeversicherung. 4

IV. Systematische Zusammenhänge

Die Regelung sorgt für das Fortbestehen der Mitgliedschaft in der GKV während des Wehrdienstes oder Zivildienstes und ist im Zusammenhang mit den insoweit maßgeblichen Gesetzen zu sehen. 5

V. Ausgewählte Literaturhinweise

Gerold, Die soziale Sicherung der wehrpflichtigen Soldaten und Zivildienstleistenden, 1987. 6

---

1 Gesundheits-Reformgesetz (GRG) v. 20.12.1988, BGBl I 1988, 2477.
2 V. 24.07.1995, BGBl I 1995, 962, 970.
3 Wehrrechtsänderungsgesetz v. 15.12.1995, BGBl I 1995, 1726, 1734.
4 GKV-Gesundheitsreformgesetz 2000 v. 22.12.1999, BGBl I 1999, 2626, 2643; hierzu BT-Drs. 14/1977, S. 175.
5 SGÄndG v. 19.12.2000, BGBl I 2000, 1815, 1826; hierzu BT-Drs. 14/4062, S. 26.
6 Streitkräfte-Neurordnungsgesetz – SkResNOG – v. 22.04.2005, BGBl I 2005, 1106.

B. Auslegung der Norm

I. Regelungsgehalt und Bedeutung der Norm

7 § 193 SGB V normiert das Fortbestehen der Mitgliedschaft bei Wehr- oder Zivildienst oder einer Auslandsverwendung. Die Regelung betrifft in Absatz 1 **versicherungspflichtige Beschäftigte im öffentlichen Dienst**; leisten sie Wehrdienst nach § 4 Abs. 1 WPflG oder § 6b Abs. 1 WPflG, gilt das Beschäftigungsverhältnis als nicht unterbrochen mit der Folge, dass auch die Mitgliedschaft fortbesteht. § 192 Abs. 2 SGB V betrifft **alle Versicherungspflichtigen, die nicht unter Absatz 1 fallen** sowie **freiwillig versicherte Mitglieder**: Der Wehrdienst berührt bei ihnen eine bestehende Mitgliedschaft nicht. Gemäß § 193 Abs. 3 SGB V gelten die getroffenen Regelungen für **Zivildienstleistende** entsprechend. § 194 Abs. 4 SGB V schließlich normiert das Fortbestehen der Mitgliedschaft von Personen, die bestimmte **Dienstleistungen oder Übungen nach dem Soldatengesetz** leisten.

II. Normzweck

8 Ziel der Regelung ist es, die Mitgliedschaft während des Wehrdienstes oder Zivildienstes oder einer Auslandsverwendung fortbestehen zu lassen, um so den **durch die GKV gewährten Schutz aufrechtzuerhalten**.

III. Fortbestand der Mitgliedschaft bei Wehrdienst oder Zivildienst

1. Versicherungspflichtig Beschäftigte im öffentlichen Dienst (Absatz 1)

9 § 193 SGB V fingiert das die Versicherungspflicht gemäß § 5 Abs. 1 Nr. 1 SGB V begründende Beschäftigungsverhältnis Wehrdienstleistender als nicht unterbrochen[7], wenn ihnen nach § 1 Abs. 2 Arbeitsplatzsschutzgesetz (ArbPlSchG) Entgelt weiter zu gewähren ist. Gemäß **§ 1 Abs. 2 ArbPlSchG** hat der Arbeitgeber einem **Arbeitnehmer im öffentlichen Dienst während einer Wehrübung** Arbeitsentgelt wie bei einem Erholungsurlaub zu zahlen; zum Arbeitsentgelt gehören nicht besondere Zuwendungen, die mit Rücksicht auf den Erholungsurlaub gewährt werden. Die Regelung betrifft damit nur Arbeitnehmer, die eine Tätigkeit im Dienste des Bundes, eines Landes, einer Gemeinde oder eines Gemeindeverbandes oder anderer Körperschaften, Anstalten und Stiftungen des öffentlichen Rechts oder der Verbände von solchen ausüben (vgl. die Legaldefinition in § 15 Abs. 2 ArbPlSchG). Die Tätigkeit bei öffentlich-rechtlichen Religionsgemeinschaften oder ihren Verbänden ist ausgeschlossen. Bei diesen Arbeitnehmern gilt das Beschäftigungsverhältnis durch den Wehrdienst nach den §§ 4 Abs. 1 und 6b Abs. 1 WPflG als nicht unterbrochen. Gemäß § 4 Abs. 1 WPflG umfasst der auf Grund der Wehrpflicht zu leistende Wehrdienst den **Grundwehrdienst** (§ 5 WPflG), die **Wehrübungen** (§ 6 WPflG) sowie – im Verteidigungsfall – den **unbefristeten Wehrdienst**. § 6b Abs. 1 WPflG regelt den **freiwilligen zusätzlichen Wehrdienst** im Anschluss an den Grundwehrdienst, der mindestens einen und höchstens 14 Monate dauert (§ 6b Abs. 1 Satz 3 WPflG). Die Regelung gilt auch für Grenzschutzdienstpflichtige, bei denen dieser Dienst gemäß § 42a WPflG an die Stelle des Wehrdienstes tritt.

10 Beschränkt sich der Dienst auf eine **Wehrübung von nicht mehr als drei Tagen**, ist der Wehrdienstleistende von der Arbeitsleistung gemäß § 11 Abs. 1 ArbPlSchG unter Weitergewährung des Arbeitsentgelts freigestellt, so dass sich an seiner Versicherungspflicht gemäß § 5 Abs. 1 Nr. 1 SGB V nichts ändert. In allen anderen Fällen jedoch ruht das Arbeitsverhältnis (§ 1 Abs. 1 ArbPlSchG); dies hätte grundsätzlich das Ende von Versicherungspflicht und Mitgliedschaft zur Folge. § 193 Abs. 1 SGB V erhält insoweit die Mitgliedschaft in der GKV, um wehrdienstbedingte Nachteile zu vermeiden.

11 Der Wehrdienst muss **während der versicherungspflichtigen Beschäftigung** im öffentlichen Dienst beginnen und die Ursache dafür sein, dass die Beschäftigung vorübergehend nicht ausgeübt werden kann. Dabei gilt § 193 Abs. 1 SGB V nicht nur für die Dauer einer Wehrübung, die gemäß § 6 WPflG höchstens vier Monate andauert; dies ergibt sich daraus, dass § 1 Abs. 2 auch im Fall des unbefristeten Wehrdienstes und des sich an den Grundwehrdienst anschließenden freiwilligen zusätzlichen Wehrdienstes (vgl. § 16 Abs. 1 und 2 ArbPlSchG) gilt. Lediglich bei Ableistung des Grundwehrdienstes ist § 193 Abs. 1 SGB V nicht einschlägig; insoweit gilt § 193 Abs. 2 SGB V.

---

7 BSG v. 23.06.1994 - 12 RK 7/94 - BSGE 74, 282, 285 = SozR 3-2500 § 192 Nr. 2.

Während des Dienstes ist ein **Beitrag** zu zahlen, der 1/3 des vor der Einberufung zuletzt entrichteten Betrags beträgt, soweit sich dieser auf das Arbeitsentgelt bezog (§ 244 Abs. 1 Satz 1 Nr. 1 SGB V). Arbeitgeber und Beschäftigter – jetzt auch Wehrdienstleistender – tragen den Beitrag gemäß § 249 Abs. 1 SGB V je zur Hälfte. Zahlt der Arbeitgeber dem Arbeitnehmer während des Wehrdienstes das Arbeitsentgelt weiter, werden Beiträge nach den allgemeinen Regeln erhoben; in diesem Fall verbleibt es bei der regulären Versicherungspflicht gemäß § 5 Abs. 1 Nr. 1 SGB V. 12

2. Sonstige Versicherungspflichtige und freiwillige Mitglieder (Absatz 2)

Einen Auffangtatbestand für alle anderen Versicherungspflichtigen sowie freiwillige Mitglieder in der GKV enthält § 193 Abs. 2 SGB V. Die Regelung erfasst zum einen alle Beschäftigten, die nicht unter Absatz 1 fallen, also alle Beschäftigten, die nicht im öffentlichen Dienst tätig sind. Erfasst werden auch Beschäftigte im öffentlichen Dienst, die den Grundwehrdienst leisten – sie haben keinen Anspruch nach Maßgabe des § 1 Abs. 2 ArbPlSchG. Darüber hinaus gilt § 193 Abs. 2 SGB V für alle anderen Versicherungspflichtigen im Sinne des § 5 Abs. 1 Nr. 2-12 SGB V. Leisten sie Wehrdienst nach den §§ 4 Abs. 1, 6b Abs. 1 WPflG (vgl. hierzu ausführlich Rn. 9), „berührt der Wehrdienst ... eine bestehende Mitgliedschaft bei einer Krankenkasse nicht". Eine bisher bestehende Mitgliedschaft bleibt also erhalten,[8] ohne dass der Gesetzgeber – wie in § 193 Abs. 1 SGB V – das Fortbestehen des Beschäftigungsverhältnisses fingiert. 13

Bezogen auf **freiwillige Mitglieder** in der GKV erscheint die Regelung in § 193 Abs. 2 SGB V überflüssig. Die Beendigungsgründe der freiwilligen Mitgliedschaft sind in **§ 191 SGB V** normiert; das Ableisten des Wehrdienstes ist insoweit unerheblich. Zum Beitragsrecht vgl. Rn. 16. 14

Wenn § 193 Abs. 2 SGB V von einer „bestehenden Mitgliedschaft" spricht, bedeutet dies eigentlich, dass der Versicherungspflichttatbestand noch in die Zeit des Wehrdienstes hineinreichen muss. Die Versicherungspflicht muss daher noch an dem Tag bestehen, an dem der Wehrdienst beginnt. Mit anderen Worten: Der Wehrdienst lässt eine bereits geendete Mitgliedschaft grundsätzlich nicht wieder aufleben. Durch die **in § 193 Abs. 2 Satz 2 SGB V getroffene Überbrückungsregelung**[9] wird dieser Grundsatz jedoch relativiert: Die Mitgliedschaft bleibt danach auch dann bestehen, wenn die Versicherungspflicht am Tag vor dem Beginn des Wehrdienstes endet oder wenn zwischen dem letzten Tag der Mitgliedschaft und dem Beginn des Wehrdienstes ein Samstag, Sonntag oder gesetzlicher Feiertag liegt. Sinn der Regelung ist es vor allem, Wehrpflichtigen, die nach dem Ende des Wehrdienstes nicht erneut versicherungspflichtig werden, die Möglichkeit der freiwilligen Versicherung nach § 9 Abs. 1 Nr. 1 SGB V zu erhalten. Bei kurzen Unterbrechungen hatten viele Wehrpflichtige mit Blick auf die bevorstehende freie Heilfürsorge und nachgehende Ansprüche gemäß § 19 Abs. 2 SGB V davon abgesehen, sich freiwillig zu versichern; beim Ende des Wehrdienstes hatte dann die Fristregelung des § 9 Abs. 2 SGB V einem freiwilligen Beitritt entgegengestanden. Durch § 193 Abs. 2 Satz 2 SGB V wird sichergestellt, dass die dort enthaltene Drei-Monats-Frist erst mit dem Ausscheiden aus dem Wehrdienst beginnt, weil bis dahin § 193 Abs. 2 SGB V die Mitgliedschaft erhält.[10] Der Wortlaut der Norm ist eindeutig gefasst – eine **erweiternde Auslegung** zugunsten der Betroffenen etwa bei sonstigen kürzeren Lücken zwischen Versicherungspflicht und Beginn des Wehrdienstes ist **nicht zulässig.** 15

Während der Dauer des Dienstes ist ein **Beitrag** zu zahlen, der 1/10 des vor der Einberufung zuletzt entrichteten, auf das Arbeitsentgelt bezogenen Betrags beträgt (§ 244 Abs. 1 Satz 1 Nr. 2 SGB V). Die Beitragslast trifft allein den Bund (§ 251 Abs. 4 SGB V). 16

3. Zivildienstleistende (Absatz 3)

§ 193 Abs. 3 SGB V stellt Personen, die nach Maßgabe des Zivildienstgesetzes (ZDG)[11] ihren Zivildienst ableisten, den Wehrdienstleistenden gleich. Für sie gilt § 193 Abs. 1 und 2 SGB V entsprechend. Zum Beitragsrecht vgl. § 244 Abs. 3 SGB V. 17

[8] BSG v. 23.06.1994 - 12 RK 7/94 - BSGE 74, 282, 285 = SozR 3-2500 § 192 Nr. 2.
[9] Eingefügt durch Art. 1 Nr. 62 GKV-GRG 2000 v. 22.12.1999, BGBl I 1999, 2626.
[10] Ausführlich BT-Drs. 14/1977, S. 72, 175.
[11] In der Fassung der Bekanntmachung v. 30.05.2005, BGBl I 2005, 1346.

4. Sonstige Dienstleistungen und Übungen (Absatz 4)

18 Gemäß § 193 Abs. 4 SGB V[12] gelten die Absätze 1 und 2 der Vorschrift für Personen, die bestimmte Dienstleistungen oder Übungen nach dem Soldatengesetz leisten, entsprechend. Zugleich wird in § 193 Abs. 4 Satz 2 SGB V klargestellt, dass diese Dienste und Übungen nicht als Beschäftigung im Sinne der §§ 5 Abs. 1 Nr. 1 und 6 Abs. 3 SGB V gelten.

19 § 193 Abs. 4 SGB V erfasst Personen, die Dienstleistungen oder Übungen nach dem Vierten Abschnitt des Soldatengesetzes leisten. Die in § 59 SoldG genannte Personengruppe – etwa frühere Berufssoldaten – kann unter bestimmten Voraussetzungen zu den in § 60 SoldG genannten Dienstleistungen herangezogen werden. § 60 SoldG benennt dabei befristete Übungen (§ 61 SoldG), besondere Auslandsverwendungen (§ 62 SoldG), Hilfeleistungen im Innern (§ 63 SoldG), unbefristete Übungen, die von der Bundesregierung als Bereitschaftsdienst angeordnet worden sind sowie unbefristeten Wehrdienst im Spannungs- und Verteidigungsfall.

20 **§ 193 Abs. 4 Satz 2 SGB V**[13] stellt klar, dass die in Satz 1 genannten Dienste selbst kein versicherungspflichtiges oder versicherungsfreies Beschäftigungsverhältnis begründen. Eine gemäß § 193 SGB V weiterbestehende Beschäftigung wird also nicht durch diese Dienste verdrängt.

IV. Rechtsfolgen

21 Während des Wehrdienstes ruht der Anspruch des Versicherten auf Leistungen aus der GKV (§ 16 Abs. 1 Nr. 2 SGB V).

C. Praxishinweise

22 Die gemäß § 10 SGB V familienversicherten Angehörigen können eigene Ansprüche geltend machen, da die Ruhensgründe nur in der Person des Mitglieds erfüllt sind.

D. Reformbestrebungen

23 Eine grundlegende Änderung des § 193 SGB V ist derzeit nicht zu erwarten.

---

[12] Angefügt durch Gesetz zur Änderung wehrpflichtrechtlicher, soldatenrechtlicher, beamtenrechtlicher und anderer Vorschriften v. 24.07.1995 (BGBl I 1995, 962, 970) und ergänzt durch Gesetz zur Änderung des Soldatengesetzes und anderer Vorschriften v. 19.12.2000 (BGBl I 2000, 1815, 1826).

[13] Durch Art. 20 Nr. 2 des SkResNOG (hierzu Rn. 2) wurden in § 193 Abs. 4 Satz 2 die Worte „des Fünften Sozialgesetzbuch“ gestrichen; es handelte sich lediglich um die „Bereinigung eines Rechtsförmlichkeitsfehlers“ ohne inhaltliche Konsequenzen (BT-Drs. 15/4485, S. 44).

Zweiter Titel: Satzung, Organe

§ 194 SGB V Satzung der Krankenkassen

(Fassung vom 14.11.2003, gültig ab 01.01.2004, gültig bis 31.12.2008)

(1) Die Satzung muß insbesondere Bestimmungen enthalten über

1. Namen und Sitz der Krankenkasse,

2. Bezirk der Krankenkasse und Kreis der Mitglieder,

3. Art und Umfang der Leistungen, soweit sie nicht durch Gesetz bestimmt sind,

4. Höhe, Fälligkeit und Zahlung der Beiträge,

5. Zahl der Mitglieder der Organe,

6. Rechte und Pflichten der Organe,

7. Art der Beschlußfassung des Verwaltungsrates,

8. Bemessung der Entschädigungen für Organmitglieder,

9. jährliche Prüfung der Betriebs- und Rechnungsführung und Abnahme der Jahresrechnung,

10. Zusammensetzung und Sitz der Widerspruchsstelle und

11. Art der Bekanntmachungen.

(1a) Die Satzung kann eine Bestimmung enthalten, nach der die Krankenkasse den Abschluss privater Zusatzversicherungsverträge zwischen ihren Versicherten und privaten Krankenversicherungsunternehmen vermitteln kann. Gegenstand dieser Verträge können insbesondere die Wahlarztbehandlung im Krankenhaus, der Ein- oder Zweibettzuschlag im Krankenhaus sowie eine Auslandsreisekrankenversicherung sein.

(2) Die Satzung darf keine Bestimmungen enthalten, die den Aufgaben der gesetzlichen Krankenversicherung widersprechen. Sie darf Leistungen nur vorsehen, soweit dieses Buch sie zuläßt.

Gliederung

A. Basisinformationen

I. Textgeschichte/Gesetzgebungsmaterialien

1 Die mit dem **Gesundheits-Reformgesetz (GRG)**[1] vom 20.12.1988 eingeführte Vorschrift trat am 01.01.1989 in Kraft. Der Wortlaut der Absätze 1 und 2 entspricht § 203 des Regierungsentwurfes[2].

2 Mit § 194 Abs. 1 SGB V wurde im Grundsatz weitgehend wieder der Regelungsgehalt des **§ 321 RVO** in der Fassung bei Einführung der RVO vom 19.07.1911 übernommen.[3] § 194 Abs. 2 SGB V entspricht dem Regelungsgehalt des früheren **§ 323 RVO** in der bis 31.12.1988 gültigen Fassung.

3 Durch das **Gesundheitsstrukturgesetz (GSG)**[4] vom 21.12.1992 wurden in § 194 Abs. 1 Nr. 7 SGB V mit Blick auf die **Orts-, Betriebs-, Innungskrankenkassen und Ersatzkassen** die Worte „der Vertreterversammlung“ durch die Worte „des **Verwaltungsrates**“ ersetzt. Der neue Wortlaut berücksichtigt allerdings nicht, dass neben den genannten im Wettbewerb stehenden Kassenarten weiterhin **Zuweisungskassen** mit der alten **dualistischen Selbstverwaltungsorganstruktur** (ehrenamtlicher Vorstand und Vertreterversammlung) bestehen.[5] **See-Krankenversicherung** (§ 165 Abs. 1 SGB V), die **Krankenversicherung der Landwirte** (§ 166 SGB V) und die **knappschaftliche Krankenversicherung** (§ 167 SGB V) haben nach wie vor zwei Selbstverwaltungsorgane: den ehrenamtlichen Vorstand und die ehrenamtliche Vertreterversammlung. Für diese so genannten Zuweisungskassen **gelten die §§ 194-197a SGB V** mit der **Maßgabe**, dass anstelle des Verwaltungsrates die **Vertreterversammlung zuständig** ist. Nicht ganz glücklich ist dabei die identische Bezeichnung „Vorstand“ sowohl für eines der beiden ehrenamtlichen Organe der Zuweisungskassen wie auch für das hauptamtliche Organ der Wettbewerbskassen.

---

1 Gesundheits-Reformgesetz (GRG) vom 20.12.1988, BGBl I 1988, 2477.

2 BR-Drs. 200/88, Art. 1, S. 60.

3 § 321 RVO vom 19.07.1911, RGBl 1911, 509: „Die Satzung muss den Bezirk der Kasse sowie den Kreis ihrer Mitglieder angeben und bestimmen über 1. Namen und Sitz der Kasse; 2. Art und Umfang der Leistungen; 3. Höhe der Beiträge und Zahlungszeit; 4. Zusammensetzung, Rechte und Pflichten des Vorstandes; 5. Zusammensetzung und Berufung des Ausschusses und Art seiner Beschlussfassung, sowie seine Vertretung nach außen im Falle des § 346 Abs. 1; 6. Aufstellung des Voranschlages; 7. Aufstellung und Abnahme der Jahresrechnung; 8. Höhe der Vergütungen nach § 21 Abs. 2, 3; 9. Art der Bekanntmachungen; 10. Änderung der Satzung.“

4 Gesundheitsstrukturgesetz (GSG) vom 21.12.1992, BGBl I 1992, 2266.

5 *Hänlein* in: Kruse/Hänlein, LPK-SGB V, vor §§ 194-197 Rn. 21.

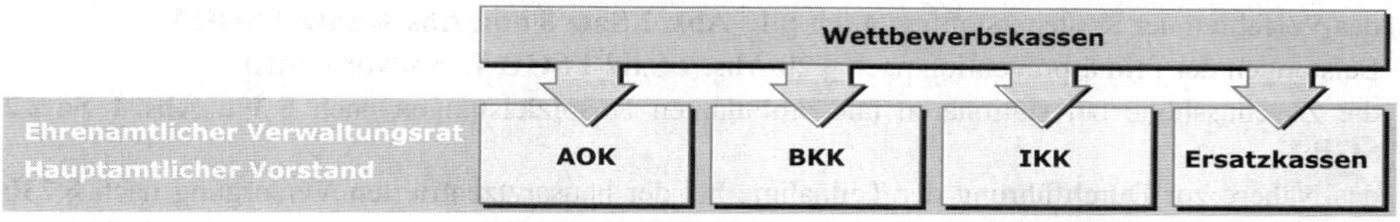

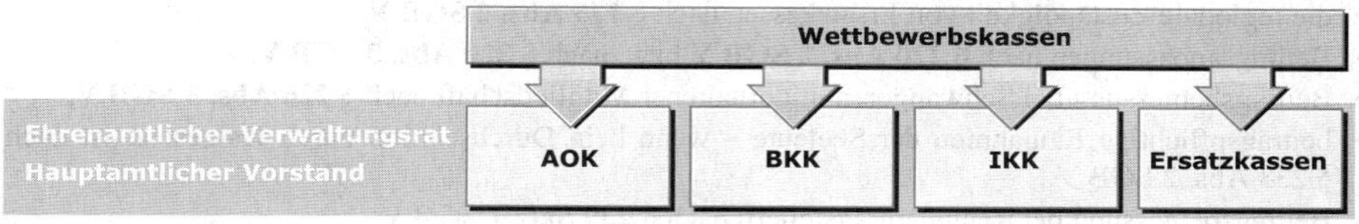

Durch das **GKV-Modernisierungsgesetz (GMG)**[6] vom 14.11.2003 wurde schließlich **Absatz 1a** neu eingefügt, der den Krankenkassen ab 01.01.2004 die Möglichkeit einräumt, in ihrer Satzung die Vermittlung privater **Zusatzversicherungsverträge** vorzusehen. Der Wortlaut entspricht unverändert dem von den Fraktionen SPD, CDU/CSU und Bündnis90/Die Grünen eingebrachten Gesetzentwurf.[7] 4

II. Vorgängervorschriften

Die **§§ 321 und 323 RVO** regelten bis 1988, was die Satzungen der Krankenkassen notwendig enthalten mussten, wobei § 321 RVO nach Einführung des SGB IV[8] durch Streichung der Nummern 4-7 und 10 inhaltlich deutlich reduziert war.[9] 5

III. Parallelvorschriften

§ 34 SGB IV schreibt vor, dass sich jeder Versicherungsträger eine Satzung gibt. Da der Inhalt der Satzung für die einzelnen Versicherungsträger unterschiedlich ist, bleibt die entsprechende Regelung den besonderen Vorschriften vorbehalten. Parallelvorschriften hinsichtlich des Satzungsinhaltes finden sich in **§ 57 ALG** (landwirtschaftliche Alterskassen), **§ 26 KVLG 1989** (Krankenversicherung der Landwirte), **§ 372 SGB III** (Bundesagentur für Arbeit), **§ 8 des Gesetzes über die Errichtung der Bundesversicherungsanstalt für Angestellte**, **§ 81 SGB V** (Kassenärztlichen Vereinigungen), **§ 210 SGB V** (Satzung der Landesverbände der Krankenkassen), **§ 216 SGB V** (Satzung der Bundesverbände der Krankenkassen), **§ 409 RVO** (Kassenverbände) und **§ 47 SGB XI** (Pflegeversicherung). 6

Der Geltungsbereich des § 194 SGB V wird durch die Verweisung in **§ 26 Abs. 1 KVLG** auf die **landwirtschaftliche Krankenversicherung** erstreckt. Nach § 219 Abs. 5 SGB V gilt der Absatz 1 Nr. 10 (Zusammensetzung und Sitz der Widerspruchsstelle) auch für die **Deutsche Verbindungsstelle Krankenversicherung-Ausland**. 7

Die geltende Satzung kann gemäß **§ 196 SGB V** zudem in den Geschäftsräumen der Krankenkasse eingesehen werden. 8

Eine ähnliche Regelung im Zivilrecht findet sich beispielsweise in **§ 57 BGB** (Mindesterfordernisse an die Vereinssatzung) und **§ 58 BGB** (Sollinhalt der Vereinssatzung). 9

IV. Systematische Zusammenhänge

Die Regelung des § 197 Abs. 1 SGB V über den notwendigen Satzungsinhalt ist nicht abschließend. Das Wort „**insbesondere**" verweist auf andere Vorschriften, die den Kassen Satzungsregelungen vorschreiben. 10

---

[6] GKV-Modernisierungsgesetz (GMG) vom 14.11.2003, BGBl I 2003, 2190.

[7] BT-Drs. 15/1525, Artikel 1 Nr. 137, S. 42.

[8] SGB IV – Gemeinsame Vorschriften für die Sozialversicherung v. 23.12.1976, BGBl 1976, 3847.

[9] § 321 RVO in der Fassung vom 25.07.1978, gültig ab 01.01.1979 bis 31.12.1988: „Die Satzung muss den Bezirk der Kasse sowie den Kreis ihrer Mitglieder angeben und bestimmen über 1. Namen und Sitz der Kasse; 2. Art und Umfang der Leistungen; 3. Höhe und Fälligkeit der Beiträge sowie Zahlung von Vorschüssen auf die Beiträge; 4. bis 8.; 9. Art der Bekanntmachungen; 10."

11 Zum **weiteren notwendigen Inhalt** gehören:

- das Verfahren der Kostenerstattung **nach § 13 Abs. 2 Satz 8 und Abs. 4 Satz 4 SGB V**,
- Leistungen der Primärprävention nach **§ 20 Abs. 1 Satz 1 SGB V** (Sollvorschrift),
- die Zuschusshöhe bei stationären und ambulanten Hospizleistungen nach **§ 39a Abs. 1 Satz 2 SGB V**,
- das Nähere zur Durchführung der Teilnahme bei der hausarztzentrierten Versorgung nach **§ 73b Abs. 4 SGB V**,
- die regionale Zuständigkeit von Ersatzkassen nach **§ 173 Abs. 2 SGB V**,
- Beitragsanpassungen nach **§ 220 Abs. 2 SGB V** bzw. nach **§ 220 Abs. 3 SGB V**,
- Beitragsbemessung bei Schwangeren mit erhaltener Mitgliedschaft nach **§ 226 Abs. 3 SGB V**,
- beitragspflichtige Einnahmen der Seeleute – wenn kein Durchschnittsentgelt festgesetzt ist nach § 233 Abs. 2 SGB V,
- Beitragsbemessung bei Rentenantragstellern nach **§ 239 Satz 1 SGB V**,
- beitragspflichtige Einnahmen freiwilliger Mitglieder nach **§ 240 SGB V**,
- allgemeiner Beitragssatz nach **§ 241 Satz 1 SGB V**,
- Rücklagenhöhe nach **§ 261 Abs. 2 Satz 1 SGB V**,
- Zahl der Organmitglieder der Selbstverwaltung nach **§ 43 Abs. 1 Satz 1 SGB IV** und
- der Zuständigkeitsbereich nach **§ 90a SGB IV**.

12 Neben dem notwendigen Inhalt stellt das Gesetz den Krankenkassen an vielen Stellen **optionale Satzungsregelungen** frei (Vorbehalt des Gesetzes, vgl. § 194 Abs. 2 SGB V). Das gilt für:

- die Versicherungspflicht bei der Bundesknappschaft trotz Übersteigens der Jahresarbeitsentgeltgrenze kraft Satzung nach **§ 6 Abs. 5 SGB V**,
- eine Altersgrenze für den freiwilligen Beitritt schwerbehinderter Menschen nach **§ 9 Abs. 1 Nr. 4 SGB V**,
- die Teilkostenerstattung nach **§ 14 Abs. 1 Satz 1 SGB V**,
- den Zuschuss zu den übrigen Kosten bei ambulanten Vorsorgeleistungen nach **§ 23 Abs. 2 Satz 2 SGB V**,
- Schutzimpfungen nach **§ 23 Abs. 9 SGB V**,
- Grundpflege und hauswirtschaftliche Versorgung im Rahmen der häuslichen Krankenpflege nach **§ 37 Abs. 2 Sätze 2 und 3 SGB V**,
- Haushaltshilfe als Satzungsleistung in anderen als den gesetzlich genannten Fällen nach **§ 38 Abs. 2 SGB V**,
- satzungsmäßige Einschränkungen für freiwillig Versicherte beim Krankengeld nach **§ 44 Abs. 2 SGB V**,
- den Beginn des Krankengeldanspruchs in der Künstlersozialversicherung nach **§ 46 Satz 3 SGB V**,
- Höhe und Berechnung des Krankengeldes bei nicht kontinuierlicher Arbeitsverrichtung nach **§ 47 Abs. 3 SGB V**,
- den Selbstbehalt nach **§ 53 Sätze 1 und 3 SGB V**,
- die Beitragsrückzahlung nach **§ 54 Sätze 1 und 2 SGB V**,
- Modellvorhaben nach **§ 63 Abs. 5 Satz 1 SGB V**,
- den Bonus für gesundheitsbewusstes Verhalten nach **§ 65a Abs. 1-4 SGB V**,
- die Finanzierung einer persönlichen elektronischen Gesundheitsakte nach **§ 68 Satz 2 SGB V**,
- die Leistungsgewährung einer Seekrankenkasse durch andere Krankenkassen nach **§ 165 Abs. 2 und Abs. 4 Satz 3 SGB V**,
- die Erweiterung des Bezirks bei Ersatzkassen nach **§ 168 Abs. 3 SGB V**,
- die Öffnung von Betriebs- und Innungskrankenkassen nach **§ 173 Abs. 2 SGB V**,
- die Befreiung von der 18-monatigen Bindungsfrist bei Ausübung des Wahlrechts nach **§ 175 Abs. 4 Satz 7 SGB V**,
- die verkürzte Kündigungsfrist bei freiwilliger Mitgliedschaft und zwischenzeitlich eingetretener Mitversicherung nach **§ 191 Nr. 4 SGB V**,
- Näheres zur Durchführung der Erstattung von Beiträgen nach **§ 231 Abs. 2 Satz 2 SGB V**,
- eine andere Beitragszahlung der Studenten als für das Semester im Voraus nach **§ 254 SGB V** und
- Näheres über das Verfahren bei Auskünften an Versicherte nach **§ 305 Abs. 1 Satz 5 SGB V**.

V. Literaturhinweise

Bekanntmachungen von Satzungsänderungen, WzS 1996, 155-158; Die Satzung der Krankenkassen, SVFAng 74, 1992, 79-87; *Axer*, Normenkontrolle und Normerlassklage in der Sozialgerichtsbarkeit, NZS 1997,10-16; *Buhrmann*, „Die Selbstverwaltung bei den Krankenkassen – Teil 1", SVFAng Nr. 114, 1999, 87-95; *Dürschke*, Der satzungsmäßige Doppelsitz bei juristischen Personen des öffentlichen Rechts, NZS 1996, 65-67; *Falk*, Renaissance der Selbstverwaltung im GKV-Gesundheitsmodernisierungsgesetz?, KrV 2004, 31-36; *Finkenbusch*, Die Satzung der Krankenversicherungsträger, WzS 1992, 1-11; *Fuchs*, Aufgaben, Handlungsgrundlagen und -instrumente, SozSich 1994, 249-253; *Knospe*, Die neue Welt der PKV, ZfV 2004, 98-100; *Korf/Waiß*, „Schnäppchenfieber" in der GKV, BKK 2004, 98-102, *Kruse/Kruse*, Bedeutung und Aufgaben der Ausschüsse der Selbstverwaltung der Sozialversicherungsträger, Die Sozialversicherung 2000, 200-207; *Kruse/Zamponi*, Die unterbliebene Beitragssatzanhebung, NZS 2001, 184-188; *Marburger*, Die Aufsicht in der Sozialversicherung, DÖD 2003, 232-237; *Möller*, Warum können sich Arbeitnehmer nicht ohne Krankengeld versichern?, WzS 2003, 129-133; *Schwintowski*, Chancen und rechtliche Grenzen bei der Vermittlung von Zusatzversicherungen, BKK 2003, 608-613; Gesundheitsmodernisierungsgesetz – Vermittler sind die Verlierer, ZfV 2004, 182-183. 13

B. Auslegung der Norm

I. Regelungsgehalt und Bedeutung der Norm

1. Satzungsautonomie (Absatz 1)

§ 194 Abs. 1 SGB V beinhaltet eine Ermächtigung zur Statuierung einer autonomen Satzung. Die Grundlagen für die Satzungsautonomie sind in den Gemeinsamen Vorschriften für die Sozialversicherungsträger (SGB IV) festgelegt. Träger der Sozialversicherung sind gemäß **§ 29 Abs. 1 SGB IV** rechtsfähige Körperschaften des öffentlichen Rechts mit **Selbstverwaltung**. Sie geben sich gemäß **§ 34 SGB IV** Satzungen, mit denen sie ihre Selbstverwaltung ausüben. Die Satzung bedarf gemäß **§ 195 SGB V** und § 34 Abs. 1 Satz 2 SGB IV der **Genehmigung der Aufsichtsbehörde**. Gemäß **§ 34 Abs. 2 Satz 1 SGB IV** ist die Satzung **öffentlich bekannt zu machen**. § 194 Abs. 1 SGB V ergänzt § 34 Abs. 1 Satz 1 SGB IV dahingehend, was die Satzung notwendig enthalten muss. Dabei ist zu beachten, dass der **notwendige Satzungsinhalt** in § 194 Abs. 1 SGB V **nicht abschließend** aufgezählt ist (vgl. Rn. 10). 14

2. Name und Sitz (Absatz 1 Nr. 1)

Der **Name und Sitz** der Krankenkasse (Nr. 1) müssen aus der Satzung zu ersehen sein. Sitz der Krankenkasse ist eine Stadt oder Gemeinde. 15

3. Bezirk und Kreis der Mitglieder (Absatz 1 Nr. 2)

Nach § 194 Abs. 1 Nr. 2 SGB V müssen der **Bezirk** und der Kreis der Mitglieder aus der Satzung ersichtlich sein. Der Bezirk der **Allgemeinen Ortskrankenkassen** ist in **§ 143 SGB V** gesetzlich geregelt. **§ 144 SGB V** eröffnet Allgemeinen Ortskrankenkassen die Möglichkeit **freiwilliger Vereinigungen** und **§ 145 SGB V** die Möglichkeit einer **Vereinigung auf Antrag. Nicht geöffnete Betriebskrankenkassen** bestehen **für bestimmte Betriebe**. Bei **Innungskrankenkassen** muss in der Satzung geregelt sein, für welche **bestimmten Innungen** die Innungskrankenkasse errichtet wird. **Ersatzkassen** können nach § 168 Abs. 3 SGB V den Bezirk auf das Gebiet eines oder mehrerer Länder oder das Bundesgebiet **erstrecken**. 16

Für den **Kreis der Mitglieder** maßgeblich sind die Vorschriften **der §§ 5-9 SGB V** über den **versicherten Personenkreis** und der **§§ 173-182 SGB V** über die **Wahlrechte** der Mitglieder. Der Mitgliederkreis bei **geschlossenen Betriebs- und Innungskrankenkassen** erstreckt sich nach § 173 Abs. 2 Satz 1 Nr. 3 SGB V grundsätzlich nur auf Beschäftigte des Betriebes, für den die Betriebs- bzw. Innungskrankenkasse errichtet wird. Die Satzung von Betriebs- und Innungskrankenkassen kann nach **§ 173 Abs. 2 Satz 1 Nr. 4 SGB V** jedoch auch eine **Öffnung** der Kasse vorsehen. Diese gilt nach § 173 Abs. 2 Satz 2 **für** die **jeweiligen Regionen der Ortskrankenkassen, in denen Betriebe** oder Innungsbetriebe bestehen. Neu errichtete Betriebs- und Innungskrankenkassen, bei denen die Abstimmung nach § 148 Abs. 2 und § 158 Abs. 2 des Fünften Buches Sozialgesetzbuch am 09.09.2003 noch nicht durchgeführt worden ist, können **bis zum 01.01.2007** in ihren Satzungen nach dem **Moratorium** in § 7 17

Gesetz zu Übergangsregelungen zur Neuorganisation der vertragsärztlichen Selbstverwaltung und Organisation der Krankenkassen (KKÜNOG)[10] jedoch keine Regelungen nach § 173 Abs. 2 Satz 1 Nr. 4 des Fünften Buches Sozialgesetzbuch vorsehen. Die Zuständigkeit der **See-Krankenkasse** ist in **§ 176 SGB V** geregelt. Die Zuständigkeit der **Bundesknappschaft** ist in **§ 177 SGB V** festgelegt. Mit Wirkung ab dem 01.10.2005 tritt in § 177 SGB V gemäß Art. 6 Nr. 14 RVOrgG[11] an die Stelle der Bundesknappschaft die **Deutsche Rentenversicherung Knappschaft-Bahn-See**. Das **Gesetz über die Krankenversicherung der Landwirte (KVLG 1989)** regelt in den **§§ 2-7** den versicherten Personenkreis der **landwirtschaftlichen Krankenkassen**.

4. Leistungen (Absatz 1 Nr. 3)

18 § 194 Abs. 1 Nr. 3 SGB V meint nicht die gesetzlichen Leistungen, sondern die so genannten **Satzungsleistungen**. Wenn auch ein großer Teil der Ausgaben vom Gesetzgeber festgelegt ist, so spielen die **Satzungsleistungen** (Nr. 3) gerade im Wettbewerb und für die Fortentwicklung der Krankenversicherung durch die Selbstverwaltung eine nicht zu vernachlässigende Rolle.

5. Beiträge (Absatz 1 Nr. 4)

19 Die **Höhe, Fälligkeit und Zahlung der Beiträge** (Nr. 4) wird in den §§ 20-28 SGB IV und §§ 220-258 SGB V geregelt. Im weiteren bestimmt die Beitragszahlungsverordnung[12] den **Tag der Zahlung** und die zugelassenen **Zahlungsmittel** (§ 3 BeitrZV) sowie die **Reihenfolge der Tilgung** von rückständigen Gesamtsozialversicherungsbeiträgen, Säumniszuschlägen, Zinsen, Geldbußen oder Zwangsgeldern (§ 4 BeitrZV) bei Zahlungen des Arbeitgebers oder sonstiger Zahlungspflichtiger.

6. Zahl der Mitglieder der Organe (Absatz 1 Nr. 5)

20 Die Satzung bestimmt darüber hinaus die **Zahl der Mitglieder der Organe** (Nr. 5). § 31 SGB IV unterscheidet zwischen Selbstverwaltungs- und hauptamtlichen Organen. **Selbstverwaltungsorgane** bei den Trägern der gesetzlichen Krankenversicherung sind gemäß § 31 Abs. 3a Satz 1 SGB IV der **Verwaltungsrat bei Wettbewerbskassen** (AOK, BKK, IKK, Ersatzkassen) bzw. gemäß § 31 Abs. 1 Satz 1 SGB IV die **Vertreterversammlung** und der **ehrenamtliche Vorstand bei Zuweisungskassen** (See-Krankenkasse, knappschaftliche Krankenversicherung und landwirtschaftliche Krankenkassen). Die **Zahl** der Mitglieder der Selbstverwaltungsorgane kann gemäß § 43 Abs. 1 Satz 1 SGB IV **nur für die folgende Wahlperiode geändert** werden. In § 44 SGB IV ist **in der Regel** eine **paritätische** Zusammensetzung der Selbstverwaltungsorgane festgelegt. Während der **Vertreterversammlung** gemäß § 43 Abs. 1 SGB IV je nach Kassengröße **bis zu 60 Mitglieder** angehören, setzt sich der **Verwaltungsrat** aus **höchstens 30 Mitgliedern** zusammen. Die maximale Anzahl der ehrenamtlichen Vorstandsmitglieder bei Zuweisungskassen ist nicht ausdrücklich gesetzlich festgelegt.

21 **Hauptamtliche Organe** bei **Wettbewerbskassen** sind gemäß § 31 Abs. 3a Satz 1 SGB IV der **hauptamtliche Vorstand** bzw. bei **Zuweisungskassen** gemäß § 31 Abs. 1 Satz 2 SGB IV die **Geschäftsführung**. Die Geschäftsführung bei Zuweisungskassen bzw. der hauptamtliche Vorstand bei Wettbewerbskassen können gemäß § 36 Abs. 4 SGB IV bzw. § 35a Abs. 4 SGB IV je nach Kassengröße aus **maximal 3 Personen** bestehen.

7. Rechte und Pflichten der Organe (Absatz 1 Nr. 6)

22 Ferner muss die Satzung **Rechte und Pflichten der Organe** bestimmen (Nr. 6). Rechte und Pflichten der **ehrenamtlichen Vertreterversammlung bzw. des Verwaltungsrates** sind in § 33 SGB IV umrissen und für den Verwaltungsrat der Krankenkassen in § 197 SGB V konkretisiert. Die Kompetenzen und Pflichten des **hauptamtlichen Vorstandes** bei Wettbewerbskassen sind in § 35a SGB IV bzw. bei Zuweisungskassen der **hauptamtlichen Geschäftsführung** in § 36 Abs. 1 SGB IV definiert.

---

[10] GKV-Modernisierungsgesetz (GMG) vom 14.11.2003, BGBl I 2003, 2190 Art. 35 § 7.

[11] BGBl I 2004, 3242.

[12] BGBl I 1997, 1928-1929 in der Fassung von Art. 1 der zweiten Verordnung zur Änderung von gemeinsamen Vorschriften für die Sozialversicherung BGBl I 2003, 1437.

8. Art der Beschlussfassung (Absatz 1 Nr. 7)

23 Die Satzung muss außerdem die Art der Beschlussfassung des Verwaltungsrates festlegen (Nr. 7). Die Beschlussfassung des Verwaltungsrates ist grundsätzlich in § 64 SGB IV geregelt. Gemäß § 64 Abs. 2 SGB IV werden Beschlüsse, soweit Gesetz oder sonstiges Recht nichts Abweichendes bestimmen, mit der Mehrheit der abgegebenen Stimmen gefasst. Eine Satzungsbestimmung ist nach § 64 Abs. 3 SGB IV erforderlich, um bei Bedarf im schriftlichen Verfahren abstimmen zu können.

9. Entschädigung der Organmitglieder (Absatz 1 Nr. 8)

24 Die Satzung muss zudem die **Bemessung der Entschädigung für Organmitglieder** bestimmen (Nr. 8), für die § 41 SGB IV nähere Vorgaben macht.

10. Betriebs- und Rechnungsprüfung, Abnahme der Jahresrechnung (Absatz 1 Nr. 9)

25 Zum notwendigen Satzungsinhalt gehört auch die jährliche Prüfung der **Betriebs- und Rechnungsprüfung und die Abnahme der Jahresrechnung** (Nr. 9), die in § 77 SGB IV geregelt ist.

11. Widerspruchsstelle (Absatz 1 Nr. 10)

26 **Zusammensetzung und Sitz der Widerspruchsstelle** sind ebenfalls in der Satzung festzulegen (Nr. 10). Gemäß § 85 Abs. 2 Nr. 2 SGG erlässt den Widerspruchsbescheid in Angelegenheiten der Sozialversicherung nicht die nächsthöhere Behörde, sondern die von der Vertreterversammlung bestimmte **Stelle innerhalb der Ausgangsbehörde**. Die Vorschrift wird in entsprechender Anwendung von § 33 Abs. 3 Satz 2 SGB IV auf den Verwaltungsrat angewandt. **§ 36a Abs. 1 Nr. 1 SGB IV** ermächtigt die Sozialversicherungsträger, den Erlass von Widerspruchsbescheiden durch Satzung **besonderen Ausschüssen** der Selbstverwaltung zu übertragen. Nach § 36a Abs. 2 SGB IV muss die Satzung ggf. insbesondere die **Zusammensetzung der Widerspruchsausschüsse** und die **Bestellung ihrer Mitglieder** regeln. Die Satzung kann auch die **Mitwirkung von Bediensteten** der Versicherungsträger vorsehen.

27 Neben der Widerspruchsstelle muss der Verwaltungsrat gemäß § 112 Abs. 2 SGB IV i.V.m. § 33 Abs. 3 SGB IV analog auch die **Stelle** bestimmen, die über **Einsprüche gegen Bußgeldbescheide** entscheidet.

12. Art der Bekanntmachungen (Absatz 1 Nr. 11)

28 Schließlich muss die Satzung die **Art der Bekanntmachungen** regeln (Nr. 11). Die Bekanntmachung der Satzung und sonstigen autonomen Rechts ist in **§ 34 Abs. 2 SGB IV** geregelt.

13. Vermittlung privater Zusatzversicherungen (Absatz 1a)

29 Absatz 1a räumt den Krankenkassen die Möglichkeit ein, **mit privaten Krankenversicherungsunternehmen** zu **kooperieren**. Gegenstand der Kooperation ist die **Vermittlung** insbesondere der in Satz 2 aufgeführten Zusatzversicherungsverträge **(Wahlarztbehandlung im Krankenhaus, Ein- oder Zweibettzimmerzuschlag und Auslandsreisekrankenversicherung)** zwischen den Versicherten der Krankenkasse und den Versicherungsunternehmen. Gegenüber herkömmlichen Verträgen können Kassenmitglieder im Schnitt 3-5% sparen.[13] Von den gesetzlichen Kassen konnten Verträge mit Kontrahierungszwang und Neuverträge ohne Altersgrenze, Verträge ohne oder mit eingeschränkter Gesundheitsprüfung, als Novum für die private Krankenversicherung durchgesetzt werden, die insbesondere bei älteren Versicherten auf großes Interesse stoßen.[14] Diese Zusatzversicherungen dienen aus Sicht der Versichertengemeinschaft in erster Linie der Kundenbindung. Altersrückstellungen gehen daher wie in der PKV üblich in der Regel verloren, wenn der Vertrag aufgrund eines Kassenwechsels umgestellt werden muss.[15]

14. Gesetzmäßigkeit der Verwaltung (Absatz 2)

30 Absatz 2 konkretisiert den Regelungsinhalt von **§ 30 SGB IV**. Danach dürfen die Krankenkassen nur **Geschäfte zur Erfüllung** ihrer **gesetzlich vorgeschriebenen oder zugelassenen Aufgaben** führen.

[13] *Knospe*, ZfV 2004, 98-100.
[14] *Knospe*, ZfV 2004, 98-100.
[15] *Knospe*, ZfV 2004, 98-100.

II. Normzweck

1. Basisnähe

31 Satzungsautonomie soll Basisnähe sicherstellen und die **Akzeptanz** der Normen durch die Betroffenen erhöhen.[16] Die Verleihung von Satzungsautonomie ist Ausdruck von Eigenverantwortung im besten Sinne. Sie eröffnet den verschiedenen gesellschaftlichen Gruppen die Möglichkeit zur **selbstverantwortlichen Regelung der sie betreffenden Angelegenheiten**.[17]

2. Rechtsstaatlichkeit und Rechtssicherheit

32 Die Rechtsetzung ist eine der wichtigsten Funktionen des Rechtsstaates. Nach **Art. 20 Abs. 3 GG** ist die vollziehende Gewalt an Gesetz und Recht gebunden. Neben Gesetzen eines Gesetzgebungsorganes (Parlament) im formellen Sinne kennt die Rechtsordnung **Gesetze im materiellen Sinne**. Dazu gehören Verordnungen und Satzungen. Die Satzung einer Krankenkasse ist gleichsam ihre „Verfassung". Sie sichert **Transparenz** für die Normunterworfenen und damit das **Vertrauen** der Adressaten.

3. Kassenidentität (Absatz 1 Nr. 1)

33 Der **Name** ist Teil der Identität der einzelnen Krankenkasse. Er ist gemäß **§ 12 BGB** gegen unberechtigten Gebrauch geschützt. Der **Sitz** hat Auswirkungen auf örtliche **Zuständigkeiten** der **Rechtsaufsicht** sowie bei **Rechtsstreitigkeiten**.[18]

4. Balance zwischen Basisnähe und Leistungsstärke (Absatz 1 Nr. 2)

34 Auch wenn **Bezirk und Mitgliederkreis** sich weitgehend aus dem Gesetz ergeben, soll die Satzung hier **Transparenz** schaffen. Schon in der Begründung des Gesetzentwurfes für die RVO[19] hieß es: „Der Bezirk der Kasse und der Kreis ihrer Mitglieder ist nicht dem Ermessen der Stelle überlassen, welche die Satzung errichtet. Wohl aber muss beides aus der Satzung zu ersehen sein." Bereits bei Verabschiedung der RVO wollte der Gesetzgeber den Krankenkassen Spielraum belassen, um einerseits Basisnähe auch in räumlicher Hinsicht und andererseits möglichst leistungsstarke, effiziente Einheiten sicherzustellen.[20] Absicht des Gesetzgebers war es seither, **Fusionen** so leicht wie möglich zu machen und durch das 1996 eingeführte Wahlrecht der Mitglieder einen **Wettbewerb um Wirtschaftlichkeit** und **Servicequalität** auszulösen. Die mit dem Gesundheitsstrukturgesetz (GSG) eingeführte allgemeine Wahlfreiheit sollte die sachlich nicht zu begründende **Trennung** zwischen **Primär- und Wahlkassen** beseitigen. Die Ungleichbehandlung von **Arbeitern und Angestellten** bei der Wahl der Krankenkasse, daraus resultierende unterschiedliche Risikostrukturen und Wettbewerbsverzerrungen sollten überwunden werden, weil sie zu **Beitragssatzunterschieden** von bis zu 7,5 Prozentpunkten ge-

---

[16] Vgl. BVerfG v. 09.05.1972 - 1 BvR 518/62 und 308/64 - BVerfGE 33, 125, 156 f.

[17] Vgl. BVerfG v. 09.05.1972 - 1 BvR 518/62 und 308/64 - BVerfGE 33, 125, 156 f.

[18] *Dürschke*, NZS 1996, 65-67.

[19] RT-Drs 1910, Nr. 340, S. 200.

[20] RT-Drs. 1910, Nr. 340, S. 107: „Diese liegen zunächst und vornehmlich darin, dass der Versicherungsfall, d.h. die Erkrankung eines Versicherten, sich nach außen nicht mit der Bestimmtheit und Zweifellosigkeit abhebt, wie andere Versicherungsfälle, z.B. Tod, Unfall oder Erreichen eines bestimmten Lebensalters, sondern dass dem subjektiven Empfinden und den eigenen Angaben des Berechtigten selbst eine große Bedeutung zukommt. (…) Im Gegensatze zu den bei der Rentenversicherung in Frage kommenden seltenen, aber dauernden Leistungen von relativ hohem Kapitalwerte handelt es sich bei der Krankenversicherung um häufig eintretende vorübergehende Unterstützungen von relativ geringem Kapitalwerte. Diese Unterstützungen müssen, wenn sie ihren Zweck erfüllen sollen, sofort geleistet werden; (…). Ferner sind die Voraussetzungen des Krankenunterstützungsanspruchs, und namentlich seiner Fortdauer, der Art, dass sie nur von solchen Organen mit Sicherheit beurteilt und überwacht werden können, welche den in Betracht kommenden Verhältnissen nahestehen und dieselben an Ort und Stelle selbst festzustellen im Stande sind." (…)„Unter der übermäßigen Zersplitterung leidet einmal die notwendige Übersichtlichkeit des ganzen Aufbaus unserer Arbeiterversicherung. Es leidet ferner darunter die Leistungsfähigkeit der Kassen." Außerdem wird ausgeführt: „Eine weitausschauende Verwaltung, eine gründliche der Wiederholung von Krankheitsfällen vorbeugende Krankenhauspflege, das rechtzeitige Ausnutzen neuer, zunächst vielleicht noch etwas kostspieliger Heilmethoden und dergleichen pflegt nur für Kassen mit größerem Mitgliederbestand und entsprechenden Mitteln möglich zu sein."

führt hatten und die **Solidarität** gefährdeten.[21] Gegen diese Entwicklung waren **verfassungsrechtliche Bedenken** erhoben worden, zumal Unterschiede in den Leistungen der Kassen ein geringes Ausmaß haben.[22]

5. Wettbewerb um Versorgungsqualität (Absatz 1 Nr. 3)

Die Selbstverwaltung ist verantwortlich für die Satzungsleistungen. Mit einer Differenzierung im Bereich der Satzungsleistungen wird insbesondere **Wettbewerb** unter den Trägern der Wettbewerbskassen durch einen möglichen **Kassenwechsel** bezweckt. Dahinter steckt das Ziel einer **Stärkung des öffentlich-rechtlichen Krankenversicherungssystems.**[23] Die Selbstverwaltung hat im Leistungsbereich die Rolle einer **demokratisch legitimierten „Patientenvertretung"**. 35

6. Wettbewerb um Wirtschaftlichkeit (Absatz 1 Nr. 4)

Teil der **Budgethoheit** der **Selbstverwaltung** ist die Ermächtigung, im Rahmen der haushaltsrechtlichen Vorschriften den **Beitragssatz** zu bestimmen, den Haushalt aufzustellen und die Jahresrechnung abzunehmen. Auch in unterschiedlichen Beitragssätzen sollte sich der Wettbewerb um Wirtschaftlichkeit und eine möglichst effiziente Versorgung niederschlagen. Dabei wollte der Gesetzgeber **Wettbewerbsverzerrungen** und eine **Risikoselektion** unterbinden.[24] Dies ist jedoch bislang nicht gelungen. Vielmehr wurde 1996 ein „Run" jüngerer und gesunder Mitglieder in so genannte „Billigkrankenkassen" ausgelöst, während der Beitragssatz von Krankenkassen mit vielen chronisch Kranken tendenziell wieder überproportional gestiegen ist.[25] 36

7. Effizienz der Selbstverwaltungsstrukturen (Absatz 1 Nr. 5)

In den gesetzlich vorgegebenen Grenzen soll die Selbstverwaltung über die Zahl ihrer Organmitglieder autonom in ihrer Satzung bestimmen können. Dies lässt den **Versicherungsträgern** mit einer höchst **unterschiedlichen Mitgliederzahl** und **regionalen Ausdehnung** einen organisatorischen **Gestaltungsspielraum**. 37

8. Stärkung der Selbstverwaltung (Absatz 1 Nr. 6)

Als **Kompetenz-Kompetenz** wird das Recht von Vertreterversammlung bzw. Verwaltungsrat in den **§§ 33 Abs. 1, 35 Abs. 1 und 36 Abs. 1 SGB IV** zur Festlegung und Änderung von Zuständigkeiten gegenüber Geschäftsführung bzw. Vorstand bezeichnet. Damit soll die Rolle der Selbstverwaltung **gegenüber dem Hauptamt** gestärkt werden, die Kompetenzen anderer Organe in gewissem Umfang an sich ziehen kann.[26] Im Interesse der Rechtssicherheit muss dies in der Satzung ausgesprochen werden.[27] **Streitig** ist allerdings, ob diese Stärkung der Selbstverwaltung auch noch für den Bereich der **im Wettbewerb stehenden Krankenkassen** gewollt war, oder ob die Selbstverwaltung dieser Versicherungsträger zugunsten der Stärkung des hauptamtlichen Vorstandes geschwächt geworden ist (vgl. Rn. 64 und die Kommentierung zu § 197 SGB V). 38

9. Kassenspezifische Regelungen zur Beschlussfassung (Absatz 1 Nr. 7)

Der Gesetzgeber hat in § 64 Abs. 1 Satz 1 SGB IV und in § 64 Abs. 2 Satz 1 SGB IV den Krankenkassen die Möglichkeit eingeräumt, abweichende Regelungen für die Beschlussfähigkeit und die Beschlussfassung zu treffen. Damit wird es ermöglicht, **kassenspezifische Konstellationen zu berücksichtigen**. So können Betriebskrankenkassen die Beschlussfähigkeit davon abhängig machen, dass ein Arbeitgebervertreter anwesend sein muss.[28] 39

---

[21] BT-Drs. 12/3608, S. 68.

[22] BVerfG v. 08.02.1994 - 1 BvR 1237/85 - SozR 3-2200 § 385 Nr. 4.

[23] BSG v. 16.12.2003 - B 1 KR 12/02 R - SGb 2004, 174-175.

[24] BT-Drs. 12/3608, S. 68.

[25] BT-Drs. 14/6432, S. 9.

[26] *Becher*, Kommentar zum Selbstverwaltungsrecht der Sozialversicherung, E § 33 Anm. 1a.

[27] Vgl. dazu auch RT-Drs. 1910, Nr. 340, S. 36: „Diesen Willen hat für ihn der (ehrenamtliche) Vorstand. Seine Stellung ist hier ähnlich geordnet, wie diejenige des Vereinsvorstandes nach §§ 26 ff. des Bürgerlichen Gesetzbuches. Seine Vertretungsmacht ist regelmäßig unbeschränkt;(…) im Interesse der Rechtssicherheit muss dann die Beschränkung durch die Satzung ausgesprochen werden, deren Inhalt jedermann zugänglich ist."

[28] *Becher*, Kommentar zum Selbstverwaltungsrecht der Sozialversicherung, E § 64 Anm. 1.1.

10. Gestaltungsfreiheit bei der Entschädigung der Organmitglieder (Absatz 1 Nr. 8)

40 Niemand soll an der Ausübung der ehrenamtlichen Selbstverwaltung gehindert werden. Eine gewisse Gestaltungsfreiheit wird der Selbstverwaltung gemäß § 41 SGB IV auch in der Frage der Entschädigung für die Organmitglieder eingeräumt. Dies ermöglicht eine **Differenzierung** beispielsweise **nach** der **Größe des Versicherungsträgers**.

11. Budgethoheit (Absatz 1 Nr. 9)

41 Der Verwaltungsrat der gesetzlichen Krankenkassen hat über die Ausgestaltung der Haushaltsansätze die Möglichkeit, das gesamte **Verwaltungshandeln konkret zu beeinflussen** und über die Handhabung der Vorschriften des Haushaltsrechts auch auf die Durchführung des festgestellten Haushaltes **unterjährig** einzuwirken.[29] Die Selbstverwaltung ist somit Garant für eine hohe **Versorgungsqualität** und einen **kundenorientierten Service** zu einem angemessenen **Preis**.

12. Kontrolle im Widerspruchsverfahren (Absatz 1 Nr. 10)

42 Die Benennung der Widerspruchsstelle dient dem **effektiven Rechtsschutz**. Die Entscheidung über Widersprüche ist ein wichtiges **internes Korrektiv**. Die Bildung von Widerspruchsausschüssen durch Satzung nach § 36a SGB IV ermöglicht es der **Selbstverwaltung**, im Auge zu behalten, ob die von ihr vorgegebenen **Ziele und Grundsatzentscheidungen** berücksichtigt werden.[30]

13. Rechtssicherheit und Transparenz (Absatz 1 Nr. 11)

43 Aus dem Rechtsstaatsprinzip folgt, dass **Rechtsbeziehungen** zwischen den Krankenkassen als Körperschaften des öffentlichen Rechts und ihren Mitgliedern für letztere **voraussehbar und berechenbar** sein müssen. Normen müssen der Öffentlichkeit förmlich und verlässlich zugänglich gemacht werden. Für Bundesgesetze und Bundesrechtsverordnungen folgt dies aus **Art. 82 GG**. Hieran knüpft **§ 194 Abs. 1 Nr. 11 SGB V** an.[31] Die Selbstverwaltung kann durch ihre Satzungsregelung auch hier **Besonderheiten berücksichtigen**. So kann eine geschlossene Betriebskrankenkasse ihre Mitglieder auf andere Art erreichen als eine große bundesweite Krankenkasse.

14. Effizienter Zusatzversicherungsschutz (Absatz 1a)

44 Sinn und Zweck der Vermittlung von Zusatzversicherungen nach § 194 Abs. 1a SGB V ist das Aushandeln **günstiger Gruppentarife** und die Absicht des Gesetzgebers, dem Wunsch der Versicherten Rechnung zu tragen, bestimmte Versicherungen, die **den Krankenversicherungsschutz ergänzen**, über ihre Krankenkasse abschließen zu können.[32] Die Krankenkassen sollen so ein Stück Produktgestaltungs- und -entwicklungsverantwortung zur **Schließung von Versorgungslücken** übernehmen.[33] Die Neuregelung reagiert auf die Rechtsprechung, wonach **bislang** beispielsweise die Vermittlung privater Zusatzsterbegeldversicherungen nicht mehr im Rahmen des ihnen gesetzlich zugewiesenen Aufgabenbereichs (§ 30 Abs. 1 SGB IV) lag und **wettbewerbswidrig** im Sinne von § 1 UWG war.[34]

15. Gesetzesvorrang und Gesetzesvorbehalt (Absatz 2)

45 § 194 Abs. 2 SGB V konkretisiert das verfassungsrechtlich verankerte Rechtsstaatsgebot. Gemäß Art. 20 Abs. 3 GG ist die vollziehende Gewalt an Gesetz und Recht gebunden. Die Gesetzmäßigkeit der Verwaltung umfasst zwei Aspekte: den Vorrang des Gesetzes und den Vorbehalt des Gesetzes. § 194 Abs. 2 Satz 1 SGB V stellt den **Vorrang des Gesetzes** gegenüber Satzungsregelungen klar. Vorrang des Gesetzes bedeutet, dass die Selbstverwaltung an bestehende Gesetze gebunden ist und keine Satzungsregelungen verabschieden darf, die einem Gesetz widersprechen. § 194 Abs. 2 Satz 2 SGB V entspricht dem verfassungsrechtlichen Gesetzesvorbehalt.

46 **Vorbehalt des Gesetzes** heißt, dass die Selbstverwaltung nur aufgrund gesetzlicher Ermächtigung tätig werden darf. Einfachgesetzlich ist der Gesetzesvorbehalt außerdem in § 31 SGB I und in § 30 SGB IV geregelt.

---

[29] *Fuchs*, SozSich 1994, 249-253.

[30] *Kruse/Kruse*, Die Sozialversicherung 2000, 200-207.

[31] WzS 1996, 155-158.

[32] BT-Drs.15/1525, S. 138.

[33] *Schwintowski*, BKK 2003, 608-613.

[34] BGH v. 19.01.1995 - I ZR 41/93 - NJW 1995, 2352-2355.

III. Auslegung

1. Bestimmungen

§ 194 Abs. 1 SGB V spricht davon, dass die Satzung verschiedene „**Bestimmungen**" enthalten muss. Aus dem Wort „Bestimmungen" folgt indes **nicht**, dass die Selbstverwaltung in allen genannten Fällen **frei** über den Satzungsinhalt **bestimmen** kann. Viele Regelungen ergeben sich vielmehr bereits aus dem **Gesetz** oder beruhen faktisch auf der **historischen Entwicklung** der jeweiligen Krankenkasse. 47

2. Satzungsautonomie

Satzungsautonomie setzt voraus, dass Betroffene **eigene Angelegenheiten** durch repräsentative Vertretungen **selbst bestimmen** und dass diese Bestimmungen sich auf den Kreis der repräsentierten Betroffnen beschränken.[35] An dieser **Homogenität** fehlt es bei allen Kassenarten, bei denen Arbeitgeber in den Selbstverwaltungsorganen mitwirken. In der Literatur wird deshalb teilweise alleine das Selbstverwaltungsmodell der Ersatzkassen als stimmig bezeichnet.[36] 48

§ 194 Abs. 1 SGB V benennt den **notwendigen Satzungsinhalt**. Es handelt sich um eine „Muss"-Bestimmung für den Verwaltungsrat bzw. die Vertreterversammlung, wenngleich das Gesetz der Selbstverwaltung bei einigen der aufgeführten Gegenstände faktisch keinen Spielraum lässt. 49

Satzungen sind **objektives Recht**. Sie haben mit den Rechtsverordnungen gemein, dass sie nicht in den von der Verfassung für die Gesetzgebung vorgeschriebenen Verfahren zustande kommen, **unterscheiden sich** aber **von** den **Rechtsverordnungen** dadurch, dass sie von einer **nichtstaatlichen Stelle** erlassen werden.[37] 50

Satzungen enthalten demokratisch zustande gekommenes Recht. Sie sind insoweit der **Legislative** zuzuordnen. **Art. 80 GG** ist daher nach der Rechtsprechung auf Satzungen **nicht anwendbar**.[38] Nach dem aus Art. 20 GG hergeleiteten Wesentlichkeitsgrundsatz muss der Gesetzgeber jedoch auch hier die wesentlichen Entscheidungen selbst treffen. Dieser Grundsatz wird durch das **Bestimmtheitsgebot** ergänzt. Von daher misst das Bundesverfassungsgericht der Bestimmtheit von **Satzungsermächtigungen** besonderes Gewicht bei.[39] Allerdings ist es nach der Rechtsprechung mit Blick auf den Gesetzesvorbehalt nicht verfassungswidrig, wenn eine gesetzliche Krankenkasse vom Gesetzgeber ermächtigt wird, die „Regelleistung" einer stationären Mutter-Kind-Kur durch ihre Satzung auf einen Zuschuss zu beschränken.[40] Zumindest ist es nach Ansicht des Bundessozialgerichts verfassungsrechtlich noch zulässig, den Zuschuss auf 50% zu beschränken. 51

3. Name und Sitz (Absatz 1 Nr. 1)

a. Unterscheidbarkeit des Namens

Der Name muss unterscheidbar sein und eine **Verwechslungsgefahr ausschließen**.[41] Bei vorhandenen Krankenkassen knüpft der Name in der Regel an die historische Entwicklung, den traditionellen Mit- 52

---

[35] *Ossenbühl*, Die Richtlinien im Vertragsarztrecht, Bochumer Schriften im Sozialversicherungsrecht, 1997, Band 1, S. 65-83, 78.

[36] *Hänlein* in: LPK-SGB V, vor § 194-197, Rn. 20; vgl. aber auch die Motive der unter Kaiser Wilhelm verabschiedeten RVO: RT-Drs. 1910, Nr. 340, S. 119: „Denn diese letzteren (Arbeitgeber) tragen aus eigenen Mitteln zur Kasse bei, lediglich zu Gunsten der Versicherten, ohne selbst irgendwelche Gegenleistungen dafür zu empfangen. Unter allen Umständen muss dafür gesorgt werden, dass die Kasse nicht in dieser oder jener Form zum Ausgangspunkte von Bestrebungen gemacht wird, die ihre Spitze gerade gegen die Arbeitgeberschaft als solche richten. Niemand wird dies bestreiten dürfen. Demgegenüber steht mindestens die Tatsache unleugbar fest, dass in überaus zahlreichen Fällen, in größeren Städten und in industriereichen Gegenden sogar ganz überwiegend, die Kandidaten zu den Vorständen und Ausschüssen der Ortskrankenkassen von politischen oder gewerkschaftlichen Organisationen aufgestellt werden, und dass die Wahlen auch auf deren Namen hin erfolgen. (…) Schwerer noch wiegt der Umstand, dass das Gesetz keine ausreichenden Mittel an die Hand gibt, parteipolitischen Übergriffen im Gebiete der Kassenverwaltung da, wo sie sich tatsächlich geltend machen, vorzubeugen oder wirksam zu begegnen."

[37] BVerfG v 14.07.1959 - 2 BvF 1/58 - BVerfGE 10, 20.

[38] BVerfG v. 23.02.1972 - 2 BvL 36/71 - BVerfGE 32, 346; BVerfG v. 09.05.1972 - 1 BvR 518/62 und 308/64 - BVerfGE 33, 125, 156 ff.

[39] BVerfG v. 09.05.1972 - 1 BvR 518/62 und 308/64 - BVerfGE 33, 125, 159.

[40] BSG v. 16.12.2003 - B 1 KR 12/02 R - SGb 2004, 174-175.

[41] *Heinrichs* in: Palandt, Bürgerliches Gesetzbuch, § 12 Rn. 12.

gliederkreis oder den regionalen Sitz der Krankenkasse an. Zulässig ist die Verwendung der Abkürzung der Kassenart mit einem unterscheidungsfähigen Zusatz. Er ist spätestens bei der Errichtung anzugeben und muss genehmigt werden. Namensänderungen bedürfen ebenfalls einer Satzungsänderung. Eine Namensänderung erfolgt beispielsweise häufig bei Fusionen.

b. Sitz außerhalb der Hauptverwaltung und Doppelsitz

53 Der Sitz einer Krankenkasse befindet sich regelmäßig am Sitz ihrer **Hauptverwaltung.**[42] Streitig ist, ob Krankenkassen einen beliebigen Sitz wählen können und ob unter bestimmten Umständen auch ein Doppelsitz zulässig sein kann.

54 Der Sitz hat Auswirkungen auf örtliche **Zuständigkeiten** bei **rechtsaufsichtlichen Maßnahmen** sowie bei **Rechtsstreitigkeiten.**[43] Die Bestimmung des Sitzes könnte insofern dazu genutzt werden, um die Zuständigkeit des Landesverbandes nach § 207 Abs. 1 Satz 3 SGB V zu ändern.[44] Dies hat insbesondere praktische Bedeutung für die von den Krankenkassen geschuldete **Vergütung**, aber auch für die **Haftung** von Krankenkassen **innerhalb eines Verbandes** bei Überschuldung anderer dem Verband angehörender Krankenkassen.

55 Die für juristische Personen des Privatrechts entwickelten Grundsätze werden von der Rechtsprechung auf die mit Satzungsautonomie ausgestatteten Körperschaften des öffentlichen Rechts im Bereich des Sozialrechts übertragen.[45] Für juristische Personen des öffentlichen Rechts wird das **Recht auf freie Sitzwahl** wie bei juristischen Personen des privaten Rechts anerkannt mit der **Einschränkung**, dass der Sitz **nicht willkürlich** und ohne jede Beziehung zur Betätigung der Gesellschaft gewählt werden darf, so dass ein **rein fiktiver Sitz unzulässig** ist. Besondere Aktivitäten am Sitzort werden aber nicht verlangt; es wird jedenfalls als **ausreichend** angesehen, wenn die Gesellschaft an dem gewählten Ort **postalisch erreichbar** ist. Nach dieser Rechtsprechung endet die Wahlfreiheit erst dort, wo mit der Sitzbestimmung Missbrauch getrieben wird, indem etwa ein bestimmter Sitz allein mit dem Ziel gewählt wird, die an den Rechtssitz der juristischen Person geknüpften behördlichen oder gerichtlichen Zuständigkeiten zu manipulieren.

56 Eine **Trennung des Sitzes von der Hauptverwaltung** kann nach der Rechtsprechung ausnahmsweise zulässig sein, wenn besondere organisatorische Gründe dies erfordern.[46] Soll mit der Änderung des Kassensitzes jedoch nur bewirkt werden, dass ein anderer Landesverband zuständig wird, rechtfertigt dies nach der Rechtsprechung die Versagung der Genehmigung durch die Aufsichtsbehörde.[47]

57 Der Gesetzestext enthält kein ausdrückliches Verbot eines Doppelsitzes. Rechtsklarheit und Rechtsicherheit sprechen eher **gegen die Zulässigkeit** eines **Doppelsitzes.**[48] So ist der Sitz entscheidend für die Zuständigkeit des Spitzenverbandes, der Aufsicht und der Gerichtsbarkeit. Dagegen spricht auch, dass § 194 Abs. 1 Nr. 1 SGB V das **Wort** „Sitz" im **Singular** verwendet. Das Argument, ein Doppelsitz erleichtere politisch gewollte Fusionen, und die Forderung, zumindest in begründeten Einzelfällen einen Doppelsitz zuzulassen,[49] vermag gegen die damit verbundenen Bedenken nicht zu überzeugen.

4. Bezirk und Kreis der Mitglieder (Absatz 1 Nr. 2)

58 Die Anpassung der **Bezirke** von **Ortskrankenkassen** an die Grenzen der Gebietskörperschaften kann nur durch eine **freiwillige Vereinbarung** geschehen **oder** durch eine **Rechtsverordnung** der Landesregierung angeordnet werden. **Betriebskrankenkassen** werden **für einen oder mehrere Betriebe, Innungskrankenkassen für bestimmte Innungen** errichtet. Der Bezirk einer **Ersatzkasse** kann sich auf **ein oder mehrere Länder** erstrecken. Nach Einführung der allgemeinen Wahlfreiheit mit Kontrahierungszwang besteht auch hinsichtlich des **Mitgliederkreises kaum Spielraum.** Die **Öffnung** von **Betriebs- und Innungskrankenkassen** nach § 173 Abs. 2 Satz 2 SGB V darf sich nicht auf bestimmte

---

[42] LSG NRW v. 20.06.1985 - L 16 Kr 99/83 - BKK 1986, 73 (Leitsatz 1).

[43] *Dürschke*, NZS 1996, 65-67.

[44] *Hänlein* in: Kruse/Hänlein, LPK-SGB V, § 194 Rn. 4.

[45] BSG v 07.11.2000 - B 1 A 4/99 R - SozR 3-3300 § 47 Nr. 1 (Eine Pflegekasse kann ihren (Rechts-)Sitz abweichend von dem Sitz der Krankenkasse wählen, bei der sie errichtet ist).

[46] LSG NRW v. 20.06.1985 - L 16 Kr 99/83 - BKK 1986, 73 (Leitsatz 1).

[47] LSG NRW v. 20.06.1985 - L 16 Kr 99/83 - BKK 1986, 73 (Leitsatz 1).

[48] *Peters* in: Handbuch KV (SGB V), § 194, Rn. 11; vgl. auch *Otto* in: jurisPK-BGB, Allgemeiner Teil und Schuldrecht, 1. Aufl. 2003, § 24 Rn. 4 zur herrschenden Meinung, wonach ein Doppelsitz eines Vereins unzulässig ist.

[49] *Dürschke*, NZS 1996, 65-67.

Personen beschränken und nicht von Bedingungen abhängig gemacht werden. Unzulässig wäre zum Beispiel die Bedingung einer Gesundheitsprüfung.[50] Durch Art. 35 des GMG wurde in § 7 des Gesetzes zu Übergangsregelungen zur Neuorganisation der vertragsärztlichen Selbstverwaltung und Organisation der Krankenkassen (KKÜNOG)[51] eine Öffnung neu errichteter Betriebskrankenkassen bis zum 01.01.2007 ausgesetzt. Danach soll die Weiterentwicklung des Risikostrukturausgleiches hin zu einem **morbiditätsorientierten Risikostrukturausgleich** nach § 268 SGB V einer **Risikoselektion** gezielter entgegenwirken.

5. Grenzen des Leistungswettbewerbs und der Leistungsbeschränkungen (Absatz 1 Nr. 3)

Der **Vorbehalt des Gesetzes** verbietet es, **Satzungsleistungen** ohne entsprechende gesetzliche Er- 59
mächtigungsgrundlage zu schaffen. Bereits in der RVO waren neben gesetzlichen Regelleistungen[52] so genannte satzungsmäßige Mehrleistungen[53] vorgesehen. Deren finanzielle Bedeutung nahm jedoch wegen der kontinuierlichen Leistungsverbesserungen und des umfassenden Sachleistungsprinzips bis in die 70er Jahre ab, während die Bedeutung der so genannten „gemeinsamen Selbstverwaltung" im Rahmen der Leistungskonkretisierung zunahm.[54] Als sinnvolles Betätigungsfeld der Selbstverwaltung wird heute die **Prävention** angesehen.[55] Der Gesetzgeber sieht diese Aufgabe als unzureichend erfüllt an, weil die gesetzlich vorgesehenen Mittel zur Umsetzung des § 20 Abs. 1 und 2 SGB V in Höhe von 2,56 € je Versichertem im Jahr 2001 nur zu 0,11 bis 1,44 € ausgeschöpft wurden,[56] und droht der Selbstverwaltung der Krankenkassen die Hoheit über diese Finanzmittel durch ein **Präventionsgesetz** zumindest teilweise zu entziehen.[57]

§ 76 SGB V legt fest, welche Ärzte die Versicherten in Anspruch nehmen dürfen. **Unzulässig** sind Sat- 60
zungsbestimmungen, die – im Rahmen einer Erprobungsregelung – eine gesetzliche Krankenkasse generell verpflichten, auch bei der Behandlung des Versicherten durch **Nichtvertragsärzte** die Kosten zu erstatten.[58]

Sinnvoll und grundsätzlich zulässig ist es mit Blick auf die Verständlichkeit in der Satzung auch Ge- 61
setzesregelungen wörtlich wiederzugeben (sog. deklaratorische Satzungsbestimmungen). Aus § 194 Abs. 1 Nr. 3 i.V.m. Abs. 2 Satz 2 SGB V folgert die Rechtsprechung indes, dass die Satzung einer Krankenkasse davon abgesehen nur Vorschriften über solche Leistungen enthalten darf, die nicht bereits durch Gesetz bestimmt sind (Satzungsleistungen). **Gesetzesleistungen** dürfen insoweit **allenfalls** in Form einer Bezugnahme **durch wörtliches Gesetzeszitat** erwähnt werden. **Unzulässig** ist danach eine Satzungsregelung über Naturheilverfahren, die den Gesetzestext verlässt, selbst wenn sie den durch **Auslegung** zu findenden oder in der Rechtsprechung gefundenen Inhalt des Gesetzestextes wiedergibt.[59] Dies begründet das Bundessozialgericht mit dem Grundsatz der Normenklarheit, einer Irreführung der Normunterworfenen und anderenfalls auftretenden praktischen Problemen der Satzungsgeber sowie der Aufsichtsbehörden bei einer Änderung der Rechtsprechung.[60]

Der Vorrang des Gesetzes verbietet eine **Beschränkung gesetzlich vorgesehener Leistungen** durch 62
Satzungsregelungen. Die rechtliche Befugnis der Krankenkassen, Modellvorhaben durchzuführen, ermächtigt nicht bereits aus sich heraus dazu, über eine Teilnahmepflicht gesetzliche Ansprüche zu modifizieren. Die Einschränkung der Wahlfreiheit kann nur auf freiwilliger Basis erfolgen.[61]

Durch das **GKV-Modernisierungsgesetz (GMG)**[62] wurden den Krankenkassen **neue Satzungsopti- 63
onen** – Erweiterung der Kostenerstattung, Selbstbehalt, Bonus für gesundheitsbewusstes Verhalten, Kooperationsverträge mit der PKV – eingeräumt.[63] Ziel dieser Neuregelungen ist es, rationales Verhal-

---

[50] *Hänlein* in: Kruse/Hänlein, LPK-SGB V, § 148 Rn. 22.
[51] GKV-Modernisierungsgesetz (GMG) vom 14.11.2003, BGBl I 2003, 2190 Art. 35 § 7.
[52] § 179 Abs. 2 RVO in der Fassung v. 28.08.1975, gültig ab 01.12.1975 bis 31.12.1988.
[53] § 179 Abs. 3 RVO in der Fassung v. 28.08.1975, gültig ab 01.12.1975 bis 31.12.1988.
[54] *Falk*, KrV 2004, 31-35.
[55] *Falk*, KrV 2004, 31-35.
[56] BT-Drs. 15/1170, S. 64.
[57] Vgl. Pressemitteilung des BMGS vom 15.06.2004.
[58] BSG v. 10.02.1993 - 1 RR 1/92 - SozR 3-2500 & 64 Nr. 1.
[59] BSG v. 24.04.2002 - B 7/1 A 4/00 R - SozR 3-2500 § 194 Nr. 1.
[60] BSG v. 24.04.2002 - B 7/1 A 4/00 R - SozR 3-2500 § 194 Nr. 1.
[61] BSG v. 24.09.2002 - B 3 A 1/02 R - SozR 3-2500 § 63 Nr. 1.
[62] GKV-Modernisierungsgesetz (GMG) vom 14.11.2003, BGBl I 2003, 2190.
[63] *Falk*, KrV 2004, 31-35; *Korf/Waiß*, BKK 2004, 98-102.

ten[64] und damit wohl insbesondere das Kostenbewusstsein der Versicherten zu stärken. Teilweise wird mit der Begründung Kritik geübt, dass nach wissenschaftlichen Untersuchungen auf rund 10% der meist chronisch kranken Versicherten ungefähr 80% der GKV-Kosten entfallen[65], so dass die neuen Optionen die Gefahr einer Entsolidarisierung bergen, ohne dass eine effektive Steuerungswirkung empirisch nachgewiesen sei.[66] Andererseits bergen die neuen Tarifoptionen und Leistungsbausteine Chancen als Instrument der **Kundenbindung** – gerade auch von Mitgliedern mit positivem Deckungsbeitrag, ohne die die Solidargemeinschaft nicht leistungsfähig bliebe.[67]

6. Grenzen des Beitragswettbewerbs und der Beitragsbemessung (Absatz 1 Nr. 4)

64 Der Verwaltungsrat ist Inhaber der Budgethoheit. Gemäß § 35a SGB IV hat der Vorstand dem Verwaltungsrat (fortlaufend) über die finanzielle Situation zu berichten. In der Literatur wird darauf hingewiesen, dass der **Vorstand** gegenüber dem Versicherungsträger beispielsweise für Kreditzinsen **hafte**, wenn er zumindest fahrlässig einen **Hinweis** an den Verwaltungsrat **unterlässt**, dass eine Beitragssatzerhöhung notwendig ist, weil die Einnahmen die vorgesehenen Ausgaben und die vorgeschriebenen Rücklagen nicht decken. **Verwaltungsratsmitglieder** sollen danach **haften**, wenn sie eine ihnen bekanntermaßen gebotene **Beitragssatzerhöhung** mindestens grob fahrlässig **unterlassen**.[68]

65 Der **Beitragssatz** ist gemäß **§ 241 Satz 1 SGB V** in der Satzung festzusetzen. Bei der **Beitragssatzhöhe** sieht das Gesetz eine Differenzierung vor. Neben dem **allgemeinen Beitragssatz** gemäß **§ 241 SGB V** ist ein **erhöhter Beitragssatz** nach **§ 242 SGB V** für Mitglieder ohne sechswöchigen Anspruch auf Lohnfortzahlung und ein **ermäßigter Beitragssatz** für Mitglieder ohne Krankengeldanspruch nach **§ 243 SGB V** festzusetzen. Der **allgemeine Beitragssatz** gilt nach § 241 Satz 3 SGB V für Mitglieder, die bei Arbeitsunfähigkeit für mindestens sechs Wochen einen Anspruch auf Fortzahlung ihres Arbeitsentgelts haben. Mit der Formulierung „für mindestens sechs Wochen" sind nach der Rechtsprechung **auch diejenigen** erfasst, **die einen längeren Anspruch auf Entgeltfortzahlung haben.**[69] § 243 Abs. 1 SGB V sieht zwar vor, dass der Beitragssatz entsprechend zu ermäßigen ist, wenn kein Krankengeldanspruch besteht oder die Krankenkasse aufgrund von Vorschriften dieses Buches für einzelne Mitgliedergruppen den Umfang der Leistungen beschränkt. Gemäß § 44 Abs. 2 SGB V kann die Satzung für freiwillig Versicherte den Anspruch auf **Krankengeld ausschließen oder zu einem späteren Zeitpunkt entstehen lassen**. **Unzulässig** ist allerdings ein Satzungsnachtrag, der vorsieht, dass für freiwillig versicherte Arbeitnehmer, die einen Anspruch auf Entgeltfortzahlung von mindestens zwölf Wochen haben, der Anspruch auf Krankengeld erst mit der dreizehnten Woche entsteht und **insoweit der Beitragssatz ermäßigt** wird.[70] Die Rechtsprechung schließt damit nach dem Grundgedanken der **Solidarität** Angebote aus, die sich an Versicherte richten, die im Wettbewerb auch von der PKV stark beworben werben.[71]

66 Das Gesetz überlässt zwar die Bestimmung der beitragspflichtigen Einnahmen **für freiwillige Mitglieder** grundsätzlich den Satzungen der Krankenkassen. Nach § 240 Abs. 1 Satz 1 SGB V wird die **Beitragsbemessung** für diese Mitglieder **durch die Satzung** geregelt. Der Satzungsautonomie sind aber durch § 240 Abs. 1 Satz 2 und Abs. 2-5 SGB V **Grenzen** gesetzt. § 240 SGB V lässt danach nur zu, der Beitragsbemessung für freiwillige Mitglieder die Einnahmen des Mitgliedes, **nicht aber das Familieneinkommen** zugrunde zu legen.[72] Der Beitragsbemessung für freiwillig versicherte Sozialhilfeempfänger dürfen nicht Hilfen zum Lebensunterhalt zugrunde gelegt werden, die nach der Zahl der Haushaltsangehörigen und deren Hilfebedarf pauschal bemessen werden.[73]

---

[64] BT-Drs. 15/1525, S. 78.

[65] Vgl. u.a. Kom (2003) 386, S. 47.

[66] *Winkelhake//Miegel/Thormeier*, Sozialer Fortschritt 2002, 58-61.

[67] *Falk*, KrV 2004, 31-35.

[68] *Kruse/Zamponi*, NZS 2001, 184-188.

[69] BSG v. 25.06.1991 - 1 RR 6/90 - SozR-2500 § 241 Nr. 1.

[70] BSG v. 25.06.1991 - 1 RR 6/90 - SozR-2500 § 241 Nr. 1.

[71] *Möller*, WzS 1998, 129-133.

[72] BSG v. 19.12.2000 - B 12 KR 1/00 - SozR 3-2500 § 240 Nr. 34.

[73] BSG v. 19.12.2000 - B 12 KR 20/00 R - SozR 3-2500 § 240 Nr. 35.

7. Angemessene Zahl der Organmitglieder (Absatz 1 Nr. 5)

Soweit Parität zwischen Arbeitgebern und Arbeitnehmern vorgesehen ist, ist eine **gerade Zahl** von Vertretern erforderlich. Bei der Festlegung der Zahl der Verwaltungsratsmitglieder ist gemäß § 43 Abs. 1 Satz 1 SGB IV die **Größe des Versicherungsträgers** zu berücksichtigen. Indikatoren sind die Zahl der Versicherten bzw. der Mitglieder, das Haushaltsvolumen, die räumliche Ausdehnung und der Umfang der Aufgaben.[74] **67**

Das Bundesversicherungsamt geht von folgenden Richtwerten aus, sofern keine Besonderheiten vorliegen:[75] **68**

Größe der Krankenkasse	Ersatzkassen (nur Versichertenvertreter)	IKK/BKK (Vertreter je Gruppe)
bis 5.000 Mitglieder	4-10	2-5
bis 50.000 Mitglieder	11-20	6-10
über 50.000 Mitglieder	21-30	11-15

8. Grenzen der Kompetenz-Kompetenz (Absatz 1 Nr. 6)

Die Kompetenzen des **Verwaltungsrates** sind in **§ 197 SGB V** geregelt, die des **hauptamtlichen Vorstandes** von Wettbewerbskassen in **§ 35a SGB IV**. Zwar verwaltet der Vorstand die Krankenkasse nach § 35a Abs. 1 Satz 1 SGB IV nur, soweit Gesetz oder sonstiges für die Krankenkasse maßgebendes Recht nichts Abweichendes bestimmen. **Streitig** ist aber in der Literatur, **inwieweit der Verwaltungsrat durch Satzung** die **Kompetenzen** des Vorstandes **einschränken** kann[76] (vgl. die Kommentierung zu § 197 SGB V). **69**

9. Grenzen der Gestaltungsfreiheit bei Beschlussfassung des Verwaltungsrates (Absatz 1 Nr. 7)

Die Beschlussfassung des Verwaltungsrates ist in § 64 SGB IV geregelt. Danach ist für eine Beschlussfassung **grundsätzlich** die **Mehrheit der abgegebenen Stimmen** erforderlich. Die **Satzung kann** jedoch über diese Bestimmung hinaus für bestimmte Entscheidungen **qualifizierte Mehrheiten festlegen**. Danach wäre zum Beispiel eine Regelung möglich, wonach für bestimmte Entscheidungen die **Mehrheit der satzungsmäßigen Mitglieder** erforderlich ist.[77] Umgekehrt darf eine Satzungsregelung aber nicht hinter einer gesetzlichen Forderung über eine qualifizierte Mehrheit, wie in § 62 Abs. 2 Satz 1 SGB IV oder § 62 Abs. 5 SGB IV, zurückbleiben.[78] **70**

10. Angemessenheit der Entschädigung der Organmitglieder (Absatz 1 Nr. 8)

Schon bei Verabschiedung der RVO wies der Gesetzgeber darauf hin: „Die Satzung einer Krankenkasse darf aber nur versagt werden, wenn den gesetzlichen Vorschriften nicht genügt ist. Die Höhe der Vergütung würde danach also keinen Versagungsgrund abgeben."[79] Deshalb wurde für die Entschädigung eine **eigenständige Genehmigungspflicht** geschaffen. **§ 41 Abs. 4 Satz 3 SGB IV** sieht vor, dass Beschlüsse über die Höhe der Pauschbeträge der Genehmigung der Aufsichtsbehörde bedürfen. **71**

Gemäß § 41 SGB IV muss die Entschädigung in einem **angemessenen Verhältnis zum Zeitaufwand** stehen. Die Entschädigung darf im Hinblick auf den **ehrenamtlichen Charakter** der Tätigkeit keine Größenordnung erreichen, die einem Entgelt nahe kommt.[80] Bei generalisierender Betrachtungsweise **72**

---

74 *Becher*, Kommentar zum Selbstverwaltungsrecht der Sozialversicherung, E § 43 Anm. 1.1 mit einer unverbindlichen Empfehlung des Bundeswahlbeauftragten für andere Sozialversicherungszweige aus dem Jahr 1952.

75 *Buhrmann*, SVFAng Nr. 114, 1999, 87-95.

76 *Seegmüller*, Der hauptamtliche Vorstand der gesetzlichen Krankenkassen, 1996, S. 102 f. allenfalls eine konkretisierende Festlegung der gesetzlich vorgegebenen Kompetenzen; nach *Dudda*, Die Binnenstruktur der Krankenversicherungsträger nach dem Gesundheitsstrukturgesetz, 1996, S. 147 ff. kann der Verwaltungsrat sogar ohne Satzungsregelung einen Zustimmungsvorbehalt aussprechen; nach *Meydam*, NZS 2000, 332-337, darf allerdings die Vertretungskompetenz des Vorstandes nicht ausgehöhlt werden.

77 *Buhrmann*, SVFAng Nr. 115, 1999, 67-76.

78 *Finkenbusch*, Die Träger der Krankenversicherung, 5. Aufl. 2004, S. 98.

79 RT-Drs. 1910, Nr. 340, S. 40.

80 BSG v. 09.12.1997 - 1 RR 3/94 - SozR 3-2400 § 41 Nr. 1.

kann unterstellt werden, dass die Vorbereitungen der Sitzungen bei größeren Versicherungsträgern einen höheren Aufwand verursachen als bei kleineren.[81] Zu berücksichtigen ist die von den Sozialpartnern abgeschlossene **Empfehlungsvereinbarung**[82] zur Höhe der Pauschbeträge für Zeitaufwand.[83]

11. Jährliche Prüfung der Betriebs- und Rechnungsführung und Abnahme der Jahresrechnung (Absatz 1 Nr. 9)

73 Das Gesetz sagt anders als beim Haushalt nichts darüber aus, wann die in der Satzung zu regelnde Prüfung der Betriebs- und Rechnungsprüfung sowie die Abnahme der Jahresrechnung zu erfolgen hat. In Anlehnung an Art. 114 Abs. 1 GG sollte dies **jährlich** vorgesehen werden.[84]

12. Zulässige Widerspruchsstellen (Absatz 1 Nr. 10)

74 Gemäß § 85 Abs. 2 Nr. 2 SGG erlässt den Widerspruchsbescheid in Angelegenheiten der Sozialversicherung die **von der Vertreterversammlung bestimmte Stelle**. Fraglich ist, welche Stellen die Vertreterversammlung bzw. der Verwaltungsrat der Wettbewerbskassen bestimmen kann, soweit er keinen **Widerspruchsausschuss** gemäß **§ 36a SGB IV** einsetzt. Nicht zulässig ist es nach Auffassung des BMA, in der Satzung außer den **Organen** (hauptamtliche **Geschäftsführung**, ehrenamtlicher **Vorstand**, **Vertreterversammlung**) sowie den Widerspruchsausschüssen andere Einrichtungen zu schaffen.[85] Bei der **Zusammensetzung** genügt es, wenn die **Personen bestimmbar** sind – etwa durch Bezugnahme auf bestimmte hauptamtliche Funktionsträger oder durch Angabe der Zahl und Gruppenzugehörigkeit der ehrenamtlichen Vertreter.[86] Werden **mehrere Widerspruchsausschüsse** eingesetzt, muss **deren Zuständigkeit** aus der Satzung erkennbar sein. **Sitz** der Widerspruchsstelle ist der Ort, an dem die Widerspruchsstelle zusammenkommt und entscheidet.[87]

13. Bekanntmachungen (Absatz 1 Nr. 11)

75 Teilweise wird vertreten, in der Satzung müssten, sofern eine Bekanntmachung in **Tages- oder Fachzeitschriften** vorgesehen ist, diese unverwechselbar bezeichnet werden.[88] Nach der Begründung zu dem § 194 Abs. 1 Nr. 11 SGB V entsprechenden § 333 Nr. 9 RVO-E brauchte die Satzung wegen der häufigen Fälle, in denen das Organ für die Veröffentlichung gewechselt werden soll, **nicht die einzelnen Blätter** namhaft zu machen, in denen die Krankenkasse ihre Bekanntmachungen erlässt.[89] Jedenfalls musste die Satzung danach allerdings klarstellen, von wem und in welcher Weise die Art der Bekanntmachungen zu bestimmen ist, und dafür sorgen, dass diese Bestimmungen rechtzeitig und in ausreichender Weise zur Kenntnis der Beteiligten gelangen können.[90] Die Gesetzesmaterialien zu § 34 Abs. 2 Satz 1 SGB IV lassen nicht erkennen, dass hiervon abgerückt werden sollte.

a. Bekanntmachung der Satzung oder nur des Satzungsbeschlusses?

76 Strittig ist, ob die gesamte **Satzung** ungekürzt bekannt zu machen ist[91], oder ob es ausreichend ist, wenn **nur** die **Beschlussfassung** über die Satzung unter Hinweis darauf bekannt gemacht wird, dass diese eingesehen werden kann.[92] Das Bundesverwaltungsgericht hat es mit Blick auf das Rechtsstaatsgebot ausreichen lassen, wenn Gemeindesatzungen nach vorherigem Hinweis auf die Offenlegung in zwei Tageszeitungen während der Dauer einer Woche in einem Dienstzimmer der Gemeindeverwaltung eingesehen werden können.[93]

[81] BSG v. 09.12.1997 - 1 RR 3/94 - SozR 3-2400 § 41 Nr. 1.
[82] Abgedruckt in *Becher*, Kommentar zum Selbstverwaltungsrecht der Sozialversicherung, N 10; *Buhrmann*, SVFAng Nr. 114, 1999, 87-95.
[83] BSG v. 09.12.1997 - 1 RR 3/94 - SozR 3-2400 § 41 Nr. 1.
[84] Vgl. *Peters*, Sozialgesetzbuch IV, Stand Dezember 1998, § 77 Rn. 10.
[85] Rundschreiben vom 14.12.1981 - IV a 6 - 40537/1 abgedruckt in *Becher*, Kommentar zum Selbstverwaltungsrecht der Sozialversicherung, E § 36a Anm. 1.
[86] *Peters*, Sozialgesetzbuch V, Stand 01.01.2004, § 194 Rn. 23.
[87] *Peters*, Sozialgesetzbuch V, Stand 01.01.2004, § 194 Rn. 23.
[88] *Peters*, Sozialgesetzbuch IV, Stand Dezember 1998, § 34 Rn. 19.
[89] RT-Drs. 1910, Nr. 340, S. 200 f.
[90] RT-Drs. 1910, Nr. 340, S. 200 f.
[91] *Peters*, Handbuch der Krankenversicherung SGB IV, Stand 01.12.1998, § 34 Rn. 20.
[92] LArbG Hamburg v. 30.09.2003 - 3 Sa 56/02 - (nicht veröffentlicht).
[93] BVerwG v. 14.04.1975 - VII O C 41.73 - Buchholz 101.81 Benutzungsgebühren Nr. 25).

b. Bekanntmachung in Amtsblättern und Zeitschriften oder nur durch Aushang in der Geschäftsstelle?

Streitig und bislang nicht höchstrichterlich entschieden ist ferner, ob es ausreichend ist, die Satzung durch **Aushang** in den Geschäftsstellen bekannt zu machen. Teilweise wird je nach Größe des Versicherungsträgers eine Veröffentlichung in amtlichen Verkündungsblättern, in Tageszeitungen oder durch Aushang in allgemein zugänglichen Geschäftsstellen für ausreichend erachtet.[94] Fraglich ist, ob der Normalbürger Bekanntmachungen in der Tageszeitung eher zur Kenntnis nimmt als einen Aushang in der Geschäftsstelle. Beim Aushang in der Geschäftsstelle sind die Räume anders als bei der damals vorgesehenen Aushändigung an Mitglieder und Arbeitgeber auch für interessierte Dritte (Mitversicherte, potentielle Neumitglieder, Arbeitgeber, potentielle Vertragspartner etc.) zugänglich. Gerade bei **geschlossenen Betriebskrankenkassen** wird man durch eine über einen Aushang hinausgehende Veröffentlichung in der Tagespresse vermutlich wenig erreichen. Umgekehrt verfügen insbesondere so genannte „virtuelle Betriebskrankenkassen" häufig über kein Geschäftsstellennetz. Das Landesarbeitsgericht Hamburg sieht einen Aushang keinesfalls als ausreichend an.[95] 77

Die **RVO** sah schon bei ihrer Einführung[96] in § 325 vor, dass jedes Mitglied und auf Antrag jeder Arbeitgeber, der Kassenmitglieder beschäftigte, **unentgeltlich einen Abdruck** der Satzung und ihrer Änderungen erhielt. Offenbar sah der Gesetzgeber aber den **Bekanntmachungszweck damit** noch **nicht** als **erfüllt** an. Denn in § 321 Nr. 9 RVO war eine Satzungsvorschrift zur Art der Bekanntmachung vorgeschrieben. Nach der **Begründung zur RVO**[97] brauchte die Satzung nicht die einzelnen **„Blätter"** zu veröffentlichen, in denen die Krankenkasse ihre Bekanntmachungen erlässt. Danach ging der Gesetzgeber seinerzeit offenbar nicht von einer Bekanntmachung durch Aushängen oder Aushändigen aus. Gegen die Beschränkung auf einen Aushang spricht auch, dass das **Recht auf Einsichtnahme** in den Geschäftsräumen der Krankenkasse in § 196 SGB V bereits separat geregelt ist. Wäre damit der Bekanntmachungstatbestand erfüllt, wäre es nahe liegend gewesen, dies in § 196 SGB V zu erwähnen. Auch aus den Gesetzesmaterialien ergibt sich jedoch kein Hinweis darauf, dass die Ermöglichung der Einsichtnahme einer Bekanntmachung gleichgestellt werden sollte.[98] 78

Nicht ausreichend dürfte zum jetzigen Zeitpunkt unter Berücksichtigung des Verbreitungsgrades eine Bekanntmachung im **Internet** sein. Ergänzend ist sie in jedem Fall sinnvoll. 79

14. Vermittlung von Zusatzversicherungen (Absatz 1a)

Vermittlung bedeutet das **Anbieten, Vorschlagen oder** Durchführen anderer **Vorbereitungsarbeiten** zum Abschließen von **Versicherungsverträgen** oder das **Abschließen** von Versicherungsverträgen oder das **Mitwirken** bei der Verwaltung und Erfüllung, insbesondere **im Schadensfall.**[99] **Vertragspartner** der Zusatzversicherungsvereinbarungen werden die privaten Versicherer und die Versicherten,[100] nicht jedoch die Krankenkassen. Die Krankenkassen sollen in der Regel **Rahmenvereinbarungen** über die Kooperation und die Vermittlung mit den Anbietern von Zusatzversicherungen abschließen.[101] Hierbei soll der **Verwaltungsrat** den **Vorstand** nach § 197 Abs. 1 Nr. 1a SGB V **überwachen.**[102] Die Vermittlung soll in der Rechtsform des **Versicherungsvertreters** oder unter Beachtung des Günstigkeitsprinzips durch Zwischenschaltung eines **Versicherungsmaklers** erfolgen.[103] In der Literatur wird angenommen, dass die Kassen berechtigt sind, eine **Vermittlungsprovision** entgegenzunehmen.[104] 80

---

[94] *Finkenbusch*, WzS 1992, 1-11.

[95] LArbG Hamburg v. 30.09.2003 - 3 Sa 56/02 - (nicht veröffentlicht); ebenso *Engelhard* in: Hauck/Noftz SGB V, § 196 Rn. 3.

[96] RT-Drs. 1910, Nr. 340, S. 570.

[97] RT-Drs. 1910, Nr. 340, S. 200 zu § 333 des Entwurfes.

[98] BR-Drs. 200/88, S. 218 Begründung zu § 205 des Satzungsentwurfes.

[99] *Schwintowski*, BKK 2003, 608-613.

[100] BT-Drs. 15/1525, Artikel 1 Nr. 136, S. 138.

[101] BT-Drs. 15/1525, Artikel 1 Nr. 136, S. 138.

[102] BT-Drs. 15/1525, Artikel 1 Nr. 136, S. 138.

[103] *Schwintowski*, BKK 2003, 608-613 – dort auch zur Haftung der Krankenkasse bei Beratungsfehlern.

[104] *Schwintowski*, BKK 2003, 608-613; kritisch aber hinsichtlich Gewinnerwirtschaftung und steuerrechtlichen Konsequenzen: ZfV 2004, 182-183.

81 Unzulässig ist die Vermittlung von Versicherungsverträgen, die keinen **Bezug zur GKV** haben.[105] Zulässig ist aber wohl die Vermittlung für Leistungskomplexe, die der Gesetzgeber aus dem Leistungskatalog ausgeschlossen hat.[106] Dies gilt wohl unabhängig vom Grund des Leistungsausschlusses, also auch für so genannte **versicherungsfremde Leistungen**, wie zum Beispiel das Sterbegeld. Eine **Weitergabe von Versichertenadressen** ohne Einwilligung des Versicherten an den Kooperationspartner ist **unzulässig.**[107] Die Krankenkassen sind im Übrigen nicht befugt, dem Datenschutz unterliegende Daten in zweckwidriger, dem Datenschutz widersprechender Weise zu verwenden.[108]

82 Da die Krankenkassen **nicht** wie bei den im Vierten Kapitel geregelten Rechtsbeziehungen zu den Leistungserbringern ihren **öffentlich-rechtlichen Versorgungsauftrag** erfüllen, soll nach dem in der Begründung zum Ausdruck gebrachten Willen des Gesetzgebers das **Wettbewerbs- und Kartellrecht Anwendung** finden.[109]

83 Fraglich ist, ob die Kopperation **ausschreibungspflichtig** ist. Hierzu wird vertreten, dass weder die Tätigkeit als Versicherungsvertreter noch die Zwischenschaltung eines Maklers einen Beschaffungsvorgang darstellen und folglich nicht ausschreibungspflichtig sind.[110] Mit Blick auf die Transparenz des Marktes und das Ziel eines möglichst günstigen Angebotes dürfte sich aber ein Ausschreibungsverfahren empfehlen.

IV. Satzungen bei den Zuweisungskassen

1. See-Krankenkasse

84 Die so genannten Zuweisungskassen haben keine eigenen Organe. Die See-Krankenversicherung wird nach geltendem Recht von der Seekasse (Träger der Rentenversicherung) in einer besonderen Abteilung ohne eigene Rechtspersönlichkeit unter dem Namen See-Krankenkasse durchgeführt. Die Vertreterversammlung der **Seekasse** (Träger der Rentenversicherung) erlässt nach bisherigem Recht gemäß § 165 Abs. 2 SGB V für die See-Krankenkasse eine **eigene Satzung**, nach der die Organe der Seekasse die See-Krankenkasse verwalten.

85 Nach Art. 6 (Änderungen des SGB V) Nr. 13 RVOrgG[111] wird die See-Krankenversicherung nach § 165 SGB V mit Wirkung **ab dem 01.10.2006** von der See-Krankenkasse durchgeführt. Demnach wird die See-Krankenkasse künftig als eigenständige Krankenkasse geführt.[112] Gemäß Art. 5 RVOrgG (Änderung des SGB IV) sind mit Wirkung ab dem 01.10.2006 nach § 32 SGB IV Organe der See-Krankenkasse die **Organe der See-Berufsgenossenschaft**. Damit bleibt die See-Krankenkasse als eigener Zweig von der Fusion der Rentenversicherungsträger zur Deutschen Rentenversicherung Knappschaft-Bahn-See unberührt. Nach dem neu gefassten § 165 Abs. 1 Satz 2 SGB V gelten die Vorschriften der gesetzlichen Krankenversicherung. Demnach **findet § 194 SGB V** auch auf die See-Krankenkasse Anwendung. Dabei ist § 194 Abs. 1 Nr. 7 SGB V so zu lesen, dass die Art und Beschlussfassung der Vertreterversammlung anstelle des Verwaltungsrates gemeint ist. Der Regelungsgehalt des bisherigen Absatzes 2 entfällt.

2. Krankenversicherung der Landwirte

86 Träger der Krankenversicherung der Landwirte sind gemäß § 166 SGB V die **Landwirtschaftlichen Krankenkassen**. Nach § 32 Abs. 1 SGB IV sind Organe der landwirtschaftlichen Krankenkassen die **Organe der landwirtschaftlichen Berufsgenossenschaften**, bei denen sie errichtet sind. Das Gesetz über die Krankenversicherung der Landwirte traf bis 31.12.1988 in § 53 Bestimmungen über den Satzungsinhalt. Das Zweite Gesetz über die Krankenversicherung der Landwirte (KVLG 1989)[113] ver-

[105] BT-Drs. 15/1525, Artikel 1 Nr. 136, S. 138; *Falk*, KrV 2004, 31-35.
[106] *Baier* in: Krauskopf, Soziale Krankenversicherung, Kommentar, Band 2, Stand: Dezember 2003, § 194 Rn. 23.
[107] BT-Drs. 15/1525, Artikel 1 Nr. 136, S. 138.
[108] BT-Drs. 15/1525, Artikel 1 Nr. 136, S. 138.
[109] BT-Drs. 15/1525, Artikel 1 Nr. 136, S. 138.
[110] *Schwintowski*, BKK 2003, 608-613.
[111] Gesetz zur Organisationsreform in der gesetzlichen Rentenversicherung (RVOrgG) vom 09.12.2004, BGBl I 2004, 3242.
[112] BR-Drs. 748/04, Art.5 Nr. 19, S. 82.
[113] Gesundheits-Reformgesetz (GRG) vom 20.12.1988 Art. 8, BGBl I 1988, 2477, 2563.

weist in **§ 26 Abs. 1 KVLG 1989** ausdrücklich auf die **§§ 194-197 SGB V**. Insofern ergeben sich durch das RVOrgG[114] keine Änderungen.

3. Bundesknappschaft

Träger der **knappschaftlichen Krankenversicherung** ist gemäß § 167 SGB V i.V.m. § 136 SGB VI die **Bundesknappschaft**. Bis 31.12.1991 sah § 154 Reichsknappschaftsgesetz (RKG) ausdrücklich vor, dass die Bundesknappschaft eine Satzung und für die knappschaftliche Krankenversicherung eine Krankenordnung zu erlassen hatte, die von der Vertreterversammlung beschlossen werden mussten. Das Rentenreformgesetz 1992 (RRG 1992) vom 18.12.1989[115] hob in Art 83 Nr. 3 RRG 1992 das frühere Reichsknappschaftsgesetz (RKG) auf. **§ 167 Satz 2 SGB V** bestimmte ab dem 01.01.1992, dass für die knappschaftliche Versicherung die Vorschriften der gesetzlichen Krankenversicherung gelten. Die Vorschrift gliedert die knappschaftliche Krankenversicherung vollständig in die allgemeine Krankenversicherung ein.[116] Demnach **findet § 194 SGB V** auch auf die knappschaftliche Krankenversicherung Anwendung. Dabei ist § 194 Abs. 1 Nr. 7 SGB V so zu lesen, dass die Art und Beschlussfassung der Vertreterversammlung anstelle des Verwaltungsrates gemeint ist.[117] **87**

Nach Art. 6 (Änderungen des SGB V) Nr. 15 RVOrgG[118] (§ 167 Satz 1 SGB V) wird die knappschaftliche Rentenversicherung mit Wirkung ab 01.10.2006 von der **Deutschen Rentenversicherung Knappschaft-Bahn-See unter dem Namen Knappschaft** durchgeführt (§ 167 Satz 1 SGB V). Die Änderung dient der Beibehaltung und Klarstellung der verschiedenen Trägerschaft.[119] Das Gesetz sieht allerdings keine Schaffung eigener Organe des Krankenversicherungsträgers vor, so dass die Vertreterversammlung der Deutschen Rentenversicherung Knappschaft-Bahn-See auch künftig die Satzung der knappschaftlichen Rentenversicherung verabschiedet. Die knappschaftliche Krankenversicherung ist damit als einzige von der Organisationsreform mit einer Halbierung der Mitgliederzahl in den Vertreterversammlungen auf maximal 30 statt bisher 60 Mitgliedern ab 2011 gemäß Art. 5 (Änderungen des SGB IV) Nr. 24 RVOrgG nach § 43 SGB IV n.F. betroffen. **88**

V. Errichtung der Satzung

Nach **§ 320 RVO** war **früher** die Satzung für **Ortskrankenkassen** von dem **Gemeindeverband** zu errichten. Zuständig für die Errichtung der Satzung ist gemäß § 197 Abs. 1 Nr. 1 SGB V i.V.m. § 33 Abs. 1 SGB IV **heute** grundsätzlich der **Verwaltungsrat bzw. die Vertreterversammlung**. **Ausnahmen** gelten bei der Vereinigung von Ortskrankenkassen auf Antrag und bei Betriebs- und Innungskrankenkassen, bei denen der Gesetzgeber die Errichtung neuer Versicherungsträger zulässt. **Bei Vereinigung zweier Ortskrankenkassen auf Antrag** einer Ortskrankenkasse oder des Landesverbandes setzt ausnahmsweise die **Aufsichtsbehörde** nach **§ 146 Abs. 4 SGB V** die Satzung fest, soweit die beteiligten Krankenkassen innerhalb einer von der Aufsichtsbehörde gesetzten Frist keine Satzung vorlegen. Bei der **Errichtung von Betriebskrankenkassen** hat der **Arbeitgeber** gemäß **§ 148 Abs. 3 SGB V** dem Antrag auf Genehmigung eine Satzung beizufügen. Daraus ist zu schließen, dass er auch für die Errichtung der Satzung zuständig ist.[120] Bei **Innungskrankenkassen** tritt gemäß **§ 158 Abs. 3 Satz 2 SGB V** an die Stelle des Arbeitgebers die **Handwerksinnung**. **89**

VI. Verfahren

Eine vom Verwaltungsrat bzw. der Vertreterversammlung beschlossene Satzung bedarf anschließend gemäß **§ 195 Abs. 1 SGB V i.V.m. § 34 Abs. 1 Satz 2 SGB IV** der **Genehmigung** der Aufsichtsbehörde. Gemäß **§ 34 Abs. 2 Satz 1 SGB IV** muss die Satzung ferner **öffentlich bekannt gemacht** wer- **90**

---

[114] Gesetz zur Organisationsreform in der gesetzlichen Rentenversicherung (RVOrgG) vom 09.12.2004, BGBl I 2004, 3242.

[115] BGBl I, 2261.

[116] BSG v. 13.05.1998 - B 6 KA 53/97 R - SozR 3-2500 § 85 Nr. 25.

[117] *Hänlein* in: Kruse/Hänlein, LPK-SGB V, § 194 Rn. 4.

[118] Gesetz zur Organisationsreform in der gesetzlichen Rentenversicherung (RVOrgG) vom 09.12.2004, BGBl I 2004, 3242.

[119] BT-Drs. 15/3654 Art. 6 Nr. 15, S. 87.

[120] *Finkenbusch*, Die Träger der Krankenversicherung, 5. Aufl., 2004, S. 128.

den. Nach § 34 Abs. 2 Satz 2SGB IV **tritt** die Satzung am Tage nach ihrer Bekanntmachung **in Kraft**, soweit kein anderer Zeitpunkt bestimmt ist. Dieser Zeitpunkt kann in der Zukunft liegen. Soweit er in der Vergangenheit liegt, sind die Grundsätze über die Rückwirkung zu beachten.

VII. Rückwirkung

91 Das Rechtsstaatsgebot nach **Art. 20 Abs. 3 GG** setzt der Rückwirkung von Normen unter den Gesichtspunkten der **Rechtssicherheit** und des **Vertrauensschutzes** Grenzen. Dies gilt auch für Satzungen als untergesetzliche Normen. Vom 1. Senat des Bundesverfassungsgerichts und der h.M. der Literatur wird zwischen der so genannten **echten Rückwirkung** und der **unechten Rückwirkung** unterschieden. Während eine echte Rückwirkung grundsätzlich unzulässig ist, ist die unechte Rückwirkung in der Regel im Sinne der Gestaltungsfreiheit des Gesetzgebers zulässig. Der 2. Senat des Bundesverfassungsgerichts grenzt hingegen danach ab, ob eine unzulässige **Rückbewirkung von Rechtsfolgen** oder eine zulässige **tatbestandliche Rückanknüpfung** vorliegt.[121]

1. Echte Rückwirkung

92 Eine echte Rückwirkung bezieht sich in der Regel auf einen **Zeitraum**. Klassisches Beispiel ist die **Beitragszahlung für einen bestimmten Monat**.[122] Ist der Zeitraum verstrichen, also z.B. der Monat abgelaufen, für den der Beitrag zu leisten ist, so handelt es sich bei einer erst danach beschlossenen Satzungs- oder Gesetzesänderung für diesen verstrichenen Zeitraum um eine echte Rückwirkung. Die Aufsichtsbehörde durfte im Jahr 1992 – also vor der Organisationsreform der Krankenkassen – Satzungsvorschriften, durch die die Beiträge einer Krankenkasse rückwirkend erhöht wurden, deshalb auch dann nicht genehmigen, wenn die höheren Beiträge schon vor der Satzungsänderung aufgrund eines Beschlusses des damaligen ehrenamtlichen Vorstandes erhoben worden sind.[123] Die Entscheidungen eines für die Festlegung der Beitragsnormen nicht zuständigen Gremiums vermag auch das Vertrauen in den Fortbestand des bisherigen Rechts nicht zu erschüttern.[124] Das Bundessozialgericht ließ allerdings offen, ob für eine kurze Übergangszeit etwas anderes zu gelten hätte, wenn die Vertreterversammlung nach einer Rechtsänderung über die dadurch notwendig gewordene Satzungsregelung nicht rechtzeitig beschließen konnte.

2. Unechte Rückwirkung

93 Unechte Rückwirkung liegt demgegenüber vereinfacht ausgedrückt vor, wenn ein Sachverhalt rückwirkend geregelt wird, der zwar einen vergangenen **Zeitpunkt oder einen unbestimmten Zeitraum** tangiert. Beispiel hierfür ist die **rückwirkende Anhebung einer gesetzlichen Altersgrenze**,[125] oder wenn auf ein bestehendes Versicherungsverhältnis eingewirkt und für die Zukunft der Krankengeldanspruch beschränkt wird.[126]

VIII. Folgen der Unwirksamkeit der Satzung

94 Eine **Normenkontrolle** vergleichbar **§ 47 VwGO** regelt das **Sozialgerichtsgesetz nicht**. Rechtsprechung und Literatur lehnen daher eine Normenkontrolle untergesetzlicher Vorschriften, sofern sie nicht im Wege einer **Klage gegen den Vollzugsakt** als **Inzidentprüfung** erfolgt, im Ergebnis weitestgehend ab.[127] Unzulässig ist insbesondere eine Klage Dritter gegen die Aufsichtsbehörde, mit dem Ziel gegen den Satzungsgeber vorzugehen, da keine Beschwer vorliegt.[128] Mit Hilfe der **Feststellungsklage** ist es **ausnahmsweise** möglich, gesetzesnachrangige Rechtsvorschriften auf ihre Wirksamkeit hin überprüfen zu lassen, wenn **nur auf diese Weise** wirksamer **Rechtsschutz** erlangt werden kann und deshalb ein berechtigtes Interesse des Klägers an der baldigen Feststellung besteht. Namentlich, wenn es um die Rechtswirksamkeit einer **sich selbst vollziehenden Vorschrift** geht, die ihrem Inhalt nach

[121] *Jarass* in: Jarass/Pieroth, GG, 7. Aufl. 2004, Art. 20 GG Rn. 67 ff.

[122] BSG v. 26.02.1992 - 1 RR 8/91 - SozR 3-2500 § 240 Nr. 8.

[123] BSG v. 26.02.1992 - 1 RR 8/91 - SozR 3-2500 § 240 Nr. 8.

[124] BSG v. 26.02.1992 - 1 RR 8/91 - SozR 3-2500 § 240 Nr. 8.

[125] BSG v. 25.02.2004 - B 5 RJ 44/02 R - SozR 4-0000.

[126] BSG v. 28.09.1993 - 1 RK 34/92 - SozR 3-2500 § 44 Nr. 4.

[127] *Hänlein* in: LPK-SGB V, § 196 Rn. 5.

[128] LSG BW v. 12.05.2000 - L 4 KR 4625/99; vgl. auch BSG v. 28.04.1967 - 3 RK 26/63 - SozR Nr. 112 zu § 54 SGG.

einen **konkreten Einzelfall** regelt, kann dagegen mit der Feststellungsklage vorgegangen werden.[129] Klagen sind jedoch **frühestens** zulässig, **wenn** die erforderliche **Genehmigung der Aufsichtsbehörde** vorliegt.[130]

Verwaltungsakte aufgrund einer unwirksamen Satzung sind in der Regel **rechtswidrig**, aber **nicht nichtig**, da ihre Nichtigkeit gemäß § 40 SGB X einen besonders schweren und offenkundigen Fehler voraussetzt.[131] Die **Aufhebung** bestandskräftiger Verwaltungsakte richtet sich nach den **§§ 44 ff. SGB X**. Streitig ist, ob die **Änderung einer rechtswidrigen Satzung** eine wesentliche Änderung der rechtlichen Verhältnisse im Sinne des **§ 48 Abs. 1 Satz 1 SGB X** bedeutet. In der Literatur wird hierzu vertreten, dass keine **Änderung der Rechtslage** im Sinne von § 48 SGB X vorliegt, weil eine rechtswidrige Satzung keine Rechtswirkung entfalte und sich somit durch ihre Entfernung aus der Satzung die Rechtslage nicht ändern könne.[132] Das Sozialgericht Hamburg sieht zumindest bei gängigen rechtswidrigen Satzungsregelungen die Änderung einer langjährig gefestigten Rechtspraxis als ausreichend für die Anwendung von § 48 SGB X an.[133] Diese Abgrenzung erscheint jedoch wenig überzeugend. 95

C. Praxishinweise

Teilweise haben die Verbände der Krankenkassen unverbindliche **Mustersatzungen** herausgegeben. Dies gilt beispielsweise für den Bundesverband der Betriebskrankenkassen.[134] 96

[129] Zur Normenkontrolle durch Feststellungsklage BSG v. 24.11.1998 - B 1 A 1/96 R - SozR 3-2500 § 145 Nr. 1; *Axer*, NZS 1997,10-16 zur Normenkontrolle und Normenerlassklage in der Sozialgerichtsbarkeit;

[130] *Schneider* in: SGb 1989, 501-504: Vor Erlass der Genehmigung der Aufsichtsbehörde besteht für einen Antrag einer konkurrierenden Krankenkasse auf Erlass einer einstweiligen Anordnung gegen einen Vereinigungsbeschluss kein Rechtsschutzbedürfnis. Auch nach Genehmigung durch die Aufsichtsbehörde kommt dies nur ausnahmsweise in Frage, wenn nachweisbar eine Beitragssatzerhöhung oder eine Leistungs- oder Bestandsgefährdung droht. Begründet wird dies damit, dass § 97 Abs. 1 SGG ausdrücklich keine aufschiebende Wirkung vorsieht und eine eingehende Prüfung der Sach- und Rechtslage durch die Aufsichtsbehörde sichergestellt ist.

[131] *Finkenbusch*, Die Träger der Krankenversicherung, 5. Aufl. 2004, S. 133.

[132] *Finkenbusch*, Die Träger der Krankenversicherung, 5. Aufl. 2004, S. 133.

[133] SG Hamburg v. 16.12.1999 - S 23 KR 207/98 - EzS 50/409; offen gelassen in der nachfolgenden Entscheidung des BSG v. 24.04.2002 - B 7/1 A 1/00 R - SozR 3-2500 § 240 Nr. 42.

[134] *Becher*, Kommentar zum Selbstverwaltungsrecht der Sozialversicherung, Stand 2004, T 01; vgl. auch SVFAng 74, 1992, 79-82.

§ 195 SGB V Genehmigung der Satzung

(Fassung vom 20.12.1988, gültig ab 01.01.1989)

(1) Die Satzung bedarf der Genehmigung der Aufsichtsbehörde.

(2) Ergibt sich nachträglich, daß eine Satzung nicht hätte genehmigt werden dürfen, kann die Aufsichtsbehörde anordnen, daß die Krankenkasse innerhalb einer bestimmten Frist die erforderliche Änderung vornimmt. Kommt die Krankenkasse der Anordnung nicht innerhalb dieser Frist nach, kann die Aufsichtsbehörde die erforderliche Änderung anstelle der Krankenkasse selbst vornehmen.

(3) Absatz 2 gilt entsprechend, wenn die Satzung wegen nachträglich eingetretener Umstände einer Änderung bedarf.

Gliederung

A. Basisinformationen

I. Textgeschichte/Gesetzgebungsmaterialien

1 § 195 SGB V wurde eingeführt durch das Gesundheits-Reformgesetz mit Wirkung ab dem 01.01.1989.[1] Die Regelung des § 195 SGB V entspricht wortgleich der Regelung in § 204 des Regierungsentwurfes[2] sowie des gleich lautenden Fraktionsentwurfes.[3]

II. Vorgängervorschriften

2 Vorläuferregelungen zu § 195 SGB V waren die **§§ 324-326 RVO** in der Fassung vom 01.01.1964, gültig bis 31.12.1988.

3 Nach § 324 Abs. 1 RVO bedurfte die Satzung ebenso wie ihre Änderung der Genehmigung des Oberversicherungsamtes. Nach § 324 Abs. 2 RVO durfte die Genehmigung nur dann versagt werden, **wenn die Satzung den gesetzlichen Vorschriften nicht genügte**. Gemäß § 324 Abs. 4 RVO waren die Gründe der Versagung mitzuteilen.

4 Nach § 326 Abs. 1 RVO ordnete das Oberversicherungsamt die erforderliche Änderung an, wenn sich nachträglich ergab, dass eine Satzung nach § 324 Abs. 2 RVO nicht hätte genehmigt werden dürfen. Beschloss das ursprünglich zuständige Selbstverwaltungsorgan (der Ausschuss) nicht **binnen eines Monat** die endgültig angeordnete Änderung, so vollzog sie das Oberversicherungsamt rechtsverbind-

[1] Gesundheits-Reformgesetz (GRG) vom 20.12.1988, BGBl I 1998, 2477.
[2] BR-Drs. 200/88 zu Art. 1 § 204 des Entwurfes.
[3] BT-Drs. 11/2237.

lich. Das Gleiche galt nach § 326 Abs. 3 RVO für endgültig angeordnete Änderungen der Satzung, die durch Vorschriften der RVO erforderlich wurden.

III. Parallelvorschriften

Parallelvorschriften sind 5

- **§ 34 Satz 2 SGB IV** zur Genehmigung der Satzung der Sozialversicherungsträger durch die nach den besonderen Vorschriften für die einzelnen Zweige zuständige Behörde,
- **§ 7 des Gesetzes über die Errichtung der Bundesversicherungsanstalt für Angestellte (BfAG)** zur Genehmigung der Satzung durch den Bundesminister für Arbeit (heute: Bundesminister für Wirtschaft und Arbeit),
- **§ 372 Abs. 2 SGB III** zur Genehmigung der Satzung der Bundesagentur für Arbeit durch das Bundesministerium für Wirtschaft und Arbeit,
- **§ 81 Abs. 1 Satz 2 SGB V** zur Genehmigung der Satzung der Kassenärztlichen Vereinigungen und der Kassenärztlichen Bundesvereinigungen durch die Aufsichtsbehörde,
- **§ 144 Abs. 3 SGB V zur Genehmigung der Satzung** der freiwilligen Vereinigung von Ortskrankenkassen, der nach § 150 Abs. 2 SGB V für Betriebskrankenkassen entsprechend gilt,
- **§ 148 Abs. 3 Satz 2 SGB V** zur Genehmigung der Satzung durch die Aufsichtsbehörde bei der Errichtung von Betriebskrankenkassen und zur Bestimmung des Zeitpunkts, an dem die Errichtung wirksam wird,
- **§ 168 Abs. 3 SGB V** zur Genehmigung einer Satzungsregelung über die Erweiterung des Bezirks einer Ersatzkasse durch die vor der Erweiterung zuständige Aufsichtsbehörde,
- **§ 210 Abs. 1 Satz 2 SGB V** zur Genehmigung der Satzung der Landesverbände durch die für die Sozialversicherung zuständige oberste Verwaltungsbehörde des Landes,
- **§ 212 Abs. 5 Satz 3 SGB V zur Genehmigung** der Satzungen der Ersatzkassenverbände durch die Aufsichtsbehörde,
- **§ 216 Satz 2 SGB V** zur Genehmigung der Satzung der Bundesverbände (der Orts-, Betriebs- und Innungskrankenkassen) durch die Aufsichtsbehörde (Bundesministerium für Gesundheit und Soziale Sicherung),
- **§ 127a Abs. 3 SGB VI** zur Genehmigung der Satzung bei einer Vereinigung von Landesversicherungsanstalten durch die Aufsichtsbehörde im Einvernehmen mit den Aufsichtsbehörden der übrigen Länder, auf deren Gebiete sich eine Landesversicherungsanstalt erstreckt, und zur Bestimmung des Zeitpunkts, an dem die Vereinigung wirksam wird,
- **§ 114 SGB VII** zur Genehmigung der Satzung der Unfallversicherungsträger durch die Aufsichtsbehörde,
- **§ 118 SGB VII** zur Genehmigung der Satzung bei der Vereinigung von Berufsgenossenschaften durch die Aufsichtsbehörde,
- **§ 47 Abs. 2 SGB XI** zur Genehmigung der Satzung der Pflegekassen durch die Behörde, die für die Genehmigung der Satzung der Krankenkasse, bei der die Pflegekasse errichtet ist, zuständig ist und
- **§ 33 BGB, nach dem**, wenn die Rechtsfähigkeit eines BGB-Vereins auf Verleihung beruht, zu jeder Änderung der Satzung eine staatliche Genehmigung oder, falls die Verleihung durch den Bundesrat erfolgt ist, die Genehmigung des Bundesrates erforderlich ist.

Der Geltungsbereich des § 195 wird durch die Verweisung in **§ 26 Abs. 1 KVLG** auf die landwirtschaftliche Krankenversicherung erstreckt. 6

IV. Systematische Zusammenhänge

Gemäß § 29 Abs. 1 SGB IV sind die Träger der Sozialversicherung rechtsfähige **Körperschaften öffentlichen Rechts mit Selbstverwaltung**. Hinsichtlich ihres Verwaltungshandelns unterliegen die Träger der Sozialversicherung der **Aufsicht des Staates**. Diese ist in den **§§ 87-90a SGB IV** geregelt. Nach § 87 Abs. 1 Satz 2 SGB IV erstreckt sich diese Aufsicht auf die Beachtung von Gesetz und sonstigem Recht, das für die Versicherungsträger maßgebend ist. Daneben hat sich der Staat **Mitwirkungsrechte** vorbehalten. Nach **§ 34 Abs. 1 Satz 2 SGB IV** bedürfen die Satzungen der Sozialversicherungsträger der **Genehmigung** der **Aufsichtsbehörde**. 7

V. Literaturhinweise

8 *Axer*, Normenkontrolle und Normerlassklage in der Sozialgerichtsbarkeit, NZS 1997,10-16; *Finkenbusch*, Die Satzung der Krankenversicherungsträger, WzS 1992, 1-11: *Marburger*, Die Aufsicht in der Sozialversicherung, DÖD 2003, 232-237; *Schneider*, Einstweilige Anordnungen bei Errichtung von Betriebs- oder Innungskrankenkassen sowie bei Kassenbereichserweiterungen?, SGb 1989, 501-504; *Wallerath*, Beitragsbemessung für freiwillig Krankenversicherte, SGb 2003, 239-248.

B. Auslegung der Norm

I. Regelungsgehalt und Bedeutung der Norm

1. Genehmigungsvorbehalt (Absatz 1)

9 **§ 195 Abs. 1 SGB V** enthält einen **generellen Genehmigungsvorbehalt** bei der Errichtung und der Änderung der Satzung.[4] Zuständig ist die jeweilige **Aufsichtsbehörde**. Die **Satzung** kann **erst veröffentlicht** werden, wenn die zuständige Stelle ihre **Genehmigung** ausgesprochen hat.[5] Die wirksam beschlossene Satzung entfaltet **Rechtswirkung nach außen** erst, nachdem sie von der Aufsichtsbehörde zunächst **genehmigt und** danach durch den Versicherungsträger öffentlich **bekannt gemacht** worden ist.[6]

2. Nachträgliche Änderungsanordnung (Absatz 2)

10 **Erkennt** die **Aufsichtsbehörde** erst **nachträglich**, **dass die Satzung nicht hätte genehmigt werden dürfen**, so kann sie nach § 195 Abs. 2 Satz 1 SGB V unter **Setzung** einer **Frist** eine **Satzungsänderung** anordnen. Kommt die Krankenkasse dieser **Änderungsanordnung** nicht fristgemäß nach, kann die Aufsichtsbehörde nach § 195 Abs. 2 Satz 2 SGB V die Änderung im Wege der **Ersatzvornahme** selbst vornehmen.

3. Änderungsanordnung wegen nachträglich eingetretener Umstände (Absatz 3)

11 Nach **§ 195 Abs. 3 SGB V** gelten die **Absätze 1 und 2 entsprechend**, wenn die Satzung wegen **nachträglich eingetretener Umstände** einer Änderung bedarf.

II. Normzweck

1. Satzungsautonomie und Verantwortung des Staates

12 Der Gesetzgeber darf Körperschaften öffentlichen Rechts **Satzungsautonomie** verleihen, damit diese für einen **bestimmten Personenkreis** im Rahmen einer **bestimmten Aufgabenstellung** durch **demokratisch legitimierte Organe** ihre **eigenen Angelegenheiten** regeln. Der Gesetzgeber darf sich seiner Verantwortung jedoch nicht entziehen, weshalb das Bundesverfassungsgericht der durch den **Vorbehalt des Gesetzes** gebotenen **Bestimmtheit** besonderes Gewicht beimisst.[7] Auch die **Satzungsgenehmigung** kann als Ausdruck staatlicher Mitverantwortung verstanden werden. Dies sagt allerdings noch nichts darüber aus, ob die Mitverantwortung über die **Prüfung der Rechtmäßigkeit** hinaus auch **Zweckmäßigkeitserwägungen** der Aufsichtsbehörde beinhaltet (vgl. dazu Rn. 16 ff.).

2. Rechtssicherheit

13 Der **Vorbehalt der Genehmigung** hat den Sinn, **Rechtssicherheit** für die Normadressaten zu schaffen. Denkbar ist dabei theoretisch, dass dies durch eine bloße **Rechtskontrolle** gewollt ist **oder** aber **auch** durch eine Zweckmäßigkeitskontrolle im Sinne der **Gleichmäßigkeit der Verwaltung** und eines Aktes der Mitwirkung des Staates. Aus der Gesetzesbegründung folgt, dass **§ 195 Abs. 1 SGB V** angesichts von § 34 Abs. 1 Satz 2 SGB IV nur **deklaratorische Bedeutung** beigemessen wurde.[8]

---

4 *Finkenbusch*, Die Träger der Krankenversicherung, 5. Aufl. 2004, S. 131.

5 *Finkenbusch,* Die Träger der Krankenversicherung, 5. Aufl. 2004, S. 131.

6 *Finkenbusch,* Die Träger der Krankenversicherung, 5. Aufl. 2004, S. 131.

7 BVerfG v. 07.02.1979 - 2 BvR 258/77 - BVerfGE 33, 125, 156 ff.

8 BR-Drs. 200/88 zu Art. 1 § 204 des Entwurfes.

§ 195 Abs. 2 SGB V wurde nach der Gesetzesbegründung als **Sonderregelung zu § 89 SGB IV** eingeführt.[9] Der **Aufsichtsbehörde** sollte die **Bestimmung der Frist** zur Durchführung ihrer Anordnung **überlassen** bleiben.[10] **14**

§ 195 Abs. 3 SGB V sollte nach der Argumentation des Gesetzgebers den **Regelungsinhalt** von § 326 Abs. 3 **RVO erweitern** und auch **nachträgliche Umstände** erfassen, die eine Satzungsänderung erforderlich machen.[11] **15**

III. Rechtscharakter der Genehmigung (Absatz 1)

1. Rechtsaufsicht

Streitig ist, ob es sich bei der Satzungsgenehmigung im Bereich der gesetzlichen Krankenversicherung um eine **reine Rechtskontrolle oder** auch um eine **Zweckmäßigkeitskontrolle** handelt. Für eine Zweckmäßigkeitskontrolle könnte zwar der Aspekt der **Gleichmäßigkeit der Verwaltung** sprechen. Gegen eine Zweckmäßigkeitskontrolle spricht jedoch das immer wieder beschworene Prinzip der **„Vorfahrt für die Selbstverwaltung"** und der vom Gesetzgeber bewusst implementierte **Wettbewerb** der Krankenkassen, der Unterschiede zwischen den Satzungsregelungen verschiedener Kassen voraussetzt. **16**

Ein Teil der Literatur plädiert dafür, der Aufsichtsbehörde immer dann eine **Zweckmäßigkeitskontrolle** zuzubilligen, **wenn das Gesetz die Staatsaufsicht nicht ausdrücklich auf eine Rechtskontrolle beschränkt.**[12] Als Argumente für eine Zweckmäßigkeitsprüfung werden insbesondere die Vorschriften über die **Ziele des Sozialgesetzbuches** und die **möglichst weitgehende Verwirklichung** angeführt.[13] **17**

Die **Entstehungsgeschichte** spricht jedoch eher dafür, dass eine reine **Rechtskontrolle** beabsichtigt ist. **Bereits** nach dem bis zum 31.12.1988 geltenden § 324 Abs. 2 **RVO** durfte die Genehmigung nur versagt werden, **wenn die Satzung den gesetzlichen Vorschriften nicht genügte**. Die Beschränkung auf eine Rechtskontrolle hat der Gesetzgeber bei Einführung des SGB V zwar nicht ausdrücklich in den Gesetzestext übernommen. Aus der **Gesetzesbegründung des GRG** zu dem § 195 Abs. 1 SGB V entsprechenden § 204 Abs. 1 SGB V im Gesetzentwurf folgt jedoch eindeutig, dass lediglich eine Rechts- und keine Zweckmäßigkeitskontrolle gewollt war.[14] Nach der Rechtsprechung des Bundessozialgerichts ist die Aufsichtsbehörde deshalb bei vom Verwaltungsrat der Krankenkassen beschlossenen Satzungsbestimmungen auf eine Rechtskontrolle beschränkt.[15] Auch der **Wortlaut** in **§ 195 Abs. 2 SGB V, „nicht hätte genehmigt werden dürfen"**, spricht für eine Rechtskontrolle. Absatz 2 berührt Änderungsanordnungen nach erteilter Genehmigung für eine rechtswidrige Satzungsvorschrift. Das Bundessozialgericht hat insofern gefolgert, dass dies auch für die Satzungsgenehmigung nach Absatz 1 gilt.[16] Es unterstreicht die **Autonomie** der Krankenkasse zum Erlass sachgerechter Sonderregelungen zur Beitragsbemessung und die besondere **Kompetenz zur Konfliktlösung**. Danach ist es denkbar, dass verschiedene Kassen unterschiedliche Lösungen finden, die sämtlich mit höherrangigem Recht vereinbar und daher nicht zu beanstanden sind.[17] Die Aufsichtsbehörde soll nach dieser Entscheidung allerdings die **Vertretbarkeit in Bezug auf andere Satzungsbestimmungen derselben Krankenkasse** prüfen und sie beanstanden dürfen, wenn die zu Grunde liegenden Erwägungen „nicht sachgerecht" sind.[18] Das vom Satzungsgeber auszuübende Ermessen wird durch die **gesetzlichen Wertungen** dirigiert.[19] **18**

---

9 BR-Drs. 200/88 zu Art. 1 § 204 des Entwurfes.

10 BR-Drs. 200/88 zu Art. 1 § 204 des Entwurfes.

11 BR-Drs. 200/88 zu Art. 1 § 204 des Entwurfes.

12 *Finkenbusch*, Die Träger der Krankenversicherung, 5. Aufl., 2004, S. 131.

13 *Finkenbusch*, WzS 1992, 1-10.

14 BR-Drs. 200/88 zu § 204 SGB V-E.

15 BSG v. 24.04.2002 - B 7/1 A 4/00 R - SozR 2500 § 194 Nr. 1 (Zitierung von Leistungsvorschriften); BSG v. 24.04.2002 - B 7/1 A 1/00 R - SozR 3-2500 § 240 Nr. 42 (Beitragsbemessung); BSG v. 07.11.2000 - B 1 A 4/99 R - SozR 3-3300 § 47 Nr. 1.

16 BSG v. 24.04.2002 - B 7/1 A 4/00 R - SozR 2500 § 194 Nr. 1 (Zitierung von Leistungsvorschriften); vgl. auch *Hänlein* in: Lehr- und Praxiskommentar SGB V, 2. Aufl., 2003, § 195 Rn. 1.

17 BSG v. 24.04.2002 - B 7/1 A 1/00 R - SozR 3-2500 § 240 Nr. 42.

18 BSG v. 24.04.2002 - B 7/1 A 1/00 R - SozR 3-2500 § 240 Nr. 42.

19 *Wallerath* in: SGb 2003, 239-248.

2. Sonderfall: Genehmigung der Entschädigungsregelung

19 Gemäß § 41 Abs. 4 Satz 3 SGB IV bedürfen Beschlüsse der Selbstverwaltung über die Entschädigung der ehrenamtlich Tätigen der Genehmigung der Aufsichtsbehörde. Gemäß § 194 Abs. 1 Nr. 8 SGB V ist die Bemessung der Entschädigungen für Organmitglieder in der Satzung zu regeln. Fraglich ist, ob auch die Entschädigungshöhe bei den Krankenkassen als Bestandteil der Satzungsautonomie einer Zweckmäßigkeitskontrolle durch die Aufsicht entzogen ist oder ob der im Allgemeinen Teil verankerte Genehmigungsvorbehalt des § 41 Abs. 4 SGB IV den § 195 SGB V überlagert, soweit es um die Entschädigung geht. Das Bundessozialgericht betrachtet § 41 Abs. 4 Satz 3 SGB IV als Sonderregelung, die den Vorschriften über die Genehmigung der Satzung vorgeht.[20] Allerdings ist der Genehmigungsvorbehalt nach § 41 Abs. 4 SGB IV danach nicht mit einer Fachaufsicht im Sinne eines umfassenden Prüfungs- und Weisungsrechts gleichzusetzen.[21] Die Aufsichtsbehörde muss Bewertungsmaßstäbe entwickeln, die gerichtlich nur hinsichtlich der Überschreitung des Beurteilungsspielraumes überprüfbar sind.[22] Die Einschränkung der Selbstverwaltung begründet das Bundessozialgericht damit, dass nur so übermäßige Begünstigungen der in eigener Sache entscheidenden Organmitglieder verhindert werden können.[23]

3. Verwaltungsakt oder Rechtssetzungsakt

20 Während **Aufsichtsmaßnahmen** nach **§ 89 SGB IV** eindeutig **Verwaltungsakte** sind, ist die **Rechtsnatur** der **Satzungsgenehmigung** gegenüber dem Versicherungsträger **streitig**. Stellt die Genehmigung eines Satzungsnachtrags einen Verwaltungsakt dar, dann ist die Klage auf Verurteilung der Aufsichtsbehörde zur Erteilung der Genehmigung eine **Verpflichtungsklage** gemäß **§ 54 Abs. 1 Satz 1 SGG**. Ist die Genehmigung der Satzungsänderung hingegen kein Verwaltungsakt, so bietet die **Aufsichtsklage** gemäß **§ 54 Abs. 3 SGG** die Möglichkeit, den Anspruch auf Genehmigungserteilung im Klagewege geltend zu machen.

21 **Nach Rechtsprechung und herrschender Meinung** der Literatur sind Versagung der Genehmigung, Änderungsanordnung und Ersatzvornahme gegenüber dem Versicherungsträger Regelungen eines Einzelfalles mit Außenwirkung im Sinne eines **Verwaltungsaktes nach § 31 SGB X**.[24] Hieraus wird von der Lehre teilweise der Schluss gezogen, dass **Verpflichtungs- bzw. Anfechtungsklage** zu erheben sind.[25] Die **Bestandskraft** soll sich demzufolge nach den **§§ 39 ff. SGB X**, eine **Aufhebung** der Satzungsgenehmigung soll sich nach den **§§ 44-48 SGB X** richten.[26]

22 **Teilweise** wird die Genehmigung demgegenüber als **Mitwirkung am Rechtsetzungsverfahren** verstanden,[27] gegen das **Aufsichtsklage** zu erheben ist. **Teile** sehen wiederum in der Aufsichtsklage lediglich einen **Unterfall** der **Anfechtungsklage**.[28]

23 Das **Bundessozialgericht** hat bislang **offen gelassen**,[29] ob gegen die Nichtgenehmigung einer Satzung eine kombinierte Anfechtungs- und Verpflichtungsklage gemäß § 54 Abs. 1 SGG oder Aufsichtsklage gemäß § 54 Abs. 3 SGG zu erheben ist. Nach der Rechtsprechung kann mit der Aufsichtsklage nicht nur die Aufhebung des Versagungsbescheides der Aufsichtsbehörde, sondern auch die Erteilung der Genehmigung als Vornahme einer begünstigenden Aufsichtsanordnung begehrt werden, wenn die Aufsichtsbehörde diese abgelehnt hat und der Versicherungsträger geltend macht, dass er auf die Genehmigung einen Rechtsanspruch hat.

---

[20] BSG v. 09.12.1997 - 1 RR 3/94 - SozR 3-2400 § 41 Nr. 1.

[21] BSG v. 09.12.1997 - 1 RR 3/94 - SozR 3-2400 § 41 Nr. 1.

[22] BSG v. 09.12.1997 - 1 RR 3/94 - SozR 3-2400 § 41 Nr. 1.

[23] BSG v. 09.12.1997 - 1 RR 3/94 - SozR 3-2400 § 41 Nr. 1.

[24] BSG v. 24.04.2004 - B 7/1 A 4/00 R - SozR 3-2500 § 194 Nr. 1; *Finkenbusch*, Die Träger der Krankenversicherung, 5. Aufl. 2004, S. 135; *Hänlein* in: Lehr- und Praxiskommentar SGB V, 2. Aufl. 2003, § 195 Rn. 4; *Peters*, Sozialgesetzbuch V, Stand 01.01.2004, § 195 Rn. 5; *Stößner*, Die Staatsaufsicht in der Sozialversicherung, 2. Aufl. 1978, S. 149.

[25] *Hänlein* in: LPK-SGB V, § 195 Rn. 4.

[26] *Finkenbusch*, Die Träger der Krankenversicherung, 5. Aufl. 2004, S. 135.

[27] Nachweise aus der Literatur in: BSG v. 22.11.1968 - 3 RK 3/66 - BSGE 29, 21-27, 23; *Meyer-Ladewig*, SGG, § 54 Rn. 18.

[28] *Marburger*, DÖD 2003, 232-237.

[29] BSG v. 10.02.1993 - 1 RR 1/92 - SozR 3-2500 § 64 Nr. 1; BSG v. 25.06.1991 - 1 RR 6/90 - SozR 3-2500 § 241 Nr. 1; für eine Aufsichtsklage als Unterfall der Anfechtungsklage aber wohl BSG v. 24.04.2002 - B 7/1 A 1/00 R - SozR 3-2500 § 240 Nr. 42.

Im Ergebnis spricht die hier vorgenommene und mit der Gesetzesbegründung übereinstimmende Wertung, wonach – was die Satzung der Krankenkassen in § 195 SGB V angeht – keine Zweckmäßigkeitskontrolle gewollt ist, tendenziell **eher** für die Betrachtung der Genehmigung als **Teil des Rechtsetzungsverfahrens** als für einen regelnden Verwaltungsakt. Insofern besteht Ähnlichkeit mit der **Ausfertigung von Gesetzen durch den Bundespräsidenten** nach Überprüfung der Verfassungsmäßigkeit, in welchen ebenfalls ein „integrierender Bestandteil des Rechtssetzungsaktes selbst" angesehen wird.[30] Selbst wenn man sich der Ansicht anschließt, wonach es sich um einen Verwaltungsakt handelt, besteht für eine **Anwendung** der Regelungen über die **Rücknahme bzw. Aufhebung bestandskräftiger Verwaltungsakte kein Bedarf**. Denn **§ 195 Abs. 2 SGB V** stellt insoweit eine **Sonderregelung** dar; die Änderung einer Satzung kann danach jederzeit angeordnet werden, wenn sie in der Fassung nicht hätte genehmigt werden dürfen, d.h. wenn sie rechtswidrig im Sinne des § 194 SGB V war. Die **Rücknahme der Genehmigung** einer Norm **kann** die **Norm** hingegen **nicht** etwa **rückwirkend zu Fall bringen**.[31] 24

Jedenfalls **gegen** eine **Änderungsanordnung** nach § 195 Abs. 2 SGB V ist eine **Verpflichtungsklage** mangels Rechtsschutzbedürfnis **unzulässig** und deshalb alleine die **Aufsichtsklage** in Form der Aufhebungsklage nach § 54 Abs. 3 SGG die **richtige Klageart**.[32] 25

Gemäß **§ 78 SGG** können **Versicherungsträger** auch Anfechtungs- und Verpflichtungsklage **ohne Vorverfahren** erheben. 26

4. Kein Klagerecht Dritter gegen die Genehmigung

Während die **Genehmigung der Satzung** im Verhältnis zum Versicherungsträger nach der Rechtsprechung als **Verwaltungsakt** behandelt wird[33], bleibt sie gegenüber Dritten **Element der Rechtssetzung**, so dass Mitglieder einer Krankenkasse die Genehmigung **nicht** als **Verwaltungsakt mit drittbelastender Wirkung** anfechten können.[34] 27

5. Kein Normenkontrollverfahren

Das **SGG** kennt anders als **§ 47 VwGO kein Normenkontrollverfahren**. Normadressaten sind insofern auf eine **inzidente Kontrolle** im Rahmen einer konkreten Anfechtungs- oder Verpflichtungsklage gegen den Versicherungsträger verwiesen.[35] 28

6. Beratungserfordernis bei Satzungsgenehmigung und Änderungsanordnung

§ 195 Abs. 2 SGB V verlangt **vor** einer **Ersatzvornahme** zunächst eine **Beanstandung der Satzung**. § 195 Abs. 1 SGB V sagt hingegen nichts über eine **Beratungspflicht der Aufsichtsbehörde** bei Versagung der Genehmigung. Hingegen fordert § 89 Abs. 1 SGB IV bei Aufsichtsmaßnahmen in der Regel eine Beratung des Versicherungsträgers durch die Aufsichtsbehörde, wobei die Aufsichtsbehörde auch bei Aufsichtsmaßnahmen nach § 89 Abs. 1 SGB IV in dringenden Fällen auf eine Beratung verzichten kann.[36] **Teilweise** wird vertreten, dass **§ 195 SGB V** eine **Sonderregelung** gegenüber **§ 89 Abs. 1 SGB IV** ist, die das Handeln der Versicherungsträger in der Form der Satzung erfasst. Danach ist **keine Beratung erforderlich**.[37] Von einer „Sonderregelung" spricht auch die Gesetzesbegründung zu dem § 195 Abs. 2 SGB V entsprechenden § 204 Abs. 2 SGB-V-E.[38] Nach anderer Auffassung im Schrifttum gebietet der „fair trial im Genehmigungsverfahren" eine vorherige Beratung. In diesem Sinne wird vertreten, dass **nur § 89 Abs. 1 Sätze 2 und 3 SGB IV**, nicht jedoch § 89 Abs. 1 Satz 1 SGB IV **verdrängt** wird.[39] Das **Bundessozialgericht** hat bislang **offen gelassen**, ob das Beratungser- 29

---

30 *Pieroth* in: Jarass/Pieroth, GG, 7. Aufl. 2004, Art. 82 Rn. 1.

31 BSG v. 16.07.1996 - 1 RR 3/95 - SozR 3-2200 § 700 Nr. 1.

32 BSG v. 10.05.1995 - 1 RR 2/94 - SozR 3-2500 § 242 Nr. 2.

33 BSG v. 24.04.2002 - B 7/1 A 4/00 R - SozR 3-2500 § 194 Nr. 1.

34 LSG BW v. 12.05.2000 - L 4 KR 4625/99 - E-LSG KR-179; vgl. auch BSG v. 28.04.1967 - 3 RK 26/63 - SozR Nr. 112 zu § 54 SGG.

35 BSG v. 28.09.1993 - 1 RK 34/92 - SozR 3-2500 § 44 Nr. 4.

36 *Marburger,* DÖD 2003, 232-237.

37 *Baier* in: Krauskopf, Soziale Krankenversicherung, Pflegeversicherung, § 195 Rn. 5.

38 BR-Drs. 200/88.

39 *Hänlein* in: LPK - SGB V, § 195 Rn. 3.

fordernis nach § 89 SGB IV bei Entscheidungen über die Genehmigung einer Krankenkassensatzung nach § 195 SGB V entfällt.[40]

7. Ermessensbetätigung bei nachträglicher Änderungsanordnung

30 Das Bundessozialgericht hat sich bislang nicht festgelegt, ob **§ 195 Abs. 2 SGB V** wegen des darin verwendeten Wortes „**kann**" die Aufsichtsbehörde zur **Ermessensausübung** verpflichtet **oder** als reine **Ermächtigungsnorm** aufzufassen ist.[41] Sofern eine **ungerechtfertigte Ungleichbehandlung** vorliegt, soll das Ermessen jedenfalls auf Null reduziert sein.[42] In der Literatur wird vertreten, dass es sich nach dem **Opportunitätsprinzip** richte, ob die Schwere des Rechtsverstoßes ein Einschreiten erfordert.[43]

---

[40] BSG v. 24.09.2002 - B 3 A 1/02 R - SozR 3-2500 § 63 Nr. 1; BSG v. 10.05.1995 - 1 RR 2/94 - SozR 3-2500 § 242 Nr. 2.

[41] BSG v. 24.04.2002 - B 7/1 A 4/00 R - SozR 3-2500 § 194 Nr. 1; BSG v. 10.05.1995 - 1 RR 2/94 - SozR 3-2500 § 242 Nr. 2.

[42] BSG v. 10.05.1995 - 1 RR 2/94 - SozR 3-2500 § 242 Nr. 2.

[43] *Finkenbusch*, Die Träger der Krankenversicherung, 5. Aufl. 2004, S. 134; *Engelhard* in: Hauck SGB V, Berlin Stand 2004, § 195 SGB V Rn. 7.

§ 196 SGB V Einsichtnahme in die Satzung

(Fassung vom 20.12.1988, gültig ab 01.01.1989)

(1) Die geltende Satzung kann in den Geschäftsräumen der Krankenkasse während der üblichen Geschäftsstunden eingesehen werden.

(2) Jedes Mitglied erhält unentgeltlich ein Merkblatt über Beginn und Ende der Mitgliedschaft bei Pflichtversicherung und freiwilliger Versicherung, über Beitrittsrechte sowie die von der Krankenkasse zu gewährenden Leistungen und über die Beiträge.

Gliederung

A. Basisinformationen

I. Textgeschichte/Gesetzgebungsmaterialien

Die Vorschrift wurde mit dem **Gesundheits-Reformgesetz (GRG)**[1] mit Wirkung zum 01.01.1989 eingeführt, wobei der Gesetzgeber weitgehend den Regelungsinhalt von **§ 325 RVO** übernehmen wollte.[2] 1

II. Vorgängervorschriften

§ 325 RVO schrieb in Absatz 1 vor, dass jedes Mitglied unentgeltlich einen Auszug aus der Satzung erhielt. Ebenso erhielten diesen Auszug auf Antrag Arbeitgeber, die Kassenmitglieder beschäftigten. Nach Absatz 2 waren die Mitglieder und Arbeitgeber berechtigt, einen Abdruck der Satzung und ihrer Änderung in den Geschäftsräumen der Kasse während der üblichen Geschäftsstunden einzusehen. 2

III. Parallelvorschriften

§ 13 SGB I regelt die Aufklärung der Bürger über Rechte und Pflichten nach dem SGB. Aufklärung ist die allgemeine und abstrakte Unterrichtung. § 14 SGB I regelt die individuelle Beratung des Bürgers bezogen auf seinen Einzelfall. Eine Beratung setzt nicht voraus, dass der Beratene einen entsprechenden Beratungswunsch geäußert hat. Gemäß § 15 SGB I sind die Versicherungsträger zudem auskunftspflichtig. 3

IV. Systematische Zusammenhänge

Die in **§ 196 SGB V** geregelte Einsichtnahme ist **nicht Teil** der Bekanntgabe, die Wirksamkeitsvoraussetzung der Satzung ist, sondern ist lediglich eine **Ergänzung der Bekanntmachungspflicht** nach **§ 34 Abs. 2 Satz 1 und Satz 3 SGB IV i.V.m. § 194 Abs. 1 Nr. 11 SGB V**. 4

---

[1] Gesundheits-Reformgesetz (GRG) vom 20.12.1988, BGBl I 1988, 2477.
[2] BR-Drs. 200/88 zu § 205 SGB V-E.

B. Auslegung der Norm

I. Regelungsgehalt und Bedeutung der Norm

1. Einsichtnahme in die Satzung in den Geschäftsräumen der Krankenkassen (Absatz 1)

5 § 196 SGB V **ergänzt die Bekanntmachungspflicht** hinsichtlich der Satzung nach § 34 Abs. 2 Satz 1 und Satz 3 SGB IV i.V.m. § 194 Abs. 1 Nr. 11 SGB V. Nach der Gesetzesbegründung zum GRG sollte bei Einführung des SGB V weitgehend der Regelungsinhalt von § 325 RVO übernommen werden.

2. Aushändigung eines Merkblattes (Absatz 2)

6 Absatz 2 schreibt vor, dass Mitglieder durch ein **Merkblatt** über **Beginn** und **Ende der Mitgliedschaft**, **Beitrittsrechte**, **Leistungen** und **Beiträge** zu informieren sind.

II. Einsichtnahme der Satzung (Absatz 1)

7 Die **RVO** sah bei ihrer Verabschiedung vor, dass **jedes Mitglied** einen **Abdruck der Satzung und ihrer Änderung** erhielt, ebenso wie jeder **Arbeitgeber**, der Kassenmitglieder beschäftigte. Damit wollte der Gesetzgeber der Tatsache Rechnung tragen, dass Arbeitgeber von den Satzungsinhalten wesentlich berührt werden.[3] Einsichtsberechtigt sollten bei Einführung des SGB V nach der **Begründung des Regierungsentwurfes** alle **Personen** sein, **die ein berechtigtes Interesse** haben.[4] Dazu gehören neben **Mitgliedern** und **Arbeitgebern** wohl beispielsweise auch **Beitrittswillige**.

8 Soweit ein Recht auf Einsicht in die Satzung besteht, können die Beteiligten **Auszüge** oder **Abschriften** selbst fertigen oder sich **Ablichtungen** durch die Behörde erteilen lassen (vgl. § 25 Abs. 5 SGB X). Die **Behörde** kann **Ersatz ihrer Aufwendungen** in angemessenem Umfang verlangen.

III. Aushändigung eines Merkblattes (Absatz 2)

9 Das **Merkblatt** ist Mitgliedern auszuhändigen. Die Vorschrift sagt nichts darüber aus, wann dies zu erfolgen hat. Dem Sinn der Vorschrift wird eine **Aushändigung zu Beginn der Mitgliedschaft** am ehesten entsprechen.

IV. Fehlerhafte oder unterlassene Merkblätter oder unterlassene Einsichtgewährung in die Satzung

10 Fraglich ist, welche **Folgen** es hat, wenn die **Einsichtnahme in die Satzung rechtswidrig verweigert** wird bzw. ein **Merkblatt nicht rechtzeitig oder fehlerhaft** ausgehändigt wird. In Betracht kommt ein auf Schadensersatz in Geld gerichteter **Amtshaftungsanspruch nach Art. 34 GG i.V.m. § 839 BGB,** sofern Vorsatz oder Fahrlässigkeit vorliegen. Darüber hinaus kann ein richterrechtlich entwickelter verschuldensunabhängiger **Herstellungsanspruch** auf Restitution der primären Leistungsverpflichtung vorliegen. Teilweise wird die Gewährung der Einsichtnahme in die Satzung als **Aufklärung im Sinne von § 13 SGB I** angesehen.[5] Auch das Merkblatt wird teilweise als Aufklärungsschrift bezeichnet.[6] Andere sehen im Merkblatt eine **vorgezogene Beratung im Sinne von § 14 SGB I**.[7]

1. Fehlerhafte Beratung oder Auskunft

11 Merkblätter können zur Erfüllung einer **individuellen Beratungspflicht** dienen.[8] Bei einer **unterlassenen oder fehlerhaften Beratung** im Sinne von **§ 14 SGB I** bzw. **Auskunft** im Sinne von **§ 15 SGB I** gewährt die Rechtsprechung einen **Herstellungsanspruch**[9] bzw. einen **Amtshaftungsanspruch**[10].

---

3 RT-DS 1910, Nr. 340, S. 201.
4 BR-Drs. 200/88 zu § 205 SGB V-E.
5 *Engelhard* in: Hauck/Noftz, SGB V, § 196 Rn. 3.
6 *Peters*, Sozialgesetzbuch V, 19. Auflage, Stand Januar 2004, § 196 Rn.12.
7 *Hänlein* in: Lehr- und Praxiskommentar SGB V, 2. Aufl. 2003, § 196 Rn. 2.
8 BSG v. 07.11.1991 - 12 RK 22/91 - SozR 3-1200 § 14 Nr. 5.
9 BSG v. 01.04.2004 - B 7 AL 52/03 R - SozR 4-4300 § 137 Nr. 1 (Herstellungsanspruch).
10 BGH v. 06.02.1997 - III ZR 241/95 - NZV 1997, 220-222.

2. Aufklärung

Ein Merkblatt kann aber auch bloß der allgemeinen **Aufklärung** im Sinne von **§ 13 SGB I** dienen. 12

a. Fehlerhafte Aufklärung

Ein den **Herstellungsanspruch** auslösender Tatbestand kann auch schon dann vorliegen, wenn eine Antragstellung auf Grund einer Entschließung unterblieben ist, die auf einer **fehlerhaften Allgemeininformation** (§ 13 SGB I) des zuständigen Versicherungsträgers, z.B. in einem von ihm herausgegebenen Merkblatt, beruht.[11] 13

b. Unterlassene Aufklärung

Das bloße **Unterlassen** einer **Aufklärung** kann hingegen anders als eine unrichtige oder missverständliche Information des Versicherungsträgers **in der Regel keinen Herstellungsanspruch** auslösen.[12] Bei einer unvollständigen oder ungenügenden Aufklärung kommt es darauf an, ob der Mangel als ein Teil-Unterlassen zu qualifizieren ist, oder ob die erfolgte Auskunft durch den fehlenden Teil missverständlich oder unrichtig wird. 14

In der Gesamtbetrachtung spricht mehr dafür, das **Merkblatt** und die **Gewährung der Einsichtnahme grundsätzlich Aufklärungsmaßnahmen nach § 13 SGB I** gleichzustellen, da beides zunächst einmal unabhängig von einem konkreten Sachverhalt beispielsweise auch über das Leistungsspektrum der Krankenkasse informiert. Nach dem Wortlaut erhalten nur Mitglieder das Merkblatt, ohne dass Mitversicherte entsprechende Rechte haben.[13] Demnach soll es offenbar auch nicht der **Beratung** über die **Ausübung des Wahl- oder eines Beitrittsrechts** dienen. Etwas anderes gilt, wenn ein **konkreter Beratungsanlass** vorliegt. 15

3. Rechtsweg

Während die Entscheidung über einen **sozialrechtlichen Herstellungsanspruch** in die Zuständigkeit der **Sozialgerichte** fällt, sind bei Geltendmachung eines **Amtshaftungsanspruchs** die **Zivilgerichte** zuständig.[14] 16

[11] BSG v. 15.12.1983 - 12 RK 6/83 - USK 83163.
[12] BSG v. 21.06.1990 - 12 RK 27/88 - SozR 3-1200 § 13 Nr. 1.
[13] *Peters*, Sozialgesetzbuch V, 19. Auflage, Stand 01.01.2004, § 196 Rn. 12.
[14] BSG v. 15.12.1999 - B 9 V 12/99 R - SozR 3-1200 § 14 Nr. 28.

§ 197 SGB V Verwaltungsrat

(Fassung vom 21.12.1992, gültig ab 01.01.1996)

(1) Der Verwaltungsrat hat insbesondere

1. die Satzung und sonstiges autonomes Recht zu beschließen,

1a. den Vorstand zu überwachen,

1b. alle Entscheidungen zu treffen, die für die Krankenkasse von grundsätzlicher Bedeutung sind,

2. den Haushaltsplan festzustellen,

3. über die Entlastung des Vorstands wegen der Jahresrechnung zu beschließen,

4. die Krankenkasse gegenüber dem Vorstand und dessen Mitgliedern zu vertreten,

5. über den Erwerb, die Veräußerung oder die Belastung von Grundstücken sowie über die Errichtung von Gebäuden zu beschließen und

6. über die Auflösung der Krankenkasse oder die freiwillige Vereinigung mit anderen Krankenkassen zu beschließen.

(2) Der Verwaltungsrat kann sämtliche Geschäfts- und Verwaltungsunterlagen einsehen und prüfen.

(3) Der Verwaltungsrat soll zur Erfüllung seiner Aufgaben Fachausschüsse bilden.

Gliederung

A. Basisinformationen

I. Textgeschichte/Gesetzgebungsmaterialien

1 Die Vorschrift des **§ 197 SGB V** wurde bei Schaffung des SGB V durch das **Gesundheits-Reformgesetz (GRG)** mit Wirkung ab 01.01.1989 eingeführt.[1] Sie fasste in Anlehnung an **§ 345 RVO** die we-

[1] Gesundheits-Reformgesetz (GRG) vom 20.12.1988, BGBl I 1988, 2477.

sentlichen **Kompetenzen der damaligen Vertreterversammlung** von Krankenkassen zusammen, die bis dahin in der RVO verstreut waren.[2]

Mit dem **Gesundheitsstrukturgesetz (GSG)** vom 21.12.1992, gültig ab 01.01.1996[3], wurde sowohl in der Überschrift als auch im Einleitungssatz des Absatzes 1 das Wort **„Vertreterversammlung" durch „Verwaltungsrat" ersetzt. Neu** eingefügt wurden in Absatz 1 die **Nummer 1a (Überwachung des Vorstandes)**, die **Nummer 1b (Entscheidungen von grundsätzlicher Bedeutung)**, die erst auf Grund einer Beschlussempfehlung des Bundestags-Ausschusses für Gesundheit eingefügt wurde,[4] sowie die **Absätze 2 (Einsichtnahme in Geschäfts- und Verwaltungsunterlagen)** und **3 (Bildung von Fachausschüssen)**. 2

II. Vorgängervorschriften

Gemäß **§ 345 RVO** blieben der Vertreterversammlung unter anderem Vereinbarungen und Verträge mit anderen Kassen, die Errichtung von Melde- und Zahlstellen, die Auflösung der Kasse oder die Vereinigung mit anderen Krankenkassen vorbehalten. 3

III. Parallelvorschriften

Die gemeinsamen Vorschriften für die Sozialversicherung regeln in **§ 33 SGB IV** die **Aufgaben von Vertreterversammlung und Verwaltungsrat**. 4

In **§ 209 SGB V** sind die Aufgaben des Verwaltungsrates bei den **Landesverbänden** der Krankenkassen beschrieben. **§ 219b SGB V** beschreibt die Kompetenzen des Verwaltungsrates der **Deutschen Verbindungsstelle Krankenversicherung-Ausland**. In **§ 280 SGB V** sind die Kompetenzen des Verwaltungsrates des **Medizinischen Dienstes der Krankenkassen** beschrieben. **§ 373 Abs. 3 SGB III** regelt die Aufgaben des Verwaltungsrates bei der **Bundesagentur für Arbeit.** 5

IV. Systematische Zusammenhänge

Die Träger der Sozialversicherung sind gemäß **§ 29 Abs. 1 SGB IV** rechtsfähige Körperschaften des öffentlichen Rechts mit **Selbstverwaltung**. Gemäß **§ 31 Abs. 1 SGB IV** werden als Selbstverwaltungsorgane eine **Vertreterversammlung** und ein **(ehrenamtlicher) Vorstand** gebildet. Das gilt auch für die **Zuweisungskassen** (See-Krankenkasse, Landwirtschaftliche Krankenkassen, Knappschaftliche Krankenversicherung). Bei den „Wettbewerbskassen" (AOK, BKK, IKK, Ersatzkassen) wird gemäß **§ 31 Abs. 3 SGB IV** davon abweichend ein **Verwaltungsrat** als Selbstverwaltungsorgan gebildet. Die **Aufgaben** von Verwaltungsrat bzw. Vertreterversammlung sind in **§ 33 SGB IV** allgemein beschrieben. Danach obliegt den genannten Gremien gemäß Absatz 1 die **Satzungsautonomie** sowie der **Vertreterversammlung** gemäß Absatz 2 zusätzlich die **Vertretung gegenüber dem ehrenamtlichen Vorstand**. 6

V. Literaturhinweise

Balzer, Änderungen des Selbstverwaltungsrechts und des Dienstrechts der gesetzlichen Krankenkassen durch das GSG, NZS 1994, 1-6; *Dudda*, Die Binnenstruktur der Krankenversicherungsträger nach dem Gesundheitsstrukturgesetz, Frankfurt a.M. 1996; *Felix*, Verwaltungsrat und Vorstand in der gesetzlichen Krankenversicherung – Aufgaben und Befugnisse, Bochumer Schriften zum Sozialrecht, Band 8, 2001, 43-64; *Kruse/Kruse*, Bedeutung und Aufgaben der Ausschüsse der Selbstverwaltung der Sozialversicherungsträger, Die Sozialversicherung 2000, 200-207; *Kruse/Zamponi*, Die unterbliebene Beitragssatzanhebung, NZS 2001, 184-188; *Meydam*, Amtsfunktion und Anstellungsverhältnis der Vorstände gesetzlicher Krankenkassen, NZS 2000, 332-337; *Seegmüller*, Der hauptamtliche Vorstand der gesetzlichen Krankenkassen, Berlin 1996. 7

[2] BR-Drs. 200/88 zu § 206 SGB V-E.

[3] Gesundheitsstrukturgesetz (GSG) vom 21.12.1992, BGBl I 1992, 2266.

[4] BT-Drs. 12/3930, S. 65.

B. Auslegung der Norm

I. Regelungsgehalt und Bedeutung der Norm

1. Aufgaben des Verwaltungsrates (Absatz 1)

8 § 197 Abs. 1 SGB V fasst die Kompetenzen des Verwaltungsrates zusammen, die sich hinsichtlich der Nummern 1, 2, 3, 4 und 6 bereits in den gemeinsamen Vorschriften des SGB IV für die Sozialversicherung bzw. an anderer Stelle im SGB V wiederfinden. Eigenständige Bedeutung haben die Nr. 1a und 5. Streitig ist die Bedeutung von Nr. 1b.

2. Satzungsautonomie (Absatz 1 Nr. 1)

9 **Absatz 1 Nr. 1** regelt die **Satzungsautonomie** des Verwaltungsrates als eine der Kernkompetenzen der Selbstverwaltung. **§ 194 SGB V** beschreibt den Krankenkassen betreffenden **notwendigen Satzungsinhalt** und die **Grenzen der Satzungsautonomie**. Die Satzungsautonomie für Vertreterversammlung bei Zuweisungskassen (See-Krankenkasse, landwirtschaftliche Krankenkassen, knappschaftliche Krankenversicherung) bzw. den Verwaltungsrat bei „Wettbewerbskassen" (AOK, BKK, IKK, Ersatzkassen) ist ferner in den gemeinsamen Vorschriften in **§ 33 Abs. 1 und 3 SGB IV** und **§ 34 SGB IV** geregelt.

3. Kontrolle des Vorstandes (Absatz 1 Nr. 1a)

10 Nach Absatz 1 Nr. 1a überwacht der Verwaltungsrat den hauptamtlichen Vorstand. In den gemeinsamen Vorschriften des SGB IV sind in **§ 35a Abs. 2 SGB IV** insoweit **Berichtspflichten des hauptamtlichen Vorstandes** bei den Wettbewerbskassen normiert. Danach hat der hauptamtliche Vorstand dem Verwaltungsrat über die Umsetzung von Entscheidungen von grundsätzlicher Bedeutung, die finanzielle Situation und die voraussichtliche Entwicklung sowie aus sonstigen wichtigen Anlässen zu berichten. Nach **§ 197 Abs. 2 SGB V** kann der Verwaltungsrat sämtliche **Geschäfts- und Verwaltungsunterlagen einsehen** und prüfen. Das Gesetz nennt keine Instrumente für den Fall, dass die Kontrolle aus Sicht des Verwaltungsrates zu keinem befriedigenden Ergebnis führt. Insbesondere sieht es keine „Aufsichtsmaßnahmen" vor. **§ 35a Abs. 6 SGB IV** begrenzt allerdings die **Amtszeit** des hauptamtlichen **Vorstandes** auf **6 Jahre**. Ein besonders starkes Instrument des Verwaltungsrates zur Durchsetzung seiner Politik liegt somit in der notwendigen Wiederwahl des hauptamtlichen Vorstandes. Zusätzlich hat der Verwaltungsrat auch bei Wettbewerbskassen (AOK, BKK, IKK, Ersatzkassen) während der Amtszeit die Möglichkeiten der **Amtsentbindung** nach **§ 59 Abs. 2 SGB IV** oder der **Amtsenthebung** nach **§ 59 Abs. 3 SGB IV**, die nach **§ 35a Abs. 7 SGB IV** für den hauptamtlichen Vorstand entsprechend gelten. Ebenso kann der ehrenamtliche Vorstand bei **Zuweisungskassen** (See-Krankenkasse, Landwirtschaftliche Krankenkassen, Knappschaftliche Krankenversicherung) die hauptamtliche **Geschäftsführung,** deren **Amtszeit** im Unterschied zu der des hauptamtlichen Vorstandes **unbegrenzt** ist, gemäß **§ 36 Abs. 2 SGB IV** in Verbindung mit **§ 59 Abs. 2 und 3 SGB IV entbinden bzw. entheben**.

4. Entscheidungen grundsätzlicher Bedeutung (Absatz 1 Nr. 1b)

11 Nach **Absatz 1 Nr. 1b** ist der Verwaltungsrat zuständig für alle **Entscheidungen von grundsätzlicher Bedeutung** (eingehend unter Rn. 30 und Rn. 35 ff.).

5. Feststellung des Haushaltsplanes (Absatz 1 Nr. 2)

12 Absatz 1 Nr. 2 weist dem Verwaltungsrat als eine seiner wichtigsten Kompetenzen das **Budgetrecht** zu. Damit korrespondiert die **Abnahme der Jahresrechnung** und die **Entlastung des Vorstandes** nach Absatz 1 Ziffer 3.

13 Die Zuständigkeit der Vertreterversammlung bzw. des Verwaltungsrates zur **Feststellung des Haushaltsplanes** folgt bereits aus **§ 70 Abs. 1 Satz 2 SGB IV** in Verbindung mit **§ 33 Abs. 3 Satz 2 SGB IV**. Die **Aufstellung des Haushaltsplanes** obliegt bei **Zuweisungskassen** (See-Krankenkasse, Landwirtschaftliche Krankenkassen, Knappschaftliche Krankenversicherung) nach § 70 Abs. 1 Satz 1 SGB IV dem **ehrenamtlichen Vorstand**. Die Aufstellung der Unterlagen für den **Entwurf** des Haushaltsplanes ist hingegen gemäß **§ 33 Abs. 2 SVHV** Sache der **hauptamtlichen Geschäftsführung** bzw. deren Beauftragten.

Da **§ 33 Abs. 3 Satz 3 SGB IV** für den Verwaltungsrat nicht auf **§ 70 Abs. 1 SGB IV** verweist, ist bei **Wettbewerbskassen** (AOK, BKK, IKK, Ersatzkassen) für die **Aufstellung des Haushaltsentwurfes** nach § 70 Abs. 1 SGB IV der **hauptamtliche Vorstand** zuständig, der die Krankenkasse gemäß § 35a SGB IV verwaltet, soweit das Gesetz nichts anderes bestimmt. Dies deckt sich mit der Gesetzesbegründung des Gesundheitsstrukturgesetzes (GSG) zu § 31 Abs. 3a SGB IV und zu § 35a SGB IV[5], wonach der neue hauptamtliche Vorstand bisherige Funktionen des ehrenamtlichen Vorstandes und der Geschäftsführung in sich vereinigt. Gemäß **§ 10 SVHV** kann durch **Sperrvermerk** die Leistung von Ausgaben oder die Inanspruchnahme von Verpflichtungsermächtigungen von der **Einwilligung des Verwaltungsrates** oder eines Erledigungsausschusses abhängig gemacht werden. Die Träger der Krankenversicherung haben den vom Vorstand aufgestellten Haushaltsplan gemäß § 70 Abs. 5 Satz 1 SGB IV **spätestens am 01.11.** des Vorjahres der Aufsichtsbehörde vorzulegen, wenn diese es verlangt. 14

Als Systembruch wird teilweise die Möglichkeit des hauptamtlichen **Vorstandes** gemäß §§ 72 und 73 SGB IV angesehen, sich **Haushaltsüberschreitungen** und **überplanmäßige Ausgaben** selbst zu genehmigen.[6] 15

6. Entlastung des Vorstandes (Absatz 1 Nr. 3)

Absatz 1 Nr. 3 entspricht **§ 77 Abs. 1 Satz 3 SGB IV in Verbindung mit § 33 Abs. 3 Satz 2 SGB IV**und hat insoweit keine eigenständige Bedeutung. Absatz 1 Nr. 3 ergänzt die **Budgethoheit** nach Absatz 1 Nr. 2 insofern, als bei „Wettbewerbskassen" (AOK, BKK, IKK, Ersatzkassen) der Verwaltungsrat auch über die Entlastung des Vorstandes wegen der **Jahresrechnung** beschließt. Damit wird die **Kontrollfunktion** des Verwaltungsrates gegenüber dem hauptamtlichen Vorstand im Bereich des Budgetrechts unterstrichen. 16

Gemäß **§ 31 SVHV** ist die **Jahresrechnung** durch zuständige Prüfstelle oder einen bestellten **sachverständigen Prüfer** zu prüfen und **dem Verwaltungsrat** gemäß **§ 32 SVHV** zusammen **mit dem Prüfbericht** über das Ergebnis der Prüfung **vorzulegen**. Das Gesetz sagt anders als beim Haushaltsplan nichts darüber aus, bis wann die Jahresrechnung vorzulegen ist. In der Literatur geht man jedoch davon aus, dass dies in Anlehnung an Art. 114 Abs. 1 GG **spätestens im Folgejahr** des Jahres erfolgen muss, auf das sich die Jahresrechnung bezieht.[7] 17

Über **die Entlastung des ehrenamtlichen Vorstandes und der Geschäftsführung** bei den **Zuweisungskassen** (See-Krankenkasse, Landwirtschaftliche Krankenkassen, Knappschaftliche Krankenversicherung) wegen der Jahresrechnung beschließt gemäß **§ 77 Abs. 1 Satz 2 SGB IV** die **Vertreterversammlung.** 18

7. Vertretung der Krankenkasse gegenüber dem Vorstand (Absatz 1 Nr. 4)

Nach Absatz 1 Nr. 4 vertritt der Verwaltungsrat bei Wettbewerbskassen die Krankenkasse **gegenüber** dem hauptamtlichen **Vorstand. § 194 Abs. 1 Nr. 4 SGB V** hat keine eigenständige Bedeutung. Denn nach **§ 33 Abs. 3 SGB IV** gilt **§ 33 Abs. 2 SGB IV** für den Verwaltungsrat entsprechend. Auch danach **vertritt der Verwaltungsrat den Versicherungsträger gegenüber dem Vorstand und dessen Mitgliedern**, etwa bei der Geltendmachung von Haftungsansprüchen. 19

Bei **Zuweisungskassen** (See-Krankenkasse, Landwirtschaftliche Krankenkassen, Knappschaftliche Krankenversicherung) **vertritt** die **Vertreterversammlung** den Versicherungsträger gemäß **§ 33 Abs. 2 Satz 1 SGB IV gegenüber dem ehrenamtlichen Vorstand und dessen Mitgliedern**. Auf Wettbewerbskassen (AOK, BKK, IKK, Ersatzkassen) übertragen betrifft die Vorschrift die Vertretung des Versicherungsträgers gegenüber dem hauptamtlichen Vorstand. 20

8. Grundstücke und Gebäudeerrichtung (Absatz 1 Nr. 5)

Nach **Absatz 1 Nr. 5** beschließt der Verwaltungsrat über den **Erwerb**, die **Veräußerung** oder die **Belastung** von **Grundstücken** sowie die **Errichtung** von **Gebäuden.** 21

Absatz 1 Nr. 5 geht über die gemeinsamen Vorschriften des SGB IV hinaus. Fraglich ist, ob diese Vorschrift in der Praxis eher eng oder eher weit auszulegen ist, so dass dem Wortlaut nach auch wirtschaftlich unbedeutende Maßnahmen erfasst werden. In der Literatur wird eine teleologische Reduktion in 22

---

5 BT-Drs. 12/3608, S. 128.

6 *Seegmüller*, Der hauptamtliche Vorstand der gesetzlichen Krankenkassen, Berlin 1996, S. 94; *Felix* in: Bochumer Schriften zum Sozialrecht Band 8, „Funktionale Selbstverwaltung und Demokratieprinzip – am Beispiel der Sozialversicherung", 2001, 43-64.

7 *Peters*, Sozialgesetzbuch IV, Stand Dezember 1998, § 77 Rn. 10.

dem Sinne empfohlen, dass nur Maßnahmen mit einer Größenordnung von 0,3% des Haushaltsvolumens dem Verwaltungsrat vorbehalten sind.[8] Eine solche Auslegung würde die Flexibilität des hauptamtlichen Vorstandes stärken. Dagegen spricht aber, dass **Grundstücksgeschäften** auch im BGB **unabhängig vom** konkreten **wirtschaftlichen Ausmaß** eine besondere Bedeutung beigemessen wird. Bessere Gründe sprechen deshalb für die Annahme, dass der Vorstand ohne Beschluss des Verwaltungsrates keine Grundstücksgeschäfte tätigen kann.[9] Übertragen werden können soll dem Vorstand die **Erweiterung und der Umbau von Gebäuden**.[10] Auch hier wird allerdings insbesondere die wirtschaftliche Bedeutung solcher Baumaßnahmen zu berücksichtigen sein.

9. Auflösung und Vereinigung (Absatz 1 Nr. 6)

23 Auflösungs- und Vereinigungsbeschlüsse sind in **§ 144 Abs. 1 SGB V** (Freiwillige Vereinigung von Ortskrankenkassen), **§ 150 Abs. 1 SGB V** (Freiwillige Vereinigung von Betriebskrankenkassen), **§ 152 SGB V** (Auflösung von Betriebskrankenkassen), **§ 160 Abs. 1 SGB V** (Vereinigung von Innungskrankenkassen), **§ 162 SGB V** (Auflösung von Innungskrankenkassen) und **§ 168a Abs. 1 SGB V** (Vereinigung von Ersatzkassen) näher geregelt.

24 Ziel des Gesetzgebers war die **Schaffung größerer Einheiten** durch eine **Erleichterung von Fusionen**.[11] Schon die Gesetzesbegründung zur RVO spricht davon, dass „die Übelstände, die durch übermäßige Zersplitterung des Kassenwesens geschaffen sind, beseitigt" werden sollen.[12] 1908 existierten nicht weniger als 23.240 verschiedene Kranken- und Hilfskassen.[13] Am 01.01.2004 bestanden **noch 288 Krankenkassen**. Davon waren 229 Betriebskrankenkassen.[14] Erwogen wurde im Rahmen des GKV-Modernisierungsgesetzes (GMG) ursprünglich auch die Ermöglichung **kassenartübergreifender Fusionen**.[15] Dies dürfte aber an den **verschiedenen historisch gewachsenen** und bewusst erhaltenen **Selbstverwaltungsstrukturen** der Kassenarten hinsichtlich der Zusammensetzung (Versicherte/Arbeitgeber) scheitern. Diese unterschiedlichen Strukturen sind ein mögliches Kriterium für die Ausübung des Wahlrechts.[16] So werben die Ersatzkassen bei Versicherten damit, dass sich ihre Selbstverwaltung ausschließlich aus Versichertenvertretern zusammensetzt. Fraglich könnte sein, ob ein Fusionsbeschluss **Rechte Dritter** berühren kann. Eine AOK war vor Einführung der allgemeinen Wahlfreiheit nach älterer Ansicht der Literatur klagebefugt, wenn ihr **bei Vereinigung** zweier Betriebskrankenkassen eine Beitragssatzerhöhung, eine Leistungs- oder Bestandsgefährdung drohte.[17] Spätestens nach Einführung der Wahlfreiheit scheint dies jedoch auch unter dem Aspekt des organisatorischen Selbstverwaltungsrechts nicht haltbar.

25 Die Möglichkeit zur **Auflösung von geöffneten Betriebs- und Innungskrankenkassen** ist durch das Gesundheitsstrukturgesetz **abgeschafft** worden,[18] weil sie einen einseitigen Wettbewerbsvorteil darstellte und einer gezielten Risikoselektion Vorschub leistete,[19] da sich die konkurrierenden Ortskrankenkassen und Ersatzkassen nicht auflösen und neu konstituieren können.

10. Einsichtnahme und Prüfung von Geschäfts- und Verwaltungsunterlagen (Absatz 2)

26 Die Ermächtigung zur Einsichtnahme und Prüfung von Geschäfts- und Verwaltungsunterlagen in Absatz 2 ergänzt **§ 197 Abs. 1 Nr. 1a SGB V**, wonach der Verwaltungsrat den Vorstand zu überwachen hat.

---

8 *Hänlein* in: LPK - SGB V, § 197 Rn. 3.
9 *Seegmüller*, Der hauptamtliche Vorstand der gesetzlichen Krankenkassen, Berlin 1996, S. 100.
10 *Finkenbusch*, Die Träger der Krankenversicherung, 5. Aufl. 2004, S. 108.
11 BT-Drs. 12/3608, S. 108, 112.
12 RT-Drs. 1910, Nr. 340, S. 22.
13 RT-Drs. 1910, Nr. 340, S. 106.
14 BMGS Tabelle KFO3 Bund (Kennzahlen und Faustformeln).
15 BT-Drs. 15/1170, S. 33 (§ 171a SGB V-E).
16 BT-Drs. 11/6380, S. 168, 169.
17 *Schneider* in: SGb 1989, 501-504.
18 Gesundheitsstrukturgesetz (GSG) vom 21.12.1992, BGBl I 1992, 2266.
19 BT-Drs. 12/3608, S. 110, 111.

11. Bildung von Fachausschüssen (Absatz 3)

Nach Absatz 3 „soll“ der Verwaltungsrat Fachausschüsse bilden. Dies können lediglich Entscheidungen des Verwaltungsrates **vorbereitende Fachausschüsse** sein oder auch **Erledigungsausschüsse**, denen gemäß § 66 SGB IV in bestimmten Angelegenheiten – mit Ausnahme der Rechtssetzung – anstelle des Verwaltungsrates die abschließende Entscheidungskompetenz übertragen werden kann. Durch Satzung „kann“ ferner gemäß § 36a SGB IV der Erlass von Widerspruchsbescheiden besonderen Ausschüssen übertragen werden. 27

II. Normzweck

1. Kompetenzen der Selbstverwaltung

Nach der Gesetzesbegründung des Gesundheitsstrukturgesetzes (GSG)[20] zu § 197 SGB V sollten die Befugnisse des **Verwaltungsrates gestärkt** werden, die Tätigkeit des Vorstandes **kontrollierend** zu begleiten. Im allgemeinen Teil der Gesetzesbegründung heißt es: „**Selbstverwaltung und Geschäftsführung** der Krankenkassen müssen zukünftig auch den durch Wahlfreiheit und Wettbewerb **gestiegenen Anforderungen** an **Entscheidungsfähigkeit, Kompetenz und Flexibilität** gerecht werden. Deshalb wird die Selbstverwaltung der Krankenkassen ab dem 01.01.1996 neu geregelt. Vorstand und Verwaltungsrat der Krankenkassen werden zu einem Gremium – dem Verwaltungsrat – zusammengefasst (eingleisiges Organsystem).“[21] Aus der Gesetzesbegründung des Gesundheitsstrukturgesetzes (GSG) [22] zu § 31 Abs. 3a SGB IV und zu § 35a SGB IV folgt andererseits, dass der hauptamtliche **Vorstand Aufgaben** auf sich vereinigen sollte, **die bislang** vom **ehrenamtlichen Vorstand und** von der **hauptamtlichen Geschäftsführung** übernommen wurden. 28

2. Kontrolle

Insbesondere sollte eine Spezialisierung der Verwaltungsratsmitglieder nach der Gesetzesbegründung des Gesundheitsstrukturgesetzes (GSG) eine wirkungsvollere Kontrolle sicherstellen.[23] Das wird deutlich durch die Aufforderung des Gesetzgebers, **Fachausschüsse** zu bilden. 29

3. Entscheidungen von grundsätzlicher Bedeutung

Nach dem Ausschussbericht des Bundestagsausschusses für Gesundheit soll die nachträglich im Laufe des Gesetzgebungsverfahrens erfolgte Einfügung von **§ 197 Abs. 1 Nr. 1b SGB V** klarstellen, dass es zu den Aufgaben des Verwaltungsrates gehört, die **grundsatzpolitischen Entscheidungen für die Krankenkasse** zu treffen.[24] Die Änderung sollte klarstellen, dass alle Entscheidungen, die nicht von grundsätzlicher Bedeutung für die Krankenkasse sind, dem Vorstand obliegen. Bei den Entscheidungen, die von grundsätzlicher Bedeutung sind, soll es sich nach dem Bericht des Gesundheitsausschusses des Bundestages[25] um „**Leitentscheidungen**“ handeln. Die Ausgestaltung im Konkreten soll dagegen dem Vorstand obliegen. Der Verwaltungsrat soll hiernach **keine Aufgaben des Vorstandes wahrnehmen** dürfen.[26] Aus dem Protokoll der dritten Lesung im Bundestag ist zu entnehmen, dass der Verwaltungsrat nicht nur ein Kontroll-, sondern auch ein „**Mitbestimmungsgremium**“ sein sollte.[27] Der Verwaltungsrat sollte sich danach am **Prinzip des Aufsichtsrates** in Wirtschaftsunternehmen orientieren.[28] Aus dem Abschlussbericht der Sozialenquete-Kommission ist zu entnehmen, dass aber insbesondere für die Befristung der Amtsdauer des hauptamtlichen Vorstandes das Beispiel der **kommunalen Selbstverwaltung** Pate gestanden hat.[29] Das Kommunalrecht kennt die so genannte **Allzuständigkeit des Rates**. Demgegenüber kann der **Aufsichtsrat** nach **§ 111 Abs. 4 Satz 2 AktG** bestimmen, dass **be-** 30

[20] BT-Drs. 12/3608 zu § 197 SGB V-E S. 114.

[21] BT-Drs. 12/3608 Allg. Teil der Begründung, S. 66.

[22] BT-Drs. 12/3608 zu §§ 31 Abs. 3a und § 35a SGB IV-E S. 128.

[23] BT-Drs. 12/3608 zu § 197 SGB V-E.

[24] BT-Drs. 12/3937, S. 17.

[25] BT-Drs. 12/3937, S. 8.

[26] BT-Drs. 12/3937 S. 8.

[27] Bundestag Plenarprotokoll 12/127, 09.12.1992, S 10920 (Abg. Kirschner) und 10926 (Abg. Thomae).

[28] Bundestag Plenarprotokoll 12/127, 09.12.1992, S 10920 (Abg. Kirschner).

[29] BT-Drs. 11/6380, S. 171; vgl. auch *Buhrmann* in: SVFang Nr. 115, 1999, 67-76.

stimmte Arten von **Geschäften** nur mit seiner **Zustimmung** vorgenommen werden. Weder die Orientierung an der Aktiengesellschaft noch die am Kommunalrecht haben jedoch Eingang in die Gesetzesbegründung gefunden.[30]

4. Ermessen der Selbstverwaltung bei der Ausgabensteuerung

31 Schon der Gesetzgeber der RVO ging in der Begründung zu § 346 RVO davon aus, dass dem **Haushaltsplan** gerade bei einer Konzentration der Krankenkassen zu größeren Wirtschaftseinheiten eine steigende Bedeutung zukommt. In der Gesetzesbegründung[31] heißt es: „Bei der Zentralisation der Krankenkassen wird für diese ein ordnungsgemäßer Voranschlag von erhöhter Bedeutung sein. Wenn auch ein großer Teil der **Ausgaben nach Gesetz und Satzung festgelegt** ist, so werden doch auch die vom **Ermessen** der Kassenorgane **abhängigen Ausgaben** voraussichtlich eine größere Rolle spielen."

5. Belastungen oder Verpflichtungen des Vermögens auf längere Zeit

32 Darüber hinaus hatte die Selbstverwaltung nach **§ 345 der RVO ursprünglich** „Vereinbarungen und **Verträge mit anderen Kassen** zu beschließen" (Nr. 4) und „die **Errichtung von Melde- und Zahlstellen** zu beschließen" (Nr. 5).[32] In der Gesetzesbegründung hierzu wurde ausgeführt: Die neuen Nummern 4, 5 betreffen wichtigere Maßnahmen, welche die Kasse oder ihr **Vermögen auf längere Zeit** hinaus **belasten** oder verpflichten.

III. Aufgaben des Verwaltungsrates (Absatz 1)

1. Satzungsautonomie nicht verfassungsrechtlich geschützt (Absatz 1 Nr. 1)

33 Mit Ausnahme von **Art. 28 Abs. 2 GG** enthält das Grundgesetz keine ausdrückliche Ermächtigung für die Verleihung von Satzungsautonomie. Eine **entsprechende Anwendung** von Art. 28 GG auf andere Selbstverwaltungsträger wird von weiten Teilen der Literatur und dem Bundesverwaltungsgericht **abgelehnt**.[33] Während Gemeinden nach Art. 28 Abs. 2 GG das Recht haben, alle Angelegenheiten der örtlichen Gemeinschaft zu regeln und Eingriffe in die Satzungsautonomie einer gesetzlichen Grundlage bedürfen, ist die Satzungsautonomie in der Sozialversicherung durch Gesetz gerechtfertigt und demzufolge durch Gesetz veränderbar.[34] Die **Träger der Sozialversicherung** genießen deshalb auch nach der Rechtsprechung des Bundesverfassungsgerichts **keine** verfassungsrechtlich geschützte **Existenzgarantie**.[35] Das muss erst recht für die Satzungsautonomie gelten. Grenzen der Satzungsautonomie sind durch den Vorbehalt des Gesetzes und den Vorrang des Gesetzes gesteckt (vgl. § 194 SGB V).

2. Sonstiges autonomes Recht

34 **Sonstiges** vom Verwaltungsrat zu beschließendes **autonomes Recht** waren die **Dienstordnungen für die Angestellten**, die nicht Beamte sind gemäß **§ 351 RVO**. Danach konnten die Orts- und Innungskrankenkassen mit Angestellten bis 1992 privatrechtliche Verträge abschließen, die sich an den Prinzipien des Beamtenrechts orientierten. Das Dienstordnungsrecht der Orts- und Innungskrankenkassen sowie der Verbände der Orts-, Betriebs- und Innungskrankenkassen wurde durch das GSG **zum 01.01.1993 geschlossen.**[36] Eine Ausnahme besteht nur für die Angestellten, die am 31.12.1992 bereits einer Dienstordnung unterstanden. Neue Dienstordnungsverhältnisse durften gemäß **§ 358 RVO** danach nicht mehr eingegangen werden.

---

30 BT-Drs. 12/3608.

31 RT-Drs. 1910, Nr. 340, S. 200.

32 RVO vom 19.07.1911 RGBl 1911, 509.

33 *Peters* in: Sozialgesetzbuch IV, § 34 Rn. 3; BVerwG v. 31.03.2004 - 6 C 25.03 - BVerwGE 120, 255-263.

34 *Muckel*, Sozialrecht, München 2003, Rn. 12; *Peters*, Sozialgesetzbuch IV, § 34 Rn. 4.

35 BVerfG v. 09.06.2004 - 2 BvR 1249/03 - SozSich 2004, 249 (Kurzwiedergabe); BVerfG v. 08.02.1994 - 1 BvR 1237/85 - SozR 3-2200 § 385 Nr. 4; Argumente für eine verfassungsrechtliche Absicherung der Organisationsstrukturen und des Selbstverwaltungsrechts nach Art. 87 Abs. 2 GG, 28 Abs. 2 GG und Art. 3 GG (Systemtreue): *Schnapp* in: Schulin, Handbuch des Sozialversicherungsrechts, Bd. 1, § 49 Rn. 38-51.

36 Gesundheitsstrukturgesetz (GSG) vom 21.12.1992, BGBl I 1992, 2266 Art. 5.

3. Entscheidungen grundsätzlicher Bedeutung (Absatz 1 Nr. 1b)

Streitig ist die Bedeutung von **Absatz 1 Nr. 1b**. Nach **§ 35a Abs. 1 Satz 1 SGB IV** verwaltet bei „Wettbewerbskassen“ (AOK, BKK, IKK, Ersatzkassen) der hauptamtliche Vorstand die Krankenkasse. Problematisch ist insoweit die **Kompetenzabgrenzung** zwischen **hauptamtlichem Vorstand und Verwaltungsrat** und die Frage, ob § 194 Abs. 1 Nr. 1b SGB V eher weit oder eher eng auszulegen ist. Rechtsprechung zu den beiden erst 1996 in Kraft getretenen Vorschriften existiert bislang soweit ersichtlich noch nicht. Dies hängt sicher auch damit zusammen, dass die Selbstverwaltung letztlich durch die befristete Amtszeit des Verwaltungsrates am längeren Hebel sitzt. 35

Ähnliche Abgrenzungsschwierigkeiten bestanden schon vor 1996 zwischen ehrenamtlichem Vorstand und Geschäftsführung. Nach § 36 Abs. 1 SGB IV führt der **Geschäftsführer** „die laufenden Verwaltungsgeschäfte“, während der **ehrenamtliche Vorstand** den Versicherungsträger „verwaltet“. Nach der diesbezüglichen Rechtsprechung sind laufende Verwaltungsgeschäfte alltägliche, regelmäßig wiederkehrende Verwaltungsgeschäfte, die sachlich kein Gewicht und wirtschaftlich keine Bedeutung haben.[37] 36

Die Literatur tut sich mit der Auslegung von § 197 Abs. 1 Nr. 1b SGB V schwer. Der Begriff „**Entscheidung**“ meint jedenfalls **nicht**, dass der Verwaltungsrat die Entscheidung **mit Außenwirkung** treffen darf. Die Vertretung der Krankenkasse nach außen obliegt vielmehr gemäß **§ 35a Abs. 1 Satz 1 SGB IV** dem hauptamtlichen Vorstand. 37

a. Leitlinien und Einzelfallentscheidungen

Teilweise wird der Verwaltungsrat vorrangig als Kontrollorgan gesehen und vertreten, dass die in **§ 197 Abs. 1 Nr. 1b SGB V** dem Verwaltungsrat zugewiesenen „Entscheidungen von grundsätzlicher Bedeutung“ **keine eigenständige Bedeutung** hätten, sondern die Fragen grundsätzlicher Bedeutung in den übrigen Nummern des Absatzes 1 abschließend aufgezählt und alle anderen Entscheidungen einschließlich der Verwaltungspolitik der Krankenkasse vom hauptamtlichen Vorstand zu treffen seien.[38] Eine Anlehnung an die **Kompetenzen des Gemeinderates** wird abgelehnt, weil sich dann an der Kompetenzaufteilung zwischen Haupt- und Ehrenamt nichts ändere, was aber gerade Ziel des Gesundheitsstrukturgesetzes gewesen sei.[39] Auch ein **Vergleich mit dem Aktienrecht** führe nicht zu einer weiteren Entscheidungskompetenz des Verwaltungsrates, da die Befugnisse des Aufsichtsrates nicht über die in § 197 SGB V explizit genannten Geschäfte hinausreichten.[40] Es scheint allerdings wenig überzeugend, dass die **nachträglich eingefügte Vorschrift** nur deklaratorischen Charakter haben und die übrige Aufzählung damit abschließend sein soll. Darüber hinaus geht aus dem Gesetzeswortlaut, der von „Entscheidungen“ spricht, und aus den Gesetzesmaterialien hervor, dass der **Verwaltungsrat mehr als eine Kontrollfunktion** haben sollte (vgl. oben unter Rn. 30). Dies zeigen **auch** die **Nummern 1, 2, 5 und 6**, in denen der Verwaltungsrat gefordert ist, **gestaltend** zu beschließen. 38

Andere meinen, der Verwaltungsrat dürfe jedenfalls nicht in **organisatorische und ablaufsteuernde Fragen** oder **alltägliche Einzelfallentscheidungen** eingreifen, habe aber eine Leitlinien- und Eckpunktekompetenz.[41] Danach soll der Verwaltungsrat in Analogie zum Gemeinderat eine Leitlinienkompetenz hinsichtlich der Unternehmens-, Wettbewerbs- und Vertragspolitik sowie Art und Umfang der Öffentlichkeitsarbeit und Personalentwicklung haben.[42] Ansonsten sei der Verwaltungsrat auf seine 39

---

[37] BSG v. 28.02.1967 - 3 RK 16/67 - SozR Nr. 1 zu § 1436 RVO; *Krasney*, DRV 1990,742-760; *Dudda*, BKK 1997, 392-396.

[38] *Seegmüller*, Der hauptamtliche Vorstand der gesetzlichen Krankenkassen, Berlin 1996, S. 99; *Felix* in: Bochumer Schriften zum Sozialrecht, Band 8, „Funktionale Selbstverwaltung und Demokratieprinzip - am Beispiel der Sozialversicherung“, 2001, 43-64.

[39] *Seegmüller*, Der hauptamtliche Vorstand der gesetzlichen Krankenkassen, Berlin 1996, S. 98; vgl. auch BVerwG v. 31.03.2004 - 6 C 25.03 - BVerwGE 120, 255-263, zu grundsätzlichen Unterschieden zwischen verfassungsrechtlich geschützter kommunaler und einfachgesetzlicher funktionaler Selbstverwaltung. Diese stehen einer Übertragung der Rechtsstellung der Gemeinderatsmitglieder auf die Industrie- und Handelskammern als Träger der funktionalen Selbstverwaltung entgegen.

[40] *Seegmüller*, Der hauptamtliche Vorstand der gesetzlichen Krankenkassen, Berlin 1996, S. 99.

[41] *Dudda*, Die Binnenstruktur der Krankenversicherungsträger nach dem Gesundheitsstrukturgesetz, Frankfurt a.M. 1996, S. 147, 151.

[42] *Dudda*, Die Binnenstruktur der Krankenversicherungsträger nach dem Gesundheitsstrukturgesetz, Frankfurt a.M. 1996, S. 146.

Möglichkeit zu verweisen, den Vorstand abzuberufen.[43] Die Verwendung des **Begriffs „Entscheidungen"** im Gesetzeswortlaut spricht zumindest **gegen** eine **Beschränkung** ausschließlich **auf** eine **Leitlinienkompetenz**. Vielmehr dürften auch **Einzelfallentscheidungen von erheblicher wirtschaftlicher Bedeutung** und **wichtige Präzedenzfälle** gemeint sein.

40 Umgekehrt wird teilweise wiederum bestritten, dass der Gesetzgeber dem Verwaltungsrat eine Richtlinienkompetenz – wie dem ehrenamtlichen Vorstand nach § 35 Abs. 2 SGB IV – habe einräumen wollen.[44] Der im Gesetzestext selbst verwandte Begriff „Entscheidungen" scheint diese These zwar zu unterstützen und deutet eher auf Einzelfallentscheidungen hin. Der in den Ausschussberatungen verwandte **Begriff der „Leitentscheidung"**, die **mit einer Richtlinie weitgehend deckungsgleich** ist, spricht jedoch auch für eine Richtlinienkompetenz.

41 Nach einer weiteren Auffassung sollte der Verwaltungsrat gegenüber der bisherigen Vertreterversammlung **erweiterte Befugnisse** haben. **Absatz 1 Nr. 1b** beinhaltet danach im Innenverhältnis eine **Befugnis des Verwaltungsrates** zur **Leitung der Krankenkasse**.[45] Als praxisnahe Beispiele für Angelegenheiten grundsätzlicher Bedeutung werden in der Literatur Arbeitskampfmaßnahmen,[46] Anträge auf Eröffnung des Konkursverfahrens gegen Beitragsschuldner,[47] Maßnahmen der Aufsichtsbehörde,[48] Stundung, Niederschlagung oder Erlass von größeren Forderungen,[49] der Beitritt zu Arbeitsgemeinschaften oder Kassenverbänden,[50] die Beteiligung an gemeinnützigen Einrichtungen[51] oder die Anschaffung neuer EDV-Systeme[52] genannt.

b. Besondere Bedeutung qua Erklärung des Verwaltungsrates

42 Streitig ist schließlich noch, ob der Verwaltungsrat qua eigener Erklärung bestimmte Angelegenheiten zu „Fragen grundsätzlicher Bedeutung" machen kann. Dafür könnte einerseits die Anlehnung von § 197 Abs. 1 Nr. 1b SGB V an das **Kommunalrecht** sprechen. Befürworter stützen dies außerdem auf eine analoge Anwendung von § 111 Abs. 4 des **Aktiengesetzes.**[53] Zwar ist in der Gesetzesberatung ausdrücklich auf Parallelen zum Aufsichtsrat und zum Kommunalrecht abgestellt worden. Zudem ist es in der Praxis sinnvoll, wenn sich die Organe im Vorfeld auf eine Kompetenzabgrenzung verständigen – statt sofort das scharfe Schwert der Amtsentbindung bzw. Amtsenthebung zu ziehen.

43 Allerdings steht das **öffentliche Recht nicht zur Disposition**, so dass allenfalls eine konkretisierende Festlegung der Kompetenzen des Vorstandes in der Satzung in Frage kommt.[54] Zudem haben weder die Anlehnung an das Kommunalrecht noch an das Aktienrecht Eingang in das Gesetz oder die Begründung gefunden. Die Begründung des Gesundheitsausschusses des Bundestages, wonach der **Verwaltungsrat keine Aufgaben des Vorstandes** wahrnehmen darf, schließt wohl eine Allzuständigkeit des Verwaltungsrates qua eigener Erklärung eher aus.[55]

---

[43] *Dudda*, Die Binnenstruktur der Krankenversicherungsträger nach dem Gesundheitsstrukturgesetz, Frankfurt a.M. 1996, S. 151; *Seegmüller,* Der hauptamtliche Vorstand der gesetzlichen Krankenkassen, Berlin 1996, S. 119.

[44] *Becher*, Kommentar zum Selbstverwaltungsrecht der Sozialversicherung, E § 33 Anm. 3.3; *Finkenbusch*, Die Träger der Krankenversicherung, 5. Aufl. 2004, S. 107.

[45] *Balzer*, NZS 1994, 1-6.

[46] *Finkenbusch*, Die Träger der Krankenversicherung, 5. Aufl. 2004, S. 111.

[47] *Finkenbusch*, Die Träger der Krankenversicherung, 5. Aufl. 2004, S. 111.

[48] *Finkenbusch*, Die Träger der Krankenversicherung, 5. Aufl. 2004, S. 111.

[49] *Finkenbusch*, Die Träger der Krankenversicherung, 5. Aufl. 2004, S. 111.

[50] *Buhrmann* in: SVFang Nr. 115, 1999, 67-76.

[51] *Buhrmann* in: SVFang Nr. 115, 1999, 67-76.

[52] *Buhrmann* in: SVFang Nr. 115, 1999, 67-76.

[53] *Dudda*, Die Binnenstruktur der Krankenversicherungsträger nach dem Gesundheitsstrukturgesetz, Frankfurt a.M. 1996, S. 147; *Finkenbusch*, Die Träger der Krankenversicherung, 5. Aufl. 2004, S. 107 mit einer Musterformulierung.

[54] *Seegmüller*, Der hauptamtliche Vorstand der gesetzlichen Krankenkassen, Berlin 1996, S. 101.

[55] Vgl. BVerwG v. 31.03.2004 - 6 C 25/03 - BVerwGE 120, 255-263, zu grundsätzlichen Unterschieden zwischen verfassungsrechtlich geschützter kommunaler und einfachgesetzlicher funktionaler Selbstverwaltung. Diese stehen einer Übertragung der Rechtsstellung der Gemeinderatsmitglieder auf die Industrie und Handelskammern als Träger der funktionalen Selbstverwaltung entgegen.

IV. Einsichtnahme und Prüfung von Geschäfts- und Verwaltungsunterlagen (Absatz 2)

Zu den im Gesetz genannten „Unterlagen" werden neben **Akten** auch **Tonbänder** und **Computerdateien** gerechnet.[56] Aus dem Recht zur Einsichtnahme von Unterlagen erwächst keine Pflicht zur Einsichtnahme.[57] 44

Fraglich ist, welche Möglichkeiten der Verwaltungsrat hat, um seine Rechte gegenüber dem hauptamtlichen Vorstand durchzusetzen. Zum einen besteht die Möglichkeit, die **Aufsicht** einzuschalten oder über die Möglichkeit einer **Amtsenthebung** bzw. die **Wahl eines anderen Vorstandes** Druck auf den Vorstand auszuüben.[58] Auch ein **Organstreit** zwischen Verwaltungsrat und hauptamtlichem Vorstand zur Durchsetzung von Auskunfts- und Berichtspflichten ist nach der Literatur möglich. Unzulässig soll danach allerdings die Klage eines einzelnen Verwaltungsratsmitglieds sein.[59] 45

V. Bildung von Fachausschüssen (Absatz 3)

Im SGB IV werden Beratungs- und vorbereitende Fachausschüsse nicht erwähnt. Auch ohne besondere Rechtsgrundlage im SGB IV ist nach allgemeiner Ansicht jedoch die Bildung vorbereitender oder beratender Fachausschüsse durch die Selbstverwaltung der Sozialversicherungsträger zulässig.[60] Sie entspricht der Praxis in den Parlamenten, ermöglicht eine Vertiefung bestimmter Themen und **entlastet das Plenum**. Der Gesetzgeber geht, wie die Verwendung des Wortes „soll" zeigt, davon aus, dass die Bildung von Ausschüssen **bei Krankenkassen** den **Regelfall** darstellt. Vorbereitende Fachausschüsse besitzen **keine Organeigenschaft**.[61] Empfohlen werden in der Literatur die Bildung eines Finanzausschusses, eines Personal- und Organisationsausschusses, eines Satzungsausschusses und eines Hauptausschusses.[62] Für **Erledigungsausschüsse**, die anstelle des Verwaltungsrates bzw. der Vertreterversammlung entscheiden, gilt **§ 66 SGB IV**. Teilweise wird vertreten, der Gesetzgeber sehe die Bildung von Erledigungsausschüssen als Normalfall an.[63] Dagegen spricht aber, dass § 66 SGB IV ausdrücklich von der Erledigung „einzelner Aufgaben" spricht und das originär zuständige Organ für das Gros der Aufgaben der Verwaltungsrat bei Wettbewerbskassen bzw. die Vertreterversammlung bei Zuweisungskassen bleiben muss. Üblich ist beispielsweise die Behandlung von Personalentscheidungen über Führungskräfte in einem Erledigungsausschuss. 46

---

[56] *Seegmüller*, Der hauptamtliche Vorstand der gesetzlichen Krankenkassen, Berlin 1996, S. 123.

[57] *Kruse/Zamponi*, NZS 2001, 184-188.

[58] *Seegmüller*, Der hauptamtliche Vorstand der gesetzlichen Krankenkassen, Berlin 1996, S. 125.

[59] *Seegmüller*, Der hauptamtliche Vorstand der gesetzlichen Krankenkassen, Berlin 1996, S. 128.

[60] *Becher*, Kommentar zum Selbstverwaltungsrecht der Sozialversicherung, E § 66 Anm. 0; Peters, Sozialgesetzbuch IV, § 66 Anm. 3.

[61] *Finkenbusch*, Die Träger der Krankenversicherung, 5. Aufl. 2004, S. 66.

[62] *Kruse/Kruse*, Die Sozialversicherung 2000, 200-207.

[63] *Baier* in: Krauskopf, Soziale Krankenversicherung. Pflegeversicherung, Band 2, Stand Dezember 2003, § 197 Rn. 16.

§ 197a SGB V Stellen zur Bekämpfung von Fehlverhalten im Gesundheitswesen

(Fassung vom 14.11.2003, gültig ab 01.01.2004, gültig bis 30.06.2008)

(1) Die Krankenkassen, wenn angezeigt ihre Landesverbände, und die Spitzenverbände der Krankenkassen richten organisatorische Einheiten ein, die Fällen und Sachverhalten nachzugehen haben, die auf Unregelmäßigkeiten oder auf rechtswidrige oder zweckwidrige Nutzung von Finanzmitteln im Zusammenhang mit den Aufgaben der jeweiligen Krankenkasse oder des jeweiligen Verbandes hindeuten. Sie nehmen Kontrollbefugnisse nach § 67c Abs. 3 des Zehnten Buches wahr.

(2) Jede Person kann sich in Angelegenheiten des Absatzes 1 an die Krankenkassen und die weiteren in Absatz 1 genannten Organisationen wenden. Die Einrichtungen nach Absatz 1 gehen den Hinweisen nach, wenn sie auf Grund der einzelnen Angaben oder der Gesamtumstände glaubhaft erscheinen.

(3) Die Krankenkassen und die weiteren in Absatz 1 genannten Organisationen haben zur Erfüllung der Aufgaben nach Absatz 1 untereinander und mit den Kassenärztlichen Vereinigungen und Kassenärztlichen Bundesvereinigungen zusammenzuarbeiten.

(4) Die Krankenkassen und die weiteren in Absatz 1 genannten Organisationen sollen die Staatsanwaltschaft unverzüglich unterrichten, wenn die Prüfung ergibt, dass ein Anfangsverdacht auf strafbare Handlungen mit nicht nur geringfügiger Bedeutung für die gesetzliche Krankenversicherung bestehen könnte.

(5) Der Vorstand der Krankenkassen und der weiteren in Absatz 1 genannten Organisationen hat dem Verwaltungsrat im Abstand von zwei Jahren, erstmals bis zum 31. Dezember 2005, über die Arbeit und Ergebnisse der organisatorischen Einheiten nach Absatz 1 zu berichten. Der Bericht ist der zuständigen Aufsichtsbehörde zuzuleiten.

Gliederung

A. Basisinformationen

I. Textgeschichte/Gesetzgebungsmaterialien

1 Die Vorschrift wurde durch das **GKV-Modernisierungsgesetz**[1] eingeführt. Sie entspricht weitgehend dem Inhalt des am 26.09.2003 für erledigt erklärten **Gesundheitssystem-Modernisierungsgesetzes.**[2] Neu eingefügt in den Entwurf wurde § 197a Abs. 2 SGB V.[3] Der Gedanke der Korruptionsbekämpfung im Gesundheitswesen ist nicht neu. Schon Friedrich Wilhelm, König von Preußen, erließ am 17.11.1798 eine „Verordnung wegen Abschaffung des Gebrauchs, nach welchem die Apotheker den praktizierenden Ärzten so genannte Weihnachtsgeschenke machen“.[4]

II. Parallelvorschriften

2 **Gemäß § 81a SGB V**, der ebenfalls ab 01.01.2004 durch das GKV-Modernisierungsgesetz ins Gesetz eingefügt worden ist,[5] richten auch die Kassenärztlichen Vereinigungen und die Kassenärztlichen Bundesvereinigungen Stellen zur Bekämpfung von Fehlverhalten im Gesundheitswesen ein.

3 Ebenfalls einschlägig sind unter anderem der Kodex „Medizinprodukte“, das Heilmittelwerbegesetz (HWG), das Strafgesetzbuch (StGB) und die Berufsordnung der deutschen Ärzte (MBO-Ä). Einschlägige strafrechtliche Delikte sind Betrug gemäß § 263 StGB, Untreue gemäß § 266 StGB, Bestechung und Vorteilsgewährung nach den §§ 229, 333, 334 StGB bzw. Vorteilsannahme und Bestechlichkeit nach den §§ 229, 331, 332 StGB sowie die Bestechlichkeit und Bestechung im geschäftlichen Verkehr nach § 299 StGB. Nach der Musterberufsordnung kommt zudem auch bei Ärzten, die keine Amtsträger sind, nach den §§ 33, 34 Abs. 1 und 3, 35 MBO-Ä ein Verstoß gegen die ärztlichen Berufspflichten in Betracht, bei denen die Ärztekammern Disziplinarmaßnahmen einleiten können. Am 13.08.1997 hat der Deutsche Bundestag diverse Gesetzesänderungen zur Bekämpfung der Korruption beschlossen, deren Gesamtheit als Antikorruptionsgesetz bezeichnet wird.[6] Dieses Gesetz hat verschiedene Normen geändert, die im Zusammenhang mit einer potentiellen Korruption in allen Bereichen der Wirtschaft stehen.

4 § 197a SGB V gilt entsprechend nach **§ 26 KVLG 1989** für die **landwirtschaftliche Krankenversicherung** und nach **§ 47a SGB XI** für die **Pflegeversicherung**.

III. Verwaltungsvorschriften

5 Das Bundesministerium des Innern hat eine **Richtlinie zur Korruptionsprävention** in der Bundesverwaltung vom 30.07.2004 erlassen.[7] Es handelt sich um eine Richtlinie nach **Art. 86 Satz 1 des Grundgesetzes**. Zu dem für bundesunmittelbare Sozialversicherungsträger geltenden und der Aufsicht unterliegenden „sonstigen Recht“ gehören grundsätzlich auch allgemeine Verwaltungsvorschriften, die die Bundesregierung nach Art. 86 Satz 1 GG erlassen hat. Dies gilt nach der Rechtsprechung des Bundessozialgerichts allerdings **nicht** für **Richtlinien, die die interne Verwaltung der Sozialversicherungsträger betreffen**, weil sich aus dem SGB IV ergibt, dass der Gesetzgeber in Ausübung des Gesetzesvorbehaltes in Art. 86 Satz 1 GG den Erlass entsprechender Richtlinien den zuständigen Organen der Sozialversicherungsträger übertragen hat.[8] Dabei misst das BSG dem **Selbstverwaltungsgrundsatz in § 29 SGB IV** als einem tragenden Organisationsprinzip der Sozialversicherung besondere Bedeutung zu. Da Selbstverwaltung und staatlich administrative Leitung einander ausschließen, spricht die Vermutung im Zweifel gegen die zentrale Steuerung des Versicherungsträgers und damit auch gegen die Zulässigkeit bindender Verwaltungsvorschriften jedenfalls in dem Bereich, in welchem dem Sozialversicherungsträger Selbstverwaltung eingeräumt worden ist. Zum **Kernbereich** der Selbstverwaltung

---

[1] GKV-Modernisierungsgesetz (GMG) v. 14.11.2003, BGBl I 2003, 2190.
[2] BT-Drs. 15/1170, Art. 1 Nr. 119.
[3] BT-Drs. 15/1525, Art. 1 Nr. 137.
[4] *Werner*, Herz 2002, 197-198.
[5] GKV-Modernisierungsgesetz (GMG) v. 14.11.2003, BGBl I 2003, 2190.
[6] BGBl I 1997, 2038.
[7] Bundesanzeiger Nr. 148, S. 17745 v. 10.08.2000, O 4 - 643 140-15/1.
[8] BSG v. 24.04.2002 - B 7 A 1/01 R - SozR 4-2400 § 87 Nr. 1.

zählt das BSG im Wesentlichen die **interne Organisation** und Durchführung der Verwaltung sowie das **Finanzwesen**. Auch bei der Korruptionsrichtlinie geht es im Kern um organisatorische Maßnahmen zur Korruptionsprävention.

IV. Systematische Zusammenhänge

6 Die Stellen nach § 197a Abs. 1 SGB V sind gemäß **§ 47a Satz 2 SGB XI zugleich** Stellen bei den **Pflegekassen**, den **Landesverbänden** der Pflegekassen **und** den **Spitzenverbänden** der Pflegekassen. Die Pflegekassen sind **nicht** ermächtigt, **eigene Stellen** zu errichten und dabei die Verteilung der Aufgaben für Kassen und Verbände anders zu regeln. Demgegenüber bedeutet die in **§ 26 KVLG 1989** angeordnete entsprechende Anwendung des § 197a SGB V, dass die **Landwirtschaftlichen Krankenkassen derartige Stellen einzurichten** haben.

7 **§ 81a SGB** V schreibt auch den **Kassenärztlichen Vereinigungen** und **Bundesvereinigungen** die Einrichtung organisatorischer Einheiten vor, die Unregelmäßigkeiten nachzugehen haben. Die Ausführungen in der Begründung zu § 81 SGB V gelten für die Krankenkassen und ihre Verbände entsprechend. In § 106 SGB V und dem durch das GKV-Modernisierungsgesetz (GMG)[9] neu eingefügten **§ 106a SGB V** ist die **Wirtschaftlichkeits- und Abrechnungsprüfung** in der **vertragsärztlichen Versorgung** geregelt.

V. Literaturhinweise

8 *Beeretz*, Abrechnungsprüfung in der vertragsärztlichen Versorgung, ZMGR 2004, 103-109; *Falk*, Renaissance der Selbstverwaltung im GKV-Gesundheitsmodernisierungsgesetz, KrV 2004, 31-35; *Gaßner/Klaas*, Korruptionsfalle im Gesundheitswesen, Pharma Recht 2002, 309-325; *Gaßner/Klaas*, Korruptionsfalle im Gesundheitswesen, Pharma Recht 2002, 386-393; *Haas/Weller*, Ringen um die Reform, G+G 2003, Nr. 6, 22-28; *Kiefer/Schüller/Weber*, Schwarze Schafe in weißen Kitteln?, KrV 1998, 213-217; *Martiny*, Korruption hat Konjunktur, G+G 2002, Nr. 6, 22-25; *Schmidt*, Modernisierung des Gesundheitswesens im Interesse der Patienten – Aus Betroffenen werden Beteiligte, KrV 2003, 95-99.

B. Auslegung der Norm

I. Regelungsgehalt und Bedeutung der Norm

1. Stellen zur Bekämpfung von Fehlverhalten (Absatz 1)

9 Experten gehen davon aus, dass der GKV durch Fehlverhalten jährlich ein **erheblicher Schaden** in dreistelliger Millionen- bis Milliardenhöhe entsteht.[10] Die Vorschrift verpflichtet Krankenkassen, soweit ein Bedarf besteht ihre Landesverbände und die Spitzenverbände, innerhalb ihrer Organisationen **verselbständigte Ermittlungs- und Prüfungsstellen zur Bekämpfung von Fehlverhalten im Gesundheitswesen** einzurichten. Die neuen Stellen zur Bekämpfung von Fehlverhalten im Gesundheitswesen sollen Verdachtsfällen nachgehen, die auf Unregelmäßigkeiten hindeuten.

2. Verfolgung von Hinweisen (Absatz 2)

10 Die neuen Stellen zur Bekämpfung von Fehlverhalten im Gesundheitswesen sollen **allen Hinweisen auf Unregelmäßigkeiten** nachgehen.

3. Kooperation unter Krankenkassen, Verbänden und den Kassenärztlichen Vereinigungen (Absatz 3)

11 Das **Gebot**, bei der Erfüllung gesetzlicher Aufgaben nach dem SGB mit den übrigen Sozialversicherungsträgern **zusammenzuarbeiten,** ergibt sich bereits aus **§ 86 SGB X**. Dass speziell die Krankenkassen im Interesse der Leistungsfähigkeit und Wirtschaftlichkeit der gesetzlichen Krankenversicherung zur Zusammenarbeit untereinander und mit allen anderen Einrichtungen des Gesundheitswesens verpflichtet sind, wird in **§ 4 Abs. 3 SGB V** nochmals hervorgehoben.

---

[9] GKV-Modernisierungsgesetz (GMG) v. 14.11.2003, BGBl I 2003, 2190.

[10] *Martiny*, G+G 2002, Nr. 6, 22-25; kritisch: *Clade*, Deutsches Ärzteblatt 4/1997, A2897.

4. Verpflichtung zur Unterrichtung der Staatsanwaltschaft (Absatz 4)

Bei einem **Anfangsverdacht** auf strafbare Handlungen soll in der Regel die Staatsanwaltschaft unterrichtet werden. 12

5. Berichtspflicht des hauptamtlichen Vorstandes gegenüber dem Verwaltungsrat (Absatz 5)

Über die Arbeit und über die Ergebnisse der Stelle zur Bekämpfung von Fehlverhalten im Gesundheitswesen hat der hauptamtliche Vorstand **alle zwei Jahre** dem Verwaltungsrat zu berichten. Der erstmals bis zum 31.12.2005 zu erstattende **Bericht** ist der **Aufsichtsbehörde zuzuleiten.** 13

II. Normzweck

1. Wirtschaftlichkeitsgebot.

Die §§ 2 Abs. 1 Satz 1 und Satz 3, 4 Abs. 4, 12 Abs. 1, 70 Abs. 1 Satz 2, 72 Abs. 2 SGB V unterwerfen Krankenkassen, Versicherte und Leistungserbringer dem **Wirtschaftlichkeitsgebot**. 14

2. Bekämpfung von Korruption und Missbrauch

Nach der Gesetzesbegründung des GKV-Modernisierungsgesetzes (GMG) zu § 81 SGB V sollten die Ermittlungs- und Prüfeinrichtungen der **Korruptionsbekämpfung** dienen, den **effizienten Einsatz von Finanzmitteln** im Krankenversicherungsbereich stärken und die **Selbstreinigung** innerhalb des GKV-Systems fördern, **ohne** ein **Klima des Misstrauens** zu schaffen.[11] 15

In der gesetzlichen Krankenversicherung geht es um ein Ausgabenvolumen von rund 145 Milliarden €. Bei einem solchen **Finanzvolumen** ist, wie in anderen Lebensbereichen auch, ein Anreiz zu Korruption und Missbrauch immanent. Die Organisation „Transparency International e.V." hat im April 2000 eine Studie über Transparenzmängel im Gesundheitswesen[12] und im August 2001 eine Studie über Korruption und Betrug im Gesundheitswesen vorgelegt.[13] 16

Nach der Begründung des ursprünglichen Entwurfes für ein „Gesundheitssystem-Modernisierungsgesetz"[14] sollte auf in den letzten Jahren **immer häufiger** zu verzeichnende Fälle von **Korruption** im Gesundheitswesen reagiert werden. Dabei mag auch an den so genannten **Herzklappenskandal** gedacht worden sein.[15] Hierbei ging es um Provisionszahlungen der Unternehmen für den Kauf überteuerter Herzklappen und Rabatte, die nicht an die Krankenkassen und damit an die Versichertengemeinschaft weitergegeben wurden. Der Schaden infolge überhöhter Abrechnungen für Herzklappen, Herzschrittmacher, Zusatzeinrichtungen für Herz-Lungen-Maschinen und diagnostische Hilfsmittel wurde von den Krankenkassen auf 1,5 Milliarden DM beziffert.[16] Der Gesetzgeber reagierte 1997 mit Verschärfungen im **Antikorruptionsgesetz**,[17] wodurch insbesondere die Anforderungen an die „Unrechtsvereinbarung" gelockert, das Strafmaß verschärft und so genannte Drittvorteile ausdrücklich einbezogen wurden. Im Mai 1997 wurde zudem zwischen den Spitzenverbänden der Krankenkassen und dem Bundesfachverband der Medizinprodukte-Industrie ein **„Kodex Medizinprodukte"** vereinbart. Dieser basiert auf dem **Trennungsprinzip** (Unabhängigkeit von Umsatzgeschäften), dem **Transparenzprinzip** (der Einbindung der Verwaltung bzw. Dienstvorgesetzten) sowie dem **Dokumentationsprinzip** (Dokumentation der Leistungsbeziehungen). 17

Aufsehen erregte ferner die **Abrechnung** von **Leistungen bei Toten.**[18] Ein weiteres Beispiel ist der **Chipkartenmissbrauch** durch Versicherte. Die tatsächliche Dimension ist allerdings nicht bekannt. 18

---

[11] BT-Drs. 15/1525, S. 99.

[12] http://www.transparency.de/fileadmin/pdfs/30.40.01StudieGes_4_00.pdf.

[13] Transparency International, Deutsches Chapter e.V. v. 06.08.2001, www.transparency.de/Studie_ueber_Missbrauch_und_In.486.0.html.

[14] BT-Drs. 15/1170, S. 59.

[15] BGH v. 23.05.2002 - 1 StR 372/01 - BGHSt 47, 295-311.

[16] Kritisch: *Clade*, Deutsches Ärzteblatt 44/2009, 2897.

[17] BGBl I 1997, 2038.

[18] *Richter-Reichhelm*, KV Berlin, Presseerklärung v. 17.03.2003, „Abrechnung bei Toten muss schnell aufgeklärt werden".

19 Ferner waren auch **Unterschlagungen bzw. Veruntreuung durch Angestellte der Krankenkassen** Gegenstand von Strafprozessen. So wurden Manager zweier Betriebskrankenkassen wegen fingierter Rechnungen an ein Reha-Zentrum über eine Million DM verurteilt.[19]

III. Einrichtung von Stellen zur Bekämpfung von Fehlverhalten im Gesundheitswesen (Absatz 1)

1. Grad der Selbständigkeit

20 Das Gesetz ermächtigt und verpflichtet die Krankenkassen mit Wirkung vom 01.01.2004 **organisatorische Einheiten** einzurichten. Das sagt noch nichts über den Grad der Selbständigkeit. Nach der Gesetzesbegründung zu § 197a SGB V sollen die organisatorischen Einheiten der Krankenkassen **„verselbständigte Ermittlungs- und Prüfungseinrichtungen innerhalb ihrer Organisation"** sein. Im Übrigen verweist die Begründung zu § 194a SGB V auf die Begründung zu § 81a SGB V. Der ursprüngliche Gesetzentwurf[20] sah neben den Korruptionsbekämpfungsstellen der Kassenärztlichen Vereinigungen (§ 81a SGB V) und der Krankenkassen (§ 194a SGB V) in den §§ 274a ff. SGB V noch die Berufung einer oder eines Beauftragten zur Bekämpfung von Korruption im Gesundheitswesen durch das Bundesministerium für Gesundheit und Soziale Sicherung vor. Die Begründung zu § 274a SGB V des Gesetzentwurfes hinsichtlich dieses ursprünglich vorgesehenen Korruptionsbeauftragten sprach von einer „beauftragten Person", die ausdrücklich als „unabhängige Stelle" bezeichnet wurde. Von **Unabhängigkeit** ist in § 81a SGB V bzw. den entsprechenden Gesetzesmaterialien nicht ausdrücklich die Rede. Die neue Stelle soll **von anderen Abteilungen und Einrichtungen getrennt** sein und **weisungsunabhängig** arbeiten.[21] Es spricht aber nichts dagegen, dass sie dem Vorstand arbeits- und dienstrechtlich unterstellt bleibt.[22] Immerhin ist gegenüber dem Verwaltungsrat auch der Vorstand und nicht etwa die neue Stelle berichtspflichtig.

2. Unregelmäßigkeiten

21 Der oder die Beauftragte sollte **Unregelmäßigkeiten** oder der **rechts- oder zweckwidrigen Nutzung von Finanzmitteln** im Zusammenhang mit den Aufgaben der GKV **nachgehen**. Die mit denselben Worten wie in § 197a SGB V umrissenen Untersuchungsfelder der oder des Beauftragten des Bundesministeriums sollten nach der Begründung[23] von einem rechtswidrigen Verhalten über einen **Grenzbereich zwischen legalem und illegalem Verhalten** bis hin zu einem **gesellschaftspolitisch nicht akzeptablen Verhalten** reichen. Die Prüfung sollte sich neben rechtswidriger auch auf diejenige Verwendung von Finanzmitteln erstrecken, die **dem Leitbild der solidarischen Versicherung zuwiderläuft**. So sollte auch **Grauzonen** und **Schwachstellen** des Systems entgegengewirkt werden.

22 Der häufig als Synonym für **Manipulation** verwendete Begriff der **Korruption** ist rechtlich nicht definiert. Das **Korruptionsbekämpfungsgesetz** legt ein **strafrechtlich geprägtes Verständnis** zugrunde und fokussierte sich dabei auf die **§§ 331 ff. StGB**. Im Einzelnen kommen als **strafrechtlich relevante Tatbestände** Betrug, Untreue, Vorteilsnahme, Vorteilsgewährung, Bestechung und Bestechlichkeit im geschäftlichen Verkehr in Betracht. Hierbei stellt § 197a SGB V die Grundlage, um eine **konsequentere Strafverfolgung sicherzustellen**, die bislang auch an mangelndem Spezialwissen auf Seiten der Staatsanwaltschaften und der Komplexität der sozialrechtlichen Vorschriften gescheitert ist.[24] Die Versicherungsträger richten ihr Hauptaugenmerk hingegen naturgemäß auf die Wiedergutmachung des Schadens. Zur Korruptionsabwehr soll die Kooperation mit den Staatsanwaltschaften forciert werden.

---

[19] Medical Tribune 11/2001, S. 36.

[20] BT-Drs. 15/1170, S. 36.

[21] *Richter-Reichhelm*, 1. Vorsitzender der KBV, 5. Lüneburger Sicherheitsforum für die Wirtschaft, 03.08.2004, Referat „Korruption und Abrechnungsbetrug im Gesundheitswesen", www.aerztekammer-bw.de/35/ressourcen/abrechnungsbetrug.pdf.

[22] *Richter-Reichhelm*, 1. Vorsitzender der KBV, 5. Lüneburger Sicherheitsforum für die Wirtschaft, 03.08.2004, Referat „Korruption und Abrechnungsbetrug im Gesundheitswesen", www.aerztekammer-bw.de/35/ressourcen/abrechnungsbetrug.pdf.

[23] BT-Drs. 15/1170, S. 119 ff.

[24] *Gaßner/Klass* in: Pharma Recht 2002, 309-325 und 386-393.

Neben strafrechtlich relevantem Verhalten wird aber auch **strafloses Verhalten** beklagt, dass die Solidargemeinschaft der gesetzlich Versicherten gleichwohl schädigt. Als Beispiele hierfür werden so genannte **Naturalrabatte** der Arzneimittelhersteller an Apotheken genannt, um den Absatz bestimmter (teurerer) Arzneimittel zu fördern.[25] Ein anderes Beispiel ist die „Kooperation" von Leistungserbringern zu Lasten der Versichertengemeinschaft. So wird berichtet, dass niedergelassene Ärzte **überteuerte Mietverträge mit Apothekern** abschließen, die sich im selben Haus oder Ärztehäusern ansiedeln und denen im Gegenzug Patienten zugeführt werden, denen teure Präparate verordnet werden.[26] Die neuen Stellen sollen helfen, solche Missstände aufzudecken, die Beteiligten zu sensibilisieren oder sinnvolle Strukturveränderungen herbeizuführen. Fraglich ist jedoch, wie realistisch eine Beeinflussung solchen nicht strafbaren Verhaltens durch die neuen Stellen ist und welche Instrumente ihnen hierfür zur Verfügung stehen. 23

3. Datennutzung

Die Krankenkassen und ihre Verbände nehmen nach Absatz 1 Satz 2 Kontrollbefugnisse nach **§ 67c Abs. 3 SGB X** wahr. Danach liegt eine gemäß § 67c Abs. 1 SGB X zulässige Speicherung, Veränderung oder Nutzung von Daten für andere Zwecke vor, wenn sie für die **Wahrnehmung von Kontrollbefugnissen** erforderlich ist. Aus der Gesetzesbegründung zu § 81a Abs. 1 SGB V im GKV-Modernisierungsgesetz ergibt sich, dass die **innerhalb der jeweiligen Krankenkassen bzw. Verbände** vorhandenen personenbezogenen Daten zu Zwecken des Absatzes 1 **verwendbar** sein sollen.[27] Hingegen folgt aus der Gesetzesbegründung zu § 81a Abs. 3 SGB V, dass die **Übermittlung** personenbezogener Daten an andere Krankenkassen, Verbände oder Kassenärztliche Vereinigungen **unzulässig** sein soll.[28] 24

Bei Verdacht sollte der Beauftragte zur Bekämpfung von Korruption im Gesundheitswesen nach § 274a Abs. 4 des ursprünglichen Gesetzentwurfes für ein Gesundheitssystem-Modernisierungsgesetz die im vierten Kapitel genannten Leistungserbringer sowie ihre Verbände, Hersteller und Vertreiber von Arzneimitteln, Medizinprodukten sowie Hilfsmitteln und Versicherte um **Auskunft** bitten können. Eine solche Regelung beinhaltet § 197a SGB V **nicht**. 25

IV. Verfolgung von Hinweisen (Absatz 2)

Nach § 197a Abs. 2 Satz 1 SGB V kann sich **jede Person** an die Krankenkassen und ihre Verbände wenden. Zwar spricht § 197a Abs. 2 SGB V von Personen. Die Stellen sind aber wohl auch verpflichtet, Hinweisen in der **Presse oder Medien** oder **anonymen Hinweisen** nachzugehen.[29] Eine **Verpflichtung** diesen Hinweisen nachzugehen, besteht jedoch nach Satz 2 nur, **wenn** diese aufgrund der einzelnen Angaben oder der **Gesamtumstände glaubhaft** erscheinen. Nach der Begründung zu § 274 Abs. 1 des Gesetzentwurfes müssen sie **hinreichend substantiiert** sein. 26

V. Zusammenarbeit mit Kassen, Verbänden und Kassenärztlichen Vereinigungen (Absatz 3)

Da eine Datenübermittlung unzulässig sein soll, kann es hier nur um einen wechselseitigen allgemeinen **Erfahrungs- und Informationsaustausch** gehen.[30] In Betracht kommen dürfte insbesondere ein Austausch, wie Korruption aufgedeckt, aber auch wie ihr prophylaktisch entgegengewirkt[31] werden kann. 27

---

[25] *Gaßner/Klass* in: Pharma Recht 2002, 309-325 und 386-393; Transparency International, Studie „Korruption und Betrug im deutschen Gesundheitswesen", 06.08.2001, www.transparency.de/Studie_ueber_Missbrauch_und_In.486.0.htm.

[26] *Gaßner/Klass* in: Pharma Recht 2002, 309-325 und 386-393.

[27] BT-Drs. 15/1525, S. 99.

[28] BT-Drs. 15/1525, S. 99.

[29] *Richter-Reichhelm*, 1. Vorsitzender der KBV, 5. Lüneburger Sicherheitsforum für die Wirtschaft, 03.08.2004, Referat „Korruption und Abrechnungsbetrug im Gesundheitswesen", www.aerztekammer-bw.de/35/ressourcen/abrechnungsbetrug.pdf.

[30] BT-Drs. 15/1525, S. 99.

[31] BT-Drs. 15/1170, S. 120 zu § 274a SGB V-E.

VI. Kooperation mit der Staatsanwaltschaft (Absatz 4)

1. Verpflichtung

28 Nach Absatz 4 müssen („sollen") die Krankenkassen bei einem **Anfangsverdacht** einer Straftat in der Regel die Staatsanwaltschaft unterrichten. Nach der Gesetzesbegründung zu § 81a SGB V soll **bei Pflichtverletzung** eine Strafbarkeit wegen **Strafvereitelung** nach § 258 StGB in Frage kommen.

2. Bagatellfälle

29 Ausgenommen sind strafbare Handlungen mit nur geringfügiger Bedeutung. Die Gesetzesbegründung zu § 81a SGB V spricht von **Bagatellfällen.**

VII. Berichtspflicht des Vorstandes gegenüber dem Verwaltungsrat und der Aufsichtsbehörde (Absatz 5)

1. Verwaltungsrat

30 Der Vorstand hat dem Verwaltungsrat im **Abstand von zwei Jahren** über die Arbeit und Ergebnisse der organisatorischen Einheiten nach Absatz 1 zu berichten. Nach § 26 Abs. 1 Satz 1 KVLG 1989 wird der Bericht bei den landwirtschaftlichen Krankenkassen vom Geschäftsführer der Vertreterversammlung erstattet. Insoweit hat der Gesetzgeber berücksichtigt, dass es die Organe hauptamtlicher Vorstand und Verwaltungsrat bei den landwirtschaftlichen Krankenkassen nicht gibt.[32] Für die übrigen Zuweisungskassen, also für die Seekrankenkasse und die knappschaftliche Krankenversicherung, gilt das entsprechend.

2. Aufsichtsbehörde

31 Der Bericht des Vorstandes an den Verwaltungsrat ist der **Aufsichtsbehörde zuzuleiten.**

[32] BT-Drs. 15/1525, S. 155 zu Nr. 3 (§ 26) zu Buchstabe b.

§ 197b SGB V Aufgabenerledigung durch Dritte

(Fassung vom 26.03.2007, gültig ab 01.04.2007)

Krankenkassen können die ihnen obliegenden Aufgaben durch Arbeitsgemeinschaften oder durch Dritte mit deren Zustimmung wahrnehmen lassen, wenn die Aufgabenwahrnehmung durch die Arbeitsgemeinschaften oder den Dritten wirtschaftlicher ist, es im wohlverstandenen Interesse der Betroffenen liegt und Rechte der Versicherten nicht beeinträchtigt werden. Wesentliche Aufgaben zur Versorgung der Versicherten dürfen nicht in Auftrag gegeben werden. § 88 Abs. 3 und 4 und die §§ 89, 90 bis 92 und 97 des Zehnten Buches gelten entsprechend.

Gliederung

A. Basisinformationen

I. Textgeschichte/Gesetzgebungsmaterialien

Die Vorschrift wurde durch das **„Gesetz zur Stärkung des Wettbewerbs in der gesetzlichen Krankenversicherung“ (GKV-Wettbewerbsstärkungsgesetz bzw. GKV-WSG)**[1] eingeführt. Parallel zum Gesetzentwurf der Regierungsfraktionen[2] wurde eine textidentische Regierungsvorlage[3] eingebracht, die im Laufe des Gesetzgebungsverfahrens für erledigt erklärt wurde. In Satz 1 wurde durch den Ausschuss für Gesundheit[4] zusätzlich die Aufgabenerledigung durch Arbeitsgemeinschaften aufgenommen. In Satz 3 wurde durch den Ausschuss für Gesundheit[5] ergänzend die entsprechende Geltung von § 97 SGB X eingefügt. Gemäß Artikel 46 Absatz 5 war im Gesetzentwurf der Regierungsfraktionen[6] ursprünglich vorgesehen, dass die Vorschrift erst mit den die Organisationsreform betreffenden Vorschriften zum 01.01.2008 in Kraft treten sollte. Das In-Kraft-Treten wurde dann aber vom Ausschuss für Gesundheit auf den 01.04.2007 vorgezogen.[7] 1

II. Parallelvorschriften

§ 97 Abs. 1 SGB X regelt die Durchführung von Aufgaben der Leistungsträger durch Dritte. 2

Nach **§ 18 Abs. 2 Satz 3 KVLG 1989** in der bis zum 31.12.2008 geltenden Fassung vom 17.07.2001 können die Verwaltungsstellen der landwirtschaftlichen Krankenkassen auch Dritte zur Wahrnehmung laufender Verwaltungsaufgaben heranziehen, soweit dies einer wirtschaftlichen Aufgabenerfüllung und einer sachgerechten Betreuung der Versicherten dient und diese nicht durch eine Zusammenarbeit mit den Versicherungsämtern gewährleistet werden kann. 3

Nach dem durch Art. 15 Nr. 16 lit. c des GKV-Wettbewerbsstärkungsgesetzes[8] mit Wirkung zum 01.04.2007 eingefügten **§ 26 Abs. 3 KVLG 1989** ist für die Aufgabenerledigung durch Dritte § 197b des Fünften Buches Sozialgesetzbuch entsprechend anzuwenden. 4

---

1 GKV-Wettbewerbsstärkungsgesetz (GKV-WSG) vom 26.03.2007, BGBl I 2007, 378.
2 BT-Drs. 16/3100.
3 BR-Drs. 755/06.
4 BT-Drs. 16/4200.
5 BT-Drs. 16/4200.
6 BT-Drs. 16/3100.
7 BT-Drs. 16/4200.
8 BGBl I 2007, 378.

5 Der Begriff des Auftrags findet sich ebenfalls in den **§§ 662-674 BGB**. Durch die Annahme eines Auftrags verpflichtet sich der Beauftragte, ein ihm von dem Auftraggeber übertragenes Geschäft für diesen unentgeltlich zu besorgen

III. Systematische Zusammenhänge

6 Grundsätzlich basiert die Sozialversicherung auf dem Prinzip der **Gliederung** der Sozialversicherung und der einzelnen Sozialversicherungszweige. Dies beinhaltet die Selbständigkeit der einzelnen Träger. Nach § 29 Abs. 3 SGB IV erfüllen die Versicherungsträger ihre Aufgaben grundsätzlich „in eigener Verantwortung" (§ 30 SGB IV). Aus Gründen der Effizienz und Bürgerfreundlichkeit sieht das Gesetz allerdings verschiedene Formen der **Kooperation** vor. Dazu gehören insbesondere die Amtshilfe, die Pflicht zur Zusammenarbeit sowie die Bildung von Arbeitsgemeinschaften.

7 Grundnorm für die **Zusammenarbeit der Leistungsträger** untereinander und mit Dritten ist § 86 SGB X. Die Vorschriften der §§ 88-92 SGB X regeln den **vertraglichen Auftrag**, § 93 SGB X den **gesetzlichen Auftrag**. Die **Erstattung für** im Auftrag erbrachte **Sozialleistungen** richtet sich in beiden Fällen nach § 91 Abs. 1 SGB X. Für die **Pflicht zur Kostenerstattung** bei einem **vertraglichen Auftrag** gilt § 91 Abs. 2 SGB X, während bei einem **gesetzlichen Auftrag** § 30 Abs. 2 Satz 1 HS. 2 SGB IV gilt.

8 Im Unterschied zur **Auftragsverwaltung** bleibt bei der **Amtshilfe** die ersuchende Behörde durchgehend Herrin des Verfahrens. Auch bei der Auftragsverwaltung bleibt der Auftraggeber gegenüber den Leistungsempfängern verantwortlich. Verwaltungsakte, die der Beauftragte zur Ausführung eines Auftrags erlässt, ergehen nach § 89 Abs. 1 SGB X im Namen des Auftraggebers. Durch den Auftrag wird der Auftraggeber nach § 89 Abs. 2 SGB X nicht von seiner Verantwortung gegenüber dem Betroffenen entbunden. Der Auftraggeber ist berechtigt, die Auftragsausführung jederzeit zu überprüfen und den Beauftragten an seine Auffassung zu binden. Der Beteiligte kann nach § 90 Satz 1 SGB X auch beim Beauftragten Anträge stellen. Widerspruchsbescheide gegen Entscheidungen des Beauftragten erlässt nach § 90 Satz 2 SGB X die für den Auftraggeber zuständige Stelle.

9 Nach **§ 97 Abs. 1 SGB X** muss, sofern ein Leistungsträger, ein Verband von Leistungsträgern oder eine Arbeitsgemeinschaft von einem Dritten Aufgaben wahrnehmen lässt, sichergestellt sein, dass der Dritte die **Gewähr für eine sachgerechte, die Rechte und Interessen des Betroffenen wahrende Erfüllung der Aufgaben** bietet. Soweit Aufgaben aus dem Bereich der Sozialversicherung von einem Dritten, an dem ein Leistungsträger, ein Verband oder eine Arbeitsgemeinschaft unmittelbar oder mittelbar beteiligt ist, wahrgenommen werden sollen, hat der Leistungsträger, der Verband oder die Arbeitsgemeinschaft den **Dritten zu verpflichten, dem Auftraggeber** auf Verlangen alle **Unterlagen vorzulegen** und über alle Tatsachen **Auskunft zu erteilen**, die zur Ausübung des Aufsichtsrechts über die Auftraggeber auf Grund pflichtgemäßer Prüfung der Aufsichtsbehörde des Auftraggebers erforderlich sind. Die **Aufsichtsbehörde** ist durch den Leistungsträger, den Verband oder die Arbeitsgemeinschaft so rechtzeitig und umfassend zu **unterrichten**, dass ihr vor der Aufgabenübertragung oder einer Änderung ausreichend Zeit zur Prüfung bleibt. Die Aufsichtsbehörde kann auf eine Unterrichtung verzichten.

IV. Literaturhinweise

10 *Schwerdtfeger*, Formen der Kooperation und der Koordination der Sozialversicherungsträger, SDSRV Nr. 34, 123-144 (1991).

B. Auslegung der Norm

I. Regelungsgehalt und Bedeutung der Norm

1. Aufgabenwahrnehmung durch Dritte (Satz 1)

11 § 197b SGB V enthält eine Ermächtigung für die Krankenkassen, die ihnen obliegenden **Aufgaben** unter bestimmten Voraussetzungen **auf Dritte zu übertragen**. Das an Bedeutung gewinnende **„Outsourcing"** soll demnach insbesondere dann zulässig sein, wenn die Wahrnehmung durch den Dritten wirtschaftlicher ist und die Aufgabenwahrnehmung im wohlverstandenen Interesse der Betroffenen liegt. Nach der Gesetzesbegründung[9] dürfen Krankenkassen mit der Erledigung von Aufgaben auch Dritte betrauen, wenn es zweckmäßig ist. Die AOK Schleswig-Holstein hat im Jahr 2000 selb-

[9] BT-Drs. 16/3100 zu Nr. 142 (§ 197b SGB V).

ständige Versicherungsvertreter zur Mitgliederwerbung eingeschaltet.[10] Nach der Begründung des Ausschusses für Gesundheit[11] sollte klargestellt werden, dass Krankenkassen Aufgaben auch auf Arbeitsgemeinschaften übertragen können. Eine Auslagerung kommt in Betracht auf andere Krankenkassen, auf Verbände sowie auf Arbeitsgemeinschaften, die von den Trägern bzw. den Verbänden gegründet wurden und in unterschiedlichen Rechtsformen betrieben werden, wie z.B. als eingetragener Verein oder als GmbH. So wurden im Bereich der gesetzlichen Krankenversicherung von Krankenkassen beispielsweise verschiedene Arbeitsgemeinschaften zum Betrieb von gemeinsamen Rechenzentren gebildet.

2. Keine Übertragung wesentlicher Aufgaben zur Versorgung der Versicherten (Satz 2)

Nach § 197b Satz 2 SGB V dürfen **wesentliche Aufgaben zur Versorgung der Versicherten** nicht in Auftrag gegeben werden. Die Krankenkasse hat nach der Gesetzesbegründung[12] darauf zu achten, dass der Auftragsinhalt keine ihr obliegenden **Kernaufgaben** betrifft. 12

3. Verweisung auf das SGB X (Satz 3)

§ 197b Satz 3 SGB V sieht die entsprechende Anwendung bestimmter Vorschriften des **SGB X** über die **Zusammenarbeit der Leistungsträger** untereinander vor. Die Verweisung in § 197b Satz 2 SGB V auf § 97 SGB X stellt nach der Begründung des Ausschusses für Gesundheit[13] lediglich eine redaktionelle Erweiterung des Bezugrahmens dar. Die §§ 89, 90, 91 und 92 SGB X befassen sich mit den Rechten und Pflichten der beteiligten Leistungsträger bei einem vereinbarten Auftrag an einen anderen Leistungsträger. § 97 SGB X betrifft die Wahrnehmung von Aufgaben der Leistungsträger, von Verbänden der Leistungsträger und Arbeitsgemeinschaften durch Dritte. 13

II. Normzweck

Die Vorschrift dient der **Effektivität und kostengünstigen Gestaltung von Geschäftsprozessen** der Krankenkassen. Zugleich kann sie den Versicherten im Sinne von **Kundenfreundlichkeit** zu Gute kommen. Ein Auftrag an Dritte kommt nach der Gesetzesbegründung insbesondere dann in Betracht, wenn es darum geht, dass sich die betroffene Krankenkasse eine wettbewerbsfähige Verhandlungsposition verschaffen will.[14] 14

III. Im wohlverstandenen Interesse der Betroffenen (Satz 1)

Bei den im Gesetz verwandten Begriffen **„im wohlverstandenen Interesse der Betroffenen"** handelt es sich um einen unbestimmten Rechtsbegriff. Die Verwendung unbestimmter Rechtsbegriffe gewährt den Krankenkassen im Sinne des Selbstverwaltungsprinzips einen erheblichen Spielraum bei ihrer Ausfüllung. 15

IV. Wesentliche Aufgaben (Satz 2)

Um einen **unbestimmten Rechtsbegriff** mit einem weiten Spielraum für die Krankenkassen handelt es sich auch bei dem Begriff „wesentlicher" Aufgaben. Nach der Gesetzesbegründung zu der die landwirtschaftliche Krankenversicherung betreffenden Verweisungsnorm in Art. 15 Nr. 16 lit. c des GKV-Wettbewerbsstärkungsgesetzes dürfen nach § 197b SGB V Dritten auch **andere Aufgaben als nur laufende Verwaltungsaufgaben** übertragen werden.[15] Nach teilweiser Auffassung durfte die Betreuung der Mitglieder durch einen Außendienst zumindest vor In-Kraft-Treten des § 197b SGB V nicht ausgelagert werden, weil sie Elemente der Mitgliederberatung nach § 14 SGB I beinhaltete, die eine Kernaufgabe der Versicherungsträger darstelle.[16] Von einer Übertragung ausgeschlossen ist nach dem Wortlaut von § 197b Satz 3 SGB V nur das **Kerngeschäft** der Krankenkassen **„im Bereich der Versorgung" der Versicherten**. 16

[10] Vgl. Tätigkeitsbericht des Landesdatenschutzbeauftragten Schleswig-Holstein 2000, unter 4.7.4.

[11] BT-Drs. 16/4247.

[12] BT-Drs. 16/3100 zu Nr. 142 (§ 197b SGB V).

[13] BT-Drs. 16/4247.

[14] BT-Drs. 16/3100 zu Nr. 142 (§ 197b SGB V).

[15] BT-Drs. 16/3100 zu Art. 15 GKV-WSG – Änderung des Zweiten Gesetzes über die Krankenversicherung der Landwirte KVLG 1989 zu Nr. 16 Buchstabe c (§ 26).

[16] Vgl. Bundesversicherungsamt, Tätigkeitsbericht 1998, S. 67.

Vierter Abschnitt: Meldungen

§ 198 SGB V Meldepflicht des Arbeitgebers für versicherungspflichtig Beschäftigte

(Fassung vom 20.12.1988, gültig ab 01.01.1989)

Der Arbeitgeber hat die versicherungspflichtig Beschäftigten nach den §§ 28a bis 28c des Vierten Buches an die zuständige Krankenkasse zu melden.

Gliederung

A. Basisinformationen

I. Normgeschichte/Vorgängervorschrift

1 Die Vorschrift ist mit Wirkung vom 01.01.1989 aufgrund von Art. 1, 79 des Gesundheitsreformgesetzes (GRG)[1] vom 20.12.1988 in Kraft getreten und besteht seither unverändert.

2 Nach der Begründung des Regierungsentwurfs zum Gesundheitsreformgesetz (RegE-GRG)[2] handelt es sich bei dieser Vorschrift um eine Verweisungsvorschrift mit deklaratorischer Bedeutung. Die einzelnen Meldepflichten der Arbeitgeber für die in der Kranken-, Pflege-, Renten- und Arbeitslosenversicherung versicherungspflichtig Beschäftigten wurden zusammengefasst und aus Gründen der Rechtsklarheit und Verwaltungseffektivität als einheitliche Regelung mit Wirkung vom 01.01.1989 durch Art. 1 Nr. 5 des Melderecht- und Beitragseinzug-Einordnungsgesetzes vom 20.12.1988[3] in das SGB IV integriert.

II. Parallelvorschriften

3 Nach der Vorschrift des § 27 Abs. 2 KVLG 1989 (Gesetz über die Krankenversicherung der Landwirte)[4] haben die landwirtschaftlichen Unternehmer die Aufnahme und die Aufgabe der Beschäftigung der versicherungspflichtigen mitarbeitenden Familienangehörigen der landwirtschaftlichen Krankenkasse innerhalb von 2 Wochen zu melden. Die §§ 28a-28c SGB IV gelten für die Durchführung des Meldeverfahrens in der landwirtschaftlichen Krankenversicherung entsprechend. Nach § 190 SGB VI sind in der gesetzlichen Rentenversicherung die versicherungspflichtigen Beschäftigten und die Hausgewerbetreibenden nach den Vorschriften über die Meldepflichten der Arbeitgeber nach dem 3. Abschnitt des SGB IV zu melden.

III. Systematische Einordnung

4 Die **geordnete Durchführung der gesetzlichen Krankenversicherung** ist nur möglich, wenn die Krankenkassen die für die Rechte und Pflichten aus dem Versicherungsverhältnis **notwendigen Daten** erhalten.[5] Aus diesem Grund bedarf es der Mitwirkung aller Beteiligten. Der 4. Abschnitt des 6. Kapitels im SGB V regelt zur Sicherstellung der Übermittlung der notwendigen Daten die Meldepflichten bei versicherungspflichtigen Beschäftigungen (§§ 198, 199 SGB V), bei sonstigen versicherungs-

---

[1] BGBl I 1988, 2477.
[2] BT-Drs. 11/2237, zu § 207, 218.
[3] BGBl I 1988, 2330; BT-Drs. 11/2221, S. 4.
[4] Vom 10.08.1972, BGBl I 1972, 1433.
[5] *Hauck* in: Hauck/Noftz, § 198 SGB V Rn 1.

pflichtigen Personen (§ 200 SGB V), bei Rentenantragstellung und Rentenbezug (§§ 201, 205 SGB V), bei Versorgungsbezügen (§ 202 SGB V), bei anderen sonstigen Leistungsbezügen (§§ 203, 203a SGB V) sowie bei Einberufung zum Wehrdienst oder Zivildienst (§ 204 SGB V). Die Meldepflichten werden durch die Auskunfts- und Mitteilungspflichten der Versicherten nach § 206 SGB V und durch die Auskunftspflicht des Arbeitgebers nach § 98 SGB X ergänzt. Darüber hinaus sind die Meldepflichten nach den §§ 198 ff. SGB V im Zusammenhang zu sehen mit den §§ 28a-28r, 95-110 SGB IV, der Verordnung über die Erfassung und Übermittlung von Daten für die Sozialversicherung (Datenerfassungs- und -übermittlungsverordnung – DEÜV) vom 10.02.1998[6], den §§ 67-85a SGB X (Schutz der Sozialdaten), den §§ 284-305 SGB V (Versicherungs- und Leistungsdaten, Datenschutz), den §§ 93-109 SGB XI (Datenschutz und Statistik), § 307 SGB V und den §§ 111-113 SGB IV über Bußgeldvorschriften.

IV. Literaturhinweise

Noell/Deisler, Die Krankenversicherung der Landwirte, 2001; *Maaßen/Schermer/Wiegand/Zipperer* in: SGB V, Gesetzliche Krankenversicherung, Kommentar, Loseblatt; *Steffens*, Meldeverfahren in der Sozialversicherung, WzS 1998, 353. **5**

B. Auslegung der Norm

I. Regelungsgehalt

§ 198 SGB V führt die **Meldepflicht des Arbeitgebers** für versicherungspflichtig Beschäftigte nach den §§ 28a-28c SGB IV an die zuständige Krankenkasse auf. Die Vorschrift selbst ist nur von deklaratorischer Art[7] und besitzt **keine konstitutive Bedeutung**. Sie verweist aber ausdrücklich auf die **speziellen Meldepflichten des Arbeitgebers im SGB IV**, die ein einheitliches Meldeverfahren in der Kranken-, Pflege- und Rentenversicherung oder nach dem Recht der Arbeitsförderung bezwecken. **6**

II. Erläuterung und Zweck der Norm

1. Meldepflicht des Arbeitgebers

Der Arbeitgeber ist **grundsätzlich der Meldepflichtige** für die versicherungspflichtig Beschäftigten. Die Meldung erfolgt an die zuständige Krankenkasse. **Arbeitgeber** ist dabei jede natürliche oder juristische Person des privaten oder öffentlichen Rechts, der Arbeit unmittelbar an andere vergibt und dem die Verfügung über die Arbeitskraft, die Einstellung, Verwendung und Entlassung zusteht, für dessen Rechnung das Arbeitsentgelt gezahlt wird und dem der Erfolg der Arbeitsleistung zugute kommt.[8] **7**

2. Zuständige Krankenkasse

Die jeweilige Meldung des Arbeitgebers ist an die zuständige Krankenkasse zu richten. Welche Krankenkasse für einen versicherungspflichtigen Beschäftigten zuständig ist, bestimmt sich nach den §§ 173 ff. SGB V. In der Regel ist die zuständige Krankenkasse auch gleichzeitig Einzugsstelle für den Gesamtsozialversicherungsbeitrag nach § 28a Abs. 1SGB IV und § 28i SGB IV. **8**

3. Versicherungspflichtig Beschäftigte

Der Kreis der versicherungspflichtig Beschäftigten ergibt sich aus § 5 SGB V, § 2 KVLG 1989. Die Meldungen durch den Arbeitgeber sind nach der gesetzlichen Intention nur dann zu erstatten, wenn sich die Versicherungspflicht auf ein bestehendes Beschäftigungsverhältnis im Sinne des § 7 Abs. 1 SGB IV stützt.[9] **9**

4. Meldegründe des Arbeitgebers

§ 28a Abs. 1 und 2 SGB IV beinhaltet die **anlassbezogenen Meldungen** des Arbeitgebers für die in der Kranken-, Pflege- oder Rentenversicherung oder nach dem Recht der Arbeitsförderung pflichtversicherten Beschäftigten. Die Meldeanlässe sind abschließend in § 28a Abs. 1 Nr. 1-20 SGB IV aufge- **10**

---

[6] Im Bundesgesetzblatt veröffentlicht am 18.02.1998 und am 01.01.1999 in Kraft getreten.

[7] BT-Drs. 11/2237, zu § 207, 218.

[8] *Sehnert* in: Hauck-Noftz, SGB IV, § 28a Rn. 8. Siehe auch: *Pietrek* in: jurisPK-SGB IV, § 28a Rn. 41.

[9] *Pietrek* in: jurisPK-SGB IV, § 28a Rn. 11.

listet. Exemplarisch können die Meldungen über den **Beginn und das Ende** einer versicherungspflichtigen Beschäftigung, **Unterbrechung von Entgeltzahlungen** und der **Wechsel einer Krankenkasse** angeführt werden. Die Jahresmeldungen nach § 28a Abs. 2 SGB IV sind **regelmäßig wiederkehrend** zu erstatten. Der Inhalt der Meldungen ergibt sich aus § 28a Abs. 3 SGB IV. Meldepflichten bestehen auch für Hausgewerbetreibende (§ 28a Abs. 6SGB IV) und geringfügig Beschäftigte (§ 28a Abs. 1 Nr. 18 i.V.m. Abs. 9 SGB IV; § 28i Satz 5 SGB IV), wobei Einzugsstelle die Deutsche Rentenversicherung Knappschaft-Bahn-See (Minijob-Zentrale) ist. Ein vereinfachtes Meldeverfahren (sog. „Haushaltsscheckverfahren“) besteht nach § 28a Abs. 7 und 8 SGB IV für geringfügige Beschäftigte in privaten Haushalten.[10]

11 Die Einzugsstelle hat nach § 28b Abs. 1 SGB IV die **Pflicht zur Überwachung des Meldeverfahrens**. Sie hat dafür zu sorgen, dass die Meldungen rechtzeitig erstattet werden, die erforderlichen Angaben vollständig und richtig sind und rechtzeitig weitergeleitet werden. Die Einzugsstelle übt daher eine **konkrete Kontrollfunktion** gegenüber dem meldepflichtigen Arbeitgeber aus. § 28c SGB IV enthält eine Ermächtigungsregelung, nach der das BMGS mit Zustimmung des Bundesrates durch eine Rechtsverordnung das Nähere über das Melde- bzw. Beitragsnachweisverfahren bestimmen kann, insbesondere über Form und Frist der Meldungen, Verfahren über Prüfung, Sicherheit und Weiterleitung von Daten.

12 Durch das Gesetz zur Vereinfachung der Verwaltungsverfahren im Sozialrecht (Verwaltungsvereinfachungsgesetz)[11] vom 21.03.2005 sind die Meldungen ab dem 01.01.2006 nur noch durch gesicherte und verschlüsselte Datenübertragung aus systemgeprüften Programmen oder systemgeprüften Ausfüllhilfen abzugeben. Meldungen der Arbeitgeber auf Vordrucken sind ab diesem Zeitpunkt nicht mehr zugelassen.

5. Missachtung der Meldepflicht

13 Die Nichtbeachtung der Meldevorschriften nach dem SGB IV durch den Arbeitgeber erfüllt den Tatbestand einer Ordnungswidrigkeit nach § 111 SGB IV.[12]

---

[10] *Pietrek* in: jurisPK-SGB IV, § 28a Rn. 36 ff.

[11] BGBl I 2005, 832.

[12] Vgl. *Bloch* in: v. Maydell, Kommentar GK-SGB V, § 198 SGB V Rn. 8.

§ 199 SGB V Meldepflichten bei unständiger Beschäftigung

(Fassung vom 20.12.1988, gültig ab 01.01.1989)

(1) Unständig Beschäftigte haben der nach § 179 Abs. 1 zuständigen Krankenkasse Beginn und Ende der berufsmäßigen Ausübung von unständigen Beschäftigungen unverzüglich zu melden. Der Arbeitgeber hat die unständig Beschäftigten auf ihre Meldepflicht hinzuweisen.

(2) Gesamtbetriebe, in denen regelmäßig unständig Beschäftige beschäftigt werden, haben die sich aus diesem Buch ergebenden Pflichten der Arbeitgeber zu übernehmen. Welche Einrichtungen als Gesamtbetriebe gelten, richtet sich nach Landesrecht.

Gliederung

A. Basisinformationen

I. Normgeschichte/Vorgängervorschriften

Die Vorschrift ist mit Wirkung vom 01.01.1989 durch Art. 1, 79 des Gesundheitsreformgesetzes (GRG)[1] eingeführt worden und seither unverändert in Kraft. § 199 SGB V übernimmt inhaltlich unverändert in Absatz 1 den § 444 Abs. 1 RVO a.F. und in Absatz 2 den § 446 RVO a.F.[2], die beide mit In-Kraft-Treten des GRG aufgehoben wurden. 1

II. Parallelvorschriften

Nach § 50 Abs. 1 Satz 2 SGB XI schließt die Meldung zur gesetzlichen Krankenversicherung die Meldung zur sozialen Pflegeversicherung ein. 2

III. Systematische Einordnung

Die Vorschrift ergänzt die Meldepflichten des Arbeitgebers (§ 198 SGB V) um die Hinweisverpflichtung gegenüber den unständig Beschäftigen, damit diese die erstmalige Aufnahme bzw. dauerhafte Beendigung einer unständigen Beschäftigung ihrer zuständigen Krankenkassen anzeigen können. Die Melde- und Hinweispflichten sollen den Krankenkassen die notwendigen Informationen zur Eröffnung eines Verwaltungsverfahrens zur Prüfung und Feststellung der Krankenversicherungspflicht bzw. zur Durchführung der Mitgliedschaft übermitteln. 3

Die Versicherungspflicht der unständig Beschäftigten zur Kranken- und Pflegeversicherung erschließt sich nach § 5 Abs. 1 Nr. 1 SGB V bzw. § 20 Abs. 1 Nr. 1 SGB XI. In der landwirtschaftlichen Sozialversicherung gibt es keine Anwendungsfälle, weil der rentenversicherungspflichtige mitarbeitende Familienangehörige nach den Grundsätzen zur Beurteilung der Hauptberuflichkeit i.S.d. § 2 Abs. 4 Satz 1 KVLG 1989 (Mifa-Hauptberuflichkeits-Grundsätze LKV)[3] einer unständigen Beschäftigung nicht nachgehen kann. Für die Versicherungspflicht der unständig Beschäftigten in der gesetzlichen Rentenversicherung gelten die allgemeinen Bestimmungen für abhängige Beschäftigte gleichermaßen. Unständig Beschäftigte sind nach § 27 Abs. 3 Nr. 1 SGB III in der Arbeitslosenversicherung versicherungsfrei. 4

---

[1] Vom 20.12.1988, BGBl I 1988, 2477.

[2] BT-Drs. 11/2231, S. 218.

[3] Vom 15.09.1992 i.d.F. vom 16.10.2003.

IV. Literaturhinweise

5 *Hauck,* Sozialgesetzbuch SGB V gesetzliche Krankenversicherung, Loseblattsammlung zu § 198 bis § 205 SGB V; S. 1-13. Gemeinsames Rundschreiben zum Versicherungs-, Beitrags- und Melderecht der unständig Beschäftigten der Spitzenverbände der Krankenkassen, des VDR und der BA vom 30./31.05.2000.

B. Auslegung der Norm

I. Regelungsgehalt

6 Mit der in § 199 Abs. 1 Satz 1 SGB V normierten (zusätzlichen) Meldepflicht der unständig Beschäftigten soll sichergestellt werden, dass der zuständigen Krankenkasse **rechtzeitig Beginn und Ende** der unständigen Beschäftigung(en) mitgeteilt wird. Darüber hinaus besteht nach § 199 Abs. 1 Satz 2 SGB V eine Hinweisverpflichtung seitens des Arbeitgebers gegenüber dem unständig Beschäftigten, damit dieser seiner Meldepflicht nach § 199 Abs. 1 Satz 1 auch **tatsächlich** (unverzüglich) erfüllt. Nach der Regelung des § 199 Abs. 2 SGB V haben die Gesamtbetriebe die Meldepflichten der Arbeitgeber nach dem SGB V zu übernehmen.

II. Erläuterung und Zweck der Norm

7 **Die Meldepflicht der unständig Beschäftigten, § 199 Abs. 1 Satz 1 SGB V**: Bei unständig Beschäftigten besteht wegen des häufigen Wechsels in der Beschäftigung das unvermeidliche Risiko, dass versicherungspflichtige Beschäftigte aus Unachtsamkeit nicht gemeldet werden. Dem begegnet die Vorschrift § 199 Abs. 1 Satz 1 SGB V in der Weise, dass unständig Beschäftigte – anders als Dauerbeschäftigte – selbst meldepflichtig wegen **des erstmaligen Beginns bzw. der dauerhaften Beendigung** der konkreten Ausübung von unständigen Beschäftigungen sind. Die Meldung ist unter Beachtung des § 121 BGB ohne schuldhaftes Zögern gegenüber ihrer Krankenkasse zu erstatten. Anders als bei den Arbeitgebern (§ 111 SGB IV) ist die Verletzung der Meldepflicht nicht mit Bußgeld bedroht.[4]

1. Begriff der Berufsmäßigkeit

8 Unständig Beschäftigte sind Arbeitnehmer, die „**berufsmäßig**" Beschäftigungen von weniger als einer Woche ausüben. Es handelt sich um Personen, die in ihrem **Hauptberuf** Beschäftigungen nur von sehr kurzer Dauer (weniger als eine Woche) verrichten und nach ihrem Berufsbild ohne festes Arbeitsverhältnis (Dauerarbeitsverhältnis) beschäftigt sind.[5] Die unständige Beschäftigung muss den eindeutigen wirtschaftlichen und zeitlichen Schwerpunkt der Erwerbstätigkeit bilden. Das Berufsbild und die Erwerbstätigkeit des Arbeitnehmers müssen durch die unständige Beschäftigung bestimmt sein (z.B. Synchronsprecher, der auf täglicher Honorarbasis bezahlt wird). So sind Arbeitnehmer oder hauptberuflich selbständig Tätige, die gelegentlich oder nebenher eine Beschäftigung von weniger als eine Woche ausüben, keine berufsmäßig unständig Beschäftigten; insoweit könnte es sich um eine geringfügige Beschäftigung bzw. geringfügige selbständige Tätigkeit nach § 8 SGB IV handeln.[6]

2. Begriff der unständigen Beschäftigung[7]

9 Unständig ist eine Beschäftigung, die auf weniger als eine Woche entweder von der Natur der Sache nach beschränkt zu sein pflegt oder im Voraus durch Arbeitsvertrag beschränkt ist. Der Natur der Sache nach ist eine Beschäftigung befristet, wenn vertraglich nicht die Arbeitsdauer, sondern eine bestimmte Arbeitsleistung (z.B. Be- und Entladen von Fahrzeugen) vereinbart ist. Bei „einer Woche" ist nicht die Kalenderwoche gemeint, sondern der an einem beliebigen Tag beginnende Zeitraum von sieben aufeinanderfolgenden Tagen einschließlich der in diesen Zeitraum fallenden allgemeinen arbeitsfreien

[4] *Baier* in: Krauskopf, Kommentar zur sozialen Kranken- und Pflegeversicherung, Mai 2006, § 199 Rn. 3.

[5] Gemeinsames Rundschreiben zum Versicherungs-, Beitrags- und Melderecht der unständig Beschäftigten der Spitzenverbände der Krankenkassen, des VDR und der BA vom 30./31.05.2000, Buchst. B Nr. 2.

[6] Im Einzelnen siehe Gemeinsames Rundschreiben zum Versicherungs-, Beitrags- und Melderecht der unständig Beschäftigten der Spitzenverbände der Krankenkassen, des VDR und der BA vom 30./31.05.2000, Buchst. B Nr. 4.

[7] Gemeinsames Rundschreiben zum Versicherungs-, Beitrags- und Melderecht der unständig Beschäftigten der Spitzenverbände der Krankenkassen, des VDR und der BA vom 30./31.05.2000, Buchst. B Nr. 2.

Tage.[8] Die unständige Beschäftigung ist also durch das Fehlen eines Dauerarbeitsverhältnisses charakterisiert.[9] Ein Wechsel des Arbeitgebers oder ein Wechsel in der Beschäftigungsart ist nicht Grundvoraussetzung für die Annahme einer unständigen Beschäftigung. Wiederholen sich Beschäftigungen von weniger als einer Woche bei demselben Arbeitgeber oder bei mehreren Arbeitgebern über einen längeren Zeitraum, so geht der Charakter einer unständigen Beschäftigung nicht verloren, wenn die Eigenart der Beschäftigung, die Art ihrer Annahme und Entlohnung einer unständigen Beschäftigung entspricht. Sie unterscheiden sich voneinander vom Inhalt und Zweck und erschöpfen sich nach ihrer jeweiligen Erfüllung, ohne auf eine andere folgende Tätigkeit abzuzielen oder diese zur Folge zu haben. Das Rechtsverhältnis zwischen Arbeitgeber und unständig Beschäftigten entsteht also von unständiger Beschäftigung zu unständiger Beschäftigung immer wieder neu. Im Gegensatz dazu ist von einem Dauerbeschäftigungsverhältnis auszugehen, wenn der Arbeitnehmer häufig und ohne größere Unterbrechung bei demselben Arbeitgeber zum Einsatz kommt. Ein häufiger Einsatz ohne größere Unterbrechung ist immer dann anzunehmen, wenn der Arbeitnehmer über ein halbes Jahr hinweg mindestens einmal in der Woche zum Einsatz kommt, wobei eine Unterbrechung von nicht länger als einem Monat im Sinne des § 7 Abs. 3 SGB IV unschädlich ist.

3. Mitgliedschaft und Meldepflichten

§ 186 Abs. 2 SGB V und § 190 Abs. 4 SGB V regeln den Beginn und das Ende der Mitgliedschaft bei der zuständigen Krankenkasse für die pflichtversicherten unständig Beschäftigten. Danach beginnt die Mitgliedschaft mit der erstmaligen Aufnahme einer unständigen Beschäftigung; sie endet bei einer nicht nur vorübergehenden Aufgabe der unständigen Beschäftigung, spätestens jedoch mit Ablauf von 3 Wochen nach dem Ende der letzten ausgeübten unständigen Beschäftigung. Der Begriff „erstmalig“ ist dabei so zu verstehen, dass nicht bei jeder folgenden unständigen Beschäftigung für das Fortbestehen der Mitgliedschaft eine erneute Feststellung der Versicherungspflicht durch die Krankenkasse erforderlich ist, sondern nur dann, wenn die Mitgliedschaft zwischenzeitlich unterbrochen worden ist. § 199 Abs. 1 SGB V, § 50 Abs. 1 Sätze 1 und 2 SGB XI verpflichten die unständig Beschäftigten, Beginn und Ende der berufsmäßigen Ausübung von unständigen Beschäftigungen unverzüglich, d. h. unter Beachtung des § 121 BGB ohne schuldhaftes Zögern, ihrer Krankenkasse zu melden. 10

Sofern die Krankenkasse die Versicherungspflicht nicht innerhalb eines Monats nach Aufnahme der unständigen Beschäftigung feststellt, beginnt die Mitgliedschaft erst mit dem Tag der Feststellung. Die Berechnung der Frist von einem Monat richtet sich nach den §§ 187 ff. BGB; Ereignistag ist dabei der Tag der Aufnahme der Beschäftigung, sodass die Frist mit Ablauf des Tages des nächsten Monats endet, der der Zahl nach dem Tage der Beschäftigungsaufnahme entspricht. 11

Für die Feststellung der Versicherungspflicht von unständig Beschäftigten ist kein förmlicher Verwaltungsakt erforderlich. Der Begriff „Feststellung“ ist vielmehr in dem Sinne zu verstehen, dass die Krankenkasse von der Aufnahme einer versicherungspflichtigen unständigen Beschäftigung Kenntnis erhält. Diese Kenntnis wird sie in aller Regel entweder durch die Meldung des Arbeitgebers oder aber durch die Anmeldung des unständig Beschäftigten erhalten. Als Tag der Feststellung im Sinne des § 186 Abs. 2 SGB V ist der Tag anzusehen, an dem eine entsprechende Meldung bei der Krankenkasse eingeht. 12

4. Fortbestehen der Mitgliedschaft

Die Mitgliedschaft bleibt nach § 186 Abs. 2 Satz 2 SGB V auch an den Tagen bestehen, an denen der unständig Beschäftigte vorübergehend, längstens für 3 Wochen (21 Kalendertage), keine unständige Beschäftigung ausübt. Ein Fortbestehen der Mitgliedschaft über 21 Kalendertage hinaus im Rahmen des § 7 Abs. 3 SGB IV kommt nicht in Betracht, da diese Vorschrift das Weiterbestehen des Arbeitsverhältnisses voraussetzt, eine unständige Beschäftigung aber nur dann vorliegt, wenn das jeweilige Arbeitsverhältnis auf weniger als eine Woche beschränkt ist. 13

---

[8] *Bloch* in: v. Maydell, Kommentar zum GKV-SGB V, Band 5, § 199 SGB Rn. 2.

[9] *Peters*, Handbuch der Krankenversicherung, § 199 SGB V Rn. 9.

5. Ende der Mitgliedschaft

14 Die Mitgliedschaft endet, wenn der unständig Beschäftigte die berufsmäßige Ausübung der unständigen Beschäftigung nicht nur vorübergehend aufgibt. Ist anzunehmen, dass nur vorübergehend keine unständigen Beschäftigungen ausgeübt werden, bleibt die Mitgliedschaft erhalten; sie endet aber, sobald feststeht, dass länger als nur vorübergehend – also länger als 3 Wochen – keine unständige Beschäftigung mehr ausgeübt wird.

6. Zuständige Krankenkasse

15 Für unständig Beschäftigte gilt das allgemeine Krankenkassenwahlrecht nach den §§ 173 ff. SGB V.

a. Hinweispflicht des Arbeitgebers (Absatz 1 Satz 2)

16 Nach § 199 Abs. 1 Satz 2 SGB V hat der Arbeitgeber den unständig Beschäftigten auf dessen Meldepflicht nach § 199 Abs. 1 Satz 1 SGB V hinzuweisen. Diese Hinweispflicht kann nur dann bestehen, wenn der Arbeitgeber vermuten oder zumindest nicht ausschließen kann, dass es sich um die erst- bzw. letztmalige Ausübung einer unständigen Beschäftigung handelt. Bei unständig Beschäftigten, von denen ihm hinreichend bekannt ist, dass sie bereits vorher unständig beschäftigt waren und dies auch künftig sein werden, kann er nicht verpflichtet sein, auf eine nicht aktuelle und anlässlich der Beschäftigung bei ihm nicht relevante Meldepflicht hinzuweisen.[10] Nachdem der Arbeitgeber die Erfüllung dieser Hinweispflicht nicht zu dokumentieren hat, ihm die Form frei (z.B. mündlich) steht, ist ihr praktischer Wert ohnehin gering. Es handelt sich dabei auch nicht um ein Schutzgesetz im Sinne des § 823 Abs. 2 BGB.[11]

17 Der Arbeitgeber hat für unständig Beschäftigte grds. die gleichen Meldungen zu erstatten wie für ständig Beschäftigte in einem Dauerarbeitsverhältnis. Die Meldepflicht des unständig Beschäftigten (der vielfach für mehrere Arbeitgeber tätig sein wird) tritt nämlich nur neben die Meldepflicht des jeweiligen Arbeitgebers (§ 28a SGB IV) für jede einzelne ausgeübte Beschäftigung[12] und umgekehrt entbindet die Erfüllung der Meldepflicht durch den Arbeitgeber den unständig Beschäftigten nicht von seiner Meldepflicht nach § 199 Abs. 1 Satz 1 SGB V.

b. Arbeitgeberpflichten der Gesamtbetriebe (Absatz 2)

18 Gesamtbetriebe, die für mehrere Einzelbetriebe errichtet werden, um einen Teil der Arbeitgeberfunktion der Einzelbetriebe zu übernehmen (z.B. damit der Gesamtbetrieb die unständig Beschäftigten den einzelnen Firmen auf Anforderung zur Arbeitsleistung zuteilt), haben für die unständig Beschäftigten die Arbeitgeberpflichten (§§ 198 ff. SGB V, §§ 28a ff., 102 SGB IV und § 98 SGB X) zu übernehmen. Der eigentliche Arbeitgeber (der Einzelbetrieb, dem der Wert der geleisteten Arbeit zugute kommt) wird insoweit von seinen Arbeitgeberpflichten freigestellt. Ein Gesamtbetrieb muss auf die Beschäftigung unständig Beschäftigter in steter Wiederkehr ausgerichtet und eingerichtet sein. Zweck eines Gesamtbetriebes ist im Allgemeinen, den unständig Beschäftigten tatsächlich eine ständige Beschäftigung zu sichern.[13] Welche Betriebe den Gesamtbetrieben im Einzelnen zuzurechnen sind, richtet sich nach dem in dem jeweiligen Land geltenden Recht bzw. nach Bundesrecht.[14]

7. Meldeverfahren der Arbeitgeber nach den Bestimmungen der DEÜV

19 Durch die 3. Verordnung zur Änderung von gemeinsamen Vorschriften für die Sozialversicherung vom 16.12.2005 ist § 30 DEÜV und damit die Sonderregelung für Listenmeldungen der Arbeitgeber für unständig Beschäftigte zum 01.01.2006 aufgehoben worden. Ab diesem Zeitpunkt sind Meldungen für diese Personenkreise ausschließlich mit dem DEÜV-Datensatz „DSME" und dem entsprechenden Datenbaustein an die Datenannahmestelle zu übermitteln. [15]

---

[10] *Baier* in: Krauskopf, Soziale Kranken- und Pflegeversicherung, Kommentar, Bd. 2, § 199 SGB V Rn. 4.

[11] *Peters* in: KassKomm, §199 SGB V Rn.10.

[12] *Peters* in: KassKomm, §199 SGB V Rn.3.

[13] *Bloch* in: v. Maydell, Kommentar GKV-SGB V, Band 5, § 199 SGB V Rn. 7.

[14] Gemeinsames Rundschreiben zum Versicherungs-, Beitrags- und Melderecht der unständig Beschäftigten der Spitzenverbände der Krankenkassen, des VDR und der BA vom 30./31.05.2000, Buchst. i.

[15] Gemeinsames Rundschreiben der Spitzenverbände der Krankenkassen vom 15.07.1998 i.d.F. vom 08.02.2006, Titel 1.1.2 „Meldungen für unständig und kurzfristig Beschäftigte".

§ 200 SGB V Meldepflichten bei sonstigen versicherungspflichtigen Personen

(Fassung vom 31.10.2006, gültig ab 08.11.2006)

(1) Eine Meldung nach § 28a Abs. 1 bis 3 des Vierten Buches hat zu erstatten

1. **für Personen, die in Einrichtungen der Jugendhilfe für eine Erwerbstätigkeit befähigt werden sollen oder in Werkstätten für behinderte Menschen, Blindenwerkstätten, Anstalten, Heimen oder gleichartigen Einrichtungen tätig sind, der Träger dieser Einrichtung,**
2. **für Personen, die an Leistungen zur Teilhabe am Arbeitsleben teilnehmen, der zuständige Rehabilitationsträger,**
3. **für Personen, die Vorruhestandsgeld beziehen, der zur Zahlung des Vorruhestandsgeldes Verpflichtete.**

§ 28a Abs. 5 sowie die §§ 28b und 28c des Vierten Buches gelten entsprechend.

(2) Die staatlichen und die staatlich anerkannten Hochschulen haben versicherte Studenten, die Ausbildungsstätten versicherungspflichtige Praktikanten und zu ihrer Berufsausbildung ohne Arbeitsentgelt Beschäftigte der zuständigen Krankenkasse zu melden. Das Bundesministerium für Gesundheit regelt durch Rechtsverordnung mit Zustimmung des Bundesrates Inhalt, Form und Frist der Meldungen sowie das Nähere über das Meldeverfahren.

Gliederung

A. Basisinformationen

I. Normgeschichte/Vorgängervorschrift

Die Vorschrift des § 200 SGB V in der Fassung des Art. 1, 79 des Gesundheitsreformgesetzes (GRG)[1] vom 20.12.1988 ist mit Wirkung vom 01.01.1989 in Kraft getreten. Die Vorschrift des § 200 Abs. 1 Satz 1 Nr. 1 und 2 SGB V entspricht teilweise § 165 Abs. 7 RVO a.F., § 200 Abs. 1 Satz 1 Nr. 3 SGB V entspricht § 318d Abs. 1 RVO a.F. und § 200 Abs. 2 SGB V in der Fassung des GRG übernimmt im Wesentlichen die Regelung des § 318 RVO a.F.[2] 1

In § 200 Abs. 2 Satz 2 SGB V wurden mit Wirkung vom 01.01.1992 durch Art. 1 Nr. 36 Zweites Gesetz zur Änderung des Fünften Buches Sozialgesetzbuch (2. SGB V-ÄndG)[3] vom 20.12.1991 die Worte „Bundesminister für Arbeit und Sozialordnung" durch die Worte „Bundesminister für Gesundheit" ersetzt. Der Regelung liegt eine organisatorische Aufgabenübertragung der Krankenversicherung auf den Bundesminister für Gesundheit zugrunde[4], der zukünftig für die Rechtsverordnung zuständig ist. 2

In § 200 Abs. 2 Satz 1 SGB V wurden die Wörter „versicherungspflichtige Studenten" durch die Wörter „versicherte Studenten" ersetzt; § 200 Abs. 2 Satz 2 SGB V wurde durch Art. 1 Nr. 6 Drittes Gesetz 3

[1] BGBl I 1988, 2477.
[2] BT-Drs. 11/2237, § 209, S. 218.
[3] BGBl I 1991, 2325.
[4] BT-Drs. 12/1392, S. 4.

zur Änderung des Fünften Buches Sozialgesetzbuch (3. SGB V-ÄndG)[5] vom 10.05.1995 mit Wirkung vom 19.05.1995[6]geändert.

4 In § 200 Abs. 1 Satz 1 Nr. 1 SGB V wurde mit Wirkung vom 01.07.2001 durch Art. 5 Nr. 30 Sozialgesetzbuch — Neuntes Buch — (SGB IX) Rehabilitation und Teilhabe behinderter Menschen vom 19.06.2001[7] das Wort „Behinderte" durch die Wörter „behinderte Menschen" sowie in Nr. 2 die Wörter „berufsfördernde Maßnahmen zur Rehabilitation" durch die Wörter „Leistungen zur Teilhabe am Arbeitsleben" ersetzt. In der Begründung zum Gesetzentwurf[8] wurde darauf hingewiesen, dass es sich um Änderungen zur Anpassung an den Sprachgebrauch des SGB IX bzw. um Folgeänderungen handelt.

5 Die Zuständigkeit zum Erlass einer Rechtsverordnung nach § 200 Abs. 2 Satz 2 SGB V liegt seit 22.10.2002 beim Bundesministerium für Gesundheit und Soziale Sicherung.[9]

II. Parallelvorschriften

6 Außerhalb des § 200 SGB V bestehen für weitere besondere versicherungspflichtige Personengruppen spezielle Meldepflichten. Für die nach § 5 Abs. 1 Nr. 3 SGB V i.V.m. den Vorschriften des KVLG 1989 (Gesetz über die Krankenversicherung der Landwirte)[10] versicherungspflichtigen landwirtschaftlichen Unternehmer, mitarbeitenden Familienangehörigen und Altenteiler gelten die Meldepflichten nach den §§ 27-32 KVLG 1989. Für die versicherungspflichtigen Künstler und Publizisten sind die Auskunfts- und Meldepflichten in den §§ 11-13 KSVG (Gesetz über die Sozialversicherung der selbständigen Künstler und Publizisten: Künstlersozialversicherungsgesetz – KSVG)[11] geregelt. Ferner sind für die Leistungsempfänger nach § 5 Abs. 1 Nr. 2 und 2 a SGB V die Meldungen u. a. durch die Agenturen für Arbeit zu erstatten (§ 203a SGB V).

7 Nach § 21 Abs. 1 KVLG 1989 können die Studenten und Praktikanten eine Mitgliedschaft bei einer landwirtschaftlichen Krankenkasse wählen, wenn sie zuletzt bei einer landwirtschaftlichen Krankenkasse versichert waren. Für sie gelten nach § 21 Abs. 2 KVLG 1989 die Vorschriften des SGB V über die Versicherung, die Mitgliedschaft und **die Meldungen** für die in § 5 Abs. 1 Nr. 9 und 10 SGB V genannten Personen entsprechend. Die Auskunftspflicht ergibt sich aus § 32 KVLG 1989; bei Nichterfüllung dieser Pflicht kann die Ordnungswidrigkeit mit einer Geldbuße nach § 57 KVLG 1989 versehen werden.

III. Systematische Einordnung

8 Um für die sonstigen versicherungspflichtigen Personen nach § 5 Abs. 1 Nr. 5-10 SGB V und § 5 Abs. 3 SGB V eine ordnungsgemäße Durchführung der Krankenversicherung gewährleisten zu können, müssen die erforderlichen versicherungsrechtlichen Informationen den Krankenkassen mitgeteilt werden. Für die versicherungspflichtigen Beschäftigten sind in der Regel die Arbeitgeber nach speziellen Vorschriften des SGB IV zur Meldung gegenüber der zuständigen Krankenkasse verpflichtet.[12] Den in § 200 SGB V genannten Personengruppen ist hingegen gemein, dass sie einen eigentlichen Arbeitgeber nicht oder nicht mehr haben[13], so dass an deren Stelle andere Stellen oder Personen zur Meldung verpflichtet sind.

9 Die Meldung zur Krankenversicherung schließt die Meldung zur sozialen Pflegeversicherung ein (§ 50 Abs. 1 Satz 2 SGB XI).

---

5 BGBl I 1995, 678; zur Begründung vgl. BT-Drs. 13/340, S. 9 f.

6 Art. 8 Abs. 1; die Änderung trat mit dem Tag nach der Verkündung ein.

7 BGBl I 2001, 1046.

8 BT-Drs. 14/5074, S. 119.

9 § 1 Zust-AnpG vom 16.08.2002; BGBl I 2002, 3165. i.V.m der Bekanntgabe am 22.10.2002; BGBl I 2002, 4206. Die Regelung wurde m.W.v. 28.11.2003 entsprechend geändert (Art. 204 Nr. 1 der 8. ZustAnpV vom 25.11.2003; BGBl I 2003, 2304).

10 Vom 10.08.1972, BGBl I 1972, 1433.

11 Vom 27.07.1981, BGBl I 1981, 705.

12 Vgl. § 198 SGB V.

13 *Peters* in: KassKomm, zu § 200 SGB V Rn. 3.

IV. Literaturhinweise

Nommensen, Meldeverfahren für die Krankenversicherung der Studenten und Praktikanten, BKK 1990, 142; *Volbers*, Änderungen im Recht der Mutterschaftshilfe, SdL 1996, 496; *Minn* in: Schulin, Handbuch des Sozialversicherungsrechts, Bd. 1 (Krankenversicherung), 1994, § 51; *Noell/Deisler* in: Die Krankenversicherung der Landwirte, 2001. 10

B. Auslegung der Norm

I. Regelungsgehalt

Die Vorschrift des § 200 Abs. 1 SGB V regelt, wer für die sonstigen versicherungspflichtigen Personen in Einrichtungen der Jugendhilfe sowie für behinderte Menschen, Teilnehmer an Leistungen der Teilhabe am Arbeitsleben, Bezieher von Vorruhestandsgeldern **die Meldepflichten des Arbeitgebers nach den §§ 28a-28c SGB IV** zu erfüllen hat. 11

§ 200 Abs. 2 SGB V regelt das **Meldeverfahren für die versicherten Studenten**, versicherungspflichtigen Praktikanten ohne Arbeitsentgelt sowie für die zur Berufsausbildung Beschäftigten ohne Arbeitsentgelt und für die Auszubildenden des Zweiten Bildungsweges. 12

II. Erläuterung und Zweck der Norm

1. Meldepflicht für sonstige versicherungspflichtige Personen

Die in § 200 Abs. 1 SGB V erfassten Personengruppen entsprechen dem versicherungspflichtigen Personenkreis nach § 5 Abs. 1 Nr. 5-8 Abs. 3 SGB V. Für sie müssen andere Stellen oder Personen als die Arbeitgeber das Meldeverfahren durchführen, damit die Krankenkasse u.a. die Dauer der Versicherungspflicht bzw. der Mitgliedschaft bestimmen kann. 13

a. Meldepflicht für Personen in Einrichtungen der Jugendhilfe sowie für behinderte Menschen

§ 200 Abs. 1 Satz 1 Nr. 1 SGB V erfasst die versicherungspflichtigen Personen nach § 5 Abs. 1 Nr. 5, 7 und 8 SGB V. Für diese Personen hat der **Träger der Einrichtung** die Meldung für Personen zu erstatten, die in Einrichtungen der Jugendhilfe für eine Erwerbstätigkeit befähigt werden sollen oder in Werkstätten für Behinderte, Blindenwerkstätten, Anstalten, Heimen oder gleichartigen Einrichtungen tätig sind. Die Träger der jeweiligen Einrichtungen übernehmen in diesem Zusammenhang die Arbeitgeberfunktion.[14] 14

b. Meldepflicht für Teilnehmer an Leistungen zur Teilhabe am Arbeitsleben

Der **zuständige Rehabilitationsträger** hat nach dem Gesetzeswortlaut zu § 200 Abs. 1 Satz 1 Nr. 2 SGB V für die Personen, die an Leistungen zur Teilhabe am Arbeitsleben teilnehmen (§ 5 Abs. 1 Nr. 6 SGB V), der Krankenkasse eine Meldung nach § 28a Abs. 1-3 SGB IV zu erstatten. Der versicherungspflichtige Personenkreis nach § 5 Abs. 1 Nr. 6 SGB V erfasst weitergehend auch die Bezieher von weitergezahltem Übergangsgeld (§ 51 SGB IX) sowie Teilnehmer an Maßnahmen zur Abklärung der beruflichen Eignung oder Arbeitsprobung, sodass auch für diese Personengruppen eine Meldung an die zuständige Krankenkasse zu erstatten ist . 15

Für das Meldeverfahren zwischen den Rehabilitationsträgern und den Krankenkassen gilt nach § 200 Abs. 1 Satz 2 SGB V i.V.m. § 28c SGB IV **die Verordnung** über die Erfassung und Übermittlung von Daten für die Träger der Sozialversicherung (Datenerfassungs- und -übermittlungsverordnung – DEÜV) entsprechend. Als meldepflichtige Tatbestände kommen insbesondere der Beginn der Mitgliedschaft (Beginn der Maßnahme), das Ende der Mitgliedschaft (Ende der Maßnahme oder Weiterzahlung des Übergangsgeldes), die Änderung in der Beitragspflicht oder der Wechsel der Krankenkasse in Betracht. 16

Zur Meldung verpflichtet ist der zuständige Rehabilitationsträger (§ 6 Abs. 1 SGB IX), der auch nach den §§ 251 Abs. 1, 252 SGB V die Beiträge trägt und zahlt, nicht aber der Träger der Einrichtung.[15] 17

[14] *Minn* in: Schulin, Handbuch des Sozialversicherungsrechts, Bd. 1, § 51 Rn. 98.

[15] *Baier* in: Krauskopf, Kommentar zur Sozialen Kranken- und Pflegeversicherung, § 200 SGB V Rn. 5.

c. Meldepflicht für Bezieher von Vorruhestandsgeld

18 Bei den in § 200 Abs. 1 Satz 1 Nr. 3 SGB V genannten versicherungspflichtigen Beziehern von Vorruhestandsgeldern nach § 5 Abs. 3 SGB V muss die zur Zahlung des Vorruhestandsgeldes verpflichtete Stelle die Meldung an die zuständige Krankenkasse erstatten. Meldepflichtig ist in der Regel der frühere Arbeitgeber der versicherungspflichtigen Person, sofern er die Leistung gewährt. Wird hingegen von einer anderen Stelle das Vorruhestandsgeld gezahlt, ist diese zur Meldung verpflichtet, weil das Gesetz in § 200 Abs. 1 Nr. 3 SGB V auf den jeweiligen Zahlungsverpflichteten abstellt.[16]

2. Meldepflichtiger Personenkreis nach Absatz 2

a. Zur Durchführung der Krankenversicherung der Studenten

19 Für die Durchführung zur Krankenversicherung der Studenten sind ebenfalls bestimmte Informationen unerlässlich. Aus diesem Grund sind nach § 200 Abs. 2 Satz 1 SGB V die stattlichen und staatlich anerkannten Hochschulen verpflichtet, versicherte Studenten der zuständigen Krankenkasse zu melden.

20 Damit sich Studenten und Studienbewerber an den Hochschulen einschreiben können, benötigen sie eine Versicherungsbescheinigung der zuständigen Krankenkasse, die sie anschließend der Hochschule als Nachweis für eine bestehende Krankenversicherung (Pflichtversicherung, freiwillige Versicherung, beitragsfreie Familienversicherung) vorlegen. Die Hochschule meldet alsdann der zuständigen Krankenkasse, wann die Einschreibung erfolgt ist.

21 Zu den staatlich oder staatlich anerkannten Hochschulen in der Bundesrepublik Deutschland zählen nach den §§ 1, 2 und 18 Hochschulrahmengesetz (HRG) u.a. Universitäten und Fachhochschulen; sie dienen der Pflege und Entwicklung der Wissenschaften und der Künste durch Forschung, Lehre und Studium. Den Status der Hochschule festzulegen, ist Angelegenheit der Länder.

22 Die Studenten sind wie die übrigen Versicherten auch verpflichtet, auf Verlangen über alle für die Feststellung der Versicherungs- und Beitragspflicht erforderlichen Tatsachen unverzüglich Auskunft zu erteilen sowie Änderungen in den Verhältnissen, die für die Versicherungs- und Beitragspflicht erheblich sind und nicht durch Dritte gemeldet werden, unverzüglich mitzuteilen. Auf Verlangen haben sie Unterlagen, aus denen die Tatsachen oder die Änderung der Verhältnisse hervorgehen, der Krankenkasse in deren Geschäftsräumen unverzüglich vorzulegen (§ 206 Abs. 1 und 2 SGB V). Daneben können weitere Meldeverpflichtungen des Studenten, wie z.B. bei Einberufung zum Wehr- oder Zivildienst (§ 204 SGB V) oder bei Bezug von Versorgungsbezügen (§ 202 SGB V), in Betracht kommen.

23 Einzelheiten zum Meldeverfahren ergeben sich aus der Verordnung über Inhalt, Form und Frist der Meldungen sowie das Meldeverfahren für die Krankenversicherung der Studenten.[17] Die Meldeverordnung soll u.a. das Meldeverfahren vereinfachen, den Einsatz maschineller Datenträger erleichtern und zum Verzicht auf Rückmeldungen und Exmatrikulationen der Studenten beitragen. Die folgenden Ausführungen zu den Meldungen sind aus Gründen der Verständlichkeit weitgehend aus dem **Gemeinsamen Rundschreiben der Spitzenverbände der Krankenkassen vom 12.06.2003 (Abschnitt 7)**[18] entnommen.

aa. Meldungen der Studienbewerber

24 Damit sich die Studienbewerber an den Hochschulen und Fachhochschulen einschreiben können, benötigen sie eine Versicherungsbescheinigung (vgl. Anlage 1 der SKV-MV) der für sie zuständigen Krankenkasse. Die Versicherungsbescheinigung enthält Angaben darüber, ob der Studienbewerber zu Beginn des Semesters, für das er sich einschreiben wird, versichert oder versicherungsfrei, von der Versicherungspflicht befreit oder nicht versicherungspflichtig sein wird.

---

[16] *Bloch* in: v. Maydell, Gemeinschaftskommentar-SGB V, Band 5, § 200 Rn. 2. Andere Auffassung ist dagegen *Baier* in: Krauskopf: Soziale Krankenversicherung, § 200 SGB V Rn. 6, der den früheren Arbeitgeber des Versicherungspflichtigen zur Meldung verpflichtet sieht, auch wenn eine andere Stelle in seinem Namen das Vorruhestandsgeld auszahlt.

[17] Studentenkrankenversicherungs-Meldeverordnung – SKV-MV vom 27.03.1996; Grundlage § 200 Abs. 2 Satz 2 SGB V.

[18] Gemeinsames Rundschreiben der Spitzenverbände der Kranken- und Pflegeversicherung der Studenten, Praktikanten ohne Arbeitsentgelt, der zur Berufsausbildung Beschäftigten ohne Arbeitsentgelt und der Auszubildenden des Zweiten Bildungswegs vom 12.06.2003.

Für die Ausstellung der Versicherungsbescheinigung ist grundsätzlich die Krankenkasse zuständig, bei der der Studienbewerber versichert ist. Für von der Versicherungspflicht befreite Studenten stellt die Krankenkasse die Bescheinigung aus, die die Befreiung vorgenommen hat. Für Personen, die bei Studienbeginn keiner Krankenkasse angehören, weil sie versicherungsfrei sind oder nicht der Versicherungspflicht als Student unterliegen, hat die Krankenkasse, bei der zuletzt eine Mitgliedschaft oder Familienversicherung bestand, die Bescheinigung für die Hochschule auszustellen. Unerheblich ist dabei, wie lange die letzte Mitgliedschaft bzw. Familienversicherung zurückliegt. Ist eine letzte Krankenkasse nicht vorhanden, ist eine der in § 173 SGB V genannten Krankenkassen für die Ausstellung der Versicherungsbescheinigung zuständig. Als Versicherungsbescheinigung ist der der Anlage 1 der SKV-MV entsprechende Vordruck zu verwenden. Unter der Rubrik (1. Alternative) „ist bei uns versichert“ werden alle Tatbestände der Versicherung erfasst, unabhängig von der Art der Mitgliedschaft, auch Vorrangversicherungen und Familienversicherungen. Die Rubrik (2. Alternative) „ist versicherungsfrei, von der Versicherungspflicht befreit oder nicht versicherungspflichtig“ ist nur anzukreuzen, wenn keine Versicherung bei einer gesetzlichen Krankenkasse besteht. 25

bb. Meldungen der Hochschulen

Eine Meldeverpflichtung der Hochschulen besteht nach § 4 Abs. 1 Sätze 1 und 2 SKV-MV nur, wenn in der Versicherungsbescheinigung angegeben wurde, dass der Student versichert ist. Für die Meldung ist der Vordruck nach dem Muster der Anlage 2 der SKV-MV zu verwenden. Zu melden sind unverzüglich das Datum der Einschreibung und das Ende des Semesters, mit dem die Mitgliedschaft in der Hochschule endet. Wird das Studium bei einer anderen Hochschule fortgesetzt, ist der neuen Hochschule eine Versicherungsbescheinigung wie bei Beginn des Studiums vorzulegen. Die bisherige Hochschule hat eine Meldung über das Ende der Mitgliedschaft in der Hochschule abzugeben; die neue Hochschule ist zur Meldung der Einschreibung verpflichtet. 26

cc. Meldungen der Krankenkasse

Endet die Mitgliedschaft eines nach § 5 Abs. 1 Nr. 9 SGB V versicherungspflichtigen Studenten, hat die Krankenkasse dieses der Hochschule zu melden. Über diese Vorschrift des § 4 Abs. 3 SKV-MV hinaus ist außerdem das Ende der Familien- oder freiwilligen Versicherung eines Studenten zu melden, damit die Hochschule auch in diesen Fällen erfährt, dass die bisherige Krankenkasse die Versicherung nicht mehr durchführt. Diese Meldungen über das Ende der Versicherung sind jedoch nur erforderlich, wenn der Student im Anschluss daran nicht mehr bei der Krankenkasse versichert ist. 27

Hat die Hochschule eine Meldung nach § 4 Abs. 1 Satz 2 SKV-MV (Ende der Hochschulmitgliedschaft) abgegeben, ist eine Meldung der Krankenkasse nach § 4 Abs. 3 SKV-MV (Ende der Krankenkassenmitgliedschaft) an diese Hochschule nicht erforderlich. Die Hochschule hat die Einschreibung oder die Annahme der Rückmeldung eines Studierenden zu verweigern, wenn dieser die ihm auferlegte Verpflichtung zur Zahlung der Krankenversicherungsbeiträge nicht erfüllt (vgl. § 254 Satz 3 SGB V). Bisher war die Beitragszahlung für jedes Semester erneut durch eine Versicherungsbescheinigung nachzuweisen. Da die Versicherungsbescheinigung als Dauerbescheinigung grundsätzlich für das gesamte Studium nur noch einmal ausgestellt wird, sieht die SKV-MV im Falle des Zahlungsverzugs eine Meldung vor. Diese ist direkt von der Krankenkasse an die Hochschule abzugeben. Das Gesetz sieht die Verweigerung der Einschreibung oder die Annahme der Rückmeldung als zwingende Maßnahme vor. Die Hochschule muss deshalb für das Folgesemester, das auf das Semester folgt, in dem sie die vorgenannte Meldung erhalten hat, den Studenten ggf. exmatrikulieren. Eine Sanktionierung während des Semesters, in dem die Meldung eingegangen ist, ist wegen der bereits durchgeführten Einschreibung oder angenommenen Rückmeldung nicht möglich. Der Student ist über die Meldung an die Hochschule zu informieren und gleichzeitig ist auf die Folgen der Nichtzahlung der Beiträge hinzuweisen. Holt der Student die Zahlung der Beiträge nach, hat die Krankenkasse die Hochschule unverzüglich darüber zu unterrichten, dass die Meldung über den Zahlungsverzug nunmehr ungültig geworden ist. 28

Wechselt ein versicherter Student die Krankenkasse, hat die neue Krankenkasse dem Studenten zur Vorlage bei der Hochschule eine Bescheinigung nach Anlage 1 SKV-MV zuzusenden. Diese Bescheinigung gilt als Mitgliedsbescheinigung nach § 175 Abs. 2 SGB V. War der Student nach § 5 Abs. 1 Nr. 9 SGB V pflichtversichert, teilt die bisherige Krankenkasse das Ende der Mitgliedschaft der Hochschule mit. Die Hochschulen haben in geeigneter Weise sicherzustellen, dass die künftigen Meldungen (§ 4 Abs. 1 Satz 2 SKV-MV) an die zuständige Krankenkasse erstattet werden. Eine neue Versicherungsbescheinigung ist ebenfalls für die Hochschule auszustellen, wenn das Mitglied, aus dessen Versicherung die Familienversicherung eines Studenten begründet wird, die Krankenkasse wechselt. Glei- 29 ches gilt auch, wenn ein Anspruch auf eine Familienversicherung z.B. durch Heirat begründet wird und der bisher pflichtversicherte Student dadurch bei einer anderen Krankenkasse versichert wird. Die bisherige Krankenkasse teilt jeweils das Ende der Versicherung der Hochschule mit.

b. Meldungen für versicherungspflichtige Praktikanten ohne Arbeitsentgelt, die zur Berufsausbildung Beschäftigten ohne Arbeitsentgelt und für die Auszubildenden des Zweiten Bildungswegs

30 Nach § 200 Abs. 2 SGB V haben die Ausbildungsstätten für die nach § 5 Abs. 1 Nr. 10 SGB V versicherungspflichtigen Praktikanten ohne Arbeitsentgelt, die zur Berufsausbildung Beschäftigten ohne Arbeitsentgelt und die Auszubildenden des Zweiten Bildungswegs eine Meldung an die zuständige Krankenkasse bzw. Pflegekasse zu erstatten.

31 Die Versicherungspflicht für Praktikanten ohne Arbeitsentgelt besteht nach § 5 Abs. 1 Nr. 10 SGB V, wenn das Praktikum außerhalb eines Studiums ausgeübt wird. Wird dagegen das Praktikum ohne Arbeitsentgelt während des Stadiums absolviert, geht die Versicherung der Studenten der Krankenversicherung der Praktikanten nach § 5 Abs. 7 Satz 2 SGB V vor, so dass die Meldung nach den Regelungen des Buchstaben a) „Zur Durchführung der Krankenversicherung der Studenten" zu erstatten ist.

32 Im Meldeverfahren für die Praktikanten ohne Arbeitsentgelt und zur Berufsausbildung Beschäftigten ohne Arbeitsentgelt[19] bescheinigt die Krankenkasse die Versicherungspflicht, ggf. die Versicherungsfreiheit oder ggf. die Befreiung von der Versicherungspflicht (Anlage 4 SKV-MV). Die Ausbildungsstätten haben die versicherungspflichtigen Praktikanten ohne Arbeitsentgelt und die zu ihrer Berufsausbildung Beschäftigten ohne Arbeitsentgelt innerhalb von zwei Wochen nach Aufnahme der Tätigkeit anzumelden (Anlage 5 SKV-MV). Innerhalb von zwei Wochen nach Beendigung der berufspraktischen Tätigkeit bzw. der Berufsausbildung ist eine Abmeldung abzugeben (Anlage 6 SKV-MV). Besteht für diesen Personenkreis eine Renten- und/oder Arbeitslosenversicherungspflicht, sind die Meldungen nach DEÜV abzusetzen.

33 Für das Meldeverfahren der Auszubildenden des Zweiten Bildungswegs sind die Anlagen 7 und 8 des SKV-MV zu beachten.

c. Auskunfts- und Mitteilungspflichten der Versicherten

34 Ebenso wie die Studenten haben die nach § 5 Abs. 1 Nr. 10 SGB V Versicherten eine Auskunfts- und Mitteilungsverpflichtung nach § 206 Abs. 1 Nr. 1 SGB V auf Verlangen der Krankenkassen zu erfüllen. Kommt der Versicherte dieser Auskunfts- und Mitteilungspflicht nicht, nicht richtig, nicht vollständig oder nicht rechtzeitig nach, ist der Tatbestand einer Ordnungswidrigkeit nach § 307 SGB V erfüllt.

[19] Vgl. Abschnitt 7.5 Gemeinsames Rundschreiben der Spitzenverbände der Kranken- und Pflegeversicherung der Studenten, Praktikanten ohne Arbeitsentgelt, der zur Berufsausbildung Beschäftigten ohne Arbeitsentgelt und der Auszubildenden des Zweiten Bildungswegs vom 12.06.2003.

§ 201 SGB V Meldepflichten bei Rentenantragstellung und Rentenbezug

(Fassung vom 31.10.2006, gültig ab 08.11.2006)

(1) Wer eine Rente der gesetzlichen Rentenversicherung beantragt, hat mit dem Antrag eine Meldung für die zuständige Krankenkasse einzureichen. Der Rentenversicherungsträger hat die Meldung unverzüglich an die zuständige Krankenkasse weiterzugeben.

(2) Wählen versicherungspflichtige Rentner oder Hinterbliebene eine andere Krankenkasse, hat die gewählte Krankenkasse dies der bisherigen Krankenkasse und dem zuständigen Rentenversicherungsträger unverzüglich mitzuteilen.

(3) Nehmen versicherungspflichtige Rentner oder Hinterbliebene eine versicherungspflichtige Beschäftigung auf, für die eine andere als die bisherige Krankenkasse zuständig ist, hat die für das versicherungspflichtige Beschäftigungsverhältnis zuständige Krankenkasse dies der bisher zuständigen Krankenkasse und dem Rentenversicherungsträger mitzuteilen. Satz 1 gilt entsprechend, wenn das versicherungspflichtige Beschäftigungsverhältnis endet.

(4) Der Rentenversicherungsträger hat der zuständigen Krankenkasse unverzüglich mitzuteilen

1. **Beginn und Höhe einer Rente der gesetzlichen Rentenversicherung, den Monat, für den die Rente erstmalig laufend gezahlt wird,**
2. **den Tag der Rücknahme des Rentenantrags,**
3. **bei Ablehnung des Rentenantrags den Tag, an dem über den Rentenantrag verbindlich entschieden worden ist,**
4. **Ende, Entzug, Wegfall und sonstige Nichtleistung der Rente sowie**
5. **Beginn und Ende der Beitragszahlung aus der Rente.**

(5) Wird der Bezieher einer Rente der gesetzlichen Rentenversicherung versicherungspflichtig, hat die Krankenkasse dies dem Rentenversicherungsträger unverzüglich mitzuteilen. Satz 1 gilt entsprechend, wenn die Versicherungspflicht aus einem anderen Grund als den in Absatz 4 Nr. 4 genannten Gründen endet.

(6) Die Meldungen sind auf maschinell verwertbaren Datenträgern oder durch Datenübertragung zu erstatten. Die Spitzenverbände der Krankenkassen vereinbaren gemeinsam und einheitlich mit der Deutschen Rentenversicherung Bund das Nähere über das Verfahren im Benehmen mit dem Bundesversicherungsamt. Kommt eine Vereinbarung nach Satz 3 bis zum 31. Dezember 1995 nicht zustande, bestimmt das Bundesministerium für Gesundheit im Einvernehmen mit dem Bundesministerium für Arbeit und Soziales das Nähere über das Verfahren.

Gliederung

A. Basisinformationen

I. Normgeschichte/Vorgängervorschrift

1 Die Vorschrift ist mit Wirkung vom 01.01.1989 aufgrund von Art. 1, Nr. 79 des Gesundheitsreformgesetzes (GRG)[1] vom 20.12.1988 in Kraft getreten. § 201 Abs. 4 Nr. 4 SGB V übernimmt die bisherige Regelung des § 317 Abs. 6 Nr. 3 RVO. § 201 Abs. 4 Nr. 4 SGB V wurde mit Wirkung vom 01.01.1992 durch Art. 4. Nr. 11, Art. 85 Abs. 1 des Renten-Reformgesetzes 1992 (RRG 1992)[2] vom 18.12.1989 neu gefasst, indem das Wort „Ruhen" durch „Nichtleistung" ersetzt wurde. Mit Wirkung vom 01.01.1996 wurde durch Art. 1 Nr. 17 Drittes Gesetz zur Änderung des Sozialgesetzbuches (3. SGBÄndG)[3] vom 10.05.1995 der Absatz 2 geändert und der Absatz 6 angefügt[4].

2 In § 201 Abs. 6 Satz 2 SGB V wurden mit Wirkung vom 01.10.2005 aufgrund Art. 6 des Gesetzes zur Organisationsreform in der gesetzlichen Rentenversicherung (RVOrgG) vom 09.12.2004[5] die Wörter „dem Verband Deutscher Rentenversicherungsträger" durch die Wörter „der Deutschen Rentenversicherung Bund" ersetzt.

II. Parallelvorschriften

3 Für die landwirtschaftliche Krankenversicherung enthält § 29 KVLG 1989 dem § 201 SGB V entsprechende Regelungen. Besonderheiten gibt es für Personen, die eine Rente nach dem ALG (Gesetz über die Alterssicherung der Landwirte)[6] beantragen; sie müssen mit dem Rentenantrag eine Meldung für die Landwirtschaftlichen Krankenkassen (LKK) einreichen. Da der Meldevordruck den Antragsformularen der Landwirtschaftlichen Alterskasse (LAK) beigefügt ist und meistens beide Vordrucke wieder an die LAK geschickt werden, hat diese die Meldung unverzüglich an die LKK im Hause weiterzugeben (§ 29 Abs. 1 KVLG 1989). Die LAK hat ferner der LKK nach § 29 Abs. 4KVLG 1989 die Renten zu melden; dabei handelt es sich um alle Angaben, die sonst auch ein Rentenversicherungsträger der LKK gegenüber zu machen hat (§ 29 Abs. 4 Satz 2 i.V.m. Abs. 3 KVLG 1989). Ähnlich wie § 205 SGB V Meldepflichten bestimmter Versicherungspflichtiger regelt, müssen auch in der LKV Versicherungspflichtige, die eine Rente nach dem ALG, eine Rente der gesetzlichen Rentenversicherung oder der Rente vergleichbare Einnahmen (Versorgungsbezüge) beziehen, ihrer LKK Beginn und Höhe der Rente, Beginn, Höhe, Veränderungen und die Zahlstelle der Versorgungsbezüge und Beginn, Höhe und Veränderungen des Arbeitseinkommens unverzüglich melden (§ 31 KVLG 1989).

III. Systematische Einordnung

4 Eine ordnungsgemäße Durchführung der gesetzlichen Krankenversicherung ist nur möglich, wenn die Krankenkassen die für die Rechte und Pflichten aus dem Versicherungsverhältnis notwendigen Daten erhalten. Dies soll durch die §§ 198-205 SGB V über die Meldepflichten sichergestellt werden, die ergänzt werden um die Auskunfts- und Mitteilungspflichten des Versicherten nach § 206 SGB V (vgl. Rn. 7) und die Auskunftspflichten des Arbeitgebers nach § 98 SGB X. Darüber hinaus sind die Meldepflichten nach den §§ 198 ff. SGB V in Zusammenhang zu sehen mit den §§ 28a-28r, 95-110 SGB IV, der Verordnung über die Erfassung und Übermittlung von Daten für die Sozialversicherung (Datenerfassungs- und -übermittlungsverordnung – DEÜV) vom 10.02.1998[7], den §§ 67-85a SGB X (Schutz der Sozialdaten), den §§ 284-305 SGB V (Versicherungs- und Leistungsdaten, Datenschutz), den §§ 93-109 SGB XI (Datenschutz und Statistik), § 307 SGB V und den §§ 111-113 SGB IV über Bußgeldvorschriften.

5 Die reibungslose Durchführung der Krankenversicherung der Rentner (KVdR) unter Einbeziehung der Beitragszahlung aus Rente, Versorgungsbezügen und Arbeitseinkommen erfordert einen zügigen und vielfältigen Informationsfluss zwischen Versicherten, Krankenkassen, Rentenversicherungsträgern

---

[1] BGBl I 1988, 2477.
[2] BGBl I 1989, 2261, 2356.
[3] BGBl I 1995, 678.
[4] Begründung siehe BT-Drs. 12/5187, S. 31.
[5] BGBl I 2004, 3242.
[6] Gesetz vom 29.07.1994; BGBl I 1994, 1890. Zuletzt geändert durch Verordnung vom 21.12.2005, BGBl I 2005, 3626.
[7] Im Bundesgesetzblatt veröffentlicht am 18.02.1998 und am 01.01.1999 in Kraft getreten.

und Zahlstellen. Deshalb hat der Gesetzgeber den am Versicherungsverhältnis Beteiligten in den §§ 201, 202 und 205 SGB V eine Reihe von Meldeverpflichtungen auferlegt. Für die Meldungen der Pflegekassen an die Rentenversicherungsträger gilt § 201 SGB V durch § 50 Abs. 1 SGB XI entsprechend.

Der Beitragspflicht in der KVdR unterliegen nach § 226 Abs. 1 Satz 1 Nr. 2-4 und § 237 SGB V die Renten der gesetzlichen Rentenversicherung, die der Rente vergleichbaren Einnahmen (Versorgungsbezüge) und das Arbeitseinkommen bis zur Beitragsbemessungsgrenze der gesetzlichen Krankenversicherung. Die Beitragsbemessungsgrenze entspricht nach § 223 Abs. 3 SGB V der in § 6 Abs. 7 SGB V genannten besonderen Jahresarbeitsentgeltgrenze. Bei den nach § 20 Abs. 1 SGB XI in der sozialen Pflegeversicherung versicherungspflichtigen Rentnern sind für die Berechnung der Beiträge die beitragspflichtigen Einnahmen wie in der Krankenversicherung maßgebend (§ 57 Abs. 1 SGB XI). 6

Alle in der KVdR versicherungspflichtigen Rentner und Rentenantragsteller können grundsätzlich zwischen den in den §§ 173 f. SGB V genannten Krankenkassen wählen. Abgesehen von den Sonderzuständigkeiten der See-Krankenkasse und der landwirtschaftlichen Krankenkassen (§ 176 SGB V, KVLG 1989) ist eine Krankenkassenzuständigkeit kraft Gesetzes nicht vorgesehen.[8] 7

Die allgemeine Auskunftspflicht des Versicherten gegenüber der Krankenkasse beinhaltet § 206 SGB V. Diese Vorschrift konkretisiert die allgemeine Mitwirkungspflicht nach § 60 SGB I. Dabei ist zu beachten, dass die Krankenkasse nur dann ein berechtigtes Interesse an der Erfüllung der Auskunfts- und Mitteilungspflichten des Versicherten haben kann, wenn ihr die erforderlichen Angaben nicht durch Dritte, z.B. den Rentenversicherungsträger oder die Zahlstelle von Versorgungsbezügen, gemeldet werden. 8

IV. Literaturhinweise

Rühling/Renner; Kommentar zur Krankenversicherung der Rentner, 2003, zu § 201 Rn. 1-26; *Hungenberg* in: Wege zur Sozialversicherung, Kommentar zur Krankenversicherung der Rentner, 5. Aufl. 1993, § 201 SGBV, S. 59-71; Spitzenverbände der Krankenkasse und Deutschen Rentenversicherungsträger Bund, Gemeinsame Grundsätze zum maschinell unterstützen Meldeverfahren zur KvdR und Pflegeversicherung vom 01.10.2005, S. 72-81; *Marburger*, Aufgaben der Rentenversicherungsträger im Zusammenhang mit der Krankenversicherung der Rentner, RV 1990, 1; *Schulin*, Handbuch des Sozialversicherungsrechts, Bd. 1 (Krankenversicherung), 1994, § 51. 9

B. Auslegung der Norm

I. Regelungsgehalt

Die Vorschrift des § 201 SGB V **regelt das für die Durchführung der Krankenversicherung der Rentner und der Rentenantragsteller (KVdR)** notwendige Melde- bzw. Mitteilungsverfahren bei Rentenantragstellung und Rentenbezug zwischen Versicherten, Rentenversicherungsträger und Krankenkassen. In diesem Zusammenhang sollen die Melde- und Mitteilungspflichten der Beteiligten insbesondere eine reibungslose Abwicklung des Beitragsverfahrens gewährleisten. 10

Zur Eröffnung des Verwaltungsverfahrens hat nach § 200 Abs. 1 SGB V die Mitteilung über die **Beantragung einer Rente** an die Krankenkasse **unverzüglich** zu erfolgen. Die Krankenkasse muss bei der Prüfung der Zuständigkeit und der Voraussetzungen zur KVdR ferner auch Informationen über eine eventuelle Vorrangversicherung einholen bzw. übermittelt bekommen. 11

Übt der Rentner oder der Hinterbliebene sein **Krankenkassenwahlrecht** nach § 173 Abs. 1 SGB V aus, müssen entsprechende Meldungen an die bisher zuständige Krankenkasse und an den Rentenversicherungsträger nach § 201 Abs. 2 SGB V erstattet werden. Nehmen **Rentner oder Hinterbliebene im Leistungsbezug eine versicherungspflichtige Beschäftigung auf** und wird hierfür eine andere als die bisherige Krankenkasse zuständig, benötigen die bisherige Krankenkasse und der Rentenversicherungsträger nach § 201 Abs. 3 SGB V eine entsprechende Mitteilung der für die versicherungspflichtige Beschäftigung zuständigen Krankenkasse. 12

---

[8] Gemeinsame Grundsätze zum maschinell unterstützten Meldeverfahren zur Krankenversicherung der Rentner und zur Pflegeversicherung vom 01.10.2005 zwischen den Spitzenverbänden der Krankenkassen und dem Deutschen Rentenversicherung Bund.

13 Diese Mitteilungsverpflichtung gilt auch entsprechend nach § 201 Abs. 5 SGB V für den Fall, dass der Bezieher einer Rente der gesetzlichen Rentenversicherung **krankenversicherungspflichtig** wird. Die Krankenkasse hat dies dem Rentenversicherungsträger unverzüglich mitzuteilen. Schließlich ist der Rentenversicherungsträger nach § 201 Abs. 4SGB V verpflichtet, die zuständige Krankenkasse über alle in Absatz 4 in Bezug auf die Krankenversicherung relevanten Daten zu unterrichten, wie Beginn und Höhe der Rente, Tag der Rücknahme oder Ablehnung des Rentenantrags, Beginn und Ende der Beitragszahlung aus der Rente sowie über alle Tatbestände in Bezug auf den Wegfall der Rente. § 201 Abs. 6 SGB V beschäftigt sich u.a. mit der Verwendung von Datenträgern bzw. der Datenübertragung; die Spitzenverbände der Krankenkassen und der Deutschen Rentenversicherung Bund werden hier **zu einer Regelung ermächtigt.**

II. Erläuterung und Zweck der Norm

1. Die Meldung der Rentenantragsteller (Absatz 1)

14 Mit der Vorschrift des § 201 Abs. 1 SGB V wird der Rentenantragsteller verpflichtet, mit dem Rentenantrag eine Meldung für die zuständige Krankenkasse einzureichen, die vom Rentenversicherungsträger unverzüglich (§ 121 BGB, ohne schuldhaftes Zögern) an die zuständige Krankenkasse weiterzuleiten ist. Eine Meldung nach Absatz 1 ist grundsätzlich bei jedem Rentenantrag[9] abzugeben, und zwar auch dann, wenn der Rentenantrag zunächst formlos (z.B. mündlich) gestellt wird[10]. Bei Renten wegen Todes ist für jeden einzelnen Rentenantragsteller (z.B. für die Witwe und für jede Waise) jeweils eine gesonderte Meldung abzugeben. Die Meldung zur gesetzlichen Krankenversicherung schließt die Meldung zur sozialen Pflegeversicherung ein (§ 50 Abs. 1 SGB XI). Für die Bearbeitung der Meldung nach § 201 SGB V ist grundsätzlich die Krankenkasse zuständig, bei der die Mitgliedschaft oder Familienversicherung zur bzw. in der Kranken- bzw. Pflegeversicherung im Zeitpunkt der Rentenantragstellung bestand. Liegt im Zeitpunkt der Rentenantragstellung kein Versicherungsverhältnis in der GKV vor, ist die Meldung der Krankenkasse zuzuleiten, bei der zuletzt eine Versicherung durchgeführt wurde, wobei eine Mitgliedschaft in einer landwirtschaftlichen Krankenkasse nicht berücksichtigt wird. Nach dem Wortlaut des § 201 Abs. 1 Satz 1 SGB V muss auch für diejenigen Rentenantragsteller eine Meldung zur Prüfung der Voraussetzungen der KVdR abgesetzt werden, bei denen zu keiner Zeit eine Versicherung zur GKV bestand und auch künftig nicht bestehen wird. Die den Antrag aufnehmende Stelle (z.B. Versicherungsamt, Gemeindeverwaltung, Versichertenältester) hat die Meldung zur Prüfung an eine nach den §§ 173 f. SGB V wählbare Krankenkasse weiterzuleiten. Diese Verfahrensweise findet auch bei Rentenantragstellern Anwendung, die bisher in der Landwirtschaftlichen Krankenversicherung familienversichert waren, sofern die letzte Krankenkasse durch die landwirtschaftliche Krankenkasse nicht feststellbar ist oder der Rentenantragsteller keine Erklärung zu einer von ihm gewählten Krankenkasse abgibt. Die insoweit angegangene nicht landwirtschaftliche Krankenkasse ist an diese Zuständigkeitsbestimmung gebunden.[11]

15 Es besteht für die den Rentenantrag aufnehmende Stelle die Möglichkeit, die Meldung nach § 201 Abs. 1 SGB V über das Verfahren „Antrag-Online" per Datensatz (KVDRA) an den Rentenversicherungsträger zu melden. Dieser leitet die Meldung dann an die zuständige Krankenkasse weiter. Der Datensatz ist analog der Papiermeldung aufgebaut.[12] Die Meldung ist sorgfältig und vollständig auszufüllen.

16 Wer nach § 29 Abs. 1 und 2 KVLG 1989 eine der in § 29 Abs. 1 Nr. 4 KVLG 1989 genannten Renten beantragt, hat mit dem Antrag eine Meldung für die landwirtschaftliche Krankenkasse einzureichen. Die landwirtschaftliche Alterskasse hat die Meldung unverzüglich an die landwirtschaftliche Krankenkasse weiterzuleiten. Für Personen, die eine Rente der gesetzlichen Rentenversicherung beantragt haben, gilt § 200 Abs. 1 Satz 2 SGB V mit der Maßgabe, dass die landwirtschaftliche Krankenkasse die Meldung erhält, wenn bei ihr eine Vorrangversicherung besteht.

---

9 Gemeinsames Rundschreiben der Spitzenverbände der Krankenkassen und dem Deutschen Rentenversicherungsträger Bund zur Kranken- und Pflegeversicherung der Rentner vom 01.10.2005, Tit. A.VII.2.1.1.

10 *Hungenberg* in: Wege zur Sozialversicherung, Kommentar zur Krankenversicherung der Rentner, 5. Aufl. 1993, § 201 SGB V, S. 64 Pkt. 7.1.1.1.

11 Gemeinsames Rundschreiben der Spitzenverbände der Krankenkassen und dem Deutschen Rentenversicherungsträger Bund zur Kranken- und Pflegeversicherung der Rentner vom 01.10.2005, Tit. A.VII.2.1.2.

12 Gemeinsame Grundsätze zum maschinell unterstützten Meldeverfahren zur KvdR und Pflegeversicherung vom 01.10.2005, Pkt 2.1 Abs. 1.

Unterlässt es der Rentenbewerber, die für die Bestimmung der zuständigen Krankenkasse notwendigen Angaben zu machen, verletzt er die allgemeine Auskunftspflicht nach § 206 Abs. 1 Satz 1 SGB V, mit der rechtlichen Konsequenz, dass ihm durch sein ordnungswidriges Verhalten ein Bußgeld nach § 307 Abs. 2 Nr. 1, Abs. 3 SGB V auferlegt werden kann. 17

2. Ausübung des Kassenwahlrechts (Absatz 2)

Die Norm des § 201 Abs. 2 SGB V regelt die Meldepflichten der Krankenkassen untereinander, wenn versicherungspflichtige Rentner oder Hinterbliebene ihr Kassenwahlrecht nach § 173 Abs. 1 SGB V ausüben. Die neu gewählte Krankenkasse hat die bisher zuständige Krankenkasse und den Rentenversicherungsträger unverzüglich über den Kassenwechsel zu informieren. Eine Frist für die Meldung ist nicht vorgesehen, jedoch sollte die gewählte Krankenkasse die bisherige Krankenkasse und den Rentenversicherungsträger rechtzeitig vor Beginn der Mitgliedschaft bei ihr über den Kassenwechsel informieren. Die Mitteilungspflicht nach Absatz 2 besteht neben der Regelung des § 175 Abs. 4 Satz 4 SGB V.[13] Die Meldung ist einerseits aus mitgliedschafts- und beitragsrechtlicher Sicht für die bisherige Krankenkasse von Bedeutung, andererseits hinsichtlich des Beitragseinbehalts aus der Rente für den Rentenversicherungsträger. 18

Grundsätzlich können alle in der KVdR versicherungspflichtigen Rentner oder Rentenantragsteller, die das 15. Lebensjahr vollendet haben, zwischen den in den §§ 173 und 174 SGB V genannten Krankenkassen frei wählen, weil Krankenkassenzuständigkeit kraft Gesetzes nicht vorgesehen ist. Ausnahmen bilden hierbei aber die Krankenversicherungs-Sondersysteme der See-Krankenkasse und der landwirtschaftlichen Krankenkassen (§ 176 SGB V und §§ 19 f. KVLG 1989). 19

3. Meldungen bei Beschäftigungsaufnahme (Absatz 3)

Nimmt ein versicherungspflichtiger Rentner oder Hinterbliebener eine versicherungspflichtige Beschäftigung nach § 5 Abs. 1 Nr. 1 SGB V auf, fordert § 201 Abs. 3 SGB V, dass die Krankenkasse und der Rentenversicherungsträger von einer der Krankenversicherung der Rentner (KVdR) verdrängenden Vorrangversicherung erfahren. Ist für die Beschäftigung eine andere Krankenkasse kraft Wahl oder kraft Gesetzes zuständig als für die KVdR, muss diese der bisherigen Krankenkasse und dem Rentenversicherungsträger **den Beginn** des versicherungspflichtigen Beschäftigungsverhältnisses mitteilen. Eine bestimmte Meldefrist sieht die Vorschrift nicht vor (anders § 29 Abs. 5 und 6 KVLG 1989, hier ist die Meldung unverzüglich zu erstatten), es ist aber davon auszugehen, dass die Meldung unverzüglich – im Sinne von § 121 BGB – zu erstatten ist.[14] Entsprechendes gilt bei Beendigung einer solchen Beschäftigung, sofern eine landwirtschaftliche Krankenkasse berührt ist.[15] 20

Eine Mitteilung ist nicht erforderlich, wenn für die Durchführung der KVdR und für die Durchführung der Krankenversicherung aufgrund der Beschäftigung dieselbe Krankenkasse zuständig ist. In diesem Fall besteht auch gegenüber dem Rentenversicherungsträger keine Mitteilungspflicht. 21

Die Notwendigkeit zur Erstattung einer Meldung ist auch bei Erfüllung anderer versicherungsrechtlicher Tatbestände geboten, die nicht explizit in § 201 Abs. 3 SGB V genannt sind, wenn durch diese eine nach der Vorrangregelung des § 5 Abs. 8 SGB V die KVdR verdrängen und damit mit einem Wechsel der zuständigen Krankenkasse verbunden ist. 22

Die Intention der Vorschrift des Absatzes 3 ist der **Ausschluss** der gesetzlich nicht zugelassenen **Doppelversicherung** und die Unterrichtung der Rentenversicherungsträger zur **Prüfung seiner weiteren Leistungsverpflichtung** aufgrund der Aufnahme einer Beschäftigung durch die versicherungspflichtigen Rentner oder Hinterbliebenen. 23

4. Meldungen der Rentenversicherungsträger (Absatz 4)

Die Mitteilungspflichten der Rentenversicherungsträger gegenüber der Krankenkasse sind in § 201 Abs. 4 SGB V geregelt. Die Regelung enthält eine Vielzahl von Meldepflichten, die **für Beginn und Ende der Versicherungspflicht** als Rentner oder Rentenantragsteller sowie für die **Beitragserhebung** elementar sind. 24

---

[13] *Baier* in: Krauskopf, Soziale Kranken- und Pflegeversicherung, Kommentar, § 201 SGB V Rn. 6.

[14] *Haarfeld*, Kommentar zum SGB Beitragsrecht, Loseblattsammlung, EL Mai 2006 zu §§ 198-206 SGB V, S. 396-398.

[15] Gemeinsames Rundschreiben der Spitzenverbände der Krankenkassen und dem Deutschen Rentenversicherungsträger Bund zur Kranken- und Pflegeversicherung der Rentner vom 01.10.2005, Tit. A.VII.2.2.2.

a. Beginn und Höhe der Rente (Nr. 1)

25 Der Rentenversicherungsträger hat der zuständigen Krankenkasse mitzuteilen, von welchem Zeitpunkt an und in welcher Höhe die Rente geleistet wird; darüber hinaus ist der Monat anzugeben, für den die Rente erstmalig laufend gezahlt wird. Die Änderungen in der Rentenhöhe während des laufenden Bezugs werden nicht von Nr. 1 erfasst.

b. Rücknahme eines Rentenantrages (Nr. 2)

26 Die Mitgliedschaft als Rentenantragsteller endet nach § 189 Abs. 2 Satz 2 Alt. 1 SGB V mit dem Tag, an dem der Rentenantrag zurückgenommen wird. Nach § 201 Abs. 4 Nr. 2 SGB V ist der Rentenversicherungsträger verpflichtet, der zuständigen Krankenkasse eine entsprechende Mitteilung zu erstatten. Zu melden ist der Tag, an dem die **Rücknahmemitteilung beim Rentenversicherungsträger eingegangen** ist.

c. Ablehnungsbescheid (Nr. 3)

27 Der Rentenversicherungsträger hat bei Ablehnung des Rentenantrages den Tag, an dem über den Rentenantrag verbindlich entschieden worden ist, der zuständigen Krankenkasse mitzuteilen (§ 201 Abs. 4 Nr. 3 SGB V). Die Mitgliedschaft als Rentenantragsteller endet nach § 189 Abs. 2 Satz 2 Alt. 2 SGB V mit dem Tag, an dem die Ablehnung des Rentenantrages unanfechtbar wird. Wird gegen den Rentenablehnungsbescheid kein Rechtsbehelf eingelegt, endet die Mitgliedschaft einen Monat nach Zustellung des Bescheides (zur Zustellung siehe § 37 Abs. 5 SGB X i.V.m. Verwaltungszustellungsgesetz – VwZG).

28 Wird gegen einen ablehnenden Bescheid ein Rechtsbehelf oder Rechtsmittel eingelegt, besteht die Rentenantragstellermitgliedschaft auch für die Dauer des Streitverfahrens[16] weiter. Der Rentenversicherungsträger hat in diesem Fall der zuständigen Krankenkasse bei Beginn des Widerspruchsverfahrens das Eingangsdatum des Widerspruchs, bei Zurückweisung das Datum des Widerspruchsbescheides und bei Rücknahme des Rechtsbehelfs den Tag, an dem die Rücknahmeerklärung beim Rentenversicherungsträger eingegangen ist, zu melden. Gleiches gilt für den Beginn und das Ende von entsprechenden Klage-, Berufungs- oder Revisionsverfahrens und für die Rücknahme eines Rechtsmittels. Der Gesetzgeber hat allein die Rentenversicherungsträger zur Mitteilung an die zuständigen Krankenkassen verpflichtet, die Versicherten sind von der Meldung nach § 206 Abs. 1 Nr. 2 SGB V (bei Meldung durch Dritte) befreit.[17]

d. Ende, Entzug, Wegfall u. sonstige Nichtleistung der Rente (Nr. 4)

29 Der Rentenversicherungsträger ist nach § 201 Abs. 4 Nr. 4 SGB V verpflichtet, der zuständigen Krankenkasse das Ende, den Wegfall oder eine sonstige Nichtleistung der Rente unverzüglich mitzuteilen, damit diese prüfen kann, ob die Mitgliedschaft in der KVdR nach § 190 Abs. 11 SGB V (mit Ablauf des Monats, in dem der Tatbestand des Leistungswegfalls realisiert wurde) zu beenden ist.[18] Die Regelung soll insbesondere gewährleisten, dass die zuständige Krankenkasse von der Beendigung des Leistungsbezuges einer Rente rechtzeitig unterrichtet wird, damit eine Leistungsgewährung ohne Rechtsgrundlage (ohne Mitgliedschaft) vermieden werden kann. Ein Anspruch auf Erstattung zu Unrecht erbrachter Leistungen gegenüber der (neu) zuständigen Krankenkasse ergibt sich aus § 105 SGB X.

30 Die Gründe für das Ende, den Entzug, den Wegfall und die sonstige Nichtleistung einer Rente können z.B. der Tod des Rentenberechtigten, Ende der befristeten Rente wegen verminderter Erwerbsfähigkeit, der Wegfall der Waisenrente, Wiederheirat der Witwe, Entziehung durch Wegfall der gesetzlichen Voraussetzungen (Aufnahme einer Beschäftigung), Verzicht auf die gesamte Rente, Einstellung der Rente bei Rücknahme oder Aufhebung des Bewilligungsbescheides nach den §§ 45, 48 SGB X[19] sein.

---

[16] Gemeinsames Rundschreiben der Spitzenverbände der Krankenkassen und dem Deutschen Rentenversicherungsträger Bund zur Kranken- und Pflegeversicherung der Rentner vom 01.10.2005, Tit. A.VI.2.5.

[17] *Rühling/Renner* in: KVdR – Krankenversicherung der Rentner – Kommentar, 18. Ergänzungslieferung II/2003, § 201 Rn.16.

[18] Gemeinsames Rundschreiben der Spitzenverbände der Krankenkassen und dem Deutschen Rentenversicherungsträger Bund zur Kranken- und Pflegeversicherung der Rentner vom 01.10.2005, Tit. A.VII.2.3.5.

[19] Gemeinsame Grundsätze zum maschinell unterstützen Meldeverfahren zur KVdR und Pflegeversicherung vom 01.10.2005, Pkt. 5.2.1.b. Ende der Rentenzahlung.

e. Beginn und Ende der Beitragszahlung der Rente (Nr. 5)

Die Vorschrift des § 201 Abs. 4 Nr. 5 SGB V verpflichtet den Rentenversicherungsträger zur unverzüglichen Mitteilung über den Beginn und das Ende der Beitragszahlung aus der Rente gegenüber der zuständigen Krankenkasse. Aufgrund dieser Mitteilung kann die Krankenkasse erkennen, ob der Rentenversicherungsträger für die in der KVdR Versicherten tatsächlich Beiträge einbehält. Insoweit kommt der Krankenkasse eine Kontrollfunktion zu. 31

5. Meldungen der Krankenkasse (Absatz 5)

Die Vorschrift des § 201 Abs. 5 SGB V begründet eine weitere unverzügliche Informationspflicht der Krankenkassen gegenüber dem Rentenversicherungsträger, wenn der Bezieher einer Rente der gesetzlichen Rentenversicherung aus anderen Gründen als der Aufnahme einer Beschäftigung § 201 Abs. 3 SGB V) in der gesetzlichen Krankenversicherung versicherungspflichtig werden. Es handelt sich also um Rentenbezieher, **die nicht die Voraussetzungen einer Pflichtmitgliedschaft in der KVdR erfüllen oder bei denen Versicherungsfreiheit vorliegt**. Sofern diese Rentner aufgrund einer anderen Vorschrift krankenversicherungspflichtig werden, muss der Rentenversicherungsträger von der zuständigen Krankenkasse davon in Kenntnis gesetzt werden. Endet die Versicherungspflicht aus Gründen, die außerhalb des Bereiches des § 201 Abs. 4 Nr. 4 SGB V (Ende, Entzug, Entziehung oder sonstige Nichtleistung der Rente) liegen, hat die Krankenkasse ebenfalls den Rentenversicherungsträger unverzüglich darüber zu informieren. Durch den verpflichtenden Informationsfluss über Beginn bzw. Ende einer Versicherungspflicht erlangt der Rentenversicherungsträger Kenntnis über seine Beitragspflicht und Beitragszahlung aus der Rente (§§ 226, 249a, 255 SGB V). 32

Mitteilungspflichtig ist auch der Fortfall der KVdR wegen der Befreiung nach § 8 SGB V oder Verlegung des Wohnsitzes ins Ausland (§ 3 SGB IV), wobei letzteres der Rentner auch von sich aus seinem Rentenversicherungsträger nach § 60 SGB I, § 196 Abs. 1 Nr. 2 SGB VI mitzuteilen hat.[20] 33

Nach § 5 Abs. 5 SGB V ist die KVdR für **hauptberuflich selbständig Erwerbstätige** ausgeschlossen. Das Gleiche gilt für Personen, die nach § 6 Abs. 3 SGB V nicht in der KVdR zu versichern sind, weil sie nach § 6 Abs. 1 SGB V oder nach anderen gesetzlichen Vorschriften krankenversicherungsfrei sind oder von der Versicherungspflicht befreit wurden. In diesen Fällen hat die Krankenkasse dem Rentenversicherungsträger den Beginn und das Ende eines solchen Ausschlussgrundes mitzuteilen, damit dieser den Beitragseinbehalt aus der Rente nach § 255 SGB V einstellt bzw. wieder aufnimmt. Diese Meldung ist unabhängig davon erforderlich, ob der Rentner für die Dauer des Ausschlussgrundes in der gesetzlichen Krankenversicherung freiwillig oder bei einem privaten Krankenversicherungsunternehmen oder überhaupt nicht versichert ist. Sofern eine landwirtschaftliche Krankenkasse berührt ist, ist nicht nur dem Rentenversicherungsträger, sondern auch der landwirtschaftlichen Krankenkasse die Beendigung des Ausschlussgrundes zu melden.[21] 34

6. Elektronisches Meldeverfahren (Absatz 6)

Die verbindliche elektronische Übermittlung der Meldedaten nach § 201 Abs. 6 Satz 1 SGB V dient grundsätzlich dem Zweck der Verwaltungsvereinfachung. Nach Satz 2 vereinbaren die Spitzenverbände der Krankenkassen gemeinsam und einheitlich mit der Deutschen Rentenversicherung Bund das Nähere über das Verfahren im Benehmen mit dem BVA. § 201 Abs. 6 Satz 3 SGB V gab dem BMG – im Einvernehmen mit dem BMA – das Recht der Ersatzvornahme, wenn bis zum 31.12.1995 eine Vereinbarung nicht zu Stande kommt. Die Verweisung auf Satz 3 in Absatz 6 ist widersinnig, gemeint ist die Vereinbarung nach Satz 2.[22] Die Regelung der Ersatzvornahme ist durch Zeitablauf obsolet geworden; die Spitzenverbände der Krankenkassen und der Deutschen Rentenversicherung Bund haben im Benehmen mit dem Bundesversicherungsamt auf der Grundlage des § 201 Abs. 6 Satz 2 SGB V eine Vereinbarung über ein maschinell unterstütztes Meldeverfahren geschlossen.[23] Ziel des Verfahrens ist es, den Datenaustausch zwischen den Krankenkassen und den Rentenversicherungsträgern zu beschleunigen und sicher zu gestalten. Dabei haben die Vereinbarungspartner zu beachten, dass der jeweils andere Träger durch die maschinelle Meldung in die Lage versetzt werden soll, in einem maschi- 35

---

[20] *Rühling/Renner* in: KVdR – Krankenversicherung der Rentner – Kommentar, 18. EL. II/2003, zu § 201 Rn.22.

[21] Gemeinsames Rundschreiben der Spitzenverbände der Krankenkassen und dem Deutschen Rentenversicherungsträger Bund zur Kranken- und Pflegeversicherung der Rentner vom 01.10.2005, Tit. A.VII.2.2.4.

[22] *Rühling/Renner* in: KVdR – Krankenversicherung der Rentner – Kommentar, 18. EL. II/2003, zu § 201 Rn.24.

[23] Die Vereinbarung vom 08.07.1996 ist mit dem In-Kraft-Treten der neuen Vereinbarung vom 15.12.2005 zum 01.01.2006 außer Kraft gesetzt.

nellen Verfahren zu reagieren.[24] Der Anwendungsbereich für das maschinell unterstützte Meldeverfahren ergibt sich aus § 1 der Vereinbarung[25], nach der die Vereinbarung für alle Meldungen gilt, die zur Durchführung der Krankenversicherung und der Pflegeversicherung von Rentnern und Rentenantragstellern erforderlich sind, für die Meldung der maßgeblichen Beitragssätze nach § 247 Abs. 1 SGB V, § 39 Abs. 3 KVLG 1989 sowie für den Beitragsnachweis nach § 255 Abs. 3 Satz 3 SGB V. Sie gilt für Meldungen innerhalb der Krankenversicherung und innerhalb der Rentenversicherung sowie für Meldungen von der Krankenversicherung zur Rentenversicherung und umgekehrt. Die Vereinbarung weist folgende Bestandteile zur konkreten Umsetzung auf. Die „Gemeinsamen Grundsätze zum maschinell unterstützten Meldeverfahren zur Krankenversicherung der Rentner und zur Pflegeversicherung"[26] benennen die Meldetatbestände und die Inhalte der Meldungen.

36 Die Datensätze und die technischen Meldewege werden in der „Beschreibung der Datensätze zur Durchführung des maschinellen Meldeverfahrens zur Krankenversicherung der Rentner und zur Pflegeversicherung"[27] maßgeblich festgelegt. Für die Beitragsabführung und den Beitragsnachweis nach § 255 Abs. 3 SGB V gilt die „Beschreibung des Verfahrens der Beitragsabführung und zum Beitragsnachweis zur Kranken- und Pflegeversicherung der Rentner durch die Rentenversicherungsträger ab dem 01.07.1997".

37 Für die landwirtschaftlichen Krankenkassen bestimmt § 29 Abs. 3 Satz 4 KVFLG 1989, dass für das Verfahren in der landwirtschaftlichen Krankenversicherung § 201 Abs. 6 SGB V entsprechend anzuwenden ist.

[24] Präambel der Vereinbarung vom 15.12.2005.
[25] In der Fassung vom 15.12.2005.
[26] Aktuelle Fassung vom 01.10.2005.
[27] Aktuelle Fassung vom 12.12.2005.

§ 202 SGB V Meldepflichten bei Versorgungsbezügen

(Fassung vom 13.06.1994, gültig ab 01.07.1994)

Die Zahlstelle hat bei der erstmaligen Bewilligung von Versorgungsbezügen sowie bei Mitteilung über die Beendigung der Mitgliedschaft eines Versorgungsempfängers die zuständige Krankenkasse des Versorgungsempfängers zu ermitteln und dieser Beginn, Höhe, Veränderungen und Ende der Versorgungsbezüge unverzüglich mitzuteilen. Bei den am 1. Januar 1989 vorhandenen Versorgungsempfängern hat die Ermittlung der Krankenkasse innerhalb von sechs Monaten zu erfolgen. Der Versorgungsempfänger hat der Zahlstelle seine Krankenkasse anzugeben und einen Kassenwechsel sowie die Aufnahme einer versicherungspflichtigen Beschäftigung anzuzeigen. Die Krankenkasse hat der Zahlstelle der Versorgungsbezüge und dem Bezieher von Versorgungsbezügen unverzüglich die Beitragspflicht des Versorgungsempfängers, deren Umfang und den Beitragssatz aus Versorgungsbezügen mitzuteilen. Die Krankenkasse kann mit der Zahlstelle der Versorgungsbezüge Abweichendes vereinbaren.

Gliederung

A. Basisinformationen

I. Normgeschichte/Vorgängervorschrift

1 **Vor dem 01.01.1989:** Als der Rente vergleichbare Einnahmen unterlagen die Versorgungsbezüge durch Art. 1 des Gesetzes über die Anpassung der Rente der gesetzlichen Rentenversicherung (Rentenanpassungsgesetz – RAG – 1982)[1] seit dem 01.01.1983 der Beitragspflicht zur gesetzlichen Krankenversicherung. Die Versicherten waren in diesem Zusammenhang verpflichtet, den Bezug dieser Leistungen ihrer zuständigen Krankenkasse zu melden, jedoch sind sie dieser Meldeverpflichtung aus unerklärlichen Gründen oftmals nicht nachgekommen.[2] Die Zahlstellen von Versorgungsbezügen waren ihrerseits gegenüber den zuständigen Krankenkassen nur hinsichtlich **Veränderungen im Leistungsbezug** (§ 319 Abs. 9 RVO a.F.) zur Meldung verpflichtet. Aufgrund der **fehlenden Kenntnis** über den laufenden Leistungsbezug war es den Krankenkassen häufig nicht oder gar nicht möglich, die beitragspflichtigen Versorgungsbezüge zur Beitragserhebung heranzuziehen; bei verspäteter Kenntnis der Krankenkassen über den Bezug von beitragspflichtigen Versorgungsleistungen kam es derweilen zu erheblichen Nachzahlungsforderungen gegenüber den Versorgungsempfängern.

2 **Ab dem 01.01.1989**: Die Vorschrift des § 202 SGB V ist mit Wirkung vom 01.01.1989 durch Art. 1, 79 des Gesundheitsreformgesetzes (GRG)[3] eingeführt worden. § 202 SGB V übernimmt inhaltlich unverändert in Absatz 1 den § 444 Abs. 1 RVO a.F. und in Absatz 2 den § 446 RVO a.F., die beide mit In-Kraft-Treten des GRG aufgehoben wurden. Mit der Norm soll die **rechtzeitige und vollständige Erfassung der Versorgungsbezüge** gewährleistet werden, die nach § 229 SGB V als beitragspflichtige Einnahmen im Zusammenhang mit der Beitragserhebung beachtet werden müssen (§ 256 Abs. 1 SGB V). Der Regierungsentwurf[4] sah in § 211 SGB V zunächst nur vor, **dass die Zahlstelle** der

---

[1] BGBl I 1981, 1205.

[2] *Schermer* in: Maaßen/Schermer/Wiegand/Zipperer, Kommentar zur Gesetzlichen Krankenversicherung (GKV), Bd. 3, § 202 SGB V Rn. 2.

[3] Vom 20.12.1988, BGBl I, 2477.

[4] BT-Drs. 11/2237, § 211, S. 61.

Versorgungsbezüge die zuständige Krankenkasse zu ermitteln und ihr Beginn, Ende, Höhe und Veränderungen der Versorgungsbezüge unverzüglich mitzuteilen hat. **Die Krankenkasse** hat ihrerseits der Zahlstelle der Versorgungsbezüge und dem Bezieher von Versorgungsbezügen unverzüglich die Beitragspflicht des Versorgungsempfängers und den Beitragssatz aus Versorgungsbezügen mitzuteilen, wobei zwischen der Krankenkasse und der Zahlstelle nach Satz 3 abweichende Regelungen vereinbart werden können, soweit eine korrekte Beitragserhebung und -abführung gesichert wird. Der 11. Ausschuss[5] beschloss bei seinen Beratungen zu § 211 SGB V die Beschränkung der Ermittlungspflicht der Zahlstellen auf die Fälle bei der erstmaligen Bewilligung von Versorgungsbezügen und bei der Mitteilung über die Beendigung der Mitgliedschaft des Versorgungsempfängers bei der zuständigen Krankenkasse.

3 Mit Wirkung vom 01.07.1994 ist durch Art. 3 Nr. 2 Zweites Gesetz zur Änderung des Sozialgesetzbuches (2. SGBÄndG)[6] der Satz 4 durch Einfügung der Worte „deren Umfang" (der Beitragspflicht aus den Versorgungsbezügen) modifiziert worden.[7]

4 **Ab dem 01.01.1995:** Mit der Einführung der sozialen Pflegeversicherung sind auch Beiträge aus Versorgungsbezügen an die Pflegekasse zu entrichten. Das Meldeverfahren wurde § 50 Abs. 1 Satz 2 SGB XI entsprechend auf den Zweig der sozialen Pflegeversicherung ausgedehnt.[8]

II. Parallelvorschriften

5 Nach § 30 des Zweiten Gesetzes über die Krankenversicherung der Landwirte (KVLG 1989)[9] gelten für die in der Landwirtschaftlichen Krankenversicherung versicherten Personen die Meldepflichten des § 202 SGB V entsprechend; für die Meldeverpflichtung der Versicherungspflichtigen nach § 205 Nr. 2 SGB V gilt § 31 KVLG 1989 entsprechend.

III. Systematische Einordnung

6 Die **geordnete Durchführung der gesetzlichen Krankenversicherung** ist nur möglich, wenn die Krankenkassen die für die Rechte und Pflichten aus dem Versicherungsverhältnis **notwendigen Daten** erhalten.[10] Aus diesem Grund bedarf es der Mitwirkung aller Beteiligten. Der 4. Abschnitt des 6. Kapitels im SGB V regelt zur Sicherstellung der Übermittlung der notwendigen Daten u.a. die Meldepflichten bei versicherungspflichtigen Beschäftigungen (§§ 198, 199 SGB V), bei sonstigen versicherungspflichtigen Personen (§ 200 SGB V), bei anderen sonstigen Leistungsbezügen (§§ 203, 203a SGB V) sowie bei Einberufung zum Wehrdienst oder Zivildienst (§ 204 SGB V). Die Meldepflichten werden durch die Auskunfts- und Mitteilungspflichten der Versicherten nach § 206 SGB V und durch die Auskunftspflicht des Arbeitgebers nach § 98 SGB X ergänzt. Darüber hinaus sind die Meldepflichten nach den §§ 198 ff. SGB V im Zusammenhang zu sehen mit den §§ 28a-28r, 95-110 SGB IV, der Verordnung über die Erfassung und Übermittlung von Daten für die Sozialversicherung (Datenerfassungs- und -übermittlungsverordnung – DEÜV) vom 10.02.1998[11], den §§ 67-85a SGB X (Schutz der Sozialdaten), den §§ 284-305 SGB V (Versicherungs- und Leistungsdaten, Datenschutz), den §§ 93-109 SGB XI (Datenschutz und Statistik), § 307 SGB V und den §§ 111-113 SGB IV über Bußgeldvorschriften.

7 **Die Meldepflichten** für die nach § 5 Abs. 1 Nr. 11 und 12 SGB V sowie § 189 SGB V pflichtversicherten Rentner und Rentenantragsteller sind in den **§§ 201, 202 und 205 SGB V** definiert. Dabei ist zu unterscheiden zwischen Meldungen bei Rentenantragstellung, Rentenbezug und Bezug von der Rente vergleichbarer Einnahmen (Versorgungsbezüge). Die Melde- und Mitteilungspflichten nach den §§ 202 und 205 Nr. 2 SGB V dienen dabei primär der zeitnahen und korrekten Beitragserhebung aus Versorgungsbezügen.

5 BT-Drs. 11/3320, S. 117.

6 BGBl I 1994, 1229.

7 Begründung, siehe BT-Drs. 12/5187, S. 31.

8 Sozialgesetzbuch XI, Soziale Pflegeversicherung vom 26.05.1994, BGBl I 1994, 1014.

9 BGBl I 1988, 2477, Artikel 8, vom 20.12.1988, zuletzt geändert durch Gesetz am 22.12.2006 (BGBl I 2006, 3676).

10 *Hauck* in: Hauck/Noftz, Kommentierung zum SGB V, § 198 SGB V Rn. 1.

11 Im Bundesgesetzblatt veröffentlicht am 18.02.1998 und am 01.01.1999 in Kraft getreten.

IV. Literaturhinweise

Minn, Entgeltabrechnung, KVdR- Zahlstellenverfahren, 1. Aufl. 1997, S. 49-58. 8

B. Auslegung der Norm

I. Regelungsgehalt

Die **Versorgungsbezüge** nach § 229 SGB V unterliegen grundsätzlich in der gesetzlichen Kranken- 9
versicherung (und sozialen Pflegeversicherung) der **Beitragspflicht.** Damit die Versorgungsbezüge zeitnah bei der Beitragserhebung berücksichtigt werden können, muss eine **rechtzeitige und vollständige Erfassung** der beitragspflichtigen Einnahmen erfolgen. Das setzt aber voraus, dass vorher die notwendigen Melde- und Mitteilungspflichten erfüllt werden. Die Norm des § 202 SGB V definiert in diesem Zusammenhang sowohl die Melde- und Mitteilungspflichten der Zahlstellen bzw. der Krankenkassen als auch die Mitteilungspflichten der Versorgungsempfänger, die darüber hinaus mit den speziellen Meldepflichten **versicherungspflichtiger** Versorgungsempfänger nach § 205 SGB V korrespondieren. In dem Dreiecksverhältnis Zahlstelle – zuständige Krankenkasse – Bezieher von Versorgungsbezügen ist daher jeder Beteiligter bzw. jede beteiligte Stelle sowohl verpflichteter Informationsübermittler als auch Mitteilungsempfänger, damit durch einen umfassenden Informationsfluss die gesetzliche Intention **der rechtzeitigen und vollständigen Berücksichtigung** der beitragspflichtigen Versorgungsbezüge bei der Beitragserhebung bzw. Beitragsbemessung und -abführung auch praxisgerecht verwirklicht werden kann.

II. Erläuterung und Zweck der Norm

1. Die Melde- und Mitteilungspflicht der Zahlstellen

Im Mittelpunkt des § 202 Satz 1 SGB V steht die Meldepflicht der Zahlstellen gegenüber den Kran- 10
kenkassen in den Fällen der **erstmaligen Bewilligung von Versorgungsbezügen** sowie bei **Mitteilung über die Beendigung der Mitgliedschaft eines Versorgungsempfängers**. Dabei haben die Zahlstellen den Krankenkassen **Beginn, Höhe, Veränderung und Ende der Versorgungsbezüge unverzüglich mitzuteilen**. Die in Satz 1 festgelegte Meldepflicht gilt auch für freiwillig versicherte Mitglieder und Familienversicherte, weil im Gegensatz zur Regelung der Beitragszahlung (§ 256 SGB V) ausschließlich **die Bewilligung** des Versorgungsbezuges zu deren vollständigen und korrekten Erfassung die Meldepflicht auslöst.[12]

a. Begriff und Aufgaben der Zahlstelle

Die Zahlstelle ist die Stelle, die die **bewilligten Versorgungsbezüge an den Berechtigten tatsächlich** 11
auszahlt, unabhängig davon, gegen welchen Arbeitgeber oder Dienstherren sich der Versorgungsanspruch richtet. Daher ist auch eine Versorgungskasse, die im Namen oder im Auftrag des zur Leistung Verpflichteten die Versorgungsbezüge zahlt, Zahlstelle im Sinne von Satz 1.[13] Versorgungsbezüge sind bewilligt, wenn diese von der zuständigen Stelle festgestellt worden sind.

Die Zahlstelle trägt die Verantwortung für die Umsetzung der Mitteilungspflichten an die Krankenkas- 12
sen nach Satz 1. Ein etwaiges Fehlverhalten der Zahlstelle ist als **Ordnungswidrigkeit** nach § 307 Abs. 2 Nr. 1 Buchst. c, Abs. 2 SGB V zu klassifizieren, wenn der Verantwortliche der Zahlstelle **vorsätzlich oder leichtfertig** eine Meldung nicht, nicht richtig, nicht vollständig oder nicht rechtzeitig (unverzüglich) erstattet.

Für Rentner, die nach § 5 Abs. 1 Nr. 11 oder 12 SGB V oder nach anderen **gesetzlichen** Vorschriften 13
krankenversicherungspflichtig sind, haben die Zahlstellen von Versorgungsbezügen nach § 256 Abs. 1 SGB V die Beiträge zu ermitteln, von den Versorgungsbezügen einzubehalten und an die zuständigen Krankenkassen abzuführen. Für **freiwillig versicherte Rentner oder Versorgungsempfänger**, die keine Rente beziehen, ist ein Beitragsabzug durch die Zahlstelle im Gesetz nicht vorgesehen.[14]

---

[12] Gemeinsames Rundschreiben der Spitzenverbände der Krankenkassen und dem Deutschen Rentenversicherungsträger Bund zur Kranken- und Pflegeversicherung der Rentner vom 01.10.2005, Tit. A.VII.3.4.

[13] *Baier* in: Krauskopf, Soziale Kranken- und Pflegeversicherung, Kommentar, Bd. 2, § 202 SGB V Rn. 4.

[14] Gemeinsames Rundschreiben der Spitzenverbände der Krankenkassen und dem Deutschen Rentenversicherungsträger Bund zur Kranken- und Pflegeversicherung der Rentner vom 01.10.2005, Tit. A.IX.2.1.

14 In den Fällen, in denen der Beitragsabzug **nicht der Zahlstelle obliegt,** hat die Krankenkasse die Beiträge unmittelbar vom Versicherungspflichtigen einzuziehen.[15] Das ist der Fall, wenn es sich z.B. um eine Zahlstelle mit weniger als 30 beitragspflichtigen Versorgungsempfängern handelt, und dem Antrag nach § 256 Abs. 4 SGB V entsprochen worden ist oder der Beitragseinzug durch die Zahlstelle unterblieben ist.

b. Versorgungsbezüge[16]

15 Die Begriffsdefinition der Versorgungsbezüge im Sinne der GKV ergibt sich aus § 229 SGB V; sie gilt aufgrund des Verweises in § 57 Abs. 1 SGB XI auch für die soziale Pflegeversicherung. Nach § 229 Abs. 1 SGB V gelten Versorgungsbezüge demnach als der Rente vergleichbare Einnahmen; die Aufzählung in Absatz 1 ist eine **abschließende Aufzählung** der bei der Festsetzung der beitragspflichtigen Einnahmen zu berücksichtigenden Versorgungsbezüge. Diese haben gemeinsam, dass sie an eine (frühere) Erwerbstätigkeit anknüpfen. Leistungen aus anderen als den dort genannten Rechtsverhältnissen und Quellen unterliegen nicht der Beitragspflicht. Deshalb bleiben Einkünfte, die nicht im Zusammenhang mit dem Erwerbsleben stehen (z.B. aufgrund betriebsfremder privater Eigenvorsorge), unberücksichtigt.

16 Die Versorgungsbezüge unterliegen insoweit nur dann der Beitragspflicht zur Kranken- und Pflegeversicherung, sofern sie als der Rente vergleichbare Einnahmen wegen einer **Einschränkung der Erwerbsfähigkeit** oder zur **Altersversorgung oder zur Hinterbliebenenversorgung** geleistet werden.

17 Als mit der Rente vergleichbare Einnahmen gelten Versorgungsbezüge aus einem öffentlich-rechtlichen Dienstverhältnis oder entsprechendem Arbeitsverhältnis, Bezüge aus der Versorgung der Abgeordneten, Parlamentarischen Staatssekretäre und Minister, Renten der Versicherungs- und Versorgungseinrichtungen für Angehörige bestimmter Berufsgruppen, Renten und Landabgaberenten nach dem ALG, Renten der betrieblichen Altersversorgung, der Zusatzversorgung im öffentlichen Dienst, der hüttenknappschaftlichen Zusatzversorgung.

18 Als Versorgungsbezüge kommen **laufende Geldleistungen** und seit dem 01.01.2004 auch **einmalige Kapitalleistungen** in Betracht. Ebenso unterliegen Abfindungen für Versorgungsbezüge der Beitragspflicht. Nicht zu den Versorgungsbezügen im Sinne des § 229 Abs. 1 SGB V gehören Nutzungsrechte und Sachleistungen bzw. Deputate. Bei der Ermittlung der beitragspflichtigen Einnahmen bleiben im Gegensatz zu Renten der gesetzlichen Rentenversicherung Kinderzuschüsse oder Erhöhungsbeiträge für Kinder bei Versorgungsbezügen nicht außer Betracht.[17] Versorgungsbezüge mit Entschädigungscharakter sind nicht vergleichbar mit Renten der gesetzlichen Rentenversicherung und unterliegen deshalb nicht der Beitragspflicht. Dagegen unterliegen Nachzahlungen von Versorgungsbezügen (§ 229 Abs. 2 SGB V) grundsätzlich der Beitragspflicht.

19 Bei **laufenden Beitragszahlungen aus Versorgungsbezügen** müssen nur **Veränderungen im Zahlbetrag** gemeldet werden, auch wenn sich die Änderung auf einen in der Vergangenheit liegenden Zeitraum bezieht. Änderungsmeldungen sind auch dann zu erstatten, wenn sich der Zahlbetrag der Versorgungsbezüge durch Gewährung einer Einmalzahlung erhöht. In diesen Fällen ist einmal im Monat, in dem die Einmalzahlung gewährt wird, eine Meldung abzugeben; darüber hinaus muss für die anschließende Zeit wiederum der laufende Versorgungsbezug gemeldet werden.[18]

2. Übergangsregelung

20 Mit der obsoleten Vorschrift sollten die Krankenkassen auch von den (beitragspflichtigen) Versorgungsbezügen Kenntnis erlangen, die von den Zahlstellen noch nicht gemeldet waren.

3. Anzeigepflicht der Versorgungsempfänger

21 Der Versorgungsempfänger hat nach § 202 Satz 3 SGB V der Zahlstelle seine Krankenkasse anzugeben und einen Kassenwechsel sowie die Aufnahme einer versicherungspflichtigen Beschäftigung anzugeben. Die Anzeigepflicht der Versorgungsempfänger ist die logische Konsequenz der Ermittlungs-

[15] Vgl. Gemeinsames Rundschreiben der Spitzenverbände der Krankenkassen und dem Deutschen Rentenversicherungsträger Bund zur Kranken- und Pflegeversicherung der Rentner vom 01.10.2005, Tit. A.IX.2.4.

[16] Vgl. Gemeinsames Rundschreiben der Spitzenverbände der Krankenkassen und dem Deutschen Rentenversicherungsträger Bund zur Kranken- und Pflegeversicherung der Rentner vom 01.10.2005, Tit. A.VIII.2.1.3.

[17] BSG v. 25.10.1988 - 12 RK 10/87 - USK 88146.

[18] Vgl. Gemeinsames Rundschreiben der Spitzenverbände Krankenkasse und dem Deutschen Rentenversicherungsträger Bund zur Kranken- und Pflegeversicherung der Rentner vom 01.10.2005 Tit. A.VII.3.4.

und Meldepflichten der Zahlstellen nach Satz 1. Zur Erfüllung der Mitteilungspflichten gegenüber der Krankenkasse ist die Zahlstelle auf die Angaben des Beziehers von Versorgungsbezügen angewiesen. Der Versorgungsempfänger sollte trotz fehlender gesetzlicher Anzeigefrist die Informationen alsbald, d.h. ohne lange Verzögerung, der Zahlstelle zukommen lassen.[19] Die Meldepflicht von **versicherungspflichtigen** Beziehern von Versorgungsbezügen gegenüber ihren Krankenkassen nach § 205 Nr. 2 SGB V ergänzt die Meldepflicht der Zahlstellen nach Satz 1; sie besteht aber unabhängig von der Anzeigepflicht nach Satz 3. Die Meldepflicht nach § 205 Nr. 2 SGB V ist dann von Bedeutung, wenn die Zahlstelle die zuständige Krankenkasse des Versorgungsempfängers noch nicht ermitteln konnte, weil der Versorgungsempfänger seine Anzeigepflicht nach Satz 3 noch nicht erfüllt hat oder erst nach Zubilligung der Versorgungsbezüge (z.B. durch Aufnahme einer Beschäftigung) krankenversicherungspflichtig wurde.[20] Fraglich sind die rechtlichen Konsequenzen einer verweigerten Auskunft nach § 202 Satz 3 SGB V, die sich für den Versorgungsempfänger ergeben könnten.

4. Mitteilungspflichten der Krankenkassen

Nach § 202 Satz 4 SGB V ist die Krankenkasse ihrerseits verpflichtet, der Zahlstelle der Versorgungsbezüge und dem Bezieher von Versorgungsbezügen unverzüglich die Beitragspflicht des Versorgungsempfängers, deren Umfang und den Beitragssatz aus Versorgungsbezügen mitzuteilen. Die Norm bildet die Grundvoraussetzung für die Zahlstellen, damit diese nach § 256 Abs. 1 SGB V aus den Versorgungsbezügen die Beiträge berechnen, einbehalten und an die zuständige Krankenkasse weiterleiten kann. Die Krankenkasse teilt in diesem Zusammenhang den Zahlstellen und den Versicherten den Beginn der Beitragsabführungspflicht zur Krankenversicherung mit. Die Mitteilung über das Ende der Beitragspflicht ist gesetzlich nicht vorgeschrieben; es sollte der Zahlstelle aber das Ende der Beitragspflicht zeitnah mitgeteilt werden, damit unnötige Überzahlungen vermieden werden können. 22

Treffen beitragspflichtige Versorgungsbezüge auf andere beitragspflichtige Einnahmen, dürfen nach § 223 Abs. 3 SGB V Beiträge nur bis zur Beitragsbemessungsgrenze erhoben werden. Die Krankenkasse hat daher die Zahlstelle darüber zu informieren, in welchem Umfang der Versorgungsbezug beitragspflichtig ist und ob dieser maximal beitragspflichtige Versorgungsbezug (VB-Max) durch die Zahlstelle angepasst werden muss. Damit die Zahlstelle eine korrekte Beitragsberechnung vornehmen kann, muss die Krankenkasse der Zahlstelle zusätzlich angeben, ob beim Versorgungsempfänger ein Mehrfachbezug vorliegt und welcher Beitragssatz für die Krankenversicherung heranzuziehen ist. Die Krankenkasse hat dem Bezieher von Versorgungsbezügen den Umfang der Beitragspflicht und den Beitragssatz nach § 248 Abs. 1 SGB V verpflichtend durch einen Beitragsbescheid mitzuteilen, aus dem alle für die Beitragsberechnung relevanten Angaben hervorgehen müssen und auf die Beitragsabführung durch die Zahlstelle hingewiesen wird.[21] 23

5. Vereinbarung

Die Krankenkasse kann mit der Zahlstelle der Versorgungsbezüge durch § 202 Satz 5 SGB V praxisgerechte Abweichungen vereinbaren, sofern eine korrekte Beitragsabführung gewährleistet ist. Einzelheiten enthält die „Verfahrensbeschreibung der Beitragsabführung zur Kranken- und Pflegeversicherung durch die Zahlstellen (Zahlstellen-Verfahren)“[22]. 24

---

[19] *Baier* in: Krauskopf, Soziale Kranken- und Pflegeversicherung, Kommentar, Bd. 2, § 202 SGB V Rn. 8.

[20] *Schermer in: Maaßen/Schermer/Wiegand/Zipperer*, Kommentar zur Gesetzlichen Krankenversicherung GKV, Band 3, § 202 SGB V Rn. 10.

[21] *Minn* in: Entgeltabrechnung, KVdR- Zahlstellenverfahren, 1. Aufl. 1997, S. 54 u. 55.

[22] Aktuelle Fassung vom 12.01.2006.

§ 203 SGB V Meldepflichten bei Bezug von Erziehungsgeld oder Elterngeld

(Fassung vom 05.12.2006, gültig ab 01.01.2007)

Die Zahlstelle des Erziehungsgeldes oder Elterngeldes hat der zuständigen Krankenkasse Beginn und Ende der Zahlung des Erziehungsgeldes oder Elterngeldes unverzüglich mitzuteilen.

Gliederung

A. Basisinformationen

I. Normgeschichte

1 Die Vorschrift ist mit Wirkung vom 01.01.1989 aufgrund von Art. 1, Art. 79 des Gesundheitsreformgesetzes (GRG)[1] vom 20.12.1988 in Kraft getreten und besteht seither unverändert.

2 Bis zur gesetzlichen Neuregelung hatten nur die Zahlstellen des Erziehungsgeldes nach dem Bundeserziehungsgeldgesetz die Meldepflicht über Beginn und Ende des Erziehungsgeldes an die zuständige Krankenkasse zu erfüllen. Durch den Wegfall des Hinweises auf das Bundeserziehungsgesetz (BErzGG) in § 203 SGB V müssen auch diejenigen Zahlstellen eine entsprechende Meldung an die zuständigen Krankenkassen erstatten, die Erziehungsgeldleistungen nach dem jeweiligen Landesrecht gewähren.

3 Sowohl Erziehungsgeld (jetzt Elterngeld) als auch die Inanspruchnahme von Elternzeit (vormals Erziehungsurlaub[2]) lösen eine mitgliedschaftserhaltende Wirkung nach § 192 Abs. 1 Nr. 2 SGB V aus. Im Bezug auf die Meldepflicht der Zahlstellen hat dies zur Konsequenz, dass für die Krankenkassen bei den versicherungspflichtigen Beschäftigten allenfalls der Beginn des Bezuges von Erziehungsgeld wichtig ist und die Meldepflicht nach § 203 SGB V insoweit begründet, weil zumeist die Elternzeit über das Ende des – ohnehin beitragsfreien – Bezuges von Erziehungsgeld hinaus fortdauert[3]. Insofern wäre der Gesetzgeber gefordert, § 203 SGB V dahingehend zu ändern, dass der Arbeitgeber der zuständigen Krankenkasse Beginn und Ende der Elternzeit meldet.[4]

4 Durch Art. 2 Abs. 19 Nr. 5 des Gesetzes zur Einführung des Elterngeldes (Bundeselterngeld und Elternzeitgesetz = BEEG)[5] wurde nach dem Wort „Erziehungsgeld“ die Wörter „oder Elterngeld“ eingefügt.

II. Vorgängervorschriften

5 § 203 SGB V übernimmt inhaltlich die Vorgängervorschrift des § 318d Abs. 2 RVO a.F.

---

[1] BGBl I 1988, 2477, 2596.
[2] Durch die Novellierung des Bundeserziehungsgeldgesetzes zum 01.01.2001 wurde der Begriff Erziehungsurlaub durch den Begriff Elternzeit ersetzt.
[3] *Baier* in: Krauskopf, SGB V, § 203 Rn. 2.
[4] *Minn* in: Schulin, Handbuch des Sozialversicherungsrechts, Bd. 1, § 51 Rn. 150.
[5] BGBl I 2006, 2748.

III. Parallelvorschrift

§ 203 SGB V gilt über § 30 KVLG in der landwirtschaftlichen Krankenversicherung entsprechend. 6
Auch § 30 KVLG wurde durch Art. 2 Abs. 11 Nr. 2 des Gesetzes zur Einführung des Elterngeldes in der Weise geändert, dass hinter „Erziehungsgelder" „oder Elterngeld" eingefügt wurde.[6]

IV. Literaturhinweise

Irk, Das neue Elterngeld nach dem Bundeselterngeld- und Elternzeitgesetz (BEEG), ZFSH 2007/3 ff.; 7
Funk/Hess/Höfler u.a., Kasseler Kommentar, Sozialversicherungsrecht, Loseblatt; *Noell/Deisler*, Die Krankenversicherung der Landwirte, 2001; *Maaßen/Schermer/Wiegand/Zipperer*, SGB V, Gesetzliche Krankenversicherung, Kommentar, Loseblatt; *Steffens*, Meldeverfahren in der Sozialversicherung, WzS 1998, 353.

V. Systematische Einordnung

1. Allgemeines

Die geordnete Durchführung der gesetzlichen Krankenversicherung ist nur möglich, wenn die Kran- 8
kenkassen die für die Rechte und Pflichten aus dem Versicherungsverhältnis notwendigen Daten erhalten.[7] Aus diesem Grund bedarf es der Mitwirkung aller Beteiligten. Der 4. Abschnitt des 6. Kapitels im SGB V regelt zur Sicherstellung der Übermittlung der notwendigen Daten die Meldepflichten bei versicherungspflichtigen Beschäftigungen (§§ 198, 199 SGB V), bei sonstigen versicherungspflichtigen Personen (§ 200 SGB V), bei Rentenantragstellung und Rentenbezug (§§ 201, 205 SGB V), bei Versorgungsbezügen (§ 202 SGB V), bei Bezug von Erziehungsgeld, Arbeitslosengeld, Arbeitslosengeld II oder Unterhaltsgeld (§§ 203, 203a SGB V) sowie bei Einberufung zum Wehrdienst oder Zivildienst (§ 204 SGB V). Die Meldepflichten werden durch die Auskunfts- und Mitteilungspflichten der Versicherten nach § 206 SGB V ergänzt.

2. Erhalt der Pflichtmitgliedschaft in der GKV, Beitragsfreiheit

Die Mitgliedschaft Versicherungspflichtiger in der gesetzlichen Krankenversicherung bleibt nach 9
§ 192 Abs. 1 Nr. 2 SGB V (§ 25 Abs. 1 Nr. 1 KVLG 1989) erhalten, solange Erziehungsgeld oder Elternzeit nach dem BErzGG bezogen wird. Während der Schwangerschaft bleibt die Mitgliedschaft Versicherungspflichtiger auch erhalten, wenn das Beschäftigungsverhältnis vom Arbeitgeber zulässig aufgelöst oder das Mitglied unter Wegfall des Arbeitsentgelts beurlaubt worden ist, es sei denn, es besteht eine Mitgliedschaft nach anderen Vorschriften (vgl. § 192 Abs. 2 SGB V). Darüber hinaus besteht nach § 224 Abs. 1 SGB V (§ 42 Abs. 5 KVLG 1989) während des Bezuges von Erziehungsgeld Beitragsfreiheit. In § 224 Abs. 1 Satz 1 SGB V wurde durch Art. 2 Abs. 19 Nr. 6 des Bundeselterngeld- und Bundeselternzeitgesetzes nach dem Wort „Erziehungsgeld" die Wörter „oder Elterngeld" eingefügt.[8]

3. Gesetz über die Gewährung von Erziehungsgeld und Erziehungsurlaub

Nach dem Gesetz über die Gewährung von Erziehungsgeld und Erziehungsurlaub (Bundeserziehungs- 10
geldgesetz – BerzGG) vom 06.12.1985[9] hat Anspruch auf Erziehungsgeld, wer einen Wohnsitz oder seinen gewöhnlichen Aufenthalt in Deutschland hat, mit einem Kind, für das ihm die Personensorge zusteht, in einem Haushalt lebt, dieses Kind selbst betreut und erzieht und keine oder keine volle Erwerbstätigkeit ausübt.

Das Erziehungsgeld wird gemäß § 4 Abs. 1 BErzGG unter Beachtung der Einkommensgrenzen des § 5 11
Abs. 3 BErzGG vom Tag der Geburt bis zur Vollendung des 12. Lebensmonats (Budget) oder bis zur Vollendung des 24. Lebensmonats (Regelbetrag) gezahlt. Das Erziehungsgeld ist schriftlich für jeweils ein Lebensjahr zu beantragen.

---

6 BGBl I 2006, 2748, 2756.
7 *Hauck* in: Hauck/Noftz, SGB V, § 198 Rn. 1.
8 BGBl I 2006, 2748, 2757.
9 BGBl I 1985, 2154.

4. Seit 01.01.2007: Bundeselterngeld- und Elternzeitgesetz

12 Das Bundeselterngeld- und Bundeselternzeitgesetz (BEEG) ist mit Wirkung vom 01.01.2007 in Kraft getreten.[10] Es tritt an die Stelle des Bundeserziehungsgeldgesetzes (BErzGG). Es gilt für alle ab dem 01.01.2007 geborenen Kinder. Alle im Jahr 2006 geborenen Kinder fallen auch im Jahr 2007 und ggf. 2008 unter die Regelungen des Bundeserziehungsgeldgesetzes.

13 Die wichtigste Neuerung gegenüber dem Erziehungsgeld ist die Ausgestaltung des Elterngeldes als einkommensabhängige Ersatzleistung für Erwerbstätige, die ihre Tätigkeit unterbrechen oder reduzieren. Anspruch auf Elterngeld hat gemäß § 1 des Gesetzes zum Elterngeld und zur Elternzeit (BEEG) derjenige, der mit seinem Kind in einem Haushalt lebt, dieses Kind selbst betreut und erzieht und keine oder keine volle Erwerbstätigkeit ausübt. Nach der Definition des § 1 Abs. 6 BEEG ist nicht voll erwerbsfähig, wer durchschnittlich wöchentlich weniger als 30 Stunden arbeitet, sich in einem Berufsausbildungsverhältnis befindet oder als Tagespflegeperson nicht mehr als 5 Kinder in Tagespflege betreut. Das Elterngeld beträgt 67% des in den letzten zwölf Monaten vor der Geburt des Kindes durchschnittlich erzielten Einkommens bis zu einem Höchstbetrag von monatlich 1.800 €, § 2 Abs. 1 Satz 1 BEEG. Wird unmittelbar vor der Geburt Mutterschaftsgeld und ggf. zusätzlich ein Arbeitgeberzuschuss bezogen, sind die letzten zwölf Monate vor dem Bezug des Mutterschaftsgeldes maßgeblich. Die Bezugszeit für das Elterngeld beträgt nach Maßgabe des § 4 Abs. 1 Satz 1 BEEG maximal 14 Monate ab Geburt des Kindes und trägt damit dem besonderen Betreuungsbedarf für neugeborene Kinder Rechnung. Die Eltern haben dabei insgesamt Anspruch auf zwölf Monatsbeträge, § 4 Abs. 2 Satz 1 BEEG. Anspruch auf zwei weitere Monatsbeträge als Partnermonate besteht nach Satz 3 nur dann, wenn für zwei Monate eine vor der Geburt des Kindes ausgeübte Erwerbstätigkeit unterbrochen oder eingeschränkt wird und sich ein Anspruch nach § 2 Abs. 1-3 BEEG auf Ersatz des dadurch weggefallenen Erwerbseinkommens ergibt (sog. „Väterbonus"). Es kommt dabei nicht darauf an, welcher Elternteil wann und in welchem Umfang innerhalb des möglichen Leistungszeitraums von 14 Monaten diese Bedingung erfüllt, sondern nur darauf, dass sie erfüllt wird. Gemäß § 6 Satz 2 BEEG können Berechtigte den Auszahlungszeitraum von insgesamt maximal 14 Monaten durch Halbierung der Monatsbeträge auf bis zu 28 Monate verlängern.

14 Der zweite Abschnitt des BEEG (§§ 15 ff. BEEG) widmet sich dem Arbeitnehmerschutz in der Elternzeit und übernimmt dabei im Wesentlichen die Regelungen des BErzGG. Neu ist auch die in § 16 BEEG geregelte einheitliche Frist zur Anmeldung der Elternzeit.

15 Aus dem Elterngeld sind in der gesetzlichen Krankenversicherung weder Beiträge zu zahlen noch wirkt es sich erhöhend auf Beitragspflichten aus, die aus anderen Gründen bestehen. Pflichtmitglieder, die außer dem Elterngeld keine weiteren beitragspflichtigen Einnahmen beziehen, sind dementsprechend für die Dauer der Elternzeit beitragsfrei versichert. Für versicherungspflichtige Studentinnen und Studenten besteht die Beitragspflicht fort, sofern sie immatrikuliert bleiben. Freiwillige Mitglieder der gesetzlichen Krankenversicherung müssen grundsätzlich weiterhin Beiträge zahlen, ggf. den Mindestbeitrag. Personen, die in einer privaten Krankenversicherung versichert sind, müssen ihren Beitrag nach Maßgabe der jeweiligen Versicherungsbedingungen weiterzahlen.

B. Auslegung und Bedeutung der Norm

I. Regelungsgehalt

16 Für Erziehungsgeldbezieher hat die Zahlstelle des Erziehungsgeldes nach § 203 SGB V der zuständigen Krankenkasse Beginn und Ende des Erziehungsgeldes unverzüglich mitzuteilen. Die Meldungen sind für die Weiterführung der Mitgliedschaft Versicherungspflichtiger in der GKV während des Bezuges von Erziehungsgeld nach § 192 Abs. 1 Nr. 2 SGB V zu erstatten. Darüber hinaus wird die mitgliedschaftserhaltende Krankenversicherung für die Dauer des Bezuges von Erziehungsgeld (jetzt Elterngeld) nach § 224 Abs. 1 SGB V beitragsfrei durchgeführt. Die Meldepflicht der Zahlstelle des Erziehungsgelds dient der Umsetzung des gesetzlichen Auftrags durch die zuständige Krankenkasse.

17 Die Vorschrift des § 203 SGB V findet aufgrund der beitragsfreien Fortführung der Mitgliedschaft bei Bezug von Erziehungsgeld in der Pflegeversicherung auch im Verhältnis zu den Pflegekassen ihre Anwendung (§§ 49 Abs. 2, 50 Abs. 1 SGB XI und § 56 Abs. 3 SGB XI).

[10] BGBl I 2006, 2748.

II. Erläuterung und Zweck der Norm

1. Zahlstellen des Erziehungsgelds/Elterngelds

Die für die Ausführung des Bundeserziehungsgesetzes **zuständigen Behörden** werden nach § 10 BErzGG durch die Landesregierungen oder die von ihnen beauftragten Stellen bestimmt (jetzt § 12 BEEG). Für die Landeserziehungsgelder ergibt sich die Zuständigkeit für die Auszahlung aus dem jeweiligen Landesrecht. Die für das Elterngeld zuständigen Stellen werden voraussichtlich die bisher für das Erziehungsgeld zuständigen Stellen sein. Sofern die zuständigen Behörden nicht gleichzeitig Zahlstelle für das Erziehungsgeld sind, besteht die Meldepflicht nur für die auszahlende Stelle, auch wenn über den Anspruch auf Erziehungsgeld eine andere Stelle entscheidet.[11] Dies gilt entsprechend auch für das Elterngeld. **18**

Zuständigen Zahlstellen (Stand 01.03.2007)

Baden-Württemberg

Landeskreditbank Baden-Württemberg
76113 Karlsruhe.

Bayern

Zentrum Bayern Familie und Soziales in:
86159 Augsburg, Morellstraße 30,
95447 Bayreuth, Hegelstraße 2,
84028 Landshut, Friedhofstraße 7,
80335 München, Bayerstraße 32,
90429 Nürnberg, Bärenschanzstraße 8 a,
93053 Regensburg, Landshuter Straße 55,
97082 Würzburg, Georg-Eydel-Straße 13.

Berlin

Die Bezirksämter (Jugendamt).

Brandenburg

Die Landkreise, kreisfreien Städte und großen kreisangehörigen Städte.

Bremen

Für das Stadtgebiet Bremen das Amt für Soziale Dienste Bremen, Sozialzentrum Mitte/Östliche Vorstadt/Findorf; Erziehungsgeldstelle: 28203 Bremen, Rembertiring 39.
Für Bremerhaven das Amt für Familie und Jugend: 27576 Bremerhaven, Hinrich-Schmalfeldt-Straße.

Hamburg

Die Bezirksämter in:
Hamburg-Mitte, 20095 Hamburg, Klosterwall 2 (City-Hof Block),
Altona, 22765 Hamburg, Platz der Republik 1 (Rathaus Altona),
Eimsbüttel, 20139 Hamburg, Grindelberg 62-66,
Hamburg-Nord, 20243 Hamburg, Kümmellstraße 7,
Wandsbek, 22041 Hamburg, Schloßstraße 60,
Bergedorf, Bürgerzentrum Neuallermöhe, 21035 Hamburg, Fleetplatz 1,
Harburg, 21073 Hamburg, Harburger Rathauspassage 2.

Hessen

Die Ämter für Versorgung und Soziales in:
64289 Darmstadt, Bartningstraße 53,
60320 Frankfurt/Main, Eckenheimer Landstraße 303,
36041 Fulda, Washingtonallee 2,
35390 Gießen, Südanlage 14 a,
34121 Kassel, Frankfurter Straße 84 a,
65189 Wiesbaden, John-F.-Kennedy-Straße 4.

Mecklenburg-Vorpommern

Landesamt für Gesundheit und Soziales Mecklenburg-Vorpommern,
Abteilung Soziales/Versorgungsamt.
Dezernat Neubrandenburg: 17033 Neubrandenburg, Neustrelitzer Str. 120,
Dezernat Rostock: 18059 Rostock, Erich-Schlesinger-Str. 35,

[11] *Baier* in: Krauskopf, SGB V, § 203 Rn. 5.

Dezernat Schwerin: 19061 Schwerin, Friedrich-Engels-Str. 47,
Dezernat Stralsund: 18439 Stralsund, Frankendamm 17.
Niedersachsen
Die kreisfreien Städte, die Landkreise und in einigen Fällen auch kreisangehörige Gemeinden.
Nordrhein-Westfalen
Die Versorgungsämter in:
52066 Aachen, Schenkendorfstraße 2-6,
33615 Bielefeld, Stapenhorststraße 62,
44147 Dortmund, Rheinische Straße 173,
40042 Düsseldorf, Erkrather Straße 339,
47057 Duisburg, Ludgeristraße 12,
45138 Essen, Kurfürstenstraße 33,
45879 Gelsenkirchen, Vattmannstraße 2-8,
50735 Köln, Boltensternstraße 10,
48143 Münster, Von-Steuben-Straße 10,
59494 Soest, Heinsbergplatz 13,
42285 Wuppertal, Friedrich-Engels-Allee 76.
Rheinland-Pfalz
Die Jugendämter der kreisfreien und großen kreisangehörigen Städte sowie der Landkreise.
Saarland
Das Landesamt für Soziales, Gesundheit und Verbraucherschutz,
66115 Saarbrücken, Hochstraße 67.
Sachsen
Die Sachgebiete Erziehungsgeld der Ämter für Familie und Soziales in:
09111 Chemnitz, Brückenstraße 10,
04105 Leipzig, Berliner Straße 13,
01069 Dresden, Gutzkowstraße 10.
Sachsen-Anhalt
Landesverwaltungsamt,
Referat: Bundeserziehungsgeld.
Dienstgebäude Halle: 06114 Halle, Maxim-Gorki-Straße 7,
Dienstgebäude Magdeburg: 39112 Magdeburg, Halberstädter Straße 39 a.
Schleswig-Holstein
Die Außenstellen des Landesamtes für soziale Dienste Schleswig-Holstein in:
23552 Lübeck, Große Burgstraße 4,
25746 Heide, Neue Anlage 9,
24837 Schleswig, Seminarweg 6,
24103 Kiel, Gartenstraße 7.
Thüringen
Die Jugendämter der Landkreise und kreisfreien Städte.

2. Verfahren bei den Zahlstellen

19 Die Zahlstelle teilt der die Bescheinigung über Höhe und Dauer der Zahlung von Mutterschaftsgeld ausstellenden Krankenkasse mit, ob und ggf. für welchen Zeitraum Erziehungsgeld an die Kindesmutter tatsächlich gezahlt wird. Für die Mitteilung nach § 203 SGB V an die Krankenkasse verwendet die Zahlstelle einen Vordruck nach Anlage 2 des Gemeinsamen Rundschreibens vom 14.02.1986 zum Bundeserziehungsgeldgesetz (BErzGG) der Spitzenverbände der Krankenkassen und der Zahlstellen des Erziehungsgeldes nach dem BErzGG.

20 Liegt die Bescheinigung der Krankenkasse über Höhe und Dauer der Zahlung von Mutterschaftsgeld bei Antragstellung nicht vor, fordert die Zahlstelle die Antragstellerin ggf. auf, die Bescheinigung nachzureichen.

21 Wird Erziehungsgeld nicht an die Kindesmutter, sondern an eine andere Person (z.B. Vater, Großmutter, Adoptivmutter) gezahlt, ermittelt die Zahlstelle, ob der/die Berechtigte bei einer Krankenkasse versichert ist. Ist dies der Fall, teilt sie der zuständigen Krankenkasse mit, dass Erziehungsgeld gezahlt wird. Liegt der Zahlstelle eine Bescheinigung der Krankenkasse der Kindesmutter über Höhe und Dauer der Zahlung von Mutterschaftsgeld vor, teilt sie der die Bescheinigung ausstellenden Kranken-

kasse zusätzlich mit, dass kein Erziehungsgeld an die in der Bescheinigung angegebene Person gezahlt wird. Die Zahlstelle teilt der die Bescheinigung über Höhe und Dauer der Zahlung von Mutterschaftsgeld ausstellenden Krankenkasse mit, ob und ggf. für welchen Zeitraum Erziehungsgeld an die Kindesmutter tatsächlich gezahlt wird. Liegt die Bescheinigung der Krankenkasse über Höhe und Dauer der Zahlung von Mutterschaftsgeld bei Antragstellung nicht vor, fordert die Zahlstelle die Antragstellerin ggf. auf, die Bescheinigung nachzureichen.

Bei einem Wechsel der/des Bezugsberechtigten im Laufe des Gewährungszeitraumes ist durch die Zahlstelle eine Mitteilung nach § 203 SGB V über das Ende der Zahlung von Erziehungsgeld und ggf. eine weitere Mitteilung nach § 203 SGB V über den Beginn der Zahlung von Erziehungsgeld zu erstatten. Die zuständige Krankenkasse ist von der Zahlstelle zu ermitteln. Ändern sich ursprünglich gemeldete Daten, erstattet die Zahlstelle eine entsprechende Berichtigungsmitteilung.[12] 22

3. Tatbestand der unverzüglichen Mitteilung

Die Zahlstellen des Erziehungsgeldes/Elterngeldes sind zur Meldung über Beginn und Ende der Zahlung des Erziehungsgeldes gegenüber der zuständigen Krankenkasse verpflichtet, damit eine ordnungsgemäße Durchführung der Krankenversicherung gewährleistet werden kann. Eine Meldung ist daher nur erforderlich, wenn der/die Anspruchsberechtigte einer Krankenkasse selbst als Mitglied angehört. Sofern an familienversicherte Angehörige Erziehungsgeld/Elterngeld gezahlt wird, entfällt entsprechend eine Mitteilung an die zuständige Krankenkasse. 23

Die Mitteilung der Zahlstelle des Erziehungsgeldes an die zuständige Krankenkasse hat unverzüglich, d.h. im Sinne des § 121 BGB ohne schuldhaftes Zögern, zu erfolgen (bei Bescheiderteilung oder erste bzw. letzte Auszahlung von Erziehungsgeld). 24

4. Tatsächliche Bezugszeiten des Erziehungsgelds/Elterngelds

In der Mitteilung sind nur tatsächliche Bezugszeiten anzugeben. Zeiten, für die Erziehungsgeld/Elterngeld z.B. wegen Anrechnung von Mutterschaftsgeld oder anderer Einkommen nicht gezahlt wird, gelten nicht als Bezugszeiten.[13] § 3 BEEG regelt, welche anderen Leistungen auf das Elterngeld angerechnet werden. Anzurechnen ist dabei nach Absatz 1 insbesondere das Mutterschaftsgeld sowie der Zuschuss des Arbeitgebers zum Mutterschaftsgeld. Gleiches gilt für Dienstbezüge, Anwärterbezüge und Zuschüsse, die nach beamten- oder soldatenrechtlichen Vorschriften für die Zeit der Beschäftigungsverbote zustehen. § 10 BEEG bestimmt demgegenüber das Verhältnis zu anderen Sozialleistungen. Soweit diese – wie etwa das Arbeitslosengeld II – einkommensabhängig sind, bleibt das Elterngeld bis zu einer Höhe von insgesamt 300 € im Monat unberücksichtigt. 25

Das Elterngeld kann nach § 6 Satz 2 BEEG bei gleichem Budget auf die doppelte Anzahl der Monate ausgedehnt werden. Eine Person kann dann bis zu 24 Monate halbes Elterngeld beziehen, eine alleinerziehende Person bis zu 28 halbe Monatsbeträge, wenn kein Anspruch auf Mutterschaftsgeld einschließlich Arbeitgeberzuschuss besteht. Auch bei der Verlängerung des Elterngeldes auf den doppelten Zeitraum (24 Monate) bleibt der Elterngeldberechtigte weiter beitragsfrei pflichtversichert. Für die hier vertretene Auslegung spricht auch die Entstehungsgeschichte der Vorschrift. Das Elterngeld für die Dauer von 12 Monaten und die Möglichkeit der Auszahlung in halbmonatigen Beiträgen über 24 Monate löst das Erziehungsgeld ab, das ebenfalls für 24 Monate bezogen werden konnte und während dessen im gesamten Zeitraum die Mitgliedschaft in der gesetzlichen Krankenversicherung fortbestand. Nach dem Wortlaut des § 192 Abs. 1 Nr. 25 SGB V „Elterngeld bezogen ... wird“ kann hierunter nur die Auszahlung des Elterngeldes an den Berechtigten verstanden werden, so dass auch für die zweite Hälfte des Auszahlungszeitraumes die Versicherungspflicht erhalten bleibt. Hierfür spricht des Weiteren die rechtssystematische Auslegung der einschlägigen Vorschriften. Nach § 203 SGB V teilt die Zahlstelle des Elterngeldes der zuständigen Krankenkasse Beginn und Ende der Zahlung des Elterngeldes unverzüglich mit. Würde man die Auffassung vertreten, dass die Zahlung des Elterngeldes als halbes Elterngeld über 24 Monate dazu führt, dass in der zweiten Hälfte kein Bezug von Elterngeld 26

---

[12] Gemeinsames Rundschreiben v. 14.02.1986 zum Bundeserziehungsgeldgesetz (BErzGG) der Spitzenverbände der Krankenkassen und der Zahlstellen des Erziehungsgeldes nach dem BErzGG, Titel 2.2 „Verfahren bei den Zahlstellen“.

[13] Gemeinsames Rundschreiben der Spitzenverbände der Krankenkassen und der Zahlstellen des Erziehungsgeldes nach dem BErzGG v. 14.02.1986, Punkt 1.

im 5inne des § 192 Abs. 1 Nr. 25 SGB V vorliegt, würden die Angaben der EIterngeldsteIle zur Zahlung von Elterngeld nicht ausreichen, um bei der Krankenkasse über das Fortbestehen der Mitgliedschaft zu entscheiden.

5. Zuständige Krankenkasse

27 Die Meldungen sind an die (zuständige) Krankenkasse zu adressieren, bei der die zum Bezug von Erziehungsgeld berechtigte Person krankenversichert ist. Die berechtigten Personen sind bezüglich der zuständigen Krankenkasse gegenüber der Zahlstelle auskunftspflichtig, damit diese – ungeachtet ihrer Amtsermittlungspflicht – ihre Mitteilungspflicht erfüllen können.[14]

6. Bundeseinheitliches Mitteilungsverfahren

28 Die Spitzenverbände der Träger der GKV und die Zahlstellen des Erziehungsgeldes nach dem BErzGG haben ein bundeseinheitliches Mitteilungsverfahren abgestimmt,[15] das den verwaltungspraktischen Bedürfnissen aller beteiligten Stellen Rechnung trägt. Hiernach stellen die Krankenkassen von Amts wegen für alle Versicherten, die laufendes Mutterschaftsgeld (§ 200 RVO, § 29 KVLG) oder Entbindungsgeld (§ 200b RVO, § 31 KVLG) erhalten, eine Bescheinigung zur Vorlage bei der Zahlstelle des Erziehungsgeldes über Höhe und Dauer der Zahlung von Mutterschaftsgeld aus. Die Bescheinigung ist dem Mitglied auszuhändigen und dem Antrag auf Gewährung von Erziehungsgeld/Elterngeld beizufügen. Beantragt die Kindesmutter Erziehungsgeld/Elterngeld, so teilt die Zahlstelle der die Bescheinigung über die Höhe und Dauer der Zahlung ausstellenden Krankenkasse mit, ob und ggf. für welchen Zeitraum Erziehungsgeld an die Kindesmutter tatsächlich gezahlt wird.

[14] *Bloch* in: GK-SGB V, § 203 Rn. 3.

[15] Gemeinsames Rundschreiben v. 14.02.1986 zum Bundeserziehungsgeldgesetz (BErzGG) der Spitzenverbände der Krankenkassen und der Zahlstellen des Erziehungsgeldes nach dem BErzGG.

§ 203a SGB V Meldepflicht bei Bezug von Arbeitslosengeld, Arbeitslosengeld II oder Unterhaltsgeld

(Fassung vom 30.07.2004, gültig ab 01.01.2005)

Die Agenturen für Arbeit oder in den Fällen des § 6a des Zweiten Buches die zugelassenen kommunalen Träger erstatten die Meldungen hinsichtlich der nach § 5 Abs. 1 Nr. 2 und Nr. 2a Versicherten entsprechend §§ 28a bis 28c des Vierten Buches.

Gliederung

A. Basisinformationen

I. Normgeschichte/Vorgängervorschrift

§ 203a SGB V wurde eingefügt mit Wirkung vom 01.01.1998 durch Art. 5 Nr. 8 des Arbeitsförderungs-Reformgesetz (APRG) vom 24.03.1997[1] im Hinblick auf die Eingliederung der Krankenversicherung der Bezieher von Arbeitslosengeld, Arbeitslosenhilfe und Unterhaltsgeld in das SGB V. 1

Die Bezeichnung „Arbeitsämter" wurde durch „Agenturen für Arbeit" ersetzt mit Wirkung vom 01.01.2004 durch Art. 4 Nr. 2 Drittes Gesetz für moderne Dienstleistungen am Arbeitsmarkt vom 23.12.2003[2]. In der Überschrift wurde die Bezeichnung „Arbeitslosenhilfe" durch „Arbeitslosengeld II" ersetzt und im Text die Verweisung auf § 5 SGB V um die Nr. 2 a erweitert mit Wirkung vom 01.01.2005 durch Art. 5 Nr. 10 Viertes Gesetz für moderne Dienstleistungen am Arbeitsmarkt vom 24.12.2003[3]. 2

Das deutsche Arbeitsförderungsgesetz (AFG)[4] – mit vollem Titel: Gesetz über die Leistungen und Aufgaben zur Beschäftigungssicherung und zur Förderung des Wirtschaftswachstums – löste 1969 das Gesetz über Arbeitsvermittlung und Arbeitslosenversicherung aus dem Jahr 1927 ab und war bis zum 31.12.1997 Grundlage des Arbeitsförderungsrechts. Durch das Arbeitsförderungs-Reformgesetz (AFRG) wurde das Arbeitsförderungsrecht zum 01.01.1998 als Drittes Buch in das Sozialgesetzbuch (SGB III) eingeordnet. Mit Gültigkeit des SGB III wurde gleichzeitig das alte AFG außer Kraft gesetzt 3

II. Vorgängerregelung

Die Vorgängerregelung (§ 161 AFG a.F.) sah zwingend nur eine monatliche zahlenmäßige Meldung vor und überließ ein abweichendes Meldeverfahren der Vereinbarung der Bundesagentur für Arbeit mit den Krankenkassen. Auf die im Entwurf vorgesehene Verpflichtung der Bundesagentur für Arbeit und der Spitzenverbände der Krankenkassen zu näheren Regelungen wurde verzichtet, um zu verhindern, dass das Reformvorhaben zustimmungsbedürftig wird und am Widerstand des Bundesrats scheitert.[5] 4

III. Parallelvorschriften

Nach § 19 Abs. 2 Satz 1 KVLG 1989[6] sind Versicherungspflichtige nach § 5 Abs. 1 Nr. 2 SGB V Mitglieder der landwirtschaftlichen Krankenkassen, wenn sie ihr im Zeitpunkt der Arbeitslosmeldung oder 5

---
[1] BGBl I 1997, 594, 693.
[2] BGBl I 1988, 2848.
[3] BGBl I 2003, 2954.
[4] V. 25.06.1969 (BGBl I 1969, 582), außer Kraft am 01.01.1998 durch Art. 82 Abs. 1 des Gesetzes v. 24.03.1997 (BGBl I 1997, 594).
[5] Vgl. BT-Drs. 13/6845, S. 255.
[6] V. 10.08.1972, BGBl I 1972, 1433.

vor dem Beginn des Bezugs von Unterhaltsgeld angehören oder zuletzt vor diesem Zeitpunkt angehört haben.[7] Für diese Personen gelten die Vorschriften des SGB V über die Versicherung, die Mitgliedschaft, die Meldung und die Aufbringung der Mittel mit Ausnahme des § 173 SGB V (Wahlrechte). Die Versicherungspflicht der ALG I- und ALG II-Bezieher wird in § 2 Abs. 1 Nr. 6 KVLG 1989 geregelt. Danach sind Personen, die die Voraussetzungen für eine Versicherungspflicht nach § 5 Abs. 1 Nr. 2 oder 2a SGB V erfüllen, versicherungspflichtig. Zugleich wird in § 3 Abs. 2 Nr. 6 KVLG 1989 bestimmt, dass für die in § 5 Abs. 1 Nr. 2 und 2a SGB V genannten Personen Vorrang der Versicherungspflicht nach dem KVLG 1989 besteht, wenn sie im Zeitpunkt der Arbeitslosmeldung oder vor dem Beginn des Bezugs von Unterhaltsgeld einer LKK angehören oder angehört haben. § 19 Abs. 2 KVLG 1989 wird aufgehoben und in § 20 KVLG eine entsprechende modifizierte Regelung für die versicherungspflichtigen ALG I- und ALG II-Bezieher getroffen. Mit den vorgenannten Rechtsänderungen wird die Rangfolge der Versicherungspflichten nach § 2 Abs. 1 Nr. 1-5 in § 2 Abs. 5 KVLG 1989 nicht geändert oder ergänzt. Mithin bewirkt die Neuregelung bezüglich der Versicherungspflicht der ALG I- und ALG II-Bezieher, dass eine Versicherungspflicht nach § 2 Abs. 1 Nr. 6 KVLG 1989 neben einem anderen Versicherungspflichttatbestand – z. B. als Landwirt nach Nr. 1 – (Mehrfachversicherung) entstehen kann; dies entspricht den geltenden Regelungen zur Versicherungspflicht im SGB V."[8] Eine Mehrfachversicherung war bisher schon möglich, wenn eine versicherungspflichtige Beschäftigung neben dem Bezug von ALG I oder ALG II ausgeübt wurde.[9]

6 Für die Krankenkassenzuständigkeit der See-Krankenkasse und der Bundesknappschaft gelten die Ausführungen in der gemeinsamen Verlautbarung zum Krankenkassenwahlrecht der Spitzenverbände der Krankenkassen vom 22.11.2001 entsprechend. Obwohl § 176 Abs. 2 SGB V und § 177 Abs. 3 SGB V durch das Vierte Gesetz für moderne Dienstleistungen am Arbeitsmarkt[10] nicht angepasst wurden, ist davon auszugehen, dass die See-Krankenkasse und die Bundesknappschaft für die Durchführung der Versicherungspflicht nach § 5 Abs. 1 Nr. 2 a SGB V zuständig sein sollen, wenn die versicherungspflichtigen Bezieher von Arbeitslosengeld II zuletzt bei der See-Krankenkasse oder der Bundesknappschaft versichert waren. Für diese besonderen Träger der gesetzlichen Krankenversicherung kann nicht etwas anders gelten als für die landwirtschaftlichen Krankenkassen.[11]

IV. Systematische Einordnung

1. Allgemeines

7 Eine ordnungsgemäße Durchführung der gesetzlichen Krankenversicherung ist nur möglich, wenn die Krankenkassen die für die Rechte und Pflichten aus dem Versicherungsverhältnis notwendigen Daten erhalten. Dies soll durch die §§ 198-205 SGB V über die Meldepflichten sichergestellt werden, die ergänzt werden durch die Auskunfts- und Mitteilungspflichten des Versicherten nach § 206 SGB V und die Auskunftspflicht des Arbeitgebers nach § 98 SGB X. Darüber hinaus sind die Meldepflichten nach den §§ 198 ff. SGB V in Zusammenhang zu sehen mit den §§ 28a-28r, 95-110 SGB IV, den §§ 67-85a SGB X (Schutz der Sozialdaten), den §§ 284-305 SGB V (Versicherungs- und Leistungsdaten, Datenschutz), den §§ 93-109 SGB XI (Datenschutz und Statistik), § 307 SGB V und den §§ 111-113 SGB IV über Bußgeldvorschriften. Die Zweite Datenerfassungs-Verordnung vom 29.05.1980[12] und die Zweite Datenübermittlungsverordnung vom 29.05.1980[13] sind durch die Verordnung über die Erfassung und Übermittlung von Daten für die Träger der Sozialversicherung (Datenerfassungs- und

---

[7] § 19 Abs. 2 KVLG 1989 geändert durch Artikel 42a des Vierten Gesetzes für moderne Dienstleistungen am Arbeitsmarkt.

[8] BR-Drs. 755/06, S. 519.

[9] Vgl. Gemeinsames Rundschreiben Versicherungs-, Beitrags- und Melderecht der Bezieher von Arbeitslosengeld II vom 26.01.2007, Abschnitt I, Ziffer 1.7.2.

[10] BGBl I 2003, 2954.

[11] Gemeinsames Rundschreiben der Spitzenverbände der Krankenkassen vom 08.10.2004 zum Vierten Gesetz für moderne Dienstleistungen am Arbeitsmarkt; hier: Versicherungs-, Beitrags- und Melderecht in der Kranken- und Pflegeversicherung für Bezieher von Arbeitslosengeld II. Dieses Rundschreiben löst das gemeinsame Rundschreiben zur Kranken-, Pflege- und Rentenversicherung für Leistungsbezieher auf Grund des Arbeitsförderungs-Reformgesetzes vom 20.11.1997 mit Wirkung vom 01.01.2005 ab.

[12] BGBl I 1980, 593.

[13] BGBl I 1980, 1499.

-übermittlungsverordnung = DEÜV[14]) vom 10.02.1998 ersetzt worden. Die DEÜV ist am 01.01.1999 in Kraft getreten.

Die Meldepflicht für die nach § 5 Abs. 1 Nr. 2 SGB V versicherungspflichtigen Bezieher von Arbeitslosengeld, Arbeitslosenhilfe und Unterhaltsgeld sowie (ab 01. 01.2005) die nach § 5 Nr. 2a SGB V versicherungspflichtigen Bezieher von Arbeitslosengeld II (anstelle der Bezieher von Arbeitslosenhilfe) obliegt nach § 203a SGB V den Agenturen für Arbeit, die die untere Verwaltungsebene der Bundesagentur für Arbeit bilden (vgl. § 367 Abs. 2 Satz 1 SGB III). Durch Verweisung gelten die Vorschriften über die Meldepflicht der Arbeitgeber in den §§ 28a-28c SGB IV entsprechend. 8

Die Meldung zur Krankenversicherung schließt gemäß § 50 Abs. 1 Satz 2 SGB XI die Meldung zur sozialen Pflegeversicherung mit ein. 9

2. Bestehen einer Versicherungspflicht nach § 5 Abs. 1 Nr. 2 und 2a SGB V

Versicherungspflichtig sind nach § 5 Abs. 1 Nr. 2 SGB V Personen in der Zeit, für die sie Arbeitslosengeld oder Unterhaltsgeld nach dem SGB III beziehen oder nur deshalb nicht beziehen, weil der Anspruch ab Beginn des zweiten Monats bis zur zwölften Woche einer Sperrzeit (§ 144 SGB III) oder ab Beginn des zweiten Monats wegen einer Urlaubsabgeltung (§ 143 Abs. 2 SGB III) ruht. Dies gilt auch, wenn die Entscheidung, die zum Bezug der Leistung geführt hat, rückwirkend aufgehoben oder die Leistung zurückgefordert oder zurückgezahlt worden ist. Pflichtversichert sind zudem gemäß § 5 Abs. 1 Nr. 2a SGB V Personen in der Zeit, für die sie ALG II nach dem SGB II beziehen, soweit sie nicht familienversichert sind, es sei denn, dass diese Leistung nur darlehensweise gewährt wird oder nur Leistungen nach § 23 Abs. 3 Satz 1 SGB II bezogen werden. Dies gilt auch, wenn die Entscheidung, die zum Bezug der Leistung geführt hat, rückwirkend aufgehoben oder die Leistung zurückgefordert oder zurückgezahlt worden ist. § 5 Abs. 5a SGB V in der Fassung des Gesetzes zur Stärkung des Wettbewerbs in der Gesetzlichen Krankenversicherung[15] (GKV-WSG) bestimmt bezüglich der ALG II-Bezieher mit Wirkung vom 01.04.2007, dass sie nicht versicherungspflichtig sind, wenn sie unmittelbar vor dem Bezug von ALG II privat krankenversichert waren oder weder gesetzlich noch privat krankenversichert waren und zu den in § 5 Abs. 5 SGB V oder den in § 6 Abs. 1 Nr. 1 oder 2 SGB V genannten Personen gehören oder bei Ausübung ihrer beruflichen Tätigkeit im Inland gehört hätten. Dies gilt nicht für Personen, die am 31.12.2008 nach § 5 Abs. 1 Nr. 2a SGB V versicherungspflichtig waren, für die Dauer ihrer Hilfebedürftigkeit. Eine entsprechende Regelung oder einen Verweis auf § 5 Abs. 5a KVLG 1989 enthält das KVLG 1989 nicht. Da die privaten Krankenversicherungen künftig einen bezahlbaren Basistarif im Umfang des Leistungsangebots der gesetzlichen Krankenversicherung für Personen anbieten müssen, die privat krankenversichert sind oder sein können, erscheint es nach der Ansicht des Gesetzgebers nicht länger erforderlich, ALG II-Bezieher auch dann in die Versicherungspflicht in der gesetzlichen Krankenversicherung einzubeziehen, wenn sie unmittelbar vor dem Leistungsbezug privat krankenversichert waren.[16] 10

Nach § 8 Abs. 1 Nr. 1a SGB V wird derjenige auf Antrag von der Versicherungspflicht befreit, der versicherungspflichtig durch den Bezug von Arbeitslosengeld, Unterhaltsgeld (§ 5 Abs. 1 Nr. 2) oder ALG II (§ 5 Abs. 1 Nr. 2a) wird und in den letzten fünf Jahren vor dem Leistungsbezug nicht gesetzlich krankenversichert war, wenn er bei einem Krankenversicherungsunternehmen versichert ist und Vertragsleistungen erhält, die der Art und dem Umfang nach den Leistungen dieses Buches entsprechen. Durch das GKV-WSG[17] werden allerdings die Wörter „oder Arbeitslosengeld II" in § 8 Abs. 1 Nr. 1a SGB V gestrichen. Da Bezieher von ALG II, die unmittelbar vor dem Leistungsbezug privat krankenversichert waren oder die unmittelbar vor dem Leistungsbezug weder gesetzlich noch privat krankenversichert waren, aber als hauptberuflich selbständig Erwerbstätige oder als versicherungsfreie Personen zu dem Personenkreis gehören, der grundsätzlich der privaten Krankenversicherung zuzuordnen sind, nicht mehr versicherungspflichtig in der gesetzlichen Krankenversicherung werden, ist die Befreiungsmöglichkeit für bisher privat krankenversicherte ALG II-Bezieher entbehrlich.[18] 11

---

[14] In der Fassung der Bekanntmachung v. 23.01.2006 (BGBl I 2006, 152).

[15] Gesetz zur Stärkung des Wettbewerbs in der gesetzlichen Krankenversicherung (GKV-Wettbewerbsstärkungsgesetz – GKV-WSG) v. 26.03.2007, BGBl I 2007, 378.

[16] Gesetzentwurf der Fraktionen der CDU/CSU und SPD, Entwurf eines Gesetzes zur Stärkung des Wettbewerbs in der Gesetzlichen Krankenversicherung (GKV-WSG) v. 24.10.2006, BT-Drs. 16/3100, S. 266.

[17] Gesetz zur Stärkung des Wettbewerbs in der gesetzlichen Krankenversicherung (GKV-Wettbewerbsstärkungsgesetz – GKV-WSG) v. 26.03.2007, BGBl I 2007, 378.

[18] Gesetzentwurf der Fraktionen der CDU/CSU und SPD, Entwurf eines Gesetzes zur Stärkung des Wettbewerbs in der Gesetzlichen Krankenversicherung (GKV-WSG) v. 24.10.2006, BT-Drs. 16/3100, S. 270.

12 Die Mitgliedschaft der Bezieher von ALG II nach dem SGB II und Arbeitslosengeld oder Unterhaltsgeld nach dem SGB III beginnt mit dem Tag, von dem an die Leistung bezogen wird (vgl. § 186 Abs. 2a SGB V).

V. Literaturhinweise

13 *Funk/Hess/Höfler u.a.*, Kasseler Kommentar, Sozialversicherungsrecht, Loseblatt; *Noell/Deisler*, Die Krankenversicherung der Landwirte, 2001; *Maaßen/Schermer/Wiegand/Zipperer*, SGB V, Gesetzliche Krankenversicherung, Kommentar, Loseblatt; *Steffens*, Meldeverfahren in der Sozialversicherung, WzS 1998, 353.

B. Auslegung der Norm

I. Regelungsgehalt

14 Die Vorschrift regelt die Meldepflicht für die in der GKV versicherungspflichtigen Empfänger von Leistungen nach dem SGB II und SGB III.

15 Die Bundesagentur für Arbeit entspricht ihrer Meldepflicht nach § 203a SGB V für die nach § 5 Abs. 1 Nr. 2 SGB V krankenversicherungspflichtigen bzw. nach § 20 Abs. 1 Satz 2 Nr. 2 SGB XI in der sozialen Pflegeversicherung versicherungspflichtigen Leistungsbezieher durch Übermittlung namentlicher Einzelmeldungen über Beginn und Ende des Leistungsbezuges im Rahmen der Leistungsgewährung. Die Meldungen gewährleisten ferner die Durchführung der Krankenversicherung ab Beginn des zweiten Monats bis zur zwölften Woche einer Sperrzeit sowie die Anwendung der Krankengeldruhensregelung in § 49 Abs. 1 Nr. 3 SGB V.

II. Erläuterung und Zweck der Norm

1. Einleitung

a. Datenübermittlung BA/Kommunen – DÜBAK

16 Das Meldeverfahren wird grundsätzlich maschinell abgewickelt. Das gilt sowohl für das Meldeverfahren mit der Bundesagentur für Arbeit als Leistungserbringer nach § 6 Abs. 1 SGB II i.V.m. § 44b SGB II als auch für das Meldeverfahren mit den zugelassenen kommunalen Trägern als Leistungserbringer nach § 6a SGB II. Der Inhalt und der Ablauf des maschinellen Meldeverfahrens werden im Rahmen des „Gemeinsamen Rundschreibens zum Meldeverfahren zwischen der Bundesagentur für Arbeit und den Trägern der gesetzlichen Krankenversicherung (Datenübermittlung Bundesagentur für Arbeit/Krankenkassen – DÜBAK)" umfassend dargestellt. Es gilt die jeweils aktuelle Fassung, die bei Bedarf fortgeschrieben wird. Dieses Meldeverfahren ist für alle Leistungsträger einheitlich und verbindlich.[19]

b. Viertes Gesetz für moderne Dienstleistungen am Arbeitsmarkt vom 24.12.2003

17 Durch das Vierte Gesetz für moderne Dienstleistungen am Arbeitsmarkt vom 24.12.2003[20] wird die Grundsicherung für erwerbsfähige Hilfebedürftige eingeführt und in einem eigenen Gesetzbuch (SGB II) geregelt. Mit der Grundsicherung für Arbeitsuchende werden die bisherigen Sozialleistungen Arbeitslosenhilfe und Sozialhilfe zusammengeführt. Der Lebensunterhalt der erwerbsfähigen Hilfebedürftigen und der mit ihnen in einer Bedarfsgemeinschaft lebenden Personen wird durch pauschalierte, bedarfsdeckende Leistungen gesichert. Die Leistungen zur Bestreitung des Lebensunterhaltes lehnen sich – anders als die Arbeitslosenhilfe – nicht an die Regelungen zur Höhe des Arbeitslosengeldes an, sondern sind wie die Sozialhilfe bedarfsdeckend. Die daraus resultierende Sozialleistung wird als Arbeitslosengeld II gezahlt. Die Einbeziehung der Bezieher von Arbeitslosengeld II in die Sozialversicherung wird u.a. dadurch sichergestellt, dass sie in der Kranken- und Pflegeversicherung der Versicherungspflicht unterworfen werden (§ 5 Abs. 1 Nr. 21 SGB V, § 20 Abs. 1 Satz 2 Nr. 2a i.V.m. Satz 1 SGB XI). Von der Versicherungspflicht erfasst sind sowohl diejenigen, die bisher auf Grund des Be-

[19] Gemeinsames Rundschreiben der Spitzenverbände der Krankenkassen vom 08.10.2004 zum Vierten Gesetz für moderne Dienstleistungen am Arbeitsmarkt; hier: Versicherungs-, Beitrags- und Melderecht in der Kranken- und Pflegeversicherung für Bezieher von Arbeitslosengeld II.

[20] BGBl I 2003, 2954.

zuges von Arbeitslosenhilfe versicherungspflichtig waren und künftig an Stelle der Arbeitslosenhilfe Arbeitslosengeld II erhalten, als auch diejenigen, die bisher Sozialhilfe bezogen haben und künftig, soweit sie erwerbsfähig sind, Arbeitslosengeld II bekommen. Bei der Durchführung der Versicherungspflicht ist zu berücksichtigen, dass diese nicht eintritt, sofern für den Bezieher von Arbeitslosengeld II eine Familienversicherung besteht. Versicherungspflicht ist im Übrigen ausgeschlossen, wenn Arbeitslosengeld II nur darlehensweise gezahlt wird.[21]

c. Zuständige Behörde für die Erbringung der Leistungen der Grundsicherung für Arbeitsuchende

Zuständig für die Erbringung der Leistungen der Grundsicherung für Arbeitsuchende ist die nach § 44b Abs. 1 SGB II zu errichtende Arbeitsgemeinschaft, die aus den Trägern der Leistung nach § 6 Abs. 1 Satz 1 Nr. 1 SGB II (Bundesagentur für Arbeit) und nach § 6 Abs. 1 Satz 1 Nr. 2 SGB II (Kommunale Träger) gebildet wird. 18

Durch das Gesetz zur optionalen Trägerschaft von Kommunen nach dem Zweiten Buch des Sozialgesetzbuchs (Kommunales Optionsgesetz) vom 30.07.2004[22] haben die Kreise und kreisfreien Städte die Möglichkeit erhalten, die Aufgaben der Agenturen für Arbeit nach dem SGB II auszuführen. Machen sie von ihrem Optionsrecht nach § 6a SGB II Gebrauch, haben sie dann auch das Beitrags- und Meldeverfahren für die Bezieher von Arbeitslosengeld II zu vollziehen. Sofern Kommunen sich weder an der Arbeitsgemeinschaft nach § 44 Abs. 1 SGB II beteiligen noch vom Optionsrecht nach § 6a SGB II Gebrauch machen, ergibt sich eine geteilte Zuständigkeit für die Leistungserbringung. Die Kommune gewährt dann ausschließlich Leistungen für Unterkunft und Heizung nach § 22 SGB II. In diesen Fällen übernimmt die Bundesagentur für Arbeit allerdings das Beitrags- und Meldeverfahren.[23] 19

2. Inhalt der Meldungen, Meldefrist

Für den Inhalt der Meldungen der Arbeitsämter gilt § 28a Abs. 1 und Abs. 3 SGB IV entsprechend. Dabei sind bei den nach § 5 Abs. 1 Nr. 2 und 2 a SGB V Versicherungspflichtigen anstelle der das Beschäftigungsverhältnis betreffenden Daten vor allem Beginn und Ende des Leistungsbezugs zu melden. Aber auch eine Ruhenszeit wegen Urlaubsabgeltung nach § 143 Abs. 2 SGB III oder die Verhängung einer Sperrzeit nach § 144 SGB III und deren Beginn sind meldepflichtig, nachdem ab dem 2. Monat einer solchen Ruhens- oder Sperrzeit Versicherungspflicht in der GKV besteht. Die pauschale Verweisung erfasst auch § 28a Abs. 2 SGB IV, so dass auch die Jahresmeldung zu erstatten ist (wie auch § 191 Satz 1 SGB VI für die gesetzliche Rentenversicherung bestätigt, die hinsichtlich der anzuwendenden Absätze des § 28a SGB IV differenziert, aber Absatz 2 einbezieht). Die Mitteilungspflicht über den Inhalt der Meldung nach § 28a SGB IV gilt entsprechend. 20

Bestimmte Fristen für die Abgabe der Meldungen nach § 203a SGB V sind nicht ausdrücklich vorgesehen. Deshalb sind alle abzugebenden Meldungen unverzüglich zu erstatten, sobald das Ereignis, das die Meldung auslöst, eingetreten ist. Dadurch wird eine ordnungsgemäße Durchführung der Versicherung der Bezieher von Arbeitslosengeld II gewährleistet. 21

a. Anmeldepflichtige Tatbestände

Anmeldungen sind bei folgenden Tatbeständen erforderlich:[24] 22

- Beginn des Leistungsbezugs (auch bei Wechsel der Leistungsartgruppe),
- Beginn der Sperrzeit-Krankenversicherung (bei einer Sperrzeit unmittelbar vor Leistungsbeginn enthalten diese Meldungen auch den für die Anwendung des § 49 Abs. 1 Nr. 3 SGB V erheblichen Sperrzeitruhenszeitraum),
- Beginn eines Ruhenszeitraums,

---

[21] Gemeinsames Rundschreiben der Spitzenverbände der Krankenkassen vom 08.10.2004 zum Vierten Gesetz für moderne Dienstleistungen am Arbeitsmarkt; hier: Versicherungs-, Beitrags- und Melderecht in der Kranken- und Pflegeversicherung für Bezieher von Arbeitslosengeld II.

[22] BGBl I 2004, 2014.

[23] Gemeinsames Rundschreiben der Spitzenverbände der Krankenkassen vom 08.10.2004 zum Vierten Gesetz für moderne Dienstleistungen am Arbeitsmarkt; hier: Versicherungs-, Beitrags- und Melderecht in der Kranken- und Pflegeversicherung für Bezieher von Arbeitslosengeld II.

[24] Vgl. im Einzelnen: Gemeinsames Rundschreiben der Arbeitsgemeinschaft der Spitzenverbände der Krankenkassen v. 14.12.2004 betr. Drittes Gesetz für moderne Dienstleistungen am Arbeitsmarkt (hier: Kranken-, Pflege- und Rentenversicherung der Leistungsbezieher nach dem SGB III ab 01.01.2005), Titel D.I.2.1. „Anmeldungen".

- Weitergewährung der Leistung nach Unterbrechung des Bezuges durch Sperrzeit (§ 144 SGB III),
- Wechsel der Krankenkassenzuständigkeit während des Leistungsbezuges (eine Anmeldung wird nicht erstellt, wenn der Mitgliederbestand einer Krankenkasse vollständig von einer anderen Krankenkasse übernommen wird),
- Anmeldung wegen sonstiger Gründe, z.B. Weitergewährung einer Leistung nach Unterbrechung.

23 Der Beginn des Bezuges von Arbeitslosengeld II ist selbst dann ein nach § 203a SGB V meldepflichtiger Tatbestand, wenn die Familienversicherung die Versicherungspflicht verdrängt. Durch diese Meldung des Leistungsträgers wird sichergestellt, dass die Krankenkassen jederzeit die Möglichkeit haben – also auch bereits bei der Anmeldung wegen des Bezuges von Arbeitslosengeld II – zu prüfen, ob seitens des Leistungsträgers die Familienversicherung zutreffend beurteilt wurde. Die Anmeldung durch den Leistungsträger nach dem SGB II mit der Kennung Familienversicherung ersetzt nicht die Prüfung der Familienversicherung durch die Krankenkassen.[25]

24 Änderungsmeldungen sind bei folgenden Tatbeständen erforderlich:[26]
- Namensänderung,
- Anschriftenänderung,
- Änderung der Staatsangehörigkeit.

25 Abmeldungen sind bei folgenden Tatbeständen erforderlich:[27]
- Beendigung des Leistungsbezuges (auch bei Wechsel der Leistungsartgruppe),
- Ablauf der Sperrzeit-Krankenversicherung,
- Ende eines Ruhenszeitraums,
- Unterbrechung des Leistungsbezuges durch Eintritt einer Sperrzeit (§ 144 SGB III),
- Wechsel der Krankenkassenzuständigkeit während des Leistungsbezuges (eine Abmeldung wird nicht erstellt, wenn der Mitgliederbestand einer Krankenkasse vollständig von einer anderen Krankenkasse übernommen wird),
- Beendigung während der Sperrzeit-Krankenversicherung (Wegfall der Anspruchsvoraussetzungen).

26 Anmeldungen sind in folgenden Fällen zu stornieren:[28]
- Fehlversicherung, wenn eine Mitgliedschaft nicht begründet wurde,
- Wegfall der Anspruchsvoraussetzungen spätestens mit Beginn des Leistungsbezugs (ohne Zahlung), wenn eine Anmeldung bereits erstellt worden ist; ggf. enthält diese Meldung auch den berichtigten Sperrzeitruhenszeitraum für eine Sperrzeit unmittelbar vor dem Leistungsbeginn,
- Änderung bei nachträglicher Erfüllung eines Arbeitsentgeltanspruchs durch den Arbeitgeber,
- Änderung des Leistungsbeginns (z.B. Vorverlegung durch Wegfall eines Ruhenstatbestandes); die bisherige Anmeldung wird storniert und eine neue Anmeldung erstellt,
- Wegfall der Anspruchsvoraussetzungen vor oder mit Beginn des Sperrzeit-Krankenversicherung-Zeitraumes. Die Meldung enthält auch den für die Anwendung des § 49 Abs. 1 Nr. 3 SGB V erheblichen Sperrzeitruhenszeitraum.

27 Abmeldungen sind in folgenden Fällen zu stornieren:[29]
- Änderung bei Rückforderung gewährter Leistungen,
- Änderung bei nachträglicher Erfüllung eines Arbeitsentgeltanspruchs durch den Arbeitgeber,

---

[25] Gemeinsames Rundschreiben der Spitzenverbände der Krankenkassen vom 08.10.2004 zum Vierten Gesetz für moderne Dienstleistungen am Arbeitsmarkt; hier: Versicherungs-, Beitrags- und Melderecht in der Kranken- und Pflegeversicherung für Bezieher von Arbeitslosengeld II.

[26] Vgl. Gemeinsames Rundschreiben der Arbeitsgemeinschaft der Spitzenverbände der Krankenkassen v. 14.12.2004 betr. Drittes Gesetz für moderne Dienstleistungen am Arbeitsmarkt (hier: Kranken-, Pflege- und Rentenversicherung der Leistungsbezieher nach dem SGB III ab 01.01.2005), Titel D.I.2.2 „Änderungsmeldungen".

[27] Vgl. Gemeinsames Rundschreiben der Arbeitsgemeinschaft der Spitzenverbände der Krankenkassen v. 14.12.2004 betr. Drittes Gesetz für moderne Dienstleistungen am Arbeitsmarkt (hier: Kranken-, Pflege- und Rentenversicherung der Leistungsbezieher nach dem SGB III ab 01.01.2005). Titel D. I.1.2.3. „Abmeldungen".

[28] Vgl. Gemeinsames Rundschreiben der Arbeitsgemeinschaft der Spitzenverbände der Krankenkassen v. 14.12.2004 betr. Drittes Gesetz für moderne Dienstleistungen am Arbeitsmarkt (hier: Kranken-, Pflege- und Rentenversicherung der Leistungsbezieher nach dem SGB III ab 01.01.2005), Titel D.I.2.4. „Stornierung von Anmeldungen".

[29] Vgl. Gemeinsames Rundschreiben der Arbeitsgemeinschaft der Spitzenverbände der Krankenkassen v. 14.12.2004 betr. Drittes Gesetz für moderne Dienstleistungen am Arbeitsmarkt (hier: Kranken-, Pflege- und Rentenversicherung der Leistungsbezieher nach dem SGB III ab 1.1.2005), Titel D.I.2.5. „Stornierung von Abmeldungen".

- Wegfall der Anspruchsvoraussetzungen vor oder mit dem Beginn des Sperrzeit-Krankenversicherung-Zeitraumes,
- Wegfall der Anspruchsvoraussetzungen während des Sperrzeit-Krankenversicherung-Zeitraumes.

Zur Abstimmung der Bestände der gemäß § 5 Abs. 1 Nr. 2 SGB V versicherten Mitglieder der Krankenkassen erstellt die Bundesagentur auf Anforderung der Krankenkassen Bestandsmeldungen auf der Grundlage des EDV-Datenbestandes für alle Versicherten, für die Anmeldungen an die Krankenkassen übermittelt und bis einschließlich 31.08. des Jahres keine Abmeldungen erstellt wurden. 28

b. Meldungen in Übergangsfällen

aa. Abmeldungen bei Wegfall der Arbeitslosenhilfe oder bei Wegfall der Eingliederungshilfe

Für bisher versicherungspflichtige Bezieher von Arbeitslosenhilfe, die vom 01.01.2005 an Arbeitslosengeld II erhalten, erstattet die Bundesagentur für Arbeit als (bisheriger) Träger der Leistung nach dem SGB III eine Abmeldung nach den Bestimmungen des DÜBAK-Verfahrens für Bezieher von SGB III-Leistungen. Ergibt sich für die maßgeblichen Versicherten die Zuständigkeit der Bundesagentur für Arbeit nach § 6 Abs. 1 SGB II bei Bezug von Arbeitslosengeld II, meldet sie diesen Versicherten nach den Bedingungen des DÜBAK-Verfahrens, die für Bezieher von Arbeitslosengeld II gelten, bei der zuständigen Krankenkasse (wieder) an.[30] 29

Ist der zugelassene kommunale Träger Leistungsträger im Sinne von § 6a SGB II zuständig, wird dieser die Anmeldung gegenüber der Krankenkasse erstatten, sofern Arbeitslosengeld II bewilligt wird. Gleiches gilt, sofern eine Kommune im Rahmen des § 65a SGB II für die erstmalige Bewilligung von Arbeitslosengeld II zuständig ist. 30

Für bisher versicherungspflichtige Bezieher von Arbeitslosenhilfe, die wegen mangelnder Bedürftigkeit kein Arbeitslosengeld II erhalten, erstattet die Bundesagentur für Arbeit als (bisheriger) Träger der Leistung nach dem SGB III eine Abmeldung nach den Bestimmungen des DÜBAK-Verfahrens für Bezieher von SGB III-Leistungen. Mit einer Anschlussmeldung eines Leistungsträgers nach dem SGB III kann in diesen Fällen nicht gerechnet werden. Für die Krankenkassen ist aus der Abmeldung nicht erkennbar, aus welchem Grund die Arbeitslosenhilfe letztlich endet und ob mit einer Folgemeldung der Bundesagentur für Arbeit oder eines zugelassenen kommunalen Trägers zu rechnen ist. Die Krankenkassen sollten zur Klärung der Versicherungsverhältnisse und zur Prüfung der Frage, ob für den Versicherten eine freiwillige Versicherung nach § 9 Abs. 1 Satz 1 Nr. 1 SGB V oder eine Familienversicherung in Frage kommt, die nicht die Ursache in dem Bezug von Arbeitslosengeld II hat, geeignete Maßnahmen treffen. 31

Die vorstehenden Ausführungen gelten für die Bezieher von Eingliederungshilfe[31] entsprechend. Im Übrigen ist darauf hinzuweisen, dass bei Einführung des ALG II zum 01.01.2005 die erforderlichen Anmeldungen ebenfalls im Rahmen (maschineller) namentlicher individueller Einzelmeldungen erstattet werden. Die Anmeldungen sind von den Leistungsträgern unverzüglich abzugeben, sobald das ALG II bewilligt wurde. Allerdings können diese Meldungen frühestens ab dem Zahltermin für die erste ALG II-Zahlung (21./22.12.2004) an die Krankenkassen abgesetzt werden. 32

bb. Meldeverfahren bei Bezug von Unterhaltsgeld in Übergangsfällen[32]

Soweit über den 31.12.2004 hinaus Unterhaltsgeld in Form des umgewandelten Arbeitslosengeldes bei beruflicher Weiterbildung gemäß § 434j Abs. 8 SGB III bezogen wird, ist weder eine Abmeldung zum 31.12.2004 noch eine Anmeldung zum 01.01.2005 zu erstatten, denn im Rahmen des Meldeverfahrens wird dieser Sachverhalt weiterhin der Leistungsartgruppe „Unterhaltsgeld" zugeordnet. Gleiches gilt 33

---

[30] Gemeinsames Rundschreiben der Arbeitsgemeinschaft der Spitzenverbände der Krankenkassen v. 14.12.2004 betr. Drittes Gesetz für moderne Dienstleistungen am Arbeitsmarkt (hier: Kranken-, Pflege- und Rentenversicherung der Leistungsbezieher nach dem SGB III ab 1.1.2005), Titel D.I.4.1. „Abmeldungen bei Wegfall der Arbeitslosenhilfe oder bei Wegfall der Eingliederungshilfe".

[31] Behinderten Menschen werden von den Trägern der Sozialhilfe und nach dem Versorgungsrecht vielfältige Eingliederungshilfen gewährt. Hierzu gehören beispielsweise Versorgung mit Hilfsmitteln, Hilfe zu einer angemessenen Schul- oder Berufsausbildung. Die Bundesagentur für Arbeit stellt Arbeitgebern, die behinderte Menschen einstellen, Eingliederungszuschüsse zur Verfügung.

[32] Gemeinsames Rundschreiben der Arbeitsgemeinschaft der Spitzenverbände der Krankenkassen v. 14.12.2004 betr. Drittes Gesetz für moderne Dienstleistungen am Arbeitsmarkt (hier: Kranken-, Pflege- und Rentenversicherung der Leistungsbezieher nach dem SGB III ab 01.01.2005), Titel D.I.4.2. „Meldeverfahren bei Bezug von Unterhaltsgeld in Übergangsfällen".

für die Weiterzahlung des Unterhaltsgelds in Höhe der Arbeitslosenhilfe gemäß § 434j Abs. 10 Satz 1 SGB III.

34 Soweit über den 31.12.2004 hinaus Unterhaltsgeld in Form des umgewandelten Arbeitslosengeldes bei beruflicher Weiterbildung gemäß § 434j Abs. 8 SGB III bezogen wird, erhalten die Krankenkassen bei Ende des Leistungsbezuges eine Abmeldung entweder mit dem Beendigungsgrund „Ablauf der Maßnahme" oder mit dem Beendigungsgrund „sonstiger Grund". Der Bezug von Arbeitslosengeld bei beruflicher Weiterbildung, das gemäß § 6 Abs. 1 BerRehaG i.V.m. § 117 SGB III nur für die Dauer einer Bildungsmaßnahme gewährt wird und mit dieser endet, wird mit dem Beendigungsgrund „55" abgemeldet.

35 Soweit über den 31.12.2004 hinaus Unterhaltsgeld in Höhe der Arbeitslosenhilfe gemäß § 434j Abs. 10 Satz 1 SGB III bezogen wird, erhalten die Krankenkassen bei Ende des Leistungsbezuges eine Abmeldung mit dem Beendigungsgrund „82" (Ablauf des Bewilligungsabschnittes) oder mit dem Beendigungsgrund „83" (Ablauf der Maßnahme) oder mit dem Beendigungsgrund „55" (sonstiger Grund).

c. Anschlussmeldungen[33]

36 Für bisher versicherungspflichtige Leistungsbezieher im Sinne von § 434j Abs. 8 oder Abs. 10 Satz 1 SGB III, die vom 01.01.2005 an Arbeitslosengeld II erhalten, erstattet die Bundesagentur für Arbeit als (bisheriger) Träger der Leistung nach dem SGB III eine Abmeldung. Ergibt sich für die maßgeblichen Versicherten die Zuständigkeit der Bundesagentur für Arbeit nach § 6 Abs. 1 SGB II bei Bezug von Arbeitslosengeld II, meldet sie diesen Versicherten nach den Bedingungen des DÜBAK-Verfahrens, die für Bezieher von Arbeitslosengeld II gelten, bei der zuständigen Krankenkasse (wieder) an.

37 Ist der zugelassene kommunale Träger Leistungsträger im Sinne von § 6a SGB II, wird dieser bei der Bewilligung von Arbeitslosengeld II die Anmeldung gegenüber der Krankenkasse vornehmen. Gleiches gilt, sofern eine Kommune im Rahmen des § 65a SGB II für die erstmalige Bewilligung von Arbeitslosengeld II zuständig ist.

38 Für bisher versicherungspflichtige Leistungsbezieher im Sinne von § 434j Abs. 8 oder Abs. 10 Satz 1 SGB III, die nach dem Ende dieser Leistungen wegen mangelnder Bedürftigkeit kein Arbeitslosengeld II erhalten, erstattet die Bundesagentur für Arbeit als (bisheriger) Träger der Leistung nach dem SGB III eine Abmeldung. Mit einer Anschlussmeldung eines Leistungsträgers nach dem SGB II kann in diesen Fällen nicht gerechnet werden. Für die Krankenkassen ist aus der Abmeldung nicht erkennbar, aus welchem Grund der Leistungsbezug letztlich endet und ob mit einer Folgemeldung der Bundesagentur oder eines zugelassenen kommunalen Trägers zu rechnen ist. Die Krankenkassen sollten zur Klärung der Versicherungsverhältnisse und zur Prüfung der Frage, ob für den Versicherten eine freiwillige Versicherung nach § 9 Abs. 1 Satz 1 Nr. 1 SGB V oder eine Familienversicherung in Frage kommt, die nicht die Ursache in dem Bezug von Arbeitslosengeld II hat, geeignete Maßnahmen treffen.

3. Aufgaben der Einzugsstellen

39 Die Aufgaben der Einzugsstellen nach § 28b Abs. 1 SGB IV gelten entsprechend mit Ausnahme der Weiterleitungsverpflichtung. Form und Übermittlung der Meldungen der Arbeitsämter können aufgrund der Verweisung grundsätzlich auch in den gemeinsamen Grundsätzen nach § 28b Abs. 2 SGB IV geregelt werden; allerdings erscheinen auch Vereinbarungen zwischen den Spitzenverbänden der Krankenkasse und der Bundesagentur für Arbeit ausreichend.

4. Verordnungsermächtigung

40 Die Verweisung erfasst auch die Verordnungsermächtigung in § 28c SGB IV, die insbesondere Grundlage für die DEÜV ist. Danach können insbesondere die Meldefrist bestimmt und Verfahrensregelungen getroffen werden; aber auch Abweichungen beim Inhalt der Meldung sind zulässig. § 28c SGB IV gilt für die Kranken-, Pflege- und Rentenversicherung sowie das Recht der Arbeitsförderung. Nicht anwendbar ist die Regelung für die Unfallversicherung sowie für die Alterssicherung der Landwirte. § 28c SGB IV wird in einigen Bereichen für entsprechend anwendbar erklärt (vgl. z.B. § 200 Abs. 1 SGB V).

---

[33] Gemeinsames Rundschreiben der Arbeitsgemeinschaft der Spitzenverbände der Krankenkassen v. 14.12.2004 betr. Drittes Gesetz für moderne Dienstleistungen am Arbeitsmarkt (hier: Kranken-, Pflege- und Rentenversicherung der Leistungsbezieher nach dem SGB III ab 01.01.2005), Titel D.I.4.2. „Meldeverfahren bei Bezug von Unterhaltsgeld in Übergangsfällen".

§ 204 SGB V Meldepflichten bei Einberufung zum Wehrdienst oder Zivildienst

(Fassung vom 22.04.2005, gültig ab 30.04.2005)

(1) Bei Einberufung zu einem Wehrdienst hat bei versicherungspflichtig Beschäftigten der Arbeitgeber und bei Arbeitslosen die Agentur für Arbeit den Beginn des Wehrdienstes sowie das Ende des Grundwehrdienstes und einer Wehrübung oder einer Dienstleistung oder Übung nach dem Vierten Abschnitt des Soldatengesetzes der zuständigen Krankenkasse unverzüglich zu melden. Das Ende eines Wehrdienstes nach § 4 Abs. 1 Nr. 6 des Wehrpflichtgesetzes hat das Bundesministerium der Verteidigung oder die von ihm bestimmte Stelle zu melden. Sonstige Versicherte haben die Meldungen nach Satz 1 selbst zu erstatten.

(2) Absatz 1 gilt für den Zivildienst entsprechend. An die Stelle des Bundesministeriums der Verteidigung tritt das Bundesamt für den Zivildienst.

Gliederung

A. Basisinformationen

I. Normgeschichte/Vorgängervorschrift

1 § 204 Abs. 1 SGB V übernimmt inhaltlich § 209a Abs. 3 RVO, während Absatz 2 der Vorschrift § 209a Abs. 5 Satz 1 RVO entspricht.[1] Nunmehr wird jedoch klargestellt, dass der Bundesminister der Verteidigung oder die von ihm bestimmte Stelle nicht das Ende einer Wehrübung (§ 4 Abs. 1 Nr. 1 des Wehrpflichtgesetzes), sondern das Ende des Wehrdienstes in der Verfügungsbereitschaft (§ 4 Abs. 1 Nr. 2 des Wehrpflichtgesetzes) und des unbefristeten Wehrdienstes im Verteidigungsfall (§ 4 Abs. 1 Nr. 4 des Wehrpflichtgesetzes) zu melden hat.[2]

2 Der Referentenentwurf vom 20.01.1988 entsprach der späteren Endfassung.[3] Der Bundesrat hat keine Änderungswünsche.[4] In Kraft getreten ist § 204 SGB V am 01.01.1989.[5] Durch Gesetz vom 24.07.1995 ist mit Wirkung vom 29.07.1997 Absatz 1 Satz 1 ergänzt worden um den Hinweis auf Dienstleistung oder Übung nach den §§ 51a und 54 Abs. 5 SoldG.[6] Die Vorschrift gilt ab 01.01.1991 ohne weitere Maßgabe auch in dem in Art. 3 des Einigungsvertrages[7] genannten Gebiet (§ 308 Abs. 1 Satz 1 SGB V). § 204 Abs. 1 Satz 2 und Abs. 2 Satz 2 SGB V wurde redaktionell geändert mit Wirkung vom 07.11.2001 durch Art 216 Nr. 1 der 7. ZustAnpVO v 29.10.2001[8]. In Absatz 1 Satz 1 wurde der Bezeichnung „Arbeitsamt" durch „Agentur für Arbeit" ersetzt mit Wirkung vom 01.01.2004 durch Art. 4 Nr. 3 Drittes Gesetz für moderne Dienstleistungen am Arbeitsmarkt vom 23.12.2003[9]. Durch Art. 20 Nr. 3 Streitkräftereserve-Neuordnungsgesetz (SkResNOG) v. 22.04.2005[10] wurden mit Wir-

---

[1] Amtl. Begr. zu § 213 des RegE, der als § 204 unverändert Gesetz geworden ist.
[2] Vgl. amtliche Begründung zu § 204 SGB V in BT-Drs. 11/2237, S. 219.
[3] Vgl. BT-Drs. 11/2237.
[4] *Peters*, KassKomm, § 204 Rn. 4.
[5] Vgl. GRG Art. 79 Abs. 1 (BGBl I 1988, 2477, 2596).
[6] Art. 18 Nr. 3 und Art. 24 des Gesetzes (BGBl I 1995, 962).
[7] Gesetz v. 23.09.1990, BGBl II 1995, 885.
[8] BGBl I 2001, 2785, 2831.
[9] BGBl I 2003, 2848.
[10] BGBl I 2005, 1106.

kung vom 30.04.2005 in Absatz 1 Satz 1 die Wörter „von länger als drei Tagen“ gestrichen, die Aufzählung einzelner Vorschriften durch die Bezugnahme auf den Vierten Abschnitt des Soldatengesetzes ersetzt sowie in Absatz 1 Satz 2 die Angabe „§ 4 Abs. 1 Nr. 2 und 4“ durch die Angabe „§ 4 Abs. 1 Nr. 6“ ersetzt.

II. Parallelvorschriften

3 Nach § 28 KVLG 1989 (Gesetz über die Krankenversicherung der Landwirte)[11] gilt für die Meldepflicht bei Einberufung zum Wehrdienst oder Zivildienst § 204 SGB V entsprechend.

III. Systematische Einordnung

4 Eine ordnungsgemäße Durchführung der gesetzlichen Krankenversicherung ist nur möglich, wenn die Krankenkassen die für die Rechte und Pflichten aus dem Versicherungsverhältnis notwendigen Daten erhalten. Dies soll durch die §§ 198-205 SGB V über die Meldepflichten sichergestellt werden, die ergänzt werden durch die Auskunfts- und Mitteilungspflichten des Versicherten nach § 206 SGB V und die Auskunftspflicht des Arbeitgebers nach § 98 SGB X. Darüber hinaus sind die Meldepflichten nach den §§ 198 ff. SGB V in Zusammenhang zu sehen mit den §§ 28a-28r, 95-110 SGB IV, den §§ 67-85a SGB X (Schutz der Sozialdaten), den §§ 284-305 SGB V (Versicherungs- und Leistungsdaten, Datenschutz), den §§ 93-109 SGB XI (Datenschutz und Statistik), § 307 SGB V und den §§ 111-113 SGB IV über Bußgeldvorschriften. Die Zweite Datenerfassungs-Verordnung vom 29.05.1980[12] und die Zweite Datenübermittlungsverordnung vom 29.05.1980[13] sind durch die Verordnung über die Erfassung und Übermittlung von Daten für die Träger der Sozialversicherung (Datenerfassungs- und -übermittlungsverordnung – DEÜV[14]) vom 10.02.1998 ersetzt worden. Die DEÜV ist am 01.01.1999 in Kraft getreten. In § 40 DEÜV sind Einzelheiten der Meldung von Zeiten des Wehr- und Zivildienstes geregelt.

5 Die Meldepflichten des § 204 SGB V dienen der Information der Krankenkasse wegen der Besonderheiten der Krankenversicherung bei Wehr- und Zivildienst: Gemäß § 193 SGB V besteht in diesen Fällen die Mitgliedschaft fort, und die nach § 244 SGB V ermäßigten Beiträge für Wehrdienst- und Zivildienstleistende werden vom Bund getragen (§ 251 Abs. 4 SGB V).

6 Art. 12a GG verpflichtet alle Männer vom 18. Lebensjahr an zum Dienst in den Streitkräften, im Bundesgrenzschutz oder in einem Zivilschutzverband. Die Dauer der Wehrpflicht regelt das Wehrpflichtgesetz (WPflG). Die Wehrpflicht besteht bis zum 45., im Verteidigungsfall bis zum 60. Lebensjahr. Wer den Kriegsdienst mit der Waffe aus Gewissensgründen verweigert, muss als Ersatz Zivildienst leisten. Zivildienst wird in gemeinnützigen Einrichtungen abgeleistet, seine Dauer entspricht der Dauer des Wehrdienstes (9 Monate). § 204 Abs. 1 SGB V nimmt auf Teile des Wehrpflichtgesetzes vom 21.07.1956[15] und den Vierten Abschnitt des Soldatengesetzes[16] (§§ 59 ff. Soldatengesetz) Bezug. Das Soldatengesetz regelt die Rechtsstellung der Soldaten der deutschen Bundeswehr. Es bestimmt die Rechte und Pflichten der Soldaten, die Begründung und die Beendigung des Dienstverhältnisses der Berufssoldaten und der Soldaten auf Zeit, die Rechtsstellung der Soldaten, die auf Grund der Wehrpflicht Wehrdienst leisten, sowie die Rechtsstellung der früheren Berufssoldaten, der früheren Soldaten auf Zeit und der Freiwilligen bei Heranziehung zu Dienstleistungen.

7 Bei versicherungspflichtig Beschäftigten, die Wehrdienst oder Zivildienst leisten und denen Arbeitsentgelt weiterzugewähren ist (§ 193 Abs. 1 und 3 SGB V), wird der vom Bund zu tragende Beitrag auf ein Drittel des Beitrags ermäßigt, der vor der Einberufung zuletzt zu entrichten war (§ 244 Abs. 1 Satz 1 Nr. 1 SGB V). Bei den übrigen Versicherungspflichtigen sowie bei freiwillig Versicherten, die Wehrdienst oder Zivildienst leisten, ermäßigt sich der Beitrag auf ein Zehntel des Beitrags, der zuletzt vor der Einberufung maßgebend war (§ 244 Abs. 1 Satz 1 Nr. 2 SGB V). Der Bund zahlt den Trägern der Kranken- und Pflegeversicherung die Beiträge im Rahmen der Krankenversicherungs-/Pflegever-

---

[11] V. 10.08.1972, BGBl I 1972, 1433.

[12] BGBl I 1980, 593.

[13] BGBl I 1980, 1499.

[14] In der Fassung der Bekanntmachung v. 23.01.2006 (BGBl I 2006, 152).

[15] BGBl I 1956, 651, zuletzt geändert durch Art. 1 des „Streitkräftereserve-Neuordnungsgesetzes“ v. 22.04.2005 (BGBl I 2005, 1106).

[16] BGBl I 1956, 114; neugefasst durch Bek. v. 30.05.2005 (BGBl I 2005, 1482); geändert durch Art. 3 Abs. 12 Gesetz v. 14.08.2006 (BGBl I 2006, 1897).

sicherungs-Pauschalbeitragsverordnung vom 03.03.1998[17]. Durch § 244 Abs. 1 Satz 2 SGB V wird klargestellt, dass sich hinsichtlich der auf die Rente, die Versorgungsbezüge und das Arbeitseinkommen entfallenden Beiträge, die vom Versicherten zu tragen sind, für die Dauer des Wehrdienstes oder Zivildienstes keine Veränderung ergibt. Eine Ermäßigung dieser Beiträge kommt nicht in Betracht. Die Beitragshöhe richtet sich insoweit nach den §§ 247 und 248 SGB V. Gleiches gilt bei Personen, die Dienstleistungen oder Übungen nach dem Vierten Abschnitt des Soldatengesetzes verrichten.[18]

IV. Literaturhinweise

Noell/Deisler, Die Krankenversicherung der Landwirte, 2001; *Maaßen/Schermer/Wiegand/Zipperer*, SGB V, Gesetzliche Krankenversicherung, Kommentar, Loseblatt; *Steffens*, Meldeverfahren in der Sozialversicherung, WzS 1998, 353. 8

B. Auslegung der Norm

I. Regelungsgehalt

Die Vorschrift regelt Meldepflichten bei Beginn und Ende des Wehr- und Zivildienstes sowie Dienstleistungen und Übungen im Sinne des Vierten Abschnitts des Soldatengesetzes.[19] Die Meldepflicht bei Einberufung zum Wehrdienst oder Zivildienst trifft bei versicherungspflichtigen Beschäftigten nach § 205 Abs. 1 Satz 1 den Arbeitgeber, bei Arbeitslosen nach § 204 Abs. 1 Satz 1 die Agentur für Arbeit. Sonstige Versicherte haben die Meldung selbst zu erstatten. Neben der Meldung über den Beginn des Wehr-/Zivildienstes ist eine Unterbrechungsmeldung zum letzten Tag der Entgeltzahlung abzugeben. 9

Die Meldungen stehen in Zusammenhang mit § 193 SGB V (Fortbestand der Mitgliedschaft), mit beitragsrechtlichen Sonderregelungen für diese Personen nach § 244 SGB V (Ermäßigter Beitragssatz) und der Beitragstragungspflicht durch den Bund gemäß § 251 Abs. 4 SGB V. Die ordnungsgemäße Durchführung der Krankenversicherung dieser Personen soll durch die Meldepflichten gewährleistet werden. 10

II. Erläuterung und Zweck der Norm

1. Wehrdienst, Dienstleistungen und Übungen im Sinne des Vierten Abschnitts des Soldatengesetzes

Gemäß § 4 Abs. 1 WPflG umfasst der aufgrund der Wehrpflicht zu leistende Wehrdienst den Grundwehrdienst (§ 5 WPflG), die Wehrübungen (§ 6 WPflG), die besondere Auslandsverwendung (§ 6a WPflG), den freiwilligen zusätzlichen Wehrdienst im Anschluss an den Grundwehrdienst (§ 6b WPflG), die Hilfeleistung im Innern (§ 6c WPflG) und den unbefristeten Wehrdienst im Spannungs- und Verteidigungsfall. 11

Die Wehrpflicht wird durch den Wehrdienst oder im Falle des § 1 des Kriegsdienstverweigerungsgesetzes durch den Zivildienst erfüllt (vgl. § 3 Abs. 1 Satz 1 WPflG). 12

Der Wehrdienst beginnt im Allgemeinen am Tage des Dienstantritts und endet am letzten Tage des Wehrdienstes. Zu ihm gehört auch die für die Hin- und Rückreise nötige Zeit.[20] In jedem Falle muss der Wehrdienst länger als 3 Tage dauern, um die Meldepflichten des § 204 SGB V auszulösen. Bei einem Wehrdienst von nicht länger als 3 Tagen wird das versicherungspflichtige Beschäftigungsverhältnis nicht berührt, weil der Arbeitgeber den versicherten Angestellten, Arbeiter oder Auszubildenden unter Fortzahlung des Arbeitsentgelts von der Arbeitsleistung freizustellen hat.[21] 13

Wehrpflichtig sind gemäß § 1 Abs. 1 WPflG alle Männer vom vollendeten 18. Lebensjahr an, die Deutsche im Sinne des Grundgesetzes sind und ihren ständigen Aufenthalt in der Bundesrepublik Deutschland haben (Nr. 1) oder ihren ständigen Aufenthalt außerhalb der Bundesrepublik Deutschland 14

---

[17] BGBI I 1998, 392.

[18] Gemeinsames Rundschreiben der Spitzenverbände der Krankenkassen v. 01.10.2005 zur Krankenversicherung und Pflegeversicherung der Rentner 2.2.1.3.2. Wehr und Zivildienstleistende, unter Titel 2.2.1.3.2. „Wehr und Zivildienstleistende".

[19] V. 19.08.1975 (BGBl I 1975, 2273).

[20] *Peters*, KV (SGB V), 19. Aufl., 22. Lfg. § 204, Rn. 10.

[21] § 11 Abs. 1 Satz 1 Arbeitsplatzschutzgesetz i.d.F. der Bekanntmachung v. 14.04.1980, BGBl I 1980, 425, zuletzt geändert durch Gesetz v. 25.09.1996, BGBl I 1996, 1476.

haben (Nr. 2) und entweder ihren früheren ständigen Aufenthalt in der Bundesrepublik Deutschland hatten (a) oder einen Pass oder eine Staatsangehörigkeitsurkunde der Bundesrepublik (b) Deutschland besitzen oder sich auf andere Weise ihrem Schutz unterstellt haben.

15 Dienstleistungen und Übungen im Sinne des Vierten Abschnitts des Soldatengesetzes sind befristete Übungen (§ 61 Soldatengesetz), besondere Auslandsverwendungen (§ 62 Soldatengesetz), Hilfeleistungen im Innern (§ 63 Soldatengesetz), unbefristete Übungen, die von der Bundesregierung als Bereitschaftsdienst angeordnet worden sind, und unbefristeter Wehrdienst im Spannungs- und Verteidigungsfall.

16 „Unverzüglich" bedeutet ohne schuldhaftes Zögern (vgl. § 121 Abs. 1 Satz 1 BGB).

17 Bei Einberufung zum Wehr- oder Zivildienst von Beschäftigten im Beitrittsgebiet sind das Ende der Beschäftigung und das bis dahin erzielte Arbeitsentgelt sowie der Tag des Beginns des Wehr- oder Zivildienstes in den Ausweis für Arbeit und Sozialversicherung einzutragen.[22]

a. Fristberechnung

18 Liegt zwischen dem letzten Tag der Beschäftigung und dem ersten Tag des Wehr-/Zivildienstes ein arbeitsfreier Zeitraum (z.B. ein Wochenende oder ein gesetzlicher Feiertag), so bleibt das Versicherungsverhältnis für diese Zeit, wie auch bei einem unbezahlten Urlaub bis zur Dauer von längstens einem Monat, bestehen.

b. Grenzschutz

19 Auf die Grenzschutzdienstpflichtigen sind die Vorschriften ebenfalls sinngemäß anzuwenden (§ 42a WPflG).

c. Sondermeldungen

20 Das Ende eines Wehrdienstes in der Verfügungsbereitschaft (§ 4 Abs. 1 Nr. 2 WPflG) sowie eines Wehrdienstes im Verteidigungsfall (§ 4 Abs. 1 Nr. 4 WPflG) ist der zuständigen Krankenkasse vom Bundesminister der Verteidigung zu melden (Absatz 1 Satz 2).

2. Zivildienst

21 Die oben geschilderten Meldepflichten beim Wehrdienst sind in Absatz 1 der Vorschrift geregelt. § 204 Abs. 2 Satz 1 SGB V ordnet die entsprechende Anwendung dieser Regelungen für den Zivildienst an. Gemäß § 1 des Zivildienstgesetzes (ZDG) erfüllen im Zivildienst anerkannte Kriegsdienstverweigerer Aufgaben, die dem Allgemeinwohl dienen, vorrangig im sozialen Bereich. Demgegenüber ist § 204 SGB V nicht anwendbar auf den Dienst im Katastrophenschutz, den wehrpflichtige Helfer beispielsweise bei der Freiwilligen Feuerwehr oder dem Technischen Hilfswerk ableisten, weil dabei das Versicherungsverhältnis nicht berührt wird (§ 9 Abs. 2 Satz 3 des Gesetzes über die Erweiterung des Katastrophenschutzes i.d.F. der Bekanntmachung vom 14.02.1990[23]).

22 In entsprechender Anwendung des § 204 Abs. 1 SGB V ist der Beginn des Zivildienstes bei versicherungspflichtig Beschäftigten vom Arbeitgeber oder (bei Arbeitslosen) vom Arbeitsamt, bei sonstigen Versicherten von diesen selbst zu melden. Unklar bleibt nach dem Gesetzeswortlaut, wer das Ende des Zivildienstes gegenüber der zuständigen Krankenkasse zu melden hat.[24] Nach § 204 Abs. 2 Satz 2 SGB V tritt an die Stelle des Bundesministers für Verteidigung das Bundesamt für den Zivildienst. Mangels Differenzierung nach verschiedenen Beendigungstatbeständen wie beim Wehrdienst kann man beim Zivildienst davon ausgehen, dass dessen Ende generell vom Bundesamt für den Zivildienst zu melden ist.

23 Das ZDG gilt im Beitrittsgebiet nach Maßgabe der Anlage I Kapitel X Sachgebiet C Abschnitt III Nr. 2 zum Einigungsvertrag vom 31.08.1990.[25]

3. Ordnungswidrigkeit

24 Kommen die zur Meldung Verpflichteten ihren Auskunfts- und Meldepflichten nicht ordnungsgemäß nach, wird der Tatbestand einer Ordnungswidrigkeit erfüllt. Diese kann mit einer Geldbuße bis zu 2.500 € geahndet werden (§ 307 Abs. 2 Nr. 1a und b SGB V; § 57 Abs. 1 KVLG 1989).

---

[22] *Schermer* in: Krauskopf, Soziale Krankenversicherung, Pflegeversicherung, Bd. 2, § 204 Rn. 10.

[23] BGBl I 1990, 229, zuletzt geändert durch Gesetz v. 15.12.1995, BGBl I 1995, 1726.

[24] *Bloch* in: v. Maydell, GKV-SGB V, Bd. 5, 55, § 204 Rn 8.

[25] BGBl II 1990, 889 (1074).

§ 205 SGB V Meldepflichten bestimmter Versicherungspflichtiger

(Fassung vom 20.12.1988, gültig ab 01.01.1989)

Versicherungspflichtige, die eine Rente der gesetzlichen Rentenversicherung oder der Rente vergleichbare Einnahmen (Versorgungsbezüge) beziehen, haben ihrer Krankenkasse unverzüglich zu melden

1. Beginn und Höhe der Rente,

2. Beginn, Höhe, Veränderungen und die Zahlstelle der Versorgungsbezüge sowie

3. Beginn, Höhe und Veränderungen des Arbeitseinkommens.

Gliederung

A. Basisinformationen

I. Normgeschichte/Vorgängervorschrift

Die Vorschrift regelt die Meldepflichten der Rentenbezieher und der Bezieher von Versorgungsbezügen. Sie entspricht § 317 Abs. 8 Satz l RVO, jedoch sind die Meldepflichten etwas erweitert worden. Der Referentenentwurf vom 20.01.1988 sprach ganz allgemein von den Meldepflichten der Versicherungspflichtigen.[1] Der Regierungsentwurf[2] gab der Vorschrift die Fassung, die auch der Endfassung entspricht. 1

In Kraft getreten ist § 205 SGB V am 01.01.1989.[3] Die Vorschrift gilt ab 01.01.1991 ohne weitere Maßgabe auch in dem in Art. 3 des Einigungsvertrages[4] genannten Gebiet (§ 308 Abs. 1 Satz 1 SGB V). 2

II. Parallelvorschriften

§ 31 KVLG 1989 (Gesetz über die Krankenversicherung der Landwirte)[5] regelt entsprechendes für Versicherungspflichtige, die eine Rente nach dem ALG (Gesetz über die Alterssicherung der Landwirte), eine Rente der gesetzlichen Rentenversicherung oder einer Rente vergleichbare Einnahmen (Versorgungsbezüge) beziehen. Beginn und Höhe der Rente (Nr. 1), Beginn, Höhe, Veränderung und die Zahlstelle der Versorgungsbezüge (Nr. 2), Beginn, Höhe und Veränderung des Arbeitseinkommens (Nr. 3) sind der landwirtschaftlichen Krankenkasse zu melden. 3

III. Systematische Einordnung

Eine ordnungsgemäße Durchführung der gesetzlichen Krankenversicherung ist nur möglich, wenn die Krankenkassen die für die Rechte und Pflichten aus dem Versicherungsverhältnis notwendigen Daten erhalten. Dies soll durch die §§ 198-205 SGB V über die Meldepflichten sichergestellt werden, die ergänzt werden durch die Auskunfts- und Mitteilungspflichten des Versicherten nach § 206 SGB V und 4

[1] *Peters*, KV (SGB V), 19. Aufl., 11. Lfg., § 205 Rn. 3.
[2] BT-Drs. 11/2237.
[3] Vgl. GRG Art. 79 Abs. 1 (BGBl I 1988, 2477, 2596).
[4] Gesetz v. 23.09.1990, BGBl II 1990, 885.
[5] V. 10.08.1972, BGBl I 1972, 1433.

die Auskunftspflicht des Arbeitgebers nach § 98 SGB X. Darüber hinaus sind die Meldepflichten nach §§ 198 ff. SGB V in Zusammenhang zu sehen mit den §§ 28a-28r, 95-110 SGB IV, den §§ 67-85a SGB X (Schutz der Sozialdaten), den §§ 284-305 SGB V (Versicherungs- und Leistungsdaten, Datenschutz), den §§ 93-109 SGB XI (Datenschutz und Statistik), § 307 SGB V und den §§ 111-113 SGB IV über Bußgeldvorschriften.

5 Die Meldepflichten bei Rentenantragstellung, Rentenbezug und Versorgungsbezügen regeln die §§ 201, 202 und 205 SGB V. Die Meldungen sollen einer reibungslosen Abwicklung des Beitragsverfahrens zwischen allen Beteiligten Gewähr leisten. Sie dienen der rechtzeitigen und vollständigen Erfassung aller beitragspflichtigen Einnahmen (vgl. die §§ 226 Abs. 1 Nr. 2-4, 237 Satz 1 sowie die §§ 232a Abs. 4, 233 Abs. 3, 234 Abs. 2, 235 Abs. 4, 236 Abs. 2 i.V.m. § 226 Abs. 1 Nr. 2-4 SGB V). Für die Meldungen der Pflegekassen an die Rentenversicherungsträger gilt § 201 SGB V entsprechend.

6 § 205 SGB V gilt nur für Versicherungspflichtige. Er gilt nur für Personen, die bereits eine der in § 205 SGB V genannten Leistungen erhalten. § 205 SGB V ergänzt insoweit die §§ 201, 202 SGB V. Die Meldepflicht des Mitglieds nach § 205 Nr. 1 und 2 SGB V tritt neben die entsprechende Meldepflicht der Rentenversicherungsträgers nach § 201 Abs. 4 Nr. 1 SGB V und der Zahlstellen nach § 202 Satz 1 SGB V.

7 Nach § 5 Abs. 1 Nr. 11, 11a und 12 SGB V sind Personen krankenversicherungspflichtig, die die Voraussetzungen für den Anspruch auf eine Rente aus der gesetzlichen Rentenversicherung erfüllen und diese Rente beantragt haben. Dabei ist es unerheblich, ob es sich um eine Rente wegen Alters, verminderter Erwerbsfähigkeit oder um eine Rente wegen Todes handelt. Die Versicherungspflicht tritt nach § 5 Abs. 1 Nr. 11 SGB V nur dann ein, wenn seit der erstmaligen Aufnahme einer Erwerbstätigkeit bis zur Stellung des Rentenantrags mindestens neun Zehntel der zweiten Hälfte des Zeitraums eine Mitgliedschaft in der gesetzlichen Krankenversicherung oder einer Familienversicherung nach § 10 SGB V oder § 7 KVLG 1989 bestand (Vorversicherungszeit). Für die Feststellung, ob der Rentenantragsteller die Vorversicherungszeit erfüllt, sieht der Krankenversicherung der Rentner-Meldevordruck nach § 201 Abs. 1 SGB V entsprechende Angaben vor. Für den Eintritt der Versicherungspflicht ist nicht erforderlich, dass die Rente tatsächlich ausgezahlt wird; es genügt, dass der Anspruch auf die Rente dem Grunde nach besteht.[6] Die Feststellung über das Vorliegen der Voraussetzungen für den Bezug der Rente trifft der zuständige Rentenversicherungsträger mit Erteilung des Rentenbescheides oder mit Aufnahme einer laufenden Vorschusszahlung. Die Entscheidung des Rentenversicherungsträgers ist für die Krankenkasse verbindlich.[7]

8 Familienversicherte, die einen Rentenantrag stellen und die Voraussetzungen für die Versicherungspflicht in der Krankenversicherung der Rentner nicht erfüllen, bleiben bis zum Beginn des Monats, für den die Rente erstmalig laufend gezahlt wird, beitragsfrei in der Familienversicherung versichert. Der weitere Anspruch auf eine Familienversicherung ist – unter Berücksichtigung der sonstigen in § 10 SGB V und § 25 SGB XI geforderten Voraussetzungen – davon abhängig, dass das Gesamteinkommen des Rentners unter Berücksichtigung des Zahlbetrags der Rente regelmäßig im Monat ein Siebtel der monatlichen Bezugsgröße nach § 18 Abs. 1 SGB IV – bei geringfügig Beschäftigten nach § 8 Abs. 1 Nr. 1, § 8a SGB IV gilt ein Betrag von 400 € – nicht überschreitet.

9 Grundsätzlich können alle in der Krankenversicherung der Rentner versicherungspflichtigen Rentner und Rentenantragsteller, die das 15. Lebensjahr vollendet haben, zwischen den in § 173 und § 174 SGB V genannten Krankenkassen wählen. Abgesehen von den Sonderzuständigkeiten der See-Krankenkasse, der Knappschaft und der landwirtschaftlichen Krankenkasse (§§ 176 und 177 SGB V, KVLG 1989) ist damit eine Krankenkassenzuständigkeit kraft Gesetzes nicht vorgesehen.[8]

6 Die Krankenversicherung der Rentner wird demnach auch durchgeführt, wenn die Rente wegen fehlender Mitwirkung versagt oder wegen Zusammentreffens mit einer anderen Rente oder Einkommen tatsächlich nicht gezahlt wird; die Krankenversicherung der Rentner wird dagegen nicht begründet, wenn der Rentenberechtigte auf die ganze Rente verzichtet.

7 Vgl. Gemeinsames Rundschreiben der Spitzenverbände der Krankenkassen v. 01.10.2005 zur Krankenversicherung und Pflegeversicherung der Rentner.

8 Vgl. Gemeinsames Rundschreiben der Spitzenverbände der Krankenkassen v. 01.10.2005 zur Krankenversicherung und Pflegeversicherung der Rentner.

IV. Literaturhinweise

Jahn, Sozialgesetzbuch für die Praxis – Gesetzliche Krankenversicherung (SGB V), Loseblatt; *Krauskopf/Schroeder-Printzen*, Soziale Krankenversicherung, Loseblatt; *Maaßen/Schermer/Wiegand/Zipperer u.a.*, SGB V, Gesetzliche Krankenversicherung GKV, Kommentar, Loseblatt; *Noell/Deisler*, Die Krankenversicherung der Landwirte, 2001; *Steffens*, Meldeverfahren in der Sozialversicherung, WzS 1998, 353. 10

B. Auslegung der Norm

I. Regelungsgehalt

Allgemein dienen die Meldepflichten des § 205 SGB V der Beitragserhebung durch die Krankenkassen, damit diese die beitragspflichtigen Einnahmen ihrer Mitglieder im Sinne der §§ 226 ff. rechtzeitig und vollständig erfassen können. Nach § 205 SGB V haben die Versicherungspflichtigen ihrer Krankenkasse den Beginn und die Höhe ihrer Rente zu melden. Diese Sachverhalte sind der Krankenkasse regelmäßig schon durch die Meldung des Rentenversicherungsträgers nach § 201 Abs. 4 Nr. 1 SGB V bekannt. 11

II. Erläuterung und Zweck der Norm

1. Meldepflichtige Personen

Meldepflichten nach § 205 SGB V bestehen für Versicherungspflichtige, die eine Rente der gesetzlichen Rentenversicherung oder Versorgungsbezüge beziehen. Dabei ist unerheblich, auf welchem Tatbestand die Versicherungspflicht beruht. So sind Beginn und Höhe der Rente beispielsweise auch dann zu melden, wenn die betreffende Person nicht als Rentner nach § 5 Abs. 1 Nr. 11 und 12 SGB V versicherungspflichtig ist, denn nicht nur bei dieser Personengruppe sind Renten, Versorgungsbezüge und Arbeitseinkommen beitragspflichtig.[9] Daher haben beispielsweise auch versicherungspflichtige Rehabilitanden Versorgungsbezüge und versicherungspflichtige Studenten Waisenrenten zu melden. Schließlich ist auch unerheblich, ob sich im Einzelfall die meldepflichtigen Einnahmen auf die Höhe des Beitrags auswirken.[10] 12

2. Unverzügliche Meldung

Die versicherungspflichtigen Personen haben die Meldung gegenüber ihrer Krankenkasse „unverzüglich", d. h. ohne schuldhaftes Zögern zu erstatten (vgl. § 121 Abs. 1 Satz 1 BGB). 13

3. Beginn und Höhe der Rente (Nr. 1)

Nach § 205 Nr. 1 SGB V haben die Versicherungspflichtigen ihrer Krankenkasse den Beginn und die Höhe ihrer Rente zu melden. Meldepflichtig sind alle Renten i.S.d. § 228 SGB V. Von § 228 SGB V nicht erfasste Leibrenten aus Privatversicherungen sind nicht meldepflichtig. Bei den Renten sind nur Beginn und Höhe, nicht aber – wie im Vergleich mit den Nrn. 2 und 3 deutlich wird – Veränderungen der Rentenhöhe meldepflichtig. 14

Der Bezug einer Rente ist der Krankenkasse regelmäßig schon durch die Meldung des Rentenversicherungsträgers nach § 201 Abs. 4 Nr. 1 SGB V bekannt, sodass eine zusätzliche Mitteilung des Rentners bei Rentenbewilligung entbehrlich ist.[11] Eine Meldung des Rentners ist aber dann erforderlich, wenn er erst nach Rentenbewilligung (z.B. durch Aufnahme einer Beschäftigung) krankenversicherungspflichtig wird. 15

4. Beginn, Höhe, Veränderungen und die Zahlstelle der Versorgungsbezüge (Nr. 2)

Nach § 205 Nr. 2 SGB V haben Versicherungspflichtige ihrer Krankenkasse den Beginn, die Höhe, Veränderungen und die Zahlstelle von Versorgungsbezügen mitzuteilen. Diese Meldepflicht korrespondiert mit der Meldepflicht der Zahlstelle der Versorgungsbezüge nach § 202 SGB V. Sie besteht 16

---

[9] Vgl. *Schermer* in: Krauskopf, Soziale Krankenversicherung, Bd. 2, § 205 Rn. 3.

[10] *Bloch* in: v. Maydell, GK-SGB V, Bd. 5, 55, § 205 Rn. 2.

[11] Vgl. Gemeinsames Rundschreiben der Arbeitsgemeinschaft der Spitzenverbände der Krankenkassen v. 01.10.2005 zur Krankenversicherung und Pflegeversicherung der Rentner. A.A. *Baier* in: KassKomm-SGB, SGB V, EL 48, § 205 Rn. 2.

jedoch unabhängig davon. Bedeutsam kann diese Meldepflicht dann sein, wenn die Zahlstelle ihrer Meldepflicht noch nicht nachkommen konnte, weil ihr die zuständige Krankenkasse nicht bekannt war, ferner, wenn der Empfänger der Versorgungsbezüge erst nach deren Zubilligung (z.B. durch Aufnahme einer Beschäftigung) krankenversicherungspflichtig wird. Wird er wegen eines Rentenantrages krankenversicherungspflichtig, sieht der Meldevordruck nach § 201 Abs. 1 SGB V eine entsprechende Angabe vor.

5. Beginn, Höhe und Veränderungen des Arbeitseinkommens (Nr. 3)

17 Nach § 205 Nr. 3 SGB V haben Versicherungspflichtige ihrer Krankenkasse den Beginn, die Höhe sowie Veränderungen des Arbeitseinkommens mitzuteilen. „Arbeitseinkommen" ist nach der Legaldefinition des § 15 Abs. 1 Satz 1 SGB IV der nach den allgemeinen Gewinnermittlungsvorschriften des Einkommensteuerrechts ermittelte Gewinn aus einer selbständigen Tätigkeit. Es gehört gemäß § 226 Abs. 1 Nr. 4 zu den beitragspflichtigen Einnahmen versicherungspflichtig Beschäftigter, soweit es neben einer Rente der gesetzlichen Rentenversicherung oder Versorgungsbezügen erzielt wird. „Beginn" kann hier nur die Aufnahme einer selbständigen Erwerbstätigkeit i.S.d. § 15 SGB IV sein, denn ein Zahlungsbeginn wie bei Renten und Versorgungsbezügen kann hier in aller Regel nicht festgestellt werden.[12]

18 Die Meldepflicht nach § 205 Nr. 3 SGB V besteht nicht nur dann, wenn während des Bestehens von Versicherungspflicht erstmals Arbeitseinkommen bezogen wird; eine Meldung ist vielmehr auch dann erforderlich, wenn während des Bezugs von Arbeitseinkommen Versicherungspflicht eintritt.[13]

6. Ordnungswidrigkeit

19 Kommen die zur Auskunft Verpflichteten ihren Auskunfts- und Mitteilungspflichten nach Nr. 3 nicht nach, wird der Tatbestand einer Ordnungswidrigkeit erfüllt (vgl. § 307 Abs. 2 Nr. 1b SGB V, § 57 Abs. 1 Nr. 1a KVLG 1989). Diese kann mit einer Geldbuße von bis zu 2.500 € geahndet werden. Eine Verletzung der Nrn. 1 und 2 wird dagegen nicht durch eine Ordnungswidrigkeit geahndet. Dieser Differenzierung liegt zugrunde, dass die Krankenkasse beim Arbeitseinkommen auf die Meldung durch das Mitglied angewiesen ist, während bei Renten und Versorgungsbezügen die Meldepflicht des Mitglieds neben der des Rentenversicherungsträgers (§ 201 Abs. 4 Nr. 1 SGB V) bzw. der Zahlstelle (§ 202 Satz 1 SGB V) mehr den Charakter einer vorsorglichen Kontrollmeldung hat.[14]

---

[12] *Baier* in: KassKomm-SGB, SGB V, EL 48, § 205 Rn. 6.

[13] Vgl. Gemeinsames Rundschreiben der Arbeitsgemeinschaft der Spitzenverbände der Krankenkassen v. 01.10.2005 zur Krankenversicherung und Pflegeversicherung der Rentner.

[14] So *Baier* in: KassKomm-SGB, SGB V, EL 48, § 205 Rn. 7.

§ 206 SGB V Auskunfts- und Mitteilungspflichten der Versicherten

(Fassung vom 20.12.1988, gültig ab 01.01.1989)

(1) Wer versichert ist oder als Versicherter in Betracht kommt, hat der Krankenkasse, soweit er nicht nach § 28o des Vierten Buches auskunftspflichtig ist,

1. auf Verlangen über alle für die Feststellung der Versicherungs- und Beitragspflicht und für die Durchführung der der Krankenkasse übertragenen Aufgaben erforderlichen Tatsachen unverzüglich Auskunft zu erteilen,

2. Änderungen in den Verhältnissen, die für die Feststellung der Versicherungs- und Beitragspflicht erheblich sind und nicht durch Dritte gemeldet werden, unverzüglich mitzuteilen.

Er hat auf Verlangen die Unterlagen, aus denen die Tatsachen oder die Änderung der Verhältnisse hervorgehen, der Krankenkasse in deren Geschäftsräumen unverzüglich vorzulegen.

(2) Entstehen der Krankenkasse durch eine Verletzung der Pflichten nach Absatz 1 zusätzliche Aufwendungen, kann sie von dem Verpflichteten die Erstattung verlangen.

Gliederung

A. Basisinformationen

I. Normgeschichte/Vorgängervorschrift

Ausweislich der Gesetzesbegründung[1] präzisiert und erweitert die Vorschrift § 318a RVO und konkretisiert die allgemeine Regelung des § 60 SGB I („Angaben von Tatsachen"). Allerdings regelt § 206 SGB V – anders als § 60 SGB I – nicht auskunfts- und Mitteilungspflichten in dem Bereich der Gewährung und Beantragung von Sozialleistungen. § 60 Abs. 1 Satz 1 SGB I lautet: „Wer Sozialleistungen beantragt oder erhält...". § 206 SGB V nimmt dagegen auf die Versicherungs- und Beitragspflicht Bezug. Im Ergebnis gelten daher § 206 SGB V und § 60 SGB I für unterschiedliche Regelungsbereiche. Eine Konkurrenz zwischen beiden Normen besteht nicht.[2] Die Gesetzesbegründung ist insofern irreführend. 1

Der Referentenentwurf vom 20.01.1988 entsprach im Wesentlichen der Endfassung. Er sah zusätzlich bei Pflichtverletzung ein Bußgeld vor.[3] Der Regierungsentwurf[4] ist Endfassung geworden. Der Bundesrat und der Ausschuss für Arbeit und Sozialordnung haben keine Änderungsvorschläge gemacht. 2

Die Vorschrift wurde eingeführt durch Art. 1 GRG vom 20.12.1988.[5] In Kraft getreten ist § 206 SGB V am 01.01.1989. Die Vorschrift gilt seit dem 01.01.1991 ohne weitere Maßgabe auch in dem in Art. 3 des Einigungsvertrages[6] genannten Gebiet (§ 308 Abs. 1 Satz 1 SGB V a.F.). 3

---

[1] Begr. BT-Drs. 11/2237, S. 219 zu § 215 SGB V.
[2] So auch *Baier* in: KassKomm, SGB V, EL 48, § 206 Rn. 2.
[3] *Peters*, Handbuch KV (SGB V), 19. Aufl., 11. Lfg., § 206 Rn. 2.
[4] BT-Drs. 11/2237.
[5] BGBl I 1988, 2477.
[6] Gesetz v. 23.09.1990, BGBl II 1990, 885.

II. Parallelvorschriften

4 Nach § 32 KVLG 1989 (Gesetz über die Krankenversicherung der Landwirte)[7] gilt für Versicherte und landwirtschaftliche Unternehmer, bei denen versicherungspflichtige Familienangehörige mitarbeiten, § 206 SGB V entsprechend. Die geordnete Durchführung der landwirtschaftlichen Krankenversicherung (LKV) ist nur dann möglich, wenn die Landwirtschaftlichen Krankenkassen über die erforderlichen Unterlagen für alle Bereiche der LKV verfügen. Für die Verwaltungspraxis der Landwirtschaftlichen Krankenkassen ist insbesondere § 32 KVLG 1989 von Bedeutung. Nach dieser Vorschrift hat derjenige, der versichert ist oder als Versicherter der LKKen in Betracht kommt

- auf Verlangen über alle für die Feststellung der Versicherungs- und Beitragspflicht und für die Durchführung der der LKK übertragenen Aufgaben erforderlichen Tatsachen unverzüglich Auskunft zu erteilen und
- Änderungen in den Verhältnissen, die für die Feststellung der Versicherungs- und Beitragspflicht erheblich sind, und nicht durch Dritte gemeldet werden, unverzüglich mitzuteilen.

5 Ferner haben diese Personen auf Verlangen die Unterlagen, aus denen die Tatsachen oder die Änderungen der Verhältnisse hervorgehen, der Landwirtschaftlichen Krankenkassen in deren Geschäftsräumen vorzulegen.

III. Systematische Einordnung

6 Eine ordnungsgemäße Durchführung der gesetzlichen Krankenversicherung ist nur möglich, wenn die Krankenkassen die für die Rechte und Pflichten aus dem Versicherungsverhältnis notwendigen Daten erhalten. Dies soll durch die §§ 198-205 SGB V über die Meldepflichten sichergestellt werden, die ergänzt werden durch die Auskunfts- und Mitteilungspflichten des Versicherten nach § 206 SGB V und die Auskunftspflicht des Arbeitgebers nach § 98 SGB X. Darüber hinaus sind die Meldepflichten nach den §§ 198 ff. SGB V in Zusammenhang zu sehen mit den §§ 28a-28r, 95-110 SGB IV, den §§ 67-85a SGB X (Schutz der Sozialdaten), den §§ 284-305 SGB V (Versicherungs- und Leistungsdaten, Datenschutz), den §§ 93-109 SGB XI (Datenschutz und Statistik), § 307 SGB V und den §§ 111-113 SGB IV über Bußgeldvorschriften.

7 Zur Unterstützung der Sozialversicherungsträger haben die Versicherten zahlreiche Mitwirkungspflichten, die in den §§ 60-67 SGB I geregelt sind. Wenn der Versicherte seinen Mitwirkungspflichten nicht nachkommt, kann der Sozialversicherungsträger ohne weitere Ermittlungen die Leistung ganz oder teilweise versagen oder entziehen, soweit die Voraussetzungen der Leistung nicht nachgewiesen sind. Holt der Versicherte aber seine Mitwirkungspflichten nach, wird die Leistung wieder erbracht. Leistungen können die Sozialversicherungsträger allerdings nur dann versagen oder entziehen, wenn der Versicherte mit angemessener Frist auf die Folgen seiner fehlenden Mitwirkung hingewiesen wurde. Dabei ist zu beachten, dass die Krankenkasse nur dann ein berechtigtes Interesse an der Erfüllung der Auskunfts- und Mitteilungspflichten des Versicherten haben kann, wenn ihr die erforderlichen Angaben nicht durch Dritte, z.B. den Rentenversicherungsträger oder die Zahlstelle von Versorgungsbezügen, gemeldet werden.

8 Hinsichtlich der Beschäftigten greift § 206 Abs. 1 SGB V nur insoweit ein, als diese nicht nach § 28o SGB IV auskunftspflichtig sind. Da § 28o SGB IV die Auskunfts- und Vorlagepflichten des Beschäftigten abschließend regelt, tritt § 206 SGB V hinsichtlich der Auskünfte im Zusammenhang mit einer Beschäftigung zurück. Dieser Vorrang gilt nicht nur für die von § 28o SGB IV erfassten Angaben; vielmehr ist damit die Anwendung des § 206 SGB V auf Auskünfte in Zusammenhang mit einer Beschäftigung ausgeschlossen, denn § 28o SGB IV regelt abschließend, in welchem Umfang Beschäftigte im Hinblick auf dieses Beschäftigungsverhältnis auskunftspflichtig sind. Dies gilt ebenso für die Meldepflichten Versicherungspflichtiger nach § 205 SGB V beim Bezug von Rente oder Versorgungsbezügen, denn die spezielle Meldepflicht nach dieser Norm schließt die Anwendung des § 206 SGB V auf den gleichen Sachverhalt aus.

§ 28o SGB IV[8] („Auskunfts- und Vorlagepflicht des Beschäftigten") lautet:

„(1) Der Beschäftigte hat dem Arbeitgeber die zur Durchführung des Meldeverfahrens und der Beitragszahlung erforderlichen Angaben zu machen und, soweit erforderlich, Unterlagen vorzulegen; dies gilt bei mehreren Beschäftigungen gegenüber allen beteiligten Arbeitgebern.

(2) Der Beschäftigte hat auf Verlangen den zuständigen Versicherungsträgern unverzüglich Auskunft

[7] V. 10.08.1972, BGBl I 1972, 1433.

[8] Eingefügt durch Gesetz v. 20.12.1988 (BGBl I 1988, 2330).

über die Art und Dauer seiner Beschäftigungen, die hierbei erzielten Arbeitsentgelte, seine Arbeitgeber und die für die Erhebung von Beiträgen notwendigen Tatsachen zu erteilen und alle für die Prüfung der Meldungen und der Beitragszahlung erforderlichen Unterlagen vorzulegen. Satz 1 gilt für den Hausgewerbetreibenden, soweit er den Gesamtsozialversicherungsbeitrag zahlt, entsprechend."

Gleiches gilt gegenüber den Meldepflichten der versicherungspflichtigen Rentner und Bezieher von Versorgungsbezügen nach § 205 SGB V, da auch die dort begründeten, speziellen Meldepflichten die Anwendung des § 206 SGB V auf den gleichen Sachverhalt ausschließen.[9] 9

Eine weitere spezielle Meldevorschrift, die gegenüber § 206 SGB V vorrangig ist, enthält § 10 Abs. 6 SGB V für die Familienversicherten.[10] Danach hat das Mitglied die familienversicherten Personen mit den für die Durchführung der Familienversicherung notwendigen Angaben sowie die Änderung dieser Angaben an die zuständige Krankenkasse zu melden. 10

IV. Literaturhinweise

Gleitze/Krause/v.Maydell/Merlen, Gemeinschaftskommentar zum Sozialgesetzbuch – Gemeinsame Vorschriften für die Sozialversicherung (GK-SGB IV); *Funk/Hess/Höfler u.a.*, Kasseler Kommentar, Sozialversicherungsrecht, Loseblatt; *Noell/Deisler*, Die Krankenversicherung der Landwirte, 2001; *Maaßen/Schermer/Wiegand/Zipperer*, SGB V, Gesetzliche Krankenversicherung, Kommentar, Loseblatt; *Steffens*, Meldeverfahren in der Sozialversicherung, WzS 1998, 353. 11

B. Auslegung der Norm

I. Regelungsgehalt

Nach § 206 Abs. 1 Nr. 1 SGB V (§ 32 KVLG 1989) haben die Versicherten auf Verlangen über alle für die Feststellung der Versicherungs- und Beitragspflicht und für die Durchführung der der Krankenkasse übertragenen Aufgaben erforderlichen Tatsachen unverzüglich Auskunft zu erteilen. Die Meldepflicht hat besondere Bedeutung beim Eintritt oder Wegfall der Tatbestände, die Einfluss auf die Versicherungspflicht nach § 5 Abs. 1 Nr. 9 bzw. 10 SGB V haben, da nur aus den entsprechenden Mitteilungen der Versicherten die notwendigen versicherungsrechtlichen Konsequenzen gezogen werden können. 12

II. Erläuterung und Zweck der Norm

1. Auskunfts- und Mitteilungsverpflichtete

Zur Auskunft verpflichtet sind nicht nur die Versicherten der Krankenkasse, sondern auch die Personen, die als Versicherte in Betracht kommen. Dazu zählen alle Personen, die nach § 5 Abs. 1 SGB V oder nach anderen Vorschriften der Versicherungspflicht unterliegen könnten. In der Begründung zum Gesetzentwurf des Gesundheitsreformgesetzes wird hierzu ausgeführt, dass die Krankenkasse nur dann ein berechtigtes Interesse an der Erfüllung der Auskunfts- und Mitteilungspflicht dieser Personen haben kann, wenn ihr die erforderlichen Angaben nicht bereits durch Dritte ordnungsgemäß gemeldet werden. 13

Zur Vermeidung von unnötigen Auskunftsverlangen muss die Vorschrift jedoch restriktiv interpretiert werden. Daher darf die Krankenkasse nur dann Angaben und Unterlagen verlangen, wenn ein konkreter Bezug zur gesetzlichen Krankenversicherung zu erkennen ist.[11] Dies ist z.B. dann der Fall, wenn ein Beitritt als freiwilliges Mitglied angestrebt wird oder eine Pflichtversicherung in Betracht kommt.[12] Die Fassung des Absatzes 1 Satz 1 Halbsatz 1 (Präsens) kann nicht als Einschränkung der Pflichten auf die Zeit einer (möglichen) Versicherung in der GKV verstanden werden. Die Pflichten nach Absatz 1 müssen auch dann bestehen, wenn eine Versicherung erst künftig beginnen wird oder die Versicherung (vermutlich) bereits beendet ist, die Krankenkasse aber ein berechtigtes Interesse hat, das mögliche Versichertenverhältnis rechtzeitig vorher bzw. nachträglich zu klären. Denn eine Beschränkung der Auskunfts-, Mitteilungs- und Vorlagepflichten auf die (mutmaßliche) tatsächliche Versicherungszeit 14

---

[9] *Schermer* in: Krauskopf, Soziale Krankenversicherung, Bd. 2, § 206 Rn. 5.
[10] Vgl. *Bloch* in: v. Maydell, GK-SGB V, Bd. 5, 55, § 206 Rn. 4.
[11] *Schermer* in: Krauskopf, Soziale Krankenversicherung, Bd. 2, § 206 Rn. 2.
[12] *Hauck* in: Hauck/Haines, Gesetzliche Krankenversicherung, K § 206 Rn. 4.

würde vor allem die spätere Aufklärung bereits abgeschlossener Sachverhalte unbegründet erheblich erschweren. Auch kann die Auskunftspflicht letztlich nicht davon abhängig sein, ob die Krankenkasse rechtzeitig vom Bestehen krankenversicherungsrechtlich relevanter Sachverhalte Kenntnis erlangt.[13]

15 Die anderweitige Kenntnis der Krankenkasse ist zwar nur in Absatz 1 Satz 1 Nr. 2 als Ausschlussgrund ausdrücklich genannt, es ist aber selbstverständlich, dass die Krankenkasse Angaben und Unterlagen auch dann nicht nach Absatz 1 Satz 1 Nr. 1 und Absatz 1 Satz 2 verlangen kann, wenn sie hierüber bereits verfügt.[14] Darüber hinaus wird die Krankenkasse die Erfüllung der Pflichten nach Absatz 1 auch dann nicht verlangen können, wenn die Erfüllung einzelner Pflichten den Versicherten unangemessen belasten würde oder ihm aus wichtigem Grund nicht zuzumuten ist oder die Krankenkasse durch einen geringeren Aufwand sich die erforderlichen Kenntnisse selbst beschaffen kann. § 65 Abs. 1 SGB I („Grenzen der Mitwirkung") lautet: „Die Mitwirkungspflichten nach den §§ 60 bis 64 SGB I bestehen nicht, soweit ihre Erfüllung nicht in einem angemessenen Verhältnis zu der in Anspruch genommenen Sozialleistung oder ihrer Erstattung steht (Nr. 1) oder ihre Erfüllung dem Betroffenen aus einem wichtigen Grund nicht zugemutet werden kann (Nr. 2) oder der Leistungsträger sich durch einen geringeren Aufwand als der Antragsteller oder Leistungsberechtigte die erforderlichen Kenntnisse selbst beschaffen kann (Nr. 3)." Nach § 65 Abs. 3 SGB I können Angaben, die dem Antragsteller, dem Leistungsberechtigten oder ihnen nahe stehenden Personen (§ 383 Abs. 1 Nr. 1-3 der Zivilprozessordnung) die Gefahr zuziehen würden, wegen einer Straftat oder einer Ordnungswidrigkeit verfolgt zu werden, verweigert werden. Die Ausschlusstatbestände des § 65 Abs. 1 SGB I dürften hier analog angewandt werden, auch wenn sie sich direkt nur auf die Mitwirkungspflichten nach den §§ 60-64 SGB I beziehen.

16 In Zweifelsfällen hat die Krankenkasse darzulegen, worauf sie ihr Verlangen stützt. Die Befugnis, die für die Anbahnung eines Versichertenverhältnisses erforderlichen Daten zu speichern (§ 284 Abs. 1 Nr. 1 SGB V) verpflichtet potentielle Versicherte einer Krankenkasse nicht, einer wählbaren Krankenkasse entsprechende Auskünfte zu erteilen.

17 § 206 SGB V gilt auch unmittelbar für Familienangehörigen i.S.d. § 10 SGB V; sie haben die zur Durchführung einer möglichen Familienversicherung nach § 10 SGB V erforderlichen Angaben zu machen und ggf. durch Unterlagen zu belegen.

2. Sonderfälle

a. Versicherungspflichtige Beschäftigte

18 Bei versicherungspflichtig Beschäftigten ist § 28o SGB IV vorrangig maßgebend. Der Beschäftigte hat dem Arbeitgeber die zur Durchführung des Meldeverfahrens und der Beitragszahlung erforderlichen Angaben (§§ 28a Abs. 1 und 3 und 28c Nr. 3 SGB IV) zu machen und, soweit erforderlich, Unterlagen vorzulegen. Er hat dem Arbeitgeber jedes Heft mit Versicherungsnachweisen der Sozialversicherung unverzüglich auszuhändigen, der es aufzubewahren hat. Die Aufbewahrungspflicht gilt nicht für Arbeitgeber, die Meldungen auf maschinell verwertbaren Datenträgern oder durch Datenübertragung abgeben, sowie für Arbeitgeber, soweit sie Meldungen an die Bundesknappschaft oder an die See-Krankenkasse erstatten.

19 Der Beschäftigte hat auf Verlangen den zuständigen Versicherungsträgern unverzüglich Auskunft über die Art und Dauer seiner Beschäftigungen, die hierbei erzielten Arbeitsentgelte, seine Arbeitgeber und die für die Erhebung von Beiträgen notwendigen Tatsachen zu erteilen und alle für die Prüfung der Meldungen und der Beitragszahlung erforderlichen Unterlagen vorzulegen. Satz 1 gilt für den Hausgewerbetreibenden, soweit er den Gesamtsozialversicherungsbeitrag zahlt, entsprechend.

b. Unständig Beschäftigte

20 Für die unständig Beschäftigten ergeben sich besondere Meldepflichten aus § 199 SGB V. Unständig Beschäftigte sind Arbeitnehmer, die „berufsmäßig" Beschäftigungen von weniger als einer Woche ausüben. Es handelt sich um Personen, die in ihrem Hauptberuf Beschäftigungen nur von sehr kurzer Dauer (weniger als eine Woche) verrichten und nach ihrem Berufsbild ohne festes Arbeitsverhältnis mal hier, mal dort, heute mit dieser, morgen mit jener Arbeit beschäftigt sind.[15] Für diese Arbeitnehmer gelten im Versicherungs-, Beitrags- und Melderecht der Sozialversicherung Besonderheiten.

---

[13] So *Baier* in: KassKomm, SGB V, EL 48, § 206 Rn. 5.

[14] So *Baier* in: KassKomm, SGB V, EL 48, § 206 Rn. 6.

[15] Gemeinsames Rundschreiben der Spitzenverbände der Krankenkassen, des VDR und der BA v. 22.06.2006 zum Versicherungs-, Beitrags- und Melderecht der unständig Beschäftigten.

c. Rentner oder der Bezieher von Versorgungsbezügen

Die Meldepflichten der versicherungspflichtigen Rentner oder der Bezieher von Versorgungsbezügen sind in § 205 SGB V geregelt. 21

d. Studenten und Praktikanten

Die Meldepflichten der Studenten und Praktikanten sind im Wesentlichen in der Meldeverordnung für die Krankenversicherung der Studenten – 1989 (KVSMV-89) festgelegt. Bei diesen Personen kommt der Melde- und Mitteilungspflicht eine besondere Bedeutung zu, weil oftmals beispielsweise der Wegfall von Ausschlusstatbeständen, die das Eintreten von Versicherungspflicht bislang verhindert haben, nur entsprechenden Angaben der Betroffenen entnommen werden kann (z.B. Wegfall einer hauptberuflich selbständigen Tätigkeit).[16] Entsprechendes gilt für den Fortfall der Versicherungspflicht beim Eintritt von Ausschlusstatbeständen (z.B. Eintritt von Familienversicherung durch Eheschließung). 22

3. Unverzügliche Auskunft nach Verlangen der Krankenkasse (Absatz 1 Nr. 1)

§ 206 Abs. 1 Nr. 1 SGB V sagt aus, welche Auskünfte die zur Auskunft Verpflichteten auf Verlangen der Krankenkasse unverzüglich – d.h. ohne schuldhaftes Zögern (§ 121 BGB) – zu erteilen haben. 23

Auskunft muss der Versicherte über alle für die Feststellung der Versicherungs- und Beitragspflicht und für die Durchführung der der Krankenkasse übertragenen Aufgaben erforderlichen Tatsachen erteilen. Diese Auskunft braucht der Versicherte der Krankenkasse nur auf Verlangen zu geben. Diese hat nur dann ein berechtigtes Interesse an der Erfüllung der Auskunfts- und Mitteilungspflichten des Versicherten, wenn ihr die erforderlichen Angaben nicht bereits durch Dritte ordnungsgemäß gemeldet werden. Damit bekräftigt der Gesetzgeber, dass die Krankenkassen ihr Auskunftsbegehren auf das Maß des Notwendigen beschränken sollen. 24

Das Verlangen ist an keine Form gebunden; schriftliche oder mündliche Auskunftsersuchen sind möglich. Entsprechende Fragen auf einem Vordruck stellen bereits ein „Verlangen" i.S.d. Abs. 1 Satz 1 Nr. 1 dar. Der Versicherungsträger muss unmissverständlich zu erkennen geben, über welche Tatsachen er Auskünfte verlangt. Dabei bedarf es jedenfalls bei Auskünften, deren Bedeutung für die Durchführung der Versicherung auch für Laien erkennbar ist, keiner näheren Begründung. Werden jedoch Auskünfte verlangt, deren versicherungsrechtliche Relevanz nicht offenkundig ist, ist das Verlangen zu erläutern.[17] Dabei genügt, dass die erbetenen Auskünfte für die Versicherung erheblich sein können, denn Art und Umfang der Ermittlungen bestimmt die Krankenkasse (§ 20 Abs. 1 Satz 2 SGB X). 25

4. Unverzügliche Mitteilung ohne Aufforderung der Krankenkasse (Absatz 1 Nr. 2)

Absatz 1 Nr. 2 stellt klar, welche Angaben der zur Auskunft Verpflichtete ohne Aufforderung durch die Krankenkasse unverzüglich zu melden hat. Dabei braucht er keine Tatbestände zu melden, die bereits durch Dritte gemeldet wurden oder für deren Meldung Dritte (z.B. der Arbeitgeber) verantwortlich sind. 26

Fraglich ist, ob die Auskunfts- oder Mitteilungspflicht des Versicherten nur dann zurücktritt, wenn der betreffende Dritte die Meldung oder Mitteilung tatsächlich vornimmt. Eine solche Annahme würden die Pflichten der nach § 206 SGB V auskunfts- oder mitteilungspflichtigen Personen jedoch überspannen, da der meldepflichtige Versicherte immer nachprüfen müsste, ob der Dritte seiner Meldepflicht nachgekommen ist. In Zweifelsfällen wäre er somit zur Doppelmeldung verpflichtet, was aber nach der Systematik des Gesetzes gerade vermieden werden soll. Daher muss es ausreichen, wenn die nach § 206 SGB V meldepflichtige Person bei vernünftiger Überlegung damit rechnen kann, dass ein Dritter der Meldepflicht nachkommt.[18] So wird die Mitteilungspflicht nach Absatz 1 Satz 1 Nr. 2 bereits zu verneinen sein, wenn Dritte meldepflichtig sind, dieser Meldepflicht erfahrungsgemäß nachkommen und nichts dafür spricht, dass diese Meldungen unterbleiben. Andererseits ist der Versicherte bereits dann selbst mitteilungspflichtig, wenn der begründete Verdacht besteht, dass meldepflichtige Dritte ihrer Meldepflicht nicht nachkommen.[19] 27

---

[16] Vgl. *Schermer* in: Krauskopf, Soziale Krankenversicherung, Bd. 2, § 206 Rn. 10.

[17] *Baier* in: KassKomm, SGB V, EL 48, § 206 Rn. 8.

[18] *Schermer* in: Krauskopf, Soziale Krankenversicherung, Bd. 2, § 206 Rn. 9; *Peters*, Handbuch KV (SGB V), § 206 Rn. 13.

[19] *Baier* in: KassKomm, SGB V, EL 48, § 206 Rn. 11.

28 Im Gegensatz zu der in § 206 Abs. 1 Nr. 1 SGB V geregelten Auskunftspflicht setzt die Mitteilungspflicht der Nr. 2 kein Verlangen seitens der Krankenkasse voraus, sondern begründet die Pflicht zur unaufgeforderten Information über Änderungen in den Verhältnissen, die für die Feststellung der Versicherungs- und Beitragspflicht erheblich sind und die nicht durch Dritte gemeldet werden.

5. Vorlage von Unterlagen

29 Unterlagen i.S.d. Absatzes 1 Satz 2 können einfache Belege, Bescheinigungen Dritter, aber auch amtliche oder private Beweisurkunden sein. Es kann sich um Unterlagen handeln, über die der Versicherte verfügt, aber auch solche, die er sich erst beschaffen muss.[20]

30 Im Normalfall wird der Vorlagepflicht durch Übersendung des betreffenden Schriftstücks im Original oder in beglaubigter Kopie auf dem Postwege Genüge getan. Nur wenn die Krankenkasse gleichzeitig einen bestimmten Sachverhalt mit der auskunftspflichtigen Person erörtern will, ist mit der Vorlagepflicht auch das persönliche Erscheinen in der Geschäftsstelle verbunden.[21]

6. Pflicht zum Ersatz von Aufwendungen (Absatz 2)

31 Absatz 2 übernimmt für den Bereich der allgemeinen Krankenversicherung die bisher in § 61 Abs. 5 Satz 3 KVLG 1972 nur für die in der Landwirtschaftlichen Krankenversicherung Versicherte bestehende Pflicht zum Ersatz von Aufwendungen, die durch die Pflichtverletzung des Versicherten der Krankenkasse entstanden sind.

32 Anspruchsvoraussetzung ist eine Pflichtverletzung des Versicherten und eine zusätzliche Aufwendung der Krankenkasse. Ist im Einzelfall trotz Informationsmangel eine Auskunfts- oder Mitteilungspflicht zu verneinen, besteht auch keine Erstattungspflicht.

33 Die Mehraufwendungen können durch die Beschaffung der notwendigen Informationen entstanden sein. Denkbar sind aber auch entstandene Aufwendungen für Leistungen, die durch die unterlassenen oder verspäteten Angaben der Krankenkassen entstanden sind. Die von der Krankenkasse verlangte Kostenerstattung ist keine Ahndung pflichtwidrigen Verhaltens, sondern kommt einem Schadensersatzanspruch gleich. Eine Verhängung eine Bußgeldes nach § 307 Abs. 1 Nr. 1 und 3, Abs. 2 ist daher trotzdem möglich.

7. Ordnungswidrigkeit

34 Neben diesem Ersatzanspruch hat der Verpflichtete ein Bußgeld nach § 307 Abs. 1 Nr. 2 und 3 SGB V zu bezahlen, wenn er entgegen § 206 Abs. 1 SGB V eine Auskunft oder eine Änderung nicht, nicht richtig, nicht vollständig oder nicht rechtzeitig erteilt oder mitteilt oder die erforderlichen Unterlagen nicht, nicht vollständig oder nicht rechtzeitig vorlegt (vgl. auch § 57 Abs. 2 KVLG 1989). Diese Ordnungswidrigkeit kann mit einer Geldbuße bis zu 2.500 € geahndet werden (§ 307 Abs. 2 bzw. § 57 Abs. 2 KVLG 1989).

[20] *Baier* in: KassKomm, SGB V, EL 48, § 206 Rn. 12.

[21] *Hauck* in: Hauck/Haines, Gesetzliche Krankenversicherung, § 206 Rn. 8.

Siebtes Kapitel: Verbände der Krankenkassen

§ 207 SGB V Bildung und Vereinigung von Landesverbänden

(Fassung vom 11.12.2001, gültig ab 01.01.2002)

(1) In jedem Land bilden

die Ortskrankenkassen einen Landesverband der Ortskrankenkassen,

die Betriebskrankenkassen einen Landesverband der Betriebskrankenkassen,

die Innungskrankenkassen einen Landesverband der Innungskrankenkassen.

Die Landesverbände der Krankenkassen sind Körperschaften des öffentlichen Rechts. Die Krankenkassen gehören vorbehaltlich des § 212 Abs. 1 Satz 2 dem Landesverband des Landes an, in dem sie ihren Sitz haben. Andere Krankenkassen können den Landesverbänden beitreten.

(2) Bestehen in einem Land am 1. Januar 1989 mehrere Landesverbände, bestehen diese fort, wenn die für die Sozialversicherung zuständige oberste Verwaltungsbehörde des Landes ihre Zustimmung nicht bis zum 31. Dezember 1989 versagt. Die für die Sozialversicherung zuständigen obersten Verwaltungsbehörden der Länder können ihre Zustimmung nach Satz 1 unter Einhaltung einer einjährigen Frist zum Ende eines Kalenderjahres widerrufen. Versagen oder widerrufen sie die Zustimmung, regeln sie die Durchführung der erforderlichen Organisationsänderungen.

(2a) Vereinigen sich in einem Land alle Mitglieder eines Landesverbandes oder werden alle Mitglieder eines Landesverbandes durch die Landesregierung zu einer Krankenkasse vereinigt, tritt diese Krankenkasse in die Rechte und Pflichten des Landesverbandes ein.

(3) Länderübergreifende Landesverbände bestehen fort, wenn nicht eine der für die Sozialversicherung zuständigen obersten Verwaltungsbehörden in den betroffenen Ländern ihre Zustimmung bis zum 31. Dezember 1989 versagt. Jede dieser obersten Verwaltungsbehörden der Länder kann ihre Zustimmung unter Einhaltung einer einjährigen Frist zum Ende eines Kalenderjahres widerrufen. Wird die Zustimmung versagt oder widerrufen, regeln die beteiligten Länder die Durchführung der erforderlichen Organisationsänderungen einvernehmlich.

(4) Besteht in einem Land nur eine Krankenkasse der gleichen Art, nimmt sie zugleich die Aufgaben eines Landesverbandes wahr. Sie hat insoweit die Rechtsstellung eines Landesverbands.

(4a) Besteht in einem Land für eine Kassenart kein Landesverband, nimmt ein anderer Landesverband dieser Kassenart mit Zustimmung der für die Sozialversicherung zuständigen obersten Verwaltungsbehörden der beteiligten Länder die Aufgabe eines Landesverbandes in diesem Land wahr. Kommt eine Einigung der Beteiligten nicht innerhalb von drei Monaten nach Wegfall des Landesverbandes zustande, nimmt der Bundesverband der Kassenart diese Aufgabe wahr.

(5) Mit Zustimmung der für die Sozialversicherung zuständigen obersten Verwaltungsbehörden der Länder können sich Landesverbände der gleichen Krankenkassenart zu einem Verband zusammenschließen. Das gilt auch, wenn die Landesverbände ihren Sitz in verschiedenen Ländern haben.

Gliederung

A. Basisinformationen

I. Textgeschichte/Gesetzgebungsmaterialien

1 Die Vorschrift trat mit Wirkung vom 01.01.1989 aufgrund von Art. 1, 79 Abs. 1 Gesundheitsreformgesetz (GRG) vom 20.12.1988 in Kraft.[1] Durch Art. 1 Nr. 123 Gesundheitsstrukturgesetz (GSG) vom 21.12.1992[2] wurde mit Wirkung ab 01.01.1993[3] **Absatz 2a** eingefügt. Es handelt sich um eine Folgeregelung zu § 145.[4] **Absatz 4a** wurde durch Art. 1 Nr. 7 des Gesetzes zur Einführung des Wohnortprinzips bei Honorarvereinbarungen für Ärzte und Zahnärzte vom 11.12.2001[5] mit Wirkung ab 01.01.2002[6] hinzugefügt.

II. Vorgängervorschriften

2 Die Vorschrift lehnt sich an den früheren **§ 414 Abs. 1 RVO** an.

III. Parallelvorschriften

3 Die Vorschrift hat gewisse Parallelen im Organisationsrecht der Krankenkassen (vgl. **§§ 143 ff. SGB V**) und in **§ 212 SGB V**.

IV. Literaturhinweise

4 *Bruhns/Freter*, Rechtsfolgen der Vereinigung aller Krankenkassen in einem Landesverband zu einer Krankenkasse, KrV 1994, 107-109; *Dudda*, Die Binnenstruktur der Krankenversicherungsträger nach dem Gesundheitsstrukturgesetz, 1996; *Finkenbusch*, Die Träger der Krankenversicherung – Verfassung und Organisation, 5. Aufl. 2004; *Friede*, Die Betriebskrankenkassen in der Bundesrepublik Deutschland, 1987; *Hein*, Die Verbände der Sozialversicherungsträger in der Bundesrepublik Deutschland, 1990; *Oldiges*, Verbandswelt im Wandel?, DOK 1994, 767-771; *Uhrig*, Die Krankenkassen und ihre Verbände – föderale Aufgaben- und Organisationsstruktur mit zahlreichen Durchbrechungen, KrV 1994, 282-285.

---

1 BGBl I 1988, 2477.
2 BGBl I 1992, 2266.
3 Gem. Art. 35 Abs. 1 GSG.
4 Gesetzesbegründung zu Art. 1 Nr. 106 GSG, BT-Drs. 12/3608.
5 BGBl I 2001, 3526.
6 Durch Art. 5 des Gesetzes.

B. Auslegung der Norm

I. Regelungsgehalt und Bedeutung der Norm

1. Bildung von Landesverbänden (Absatz 1 Satz 1)

Absatz 1 Satz 1 bestimmt für die Orts-, Betriebs- und Innungskrankenkassen in jedem (Bundes-)Land jeweils die Bildung eines einzigen Landesverbandes.[7] Die Absätze 2-4 regeln mögliche Ausnahmen von diesem Grundsatz. Die Existenz der Landesverbände korrespondiert mit dem Vertragsarztrecht, das auch die Vertragsbeziehungen länderübergreifender Krankenkassen regionalisiert. Für die Ortskrankenkassen und die Innungskrankenkassen (IKKn) stellt Absatz 1 inzwischen eine überholte Regelung dar; der Fall des Absatz 2a bzw. Absatz 4 ist die Regel. 5

Absatz 1 erwähnt die anderen Kassenarten nicht. Die **See-Krankenkasse** bildet keine Landesverbände[8], ist aber als Spitzenverband in § 213 SGB V aufgeführt. Sie zählt auch nicht zu den Krankenkassen, die gleichzeitig Aufgaben eines Landesverbandes wahrnehmen.[9] Die Stellung als Landesverband ist wegen der besonderen Rechtsverhältnisse entbehrlich. Siehe hierzu die Kommentierung zu § 165 SGB V Rn. 7 ff. Nach § 36 Satz 1 KVLG 1989 werden die Aufgaben der Landesverbände für die landwirtschaftliche Krankenversicherung von der **landwirtschaftlichen Krankenkasse** (LKK) wahrgenommen, in deren Bezirk eine oder mehrere Kassenärztliche Vereinigungen ihren Sitz haben. Abweichende Vereinbarungen sind nach Satz 2 dieser Vorschrift möglich. § 212 Abs. 3 SGB V bestimmt, dass für die knappschaftliche Krankenversicherung die **Bundesknappschaft** auch die Aufgaben eines Landesverbandes wahrnimmt. 6

2. Rechtsstellung der Landesverbände (Absatz 1 Satz 2)

Nach Absatz 1 Satz 2 sind die Landesverbände der Krankenkassen **Körperschaften des öffentlichen Rechts**. Wie sich aus § 209 SGB V ergibt, handelt es sich um öffentlich-rechtliche Körperschaften mit **Selbstverwaltung**. Die an sich nicht zwingende Rechtsform (vgl. nur die Verbände der Ersatzkassen) rechtfertigt sich insbesondere aus den hoheitlichen Aufgaben. Die Verbände der Krankenkassen sind nicht grundrechtsfähig.[10] 7

3. Mitgliedschaft in den Landesverbänden (Absatz 1 Sätze 3 und 4)

Die Krankenkassen gehören nach Absatz 1 Satz 3 zwangsweise dem Landesverband des Landes an, in dem sie ihren Sitz haben. Der Sitz der Krankenkasse entscheidet demnach über die Mitgliedschaft in dem jeweiligen Landesverband und zwar unabhängig davon, ob es sich um eine landes- oder bundesunmittelbare Krankenkasse handelt.[11] Einzige Ausnahme sind die in § 212 Abs. 1 Satz 2 SGB V genannten Betriebskrankenkassen (BKKn) der **Dienstbetriebe des Bundes**. Diese gehören nicht einem Landesverband, sondern dem Bundesverband der BKKn an. 8

Nach Absatz 1 Satz 4 können – abweichend vom Kassenartenprinzip[12] – **„andere" Krankenkassen** den Landesverbänden beitreten. Unter den „anderen" Krankenkassen sind diejenigen zu verstehen, für die ihrer Kassenart nach kein Landesverband gebildet wird (wie bei den Ortskrankenkassen, den BKKn und den IKKn) und bei denen die Wahrnehmung der Aufgaben eines Landesverbandes nicht anderweitig regelt ist (wie bei den LKKn und der Bundesknappschaft). Von der Beitrittsmöglichkeit nach Absatz 1 Satz 4 können demnach nur die Ersatzkassen und die See-Krankenkasse Gebrauch machen. Sie können durch einseitige öffentlich-rechtliche Willenserklärung die Mitgliedschaft bei einem der Landesverbände einer anderen Kassenart begründen, in dessen Land die Krankenkasse ihren Sitz hat. 9

4. Vereinigung aller Mitglieder eines Landesverbandes (Absatz 2a)

Falls es – was in der Vergangenheit häufig geschehen ist – in einem Land zu einer freiwilligen oder zwangsweisen Vereinigung aller Mitglieder eines Landesverbandes (vgl. hierzu §§ 144, 145, 150, 160 SGB V) zu einer (einzigen) neuen Krankenkasse kommt, so tritt diese als **Gesamtrechtsnachfolger** in alle Rechte und Pflichten des Landesverbandes ein; der bisherige Landesverband verliert damit auto- 10

---

[7] Grundsätzlich kritisch hierzu *Krauskopf* in: Krauskopf, Soziale Krankenversicherung, SGB V, § 207 Rn. 5.

[8] BSG v. 29.05.1996 - 3 RK 23/95 - BSGE 78, 233-243.

[9] Vgl. BSG v. 05.07.2000 - B 3 KR 12/99 R - BSGE 87, 14-25.

[10] BVerfG v. 07.06.1991 - 1 BvR 1707/88.

[11] So auch *Brackmann*, Handbuch der Sozialversicherung, SGB V, Band 1/2, S. 360.

[12] Zu den Strukturprinzipien des Verbänderechts *Peters* in: KassKomm-SGB, SGB V, § 207 Rn. 5 ff.

matisch seine rechtliche Existenz. Entscheidend ist, dass alle Mitglieder des Landesverbandes sich vereinigen oder vereinigt werden, wobei die nach Absatz 1 Satz 4 dem Landesverband beigetretenen Kassen außer Betracht bleiben. Entsprechendes muss nach dem Sinn und Zweck von Absatz 2a auch hinsichtlich länderübergreifender Landesverbände gelten, auch wenn die Vorschrift von einer Vereinigung „in einem Land" spricht.[13]

5. (Einzige) Krankenkasse als Landesverband (Absatz 4)

11 Besteht in einem Land nur eine Krankenkasse der gleichen Art (dies trifft z.B. in sämtlichen Ländern mit Ausnahme von Nordrhein-Westfalen für die Ortskrankenkassen zu und gilt für die meisten Innungskrankenkassen), so nimmt sie zugleich die Aufgaben des Landesverbandes wahr und hat insoweit dessen Rechtsstellung (Absatz 4; vgl. auch § 212 Abs. 3 und § 36 KVLG 1989). Diese Regelung dient der Verwaltungsökonomie.[14] Sie wird durch Art. 69 GRG ergänzt, wonach Landesverbände, die nur für eine Krankenkasse bestanden, mit Wirkung vom 01.01.1989 aufgelöst wurden. Die Krankenkasse wird in ihrer Funktion als Trägerin der Aufgaben des Landesverbandes Mitglied des zuständigen Bundesverbandes.

6. Aufgabenwahrnehmung durch fremde Landesverbände (Absatz 4a)

12 Absatz 4a regelt den Fall, dass in einem Land für eine Krankenkassenart kein Landesverband besteht. Er gilt nicht nur bei nachträglichem Wegfall eines Landesverbandes, sondern auch dann, wenn von Anfang an kein Landesverband besteht.[15] Die Aufgaben eines Landesverbandes sind dann durch einen anderen Landesverband dieser Kassenart aus einem anderen Land wahrzunehmen. Die Regelung soll sicherstellen, dass die Aufgaben eines Landesverbandes – in erster Linie der Abschluss von Gesamtverträgen und die Vereinbarung der Gesamtvergütung – auch in den Fällen wahrgenommen werden, in denen zwar Versicherte bzw. Mitglieder einer Kassenart in einer Vertragsregion wohnen, in dieser Vertragsregion aber keine Krankenkasse dieser Kassenart ihren Sitz hat und somit auch kein Landesverband dieser Kassenart – auch nicht nach Absatz 4 – existiert.[16] Weil beispielsweise die IKK Berlin mit der IKK Brandenburg fusioniert hat und Potsdam der neue (gemeinsame) Kassensitz geworden ist, hätte die Kassenärztliche Vereinigung Berlin ohne die Regelung des Absatzes 4a für die im Land Berlin lebenden IKK-Mitglieder keinen Vertragspartner.[17]

13 Das Verfahren der **Auswahl eines anderen Landesverbandes** ist nicht ausdrücklich geregelt. Auswahlbefugt ist sinnvollerweise die Krankenkasse, deren Versicherte in dem landesverbandslosen Land leben. Wenn Mitglieder mehrerer Krankenkassen einer Kassenart in dem landesverbandslosen Land leben, wäre es zweckmäßig, diese durch einen gemeinsamen externen Landesverband vertreten zu lassen. Sachgerecht wäre es deshalb, wenn in die nach § 217 Abs. 5 SGB V zu treffenden Verfahrensregelungen (siehe hierzu die Kommentierung zu § 217 SGB V Rn. 14 ff.) auch entsprechende Bestimmungen über die Auswahl des Landesverbandes aufgenommen würden.[18]

14 Neben der Auswahl des Landesverbandes ist nach Absatz 4a Satz 1 die (vorherige oder nachträgliche) **Zustimmung der für die Sozialversicherung zuständigen obersten Verwaltungsbehörden** der beteiligten Länder erforderlich. Gemeint sind die Aufsichtsbehörden des „landesverbandslosen" Landes, der betroffenen Krankenkasse und des externen Landesverbandes. Obwohl im Gesetz stillschweigend vorausgesetzt, ist auch das Einverständnis des ausgewählten Landesverbandes erforderlich. Hierbei kann es sich auch um eine landesweite Krankenkasse mit Verbandsaufgaben gem. Absatz 4 handeln.

15 Absatz 4a Satz 2 bestimmt eine **Frist von drei Monaten** nach Wegfall des Landesverbandes, innerhalb derer sich die Beteiligten über einen externen Landesverband einigen müssen, andernfalls werden die Aufgaben eines Landesverbandes durch den **Bundesverband** der Kassenart (siehe § 212 SGB V) wahrgenommen. Hierdurch soll sichergestellt werden, dass den Kassenärztlichen Vereinigungen spätestens nach Ablauf von drei Monaten ein Vertragspartner für den Abschluss des Gesamtvertrages zur Verfügung steht. Ergänzend bestimmt hierzu die Übergangsregelung in Art. 2 § 4 des Gesetzes zur

[13] *Engelhard* in: Hauck/Noftz, SGB V, § 207 Rn. 6b.

[14] Vgl. Gesetzesbegründung zu Art. 1 § 216 Abs. 4 GRG, BT-Drs. 11/2237.

[15] Vgl. Art. 2 § 4 des Gesetzes zur Einführung des Wohnortprinzips bei Honorarvereinbarungen für Ärzte und Zahnärzte.

[16] Vgl. Gesetzesbegründung zu Art. 1 § 207 Abs. 4a Gesetz zur Einführung des Wohnortprinzips bei Honorarvereinbarungen für Ärzte und Zahnärzte, BT-Drs. 14/5960.

[17] *Engelhard* in: Hauck/Noftz, SGB V, § 207 Rn. 6e.

[18] So auch *Engelhard* in: Hauck/Noftz, SGB V, § 207 Rn. 6f m.w.N.

Einführung des Wohnortprinzips bei Honorarvereinbarungen für Ärzte und Zahnärzte[19] vom 11.12.2001 die entsprechende Anwendung dieser Regelung auf den Fall, dass (bereits) bei In-Kraft-Treten dieses Gesetzes (also am 01.01.2002)[20] in einem Land für eine Kassenart kein Landesverband besteht. Hierdurch soll sichergestellt werden, dass die Drei-Monats-Frist mit dem Zeitpunkt des In-Kraft-Tretens des Gesetzes beginnt.[21] Unter den „**Beteiligten**" i.S.v. Absatz 4a Satz 2 sind die Krankenkasse, die die Auswahl zu treffen hat, der ausgewählte Landesverband sowie die betreffenden Aufsichtsbehörden zu verstehen. Die Regelung erfasst alle Fälle, in denen innerhalb der Drei-Monats-Frist keine rechtswirksame Bestimmung eines Landesverbandes erfolgt ist; auf die Ursache kommt es nicht an. Der Bundesverband wird die Aufgabenwahrnehmung auf den Landesverband übertragen, wenn und soweit die o.g. Voraussetzungen hierfür erfüllt sind.

Absatz 4a führt dazu, dass ein Landesverband in den Verhandlungen mit den Kassenärztlichen Vereinigungen ggf. auch eine Krankenkasse vertritt, die nicht zu seinen Mitgliedern gehört. Es ist deshalb eine Regelung erforderlich, die diesen Krankenkassen die Möglichkeit gibt, auf die von einem „fremden" Landesverband zu führenden Vertragsverhandlungen Einfluss zu nehmen. Hierzu beauftragt **§ 217 Abs. 5 Satz 1 SGB V** die jeweiligen Bundesverbände, Verfahrensregelungen über eine Beteiligung der Landesverbände „externer" Krankenkassen zu treffen. Siehe hierzu die Kommentierung zu § 217 SGB V Rn. 14 ff. **16**

7. Zusammenschluss von Landesverbänden (Absatz 5)

Nach Absatz 5 können sich Landesverbände der gleichen Kassenart, auch wenn sie ihren Sitz in verschiedenen Ländern haben, zu einem Verband zusammenschließen. Der Zusammenschluss bedarf der Zustimmung der für die Sozialversicherung zuständigen obersten Verwaltungsbehörde des Landes oder der beteiligten Länder. Diese übt nicht nur eine Rechtmäßigkeitskontrolle aus, sondern nimmt auch eine **Zweckmäßigkeitsprüfung** vor. Neben den weiterhin bestehenden Landesverbänden, den Bundesverbänden (§ 212 SGB V) und den Arbeitsgemeinschaften (§ 219 SGB V) wird ein Zusammenschluss von Landesverbänden nicht ohne weiteres als zweckmäßig erachtet werden können. **17**

Das BSG[22] hat entschieden, dass das Gesetz den **rechtlichen Status**[23] des Zusammenschlusses von Landesverbänden nicht eindeutig vorschreibt. Einerseits müsse der Zusammenschluss nach dem Gesetz nicht die Funktion eines Landesverbandes wahrnehmen und auch nicht den Status einer Körperschaft des öffentlichen Rechts haben, zumal der Begriff „Vereinigung" nicht unbedingt den Verlust der Rechtspersönlichkeit der sich verbindenden Institutionen bedeute; andererseits werde durch § 207 Abs. 5 SGB V die Schaffung eines gemeinsamen Landesverbandes für mehrere Länder bei gleichzeitiger Auflösung der bisherigen Landesverbände auch nicht verboten. Maßgeblich sei daher letztlich der Wille der Beteiligten. Haben sich die Beteiligten für die Bildung eines länderübergreifenden Landesverbandes bei gleichzeitiger Auflösung der bisherigen Landesverbände entschieden, ist ein **Austritt** aus diesem Landesverband **unzulässig**, da die Zusammensetzung eines Landesverbandes der Dispositionsbefugnis sowohl des Verbandes als auch seiner Mitglieder weitestgehend entzogen ist. Eine Auflösung eines länderübergreifenden Landesverbandes kann nur durch die Aufsichtsbehörde im Wege des Widerrufs ihrer Zustimmung (vgl. § 207 Abs. 3 Satz 2 SGB V) erfolgen.[24] **18**

II. Übergangsrecht

In den Absätzen 2, 3 und 4 finden sich Übergangsregelungen für die Fälle, in denen abweichend vom Grundsatz aus Absatz 1 in einem Land mehrere bzw. länderübergreifende Landesverbände bestehen. **19**

1. Mehrere Landesverbände in einem Land (Absatz 2)

Absatz 2 geht davon aus, dass am 01.01.1989 in einem Land mehrere Landesverbände einer Kassenart **20**
bestehen. Die Landesverbände bestehen fort, wenn die für die Sozialversicherung zuständige oberste Landesbehörde ihre Zustimmung nicht bis zum 31.12.1989 versagt (Absatz 2 Satz 1). Absatz 2 Satz 2

---

[19] BGBl I 2001, 3526.

[20] Gem. Art. 5 des Gesetzes.

[21] Vgl. Gesetzesbegründung zu Art. 2 § 4 des Gesetzes zur Einführung des Wohnortprinzips bei Honorarvereinbarungen für Ärzte und Zahnärzte, BT-Drs. 14/5960.

[22] BSG v. 19.03.2002 - B 1 KR 34/00 R - SozR 3-2500 § 207 Nr. 1.

[23] Zur vormaligen Diskussion hierüber vgl. *Engelhard* in: Hauck/Noftz, SGB V, § 207 Rn. 5b m.w.N.

[24] BSG v. 19.03.2002 - B 1 KR 34/00 R - SozR 3-2500 § 207 Nr. 1.

sieht ansonsten eine **einjährige Widerrufsfrist** zum Ende des Kalenderjahres vor; Absatz 3 Satz 3 gibt den zuständigen Behörden die Durchführung der erforderlichen Organisationsänderungen auf (insbes. Vereinigung der Landesverbände, Übergang des Personals).

2. Länderübergreifende Landesverbände (Absatz 3)

21 Gem. Absatz 3 Satz 1 bestehen länderübergreifende Landesverbände fort, wenn nicht eine der für die Sozialversicherung zuständigen obersten Landesbehörden der beteiligten Länder ihre Zustimmung bis zum 31.12.1989 versagt. Nach Absatz 3 Satz 2 kann jede der zuständigen Behörden ihre Zustimmung unter Einhaltung einer einjährigen Frist zum Ende eines Kalenderjahres widerrufen. In diesem Fall regeln sie einvernehmlich die Durchführung der erforderlichen Organisationsänderungen (Absatz 3 Satz 3). Für den Widerruf nach Absatz 3 gilt, wie auch für den nach Absatz 2, dass die Verwaltungsbehörde nach **freiem Ermessen** zu entscheiden hat. Das bedeutet, jeder sachliche Grund reicht für den Widerruf aus.

3. Landesverbände für eine Krankenkasse (Absatz 4)

22 Mit Ablauf des 31.12.1988 sind Landesverbände, deren Aufgaben von der einzigen im Land bestehenden Krankenkasse dieser Kassenart wahrgenommen wurden, **aufgelöst** worden. Ihre Rechte und Pflichten sind gem. Art. 69 GRG auf die übernehmende Krankenkasse übergegangen.[25]

III. Normzwecke

23 Die Vorschrift regelt ausweislich ihrer Überschrift die Bildung und Vereinigung von Landesverbänden der gesetzlichen Krankenkassen. Sie bestimmt, dass die Landesverbände öffentlich-rechtliche Körperschaften sind (Absatz 1 Satz 2) und entscheidet Fragen der Zugehörigkeit (Absatz 1 Satz 3 und 4). Absatz 2 behandelt als Übergangsvorschrift das Fortbestehen mehrerer Landesverbände. Absatz 2a bestimmt eine nach einer Vereinigung einzig verbliebene Krankenkasse zur Rechtsnachfolgerin des Landesverbandes. Absatz 3 regelt übergangsweise das Fortbestehen von länderübergreifenden Landesverbänden. Absatz 4 weist im Fall einer einzigen Krankenkasse der gleichen Art dieser die Rechtsstellung eines Landesverbandes zu. Absatz 4a bestimmt die Möglichkeit und regelt das Verfahren zur Aufgabenwahrnehmung durch einen anderen Landesverband derselben Kassenart; außerdem wird die subsidiäre Aufgabenwahrnehmung durch den jeweiligen Bundesverband bestimmt. Absatz 5 sieht die Möglichkeit der Vereinigung von Landesverbänden der gleichen Kassenart vor.

[25] Vgl. Gesetzesbegründung zu Art. 1 Nr. 106 GRG, BT-Drs. 11/2237.

§ 208 SGB V Aufsicht, Haushalts- und Rechnungswesen, Vermögen, Statistiken

(Fassung vom 20.04.2007, gültig ab 01.01.2005)

(1) Die Landesverbände unterstehen der Aufsicht der für die Sozialversicherung zuständigen obersten Verwaltungsbehörde des Landes, in dem sie ihren Sitz haben.

(2) Für die Aufsicht gelten die §§ 87 bis 89 des Vierten Buches. Für das Haushalts- und Rechnungswesen einschließlich der Statistiken gelten die §§ 67 bis 70 Abs. 1 und 5, §§ 72 bis 77 Abs. 1, §§ 78 und 79 Abs. 1 und 2, für das Vermögen die §§ 80 und 85 des Vierten Buches. Für das Verwaltungsvermögen gilt § 263 entsprechend.

Gliederung

A. Basisinformationen

I. Textgeschichte/Gesetzgebungsmaterialien

1 Die Vorschrift trat mit Wirkung vom 01.01.1989 aufgrund von Art. 1, 79 Abs. 1 Gesundheitsreformgesetz (GRG) vom 20.12.1988 in Kraft.[1] Durch Art. 1 Nr. 124 Gesundheitsstrukturgesetz (GSG) vom 21.12.1992[2] wurde mit Wirkung ab 01.01.1996[3] **Absatz 2 Satz 2** geändert. Da im Rahmen der Neuorganisation der Krankenkassen und ihrer Verbände auch bei den Landesverbänden der Geschäftsführer durch einen Vorstand ersetzt wurde (siehe § 209a SGB V), entfällt die Verweisungsvorschrift auf die Geschäftsführer-Regelungen im SGB IV.[4] Ab dem 01.01.2005 wird in Absatz 2 Satz 2 statt auf § 70 Abs. 5 SGB V nunmehr auf § 70 Abs. 3 SGB V verwiesen.[5]

II. Vorgängervorschriften

2 Die Vorschrift entspricht **§ 414 Abs. 4 Satz 2 und 4 RVO** a.F.

III. Literaturhinweise

3 *Casselmann*, Zur Besoldung von Dienstordnungs-Angestellten eines landesunmittelbaren Verbandes, SGb 1977, 259; *Hein*, Die Verbände der Sozialversicherungsträger in der Bundesrepublik Deutschland, 1990; *Hinz*, Zuständigkeit der Aufsichtsbehörden im Vertragsarztrecht – Darstellung der Situation im Bereich der Ersatzkassen, ZfS 2001, 323-328.

B. Auslegung der Norm

I. Regelungsgehalt und Bedeutung der Norm

1. Aufsicht (Absatz 1, Absatz 2 Satz 1)

4 Nach Absatz 1 unterstehen die Landesverbände der Aufsicht der für die Sozialversicherung zuständigen **obersten Verwaltungsbehörde** des Landes, in dem sie ihren Sitz haben. Hierbei handelt es sich um die Minister bzw. Senatoren für Soziales. Diese können Aufsichtsbefugnisse nach § 91 Abs. 2 SGB IV auf Versicherungsbehörden und andere Behörden ihres Landes durch Rechtsverordnung über-

---

1 BGBl I 1988, 2477.
2 BGBl I 1992, 2266.
3 Gem. Art. 35 Abs. 6 GSG.
4 Vgl. Gesetzesbegründung zu Art. 1 Nr. 107 GSG, BT-Drs. 12/3608.
5 Gem. Art. 6 Nr. 19, Art. 86 Abs. 4 Gesetz zur Organisationsreform in der gesetzlichen Rentenversicherung (RVOrgG) v. 09.12.2004, BGBl I 2004, 3242.

tragen. Die Regelung bedeutet, dass im Fall von länderübergreifenden Landesverbänden nur ein Land die Aufsicht führt. Absatz 2 Satz 1 ordnet die Geltung der §§ 87-89 SGB IV an. Damit gelten die im Verhältnis der Aufsichtsbehörden zu den Versicherungsträgern maßgeblichen Bestimmungen über den Umfang der Aufsicht, über Prüf- und Auskunftsrechte sowie über die Aufsichtsmittel auch gegenüber den Landesverbänden. Die Aufsichtsbehörde kann die **Geschäfts- und Rechnungsführung** des Landesverbandes **prüfen** (Absatz 2 Satz 2 i.V.m. § 88 Abs. 1 SGB IV). Daneben hat sie gem. § 274 Abs. 1 Satz 2 SGB V mindestens alle fünf Jahre die Geschäfts-, Rechnungs- und Betriebsführung der Landesverbände der Krankenkassen zu prüfen. Die Aufsicht ist danach (Absatz 2 Satz 2 i.V.m. § 87 Abs. 1 SGB IV) eine **Rechtsaufsicht**, keine Fachaufsicht.

5 Soweit ersichtlich, hält sich die Zahl der aufsichtsrechtlichen Rechtsstreite in Grenzen: Das LSG Hessen hat entschieden, dass für die Zahlung einer Verbandszulage als Stellenzulage (so genannte Ministerialzulage) der Landesverband gesetzlicher Krankenkassen nicht mit einer obersten Landesbehörde vergleichbar sei. Einer Dienstordnung nebst Stellenplan, die eine Verbandszulage in solchen Fällen vorsieht, darf die Aufsichtsbehörde die Genehmigung versagen.[6]

2. Haushalts- und Rechnungswesen, Statistiken, Vermögen (Absatz 2 Sätze 2 und 3)

6 Für das **Haushalts- und Rechnungswesen** einschließlich der **Statistiken** gelten die Vorschriften über die Aufstellung des Haushaltsplans (§ 67 SGB IV), seine Bedeutung und Wirkung (§ 68 SGB IV), den Ausgleich und die Wirtschaftlichkeit des Haushalts (§ 69 SGB IV), die Aufstellung des Haushaltsplans durch den Vorstand, seine Feststellung durch die Vertreterversammlung, die Vorlage gegenüber der Aufsicht (§ 70 Abs. 1 und 5 SGB IV), die vorläufige Haushaltsführung (§ 72 SGB IV), überplanmäßige und außerplanmäßige Ausgaben (§ 73 SGB IV), den Nachtragshaushalt (§ 74 SGB IV), die Verpflichtungsermächtigungen (§ 75 SGB IV), die Erhebung der Einnahmen (§ 76 SGB IV), den Rechnungsabschluss, die Jahresrechung und die Entlastung (§ 77 Abs. 1 SGB IV), die Verordnungsermächtigung (§ 78 SGB IV), die Geschäftsübersichten und Statistiken (§ 79 Abs. 1 SGB IV).

7 Für das **Vermögen** der Landesverbände gelten die Bestimmungen über die Verwaltung der Mittel (§ 80 SGB IV), die Betriebsmittel (§ 81 SGB IV), die Rücklage (§ 82 SGB IV), deren Anlegung (§ 83 SGB IV), die Beleihung von Grundstücken (§ 84 SGB IV) und die genehmigungsbedürftigen Vermögensanlagen (§ 85 SGB IV).

8 Für das **Verwaltungsvermögen** gilt nach Absatz 2 Satz 3 die Begriffsbestimmung des § 263 SGB V entsprechend. Gem. § 262 Abs. 1 SGB V können die Satzungen der Landesverbände bestimmen, dass die von den Verbandsmitgliedern zu bildenden Rücklagen bis zu einem Drittel des Rücklagensolls vom Landesverband als Sondervermögen verwaltet werden. Nach § 210 Abs. 1 Satz 3 Nr. 6 SGB V muss die Satzung eines Landesverbands Bestimmungen über Aufbringung und Verwaltung der Mittel enthalten. Die Landesverbände können Eigeneinrichtungen errichten (§ 140 Abs. 2 Satz 2 SGB V).

II. Normzwecke

9 Die Vorschrift regelt die Aufsicht über die Landesverbände, deren Haushalts- und Rechnungswesen samt Statistik sowie das Vermögen nach den für die Krankenkassen geltenden Bestimmungen.

---

[6] LSG Hessen v. 09.02.1983 - L 8 Kr 20/81; zuvor schon LSG Niedersachsen v. 09.09.1976 - L 4 Kr 35/74 - SGb 1977, 256-259.

§ 209 SGB V Verwaltungsrat der Landesverbände

(Fassung vom 21.12.1992, gültig ab 01.01.1996)

(1) Bei den Landesverbänden der Krankenkassen wird als Selbstverwaltungsorgan ein Verwaltungsrat nach näherer Bestimmung der Satzungen gebildet. Der Verwaltungsrat hat höchstens 30 Mitglieder. In dem Verwaltungsrat müssen, soweit möglich, alle Mitgliedskassen vertreten sein.

(2) Der Verwaltungsrat setzt sich je zur Hälfte aus Vertretern der Versicherten und der Arbeitgeber zusammen. Die Versicherten wählen die Vertreter der Versicherten, die Arbeitgeber wählen die Vertreter der Arbeitgeber. § 44 Abs. 4 des Vierten Buches gilt entsprechend.

(3) Die Mitglieder des Verwaltungsrats werden von dem Verwaltungsrat der Mitgliedskassen aus dessen Reihen gewählt.

(4) Für den Verwaltungsrat gilt § 197 entsprechend. § 33 Abs. 3, § 37 Abs. 1, die §§ 40, 41, 42 Abs. 1 bis 3, § 51 Abs. 1 Satz 1 Nr. 3, die §§ 58, 59, 62, 63 Abs. 1, 3, 4, § 64 Abs. 3 und § 66 Abs. 1 des Vierten Buches gelten entsprechend.

Gliederung

A. Basisinformationen

I. Textgeschichte/Gesetzgebungsmaterialien

1 § 209 SGB V trat mit Wirkung vom 01.01.1989 aufgrund von Art. 1, 79 Abs. 1 Gesundheitsreformgesetz (GRG) vom 20.12.1988 in Kraft.[1] **Absatz 4 Satz 2** wurde mit Wirkung zum 01.01.1992 durch Art. 4 Nr. 12, Art. 85 Abs. 1 Rentenreformgesetz 1992[2] angepasst. Durch Art. 1 Nr. 125 Gesundheitsstrukturgesetz (GSG) vom 21.12.1992[3] wurde mit Wirkung ab 01.01.1996[4] die Vorschrift infolge der Neuordnung der Organe der gesetzlichen Krankenversicherung neu gefasst. Seitdem ist an die Stelle der bisherigen Vertreterversammlung der Verwaltungsrat getreten.

II. Vorgängervorschriften

2 Die Vorschrift entspricht **§ 414a Satz 1-6 und 8** sowie **§ 414d RVO** a.F.

III. Parallelvorschrift

3 Die Bestimmung hat ihre wichtigste Parallele in **§ 197 SGB V**, auf den in Absatz 4 Satz 1 verwiesen wird.

IV. Literaturhinweise

4 *Balzer*, Änderungen des Selbstverwaltungsrechts und des Dienstrechts der gesetzlichen Krankenkassen durch das GSG, NZS 1994, 1-6; *Dudda/Polaszek*, Kontrollfunktion des Verwaltungsrats und Risi-

---

[1] BGBl I 1988, 2477.
[2] BGBl I 1989, 2261.
[3] BGBl I 1992, 2266.
[4] Gem. Art. 35 Abs. 6 GSG.

komanagement, KrV 2004, 216-219; *Dudda*, Die Binnenstruktur der Krankenversicherungsträger nach dem Gesundheitsstrukturgesetz, 1996; *ders*, Der Kompetenzkonflikt zwischen Verwaltungsrat und Vorstand, BKK 1997, 392-396; *Finkenbusch*, Die Träger der Krankenversicherung - Verfassung und Organisation, 5. Aufl. 2004; *Friede*, Die Betriebskrankenkassen in der Bundesrepublik Deutschland, 1987; *Hein*, Die Verbände der Sozialversicherungsträger in der Bundesrepublik Deutschland, 1990; *Hinz*, Geschäftsführer und Vorstände von Sozialversicherungsträgern, 3. Aufl. 1993; *Huber*, Selbstverwaltung und Systemgerechtigkeit – Zu den Grenzen einer „Professionalisierung" der Leitungsstrukturen Kassenärztlicher Vereinigungen, VSSR 2000, 369-398; von *Linsingen*, Die Gestaltungsmöglichkeiten der neuen Verfassungen von Verwaltungsrat und hauptamtlichem Vorstand der gesetzlichen Krankenkassen für den 1. Januar 1996, Sozialer Fortschritt 1995, 209-214; *Lorff*, Ergänzung des Verwaltungsrates in der gesetzlichen Krankenversicherung, NZS 1998, 158-160; *Uhrig*, Die Krankenkassen und ihre Verbände – föderale Aufgaben- und Organisationsstruktur mit zahlreichen Durchbrechungen, KrV 1994, 282-285; *Windels-Pietzsch*, Friedenswahlen in der Sozialversicherung, VSSR 2003, 215-231.

B. Auslegung der Norm

I. Regelungsgehalt und Bedeutung der Norm

1. Bildung des Verwaltungsrats (Absatz 1)

5 Absatz 1 Satz 1 bestimmt die Bildung eines Verwaltungsrats bei den Landesverbänden der Krankenkassen. Betroffen sind, wie sich aus der Zusammenschau mit § 207 Abs. 1 SGB V ergibt, die Landesverbände der **Ortskrankenkassen**, der **Betriebskrankenkassen** und der **Innungskrankenkassen**. Der Verwaltungsrat ist nach näherer Bestimmung der **Satzung** zu bilden. Das bedeutet, die Satzung des jeweiligen Verbandes bestimmt die Zahl und das Verfahren zur Wahl der Mitglieder (vgl. § 210 Abs. 1 Satz 3 Nr. 2 SGB V). Der Verwaltungsrat ist – anders als der Vorstand (§ 209a SGB V) – Organ der **Selbstverwaltung**.

6 Nach Absatz 1 Satz 2 hat der Verwaltungsrat **höchstens 30 Mitglieder.** Eine Mindestzahl sieht das Gesetz nicht vor, allerdings müssen nach Absatz 1 Satz 3, soweit möglich, alle Mitgliedskassen im Verwaltungsrat vertreten sein. Zu beachten ist auch Absatz 2 Satz 1 (paritätische Zusammensetzung aus Versicherten- und Arbeitgebervertretern).

2. Zusammensetzung und Wahl des Verwaltungsrats (Absätze 2 und 3)

7 Der Verwaltungsrat setzt sich nach Absatz 2 Satz 1 je **zur Hälfte aus Vertretern der Versicherten und der Arbeitgeber** zusammen. Da Absatz 2 Satz 3 jedoch § 44 Abs. 4 SGB IV für entsprechend anwendbar erklärt, kann die Zusammensetzung des Verwaltungsrats in der Satzung mit einer Mehrheit von ¾ der stimmberechtigten Mitglieder von der folgenden Wahlperiode an abweichend geregelt werden. Der Verwaltungsrat muss jedoch stets zur Hälfte aus Versichertenvertretern bestehen. Ob § 44 Abs. 4 SGB IV anderen Personen als Vertretern der Versicherten und der Arbeitgeber den Zutritt zum Verwaltungsrat ermöglicht, ist nach dem Wortlaut der Norm offen, würde aber dem Gedanken der Selbstverwaltung widersprechen. Außerdem bestimmt Absatz 2 Satz 2, dass die Versicherten die Vertreter der Versicherten wählen, die Arbeitgeber die Vertreter der Arbeitgeber; von anderen Gruppen oder Personen ist nicht die Rede.

8 Nach Absatz 3 werden die Mitglieder des Verwaltungsrats von dem Verwaltungsrat der Mitgliedskassen **aus dessen Reihen** gewählt. Dabei wählen die Versichertenvertreter und die Arbeitgebervertreter gem. Absatz 2 Satz 2 jeweils getrennt. Das Wahlverfahren richtet sich nach der Satzung des Landesverbandes (§ 210 Abs. 1 Satz 3 Nr. 2).

9 Anders als bei den Mitgliedskassen (§ 33 Abs. 3 Satz 2 i.V.m. § 46 Abs. 4 SGB IV) ist für den Verwaltungsrat der Verbände die **ersatzweise Berufung** seiner Mitglieder durch die Aufsichtsbehörde nicht vorgesehen. Da der Verwaltungsrat aber unverzichtbar ist, wird die Aufsichtsbehörde im Unterlassensfall mit den Mitteln der Rechtsaufsicht einschreiten.

3. Aufgaben des Verwaltungsrats (Absatz 4 Satz 1 i.V.m. § 197 SGB V)

10 Der Verwaltungsrat nimmt die von denen des Vorstandes (vgl. § 209a Satz 3 SGB V i.V.m. § 35a SGB IV) abgegrenzten Aufgaben wahr. Dies sind nach Absatz 4 Satz 1 i.V.m. § 197 Abs. 1 SGB V insbesondere

- die Beschlussfassung über die Satzung und sonstiges autonomes Recht;

- die Überwachung des Vorstands;
- die Entscheidung über Angelegenheiten von grundsätzlicher Bedeutung für den Landesverband;
- die Feststellung des Haushaltsplans;
- die Entlastung des Vorstands wegen der Jahresrechung;
- die Vertretung des Landesverbandes gegenüber dem Vorstand und dessen Mitgliedern;
- der Erwerb, die Veräußerung oder die Belastung von Grundstücken sowie die Errichtung von Gebäuden;
- die Auflösung des Landesverbandes oder die freiwillige Vereinigung mit anderen Landesverbänden.
- Nach Absatz 4 Satz 1 i.V.m. § 197 Abs. 2 SGB V kann der Verwaltungsrat sämtliche Geschäfts- und Verwaltungsunterlagen einsehen und prüfen.

4. Anzuwendende Vorschriften (Absatz 4 Satz 2)

Absatz 4 Satz 2 erklärt über § 197 SGB V hinaus verschiedene weitere Vorschriften für entsprechend anwendbar. Damit wird deutlich, dass der Verwaltungsrat eines Landesverbandes die gleichen Aufgaben und Befugnisse hat wie ein Verwaltungsrat einer Krankenkasse. Die detaillierte Auflistung der anzuwendenden Bestimmungen spricht dafür, dass die Aufzählung abschließend sein soll. Eine Übertragung auf andere Organe kommt nicht in Betracht. 11

Im Einzelnen nimmt Absatz 4 Satz 2 die folgenden Bestimmungen in Bezug: 12

- Nach § 33 Abs. 3 SGB IV gelten insbes. die Bestimmungen des SGB über die Vertreterversammlung und deren Vorsitzenden auch für den **Verwaltungsrat** und dessen **Vorsitzenden.** Außerdem obliegen den Letzteren auch die Aufgaben des Vorstands und dessen Vorsitzenden nach den §§ 37 Abs. 2, 38 SGB IV und dem Zweiten Titel des Vierten Abschnitts SGB IV.
- § 37 Abs. 1 SGB IV regelt die Rechtsfolgen bei **Verhinderung** der Amtsausübung von Selbstverwaltungsorganen der Krankenkasse.
- §§ 40, 41, 42 Abs. 1-3 SGB IV gestalten die Mitgliedschaft im Verwaltungsrat als **Ehrenamt** aus und regeln die **Entschädigung** sowie die **Haftung**.
- § 51 Abs. 1 Satz 1 Nr. 3 SGB IV, §§ 58, 59 und 62 SGB IV regeln die **Wählbarkeit**, die **Amtsdauer**, den **Verlust der Mitgliedschaft** und die **Vorsitzenden** des Verwaltungsrates.
- § 63 Abs. 1, 3 und 4 SGB IV und § 64 Abs. 3 SGB IV treffen Regelungen über die **Geschäftsordnung**, die **Sitzungen** und über die schriftliche **Abstimmung**.
- § 66 Abs. 1 SGB IV lässt **Erledigungsausschüsse** zu.

II. Normzwecke

Der Verwaltungsrat als Selbstverwaltungsorgan der Landesverbände ist nach den gleichen Grundsätzen wie der Verwaltungsrat der Krankenkassen gestaltet. Das Gesetz schreibt die Einrichtung eines Verwaltungsrates zwingend vor, überlässt die Einzelheiten den jeweiligen Satzungen. 13

§ 209a SGB V Vorstand bei den Landesverbänden

(Fassung vom 21.12.1992, gültig ab 01.01.1996)

Bei den Landesverbänden der Orts-, Betriebs- und Innungskrankenkassen wird ein Vorstand gebildet. Er besteht aus höchstens drei Personen. § 35a Abs. 1 bis 3 und 5 bis 7 des Vierten Buches gilt entsprechend.

Gliederung

A. Basisinformationen

I. Textgeschichte/Gesetzgebungsmaterialien

1 § 209a SGB V wurde durch Art. 1 Nr. 126 Gesundheitsstrukturgesetz (GSG) vom 21.12.1992[1] mit Wirkung ab 01.01.1996[2] in das SGB V eingefügt. Es handelt sich hierbei um eine Folgeregelung der Neuordnung der Organe der gesetzlichen Krankenversicherung. An die Stelle des bisherigen ehrenamtlichen Vorstands und hauptamtlichen Geschäftsführers ist der hauptamtliche Vorstand getreten.

II. Vorgängervorschrift

2 Die Vorschrift hat keinen Vorgänger.

III. Parallelvorschriften

3 Die Bestimmung hat ihre wichtigste Parallele in **§ 35a SGB V**, auf den in Satz 3 verwiesen wird.

IV. Literaturhinweise

4 *Balzer*, Änderungen des Selbstverwaltungsrechts und des Dienstrechts der gesetzlichen Krankenkassen durch das GSG, NZS 1994, 1-6; *Dudda*, Die Binnenstruktur der Krankenversicherungsträger nach dem Gesundheitsstrukturgesetz, 1996; *ders.*, Das (vorzeitige) Ende der Vorstandsmitgliedschaft - Amtsenthebung und Amtsentbindung von Vorstandsmitgliedern gesetzlicher Krankenkassen, WzS 1997, 65-70; *ders.*, Der Kompetenzkonflikt zwischen Verwaltungsrat und Vorstand, BKK 1997, 392-396; *Finkenbusch*, Die Träger der Krankenversicherung – Verfassung und Organisation, 5. Aufl. 2004; *Friede*, Die Betriebskrankenkassen in der Bundesrepublik Deutschland, 1987; *Hein*, Die Verbände der Sozialversicherungsträger in der Bundesrepublik Deutschland, 1990; *Hinz*, Geschäftsführer und Vorstände von Sozialversicherungsträgern, 3. Aufl. 1993; *Huber*, Selbstverwaltung und Systemgerechtigkeit – Zu den Grenzen einer „Professionalisierung" der Leitungsstrukturen Kassenärztlicher Vereinigungen, VSSR 2000, 369-398; von *Linsingen*, Die Gestaltungsmöglichkeiten der neuen Verfassungen von Verwaltungsrat und hauptamtlichem Vorstand der gesetzlichen Krankenkassen für den 1. Januar 1996, Sozialer Fortschritt 1995, 209-214; *Lorff*, Ergänzung des Verwaltungsrates in der gesetzlichen Krankenversicherung, NZS 1998, 158-160.

[1] BGBl I 1992, 2266.
[2] Gem. Art. 35 Abs. 6 GSG.

B. Auslegung der Norm

I. Regelungsgehalt und Bedeutung der Norm

1. Zusammensetzung und Wahl (Sätze 1 und 2, Satz 3 i.V.m. § 35a SGB IV)

Bei den Landesverbänden ist ein aus höchstens drei Personen bestehender Vorstand zu bilden (Sätze 1 und 2). Die konkrete Zahl ist in der Verbandssatzung zu bestimmen. Besteht der Vorstand aus mehr als einer Person, hat der Verwaltungsrat aus den Vorstandsmitgliedern einen **Vorsitzenden** zu wählen (Satz 3 i.V.m. § 35a Abs. 5 Satz 1 SGB IV). Bei drei Vorstandsmitgliedern muss außerdem ein Stellvertreter des Vorsitzenden gewählt werden. Als Vorstandsmitglied gewählt ist jeweils, wer die Mehrheit des Verwaltungsrats auf sich vereinigt hat (vgl. §§ 33 Abs. 3 Satz 2, 64 Abs. 2 SGB IV). 5

Bei den Landesverbänden der **Betriebskrankenkassen** bedarf die Bestellung der Vorstandsmitglieder der Zustimmung der Mehrheit der Versichertenvertreter (Satz 3 i.V.m. § 35a Abs. 5 Satz 2 SGB IV). Kommt diese bei keinem Vorstandsmitglied zustande, werden die Aufgaben des Vorstands auf Kosten des Landesverbands durch die Aufsichtsbehörde oder deren Beauftragte wahrgenommen (Satz 3 i.V.m. § 35a Abs. 5 Satz 3SGB IV). Fehlt die Zustimmung nur bei einem von mehreren Vorstandsmitgliedern, kann der Verwaltungsrat nach § 33 Abs. 3 Satz 3 i.V.m. § 37 Abs. 2 SGB IV einen leitenden Beschäftigten mit der vorübergehenden Wahrnehmung des Amtes beauftragen. Für die Landesverbände der **Orts-** und der **Innungskrankenkassen** gilt Satz 3 i.V.m. § 35a Abs. 5 Satz 3SGB IV nicht, angesichts der klaren Regelung auch nicht analog. Bei diesen Landesverbänden ist gem. § 33 Abs. 3 Satz 3 i.V.m. § 37 Abs. 2 (mindestens) ein leitender Angestellter mit der Ausübung des Vorstandsamtes zu beauftragen. 6

Der hauptberufliche Vorstand wird auf sechs Jahre gewählt (Satz 3 i.V.m. § 35a Abs. 3 SGB V). Der Verwaltungsrat hat bei seiner Wahl darauf zu achten, dass die Vorstandsmitglieder die erforderliche **fachliche Eignung** besitzen. Diese ist nachzuweisen durch eine Fort- oder Weiterbildung im Krankenkassendienst oder eine Fachhochschul- oder Hochschulausbildung sowie in beiden Fällen zusätzlich durch mehrjährige Berufserfahrung in herausgehobenen Führungspositionen (Satz 3 i.V.m. § 35a Abs. 6 Satz 1 SGB V). 7

2. Rechtsstellung (Satz 3 i.V.m. § 35a SGB V)

Neben der organrechtlichen gibt es eine **dienstrechtliche** Stellung der Vorstandsmitglieder, die durch den Anstellungsvertrag begründet wird. In dem mit dem Verwaltungsrat des Landesverbandes zu schließenden, auf sechs Jahre zu befristenden Anstellungsvertrag ist der Inhalt des Dienstverhältnisses festzulegen. In diesem Vertrag sollte auch der Fall der Amtsentbindung und Amtsenthebung (§ 35a Abs. 7 i.V.m. § 59 Abs. 2 und 3 SGB IV) bedacht werden. 8

3. Interne Zuständigkeit (Satz 3 i.V.m. § 35a Abs. 1 Satz 1 SGB IV)

Nach Satz 3 i.V.m. § 35a Abs. 1 Satz 1 SGB IV ist der Vorstand für alle Verwaltungsgeschäfte des Landesverbandes zuständig, soweit Gesetz oder sonstiges Recht (Rechtsverordnungen, die Verbandssatzung, anderes autonomes Recht) nichts Abweichendes bestimmen. Anders als bei den Aufgaben des Verwaltungsrats (vgl. § 209 Absatz 4 Satz 1 i.V.m. § 197 SGB V) gibt es für den Vorstand demnach keine Aufgabenenumerierung. Wegen der in § 197 Abs. 1 Nr. 1b SGB V festgelegten Zuständigkeit des Verwaltungsrats für Entscheidungen „von grundsätzlicher Bedeutung" liegt die umfassende Verwaltungszuständigkeit im Zweifel bei dem Verwaltungsrat. 9

Intern gilt bei Vorhandensein mehrerer Vorstandsmitglieder das **Ressortprinzip**. Die Verteilung der Geschäftsbereiche erfolgt nach den vom Gesamtvorstand erlassenen Richtlinien. Jedes Vorstandsmitglied verwaltet seinen Geschäftsbereich eigenverantwortlich. Bei Meinungsverschiedenheiten entscheidet der Gesamtvorstand; bei Stimmengleichheit der Vorstandsvorsitzende (Satz 3 i.V.m. § 35a Abs. 1 Satz 3 und 4 SGB IV). 10

4. Vertretungsbefugnis (Satz 3 i.V.m. § 35a Abs. 1 und 4 SGB IV)

Abgesehen von den dem Verwaltungsrat zugewiesenen besonderen Fällen (Vertretung des Landesverbandes gegenüber dem Vorstand oder dessen Mitgliedern, vgl. § 197 Abs. 1 Nr. 4 SGB V) ist der Vorstand gem. Satz 3 i.V.m. § 35a Abs. 1 Satz 1 SGB IV das für die Vertretung des Landesverbandes zuständige Organ. Deshalb hat er solche Beschlüsse des Verwaltungsrats, denen Außenwirkung zukommen soll (insbes. Entscheidungen von grundsätzlicher Bedeutung gem. § 197 Abs. 1 Nr. 1b SGB V), 11 selbst umzusetzen und dem Verwaltungsrat hierüber zu berichten (siehe Rn. 15). Die Außenvertretung erfolgt grundsätzlich durch den **Gesamtvorstand**, kann aber ausweislich Satz 3 i.V.m. § 35a Abs. 1 Satz 2SGB IV auch nach der Satzung durch **einzelne Mitglieder** erfolgen. In diesem Fall bietet sich eine Orientierung am o.g. Ressortprinzip an. Obwohl Satz 3 nicht auf § 35a Abs. 4 SGB IV verweist, dürfte die Regelung nach § 35a Abs. 4 Satz 2 SGB IV, wonach sich die Vorstandsmitglieder **gegenseitig vertreten**, entsprechend anwendbar sein. Gleiches gilt für die Bestimmung des § 35a Abs. 4 Satz 4 SGB IV. Hiernach hat der Verwaltungsrat einen leitenden Beschäftigten mit der Stellvertretung des nur aus einer Person bestehenden Vorstands zu beauftragen.

5. Amtsverhinderung (§ 209 Abs. 4 Satz 2 SGB V i.V.m. §§ 33 Abs. 3 Satz 3, 37 Abs. 2 SGB IV)

12 Ist ein Vorstandsmitglied längere Zeit an der Ausübung seines Amtes verhindert, kann der Verwaltungsrat einen leitenden Angestellten des Verbandes mit der vorübergehenden Wahrnehmung des Amtes beauftragen; das gilt nicht für das Amt des Vorsitzenden. Die Beauftragung ist der Aufsichtsbehörde unverzüglich anzuzeigen (vgl. § 209 Abs. 4 Satz 2 SGB V i.V.m. §§ 33 Abs. 3 Satz 3, 37 Abs. 2 SGB IV).

6. Amtsenthebung und Amtsentbindung (Satz 3 i.V.m. § 35a SGB IV i.V.m. § 59 Abs. 2 und 3 SGB IV)

13 Nach Satz 3 i.V.m. § 35a Abs. 7 SGB IV i.V.m. § 59 Abs. 2 und 3 SGB IV kann der Verwaltungsrat ein Vorstandsmitglied seines Amtes entheben bzw. von seinem Amt entbinden. Ein entsprechender Schritt ist danach möglich, wenn

- ein wichtiger Grund vorliegt oder wenn die Voraussetzungen der Wählbarkeit nicht mehr gegeben sind (§ 59 Abs. 2 SGB IV);
- ein Mitglied in grober Weise gegen seine Amtspflichten verstößt (§ 59 Abs. 3 SGB IV);
- ein Mitglied zur ordnungsgemäßen Geschäftsführung unfähig ist oder
- ihm vom Verwaltungsrat das Vertrauen entzogen worden ist (§ 35a Abs. 7 Satz 2 SGB IV).

14 Mit der Amtsentbindung bzw. Amtsenthebung endet die Organstellung[3] nicht aber automatisch auch das Dienstverhältnis.

7. Berichtspflichten (Satz 3 i.V.m. § 35a Abs. 2 Satz 1 SGB IV)

15 Nach Satz 3 i.V.m. § 35a Abs. 2 Satz 1 SGB IV hat der Vorstand dem Verwaltungsrat über die Umsetzung der Entscheidungen von grundsätzlicher Bedeutung und über die finanzielle Situation und die voraussichtliche Entwicklung zu berichten. Aus der Zusammenschau mit § 35a Abs. 2 Satz 2 SGB IV, wonach dem Vorsitzenden des Verwaltungsrats außerdem aus sonstigen wichtigen Anlässen zu berichten ist, ergibt sich, dass es sich ansonsten um **laufende Berichtspflichten** handelt.

II. Normzwecke

16 Nach der Gesetzesbegründung zum GSG[4] werden die Landesverbände ebenso wie die Krankenkassen zur Stärkung ihrer Handlungsfähigkeit neu gegliedert. Der Vorstand der Landesverbände wird in gleicher Weise gebildet wie der Vorstand der Krankenkassen. Das Gesetz schreibt die Einrichtung eines Vorstandes zwingend vor.

---

[3] Kritisch zur mangelnden Objektivierung der in § 35a Abs. 7 Satz 2 SGB IV enthaltenen Entlassungsgründe *Hauck* in: Hauck/Noftz, SGB V, § 209a Rn. 16.

[4] Zu Art. 1 Nr. 108, BT-Drs. 12/3608.

§ 210 SGB V Satzung der Landesverbände

(Fassung vom 22.12.1999, gültig ab 01.01.2000, gültig bis 30.06.2008)

(1) Jeder Landesverband hat durch seinen Verwaltungsrat eine Satzung aufzustellen. Die Satzung bedarf der Genehmigung der für die Sozialversicherung zuständigen obersten Verwaltungsbehörde des Landes. Die Satzung muß Bestimmungen enthalten über

1. Namen, Bezirk und Sitz des Verbandes,

2. Zahl und Wahl der Mitglieder des Verwaltungsrats und ihrer Vertreter,

3. Entschädigungen für Organmitglieder,

4. Öffentlichkeit des Verwaltungsrats,

5. Rechte und Pflichten der Mitgliedskassen,

6. Aufbringung und Verwaltung der Mittel,

7. jährliche Prüfung der Betriebs- und Rechnungsführung,

8. Art der Bekanntmachungen.

§ 34 Abs. 2 des Vierten Buches gilt entsprechend.

(2) Die Satzung muß ferner Bestimmungen darüber enthalten, daß die von den Bundesverbänden abzuschließenden Verträge und die Richtlinien nach den §§ 92, 136a Satz 1 Nr. 1, § 136b Abs. 1 Satz 1 Nr. 1 und § 282 für die Landesverbände und ihre Mitgliedskassen verbindlich sind.

Gliederung

A. Basisinformationen

I. Textgeschichte/Gesetzgebungsmaterialien

Die Vorschrift trat mit Wirkung vom 01.01.1989 aufgrund von Art. 1, 79 Abs. 1 Gesundheitsreformgesetz (GRG) vom 20.12.1988 in Kraft.[1] Durch Art. 1 Nr. 127 Gesundheitsstrukturgesetz (GSG) vom 21.12.1992[2] wurden mit Wirkung ab 01.01.1996[3] „Vertreterversammlung" und „Selbstverwaltungsorgane" durch „Verwaltungsrat" ersetzt. Durch Art. 1 Nr. 63, Art. 22 Abs. 5 GKV-Gesundheitsreformgesetz 2000 vom 22.12.1999[4] wurde mit Wirkung ab 01.01.2000[5] in **Absatz 2** die Angabe „§ 135 Abs. 3" durch „136a Satz 1 Nr. 1" ersetzt. 1

II. Vorgängervorschriften

Die Vorschrift lehnt sich an **§ 414b Abs. 1 und 2 RVO** a.F. an. 2

---

[1] BGBl I 1988, 2477.

[2] BGBl I 1992, 2266.

[3] Gem. Art. 35 Abs. 6 GSG.

[4] BGBl I 1999, 2626.

[5] Gem. Art. 22 Abs. 5 GKV-Gesundheitsreformgesetz 2000.

III. Parallelvorschriften

3 Die Bestimmung hat Parallelen in **§ 34 SGB IV** und in **§ 216 SGB V**.

IV. Literaturhinweise

4 *Dudda*, Die Binnenstruktur der Krankenversicherungsträger nach dem Gesundheitsstrukturgesetz, 1996; *Engelmann*, Untergesetzliche Normsetzung im Recht der gesetzlichen Krankenversicherung durch Verträge und Richtlinien, NZS 2000, 1-8; *Finkenbusch*, Die Träger der Krankenversicherung – Verfassung und Organisation, 5. Aufl. 2004; *Hein*, Die Verbände der Sozialversicherungsträger in der Bundesrepublik Deutschland, 1990; von *Linsingen*, Die Gestaltungsmöglichkeiten der neuen Verfassungen von Verwaltungsrat und hauptamtlichem Vorstand der gesetzlichen Krankenkassen für den 1. Januar 1996, Sozialer Fortschritt 1995, 209-214; *von Maydell*, Zum rechtlichen Rahmen für eine Verselbständigung von EDV-Programmentwicklungen der Krankenkassen, KrV 1992, 303-307.

B. Auslegung der Norm

I. Regelungsgehalt und Bedeutung der Norm

1. Aufstellung und Genehmigung der Satzung (Absatz 1 Sätze 1 und 2)

5 Nach Absatz 1 Satz 1 hat jeder Landesverband durch seinen Verwaltungsrat eine Satzung aufzustellen. Die Zuständigkeit des Verwaltungsrats ergibt sich bereits aus § 209 Abs. 4 i.V.m. § 197 Abs. 1 Nr. 1 SGB V. Zur Satzung vgl. auch § 34 SGB IV.

6 Die Satzung bedarf der **Genehmigung** der für die Sozialversicherung zuständigen obersten Verwaltungsbehörde des Landes (Absatz 1 Satz 2), also i.d.R. des Ministers bzw. Senators für Gesundheit und Soziales. Handelt es sich um einen länderübergreifenden Landesverband, haben die entsprechenden Behörden aller beteiligten Länder einvernehmlich zu entscheiden. Die Genehmigung darf nur versagt werden, wenn die Satzung rechtswidrig ist. Gegen die Versagung kann der Landesverband beim zuständigen Sozialgericht klagen (§ 54 SGG). Gem. § 78 Abs. 1 Nr. 2, Abs. 2 SGG findet ein Vorverfahren nicht statt. Die Bestimmungen über die Genehmigung, die Bekanntmachungen (siehe Rn. 7) und das Inkrafttreten (siehe Rn. 10) gelten auch bei jeder **Satzungsänderung**. Sollte sich nachträglich eine Änderungsbedürftigkeit der Satzung erweisen, kann die nach § 208 Abs. 2 SGB V zuständige Aufsichtsbehörde die Änderung mit Mitteln der allgemeinen Rechtsaufsicht durchsetzen.

2. Inhalt der Satzung (Absatz 1 Sätze 3 und 4, Absatz 2)

7 Die Satzung eines Landesverbandes muss gem. Absatz 1 Sätze 3 und 4 zu folgenden Bereichen Bestimmungen enthalten, wobei die Inhalte wegen der jeweiligen gesetzlichen Regelungen z.T. nur deklaratorischen Charakter haben:

1. **Name, Bezirk und Sitz des Verbandes**. Der Name muss verdeutlichen, dass es sich um einen Landesverband der jeweiligen Kassenart handelt. Er sollte das Gebiet des Verbandes benennen. Der Sitz des Verbandes muss in dem Gebiet liegen, für das der Verband räumlich zuständig ist. Das ergibt sich aus der Überlegung, dass der Landesverband von der Aufsichtsbehörde des Landes überwacht wird, für das der Verband besteht. Maßgebend für den Sitz ist der Ort der Hauptverwaltung bzw. der verantwortlichen Leitung. Bestimmungen zum Bezirk sind insbes. dann erforderlich, wenn der Verband für mehrere Länder zuständig ist (vgl. § 207 Abs. 3 und 5 SGB V). Allerdings ergibt sich die örtliche Zuständigkeit konstitutiv nicht aus der Satzung, sondern aus den organisationsrechtlichen Regelungen des § 207 SGB V.
2. **Zahl und Wahl der Mitglieder des Verwaltungsrats und ihrer Vertreter** (vgl. § 209 SGB V).
3. **Entschädigungen für Organmitglieder** (vgl. § 209 Abs. 4 Satz 2 i.V.m. § 41 SGB IV). Die Bestimmung gilt nur für Mitglieder des Verwaltungsrates. Entschädigungen für Mitglieder des hauptamtlichen Vorstands können nicht in der Satzung geregelt werden.
4. **Öffentlichkeit (der Sitzungen) des Verwaltungsrats** (vgl. § 209 Abs. 4 Satz 2 i.V.m. § 63 Abs. 3 SGB IV).
5. **Rechte und Pflichten der Mitgliedskassen** (vgl. § 211 Abs. 2 SGB V). Die Pflichten müssen im Rahmen der gesetzlichen Bestimmungen liegen.

6. **Aufbringung und Verwaltung der Mittel** (vgl. § 208 Abs. 2 Satz 2 SGB V). Die Satzung hat zu regeln, nach welchen Grundsätzen Beiträge von den Mitgliedskassen zu entrichten sind, d.h., nach welchem Verteilungsmaßstab die Verbandsumlage erhoben wird.[6] Außerdem ist die Mittelaufbringung für den Medizinischen Dienst der Krankenkassen zu regeln (vgl. § 281 Abs. 1 Satz 2 SGB V) sowie die Grundsätze für Modellvorhaben nach § 63 Abs. 5 Satz 1 SGB V und die Umlage für Finanzausgleiche für besonders aufwändige Leistungsfälle nach § 265 SGB V.
7. **Jährliche Prüfung der Betriebs- und Rechnungsführung** (vgl. § 208 Abs. 2 Satz 2 i.V.m. § 77 Abs. 1 SGB IV, § 274 SGB V).
8. **Art der Bekanntmachungen**. Die Bestimmung entspricht § 194 Abs. 1 Nr. 11 SGB V. Die Art der Bekanntmachung wird sich an ihrem Gegenstand und den Adressanten orientieren. Dabei muss sichergestellt sein, dass den Betroffenen die Kenntnisnahme möglich ist. Als Bekanntmachungsarten kommen z.B. die Veröffentlichung in amtlichen Bekanntmachungsorganen, in Tageszeitungen, Zeitschriften, Informationsblättern, durch Aushang oder im Internet in Betracht. Bekanntmachungspflichten können sich aus Rechtsvorschriften oder sachlichen Notwendigkeiten ergeben. Die Satzung und sonstiges autonomes Recht sind gem. Absatz 1 Satz 4 i.V.m. § 34 Abs. 2 SGB IV **öffentlich** bekannt zu machen.

Nach Absatz 2 muss die Satzung außerdem Bestimmungen darüber enthalten, dass die von den Bundesverbänden abzuschließenden **Verträge** und die **Richtlinien** nach den §§ 92, 136a Satz 1 Nr. 1, 136b Abs. 1 Satz 1 Nr. 1 und 282 SGB V für die Landesverbände und ihre Mitgliedskassen verbindlich sind. Das beschließende Gremium in den genannten Vorschriften (mit Ausnahme von § 282 SGB V) ist jedoch inzwischen der Gemeinsame Bundesausschuss. Die Richtlinien werden im Übrigen gem. § 94 SGB V wirksam. Die Bestimmung des Absatzes 2 kann sich demnach nur noch auf § 282 SGB V beziehen. **8**

Die vorgenannten Positionen sind nicht abschließend. Zwar findet sich in § 210 SGB V im Gegensatz zur parallelen Regelung für die Krankenkassen in § 194 Abs. 1 SGB V nicht das Wort „insbesondere", die Gesetzesbegründung macht jedoch deutlich, dass es sich auch im Fall des § 210 SGB V um **Mindestinhalte** handelt.[7] **9**

3. In-Kraft-Treten der Satzung (Absatz 1 Satz 4 i.V.m. § 34 Abs. 2 Satz 2 SGB IV)

Gem. Absatz 1 Satz 4 i.V.m. § 34 Abs. 2 SGB IV tritt die Satzung am Tag nach ihrer Bekanntmachung in Kraft, sofern kein anderer Zeitpunkt bestimmt ist. Auch in den Fällen, in denen der Genehmigungsbeschluss von der Aufsichtsbehörde zurückgenommen wird, weil er sich **nachträglich als rechtswidrig erwiesen** hat, bleibt es beim festgestellten Zeitpunkt des In-Kraft-Tretens. Hier kommt § 195 Abs. 2 SGB V entsprechend zur Anwendung. Das bedeutet, die oberste Landesbehörde kann gegenüber dem Landesverband die Vornahme der erforderlichen Änderung anordnen. Kommt der Landesverband der Anordnung nicht fristgemäß nach, kann die Behörde die Änderung selbst vornehmen. **10**

II. Normzwecke

Die Vorschrift regelt den Mindestinhalt von Verbandssatzungen, bestimmt den Verwaltungsrat zum aufstellenden Organ und die obersten Verwaltungsbehörden des Landes zu Genehmigungsbehörden. Durch Absatz 2 wird die Verbindlichkeit von Verträgen und Richtlinien für die Landesverbände und die Krankenkassen festgelegt.[8] **11**

C. Reformbestrebungen

Durch Art. 1 Nr. 143 i.V.m. Art. 46 Abs. 9 GKV-Wettbewerbsstärkungsgesetz (GKV-WSG) wird die Vorschrift zum 01.07.2008 geändert.[9] In **Absatz 2** werden die Wörter „von den Bundesverbänden" durch die Wörter „von dem Spitzenverband Bund der Krankenkassen" ersetzt und die Angabe „§ 136aSatz 1 Nr. 1, 136b Abs. 1 Satz 1 Nr. 1" gestrichen. Der Spitzenverband Bund ist zuständig für den Abschluss von Verträgen und für die Mitwirkung beim Erlass von Richtlinien. Mit der Vorschrift wird nachvollzogen, dass zukünftig der Spitzenverband Bund bei Vertragsabschlüssen und beim Erlass **12**

---

6 Vgl. BSG v. 09.12.1986 - 8 RK 25/85 - SozR 2200 § 414e Nr. 2.
7 Zu Art. 1 § 219 GRG, BT-Drs. 11/2237.
8 Vgl. Gesetzesbegründung zu Art. 1 § 219 GRG, BT-Drs. 11/2237.
9 BGBl I 2007, 378.

von Richtlinien mitwirkt. Die Streichung der §§ 136a, 136b SGB V ist Folgeänderung aus der Neufassung des § 137 SGB V, die zum Ziel hat, dass die Anforderungen an die Qualitätssicherung in den verschiedenen Sektoren soweit wie möglich einheitlich und auch sektorübergreifend in Richtlinien nach § 92 SGB V festgelegt werden (Begründung zum Regierungsentwurf zu Art. 1 Nr. 143 GKV-WSG).[10]

[10] BT-Drs. 16/3100.

§ 211 SGB V Aufgaben der Landesverbände

(Fassung vom 21.03.2005, gültig ab 30.03.2005)

(1) Die Landesverbände haben die ihnen gesetzlich zugewiesenen Aufgaben zu erfüllen.

(2) Die Landesverbände unterstützen die Mitgliedskassen bei der Erfüllung ihrer Aufgaben und bei der Wahrnehmung ihrer Interessen, insbesondere durch

1. **Beratung und Unterrichtung,**
2. **Sammlung und Aufbereitung von statistischem Material zu Verbandszwecken,**
3. **Abschluß und Änderung von Verträgen, insbesondere mit anderen Trägern der Sozialversicherung, soweit sie von der Mitgliedskasse hierzu bevollmächtigt worden sind,**
4. **Übernahme der Vertretung der Mitgliedskassen gegenüber anderen Trägern der Sozialversicherung, Behörden und Gerichten,**
5. **Entscheidung von Zuständigkeitskonflikten zwischen den Mitgliedskassen,**
6. **Förderung und Mitwirkung bei der beruflichen Aus-, Fort- und Weiterbildung der bei den Mitgliedskassen Beschäftigten,**
7. **Arbeitstagungen,**
8. **Entwicklung und Abstimmung von Verfahren und Programmen für die automatische Datenverarbeitung, den Datenschutz und die Datensicherung sowie den Betrieb von Rechenzentren in Abstimmung mit den Mitgliedskassen.**

(3) Die Landesverbände sollen die zuständigen Behörden in Fragen der Gesetzgebung und Verwaltung unterstützen; § 30 Abs. 3 des Vierten Buches ist entsprechend anzuwenden.

Gliederung

A. Basisinformationen

I. Textgeschichte/Gesetzgebungsmaterialien

1 § 211 SGB V ist mit Wirkung vom 01.01.1989 aufgrund von Art. 1, 79 Abs. 1 Gesundheitsreformgesetz (GRG) vom 20.12.1988 in Kraft getreten.[1] Durch Art. 4, 32 Verwaltungsvereinfachungsgesetz vom 21.03.2005 ist mit Wirkung vom 30.03.2005 an Absatz 3 ein Halbsatz angefügt worden.[2] Dieser erklärt § 30 Abs. 3 SGB IV für entsprechend anwendbar.

II. Vorgängervorschrift

2 Die Vorschrift entspricht weitgehend **§ 414e RVO** a.F.

[1] BGBl I 1988, 2477.
[2] BGBl I 2005, 818.

III. Parallelvorschrift

3 Die Bestimmung hat eine Parallele in **§ 217 SGB V**.

IV. Literaturhinweise

4 *Dortans/von Hansemann*, Die Auslagerung von „Aufgaben“ durch Krankenkassen und ihre Verbände auf Dritte, NZS 1990, 542-546; *Drong*, Aufgaben und Mittelaufbringung der Landesverbände der Krankenkassen beim Einsatz der automatischen Datenverarbeitung, WzS 1990, 257-272; *Finkenbusch*, Die Träger der Krankenversicherung – Verfassung und Organisation, 5. Aufl. 2004; *Friede*, Die Betriebskrankenkassen in der Bundesrepublik Deutschland, 1987; *Fröhlingsdorf*, Verbandsaufgaben und ihre Finanzierung, KrV 1987, 249-254; *Hein*, Die Verbände der Sozialversicherungsträger in der Bundesrepublik Deutschland, 1990; *Kahl*, Betriebswirtschaftliche Auswirkungen einer Verselbständigung der EDV-Organisation der Innungskrankenkassen, KrV 1992, 308-311; *Uhrig*, Die Krankenkassen und ihre Verbände – föderale Aufgaben- und Organisationsstruktur mit zahlreichen Durchbrechungen, KrV 1994, 282-285; *Weber*, Organisation und Finanzierung – Aktuelle Fragen aus dem Bereich der gesetzlichen Krankenversicherung, Öffentliche und private Sicherung gegen soziale Risiken 2000, 93-131.

B. Auslegung der Norm

I. Regelungsgehalt und Bedeutung der Norm

1. Gesetzlich zugewiesene Aufgaben (Absatz 1)

5 Nach der rein deklaratorischen Vorschrift des Absatzes 1 Satz 1 haben die Landesverbände die ihnen gesetzlich zugewiesenen Aufgaben zu erfüllen. Zu diesen Aufgaben gehören insbesondere

- die Aufstellung eines Verzeichnisses stationärer Leistungen und Entgelte (§ 39 Abs. 3 SGB V);
- die Vereinbarung von Höchstpreisen für die zahntechnischen Leistungen bei der Regelversorgung nach § 56 Abs. 2 Satz 2 SGB V (§ 57 Abs. 2 Satz 1 SGB V);
- die Weiterentwicklung der Versorgung (§§ 63 Abs. 1, 64 Abs. 1 und 4, 65 SGB V);
- die Sicherstellung der vertragsärztlichen Versorgung durch Verträge mit den Kassenärztlichen Vereinigungen (§ 72 Abs. 2 SGB V);
- der Abschluss von Einzel- oder Gruppenverträgen mit Ärzten und Krankenhäusern bei Übergang des Sicherstellungsauftrags auf die Krankenkassen (§ 72a Abs. 3 SGB V);
- die Vereinbarung von Versorgungs- und Vergütungsstrukturen für Hausärzte und vernetzte Praxen (§ 73a Abs. 1 Satz 1 SGB V);
- die Rahmenvereinbarungen zum Inhalt und zur Durchführung von Strukturverträgen (§ 73a Abs. 2 SGB V);
- der Abschluss von Gesamtverträgen über die vertragsärztliche Versorgung und deren Vergütung (§§ 82 Abs. 2, 83 Abs. 1, 85 Abs. 3 SGB V);
- der Abschluss einer Arzneimittelvereinbarung und einer Heilmittelvereinbarung (§ 84 Abs. 1 Satz 1, Abs. 8 Satz 1 SGB V);
- die Vereinbarung des Richtgrößenvolumens für Arzneimittel und Heilmittel (§ 84 Abs. 6 Satz 1, Abs. 7 Satz 1 SGB V);
- die Vereinbarung der Veränderungen der Gesamtvergütung (§ 85 Abs. 3 SGB V);
- die Vereinbarungen über die arztgruppenbezogenen Regelleistungsvolumina (§§ 85a ff. SGB V);
- die Vereinbarung über die Vergütung für die zahntechnischen Leistungen (§ 88 Abs. 2 SGB V);
- die Bildung eines gemeinsamen Schiedsamts für die vertragsärztliche Versorgung (§ 89 Abs. 2 SGB V);
- die Bildung je eines Landesausschusses der Ärzte und Krankenkassen sowie Zahnärzte und Krankenkassen (§ 90 Abs. 1 SGB V);
- die Errichtung eines Zulassungsausschusses und eines Berufungsausschusses für Ärzte und Zahnärzte (§§ 96 Abs. 1, 97 Abs. 1 SGB V);
- die Mitwirkung bei der Aufstellung und Anpassung eines Bedarfsplans zur Sicherstellung der vertragsärztlichen Versorgung (§ 99 Abs. 1 SGB V);
- die Vereinbarungen zur Wirtschaftlichkeitsprüfung und Bildung gemeinsamer Prüfungs- und Beschwerdeausschüsse (§ 106 Abs. 2 Satz 4, Abs. 3 Satz 1 und Abs. 4 Satz 1 SGB V);

- die Vereinbarung von Inhalt und Durchführung von Abrechnungsprüfungen sowie die Beantragung von gezielten Abrechnungsprüfungen (§ 106a Abs. 4 und 5 SGB V);
- der Abschluss und die Kündigung von Versorgungsverträgen mit Krankenhäusern, Vorsorge- und Rehabilitationseinrichtungen sowie Einrichtungen des Müttergenesungswerks oder gleichartiger Einrichtungen (§§ 109 Abs. 1, 110, 111 Abs. 2, 111a SGB V);
- der Abschluss zweiseitiger Verträge und Rahmenempfehlungen über Krankenhausbehandlung (§ 112 SGB V);
- die Wirtschaftlichkeits- und Qualitätsprüfung der Krankenhausbehandlung (§ 113 Abs. 1 SGB V);
- die Bildung einer Landesschiedsstelle (§ 114 SGB V);
- der Abschluss dreiseitiger Verträge und Rahmenempfehlungen über eine nahtlose ambulante und stationäre Behandlung (§ 115 Abs. 1 SGB V);
- der Abschluss von Vergütungsvereinbarungen über die vor- und nachstationäre Behandlung im Krankenhaus (§ 115a Abs. 3 Satz 1 SGB V);
- der Abschluss von Verträgen über ambulante Behandlung im Krankenhaus (§ 116b SGB V);
- die Mitwirkung bei der Durchführung der Ermächtigung von Hochschulambulanzen zur ambulanten ärztlichen Behandlung (§ 117 Abs. 1 Satz 3 SGB V);
- der Abschluss von Vergütungsvereinbarungen für Leistungen der Hochschulambulanzen, psychiatrischen Institutsambulanzen und sozialpädiatrischen Zentren (§ 120 Abs. 2 Satz 2 SGB V) sowie Regelung der Abrechnungsunterlagen und Vordrucke (§ 120 Abs. 3 Satz 4 SGB V);
- das Hinwirken auf eine leistungsfähige und wirtschaftliche belegärztliche Versorgung (§ 121 Abs. 1 Satz 1 SGB V);
- die Zulassung der Leistungserbringer von Heil- und Hilfsmitteln sowie der Abschluss von Versorgungsverträgen mit diesen (§§ 124 Abs. 5, 125 Abs. 2, 126 Abs. 3, 127 Abs. 1 SGB V), ggf. von Preisvereinbarungen (§ 127 Abs. 2 Satz 2 SGB V);
- der Abschluss ergänzender Verträge über die Arzneimittelversorgung (§ 129 Abs. 5 SGB V);
- die Vereinbarung von Einzelheiten über die Abgabe verordneter Arzneimittel durch die Krankenhausapotheke an Versicherte (§ 129a SGB V);
- die Vereinbarung von zusätzlichen Rabatten mit pharmazeutischen Unternehmen (§ 130a Abs. 8 SGB V);
- der Abschluss von Verträgen über Soziotherapie (§ 132b Abs. 1 SGB V);
- der Abschluss von Verträgen über sozialmedizinische Nachsorgemaßnahmen (§ 132c Abs. 1 SGB V);
- der Abschluss von Verträgen zur Versorgung mit Krankentransportleistungen (§ 133 Abs. 1 Satz 1 SGB V);
- die Vereinbarung von Gewährleistungspflichten in der vertragszahnärztlichen Versorgung (§ 136b Abs. 2 Satz 7 SGB V);
- die Informierung über die Qualitätsmerkmale der Krankenhäuser und das Aussprechen von Empfehlungen (§ 137 Abs. 1 Satz 6 SGB V);
- die Unterstützung ihrer Mitglieder beim Aufbau und der Durchführung von strukturierten Behandlungsprogrammen bei chronischen Krankheiten (§ 137f Abs. 5 SGB V);
- die Bereinigung der Gesamtvergütung und die Bereinigung der Ausgabenvolumen (§ 140d Abs. 2 und 3 SGB V);
- die Mitwirkung bei der Errichtung, Vereinigung, Auflösung und Schließung von Krankenkassen (§§ 145 Abs. 1 und 2, 150 Abs. 2, 155 Abs. 3 Satz 4 und Abs. 4, 160 Abs. 3, 164 Abs. 1 und 3, 168a Abs. 2 Satz 2, 172 SGB V);
- die Einführung einer Gesamtrücklage (§ 262 SGB V);
- die Mitwirkung beim Finanzausgleich für aufwändige Leistungsfälle (§ 265 SGB V);
- die Beteiligung an den Arbeitsgemeinschaften „Medizinischer Dienst der Krankenversicherung" (§ 278 SGB V);
- Vereinbarung von ergänzenden Regelungen zur Abrechnung (§ 303 Abs. 1 SGB V);
- Vereinbarung der Einzelheiten der Unterrichtung von Versicherten über die zu Lasten der Krankenkassen abgerechneten Leistungen (§ 305 Abs. 2 Satz 3 SGB V).

6 Zu den gesetzlich zugewiesenen Aufgaben gehört nach Absatz 3 auch die Pflicht zur **Unterstützung der zuständigen Behörden** in Fragen der Gesetzgebung und Verwaltung. Als zuständige Behörden kommen nur Behörden des betroffenen Landes in Betracht. Zu denken ist etwa an die Beratung und die Vorlage von Datenmaterial an die für die Sozialversicherung zuständige oberste Verwaltungsbehörde des Landes oder an die Versicherungsbehörden.

7 Ebenfalls zu den zugewiesenen Aufgaben gehören **Werbemaßnahmen**. Nach § 13 SGB I sind die Leistungsträger und ihre Verbände verpflichtet, im Rahmen ihrer Zuständigkeit die Bevölkerung über die Rechte und Pflichten nach dem SGB aufzuklären. Als Aufklärungsmaßnahmen sind auch solche werbenden Charakters zu qualifizieren.[3]

2. Aufgaben zur Unterstützung der Mitgliedskassen (Absatz 2)

8 Nach Absatz 2 sind die Landesverbände verpflichtet, ihre Mitgliedskassen bei der Erfüllung ihrer Aufgaben und der Wahrnehmung ihrer Interessen zu unterstützen. Die Aufzählung der unterstützenden Aufgaben ist bereits nach dem Wortlaut der Norm („insbesondere“) keine abschließende. Die Zuständigkeit der Landesverbände bei der Unterstützung erstreckt sich auf alle Aufgabenbereiche der Mitgliedskassen und damit auf die gesamte gesetzliche Krankenversicherung.[4]

9 Unterstützende Aufgaben sind nach Absatz 2 die folgenden:

- **Beratung und Unterrichtung**: Der Verband ist nur soweit zur Beratung berechtigt und verpflichtet, wie die Krankenkasse nach Ausnutzung ihrer eigenen Möglichkeiten noch der Beratung zur Erfüllung ihrer Aufgaben bedarf und der Verband diese mit eigenen personellen und sächlichen Mitteln auch leisten kann. Die Form der Beratung ist frei. Aus der Gegenüberstellung mit § 217 Abs. 2 Nr. 1 SGB V ergibt sich, dass die Beratung und Unterrichtung nicht mittels eigener Zeitschriften erfolgen kann. Die Unterrichtung betrifft insbesondere Rechtsänderungen, Gesetzesvorhaben und die Zusammenarbeit mit anderen Sozialversicherungsträgern.
- **Sammlung und Aufbereitung von statistischem Material zu Verbandszwecken**, z.B. Ermittlung von Daten, die für die Durchführung des Risikostrukturausgleichs nach § 266 SGB V erforderlich sind. Eine Begrenzung auf Zwecke des Landesverbandes ist nicht sinnvoll, da auch der Bundesverband Statistiken aufzustellen und auszuwerten hat (vgl. § 217 Abs. 2 Nr. 2 SGB V). Wegen seiner Unterstützungspflicht darf der Landesverband auch solches Material sammeln und aufbereiten, das den Aufgaben und Interessen seiner Mitglieder dient.
- **Abschluss und Änderung von Verträgen**, insbesondere mit anderen Trägern der Sozialversicherung, soweit die Mitgliedskassen hierzu bevollmächtigt sind. Hierzu gehören nicht die Verträge im Rahmen der Beziehungen der Krankenkassen zu den Leistungserbringern, die die Landesverbände aus eigenem Recht abschließen, sondern z.B. Teilungsabkommen mit Haftpflichtversicherern nach § 116 SGB X. Die Bevollmächtigung muss im Einzelfall erfolgen; der jeweilige Verhandlungsgegenstand und das Ziel der Verhandlungen müssen konkretisiert sein. Ohne Bevollmächtigung kann der Landesverband Vereinbarungen mit Dritten treffen, denen seine Mitglieder freiwillig beitreten können.
- **Übernahme der Vertretung der Mitgliedskassen** gegenüber anderen Versicherungsträgern, Behörden und Gerichten. Hierunter fällt insbesondere die Prozessvertretung in sozialgerichtlichen Verfahren. Die Vertretung betrifft stets Einzelfälle und kann sich auf bestimmte natürliche Personen beschränken.
- **Entscheidung von Zuständigkeitskonflikten** zwischen den Mitgliedskassen. Dabei kann der Landesverband angerufen oder von sich aus tätig werden. Die Entscheidung erfolgt durch Verwaltungsakt.
- **Förderung und Mitwirkung bei der beruflichen Aus-, Fort- und Weiterbildung** der Beschäftigten bei den Mitgliedskassen (etwa durch Rundschreiben, Vorträge, Lehrgänge).[5]
- **Arbeitstagungen** (z.B. zur Unterrichtung über rechtliche Änderungen oder zum Erfahrungsaustausch).
- **Entwicklung und Abstimmung von Verfahren und Programmen für die automatische Datenverarbeitung**, den Datenschutz und die Datensicherung sowie der Betrieb von Rechenzentren in Abstimmung mit den Mitgliedskassen.[6]

[3] LSG Baden-Württemberg v. 16.03.2001 - L 4 KR 2313/99.
[4] Vgl. LSG Nordrhein-Westfalen v. 23.01.2001 - L 5 KR 115/00.
[5] Ausführlich hierzu *Krauskopf* in: Krauskopf, Soziale Krankenversicherung, SGB V, § 211 Rn. 17-22.
[6] Vgl. hierzu BSG v. 09.12.1986 - 8 RK 25/85 - SozR 2200 § 414e RVO Nr. 2.

Eine eigenständige Unterstützungsaufgabe findet sich in § 67 Abs. 2 SGB V. Nach dieser Vorschrift sollen u.a. die Verbände der Krankenkassen den **Übergang zur elektronischen Kommunikation** finanziell unterstützen. Siehe hierzu die Kommentierung zu § 67 SGB V Rn. 11. 10

Beantragt eine Mitgliedskasse Unterstützung durch den Landesverband, so ist dieser grundsätzlich zum Tätigwerden verpflichtet. **Art und Umfang der Unterstützung** liegen im Ermessen des Landesverbandes; ggf. entscheidet hierüber der Verwaltungsrat (§ 209 Abs. 4 Satz 1 i.V.m. § 197 Abs. 1 Nr. 1b SGB V). Nur die Unterstützungsleistungen, die für alle oder einen Teil der Mitgliedskassen erbracht werden, setzen keinen **Antrag** voraus.[7] 11

Aus dem Wort „unterstützen" ergibt sich einerseits, dass es sich nur um Aufgaben handeln kann, die die Krankenkassen an sich selbst ausführen könnten und andererseits, dass Träger der Aufgaben die Krankenkassen bleiben. Bei der Unterstützung wird der Landesverband auf eine **Gleichbehandlung** seiner Mitglieder zu achten haben. 12

3. Finanzierung der Aufgaben

Nach § 210 Abs. 1 Satz 3 SGB V muss die Satzung des Landesverbandes Bestimmungen über die Aufbringung und Verwaltung der Mittel enthalten, die der Landesverband zur Aufgabenerfüllung benötigt. Die Umlagepflicht der Mitglieder wird durch die Umsetzung der Haushaltsbeschlüsse seitens der Verbandsverwaltung konkretisiert.[8] Der Verband hat seine diesbezüglichen Ansprüche durch Verwaltungsakt zu begründen und durchzusetzen.[9] Dies gilt nicht, wenn die Aufgabe zwischen dem Verband und seinen Mitgliedern durch Vertrag geregelt ist, da es dann an einem Subordinationsverhältnis fehlt.[10] 13

Die Verbandsmitglieder sind nicht berechtigt, die Beitragszahlung mit der Begründung zu verweigern, der Verband habe seine gesetzlichen Aufgaben (etwa durch Werbemaßnahmen) überschritten. Sie sind im Regelfall darauf beschränkt, behauptete Aufgabenüberschreitungen des Verbandes im Wege der Unterlassungsklage anzugreifen. Ausnahmen bestehen nur dann, wenn ein „**Sonderbeitrag**" für gesetzesfremde Tätigkeiten erhoben wird. Ein „Sonderbeitrag" ist jedoch nur dann anzunehmen, wenn der fragliche Beitragsanteil so eng mit einem Vorhaben verknüpft ist, dass eine Verwendung für andere Zwecke ausscheidet; die Zuweisung bestimmter Mittel zu einem bestimmten Vorhaben im Haushaltsplan genügt hierzu nicht, da Ansätze des Haushaltsplans lediglich eine Kalkulationsgrundlage für den finanziellen Gesamtbedarf des Verbandes darstellen.[11] 14

Bei den Umlagebeträgen für Unterstützungsleistungen des Verbandes kommt es nicht darauf an, ob ein Mitglied entsprechende Leistungen benötigt oder in Anspruch nimmt.[12] Der Umstand, dass Verbandsmitglieder einzelne Aufgaben in eigener Regie durchführen könnten oder lieber selbst durchführen würden, entbindet sie nicht von der Zahlung entsprechender Verbandsumlagen.[13] Da die Verpflichtung zur Unterstützung gegenüber der Gesamtheit der Mitglieder besteht, hat der Verband bei seiner Tätigkeit den **generell bestehenden Unterstützungsbedarf** zu berücksichtigen; er muss schon tätig werden, wenn ein Mitglied dies verlangt und die erwartete Hilfeleistung im üblichen Aufgabenbereich des Mitgliedes liegt. Entsprechend kann die Pflicht zur Finanzierung der Verbandsaufgaben nicht davon abhängig gemacht werden, ob die Mitgliedskassen daraus einen konkreten Nutzen ziehen, da andernfalls jegliche Verbandstätigkeit zum Erliegen käme, wenn die Mitgliedskassen nach Belieben entscheiden dürften, ob und welche Angebote des Verbandes sie in Anspruch nehmen.[14] 15

---

7 LSG Nordrhein-Wesfalen v. 20.01.1998 - L 5 Kr 15/97.

8 Vgl. BSG v. 25.06.2002 - B 1 KR 10/01 R - SozR 3-2500 § 217 Nr. 1.

9 BSG v. 25.06.2002 - B 1 KR 10/01 R - SozR 3-2500 § 217 Nr. 1.

10 LSG Schleswig-Holstein v. 28.03.2002 - L 1 B 22/02 KR ER.

11 BSG v. 25.06.2002 - B 1 KR 10/01 R - SozR 3-2500 § 217 Nr. 1.

12 LSG Nordrhein-Westfalen v. 23.01.2001 - L 5 KR 115/00 - die Revision wurde durch Urteil des BSG v. 25.06.2002 - B 1 KR 14/01 R - SGb 2002, 555 als unzulässig verworfen; a.A. LSG Niedersachsen v. 14.04.1993 - L 4 Kr 161/92 - E-LSG Kr-040, das die Auffassung vertreten hat, schon aus dem Begriff „Unterstützung" folge, dass ein Landesverband keine Aufgaben gegen den Willen einer Mitgliedskasse übernehmen dürfe und es bei den nicht gesetzlich dem Verband zugewiesenen Aufgaben darauf ankomme, dass die Mitgliedskasse objektiv unterstützungsbedürftig sei.

13 LSG Nordrhein-Westfalen v. 20.01.1998 - L 5 Kr 15/97; LSG Baden-Württemberg v. 16.03.2001 - L 4 KR 2313/99.

14 LSG Nordrhein-Westfalen v. 20.01.1998 - L 5 KR 15/97 und LSG Nordrhein-Westfalen v. 23.01.2001 - L 5 KR 115/00; LSG Baden-Württemberg v. 16.03.2001 - L 4 KR 2313/99.

II. Normzwecke

16 Die Vorschrift erwähnt in Absatz 1 – rein deklaratorisch und allgemein – die gesetzlich zugewiesenen Aufgaben der Landesverbände. Erst in Absatz 3 wird eine konkrete Aufgabe genannt. In Absatz 2 werden – nicht abschließend – unterstützende Aufgaben aufgelistet.

C. Reformbestrebungen

17 Durch Art. 1 Nr. 144 i.V.m. Art. 46 Abs. 9 GKV-Wettbewerbsstärkungsgesetz (GKV-WSG) wird zum 01.08.2008 hinter § 211 SGB V ein neuer **§ 211a SGB V** eingefügt.[15] Er lautet: „Entscheidungen auf Landesebene – Die Landesverbände der Krankenkassen und die Ersatzkassen sollen sich über die von ihnen nach diesem Gesetz gemeinsam und einheitlich zu treffenden Entscheidungen einigen. Kommt eine Einigung nicht zustande, erfolgt die Beschlussfassung durch je einen Vertreter der Kassenart, dessen Stimme mit der landesweiten Anzahl der Versicherten nach der Statistik KM6 seiner Kassenart zu gewichten ist. Die Gewichtung ist entsprechend der Entwicklung der Versichertenzahlen nach der Statistik KM6 jährlich zum 1. Januar anzupassen."

[15] BGBl I 2007, 378.

§ 211a SGB V Entscheidungen auf Landesebene

(Fassung vom 26.03.2007, gültig ab 01.07.2008)

Die Landesverbände der Krankenkassen und die Ersatzkassen sollen sich über die von ihnen nach diesem Gesetz gemeinsam und einheitlich zu treffenden Entscheidungen einigen. Kommt eine Einigung nicht zustande, erfolgt die Beschlussfassung durch je einen Vertreter der Kassenart, dessen Stimme mit der landesweiten Anzahl der Versicherten nach der Statistik KM6 seiner Kassenart zu gewichten ist. Die Gewichtung ist entsprechend der Entwicklung der Versichertenzahlen nach der Statistik KM6 jährlich zum 1. Januar anzupassen.

Gliederung

A. Basisinformationen

I. Textgeschichte/Gesetzgebungsmaterialien

1 Durch Art. 1 Nr. 144 i.V.m. Art. 46 Abs. 9 GKV-Wettbewerbsstärkungsgesetz (GKV-WSG) wird zum 01.07.2008 hinter § 211 SGB V ein **neuer § 211a SGB V** eingefügt.[1]

II. Parallelvorschrift

2 Die Bestimmung des Satzes 1 hat eine Parallele in **§ 213 Abs. 2 Satz 1 SGB V**. Nach dieser Vorschrift sollen sich die Spitzenverbände der Krankenkassen über die von ihnen nach dem SGB V gemeinsam und einheitlich zu treffenden Entscheidungen einigen. Bezüglich der Stimmengewichtung differieren die Regelungen (vgl. jeweils Sätze 2 und 3). Eine Ersatzvornahme wie in § 217 Abs. 3 SGB V ist in § 211a SGB V nicht vorgesehen. Anders als § 213 Abs. 2 SGB V sieht § 211a SGB V nicht ausdrücklich vor, dass das Verfahren zur Beschlussfassung in einer Geschäftsordnung zu regeln ist.

III. Literaturhinweise

3 *Axer*, Europäisches Kartellrecht und nationales Krankenversicherungsrecht, NZS 2002, 57-65; *Axer*, Normsetzung der Exekutive in der Sozialversicherung, 2000; *Dortants/von Hansemann*, Die Auslagerung von „Aufgaben" durch Krankenkassen und ihre Verbände auf Dritte, NZS 1999, 542-546; *Engelmann*, Untergesetzliche Normen im Recht der gesetzlichen Krankenversicherung durch Verträge und Richtlinien, NZS 2000, 76-84; *Finkenbusch*, Die Träger der Krankenversicherung – Verfassung und Organisation, 5. Aufl. 2004; *Friede*, Die Betriebskrankenkassen in der Bundesrepublik Deutschland, 1987; *Haverkate*, Der Ordnungsrahmen für Wettbewerb innerhalb der gesetzlichen Krankenversicherung, VSSR 1999, 177-196; *Hein*, Die Verbände der Sozialversicherungsträger in der Bundesrepublik Deutschland, 1990; *Heitzer*, Einheitlich und gemeinschaftlich, SozSich 1990, 321-323; *Marburger*, GKV-WSG – Organisation der Krankenkassen und ihrer Verbände, WzS 2007, 129-135.

[1] BGBl I 2007, 378.

B. Auslegung der Norm

I. Regelungsgehalt und Bedeutung der Norm

1. Einigung über gemeinsam und einheitlich zu treffende Entscheidungen bei gesetzlich zugewiesenen Aufgaben (Satz 1)

4 Nach Satz 1 sollen sich die Landesverbände der Krankenkassen und die Ersatzkassen über die von ihnen nach diesem Gesetz gemeinsam und einheitlich zu treffenden Entscheidungen einigen. In diesen Fällen bilden sie eine notwendige Streitgenossenschaft.[2]

5 Wann es sich um **„gemeinsam und einheitlich“** zu treffende Entscheidungen handelt, kann im Einzelfall zweifelhaft sein, da das Gesetz nicht immer diesen Terminus benutzt. Bei den folgenden Entscheidungen handelt es sich ausdrücklich um „gemeinsam und einheitlich“ zu treffende:

- Abschluss von gemeinsamen Rahmenvereinbarungen zur Verhütung von Zahnerkrankungen (Gruppenprophylaxe) mit Zahnärzten und Landesbehörden (§ 21 Abs. 2 Satz 1 SGB V);
- Vereinbarung von Höchstpreisen für die zahntechnischen Leistungen bei der Regelversorgung nach § 56 Abs. 2 Satz 2 SGB V (§ 57 Abs. 2 Satz 1 SGB V);
- Abschluss von Einzel- oder Gruppenverträgen mit Ärzten und Krankenhäusern bei Übergang des Sicherstellungsauftrags auf die Krankenkassen (§ 72a Abs. 3 SGB V);
- Abschluss einer Arzneimittelvereinbarung und einer Heilmittelvereinbarung (§ 84 Abs. 1 Satz 1, Abs. 8 Satz 1 SGB V);
- Vereinbarung des Richtgrößenvolumens für Arzneimittel und Heilmittel (§ 84 Abs. 7 Satz 1 SGB V);
- Vereinbarung eines Honorarverteilungsmaßstabs (§ 85 Abs. 4 Satz 2 SGB V);
- Vereinbarungen zur Wirtschaftlichkeitsprüfung und Bildung gemeinsamer Prüfungs- und Beschwerdeausschüsse (§ 106 Abs. 2 Satz 4, Abs. 3 Satz 1 SGB V);
- Vereinbarung von Inhalt und Durchführung von Abrechnungsprüfungen sowie die Beantragung von gezielten Abrechnungsprüfungen (§ 106a Abs. 4, 5 SGB V);
- Mitwirkung bei der Durchführung der Ermächtigung von Hochschulambulanzen zur ambulanten ärztlichen Behandlung (§ 117 Abs. 1 Satz 3 SGB V);
- Abschluss von Vergütungsvereinbarungen für Leistungen der Hochschulambulanzen, psychiatrischen Institutsambulanzen und sozialpädiatrischen Zentren (§ 120 Abs. 2 Satz 2 SGB V).

2. Beschlussfassung im Fall der Nichteinigung, Stimmengewichtung (Sätze 2 und 3)

6 Kommt eine Einigung nicht zustande, erfolgt die Beschlussfassung durch je einen Vertreter der Kassenart, dessen Stimme mit der landesweiten Anzahl der Versicherten nach der Statistik KM6 seiner Kassenart zu gewichten ist. Die Gewichtung ist entsprechend der Entwicklung der Versichertenzahlen nach der Statistik KM6 jährlich zum 01.01. anzupassen. Die Kassenarten ergeben sich aus § 4 Abs. 2 SGB V: Allgemeine Ortskrankenkassen, Betriebskrankenkassen, Innungskrankenkassen, Landwirtschaftliche Krankenkassen, Deutsche Rentenversicherung Knappschaft-Bahn-See, Ersatzkassen. Entscheidend ist also nicht die Mehrheit der Vertreter der Kassenarten, sondern die Zahl der Versicherten.

7 Sofern es sich nicht um „gemeinsam und einheitlich zu treffende Entscheidungen“ handelt, müssen sich die Beteiligten über das Verfahren und die Mehrheitserfordernisse einigen.

II. Normzwecke

8 Die Regelung schafft den Rahmen, gemeinsam und einheitlich zu treffende Entscheidungen auf Landesebene sicherzustellen. Sie bestimmt insbesondere die Mehrheitserfordernisse für die Beschlussfassung.

---

[2] Vgl. BSG v. 05.07.2000 - B 3 KR 12/99 R - SozR 3-2500 § 40 Nr. 3; BSG v. 19.11.1997 - 3 RK 21/96 - SozR 3-2500 § 107 Nr. 1; BSG v. 29.05.1996 - 3 RK 23/95 - SozR 3-2500 § 109 Nr. 1.

§ 212 SGB V Bundesverbände, Deutsche Rentenversicherung Knappschaft-Bahn-See, Verbände der Ersatzkassen

(Fassung vom 09.12.2004, gültig ab 01.10.2005, gültig bis 30.06.2008)

(1) Die Landesverbände der Orts-, Betriebs- und Innungskrankenkassen bilden jeweils einen Bundesverband. Dem Bundesverband der Betriebskrankenkassen gehören außerdem die Betriebskrankenkassen der Dienstbetriebe des Bundes an.

(2) Die landwirtschaftlichen Krankenkassen bilden bei dem Gesamtverband der landwirtschaftlichen Alterskassen den Bundesverband der landwirtschaftlichen Krankenkassen.

(3) Für die knappschaftliche Krankenversicherung nimmt die Deutsche Rentenversicherung Knappschaft-Bahn-See die Aufgaben eines Bundesverbands und eines Landesverbands wahr.

(4) Die Bundesverbände der Krankenkassen sind Körperschaften des öffentlichen Rechts.

(5) Die Ersatzkassen können sich zu Verbänden zusammenschließen. Die Verbände haben in der Satzung ihre Zwecke und Aufgaben festzusetzen. Die Satzungen bedürfen der Genehmigung, der Antrag auf Eintragung in das Vereinsregister der Einwilligung der Aufsichtsbehörde. Die Ersatzkassen und ihre Verbände haben für alle auf der Landesebene abzuschließenden Verträge einen Bevollmächtigten mit Abschlußbefugnis zu benennen. § 35a Abs. 6 Satz 2 bis 4 des Vierten Buches gilt entsprechend.

Gliederung

A. Basisinformationen

I. Textgeschichte/Gesetzgebungsmaterialien

1 Die Vorschrift trat mit Wirkung vom 01.01.1989 aufgrund von Art. 1, 79 Abs. 1 Gesundheitsreformgesetz (GRG) vom 20.12.1988 in Kraft.[1] Durch Art. 1 Nr. 128 Gesundheitsstrukturgesetz (GSG) vom 21.12.1992[2] wurde mit Wirkung ab 01.01.1993[3] an **Absatz 5 Satz 4** angefügt. Mit Wirkung ab 01.10.2005 wurde die Gesetzesüberschrift in „Bundesverbände, Deutsche Rentenversicherung Knappschaft-Bahn-See, Verbände der Ersatzkassen" geändert.[4] Gleichzeitig wurde Absatz 3 sprachlich entsprechend angepasst.

II. Vorgängervorschriften

2 Die Vorschrift lehnt sich an die früheren **§§ 414 Abs. 3, 525a, 525b RVO** sowie den früheren **§ 56 KVLG** an.

---

1 BGBl I 1988, 2477.
2 BGBl I 1992, 2266.
3 Gem. Art. 35 Abs. 1 GSG.
4 Gem. Art. 6 Nr. 20, Art. 86 Abs. 4 Gesetz zur Organisationsreform in der gesetzlichen Rentenversicherung (RVOrgG) vom 09.12.2004, BGBl I 2004, 3242. Vgl. auch die Änderung von § 165, § 167, § 208 und § 213.

III. Parallelvorschrift

3 Die Vorschrift hat eine Parallele in **§ 207 Abs. 1 SGB V**.

IV. Literaturhinweise

4 *Finkenbusch*, Die Träger der Krankenversicherung – Verfassung und Organisation, 5. Aufl. 2004; *Dudda*, Die Binnenstruktur der Krankenversicherungsträger nach dem Gesundheitsstrukturgesetz, 1996; *Frank/Kaltenborn*, Organisationsrechtliche Fragen des Zusammenschlusses von Ersatzkassen gem. § 212 Abs. 5 SGB V, ZFSH/SGB 2000, 664-669; *Friede*, Die Betriebskrankenkassen in der Bundesrepublik Deutschland, 1987; *Hein*, Die Verbände der Sozialversicherungsträger in der Bundesrepublik Deutschland, 1990; *Kücking-Kipshoven*, 85 Jahre VdAK, ErsK 1997, 153-158; *Lauf*, Die Bundesknappschaft als Spitzenverband der gesetzlichen Krankenversicherung, Kompaß 1991, 280-284; *Oldiges*, Verbandswelt im Wandel?, DOK 1994, 767-771; *Reiter*, Entstehungsgeschichte, Aufgaben und Organisation der Spitzenverbände der Krankenkassen nach dem SGB V, 1996; *ders.*, Hundert Jahre AOK-Bundesverband, DOK 1994, 754-757; *Töns*, Vom Centralverband zum AOK-Bundesverband, DOK 1994, 767-71; *ders.*, Der Bundesverband der Ortskrankenkassen, 1980; *Wigge*, Die Neuregelung der vertragsärztlichen Versorgung der Ersatzkassen durch das Gesundheitsstrukturgesetz vom 21.12.1992 (GSG), VSSR 1993, 37-59.

B. Auslegung der Norm

I. Regelungsgehalt und Bedeutung der Norm

1. Bundesverbände (Absätze 1, 2 und 4)

5 Gem. der Absätze 1 und 2 bilden die Landesverbände der Ortskrankenkassen den Bundesverband der Ortskrankenkassen, die Landesverbände der Betriebskrankenkassen den Bundesverband der Betriebskrankenkassen, die Landesverbände der Innungskrankenkassen den Bundesverband der Innungskrankenkassen und die landwirtschaftlichen Krankenkassen den Bundesverband der landwirtschaftlichen Krankenkassen. Ein Zusammenschluss von Bundesverbänden ist nicht vorgesehen.

6 Während somit Mitglieder der Bundesverbände der Orts-, Betriebs- und Innungskrankenkassen grundsätzlich die Landesverbände der Krankenkassen sind, bilden die **Betriebskrankenkassen der Dienstbetriebe des Bundes** (vgl. § 156 SGB V) insofern eine Ausnahme, als sie nach Absatz 1 Satz 2 dem Bundesverband und nicht dem Landesverband der Betriebskrankenkassen angehören.

7 In der **landwirtschaftlichen Krankenversicherung** gibt es keine Landesverbände. In fast allen Fällen deckt sich die regionale Zuständigkeit der landwirtschaftlichen Krankenkassen mit dem Gebiet eines oder mehrerer Länder. Die Aufgaben der Landesverbände der Krankenkassen nimmt für die landwirtschaftliche Krankenversicherung grundsätzlich die landwirtschaftliche Krankenkasse wahr, in deren Bezirk die Kassenärztliche Vereinigung ihren Sitz hat (§ 36 Satz 1 KVLG 1989). Deshalb sind Mitglieder des Bundesverbandes unmittelbar die Kassen selbst. Der Bundesverband der landwirtschaftlichen Krankenkassen (BLK) steht in einer Verwaltungsgemeinschaft mit dem Gesamtverband der landwirtschaftlichen Alterskassen (GLA), dessen Organe gleichzeitig Organe des Bundesverbandes sind (§§ 34, 35 KVLG 1989 i.V.m. §§ 53 ff. ALG).

8 Die Bundesverbände sind rechtsfähige **Körperschaften des öffentlichen Rechts mit Selbstverwaltung**. Die Rechtsfähigkeit und Selbstverwaltung der Bundesverbände der Krankenkassen ergibt sich aus § 215 i.V.m. § 209 SGB V. Die Verbände der Krankenkassen sind nicht grundrechtsfähig.[5]

9 Die Bundesverbände gehören zu den **Spitzenverbänden** der Krankenkassen i.S.v. § 213 SGB V. Sie sind Vertragspartner der Leistungserbringer und können Grundsatzentscheidungen mit Wirkung für ihre Mitglieder treffen (vgl. im einzelnen § 217 SGB V). Wegen der Aufsicht, Organe, Satzung und Aufgaben der Bundesverbände vgl. §§ 214-217 SGB V.

2. Deutsche Rentenversicherung Knappschaft-Bahn-See (Absatz 3)

10 Die Deutsche Rentenversicherung Knappschaft-Bahn-See führt gem. § 167 Satz 1 SGB V die knappschaftliche Krankenversicherung durch. Weil sie keinem Bundes- und Landesverband angehört, nimmt sie nach Absatz 3 für die knappschaftliche Krankenversicherung die Aufgaben eines Bundesverbandes

[5] BVerfG v. 07.06.1991 - 1 BvR 1707/88.

und eines Landesverbandes wahr. Insoweit liegt der Schwerpunkt ihrer Arbeit bei den Vertragsverhandlungen mit den Leistungserbringern. Sie gehört zu den Spitzenverbänden der Krankenkassen i.S.d. § 213 SGB V.

3. Verbände der Ersatzkassen (Absatz 5)

Nach Absatz 5 Sätze 1 und 2 können sich die Ersatzkassen (vgl. § 168 SGB V) zu privatrechtlichen[6] Verbänden zusammenschließen, die in der Satzung ihre Zwecke und Aufgaben festzulegen haben. Verbände der Ersatzkassen bestehen demnach nicht bereits aufgrund des Gesetzes. Die Zahl der Verbände ist nicht vorgeschrieben. Derzeit gibt es den **Verband der Angestellten-Krankenkassen e.V.** (VdAK) und den **Verband der Arbeiter-Ersatzkassen e.V.** (AEV), beide mit Sitz in Siegburg.[7] Die beiden Verbände haben sich zur Wahrnehmung gemeinsamer Interessen zusammengeschlossen zum Hauptausschuss der Ersatzkassenverbände. Die Ersatzkassen können den bestehenden Verbänden nach eigener Entschließung bei- oder aus ihnen austreten, sie können sich zu neuen Verbänden zusammenschließen. Mit der Regelung des Absatzes 5 hat der Gesetzgeber die grundsätzliche Gleichstellung der Ersatzkassen mit den übrigen Krankenkassen im Verbänderecht nicht nachvollzogen. 11

Anders als bei den Landes- und den Bundesverbänden der Krankenkassen (vgl. §§ 211, 217 SGB V), legen die Verbände der Ersatzkassen als privatrechtliche Zusammenschlüsse grundsätzlich ihre Aufgaben in der Satzung selbst fest. Allerdings wurden ihnen zahlreiche hoheitliche Aufgaben kraft Gesetzes zugewiesen. Insbes. sind die Verbände der Ersatzkassen mit den **Landesverbänden** der Orts-, Betriebs- und Innungskrankenkassen bei den regionalen Vertragsverhandlungen mit den Leistungserbringern **gleichgestellt**; außerdem gehören die Verbände der Ersatzkassen gem. § 213 Abs. 1 SGB V zu den **Spitzenverbänden** der Krankenkassen. Insoweit sind sie **Beliehene**.[8] Der Verband ist, soweit er hoheitlich tätig wird, auch Behörde i.S.v. § 1 Abs. 2 SGB X. Im Rahmen ihrer hoheitlichen Kompetenzen können die Verbände auch Verwaltungsakte erlassen. 12

Aus Absatz 5 Satz 3 SGB V ergibt sich, dass die Verbände in das **Vereinsregister** einzutragen sind. Durch die Eintragung erlangen sie nach § 21 BGB die Rechtsfähigkeit. Der Anmeldung muss die Einwilligung der Aufsichtsbehörde vorausgehen. 13

Gem. Absatz 5 Satz 3 bedarf die Satzung der Genehmigung, der Antrag auf Eintragung in das Vereinsregister der Einwilligung der **Aufsichtsbehörde** (vgl. § 214 Abs. 2 SGB V). Diese übt in beiden Fällen lediglich eine **Rechtskontrolle** aus. Stellt sich nachträglich heraus, dass die Satzung wegen Verstoßes gegen das geltende Recht nicht hätte genehmigt werden dürfen, ist in entsprechender Anwendung des § 195 Abs. 2 SGB V zu verfahren. 14

Weil die Besonderheit der Ersatzkassen und ihrer Verbände darin besteht, dass sie nicht regional gegliedert sind, und andererseits aber der Schwerpunkt der Vertragsverhandlungen zwischen den Krankenkassen und Leistungserbringern auf regionaler Ebene liegt, verpflichtet Absatz 5 Satz 4 die Ersatzkassen und ihre Verbände, für alle auf der Landesebene abzuschließenden Verträge einen **Bevollmächtigten mit Abschlussbefugnis** zu benennen. Nach der Gesetzesbegründung würde die „Übertragung und Bündelung der Verhandlungskompetenz auf der regionalen Ebene den gewünschten Steuerungseffekt nicht voll entfalten können, wenn der Verhandlungsführer der Ersatzkassen in jedem Stadium des Gesprächs Weisungen Dritter einholen müsste."[9] Die Benennung des Bevollmächtigten ist Aufgabe des Vorstandes, da sie nicht zu den laufenden Verwaltungsgeschäften gehört (§§ 35 Abs. 1 Satz 1, 36 Abs. 1 SGB IV). Der Bevollmächtigte kann sich zu einer Ersatzkasse oder einem Verband in einem Dienstverhältnis befinden, muss dies aber nicht. 15

II. Normzwecke

§ 212 Abs.1, 2 und 4 SGB V regelt die Bildung von Bundesverbänden der Orts-, Betriebs- und Innungskrankenkassen sowie der landwirtschaftlichen Krankenkassen als rechtsfähige Körperschaften des öffentlichen Rechts mit Selbstverwaltung.[10] Für die knappschaftliche Krankenversicherung nimmt 16

---

[6] Es gilt grundsätzlich das Vereinsrecht nach dem BGB.

[7] www.vdak-aev.de.

[8] Hierzu *Peters*, Handbuch KV (SGB V), § 212 Rn. 12, 13 m.w.N.

[9] Zu Art. 1 Nr. 111, BT-Drs. 12/3608.

[10] Die Rechtsfähigkeit und Selbstverwaltung der Bundesverbände der Krankenkassen ergibt sich aus § 215 i.V.m. § 209 SGB V.

die Knappschaft die Aufgaben eines Bundesverbandes und eines Landesverbandes wahr (Absatz 3 i.V.m. §§ 217, 211 SGB V). Die Ersatzkassen können sich nach Absatz 5 zu Verbänden als rechtsfähige Vereine zusammenschließen.

C. Reformbestrebungen

17 Die Vorschrift wird gem. Art. 1 Nr. 145 i.V.m. Art. 46 Abs. 9 bzw. Abs. 10 GKV-Wettbewerbsstärkungsgesetz (GKV-WSG) zum 01.07.2008 bzw. zum 01.01.2009 (Absatz 5) geändert.[11]

18 Die **Begründung** des Regierungsentwurfs zu Art. 1 Nr. 144 GKV-WSG (§ 212 Abs. 1 SGB V) lautet:[12] „Aufgrund der Konzentration der nicht wettbewerblichen Aufgaben bei dem Spitzenverband Bund verbleiben für die bisherigen Bundesverbände keine Aufgaben, die den Status einer Körperschaft des öffentlichen Rechts erfordern. Die bisherigen Bundesverbände werden daher in Gesellschaften des bürgerlichen Rechts umgewandelt. Nach ihrer gesetzlichen Gründung können die Gesellschafter in eigener Verantwortung entscheiden, ob sie die Gesellschaft fortführen, auflösen oder sie mit anderen Gesellschaften vereinigen. Die Ausgestaltung der Gesellschaftsverhältnisse bestimmen allein die Gesellschafter im Rahmen der §§ 705 bis 740 BGB. Die Bundesknappschaft kann Gesellschafterin bei einer der in § 212 Abs. 1 aufgeführten Gesellschaften werden; die Begründung des Gesellschafterstatus erfolgt nach den allgemeinen gesellschaftsrechtlichen Regeln."

19 Der in **Absatz 2** angesprochene Bundesverband der landwirtschaftlichen Krankenkassen wird mit Wirkung vom 01.01.2009 eingegliedert in den Spitzenverband der landwirtschaftlichen Sozialversicherung.

20 Die Streichung in **Absatz 3** ist eine Folgeänderung zur Neuorganisation der Verbände.

21 Durch die Neufassung in **Absatz 4** wird sichergestellt, dass die Bestimmungen zum Schutze der Arbeitnehmer, insbesondere die Bestimmungen über den gerechten Interessensausgleich zwischen Arbeitgeber und Arbeitnehmer bei Betriebsänderungen nach dem Betriebsverfassungsgesetz Anwendung finden (vgl. Begründung im Regierungsentwurf zu Art. 1 Nr. 144 GKV-WSG).

22 Durch die Änderungen des **Absatzes 5** ist gewährleistet, dass auch nach der Änderung der Funktionen und Aufgabenstellung der Verbände der Ersatzkassen eine Vertretung der Ersatzkassen zum Abschluss von Verträgen auf Landesebene gegeben ist.

---

[11] BGBl I 2007, 378.

[12] BT-Drs. 16/3100.

§ 213 SGB V Spitzenverbände

(Ursprünglich kommentierte Fassung vom 26.03.2007, gültig ab 01.04.2007, gültig bis 27.12.2007)

(1) Spitzenverbände der Krankenkassen sind die Bundesverbände der Krankenkassen, die Deutsche Rentenversicherung Knappschaft-Bahn-See, die Verbände der Ersatzkassen und die See-Krankenkasse.

(2) Die Spitzenverbände sollen sich über die von ihnen nach diesem Gesetz gemeinsam und einheitlich zu treffenden Entscheidungen einigen. Kommt eine Einigung nicht zustande, erfolgt die Beschlußfassung durch drei Vertreter der Ortskrankenkassen einschließlich der See-Krankenkasse, zwei Vertreter der Ersatzkassen und je einen Vertreter der Betriebskrankenkassen, der Innungskrankenkassen, der landwirtschaftlichen Krankenkassen und der Deutschen Rentenversicherung Knappschaft-Bahn-See. Beschlüsse bedürfen der Mehrheit der in Satz 2 genannten Vertreter der Spitzenverbände. Das Verfahren zur Beschlußfassung regeln die Spitzenverbände in einer Geschäftsordnung.

(3) Kommen die erforderlichen Beschlüsse nicht oder nicht innerhalb einer vom Bundesministerium für Gesundheit gesetzten Frist zustande, entscheidet das Bundesministerium für Gesundheit im Einvernehmen mit dem Bundesministerium für Wirtschaft und Technologie. Die Entscheidung ist im Bundesanzeiger bekanntzumachen.

(4) Die Spitzenverbände können Arbeitsgemeinschaften zur Abstimmung untereinander und zur wissenschaftlichen Unterstützung ihrer Mitglieder einrichten.

(5) (zukünftig in Kraft)

(6) Der Spitzenverband Bund soll den Beschäftigten der nach § 212 Abs. 1 in der bis zum 31. Dezember 2008 geltenden Fassung bestehenden Bundesverbände sowie den Beschäftigten der Verbände der Ersatzkassen eine Anstellung anbieten, soweit dies für eine ordnungsgemäße Erfüllung der Aufgaben des Spitzenverbandes Bund erforderlich ist. Einer vorherigen Ausschreibung bedarf es nicht.

§ 213 SGB V Spitzenverbände

(Fassung vom 19.12.2007, gültig ab 28.12.2007, gültig bis 31.12.2008)

(1) Spitzenverbände der Krankenkassen sind die Bundesverbände der Krankenkassen, die Deutsche Rentenversicherung Knappschaft-Bahn-See *und* die Verbände der Ersatzkassen.

(2) Die Spitzenverbände sollen sich über die von ihnen nach diesem Gesetz gemeinsam und einheitlich zu treffenden Entscheidungen einigen. Kommt eine Einigung nicht zustande, erfolgt die Beschlußfassung durch drei Vertreter der Ortskrankenkassen, zwei Vertreter der Ersatzkassen und je einen Vertreter der Betriebskrankenkassen, der Innungskrankenkassen, der landwirtschaftlichen Krankenkassen und der Deutschen Rentenversicherung Knappschaft-Bahn-See. Beschlüsse bedürfen der Mehrheit der in Satz 2 genannten Vertreter der Spitzenverbände. Das Verfahren zur Beschlußfassung regeln die Spitzenverbände in einer Geschäftsordnung.

(3) Kommen die erforderlichen Beschlüsse nicht oder nicht innerhalb einer vom Bundesministerium für Gesundheit gesetzten Frist zustande, entscheidet das Bundesministerium für Gesundheit im Einvernehmen mit dem Bundesministerium für Wirtschaft und Technologie. Die Entscheidung ist im Bundesanzeiger bekanntzumachen.

(4) Die Spitzenverbände können Arbeitsgemeinschaften zur Abstimmung untereinander und zur wissenschaftlichen Unterstützung ihrer Mitglieder einrichten.

(5) (zukünftig in Kraft)

(6) Der Spitzenverband Bund soll den Beschäftigten der nach § 212 Abs. 1 in der bis zum 31. Dezember 2008 geltenden Fassung bestehenden Bundesverbände sowie den Beschäftigten der Verbände der Ersatzkassen eine Anstellung anbieten, soweit dies für eine ordnungsgemäße Erfüllung der Aufgaben des Spitzenverbandes Bund erforderlich ist. Einer vorherigen Ausschreibung bedarf es nicht.

Hinweis: § 213 SGB V in der Fassung vom 26.03.2007 wurde durch Art. 5 Nr. 11 des Gesetzes vom 19.12.2007 (BGBl I 2007, 3024) i.V.m. der Bek. vom 28.12.2007 (BGBl I 2007, 3305) mit Wirkung vom 28.12.2007 geändert. Die Autoren passen die Kommentierungen bei Bedarf an die aktuelle Rechtslage durch Aktualisierungshinweise an.

Gliederung

A. Basisinformationen

I. Textgeschichte/Gesetzgebungsmaterialien

1 § 213 SGB V ist mit Wirkung vom 01.01.1989 aufgrund von Art. 1, 79 Abs. 1 Gesundheitsreformgesetz (GRG) vom 20.12.1988 in Kraft getreten.[1] **Absatz 3 Satz 1** wurde mit Wirkung vom 01.01.1992 durch Art. 1 Nr. 37, Art. 12 Abs. 1 2. SGB V - Änderungsgesetz vom 20.12.1991[2] geändert (Änderung der beteiligten Bundesministerien und Ersetzung des Wortes „Bundesarbeitsblatt" durch „Bundesanzeiger") und der Satzteil nach dem Semikolon (die Bestimmung, dass eine Ersatzvornahme keiner Fristsetzung bedurfte, wenn Festbeträge nicht zum 30.06.1989 festgelegt worden waren) durch Art. 1 Nr. 11 des Festbetrags-Anpassungsgesetzes (FBAG) vom 27.07.2001[3] gestrichen; durch Art. 216 Nr. 4 der 7. Zuständigkeitsanpassungsverordnung vom 29.10.2001[4] wurde die Vorschrift sprachlich angepasst. Mit Wirkung ab 01.10.2005 wurde der Wortlaut der Absätze 1 und 2 an die Organisationsänderung (Deutsche Rentenversicherung Knappschaft-Bahn-See) angepasst.[5] Durch Art. 1 Nr. 145 GKV-WSG wird der Inhalt der Norm grundlegend verändert.[6] Nach Art. 46 Abs. 1 GKV-WSG wurde zunächst mit Wirkung zum 01.04.2007 Absatz 6 der Vorschrift angefügt. Die weiteren Änderungen treten gem. Art. 46 Abs. 10 GKV-WSG erst am 01.01.2009 in Kraft.

II. Vorgängervorschriften

2 Die Vorschrift hat im früheren Recht kein Vorbild.

III. Parallelvorschriften

3 Anders als die Arbeitsgemeinschaften nach **§ 219 SGB V** sind die Arbeitsgemeinschaften der Spitzenverbände nach § 213 Abs. 4 SGB V nicht über § 94 Abs. 2 und 3 SGB X rechtlich gebunden. Anders

---

[1] BGBl I 1988, 2477.

[2] BGBl I 1991, 2325.

[3] BGBl I 2001, 1948.

[4] BGBl I 2001, 2785.

[5] Gem. Art. 6 Nr. 21, Art. 86 Abs. 4 Gesetz zur Organisationsreform in der gesetzlichen Rentenversicherung (RVOrgG) v. 09.12.2004, BGBl I 2004, 3242. Vgl. auch die Änderung der §§ 165, 167, 208 und 212 SGB V.

[6] BGBl I 2007,

als diese können sie auch nicht im Wege der Beauftragung (Absatz 3 i.V.m. §§ 94 Abs. 4, 88 Abs. 1 Satz 1 und Abs. 2 SGB X) tätig werden. Die Arbeitsgemeinschaften gem. § 219 SGB V sind keine sog. Beliehenen. Eine andere Arbeitsgemeinschaft stellt – neben der Grundnorm des § 94 SGB X – gem. **§ 278 SGB V** die Arbeitsgemeinschaft „Medizinischer Dienst der Krankenversicherung" dar.

IV. Literaturhinweise

Axer, Europäisches Kartellrecht und nationales Krankenversicherungsrecht, NZS 2002, 57-65; *ders.*, Normsetzung der Exekutive in der Sozialversicherung, 2000; *Dortans/von Hansemann*, Die Auslagerung von „Aufgaben" durch Krankenkassen und ihre Verbände auf Dritte, NZS 1990, 542-546; *Engelmann*, Untergesetzliche Normen im Recht der gesetzlichen Krankenversicherung durch Verträge und Richtlinien, NZS 2000, 76-84; *Finkenbusch*, Die Träger der Krankenversicherung – Verfassung und Organisation, 5. Aufl. 2004; *Friede*, Die Betriebskrankenkassen in der Bundesrepublik Deutschland, 1987; *Haverkate*, Der Ordnungsrahmen für Wettbewerb innerhalb der gesetzlichen Krankenversicherung, VSSR 1999, 177-196; *Hein*, Die Verbände der Sozialversicherungsträger in der Bundesrepublik Deutschland, 1990; *Heitzer*, Einheitlich und gemeinschaftlich, SozSich 1990, 321-323; *Lauf*, Die Bundesknappschaft als Spitzenverband in der gesetzlichen Krankenversicherung, Kompaß 1991, 280-284; *Reiter*, Entstehungsgeschichte, Aufgaben und Organisation der Spitzenverbände der Krankenkassen nach dem SGB V, 1996. 4

B. Auslegung der Norm

I. Regelungsgehalt und Bedeutung der Norm

1. Rechtsstellung (Absatz 1)

Gem. Absatz 1 sind Spitzenverbände der Krankenkassen die Bundesverbände der Ortskrankenkassen, der Betriebskrankenkassen, der Innungskrankenkassen und der landwirtschaftlichen Krankenkassen (vgl. § 212 Abs. 1 und 2 SGB V) sowie die Verbände der Ersatzkassen (vgl. § 212 Abs. 5 SGB V), die Bundesknappschaft (vgl. § 212 Abs. 3 SGB V) und die See-Krankenkasse (vgl. § 165 SGB V). Die Vorschrift enthält lediglich eine Definition des Begriffs „Spitzenverbände" der Krankenkassen[7] und keine besondere Organisationsform. Die Spitzenverbände unterscheiden sich von den Bundesverbänden dadurch, dass sie unterschiedliche Aufgaben zu erfüllen haben. 5

2. Aufgaben (Absatz 2)

Die Spitzenverbände haben insbesondere folgende Aufgaben zu erledigen: 6

- Vereinbarung über ein einheitliches Verfahren und einheitliche Meldevordrucke für die Meldungen zur Familienversicherung (§ 10 Abs. 6 Satz 2 SGB V);
- Bestimmung prioritärer Handlungsfelder und Kriterien für Leistungen zur primären Prävention (§ 20 Abs. 1 Satz 3 SGB V);
- Beschluss eines Verzeichnisses der Krankheitsbilder, bei deren Prävention oder Rehabilitation eine Förderung von Selbsthilfegruppen zulässig ist (§ 20 Abs. 4 Satz 2 SGB V);
- Bestimmung von Grundsätzen zu den Inhalten der Förderung der Selbsthilfe (§ 20 Abs. 4 Satz 3 SGB V);
- Beschluss bundeseinheitlicher Rahmenempfehlungen zur Verhütung von Zahnerkrankungen (§ 21 Abs. 2 Satz 2 SGB V);
- Bestimmung von Indikationen und Regeldauer für medizinische Vorsorgeleistungen in Leitlinien (§ 23 Abs. 5 Satz 3 SGB V);
- Vorlage eines Erfahrungsberichts über Rechtsänderungen bei der medizinischen Vorsorge für Mütter und Väter (§ 24 Abs. 4 SGB V);
- Festsetzung der Festbeträge für Arznei- und Verbandmittel (§ 35 Abs. 3 SGB V);
- Übermittlung von Informationen und Auskünften zur Festlegung von Festbeträgen für Arzneimittel durch Rechtsverordnung (§ 35a Abs. 4 SGB V);
- Erstellung von Übersichten über sämtliche Festbeträge und die betroffenen Arzneimittel (§ 35a Abs. 5 Satz 1 SGB V);
- Bestimmung der Hilfsmittel, für die Festbeträge festgesetzt werden (§ 36 Abs. 1 Satz 1 SGB V);

---

[7] Gesetzesbegründung zu Art. 1 § 222 GRG, BT-Drs. 11/2237.

- Vereinbarung über Art und Umfang der Versorgung in stationären Hospizen (§ 39a Abs. 1 Satz 4 SGB V);
- Vereinbarung zu den Voraussetzungen der Förderung und zu Inhalt, Qualität und Umfang der ambulanten Hospizarbeit (§ 39a Abs. 2 Satz 6 SGB V);
- Bestimmung von Indikationen und Regeldauer zur medizinische Rehabilitation in Leitlinien (§ 40 Abs. 3 Satz 3 SGB V);
- Festlegung von Indikationen, bei denen eine Zuzahlung nach § 40 Abs. 6 Satz 1 SGB V Anwendung findet (§ 40 Abs. 7 SGB V);
- Vorlage eines Erfahrungsberichts über Rechtsänderungen bei der medizinischen Rehabilitation für Mütter und Väter (§ 41 Abs. 4 SGB V);
- Vereinbarung der Höhe der Vergütung für die zahnärztlichen Leistungen bei den Regelversorgungen nach § 56 Abs. 2 Satz 2 SGB V (§ 57 Abs. 1 SGB V);
- Ermittlung der bundeseinheitlichen durchschnittlichen Preise für zahntechnische Leistungen und Informierung des Gemeinsamen Bundesausschuss (§ 57 Abs. 2 Sätze 2 und 8 SGB V);
- Vereinbarung von Grundsätzen über die Durchführung von Modellvorhaben (§ 64 Abs. 2 SGB V);
- Förderung von Einrichtungen zur Verbraucher- und Patientenberatung (§ 65b SGB V);
- Vereinbarung zur hausärztlichen Versorgung (§ 73 Abs. 1c SGB V);
- Abschluss der Bundesmantelverträge (§ 82 Abs. 1 SGB V);
- kassenartenübergreifende Zusammenführung arztbezogener Daten über veranlasste Arznei- und Heilmittelausgaben und Übermittlung an die jeweiligen Kassenärztlichen Vereinigungen sowie die Landesverbände der Krankenkassen und Verbände der Ersatzkassen (§ 84 Abs. 5 Satz 2, Abs. 8 Satz 1 SGB V);
- Erstellung und Übermittlung monatlicher Berichte über die Entwicklung der Arznei-, Verband- und Heilmittelausgaben für jede Kassenärztliche Vereinigung (§ 84 Abs. 5 Satz 4, Abs. 8 Satz 1 SGB V);
- Vereinbarung von Rahmenvorgaben für die Inhalte der Arzneimittelvereinbarungen nach § 84 Abs. 1 SGB V sowie für die Inhalte der Informationen und Hinweise nach § 73 Abs. 8 SGB V (§ 84 Abs. 7 Satz 1 SGB V);
- Festlegung der Gliederung der Arztgruppen und das Nähere zum Fallbezug bei Richtgrößenvereinbarungen (§ 84 Abs. 7 Satz 4 SGB V) sowie die altersmäßige Gliederung der Patientengruppen und der Krankheitsarten (§ 84 Abs. 7 Satz 5 SGB V);
- Vereinbarung eines einheitlichen Bewertungsmaßstabs für ärztliche und zahnärztliche Leistungen (§ 87 Abs. 1 Satz 1 SGB V);
- Vereinbarung eines bundeseinheitlichen Verzeichnisses der abrechnungsfähigen zahntechnischen Leistungen (§ 88 Abs. 1 SGB V);
- Bildung eines Bundesschiedsamtes (§ 89 Abs. 7 SGB V);
- Vereinbarung von Richtlinien zum Inhalt und zur Durchführung von Abrechnungsprüfungen (§ 106 Abs. 6 SGB V)
- Vereinbarung von Rahmenempfehlungen für ambulante und stationäre Vorsorgeleistungen bzw. für Leistungen zur medizinischen Rehabilitation (§ 111b Abs. 1 Satz 1 SGB V);
- Abgabe von Rahmenempfehlungen zu den zweiseitigen Verträgen über Krankenhausbehandlung (§ 112 Abs. 5 SGB V);
- Abgabe von Rahmenempfehlungen über eine nahtlose ambulante und stationäre Behandlung (§ 115 Abs. 5 SGB V);
- Abgabe von Empfehlungen zur Vergütung der vor- und nachstationären Behandlung (§ 115a Abs. 3 Satz 3 SGB V);
- Schließung von Vereinbarungen zum ambulanten Operieren im Krankenhaus (§ 115b Abs. 1 SGB V);
- Bestimmung der Gruppe psychisch Kranker, die einer Behandlung in psychiatrischen Abteilungen der Allgemeinkrankenhäuser bedürfen (§ 118 Abs. 2 Satz 2 SGB V);
- Abgabe vom Empfehlungen für eine einheitliche Anwendung der Zulassungsbedingungen von Leistungserbringern von Heilmitteln (§ 124 Abs. 4 SGB V);
- Abgabe von Rahmenempfehlungen über die einheitliche Versorgung mit Heilmitteln (§ 125 Abs. 1 Satz 1 SGB V);
- Abgabe vom Empfehlungen für eine einheitliche Anwendung der Zulassungsbedingungen von Leistungserbringern von Hilfsmitteln (§ 126 Abs. 2 SGB V);

- Erstellung eines Hilfsmittelverzeichnisses (§ 128 SGB V);
- Schließung von Rahmenverträgen über die Arzneimittelversorgung (§§ 129 Abs. 2, 131 Abs. 1 SGB V);
- Bekanntmachung der oberen Preislinie bei wirkstoffgleichen Arzneimitteln (§ 129 Abs. 1 und 2 SGB V);
- Bildung einer gemeinsamen Schiedsstelle für die Arzneimittelversorgung (§ 129 Abs. 8 SGB V);
- Abgabe von Rahmenempfehlungen über die einheitliche Versorgung mit häuslicher Krankenpflege (§ 132a Abs. 1 Satz 1 SGB V);
- Festlegung von Anforderungen an die Leistungserbringer von Soziotherapie (§ 132b Abs. 2 SGB V);
- Vertragsschluss über die Versorgung mit Hebammenhilfe, Bildung einer Schiedsstelle (§ 134a SGB V);
- Antragstellung zur Bewertung neuer Untersuchungs- und Behandlungsmethoden (§ 135 Abs. 1 Satz 1 SGB V);
- Festlegung von Ausnahmen zahnärztlicher Gewährleistungspflichten (§ 136b Abs. 2 Satz 5 SGB V);
- Vereinbarung von Qualitätssicherungsmaßnahmen bei der ambulanten und stationären Vorsorge und Rehabilitation (§ 137d Abs. 1, Abs. 1a SGB V);
- Beteiligung der Arbeitsgemeinschaft nach § 282 SGB V an der Entwicklung strukturierter Behandlungsprogramme bei chronischen Krankheiten (§ 137f Abs. 2 Satz 4 SGB V);
- Unterstützung ihrer Mitglieder beim Aufbau und der Durchführung von strukturierten Behandlungsprogrammen bei chronischen Krankheiten (§ 137f Abs. 5 SGB V);
- Entwicklung von Qualitätsstandards für Hilfsmittel, Entscheidung über deren Aufnahme in das Hilfsmittelverzeichnis, Regelung des entsprechenden Verfahrens, Abgabe produktbezogener Empfehlungen zur Fortbildung der Leistungserbringer und zur Qualitätssicherung der Leistungserbringung (§ 139 SGB V);
- Vereinbarung von Regeln über die Zuständigkeit bei Nichtausübung des Wahlrechts (§ 175 Abs. 3 Satz 3 SGB V);
- Einrichtung von Stellen zur Bekämpfung von Fehlverhalten im Gesundheitswesen (§ 197a SGB V);
- Vereinbarung des Verfahrens über Meldungen bei Rentenantragstellung und Rentenbezug (§ 201 Abs. 6 Satz 2 SGB V);
- Bildung der Deutschen Verbindungsstelle Krankenversicherung-Ausland (§ 219a Abs. 1 SGB V) und Mitarbeit im Verwaltungsrat (§ 219b Abs. 2 SGB V) sowie im ständigen Arbeitsausschuss (§ 219c SGB V);
- Vereinbarung des Verfahrens über die Aufteilung der aus der Rente gezahlten Beiträge (§ 255 Abs. 3 Satz 4 SGB V);
- Gewährung finanzieller Hilfen in besonderen Notlagen oder zur Erhaltung der Wettbewerbsfähigkeit von Mitgliedskassen (als fakultative Satzungsbestimmung, § 265a Abs. 1 Satz 1 SGB V);
- Vereinbarung zur Datenerhebung zum Risikostrukturausgleich (§ 267 Abs.7 SGB V)[8];
- Koordinierung der Medizinischen Dienste (§ 282 Satz 1 SGB V) und Verabschiedung von Richtlinien über die Zusammenarbeit der Krankenkassen mit dem Medizinischen Dienst (§ 282 Satz 2 SGB V);
- vertragliche Vereinbarung über die bundesweite Einführung und Gestaltung der Krankenversichertenkarte (§ 291 Abs. 3 SGB V);
- Vereinbarung über Inhalt und Struktur für die Bereitstellung und Nutzung von Daten der elektronischen Gesundheitskarte (§ 291a Abs. 3 Satz 6 SGB V);
- Vereinbarung der Schaffung der erforderlichen Informations-, Kommunikations- und Sicherheitsinfrastruktur insbes. für die Einführung der elektronischen Gesundheitskarte, des elektronischen Rezeptes und der elektronischen Patientenakte (§ 291a Abs. 7 Satz 1 SGB V);
- Vereinbarung über Art und Aufbau der Kennzeichen für Leistungsträger und Leistungserbringer sowie das Verfahren der Vergabe und Verwendung (§ 293 Abs. 2 SGB V);
- Zur-Verfügung-Stellen des Verzeichnisses der an der vertragsärztlichen Versorgung teilnehmenden Ärzte und Zahnärzte sowie ärztlich und zahnärztlich geleiteten Einrichtungen gegenüber den Mitgliedsverbänden und den Krankenkassen (§ 293 Abs. 4 Satz 7 SGB V);

---

[8] Gilt gem. § 267 Abs. 10 SGB V nicht für die landwirtschaftlichen Krankenkassen und damit nicht für den BLK.

- Zur-Verfügung-Stellen des Verzeichnisses über die Apotheken gegenüber den Mitgliedsverbänden und den Krankenkassen (§ 293 Abs. 5 Satz 4 SGB V);
- Vereinbarung über die Abrechnung der ärztlichen Leistungen, der Arzneimittel und sonstiger Leistungen (§§ 295 Abs. 3, 296 Abs. 3 Satz 1, 300 Abs. 3, 301 Abs. 3, 302 Abs. 2 SGB V);
- Bildung einer Arbeitsgemeinschaft für Aufgaben der Datentransparenz (§ 303a SGB V);
- vertragliche Regelung über die Unterrichtung der Versicherten durch Krankenhäuser über die von den Krankenkassen zu zahlenden Entgelte (§ 305 Abs. 2 Satz 6 SGB V).

7 Die Spitzenverbände können als **weitere Aufgaben** Vereinbarungen treffen und Empfehlungen abgeben und dadurch insbesondere auf eine einheitliche Rechtsanwendung in der Praxis der Krankenkassen hinwirken. Dies geschieht z.B. durch „**Gemeinsame Rundschreiben**". Hierfür gelten die Absätze 2 und 3 nicht.

8 Dem **Bundesverband der landwirtschaftlichen Krankenkassen** (BLK) als einem der Spitzenverbände der landwirtschaftlichen Sozialversicherungsträger sind nach § 58b ALG[9] besondere Aufgaben zugewiesen.

3. Entscheidungsfindung (Absatz 2)

9 Soweit die Spitzenverbände der Krankenkassen ihre Aufgaben „**gemeinsam und einheitlich**" zu erfüllen haben, sollen sie sich nach Absatz 2 Satz 1 über die zu treffenden Entscheidungen einigen. In diesen Fällen bilden sie eine notwendige Streitgenossenschaft.[10] Kommt eine Einigung nicht zustande, erfolgt die Beschlussfassung gem. Absatz 2 Satz 2 durch drei Vertreter der Ortskrankenkassen einschließlich der See-Krankenkasse, zwei Vertretern der Ersatzkassen und je einem Vertreter der Betriebskrankenkassen, Innungskrankenkassen, landwirtschaftlichen Krankenkassen und der Bundesknappschaft. Die Beschlüsse bedürfen der Mehrheit der genannten Vertreter, es müssen also fünf Ja-Stimmen vorliegen. Das Verfahren regelt eine **Geschäftsordnung** der Spitzenverbände (Absatz 2 Sätze 3 und 4). Die Geschäftsordnung ist reine Verwaltungsvorschrift für den internen Dienstbetrieb. Sofern es sich nicht um „gemeinsam und einheitlich zu treffende Entscheidungen" handelt, einigen sich die Spitzenverbände über das Verfahren.

4. Ersatzvornahme (Absatz 3)

10 Das (jetzige) Bundesministerium für Gesundheit (BMG) kann den Spitzenverbänden für die Beschlussfassung i.S.v. Absatz 2 eine angemessene Frist setzen. Kommt innerhalb dieser Frist ein Beschluss nicht zustande, entscheidet es nach Absatz 3 im Einvernehmen mit dem Bundesministerium für Wirtschaft und Arbeit. Nach dem Wortlaut von Absatz 3 Satz 1 ist die Ersatzvornahme auch unabhängig von einer Fristsetzung möglich. Diese Möglichkeit wird z.B. dann ausnahmsweise in Betracht kommen, wenn die Spitzenverbände mit der Festsetzung von Festbeträgen ohne besondere Gründe zögern und in absehbarer Zeit von ihnen keine Festsetzungen zu erwarten sind.[11] Die Entscheidung ist im Bundesanzeiger bekannt zu machen (Absatz 3 Satz 2).

11 Auch Absatz 3 ist nur anzuwenden, soweit die Spitzenverbände „**gemeinsam und einheitlich**" zu entscheiden haben[12]. Dies ist z.B. gegeben bei Bestimmung prioritärer Handlungsfelder und Kriterien für Leistungen zur primären Prävention (§ 20 Abs. 1 Satz 3 SGB V), der Bestimmung von Grundsätzen zu den Inhalten der Förderung der Selbsthilfe (§ 20 Abs. 4 Satz 3 SGB V), der Festsetzung der Festbeträge für Arznei- und Verbandmittel (§ 35 Abs. 3 SGB V), der Bestimmung der Hilfsmittel, für die Festbeträge festgesetzt werden (§ 36 Abs. 1 SGB V), der Vereinbarung von Verträgen zu Hospizleistungen (§ 39a Abs. 1 Satz 4 SGB V) und der Entwicklung von Qualitätsstandards für Hilfsmittel und die Entscheidung über deren Aufnahme in das Hilfsmittelverzeichnis (§ 139 SGB V).

12 Handelt es sich dagegen um Aufgaben, die die Spitzenverbände der Krankenkassen zwar gemeinsam, aber nicht auch einheitlich zu erfüllen haben (vgl. z.B. die §§ 21 Abs. 2 Satz 2, 112 Abs. 5, 115 Abs. 5, 124 Abs. 4, 126 Abs. 2, 128, 293 Abs. 2 SGB V), oder um Entscheidungen, die sie weder gemeinsam noch einheitlich treffen müssen (vgl. z.B. §§ 10 Abs. 6 Satz 2, 129 Abs. 2, 131 Abs. 1, 217 Abs. 5, 291a Abs. 3 Satz 6 SGB V), finden die Absätze 2 und 3 keine Anwendung.

[9] Gesetz über die Alterssicherung der Landwirte (ALG) vom 29.07.1994 (BGBl I, 1890), zuletzt geändert durch VO vom 21.12.2005 (BGBl I, 3626).

[10] BSG v. 05.07.2000 - B 3 KR 12/99 R - SozR 3-2500 § 40 Nr. 3; BSG v. 19.11.1997 - 3 RK 21/96 - SozR 3-2500 § 107 Nr. 1; BSG v. 29.05.1996 - 3 RK 23/95 - SozR 3-2500 § 109 Nr. 1.

[11] *Peters*, Handbuch KV (SGB V), § 213 Rn. 5.

[12] Vgl. Gesetzesbegründung zu Art. 1 § 222 GRG, BT-Drs. 11/2237.

5. Arbeitsgemeinschaften (Absatz 4)

13 Absatz 4 ermöglicht den Spitzenverbänden die Einrichtung von Arbeitsgemeinschaften zur Abstimmung untereinander und zur wissenschaftlichen Unterstützung ihrer Mitglieder. Die Arbeitsgemeinschaften i.S.v. Absatz 4 sind zu unterscheiden von denen nach § 219 SGB V. Es handelt sich auch nicht um Arbeitsgemeinschaften i.S.v. § 94 SGB X; sie unterliegen nicht staatlicher Aufsicht. Die Arbeitsgemeinschaften sind mangels einer entsprechenden Statuierungsvorschrift keine Körperschaften des öffentlichen Rechts, wenn auch die Vereinbarung der Spitzenverbände zur inhaltlichen Präzisierung der Aufgaben als öffentlich-rechtlicher Vertrag i.S.v. § 53 SGB X anzusehen ist. Sie können daher als nicht rechtsfähige Vereinigung des öffentlichen Rechts auftreten oder z.B. die Rechtsform eines rechtsfähigen Vereins oder einer BGB-Gesellschaft wählen.[13] Zu den Arbeitsgemeinschaften zählt der Arbeitskreis I (AK I). In diesem sind die ehrenamtlichen Verwaltungsräte bzw. Vorstände der Spitzenverbände vertreten. Im Arbeitskreis II (AK II) sind die hauptamtlichen Vorstände bzw. die Geschäftsführer[14] der Spitzenverbände vertreten.

6. Beschäftigungsangebot des neuen Spitzenverbandes (Absatz 6)

14 Nach Art. 1 Nr. 144 und 145 i.V.m. Art. 46 Abs. 10 GKV-WSG werden die Bundesverbände der Krankenkassen i.S.v. § 212 Abs. 1 SGB V kraft Gesetzes zum 01.01.2009 in Gesellschaften bürgerlichen Rechts umgewandelt. In den §§ 212 und 213 SGB V werden zum 01.01.2009 auch entsprechende Regelungen für das Personal getroffen.

15 Die bereits zum 01.04.2007 in Kraft tretende Bestimmung des Absatzes 6 verpflichtet den Spitzenverband Bund der Krankenkassen, den Beschäftigten der nach § 212 Abs. 1 SGB V in der bis zum 31.12.2008 geltenden Fassung bestehenden Bundesverbände (AOK-Bundesverband, BKK Bundesverband und IKK-Bundesverband) sowie den Beschäftigten der Verbände der Ersatzkassen (VdaK und AEV) eine Anstellung anzubieten, soweit dies für eine ordnungsgemäße Erfüllung der Aufgaben des Spitzenverbandes Bund erforderlich ist (Satz 1).

16 Hintergrund der Regelung ist die Erwartung, dass sich aufgrund der Aufgabenverlagerung auf den neuen Spitzenverband bei ihm ein erheblicher Personalbedarf ergibt, während die „alten" Spitzenverbände einen Personalüberhang zu tragen haben. Da das Personal der jetzigen Spitzenverbände weitgehend das auch von dem neuen Spitzenverband benötigte Qualifikationsprofil aufweist, erscheint eine (partielle) Übernahme grundsätzlich im Interesse aller Beteiligten.

17 Mit der Bestimmung vermeidet der Gesetzgeber eine Rechtsnachfolgeregelung unter Einschluss des (zwingenden) Personalübergangs. Damit ist sowohl für die potentiell Personal abgebenden Verbände als auch für den neuen Spitzenverband als Nachfrager zunächst eine personalplanerische Gestaltungsfreiheit gewahrt.

18 Die grundsätzliche Verpflichtung, ein Anstellungsangebot an die Beschäftigten zu machen, besteht „soweit dies für eine ordnungsgemäße Erfüllung der Aufgaben des Spitzenverbandes Bund erforderlich ist". Die Feststellung der Erforderlichkeit wird sich an den konkreten gesetzlichen Aufgaben des Spitzenverbandes und den im Rahmen des Stellenplanes bestehenden Möglichkeiten orientieren.

19 Die Pflicht des Spitzenverbandes ist bis zum 31.12.2008 befristet. Ein Angebot kann der Spitzenverband frühestens ab dem Zeitpunkt seiner Errichtung machen. Zwar ist die Vorschrift des § 217a SGB V (Errichtung des Spitzenverbandes Bund der Krankenkassen) gem. Art. 46 Abs. 1 GKV-WSG mit Wirkung vom 01.04.2007 in Kraft getreten; die Vorschrift über den Errichtungsbeauftragten (§ 217g SGB V) verdeutlicht jedoch, dass erst ab dem 01.07.2007 eine Personalrekrutierung stattfinden kann.

20 Nach Satz 2 bedarf es einer vorherigen **Ausschreibung** nicht. Abgesehen davon, dass es nachträgliche Ausschreibungen wohl nicht gibt, geht der Gesetzgeber offenbar davon aus, dass entgegen den im öffentlichen Dienst üblichen Standards zur Personalgewinnung verfahren werden kann. Dies erscheint aus rechtlichen und aus praktischen Gründen bedenklich. Nach dem Wortlaut der Norm ist jedenfalls offen, wie das nach Satz 1 zu unterbreitende Angebot ohne Ausschreibung zu konkretisieren ist. In Betracht kommt sowohl eine allgemeine Aufforderung an alle Mitarbeiter, sich bei dem neuen Spitzenverband zu bewerben, als auch ein aufgaben- bzw. arbeitsbereichsbezogenes Angebot. Gemeint sein könnte eine Art interne Ausschreibung, bei der ausschließlich (oder bevorzugt?) Mitarbeiter der genannten Verbände berücksichtigt werden sollen. Ein gezieltes „Personal-Picking" unter Ausschluss der arbeits- und dienstrechtlichen Bestimmungen dürfte jedenfalls ausscheiden.

[13] Vgl. *Engelhard* in: Hauck/Noftz, SGB V, § 213 Rn. 8.

[14] Geschäftsführer haben der BLK, die Knappschaft sowie die See-Krankenkasse.

II. Normzwecke

21 Absatz 1 bestimmt den Bundesverband der Ortskrankenkassen, den Bundesverband der Betriebskrankenkassen, den Bundesverband der Innungskrankenkassen, den Bundesverband der landwirtschaftlichen Krankenkassen, die Verbände der Ersatzkassen und die See-Krankenkasse[15] zu Spitzenverbänden der Krankenkassen. Die Spitzenverbände haben im Rahmen der gesetzlichen Krankenversicherung zentrale Aufgaben zu erfüllen. Absatz 2 regelt insbesondere die Mehrheitserfordernisse und das Verfahren zur Beschlussfassung in den Fällen, in denen die Spitzenverbände gemeinsame und einheitliche Entscheidungen zu treffen haben.[16] Absatz 3 bestimmt die Entscheidungsbefugnis des (jetzigen) BMG für den Fall, dass die erforderlichen Beschlüsse nicht rechtzeitig zu Stande kommen. Durch Absatz 4 wird den Spitzenverbänden die Bildung von Arbeitsgemeinschaften und damit eine neue Form der Kooperation ermöglicht. Absatz 6 regelt die Bevorzugung der Mitarbeiter der jetzigen Bundesverbände i.S.v. § 212 Abs. 1 SGB V und der Verbände der Ersatzkassen bei der Besetzung von Stellen bei dem neuen Spitzenverband Bund der Krankenkassen.

C. Reformbestrebungen

22 Durch Art. 1 Nr. 145 i.V.m. Art. 46 Abs. 10 GKV-Wettbewerbsstärkungsgesetz (GKV-WSG) wird § 213 SGB V zum 01.01.2009 neu gefasst.[17] Nach der **Begründung** des Regierungsentwurfs zu Art. 1 Nr. 145 GKV-WSG gilt:[18]

23 In **Absatz 1** ist geregelt, dass das bisher den Bundesverbänden als Körperschaften des öffentlichen Rechts zustehende Vermögen sich in Gesamthandsvermögen der Gesellschaften bürgerlichen Rechts umwandelt. Die entsprechende Anwendung des § 613a BGB stellt sicher, dass die Arbeitsverträge der Angestellten kraft Gesetzes auf die Gesellschaften übergehen. Eine Kündigung allein wegen des Rechtsformwechsels ist daher nicht möglich. Die Vorschriften über die zeitlich beschränkte Nachhaftung gelten nicht für Ansprüche aus Arbeits- und Dienstverträgen einschließlich der Ansprüche auf Versorgung, die zum Zeitpunkt des Rechtsformwechsels begründet waren. Der Sonderstatus der DO-Angestellten bleibt erhalten. Die den DO-Angestellten zugesprochenen Rechte aufgrund der Dienstordnungen sind auch weiterhin zu gewährleisten. Die DO-Angestellten können bei den Landesverbänden oder den Krankenkassen unter Wahrung ihrer Rechtsstellung angestellt werden. Die dienstordnungsmäßigen Angestellten sind verpflichtet, eine vom Landesverband nachgewiesene dienstordnungsmäßige Stellung bei ihm oder einer anderen Mitgliedskasse anzutreten, wenn die Stellung nicht in einem auffälligen Missverhältnis zu den Fähigkeiten der Angestellten steht. Geringere Versorgungs- oder Besoldungsansprüche sind auszugleichen. Einer Anstellung bei einem Landesverband oder einer Mitgliedskasse des Landesverbands steht auch nicht § 258 Reichsversicherungsordnung entgegen. Hiernach ist nur die Begründung neuer Angestelltenverhältnisse, für die die Dienstordnung gilt, unzulässig. Dienstordnungsangestellte, deren Arbeitsverhältnisse zum Zeitpunkt des Rechtsformwechsels bereits begründet waren, können von den Landesverbänden oder den Krankenkassen als dienstordnungsmäßige Angestellte übernommen werden. Die Dienstordnungsangestellten haben einen Anspruch auf Beschäftigung bei einem Landesverband ihrer Wahl. Übt der DO-Angestellte dieses Recht aus, ist der Landesverband verpflichtet, ihm eine Stellung unter Wahrung seines Status und Fortgeltung der Dienstordnung anzubieten. Der Landesverband kann von den übrigen Landesverbänden Ausgleich verlangen. Darüber hinaus sollte sich für die Dienst- und Arbeitsverhältnisse der bei den Bundesverbänden beschäftigten Personen die Gemeinschaft der Versicherungsträger und ihrer Verbände – soweit diese fortbestehen – in der Verantwortung sehen, für eine Weiterbeschäftigung zu angemessenen Bedingungen Sorge zu tragen. Insbesondere besteht auch die Möglichkeit, dass die Beschäftigten den auf den Spitzenverband übergegangenen Aufgaben folgen. Die Landesverbände haften für die Vergütungs- und Versorgungsansprüche der DO-Angestellten, die zum Zeitpunkt des Rechtsformwechsels begründet waren, persönlich und zeitlich unbeschränkt.

24 Mit der Vorschrift in **Absatz 2** wird sichergestellt, dass es keinen Zeitraum ohne ordnungsgemäße Personalvertretung gibt. Dies ist im Interesse aller Beteiligten von größter Wichtigkeit, da die Bundesverbände gezwungen sein werden, eine Reihe von personalvertretungsrechtlich relevanten Maßnahmen

---

[15] Ab 01.10.2005: Deutsche Rentenversicherung Knappschaft–Bahn-See.

[16] Gesetzesbegründung zu Art. 1 § 222 GRG, BT-Drs. 11/2237.

[17] BGBl I 2007, 378.

[18] BT-Drs. 16/3100.

durchzuführen, die keinen Aufschub dulden. Die Personalräte nehmen übergangsweise die Aufgaben nach dem Betriebsverfassungsgesetz als Betriebsräte längstens bis zu den regelmäßigen Betriebswahlen nach dem Betriebsverfassungsgesetz wahr. Die nächsten regelmäßigen Betriebsratswahlen finden in der Zeit vom 01.03. bis 31.03.2010 statt.

Mit den Regelungen in den **Absätzen 3 und 4** wird sichergestellt, dass bestehende Dienstvereinbarungen bis längstens 24 Monate als Betriebsvereinbarungen fortgelten und bei den Bundesverbänden eingeleitete Beteiligungsverfahren zu Ende geführt werden können. **25**

Absatz 5 bestimmt, dass die Fusion eines Gesellschafters mit einem anderen Landesverband kein Auflösungsgrund für die Gesellschaft ist. **26**

Der als Soll-Bestimmung ausgestaltete **Absatz 6** bestimmt die Pflicht des Spitzenverbandes, den Beschäftigten der bisherigen Spitzenverbände der Krankenkassen eine Anstellung anzubieten, „soweit dies für eine ordnungsgemäße Erfüllung der Aufgaben des Spitzenverbandes Bund erforderlich ist." Einer vorherigen (externen) Ausschreibung bedarf es nicht. **27**

§ 214 SGB V Aufsicht

(Fassung vom 31.10.2006, gültig ab 08.11.2006, gültig bis 31.12.2008)

(1) Die Bundesverbände unterstehen der Aufsicht des Bundesministeriums für Gesundheit. § 208 Abs. 2 gilt entsprechend.

(2) Die Verbände der Ersatzkassen unterstehen der Aufsicht des Bundesministeriums für Gesundheit. § 208 Abs. 2 Satz 1 gilt entsprechend.

(3) Die Aufsicht über die Verbände der Ersatzkassen und den Bundesverband der landwirtschaftlichen Krankenkassen kann das Bundesministerium für Gesundheit dem Bundesversicherungsamt ganz oder teilweise übertragen.

Gliederung

A. Basisinformationen

I. Textgeschichte/Gesetzgebungsmaterialien

1 Die Vorschrift trat mit Wirkung vom 01.01.1989 aufgrund von Art. 1, 79 Abs. 1 Gesundheitsreformgesetz (GRG) vom 20.12.1988 in Kraft.[1] Durch Art. 1 Nr. 38, Art. 12 Abs. 1 2. Änderungsgesetz zum SGB V vom 20.12.1991 wurde mit Wirkung ab 01.01.1992 das (jetzige) Bundesministerium für Gesundheit (BMG) zur Aufsichtsbehörde bestimmt.[2]

II. Vorgängervorschriften

2 Die Vorschrift entspricht **§ 414 Abs. 4 Satz 3 RVO a.F.** und **§ 56 Abs. 1 KVLG a.F.**

III. Parallelvorschrift

3 Die Vorschrift hat eine Parallele in **§ 208 SGB V**, auf dessen Absatz 2 sie verweist.

IV. Literaturhinweise

4 *Finkenbusch*, Die Träger der Krankenversicherung – Verfassung und Organisation, 5. Aufl. 2004; *Hein*, Die Verbände der Sozialversicherungsträger in der Bundesrepublik Deutschland, 1990; *Hinz*, Zuständigkeit der Aufsichtsbehörden im Vertragsarztrecht - Darstellung der Situation im Bereich der Ersatzkassen, ZfS 2001, 323-328.

B. Auslegung der Norm

I. Regelungsgehalt und Bedeutung der Norm

1. Aufsicht über die Bundesverbände (Absatz 1)

5 Nach Absatz 1 unterstehen die Bundesverbände (Bundesverbände der Ortskrankenkassen, der Betriebskrankenkassen, der Innungskrankenkassen und der landwirtschaftlichen Krankenkassen; vgl. § 212 Abs. 1 und 2 SGB V) der Aufsicht des (jetzigen) BMG.[3] Eine Delegierung auf Versicherungs-

[1] BGBl I 1988, 2477.
[2] BGBl I 1991, 2325.
[3] www.bmgs.bund.de.

behörden oder andere Stellen ist – außer nach der Regelung des Absatzes 3 – nicht möglich (Umkehrschluss aus Absatz 3).

Gem. Absatz 1 Satz 2 i.V.m. Absatz 2 Satz 1 gelten die §§ 87-89 SGB IV. Damit gelten die im Verhältnis der Aufsichtsbehörden zu den Versicherungsträgern maßgeblichen Bestimmungen über den Umfang der **Aufsicht**, über **Prüf- und Auskunftsrechte** sowie über die **Aufsichtsmittel** auch gegenüber den Bundesverbänden. Das (jetzige) BMG kann die Geschäfts- und Rechnungsführung des Bundesverbände prüfen (Absatz 1 Satz 2 i.V.m. § 208 Abs. 2 Satz 2 i.V.m. § 88 Abs. 1 SGB IV). Daneben hat es gem. § 274 Abs. 1 Satz 2 SGB V mindestens alle fünf Jahre die Geschäfts-, Rechnungs- und Betriebsführung der Spitzenverbände der Krankenkassen zu prüfen. Die Aufsicht ist danach (Absatz 1 Satz 2 i.V.m. § 208 Abs. 2 Satz 2 i.V.m. § 87 Abs. 1 SGB IV) eine **Rechtsaufsicht**, keine Fachaufsicht. Die aufsichtsrechtlichen Beanstandungen des (jetzigen) BMG und einer Landes-Aufsichtsbehörde gem. § 71 Abs. 2 SGB V sind in ihrer Rechtswirkung voneinander unabhängig. Die Rechtmäßigkeit der Aufsichtsanordnungen kann jeweils isoliert geprüft werden.[4] Die beantragte Genehmigung der Satzungsänderung eines Bundesverbandes durch die Aufsichtsbehörde kann im Wege der einstweiligen Anordnung angegriffen werden.[5] 6

Gem. Absatz 1 Satz 2 i.V.m. § 208 Abs. 2 Satz 2 SGB V gelten für das **Haushalts- und Rechnungswesen** einschließlich der **Statistiken** die Vorschriften über die Aufstellung des Haushaltsplans (§ 67 SGB IV), seine Bedeutung und Wirkung (§ 68 SGB IV), den Ausgleich und die Wirtschaftlichkeit des Haushalts (§ 69 SGB IV), die Aufstellung des Haushaltsplans durch den Vorstand, seine Feststellung durch die Vertreterversammlung, die Vorlage gegenüber der Aufsicht (§ 70 Abs. 1 und 5 SGB IV), die vorläufige Haushaltsführung (§ 72 SGB IV), überplanmäßige und außerplanmäßige Ausgaben (§ 73 SGB IV), den Nachtragshaushalt (§ 74 SGB IV), die Verpflichtungsermächtigungen (§ 75 SGB IV), die Erhebung der Einnahmen (§ 76 SGB IV), den Rechnungsabschluss, die Jahresrechung und die Entlastung (§ 77 Abs. 1 SGB IV), die Verordnungsermächtigung (§ 78 SGB IV), die Geschäftsübersichten und Statistiken (§ 79 Abs. 1 SGB IV) entsprechend. 7

Für das **Vermögen** der Bundesverbände gelten die Bestimmungen über die Verwaltung der Mittel (§ 80 SGB IV), die Betriebsmittel (§ 81 SGB IV), die Rücklage (§ 82 SGB IV), deren Anlegung (§ 83 SGB IV), die Beleihung von Grundstücken (§ 84 SGB IV) und die genehmigungsbedürftigen Vermögensanlagen (§ 85 SGB IV) entsprechend. Für das **Verwaltungsvermögen** gilt nach Absatz 1 Satz 2 i.V.m. § 208 Abs. 2 Satz 3 die Begriffsbestimmung des § 263 SGB V entsprechend. Nach § 216 Satz 3 i.V.m. § 210 Abs. 1 Satz 3 Nr. 6 SGB V muss die Satzung eines Bundesverbandes Bestimmungen über Aufbringung und Verwaltung der Mittel enthalten. 8

2. Aufsicht über die Verbände der Ersatzkassen (Absatz 2)

Für die Verbände der Ersatzkassen gilt das oben unter Rn. 5 und Rn. 6 Gesagte. Die Verweisung wurde jedoch auf § 208 Abs. 2 Satz 1 SGB V beschränkt. Die Ersatzkassenverbände regeln die betreffenden Materien in ihrer Satzung (§ 212 Abs. 5 Satz 2 SGB V). 9

3. Übertragungsoption (Absatz 3)

Nach Absatz 3 kann das (jetzige) BMG dem Bundesversicherungsamt (BVA)[6] die Aufsicht über die Verbände der Ersatzkassen und den Bundesverband der landwirtschaftlichen Krankenkassen (BLK) ganz oder teilweise übertragen. Von dieser Möglichkeit wurde hinsichtlich des BLK Gebrauch gemacht. 10

II. Normzwecke

Die Vorschrift regelt die Aufsicht über die Bundesverbände und außerdem deren Haushalts- und Rechnungswesen samt Statistik sowie das Vermögen unter Verweisung auf die für die Krankenkassen geltenden Bestimmungen (Letzteres gilt nicht für die Ersatzkassenverbände). 11

---

[4] LSG Niedersachsen v. 13.12.1995 - L 5 Ka 32/95 nachgehend BSG v. 02.10.1996 - 6 RKa 28/96 - SozR 3-2500 § 85 Nr. 17; kritisch hierzu BSG v. 17.11.1999 - B 6 KA 10/99 R - SozR 3-2500 § 71 Nr. 1.

[5] LSG Hessen v. 28.04.2004 - L 14 KR 66/04 - ErsK 2004, 208.

[6] www.bva.de.

C. Reformbestrebungen

12 Die Vorschrift wird gem. Art. 1 Nr. 146 i.V.m. Art. 46 Abs. 10 GKV-Wettbewerbsstärkungsgesetz (GKV-WSG) zum 01.01.2009 wie folgt neu gefasst:[7] „§ 214 Aufgaben – Die Gesellschaft hat die Aufgabe, die Verpflichtungen auf Grund der Rechtsnachfolge oder aus Gesetz zu erfüllen. Die Gesellschafter können im Gesellschaftsvertrag weitere Aufgaben zur Unterstützung der Durchführung der gesetzlichen Krankenversicherung vereinbaren."

13 Nach der **Begründung** im Regierungsentwurf zu Art. 1 Nr. 146 GKV-WSG[8] hat die Gesellschaft die Aufgabe, die sich aus der Umwandlung der Verbände ergebenden Verpflichtungen insbesondere die aus den bestehenden Arbeitverhältnissen, zu erfüllen. Den Gesellschaftern ist es freigestellt, den Gesellschaftszweck abzuändern und andere Aufgaben im Rahmen der Durchführung der gesetzlichen Krankenversicherung zu vereinbaren. Die Gesellschafter können durch die Vereinbarung von neuen, die Durchführung der Gesetzlichen Krankenversicherung unterstützenden Aufgaben den Fortbestand der Gesellschaft als freiwillige, private Organisationen im Gesundheitswesen sichern.

[7] BGBl I 2007, 378.
[8] BT-Drs. 16/3100.

§ 215 SGB V Selbstverwaltungsorgane der Bundesverbände

(Fassung vom 26.03.2007, gültig ab 01.04.2007, gültig bis 31.12.2008)

(1) Für den Verwaltungsrat und den Vorstand der Bundesverbände gelten die §§ 209 und 209a entsprechend. Der Vorstand besteht aus höchstens drei Personen. Vorstandsverträge, die nach dem 25. Oktober 2006 abgeschlossen oder verlängert werden, enden spätestens zum 31. Dezember 2008. Entsprechend verkürzt sich die Amtszeit.

(2) Bei der Bildung des Verwaltungsrats des Bundesverbands der Betriebskrankenkassen sind Betriebskrankenkassen der Dienstbetriebe des Bundes entsprechend ihrer Mitgliederzahl angemessen zu berücksichtigen.

Gliederung

A. Basisinformationen

I. Textgeschichte/Gesetzgebungsmaterialien

§ 215 SGB V trat mit Wirkung vom 01.01.1989 aufgrund von Art. 1, 79 Abs. 1 Gesundheitsreformgesetz (GRG) vom 20.12.1988 in Kraft.[1] Durch Art. 1 Nr. 129 Gesundheitsstrukturgesetz (GSG) vom 21.12.1992[2] wurde mit Wirkung ab 01.01.1996[3] die Vorschrift infolge der Neuordnung der Organe der gesetzlichen Krankenversicherung neu gefasst. Durch Art. 1 Nr. 147 i.V.m. Art. 46 Abs. 1 GKV-Wettbewerbsstärkungsgesetz (GKV-WSG)[4] wurden Absatz 1 der Vorschrift folgende Sätze angefügt: „Vorstandsverträge, die nach dem 25. Oktober 2006 abgeschlossen oder verlängert werden, enden spätestens zum 31. Dezember 2008. Entsprechend verkürzt sich die Amtszeit.“ 1

II. Vorgängervorschriften

Die Vorschrift entspricht den **§§ 414a, 414d RVO** a.F. 2

III. Parallelvorschriften

Die Vorschrift hat Parallelen in den **§§ 209** und **209a SGB V**, auf die Absatz 1 Satz 1 verweist. 3

IV. Literaturhinweise

Balzer, Änderungen des Selbstverwaltungsrechts und des Dienstrechts der gesetzlichen Krankenkassen durch das GSG, NZS 1994, 1-6; *Dudda*, Die Binnenstruktur der Krankenversicherungsträger nach dem Gesundheitsstrukturgesetz, 1996; *Finkenbusch*, Die Träger der Krankenversicherung – Verfassung und Organisation, 5. Aufl. 2004; *Hein*, Die Verbände der Sozialversicherungsträger in der Bundesrepublik Deutschland, 1990; *Hinz*, Geschäftsführer und Vorstände von Sozialversicherungsträgern, 3. Aufl. 1993; *Huber*, Selbstverwaltung und Systemgerechtigkeit – Zu den Grenzen einer „Professionalisierung“ der Leitungsstrukturen Kassenärztlicher Vereinigungen –, VSSR 2000, 369-398; *von Linsingen*, Die Gestaltungsmöglichkeiten der neuen Verfassungen von Verwaltungsrat und hauptamtlichem Vorstand der gesetzlichen Krankenkassen für den 1. Januar 1996, Sozialer Fortschritt 1995, 209-214; *Lorff*, Ergänzung des Verwaltungsrates in der gesetzlichen Krankenversicherung, NZS 1998, 4

[1] BGBl I 1988, 2477.
[2] BGBl I 1992, 2266.
[3] Gem. Art. 35 Abs. 6 GSG.
[4] BGBl I 2007, 378.

158-160; *Uhrig*, Die Krankenkassen und ihre Verbände – föderale Aufgaben- und Organisationsstruktur mit zahlreichen Durchbrechungen, KrV 1994, 282-285.

B. Auslegung der Norm

I. Regelungsgehalt und Bedeutung der Norm

1. Verwaltungsrat (Absatz 1 Satz 1, Absatz 2)

5 Absatz 1 Satz 1 verweist für den Verwaltungsrat der Bundesverbände auf § 209 SGB V. Gemeint sind, wie sich aus der Zusammenschau mit § 207 Abs. 1 SGB V ergibt, die Bundesverbände der **Ortskrankenkassen**, der **Betriebskrankenkassen** und der **Innungskrankenkassen**. Der gem. § 34 Abs. 1 Satz 1 KVLG 1989 bei dem Gesamtverband der landwirtschaftlichen Alterskassen bestehende Bundesverband der landwirtschaftlichen Krankenkassen (**BLK**) ist nicht betroffen (vgl. auch §§ 31 Abs. 3a, 35a Abs. 1 SGB IV). Gem. § 212 Abs. 1 Satz 2 SGB V gehören dem Bundesverband der Betriebskrankenkassen auch die Betriebskrankenkassen der Dienstbetriebe des Bundes an. Bei der Bildung des Verwaltungsrates des Bundesverbandes der Betriebskrankenkassen sind diese gem. Absatz 2 entsprechend ihrer Mitgliederzahl angemessen zu berücksichtigen. Das Nähere ist gem. § 216 Satz 3 i.V.m. § 210 Abs. 1 Satz 3 Nr. 2 SGB V in der Satzung zu regeln. Der Verwaltungsrat ist nach näherer Bestimmung der **Satzung** zu bilden. Das bedeutet, die Satzung des jeweiligen Verbandes bestimmt die Zahl und das Verfahren zur Wahl der Mitglieder (vgl. § 216 i.V.m. § 210 Abs. 1 Satz 3 Nr. 2 SGB V). Der Verwaltungsrat ist gem. Absatz 1 Satz 1 i.V.m. § 209 Abs. 1 Satz 1 SGB V ein Selbstverwaltungsorgan.

6 Nach Absatz 1 Satz 1 i.V.m. § 209 Abs. 1 Satz 2 SGB V hat der Verwaltungsrat **höchstens 30 Mitglieder**. Eine Mindestzahl sieht das Gesetz nicht vor, allerdings müssen nach Absatz 1 Satz 3, soweit möglich, alle Landesverbände im Verwaltungsrat vertreten sein.

7 Der Verwaltungsrat setzt sich nach Absatz 1 Satz 1 i.V.m. § 209 Abs. 2 Satz 1 SGB V je zur **Hälfte aus Vertretern der Versicherten und der Arbeitgeber** zusammen. Da § 209 Abs. 2 Satz 3 SGB V jedoch § 44 Abs. 4 SGB IV für entsprechend anwendbar erklärt, kann die Zusammensetzung des Verwaltungsrats in der Satzung mit einer Mehrheit von ¾ der stimmberechtigten Mitglieder von der folgenden Wahlperiode an abweichend geregelt werden. Der Verwaltungsrat muss jedoch stets zur Hälfte aus Versichertenvertretern bestehen. Ob § 44 Abs. 4 SGB IV anderen Personen als Vertretern der Versicherten und der Arbeitgeber den Zutritt zum Verwaltungsrat ermöglicht, ist nach dem Wortlaut der Norm offen, würde aber dem Gedanken der Selbstverwaltung widersprechen. Außerdem bestimmt § 209 Abs. 2 Satz 2 SGB V, dass die Versicherten die Vertreter der Versicherten wählen, die Arbeitgeber die Vertreter der Arbeitgeber; von anderen Gruppen oder Personen ist nicht die Rede.

8 Nach Absatz 1 Satz 1 i.V.m. § 209 Abs. 3 SGB V werden die Mitglieder des Verwaltungsrats von dem Verwaltungsrat der Landesverbände aus deren Reihen gewählt. Dabei wählen die Versichertenvertreter und die Arbeitgebervertreter gem. Absatz 1 Satz 1 i.V.m. § 209 Abs. 2 Satz 2 SGB V jeweils getrennt. Das **Wahlverfahren** richtet sich nach der Satzung des Bundesverbandes (§ 216 Satz 3 i.V.m. § 210 Abs. 1 Satz 3 Nr. 2 SGB V).

9 Der Verwaltungsrat nimmt die von denen des Vorstandes (vgl. Absatz 1 Satz 1 i.V.m. § 209 Abs. 3 i.V.m. § 35a SGB IV) abgegrenzten **Aufgaben** wahr. Dies sind nach Absatz 1 Satz 1 i.V.m. § 209 Abs. 4 Satz 1 i.V.m. § 197 Abs. 1 SGB V insbes.

- die Beschlussfassung über die Satzung und sonstiges autonomes Recht;
- die Überwachung des Vorstands;
- die Entscheidung über Angelegenheiten von grundsätzlicher Bedeutung für den Bundesverband;
- die Feststellung des Haushaltsplans;
- die Entlastung des Vorstands wegen der Jahresrechnung;
- die Vertretung des Bundesverbandes gegenüber dem Vorstand und dessen Mitgliedern;
- der Erwerb, die Veräußerung oder die Belastung von Grundstücken sowie die Errichtung von Gebäuden.

10 Die entsprechende Anwendung von § 197 Abs. 1 Nr. 6 SGB V (Auflösung oder die freiwillige Vereinigung) kommt nicht in Betracht.

11 Nach Absatz 1 Satz 1 i.V.m. § 209 Abs. 4 Satz 1 i.V.m. § 197 Abs. 2 SGB V kann der Verwaltungsrat sämtliche Geschäfts- und Verwaltungsunterlagen einsehen und prüfen. Absatz 1 Satz 1 i.V.m. § 209 Abs. 4 Satz 2 SGB V erklärt verschiedene **weitere Vorschriften** für entsprechend anwendbar. Siehe hierzu die Kommentierung zu § 209 SGB V Rn. 11 ff.

2. Vorstand (Absatz 1)

12 Absatz 1 Satz 1 verweist bezüglich des Vorstandes der Bundesverbände auf § 209a SGB V. Der Bestimmung des Absatzes 1 Satz 2, wonach der Vorstand aus höchstens drei Personen besteht, hätte es wegen der Verweisung von Absatz 1 Satz 1 (auch) auf § 209a Satz 2 SGB V nicht bedurft. Die konkrete Zahl ist in der Verbandssatzung zu bestimmen. Für den BLK gilt § 35 Abs. 2 KVLG 1989. Danach sind Geschäftsführer und Stellvertreter des Geschäftsführers der Geschäftsführer und der Stellvertreter des Geschäftsführers des GLA.

13 Wegen der Wahlen, der Beauftragung von leitenden Beschäftigten mit der vorübergehenden Wahrnehmung des Vorstandsamtes, der Rechtsstellung, der internen Zuständigkeit, der Vertretungsbefugnis, der Amtsverhinderung, Amtsentbindung und Amtsenthebung sowie den Berichtspflichten des Vorstandes siehe die Kommentierung zu § 209a SGB V Rn. 5 ff.

II. Normzwecke

14 So wie die Krankenkassen und die Landesverbände, werden auch die Bundesverbände grundsätzlich durch einen ehrenamtlichen Verwaltungsrat und einen hauptamtlichen Vorstand geführt. Der Verwaltungsrat als Selbstverwaltungsorgan der Bundesverbände ist nach den gleichen Grundsätzen wie der Verwaltungsrat der Krankenkassen bzw. der Landesverbände gestaltet; für den Vorstand gilt das Entsprechende.

15 Die durch das GKV-WSG eingefügten Sätze 3 und 4 stellen eine Anpassung an die Regelung zur Umwandlung der bisherigen Bundesverbände dar (so die Begründung im Regierungsentwurf zu Art. 1 Nr. 147 GKV-WSG).

C. Reformbestrebungen

16 Durch Art. 2 Nr. 28 i.V.m. Art. 46 Abs. 10 GKV-WSG wird die Vorschrift zum 01.01.2009 aufgehoben. Die Aufhebung ist eine Folgeänderung zur Neuorganisation der Verbände.[5]

[5] Begründung zu Art. 1 Nr. 147 des Regierungsentwurfs zum GKV-WSG, BT-Drs. 16/3100.

§ 216 SGB V Satzung der Bundesverbände

(Fassung vom 21.12.1992, gültig ab 01.01.1996, gültig bis 31.12.2008)

Jeder Bundesverband hat durch seinen Verwaltungsrat eine Satzung aufzustellen. Die Satzung bedarf der Genehmigung der zuständigen Aufsichtsbehörde. § 210 Abs. 1 Satz 3 und 4 gilt entsprechend.

Gliederung

A. Basisinformationen

I. Textgeschichte/Gesetzgebungsmaterialien

1 Die Vorschrift trat mit Wirkung vom 01.01.1989 aufgrund von Art. 1, 79 Abs. 1 Gesundheitsreformgesetz (GRG) vom 20.12.1988 in Kraft.[1] Durch Art. 1 Nr. 130 Gesundheitsstrukturgesetz (GSG) vom 21.12.1992[2] wurden mit Wirkung ab 01.01.1996[3] die Worte „seine Vertreterversammlung" durch „seinen Verwaltungsrat" ersetzt.

II. Vorgängervorschrift

2 Die Vorschrift lehnt sich an **§ 414b Abs. 1 RVO a.F.** an.

III. Parallelvorschriften

3 Die Bestimmung hat Parallelen in **§ 34 SGB IV** und in **§ 210 SGB V**.

IV. Literaturhinweise

4 *Dudda*, Die Binnenstruktur der Krankenversicherungsträger nach dem Gesundheitsstrukturgesetz, 1996; *Engelmann*, Untergesetzliche Normsetzung im Recht der gesetzlichen Krankenversicherung durch Verträge und Richtlinien, NZS 2000, 1-8; *Finkenbusch,* Die Träger der Krankenversicherung – Verfassung und Organisation, 5. Aufl. 2004; *Hein*, Die Verbände der Sozialversicherungsträger in der Bundesrepublik Deutschland, 1990; von *Linsingen,* Die Gestaltungsmöglichkeiten der neuen Verfassungen von Verwaltungsrat und hauptamtlichem Vorstand der gesetzlichen Krankenkassen für den 1. Januar 1996, Sozialer Fortschritt 1995, 209-214; von *Maydell,* Zum rechtlichen Rahmen für eine Verselbständigung von EDV-Programmentwicklungen der Krankenkassen, KrV 1992, 303-307.

B. Auslegung der Norm

I. Regelungsgehalt und Bedeutung der Norm

1. Aufstellung und Genehmigung der Satzung (Sätze 1 und 2)

5 Nach Satz 1 hat jeder Bundesverband (gemeint sind die Bundesverbände der Ortskrankenkassen, der Betriebskrankenkassen, der Innungskrankenkassen sowie der landwirtschaftlichen Krankenkassen,

[1] BGBl I 1988, 2477.
[2] BGBl I 1992, 2266.
[3] Gem. Art. 35 Abs. 6 GSG.

nicht die Ersatzkassenverbände; vgl. § 212 Abs. 5 SGB V) durch seinen Verwaltungsrat eine Satzung aufzustellen. Die Zuständigkeit des Verwaltungsrats ergibt sich bereits aus § 215 Abs. 1 Satz 1 SGB V i.V.m. § 209 Abs. 4 SGB V i.V.m. § 197 Abs. 1 Nr. 1 SGB V. Die Satzung bedarf der Genehmigung der zuständigen Aufsichtsbehörde (Satz 2), nämlich des (jetzigen) Bundesministeriums für Gesundheit. Die Genehmigung darf nur versagt werden, wenn die Satzung rechtswidrig ist. Gegen die Versagung kann der Bundesverband beim zuständigen Sozialgericht klagen (§ 54 SGG). Gem. § 78 Abs. 1 Nr. 2, Abs. 2 SGG findet ein Vorverfahren nicht statt. Die Bestimmungen über die Genehmigung, die Bekanntmachung und das Inkrafttreten gelten auch bei jeder **Satzungsänderung**. Die bei der Aufsichtsbehörde beantragte Genehmigung der Satzungsänderung des Bundesverbandes kann im Wege der einstweiligen Anordnung angegriffen werden.[4]

2. Inhalt der Satzung (Satz 3 i.V.m. § 210 Abs. 1 Sätze 3 und 4 SGB V)

Die Satzung eines Bundesverbandes muss gem. Satz 3 i.V.m. § 210 Abs. 1 Sätze 3 und 4 SGB V (mindestens) zu folgenden Bereichen Bestimmungen enthalten (vgl. hierzu die Kommentierung zu § 210 SGB V Rn. 8 ff.):[5] 6

1. **Name, Bezirk und Sitz des Verbandes**. Der Name muss verdeutlichen, dass es sich um den Bundesverband der jeweiligen Kassenart handelt.
2. **Zahl und Wahl der Mitglieder des Verwaltungsrats und ihrer Vertreter** (vgl. § 215 Abs. 1 Satz 1 SGB V i.V.m. § 209 SGB V).
3. **Entschädigungen für Organmitglieder** (vgl. § 215 Abs. 1 Satz 1 SGB V i.V.m. § 209 Abs. 4 Satz 2 SGB V i.V.m. § 41 SGB IV).
4. **Öffentlichkeit des Verwaltungsrats** (vgl. § 215 Abs. 1 Satz 1 SGB V i.V.m. § 209 Abs. 4 Satz 2 SGB V i.V.m. § 63 Abs. 3 SGB IV).
5. **Rechte und Pflichten der Mitgliedskassen** (vgl. § 217 SGB V). Die Pflichten müssen im Rahmen der gesetzlichen Bestimmungen liegen.
6. **Aufbringung und Verwaltung der Mittel** (vgl. § 214 Abs. 1 Satz 2 SGB V i.V.m. § 208 Abs. 2 Satz 2 SGB V). Die Satzung hat zu regeln, nach welchen Grundsätzen Beiträge von den Landesverbänden zu entrichten sind, d.h. nach welchem Verteilungsmaßstab die Verbandsumlage erhoben wird.
7. **Jährliche Prüfung der Betriebs- und Rechnungsführung** (vgl. § 214 Abs. 1 Satz 2 SGB V i.V.m. § 208 Abs. 2 Satz 2 SGB V i.V.m. § 77 Abs. 1 SGB IV, § 274 SGB V).
8. **Art der Bekanntmachungen** (vgl. Satz 3 i.V.m. § 210 Abs. 1 Satz 4 SGB V i.V.m. § 34 Abs. 2 SGB IV).

3. In-Kraft-Treten der Satzung (Satz 3 i.V.m. § 210 Abs. 1 Satz 4 SGB V i.V.m. § 34 Abs. 2 Satz 2 SGB IV)

Gem. Satz 3 i.V.m. § 210 Abs. 1 Satz 4 SGB V i.V.m. § 34 Abs. 2 SGB IV tritt die Satzung am Tag nach ihrer Bekanntmachung in Kraft, sofern kein anderer Zeitpunkt bestimmt ist. Siehe im Übrigen die Kommentierung zu § 210 SGB V Rn. 10. 7

II. Normzweck

Die Vorschrift regelt den Mindestinhalt von Verbandssatzungen durch Verweis auf die Bestimmungen über die Satzung der Landesverbände. 8

C. Reformbestrebungen

Die Vorschrift wird als Folgeänderung zur Neuorganisation der Verbände mit Wirkung vom 01.01.2009 aufgrund Art. 1 Nr. 148 i.V.m. Art. 46 Abs. 10 GKV-Wettbewerbsstärkungsgesetz (GKV-WSG) aufgehoben.[6] 9

---

[4] LSG Hessen v. 28.04.2004 - L 14 KR 66/04 - ErsK 2004, 208.

[5] Die Satzungen zweier Bundesverbände können eingesehen werden unter www.bkk.de/bkk/powerslave,id,297,nodeid,.html (BKK-Bundesverband) und unter www.lsv.de/verbaende/03blk/07gesetze/index.html (Bundesverband der landwirtschaftlichen Krankenkassen).

[6] BGBl I 2007, 378.

§ 217 SGB V Aufgaben der Bundesverbände

(Fassung vom 21.03.2005, gültig ab 01.01.2006, gültig bis 31.12.2008)

(1) Die Bundesverbände haben die ihnen gesetzlich zugewiesenen Aufgaben zu erfüllen.

(2) Die Bundesverbände unterstützen die Mitglieder bei der Erfüllung ihrer Aufgaben und bei der Wahrnehmung ihrer Interessen, insbesondere durch

1. Beratung und Unterrichtung, auch durch Zeitschriften,

2. Aufstellung und Auswertung von Statistiken zu Verbandszwecken,

3. Abschluß von Verträgen für die Mitglieder und für die Krankenkassen, insbesondere mit anderen Trägern der Sozialversicherung, soweit sie von den Mitgliedern hierzu bevollmächtigt sind,

4. Entscheidung von Zuständigkeitskonflikten zwischen ihren Mitgliedern sowie zwischen den Mitgliedskassen verschiedener Landesverbände,

5. Förderung und Mitwirkung bei der beruflichen Aus-, Fort- und Weiterbildung der bei den Mitgliedern und bei den Krankenkassen Beschäftigten,

6. Arbeitstagungen,

7. Forschung,

8. Übernahme der Vertretung der Mitglieder und der Krankenkassen gegenüber anderen Trägern der Sozialversicherung, Behörden und Gerichten,

9. Entwicklung und Abstimmung von Verfahren und Programmen für die automatische Datenverarbeitung, den Datenschutz und die Datensicherung sowie Abstimmung über die wirtschaftliche Nutzung von Rechenzentren zur Erfüllung von Aufgaben der Mitglieder und der Krankenkassen.

(3) Die Bundesverbände können mit Wirkung für ihre Mitglieder und deren Mitgliedskassen Grundsatzentscheidungen zur Regelung der

1. Vergütungen, soweit dieses Buch nicht Abweichendes bestimmt,

2. Gesundheitsvorsorge,

3. Rehabilitation,

4. Erprobung

treffen. Entscheidungen hierüber werden mit der Mehrheit der nach den Versichertenzahlen der Mitglieder der Landesverbände gewichteten Stimmen getroffen.

(4) Die Bundesverbände sollen die zuständigen Behörden in Fragen der Gesetzgebung und Verwaltung unterstützen; § 30 Abs. 3 des Vierten Buches ist entsprechend anzuwenden.

(5) Die Bundesverbände bestimmen mit Wirkung für ihre Mitglieder das Verfahren für die Beteiligung derjenigen Landesverbände am Abschluss der Vereinbarungen nach § 83 Satz 1, § 85 Abs. 2 Satz 1 und § 85b Abs. 2, deren Mitgliedskassen bei diesen Vereinbarungen von einem anderen Landesverband vertreten werden; Absatz 3 Satz 2 gilt entsprechend. Dabei sind Kriterien zu bestimmen, nach denen die Zustimmung der Landesverbände nach Satz 1 zu den in Satz 1 genannten Vereinbarungen oder zu Teilen der Vereinbarungen vorzusehen ist.

Gliederung

A. Basisinformationen

I. Textgeschichte/Gesetzgebungsmaterialien

1 § 217 SGB V ist mit Wirkung vom 01.01.1989 aufgrund von Art. 1, 79 Abs. 1 Gesundheitsreformgesetz (GRG) vom 20.12.1988 in Kraft getreten.[1] **Absatz 5** wurde durch Art. 1 Nr. 8 Gesetz zur Einführung des Wohnortprinzips bei Honorarvereinbarungen für Ärzte und Zahnärzte vom 11.12.2001[2] mit Wirkung ab 01.01.2002[3] angefügt. Durch Art. 4, 32 Verwaltungsvereinfachungsgesetz vom 21.03.2005 ist mit Wirkung vom 30.03.2005 an Absatz 3 ein Halbsatz angefügt worden.[4] Dieser erklärt § 30 Abs. 3 SGB IV für entsprechend anwendbar. Mit Wirkung zum 01.01.2006 ändert sich der Wortlaut des Absatzes 5. Die in Bezug genommenen Vereinbarungen in Satz 1 werden um die nach § 85b Abs. 2 SGB V erweitert.[5]

II. Vorgängervorschriften

2 Die Vorschrift entspricht mit ihren Absätzen 1, 2 und 4 z.T. den **§§ 414f, 414g RVO** a.F. und **§ 57 KVLG** a.F. Absatz 3 ist eine Neuregelung.

III. Parallelvorschrift

3 Die Bestimmung hat eine Parallele in **§ 211 SGB V**.

IV. Literaturhinweise

4 *Dortans/von Hansemann*, Die Auslagerung von „Aufgaben“ durch Krankenkassen und ihre Verbände auf Dritte, NZS 1990, 542-546; *Finkenbusch*, Die Träger der Krankenversicherung – Verfassung und Organisation, 5. Aufl. 2004; *Friede*, Die Betriebskrankenkassen in der Bundesrepublik Deutschland, 1987; *Hein*, Die Verbände der Sozialversicherungsträger in der Bundesrepublik Deutschland, 1990; *Jensen*, Bildung in der Betrieblichen Krankenversicherung, BKK 1994, 158-161; *von Maydell*, Zum rechtlichen Rahmen für eine Verselbständigung von EDV-Programmentwicklungen der Krankenkassen, KrV 1992, 3003-3007; *Polaszek/Wendt*, Möglichkeiten und Grenzen der gemeinsamen Softwareentwicklung in der gesetzlichen Krankenversicherung, WzS 1992, 353-357; *Uhrig*, Die Krankenkassen und ihre Verbände – föderale Aufgaben- und Organisationsstruktur mit zahlreichen Durchbrechungen, KrV 1994, 282-285.

B. Auslegung der Norm

I. Regelungsgehalt und Bedeutung der Norm

1. Gesetzlich zugewiesene Aufgaben (Absätze 1, 4 und 5)

5 Nach der rein deklaratorischen Vorschrift des Absatzes 1 Satz 1 haben die Bundesverbände (gemeint sind die Bundesverbände der Ortskrankenkassen, der Betriebskassen, der Innungskrankenkassen sowie

---

[1] BGBl I 1988, 2477.
[2] BGBl I 2001, 3526.
[3] Gem. Art. 5 des Gesetzes.
[4] BGBl I 2005, 818.
[5] Durch Art. 2 Nr. 8, Art. 37 Abs. 9 GKV-Modernisierungsgesetz (GMG) v. 14.11.2003, BGBl I 2003, 2190.

der landwirtschaftlichen Krankenkassen, nicht die Ersatzkassenverbände; vgl. § 212 Abs. 5 SGB V) die ihnen gesetzlich zugewiesenen Aufgaben zu erfüllen. Zu diesen Aufgaben gehören insbesondere:

- die den Bundesverbänden als Spitzenverbände zugewiesenen Aufgaben (siehe die Kommentierung zu § 213 SGB V Rn. 6 ff.);
- die Empfehlungen über eine angemessene Veränderung der Gesamtvergütung (§ 86 SGB V);
- die Mitwirkung bei der Bildung der Bewertungsausschüsse (§ 87 Abs. 3 und 4 SGB V);
- die Bildung eines Bundesschiedsamtes für die vertragsärztliche und vertragszahnärztliche Versorgung (§ 89 Abs. 4 und 7 SGB V);
- die Bildung eines Gemeinsamen Bundesausschusses (§ 91 SGB V);
- die Vermögensübernahme bzw. Haftung bei Auflösung oder Schließung von Betriebskrankenkassen (§ 155 Abs. 3 Satz 2 und Abs. 4 Satz 5 SGB V) und Innungskrankenkassen (§ 164 Abs. 1 Satz 5 SGB V);
- Aufklärungsmaßnahmen im Sinne des § 13 SGB I einschließlich solcher werbenden Charakters.[6]

6 Zu den gesetzlich zugewiesenen Aufgaben gehört gem. Absatz 4 auch die Pflicht zur **Unterstützung der zuständigen Behörden** in Fragen der Gesetzgebung und Verwaltung. Halbsatz 2 erklärt § 30 Abs. 3 SGB IV für entsprechend anwendbar. Die Unterstützung kann z.B. durch Beratung oder die Vorlage von Datenmaterial gegenüber dem Bundesministerium für Gesundheit oder dem Bundesversicherungsamt erfolgen. Insbesondere in Fragen der Rechtsetzung kommt auch eine kurzfristige personelle Unterstützung in Betracht, wobei in diesem Fall die Kosten grundsätzlich zu erstatten sind. Die Unterstützung ist in Absatz 4 als Soll-Vorschrift ausgeprägt, während § 30 Abs. 3 SGB IV eine Kann-Vorschrift ist.

7 Absatz 5 beinhaltet eine weitere gesetzlich zugewiesene Aufgabe der Bundesverbände. Nach Absatz 5 Satz 1 bestimmen die Bundesverbände mit Wirkung für ihre Mitglieder das Verfahren für die Beteiligung derjenigen Landesverbände am Abschluss von Vereinbarungen nach § 83 Abs. 1 Satz 1 SGB V und § 85 Abs. 2 Satz 1 Nr. 1 SGB V, deren Mitgliedskassen bei diesen Vereinbarungen (Gesamtverträgen und der Vereinbarung der Gesamtvergütungen) von einem anderen Landesverband vertreten werden (sog. **externe Landesverbände**). Die Regelung berücksichtigt die gleichzeitige Einführung des Wohnortprinzips für alle überregionalen Krankenkassen. Danach sind Gesamtvergütungsvereinbarungen mit allen Kassenärztlichen Vereinigungen, in deren Zuständigkeitsbereich Versicherte einer Krankenkasse wohnen, zu schließen. Da die Vertragsverhandlungen jedoch grundsätzlich zwischen der jeweiligen Kassenärztlichen Vereinigung und dem örtlich zuständigen Landesverband stattfinden, hat das Wohnortprinzip zur Folge, dass überregionale Krankenkassen außerhalb ihres eigenen (durch den Kassensitz bestimmten) Landes von fremden Landesverbänden ihrer Kassenart vertreten werden. Einen Sonderfall bildet § 207 Abs. 4a SGB V, welcher für den Fall, dass in einem Land für eine Kassenart kein Landesverband besteht, bestimmt, dass die Aufgaben eines Landesverbandes dann durch einen anderen Landesverband dieser Kassenart wahrzunehmen sind (siehe die Kommentierung zu § 207 SGB V Rn. 12 ff.). Weil somit ein Landesverband in den Verhandlungen mit den Kassenärztlichen Vereinigungen ggf. auch Krankenkassen vertritt, die nicht zu seinen Mitgliedern gehören, bedarf es einer Regelung, die diesen „externen“ Krankenkassen die Möglichkeit gibt, auf die von einem „fremden“ Landesverband zu führenden Vertragsverhandlungen Einfluss zu nehmen.[7] Da der Abschluss von Gesamtverträgen durch die Landesverbände erfolgt, wird auch die Wahrnehmung der Interessen der „externen“ Krankenkassen deren Landesverband übertragen.

8 Die „**Beteiligung**“ der sog. externen Landesverbände geht über bloße Informations- und Konsultationspflichten des verhandelnden Landesverbandes hinaus. Die Verfahrensregelung gemäß Absatz 5 Satz 2 muss vielmehr insbesondere Kriterien bestimmen, aus denen sich ergibt, inwieweit und in welcher Welse eine Zustimmung der „externen“ Landesverbände zu den Vereinbarungen oder zu Teilen der Vereinbarungen vorzusehen ist.[8]

---

[6] Vgl. LSG Baden-Württemberg v. 16.03.2001 - L 4 KR 2313/99.

[7] Vgl. Gesetzesbegründung zu Art. 1 § 217 Abs. 5 Gesetz zur Einführung des Wohnortprinzips bei Honorarvereinbarungen für Ärzte und Zahnärzte, BT-Drs. 14/5960.

[8] Vgl. Gesetzesbegründung zu Art. 1 § 217 Abs. 5 Gesetz zur Einführung des Wohnortprinzips bei Honorarvereinbarungen für Ärzte und Zahnärzte, BT-Drs. 14/5960.

Da Absatz 5 Satz 1 Halbsatz 2 die entsprechende Geltung des Absatzes 3 Satz 2 bestimmt, sind die Verfahrensregelungen ebenso wie **Grundsatzentscheidungen** der Bundesverbände (siehe Rn. 14 ff.) mit **qualifizierter Mehrheit** zu treffen (siehe hierzu Rn. 17). Die entsprechenden Verfahrensregelungen sind nicht von allen Bundesverbänden gemeinsam und einheitlich aufzustellen, sondern vom jeweiligen Bundesverband einer Kassenart.[9] 9

2. Aufgaben zur Unterstützung der Mitgliedskassen (Absatz 2)

Nach Absatz 2 sind die Bundesverbände verpflichtet, ihre Mitglieder bei der Erfüllung ihrer Aufgaben und der Wahrnehmung ihrer Interessen zu unterstützen. Die Aufzählung der unterstützenden Aufgaben ist bereits nach dem Wortlaut der Norm („insbesondere") keine abschließende. Die Zuständigkeit der Landesverbände bei der Unterstützung erstreckt sich auf alle Aufgabenbereiche der Mitgliedskassen und damit auf die gesamte gesetzliche Krankenversicherung.[10] 10

Unterstützende Aufgaben sind nach Absatz 2 die folgenden: 11

1. **Beratung und Unterrichtung, auch durch Zeitschriften**, z.B. über Rechtsänderungen, Gesetzesvorhaben, Zusammenarbeit mit anderen Sozialversicherungsträgern. Die Form der Beratung und Unterrichtung ist frei, es ist lediglich bestimmt, dass die Bundesverbände auch Zeitschriften für ihre Mitglieder herauszugeben haben.
2. **Aufstellung und Auswertung von Statistiken zu Verbandszwecken.** Die Landesverbände sind nach § 211 Abs. 2 Nr. 2 SGB V lediglich zur „Sammlung und Aufbereitung von statistischem Material zu Verbandszwecken" verpflichtet, das sie sinnvollerweise auch dem Bundesverband zur Verfügung stellen. Aus Absatz 2 ergibt sich, dass es bei den „Verbandszwecken" nicht um Zwecke des Bundesverbandes, sondern um solche seiner Mitglieder geht.
3. **Abschluss und Änderung von Verträgen für die Mitglieder und für die Krankenkassen,** insbesondere mit anderen Trägern der Sozialversicherung, soweit die Mitglieder – nicht die Krankenkassen als Mitglieder der Landesverbände – hierzu bevollmächtigen. Gemeint sind nicht die Aufgaben nach Absatz 1.
4. **Entscheidung von Zuständigkeitskonflikten** zwischen den Mitgliedern sowie zwischen den Mitgliedskassen verschiedener Landesverbände. Bestehen die Konflikte innerhalb eines Landesverbandes, ist nach § 211 Abs. 2 Nr. 5 SGB V der Landesverband zuständig. Der Bundesverband kann angerufen oder von sich aus tätig werden. Die Entscheidung erfolgt durch Verwaltungsakt.
5. **Förderung und Mitwirkung bei der beruflichen Aus-, Fort- und Weiterbildung** der bei den Mitgliedern und bei den Krankenkassen Beschäftigten, etwa durch Rundschreiben, Vorträge, Lehrgänge. Die Vorschrift konkurriert insofern mit § 211 Abs. 3 Nr. 6 SGB V, als eine Doppelzuständigkeit hinsichtlich der bei den Krankenkassen Beschäftigten besteht.
6. **Arbeitstagungen**, z.B. zur Unterrichtung über rechtliche Änderungen oder zum Erfahrungsaustausch. Auch hier besteht eine Doppelregelung; vgl. § 211 Abs. 2 Nr. 7 SGB V.
7. **Forschung.** Hierbei handelt es sich um die einzige bundesverbandstypische Unterstützungsaufgabe; es gibt keine Parallele in § 211 Abs. 2 SGB V.
8. **Übernahme der Vertretung der Mitglieder und der Krankenkassen** gegenüber anderen Sozialversicherungsträgern, Behörden und Gerichten. Zu denken ist insbesondere Prozessvertretung in sozialgerichtlichen Verfahren. Die Vertretung betrifft stets Einzelfälle. Die parallele Regelung für die Landesverbände ist § 211 Abs. 2 Nr. 4 SGB V.
9. **Entwicklung und Abstimmung von Verfahren und Programmen für die automatische Datenverarbeitung**, den Datenschutz und die Datensicherung sowie Abstimmung über die wirtschaftliche Nutzung von Rechenzentren zur Erfüllung von Aufgaben der Mitglieder und der Krankenkassen. Ein Textvergleich mit § 211 Abs. 2 Nr. 8 SGB V ergibt, dass die Bundesverbände für die „Abstimmung über die wirtschaftliche Nutzung von Rechenzentren" zuständig sind, während den Landesverbänden der „Betrieb" von Rechenzentren als Unterstützungsaufgabe obliegt.

Zur Antragsbedürftigkeit und zu Art und Umfang von Unterstützungsleistungen siehe die Kommentierung zu § 211 SGB V Rn. 11. 12

---

[9] Vgl. Gesetzesbegründung zu Art. 1 § 217 Abs. 5 Gesetz zur Einführung des Wohnortprinzips bei Honorarvereinbarungen für Ärzte und Zahnärzte, BT-Drs. 14/5960.

[10] Vgl. LSG Nordrhein-Westfalen v. 23.01.2001 - L 5 KR 115/00.

13 Nach § 216 Satz 3 i.V.m. § 210 Abs. 1 Satz 3 SGB V muss die Satzung jedes Bundesverbandes Bestimmungen über die Aufbringung und Verwaltung der Mittel enthalten, die er zur Aufgabenerfüllung benötigt. Zur **Finanzierung** der Aufgaben siehe ansonsten die Kommentierung zu § 211 SGB V Rn. 13 ff.

3. Grundsatzentscheidungen (Absatz 3)

14 Gem. Absatz 3 Satz 1 können die Bundesverbände mit Wirkung für ihre Mitglieder und deren Mitgliedskassen Grundsatzentscheidungen treffen. Die Bereiche, in denen die Bundesverbände Grundsatzentscheidungen treffen können, sind folgende:

- **Vergütungen**, soweit im SGB V hierfür keine anderen Zuständigkeiten festgelegt sind. Das bedeutet, die Bundesverbände können im Bereich der Vergütungen Grundsatzentscheidungen treffen, soweit die Adressaten dieser Entscheidungen – Landesverbände und deren Mitgliedskassen – für die Festsetzung der Vergütungen zuständig sind (vgl. z.B. §§ 88 Abs. 2, 111 Abs. 5, 120 Abs. 2, 132 Abs. 1, 133 Abs. 1 SGB V);
- **Gesundheitsvorsorge** (vgl. §§ 20-26 SGB V);
- **Rehabilitation** (vgl. §§ 40-43 SGB V);
- **Erprobung** (vgl. §§ 63-66 SGB V).

15 Die Aufzählung ist abschließend. Eine Analogie ist insoweit wegen des starken Eingriffs der Vorschrift in die Selbstverwaltung nicht möglich.

16 Aus dem Wort „**Grundsatzentscheidungen**" folgt, dass es sich um keine Einzelfallentscheidung handeln darf, sondern z.B. um Interpretationsentscheidungen zu wichtigen Rechtsfragen. „Grundsätze" sind insbesondere im Bereich der Ermessensvorschriften vonnöten, weshalb sich die Grundsatzentscheidungen auch in diesem Bereich bewegen dürften. Grundsatzentscheidungen sind ihrem Wesen nach innerdienstliche Verwaltungsvorschriften, die lediglich die Beteiligten binden. Sie sind mit Richtlinien ohne Rechtssatzfunktion vergleichbar.[11] Die Grenze zur verfassungsrechtlich unzulässigen Mischverwaltung ist dann überschritten, wenn sich die Entscheidungen der Bundesverbände nicht auf Fragen genereller Art und solche von grundsätzlicher Bedeutung beschränken.[12]

17 Nach Absatz 3 Satz 2 werden die Grundsatzentscheidungen der Bundesverbände mit **qualifizierter Mehrheit** getroffen, nämlich der „Mehrheit der nach den Versichertenzahlen der Mitglieder der Landesverbände gewichteten Stimmen". Demnach ist der in der Satzung der Bundesverbände festgelegte allgemeine Abstimmungsmodus nicht anzuwenden und auch § 64 Abs. 2 SGB IV, der für die Beschlussfassung der Versicherungsträger grundsätzlich die Mehrheit der abgegebenen Stimmen vorsieht, darf nicht analog angewendet werden, zumal er für die Bundesverbände ausweislich § 215 Abs. 1 i.V.m. § 209 Abs. 4 Satz 2 SGB V nicht gilt. Entscheidend ist die absolute Mehrheit der Stimmberechtigten, nicht der abgegebenen Stimmen. Der Bundesverband der landwirtschaftlichen Krankenkassen hat als Mitglieder keine Landesverbände, sondern Krankenkassen. Für ihn ist die Bestimmung sinngemäß anzuwenden; vgl. auch § 36 KVLG 1989. Gleiches gilt, soweit andere Krankenkassen die Stellung eines Landesverbandes haben (§ 207 Abs. 4 SGB V). Die Betriebskrankenkassen der Dienststellen und Betriebe des Bundes sind nicht zu berücksichtigen.

II. Normzwecke

18 Die Vorschrift erwähnt in Absatz 1 – rein deklaratorisch und allgemein – die gesetzlich zugewiesenen Aufgaben der Bundesverbände. Die Absätze 2 und 4 listen unterstützende Aufgaben auf, Absatz 3 behandelt Grundsatzentscheidungen mit Bindungswirkung für die Mitglieder. Die Ermächtigung zu verbindlichen Grundsatzentscheidungen in bestimmten Bereichen trägt „der Notwendigkeit einer gemeinsamen Aufgabenerfüllung" Rechnung.[13] Absatz 5 berücksichtigt die Interessen der sog. externen Landesverbände.

[11] *Peters*, Handbuch KV (SGB V), § 217 Rn. 30, 32, 34.
[12] Zur Problematik ausführlich *Engelhard* in: Hauck/Noftz, SGB V, § 217 Rn. 6-10.
[13] Vgl. Gesetzesbegründung zu Art. 1 § 226 GRG, BT-Drs. 11/2237.

C. Reformbestrebungen

Die Vorschrift wird als Folgeänderung zur Neuorganisation der Verbände mit Wirkung vom 01.01.2009 aufgrund Art. 1 Nr. 148 i.V.m. Art. 46 Abs. 10 GKV-Wettbewerbsstärkungsgesetz (GKV-WSG) aufgehoben.[14] 19

[14] BGBl I 2007, 378.

§ 217a SGB V Errichtung des Spitzenverbandes Bund der Krankenkassen

(Fassung vom 26.03.2007, gültig ab 01.04.2007)

(1) Die Krankenkassen bilden den Spitzenverband Bund der Krankenkassen.

(2) Der Spitzenverband Bund der Krankenkassen ist eine Körperschaft des öffentlichen Rechts.

Gliederung

A. Basisinformationen

I. Vorgängervorschriften/Normgeschichte

1 Die Vorschrift wurde durch Art. 1 Nr. 149 i.V.m. Art. 46 Abs. 1 des GKV-WSG[1] mit Wirkung vom 01.04.2007 neu in das SGB V eingefügt. Die Vertreter der Großen Koalition hatten sich am 03.07.2006 auf Eckpunkte zu einer Gesundheitsreform 2006 verständigt. In Abschnitt 14 lit. e des **Eckpunktepapiers** ist festgelegt, dass die Krankenkassen bzw. ihre Verbände zur Erfüllung bestimmter Aufgaben auf Bundesebene einen Spitzenverband bilden. „Der Spitzenverband erhält einige wenige wettbewerbsneutrale Aufgaben für die gesetzliche Krankenversicherung. Diese Aufgaben umfassen: 1. Der Spitzenverband vertritt die Krankenkassen in der gemeinsamen Selbstverwaltung. 2. Die Vertragskompetenz des Spitzenverbandes beschränkt sich auf Kollektivverträge und zwingend einheitlich zu treffende Entscheidungen...“

2 Bereits im ersten Arbeitsentwurf zum GKV-WSG war in § 217a SGB V die Errichtung eines Spitzenverbandes Bund der Krankenkassen beschrieben. Dieser sollte – **als eingetragener Verein** – **von den Bundesverbänden** der Krankenkassen, der Deutschen Rentenversicherung Knappschaft-Bahn-See, den Ersatzkassenverbänden und der See-Krankenkasse errichtet werden. Krankenkassen mit mehr als einer Mio. Versicherten sollten ein Beitrittsrecht haben. Da nur ein Teil der Aufgaben nach dem SGB V auf den Spitzenverband übergehen sollte, blieben die Verbände auf Bundesebene ansonsten in ihrer Rechtsstellung unangetastet. Der zweite und der dritte Arbeitsentwurf vom 05. bzw. vom 25.09.2006 brachten insofern keine Änderungen.

3 Im vierten Arbeitsentwurf vom 07.10.2006 erfolgte erstmals die Änderung des § 212 SGB V in der Form, dass die Bundesverbände nach Absatz 1 (AOK-Bundesverband, BK Bundesverband und IKK-Bundesverband) kraft Gesetzes zum 01.07.2008 in **Gesellschaften bürgerlichen Rechts** umgewandelt werden. Nach diesem Zeitpunkt steht den Gesellschaftern frei, über den Fortbestand der Gesellschaft und die Gestaltung der Gesellschaftsverhältnisse zu entscheiden. Dasselbe Schicksal sollte gem. § 212 Abs. 2 SGB V der Bundesverband der landwirtschaftlichen Krankenkassen (BLK) teilen. Parallel dazu sollten es **an Stelle der Verbände** nun **die Krankenkassen** sein, die den Spitzenverband Bund der Krankenkassen bilden. Dieser erscheint erstmals als **Körperschaft des öffentlichen Rechts**. Der folgende Referentenentwurf sah nur insofern eine Abweichung vor, als der Zeitpunkt der Umwandlung auf den 01.01.2009 hinausgeschoben wurde. Erst der Kabinettentwurf brachte (nur) für den **BLK** eine entscheidende Änderung: § 212 Abs. 2 SGB V wurde nun ersatzlos aufgehoben. Der Regierungsentwurf vom 25.10.2006 und schließlich das GKV-WSG vollziehen dies nach. Das durch den Wegfall des § 212 Abs. 2 SGB V erzeugte rechtliche Vakuum wurde durch eine Änderung des § 34

[1] Gesetz zur Stärkung des Wettbewerbs in der gesetzlichen Krankenversicherung, BGBl I 2007, 378.

KVLG 1989 gefüllt. Danach übernimmt der – als Körperschaft des öffentlichen Rechts verfasste – Gesamtverband der landwirtschaftlichen Alterskassen (GLA) zum 01.01.2009 die Aufgaben des BLK. Für die anderen Bundesverbände bleibt es bei dem Verlust ihres Körperschaftsstatus.

II. Parallelvorschriften

Parallele Regelungen finden sich in § 207 Abs. 1 Sätze 1 und 2 für die Landesverbände der Krankenkasse. 4

III. Literaturhinweise

Fink, Spitzenverband Bund – Ein doppeltes Legitimationsproblem – und mehr Verbände, ErsK 2006, 460; *Koch*, Die bisherigen und die zukünftigen Aufgaben des Bundesverbandes der landwirtschaftlichen Krankenkassen nach dem GKV-WSG, SdL 2007, 7-27; *Plass*, Warum ein Spitzenverband?, ErsK 2006, 376; *Schlegel*, GKV-Wettbewerbsstärkungsgesetz und Selbstverwaltung aus sozialrechtlicher Sicht, SozSich 2006, 378-383. 5

B. Auslegung der Norm

I. Regelungsgehalt und Bedeutung der Norm

1. Bildung des Spitzenverbandes durch die Krankenkassen (Absatz 1)

Gem. Absatz 1 bilden die Krankenkassen den Spitzenverband Bund der Krankenkassen. Nach der sprachlichen Fassung dieser Bestimmung ist zunächst offen, ob unter **„bilden“** ein aktives Handeln im Sinne eines Aufbaues oder ein Rechtszustand zu verstehen ist. Die erstgenannte Möglichkeit scheidet jedoch aus, denn nach § 217g Abs. 1 Satz 1 SGB V ist es der Errichtungsbeauftragte, der „zum Aufbau des Spitzenverbandes Bund der Krankenkassen“ von den Spitzenverbänden bestellt wird. Auch die zweite Alternative erscheint unpassend, denn der Spitzenverband besteht nicht aus den Krankenkassen; vielmehr sind sie qua Gesetz Mitglieder desselben (vgl. auch die Kommentierung zu § 217b SGB V Rn. 43). 6

Der Bildung des Spitzenverbandes geht weder eine freie Willensbildung der Krankenkassen voraus noch stellt sie einen freien Willensakt von deren Vertretern dar. Der Gesetzgeber ordnet vielmehr eine **zwangsweise Vertretung** aller Krankenkassen durch einen gemeinsamen Dachverband an. Aus dem Lager der Krankenkassen und deren Verbänden gab es kaum Befürworter dieser Entscheidung.[2] Eine Ausgestaltung der Mitgliedschaftsrechte der einzelnen Krankenkassen über die alle sechs Jahre stattfindende Wahl des Verwaltungsrates durch die Mitgliederversammlung hinaus ist überdies im Gesetz nicht auffindbar. 7

Die unter Rn. 1 ff. skizzierte Entwicklung vollzog sich parallel zu einer Auseinandersetzung des Bundesministeriums für Gesundheit (BMG) mit den Verbänden der Krankenkassen. In ihrer gemeinsamen Stellungnahme zum Entwurf eines GKV-WSG lehnen die Spitzenverbände der Krankenkassen[3] die Errichtung eines einheitlichen und zentralen Dachverbandes auf Bundesebene für die gesetzliche Krankenversicherung ab. Nach ihrer Auffassung ist die von der Bundesregierung aufgestellte Behauptung, ein Dachverband auf Bundesebene könne die vielfältigen Aufgaben der Spitzenverbände der Krankenkassen besser und zielgerichteter erfüllen als diese, in keiner Weise belegt. Darüber hinaus verweisen sie darauf, dass *Prof. Dr. Rupert Scholz* und *Dr. Reimar Buchner* in einer gutachterlichen Stellungnahme zu der **verfassungsrechtlichen Bewertung** kommen, die Organisationsreform – Errichtung des Spitzenverbandes Bund und Umwandlung der Bundesverbände in Gesellschaften bürgerlichen Rechts – sei verfassungswidrig. Die mit der Organisationsreform verbundene wettbewerbsbeschränkende Konzentration und Zentralisierung von Aufgaben auf den Spitzenverband Bund widerspreche willkürlich der angestrebten Förderung des Wettbewerbs unter den Krankenkassen. Die geplanten Regelungen seien deshalb von vornherein evident ungeeignet und damit rechtsstaatswidrig. Des Weiteren würde das nach wie vor ausdrücklich gewollte System der gegliederten Krankenversicherung willkürlich 8

---

[2] Vgl. die Anhörung durch den Gesundheitsausschuss des Deutschen Bundestages unter www.bundestag.de/ausschuesse/a14/anhoerungen/029-034/index.html.

[3] AOK-Bundesverband, BKK Bundesverband, IKK-Bundesverband, See-Krankenkasse, Bundesverband der landwirtschaftlichen Krankenkassen, Verband der Angestellten-Krankenkassen e.V., AEV – Arbeiter-Ersatzkassen-Verband e.V.

durchbrochen. Auch in dieser Hinsicht seien die geplanten Regelungen evident ungeeignet und damit rechtsstaatswidrig. Des Weiteren würden willkürlich Doppelstrukturen geschaffen, die entgegen der Zielsetzung des GKV-WSG zu einem ineffizienten und uneffektiven, die Krankenkassen erheblich belastenden Mitteleinsatz führten. Willkürlich seien die Regelungen deshalb, weil sachliche Gründe für die Organisationsreform nicht zu erkennen seien. Die in der Gesetzesbegründung angeführten Regelungsziele, die zeitlichen und organisatorischen Abläufe in den Verbänden zu straffen und Handlungsblockaden zu vermeiden, könnten nur dann zur sachlichen Rechtfertigung herangezogen werden, wenn entsprechende Mängel oder Defizite in der gegebenen Verbändestruktur nachweisbar wären. Dies sei jedoch nicht der Fall und werde vom Gesetzgeber auch nicht in substantiierter Form dargelegt.

9 Allerdings hat das **BVerfG** in seiner Entscheidung zum Risikostrukturausgleich[4] ausgeführt, dass der Bestand einer bestimmten Organisationsstruktur innerhalb der GKV verfassungsrechtlich nicht gewährleistet ist. Mit dem Grundgesetz wäre es nach Ansicht des BVerfG sogar vereinbar, sämtliche Träger der Gesetzlichen Krankenversicherung zusammenzufassen und sie in einem „Bundesamt für Krankenversicherung" als bundesunmittelbare Körperschaft zu organisieren.

10 In Folge der Schaffung des Spitzenverbandes Bund verlieren die bisherigen Spitzenverbände insoweit ihre Funktionen. Ihnen verbleiben die ihnen von ihren Mitgliedern zugewiesenen Aufgaben.

11 Nach § 217f Abs. 1 SGB V hat der Spitzenverband ab dem 01.07.2008 die ihm gesetzlich zugewiesenen Aufgaben zu erfüllen. Bei diesen handelt es sich praktisch um das Gros der vormals den Spitzenverbänden der Krankenkassen obliegenden gesetzlichen Aufgaben im Bereich der allgemeinen gesetzlichen Kranken- und Pflegeversicherung (vgl. die Kommentierung zu § 217f SGB V Rn. 6 ff.). Insofern haben die vormaligen Spitzenverbände ihre Aufgaben verloren.

2. Körperschaftsstatus (Absatz 2)

12 Während die bisherigen Spitzenverbände nicht weiter bestehen bleiben und – sofern sie Bundesverbände sind (AOK-Bundesverband, BKK Bundesverband, IKK-Bundesverband, BLK) – auch als solche ihren Körperschaftsstatus verlieren, wird der Spitzenverband Bund der Krankenkassen als **Körperschaft des öffentlichen Rechts** ausgestaltet. Damit haben die auch weiterhin nach Kassenarten gegliederten Krankenkassen spätestens ab dem 01.01.2009 grundsätzlich auf der Bundesebene nur noch einen bundesweiten Pflichtverband mit Körperschaftsstatus. Eine Ausnahme gilt für die landwirtschaftlichen Krankenkassen. Sie werden durch den GLA vertreten. Für die Landesverbände bleibt es bei ihrer körperschaftlichen Verfasstheit (vgl. § 207 Abs. 1 Satz 2 SGB V).

13 Wie sich aus § 217b Abs. 1 SGB V ergibt, handelt es sich um öffentlich-rechtliche Körperschaften mit **Selbstverwaltung**. Die an sich für Bundesverbände der Krankenkassen nicht zwingende Rechtsform (vgl. nur die privatrechtlich verfassten Verbände der Ersatzkassen) rechtfertigt sich insbesondere aus den verschiedenen hoheitlichen Aufgaben. Die Verbände der Krankenkassen sind nicht grundrechtsfähig.[5]

14 Im Laufe des Gesetzgebungsverfahrens hat die Bundesregierung die angedachte **Vereinslösung verworfen** (vgl. Rn. 2 ff.). Auch die Begrenzung auf „einige wenige wettbewerbsneutrale Aufgaben" stellt sich in der Gesetzesfassung anders dar.[6] Die Stellung des Spitzenverbandes Bund der Krankenkassen ist derart ausgestaltet worden, dass im Ergebnis sämtliche bis dato den Spitzenverbänden der gesetzlichen Krankenkassen zukommenden, im SGB V geregelten Aufgaben nunmehr von ihm zu erledigen sind. Den kassenartenbezogenen Verbänden verbleibt insbesondere die Koordinierung der **wettbewerblichen** Aufgaben. Die **Landesverbandsebene** hat ihre **Aufgaben weitgehend behalten**.

II. Normzwecke

15 Im Regierungsentwurf[7] wird die Schaffung des Spitzenverbandes Bund äußerst knapp mit der mit der **Straffung zeitlicher und organisatorischer Abläufe** in den Verbänden und der gemeinsamen Selbstverwaltung sowie der **Vermeidung von Handlungsblockaden** begründet.

---

4 BVerfG v. 18.07.2005 - 2 BvF 2/01 - SozR 4-2500 § 266 Nr. 8.

5 BVerfG v. 07.06.1991 - 1 BvR 1707/88.

6 Kritisch hierzu *Fink*, ErsK 2006, 460, die sich auch mit dem Legitimationsproblem des Spitzenverbandes auseinander setzt.

7 Zu Art. 1 Nr. 149 (§ 217a).

C. Praxishinweise

Kritiker der Schaffung des Dachverbandes befürchten, im Gegensatz zu den heutigen Verbänden werde es dem Spitzenverband Bund wesentlich schwerer fallen, die unterschiedlichen Interessen einer Vielzahl von Krankenkassen auszugleichen und zu allgemein akzeptierten Entscheidungen zu kommen. In der Folge seien eine Zunahme an Ersatzvornahmen durch das Gesundheitsministerium und damit ein zunehmender staatlicher Einfluss zu erwarten. Die Selbstverwaltung durch die Vertreter von Versicherten und Arbeitgebern würde eingeschränkt. Im Spitzenverband Bund werde die einzelne Krankenkasse erheblich weniger Einfluss auf die für sie wettbewerbsrelevanten Verträge nehmen können als heute über den jeweiligen Spitzenverband. Sie verliere damit neben ihrer Finanzautonomie auch einen erheblichen Teil ihrer Steuerungsfähigkeit hinsichtlich der Ausgaben. Unter diesen Bedingungen sei aber eine stärkere wettbewerbliche Orientierung der GKV nicht möglich. Das Gegenteil sei der Fall: Die GKV werde vereinheitlicht, der Wettbewerb werde marginalisiert. 16

In welchem Umfang und mit welcher Geschwindigkeit dies faktisch zu Personalüberhängen der bisherigen Spitzenverbände führen wird, ist jedoch nicht sicher zu prognostizieren, denn der Spitzenverband Bund muss nicht zwingend alle Aufgaben durch eigenes Personal erledigen. Er kann sich zur Aufgabenerfüllung grundsätzlich auch der bisherigen Spitzenverbände bedienen. Zu beachten ist, dass den bisherigen Bundesverbänden sowie den Verbänden der Ersatzkassen weiterhin koordinierende und wettbewerbliche Aufgaben zur Wahrnehmung für ihre Mitgliedskassen verbleiben. 17

§ 217b SGB V Organe

(Fassung vom 26.03.2007, gültig ab 01.04.2007)

(1) Bei dem Spitzenverband Bund der Krankenkassen wird als Selbstverwaltungsorgan ein Verwaltungsrat gebildet. Ein Mitglied des Verwaltungsrates muss dem Verwaltungsrat oder der Vertreterversammlung einer Mitgliedskasse angehören. § 33 Abs. 3, die §§ 37, 40, 41, 42 Abs. 1 bis 3, die §§ 58, 59, 62 Abs. 1 bis 2, 4 bis 6, § 63 Abs. 1, 3, 4, § 64 Abs. 1 bis 3 und § 66 Abs. 1 des Vierten Buches und § 197 gelten entsprechend. Abweichend von § 58 Abs. 2 des Vierten Buches endet die Amtsdauer der im Jahr 2007 gewählten Mitglieder sieben Monate nach den nächsten allgemeinen Wahlen in der Sozialversicherung.

(2) Bei dem Spitzenverband Bund der Krankenkassen wird ein Vorstand gebildet. Der Vorstand besteht aus höchstens drei Personen. Der Vorstand sowie aus seiner Mitte der Vorstandsvorsitzende und dessen Stellvertreter werden von dem Verwaltungsrat gewählt. Der Vorstand verwaltet den Spitzenverband und vertritt den Spitzenverband gerichtlich und außergerichtlich, soweit Gesetz oder sonstiges für den Spitzenverband maßgebendes Recht nichts Abweichendes bestimmen. Die Mitglieder des Vorstandes üben ihre Tätigkeit hauptamtlich aus. § 35a Abs. 1 bis 3, 6 und 7 des Vierten Buches gilt entsprechend.

(3) Bei dem Spitzenverband Bund der Krankenkassen wird eine Mitgliederversammlung gebildet. Die Mitgliederversammlung wählt den Verwaltungsrat. In die Mitgliederversammlung entsendet jede Mitgliedskasse jeweils einen Vertreter der Versicherten und der Arbeitgeber aus ihrem Verwaltungsrat oder ihrer Vertreterversammlung. Eine Ersatzkasse entsendet jeweils zwei Vertreter der Versicherten aus ihrem Verwaltungsrat. § 64 Abs. 1 und 3 des Vierten Buches gilt entsprechend.

Gliederung

A. Basisinformationen

I. Textgeschichte/Gesetzgebungsmaterialien

1 § 217b SGB V trat mit Wirkung vom 01.04.2007 aufgrund Art. 1, 46 Abs. 1 GKV-WSG[1] in Kraft. Die Vorschrift wurde erforderlich infolge der Schaffung des Spitzenverbandes Bund der Krankenkassen.

II. Vorgängervorschriften/Normengeschichte

2 Die Vorschrift hat keine Vorgängerregelung. Die Spitzenverbände nach § 213 SGB V haben keine Organe i.S.d. § 217b SGB V. Im 1., 2. und 3. Arbeitsentwurf zum GKV-WSG sind in § 217d SGB V als

[1] Gesetz zur Stärkung des Wettbewerbs in der gesetzlichen Krankenversicherung, BGBl I 2007, 378.

Organe des Spitzenverbandes nur die Mitgliederversammlung und der Vorstand genannt. Der Vorstand ist von der Mitgliederversammlung zu wählen. Im 4. Arbeitsentwurf gibt es als Selbstverwaltungsorgan einen 32-köpfigen Verwaltungsrat, ansonsten einen hauptamtlichen Vorstand und eine Mitgliederversammlung. Die Vorstandsmitglieder müssen dem Verwaltungsrat einer Mitgliedskasse angehören. Der von der Mitgliederversammlung zu wählende Verwaltungsrat ist paritätisch besetzt. Der Regierungsentwurf enthält demgegenüber insofern eine Änderung, als ein Verwaltungsratsmitglied jetzt alternativ der Vertreterversammlung angehören darf. Erst in der endgültigen Gesetzesfassung wird die Zahl der Verwaltungsratsmitglieder auf (zunächst) 42 festgelegt.

III. Parallelvorschriften

Die Bestimmung hat bezüglich des Verwaltungsrates ihre wichtigste Parallele in **§ 209 SGB V** (Verwaltungsrat der Landesverbände). Bezüglich des Vorstandes ist die entsprechende Vorschrift die des **§ 209a SGB V** (Vorstand bei den Landesverbänden). Bezüglich der Mitgliederversammlung gibt es keine Entsprechung auf der Ebene der Landesverbände. Verglichen mit der Vertreterversammlung gem. §§ 31 ff. SGB IV ist die Mitgliederversammlung des Spitzenverbandes Bund der Krankenkassen nur rudimentär als Selbstverwaltungsorgan ausgestaltet. Sie hat – abgesehen von ihrer Konstituierung – lediglich die Aufgabe, den Verwaltungsrat zu wählen. 3

IV. Literaturhinweise

Balzer, Änderungen des Selbstverwaltungsrechts und des Dienstrechts der gesetzlichen Krankenkassen durch das GSG, NZS 1994, 1-6; *Dudda/Polaszek*, Kontrollfunktion des Verwaltungsrates und Risikomanagement, KrV 2004, 216-219; *Dudda*, Der Kompetenzkonflikt zwischen Verwaltungsrat und Vorstand, BKK 1997, 392-396; *Dudda*, Das (vorzeitige) Ende der Vorstandsmitgliedschaft – Amtsenthebung und Amtsentbindung von Vorstandsmitgliedern gesetzlicher Krankenkassen, WzS 1997, 65-70; *Dudda*, Die Binnenstruktur der Krankenversicherungsträger nach dem Gesundheitsstrukturgesetz, 1996; *Fink*, Spitzenverband Bund – Ein doppeltes Legitimationsproblem – und mehr Verbände, ErsK 2006, 460-463; *Friede*, Die Betriebskrankenkassen in der Bundesrepublik Deutschland, 1987; *Glombik*, Selbstverwaltung in der Sozialversicherung, rv 2006, 81-83; *Hein*, Die Verbände der Sozialversicherungsträger in der Bundesrepublik Deutschland, 1990; *Hinz*, Geschäftsführer und Vorstände von Sozialversicherungsträgern, 3. Aufl. 1993; *von Linsingen*, Die Gestaltungsmöglichkeiten der neuen Verfassungen von Verwaltungsrat und hauptamtlichem Vorstand der gesetzlichen Krankenkassen für den 1. Januar 1996, Sozialer Fortschritt 1995, 209-214; *Lorff*, Ergänzung des Verwaltungsrates in der gesetzlichen Krankenversicherung, NZS 1998, 158-160; *Paquet*, Anhaltspunkte für eine Reform der GKV-Selbstverwaltung, SozSich 2006, 61-65; *Schlegel*, GKV-Wettbewerbsstärkungsgesetz und Selbstverwaltung aus sozialrechtlicher Sicht, SozSich 2006, 378-383; *Uhrig*, Die Krankenkassen und ihre Verbände – föderale Aufgaben- und Organisationsstruktur mit zahlreichen Durchbrechungen, KrV 1994, 282-285; *Windels-Pietzsch*, Friedenswahlen in der Sozialversicherung, VSSR 2003, 215-231. 4

B. Auslegung der Norm

I. Regelungsgehalt und Bedeutung der Norm

1. Bildung des Verwaltungsrates (Absatz 1)

Satz 1 bestimmt die Bildung eines Verwaltungsrates bei dem Spitzenverband Bund der Krankenkassen. Wie auch bezüglich des Vorstandes des Spitzenverbandes Bund wird die Terminologie des § 31 Abs. 3a SGB IV übernommen. 5

Anders als bei § 209 Abs. 1 SGB V bezüglich der Landesverbände wird der Verwaltungsrat des Spitzenverbandes Bund der Krankenkassen nicht „nach näherer Bestimmung der Satzung“ gebildet. Während bei § 209 Abs. 1 SGB V die Satzung des jeweiligen Verbandes die Zahl und das Verfahren zur Wahl der Mitglieder bestimmt (vgl. § 210 Abs. 1 Satz 3 Nr. 2 SGB V), ist dies bezüglich des Spitzenverbandes Bund der Krankenkassen im Gesetz geregelt (vgl. § 217c SGB V). 6

Der Verwaltungsrat ist – anders als der Vorstand – Organ der **Selbstverwaltung**. Wie bei den Landesverbänden und anders als bei den Krankenkassen selbst ist der Verwaltungsrat das einzige Selbstverwaltungsorgan. 7

8 Nach § 217c Abs. 1 SGB V hat der Verwaltungsrat zunächst **41**[2], höchstens aber 52 **Mitglieder**, die sich grundsätzlich paritätisch aus Versicherten- und Arbeitgebervertretern zusammensetzen. Wegen der Ersatzkassen, bei denen es nach § 44 Abs. 1 Nr. 3 SGB IV nur Versichertenvertreter gibt, sind es jedoch 27 Vertreter der Versicherten und 14 Arbeitgebervertreter.[3] Über ein **gewichtetes Stimmrecht** wird im Ergebnis die Parität wieder hergestellt (siehe § 217c Abs. 1 Satz 2 SGB V); jede Gruppe hat 30 Stimmen. In § 217c SGB V ist die – recht komplizierte – Wahl des Verwaltungsrates geregelt.

2. Zugehörigkeit zu einem Selbstverwaltungsorgan einer Mitgliedskasse (Absatz 1 Satz 2)

9 Nach **Satz 2** muss ein Mitglied des Verwaltungsrates dem **Verwaltungsrat** oder der **Vertreterversammlung** einer Mitgliedskasse angehören. Der Wortlaut dieser Bestimmung diskriminiert offensichtlich diejenigen Krankenkassen (bzw. deren Repräsentanten), die anstelle eines Verwaltungsrates einen (ehrenamtlichen) **Vorstand** als Selbstverwaltungsorgan haben. Hierbei handelt es sich um die See-Krankenkasse, die Knappschaft und die neun Landwirtschaftlichen Krankenkassen (vgl. § 31 Abs. 1 und Abs. 3a SGB IV). Den Verstoß gegen das Gleichbehandlungsgebot sehend, hat sich das BMG bereit erklärt, die Wahl von Vertretern aus dem (ehrenamtlichen) Vorstand einer Krankenkasse in den Verwaltungsrat des Spitzenverbandes nicht zu beanstanden. Dies entspricht auch der Begründung im Regierungsentwurf zu Art. 1 Nr. 149 (§ 217b SGB V).[4]

3. Entsprechende Geltung verschiedener Vorschriften des SGB IV und des SGB V (Absatz 1 Satz 3)

10 Nach **Satz 3** gelten zunächst die §§ 33 Abs. 3, 37, 40, 41, 42 Abs. 1-3, 58, 59, 62 Abs. 1-2, 4-6, 63 Abs. 1, 3, 4, 64 Abs. 1-3 und 66 Abs. 1 SGB IV entsprechend. Anders als in § 209 Abs. 3 SGB V wird nicht auf § 51 Abs. 1 Satz 1 Nr. 3 SGB IV (Wählbarkeit) verwiesen. Im Einzelnen nimmt Absatz 4 Satz 2 die folgenden Vorschriften in Bezug:

11 Nach § 33 Abs. 3 SGB IV gelten insbes. die Bestimmungen des SGB über die Vertreterversammlung und deren Vorsitzenden auch für den **Verwaltungsrat** und dessen **Vorsitzenden**. Außerdem obliegen dem Verwaltungsrat oder dessen Vorsitzenden auch die Aufgaben des Vorstandes und dessen Vorsitzenden nach den §§ 37 Abs. 2, 38 SGB IV und dem Zweiten Titel des Vierten Abschnitts SGB IV.

12 § 37 SGB IV regelt die Rechtsfolgen bei **Verhinderung** der Amtsausübung von Selbstverwaltungsorganen der Krankenkasse.

13 Die §§ 40, 41, 42 Abs. 1-3 SGB IV gestalten die Mitgliedschaft im Verwaltungsrat als **Ehrenamt** aus und regeln die **Entschädigung** sowie die **Haftung**.

14 Die §§ 58, 59 und 62 SGB IV regeln die **Amtsdauer**, den **Verlust der Mitgliedschaft** und die **Vorsitzenden** des Verwaltungsrates.

15 Bezüglich des Verweises auf die in § 62 SGB IV getroffenen Regelungen für den Vorsitzenden und den stellvertretenden Vorsitzenden des Verwaltungsrates fällt auf, dass **nicht auf Absatz 3 verwiesen** wird. Nach § 62 Abs. 3 Satz 1 SGB IV kann die Satzung bestimmen, dass die Vertreter der einzelnen Gruppen abwechselnd mindestens für ein Jahr den Vorsitz führen (**alternierender Vorsitz**). Ob es sich bei dem fehlenden Verweis um ein gesetzgeberisches Versehen handelt, darf angesichts der Erwähnung aller anderen fünf Absätze des § 62 SGB IV in § 217b Abs. 1 Satz 3 SGB V bezweifelt werden. Dennoch liefe ein Verzicht auf die Alternierung grundlos einer tradierten und bewährten Ausprägung des Prinzips der paritätischen Selbstverwaltung zuwider. In der Begründung zum Regierungsentwurf finden sich keine Anhaltspunkte für eine bewusste Durchbrechung des Grundsatzes. Außerdem übernehmen die neuen Bestimmungen zum Spitzenverband Bund der Krankenkassen auch ansonsten das Prinzip der paritätischen Vertretung (vgl. z.B. § 217c SGB V).

16 § 63 Abs. 1, 3 und 4 SGB IV und § 64 Abs. 3 SGB IV treffen Regelungen über die **Geschäftsordnung**, die **Sitzungen** und über die schriftliche **Abstimmung**.

---

[2] Im Regierungsentwurf zu § 217b SGB V waren es lediglich 32.

[3] Noch im Regierungsentwurf war in § 217b Abs. 1 Satz 3 SGB V vorgesehen, dass der Verwaltungsrat je zur Hälfte aus Vertretern der Versicherten und der Arbeitgeber besetzt ist.

[4] Dort heißt es: „Angesichts der vielfältigen und umfangreichen gesetzlichen Aufgaben des Spitzenverbandes Bund ist es auch zweckmäßig, dass ein Mitglied des Verwaltungsrates nicht zugleich eine hauptamtliche Vorstandstätigkeit für eine Krankenkasse ausübt."

Auch bezüglich § 63 SGB IV verweist Satz 3 nicht auf die gesamte Norm, sondern lässt die Absätze 2 („Die Selbstverwaltungsorgane werden von ihren Vorsitzenden nach Bedarf einberufen. Sie müssen einberufen werden, wenn ein Drittel der Mitglieder es verlangt.“) und 5 („Der Vorstand kann zu Tagesordnungspunkten, bei denen wesentliche Fragen der Gesundheit berührt werden, einen auf den jeweiligen Gebieten der Sozialmedizin und der Sozialversicherung fachlich einschlägig erfahrenen Arzt mit beratender Stimme hinzuziehen.“) aus. Die **Einberufung** ist deshalb vollständig in der Satzung bzw. in der Geschäftsordnung des Verwaltungsrates zu regeln. Gleiches gilt für die **Hinzuziehung von Sachverständigen**. 17

Satz 3 i.V.m. § 66 Abs. 1 SGB IV lässt die Übertragung einzelner Aufgaben auf **Erledigungsausschüsse** zu. Die Einrichtung von Erledigungsausschüssen wäre jedoch bereits wegen der Frage der Vertretung aller Kassenarten und der Stimmengewichtung problematisch. 18

Schließlich verweist Satz 3 auf § 197 SGB V. Danach sind die **Aufgaben des Verwaltungsrates** insbesondere 19

- die Beschlussfassung über die **Satzung** und sonstiges autonomes Recht,
- die Überwachung des Vorstandes,
- die Entscheidung über **Angelegenheiten von grundsätzlicher Bedeutung** für den Spitzenverband,
- die Feststellung des Haushaltsplans,
- die Entlastung des Vorstandes wegen der Jahresrechnung,
- die **Vertretung des Spitzenverbandes** gegenüber dem Vorstand und dessen Mitgliedern,
- der Erwerb, die Veräußerung oder die Belastung von Grundstücken sowie die Errichtung von Gebäuden.

Ob von der generellen Verweisung auf § 197 SGB V auch die dort unter Ziffer 6 genannte **Auflösung** bzw. **freiwillige Vereinigung** mit anderen Verbänden umfasst wird, darf bezweifelt werden. Anders als die einzelnen Krankenkassen ist der Spitzenverband gesetzlich statuiert. Seine Auflösung obliegt allein dem Gesetzgeber. Gleichfalls kommt eine freiwillige Vereinigung mit einem anderen Spitzenverband aufgrund von § 217b SGB V i.V.m. § 197 SGB V nicht in Betracht. 20

Nach Satz 3 i.V.m. § 197 Abs. 2 SGB V kann der Verwaltungsrat sämtliche **Geschäfts- und Verwaltungsunterlagen einsehen und prüfen**. 21

Nach Satz 3 i.V.m. § 197 Abs. 3 SGB V soll der Verwaltungsrat zur Erfüllung seiner Aufgaben **Fachausschüsse** bilden. 22

4. Amtsdauer (Absatz 1 Satz 4)

Satz 4 lässt die Amtsdauer der im Jahr 2007 gewählten Mitglieder des Verwaltungsrates abweichend von § 58 Abs. 2 SGB IV **sieben Monate nach den nächsten allgemeinen Wahlen in der Sozialversicherung** enden. Hintergrund dieser Regelung ist, dass aus den Selbstverwaltungsorganen der Krankenkassen die zur Wahl des Verwaltungsrates nominierten Delegierten der Mitgliederversammlung bestimmt werden müssen (vgl. § 217c SGB V). 23

5. Bildung eines Vorstandes (Absatz 2 Sätze 1, 2, 3 und 5 i.V.m. § 35a Abs. 6 SGB IV)

Satz 1 bestimmt in Anlehnung an die in der Krankenversicherung übliche Organisationsstruktur auch für den Spitzenverband Bund der Krankenkassen die Bildung eines Vorstandes als Exekutivorgan. 24

Der Vorstand besteht nach **Satz 2** aus **höchstens drei Personen**. Die konkrete Zahl ist in der Verbandssatzung zu bestimmen. Besteht der Vorstand aus mehr als einer Person, hat der Verwaltungsrat aus den Vorstandsmitgliedern einen **Vorsitzenden** zu wählen (**Satz 3** i.V.m. § 35a Abs. 5 Satz 1 SGB IV). Bei drei Vorstandsmitgliedern muss außerdem ein **Stellvertreter** des Vorsitzenden gewählt werden. Anders als bei den Krankenkassen und deren Landesverbänden gelten mangels Verweisung die §§ 33 Abs. 3 Satz 2, 64 Abs. 2 SGB IV nicht, wonach als Vorstandsmitglied gewählt ist, wer die Mehrheit des Verwaltungsrates auf sich vereinigt hat. Vielmehr gilt bezüglich des Vorstandes des Spitzenverbandes Bund die **Satzung**. Danach ist ein Quorum von 70% der gewichteten Stimmen vorgesehen. Dieses Quorum berücksichtigt den Stimmenanteil der Kassenarten AOK und Ersatzkassen sowie die rechnerisch zusammengefasste Gemeinschaft aus Betriebskrankenkassen, Innungskrankenkassen, See-Krankenkasse, Knappschaft und Landwirtschaftliche Krankenkassen. 25

26 Da **Satz 6** nicht auf § 35a Abs. 4 SGB IV verweist, gibt es keine gesetzliche vorstandsinterne Vertretungsregelung (vgl. § 35a Abs. 4 Satz 2 SGB IV). Auch gilt die Regelung des § 35a Abs. 4 Satz 3 SGB IV i.V.m. § 37 Abs. 2 SGB IV bzw. § 35a Abs. 4 Satz 4 SGB IV bezüglich der Beauftragung eines leitenden Beschäftigten mit der Stellvertretung eines verhinderten Vorstandsmitgliedes nicht. Allerdings ist sie durch Satzung statuierbar.

27 Der **hauptamtliche (Satz 5)** Vorstand wird auf **bis zu sechs Jahre** gewählt; Wiederwahl ist möglich (**Satz 6** i.V.m. § 35a Abs. 3 Satz 2 SGB IV). § 35a Abs. 2 SGB IV wurde auf Empfehlung des Gesundheitsausschusses[5] durch Art. 5 Nr. 7b GKV-WSG geändert. Bis zur Neufassung war die Amtszeit auf sechs Jahre fixiert. In diesem Zusammenhang stellt sich die Frage nach der Zulässigkeit der Wahl zweier Personen für jeweils einander nachfolgende Zeiträume. Richtigerweise kann der Verwaltungsrat im Zusammenhang mit der auf einen konkreten Zeitraum von unter sechs Jahren begrenzten Wahl eines Vorstandsmitgliedes eine zweite Person unter der Bedingung wählen, dass deren – in der Addition sechs Jahre nicht überschreitende – Amtszeit hieran anschließt.

28 Der Verwaltungsrat hat bei seiner Wahl darauf zu achten, dass die Vorstandsmitglieder die erforderliche **fachliche Eignung** besitzen. Diese ist nachzuweisen durch eine Fort- oder Weiterbildung im Krankenkassendienst oder eine Fachhochschul- oder Hochschulausbildung sowie in beiden Fällen zusätzlich durch mehrjährige Berufserfahrung in herausgehobenen Führungspositionen (**Satz 3** i.V.m. § 35a Abs. 6 Satz 1 SGB IV).

29 Über den Verweis auf § 35a Abs. 6 Satz 2 SGB IV sind die Höhe der jährlichen **Vergütungen** der einzelnen Vorstandsmitglieder einschließlich Nebenleistungen sowie die wesentlichen Versorgungsregelungen jährlich zum 01.03. im Bundesanzeiger zu **veröffentlichen**. Wie die Verweisung bezüglich der zweiten Satzhälfte des Satzes 2 zu verstehen ist („…und gleichzeitig, begrenzt auf die jeweilige Krankenkasse und ihre Verbände, in der Mitgliederzeitschrift der betreffenden Krankenkasse…"), ist unklar. Sofern der Spitzenverband Bund eine Zeitschrift herausgibt, wäre diese das geeignete Medium. Darüber hinaus wäre eine Veröffentlichung auf der Internetseite angezeigt.

30 Über § 35a Abs. 6 Satz 3 SGB IV ist bestimmt, dass die Art und die Höhe finanzieller Zuwendungen, die den Vorstandsmitgliedern in Zusammenhang mit ihrer Vorstandstätigkeit von Dritten gewährt werden, dem Vorsitzenden und dem stellvertretenden Vorsitzenden des Verwaltungsrates mitzuteilen sind.

6. Vertretungsrecht des Vorstandes (Absatz 2 Sätze 4 und 6 i.V.m. § 35a Abs. 1 SGB IV)

31 Gem. **Satz 4** verwaltet der Vorstand den Spitzenverband und vertritt ihn gerichtlich und außergerichtlich, soweit Gesetz oder sonstiges für den Spitzenverband maßgebendes Recht nichts Abweichendes bestimmen.

32 Nach **Satz 6** i.V.m. § 35a Abs. 1 Satz 2 SGB IV kann in der Satzung oder im Einzelfall durch den Vorstand bestimmt werden, dass auch **einzelne Mitglieder** des Vorstandes den Spitzenverband vertreten können. Innerhalb der vom Vorstand erlassenen Richtlinien verwaltet jedes Vorstandsmitglied seinen Geschäftsbereich eigenverantwortlich. Bei Meinungsverschiedenheiten entscheidet der Vorstand; bei Stimmengleichheit entscheidet der Vorsitzende (§ 35a Abs. 1 Sätze 3 und 4 SGB IV).

7. Berichtspflicht des Vorstandes (Absatz 2 Satz 6 i.V.m. § 35a Abs. 2 SGB IV)

33 Nach **Satz 6** i.V.m. § 35a Abs. 2 SGB IV hat der Vorstand dem Verwaltungsrat zu berichten über 1. die **Umsetzung von Entscheidungen von grundsätzlicher Bedeutung**, 2. die **finanzielle Situation und die voraussichtliche Entwicklung**. Außerdem ist dem Vorsitzenden des Verwaltungsrates aus sonstigen wichtigen Anlässen zu berichten.

8. Amtsenthebung und Amtsentbindung (Absatz 2 Satz 6 i.V.m § 35a Abs. 7 SGB IV)

34 Schließlich verweist **Satz 6** auch auf § 35a Abs. 7 SGB IV. Danach gilt für eine Amtsenthebung und eine Amtsentbindung eines Mitglieds des Vorstandes durch den Verwaltungsrat § 59 Abs. 2 und 3 SGB IV entsprechend. Gründe für eine Amtsenthebung oder eine Amtsentbindung sind u.a. Unfähigkeit zur ordnungsgemäßen Geschäftsführung oder Vertrauensentzug durch den Verwaltungsrat, es sei denn, dass das Vertrauen aus offenbar unsachlichen Gründen entzogen worden ist.

[5] BT-Drs. 16/4200, S. 152

9. Bildung einer Mitgliederversammlung (Absatz 3)

Nach **Satz 1** wird bei dem Spitzenverband Bund der Krankenkassen eine Mitgliederversammlung gebildet. Durch die Formulierung wird deutlich, dass nicht eine Mitgliederversammlung den Spitzenverband ins Leben ruft, sondern der Gesetzgeber dem Spitzenverband das betreffende Organ gibt. Der Wortlaut der Begründung zum Regierungsentwurf zu Art. 1 Nr. 149 GKV-WSG legt nahe, dass die Mitgliederversammlung **nicht als Selbstverwaltungsorgan** betrachtet wird. Dort heißt es: „Organe des Spitzenverbandes sind als Selbstverwaltungsorgan der Verwaltungsrat und der von ihm gewählte Vorstand sowie die Mitgliederversammlung." Auch der Vergleich mit § 33 SGB IV stützt dieses Ergebnis. Dass eine aus Vertretern der Selbstverwaltungsorgane der Krankenkassen bestehende und zur Wahl des Aufsichtsgremiums bestimmte Versammlung nicht als Selbstverwaltungsorgan ausgestaltet wurde, erscheint ungewöhnlich. 35

Wichtigste gesetzliche Aufgabe der Mitgliederversammlung ist die **Wahl des Verwaltungsrates** (**Satz 2** i.V.m. § 217c SGB V). Außerdem wählt die Mitgliederversammlung aus ihren Reihen einen Vorsitzenden und dessen Stellvertreter (§ 217c Abs. 5 Satz 1 SGB V). 36

Nach den **Sätzen 3 und 4 entsendet jede Mitgliedskasse** jeweils einen Vertreter der Versicherten und der Arbeitgeber aus ihrem Verwaltungsrat oder ihrer Vertreterversammlung. Eine **Ersatzkasse** entsendet (wegen der Bestimmung des § 44 Abs. 1 Nr. 3 SGB IV) jeweils zwei Vertreter der Versicherten aus ihrem Verwaltungsrat. Über die Frage der Auswahl der Delegierten sagt das Gesetz nichts. Ebenfalls unklar ist, welches der beiden genannten Selbstverwaltungsorgane im Streitfall die Benennung vornehmen darf. Richtigerweise ist es nach der kasseninternen Aufgabenverteilung der Verwaltungsrat bzw. der ehrenamtliche Vorstand der Krankenkasse, der die Auswahl vorzunehmen hat, und der (hauptamtliche) Vorstand bzw. der Geschäftsführer, der die Delegierten meldet. 37

Nach § 31 Abs. 3a Satz 1 SGB IV i.V.m. § 35a Abs. 1 SGB IV wird bei den Orts-, Betriebs- und Innungskrankenkassen sowie den Ersatzkassen ein (ehrenamtlicher) **Verwaltungsrat** als Selbstverwaltungsorgan gebildet, während bei den anderen Krankenkassen gem. § 31 Abs. 1 Satz 1 SGB IV der (ehrenamtliche) **Vorstand** das entsprechende Selbstverwaltungsorgan darstellt. Nach strenger Orientierung am Wortlaut des § 217b Abs. 3 Satz 3 SGB V wären die Knappschaft, die See-Krankenkasse und die Landwirtschaftlichen Krankenkassen (LKKn) insofern diskriminiert, als sie im Gegensatz zu den übrigen Krankenkassen ihre Delegierten für die Mitgliederversammlung nicht aus dem Kreis des entsprechenden ehrenamtlichen Organs wählen könnten. Das BMG hat gegenüber den Spitzenverbänden der Krankenkassen deren Rechtsauffassung bestätigt, wonach – entsprechend der Systematik und Terminologie des SGB IV und der bisherigen allgemein konsentierten Verfahrensweise – unter Verwaltungsrat i.S.v. § 217b SGB V für die Knappschaft, die See-Krankenkasse und die LKKn deren Vorstand zu verstehen ist. 38

Für die LKKn ergeben stellen sich über die oben geschilderte Problematik hinaus folgende Fragestellungen: Es ist zunächst nicht klar, was unter einem „Vertreter der Versicherten" aus Sicht der LKKn zu verstehen ist. § 47 SGB IV regelt allgemein die Gruppenzugehörigkeit unter Berücksichtigung von drei Gruppen, nämlich die der Versicherten (Absatz 1), der Arbeitgeber (Absatz 2) und der **Selbständigen ohne fremde Arbeitskräfte** (Absatz 3). Die Selbstverwaltungsorgane der LKKn setzen sich zusammen aus Vertretern der Selbständigen ohne fremde Arbeitskräfte und aus Vertretern der Arbeitgeber (vgl. §§ 32 Abs. 1, 44 Abs. 1 Nr. 1, Abs. 3 SGB IV). Es wird allgemein davon ausgegangen, dass durch die Entsendung je eines Vertreters der Selbständigen ohne fremde Arbeitskräfte und eines Vertreters der Arbeitgeber dem Gesetz genüge getan wird. Allerdings hat das BMG trotz entsprechender Zusagen einer entsprechenden Klarstellung in der Wahlordnung für die erstmalige Wahl der oder des Vorsitzenden der Mitgliederversammlung und die erstmalige Wahl des Verwaltungsrates des Spitzenverbandes Bund der Krankenkassen im Jahr 2007 (SpivBdKKWV2007) nicht zugestimmt. Während Gesetzgeber und BMG den Besonderheiten der Selbstverwaltung bei den Ersatzkassen Rechnung getragen haben, ist dies bei den LKKn nicht in gleichem Maße geschehen. 39

Satz 5 verweist auf § 64 Abs. 1 SGB IV. Nach § 64 Abs. 1 und 3 SGB IV sind, soweit Gesetz oder sonstiges für den Versicherungsträger maßgebendes Recht nichts Abweichendes bestimmt, die Selbstverwaltungsorgane **beschlussfähig**, wenn sämtliche Mitglieder ordnungsgemäß geladen sind und die Mehrheit der Mitglieder anwesend und stimmberechtigt ist. Ist ein Selbstverwaltungsorgan nicht beschlussfähig, kann der Vorsitzende anordnen, dass in der nächsten Sitzung über den Gegenstand der Abstimmung auch dann beschlossen werden kann, wenn die in Satz 1 bestimmte Mehrheit nicht vorliegt; hierauf ist in der Ladung zur nächsten Sitzung hinzuweisen. 40

41 Der pauschale Verweis auf § 64 Abs. 3 SGB IV macht nicht deutlich, ob tatsächlich auch dessen Satz 1 für die Mitgliederversammlung in Bezug genommen werden soll. Nach § 64 Abs. 3 Satz 1 SGB IV kann der **Vorstand** in eiligen Fällen ohne Sitzung **schriftlich abstimmen**. Die Vertreterversammlung kann nach § 64 Abs. 3 Satz 2 SGB IV schriftlich abstimmen, soweit die Satzung es zulässt. Wenn ein Fünftel der Mitglieder des Selbstverwaltungsorgans der schriftlichen Abstimmung widerspricht, ist über die Angelegenheit in der nächsten Sitzung zu beraten und abzustimmen (§ 64 Abs. 3 Satz 3SGB IV). Für die **Mitgliederversammlung** des Spitzenverbandes Bund der Krankenkassen kommt schriftliche Abstimmung angesichts ihrer Aufgaben (Wahl des Verwaltungsrates und Wahl des eigenen Vorsitzenden alle 6 Jahre) eher nicht in Betracht.

42 In **Satz 5** fehlt jedoch ein Verweis auf die Geltung auch des **Absatzes 2** von § 64 SGB IV („Die Beschlüsse werden, soweit Gesetz oder sonstiges Recht nichts Abweichendes bestimmt, mit der Mehrheit der abgegebenen Stimmen gefasst. Bei Stimmengleichheit wird die Abstimmung nach erneuter Beratung wiederholt; bei erneuter Stimmengleichheit gilt der Antrag als abgelehnt."). Dadurch wird eine Satzungsregelung erforderlich.

II. Normzwecke

43 Der Verwaltungsrat als Selbstverwaltungsorgan des Spitzenverbandes Bund der Krankenkassen ist nach den gleichen Grundsätzen wie der Verwaltungsrat der Krankenkassen und der Verwaltungsrat der Landesverbände gestaltet. Das Gesetz schreibt die Einrichtung eines Verwaltungsrates zwingend vor, überlässt die Einzelheiten jedoch z.T. der Satzung.

44 Auch die Regelungen bezüglich des Vorstandes entsprechen denen für die Krankenkassen bzw. deren Landesverbände.

45 Die Mitgliederversammlung ist nur rudimentär als Selbstverwaltungsorgan ausgestaltet.

C. Praxishinweise

46 Näheres ist in der Satzung des Spitzenverbandes Bund der Krankenkassen, in der Geschäftsordnung für die Mitgliederversammlung und in der Geschäftsordnung für den Verwaltungsrat geregelt.

§ 217c SGB V Wahl des Verwaltungsrates und des Vorsitzenden der Mitgliederversammlung

(Ursprünglich kommentierte Fassung vom 26.03.2007, gültig ab 01.04.2007, gültig bis 27.12.2007)

(1) Zu wählen sind als Mitglieder des Verwaltungsrates für

1. die Allgemeinen Ortskrankenkassen sieben Versichertenvertreter und sieben Arbeitgebervertreter,

2. die Ersatzkassen 13 Versichertenvertreter,

3. die Betriebskrankenkassen vier Versichertenvertreter und vier Arbeitgebervertreter,

4. die Innungskrankenkassen zwei Versichertenvertreter und zwei Arbeitgebervertreter,

5. die See-Krankenkasse, die Deutsche Rentenversicherung Knappschaft-Bahn-See und die Landwirtschaftlichen Krankenkassen gemeinsam ein Versichertenvertreter und ein Arbeitgebervertreter.

Bei einer Abstimmung wird die Stimme eines von der Mitgliederversammlung gewählten

1. Versichertenvertreters der Allgemeinen Ortskrankenkassen mit jeweils fünf Siebteln und die eines Arbeitgebervertreters jeweils mit sechzehn Siebteln,

2. Versichertenvertreters der Ersatzkassen mit jeweils zwanzig Dreizehnteln,

3. Versichertenvertreters der Betriebskrankenkassen mit jeweils drei Vierteln und die eines Arbeitgebervertreters mit jeweils neun Vierteln,

4. Versichertenvertreters der Innungskrankenkassen mit jeweils einer Halben und die eines Arbeitgebervertreters mit drei Halben,

5. gemeinsamen Versichertenvertreters der See-Krankenkasse, der Deutschen Rentenversicherung Knappschaft-Bahn-See und der Landwirtschaftlichen Krankenkassen mit 1 und die des gemeinsamen Arbeitgebervertreters mit 2

gewichtet. Für jedes Mitglied ist ein Stellvertreter zu wählen. § 43 Abs. 2 des Vierten Buches gilt entsprechend. In Anpassung an die Entwicklung der Zahlen der Versicherten kann die Satzung unter Beachtung der Parität der Vertreter von Arbeitnehmern und Arbeitgebern im Endergebnis, der Höchstzahl von 52 Verwaltungsratssitzen und der größtmöglichen Annäherung an den jeweiligen prozentualen Versichertenanteil der jeweiligen Kassenart eine von den Sätzen 1 und 2 abweichende Sitz- und Stimmenverteilung festlegen.

(2) Die Wahl des Verwaltungsrates wird nach Vorschlagslisten durchgeführt. Jede Kassenart soll eine Vorschlagsliste erstellen, die mindestens so viele Bewerber enthält, wie ihr Sitze nach Absatz 1 zugeordnet sind. Entsprechendes gilt für die nach Absatz 1 Nr. 5 zu wählenden Mitglieder. Verständigt sich eine Kassenart nicht auf eine Vorschlagsliste, benennt jede Krankenkasse dieser Kassenart einen Bewerber als Versichertenvertreter und einen Bewerber als Arbeitgebervertreter; die Ersatzkassen benennen jeweils bis zu drei Versichertenvertreter. Aus den eingereichten Einzelvorschlägen erstellt der Vorsitzende der Mitgliederversammlung die kassenartbezogene Vorschlagsliste mit den Bewerbern. Entsprechendes gilt für die Erstellung der Vorschlagslisten mit den zu wählenden Stellvertretern. Die Vorschlagslisten werden getrennt für die Vertreter der Versicherten und der Arbeitgeber sowie jeweils deren Stellvertreter erstellt. Die Wahl erfolgt jeweils getrennt für die Vertreter der Versi-

cherten und der Arbeitgeber, getrennt für deren Stellvertreter sowie getrennt nach Kassenarten. Die Versichertenvertreter in der Mitgliederversammlung wählen die Versichertenvertreter und deren Stellvertreter aus den Vorschlagslisten für den Verwaltungsrat. Die Arbeitgebervertreter in der Mitgliederversammlung wählen die Arbeitgebervertreter und deren Stellvertreter aus den Vorschlagslisten für den Verwaltungsrat. Bei den nach Satz 7 getrennten Wahlgängen hat ein wahlberechtigter Vertreter der Mitgliedskasse bei einem Wahlgang so viele Stimmen, wie jeweils Sitze nach Absatz 1 zur Verfügung stehen.

(3) Gewählt sind jeweils die Bewerber auf der Vorschlagsliste, die die höchste der nach Absatz 4 gewichteten, abgegebenen Stimmenzahl erhalten (Höchstzahlen). Dabei sind so viele Bewerber mit den Höchstzahlen gewählt, wie Sitze je Kassenart nach Absatz 1 zu verteilen sind. Entsprechendes gilt für die Wahl der Stellvertreter.

(4) Bei der Wahl der Mitglieder des Verwaltungsrates durch die Mitgliederversammlung sind die Stimmen der Mitgliedskassen des Spitzenverbandes Bund zu gewichten. Die Gewichtung orientiert sich an der bundesweiten Anzahl der Versicherten eines Mitgliedes. Maßgebend sind die Versichertenzahlen nach der Statistik KM6 des vorherigen Jahres. Die Gewichtung ist entsprechend der Entwicklung der Versichertenzahlen nach der Statistik KM6 jährlich zum 1. Januar anzupassen. Das Nähere regelt die Satzung.

(5) Die Mitgliederversammlung wählt aus ihren Reihen einen Vorsitzenden und dessen Stellvertreter. Die Wahl des Vorsitzenden der Mitgliederversammlung erfolgt mit einer Mehrheit von zwei Dritteln der abgegebenen Stimmen der Mitgliedskassen. Für die Mitgliedskasse kann nur eine einheitliche Stimmabgabe erfolgen. Das Bundesministerium für Gesundheit lädt die Mitglieder des Spitzenverbandes Bund zu der ersten konstituierenden Mitgliederversammlung ein und leitet in dieser ersten Sitzung die Wahl des Vorsitzenden der Mitgliederversammlung. Für die erste Sitzung der Mitgliederversammlung gilt § 76 der Wahlordnung für die Sozialversicherung entsprechend mit der Maßgabe, dass der Vertreter des Bundesministeriums für Gesundheit die Aufgaben des Wahlausschusses wahrnimmt. Zu den nachfolgenden Sitzungen der Mitgliederversammlung beruft der Vorsitzende ein. Er leitet die Wahl des Verwaltungsrates und stellt das Wahlergebnis fest. Das Nähere regelt die Satzung.

(6) Der Vorsitzende der Mitgliederversammlung lädt den gewählten Verwaltungsrat zu seiner konstituierenden Sitzung ein und leitet die Wahl des Vorsitzenden des Verwaltungsrates. Für die erste Sitzung des Verwaltungsrates gelten die §§ 75 und 76 der Wahlordnung für die Sozialversicherung entsprechend mit der Maßgabe, dass der Vorsitzende der Mitgliederversammlung die Aufgaben des Wahlausschusses wahrnimmt.

(7) Das Nähere zur Durchführung der Wahl des Verwaltungsrates und der Wahl des Vorsitzenden der Mitgliederversammlung sowohl für die Wahl im Errichtungsstadium wie auch für die folgenden Wahlen nach Ablauf der jeweiligen Amtsperioden kann das Bundesministerium für Gesundheit durch Rechtsverordnung ohne Zustimmung des Bundesrates in einer Wahlordnung regeln.

§ 217c SGB V Wahl des Verwaltungsrates und des Vorsitzenden der Mitgliederversammlung

(Fassung vom 19.12.2007, gültig ab 28.12.2007)

(1) Zu wählen sind als Mitglieder des Verwaltungsrates für

1. die Allgemeinen Ortskrankenkassen sieben Versichertenvertreter und sieben Arbeitgebervertreter,

2. die Ersatzkassen 13 Versichertenvertreter,

3. die Betriebskrankenkassen vier Versichertenvertreter und vier Arbeitgebervertreter,

4. die Innungskrankenkassen zwei Versichertenvertreter und zwei Arbeitgebervertreter,

5. die Deutsche Rentenversicherung Knappschaft-Bahn-See und die Landwirtschaftlichen Krankenkassen gemeinsam ein Versichertenvertreter und ein Arbeitgebervertreter.

Bei einer Abstimmung wird die Stimme eines von der Mitgliederversammlung gewählten

1. Versichertenvertreters der Allgemeinen Ortskrankenkassen mit jeweils fünf Siebteln und die eines Arbeitgebervertreters jeweils mit sechzehn Siebteln,

2. Versichertenvertreters der Ersatzkassen mit jeweils zwanzig Dreizehnteln,

3. Versichertenvertreters der Betriebskrankenkassen mit jeweils drei Vierteln und die eines Arbeitgebervertreters mit jeweils neun Vierteln,

4. Versichertenvertreters der Innungskrankenkassen mit jeweils einer Halben und die eines Arbeitgebervertreters mit drei Halben,

5. gemeinsamen Versichertenvertreters der Deutschen Rentenversicherung Knappschaft-Bahn-See und der Landwirtschaftlichen Krankenkassen mit 1 und die des gemeinsamen Arbeitgebervertreters mit 2

gewichtet. Für jedes Mitglied ist ein Stellvertreter zu wählen. § 43 Abs. 2 des Vierten Buches gilt entsprechend. In Anpassung an die Entwicklung der Zahlen der Versicherten kann die Satzung unter Beachtung der Parität der Vertreter von Arbeitnehmern und Arbeitgebern im Endergebnis, der Höchstzahl von 52 Verwaltungsratssitzen und der größtmöglichen Annäherung an den jeweiligen prozentualen Versichertenanteil der jeweiligen Kassenart eine von den Sätzen 1 und 2 abweichende Sitz- und Stimmenverteilung festlegen.

(2) Die Wahl des Verwaltungsrates wird nach Vorschlagslisten durchgeführt. Jede Kassenart soll eine Vorschlagsliste erstellen, die mindestens so viele Bewerber enthält, wie ihr Sitze nach Absatz 1 zugeordnet sind. Entsprechendes gilt für die nach Absatz 1 Nr. 5 zu wählenden Mitglieder. Verständigt sich eine Kassenart nicht auf eine Vorschlagsliste, benennt jede Krankenkasse dieser Kassenart einen Bewerber als Versichertenvertreter und einen Bewerber als Arbeitgebervertreter; die Ersatzkassen benennen jeweils bis zu drei Versichertenvertreter. Aus den eingereichten Einzelvorschlägen erstellt der Vorsitzende der Mitgliederversammlung die kassenartbezogene Vorschlagsliste mit den Bewerbern. Entsprechendes gilt für die Erstellung der Vorschlagslisten mit den zu wählenden Stellvertretern. Die Vorschlagslisten werden getrennt für die Vertreter der Versicherten und der Arbeitgeber sowie jeweils deren Stellvertreter erstellt. Die Wahl erfolgt jeweils getrennt für die Vertreter der Versi-

cherten und der Arbeitgeber, getrennt für deren Stellvertreter sowie getrennt nach Kassenarten. Die Versichertenvertreter in der Mitgliederversammlung wählen die Versichertenvertreter und deren Stellvertreter aus den Vorschlagslisten für den Verwaltungsrat. Die Arbeitgebervertreter in der Mitgliederversammlung wählen die Arbeitgebervertreter und deren Stellvertreter aus den Vorschlagslisten für den Verwaltungsrat. Bei den nach Satz 7 getrennten Wahlgängen hat ein wahlberechtigter Vertreter der Mitgliedskasse bei einem Wahlgang so viele Stimmen, wie jeweils Sitze nach Absatz 1 zur Verfügung stehen.

(3) Gewählt sind jeweils die Bewerber auf der Vorschlagsliste, die die höchste der nach Absatz 4 gewichteten, abgegebenen Stimmenzahl erhalten (Höchstzahlen). Dabei sind so viele Bewerber mit den Höchstzahlen gewählt, wie Sitze je Kassenart nach Absatz 1 zu verteilen sind. Entsprechendes gilt für die Wahl der Stellvertreter.

(4) Bei der Wahl der Mitglieder des Verwaltungsrates durch die Mitgliederversammlung sind die Stimmen der Mitgliedskassen des Spitzenverbandes Bund zu gewichten. Die Gewichtung orientiert sich an der bundesweiten Anzahl der Versicherten eines Mitgliedes. Maßgebend sind die Versichertenzahlen nach der Statistik KM6 des vorherigen Jahres. Die Gewichtung ist entsprechend der Entwicklung der Versichertenzahlen nach der Statistik KM6 jährlich zum 1. Januar anzupassen. Das Nähere regelt die Satzung.

(5) Die Mitgliederversammlung wählt aus ihren Reihen einen Vorsitzenden und dessen Stellvertreter. Die Wahl des Vorsitzenden der Mitgliederversammlung erfolgt mit einer Mehrheit von zwei Dritteln der abgegebenen Stimmen der Mitgliedskassen. Für die Mitgliedskasse kann nur eine einheitliche Stimmabgabe erfolgen. Das Bundesministerium für Gesundheit lädt die Mitglieder des Spitzenverbandes Bund zu der ersten konstituierenden Mitgliederversammlung ein und leitet in dieser ersten Sitzung die Wahl des Vorsitzenden der Mitgliederversammlung. Für die erste Sitzung der Mitgliederversammlung gilt § 76 der Wahlordnung für die Sozialversicherung entsprechend mit der Maßgabe, dass der Vertreter des Bundesministeriums für Gesundheit die Aufgaben des Wahlausschusses wahrnimmt. Zu den nachfolgenden Sitzungen der Mitgliederversammlung beruft der Vorsitzende ein. Er leitet die Wahl des Verwaltungsrates und stellt das Wahlergebnis fest. Das Nähere regelt die Satzung.

(6) Der Vorsitzende der Mitgliederversammlung lädt den gewählten Verwaltungsrat zu seiner konstituierenden Sitzung ein und leitet die Wahl des Vorsitzenden des Verwaltungsrates. Für die erste Sitzung des Verwaltungsrates gelten die §§ 75 und 76 der Wahlordnung für die Sozialversicherung entsprechend mit der Maßgabe, dass der Vorsitzende der Mitgliederversammlung die Aufgaben des Wahlausschusses wahrnimmt.

(7) Das Nähere zur Durchführung der Wahl des Verwaltungsrates und der Wahl des Vorsitzenden der Mitgliederversammlung sowohl für die Wahl im Errichtungsstadium wie auch für die folgenden Wahlen nach Ablauf der jeweiligen Amtsperioden kann das Bundesministerium für Gesundheit durch Rechtsverordnung ohne Zustimmung des Bundesrates in einer Wahlordnung regeln.

Hinweis: § 217c SGB V in der Fassung vom 26.03.2007 wurde durch Art. 5 Nr. 12 des Gesetzes vom 19.12.2007 (BGBl I 2007, 3024) i.V.m. der Bek. vom 28.12.2007 (BGBl I 2007, 3305) mit Wirkung vom 28.12.2007 geändert. Die Autoren passen die Kommentierungen bei Bedarf an die aktuelle Rechtslage durch Aktualisierungshinweise an.

Gliederung

A. Basisinformationen

I. Vorgängervorschriften/Normgeschichte

Die Vorschrift wurde durch Art. 1 Nr. 149 i.V.m. Art. 46 Abs. 1 des GKV-WSG[1] mit Wirkung vom 01.04.2007 neu in das SGB V eingefügt. In den ersten drei Arbeitsentwürfen eines GKV-WSG kam ein Verwaltungsrat nicht vor. Auch die Wahl des Vorsitzenden der Mitgliederversammlung war nicht geregelt. Im 4. Arbeitsentwurf und auch noch im Regierungsentwurf sind die Mitglieder des nunmehr installierten 32-köpfigen Verwaltungsrates so auf die vier Kassenarten und die Mitgliedergruppe aus See-Krankenkasse, Knappschaft und Landwirtschaftliche Krankenkassen verteilt, dass sich insgesamt eine 16 zu 16 Parität ergibt. Da den Ersatzkassen acht Versichertenvertreter zugeordnet werden, entfallen auf die AOKn vier Versichertenvertreter und acht Arbeitgebervertreter, auf die Betriebskrankenkassen zwei Versichertenvertreter und fünf Arbeitgebervertreter, auf die Innungskrankenkassen ein Versichertenvertreter und zwei Arbeitgebervertreter und auf die Mitgliedergruppe je ein Versicherten- und ein Arbeitgebervertreter. Eine Gewichtung der Stimmen war im Regierungsentwurf nicht vorgesehen. Gleiches gilt für die Regelung zur Anpassung an die Entwicklung der Zahlen der Versicherten. 1

II. Parallelvorschriften

Die Vorschrift hat bezüglich des Verwaltungsrates eine gewisse Parallele in § 209 SGB V. 2

III. Literaturhinweise

Dudda, Das (vorzeitige) Ende der Vorstandsmitgliedschaft, WzS 1997, 65-70; *Dudda*, Die Binnenstruktur der Krankenversicherungsträger nach dem Gesundheitsstrukturgesetz, Diss. Bochum 1996; *Eschner*, Wo die Basis das Sagen hat, G + G Beilage 2004, Nr. 5, 4-7; *Fink*, Spitzenverband Bund – Ein doppeltes Legitimationsproblem – und mehr Verbände, ErsK 2006, 460; *Finkenbusch*, Die Träger der Krankenversicherung; *Finkenbusch*, Gesetzliche Krankenversicherung – Der hauptamtliche Vorstand der Wahlkassen, ZfSH/SGB 1998, 36-43; *Glombik*, Selbstverwaltung durch Sozialversicherungswahlen. rv 2005, 53-55; *Lee*, Die Selbstverwaltung als Organisationsprinzip in der deutschen Sozialversicherung, Diss. Tübingen 1997; *Paquet*, Ansatzpunkte für eine Reform der Selbstverwaltung der Krankenkassen?, BKK 2006, 61-65; *Plass*, Warum ein Spitzenverband?, ErsK 2006, 378; *Rehborn*, Die vorzeitige Wiederwahl von Vorstandsmitgliedern einer Krankenkasse, GesR 2003, 33-35; *Schnapp*, Funktionale Selbstverwaltung und Demokratieprinzip – am Beispiel der Sozialversicherung, Tagungsband zum 8. Fachkolloquium des Instituts für Sozialrecht am 28./29. Juni 2000 in Bochum, Bochumer Schriften zum Sozialrecht Band 8; *Schröter*, Was ist eigentlich die Selbstverwaltung der Krankenkassen?, BKK 2006, 295; *Windels-Pietzsch*, Friedenswahlen in der Sozialversicherung, VSSR 2003, 215-231; *Winter*, Stimmen für die Selbstverwaltung, G + G 2005, Nr. 5, 30-32. 3

---

[1] Gesetz zur Stärkung des Wettbewerbs in der gesetzlichen Krankenversicherung, BGBl I, 378.

B. Auslegung der Norm

I. Regelungsgehalt und Bedeutung der Norm

1. Kassenartenbezogene Zuteilung der Verwaltungsratssitze und gewichtetes Stimmrecht (Absatz 1 Sätze 1, 2 und 5)

4 Die zu wählende Zahl der Verwaltungsratsmitglieder ist nach **Satz 1** kassenartenbezogen festgelegt. Dabei wird die anteilige Größe der Kassenarten, d.h. die Zahl der Versicherten in dem jeweiligen Kassensystem zu Grunde gelegt. Angesichts der beschränkten Gesamtzahl kann die Verteilung der Sitze die Größenverhältnisse nur annähernd abbilden.[2] Dies führt dazu, dass die **Allgemeinen Ortskrankenkassen** insgesamt 14 Mitglieder stellen, die **Ersatzkassen** 13, die **Betriebskrankenkassen** acht und die **Innungskrankenkassen** vier. Bezüglich der „kleinen" Kassenarten hat sich der Gesetzgeber gegen eine Minimalvertretung jeder einzelnen Kassenart entschieden. Stattdessen hat er neben den vier homogenen Kassenarten eine aus der See-Krankenkasse, der Deutschen Rentenversicherung Knappschaft-Bahn-See und den (neun) Landwirtschaftlichen Krankenkassen gebildete **Mitgliedergruppe** statuiert (siehe Satz 1 Nr. 5).

5 Die nach Kassenarten bzw. der Mitgliedergruppe zusammengestellten Stimmen werden nach **Satz 2** gewichtet. Danach wird bei einer Abstimmung die Stimme eines vor der Mitgliederversammlung gewählten Versichertenvertreters der **Allgemeinen Ortskrankenkassen** mit jeweils fünf Siebteln und die eines Arbeitgebervertreters jeweils mit sechzehn Siebteln, die eines Versichertenvertreters der **Ersatzkassen** mit jeweils zwanzig Dreizehnteln, die eines Versichertenvertreters der **Betriebskrankenkassen** mit jeweils drei Vierteln und die eines Arbeitgebervertreters mit jeweils neun Vierteln, die eines Versichertenvertreters der **Innungskrankenkassen** mit jeweils einer Halben und die eines Arbeitgebervertreters mit drei Halben, die eines gemeinsamen Versichertenvertreters der **See-Krankenkasse**, der Deutschen Rentenversicherung **Knappschaft**-Bahn-See und der **Landwirtschaftlichen Krankenkassen** mit 1 und die des gemeinsamen Arbeitgebervertreters mit 2 gewichtet. Zusammen haben die 27 Versicherten- und die 14 Arbeitgebervertreter je 30 Stimmen.

6 Damit wird das Prinzip der Kassenartenbezogenheit und das der gewichteten Repräsentanz der gesetzlichen Krankenversicherung in den Verwaltungsrat des Spitzenverbandes Bund implementiert.

7 Nach **Satz 5** kann die Satzung in Anpassung an die Entwicklung der Zahlen der Versicherten unter Beachtung der Parität der Vertreter von Arbeitnehmern und Arbeitgebern im Endergebnis, der Höchstzahl von 52 Verwaltungsratssitzen und der größtmöglichen Annäherung an den jeweiligen prozentualen Versichertenanteil der jeweiligen Kassenart eine von den Sätzen 1 und 2 abweichende Sitz- und Stimmenverteilung festlegen. Verräterischerweise benutzt der Gesetzgeber in Satz 5 den Begriff der Arbeitnehmer. Dadurch wird deutlich, dass er insbesondere die Besonderheit der **Landwirtschaftlichen Krankenversicherung**, in der es keine Arbeitnehmerversicherung gibt, grundsätzlich ignoriert hat und es somit zu einer Schieflage hinsichtlich der angestrebten Parität kommt. Im Ergebnis ist die in der Landwirtschaftlichen Krankenversicherung gegenüber der Gruppe der Arbeitgeber numerisch dominierende Gruppe der Selbständigen ohne fremde Arbeitskräfte (vgl. § 44 Abs. 1 Nr. 2, Abs. 3 SGB IV) durch den Verwaltungsrat nicht repräsentiert. Zwar ist auch diese Gruppe durch Entsendung jeweils eines Vertreters jeder der neun Landwirtschaftlichen Krankenkassen in die Mitgliederversammlung dort vertreten. Durch die gesetzlich angeordnete Zusammenfassung der Landwirtschaftlichen Krankenkassen mit der See-Krankenkasse und der Knappschaft mit je nur einem gemeinsamen Versichertenvertreter und einem Arbeitgebervertreter (vgl. Nr. 5), wird die Gruppe der Selbständigen ohne fremde Arbeitskräfte angesichts der Zahlenverhältnisse faktisch ignoriert.

8 Auch ansonsten bestehen Bedenken gegen die Bestimmung: Bei Ausweitung des Marktanteils der Ersatzkassen könnte für die Versichertenvertreter anderer Kassenarten rechnerisch kein Platz mehr sein. Allerdings ist zu beachten, dass bei Vereinigungen von Ersatzkassen mit Krankenkassen einer anderen Kassenart die neue Kasse nach § 44 Abs. 1 Nr. 3 HS. 2 SGB IV automatisch eine paritätische Selbstverwaltung erhält.[3]

---

2 Vgl. Begründung zum Regierungsentwurf zu Art. 1 Nr. 149 GKV-WSG (§ 217c).

3 Kritisch hierzu *Meesters*, ErsK 2007, 12, 14.

2. Parität (Absatz 1 Sätze 2, 3 und 5)

Durch die Gewichtung der Stimmen nach **Satz 2** wird insgesamt rechnerisch die **Parität** zwischen Versicherten- und Arbeitgebervertretern wieder hergestellt, die durch die Besonderheit des **Ersatzkassensystems** verursacht wird. Die Herstellung der Parität zwischen Versicherten- und Arbeitgebervertretern im Verwaltungsrat wäre jedoch gerade wegen der Ersatzkassen nicht zwingend gewesen. Sie ist überdies wegen der Besonderheit der Landwirtschaftlichen Krankenkassen fraglich; hier gibt es an Stelle der Versichertenvertreter die Vertreter der Selbständigen ohne fremde Arbeitskräfte (vgl. Rn. 7). 9

Die Gewichtung ist unter dem Gesichtspunkt des **Gleichbehandlungsgebotes** aus Art. 3 GG nicht unproblematisch. Schon die Tatsache, dass Vertreter derselben Kassenarten eine unterschiedliche Stimmmacht haben (die Versichertenvertreter haben wegen ihrer numerischen Überzahl regelmäßig ein schwächeres Stimmrecht; vgl. Rn. 6), befremdet. Überdies hat der Gesetzgeber die Besonderheiten der landwirtschaftlichen Krankenversicherung verkannt (vgl. Rn. 7). § 47 SGB IV regelt allgemein die Gruppenzugehörigkeit unter Berücksichtigung von drei Gruppen, nämlich die der Versicherten (Absatz 1), der Arbeitgeber (Absatz 2) und der **Selbständigen ohne fremde Arbeitskräfte** (Absatz 3). Die Selbstverwaltungsorgane der Landwirtschaftlichen Krankenkassen setzen sich zusammen aus Vertretern der Selbständigen ohne fremde Arbeitskräfte und aus Vertretern der Arbeitgeber (vgl. §§ 32 Abs. 1, 44 Abs. 1 Nr. 1, Abs. 3 SGB IV). Versichertenvertreter i.S.v. Arbeitnehmervertretern hat die landwirtschaftliche Krankenversicherung nicht. Man wird im Gegenteil bei den Landwirten wegen ihrer Unternehmerstellung nicht ohne weiteres von einer Gleichsetzbarkeit mit Versichertenvertretern als (antagonistische) Partner der Arbeitgebervertreter ausgehen können. Alle Landwirte verstehen sich als Unternehmer. 10

3. Wahl von Stellvertretern (Absatz 1 Sätze 3 und 4 i.V.m. § 43 Abs. 2 SGB IV)

Für jedes Mitglied ist gem. **Satz 3** ein **Stellvertreter** zu wählen. Über die in **Satz 4** bestimmte Verweisung auf die entsprechende Geltung des § 43 Abs. 2 SGB IV ergibt sich das Folgende: Ein Verwaltungsratsmitglied, das verhindert ist, wird durch einen Stellvertreter vertreten (Satz 3 i.V.m. § 43 Abs. 2 Satz 4 SGB IV). 11

Stellvertreter sind gem. § 43 Abs. 2 Satz 2 SGB IV die als solche in der Vorschlagsliste benannten und verfügbaren Personen in der Reihenfolge ihrer Aufstellung bis zu einer Zahl, die die der Mitglieder um vier übersteigt; Mitglieder, die eine **persönliche Stellvertretung** nach Satz 5 als Alternative zur Listenvertretung haben, bleiben hierbei unberücksichtigt. Anstelle einer Stellvertretung nach Satz 2 können gem. Satz 5 für einzelne oder alle Mitglieder des Vorstandes sowie für einzelne oder alle Mitglieder des Verwaltungsrates der in § 35a Abs. 1 SGB IV genannten Krankenkassen in der Vorschlagsliste ein erster und ein zweiter persönlicher Stellvertreter benannt werden. 12

4. Wahl nach Vorschlagslisten (Absatz 2)

Gem. **Satz 1** wird die Wahl des Verwaltungsrates nach Vorschlagslisten durchgeführt. Jede Kassenart soll eine Vorschlagsliste erstellen, die mindestens so viele Bewerber enthält, wie ihr Sitze nach Absatz 1 zugeordnet sind (**Satz 2**). Entsprechendes gilt für die nach Absatz 1 Nr. 5 zu wählenden Mitglieder (**Satz 3**), d.h. für die aus See-Krankenkasse, Knappschaft und Landwirtschaftlichen Krankenkassen bestehende Mitgliedergruppe. Damit könnte in den Fällen einer **geeinigten Liste** mangels Auswahlmöglichkeit eine Friedenswahl stattfinden. Eine echte Wahlhandlung wäre nicht erforderlich. Die Kandidaten könnten als gewählt gelten. Das BMG hat diese Sichtweise jedoch zumindest für die erste Wahl abgelehnt und besteht auf der Durchführung einer Wahlhandlung. Damit ist ein Kandidat einer geeinigten Liste mit so vielen Bewerbern wie Plätzen bei nur einer Stimme gewählt. 13

Verständigt sich eine Kassenart **nicht** auf eine Vorschlagsliste, benennt jede Krankenkasse dieser Kassenart einen Bewerber als Versichertenvertreter und einen Bewerber als Arbeitgebervertreter; die Ersatzkassen benennen jeweils bis zu drei Versichertenvertreter (**Satz 4**). Gleiches gilt, wenn eine geeinigte Liste z.B. wegen formaler Mängel nicht zugelassen wird. Jede Krankenkasse kann Bewerber benennen, sie muss dies aber nicht. Aus den eingereichten Einzelvorschlägen erstellt der Vorsitzende der Mitgliederversammlung die kassenartbezogene Vorschlagsliste mit den Bewerbern (**Satz 5**). Entsprechendes gilt für die Erstellung der Vorschlagslisten mit den zu wählenden Stellvertretern (**Satz 6**). Die Vorschlagslisten – gemeint sind sowohl die geeinigten als auch die vom Vorsitzenden der Mitgliederversammlung erstellten – werden getrennt für die Vertreter der Versicherten und der Arbeitgeber sowie jeweils deren Stellvertreter erstellt (vgl. **Satz 7**). Auch die Wahl erfolgt jeweils getrennt für die Vertre- 14 ter der Versicherten und der Arbeitgeber, getrennt für deren Stellvertreter sowie getrennt nach Kassenarten (**Satz 8**). Unter „Kassenarten" ist insofern auch die Mitgliedergruppe nach Absatz 1 Nr. 5 zu verstehen.

15 Die Versichertenvertreter in der Mitgliederversammlung wählen die Versichertenvertreter und deren Stellvertreter aus den Vorschlagslisten für den Verwaltungsrat. Die Arbeitgebervertreter in der Mitgliederversammlung wählen die Arbeitgebervertreter und deren Stellvertreter aus den Vorschlagslisten für den Verwaltungsrat (**Sätze 9 und 10**). Das bedeutet, alle Versichertenvertreter stimmen über alle Vorschlagslisten aller Kassenarten und der Mitgliedergruppe nach Absatz 1 Nr. 5 mit Versichertenvertretern ab, alle Arbeitgebervertreter über alle Vorschlagslisten mit Arbeitgebervertretern. Die Vertreter der Selbständigen ohne fremde Arbeitskräfte der Landwirtschaftlichen Krankenkassen entscheiden also mit über die Versichertenvertreter aller Krankenkassen. Für die Mitgliedergruppe bedeutet dies, dass bei Nichtzustandekommen einer geeinigten Liste jede Kassenart einen Vorschlag, die Landwirtschaftlichen Krankenkassen neun Vorschläge machen könnten. Denkbar wäre, dass ungeachtet des Marktanteils durch die Vertreter der anderen Kassenarten z.B. der Versichertenvertreter und der Arbeitgebervertreter der kleinsten Kassenart gewählt würde, die Kassenarten Knappschaft und Landwirtschaftliche Krankenversicherung somit ausgeschlossen wären. Ein solches, mit der Grundkonzeption der Vertretung aller Kassenarten schwer zu vereinbarendes Ergebnis kann derzeit nur durch eine geeinigte Liste sicher verhindert werden.

16 Nach **Satz 11** hat bei den nach Satz 7 getrennten Wahlgängen ein wahlberechtigter Vertreter der Mitgliedskasse bei einem Wahlgang so viele Stimmen wie jeweils Sitze nach Absatz 1 zu Verfügung stehen. Das BMG hat anlässlich der ersten Wahl am 21.05.2007 geäußert, dass bezüglich der Wahl der Stellvertreterlisten mit Listenvertretung die Delegierten jeweils so viele Stimmen haben, wie Stellvertreter wählbar sind, d.h. bei Listenvertretung maximal die Anzahl der Sitze der ordentlichen Mitglieder der jeweiligen Kassenart und Bank **plus** vier.

5. Stimmgewichtung (Absätze 3 und 4)

17 Gewählt sind gem. **Absatz 3** jeweils die Bewerber auf der Vorschlagsliste, die die höchste der nach Absatz 4 gewichteten, abgegebenen Stimmenzahl erhalten (Höchstzahlen). Dabei sind so viele Bewerber mit den Höchstzahlen gewählt wie Sitze je Kassenart nach Absatz 1 zu verteilen sind. Entsprechendes gilt für die Wahl der Stellvertreter.

18 Nach **Absatz 4** sind bei der Wahl der Mitglieder des Verwaltungsrates durch die Mitgliederversammlung die Stimmen der Mitgliedskassen des Spitzenverbandes Bund zu gewichten. Die Gewichtung orientiert sich an der bundesweiten Anzahl der Versicherten eines Mitgliedes. Maßgebend sind die Versichertenzahlen nach der Statistik KM6 des vorherigen Jahres. Die Gewichtung ist entsprechend der Entwicklung der Versichertenzahlen nach der Statistik KM6 jährlich zum 01.01. anzupassen. Das Nähere regelt die Satzung.

6. Wahl des Vorsitzenden der Mitgliederversammlung und dessen Stellvertreters (Absatz 5 Sätze 1-3)

19 Gem. **Satz 1** wählt die Mitgliederversammlung aus ihrer Reihen einen Vorsitzenden und dessen Stellvertreter. Aus der vom BMG erlassenen Wahlordnung[4] für die erste Wahl ergibt sich, dass es sich um einen einzigen Stellvertreter handelt.

20 Die Wahl des Vorsitzenden der Mitgliederversammlung erfolgt nach **Satz 2** mit einer Mehrheit von **zwei Dritteln** der abgegebenen Stimmen der Mitgliedskassen. Nur an dieser Stelle wird im Zusammenhang mit Wahlen oder Abstimmungen dieses besondere Quorum gesetzlich gefordert. Die Wahl erfolgt ohne Stimmengewichtung, da es lediglich um eine Organisationsentscheidung für den Ablauf der Mitgliederversammlung geht.[5] Für die Mitgliedskasse kann gem. **Satz 3** nur eine einheitliche Stimmabgabe erfolgen. Bei der Wahl (durch Zuruf oder Abgabe eines Stimmzettels) erfolgt die einheitliche Stimmabgabe für die jeweilige Mitgliedskasse durch ihre Vertreter. Ist eine Mitgliedskasse nur mit einem einzigen Vertreter vertreten, genügt dessen Stimme.

[4] Verordnung für die erstmalige Wahl der oder des Vorsitzenden der Mitgliederversammlung und die erstmalige Wahl des Verwaltungsrates des Spitzenverbandes Bund der Krankenkassen im Jahr 2007 (SpivBdKKWV2007).

[5] So die Begründung zum Regierungsentwurf zu Art. 1 Nr. 149 GKV-WSG (§ 217c).

7. Konstituierende und weitere Mitgliederversammlungen (Absatz 5 Sätze 4 und 8)

Das Bundesministerium für Gesundheit lädt gem. **Satz 4** die Mitglieder des Spitzenverbandes Bund zu der ersten konstituierenden Mitgliederversammlung ein und leitet in dieser ersten Sitzung die Wahl des Vorsitzenden der Mitgliederversammlung. Die Einladung ergeht an die Krankenkassen. Diese entsenden gem. § 217b Abs. 3 Satz 3 SGB V jeweils einen Vertreter der Versicherten und der Arbeitgeber aus ihrem Verwaltungsrat (bzw. ihrem ehrenamtlichen Vorstand) oder ihrer Vertreterversammlung. Wie das Auswahlverfahren erfolgt, ist nicht geregelt. Gleichfalls offen ist, welches Organ die Delegierten meldet. Entsprechend der grundsätzlichen Aufgabenverteilung der Organe wählt der Verwaltungsrat bzw. der (ehrenamtliche) Vorstand die Delegierten aus. 21

Nach **Satz 5** gilt für die **erste Sitzung** der Mitgliederversammlung § 76 der Wahlordnung für die Sozialversicherung (Wahl des Vorsitzenden des Verwaltungsrates) entsprechend mit der Maßgabe, dass der Vertreter des Bundesministeriums für Gesundheit die Aufgaben des Wahlausschusses wahrnimmt. 22

Zu den **nachfolgenden Sitzungen** der Mitgliederversammlung beruft nicht mehr das BMG, sondern der Vorsitzende ein (vgl. **Satz 6**). Gem. **Satz 7** leitet er die Wahl des Verwaltungsrates und stellt das Wahlergebnis fest. Das Nähere regelt gem. **Satz 8** die Satzung. 23

8. Erste Sitzung des Verwaltungsrates (Absatz 6)

Gem. **Satz 1** lädt der Vorsitzende der Mitgliederversammlung den gewählten Verwaltungsrat zu seiner konstituierenden Sitzung ein und leitet die Wahl des Vorsitzenden des Verwaltungsrates. 24

Für die erste Sitzung des Verwaltungsrates gelten gem. **Satz 2** die §§ 75 (Erste Sitzung des Verwaltungsrates) und 76 der Wahlordnung für die Sozialversicherung (Wahl des Vorsitzenden des Verwaltungsrates) entsprechend mit der Maßgabe, dass der Vorsitzende der Mitgliederversammlung die Aufgaben des Wahlausschusses wahrnimmt. 25

9. Wahlordnung (Absatz 7)

Das Nähere zur Durchführung der Wahl des Verwaltungsrates und der Wahl des Vorsitzenden der Mitgliederversammlung sowohl für die Wahl im Errichtungsstadium wie auch für die folgenden Wahlen nach Ablauf der jeweiligen Amtsperioden kann das Bundesministerium für Gesundheit durch Rechtsverordnung ohne Zustimmung des Bundesrates in einer Wahlordnung regeln. Dies ist für die erste Mitgliederversammlung rechtzeitig geschehen.[6] 26

Die Regelung einer **Frist zur Erhebung einer Klage** ist keine Regelung zur Art und Weise der Durchführung der Wahl, sondern eine prozessrechtliche Regelung. Gegenteiliges ergibt sich auch nicht aus der vergleichbaren Formulierung in § 56 Sätze 1 und 2 Nr. 5 SGB IV, in dem es heißt: „Das Bundesministerium für Arbeit und Soziales erlässt durch Rechtsverordnung mit Zustimmung des Bundesrates die zur Durchführung der Wahlen erforderliche Wahlordnung. Es trifft darin insbesondere Vorschriften über ... 5. ... und über Rechtsbehelfe gegen Entscheidungen der Wahlorgane, ...“. Auf dieser Grundlage enthält die Sozialversicherungswahlordnung Regelungen zu den Beschwerdewahlausschüssen (§§ 4, 13, 24, 25 SVWO). Eine Regelung zu Klagefristen würde auch die Verordnungsermächtigung in § 56 SGB IV nicht erlauben, da der Gesetzgeber dies in § 57 Abs. 3 Satz 2 SGB IV selbst geregelt hat und nicht dem Verordnungsgeber überlassen wollte. Wenn aber die in der Formulierung weiter gehende Verordnungsermächtigung in § 56 SGB IV keine Regelungen zu Klagefristen ermöglicht, können solche Regelungen erst recht nicht durch § 217c Abs. 7 SGB V gedeckt sein. § 57 Abs. 3 und 5-7 SGB IV ist auch nicht direkt anwendbar. Der Erste und Zweite Titel des Vierten Abschnittes des SGB IV (§§ 29-66 SGB IV) behandeln die Träger der Sozialversicherung. Aus den §§ 29 Abs. 1, 31 Abs. 1 SGB IV und der Überschrift zum Zweiten Titel des Vierten Abschnittes des SGB IV ist ersichtlich, dass die Vorschriften des Zweiten Titels für die Wahl der Selbstverwaltungsorgane der Versicherungsträger gelten. Der Spitzenverband Bund der Krankenkassen wird zwar von Versicherungsträgern (hier Krankenkassen) gebildet, ist aber selbst kein Versicherungsträger. Hiervon geht auch § 13 SGB I aus, da zwischen Leistungsträgern und ihren Verbänden unterschieden wird. Auch § 217b SGB V geht nicht von einer direkten Anwendbarkeit aus, da er verschiedene Vorschriften des Vierten Titels für entsprechend anwendbar erklärt. Dessen hätte es nicht bedurft, wenn dieser Titel bereits direkt anwendbar wäre. 27

---

6 Verordnung für die erstmalige Wahl der oder des Vorsitzenden der Mitgliederversammlung und die erstmalige Wahl des Verwaltungsrates des Spitzenverbandes Bund der Krankenkassen im Jahr 2007 (SpivBdKKWV2007) vom 27.04.2007.

II. Normzwecke

28 Die Vorschrift regelt die Wahl des Verwaltungsrates und des Vorsitzenden der Mitgliederversammlung und damit abschließend die Aufgaben der Mitgliederversammlung.

C. Praxishinweise

29 Näheres ist in der Satzung des Spitzenverbandes Bund der Krankenkassen, in der Geschäftsordnung für die Mitgliederversammlung und in der Geschäftsordnung für den Verwaltungsrat geregelt.

30 Bei der konstituierenden Mitgliederversammlung wurde Richard Feichtner zum Vorsitzenden der Mitgliederversammlung gewählt, Horst-Dieter Projahn zu seinem Stellvertreter.

31 Näheres unter www.g-k-v.de.

§ 217d SGB V Aufsicht, Haushalts- und Rechnungswesen, Vermögen, Statistiken

(Fassung vom 26.03.2007, gültig ab 01.04.2007)

Der Spitzenverband Bund der Krankenkassen untersteht der Aufsicht des Bundesministeriums für Gesundheit, bei Ausführung des § 217f Abs. 3 der Aufsicht des Bundesministeriums für Arbeit und Soziales. Die Aufsicht über den Spitzenverband Bund der Krankenkassen in seiner Funktion als Verbindungsstelle nach § 219a wird vom Bundesministerium für Gesundheit im Einvernehmen mit dem Bundesministerium für Arbeit und Soziales ausgeübt. § 208 Abs. 2 gilt entsprechend.

Gliederung

A. Basisinformationen

I. Textgeschichte/Gesetzgebungsmaterialien

1 Die Vorschrift trat mit Wirkung vom 01.04.2007 aufgrund Art. 1 Nr. 149 i.V.m. Art. 46 Abs. 1 GKV-WSG[1] vom 26.03.2007 in Kraft.

II. Vorgängervorschriften

2 Die Vorschrift entspricht **§ 214 SGB V**, der gem. Art. 46 Abs. 10 GKV-WSG ab dem 01.01.2009 einen neuen Regelungsinhalt erhält.

III. Parallelvorschrift

3 Die Vorschrift hat eine Parallele in **§ 208 SGB V**, auf dessen Absatz 2 sie verweist.

IV. Literaturhinweise

4 *Finkenbusch*, Die Träger der Krankenversicherung – Verfassung und Organisation, 5. Aufl. 2004; *Hein*, Die Verbände der Sozialversicherungsträger in der Bundesrepublik Deutschland, 1990; *Kluth*, Grundlagen und Grenzen der staatlichen Aufsicht über die Träger der Gesetzlichen Krankenversicherung, GewArch 2006, 446-450.

B. Auslegung der Norm

I. Regelungsgehalt und Bedeutung der Norm

1. Aufsicht über den Spitzenverband Bund der Krankenkassen (Sätze 1-3)

5 Nach **Satz 1** untersteht der Spitzenverband grundsätzlich der Aufsicht des Bundesministeriums für Gesundheit (**BMG**).[2] Bei Ausführung des § 217f Abs. 3 SGB V führt das Bundesministerium für Arbeit und Soziales (**BMAS**)[3] die Aufsicht. Die Aufsicht über den Spitzenverband Bund der Krankenkassen in seiner Funktion als Verbindungsstelle nach § 219a SGB V wird gem. **Satz 2** vom BMG im Einver-

---

[1] Gesetz zur Stärkung des Wettbewerbs in der gesetzlichen Krankenversicherung, BGBl I 2007, 378.

[2] www.bmgs.bund.de.

[3] www.bmas.bund.de.

nehmen mit dem BMAS ausgeübt. Damit wird der vor Errichtung des früheren Bundesministeriums für Gesundheit und Soziale Sicherung bestehende Rechtszustand wieder hergestellt. Eine Delegierung auf Versicherungsbehörden oder andere Stellen ist nicht möglich (Umkehrschluss aus der Regelung des § 214 Abs. 3 SGB V in der bis zum 31.12.2008 gültigen Form).

6 Gem. **Satz 3** gelten über § 208 Satz 2 SGB V die §§ 87-89 SGB IV. Damit gelten die im Verhältnis der Aufsichtsbehörden zu den Versicherungsträgern maßgeblichen Bestimmungen über den Umfang der **Aufsicht**, über **Prüf- und Auskunftsrechte** sowie über die **Aufsichtsmittel** auch gegenüber dem Spitzenverband Bund der Krankenkassen. Das BMG kann die Geschäfts- und Rechnungsführung der Bundesverbände prüfen (Satz 3 i.V.m. § 208 Abs. 2 Satz 2 SGB V i.V.m. § 88 Abs. 1 SGB IV). Daneben hat es gem. § 274 Abs. 1 Satz 2 SGB V mindestens alle fünf Jahre die Geschäfts-, Rechnungs- und Betriebsführung der Spitzenverbände der Krankenkassen zu prüfen. Die Aufsicht ist danach (Satz 3 i.V.m. § 208 Abs. 2 Satz 2 SGB V i.V.m. § 87 Abs. 1 SGB IV) eine **Rechtsaufsicht**, keine Fachaufsicht.

2. Haushalts- und Rechnungswesen, Vermögen, Statistiken (Satz 3)

7 Gem. **Satz 3** i.V.m. § 208 Abs. 2 Satz 2 SGB V gelten für das **Haushalts- und Rechnungswesen** einschließlich der **Statistiken** die Vorschriften über die Aufstellung des Haushaltsplans (§ 67 SGB IV), seine Bedeutung und Wirkung (§ 68 SGB IV), den Ausgleich und die Wirtschaftlichkeit des Haushalts (§ 69 SGB IV), die Aufstellung des Haushaltsplans durch den Vorstand, seine Feststellung durch die Vertreterversammlung, die Vorlage gegenüber der Aufsicht (§ 70 Abs. 1 und 5 SGB IV), die vorläufige Haushaltsführung (§ 72 SGB IV), überplanmäßige und außerplanmäßige Ausgaben (§ 73 SGB IV), den Nachtragshaushalt (§ 74 SGB IV), die Verpflichtungsermächtigungen (§ 75 SGB IV), die Erhebung der Einnahmen (§ 76 SGB IV), den Rechnungsabschluss, die Jahresrechnung und die Entlastung (§ 77 Abs. 1 SGB IV), die Verordnungsermächtigung (§ 78 SGB IV), die Geschäftsübersichten und Statistiken (§ 79 Abs. 1 SGB IV) entsprechend.

8 Für das **Vermögen** des Spitzenverbandes Bund der Krankenkassen gelten die Bestimmungen über die Verwaltung der Mittel (§ 80 SGB IV), die Betriebsmittel (§ 81 SGB IV), die Rücklage (§ 82 SGB IV), deren Anlegung (§ 83 SGB IV), die Beleihung von Grundstücken (§ 84 SGB IV) und die genehmigungsbedürftigen Vermögensanlagen (§ 85 SGB IV) entsprechend. Für das **Verwaltungsvermögen** gilt nach Satz 3 i.V.m. § 208 Abs. 2 Satz 3 SGB V die Begriffsbestimmung des § 263 SGB V entsprechend. Nach § 217e Abs. 1 Satz 5 Nr. 3 SGB V muss die Satzung des Spitzenverbandes Bestimmungen über Aufbringung und Verwaltung der Mittel enthalten.

II. Normzwecke

9 Die Vorschrift regelt die Aufsicht über den Spitzenverband Bund der Krankenkassen und außerdem deren Haushalts- und Rechnungswesen samt Statistik sowie das Vermögen unter Verweisung auf die für die Krankenkassen geltenden Bestimmungen.

C. Praxishinweise

10 Das aufsichtsrechtliche Verhalten des BMG gegenüber dem Spitzenverband Bund darf mit Spannung beobachtet werden. An seinem Verhalten wird sich zeigen, wie „staatsnah" der Spitzenverband tatsächlich ist und welcher Gestaltungsraum der Selbstverwaltung belassen wird.

§ 217e SGB V Satzung

(Fassung vom 26.03.2007, gültig ab 01.04.2007)

(1) Der Verwaltungsrat hat eine Satzung zu beschließen. Die Satzung bedarf der Genehmigung der zuständigen Aufsichtsbehörde. Der Spitzenverband Bund hat seinen Sitz in Berlin; die Satzung kann einen davon abweichenden Sitz bestimmen. Die Verbindungsstelle (§ 219a) hat ihren Sitz in Bonn; die Satzung kann einen davon abweichenden Sitz in Berücksichtigung der spezifischen Aufgabenstellung festlegen. Die Satzung muss Bestimmungen enthalten über

1. **die Wahl des Verwaltungsrates und des Vorstandes sowie die Ergänzung des Verwaltungsrates bei vorzeitigem Ausscheiden eines Mitglieds,**
2. **die Entschädigung der Mitglieder des Verwaltungsrates,**
3. **die Aufbringung und Verwaltung der Mittel,**
4. **die Beurkundung der Beschlüsse des Verwaltungsrates,**
5. **die Herstellung der Öffentlichkeit der Sitzungen des Verwaltungsrates,**
6. **das Nähere über die Entsendung der Vertreter der Mitgliedskassen in die Mitgliederversammlung, über die Wahl des Vorsitzenden der Mitgliederversammlung sowie dessen Aufgaben,**
7. **die Rechte und Pflichten der Mitgliedskassen,**
8. **die jährliche Prüfung der Betriebs- und Rechnungsführung,**
9. **die Art der Bekanntmachung.**

§ 34 Abs. 2 des Vierten Buches gilt entsprechend.

(2) Die vom Spitzenverband Bund der Krankenkassen abgeschlossenen Verträge und seine sonstigen Entscheidungen gelten für die Mitgliedskassen des Spitzenverbandes, die Landesverbände der Krankenkassen und die Versicherten.

Gliederung

A. Basisinformationen

I. Textgeschichte/Gesetzgebungsmaterialien

1 § 217e SGB V ist mit Wirkung vom 01.04.2007 aufgrund Art. 1 Nr. 149 i.V.m. Art. 46 Abs. 1 GKV-WSG[1] vom 26.03.2007 in Kraft getreten.

II. Vorgängervorschriften/Normgeschichte

2 Als (quasi) Vorgängervorschrift des § 217e SGB V ist der § 216 SGB V (Satzung der Bundesverbände) zu betrachten, welcher gem. Art. 1 Nr. 148 i.V.m. Art. 46 Abs. 10 GKV-WSG mit Ablauf des 31.12.2008 aufgehoben wird. Ab dem dritten Arbeitsentwurf des GKV-WSG gibt es einen Sat-

[1] Gesetz zur Stärkung des Wettbewerbs in der gesetzlichen Krankenversicherung, BGBl I 2007, 378.

zungsparagraphen (dort § 217f). Die endgültige Gesetzesfassung entspricht weitgehend dem Regierungsentwurf.

III. Parallelvorschriften

3 Eine parallele Vorschrift stellt die des § 210 SGB V dar, welche die Satzung der Landesverbände anspricht.

B. Auslegung der Norm

I. Regelungsgehalt und Bedeutung der Norm

1. Beschluss und Genehmigung der Satzung (Absatz 1 Sätze 1 und 2)

4 Nach **Satz 1** hat der Verwaltungsrat (des Spitzenverbandes Bund der Krankenkassen) eine Satzung zu beschließen. Die Zuständigkeit des Verwaltungsrats ergibt sich bereits aus § 217 Abs. 1 Satz 3 SGB V i.V.m. § 197 Abs. 1 Nr. 1 SGB V. Zur Satzung vgl. auch § 34 SGB IV.

5 Die Satzung bedarf der **Genehmigung** der zuständigen Aufsichtsbehörde (**Satz 2**), also des BMG, des BMAS oder beider im Einvernehmen (vgl. § 217d SGB V). Gegen die Versagung kann der Spitzenverband Bund beim zuständigen Sozialgericht klagen (§ 54 SGG). Gem. § 78 Abs. 1 Nr. 2, Abs. 2 SGG findet ein Vorverfahren nicht statt.

2. Inhalt der Satzung (Absatz 1 Satz 5)

6 Die Satzung des Spitzenverbandes Bund der Krankenkassen muss gem. **Satz 5** zu folgenden Bereichen Bestimmungen enthalten, wobei die Inhalte wegen der jeweiligen gesetzlichen Regelungen z.T. nur deklaratorischen Charakter haben:

1. Die **Wahl des Verwaltungsrates und des Vorstandes** sowie die **Ergänzung des Verwaltungsrates** bei vorzeitigem Ausscheiden eines Mitglieds (vgl. § 217c SGB V).
2. **Entschädigungen der Mitglieder des Verwaltungsrates** (vgl. § 217b Abs. 1 Satz 3 SGB V i.V.m. § 41 SGB IV). Die Bestimmung gilt nur für Mitglieder des Verwaltungsrates. Entschädigungen für Mitglieder des hauptamtlichen Vorstands können nicht in der Satzung geregelt werden.
3. **Die Aufbringung und Verwaltung der Mittel**. Die Satzung hat zu regeln, nach welchen Grundsätzen Beiträge von den Mitgliedskassen zu entrichten sind, d.h., nach welchem Verteilungsmaßstab die Verbandsumlage erhoben wird.[2]
4. Die **Beurkundung der Beschlüsse des Verwaltungsrates**.
5. Die Herstellung der **Öffentlichkeit der Sitzungen des Verwaltungsrats** (vgl. § 217b Abs. 1 Satz 3 SGB V i.V.m. § 63 Abs. 3 SGB IV).
6. Das Nähere über die Entsendung der Vertreter der Mitgliedskassen in die Mitgliederversammlung, über die Wahl des Vorsitzenden der Mitgliederversammlung sowie dessen Aufgaben (vgl. § 217c SGB V).
7. **Rechte und Pflichten der Mitgliedskassen**. An dieser Stelle fällt auf, dass es zwar einerseits nach § 217a Satz 1 SGB V die Krankenkassen sind, die den Spitzenverband Bund bilden, dass jedoch andererseits deren Rechte und Pflichten nicht in allgemeiner Form beschrieben sind. Abgesehen von den in der Kommentierung zu § 217f SGB V Rn. 6 ff. genannten Aufgaben bestehen kaum Anknüpfungspunkte für Rechte und Pflichten der Mitgliedskassen. Insbesondere haben sie über die Wahl des Verwaltungsrates hinaus keine allgemeinen Gestaltungsrechte. Selbst Initiativrechte sind nicht vorgesehen.
8. Die **jährliche Prüfung der Betriebs- und Rechnungsführung** (vgl. § 217d Satz 3 SGB V i.V.m. § 208 Abs. 2 Satz 2 SGB V i.V.m. § 77 Abs. 1 SGB IV, § 274 SGB V).
9. Die **Art der Bekanntmachungen**. Die Bestimmung entspricht § 194 Abs. 1 Nr. 11 SGB V. Die Art der Bekanntmachung wird sich an ihrem Gegenstand und den Adressaten orientieren. Dabei muss sichergestellt sein, dass den Betroffenen die Kenntnisnahme möglich ist. Als Bekanntmachungsarten kommen z.B. die Veröffentlichung in amtlichen Bekanntmachungsorganen, im Internet, in Tageszeitungen, Zeitschriften, Informationsblättern, durch Aushang oder im Internet in Betracht. Be-

[2] Vgl. BSG v. 09.12.1986 - 8 RK 25/85 - SozR 2200 § 414e Nr. 2.

kanntmachungspflichten können sich aus Rechtsvorschriften oder sachlichen Notwendigkeiten ergeben. Die Satzung und sonstiges autonomes Recht sind gem. Absatz 1 Satz 4 i.V.m. § 34 Abs. 2 SGB IV **öffentlich** bekannt zu machen.

Anders als in § 210 SGB V bezüglich der Satzung eines Landesverbandes ist der **Sitz** des Spitzenverbandes nicht in der Liste nach Absatz 1 Satz 3 aufgeführt, sondern (lediglich) in Absatz 1 Satz 2 erwähnt. Danach hat der Spitzenverband seinen **Sitz** in **Berlin**, sofern die Satzung keinen abweichenden Ort bestimmt. Nach Absatz 1 Satz 3 hat die Verbindungsstelle nach § 219a SGB V (Deutsche Verbindungsstelle Krankenversicherung-Ausland) ihren Sitz in Bonn. Diesbezüglich kann die Satzung unter Berücksichtigung der spezifischen Aufgabenstellung ein anderes bestimmen, wie etwa die Festlegung zweier Sitze, um bezüglich des Personaleinsatzes wirtschaftlicher handeln zu können. 7

Die vorgenannten Positionen sind nicht abschließend. Zwar findet sich in § 217e SGB V wie in § 210 SGB V im Gegensatz zur parallelen Regelung für die Krankenkassen in § 194 Abs. 1 SGB V nicht das Wort „insbesondere"; die Gesetzesbegründung zu § 210 SGB V i.d.F. des GRG macht jedoch deutlich, dass es sich auch im Fall des § 210 SGB V um **Mindestinhalte** handelt.[3] Gleiches muss für § 217e SGB V gelten. 8

3. In-Kraft-Treten der Satzung (Absatz 1 Satz 6 i.V.m. § 34 Abs. 2 Satz 2 SGB IV)

Gem. **Satz 6** i.V.m. § 34 Abs. 2 SGB IV tritt die Satzung am Tag nach ihrer Bekanntmachung in Kraft, sofern kein anderer Zeitpunkt bestimmt ist. Auch in den Fällen, in denen der Genehmigungsbeschluss von der Aufsichtsbehörde zurückgenommen wird, weil er sich **nachträglich als rechtswidrig erwiesen** hat, bleibt es beim festgestellten Zeitpunkt des In-Kraft-Tretens. Hier kommt § 195 Abs. 2 SGB V entsprechend zur Anwendung. Das bedeutet, das BMG und das BMAS können gegenüber dem Spitzenverband die Vornahme der erforderlichen Änderung anordnen. Kommt der Spitzenverband der Anordnung nicht fristgemäß nach, kann das BMG – je nach betroffener Bestimmung zusammen mit dem BMAS (vgl. § 217d SGB V) – die Änderung selbst vornehmen. 9

Die Bestimmungen über die Genehmigung, die Bekanntmachung und das In-Kraft-Treten gelten auch bei jeder **Satzungsänderung**. Sollte sich nachträglich eine Änderungsbedürftigkeit der Satzung erweisen, kann die nach § 217d SGB V zuständige Aufsichtsbehörde die Änderung mit Mitteln der allgemeinen Rechtsaufsicht durchsetzen. 10

4. Geltung der Rechtsakte des Spitzenverbandes für andere (Absatz 2)

Anders als in § 210 Abs. 2 SGB V bezüglich der Satzung eines Landesverbandes, ist für den Spitzenverband Bund der Krankenkassen direkt im Gesetz (Absatz 2) die Geltung abgeschlossener **Verträge** und sonstiger **Entscheidungen** für die Mitgliedskassen, die Landesverbände und die Versicherten bestimmt. 11

II. Normzwecke

Die Vorschrift regelt den Mindestinhalt der Satzung des Spitzenverbandes Bund der Krankenkassen und bestimmt den Verwaltungsrat zum aufstellenden Organ. Durch Absatz 2 wird die Verbindlichkeit von abgeschlossenen Verträgen und Entscheidungen für die Mitglieder, die Landesverbände und die Versicherten festgelegt. 12

C. Praxishinweise

Näheres ist in der Satzung des Spitzenverbandes Bund der Krankenkassen nachzulesen. 13

---

[3] Zu Art. 1 § 219 GRG, BT-Drs. 11/2237.

§ 217f SGB V Aufgaben des Spitzenverbandes Bund der Krankenkassen

(Fassung vom 26.03.2007, gültig ab 01.04.2007)

(1) Der Spitzenverband Bund der Krankenkassen hat ab dem 1. Juli 2008 die ihm gesetzlich zugewiesenen Aufgaben zu erfüllen.

(2) Der Spitzenverband Bund der Krankenkassen unterstützt die Krankenkassen und ihre Landesverbände bei der Erfüllung ihrer Aufgaben und bei der Wahrnehmung ihrer Interessen, insbesondere durch die Entwicklung von und Abstimmung zu Datendefinitionen (Formate, Strukturen und Inhalte) und Prozessoptimierungen (Vernetzung der Abläufe) für den elektronischen Datenaustausch in der gesetzlichen Krankenversicherung und mit den Arbeitgebern.

(3) Der Spitzenverband Bund der Krankenkassen trifft in grundsätzlichen Fach- und Rechtsfragen Entscheidungen zum Beitrags- und Meldeverfahren und zur einheitlichen Erhebung der Beiträge (§§ 23, 76 des Vierten Buches). Der Spitzenverband Bund der Krankenkassen gibt Empfehlungen zur Benennung und Verteilung von beauftragten Stellen nach § 28f Abs. 4 des Vierten Buches.

(4) Der Spitzenverband Bund der Krankenkassen trifft Entscheidungen zur Organisation des Qualitäts- und Wirtschaftlichkeitswettbewerbs der Krankenkassen, insbesondere zu dem Erlass von Rahmenrichtlinien für den Aufbau und die Durchführung eines zielorientierten Benchmarking der Leistungs- und Qualitätsdaten.

(5) Die von den bis zum 31. Dezember 2008 bestehenden Bundesverbänden sowie der Deutschen Rentenversicherung Knappschaft-Bahn-See, den Verbänden der Ersatzkassen und der See-Krankenkasse bis zum 30. Juni 2008 zu treffenden Vereinbarungen, Regelungen und Entscheidungen gelten so lange fort, bis der Spitzenverband Bund im Rahmen seiner Aufgabenstellung neue Vereinbarungen, Regelungen oder Entscheidungen trifft oder Schiedsämter den Inhalt von Verträgen neu festsetzen.

Gliederung

A. Basisinformationen

I. Textgeschichte/Gesetzgebungsmaterialien

1 § 217f SGB V ist mit Wirkung vom 01.04.2007 aufgrund Art. 1 Nr. 149 i.V.m. Art. 46 Abs. 1 GKV-WSG[1] vom 26.03.2007 in Kraft getreten.

II. Vorgängervorschriften

2 Als Vorgängervorschrift des § 217f SGB V ist der § 213 SGB V zu betrachten, welcher gem. Art. 1 Nr. 145 i.V.m. Art. 46 Abs. 10 GKV-WSG mit Ablauf des 31.12.2008 in der bisherigen Form außer Kraft tritt.

---

[1] Gesetz zur Stärkung des Wettbewerbs in der gesetzlichen Krankenversicherung, BGBl I 2007, 378.

III. Parallelvorschriften

3 Eine parallele Vorschrift stellt die des § 211 SGB V dar, welche die Aufgaben der Landesverbände anspricht. Gleichfalls (partiell) parallele Bestimmungen enthält § 58b ALG bezüglich der landwirtschaftlichen Krankenversicherung.

IV. Literaturhinweise

4 *Koch*, Die bisherigen und die zukünftigen Aufgaben des Bundesverbandes der landwirtschaftlichen Krankenkassen nach dem GKV-WSG, SdL 2007, 5-23.

B. Auslegung der Norm

I. Regelungsgehalt und Bedeutung der Norm

1. Gesetzlich zugewiesene Aufgaben (Absatz 1)

5 Gem. Absatz 1 hat der (nach § 217a Abs. 1 SGB V von den Krankenkassen gebildete) Spitzenverband Bund der Krankenkassen ab dem 01.07.2008 die ihm gesetzlich zugewiesenen Aufgaben zu erfüllen. Diese Aufgaben sind weitgehend deckungsgleich mit denen, die zuvor von den Spitzenverbänden der Krankenkassen wahrzunehmen waren.

6 Die dem Spitzenverband Bund der Krankenkassen ab dem 01.07.2008 zugeordneten Aufgaben finden sich in den verschiedenen Regelungsbereichen des SGB V.

- Prävention und Rehabilitation:
  - Beschlussfassung über prioritäre Handlungsfelder und Kriterien für Leistungen zur primären Prävention (§ 20 Abs. 1 SGB V)
  - Beschluss eines Verzeichnisses der Krankheitsbilder, bei deren gesundheitlicher Prävention oder Rehabilitation eine Förderung zulässig ist (§ 20c SGB V)
  - Beschluss von Grundsätzen zu den Inhalten der Förderung der Selbsthilfe und zur Verteilung der Fördermittel auf die verschiedenen Förderebenen und Förderbereiche (§ 20c SGB V)
  - Beschluss von Leitlinien, in denen die Regeldauer medizinischer Vorsorgeleistungen für bestimmte Indikationen abweichend von der gesetzlichen Vorgabe von drei Wochen festgelegt wird (§ 40 SGB V)
  - Festlegung von Indikationen für die stationäre Rehabilitation, für die die Zuzahlungsregelungen der Anschlussrehabilitation gelten (§ 40 SGB V).
- Verbraucher- und Patientenberatung: Förderung der Einrichtungen zur Verbraucher- und Patientenberatung; Bestimmung der Einzelheiten zur Vergabe der Fördermittel (§ 65b SGB V).
- Niedergelassene Ärzte und Zahnärzte:
  - Rahmenempfehlungen für die Durchführung der Gruppenprophylaxe über Inhalt, Finanzierung, Dokumentation und Kontrolle (§ 21 SGB V)
  - Vereinbarung mit der Kassenzahnärztlichen Bundesvereinigung über die Höhe der Vergütungen für die zahnärztlichen Leistungen bei den Regelversorgungen jeweils zum 30.09. eines Kalenderjahres für das Folgejahr (§ 57 Abs. 1 und 2 SGB V)
  - Vereinbarung mit der Zahntechniker-Innung über die Preise für zahntechnische Leistungen beim Zahnersatz einschließlich Zahnkronen und Suprakonstruktionen (§ 57 Abs. 1 und 2 SGB V)
  - Vereinbarung des allgemeinen Inhaltes der Gesamtverträge mit der Kassen(zahn)ärztlichen Bundesvereinigung in den Bundesmantelverträgen (§ 82 SGB V)
  - Aufgabenwahrnehmung im Bewertungsausschuss (§§ 85a, 85b, 87 SGB V)
  - Vereinbarung eines bundeseinheitlichen Verzeichnisses der abrechnungsfähigen zahntechnischen Leistungen mit dem Verband Deutscher Zahntechniker-Innungen (§ 88 Abs. 1 SGB V)
  - Bildung von und Mitwirkung in Bundesschiedsämtern (§ 89 SGB V)
  - Vereinbarung von Richtlinien zum Inhalt und zur Durchführung der Zufälligkeitsprüfung in der vertragsärztlichen Versorgung mit der Kassenärztlichen Bundesvereinigung (§ 106 Abs. 2b Satz 1 SGB V)
  - Vereinbarung von Richtlinien zum Inhalt und zur Durchführung der Abrechnungsprüfung in der vertragsärztlichen Versorgung mit der Kassenärztlichen Bundesvereinigung (§ 106a Abs. 6 Satz 1 SGB V)

- Treffen von Regelungen über die Lieferung von Angaben im Zusammenhang mit der Abrechnung neuer Versorgungsformen (Integrierte Versorgung, Hausarztzentrierte Versorgung, ambulante Behandlung im Krankenhaus) (§ 295 SGB V)
- Treffen von Vereinbarungen (mit der Kassenärztlichen bzw. Kassenzahnärztlichen Bundesvereinigung) zu den im Bundesmantelvertrag getroffenen Regelungen zur Gesamtvergütung und zum einheitlichen Bewertungsmaßstab für ärztliche bzw. zahnärztliche Leistungen. Dabei handelt es sich um Form und Inhalt der Abrechnungsunterlagen für die vertragsärztlichen Leistungen, Form und Inhalt der im Rahmen der vertragsärztlichen Versorgung erforderlichen Vordrucke, die Erfüllung der Pflichten der Vertragsärzte, die Erfüllung der Pflichten der Kassenärztlichen Vereinigungen, insbesondere auch Form, Frist und Umfang der Weiterleitung der Abrechnungsunterlagen an die Krankenkassen, Einzelheiten der Datenübermittlung und der Aufbereitung von Abrechnungsunterlagen bzgl. Auffälligkeits- und Zufälligkeitsprüfungen (§ 295 SGB V)
- Unterstützung der Kassenärztlichen Vereinigungen und der Landesverbände der Krankenkassen bei der Bedarfsplanung in der vertragsärztlichen Versorgung (zusammen mit der KBV) (§ 13 Abs. 5 Ärzte-ZV)
- Auswerten der Erfahrungen aus der Anwendung der Bedarfsplanung, Beratung und Unterrichtung der gemeinsamen Selbstverwaltung sowie des BMG (zusammen mit der KBV) (§ 15 Abs. 5 Ärzte-ZV)
- Treffen von Regelungen im Bundesmantelvertrag für die Ermächtigung zur Erbringung bestimmter ärztlicher Leistungen im Rahmen der vertragsärztlichen Versorgung (Zusammen mit der KBV) (§ 31 Ärzte-ZV)
- Treffen von Regelungen im Bundesmantelvertrag über die Ermächtigung von Ärzten, die als Staatsangehörige anderer EU-Länder den ärztlichen Beruf in Deutschland zur vorübergehenden Erbringung von Dienstleistungen ausüben (Zusammen mit der KBV) (§ 31 Ärzte-ZV)
- Unterstützung der Kassenzahnärztlichen Vereinigungen und der Landesverbände der Krankenkassen bei der Bedarfsplanung in der vertragszahnärztlichen Versorgung (zusammen mit der KZBV)
- Auswerten der Erfahrungen aus der Anwendung der Bedarfspläne im Abstand von drei Jahren (zusammen mit der KZBV) (§ 13 Abs. 5 Zahnärzte-ZV)
- Treffen von Regelungen im Bundesmantelvertrag, die die Ermächtigung zur Erbringung bestimmter zahnärztlicher Leistungen im Rahmen der vertragszahnärztlichen Versorgung vorsehen (zusammen mit der KZBV) (§ 31 Zahnärzte-ZV)
- Treffen von Regelungen über die Ermächtigung von Zahnärzten, die als Staatsangehörige eines der anderen Mitgliedsstaaten der europäischen Wirtschaftsgemeinschaft den zahnärztlichen Beruf in Deutschland zur vorübergehenden Erbringung von Dienstleistungen ausüben dürfen (zusammen mit der KZBV) (§ 31 Zahnärzte-ZV)
- Bestellung der Vertreter der Krankenkassen in den Bundesschiedsämtern (§ 1 Abs. 3 Satz 4 SchiedsamtsVO)
- Führung der Geschäfte der Bundesschiedsämter (§ 11 SchiedsamtsO).

• Arzneimittel, Heil- und Hilfsmittel-Versorgung:
  - Festsetzung der Höchstbeträge für nicht in die Festbetragsregelung einbeziehbare Arzneimittel (§ 31 Abs. 2a SGB V)
  - Festlegung der Festbeträge für Arzneimittel auf Grundlage von rechnerischen mittleren Tages- und Einzeldosen oder anderen geeigneten Vergleichsgrößen. Festsetzung einheitlicher Festbeträge für Verbandmittel (§ 35 Abs. 3 Sätze 1 und 2 SGB V)
  - Erstellung und Veröffentlichung von Übersichten über sämtliche Festbeträge und die betroffenen Arzneimittel; Übermittlung derselben im Wege der Datenübertragung dem Deutschen Institut für medizinische Dokumentation und Informationen zur abruffähigen Veröffentlichung im Internet (§ 35a Abs. 5 Satz 1 SGB V)
  - Bestimmung der Festbetragsgruppen für Hilfsmittel, wobei hinsichtlich der Zusammenfassung funktional gleichartiger Produkte ein Bezug zum Hilfsmittelverzeichnis hergestellt wird. Regelung von Einzelheiten der Versorgungen im Festbetragsgruppensystem. Festsetzung der Festbeträge für Hilfsmittel (§ 36 SGB V)
  - Entgegennahme der Mitteilungen der Landesverbände der Krankenkassen und der Ersatzkassen über das von ihnen im Rahmen der Arzneimittelvereinbarung vereinbarte oder ggf. vom Schiedsamt festgesetzte Ausgabenvolumen (für die insgesamt von den Vertragsärzten verordneten Arzneimittel) (§ 84 SGB V)

- Kassenartenübergreifendes Zusammenführen der nach § 84 Abs. 5 SGB V von den Vertragsärzten veranlassten Arzneimittelausgaben und arztbezogene und abrechnungsgeprüfte Übermittlung an die KVen, Landesverbände der Krankenkassen und die Ersatzkassen (§ 84 SGB V)
- Erstellung monatlicher Berichte über die Entwicklung der Ausgaben von Arznei- und Verbandmitteln auf Basis der zusammengeführten Arzneimitteldaten für jede Kassenärztliche Vereinigung und Übermittlung dieser Berichte als Schnellinformation insbesondere für Abschluss und Durchführung der Arzneimittelvereinbarung und zur Information der Ärzte. Ggf. Bildung einer Arbeitsgemeinschaft und Beauftragung derselben mit der Zusammenführung, Aufbereitung und Übermittlung der Arzneimitteldaten (§ 84 SGB V)
- Rahmenvorgaben für die Inhalte der Arzneimittelvereinbarungen und für die Inhalte der Informationen und Hinweise zur wirtschaftlichen Verordnung von Arznei- und Heilmitteln (zusammen mit der KBV) (§ 84 SGB V)
- Abgabe von Empfehlungen für eine einheitliche Anwendung der Zulassungsbedingungen für Heilmittelerbringer (§ 124 Abs. 4, 5 und 7 SGB V)
- Vereinbarung von Empfehlungen für eine einheitliche Versorgung mit Heilmitteln (gemeinsam mit den Spitzenorganisationen der Heilmittelerbringer) (§ 125 Abs. 1 SGB V)
- Abgabe von Empfehlungen für eine einheitliche Anwendung der Anforderungen an die Leistungsanbieter einschließlich deren Fortbildung an die Krankenkassen (§ 126 Abs. 1 SGB V)
- Regelung von Einzelheiten über die Abgabe von verordneten Arzneimitteln durch Apotheker an Versicherte in einem gemeinsamen Rahmenvertrag (zusammen mit den Spitzenorganisationen der Apotheker) (§ 129 Abs. 2 SGB V)
- Entgegennahme der Lieferung der zur Herstellung einer pharmakologisch-therapeutischen und preislichen Transparenz und zur Festsetzung von Festbeträgen für Arzneimittel erforderlichen Daten von den Spitzenorganisationen der Apotheker (§ 129 Abs. 6 SGB V)
- Bildung einer gemeinsamen Schiedsstelle mit den Spitzenorganisationen der Apotheker (§ 129 Abs. 8 SGB V)
- Regelung von Einzelheiten zur Abrechnung der Abschläge im Zuge der Rabatte der pharmazeutischen Unternehmen (§ 130a SGB V)
- Abschließen von Rahmenverträgen auf Bundesebene über die GKV-Arzneimittelversorgung mit maßgeblichen Spitzenorganisationen der pharmazeutischen Unternehmer. Diese Verträge können sich erstrecken auf therapiegerechte und wirtschaftliche Packungsgrößen und die Ausstattung der Packungen sowie auf Maßnahmen zur Erleichterung der Erfassung und Auswertung von Arzneimittelpreisdaten, Arzneimittelverbrauchsdaten und Arzneimittelverordnungsdaten einschließlich des Datenaustausches, insbesondere für die Ermittlung der Preisvergleichsliste und die Festsetzung von Festbeträgen (§ 131 SGB V)
- Erstellung eines Hilfsmittelverzeichnisses und Entwicklung von Qualitätsstandards zur Sicherstellung einer ausreichenden, zweckmäßigen, funktionsgerechten und wirtschaftlichen Versorgung der Versicherten mit Hilfsmitteln (§ 139 SGB V)
- Bestimmen der Einzelheiten in Verträgen über die für die sog. Auffälligkeitsprüfungen anzugebenden Arten und Gruppen von Arznei-, Verband- und Heilmitteln (zusammen mit der KBV) (§ 296 SGB V)
- Schließen einer Arzneimittelabrechnungsvereinbarung mit der für die Wahrnehmung der wirtschaftlichen Interessen gebildeten maßgeblichen Spitzenorganisation der Apotheker (§ 300 SGB V)
- Entgegennahme von Meldungen zu Anwendungsbeobachtungen (§ 67 Abs. 6 AMG)
- Treffen von Vereinbarungen über Apothekeneinkaufspreise, die der Berechnung der Apothekenzuschläge zugrunde gelegt werden sollen, mit der für die Wahrnehmung der wirtschaftlichen Interessen gebildete maßgeblichen Spitzenorganisation der Apotheker. Dabei ist der Festzuschlag für die durch diese Vereinbarungen erfassten Arzneimittelabgaben auf diese Preise zu erheben. Diese Regelung betrifft sowohl Stoffe als auch Zubereitungen aus Stoffen. Treffen von Vereinbarungen über die Höhe des Fest- oder Rezepturzuschlages für Zubereitungen aus Stoffen, die bei der Preisermittlung zu berücksichtigen sind (§§ 4, 5 AMPreisV)
- Geschäftsführung der mit den Spitzenorganisationen der Apotheker gebildeten Schiedsstelle (§§ 1, 5 und 9 SchStV).

- Krankenhäuser:
  - Abgabe von Rahmenempfehlungen zu den zweiseitigen Verträgen über Krankenhausbehandlung auf der Landesebene (gemeinsam mit der DKG oder den Bundesverbänden der Krankenhausträger). Diese Verträge beinhalten die allgemeinen Bedingungen der Krankenhausbehandlung (Aufnahme und Entlassung, Kostenübernahme, Abrechnung, Berichte und Bescheinigungen, Verfahrens- und Prüfungsgrundsätze für Wirtschaftlichkeits- und Qualitätsprüfungen, soziale Betreuung und Beratung der Versicherten im Krankenhaus, nahtloser Übergang von der Krankenhausbehandlung zur Rehabilitation oder Pflege, Voraussetzungen, Art und Umfang der medizinischen Maßnahmen zur Herbeiführung einer Schwangerschaft (§ 112 SGB V)
  - Abgabe von Rahmenempfehlungen zum Inhalt der dreiseitigen Verträge zwischen Krankenkassen, Krankenhäusern und Vertragsärzten auf der Landesebene (gemeinsam mit der KBV und der DKG oder den Bundesverbänden der Krankenhausträger). Diese Verträge betreffen Belegarztwesen, Praxiskliniken, gegenseitige Unterrichtung und Überlassung von Krankenunterlagen, Notdienst, vor- und nachstationäre Behandlung im Krankenhaus und die allgemeinen Bedingungen der ambulanten Behandlung im Krankenhaus (§ 115 SGB V)
  - Abgabe von Empfehlungen zur Vergütung der vor- und nachstationären Behandlung im Krankenhaus (gemeinsam mit der DKG oder den Bundesverbänden der Krankenhausträger im Benehmen mit der KBV) (§ 115a SGB V)
  - Vereinbarung eines Katalogs ambulant durchführbarer Operationen und sonstiger stationsersetzender Eingriffe, einheitliche Vergütungen für Krankenhäuser und Vertragsärzte und Maßnahmen zur Sicherung der Qualität und der Wirtschaftlichkeit (gemeinsam mit der DKG oder den Bundesverbänden der und mit der KBV) (§ 115b SGB V)
  - Vertragliche Festlegung der Gruppe psychisch Kranker, die wegen ihrer Schwere oder Dauer ihrer Erkrankung der ambulanten Behandlung durch Psychiatrische Institutsambulanzen bedürfen (mit der KBV) (§ 118 SGB V)
  - Vereinbarung der Einzelheiten über Form und Inhalt der erforderlichen Vordrucke, die Zeitabstände für die Übermittlung der Angaben, die die Krankenhäuser den Krankenkassen bei Krankenhausbehandlung zu übermitteln haben, und das Verfahren der Abrechnung im Wege elektronischer Datenübertragung oder maschinell verwertbar auf Datenträgern (mit der DKG oder den Bundesverbänden der Krankenhausträger) (§ 301 Abs. 3 SGB V)
  - Vertragliche Regelung von Einzelheiten zur Informationspflicht der Krankenhäuser gegenüber den Versicherten bezüglich der erbrachten Leistungen und die dafür von den Krankenkassen zu zahlenden Entgelte (zusammen mit der DKG) (§ 305 SGB V)
  - Vereinbarung der jährlichen Weiterentwicklung und Anpassung des DRG-Entgeltsystems, insbesondere bezüglich der medizinischen Entwicklungen, Kostenentwicklungen, Verweildauerverkürzungen und Leistungsverlagerungen sowie der Abrechnungsbestimmungen (der Spitzenverband Bund und der Verband der privaten Krankenversicherung gemeinsam mit der DKG) (§ 17b KHG)
  - Abgabe von Empfehlungen zum Prüfverfahren bei der Abrechnung (gemeinsam mit der DKG) (§ 17c KHG)
  - Bildung einer Schiedsstelle (zusammen mit der DKG) (§ 18a Abs. 6 KHG)
  - Schließen gemeinsamer Vereinbarungen zu Fallpauschalen, Zusatzentgelten, Abrechnungsbestimmungen und weiteren relevanten Vereinbarungen auf Bundesebene (mit der DKG und dem Verband der privaten Krankenversicherung) (§ 9 Abs. 1 Satz 1 KHEntgG)
  - Erstellen eines Krankenhausvergleichs zur Unterstützung der Vertragsparteien bei der Ermittlung vergleichbarer Krankenhäuser oder Abteilungen und der Bemessung medizinisch leistungsgerechter Budgets und tagesgleicher Pflegesätze (zusammen mit der DKG oder den Bundesverbänden der Krankenhausträger (§ 5 Abs. 1 Satz 1 BPflV)
  - Vereinbarung der Berichtigungsrate, die zur Budgetberichtigung angewandt wird, wenn die durchschnittlichen Auswirkungen der Krankenhaustarifabschlüsse nach BAT die Veränderungsrate der beitragspflichtigen Einnahmen der Krankenkassen übersteigen (mit dem Verband der privaten Krankenversicherung und mit der DKG gemeinsam), und Vereinbarung des einheitlichen Aufbaus der Datensätze und der Grundsätze für die Übermittlung (mit der DKG) (§ 15 Abs. 1 und 2 BPflV)

- Errichten oder Beauftragen einer geeigneten Einrichtung (Koordinierungsstelle) mit der Organisation der Entnahme von vermittlungspflichtigen Organen (gemeinsam mit der Bundesärztekammer und der DKG oder den Bundesverbänden der Krankenhausträger). Errichten oder Beauftragten einer Vermittlungsstelle (gemeinsam mit der Bundesärztekammer, der DKG oder den Bundesverbänden der Krankenhausträger) (§§ 11 und 12 TPG).

- Desease Management Programme und Integrierte Versorgung:
  - Durchführung der Unterstützung der Mitgliedskassen bei dem Aufbau und der Durchführung von strukturierten Behandlungsprogrammen, soweit es sich um die Umsetzung bundeseinheitlicher Vorgaben handelt (§ 137f Abs. 5 Satz 1 SGB V)
  - Bildung einer gemeinsamen Registrierungsstelle (zusammen mit der KBV und der DKG) (vgl. § 140d Abs. 5 SGB V).
- Sonstige Leistungsanbieter:
  - Abgabe von Empfehlungen zur Realisierung des neuen Leistungsanspruches auf ambulante Palliativversorgung nach § 37b SGB V (§ 132d SGB V)
  - Abschluss von Verträgen über die Versorgung mit Hebammenhilfe, die abrechnungsfähigen Leistungen sowie über die Höhe der Vergütung und die Einzelheiten der Vergütungsabrechnung (mit den für die Wahrnehmung der wirtschaftlichen Interessen gebildeten maßgeblichen Berufsverbänden der Hebammen auf Bundesebene) (§ 134a Abs. 1 SGB V)
  - Vertragliche Regelung der Einzelheiten über Form und Verfahren des Nachweises der Mitgliedschaft in einem Berufsverband sowie des Beitritts zu einem Vertrag (§ 134a Abs. 1 SGB V)
  - Bildung einer gemeinsamen Schiedsstelle (zusammen mit den für die Wahrnehmung der wirtschaftlichen Interessen gebildeten maßgeblichen Berufsverbänden der Hebammen auf Bundesebene) (§ 134a Abs. 1 SGB V)
  - Erlass von Richtlinien über Form und Inhalt des Abrechnungsverfahrens für die Leistungserbringer im Bereich der Heil- und Hilfsmittel und die weiteren Leistungserbringer (§ 302 Abs. 2 Satz 1 SGB V)
  - Vereinbarung der Einzelheiten über Art und Umfang der Versorgung (mit den für die Wahrnehmung der Interessen der stationären Hospize maßgeblichen Spitzenorganisationen) (§ 39a Abs. 1 SGB V)
  - Vereinbarung der Einzelheiten zu den Voraussetzungen der Förderung sowie zu Inhalt, Qualität und Umfang der ambulanten Hospizarbeit (mit den für die Wahrnehmung der Interessen der ambulanten Hospizdienste maßgeblichen Spitzenverbänden) (§ 39a Abs. 2 SGB V).
- Bekämpfung von Fehlverhalten im Gesundheitswesen: Einrichtung von Stellen, die sich mit der Bekämpfung von Fehlverhalten im Gesundheitswesen befassen (§ 197a SGB V).
- Qualitätssicherung:
  - Beteiligung bei der Entwicklung der Inhalte der Qualitätssicherung (zusammen mit der KBV, der KZBV, der DKG, dem Verband der privaten Krankenversicherung, der Bundesärztekammer, den medizinischen Fachgesellschaften und den für die Wahrnehmung der Interessen der Patientinnen und Patienten und der Selbsthilfe chronisch kranker und behinderter Menschen maßgeblichen Organisationen auf Bundesebene sowie dem oder der Beauftragten der Bundesregierung für die Belange der Patientinnen und Patienten) (§ 137a Abs. 3 SGB V)
  - Vereinbarung grundlegender Anforderungen an die Qualitätssicherung bei der ambulanten und stationären Vorsorge oder Rehabilitation (§ 137d SGB V)
- Gemeinsamer Bundesausschuss:
  - Bildung des Gemeinsamen Bundesausschusses (zusammen mit der KBV, der KZBV und der DKG) (§ 91 Abs. 1 und 2 SGB V)
  - Bildung einer Schiedsstelle (zusammen mit dem unparteiischen Vorsitzenden, zwei weiteren unparteiischen Mitgliedern des Bundesausschusses und je einem Vertreter der Zahnärzte) (§ 92 Abs. 1a SGB V)
  - Antragstellung betr. Abgabe von Empfehlungen über die Anerkennung des diagnostischen und therapeutischen Nutzens der neuen Methode sowie deren medizinische Notwendigkeit und Wirtschaftlichkeit, die notwendige Qualifikation der Ärzte, die apparativen Anforderungen sowie Anforderungen an Maßnahmen der Qualitätssicherung und die erforderlichen Aufzeichnungen über die ärztliche Behandlung (§ 135 Abs. 1 SGB V)
  - Festlegung von Ausnahmen bei den vom G-BA zu beschließenden Qualitätskriterien für die Versorgung mit Zahnfüllungen und Zahnersatz (zusammen mit der KZBV) (§ 137 Abs. 4 SGB V)

- Beantragung der Überprüfung von Untersuchungs- und Behandlungsmethoden, die zu Lasten der gesetzlichen Krankenkassen im Rahmen einer Krankenhausbehandlung angewandt werden oder angewandt werden sollen, daraufhin, ob sie für eine ausreichende, zweckmäßige und wirtschaftliche Versorgung der Versicherten unter Berücksichtigung des allgemein anerkannten Standes der medizinischen Erkenntnisse erforderlich sind (gegenüber dem G-BA) (§ 137c SGB V)

• Abwicklung der Geschäfte, Haftung für Verpflichtungen
  - Verteilung des verbleibenden Vermögens einer abgewickelten BKK im Falle des Fehlens eines zuständigen Landesverbandes oder der Nichtzugehörigkeit zu einem Landesverband (§ 155 Abs. 3 SGB V)
  - Organisatorische Abwicklung der Tilgung der Altschulden von BKKn (§ 155 Abs. 5 SGB V)
  - Organisatorische Abwicklung der Tilgung der Altschulden von Ersatzkassen (§ 171 SGB V)

• Mitgliedschaftsrecht/Beiträge/Finanzen/Risikostrukturausgleich/Rechnungswesen:
  - Festlegung der für die Meldung der Familienversicherten erforderlichen einheitlichen Verfahrensgrundsätze und Meldevordrucke (§ 10 Abs. 6 Satz 2 SGB V)
  - Aufstellung von Regeln für Fälle, bei denen der Versicherungspflichtige seine Mitgliedschaft in einer Krankenkasse nicht durch eine Mitgliedsbescheinigung nachweist und die zur Meldung seiner Mitgliedschaft verpflichtete Stelle (z.B. der Arbeitgeber) den Versicherten nicht in einer Krankenkasse anmeldet (§ 175 Abs. 3 Satz 3 SGB V)
  - Erstellung eines Berichtes über die Erfahrungen mit der neuen Möglichkeit der Wahl von Kostenerstattung gegenüber dem Deutschen Bundestag (§ 175 Abs. 6 SGB V)
  - Festlegung eines einheitlichen Verfahrens und von Vordrucken für die Meldungen und die Mitgliedsbescheinigungen (§ 175 Abs. 6 SGB V)
  - Festlegung einer Krankenkasse als zentrale Stelle für die Abrechnung mit dem BVA (§ 221 SGB V)
  - Wahrnehmung der Aufgaben betr. den Beitragsausgleich zwischen den Mehreinnahmen aus Mini-Jobs und Mindereinnahmen bei den versicherungspflichtigen Beziehern von Arbeitslosengeld II, wenn die Mehreinnahmen aus der Anhebung der Pauschalbeiträge für Minijobber den Betrag von 170 Mio. € unterschreiten (§ 232a SGB V)
  - Regelung der Beitragsbemessung für Rentenantragsteller (§ 239 Satz 1 SGB V)
  - Regelung der Beitragsbemessung für freiwillige Mitglieder (§ 240 SGB V)
  - Berechtigung, zur Vermeidung von sozialen Härten bei hauptberuflich selbständig Tätigen die Anwendbarkeit der besonderen Mindestbemessungsgrundlage für Existenzgründer über den gesetzlich festgelegten Personenkreis hinaus auszudehnen (§ 240 SGB V)
  - Verpflichtung zur Vorlage eines Berichts über die Erfahrungen mit der Überforderungsklausel im Zusammenhang mit dem Zusatzbeitrag an den Deutschen Bundestag (§ 242 Abs. 4 SGB V)
  - Regelung der Modalitäten über eine andere als die semesterweise Vorauszahlung der Beiträge bei pflichtversicherten Studenten (§ 254 Satz 2 SGB V)
  - Vorlage der Ergebnisse der Datenerhebung zum RSA (Informationen über die bei den Krankenkassen pflichtversicherten Rentner, Informationen über die gezahlten Renten, Übermittlung der Daten an die Deutsche Ost AG) gegenüber dem Bundesversicherungsamt (§ 267 SGB V)
  - Festlegung der Einzelheiten über gewisse Verfahrensschritte zur Durchführung des RSA unter Einschluss von Vereinbarungen mit den KBV bzw. KZBV sowie mit der Deutschen Rentenversicherung Bund (§ 267 SGB V)
  - Ausübung des Vorschlagrechts bei der Weiterentwicklung des RSA (§ 268 SGB V)
  - Übermittlung pseudonymisierter Datensätze an das BVA, wenn die Summe der Leistungsausgaben eines Versicherten den im Risikopool festgelegten Schwellenwert übersteigt und somit Ansprüche der Kasse gegen den Pool geltend gemacht werden; Vereinbarung der Einzelheiten zur Erhebung und Abgrenzung der vorgenannten Daten und Datenträger sowie der Einzelheiten zur einheitlichen Gestaltung des Pseudonyms (§ 269 SGB V)
  - Treffen von Regelungen zur Fälligkeit der Beiträge (§ 23 Abs. 1 SGB IV)
  - Abstimmung der Aufstellung gemeinsamer Grundsätze zum Meldeverfahren (mit der Deutschen Rentenversicherung Bund und der Bundesagentur für Arbeit) (§ 28b Abs. 2 und 4 SGB IV)
  - Abstimmung der Vereinbarung zur Beteiligung der Fremdversicherungsträger an den Kosten für die Durchführung des Beitrags- und Meldeverfahrens durch die Krankenkassen (mit der Deutschen Rentenversicherung Bund und der Bundesagentur für Arbeit) (§ 28l SGB IV)

- Treffen von Vereinbarungen betr. die Verpflichtung der Einzugsstellen, bei der Darlegung der Kassen- und Rechnungsführung aufklärend mitzuwirken und bei Verfahren, die mit Hilfe automatischer Einrichtungen durchgeführt werden, angemessene Prüfhilfen zu leisten (zusammen mit der Deutschen Rentenversicherung Bund und der Bundesagentur für Arbeit) (§ 28q Abs. 3 SGB IV)
- Treffen von Regelungen im Zusammenhang mit der Systemprüfung (z.T. einvernehmlich in gemeinsamen Grundsätzen mit der Deutschen Rentenversicherung Bund und der Bundesagentur für Arbeit) (§§ 19, 21 DEÜV)
- Vereinbarung eines Datensatzes (Monatsabrechnung) (§ 6 Abs. 2 BeitrVV)
- Mitteilung der sich für das vorangegangene Kalenderjahr im Jahresdurchschnitt ergebenden Mitgliederzahlen gegenüber dem BVA (§ 4 PauschBeitrV)
- Bestimmung der Höhe der Zuweisung sowie der Einzelheiten über das Meldeverfahren für die eingeschriebenen Versicherten im Rahmen der Zuweisung für die Programmkosten zur Durchführung strukturierter Behandlungsprogramme (§ 33 RSAV)

• Medizinischer Dienst:
- Zulassung von Ausnahmen, wenn Prüfungen des MDK nach Indikation und Personenkreis nicht notwendig erscheinen (insbesondere AHB) (§ 275 Abs. 2 SGB V)
- Erlass von Richtlinien über die Zusammenarbeit der Krankenkassen mit den Medizinischen Diensten, zur Sicherstellung einer einheitlichen Begutachtung sowie über Grundsätze zur Fort- und Weiterbildung; Abgabe von Empfehlungen (§ 282 SGB V)

• Telematik:
- Weiterentwicklung der Richtlinien zum Aufbau und Vergabeverfahren der neuen Krankenversichertennummer (§ 290 Abs. 2 SGB V)
- Vereinbarung der Einzelheiten über die bundesweite Gestaltung der Krankenversichertenkarte mit den Leistungserbringern; Entscheidung über die mögliche Weiternutzung der elektronischen Gesundheitskarte durch die Versicherten nach einem Wechsel der Krankenkasse (§ 291 SGB V)
- Schaffung einer Telematikinfrastruktur (neben der KBV, der KZBV, der Bundesärztekammer, der Bundeszahnärztekammer, der DKG sowie der für die Wahrnehmung der wirtschaftlichen Interessen gebildeten maßgeblichen Spitzenorganisation der Apotheker auf Bundesebene; Treffen einer Vereinbarung zur Finanzierung der Erstausstattungskosten sowie der laufenden Betriebskosten mit den genannten Spitzenorganisationen im deutschen Gesundheitswesen) (§§ 291a und 291b SGB V)
- Regelung der Einzelheiten zur Höhe und Erhebung des Telematikzuschlags in einer gesonderten Vereinbarung mit der DKG (§ 291a SGB V)
- Regelung der Einzelheiten zu nutzungsbezogenen Zuschlägen, die betroffene Leistungserbringer von den Krankenkassen erhalten, in Vereinbarungen mit den Kassenärztlichen Bundesvereinigungen und der maßgeblichen Spitzenorganisation der Apotheker (§ 291a SGB V)
- Treffen von Vereinbarungen zur Finanzierung der den jeweiligen Leistungserbringern entstehenden Erstausstattungskosten jeweils mit der DKG, den Kassenärztlichen Bundesvereinigungen und der für die Wahrnehmung der wirtschaftlichen Interessen gebildeten maßgeblichen Spitzenorganisation der Apotheker auf Bundesebene; ggf. Bildung einer Sachverständigenkommission (§ 291a SGB V)
- Beteiligung an der Vereinbarung über Art und Aufbau der Kennzeichen für Leistungsträger und Leistungserbringer sowie des Verfahrens der Vergabe und ihrer Verwendung; Mitgliedschaft in einer Arbeitsgemeinschaft (§ 293 SGB V)
- Zur-Verfügung-Stellen der bundesweiten Verzeichnisse der an der vertragsärztlichen Versorgung teilnehmenden Ärzte bzw. Zahnärzte gegenüber den Krankenkassen, insbesondere im Bereich der Gewährleistung der Qualität und der Wirtschaftlichkeit der Versorgung sowie der Aufbereitung der dafür erforderlichen Datengrundlagen (§ 293 SGB V)
- Zur-Verfügung-Stellen des bundeseinheitlichen Verzeichnisses über die Apotheken gegenüber den Krankenkassen (§ 293 SGB V)

• Datentransparenz: Bildung einer Arbeitsgemeinschaft für Aufgaben der Datentransparenz (mit der KBV) (§ 303a Abs. 1 SGB V).

- Pflegeversicherung[2]:
  - Durchführung von Modellvorhaben zur Weiterentwicklung der Pflegeversicherung, insbesondere zur Entwicklung neuer qualitätsgesicherter Versorgungsformen für Pflegebedürftige aus den Mitteln des Ausgleichsfonds bzw. Vereinbarung mit Leistungserbringern (§ 8 Abs. 3 SGB XI)
  - Mitarbeit in dem beim BMG angesiedelten Ausschuss für Fragen der Pflegeversicherung (§ 10 Abs. 1 SGB XI)
  - Beschluss von Richtlinien zur näheren Abgrenzung der Pflegebedürftigkeit, der Pflegestufen und zum Verfahren der Feststellung der Pflegebedürftigkeit sowie Härtefall-Richtlinien (unter Beteiligung des Medizinischen Dienstes des Spitzenverbandes Bund der Krankenkassen) (§ 17 Abs. 1 SGB XI)
  - Zur-Verfügung-Stellen eines einheitlichen Formulars für die Bestätigung ihrer Beratungseinsätze und -gespräche gegenüber den Pflegediensten und Pflegefachkräften (gemeinsam mit den privaten Versicherungsunternehmen) (§ 37 Abs. 4 und 5 SGB XI)
  - Vereinbarung von Regelungen zum Meldeverfahren der rentenversicherungspflichtigen Pflegepersonen (mit der Deutschen Rentenversicherung Bund und den Trägern der Unfallversicherung) (§ 44 Abs. 3 Satz 3 SGB XI)
  - Beschluss von Einzelheiten zur einheitlichen Begutachtung und Feststellung des erheblichen und dauerhaften Bedarfs an allgemeiner Beaufsichtigung und Betreuung (mit dem Verband der privaten Krankenversicherung e. V. unter Beteiligung der kommunalen Spitzenverbände auf Bundesebene und dem Medizinischen Dienst des Spitzenverbandes Bund der Krankenkassen) (§ 45a Abs. 2 SGB XI)
  - Förderung des Auf- und Ausbaus von niedrigschwelligen Betreuungsangeboten sowie von Modellvorhaben zur Erprobung neuer Versorgungskonzepte und -strukturen im Rahmen der Weiterentwicklung der Versorgungsstrukturen und -konzepte der Pflege durch Anteilsfinanzierung aus den Mitteln des Ausgleichsfonds (§ 45c Abs. 1 SGB XI)
  - Beschluss von Empfehlungen über Voraussetzungen, Ziele, Dauer, Inhalte und Durchführung der Förderung sowie zu dem Verfahren zur Vergabe der Fördermittel für die niedrigschwelligen Betreuungsangebote und Modellprojekte (mit dem Verband der privaten Pflegeversicherung e. V. nach Anhörung der Verbände der Behinderten und Pflegebedürftigen auf Bundesebene) (§ 45c Abs. 6 SGB XI)
  - Vereinbaren von Einzelheiten über das Verfahren der Auszahlung der Fördermittel aus dem Ausgleichsfonds (mit dem Verband der privaten Krankenversicherung e. V.) (§ 45c Abs. 7 SGB XI)
  - Regelung von Einzelheiten über die Verteilung der Erstattung der Verwaltungskosten (§ 46 SGB XI)
  - Einrichtung von Stellen, die sich mit der Bekämpfung von Fehlverhalten im Gesundheitswesen befassen (§ 47a SGB XI)
  - Beschluss von Richtlinien über die Zusammenarbeit der Medizinischen Dienste (§ 53a SGB XI)
  - Festlegung der Richtlinien für den Nachweis der Elterneigenschaft bei der Prüfung, ob ein Beitragszuschlag bei Kinderlosigkeit zu zahlen ist (§ 55 Abs. 3 Satz 4 SGB XI)
  - Vereinbarung der Einzelheiten zur Durchführung des Finanzausgleichs (mit dem BVA) (§ 66 SGB XI)
  - Vereinbarung von Empfehlungen für die auf Landesebene zu schließenden Rahmenverträge für die Versorgung der Pflegebedürftigen (mit den Vereinigungen der Träger der Pflegeeinrichtungen auf Bundesebene unter Beteiligung des Medizinischen Dienstes des Spitzenverbandes Bund der Krankenkassen, des Verbandes der privaten Krankenversicherung e. V. sowie unabhängiger Sachverständiger gemeinsam mit der Bundesvereinigung der kommunalen Spitzenverbände und der Bundesarbeitsgemeinschaft der überörtlichen Träger der Sozialhilfe) (§ 75 Abs. 6 SGB XI)
  - Vereinbarung von Grundsätzen und Maßstäben für die Qualität und Qualitätssicherung der ambulanten und stationären Pflege sowie für die Entwicklung eines einrichtungsinternen Qualitätsmanagements (gemeinsam und einheitlich mit der Bundesarbeitsgemeinschaft der überörtlichen Träger der Sozialhilfe, der Bundesvereinigung der kommunalen Spitzenverbände und den Vereinigungen der Träger der Pflegeeinrichtungen auf Bundesebene unter Beteiligung des Medizinischen Dienstes des Spitzenverbandes Bund der Krankenkassen sowie unabhängiger Sachverständiger) (§ 80 Abs. 1 SGB XI)

[2] Der Spitzenverband Bund der Krankenkassen nimmt zugleich die Aufgaben des Spitzenverbandes Bund der Pflegekassen wahr, § 53 SGB XI.

- Beauftragung einer oder mehrerer Stellen zur Durchführung des Pflegeheimvergleichs (§ 92a Abs. 2 SGB XI)
- Ausübung des Anhörungsrechts vor Erlass einer Rechtsverordnung über einen Pflegeheimvergleich (§ 92a Abs. 5 SGB XI)
- Jährliche Veröffentlichung eines Verzeichnisses der Pflegeheime mit den im Pflegeheimvergleich ermittelten Leistungs-, Belegungs- und Vergütungsdaten (§ 92a Abs. 6 SGB XI)
- Festlegung der Einzelheiten über die Form und den Inhalt der Abrechnungsunterlagen sowie die Einzelheiten des Datenträgeraustausches (im Einvernehmen mit den Verbänden der Leistungserbringer) (§ 105 Abs. 2 SGB XI)
- Anerkennung von Sachverständigen oder Prüfstellen für die Erteilung von Leistungs- und Qualitätsnachweisen der Träger der Pflegeeinrichtungen (§ 113 Abs. 2 SGB XI)
- Beteiligung im Rahmen des Erlasses einer Rechtsverordnung zur Beratung und Prüfung von Pflegeeinrichtungen (§ 118 Abs. 2, 3 und 4 SGB XI)
- Abschluss gemeinsamer (Pflege-Hilfsmittel-)Verträge mit den Leistungserbringern; Erstellung des gemeinsamen Pflege-Hilfsmittel-Verzeichnisses (§ 78 SGB XI).

2. Weitere Aufgaben (Absätze 2-4)

In den Absätzen 2-4 ist über die o.g. Aufgaben hinausgehend das Folgende bestimmt: 7

Der Spitzenverband Bund unterstützt die Krankenkassen und ihre Landesverbände bei der Erfüllung 8 ihrer Aufgaben und bei der Wahrnehmung ihrer Interessen, insbesondere durch die Entwicklung von und Abstimmung zu **Datendefinitionen** (Formate, Strukturen und Inhalte) und **Prozessoptimierungen** (Vernetzung der Abläufe) für den elektronischen **Datenaustausch** in der gesetzlichen Krankenversicherung und mit den Arbeitgebern (**Absatz 2**).

Er trifft nach **Absatz 3 Satz 1** in grundsätzlichen Fach- und Rechtsfragen Entscheidungen zum **Beitrags- und Meldeverfahren** und zur einheitlichen Erhebung der Beiträge (§§ 23, 76 des Vierten Buches). Der Spitzenverband Bund der Krankenkassen gibt gem. **Absatz 3 Satz 2** Empfehlungen zur Benennung und Verteilung von beauftragten Stellen nach § 28f Abs. 4 SGB IV. 9

Schließlich trifft er nach **Absatz 4** Entscheidungen zur Organisation des Qualitäts- und Wirtschaftlichkeitswettbewerbs der Krankenkassen, insbesondere zu dem Erlass von Rahmenrichtlinien für den Aufbau und die Durchführung eines zielorientierten **Benchmarking** der Leistungs- und Qualitätsdaten. Die Pflicht zur Durchführung eines Benchmarking für die Träger der Krankenversicherung wurde in § 69 Abs. 5 SGB IV aufgenommen. 10

Zu beachten ist, dass es nach wie vor einen körperschaftlich verfassten Spitzenverband der Landwirtschaftlichen Krankenkassen gibt, dessen Aufgaben neben den im SGB V genannten bestehen. Dem **Bundesverband der landwirtschaftlichen Krankenkassen** (BLK) als einem der drei Spitzenverbände der landwirtschaftlichen Sozialversicherungsträger sind nach § 58b ALG[3] besondere Aufgaben zugewiesen, die im Einzelfall in einem Konkurrenzverhältnis zu denen des Spitzenverbandes Bund der Krankenkassen stehen können. Die Aufgaben und Befugnisse der Spitzenverbände der landwirtschaftlichen Sozialversicherung nach dem agrarsozialen Organisationsrecht sind im Einzelfall aufgrund des integrativen Ansatzes des LSVOrgG[4] weitergehender.[5] 11

3. Weitergeltung bisherigen Rechts (Absatz 5)

Nach Absatz 5 gelten die von den Spitzenverbänden der Krankenkassen zu treffenden Vereinbarungen, Regelungen und Entscheidungen solange fort, bis der Spitzenverband Bund im Rahmen seiner Aufgabenstellung neue Vereinbarungen, Regelungen oder Entscheidungen trifft oder Schiedsämter den Inhalt von Verträgen neu festsetzen. 12

II. Normzwecke

Absatz 1 bestimmt das Datum des Übergangs der gesetzlichen Aufgaben auf den Spitzenverband Bund der Krankenkassen. 13

---

[3] Gesetz über die Alterssicherung der Landwirte (ALG) vom 29.07.1994 (BGBl I 1994, 1890), zuletzt geändert durch GKV-WSG vom 26.03.2007 (BGBl I 2007, 378).

[4] Gesetz zur Organisationsreform in der landwirtschaftlichen Sozialversicherung (LSVOrgG) vom 17.07.2001 (BGBl I 2001, 1600).

[5] Vgl. *Koch*, SdL 2007, 5, 14 ff.

14 **Absatz 2** enthält eine Unterstützungsaufgabe des Spitzenverbandes Bund auf dem Gebiet der elektronischen Datenverarbeitung.

15 **Absatz 3** dient der Sicherstellung eines einheitlichen Beitrags- und Meldeverfahrens.

16 Die Bestimmungen des **Absatzes 4** sollen zu mehr Effizienz der Krankenkassen führen.[6]

17 Durch die Regelung des **Absatzes 5** wird sichergestellt, dass es nicht zu Lücken in den rechtlichen Grundlagen für die Versorgung der Versicherten kommt.[7]

C. Praxishinweise

18 In welchem Umfang der Spitzenverband Bund der Krankenkassen seine Aufgaben selbst oder durch die Inanspruchnahme der Verbände der Kassenarten erledigen wird, mag sich zeigen. Da allseits Einigkeit besteht, einen „schlanken" Spitzenverband schaffen zu wollen, kann er die vorhandenen Kapazitäten im Rahmen der rechtlichen Möglichkeiten und unter Beachtung des Wirtschaftlichkeitsgebotes nutzen.

---

6 Vgl. Begründung zum Regierungsentwurf zu Art. 1 Nr. 149 GKV-WSG (§ 217c).

7 Vgl. Begründung zum Regierungsentwurf zu Art. 1 Nr. 149 GKV-WSG (§ 217f).

§ 217g SGB V Errichtungsbeauftragter

(Ursprünglich kommentierte Fassung vom 26.03.2007, gültig ab 01.04.2007, gültig bis 27.12.2007)

(1) Die Bundesverbände nach § 212 in der bis zum 31. Dezember 2008 geltenden Fassung, die Deutsche Rentenversicherung Knappschaft-Bahn-See, die See-Krankenkasse und die Verbände der Ersatzkassen bestellen zum Aufbau des Spitzenverbandes Bund der Krankenkassen einen Errichtungsbeauftragten. Ist eine Bestellung bis zum 30. April 2007 nicht erfolgt, bestellt das Bundesministerium für Gesundheit einen Errichtungsbeauftragten. Er unterstützt den Spitzenverband in der Errichtungsphase, insbesondere bei der Organisation der Mitgliederversammlung, der Ausarbeitung der Satzung sowie den Wahlen des Verwaltungsrates und des Vorstandes. Ist ein Vorstand bis zum 1. Juli 2007 nicht gewählt, hat der Errichtungsbeauftragte bis zur Wahl des Vorstandes die Stellung eines Vorstandes und dessen Rechte und Pflichten.

(2) Die Kosten der Errichtung und die Vergütung des Errichtungsbeauftragten werden vom Spitzenverband Bund der Krankenkassen getragen. Solange der Spitzenverband Bund keinen Haushaltsplan beschlossen hat, werden diese Aufwendungen von den Bundesverbänden nach § 212 in der bis zum 31. Dezember 2008 geltenden Fassung, der Deutschen Rentenversicherung Knappschaft-Bahn-See, der See-Krankenkasse und den Verbänden der Ersatzkassen als Gesamtschuldner im Verhältnis der beitragspflichtigen Einnahmen der Mitglieder der Krankenkassen in der jeweiligen Kassenart aufgebracht. Die nach Satz 2 Verpflichteten haben einen angemessenen Vorschuss auf die zu erwartenden Aufwendungen zu zahlen.

§ 217g SGB V Errichtungsbeauftragter

(Fassung vom 19.12.2007, gültig ab 28.12.2007)

(1) Die Bundesverbände nach § 212 in der bis zum 31. Dezember 2008 geltenden Fassung, die Deutsche Rentenversicherung Knappschaft-Bahn-See, die See-Krankenkasse und die Verbände der Ersatzkassen bestellen zum Aufbau des Spitzenverbandes Bund der Krankenkassen einen Errichtungsbeauftragten. Ist eine Bestellung bis zum 30. April 2007 nicht erfolgt, bestellt das Bundesministerium für Gesundheit einen Errichtungsbeauftragten. Er unterstützt den Spitzenverband in der Errichtungsphase, insbesondere bei der Organisation der Mitgliederversammlung, der Ausarbeitung der Satzung sowie den Wahlen des Verwaltungsrates und des Vorstandes. Ist ein Vorstand bis zum 1. Juli 2007 nicht gewählt, hat der Errichtungsbeauftragte bis zur Wahl des Vorstandes die Stellung eines Vorstandes und dessen Rechte und Pflichten.

(2) Die Kosten der Errichtung und die Vergütung des Errichtungsbeauftragten werden vom Spitzenverband Bund der Krankenkassen getragen. Solange der Spitzenverband Bund keinen Haushaltsplan beschlossen hat, werden diese Aufwendungen von den Bundesverbänden nach § 212 in der bis zum 31. Dezember 2008 geltenden Fassung, der Deutschen Rentenversicherung Knappschaft-Bahn-See und den Verbänden der Ersatzkassen als Gesamtschuldner im Verhältnis der beitragspflichtigen Einnahmen der Mitglieder der Krankenkassen in der jeweiligen Kassenart aufgebracht. Die nach Satz 2 Verpflichteten haben einen angemessenen Vorschuss auf die zu erwartenden Aufwendungen zu zahlen.

Hinweis: § 217g SGB V in der Fassung vom 26.03.2007 wurde durch Art. 5 Nr. 13 des Gesetzes vom 19.12.2007 (BGBl I 2007, 3024) i.V.m. der Bek. vom 28.12.2007 (BGBl I 2007, 3305) mit Wirkung vom 28.12.2007 geändert. Die Autoren passen die Kommentierungen bei Bedarf an die aktuelle Rechtslage durch Aktualisierungshinweise an.

Gliederung

A. Basisinformationen

I. Textgeschichte/Gesetzgebungsmaterialien

1 § 217f SGB V ist mit Wirkung vom 01.04.2007 aufgrund Art. 1 Nr. 149 i.V.m. Art. 46 Abs. 1 GKV-WSG[1] vom 26.03.2007 in Kraft getreten.

II. Vorgängervorschriften

2 Eine Vorgängervorschrift existiert nicht.

III. Parallelvorschriften

3 Eine parallele Vorschrift gibt es im SGB V nicht.

IV. Literaturhinweise

4 *Kirschner*, Bericht des Errichtungsbeauftragten des Spitzenverbandes Bund der Krankenkassen, SdL 2007 Heft 2; *ders.*, Selbstverwaltung hat Handlungsstärke bewiesen, BKK 2007, 297-300.

B. Auslegung der Norm

I. Regelungsgehalt und Bedeutung der Norm

1. Bestellung eines Errichtungsbeauftragten (Absatz 1 Sätze 1 und 2)

5 Gem. **Satz 1** haben die Bundesverbände nach § 212 SGB V in der bis zum 31.12.2008 geltenden Fassung (AOK-Bundesverband, BKK Bundesverband, IKK-Bundesverband und Bundesverband der landwirtschaftlichen Krankenkassen), die Deutsche Rentenversicherung Knappschaft-Bahn-See, die See-Krankenkasse und die Verbände der Ersatzkassen zum Aufbau des Spitzenverbandes Bund der Krankenkassen einen Errichtungsbeauftragten zu bestellen. Damit sind es ausgerechnet die Organisationen, die gegen ihren erklärten Willen den Großteil ihrer Aufgaben nach dem SGB V an den neuen Dachverband verlieren, welche dessen Vorbereitungsarbeiten initiieren müssen. Mit dieser Regelung setzt der Gesetzgeber bzw. das BMG auf eine Zusammenarbeit mit den Spitzenverbänden, wobei die Alternative des Aufbaus durch dieselben vermieden wurde.

6 Der Errichtungsbeauftragte ist **„zum Aufbau"** des Spitzenverbandes Bund der Krankenkassen zu bestellen (gewesen). Zwar „bilden" die Krankenkassen nach Absatz 1 des mit „Errichtung …" überschriebenen § 217a SGB V den Spitzenverband. Dies dürfte jedoch konstitutiv gemeint sein (vgl. die Kommentierung zu § 217a SGB V Rn. 6). Dagegen ist der Auftrag bzw. die Tätigkeit des Errichtungsbeauftragten ein konstruktiver.

7 Nach **Satz 2** ist eine **Ersatzvornahme** durch das BMG vorgesehen: Sofern eine Bestellung bis zum 30.04.2007 nicht erfolgt wäre, hätte das Bundesministerium für Gesundheit einen Errichtungsbeauftragten bestellt. Da jedoch deutlich vor dieser Zeitmarke der frühere Vorsitzende des Gesundheitsausschusses des Deutschen Bundestages **Klaus Kirschner** vom Arbeitskreis I der Spitzenverbände der Krankenkassen einstimmig zum Errichtungsbeauftragten bestellt wurde, ist die Regelung hinfällig geworden.

---

[1] Gesetz zur Stärkung des Wettbewerbs in der gesetzlichen Krankenversicherung, BGBl I 2007, 378.

2. Aufgaben des Errichtungsbeauftragten (Absatz 1 Sätze 3 und 4)

Nach **Satz 3** unterstützt der Errichtungsbeauftragte den Spitzenverband in der Errichtungsphase, insbesondere bei der Organisation der Mitgliederversammlung, der Ausarbeitung der Satzung sowie den Wahlen des Verwaltungsrates und des Vorstandes. 8

Der Errichtungsbeauftragte hat in Abstimmung mit dem von den Spitzenverbänden gebildeten **Errichtungsbeirat** u.a. die Entwürfe für die **Satzung** des Spitzenverbandes, die **Geschäftsordnung** der Mitgliederversammlung und des Verwaltungsrates, die **Entschädigungsordnung** für die Mitglieder der Mitgliederversammlung und die Entschädigungsordnung für die Mitglieder des Verwaltungsrates erarbeitet. 9

Er hat des Weiteren, unterstützt durch die Spitzenverbände und das BMG, die konstituierende **Mitgliederversammlung** einschließlich der Wahlen zu deren Vorsitzenden und der Wahlen zum Verwaltungsrat vorbereitet. 10

Wäre ein Vorstand bis zum 01.07.2007 nicht gewählt worden, hätte der Errichtungsbeauftragte nach **Satz 4** bis zur Wahl des Vorstandes die Stellung eines Vorstandes und dessen Rechte und Pflichten innegehabt. 11

3. Kostentragung (Absatz 2)

Nach **Satz 1** werden die **Kosten der Errichtung** und die **Vergütung des Errichtungsbeauftragten** vom Spitzenverband Bund der Krankenkassen getragen. Solange der Spitzenverband Bund keinen Haushaltsplan beschlossen hat, werden diese Aufwendungen von den Bundesverbänden nach § 212 SGB V in der bis zum 31.12.2008 geltenden Fassung, der Deutschen Rentenversicherung Knappschaft-Bahn-See, der See-Krankenkasse und den Verbänden der Ersatzkassen als Gesamtschuldner im Verhältnis der beitragspflichtigen Einnahmen der Mitglieder der Krankenkassen in der jeweiligen Kassenart aufgebracht (**Satz 2**). Die Regelung der Kostenverteilung stößt bereits deswegen auf Umsetzungsprobleme, weil bei den Landwirtschaftlichen Krankenkassen aufgrund deren besonderen Finanzierungsregimes die Summe der beitragspflichtigen Einnahmen nicht feststellbar ist. Üblich und praktikabel wäre eine Kostenverteilung z.B. nach der Statistik KM6 (nach Versichertenzahlen) gewesen. 12

Satz 3 bestimmt eine Pflicht zur Zahlung eines angemessenen **Vorschusses** auf die zu erwartenden Aufwendungen. 13

II. Normzwecke

Mit der Bestimmung wollte der Gesetzgeber den neuen Spitzenverband rasch konstituieren und dabei weder die von ihm entmachteten kassenartenbezogenen Spitzenverbände noch die Ministerialbürokratie mit den Initiierungs- und Vorbereitungsarbeiten betrauen. 14

§ 218 SGB V Regionale Kassenverbände

(Fassung vom 21.12.1992, gültig ab 01.01.1996)

(1) Orts-, Betriebs- und Innungskrankenkassen können sich durch übereinstimmenden Beschluß ihrer Verwaltungsräte zu einem Kassenverband vereinigen, wenn sie ihren Sitz im Bezirk desselben Versicherungsamts haben.

(2) Mit Genehmigung der für die Sozialversicherung zuständigen obersten Verwaltungsbehörde des Landes kann sich ein Kassenverband über die Bezirke oder Bezirksteile mehrerer Versicherungsämter erstrecken.

Gliederung

A. Basisinformationen

I. Textgeschichte/Gesetzgebungsmaterialien

1 § 218 SGB V ist mit Wirkung vom 01.01.1989 aufgrund von Art. 1, 79 Abs. 1 Gesundheitsreformgesetz (GRG) vom 20.12.1988 in Kraft getreten.[1] Durch Art. 1 Nr. 131 Gesundheitsstrukturgesetz (GSG) vom 21.12.1992[2] wurde mit Wirkung ab 01.01.1996[3] die Vorschrift infolge der Neuordnung der Organe der gesetzlichen Krankenversicherung neu gefasst. Seitdem ist an die Stelle der bisherigen Vertreterversammlung der Verwaltungsrat getreten.

II. Vorgängervorschriften

2 Die Vorschrift entspricht weitgehend **§ 406 RVO** a.F. Nach der Überleitungsvorschrift des Art. 65 GRG gelten für Kassenverbände, die am 31.12.1988 nach § 406 RVO gebildet waren, sowie für Kassenverbände nach § 218 SGB V die **§§ 407, 409 und 411-413 RVO**. Im Übrigen gelten für diese Verbände die Vorschriften des SGB V. Hierdurch wird sichergestellt, dass für „alte" und „neue" Kassenverbände einheitliche Rechtsvorschriften gelten.[4]

III. Parallelvorschriften

3 Bei den Regelungen zu den Landes- und Bundesverbänden handelt es sich um keine echte Parallele zu § 218 SGB V.

IV. Literaturhinweise

4 *Finkenbusch*, Die Träger der Krankenversicherung – Verfassung und Organisation, 5. Aufl. 2004; *Plagemann*, Zum Umfang der Aufgaben eines Kassenverbandes, SGb 1990, 73-74.

B. Auslegung der Norm

I. Regelungsgehalt und Bedeutung der Norm

1. Zusammenschluss und Rechtsstellung

5 Nach Absatz 1 haben Orts-, Betriebs- und Innungskrankenkassen mit Sitz im Bezirk eines Versicherungsamtes die Möglichkeit, sich durch übereinstimmenden Beschluss ihrer Verwaltungsräte zu einem

[1] BGBl I 1988, 2477.
[2] BGBl I 1992, 2266.
[3] Gem. Art. 35 Abs. 6 GSG.
[4] Vgl. Gesetzesbegründung zu Art. 65 GRG, BT-Drs. 11/2237.

Kassenverband zu vereinigen. Die hiermit gemeinte „Vereinigung" ist dem Grunde nach eine Vereinigung i.S.v. §§ 207 Abs. 5, 212 Abs. 5 SGB V und somit zu unterscheiden von der Fusion nach den §§ 144, 145, 160 und 168a SGB V. Gemeint ist somit ein Zusammenschluss dieser Kassen **ohne Aufgabe der eigenen Rechtspersönlichkeit**. Erforderlich ist ein übereinstimmender Beschluss der Verwaltungsräte der beteiligten Krankenkassen. Hierzu muss sich in jedem Verwaltungsrat eine Mehrheit finden.

Die Vereinigungsmöglichkeit ist **nicht zwingend kassenartintern**. Es könnten sich also auch Be- **6**
triebskrankenkassen und Innungskrankenkassen zu einem regionalen Kassenverband zusammenschließen.

Absatz 2 verlangt (nur) für den Fall eine **Genehmigung** der für die Sozialversicherung zuständigen **7**
obersten Verwaltungsbehörde des Landes, dass sich der Kassenverband über die Bezirke oder Bezirksteile mehrerer Versicherungsämter erstreckt. Allerdings müssen die Krankenkassen auch in diesem Fall im Bezirk derselben obersten Verwaltungsbehörde des Landes liegen. Die Versicherungsämter bestehen gem. § 92 SGB IV i.d.R. für Landkreise und kreisfreie Städte. Der Genehmigung geht nicht nur eine Rechtsprüfung voraus, sie schließt auch Ermessenserwägungen mit ein. Dies folgt u.a. daraus, dass für Kassenverbände größeren Umfangs neben den Landes- und Bundesverbänden nach den §§ 207 und 212 SGB V sowie den Arbeitsgemeinschaften nach § 219 SGB V nur ein **geringes praktisches Bedürfnis** besteht.

Zumindest für die seit dem 01.01.1989 entstandenen Kassenverbände ist deren **Rechtsnatur** nicht ge- **8**
setzlich geregelt. Nach einer Auffassung sind im Gegensatz zu den Landes- und Bundesverbänden (vgl. §§ 4 Abs. 1, 207 Abs. 1 Satz 2, 212 Abs. 4 SGB V) keine Körperschaften des öffentlichen Rechts.[5] Rechtsfähigkeit können sie danach insbes. durch Eintragung in das Vereinsregister erlangen. Nach anderer Auffassung tritt die Rechtsfähigkeit über die Bestimmung des § 407 RVO zum Zeitpunkt der Errichtung der Satzung ein.[6]

Ohne dass das Erfordernis einer Satzung an sich geregelt ist, legt Art. 70 GRG i.V.m. Art. 5 Nr. 12 **9**
GRG und § 409 RVO den Inhalt der **Satzung** des Kassenverbandes fest. Danach hat die Satzung folgende Bestimmungen zu enthalten: Name, Sitz, Mitglieder und Zweck des Verbandes; Zusammensetzung, Wahl, Rechte und Pflichten des Vorstandes und Verwaltungsrats; Feststellung des Voranschlags und Abnahme der Jahresrechnung; Umlegung der Beiträge sowie Ausschreibung und Verrechnung etwa erforderlicher Zuschüsse; Änderung der Satzung. Eine Genehmigung der Satzung ist nicht erforderlich, da die entsprechende Vorschrift des § 408 RVO a.F. gestrichen wurde und § 218 SGB V keine entsprechende Regelung enthält.

2. Ausscheiden, Auflösung, Vermögensaufteilung, Personal

In den §§ 411 und 412 RVO i.d.F. des Art. 5 Nr. 13 und 14 GRG und i.V.m. Art. 70 GRG sind das **Aus- 10**
scheiden einer Krankenkasse aus einem Kassenverband und dessen Auflösung sowie die Vermögensauseinandersetzung geregelt. Nach § 411 Abs.1 RVO kann jede Kasse zum Schluss eines Geschäftsjahres aus dem Kassenverband ausscheiden, wenn sie dies spätestens sechs Monate zuvor bei dem Vorstand beantragt. Für bestehende Verbindlichkeiten des Verbandes haftet die ausscheidende Kasse wie ein Gesamtschuldner, wobei die Ansprüche hieraus spätestens in zwei Jahren nach dem Ausscheiden oder nach einer späteren Fälligkeit verjähren (§ 411 Abs. 3 RVO). Gem. § 412 RVO findet eine **Vermögensauseinandersetzung** statt (§ 412 RVO), bei der das Reinvermögen des Kassenverbandes zu ermitteln ist, von dem die ausscheidende Kasse den Anteil erhält, der dem Verhältnis ihrer Beiträge zu den Gesamtbeiträgen an den Kassenverband im letzten Geschäftsjahr entspricht. Die Satzung oder eine Vereinbarung kann Abweichendes bestimmen.

Nach § 411 Abs. 2 RVO ist eine **Auflösung** des Kassenverbandes durch übereinstimmenden Beschluss **11**
der (richtig) Verwaltungsräte der beteiligten Krankenkassen möglich. Erforderlich ist ein Mehrheitsbeschluss des Verwaltungsrats jeder beteiligten Krankenkasse. Für die gesamtschuldnerische Haftung und die Vermögensauseinandersetzung gilt das zum Ausscheiden einer Kasse aus dem Kassenverband Gesagte entsprechend (§§ 411 Abs. 3, 412 RVO).

Ergibt sich beim Ausscheiden einer Kasse oder bei Auflösung des Kassenverbandes ein **Fehlbetrag**, **12**
so hat jede ausscheidende Kasse entsprechend dem Verhältnis ihrer Beiträge zu den Gesamtbeiträgen an den Kassenverband im letzten Geschäftsjahr Zuschüsse zum Ausgleich der Fehlbeträge zu leisten (§ 412 Abs. 1 Satz 2 RVO).

---

[5] Ausführlich hierzu *Hauck*, in: Hauck/Noftz, SGB V, § 218 Rn. 5 m.w.N.

[6] Vgl. *Peters*, Handbuch KV (SGB V), § 218 Rn. 15, 16.

13 Gem. § 413 Abs. 1 RVO führt die für die Sozialversicherung zuständige oberste Verwaltungsbehörde des Landes oder die nach Landesrecht bestimmte sonstige Stelle die **Aufsicht** über den Kassenverband.

14 Nach § 413 Abs. 2 RVO i.V.m. Art. 5 Nr. 15 und Art. 70 GRG gelten für die **Angestellten** der Kassenverbände die Vorschriften über die dienstordnungsmäßige Anstellung (§§ 349-358 und 360 RVO i.d.F. des Art. 5 Nr. 5-9 GRG und Art. 5 Nr. 1 und 2 GSG) entsprechend.[7]

3. Aufgaben

15 Nach § 407 RVO i.d.F. des Art. 5 Nr. 11 GRG i.V.m. Art. 70 GRG können die Landesverbände für die ihnen angeschlossenen Krankenkassen Angestellte und Beamte[8] anstellen (Nr. 1), Verträge mit Leistungserbringern vorbereiten oder abschließen, soweit im SGB V nichts Abweichendes bestimmt ist[9] (Nr. 2); die Ausgaben für die Leistungen bis zur Hälfte oder innerhalb dieser Grenze die Ausgaben für bestimmte Krankheiten oder Erkrankungsfälle bis zur vollen Höhe tragen (Nr. 3); die Beitragsentrichtung nach einheitlichen Grundsätzen überwachen (Nr. 4) und die Beitragseinziehung und Zwangsbeitreibung durchführen (Nr. 5). Die Aufzählung der möglichen Aufgaben ist abschließend.

16 Da der Kassenverband die o.g. Aufgaben „für“ die ihm angeschlossenen Kassen erledigt, handelt er insofern im Auftrag „seiner“ Krankenkassen. Inhalt und Erledigung müssen durch die Verbandssatzung konkretisiert werden. Der Kassenverband wird bei der Erfüllung der ihm zugewiesenen Aufgaben als sog. **Beliehener** tätig und kann erforderlichenfalls Verwaltungsakte erlassen.[10]

II. Normzweck

17 Die Vorschrift ermöglicht es Orts-, Betriebs- und Innungskrankenkassen, sich zu einem Kassenverband zu vereinigen. § 218 SGB V ist dabei nur eine Rahmenvorschrift; Näheres ist in den §§ 407, 409 und 411-413 RVO geregelt.

---

7 Zur Besoldung von Geschäftsführern eines Kassenverbandes vgl. BSG v. 06.10.1988 - 1 BR 4/87 und BSG v. 23.11.1983 - 8 RK 20/82 - SozR 2200 § 355 Nr. 5.

8 Die Kassenverbände können weder Beamte noch Dienstordnungsangestellte (neu) anstellen, vgl. Art. 5 Nr. 1 und 2 GSG.

9 Hier bleibt kaum Platz für praktische Anwendungsfälle, weil die Landes-, die Bundes- und die Spitzenverbände zuständig sind. Vgl. BSG v. 06.10.1988 - 1 RR 7/86 - SozR 2200 § 407 Nr. 2.

10 Zur Rechtsmittelbefugnis eines Kassenverbandes vgl. BSG v. 05.08.1992 - 14a/6 RKa 17/90 - SozR 3-2500 § 106 Nr. 12.

§ 219 SGB V Arbeitsgemeinschaften

(Fassung vom 21.03.2005, gültig ab 30.03.2005)

Die Krankenkassen und ihre Verbände können insbesondere mit Kassenärztlichen Vereinigungen und anderen Leistungserbringern sowie mit dem öffentlichen Gesundheitsdienst zur Förderung der Gesundheit, Prävention, Versorgung chronisch Kranker und Rehabilitation Arbeitsgemeinschaften zur Wahrnehmung der in § 94 Abs. 1a Satz 1 des Zehnten Buches genannten Aufgaben bilden.

Gliederung

A. Basisinformationen

I. Textgeschichte/Gesetzgebungsmaterialien

§ 219 ist mit Wirkung vom 01.01.1989 aufgrund Art. 1, 79 Abs. 1 Gesundheitsreformgesetz (GRG) vom 20.12.1988 in Kraft getreten.[1] Durch Art. 1 Nr. 132 Gesundheitsstrukturgesetz (GSG) vom 21.12.1992[2] wurde mit Wirkung ab 01.01.1993[3] ein Absatz 2 eingefügt; die bis dahin bestehenden Sätze 1 und 2 wurden zu den Absätzen 1 und 3. Die Absätze 1 und 3 wurden durch Art. 4, 32 Verwaltungsvereinfachungsgesetz vom 21.03.2005 mit Wirkung vom 30.03.2005 gestrichen.[4] 1

II. Vorgängervorschriften

Vor Einführung des § 219 SGB V gab es nur hinsichtlich der Rehabilitationsaufgaben eine entsprechende Vorschrift, nämlich **§ 94 Abs. 1 SGB X**. 2

III. Parallelvorschriften

Die Arbeitsgemeinschaften im Gegensatz zu den Arbeitsgemeinschaften gem. § 213 Abs. 4 SGB V keine sog. Beliehenen. Eine andere Arbeitsgemeinschaft stellt – neben der Grundnorm des § 94 SGB X – gem. **§ 278** SGB V die Arbeitsgemeinschaft „Medizinischer Dienst der Krankenversicherung" und die entsprechende Arbeitsgemeinschaft der Spitzenverbände auf Bundesebene nach § 282 Satz 2 SGB V dar. 3

IV. Literaturhinweise

Bieback, Rechtliche Probleme der Kooperation und Ausgliederung von Funktionsbereichen der Sozialversicherungsträger, insbesondere der Krankenkassen, VSSR 1998, 177-206; *Dortans/von Hansemann*, Die Auslagerung von „Aufgaben" durch Krankenkassen und ihre Verbände auf Dritte, NZS 1990, 542-546; *Finkenbusch*, Die Träger der Krankenversicherung – Verfassung und Organisation, 5. Aufl. 2004. 4

---

[1] BGBl I 1988, 2477.
[2] BGBl I 1992, 2266.
[3] Gem. Art. 35 Abs. 1 GSG.
[4] BGBl I 2005, 818.

B. Auslegung der Norm

I. Regelungsgehalt und Bedeutung der Norm

1. Bildung und Rechtsform

5 Die Krankenkassen und ihre Verbände können untereinander (vgl. § 94 Abs. 1a SGB X) und insbesondere mit Kassenärztlichen Vereinigungen[5] und anderen Leistungserbringern sowie mit dem öffentlichen Gesundheitsdienst Arbeitsgemeinschaften bilden. Die Einbeziehung anderer bzw. weiterer Stellen ist möglich. Denkbar sind Arbeitsgemeinschaften unter Beteiligung von Krankenkassen verschiedener Kassenarten und verschiedener (Landes-, Bundes- und Kassen-)Verbände.

6 Da eine bestimmte **Rechtsform** nicht vorgeschrieben ist, können die Arbeitsgemeinschaften nicht rechtsfähige Vereinigungen des öffentlichen Rechts sein[6] oder sich für die Rechtsform eines rechtsfähigen Vereins oder einer BGB-Gesellschaft entscheiden.[7] Auch eine GmbH kommt in Betracht.[8] Hiernach richtet sich das Erfordernis einer Satzung und sonstiger Regelungen. Gesetzlich vorgesehene Arbeitsgemeinschaften sind die nach § 278 SGB V und nach § 282 SGB V.

7 Eine Arbeitsgemeinschaft i.S.v. § 219 SGB V liegt bereits dann vor, wenn ein Zusammenschluss eine entsprechende Zweckbestimmung hat und nicht nur eine einmalige Aufgabe. Es muss eine gewisse Institutionalisierung gegeben sein.

2. Aufgaben

8 Die Arbeitsgemeinschaften nach § 94 Abs. 1a SGB X haben den Zweck, sich im Rahmen der den Krankenkassen und ihren Verbänden übertragenen Aufgaben gegenseitig zu unterrichten, abzustimmen, zu koordinieren und die enge Zusammenarbeit zu fördern.

9 Die nach § 219 SGB V gebildeten Arbeitsgemeinschaften sind dabei auf die Förderung der Gesundheit, Prävention, Versorgung chronisch Kranker und Rehabilitation ausgerichtet.

3. Rechtsform des Tätigwerdens

10 Für die Rechtsform des Tätigwerdens ist die der Arbeitsgemeinschaft zugrunde liegende Vereinbarung oder Satzung maßgebend, nicht die §§ 88 Abs. 3 und 4, 89-92 SGB V, weil Absatz 3 über § 94 Abs. 4 SGB X nur auf § 88 Abs. 1 Satz 1 und Abs. 2 SGB X verweist. Die Arbeitsgemeinschaft kann also keine Verwaltungsakte erlassen, da weder § 88 Abs. 3 entsprechend anwendbar ist, noch sie als „Beliehener" angesehen werden kann. Eine Wahrnehmung von Aufgaben der einer Arbeitsgemeinschaft angehörenden Verbände ist nach dem Wortlaut („Leistungsträger") ausgeschlossen.

4. Aufsicht (§ 94 Abs. 2 SGB X und § 90 SGB IV)

11 Nach § 94 Abs. 2 Satz 1 SGB X unterliegen die Arbeitsgemeinschaften der Aufsicht der nach § 90 SGB IV zuständigen Aufsichtsbehörden. Das **Bundesversicherungsamt** führt danach die Aufsicht über solche Arbeitsgemeinschaften, deren Tätigkeitsbereich sich über das Gebiet eines Landes hinaus erstreckt. Erstreckt sich der Zuständigkeitsbereich der Arbeitsgemeinschaft nicht über das Gebiet eines Landes hinaus, wird die Aufsicht durch die für die Sozialversicherung zuständige **oberste Verwaltungsbehörde** des Landes oder die von ihr bestimmte Behörde durchgeführt. Fehlt ein räumlicher Zuständigkeitsbereich i.S.v. § 90 SGB IV, ist Aufsichtsbehörde die für die Sozialversicherung zuständige oberste Verwaltungsbehörde oder die von der Landesregierung durch Rechtsverordnung oder bei entsprechender Ermächtigung von ihr bestimmte Behörde des Landes, in dem die Arbeitsgemeinschaft ihren Sitz hat (§ 94 Abs. 2 Satz 2 SGB X).

12 Gem. § 94 Abs. 2 Satz 1 SGB X erstreckt sich die Aufsicht auf die Beachtung von Gesetz und sonstigem Recht, das für die Arbeitsgemeinschaft, die Krankenkassen und deren Verbände maßgebend ist. Zweckmäßigkeitserwägungen dürfen demnach nicht angestellt werden. § 94 Abs. 2 Satz 1 SGB X er-

[5] Vgl. § 303a SGB V (Arbeitsgemeinschaft für Aufgaben der Datentransparenz).

[6] Wie etwa die Arbeitsgemeinschaft der Spitzenverbände der Krankenkassen, siehe www.g-k-v.com.

[7] Vgl. *Hauck* in: Hauck/Noftz, SGB V, § 219 Rn. 4.

[8] So z.B. bei der Arbeitsgemeinschaft Informationssysteme in der gesetzlichen Krankenversicherung (www.ISKV.de), einem Zusammenschluss von Krankenkassen und Verbänden. Gegenstand des Unternehmens ist die Entwicklung, Überlassung und Betreuung von Informationssystemen in der gesetzlichen Krankenversicherung sowie deren Weiterentwicklung.

klärt die §§ 88, § 90 und 90a SGB IV für anwendbar, nicht aber § 89 SGB IV. Dies bedeutet, dass **Aufsichtsmittel** nicht gegenüber der Arbeitsgemeinschaft, sondern nur gegenüber den ihr angehörenden Krankenkassen und Verbände möglich sind.

5. Haushaltsplan (§ 94 Abs. 3 SGB X)

Nach § 94 Abs. 3 SGB X hat die Arbeitsgemeinschaft in entsprechender Anwendung des § 67 SGB IV einen Haushaltsplan aufzustellen, soweit dies erforderlich ist. Die Frage der **Erforderlichkeit** bezieht sich nicht nur auf das „Ob" der Aufstellung, sondern auch auf den Umfang. Sie ist anhand der Überlegung zu beantworten, ob die Erledigung der von der Arbeitsgemeinschaft wahrzunehmenden Aufgaben die Aufstellung eines Haushaltsplans nach den Grundsätzen des § 67 SGB IV oder zumindest eines Teils davon erforderlich macht. Hiernach und wegen der Beschränkung auf die Erwähnung des § 67 in § 94 Abs. 3 SGB V sind die haushaltsrechtlichen Vorschriften der §§ 68-78 SGB IV für die Arbeitsgemeinschaften nicht entsprechend anwendbar. 13

II. Normzwecke

Die Norm ermöglicht im Zusammenspiel mit § 94 Abs. 1a SGB X die Bildung von Arbeitsgemeinschaften unter der Beteiligung der Krankenkassen und ihrer Verbände unter Einbeziehung der Kassenärztlichen Vereinigungen und anderer Leistungserbringer sowie dem öffentlichen Gesundheitsdienst besondere Arbeitsgemeinschaften zur Förderung der Gesundheit, Prävention, Versorgung chronisch Kranker und Rehabilitation. 14

§ 219a SGB V Deutsche Verbindungsstelle Krankenversicherung-Ausland

(Fassung vom 22.12.1999, gültig ab 01.01.2000, gültig bis 30.06.2008)

(1) Die Spitzenverbände der Krankenkassen bilden die Deutsche Verbindungsstelle Krankenversicherung-Ausland (Verbindungsstelle). Die Verbindungsstelle nimmt die ihr durch über- und zwischenstaatliches sowie durch innerstaatliches Recht übertragenen Aufgaben wahr. Sie nimmt insoweit auch Aufgaben wahr, die nach über- und zwischenstaatlichem sowie nach innerstaatlichem Recht bis zum 1. Januar 2000 dem AOK-Bundesverband in seiner Eigenschaft als Verbindungsstelle übertragen waren. Insbesondere gehören hierzu:

1. **Vereinbarungen mit ausländischen Verbindungsstellen,**
2. **Kostenabrechnungen mit in- und ausländischen Stellen,**
3. **Festlegung des anzuwendenden Versicherungsrechts,**
4. **Koordinierung der Verwaltungshilfe in grenzüberschreitenden Fällen sowie**
5. **Information, Beratung und Aufklärung.**

(2) Die Verbindungsstelle ist eine Körperschaft des öffentlichen Rechts.

(3) Organe der Verbindungsstelle sind der Verwaltungsrat und der Geschäftsführer.

(4) Der Geschäftsführer führt die Geschäfte der Verbindungsstelle. Er vertritt die Verbindungsstelle gerichtlich und außergerichtlich. § 31 Abs. 3 des Vierten Buches gilt entsprechend. Das Nähere bestimmt die Satzung.

(5) Die §§ 34, 37 und 38 des Vierten Buches sowie § 194 Abs. 1 Nr. 10 gelten entsprechend.

Gliederung

A. Basisinformation

I. Textgeschichte/Gesetzgebungsmaterialien

1 Die Geschichte der **Verbindungsstelle Krankenversicherung** in Deutschland ist untrennbar mit der Geschichte des **über- und zwischenstaatlichen Sozialrechts** und darin enthaltenen Regelungen zur **Sachleistungsaushilfe** verbunden:

2 Nach dem 2. Weltkrieg mangelte es u.a. in der Bundesrepublik Deutschland an Arbeitskräften. Staaten mit Arbeitskräftemangel suchten durch den Abschluss von Abkommen mit Ländern, die wegen Beschäftigungslosigkeit weiter Kreise der Bevölkerung an der Auswanderung von Arbeitskräften interessiert waren, deren Zustrom in ihr Land zu lenken. So kam es zum Abschluss von Anwerbevereinbarungen und Sozialversicherungsabkommen. Im Zuge der zunehmenden Arbeitsaufnahme von sog. Gastarbeitern in der Bundesrepublik Deutschland erwies es sich als notwendig, Regelungen für die soziale Absicherung dieses Personenkreises zu treffen. Die Sachleistungsaushilfe für den Bereich der Krankenversicherung wurde insbesondere wegen des Aspekts der Absicherung der Familienangehörigen von Gastarbeitern, die in die Bundesrepublik Deutschland kamen, installiert. Für **Familienangehörige** von in Deutschland versicherten Arbeitnehmern, die im **Heimatland verblieben**, sollte **dauerhaft** der **Schutz durch die dortigen Gesundheitssysteme** gewährleistet werden. Insbesondere intendierte die Politik der Bundesregierung, bei der Absicherung der Familienangehörigen der sog. Gastarbeiter der bundesdeutschen Wirtschaft lediglich die Arbeitskraft der Arbeitnehmer zeitlich begrenzt nutzbar zu machen. Ein Mit- bzw. Nachzug der Familienmitglieder geschweige denn eine Integration dieses Personenkreises in das deutsche Sozialgefüge war nicht beabsichtigt. Daher wurde eine Absicherung der Familienangehörigen, die in Vertragsstaaten verblieben, mit denen die Bundesrepublik Anwerbeabkommen geschlossen hat, als dieser Politik förderlich angesehen und die Sozialversicherungsabkommen entsprechend ausgestaltet. Die Vorschriften für die **Sachleistungsaushilfe** während des **vorübergehenden Aufenthalts** wurden u.a. zur Absicherung der in Deutschland tätigen Arbeitnehmer ausländischer Herkunft vorgesehen, um sie während ihrer **Besuche** der Familie im **Heimatstaat** abzusichern.

3 **Erstmalig** erfolgte die **Benennung einer Verbindungsstelle** im Zuge des Abschlusses des Allgemeinen Abkommens zwischen der Bundesrepublik Deutschland und Frankreich über Soziale Sicherheit[1], das zum 01.01.1952 in Kraft trat[2]. Gem. der Bekanntmachung vom 24.04.1952[3] war erstmals als Verbindungsstelle in der Versicherung für den Fall der Krankheit, der Mutterschaft und des Todes die **Vereinigung der Ortskrankenkassen in Frankfurt/Main** bestimmt. Seitdem wurde eine Verbindungsstelle für die Krankenversicherung konsequent im Zuge des Zustandekommens bilateraler Abkommen wie auch in Art. 3 EWGV 4/58[4] mit Aufgaben betraut.

4 Die Bezeichnung lautete bis 31.12.1968 **Deutsche Verbindungsstelle zur Durchführung zwischenstaatlicher Sozialversicherungsabkommen (Krankenversicherung), Bundesverband der Ortskrankenkassen**. Diese Bezeichnung wurde wegen der Ausweitung der Zuständigkeit auf überstaatliches Recht[5] zum Jahr 1969 in **Deutsche Verbindungsstelle Krankenversicherung – Ausland, Bundesverband der Ortskrankenkassen** abgeändert.[6] Bis zum 31.12.1999 war die Verbindungsstelle als eine Abteilung beim AOK-Bundesverband in Bonn angegliedert.

5 Erste Vorbereitungen zur **Verselbständigung** der **Deutschen Verbindungsstelle Krankenversicherung – Ausland** wurden im Sommer 1997 getroffen. Die Spitzenverbände der gesetzlichen Krankenversicherungen hatten sich dafür ausgesprochen, die DVKA mit ihren neutralen Aufgaben als zentrale Abrechnungsstelle aller gesetzlichen Krankenkassen aus der Organisation des AOK-Bundesverbandes herauszulösen. Gespräche im Jahre 1997 ergaben, dass die Bundesregierung die Verselbständigung der DVKA in Form einer Körperschaft des öffentlichen Rechts dem Vorschlag der Spitzenverbände der

[1] BGBl II 1951, 177.

[2] *Wortmann*, Deutsche Verbindungsstelle „Krankenversicherung – Ausland", ErsK 1969.

[3] *Kerger*, Sozialversicherung – International, Band 6 – Frankreich, S. 59.

[4] Abl.EG 30 v. 16.12.1958, S. 598; Nr. I – Bundesrepublik Deutschland – Anhang 4 zur EWGV 4/58, Abl.EG 30 v. 16.12.1958, S. 649.

[5] Nr. I – Bundesrepublik Deutschland – Anhang 4 zur EWGV 4/58, Abl.EG 30 v. 16.12.1958, S. 649.

[6] Rundschreiben Nr. 1/1969 der Deutschen Verbindungsstelle Krankenversicherung – Ausland, Bundesverband der Ortskrankenkassen, S. 1.

Krankenkassen, einen eingetragenen Verein zu gründen, vorzog. Grundvoraussetzung für die Verselbständigung der DVKA war eine nationale gesetzliche Verankerung sowie die Festlegung der Aufgaben, um ermächtigt zu sein, Aufgaben hoheitlichen Charakters wahrzunehmen.

6 Zum 01.01.2000 trat die Regelung in der heutigen Fassung in Kraft.[7]

II. Vorgängervorschriften

7 Es existiert **keine innerstaatliche Vorgängervorschrift**. Die Aufgabenübertragung auf die Verbindungsstelle als Abteilung des AOK-Bundesverbandes erfolgte vor der Schaffung des § 219a SGB V per über- und zwischenstaatlichem Recht.

III. Parallelvorschriften

8 Für die **Verbindungsstellen** der **Rentenversicherung** wie auch der **Unfallversicherung** in Deutschland existieren keine entsprechenden Vorschriften im SGB. Die Zuständigkeiten der Verbindungsstellen der Unfallversicherung und der Rentenversicherung ergeben sich allein aus den Regelungen unter Buchstabe D. – Deutschland – Nr. 2 bzw. Nr. 3 in Anhang 4 zur EWGV 574/72 bzw. aus den bilateralen Abkommen.

9 Eine Statuierung der **Verbindungsstellen der Krankenversicherung** im nationalen Recht ist im **europäischen Ausland** nicht durchgängig erfolgt. Beispielsweise erfolgte die Errichtung der österreichischen Verbindungsstelle Krankenversicherung einzig durch den Eintrag des Hauptverbandes der österreichischen Sozialversicherungsträger unter Buchstabe R. – Österreich – Nr. 1 in Anhang 4 zur EWGV 574/72. Dem Hauptverband obliegt zwar national die Funktion als Dachverband der Sozialversicherungsträger (vgl. § 31 ASVG), was auch eine Richtlinienkompetenz im über- und zwischenstaatlichen Bereich einschließt. Eine dem § 219a SGB V vergleichbare Regelung existiert in Österreich jedoch nicht.

IV. Untergesetzliche Vorschriften

10 Derzeit bestehen als untergesetzliche Vorschriften die von der DVKA geschlossenen **Verbindungsstellenvereinbarungen** mit Jugoslawien (derzeit noch anzuwenden im Verhältnis zu Bosnien-Herzegowina, Montenegro und Serbien), Kroatien, Marokko, Mazedonien, Polen, Schweiz, Slowenien, Tschechien, Tunesien, Türkei und Ungarn.

V. Verwaltungsvorschriften

11 An **Verwaltungsvorschriften** sind zu benennen:

- Verwaltungsvereinbarungen mit Staaten, mit denen Entsendeabkommen bestehen,
- Rundschreiben der DVKA.

VI. Systematische Zusammenhänge

12 Es besteht ein systematischer Zusammenhang zu den unten (Rn. 30) genannten überstaatlichen Vorschriften der EWGV 574/72 sowie den zwischenstaatlichen Rechtsvorschriften in bilateralen Sozialversicherungsabkommen, die als Verbindungsstelle für die Krankenversicherung in Deutschland bzw. als bezeichnete Stelle die DVKA bzw. in älteren Vorschriften noch den AOK-Bundesverband (Rn. 4) anführen.

VII. Merkblätter, Antragsformulare

1. Merkblätter und Schnellübersichten der DVKA

a. Merkblätter für im Ausland Beschäftigte (Entsandte)

13 Für Belgien, Bulgarien, Chile, China, Dänemark, Estland, Frankreich, Griechenland, Großbritannien, Irland, Island, Israel, Italien, Japan, Kanada, Korea, Kroatien, Lettland, Liechtenstein, Litauen, Luxemburg, Malta, Mazedonien, Niederlande, Norwegen, Österreich, Polen, Portugal, Rumänien, Schweden,

[7] BGBl I 1999, 2643.

Schweiz, Slowakei, Slowenien, Spanien, Tschechien, Türkei, Ungarn, USA, Zypern unter http://www.dvka.de/oeffentlicheSeiten/dvka_home.html – Arbeiten im Ausland – Arbeiten in...

b. Merkblätter zur Krankenversicherung bei Urlaub im Ausland

Für Belgien, Dänemark, Estland, Finnland, Frankreich, Griechenland, Großbritannien, Irland, Island, Italien, Kroatien, Lettland, Liechtenstein, Litauen, Luxemburg, Malta, Marokko, Mazedonien, Niederlande, Norwegen, Österreich, Polen, Portugal, Schweden, Schweiz, Serbien und Montenegro, Slowakei, Slowenien, Spanien, Tschechien, Türkei, Tunesien, Ungarn, Zypern unter http://www.dvka.de/oeffentlicheSeiten/dvka_home.html – Urlaub im Ausland – Merkblätter. 14

c. Schnellübersichten/Checklisten für Leistungserbringer

http://www.dvka.de/oeffentlicheSeiten/dvka_home.html – Publikationen – Merkblätter „Urlaub in Deutschland" – Schnellübersichten/Checklisten für Leistungserbringer. 15

2. Antragsformulare

Am Ende der jeweiligen Merkblätter „Arbeiten in …" findet sich auf der Homepage der DVKA auf der letzten Seite der Druckversion des Merkblatts die Erklärung zum **Antrag auf Abschluss einer Ausnahmevereinbarung** gemäß Art. 17 EWGV 1408/71 bzw. der jeweiligen bilateralen Abkommensvorschrift. http://www.dvka.de/oeffentlicheSeiten/dvka_home.html – Arbeiten im Ausland – z.B. China: Arbeiten in China – S. 5 des Merkblatts. 16

VIII. Adressen/Internetadressen

1. Allgemeine Seite der DVKA

http://www.dvka.de/oeffentlicheSeiten/dvka_home.html. 17

2. Übersicht über die Staaten, mit denen über- oder zwischenstaatliche Regelungen zur Sozialen Sicherheit bestehen

http://www.dvka.de/oeffentlicheSeiten/dvka_home.html – Arbeiten im Ausland – Staatenübersicht – zur Staatenübersicht. 18

3. Rechtsquellen

a. EWGV 1408/71

http://www.dvka.de/oeffentlicheSeiten/dvka_home.html – Rechtsquellen – EWR-Recht (auf zeitnah aktualisiertem Stand). 19

b. Bilaterale Sozialversicherungsabkommen

http://www.dvka.de/oeffentlicheSeiten/dvka_home.html – Rechtsquellen – Bilaterale Abkommen. 20

4. Deutsche Verbindungsstellen für andere Zweige der Sozialversicherung

http://www.dvka.de/oeffentlicheSeiten/dvka_home.html – Kontaktadressen – Verbindungsstellen in Deutschland. 21

5. Verbindungsstellen der Krankenversicherung im Ausland

http://www.dvka.de/oeffentlicheSeiten/dvka_home.html – Kontaktadressen – Adressen der Verbindungsstellen Krankenversicherung im Ausland. 22

Nicht alle Verbindungsstellen der Krankenversicherung im Ausland decken das gleiche Aufgabenspektrum wie die DVKA ab. Z.B. ist die zuständige Behörde zur Bestimmung des anwendbaren Versicherungsrechts im Ausland nicht zwingend identisch mit der Verbindungsstelle Krankenversicherung. Teilweise sind zurzeit im Ausland auch mehrere Einrichtungen mit der Abwicklung der Aufgaben als Verbindungsstelle betraut. Griechenland operiert z.B. derzeit noch mit 9 Verbindungsstellen für die Krankenversicherung. Im derzeitigen Entwurf zur Durchführungsverordnung zur EGV 883/04 ist jedoch eine Minimierung der Verbindungsstellen auf eine Verbindungsstelle je soziales Risiko vorgesehen.[8] 23

---

[8] Vgl. Art. 65 in Ratsdokument 7325/07 SOC 96 CODEC 211.

6. Code list database

24 Über den nachstehenden Link auf die code list database können alle europäischen Versicherungsträger ermittelt werden, die im Rahmen der europäischen Koordinierungsvorschriften im Bereich der sozialen Sicherheit anfallende Kosten für Gesundheitsleistungen erstatten: http://ec.europa.eu/employment_social/cld/public/findInstitution.do?lang=de.

IX. Ausgewählte Literaturhinweise

25 *Eichenhofer*, Internationales Sozialrecht, 1994; *Eichenhofer*, Sozialrecht der Europäischen Union, 2006; *Fuchs*, Europäisches Sozialrecht, 2005; *Marburger*, Neues zum Zwischenstaatlichen Sozialversicherungsrecht, Die Leistungen 2000, 1-8; *Neumann-Duesberg*, Deutsche Verbindungsstelle Krankenversicherung – Ausland – Service aus einer Hand, KRV 1993, 12-17; *Kerger*, Sozialversicherung – International, Loseblatt (Vorschriftensammlung), *Wickenhagen/Aulmann*, Internationales Sozialversicherungsrecht, 1997; *Wortmann*, Aufgaben und Tätigkeiten der Deutschen Verbindungsstelle Krankenversicherung – Ausland, Bundesverband der Ortskrankenkassen, BKK 1971, 197-202; *Wortmann*, Deutsche Verbindungsstelle „Krankenversicherung – Ausland“, ErsK 1969, 132-136.

B. Auslegung der Norm

I. Regelungsgehalt und Bedeutung der Norm

26 § 219a SGB V statuierte die Deutsche Verbindungsstelle Krankenversicherung – Ausland (DVKA) zum 01.01.2000 als **gesetzliche Arbeitsgemeinschaft**. Die DVKA ist selbständige **bundesunmittelbare Körperschaft des öffentlichen Rechts**. Die Aufgabenzuweisung des Gesetzgebers ist lediglich beispielhaft. Hauptaufgaben sind die Beratung der deutschen gesetzlichen Krankenkassen und ihrer Versicherten hinsichtlich der Abwicklung des über- und zwischenstaatlichen Krankenversicherungsrechts, die Abwicklung der sich daraus ergebenden Kostenabrechnungsvorgänge sowie die Bestimmung des anwendbaren Versicherungsrechts. Der Organisationsplan gliedert sich entsprechend der Aufgaben in Grundlagen Krankenversicherungsrecht, Versicherungsdienste EWR-/Abkommenstaaten, Kostenabrechnung EWR-/Abkommenstaaten, Informationsverarbeitung und Zentrale Dienste. Die DVKA finanziert sich aus der Umlage ihrer Mitglieder und durch sonstige Mittel. Sitz der DVKA ist in Bonn.

II. Normzweck

27 Der Gesetzgeber entsprach mit der Schaffung einer **selbständigen Verbindungsstelle** Krankenversicherung dem Erfordernis, das sich im Zuge der **Öffnung** der Krankenkassen für den **Wettbewerb** ergab. Das aushelfende Trägergeschäft in Deutschland und die Verpflichtungen, die aus der Abwicklung über- und zwischenstaatlichen Krankenversicherungsrechts erwachsen, waren wettbewerbsneutral zu gestalten und nicht länger einer Kassenart zuzuordnen. Entsprechend führte die Verbindungsstelle seitdem Aufgaben für alle Kassenarten aus, weshalb die Abwicklung nicht länger beim AOK-Bundesverband (Rn. 4) erfolgen konnte und eine **kassenartübergreifende Einrichtung** erforderlich wurde.

28 Hintergrund für die Schaffung einer Verbindungsstelle außerhalb eines Bundesverbandes war zudem, die Abwicklung der erheblichen Kostenströme für alle Kassenarten über eine **neutrale Einrichtung** vorzunehmen.

III. Aufgabenübertragung auf die DVKA (Absatz 1)

1. Bildung der Deutschen Verbindungsstelle Krankenversicherung – Ausland

29 Es handelt bei der DVKA um eine vom Gesetzgeber geschaffene **Arbeitsgemeinschaft**, die sich aus den **Spitzenverbänden der Krankenkassen** (vgl. die Kommentierung zu § 213 SGB V) zusammensetzt.

2. Aufgabenwahrnehmung

30 Mit der Schaffung des § 219a SGB V erfolgte eine **klare Zuweisung** des nationalen Gesetzgebers, welche Aufgaben von der DVKA – neben den ihr durch über- und zwischenstaatliches Recht zugewiesenen Aufgaben – wahrzunehmen sind. Hierbei handelt es sich in Abgleich zu den durch über- und zwi-

schenstaatliches Recht übertragenen Aufgaben um solche, die unmittelbar an diesen Bereich angrenzen und diese weiter spezifizieren. Hiermit schafft der Gesetzgeber einen **Dienstleister für die gesetzlichen Krankenkassen** und deren Versicherte, der insbesondere in **Einzelfragen** kompetenter Ansprechpartner ist und darüber hinaus in die Lösung **grundsätzlicher Rechtsfragen** in diesem Bereich miteingebunden ist. Die Zusammenarbeit mit der Bundesregierung ist intensiv, jedoch auf den engen Bereich des koordinierenden Sozialrechts und bilateraler Abkommensfragen beschränkt. In diesem Bereich wird durch die – öffentlich wenig wahrgenommene – Einrichtung Wissen und Kompetenz gebündelt. Hierdurch wird bei der Anwendung der Vorschriften dieses Rechtsbereichs durch die Kassen eine **stringente Rechtsanwendung** für eine nur schwer zu überschauende Materie gesichert. Zweck der Einrichtung ist nicht zuletzt auch, Europa – ganz im Sinne der deutschen Ratspräsidentschaft 2007 – für den Bürger verständlicher zu machen. Der Großteil der Aufgaben, die die DVKA abwickelt, ist operativer Natur.

a. Überstaatliches Recht

Gemäß Art. 3 Abs. 1 EWGV 574/72 können die gem. Art. 1 Buchstabe l) EWGV 1408/71 zuständigen Behörden Verbindungsstellen bezeichnen, die unmittelbar miteinander verkehren können und die gem. Art. 4 Abs. 4 EWGV 574/72 in Anhang 4 zur EWGV 574/72 aufzuführen sind. Unter D. – Deutschland – Nr. 1 in Anhang 4 zur EWGV 574/72 ist als **Verbindungsstelle für die Krankenversicherung** die **Deutsche Verbindungsstelle Krankenversicherung – Ausland (DVKA)** in Bonn genannt. 31

In Anhang 10 zur EWGV 574/72 sind die Träger oder Stellen gem. Art. 4 Abs. 10 EWGV 574/72 aufgeführt, die von den zuständigen Behörden[9] für die Aufgabenwahrnehmung bezeichnet wurden. Die **DVKA** ist in Anhang 10 EWGV 574/72 **bezeichnete Stelle** für die **Anwendung folgender Vorschriften**: 32

- Gem. D. – Deutschland – Nr. 3 in Anhang 10 zur EWGV 574/72 für die Anwendung der Art. 14 Abs. 1 Buchst. b), 14a Abs.1 Buchstabe b), 14b Abs. 1 i.V.m. 14 Abs. 1 Buchst. b), 14b Abs. 2 i.V.m. 14a Abs. 1 Buchst. b) und Art. 17 der EWGV 1408/71,
- Gem. D. – Deutschland – Nr. 8 in Anhang 10 zur EWGV 574/72 für die Anwendung des Art. 36 der EWGV 1408/71 und des Art. 102 Abs. 2 der EWGV 574/72,
- Gem. D. – Deutschland – Nr. 9 in Anhang 10 zur EWGV 574/72 für die Anwendung des Art. 113 Abs. 2 der EWGV 574/72 für die Erstattung von Sachleistungen, die nicht leistungsberechtigten Arbeitnehmern bei Vorlage der Bescheinigungen nach Art. 20 Abs. 2 der EWGV 574/72 gewährt wurden.

b. Zwischenstaatliches Recht

Im zwischenstaatlichen Recht ist das Bild zur Bestimmung von Verbindungsstellen und deren Aufgabenübertragung uneinheitlich. Teilweise erfolgt die Bildung und Aufgabenübertragung auf Verbindungsstellen im Abkommen bzw. deren Durchführungsvereinbarung selbst[10], teilweise erfolgt die Übertragung der Aufgaben von der im Abkommen angeführten zuständigen Behörde auf die DVKA als bezeichnete Stelle per Verbalnote, Notifizierung und Veröffentlichung[11]. 33

c. Innerstaatliches Recht

Rechtsgrundlage für die Ermächtigung zum Abschluss von Ausnahmevereinbarungen für Drittstaatsangehörige innerhalb des EWR war bis zum In-Kraft-Treten der EWGV 859/03[12] Art. 1 § 1 des Gesetzes zur Umsetzung von Abkommen über Soziale Sicherheit und zur Änderung verschiedener Zustimmungsgesetze vom 27.04.2002[13]. 34

---

[9] Art. 1 Buchstabe l) EWGV 1408/71 i.V.m. Art. 4 Abs. 1, 122, EWGV 574/72.

[10] Vgl. z.B. Art. 2 Abs. 1 Buchst. b) der Durchführungsvereinbarung zum Abkommen zwischen der Bundesrepublik Deutschland und Japan über Soziale Sicherheit, BGBl II 1999, 896; Art. 3 des Abkommens zwischen der Regierung der Bundesrepublik Deutschland und der Regierung der Italienischen Republik über die Erstattung von Aufwendungen für Sachleistungen der Krankenversicherung, BGBl II 1996, 347.

[11] Z.B. Jugoslawien, Marokko, Tunesien.

[12] Abl.EG L 124 v. 20.05.2003.

[13] BGBl I 2002, 1464.

35 Daneben hat die Bundesregierung zur Gewährleistung eines einheitlichen Verfahrens die Kompetenz zur Vereinbarung von Ausnahmen im Rahmen aller bilateralen Sozialversicherungsabkommen von der zuständigen Behörde auf die DVKA übertragen. Bei der Zuordnung der Aufgaben in einer Hand bei der DVKA spielte der Gedanke der einheitlichen Rechtsanwendung eine Rolle.[14]

3. Rechtsnachfolge Verbindungsstelle AOK-Bundesverband

36 **Bis zum 31.12.1999** war die **Verbindungsstelle** für die Krankenkassen als **Abteilung dem AOK-Bundesverband** in Bonn angegliedert. Bis zum Jahre 1995 waren in Deutschland einzig die Allgemeinen Ortskrankenkassen als aushelfende Träger für Patienten bezeichnet, die als bei einer ausländischen Krankenkasse Versicherte in Deutschland Behandlungen in Anspruch nahmen (vgl. Rn. 27). Die rechtliche Selbständigkeit wurde notwendig, weil mit den geänderten Wettbewerbsbedingungen innerhalb der gesetzlichen Krankenversicherung zum 01.01.1996 und dem damit verbundenen Wegfall der Basiskassenfunktion der AOK[15] alle Kassenarten zur Erbringung der Sachleistungsaushilfe in Deutschland als aushelfender Träger verpflichtet wurden. Aus der Historie rührt auch der Umstand, dass die Informationspolitik ausländischer Krankenkassen fälschlicherweise bis heute für Behandlungen in Deutschland einzig an die AOK als aushelfenden Träger verweist, was den AOKen den höchsten Anteil an Sachleistungsaushilfe in Deutschland beschert.

37 Im GKVRefG 2000 war eine entsprechende Personalüberleitungsvorschrift für die beim AOK-Bundesverband beschäftigten Personen, die dort mit der Durchführung der Aufgaben der Verbindungsstelle betraut waren, vorgesehen.[16]

a. Vereinbarungen mit ausländischen Verbindungsstellen

38 Grundlage für die Beurteilung grenzüberschreitender Sachverhalte sind bei der **Sozialrechtskoordinierung** entweder die noch geltenden EWGV 1408/71 und EWGV 574/72 oder bilaterale Sozialversicherungsübereinkommen. Nicht alle bilateralen Sozialversicherungsabkommen, die die Bundesrepublik Deutschland geschlossen hat, umfassen auch den Bereich der Krankenversicherung mit Regelungen zur reziproken Sachleistungsaushilfe.

39 Zu Fragen des **anwendbaren Versicherungsrechts** und auch zu Fragen der **Sachleistungsaushilfe** besteht der Bedarf für die Träger der gesetzlichen Krankenversicherung sowie für die DVKA, die **praktische Abwicklung der über- und zwischenstaatlichen Regelungen für die Verwaltungen** der beteiligten Staaten in Einzelheiten zu regeln. Hierzu schließen die Verbindungsstellen der Krankenversicherung nach dem Zustandekommen der materiellrechtlichen über- oder zwischenstaatlichen Regelung eine Vereinbarung, deren Inhalte unter Beteiligung der Verbindungsstellen mündlich ausgehandelt werden. Die Ermächtigung für den Abschluss derartiger Vereinbarungen findet sich regelmäßig in den Regierungsvereinbarungen, die wiederum auf Grundlage der materiellen Vorschrift geschlossen werden (vgl. z.B. Art. 3 der Vereinbarung zur Durchführung des Abkommens vom 30.04.1964 zwischen der Bundesrepublik Deutschland und der Republik Türkei über Soziale Sicherheit[17] i.V.m. Art. 48 Abs. 1 Satz 2 des Abkommens zwischen der Bundesrepublik Deutschland und der Republik Türkei über Soziale Sicherheit[18]). Derzeit bestehen Vereinbarungen zwischen der **DVKA** und den **Verbindungsstellen der Krankenversicherung** in **Jugoslawien, Kroatien, Marokko, Mazedonien, Polen, Schweiz, Slowenien, Tschechien, Tunesien, Türkei** und **Ungarn**.

40 Zweck dieser Regelungen ist es, die materiellrechtlichen Vorgaben für die Verwaltung praktisch umsetzbar zu machen und hierbei in gegenseitigem Einvernehmen Abwicklungslösungen zu finden, die auch in diesen Punkten die Verfahren in beiden Staaten koordinieren, also Lücken und Überlappungen verhindern sollen. Bei den Vereinbarungen wird den **verwaltungstechnischen Besonderheiten** in den beteiligten Staaten Rechnung getragen.[19]

41 Von der Verbindungsstelle werden z.B. Vereinbarungen folgenden Inhalts geschlossen:

- Vereinbarung über das Melde- und Abrechnungsverfahren für im anderen Staat wohnende Familienangehörige, Grenzgänger und Rentner/Rentenantragsteller,

---

14 BT-Drs. 14/7759, S. 7.

15 BT-Drs. 14/1245, S. 96.

16 BGBl I 1999, 2655.

17 BGBl II 1986, 1055.

18 BGBl II 1965, 1170.

19 *Wickenhagen/Aulmann*, Internationales Sozialversicherungsrecht, S. 102.

- Vereinbarung von Einzelheiten der pauschalen Abrechnung sowie der Pauschbeträge,
- Vereinbarung über die Feststellung und Überwachung der Arbeitsunfähigkeit,
- Vereinbarung über den Beitragseinzug im anderen Staat,
- Vereinbarung über die Realisierung von Ersatzansprüchen,
- Vereinbarung von Nachweisen über die Versicherungszugehörigkeit, die Anspruchsberechtigung und die Inanspruchnahme von Sachleistungen.

Im Zuge der Verbindungsstellenvereinbarungen werden zur Umsetzung der Vorschriften durch die Träger auch konkret die zu den Vereinbarungen gehörigen Vordrucke abgestimmt. Derzeit existieren ca. 240 dieser **Vordrucke**, die bei der DVKA gepflegt und bei Bedarf nach gegenseitigem Abstimmungsverfahren angeglichen werden. **42**

b. Kostenabrechnungen mit in- und ausländischen Stellen

Die **Kostenabrechnung** ist unabdingbar mit der Aufgabenwahrnehmung der DVKA verbunden. Das Rechnungswesen bietet Gewähr für die ordnungsgemäße Umsetzung von Zahlungsansprüchen und Verbindlichkeiten, deren Volumen sich im Jahr 2006 auf ca. 700 Mio. € belief. Sowohl in dieser Hinsicht als auch im Hinblick auf die organisatorische, insbesondere aber technische Fortschreibung ist das System für den Bestand und die technische Entwicklung der DVKA von maßgeblichem Stellenwert. Die DVKA wickelt die Kostenabrechnung mit in- und ausländischen Stellen für Leistungen ab, die im Ausland für in Deutschland krankenversicherte Personen durch eine ausländische Krankenkasse oder einen nationalen Gesundheitsdienst oder – im umgekehrten Fall – in Deutschland für eine im Ausland krankenversicherte Person durch eine deutsche Krankenkasse aushilfsweise erbracht wurden. **43**

Die **rechtliche Grundlage** für die Kostenabrechnung (Rn. 32) innerhalb der Staaten des EWR durch die Verbindungsstellen findet sich in Art. 36 EWGV 1408/71 i.V.m. Art. 102 Abs. 2 EWGV 574/72. **44**

Die **Kostenabrechnung bei Sachleistungsaushilfe im Ausland** erfolgt derart, dass eine bei einer deutschen Krankenkasse versicherte Person auf Grund eines gültigen Anspruchsnachweises durch einen Leistungserbringer im Ausland behandelt wird. Die Rechnungslegung im Ausland erfolgt auch in diesem Fall gleich der dort normalerweise üblichen Rechnungslegung, d.h. dass der Patient in einem Sachleistungssystem evtl. einen Eigenanteil der Kosten tragen muss bzw. er in einem Staat mit Kostenerstattungssystem gleich dem dort Versicherten verpflichtet ist, für die durch den Leistungserbringer erbrachte Leistung in Vorleistung zu treten. Die für die Behandlung entstandenen Kosten werden mit dem dortigen Träger der Krankenversicherung fakturiert. Dieser Träger gilt als aushelfender Träger, der für die Erbringung der Behandlung in Vorleistung für den deutschen zuständigen Träger tritt. Der zuständige deutsche Träger ist grundsätzlich verpflichtet, die für seine Versicherten entstandenen Kosten zu tragen. **45**

Die Erstattung der dem ausländischen Träger entstandenen Kosten erfolgt entweder durch Begleichung der **tatsächlich entstandenen Kosten** oder durch Zahlung eines **Pauschalbetrags** pro Person/Monat. **46**

Im Rahmen der Kostenabrechnung leitet der aushelfende ausländische Träger über die ausländische Verbindungsstelle Krankenversicherung die Kostenrechnung der DVKA weiter. Diese erfasst die eingegangene Kostenrechnung, führt eine Plausibilitätsprüfung durch und leitet die Kostenrechnung an die zuständige Krankenkasse in Deutschland weiter. Nach Prüfung der Kostenrechnung erfolgt eine Begleichung der Kostenrechnung über die DVKA und die ausländische Verbindungsstelle an den ausländischen Träger. **47**

Für das Verfahren bei aushilfsweise in Deutschland erbrachten Leistungen gilt das beschrieben Verfahren vice versa. **48**

Eine Kostenabrechnung erfolgt nicht mit den Staaten, mit denen ein **Erstattungsverzichtsabkommen** besteht. Derzeit bestehen zwischen der Bundesrepublik Deutschland und Dänemark[20], Irland[21] und **49**

[20] Abkommen zwischen der Regierung der Bundesrepublik Deutschland und der Regierung des Königreichs Dänemark über den Verzicht auf die Erstattung von Aufwendungen für Sachleistungen bei Krankheit, Mutterschaft, Arbeitsunfall und Berufskrankheit, der Leistungen an Arbeitslose sowie der Kosten für verwaltungsmäßige und ärztliche Kontrollen v. 27.4.1979, BGBl II 1979, 1345.

[21] Abkommen zwischen der Regierung der Bundesrepublik Deutschland und der Regierung Irlands über den Verzicht auf die Erstattung von Aufwendungen für Sachleistungen bei Krankheit, Mutterschaft, Arbeitsunfall und Berufskrankheit, der Leistungen an Arbeitslose sowie der Kosten für verwaltungsmäßige und ärztliche Kontrollen v. 20.03.1981, BGBl II 1981, 932.

Norwegen[22] Abkommen im Sinne von Art. 36 Abs. 3 EWGV 1408/71[23]. Belastungen, die sich für die Träger der Krankenversicherung aus diesen Erstattungsverzichtsregelungen ergeben, sind auf alle Träger der Krankenversicherung umzulegen. Die Umlage wird von der DVKA durchgeführt. Rechtsgrundlage hierfür ist § 1 des Gesetzes zur Umsetzung von Abkommen über Soziale Sicherheit und zur Änderung verschiedener Zustimmungsgesetze.[24]

50 Die **Kostenabrechnung** umfasst **im Einzelnen**:

- Die **Vorbereitung** der Kostenabrechnung durch die Ermittlung, Festlegung und die Bekanntgabe von Abrechnungsdaten.
- Die **Abwicklung** der Kostenabrechnung durch die Annahme von Kostenrechnungen (ausländische Kostenabrechnungen nach tatsächlichem Aufwand, deutsche Kostenrechnungen nach tatsächlichem Aufwand, ausländische Kostenrechnungen nach pauschalem Aufwand, deutsche Kostenrechnungen nach pauschalem Aufwand). Unterschieden wird zudem in Einzelabrechnungs- und Sammelabrechnungsverfahren.

51 Weiter umfasst die Abwicklung die **Prüfung und Bewertung** der Kostenrechnungen, die Weiterleitung der Kostenrechnungen, die Überwachung von Forderungen und Verrechnungen, die Beanstandung oder Berichtigung von Forderungen, die Errechnung der Umlage unter den Krankenkassen bei Erstattungsverzicht und die Bereinigung von Forderungen.

52 Die Kostenabrechnungsabteilung ist daneben mit der **Weiterentwicklung** der bestehenden **Abrechnungssysteme** Telematic in Social Security (TESS) befasst. Sie fördert die Ablösung der Papierform der Kostenabrechnung auf nationaler Ebene, die Ablösung der Papierform der Kostenabrechnung EWR-weit sowie Ablösung der Papierform der Kostenabrechnung mit Abkommensstaaten.

53 Darüber hinaus **unterstützt die DVKA die Bundesregierung** bei der Vor- und Nachbereitung sowie der Durchführung der Sitzungen des **Rechnungsausschusses**[25] der Verwaltungskommission der Europäischen Gemeinschaften für die Soziale Sicherheit der Wanderarbeitnehmer und bei der Vereinbarung bilateraler Rechnungsabschlüsse.

c. Festlegung des anzuwendenden Versicherungsrechts

54 Für Versicherte in der deutschen **gesetzlichen Krankenversicherung** prüft die zuständige Krankenkasse, ob die Voraussetzungen für eine **Entsendung** nach über- und zwischenstaatlichem Recht vorliegen. Bei nicht gesetzlich krankenversicherten Personen ist die Deutsche Rentenversicherung zuständig. Die hier getroffenen Entscheidungen entfalten unmittelbare Wirkung gegenüber dem Versicherten und den Versicherungsträgern.

55 Darüber hinaus besteht jedoch unter im über- und zwischenstaatlichen Recht detailliert geregelten Voraussetzungen die Möglichkeit, eine Weitergeltung des deutschen Sozialversicherungsrechts bei Tätigkeit im Ausland abweichend vom lex loci laboris für die dort tätige Person zu vereinbaren. Diese **Ausnahmevereinbarungen** über das anzuwendende Versicherungsrecht können derzeit im Verhältnis zu allen **30 EWR-Staaten**[26] und der **Schweiz**[27] sowie im Verhältnis zu **Bosnien-Herzegowina**[28], **Chile**[29],

[22] Abkommen zwischen der Regierung der Bundesrepublik Deutschland und der Regierung des Königreichs Norwegen über den Verzicht auf die Erstattung von Aufwendungen für Sachleistungen bei Krankheit, Mutterschaft, Arbeitsunfall und Berufskrankheit sowie der Kosten für verwaltungsmäßige und ärztliche Kontrollen v. 28.05.1999, BGBl II 2000, 10.

[23] Alle in *Kerger*, Internationales Sozialrecht, Bd. 4, EWG D.

[24] BGBl I 2002, 1464.

[25] Zu den Aufgaben des Rechnungsausschusses vgl. Art. 102 EWGV 574/72.

[26] Art. 17 EWGV 1408/71.

[27] Art. 17 EWGV 1408/71.

[28] Art. 10 des Abkommens zwischen der Bundesrepublik Deutschland und der Sozialistischen Föderativen Republik Jugoslawien über Soziale Sicherheit, BGBl II 1969, 1438.

[29] Art. 11 des Abkommens zwischen der Bundesrepublik Deutschland und der Republik Chile über Rentenversicherung, BGBl II 1993, 1227.

China[30], **Israel**[31], **Japan**[32], **Kanada**[33]**/Quebec**[34], **Korea**[35], **Kroatien**[36], **Marokko**[37], **Mazedonien**[38], **Montenegro**[39], **Serbien**[40], **Tunesien**[41], **Türkei**[42] und den **USA**[43] geschlossen werden. Ein Abschluss einer Ausnahmevereinbarung bei Tätigkeit im vertragslosen Ausland ist nicht möglich.

Die gleiche Möglichkeit zur Vereinbarung der Weitergeltung des Rechts der genannten Staaten besteht vice versa. 56

Die **DVKA** ist auf Grund der oben aufgeführten Rechtsgrundlagen zum Abschluss von Ausnahmevereinbarungen **ermächtigt** (vgl. Rn. 32 f.). 57

Der **Antrag** auf Abschluss einer individuellen **Ausnahmevereinbarung** ist bei der Vertragspartei einzureichen, deren Rechtsvorschriften über soziale Sicherheit weitergelten sollen. So ist für Personen, die vorübergehend im Ausland tätig sind und für die weiterhin deutsches Sozialversicherungsrecht gelten soll, der Antrag auf eine Ausnahmevereinbarung bei der DVKA zu stellen. 58

Bei der **Ausnahmevereinbarung**, die die DVKA nach Abschluss des Verwaltungsverfahrens erlässt, handelt es sich um einen **mehrstufigen Verwaltungsakt**. Im **üblichen Verfahren** übermittelt die zuständige Stelle, bei der die Ausnahmevereinbarung beantragt wurde, im Falle ihrer positiven Entscheidung einen Vereinbarungsvorschlag für die betreffende Person an die zuständige Stelle im Beschäftigungsstaat. Diese beurteilt wiederum ihrerseits nach Prüfung der Voraussetzungen und Ausübung eigenen Ermessens, ob sie bereit ist, dem Vereinbarungsvorschlag zuzustimmen, und teilt dies der vorschlagenden Stelle in einem internen Antwortschreiben mit. Das Zustandekommen einer Ausnahmevereinbarung bedarf stets der Zustimmung beider zuständigen Stellen. Bei einer positiven Bescheidung über die Weitergeltung deutschen Rechts hat die DVKA entsprechend Einvernehmen mit der im Ausland zuständigen Stelle hergestellt. Bei dieser Mitwirkungshandlung handelt es sich um ein Verwaltungsinternum ohne Außenwirkung. Die Übermittlung des Zustimmungs- bzw. Ablehnungsbescheids an den Antragsteller in Deutschland erfolgt einzig durch die DVKA. Die Mitteilung eines EG-ausländischen Versicherungsträgers entfaltet keine unmittelbare Außenwirkung.[44] 59

Gleiches gilt bei der Beantragung der **Weitergeltung ausländischen Rechts** für die interne Mitteilung der DVKA an die im Ausland zuständige Stelle. Nach Prüfung der Voraussetzungen und Ermessensausübung übermittelt die DVKA einzig der ausländischen Stelle ihre Zustimmung oder Ablehnung. 60

[30] Art. 8 des Abkommens zwischen der Bundesrepublik Deutschland und der Volksrepublik China über Sozialversicherung, BGBl II 2002, 82.

[31] Art. 10 des Abkommens zwischen der Bundesrepublik Deutschland und dem Staat Israel über Soziale Sicherheit, BGBl II 1975, 245.

[32] Art. 10 des Abkommens zwischen der Bundesrepublik Deutschland und Japan über Soziale Sicherheit, BGBl II 1999, 876.

[33] Art. 10 des Abkommens zwischen der Bundesrepublik Deutschland und Kanada über Soziale Sicherheit, BGBl II 1988, 28.

[34] Art. 10 der Vereinbarung zwischen der Regierung der Bundesrepublik Deutschland und der Regierung von Quebec über Soziale Sicherheit, BGBl II 1987, 51.

[35] Art. 10 des Abkommens zwischen der Bundesrepublik Deutschland und der Republik Korea über Soziale Sicherheit, BGBl II 2001, 915.

[36] Art. 11 des Abkommens zwischen der Bundesrepublik Deutschland und der Republik Kroatien über Soziale Sicherheit, BGBl II 1998, 2034.

[37] Art. 11 des Abkommens zwischen der Bundesrepublik Deutschland und dem Königreich Marokko über Soziale Sicherheit, BGBl II 1986, 552.

[38] Art. 11 des Abkommens zwischen der Regierung der Bundesrepublik Deutschland und der mazedonischen Regierung über Soziale Sicherheit, BGBl II 2004, 1068.

[39] Art. 10 des Abkommens zwischen der Bundesrepublik Deutschland und der Sozialistischen Föderativen Republik Jugoslawien über Soziale Sicherheit, BGBl II 1969, 1438.

[40] Art. 10 des Abkommens zwischen der Bundesrepublik Deutschland und der Sozialistischen Föderativen Republik Jugoslawien über Soziale Sicherheit, BGBl II 1969, 1438.

[41] Art. 11 des Abkommens zwischen der Bundesrepublik Deutschland und der Tunesischen Republik über Soziale Sicherheit, BGBl II 1986, 584.

[42] Art. 9 des Abkommens zwischen der Bundesrepublik Deutschland und der Republik Türkei über Soziale Sicherheit, BGBl II 1965, 1170.

[43] Art. 6 Abs. 5 des Abkommens zwischen der Bundesrepublik Deutschland und den Vereinigten Staaten von Amerika über Soziale Sicherheit, BGBl 1976, 1358.

[44] BSG v. 18.12.1975 - 12 RJ 148/74 - AmtlMittLVA Rheinpr 1976, 357-361, 359.

Ausnahmevereinbarungen für in Deutschland tätige Personen aus dem Ausland gelten erst nach Mitteilung der Zustimmung durch die DVKA zu dem durch die zuständige ausländische Stelle vorgelegten Vorschlag als geschlossen. Die ausländische Stelle wiederum bescheidet den Antragsteller.

61 Ein **Vorgehen** gegen die Ablehnung eines Antrags auf Vereinbarung einer Ausnahme ist lediglich **gegen die bescheidende Stelle** möglich, wobei eine Überprüfung der internen Ablehnungsentscheidung inzidenter erfolgt.

d. Koordinierung der Verwaltungshilfe in grenzüberschreitenden Fällen

62 Im Anwendungsbereich der EWGV 1408/71 wie auch der bilateralen Abkommen sind Regelungen zur **gegenseitigen Amtshilfe** vorgesehen (z.B. Art. 84 Abs. 2 EWGV 1408/71, Art. 28 Abs. 1 des Abkommens zwischen der Regierung der Bundesrepublik Deutschland und der mazedonischen Regierung über Soziale Sicherheit[45]).

63 Demnach **unterstützen** sich die **Behörden** und **Träger** der Mitgliedstaaten, als handelte es sich um die Anwendung ihrer eigenen Rechtsvorschriften. Die Träger der gesetzlichen Krankenversicherung sind auf Grund über- und zwischenstaatlicher Vorschriften verpflichtet, ausländischen Sozialversicherungsträgern **Verwaltungshilfe** zu leisten. Die gegenseitige Amtshilfe ist grundsätzlich kostenfrei.

64 Verwaltungshilfe im über- und zwischenstaatlichen Sinn bezeichnet die **praktische Hilfestellung** der Träger untereinander bei der Umsetzung des über- und zwischenstaatlichen Rechts. Sie bezieht sich regelmäßig auf konkrete Einzelfälle, in denen die Möglichkeiten, die einem nationalen Träger nach nationalem Recht zur abschließenden Bearbeitung eines Einzelfalls zur Verfügung stehen, nicht ausreichend sind, da die Möglichkeiten des Verwaltungsverfahrens- und der -vollstreckung an den nationalen Grenzen enden.

65 **Koordinierend** unterstützt die DVKA die deutschen Träger der Krankenversicherung u.a. bei

- dem Einzug rückständiger Beitragsforderungen,
- der Realisierung von Ersatzansprüchen,
- Anfragen wegen Erstattungssätzen von Privatbehandlungen im Ausland,
- der Anforderung von Anspruchsbescheinigungen,
- der Übermittlung von Versicherungszeiten.

66 Insbesondere bei der Realisierung von Ersatzansprüchen kommen alternative Vorgehensweisen z.B. im Rahmen der EGV 805/2004 über den Europäischen Vollstreckungstitel in Betracht. Hierbei wird jedoch vielfach nicht beachtet, dass das Verfahren im Rahmen der Verwaltungshilfe eine kostengünstigere Möglichkeit zur Durchsetzung von Ansprüchen darstellen kann, die zu oft unversucht bleibt.

67 Das Ergebnis der angefragten Verwaltungshilfe hängt grundsätzlich sehr von der Qualität der Arbeit des Verwaltungshilfe leistenden Trägers ab. Hierbei differiert der Einsatz, der vor Ort im Ausland geleistet wird. Entsprechend scharf ist das Schwert, dessen sich der deutsche Träger im Ausland bedienen kann.

68 Die Verwaltungshilfe wird oft mittels entsprechender **Vordrucke**, die von der DVKA mitentwickelt und vorgehalten werden, durchgeführt, in manchen Fällen wird sie per einfachem Schreiben beim ausländischen Träger angefragt.

e. Information, Beratung und Aufklärung

69 Die DVKA ist zur Information, Beratung und Aufklärung der gesetzlichen Krankenversicherung im Bereich der ihr übertragenen Aufgaben verpflichtet. Zielgruppe der Beratung sind in erster Linie die gesetzlichen Krankenkassen, daneben jedoch ebenso Versicherte, Arbeitgeber, Leistungserbringer, Ministerien sowie in- und ausländische Institutionen und Partner. Die Information erfolgt mittels regelmäßig an die gesetzlichen Krankenkassen verteilter **Rundschreiben** der DVKA, mittels regelmäßig gepflegter **Merkblätter** für die Versicherten und Leistungserbringer, mittels **Leitfäden** für die Krankenkassen sowie durch das Angebot von **Schulungsseminaren** der DVKA für Mitarbeiterinnen und Mitarbeiter der gesetzlichen Krankenkassen. Darüber hinaus erfolgt telefonische wie auch schriftliche Beratung zu generellen Rechtsfragen und Einzelfällen. Informiert, beraten und aufgeklärt wird zu Themen der Leistungsaushilfe im In- und Ausland, Kostenabrechnung mit in- und ausländischen Stellen, Verwaltungshilfe, Versicherungsmöglichkeiten im In- und Ausland. Daneben leitet die DVKA Anfragen zum in- und ausländischen Recht an ihre Partner weiter. Verstärkt leistet die DVKA **Argumentationshilfe** für gesetzliche Krankenkassen in **gerichtlichen Verfahren** mit Fragen von grundsätzlicher Bedeutung.

---

[45] BGBl II 2004, 1068.

f. Sonstige Aufgaben

Die Aufzählung der **Aufgaben** ist **nicht abschließend**, die Aufgaben beschränken sich bislang aber insbesondere auf solche, die die über- und zwischenstaatliche Koordinierung betreffen. **70**

Die Grundsatzabteilung der DVKA ist mit der (Weiter-)Entwicklung und Umsetzung von **Zielen, Strategien und Grundsatzpositionen zum über- und zwischenstaatlichen Krankenversicherungsrecht** befasst, über die sie mit den Spitzenverbänden der Krankenkassen berät. In diesem Zusammenhang erfolgt auch eine – an den Interessen der Krankenversicherung orientierte – fachliche Beratung der Bundesregierung bei den Verhandlungen zur Schaffung neuer über- und zwischenstaatlicher Vorschriften im Bereich der Krankenversicherung. **71**

Schnittstellen zu den Aufgabenbereichen der **Spitzenverbände der Krankenkassen** bestehen dort, wo Fragen zur Patientenmobilität innerhalb der EU über die Koordinierung hinausgehen. Beispielsweise ist die DVKA zwar an der Erarbeitung zu Stellungnahmen zur geplanten Gesundheitsdienstleistungsrichtlinie der Generaldirektion Gesundheit beteiligt, federführend zu Fragen der Dienstleistungsfreiheit wie auch der Warenverkehrsfreiheit im Bereich der Gesundheitsdienstleistungen sind jedoch die Spitzenverbände der Krankenkassen. Auch Rundschreiben der Spitzenverbände der Krankenkassen zu Fragen des deutschen Rechts mit Auslandsbezug werden u.U. mit der DVKA abgestimmt. **72**

Die DVKA unterstützt die gesetzliche Krankenversicherung weiterhin bei der Anforderung und Verteilung von **Übersetzungskosten**. **73**

4. Rechtstatsachen

Die DVKA hat im Jahr 2006 eine Anzahl von ca. 1,1 Mio. ausländischen und inländischen Kostenrechnungen, die nach tatsächlichem und pauschalem Aufwand mit den zuständigen Trägern abgerechnet wurden, bearbeitet. Das gesamte abgerechnete Finanzvolumen der DVKA für das Jahr 2006 liegt bei knapp 700 Mio. €. **74**

IV. Rechtsform (Absatz 2)

Die DVKA ist bundesunmittelbare Körperschaft des öffentlichen Rechts, deren Mitglieder der AOK-Bundesverband, der BKK-Bundesverband, die Knappschaft-Bahn-See, der Bundesverband der landwirtschaftlichen Krankenkassen, der IKK-Bundesverband, die See-Krankenkasse und der Verband der Angestellten-Krankenkassen/Arbeiter-Ersatzkassen Verband e.V. sind. **75**

V. Organe der DVKA (Absatz 3)

Organe der Verbindungsstelle sind der Verwaltungsrat und der Geschäftsführer. Sie wirken bei der Wahrnehmung ihrer Aufgaben vertrauensvoll zusammen. **76**

VI. Geschäftsführung (Absatz 4)

Der Geschäftsführer führt die Geschäfte der Verbindungsstelle und vertritt sie gerichtlich und außergerichtlich. § 31 Abs. 3 SGB IV gilt entsprechend. Das Nähere bestimmt die Satzung. **77**

In diesem Zusammenhang ist die Besonderheit zu erwähnen, dass § 7 der Satzung vorsieht, dass der Geschäftsführer und sein Stellvertreter die Bezeichnung „Direktor" bzw. „Stellvertretender Direktor" führen. Diese vom Gesetzeswortlaut abweichende Bezeichnung schien dem Geschäftsführer, der die Geschäfte der DVKA bis September 2004 leitete, im internationalen Verkehr verständlicher. Seit Oktober 2004 wird die Bezeichnung des Direktors nicht mehr verwandt. **78**

VII. Verweis auf die §§ 34, 37, 38 SGB IV und § 194 Abs. 1 Nr. 10 SGB V (Absatz 5)

Die Regelungen der §§ 34, 35 und 38 SGB IV gelten entsprechend. **79**

Gemäß § 8 der Satzung ist Widerspruchsstelle im Sinne von § 78 SGG und Einspruchstelle im Sinne von § 112 Abs. 1 Nr. 1 und Abs. 2 SGB IV der Geschäftsführer. **80**

C. Praxishinweise

81 Die regelmäßig im Beratungsgeschäft der DVKA auftretenden Fehler bei der Anwendung des über- und zwischenstaatlichen Krankenversicherungsrechts durch den ungeübten Anwender/die ungeübte Anwenderin sind zahlreich. Fehlerquellen hierbei sind die **Einordnung** des **Verhältnisses** der **nationalen** Rechtsvorschriften zu **über- und zwischenstaatlichem Recht** (vgl. die Kommentierung zu § 6 SGB V).

82 Bei der Beurteilung von **Koordinierungsfragen** sind dem Anwender/der Anwenderin bei der Einordnung unter die Vorschriften der EWGV 1408/71 regelmäßig die hierzu ergangenen **Beschlüsse der Verwaltungskommission** der Europäischen Gemeinschaften für die Soziale Sicherheit der Wanderarbeitnehmer nicht geläufig. Hier wird vom deutschen Anwender übersehen, dass die EWGV 1408/71 Begriffe anders legal definiert als das deutsche Recht. Regelmäßig wird auch der Begriff des Wohnortes fälschlicherweise nach deutschem Melderecht beurteilt.

83 Oft wird zudem übersehen, dass für die Beurteilung von Sachverhalten die **Kostenlastverteilung**, die durch die EWGV 574/72 geregelt wird, von Bedeutung ist. Da sich jedoch die Feinheiten der Kostenabrechnung auch aus diesem Regelwerk nicht eindeutig erschließen und **Kommentarliteratur nicht existent** ist, ist eine Beurteilung – nicht nur für Laien – schwierig.[46]

84 Zu Fragen des **anwendbaren Versicherungsrechts** wird übersehen, dass es sich hier **nicht** um eine **reine Wahlmöglichkeit** handelt, deren Ausübung lediglich bei den deutschen gesetzlichen Krankenkassen (z.B. Entsendung) oder zur DVKA (Ausnahmevereinbarungen) beantragt werden muss. Vor Erstellung eines Formulars E 101 erfolgt nicht immer eine eingehende Aufklärung des Sachverhalts durch die deutschen Kassen sowie eine konsequente Prüfung der Voraussetzungen.

85 Zusätzlich ist nicht hinreichend bekannt, dass es **neben der Entsendung** noch **weitere Umstände** gibt, unter denen deutsches Recht anwendbar bleibt. Auch in diesen Fällen wird die Weitergeltung deutschen Rechts mittels eines Formulars E 101 belegt.

86 Die **Verlängerung der Entsendung**, die innerhalb des EWR und der Schweiz mittels eines Formulars E 102 bescheinigt wird, ist entgegen vielfacher Annahme nicht bei der deutschen zuständigen Krankenkasse, sondern bei der **ausländischen Verbindungsstelle** des Landes zu **beantragen**, in das der Arbeitnehmer entsandt ist.

87 Die **Antragstellung** auf die **Vereinbarung einer Ausnahme vom anwendbaren Versicherungsrecht** (Ausnahmevereinbarung) erfolgt bei der **DVKA**. Häufigster Anwendungsfall sind vorübergehende Auslandsbeschäftigungen, für die deutsches Recht anwendbar bleiben soll, aber keine Entsendung nach Gemeinschafts- oder Abkommensrecht vorliegt.

88 Die DVKA ist bei ablehnendem Bescheid lediglich dann **Widerspruchs- bzw. Klagegegnerin**, wenn sie einen **ablehnenden Bescheid** auf Antragstellung der Weitergeltung deutschen Sozialversicherungsrechts abschlägig gegenüber dem Antragsteller **beschieden** hat. Hat die DVKA im internen Konsultationsverfahren mit der ausländischen Behörde keine Zustimmung zur Weitergeltung ausländischen Sozialversicherungsrechts gegeben, ist entsprechend gegen die ausländische Stelle vorzugehen, bei der der Antrag auf Weitergeltung der nationalen Rechtsvorschriften gestellt wurde.

89 Die DVKA berät **nicht** in Angelegenheiten der **privaten Krankenversicherung**.

D. Reformbestrebungen

I. Überstaatliches Recht

90 Die wichtigste Arbeitsgrundlage der DVKA, die **Durchführungsverordnung zur EGV 883/04** der Europäischen Parlaments und des Rates vom 29.04.2004 zur Koordinierung der Systeme der sozialen Sicherheit[47]und Nachfolgerin der EWGV 574/72, wird derzeit in der Ratsarbeitsgruppe Sozialfragen in Brüssel unter Mitwirkung der DVKA neu verhandelt. Beide Verordnungen werden im materiellrechtlichen Bereich wie auch für die Durchführung der Vorschriften **weitreichende Änderungen** für das Tagesgeschäft der DVKA nach sich ziehen. Insbesondere im Bereich der Kostenabrechnung zeichnen sich massive Änderungen ab, die die DVKA und die deutschen Krankenkassen werden umsetzen müssen. Nach derzeitigem Stand der Planung ist mit dem In-Kraft-Treten der neuen Durchführungsverordnung und damit der Geltung der EGV 883/04[48] zum 01.01.2009 zu rechnen.

---

46 BSG v. 05.06.2005 - B 1 KR 4/04 R - SGb 4/2006, 237.
47 Abl.EG L 200 v. 07.06.2004.
48 Art. 91 Satz 2 EGV 883/04 in: Abl.EG L 200 v. 07.06.2004, S. 32.

II. Zwischenstaatliches Recht

91 Gem. Art. 8 des am 09.02.2007 unterzeichneten Ergänzungsabkommen zwischen der Bundesrepublik Deutschland und Australien über die Soziale Sicherheit von vorübergehend im Hoheitsgebiet des anderen Staates beschäftigten Personen zum Abkommen zwischen der Bundesrepublik Deutschland und Australien über Soziale Sicherheit vom 13.12.2000[49] ist zukünftig auch die Möglichkeit zum Abschluss von **Ausnahmevereinbarungen** vom anwendbaren Versicherungsrecht für in **Australien** beschäftige Personen und umgekehrt vorgesehen. Das Abkommen wird voraussichtlich Anfang des Jahres 2008 in Kraft treten.

III. Innerstaatliches Recht

92 Gemäß der im **GKV-WSG** veröffentlichten Neufassung des § 219a Abs. 2 SGB V ist der Spitzenverband Bund der Krankenkassen Rechtsnachfolger der Deutschen Verbindungsstelle Krankenversicherung – Ausland (Verbindungsstelle) in der bis zum 31.12.2007 geltenden Fassung.[50] Gemäß der Vorschrift des Art. 46 Abs. 9 GKV-WSG tritt die Neufassung des § 219a SGB V jedoch erst zum 01.07.2008 in Kraft.[51] Hierbei kann es sich lediglich um ein Redaktionsversehen handeln.

93 Nach der **Neuregelung** nimmt der **Spitzenverband Bund der Krankenkassen die Aufgaben der Deutschen Verbindungsstelle Krankenversicherung – Ausland** wahr. Es bleibt vorläufig bei dem **Aufgabenbereich**, wie er in der bisherigen Fassung des § 219a SGB V umrissen ist. Der Gesetzgeber bekräftigt jedoch mit einer Öffnungsklausel in Abs. 1 Satz 2[52] die Möglichkeit, der Verbindungsstelle neben dem bisherigen Geschäft Aufgaben mit internationalem Bezug beim Spitzenverband zuzuweisen. Hervorzuheben ist, dass die Verbindungsstelle eine eigene Geschäftsführung wie auch eine eigene Haushaltsführung haben wird. Die Finanzierung der Verbindungsstelle erfolgt weiterhin per Umlage und aus sonstigen Einnahmen der Verbindungsstelle.

94 Sitz der Verbindungsstelle wird gem. § 217e Abs. 1 Satz 4 Bonn sein.[53] Für das Beratungsgeschäft wie auch das Antragsverfahren zur DVKA werden daher lediglich Änderungen in geringem Umfang notwendig werden.

95 Die **Neuorganisation der Verbindungsstelle** wurde mit der Umwandlung der Spitzenverbände und damit den Mitgliedern der DVKA als Körperschaft begründet. Sie sei bereits vor dem Spitzenverband eine kassenartübergreifende Einrichtung gewesen und könne insofern als Vorläuferin des neuen Spitzenverbands Bund erachtet werden.[54]

96 Im Zuge der Reformdiskussion brachte die DVKA eine Stellungnahme in den Bundestagsausschuss für Gesundheit ein, in der dargelegt wurde, dass der im Kabinettsentwurf des GKV-WSG vorgesehene **Basistarif**[55] der **Koordinierungspflicht des EG-Rechts** gemäß EWGV 1408/71 und der EWGV 574/72 unterliegt.[56] Mit der Einbeziehung der privaten Versicherungsverträge in den Leistungskatalog nach SGB V handelt es sich bei nach dem Basistarif versicherten Personen um Arbeitnehmer und Selbständige im Sinne von Art. 1 Buchstabe a) VO (EWG) Nr. 1408/71, die gemäß der Rechtsvorschriften des Versicherungsaufsichtsgesetzes gemäß Art. 1 Buchstabe j) EWGV 1408/71 unter den sachlichen Anwendungsbereich des Art. 4 der EWGV 1408/71 zu fassen sind. Dieser europarechtlich schwerwiegende Aspekt wurde jedoch bei der organisatorischen Neuangliederung der DVKA nicht berücksichtigt.

---

49 BGBl II 2002, 2307.

50 BGBl I 2007, 423.

51 BGBl I 2007, 472.

52 BGBl I 2007, 423.

53 BGBl I 2007, 422.

54 Referentenentwurf des Entwurfs eines Gesetzes zur Stärkung des Wettbewerbs in der GKV (GKV-Wettbewerbsstärkungsgesetz – GKV-WSG), S. 414.

55 Entwurf eines Gesetzes zur Stärkung des Wettbewerbs in der GKV (GKV-Wettbewerbsstärkungsgesetz – GKV-WSG), S. 231 ff.

56 http://www.bundestag.de/ausschuesse/a14/anhoerungen/029-034/stll_eingel/index.html – Deutsche Verbindungsstelle Krankenversicherung – Ausland.

§ 219b SGB V Verwaltungsrat der Verbindungsstelle

(Fassung vom 22.12.1999, gültig ab 01.01.2000, gültig bis 30.06.2008)

(1) Der Verwaltungsrat hat

1. die Satzung zu beschließen,

2. den Haushaltsplan festzustellen,

3. die Betriebs- und Rechnungsführung jährlich zu prüfen und die Jahresrechnung abzunehmen,

4. den Finanzierungsanteil als Umlage nach § 219d zu beschließen,

5. den Geschäftsführer und seinen Stellvertreter zu bestellen und zu entlasten.

(2) Die Spitzenverbände der in § 35a Abs. 1 Satz 1 des Vierten Buches genannten Krankenkassen entsenden je ein Vorstandsmitglied, die übrigen Spitzenverbände je ein Mitglied der Geschäftsführung in den Verwaltungsrat.

(3) Beschlüsse des Verwaltungsrates werden mit einfacher Mehrheit der Mitglieder gefasst. Beschlüsse über Haushaltsangelegenheiten und über die Aufstellung und Änderung der Satzung bedürfen einer Mehrheit von zwei Dritteln der Mitglieder.

Gliederung

A. Basisinformation

I. Textgeschichte/Gesetzgebungsmaterialien

1 Die Regelung trat mit den §§ 219a, 219c und 219d SGB V zum 01.01.2000 in der heutigen Fassung in Kraft (vgl. die Kommentierung zu § 219a SGB V Rn. 1).[1]

II. Parallelvorschriften

2 Es wird auf die Kommentierung zu § 197 SGB V und die Kommentierung zu § 33 SGB IV[2] verwiesen.

III. Untergesetzliche Normen

3 Es wird auf § 5 der Satzung der DVKA verwiesen.

B. Auslegung der Norm

I. Regelungsgehalt und Bedeutung der Norm

4 Die Vorschrift bestimmt die Zusammensetzung und die Aufgaben, die dem Verwaltungsrat der Deutschen Verbindungsstelle Krankenversicherung – Ausland (vgl. die Kommentierung zu § 219a SGB V) übertragen wurden, sowie dessen Abstimmungsmodus.

II. Tatbestandsmerkmale

1. Zusammensetzung

5 Gemäß § 5 der Satzung der DVKA hat der Verwaltungsrat **acht Mitglieder**. Die Spitzenverbände der in § 35a Abs. 1 Satz 1 SGB IV genannten Krankenkassen entsenden je ein Vorstandsmitglied, die üb-

[1] BGBl I 1999, 2643.
[2] *Schneider-Danwitz* in: jurisPK-SGB IV, § 33.

rigen Spitzenverbände je ein Mitglied der Geschäftsführung in den Verwaltungsrat. Eine Vertretung auf entsprechender Vorstands- bzw. Geschäftsführerebene ist zulässig.

Der Verwaltungsrat hat einen **Vorsitzenden** und einen **stellvertretenden Vorsitzenden**. Sie werden aus der Mitte des Verwaltungsrats für die Dauer von zwei Jahren gewählt. Wiederwahl ist zulässig. Das Amt endet mit dem Ausscheiden als Vorstandsmitglied oder Mitglied der Geschäftsführung bei einem Mitglied der DVKA oder aus einem sonstigen wichtigen Grund. Der Verwaltungsrat vertritt die DVKA gegenüber dem Geschäftsführer, wobei das Vertretungsrecht durch den Vorsitzenden des Verwaltungsrats ausgeübt wird. 6

2. Beschlussfassung

Jedes Mitglied hat im Verwaltungsrat eine Stimme. Der Verwaltungsrat ist beschlussfähig, wenn er ordnungsgemäß einberufen wurde und die Mehrheit der Mitglieder anwesend ist. Bei Beschlussunfähigkeit ist der Verwaltungsrat binnen vier Wochen unter Beachtung der für die Einladung geltenden Bestimmungen erneut einzuberufen. 7

Beschlüsse werden mit einfacher Mehrheit der Mitglieder gefasst. Beschlüsse über Haushaltsangelegenheiten und über die Aufstellung und Änderung der Satzung bedürfen einer Mehrheit von zwei Drittel der Mitglieder. Beschlüsse können auch schriftlich gefasst werden. Soweit drei Mitglieder widersprechen, ist über die Angelegenheit in der nächsten Sitzung zu beraten und abzustimmen. 8

C. Reformbestrebungen

§ 219b SGB V wird mit Wirkung zum 01.07.2008[3] aufgehoben (vgl. die Kommentierung zu § 219a SGB V Rn. 86).[4] 9

Gem. der im **GKV-WSG** veröffentlichten Neufassung des § 219a Abs. 3 Satz 1 SGB V hat zukünftig der **Verwaltungsrat des Spitzenverbandes Bund der Krankenkassen** für die Erfüllung der Aufgaben nach § 219a Abs. 1 SGB V einen **Geschäftsführer der Verbindungsstelle** und seinen Stellvertreter zu bestellen. Aufgabe des Verwaltungsrats des Spitzenverbandes Bund wird es gem. § 219a Abs. 4 Satz 1 SGB V darüber hinaus sein, den **Gesamthaushaltsplan** des Spitzenverbandes Bund für den Aufgabenbereich der Verbindungsstelle zu **untergliedern**. 10

[3] BGBl I 2007, 472.

[4] BGBl I 2007, 423.

§ 219c SGB V Ständiger Arbeitsausschuss der Verbindungsstelle

(Fassung vom 22.12.1999, gültig ab 01.01.2000, gültig bis 30.06.2008)

Die Verbindungsstelle hat einen Ständigen Arbeitsausschuss, in den jeder Spitzenverband einen Vertreter entsenden kann. Dieser berät und unterstützt den Geschäftsführer. Das Nähere bestimmt die Satzung.

Gliederung

A. Basisinformation

I. Textgeschichte/Gesetzgebungsmaterialien

1 Die Regelung trat mit den §§ 219a, 219b und 219d SGB V zum 01.01.2000 in der heutigen Fassung in Kraft (vgl. die Kommentierung zu § 219a SGB V Rn. 1).[1]

II. Untergesetzliche Normen

2 Es wird auf § 9 der Satzung der DVKA verwiesen.

B. Auslegung der Norm

I. Regelungsgehalt und Bedeutung der Norm

3 § 219c SGB V statuiert als Beratungsgremium für den Geschäftsführer der Deutschen Verbindungsstelle Krankenversicherung – Ausland einen Ständigen Arbeitsausschuss, der den Geschäftsführer der DVKA zu grundlegenden Fragen des über- und zwischenstaatlichen Rechts berät (vgl. die Kommentierung zu § 219a SGB V).

4 Die **Normierung** einer solchen Arbeitsgruppe wie dem Ständigen Arbeitsausschuss ist **ungewöhnlich**. Eine derartige Regelung wird üblicherweise in der Satzung getroffen.

II. Normzweck

5 Der Geschäftsführer der Verbindungsstelle soll bei inhaltlichen Fragen, die sich im Rahmen der Aufgabenerfüllung für die Deutsche Verbindungsstelle Krankenversicherung – Ausland (vgl. die Kommentierung zu § 219a SGB V Rn. 22 ff.) stellen, vom Ständigen Arbeitsausschuss der Verbindungsstelle beraten werden. Insbesondere soll hiermit eine **beständige Abstimmung** bei der Umsetzung über- und zwischenstaatlichen Rechts mit nationalem Krankenversicherungsrecht durch die deutsche Krankenversicherung gewährleistet werden.

III. Tatbestandsmerkmale

6 § 9 der Satzung wiederholt den Gesetzeswortlaut bis auf den Zusatz, dass der Geschäftsführer den Vorsitz im Ständigen Arbeitsausschuss führt.

7 Der Ständige Arbeitsausschuss der Verbindungsstelle tritt im Abstand von ca. 3 Monaten zusammen, um den Geschäftsführer zu beraten. Die Sitzungen des Ständigen Arbeitsausschusses werden organisatorisch und inhaltlich von der DVKA vorbereitet.

8 Im Zuge der Sitzungsvorbereitungen unterbreitet der Geschäftsführer der DVKA den Mitgliedern des Ständigen Arbeitsausschusses **konkrete Rechtsfragen** zu **einzelnen Fallkonstellationen** und bietet **Lösungsmöglichkeiten** an. Die unterbreiteten Lösungsvorschläge werden in aller Regel von den Mit-

[1] BGBl I 1999, 2643.

gliedern des Ständigen Arbeitsausschusses mitgetragen. Darüber hinaus berichtet der Geschäftsführer der DVKA über bilaterale Verbindungsstellen- und/oder Regierungsgespräche, an denen die DVKA beteiligt war, oder über die Beratungstätigkeit der DVKA in laufenden Gesetzgebungsverfahren.

Neben den **Sitzungen** des Ständigen Arbeitsausschusses werden auf **schriftlichem Wege** Grundsatzfragen zu über- und zwischenstaatlichem Recht abgestimmt, wobei die Initiative regelmäßig von der DVKA ausgeht. Ergebnisse der Abstimmungen werden den gesetzlichen Krankenkassen per Rundschreiben bekannt gegeben. 9

Zu Rechtsfragen, in denen Positionen zu deutschem Recht mit Auslandsbezug abgestimmt werden müssen, findet vereinzelt auch eine Einbindung der DVKA von den federführenden Spitzenverbänden der Krankenkassen statt. 10

C. Reformbestrebungen

§ 219c SGB V wird mit Wirkung zum 01.07.2008[2] aufgehoben[3] (vgl. die Kommentierung zu § 219a SGB V Rn. 86). Ob es bei der Verbindungsstelle beim Spitzenverband Bund ein Gremium geben wird, das die Beratungsfunktion des Ständigen Arbeitsausschusses zukünftig übernehmen wird, bleibt abzuwarten. Die Notwendigkeit für eine weitere gesetzliche Statuierung eines Beratungsgremiums zu Fragen des über- und zwischenstaatlichen Krankenversicherungsrechts sah der Gesetzgeber nicht. 11

[2] BGBl I 2007, 472.
[3] BGBl I 2007, 423.

§ 219d SGB V Finanzierung und Aufsicht über die Verbindungsstelle

(Fassung vom 20.04.2007, gültig ab 08.11.2006, gültig bis 30.06.2008)

(1) Die zur Finanzierung der Verbindungsstelle erforderlichen Mittel werden durch die von den Mitgliedern im Voraus zu tragenden Umlagen und die sonstigen Einnahmen der Verbindungsstelle aufgebracht. Berechnungsgrundlage für die Umlagen sind die Mitgliederzahlen. Das Nähere bestimmt die Satzung.

(2) Für das Haushalts- und Rechnungswesen einschließlich der Statistiken gelten die Regelungen in den §§ 67 bis 70 Abs. 1 und 5 und § 72 Abs. 1 und 2 Satz 1 erster Halbsatz, §§ 73 bis 76 Abs. 1 und 2, § 77 Abs. 1, § 79 Abs. 1 und 2 in Verbindung mit Abs. 3a des Vierten Buches erlassenen Rechtsverordnungen entsprechend. Für das Vermögen gelten die §§ 80 und 85 des Vierten Buches und § 263 entsprechend.

(3) Die Verbindungsstelle untersteht der Aufsicht des Bundesministeriums für Gesundheit; die Aufsicht wird im Einvernehmen mit dem Bundesministerium für Arbeit und Soziales ausgeübt. Die Aufsicht erstreckt sich auf die Beachtung von Gesetz und sonstigem Recht. Die §§ 88 und 89 des Vierten Buches sowie § 274 gelten entsprechend.

Gliederung

A. Basisinformation

I. Textgeschichte/Gesetzgebungsmaterialien

1 Die Regelung des Absatzes 1 trat mit den §§ 219a, 219b und 219c SGB V zum 01.01.2000 in der heutigen Fassung in Kraft (vgl. die Kommentierung zu § 219a SGB V Rn. 1, die Kommentierung zu § 219b SGB V und die Kommentierung zu § 219c SGB V).[1]

2 Im Zuge der Änderung des Absatzes 2 Satz 1 erfolgte nicht die Korrektur des Verweises auf § 70 Abs. 3 in Abs. 5 SGB IV[2], der derzeit als Redaktionsversehen gewertet wird. Die Aufsicht übt mit Änderung des Absatzes 3 Satz 1[3] das Bundesministerium für Gesundheit aus. Zuvor sah die Ausübung der Aufsicht durch das Bundesministerium für Gesundheit das Einvernehmen mit dem Bundesministerium für Arbeit und Sozialordnung vor.[4]

II. Parallelvorschriften

1. SGB IV

3 Es wird auf die §§ 67-70 Abs. 1 und 3, 72 Abs. 1 und Abs. 2 Satz 1, 73-76 Abs. 1 und 2, 77 Abs. 1, 79 Abs. 1, 2 und 3a, 80, 85, 88 und 89 SGB IV sowie auf die auf Grund von § 78 SGB IV erlassenen Rechtsverordnungen verwiesen.[5]

---

[1] BGBl I 1999, 2643.
[2] BGBl I 2004, 3242.
[3] BGBl I 2003, 2304.
[4] BGBl I 1999, 2643.
[5] Vgl. *West* in: jurisPK-SGB IV, §§ 67-69; *Dankelmann* in: jurisPK-SGB IV, §§ 70, 72-75, 78; *v. Boetticher* in: jurisPK-SGB IV, § 76; *Theuerkauf* in: jurisPK-SGB IV, § 77; *Mika* in: jurisPK-SGB IV, § 79; *Engelhard* in: jurisPK-SGB IV, § 80, 85, 88, 89.

2. SGB V

Es wird auf die §§ 263 und 274 SGB V verwiesen (vgl. die Kommentierung zu § 263 SGB V und die Kommentierung zu § 274 SGB V). 4

III. Untergesetzliche Vorschriften

Es wird auf die auf Grund von § 78 SGB IV erlassenen Rechtsverordnungen verwiesen.[6] 5

Es wird auf die §§ 10 und 11 der Satzung der DVKA verwiesen. 6

B. Auslegung der Norm

I. Regelungsgehalt und Bedeutung der Norm

§ 219d SGB V statuiert die Finanzierung der und die Aufsicht über die Deutsche Verbindungsstelle Krankenversicherung – Ausland (vgl. die Kommentierung zu § 219a SGB V). 7

II. Normzweck

Eine Normierung der Finanzierungsverpflichtung durch den Gesetzgeber für die Mitglieder der Deutschen Verbindungsstelle Krankenversicherung – Ausland hat eine größere Verbindlichkeit als eine Lösung auf der Ebene des Satzungsrechts und schaffte eine verlässliche Grundlage für die Verselbständigung der Verbindungsstelle. 8

III. Tatbestandsmerkmale

1. Finanzierung (Absatz 1)

Gem. § 10 der Satzung der DVKA werden die zur **Finanzierung** der DVKA erforderlichen Mittel durch die von den Mitgliedern im Voraus zu tragenden Umlagen und die sonstigen Einnahmen der DVKA aufgebracht. Berechnungsgrundlage für die **Umlage** sind die Mitgliederzahlen (Mitglieder insgesamt einschließlich Rentner) nach der Statistik KM1 zum 01.07. des dem Fälligkeitszeitpunkt vorausgehenden Jahres. Die Höhe der Umlage wird jeweils im Haushaltsplan festgesetzt. Die Umlage ist anteilig am 15.01., 15.04., 15.07. und am 15.10. jeweils für das Kalendervierteljahr im Voraus fällig, für das sie erhoben wird. Unter die sonstigen Einnahmen fallen u.a. Zinseinnahmen, die bei der DVKA für – treuhänderisch an ausländische Träger oder von ausländischen Trägern weiterzuleitende – durchlaufende Gelder zum Ausgleich der Sachleistungsaushilfekosten anfallen. 9

2. Haushalts- und Rechnungswesen (Absatz 2)

§ 11 der Satzung der DVKA wiederholt für das Haushalts- und Rechnungswesen der DVKA lediglich die Verweise des Absatzes 2.[7] Das Haushaltsjahr ist das Kalenderjahr. 10

3. Aufsicht (Absatz 3)

Die Aufsicht über die Deutsche Verbindungsstelle Krankenversicherung – Ausland führt das Bundesministerium für Gesundheit nach den geltenden Vorschriften (vgl. die Kommentierung zu § 274 SGB V)[8]. 11

C. Reformbestrebungen

§ 219d SGB V wird mit Wirkung zum 01.07.2008[9] aufgehoben.[10] 12

Gem. der im **GKV-WSG** vorgesehenen Neufassung des § 219a Abs. 5 SGB V werden zukünftig die zur Finanzierung der Verbindungsstelle erforderlichen Mittel durch eine Umlage, deren Berechnungskriterien in der Satzung des Spitzenverbandes Bund der Krankenkassen festgelegt werden (§ 217e Abs. 1 Nr. 3 SGB V), und durch sonstige Einnahmen der Verbindungsstelle aufgebracht. Weiter ist ausdrücklich vorgesehen, dass die Satzung des Spitzenverbandes Bund der Krankenkassen Bestim- 13

---

[6] *Dankelmann* in: jurisPK-SGB IV, § 78.

[7] Vgl. *West* in: jurisPK-SGB IV, §§ 67-69; *Dankelmann* in: jurisPK-SGB IV, §§ 70, 72-75, 78; *v. Boetticher* in: jurisPK-SGB IV, § 76; *Theuerkauf* in: jurisPK-SGB IV, § 77; *Mika* in: jurisPK-SGB IV, § 79; *Engelhard* in: jurisPK-SGB IV, § 80, 85, 88, 89; vgl. auch die Kommentierung zu § 263 SGB V.

[8] *Engelhard* in: jurisPK-SGB IV, §§ 88 und 89.

[9] BGBl I 2007, 472.

[10] BGBl I 2007, 423.

mungen zur ausschließlichen Verwendung der für die Aufgabenerfüllung der Verbindungsstelle verfügbaren Mittel für Zwecke der Verbindungsstelle enthalten muss. Hiermit wird die vom Gesetzgeber gewünschte Sonderposition der DVKA im Rahmen des Spitzenverbandes Bund auch haushaltstechnisch festgeschrieben. Gem. § 219a Abs. 2 Satz 3 SGB V gilt der für das Jahr 2008 aufzustellende Haushaltsplan der DVKA als Teil des Haushalts des Spitzenverbandes Bund der Krankenkassen fort.

Achtes Kapitel: Finanzierung

Erster Abschnitt: Beiträge

Erster Titel: Aufbringung der Mittel

§ 220 SGB V Grundsatz

(Fassung vom 14.11.2003, gültig ab 01.01.2004, gültig bis 31.12.2008)

(1) Die Mittel für die Krankenversicherung werden durch Beiträge und sonstige Einnahmen aufgebracht. Die Beiträge sind so zu bemessen, daß sie zusammen mit den sonstigen Einnahmen die im Haushaltsplan vorgesehenen Ausgaben und die vorgeschriebene Auffüllung der Rücklage decken. Für die Bemessung sind der Betrag der vorgesehenen Einnahmen um den zu Beginn des Haushaltsjahres vorhandenen Betriebsmittelüberschuß und der Betrag der vorgesehenen Ausgaben um die erforderliche Auffüllung des Betriebsmittelbestands zu erhöhen.

(2) Ergibt sich während des Haushaltsjahres, daß die Betriebsmittel der Krankenkasse einschließlich der Zuführung aus der Rücklage und der Inanspruchnahme eines Darlehens aus der Gesamtrücklage zur Deckung der Ausgaben nicht ausreichen, sind die Beiträge zu erhöhen. Muß eine Krankenkasse, um ihre Leistungsfähigkeit zu erhalten oder herzustellen, dringend ihre Einnahmen vermehren, hat der Vorstand zu beschließen, daß die Beiträge bis zur satzungsmäßigen Neuregelung erhöht werden; der Beschluß bedarf der Genehmigung der Aufsichtsbehörde. Kommt kein Beschluß zustande, ordnet die Aufsichtsbehörde die notwendige Erhöhung der Beiträge an.

(3) Übersteigen die Einnahmen der Krankenkasse die Ausgaben und ist das gesetzliche Betriebsmittel- und Rücklagesoll erreicht, sind die Beiträge durch Änderung der Satzung zu ermäßigen.

(4) Ab dem 1. Januar 2004 sind die durch die §§ 24b, 27a, 33 Abs. 1, § 34 Abs. 1 und § 221 sowie die durch den Wegfall der §§ 58 und 59 in der bis zum 31. Dezember 2003 geltenden Fassung und die Aufhebung des § 200b der Reichsversicherungsordnung bewirkten Einsparungen in vollem Umfang für Beitragssatzsenkungen zu verwenden. Die übrigen durch das GKV-Modernisierungsgesetz vom 14. November 2003 (BGBl. I S. 2190) bewirkten Einsparungen sind mindestens zur Hälfte für Beitragssenkungen zu verwenden. Satz 1 gilt auch für die durch § 240 Abs. 2 Satz 3 sowie die §§ 241a, 245, 247 und 248 bewirkten Einsparungen vom Inkrafttreten dieser Vorschriften ab.

Gliederung

A. Basisinformationen

I. Textgeschichte/Gesetzgebungsmaterialien

1 Mit dem am 01.01.1989 in Kraft getretenen SGB V[1] fasste der Gesetzgeber die zuvor in der RVO für die gesetzliche Krankenversicherung (GKV) geregelten Sachverhalte in einer überarbeiteten und zeitgerechten Form zusammen[2]. Die Neuregelung sollte das früher geltende Beitragsrecht der RVO systematisieren.[3] Das Ziel der Modernisierung der Kodifikation werde in besonderer Weise für die Rechtsgrundlagen der Finanzierung der GKV verfolgt, bei der die bisherigen Reformansätze nicht zu einem befriedigenden Ergebnis im Sinne der Eindämmung der Ausgaben- und Kostenentwicklung geführt hätten. Schon bei In-Kraft-Treten des SGB V war der langfristige Anstieg der Beitragssätze in der GKV ein wichtiges Motiv für das gesetzgeberische Handeln.[4]

2 Das Achte Kapitel des SGB V betrifft die Regelungen zur Finanzierung der GKV und untergliedert diese in fünf Abschnitte (Beiträge; Beitragszuschüsse; Verwendung und Verwaltung der Mittel; Finanz- und Risikostrukturausgleich; Prüfung der Kassen und Verbände). Die §§ 220 f. SGB V stehen im ersten Abschnitt über „Beiträge", deren erster Titel (bis § 225 SGB V) die „Aufbringung der Mittel" für die GKV und damit Grundsätze des Beitragsrechts regelt.

3 Die Binnenstruktur des seit 01.01.1989 geltenden § 220 SGB V hat sich seit dessen In-Kraft-Treten im Wesentlichen in Absatz 4 verändert. Die Regelung nimmt Bezug auf § 20 Abs. 1 SGB IV, der im Allgemeinen Teil des Sozialversicherungsrechts die Aufbringung der Mittel der Sozialversicherung regelt. Dort sind die Beiträge der Versicherten, der Arbeitgeber sowie Dritter an erster und damit herausgehobener Stelle als die Mittel genannt, aus denen sich die Sozialversicherung finanziert. Allerdings stellt § 20 Abs. 1 SGB IV heraus, dass diese allgemeine Regelung unter dem Vorbehalt der spezifischen Vorschriften der besonderen Teile des SGB steht („nach Maßgabe"). Eine solche Sonderbestimmung trifft § 220 SGB V für den Bereich der GKV; diese schränkt insbesondere die zur Finanzierung der GKV heranzuziehenden Quellen gegenüber § 20 SGB IV ein.

4 Absatz 1 Satz 1 benannte abschließend die Finanzierungsquellen der GKV, ist seit 01.01.2004 jedoch durch die Regelungen in § 58 und § 221 i.d.F. des Art. 1 Nr. 36 bzw. 141 GMG ergänzt worden. Die Regelung ist enger als § 20 Abs. 1 SGB IV und schränkt diesen als spezielles Gesetz ein, weil für die GKV nur Beiträge und sonstige Einnahmen als Quellen der Finanzierung zugelassen sind. Absatz 1 Sätze 2 und 3 regeln zwingend die Höhe des Beitragssatzes im Verhältnis zu den zu finanzierenden Aufgaben und haushaltstechnischen Anforderungen (Rücklagen und Betriebsmittel; vgl. § 261 Abs. 4 SGB V). Dabei ist der Beitragssatz, den § 241 SGB V als Prozentsatz der beitragspflichtigen Einnahmen definiert, in der GKV zwingend an den jährlichen Finanzbedarf geknüpft.

5 Absatz 2 regelt als zwingende Norm die Voraussetzung einer Erhöhung des Beitragssatzes während des Haushaltsjahres sowie dessen Ausnahmen. Ausgangspunkt der Regelung ist der **Grundsatz der Beitragsstabilität** (vgl. § 4 Abs. 4 Satz 1 SGB V), der sich auf ein Haushaltsjahr bezieht. Von diesem Grundsatz ausgehend werden die Voraussetzungen bestimmt, unter denen ausnahmsweise die Pflicht zur Erhöhung des Beitragssatzes besteht. Satz 2 betrifft die Durchführung der Maßnahme im Wege der Eilentscheidung durch den Vorstand im Einvernehmen mit der Aufsichtsbehörde (auch als Notkompetenz bezeichnet).[5]

6 Absatz 3 betrifft die gesetzlichen Voraussetzungen einer Beitragssenkung, die allerdings erst nach Auffüllung von Betriebsmitteln und Rücklagen i.S.d. § 261 SGB V zwingend vorgeschrieben ist. Nachdem das Gesetz zur Modernisierung der Gesetzlichen Krankenversicherung (GKV-Modernisierungsgesetz – GMG) vom 14.11.2003[6] zu großen Teilen am 01.01.2004 in Kraft getreten war, wurden

---

1 Fünftes Buch Sozialgesetzbuch – Gesetzliche Krankenversicherung – verkündet als Art. 1 des GRG vom 20.12.1988, BGBl I 1988, 2477.

2 So die Begründung im Gesetzentwurf zum GRG, BT-Drs. 11/2237, A. I. 6. Buchstabe a) zur Notwendigkeit einer neuen Kodifizierung für das Recht der GKV.

3 Vgl. BT-Drs. 11/2237, zum Achten Kapitel, Allgemeines.

4 Vgl. Entwurf eines Gesundheits-Reformgesetzes BT-Drs. 11/2237, Grafik 2 – Beitragsentwicklung in der GKV seit 1950.

5 Zum Begriff der Notkompetenz vgl. *Hänlein* in: LPK-SGB V § 220 Rn. 3.

6 BGBl I, 2190.

die Krankenkassen deutlich von Kosten entlastet. Die dadurch bewirkte Bildung von Überschüssen im Haushaltsjahr 2004 hat gezeigt, dass die genannten haushaltsrechtlichen Instrumente den Versicherungsträgern einen Spielraum bei der „Weitergabe" der erzielten Überschüsse einräumen.[7]

Absatz 4 in der zum 01.01.1993 in Kraft und zum 31.12.1996 außer Kraft getreten Fassung[8] regelte – ebenfalls im Sinne des Stabilitätsgrundsatzes –, dass Überschreitungen des Haushalts im Vorjahr mit den für das laufende Kalenderjahr vorgesehenen Ausgaben zu verrechnen waren. **7**

Absatz 4 in der ab 01.01.2004 geltenden Fassung des Art. 1 Nr. 140 GMG bestimmt nunmehr ausdrücklich, dass und in welchem Umfang erzielte Einsparungen zur Beitragsentlastung einzusetzen sind. Die Vorschrift trägt damit der Gefahr Rechnung, dass sich ein Großteil der durch das GMG erzielten Entlastungen nicht auf die Höhe der Beitragssätze auswirkt, sondern zur Auffüllung der Rücklagen und zum Schuldenabbau verwendet wird.[9] **8**

II. Vorgängervorschriften

In § 220 SGB V entspricht nach dem Willen des Gesetzgebers Absatz 1 dem früheren § 385 Abs. 1 Satz 2 RVO; Absatz 2 den §§ 387, 391 RVO. Absatz 3 wählt mit der Anordnung gesetzlichen Zwangs zur Beitragssenkung einen neuen Ansatz, der in der RVO keine Vorläufer hatte. **9**

III. Parallelvorschriften

In allen Zweigen der Sozialversicherung und im Recht der Arbeitsförderung finden sich jeweils Regelungen – wie die §§ 220 f. SGB V – über die Grundsätze der Finanzierung. Diese knüpfen an die §§ 20, 21 SGB IV an[10] und gestalten diese allgemeinen Bestimmungen für die verschiedenen Zweige der Sozialversicherung spezialgesetzlich aus. **10**

Die Mittel zur Finanzierung der **Pflegeversicherung** werden – wie in der GKV – durch Beiträge und sonstige Einnahmen gedeckt (§ 54 Abs. 1 SGB XI). Die Beitragssätze sind in diesem Versicherungszweig allerdings gesetzlich bestimmt (§ 55 Abs. 1 Satz 1 HS. 2 SGB XI). Zur Bestimmung der beitragspflichtigen Einnahmen verweist das SGB XI weitgehend auf die Regelungen für die GKV. **11**

Für die gesetzliche **Rentenversicherung** bestimmt § 153 Abs. 1SGB VI – anders als in der GKV –, dass die Einnahmen der Rentenversicherungen im Umlageverfahren erhoben werden. Diese setzen sich „insbesondere" aus den Beiträgen und staatlichen Zuschüssen des Bundes zusammen (§ 153 Abs. 2 SGB VI); die Aufzählung der Finanzierungsquellen ist also nicht abschließend. Der Bundeszuschuss (vgl. die §§ 213, 287e Abs. 2 SGB VI) betrug 2004 bereits 37,1 Mrd. €.[11] Auch werden die Beitragssätze in der Rentenversicherung nicht durch die Organe der Selbstverwaltung bestimmt (§ 160 SGB VI). **12**

Die gesetzliche **Unfallversicherung** ist zwar ebenfalls beitragsfinanziert, allerdings werden dort nur die Unternehmer zu Beiträgen herangezogen (§ 150 Abs. 1 Satz 1 SGB VII). Die Beiträge werden durch eine Umlage erhoben (§ 152 SGB VII); die Beitragssätze durch Satzung bestimmt (z.B. § 153 Abs. 3 SGB VII). Dabei wird das versicherte Risiko anhand der gezahlten Arbeitsentgelte und des Gefahrtarifs typisierend eingeschätzt und bei der Höhe der Beiträge berücksichtigt. **13**

Die **Arbeitslosenversicherung** wird gemäß § 340 SGB III aus dem Beitrag zur Arbeitsförderung, Umlagen (§§ 354, 358 SGB III), Mitteln des Bundes und sonstigen Einnahmen finanziert. Die Instrumente zur Finanzierung dieses Versicherungszweigs sind weit gefasst. Der Beitragssatz ist gesetzlich bestimmt (§ 341 Abs. 2 SGB III). Bis 31.12.2004 trug der Bund die Ausgaben für die Arbeitslosenhilfe (§ 363 SGB III); das waren im Jahre 2004 € 13,4 Mrd. für Arbeitslosenhilfe sowie rund € 5,2 Mrd. als allgemeiner Zuschuss an die Bundesagentur und weitere Zahlungen für die durch Gesetz übertragenen **14**

[7] Vgl. Presseerklärung des BMGS vom 02.12.2004 zur „Finanzentwicklung der gesetzlichen Krankenversicherung im 1.-3. Quartal 2004."; zum Schuldenstand der GKV auch: ARD „Plusminus" vom 12.10.2004: „Krankenkassen: Wie hoch sind die Schulden wirklich?"; AOK-Bundesverband, Presseerklärung vom 29.10.2004, „Zahlen und Fakten zur Finanzsituation der GKV".

[8] Eingefügt durch Art. 1 Nr. 133 des GSG vom 21.12.1992, BGBl I 1992, 2266; Vorschrift durch Befristung entfallen gemäß Art. 35 Abs. 8 GSG.

[9] Vgl. BT-Drs. 15/1525; S. 138 zu § 220.

[10] Vgl. *Schlegel* in: jurisPK-SGB IV, § 20.

[11] Vgl. *Genzke*, DAngVers 2004, 415, 416.

Aufgaben.[12] Nach § 363i.d.F. des Art. 3 Nr. 31 des „Hartz IV-Gesetzes" vom 24.12.2003[13] bezieht sich der Bundeszuschuss seit 01.01.2005 nicht mehr auf die Ausgaben für Arbeitslosenhilfe (Alhi) oder für dessen Nachfolgleistung Arbeitslosengeld II (Alg II). Die Finanzierung des Alg II ist in § 46 SGB II geregelt, wonach der Bund die Aufwendungen für Alg II trägt, soweit die Leistung von der BA erbracht wird.

IV. Systematische Zusammenhänge

15 In der Sozialversicherung (§ 1 Abs. 1 SGB IV) führt im Grundsatz jede **abhängige Beschäftigung** (§ 7 Abs. 1 SGB IV), die gegen Entgelt ausgeübt wird, zur **Versicherungspflicht** und damit im Grundsatz auch zur Beitragspflicht (§ 25 Abs. 1 SGB III; § 5 Abs. 1 Nr. 1 SGB V, § 1 Satz Nr. 1 SGB VI, § 20 Abs. 1 Nr. 1 SGB XI).[14] Gleiches gilt für die Unfallversicherung mit der Ausnahme, dass dort eine Beschäftigung selbst dann der Versicherungspflicht unterliegt, wenn die Zahlung eines Arbeitsentgelts nicht vereinbart ist.

16 Dementsprechend führt in der GKV die abhängige, gegen Arbeitsentgelt ausgeübte Beschäftigung zur gesetzlichen Mitgliedschaft (§ 186 SGB V) und damit regelmäßig auch zur Beitragspflicht. Neben den Beschäftigten, § 5 Abs. 1 Satz 1 Nr. 1, werden Beiträge in der GKV auch von den anderen pflichtversicherten Mitgliedern, die in den §§ 186, 5 Abs. 1 Nr. 2-12 SGB V gesetzlich definiert sind, gezahlt. Ebenso ist die Gruppe der freiwillig Versicherten als Gegenleistung für den Versicherungsschutz zur Beitragszahlung verpflichtet (§§ 9, 186, 240 SGB V). Nur die Familienversicherten nach § 10 SGB V sind ohne Pflicht zur Beitragszahlung in den Schutz der GKV einbezogen.

17 Die **Mitgliedschaft** der Pflichtversicherten beruht allerdings – anders als im privaten Versicherungsrecht – nicht auf einem synallagmatischen Vertragsverhältnis, sondern tritt kraft Gesetzes ein. Der Anspruch auf Leistungen knüpft daher nicht streng an der Beitragszahlung an. Auf der Ebene des einzelnen Mitglieds besteht eine nur gering ausgeprägte Wechselbezüglichkeit von Beitrag und „Leistung" sowie individuell ausgeprägtem Risiko. Stattdessen beteiligt sich das einzelne Mitglied entsprechend dem Gedanken des solidarischen Ausgleichs innerhalb der Versichertengemeinschaft durch grundsätzlich für jeden Tag der Mitgliedschaft zu zahlende Beiträge (§ 223 Abs. 1 ggf. i.V.m. § 240 Abs. 2 Satz 2 SGB V) nach seiner Leistungsfähigkeit an deren Ausgaben.[15] Die GKV bleibt auch dann leistungspflichtig, wenn die Zahlung der Beiträge ausbleibt oder verspätet erfolgt.[16] Im Gegenschluss kann die Zahlung von Beiträgen allein die Zugehörigkeit zur GKV nicht begründen.

18 Die **Beitragshöhe** wird im Rahmen der solidarischen Finanzierung nicht nur durch die Risiken des Versicherten, sondern durch dessen Leistungsfähigkeit und das Prinzip des sozialen Ausgleichs bestimmt (vgl. § 3 SGB V).[17] Der maßgebliche Beitragssatz ergibt sich für Pflichtversicherte wie für freiwillig Versicherte aus § 241 SGB V i.V.m. der Satzung des Versicherungsträgers. Die Beiträge sind nach einem Beitragssatz zu erheben, der in Hundertsteln der beitragspflichtigen Einnahmen in der Satzung festgesetzt wird (§ 241 Satz 1 SGB V). Soweit nichts Abweichendes bestimmt ist, zahlen Mitglieder Beiträge nach dem allgemeinen Beitragssatz (Satz 2).[18]

V. Ausgewählte Literaturhinweise

19 *Becker*, Verfassungsrechtliche Vorgaben für die Krankenversicherung der Rentner, NZS 2001, 281; *Gößl*, Die Finanzierung der Sozialversicherung, 1992; *Rolfs,* Das Versicherungsprinzip im Sozialversicherungsrecht 2000; *Storr,* Neuorganisation der Sozialen Sicherungssysteme, SGb 2004, 279; *Voelzke* in: Küttner, Personalbuch, Sozialversicherungsbeiträge.

[12] Vgl. BMWA, Pressmitteilung vom 02.07.2003 zum Regierungsentwurf des Haushalts 2004 – Einzelplan 09: Bundesministerium für Wirtschaft und Arbeit.

[13] Vgl. Viertes Gesetz für moderne Dienstleistungen am Arbeitsmarkt vom 24.12.2003, BGBl I 2003, 2954; die Aufwendungen zur Grundsicherung für Arbeitsuchende sind im Haushalt 2005 mit 14,7 Mrd. € veranschlagt; vgl. Das Parlament, Nr. 38 vom 13.09.2004.

[14] Vgl. *Schlegel* in: jurisPK-SGB IV, § 8 Rn. 15.

[15] Vgl. BSG v. 24.04.1985 - 1 RR 6/90 - BSGE 69, 72, 74.

[16] Für die freiwillig Versicherten vgl. dagegen § 191 Nr. 3; zum Ganzen auch *Becker*; NZS 2001, 281, 285.

[17] Vgl. *Becker*, NZS 2001 281, 285; *Rolfs*, Das Versicherungsprinzip im Sozialversicherungsrecht 2000, S. 212 f.

[18] BSG v. 25.08.2004 - B 12 KR 22/02 R - SozR 4-2500 § 243 Nr. 1.

B. Auslegung der Norm

I. Finanzierungsgrundsätze (Absatz 1)

Die (Finanz-)Mittel für die GKV werden durch Beiträge und sonstige Einnahmen aufgebracht, sog. **Prinzip der Globaldeckung**. Innerhalb des Systems der Globaldeckung findet eine Differenzierung nach Leistungsarten oder Versicherungssparten grundsätzlich nicht statt.[19] Die Vorschrift steht in Beziehung zum Gebot der solidarischen Finanzierung (§ 3). Ausnahmen von der solidarischen Finanzierung sind nach § 3 Satz 2 SGB V („... in der Regel ...") möglich, bedürfen aber der ausdrücklichen gesetzlichen Bestimmung. § 3 SGB V bestimmt auch konkreter als Absatz 1, dass aus den Beiträgen die „Leistungen und sonstigen Ausgaben" finanziert werden. Reduziert man beide Normen um die Merkmale des „sonstigen …", ergibt sich vereinfacht der Grundsatz, dass die Leistungen der GKV mit Beiträgen finanziert werden. Diese Gleichung erfährt allerdings durch die sonstigen Ausgaben und Einnahmen erhebliche Modifizierungen. 20

Die durch die Beiträge und sonstige Einnahmen aufzubringenden Mittel sind nach Satz 2 so zu bemessen, dass sie die **im Haushaltsplan vorgesehenen Ausgaben** und die vorgeschriebenen Rücklagen decken. Durch den Hinweis auf den Haushaltsplan wird deutlich, dass die Regelung sich an die jeweilige Krankenkasse als Teil des Systems der GKV richtet. Der Ausgleich zwischen Beiträgen und sonstigen Einnahmen einerseits sowie den im Haushaltsplan vorgesehenen Ausgaben und der Rücklagen andererseits ist trägerbezogen herbeizuführen. 21

Auf der Einnahmenseite beschränkt § 220 Abs. 1 SGB V die Kassen auf die Erhebung von Beiträgen und sonstigen Einnahmen. Insbesondere staatliche Zuschüsse und die Aufnahme von Krediten sind danach – anders als in § 20 Abs. 1 SGB IV – nicht vorgesehen. Sie sind grundsätzlich nicht zulässig und bedürfen ggf. einer ausdrücklichen Regelung.[20] Zu den enumerativ aufgeführten Finanzierungsquellen im Einzelnen: 22

1. Beiträge

Beiträge sind **zweckgebundene Abgaben** zur Finanzierung der GKV, die auf Grund von nach Art. 74 Nr. 12 GG erlassener Bundesgesetze erhoben werden. Die Beiträge zahlen Mitglieder und Arbeitgeber (§ 3 Satz 2 SGB V). Ihre Höhe richtet sich nach den beitragspflichtigen Einnahmen und damit nach der wirtschaftlichen Leistungsfähigkeit des jeweiligen Mitglieds. Die Regelung der beitragspflichtigen Einnahmen als Grundlage für die Bemessung des Beitrags nehmen im Beitragsrecht der GKV einen erheblichen Raum ein (vgl. die §§ 226-240 SGB V). In Anknüpfung an die wirtschaftliche Leistungsfähigkeit sind die Beiträge Abgaben, die im Gegensatz zur Steuer zweckgebunden erhoben werden. Nur Mitglieder zahlen im System der GKV Beiträge und haben gegenüber der Kasse Anspruch auf Versicherungsleistungen nach Maßgabe des Dritten Kapitels des SGB V.[21] Der Zusammenhang von Beitrag, Mitgliedschaft und Leistungsanspruch beruht auf dem Versicherungsprinzip, das durch solidarische Elemente ergänzt wird. 23

Die Grenzen für die Verwendung der Mittel der GKV für Zwecke, die neu sind oder nur mittelbar die GKV oder aber Mitglieder ohne Vorversicherungszeiten betreffen (versicherungsfremde Leistungen), sind nicht abschließend geklärt. Während jeder Bürger ohne weiteres der Steuergewalt unterworfen ist, bedürfen auf Ausgleich und Umverteilung angelegte Beitragsbelastungen im Hinblick auf die Belastungsgleichheit der Bürger einer besonderen Rechtfertigung.[22] 24

2. Sonstige Einnahmen

Sonstige Einnahmen im Sinne des Absatzes 1 sind alle Finanzmittel außer Beiträgen[23], die die Krankenkassen aufgrund gesetzlicher Regelungen erzielen oder erheben und ohne Zweckbindung zur Finanzierung ihrer gesetzlichen Aufgaben einsetzen können. Solche Mittel sind insbesondere Säumniszuschläge (§ 24 SGB IV), Zinsen, Erstattungszahlungen anderer Träger (§§ 102 f. SGB X), übergegangene vertragliche Ansprüche (§ 115 SGB X), übergegangene Schadenersatzansprüche (§ 116 SGB X) und Geldbußen (§ 306 SGB V). 25

---

[19] Vgl. BSG v. 25.08.2004 - B 12 KR 22/02 R - SozR 4-2500 § 243 Nr. 1.

[20] Vgl. derzeit § 221 i.d.F. des Art. 1 Nr. 141 GMG und § 222 Abs. 4 i.d.F. des Art. 1 Nr. 142 GMG.

[21] Zur gelockerten Wechselseitigkeit von Anspruch und Leistung vgl. Rn. 17.

[22] Vgl. BVerfG v. 08.04.1987 - 2 BvR 909/82 - BVerfGE 75, 108, 158.

[23] *Gerlach* in: Hauck/Noftz, SGB V, § 220 Rn. 3; *Hänlein* in: LPK-SGB V, § 220 Rn. 1.

26 **Nicht zu den sonstigen Einnahmen** gehört die **Praxisgebühr** nach den §§ 28 Abs. 4, 61 Satz 2 SGB V, die durch das GMG mit Wirkung ab 01.01.2004 eingeführt wurde. Solche Zuzahlungen der Versicherten sind keine Beiträge i.S.d. der Vorschrift, weil sie nicht an das beitragspflichtige Entgelt, sondern an der tatsächlichen Inanspruchnahme von Leistungen der GKV anknüpfen. Die Gebühr wird vom Versicherten getragen und unterliegt nicht dem Prinzip der solidarischen Finanzierung. Es handelt sich auch nicht um sonstige Einnahmen, weil sie den Trägern der GKV nicht zufließen, sondern sie nur mittelbar von Ausgaben entlasten. Entsprechendes gilt für andere **Zuzahlungen** (§ 61 SGB V). Grundsätzlich wird künftig vorab durch den Leistungserbringer vom Versicherten eine Zuzahlung von 10 v.H. der Kosten der Leistung erhoben; höchstens allerdings 10 €, mindestens 5 € oder der tatsächliche Preis. Durch diese Zuzahlungen wird die GKV von Ausgaben entlastet. Es handelt sich aber nicht um „Einnahmen", weil die Mittel nicht unmittelbar der GKV zustehen bzw. zufließen.

27 **Kredite** sind zwar nach den Vorgaben des Grundgesetzes ein zulässiges Finanzierungsinstrument des Haushaltsgesetzgebers.[24] § 220 Abs. 1 i.V.m. § 21 SGB IV beschränkt die für die GKV zulässigen Finanzierungsmittel aber auf Beiträge und sonstige gesetzlich vorgesehene Einnahmen. Aus dem Prinzip der Globaldeckung ergibt sich, dass Kredite keine sonstigen Einnahmen und damit kein zulässiges Finanzierungsinstrument in der GKV darstellen, denn dieses Prinzip setzt voraus, dass jährlich ein Ausgleich von Ein- und Ausgaben aus Eigenmitteln des Trägers stattfindet. Reichen Beiträge und sonstige Einnahmen nicht aus, kann eine Stützung aus Rücklage- oder Betriebsmitteln einschließlich eines Darlehens „aus der Rücklage" erfolgen. Ist auch auf diese Weise der Ausgleich des Einnahme- und Ausgabesaldos nicht möglich, greift der Mechanismus des Absatzes 2. Die Beiträge sind zu erhöhen. Der Ausgleich des Haushalts ist nicht durch Fremdmittel zu finanzieren. Dies wird auch durch § 222 SGB V deutlich, der ausdrücklich eine befristete Ausnahme vom „Verbot" der Kreditfinanzierung regelt. Nach diesem Regelungskonzept gehören Kredite nicht zu den „sonstige Einnahmen".

28 Tatsächlich hat sich in den vergangenen Jahren eine andere Praxis entwickelt. Die Krankenkassen haben – auch in den westdeutschen Bundesländern – mit Krediten ihre Defizite gedeckt. Der Gesetzgeber hat auf diese Praxis inzwischen durch Einfügung des § 221 mit Wirkung zum 01.01.2004 reagiert.[25]

29 Ein **Bundeszuschuss** zur Finanzierung der GKV ist nach § 220 SGB V nicht vorgesehen und ist dementsprechend nicht geleistet worden. Die GKV hatte vielmehr ihre Ein- und Ausgaben auszugleichen. Durch das GKVModG vom 14.11.2003[26] ist mit Wirkung zum 01.01.2004 ein solcher Zuschuss aus den Steuermitteln des Bundes auch in der GKV eingeführt worden.[27]

II. Beitragsbemessung

30 Die Beiträge sind nach § 220 Abs. 1 Satz 2 SGB V so zu bemessen, dass diese zusammen mit den sonstigen Einnahmen die haushaltsplanmäßigen Ausgaben und die vorgeschriebene Rücklage decken. Die Regelung gestaltet das schon erwähnte Prinzip der Globaldeckung näher aus. Es ist ein Ausgleich zwischen Einnahmeseite mit Beiträgen und anderen Einnahmen einerseits sowie Ausgaben und Rücklagen andererseits herzustellen. Schon diese Gleichung hat Unbekannte, weil die gesetzlich bestimmten Leistungen der GKV zwar im Haushalt geplant werden, tatsächlich aber vom jeweiligen Bedarf der Mitglieder abhängen. Die **Rücklagen**, die eine Krankenkasse zu bilden hat, sind durch § 261 SGB V und die haushaltsrechtlichen Regelungen im SGB IV vorgegeben. Auch diesbezüglich bestehen Unsicherheiten bei der Haushaltsplanung. Zwar ist die gesetzliche Rücklage grundsätzlich zu bilden, beim Auftreten von finanziellen Schwierigkeiten kann aber auch eine Entnahme aus den Rücklagen angezeigt sein.

31 Schließlich haben die Krankenkassen als Normadressaten von den Bestimmungen zur Beitragsbemessung auf Druck des Gesetzgebers abweichen müssen. So hat der Gesetzgeber nach verschiedenen Regelungsansätzen zur Erzielung von höheren Einnahmen in der GKV[28] durch Art. 7 des Beitragssatzsicherungsgesetzes vom 23.12.2002[29] für 2003 die Mechanismen des § 220 Abs. 2 SGB V und mittelbar des Absatzes 1 aufgehoben, um einen Beitragsanstieg zu vermeiden. Dies hatte zur Folge, dass die Kas-

[24] Vgl. BVerfGE v. 18.04.1998 - 2 BvF 1/82 - BVerfGE 79, 311, 331 f.

[25] Vgl. Art. 1 Nr. 141 GMG; BGBl I 2003, 2190, 2229; vgl. auch die Kommentierung zu § 221 SGB V.

[26] Vgl. BGBl I 2003, 2190.

[27] Vgl. die Kommentierung zu § 221 SGB V.

[28] Vgl. Art. 17 § 2 des 2. GKN-NOG vom 23.06.1997; Art. 2 des Arzneimittel-Ausgabenbegrenzungsgesetz vom 15.02.2002, BGBl I 2002, 684.

[29] BGBl I, 4637.

sen den Haushaltsausgleich bei steigenden Leistungsausgaben durch Kredite herstellen mussten.[30] Inzwischen soll wieder nach den Grundsätzen des § 220 Abs. 1 SGB V verfahren werden, allerdings sind die aufgelaufenen Schulden zunächst abzutragen. Der durchschnittliche allgemeine Beitragssatz lag Anfang 2005 bei 14,2 v.H.

Bei der Beitragsbemessung sind auch die in den Vorjahren aufgelaufenen Überschüsse oder Defizite zu berücksichtigen (Absatz 1 Satz 3). Durch diese Regelung werden Defizite ebenso wie Überschüsse über das jeweilige Haushaltsjahr hinaus fortgeschrieben. Entnahmen aus den Rücklagen sind durch deren Auffüllung auszugleichen, soweit die gesetzlich geforderte Höhe der Rücklage nicht wieder erreicht ist. 32

Unabhängig vom Zahlenwerk des Haushalts wird für die Entscheidung der Kasse aber auch bedeutsam sein, dass die Versicherten im Falle von Beitragerhöhungen berechtigt sind, ihr Kassenwahlrecht auszuüben (vgl. § 175 Abs. 4 Satz 5 SGB V). Um Mitgliederverluste zu vermeiden, kann die Kasse daher versucht sein, den Beitrag stabil zu halten, auch wenn rechnerisch leichte Beitragssatzerhöhungen nötig würden.[31] 33

1. Beitragserhöhungen zu Beginn des Haushaltsjahres

Die Bemessung der Beiträge zur GKV erfolgt durch den jeweiligen Träger nach Ablauf einer Haushaltsperiode zum Beginn der nächsten. Hierfür gelten die bereits dargestellten Grundsätze nach Absatz 1. Danach sind die Beiträge so zu bemessen, dass ein Ausgleich von Einnahmen und Ausgaben erfolgt. Die Träger haben anzustreben, die Beitragssätze so zu bestimmen, dass die im Haushaltsplan vorgesehenen und erwarteten Ausgaben und die in demselben Zeitraum zu erzielenden Einnahmen übereinstimmen. Gesetzliches Ziel dieser Entscheidung ist danach nicht, die Beiträge in der GKV stabil zu halten. 34

2. Beitragserhöhung während des Haushaltsjahres

Anders als zu Beginn einer neuen Haushaltsperiode gilt während des Haushaltsjahres der Grundsatz der Beitragsstabilität, für den der Gesetzgeber in Absatz 2 und 3 Ausnahmen vorgesehen hat. Ein Verbot der Beitragssatzerhöhung gilt danach nicht. Es müssen allerdings qualifizierte Voraussetzungen erfüllt sein, wenn während des Haushaltsjahrs eine **Erhöhung** des Beitrags erfolgen soll. Eine **Beitragssenkung** ist dagegen jederzeit zulässig und erwünscht. 35

Nach § 220 Abs. 2 S. 1 SGB V findet die Erhöhung ausnahmsweise statt, wenn die Betriebsmittel nach Zuführung aus der Rücklage und Entnahme eines Darlehens aus der Gesamtrücklage nicht zur Deckung der Ausgaben ausreichen. Dem liegt der Grundsatz zu Grunde, dass der Finanzbedarf zunächst mit den Instrumenten des Haushaltsrechts zu decken ist. Erst wenn diese Möglichkeit erschöpft ist, kommt die Beitragserhöhung durch den Verwaltungsrat in Betracht. 36

Nach § 220 Abs. 2 Satz 2 SGB V hat der Vorstand eine **Notkompetenz**, wenn eine Kasse zur Erhaltung oder (Wieder)Herstellung der Leistungsfähigkeit dringend ihre Einnahmen vermehren muss. Ein dringendes Erfordernis in diesem Sinne liegt vor, wenn ohne die Erhöhung die Fähigkeit der Kasse, Leistungen zu erbringen, konkret gefährdet ist. Da die Leistungsfähigkeit der Kasse im Wesentlichen davon abhängt, fällige Zahlungen an Versicherte (KrG) oder Leistungserbringer leisten zu können, ist die Notkompetenz gegeben, wenn anderenfalls die Zahlungsunfähigkeit der Kasse drohen würde. Die Maßnahme des Vorstands bleibt wirksam, bis eine Entscheidung des Verwaltungsrats ergangen ist. 37

Die Entscheidung des Vorstands nach § 220 Abs. 2 Satz 2 SGB V bedarf der „Genehmigung", also ausdrücklichen Erlaubnis, durch die **Aufsichtsbehörde**. Wenn und solange diese Genehmigung nicht vorliegt, ist der Beschluss über die Beitragserhöhung unwirksam. 38

Falls der Vorstand von seiner Notkompetenz trotz Vorliegens der Voraussetzungen keinen Gebrauch macht oder ein Beschluss nicht wirksam zu Stande kommt, kann die Aufsichtsbehörde die Entscheidung an sich ziehen (§ 220 Abs. 2 Satz 3 SGB V). Die Anordnung der Aufsichtsbehörde hat vorläufigen Charakter, eine Entschließung der zuständigen Gremien ist herbeizuführen und löst die Anordnung der Aufsichtsbehörde ab. 39

---

[30] Vgl. oben Rn. 27.

[31] Vgl. insoweit *Vay* in: Krauskopf, SGB V, § 220 Rn 8.

3. Beitragssenkungen – allgemeine Grundsätze

40 Schon im Umkehrschluss aus § 220 Abs. 1 und 2 SGB V folgt, dass die Beiträge zu senken sind, sobald die gesetzlichen Rücklagen gebildet sind und die Kasse nach Erfüllung der Ansprüche der Versicherten Überschüsse erwirtschaftet. Dennoch wird in Absatz 3 die Beitragssenkung unter den genannten Voraussetzungen ausdrücklich gesetzlich angeordnet. Die zuständigen Organe der Kassen sind danach verpflichtet, Überschüsse zur Beitragssenkung einzusetzen. Allerdings steht die gesetzlich angeordnete Pflicht zur Beitragssenkung unter Voraussetzungen, die diese Pflicht durch die Möglichkeit der Übertragung von Defiziten ins nächste Haushaltsjahr (§ 220 Abs. 1 Satz 3 SGB V), die Möglichkeit zur Bildung von Rücklagen und durch die Einschätzungsprärogative bezüglich der zu erwartenden Ausgaben[32] relativiert. Die Kassen haben damit zumindest bezüglich des Zeitpunkts und des Umfangs einer Senkung die Möglichkeit, diese zu steuern.

41 Die Senkung der Beiträge muss – wie die Erhöhung – durch Satzungsänderung erfolgen. Diese Änderung ist jederzeit, also während des laufenden Haushaltsjahres, möglich. Eine „Notkompetenz" des Vorstands und eine Möglichkeit der Aufsichtsbehörde, diese Maßnahme an sich zu ziehen, gibt es nicht. Eine Steuerung der Aufsichtsbehörde ist allerdings dann möglich, wenn nach Ablauf des Haushaltsjahrs die Entscheidung über den Beitragssatz für die nächste Periode ansteht. Der Beschluss über den Beitragssatz ist von der Aufsicht zu genehmigen, die dabei auch zu prüfen hat, ob die Kasse den Vorgaben des § 220 Abs. 3 SGB V entsprechend verfahren ist.

4. Beitragssenkung – aus bestimmten Mitteln

42 Durch Art. 1 Nr. 140 des GKVModG ist dem § 220 mit Wirkung ab 01.01.2004 ein neuer Absatz 4 angefügt worden. Ergänzend zur allgemeinen Bestimmung des § 220 Abs. 3 SGB V wird hier angeordnet, dass im Einzelnen bestimmte Einsparungen, die die Kassen durch gesetzliche Leistungskürzungen erzielen werden, außerhalb des Systems der Globaldeckung – sozusagen vorab – zur Beitragssenkung verwendet werden müssen. Dabei wird innerhalb der Vorschrift nochmals differenziert, so dass bestimmte Einsparungen in vollem Umfang, andere zur Hälfte unmittelbar zur Beitragssenkung zu verwenden sind.

43 Der Gesetzgeber will damit sicherstellen, dass die Eingriffe des GKVModG auf der Leistungsseite sich in Form von Entlastungen auf der Beitragssite auswirken. Dabei sollen die oben geschilderten Verzögerungen und Ausgleichungsmechanismen[33] vermieden werden. Insbesondere soll sich ein Großteil der durch das GKVModG erzielten Entlastungen voll auf die Höhe der Beitragssätze und Beitragsklassen auswirken und nicht zur Auffüllung der Rücklagen und zum Schuldenabbau verwendet werden. Dabei handelt es sich im Einzelnen um die Einnahmen, die durch die Einschränkung der Leistungen bei Sterilisation, künstlicher Befruchtung, Sehhilfen und bei nicht verschreibungspflichtigen Arzneimitteln erzielt werden. Ferner sollen die Entlastungen wirksam werden, die durch Streichung des Sterbegeldes und des Entbindungsgeldes sowie durch die Steuerfinanzierung erzielt werden. Auch die Einsparungen aus der Einführung eines zusätzlichen Beitragssatzes und der Erhöhung des Beitragssatzes aus Versorgungsbezügen sollen voll zu Beitragssenkungen benutzt werden.[34]

44 Die übrigen durch dieses Gesetz bewirkten Ausgabenminderungen und Mehreinnahmen müssen mindestens zur Hälfte in der Höhe der Beitragssätze und Beitragsklassen Auswirkungen haben. Es wird davon ausgegangen, dass die Aufsichtsbehörden die Einhaltung dieser neuen Vorschrift besonders sorgfältig überwachen. Gegenläufige Entwicklungen (z.B. im Mitgliederkreis) können weiterhin bei der Beitragskalkulation berücksichtigt werden. Denn die neue Vorschrift ergänzt die bisherigen Grundlagen für die Beitragsbemessung und sieht nicht vor, dass davon abgewichen werden darf.

45 Die gesetzliche Anordnung in § 220 Abs. 4 SGB V bewirkt eine Abweichung vom Prinzip der Globaldeckung, wie es in den Absätzen 1-3 geregelt ist. An die Stelle des Gesamtausgleichs von Einnahmen und Ausgaben tritt ein System der getrennten Haushalte. Die Minderausgaben bei Sterilisation, künstlicher Befruchtung, Sehhilfen und bei nicht verschreibungspflichtigen Arzneimitteln, Sterbegeld und Entbindungsgeld sollen gesondert erfasst und vorab der Beitragsentlastung dienen. Sie stehen damit nicht dem allgemeinen Ausgleich im Haushalt der Kassen zur Verfügung.

---

32 Vgl. *Vay* in: Krauskopf, SGB V, § 220 Rn. 8.

33 Vgl. oben Rn. 40.

34 Vgl. BT-Drs. 15/1525, S. 76 f. sowie S. 138 zu Art. 1 Nr. 140.

In der Praxis hat sich diese Form der „beschleunigten" Beitragsentlastung nicht durchsetzen können. Jedenfalls lässt sich bisher nicht feststellen, dass die Vorschrift nach ihrem In-Kraft-Treten wesentliche Beitragsentlastungen nach sich gezogen hätte. 46

Nach verschiedenen meist befristeten Einzelmaßnahmen, bei denen das Finanzierungssystem der GKV unangetastet blieb, hat das GKVModG die Finanzierungsgrundsätze im Bereich der GKV substantiell verändert. Die Beitragsbemessung knüpft nicht mehr nur am Ausgleich von Einnahmen und Ausgaben an, sondern wird durch Sondereffekte (§ 220 Abs. 4 SGB V) und den Bundeszuschuss grundlegend verändert. 47

Während die Politik auf Beitragssenkungen drängt[35], mussten die Krankenkassen, die Beträge absenken wollten, sich erst die Genehmigung der Satzungsänderung durch das Bundesversicherunksamt gerichtlich erstreiten[36]. 48

III. Verfassungsrechtliche Fragen der Beitragsfinanzierung

1. Eigentumsgarantie nicht berührt

Die Beitragspflicht im System der sozialen Sicherung bei gesetzlich angeordneter Zwangsmitgliedschaft berührt nicht den Schutzbereich des Art. 14 Abs. 1 GG. Das Eigentumsgrundrecht schützt nach ständiger Rechtsprechung des Bundesverfassungsgerichts (BVerfG) nicht das Vermögen als solches gegen Eingriffe durch Auferlegung von Geldleistungspflichten.[37] 49

2. Berufsausübungsfreiheit

Die Anordnung von Versicherungspflicht in den jeweiligen Sozialversicherungssystemen wird in der Rechtsprechung des BVerfG – soweit ersichtlich – in keinem Fall einer unmittelbaren verfassungsrechtlichen Prüfung unterzogen. Die Pflicht zur Beitragszahlung greift jedoch in das Grundrecht der Berufsfreiheit ein, ohne das Grundrecht aus Art. 12 Abs. 1 GG zu verletzen. Die Berufsausübung ist durch beitragsrechtliche Regelungen berührt, weil diese den Mitgliedern und Dritten anknüpfend an die Berufstätigkeit finanzielle Lasten aufbürden, denen sie nur entgehen könnten, wenn sie auf die Tätigkeit als Arbeitnehmer oder -geber verzichten würde.[38] 50

Eingriffe in die Berufsausübung sind gemäß Art. 12 Abs. 1 Satz 2 GG nur auf der Grundlage einer gesetzlichen Regelung zulässig, die den Anforderungen der Verfassung an grundrechtsbeschränkende Gesetze genügt. Dies ist der Fall, wenn die eingreifende Norm kompetenzgemäß erlassen worden, durch hinreichende, der Art der betroffenen Betätigung und der Intensität des jeweiligen Eingriffs Rechnung tragende Gründe des Gemeinwohls gerechtfertigt ist und dem Grundsatz der Verhältnismäßigkeit entspricht.[39] 51

Der Bund kann sich bei der Statuierung von Beitragspflichten nach dem Solidaritätsprinzip auf seine Gesetzgebungskompetenz aus Art. 74 Abs. 1 Nr. 12 GG („Sozialversicherung einschließlich der Arbeitslosenversicherung") stützen. Sie umfasst auch die Regelung der Finanzierung der Sozialversicherung. Dies gilt insbesondere für die Erhebung von Sozialversicherungsbeiträgen. Allerdings sagt diese Kompetenznorm nichts über die sachliche Rechtfertigung solcher Regelungen aus. 52

Für die kompetenzrechtliche Zulässigkeit der §§ 220 f. SGB V gelten nicht die besonderen Voraussetzungen, die eine nichtsteuerliche Sonderabgabe erfüllen muss. Sozialversicherungsbeiträge sind keine Sonderabgaben im Sinne der Rechtsprechung des BVerfG[40]. Zwar darf bei der Erhebung von Sozialversicherungsbeiträgen ein Beteiligter, der nicht selbst Versicherter ist, nur dann zur Finanzierung herangezogen werden, wenn es dafür einen sachorientierten Anknüpfungspunkt in den Beziehungen zwischen Versichertem und Beitragspflichtigem gibt. Diese Voraussetzung ist hier jedoch erfüllt. Denn die Versicherten und ihre Arbeitgeber müssten für die Folgen von Krankheit in geeigneter Weise Vorsorge treffen. Grundkonzeption der Krankenversicherung ist die Finanzierung aller Folgen der Krankheit von Beschäftigten und ähnlich Schutzbedürftigen durch ein entsprechend großes Risikokollektiv. 53

---

[35] Ärztezeitung, 05.10.2004: „Kanzler drängt Krankenkassen zu Beitragssenkung".

[36] SG Ulm v. 08.10.2004 - S 1 A 2892/04 ER.

[37] Vgl. BVerfG v. 08.04.1997 - 1 BvR 48/94 - BVerfGE 95, 267, 301; BVerfG v. 10.11.1998 - 1 BvR 2296/96, 1081/97 - BVerfGE 99, 202, 211 f.

[38] BVerfG v. 10.11.1998 - 1 BvR 2296/96, 1081/97 - BVerfGE 99, 202, 211 f.

[39] BVerfG v. 26.02.1997 - 1 BvR 1864/94 - BVerfGE 95, 193, 214.

[40] Vgl. BVerfG v. 08.04.1987 - 2 BvR 909/82 u.a. - SozR 5425 § 1 Nr. 1.

54 Aus der bisherigen Rechtsprechung des BVerfG ergibt sich, dass der in der Anordnung von Beitragspflicht bei Zwangsmitgliedschaft liegende Grundrechtseingriff – wie ihn verschiedene Bücher des SGB vorsehen – gerechtfertigt ist. So hat das BVerfG in den Entscheidungen zur Einführung der Pflegeversicherung die dadurch neu und zusätzlich begründete Beitragspflicht nicht dem Grunde nach, sondern lediglich im Hinblick auf die Aspekte des Gleichheitssatzes einer verfassungsrechtlichen Prüfung und Korrektur unterzogen[41]. Das BVerfG hat die Einführung eines Systems der sozialen Sicherung – hier Pflegeversicherung – mit Mitgliedschafts- und Beitragspflicht (nur) am Maßstab des Art. 2 Abs. 1 GG gemessen und für vereinbar mit diesem Grundrecht erklärt. Daraus lässt sich der Schluss ziehen, dass auch die anderen rechtshistorisch begründeten Systeme der Absicherung gegen die soziale Risiken und der damit einhergehenden Beitragspflicht einen verfassungskonformen Grundrechtseingriff verursachen.

55 Insoweit erscheint es sachgerecht, Versicherte, Arbeitgeber und Dritte an den sozialen Folgekosten zu beteiligen, wenn die Versicherten dadurch von den Risiken des Versicherungsfalls und die Arbeitgeber von einer möglichen Haftung für Krankheit ihrer Beschäftigten freigestellt werden. Die Kofinanzierung der Beiträge durch Arbeitgeber wird auch damit begründet, dass diese Beiträge Entgeltanteile seien. Folgt man diesem Ansatz, erfüllen sie letztlich vertragliche Ansprüche der Arbeitnehmer. Die Regelungen sind daneben auch geeignet und erforderlich, der GKV die für die Versicherungsleistungen benötigten Geldmittel zu beschaffen. Ob sie verhältnismäßig im engeren Sinne sind, ist im Einzelfall zu prüfen, bisher aber in keinem Fall beanstandet worden.

3. Allgemeine Handlungsfreiheit

56 Würde entgegen der hier vertretenen Auffassung ein Eingriff in das Grundrecht aus Art. 12 Abs. 1 GG verneint, läge zumindest ein solcher in das Grundrecht der allgemeinen Handlungsfreiheit vor. Ein solcher bedarf nach Art. 2 Abs. 1 Satz 2 GG der gesetzlichen Rechtfertigung durch allgemeine Gesetze.[42] Die Anordnung der Beitragspflicht hält sich in diesen verfassungsrechtlichen Grenzen. Demnach sind auch die zunehmenden Versuche, insbesondere der Arbeitgeber, sich der Heranziehung zur Beitragspflicht unter Berufung auf die Verletzung von Grundrechten, zu entziehen, bislang ohne Erfolg geblieben [43]

57 Die Beitragszahlung ihrerseits ist eine der Voraussetzungen dafür, dass die durch den Beitrag erlangte Rechtsposition im System der GKV unter Eigentumsschutz steht.[44] Diesem Schutz steht nicht entgegen, dass Versicherte, Arbeitgeber oder Dritte jeweils Beitragsanteile tragen. Bei der Prüfung des Eigentumsschutzes der dadurch erlangten Ansprüche werden die Beitragsanteile der Arbeitgeber den Beschäftigten als Eigenleistung zugerechnet.[45]

4. Schutz erworbener Leistungsansprüche

58 Die Zahlung von Beiträgen vermittelt den Mitgliedern der GKV zwar eine eigentumsrechtlich geschützte Position. Allerdings ist der Gesetzgeber nicht gehindert, das zu einem bestimmten Zeitpunkt erreichte und gesetzlich bestimmte Leistungsniveau zu erhalten. Eingriffe in die Leistungsansprüche sind gemäß Art. 14 Abs. 1 S. 2 GG im Rahmen einer zulässigen Inhalts- und Schrankenbestimmung möglich. Der Schutz des Art. 14 Abs. 1 GG steht daher einer geeigneten, erforderlichen und verhältnismäßigen Umgestaltung der Leistungs-Ansprüche in der GKV nicht entgegen.[46]

C. Reformbestrebungen

59 Am 02.02.2007 nahm der Deutsche Bundestag aufgrund der Beschlussempfehlung und des Berichts des Gesundheitsausschusses[47] den von den Fraktionen CDU/CSU und SPD eingebrachten Entwurf eines Gesetzes zur Stärkung des Wettbewerbs in der gesetzlichen Krankenversicherung vom

[41] Vgl. BVerfG v. 03.04.2001 - 1 BvR 2014/95 - BVerfGE 103, 197-225.

[42] Vgl. *Becker*, NZS 2001, 281, 285; *Merten*, NZS 1996, 593, 595 f.

[43] Vgl. BSG v. 11.11.2003 - B 2 U 16/03 R - SozR 4-2700 § 150 Nr. 1, SG Freiburg v. 18.02.2005 - S 10 U 3426/03.

[44] Vgl. zu den Voraussetzungen des Eigentumsschutzes sozialrechtlicher Positionen: BVerfG v. 18.02.1998 - 1 BvR 1318/86 - BVerfGE 97, 271, 284.

[45] St. Rspr. seit BVerfG v. 16.07.1985 - 1 BvR 1227/84 - BVerfGE 69, 272, 302; auch BSG v. 29.06.2000 - B 4 RA 57/98 R - SozR 3-2600 § 210 Nr. 2.

[46] Vgl. BVerfG v. 24.03.1998 - 1 BvL 6/92 - BVerfGE 97, 378 ff. m.w.N.

[47] BT-Drs. 16/4200, 16/4247.

24.10.2006[48] an.[49] Neben dem Entwurf der Fraktionen von CDU/CSU und SPD hatte auch ein Gesetzesentwurf der Bundesregierung vom 20.12.2006 vorgelegen.[50] Hinsichtlich der in § 220 SGB V vorgesehenen Änderungen ergibt sich aus dem GKV-Wettbewerbsstärkungsgesetz keine Änderung gegenüber dem Gesetzesentwurf der CDU/CSU und SPD. Auch ergaben sich gegenüber dem Entwurf der Fraktionen von CDU/CSU und SPD aus dem Entwurf der Bundesregierung keine Änderungen. Des Weiteren sahen auch die Beschlussempfehlung und der Bericht des Gesundheitsausschusses[51] keine Änderungen gegenüber dem Entwurf der Fraktionen von CDU/CSU und SPD vor.

Artikel 46 des GKV-WSG regelt das **In-Kraft-Treten** des GKV-Wettbewerbsstärkungsgesetzes. Ge- **60**
mäß Art. 46 Abs. 1 GKV-WSG tritt das Gesetz zum 01.04.2007 in Kraft, soweit in Art. 46 Abs. 2-10 GKV-WSG nichts Abweichendes geregelt ist.

Aus Art. 46 Abs. 10 GKV-WSG ergibt sich, dass die in Art. 1 Nr. 152 GKV-WSG geregelte Änderung **61**
des § 220 SGB V mit Wirkung zum 01.01.2009 in Kraft treten wird.

§ 220 Abs. 1 und 2 SGB V werden gemäß Art. 1 Nr. 152a GKV-WSG ab diesem Zeitpunkt wie folgt **62**
gefasst werden:

„(1) Die Mittel der Krankenversicherung werden durch Beiträge und sonstige Einnahmen aufgebracht. Die Beiträge sind bei der erstmaligen Festsetzung des allgemeinen Beitragssatzes nach § 241 Abs. 1 so zu bemessen, dass die voraussichtlichen Beitragseinnahmen zusammen mit der Beteiligung des Bundes nach § 221 und den voraussichtlichen sonstigen Einnahmen des Gesundheitsfonds die voraussichtlichen Ausgaben der Krankenkassen sowie den vorgeschriebenen Aufbau der Liquiditätsreserve für den Gesundheitsfonds nach § 271 decken.

(2) Der Beitragssatz nach § 241 ist zu erhöhen, wenn die voraussichtlichen Einnahmen des Gesundheitsfonds die voraussichtlichen Ausgaben der Krankenkassen einschließlich der für den vorgeschriebenen Aufbau der Liquiditätsreserve für den Gesundheitsfonds nach § 271 erforderlichen Mittel im laufenden und im Folgejahr nicht zu mindestens 95 vom Hundert decken. Der Beitragssatz ist zu ermäßigen, wenn eine Deckungsquote von 100 vom Hundert überschritten und bei einer Senkung des Beitragssatzes um mindestens 0,2 Beitragssatzpunkte die Deckungsquote von 95 vom Hundert im Laufe des Haushaltsjahres voraussichtlich nicht unterschritten wird.“

Ebenfalls mit Wirkung vom 01.01.2009 werden die Absätze 3 und 4 des § 220 SGB V aufgehoben **63**
werden (Art. 1 Nr. 152b GKV-WSG).

Zur Begründung der Änderung des § 220 Abs. 1 SGB V führt der Gesetzesentwurf der Fraktionen der **64**
CDU/CSU und SPD[52] aus:

„Mit Errichtung des Gesundheitsfonds werden die Ausgaben zu 100 Prozent gedeckt sein. Durch die schrittweise Mitfinanzierung durch Haushaltsmittel des Bundes werden die Beiträge der Arbeitnehmer und Arbeitgeber stabilisiert. Die Finanzierung der Gesundheitsausgaben muss künftig zu mindestens 95 Prozent aus dem Fonds erfolgen. Führt die Finanzierung aus dem Fonds bei der Krankenkasse zu einer Unterdeckung, so muss sie einen kassenindividuellen Zusatzbeitrag erheben. Die Einrichtung des Gesundheitsfonds sorgt so für einen Anreiz zur wirtschaftlichen Verwendung der Beitrags- und Steuermittel. Die Krankenkassen werden zur Vermeidung eines Zusatzbeitrages verstärkte Anstrengungen entwickeln, wirtschaftlich und effizient zu handeln. Über besondere Vertragsformen und Wahltarife werden sie hierfür mit den erforderlichen Instrumenten ausgestattet.

Die Krankenkassen bestimmen nicht mehr selbst über die Höhe der Beiträge. Künftig wird den Krankenkassen für jeden Versicherten ein einheitlicher Betrag aus dem Gesundheitsfonds, der die unterschiedlichen Risiken der Versicherten, z.B. Alter, Krankheit und Geschlecht risikoadjustiert abbildet, ausgezahlt.“

Die Begründung des Gesetzesentwurfes der Fraktionen der CDU/CSU und SPD zu der Änderung des **65**
§ 220 Abs. 2 SGB V lautet:

„Stellt das Bundesministerium für Gesundheit nach Auswertung der Ergebnisse und Prognosen des nach § 241 einzurichtenden Schätzerkreises fest, dass durch die in Absatz 1 genannten Einnahmen die gesetzlich vorgesehene Deckungsquote einschließlich der erforderlichen Liquiditätsreserven den Wert von 95 vom Hundert im Durchschnitt des laufenden und des folgenden Jahres voraussichtlich unterschreitet, ist eine Beitragssatzerhöhung vorzunehmen.

---

[48] GKV-Wettbewerbsstärkungsgesetz – GKV-WSG, BT-Drs. 16/3100.

[49] BR-Drs. 75/07.

[50] BT-Drs. 16/3950.

[51] BT-Drs. 16/4200, 16/4247.

[52] BT-Drs. 16/3100.

Hingegen ist eine Ermäßigung des Beitragssatzes vorzunehmen, wenn eine Deckungsquote von einhundert Prozent überschritten und bei einer Senkung des Beitragssatzes um mindestens 0,2 Beitragssatzpunkte die Deckungsquote von 95 vom Hundert im Laufe des Haushaltsjahres voraussichtlich nicht unterschritten wird."

66 Die Begründung des Gesetzesentwurfes zur Streichung von § 220 Abs. 3 und 4 SGB V lautet: „Aufgrund der Einführung des Gesundheitsfonds entfallen die Vorschriften zu Beitragssatzregelungen für Einzelkassen."

§ 221 SGB V Beteiligung des Bundes an Aufwendungen

(Fassung vom 26.03.2007, gültig ab 01.04.2007, gültig bis 30.06.2008)

(1) Der Bund leistet zur pauschalen Abgeltung der Aufwendungen der Krankenkassen für versicherungsfremde Leistungen für das Jahr 2007 und das Jahr 2008 jeweils 2,5 Milliarden Euro in halbjährlich zum 1. Mai und zum 1. November zu überweisenden Teilbeträgen über das Bundesversicherungsamt an die Krankenkassen. Die Leistungen des Bundes erhöhen sich in den Folgejahren um jährlich 1,5 Milliarden Euro bis zu einer jährlichen Gesamtsumme von 14 Milliarden Euro. Die Spitzenverbände der Krankenkassen bestimmen gemeinsam und einheitlich eine Krankenkasse oder einen Verband als zentrale Stelle für die Abrechnung mit dem Bundesversicherungsamt. Das Bundesversicherungsamt zahlt die Beteiligung des Bundes an die zentrale Stelle zur Weiterleitung an die berechtigten Krankenkassen. Ab dem Jahr 2009 erfolgen die Leistungen des Bundes in monatlich zum ersten Bankarbeitstag zu überweisenden Teilbeträgen an den Gesundheitsfonds.

(2) Das Bundesministerium für Gesundheit wird ermächtigt, durch Rechtsverordnung mit Zustimmung des Bundesrates das Nähere über die Verteilung nach Absatz 1 zu bestimmen. Maßstab für die Verteilung sind die Ausgaben für versicherungsfremde Leistungen.

Gliederung

A. Basisinformationen

I. Textgeschichte/Gesetzgebungsmaterialien

Mit dem am 01.01.2004 in Kraft getretenen § 221 SGB V[1] stellte der Gesetzgeber in der zuletzt nicht besetzten Norm des SGB V sicher, dass der gesetzlichen Krankenversicherung als pauschale Abgeltung der Aufwendungen für versicherungsfremde Leistungen Mittel des Bundes zur Verfügung gestellt werden[2]. 1

Mit den früheren Bestimmungen in § 221 SGB V hat die Regelung keine Berührungspunkte. In der seit 01.01.1989 geltenden Fassung regelte er, dass eine Überschreitung der Beitragssatz-Obergrenze von 12 v.H. bei den Ortskrankenkassen nur unter bestimmten Voraussetzungen zulässig war. Ab 01.07.1997 enthielt § 221 SGB V eine Bestimmung, wonach Beitragssatzerhöhungen zu Erhöhungen bei den Zuzahlungen führten. Mit Wirkung zum 01.01.1999 ist die Vorschrift aufgehoben worden.[3] 2

Der Gesetzgeber ist davon ausgegangen, dass der Bund auch zur gesetzlichen Krankenversicherung einen jährlichen Bundeszuschuss leisten muss, auf den er halbjährlich einen Abschlag zahlt. Die Abrechnung erfolgt über das Bundesversicherungsamt und eine „Clearingstelle" der Krankenkassen. Damit die Krankenkassen ihre Einnahmen verlässlich im Voraus kalkulieren können, sind feste Beträge vorgesehen, die bis 2006 ansteigen und ab diesem Zeitpunkt in gleicher Höhe weitergezahlt werden. Das Nähere über die Abrechnung und den Schlüssel für die Verteilung auf die Krankenkassen soll in einer Rechtsverordnung des Bundesministeriums für Gesundheit und Soziale Sicherung mit Zustimmung 3

[1] Eingefügt durch Art. 1 Nr. 141 des Gesetzes zur Modernisierung der gesetzlichen Krankenversicherung (GMG) vom 14.11.2003, BGBl I 2003, 2190.

[2] Zur Begründung des Gesetzentwurfs vgl. BT-Drs. 15/1525, S. 138 f.

[3] Vgl. Art. 1 Nr. 25 des GKV-Solidaritätsstärkungsgesetz vom 19.12.1998, BGBl I 1998, 3853.

des Bundesrates geregelt werden. Der Maßstab für die Verteilung ist grundsätzlich vorgegeben; maßgeblich für den Verteilungsschlüssel sind die Ausgaben für versicherungsfremde Leistungen[4]; so die amtliche Begründung der Vorschrift.

4 Am 02.02.2007 nahm der Deutsche Bundestag aufgrund der Beschlussempfehlung und des Berichts des Gesundheitsausschusses[5] den von den Fraktionen CDU/CSU und SPD eingebrachten Entwurf eines **Gesetzes zur Stärkung des Wettbewerbs in der gesetzlichen Krankenversicherung** vom 24.10.2006[6] an[7]. Neben dem Entwurf der Fraktionen von CDU/CSU und SPD hatte auch ein Gesetzesentwurf der Bundesregierung vom 20.12.2006 vorgelegen.[8] Hinsichtlich der in § 221 SGB V vorgesehenen Änderungen ergeben sich aus dem GKV-Wettbewerbsstärkungsgesetz Änderungen gegenüber dem Gesetzesentwurf der CDU/CSU und SPD. Art. 1 Nr. 153 b und c sind gegenüber dem Entwurf neu hinzugekommen, vgl. dazu unten Rn. 7 ff. Gegenüber dem Entwurf der Fraktionen von CDU/CSU und SPD ergaben sich aus dem Entwurf der Bundesregierung keine Änderungen.

5 Artikel 46 des GKV-WSG regelt das **In-Kraft-Treten** des GKV-Wettbewerbsstärkungsgesetzes. Gemäß Art. 46 Abs. 1 GKV-WSG tritt das Gesetz zum 01.04.2007 in Kraft, soweit in Art. 46 Abs. 2-10 GKV-WSG nichts Abweichendes geregelt ist.

6 Aus Art. 46 Abs. 10 GKV-WSG ergibt sich, dass die in Art. 1 Nr. 153 d GKV-WSG geregelte Änderung des § 221 SGB V mit Wirkung zum 01.07.2008 in Kraft treten wird; für die in Art. 1 Nr. 153 a-c geregelten Änderungen bleibt es bei der Grundregel des Art. 46 Abs. 1 GKV-WSG, so dass diese Änderungen bereits am 01.04.2007 in Kraft treten.

II. Vorgängervorschriften

7 Die früheren Fassungen des § 221 SGB V hatten andere Inhalte.[9] Eine Vorgängervorschrift zur Regelung eines Bundeszuschusses in der GKV gibt es nicht.

III. Parallelvorschriften

8 **§ 213 SGB VI** bestimmt – allerdings nur teilweise in festen Beträgen – den Bundeszuschuss in der gesetzlichen Rentenversicherung. Die Höhe des Zuschusses ist in der Rentenversicherung an die Entwicklung der Bruttolohnsummen geknüpft. Zudem werden auch dort gesetzlich festgeschriebene Beträge für versicherungsfremde Leistungen gezahlt. **§ 34 KSVG** verpflichtet den Bund, auch zur Sozialversicherung der Künstler Zuschüsse aus Steuermitteln zu leisten. Auch in der Arbeitslosenversicherung ist die Beteiligung des Bundes an der Finanzierung gesetzlich geregelt (vgl. die **§§ 363 f. SGB III**). Dabei stellt der Bundeszuschuss eine mögliche Art der Finanzierung der Bundesagentur für Arbeit dar.

IV. Ausgewählte Literaturhinweise

9 *Leopold,* Gesetzliche Krankenversicherung – Der Überschuss ist nochmals geringfügig gestiegen, rv 2005, 10-11*; Rieser,* Kassen schulden Beitragssenkungen; DÄ 2005, A 629; *Storr,* Neuorganisation der Sozialen Sicherungssysteme, SGb 2004, 279-287.

B. Auslegung der Norm

I. Regelungsgehalt und Bedeutung der Norm

1. Höhe des Bundeszuschusses (Absatz 1)

10 Die Bestimmung regelt die **Beteiligung des Bundes** an den Aufwendungen der GKV **für versicherungsfremde Leistungen**. Die finanzielle Beteiligung wird durch pauschalierte Bundeszuschüsse geregelt, die der Höhe nach gesetzlich bestimmt sind.

---

4 Vgl. BT-Drs. 15/1525, S. 138 f.
5 BT-Drs. 16/4200, 16/4247.
6 GKV-Wettbewerbsstärkungsgesetz – GKV-WSG, BT-Drs. 16/3100.
7 BR-Drs. 75/07.
8 BT-Drs. 16/3950.
9 Vgl. oben Rn. 2.

§ 221 Abs. 1 Sätze 4 und 5 SGB V regeln die Abwicklung des Transfers an die Krankenkassen. Danach weist der Bund die Beträge über das Bundesversicherungsamt an. Die Spitzenverbände der Krankenkassen sollen für die vielen bestehenden Einzelkassen eine „Clearingstelle“ der Krankenkassen einrichten.[10] Dies erleichtert den Zahlungsweg, denn das Bundesversicherungsamt kann den Gesamtbetrag an diese Stelle zahlen, die ihrerseits erst die Weiterleitung der Gelder an die Einzelkassen organisieren muss. Die zentrale Zahlstelle hat eine Art **Treuhänderfunktion**. Sie ist selbst nicht Inhaberin der Forderung, sondern zieht diese in fremdem Namen ein. 11

2. Verordnungsermächtigung (Absatz 2 Satz 1)

Absatz 2 enthält eine Verordnungsermächtigung. Das Bundesministerium für Gesundheit und Soziale Sicherung wird ermächtigt, eine Rechtsverordnung zu erlassen. Die Rechtsverordnung bedarf der Zustimmung des Bundesrates. Inhaltlich soll sie das Nähere über die Verteilung nach § 221 Abs. 1 SGB V bestimmen. Bisher hat der Verordnungsgeber von der Ermächtigung keinen Gebrauch gemacht. Er wird abwarten, ob sich die Krankenkassen ohne materielle Regelung über den Verteilungsmodus einigen. 12

3. Verteilungsmaßstab (Absatz 2 Satz 2)

Die zentrale Frage, nach welchem Maßstab die Beträge nach Absatz 1 Satz 1 auf die einzelnen Krankenkassen verteilt werden, hat der Gesetzgeber in Absatz 2 Satz 2 ausdrücklich geregelt. Maßstab für die Verteilung auf die Einzelkassen sind deren Ausgaben für versicherungsfremde Leistungen. Damit ist der Verteilungsmaßstab gesetzlich fixiert. Das Problem dieses Maßstabs liegt darin, dass der Begriff der versicherungsfremden Leistung in der GKV weder in § 221 SGB V selbst noch in der amtlichen Begründung[11] definiert ist. 13

Nachdem die Ausgaben für versicherungsfremde Leistungen den Verteilungsmaßstab bilden, wird dieser unbestimmte Rechtsbegriff durch die Spitzenverbände der Krankenkassen bei Einrichtung der „Clearingstelle“ auszufüllen sein. In der amtlichen Begründung des GMG[12] wird lediglich das Sterbegeld bzw. jetzt der Bestattungskostenzuschuss als versicherungsfremde Leistung genannt. Auch die Leistungen bei Schwangerschaft und Mutterschaft (Regelungen der RVO) dürften versicherungsfremd sein, wie schon die Regelung außerhalb des SGB V zeigt. 14

II. Normzweck

Durch die Regelung wird erstmals die Mitfinanzierung des Bundes für die GKV gesetzlich angeordnet. Damit ist auch dieser Teil der Sozialversicherung zu einem Teil durch Steuern finanziert.[13] Mit dem Bundeszuschuss kann in künftigen Fällen der Finanzknappheit bei der GKV statt durch Betragserhöhungen, die erst mit Verzögerung greifen, auch über eine Änderung des Bundeszuschusses stabilisierend entgegengewirkt werden. 15

Die Regelung bedeutet andererseits, dass § 220 Abs. 1 SGB V nicht mehr abschließend die Finanzierungsquellen der GKV nennt, es sei denn man dehnt die Bedeutung des Begriffs der „sonstigen Einnahmen“ auf den Bundeszuschuss aus. Nach bisherigem Verständnis sind Bundeszuschüsse keine sonstigen Einnahmen.[14] 16

Der Bund leistet im Jahr 2008 insgesamt Zuschüsse in Höhe von 1,5 Mrd. € zur pauschalen Abgeltung versicherungsfremder Leistungen an die gesetzliche Krankenversicherung. Die Zahlung erfolgt wie bisher zum 01.05. und zum 01.11. in gleichgroßen Teilbeträgen über das Bundesversicherungsamt an die Krankenkassen. Ab dem Jahr 2009 erfolgt die Zahlung des Bundeszuschusses an den dann bis dahin errichteten Gesundheitsfonds. Die Zuschüsse des Bundes für die Jahre 2006 (4,2 Mrd. €) und 2007 (1,5 Mrd. €), die durch das Haushaltsbegleitgesetz 2006 geregelt sind, bleiben unverändert.[15] 17

---

[10] Vgl. BT-Drs. 15/1525, S. 138 f.
[11] Vgl. BT-Drs. 15/1525, S. 138 f.
[12] Vgl. BT-Drs. 15/1525, S. 91.
[13] Vgl. BT-Drs. 15/1525, S. 71.
[14] Vgl. § 340 SGB III.
[15] BT-Drs. 16/3100 zu Nr. 153, S. 163.

§ 222 SGB V Befristete Ausnahme vom Verbot der Finanzierung durch Aufnahme von Darlehen

(Fassung vom 22.12.2006, gültig ab 27.10.2006, gültig bis 31.12.2008)

(1) Abweichend von § 220 Abs. 2 können Krankenkassen bis zum 31. Dezember 1998 Beitragserhöhungen in dem in Artikel 1 Abs. 1 des Einigungsvertrages genannten Gebiet einschließlich des Landes Berlin dadurch vermeiden, daß sie zum Haushaltsausgleich Darlehen aufnehmen.

(2) Die Darlehensaufnahme bedarf der Genehmigung der Aufsichtsbehörde. Die Genehmigung darf nur erteilt werden, wenn die Krankenkasse nachweist, daß sie alle Wirtschaftlichkeitsreserven ausgeschöpft hat und nach Abstimmung mit ihrem Bundesverband nachprüfbar darlegt, wie die Gründe für die bisherige Verschuldung innerhalb von fünf Jahren beseitigt und die Darlehen innerhalb von längstens zehn Jahren zurückgezahlt werden. Die Aufsichtsbehörde hat die Geschäfts- und Rechnungsführung der Krankenkasse, der eine Darlehensaufnahme genehmigt worden ist, mindestens in jährlichen Abständen zu prüfen.

(3) Die Darlehen sollen vorrangig bei Krankenkassen oder deren Verbänden aufgenommen werden; § 220 Abs. 3 findet insoweit keine Anwendung. Mittel der Krankenkassen und der Verbände dürfen nur insoweit zur Gewährung von Darlehen verwendet werden, als dies nicht Beitragserhöhungen zur Folge hat.

(4) Krankenkassen in dem in Absatz 1 genannten Gebiet, die abweichend von § 220 vor Inkrafttreten des Gesetzes zur Stärkung der Finanzgrundlagen der gesetzlichen Krankenversicherung in den neuen Ländern vom 24. März 1998 (BGBl. I S. 526) Darlehen zum Haushaltsausgleich aufgenommen haben, haben der Aufsichtsbehörde unverzüglich nachprüfbar darzulegen, wie die Gründe für die bisherige Verschuldung innerhalb von fünf Jahren beseitigt und die Darlehen innerhalb von längstens zehn Jahren zurückgezahlt werden. Die Krankenkasse hat sich dabei mit ihrem Bundesverband abzustimmen. Das Konzept für die Beseitigung der Gründe der Verschuldung und für die Rückzahlung der Darlehen bedarf der Genehmigung der Aufsichtsbehörde. Wird das Konzept nicht genehmigt, sind die Darlehen unverzüglich zurückzuzahlen; § 220 Abs. 2 gilt; die Absätze 1 bis 3 finden keine Anwendung. In den Fällen der Sätze 3 oder 4 hat die Aufsichtsbehörde die Geschäfts- und Rechnungsführung dieser Krankenkassen mindestens in jährlichen Abständen zu prüfen.

(5) Absatz 4 gilt für Krankenkassen, die bis zum 31. Dezember 2003 abweichend von § 220 Darlehen zum Haushaltsausgleich aufgenommen haben, mit der Maßgabe, dass die Verschuldung jeweils jährlich zu mindestens einem Viertel spätestens bis zum 31. Dezember 2007 abzubauen ist; Darlehensaufnahmen nach dem 31. Dezember 2003 sind nicht zulässig.

(6) In der Satzung der Krankenkasse sind die Beitragssatzanteile, die zur Entschuldung und für Finanzhilfen im Rahmen der Entschuldung von Kassen der jeweiligen Kassenart nach § 265a aufgewendet werden, gesondert auszuweisen.

Gliederung

A. Basisinformationen

I. Textgeschichte/Gesetzgebungsmaterialien

Durch Art. 1 Nr. 1 des Gesetzes zur Stärkung der Finanzgrundlagen der Gesetzlichen Krankenversicherung vom 24.03.1998[1] erhielt § 222 SGB V mit Wirkung vom 28.03.1998 seinen heutigen Inhalt. Die Vorschrift war zunächst auf die Absätze 1-4 beschränkt. Sie regelt eine befristete Ausnahme von dem Verbot der Finanzierung der Krankenkassen durch die Aufnahme von Darlehen. Das grundsätzliche Verbot der Darlehensaufnahme ist in § 220 Abs. 2 SGB V[2] niedergelegt. 1

Absatz 5 wurde mit Wirkung vom 01.01.2004 durch Art. 1 Nr. 142 des GKV-Modernisierungsgesetzes (GMG) vom 14.11.2003[3] angefügt. 2

II. Vorgängervorschriften

Eine Vorgängervorschrift zur Regelung der befristeten Ausnahme vom Verbot der Finanzierung durch die Aufnahme von Darlehen gibt es nicht. 3

Die Ausgangsfassung des § 222 SGB V[4] regelte die Voraussetzungen, unter denen ein Überschreiten der Beitragssatz-Obergrenze von 12% bei Betriebs- und Innungskrankenkassen zulässig war. Der Gesetzgeber war der Auffassung, die Ursprungsvorschrift des § 222 SGB V habe in der Praxis keine Auswirkungen mehr – ebenso wie der bereits zum 01.07.1997 gestrichene § 221 SGB V a.F. – und sei entbehrlich.[5] § 222 SGB V a.F. wurde daher gestrichen. 4

§ 221 SGB V a.F. traf bis 30.06.1997 eine zu § 222 SGB V a.F. inhaltsgleiche Regelung für die Ortskrankenkassen. Vorgängernormen der §§ 221, 222 SGB V a.F. mit weitgehend identischem Regelungsgehalt waren die §§ 389, 390 RVO. 5

III. Parallelvorschriften

In allen Zweigen der Sozialversicherung und im Recht der Arbeitsförderung finden sich den §§ 220 f. SGB V vergleichbare Regelungen über die Grundsätze der Finanzierung.[6] Eine Parallelvorschrift zu § 222 SGB V, die die Aufnahme von Darlehen zur Finanzierung ausnahmsweise erlaubt, existiert weder für die Pflege-, Renten- oder Unfallversicherung noch für das Recht der Arbeitsförderung. 6

IV. Systematische Zusammenhänge

§ 222 SGB V ist **Ausnahmevorschrift zu § 220 SGB V**, der den Krankenkassen die Aufnahme von Darlehen zur Finanzierung grundsätzlich verbietet. § 220 Abs. 1 SGB V i.V.m. § 21 SGB IV beschränkt die für die GKV zulässigen Finanzierungsmittel nämlich auf Beiträge und sonstige gesetzlich vorgesehene Einnahmen. Aus dem Prinzip der Globaldeckung[7] ergibt sich, dass Kredite keine sonstigen Einnahmen und damit grundsätzlich kein zulässiges Finanzierungsinstrument in der GKV darstellen. 7

V. Ausgewählte Literaturhinweise

Gaßner/Hager, Die Schließung von Krankenkassen wegen Überschuldung, NZS 2004, 632; *Kruse/Zamponi*, Die unterbliebene Beitragssatzanhebung – Haftungsrechtliche Überlegungen für den Bereich der GKV, NZS 2001, 184; *Schaaf,* Gesetz zur Stärkung der Finanzgrundlagen in der gesetzlichen Krankenversicherung, WzS 1998, 297; *von Sivers,* Zum Bankgeschäft mit gesetzlichen Krankenkassen, WM 2004, 1760. 8

1 GKV-Finanzstärkungsgesetz vom 24.03.1998, BGBl I 1998, 526.
2 Vgl. die Kommentierung zu § 220 SGB V Rn. 27.
3 BGBl I 2003, 2190.
4 Fassung des Gesundheits-Reformgesetzes (GRG) vom 20.12.1988, BGBl I 1988, 2477.
5 Vgl. Gesetzesbegründung zu Art. 1 GKV-Finanzstärkungsgesetz vom 24.03.1998, BT-Drs. 13/9377, S. 10.
6 Vgl. die Kommentierung zu § 220 SGB V Rn. 10.
7 Vgl. die Kommentierung zu § 220 SGB V Rn. 27.

B. Auslegung der Norm

I. Regelungsgehalt und Bedeutung der Norm

1. Grenzen der Darlehensaufnahme (Absatz 1)

9 Als Ausnahmevorschrift zu § 220 SGB V **begrenzt** § 222 Abs. 1 SGB V die Aufnahme von Darlehen hinsichtlich des **Zwecks** der Aufnahme und bestimmt den **räumlichen und zeitlichen Geltungsbereich** der Vorschrift.

10 **Zweck der Darlehensaufnahme** muss die Vermeidung einer Beitragserhöhung sein. Eine Darlehensaufnahme ist **nur im Beitrittsgebiet einschließlich des Landes Berlin** und **nur bis 31.12.1998 zulässig**. Zwar nicht ausdrücklich geregelt, aber aus Sinn und Zweck der Vorschrift ableitbar ist, dass auch rechtskreisübergreifende Träger erfasst werden[8]. Für den Zeitraum von 1999-2001 ist nicht § 222 SGB V, sondern die Regelung des bundesweiten Risikostrukturausgleichs (§ 313a SGB V)[9] einschlägig. Für die Legalisierung früherer Darlehensaufnahmen gilt Absatz 4.[10]

2. Genehmigung der Aufsichtsbehörde (Absatz 2)

11 Eine Darlehensaufnahme darf nur mit Genehmigung der Aufsichtsbehörde erfolgen. Voraussetzung für die Genehmigung ist die Vorlage eines Plans, der darlegt, wie die Gründe der Verschuldung binnen fünf Jahren beseitigt werden sollen und wie das Darlehen in längstens zehn Jahren getilgt werden kann. Diese Anforderungen sollen verhindern, dass neben Beiträgen eine weitere Finanzierungssäule der GKV in Form von Darlehensaufnahmen entsteht.

12 Absatz 2 Satz 3 schreibt eine regelmäßige Prüfung der Geschäfts- und Rechnungsführung der Krankenkasse vor, die nach § 88 Abs. 1 SGB IV[11] erfolgt. Geprüft wird die Beachtung des Sanierungs- und Tilgungskonzeptes, aber auch die gesamte Geschäfts- und Rechnungsführung.

13 Ergibt eine Prüfung, dass die Voraussetzungen des Absatzes 2 für die Darlehensaufnahme nicht eingehalten werden, kommt die unverzügliche Rückzahlung des Darlehens in entsprechender Anwendung des Absatzes 4 Satz 4 in Betracht.

3. Darlehensgläubiger (Absatz 3)

14 Absatz 3 hat sowohl für Darlehensnehmer als auch für Darlehensgeber Regelungsgehalt. Als **Sollvorschrift** ausgestaltet, regelt § 222 SGB V für den Darlehensnehmer, dass er einen Darlehensgeber möglichst im Kreis der Krankenkassen oder deren Verbänden suchen soll. § 222ist daneben auch die **Rechtsgrundlage für den Darlehensgeber,** die diesem die Vergabe von Darlehen erlaubt.[12]

15 Darlehen können **aus Betriebsmitteln** und **aus der Rücklage** gewährt werden.[13] Sogar **die Ausgaben übersteigende Einnahmen** können zur Darlehensvergabe eingesetzt werden. Absatz 3 Satz 1 Halbsatz 2 schließt daher die Anwendung von § 220 Abs. 3 SGB V aus, der ansonsten Beitragssenkungen zwingend vorschreibt, sobald die Ausgaben übersteigende Einnahmen erwirtschaftet werden.

16 Die **Darlehensvergabe** ist nach Absatz 3 Satz 2 **ausgeschlossen**, wenn sie eine Beitragserhöhung bei der Darlehensgeberin erfordern würde.

17 Die **Verzinsung** der gewährten Darlehen wird nicht geregelt.

4. Abwicklung unzulässig aufgenommener Darlehen (Absätze 4, 5)

18 Absatz 4 regelt die Voraussetzungen für eine nachträgliche Genehmigung von Darlehen, die vor In-Kraft-Treten des GKV-Finanzstärkungsgesetzes unzulässigerweise aufgenommen worden sind. Die Darlehensaufnahme ist der Aufsichtsbehörde **anzuzeigen**. Außerdem ist ein Sanierungskonzept vorzulegen. Inhaltlich stimmen die Voraussetzungen für eine nachträgliche Genehmigung mit den Anforderungen für eine beabsichtigte Darlehensaufnahme nach Absatz 2 überein.

19 Zu Absatz 4 Satz 4 Halbsatz 2 führt der Gesetzgeber aus, der Hinweis auf § 220 Abs. 2 SGB V stelle klar, dass dann (Anm.: für die Begleichung der Rückzahlungsverpflichtungen) die Beiträge zu erhöhen seien. Dies sei gegebenenfalls von der Aufsichtsbehörde durchzusetzen.[14]

---

[8] Vgl. dazu auch *Gerlach* in: Hauck/Noftz, SGB V, § 222 Rn. 12.

[9] Vgl. die Kommentierung zu § 313a SGB V.

[10] Vgl. Rn. 15 ff.

[11] Vgl. *Engelhard* in: jurisPK-SGB IV, § 88.

[12] So der ausdrückliche Wille des Gesetzgebers, vgl. BT-Drs. 13/9377, S. 11, Begründung zu § 222 Abs. 3.

[13] Vgl. dazu auch *Gerlach* in: Hauck/Noftz, SGB V, § 222 Rn. 10.

[14] Vgl. BT-Drs. 13/9377, S. 11, Begründung zu § 222 Abs. 4.

20 Absatz 4 Satz 4 Halbsatz 3 schließt die Anwendung von § 222 Abs. 1-3 SGB V aus. Damit stellt der Gesetzgeber klar, dass zur Begleichung von Rückzahlungsverpflichtungen keine neuen Darlehen aufgenommen werden dürfen.[15]

21 Absatz 5 erklärt die in Absatz 4 niedergelegten Regelungen entsprechend auch für Krankenkassen für anwendbar, die bis 31.12.2003 abweichend von § 220 SGB V Darlehen aufgenommen haben. Der Anwendungsbereich von Absatz 5 ist nicht auf das Beitrittsgebiet beschränkt.[16] Für die Krankenkassen, die bereits unter die Absätze 1-4 fallen, gilt Absatz 5 jedoch nicht. Die Fristen für den Schuldenabbau sind abweichend von Absatz 4 geregelt.

II. Normzweck

22 Hintergrund der Vorschrift war die gesamtwirtschaftliche Entwicklung, die zu Beitragsausfällen der Krankenkassen im Beitrittsgebiet geführt hatte.[17] 1997 stellten die Aufsichtsbehörden fest, dass einige Krankenkassen im Beitrittsgebiet Beitragssatzerhöhungen durch die Aufnahme von Darlehen vermieden hatten. Um beschäftigungspolitisch unerwünschte Folgen einer zur Finanzierung eigentlich notwendigen Beitragssatzerhöhung zu vermeiden, wurde die Aufnahme von Darlehen unter engen Voraussetzungen zugelassen.

23 Hintergrund für den zum 01.01.2004 angefügten Absatz 5 war, dass auch Krankenkassen außerhalb des Beitrittsgebiets Darlehen aufgenommen hatten, um die Beitragssätze wegen der Konkurrenz mit anderen Krankenkassen niedrig zu halten. Absatz 5 regelt die Voraussetzungen für die nachträgliche Genehmigung und Abwicklung dieser Darlehen und stellt klar, dass die Aufnahme von Darlehen grundsätzlich unzulässig ist.

24 § 222 SGB V ist eine **Ausnahmevorschrift** zu dem **Grundsatz des § 220 SGB V**. Dieser erlaubt zur Beseitigung von Deckungslücken grundsätzlich im Wesentlichen **Beitragssatzerhöhungen**. § 222 SGB V n.F. lässt die **Aufnahme von Darlehen** in engen Grenzen zu; bereits erfolgte Darlehensaufnahmen können legalisiert werden. Die Darlehensaufnahme ist allerdings an strenge Anforderungen gebunden, da sich die GKV nicht zu Lasten künftiger Mitglieder finanzieren soll.

---

15 Vgl. BT-Drs. 13/9377, S. 11, Begründung zu § 222 Abs. 4.
16 Vgl. BT-Drs. 15/1525, S. 139 zu Nr. 142.
17 Vgl. dazu auch *Gerlach* in: Hauck/Noftz, SGB V, § 222 Rn. 1.

§ 223 SGB V Beitragspflicht, beitragspflichtige Einnahmen, Beitragsbemessungsgrenze

(Fassung vom 23.12.2002, gültig ab 01.01.2003)

(1) Die Beiträge sind für jeden Kalendertag der Mitgliedschaft zu zahlen, soweit dieses Buch nichts Abweichendes bestimmt.

(2) Die Beiträge werden nach den beitragspflichtigen Einnahmen der Mitglieder bemessen. Für die Berechnung ist die Woche zu sieben, der Monat zu dreißig und das Jahr zu dreihundertsechzig Tagen anzusetzen.

(3) Beitragspflichtige Einnahmen sind bis zu einem Betrag von einem Dreihundertsechzigstel der Jahresarbeitsentgeltgrenze nach § 6 Abs. 7 für den Kalendertag zu berücksichtigen (Beitragsbemessungsgrenze). Einnahmen, die diesen Betrag übersteigen, bleiben außer Ansatz, soweit dieses Buch nichts Abweichendes bestimmt.

Gliederung

A. Basisinformationen

I. Textgeschichte/Gesetzgebungsmaterialien

1 § 223 SGB V wurde durch Art. 1 des Gesundheitsreformgesetzes (GRG)[1] mit Wirkung vom 01.01.1989 eingeführt. Die Vorschrift entspricht § 232 des Regierungsentwurfs. Dessen Begründung ist zu entnehmen[2], dass eine Änderung im Vergleich zu den Vorgängervorschriften der RVO nicht beabsichtigt war.

2 Zum 01.01.2003 änderte der Gesetzgeber § 223 Abs. 3 Satz 1 durch Art. 1 Nr. 9 des Beitragssicherungsgesetzes (BSSichG) vom 23.12.2002.[3] Statt auf § 6 Abs. 1 Nr. 1 verweist § 223 Abs. 3 Satz 1 SGB V nun auf § 6 Abs. 7 SGB V. Grund dafür ist, dass ebenfalls mit Wirkung vom 01.01.2003 § 6 Abs. 1 Nr. 1 geändert und zugleich in § 6 ein neuer Absatz 7 eingefügt wurde. § 6 Abs. 7 SGB V in der seit 01.01.2003 geltenden Fassung regelt nunmehr die Jahresarbeitsentgeltgrenze.

3 Im **Beitrittsgebiet** (vgl. dazu § 308 SGB V a.F.) galt bis 31.12.2000 im Rahmen des Absatzes 3 eine Beitragsbemessungsgrenze in Höhe von 75 Prozent der für das Beitrittsgebiet festgelegten Beitragsbemessungsgrenze in der Rentenversicherung (§ 313 Abs. 2 SGB V a.F.).

II. Vorgängervorschriften

4 Vorgängervorschriften in der RVO waren § 180 Abs. 1 Sätze 2-4 SGB V und § 385 Abs. 1 Satz 1 SGB V. Inhaltlich stimmt § 223 SGB V mit diesen Vorschriften weitgehend überein.

5 Der Gesetzgeber ersetzte jedoch den in den genannten Vorschriften der RVO gebrauchten Begriff des „**Grundlohns**" – der den auf den einzelnen Kalendertag entfallenden Teil des Arbeitsentgelts bezeichnete – durch die Formulierung „**beitragspflichtige Einnahmen**". Grund dafür war, dass mit dem Terminus „Grundlohn" ein Begriff aus dem Leistungsrecht im Beitragsrecht verwandt wurde. Darin war ein gesetzessystematischer Missgriff gesehen worden[4], den das SGB V beseitigte.

---

1 GRG vom 20.12.1988, BGBl I 1988, 2477.
2 RegE-GRG, S. 222.
3 BSSichG vom 23.12.2002, BGBl I 2002, 4637, 4638.
4 Vgl. dazu auch *Gerlach* in: Hauck/Noftz, SGB V, § 223 Rn. 2.

Aus den Vorgängervorschriften wurde die **Beitragsbemessungsgrenze** übernommen. Wegen der Begriffsänderung der Versicherungspflichtgrenze durch § 6 Abs. 1 Nr. 1 in der bis 31.12.2002 geltenden Fassung gegenüber § 165 Abs. 1 Nr. 2 RVO wurde der Begriff „Jahresarbeitsverdienstgrenze" durch den der **„Jahresarbeitsentgeltgrenze"** ersetzt. 6

III. Parallelvorschriften

In allen Zweigen der Sozialversicherung und im Recht der Arbeitsförderung gibt es Regelungen – wie §§ 223 ff. SGB V – über die Grundsätze der Beitragspflicht und Beitragsbemessung. Diese knüpfen an die §§ 20-28d SGB IV an[5] und gestalten diese allgemeinen Bestimmungen jeweils spezialgesetzlich aus. 7

Für die **gesetzliche Rentenversicherung** ist das Beitragsrecht in den §§ 157-189 SGB VI geregelt.[6] Die Beitragsvorschriften schließen an die Regelungen über Versicherung und Versicherungspflicht nach §§ 1-8 SGB VI an. Acht Titel regeln das gesamte Beitragsrecht der gesetzlichen Rentenversicherung. Der Erste Titel (§§ 157-160 SGB VI) bestimmt die Grundlagen der Beitragsermittlung, der Zweite Titel (§§ 161-164 SGB VI) normiert die Beitragsbemessungsgrundlagen. Der Dritte Titel (§§ 168-172 SGB VI) betrifft die Verteilung der Beitragslast, der Vierte Titel (§§ 173-178 SGB VI) die Zahlung der Beiträge. Der Fünfte Titel (§§ 179-180 SGB VI) behandelt die Erstattungen, der Sechste Titel (§§ 181-186 SGB VI) die beitragsrechtliche Behandlung der Nachversicherung, der Siebte Titel (§§ 187-188 SGB VI) die Zahlung von Beiträgen im Falle des Versorgungsausgleichs. Der Achte Titel schließlich enthält in § 189 SGB VI die Berechnungsgrundsätze. **Beitragsbemessungsgrundlage (§ 161 SGB VI)** sind bei Versicherungspflichtigen die beitragspflichtigen Einnahmen im Sinne der §§ 162 ff. SGB VI. Die Beitragsbemessungsgrundlage wird nur bis zur **Beitragsbemessungsgrenze** berücksichtigt. Nach § 159 Satz 1 SGB VI ändern sich die Beitragsbemessungsgrenzen in der Rentenversicherung zum 01.01. eines jeden Jahres in dem Verhältnis, in dem die Bruttolohn- und -gehaltssumme je durchschnittlich beschäftigten Arbeitnehmer im vergangenen zur entsprechenden Bruttolohn- und -gehaltssumme im vorvergangenen Kalenderjahr steht. 8

Beitragspflicht und Beitragshöhe werden für die **gesetzliche Unfallversicherung** in §§ 150, 151 (Beitragspflicht) und §§ 152 ff. SGB VII geregelt. § 150 SGB VII bestimmt den beitragspflichtigen Personenkreis. Dabei legt § 150 Abs. 1 Satz 1 SGB VII abweichend von den übrigen Sozialversicherungszweigen die alleinige Beitragspflicht der Unternehmer fest. § 151 SGB VII regelt die Beitragserhebung bei überbetrieblichen arbeitsmedizinischen und sicherheitstechnischen Diensten. Die §§ 152-163 SGB VII enthalten Vorschriften zur Beitragshöhe. Das Beitragssystem der Unfallversicherung ist nach dem **Prinzip der nachträglichen Bedarfsdeckung** gestaltet. Die Beitragsansprüche entstehen zwar jeweils im laufenden Kalenderjahr dem Grunde nach, werden jedoch erst im Kalenderjahr darauf festgesetzt. Die **Beitragshöhe** richtet sich grundsätzlich nach der Höhe der gezahlten **Arbeitsentgelte** als Ausdruck der Unternehmensgröße und des Risikos des Entschädigungsumfangs und zum anderen nach dem **Gefahrtarif** als Ausdruck des Versicherungsfallrisikos. 9

In der **gesetzlichen Pflegeversicherung** ist das Beitragsrecht in §§ 54 ff. SGB XI normiert. Die **Beitragsbemessung** folgt – wie in der Gesetzlichen Krankenversicherung – dem Prinzip des Solidarausgleiches. Die Beiträge werden einkommensbezogen festgelegt und durch die Beitragsbemessungsgrenze in der Höhe beschränkt (§ 55 Abs. 2 SGB V). Wie in der Gesetzlichen Krankenversicherung sind die Beiträge für jeden Tag der Mitgliedschaft zu leisten (§ 54 Abs. 2 Satz 2 SGB V). Im Gegensatz zu der Gesetzlichen Krankenversicherung legt das Gesetz den Beitragssatz selbst **bundeseinheitlich** fest (§ 55 Abs. 1 SGB V). Er liegt derzeit bei 1,7% der beitragspflichtigen Einnahmen der Mitglieder. Wie in der Gesetzlichen Krankenversicherung wird die **Beitragsbemessungsgrenze** durch einen Verweis auf die in § 6 Abs. 7 SGB V in der ab 01.01.2003 geltenden Fassung festgelegte Jahresarbeitsentgeltgrenze definiert. Beitragspflichtige Einnahmen sind bis zu einem Betrag von 1/360 der genannten Grenze für den Kalendertag zu berücksichtigen. 10

Im **Recht der Arbeitsförderung** trifft **§ 341 SGB III** grundlegende Regelungen für die Berechnung der Beiträge. Ansatzpunkt der Beitragsbemessung sind die beitragspflichtigen Einnahmen der Beschäftigten (Beitragsbemessungsgrundlage), § 341 Abs. 3 SGB III. Der Begriff der beitragspflichtigen Einnahmen ist in § 342 SGB III legaldefiniert. Vorrangig ist beitragspflichtige Einnahme das **Arbeitsent-** 11

---

[5] Vgl. jurisPK-SGB IV, §§ 20 ff.

[6] Vgl. jurisPK-SGB VI, §§ 157 ff.

gelt nach § 14 SGB IV. § 341 Abs. 2 SGB III bestimmt den Beitragssatz von 6,5%. Die gesetzliche Beitragsbemessungsgrenze ist dieselbe wie in der Rentenversicherung; § 341 Abs. 4 SGB III verweist ausdrücklich auf diese.

IV. Systematische Zusammenhänge

12 § 223 Abs. 1 SGB V regelt als **Grundnorm** die **Beitragspflicht** in der Gesetzlichen Krankenversicherung. Anknüpfungspunkt für die Beitragspflicht ist die Mitgliedschaft; wann diese vorliegt, ist in den §§ 186 ff. SGB V geregelt. **Ausnahmevorschriften** zu § 223 Abs. 1 SGB V sind die §§ 224, 225 und 251 Abs. 3 Satz 2 SGB V, die beitragsfreie Mitgliedszeiten bei dem Bezug bestimmter Entgeltersatzleistungen und für bestimmte Personenkreise regeln.

13 § 223 Abs. 2 Satz 1 SGB V ist als **Grundregelung** zur **Beitragsbemessung** den Einzelvorschriften der §§ 226-240 SGB V vorangestellt, die die beitragspflichtigen Einnahmen für einzelne Versichertengruppen bestimmen.[7]

V. Ausgewählte Literaturhinweise

14 *Niemann,* Versicherungs- und beitragsrechtliche Auswirkungen des Beitragssatzsicherungsgesetzes (BSSichG) in der Krankenversicherung, NZS 2003, 134.

B. Auslegung der Norm

I. Regelungsgehalt und Bedeutung der Norm

15 Absatz 1 regelt die Beitragspflicht, die grundsätzlich für jedes Mitglied und für jeden Tag der Mitgliedschaft besteht. Ausnahmevorschriften zu dieser Grundnorm sind die §§ 224, 225 und 251 Abs. 3 Satz 2 SGB V.[8]

16 Absatz 2 enthält die Grundregelung zu der Bemessungsgrundlage und den Berechnungszeitraum der Beiträge. Diese Vorschrift ist den Einzelregelungen zu den beitragspflichtigen Einnahmen und der Höhe der Krankenversicherungsbeiträge in den §§ 226-240 SGB V[9] vorangestellt.

17 In Absatz 3 ist der Begriff „**Beitragsbemessungsgrenze**" legaldefiniert. Die Vorschrift bestimmt, dass die Beitragspflicht grundsätzlich auf 1/360 der Jahresentgeltgrenze pro Kalendertag beschränkt ist. Absatz 3 verweist auf die Jahresentgeltgrenze nach § 6 Abs. 7 SGB V, so dass die Beitragsbemessungsgrenze und die Jahresarbeitsentgeltgrenze in der Krankenversicherung identisch sind.

II. Normzweck

18 § 223 SGB V regelt zum einen die **Begründung der Beitragspflicht**, indem in Absatz 1 bestimmt wird, für welche Zeiten Beiträge zu leisten sind. Zum anderen normiert die Vorschrift auch die **Grenzen der Beitragspflicht**.

19 Außerdem enthält § 223 SGB V **Maßstäbe zur Bemessung der Beiträge**. In Absatz 2 sind **Berechnungsvorgaben** enthalten, wonach die Woche mit sieben, der Monat mit 30 und das Jahr mit 360 Tagen anzusetzen ist. Sinn und Zweck der Monats-Umrechnungsvorschrift ist, bei gleich bleibendem Monatslohn, unabhängig von der Monatslänge, zu gleich bleibenden Tagesbeitragssätzen zu gelangen.[10]

20 Absatz 3 begrenzt die Höhe der beitragspflichtigen Einnahmen; mit dieser mittelbaren Bestimmung eines Höchstbeitrages wird verhindert, dass das Prinzip der solidarischen Finanzierung individuell überstrapaziert wird.

---

7 Vgl. dazu Rn. 30 ff.

8 Vgl. die Kommentierung zu § 224 SGB V, die Kommentierung zu § 225 SGB V und die Kommentierung zu § 251 SGB V.

9 Vgl. die Kommentierung zu § 226 SGB V-§ 240 SGB V.

10 BSG v. 07.02.2002 - B 7 AL 102/00 R - SozR 3-4100 § 128 Nr. 15.

III. Tatbestandsmerkmale

1. Absatz 1

a. Mitgliedschaft als Voraussetzung für Beitragspflicht

Die Mitgliedschaft beginnt kraft Gesetzes, wenn die Voraussetzungen der §§ 186 ff. SGB V[11] erfüllt sind, und endet, sobald diese nicht mehr vorliegen. § 223 Abs. 1 SGB V regelt den Grundsatz, dass die Beitragszeit mit der Zeit der Mitgliedschaft übereinstimmt. Die Beitragspflicht besteht also für jeden Kalendertag, an dem eine sozialversicherungspflichtige Beschäftigung ausgeübt wird. 21

Neben der Mitgliedschaft entsteht auch der **Beitragsanspruch** kraft Gesetzes; dies ergibt sich aus § 22 SGB IV.[12] Der Erlass eines Bescheides durch die zuständige Krankenkasse ist mithin nicht Voraussetzung für das Entstehen des Beitragsanspruches. Die **Fälligkeit der Beiträge** bestimmt sich nach der allgemeinen Vorschrift des § 23 SGB IV.[13] 22

Beitragspflichtig sind auch **Rentenantragsteller**, da deren Mitgliedschaft nach § 189 SGB V fingiert wird; im Übrigen ist den §§ 225, 239 SGB V zu entnehmen, dass Rentenantragsteller beitragspflichtig sind.[14] 23

Wer im Rahmen einer **Familienversicherung** als Familienangehöriger nach § 10 SGB V[15] versichert ist, ist dagegen beitragsfrei, vgl. auch § 3 Satz 3 SGB V. 24

b. Abweichende Regelungen

Der Grundsatz des Absatzes 1 steht unter dem Vorbehalt abweichender Vorschriften im SGB V. Abweichende Vorschriften sind §§ 224, 225 SGB V. 25

§ 224 SGB V bestimmt, dass **gewisse Entgeltersatzleistungen** – nämlich Krankengeld, Mutterschaftsgeld und Erziehungsgeld – **beitragsfrei** sind. 26

§ 225 SGB V regelt, in welchen Fällen ein **Rentenantragsteller** beitragsfrei ist. Im Umkehrschluss dazu und i.V.m § 189 SGB V (Mitgliedschaft von Rentenantragstellern) sowie § 239 SGB V (Beitragsbemessung bei Rentenantragstellern) ergibt sich die grundsätzliche Beitragspflichtigkeit von Rentenantragstellern. 27

Für **Künstler und Publizisten** ist als Ausnahmevorschrift § 251 Abs. 3 Satz 2 SGB V zu beachten; nach dieser Vorschrift entfällt die Beitragszahlungspflicht für Zeiten, in denen die Leistung aus der Krankenversicherung der Künstler und Publizisten nach § 16 Abs. 2 Satz 2 KSVG ruht. Das Ruhen wird festgestellt, wenn Beitragsanteile ausstehen. 28

2. Absatz 2

Beitragspflichtige Einnahmen: Die Beitragsbemessung in der Gesetzlichen Krankenversicherung erfolgt nach beitragspflichtigen Einnahmen, also nach den laufenden Einkünften jedes Mitglieds. Mit der Orientierung an den beitragspflichtigen Einnahmen des Einzelnen soll die solidarische Finanzierung der Gesetzlichen Krankenversicherung gesichert werden, was wesentliches Strukturelement der Gesetzlichen Krankenversicherung ist. 29

Art und Höhe der beitragspflichtigen Einnahmen ist – differenziert nach verschiedenen Personenkreisen – in den §§ 226-240 SGB V und damit unmittelbar gesetzlich geregelt. 30

§ 226 SGB V bestimmt, welche Einnahmen versicherungspflichtig Beschäftigter beitragspflichtig sind. Vorschriften zur Rangfolge der Einnahmen versicherungspflichtig Beschäftigter enthält § 230 SGB V. 31

§ 229 SGB V betrifft Versorgungsbezüge als beitragspflichtige Einnahmen, § 232 SGB V die beitragspflichtigen Einnahmen unständig Beschäftigter. § 232a SGB V regelt, welche Einnahmen bei den Lohnersatzleistungen Arbeitslosengeld, Arbeitslosengeld II, Unterhaltsgeld, Kurzarbeitergeld und Winterausfallgeld beitragspflichtig sind. Die beitragspflichtigen Einnahmen der folgenden Personengruppen sind in den jeweils nachstehenden Vorschriften normiert: Seeleute, § 233 SGB V, Künstler und Publi- 32

[11] Vgl. die Kommentierung zu § 186 SGB V ff.
[12] Vgl. die Kommentierung zu § 22 SGB V.
[13] Vgl. die Kommentierung zu § 23 SGB V.
[14] Vgl. dazu auch Rn. 27.
[15] Vgl. die Kommentierung zu § 10 SGB V.

zisten, § 234 SGB V, Rehabilitanden, Jugendliche und Behinderte in Einrichtungen, § 235 SGB V, Studenten und Praktikanten, § 236 SGB V. § 240 SGB V betrifft die beitragspflichtigen Einnahmen freiwilliger Mitglieder und § 231 SGB V die Erstattung von Beiträgen.

33 Regelungen für Rentenbezieher enthalten die §§ 228 SGB V (Rente als beitragspflichtige Einnahmen), § 237 SGB V (beitragspflichtige Einnahmen versicherungspflichtiger Rentner), § 238 SGB V (Rangfolge der Einnahmearten versicherungspflichtiger Rentner) und § 238a SGB V (Rangfolge der Einnahmearten freiwillig versicherter Rentner). Die Beitragsbemessung bei Rentenantragstellern ist in § 239 SGB V geregelt.

34 Für einzelne Versichertengruppen sind die beitragspflichtigen Einnahmen in Satzungsregelungen festgelegt. Dies betrifft Schwangere, die nach § 192 Abs. 2 SGB V weiterhin Mitglied bleiben (§ 226 Abs. 3 SGB V), Rentenantragsteller (§ 239 SGB V) und freiwillige Mitglieder (§ 240 SGB V).

3. Absatz 3

35 **Beitragsbemessungsgrenze**: Der Begriff „Beitragsbemessungsgrenze" ist in Absatz 3 legaldefiniert. Beitragsbemessungsgrenze ist 1/360 der Jahresarbeitsentgeltgrenze nach § 6 Abs. 7 SGB V.

§ 224 SGB V Beitragsfreiheit bei Krankengeld, Mutterschaftsgeld oder Erziehungsgeld oder Elterngeld

(Fassung vom 05.12.2006, gültig ab 01.01.2007)

(1) Beitragsfrei ist ein Mitglied für die Dauer des Anspruchs auf Krankengeld oder Mutterschaftsgeld oder des Bezugs von Erziehungsgeld oder Elterngeld. Die Beitragsfreiheit erstreckt sich nur auf die in Satz 1 genannten Leistungen.

(2) Durch die Beitragsfreiheit wird ein Anspruch auf Schadensersatz nicht ausgeschlossen oder gemindert.

Gliederung

A. Basisinformationen

I. Textgeschichte/Gesetzgebungsmaterialien

1 § 224 SGB V wurde durch Art. 1 des Gesundheitsreformgesetzes (GRG)[1] mit Wirkung vom 01.01.1989 eingeführt. Die Vorschrift enthielt zunächst nur den Inhalt des jetzigen Absatzes 1. Absatz 2 wurde durch Art. 4 Nr. 13, Art. 85 Abs. 1 des Rentenreformgesetzes 1992 (RRG)[2] zum 01.01.1992 angefügt.

2 § 224 Abs. 1 SGB V entstand aus § 233 des Regierungsentwurfes.[3] Dieser enthielt hinsichtlich des in Satz 1 am Ende genannten Erziehungsgeldes den Zusatz „nach dem Bundeserziehungsgeldgesetz", der im Gesetzgebungsverfahren entfiel. Grund dafür war, dass Beitragsfreiheit auch dann vorliegen soll, wenn eine dem Erziehungsgeld nach dem Bundeserziehungsgeldgesetz vergleichbare Leistung der Länder bezogen wird.

3 Im Übrigen sah § 233 des Regierungsentwurfes vor, dass mit dem heutigen Absatz 1 des § 224 SGB V eine mit der Vorgängervorschrift des § 383 RVO inhaltlich identische Regelung geschaffen werden sollte.

II. Vorgängervorschriften

4 § 383 RVO ist die Vorgängervorschrift zu § 224 Abs. 1 SGB V. Die Gesetzesbegründung[4] legt nahe, dass mit § 224 Abs. 1 SGB V das bisherige Recht und die dazu gebildete Rechtsauffassung übernommen werden sollen. Nicht dem Gesetzeswortlaut, aber der Begründung[5] zu entnehmen ist, dass vermögenswirksame Leistungen entsprechend der Rechtsauffassung zu § 383 RVO weiterhin beitragsfrei bleiben sollen. Nach § 383 RVO waren Beiträge in den heute in § 224 Abs. 1 SGB V genannten Fällen nicht zu entrichten, wobei Erziehungsgeld nach dem Bundeserziehungsgeldgesetz bezogen werden musste.

---

[1] GRG v. 20.12.1988, BGBl I 1988, 2477.
[2] RRG 1992 v. 18.12.1989, BGBl I 1989, 2261, 2356.
[3] BT-Drs. 11/2237, S. 222, Begründung zu § 233.
[4] Vgl. dazu auch Rn. 3.
[5] Vgl. dazu BT-Drs. 11/2237, S. 222, Begründung zu § 233.

III. Systematische Zusammenhänge

5 **§ 192 Abs. 1 Nr. 2 SGB V** regelt das **Fortbestehen der Mitgliedschaft** eines versicherungspflichtigen Mitglieds, während Anspruch auf Kranken- oder Mutterschaftsgeld besteht oder eine dieser Leistungen oder Erziehungsgeld bezogen wird. An diese Vorschrift knüpft § 224 Abs. 1 an.

6 § 224 Abs. 1 SGB V ist **lex specialis** zu dem in § 223 Abs. 1 SGB V[6] geregelten Grundsatz der Beitragspflicht für jeden Tag der Mitgliedschaft. Für die in § 192 Abs. 1 Nr. 2 SGB V geregelten mitgliedschaftserhaltenden Leistungen besteht im Gegensatz zu der Grundregel in § 223 Abs. 1 SGB V Beitragsfreiheit. Dass die in § 224 Abs. 1 SGB V genannten Leistungen keine beitragspflichtigen Einnahmen sind, ergibt sich bereits aus einem Umkehrschluss zu den §§ 226-240 SGB V, die die beitragspflichtigen Einnahmen der Mitglieder ausdrücklich aufzählen und in denen die in Absatz 1 genannten Leistungen nicht enthalten sind.

7 Anspruch auf Krankengeld kann nach § 44 Abs. 1 SGB V oder § 45 SGB V bestehen. Anspruchsgrundlage für die Leistung des Mutterschaftsgeldes ist **§ 200 RVO.** Mit dem Begriff „Erziehungsgeld" ist sowohl Erziehungsgeld nach dem Bundeserziehungsgeldgesetz gemeint als auch vergleichbare Leistungen der Länder.

B. Auslegung der Norm

I. Regelungsgehalt und Bedeutung der Norm

8 Für die Zeit der nach § 192 Abs. 1 Nr. 2 SGB V weiter bestehenden Mitgliedschaft im Fall eines Anspruches auf Kranken- oder Mutterschaftsgeld oder des Bezuges von Erziehungsgeld besteht nach § 224 Abs. 1 Satz 1 SGB V **Beitragsfreiheit**.

9 **Beitragsfrei** sind jedoch nach Absatz 1 Satz 2 **ausschließlich die in Absatz 1 Satz 1 genannten Entgeltersatzleistungen**. Andere neben diesen Leistungen bezogene beitragspflichtige Einnahmen nach den §§ 226-240 SGB V werden von der Beitragsfreiheit nicht erfasst.

10 Eine **Ausnahme** von Absatz 1 Satz 2 gilt für **Krankengeldzuschüsse** und **Zuschüsse zum Mutterschaftsgeld** des Arbeitgebers, soweit sie zusammen mit der Entgeltersatzleistung das zuvor bezogene Arbeitsentgelt nicht übersteigen.[7]

11 Eine weitere Ausnahme stellen **vermögenswirksame Leistungen**[8] dar, die neben der in Absatz 1 Satz 1 genannten Entgeltersatzleistung weitergewährt werden; auch diese bleiben beitragsfrei.

12 Ist ein Versicherter wegen der **Schädigung durch einen Dritten** arbeitsunfähig, so stellt **Absatz 2**[9] sicher, dass der Krankenversicherungsträger von diesem **Regress** verlangen kann, obwohl dem Versicherten auf Grund des Bezuges der in Absatz 1 Satz 1 genannten Lohnersatzleistungen und der währenddessen bestehenden Beitragsfreiheit an sich kein Schaden durch die Arbeitsunfähigkeit entstanden ist.

II. Normzweck

13 **§ 224 Abs. 1 Satz 1 SGB V** regelt, dass Kranken-, Mutterschafts- und Erziehungsgeld **keine beitragspflichtigen Einnahmen** sind. Sinn dieser Regelung ist, den ungeschmälerten Bezug dieser Sozialleistungen zu gewährleisten.[10] Da die §§ 226-240 SGB V die beitragspflichtigen Einnahmen der Mitglieder ausdrücklich aufzählen, die in Absatz 1 Satz 1 genannten Leistungen aber nicht enthalten, ist § 224 Abs. 1 SGB V als lediglich **klarstellende Vorschrift** anzusehen. Diese Klarstellung ist im Anschluss an die Grundregel des § 223 SGB V jedoch sinnvoll, weil diese die grundsätzliche Beitragspflicht für jeden Tag der Mitgliedschaft normiert, die Mitgliedschaft aber nach § 192 Abs. 1 Nr. 5 SGB V in den in § 224 Abs. 1 Satz 1 SGB V genannten Fällen bestehen bleibt.

14 **§ 224 Abs. 1 Satz 2 SGB V** stellt klar, dass die Beitragsfreiheit nur für die in Absatz 1 Satz 1 genannten Entgeltersatzleistungen gilt.[11] Für daneben erzielte Einnahmen gelten grundsätzlich die allgemeinen Vorschriften (§§ 226-240 SGB V) über die Beitragspflicht.[12]

---

6 Vgl. die Kommentierung zu § 223 SGB V.

7 Vgl. dazu auch Rn. 34 f.

8 Vgl. dazu Rn. 4.

9 Vgl. zu § 224 Abs. 2 auch Rn. 15.

10 Vgl. etwa BSG v. 26.05.2004 - B 12 P 6/03 R - SozR 4-2500 § 224 Nr. 1.

11 Vgl. BSG v. 26.05.2004 - B 12 P 6/03 R - SozR 4-2500 § 224 Nr. 1.

12 Zu den Ausnahmen vgl. Rn. 10, Rn. 34 f.

Vor In-Kraft-Treten von **Absatz 2** war es den Krankenversicherungsträgern nicht möglich, einen Dritten, der die Arbeitsunfähigkeit eines Versicherten verursacht hatte, in Regress zu nehmen, sofern dem Versicherten eine der in Absatz 1 Satz 1 genannten Entgeltersatzleistungen zustand und er während des Bezuges dieser Leistung beitragsfrei war. Grund dafür ist, dass nach bürgerlichem Recht für das Bestehen eines Schadensersatzanspruches, der bei Geltendmachung einer Regressforderung auf den regressierenden Krankenversicherungsträger übergeht, ein Schaden eingetreten sein muss. Dem Versicherten ist jedoch auf Grund des Bezuges der in Absatz 1 Satz 1 SGB V genannten Lohnersatzleistungen und der währenddessen bestehenden Beitragsfreiheit an sich kein Schaden durch die Arbeitsunfähigkeit entstanden. Der Schädiger oder dessen Haftpflichtversicherung war auf diese Weise auf Kosten der Solidargemeinschaft, die die wegen der Regelung des § 224 Abs. 1 Satz 1 fehlenden Beiträge aufbringen muss, von seiner Ersatzpflicht freigestellt. 15

Absatz 2 ermöglicht nun, im Rahmen der Erstattungsforderung gegen den Drittschädiger bzw. dessen Haftpflichtversicherer, auch die ausgefallenen Krankenversicherungsbeiträge des geschädigten Versicherten geltend zu machen. 16

III. Tatbestandsmerkmale

1. Mitglied

„Mitglied" im Sinne des Absatzes 1 Satz 1 ist das versicherungspflichtige und das freiwillige Mitglied. Dies ergibt sich bereits aus dem Wortlaut, der nur von „Mitglied" spricht und gerade nicht nur das versicherungspflichtige Mitglied in Bezug nimmt. Dieses Verständnis entspricht auch der ständigen Rechtsprechung des Bundessozialgerichts.[13] **§ 224 SGB V gilt** im Gegensatz zu § 192 Abs. 1 Nr. 2 SGB V, der nur für versicherungspflichtige Mitglieder anwendbar ist, also grundsätzlich **auch für freiwillige Mitglieder**.[14] 17

2. Anspruch auf Krankengeld

Voraussetzung für die Beitragsfreiheit nach Absatz 1 Satz 1 ist lediglich das **Bestehen eines Anspruches auf Krankengeld**. Der **tatsächliche Bezug** dieser Leistung ist dagegen **nicht erforderlich**. Als Anspruchsgrundlage kommen die §§ 44 Abs. 1 und 45 SGB V (Krankengeld bei Erkrankung des Kindes) in Betracht. 18

Anders als § 192 Abs. 1 Nr. 2 SGB V – nach dessen Wortlaut auch der Bezug des Krankengeldes mitgliedschaftserhaltend wirkt – ist nach dem Wortlaut des § 224 Abs. 1 Satz 1 SGB V Voraussetzung für die Beitragsfreiheit, dass ein Anspruch auf Krankengeld besteht. Nach dem Wortlaut der Vorschrift genügt also der Bezug des Krankengeldes, ohne dass ein Anspruch darauf besteht, nicht, um Beitragsfreiheit auszulösen.[15] Es ist jedoch nicht ersichtlich, aus welchem Grund der Bezug ohne Anspruch mitgliedschaftserhaltend wirken sollte und insofern Bezug von Krankengeld ohne Anspruch und Anspruch auf Krankengeld in § 192 Abs. 1 Nr. 2 SGB V gleichgestellt sind, im Rahmen der Regelung über die Beitragsfreiheit aber differenziert wird. Daher kann angenommen werden, dass der Gesetzgeber übersehen hat, in § 224 Abs. 1 Satz 1 SGB V eine zu § 192 Abs. 1 Nr. 2 SGB V parallele Regelung zu treffen.[16] 19

Ist der **Anspruch** auf Krankengeld allerdings **gesetzlich ausgeschlossen** – wie bspw. nach § 44 Abs. 1 Satz 2 SGB V –, kann keine Beitragsfreiheit eintreten. Auch sofern bei einer freiwilligen Versicherung ein Anspruch auf Krankengeld nach § 44 Abs. 2 SGB V i.V.m. der Satzung der jeweiligen Krankenkasse ausgeschlossen ist, ist Beitragsfreiheit nach § 224 Abs. 1 Satz 1 SGB V ausgeschlossen. 20

Unschädlich für das Entstehen der Beitragsfreiheit ist, **wenn der Anspruch auf Krankengeld nach § 49 SGB V ruht**. Auch während des Ruhenszeitraumes besteht der Anspruch auf Leistung nämlich grundsätzlich fort, die fällige Teilleistung kann jedoch nicht verlangt werden. 21

Auch bei einer **Kürzung** des Krankengeldes nach **§ 50 Abs. 2 SGB V** ist der noch bestehende Anspruch auf Krankengeld beitragsfrei. 22

---

[13] Vgl. BSG v. 26.05.2004 - B 12 P 6/03 R - SozR 4-2500 § 224 Nr. 1.

[14] Vgl. aber Rn. 37 ff.

[15] So *Gerlach* in: Hauck/Noftz, SGB V, § 224 Rn. 4.

[16] So *Peters* in: KassKomm-SGB, SGB V, § 224 Rn. 5.

23 Wird Krankengeld nach **§ 52 SGB V** versagt bzw. bereits geleistetes Krankengeld zurückgefordert, weil der Versicherte sich die Krankheit vorsätzlich oder bei einem von dem Versicherten vorsätzlich begangenem Verbrechen oder Vergehen zugezogen hat, bleibt der Anspruch dem Grunde nach bestehen, so dass auch die Beitragsfreiheit erhalten bleibt.[17]

24 Bei **Wegfall** des Krankengeldes wegen Ende der Arbeitsunfähigkeit oder nach **§ 51 SGB V** (Wegfall des Krankengeldes, wenn der Aufforderung der Krankenkasse, einen Antrag auf Gewährung von Rehabilitationsleistungen oder Altersrente zu stellen, nicht nachgekommen wird), **Anspruchserschöpfung nach § 48 SGB V** oder **Ausschluss des Krankengeldes nach § 50 Abs. 1 SGB V** entfällt auch die Beitragsfreiheit. Lebt der Anspruch auf Krankengeld bei Antragstellung nach Ablauf der Frist gemäß § 51 Abs. 3 Satz 2 SGB V wieder auf, tritt auch die Beitragsfreiheit wieder ein.

3. Anspruch auf Mutterschaftsgeld

25 Gemeint ist das Mutterschaftsgeld nach § 200 RVO, nicht jedoch das **Entbindungsgeld** nach § 200b RVO. Bereits dem systematischen Zusammenhang zwischen § 200 RVO und § 200b RVO ist zu entnehmen, dass Entbindungsgeld keine Form des Mutterschaftsgeldes ist. Vielmehr besteht Anspruch auf Entbindungsgeld nur dann, wenn ein Anspruch auf Mutterschaftsgeld nicht gegeben ist. Somit tritt bei dem Bezug von Entbindungsgeld keine Beitragsfreiheit nach § 224 Abs. 1 Satz 1 SGB V ein. Im Übrigen handelt es sich bei dem Entbindungsgeld um eine einmalige Leistung, § 224 Abs. 1 Satz 1 SGB V gilt jedoch für über einen bestimmten Zeitraum gewährte Leistungen („für die Dauer").

26 Einziger **Ruhenstatbestand** bei dem Bezug von Mutterschaftsgeld ist § 200 Abs. 4 RVO. Nach dieser Vorschrift ruht das Mutterschaftsgeld, soweit und solange beitragspflichtiges Arbeitsentgelt oder Arbeitseinkommen bezogen wird. Diese Einkünfte sind jedoch nach dem eindeutigen Wortlaut des § 224 Abs. 1 Satz 2 SGB V beitragspflichtig.

27 Mutterschaftsgeld sind nicht die einer Beamtin weitergewährten Dienstbezüge nach **beamtenrechtlichen Vorschriften**.[18]

4. Bezug von Erziehungsgeld

28 Der Begriff „Erziehungsgeld" erfasst Erziehungsgeld nach dem Bundeserziehungsgeldgesetz sowie vergleichbare Leistungen der Länder.

29 Im Unterschied zu den anderen in § 224 Abs. 1 Satz 1 SGB V genannten Leistungen muss Erziehungsgeld tatsächlich bezogen werden. Das Bestehen eines Anspruches auf diese Leistung genügt nicht. Andererseits ist es für den Eintritt von Beitragsfreiheit unschädlich, wenn Erziehungsgeld bezogen wird, ohne dass ein Anspruch darauf besteht.

30 Wird nach § 5 Abs. 2, 3 SGB V Bundeserziehungsgeldgesetz der Anspruch auf Erziehungsgeld durch die Anrechnung von Einkommen gemindert, so besteht Beitragsfreiheit, soweit noch eine Teilleistung bezogen wird.

5. Einschränkung der Beitragsfreiheit (Absatz 1 Satz 2)

a. Grundregel

31 Absatz 1 Satz 2 regelt, dass beitragsfrei nur die in Absatz 1 Satz 1 genannten Leistungen sind. Werden daneben weitere Einnahmen erzielt, so gelten für diese die allgemeinen Vorschriften der §§ 226-240 SGB V. Ergibt sich aus diesen Vorschriften Beitragspflichtigkeit, so werden diese Einkünfte nicht auf Grund der Regelung des § 224 Abs. 1 Satz 1 SGB V beitragsfrei.

32 Die Beitragspflicht fingierter Einnahmen von Rentenantragstellern (§ 239 SGB V), Studenten (§ 236 Abs. 1 SGB V), Auszubildenden und Praktikanten (§ 236 Abs. 1 SGB V) ohne Entgelt wird von § 224 Abs. 1 Satz 1 SGB V nicht berührt.[19] Endet aber der die Versicherungspflicht auslösende Tatbestand, exmatrikuliert sich also z.B. ein beitragspflichtiger Student, dessen Mitgliedschaft jedoch nach § 192 Abs. 1 Nr. 2 SGB V erhalten bleibt, sind die versicherungspflichtbezogenen fingierten Einnahmen nicht mehr beitragspflichtig.[20]

---

[17] Vgl. dazu *Gerlach* in: Hauck/Noftz, SGB V, § 224 Rn. 5.

[18] BSG v. 18.05.1983 - 12 RK 17/82 - SozR 2200 § 383 Nr. 2.

[19] BSG v. 29.06.1993 - 12 RK 30/90 - SozR 3-2500 § 224 Nr. 4.

[20] BSG v. 23.06.1994 - 12 RK 7/94 - BSGE 74, 282.

b. Zuschüsse des Arbeitgebers

Nicht von Absatz 1 Satz 2 erfasst werden **Zuschüsse des Arbeitgebers zum Krankengeld**, wenn diese den Anspruch auf Krankengeld nicht nach § 49 Abs. 1 Nr. 1 SGB V zum Ruhen bringen. Der Anspruch auf Krankengeld ruht nach § 49 Abs. 1 Nr. 1 HS. 3 SGB V nicht, soweit die Summe aus Krankengeld und Zuschuss das zuvor bezogene Nettoarbeitsentgelt nicht übersteigen. 33

Zuschüsse des Arbeitgebers zum Mutterschaftsgeld nach § 14 Mutterschutzgesetz sind nach § 3 Nr. 1d Einkommenssteuergesetz i.V.m. § 1 Arbeitsentgeltverordnung beitragsfrei. 34

Für **Zuschüsse des Arbeitgebers zum Erziehungsgeld** gilt dagegen § 224 Abs. 1 Satz 2, d.h. diese Zuschüsse unterliegen der Beitragspflicht, unabhängig davon, wie hoch sie sind. Grund dafür ist, dass im Unterschied zu Zuschüssen zu Kranken- und Mutterschaftsgeld keine gesetzliche Regelung existiert, die die Beitragsfreiheit abweichend von Absatz 1 Satz 2 bestimmt. 35

c. Vermögenswirksame Leistungen

Vermögenswirksame Leistungen[21], die neben den in Absatz 1 Satz 1 genannten Leistungen weitergewährt werden, bleiben beitragsfrei. 36

6. Freiwillige Mitglieder

§ 224 SGB V gilt uneingeschränkt auch für freiwillige Mitglieder. Beitragsfreiheit besteht nach § 224 Abs. 1 Satz 1, 2 SGB V also, soweit die nach § 240 SGB V i.V.m. der Satzung beitragspflichtigen Einnahmen durch die nach § 224 Abs. 1 Satz 1 SGB V beitragsfreie Leistung ersetzt werden. 37

Trotz des Bezugs von Leistungen nach Absatz 1 Satz 1 und der für diese Leistungen bestehenden Beitragsfreiheit besteht nach § 240 Abs. 4 Satz 1 SGB V weiterhin die Pflicht, Beiträge nach dem gesetzlich fingierten (§ 240 Abs. 4 Satz 1 SGB V) Mindesteinkommen zu entrichten.[22] Grund dafür ist, dass **§ 224 SGB V keine abschließende Sonderregelung gegenüber § 240 Abs. 4 Satz 1 SGB V** darstellt.[23] Dies gilt selbst dann, wenn tatsächliche Einnahmen vollständig fehlen.[24] 38

Ein Verstoß gegen Art. 3 Abs. 1 GG liegt in dieser unterschiedlichen Behandlung freiwillig Versicherter gegenüber Pflichtversicherten nicht. Eine Ungleichbehandlung beider Gruppen liegt zwar darin, dass Pflichtmitglieder im Unterschied zu der in Rn. 38 geschilderten Konstellation nur dann beitragspflichtig bleiben, wenn sie neben der nach § 224 Abs. 1 Satz 1 SGB V bezogenen Leistung beitragspflichtige Einnahmen nach § 226 Abs. 1 Satz 1 Nr. 2-4 SGB V beziehen. Diese Ungleichbehandlung ist jedoch dadurch gerechtfertigt, dass freiwillig Versicherte weniger schutzbedürftig als pflichtversicherte Mitglieder sind.[25] 39

Ist für die Beitragsbemessung des freiwilligen Mitglieds das Erwerbseinkommen des Ehegatten maßgeblich, bleibt die Beitragspflicht nach Grund und Höhe von dem Bezug einer in Absatz 1 Satz 1 genannten Leistung unberührt.[26] Dies gilt auch dann, wenn vor dem Bezug der Leistung nach Absatz 1 Satz 1 Arbeitsentgelt der Beitragsbemessung zu Grunde lag.[27] 40

C. Praxishinweise

Verfahrensrecht: Die Entscheidung einer Krankenkasse, dass Beitragsfreiheit nach § 224 Abs. 1 Satz 1 SGB V vorliegt, ist ein Verwaltungsakt mit Dauerwirkung. Ändern sich die tatsächlichen oder rechtlichen Verhältnisse, die der Entscheidung zu Grunde liegen, ist § 48 SGB X anwendbar. 41

§ 48 Abs. 1 Satz 2 Nr. 3 und 4 SGB X sind allerdings auf Beitragsbescheide, also auch auf Bescheide über die Beitragsfreiheit nicht anwendbar.[28] 42

---

[21] Vgl. dazu Rn. 4, 11 (Rn. 11).

[22] Vgl. BSG v. 26.05.2004 - B 12 P 6/03 R - SozR 4-2500 § 224 Nr. 1.

[23] BSG v. 26.05.2004 - B 12 P 6/03 R - SozR 4-2500 § 224 Nr. 1; BSG v. 24.11.1992 - 12 RK 44/92 - SozR 3-2500, § 224 Nr. 3.

[24] BSG v. 26.05.2004 - B 12 P 6/03 R - SozR 4-2500 § 224 Nr. 1.

[25] BSG v. 26.05.2004 - B 12 P 6/03 R - SozR 4-2500 § 224 Nr. 1; BSG v. 07.11.1991 - 12 RK 37/90 - SozR 3-2500 § 240 Nr. 6.

[26] BSG v. 24.11.1992 - 12 RK 8/92 - SozR 3-2500, § 224 Nr. 2.

[27] BSG v. 26.03.1998 - B 12 KR 45/96 R - SozR 3-2500, § 224 Nr. 7.

[28] BSG v. 26.09.1991 - 4 RK 5/91 - SozR 3-1300 § 48 Nr. 13.

43 Ein Verwaltungsakt, der die Beitragsfreiheit feststellt, liegt allerdings nicht bereits dann vor, wenn die Krankenkasse, die die Beiträge bisher im Lastschriftverfahren eingezogen hat, von der erteilten Einzugsermächtigung keinen Gebrauch mehr macht.

§ 225 SGB V Beitragsfreiheit bestimmter Rentenantragsteller

(Fassung vom 20.12.1988, gültig ab 01.01.1989)

Beitragsfrei ist ein Rentenantragsteller bis zum Beginn der Rente, wenn er

1. als hinterbliebener Ehegatte eines nach § 5 Abs. 1 Nr. 11 oder 12 versicherungspflichtigen Rentners, der bereits Rente bezogen hat, Hinterbliebenenrente beantragt,

2. als Waise eines nach § 5 Abs. 1 Nr. 11 oder 12 versicherungspflichtigen Rentners, der bereits Rente bezogen hat, vor Vollendung des achtzehnten Lebensjahres Waisenrente beantragt oder

3. ohne die Versicherungspflicht nach § 5 Abs. 1 Nr. 11 oder 12 nach § 10 dieses Buches oder nach § 7 des Zweiten Gesetzes über die Krankenversicherung der Landwirte versichert wäre.

Satz 1 gilt nicht, wenn der Rentenantragsteller Arbeitseinkommen oder Versorgungsbezüge erhält. § 226 Abs. 2 gilt entsprechend.

Gliederung

A. Basisinformationen

I. Textgeschichte/Gesetzgebungsmaterialien

1 § 225 SGB V wurde durch Art. 1 des Gesundheitsreformgesetzes (GRG)[1] mit Wirkung vom 01.01.1989 eingeführt. Der Referentenentwurf verwies noch nicht – wie jetzt § 225 Satz 1 Nr. 3 SGB V – auf die Familienversicherung nach § 7 des Zweiten Gesetzes über die Krankenversicherung der Landwirte. § 225 SGB V entspricht im Wesentlichen § 234 des Regierungsentwurfs. Dessen Begründung ist zu entnehmen[2], dass eine Änderung im Vergleich zu der Vorgängervorschrift in der RVO nicht beabsichtigt war. Der Entwurf des jetzigen § 225 Satz 2 SGB V enthielt allerdings zusätzlich zu den genannten Einnahmearten „Arbeitseinkommen" und „Versorgungsbezüge" auch das Arbeitsentgelt. Dieses wurde jedoch auf Wunsch des 11. Bundestags-Ausschusses für Arbeit und Sozialordnung entnommen.[3] § 225 SGB V wurde seit seinem In-Kraft-Treten nicht geändert.

II. Vorgängervorschriften

2 Vorgängervorschrift in der RVO war § 381 Abs. 3 Satz 2 RVO. Inhaltlich stimmt § 225 SGB V mit dieser Vorschrift weitgehend überein. § 225 SGB V regelt jedoch in Satz 1 Nr. 1 gegenüber § 381 Abs. 3 Satz 2 Nr. 1 RVO neu auch die Beitragsfreiheit von Witwern, die eine Hinterbliebenenrente aus der Versicherung einer Rentnerin beantragen; bisher waren dagegen nur weibliche Hinterbliebene von dieser Regelung erfasst.

3 § 381 Abs. 3 Satz 2 Nr. 3 RVO, der die jetzt in § 225 Satz 1 Nr. 3 SGB V erfasste Personengruppe betraf, war in Zusammenhang mit § 257a Abs. 1 Satz 3 RVO zu lesen. Nach dieser Vorschrift war zwingend die Krankenkasse zuständig, bei der ein Anspruch auf Familienkrankenpflege im Sinne des § 381

---

[1] GRG v. 20.12.1988, BGBl I 1988, 2477.
[2] RegE-GRG, S. 222.
[3] BT Drs. 11/3320, S. 127.

Abs. 3 Satz 2 Nr. 3 RVO bestünde. Eine solche Koppelung ist mit dem In-Kraft-Treten des § 225 Satz 1 Nr. 3 SGB V entfallen. Es besteht daher die Möglichkeit, die beitragsfreie Rentenantragstellerversicherung bei einer anderen Krankenkasse durchzuführen als bei der Kasse, bei der eine Familienversicherung nach § 10 oder nach § 7 des Zweiten Gesetzes über die Krankenversicherung der Landwirte (KVLG 1989) bestehen würde.

III. Systematische Zusammenhänge

4 § 225 SGB V ist eine **Ausnahmevorschrift** zu § 223 Abs. 1 SGB V, der als **Grundnorm** die **Beitragspflicht** in der Gesetzlichen Krankenversicherung regelt. § 225 SGB V nimmt bestimmte Rentenantragsteller von der grundsätzlich bestehenden Beitragspflicht aus.

5 Beitragsfreiheit als Rentenantragsteller nach § 225 SGB V kommt von vornherein nur in Betracht, wenn der Rentenantragsteller nach **§ 189 SGB V** als Mitglied gilt. Sind nämlich die Voraussetzungen für eine Mitgliedschaft nach § 189 SGB V nicht erfüllt, fehlt es bereits an der Grundlage für eine Beitragspflicht.

6 Liegen die Voraussetzungen für die Beitragsfreiheit eines Rentenantragstellers nach § 225 SGB V nicht vor, erfolgt die Beitragsbemessung bei dem beitragspflichtigen Rentenantragsteller nach **§ 239 SGB V.**

7 § 225 Satz 1 Nr. 1 und 2 SGB V betrifft den Personenkreis, der eine Rente wegen Todes beantragt. Dabei handelt es sich in Nr. 1 um die **Witwen-/Witwerrente nach § 46 SGB VI** und in Nr. 2 um die **Waisenrente gemäß § 48 SGB VI.**

8 § 225 Satz 1 Nr. 1-3 SGB V nehmen Bezug auf allgemeine Vorschriften über den versicherten Personenkreis, indem sie Regelungen für hinterbliebene Ehegatten und Waisen eines nach **§ 5 Abs. 1 Nr. 11 oder Nr. 12 SGB V** versicherungspflichtigen Rentners treffen. § 5 Abs. 1 Nr. 11 SGB V enthält die Regelung über die Versicherungspflicht der Rentner. § 5 Abs. 1 Nr. 12 SGB V normiert die Versicherungspflicht von Personen, die nach dem Fremdrentengesetz oder als Verfolgte im Sinne des Gesetzes zur Wiedergutmachung nationalsozialistischen Unrechts in der Sozialversicherung Anspruch auf eine Rente aus der gesetzlichen Rentenversicherung haben und diese auch beantragt haben.

9 § 225 Satz 1 Nr. 3 erfasst sämtliche Rentenantragsteller, wenn ohne die Versicherungspflicht nach § 5 Abs. 1 Nr. 11 oder 12 eine **Familienversicherung nach § 10 oder nach § 7 des Zweiten Gesetzes über die Krankenversicherung der Landwirte (KVLG 1989)** bestünde. § 10 verschafft Familienangehörigen von Versicherten Zugang zur Gesetzlichen Krankenversicherung. Die Versicherung ist nach § 3 Satz 3 SGB V beitragsfrei. Für die Familienversicherung nach § 7 KVLG 1989 gilt § 10 SGB V entsprechend (§ 7 Abs. 1 Satz 1 KVLG 1989).

10 § 225 Satz 2 SGB V trifft eine Sonderregelung für Arbeitseinkommen und Versorgungsbezüge des Rentenantragstellers; diese Einnahmen sind grundsätzlich nicht beitragsfrei. Was unter Versorgungsbezügen als beitragspflichtige Einnahmen zu verstehen ist, regelt **§ 229 SGB V**. § 229 SGB V enthält eine Aufzählung von Einkommensarten, die als beitragspflichtige Versorgungsbezüge behandelt werden und verlangt in Absatz 1 Satz 1 deren Einkommens- bzw. Unterhaltsersatzfunktion. Es folgen Sonderregelungen für Auslandsbezüge (Absatz 1 Satz 2), für die Ablösung laufender Versorgungsbezüge durch eine nicht regelmäßig wiederkehrende Leistung (Absatz 1 Satz 3) und für Nachzahlungen von Versorgungsbezügen (Absatz 2).

11 Nach § 225 Satz 3 SGB V gilt **§ 226 Abs. 2 SGB V** entsprechend. § 226 Abs. 2 SGB V regelt die Mindestgrenze beitragspflichtiger Einnahmen, ab denen Beitragspflicht entsteht. Der Verweis in § 225 Satz 3 SGB V auf § 226 Abs. 2 SGB V ist so zu verstehen, dass das in § 225 Satz 2 SGB V genannte Arbeitseinkommen bzw. die genannten Versorgungsbezüge beitragsfrei bleiben, wenn sie die Grenze des § 226 Abs. 2 SGB V nicht überschreiten.

IV. Ausgewählte Literaturhinweise

12 *Bress,* Beiträge der Rentenantragsteller und Rentner zur Kranken- und Pflegeversicherung, SVFAng, Nr. 111, 63 (1998), Nr. 112, 59-75 (1999).

B. Auslegung der Norm

I. Regelungsgehalt und Bedeutung der Norm

1. Allgemeines

§ 225 SGB V regelt – abweichend von § 223 SGB V i.V.m. § 239 SGB V – die Beitragsfreiheit bestimmter Rentenantragsteller. Zur Beitragsfreiheit kommt es allerdings nur, wenn die in Satz 1 Nr. 1, 2 oder 3 näher genannten Voraussetzungen vorliegen und kein Ausschlussgrund nach Satz 2 gegeben ist. Besteht nach anderen Vorschriften eine vorrangige Versicherungspflicht, wird diese Mitgliedschaft auch dann nicht beitragsfrei, wenn der Pflichtversicherte einen Rentenantrag stellt und zusätzlich die Voraussetzungen des § 225 Satz 1 Nr. 1, 2 oder 3 SGB V gegeben wären. 13

2. Hinterbliebener Ehegatte (Satz 1 Nr. 1)

Nach § 225 Satz 1 Nr. 1 SGB V sind Witwen und Witwer, die eine Rente wegen Todes nach § 46 SGB VI – Hinterbliebenenrente – beantragen, versicherungsfrei, wenn der verstorbene Ehegatte Rente bezog und zu dem in § 5 Abs. 1 Nr. 11 oder 12 SGB V genannten versicherungspflichtigen Personenkreis gehörte. Für männliche Hinterbliebene gilt § 225 SGB V – wegen des Zeitpunktes des In-Kraft-Tretens der Vorschrift – nur, wenn der Rentenantrag nach dem 01.01.1989 gestellt wurde. Beitragsfrei ist der hinterbliebene Ehegatte als Rentenantragsteller auch dann, wenn der Verstorbene nur deshalb nicht nach § 5 Abs. 1 Nr. 11 oder 12 SGB V versicherungspflichtig war, weil er 14

- nach § 5 Absatz 5 wegen einer hauptberuflich selbständigen Erwerbstätigkeit von der Pflichtversicherung ausgeschlossen war,
- nach anderen gesetzlichen Vorschriften vorrangig pflichtversichert war (vgl. § 5 Abs. 8 SGB V),
- nach § 6 Abs. 1 Nr. 6 oder Nr. 8 SGB V versicherungsfrei war oder
- nach § 8 Abs. 1 SGB V von der Versicherungspflicht befreit war.

Für geschiedene Ehegatten ist § 225 Satz 1 Nr. 1 SGB V nicht anwendbar. Vielmehr ist Witwe nur die Frau, die mit einem Mann im Zeitpunkt seines Todes verheiratet war. Entsprechendes gilt für den Witwer. 15

3. Waisen (Satz 1 Nr. 2)

§ 225 Satz 1 Nr. 2 SGB V regelt die Versicherungsfreiheit von Waisen, die vor Vollendung des 18. Lebensjahres einen Antrag auf Gewährung von Waisenrente nach § 48 SGB VI stellen. Grund für die Einschränkung, dass der Antrag vor Vollendung des 18. Lebensjahres gestellt werden muss, ist die Regelung des § 48 Abs. 4 Satz 1 Nr. 1 SGB VI. Unter Berücksichtigung dieser Vorschrift ist nur vor Vollendung des 18. Lebensjahres sicher davon auszugehen, dass Waisenrente gewährt werden wird. Das 18. Lebensjahr wird mit Ablauf des Tages, der vor dem 18. Geburtstag liegt, vollendet. Die Versicherungsfreiheit bleibt während des ganzen Rentenantragsverfahrens bestehen, auch dann, wenn der Rentenantragsteller währenddessen das 18. Lebensjahr vollendet. 16

Waisen im Sinne des § 225 Satz 1 Nr. 2 SGB V sind grundsätzlich nur die in § 48 Abs. 1 SGB VI genannten Kinder. Ob die in § 48 Abs. 3 SGB VI genannten Personengruppen, die nach dieser Vorschrift als Kinder im Sinne des § 48 Abs. 1 SGB VI berücksichtigt werden, ebenfalls nach § 225 Satz 1 Nr. 2 SGB V beitragsfrei sind, ist fraglich.[4] Das Bundessozialgericht hat Versicherungsfreiheit nach der Vorgängerregelung des § 381 Abs. 3 Satz 2 Nr. 2 RVO verneint, wenn Waisenrente aus der Versicherung des Großvaters beantragt wurde.[5] Der Krankenkasse bleibt es unbenommen, von der Beitragspflicht des Rentenantragstellers auszugehen, soweit nicht eindeutig feststeht, ob der Rentenantragsteller einen Anspruch auf die Gewährung von Waisenrente hat.[6] 17

4. Beitragsfreiheit wegen Familienversicherung (Satz 1 Nr. 3)

§ 225 Satz 1 Nr. 3 SGB V regelt, dass Rentenantragsteller beitragsfrei bleiben, die ohne Versicherungspflicht als Rentenantragsteller beitragsfrei familienversichert wären. Dabei gilt § 225 Satz 1 Nr. 3 SGB V nicht nur bei Beantragung einer Hinterbliebenenrente, sondern erfasst die Beantragung sämtlicher Rentenarten. 18

---

[4] Vgl. dazu auch *Gerlach* in: Hauck/Noftz, SGB V, § 225 Rn. 6.

[5] BSG v. 15.11.1973 - 3 RK 45/72 - BSGE 36, 234-238.

[6] Vgl. dazu auch *Gerlach* in: Hauck/Noftz, SGB V, § 225 Rn. 6.

19 Beitragsfreiheit besteht allerdings nur dann, wenn bei dem Rentenantragsteller ansonsten eine Familienversicherung nach § 10 oder nach § 7 KVLG 1989 bestünde. Dass vergleichbare Ansprüche aus anderen sozialen Sicherungssystemen oder bei Mitversicherung des Rentenantragstellers als Familienmitglied bei einem privaten Versicherungsunternehmen bestehen, reicht dagegen für die Begründung der Beitragsfreiheit nach § 225 Satz 1 Nr. 3 SGB V nicht aus.[7]

20 Die Beitragsfreiheit besteht solange, bis die Familienversicherung enden würde. Endet die Familienversicherung wegen eines Ausschlussgrundes oder wegen des Ausscheidens des „Stammversicherten", besteht ab dem darauf folgenden Tag Beitragspflicht für den Rentenantragsteller nach § 223 SGB V i.V.m. § 239 SGB V. Da aber nach mehreren Vorschriften Beitragsfreiheit bestehen kann, ist zunächst zu prüfen, ob nach einer anderen Norm weiterhin Beitragsfreiheit gegeben ist.

21 Die beitragsfreie Krankenversicherung als Rentenantragsteller muss nicht bei der Krankenkasse durchgeführt werden, bei der die Familienversicherung bestand.

5. Bezug von Arbeitseinkommen/Versorgungsbezügen (Sätze 2, 3)

22 Die Anwendbarkeit von § 225 Satz 1 SGB V wird durch Satz 2 ausgeschlossen, wenn der Rentenantragsteller Arbeitseinkommen oder Versorgungsbezüge erhält. Was unter Versorgungsbezügen im Sinne des § 225 Satz 2 SGB V zu verstehen ist, regelt § 229 SGB V. Nach dem Wortlaut des Satzes 2 entfällt die Beitragsfreiheit bei dem Bezug von Arbeitseinkommen oder Versorgungsbezügen komplett. Nach Sinn und Zweck der Ausnahmeregelung des Satzes 2 ist diese jedoch so zu verstehen, dass die Beitragsfreiheit nur für die in Satz 2 genannten Einnahmen entfällt. Für diese sind grundsätzlich Beiträge zu entrichten. Dieses Ergebnis kann auch über eine analoge Anwendung des § 224 Abs. 1 Satz 2 SGB V erzielt werden.[8]

23 § 225 Satz 3 SGB V regelt, dass die Mindestgrenze der beitragspflichtigen Einnahmen nach § 226 Abs. 2 SGB V entsprechend anzuwenden ist.

II. Normzweck

24 Beitragsfreiheit nach § 225 SGB V soll insbesondere solchen Personen zukommen, bei denen es als gesichert angesehen werden kann, dass eine Rente wegen Todes zugebilligt werden wird. Kommt es wider Erwarten nicht zur Rentenbewilligung, können Beiträge für die Zeit seit Rentenantragstellung nicht nachgefordert werden. Gleiches gilt, wenn die Rente nur für einen Teil der Versicherungszeit als Rentenantragsteller bewilligt wird.

25 Durch die Regelung des § 225 Satz 1 Nr. 1 und 2 SGB V soll vermieden werden, dass der – gäbe es § 225 Satz 1 Nr. 1 und 2 SGB V nicht – nach § 239 SGB V zu bemessende Beitrag des Rentenantragstellers zu entrichten ist. Dies würde nämlich dazu führen, dass die nach § 239 SGB V gezahlten Beiträge nach Rentenbewilligung zu erstatten und stattdessen Beiträge nach § 237 SGB V (beitragspflichtige Einnahmen versicherungspflichtiger Rentner) zu erheben wären. Hintergrund für die Vorschrift des § 225 Satz 1 Nr. 1 und 2 SGB V ist, dass durch den Bezug der Hinterbliebenenrente die Mitgliedschaft in der Krankenversicherung der Rentner sicher ist, weil der verstorbene Versicherte selbst schon Renten bezog und als Rentner versichert war.

26 § 225 Satz 1 Nr. 3 SGB V liegt die Überlegung zugrunde, dass ohne die Versicherung als Rentenantragsteller eine nach § 3 Satz 3 SGB V beitragsfreie Familienversicherung bestünde. Daher soll auch der so versicherte Rentenantragsteller beitragsfrei bleiben.

---

[7] BSG v. 22.06.1973 - 3 RK 50/71 - SozR Nr. 33 zu § 381 RVO.

[8] Vgl. dazu *Gerlach* in: Hauck/Noftz, SGB V, § 225 Rn. 8.

Zweiter Titel: Beitragspflichtige Einnahmen der Mitglieder

§ 226 SGB V Beitragspflichtige Einnahmen versicherungspflichtig Beschäftigter

(Fassung vom 31.10.2006, gültig ab 08.11.2006, gültig bis 31.12.2008)

(1) Bei versicherungspflichtig Beschäftigten werden der Beitragsbemessung zugrunde gelegt

1. das Arbeitsentgelt aus einer versicherungspflichtigen Beschäftigung,

2. der Zahlbetrag der Rente der gesetzlichen Rentenversicherung,

3. der Zahlbetrag der der Rente vergleichbaren Einnahmen (Versorgungsbezüge),

4. das Arbeitseinkommen, soweit es neben einer Rente der gesetzlichen Rentenversicherung oder Versorgungsbezügen erzielt wird.

Dem Arbeitsentgelt steht das Vorruhestandsgeld gleich. Bei Auszubildenden, die in einer außerbetrieblichen Einrichtung im Rahmen eines Berufsausbildungsvertrages nach dem Berufsbildungsgesetz ausgebildet werden, steht die Ausbildungsvergütung dem Arbeitsentgelt gleich.

(2) Die nach Absatz 1 Satz 1 Nr. 3 und 4 zu bemessenden Beiträge sind nur zu entrichten, wenn die monatlichen beitragspflichtigen Einnahmen nach Absatz 1 Satz 1 Nr. 3 und 4 insgesamt ein Zwanzigstel der monatlichen Bezugsgröße nach § 18 des Vierten Buches übersteigen.

(3) Für Schwangere, deren Mitgliedschaft nach § 192 Abs. 2 erhalten bleibt, gelten die Bestimmungen der Satzung.

(4) Abweichend von Absatz 1 Nr. 1 wird bei versicherungspflichtig Beschäftigten mit einem monatlichen Arbeitsentgelt (AE) innerhalb der Gleitzone nach § 20 Abs. 2 des Vierten Buches ein Betrag der Beitragsbemessung zugrunde gelegt, der sich nach folgender Formel ermittelt:

$$F \times 400 + (2 - F) \times (AE - 400).$$

F ist der Faktor, der sich ergibt, wenn der Wert 30 vom Hundert durch den durchschnittlichen Gesamtsozialversicherungsbeitragssatz des Kalenderjahres, in dem der Anspruch auf das Arbeitsentgelt entstanden ist, geteilt wird. Der Faktor ist auf vier Dezimalstellen zu runden. Der durchschnittliche Gesamtsozialversicherungsbeitragssatz eines Kalenderjahres ergibt sich aus der Summe der zum 1. Januar desselben Kalenderjahres geltenden Beitragssätze in der allgemeinen Rentenversicherung, in der gesetzlichen Pflegeversicherung sowie zur Arbeitsförderung und des durchschnittlichen allgemeinen Beitragssatzes der Krankenkassen vom 1. März des Vorjahres. Für die Zeit vom 1. Juli 2006 bis zum 31. Dezember 2006 beträgt der Faktor F 0,7160. Der durchschnittliche Gesamtsozialversicherungsbeitragssatz und der Faktor F sind vom Bundesministerium für Gesundheit bis zum 31. Dezember eines Jahres für das folgende Kalenderjahr im Bundesanzeiger bekannt zu geben. Satz 1 gilt nicht für Personen, die zu ihrer Berufsausbildung beschäftigt sind.

Gliederung

A. Basisinformationen

I. Textgeschichte/Gesetzgebungsmaterialien

1 Der mit dem Gesetz zur Strukturreform im Gesundheitswesen[1] (GRG) geschaffene § 226 SGB V ist die **Grundnorm** zur Feststellung der beitragspflichtigen Einnahmen in der gesetzlichen Krankenversicherung (GKV).[2] Die Vorschrift ist am **01.01.1989** in Kraft getreten und gilt unmittelbar für versicherungspflichtig Beschäftigte, Auszubildende in außerbetrieblichen Ausbildungsstätten und Schwangere, deren Mitgliedschaft wegen einer zulässigen Auflösung des Beschäftigungsverhältnisses oder einer unbezahlten Beurlaubung nach § 192 SGB V erhalten bleibt.

2 In § 226 Abs. 1 Satz 1 Nr. 1 SGB V wird die Bemessungsgrundlage für den die gesetzliche Krankenversicherung betreffenden **Anteil am Gesamtsozialversicherungsbeitrag** (§ 28d SGB IV) geregelt.

3 Nach § 226 Abs. 1 Satz 1 Nr. 2-4 SGB V unterliegen neben dem **Arbeitsentgelt** aus einer versicherungspflichtigen Beschäftigung auch **Renten** aus der gesetzlichen Rentenversicherung, der Rente vergleichbare Einnahmen (**Versorgungsbezüge**) und **Arbeitseinkommen** der Beitragspflicht. **Vorruhestandsgeld** steht nach § 226 Abs. 1 Sätze 2 und 3 SGB V dem Arbeitsentgelt gleich. Versorgungsbezüge und/oder Arbeitseinkommen sind nur dann beitragspflichtig, wenn die Summe dieser Einnahmen eine **Mindestgrenze** von einem Zwanzigstel der monatlichen Bezugsgröße nach § 18 SGB IV übersteigt, § 226 Abs. 2 SGB V. Für die von der Vorschrift erfassten oben genannten **Schwangeren** hat die Satzung der zuständigen Krankenkassen die beitragspflichtigen Einnahmen zu regeln, § 226 Abs. 3 SGB V.

4 Mit dem Gesetz zur Reform der arbeitsmarktpolitischen Instrumente[3] (Job-AQTIV-Gesetz) stellte der Gesetzgeber in § 226 Abs. 1 Satz 3 SGB V mit Wirkung vom **01.01.2002** klar, dass auch die Ausbildungsvergütung versicherungspflichtiger **Auszubildender in außerbetrieblichen Einrichtungen** wie Arbeitsentgelt der Beitragsbemessung unterliegt. Die Regelung ist eine Folgeregelung der Gleichstellung dieser Auszubildenden mit den zur Berufsausbildung Beschäftigten in § 5 Abs. 4a SGB V.[4]

5 Im Zusammenhang mit der Neuregelung der **geringfügigen Beschäftigung** (der sog. **Mini-Jobs**), wurden zur beitragsmäßigen Entlastung der betroffenen Arbeitgeber und Beschäftigten in § 226 Abs. 4 SGB V mit Wirkung vom **01.04.2003** durch das Zweite Gesetz für moderne Dienstleistungen am Arbeitsmarkt[5] besondere Regelungen angefügt. Für Arbeitsentgelt, das die Entgeltgrenze für geringfügige Beschäftigungsverhältnisse in Höhe von monatlich 400 €, nicht aber 800 € übersteigt, ist nun eine sich gleitend erhöhende Beitragspflicht nach der in § 226 Abs. 4 Satz 1 SGB V geregelten Formel (**Gleitzone**) vorgesehen. Wird Arbeitsentgelt aus der Beschäftigung in Höhe von 400,01-800 € erzielt (sog. **Midi-Jobs**), wird anstelle des Arbeitsentgelts der nach der Formel in § 226 Abs. 4 SGB V ermittelte Betrag der Beitragsbemessung zugrunde gelegt. Der Beitrag steigt progressiv bis zum Erreichen der oberen Entgeltgrenze an.

6 Mit Wirkung vom **01.08.2004** wurde mit dem Gesetz zur Sicherung der nachhaltigen Finanzierungsgrundlagen der gesetzlichen Rentenversicherung[6] (RV-Nachhaltigkeitsgesetz) § 226 Abs. 4 Satz 4

---

1 GRG v. 20.12.1988, BGBl I 1988, 2477.

2 Siehe hierzu die Begründung des Regierungsentwurfs zum GRG, BT-Drs. 11/2237, S. 222 f. zu § 235.

3 Art. 3 Job-AQTIV-Gesetz v. 10.12.2001, BGBl I 2001, 3443.

4 Siehe hierzu die Begründung des Regierungsentwurfs Job-AQTIV-Gesetz, BT-Drs. 14/6944, S. 52 zu Nr. 2.

5 Art. 3 Nr. 5 des Zweiten Gesetz für moderne Dienstleistungen am Arbeitsmarkt v. 23.12.2002, BGBl I 2002, 4621.

6 Art. 3 Nr. 1 RV-Nachhaltigkeitsgesetz v. 21.07.2004, BGBl I 2004, 1791.

SGB V geändert. Der **durchschnittliche Gesamtsozialversicherungsbeitrag** – als Berechnungselement der Gleitzonenformel – wird danach aus der Summe der Beitragssätze der Rentenversicherung der Arbeiter und Angestellten, in der gesetzlichen Pflegeversicherung sowie zur Arbeitsförderung (jeweils in der zum 01.01. desselben Kalenderjahres geltenden Höhe) und des durchschnittlichen allgemeinen Beitragssatzes der Krankenkassen (in der am 01.03 des Vorjahres geltenden Höhe) festgesetzt. Im Hinblick auf die Organisationsreform in der gesetzlichen Rentenversicherung war eine redaktionelle Anpassung des Wortlauts des § 226 Abs. 4 Satz 4 SGB V („allgemeine Rentenversicherung" anstelle von „Rentenversicherung der Arbeiter und Angestellten") erforderlich, die zum **01.01.2005** mit dem Gesetz zur Organisationsreform in der gesetzlichen Rentenversicherung[7] (RVOrgG) umgesetzt wurde. Mit Wirkung vom **01.07.2006** wurde bei den „Midi-Jobs" mit einem monatlichen Arbeitsentgelt innerhalb der Gleitzone eine Verschiebung der Beitragspflicht zu Lasten der Arbeitnehmer durch das Haushaltsbegleitgesetz 2006[8] (HBeglG 2006) vorgenommen. Dadurch wird der Übergang von der Mini- in die Midi-Job-Zone „geglättet".[9]

Mit In-Kraft-Treten der Änderung des § 226 Abs. 4 Satz 4 SGB V zum **01.01.2009** durch das Gesetz zur Stärkung des Wettbewerbs in der gesetzlichen Krankenversicherung (**GKV-WSG**) wird als Folgeregelung zu § 241 SGB V auch für die Gleitzone auf den **„einheitlichen allgemeinen Beitragssatz"**[10] abgestellt[11]. 7

II. Vorgängervorschriften

Die Vorschriften des **§ 180 RVO** zu dem für die Berechnung der Geldleistungen als auch für die Beitragsberechnung maßgebenden **„Grundlohn"** wurden mit dem GRG in das Beitragsrecht eingeordnet.[12] Als Vorgängervorschrift zu § 226 Abs. 1 Satz 1 SGB V bestand eine ähnliche Regelung in **§ 180 Abs. 6 RVO**. Die Regelung in § 226 Abs. 1 Satz 2 SGB V entspricht inhaltlich den Regelungen in **§ 180 Abs. 1 Satz 2 letzter HS. RVO** i.V.m. **§ 165 Abs. 2 Satz 3 RVO**. 8

§ 226 Abs. 2 SGB V übernimmt inhaltlich die Regelung in **§ 381 Abs. 2 Satz 3 RVO**, ersetzt im Interesse der Gleichbehandlung aller Versicherten aber die vormals allgemein geltende Beitragsfreigrenze von 10 DM durch einen dynamisierten Freibetrag.[13] 9

§ 226 Abs. 3 SGB V entspricht weitgehend **§ 381 Abs. 5 RVO**. Allerdings bestand keine Regelungsbefugnis der Krankenkassen. 10

III. Parallelvorschriften

§ 232 SGB V bildet eine Sondervorschrift für die beitragspflichtigen Einnahmen der **unständig Beschäftigten**, § 233 SGB V für diejenigen der **Seeleute**. Für Beschäftigte, die in der GKV **freiwillig versichert** sind, z.B. weil ihr Arbeitsentgelt die maßgebenden Grenzen überschreitet, werden die beitragspflichtigen Einnahmen in § 240 SGB V geregelt. Außerhalb des SGB V finden sich besondere Vorschriften zur Ermittlung der beitragspflichtigen Einnahmen abhängig beschäftigter **Landwirte** in den §§ 37 ff. KVLG 1989. 11

IV. Systematische Zusammenhänge

§ 226 SGB V bestimmt, welche Einnahmen der Hauptgruppe der Pflichtversicherten der Beitragspflicht in der GKV unterliegen: 12

---

[7] Art. 23 Nr. 6 RVOrgG v. 09.12.2004, BGBl I 2004, 3243.

[8] Art. 10 Nr. 2 Buchst. a) HBeglG v. 29.06.2006, BGBl I 2006, 1402.

[9] Siehe hierzu die Begründung des Regierungsentwurfs zum HBeglG, BT-Drs. 16/752, S. 28 zu Nr. 2. Durch Art. 256 Nr. 1 Neunte Zuständigkeitsanpassungsverordnung v. 31.10.2006, BGBl I 2006, 2407, wurde auch in § 226 Abs. 4 Satz 6 SGB V die mit dem Regierungswechsel erfolgte Neuverteilung zwischen BMAS und BMG mit Wirkung zum 08.11.2006 nachvollzogen.

[10] Vgl. hierzu *Schlegel*, jurisPR-SozR 4/2007, Anm. 4 unter 2.

[11] Vgl. hierzu die Begründung im Gesetzentwurf der Bundesregierung, BR-Drs. 755/06, S. 443 zu Nr. 153a.

[12] Vgl. die Begründung des Regierungsentwurfs zum GRG, BT-Drs. 11/2237, S. 222 zu § 232.

[13] Vgl. die Begründung des Regierungsentwurfs zum GRG, BT-Drs. 11/2237, S. 223 zu § 235.

13 Die meisten Personen, die gegen Arbeitsentgelt beschäftigt werden, sind nach § 5 Abs. 1 Nr. 1 SGB V in der GKV – wie auch in den anderen Zweigen der Sozialversicherung[14] – **versicherungspflichtig.** Die Versicherungspflicht für **Auszubildende in außerbetrieblichen Einrichtungen** ergibt sich aus § 5 Abs. 4a SGB V. Bei **Schwangeren** bleibt bei einer zulässigen Auflösung des Beschäftigungsverhältnisses oder unbezahltem Urlaub die Mitgliedschaft nach § 192 Abs. 2 SGB V erhalten.

14 Arbeitnehmer, die Anspruch auf ein oberhalb der Jahresarbeitsentgeltgrenze liegendes Arbeitsentgelt erzielen, sind in der gesetzlichen Krankenversicherung **versicherungsfrei.**[15] Es wird insoweit auf die Kommentierung zu § 6 SGB V Rn. 12 verwiesen.

15 In Beschäftigungsverhältnissen, in denen ein Anspruch auf Arbeitsentgelt von bis zu 400 € besteht, bleibt das Arbeitsentgelt für den Arbeitnehmer beitragsfrei. Allerdings ist zu beachten, dass es für die Frage der Beitragsfreiheit des Arbeitnehmers nicht auf das tatsächlich geleistete, sondern auf das dem Arbeitnehmer nach Arbeitsvertrag oder Tarifvertrag **geschuldete** Arbeitsentgelt ankommt.[16]

16 Für Einnahmen aus geringfügigen Beschäftigungsverhältnissen, das heißt für bis zu zwei abhängige Beschäftigungsverhältnisse gegen ein Entgelt von jeweils bis zu 400 €, hat nur der Arbeitgeber Beiträge zur Krankenversicherung zu leisten (§ 249b SGB V).[17] Für Beschäftigungsverhältnisse mit einem Arbeitsentgelt von 400,01-800 € wird zu den Einzelheiten auf die Ausführungen zur **Gleitzone** in Rn. 58 ff. verwiesen.

17 Erzielt der versicherungspflichtig Beschäftigte mehrere Einnahmearten, wird deren **Rangfolge** in § 230 SGB V geregelt. Das ist insbesondere deshalb von Bedeutung, weil für die unterschiedlichen Einnahmearten unterschiedliche Regelungen zur Beitragstragung und zu den Beitragssätzen vorgesehen sind. Beiträge sind nur aus Einnahmen bis zur **Beitragsbemessungsgrenze** (§ 223 Abs. 3 Satz 1 SGB V[18]) zu leisten.

18 Bei einem Rentenbezug aus der gesetzlichen Rentenversicherung sind Beiträge aus der Rente einerseits und den sonstigen beitragspflichtigen Einnahmen andererseits jeweils bis zur Beitragsbemessungsgrenze zu zahlen (**doppelte Beitragsbemessungsgrenze**). Sind Beiträge aus Einnahmen oberhalb der einfachen Beitragsbemessungsgrenze gezahlt worden, erfolgt nachfolgend auf Antrag des Versicherten eine **Erstattung** der auf die Einnahmen oberhalb der Beitragsbemessungsgrenze gezahlten Beiträge nach § 231 SGB V.

19 Für das **Arbeitsentgelt** versicherungspflichtig Beschäftigter oberhalb der Gleitzone (§ 20 Abs. 2 SGB IV) tragen Arbeitnehmer und Arbeitgeber die Beiträge jeweils zur Hälfte, § 249 Abs. 1 HS. 1 SGB V. Der Beitragssatz wird in den §§ 241, 241a Abs. 1 SGB V geregelt. Den zusätzlichen Beitragssatz trägt der Arbeitnehmer allein, § 249 Abs. 1 HS. 2 SGB V. Die Beitragszahlung erfolgt im Rahmen der Abführung des **Gesamtsozialversicherungsbeitrages** durch den Arbeitgeber; § 28d SGB IV. Darauf weist im Rahmen der Bestimmungen zur Beitragspflicht § 253 SGB V hin. Liegt das Arbeitsentgelt innerhalb der **Gleitzone**, werden nach § 249 Abs. 4 SGB V die Beiträge vom Arbeitgeber in Höhe der Hälfte des Betrages, der sich ergibt, wenn der Beitragssatz der Krankenkasse auf das der Beschäftigung zugrunde liegende Arbeitsverhältnis angewendet wird, im Übrigen vom Versicherten getragen.

20 Die Beiträge aus **Renten** tragen nach § 249a SGB V der Rentenversicherungsträger und der Rentenberechtigte jeweils zur Hälfte. Für die Beitragszahlung gilt § 255 SGB V und für den Beitragssatz § 247 SGB V. Für die Beiträge aus **Versorgungsbezügen** regelt § 250 Abs. 1 Nr. 1 SGB V die Beitragstra-

---

[14] Nach § 1 Satz 1 Nr. 1 SGB VI besteht Versicherungspflicht in der gesetzlichen Rentenversicherung, nach § 20 Abs 1 Satz 1, Satz 2 Nr. 1 SGB XI in der sozialen Pflegeversicherung und nach § 25 Abs. 1 SGB III Versicherungspflicht nach dem Recht der Arbeitsförderung.

[15] Siehe zur Versicherungsfreiheit § 6 Abs. 1 i.V.m. Abs. 6-8 SGB V. Insoweit kommt es auf das tarifvertraglich oder einzelvertraglich bestimmte Arbeitsentgelt an, vgl. BSG v. 14.07.2004 - B 12 KR 7/04 R - SozR 2400 § 22 Nr. 1.

[16] BSG v. 14.07.2004 - B 12 KR 7/04 R - SozR 2400 § 22 Nr. 1.

[17] Seit dem 01.07.2006 sind vom Arbeitgeber zu entrichten: bei Entgeltgeringfügigkeit bis 400 € 30 v.H. Abgaben: 15 v.H. an die gesetzliche Rentenversicherung, 13 v.H. an die GKV und 2 v.H. Einkommensteuer (§ 172 Abs. 3 Satz 1 SGB VI, § 249b SGB V, § 40a Abs. 2 EStG); bei Beschäftigung im privaten Haushalt bei einem Arbeitsentgelt bis 400 € 12 v.H. Abgaben: 5 v.H. an die gesetzliche Rentenversicherung, 5 v.H. an die GKV und 2 v.H. Einkommensteuer (§ 172 Abs. 3 Satz 1 SGB VI, § 249b SGB V, § 40a Abs. 2 EStG). Der Arbeitnehmer kann auf Antrag den Rentenversicherungsbeitrag des Arbeitgebers für die Dauer des Beschäftigungsverhältnisses selbst bis auf den normalen Beitragssatz der gesetzlichen Rentenversicherung aufstocken und damit volle Rentenanwartschaften – neben anderen Vorteilen der gesetzlichen Rentenversicherung – erwerben.

[18] Für 2007: 3.562 € monatlich, 42.750 € jährlich.

gung, § 256 SGB V die Beitragszahlung und § 248 SGB V den Beitragssatz. Für das **Arbeitseinkommen** gilt für die Beitragstragung § 250 Abs. 1 Nr. 2 SGB V, für die Beitragszahlung § 252 SGB V und für den Beitragssatz § 248 SGB V. Für Renten, Versorgungsbezüge und Arbeitseinkommen gilt jeweils der vom Versicherten allein zu tragende zusätzliche Beitragssatz, §§ 241a Abs. 1, 249a, 250 Abs. 1 SGB V.

Für Versicherte, die nicht zu den versicherungspflichtigen Beschäftigten i.S.d. § 226 SGB V gehören, 21
wird im Hinblick auf die Einnahmen aus Renten der gesetzlichen Rentenversicherung und Versorgungsbezügen auf die Regelungen in § 226 Abs. 1 Nr. 2-4 und Abs. 2 SGB V **verwiesen.**[19]

V. Ausgewählte Literaturhinweise

Breidenbach, Beitragsschuld des Arbeitgebers zur Sozialversicherung – Zuflussprinzip – Entstehungs- 22
prinzip – abweichende Praxis der Einzugstellen – Vertrauensschutz, BB 2003, 1567-1569; *Breyer*, Finanzbedarf und Finanzierungsoptionen der GKV, KrV 2001, 48-50; *Geisler/Laurich*, Neuregelung der geringfügigen Beschäftigungsverhältnisse und Einführung einer Gleitzone, DAngVers 2003, 241-249; *Hanau*, Einzelfragen und -antworten zu den beiden ersten Gesetzen für moderne Dienstleistungen am Arbeitsmarkt, ZIP 2003, 1573-1583; *Hase*, Beiträge auf nicht gezahltes Arbeitsentgelt – Das „Entstehungsprinzip" in der neueren Rechtsprechung zum Sozialversicherungsbeitrag in: Festschrift 50 Jahre Bundessozialgericht, 2004, 167-180; *Klose*, Beitragspflicht von „Abfindungen" wegen Wegfalls übertariflicher Vergütung bzw. finanziellen Nachteils einer Verkürzung der Arbeitszeit, ZfS 2000, 57-58; *Marburger*, „Nebenbeschäftigungen" von Rentnern, Behindertenrecht 2000, 11-14; *ders.*, Mini-Jobs und Gleitzeitregelung [soll heißen: Gleitzonenregelung] – neues Recht für geringfügig Beschäftigte, WzS 2003, 97-104; *ders.*, Neuerungen im Versicherungs- und Beitragsrecht zum 1.1.2007, Die Beiträge 2007, 65-71; *Riemenschneider*, Auswirkungen des Gesetzes zur Modernisierung der gesetzlichen Krankenversicherung vom 14.11.2003 (GMG) auf das Beitragsrecht, Die Beiträge 2004, 65-72; *Rolfs*, Scheinselbständigkeit, geringfügige Beschäftigung und „Gleitzone" nach dem zweiten Hartz-Gesetz, NZA 2003, 65-72; *ders.*, Sozialversicherungsrechtliche Konsequenzen betrieblicher Versorgungszusagen, NZS 2006, 617-623; *Rokita*, Beitragspflicht einer Abfindung wegen Rückführung auf die tarifliche Einstufung, SGb 2000, 132-134; *Schenke*, Reform der gesetzlichen Krankenversicherung zwischen Verfassungs- und Europarecht, Verw (4) 475-508 (2004); *Schlegel* in: Küttner, Personalbuch, 13. Aufl. 2006, C. Sozialversicherungsrecht; *Vogel*, Teilzeitbeschäftigte Rentner im Wechselspiel zwischen Pflichtversicherung und freiwilliger Mitgliedschaft in der gesetzlichen Krankenversicherung, NZS 2002, 567-570; *Winkel*, Minijob-Bilanz: Kaum Lohnfortzahlung bei Krankheit und Mutterschaft, SozSich 2005, 292-298.

B. Auslegung der Norm

I. Regelungsgehalt und Bedeutung der Norm

Die **Finanzierung der gesetzlichen Krankenversicherung** stützt sich im Wesentlichen auf Beiträge 23
aus Arbeitsentgelt, Renten der gesetzlichen Rentenversicherung bzw. Versorgungsbezügen. Für die beitragspflichtigen Einnahmen der versicherungspflichtig Beschäftigten – der größten Gruppe der Versicherten der gesetzlichen Krankenversicherung – wird mit § 226 SGB V eine **Grundnorm** vorangestellt, auf der die nachfolgenden Regelungen zur Beitragsbemessung aufbauen.

§ 226 SGB V regelt abschließend die beitragspflichtigen Einnahmen dieses Personenkreises sowie für 24
Auszubildende in außerbetrieblichen Einrichtungen und bestimmte Schwangere, deren Mitgliedschaft bei einer zulässigen Auflösung des Beschäftigungsverhältnisses oder unbezahltem Urlaub nach § 192 Abs. 2 SGB V erhalten bleibt. Für versicherungspflichtig Beschäftigte ist **Arbeitseinkommen** nur bei gleichzeitigem Bezug einer Rente aus der gesetzlichen Rentenversicherung oder Versorgungsbezügen beitragspflichtig. Beitragsfrei sind **sonstige Einnahmen**, d.h. vor allem Einkünfte aus Vermietung und Verpachtung und Erträge aus Kapitalvermögen. Damit beschränkt sich die Solidarität der Versicherten auf die genannten beitragspflichtigen Einnahmearten. Vor dem Hintergrund der Gestaltungsfreiheit des Gesetzgebers ist die Einbeziehung sonstiger Einkünfte in die Beitragsbemessungsgrundlage eine politische Frage. Ein verfassungsrechtliches Gebot zur Verbreiterung der Finanzierungsgrundlage der ge-

---

[19] §§ 234 Abs. 2, 235 Abs. 4, 236 Abs. 2 Satz 1, 237 Satz 2, 240 Abs. 2 Satz 4 (ggf. i.V.m. § 227 oder § 239 Satz 2) SGB V.

setzlichen Krankenversicherung besteht nicht. Ansätze zu einer **Verbreiterung der Finanzierungsbasis** der GKV, die insbesondere bei der Neuregelung des Zugangs zur Krankenversicherung der Rentner verfolgt wurden, sind vom Gesetzgeber verworfen worden.[20]

25 Die Regelung der „**Gleitzone**" in § 226 Abs. 4 SGB V sieht ein für den Versicherten verringertes Bemessungsentgelt vor. Die Vorschrift stellt sicher, dass der Krankenversicherungsbeitrag als Teil des Gesamtsozialversicherungsbeitrages ab dem Überschreiten der Grenze von 400 € für geringfügige Beschäftigungsverhältnisse progressiv bis zum Erreichen der vollen Beitragsbelastung bei einem Arbeitsentgelt in Höhe von 800 € ansteigt. Die Sozialversicherungsträger werden hier auch für die Lösung arbeitsmarktpolitischer Zielsetzungen herangezogen.[21]

II. Normzweck

26 In § 226 SGB V werden die Grundentscheidungen für die Beitragsbemessung in der gesetzlichen Krankenversicherung normiert.

27 Mit der Absenkung der beitragspflichtigen Einnahmen in § 226 Abs. 4 SGB V und der besonderen Regelung zur Beitragstragung in § 249 Abs. 4 SGB V für Arbeitsentgelt in der Gleitzone soll verhindert werden, dass Beschäftigungsverhältnisse knapp oberhalb der Geringfügigkeitsgrenze von Arbeitsuchenden deshalb gemieden werden, weil das Nettoarbeitsentgelt bei einer Anwendung des § 226 Abs. 1 SGB V unterhalb des Nettoarbeitsentgelts bei einer geringfügigen Beschäftigung liegen würde (so genannte „Geringverdienerfalle").[22]

III. Tatbestandsmerkmale

1. Versicherungspflichtige Beschäftigte

28 Versicherungspflichtige Beschäftigte sind die nach § 5 Abs. 1 Nr. 1 SGB V der Versicherungspflicht unterliegenden Personen. Es muss sich um ein Beschäftigungsverhältnis i.S.d. § 7 SGB IV handeln. Das geschuldete Arbeitsentgelt muss die Grenze des geringfügigen Beschäftigungsverhältnisses i.S.d. § 8 Abs. 1-3 SGB IV überschreiten und unterhalb der Jahresarbeitsentgeltgrenze in § 6 Abs. 6-8 SGB V liegen, weil andernfalls jeweils Versicherungsfreiheit bestünde. Soweit Auszubildende nicht in einem Beschäftigungsverhältnis stehen, wird ihre Ausbildungsvergütung dem Arbeitsentgelt in § 226 Abs. 1 Satz 3 SGB V gleichgestellt.

2. Beitragspflichtige Einnahmen

a. Arbeitsentgelt

29 Für den Begriff des Arbeitsentgelts i.S.d. § 226 Abs. 1 Nr. 1 SGB V gilt die Definition in § 14 SGB IV. Ergänzend regelt seit dem **01.01.2007** die Verordnung zur Neuordnung der Regelungen über die sozialversicherungsrechtliche Beurteilung von Zuwendungen des Arbeitgebers als Arbeitsentgelt[23] (**Sozialversicherungsentgeltverordnung – SvEV**), welche Zuwendungen dem Arbeitsentgelt nicht zuzurechnen sind und welcher Wert für Sachbezüge zu berücksichtigen ist.[24]

30 Nach § 14 SGB IV erfasst der Begriff des Arbeitsentgelts alle laufenden oder einmaligen **Einnahmen aus einer Beschäftigung**, gleichgültig, ob ein Rechtsanspruch auf die Einnahmen besteht, unter welcher Bezeichnung oder in welcher Form sie geleistet werden und ob sie unmittelbar aus der Beschäftigung oder im Zusammenhang mit ihr erzielt werden. Maßgebend für eine Beitragspflicht nach § 226 Abs. 1 Satz 1 Nr. 1 SGB V ist dabei allein das konkret bestehende Beschäftigungsverhältnis.[25]

---

20 Siehe zu den verschiedenen Reformmodellen *Kruse/Kruse*, Die Finanzierung der gesetzlichen Krankenversicherung am Scheideweg, WzS 2004, 193 ff.

21 Kritisch bezüglich des Nutzens der Regelungen für die Sozialversicherungsträger *Krauskopf* in: Krauskopf, SGB V, § 226 Rn. 18.

22 Vgl. *Krauskopf* in: Krauskopf, SGB V, § 226 Rn. 2.

23 SvEV v. 21.12.2006, BGBl I 2006, 3385. Nach Art. 4 SvEV sind mit deren In-Kraft-Treten die Arbeitsentgeltverordnung und die Sachbezugsverordnung außer Kraft getreten.

24 Ausführlich zur SvEV *Marburger*, Die Beiträge 2007, 65 ff.

25 Vgl. BSG v. 14.12.2006 - B 1 KR 9/06 R.

Es gilt das **Entstehungsprinzip**, das heißt, maßgebend ist das dem Beschäftigten zustehende und nicht lediglich das diesem zufließende Arbeitsentgelt.[26] Die Höhe des entstandenen Anspruchs richtet sich dabei nach dem Arbeitsvertrag, oder, soweit ein Tarifvertrag zur Anwendung kommt, nach dessen Regelungen.[27] 31

Arbeitsentgelt i.S.d. § 14 SGB IV sind damit in erster Linie die **tariflich geregelten**, ansonsten die **einzelvertraglich** vereinbarten Entgeltbestandteile.[28] Es kommt nicht darauf an, ob eine Gegenleistung für die geschuldete Arbeit in Form von Geld, geldwerten Vorteilen oder Sachbezügen erfolgt. Unerheblich ist auch, ob die Leistung vom Arbeitgeber selbst oder einem Dritten gewährt wird. 32

Berücksichtigt werden auch Leistungen, die aus dem Gesichtspunkt der **Alimentation** gewährt werden, wie die Bezüge der Beamten oder die Unterhaltszuschüsse für Beamtenanwärter. 33

Bei Aufwandsentschädigungen für **ehrenamtliche Tätigkeiten** ist zu differenzieren, ob diese nur den tatsächlichen Aufwand abdecken oder diesen übersteigen. Wird nicht nur der tatsächliche Aufwand abgedeckt, handelt es sich um Arbeitsentgelt (§ 14 Abs. 1 Satz 3 SGB IV[29]). 34

Zu berücksichtigen sind neben den laufenden auch die **einmalig gezahlte Leistungen**, wie z.B. tarifliche Sonderzahlungen in Form von Urlaubs- oder Weihnachtsgeld. Diesbezüglich sieht § 23a SGB IV besondere Regelungen zur Behandlung von einmalig gezahltem Arbeitsentgelt als beitragspflichtigen Einnahmen vor.[30] Seit dem 01.01.2003[31] gilt insoweit teilweise – in Abweichung von den allgemeinen Grundsätzen – das **Zuflussprinzip**, das heißt der Beitragsanspruch bei einmalig gezahltem Arbeitsentgelt entsteht erst, sobald dieses ausgezahlt worden ist, § 22 Abs. 1 Satz 2 SGB V.[32] Für die beitragspflichtigen Einnahmen bei **flexiblen Arbeitszeitmodellen** gilt die Sonderregelung in § 23b Abs. 1 Satz 1 SGB IV. Der Gegenwert der Arbeitsleistung kann hier als Wertguthaben angespart werden. Das Arbeitsentgelt wird erst mit seiner Inanspruchnahme beitragspflichtig.[33] 35

Bezüglich der beitragsrechtlichen Behandlung von **Vorsorgeaufwendungen** ist eine differenzierte Betrachtung im Hinblick auf den Durchführungsweg erforderlich.[34] **Steuerfreie Zuwendungen** an Pensionskassen, oder Direktversicherungen sind bis zur Höhe von 4% der Beitragsbemessungsgrenze in der allgemeinen Rentenversicherung nicht dem Arbeitsentgelt zuzurechnen, § 1 Abs. 1 Nr. 9 SvEV. 36

Erhält der Versicherte Arbeitsentgelt aus **mehreren versicherungspflichtigen Beschäftigungsverhältnissen**, das in der Summe die Beitragsbemessungsgrenze (§ 223 Abs. 3 Satz 1 SGB V[35]) übersteigt, ist nach § 22 Abs. 2 SGB IV eine Kürzung im Verhältnis der Arbeitsentgelte zueinander vorzunehmen. Im Ergebnis werden höchstens Beiträge von einem Betrag in Höhe der Beitragsbemessungsgrenze berechnet: Das beitragspflichtige Arbeitsentgelt aus der einzelnen Beschäftigung wird mit der Beitragsbemessungsgrenze vervielfacht und durch das Gesamtentgelt geteilt. Beitragspflichtig für die einzelne Beschäftigung ist der jeweilige Quotient.[36] 37

---

26 Vgl. BSG v. 14.07.2004 - B 12 KR 7/04 R - SozR 2400 § 22 Nr. 1 und BSG v. 14.07.2004 - B 12 KR 1/04 R - SozR 4-2400 § 22 Nr. 2.

27 Vgl. BSG v. 14.07.2004 - B 12 KR 7/04 R - SozR 2400 § 22 Nr. 1 und BSG v. 14.07.2004 - B 12 KR 1/04 R - SozR 4-2400 § 22 Nr. 2.

28 So BSG v. 14.07.2004 - B 12 KR 7/04 R - SozR 2400 § 22 Nr. 1 und BSG v. 14.07.2004 - B 12 KR 1/04 R - SozR 4-2400 § 22 Nr. 2.

29 In der seit dem 01.01.2002 geltenden Fassung durch Art. 1 Nr. 3 des Gesetzes zur Neuregelung der geringfügigen Beschäftigungsverhältnisse v. 24.03.1999, BGBl I 1999, 388.

30 Vgl. BSG v. 14.07.2004 - B 12 KR 7/04 R - SozR 2400 § 22 Nr. 1 und BSG v. 14.07.2004 - B 12 KR 1/04 R - SozR 4-2400 § 22 Nr. 2.

31 Art. 2 Nr. 6 des Zweiten Gesetzes für moderne Dienstleistungen am Arbeitsmarkt v. 23.12.2002, BGBl I 2002, 4621.

32 Vgl. hierzu auch BSG v. 14.07.2004 - B 12 KR 7/04 R - SozR 2400 § 22 Nr. 1 und BSG v. 14.07.2004 - B 12 KR 1/04 R - SozR 4-2400 § 22 Nr. 2.

33 Vgl. hierzu auch *Gerlach* in: Hauck/Noftz, SGB V, § 226 Rn. 5e-5g. Es wird im Übrigen auf *Werner* in: jurisPK-SGB IV, § 23b verwiesen.

34 Vgl. zur sozialversicherungsrechtlichen Behandlung der betrieblichen Altersversorgung *Schlegel* in: Küttner, Rn. 206 ff. und *Rolfs*, NZS 2006, 617 ff.

35 § 223 Abs. 3 Satz 1 SGB V i.d.F. des Art. 1 Nr. 9 des Gesetzes zur Sicherung der Beitragssätze in der gesetzlichen Krankenversicherung und in der gesetzlichen Rentenversicherung v. 23.12.2002, BGBl I 2002, 4637; für 2005: 3.525 € monatlich, 42.300 € jährlich.

36 Es wird im Übrigen auf *Segebrecht* in: jurisPK-SGB IV, § 22 Rn. 33 verwiesen.

38 Es gilt das **Bruttoprinzip**.[37] Der Beitragsberechnung ist das Bruttoarbeitsentgelt ohne Abzug von Werbungskosten etc. zugrunde zu legen. Das Bruttoprinzip wird allerdings teilweise mit der SvEV durchbrochen, um eine weitgehende Übereinstimmung zwischen Beitragsrecht und Steuerrecht zu erreichen.

b. Renten der gesetzlichen Rentenversicherung

39 Bezieht ein versicherungspflichtig Beschäftigter neben dem Arbeitsentgelt eine Rente aus der gesetzlichen Rentenversicherung, sind nach § 226 Abs. 1 Satz 1 Nr. 2 SGB V auch aus dem Rentenzahlbetrag Beiträge zu entrichten.

40 Welche Rentenleistungen bzw. Rentennachzahlungen beitragpflichtig sind, ergibt sich aus § 228 SGB V.

41 Beitragspflichtig ist nach § 226 Abs. 1 Nr. 2 SGB V der **Zahlbetrag** der Rente. Der Zahlbetrag der Rente ist der nach Anwendung etwa einschlägiger Versagungs-, Kürzungs- und Ruhensvorschriften tatsächlich ausgezahlte Betrag einschließlich der Steigerungsbeträge aus Beiträgen der Höherversicherung (§ 228 Abs. 1 SGB V). Zu berücksichtigen sind auch verrechnete, gepfändete und abgetretene Teile der Rente. Rentennachzahlungen gehören nur unter den besonderen Voraussetzungen des § 228 Abs. 2 SGB V zu den beitragspflichtigen Einnahmen.

42 Zusatzleistungen des Rentenversicherungsträgers wie Kinderzuschüsse (§ 270 SGB VI) und Zuschüsse zur Krankenversicherung (§§ 106, 315 SGB VI) bleiben unberücksichtigt.

43 Es wird im Übrigen auf die Kommentierung zu § 228 SGB V verwiesen.

c. Versorgungsbezüge

44 Die wiederkehrenden Leistungen, die als der Rente vergleichbare Einnahmen (Versorgungsbezüge) gelten und damit nach § 226 Abs. 1 Satz 1 Nr. 2 SGB V zu den beitragspflichtigen Einnahmen gehören, werden abschließend in § 229 SGB V aufgeführt.[38]

45 Es wird im Übrigen auf die Kommentierung zu § 229 SGB V verwiesen. Bezüglich des Zahlbetrages gelten die Ausführungen in Rn. 41 zu den Renten.

46 Liegen die Voraussetzungen einer Beitragspflicht für zur Versorgung des Arbeitnehmers bestimmte Leistungen i.S.d. § 229 SGB V nicht vor, so kann eine Beitragspflicht nicht auf Grund eine Ausdehnung des Arbeitsentgeltbegriffs i.S.d. § 226 Abs. 1 Satz 1 Nr. 1 SGB V i.V.m. § 14 SGB IV angenommen werden.[39]

47 Zu beachten ist auch hier die Mindestgrenze in § 226 Abs. 2 SGB V.

d. Arbeitseinkommen

48 Das Arbeitseinkommen, das der Gegenbegriff zum Arbeitsentgelt für die selbständig Erwerbstätigen ist, wird in § 15 SGB IV definiert. Es entspricht dem nach den allgemeinen Gewinnermittlungsvorschriften des Einkommensteuerrechts ermittelten Gewinn aus einer selbständigen Tätigkeit.[40]

49 § 226 SGB V kommt dabei nur zur Anwendung, wenn es sich um Arbeitseinkommen aus einer nicht hauptberuflichen selbständigen Tätigkeit handelt, weil andernfalls § 5 Abs. 5 SGB V die Versicherungspflicht als Arbeitnehmer ausschließen würde.

50 Das Arbeitseinkommen unterliegt nach § 226 Abs. 1 Satz 1 Nr. 4 SGB V nur der Beitragspflicht, wenn es neben einer Rente oder Versorgungsbezügen erzielt wird und die in § 226 Abs. 2 SGB V geregelte Mindestgrenze überschritten wird.

e. Vorruhestandsgeld

51 § 226 Abs. 2 Satz 2 SGB V stellt das Vorruhestandsgeld dem Arbeitsentgelt gleich. Das im Gesetz zur Erleichterung des Übergangs vom Arbeitsleben in den Ruhestand[41] geregelte Vorruhestandsgeld ist mit dem 31.12.1988 ausgelaufen.[42]

---

[37] Vgl. BSG v. 22.09.1988 - 12 RK 36/86 - SozR 2100 Nr. 22.

[38] Vgl. BSG v. 25.08.2004 - B 12 KR 30/03 R - SozR 4-2500 § 229 Nr. 3.

[39] Vgl. BSG v. 25.08.2004 - B 12 KR 30/03 R - SozR 4-2500 § 229 Nr. 3 für Abfindungen aus Anlass der Auflösung eines privatrechtlichen Vereins, der freiwillige Leistungen zu Versorgung der Angehörigen eines Unternehmens erbrachte.

[40] Es wird im Übrigen auf *Fischer* in: jurisPK-SGB IV, § 15 verwiesen.

[41] Gesetz v. 13.04.1984, BGBl I 1984, 601.

[42] Die Befristung der Regelung ergibt sich aus Art. 1 § 14 des Gesetzes zur Erleichterung des Übergangs vom Arbeitsleben in den Ruhestand (v. 13.04.1984, BGBl I 1984, 601).

f. Ausbildungsvergütung

Die Ausbildungsvergütung bei einer Ausbildung in einer außerbetrieblichen Einrichtung wird dem Arbeitsentgelt in § 226 Abs. 1 Satz 3 SGB V gleichgestellt. Unmittelbar wäre die Ausbildungsvergütung dieser Auszubildenden kein Arbeitsentgelt i.S.d. § 226 Abs. 1 Nr. 1 SGB V, weil diese Auszubildenden nicht in einem abhängigen Beschäftigungsverhältnis stehen. 52

3. Mindestgrenze bei Versorgungsbezügen und Arbeitseinkommen

Aus Versorgungsbezügen und Arbeitseinkommen sind nach § 226 Abs. 2 SGB V nur dann Beiträge zu entrichten, wenn diese Einnahmen die Mindestgrenze bzw. „**Bagatellgrenze**" von **einem Zwanzigstel der monatlichen Bezugsgröße** in § 18 SGB IV übersteigen. Das sind im Jahr 2007 bei einer monatlichen Bezugsgröße von 2.450 € - 122,50 €. 53

Aus dem Wortlaut der Vorschrift („insgesamt") wird deutlich, dass sämtliche Einnahmen in Form von Versorgungsbezügen und Arbeitseinkommen zu addieren sind. Wird die Grenze bei Addition sämtlicher Einnahmen nicht überschritten, sind die Einnahmen beitragsfrei. Wird die Mindestgrenze überschritten, sind Beiträge aus den gesamten Versorgungsbezügen und Arbeitseinkommen zu entrichten. 54

Beitragspflicht besteht auch dann, wenn zwar die Mindestgrenze bei Berücksichtigung von Versorgungsbezügen und Arbeitseinkommen allein überschritten wird, aber nach Berücksichtigung des beitragspflichtigen Arbeitsentgelts auf Grund der Beitragsbemessungsgrenze im Ergebnis aus Versorgungsbezügen und Arbeitseinkommen von weniger als einem Zwanzigstel der monatlichen Bezugsgröße Beiträge zu entrichten sind. 55

4. Mitgliedschaft Schwangerer nach § 192 Abs. 2 SGB V

Für Schwangere, die unter Wegfall des Arbeitsentgelts beurlaubt worden sind, gilt die Beschäftigung gegen Arbeitsentgelt nach § 7 Abs. 3 Satz 1 SGB IV zunächst für einen Monat als fortbestehend, sodass erst daran anschließend die Fiktion in § 192 Abs. 2 SGB V eingreift. Schwangere, deren Mitgliedschaft in der gesetzlichen Krankenversicherung nach § 192 Abs. 2 SGB V erhalten bleibt, wenn das Beschäftigungsverhältnis vom Arbeitgeber zulässig aufgelöst wurde, gehören nicht zu den versicherungspflichtigen Beschäftigten. Deshalb war eine besondere Regelung erforderlich. 56

§ 226 Abs. 3 SGB V überträgt die Beitragsbemessung für diesen Personenkreis ausschließlich der Satzung der zuständigen Krankenkasse. In der Praxis weichen die auf dieser Grundlage erlassenen Satzungsregelungen stark voneinander ab. Teilweise wird insgesamt auf die Satzungsregelungen für freiwillige Mitglieder verwiesen[43], oder es wird im Hinblick auf die beitragspflichtigen Einnahmen auf die die freiwilligen Mitglieder betreffenden Regelungen Bezug genommen, aber eine besondere Regelung zum Beitragssatz getroffen[44]. Zu finden sind auch Regelungen, in denen auf das zuletzt abgerechnete monatliche Arbeitsentgelt bis höchstens zur monatlichen Beitragsbemessungsgrenze abgestellt wird.[45] Die letztgenannte Regelung dürfte verfassungsrechtlichen Bedenken begegnen. 57

5. Beitragspflichtige Einnahmen in der Gleitzone

Nach § 226 Abs. 4 Satz 1 SGB V werden in Abweichung zu § 226 Abs. 1 SGB V bei versicherungspflichtigen Beschäftigten, die Arbeitsentgelt innerhalb der in § 20 Abs. 2 SGB IV definierten Gleitzone erhalten, Beiträge nicht vom tatsächlichen Arbeitsentgelt, sondern von einem geringeren Bemessungsentgelt berechnet. Von dieser Regelung sind nach § 226 Abs. 4 Satz 7 SGB V nur Personen ausgenommen, die zu ihrer Berufsausbildung beschäftigt sind. 58

Eine Gleitzone liegt vor, wenn das aus dem Beschäftigungsverhältnis erzielte Arbeitsentgelt zwischen 400,01 und 800 € liegt und die Grenze von 800 € nicht regelmäßig monatlich überschritten wird. Werden ein oder zwei geringfügige Beschäftigungsverhältnisse neben einer Beschäftigung in der Gleitzone ausgeübt, werden diese nach § 8 Abs. 2 SGB IV i.V.m. § 7 Abs. 1 Satz 2 SGB V zusammengerechnet.[46] 59

Für ein Beschäftigungsverhältnis mit einem innerhalb der Gleitzone liegenden Arbeitsentgelt zahlt der Arbeitgeber seinen Beitragsanteil aus dem tatsächlich erzielten Arbeitsentgelt. Für den Arbeitnehmer reduziert sich bei einem Arbeitsentgelt innerhalb der Gleitzone die Beitragsbelastung zunächst durch 60

---

[43] Vgl. z.B. § 22 Abs. 3 Satz 1 der Satzung der BEK.

[44] Vgl. z.B. § 13 der Satzung der TKK.

[45] Vgl. z.B. § 19 Abs. 9 Satz 1 der Satzung der AOK Berlin.

[46] Es wird insoweit im Übrigen auf *Schlegel* in: jurisPK-SGB IV, § 8 Rn. 63 f. verwiesen.

die Formel in § 226 Abs. 4 Satz 1 SGB V. Der Faktor F beträgt dabei im Jahr 2007 0,7673. Der Arbeitnehmeranteil berechnet sich damit für das Jahr 2007 nach folgender Formel:
0,7673 x 400 + (2 – 0,7673) x (Arbeitsentgelt – 400) bzw. 1,2327 x Arbeitsentgelt – 186,16.
Neben die Begünstigung des Arbeitnehmers durch diese Formel tritt die weitere Reduzierung seines Beitragsanteils nach § 249 Abs. 4 SGB V auf die Differenz zum Arbeitgeberanteil. Bei einem monatlichen Arbeitsentgelt aus der Beschäftigung in Höhe von 500 € ergibt sich z.B. bei einem allgemeinen Beitragssatz von 13,5% nach folgender Berechnung ein monatlicher Beitrag des Arbeitnehmers zur Krankenversicherung in Höhe von 28,20 €:
1,2327 x 500 – 186,16 = 430,19 €.
Der Krankenversicherungsbeitrag beträgt nach der Formel dann:
430,19 € x 6,75% x 2 = 58,08 €.
Abzuziehen ist davon der Arbeitgeberbeitrag ohne Anwendung der Formel:
500 x 6,75% = 33,75 €.
Ergebnis: 58,08 € - 33,75 € = 24,33 €.
Zu addieren ist der zusätzliche Beitragssatz nach § 241a SGB V, der unter Anwendung der Formel zu berechnen ist:
0,9% von 430,19 € = 3,87 €.

61 Bis zum In-Kraft-Treten der Neuregelung durch das GKV-WSG ist der Durchschnittsbeitragssatz nach den jeweils aktuellen Beitragssätzen am Jahresanfang bzw. für die gesetzliche Krankenversicherung am 01.03. des Vorjahres zu ermitteln.

C. Praxishinweise

62 Für die Entscheidung, ob Zuwendungen an einen versicherungspflichtigen Beschäftigten zu Beiträgen heranzuziehen sind, ist nach § 28h Abs. 2 Satz 1 SGB IV die zuständige Krankenkasse als **Einzugstelle** sachlich zuständig.[47] Der die Zahlungen leistende Arbeitgeber oder Dritte ist in einem Rechtsstreit notwendig beizuladen.[48]

---

[47] Vgl. BSG v. 25.08.2004 - B 12 KR 30/03 R - SozR 4-2500 § 229 Nr. 3.

[48] § 75 Abs. 2 SGG, vgl. z.B. BSG v. 25.08.2004 - B12 KR 30/03 R - SozR 4-2500 § 229 Nr. 3 für eine Unterstützungskasse.

§ 227 SGB V Beitragspflichtige Einnahmen versicherungspflichtiger Rückkehrer in die gesetzliche Krankenversicherung und bisher nicht Versicherter

(Fassung vom 26.03.2007, gültig ab 01.04.2007)

Für die nach § 5 Abs. 1 Nr. 13 Versicherungspflichtigen gilt § 240 entsprechend.

Gliederung

A. Basisinformationen

I. Textgeschichte/Gesetzgebungsmaterialien

Mit Wirkung vom **01.04.2007** hat der Gesetzgeber durch das Gesetz zur Stärkung des Wettbewerbs in der gesetzlichen Krankenversicherung[1] (**GKV-WSG**) den Krankenversicherungsschutz auf sämtliche Personen mit Wohnsitz oder gewöhnlichem Aufenthalt im Geltungsbereich des Sozialgesetzbuchs ausgedehnt. Durch die Einführung des Versicherungstatbestandes in § 5 Abs. 1 Nr. 13 SGB V („**Auffangtatbestand**"[2]) sollte mit dieser gegenüber anderen Formen des Krankenversicherungsschutzes nachrangigen Pflichtversicherung sichergestellt werden, dass soziale Sicherheit im Krankheitsfall für alle gewährleistet wird.[3] Deshalb werden alle Personen, die nicht über anderweitigen Zugang zu Krankenversicherungsschutz verfügen, über die Neuregelung in die GKV einbezogen. Als Folge dessen musste eine Regelung über die **beitragspflichtigen Einnahmen** dieses Versichertenkreises gefunden werden. Der Gesetzgeber hat sich entschlossen, mit dem am **01.04.2007** in Kraft getretenen § 227 SGB V keine eigenständige Beitragsbemessungsgrundlage für die gemäß § 5 Abs. 1 Nr. 13 SGB V Versicherten zu entwickeln. § 227 SGB V **verweist** bezüglich der beitragspflichtigen Einnahmen auf § 240 SGB V, weil der Gesetzgeber den tatsächlich von der Pflichtversicherung nach § 5 Abs. 1 Nr. 13 SGB V erfassten Personenkreis insbesondere in den **hauptberuflich selbständig Erwerbstätigen** sah.[4] 1

II. Vorgängervorschriften

Eine Vorgängervorschrift ist nicht vorhanden, da die Regelung erst durch die Erweiterung des Versichertenkreises mit Wirkung zum 01.04.2007 erforderlich wurde. 2

III. Parallelvorschriften

Die Vorschrift ist eine eigenständige Regelung, die eine Art **Brücke** zwischen der **Pflichtversicherung** und der **freiwilligen Versicherung** bildet. Etwas Ähnliches findet sich sonst im Beitragsrecht nur 3

[1] GKV-WSG v. 26.03.2007, BGBl I 2007, 378; vgl. hierzu z.B. *Schlegel*, jurisPR-SozR 4/2007, Anm. 4; ErsK, Sonderveröffentlichung April 2007.

[2] Vgl. *Schlegel*, jurisPR-SozR 4/2007, Anm. 4, 1.2, „Auffang-Versicherung"; *Peters* in: KassKomm, SGB V, § 5 Rn. 169; zur Kritik an dieser Versicherungspflicht siehe Entschließungsantrag namentlich genannter Abgeordneter und der Fraktion der FDP, BT-Drs. 16/4217, S. 3.

[3] Vgl. die Begründung des Gesetzentwurfs der Fraktionen der CDU/CSU und SPD, BT-Drs. 16/3100, S. 1; Gesetzentwurf der Bundesregierung, BT-Drs. 16/3950, S. 1; Beschlussempfehlung des Ausschusses für Gesundheit, BT-Drs. 16/4200, S. 2.

[4] Vgl. die Begründung des Gesetzentwurfs der Fraktionen der CDU/CSU und SPD, BT-Drs. 16/3100, S. 163 zu Nr. 154.

in **§ 239 Satz 3 SGB V**, der die beitragspflichtigen Einnahmen für die pflichtversicherten Rentenantragsteller regelt. Der Unterschied zwischen den Regelungen in § 227 SGB V und § 239 SGB V besteht allerdings darin, dass in § 239 Satz 1 SGB V die Regelung der Beitragsbemessung für pflichtversicherte Rentenantragsteller durch **eigenständige Satzungsregelungen** vorgesehen ist, so dass dort nur ergänzend (entsprechend) auf § 240 SGB V zurückgegriffen werden muss. Auch mit dem für diesen Bereich mit Wirkung zum 01.01.2009 eintretenden Verlust der Satzungskompetenz der einzelnen Krankenkassen zugunsten einer kassenübergreifenden Kompetenz des Spitzenverbandes Bund der Krankenkassen bleibt es bei einer besonderen Regelung für diesen Versichertenkreis anstelle einer vollständigen Verweisung auf § 240 SGB V. Im Übrigen betrifft § 239 SGB V im Regelfall nur die Beitragsbemessung für einen **vorübergehenden Zeitraum**, bis das Rentenverfahren zu einem Abschluss gebracht ist. Aus Rechtsprechung und Literatur zu § 239 SGB V lassen sich deshalb keine wesentlichen Rückschlüsse für die Auslegung von § 227 SGB V ableiten.

IV. Systematische Zusammenhänge

4 § 227 SGB V regelt die beitragspflichtigen Einnahmen für diejenigen Versicherten der GKV, deren **Versicherungspflicht** auf § 5 Abs. 1 Nr. 13 SGB V beruht. Pflichtversichert sind nach § 5 Abs. 1 Nr. 13 SGB V seit dem 01.04.2007 Personen, die keinen anderweitigen Anspruch auf Absicherung im Krankheitsfall haben und zuletzt gesetzlich krankenversichert waren oder bisher nicht gesetzlich oder privat krankenversichert waren. Das gilt nicht für die in § 5 Abs. 5 SGB V genannten Personen – die hauptberuflich Selbständigen – oder die in § 6 Abs. 1 oder 2 SGB V genannten Personen – bestimmte in der GKV versicherungsfreie Personen –, auch soweit sie bei Ausübung ihrer beruflichen Tätigkeit im Inland zu den genannten Personen gehört hätten, aber nur, wenn sie vorher noch nie in der GKV krankenversichert waren. Von der Versicherungspflicht nach dieser Regelung sind nach § 5 Abs. 8a SGB V diejenigen Personen **ausgenommen**,[5] die nach § 5 Abs. 1 Nr. 1-12 SGB V versicherungspflichtig sind, also all diejenigen, die schon nach dem vor dem 01.04.2007 geltenden Recht in der GKV pflichtversichert waren. Ausgenommen von dem durch das GKV-WSG eingeführten Pflichtversicherungstatbestand bleiben auch diejenigen Personen, die die Voraussetzungen für eine **freiwillige Krankenversicherung** nach § 9 SGB V oder eine **Familienversicherung** nach § 10 SGB V erfüllen (§ 5 Abs. 8a Satz 1 SGB V). Die Versicherungspflicht nach § 5 Abs. 1 Nr. 13 SGB V erstreckt sich im Regelfall nicht auf Empfänger laufender Leistungen nach dem SGB XII oder nach § 2 des Asylbewerberleistungsgesetzes[6], soweit die Leistungen nicht für einen Monat oder länger unterbrochen werden (§ 5 Abs. 8a Sätze 2 und 3 SGB V). Für **Ausländer**, die nicht Angehörige eines Mitgliedstaates der Europäischen Union, Angehörige eines Vertragstaates des Abkommens über den Europäischen Wirtschaftsraum oder Staatsangehörige der Schweiz sind, gilt die Versicherungspflicht nach § 5 Abs. 1 Nr. 13 SGB V, wenn sie eine Niederlassungserlaubnis oder eine Aufenthaltserlaubnis mit einer Befristung auf mehr als zwölf Monate nach dem Aufenthaltsgesetz besitzen und für die Erteilung dieser Aufenthaltstitel keine Verpflichtung zur Sicherung des Lebensunterhalts nach § 5 Abs. 1 Nr. 1 des Aufenthaltsgesetzes besteht (§ 5 Abs. 11 Satz 1 SGB V). Die in diesem Satz 1 ausgenommenen Ausländer unterfallen der Versicherungspflicht auf der Grundlage des Auffangtatbestandes nicht, wenn die Voraussetzung für die Wohnortnahme in Deutschland die Existenz eines Krankenversicherungsschutzes nach § 4 des Freizügigkeitsgesetzes/EU ist (§ 5 Abs. 11 Satz 2 SGB V). Wegen der weiteren Einzelheiten wird auf die Kommentierung zu § 5 SGB V Bezug genommen.

5 **Hauptberuflich selbständig Erwerbstätige**, die vorher sozialversicherungspflichtig beschäftigt waren und in der GKV versichert waren, können sich im Anschluss daran bei einem privaten Versicherungsunternehmen gegen die Risiken im Krankheitsfall versichern. Die freiwillige Krankenversicherung in der GKV steht ihnen offen, wenn sie die notwendige Vorversicherungszeit erfüllen. Liegt letztgenannte Voraussetzung für eine freiwillige Krankenversicherung nicht vor oder erklärt der Versicherte den Beitritt zur freiwilligen Krankenversicherung nicht (fristgerecht) und macht er von der Möglichkeit des Vertragsabschlusses bei einem privaten Krankenversicherungsunternehmen keinen Ge-

[5] Eine Übersicht zu den gegenüber einer Versicherung nach § 5 Abs. 1 Nr. 13 SGB V vorrangigen Tatbeständen einer Absicherung gegen das Krankheitsrisiko findet sich bei *Sieben*, ErsK, Sonderveröffentlichung April 2007, S. 10.

[6] Bei den Leistungsberechtigten nach dem Asylbewerberleistungsgesetz gilt bereits ein Anspruch dem Grunde nach auf Leistungen bei Krankheit, Schwangerschaft und Geburt als Krankenversicherungsschutz, § 5 Abs. 11 Satz 3 SGB V.

brauch, greift der Pflichtversicherungstatbestand in § 5 Abs. 1 Nr. 13 SGB V ein. Bei Wahl der privaten Krankenversicherung besteht auch seit dem 01.04.2007 bei Fortdauer einer hauptberuflich selbständigen Erwerbstätigkeit **keine Rückkehrmöglichkeit** in die GKV.

Die freiwillige Krankenversicherung hat gegenüber der Versicherung auf der Grundlage von § 5 Abs. 1 Nr. 13 SGB V insbesondere den Vorteil, dass eine Krankenkasse gewählt werden kann, die in ihrer Satzung den **Anspruch auf Krankengeld** nicht ausgeschlossen hat.[7] Freiwillig Versicherte mit Anspruch auf Krankengeld müssen allerdings Beiträge nach dem allgemeinen Beitragssatz zahlen (§ 241 SGB V). Ab dem 01.01.2009 können freiwillig versicherte hauptberuflich Selbständige im Gegensatz zu hauptberuflich Selbständigen, die nach § 5 Abs. 1 Nr. 13 SGB V versichert sind, über einen Wahltarif nach § 53 Abs. 6 SGB V Krankengeld beziehen.[8] 6

Versicherungspflichtige nach § 5 Abs. 1 Nr. 13 SGB V werden im Regelfall nach § 173 Abs. 5 SGB V i.d.F. des GKV-WSG Mitglied der Krankenkasse, bei der sie zuletzt versichert waren. Nur wenn über diese Regelung eine Zuordnung nicht erfolgen kann, besteht für diese Versicherten ein **Kassenwahlrecht**. Die **Mitgliedschaft beginnt** mit dem ersten Tag ohne anderweitige Absicherung im Krankheitsfall im Inland bzw. bei Ausländern, die nicht Angehörige eines Mitgliedstaates der Europäischen Union, eines Vertragsstaates des Abkommens über den Europäischen Wirtschaftsraum oder Staatsangehörige der Schweiz sind, mit dem ersten Tag der Geltung der Niederlassungserlaubnis oder der Aufenthaltserlaubnis (§ 186 Abs. 11 Satz 1 bzw. 2 SGB V). Die Mitgliedschaft **endet** mit Ablauf des Vortages, an dem ein anderweitiger Anspruch auf Absicherung im Krankheitsfall begründet wird oder der Wohnsitz oder gewöhnliche Aufenthalt in einen anderen Staat verlegt wird (§ 190 Abs.13 Satz 1 SGB V). Tritt nach Beginn der Pflichtversicherung gemäß § 5 Abs. 1 Nr. 13 SGB V Sozialhilfebedürftigkeit ein, führt dies nicht zu einem Ende der Pflichtversicherung nach § 5 Abs. 1 Nr. 13 SGB V (§ 190 Abs. 13 Satz 2 SGB V). 7

Die Beiträge werden nach dem **ermäßigten Beitragssatz** der jeweiligen Krankenkasse berechnet (§ 243 Abs. 1 SGB V), weil für die nach § 5 Abs. 1 Nr. 13 SGB V Versicherten kein Anspruch auf Krankengeld besteht. Im Übrigen gilt auch hier der zusätzliche Beitragssatz nach § 241a Abs. 1 SGB V. 8

Dabei **tragen** die Versicherten nach § 250 Abs. 3 SGB V i.d.F. des GKV-WSG ihre Beiträge mit Ausnahme der Beiträge, die aus Arbeitsentgelt bzw. Renten der gesetzlichen Rentenversicherung zu tragen sind, allein. Die nach dem Arbeitsentgelt zu bemessenden Beiträge tragen bei versicherungspflichtiger Beschäftigung der Versicherte und der Arbeitgeber jeweils zur Hälfte (§ 249 Abs. 1 SGB V). Die Beiträge **zahlt** nach § 252 SGB V derjenige, der diese nach den vorgenannten Vorschriften zu tragen hat. 9

Nach § 20 Abs. 1 Satz 2 Nr. 12 SGB IX i.d.F. des GKV-WSG erstreckt sich die Versicherungspflicht in der **sozialen Pflegeversicherung** seit dem 01.04.2007 auch auf solche Personen, die, weil sie bisher keinen Anspruch auf Absicherung im Krankheitsfall hatten, nach § 5 Abs. 1 Nr. 13 SGB V der Krankenversicherungspflicht unterliegen. Die Beitragsbemessung richtet sich auch insoweit nach § 227 i.V.m. § 240 SGB V (§ 57 Abs. 1 Satz 1 SGB XI). 10

B. Auslegung der Norm

I. Regelungsgehalt und Bedeutung der Norm

Die Vorschrift regelt die beitragspflichtigen Einnahmen der nach § 5 Abs. 1 Nr. 13 SGB V in der GKV Pflichtversicherten. § 223 Abs. 2 Satz 1 SGB V regelt für alle Versicherten nur, dass Beiträge nach den beitragspflichtigen Einnahmen der Mitglieder bemessen werden. Diese Vorschrift setzt ihrerseits eine konkretisierende Norm zu den beitragspflichtigen Einnahmen des jeweiligen Mitglieds voraus. Mit der Einführung des neuen Pflichtversicherungstatbestandes wurde damit auch eine Ergänzung der Regelungen im Beitragsrecht erforderlich. Die **systematische Stellung** der Vorschrift ist als „unbefriedigend" bezeichnet worden.[9] Der ideale Platz als „§ 239 SGB V" war durch die Regelung der beitragspflichtigen Einnahmen der ebenfalls pflichtversicherten Rentenantragsteller belegt. Da die §§ 237-239 SGB V die Beitragsbemessung für Rentner betreffen, wäre eine Regelung z.B. in einem neuen § 239a 11

---

7 § 44 Abs. 1 Satz 1 i.V.m. § 44 Abs. 2 SGB V.

8 Art. 33 GKV-WSG v. 26.03.2007, BGBl I 2007, 378.

9 Vgl. *Peters* in: KassKomm, SGB V, § 227 Rn. 3.

SGB V noch weniger zufriedenstellend gewesen, so dass die Lückenfüllung bei § 227 SGB V nach der hier vertretenen Auffassung eine gute Lösung war. Es besteht kein Zweifel daran, dass es sich im vorliegenden Fall um Pflichtversicherte und nicht eine besondere Art der freiwillig Versicherten handelt.

12 Erst die Praxis wird allerdings zeigen, ob es sinnvoll ist, für den betroffenen Personenkreis vollständig auf die Vorschriften für die freiwillig Versicherten zu verweisen. Es bleibt abzuwarten, wie die Krankenkassen mit den **Problemen dieser Pflichtversicherung** umgehen werden. Es handelt sich hier in der Anfangszeit hauptsächlich um Versicherte, die die Krankenkassen in der Vergangenheit mit besonders hohem Verwaltungsaufwand – bis zur Beendigung der Mitgliedschaft wegen Zahlungsverzuges – teilweise über Jahre betreut haben.

13 Neben den wegen Zahlungsverzuges aus der GKV ausgeschiedenen früher freiwillig in der GKV Versicherten erfasst die Pflichtversicherung auf Grund des Auffangtatbestandes auch solche Personen, die im Anschluss an das Ende der Versicherung in der GKV z.B. die Antragsfrist für die **freiwillige Krankenversicherung** versäumt haben oder die Voraussetzungen für eine freiwillige Versicherung in der GKV nicht erfüllen. Personen, die vor einem Auslandsaufenthalt aus der GKV ausgeschieden sind, werden nach § 5 Abs. 1 Nr. 13 SGB V bei ihrer Rückkehr pflichtversichert, wenn sie keinen anderweitigen Krankenversicherungsschutz erwerben. Eher gering dürfte die Zahl derjenigen sein, die trotz einer Tätigkeit im Rahmen eines **abhängigen Beschäftigungsverhältnisses** nach § 5 Abs. 1 Nr. 13 SGB V der Versicherungspflicht unterliegen. Liegen die Voraussetzungen einer Versicherungsfreiheit auf Grund geringfügiger Beschäftigung (§ 7 SGB V i.V.m. §§ 8, 8a SGB IV) vor, dürfte häufig auf Grund eines Leistungsbezuges Versicherungspflicht gegeben sein, z.B. bei Bezug von Arbeitslosengeld II nach § 5 Abs. 1 Nr. 2a SGB V. Nach der bis zum 31.03.2007 geltenden Rechtslage konnte sich ein fehlender Versicherungsschutz auch für Personen ergeben, die auf Grund ihrer Tätigkeit im öffentlichen Dienst **beihilfeberechtigt** und damit versicherungsfrei i.S. des § 6 Abs. 1 SGB V sind und sich weder in der GKV noch privat für den nicht von der Beihilfe abgedeckten Teil der Krankheitskosten abgesichert haben. Nur wenn ein solcher Beihilfeberechtigter früher in der GKV versichert war, ist mit dem 01.04.2007 Versicherungspflicht nach § 5 Abs. 1 Nr. 13 SGB V eingetreten.

14 Als „**Druckmittel**" hat der Gesetzgeber mit dem neu eingeführten § 24 Abs. 1a SGB IV geregelt, dass diese Versicherten – wie die freiwillig in der GKV Versicherten – für Beiträge und Beitragsvorschüsse, mit denen sie länger als einen Monat säumig sind, für jeden weiteren angefangenen Monat der Säumnis einen **Säumniszuschlag** von 5 v.H. des rückständigen, auf 50 € nach unten abgerundeten Beitrags zu zahlen haben.[10] Soweit der Gesetzgeber diese Maßnahmen durch die Regelung in § 16 Abs. 3a Satz 2 SGB V mit einem **Ruhen des Leistungsanspruchs** (§ 16 Abs. 3a Satz 2 SGB V) flankiert hat, ist das in der Praxis ein noch „stumpferes Schwert" als die Erhebung von Säumniszuschlägen.[11] Leistungen zur Behandlung akuter Erkrankungen, von Schmerzzuständen sowie bei Schwangerschaft und Mutterschaft werden von dem Ruhen nicht erfasst. Der Versicherte wird häufig den Rechtsweg beschreiten, soweit es sich bei den begehrten Leistungen nicht offensichtlich um keine solchen handelt, die den genannten Krankheitszustand, Schwangerschaft oder Mutterschaft betreffen. Insoweit ist zu berücksichtigen, dass das Bundesverfassungsgericht auch im Rahmen des **einstweiligen Rechtsschutzes** im Bereich der Krankenbehandlung je nach Intensität des Krankheitsbildes eine nicht nur summarische, sondern intensive Prüfung als Entscheidungsgrundlage fordert.[12] Ergibt sich daraus in der Kürze der Zeit eine tragfähige Entscheidungsgrundlage nicht, ist eine **Folgenabwägung** vorzunehmen.[13] Die Entscheidung über ein Ruhen des Leistungsanspruchs wird damit oft mit einem Erfolg des Versicherten enden.

15 Die Ausweitung der Versicherungspflicht insbesondere durch Einbeziehung nicht freiwillig versicherter hauptberuflich Selbständiger darf nicht zu einer erheblichen Mehrbelastung der anderen Pflichtver-

---

[10] Art. 5 Nr. 1a) GKV-WSG v. 26.03.2007, BGBl I 2007, 378; vgl. hierzu auch die Niederschrift über die Besprechung des Arbeitskreises Versicherung und Beiträge der Spitzenverbände der Krankenkassen am 08.03.2007, Die Beiträge 2007, 549, 552.

[11] Vgl. zu der Möglichkeit, Säumniszuschläge zu erheben, als „stumpfes Schwert" *Sieben*, ErsK, Sonderveröffentlichung April 2007, S. 16.

[12] Vgl. BVerfG v. 22.11.2002 - 1 BvR 1586/02 - NJW 2003, 1236 = NZS 2003, 253 f.

[13] Vgl. BVerfG v. 19.03.2004 - 1 BvR 131/04 - NJW 2004, 3100 f = NZS 2004, 527 f., Leitsatz: Art. 19 Abs. 4 GG verlange auch bei Vornahmesachen jedenfalls dann vorläufigen Rechtsschutz, wenn ohne ihn schwere und unzumutbare, anders nicht abwendbare Nachteile entstünden, zu deren nachträglicher Beseitigung die Entscheidung in der Hauptsache nicht mehr in der Lage wäre.

sicherten führen.[14] Das betrifft auch den Verwaltungsaufwand der Durchführung der Versicherung. Da ein vergleichbares Druckmittel wie die Exmatrikulation für Studenten bei verspäteter Rückmeldung – wenn die nach Hochschulrecht hierfür erforderliche Bescheinigung der Krankenversicherung nicht vorgelegt wird – hier nicht zur Verfügung steht, hätte für die hauptberuflich selbständig Erwerbstätigen eine Lösung über das Gewerberecht/Steuerrecht etc. gesucht werden können. Da alle Bürger mit Wohnort im Inland nun über Krankenversicherungsschutz verfügen, kann man öffentlich-rechtliche Begünstigungen des Versicherten auch von dem Nachweis der ordnungsgemäßen Durchführung des Versicherungsverhältnisses abhängig machen. Von den **Trägern der Sozialhilfe** sind nach § 32 SGB XII i.d.F. des GKV-WSG die Beiträge für solche Personen zu übernehmen, die hilfebedürftig sind oder dies nur durch die Zahlung der Beiträge würden.[15] Vor dem Hintergrund, dass bei Zahlungsschwierigkeiten des Versicherten die Möglichkeit zur Beitragsübernahme durch den Sozialhilfeträger besteht, hätte auch eine Regelung über eine Ordnungswidrigkeit der Nichtabführung der Beiträge angedacht werden können, wie sie § 26b Umsatzsteuergesetz für die „Schädigung des Umsatzsteueraufkommens“ vorsieht. Eine ordnungsgemäße Beitragserhebung dürfte auch verfassungsrechtlich geboten sein.[16]

Der von einer Beitragserhebung auf der Grundlage von § 227 SGB V erfasste Personenkreis muss derzeit unter 190.000 Personen insgesamt liegen, da die Zahl der Personen ohne Krankenversicherungsschutz in etwa diesen Umfang hat.[17] Von dieser Gesamtzahl sind die Personen, die in die Privatversicherung aufgenommen werden, in Abzug zu bringen. Da das zweimalige Nichtzahlen von Beiträgen seit dem 01.04.2007 nicht mehr zur Beendigung der freiwilligen Mitgliedschaft führt,[18] wird sich der Anteil der hauptberuflich selbständig Erwerbstätigen, die von der Versicherung nach § 5 Abs. 1 Nr. 13 SGB V erfasst werden, langfristig wohl reduzieren. 16

II. Normzweck

Der Gesetzgeber hat hier vom Ergebnis der gewünschten Beitragshöhe ausgehend eine Anknüpfung der Beitragsbemessung für die nach § 5 Abs. 1 Nr. 13 SGB V Versicherten an diejenige für die freiwillig in der GKV Versicherten für sachgerecht erachtet. 17

III. Tatbestandsmerkmale

1. Erfasster Personenkreis

Erfasst werden alle Mitglieder der GKV, deren Versicherung auf § 5 Abs. 1 Nr. 13 SGB V beruht. Auf der Grundlage einer Pflichtversicherung nach § 5 Abs. 1 Nr. 13 SGB V können Ehegatten, Lebenspartner, Kinder etc. nach § 10 SGB V – beitragsfrei – familienversichert sein.[19] 18

2. Verweisung auf § 240 SGB V

§ 227 SGB V schreibt eine entsprechende Anwendung der Regelungen des § 240 SGB V vor. Es handelt sich um eine **dynamische Verweisung**, so dass die jeweils zum Zeitpunkt der Beitragsfestsetzung maßgebende Fassung des § 240 SGB V gilt. Die Beitragserhebung stellt – ähnlich wie die Belastung des Bürgers mit Abgaben – eine Eingriffsverwaltung dar.[20] Diesen Regelungsbereich hat der Gesetzgeber selbst mit **detaillierten Einzelregelungen** auszufüllen. Nur so ist eine gleichmäßige Belastung aller Beitragspflichtigen eines Versicherungstatbestandes gewährleistet.[21] 19

[14] Vgl. zum Problem der Quersubventionierung der Selbständigen auch Entschließungsantrag BT-Drs. 16/4217, S. 10.

[15] Dieser Beitragsübernahme steht wiederum ein (teilweiser) Erstattungsanspruch der Krankenkasse gegenüber.

[16] Vgl. für die Duldung nicht ordnungsgemäßer Versteuerung von Kapitalerträgen BVerfG v. 27.06.1991 - 2 BvR 1493/89 - BVerfGE 84, 239, 271 f.

[17] Art. 1 hierzu *Schlegel*, jurisPR-SozR 4/2007, Anm. 4, 1.1; diese Zahl hat sich in der Zeit von Jahr 1995 (105.000) zum Jahr 2003 (188.000) fast verdoppelt; Zahlen nach *Sieben*, ErsK, Sonderveröffentlichung April 2007, S. 8.

[18] § 191 Satz 1 Nr. 3 SGB V wurde durch Art. 1 Nr. 139 lit. a) sublit. aa) GKV-WSG v. 26.03.2007, BGBl I 2007, 378 gestrichen.

[19] Das hat der Gesetzgeber auch für den Leistungsausschluss in § 52a Satz 1 SGB V berücksichtigt.

[20] Vgl. zur Analogie im Abgabenrecht *Gern*, NVwZ 1995, 1145-1155.

[21] Vgl. zur Problematik der Bestimmtheit von Satzungsregelungen BSG v. 22.05.2003 - B 12 KR 12/02 R - SozR § 240 Nr. 1 Rn. 18.

20 Eine Beitragsbelastung des Versicherten, die über § 240 SGB V hinausgeht, scheidet damit von vornherein aus. Insoweit ist insbesondere eine erweiternde Auslegung nach Sinn und Zweck der Norm unzulässig.[22]

21 Nach der hier vertretenen Auffassung kann sich für den von § 227 SGB V erfassten Versichertenkreis andererseits auch keine geringere Beitragslast als diese für die freiwillig Versicherten anfällt, ergeben. Ein solcher Spielraum wird durch die **entsprechende Anwendung** des § 240 SGB V nicht eröffnet. Die Rechtsprechung hat im Bereich des Sozialrechts in anderem Zusammenhang auf den durch die Regelung einer entsprechenden Anwendung gegebenen „offenen Wortlaut" verwiesen.[23] Diese Handhabung des Begriffs der „entsprechenden" Rechtsanwendung ist auf Kritik gestoßen.[24] Auch im Bereich der Belastung des Bürgers mit Beiträgen bedeutet die „entsprechende" Anwendung des § 240 SGB V nur, dass die Vorschrift nur insoweit nicht anzuwenden ist, als sie in ihrer direkten Anwendung einen anderen Versichertenkreis betrifft. Insoweit ist § 240 SGB V dann so zu lesen, dass jeweils die Benennung des Versicherten ersetzt wird. Es obliegt dem Gesetzgeber, Ausnahmen von der Anwendung des § 240 SGB V für die nach § 5 Abs. 1 Nr. 13 SGB V Versicherten zu regeln, soweit er dies für geboten hält.[25]

22 Die Grenze der entsprechenden Anwendung der Regelungen in § 240 SGB V liegt dort, wo eine solche Beitragsbemessung **Verfassungsrecht** verletzen würde.

23 Eine **Besserstellung** der nach § 5 Abs. 1 Nr. 13 SGB V Versicherten gegenüber anderen vergleichbaren versicherungspflichtigen Versicherten wird durch die Regelung in § 240 Abs. 2 Satz 1 SGB V ausgeschlossen. Eine Gleichbehandlungsproblematik dürfte sich insoweit nicht ergeben.

24 Eine **Schlechterstellung** nach § 5 Abs. 1 Nr. 13 SGB V pflichtversicherter abhängig Beschäftigter ist denkbar. Dieser Fall dürfte jedoch in seiner praktischen Anwendung zu vernachlässigen sein, da die betroffenen Personen in der Regel den Versicherungsschutz über den Bezug von Arbeitslosengeld II erlangen können. Für die bei typisierender Betrachtung von der Regelung in § 227 SGB V hauptsächlich betroffenen hauptberuflich selbständig Erwerbstätigen ergibt sich eine Schlechterstellung gegenüber anderen Pflichtversicherten dadurch, dass für sie die in § 240 Abs. 4 SGB V vorgesehenen Mindestbeitragsbemessungsgrenzen gelten. Im Übrigen unterliegen nach § 227 SGB V i.V.m. § 240 SGB V auch in § 226 SGB V nicht genannte Einnahmen, insbesondere Einkünfte aus Vermietung und Verpachtung und aus Kapitalvermögen, der Beitragspflicht. Das gilt z.B. auch für die von dem Auffangtatbestand erfassten Beihilfeberechtigten.

25 Ausgangspunkt einer verfassungsrechtlichen Würdigung der gesetzlichen Neuregelung ist insoweit, dass die Beitragsregelungen in § 240 SGB V auch vor dem Hintergrund verfassungsrechtlich bewertet wurden, dass die von der Beitragsbemessung nach § 240 SGB V erfassten Personen die GKV zumindest theoretisch verlassen könnten.[26] Das ist bei dem von der Versicherung nach § 5 Abs. 1 Nr. 13 SGB V erfassten Personenkreis gerade nicht der Fall.

26 Dennoch dürfte eine Verfassungswidrigkeit der Beitragserhebung für die nach § 5 Abs. 1 Nr. 13 SGB V Pflichtversicherten nach Maßgabe der Regelungen in § 240 SGB V nicht anzunehmen sein: Die Einbeziehung eines weiteren Personenkreises, den der Gesetzgeber auf Grund der gruppentypischen Eigenschaften für sozial schutzbedürftig hält, in die Versicherungspflicht mit der daraus resultierenden Beitragspflicht, stellt keinen Eingriff in das in **Art. 2 Abs. 1 GG** geschützte Recht auf freie Entfaltung der Persönlichkeit dar.[27] Bezüglich der Mindestbeitragsbemessungsgrenze ist auch für die nach § 5 Abs. 1 Nr. 13 SGB V Versicherten ein Verstoß gegen **Art. 14 Abs. 1 GG**, wie ihn die Rechtsprechung zum steuerfreien Existenzminimum konkretisiert hat,[28] nicht erkennbar. Diese Rechtsprechung kann nicht übertragen werden, weil der Versicherte für seine Beiträge unmittelbar einen Versi-

---

22 Vgl. für die Analogiebildung *Gern*, NVwZ 1995, 1145-1155; *Konzak*, NVwZ 1997, 872-873.

23 Vgl. z.B. für die in § 197a SGG angeordnete entsprechende Anwendung von Kostenvorschriften der VwGO LSG Berlin v. 28.04.2004 - L 6 B 44/03 AL ER - SGb 2005, 55 ff. mit Anm. *Krasney*.

24 Vgl. diesbezüglich die Anm. *Krasney* zu LSG Berlin v. 28.04.2004 - L 6 B 44/03 AL ER - SGb 2005, 59.

25 Für eine „uneingeschränkte" Anwendung des § 240 SGB V vgl. auch *Sieben*, ErsK, Sonderveröffentlichung April 2007, S. 12.

26 BSG v. 07.11.1991 - 12 RK 37/90 - SozR 3-2500 § 240 Nr. 6.

27 Vgl. für die Aufhebung der Versicherungspflichtgrenze für besserverdienende Angestellte BVerfG v. 14.10.1970 - 1 BvR 307/68 - SozR Nr. 7 zu Art. 2 GG; für die Einführung der Krankenversicherung der Landwirte BVerfG v. 09.02.1977 - u.a. 1 BvL 11/74 - BVerfGE 44, 70, 89 = SozR 5420 § 94 Nr. 2; für die Versicherungspflicht selbständiger Lehrer BSG v. 12.10.2000 - B 12 RA 2/99 R - SozR 3-2600 § 2 Nr. 5.

28 BVerfG v. 12.06.1990 - 1 BvL 72/86 - BVerfGE 82, 198.

cherungsschutz als Gegenleistung erhält.[29] Auch kann eine **wirtschaftliche Überforderung** im Sinne einer Existenzgefährdung vor dem Hintergrund der Beitragsübernahme durch den Sozialhilfeträger bei Gesamtbetrachtung der tatsächlichen Beitragsbelastung verneint werden.[30] Die wirtschaftliche Leistungsfähigkeit der hauptberuflich Selbständigen wird für die nach § 5 Abs. 1 Nr. 13 SGB V versicherten hauptberuflich Selbständigen wie für die freiwillig versicherten Selbständigen durch das Nettoprinzip, das bedeutet, dass zunächst von den Einnahmen die betrieblich bedingten Ausgaben abgezogen werden, bestimmt.[31] Dieser Unterschied gegenüber z.B. den abhängig Beschäftigten wird i.S. einer **Beitragsgerechtigkeit** durch die Mindestbeitragsbemessungsgrundlage ausgeglichen.[32] Da ein Zwang zum Abschluss einer freiwilligen oder privaten Krankenversicherung bei Aufnahme einer selbständigen Erwerbstätigkeit im Anschluss an eine versicherungspflichtige Beschäftigung nicht besteht, wäre bei einer beitragsrechtlichen Privilegierung der nach § 5 Abs. 1 Nr. 13 SGB V versicherten selbständig Erwerbstätigen der Zweck einer § 240 SGB V entsprechenden Beitragsbemessung für hauptberuflich Selbständige gefährdet. Auch bezüglich einer höheren Beitragsbelastung gegenüber anderen Pflichtversicherten im Lichte des **Art. 3 Abs. 1 GG** dürfte die beitragsrechtliche Behandlung der nach § 5 Abs. 1 Nr. 13 SGB V Versicherten einer Überprüfung standhalten, weil die Beitragspflicht zunächst im Wesentlichen an die Stellung des Versicherten im Erwerbsleben und nicht an den rechtlichen Status als Pflichtversicherter oder freiwillig Versicherter anknüpft. Der Selbständige und der Beihilfeberechtigte gehören bei typischer Betrachtung eigentlich zum Anwendungsbereich des § 240 SGB V. Nach dem die GKV prägenden **Solidaritätsprinzip** dürfen Versicherte auch nach Maßgabe ihrer tatsächlichen wirtschaftlichen Leistungsfähigkeit zu Beiträgen herangezogen werden.[33] Typisierungen sind insoweit nicht zu vermeiden.

Es kann offen bleiben, ob der Gesetzgeber von Verfassungs wegen für den nach § 5 Abs. 1 Nr. 13 SGB V versicherten Personenkreis mit geringem Arbeitseinkommen eine **Härteklausel** einführen musste,[34] da § 240 SGB V mit Wirkung vom 01.04.2007 auch für die freiwillig versicherten Selbständigen diesbezüglich ergänzt wurde. 27

3. Satzungsbestimmungen

Nach § 240 Abs. 1 SGB V wird die Beitragsbemessung für freiwillige Mitglieder durch die Satzung der jeweiligen Krankenkasse geregelt. Da § 227 SGB V – anders als § 239 SGB V – **keine eigenständige Satzungsregelung** vorsieht, ist es unzulässig, in der Satzung besondere Vorschriften für die nach § 5 Abs. 1 Nr. 13 SGB V Versicherten zu verankern. Soweit in den inzwischen in Kraft getretenen Satzungen teilweise in der Satzung eine entsprechende Anwendung der für die freiwillig Versicherten erlassenen Beitragsregelungen für die nach § 5 Abs. 1 Nr. 13 SGB V Versicherten angeordnet wird, ist das eigentlich nicht im Sinne der Regelung in § 227 SGB V. Diese Regelungen sollen aber wohl nur der Klarstellung dienen und die Lesbarkeit der Satzung verbessern, also keinen eigenen Regelungsgehalt haben. Mit Wirkung zum 01.01.2009 wird in § 240 Abs. 1 SGB V die Regelung durch die Satzung der Krankenkasse durch die einheitliche Regelung durch den Spitzenverband Bund der Krankenkassen ersetzt.[35] Diese Änderung wird auch für die Festlegung der Beiträge für gering verdienende Selbständige vorgenommen (§ 227 SGB V i.V.m. § 240 Abs. 4 Satz 3 SGB V).[36] Die Grenzen der Festlegungen des Spitzenverbandes Bund der Krankenkassen ergeben sich dann entsprechend aus § 240 Abs. 2 SGB V. 28

---

[29] Vgl. zu § 240 SGB V im Ergebnis: BSG v. 07.11.1991 - 12 RK 37/90 - SozR 3-2500 § 240 Nr. 6.

[30] Vgl. zum individuellen Maßstab der Überforderung BVerfG v. 19.12.1994 - 1 BvR 1688/94 - SozR 3-1300 § 40 Nr. 3; vgl. zur Beitragsübernahme des Sozialhilfeträgers nach § 13 BSHG BSG v. 07.11.1991 - 12 RK 37/90 - SozR 3-2500 § 240 Nr. 6.

[31] Vgl. hierzu für die freiwillig Versicherten BVerfG v. 22.05.2001 - 1 BvL 4/96 - BVerfGE 103, 392 = SozR 3-2500 § 240 Nr. 39.

[32] Vgl. hierzu für die freiwillig Versicherten BVerfG v. 22.05.2001 - 1 BvL 4/96 - BVerfGE 103, 392 = SozR 3-2500 § 240 Nr. 39; BSG v. 26.09.1996 - 12 RK 46/95 - SozR 3-2500 § 240 Nr. 27.

[33] Vgl. BVerfG v. 06.12.1988 - 2 BvL 18/84 - SozR 2200 § 180 Nr. 46 = BVerfGE 79, 23 ff.

[34] Eine solche Verpflichtung des Gesetzgebers wurde für die freiwillig Versicherten verneint: vgl. BVerfG v. 22.05.2001 - 1 BvL 4/96 - BVerfGE 103, 392 ff. = SozR 3-2500 § 240 Nr. 39.

[35] Vgl. Art. 2 Nr. 29a01 lit. a) GKV-WSG v. 26.03.2007, BGBl I 2007, 378.

[36] Vgl. Art. 2 Nr. 29a01 lit. c) GKV-WSG v. 26.03.2007, BGBl I 2007, 378.

29 Die gesetzliche Regelung der **Beitragsbemessungsgrenze** (§ 223 Abs. 3 SGB V) ist gegenüber einer Satzungsregelung vorrangig.[37] Auch die **Mindestbeitragsbemessungsgrenzen** in § 240 Abs. 4 SGB V sind einer abweichenden Satzungsregelung nicht zugänglich.[38] Wegen der Grenzen der Satzungsautonomie der Krankenkassen wird im Übrigen auf die Kommentierung zu § 240 SGB V Rn. 12 ff. Bezug genommen.

30 Die zuständige Krankenkasse hat nach § 186 Abs. 11 Satz 4 SGB V in ihrer Satzung für den Fall, dass ein nach § 5 Abs. 1 Nr. 13 SGB V Versicherter aus Gründen, die er nicht zu vertreten hat, das Vorliegen der Voraussetzungen der Versicherungspflicht **verspätet angezeigt** hat, vorzusehen, dass der für die Zeit seit dem Eintritt der Versicherungspflicht nachzuzahlende Beitrag angemessen ermäßigt, gestundet oder von seiner Erhebung abgesehen werden kann.[39] Dies stellt keine modifizierende Reglung zu § 227 SGB V dar. Die Regelung setzt vielmehr zunächst eine Beitragsfestsetzung auf der Grundlage von § 227 SGB V i.V.m. § 240 SGB V voraus.

4. Allgemeine Mindestbeitragsbemessungsgrundlage

31 Die Satzung muss mindestens die Einnahmen dieser Versicherten berücksichtigen, die bei einem vergleichbaren versicherungspflichtigen Beschäftigten der Beitragsbemessung zugrunde zu legen sind (§ 227 SGB V i.V.m. § 240 Abs. 2 Satz 1 SGB V). Mindestens zu berücksichtigen ist der **90. Teil der monatlichen Bezugsgröße** i.S.d. § 18 SGB IV (§ 227 SGB V i.V.m. § 240 Abs. 4 Satz 1 SGB V). Für die Krankenversicherung gilt im gesamten Bundesgebiet die Bezugsgröße West.[40] Wegen der weiteren Einzelheiten wird auf die Kommentierung zu § 240 SGB V Rn. 19 f. Bezug genommen.

5. Beitragsbemessungsgrundlage für hauptberuflich Selbständige

a. Allgemeine Beitragsbemessungsgrundlage

32 Der Grundfall der Beitragsbemessung für hauptberuflich Selbständige ist auch hier der „**besserverdienende**" Selbständige. Dieser zahlt Beiträge nach der Beitragsbemessungsgrenze mit dem Ergebnis von Beiträgen zur Krankenversicherung (im Jahr 2007) von ca. 470 € monatlich.[41]

b. Mindestbeitragsbemessungsgrundlage

33 Liegen die Einnahmen des Versicherten unterhalb der Beitragsbemessungsgrenze, werden die Beiträge auch für die nach § 5 Abs. 1 Nr. 13 SGB V Versicherten nur **auf Antrag** nach der in § 240 Abs. 4 Satz 2 SGB V geregelten Mindestbeitragsbemessungsgrundlage von einem **40. Teil der monatlichen Bezugsgröße** (im Jahr 2007 1.837,50 €) berechnet. Daraus ergeben sich Beiträge zur Krankenversicherung im Jahr 2007 in Höhe von ca. 240 € monatlich.[42] Bezüglich des **Nachweises** der niedrigeren Einnahmen und der zeitlichen Wirkung eines solchen Nachweises wird auf die Kommentierung zu § 240 SGB V Rn. 23 und die Kommentierung zu § 240 SGB V Rn. 26 f. Bezug genommen.

c. Existenzgründer

34 Für Versicherte, die Anspruch auf Gründungszuschuss nach § 57 SGB III oder Existenzgründungszuschuss nach § 421l SGB III oder eine entsprechende Leistung nach dem SGB II (vgl. § 16 SGB II) haben, gilt der der **60. Teil der monatlichen Bezugsgröße** (im Jahr 2007 1.225 €) als beitragspflichtige Einnahme (§ 227 SGB V i.V.m. § 240 Abs. 4 Satz 2 SGB V). Der Existenzgründungszuschuss selbst bzw. die zur sozialen Sicherung im Gründungszuschuss enthaltene Pauschale von 300 € wird dabei nicht als beitragspflichtige Einnahme berücksichtig. Wegen der weiteren Einzelheiten wird auf die Kommentierung zu § 240 SGB V Rn. 24 Bezug genommen.

d. Beitragsbemessungsgrundlage für gering verdienende hauptberuflich Selbständige

35 Auf Grund der Neufassung von § 240 Abs. 4 Sätze 3 und 4 SGB V mit dem GKV-WSG haben die Krankenkassen in ihren Satzungen (mit Geltung bis zum 31.12.2008) Regelungen bezüglich der beitragspflichtigen Einnahmen gering verdienender hauptberuflich Selbständiger („kleiner Selbständi-

---

[37] Diese beträgt im Jahr 2007 – wie im Jahr 2006 – 3.562,50 € pro Monat/42.750 € pro Jahr.

[38] Vgl. BSG v. 07.11.1991 - 12 RK 37/90 - SozR 3-2500 § 240 Nr. 6.

[39] Vgl. hierzu die Begründung des Gesetzentwurfs der Fraktionen der CDU/CSU und SPD, BT-Drs. 16/3100, S. 158.

[40] Diese beläuft sich im Jahr 2007 – wie im Jahr 2006 – auf 2.450 € pro Monat/29.400 € pro Jahr.

[41] Für die Versicherung in der sozialen Pflegeversicherung sind hierzu ca. 60 € zu addieren.

[42] Für die Versicherung in der sozialen Pflegeversicherung sind hierzu ca. 32 € zu addieren.

ger") vorzusehen. Diese Regelungen müssen eine Beitragserhebung aus Einnahmen, die **unterhalb der Mindestbeitragsbemessungsgrenze** von einem 40. Teil der monatlichen Bezugsgröße (im Jahr 2007 1.837,50 €) für den Kalendertag vorsehen. Es muss dort geregelt sein, unter welchen Voraussetzungen der Beitragsbemessung hauptberuflich selbständig Erwerbstätiger niedrigere Einnahmen, mindestens jedoch der 60. Teil der monatlichen Bezugsgröße (im Jahr 2007 1.225 €), zugrunde gelegt werden. Der geringste mögliche monatliche Beitrag für hauptberuflich selbständig Erwerbstätige liegt damit im Jahr 2007 bei ca. 162 €.[43] Es sind das Vermögen des Mitglieds sowie das Einkommen und Vermögen von Personen, die mit dem Mitglied in Bedarfsgemeinschaft leben, zu berücksichtigen. In Umsetzung dieser Vorgabe wurden teilweise sehr detaillierte Satzungsregelungen erlassen. Eine gewisse Vereinheitlichung ergibt sich aber aus den Empfehlungen der Spitzenverbände der Krankenkassen.[44] Wegen der weiteren Einzelheiten wird auf die Kommentierung zu § 240 SGB V Rn. 25 Bezug genommen.

IV. Übergangsrecht

Da die Beitragsbemessung einen neuen Pflichtversicherungstatbestand betrifft, war eine Übergangsregelung nicht erforderlich. 36

C. Praxishinweise

Ist der Versicherte nicht in der Lage, die Beiträge (in voller Höhe) zu zahlen, sollte sowohl von Seiten der Krankenkassen als auch von Seiten des Versicherten umgehend der **Sozialhilfeträger** hinzugezogen werden, um die Folgeprobleme eines Ruhens des Leistungsanspruchs zu vermeiden. Die Einzelheiten der Beitragsübernahme regelt § 32 SGB XII. 37

Bezüglich der Beitragsbemessungsgrundlage für **gering verdienende hauptberuflich Selbständige** ist zunächst der Text der Satzung der zuständigen Krankenkasse heranzuziehen. Bei der dort teilweise anzutreffenden Regelungsdichte kann bei geringem Einkommen aus selbständiger Tätigkeit nur geraten werden, zunächst einen Antrag bei der zuständigen Krankenkasse auf Beitragsbemessung aus dem 60. Teil der monatlichen Bezugsgröße zu stellen. 38

---

43 Für die Versicherung in der sozialen Pflegeversicherung sind hierzu ca. 21 € zu addieren.

44 *Sieben*, ErsK, Sonderveröffentlichung April 2007, S. 17 f.

§ 228 SGB V Rente als beitragspflichtige Einnahmen

(Fassung vom 09.12.2004, gültig ab 01.01.2005)

(1) Als Rente der gesetzlichen Rentenversicherung gelten Renten der allgemeinen Rentenversicherung sowie Renten der knappschaftlichen Rentenversicherung einschließlich der Steigerungsbeträge aus Beiträgen der Höherversicherung.

(2) Bei der Beitragsbemessung sind auch Nachzahlungen einer Rente aus der gesetzlichen Rentenversicherung zu berücksichtigen, soweit sie auf einen Zeitraum entfallen, in dem der Rentner Anspruch auf Leistungen nach diesem Buch hatte. Die Beiträge aus der Nachzahlung gelten als Beiträge für die Monate, für die die Rente nachgezahlt wird.

Gliederung

A. Basisinformationen

I. Textgeschichte/Gesetzgebungsmaterialien

1 Mit dem am **01.01.1989** in Kraft getretenen SGB V[1] regelte der Gesetzgeber in § 228 SGB V die näheren Einzelheiten zur **Beitragspflicht von Renten** der gesetzlichen Rentenversicherung. § 228 Abs. 1 SGB V bestimmt, welche Leistungen als Renten aus der gesetzlichen Rentenversicherung anzusehen sind.[2]

2 Nach § 228 Abs. 2 SGB V sind auch aus **Rentennachzahlungen** Beiträge zu entrichten, soweit diese Nachzahlungen auf einen Zeitraum entfallen, für den der Versicherte Leistungsansprüche nach dem SGB V hatte.

3 Mit Wirkung vom **01.01.1992** wurde in § 228 Abs. 1 SGB V die Regelung über die Beitragsfreiheit von **Kinderzuschüssen** im Zusammenhang mit der durch das Gesetz zur Reform der gesetzlichen Rentenversicherung[3] (RRG 1992) geschaffenen Regelung in § 270 SGB VI gestrichen. Gleichzeitig wurde § 228 Abs. 1 SGB V dahin gehend geändert, dass Steigerungsbeträge aus Beiträgen der **Höherversicherung** i.S.d. § 269 SGB VI zu den Renten der gesetzlichen Rentenversicherung i.S.d. § 228 Abs. 1 SGB V gehören.[4]

4 Mit Wirkung vom **01.01.2005** wurde mit der Zusammenfassung der Rentenversicherung der Arbeiter und Angestellten in der allgemeinen Rentenversicherung im Zuge der **Organisationsreform** in der gesetzlichen Rentenversicherung die Differenzierung in Arbeiter und Angestellte in § 228 Abs. 1 SGB V gestrichen.[5]

II. Vorgängervorschriften

5 § 228 Abs. 1 SGB V entspricht inhaltlich weitgehend den Regelungen in **§ 180 Abs. 8 Satz 1 RVO**.[6] Nach der Vorgängervorschrift unterlagen allerdings die im Wesentlichen auf nachentrichteten Beiträgen beruhenden Renten nach Art. 2 § 49a Abs. 4 des Gesetzes zur Neuregelung des Rechts der Renten-

---

[1] Art. 1 des Gesetzes zur Strukturreform im Gesundheitswesen (GRG) v. 20.12.1988, BGBl I 1988, 2477.
[2] Vgl. die Begründung im Regierungsentwurf zum GRG, BT-Drs. 11/2237, S. 223 zu § 237.
[3] Art. 4 Nr. 14 RRG 1992 v. 18.12.1989, BGBl I 1989, 2261.
[4] Art. 4 Nr. 14 RRG 1992 v. 18.12.1989, BGBl I 1989, 2261.
[5] Art. 6 Nr. 24 des Gesetzes zur Organisationsreform in der gesetzlichen Rentenversicherung v. 09.12.2004, BGBl I 2004, 3242.
[6] Vgl. die Begründung im Regierungsentwurf zum GRG, BT-Drs. 11/2237, S. 223 zu § 237.

versicherung der Angestellten[7] (AnVNG) und Art. 2 § 51a Abs. 4 des Gesetzes zur Neuregelung des Rechts der Rentenversicherung der Arbeiter[8] (ArVNG) nicht der Beitragspflicht. § 228 Abs. 2 SGB V entspricht im Wesentlichen **§ 381 Abs. 2 Satz 2 RVO**.[9]

III. Systematische Zusammenhänge

§ 223 Abs. 2 Satz 1 SGB V regelt, dass die Beiträge nach den **beitragspflichtigen Einnahmen** der Mitglieder bemessen werden. Zu den beitragspflichtigen Einnahmen gehört nach § 226 Abs. 1 Satz 1 Nr. 2 SGB V der **Zahlbetrag der Rente**. 6

Beiträge sind auch für die als Einnahmen zu berücksichtigenden Renten nur bis zur **Beitragsbemessungsgrenze**[10] (§ 223 Abs. 3 Satz 1 SGB V) zu entrichten. Allerdings wird der Zahlbetrag der Rente für versicherungspflichtig Beschäftigte nach § 230 Satz 2 SGB V gesondert von den übrigen beitragspflichtigen Einnahmearten bis zur Beitragsbemessungsgrenze berücksichtigt. Damit können für diesen Personenkreis insgesamt Beiträge bis zur **doppelten Beitragsbemessungsgrenze** erhoben werden. Sind aus Renten und anderen beitragspflichtigen Einnahmen insgesamt Beitragszahlungen aus Einnahmen oberhalb der Beitragsbemessungsgrenze vorgenommen worden, erfolgt auf Antrag des Versicherten eine **Erstattung** der für die über der Beitragsbemessungsgrenze liegenden Einnahmen geleisteten Beitragsanteile jeweils an den Versicherten und den Rentenversicherungsträger nach § 231 Abs. 2 SGB V. 7

Für die in der gesetzlichen Krankenversicherung **pflichtversicherten Rentner** wurde mit Wirkung vom 01.01.1992 in § 249a SGB V eine Neuregelung dahingehend getroffen, dass Rentner und Rentenversicherungsträger den Krankenversicherungsbeitrag je zur Hälfte **zu tragen** haben. Der **Beitragssatz** für den Zahlbetrag der Rente aus der gesetzlichen Rentenversicherung ist in § 247 Abs. 1 SGB V[11], für Versorgungsbezüge und Arbeitseinkommen in § 248 SGB V geregelt. Im Übrigen wird der **zusätzliche Beitragssatz** nach § 241a Abs. 1 SGB V erhoben, den der Versicherte allein zu tragen hat. Die **Beitragszahlung** aus der Rente regelt § 255 SGB V. 8

Für **freiwillige Mitglieder** der gesetzlichen Krankenversicherung gilt über § 240 Abs. 2 Satz 3 SGB V ebenfalls der Beitragssatz in § 247 Abs. 1 SGB V. Die freiwillig Versicherten haben ihre Beiträge allein zu tragen, § 250 Abs. 2 SGB V. Die Beitragszahlung ist für diesen Personenkreis der allgemeinen Regelung in § 252 Satz 1 SGB V zu entnehmen. Freiwillig in der gesetzlichen Krankenversicherung oder privat krankenversicherte Rentner erhalten nach § 106 SGB VI von dem Rentenversicherungsträger unter bestimmten Bedingungen einen Zuschuss zu den von ihnen zu leistenden Beiträgen zur Krankenversicherung. 9

B. Auslegung der Norm

I. Regelungsgehalt und Bedeutung der Norm

§ 228 SGB V definiert den **Begriff der Renten der gesetzlichen Rentenversicherung** i.S.d. § 226 Abs. 1 Satz 1 Nr. 2 SGB V und der auf diese Vorschriften verweisenden Normen des Beitragsrechts[12] für die gesetzliche Krankenversicherung. 10

---

[7] V. 23.02.1957, BGBl I 1957, 45, i.d.F. des Art. 2 Nr. 14 des Gesetzes zur weiteren Reform der gesetzlichen Rentenversicherung und über die Fünfzehnte Anpassung der Renten aus den gesetzlichen Rentenversicherungen sowie über die Anpassung der Geldleistungen aus der gesetzlichen Unfallversicherung (RRG) v. 16.10.1972, BGBl I 1972, 1965; aufgehoben mit Wirkung 01.01.1989 durch Art. 15 Nr. 3 GRG v. 20.12.1988, BGBl I 1989, 2477.

[8] V. 23.02.1957, BGBl I 1957, 88 i.d.F. des Art. 2 § 1 Nr. 12 RRG v. 16.10.1972, BGBl I 1972, 1965; aufgehoben mit Wirkung vom 01.01.1989 durch Art. 14 Nr. 3 GRG v. 20.12.1988, BGBl I 1989, 2477.

[9] Vgl. die Begründung im Regierungsentwurf zum GRG, BT-Drs. 11/2237, S. 223 zu § 237.

[10] 2007: 3.562 € monatlich, 42.750 € jährlich.

[11] I.d.F des Art. 5 Nr. 1a), b) des Zweiten Gesetzes zur Änderung des Sechsten Buches Sozialgesetzbuch und anderer Gesetze v. 27.12.2003, BGBl I 3013. Mit Wirkung ab dem 01.01.2006 wird in § 249a Abs. 1 Satz 1 SGB V der Halbsatz „sowie der zusätzliche Beitragssatz" durch Art. 1 Nr. 150 des Gesetzes zur Modernisierung der gesetzlichen Krankenversicherung v. 14.11.2003, BGBl I 2003, 2190 angefügt.

[12] Vgl. die §§ 232 Abs. 1 Satz 2, 233 Abs. 3, 234 Abs. 2, 235 Abs. 4, 236 Abs. 2 Satz 1, 237 Satz 1 Nr. 1, § 239 Satz 3, § 240 Abs. 2 Satz 1 SGB V.

II. Normzweck

11 Mit § 228 Abs. 1 SGB V werden die Renten der gesetzlichen Krankenversicherung als Einnahmen festgelegt, deren Zahlbetrag nach § 226 Abs. 1 Satz 1 Nr. 2 SGB V zu Beiträgen heranzuziehen ist. Damit wird eine Verweisungsnorm für das Beitragsrecht zur Verfügung gestellt.

III. Tatbestandsmerkmale

1. Renten der gesetzlichen Rentenversicherung

a. Beitragspflichtige Rente

12 Als Renten i.S.d. § 228 Abs. 1 SGB V kommen nur die Renten aus der gesetzlichen Rentenversicherung in Betracht. Mit dem Gesetz zur Organisationsreform in der gesetzlichen Rentenversicherung[13] (RVOrgG) wurde die Differenzierung in eine Rentenversicherung der Arbeiter (§§ 127-131 SGB VI a.F.), eine Rentenversicherung der Angestellten §§ 132-135 SGB VI und die knappschaftliche Rentenversicherung (§§ 136-141 SGB VI a.F.) mit Wirkung vom 01.10.2005 an aufgegeben.[14] Ab diesem Zeitpunkt gliedert sich die gesetzliche Rentenversicherung in eine allgemeine Rentenversicherung mit den Regionalträgern, der Deutschen Rentenversicherung Bund und der Deutschen Rentenversicherung Knappschaft-Bahn-See (§ 126 SGB VI) mit einer Sonderzuständigkeit der Deutschen Rentenversicherung Knappschaft-Bahn-See für Leistungen, wenn ein Beitrag auf Grund einer Beschäftigung zur knappschaftlichen Rentenversicherung gezahlt worden ist (§§ 136 ff. SGB VI).

13 Zu den Renten der gesetzlichen Rentenversicherung i.S.d. § 228 Abs. 1 SGB V gehören sowohl solche aus eigener Versicherung als auch abgeleitete Renten, insbesondere Hinterbliebenenrenten.[15]

14 Nachdem die so genannten Artikel-Renten (Art. 2 §§ 49a Abs. 4 AnVNG und 51a Abs. 4 ArVNG; vgl. hierzu Rn. 5) mit Wirkung vom 01.01.1989 entfallen sind,[16] kommt insoweit eine Beitragsfreiheit nicht mehr in Betracht.[17] Besonderheiten gelten auch nicht für die Renten aus Zusatz- bzw. Sonderversorgungssystemen der DDR, die mit dem Anspruchs- und Anwartschaftsüberführungsgesetz[18] (AAÜG) in die gesetzliche Rentenversicherung überführt wurden, § 6 Abs. 8 AAÜG.

15 Laufende Geldleistungen nach den §§ 11 ff. des Gesetzes über die Alterssicherung der Landwirte[19] (ALG), Verletztenrente aus der gesetzlichen Unfallversicherung (§§ 56 ff. SGB VII), Beschädigtenrente nach den §§ 29 ff. des Gesetzes über die Versorgung der Opfer des Krieges[20] (BVG) bzw. in entsprechender Anwendung dieses Gesetzes[21], Renten nach dem Gesetz über den Lastenausgleich[22] (LAG) bzw. in entsprechender Anwendung dieses Gesetzes[23] sowie Leistungen nach dem Gesetz über Leistungen der gesetzlichen Rentenversicherung für Kindererziehung an Mütter der Geburtsjahrgänge von 1921[24] (KLG) gehören nicht zu den Renten i.S.d. § 228 Abs. 1 SGB V.

[13] V. 09.12.2004, BGBl I 2004, 3242.

[14] Art. 1 § 126 ff. Art. 86 Abs. 3 RVOrG v. 09.12.2004, BGBl I 2004, 3242.

[15] Vgl. *Peters* in: KassKomm-SGB, SGB V, § 228 Rn. 3.

[16] Art. 15 Nr. 3 GRG v. 29.12.1989, BGBl I 1989, 2477.

[17] Vgl. zur Verfassungsmäßigkeit der dadurch bewirkten Gleichstellung mit anderen Renten der gesetzlichen Krankenversicherung BSG v. 09.02.1993 - 12 RK 58/92 - SozR 3-2500 § 228 Nr. 1.

[18] Art. 6 RÜG v. 25.07.1991, BGBl I 1606.

[19] V. 29.07.1994, BGBl I 1994, 1890, zuletzt geändert durch Gesetz v. 15.12.2004, BGBl I 2004, 3445.

[20] V. 22.01.1982, BGBl I 1982, 21, zuletzt geändert durch Gesetz v. 15.12.2004, BGBl I 2004, 3396.

[21] Z.B. § 1 Abs. 1 des Gesetzes über die Entschädigung für Opfer von Gewalttaten v. 07.01.1985, BGBl I 1985, 1, zuletzt geändert durch Gesetz v. 20.06.2002, BGBl I 2002, 1946; § 60 des Gesetzes zur Verhütung und Bekämpfung von Infektionskrankheiten beim Menschen v. 20.07.2000, BGBl I 1045, zuletzt geändert durch Gesetz v. 24.12.2003, BGBl I 2003, 2954.

[22] V. 02.06.1993, BGBl I 1993, 845, BGBl I 1995, 248, zuletzt geändert durch Gesetz v. 21.07.2004, BGBl I 2004, 1742.

[23] Z.B. nach dem Gesetz zur Abgeltung von Reparations-, Restitutions-, Zerstörungs- und Rückerstattungsansprüchen v. 12.02.1969, BGBl I 1969, 105, zuletzt geändert durch Gesetz v. 21.07.2004, BGBl I 2004, 1742; Flüchtlingshilfegesetz v. 15.05.1971, BGBl I 681, 1, zuletzt geändert durch Gesetz v. 21.07.2004, BGBl I 2004, 1742.

[24] V. 12.07.1987, BGBl I 1987, 1585.

Renten aus der berufständischen Versorgung oder aus privaten Lebensversicherungsverträgen sind ebenfalls keine Renten i.S.d. § 228 Abs. 1 SGB V.[25] 16

Es ist aber jeweils zu prüfen, ob keine der Rente vergleichbaren Einnahmen (Versorgungsbezüge) i.S.d. § 229 SGB V vorliegen. Es wird diesbezüglich auf die Kommentierung zu § 229 SGB V verwiesen. 17

Nicht zu den Renten der gesetzlichen Rentenversicherung gehören solche Rentenzahlungen, die von ausländischen Rentenversicherungsträgern geleistet werden. Diese Differenzierung wird insbesondere im Hinblick auf die Berücksichtigung ausländischer Versorgungsbezüge nach § 229 SGB V kritisiert.[26] Es obliegt aber der Gestaltungsfreiheit des Gesetzgebers eine entsprechende Neuregelung zu schaffen.[27] 18

b. Steigerungsbeträge aus Beiträgen der Höherversicherung

Für Steigerungsbeträge aus Beiträgen der Höherversicherung (§ 269 SGB VI) wurde mit Wirkung vom 01.01.1992 in § 228 Abs. 1 SGB V ausdrücklich geregelt, dass diese als beitragspflichtige Renten der gesetzlichen Rentenversicherung gelten.[28] Die Heranziehung dieser Renten zu Beiträgen ist nicht verfassungswidrig.[29] 19

2. Rentennachzahlungen

§ 228 Abs. 2 SGB V regelt, in welchen Fällen Rentennachzahlungen zur Beitragsbemessung herangezogen werden. Voraussetzung für eine Beitragspflicht ist, dass die Nachzahlung auf einen Zeitraum entfällt, in dem der Rentner Anspruch auf Leistungen nach dem SGB V gehabt hätte. 20

Maßgebend ist, ob die Nachzahlungen für einen Zeitraum erfolgen, in welchem eine Pflichtversicherung nach § 5 SGB V, eine Familienversicherung nach § 10 SGB V oder § 7 KVLG 1989 oder ein nachgehender Leistungsanspruch nach § 19 Abs. 2 oder 3 SGB V bestand.[30] Das gilt auch, wenn eine Mitgliedschaft auf Grund eines Pflichtversicherungstatbestandes bestand, die durch die Zubilligung der Rente durch eine Krankenversicherung als Rentner verdrängt wird.[31] Auch eine freiwillige Mitgliedschaft in der gesetzlichen Krankenversicherung genügt, um die entsprechende Beitragspflicht auszulösen.[32] 21

Es kommt nicht darauf an, ob Leistungen tatsächlich in Anspruch genommen wurden.[33] 22

Beitragspflichtig sind Rentennachzahlungen aber nur dann, wenn die nachgezahlte Rente auch bei laufendem Bezug der Beitragsbemessung zu Grunde zu legen gewesen wäre. 23

Nach § 228 Abs. 1 Satz 2 SGB V gelten die für die Rentennachzahlung zu entrichtenden Beiträge als Beiträge für die Monate, für die die Rente nachgezahlt wird. Der Beitragsbemessung sind insbesondere der für die Monate, für die die Rente nachgezahlt wird, maßgebende Beitragssatz (§ 247 SGB V) und die maßgebende Beitragsbemessungsgrenze zu Grunde zu legen. 24

Die Krankenkassen können gestützt auf diese Norm allerdings keine Neuregelung der Beitragshöhe mit Wirkung für die Vergangenheit vornehmen, da es insoweit an einer gesetzlichen Ermächtigung fehlt.[34] 25

IV. Übergangsrecht

Übergangsregelungen sahen das GRG und die Änderungsvorschriften für § 228 SGB V nicht vor. 26

---

[25] Vgl. zu einer privaten Kapitallebensversicherung, auf deren Grundlage der Versicherte von der Versicherungspflicht in der gesetzlichen Rentenversicherung befreit wurde BSG v. 27.01.2000 - B 12 KR 17/99 R - SozR 3-2500 § 240 Nr. 32; vgl. zu Versorgungsbezügen vom Versorgungswerk der Ärzte Schleswig-Holsteinisches LSG v. 30.03.2004 - L 1 KR 43/03.

[26] Vgl. *Schuler* in: Fuchs, Kommentar zum Europäischen Sozialrecht, Art. 33 VO 1408/71 Rn. 4.

[27] Im Ergebnis ebenso SG Reutlingen v. 06.10.2005 - S 3 KR 2411/04.

[28] Art. 4 Nr. 14 RRG 1992 v. 18.12.1989, BGBl I 1989, 2261.

[29] Vgl. hierzu BSG v. 15.02.1989 - 12 RK 15/88 - SozR 2200 § 180 Nr. 48.

[30] Für den nachgehenden Leistungsanspruch wie hier: *Krauskopf* in: Krauskopf, SGB V, § 228 Rn. 9; *Wasem* in: GKV-Komm, SGB V, § 228 Rn. 5.

[31] Für die Versicherungspflicht als Student vgl. *Gerlach* in: Hauck/Noftz, SGB V, § 228 Rn. 9.

[32] So im Ergebnis auch *Wasem* in: GKV-Komm, SGB V, § 228 Rn. 6; *Gerlach* in: Hauck/Noftz, SGB V, § 228 Rn. 9; *Richter* in: Jahn, SGB V, § 228 Rn. 5.

[33] Vgl. *Krauskopf* in: Krauskopf, SGB V, § 228 Rn. 9; *Gerlach* in: Hauck/Noftz, SGB V, § 228 Rn. 9; *Peters* in: Peters, SGB V, § 228 Rn. 14.

[34] Vgl. BSG v. 21.09.2005 - B 12 KR 12/04 R.

§ 229 SGB V Versorgungsbezüge als beitragspflichtige Einnahmen

(Fassung vom 14.11.2003, gültig ab 01.01.2004)

(1) Als der Rente vergleichbare Einnahmen (Versorgungsbezüge) gelten, soweit sie wegen einer Einschränkung der Erwerbsfähigkeit oder zur Alters- oder Hinterbliebenenversorgung erzielt werden,

1. **Versorgungsbezüge aus einem öffentlich-rechtlichen Dienstverhältnis oder aus einem Arbeitsverhältnis mit Anspruch auf Versorgung nach beamtenrechtlichen Vorschriften oder Grundsätzen; außer Betracht bleiben**
   a) **lediglich übergangsweise gewährte Bezüge,**
   b) **unfallbedingte Leistungen und Leistungen der Beschädigtenversorgung,**
   c) **bei einer Unfallversorgung ein Betrag von 20 vom Hundert des Zahlbetrags und**
   d) **bei einer erhöhten Unfallversorgung der Unterschiedsbetrag zum Zahlbetrag der Normalversorgung, mindestens 20 vom Hundert des Zahlbetrags der erhöhten Unfallversorgung,**
2. **Bezüge aus der Versorgung der Abgeordneten, Parlamentarischen Staatssekretäre und Minister,**
3. **Renten der Versicherungs- und Versorgungseinrichtungen, die für Angehörige bestimmter Berufe errichtet sind,**
4. **Renten und Landabgaberenten nach dem Gesetz über die Alterssicherung der Landwirte mit Ausnahme einer Übergangshilfe,**
5. **Renten der betrieblichen Altersversorgung einschließlich der Zusatzversorgung im öffentlichen Dienst und der hüttenknappschaftlichen Zusatzversorgung.**

Satz 1 gilt auch, wenn Leistungen dieser Art aus dem Ausland oder von einer zwischenstaatlichen oder überstaatlichen Einrichtung bezogen werden. Tritt an die Stelle der Versorgungsbezüge eine nicht regelmäßig wiederkehrende Leistung oder ist eine solche Leistung vor Eintritt des Versicherungsfalls vereinbart oder zugesagt worden, gilt ein Einhundertzwanzigstel der Leistung als monatlicher Zahlbetrag der Versorgungsbezüge, längstens jedoch für einhundertzwanzig Monate.

(2) Für Nachzahlungen von Versorgungsbezügen gilt § 228 Abs. 2 entsprechend.

Gliederung

A. Basisinformationen

I. Textgeschichte/Gesetzgebungsmaterialien

1 § 229 SGB V ist am **01.01.1989** mit dem SGB V[1] in Kraft getreten. Die Vorschrift **definiert** zunächst die der Rente vergleichbaren Einnahmen als **Versorgungsbezüge** und regelt abschließend die nach

[1] Art. 1 des Gesetzes zur Strukturreform im Gesundheitswesen (GRG) v. 20.12.1988, BGBl I 1988, 2477.

§ 226 Abs. 1 Satz 1 Nr. 3 SGB V in der gesetzlichen Krankenversicherung beitragspflichtigen den Renten vergleichbaren Einnahmen.[2]

Mit der Neuregelung der Alterssicherung der Landwirte durch das Gesetz zur Reform der agrarsozialen Sicherung[3] (ASRG) unterwarf der Gesetzgeber in § 229 Abs. 1 Nr. 4 SGB V mit Wirkung vom **01.01.1995** die **Renten nach dem Gesetz über die Alterssicherung der Landwirte**[4] (ALG) der Beitragspflicht. Die Übergangshilfe[5] nahm er ausdrücklich hiervon aus. 2

§ 229 Abs. 1 Satz 3 SGB V sah in der Ursprungsfassung vor, dass dann, wenn an die Stelle der in § 229 Abs. 1 Satz 1 SGB V genannten Versorgungsbezüge eine nicht regelmäßig wiederkehrende Leistung tritt, ein Einhundertzwanzigstel der Leistung als monatlicher Zahlbetrag zu berücksichtigen ist. Der Gesetzgeber fügte mit dem Gesetz zur Modernisierung der gesetzlichen Krankenversicherung[6] (GMG) in § 229 Abs. 1 Satz 3 SGB V mit Wirkung vom **01.01.2004** eine Regelung solche **Kapitalabfindungen** in das Gesetz ein, die vor Eintritt des Versicherungsfalles vereinbart oder zugesagt sind. Damit soll eine Umgehung der Beitragspflicht ausgeschlossen werden.[7] 3

II. Vorgängervorschriften

§ 229 Abs. 1 Satz 1 SGB V übernimmt die abschließende Aufzählung der seit dem 01.01.1983[8] beitragspflichtigen Versorgungsbezüge aus der Vorgängervorschrift in § 180 Abs. 8 Satz 2 RVO. Den Regelungen in § 229 Abs. 1 Satz 2 bzw. 3 SGB V entsprachen § 180 Abs. 8 Satz 3 bzw. 4 RVO. § 229 Abs. 2 SGB V geht – wie § 228 Abs. 2 SGB V – auf § 381 Abs. 2 Satz 2 RVO zurück. 4

III. Systematische Zusammenhänge

§ 223 Abs. 2 Satz 1 SGB V regelt, dass die Beiträge nach den **beitragspflichtigen Einnahmen** der Mitglieder bemessen werden. Zu den beitragspflichtigen Einnahmen gehört nach § 226 Abs. 1 Satz 1 Nr. 3 SGB V der **Zahlbetrag der Versorgungsbezüge** i.S.d. § 229 SGB V. 5

Beiträge sind auch für Versorgungsbezüge nur bis zur **Beitragsbemessungsgrenze**[9] (§ 223 Abs. 3 Satz 1 SGB V) zu entrichten. Im Hinblick darauf, dass bei dem Zusammentreffen mit einem Rentenbezug nach § 230 Satz 2 SGB V Beiträge bis zur **doppelten Beitragsbemessungsgrenze** erhoben werden können, sieht das Gesetze auf Antrag eine **Erstattung** der von dem Versicherten für die über der Beitragsbemessungsgrenze liegenden Einnahmen geleisteten Beitragsanteile vor, § 231 SGB V. 6

Nach § 250 Abs 1 Nr. 1 SGB V tragen **pflichtversicherte Mitglieder der GKV** die Beiträge aus Versorgungsbezügen allein. Für **freiwillig versicherte Mitglieder der GKV** gilt im Ergebnis dasselbe, weil diese nach § 250 Abs. 2 SGB V die Beiträge aus allen beitragspflichtigen Einnahmen allein zu tragen haben. 7

Nach § 248 Satz 1 SGB V i.d.F. des GMG[10] gilt für den Zahlbetrag der Versorgungsbezüge der **volle allgemeine Beitragssatz.**[11] Für Versorgungsbezüge der **freiwillig Krankenversicherten** gilt über § 240 Abs. 2 Satz 3 SGB V ebenfalls der allgemeine Beitragssatz nach den §§ 247 Abs. 1 Satz 1, 248 Satz 1 SGB V. 8

Für versicherungspflichtige Mitglieder der GKV, die neben den Versorgungsbezügen auch eine Rente aus der gesetzlichen Rentenversicherung beziehen, sieht § 256 SGB V eine **Beitragszahlung** aus den 9

---

[2] Vgl. hierzu die Begründung des Regierungsentwurfs zum GRG, BT-Drs. 11/2237, S. 67, 223 zu § 238.

[3] Art. 4 Nr. 4 ASRG v. 29.07.1994, BGBl I 1994, 1890.

[4] Eingeführt durch das ASRG v. 29.07.1994, BGBl I 1994, 1890, zuletzt geändert durch Gesetz v. 27.12.2003, BGBl I 2003, 3022. Vgl. Rn. 33.

[5] § 9a des mit In-Kraft-Treten des ASRG außer Kraft getretenen Gesetzes über eine Altershilfe für Landwirte (GAL) i.d.F. der Bekanntmachung v. 14.09.1965, BGBl I 1965, 1448. Der Übergangshilfe entspricht jetzt das in § 38 ALG geregelte Überbrückungsgeld, das nicht zu den einer Rente vergleichbaren Einnahmen gehört.

[6] Art. 1 Nr. 143 GMG v. 14.11.2003, BGBl I 2003, 2190.

[7] Vgl. hierzu die Begründung des Gesetzentwurfs vgl. BT-Drs. 15/1525, S. 139.

[8] Art. 2 Gesetz über die Anpassung der Renten der gesetzlichen Rentenversicherung im Jahr 1982 (RAG 1982) v. 01.12.1981, BGBl I 1981, 1205.

[9] Für 2007: 3.562 € monatlich, 47.700 € jährlich. Im Übrigen gilt die Bagatellgrenze von einem Zwanzigstel der monatlichen Bezugsgröße i.S.d. § 18 SGB IV, § 226 Abs. 2 SGB V.

[10] Art. 1 Nr. 148 Buchst. a) GMG v. 14.11.2003, BGBl I 2003, 2190, zuletzt geändert durch Art. 4 Nr. 13a Buchst. a des Gesetzes zur Vereinfachung der Verwaltungsverfahren im Sozialrecht v. 21.03.2005, BGBl I, 818.

[11] Siehe hierzu z.B. *Bieback*, SozSich 2004, 289, 297; *Czennia*, SuP 2006, 393 ff.; *Giesen*, VSSR 2005, 21-44 und 77-101. Siehe grundlegend zu den Einzelheiten der Prüfung der Änderung des § 248 Satz 1 SGB V n.F. am Maßstab des einfachen und des Verfassungsrechts BSG v. 24.08.2005 - B 12 KR 29/04 R - SozR 4-2500 § 248 Nr. 1; vgl. auch BSG v. 10.05.2006 - B 12 KR 6/05 R - SozR 4-2500 § 240 Nr. 7.

Versorgungsbezügen in Form der Einbehaltung der Beiträge durch die Zahlstellen der Versorgungsbezüge vor. Das ist z.B. bei Versorgungsbezügen auf der Grundlage eines früheren Beschäftigungsverhältnisses der ehemalige Arbeitgeber.[12] Bei freiwillig Versicherten oder solchen Pflichtversicherten, die keine Rente aus der gesetzlichen Rentenversicherung beziehen, gilt die allgemeine Regelung zur Beitragszahlung in § 252 Satz 1 SGB V, nach der die Versicherten die Beiträge zu zahlen haben, soweit sie diese zu tragen haben.

10 Im Übrigen gilt auch für Personen, die Versorgungsbezüge beziehen, der **zusätzliche Beitragssatz** in § 241a SGB V, den der Versicherte selbst zu tragen und zu zahlen hat.

11 Bezüglich der für Versorgungsbezüge geltenden Meldepflichten wird auf die Kommentierung zu § 202 SGB V und die Kommentierung zu § 205 SGB V verwiesen.

IV. Ausgewählte Literaturhinweise

12 *Backendorf*, Voller Kranken-Versicherungsbeitrag auf Betriebsrenten, SuP 2004, 488-490; *Bieback*, Sind die vollen Krankenversicherungsbeiträge auf Betriebsrenten verfassungsgemäß?, SozSich 2004, 289, 292-299; *Bode*, Gehaltsumwandlung im Tarifbereich, BetrAV 1997, 164-171; *Buczko*, Betriebliche Altersversorgung im Beitragsrecht, BetrAV 2000, 108-112; *Bucher*, Rentenleistungen und Krankenversicherungsschutz bei Aufenthalt im Ausland, AmtlMittLVA Rheinpr 2002, 335-345; *Czennia*, VdK hat Sprungrevision am BSG erwirkt, SuP 2006, 393-395; *Giesen*, Doppelte Erhebung von Sozialbeiträgen in der betrieblichen Altersversorgung, VSSR 2005, 21-44 und 77-101; *Langohr-Plato*, Die Abfindung von Versorgungsansprüchen, AuA 1999, 502-506; *Marburger*, Änderungen in der Kranken- und Pflegeversicherung der Rentner zum 01.01. und 01.04.2004, rv 2004, 68-71; *Naumann*, Änderungen in der Beitragspflicht zur gesetzlichen Krankenversicherung – mit besonderer Auswirkung auf die betriebliche Altersversorgung, BetrAV 2004, 234-236; *Reich*, Kranken- und Pflegeversicherungsbeiträge auf Betriebsrenten und Kapitalzahlungen der betrieblichen Altersversorgung ab 2004, ZfV 2004, 71-73; *Riemenschneider*, Auswirkungen des Gesetzes zur Modernisierung der gesetzlichen Krankenversicherung vom 14.11.2003 (GMG) auf das Beitragsrecht, Die Beiträge 2004, 65-72; *Rolfs*, Sozialversicherungsrechtliche Konsequenzen betrieblicher Versorgungszusagen, NZS 2006, 617-623; *Schlegel* in: Küttner, Personalbuch, 13. Aufl. 2006, C. Sozialversicherungsrecht.

B. Auslegung der Norm

I. Regelungsgehalt und Bedeutung der Norm

13 § 229 Abs. 1 Satz 1 SGB V definiert den **Begriff der Versorgungsbezüge** und bestimmt abschließend, welche Bezüge beitragspflichtige Einnahmen i.S.d. § 226 Abs. 1 Satz 1 Nr. 3 SGB V sind. Der Begriff der Versorgungsbezüge i.S.d. § 229 SGB V steht neben der Legaldefinition der Versorgungsbezüge im Sinne des Gesetzes über die Versorgung der Beamten und Richter in Bund und Ländern[13] (BeamtVG). Die Versorgungsbezüge des BeamtVG bilden aber gleichzeitig eine Teilmenge der Versorgungsbezüge i.S.d. Sozialversicherungsrechts. Die von § 229 SGB V erfassten Einnahmen haben gemeinsam, dass sie an eine (frühere) Erwerbstätigkeit anknüpfen. Sie ersetzen das während des Erwerbslebens bezogene Einkommen oder von diesem Einkommen abgeleitete Unterhaltsansprüche. In § 229 Abs. 1 Satz 2 SGB V wird klargestellt, dass in Deutschland geleisteten Versorgungsbezügen vergleichbare Bezüge aus dem **Ausland** ebenfalls zu den beitragspflichtigen Einnahmen gehören.

14 Bei den Versorgungsbezügen handelt es sich vor allem um **laufende Geldleistungen**. In § 229 Abs. 1 Satz 3 SGB V wurden im Übrigen besondere Regelungen zu **einmaligen Kapitalleistungen** vorgesehen. Für **Nachzahlungen** von Versorgungsbezügen wird in § 229 Abs. 2 SGB V auf die diesbezüglichen Regelungen zu den Renten aus der gesetzlichen Rentenversicherung verwiesen.

15 § 229 SGB V hat einen **breiten Anwendungsbereich** auf Grund der **Verweisungen** auf diese Vorschrift in den §§ 232 Abs. 1 Satz 2, 233 Abs. 3, 234 Abs. 2, 235 Abs. 4, 236 Abs. 2 Satz 1, 237 Satz 2 SGB V. § 240 Abs. 2 Satz 3 SGB V verweist für die Beitragspflicht der **freiwilligen Mitglieder** – zu diese Gruppe gehören insbesondere die in der GKV versicherten Beamten – nur auf § 229 Abs. 2 SGB V. Es ist aber selbstverständlich, dass auch für diese Versichertengruppe insbesondere die Legaldefinition der Versorgungsbezüge in § 229 Abs. 1 SGB V gilt. Die Beitragspflicht der Versorgungsbezüge ergibt sich nach § 240 Abs. 2 Satz 1 SGB V mindestens in dem Umfang, in dem entsprechende Versorgungsbezüge bei einem versicherungspflichtigen Mitglied der GKV beitragspflichtig wären.[14]

[12] Siehe hierzu z.B. *Bieback*, SozSich 2004, 289, 297.

[13] § 2 BeamtVG i.d.F. der Bekanntmachung v. 21.06.2005, BGBl I 2005, 1818.

[14] Vgl. hierzu BSG v. 21.09.2005 - B 12 KR 12/04 R.

Die Vorschrift lässt damit Raum für über die Beitragspflicht für Versorgungsbezüge Versicherungspflichtiger hinausgehende Satzungsregelungen der Krankenkassen.[15] Für die mit In-Kraft-Treten des Gesetzes zur Stärkung des Wettbewerbs in der gesetzlichen Krankenversicherung[16] (**GKV-WSG**) auf der Grundlage des **Auffangtatbestandes** in § 5 Abs. 1 Nr. 13 SGB V Versicherten[17] verweist § 227 SGB V bezüglich der beitragspflichtigen Einnahmen auf § 240 SGB V. Nach § 239 Satz 3 SGB V gelten die Regelungen in § 240 SGB V auch für die Beitragsbemessung für **Rentenantragsteller**. Im Übrigen wird auch für die Beitragsberechnung für versicherungspflichtige **landwirtschaftliche Unternehmer** in § 39 Abs. 1 Satz 2 KVLG 1989 und für **Altenteiler** in § 45 KVLG 1989 (mit Sonderregelungen) auf die Regelungen in § 229 SGB V verwiesen.

Das GKV-WSG sieht keine Änderungen des § 229 SGB V vor. Langfristig gesehen dürfte ein immer geringerer Teil des **Beitragsaufkommens aus Versorgungsbezügen** generiert werden, da die Versorgung der alten Menschen im Rahmen des „Drei-Säulen-Modells" aus Rente aus der gesetzlichen Rentenversicherung, betrieblicher Altersversorgung und privater Vorsorge immer stärker auf der privaten Vorsorge beruhen wird.[18] Derzeit verfügt jedoch fast die Hälfte der im Erwerbsleben stehenden sozialversicherungspflichtigen Arbeitnehmer in den alten Bundesländern über eine betriebliche Altersversorgung[19], sodass sich dieser Wandel erst in Jahrzehnten vollziehen wird. Von den heutigen Rentnern über 65 Jahren verfügt ca. ein Viertel über eine betriebliche oder öffentlich-rechtliche Zusatzrente.[20] 16

II. Normzweck

Mit der Festlegung bestimmter Versorgungsbezüge als beitragspflichtige Einnahmen wird eine **Gleichbehandlung** von Versicherten, die Versorgungsansprüche z.B. aus dem Beamtenverhältnis haben, oder Unterhaltsansprüche gegenüber einem Bezieher solcher Leistungen haben, mit den Beziehern von Renten aus der gesetzlichen Rentenversicherung gewährleistet.[21] 17

Durch die Regelung in § 229 Abs. 1 Satz 3 SGB V soll durch Einbeziehung **originärer Kapitalleistungen** in die Beitragsbemessungsgrundlagen verhindert werden, dass die Beitragspflicht durch Vereinbarungen vor Eintritt des Versicherungsfalles umgangen werden kann.[22] 18

III. Tatbestandsmerkmale

1. Versorgungsbezüge

a. Allgemeine Voraussetzungen

§ 229 Abs. 1 SGB V führt die als beitragspflichtige Einnahmen zu berücksichtigenden Versorgungsbezüge als **Spezialregelung** abschließend auf.[23] Die von der Regelung erfassten Einnahmen müssen im Wesentlichen die Funktionen einer Rente aus der gesetzlichen Rentenversicherung erfüllen. Damit 19

---

15 Zu den Einzelheiten wird auf die Kommentierung zu § 240 SGB V Rn. 15 verwiesen.

16 Vgl. hierzu *Schlegel*, jurisPR-SozR 4/2007, Anm. 4 und die Begründung im Gesetzentwurf der Bundesregierung, BR-Drs. 755/06 zu Nr. 154: Die Regelung zielt insbesondere auf die wieder in die GKV aufzunehmenden hauptberuflich selbständig Erwerbstätigen ab.

17 Personen, die keinen Krankenversicherungsschutz haben und zuletzt gesetzlich krankenversichert waren oder bisher gar nicht krankenversichert waren, es sei denn, sie sind hauptberuflich selbständig erwerbstätig bzw. nach § 6 Abs. 1, 2 SGB V versicherungsfrei oder wären dies bei einer Ausübung ihrer beruflichen Tätigkeit im Inland gewesen.

18 Siehe zur Entwicklung der Altersicherung in Deutschland die umfassenden Informationen in der Unterrichtung durch die Bundesregierung im Alterssicherungsbericht 2001, BT-Drs. 14/7640.

19 Quelle: *BMGS*, Forschungsbericht Nr. 304, S. 18 ff. nach *Bieback*, SozSich 2004, 289, 292: 46 Prozent in den alten und 27 Prozent in den neuen Bundesländern.

20 Quelle: Alterssicherungsbericht 2001, BT-Drs. 14/7640, S. 146 Tabelle B.6.1 linke Spalte.

21 Siehe zur Verfassungsmäßigkeit der Einbeziehung der Versorgungsbezüge in die Beitragspflicht nach der RVO BVerfG v. 06.12.1988 - 2 BvL 18/84 - SozR 2200 § 180 Nr. 46 und BVerfG v. 03.02.1993 - 1 BvR 1920/92 - SozR 3-2500 § 240 Nr. 11; vgl. auch BSG v. 24.08.2005 - B 12 KR 29/04 R - SozR 4-2500 § 248 Nr. 1 m.w.N.

22 Vgl. die Begründung des Regierungsentwurfs zum GMG, BT-Drs. 15/1525, S. 139 unter Bezugnahme auf die Urteile des BSG v. 18.12.1984 - 12 RK 11/84 - SozR 2200 § 180 Nr. 46 und 30.03.1995 - 12 RK 10/94 - SozR 3-2500 § 229 Nr. 10.

23 Vgl. BSG v. 25.08.2004 - B 12 KR 30/03 R - SozR 4-2500 § 229 Nr. 3; vgl. auch *Giesen/Weselski* in: Wannagat, SGB V, § 229 Rn. 4; *Peters* in: KassKomm, SGB V, § 229 Rn. 4.

sind weitere Einnahmearten, die z.B. im Rahmen der Einführung einer „Bürgerversicherung“[24] in die Beitragspflicht einbezogen werden könnten, wie Zahlungen auf Grund von Nutzungsrechten an Immobilien etc. nach der derzeitigen Rechtslage auch dann nicht beitragspflichtig, wenn sie „wie eine Rente“ regelmäßig erzielt werden.

20 Als Versorgungsbezüge sind **laufende Geldleistungen** zu berücksichtigen. Zu den laufenden Geldleistungen gehören auch Einmalzahlungen wie Weihnachts- und Urlaubsgeld sowie Sachbezüge.[25] Bezüge in Form von Zuschlägen und Erhöhungsbeträgen, die vom **Familienstand** oder der **Anzahl der Kinder** abhängen (wie z.B. der Familienzuschlag, Kindererziehungszuschlag bzw. Pflegeergänzungszuschlag; §§ 50 ff. BeamtVG), gehören ebenfalls zu den Versorgungsbezügen.[26] Soweit das BSG diese Leistungen bei der Berechnung des Gesamteinkommens auf Grund einer verfassungskonformen Auslegung des § 10 SGB V ausgenommen hat[27], ergibt sich daraus für deren Berücksichtigung als Versorgungsbezüge nichts anderes. Denn die Berücksichtigung solcher Leistungen als Gesamteinkommen hat Konsequenzen im Hinblick auf den Versicherungsstatus von Familienangehörigen, während die Prüfung der Voraussetzungen des § 229 Abs. 1 SGB V ausschließlich die Frage der Beitragshöhe betrifft.

21 **Nutzungsrechte** und **Deputate** gehören nicht zu den beitragspflichtigen Einnahmen, selbst wenn diese mit einer Geldleistung abgegolten werden.[28] Nicht zu den Versorgungsbezügen gehören ferner Bezüge, die lediglich **übergangsweise** gewährt werden, § 229 Abs. 1 Satz 1 Nr. 1 Buchst. a SGB V. Unter diese Regelung fallen z.B. die Witwenabfindung[29] und das Übergangsgeld[30]. Einmalige Zahlungen – nicht zu verwechseln mit „einmalig gezahltem Arbeitsentgelt“ i.S.d. § 23a SGB IV – gelten nur dann als beitragspflichtige Versorgungsbezüge, wenn eine laufende Geldleistung durch eine Kapitalleistung abgelöst wird (vgl. Rn. 53 ff.).

b. Von der Berücksichtigung als Versorgungsbezüge ausgenommene Leistungen

22 Bestimmte Leistungen sind durch die ausdrückliche Regelung in § 229 Abs. 1 Satz 1 Nr. 1 zweiter Halbs. Buchst. b)-d) SGB V von der Berücksichtigung als beitragspflichtige Einnahmen **ausgenommen**. Das gilt zunächst für unfallbedingte Leistungen. Da die sonstigen unfallbedingten Leistungen nach den §§ 32 ff. BeamtVG – wie z.B. die Gewährung eines Heilverfahrens – schon keine „Bezüge“ i.S.d. § 229 Abs. 1 Satz 1 SGB V darstellen, handelt es sich bei den Leistungen hier zunächst um den **Unfallausgleich** nach § 35 BeamtVG. Nicht beitragspflichtig sind auch Leistungen der **Beschädigtenversorgung**, ein Betrag von 20 v.H. des Zahlbetrages bei einer **Unfallversorgung**[31] und der Unterschiedsbetrag zum Zahlbetrag der Normalversorgung bei einer **erhöhten Unfallversorgung**[32], mindestens aber 20 v.H. des Zahlbetrages der erhöhten Unfallversorgung. Entsprechendes gilt für die **Unfall-Hinterbliebenenversorgung**.[33] Nicht beitragspflichtig ist auch die Beschädigtenversorgung nach dem Gesetz über die Versorgung für die ehemaligen Soldaten der Bundeswehr und ihre Hinterbliebenen[34] (SVG).

23 **Renten aus der gesetzlichen Unfallversicherung**[35] gehören auf Grund des abschließenden Charakters der Aufzählung in § 229 Abs. 1 SGB V nicht zu den beitragspflichtigen Versorgungsbezügen.[36] Diese Regelung verstößt nicht gegen das Gebot der Gleichbehandlung in Art. 3 Abs. 1 GG, weil diese Renten

---

[24] Siehe zu den verschiedenen Reformmodellen *Kruse/Kruse*, Die Finanzierung der gesetzlichen Krankenversicherung am Scheideweg, WzS 2004, 193 ff.; *Isensee*, Bürgerversicherung im Koordinatensystem der Verfassung, NZS 2004, 393 ff.; *Bieback*, Verfassungsrechtliche Aspekte einer Bürgerversicherung, SozSich 2003, 416 ff.

[25] Vgl. BSG v. 18.03.1993 - 12 RK 43/90 - SozR 3-2200 § 180 Nr. 9; vgl. auch *Krauskopf* in: Krauskopf, SGB V, § 229 Rn. 4.

[26] Vgl. BSG v. 25.10.1988 - 12 RK 10/87 - SozR 2200 § 180 Nr. 45; BSG v. 30.03.1995 - 12 RK 11/94 - SozR 3-2500 § 240 Nr. 20; BSG v. 17.12.1996 - 12 RK 5/96 - SozR 3-2500 § 240 Nr. 28.

[27] Vgl. BSG v. 29.07.2003 - B 12 KR 16/02 R - SozR 4-2500 § 10 Nr. 3.

[28] Vgl. *Krauskopf* in: Krauskopf, SGB V, § 229 Rn. 5.

[29] § 21 BeamtVG, vgl. hierzu BSG v. 22.05.2003 - B 12 KR 12/02 R - SozR 4-2500 § 229 Nr. 1.

[30] § 47 BeamtVG.

[31] § 36 BeamtVG.

[32] § 37 BeamtVG.

[33] § 38 BeamtVG.

[34] §§ 80 ff. SVG v. 26.07.1957, BGBl I 1957, 785, zuletzt geändert durch Art. 1 des Gesetzes v. 04.05.2005, BGBl I, 1234.

[35] §§ 56 ff. SGB VII.

[36] Vgl. *Krauskopf* in: Krauskopf, SGB V, § 229 Rn. 6.

– anders als die Unfallversorgung nach dem BeamtVG[37] – nicht vorrangig dem Lohnersatz dienen, sondern vorrangig die Funktion des Ersatzes des Gesundheitsschadens und eines immateriellen Schadensausgleichs haben.[38] Das entspricht auch der Beitragsfreiheit des vergleichbaren Zwecken dienenden Unfallausgleichs nach § 35 BeamtVG.

Nicht der Beitragspflicht unterliegen auch auf der Basis privatrechtlicher oder öffentlich-rechtlicher Normen geleistete **Schadensersatzzahlungen** oder **Entschädigungen** z.B. wegen eines Impfschadens, Gewalttaten oder Kriegsfolgen.[39] 24

c. Versorgungsbezüge aus einem öffentlich-rechtlichen Dienstverhältnis

Versorgungsbezüge i.S.d. § 229 Abs. 1 Satz 1 Nr. 1 SGB V sind u.a. das **Ruhegehalt** der **Beamten bzw. Richter**[40] und das **Witwen-** bzw. **Waisengeld** für deren Hinterbliebene[41]. Dasselbe gilt für die entsprechenden **Leistungen nach dem SVG**[42] und solche an **pensionierte Geistliche**. 25

Für die beitragsmäßige Berücksichtigung wegen eingeschränkter Erwerbsfähigkeit bzw. zur Alters- oder Hinterbliebenenversorgung geleisteter Bezüge kommt es nicht auf den **Grad der Erwerbsminderung** oder das **Lebensalter** an.[43] 26

Erfasst werden auch solche Bezüge, die den bei öffentlich-rechtlichen Körperschaften in einem (privatrechtlichen) Arbeitsverhältnis stehenden Beschäftigten auf der **Grundlage beamtenrechtlicher Vorschriften** geleistet werden.[44] Das gilt unabhängig davon, ob diese Leistungen auf Grund einer Satzung (z.B. einer Dienstordnung i.S.d. §§ 144 ff. SGB VII[45]), tarifvertraglicher oder einzelvertraglicher Vereinbarung zugebilligt oder ob sie von einem öffentlich-rechtlichen oder privaten Arbeitgeber unmittelbar oder mittelbar über eine Versorgungseinrichtung gewährt werden.[46] 27

d. Versorgung der Abgeordneten, Parlamentarischen Staatssekretäre und Minister

Auch die den ehemaligen **Abgeordneten** des deutschen Bundestages oder der Länderparlamente gewährten Altersentschädigungen sind nach § 229 Abs. 1 Satz 1 Nr. 2 SGB V als Versorgungsbezüge zu berücksichtigen.[47] Das gilt für die Altersentschädigung nach den §§ 19-21 des Gesetzes über die Rechtsverhältnisse der Mitglieder des Deutschen Bundestages[48] (AbgG), die Altersentschädigung bei Gesundheitsschäden nach § 22 AbgG sowie Hinterbliebenenversorgung nach § 25 AbgG[49]. Für die **Regierungsmitglieder** sind Versorgungsbezüge das Ruhegehalt nach § 15 des Gesetzes über die Rechts- 28

[37] So setzt z.B. die Gewährung des Unfallruhegehalts nach § 36 BeamtVG nicht bei der abstrakten Minderung der Erwerbsfähigkeit an, sondern setzt voraus, dass der Beamte infolge des Dienstunfalls dienstunfähig geworden ist.

[38] Vgl. hierzu z.B. *Graeff*, SGb 1996, 297, 302. Im Rahmen seines weiten Gestaltungsspielraums durfte der Gesetzgeber insoweit auch unberücksichtigt lassen, dass z.B. im Falle der Einkommensanrechnung auf Hinterbliebenenrenten (§ 93 SGB VI) doch eine teilweise Gleichstellung mit einer Rente aus der gesetzlichen Rentenversicherung erfolgt.

[39] Vgl. hierzu auch *Krauskopf* in: Krauskopf, SGB V, § 229 Rn. 6 und *Peters* in: KassKomm, SGB V, § 229 Rn. 4.

[40] §§ 4 ff. BeamtVG (für Richter i.V.m. § 46 Deutsches Richtergesetz – DriG – i.d.F. der Bekanntmachung v. 19.04.1972, BGBl I 1972, 713, zuletzt geändert durch Gesetz v. 19.04.2006, BGBl I 2006, 866 und § 85 Bundesbeamtengesetz – BBG – i.d.F. der Bekanntmachung vom 31.03.1999, BGBl I 1999, 675, zuletzt geändert durch Art. 5 Abs. 3 Gesetz v. 14.08.2006, BGBl I 2006, 1897).

[41] §§ 19 ff. (Witwengeld), §§ 23 ff. (Waisengeld) BeamtVG (für Richter i.V.m. § 46 DRiG). Siehe zur unterschiedlichen Zweckbestimmung von Witwengeld und Witwenabfindung *Wasem* in: GKV-Komm, SGB V, § 229 Rn. 3a.

[42] SVG v. 26.07.1957, BGBl I 1957, 785, zuletzt geändert durch Art. 7 des Gesetzes v. 27.12.2004, BGBl I 3822. Hierzu gehören das Ruhegehalt (§§ 14-26a i.V.m. den §§ 45 ff. SVG), die Versorgung der Hinterbliebenen (§§ 41-44a i.V.m. den §§ 45 ff. SVG).

[43] Vgl. *Krauskopf* in: Krauskopf, SGB V, § 229 Rn. 3.

[44] Vgl. *Krauskopf* in: Krauskopf, SGB V, § 229 Rn. 7.

[45] Bei Allgemeinen Ortskrankenkassen und Innungskrankenkassen und den Verbänden der Krankenkassen genießen nur noch die Angestellten, mit denen vor dem 01.01.1993 der Dienstordnung unterstehende Verträge geschlossen wurden, nach § 358 SGB V Bestandsschutz.

[46] Vgl. *Krauskopf* in: Krauskopf, SGB V, § 229 Rn. 7.

[47] Vgl. *Krauskopf* in: Krauskopf, SGB V, § 229 Rn. 8.

[48] AbgG v. 21.02.1996, BGBl I 1996, 326, zuletzt geändert durch Gesetz v. 22.08.2005, BGBl I 2005, 2482, 3007.

[49] Der durch Gesetz v. 21.12.2004, BGBl I 2004, 3590, eingefügte § 25b AbgG sieht diesbezüglich Maßnahmen zur Kostendämpfung vor.

verhältnisse der Mitglieder der Bundesregierung[50] (BundesministerG), die Hinterbliebenenversorgung nach § 16 Bundesministergesetz und die Unfallfürsorge nach § 17 BundesministerG. Die Regelungen des BundesministerG gelten für die **Parlamentarische Staatssekretäre** nach § 6 des Gesetzes über die Rechtsverhältnisse der Parlamentarischen Staatssekretäre[51] (ParlStG) entsprechend. Die **Länder** haben Abgeordnetengesetze und Ministergesetze erlassen, die entsprechende Versorgungsregelungen vorsehen.[52]

29 Nach § 229 Abs. 1 Satz 1 Nr. 1 HS. 2 SGB V bleiben lediglich **übergangsweise gewährte Bezüge** wie z.B. Übergangsgelder[53], weil diese Leistungen nicht wegen der Einschränkung der Erwerbsfähigkeit oder zur Alters- bzw. Hinterbliebenenversorgung erbracht werden. Das gilt auch für den bei Eintritt in den Ruhestand in einer Summe zu zahlenden Ausgleich bei besonderen Altersgrenzen für Beamte des Vollzugsdienstes, des Einsatzdienstes der Feuerwehr und Beamte im Flugverkehrskontrolldienst, der neben dem Ruhegehalt gezahlt wird.[54]

e. Berufsständische Versorgungsbezüge

30 Nach § 229 Abs. 1 Satz 1 Nr. 3 SGB V gehören **Renten aus berufsständischen Versicherungs- und Versorgungseinrichtungen** zu den Versorgungsbezügen. Im Wesentlichen handelt es sich hier um die berufsständische Versorgung aus den Versorgungseinrichtungen/Versorgungswerken der **freien Berufe**, d.h. u.a. der Ärzte, Zahnärzte, Tierärzte, Rechtsanwälte, Notare, Patentanwälte, Ingenieure, Architekten, Ingenieure, Wirtschaftsprüfer und Steuerberater.[55] Aber auch für Berufe, die nicht zu den freien Berufen gehören, wie die Apotheker[56], die aber in Kammern organisiert sind, existieren solche Einrichtungen.

31 Entsprechende Leistungen werden aber von Einrichtungen für Angehörige anderer bestimmter Berufe erbracht. Für die Einbeziehung von Leistungen berufständischer Einrichtungen in die beitragspflichtigen Einnahmen kommt es nicht darauf an, ob es sich um **öffentlich-rechtliche** oder **privatrechtliche Einrichtungen** handelt, ob sie auf Grund gesetzlicher Verpflichtung oder freiwilliger Basis geschaffen wurden und ob die Mitgliedschaft auf gesetzlicher Verpflichtung, zwingender Satzungsregelung oder freiwilliger Entscheidung beruht.[57]

32 Handelt es sich um eine privatrechtliche Versorgungseinrichtung, muss der Kreis der möglichen **Versicherungsnehmer** auf Angehörige eines oder mehrerer bestimmter Berufe beschränkt sein.[58] Möglich ist es insoweit jedoch, dass auch **Dritte** als Versicherte in Betracht kommen – etwa bei Direktversicherungen durch den Arbeitgeber zu Gunsten eines Arbeitnehmers als Versicherter.[59] Zu den berufsständischen Versicherungs- und Versorgungseinrichtungen gehören als **Versicherungsvereine auf Gegenseitigkeit** organisierte Einrichtungen nur, wenn der Kreis der primären Versicherungsnehmer auf die Angehörigen eines oder mehrerer bestimmter Berufe beschränkt ist.[60]

f. Renten nach dem Gesetz über die Alterssicherung der Landwirte

33 Nach § 229 Abs. 1 Satz 1 Nr. 4 SGB V sind bestimmte Renten nach dem Gesetz über die Alterssicherung der Landwirte (ALG), nämlich Altersrente und vorzeitige Altersrente[61], Rente wegen Erwerbsun-

---

[50] BundesministerG i.d.F. v. 27.07.1971, BGBl I 1971, 1166, zuletzt geändert durch Art. 3 Gesetz v. 15.12.2004, BGBl I 3390.

[51] ParlStG v. 24.07.1974, BGBl I 1974, 1538.

[52] Z.B. die §§ 11 ff. AbgG Brandenburg, § 12 MinisterG Brandenburg.

[53] § 47 BeamtVG, § 18 AbgG, § 14 BundesministerG, § 6 ParlStG.

[54] § 48 BeamtVG.

[55] Vgl. hierzu BSG v. 30.03.1995 - 12 RK 40/94 - SozR 3-2500 § 229 Nr. 6.

[56] Diese sind gewerblich tätig. Die Versorgungseinrichtungen werden hier – wie für die Ärzte etc. – über die Heilberufsgesetze der Länder errichtet.

[57] Vgl. BSG v. 30.03.1995 - 12 RK 40/94 - SozR 3-2500 § 229 Nr. 6.

[58] Vgl. *Krauskopf* in: Krauskopf, SGB V, § 229 Rn. 9.

[59] Vgl. BSG v. 30.03.1995 - 12 RK 40/94 - SozR 3-2200 § 229 Nr. 6 für eine Zusatzversorgung für Bezirksschornsteinfegermeister; vgl. auch BSG v. 30.01.1997 - 12 RK 17/96 - SozR 3-2500 § 229 Nr. 15.

[60] Vgl. BSG v. 30.01.1997 - 12 RK 17/96 - SozR 3-2500 § 229 Nr. 15 und BSG v. 06.09.2001 - B 12 KR 5/01 R - SozR 3-2500 § 240 Nr. 40 für einen VVaG für die Berufsstandsangehörigen des Bäcker-, Fleischer- und Konditorhandwerks, bei dem nur der Kreis der Personen, auf deren Leben eine Versicherung abgeschlossenen werden kann, nach der Satzung nicht beschränkt war, nicht aber der Kreis der Personen, die berechtigt waren, diese Versicherungen abzuschließen.

[61] §§ 11, 12 ALG: Altersrente und vorzeitige Altersrente.

fähigkeit[62], wegen Todes[63] sowie die Landabgaberente[64] Versorgungsbezüge. Der von der Beitragspflicht nach dem Gesetzeswortlaut ausdrücklich ausgenommenen Übergangshilfe (§ 9a Gesetz über die Alterssicherung für Landwirte[65] – GAL) entspricht jetzt das – vom Begriff „Renten" ohnehin nicht erfasste – Überbrückungsgeld nach § 38 ALG, das beitragsfrei bleibt.

g. Betriebliche Altersversorgung

Nach § 229 Abs. 2 Satz 1 Nr. 5 SGB V gehören zu den Versorgungsbezügen insbesondere Renten der betrieblichen Altersversorgung. Dabei handelt es sich um den am schwierigsten zu handhabenden Tatbestand des § 229 SGB V, der deshalb im erheblichen Umfang die Gerichte beschäftigt hat. 34

Die Legaldefinition der betrieblichen Altersversorgung in § 1 Abs. 1 Satz 1 des Gesetzes zur Verbesserung der betrieblichen Altersversorgung[66] (**BetrAVG**) als Leistungen der Alters-, Invaliditäts- und Hinterbliebenenversorgung, die dem Arbeitnehmer vom Arbeitgeber aus Anlass des Arbeitsverhältnisses zugesagt werden, ist für die Auslegung des § 229 Abs. 2 Satz 1 Nr. 5 SGB V nicht bindend.[67] Der Begriff der betrieblichen Altersversorgung i.S.d. Sozialversicherungsrechts ist weiter.[68] 35

Ein beitragspflichtiger Versorgungsbezug liegt vor, wenn die Leistung **in engem Zusammenhang mit dem Arbeitsverhältnis** des Versicherten steht, in ihren Voraussetzungen einer Rente der gesetzlichen Rentenversicherung vergleichbar ist und ihrer Höhe nach von dem Gehalt aus dem Arbeitsverhältnis abhängt.[69] 36

Die **Durchführungswege** der betrieblichen Altersversorgung (Direktzusage, Pensionskasse, Pensionsfonds, Unterstützungskasse und Direktversicherung) werden im Wesentlichen durch das BetrAVG (§§ 1 Abs. 1 Satz 2, 1b Abs. 2-4 BetrAVG) vorgegeben. [70] 37

Erfasst werden alle auf einer **einseitigen Versorgungszusage des Arbeitgebers** beruhenden und damit im Zusammenhang mit dem Arbeitsverhältnis stehenden Leistungen der „klassischen betrieblichen Altersversorgung"[71], die nach Ausscheiden des Versicherten aus dem Erwerbsleben gezahlt werden. Vom Arbeitgeber finanziert in diesem Sinne sind auch Betriebsrenten, die aus einer „**unechten Entgeltumwandlung**" finanziert werden, bei der der Arbeitnehmer zu Gunsten der betrieblichen Altersversorgung auf freiwillige Lohnerhöhung des Arbeitgebers verzichtet. 38

Beitragspflichtige Versorgungsbezüge sind unabhängig von der Finanzierung alle Renten, die von **Einrichtungen der betrieblichen Altersversorgung (Pensionskassen** oder **Pensionsfonds**, § 1b Abs. 3 BetrAVG) gezahlt werden, wenn die Ansprüche im Zusammenhang mit einer früheren beruflichen Tätigkeit erworben worden sind.[72] Einbezogen werden die Leistungen einer rechtsfähigen Einrichtung der betrieblichen Altersversorgung, die keinen Rechtsanspruch auf Leistungen gewährt (**Unterstützungskassen**, § 1b Abs. 4 BetrAVG).[73] 39

Renten auf Grund einer **freiwilligen Mitgliedschaft** in einer betrieblichen Versorgungseinrichtung werden auch dann erfasst, wenn der Berechtigte der Einrichtung nur auf Grund einer bestimmten früheren Berufstätigkeit beitreten konnte. Das gilt auch dann, wenn der Anspruch während einer Zeit nach Ende der Berufstätigkeit erworben wird.[74] 40

---

[62] § 13 ALG.

[63] §§ 14-16 ALG: Witwenrente, Witwerrente, Waisenrente.

[64] §§ 121 ff. ALG.

[65] Eingefügt mit Wirkung zum 01.07.1980, zuletzt geändert durch Gesetz vom 27.09.1990, BGBl I 1990, 2110, §§ 14-16 ALG: Witwenrente, Witwerrente, Waisenrente.

[66] BetrAVG v. 19.12.1974, BGBl I 1974, 3610, zuletzt geändert durch Gesetz v. 29.08.2005, BGBl I 2005, 2546, 2553. Siehe allgemein zur sozialversicherungsrechtlichen Behandlung der betrieblichen Altersversorgung *Schlegel* in: Küttner, Rn. 206 ff. und *Rolfs*, NZS 2006, 617 ff.

[67] Vgl. *Schlegel* in: Küttner, Rn. 206, 228.

[68] BSG v. 18.12.1984 - 12 RK 36/84 - SozR 2200 § 180 RVO Nr. 38; BSG v. 08.12.1988 - 12 RK 46/86 - SozR 2200 § 180 Nr. 47; BSG v. 10.03.1994 - 12 RK 30/91 - SozR 3-2500 § 229 Nr. 3.

[69] BSG v. 06.02.1992 - 12 RK 37/91 - SozR 3-2500 § 229 Nr. 1; BSG v. 15.12.1994 - 12 RK 57/92 - SozR 3-2500 § 229 Nr. 4.

[70] § 1 Abs. 1 Satz 2, § 1b Abs. 2-4 BetrAVG; siehe zu den einzelnen Durchführungswegen *Schlegel* in: Küttner, Rn. 208 ff.

[71] So *Rolfs*, NZS 2006, 617, 619.

[72] BSG v. 30.03.1995 - 12 RK 29/94 - SozR 3-2500 § 229 Nr. 7; BSG v. 21.09.2005 - B 12 KR 12/04 R.

[73] Vgl. BSG v. 25.08.2004 - B 12 KR 30/03 R - SozR 4-2500 § 229 Nr. 3.

[74] Vgl. BSG v. 06.02.1992 - 12 RK 37/91 - SozR 3-2500 § 229 Nr. 1.

41 Neben einer Beschränkung auf ein oder mehrere Unternehmen eines **Wirtschaftszweiges** kommen auch andere Begrenzungen, z.B. nach der Art der Tätigkeit bzw. des Arbeitgebers (z.B. Einrichtungen der Wohlfahrtspflege bestimmter Träger) in Betracht.[75] Ausreichend ist bei Arbeitsverhältnissen mit **internationalen Unternehmen**, dass sich die der Pension zugrunde liegenden Regelungen auch auf die in Deutschland tätigen Mitarbeiter erstrecken.[76]

42 Es werden nicht nur vom Arbeitgeber ganz oder teilweise finanzierte Leistungen erfasst, sondern auch solche, zu denen **allein der Arbeitnehmer** beigetragen hat; das gilt vor allem, wenn sie Bestandteil einer betrieblichen Gesamtversorgung sind und nicht auf Beiträgen beruhen, die völlig unabhängig vom früheren Arbeitsverhältnis geleistet wurden.[77] Etwas anderes ergibt sich auch nicht daraus, dass die betriebliche Altersversorgung von einem rechtlich **selbständigen Verein** durchgeführt wird, die Mitgliedschaft freiwillig ist und die Leistung von den Berechtigten selbst finanziert werden.[78]

43 Versorgungsbezüge i.S.d. § 229 Abs. 1 Satz 1 Nr. 5 SGB V sind auch solche Renten aus privaten Versicherungsverträgen, die der Arbeitgeber im Wege der **Direktversicherung** mit einem **privaten Lebensversicherungsunternehmen** abgeschlossen hat, die in erster Linie die Zahlung eines bei einem bestimmten Lebensalter fälligen Kapitalbetrages, eine Rente bei vorzeitiger Berufsunfähigkeit sowie Beitragsfreiheit vorsehen.[79] Der Umstand, dass teilweise oder zeitweilig eine Beitragszahlung durch den Arbeitnehmer erfolgt, macht diese Leistung jedenfalls dann nicht zur privaten Vorsorge, wenn bis zur Berufsunfähigkeit der Arbeitgeber Versicherungsnehmer und der Arbeitnehmer nur Bezugsberechtigter war und deshalb der Zusammenhang mit der früheren Berufstätigkeit gewahrt ist.[80] Renten aus der Pensionskasse eines Arbeitgebers, die ein **Geschäftsführer** aus seiner nichtabhängigen Beschäftigung auf Grund eigener Beitragsleistung erworben hat, gehören ebenfalls zu den Versorgungsbezügen.[81]

44 Bei klarem Bezug zum Arbeitsverhältnis können auch Renten anderer Einrichtungen der betrieblichen Altersversorgung zuzurechnen sein; z.B. Ausgleichszahlungen auf Grund eines **Sozialplanes**, der Leistungen für den Fall des vorzeitigen Ausscheidens aus dem Unternehmen vorsieht.[82] **Überbrückungsgelder**, **Ausgleichszahlungen** und vergleichbare Zahlungen, die im Anschluss an das Arbeitsverhältnis bis zum Einsetzen der Betriebsrente gewährt werden, gelten bis zur Höhe der später fällig werdenden Betriebsrente als Versorgungsbezüge i.S.v. § 229 Abs. 1 Nr. 5 SGB V.

45 Zu den Versorgungsbezügen i.S.v. § 229 Abs. 1 Satz 1 Nr. 5 SGB V gehört auch eine Rente der betrieblichen Altersversorgung, die den **Ausgleichsanspruch eines Handelsvertreters** nach § 89b HGB ersetzt.[83] Ausgleichsansprüche, die Vorteile aus einer früheren Dienstleistung entschädigen oder vorübergehende Einkommenseinbußen ausgleichen sollen (z.B. der vorgenannte Ausgleichsanspruch des Handelsvertreters nach § 89b HGB[84]), sind keine Versorgungsbezüge.[85]

46 Beitragsfrei sind Rentenleistungen aus einer vom Arbeitnehmer finanzierten **befreienden Lebensversicherung**.[86]

---

[75] BSG v. 30.03.1995 - 12 RK 29/94 - SozR 3-2500 § 229 Nr. 7; BSG v. 30.03.1995 - 12 RK 9/93 - SozR 3-2500 § 229 Nr. 8.

[76] Vgl. im Ergebnis für einen niederländischen Pensionsfond und eine in den Niederlanden ansässige frühere Arbeitgeberin BSG v. 21.09.2005 - B 12 KR 12/04 R.

[77] BSG v. 18.12.1984 - 12 RK 36/84 - SozR 2200 § 180 Nr. 25; BSG v. 30.03.1995 - 12 RK 29/94 - SozR 3-2500 § 229 Nr. 7; BSG v. 21.09.2005 - B 12 KR 12/04 R.

[78] BSG v. 18.12.1984 - 12 RK 36/84 - SozR 2200 § 180 Nr. 25; BSG v. 11.12.1987 - 12 RK 3/86 - SozR 2200 § 180 Nr. 38; BSG v. 30.03.1995 - 12 RK 9/93 - SozR 3-2500 § 229 Nr. 8.

[79] Vgl. *Krauskopf* in: Krauskopf, SGB V, § 229 Rn. 13.

[80] BSG v. 08.12.1988 - 12 RK 46/86 - SozR 2200 § 180 Nr. 47; BSG v. 26.03.1996 - 12 RK 21/95 - SozR 3-2500 § 229 Nr. 13 zur Finanzierung einer Lebensversicherung durch Verzicht auf eine Abfindung; BSG v. 13.09.2006 - B 12 KR 5/06 R.

[81] BSG v. 10.06.1988 - 12 RK 24/87 - SozR 2200 § 180 Nr. 40.

[82] BSG v. 23.06.1996 - 12 RK 44/94 - SozR 3-2500 § 229 Nr. 12.

[83] BSG v. 10.03.1994 - 12 RK 30/91 - SozR 3-2500 § 229 Nr. 3.

[84] Offen gelassen in BSG v. 10.03.1994 - 12 RK 30/91 - SozR 3-2500 § 229 Nr. 3.

[85] Vgl. *Krauskopf* in: Krauskopf, SGB V, § 229 Rn. 14.

[86] Vgl. BSG v. 27.01.2000 - B 12 KR 17/99 R - SozR 3-2500 § 240 Nr. 32.

Das BSG hat die **Verfassungsmäßigkeit** sowohl im Hinblick auf eine Beitragspflicht für Rentenleistungen, die auf Beiträgen der Arbeitnehmer beruhen, als auch im Hinblick auf die darin liegende unterschiedliche Behandlung von Renten der betrieblichen Altersversorgung und Renten aus einer privaten Lebensversicherung bejaht.[87] 47

h. Leistungen aus dem Ausland oder von Internationalen Organisationen

Bezüge, die aus dem **Ausland** oder von **internationalen Organisationen** gezahlt werden und den Ver- 48
sorgungsbezügen i.S.d. § 229 Abs. 1 Satz 1 Nr. 1-5 SGB V entsprechen, sind nach § 229 Abs. 1 Satz 2 SGB V als Versorgungsbezüge beitragspflichtig. Die ausländischen Versorgungsbezüge müssen nicht in jeder Hinsicht mit inländischen vergleichbar sein, sondern müssen den inländischen Versorgungsbezügen im Wesentlichen entsprechen.[88]

Demgegenüber werden **gesetzliche Rentenleistungen** aus **ausländischen öffentlich-rechtlichen** 49
Rentensystemen von § 229 Abs. 1 Satz 2 SGB V nicht erfasst und sind damit nicht beitragspflichtig.[89] Leistungen aus dem Ausland, die unter Art. 4 Abs. 1 Buchst. b oder c der Verordnung (EWG) zur Anwendung der Systeme der sozialen Sicherheit auf Arbeitnehmer und Selbständige sowie deren Familienangehörige, die innerhalb der Gemeinschaft zu- und abwandern (EWGV 1408/71)[90], fallen und damit ihrer Art nach Renten darstellen, dürfen nicht zur Beitragsbemessung in der deutschen GKV herangezogen werden.[91] Zu diesen beitragsfreien Renten gehören – als Entgelt i.S.d. Art. 141 Abs. 3 Satz 1 des Vertrages zur Gründung der Europäischen Gemeinschaft – bestimmte Zahlungen betrieblicher Rentensysteme nicht. Voraussetzung ist, dass das Rentensystem auf einer Vereinbarung zwischen dem Arbeitgeber und den Arbeitnehmern oder auf einer einseitigen Entscheidung des Arbeitgebers beruht, ohne dass die Beteiligung der öffentlichen Hand in vollem Umfang vom Arbeitgeber oder von diesem und den Arbeitnehmern gemeinsam finanziert wird.[92] Die Zugehörigkeit zum Rentensystem muss sich notwendig aus dem Arbeitverhältnis mit einem bestimmten Arbeitgeber ergeben.[93]

2. Zahlbetrag

Nach § 226 Abs. 1 Satz 1 Nr. 3 SGB V ist der Zahlbetrag der Versorgungsbezüge i.S.d. § 229 Abs. 1 50
SGB V, d.h. der nach Anwendung einschlägiger Versagungs-, Kürzungs- oder Ruhensvorschriften auszuzahlende **Bruttobetrag** der Versorgungsbezüge zu Beiträgen heranzuziehen.[94] In welchem Umfang die bezogene Leistung dabei aus einem **Zinsanteil** besteht, ist unerheblich.[95] **Steuerabzüge und -freibeträge** sind nicht mindernd zu berücksichtigen.[96]

Art. 39 EG-Vertrag verbietet es den Mitgliedstaaten, bei der Berechnung des Zahlbetrages solche 51
Krankenversicherungsbeiträge außer Acht zu lassen, die der im Ruhestand befindliche Arbeitnehmer bereits auf den Bruttobetrag von Rentenzahlungen in einem **anderen Mitgliedstaat** zu leisten hat.[97]

---

[87] BSG v. 18.12.1984 - 12 RK 36/84 - SozR 2200 § 180 Nr. 25; BSG v. 11.12.1987 - 12 RK 3/86 - SozR 2200 § 180 Nr. 38; BSG v. 30.03.1995 - 12 RK 9/93 - SozR 3-2500 § 229 Nr. 8; BSG v. 30.03.1995 - 12 RK 29/94 - SozR 3-2500 § 229 Nr. 7; BSG v. 13.09.2006 - B 12 KR 5/06 R.

[88] BSG v. 10.06.1988 - 12 RK 39/87 - SozR 2200 § 180 Nr. 41 zu Bezügen vom „Civil Service Retirement System" der USA; v. 30.03.1995 - 12 RK 45/93 - SozR 3-2500 § 229 Nr. 9 zu Dienstbezügen auf Grund eines früheren Dienstes in der Fremdenlegion.

[89] Vgl. *Krauskopf* in: Krauskopf, SGB V, § 229 Rn. 15.

[90] Die VO 883/2004, ABl. L 166/I v. 30.04.2004, mit der die EWGV 1408/71 ersetzt werden soll, gilt erst vom Tag des In-Kraft-Tretens der entsprechenden Durchführungsverordnung, d.h. voraussichtlich nicht vor dem Jahr 2007.

[91] BSG v. 30.03.1995 - 12 RK 45/93 - SozR 3-2500 § 229 Nr. 9; BSG v. 21.09.2005 - B 12 KR 12/04 R.

[92] Vgl. EuGH v. 28.09.1994 - C-200/91 - EuGHE I 1994, 4397, 4421 f; EuGH v. 17.05.1990 - C-262/88 - SozR 3-6030 Art. 119 Nr. 1 und hierzu BSG v. 21.09.2005 - B 12 KR 12/04 R.

[93] Vgl. EuGH v. 28.09.1994 - C-200/91 - EuGHE I 1994, 4397, 4421 f; EuGH v. 17.05.1990 - C-262/88 - SozR 3-6030 Art. 119 Nr. 1 und hierzu BSG v. 21.09.2005 - B 12 KR 12/04 R.

[94] Vgl. BSG v. 21.09.2005 - B 12 KR 12/04 R.

[95] Vgl. hierzu BSG v. 21.09.2005 - B 12 KR 12/04 R

[96] Vgl. *Krauskopf* in: Krauskopf, SGB V, § 229 Rn. 3.

[97] Siehe hierzu EuGH v. 16.01.1992 - C-57/90 - SozR 6050 Art. 13 Nr. 5; EuGH v. 16.06.2000 - C-302/98 - SozR 3-6030 Art. 48 Nr. 16 und hierzu BSG v. 21.09.2005 - B 12 KR 12/04 R.

52 Durch **Aufrechnung, Abtretung, Verpfändung oder Pfändung** einbehaltene Beträge sind nicht abzuziehen.[98] Werden Versorgungsbezüge im Rahmen des schuldrechtlichen Versorgungsausgleichs an den geschiedenen Ehegatten abgetreten oder werden sie auf Grund einer Vereinbarung nach früherem Scheidungsrecht als Unterhaltsrente an den geschiedenen Ehepartner weitergeleitet, bleiben sie beitragspflichtig.[99]

3. Kapitalleistungen

53 Nach § 229 Abs. 1 Satz 3 SGB V gelten auch Kapitalleistungen, das heißt **einmalige Zahlungen**, die zur Abgeltung eigentlich geschuldeter laufender Leistungen wegen einer Einschränkung der Erwerbsfähigkeit oder zur Alters- bzw. Hinterbliebenenversorgung geleistet werden, als Versorgungsbezüge. Ist von vornherein keine laufende Leistung vorgesehen – sieht z.B. eine vom Arbeitgeber zu Gunsten des Arbeitnehmers abgeschlossene Lebensversicherung nur Kapitalbeträge vor – liegt mangels einer Rentenähnlichkeit kein Versorgungsbezug vor.[100]

54 Die Regelung erfasst nun auch **Kapitalabfindungen**, die vor Eintritt des Versorgungsfalles vereinbart oder zugesagt worden sind.[101] Für die bis zum **31.12.2003** geltende Fassung des § 229 Abs. 1 Satz 3 SGB V[102] galt, dass einmalige Kapitalleistungen anlässlich des Ausscheidens aus dem Berufsleben, die zwar Versorgungszwecken dienen, aber schon vor dem Versorgungsfall vereinbart waren, keine Versorgungsbezüge darstellten.[103]

55 Nun ist jede Kapitalleistung, die als Versorgungsbezug zu werten ist, weil sie an die Stelle von Arbeitsentgelt oder Arbeitseinkommen aus früherer Beschäftigung oder Tätigkeit tritt, beitragspflichtig.[104] Das gilt unabhängig davon, ob an sich zugesagte oder vereinbarte laufende Versorgungsbezüge kapitalisiert werden. Ohne Bedeutung ist auch, ob ein **Wahlrecht** zwischen einer laufenden und einer einmaligen Leistung bestand und wann ggf. die Entscheidung für eine Kapitalleistung getroffen wurde.

56 Während eines Zeitraums von **zehn Jahren** nach der Auszahlung der Kapitalleistung wird **monatlich ein Einhundertzwanzigstel** der Abfindung als monatlicher Zahlbetrag der Versorgungsbezüge berücksichtigt. Die **Zehnjahresfrist beginnt** mit dem Ersten des auf die Auszahlung der Kapitalabfindung folgenden Kalendermonats. Beiträge werden aus dem Zahlbetrag nur bis zur Beitragsbemessungsgrenze erhoben und soweit die Bagatellgrenze in § 226 Abs. 2 SGB V überschritten wird.

4. Nachzahlungen

57 Nach § 229 Abs. 2 SGB V ist für Nachzahlungen von Versorgungsbezügen § 228 Abs. 2 SGB V entsprechend anzuwenden. Eine Beitragspflicht besteht nur, soweit die Nachzahlungen auf einen Zeitraum entfallen, in dem ein Anspruch auf Leistungen nach dem SGB V bestanden hat.[105] Es wird diesbezüglich auf die Kommentierung zu § 228 SGB V Rn. 19 ff. verwiesen.

IV. Übergangsrecht

58 Im GRG sowie den Änderungsvorschriften zu § 229 SGB V wurden keine Übergangsvorschriften vorgesehen. Ist der Versicherungsfall, der Anlass für die Zahlung einer Kapitalleistung i.S.d. § 229 Abs. 1 Satz 3 SGB V in der nun geltenden Fassung ist – z.B. der Eintritt der Berufsunfähigkeit, das Erreichen des Auszahlungstermins etc. – vor dem 01.01.2004 eingetreten, wird die Kapitalleistung aber erst nach diesem Zeitpunkt ausgezahlt, bleibt es bei der Beitragsfreiheit.[106]

[98] Vgl. *Krauskopf* in: Krauskopf, SGB V, § 229 Rn. 3.
[99] Vgl. für die Übertragung auf Grund eines schuldrechtlichen Versorgungsausgleichs BSG v. 21.12.1993 - 12 RK 28/93- SozR 3-2500 § 237 Nr. 3; BSG v. 28.01.1999 - B 12 KR 24/98 R - SozR 3-2500 § 237 Nr. 7; zur Unterhaltsrente vgl. BSG v. 21.12.1993 - 12 RK 47/91 - SozR 3-2500 § 237 Nr. 4.
[100] BSG v. 18.12.1984 - 12 RK 36/84 - SozR 2200 § 180 RVO Nr. 25; *Schlegel* in: Küttner, Rn. 229.
[101] Vgl. zur Verfassungsmäßigkeit der Neuregelung durch das GKV-Modernisierungsgesetz v. 14.11.2003 mit Wirkung zum 01.01.2004 BSG v. 13.09.2006 - B 12 KR 5/06 R.
[102] I.d.F. des GRG 20.12.1988, BGBl 1988, 2477.
[103] Vgl. BSG v. 25.08.2004 - B 12 KR 30/03 R - SozR 4-2500 § 229 Nr. 3; das galt auch dann, wenn innerhalb einer vereinbarten Frist vor Eintritt des Versicherungsfalles vereinbarungsgemäß anstelle einer laufenden Leistung eine Kapitalleistung beantragt werden konnte, vgl. BSG v. 30.03.1995 - 12 RK 10/94 - SozR 3-2500 § 229 Nr. 10.
[104] Vgl. *Krauskopf* in: Krauskopf, SGB V, § 229 Rn. 17.
[105] Vgl. *Krauskopf* in: Krauskopf, SGB V, § 229 Rn. 19.
[106] Vgl. BSG v. 13.09.2006 - B 12 KR 5/06 R.

§ 230 SGB V Rangfolge der Einnahmearten versicherungspflichtig Beschäftigter

(Fassung vom 20.12.1988, gültig ab 01.01.1989)

Erreicht das Arbeitsentgelt nicht die Beitragsbemessungsgrenze, werden nacheinander der Zahlbetrag der Versorgungsbezüge und das Arbeitseinkommen des Mitglieds bis zur Beitragsbemessungsgrenze berücksichtigt. Der Zahlbetrag der Rente der gesetzlichen Rentenversicherung wird getrennt von den übrigen Einnahmearten bis zur Beitragsbemessungsgrenze berücksichtigt.

Gliederung

A. Basisinformationen

I. Textgeschichte/Gesetzgebungsmaterialien

§ 230 SGB V regelt die **Rangfolge der beitragspflichtigen Einnahmearten** versicherungspflichtig Beschäftigter für die Beitragsbemessung. Die Vorschrift ist am **01.01.1989** mit dem SGB V[1] in Kraft getreten. 1

Arbeitsentgelt, **Versorgungsbezüge** und **Arbeitseinkommen** einerseits und der **Zahlbetrag der Rente aus der gesetzlichen Rentenversicherung** andererseits werden getrennt bis zur Beitragsbemessungsgrenze[2] für die Beitragsberechnung herangezogen.[3] Damit ist bei einem Zusammentreffen verschiedener Einnahmearten eine Beitragsbemessung aus Einnahmen bis zur **doppelten Beitragsbemessungsgrenze** möglich, die über die Erstattungsregelung in § 231 SGB V für die Versicherten wieder auf eine Beitragszahlung auf der Grundlage von Einnahmen bis zur einfachen Beitragsbemessungsgrenze korrigiert wird. 2

Die Vorschrift ist seit ihrem In-Kraft-Treten nicht geändert worden. 3

II. Vorgängervorschriften

§ 230 SGB V knüpft an **§ 180 Abs. 1 Satz 3 und Abs. 6 RVO** an und systematisiert die Vorgängerregelungen.[4] 4

III. Parallelvorschriften

§ 238 SGB V regelt die Rangfolge der Einnahmearten für Personen, die kraft ihres **Rentenbezuges** versicherungspflichtig sind, **§ 238a SGB V** die Rangfolge der Einnahmen der **freiwillig** in der gesetzlichen Krankenversicherung **versicherten Rentner**. 5

IV. Systematische Zusammenhänge

§§ 230 und **231 SGB V** bilden eine systematische Einheit, weil die Beitragsbemessung nach § 230 SGB V bis zur doppelten Beitragsbemessungsgrenze möglich ist, gleichzeitig die endgültige Beitrags- 6

---

[1] Art. 1 des Gesetzes zur Strukturreform im Gesundheitswesen (GRG) v. 20.12.1988, BGBl I 1988, 2477.

[2] § 223 Abs. 3 Satz 1 SGB V i.d.F. des Art. 1 Nr. 9 des Gesetzes zur Sicherung der Beitragssätze in der gesetzlichen Krankenversicherung und in der gesetzlichen Rentenversicherung v. 23.12.2002, BGBl I 2002, 4637; für 2005: 3.525 € monatlich, 42.300 € jährlich.

[3] Vgl. die Begründung im Regierungsentwurf zum GRG, BT-Drs. 11/2237, S. 223 zu § 239.

[4] Vgl. die Begründung im Regierungsentwurf zum GRG, BT-Drs. 11/2237, S. 223 zu § 239.

last des Versicherten aber durch die (einfache) Beitragsbemessungsgrenze i.S.d. § 223 Abs. 3 SGB V begrenzt bleibt. Die Rückabwicklung erfolgt im Hinblick auf die Beitragsanteile des Versicherten durch die **Erstattungsregelung** in § 231 SGB V.

V. Ausgewählte Literaturhinweise

7 *Bönecke*, Ausgewählte Fragen zur Krankenversicherung der Rentner, SVAng Nr. 137, 23-30 (2003); *Vogel*, Teilzeitbeschäftigte Rentner im Wechselspiel zwischen Pflichtversicherung und freiwilliger Mitgliedschaft in der gesetzlichen Krankenversicherung, NZS 2002, 567-570.

B. Auslegung der Norm

I. Regelungsgehalt und Bedeutung der Norm

8 § 230 SGB V regelt die Rangfolge der Einnahmearten für versicherungspflichtig Beschäftigte. Da für die verschiedenen Einnahmearten unterschiedliche Regelungen bezüglich der Beitragstragung, Beitragszahlung und Beitragssätze Anwendung finden,[5] ist es für den Versicherten von Bedeutung, welcher Reihenfolge die Einnahmearten der Beitragsbemessung unterliegen. Soweit die Beitragsbemessungsgrenze bereits mit dem Arbeitsentgelt erreicht wird, wird der Versicherte u.a. durch die Beitragsfreiheit für darüber liegende Versorgungsbezüge und Arbeitseinkommen entlastet.

9 Die Regelungen in § 230 SGB V legen in unmittelbarer oder entsprechender Anwendung[6] die Rangfolge der beitragspflichtigen Einnahmen für den weit überwiegenden Teil der Versicherten der GKV fest.

II. Normzweck

10 Sollen beitragspflichtige Einnahmen nur bis zur Beitragsbemessungsgrenze (§ 223 Abs. 3 Satz 1 SGB V) zu Beiträgen herangezogen werden, werden von dem Versicherten jedoch **mehrere Einkommensarten** erzielt, muss die Frage geklärt werden, in welcher Rangfolge die einzelnen Arten von beitragspflichtigen Einnahmen berücksichtigt werden, wenn die Summe der beitragspflichtigen Einnahmen die Beitragsbemessungsgrenze übersteigt. Mit § 230 SGB V wird eine Regelung für diese Problematik getroffen, nach welcher der Zahlbetrag der Rente und die übrigen Einnahmen bis zur Beitragsbemessungsgrenze gesondert zu Beiträgen herangezogen werden. Insgesamt können damit zunächst Beiträge aus Einnahmen bis maximal zur **doppelten Beitragsbemessungsgrenze** erhoben werden. Damit soll im Wesentlichen eine **Verwaltungsvereinfachung** für die Rentenversicherungsträger erreicht werden. Diese sollen nur die Beiträge aus dem Zahlbetrag der Renten aus der gesetzlichen Rentenversicherung, dass heißt keine Beiträge aus anderen Einkommensarten ermitteln müssen.[7]

III. Rangfolge der Einnahmen versicherungspflichtig Beschäftigter

1. Versicherungspflichtig Beschäftigte

11 § 230 SGB V gilt unmittelbar für die versicherungspflichtig Beschäftigten.

12 Die Regelung ist auf Grund entsprechender **Verweisungsnormen**[8] auf alle Versicherungspflichtigen mit Ausnahme der Rentner, der Versicherten der gesetzlichen Krankenversicherung, deren Mitgliedschaft nach § 192 Abs. 2 SGB V erhalten bleibt, und der Rentenantragsteller entsprechend anzuwenden.

---

[5] Rente: Beitragstragung § 249a SGB V, Beitragszahlung § 255 SGB V, Beitragssatz § 247 SGB V; Versorgungsbezüge: Beitragstragung § 250 Abs. 1 Nr. 1 SGB V, Beitragszahlung § 256 SGB V, Beitragssatz § 248 SGB V; Arbeitseinkommen: Beitragstragung § 250 Abs. 1 Nr. 2 SGB V; Beitragszahlung § 252 SGB V; Beitragssatz § 248 SGB V. Nach Art 1 Nr. 145 i.V.m. Art. 2 Nr. 9 des Gesetzes zur Modernisierung der gesetzlichen Krankenversicherung v. 14.11.2003, BGBl I 2190 gilt ab dem 01.01.2006 § 241a SGB V, der einen zusätzlichen Beitragssatz für alle Mitglieder in Höhe von 0,5 v.H. vorsieht.

[6] §§ 232 Abs. 1 Satz 2, 233 Abs. 3, 234 Abs. 2, 235 Abs. 4; 236 Abs. 2 Satz 1 SGB V.

[7] Vgl. die Begründung im Regierungsentwurf zum GRG, BT-Drs. 11/2237, S. 223 zu § 239.

[8] §§ 232 Abs. 1 Satz 2, 233 Abs. 3, 234 Abs. 2, 235 Abs. 4, 236 Abs. 2 Satz 1 SGB V.

2. Arbeitsentgelt, Versorgungsbezüge und Arbeitseinkommen

Arbeitsentgelt, Versorgungsbezüge und Arbeitseinkommen sind zusammen in dieser Reihenfolge bis zur Beitragsbemessungsgrenze zu Beiträgen heranzuziehen. Wird die Beitragsbemessungsgrenze mit dem Arbeitsentgelt erreicht, bleiben Versorgungsbezüge und Arbeitseinkommen beitragsfrei. Liegt das Arbeitsentgelt unterhalb der Beitragsbemessungsgrenze, werden bis zur Beitragsbemessungsgrenze Versorgungsbezüge berücksichtigt. Ist die Grenze auch dann noch nicht erreicht, werden auch Beiträge aus dem Arbeitseinkommen erhoben. 13

Bezüglich des beitragspflichtigen **Arbeitsentgeltes** aus dem versicherungspflichtigen Beschäftigungsverhältnis wird auf die Kommentierung zu § 14 SGB IV und die Kommentierung zu § 226 SGB V verwiesen. 14

Für die Rangfolge nach § 230 Satz 1 SGB V sind laufend gezahlte **Versorgungsbezüge** und nach § 229 Abs. 1 Satz 3 SGB V aufzuteilende einmalige Leistungen zu berücksichtigen. Zu den Einzelheiten zu den Versorgungsbezügen wird auf die Kommentierung zu § 229 SGB V verwiesen. 15

Liegt der Betrag der Versorgungsbezüge, der auf Grund der Rangfolge des § 230 SGB V noch zu Beiträgen herangezogen wird, **unter einem Zwanzigstel der monatlichen Bezugsgröße nach § 18 SGB IV** ergibt sich nicht in entsprechender Anwendung des § 226 Abs. 2 SGB V eine Beitragsfreiheit.[9] Der – zusammen mit dem Arbeitsentgelt – die Beitragsbemessungsgrenze übersteigende Betrag der Versorgungsbezüge verliert nämlich nicht seinen Status als grundsätzlich beitragspflichtige Einnahme. Er ist lediglich auf Grund der besonderen Bestimmungen der §§ 223 Abs. 3, 230 SGB V nicht für die Beitragsberechnung heranzuziehen. 16

Wird **Arbeitseinkommen** i.S.d. § 15 SGB IV neben Versorgungsbezügen oder Rente erzielt, unterliegt es nach § 226 Abs. 1 Satz 1 Nr. 4 SGB V sowie den entsprechenden Verweisungsvorschriften der Beitragspflicht. Zu Definition und Ermittlung des Arbeitseinkommens wird auf die Kommentierung zu § 15 SGB IV verwiesen. 17

Auch insoweit kommt es für die Beitragspflicht nicht darauf an, ob der Betrag des Arbeitseinkommens bis zum Erreichen der Beitragsbemessungsgrenze unterhalb der in § 226 Abs. 2 SGB V vorgesehenen Grenze liegt. 18

Wird dem Versicherten Arbeitsentgelt oder einmalig gezahltes Arbeitsentgelt **nachgezahlt** und hierdurch die Beitragsbemessungsgrenze überschritten, wird die Beitragspflicht für die nachrangig zu berücksichtigenden Einnahmearten verdrängt.[10] 19

Soweit der Versicherte statt Arbeitsentgelt **Entgeltersatzleistungen** in Form von Krankengeld, Mutterschaftsgeld, Übergangsgeld, Verletztengeld oder Versorgungskrankengeld erhält, ist zur Ermittlung der beitragspflichtigen Einnahmen statt des Arbeitsentgelts das Bemessungsentgelt für die jeweilige Leistung als beitragsfrei zu berücksichtigen. Versorgungsbezüge und Arbeitseinkommen sind mit dem Differenzbetrag zwischen diesem Grundbetrag und der Beitragsbemessungsgrenze zur Beitragspflicht heranzuziehen. Während des Leistungsbezuges werden damit Versorgungsbezüge und Arbeitseinkommen nicht stärker der Beitragspflicht unterworfen als in den Zeiten, in denen der Versicherte Arbeitsentgelt erhält.[11] 20

3. Zahlbetrag der Rente aus der gesetzlichen Rentenversicherung

Nach § 230 Satz 2 SGB V wird der Zahlbetrag der Rente im Sinne des § 228 SGB V gesondert bis zur Beitragsbemessungsgrenze zur Beitragspflicht herangezogen. 21

Zum Zahlbetrag der Rente wird auf die Kommentierung zu § 228 SGB V verwiesen. 22

IV. Übergangsrecht

Übergangsvorschriften bestehen nicht, da § 230 SGB V an entsprechende Vorgängerregelungen anknüpft. 23

---

[9] Vgl. im Ergebnis auch *Giesen/Weselski* in: Wannagat, SGB V, § 230 Rn. 6; *Gerlach* in Hauck/Noftz, SGB V, § 230 Rn. 6; *Wasem* in: GKV-Komm, SGB V, § 226 Rn. 19.

[10] Vgl. auch *Giesen/Weselski* in: Wannagat, SGB V, § 226 Rn. 9.

[11] Vgl. auch *Gerlach* in Hauck/Noftz, SGB V, § 230 Rn. 6.

C. Praxishinweise

24 Beiträge aus Rentenzahlbeträgen, die zusammen mit den übrigen beitragspflichtigen Einnahmen die Beitragsbemessungsgrenze überschreiten, werden auf Antrag nach § 231 Abs. 2 SGB V von der Krankenkasse erstattet.

25 Auch für die Summe von Arbeitsentgelt, Arbeitseinkommen und Versorgungsbezügen ist eine Überschreitung der Beitragsbemessungsgrenze möglich, wenn z.B. Zahlstellen Beiträge aus Versorgungsbezügen abführen und von einmalig gezahltem Arbeitsentgelt Beiträge entrichtet werden. Dann greift auch hier eine Erstattungsregelung ein (§ 231 Abs. 1 SGB V).

26 Im Übrigen wird auf die Kommentierung zu § 231 SGB V verwiesen.

§ 231 SGB V Erstattung von Beiträgen

(Fassung vom 21.03.2005, gültig ab 30.03.2005)

(1) Beiträge aus Versorgungsbezügen oder Arbeitseinkommen werden dem Mitglied durch die Krankenkasse auf Antrag erstattet, soweit sie auf Beträge entfallen, um die die Versorgungsbezüge und das Arbeitseinkommen zusammen mit dem Arbeitsentgelt einschließlich des einmalig gezahlten Arbeitsentgelts die anteilige Jahresarbeitsentgeltgrenze nach § 6 Abs. 7 überschritten haben.

(2) Die zuständige Krankenkasse erstattet dem Mitglied auf Antrag die von ihm selbst getragenen Anteile an den Beiträgen aus der Rente der gesetzlichen Rentenversicherung, soweit sie auf Beträge entfallen, um die die Rente zusammen mit den übrigen der Beitragsbemessung zugrunde gelegten Einnahmen des Mitglieds die Beitragsbemessungsgrenze überschritten hat. Die Satzung der Krankenkasse kann Näheres über die Durchführung der Erstattung bestimmen. Wenn dem Mitglied auf Antrag von ihm getragene Beitragsanteile nach Satz 1 erstattet werden, werden dem Träger der gesetzlichen Rentenversicherung die von diesem insoweit getragenen Beitragsanteile erstattet.

Gliederung

A. Basisinformationen

I. Textgeschichte/Gesetzgebungsmaterialien

1 § 231 SGB V ist mit dem Gesetz zur Strukturreform im Gesundheitswesen (GRG)[1] in das SGB eingefügt worden und trat am **01.01.1989** in Kraft. Die Vorschrift regelt die Erstattung von Beiträgen des Versicherten, wenn die **Beitragsbemessungsgrenze**[2] durch die Beitragsberechnung aus mehreren Einkommensarten überschritten wurde[3].

2 Mit Wirkung vom **01.01.1992** wurde § 231 Abs. 2 Satz 1 SGB V mit dem Gesetz zur Reform der gesetzlichen Rentenversicherung (RRG 1992)[4] dem Umstand angepasst, dass versicherungspflichtige Rentner und die Träger der Rentenversicherung nach § 249a SGB V i.d.F. RRG 1992[5] die nach der Rente zu bemessenden Beiträge nun jeweils zur Hälfte tragen. Die vorher in § 231 Abs. 2 Satz 2 SGB V getroffene Regelung entfiel.

3 Mit dem Gesetz zur Sicherung der Beitragssätze in der gesetzlichen Krankenversicherung und in der gesetzlichen Rentenversicherung (BSSiG)[6] hat der Gesetzgeber mit Wirkung vom **01.01.2003** in § 231 Abs. 1 Satz 1 SGB V die Bezugnahme auf die **Jahresarbeitsentgeltgrenze** durch den Zusatz „nach § 6 Abs. 7" vor dem Hintergrund ergänzt, dass nun in § 6 Abs. 6 und Abs. 7 SGB V zwei unterschiedliche Jahresarbeitsentgeltgrenzen geregelt sind.

[1] Art. 1 GRG v. 20.12.1988, BGBl I 1988, 2477.
[2] 2007: 3.562 € monatlich, 42.750 € jährlich.
[3] Vgl. die Begründung im Regierungsentwurf zum GRG, BT-Drs. 11/2237, S. 223 zu § 240.
[4] Art. 4 Nr. 15 RRG 1992 v. 18.12.1989, BGBl I 1989, 2261.
[5] Art. 4 Nr. 17 RRG 1992 v. 18.12.1989, BGBl I 1989, 2261.
[6] V. 23.12.2002, BGBl I 2002, 4637.

4 Mit Wirkung vom **30.03.2005** fügte der Gesetzgeber der Norm mit dem Gesetz zur Vereinfachung des Verwaltungsverfahrens im Sozialrecht[7] in Absatz 2 einen Satz 3 an, der einen Erstattungsanspruch des Rentenversicherungsträgers für die von ihm getragenen Beitragsanteile vorsieht, wenn die Krankenkasse ihrem Mitglied auf dessen Antrag die von ihm getragenen Beitragsanteile erstattet.

II. Vorgängervorschriften

5 Die Vorgängervorschriften in den **§§ 385 Abs. 1b, 393a Abs. 6 RVO** werden durch § 231 SGB V im Wesentlichen fortgeführt und dabei systematisiert.[8]

III. Parallelvorschriften

6 Für Beiträge, die aus die Beitragsbemessungsgrenze übersteigendem Arbeitsentgelt oder aus anderen Gründen (z.B. durch Bearbeitungsfehler der Verwaltung) zu Unrecht aus Versorgungsbezügen oder Arbeitseinkommen erhoben wurden, ist eine Erstattung von Amts wegen nach **§ 26 Abs. 2 und 3 SGB IV** vorzunehmen.[9]

7 Beruht die Überzahlung von Beiträgen allein darauf, dass auf Grund des Zusammentreffens mehrerer Einnahmearten insgesamt beitragspflichtige Einnahmen über die Beitragsbemessungsgrenze hinaus zu Beiträgen herangezogen worden sind, geht § 231 SGB V § 26 SGB IV als **speziellere Norm** vor.[10]

IV. Systematische Zusammenhänge

8 Nach § 223 Abs. 3 Satz 1 SGB V werden beitragspflichtige Einnahmen nur bis zur Beitragsbemessungsgrenze der Beitragserhebung zugrunde gelegt. Die **Reihenfolge**, in der die Einnahmen für die Beitragsbemessung berücksichtigt werden, ergibt sich aus § 230 Satz 1 SGB V.

9 Nach § 230 Satz 2 SGB V werden Beiträge aus einer Rente der gesetzlichen Rentenversicherung getrennt von den übrigen beitragspflichtigen Einnahmen in Form von Arbeitsentgelt, Versorgungsbezügen und Arbeitseinkommen bis zur Beitragsbemessungsgrenze erhoben.

10 Durch die **getrennte Beitragszahlung** durch Arbeitgeber[11], die Zahlstelle der Versorgungsbezüge[12] und den Rentenversicherungsträger[13] können insbesondere bei der nachträglichen Berücksichtigung **einmalig gezahlten Arbeitsentgelts**[14] und der **Nachzahlung von Arbeitsentgelt** beitragspflichtige Einnahmen über die Beitragsbemessungsgrenze hinaus zu Beiträgen herangezogen werden.

V. Ausgewählte Literaturhinweise

11 *Bönecke,* Ausgewählte Fragen zur Krankenversicherung der Rentner, SVFAng Nr. 137, 23-30; *Bress,* Beiträge der Rentenantragsteller und Rentner zur Kranken- und Pflegeversicherung, SVFAng Nr. 112, 59-75; *ders.,* Kranken-/Pflegeversicherung der Rentenantragsteller und Rentner, SVFAng Nr. 106, 33-46; *ders.,* Beiträge der Rentenbezieher zur Kranken- und Pflegeversicherung, rv 1995, 168-171; *Hungenberg*, Beitragspflicht von Versorgungsbezügen und Arbeitseinkommen im Rahmen der Krankenversicherung der Rentner, Stbg 1992, 530-532; *Marburger*, Neuerungen im Bereich der Krankenversicherung der Rentner, ZfF 1992, 196-200.

---

[7] Art. 4 Nr. 10 Verwaltungsvereinfachungsgesetz v. 21.03.2005, BGBl I 2005, 818. Dieser nun auch für die Rentenversicherungsträger normierte Erstattungsanspruch entspricht einer Aufforderung des Rechnungsprüfungsausschusses des Deutschen Bundestages, vgl. hierzu die Begründung im Regierungsentwurf zum Verwaltungsvereinfachungsgesetz, BT-Drs. 15/4228, S. 26 f. zu Nr. 11.

[8] Vgl. die Begründung im Regierungsentwurf zum GRG, BT-Drs. 11/2237, S. 223 zu § 240.

[9] Vgl. *Böttiger* in: Krauskopf, SGB V, § 231 Rn. 3.

[10] Wie hier auch *Giesen/Weselski* in: Wannagat, SGB V, § 231 Rn. 6.

[11] §§ 28e Abs. 1, 28g SGB IV.

[12] § 256 Abs. 1 SGB V.

[13] § 255 SGB V.

[14] § 23a Abs. 3 und 4 SGB IV.

B. Auslegung der Norm

I. Regelungsgehalt und Bedeutung der Norm

Übersteigt der Zahlbetrag der Rente zusammen mit den anderen beitragspflichtigen Einnahmen die Beitragsbemessungsgrenze i.S.d. § 223 Abs. 3 Satz 1 SGB V, regelt § 231 SGB V die Erstattung der aus dem übersteigenden Betrag gezahlten und vom Versicherten getragenen Beiträge. 12

§ 231 SGB V findet nur Anwendung, soweit die Überzahlung darauf zurückzuführen ist, dass beitragspflichtige Einnahmen über die Beitragsbemessungsgrenze hinaus berücksichtigt wurden. Ob die Überzahlung vermeidbar gewesen wäre, ist ohne Bedeutung.[15] 13

Im Hinblick darauf, dass der Anteil der Pflichtversicherten, die 14

- mehrere Arten beitragspflichtiger Einnahmen erzielen sowie
- beitragspflichtige Einnahmen erzielen, die in ihrer Summe die Beitragsbemessungsgrenze überschreiten und die
- einen Erstattungsantrag im Sinne des § 231 SGB V stellen,

sehr gering ist, hat die (verwaltungsaufwändige) Erstattungsregelung in § 231 SGB V nur eine **geringe Bedeutung**.

II. Normzweck

§ 231 SGB V ermöglicht für den Versicherten die Begrenzung seiner Beiträge auf eine Bemessungsgrundlage in Höhe der einfachen Beitragsbemessungsgrenze, wenn durch die Beitragsberechnung aus mehreren Einnahmearten nach § 226 SGB V über die Beitragsbemessungsgrenze hinaus Einnahmen zu Beiträgen herangezogen wurden, weil Beiträge von unterschiedlichen Stellen an die Krankenkassen entrichtet wurden.[16] 15

III. Erstattung von Beiträgen

1. Mitglied

§ 231 SGB V gilt unmittelbar für die von § 226 SGB V erfassten **versicherungspflichtigen Beschäftigten.**[17] In der Regel wird der Anwendungsbereich bei einem Nebeneinander von Arbeitsentgelt und einer Rente aus der gesetzlichen Rentenversicherung bzw. Versorgungsbezügen eröffnet. Arbeitseinkommen dürfte in seltenen Fällen neben Arbeitsentgelt und einer Rente aus der gesetzlichen Rentenversicherung bzw. Versorgungsbezügen erzielt werden. Nur dann ist überhaupt eine Beitragspflicht nach § 226 Abs 1 Satz 1 Nr. 4 SGB V gegeben. 16

Die Vorschrift ist auf Personen, die nicht auf Grund einer versicherungspflichtigen Beschäftigung Mitglied einer Krankenkasse sind, **entsprechend anzuwenden.**[18] Nicht in den persönlichen Anwendungsbereich der Vorschrift fallen die Mitglieder nach § 192 Abs. 2 SGB V, Rentenantragsteller und freiwillige Mitglieder der gesetzlichen Krankenversicherung. 17

Für nach § 5 Abs. 1 Nr. 11, 11a oder 12 SGB V krankenversicherte Rentner ergibt sich aus § 238 SGB V eine unmittelbare Berücksichtigung der (einfachen) Beitragsbemessungsgrenze, sodass hier eine Erstattungsregelung nicht erforderlich war. 18

2. Beiträge aus Versorgungsbezügen oder Arbeitseinkommen

Wird dem versicherungspflichtig Beschäftigten Arbeitsentgelt bzw. einmalig gezahltes Arbeitsentgelt (§ 23a SGB IV) nachgezahlt, kann sich dadurch nachträglich ergeben, dass Beiträge aus Versorgungsbezügen[19] und Arbeitseinkommen[20] – die nach § 230 SGB V nur nachrangig als beitragspflichtige Einnahmen zu berücksichtigen sind – aus einem Betrag oberhalb der Beitragsbemessungsgrenze entrichtet wurden. 19

---

[15] Vgl. *Böttiger* in: Krauskopf, SGB V, § 231 Rn. 3.

[16] Vgl. *Böttiger* in: Krauskopf, SGB V, § 231 Rn. 2.

[17] Vgl. BSG v. 23.06.1971 - 3 RK 24/71 - SozR Nr. 11 zu § 168 RVO.

[18] §§ 232 Abs. 1 Satz 2, 233 Abs. 3, 234 Abs. 2, 235 Abs. 4, 236 Abs. 2 Satz 1, 237 Satz 2 SGB V.

[19] Zu den näheren Einzelheiten des Arbeitseinkommens wird auf die Kommentierung zu § 229 SGB V verwiesen.

[20] Zu den näheren Einzelheiten des Arbeitseinkommens wird auf *Fischer* in: jurisPK-SGB IV, § 15 verwiesen.

20 Es ist dann eine **Vergleichsberechnung** vorzunehmen. Dabei sind für den Zeitraum, in dem Versorgungsbezüge bezogen wurden bzw. Arbeitseinkommen erzielt wurde, die tatsächlich gezahlten Beiträge und die auf der Grundlage der nach § 230 SGB V zu berücksichtigenden Einnahmen zu zahlenden Beiträge gegenüberzustellen.[21]

21 Wurden Beiträge aus Versorgungsbezügen oder Arbeitseinkommen für nach § 224 Abs. 1 Satz 1 SGB V beitragsfreie Zeiten gezahlt, scheidet eine Beitragserstattung nach § 231 Abs. 1 SGB V aus. Ergibt sich durch die Erstattung von Beiträgen aus Versorgungsbezügen bzw. Arbeitseinkommen ein beitragspflichtiger Versorgungsbezug bzw. ein beitragspflichtiges Arbeitseinkommen von maximal einem Zwanzigstel der monatlichen Bezugsgröße nach § 18 Abs. 1 SGB IV, entfällt die Beitragspflicht aus den Versorgungsbezügen bzw. dem Arbeitseinkommen nach § 226 Abs. 2 SGB V.

3. Beiträge aus einer Rente der gesetzlichen Rentenversicherung

22 Für Rentenbezieher, die nicht auf Grund ihres Rentenbezuges der Versicherungspflicht in der gesetzlichen Krankenversicherung unterliegen, kann sich eine Beitragszahlung bis zur doppelten Beitragsbemessungsgrenze ergeben, da die Rente und die übrigen Einnahmen separat zu Beiträgen herangezogen werden.

23 Übersteigt der Zahlbetrag der Rente, der nach § 230 Abs. 2 SGB V zunächst bis zur Beitragsbemessungsgrenze zu Beiträgen herangezogen wird, zusammen mit den übrigen beitragspflichtigen Einnahmen des Versicherten die Beitragsbemessungsgrenze, kann der Versicherte die Erstattung des Beitragsanteils aus dem Teil der Rente oberhalb der Beitragsbemessungsgrenze verlangen. Der vom Rentenversicherungsträger zu tragende Beitragsanteil wird nach § 231 Abs. 2 Satz 3 SGB V erstattet.

4. Erstattung auf Antrag

24 Die Erstattung der Beitragsanteile des Versicherten nach § 231 SGB V erfolgt nach dem eindeutigen Wortlaut der Vorschrift nur auf **Antrag**. Die Vorschrift ist **lex specialis** gegenüber § 26 SGB IV.

25 Gründe, die diese Schlechterstellung des Versicherten durch das Antragserfordernis in § 231 SGB V gegenüber der Erstattungsregelung in § 26 Abs. 2 SGB IV rechtfertigen könnten, sind nicht erkennbar.[22]

26 Schwer nachvollziehbar ist auch die mittelbare Anknüpfung des mit Wirkung vom 30.03.2005 in Absatz 2 Satz 3 normierten Erstattungsanspruchs des Rentenversicherungsträgers an den Antrag des Versicherten. Vorzuziehen wäre die umgekehrte Regelung, dass zumindest auch dem Rentenversicherungsträger ein Antragsrecht zusteht, das auch zu einem Erstattungsanspruch des Versicherten führt.

IV. Übergangsrecht

27 Für die Ursprungsfassung der Vorschrift durch das GRG und die nachfolgende Änderung durch das RRG 1992 wurden Übergangsregelungen nicht vorgesehen.

C. Praxishinweise

28 Die Beiträge sind nach § 231 SGB V – anders als im Fall einer Erstattung nach § 26 Abs. 2 SGB IV – nicht von Amts wegen, sondern nur auf Antrag zu erstatten.

29 Zuständig für die Erstattung der Beiträge aus Versorgungsbezügen, Arbeitseinkommen und Rente ist die **Krankenkasse**, bei der der Versicherte während der Zeit, für die eine Erstattung verlangt wird, krankenversichert war. Den Antrag kann nur der Versicherte, der mit den Beiträgen belastet war, stellen. Besondere Formerfordernisse sind nicht zu beachten.

30 Anders als für die Erstattung nach § 26 SGB IV ist eine Verjährung des Erstattungsanspruchs für § 231 SGB V nicht geregelt. Teilweise wird jedoch davon ausgegangen, dass § 27 Abs. 2 Satz 1 und Abs. 3 SGB IV analog anzuwenden ist.[23] Der Erstattungsanspruch würde dann in vier Jahren nach Ablauf des Kalenderjahrs, in dem die Beiträge entrichtet wurden, verjähren. Dieser Auffassung ist nicht zu folgen, da § 27 SGB IV nach seinem Wortlaut und seiner systematischen Stellung wie § 26 Abs. 3SGB IV „den Erstattungsanspruch" i.S.d. § 26 Abs. 1 und 2 SGB IV meint. Es kann aber nur dazu geraten werden, diese Frist vorsichtshalber einzuhalten.

---

[21] Vgl. *Böttiger* in: Krauskopf, SGB V, § 231 Rn. 3.

[22] Siehe auch die Kritik bei *Böttiger* in: Krauskopf, SGB V, § 231 Rn. 5.

[23] Vgl. *Böttiger* in: Krauskopf, SGB V, § 231 Rn. 8; a.A. *Gerlach* in: Hauck/Noftz, SGB V, § 231 Rn. 14.

Die zu erstattenden Beiträge sind nicht zu verzinsen. Eine entsprechende Anwendung des § 27 Abs. 1 SGB IV scheidet aus den vorgenannten Gründen aus.[24] 31

Für die Berechnung der zu erstattenden Beiträge aus neben Arbeitsentgelt erzieltem Arbeitseinkommen bzw. Versorgungsbezügen addiert man das Arbeitsentgelt (einschließlich Einmalzahlungen i.S.d. § 23a SGB IV) und Versorgungsbezüge bzw. Arbeitseinkommen für den maßgebenden Zeitraum und subtrahiert hiervon einen Betrag in Höhe der (anteiligen) Jahresarbeitsentgeltgrenze für den entsprechenden Zeitraum. 32

Für die Prüfung, ob eine Erstattung von Beiträgen, die auf den Rentenzahlbetrag erhoben wurden, vorzunehmen ist, muss z.B. im Fall des Bezuges von Einmalzahlungen i.S.d. § 23a SGB IV zunächst der Gesamtbetrag der Rente im maßgebenden Zeitraum zum Arbeitsentgelt addiert werden und nachfolgend die (anteilige) Jahresarbeitsentgeltgrenze subtrahiert werden, um die der Beitragsbemessung unterliegende Einnahmen zu ermitteln. Bei Beginn oder Ende des Arbeitsentgelts oder der Rente im laufenden Kalenderjahr ist eine monatliche Gegenüberstellung von Einnahmen und Beitragsbemessungsgrenze vorzunehmen. 33

[24] Vgl. *Böttiger* in: Krauskopf, SGB V, § 231 Rn. 8; a.A. *Gerlach* in: Hauck/Noftz, SGB V, § 231 Rn. 14.

§ 232 SGB V Beitragspflichtige Einnahmen unständig Beschäftigter

(Fassung vom 23.12.2002, gültig ab 01.01.2003)

(1) Für unständig Beschäftigte ist als beitragspflichtige Einnahmen ohne Rücksicht auf die Beschäftigungsdauer das innerhalb eines Kalendermonats erzielte Arbeitsentgelt bis zur Höhe von einem Zwölftel der Jahresarbeitsentgeltgrenze nach § 6 Abs. 7 zugrunde zu legen. Die §§ 226 und 228 bis 231 dieses Buches sowie § 23a des Vierten Buches gelten.

(2) Bestanden innerhalb eines Kalendermonats mehrere unständige Beschäftigungen und übersteigt das Arbeitsentgelt insgesamt die genannte monatliche Bemessungsgrenze nach Absatz 1, sind bei der Berechnung der Beiträge die einzelnen Arbeitsentgelte anteilmäßig nur zu berücksichtigen, soweit der Gesamtbetrag die monatliche Bemessungsgrenze nicht übersteigt. Auf Antrag des Mitglieds oder eines Arbeitgebers verteilt die Krankenkasse die Beiträge nach den anrechenbaren Arbeitsentgelten.

(3) Unständig ist die Beschäftigung, die auf weniger als eine Woche entweder nach der Natur der Sache befristet zu sein pflegt oder im Voraus durch den Arbeitsvertrag befristet ist.

Gliederung

A. Basisinformationen

I. Textgeschichte/Gesetzgebungsmaterialien

1 Der mit dem Gesetz zur Strukturreform im Gesundheitswesen (GRG)[1] in das SGB auf genommene § 232 SGB V regelt für unständig Beschäftigte, welche Einnahmen in der gesetzlichen Krankenversicherung beitragspflichtig sind. Die Vorschrift ist am **01.01.1989** in Kraft getreten.

2 In § 232 Abs. 1 Satz 2 SGB V ist mit Wirkung vom **01.01.1997** durch das Gesetz zur sozialrechtlichen Behandlung von einmalig gezahltem Arbeitsentgelt[2] die Verweisung auf § 23a SGB IV und § 228 SGB V eingefügt worden.

3 Der Gesetzgeber nahm mit § 232 Abs. 3 SGB V mit Wirkung vom **01.01.2000** durch das Gesetz zur Reform der gesetzlichen Krankenversicherung ab dem Jahr 2000 (GKV-Gesundheitsreformgesetz 2000)[3] eine Definition der unständigen Beschäftigung für die Sozialversicherung auf.

4 In § 232 Abs. 1 Satz 1 SGB V i.d.F. des Gesetzes zur Sicherung der Beitragssätze in der gesetzlichen Krankenversicherung und in der gesetzlichen Rentenversicherung (BSSiG)[4] wird mit Wirkung vom **01.01.2003** auf die Jahresarbeitsentgeltgrenze in § 6 Abs. 7 SGB V verwiesen, da es nun zwei verschiedene Jahresarbeitsentgeltgrenzen gibt.

---

[1] Art. 1 GRG v. 20.12.1988, BGBl I 1988, 2477.
[2] Art. 2 Nr. 4 des Gesetzes v. 12.12.1996, BGBl I 1996, 1859.
[3] Art. 1 Nr. 65 GKV-Gesundheitsreformgesetz 2000 v. 22.12.1999, BGBl I 1999, 2626.
[4] Art. 1 Nr. 9 BSSiG v. 23.12.2002, BGBl I 2002, 4637.

II. Vorgängervorschriften

§ 232 Abs. 1 Satz 1 und Abs. 2 SGB V i.d.F. des GRG entsprach der Vorgängerregelung in **§ 445 RVO**.[5] § 232 Abs. 1 Satz 2 SGB V i.d.F. des GRG entsprach inhaltlich den für die unständig Beschäftigten geltenden Regelungen in **§§ 180 Abs. 6 und Abs. 8, 385 Abs. 1a und Abs. 1b, § 393a Abs. 6 RVO**. **§ 441 RVO** enthielt eine mit § 232 SGB V identische Definition der unständigen Beschäftigung. 5

III. Parallelvorschriften

§ 27 Abs. 3 Nr. 1 Satz 2 SGB III und **§ 163 Abs. 1 Satz 3 SGB VI** enthalten die mit § 232 Abs. 3 SGB V wortgleiche Definition der unständigen Beschäftigung, die aus der Regelung in § 441 RVO übernommen wurde. 6

IV. Systematische Zusammenhänge

Unständig Beschäftigte sind nach § 5 Abs. 1 Nr. 1 SGB V **versicherungspflichtig**, soweit sie nicht Arbeitsentgelt erzielen, das die Jahresarbeitsentgeltgrenze übersteigt (§ 6 Abs. 1 Nr. 1 SGB V). 7

Die **Mitgliedschaft** unständig Beschäftigter **beginnt** nach § 186 Abs. 2 Satz 1 SGB V mit dem Tag der Aufnahme der unständigen Beschäftigung, wenn die Feststellung der Versicherungspflicht durch die zuständige Krankenkasse innerhalb eines Monats nach Aufnahme der Beschäftigung erfolgt. Die Mitgliedschaft **besteht** nach § 186 Abs. 1 Satz 2 SGB V auch an Tagen **fort**, an denen der unständig Beschäftigte vorübergehend, längstens für drei Wochen, nicht beschäftigt ist. Die Mitgliedschaft unständig Beschäftigter **endet** nach § 190 Abs. 4 SGB V, wenn das Mitglied die berufsmäßige Ausübung der unständigen Beschäftigung nicht nur vorübergehend aufgibt, spätestens mit Ablauf von drei Wochen nach dem Ende der letzten unständigen Beschäftigung. 8

Die unständig Beschäftigten trifft nach § 199 Abs. 1 Satz 1 SGB V neben ihren Arbeitgebern die Verpflichtung, Beginn und Ende der berufsmäßigen Beschäftigungen unverzüglich der zuständigen Krankenkasse zu **melden**.[6] 9

Die **Tragung und Zahlung** der Beiträge richtet sich bei den unständig Beschäftigten nach den allgemeinen Vorschriften für Personen in einem abhängigen Beschäftigungsverhältnis (§§ 249, 253 SGB V, §§ 28d bis 28n und 28r SGB IV). Für unständig Beschäftigte gilt der erhöhte Beitragssatz nach § 242 SGB V, weil sie im Regelfall keinen Anspruch auf Entgeltfortzahlung haben.[7] Ab dem 01.01.2006 gilt im Übrigen der **zusätzliche Beitragssatz** in § 241a SGB V.[8] 10

V. Ausgewählte Literaturhinweise

Hansen, Der „unständig Beschäftigte“. Das Stiefkind der Sozialversicherung, Teil 1, Die Beiträge 2001, 129-136 und Teil 2, Die Beiträge 2001, 193-203. 11

B. Auslegung der Norm

I. Regelungsgehalt und Bedeutung der Norm

§ 232 SGB V **definiert** die unständige Beschäftigung und regelt die Ermittlung der beitragspflichtigen Einnahmen für eine besondere Gruppe der versicherungspflichtigen Beschäftigten. 12

[5] § 445 RVO i.d.F. des Art 1 Nr. 11 des Gesetzes über die Verwaltung der Mittel der Träger der Krankenversicherung v. 15.12.1980, BGBl I 1980, 2241. Siehe hierzu die Begründung des Regierungsentwurfs zum GRG, BT-Drs. 11/2237, S. 223 zu § 241.

[6] Vgl. *Baier* in: Krauskopf, SGB V, § 199 Rn. 5. Es wird im Übrigen auf die Kommentierung zu § 199 SGB V verwiesen. Zu den Kassenzuständigkeiten siehe *Hansen*, Die Beiträge 2001, 193, 193 f.

[7] Der Anspruch auf Entgeltfortzahlung im Krankheitsfall entsteht nach vierwöchiger ununterbrochener Dauer des Arbeitsverhältnisses, vgl. § 3 Abs. 3 des Gesetzes über die Zahlung des Arbeitsentgelts an Feiertagen und im Krankheitsfall (Entgeltfortzahlungsgesetz) v. 26.05.1994, BGBl I 1994, zuletzt geändert durch Gesetz v. 23.12.2003, BGBl I 2003, 2848. Wie hier zum erhöhten Beitragssatz auch *Gerlach* in: Hauck/Noftz, SGB V, § 242 Rn. 13, § 232 Rn. 8. Es wird im Übrigen auf die Kommentierung zu § 242 SGB V verwiesen.

[8] Art. 1 Nr. 145 i.V.m. Art. 2 Nr. 9 des Gesetzes zur Modernisierung der gesetzlichen Krankenversicherung v. 14.11.2003, BGBl I 2190 gilt ab dem 01.01.2006.

13 Da unständig Beschäftigte häufig nur über kürzere Zeit und bei wechselnden Arbeitgebern beschäftigt sind, sind die allgemeinen Vorschriften über Meldungen, Versicherungspflichtgrenzen etc. auf diesen Versichertenkreis nur mit besonderem **Verwaltungsaufwand** übertragbar. Für die Beitragsbemessung wird deshalb – ohne Berücksichtigung der tatsächlichen Arbeitstage – auf das innerhalb eines **Kalendermonats erzielte Arbeitsentgelt** abgestellt. Die Krankenkassen übernehmen auf Antrag die **Verteilung** der beitragspflichtigen Arbeitsentgelte auf die verschiedenen Arbeitgeber, wenn der Versicherte innerhalb eines Monats bei verschiedenen Arbeitgebern beschäftigt ist.

14 Die Definition der unständigen Beschäftigung in § 232 Abs. 3 SGB V gilt für das gesamte SGB (vgl. Rn. 6).

15 Die Praxistauglichkeit der Regelungen in § 232 SGB V darf bezweifelt werden. Denn gerade bei Personen, die ihren Lebensunterhalt aus mehreren Quellen bestreiten, wie im Kultur- und Medienbereich üblich, ist eine für die jeweilige Tätigkeit vorzunehmende ordnungsgemäße Statusentscheidung praktisch undurchführbar.[9]

II. Normzweck

16 Mit § 232 Abs. 3 SGB V wird der Begriff der unständigen Beschäftigung definiert. Mit den Regelungen in § 232 Abs. 1 und 2 SGB V wird die Ermittlung der beitragspflichtigen Einnahmen den Besonderheiten der unständigen Beschäftigung, die von einem Wechsel von Phasen der Beschäftigung und der Nichtbeschäftigung sowie einem Wechsel der Arbeitgeber geprägt ist, angepasst.

III. Tatbestandsmerkmale

1. Definition der unständigen Beschäftigung

17 Unständig Beschäftigte sind nach der Definition in § 232 Abs. 3 SGB V solche Erwerbstätigen, die in einem Beschäftigungsverhältnis arbeiten, das auf **weniger als eine Woche** entweder „nach der Natur oder der Sache“ befristet zu sein pflegt oder im Voraus durch den Arbeitsvertrag befristet ist.[10]

18 Es muss sich um ein **abhängiges Beschäftigungsverhältnis** mit Weisungsgebundenheit und Eingliederung in den Betrieb i.S.d. § 7 SGB IV handeln. Insoweit wird im Übrigen auf die Kommentierung zu § 7 SGB IV verwiesen.

19 Ob eine ständige oder eine unständige Beschäftigung vorliegt, richtet sich danach, ob die in § 232 Abs. 3 SGB V geregelte zeitliche Grenze für das jeweilige Beschäftigungsverhältnis über- bzw. unterschritten wird. Die Unständigkeit muss ein **spezifisches Merkmal** dieser Tätigkeit sein.[11]

20 Als „**Woche**“ i.S.d. § 232 Abs. 3 SGB V ist nicht die jeweilige Kalenderwoche anzusehen, sondern ein Zeitraum von sieben aufeinander folgenden Tagen einschließlich der darin enthaltenen beschäftigungsfreien Sonnabende sowie Sonn- und Feiertage.[12] Diese Auslegung entspricht dem Wesen der unständigen Beschäftigung, dass gerade eine „Arbeitswoche“ nicht besteht, sondern nach Bedarf gearbeitet wird. Dabei ist eine Beschäftigung nach der Natur der Sache auf weniger als eine Woche beschränkt, wenn gleichartige Beschäftigungen in der Regel weniger als eine Woche zu dauern pflegen, die **Befristung** also **spezifisches Charakteristikum** einer solchen Beschäftigung ist. Dauert eine im Allgemeinen auf eine Woche befristete Beschäftigung im **besonderen Einzelfall** länger als eine Woche, bleibt es bei der Einstufung als unständige Beschäftigung. Im umgekehrten Fall, dass ein üblicherweise unbefristetes oder länger als eine Woche andauerndes Beschäftigungsverhältnis ausnahmsweise auf eine Woche befristet ist, liegt keine unständige Beschäftigung vor.[13]

21 Die gegenseitigen Rechte und Pflichten müssen nach dem **Arbeitsvertrag** vor Ablauf einer Woche enden.[14] Der Arbeitsvertrag mit dem ein unständiges Beschäftigungsverhältnis begründet werden soll, bedarf der **Schriftform**. Es ist zunächst zu beachten, dass das Gesetz über den Nachweis der für ein Arbeitsverhältnis geltenden wesentlichen Bedingungen (**Nachweisgesetz**) zur Anwendung kommen

---

[9] Vgl. hierzu ausführlich mit Lösungsvorschlägen *Hansen*, Die Beiträge 2001, 193, 195 ff.

[10] Die Spitzenverbände der Krankenkassen des VDR und der BA haben ein Gemeinsames Rundschreiben zum Versicherungs-, Beitrags- und Melderecht der unständig Beschäftigten erstellt, Die Beiträge 2000, 502 - 505.

[11] Vgl. hierzu BSG v. 23.06.1971 - 3 RK 24/71 - SozR Nr. 11 zu § 168 RVO.

[12] Vgl. *Krauskopf* in: Krauskopf, SGB V, § 232 Rn. 12; a.A. *Hansen*, Die Beiträge 2001, 129, 133, der auf die Kalenderwoche abstellt.

[13] Wie hier *Krauskopf* in: Krauskopf, SGB V, § 232 Rn. 13.

[14] Vgl. hierzu BSG v. 04.06.1998 - B 12 KR 5/97 R - SozR 3-2400 § 7 Nr. 13.

dürfte. Denn dieses Gesetz gilt nur dann nicht, wenn Arbeitnehmer nur zur vorübergehenden Aushilfe von höchstens einem Monat eingestellt werden, § 1 Nachweisgesetz. Die unständige Beschäftigung ist in der Regel gerade keine Aushilfstätigkeit.[15] Seit dem **01.01.2001** gilt im Übrigen das Gesetz über Teilzeitarbeit und befristete Arbeitsverträge[16] (**TzBfG**). Die Befristung eines Arbeitsvertrages bedarf nach § 14 Abs. 4 TzBfG der **Schriftform**.[17] Ist die Befristung wegen eines Verstoßes gegen das Schriftformerfordernis unwirksam, kann nur eine ordentliche Kündigung des Arbeitsverhältnisses erfolgen, § 16 Satz 2 TzBfG.

Entsprechende **nachfolgende Beschäftigungen** dürfen noch nicht feststehen oder zu erwarten sein. 22
Über einen längeren Zeitraum hinweg – ohne eine entsprechende, diesen Gesamtzeitraum erfassende vertragliche Vereinbarung – tatsächlich erfolgende **mehrere kurzzeitige Arbeitsleistungen** für denselben Arbeitgeber schließen das Vorliegen einer unständigen Beschäftigung nicht aus, weil das Aneinanderreihen unständiger Beschäftigungen bei demselben Arbeitgeber noch keine ständige Beschäftigung bedeutet.[18] Die **regelmäßige Wiederholung** der Beschäftigungen indiziert allerdings, dass die einzelnen Dienstleistungen Ausfluss eines einheitlichen Beschäftigungsverhältnisses sind.[19] Eine auf mehrere Monate geplante Beschäftigung ist daher auch dann nicht unständig i.S.d. § 232 Abs. 3 SGB V, wenn jeweils nur auf einen Tag oder wenige Tage befristete Beschäftigungen vereinbart sind. Das gilt insbesondere bei so genannten Kettenarbeitsverträgen.[20]

Es kann im Wesentlichen auf die Rechtsprechung des BSG zur Rechtslage nach der RVO zurückge- 23
griffen werden.[21] Unständige Beschäftigungen sind für Musiker in Gaststätten,[22] Lohnschlächter,[23] Aushilfskellnerinnen,[24] freie Mitarbeiter von Rundfunk- und Fernsehanstalten[25] und Speditions-/Möbeltransportarbeiter zum Ausgleich von Auftragsspitzen[26] bejaht worden. Als unständig Beschäftigte dürften im Einzelfall auch Hafenarbeiter, Packer auf dem Großmarkt und Tagelöhner in der Landwirtschaft in Betracht kommen.

Eine unständige Beschäftigung kann auch ausüben, wer im Übrigen in einem ständigen Beschäfti- 24
gungsverhältnis steht, wenn eine typischerweise unständige Beschäftigung vereinbart wurde.[27] Sehr problematisch ist in diesen Fällen aber die Abgrenzung zur kurzfristigen Beschäftigung i.S.d. § 8 Abs. 1 Nr. 2 SGB IV.

2. Beitragsbemessung

a. Innerhalb eines Monats erzieltes Arbeitsentgelt

Für die Bemessung der Beiträge der unständig Beschäftigten wird nach § 232 Abs. 1 Satz 1 SGB V auf 25
das **erzielte Arbeitsentgelt** abgestellt. Damit richtet sich die Beitragsbemessung wie für die übrigen versicherungspflichtigen Beschäftigten nach dem **Entstehungsprinzip**.[28] Nach dem Entstehungsprinzip ist das dem Beschäftigten nach der einzelvertraglichen Vereinbarung (oder dem Tarifvertrag) zustehende und nicht lediglich das diesem zufließende Arbeitsentgelt maßgebend.[29]

---

[15] Im Ergebnis so auch *Hansen*, Die Beiträge 2001, 129, 132.

[16] V. 21.12.2000, BGBl I 2000, 1966, zuletzt geändert durch Gesetz v. 24.12.2003, BGBl I 2003, 3002.

[17] Es gilt § 126 BGB, das heißt die Arbeitsvertragsparteien müssen auf derselben Urkunde unterschreiben oder bei mehreren gleichlautenden Urkunden muss die Partei das jeweils für die andere Partei bestimmte Exemplar unterschreiben; vgl. zu den Einzelheiten auch *Hesse* in: MünchKomm-BGB, § 14 TzBfG Rn. 112 (vor § 621 BGB).

[18] Vgl. hierzu BSG v. 13.02.1962 - 3 RK 2/58 - SozR Nr. 1 zu § 441 RVO.

[19] Vgl. hierzu BSG v. 04.06.1998 - B 12 KR 5/97 R - SozR 3-2400 § 7 Nr. 13.

[20] Vgl. hierzu BSG v. 23.11.1971 - 3 RK 92/68 - SozR Nr. 5 zu § 441 RVO für Kolonnenarbeiterinnen mit Beschäftigung gegen tägliche Entlohnung; v. 04.06.1998 - B 12 KR 5/97 R - SozR 3-2400 § 7 Nr. 13.

[21] Vgl. hierzu BSG v. 04.06.1998 - B 12 KR 5/97 R - SozR 3-2400 § 7 Nr. 13.

[22] Vgl. hierzu BSG v. 13.02.1962 - 3 RK 2/58 - SozR Nr. 1 zu § 441 RVO.

[23] Vgl. hierzu BSG v. 15.10.1970 - 11/12 RJ 412/67 - SozR Nr. 15 zu § 1227 RVO; v. 15.12.1971 - 3 RK 11/69 - SozR Nr. 6 zu § 441 RVO.

[24] Vgl. hierzu BSG v. 23.06.1971 - 3 RK 24/71 - SozR Nr. 11 zu § 168 RVO.

[25] Vgl. hierzu BSG v. 22.11.1973 - 12/3 RK 84/71 - SozR Nr. 7 zu § 441 RVO und - 12 RK 17/72 - SozR Nr. 8 zu § 441 RVO.

[26] Vgl. hierzu BSG v. 16.02.1983 - 12 RK 23/81 - SozR 2200 § 441 Nr. 2.

[27] Vgl. hierzu BSG v. 16.02.1983 - 12 RK 23/81 - SozR 2200 § 441 Nr. 2.

[28] Vgl. *Peters* in: Peters, Handbuch KV (SGB V), § 232 Rn. 4; *Gerlach* in Hauck/Noftz, § 232 Rn. 6.

[29] Vgl. BSG v. 14.07.2004 - B 12 KR 7/04 R - SozR 2400 § 22 Nr. 1 und - B 12 KR 1/04 R - SozR 4-2400 § 22 Nr. 2.

26 Für die Beitragsbemessung wird bei unständig Beschäftigten in Abweichung von der allgemeinen Regelung das in dem **gesamten Kalendermonat** erzielte Arbeitsentgelt zusammengerechnet. Das gilt unabhängig davon, an wie vielen Tagen in dem betreffenden Kalendermonat eine Beschäftigung ausgeübt wurde. Entsprechend ist auch auf die monatliche Beitragsbemessungsgrenze[30] abzustellen.

b. Mehrere Beschäftigungsverhältnisse innerhalb eines Kalendermonats

27 Bestehen in einem Kalendermonat mehrere unständige Beschäftigungsverhältnisse – was durchaus üblich ist – werden die erzielten Arbeitsentgelte aus sämtlichen unständigen Beschäftigungsverhältnissen zusammengerechnet.

28 Liegt die Summe der Arbeitsentgelte unter der monatlichen Beitragsbemessungsgrenze, haben die jeweiligen Arbeitgeber die Beiträge nach dem jeweils erzielten Arbeitsentgelt zu ermitteln.[31] Wird die Beitragsbemessungsgrenze durch die Summe der Arbeitsentgelte überschritten, so ist nach § 232 Abs. 2 SGB V der Gesamtbetrag auf die Beitragsbemessungsgrenze zu reduzieren. Die Beiträge sind dann von dem einzelnen Arbeitgeber nach dem Produkt von monatlicher Beitragsbemessungsgrenze und Arbeitsentgelt (dieses Arbeitgebers), geteilt durch das Gesamtentgelt des Beschäftigten in dem betreffenden Monat zu ermitteln.

29 Nach § 232 Abs. 2 Satz 2 SGB V übernimmt auf Antrag des Arbeitgebers oder des Beschäftigten die Krankenkasse, bei der der Beschäftigte versichert ist, die **Verteilung** der Beiträge nach den anrechenbaren Arbeitsentgelten.

c. Bezug von Rente, Versorgungsbezügen, Arbeitseinkommen

30 In § 232 Abs. 1 Satz 2 SGB V wird auf die für die (nicht unständig) versicherungspflichtig Beschäftigten geltenden Vorschriften über die neben dem Arbeitsentgelt beitragspflichtigen Einnahmen aus einer Rente der gesetzlichen Rentenversicherung, Versorgungsbezügen bzw. Arbeitseinkommen verwiesen.

31 Es wird diesbezüglich auf die Kommentierung zu § 226 SGB V verwiesen.

IV. Übergangsrecht

32 Übergangsregelungen für die Anwendung von § 232 SGB V bestehen nicht.

C. Praxishinweise

33 Im Hinblick darauf, dass das BSG[32] eine unständige Beschäftigung dann ausschließt, wenn Arbeitgeber und Arbeitnehmer nicht nachweislich einen **Arbeitsvertrag** über eine auf weniger als eine Woche im Voraus beschränkte Beschäftigung geschlossen wurde, wird immer dann, wenn die Tätigkeit auf der Grundlage einer vermeintlichen Selbständigkeit erbracht wurde, beitragsrechtlich nicht von einer unständigen Beschäftigung auszugehen sein. Die Befristung eines Arbeitsvertrages bedarf nach § 14 Abs. 4 TzBfG der **Schriftform** (vgl. Rn. 17).[33]

34 Stellt sich im Nachhinein heraus, dass das aus **mehreren Beschäftigungsverhältnissen** erzielte Arbeitsentgelt die **Beitragsbemessungsgrenze** übersteigt und Beiträge aus die Beitragsbemessungsgrenze übersteigenden Einnahmen entrichtet wurden, sind die überzahlten Beiträge nach den §§ 26 Abs. 2 SGB IV von Amts wegen **zu erstatten**.[34] Ein Antrag ist aber bereits im Hinblick auf die in § 27 SGB IV vorgesehenen Verzinsungs- und Verjährungsregelungen sinnvoll. Dem Arbeitgeber und dem Beschäftigten stehen jeweils die von ihnen getragenen überzahlten Beiträge zu.

35 Ergibt sich die Überschreitung der Beitragsbemessung aus dem **Zusammentreffen von Arbeitsentgelt, Rente, Versorgungsbezügen oder Arbeitseinkommen**, findet § 231 SGB V Anwendung. Eine Erstattung erfolgt insoweit nur auf **Antrag**.

---

[30] § 223 Abs. 3 Satz 1 SGB V i.d.F. des Art. 1 Nr. 9 des Gesetzes zur Sicherung der Beitragssätze in der gesetzlichen Krankenversicherung und in der gesetzlichen Rentenversicherung v. 23.12.2002, BGBl I 2002, 4637; für 2005: 3.525 € monatlich, 42.300 € jährlich.

[31] Vgl. *Peters* in: Peters, Handbuch KV (SGB V), § 232 Rn. 9 und 10.

[32] BSG v. 04.06.1998 - B 12 KR 5/97 R - SozR 3-2400 § 7 Nr. 13.

[33] Siehe hierzu oben.

[34] Vgl. auch *Wasem* in: GKV-Komm, SGB V, § 232 Rn. 6; *Gerlach* in: Hauck/Noftz, § 232 Rn. 10.

§ 232a SGB V Beitragspflichtige Einnahmen der Bezieher von Arbeitslosengeld, Unterhaltsgeld oder Kurzarbeitergeld

(Fassung vom 29.06.2006, gültig ab 01.01.2007, gültig bis 30.06.2008)

(1) Als beitragspflichtige Einnahmen gelten

1. bei Personen, die Arbeitslosengeld oder Unterhaltsgeld nach dem Dritten Buch beziehen, 80 vom Hundert des der Leistung zugrunde liegenden, durch sieben geteilten wöchentlichen Arbeitsentgelts nach § 226 Abs. 1 Satz 1 Nr. 1, soweit es ein Dreihundertsechzigstel der Jahresarbeitsentgeltgrenze nach § 6 Abs. 7 nicht übersteigt; 80 vom Hundert des beitragspflichtigen Arbeitsentgelts aus einem nicht geringfügigen Beschäftigungsverhältnis sind abzuziehen,

2. bei Personen, die Arbeitslosengeld II beziehen, der dreißigste Teil des 0,3450fachen der monatlichen Bezugsgröße; in Fällen, in denen diese Personen weitere beitragspflichtige Einnahmen haben, wird der Zahlbetrag des Arbeitslosengeldes II für die Beitragsbemessung diesen beitragspflichtigen Einnahmen mit der Maßgabe hinzugerechnet, dass als beitragspflichtige Einnahmen insgesamt der in diesem Satz genannte Teil der Bezugsgröße gilt. Die Festlegung der beitragspflichtigen Einnahmen von Personen, die Arbeitslosengeld II beziehen, wird jeweils bis zum 30. September, erstmals bis zum 30. September 2007, für den gesamten Zeitraum der zweiten Hälfte des Vorjahres und der ersten Hälfte des laufenden Jahres im Vergleich zum Zeitraum vom 1. Juli 2005 bis zum 30. Juni 2006 überprüft. Unterschreiten die Beitragsmehreinnahmen der Krankenkassen aus der Erhöhung des pauschalen Krankenversicherungsbeitrags für geringfügig Beschäftigte im gewerblichen Bereich (§ 249b) in dem in Satz 1 genannten Zeitraum den Betrag von 170 Millionen Euro im Vergleich zum Zeitraum 1. Juli 2005 bis 30. Juni 2006, haben die Krankenkassen gegen den Bund einen entsprechenden Ausgleichsanspruch, der jeweils bis zum Ende des Jahres, in dem die Festlegung durchgeführt wird, abzuwickeln ist. Die Spitzenverbände der Krankenkassen und das Bundesversicherungsamt regeln im Einvernehmen mit dem Bundesministerium für Arbeit und Soziales, dem Bundesministerium für Gesundheit sowie dem Bundesministerium der Finanzen das Nähere über die Höhe des Ausgleichsanspruchs und dessen Verteilung an die Krankenkassen. Dabei ist die Veränderung der Anzahl der geringfügig Beschäftigten zu berücksichtigen.

Bei Personen, die Teilarbeitslosengeld oder Teilunterhaltsgeld nach dem Dritten Buch beziehen, ist Satz 1 Nr. 1 zweiter Teilsatz nicht anzuwenden. Ab Beginn des zweiten Monats bis zur zwölften Woche einer Sperrzeit oder ab Beginn des zweiten Monats eines Ruhenszeitraumes wegen einer Urlaubsabgeltung gelten die Leistungen als bezogen.

(2) Soweit Kurzarbeitergeld nach dem Dritten Buch gewährt wird, gelten als beitragspflichtige Einnahmen nach § 226 Abs. 1 Satz 1 Nr. 1 80 vom Hundert des Unterschiedsbetrages zwischen dem Sollentgelt und dem Istentgelt nach § 179 des Dritten Buches.

(3) § 226 gilt entsprechend.

Gliederung

A. Basisinformationen

I. Textgeschichte/Gesetzgebungsmaterialien

1 § 232a SGB V regelt, welche Einnahmen der Bezieher von Arbeitslosengeld (Alg),[1] Arbeitslosengeld II (Alg II)[2] oder Kurzarbeitergeld[3] beitragspflichtig sind.

2 Der Gesetzgeber fügte § 232a SGB V mit dem Gesetz zur Reform der Arbeitsförderung[4] (AFRG) mit dessen erster Änderung vor In-Kraft-Treten durch das Erste Gesetz zur Änderung des Dritten Buches Sozialgesetzbuch und anderer Gesetze[5] (1. SGB III-ÄndG) mit Wirkung vom **01.01.1998** in das SGB V ein.

3 § 232a SGB V wurde mehrfach geändert: In § 232a Abs. 1 Satz 1 SGB V wurden zunächst die beitragspflichtigen Einnahmen für Personen, die **Alg**, **Arbeitslosenhilfe** (Alhi) oder **Unterhaltsgeld** nach dem SGB III beziehen, geregelt. Der Beitragsbemessung waren für diesen Personenkreis **80 v.H.** des Bemessungsentgeltes zugrunde zu legen. Die Kürzung des Bemessungsentgelts auf 80 v.H. war im Rahmen der Vorgängerregelung schon durch das Gesetz zur Reform der gesetzlichen Rentenversicherung[6] (RRG 1992) zur finanziellen Entlastung der Bundesanstalt für Arbeit bzw. des Bundeshaushalts vorgenommen worden. Der Gesetzgeber passte § 232a Abs. 1 Satz 1 Nr. 1 SGB V mit Wirkung vom **01.04.1999**[7] der Neuregelung der geringfügigen Beschäftigungsverhältnisse an und stellte klar, dass Arbeitsentgelt aus einem **geringfügigen Beschäftigungsverhältnis** die Beitragsbemessungsgrundlage nicht mindert. Damit sollte Beitragsverlusten auf Grund der Neuregelung der geringfügigen Beschäftigungsverhältnisse entgegengewirkt werden.[8] Mit Wirkung vom **01.01.2001** trennte der Gesetzgeber mit dem Gesetz zur Neuregelung der sozialversicherungsrechtlichen Behandlung von einmalig gezahltem Arbeitsentgelt[9] (Einmalzahlungs-Neuregelungsgesetz) die Bemessungsgrundlagen für die Bezieher von Alg oder Unterhaltsgeld und Alhi. Für die Bezieher von **Alhi** änderte der Gesetzgeber die Bemessungsgrundlage dahin gehend, dass als beitragspflichtige Einnahmen nur noch **58 v.H.** des der Leistung zugrunde liegenden Arbeitsentgelts zu berücksichtigen waren. In § 232a Abs. 1 Satz 1 Nr. 1 und 2 SGB V wurde mit Wirkung vom **01.01.2002** durch das Gesetz zur Reform der arbeitsmarktpolitischen Elemente (Job-AQTIV-Gesetz)[10] ein ausdrücklicher Hinweis aufgenommen, dass die fiktiven Einnahmen des von der Vorschrift erfassten Personenkreises höchstens bis zur **Beitragsbemessungsgrenze** zu Beiträgen herangezogen werden. Die Verweisung in § 232a Abs. 1 Satz 1 Nr. 1 SGB V auf die Jahresarbeitsentgeltgrenze i.S.d. § 6 Abs. 7 SGB V wurde mit Wirkung vom **01.01.2003** durch das Gesetz zur Sicherung der Beitragssätze in der gesetzlichen Krankenversicherung und in der gesetzlichen Rentenversicherung[11] (BSSiG) zur Klarstellung, welche Jahresarbeitsentgeltgrenze gemeint ist, in die Regelung aufgenommen. § 232a Abs. 1 Satz 1 Nr. 2 SGB V wurde mit Wirkung vom **01.01.2003** durch das Erste Gesetz für moderne Dienstleistungen am Arbeitsmarkt[12] insoweit geändert, dass nur noch die tatsächlich gezahlte Alhi zu Beiträgen herangezogen wurde. Die Regelung zum Unterhalts-

1 §§ 117 ff. SGB III.
2 §§ 19 ff. SGB II.
3 §§ 169 ff. SGB III.
4 Art. 5 Nr. 9 AFRG v. 24.03.1997, BGBl I 1997, 594, 694.
5 Art. 4 Nr. 4 1. SGB III-ÄndG v. 16.12.1997, BGBl I 1997, 2970.
6 Art. 35 Nr. 14 RRG 1992 v. 18.12.1989, BGBl I 1989, 2261, BGBl I 1990, 1337 zu § 157 Abs. 3 Arbeitsförderungsgesetz.
7 Art. 3 des Gesetzes zur Neuregelung der geringfügigen Beschäftigungsverhältnisse v. 24.03.1999, BGBl I 1999, 388.
8 Vgl. hierzu die Begründung des Regierungsentwurfs, BT-Drs. 14/280, S. 13 zu § 232a.
9 Art. 2 Nr. 2 Einmalzahlungs-Neuregelungsgesetz v. 21.12.2000, BGBl I 2000, 1971.
10 Art. 3 Nr. 3 Job-AQTIV-Gesetz v. 10.12.2001, BGBl I 2001, 3443.
11 Art. 1 Nr. 12 BSSiG v. 23.12.2002, BGBl I 2002, 4637.
12 Art. 2 des Gesetzes v. 23.12.2002, BGBl I 2002, 4607.

geld ist durch die Streichung der entsprechenden Vorschriften im SGB III seit dem 01.01.2005 gegenstandslos.[13]

Zum **01.01.2005** änderte sich der Anwendungsbereich von § 232a SGB V mit der Einführung des **SGB II** durch das Vierte Gesetz für moderne Dienstleistungen am Arbeitsmarkt.[14] § 232a Abs. 1 Satz 1 Nr. 2 SGB V regelte in dieser Fassung die Beitragsbemessung für die Bezieher von **Alg II** auf der Grundlage des 0,3620-fachen der monatlichen Bezugsgröße i.S.d. § 18 SGB IV als beitragspflichtige Einnahme. Damit sollte ein für die gesetzliche Krankenversicherung kostenneutraler Beitrag gewährleistet werden.[15] Mit Wirkung zum **01.07.2006** hat der Gesetzgeber mit dem Haushaltsbegleitgesetz 2006[16] (HBeglG 2006) die Bemessungsgrundlage auf Grund der dramatischen Lage des Bundeshaushaltes auf das 0,3450-fache der monatlichen Bezugsgröße reduziert.[17] Durch die gleichzeitige Erhöhung der Pauschalbeiträge für geringfügig Beschäftigte sollte dieser Einnahmenausfall der Krankenkassen kompensiert werden. Der Gesetzgeber fügte in den Sätzen 2-5 eine Regelung zur Überprüfung an, ob eine hinreichende Kompensation tatsächlich stattfindet. Unterschreiten die Beitragsmehreinnahmen der Krankenkassen aus der Erhöhung des pauschalen Krankenversicherungsbeitrags für geringfügig Beschäftigte im gewerblichen Bereich (§ 249b SGB V) im maßgebenden Zeitraum den Betrag von 170 Mio. € im Vergleich zum Zeitraum 01.07.2005-30.06.2006 haben die Krankenkassen gegen den Bund einen **Ausgleichsanspruch**. 4

§ 232a Abs. 1 Satz 2 SGB V sieht besondere Regelungen für Bezieher von **Teilarbeitslosengeld** vor. Die Regelung zum Teilunterhaltsgeld[18] ist mit der Streichung dieser Leistung im Recht der Arbeitsförderung gegenstandslos geworden.[19] 5

Durch die Regelung in **§ 232a Abs. 1 Satz 3 SGB V** wird für Arbeitslose, deren Leistungen wegen einer **Sperrzeit** ruhen[20], für die Zeit ab Beginn des zweiten Monats bis zur zwölften Woche einer Sperrzeit ein Leistungsbezug fingiert. Diese Regelung wurde mit Wirkung vom **01.01.2002** auch auf Ruhenszeiträume wegen **Urlaubsabgeltung**[21] übertragen. 6

Mit dem Gesetz zur Stärkung des Wettbewerbs in der gesetzlichen Krankenversicherung (**GKV-WSG**) wird mit Wirkung zum **01.01.2009** in § 232a Abs. 1 Nr. 2 SGB V nachvollzogen, dass die Beitragszahlung für die Bezieher von Alg II dann nach § 252 Abs. 2 Satz 1 SGB V i.d.F. des GKV-WSG an den „Gesundheitsfonds" erfolgt, sodass auch nur diesem ein Ausgleichsanspruch für Beitragsmindereinnahmen gegenüber dem Bund zustehen kann.[22] An die Stelle der für die Regelung der Einzelheiten bezüglich der Höhe des Ausgleichsanspruchs und dessen Verteilung zuständigen Spitzenverbände der Krankenkassen tritt dann der Spitzenverband Bund der Krankenkassen. 7

In **§ 232a Abs. 2 SGB V** wird für die Bezieher von **Kurzarbeitergeld**, deren Mitgliedschaft in der gesetzlichen Krankenversicherung nach § 192 Abs. 1 Nr. 4 SGB V erhalten bleibt, geregelt, welche Einnahmen als beitragspflichtiges Arbeitsentgelt der Beitragsbemessung zugrunde zu legen sind. Diese Regelung galt bis zu ihrer Änderung durch das Gesetz zur Förderung ganzjähriger Beschäftigung[23] zum **01.01.2007** auch für die Bezieher von Winterausfallgeld. Diese Personengruppe fällt nun in den Anwendungsbereich des Kurzarbeitergeldes.[24] 8

Im Übrigen gelten nach **§ 232a Abs. 4 SGB V** die Regelungen über die beitragspflichtigen Einnahmen der versicherungspflichtigen Beschäftigten in **§ 226 SGB V** für die Bezieher von Alg, Alg II oder Kurzarbeitergeld entsprechend. 9

---

[13] Die §§ 153-159 SGB III wurden mit Wirkung vom 01.01.2005 durch Art. 1 Nr. 86 dieses Gesetzes v. 23.12.2003, BGBl I 2003, 2848 aufgehoben. Während der Weiterbildung wird seither Alg gewährt.

[14] Art. 5 Nr. 11b) des Gesetzes v. 24.12.2003, BGBl I 2003, 2954.

[15] Vgl. Begründung des Gesetzentwurfs, BT-Drs. 15/1516 zu Nr. 11b, S. 72.

[16] Art. 10 Nr. 3 HBeglG v. 29.06.2006, BGBl I 2006, 1402.

[17] Vgl. hierzu die Begründung des Gesetzentwurfs der Bundesregierung, BT-Drs. 16/752, S. 28 zu Nr. 3.

[18] Vor dessen Aufhebung § 154 SGB III.

[19] Die §§ 153-159 SGB III wurden mit Wirkung vom 01.01.2005 durch Art. 1 Nr. 86 dieses Gesetzes v. 23.12.2003, BGBl I 2003, 2848 aufgehoben. Während der Weiterbildung wird seither Alg gewährt.

[20] § 144 SGB III.

[21] § 143 Abs. 2 SGB III.

[22] Vgl. hierzu die Begründung im Gesetzentwurf der Bundesregierung, BR-Drs. 755/06, S. 443 zu Nr. 155.

[23] Art. 1 des Gesetzes zur Förderung ganzjähriger Beschäftigung v. 24.04.2006, BGBl I 2004, 926.

[24] Vgl. hierzu die Begründung des Gesetzentwurfs der Fraktionen der CDU/CSU und SPD, BT-Drs. 16/429 zu B.

II. Vorgängervorschriften

10 § 232a Abs. 1 Satz 1 SGB V übernahm in seiner ursprünglichen Form die Regelungen des § 157 Abs. 3 Arbeitsförderungsgesetz (AFG). Die Regelung in § 232a Abs. 1 Satz 3 SGB V hat eine Vorgängervorschrift in § 155a AFG. § 232a Abs. 2 SGB V entspricht § 163 Abs. 1 AFG.

III. Systematische Zusammenhänge

11 **Bezieher von Alg** (§§ 117 ff. SGB III) sind nach § 5 Abs. 1 Nr. 2 SGB V in der Krankenversicherung der Arbeitslosen (**KVdA**) pflichtversichert. Die Pflichtversicherung erstreckt sich auch auf solche Arbeitslosen, die Alg nur deshalb nicht beziehen, weil der Anspruch ab Beginn des zweiten Monats bis zur zwölften Woche einer **Sperrzeit** (§ 144 SGB III) oder ab Beginn des zweiten Monats wegen einer **Urlaubsabgeltung** (§ 143 Abs. 2 SGB III) ruht, dies gilt auch, wenn die Entscheidung, die zum Bezug des Alg geführt hat, rückwirkend aufgehoben oder die Leistung zurückgefordert wird, § 5 Abs. 1 Nr. 2 SGB V.

12 Bezieher von **Alg II** (§§ 19 ff. SGB II) sind im Regelfall nach § 5 Abs. 1 Nr. 2a SGB V in der gesetzlichen Krankenversicherung pflichtversichert.[25] Dabei lösen sämtliche Leistungen im Sinne des § 19 SGB II die Versicherungspflicht aus. Ausreichend für eine Versicherungspflicht ist z.B. eine Übernahme der Kosten für die Wohnung.[26] Ein „Bezug" von Alg II liegt auch dann vor, wenn die Leistung nach § 31 Abs. 5 Satz 2 SGB II[27] um 100 vom Hundert gemindert wird. Durch die Änderung des § 19 SGB II mit Wirkung zum 01.08.2006[28] wurde klargestellt, dass der befristete Zuschlag nach § 24 SGB II nicht Bestandteil der Leistung Alg II ist und damit keine Versicherungspflicht in der GKV auslöst. Eine Versicherungspflicht entsteht nicht, wenn Leistungen nach dem SGB II nur darlehensweise oder als gesonderte Leistung aus Anlass des Bezugs einer Wohnung, der Geburt eines Kindes oder einer Klassenfahrt gewährt werden, § 5 Abs. 1 Nr. 2a Teilsatz 3 SGB V. Bezieher von Alg II können **mehrfach versicherungspflichtig** in der gesetzlichen Krankenversicherung sein, weil für verschiedene Konstellationen keine ausdrückliche Konkurrenzregelung vorgesehen ist. Das gilt zum Beispiel, wenn Alg II neben Alg oder Arbeitsentgelt bezogen wird. Gegenüber einer Versicherungspflicht auf Grund des Bezuges von Alg II ist eine **Familienversicherung** vorrangig.[29]

13 Wer durch den Bezug von Alg oder Alg II versicherungspflichtig wird und in den letzten fünf Jahren vor dem Leistungsbezug nicht gesetzlich krankenversichert war, kann sich auf Antrag von der Versicherungspflicht **befreien** lassen, wenn er über einen entsprechenden Krankenversicherungsschutz bei einem privaten Krankenversicherungsunternehmen verfügt, § 8 Abs. 1 Nr. 1a SGB V.

14 Die Mitgliedschaft der Bezieher von **Kurzarbeitergeld** in der GKV bleibt nach § 192 Abs. 1 Nr. 4 SGB V für die Dauer des Bezuges dieser Leistung erhalten.

15 Die Beiträge **trägt** für die Bezieher von Alg nach § 251 Abs. 4a SGB V die Bundesagentur für Arbeit, für Bezieher von Alg II nach § 251 Abs. 4 SGB V der Bund. Für die **Beitragszahlung** gilt jeweils § 252 SGB V. Die Beiträge für die Bezieher von Alg zahlt die Bundesagentur für Arbeit. Für die Bezieher von Alg II zahlt die Beiträge in Abweichung von der allgemeinen Regelung die Bundesagentur für Arbeit oder der zugelassene kommunale Träger, § 252 Satz 2 SGB V.

16 Für die Bezieher von Alg gilt der allgemeine **Beitragssatz** in § 241 SGB III. Ab dem 01.01.2006 gilt im Übrigen der **zusätzliche Beitragssatz** in § 241a SGB V.[30] Für die Bezieher von Alg II gilt nach § 246 SGB V der durchschnittliche allgemeine Beitragssatz der Krankenversicherung; der zusätzliche Beitragssatz nach § 241a Abs. 1 SGB V[31] gilt für sie nicht, § 241a Abs. 2 SGB V.

---

[25] Die Spitzenverbände der Krankenkassen und die Bundesagentur für Arbeit haben ein Gemeinsames Rundschreiben vom 08.10.2004 zum Versicherungs-, Beitrags- und Melderecht in der Kranken- und Pflegeversicherung für Bezieher von Alg II herausgegeben, das in Die Beiträge 2005, 72 ff. abgedruckt ist.

[26] Vgl. *Grüger*, KrV 2005, 16, 17.

[27] I.d.F des Art. 1 Nr. 27 des Gesetzes zur Fortentwicklung der Grundsicherung für Arbeitsuchende v. 20.07.2006, BGBl I 2006, 1706.

[28] Art. 1 Nr. 17 des Gesetzes zur Fortentwicklung der Grundsicherung für Arbeitsuchende v. 20.07.2006, BGBl I 2006, 1706.

[29] Vgl. zu den Einzelheiten *Grüger*, KrV 2005, 16, 17.

[30] Art. 1 Nr. 145 i.V.m. Art. 2 Nr. 9 des Gesetzes zur Modernisierung der gesetzlichen Krankenversicherung v. 14.11.2003, BGBl I, 2190 gilt ab dem 01.01.2006.

[31] Art. 1 Nr. 145 i.V.m. Art. 2 Nr. 9 des Gesetzes zur Modernisierung der gesetzlichen Krankenversicherung v. 14.11.2003, BGBl I, 2190 gilt ab dem 01.01.2006.

Für die **Rangfolge** der beitragspflichtigen Einnahmen (§ 230 SGB V) tritt das Alg an die Stelle des beitragspflichtigen Arbeitsentgelts. Es gilt für die Erstattung überzahlter Beiträge auf Grund des Zusammentreffens verschiedener Einnahmearten § 231 SGB V entsprechend.[32] 17

Für die Bezieher von Kurzarbeitergeld gelten im Wesentlichen die allgemeinen Vorschriften für die beitragsrechtliche Behandlung von Arbeitsentgelt versicherungspflichtig Beschäftigter. Es wird insoweit auf die Kommentierung zu § 226 SGB V verwiesen. Der Arbeitgeber trägt nach § 249 Abs. 2 SGB V[33] die Beiträge allein, soweit diese für Kurzarbeitergeld zu zahlen sind. 18

IV. Ausgewählte Literaturhinweise

Figge, Änderungen des Sozialversicherungsrechts durch Haushaltsbegleitgesetz 2006 und Gesetz zum Abbau bürokratischer Hemmnisse, DB 2006, 1563-1564; *Grüger,* Arbeitslosengeld II – Versicherungsrechtliche Auswirkungen, KrV 2005, 16-18; *Jansen,* Regelungen zur Förderung der ganzjährigen Beschäftigung in der Bauwirtschaft, SVFAng Nr. 123 (2000), 49-63; *ders.,* Krankenversicherung der Leistungsempfänger nach dem SGB III, SVFAng Nr. 105, 23-45; *Marburger,* Änderungen in der Sozialversicherung zum 01.07.2006, WzS 2006, 193-198; *Meya,* Hartz-Gesetze, ErsK 2003, 64-68; *Paquet/van Stiphout,* Hartz IV und die Auswirkungen auf die Krankenversicherung, Sozialer Fortschritt 2006, 192-195; *Schmalor,* Aktuelle Gesetze zur Sicherung der Finanzkraft der Sozialversicherung und zur Modernisierung des Arbeitsmarkts, Die Beiträge 2003, 129-132; *Schulz,* Auswirkungen von Arbeitsunterbrechungen während einer versicherungspflichtigen Beschäftigung, Die Beiträge 2000, 65-76; *ders.,* Kranken- und Pflegeversicherung der Empfänger von Arbeitslosengeld, Arbeitslosenhilfe und Unterhaltsgeld, Die Beiträge 1998, 257-266. 19

B. Auslegung der Norm

I. Regelungsgehalt und Bedeutung der Norm

§ 232a SGB V bildet die Grundlage für die Ermittlung der beitragspflichtigen Einnahmen für Bezieher von Alg, Alg II und Kurzarbeitergeld. 20

Für die Bezieher von Alg orientiert sich die Beitragsbemessung an dem für die Bemessung des Alg maßgebenden Arbeitsentgelt unter Reduzierung dieses Betrages auf 80 v.H. (§ 232a Abs. 1 Satz 1 Nr. 1 SGB V). 21

Da die Höhe des Alg II nicht von dem vor der Arbeitslosigkeit erzielten Arbeitsentgelt abhängt, konnte insoweit als Bemessungsgrundlage auf einen einheitlichen fiktiven Betrag in Höhe des 0,3450-fachen der monatlichen Bezugsgröße abgestellt werden (§ 232a Abs. 1 Satz 1 Nr. 2 SGB V). 22

Für die Bezieher von Kurzarbeitergeld werden mit einem Aufstockungsbetrag in Höhe von 80 v.H. der Differenz zwischen dem tatsächlich erzielten und dem ohne Arbeitsausfall erzielten Arbeitsentgelt die Auswirkungen des Arbeitsausfalls für die gesetzliche Krankenversicherung abgemildert (§ 232a Abs. 2 SGB V). Das mit dem Gesetz zur Förderung ganzjähriger Beschäftigung[34] zum 01.04.2006 eingeführte „Saison-Kurzarbeitergeld"[35] steht in Zukunft einem größeren Kreis von Arbeitnehmern in der Schlechtwetterzeit (01.12.-31.03.) – im Gegensatz zu dem auf die Bauwirtschaft beschränkten Winterausfallgeld – zu. Erfasst werden neben Betrieben der Bauwirtschaft auch Betriebe sonstiger Wirtschaftszweige, die von saisonbedingtem Arbeitsausfall betroffen sind. Das hierfür zu erlassende Bundesgesetz kann die betroffenen Wirtschaftszweige erstmals zum 01.11.2008 festlegen.[36] 23

Die Regelung über die pauschale Beitragsbemessungsgrundlage für die Bezieher von Alg II hat bedeutenden Einfluss auf die Gesamteinnahmen der GKV. Während im Hinblick auf die Bezieher von Alg noch eine Anbindung an das tatsächliche Familieneinkommen erkennbar ist, wird die solidarische Finanzierung GKV bei den Beziehern von Alg II durch die Abkopplung von tatsächlicher Höhe der Leistung und Beitragsbemessungsgrundlage sehr weit ausgedehnt. Zwar lagen die Beiträge, die die Kran- 24

[32] Wie hier *Krauskopf* in: Krauskopf, SGB V, § 232a Rn. 14; *Wasem* in: GKV-Komm, SGB V, § 232a Rn. 19.

[33] I.d.F. des Art. 3 Nr. 1 des Gesetzes zur Änderung des Sozialgesetzbuches und anderer Gesetze v. 24.07.2003, BGBl I 2003, 1526.

[34] Art. 1 des Gesetzes zur Förderung ganzjähriger Beschäftigung v. 24.04.2006, BGBl I 2004, 926.

[35] §§ 169 Satz 2, 175 SGB III.

[36] § 175 Abs. 4 SGB III. Vgl. hierzu die Begründung des Gesetzentwurfs der Fraktionen der CDU/CSU und SPD, BT-Drs. 16/429, S. 34: der Gesetzgeber will hierdurch die witterungsbedingte Arbeitsausfälle z.B. in der Land- und Forstwirtschaft, der Baustoffindustrie etc. kompensieren.

kenkassen für die Bezieher von Alg II mit durchschnittlich ca. 125 € zum Zeitpunkt der Einführung des Alg II erzielten, über den durchschnittlichen Beiträgen von ca. 75 € für die Bezieher von Alhi.[37] Gleichzeitig unterfallen (was dem Grunde nach zu begrüßen ist) seit der Zusammenlegung von Alhi und Sozialhilfe vormals im Rahmen ihres Sozialhilfebezuges nicht pflichtversicherte Bürger der Versicherungspflicht. Auf Grund ihres Alg II-Bezuges sind diese nun mit den erheblich unter dem Durchschnitt liegenden Beiträgen krankenversichert. Im Übrigen ist zu berücksichtigen, dass die vorrangige Familienversicherung dazu führt, dass z.B. der geringe Beitrag eines Alg II beziehenden Ehegatten gleichzeitig die Versicherung der familienversicherten Angehörigen abdeckt.[38] Mit einer realistischeren Beitragsbemessungsgrundlage würde man der gesamtgesellschaftlichen Aufgabe der Absicherung dieses Personenkreises gegen Krankheit eher gerecht werden.

II. Normzweck

25 Zweck der Regelung ist es, für den Personenkreis der versicherungspflichtigen Bezieher von Alg und Alg II, die in der Regel keine der im Übrigen für Pflichtversicherte beitragspflichtigen Einnahmearten erzielen (oder zumindest nur in geringem Umfang), eine angemessene Beitragsbemessungsgrundlage zu schaffen. Dabei dient die geringe Beitragsbemessungsgrundlage im Wesentlichen der Entlastung des Haushalts der Bundesagentur für Arbeit und des Bundes.

26 Mit der Regelung in § 232a Abs. 2 SGB V wird das verminderte Arbeitsentgelt für die Beitragsbemessung der Bezieher von Kurzarbeitergeld aufgestockt, um den Beitragsausfall der Krankenkassen diesbezüglich in Grenzen zu halten.

III. Tatbestandsmerkmale

1. Beitragspflichtige Einnahmen bei Bezug von Alg, Unterhaltsgeld, Alg II

a. Bezug von Alg oder Unterhaltsgeld

27 § 232a Abs. 1 Satz 1 Nr. 1 SGB V gilt für **Bezieher von Alg** (§§ 117 ff. SGB III), die nach § 5 Abs. 1 Nr. 2 SGB V in der gesetzlichen Krankenversicherung pflichtversichert sind. Im Hinblick auf das **Unterhaltsgeld** ist die Vorschrift seit dem 01.01.2005 gegenstandslos.[39]

28 Bei Beziehern von Alg bemessen sich die beitragspflichtigen Einnahmen nach **80 v.H.** des der Bemessung des Alg zugrunde liegenden **täglichen Arbeitsentgeltes**, soweit dieses die Beitragsbemessungsgrenze nicht überschreitet.

29 In welcher Höhe Arbeitsentgelt bei der Bemessung des Alg zu berücksichtigen ist, ergibt sich aus den §§ 130-135 SGB III.[40] Das **Bemessungsentgelt** ist das durchschnittliche auf den Tag entfallende beitragspflichtige Arbeitsentgelt, das der Arbeitslose im Bemessungszeitraum erzielt hat, § 131 Abs. 1 Satz 1 SGB III. Dabei umfasst der **Bemessungszeitraum** nach § 130 Abs. 1 Satz 1 SGB III im Regelfall ein Jahr und endet mit dem letzten Tag des letzten Versicherungspflichtverhältnisses vor der Entstehung des Anspruchs. Dieser Betrag wird auf **80 v.H.** gekürzt. Die anschließende Teilung durch sieben entfällt durch die mit Wirkung vom 01.01.2005 erfolgte Umstellung auf ein tägliches Bemessungsentgelt. Die Beitragsbemessungsgrenze gilt nach § 232a Abs. 1 Satz 1 Nr. 1 SGB V auch hier. Die Begrenzung gilt dabei für die gekürzten fiktiven beitragspflichtigen Einnahmen und nicht für das tatsächliche Bemessungsentgelt. Ggf. folgt eine Kürzung auf 1/360 des Jahresarbeitsentgelts nach § 6 Abs. 7 SGB V.

30 Wird neben Alg Arbeitsentgelt bezogen, sieht § 232a Abs. 1 Satz 1 Nr. 1 HS. 2 SGB V eine Kürzung des Bemessungsentgeltes um 80 v.H. des gleichzeitig bezogenen Arbeitsentgelts vor. Es muss sich um **beitragspflichtiges Arbeitsentgelt** handeln. Es kommt dabei nicht darauf an, ob nach den §§ 226 ff. SGB V grundsätzlich eine beitragspflichtige Einnahmeart vorliegt, sondern ob tatsächlich Beiträge aus diesem Arbeitsentgelt zu entrichten sind. Die Kürzung erfolgt nur, wenn Entgelt- und Leistungsbezugszeit identisch sind. Wird nur für einen **Teilzeitraum** des Leistungsbezuges Arbeitsentgelt bezogen,

[37] Werte für 2005, vgl. auch *Grüger*, KrV 2005, 16, 18.

[38] Vgl. zu diesen Einnahmerisiken auch *Grüger*, KrV 2005, 16, 18.

[39] §§ 153-159 SGB III. Die Vorschriften wurden mit Wirkung vom 01.01.2005 durch Art. 1 Nr. 86 des Dritten Gesetzes für moderne Dienstleistungen am Arbeitsmarkt v. 23.12.2003, BGBl I, 2848 aufgehoben. Während der Weiterbildung wird seither Arbeitslosengeld gewährt.

[40] Neu gefasst mit Wirkung vom 01.01.2005 durch Art. 1 Nr. 71 des Dritten Gesetzes für moderne Dienstleistungen am Arbeitsmarkt v. 23.12.2003, BGBl I 2003, 2848.

sind nur die auf diesen Zeitraum anteilig entfallenden beitragspflichtigen Einnahmen zu vermindern. Nach § 232a Abs. 1 Satz 1 Nr. 1 SGB V mindert Arbeitsentgelt aus einem **geringfügigen Beschäftigungsverhältnis** die Bemessungsgrundlage nicht.

Bezieht der Arbeitslose **Teilarbeitslosengeld** nach § 150 SGB III, ist nach § 232a Abs. 1 Satz 2 SGB V eine Reduzierung der beitragspflichtigen Einnahmen um 80 v.H. des beitragspflichtigen Arbeitsentgelts nicht vorzunehmen, weil hier das Fortbestehen eines versicherungspflichtigen Beschäftigungsverhältnisses der Regelfall ist.[41] 31

Erfolgt eine **Minderung** des dem Arbeitslosen zustehenden Alg wegen verspäteter Meldung nach § 140 SGB III oder **reduziert sich der Zahlbetrag** durch Aufrechnung, Verrechnung, Abtretung, Pfändung und Abzweigung, hat dies keinen Einfluss auf die Höhe der beitragspflichtigen Einnahmen. 32

Bei **Änderungen der Beitragsbemessungsgrenze** während des Bezuges von Alg ist ab dem Zeitpunkt der Änderung die geänderte Beitragsbemessungsgrenze anzuwenden.[42] 33

b. Beitragsbemessung bei Bezug von Alg II

Nach der seit 01.07.2006 geltenden Fassung des § 232a Abs. 1 Satz 1 Nr. 2 SGB V werden die Beiträge der Bezieher von Alg II im Regelfall nach dem dreißigsten Teil des 0,3450-fachen der monatlichen Bezugsgröße bemessen. Die aktuelle Bezugsgröße nach § 18 Abs. 1 SGB IV beträgt 2.450 € monatlich.[43] Damit ergibt sich folgende Bemessungsgrundlage für das Jahr 2006: 34

0,3450 x Bezugsgröße 2.450 € (: 30 = 28,18 € tägliches Bemessungsentgelt x 30 gem. § 223 Abs. 2 SGB V) = 845,25 €

Erzielt der Leistungsbezieher weitere beitragspflichtige Einnahmen, wird der Beitrag bis zu dem genannten Teil der Bezugsgröße mit dem Zahlbetrag des Alg II „aufgefüllt".[44] Insgesamt bleibt die Höhe der beitragspflichtigen Einnahmen der Bezieher von Alg II also immer gleich. Die Berechnung der beitragspflichtigen Einnahmen für einen Versicherten, der sowohl Alg als auch Alg II bezieht, soll folgendes Beispiel verdeutlichen: 35

80 v.H. vom Alg, das hier nach einem Arbeitsentgelt von 800 € bemessen wird = 640 €

Beitragspflicht aus Alg II = 0,3450 x monatliche Bezugsgröße = 845,25 € – 640 € = 205,25 €

c. Überprüfung der Einnahmen aus Pauschalbeiträgen für geringfügig Beschäftigte

Die „komplizierte"[45] Ausgleichsregelung, die der Gesetzgeber in § 232a Abs. 1 Satz 1 Nr. 2 Sätze 2-5 SGB V mit dem HBeglG 2006[46] eingeführt hat, soll dem Umstand Rechnung tragen, dass die Mehreinnahmen aus der Erhöhung der Pauschalbeiträge für geringfügig Beschäftigte (§ 249b SGB V) mit 170 Mio. € nur geschätzt werden konnten. Bleiben die Mehreinnahmen hinter dem geschätzten Betrag zurück, erhalten die Krankenkassen einen Ausgleichsanspruch gegen den Bund. Für den umgekehrten Fall, dass die Mehreinnahmen der Krankenkassen den geschätzten Betrag übersteigen, ist ein Ausgleichsanspruch nicht vorgesehen.[47] Es erfolgte damit eine Verschiebung von Lasten des Bundes auf die Arbeitgeber, wobei ein Zusammenhang zwischen Beiträgen der Arbeitgeber für geringfügig Beschäftigte und vom Bund zu tragenden Beitragsleistungen für Bezieher von Alg II nicht erkennbar ist. Die Regelung findet allenfalls eine rechnerische Legitimation. 36

d. Beitragsbemessung während einer Sperrzeit oder des Ruhenszeitraums wegen Urlaubsabgeltung

Soweit während einer Sperrzeit sowie während eines Ruhenszeitraums wegen eines Anspruchs auf Urlaubsabgeltung nach § 5 Abs. 1 Nr. 2 SGB V Versicherungspflicht auch ohne Leistungsbezug besteht (vgl. Rn. 11), fingiert § 232a Abs. 1 Satz 3 SGB V für die Zeit der Versicherungspflicht ohne Leistungsbezug den Bezug von Alg. Maßgebend für die Höhe der beitragspflichtigen Einnahmen ist das (auf 80 v.H. abgesenkte) Bemessungsentgelt für das Alg, das ohne die Sperrzeit bzw. ohne das Ruhen der Leistungen zu zahlen gewesen wäre. 37

---

41 Vgl. *Wasem* in: GKV-Komm, SGB V, § 232a Rn. 8a.
42 Vgl. *Krauskopf* in: Krauskopf, SGB V, § 232a Rn. 8.
43 Sozialversicherungs-Rechengrößenverordnung 2006 v. 21.12.2005, BGBl I 2005, 3627.
44 Vgl. hierzu auch *Grüger*, KrV 2005, 16, 18.
45 So *Peters* in: KassKomm, SGB V, § 232a Rn. 5.
46 Art. 10 Nr. 3 HBeglG v. 29.06.2006, BGBl I 2006, 1402.
47 Vgl. *Peters* in: KassKomm, SGB V, § 232a Rn. 5. Siehe dort auch zur Kritik der Regelung. Es erfolgt damit eine Verschiebung der Lasten von nicht in einem Zusammenhang stehenden Lasten vom Bund auf die Arbeitgeber.

2. Beiträge aus Kurzarbeitergeld

38 Für die Bezieher von Kurzarbeitergeld (vgl. Rn. 14) gilt zunächst die allgemeine Vorschrift über die beitragspflichtigen Einnahmen versicherungspflichtig Beschäftigter in § 226 SGB V.[48] Durch § 232a Abs. 2 SGB V wird für den Zeitraum des Bezugs von Kurzarbeitergeld für das ausfallende und verminderte Arbeitsentgelt ein fiktives Arbeitsentgelt beitragspflichtig, das das eigentlich nach § 226 Abs. 1 Satz 1 Nr. 1 SGB V der Beitragsbemessung unterliegende Arbeitsentgelt ersetzt. Als beitragspflichtige Einnahme gelten 80 v.H. des Unterschiedsbetrags zwischen dem Sollentgelt und dem Istentgelt nach § 179 SGB III.

39 Das Soll- und das Istentgelt sind in § 179 Abs. 1 Satz 2 und 3 SGB III definiert: Das Sollentgelt ist das Bruttoarbeitsentgelt, das der Arbeitnehmer ohne den Arbeitsausfall und vermindert um Entgelt für Mehrarbeit in dem Anspruchszeitraum erzielt hätte. Das Istentgelt ist das in dem Anspruchszeitraum tatsächlich erzielte Bruttoarbeitsentgelt des Arbeitnehmers zuzüglich aller ihm zustehenden Entgeltanteile. Für die insgesamt zu entrichtenden Beiträge gilt die Beitragsbemessungsgrenze nach § 223 SGB V. Sind in einem Beitragsabrechnungszeitraum Beiträge sowohl aus Arbeitsentgelt als auch aus Kurzarbeitergeld zu entrichten, ist insoweit eine Berechnung für jeden Kalendertag vorzunehmen. Das (reduzierte) Kurzarbeitergeld füllt dabei das nach § 226 SGB V zu berücksichtigende Arbeitsentgelt bis zur Beitragsbemessungsgrenze auf.

3. Weitere beitragspflichtige Einnahmen

40 Nach § 232a Abs. 4 SGB V gilt § 226 SGB V entsprechend; das heißt neben den beitragspflichtigen Einnahmen nach § 232a Abs. 1 Nr. 1 und 2 SGB V werden bei Beziehern von Alg oder Alg II die von ihnen bezogenen Renten, Versorgungsbezüge und Arbeitseinkommen der Beitragsberechnung bis zur Beitragsbemessungsgrenze zugrunde gelegt. Für die Bezieher von Kurzarbeitergeld gilt unmittelbar § 226 SGB V.

IV. Übergangsrecht

41 Übergangsregelungen bestehen für die Änderungsvorschriften zu § 232a SGB V nicht.

C. Praxishinweise

42 Ergeben sich nachfolgende Änderungen im Hinblick auf die Gewährung von Alg bzw. Alg II, bleibt das Versicherungsverhältnis nach § 5 Abs. 1 Nr. 2 bzw. Nr. 2a jeweils letzter Teilsatz SGB V bestehen. Eine Rückforderung von Beiträgen gegenüber der Krankenkasse erfolgt nicht. Der Leistungsträger kann nur versuchen, unter den dort näher geregelten Voraussetzungen nach § 335 Abs. 1, 2 SGB III (für Empfänger von Alg II nach § 40 Abs. 1 Satz 2 SGB II, der auf diese Vorschriften verweist) eine Rückerstattung der Beiträge vom Leistungsempfänger zu fordern.

---

[48] Vgl. *Krauskopf* in: Krauskopf, SGB V, § 232a Rn. 11.

§ 233 SGB V Beitragspflichtige Einnahmen der Seeleute

(Ursprünglich kommentierte Fassung vom 20.12.1988, gültig ab 01.01.1989, gültig bis 27.12.2007)

(1) Für Seeleute gilt als beitragspflichtige Einnahmen der dreißigste Teil des nach § 842 der Reichsversicherungsordnung festgesetzten monatlichen Durchschnittsentgelts der einzelnen Klassen der Schiffsbesatzung und Schiffsgattungen sowie der auf den Kalendertag entfallende Teil des Vorruhestandsgeldes. Die beitragspflichtigen Einnahmen erhöhen sich für Seeleute, die auf den Seeschiffen beköstigt werden, um ein Dreißigstel des nach § 842 der Reichsversicherungsordnung festgesetzten Durchschnittssatzes für Beköstigung.

(2) Ist für Seeleute ein monatlicher Durchschnittsverdienst nach § 842 der Reichsversicherungsordnung nicht festgesetzt, bestimmt die Satzung der See-Krankenkasse die beitragspflichtigen Einnahmen.

(3) § 226 Abs. 1 Satz 1 Nr. 2 bis 4 und Abs. 2 sowie die §§ 228 bis 231 gelten entsprechend.

§ 233 SGB V Beitragspflichtige Einnahmen der Seeleute

(Fassung vom 19.12.2007, gültig ab 28.12.2007)

(1) Für Seeleute gilt als beitragspflichtige Einnahme der Betrag, der nach dem Recht der gesetzlichen Unfallversicherung für die Beitragsberechnung maßgebend ist.

(2) § 226 Abs. 1 Satz 1 Nr. 2 bis 4 und Abs. 2 sowie die §§ 228 bis 231 gelten entsprechend.

Hinweis: § 233 SGB V in der Fassung vom 20.12.1988 wurde durch Art. 5 Nr. 14 des Gesetzes vom 19.12.2007 (BGBl I 2007, 3024) i.V.m. der Bek. vom 28.12.2007 (BGBl I 2007, 3305) mit Wirkung vom 28.12.2007 geändert. Die Autoren passen die Kommentierungen bei Bedarf an die aktuelle Rechtslage durch Aktualisierungshinweise an.

Gliederung

A. Basisinformationen

I. Textgeschichte/Gesetzgebungsmaterialien

§ 233 SGB V ist durch das Gesetz zur Strukturreform im Gesundheitswesen (GRG)[1] geschaffen worden und am **01.01.1989** in Kraft getretenen. Die Vorschrift regelt, welche Einnahmen der in der gesetzlichen Krankenversicherung **pflichtversicherten Seeleute** der Beitragsbemessung zugrunde zu legen sind.[2] 1

Im Regelfall werden nach § 233 Abs. 1 SGB V die beitragspflichtigen Einnahmen der Seeleute auf der Grundlage von **Durchschnittsentgelten** bestimmt. Die Vorschrift verweist auf **§ 842 RVO**, der die in 2

[1] Art. 1 GRG v. 20.12.1988, BGBl I 1988, 2477.

[2] Siehe hierzu die Begründung des Regierungsentwurfs zum GRG, BT-Drs. 11/2237, S. 223 zu § 242.

der gesetzlichen Unfallversicherung zur Berechnung des Jahresarbeitsverdienstes der Seeleute festgesetzten Durchschnittsentgelte regelte. Dabei wurde die in Absatz 1 in Bezug genommene Regelung zum Jahresarbeitsverdienst von Versicherten, „die an Bord eines Seefahrzeuges beschäftigt sind" – § 842 i.V.m. § 841 Abs. 1 RVO – nicht ersetzt, obwohl mit Wirkung vom **01.01.1997 § 92 SGB VII**[3] an die Stelle dieser Vorschriften der RVO getreten ist.[4]

3 Nach § 233 Abs. 2 SGB V sind die beitragspflichtigen Einnahmen der Seeleute, für die keine Durchschnittsentgelte nach den Vorschriften der gesetzlichen Unfallversicherung vorliegen, in der Satzung der See-Krankenkasse zu bestimmen.

4 Bezieht ein Seemann neben dem Arbeitsentgelt **Rente** oder **Versorgungsbezüge** oder erzielt er **Arbeitseinkommen**, sieht § 233 Abs. 3 SGB V eine Anwendung der diesbezüglichen allgemeinen Vorschriften für das Zusammentreffen von Arbeitsentgelt mit den genannten weiteren Einnahmen vor.

5 § 233 SGB V ist seit seinem In-Kraft-Treten nicht geändert worden.

II. Vorgängervorschriften

6 § 233 Abs. 1 SGB V entspricht im Wesentlichen **§ 479 Abs. 1 RVO**, der im Rahmen des Achten Abschnitts (Seeleute) des Zweiten Buches der RVO (Krankenversicherung) die Festsetzung des beitragspflichtigen Grundlohnes auf der Basis von Durchschnittsentgelten regelte. Der Grundlohn entsprach den beitragspflichtigen Einnahmen im geltenden Recht. **§ 479 Abs. 2 RVO** ist die Vorgängervorschrift zu § 233 Abs. 2 SGB V, ließ jedoch eine Festsetzung des Grundlohnes durch den **Vorstand** der See-Krankenkasse – im Gegensatz zur Regelung in der Satzung der See-Krankenkasse im geltenden Recht – zu. **§ 233 Abs. 3 SGB V** entspricht **§ 479 Abs. 3** i.V.m. **§ 180 Abs. 6 RVO**.

III. Systematische Zusammenhänge

7 Die Regelungen in § 233 SGB V sind im Kontext der Regelungen zur Versicherung der Seeleute (vgl. Rn. 25) in der gesetzlichen Krankenversicherung als Zweig der deutschen Sozialversicherung zu sehen.

8 Die Fallgestaltungen der Auslandsberührung im Hinblick auf die Nationalität der Seeleute, des Arbeitgebers oder der Flagge des Schiffes werden von den allgemeinen Vorschriften des deutschen Sozialversicherungsrechts zur Versicherungspflicht, Beitragsbemessung und Berechnung von Geldleistungen nur unzureichend abgedeckt. Deshalb war die Schaffung von Sondervorschriften für diese Gruppe der Arbeitnehmer sinnvoll.

9 Die im deutschen Recht enthaltenen Bestimmungen über die Versicherungspflicht bzw. Versicherungsberechtigung gelten nach dem in § 3 SGB IV verankerten **Territorialitätsprinzip**, soweit sie eine Beschäftigung oder selbständige Tätigkeit voraussetzen, für alle Personen, die im Geltungsbereich des Sozialgesetzbuches beschäftigt oder tätig sind. Soweit eine Beschäftigung oder selbständige Tätigkeit nicht vorausgesetzt wird, gelten diese Vorschriften für alle Personen, die ihren Wohnsitz oder gewöhnlichen Aufenthalt im Geltungsbereich des Sozialgesetzbuches haben.[5] Das internationale Seerecht stellt nach dem **Flaggenprinzip** auf die Rechtsordnung des Staates ab, dessen Flagge das Schiff führt. Maßgebend ist die Registrierung des Schiffes selbst und nicht die Nationalität des Schiffseigners.[6]

10 Für Seeleute, die in einem Beschäftigungsverhältnis stehen und auf einem Schiff unter deutscher Flagge fahren, gilt nach dem Territorialitätsprinzip grundsätzlich die Versicherungspflicht der gegen Entgelt Beschäftigten in der deutschen gesetzlichen Krankenversicherung (§ 5 Abs. 1 Nr. 1 SGB V).[7] Die Versicherungspflicht bleibt bei einem gewöhnlichen Aufenthalt im Ausland bestehen, auch wenn keine Leistungsansprüche gegeben sind.[8] Nach der Sondervorschrift in § 6 Abs. 1 Nr. 1 HS. 2 SGB V

---

3 Art. 1 des Gesetzes zur Einordnung des Rechts der gesetzlichen Unfallversicherung in das Sozialgesetzbuch (UVEG) v. 07.08.1996, BGBl I 1996, 1254.

4 In Art. 35 UVEG werden insbesondere die §§ 537-1160 RVO, das heißt auch die §§ 841 ff. RVO, aufgehoben, wobei diese Aufhebung nach Art. 36 Satz 1 UVEG zum 01.01.1997 erfolgte.

5 Siehe zu den Einzelheiten *Padé* in: jurisPK-SGB IV, § 3.

6 Vgl. *Bokeloh*, SGb 1997, 154.

7 Das gilt unabhängig davon, ob das Schiff, auf dem der Seemann beschäftigt ist, in das Internationale Schifffahrtsregister nach § 12 des Flaggenrechtsgesetzes eingetragen ist, vgl. BSG v. 07.02.2002 - B 12 KR 1/01 R.

8 Vgl. insbesondere zur Verfassungsmäßigkeit dieser Versicherungspflicht und zum Ruhen der Leistungsansprüche gegen die See-Krankenkasse BSG v. 07.02.2004 - B 12 KR 1/01 R, zur Versicherungspflicht ausländischer Seeleute siehe BSG v. 29.11.1973 - 8/2 RU 158/72 - SozR Nr. 77 zu § 165 RVO; BSG v. 29.06.1984 - 12 RK 15/81 - SozR 2400 § 8 Nr. 1; BSG v. 29.06.1984 - 12 RK 38/82 - SozR 2200 § 490 Nr. 1.

besteht die Versicherungspflicht für Seeleute auch dann, wenn das regelmäßige Jahresarbeitsentgelt die Jahresarbeitsentgeltgrenze in § 6 Abs. 6 SGB V überschreitet.[9]

Als Ausnahme vom Grundsatz der Versicherungspflicht Beschäftigter sind nach § 6 Abs. 1 Nr. 1a SGB V[10] auf deutschen Seeschiffen beschäftigte **nicht-deutsche Besatzungsmitglieder** (also solche Besatzungsmitglieder, die nicht die deutsche Staatsbürgerschaft haben)[11] und die ihren Wohnsitz oder gewöhnlichen Aufenthalt[12] nicht im Geltungsbereich des Sozialgesetzbuches haben, versicherungsfrei. 11

Nach § 2 Abs. 3 Satz 1 Nr. 1 SGB IV[13] wird für deutsche Seeleute, die bei einem **ausländischen Arbeitgeber** beschäftigt sind und die auf einen Seeschiff beschäftigt sind, das nicht berechtigt ist, die deutsche Bundesflagge zu führen, auf **Antrag** eine Versicherungspflicht in der deutschen gesetzlichen Krankenversicherung begründet. Steht das Schiff im überwiegenden wirtschaftlichen Eigentum eines deutschen Reeders mit Sitz im Inland, ist ein solcher Antrag nach § 2 Abs. 3 Satz 2 SGB IV **obligatorisch**. Besonderheiten gelten auf Grund des Vorrangs über- oder zwischenstaatlichen Rechts z.B. für Schiffe unter der Flagge eines anderen Mitgliedstaates der EU.[14] 12

Die See-Krankenversicherung wird von der **See-Krankenkasse** durchgeführt. Diese war bis zum 31.12.2004 eine besondere Abteilung der Seekasse. Im Zuge der **Organisationsreform** in der gesetzlichen Rentenversicherung[15] wurde die Seekasse aus dem Verbund der See-Sozialversicherung[16] herausgelöst und ging in der **Deutschen Rentenversicherung Knappschaft-Bahn-See** auf. Die See-Krankenkasse ist eine selbständige Körperschaft des öffentlichen Rechts. 13

Die See-Krankenkasse ist nach § 176 SGB V die **zuständige Krankenkasse** für alle Seeleute deutscher Seeschiffe auf Reisen, alle Seeleute auf deutschen Seeschiffen in deutschen Häfen und alle deutschen Seeleute auf ausgeflaggten Seeschiffen. Erfasst werden auch die mitversicherten Familienangehörigen dieser Versicherten. Es wird diesbezüglich im Übrigen auf die Kommentierung zu § 176 SGB V verwiesen. 14

Für in der gesetzlichen Krankenversicherung versicherungspflichtige Seeleute gelten im Übrigen die Vorschriften des SGB V über die **Beitragssätze** (§§ 241 ff. SGB V), die **Tragung der Beiträge** (§§ 249 ff. SGB V) und die **Zahlung der Beiträge** (§ 252 SGB V). 15

Die **Meldepflichten des Arbeitgebers** und die Bestimmungen zum **Gesamtsozialversicherungsbeitrag** ergeben sich aus den allgemeinen Vorschriften in den §§ 28a ff. SGB IV. 16

Für die versicherungspflichtigen Seeleute sieht nicht nur das Beitragsrecht, sondern auch das **Leistungsrecht** besondere Regelungen vor, die eine unbürokratische Durchführung des Versicherungsverhältnisses ermöglichen sollen. So verweist die Regelung in § 47 Abs. 4 SGB V über die Höhe und Berechnung des Krankengeldes für Seeleute bezüglich des Regelentgelts auf die beitragspflichtigen Einnahmen i.S.v. § 233 Abs. 1 SGB V.[17] Nach dem Seemannsgesetz hat der Reeder die Krankenversorgung während des Aufenthalts auf dem Schiff sicherzustellen. Der Anspruch auf Leistungen gegen die See-Krankenkasse ruht nach § 16 Abs. 3 Satz 1 SGB V, soweit durch das Seemannsgesetz[18] für den Fall der Erkrankung oder Verletzung Vorsorge getroffen ist. Als Beispiel für ein gesetzlich angeordnetes Ruhen des Leistungsanspruchs nennt § 16 Abs. 3 Satz 2 SGB V den Aufenthalt des Seemanns an 17

[9] Diese Regelung dient der Kontinuität der Versicherung während der Seefahrt, vgl. hierzu auch *Gerlach* in: Hauck/Noftz, SGB V, § 233 Rn. 7. Das Fehlen eines Befreiungsrechts ist als gewollt anzusehen, vgl. BSG v. 07.02.2002 - B 12 KR 1/01 R.

[10] Eingefügt durch Art. 4 Nr. 1 des Dritten Gesetzes für moderne Dienstleistungen am Arbeitsmarkt vom 23.12.2003, BGBl I 2003, 2848.

[11] Vgl. *Peters* in: KassKomm-SGB, SGB V, § 6 Rn. 18a.

[12] Siehe zum Wohnsitz oder gewöhnlichen Aufenthalt *Schneider-Danwitz* in: jurisPK-SGB IV, § 30

[13] Eingefügt mit Wirkung vom 01.01.1998 durch Art. 3 des Ersten Gesetzes zur Änderung des Dritten Buches Sozialgesetzbuch und anderer Gesetze v. 16.12.1997, BGBl I 1997, 2970.

[14] Zu den Einzelheiten siehe *Padé* in: jurisPK-SGB IV, § 2 und *Grimmke* in: jurisPK-SGB IV, § 13.

[15] Art. 82 des Gesetzes zur Organisationsreform in der gesetzlichen Rentenversicherung vom 09.12.2004, BGBl I 2004, 3242.

[16] Zum Verbund der See-Sozialversicherung für Seeleute gehören damit die See-Krankenkasse, die See-Pflegekasse, die See-BG mit Schifffahrtssicherheitsabteilung und die Seemannskasse.

[17] Siehe zu näheren Einzelheiten zum Leistungsrecht die Kommentierung zu § 47 SGB V

[18] V. 26.07.1957, BGBl II 1957, 713, zuletzt geändert durch Gesetz vom 24.12.2003, BGBl I 2003, 3002, 3004; § 48 Seemannsgesetz sieht eine Weiterzahlung der Heuer durch den Arbeitgeber vor, bis der Seemann das Schiff verlässt.

Bord des Schiffes oder dessen Reisetätigkeit.[19] Die Sondervorschrift zum Ruhen der Leistungen in § 16 Abs. 3 SGB V bei einer Vorsorge für Fälle der Krankheit und Verletzung nach dem Seemannsgesetz findet aber im Hinblick auf die Gewährung von Krankengeld keine Anwendung.[20] Der See-Krankenkasse erstattet dem Reeder die Beträge, die dem Seemann nach Verlassen des Schiffes außerhalb des Geltungsbereiches des Sozialgesetzbuches bei Arbeitsunfähigkeit oder Krankenhausaufenthalt in Höhe fiktiver Leistungsansprüche nach dem SGB V zu leisten sind, § 17 Abs. 3 SGB V.

IV. Ausgewählte Literaturhinweise

18 *Bokeloh,* Die soziale Sicherheit der Seeleute, SGb 1997, 154-160.

B. Auslegung der Norm

I. Regelungsgehalt und Bedeutung der Norm

19 § 233 SGB V regelt die Beitragsbemessung für Seeleute auf der Basis von Durchschnittsentgelten, soweit solche in Form von „**Durchschnittsheuern**"[21] für die Zwecke der gesetzlichen Unfallversicherung festgesetzt wurden. Sind die festgesetzten Durchschnittsentgelte für den betroffenen Seemann nicht einschlägig, regelt die Satzung der See-Krankenkasse die beitragspflichtigen Einnahmen.

20 Diese stark typisierende Regelung trägt dem Umstand Rechnung, dass die See-Krankenkasse einen nur sehr kleinen Anteil an der gesetzlichen Krankenversicherung hat.

21 Im Jahr 2002 waren insgesamt nur circa **21.000 Mitglieder** bei der See-Krankenkasse pflichtversichert.[22] Am 31.12.2004 waren bei der See-Krankenkasse 11.297 Besatzungsmitglieder auf Schiffen unter deutscher Flagge und 1.474 Besatzungsmitglieder auf Schiffen unter ausländischer Flagge erfasst.[23]

II. Normzweck

22 Mit § 233 SGB V wurde eine von § 226 Abs. 1 SGB V abweichende besondere Regelung für die Beitragsbemessung bei Seeleuten geschaffen.

23 Die Beitragsbemessung auf der Grundlage des individuellen Arbeitsentgelts des Versicherten, die für die sonstigen versicherungspflichtigen Beschäftigten maßgebend ist, wird durch eine Beitragsbemessung auf der Grundlage von pauschal festgesetzten Durchschnittseinnahmen ersetzt. Damit werden die besonderen Gegebenheiten der Beschäftigung von Seeleuten berücksichtigt. Häufig sind sowohl Arbeitgeber als auch Arbeitnehmer schwer erreichbar, sodass typisierende Regelungen eine **praktikable Beitragsbemessung** sicherstellen. Das Verfahren zwischen Arbeitgeber und Krankenkasse wird so vereinfacht, weil der Umfang der erforderlichen Informationen reduziert wird.[24]

24 Im Übrigen sollen im Regelfall die den versicherungspflichtig Beschäftigten gewährten Geldleistungen der Krankenversicherung, dass heißt im Wesentlichen das Krankengeld, in einem vergleichbaren Verhältnis zu den jeweils gezahlten Beiträgen stehen.[25] Hier ist bereits auf Grund der von Arbeitgeberseite gesteuerten Entlohnung ein anderes Schutzbedürfnis als zum Beispiel bei den freiwillig versicher-

[19] Als Rückausnahme hiervon nennt § 16 Abs. 3 Satz 2 SGB V die Wahl der Leistungen der Krankenkasse durch den Seemann nach § 44 Abs. 1 Seemannsgesetz oder die Verweisung des Seemanns an die Krankenkasse durch den Reeder nach § 44 Abs. 2 Seemannsgesetz. Voraussetzung ist jeweils, dass sich das Schiff in einem Hafen im Geltungsbereich des Grundgesetzes befindet.

[20] § 49 Abs. 1 SGB V ist insoweit lex specialis, vgl. *Noftz* in: Hauck/Noftz, SGB V, § 16 Rn. 54.

[21] Der Begriff der Heuer wird in § 30 Seemannsgesetz definiert. Die Grundheuer, das heißt das dem Besatzungsmitglied zustehende feste Entgelt (§ 30 Abs. 2 Seemannsgesetz) bemisst sich nach § 31 Seemannsgesetz nach Monaten, wobei der Monat bei der Berechnung der Heuer für einzelne Tage mit 30 Tagen gerechnet wird.

[22] Die Gesamtzahl der Mitglieder betrug im Jahr 2002 53.000 (darunter allein 20.000 Rentner); Quelle: Statistisches Bundesamt, Statistisches Jahrbuch 2003, S. 472.

[23] Quelle: www.see-bg.de/seekrankenkasse/zahlenmaterial.

[24] Vgl. auch *Gerlach* in: Hauck/Noftz, SGB V, § 233 Rn. 4.

[25] Vgl. grundlegend (für die Einmalzahlungen, die bei der Beitragsbemessung, nicht aber bei der Leistungsgewährung berücksichtigt wurden) BVerfG v. 11.01.1995 - 1 BvR 892/88 - SozR 3-2200 § 385 Nr. 6 und nachfolgend BVerfG v. 24.05.2000 - 1 BvL 1/98, 1 BvL 4/98, 1 BvL 15/99 - BGBl I 2000, 1082; siehe zu diesem Zusammenhang für die Durchschnittsheuern BSG v. 28.02.1984 - 12 RK 8/83 - SozR 2200 § 842 Nr. 1.

ten Selbständigen gegeben. Die Vorschrift des § 233 Abs. 1 SGB V ebnet entsprechend den Weg für die Gewährung von Geldleistungen auf der Grundlage der für die Beitragsbemessung maßgebenden Durchschnittsentgelte.[26]

III. Tatbestandsmerkmale

1. Seeleute

Der Begriffe „Seeleute" ist in § 13 Abs. 1 Satz 2 SGB IV definiert: Seeleute sind Kapitäne und Besatzungsmitglieder von Seeschiffen sowie sonstige Arbeitnehmer, die an Bord von Seeschiffen während der Reise im Rahmen des Schiffsbetriebs beschäftigt sind, mit Ausnahme der Lotsen.[27] Seeleute in diesem Sinne sind auch Personen, die nicht mit unmittelbar „seemännischen" Arbeiten betraut sind, z.B. Bordpersonal, das während einer Reise für den Service des Fahrgastes zuständig ist.[28] 25

(Deutsche) **Seeschiffe** sind nach § 13 Abs. 2 SGB IV alle zur Seefahrt bestimmten Schiffe (die berechtigt sind, die deutsche Bundesflagge zu führen). Der Begriff der Seefahrt wird in § 121 SGB VII, der die Zuständigkeit der See-Berufsgenossenschaft für die Unfallversicherung regelt, definiert. Ein Schiff ist damit zur Seefahrt bestimmt, wenn das Schiff nach seiner Bauart und Zweckbestimmung für einen Einsatz außerhalb von Binnengewässern geeignet ist.[29] 26

Der von § 233 SGB V erfasste Personenkreis ist deckungsgleich mit den nach § 176 SGB V in die **Zuständigkeit der See-Krankenkasse** fallenden Pflichtversicherten.[30] Das ergibt sich schon daraus, dass § 233 Abs. 1 SGB V wie § 176 Abs. 1 SGB V indirekt an die Zuständigkeit der See-Berufsgenossenschaft anknüpft (weil diese nur in ihrem Zuständigkeitsbereich Durchschnittsentgelte festsetzt) und § 233 Abs. 2 SGB V direkt an die Zuständigkeit der See-Krankenkasse anknüpft (die Satzung der See-Krankenkasse kann nur für deren Versicherte gelten). 27

Für Seeleute, die nach § 6 Abs. 1a SGB V **versicherungsfrei** sind[31], oder solche, die **freiwilliges Mitglied** einer Krankenkasse sind[32], gilt § 233 SGB V nicht[33]. 28

2. Beitragspflichtige Einnahmen aus dem Beschäftigungsverhältnis

a. Durchschnittsentgelte

§ 233 Abs. 1 SGB V regelt die Beitragsbemessung für Seeleute auf der Basis des für die Bestimmung des Jahresarbeitsverdienstes der Seeleute in der gesetzlichen Unfallversicherung festgesetzten monatlichen Durchschnitts des baren Entgelts einschließlich des Werts der auf Seeschiffen gewährten Beköstigung oder Verpflegungsvergütung (Durchschnittsentgelte). 29

Mit der Aufhebung des **§ 842 RVO**[34] kann die fortbestehende Verweisung auf diese Vorschrift in § 233 SGB V nur als redaktionelles Versehen angesehen werden. Es ist nach der hier vertretenen Auffassung nun auf **§ 92 SGB VII** abzustellen[35], der eine dem Sinn der Verweisungsnorm entsprechende Regelung bietet. 30

§ 233 Abs. 1 SGB V erfasst nur solche Versicherten, für die Durchschnittsentgelte durch die **See-Berufsgenossenschaft** nach § 92 Abs. 4 SGB V festgesetzt wurden. Die See-Berufsgenossenschaft setzt als Träger der gesetzlichen Unfallversicherung Durchschnittsentgelte dabei nur für solche Seeleute fest, die in ihre Zuständigkeit fallen. Die Zuständigkeit der See-Berufsgenossenschaft ergibt sich aus § 121 Abs. 2 und 3 SGB VII. 31

---

26 Vgl. § 47 Abs. 4 SGB V.

27 Vgl. zu den Ursprüngen dieser Vorschrift *Bokeloh*, SGb 1997, 154.

28 Vgl. *Bokeloh*, SGb 1997, 154, im Übrigen wird diesbezüglich auf *Grimmke* in: jurisPK-SGB IV, § 13 verwiesen.

29 Vgl. im Übrigen *Grimmke* in: jurisPK-SGB IV, § 13.

30 Vgl. *Gerlach* in: Hauck/Noftz, SGB V, § 233 Rn. 5; *Wasem* in: GKV-Komm, SGB V, § 233 Rn. 1b.

31 Vgl. Rn. 7.

32 Hier gilt § 240 SGB V.

33 Vgl. *Gerlach* in: Hauck/Noftz, SGB V, § 233 Rn. 5.

34 Aufgehoben durch Art. 35 UVEG mit Wirkung zum 01.01.1997.

35 Im Ergebnis so auch *Krauskopf* in: Krauskopf, SGB V, § 233 Rn. 3; *Gerlach* in: Hauck/Noftz, SGB V, § 233 Rn. 3; bei *Richter* in: Jahn, SGB V, wurde im dort abgedruckten Gesetzestext sogar § 842 RVO durch § 92 SGB VII ersetzt.

32 Nach § 92 Abs. 4 SGB VII setzen von der **Vertreterversammlung** der See-Berufsgenossenschaft gebildete Ausschüsse das monatliche Durchschnittsentgelt fest. Die Festsetzung bedarf nach § 92 Abs. 7 SGB VII der **Genehmigung** durch das Bundesversicherungsamt und wird jährlich überprüft, um die Aktualität der Werte sicherzustellen. Das Bundesversicherungsamt gibt die Festsetzungen im Bundesarbeitsblatt bekannt.[36]

33 Die Festsetzung erfolgt getrennt nach den einzelnen Klassen der Schiffsbesatzung und nach den Schiffsgattungen. Das heißt, für alle Seeleute, die der gleichen Klasse sowohl im Hinblick auf Schiffsgattung als auch Schiffsbesatzung zuzuordnen sind, wird derselbe Betrag der Beitragsbemessung zugrunde gelegt.

34 Unter **Schiffsgattungen** sind die einzelnen Schiffsarten zu verstehen, z.B. Tankschiffe, Schlepper etc. Teilweise wird auch nach Größe der Schiffe oder der die Seeleute beschäftigenden Reederei weiter differenziert.

35 Mit **Klassen der Schiffsbesatzung** sind die verschiedenen Funktionsgruppen (z.B. Kapitäne[37], Schiffsoffiziere, sonstige Angestellte[38], Maschinenassistenten etc.) und innerhalb dieser die verschiedenen Funktionen der Beschäftigten (z.B. „2. Nautischer Offizier“) gemeint. Im Übrigen wird auch nach Berufserfahrung (z.B. „Schiffselektrotechniker 1. bis 3. Jahr“) und/oder nach den verschiedenen Tarif- oder Lohngruppen differenziert.

36 Als kalendertägliche beitragspflichtige Einnahme unterliegt **ein Dreißigstel** dieses monatlichen Durchschnittsentgelts der Beitragsbemessung.

37 Dabei ist nach § 233 Abs. 3 SGB V höchstens ein Dreihundertsechzigstel der Jahresarbeitsentgeltgrenze nach § 6 Abs. 7 SGB V (**Beitragsbemessungsgrenze**) zur Beitragsbemessung heranzuziehen.[39]

38 In die Durchschnittsentgelte werden auch regelmäßige **Nebeneinnahmen** sowie einmalig gezahltes Arbeitsentgelt einbezogen, § 92 Abs. 5 Satz 3 SGB VII. Dazu gehören zum Beispiel Schmutzzulagen für Maschinisten. Erfasst werden auch **Abgeltungsbeträge**, die in der Hochseefischerei anstelle von **Zuschlägen für Sonntags-, Feiertags- und Nachtarbeit** geleistet werden.[40] Ob der Versicherte also tatsächlich z.B. eine Schmutzzulage erhält, wirkt sich nicht auf die Höhe seiner beitragspflichtigen Einnahmen aus.[41]

b. Durchschnittssätze für Beköstigung

39 Nach § 233 Abs. 1 Satz 2 SGB V erhöhen sich beitragspflichtige Einnahmen, soweit die Seeleute auf den Seeschiffen beköstigt werden, um ein Dreißigstel des Durchschnittssatzes für **Beköstigung**.

40 Auch insoweit weicht die Sondervorschrift für die Beitragsbemessung für Seeleute von den allgemeinen Vorschriften für die Beitragsbemessung aus Arbeitsentgelt ab. Wird ein Beschäftigter, der nicht zu den Seeleuten i.S.d. § 233 SGB V gehört, durch seinen Arbeitgeber beköstigt, so werden nach § 14 SGB IV i.V.m. § 1 Abs. 1 der Sachbezugsverordnung[42] feste Monatsbeträge in Euro für freie Verpflegung oder einzelne Mahlzeiten der Beitragsbemessung zugrunde gelegt. Bei den Seeleuten erhöhen sich die beitragspflichtigen Einnahmen, um die für die Beköstigung nach § 92 Abs. 4 SGB VII festgesetzten Durchschnittssätze.

41 Auch die Durchschnittssätze für an Bord gewährte Beköstigung setzt die Vertreterversammlung der See-Berufsgenossenschaft fest. Die Festsetzungen bedürfen auch insoweit der Genehmigung durch das Bundesversicherungsamt und werden im Bundesarbeitsblatt bekannt gemacht.[43]

[36] Die vom 01.01.2004 an geltenden Durchschnittsheuern für Seeleute in der Seefischerei sowie Kleinen Hochsee- und Küstenfischerei sind im BArbBl 6/2004, S. 32 ff. bekannt gemacht worden; die Bekanntmachung aller Durchschnittsheuern der Seeleute ist zuletzt mit Wirkung ab dem 01.01.2003 geändert worden; siehe BArbBl 6/2004, S. 33 ff.

[37] § 2 Seemannsgesetz.

[38] §§ 4 und 5 Seemannsgesetz.

[39] Vgl. *Richter* in: Jahn, SGB V, § 233 Rn. 4.

[40] Vgl. hierzu BSG v. 28.02.1984 - 12 RK 8/83 - SozR 2200 § 842 Nr. 1. Siehe LSG Niedersachsen v. 13.08.1997 - L 4 Kr 183/94 - SGb 1998, 75-76 zur Beitragsfreiheit der Sonntags-, Feiertags- und Nachtarbeiterzuschläge für Seeleute, für die keine Durchschnittsheuer i.S.d. § 92 SGB VII festgesetzt worden ist.

[41] Vgl. *Gerlach* in: Hauck/Noftz, SGB V, § 233 Rn. 7.

[42] Verordnung über den Wert der Sachbezüge in der Sozialversicherung vom 19.12.1994, BGBl I 1994, 3849, zuletzt geändert mit Wirkung vom 01.01.2005 durch VO v. 22.10.2004, BGBl I 2004, 2663.

[43] Hier gilt § 240 SGB V.

c. Festsetzung der beitragspflichtigen Einnahmen durch die Satzung der Seekasse

Von der See-Berufsgenossenschaft wird nicht für alle versicherungspflichtigen Mitglieder der See-Krankenkasse ein monatliches Durchschnittsentgelt festgesetzt. Fehlt eine Festsetzung des Durchschnittsentgelts durch die See-Berufsgenossenschaft, bestimmt nach § 233 Abs. 2 SGB V die **Satzung der See-Krankenkasse**[44] die beitragspflichtigen Einnahmen. 42

Nach § 9 Abs. 3 der Satzung der See-Krankenkasse vom 31.08.1989 in der Fassung des 32. Nachtrags gelten für Seeleute, für die ein Durchschnittsentgelt nach § 92 Abs. 1 SGB VII nicht festgesetzt wurde, als beitragspflichtige Einnahmen für den Kalendertag das tatsächlich erzielte bare Arbeitsentgelt im Sinne des § 92 Abs. 5 SGB VII zuzüglich eines Dreißigstels des festgesetzten Beköstigungssatzes. 43

3. Andere beitragspflichtige Einnahmen

a. Bezieher von Vorruhestandsgeld

Die nicht mehr aktiven Seeleute, die Vorruhestandsgeld bezogen, wurden durch die Regelung in § 233 Abs. 1 Satz 1 SGB V den anderen Beziehern dieser Leistungen gleichgestellt.[45] Das im Gesetz zur Erleichterung des Übergangs vom Arbeitsleben in den Ruhestand[46] geregelte Vorruhestandsgeld ist mit dem 31.12.1988 ausgelaufen[47]. 44

b. Bezieher von Rente, Versorgungsbezügen, Arbeitseinkommen

Nach § 233 Abs. 3 SGB V besteht auch für Seeleute eine Beitragspflicht aus Renten, Versorgungsbezügen und Arbeitseinkommen, wie dies bei anderen versicherungspflichtigen Beschäftigten der Fall ist. Für die Beitragspflicht von Renten, Versorgungsbezügen und Arbeitseinkommen gelten die allgemeinen Vorschriften der §§ 226 Abs. 1 Satz 1 Nr. 2-4, Abs. 2, 228-231 SGB V entsprechend. Es wird insoweit auf die Kommentierung zu § 226 SGB V und die Kommentierung zu § 228 SGB V-Kommentierung zu § 231 SGB V verwiesen. 45

Zu berücksichtigen ist allerdings, dass auf Grund der nur entsprechenden Anwendung der §§ 230, 231 SGB V die Durchschnittsentgelte nach § 233 Abs. 1 SGB V an die Stelle des dort genannten tatsächlich erzielten Arbeitsentgeltes treten. Das gilt auch dann, wenn sich die beitragspflichtigen Einnahmen im Übrigen nach § 233 Abs. 2 SGB V aus der Satzung der Seekasse ergeben. 46

IV. Übergangsrecht

Übergangsvorschriften zu § 233 SGB V existieren nicht. 47

C. Praxishinweise

Nähere Einzelheiten zur Höhe der beitragspflichtigen Einnahmen, zu aktuellen Beitragssätzen etc. finden sich auf der Homepage der See-Krankenkasse.[48] 48

---

[44] Die Satzung kann im PDF-Format von www.see-bg/ueberuns/satzungen heruntergeladen werden.

[45] Vgl. *Gerlach* in: Hauck/Noftz, SGB V, § 233 Rn. 11.

[46] Gesetz v. 13.04.1984, BGBl I 1984, 601.

[47] Die Befristung der Regelung ergibt sich aus Art. 1 § 14 des Gesetzes zur Erleichterung des Übergangs vom Arbeitsleben in den Ruhestand.

[48] Siehe www.see-bg.de mit entsprechenden Links.

§ 234 SGB V Beitragspflichtige Einnahmen der Künstler und Publizisten

(Fassung vom 05.12.2006, gültig ab 01.01.2007)

(1) Für die nach dem Künstlersozialversicherungsgesetz versicherungspflichtigen Mitglieder wird der Beitragsbemessung der dreihundertsechzigste Teil des voraussichtlichen Jahresarbeitseinkommens (§ 12 des Künstlersozialversicherungsgesetzes), mindestens jedoch der einhundertachtzigste Teil der monatlichen Bezugsgröße nach § 18 des Vierten Buches Sozialgesetzbuch zugrunde gelegt. Für die Dauer des Bezugs von Elterngeld oder Erziehungsgeld oder für die Zeit, in der Erziehungsgeld nur wegen des zu berücksichtigenden Einkommens nicht bezogen wird, wird auf Antrag des Mitglieds das in dieser Zeit voraussichtlich erzielte Arbeitseinkommen nach Satz 1 mit dem auf den Kalendertag entfallenden Teil zugrunde gelegt, wenn es im Durchschnitt monatlich 325 Euro übersteigt. Für Kalendertage, für die Anspruch auf Krankengeld oder Mutterschaftsgeld besteht oder für die Beiträge nach § 251 Abs. 1 zu zahlen sind, wird Arbeitseinkommen nicht zugrunde gelegt. Arbeitseinkommen sind auch die Vergütungen für die Verwertung und Nutzung urheberrechtlich geschützter Werke oder Leistungen.

(2) § 226 Abs. 1 Satz 1 Nr. 2 bis 4 und Abs. 2 sowie die §§ 228 bis 231 gelten entsprechend.

Gliederung

A. Basisinformationen

I. Textgeschichte/Gesetzgebungsmaterialien

1 § 234 SGB V i.d.F. des Gesetzes zur Strukturreform im Gesundheitswesen (GRG)[1] wurde noch vor seinem In-Kraft-Treten mit Wirkung vom **30.12.1988** durch das Gesetz zur Änderung des Künstlersozialversicherungsgesetzes[2] neu gefasst. Die Vorschrift regelt die Beitragsbemessung für nach dem Gesetz über die Sozialversicherung der selbständigen Künstler und Publizisten[3] (**KSVG**) versicherungspflichtige Mitglieder der gesetzlichen Krankenversicherung.

2 Die Beitragsbemessung für Künstler und Publizisten wurde durch § 234 Abs. 1 Satz 1 SGB V auf ein einstufiges Verfahren umgestellt[4], in dem **endgültige monatliche Beiträge** auf der Grundlage des voraussichtlichen, das heißt geschätzten Jahresarbeitseinkommens ermittelt werden. Änderungen in den tatsächlichen Verhältnissen des Versicherten können zur Gewährleistung einer Beitragskontinuität und Verwaltungsvereinfachung nur mit Wirkung für die Zukunft berücksichtigt werden.[5]

---

[1] Art. 1 GRG v. 20.12.1988, BGBl I 1988, 2477.

[2] Art. 2 Nr. 6 des Gesetzes v. 20.12.1988, BGBl I 1988, 2606.

[3] KSVG v. 27.07.1981, BGBl I 1981, 705, zuletzt geändert durch Art. 191 der Achten Zuständigkeitsanpassungsverordnung v. 25.11.2003, BGBl I 2003, 2304.

[4] Vgl. zu dem zweistufigen Verfahren nach der RVO Rn. 7.

[5] Siehe hierzu die Begründung im Regierungsentwurf zum Gesetz zur Änderung des KSVG, BT-Drs. 11/2964, S. 21 zu § 393 Abs. 2 RVO und die Begründung im Regierungsentwurf zum GRG, BT-Drs. 11/2237, S. 224 zu § 243 Abs. 1.

§ 234 Abs. 1 Satz 4 SGB V stellt klar, dass auch **Vergütungen für die Verwertung oder Nutzung urheberrechtlich geschützter Werke oder Leistungen** Arbeitseinkommen und damit Gegenstand der Beitragsbemessung sind. 3

In § 234 Abs. 1 Satz 2 und Abs. 3 SGB V sind besondere Regelungen über die Reduzierung des Beitrags bei Bezug von **Erziehungsgeld** und bei **Anspruch auf Krankengeld, Mutterschaftsgeld** oder während der **Beitragszahlung durch einen Rehabilitationsträger** nach § 251 SGB V vorgesehen. 4

Mit dem Zweiten Gesetz zur Änderung des Künstlersozialversicherungsgesetzes und anderer Gesetze[6] wurde in § 234 Abs. 1 Satz 2 SGB V mit Wirkung vom **01.07.2001** die Zeit, in der **Erziehungsgeld** wegen Überschreitung der Einkommensgrenze in § 5 Abs. 2 BErzGG **nicht bezogen** wird, einer Zeit des Erziehungsgeldbezuges gleichgestellt. 5

Gleichzeitig wurde die vorher dynamisierte **Geringfügigkeitsgrenze** in § 234 Abs. 1 Satz 2 SGB V durch einen festen Betrag von 630 DM ersetzt und damit von der allgemeinen Lohnentwicklung abgekoppelt. Mit Wirkung vom **01.01.2002** hat der Gesetzgeber den Betrag von 630 DM durch den Betrag von 325 € ersetzt.[7] 6

II. Vorgängervorschriften

§ 234 Abs. 1 SGB V i.d.F. des GRG geht zurück auf die Regelungen in den **§§ 180a Abs. 1, 393 Abs. 2 Satz 1-3 RVO**, die durch das KSVG[8] in die RVO eingefügt worden waren.[9] Im Rahmen eines zweistufigen Verfahrens nach den Regelungen der RVO wurden zunächst vorläufige monatliche Beiträge als Abschlagszahlungen berechnet. Nach Ablauf des Kalenderjahres erfolgte die endgültige Beitragsbemessung auf Grund des tatsächlichen Jahresarbeitseinkommens. 7

III. Systematische Zusammenhänge

Selbständige Künstler und Publizisten, die nicht mehr als einen (nicht nur geringfügig oder zur Berufsausbildung tätigen) Arbeitnehmer beschäftigen, sind seit dem 01.01.1983[10] in der gesetzlichen Rentenversicherung, der gesetzlichen Krankenversicherung und der sozialen Pflegeversicherung pflichtversichert, § 1 i.V.m. § 2 KSVG.[11] 8

Versicherungsfrei sind selbständig tätige Künstler bzw. Publizisten, die aus künstlerischer bzw. publizistischer Tätigkeit einen Gewinn von voraussichtlich nicht mehr als 3.900 € erzielen werden, § 3 Abs. 1 KSVG. Für die ersten drei Jahre nach erstmaliger Aufnahme der selbständigen künstlerischen oder publizistischen Tätigkeit gilt diese Untergrenze nicht, § 3 Abs. 2 Satz 1 KSVG.[12] 9

Auf **Antrag** können Künstler bzw. Publizisten von der Versicherungspflicht in der gesetzlichen Krankenversicherung **befreit** werden, die einen dem Schutz der gesetzlichen Krankenversicherung entsprechenden Versicherungsschutz bei einem privaten Krankenversicherungsunternehmen nachweisen (§ 6 KSVG) oder in drei aufeinander folgenden Jahren zusammengerechnet ein Arbeitseinkommen erzielt haben, das die Summe der Beträge der Jahresarbeitsentgeltgrenze aus diesen drei Jahren überschreitet (§ 7 KSVG). Selbständige Künstler und Publizisten, die privat krankenversichert oder freiwillig in der gesetzlichen Krankenversicherung versichert sind, können auf Antrag einen **Beitragszuschuss** erhalten, § 10 KSVG. 10

Die Krankenversicherung wird durch die jeweils von dem Künstler oder Publizisten **gewählte Krankenkasse** durchgeführt (§ 173 SGB V). Für die Feststellung der Versicherungspflicht nach dem KSVG und den Einzug des Beitragsanteils des Versicherten, der Künstlersozialabgabe sowie des Bundeszu- 11

---

6 Art. 2 Nr. 2 des Gesetzes v. 13.06.2001, BGBl I 2001, 1027.

7 Art. 6 des Gesetzes vom 13.06.2001, BGBl I 2001, 1027. Seit dem 01.04.2002 liegt die Grenze für eine geringfügige Beschäftigung demgegenüber bei 400 €, Art. 2 Nr. 3 des Zweiten Gesetzes für moderne Dienstleistungen am Arbeitsmarkt v. 23.12.2002, BGBl I 2002, 4621.

8 KSVG v. 27.07.1981, BGBl I 1981, 705, zuletzt geändert durch Art. 191 der Achten Zuständigkeitsanpassungsverordnung v. 25.11.2003, BGBl I 2003, 2304.

9 Vgl. die Begründung im Regierungsentwurf zum GRG, BT-Drs. 11/2237, S. 224 zu § 243 Abs. 1.

10 Die Versicherungspflicht wurde mit Wirkung zum 01.01.1983 eingeführt durch das KSVG.

11 Siehe zu den Ausnahmen § 5 KSVG.

12 Siehe zur Verlängerung dieser Frist um Zeiten einer nicht bestehenden Versicherungspflicht nach dem KSVG bzw. Zeiten der Versicherungsfreiheit: § 3 Abs. 2 Satz 2 KSVG; zur Versicherungspflicht bei zweimaligem Unterschreiten der Untergrenze: § 3 Abs. 3 KSVG.

schusses in Höhe des hälftigen Beitragsanteils ist die **Künstlersozialkasse** zuständig, die auch die entsprechenden Bescheide erlässt.

12 Durch das Zweite Gesetz zur Änderung des Künstlersozialversicherungsgesetzes und anderer Gesetze[13] erfolgte mit Wirkung vom 01.07.2001 die organisatorische Rückführung der bis zu diesem Zeitpunkt bei der Landesversicherungsanstalt Oldenburg-Bremen geführten Künstlersozialkasse in die unmittelbare Bundesverwaltung. Die Künstlersozialkasse ist nun eine **Abteilung der Unfallkasse des Bundes**.

13 Die Beitragstragung für die nach § 234 Abs. 1 SGB V zu bemessenden Beiträge richtet sich nach § 251 Abs. 3 Satz 1 SGB V, die Beitragszahlung nach § 252 Satz 1 SGB V. Die Beitragssätze sind in den §§ 241, 242 SGB V sowie ab dem 01.01.2006 nach § 241a SGB V geregelt.[14] Besondere Regelungen zu Beiträgen und Beitragsverfahren enthalten die §§ 16-20 und 23 ff. KSVG.

14 Der Versicherte erhält bei höheren Beiträgen auch **höheres Krankengeld**: Die Höhe des Krankengeldes richtet sich nach dem Arbeitseinkommen, das in den letzten zwölf Kalendermonaten vor Beginn der Arbeitsunfähigkeit der Beitragsbemessung zugrunde gelegen hat (§ 47 Abs. 4 SGB V).

IV. Ausgewählte Literaturhinweise

15 *Finke/Brachmann/Nordhausen*, Künstlersozialversicherungsgesetz, Kommentar, 3. Aufl. 2004; *Röbke*, Kunst und Arbeit: Künstler zwischen Autonomie und sozialer Unsicherheit, 2000; *Wien*, Künstlersozialversicherung – quo vadis?, VersR 2001, 1209-1215, *Zabre,* Soziale Sicherung von Künstlern und Publizisten, DAngVers 12/1999, 557-562; *Zacher/ Zacher*, Soziale Sicherheit für Künstler und Publizisten, Das Handbuch für Künstlersozialversicherung, 2000.

B. Auslegung der Norm

I. Regelungsgehalt und Bedeutung der Norm

16 § 234 SGB V sieht besondere Regelungen für die kraft Gesetzes versicherungspflichtigen selbständigen Künstler und Publizisten vor. Maßgebend ist nach § 234 Abs. 1 Satz 1 i.V.m. Satz 4 SGB V das voraussichtliche Jahresarbeitseinkommen einschließlich der Vergütungen für die Verwertung und Nutzung urheberrechtlich geschützter Werke und Leistungen.

17 Die allgemeinen Vorschriften zur Beitragsbemessung (mit der Grundnorm in § 226 SGB V), beruhen im Wesentlichen auf dem regelmäßigen Erhalt von Arbeitsentgelt, Rente und/oder Versorgungsbezügen. Auf diese Regelungen konnte für eine sachgerechte Bemessung der Beiträge für die in der Regel über unregelmäßig fließende Einnahmen verfügenden selbständigen Künstler und Publizisten nicht zurückgegriffen werden. Dies gilt umso mehr, als in den ersten drei Jahren nach erstmaliger Aufnahme der selbständigen Tätigkeit als Künstler oder Publizist ein Versicherungsschutz in der gesetzlichen Krankenversicherung auch dann erlangt wird, wenn voraussichtlich ein Arbeitseinkommen von weniger als 3.900 € im Kalenderjahr erzielt werden wird.[15] Mit der Mindestbemessungsgrundlage wird auf die pflichtversicherten Künstler bzw. Publizisten eine Regelung aus der Beitragsbemessung für freiwillig versicherte Mitglieder der gesetzlichen Krankenversicherung (§ 240 Abs. 4 SGB V) angewendet.

18 Die Problematik der Regelungen in § 234 SGB V liegt zunächst darin, dass die Beitragsbemessung zumindest bei Aufnahme der Tätigkeit im Wesentlichen auf einer Selbsteinschätzung des Künstlers bzw. Publizisten beruht. In Verbindung mit den auch im Übrigen günstigen Bedingungen des Versicherungsschutzes in der Künstlersozialversicherung erklärt auch dieser Umstand die hohe Attraktivität einer solchen Pflichtversicherung für Künstler und Publizisten.[16]

[13] V. 13.06.2001, BGBl I 2001, 1027.

[14] Eingefügt durch Art. 1 Nr. 145 des Gesetzes zur Modernisierung der gesetzlichen Krankenversicherung v. 14.11.2003, BGBl I 2003, 2190.

[15] Allerdings wird dann eine strenge Prüfung der Erwerbsmäßigkeit durchgeführt.

[16] Während die Künstlersozialabgabepflicht dazu führt, dass die zur Künstlerabgabe verpflichteten Unternehmer (§§ 24 ff. KSVG) häufig versuchen, feststellen zu lassen, dass eine Künstler- bzw. Publizisteneigenschaft nicht gegeben ist (vgl. zum Beispiel zur Werbefotografie BSG v. 12.11.2003 - B 3 KR 10/03 R - SozR 4-5425 § 2 Nr. 2), besteht für Versicherte häufig der Wunsch nach einer weiten Auslegung des Kunstbegriffs (vgl. zum Beispiel für Catcher/Wrestler BSG v. 26.11.1998 - B 3 KR 12/97 R - SozR 3-5425 § 2 Nr. 9).

Gerade im Bereich der darstellenden Kunst findet auf Grund des Wechsels von selbständiger Tätigkeit, abhängiger Beschäftigung und Arbeitslosigkeit häufig im Übrigen eine verwaltungsmäßige „Dauerbetreuung" des Künstlers statt. Eine Beitragsbemessung, die § 234 SGB V in jeder Weise gerecht wird, ist bei solchen Verhältnissen praktisch undurchführbar.[17] 19

Die Bedeutung der Beitragsbemessung nach § 234 SGB V für die Sozialversicherung ist gering, weil zum Versichertenbestand der Künstlersozialversicherung nur etwa 140.000 Versicherte gehören.[18] 20

II. Normzweck

§ 234 Abs. 1 SGB V regelt, wie die beitragspflichtigen Einnahmen der versicherungspflichtigen selbständigen Künstler und Publizisten zu ermitteln sind. Dabei wird mit einer Schätzung des voraussichtlich im Kalenderjahr erzielten Gewinns aus der selbständigen Tätigkeit des Künstlers oder Publizisten gearbeitet, um den üblicherweise starken Schwankungen des Einkommens dieser selbständig Erwerbstätigen gerecht zu werden. So soll eine zeitnahe verbindliche Beitragsfestsetzung ermöglicht werden, die den Verwaltungsaufwand reduziert und nachträgliche Risikoverschiebungen zu Lasten der Krankenkasse verhindert.[19] 21

Mit der in § 234 Abs. 1 Satz 1 letzter Halbsatz SGB V geregelten Mindestbemessungsgrundlage soll sichergestellt werden, dass auch bei niedrigem Einkommen den zu erbringenden Leistungen ein gewisser Eigenbeitrag des Mitglieds gegenübersteht. 22

III. Tatbestandsmerkmale

1. Nach dem KSVG versicherungspflichtige Mitglieder

§ 234 SGB V gilt für die selbständigen Künstler und Publizisten, die nach **§ 5 Abs. 1 Nr. 4 SGB V i.V.m. §§ 1 ff. KSVG** in der gesetzlichen Krankenversicherung pflichtversichert sind. Damit bestimmen sich im Wesentlichen die Einnahmen solcher Künstler und Publizisten nach § 234 SGB V, die erwerbsmäßig als Künstler bzw. Publizisten tätig sind und nicht mehr als einen Arbeitnehmer beschäftigen.[20] 23

Besteht Versicherungspflicht in der gesetzlichen Krankenversicherung aus einem gegenüber § 5 Abs. 1 Nr. 4 SGB V **vorrangigen Versicherungspflichttatbestand**, richtet sich die Beitragsbemessung nach den insoweit maßgebenden Vorschriften und nicht nach § 234 SGB V. Für **freiwillig versicherte** Künstler und Publizisten werden die beitragspflichtigen Einnahmen nach § 240 SGB V ermittelt. 24

2. Beitragsbemessungsgrundlage

a. Jahresarbeitseinkommen

Nach § 234 Abs. 1 SGB V richtet sich die Höhe der beitragspflichtigen Einnahmen nach der voraussichtlichen Höhe des Jahresarbeitseinkommens. Der Begriff des **Jahresarbeitseinkommens** ist nicht gesetzlich definiert. Auf Grund der Verweisung in § 36a KSVG auf die Vorschriften des SGB gilt die Definition des **§ 15 SGB IV** für das **Arbeitseinkommen**.[21] Arbeitseinkommen ist der nach den allgemeinen Gewinnermittlungsvorschriften des Einkommensteuerrechts ermittelte Gewinn aus selbständiger Tätigkeit. Dabei ist Einkommen als Arbeitseinkommen zu werten, wenn es als solches nach dem Einkommensteuerrecht zu bewerten ist. Der Gewinn aus selbständiger Arbeit, zu der auch freiberufliche Tätigkeit zählt (§ 18 Abs. 1 Nr. 1 EStG), wird bei diesem Personenkreis durch Gegenüberstellung der Betriebseinnahmen und der Betriebsausgaben ermittelt. 25

Aus der Verwendung des Begriffs Jahresarbeitseinkommen ergibt sich weiter, dass der Beitragsbemessung das im Laufe eines **Kalenderjahres** – also vom 01.01. bis 31.12. – erzielte Arbeitseinkommen zugrunde zu legen ist.[22] Entsprechend sind die innerhalb des Kalenderjahres voraussichtlich **zufließenden** Einnahmen und die zu erwartenden Ausgaben gegenüberzustellen, ohne Rücksicht darauf, in wel- 26

---

[17] Siehe zur Problematik der Beitragsgerechtigkeit auch *Gerlach* in: Hauck/Noftz, SGB V, § 234 Rn. 8; *Vieß* in: GK-SGB V, § 234 Rn. 6.

[18] Quelle: www.kuenstlersozialkasse.de; Stand 31.03.2005 = 141.790 Versicherte.

[19] Siehe hierzu die Begründung im Regierungsentwurf zum Gesetz zur Änderung des KSVG, BT-Drs. 11/2964, S. 1 zu B.

[20] Vgl. zu den Einzelheiten *Finke/Brachmann/Nordhausen*, KSVG, §§ 1 ff.

[21] Vgl. *Vieß* in: GK-SGB V, § 234 Rn. 3.

[22] Vgl. *Vieß* in: GK-SGB V, § 234 Rn. 4.

chem Zeitraum die erwarteten Einkünfte **erzielt** werden. Im Übrigen wird auf die Kommentierung zu § 15 SGB IV verwiesen.[23]

27 In § 234 Abs. 1 Satz 4 SGB V wird klargestellt, dass zum Arbeitseinkommen der Künstler und Publizisten auch Vergütungen für die **Verwertung oder Nutzung urheberrechtlich geschützter Werke und Leistungen** gehören.[24] Das sind in Deutschland die Ausschüttungen der Gesellschaft für musikalische Aufführungs- und mechanische Vervielfältigungsrechte (GEMA), der Verwertungsgesellschaften[25] (VG) und der Gesellschaft zur Übernahme und Wahrnehmung von Filmaufführungsrechten mbH.

b. Schätzung

28 Das Jahresarbeitseinkommen ist nach § 12 Abs. 1 KSVG bis zum 01.12. eines Jahres vom Versicherten der Künstlersozialkasse zu **melden** und bildet damit nachfolgend in der Regel die Grundlage für die Feststellung des voraussichtlichen Jahresarbeitseinkommens für das Folgejahr. Es handelt sich damit um eine Beitragsbemessung auf der Grundlage einer **Schätzung**. Das voraussichtliche Jahresarbeitseinkommen bleibt grundsätzlich – unabhängig vom tatsächlichen Verlauf der Einkommensentwicklung im Kalenderjahr – Bemessungsgrundlage. Selbst erhebliche Abweichungen in der aktuellen Situation des Versicherten sind grundsätzlich unbeachtlich, wenn es sich nicht um eine grundlegende dauerhafte Veränderung in den tatsächlichen Verhältnissen handelt.

29 Nach § 12 Abs. 3 KSVG sind **Änderungen** der für die Ermittlung des voraussichtlichen Jahresarbeitseinkommen maßgebenden Verhältnisse auf **Antrag** vom Ersten des Kalendermonats, der auf den Antragseingang folgt, zu berücksichtigen. Tatsächliche Änderungen im Hinblick auf die Ermittlungsgrundlagen liegen z.B. vor, wenn die Erwerbstätigkeit entscheidend eingeschränkt oder grundlegend verändert worden ist.[26] Die Beitragsberechnung wird auch dann, wenn solche Änderungen vorliegen, **nicht für die Vergangenheit** geändert.

30 Die kalendertägliche Beitragsbemessungsgrundlage ist der **360. Teil** des voraussichtlichen Jahresarbeitseinkommens.

31 Meldet der Versicherte der Künstlersozialkasse seiner Krankenkasse das voraussichtliche Jahresarbeitseinkommen unter Verstoß gegen die ihm in § 12 Abs. 1 KSVG auferlegte Verpflichtung nicht oder sind seine Angaben unglaubhaft, schätzt die Künstlersozialkasse das Arbeitseinkommen. Dabei ist zu beachten, dass für diese Schätzung § 12 Abs. 3 Satz 1 KSVG entsprechend gilt (§ 12 Abs. 3 Satz 2 KSVG). Der Versicherte kann damit, soweit sich die Künstlersozialkasse bei der Schätzung innerhalb ihres Beurteilungsspielraums gehalten hat, für die Vergangenheit eine die tatsächliche Leistungsfähigkeit erheblich überschreitende Beitragsbemessungsgrundlage nicht korrigieren lassen.

32 Nach § 2 Abs. 1 Nr. 1 i.V.m. § 11 Abs. 2 der KSVG-Beitragsüberwachungsverordnung[27] kann eine **Außenprüfung** bei dem Künstler bzw. Publizisten durch die Künstlersozialkasse im Hinblick auf die Grundlagen der Beitragsbemessung nur im Einvernehmen mit dem Versicherten erfolgen.

c. Mindestbemessungsgrundlage

33 Nach § 234 Abs. 1 Satz 1 letzter HS. SGB V ist kalendertäglich **mindestens der 180. Teil** (bzw. monatlich ein Sechstel) der monatlichen Bezugsgröße (§ 18 SGB IV, seit dem 01.01.2005: 2.415 €[28]) der Beitragsbemessung zugrunde zu legen.

34 Diese Regelung gilt für Versicherte, deren Einnahmen nur knapp über dem Mindesteinkommen für die Versicherungspflicht in der Künstlersozialkasse liegen (3.900 € = 325 € monatlich, § 3 Abs. 1 Satz 1 KSVG) liegen. Während der ersten fünf Jahre nach Aufnahme der Tätigkeit besteht die Versicherungspflicht ohne Rücksicht auf die Höhe ihres Arbeitseinkommens (§ 3 Abs. 2 KSVG), sodass im Einzelfall auch eine Versicherung bei einer erwerbsmäßigen Tätigkeit ohne Arbeitseinkommen besteht, z.B. soweit eine Vertragsdurchführung scheitert etc.

---

23 *Fischer* in: jurisPK-SGB IV, § 15.

24 Vgl. *Krauskopf* in: Krauskopf, SGB V, § 234 Rn. 5.

25 VG Wort, VG Bild-Kunst, VG Musikedition, VG für Nutzungsrechte an Filmwerken mbH, VG der Film- und Fernsehproduzenten mbH sowie Gesellschaft zur Verwertung von Leistungsschutzrechten (GVL).

26 Vgl. *Vieß* in: GK-SGB V, § 234 Rn. 3.

27 Nach Art. 1 Nr. 1 und Nr. 2a des Gesetzes zur Rechtsangleichung in der gesetzlichen Krankenversicherung v. 22.12.1999, BGBl I 1999, 2972 gilt die Bezugsgröße für ganz Deutschland.

28 Vgl. *Krauskopf* in: Krauskopf, SGB V, § 234 Rn. 12.

3. Beitragsanpassung, Beitragsfreiheit

Nach § 234 Abs. 1 Satz 2 SGB V wird bei Bezug von **Erziehungsgeld** oder bei Nichtgewährung dieser Leistung auf Grund des zu berücksichtigenden Einkommens (§§ 5 Abs. 3, 6 BErzGG) auf Antrag ein unter Umständen reduziertes Jahresarbeitseinkommen bei der Beitragsbemessung zugrunde gelegt. 35

Wird neben dem Erziehungsgeld voraussichtlich Arbeitseinkommen, das im Durchschnitt 325 € monatlich nicht übersteigt, erzielt, bleibt dieses beitragsfrei.[29] Der Antrag ist bei der Künstlersozialkasse, die für die Feststellung der Beitragsbemessungsgrundlagen zuständig ist, und nicht bei der Krankenkasse zu stellen. 36

Besteht Anspruch auf **Krankengeld** oder **Mutterschaftsgeld** oder hat nach § 251 Abs. 1 SGB V ein **Rehabilitationsträger** auf Grund der Teilnahme an Leistungen zur Teilhabe am Arbeitsleben oder des Bezuges von Übergangsgeld, Verletztengeld oder Versorgungskrankengeld **Beiträge zu zahlen**, besteht nach § 234 Abs. 1 Satz 3 SGB V Beitragsfreiheit im Hinblick auf das Arbeitseinkommen aus künstlerischer oder publizistischer Tätigkeit.[30] Die in § 224 Satz 2 SGB V geregelte Beitragsfreiheit für Krankengeld und Mutterschaftsgeld gilt neben dieser Vorschrift für die bezogenen Leistungen. 37

4. Renten, Versorgungsbezüge, Arbeitseinkommen

Nach § 234 Abs. 2 SGB V sind Einnahmen in Form von Renten aus der gesetzlichen Rentenversicherung, Versorgungsbezügen bzw. Arbeitseinkommen aus einer weiteren selbständigen (das heißt nicht künstlerischen oder publizistischen Tätigkeit), die neben dem beitragspflichtigen Arbeitseinkommen erzielt werden, beitragspflichtig. Das gilt für Versorgungsbezüge und sonstiges Arbeitseinkommen jedoch nur, wenn sie für sich genommen oder in der Summe ein Zwanzigstel der monatlichen Bezugsgröße (§ 18 SGB IV) übersteigen, § 234 Abs. 2 i.V.m. § 226 Abs. 2 SGB V. 38

Es gelten die Legaldefinitionen der Rente aus der gesetzlichen Rentenversicherung in § 228 SGB V[31] und der Versorgungsbezüge in § 229 SGB V[32]. Für den Begriff des Arbeitseinkommens gilt auch insoweit in § 15 SGB IV[33]. Bei der entsprechenden Anwendung der Regelung über die Rangfolge der Einnahmearten nach den §§ 230 SGB V, 231 SGB V tritt an die Stelle des Arbeitsentgelts das beitragspflichtige Arbeitseinkommen aus der selbständigen künstlerischen oder publizistischen Tätigkeit.[34] 39

IV. Übergangsrecht

Eine Übergangsregelung war für die Beitragsbemessung für die Jahre 1988 und 1989 erforderlich. Es wurde der Übergang von den bis zum 31.12.1988 zu leistenden Abschlagszahlungen zu den verbindlich festgesetzten Beiträgen auf der Grundlage einer Beitragsschätzung zum 01.01.1989 geregelt.[35] 40

C. Praxishinweise

Bei wesentlichen Änderungen der selbständigen Erwerbstätigkeit des Künstlers oder Publizisten muss darauf geachtet werden, dass sofort ein Antrag bei der Künstlersozialkasse auf Änderung des voraussichtlichen Jahresarbeitseinkommens als Grundlage der Beitragsbemessung gestellt wird, da eine Änderung der Beitragsbemessung nur mit Wirkung vom Ersten des Monats erfolgen kann, der auf den Monat folgt, in dem der Antrag bei der Künstlersozialkasse eingeht.[36] Diese Vorschrift ist lex specialis gegenüber §§ 44 ff. SGB X, sodass eine Änderung für die Vergangenheit ausgeschlossen ist. 41

---

[29] Vgl. *Krauskopf* in: Krauskopf, SGB V, § 234 Rn. 1, der insoweit auf die Beitragsfreiheit nach § 3 Abs. 1 KSVG abstellt.

[30] Vgl. Bericht des 11. Ausschusses für Arbeit und Sozialordnung, BT-Drs. 11/3629, zu Art. 2 Nr. 6, 8; so im Ergebnis auch *Krauskopf* in: Krauskopf, SGB V, § 234 Rn. 11.

[31] Bezüglich der Einzelheiten wird auf die Kommentierung zu § 228 SGB V verwiesen.

[32] Bezüglich der Einzelheiten wird auf die Kommentierung zu § 229 SGB V verwiesen.

[33] Bezüglich der Einzelheiten wird auf *Fischer* in: jurisPK-SGB IV, § 15 verwiesen.

[34] Vgl. *Krauskopf* in: Krauskopf, SGB V, § 234 Rn. 12.

[35] Vgl. §§ 57 Abs. 1a, 59a Abs. 2 KSVG, eingefügt durch Art. 1 Nr. 15 und 16 des Gesetzes zur Änderung des Künstlersozialversicherungsgesetzes v. 20.12.1988, BGBl I 1988, 2606.

[36] Zuständig ist die Künstlersozialkasse als Abteilung der Unfallkasse des Bundes, Langeoogstraße 12, 26384 Wilhelmshaven. Nähere Information können im Internet unter www.kuenstlersozialkasse.de abgerufen werden.

§ 235 SGB V Beitragspflichtige Einnahmen von Rehabilitanden, Jugendlichen und Behinderten in Einrichtungen

(Fassung vom 19.06.2001, gültig ab 01.07.2001)

(1) Für die nach § 5 Abs. 1 Nr. 6 versicherungspflichtigen Teilnehmer an Leistungen zur Teilhabe am Arbeitsleben gilt als beitragspflichtige Einnahmen 80 vom Hundert des Regelentgelts, das der Berechnung des Übergangsgeldes zugrunde liegt. Das Entgelt ist um den Zahlbetrag der Rente wegen verminderter Erwerbsfähigkeit sowie um das Entgelt zu kürzen, das aus einer die Versicherungspflicht begründenden Beschäftigung erzielt wird. Bei Personen, die Teilübergangsgeld nach dem Dritten Buch beziehen, ist Satz 2 nicht anzuwenden. Wird das Übergangsgeld, das Verletztengeld oder das Versorgungskrankengeld angepaßt, ist das Entgelt um den gleichen Vomhundertsatz zu erhöhen. Für Teilnehmer, die kein Übergangsgeld erhalten, sowie für die nach § 5 Abs. 1 Nr. 5 Versicherungspflichtigen gilt als beitragspflichtige Einnahmen ein Arbeitsentgelt in Höhe von 20 vom Hundert der monatlichen Bezugsgröße nach § 18 des Vierten Buches.

(2) Für Personen, deren Mitgliedschaft nach § 192 Abs. 1 Nr. 3 erhalten bleibt, sind die vom zuständigen Rehabilitationsträger nach § 251 Abs. 1 zu tragenden Beiträge nach 80 vom Hundert des Regelentgelts zu bemessen, das der Berechnung des Übergangsgeldes, des Verletztengeldes oder des Versorgungskrankengeldes zugrunde liegt. Absatz 1 Satz 3 gilt.

(3) Für die nach § 5 Abs. 1 Nr. 7 und 8 versicherungspflichtigen behinderten Menschen ist als beitragspflichtige Einnahmen das tatsächlich erzielte Arbeitsentgelt, mindestens jedoch ein Betrag in Höhe von 20 vom Hundert der monatlichen Bezugsgröße nach § 18 des Vierten Buches zugrunde zu legen.

(4) § 226 Abs. 1 Satz 1 Nr. 2 bis 4 und Abs. 2 sowie die §§ 228 bis 231 gelten entsprechend; bei Anwendung des § 230 Satz 1 ist das Arbeitsentgelt vorrangig zu berücksichtigen.

Gliederung

A. Basisinformationen

I. Textgeschichte/Gesetzgebungsmaterialien

1 Die Erstfassung des § 235 SGB V ist mit dem Gesetz zur Strukturreform im Gesundheitswesen[1] (GRG) zum **01.01.1989** in Kraft getreten. Die Vorschrift legt die beitragspflichtigen Einnahmen der **nach § 5 Abs. 1 Nr. 5, 6, 7 oder 8 SGB V** in der gesetzlichen Krankenversicherung **versicherungspflichtigen Personen** (vgl. zum versicherten Personenkreis im Einzelnen Rn. 5) und solcher Versicherten, deren

[1] GRG v. 20.12.1988, BGBl I 1988, 2477.

Mitgliedschaft in der gesetzlichen Krankenversicherung für die Zahlung des Bezuges von Verletztengeld, Versorgungskrankengeld oder Übergangsgeld nach **§ 192 Abs. 1 Nr. 3 SGB V** erhalten bleibt, fest.[2] Die Vorschrift ist mehrfach geändert worden:

Für versicherungspflichtige Teilnehmer an berufsfördernden Maßnahmen zur Rehabilitation und Versicherungspflichtige, deren Mitgliedschaft auf Grund der Zahlung von Verletztengeld, Versorgungskrankengeld oder Übergangsgeld durch einem Rehabilitationsträger erhalten bleibt, wurden die Beiträge zur Krankenversicherung zunächst nach dem Regelentgelt, das der Berechnung des Übergangsgeldes zugrunde liegt, bemessen. Der Gesetzgeber reduzierte mit dem Gesetz zur Reform der gesetzlichen Rentenversicherung[3] (RRG 1992) mit Wirkung vom **01.01.1995** die **Bemessungsgrundlage** für die Beiträge auf **80 v.H. des Regelentgeltes**. Mit diesem Gesetz wurde auch die Beitragsbemessungsgrundlage für Teilnehmer an berufsfördernden Maßnahmen zur Rehabilitation, die kein Übergangsgeld erhalten, in § 235 Abs. 1 Satz 4 (jetzt Satz 5) SGB V in gleichem Umfang von dem Betrag des Wertes für freie Kost und Wohnung auf 80 v.H. dieses Betrages herabgesetzt. Zum **01.01.1997** nahm der Gesetzgeber insoweit eine redaktionelle Änderung mit dem Gesetz zur Einordnung des Rechts der gesetzlichen Unfallversicherung in das Sozialgesetzbuch[4] (UVEG) zur Anpassung an den Wortlaut der Sachbezugsverordnung[5] vor. Mit Wirkung vom **01.01.1998** wurde Absatz 1 durch das Gesetz zur Reform der Arbeitsförderung[6] (AFRG) neu gefasst und in Satz 4 (jetzt Satz 5) dieses Absatzes für die Beitragsbemessung bei Teilnehmern an berufsfördernden Maßnahmen zur Rehabilitation, die **kein Übergangsgeld** erhalten, sowie Personen, die in einer **Einrichtung der Jugendhilfe** für eine Erwerbstätigkeit befähigt werden sollen, nicht mehr auf den Wert für freie Verpflegung und Unterkunft nach der Sachbezugsverordnung, sondern auf **20 v.H. der monatlichen Bezugsgröße** nach § 18 SGB IV abgestellt. Gleichzeitig trat der mit dem Ersten Gesetz zur Änderung des Dritten Buches Sozialgesetzbuch und anderer Gesetze[7] (1. SGB III-ÄndG) eingefügte § 235 Abs. 1 Satz 3 SGB V über die Unanwendbarkeit der Kürzung des Entgeltes um das aus einer versicherungspflichtigen Beschäftigung erzielte Entgelt bei Beziehern von Teilübergangsgeld in Kraft, wobei allerdings die hiernach erforderliche Änderung der Verweisung in § 235 Abs. 2 Satz 2 SGB V von „Satz 3" in „Satz 4" versäumt wurde. Mit dem Gesetz zur Reform der gesetzlichen Krankenversicherung ab dem Jahr 2000[8] (GKV-Gesundheitsreformgesetz 2000) fügte der Gesetzgeber in § 235 Abs. 1 Satz 2 SGB V eine Vorschrift über die **Kürzung** der Bemessungsgrundlage um den Zahlbetrag der **Rente wegen verminderter Erwerbsfähigkeit** mit Wirkung vom **01.01.2000** in die Regelung ein. 2

Mit In-Kraft-Treten des Sozialgesetzbuches – Neuntes Buch – (SGB IX) Rehabilitation und Teilhabe behinderter Menschen[9] wurde die Bezeichnung „berufsfördernde Maßnahmen zur Rehabilitation" durch „Leistungen zur Teilhabe am Arbeitsleben" und das Wort „Behinderten" durch die Wörter „behinderte Menschen" in § 235 Abs. 1 Satz 1 bzw. Abs. 3 SGB V mit Wirkung vom **01.07.2001** – der **Terminologie des SGB IX** entsprechend – ersetzt. 3

II. Vorgängervorschriften

§ 235 Abs. 1 SGB V i.d.F. des GRG übernahm inhaltlich die Regelungen der **§ 180 Abs. 1a, Abs. 3a RVO**. Die Regelungen in **§ 235 Abs. 2 SGB V** gehen teilweise auf **§ 381 Abs. 3a RVO** zurück.[10] Die Vorschrift des § 235 Abs. 3 SGB V übernahm die Vorschriften in § 4 des Gesetzes über die Sozialversicherung Behinderter in geschützten Einrichtungen (SVBG)[11] über die Berechnung des Mindestarbeitsentgeltes. Für § 235 Abs. 4 SGB V finden sich Vorgängervorschriften in den **§§ 180 Abs. 6 und 8, 381 Abs. 2, 385 Abs. 1b RVO**. 4

[2] Vgl. zum Regelungsgegenstand die Begründung des Regierungsentwurfs zum GRG, BT-Drs. 11/2237, S. 224 zu § 244.

[3] Art. 4 Nr. 16 Buchst. a) aa) RRG 1992 v. 18.12.1989, BGBl I 1989, 2261.

[4] Art. 4 Nr. 3 UVEG v. 07.08.1996, BGBl I 1996, 1254.

[5] Verordnung über den Wert der Sachbezüge in der Sozialversicherung für das Jahr 1995, zuletzt geändert durch Verordnung v. 19.12.1994, BGBl I 1994, 3849, zuletzt geändert durch Verordnung v. 22.10.2004, BGBl I 2004, 2663.

[6] Art. 5 AFRG v. 24.03.1997, BGBl I 1997, 594, 692.

[7] Art. 4 Nr. 5 1. SGB III-ÄndG v. 16.12.1997, BGBl I 1997, 2970.

[8] Art. 1 Nr. 66 GKV-Gesundheitsreformgesetz 2000 v. 22.12.1999, BGBl I 1999, 2626.

[9] Art. 5 Nr. 31 SGB IX v. 19.06.2001, BGBl I 2001, 1046.

[10] Siehe hierzu die Begründung des Regierungsentwurfs zum GRG, BT-Drs. 11/2237, S. 224 zu § 244.

[11] Art. 5 Nr. 31 SGB IX v. 19.06.2001, BGBl I 2001, 1046.

III. Systematische Zusammenhänge

5 Das Gesetz sieht für Rehabilitanden sowie bestimmte Jugendliche und behinderte Menschen in Einrichtungen eine Versicherungspflicht in der gesetzlichen Krankenversicherung vor:

6 Die **Versicherungspflicht** gilt für Personen, die in Einrichtungen der Jugendhilfe für eine Erwerbstätigkeit befähigt werden sollen (§ 5 Abs. 1 Nr. 5 SGB V), Teilnehmer an Leistungen zur Teilhabe am Arbeitsleben bzw. Leistungen zur Abklärung der beruflichen Eignung oder Arbeitserprobung – soweit diese Maßnahmen nicht nach den Vorschriften des Bundesversorgungsgesetzes gewährt werden – (§ 5 Abs. 1 Nr. 6 SGB V), behinderte Menschen, die in anerkannten Werkstätten für behinderte Menschen oder in nach dem Blindenwarenvertriebsgesetz anerkannten Blindenwerkstätten oder für diese Einrichtungen in Heimarbeit tätig sind (§ 5 Abs. 1 Nr. 7 SGB V) und für behinderte Menschen, die in Anstalten, Heimen und gleichartigen Einrichtungen in gewisser Regelmäßigkeit eine Leistung erbringen, die einem Fünftel der Leistung eines voll erwerbsfähigen Beschäftigten in gleichartiger Beschäftigung entspricht (§ 5 Abs. 1 Nr. 8 SGB V).

7 Die **Mitgliedschaft** der nach § 5 Abs. 1 Nr. 5 bzw. 6 SGB V Versicherungspflichtigen **beginnt** mit dem Beginn der Maßnahme (§ 186 Abs. 4 bzw. 5 SGB V) und **endet** mit deren Beendigung (§ 190 Abs. 6 bzw. 7 SGB V); für Teilnehmer an Leistungen zur Teilhabe am Arbeitsleben, denen Übergangsgeld über das Ende der Maßnahme hinaus weitergezahlt wird, endet die Mitgliedschaft nach zuletzt genannter Vorschrift mit dem Ende des Übergangsgeldes. Die Mitgliedschaft versicherungspflichtiger behinderter Menschen beginnt nach § 186 Abs. 6 SGB V mit dem Beginn der Tätigkeit in den anerkannten Werkstätten für behinderte Menschen, Anstalten, Heimen oder gleichwertigen Einrichtungen und endet nach § 190 Abs. 8 SGB V mit der Aufgabe dieser Tätigkeit.

8 Der zuständige **Rehabilitationsträger trägt** nach § 251 Abs. 1 Satz 1 SGB V die auf Grund der Teilnahme an Leistungen zur Teilhabe am Arbeitsleben sowie an Berufsfindung oder Arbeitserprobung zu leistenden **Beiträge**. Das gilt nach Satz 2 dieser Vorschrift auch für die Beiträge, die für Bezieher von Übergangsgeld, Verletztengeld oder Versorgungskrankengeld, deren Mitgliedschaft nach § 192 Abs. 1 Nr. 3 SGB V fortbesteht, zu zahlen sind. Nach § 251 Abs. 2 Satz 1 SGB V trägt der **Träger der Einrichtung**, in dem der Jugendliche oder behinderte Mensch tätig ist, die Beiträge für die nach § 5 Abs. 1 Nr. 5, 7 oder 8 SGB V Versicherungspflichtigen allein. Das gilt für die versicherungspflichtigen behinderten Menschen allerdings nur dann, wenn das diesen gezahlte Arbeitsentgelt den Mindestbetrag von 20 v.H. der Bezugsgröße nach § 18 SGB IV nicht übersteigt; sonst gilt die allgemeine Vorschrift zur Beitragstragung bei versicherungspflichtigen Beschäftigten in § 249 Abs. 1 SGB V.[12] Für behinderte Menschen, die in anerkannten Werkstätten für behinderte Menschen oder in nach dem Blindenwarenvertriebsgesetz anerkannten Blindenwerkstätten oder für diese Einrichtungen in Heimarbeit tätig sind, sind den Einrichtungen die Beiträge nach § 251 Abs. 2 Satz 2 SGB V von den für die behinderten Menschen zuständigen Leistungsträgern **zu erstatten**.

9 Der **allgemeine Beitragssatz** nach § 241 SGB V gilt für Mitglieder, die bei Arbeitsunfähigkeit für mindestens sechs Wochen Anspruch auf Fortzahlung des Arbeitsentgelts oder auf Zahlung einer die Versicherungspflicht begründenden Sozialleistung haben. Soweit nach § 5 Abs. 1 Nr. 5, 6, 7 oder 8 SGB V Versicherungspflichtige nicht im Ausnahmefall weder Anspruch auf Arbeitsentgelt noch Sozialleistungen haben, gilt entsprechend der allgemeine Beitragssatz.[13]

10 Für die **Meldepflichten** gelten nach § 200 Abs. 1 SGB V die Vorschriften über die Meldepflicht des Arbeitgebers bei versicherungspflichtig Beschäftigten. Die Beiträge sind nach § 253 SGB V als Teil des Gesamtsozialversicherungsbeitrages (§§ 28d ff. SGB IV) von der Einrichtung, in die der behinderten Mensch tätig ist, an die zuständige Krankenkasse als Einzugstelle zu zahlen, soweit das Entgelt für die Tätigkeit 20 v.H. der monatlichen Bezugsgröße i.S.d. § 18 SGB IV übersteigt.[14] Im Übrigen richtet sich die Beitragszahlung nach § 252 SGB V.

[12] Das heißt, dass der behinderte Mensch in diesem Fall an der Aufbringung der Mittel für seine Krankenversicherung beteiligt wird. § 249 Abs. 3 SGB V, auf den § 251 Abs. 2 SGB V nach wie vor verweist und der die Beitragstragung für die Zahlung einmaligen Arbeitsentgelts regelte, wurde durch Gesetz v. 24.07.2003, BGBl I 2003, 1526 aufgehoben.

[13] Es wird im Übrigen auf die Kommentierung zu § 241 SGB V verwiesen; vgl. auch *Gerlach* in: Hauck/Noftz, SGB V, § 241 Rn. 43 ff.

[14] Es wird im Übrigen auf die Kommentierung zu § 253 SGB V verwiesen; im Ergebnis so auch *Gerlach* in: Hauck/Noftz, SGB V, § 253 Rn. 20.

IV. Ausgewählte Literaturhinweise

11 *Burgard*, Auswirkungen von Teilzeittätigkeit in Werkstätten für behinderte Menschen auf die Sozialversicherungsbeiträge und die Erstattungspflicht, RdLH 2003, 130-131; *Gernet*, Die versicherungsrechtliche Beurteilung der Rehabilitanden, MittLVAOberfranken 1993, 261-278; *Schäfer*, Behinderte Menschen in geschützten Einrichtungen, Die Beiträge 2001, 705-709; *Schmidt*, Versicherung sonstiger Personen, SVFAng Nr. 114, 39-52; *Susemichel*, Versicherung der Rehabilitanden – Beiträge aus Entgeltersatzleistungen, SVFAng Nr. 108, 59-70; *Wendt*, Streit um die Erhebung von Beitragszuschlägen zur Sozialversicherung von Werkstattbeschäftigten, RdLH 2005, 79-80; *Werner*, Die Versicherungs- und Beitragspflicht der Bezieher von Entgeltersatzleistungen, Kompaß 1995, 396-401.

B. Auslegung der Norm

I. Regelungsgehalt und Bedeutung der Norm

12 § 235 SGB V betrifft die **beitragspflichtigen Einnahmen** der Personen, deren Versicherungspflicht in der gesetzlichen Krankenversicherung auf § 5 Abs. 1 Nr. 5, 6, 7 oder 8 SGB V beruht bzw. deren Mitgliedschaft in der gesetzlichen Krankenversicherung nach § 192 Abs. 1 Nr. 3 SGB V erhalten bleibt.

13 Es handelt sich hier um eine Sondernorm des Beitragsrechts, der im Hinblick auf den Vorrang der Versicherungspflicht nach § 5 Abs. 1 Nr. 1 SGB V, d.h. auf Grund einer Beschäftigung gegen Arbeitsentgelt als Arbeiter, Angestellter oder zur Berufsausbildung, gegenüber den Versicherungspflichttatbeständen des § 5 Abs. 1 Nr. 5-7 oder 8 SGB V[15] eine untergeordnete Bedeutung zukommt. Die niedrigen fiktiven Beitragsbemessungsgrundlagen tragen der noch nicht vollzogenen Eingliederung des betroffenen versicherten Personenkreises in den ersten Arbeitsmarkt Rechnung.

II. Normzweck

14 Die Vorschrift bietet eine handhabbare Grundlage für die Bemessung der Beiträge zur gesetzlichen Krankenversicherung bei Personen, die bei typisierter Betrachtungsweise auf Grund ihrer Behinderung oder gesundheitlichen Beeinträchtigung (noch) nicht zu den üblichen Bedingungen des allgemeinen Arbeitsmarktes tätig sind.

III. Tatbestandsmerkmale

1. Beitragspflichtige Einnahmen der Empfänger von Leistungen der Teilhabe am Arbeitsleben

a. 80 v.H. des Regelentgelts

15 Für die nach § 5 Abs. 1 Nr. 6 SGB V versicherungspflichtigen Empfänger von Leistungen der Teilhabe am Arbeitsleben, denen Übergangsgeld von einem Unfallversicherungsträger[16], einem Rentenversicherungsträger[17] oder der Bundesagentur für Arbeit[18] gewährt wird, legt § 235 Abs. 1 Satz 1 SGB V 80 v.H. des Regelentgeltes, welches der Berechnung des Übergangsgeldes zugrunde liegt, als beitragspflichtige Einnahme fest. Das gilt selbst dann, wenn das Übergangsgeld tatsächlich nicht unmittelbar aus dem Arbeitentgelt berechnet wird, sondern in Höhe vorher bezogener Sozialleistungen gezahlt wird.[19]

16 Das **Regelentgelt** ist nach § 46 Abs. 1 Satz 1 SGB IX das erzielte regelmäßige Arbeitsentgelt und Arbeitseinkommen, soweit es der Beitragsbemessung unterliegt. Insoweit gelten die Regelungen in den §§ 14 und 15 SGB IV zum Arbeitsentgelt und Arbeitseinkommen.[20] Bei der Berechnung des Übergangsgeldes wird auf die für den jeweiligen Rehabilitationsträger maßgebende Beitragsbemessungs-

---

[15] § 5 Abs. 6 Satz 1 SGB V.

[16] §§ 49, 50 SGB VII i.V.m. den §§ 46-51 SGB IX.

[17] §§ 20, 21 SGB VI i.V.m. Teil 1 Kap. 6 SGB IX.

[18] §§ 160-163 SGB III i.V.m. „Kap. 6" SGB IX; gemeint ist auch hier Teil 1 Kapitel 6 SGB IX, vgl. *Leitherer* in: Eicher/Schlegel, SGB III, § 160 Rn. 8.

[19] Vgl. für die Gewährung von Übergangsgeld in Höhe des Arbeitslosengeldes BSG v. 31.01.1980 - 8a RK 10/79 - SozR 2200 § 385 Nr. 3 zur Vorgängervorschrift § 385 Abs. 3a RVO.

[20] Vgl. *Löschau* in: GK-SGB IX, § 46 Rn. 24 ff.

grenze im Hinblick auf das regelmäßig erzielte Arbeitsentgelt bzw. Arbeitseinkommen (das heißt nicht auf 80 v.H. dieses Betrages) als Höchstwert abgestellt.[21] Die Besonderheiten der Gleitzone nach § 20 Abs. 2 SGB IV finden nach § 46 Abs. 1 Satz 2 SGB IX keine Anwendung. Die Einzelheiten der Berechnung des für das Übergangsgeld maßgebenden Regelentgelts ergeben sich aus § 47 SGB IX. Entgeltbestandteile, die bei der Bemessung des Übergangsgeldes nicht zugrunde liegen, werden auch bei der Beitragsbemessung nach § 235 Abs. 1 SGB V nicht berücksichtigt.

17 Im Hinblick auf die Berücksichtigung der **Beitragsbemessungsgrenze** (§ 223 Abs. 3 Satz 1 SGB V[22]) ist auf die beitragspflichtigen Einnahmen (80 v.H. des Regelentgeltes) und nicht auf das Regelentgelt selbst abzustellen.[23] § 223 Abs. 3 Satz 1 SGB V begrenzt für die Beitragsberechnung in der gesetzlichen Krankenversicherung die Beitragsbemessung nicht im Hinblick auf die für die Beitragsbemessung heranzuziehende Berechnungsgrundlage – hier das Regelentgelt –, sondern im Hinblick auf die beitragspflichtigen Einnahmen selbst. Das gilt auch dann, wenn diese fingiert werden.

b. Anrechnung von Rente wegen verminderter Erwerbsfähigkeit bzw. Arbeitsentgelt

18 **Renten wegen verminderter Erwerbsfähigkeit** aus der gesetzlichen Rentenversicherung (§ 33 Abs. 3 SGB VI[24]) werden mit ihrem **Zahlbetrag** nach § 235 Abs. 1 Satz 2 SGB V auf das Entgelt, das heißt das Regelentgelt, das der Berechnung des Übergangsgeldes zugrunde liegt, angerechnet. Seit mit der Reform der Regelungen zu den Renten wegen verminderter Erwerbsfähigkeit mit Wirkung vom 01.01.2001[25] Entgeltersatzleistungen und Renten wegen verminderte Erwerbsfähigkeit grundsätzlich nebeneinander bezogen werden können, hätte der Gesetzgeber insoweit eigentlich tätig werden müssen. Nach § 28 Abs. 1 Nr. 4 SGB VI wird nur eine aus demselben Anlass erbrachte Rente wegen verminderter Erwerbsfähigkeit auf das Übergangsgeld angerechnet. Dabei ist es bei der mit Wirkung vom 01.01.2000 eingeführten Verminderung der beitragspflichtigen Einnahmen um den Zahlbetrag einer Rente wegen verminderter Erwerbsfähigkeit geblieben. Da der Wortlaut der Vorschrift eindeutig ist, ist die Regelung jedoch weiter anzuwenden.

19 Bezieht der Rehabilitand neben dem Übergangsgeld gleichzeitig **Arbeitsentgelt** aus einer versicherungspflichtigen Beschäftigung, ist die Bemessungsgrundlage nach § 235 Abs. 1 Satz 1 SGB V um das beitragspflichtige Arbeitsentgelt zu kürzen. Die Beitragspflicht des Arbeitsentgeltes ergibt sich aus § 226 Abs. 1 Nr. 1 SGB V i.V.m. § 14 SGB IV mit den ergänzenden Bestimmungen der Arbeitsentgeltverordnung[26] (ArEV) und der Sachbezugsverordnung[27]. Soweit Einnahmen aus einem abhängigen Beschäftigungsverhältnis nicht beitragspflichtig sind, erfolgt eine Kürzung der Beitragsbemessungsgrundlage nicht.

c. Teilübergangsgeld

20 Bezieht ein Rehabilitand Teilübergangsgeld nach § 160 Abs. 1 Satz 2 SGB III, ist dessen Berechnungsgrundlage in § 164 Abs. 2 SGB III bei der Ermittlung der beitragspflichtigen Einnahmen zugrunde zu legen. Eine Kürzung um daneben erzieltes Arbeitsentgelt erfolgt nach § 235 Abs. 1 Satz 3 SGB V nicht.[28]

---

[21] Vgl. *Löschau* in: GK-SGB IX, § 46 Rn. 27.

[22] § 223 Abs. 3 Satz 1 SGB V i.d.F. des Art. 1 Nr. 9 des Gesetzes zur Sicherung der Beitragssätze in der gesetzlichen Krankenversicherung und in der gesetzlichen Rentenversicherung v. 23.12.2002, BGBl I 2002, 4637; für 2006: 3.562,50 € monatlich, 42.750 € jährlich.

[23] Offen gelassen von *Giesen/Weselski* in: Wannagat, SGB V, § 235 Rn. 3; wie hier wohl *Peters* in: Peters, SGB V, § 235 Rn. 6; a.A. *Gerlach* in: Hauck/Noftz, SGB V, § 235 Rn. 6; *Krauskopf* in: Krauskopf, SGB V, § 235 Rn. 4.

[24] Das sind Renten wegen teilweiser Erwerbsminderung (§§ 43 Abs. 2, 240 f. SGB VI), wegen voller Erwerbsminderung (§ 43 Abs. 2 SGB VI), Rente für Bergleute (§§ 45, 242 SGB VI), Rente wegen Berufsunfähigkeit (§ 302b SGB VI) und Rente wegen Erwerbsunfähigkeit (§ 302b SGB VI).

[25] Mit Art. 1 Nr. 4 des Gesetzes zur Reform der Renten wegen verminderter Erwerbsfähigkeit v. 20.12.2000, BGBl I 2000, 1827 entfiel die Regelung in § 24 Abs. 6 SGB VI a.F.

[26] I.d.F. der Bekanntmachung v. 18.12.1984, BGBl I 1984, 1642, zuletzt geändert durch § 1 der Verordnung v. 18.02.2005, BGBl I 2005, 322.

[27] Verordnung über den Wert der Sachbezüge in der Sozialversicherung für das Jahr 1995, zuletzt geändert durch Verordnung v. 19.12.1994, BGBl I 1994, 3849, zuletzt geändert durch Verordnung v. 16.12.2005, BGBl I 2005, 3493.

[28] Vgl. *Krauskopf* in: Krauskopf, SGB V, § 235 Rn. 6.

d. Dynamisierung

§ 235 Abs. 1 Satz 4 SGB V regelt, dass sich bei einer Anpassung des Übergangsgeldes, Verletztengeldes oder Versorgungskrankengeldes auch das Bemessungsentgelt und in der Folge auch die aus dem Bemessungsentgelt ermittelten beitragspflichtigen Einnahmen um denselben Vomhundertsatz ändern. Dasselbe gilt, wenn die Beitragsbemessungsgrenze auf einen oberhalb des Bemessungsentgeltes liegenden Betrag erhöht wird. Maßgebend ist der Tag der Leistungsanpassung bzw. der Erhöhung der Beitragsbemessungsgrenze.[29] 21

e. Rehabilitanden ohne Anspruch auf Übergangsgeld

Wird während einer die Versicherungspflicht begründenden Leistung zur Teilhabe am Arbeitsleben kein Übergangsgeld bezogen, gelten nach § 235 Abs. 1 Satz 5 SGB V als beitragspflichtige Einnahmen **20 v.H. der monatlichen Bezugsgröße** nach § 18 Abs. 1 SGB IV[30]. Daraus ergibt sich für das Jahr 2006 eine fiktive Beitragsbemessungsgrundlage von 490 € monatlich. 22

2. Beitragspflichtige Einnahmen der Personen in Einrichtungen der Jugendhilfe

Nach § 235 Abs. 1 Satz 5 SGB V sind bei Personen, die in Einrichtungen der Jugendhilfe durch Beschäftigung für eine Erwerbstätigkeit befähigt werden sollen und damit nach § 5 Abs. 1 Nr. 5 SGB V versicherungspflichtig sind, 20 v.H. der monatlichen Bezugsgröße nach § 18 Abs. 1 SGB IV – 490 € im Jahr 2006 – der Beitragsbemessung zugrunde zu legen. Das gilt auch dann, wenn der Versicherte Sachbezüge und/oder Taschengeld erhält, das diese fiktiven Einnahmen übersteigt. 23

Allerdings geht die Versicherungspflicht nach § 5 Abs. 1 Nr. 1 SGB V derjenigen nach § 5 Abs. 1 Nr. 5 SGB V vor.[31] Die Abgrenzung kann im Einzelfall schwierig sein. Tritt die vorrangige Versicherungspflicht nach § 5 Abs. 1 Nr. 1 SGB V ein, hat dies zur Folge, dass die Beitragsbemessung nicht nach § 235 SGB V, sondern nach § 226 SGB V erfolgt. Der nach § 5 Abs. 1 Nr. 5 SGB V versicherte Personenkreis ergibt sich aus den Regelungen des SGB VIII, in denen die Leistungen der erzieherischen und berufsbildenden Jugendhilfe geregelt worden sind.[32] Erfüllt die Maßnahme die Voraussetzungen einer Berufsausbildung nach dem Berufsbildungsgesetz oder wird tatsächlich Arbeitsentgelt als Gegenwert für die geleistete Arbeit gezahlt, greift in der Regel die Vorrangversicherung ein.[33] 24

3. Beitragspflichtige Einnahmen bei Fortbestand der Mitgliedschaft nach § 192 Abs. 1 Nr. 3 SGB V

Wird während einer Maßnahme der medizinischen Rehabilitation Verletztengeld, Versorgungskrankengeld oder Übergangsgeld gezahlt, bleibt die Mitgliedschaft in der gesetzlichen Krankenversicherung nach § 192 Abs. 1 Nr. 3 SGB V erhalten. Für den Zeitraum des Fortbestandes der Mitgliedschaft sieht § 235 Abs. 2 SGB V vor, dass 80 v.H. des Regelentgelts, welches der Berechnung der Leistung zugrunde liegt, als der Beitragsbemessung zugrunde zu legen ist. Nach § 235 Abs. 2 Satz 2 i.V.m. Abs. 1 Satz 4 SGB V wird bei einer Anpassung der die Mitgliedschaft begründenden Entgeltersatzleistung die Bemessungsgrundlage angepasst. Die Verweisung in § 235 Abs. 2 Satz 2 SGB V auf § 235 Abs. 1 Satz 3 SGB V ist ein redaktioneller Fehler; gemeint ist Satz 4. 25

4. Beitragspflichtige Einnahmen behinderter Menschen

Für behinderte Menschen, die auf Grund ihrer Tätigkeit in einer besonderen Einrichtung in der gesetzlichen Krankenversicherung versicherungspflichtig sind (§ 5 Abs. 1 Nr. 7 bzw. 8 SGB V), bestimmen sich die beitragspflichtigen Einnahmen nach § 235 Abs. 3 SGB V nach dem erzielten Arbeitsentgelt. 26

Erhält der Versicherte kein Arbeitsentgelt oder unterschreitet dessen Höhe die Grenze von 20 v.H. der monatlichen Bezugsgröße, werden fiktive Einnahmen in Höhe von 20 v.H. der monatlichen Bezugsgröße nach § 18 SGB IV der Beitragsbemessung zugrunde gelegt. 27

---

[29] Vgl. *Krauskopf* in: Krauskopf, SGB V, § 235 Rn. 7.

[30] Die monatliche Bezugsgröße 2005 beträgt 2.415 €.

[31] § 5 Abs. 6 Satz 1 SGB V.

[32] Siehe hierzu §§ 27 Abs. 3, 32, 34 SGB VIII.

[33] Siehe hierzu im Einzelnen *Gerlach* in: Hauck/Noftz, SGB V, § 5 Rn. 286, 287-289 und 295.

28 Für unbezahlte Fehlzeiten (z.B. unbezahlten Urlaub) ist nach der Rechtsprechung des BSG zu § 4 SVBG[34] kein Mindestentgelt anzusetzen. Die Entscheidungsgründe treffen im Ergebnis weiterhin zu.[35] Auch die Spitzenverbände der Krankenkassen sind nachfolgend dieser Auffassung beigetreten.[36]

5. Weitere beitragspflichtige Einnahmen

29 Nach § 235 Abs. 4 SGB V gelten für die nach § 5 Abs. 1 Nr. 5-8 SGB V Versicherungspflichtigen im Übrigen die Vorschriften über die zusätzliche Beitragspflicht von Renten, Versorgungsbezügen und Arbeitseinkommen (§ 226 Abs. 1 Satz 1 Nr. 2-4, Abs. 2 und die §§ 228, 229 SGB V) entsprechend. Ebenso gilt die in § 230 SGB V geregelte Rangfolge der Einnahmearten. Bei der entsprechenden Anwendung dieser Vorschriften stehen die in § 235 SGB V geregelten speziellen fiktiven beitragspflichtigen Einnahmen dem Arbeitsentgelt gleich.[37] Ist neben einem speziellen Bemessungsentgelt auch Arbeitsentgelt beitragspflichtig (vgl. § 235 Abs. 1 Satz 2 SGB V), ist bei der Rangfolge des § 230 SGB V das Arbeitsentgelt vorrangig zu berücksichtigen.[38] Auf diese Weise wird erreicht, dass Versorgungsbezüge und Arbeitseinkommen, soweit sie bislang auf Grund der Reihenfolge des § 230 SGB V für die Beitragsberechnung außer Ansatz bleiben, nicht stärker zur Beitragspflicht herangezogen werden als dies bei dem Bezug von Arbeitsentgelt der Fall wäre.[39]

30 Die Erstattung von Beiträgen aus Einnahmen, die die Beitragsbemessungsgrenze übersteigen, richtet sich nach § 231 SGB V.

IV. Übergangsrecht

31 Weder für § 235 SGB V i.d.F. des GRG noch für die Änderungsgesetze sind Übergangsvorschriften geregelt worden.[40]

---

34 BSG v. 10.05.1990 - 12 RK 38/87 - SozR 3-5085 § 4 Nr. 1.

35 Vgl. *Krauskopf* in: Krauskopf, SGB V, § 235 Rn. 11.

36 Vgl. Besprechung der Spitzenverbände der Krankenkassen, des VDR und der Bundesanstalt für Arbeit vom 15./16.04.1997, abgedruckt in: Die Beiträge 1997, 693, 702 zu 5.

37 Vgl. *Krauskopf* in: Krauskopf, SGB V, § 235 Rn. 12.

38 Es gilt damit die Reihenfolge: Arbeitsentgelt, 80 v.H. des der Berechnung des Übergangsgeldes zugrunde liegenden Regelentgelts, Versorgungsbezüge, Arbeitseinkommen; vgl. hierzu auch *Krauskopf* in: Krauskopf, SGB V, § 235 Rn. 12; *Gelach* in: Hauck/Noftz, SGB V, § 235 Rn. 6.

39 Vgl. *Gelach* in: Hauck/Noftz, SGB V, § 235 Rn. 6.

40 Siehe zu den Einzelheiten *Gerlach* in: Hauck/Noftz, SGB V, § 235 Rn. 23 ff.

§ 236 SGB V Beitragspflichtige Einnahmen der Studenten und Praktikanten

(Fassung vom 20.12.1988, gültig ab 01.01.1989)

(1) Für die nach § 5 Abs. 1 Nr. 9 und 10 Versicherungspflichtigen gilt als beitragspflichtige Einnahmen ein Dreißigstel des Betrages, der als monatlicher Bedarf nach § 13 Abs. 1 Nr. 2 und Abs. 2 des Bundesausbildungsförderungsgesetzes für Studenten festgesetzt ist, die nicht bei ihren Eltern wohnen. Änderungen des Bedarfsbetrags sind vom Beginn des auf die Änderung folgenden Semesters an zu berücksichtigen.

(2) § 226 Abs. 1 Satz 1 Nr. 2 bis 4 und Abs. 2 sowie die §§ 228 bis 231 gelten entsprechend. Die nach § 226 Abs. 1 Satz 1 Nr. 3 und 4 zu bemessenden Beiträge sind nur zu entrichten, soweit sie die nach Absatz 1 zu bemessenden Beiträge übersteigen.

Gliederung

A. Basisinformationen

I. Textgeschichte/Gesetzgebungsmaterialien

Mit dem Gesetz zur Strukturreform im Gesundheitswesen (GRG)[1] nahm der Gesetzgeber mit § 236 SGB V eine Sondervorschrift für die Bemessung der Beiträge von Studenten, Praktikanten[2] und anderen Auszubildenden ohne Entgeltanspruch in das Sozialgesetzbuch auf. Die Vorschrift ist am 01.01.1989 in Kraft getretenen und führt für den genannten Personenkreis die Beitragsbemessung auf der Grundlage von fiktiven beitragspflichtigen Einnahmen fort.[3] Für die Beitragsbemessung wird als Einnahme der monatliche Höchstbedarfssatz für Studenten nach § 13 Abs. 1 Nr. 2 i.V.m. Abs. 2 des Bundesgesetzes über individuelle Förderung der Ausbildung (BAföG)[4] zugrunde gelegt. 1

Änderungen des in § 13 BAföG geregelten Bedarfssatzes werden nach § 233 Abs. 1 Satz 2 SGB V aus Gründen der Verwaltungsvereinfachung erst vom Beginn des auf die Änderung folgenden Semesters an berücksichtigt.[5] 2

Beiträge für Einnahmen aus Versorgungsbezügen und Arbeitseinkommen sind von den betroffenen Versicherten nach § 233 Abs. 2 Satz 2 SGB V nur dann zu entrichten, soweit diese Beiträge die auf der fiktiven Beitragsbemessungsgrundlage berechneten Beiträge übersteigen. Damit soll dem Grundsatz der wirtschaftlichen Leistungsfähigkeit des Versicherten Rechnung getragen werden.[6] Im Übrigen gel- 3

---

1 Art. 1 GRG vom 20.12.1988, BGBl I 1988, 2477.

2 Die Bezeichnung des betreffenden Personenkreises folgt dem Gesetz. Gemeint sind jeweils auch die Studentinnen, Praktikantinnen etc.

3 Vgl. die Begründung des Regierungsentwurfs zum GRG, BT-Drs. 11/2237 S. 224 zu § 245.

4 In der Fassung der Bekanntmachung v. 06.06.1983, BGBl I 1983, 645, 1680, zuletzt geändert durch Gesetz v. 22.09.2005, BGBl I 2005, 2809; der „BAföG-Bedarf“ ist für die Semester seit In-Kraft-Treten des SGB V unter 4/11 im *Aichberger* und unter der Ordnungsnummer 12 in KassKomm „Sozialversicherungswerte“ abgedruckt bzw. lässt sich dem unter der Ordnungsnummer 420 im *Sartorius* abgedruckten BAföG durch Addition der Werte aus § 13 Abs. 1 Nr. 2 und Abs. 2 Nr. 2 des Gesetzes entnehmen. Der Höchstbedarfssatz beträgt seit dem Wintersemester 2001/2002 unverändert 466 €.

5 Vgl. die Begründung des Regierungsentwurfs zum GRG, BT-Drs. 11/2237, S. 224 zu § 245.

6 Vgl. die Begründung zum Zweiten Rechtsbereinigungsgesetz vom 15.02.1986, BT-Drs. 10/5532, S. 29.

ten nach § 233 Abs. 2 Satz 1 SGB V die allgemeinen Vorschriften für die Beitragsbemessung aus Renten, Versorgungsbezügen und Arbeitseinkommen entsprechend.

4 Die Vorschrift ist seit ihrem In-Kraft-Treten nicht geändert worden.

II. Vorgängervorschriften

5 Mit § 236 Abs. 1 Satz 1 SGB V wird die bis zum 31.12.1988 in **§ 180 Abs. 3b** i.V.m. **§ 165 Abs. 1 Nr. 5 und 6 RVO** geregelte Bemessung der Beiträge für den nun auch von § 233 SGB V erfassten Personenkreis auf der Grundlage des Höchstbedarfssatzes i.S.v. § 13 Abs. 1 Nr. 2 und Abs. 2 BAföG in das SGB V übernommen. § 236 Abs. 2 Satz 2 SGB V knüpft an die Regelung in **§ 381 Abs. 2a RVO** an. Für die Berücksichtigung der Änderung des Bedarfssatzes erst mit Wirkung zum folgenden Semester in § 236 Abs. 1 Satz 2 SGB V existiert keine Vorgängervorschrift.

III. Systematische Zusammenhänge

6 Für Studenten an Hochschulen, Praktikanten und andere Personen, die sich in Ausbildung befinden, ohne Arbeitsentgelt zu erhalten, sieht § 5 Abs. 1 Nr. 9 und 10 SGB V eine **Versicherungspflicht** in der gesetzlichen Krankenversicherung vor (vgl. zum versicherten Personenkreis Rn. 20).

7 Die Versicherungspflicht der Studenten beginnt nach § 186 Abs. 7 SGB V mit dem kalendermäßigen Beginn des Semesters[7] an der jeweiligen Einrichtung bzw. mit einem (späteren) Tag der Einschreibung oder Rückmeldung.[8] Sie endet nach § 190 Abs. 9 SGB V einen Monat nach Ablauf des Semesters, für das sich der Student zuletzt eingeschrieben hatte. Sie endet im Übrigen, wenn der Student die Höchststudiendauer oder die Altersgrenze erreicht.[9]

8 Die Versicherungspflicht der Praktikanten und der sonstigen nach § 5 Abs. 1 Nr. 10 SGB V versicherten Auszubildenden beginnt nach § 186 Abs. 8 SGB V mit dem Tag der Aufnahme der berufspraktischen Tätigkeit bzw. dem Tag des Eintritts in das Beschäftigungsverhältnis zur Ausbildung. Sie endet nach § 190 Abs. 10 SGB V mit dem Tag der Aufgabe der berufspraktischen Tätigkeit bzw. der Aufgabe der Beschäftigung zur Ausbildung (vgl. im Übrigen die Kommentierung zu § 5 SGB V und die Kommentierung zu § 190 SGB V).

9 Als **Beitragssatz** für die nach § 5 Abs. 1 Nr. 9 und 10 SGB V Versicherungspflichtigen gelten nach § 245 Abs. 1 SGB V (nur) sieben Zehntel des durchschnittlichen allgemeinen Beitragssatzes der Krankenkassen (vgl. im Übrigen die Kommentierung zu § 245 SGB V). Die Versicherten **tragen** die Beiträge aus den nach § 236 Abs. 1 SGB V beitragspflichtigen Einnahmen nach § 250 Abs. 1 Nr. 3 SGB V allein (vgl. im Übrigen die Kommentierung zu § 250 SGB V).

10 Die Beiträge der versicherungspflichtigen **Studenten** sind nach § 254 Satz 1 SGB V (vgl. im Übrigen die Kommentierung zu § 254 SGB V) im Voraus für das Semester **zu zahlen**, soweit die Krankenkasse keine hiervon abweichende Regelung trifft. Die Vorschrift regelt damit auch – abweichend von § 23 SGB IV – die **Fälligkeit** der Beiträge.[10] Eine Einschreibung oder Rückmeldung des Studenten darf erst erfolgen, wenn dieser nachweist, die Beitragspflichten erfüllt zu haben, § 254 Satz 2 SGB V (vgl. im Übrigen die Kommentierung zu § 254 SGB V).

11 Für die übrigen Personen, deren Versicherungspflicht auf § 5 Abs. 1 Nr. 9 und 10 SGB V beruht, bleibt es bei der allgemeinen Vorschrift zur Beitragszahlung in § 252 SGB V (vgl. im Übrigen die Kommentierung zu § 252 SGB V).

12 Das Leistungsrecht sieht für die nach § 5 Abs. 1 Nr. 9 und 10 SGB V Versicherten einen Ausschluss für die Zahlung von **Krankengeld** vor; § 44 Abs. 1 Satz 2 SGB V.

---

[7] Beginn und Ende des Semesters sind teilweise in den Hochschulgesetzen der einzelnen Bundesländer geregelt. So regelt z.B. § 29 Abs. 1 des Berliner Hochschulgesetzes einheitlich für die Universitäten, Kunst- und Fachhochschulen einen Semesterbeginn am 01.04 und 01.10 und ein Semesterende am 30.09. und 31.03.

[8] Ein rückwirkender Beginn der Mitgliedschaft kommt selbst dann nicht in Betracht, wenn die Einschreibung oder Rückmeldung hochschulrechtlich zurückwirkt, vgl. BSG v. 17.10.1986 - 12 RK 36/85 - SozR 2200 § 306 Nr. 1. Vgl. zu den Einzelheiten im Übrigen die Kommentierung zu § 186 SGB V

[9] Die Versicherungspflicht endet mit dem Ende des 14. Fachsemesters bzw. dem Tag der Vollendung des 30. Lebensjahres; vgl. im Übrigen die Kommentierung zu § 5 SGB V und die Kommentierung zu § 190 SGB V

[10] So auch *Felix*, NZS 2000, 477, 479.

Für **freiwillig versicherte** Schüler von Fachschulen oder Berufsfachschulen gilt § 233 SGB V durch die Verweisung in § 240 Abs. 4 Satz 4 SGB V entsprechend.[11] Für freiwillig versicherte Auszubildende gilt im Übrigen § 240 Abs. 1 und 2 SGB V i.V.m. der Satzung der zuständigen Krankenkasse.[12] 13

IV. Ausgewählte Literaturhinweise

Bress, Die Versicherung der Studenten und Praktikanten, 3. Aufl. 1996; *Felix,* Studenten und gesetzliche Krankenversicherung, NZS 2000, 477-485; *Schaller,* Die studentische Krankenversicherung nach der „Gesundheitsreform", ZfS 1990, 33-54. 14

B. Auslegung der Norm

I. Regelungsgehalt und Bedeutung der Norm

§ 236 Abs. 1 SGB V regelt die Beitragsbemessungsgrundlage für die nach § 5 Abs. 1 Nr. 9 und 10 SGB V Versicherten. Die Beitragsbemessung erfolgt auf der Grundlage einer für die Sozialversicherungsträger einfach zu handhabenden fiktiven Einnahmengrundlage. Diese orientiert sich am BAföG-Satz für nicht bei ihren Eltern lebende Studenten. 15

§ 236 Abs. 2 SGB V enthält besondere Regelungen für solche nach § 5 Abs. 1 Nr. 9 und 10 SGB V versicherten Personen, die Renten, Versorgungsbezüge oder Arbeitseinkommen erzielen. Die Vorschrift beschränkt insoweit die Beitragspflicht auf solche Einnahmen, die den Betrag der fiktiven Beitragsbemessungsgrundlage nach Absatz 1 übersteigen. 16

An den Hochschulen in Deutschland waren im Wintersemester fast 2,2 Mio. Studierende immatrikuliert.[13] Die Mehrzahl dieser Personen dürfte jedoch zu den fast 20 Mio. Familienversicherten gehören.[14] Für die übrigen Versicherten, deren beitragspflichtige Einnahmen nach § 236 SGB V berechnet werden, liegen ebenfalls keine konkreten Zahlen vor. Im Hinblick darauf, dass nur Auszubildende ohne Entgelt erfasst werden, dürfte sich die Bedeutung der Familienversicherung insoweit ähnlich wie für die Studierenden darstellen. 17

II. Normzweck

Mit § 236 SGB V ist eine fiktive Bemessungsgrundlage für die Beiträge der Studenten, Praktikanten und weiterer Personen in Ausbildung geschaffen worden, die in der Regel über keine nach den §§ 226 ff. SGB V beitragspflichtigen Einnahmen verfügen. Die Vorschrift ermöglicht es, diese Personengruppe in die Pflichtversicherung einzubeziehen, ohne sie entweder im Rahmen eines Systembruchs wie freiwillig Versicherte zu behandeln, oder sie (im Rahmen des Systems) beitragsfrei zu versichern. Die Regelung in § 236 SGB V sichert den als schutzbedürftig anzusehenden Personen in Ausbildung ohne Entgelt einen ausreichenden und kostengünstigen Versicherungsschutz.[15] So betrug der auf der Grundlage von § 236 Abs. 1 i.V.m. § 245 Abs. 1 SGB V zu tragende Beitrag im Wintersemester 2005/2006 monatlich 47,53 €.[16] 18

Grundsätzlich verleiht das BAföG jedem Deutschen und bestimmten Ausländern[17] individuelle Rechtsansprüche auf finanzielle Unterstützung während seiner Schul- oder Hochschulausbildung. Der Anspruch mindert sich, soweit Eltern dem Auszubildenden Unterhalt in Form von Geld oder Unterkunft leisten oder der Auszubildende selbst über Einnahmen verfügt. Damit kann für alle Versicherten i.S.d. § 5 Abs. 1 Nr. 9 und 10 SGB V angenommen werden, dass sie mindestens über Einnahmen in Höhe des BAföG-Höchstsatzes verfügen.[18] 19

---

[11] Diese gesetzliche Regelung erfolgte auf die durch BSG v. 18.02.1997 - 1 RR 1/94 - SozR 3-2500 § 240 Nr. 29 für unzulässig erklärte Praxis der Anwendung von § 236 SGB V auf diesen Personenkreis auf Grund von Satzungsregelungen der Krankenkassen.

[12] Vgl. zu den Einzelheiten *Felix*, NZS 2000, 477, 485.

[13] Quelle: Statistisches Bundesamt, Statistisches Jahrbuch 2004 und www.destatis.de.

[14] Stand Mai 2003; Quelle: www.vdak.de.

[15] So für die KVdS auch *Felix*, NZS 2000, 477, 485.

[16] Beitragspflichtige Einnahmen in Höhe von 466 € bei einem Beitragssatz von 10,2 v.H.

[17] Die Einzelheiten regelt § 8 BAföG.

[18] So im Ergebnis auch *Gerlach* in: Hauck/Noftz, SGB V, § 236 Rn. 4.

III. Tatbestandsmerkmale

1. Versicherungspflicht nach § 5 Abs. 1 Nr. 9 und 10 SGB V

20 Da § 236 Abs. 1 SGB V seinen Anwendungsbereich über die Verweisung auf § 5 Abs. 1 Nr. 9 und 10 SGB V bestimmt, werden die jeweils dort genannten **Pflichtversicherten** erfasst.

21 Nach der geltenden Fassung regelt § 5 Abs. 1 Nr. 9 SGB V die Versicherungspflicht der Studenten. Voraussetzung der Versicherungspflicht ist, dass der Betreffende als Student an einer staatlichen oder staatlich anerkannten Hochschule eingeschrieben ist, und die Fachstudienzeit von vierzehn Semestern und/oder die Altersgrenze von 30 Jahren nicht überschritten hat.[19]

22 Nach der geltenden Fassung des § 5 Abs. 1 Nr. 10 SGB V sind Personen pflichtversichert, die eine in Studien- oder Prüfungsordnungen vorgeschriebene berufspraktische Tätigkeit verrichten, die als Auszubildende kein Arbeitsentgelt erhalten oder sich zum Beispiel als Schüler von Abendhauptschulen, Abendrealschulen, Abendgymnasien oder Kollegen in einer Ausbildung des Zweiten Bildungsweges befinden.

23 Eine Versicherungspflicht im Sinne des § 236 i.V.m. § 5 Abs. 1 Nr. 9 SGB V besteht nicht, wenn die Mitgliedschaft auf Grund der Regelungen in § 192 Abs. 1 SGB V lediglich erhalten bleibt – etwa beim Bezug von Erziehungsgeld –, aber ein Ausbildungsverhältnis nicht mehr besteht.[20]

24 Das SGB V sieht für den von § 5 Abs. 1 Nr. 9 und 10 SGB V dem Wortlaut nach erfassten Personenkreis aber eine Reihe von **Ausnahmen von der Versicherungspflicht** vor. In diesen Fällen findet eine Beitragsbemessung auf der Grundlage von § 236 SGB V nicht statt.

25 So geht eine **Familienversicherung** der Versicherungspflicht nach § 5 Abs. 1 Nr. 9 oder 10 SGB V vor, § 5 Abs. 7 SGB V.

26 Die **Versicherungspflichttatbestände in § 5 Abs. 1 Nr. 1-8 und 11 oder 12 SGB V** gehen sämtlich einer Versicherungspflicht nach § 5 Abs. 1 Nr. 9 und 10 SGB V vor, § 5 Abs. 7 SGB V. Besonders hervorzuheben ist hier die Vorrangversicherung auf Grund einer Beschäftigung nach § 5 Abs. 1 Nr. 1 SGB V. Da Studenten oder Personen, die sich in einer fachlichen Ausbildung befinden, in einem neben der Ausbildung bestehenden Beschäftigungsverhältnis nach § 6 Abs. 1 Nr. 3 SGB V versicherungsfrei sind (so genanntes §Werkstudentenprivileg"), prüfen die Krankenkassen bzw. die für die Überwachung der Einzugstellen zuständigen Rentenversicherungsträger den Studentenstatus Beschäftigter besonders kritisch (vgl. zum Werkstudentenprivileg die Kommentierung zu § 5 SGB V Rn. 22, die Kommentierung zu § 5 SGB V Rn. 68 und die Kommentierung zu § 5 SGB V Rn. 100).

27 Eine **hauptberufliche selbständige Tätigkeit** schließt eine Versicherungspflicht nach § 5 Abs. 1 Nr. 9 oder 10 SGB V ebenfalls aus, § 5 Abs. 5 SGB V.

28 Studenten können sich von der Versicherungspflicht nach § 8 Abs. 1 Nr. 5 SGB V auf Antrag **befreien** lassen.[21] **Versicherungsfrei** sind die in § 6 Abs. 1 bis 3 SGB V genannten Personengruppen.

29 Es wird im Übrigen auf die Kommentierung zu § 5 SGB V Rn. 68 ff. verwiesen.

2. Beitragspflichtige Einnahmen

a. Fiktive beitragspflichtige Einnahmen

30 § 236 Abs. 1 Satz 1 SGB V bindet die Einnahmen der versicherungspflichtigen Studenten und Praktikanten und sonstigen Versicherungspflichtigen i.S.d. § 5 Abs. 1 Nr. 9 und 10 SGB V an den Höchstbedarfssatz für Auszubildende an Höheren Fachschulen, Akademien und Hochschulen i.S.d. § 13 BAföG an.

31 Dieser **Höchstbedarfssatz**[22] setzt sich aus dem nach § 13 Abs. 1 Nr. 2 BAföG für alle Auszubildenden an diesen Einrichtungen geltenden monatlichen Bedarf (derzeit 333 €) und dem Erhöhungssatz für Un-

---

[19] Vgl. zu den Einzelheiten *Felix*, NZS 2000, 477, 477 f.

[20] Vgl. für den Bezug von Erziehungsgeld (§ 192 Abs. 1 Nr. 2 SGB V) durch eine exmatrikulierte vormalige Studentin BSG v. 23.06.1994 - 12 RK 7/94 - SozR 3-2500 § 192 Nr. 2.

[21] Der Antrag kann nur innerhalb der ersten drei Monate nach Beginn der Versicherungspflicht gestellt werden und kann nicht widerrufen werden, § 8 Abs. 2 SGB V; siehe auch *Felix*, NZS 2000, 477, 485.

[22] In der Fassung der Bekanntmachung v. 06.06.1983, BGBl I 1983, 645, 1680, zuletzt geändert durch Gesetz v. 22.09.2005, BGBl I 2005, 2809; der „BAföG-Bedarf" ist für die Semester seit In-Kraft-Treten des SGB V unter 4/11 im *Aichberger* und unter der Ordnungsnummer 12 in KassKomm „Sozialversicherungswerte" abgedruckt bzw. lässt sich dem unter der Ordnungsnummer 420 im *Sartorius* abgedruckten BAföG durch Addition der Werte aus § 13 Abs. 1 Nr. 2 und Abs. 2 Nr. 2 des Gesetzes entnehmen. Der Höchstbedarfssatz beträgt seit dem Wintersemester 2001/2002 unverändert 466 €.

terkunft nach § 13 Abs. 2 BAföG für Auszubildende, die nicht bei ihren Eltern wohnen (derzeit 133 €), zusammen.

Es handelt sich hierbei um eine **dynamische Verweisung**. Allerdings besteht für Änderungen des im BAföG geregelten Bedarfssatzes eine besondere Regelung in § 236 Abs. 1 Satz 2 SGB V (vgl. Rn. 35 f.). Die Bemessungsgrundlage ist „fiktiv“, weil sie unabhängig davon Anwendung findet, ob die tatsächlichen Einnahmen des Versicherungspflichtigen oberhalb oder unterhalb des Bedarfssatzes im Sinne des BAföG liegen.[23] Unerheblich ist auch, ob der Versicherte überhaupt eine Förderung nach dem BAföG erhält oder sich aus eigenen Mitteln bzw. dem Unterhalt seiner Eltern finanziert.[24] 32

Nach der hier vertretenen Auffassung kommt es auch nicht darauf an, ob für den Versicherten für eine (versicherungsfreie) **geringfügige Beschäftigung** nach § 249b SGB V vom Arbeitgeber ein Beitrag von 11 v.H. des Arbeitsentgelts zu zahlen ist. Die Entscheidung des BSG vom 16.12.2003, dass § 249b SGB V vorher in Kraft getretene und als Satzungsrecht unter dieser Vorschrift stehende Regelungen bei freiwillig Versicherten verdrängt[25], betrifft nicht die Beitragsbemessung auf der Grundlage fiktiver Einnahmen. § 236 Abs. 1 SGB V stellt bereits vom Grundprinzip nicht auf die tatsächliche Leistungsfähigkeit des Versicherten ab. 33

Als beitragspflichtige Einnahme gilt **ein Dreißigstel**[26] des Höchstbedarfssatzes. 34

b. Änderungen des Bedarfssatzes

Eine Änderung des Höchstbedarfssatzes i.S.d. § 13 Abs. 1 Nr. 2 und Abs. 2 BAföG durch den Gesetzgeber ist aus Gründen der Verwaltungsvereinfachung erst vom Beginn des auf die Änderung folgenden Semesters zu berücksichtigen. 35

Maßgebend ist insoweit der Beginn des Semesters des jeweiligen Auszubildenden. Nicht geregelt ist der Änderungszeitpunkt für die Versicherten, deren Ausbildung nicht nach Semestern gegliedert ist. In entsprechender Anwendung von § 245 Abs. 1 Satz 3 SGB V wird insoweit an den Beginn des Semesters an Hochschulen am 01.10. jeden Jahres anzuknüpfen sein.[27] Hierfür sprechen insbesondere verwaltungsökonomische Gründe. 36

c. Rente, Versorgungsbezüge, Arbeitseinkommen

Die Beitragsbemessung nach § 236 Abs. 1 SGB V tritt an die Stelle der Beitragsbemessung auf der Grundlage des erzielten Arbeitsentgelts nach § 226 Abs. 1 SGB V. Für die nicht versicherungspflichtbezogenen Einnahmen[28][29] gilt § 236 Abs. 2 SGB V. 37

Durch die Verweisung in § 236 Abs. 1 Satz 1 SGB V auf § 226 Abs. 1 Satz 1 Nr. 2-4 und Abs. 2 SGB V sowie die §§ 228-231 SGB V wird die für alle Pflichtversicherten geltende Berücksichtigung von Renten, Versorgungsbezügen und Arbeitseinkommen auf die Versicherung der Auszubildenden ohne Entgelt übertragen. Diesbezüglich sind auch weder verwaltungsökonomische noch sozialpolitische Gründe erkennbar, von den allgemeinen Regelungen abzuweichen. 38

Mit § 236 Abs. 2 Satz 2 SGB V wird die Beitragspflicht für Versorgungsbezüge und Arbeitseinkommen beschränkt. Diese Regelung gilt nach einer Entscheidung des BSG vom 19.12.1995[30] auch für die in § 226 Abs. 1 Satz 1 Nr. 2 SGB V genannten Renten aus der gesetzlichen Rentenversicherung, die nach dem Wortlaut des § 236 Abs. 2 Satz 2 SGB V also eigentlich nicht privilegiert sind. Beiträge kön- 39

---

23 Soweit es sich bei den tatsächlichen Einnahmen um solche aus Arbeitseinkommen, Rente oder Versorgungsbezügen handelt, ist allerdings § 233 Abs. 2 SGB V zu beachten. Bei Einkünften aus einem abhängigen Beschäftigungsverhältnis bzw. einer selbständigen Tätigkeit, die die fiktive Bemessungsgrundlage von 466 € erheblich übersteigen, wird in der Regel auch eine Prüfung vorgenommen, ob der Versicherte sich überwiegend seiner Ausbildung widmet, das heißt ob überhaupt eine Versicherungspflicht nach § 5 Abs. 1 Nr. 9 oder 10 SGB V vorliegt; siehe zum Werkstudentenprivileg die Kommentierung zu § 5 SGB V Rn. 22, die Kommentierung zu § 5 SGB V Rn. 68 und die Kommentierung zu § 5 SGB V Rn. 100.

24 BSG v. 28.02.1984 - 12 RK 21/83 - SozR 2100 § 8 Nr. 4.

25 Vgl. BSG v. 16.12.2003 - B 12 KR 20/01 R - SozR 4-2500 § 240 Nr. 2.

26 Diese Regelung basiert auf § 223 Abs. 2 Satz 2 SGB V.

27 So auch *Gerlach* in: Hauck/Noftz, SGB V, § 236 Rn. 6; *Wasem* in: GKV-Komm, SGB V, § 236 Rn. 2.

28 Siehe zur Abgrenzung der versicherungspflichtbezogenen Einnahmen von den übrigen Einnahmen BSG v. 23.06.1994 - 12 RK 7/94 - SozR 3-2500 § 192 Nr. 2. Siehe *Gerlach* in: Hauck/Noftz, SGB V, § 236 Rn. 6.

29 Siehe zur Abgrenzung der versicherungspflichtbezogenen Einnahmen von den übrigen Einnahmen BSG v. 23.06.1994 - 12 RK 7/94 - SozR 3-2500 § 192 Nr. 2.

30 BSG v. 19.12.1995 - 12 RK 74/94 - SozR 3-2500 § 236 Nr. 2.

nen auch insoweit nur erhoben werden, als die Beiträge die fiktive Beitragsbemessungsgrenze übersteigen, weil § 233 Abs. 2 SGB V an die wirtschaftliche Leistungsfähigkeit anknüpft. Diese stellt sich bei dem Bezug einer Rente aus der gesetzlichen Rentenversicherung nicht anders dar als insbesondere bei dem Bezug von Versorgungsbezügen.[31]

40 Für die zu berücksichtigenden Renten wird auf die Kommentierung zu § 228 SGB V, für die Versorgungsbezüge auf die Kommentierung zu § 229 SGB V und das zu berücksichtigende Arbeitseinkommen auf § 15 SGB IV verwiesen.[32]

41 Weitere Einnahmen der nach § 5 Abs. 1 Nr. 9 und 10 SGB V Versicherten, die in § 236 SGB V nicht genannt sind, unterliegen nicht der Beitragspflicht nach dieser Vorschrift.

IV. Übergangsrecht

42 Die Regelung von Übergangsvorschriften war nicht erforderlich, weil § 236 SGB V die Regelungen der Vorgängervorschriften im Wesentlichen fortführt.

C. Praxishinweise

43 Das vom Bundesministerium für Gesundheit und soziale Sicherung herausgegebene „Merkblatt über die Kranken- und Pflegeversicherung der Studentinnen und Studenten" gibt einen guten Überblick über die Voraussetzungen der Versicherungspflicht etc. für den im Merkblatt angesprochenen Personenkreis.[33]

44 Ausschließlich beitragspflichtig versicherte Auszubildende, die Anspruch auf BAföG-Leistungen haben, erhalten einen Krankenversicherungszuschlag in Höhe von derzeit 47 € zu ihrem monatlichen Bedarf, § 13a Abs. 1 BAföG.

---

[31] Gestützt auf Art. 3 Abs. 1 GG BSG v. 19.12.1995 - 12 RK 74/94 - SozR 3-2500 § 236 Nr. 2, so im Ergebnis auch *Gerlach* in: Hauck/Noftz, SGB V, § 236 Rn. 7a; *Felix*, NZS 2000, 477, 479.

[32] Vgl. *Fischer* in: jurisPK SGB IV, § 15.

[33] Das Merkblatt kann von der Homepage www.bmgs.de heruntergeladen werden.

§ 237 SGB V Beitragspflichtige Einnahmen versicherungspflichtiger Rentner

(Fassung vom 20.12.1988, gültig ab 01.01.1989)

Bei versicherungspflichtigen Rentnern werden der Beitragsbemessung zugrunde gelegt

1. der Zahlbetrag der Rente der gesetzlichen Rentenversicherung,

2. der Zahlbetrag der der Rente vergleichbaren Einnahmen und

3. das Arbeitseinkommen.

§ 226 Abs. 2 und die §§ 228, 229 und 231 gelten entsprechend.

Gliederung

A. Basisinformationen

I. Textgeschichte/Gesetzgebungsmaterialien

Mit dem Gesetz zur Strukturreform im Gesundheitswesen (GRG)[1] führte der Gesetzgeber in § 237 SGB V die bis dahin in der RVO geregelte Grundlage der Beitragsbemessung für versicherungspflichtige Rentner fort.[2] Die Vorschrift ist am 01.01.1989 in Kraft getreten. 1

Für versicherungspflichtige Rentner unterliegen nach § 237 Satz 1 SGB V Einnahmen in Form des Zahlbetrages der Rente der gesetzlichen Rentenversicherung sowie in Form von Versorgungsbezügen und Arbeitseinkommen der Beitragspflicht. 2

Die Vorschrift ist seit ihrem In-Kraft-Treten nicht geändert worden. 3

II. Vorgängervorschriften

Die Vorgängervorschrift **§ 180 Abs. 5 RVO** entsprach inhaltlich der aktuell geltenden Regelung in § 237 SGB V.[3] § 180 Abs. 5 RVO regelte, welche Einnahmen zu dem nach § 385 Abs. 1 Satz 1 RVO beitragspflichtigen „Grundlohn“ gehörten. Der Grundlohn entspricht den „beitragspflichtigen Einnahmen“ im geltenden Recht. Die in § 237 Satz 2 i.V.m. § 226 Abs. 2 SGB V vorgesehene Beitragsfreiheit für solche Einnahmen aus Versorgungsbezügen und Arbeitseinkommen, die ein Zwanzigstel der monatlichen Bezugsgröße nicht übersteigen, ersetzt die in **§ 381 Abs. 2 Satz 3 RVO** vorgesehene betragsmäßig festgelegte Bagatellgrenze. 4

III. Systematische Zusammenhänge

Personen, die die Voraussetzungen für den Anspruch auf Rente aus der gesetzlichen Rentenversicherung erfüllen und diese Rente beantragt haben, sind nach § 5 Abs. 1 Nr. 11 SGB V in der Krankenversicherung der Rentner (**KVdR**) pflichtversichert, wenn sie die erforderlichen Vorversicherungszeit erfüllt haben. Maßgeblich für die Versicherungspflicht ist das Rentenstammrecht und nicht die Zahlung der Rente.[4] 5

---

1 Art. 1 GRG vom 20.12.1988, BGBl I 1988, 2477.
2 Vgl. die Begründung des Regierungsentwurfs zum GRG, BT-Drs. 11/2237 S. 224 zu § 246.
3 Vgl. die Begründung des Regierungsentwurfs zum GRG, BT-Drs. 11/2237 S. 224 zu § 246.
4 Vgl. hierzu BSG v. 11.11.2003 - B 12 KR 3/03 R - SozR 4-2500 § 8 Nr. 1.

6 Hinterbliebene, die ihren Rentenanspruch aus der Rentenversicherung von einer anderen Person ableiten, erfüllen die Vorversicherungszeit, wenn die andere Person diese Voraussetzungen erfüllt hat, § 5 Abs. 2 Satz 2 SGB V.[5]

7 Die versicherungsrechtlichen Voraussetzungen des **Zugangs zur KVdR** wurden mehrfach geändert, um die gesetzlichen Krankenversicherung von den hohen Ausgaben für Rentner zu entlasten. Nach der grundlegenden Entscheidung des BVerfG vom 15.03.2000[6] sind jetzt im Wesentlichen nur noch solche Personen von der Versicherung in der KVdR ausgeschlossen, die in ihren jüngeren Jahren nicht zur solidarischen Finanzierung der gesetzlichen Krankenversicherung beigetragen haben.[7]

8 Im Übrigen sind Rentner, die einer hauptberuflichen **selbständigen Erwerbstätigkeit** nachgehen, von der Versicherung in der KVdR ausgeschlossen, § 5 Abs. 5 SGB V. **Versicherungspflichttatbestände nach § 5 Abs. 1 Nr. 1-7 oder 8 SGB V** gehen einer Versicherungspflicht in der KVdR vor, § 5 Abs. 8 SGB V. Nach § 8 Abs. 1 Nr. 4 i.V.m. § 8 Abs. 2 SGB V wird von der Versicherungspflicht **befreit**, wer diese Befreiung innerhalb von drei Monaten nach Beginn der Versicherungspflicht bei der Krankenkasse beantragt. Ein späterer Verzicht auf die Rentenzahlung setzt diese Frist für die Befreiung von der Versicherungspflicht nicht erneut in Gang.[8]

9 Im Übrigen wird bezüglich der Voraussetzungen einer Versicherung in der KVdR auf die Kommentierung zu § 5 SGB V Rn. 72 ff. verwiesen.

10 Der **Beitragssatz** für den Zahlbetrag der Rente aus der gesetzlichen Rentenversicherung ist in § 247 SGB V, für Versorgungsbezüge und Arbeitseinkommen in § 248 SGB V geregelt. Ab dem 01.01.2006 gilt im Übrigen der zusätzliche Beitragssatz in § 241a SGB V[9]. Die nach der Rente zu bemessenden Beiträge hat der Rentner nach § 249a SGB V zur Hälfte, den ab 01.01.2006 zu leistenden zusätzlichen Beitrag allein zu **tragen**. Im Übrigen gilt für die Beitragstragung § 250 Abs. 1 SGB V. Die **Beitragszahlung** regeln die §§ 255, 256, 252 SGB V.

IV. Ausgewählte Literaturhinweise

11 *Beckerhoff*, Gleichbehandlung und Beitragsgerechtigkeit in der Krankenversicherung der Rentner, ASP 2001, Nr. 1/2, 54-59; *Bieback*, Der Bund hat die Kompetenz zur Einführung einer umfassenden Versicherung, SozSich 2003, 416-425; *Bönecke*, Ausgewählte Fragen zur Krankenversicherung der Rentner, SVFAng Nr. 136 (2003), 25-35; *Finkenbusch*, Der Anspruch auf Krankengeld in der Krankenversicherung der Rentner, Die Leistungen 1997, 129-138; *Kannengießer/Kannengießer*, Vom Sozialbeitrag zur Sozialsteuer? In Festschrift für Franz Klein, 1994, 1119-1140; *Peters*, Die Krankenversicherung der Rentner nach der Entscheidung des Bundesverfassungsgerichts, NZS 2002, 393-399; *Schermer*, Freiwillige Rentner-Krankenversicherung – sozial gerechte Lösung, ErsK 1994, 101-105; *ders.*, Beiträge aus Versorgungsbezügen, ErsK 1989, 53-59; *Schuler*, Die europarechtliche Koordinierung der Krankenversicherung der Rentner, SGb 2000, 523-527; *Straub*, Die Kranken- und Pflegeversicherung der Rentner, ZfSH/SGB 1996, 408-416; *Wenner*, Rentenniveau und Grundgesetz in Festschrift für 50 Jahre Bundessozialgericht, 2004, 625-643.

B. Auslegung der Norm

I. Regelungsgehalt und Bedeutung der Norm

12 § 237 SGB V regelt abschließend die beitragspflichtigen Einnahmen der nach den §§ 5 Abs. 1 Nr. 11 und 12 SGB V versicherungspflichtigen Rentner.

---

5 Vgl. hierzu BSG v. 11.11.2003 - B 12 KR 3/03 R - SozR 4-2500 § 8 Nr. 1.

6 BVerfG v. 15.03.2000 - 1 BvL 16/96 - SozR 3-2500 § 5 Nr. 42; siehe auch BSG v. 07.12.2000 - B 12 KR 29/00 - SozR 3-2500 § 5 Nr. 44 und v. 26.05.2004 - B 12 KR 1/04 R.

7 Mit BVerfG v. 15.03.2000 - 1 BvL 16/96 - SozR 3-2500 § 5 Nr. 42 wurde mit Gesetzeskraft entschieden, dass § 5 Abs. 1 Nr. 11 HS. 1 SGB V i.d.F. des GSG mit Art. 3 Abs. 1 GG nicht vereinbar ist und nur noch bis zum 31.03.2002 angewendet werden durfte.

8 Vgl. hierzu BSG v. 11.11.2003 - B 12 KR 3/03 R - SozR 4-2500 § 8 Nr. 1.

9 Nach Art. 1 Nr. 145 i.V.m. Art. 2 Nr. 9 des Gesetzes zur Modernisierung der gesetzlichen Krankenversicherung v. 14.11.2003, BGBl I 2190 gilt ab dem 01.01.2006 § 241a SGB V, der einen zusätzlichen Beitragssatz für alle Mitglieder in Höhe von 0,5 v.H. vorsieht.

Die Einnahmengrundlage der KVdR ist von wesentlicher Bedeutung für die langfristige Gewährleistung des Systems der gesetzlichen Krankenversicherung. Die fehlende Kongruenz von Beitragseinnahmen und Leistungsausgeben in der KVdR stellt das größte Problem der Finanzierung der gesetzlichen Krankenversicherung dar. Die Zahl Versicherten der KVdR nimmt stetig zu und lag im Jahr 2002 bei ca. einem Drittel[10] der Versicherten der gesetzlichen Krankenversicherung insgesamt[11]. Die Versicherten der KVdR erbrachten in den alten Bundesländern im Jahr 2002 ca. 19% der Beitragseinnahmen. Gleichzeitig entfielen ca. 46% der Leistungsausgaben auf diesen Versichertenkreis.[12] 13

II. Normzweck

Die Vorschrift soll die Beitragsbemessungsgrundlage für die Versicherten der KVdR festlegen, bezieht ihren Regelungsgehalt aber aus der Verweisung auf die Vorschriften über die beitragspflichtigen Einnahmen der versicherungspflichtig Beschäftigten. 14

III. Beitragspflichtige Einnahmen versicherungspflichtiger Rentner

1. Versicherungspflichtige Rentner

Von der Regelung in § 237 SGB V werden nur die nach § 5 Abs. 1 Nr. 11 und 12 SGB V versicherungspflichtigen Rentner, also nicht solche Rentner, deren Versicherung in der gesetzlichen Krankenversicherung auf anderen Vorschriften beruht, erfasst.[13] Das ergibt sich daraus, dass für Rentenbezieher, die nach anderen Vorschriften versicherungspflichtig oder freiwillig versichert sind, in den §§ 226 SGB V ff. jeweils spezielle Regelungen getroffen wurden, die § 237 SGB V vorgehen. 15

2. Beitragspflichtige Einnahmen

a. Zahlbetrag der Rente aus der gesetzlichen Rentenversicherung

Nach § 237 Satz 1 SGB V sind der Zahlbetrag der Rente und dieser vergleichbarer Einnahmen und das Arbeitseinkommen Grundlage der Beitragsbemessung. Die Vorschrift erfasst Art und Höhe der Renten im Sinne des § 228 SGB V (es wird insoweit im Übrigen auf die Kommentierung zu § 228 SGB V verwiesen). 16

Maßgebend ist der **Zahlbetrag** der Rente. Gemeint ist der Betrag, der auf Grund des Stammrechts auf Rente oder Versorgung ausgezahlt wird.[14] Das gilt auch dann, wenn die Auszahlung im konkreten Fall wegen Pfändungen oder Abtretungen nicht an den Inhaber des Stammrechts, sondern an einen Dritten erfolgt.[15] 17

b. Versorgungsbezüge

Bezieht der Rentner neben seiner Rente dieser vergleichbare Einnahmen (Versorgungsbezüge) sind diese Einnahmen nach § 237 Satz 1 Nr. 2 SGB V beitragspflichtig.[16] 18

Welche Einnahmen zu den Versorgungsbezügen in diesem Sinne gehören, ergibt sich aus § 229 SGB V.[17] Erfasst werden Leistungen, die auf Grund einer Einschränkung der Erwerbsfähigkeit oder zur Alters- oder Hinterbliebenenversorgung erbracht werden und für die ein Anspruch im Regelfall im Rahmen einer früheren Beschäftigung durch den Rentner erworben wurde.[18] Zu den Einzelheiten wird im Übrigen auf die Kommentierung zu § 229 SGB V verwiesen. 19

---

[10] 30,7% in den alten Bundesländern, 36,7% in den neuen Bundesländern, Stand 2002, Quelle: Basisdaten www.vdak.de.

[11] 87,3% der Bürger in den alten Bundesländern, 93,3% der Bürger in den neuen Bundesländern, Stand Mai 2003, Quelle: Basisdaten www.vdak.de.

[12] Quelle: Basisdaten www.vdak.de.

[13] Vgl. *Peters* in: KassKomm-SGB, SGB V, § 237 Rn. 2; *Gerlach* in: Hauck/Noftz, SGB V, § 237 Rn. 1, 3.

[14] Vgl. *Peters* in: KassKomm-SGB, SGB V, § 237 Rn. 3.

[15] Vgl. jeweils für Versorgungsbezüge BSG v. 21.12.1993 - 12 RK 28/93 - SozR 3-2500 § 237 Nr. 3; BSG v. 21.12.1993 - 12 RK 47/91 - SozR 3-2500 § 237 Nr. 4 und BSG v. 28.01.1999 - B 12 KR 24/98 R - SozR 3-2500 § 237 Nr. 7; vgl. im Übrigen *Peters* in: KassKomm-SGB, SGB V, § 237 Rn. 3.

[16] Vgl. zur Verfassungsmäßigkeit der diesbezüglichen Regelungen der RVO: BSG v. 18.12.1984 - 12 RK 33/83 - SozR § 180 Nr. 21 und BVerfG v. 06.12.1988 - 2 BvL 18/84 - SozR 2200 § 180 Nr. 46.

[17] Vgl. BSG v. 11.10.2001 - B 12 KR 4/00 R.

[18] Vgl. *Gerlach* in: Hauck/Noftz, SGB V, § 237 Rn. 1, 4.

20 Maßgebend ist auch insoweit der **Zahlbetrag** der Versorgungsbezüge (vgl. Rn. 18). Versorgungsbezüge sind insbesondere auch dann beitragspflichtig, wenn sie im Rahmen des schuldrechtlichen Versorgungsausgleichs an den früheren Ehepartner abgetreten wurden oder nach früherem Scheidungsrecht weitergeleitet wurden.[19]

21 Die in § 237 Satz 2 i.V.m. § 226 Abs. 2 SGB V vorgesehene Beitragsfreiheit für solche Einnahmen aus Versorgungsbezügen und Arbeitseinkommen, die ein Zwanzigstel der monatlichen Bezugsgröße nicht übersteigen, gewährleistet eine Bagatellgrenze zur Verwaltungserleichterung.

c. Arbeitseinkommen

22 Beitragspflichtig ist auch das von dem Rentner neben der Rente erzielte Arbeitseinkommen. Arbeitseinkommen ist nach § 15 SGB IV der aus einer selbständigen Tätigkeit erzielte Gewinn.

23 Die Einnahmen aus einer selbständigen Tätigkeit müssen nicht neben Versorgungsbezügen i.S.d. § 237 Satz 1 Nr. 2 SGB V erzielt werden, um der Beitragspflicht zu unterliegen, weil die Aufzählung in § 237 Satz 1 Nr. 3 SGB V insoweit als speziellere Regelung § 226 Abs. 1 Satz 1 Nr. 4 SGB V vorgeht.[20]

24 Zu Definition und Ermittlung des Arbeitseinkommens wird auf die Kommentierung zu § 15 SGB IV verwiesen.

25 Hier gilt – wie für die Versorgungsbezüge - die in § 237 Satz 2 i.V.m. § 226 Abs. 2 SGB V vorgesehene Beitragsfreiheit für solche Einnahmen, die ein Zwanzigstel der monatlichen Bezugsgröße nicht übersteigen.

d. Sonstige Einnahmen

26 Der Katalog der beitragspflichtigen Einnahmen in § 237 SGB V ist abschließend. Bezieht der Rentner Rentenleistungen oder und rentenähnliche Einnahmen von anderen öffentlichen oder privaten Trägern oder Versicherungen, gehören diese nicht zu den beitragspflichtigen Einnahmen.[21]

27 Beispielsweise steht das ausgezahlte Kapital aus einer von der Versicherungspflicht in der Rentenversicherung befreienden Lebensversicherung den Renten nicht gleich.[22] Beitragsfrei sind auch Rentenleistungen ausländischer Rentenversicherungsträger.[23]

28 Erzielt der Rentner Einnahmen aus einem geringfügigen Beschäftigungsverhältnis, ist das Arbeitsentgelt für den Rentner selbst nicht beitragspflichtig (es wird insoweit im Übrigen auf die Kommentierung zu § 249b SGB V verwiesen). Nur der Arbeitgeber muss nach § 249b SGB V 11 v.H. des Arbeitsentgelts an Beiträgen zur Krankenversicherung abführen.[24] Wird eine Beschäftigung ausgeübt, für die ein Arbeitsentgelt von mehr als 400 € monatlich geschuldet wird, findet § 237 SGB V keine Anwendung, weil die Versicherungspflicht dann nach § 5 Abs. 1 Nr. 1 SGB V besteht (soweit keine Versicherungsfreiheit nach § 6 Abs. 5 SGB V gegeben ist).

IV. Übergangsrecht

29 Übergangsregelungen bestehen für die Regelungen in § 237 SGB V nicht.

---

[19] Vgl. BSG v. 21.12.1993 - 12 RK 28/93 - SozR 3-2500 § 237 Nr. 3; BSG v. 21.12.1993 - 12 RK 47/91 - SozR 3-2500 § 237 Nr. 4; BSG v. 28.01.1999 - B 12 KR 24/98 - SozR 3-2500 § 237 Nr. 7; vgl. auch *Peters* in: KassKomm-SGB, SGB V, § 237 Rn. 3.

[20] Im Ergebnis so auch *Gerlach* in: Hauck/Noftz, SGB V, § 237 Rn. 7.

[21] Vgl. auch *Gerlach* in: Hauck/Noftz, SGB V, § 237 Rn. 5.

[22] Vgl. *Gerlach* in: Hauck/Noftz, SGB V, § 237 Rn. 5.

[23] Vgl. *Peters* in: KassKomm-SGB, SGB V, § 237 Rn. 3 unter Hinweis auf BSG v. 27.01.2000 - B 12 KR 17/99 R - SozR 3-2500 § 240 Nr. 32.

[24] Vgl. *Gerlach* in: Hauck/Noftz, SGB V, § 237 Rn. 4.

§ 238 SGB V Rangfolge der Einnahmearten versicherungspflichtiger Rentner

(Fassung vom 20.12.1988, gültig ab 01.01.1989)

Erreicht der Zahlbetrag der Rente der gesetzlichen Rentenversicherung nicht die Beitragsbemessungsgrenze, werden nacheinander der Zahlbetrag der Versorgungsbezüge und das Arbeitseinkommen des Mitglieds bis zur Beitragsbemessungsgrenze berücksichtigt.

Gliederung

A. Basisinformationen

I. Textgeschichte/Gesetzgebungsmaterialien

Der mit dem Gesetz zur Strukturreform im Gesundheitswesen (GRG)[1] am **01.01.1989** in Kraft getretene § 238 SGB V regelt die Rangfolge, in der die in § 237 SGB V genannten beitragspflichtigen Einnahmen der versicherungspflichtigen Rentner zur Beitragsbemessung herangezogen werden. 1

§ 238 SGB V ist seit seinem In-Kraft-Treten nicht geändert worden. 2

II. Vorgängervorschriften

Die in § 238 SGB V geregelte Rangfolge der beitragspflichtigen Einnahmen der versicherungspflichtigen Rentner entspricht inhaltlich der Vorgängerregelung in **§ 180 Abs. 5 RVO**.[2] 3

III. Parallelvorschriften

§ 238a SGB V, der durch das Gesetz zur Sicherung und Strukturverbesserung der gesetzlichen Krankenversicherung[3] (GSG) mit Wirkung vom 01.01.1993 in das SGB V aufgenommen worden ist, regelt die Rangfolge der Einnahmen der in der gesetzlichen Krankenversicherung freiwillig versicherten Rentner. Für freiwillig Versicherte, die in einem versicherungspflichtigen Beschäftigungsverhältnis stehen, und die neben dem Arbeitsentgelt eine Rente der gesetzlichen Rentenversicherung beziehen, ist **§ 240 Abs. 3 SGB V** anzuwenden. Für Rentenbezieher, die nicht auf Grund des Rentenbezuges in der gesetzlichen Krankenversicherung pflichtversichert sind, gilt **§ 230 SGB V**. 4

IV. Systematische Zusammenhänge

§ 238 SGB V ergänzt § 237 SGB V, der die beitragspflichtigen Einahmen der nach § 5 Abs. 1 Nr. 11 und 12 SGB V pflichtversicherten Rentner abschließend aufführt. Zu den systematischen Zusammenhängen wird auf die Kommentierung zu § 237 SGB V verwiesen. 5

V. Ausgewählte Literaturhinweise

Bress, Beiträge der Rentenantragsteller und Rentner zur Kranken- und Pflegeversicherung, SVFAng Nr. 112, 59-75; *ders.*, Kranken-/Pflegeversicherung der Rentenantragsteller und Rentner, SVFAng 6

[1] Art. 1 GRG vom 20.12.1988, BGBl I 1988, 2477.
[2] Vgl. die Begründung im Gesetzentwurf zum GRG, BT-Drs. 11/2237 S. 224 zu § 247.
[3] Art. 1 GSG vom 21.12.1992, BGBl I 1992, 2266.

Nr. 106, 33-46; *Habermann*, Krankenversicherung der Rentner (KVdR), NZS 1995, 23-25; *Schermer*, Freiwillige Rentner-Krankenversicherung – sozial gerechte Lösung?, ErsK 1994, 101-105.

B. Auslegung der Norm

I. Regelungsgehalt und Bedeutung der Norm

7 § 238 SGB V regelt, dass Einnahmen der nach § 5 Abs. 1 Nr. 11 und 12 SGB V versicherungspflichtigen Rentner in Form von Versorgungsbezügen oder Arbeitseinkommen unter bestimmten Voraussetzungen nicht der Beitragspflicht in der gesetzlichen Krankenversicherung unterliegen. Die Regelung ist erforderlich, weil für die verschiedenen Einnahmearten unterschiedliche Regelungen bezüglich der Beitragstragung, Beitragszahlung und Beitragssätze Anwendung finden.[4] So sind zum Beispiel nach einer Rente aus der gesetzlichen Rentenversicherung zu bemessende Beiträge nach § 249a SGB V vom Rentner nur zur Hälfte, Beiträge aus Versorgungsbezügen und Arbeitseinkommen von dem Versicherten nach § 250 Abs. 1 SGB V allein zu tragen. Für den Versicherten ist es damit günstiger, dass vorrangig der Zahlbetrag der Rente berücksichtigt wird. Soweit die Beitragsbemessungsgrenze[5] bereits mit dem Zahlbetrag der Rente erreicht wird, wird der Versicherte durch die Beitragsfreiheit für darüber liegende Versorgungsbezüge und Arbeitseinkommen erheblich entlastet.

II. Normzweck

8 Mit § 238 SGB V wird eine Sonderregelung für die Rangfolge der nach § 237 SGB V zu berücksichtigenden Einnahmen der versicherungspflichtigen Rentner bis zum Erreichen der Beitragsbemessungsgrenze geschaffen. Die Regelung über die Rangfolge der Einnahmearten der versicherungspflichtigen Beschäftigten in § 230 SGB V bietet keine sachgerechte Lösung, wenn die Rente die Haupteinnahmequelle des Versicherten darstellt. Mit der Vorschrift soll die nach § 230 SGB V mögliche Heranziehung von Einnahmen bis zur doppelten Beitragsbemessungsgrenze bei versicherungspflichtigen Rentnern von vornherein ausgeschlossen werden.[6]

III. Rangfolge der Einnahmearten versicherungspflichtiger Rentner

1. Versicherungspflichtige Rentner

9 § 238 SGB V ist im Zusammenhang mit § 237 SGB V zu sehen: Beide Vorschriften decken sich im Hinblick auf den erfassten Personenkreis. Versicherungspflichtige Rentner i.S.d. § 238 SGB V sind entsprechend nur die nach § 5 Abs. 1 Nr. 11 und 12 SGB V ausschließlich auf Grund des Rentenbezuges versicherungspflichtigen Personen. Es wird im Übrigen auf die Kommentierung zu § 237 SGB V verwiesen.

2. Rangfolge der Einnahmearten

10 Nach § 238 SGB V sind der Zahlbetrag der Rente, der Zahlbetrag der Versorgungsbezüge und das Arbeitseinkommen **nicht nebeneinander**, sondern **nacheinander** bis zur Beitragsbemessungsgrenze zu berücksichtigen, § 238 i.V.m. § 237 Satz 1 SGB V. Bezüglich der **beitragspflichtigen Einnahmen** wird auf die Kommentierung zu § 237 SGB V verwiesen.

11 Erreicht der Zahlbetrag der Rente aus der gesetzlichen Rentenversicherung die in § 223 SGB V festgelegte Beitragsbemessungsgrenze nicht, werden – soweit der Rentner Versorgungsbezüge und Arbeitseinkommen erzielt – zunächst **Versorgungsbezüge** bis zur Beitragsbemessungsgrenze berücksichtigt. Erreicht auch die Summe des Zahlbetrages der Rente und der Versorgungsbezüge die Beitragsbemes-

[4] Rente: Beitragstragung § 249a SGB V, Beitragszahlung § 255 SGB V, Beitragssatz § 247 SGB V; Versorgungsbezüge: Beitragstragung § 250 Abs. 1 Nr. 1 SGB V, Beitragszahlung § 256 SGB V, Beitragssatz § 248 SGB V; Arbeitseinkommen: Beitragstragung § 250 Abs. 1 Nr. 2 SGB V; Beitragszahlung § 252 SGB V; Beitragssatz § 248 SGB V.

[5] § 223 Abs. 3 Satz 1 SGB V i.d.F. des Art. 1 Nr. 9 des Gesetzes zur Sicherung der Beitragssätze in der gesetzlichen Krankenversicherung und in der gesetzlichen Rentenversicherung v. 23.12.2002, BGBl I 2002, 4637; für 2005: 3.525 € monatlich, 42.300 € jährlich.

[6] Vgl. die Begründung im Gesetzentwurf zum Rentenanpassungsgesetz v. 01.12.1981, BT-Drs. 9/458, S. 34 zu § 180 Abs. 6 RVO.

sungsgrenze nicht, wird auch das **Arbeitseinkommen** beitragspflichtig. Erzielt der Rentner neben der Rente nur Arbeitskommen, ist dieses in Höhe des Differenzbetrages zwischen dem Zahlbetrag der Rente und der Beitragsbemessungsgrenze beitragspflichtig.

Wird die Rente nur für einen **Teil des Beitragsbemessungszeitraums** gewährt oder kommen während des Zeitraums Versorgungsbezüge hinzu oder fallen diese Leistungen weg, muss der auf den parallel verlaufenden Zeitraum entfallende Teil der Versorgungsbezüge und des Arbeitseinkommens ermittelt werden. Das Gleiche gilt, wenn Änderungen in der Höhe der Rente oder der Versorgungsbezüge eintreten, sowie in Fällen, in denen die Erzielung von Arbeitseinkommen hinzutritt oder wegfällt. Die Beitragspflicht des Arbeitseinkommens und der Versorgungsbezüge entfällt nicht deshalb, weil auf Grund der in § 238 SGB V geregelten Rangfolge ein beitragspflichtiger Teil verbleibt, welcher den in § 226 Abs. 2 SGB V genannten mindestbeitragspflichtigen Betrag nicht übersteigt, wenn tatsächlich diese Mindestgrenze (vgl. die Kommentierung zu § 226 SGB V) überschreitende Versorgungsbezüge bzw. überschreitendes Arbeitseinkommen erzielt wird[7]. 12

IV. Übergangsrecht

Eine Übergangsvorschrift war nicht erforderlich, weil § 238 SGB V inhaltlich an die Vorgängervorschriften anknüpft. 13

[7] Vgl. auch *Gerlach* in: Hauck/Haines, SGB V, § 238 Rn. 9.

§ 238a SGB V Rangfolge der Einnahmearten freiwillig versicherter Rentner

(Fassung vom 21.12.1992, gültig ab 01.01.1993)

Bei freiwillig versicherten Rentnern werden der Beitragsbemessung nacheinander der Zahlbetrag der Rente, der Zahlbetrag der Versorgungsbezüge, das Arbeitseinkommen und die sonstigen Einnahmen, die die wirtschaftliche Leistungsfähigkeit des freiwilligen Mitglieds bestimmen (§ 240 Abs. 1), bis zur Beitragsbemessungsgrenze zugrunde gelegt.

Gliederung

A. Basisinformationen

I. Textgeschichte/Gesetzgebungsmaterialien

1 Mit Wirkung vom **01.01.1993** führte der Gesetzgeber durch das Gesetz zur Sicherung und Strukturverbesserung der gesetzlichen Krankenversicherung (GSG)[1] mit § 238a SGB V eine Sondervorschrift für die Rangfolge der Einnahmearten der freiwillig in der gesetzlichen Krankenversicherung versicherten Rentner in das SGB V ein. Die Regelung sollte Zweifelsfragen bezüglich der Rangfolge der Einnahmearten bei der Beitragsbemessung für freiwillig versicherte Rentner klären.[2]

2 Die Vorschrift ist seit ihrem In-Kraft-Treten nicht geändert worden.

II. Vorgängervorschriften

3 Bis zum 31.12.1992 regelten die **Satzungen** der Krankenkassen die Beitragspflicht für Einnahmen freiwillig versicherter Rentner.[3]

III. Parallelvorschriften

4 Die Beitragsbemessung für die in der Krankenversicherung der Rentner (KVdR) pflichtversicherten Rentner ergibt sich aus **§ 237 SGB V**. Für Rentenantragsteller gilt **§ 239 SGB V**.

IV. Systematische Zusammenhänge

5 Personen, die die Voraussetzungen für den Anspruch auf Rente aus der gesetzlichen Rentenversicherung erfüllen und diese Rente beantragt haben, sind nach § 5 Abs. 1 Nr. 11 SGB V in der Krankenversicherung der Rentner (**KVdR**) **pflichtversichert**, wenn sie die erforderliche Vorversicherungszeit erfüllt haben. Maßgebend für die Versicherungspflicht ist das Rentenstammrecht, das heißt ob ein Anspruch auf Rente bestehen würde, und nicht die Zahlung der Rente.[4]

6 Eine **freiwillige Mitgliedschaft** kommt für Rentner damit nur bei besonderen Umständen in Betracht, zum Beispiel wenn ein während seiner Erwerbstätigkeit als freiwilliges Mitglied in der gesetzlichen

---

[1] Art. 1 GSG v. 21.12.1992, BGBl I 1992, 2266.

[2] Vgl. die Begründung des Fraktionsentwurfes zum GSG, BT-Drs. 12/3608, S. 115.

[3] Vgl. zur Regelung durch Satzung für die Zeit zwischen 1989 und 1992 BSG v. 03.02.1994 - 12 RK 76/92 - SozR 3-2500 § 238a Nr. 1.

[4] Vgl. hierzu BSG v. 11.11.2003 - B 12 KR 3/03 R - SozR 4-2500 § 8 Nr. 1; vgl. zur Pflichtversicherung der Rentner im Übrigen die Kommentierung zu § 5 SGB V Rn. 72 ff.

Krankenversicherung Versicherter sich nun im Hinblick auf seinen Rentenbezug von der Versicherungspflicht in der gesetzlichen Krankenversicherung nach § 8 Abs. 1 Nr. 4 SGB V befreien lässt.

Für versicherungspflichtige Rentner sind nach § 237 SGB V im Wesentlichen Beiträge aus der Rente, Versorgungsbezügen und Arbeitseinkommen zu entrichten (zu den Einzelheiten wird auf die Kommentierung zu § 237 SGB V verwiesen). Bei den freiwillig versicherten Rentnern werden, wie bei den übrigen freiwilligen Mitgliedern der gesetzlichen Krankenversicherung, noch weitere Einnahmen – zum Beispiel Einkünfte aus Vermietung und Verpachtung, Kapitalerträgen etc. – bei der Beitragsbemessung berücksichtigt. 7

V. Ausgewählte Literaturhinweise

Bönecke, Ausgewählte Fragen zur Krankenversicherung der Rentner, SVFAng Nr. 137 (2003), 23-30; *Bress*, Beiträge der Rentenantragsteller und Rentner zur Kranken- und Pflegeversicherung, SVFAng Nr. 112, 59-75; *Habermann*, Beitragsbemessung, NZS 1993, 498-499; *Kannengießer/Kannengießer*, Vom Sozialbeitrag zur Sozialsteuer? in: Festschrift für Franz Klein, 1994, 1119-1140; *Schermer*, Freiwillige Rentner-Krankenversicherung – sozial gerechte Lösung, ErsK 1994, 101-105; *Schuhmacher*, Die Bedeutung des § 238a SGB V, SozVers 1995, 123-124. 8

B. Auslegung der Norm

I. Regelungsgehalt und Bedeutung der Norm

§ 238a SGB V regelt die Rangfolge der Einnahmen für die Beitragsbemessung für bestimmte freiwillig versicherte Rentner (siehe zu den Einzelheiten zum betroffenen Personenkreis Rn. 13). Die jeweils nachrangige Einnahmeart wird nur dann berücksichtigt, wenn die Beitragsbemessungsgrenze (§ 223 Abs. 3 Satz 1 SGB V[5]) mit den vorrangigen Einnahmearten nicht erreicht wird. 9

Es erfolgt damit vorrangig eine Beitragsbemessung aus den Einnahmen, die auch bei versicherungspflichtigen Rentnern der Beitragsbemessung zugrunde liegen. § 238a SGB V hat keine eigenständige Bedeutung für die Frage, welche Einnahmen beitragspflichtig sind. Eine solche Bedeutung ergibt sich auch nicht daraus, dass § 240 Abs. 1 SGB V auf die „gesamte wirtschaftliche Leistungsfähigkeit“ und § 238a SGB V nur auf die „wirtschaftliche Leistungsfähigkeit“ abstellt. Die Bemessungsgrundlage steht bei Anwendung der Regelung zur Rangfolge der Einnahmearten nämlich bereits fest.[6] 10

§ 238a SGB V nähert die Heranziehung zu Beiträgen der freiwillig versicherten Rentner derjenigen für Mitglieder der KVdR an, sodass nicht hier, sondern im Rahmen der Prüfung des § 240 SGB V zu diskutieren ist, inwieweit die Ungleichbehandlung von freiwillig und pflichtversicherten Rentnern verfassungsrechtlich gerechtfertigt ist (vgl. hierzu die Kommentierung zu § 240 SGB V). 11

II. Normzweck

Die Regelung in § 238a SGB V ergänzt § 240 SGB V im Hinblick auf die Rangfolge der Einnahmearten der freiwillig versicherten Rentner. Die Vorschrift stellt sicher, dass die Einnahmen des Versicherten, die bei Pflichtversicherten nicht beitragspflichtig sind, nur subsidiär zur Beitragsbemessung herangezogen werden. 12

III. Rangfolge der Einnahmearten freiwillig versicherter Rentner

1. Freiwillig versicherte Rentner

§ 238a SGB V gilt für freiwillig versicherte Rentner. Damit werden zunächst die aus dem Erwerbsleben ausgeschiedenen Rentner erfasst, die nicht nach § 5 Abs. 1 Nr. 11, 11a oder 12 SGB V in der gesetzlichen Krankenversicherung pflichtversichert sind, weil sie die für diese Pflichtversicherung **erforderliche Vorversicherungszeit** nicht aufweisen.[7] 13

Die Vorschrift gilt im Übrigen auch für solche Rentner, die auf Grund einer **Befreiung** von der Versicherungspflicht gemäß § 8 Abs. 1 Nr. 4 SGB V nicht pflichtversichert sind. 14

---

5 I.d.F. des Art. 1 Nr. 9 des Gesetzes zur Sicherung der Beitragssätze in der gesetzlichen Krankenversicherung und in der gesetzlichen Rentenversicherung v. 23.12.2002, BGBl I 2003, 4637.

6 Vgl. BSG v. 05.06.1997 - 12 BK 43/96.

7 Vgl. *Gerlach* in: Hauck/Noftz, SGB V, § 238a Rn. 6.

15 Auf Grund der Verweisung in § 240 Abs. 2 Satz 3 SGB V[8] gilt § 238a SGB V auch für alle anderen freiwilligen Mitglieder entsprechend, soweit **beitragspflichtiges Arbeitsentgelt** nicht bezogen wird.[9] Besteht neben der Rente Anspruch auf Arbeitsentgelt aus einem versicherungspflichtigen Beschäftigungsverhältnis, gilt die speziellere Regelung in § 240 Abs. 3 Satz 1 SGB V.

16 § 238a SGB V gilt damit für alle Personen, die freiwilliges Mitglied der Krankenkassen sind, kein Arbeitsentgelt aus einer versicherungspflichtigen Beschäftigung erzielen, eine Rente aus der gesetzlichen Rentenversicherung i.S.d. § 228 SGB V und daneben wenigstens eine weitere der in § 238a SGB V genannten Einnahmearten beziehen.[10] Zu dieser Personengruppe gehören zum Beispiel auch freiwillige Mitglieder, die Rente und daneben Arbeitsentgelt aus einer versicherungsfreien Beschäftigung erzielen.[11]

2. Rangfolge der Einnahmearten

17 Nach § 238a SGB V gilt für die Einnahmen des freiwillig Versicherten aus Renten der gesetzlichen Rentenversicherung, Versorgungsbezügen und Arbeitseinkommen dieselbe Rangfolge wie bei versicherungspflichtigen Rentnern. Die nur bei den freiwillig versicherten Rentnern nach § 240 Abs. 1 SGB V weiteren beitragspflichtigen Einnahmearten treten an die letzte Stelle. Das ist für den von § 238a SGB V erfassten Personenkreis die günstigste Regelung.

18 Bezüglich der **Rente der gesetzlichen Rentenversicherung** als beitragspflichtiger Einnahmeart wird auf die Kommentierung zu § 240 SGB V und die Kommentierung zu § 228 SGB V verwiesen. Zu beachten ist, dass nach § 240 Abs. 4 Satz 5 SGB V[12] die in § 240 Abs. 4 Satz 1 SGB V geregelte **Mindestbemessungsgrundlage** für freiwillig versicherte Mitglieder der gesetzlichen Krankenversicherung in Höhe des neunzigsten Teils der monatlichen Bezugsgröße für den Kalendertag nur dann nicht für Personen mit Rentenanspruch gilt, wenn der Versicherte seit der erstmaligen Aufnahme einer Erwerbstätigkeit bis zur Stellung des Rentenantrages mindestens neun Zehntel der zweiten Hälfte dieses Zeitraumes Mitglied der gesetzlichen Krankenversicherung, familienversichert oder (für die Zeit bis zum 31.12.1988) mit einem Mitglied verheiratet war.

19 Zu den **Versorgungsbezügen** wird auf die Kommentierung zu § 240 SGB V und die Kommentierung zu § 229 SGB V verwiesen.

20 Berücksichtigt wird weiter das neben der Rente erzielte **Arbeitseinkommen** aus einer selbständigen Tätigkeit. Zu Definition und Ermittlung des Arbeitseinkommens wird auf die Kommentierung zu § 15 SGB IV verwiesen. Für hauptberuflich selbständig Erwerbstätige, die freiwillig versichert sind und eine Rente aus der gesetzlichen Rentenversicherung beziehen, ist zu berücksichtigen, dass nach § 240 Abs. 4 Sätze 2 und 3 SGB V für hauptberuflich Selbständige Beiträge aus einer **Mindestbemessungsgrundlage** zu erheben sind (vgl. hierzu die Kommentierung zu § 240 SGB V). Im Hinblick darauf, dass die Vorschrift in § 240 Abs. 4 Sätze 2 und 3 SGB V im Wesentlichen eine Subventionierung des Krankenversicherungsschutzes der freiwillig versicherten selbständig Erwerbstätigen durch die Pflichtversicherten verhindern soll, ist diese Regelung aber nicht dahin gehend zu verstehen, dass zunächst das Arbeitseinkommen mit dem vorgenannten Mindestwert und sodann die übrigen Einnahmen zusätzlich in der vorgesehenen Reihenfolge zur Beitragsbemessung heranzuziehen sind. Die Mindestbemessungsgrundlage bezieht sich vielmehr auf die gesamten Einkünfte des freiwillig versicherten Rentners.[13]

21 Der die Beitragsbemessungsgrenze übersteigende Teil der Einkünfte ist von der Beitragserhebung ausgenommen.

IV. Übergangsrecht

22 Die Vorschrift des § 238a SGB V gilt seit dem 01.01.1993. Eine Übergangsvorschrift besteht nicht. Mit dieser Vorschrift nicht vereinbare Satzungsregelungen der Krankenkassen sind seit In-Kraft-Treten der Vorschrift nicht mehr anwendbar.[14]

---

8 I.d.F. des Art. 1 Nr. 144 a) aa) des Gesetzes zur Modernisierung der gesetzlichen Krankenversicherung v. 14.11.2003, BGBl I 2003, 2190, 2229.

9 Vgl. *Gerlach* in: Hauck/Noftz, SGB V, § 238a Rn. 9; *Krauskopf* in: Krauskopf, SGB V, § 238a Rn. 2.

10 Vgl. *Gerlach* in: Hauck/Noftz, SGB V, § 238a Rn. 9; *Krauskopf* in: Krauskopf, SGB V, § 238a Rn. 3.

11 Vgl. *Gerlach* in: Hauck/Noftz, SGB V, § 238a Rn. 9.

12 Angefügt durch Art. 1 Nr. 67 Buchstabe b des Gesetzes zur Reform der gesetzlichen Krankenversicherung ab dem Jahr 2000 v. 22.12.2000, BGBl I 1999, 2626.

13 Vgl. *Gerlach* in: Hauck/Noftz, SGB V, § 238a Rn. 10.

14 Vgl. *Gerlach* in: Hauck/Noftz, SGB V, § 238a Rn. 11.

§ 239 SGB V Beitragsbemessung bei Rentenantragstellern

(Fassung vom 20.12.1988, gültig ab 01.01.1989, gültig bis 31.12.2008)

Bei Rentenantragstellern wird die Beitragsbemessung für die Zeit der Rentenantragstellung bis zum Beginn der Rente durch die Satzung geregelt. Dies gilt auch für Personen, bei denen die Rentenzahlung eingestellt wird, bis zum Ablauf des Monats, in dem die Entscheidung über Wegfall oder Entzug der Rente unanfechtbar geworden ist. § 240 gilt entsprechend.

Gliederung

A. Basisinformationen

I. Textgeschichte/Gesetzgebungsmaterialien

Mit dem am **01.01.1989** im Rahmen der Eingliederung des SGB V[1] in das Sozialgesetzbuch in Kraft getretenen § 239 SGB V fasste der Gesetzgeber die bis dahin geltenden Vorschriften der RVO zur Beitragsbemessung bei Personen zusammen, die zwar als Rentenantragsteller oder auf Grund eines vorausgegangenen Rentenbezuges in der gesetzlichen Krankenversicherung versichert sind, jedoch keinen Anspruch auf Rente haben. Die Bemessung der Beiträge bei Rentenantragstellern folgt im Wesentlichen den Vorschriften über die Beitragsbemessung bei freiwilligen Mitgliedern der gesetzlichen Krankenversicherung.[2] Dabei wird mit der Verweisung auf § 240 SGB V sichergestellt, dass die gesamte wirtschaftliche Leistungsfähigkeit des Rentenantragstellers berücksichtigt wird.[3] 1

Bezüglich der Beitragsbemessung werden nach § 239 Satz 2 SGB V Personen, bei denen die Rentenzahlung eingestellt wird, bis zum Ablauf des Monats, in dem die Entscheidung über den Wegfall oder Entzug der Rente unanfechtbar geworden ist, den Rentenantragstellern gleichgestellt. 2

Die Vorschrift wird erstmals mit Wirkung zum **01.01.2009** durch das Gesetz zur Stärkung des Wettbewerbs in der gesetzlichen Krankenversicherung (**GKV-WSG**) geändert. Die Beitragsbemessung für Rentenantragsteller wird zukünftig kassenübergreifend – für den Geltungsbereich des SGB V einheitlich – durch den Spitzenverband Bund der Krankenkassen geregelt. Es handelt sich dabei um eine Folgeänderung zur geänderten Beitragsbemessung für freiwillige Mitglieder der GKV nach § 240 SGB V i.d.F. des GKV-WSG.[4] 3

II. Vorgängervorschriften

Die Regelungen in § 239 Sätze 1 und 3 SGB V entsprechen inhaltlich weitgehend den Regelungen in den **§§ 381 Abs. 3 Satz 2, 385 Abs. 2b RVO**. Für § 239 Satz 2 SGB V findet sich keine Entsprechung im bis zum 31.12.1988 geltenden Recht. 4

III. Parallelvorschriften

Für Rentenantragsteller, die nach § 5 Abs. 1 Nr. 11, 11a und 12 SGB V versicherungspflichtig sind, das heißt alle Voraussetzungen für einen Anspruch auf Rente aus der gesetzlichen Rentenversicherung 5

---

1 Art. 1 des Gesetzes zur Strukturreform im Gesundheitswesen (GRG) v. 20.12.1988, BGBl I 1988, 2477.
2 Siehe hierzu die Begründung des Regierungsentwurfs zum GRG, BT-Drs. 11/2237, S. 224 f. zu § 248.
3 Siehe hierzu die Begründung des Regierungsentwurfs zum GRG, BT-Drs. 11/2237, S. 224 f. zu § 248.
4 Vgl. hierzu die Begründung im Gesetzentwurf der Bundesregierung, BR-Drs. 755/06, S. 443 zu Nr. 156.

erfüllen, richtet sich die Beitragsbemessung nach den **§§ 237, 238 SGB V**. Für freiwillig versicherte Rentner ergeben sich die beitragspflichtigen Einnahmen aus den **§§ 240, 238a SGB V**.

IV. Systematische Zusammenhänge

6 Rentenantragsteller werden in der Regel mit dem Tag der Rentenantragstellung entweder als Rentner in der Krankenversicherung der Rentner (**KVdR**) versicherungspflichtig oder gelten als Rentenantragsteller im Rahmen einer Formalmitgliedschaft als Mitglied der gesetzlichen Krankenversicherung.

7 Nach § 189 Abs. 2 Satz 1 SGB V **beginnt** die in § 189 Abs. 1 Satz 1 SGB V geregelte **Formalmitgliedschaft** mit dem Tag der Stellung des Rentenantrages. Die Mitgliedschaft wird bei einer Rentenantragstellung fingiert, wenn der Versicherte nicht nach anderen Vorschriften versicherungspflichtig oder nach § 6 Abs. 1 SGB V versicherungsfrei ist und die für eine Versicherung in der KVdR erforderliche Vorversicherungszeit erfüllt ist.

8 Die Formalmitgliedschaft **endet** nach § 189 Satz 2 SGB V mit dem Tod oder mit dem Tag, an dem der Antrag zurückgenommen oder die Ablehnung des Antrags unanfechtbar wird.

9 Bestimmte Rentenantragsteller, die im Rahmen der Formalversicherung als Mitglied gelten – insbesondere bestimmte Ehegatten und Waisen, die Hinterbliebenenrente beantragen – sind **beitragsfrei** versichert, § 225 SGB V.

10 Die Beiträge trägt nach § 250 Abs. 2 SGB V der Rentenantragsteller allein. Daraus ergibt sich auch eine Beitragszahlung durch den Rentenantragsteller, § 252 SGB V.

V. Ausgewählte Literaturhinweise

11 *Bress*, Beiträge der Rentenantragsteller und Rentner zur Kranken- und Pflegeversicherung, SVFAng Nr. 112, 59-75; *Finkenbusch*, Der Anspruch auf Krankengeld in der Krankenversicherung der Rentner, Die Leistungen 1997, 129-138; *Marburger*, Aufgaben der Rentenversicherungsträger in Zusammenhang mit der Krankenversicherung der Rentner, rv 1990, 1-6; *Straub*, Die Kranken- und Pflegeversicherung der Rentner, ZfSH/SGB 1996, 408-416.

B. Auslegung der Norm

I. Regelungsgehalt und Bedeutung der Norm

12 § 239 SGB V regelt die Beitragsbemessung für bestimmte Rentenantragsteller und weitere diesen gleichgestellten Versicherte (vgl. zu den Einzelheiten Rn. 15 und Rn. 21). § 239 Sätze 1 und 3 SGB V ermächtigt und verpflichtet die Krankenkassen, die Beitragsbemessungsgrundlage für Rentenantragsteller in ihrer Satzung zu regeln, grenzt aber gleichzeitig den Gestaltungsspielraum der Krankenkassen durch die Verweisung auf § 240 SGB V ein.

II. Normzweck

13 Die von der Beitragsbemessung für versicherungspflichtige Mitglieder abweichende Regelung für Rentenantragsteller in § 239 SGB V dient dazu, flexibel die typischerweise bei Rentenantragstellern stark differenzierte Einnahmensituation berücksichtigen zu können.[5] Die Situation entspricht insoweit der Beitragsbemessung für freiwillige Mitglieder, für die die Krankenkassen nach § 240 Abs. 1 und 2 SGB V die Beitragsbemessung ebenfalls in ihrer Satzung regeln müssen.

14 Durch die Regelung in § 239 Satz 2 SGB V werden Personen, die sich gegen den Entzug der ihnen gewährten Rente wenden, im Hinblick auf die Beitragsbemessung den Rentenantragstellern gleichgestellt. Mit dieser Gleichstellung soll verhindert werden, dass Versicherte, deren Rentenbewilligung aufgehoben oder zurückgenommen wurde, für die Dauer eines unter Umständen über mehrere Jahre andauernden Klageverfahrens mangels einer Beitragsbemessungsgrundlage i.S.d. § 237 SGB V beitragsfrei krankenversichert sind.[6]

---

[5] Vgl. *Gerlach* in: Hauck/Noftz, SGB V, § 239 Rn. 7.

[6] Vgl. die Begründung des Regierungsentwurfs zum GRG, BT-Drs. 11/2237, S. 224 f. zu § 248.

III. Beitragsbemessung bei Rentenantragstellern

1. Rentenantragsteller

Von der Beitragsbemessung nach § 239 Satz 1 SGB V werden zunächst Personen erfasst, für die nach § 189 SGB V eine Mitgliedschaft fingiert wird, das heißt, die zeitweilig eine der Voraussetzungen für eine Versicherungspflicht nach § 5 Abs. 1 Nr. 11 und 12 SGB V nicht erfüllen. Es darf keine Vorrangversicherung nach § 5 Abs. 8 SGB V oder Versicherungsfreiheit nach § 6 SGB V bzw. Beitragsfreiheit nach § 225 SGB V bestehen. 15

Nach § 189 SGB V gelten Personen, die einen Antrag auf Rente gestellt haben und die Voraussetzungen i.S.d. § 5 Abs. 1 Nr. 11 und 12 und Abs. 2 SGB V, nicht aber die geforderte Vorversicherungszeit erfüllen und (noch) keine Rente beziehen, als Mitglieder der gesetzlichen Krankenversicherung. Diese Voraussetzungen sind auch bei solchen Personen erfüllt, deren Rente ab einem nach dem Tag der Antragstellung liegenden Zeitpunkt beginnt, die ihren Antrag später zurücknehmen oder deren Antrag endgültig abgelehnt wurde.[7] 16

Wird die Rente rückwirkend bewilligt oder wiederbewilligt, sind für Zeiträume, in denen ein Rentenanspruch besteht, sämtliche Voraussetzungen des § 5 Abs. 1 Nr. 11 und 12 SGB V erfüllt, sodass nicht § 239 SGB V, sondern die §§ 237, 238 SGB V anzuwenden sind.[8] 17

Maßgebend ist der tatsächliche Beginn der Rente und nicht der Erlass des Rentenbescheides. Die Beitragsbemessung auf der Grundlage der §§ 237, 238 SGB V kann für den Versicherten erheblich günstiger sein als die Beitragsbemessung auf der Grundlage von § 239 SGB V. Deshalb kann die Dauer eines Verwaltungsverfahrens nicht zu Lasten des Versicherten gehen. 18

Wird der Rentenantrag abgelehnt, ist § 239 SGB V für die Beitragszahlung bis zu dem Zeitpunkt maßgebend, bis zu welchem die Mitgliedschaft nach § 189 Abs. 2 SGB V fortbesteht. 19

Beantragt ein Rentner während des Bezuges einer befristeten Rente deren Weitergewährung, gilt er mit Ablauf des Monats, in dem der Anspruch auf Rente wegfällt, nach § 190 Abs. 11 Nr. 1 SGB V als Rentenantragsteller und unterliegt unter den gleichen Voraussetzungen wie andere Rentenantragsteller der Beitragspflicht. 20

2. Den Rentenantragstellern gleichgestellte Personen

In § 239 Satz 2 SGB V werden Personen, die sich gegen die Entziehung ihrer Rente mit einem Widerspruch oder einer Klage zur Wehr setzen, bis zum rechtskräftigen Abschluss des Verfahrens bzw. Rechtsstreits den von § 239 Sätze 1 und 3 SGB V erfassten Rentenantragstellern im Hinblick auf die Beitragsbemessung gleichgestellt. 21

Die Versicherung als Rentenbezieher endet nach § 190 Abs. 11 Nr. 1 SGB V mit der Bestandskraft des Bescheides des Rentenversicherungsträgers. Der Bescheid wird unanfechtbar und damit bindend (§ 77 SGG), wenn innerhalb der Rechtsbehelfsfrist kein Rechtsbehelf eingelegt wird, der Rechtsbehelf erfolglos ist oder dieser nach Ablauf der Rechtsbehelfsfrist zurückgenommen wird. Das bedeutet, dass gegen den Bescheid des Rentenversicherungsträgers, mit dem die Rentenbewilligung aufgehoben oder zurückgenommen wird, Widerspruch eingelegt werden muss, wenn dieser nicht in Bestandskraft erwachsen soll. Ist der Bescheid nicht oder mit einer unrichtigen Rechtsbehelfsbelehrung versehen, gilt nicht die Monatsfrist (§ 84 Abs. 1 SGG), sondern die Jahresfrist nach § 66 Abs. 2 SGG für den Zeitpunkt der Unanfechtbarkeit. 22

Wird die Rente nachfolgend weitergewährt, tritt an die Stelle des Beginns der Rente im Sinne von § 239 Satz 1 SGB V der Zeitpunkt, ab dem die Rente weitergewährt wird.[9] Schließt die Weitergewährung nicht nahtlos an das Ende der bisherigen Rentenzahlung an, bleibt es für den Zwischenzeitraum bei der Beitragsbemessung nach § 239 Satz 2 SGB V.[10] 23

Fraglich ist, ob für Versicherte, deren Rentenzahlung eingestellt wurde, keine Beiträge auf der Grundlage von § 239 SGB V i.V.m. der Satzungsbestimmung der jeweiligen Krankenkasse zu entrichten sind, wenn ein Tatbestand der Beitragsfreiheit i.S.d. § 225 SGB V vorliegt. Teilweise wird die Auffassung vertreten, dass durch die Gleichstellungsregelung in § 239 Satz 2 SGB V auch für Versicherte, die wegen Einstellung der Rentenzahlung nunmehr grundsätzlich zur Beitragszahlung verpflichtet wä- 24

---

[7] Vgl. *Vay* in: Krauskopf, SGB V, § 239 Rn. 2; *Peters* in: KassKomm-SGB V, SGB V, § 189 Rn. 5 zu rechtsmissbräuchlichen Rentenanträgen.

[8] Vgl. *Vay* in: Krauskopf, SGB V, § 239 Rn. 4.

[9] Vgl. *Gerlach* in: Hauck/Noftz, SGB V, § 239 Rn. 5.

[10] Vgl. *Gerlach* in: Hauck/Noftz, SGB V, § 239 Rn. 5.

ren, Beitragsfreiheit nach § 225 SGB V für die dort für Rentenantragsteller geregelten Tatbestände besteht.[11] Der Wortlaut der Vorschrift in § 225 SGB V lässt eine entsprechende Anwendung der Vorschrift auf Versicherte, deren Rente entzogen wurde, jedoch nicht zu.[12]

3. Satzungsregelung/entsprechende Anwendung von § 240 SGB V

25 Bei den von § 239 SGB V erfassten Rentenantragstellern und ihnen gleichgestellten Versicherten ist die Beitragsbemessung nach § 239 Satz 1 SGB V in der Satzung zu regeln.[13] Mit Wirkung zum 01.01.2009 geht diese Kompetenz auf den Spitzenverband Bund der Krankenkassen über. Nach § 239 Satz 3 SGB V gelten die für die Bemessung der Beiträge bei freiwillig Versicherten in § 240 Abs. 1 Satz 1 SGB V vorgesehenen Grundsätze insoweit entsprechend.

26 Die „entsprechende“ Anwendung bietet keinen Raum für Abweichungen zu § 240 SGB V, soweit nicht in der speziellen Satzungsregelung für die Rentenantragsteller etwas anderes geregelt ist.[14] Es muss aber sichergestellt sein, dass die Beitragsbelastung die gesamte wirtschaftliche Leistungsfähigkeit des Mitglieds berücksichtigt und mindestens die Einnahmen eines vergleichbaren versicherungspflichtig Beschäftigten der Beitragsbemessung zugrunde gelegt werden (§ 240 Abs. 1 Satz 2 und Abs. 2 SGB V).

27 In der Praxis wird in der Regel auf die Satzungsregelungen zur Ermittlung der beitragspflichtigen Einnahmen bei freiwillig versicherten Mitgliedern verwiesen.[15]

IV. Übergangsrecht

28 Eine Übergangsvorschrift existiert für § 239 SGB V nicht.

C. Praxishinweise

29 Wird eine Rente der gesetzlichen Rentenversicherung rückwirkend zugebilligt, sind die Beiträge, die für den Zeitraum vom Rentenbeginn an vom Versicherten gezahlt wurden, aber nicht für nach § 237 SGB V beitragspflichtige Einnahmen entrichtet wurden bzw. nicht vom Versicherten zu tragen waren, nach § 26 Abs. 2 Satz 1 SGB IV **zu erstatten**.[16] Die besondere Regelung zur Beitragserstattung auf Antrag in § 231 SGB V findet keine Anwendung, weil die Überzahlung nicht deshalb erfolgt, weil auf Grund des Zusammentreffens verschiedener Einkommensarten die Beitragsbemessungsgrenze überschritten wurde. Ein entsprechender Antrag ist bereits wegen der Regelungen zur **Verzinsung** und **Verjährung** des Erstattungsanspruchs in § 27 SGB IV ratsam.

---

[11] Vgl. *Gerlach* in: Hauck/Noftz, SGB V, § 239 Rn. 6.

[12] So auch *Giesen/Weselski* in: Wannagat, SGB V, § 239 Rn. 1.

[13] Siehe zur diesbezüglichen Kontrolle durch die Gerichte LSG Baden-Württemberg v. 14.03.2006 - L 11 KR 4028/05 und LSG für das Saarland v. 25.05.2005 - L 2 KR 24/02.

[14] A.A. wohl *Gerlach* in: Hauck/Noftz, SGB V, § 239 Rn. 8; vgl. hierzu auch die Kommentierung zu § 227 SGBV Rn. 21.

[15] Vgl. z.B. § 13 der Satzung der TKK; § 21 Abs. 3 der Satzung der BEK; § 19 Abs. 8 der Satzung der AOK Berlin.

[16] Vgl. *Gerlach* in: Hauck/Noftz, SGB V, § 239 Rn. 4 und 9.

§ 240 SGB V Beitragspflichtige Einnahmen freiwilliger Mitglieder

(Fassung vom 26.03.2007, gültig ab 01.04.2007, gültig bis 31.12.2008)

(1) Für freiwillige Mitglieder wird die Beitragsbemessung durch die Satzung geregelt. Dabei ist sicherzustellen, daß die Beitragsbelastung die gesamte wirtschaftliche Leistungsfähigkeit des freiwilligen Mitglieds berücksichtigt.

(2) Die Satzung der Krankenkasse muß mindestens die Einnahmen des freiwilligen Mitglieds berücksichtigen, die bei einem vergleichbaren versicherungspflichtig Beschäftigten der Beitragsbemessung zugrunde zu legen sind. Der in Absatz 4 Satz 2 genannte Existenzgründungszuschuss und der zur sozialen Sicherung vorgesehene Teil des Gründungszuschusses nach § 57 des Dritten Buches in Höhe von monatlich 300 Euro dürfen nicht berücksichtigt werden. Die §§ 223 und 228 Abs. 2, § 229 Abs. 2 und die §§ 238a, 243 Abs. 2, § 247 Abs. 1 und § 248 dieses Buches sowie § 23a des Vierten Buches gelten entsprechend.

(3) Für freiwillige Mitglieder, die neben dem Arbeitsentgelt eine Rente der gesetzlichen Rentenversicherung beziehen, ist der Zahlbetrag der Rente getrennt von den übrigen Einnahmen bis zur Beitragsbemessungsgrenze zu berücksichtigen. Soweit dies insgesamt zu einer über der Beitragsbemessungsgrenze liegenden Beitragsbelastung führen würde, ist statt des entsprechenden Beitrags aus der Rente nur der Zuschuß des Rentenversicherungsträgers einzuzahlen.

(3a) (weggefallen)

(4) Als beitragspflichtige Einnahmen gilt für den Kalendertag mindestens der neunzigste Teil der monatlichen Bezugsgröße. Für freiwillige Mitglieder, die hauptberuflich selbständig erwerbstätig sind, gilt als beitragspflichtige Einnahmen für den Kalendertag der dreißigste Teil der monatlichen Beitragsbemessungsgrenze (§ 223), bei Nachweis niedrigerer Einnahmen jedoch mindestens der vierzigste, für freiwillige Mitglieder, die Anspruch auf einen monatlichen Gründungszuschuss nach § 57 des Dritten Buches oder einen monatlichen Existenzgründungszuschuss nach § 421l des Dritten Buches oder eine entsprechende Leistung nach § 16 des Zweiten Buches haben, der sechzigste Teil der monatlichen Bezugsgröße. Die Satzung der Krankenkasse bestimmt, unter welchen Voraussetzungen darüber hinaus der Beitragsbemessung hauptberuflich selbstständig Erwerbstätiger niedrigere Einnahmen, mindestens jedoch der sechzigste Teil der monatlichen Bezugsgröße, zugrunde gelegt werden. Dabei sind insbesondere das Vermögen des Mitglieds sowie Einkommen und Vermögen von Personen, die mit dem Mitglied in Bedarfsgemeinschaft leben, zu berücksichtigen. Veränderungen der Beitragsbemessung auf Grund eines vom Versicherten geführten Nachweises nach Satz 2 können nur zum ersten Tag des auf die Vorlage dieses Nachweises folgenden Monats wirksam werden. Für freiwillige Mitglieder, die Schüler einer Fachschule oder Berufsfachschule oder als Studenten an einer ausländischen staatlichen oder staatlich anerkannten Hochschule eingeschrieben sind oder regelmäßig als Arbeitnehmer ihre Arbeitsleistung im Umherziehen anbieten (Wandergesellen), gilt § 236 in Verbindung mit § 245 Abs. 1 entsprechend. Satz 1 gilt nicht für freiwillige Mitglieder, die die Voraussetzungen für den Anspruch auf eine Rente aus der gesetzlichen Rentenversicherung erfüllen und diese Rente beantragt haben, wenn sie seit der erstmaligen Aufnahme einer Erwerbstätigkeit bis zur Stellung des Rentenantrags mindestens neun Zehntel der zweiten Hälfte dieses Zeitraums Mitglied oder nach § 10 versichert waren; § 5 Abs. 2 Satz 1 gilt entsprechend.

(4a) Der Beitragsbemessung für freiwillige Mitglieder sind 10 vom Hundert der monatlichen Bezugsgröße nach § 18 des Vierten Buches zugrunde zu legen, wenn der Anspruch auf Leistungen für das Mitglied und seine nach § 10 versicherten Angehörigen während eines Auslandsaufenthaltes, der durch die Berufstätigkeit des Mitglieds, seines Ehegatten, seines Lebenspartners oder eines seiner Elternteile bedingt ist, oder nach § 16 Abs. 1 Nr. 3 ruht. Satz 1 gilt entsprechend, wenn nach § 16 Abs. 1 der Anspruch auf Leistungen aus anderem Grund für länger als drei Kalendermonate ruht, sowie für Versicherte während einer Tätigkeit für eine internationale Organisation im Geltungsbereich dieses Gesetzes.

(5) Die Satzung kann auch Beitragsklassen vorsehen.

§ 240 Abs. 4 Satz 2 Halbsatz 2: Mit dem GG vereinbar gem. BVerfGE v. 22.5.2001 I 1879 - 1 BvL 4/96 -

Gliederung

A. Basisinformationen

I. Textgeschichte/Gesetzgebungsmaterialien

1 **§ 240 SGB V** i.d.F. des GRG[1] trat am 01.01.1989 in Kraft und löste die bis dahin geltenden Bestimmungen der RVO über die Beitragsbemessung für freiwillig Versicherte ab. Die Vorschrift geht auf **§ 249 des Regierungsentwurfs**[2] zurück und übernahm diesen zunächst unverändert. Im Verhältnis zum bisher geltenden Recht war § 240 SGB V durch folgende, **grundlegende Änderungen** geprägt: Ermöglichung der Beitragsbemessung durch Satzungsrecht ohne Unterscheidung nach der Kassenart, Berücksichtigung der gesamten wirtschaftlichen Leistungsfähigkeit, Verbreiterung der Bemessungsgrundlage bei freiwillig versicherten Rentnern, Verdopplung der Mindesthöhe beitragspflichtiger Einnahmen, Einrichtung von Beitragsklassen.

2 Mit dem Ziel, interessengerechte Lösungen zu erreichen, wurde die **Ursprungsfassung** des § 240 SGB V **bis heute mehrfach geändert:** Mit Wirkung vom 01.01.1993 wurde durch das GSG[3] eine gesonderte, erheblich höhere Mindestbeitragsbemessungsgrundlage für hauptberuflich selbständig Er-

[1] Gesetz zur Strukturreform im Gesundheitswesen (Gesundheits-Reformgesetz - GRG) vom 20.12.1988, BGBl I 1988, 2477.

[2] BT-Drs. 11/2237, S. 69, 225.

[3] Gesetz zur Sicherung und Strukturverbesserung der gesetzlichen Krankenversicherung (Gesundheitsstrukturgesetz - GSG) vom 21.12.1992, BGBl I 1992, 2266.

werbstätige eingeführt. Das 1. MPG-ÄndG ordnete für freiwillig versicherte Fachschüler und Berufsfachschüler mit Wirkung vom 12.08.1998 eine entsprechende Anwendung der §§ 236, 245 Abs. 1 SGB V an[4] und damit eine Behandlung dieser Personen in der freiwilligen Versicherung wie versicherungspflichtige Studenten. Gleichzeitig wurde durch den neu eingefügten Absatz 4a die Möglichkeit geschaffen, die Bemessungsgrundlage für freiwillige Mitglieder, deren Anspruch auf Leistungen während eines beruflich bedingten Auslandsaufenthalts oder nach § 16 Abs. 1 Nr. 3 SGB V ruht, pauschal niedriger festzusetzen. Zu einer bedeutsamen Änderung in der Beitragsbemessung für freiwillig versicherte Rentenbezieher führte das GKV-Gesundheitsreformgesetz 2000.[5] Danach haben freiwillig versicherte Rentner, die mit ihren Einnahmen die Grenze der beitragsfreien Familienversicherung überschreiten, seit dem 01.01.2000 einkommensproportionale Beiträge zu entrichten. Mit Wirkung vom 01.01.2003[6] und 01.01.2004[7] traf der Gesetzgeber besondere Regelungen für Existenzgründer. Mit Wirkung vom gleichen Zeitpunkt wurde die für Fachschüler und Berufsfachschüler geltende Sonderregelung des Absatzes 4 Satz 4 (heute Satz 6) auf Wandergesellen ausgedehnt. Seit dem 01.01.2005 gilt die Mindestbeitragsbemessungsgrundlage des Absatzes 4 Satz 2 auch für freiwillig Versicherte, die Leistungen nach § 16 SGB II beanspruchen können.[8] Zuletzt wurde § 240 SGB V durch das GKV-WSG[9] geändert, in einem ersten Schritt zum 01.04.2007 sowie in einem zweiten Schritt zum 01.01.2009. Mit einer Ergänzung der in Absatz 4 Satz 2 geregelten Bestimmung über die Bemessungsgrundlage nahm der Gesetzgeber beitragsrechtliche Entlastungen für gering verdienende hauptberuflich selbstständig Erwerbstätige vor. Außerdem erleichterte er weiteren Personengruppen die Rückkehr in die GKV, indem er Absatz 4a änderte.

Die zum 01.01.2009 in Kraft tretenden[10] Änderungen des § 240 SGB V, die mehr oder weniger die ganze Vorschrift erfassen[11], sind im Wesentlichen Folgeänderungen zum Wegfall kassenindividueller Beitragseinstufungen für freiwillige Mitglieder. Ab 01.01.2009 wird der Spitzenverband Bund der Krankenkassen die Grundsätze der Beitragseinstufung freiwilliger Mitglieder festlegen. Entsprechend wird auch die bisher in § 240 Abs. 5 SGB V enthaltene Befugnis der KKn entfallen, Beitragsklassen einzurichten. 3

II. Vorgängervorschriften

Die Beitragsbemessung freiwilliger Mitglieder war bis zum In-Kraft-Treten des § 240 SGB V am 01.01.1989 in **§ 180 Abs. 4 und 7 RVO** geregelt. Seit dem 01.07.1977 sah § 180 Abs. 4 RVO für alle freiwillig Versicherten eine einheitliche Grundlohnregelung vor. Danach galten als Grundlohn das Arbeitsentgelt und sonstige Einnahmen zum Lebensunterhalt. § 180 Abs. 7 RVO ordnete für freiwillig versicherte Rentenbezieher die Gleichstellung mit versicherungspflichtigen Rentnern an mit der Folge, dass bei ihnen nur die Einnahmearten heranzuziehen waren, die bei jenen beitragspflichtig waren. Insoweit ergab sich eine Besserstellung gegenüber den sonstigen freiwillig Versicherten.[12] 4

III. Systematische Zusammenhänge

§ 240 SGB V steht im Zusammenhang mit **§ 9 SGB V**, der in seinem Absatz 1 die **Tatbestände der Versicherungsberechtigung** bzw. **freiwilligen Versicherung** regelt. Der Tatbestand der Zugehörigkeit zur freiwilligen Versicherung knüpft dabei heute überwiegend an eine zuvor bestehende Versicherungspflicht in der GKV an.[13] Fälle originärer freiwilliger Versicherung bilden demgegenüber – auch 5

---

[4] Erstes Gesetz zur Änderung des Medizinproduktegesetzes (1. MPG-ÄndG) vom 06.08.1998, BGBl I 1998, 2005.

[5] Gesetz zur Reform der gesetzlichen Krankenversicherung ab dem Jahr 2000 (GKV - Gesundheitsreformgesetz 2000) vom 22.12.1999, BGBl I 1999, 2626.

[6] Eingefügt durch das Zweite Gesetz für moderne Dienstleistungen am Arbeitsmarkt vom 23.12.2002, BGBl I 2002, 4621.

[7] Eingefügt durch das Gesetz zur Modernisierung der gesetzlichen Krankenversicherung (GKV-Modernisierungsgesetz - GMG) vom 14.11.2003, BGBl I 2003, 2190.

[8] Ergänzt durch das Vierte Gesetz für moderne Dienstleistungen am Arbeitsmarkt vom 24.12.2003, BGBl I 2003, 2954.

[9] Gesetz zur Stärkung des Wettbewerbs in der gesetzlichen Krankenversicherung (GKV-Wettbewerbsstärkungsgesetz – GKV-WSG) vom 26.3.2007, BGBl I 2007, 378).

[10] Art. 46 Abs. 10 GKV-WSG.

[11] Art. 2 Nr. 29a1 GKV-WSG.

[12] Zu weiteren Einzelheiten der Textgeschichte und ihrer Bedeutung für § 240 SGB V vgl. *Peters* in: KassKomm-SGB, SGB V, § 240 Rn. 8 ff.

[13] *Dalichau/Grüner*, SGB V, § 240 Anm. I.1.; auch *Peters* in: KassKomm-SGB, SGB V, § 240 Rn. 4.

nach dem Konzept des Gesetzgebers – die Ausnahme. Wie für Mitglieder, die der Versicherungspflicht unterliegen, gelten auch für freiwillig Versicherte die **Beitragssatzvorschriften der §§ 241 ff. SGB V**. Die **Tragung** der Beiträge ist in **§ 250 Abs. 2 SGB V** geregelt. Danach tragen freiwillige Mitglieder ihren Beitrag allein. Nach **§ 252 Satz 1 SGB V** haben sie diesen auch zu **zahlen**. Unter bestimmten, in **§ 257 SGB V** näher geregelten Voraussetzungen können freiwillig Versicherte von ihrem Arbeitgeber einen **Beitragszuschuss** beanspruchen. § 240 SGB V gilt für alle freiwillig Versicherten, unabhängig davon, nach welchen Vorschriften das Versicherungsverhältnis begründet wird. So ist die Bestimmung auch im Bereich der landwirtschaftlichen Krankenversicherung heranzuziehen (§ 46 Abs . 1 Satz 1 KVLG 1989). Sie ist darüber hinaus für freiwillige Mitglieder in der GKV und Personen, die nicht in der GKV versichert sind, bei der Beitragsbemessung in der sozialen Pflegeversicherung entsprechend anzuwenden (§ 57 Abs. 4 Satz 1 SGB XI).

IV. Ausgewählte Literaturhinweise

6 *Backendorf*, Voller Kranken-Versicherungsbeitrag auf Betriebsrenten, SuP 2004, 488-490; *Bress*, Die beitragspflichtigen Einnahmen freiwilliger Mitglieder, WzS 1994, 353-363; *Erdmann*, Der Nachweis beitragspflichtiger Einnahmen freiwillig versicherter Selbständiger in der GKV, Die Beiträge 2004, 1-7; *Huster*, Die Beitragsbemessung in der gesetzlichen Krankenversicherung, JZ 2002, 371-378; *Jachmann*, Die Korrespondenz von Sozialrecht und Einkommensteuerrecht, NZS 2003, 281-288; *Klose*, Zur Berücksichtigung privater Altersrenten bei der Beitragsbemessung freiwillig Krankenversicherter, ZfS 1996, 311-313; *Krauskopf*, Freiwillig krankenversicherter Sozialhilfeempfänger - Beitragsbemessung - beitragspflichtige Einnahmen - Familieneinkommen - Sozialhilfeleistungen - Familienangehörige - Wohngeld, SGb 2001, 583-584; *Marburger*, Änderungen in der Kranken- und Pflegeversicherung der Rentner zum 1.1. und 1.4.2004, rv 2004, 68-71; *ders.*, Sozialversicherungsrechtliche Auswirkungen der Maßnahmen für ältere Arbeitnehmer und Existenzgründer, Die Beiträge 2003, 705-713; *Richter*, Freiwilliges Mitglied - Beitragsbemessung - beitragspflichtige Einnahmen - private Unfallrente - Verletztenrente - Grundrente, DStR 2002, 1408; *Riemenschneider*, Auswirkungen des Gesetzes zur Modernisierung der gesetzlichen Krankenversicherung vom 14.11.2003 (GMG) auf das Beitragsrecht, Die Beiträge 2004, 65-72; *Schlegel*, in: Küttner, Personalbuch, 11. Aufl. 2004, Krankenversicherungsbeiträge Rn. 16-24; *Schulz*, Beitragsbemessung für freiwillig Versicherte, Die Beiträge 1999, 129-135; *Stascheit*, Entgeltsicherung und „Ich-AG" nach neuem Recht, info also 2003, 13-15; *Vogel*, Teilzeitbeschäftigte Rentner im Wechselspiel zwischen Pflichtversicherung und freiwilliger Mitgliedschaft in der gesetzlichen Krankenversicherung, NZS 2002, 567-570; *Wallerath*, Beitragsbemessung für freiwillig Krankenversicherte, SGb 2003, 239-248.

B. Auslegung der Norm

I. Regelungsgehalt und Bedeutung der Norm

7 Der **Regelungsgehalt** des § 240 SGB V ist komplex, seine **Bedeutung** für freiwillig Versicherte zentral. § 240 Abs. 1 SGB V gestattet den (allen) KKn in seinem Satz 1, die Beitragsbemessung – genauer die Beitragsbemessungsgrundlagen[14] – für freiwillige Mitglieder durch Satzung zu regeln. Den prinzipiellen Bemessungsmaßstab benennt Satz 2, der dazu verpflichtet sicherzustellen, dass die gesamte wirtschaftliche Leistungsfähigkeit des freiwilligen Mitglieds berücksichtigt wird. Die Absätze 2-4 des § 240 SGB V enthalten sodann weitere Vorgaben, die die KKn bei ihren Satzungsregelungen zu beachten haben. Mit dem Ziel größerer Beitragsgerechtigkeit im Verhältnis zu Versicherungspflichtigen ordnet der Gesetzgeber in Absatz 2 Satz 1 an, dass ein freiwilliges Mitglied bei der Beitragsbemessung nicht geringer belastet werden darf als ein vergleichbarer versicherungspflichtig Beschäftigter. Absatz 2 Satz 3 konkretisiert diesen Grundsatz, indem er den Satzungsgeber dazu verpflichtet, bestimmte für versicherungspflichtige Mitglieder der GKV geltende Vorschriften entsprechend anzuwenden. Absatz 3 betrifft freiwillige Mitglieder, die neben dem Arbeitsentgelt eine Rente der gesetzlichen RV beziehen, und bewirkt, dass deren Beiträge nach den gleichen Grundsätzen bemessen werden wie die der versicherungspflichtigen Rentner. Besondere Bedeutung kommt den Regelungen über die Mindestbeitragsbemessungsgrundlagen in Absatz 4 zu. Satz 1 enthält für alle freiwillig Versicherten, für die keine Sonderbestimmungen zur Anwendung gelangen, eine (allgemeine) Mindestgrenze bei-

[14] Der Beitrag selbst bemisst sich zusätzlich nach dem Beitragssatz.

tragspflichtiger Einnahmen. Sonderregelungen, die Mindesteinnahmen in hiervon abweichender Höhe fingieren, bestehen für hauptberuflich selbständig Erwerbstätige, Existenzgründer (vgl. zu diesem Personenkreis auch Absatz 2 Satz 2), Arbeitsuchende nach § 16 SGB II, Fachschüler, Berufsfachschüler, Auslandsstudenten und Wandergesellen (Sätze 2-6). Für (Klein)Rentner ist die Mindesteinnahmengrenze des Satzes 1 suspendiert (Satz 7). Auch Absatz 4a enthält eine Sonderregelung. Für den dort genannten Personenkreis (freiwillige Mitglieder bei durch Berufstätigkeit bedingtem Auslandsaufenthalt, mit Anspruch auf freie Heilfürsorge oder als Entwicklungshelfer im Entwicklungsdienst usw.) eröffnet Absatz 4a abweichend von § 240 Abs. 1 Satz 2, Abs. 4 Satz 1 SGB V die Möglichkeit, geringe beitragspflichtige Einnahmen für eine Anwartschaftsversicherung festzusetzen. § 240 Abs. 5 SGB V berechtigt die KKn schließlich, in ihren Satzungen zur Verwaltungsvereinfachung Beitragsklassen vorzusehen.

II. Normzweck

Der **Zweck** des § 240 SGB V erschließt sich unmittelbar aus der Überschrift der Bestimmung. § 240 SGB V regelt, welche Einnahmen freiwillig Versicherter der Beitragspflicht unterliegen bzw. wie die beitragspflichtigen Einnahmen dieses Personenkreises zu bestimmen sind. Der Vorschrift bedarf es, weil die beitragspflichtigen Einnahmen freiwilliger Mitglieder im Gegensatz zu denen der Pflichtversicherten nicht definitiv im Gesetz geregelt, sondern der Bestimmung durch untergesetzliche Rechtsnorm überlassen sind. Im Hinblick auf den von ihr erfassten, höchst unterschiedlichen, Personenkreis und die Vielgestaltigkeit der Einnahmen, die als beitragspflichtig in Betracht kommen, war und ist die Rechtsprechung vor allem mit Fragen der Grenzziehung befasst.[15] 8

III. Satzungsautonomie und Bemessungsmaßstab (Absatz 1)

1. Gestaltungsfreiheit und Grenzen

Das Gesetz überantwortet die Regelung der „Beitragsbemessung" für freiwillig Versicherte den KKn als Satzungsgebern (**Absatz 1 Satz 1**), zieht ihrer **Satzungsautonomie** jedoch durch die Definition eines prinzipiellen Bemessungsmaßstabs in **Absatz 1 Satz 2** und die in den **Absätzen 2 - 4** enthaltenen inhaltlichen Vorgaben **Grenzen**. Innerhalb dieses Regelungsrahmens sind die KKn gehalten, ihre Satzungen, die vom Verwaltungsrat zu beschließen (§ 197 Abs. 1 Nr. 1 SGB V) und von der Aufsichtsbehörde zu genehmigen sind (§ 195 Abs. 1 SGB V), so **bestimmt** zu fassen, wie dies nach der Eigenart der zu ordnenden Lebenssachverhalte und mit Rücksicht auf den Normzweck möglich ist.[16] Die Satzungen haben die Einzelheiten der Beitragsbemessung so **konkret** zu regeln, dass für typische Sachverhalte eine einheitliche Bewertung sichergestellt ist.[17] Das gilt vor allem, wenn die Feststellung der beitragspflichtigen Einnahmen auf erhebliche Schwierigkeiten stößt, oder hierfür verschiedene Berechnungsweisen zur Verfügung stehen und sich dem Gesetz keine eindeutigen Bewertungsmaßstäbe entnehmen lassen. Indessen fordert der Bestimmtheitsgrundsatz nicht die explizite Festlegung sämtlicher nur denkbarer Einstufungen freiwilliger Mitglieder.[18] Satzungsbestimmungen, die zu rückwirkender Beitragserhöhung führen, verstoßen gegen das Verbot der echten Rückwirkung.[19] 9

2. Maßstab: gesamte wirtschaftliche Leistungsfähigkeit

Sowohl der (generellen) Satzungsregelung als auch der (konkreten) beitragsrechtlichen Entscheidung im Einzelfall muss die **gesamte wirtschaftliche Leistungsfähigkeit** des freiwillig Versicherten als **Bemessungsmaßstab** zu Grunde liegen (**Absatz 1 Satz 2**). Diese Forderung beruht auf dem in der GKV geltenden **Solidaritätsprinzip**. Der Begriff der gesamten wirtschaftlichen Leistungsfähigkeit birgt zahlreiche Auslegungs-, vor allem aber Abgrenzungsprobleme und hat zu einer umfangreichen Kasuistik geführt. Die Beitragserhebung nach der gesamten wirtschaftlichen Leistungsfähigkeit knüpft einerseits – wie schon das bis zum 31.12.1988 geltende Recht – an die **Einnahmensituation** des freiwilligen Mitglieds an, ist andererseits **aber (auch) „leistungsfähigkeitsbezogen"**.[20] Auch wenn er so ver- 10

[15] Hierzu ausführlich *Peters* in: KassKomm-SGB, SGB V, § 240 Rn. 2 ff.; *Dalichau/Grüner*, SGB V, § 240 Anm. I.1.

[16] BSG v. 17.05.2001 - B 12 KR 31/00 R - SozR 3-2500 § 240 Nr. 38 S. 187.

[17] BSG v. 19.12.2000 - B 12 KR 1/00 R - SozR 3-2500 § 240 Nr. 34 S. 161.

[18] Vgl. *Gerlach* in: Hauck/Noftz, SGB V, § 240 Rn. 23.

[19] BSG v. 26.02.1992 - 1 RR 8/91 - SozR 3-2500 § 240 Nr. 8 S. 25 f.

[20] *Peters* in: KassKomm-SGB, SGB V, § 240 Rn. 18: Korrektur einer rein einnahmeorientierten Bemessung.

standen werden könnte, schließt der Begriff der gesamten wirtschaftlichen Leistungsfähigkeit das Vermögen des freiwillig Versicherten nicht ein. Der Beitragspflicht unterliegen lediglich die Einnahmen, die aus ihm erzielt werden. Wie die wirtschaftliche Leistungsfähigkeit zu ermitteln ist, regelt das Gesetz nicht. Nach der Begründung zu § 249 des Regierungsentwurfs (§ 240 SGB V)[21] sollen der Beitragsbemessung „ohne Rücksicht auf ihre steuerliche Behandlung alle Einnahmen und Geldmittel zu Grunde gelegt werden, die das Mitglied zum Lebensunterhalt verbraucht oder verbrauchen könnte". Jedenfalls folgt aus dem Grundsatz individueller Bestimmung der beitragspflichtigen Einnahmen, dass nur diejenigen des **Mitglieds** zu berücksichtigen sind und eine Beitragserhebung etwa nach dem Familieneinkommen unzulässig ist.[22] Darüber hinaus bedeutet die Anknüpfung an die tatsächliche Einnahmensituation des freiwilligen Mitglieds, dass außerhalb der in Absatz 4 geregelten Fälle eine bestimmte wirtschaftliche **(Mindest-)Leistungsfähigkeit nicht unterstellt** werden darf.[23]

IV. Gesetzliche Maßgaben (Absatz 2)

1. Mindestanforderungen: keine Besserstellung gegenüber Pflichtversicherten

11 **§ 240 Abs. 2 Satz 1 SGB V** ordnet an, dass die Satzung der KKn **„mindestens"** die **Einnahmen** des freiwilligen Mitglieds berücksichtigen muss, die **bei einem vergleichbaren versicherungspflichtig Beschäftigten** der Beitragsbemessung zu Grunde zu legen sind. Absatz 2 Satz 1 normiert insoweit eine **Untergrenze**. Die Vorschrift soll verhindern, dass freiwillig Versicherte beitragsmäßig geringer belastet werden als versicherungspflichtig Beschäftigte[24], schließt andererseits aber die Einbeziehung von Einnahmen, die bei einem Pflichtmitglied unberücksichtigt bleiben, die wirtschaftliche Leistungsfähigkeit des freiwilligen Mitglieds aber mitbestimmen, nicht aus.[25] Der gesetzlich vorgeschriebene **Vergleich** ist lediglich auf die **Einnahmearten** bezogen. Absatz 2 Satz 1 setzt nicht etwa die Orientierung an einer beruflich und wirtschaftlich ebenbürtigen Vergleichsperson unter den versicherungspflichtig Beschäftigten und den beitragspflichtigen Einnahmen dieses Beschäftigten voraus.[26] Die Satzung muss danach jedenfalls vorschreiben, dass die Einnahmen, die bei einem versicherungspflichtig Beschäftigten gemäß § 226 Abs. 1 SGB V zu berücksichtigen sind, auch der Beitragsbemessung freiwillig Versicherter zu Grunde gelegt werden. Im Hinblick darauf, dass § 240 Abs. 2 Satz 1 SGB V nur eine Untergrenze festlegt, ist Arbeitseinkommen (§ 15 SGB IV) freiwilliger Mitglieder ohne die in § 226 Abs. 1 Satz 1 Nr. 4 SGB V enthaltene Einschränkung heranzuziehen.

2. Kasuistik

12 Das BSG hat unter Geltung des § 180 RVO zur Frage beitragspflichtiger Einnahmen zum Lebensunterhalt eine dezidierte **Rechtsprechung** entwickelt. In welchem Umfang diese für die ab 01.01.1989 geltende Rechtslage des § 240 SGB V übernommen werden kann, bedarf sorgfältiger Prüfung. Dem auf die gesamte wirtschaftliche Leistungsfähigkeit abstellenden Bemessungsmaßstab ist eine **einengende Tendenz nicht zu entnehmen**[27], sodass jedenfalls bisher beitragspflichtige Einnahmen auch als nach neuem Recht beitragspflichtig gelten können. **Fraglich** ist demgegenüber die **Ausweitung** der Beitragspflicht auf solche Einnahmen, die nach altem Recht als beitragsfrei angesehen wurden. Über die schon vorliegenden Entscheidungen hinaus ist hierzu eine umfangreiche Kasuistik des BSG zu erwarten.

---

21 BT-Drs. 11/2237, S. 225.

22 BSG v. 19.12.2000 - B 12 KR 1/00 R - SozR 3-2500 § 240 Nr. 34 S. 157; Ausnahme: freiwillig versicherte Ehegatten ohne eigenes oder mit nur geringem Einkommen.

23 BSG v. 15.09.1992 - 12 RK 51/91 - SozR 3-2500 § 240 Nr. 9 S. 30 f. und BSG v. 23.11.1992 - 12 RK 29/92 - SozR 3-2500 § 240 Nr. 12 S. 50.

24 BT-Drs. 11/2237, S. 225.

25 *Krauskopf* in: Krauskopf, SGB V/SGB XI, § 240 Rn. 13; *Schlegel* in: Küttner, Personalbuch, 13. Aufl. 2006, Krankenversicherungsbeiträge Rn. 20.

26 BSG v. 15.09.1992 - 12 RK 51/91 - SozR 3-2500 § 240 Nr. 9 S. 34, unter Hinweis auf den Meinungsstand in der Literatur; vgl. hier vor allem *Peters* in: KassKomm-SGB, SGB V, § 240 Rn. 26.

27 *Peters* in: KassKomm-SGB, SGB V, § 240 Rn. 21 ff.

Unter Geltung des **§ 180 RVO** sind u.a. folgende Einkünfte als **Einnahmen zum Lebensunterhalt** angesehen worden[28]: Abfindungen beim Ausscheiden aus dem Beschäftigungsverhältnis (teilweise)[29]; Arbeitsentgelt i.S.d. § 14 SGB IV einschließlich kindbezogener Bestandteile[30], bei dem ein Ausgleich von Verlusten aus anderen Einkommensarten nicht zulässig ist[31]; Arbeitseinkommen aus selbständiger Tätigkeit[32]; Einnahmen aus Vermietung und Verpachtung[33]; Mietwert der eigenen Wohnung[34]; privatversicherungsrechtliche Renten als Risikoversicherungen, z.B. Berufsunfähigkeitsrenten[35], Veräußerungsleibrenten mit ihrem Ertragsanteil[36]; bestimmte Sozialhilfeleistungen, z.B. die laufenden Leistungen der Sozialhilfe[37], der vom Sozialhilfeträger übernommene Krankenversicherungsbeitrag[38] sowie Mehrbedarfszuschläge; Witwengrundrente nach dem BVG.[39] 13

Dagegen sind **den Einnahmen** - teilweise im Hinblick auf die besondere Zweckbestimmung der Leistung - **nicht zugeordnet** worden: Beschädigtengrundrente nach dem BVG[40]; Kindergeld[41]; Privatentnahmen aus Betriebsvermögen, selbst wenn sie zur Bestreitung des Lebensunterhalts verwendet werden[42]; Sozialhilfeleistungen als Hilfen in besonderen Lebenslagen[43]; Unterhaltsleistungen innerhalb einer nichtehelichen, eheähnlichen Gemeinschaft[44]; Wohngeld.[45] 14

Auf der Grundlage des **§ 240 SGB V** hat das BSG seine frühere Rechtsprechung teilweise fortgeführt. 15
Die Rechtsprechung zu § 240 SGB V weist bisher folgende Konturen auf: Das BSG hat entschieden, dass ein beitragsmindernder vertikaler Verlustausgleich zwischen Verlusten aus selbständiger Tätigkeit mit Versorgungsbezügen und Einkünften aus Kapitalvermögen und eine Saldierung von Einkünften aus Kapitalvermögen mit Verlusten aus Vermietung und Verpachtung nicht zulässig ist.[46] Bei freiwillig versicherten Ruhestandsbeamten rechnet auch der kindbezogene Teil des Ortszuschlags zu den beitragspflichtigen Versorgungsbezügen.[47] Sind bei einem freiwillig Versicherten Einnahmen aus Vermietung und Verpachtung beitragspflichtig, sind hiervon Schuldzinsen (Werbungskosten) abzugsfähig.[48] Bei freiwillig versicherten Sozialhilfeempfängern gehören Hilfen zum Lebensunterhalt an Familienangehörige des Mitglieds nicht zu dessen beitragspflichtigen Einnahmen.[49] Abweichend von der bisherigen Rechtsprechung darf die Beitragspflicht des Wohngeldes unter Geltung des § 240 SGB V nunmehr durch besondere Bestimmung in der Satzung geregelt werden.[50] Der Beitragsbemessung für freiwillig versicherte Sozialhilfeempfänger dürfen nicht Hilfen zum Lebensunterhalt zu Grunde gelegt werden, die nach der bei Sozialhilfebeziehern durchschnittlichen Zahl der Haushaltsangehörigen und deren Hilfebedarf pauschal bemessen werden.[51] Bei freiwilligen Mitgliedern ohne eigene oder mit nur geringen eigenen Einnahmen bedarf die Heranziehung von Ehegatteneinkommen einer klaren sat-

---

[28] Eine ausführliche Darstellung der Rechtsprechung findet sich bei *Peters* in: KassKomm-SGB, SGB V, § 240 Rn. 11; vgl. auch *Krauskopf* in: Krauskopf, SGB V/SGB XI, § 240 Rn. 8 ff.
[29] BSG v. 28.04.1987 - 12 RK 50/85 - SozR 2200 § 180 Nr. 36.
[30] BSG v. 04.06.1991 - 12 RK 43/90 - SozR 3-2200 § 180 Nr. 7.
[31] BSG v. 28.02.1984 - 12 RK 65/82 - SozR 2200 § 180 Nr. 16.
[32] BSG v. 26.11.1984 - 12 RK 32/82 - SozR 2200 § 180 Nr. 19.
[33] BSG v. 27.11.1984 - 12 RK 70/82 - SozR 2200 § 180 Nr. 20.
[34] BSG v. 27.11.1984 - 12 RK 70/82 - SozR 2200 § 180 Nr. 20.
[35] BSG v. 19.06.1986 - 12 RK 28/85 - SozR 2200 § 180 Nr. 32.
[36] BSG v. 25.08.1982 - 12 RK 57/81 - SozR 2200 § 180 Nr. 12.
[37] BSG v. 15.12.1983 - 12 RK 70/80 - SozR 2200 § 180 Nr. 15.
[38] BSG v. 22.09.1988 - 12 RK 12/86 - SozR 2200 § 180 Nr. 44.
[39] BSG v. 09.12.1981 - 12 RK 29/79 - SozR 2200 § 180 Nr. 8.
[40] BSG v. 21.10.1980 - 3 RK 53/79 - SozR 2200 § 180 Nr. 5.
[41] BSG v. 22.11.1988 - 12 RK 12/86 - SozR 2200 § 180 Nr. 44.
[42] BSG v. 26.11.1984 - 12 RK 32/82 - SozR 2200 § 180 Nr. 19.
[43] BSG v. 15.12.1983 - 12 RK 70/80 - SozR 2200 § 180 Nr. 15.
[44] BSG v. 10.05.1990 - 12 RK 41/87 - SozR 2200 § 180 Nr. 1.
[45] BSG v. 25.11.1981 - 5a/5 RKn 18/79 - SozR 2200 § 180 Nr. 7.
[46] BSG v. 23.02.1995 - 12 RK 66/93 - SozR 3-2500 § 240 Nr. 19; neuerdings auch BSG v. 09.08.2006 - B 12 KR 8/06 R.
[47] BSG v. 30.03.1995 - 12 RK 11/94 - SozR 3-2500 § 240 Nr. 20.
[48] BSG v. 23.09.1999 - B 12 KR 12/98 R - SozR 3-2500 § 240 Nr. 31.
[49] BSG v. 19.12.2000 - B 12 KR 1/00 R - SozR 3-2500 § 240 Nr. 34.
[50] BSG v. 19.12.2000 - B 12 KR 1/00 R - SozR 3-2500 § 240 Nr. 34.
[51] BSG v. 19.12.2000 - B 12 KR 20/00 R - SozR 3-2500 § 240 Nr. 35.

zungsrechtlichen Grundlage.[52] Altersrenten aus einem privatrechtlichen Versicherungsverhältnis hat das BSG nicht nur mit dem Ertragsanteil, sondern mit dem Zahlbetrag als beitragspflichtig angesehen.[53] Ebenso mit dem Zahlbetrag beitragspflichtig ist eine Unfallrente aus einem privatrechtlichen Versicherungsvertrag.[54] Entscheidungen aus neuerer Zeit: Eine generalklauselartige Satzungsregelung genügt nicht, um eine in Anwendung des § 21 BeamtVG gezahlte Witwenabfindung der Beitragsbemessung zu unterwerfen.[55] Auf Arbeitsentgelt aus einer geringfügigen Beschäftigung darf neben dem Pauschalbeitrag des Arbeitgebers nach § 249b SGB V ein Beitrag des freiwilligen Mitglieds selbst nicht mehr erhoben werden.[56] Bei hauptberuflich selbständig Erwerbstätigen ist der steuerpflichtige Gewinn aus der Veräußerung eines GmbH-Anteils beitragspflichtig.[57] Die Grundrente nach dem BVG ist keine Einnahme, die die wirtschaftliche Leistungsfähigkeit i.S.d. § 240 Abs. 1 SGB V erhöht.[58] Sie ist eine Leistung, die im gesamten Sozialrecht nicht als Einkommen berücksichtigt wird, soweit es um die Gewährung von einkommensabhängigen Leistungen geht.

16 Das BSG hat mehrfach entschieden, dass **generalklauselartige** Bestimmungen in den Satzungen von KKn, etwa solche, die lediglich die Erläuterungen in der Begründung zum Regierungsentwurf des GRG (§ 249)[59] übernehmen, nur ausreichen, um Einnahmen der Beitragsbemessung zu Grunde zu legen, die auch bei versicherungspflichtig Beschäftigten beitragspflichtig sind, sowie solche Einnahmen, die bereits in ständiger Rechtsprechung vom BSG als Einnahmen zum Lebensunterhalt anerkannt wurden.[60] Es hat seine Auffassung damit begründet, dass im Hinblick auf eine ausreichende Bestimmtheit abgabenrechtlicher Regelungen wenigstens in **Grenzbereichen zwischen beitragspflichtigen** und **nicht mehr beitragspflichtigen Einnahmen** eine **spezielle Satzungsregelung** erforderlich ist bzw. die bloße Übernahme der ebenfalls unbestimmten Gesetzesmaterialien in die Satzung in den Übergangszonen nicht ausreicht.[61] Hiervon ausgehend hat das BSG in der Vergangenheit entschieden, dass bei einem freiwillig versicherten Sozialhilfeempfänger die Beitragserhebung auf Wohngeld einer besonderen Satzungsregelung bedarf.[62] Nach weiteren Entscheidungen müssen auch für die Heranziehung von Ehegatteneinkommen[63] und die Heranziehung einer Witwenabfindung nach dem Beamtenversorgungsrecht[64] klare satzungsrechtliche Grundlagen vorhanden sein.

3. Entsprechende Geltung anderer Vorschriften

17 Die in **§ 240 Abs. 2 Satz 3 SGB V** enthaltenen **Verweisungen** stellen **Konkretisierungen** des in Absatz 2 Satz 1 geregelten **Verbots** dar, **freiwillig Versicherte** im Verhältnis zu **Pflichtversicherten** beitragsrechtlich **besser zu stellen**. Zumindest einem Teil der Verweisungen kommt dabei lediglich eine klarstellende Funktion zu.[65] Weil Absatz 2 Satz 3 die entsprechende Anwendung (auch) des § 223 Abs. 3 SGB V anordnet, gilt auch für freiwillige Mitglieder die **Beitragsbemessungsgrenze**. Nachzahlungen von Renten und Versorgungsbezügen sind entsprechend den §§ 228 Abs. 2, 229 Abs. 2 SGB V unter den dort genannten Voraussetzungen der Beitragserhebung zu Grunde zu legen. Zur Bestimmung der Rangfolge der Einnahmearten ist die für freiwillig versicherte Rentner geltende Vorschrift des

---

[52] BSG v. 17.05.2001 - B 12 KR 31/00 R - SozR 3-2500 § 240 Nr. 38; ferner BSG v. 24.04.2002 - B 7/1 A 1/00 R - SozR 3-2500 § 240 Nr. 42.
[53] BSG v. 06.09.2001 - B 12 KR 5/01 R - SozR 3-2500 § 240 Nr. 40.
[54] BSG v. 06.09.2001 - B 12 KR 14/00 R - SozR 3-2500 § 240 Nr. 41.
[55] BSG v. 22.05.2003 - B 12 KR 12/02 R - SozR 4-2500 § 240 Nr. 1.
[56] BSG v. 16.12.2003 - B 12 KR 20/01 R - SozR 4-2500 § 240 Nr. 2; anders in der sozialen Pflegeversicherung: BSG v. 29.11.2006 - B 12 P 2/06 R - SGb 2007, 31-32.
[57] BSG v. 22.03.2006 - B 12 KR 8/05 R - SozR 4-2500 § 240 Nr. 6.
[58] BSG v. 24.01.2007 - B 12 KR 28/05 R.
[59] BT-Drs. 11/2237, S. 225.
[60] BSG v. 19.12.2000 - B 12 KR 1/00 R - SozR 3-2500 § 240 Nr. 34 S. 160 ff.; zuletzt BSG v. 22.05.2003 - B 12 KR 12/02 R - § 240 Nr. 1 Rn. 15.
[61] BSG v. 22.05.2003 - B 12 KR 12/02 R - SozR 4-2500 § 240 Nr. 1 Rn. 18.
[62] BSG v. 19.12.2000 - B 12 KR 1/00 R - SozR 3-2500 § 240 Nr. 34.
[63] BSG v. 17.05.2001 - B 12 KR 31/00 R - SozR 3-2500 § 240 Nr. 38; ferner BSG v. 24.04.2002 - B 7/1 A 1/00 R - SozR 3-2500 § 240 Nr. 42.
[64] BSG v. 22.05.2003 - B 12 KR 12/02 R - SozR 4-2500 § 240 Nr. 1.
[65] Vgl. *Krauskopf* in: Krauskopf, SGB V/SGB XI, § 240 Rn. 16; *Peters* in: KassKomm-SGB, SGB V, § 240 Rn. 20; weitergehend *Gerlach* in: Hauck/Noftz, SGB V, § 240 Rn. 37.

§ 238a SGB V heranzuziehen.[66] In Bezug genommen ist auch § 243 Abs. 2 SGB V. Damit soll u.a. dokumentiert werden, dass Abstufungen nach dem Familienstand oder der Zahl der mitversicherten Angehörigen über den Beitragssatz oder über die Festlegung der beitragspflichtigen Einnahmen unzulässig sind. Mit der Verweisung auf die §§ 247 Abs. 1, 248 SGB V wird sichergestellt, dass für freiwillig versicherte Rentner künftig keine günstigeren Beitragssätze Anwendung finden als für pflichtversicherte Rentner. Die Erhebung von Beiträgen auf Versorgungsbezüge nach dem vollen allgemeinen Beitragssatz seit dem 01.01.2004 begegnet auch bei freiwillig Versicherten keinen verfassungsrechtlichen Bedenken.[67] Abschließend verweist das Gesetz auf § 23a SGB IV. Danach ist auch bei freiwillig Versicherten **einmalig gezahltes Arbeitsentgelt** beitragspflichtig. Allerdings sind die KKn berechtigt, zu erwartende Einmalzahlungen bei der Einstufung von freiwillig Versicherten in Beitragsklassen ohne Rücksicht auf den Zeitpunkt ihres Zuflusses monatlich mit einem Zwölftel zu berücksichtigen.[68]

V. Freiwillig Versicherte mit Rentenbezug

18 **§ 240 Abs. 3 Satz 1 SGB V** schreibt für **freiwillig versicherte Rentner** eine **getrennte Anwendung der Beitragsbemessungsgrenze** vor, wenn sie neben der Rente Arbeitsentgelt (§ 14 SGB IV) erhalten. Ungeklärt ist die Behandlung solcher freiwillig versicherten Rentner, die kein Arbeitsentgelt, dafür aber andere beitragspflichtige Einnahmen erzielen oder über Arbeitsentgelt und sonstige Einnahmen verfügen.[69] **Absatz 3 Satz 2** normiert eine **Pflicht** des freiwillig Versicherten (vgl. § 252 Satz 1 i.V.m. § 250 Abs. 2 SGB V) **zur Einzahlung des Beitragszuschusses des Rentenversicherungsträgers**, wenn „dies", d.h. die getrennte Anwendung der Beitragsbemessungsgrenze auf Rente und Arbeitsentgelt, „insgesamt"[70] zur Überschreitung der Beitragsbemessungsgrenze führt. Die Regelung soll sicherstellen, dass die KKn in jedem Fall die an freiwillige Mitglieder gezahlten Beitragszuschüsse der Rentenversicherungsträger (§ 106 SGB VI) erhalten.[71] Das entspricht der Beitragspflicht der Renten bei versicherungspflichtig Beschäftigten (vgl. §§ 230, 231 Abs. 2 SGB V). Die Bestimmung, die derjenigen des früheren § 393a Abs. 6 RVO entspricht, ist verfassungsgemäß.[72]

VI. Mindestbeitragsbemessungsgrundlagen (Absatz 4)

1. Allgemeine Regelung (Satz 1) und Sonderregelungen

19 **§ 240 Abs. 4 SGB V** enthält Regelungen über beitragspflichtige Mindesteinnahmen freiwillig Versicherter, die **abschließend** und **zwingend** sind. Der Gesetzgeber hat darin als Bemessungsgrundlagen bestimmte **Mindesteinnahmen fingiert**. Multipliziert mit dem jeweiligen Beitragssatz ergeben sie den jeweiligen (Mindest)Beitrag. Absatz 4 Satz 1 legt einen (allgemeinen) Mindestbetrag der beitragspflichtigen Einnahmen für alle freiwilligen Mitglieder fest, der zu Grunde zu legen ist, sofern nicht Sonderregelungen (Absatz 4 Sätze 2-7, Absatz 4a) eingreifen.

20 Nach **Absatz 4 Satz 1** ist als **(allgemeiner) Mindestbetrag beitragspflichtiger Einnahmen** für den Kalendertag mindestens der **90. Teil der monatlichen Bezugsgröße (§ 18 SGB IV)** zu berücksichtigen (für den Monat demnach ein Drittel der monatlichen Bezugsgröße). Durch Anbindung an die Bezugsgröße ist der Betrag der kalendertäglichen beitragspflichtigen Mindesteinnahmen **dynamisiert**. Als Ausnahmeregelung zu § 240 Abs. 1 Satz 2 SGB V, der zur Berücksichtigung der gesamten wirtschaftlichen Leistungsfähigkeit des freiwilligen Mitglieds verpflichtet, legt der Gesetzgeber in Ab-

---

[66] Ob diese auf alle übrigen freiwilligen Mitglieder (entsprechend) anzuwenden ist, ist im Schrifttum offensichtlich umstritten; verneinend wohl *Peters* in: KassKomm-SGB, SGB V, § 240 Rn. 20; *Wasem* in: Maaßen/Schermer/Wiegand/Zipperer, SGB V, § 240 Rn. 9a.

[67] BSG v. 10.05.2006 - B 12 KR 6/05 R - SozR 4-2500 § 240 Nr. 7.

[68] BSG v. 11.09.1995 - 12 RK 11/95 - SozR 3-2500 § 240 Nr. 22; BSG v. 11.09.1995 - 12 RK 12/95 - SozR 3-2500 § 240 Nr. 23.

[69] Für eine entsprechende Anwendung des Satzes 1 auf alle Einkommensarten *Gerlach* in: Hauck/Noftz, SGB V, § 240 Rn. 46.

[70] Nach h.M. im Schrifttum sind in die Addition nicht nur Arbeitsentgelt und Rente, sondern alle beitragspflichtigen Einnahmen einzubeziehen: *Krauskopf* in: Krauskopf, SGB V/SGB XI, § 240 Rn. 18; *Peters* in: KassKomm-SGB, SGB V, § 240 Rn. 28; *Gerlach* in: Hauck/Noftz, SGB V, § 240 Rn. 46; *Wasem* in: Maaßen/Schermer/Wiegand/Zipperer, SGB V, § 240 Rn. 11.

[71] BT-Drs. 11/2237, S. 225.

[72] BSG v. 25.04.1991 - 12 RK 6/90 - SozR 3-2200 § 393a Nr. 1.

satz 4 Satz 1 eine **(absolute) Untergrenze** beitragspflichtiger Einnahmen fest[73], die von den KKn weder (außer im Anwendungsbereich des Absatzes 4 Sätze 6 und 7 sowie des Absatzes 4a) unterschritten noch überschritten werden darf. Sie ist verfassungsrechtlich nicht zu beanstanden.[74] Mit dem schon bisher in § 180 Abs. 4 Satz 1 RVO geregelten Mindestbetrag wollte der Gesetzgeber verhindern, dass freiwillig Versicherte, die ihren Lebensunterhalt nicht aus einem festen Geldbetrag bestreiten, sondern ihn in Natur erhalten, sich zu unangemessen niedrigen Beiträgen versichern können.[75] Letztlich soll bei freiwilligen Mitgliedern ein vertretbarer Ausgleich zwischen „Leistung" und „Gegenleistung" erreicht[76] und auf diese Weise das Versicherungsprinzip erhalten[77] werden. Die **Mindesteinnahmengrenze** des § 240 Abs. 4 Satz 1 SGB V darf auch in Härtefällen **nicht unterschritten** werden, etwa dann, wenn die beitragsrelevanten tatsächlichen Einnahmen des Versicherten wesentlich unter dieser Grenze liegen oder Einkommen überhaupt nicht vorhanden ist.[78] Das trifft einige freiwillig Versicherte hart. Gleichwohl ist die Mindestgrenze – auch etwa bei (einkommenslosen) Kindern[79] – anzuwenden. Aber auch **höhere Mindesteinnahmen** dürfen die KKn in ihren Satzungen **nicht vorsehen.**[80] Entsprechende Satzungsbestimmungen sind nichtig, weil sie die in Absatz 1 Satz 2 enthaltene Vorgabe zur Berücksichtigung der individuellen (tatsächlichen) Leistungsfähigkeit nicht beachten. Die Regelung über den (allgemeinen) Mindestbetrag beitragspflichtiger Einnahmen in § 240 Abs. 4 Satz 1 SGB V gilt unmittelbar und bedarf zu ihrer Anwendung keiner (konkretisierenden) Satzungsbestimmung.[81]

2. Hauptberuflich selbstständig Erwerbstätige, Existenzgründer und Arbeitsuchende (Sätze 2-4)

21 Als Ausnahmeregelung zu § 240 Abs. 1 Satz 2 SGB V legt **§ 240 Abs. 4 Satz 2 HS. 1 SGB V** für freiwillige Mitglieder, die **hauptberuflich selbstständig Erwerbstätige** sind (§ 5 Abs. 5 SGB V), fest, dass als Bemessungsgrundlage für den Kalendertag (zunächst) der **30. Teil der monatlichen Beitragsbemessungsgrenze** (für den Monat demnach eine Einnahme in Höhe der Beitragsbemessungsgrenze) gilt. Als Sonderregelung zu der Vorschrift des § 240 Abs. 4 Satz 1 SGB V über den (allgemeinen) Mindestbetrag beitragspflichtiger Einnahmen (mindestens der **90. Teil der monatlichen Bezugsgröße**) bestimmt **Absatz 4 Satz 2** darüber hinaus in **Halbsatz 2** für diesen Personenkreis (mindestens der **40. Teil der monatlichen Bezugsgröße**) und in **Halbsatz 3** für **Existenzgründer** und **Arbeitsuchende** (mindestens der **60. Teil der monatlichen Bezugsgröße**) (besondere) Mindestbeträge beitragspflichtiger Einnahmen. Letztere übersteigen den allgemeinen Mindestbetrag, bei hauptberuflich selbstständig Erwerbstätigen sogar erheblich.

22 Auf Grund der Fiktion in Absatz 4 Satz 2 Halbsatz 1 haben hauptberuflich selbstständig Erwerbstätige regelmäßig den **Höchstbeitrag** zu entrichten. Die Regelung hat grundsätzlich zur Folge, dass die KKn die genannten (fiktiven) Einnahmen zu Grunde legen müssen, solange das freiwillige Mitglied keine niedrigeren beitragsrelevanten Einnahmen nachweist. Mit der Einführung dieser **„starren" Bemessungsgrundlage** hat der Gesetzgeber Zweifelsfragen bei der Beitragsbemessung Selbstständiger ausräumen wollen.[82] Mit der Anknüpfung an fiktive kalendertägliche Einnahmen in Höhe des 40. Teils der

[73] BSG v. 15.09.1992 - 12 RK 51/91 - SozR 3-2500 § 240 Nr. 9 S. 33.

[74] St. Rspr.: BSG v. 07.11.1991 - 12 RK 37/90 - SozR 3-2500 § 240 Nr. 6 S. 13 ff.; BSG v. 07.11.1991 - 12 RK 18/91 - SozR 3-2500 § 240 Nr. 7 S. 20 ff.; BSG v. 23.06.1994 - 12 RK 82/92 - SozR 3-1300 § 40 Nr. 2 S. 21; BSG v. 18.02.1997 - 1 RR 1/94 - SozR 3-2500 § 240 Nr. 29 S. 124 f.; BSG v. 06.11.1997 - 12 RK 61/96 - SozR 3-2500 § 240 Nr. 30 S. 30 ff.; vgl. auch BVerfG v. 19.12.1994 - 1 BvR 1688/94 - SozR 3-1300 § 40 Nr. 30.

[75] BT-Drs. 8/338, S. 60.

[76] BT-Drs. 11/2237, S. 225.

[77] Vgl. *Peters* in: KassKomm-SGB, SGB V, § 240 Rn. 32.

[78] BSG v. 07.11.1991 - 12 RK 37/90 - SozR 3-2500 § 240 Nr. 6 S. 13; BSG v. 07.11.1991 - 12 RK 18/91 - SozR 3-2500 § 240 Nr. 7 S. 19 f.; BSG v. 18.02.1997 - 1 RR 1/94 - SozR 3-2500 § 240 Nr. 29 S. 120 f.; zum früheren Recht bereits BSG v. 04.06.1981 - 8/8a RK 10/80 - SozR 2200 § 383 Nr. 5 S. 14; BSG v. 26.05.2004 - B 12 P 6/03 R - SozR 4-2500 § 224 Nr. 1 m.w.N.: wegen der Zurechnung der Mindesteinnahmengrenze keine beitragsfreie Versicherung freiwillig versicherter Bezieher von Erziehungsgeld.

[79] Vgl. zuletzt - im Zusammenhang mit der sozialen Pflegeversicherung - BSG v. 25.08.2004 - B 12 P 1/04 R - SozR 4-3300 § 25 Nr. 1.

[80] BSG v. 15.09.1992 - 12 RK 51/91 - SozR 3-2500 § 240 Nr. 9 S. 30 f.; BSG v. 23.11.1992 - 12 RK 29/92 - SozR 3-2500 § 240 Nr. 12 S. 50.

[81] BSG v. 07.11.1991 - 12 RK 37/90 - SozR 3-2500 § 240 Nr. 6 S. 12.

[82] Vgl. BT-Drs. 12/3937, S. 17.

monatlichen Bezugsgröße (für den Monat demnach 75 v.H. der monatlichen Bezugsgröße) in § 240 Abs. 4 Satz 2 HS. 2 SGB V unterstellt das Gesetz für hauptberuflich selbstständig Erwerbstätige eine mindestens vorhandene Leistungsfähigkeit. Wie die Mindesteinnahmengrenze des § 240 Abs. 4 Satz 1 SGB V darf auch diese Mindesteinnahmengrenze von den KKn weder unterschritten noch angehoben werden. Die (besondere) Mindesteinnahmengrenze des § 240 Abs. 4 Satz 2 HS. 2 SGB V, die sich wie die (allgemeine) Mindesteinnahmengrenze des § 240 Abs. 4 Satz 1 SGB V – und insoweit systemkonform - an der Bezugsgröße (§ 18 SGB IV) ausrichtet und nicht – wie die Höchsteinnahmengrenze - an der Beitragsbemessungsgrundlage, ist verfassungsgemäß.[83]

Unterhalb der gesetzlichen Höchsteinnahmengrenze und oberhalb der gesetzlichen Mindesteinnahmengrenze hat die Bemessung der Beiträge hauptberuflich selbstständig Erwerbstätiger im Hinblick auf den für alle freiwilligen Mitglieder geltenden Bemessungsmaßstab in § 240 Abs. 1 Satz 2 SGB V nach der gesamten wirtschaftlichen Leistungsfähigkeit zu erfolgen. Hieran anknüpfend gestattet **Absatz 4 Satz 2 Halbsatz 2** den Versicherten den **Nachweis,** dass tatsächlich **niedrigere Einnahmen** erzielt worden sind, wenn zuvor der Höchstbeitrag nach § 240 Abs. 4 Satz 2 HS. 1 SGB V oder auf Grund früherer Nachweise ein unterhalb des Höchstbeitrags liegender, aber höherer Beitrag[84] festgesetzt wurde. Der Nachweis niedrigerer Einnahmen kann insbesondere durch Vorlage von **Steuerbescheiden** oder von einem Wirtschaftsprüfer oder Steuerberater aufgestellten **Gewinn- und Verlustrechnungen**[85] geführt werden. Für die Einnahmen aus selbstständiger Tätigkeit ist nur das Arbeitseinkommen i.S.d. § 15 SGB IV maßgebend.[86] Neben dem Arbeitseinkommen müssen jedoch bis zur Beitragsbemessungsgrenze ggf. andere beitragspflichtige Einnahmen berücksichtigt werden. 23

Mit der Festlegung einer Mindesteinnahmengrenze in Höhe des 60. Teils der monatlichen Bezugsgröße begünstigt der Gesetzgeber in § 240 Abs. 4 Satz 2 HS. 3 SGB V freiwillige Mitglieder mit Anspruch auf den **Existenzgründungszuschuss nach § 421l SGB III** oder eine **entsprechende Leistung nach § 16 SGB II**. Der besondere Mindestbetrag beitragspflichtiger Einnahmen ist nur während der Dauer des genannten Anspruchs zu Grunde zu legen. Mit dem Ziel, Hindernisse auf dem Weg aus der Arbeitslosigkeit abzubauen und neue Arbeitsplätze zu schaffen[87], ermöglicht die Bestimmung Existenzgründern den Nachweis niedrigerer Einnahmen bis zu einer Untergrenze, die zwar immer noch oberhalb der (absoluten) Untergrenze des § 240 Abs. 4 Satz 1 SGB V liegt, aber erheblich unterhalb der für Selbstständige sonst geltenden Untergrenze des § 240 Abs. 4 Satz 2 HS. 2 SGB V.[88] Die gleiche Erleichterung wird Personen gewährt, deren Aufnahme einer selbstständigen Tätigkeit mit der entsprechenden Leistung zur Eingliederung nach § 16 Abs. 1 SGB II gefördert wird.[89] Existenzgründer sind im Übrigen bereits dadurch privilegiert, dass der Existenzgründungszuschuss selbst der Beitragserhebung nicht unterliegt (§ 240 Abs. 2 Satz 2 SGB V). 24

Seit dem **01.04.2007** sind die KKn nach Maßgabe des **neuen Satzes 3** des Absatzes 4 verpflichtet, durch Satzungsregelung zu bestimmen, unter welchen Voraussetzungen „darüber hinaus" der Beitragsbemessung hauptberuflich selbstständig Erwerbstätiger niedrigere Einnahmen zugrunde gelegt werden. Für diese, mit dem GKV-WSG eingeführte Regelung sah der Gesetzgeber ein Bedürfnis, weil Einnahmen und Ausgaben dieser Versicherten in der Vergangenheit nicht immer in einem angemessenen Verhältnis zueinander standen und die Förderung der Aufnahme einer selbstständigen Tätigkeit oftmals durch eine zu hohe Beitragsbelastung konterkariert wurde.[90] Auch insoweit sind allerdings weiterhin Beiträge nach einer Mindesteinnahmengrenze zu entrichten. Sie beträgt kalendertäglich den **60. Teil der monatlichen Bezugsgröße**. Die neue Regelung führt beitragsrechtlich zu einer Annähe- 25

---

83 BSG v. 26.09.1996 - 12 RK 46/95 - SozR 3-2500 § 240 Nr. 27 S. 106 ff., bestätigt durch BVerfG v. 22.05.2001 - 1 BvL 4/96 - SozR 3-2500 § 240 Nr. 39.

84 Vgl. *Peters* in: KassKomm-SGB, SGB V, § 240 Rn. 34, und *Krauskopf* in: Krauskopf, SGB V/SGB XI, § 240 Rn. 35, die auch diesen Fall als erfasst ansehen.

85 BSG v. 09.02.1993 - 12 RK 69/92 - SozR 3-2500 § 240 Nr. 14 S. 56.

86 BSG v. 26.09.1996 - 12 RK 46/95 - SozR 3-2500 § 240 Nr. 27 S. 102 f.; BVerfG v. 22.05.2001 - 1 BvL 4/96 - SozR 3-2500 § 240 Nr. 39 S. 194.

87 BT-Drs. 15/26, S. 26.

88 Anders offensichtlich *Krauskopf* in: Krauskopf, SGB V/SGB XI, § 240 Rn. 34, der Absatz 4 Satz 2 Halbsatz 3 keine Mindesteinnahmengrenze entnimmt, sondern den Betrag stets zu Grunde gelegt wissen will. Ausweislich der Materialien geht der Gesetzgeber jedoch von einem „Mindestbeitrag" aus (BT-Drs. 15/26, S 26; BT-Drs. 15/1749, S. 36).

89 BT-Drs. 15/1749, S. 36.

90 BT-Drs. 16/3100, S. 164.

rung **gering verdienender hauptberuflich Selbstständiger** an Mitglieder, die einen Anspruch auf einen Existenzgründungszuschuss nach § 421l SGB III oder eine entsprechende Leistung nach § 16 SGB II haben, und entlastet diese entsprechend. Weil die Beitragsbelastung, die in der Regel zu nicht mehr kostendeckenden Beitragszahlungen führt, nur **bedürftigen Selbstständigen** zugute kommen soll,[91] haben die KKn in ihrer Satzung dafür Sorge zu tragen, dass tatsächlich auch nur dieser Personenkreis in den Genuss der günstigeren Beitragsbemessung gelangt. In Anlehnung an die im Bereich des SGB II für die Hilfebedürftigkeit von Arbeitsuchenden geltenden **Regeln zur Bedarfsgemeinschaft** und zur **Vermögensprüfung** sind nach dem **neuen Satz 4** des Absatzes 4 „insbesondere" das Vermögen des Mitglieds sowie Einkommen und Vermögen von Personen, die mit dem Mitglied in Bedarfsgemeinschaft leben, zu berücksichtigen.

3. Veränderungen der Beitragsbemessung (Satz 5)

26 **§ 240 Abs. 4 Satz 5 SGB V** stellt sicher, dass **Veränderungen der Beitragsbemessung** „auf Grund eines ... Nachweises nach Satz 2", also nachdem zuvor der Höchstbeitrag festgesetzt wurde oder ein unterhalb des Höchstbeitrags liegender, aber höherer Beitrag, **nur für die Zukunft** wirksam werden, nämlich zum **ersten Tag des auf die Vorlage des Nachweises folgenden Monats**. Grund dafür ist, dass die KKn die Einnahmen sonst nicht verlässlich schätzen könnten.[92] Eine Beitragsnacherhebung soll den KKn indessen nicht verwehrt sein, wenn sich der Versicherte früher einer korrekten Beitragsbemessung dadurch entzogen hat, dass er die erforderlichen Angaben nicht oder nicht rechtzeitig gemacht hat.[93]

27 Die KKn dürfen die Höhe der Beiträge eines hauptberuflich selbstständig Erwerbstätigen bei **Aufnahme** seiner **selbstständigen Tätigkeit** durch einen **vorläufigen Bescheid** regeln.[94] Zwar setzt § 240 SGB V in Absatz 4 Sätze 2 und 5 voraus, dass die Beiträge der freiwillig Versicherten i.d.R. endgültig festgesetzt werden, weil der Nachweis geänderter Einnahmen nur zukunftsbezogen berücksichtigt werden darf. Mit einer solchen vorläufigen Regelung wird jedoch dem Umstand Rechnung getragen, dass das Verwaltungsverfahren zur Beitragsfestsetzung deshalb nicht zum Abschluss gebracht werden kann, weil dem Mitglied der Nachweis niedrigerer Einnahmen i.S.v. § 240 Abs. 4 Satz 2 SGB V vor Erteilung des ersten Einkommensteuerbescheides nicht möglich ist.

4. Fachschüler, Berufsfachschüler, Auslandsstudenten und Wandergesellen (Satz 6)

28 Nach **§ 240 Abs. 4 Satz 6 SGB V** gilt für freiwillige Mitglieder, die **Schüler** einer **Fachschule** bzw. **Berufsfachschule** oder **Wandergesellen** sind, § 236 SGB V i.V.m. § 245 Abs. 1 SGB V entsprechend. Die Regelung besagt, dass diese Personenkreise in der freiwilligen Versicherung beitragsrechtlich **wie versicherungspflichtige Studenten** und **Praktikanten** behandelt werden, d.h., dass für sie der studentische Beitragssatz des § 245 SGB V gilt und dieser auf die für Studenten und Praktikanten geltende Bemessungsgrundlage des § 236 Abs. 1 SGB V (Bedarfssatz nach dem BAföG) anzuwenden ist. Die Bestimmung gestattet – ausnahmsweise – die Bemessung der Beiträge nach unterhalb der (absoluten) Untergrenze des Absatzes 4 Satz 1 liegenden Einnahmen. Sie ist für Fachschüler und Berufsfachschüler mit Wirkung vom 12.08.1998 eingeführt[95] und mit Wirkung vom 01.01.2004 auf Wandergesellen erstreckt worden, um die aus der Berücksichtigung des (allgemeinen) Mindestbetrags der beitragspflichtigen Einnahmen resultierenden Beitragsmehrbelastungen für diese freiwilligen Mitglieder zu vermeiden[96]. Dass die Privilegierung nur für Fachschüler und Berufsfachschüler gilt, **nicht** aber für freiwillig versicherte **Schüler allgemeinbildender Schulen**, ist verfassungsrechtlich nicht zu beanstanden.[97]

---

91 BT-Drs. 16/3100, S. 164.

92 Vgl. zum früheren Recht BSG v. 27.11.1984 - 12 RK 70/82 - SozR 2200 § 180 Nr. 20 S. 67 f.

93 BT-Drs. 12/3937, S. 17.

94 BSG v. 22.03.2006 - B 12 KR 14/05 R - SozR 4-2500 § 240 Nr. 5.

95 Die Neuregelung stellte eine Reaktion auf das Urteil des BSG v. 18.02.1997 - 1 RR 1/94 - SozR 3-2500 § 240 Nr. 29 dar und soll die vom BSG ursprünglich für rechtswidrig gehaltene Praxis der KKn legitimieren.

96 BT-Drs. 13/11021, S. 11; BT-Drs. 15/1525, S. 139 f.

97 BSG v. 30.03.2000 - B 12 KR 2/00 B - SozR 3-2500 § 240 Nr. 33 S. 153 f.

Anders als für Wandergesellen enthält das Gesetz für Fachschüler und Berufsfachschüler keine **Legaldefinition.**[98] Nach der Gesetzesbegründung werden von § 240 Abs. 4 Satz 6 SGB V auch **Meisterschüler** erfasst, die lediglich Leistungen des Meister-BAföG beziehen.[99] Durch den Verweis auf § 236 Abs. 2 Satz 1 SGB V ist sichergestellt, dass bei Bezug von Renten, Versorgungen oder Arbeitseinkommen ebenfalls Beiträge zu entrichten sind. 29

Ab **01.04.2007** werden Beiträge für freiwillig versicherte **Studenten, die im Ausland studieren**, unter den in Satz 6 (früher Satz 4) des Absatzes 4 genannten Voraussetzungen nach der für pflichtversicherte Inlandsstudenten geltenden Beitragsbemessungsgrundlage ermittelt. Bis zu diesem Zeitpunkt hatten Studenten, die an ausländischen staatlichen oder staatlich anerkannten Hochschulen eingeschrieben waren, kein Anrecht auf diese Vergünstigung. Der Gesetzgeber des GKV-WSG hat diese **beitragsrechtliche Gleichstellung** im Hinblick auf die immer weiter fortschreitende internationale Verflechtung der Wirtschafts- und Arbeitsbeziehungen und die zunehmende Mobilität der Studenten[100] für notwendig gehalten. Weil Auslandsstudenten nur gleichbehandelt, nicht aber privilegiert werden sollen, unterliegt die Bemessung der Beiträge hier den gleichen Einschränkungen wie bei Inlandsstudenten. 30

5. (Klein-)Rentner (Satz 7)

§ 240 Abs. 4 Satz 7 HS. 1 SGB V suspendiert die (absolute) Mindesteinnahmengrenze des Absatzes 4 Satz 1 für eine bestimmte Gruppe von **Rentnern**. Die Regelung privilegiert solche freiwillig Versicherten, die wegen des Bezuges einer **eigenen (regelmäßig niedrigen) Rente** die Einkommensgrenze des § 10 Abs. 1 Satz 1 Nr. 5 SGB V im Rahmen der Familienversicherung überschritten haben, deswegen aus der Familienversicherung ausgeschieden sind und sich nach § 9 Abs. 1 Nr. 2 SGB V freiwillig weiterversichert haben. Angestoßen durch die Rechtsprechung des BSG, das die Erstreckung des § 240 Abs. 4 Satz 1 SGB V auch auf diesen Personenkreis für gerechtfertigt gehalten hatte[101], hat der Gesetzgeber diesem in Absatz 4 Satz 7 Halbsatz 1 gestattet, **einkommensproportionale Beiträge** zu entrichten. Für die Beitragsbemessung bei freiwillig versicherten **Kleinrentnern** soll an die bis zum 31.12.1992 geltende Vorversicherungszeitregelung angeknüpft werden, um Härten für diejenigen zu vermeiden, die langjährig (neun Zehntel der zweiten Hälfte des Erwerbslebens) der GKV angehört haben.[102] Daraus ergibt sich, dass auch Zeiten einer freiwilligen Mitgliedschaft und Zeiten der Familienversicherung auf Grund einer freiwilligen Mitgliedschaft zu berücksichtigen sind. 31

Nach **§ 240 Abs. 4 Satz 7 HS. 2 SGB V** ist die für zusätzliche Vorversicherungszeiten geltende Regelung des **§ 5 Abs. 2 Satz 1 SGB V** entsprechend anzuwenden. Die Gesetzesbegründung lässt erkennen, dass insoweit auch Ehezeiten mit einem freiwilligen Mitglied der GKV genügen sollen.[103] 32

VII. Anwartschaftsbeitrag bei Ruhen von Leistungen (Absatz 4a)

Einem praktischen Bedürfnis nach **beruflicher Flexibilität** bestimmter freiwilliger Mitglieder entsprechend[104] räumte **§ 240 Abs. 4a SGB V in der Vorgängerfassung** den KKn die Möglichkeit ein („kann"), durch Satzung Beiträge abweichend vom Bemessungsmaßstab des Absatzes 1 Satz 2 (gesamte wirtschaftliche Leistungsfähigkeit) und den Mindestbeitragsbemessungsgrundlagen des Absatzes 4 zu erheben. Damit war eine Absenkung der Beiträge auf Werte unterhalb der (absoluten) Untergrenze des § 240 Abs. 4 Satz 1 SGB V gestattet. Nach **Absatz 4a Halbsatz 2** durften **10 v.H. der monatlichen Bezugsgröße** nach § 18 SGB IV jedoch nicht unterschritten werden. Zur Ermittlung der Beiträge war der allgemeine Beitragssatz anzuwenden (§ 243 Abs. 2 Satz 1 SGB V). 33

Wer zu dem begünstigten Personenkreis gehörte, war in **§ 240 Abs. 4a HS. 1 SGB V** abschließend umschrieben. Der Gesetzgeber forderte zunächst, dass für den Versicherten und seine nach § 10 SGB V familienversicherten Angehörigen oder den Lebenspartner der **Anspruch auf Leistungen ruhte**. Das war nicht der Fall, wenn und solange anspruchsberechtigte Familienversicherte nach § 10 SGB V vor- 34

---

[98] Vgl. insoweit aber BSG v. 30.03.2000 - B 12 KR 2/00 B - SozR 3-2500 Nr. 33 S. 152.

[99] BT-Drs. 13/11021, S. 11.

[100] BT-Drs. 16/4247, S. 53 f.

[101] BSG v. 06.11.1997 - 12 RK 61/96 - SozR 3-2500 § 240 Nr. 30 S. 132 f.

[102] BT-Drs. 14/1245, S. 97 f.

[103] Diesen Schluss ziehen auch *Peters* in: KassKomm-SGB, SGB V, § 240 Rn. 37, und *Krauskopf* in: Krauskopf, SGB V/SGB XI, § 240 Rn. 28; vgl. aber ursprünglich BSG v. 17.06.1999 - B 12 KR 26/98 R - SozR 3-2500 § 5 Nr. 41 S. 174 f.

[104] BT-Drs. 13/11021, S. 11.

handen waren.[105] Außerdem mussten die Ansprüche während eines **durch Berufstätigkeit bedingten Auslandsaufenthalts**[106] oder nach § 16 Abs. 1 Nr. 3 SGB V (bei **Anspruch auf Heilfürsorge** oder bei **Entwicklungsdienst**) ruhen.

35 § 240 Abs. 4a SGB V führte im Ergebnis zu einer Art **beitragsrechtlicher Anwartschaftsversicherung** ohne Leistungsanspruch[107], die den durch sie Begünstigten (bei niedrigen Beiträgen) die Möglichkeit der Fortsetzung der freiwilligen Mitgliedschaft bis zur Rückkehr aus dem Ausland, dem Wegfall der Heilfürsorge oder dem Ende des Entwicklungsdienstes eröffnete. Nach der Gesetzesbegründung sollten die Regelungen über die Anwartschaftsversicherung keine Anwendung finden, wenn Ansprüche bei Auslandsaufenthalten, z.B. innerhalb der EU oder auf Grund von Sozialversicherungsabkommen bestanden.[108]

36 Mit Wirkung vom **01.04.2007** gilt Absatz 4a in einer **neuen Fassung**. Zwar wurden Ziel und Struktur der Bestimmung beibehalten. Indessen hat der Gesetzgeber des GKV-WSG in Satz 1 angeordnet, dass der Beitragsbemessung für den angesprochenen Personenkreis 10 v.H. der monatlichen Bezugsgröße nach § 18 SGB IV zugrunde zu legen **„sind"**.[109] Satz 2 etabliert die Anwartschaftsversicherung für andere, vergleichbare Personengruppen.[110] Die Anwendung der neuen **Dreimonatsfrist** ist ausdrücklich auf die in Satz 2 Halbsatz 1 genannten Personen beschränkt.[111]

VIII. Einrichtung von Beitragsklassen (Absatz 5)

37 **§ 240 Abs. 5 SGB V** gestattet den KKn ("kann"), in der Satzung **Beitragsklassen** vorzusehen. Die Einrichtung von Beitragsklassen kann der Verwaltungsvereinfachung dienen und erlaubt zwischen den gesetzlichen Mindesteinnahmengrenzen und der Beitragsbemessungsgrenze gewisse **Pauschalierungen**. Die Konkurrenz zwischen den in Absatz 4 Sätze 1 und 2 gesetzlich zwingend vorgeschriebenen Mindesteinnahmen und der Ermächtigung der KKn in Absatz 5, durch Satzungsrecht Beitragsklassen zu bilden, ist stets i.S. eines **Vorrangs der Mindesteinnahmengrenze** zu lösen.[112] Daraus folgt, dass die Bildung von Beitragsklassen nicht zu einer faktischen Aufgabe der Untergrenzen führen darf, indem Beiträge über den höheren Mittelwert einer Beitragsklasse bemessen werden. Der Pauschalierung selbst sind durch den Bemessungsmaßstab in § 240 Abs. 1 Satz 2 SGB V und den Grundsatz der Beitragsgerechtigkeit Grenzen gesetzt. In welchen Stufen eine Zusammenfassung freiwillig Versicherter nach der Höhe ihrer beitragspflichtigen Einnahmen zulässig ist, lässt sich nicht allgemein beantworten. Die Zusammenfassung von Personen mit Einkommensunterschieden von über 1.000 DM (heute etwa 500 €) hat das BSG jedenfalls nicht mehr gebilligt.[113]

38 Beitragsklassen sind nicht mit **Mitgliederklassen früheren Rechts** zu verwechseln. Während Beitragsklassen Mitgliedergruppen nach ihren individuellen beitragspflichtigen Einnahmen ordnen, fassten Mitgliederklassen nach anderen Merkmalen (Beruf, Alter, Geschlecht) abgegrenzte Mitgliedergruppen mit unterschiedlichen Höhen beitragspflichtiger Einnahmen zusammen. Deren Einrichtung ist unzulässig, weil sie sich nicht am Bemessungsmaßstab des Absatzes 1 Satz 2 orientieren.[114] Bei Einhaltung dieser Vorgabe kann dem Pauschalierungsbedarf einzelner Personengruppen (Sozialhilfeempfänger, freiwillig versicherte Ehegatten ohne eigenes oder mit nur geringem Einkommen) aber nachgekommen werden.

---

[105] BT-Drs. 13/11021, S. 11: Dann seien die allgemeinen beitragsrechtlichen Regelungen für freiwillig Versicherte anzuwenden.

[106] Vgl. *Peters* in: KassKomm-SGB, SGB V, § 240 Rn. 38 (nicht während eines Urlaubs oder einer Besuchsreise).

[107] BT-Drs. 13/11021, S. 11; kritisch hierzu *Krauskopf* in: Krauskopf, SGB V/SGB XI, § 240 Rn. 38, der einen abgesenkten Beitragssatz für den systematisch richtigeren Weg hält.

[108] BT-Drs. 13/11021, S. 11.

[109] Die Neufassung geht zurück auf die Beschlussempfehlung des Ausschusses für Gesundheit (14. Ausschuss), BT-Drs. 16/4200, S. 111; vgl. noch BT-Drs. 16/3100, S. 44.

[110] BT-Drs. 16/3100, S. 164: Studenten, die einen Teil ihres Studiums in Ländern verbringen, mit denen kein Sozialversicherungsabkommen besteht, Strafgefangene und Zivildienstleistende.

[111] BT-Drs. 16/4247, S. 54: „...zur Vermeidung unbeabsichtigter Rechtsverluste für Personen, die bereits nach geltendem Recht die Anwartschaftsversicherung in Anspruch nehmen können..."

[112] Zutreffend *Peters* in: KassKomm-SGB, SGB V, § 240 Rn. 39, und *Dalichau/Grüner*, SGB V, § 240 Anm. IV.

[113] BSG v. 15.09.1992 - 12 RK 51/91 - SozR 3-2500 § 240 Nr. 9 S. 32.

[114] BSG v. 15.09.1992 - 12 RK 51/91 - SozR 3-2500 § 240 Nr. 9 S. 32; zum früheren Recht BSG v. 29.07.1982 - 8 RK 3/81 - SozR 2200 § 180 Nr. 11 S. 32 ff.

C. Praxishinweise

Es ist Aufgabe der KKn, die für die Beitragsfestsetzung erforderlichen Feststellungen zu treffen, insbesondere die aktuellen beitragspflichtigen Einnahmen zu ermitteln. Ist eine KK ihrer **Amtsermittlungspflicht (§ 20 Abs. 1 Satz 1 SGB X)** insoweit nicht nachgekommen und ergibt sich nachträglich, dass zu hohe Beiträge entrichtet worden sind, so ist der Beitragsbescheid nach § 44 Abs. 1 Satz 1 SGB X zurückzunehmen. Die überzahlten Beiträge sind nach Maßgabe des § 26 SGB IV zu erstatten. Die Pflicht zur Rücknahme des Beitragsbescheids entfällt nicht von vornherein im Hinblick auf Satz 2 des § 44 Abs. 1 SGB X, weil das Schweigen des Versicherten vorsätzlich unrichtigen oder unvollständigen Angaben i.S.d. § 44 Abs. 1 Satz 2 SGB X ohne Hinzutreten weiterer Umstände nicht gleichsteht.[115] Etwas anderes gilt, wenn der Versicherte zur Mitwirkung bei der Aufklärung seiner Einkommensverhältnisse verpflichtet war. 39

Die KKn sind bei der Festsetzung der Bemessungsgrundlage auf die Mitwirkung des freiwilligen Mitglieds angewiesen. Nach **§ 206 Abs. 1 SGB V** hat das freiwillige Mitglied insoweit eine **Mitwirkungspflicht**, als es auf Verlangen über alle erforderlichen Tatsachen unverzüglich Auskunft erteilen (Satz 1 Nr. 1), Änderungen in den Verhältnissen von sich aus ohne Aufforderung unverzüglich mitteilen (Satz 1 Nr. 2) und auf Verlangen Unterlagen unverzüglich vorlegen muss (Satz 2). Entstehen den KKn aus einer Verletzung dieser Pflichten zusätzliche Aufwendungen, so können sie von dem Verpflichteten nach § 206 Abs. 2 SGB V die Erstattung verlangen. Zuwiderhandlungen können darüber hinaus als Ordnungswidrigkeiten mit einer Geldbuße geahndet werden. 40

[115] BSG v. 25.04.1991 - 12 RK 40/90 - SozR 3-2400 § 26 Nr. 3 S. 8.

Dritter Titel: Beitragssätze

§ 241 SGB V Allgemeiner Beitragssatz

(Fassung vom 26.03.2007, gültig ab 01.01.2008, gültig bis 31.12.2008)

(1) Die Beiträge sind nach einem Beitragssatz zu erheben, der in Hundertsteln der beitragspflichtigen Einnahmen in der Satzung festgesetzt wird. Soweit nichts Abweichendes bestimmt ist, zahlen Mitglieder Beiträge nach dem allgemeinen Beitragssatz. Dieser Beitragssatz gilt für Mitglieder, die bei Arbeitsunfähigkeit für mindestens sechs Wochen Anspruch auf Fortzahlung ihres Arbeitsentgelts oder auf Zahlung einer die Versicherungspflicht begründenden Sozialleistung haben.

(2) Die Bundesregierung legt nach Auswertung der Ergebnisse eines beim Bundesversicherungsamt zu bildenden Schätzerkreises durch Rechtsverordnung ohne Zustimmung des Bundesrates erstmalig bis zum 1. November 2008 mit Wirkung ab dem 1. Januar 2009 den allgemeinen Beitragssatz in Hundertsteln der beitragspflichtigen Einnahmen fest.

(3) Über den beabsichtigten Erlass einer Rechtsverordnung nach Absatz 2 unterrichtet die Bundesregierung den Deutschen Bundestag so rechtzeitig, dass diesem die Möglichkeit zur Befassung mit der beabsichtigten Festsetzung oder Anpassung gegeben wird.

(4) Die Frist nach Absatz 3 gilt als erfüllt, wenn zwischen der Unterrichtung und der Beschlussfassung über die Verordnung nach Absatz 2 mindestens drei Wochen liegen.

Gliederung

A. Basisinformationen

I. Textgeschichte/Gesetzgebungsmaterialien

1 § 241 SGB V wurde durch Art. 1 des Gesundheitsreformgesetzes (GRG)[1] mit Wirkung vom 01.01.1989 eingeführt. Die Vorschrift entspricht § 250 des Regierungsentwurfs.[2]

2 Im **Beitrittsgebiet** (vgl. dazu § 308 SGB V a.F.) galt bis 31.12.1991 ein allgemeiner Beitragssatz in Höhe von 12,8% (§ 313 Abs. 4 SGB V a.F.).

3 Die früher existierende Sonderregelung für Künstler und Publizisten (§ 246 SGB V a.F.), die ab 01.01.1989 gelten sollte, ist sofort wieder gestrichen worden.[3]

4 Am 02.02.2007 nahm der Deutsche Bundestag aufgrund der Beschlussempfehlung und des Berichts des Gesundheitsausschusses[4] den von den Fraktionen CDU/CSU und SPD eingebrachten Entwurf ei-

---

1 GRG vom 20.12.1988, BGBl I 1988, 2477.

2 RegE-GRG, S. 225.

3 Einführung durch Art. 1 GRG v. 20.12.1988, BGBl I 1988, 2477; Abschaffung durch Art. 2 Nr. 7 KSVG-ÄndG v. 20.12.1988, BGBl I 1988, 2606.

4 BT-Drs. 16/4200, 16/4247.

nes Gesetzes zur Stärkung des Wettbewerbs in der gesetzlichen Krankenversicherung vom 24.10.2006[5] an[6]. Neben dem Entwurf der Fraktionen von CDU/CSU und SPD hatte auch ein Gesetzesentwurf der Bundesregierung vom 20.12.2006 vorgelegen.[7] Hinsichtlich der in § 241 SGB V vorgesehenen Änderungen ergibt sich aus dem GKV-Wettbewerbsstärkungsgesetz keine Änderung gegenüber dem Gesetzesentwurf der CDU/CSU und SPD. Gegenüber dem Entwurf der Fraktionen von CDU/CSU und SPD sah der Entwurf der Bundesregierung ein Zustimmungserfordernis des Bundesrates vor. Zur Begründung führte der Entwurf der Bundesregierung aus, das **Zustimmungserfordernis des Bundesrates** sei gegeben, da die einheitlich festgelegten Beitragssätze auch für die landesunmittelbaren Krankenkassen Gültigkeit hätten, die der Rechtsaufsicht der Länder unterlägen. Diese Auffassung setzte sich in dem jetzt beschlossenen Gesetz jedoch nicht durch. Der Bericht des Gesundheitsausschusses[8] sah keine Änderungen gegenüber dem Entwurf der Fraktionen von CDU/CSU und SPD vor.

Artikel 46 des GKV-WSG regelt das **In-Kraft-Treten** des GKV-Wettbewerbsstärkungsgesetzes. Gemäß Art. 46 Abs. 1 GKV-WSG tritt das Gesetz zum 01.04.2007 in Kraft, soweit in Art. 46 Abs. 2-10 GKV-WSG nichts Abweichendes geregelt ist. Für die in Art. 1 Nr. 159 GKV-WSG beschlossenen Änderungen des § 241 gilt die Grundregel des Art. 46 Abs. 1 GKV-WSG, so dass diese Änderungen zum 01.04.2007 in Kraft treten. 5

II. Vorgängervorschriften

Vorgängervorschrift des § 241 Abs. 1 SGB V war § 385 Abs. 1 Satz 1 RVO. Inhaltlich stimmt § 241 Abs. 1 SGB V mit dieser Vorschrift weitgehend überein. Nach § 385 Abs. 1 Satz 1 RVO waren Beiträge von Hundertsteln des Grundlohns zu erheben. Der Begriff „Grundlohn" wurde durch die Formulierung „beitragspflichtige Einnahmen" ersetzt (vgl. dazu die Kommentierung zu § 223 SGB V Rn. 5). 6

Nach § 514 Abs. 2 RVO war § 385 Abs. 1 Satz 1 RVO nicht auf Ersatzkassen anwendbar. **§ 241 Abs. 1 SGB V** gilt dagegen grundsätzlich **für alle Kassenarten nach § 4 Abs. 2 SGB V** mit Ausnahme der Landwirtschaftlichen Krankenkassen. Für diese ist die Beitragsberechnung in den §§ 37 ff. SGB V des Zweiten Gesetzes über die Krankenversicherung der Landwirte (KVLG 1989) geregelt. 7

Die Regelung über den allgemeinen Beitragssatz, wie sie heute in § 241 Abs. 1 Sätze 2, 3 SGB V enthalten ist, war dem Recht der RVO nur im Umkehrschluss zu § 385 Abs. 1 Satz 4 RVO zu entnehmen. 8

Mit den §§ 241-244 SGB V sind im SGB V im Gegensatz zur RVO die Vorschriften über den allgemeinen und den erhöhten Beitragssatz sowie die ermäßigten Beitragssätze systematisch an einer Stelle im Gesetz zusammengefasst. In der RVO waren dagegen Vorschriften über Erhöhungen und Ermäßigungen an verschiedenen Stellen im Gesetz verstreut. Ein weiterer Unterschied der §§ 241-244 SGB V gegenüber den Regelungen der RVO ist, dass alle genannten Vorschriften des SGB V zwingend sind. Die RVO enthielt dagegen in § 384 Abs. 1 RVO die Möglichkeit einer fakultativen Erhöhung bzw. Ermäßigung und weitere fakultative Ermäßigungstatbestände in § 313 Abs. 4 Satz 4 RVO und § 462 Abs. 2 RVO. Zwingende Ermäßigungen sahen die §§ 209a Abs. 1 Satz 3, 215 Abs. 3, 313 Abs. 5 Satz 3 und 494 Satz 2 RVO vor. In § 385 Abs. 1 Satz 4 RVO war ein Fall einer obligatorischen Erhöhung geregelt. Weiterhin waren in § 420 RVO und § 493b Abs. 3 RVO Fälle einer zwingenden Ermäßigung auf Antrag normiert. 9

§ 241 Abs. 2-4 SGB V hat keine Vorläufer. 10

III. Parallelvorschriften

In allen Sozialversicherungszweigen mit **Ausnahme** der gesetzlichen **Unfallversicherung** wird der Beitragssatz **unabhängig vom versicherten Risiko** festgesetzt. 11

In der **gesetzlichen Rentenversicherung** werden die Beiträge gemäß § 157 SGB VI nach einem Vomhundersatz, dem Beitragssatz, von der Beitragsbemessungsgrundlage erhoben. § 160 SGB VI enthält die Ermächtigung für die Bundesregierung, mit Zustimmung des Bundesrates die Beitragssätze und die Beitragsbemessungsgrenzen durch **Rechtsverordnung** zu bestimmen. 12

---

[5] GKV-Wettbewerbsstärkungsgesetz – GKV-WSG, BT-Drs. 16/3100.

[6] BR-Drs. 75/07.

[7] BT-Drs. 16/3950.

[8] BT-Drs. 16/4247.

13 In der **gesetzlichen Unfallversicherung** sind abweichend von den anderen Versicherungszweigen nur die Unternehmer beitragspflichtig. Die **Beitragshöhe** richtet sich gemäß § 153 Abs. 1 SGB VII zum einen nach der Höhe der gezahlten **Arbeitsentgelte** als Ausdruck der Unternehmensgröße und des Risikos des Entschädigungsumfangs und zum anderen nach dem **Gefahrtarif** als Ausdruck des Versicherungsfallrisikos.

14 Für die **gesetzliche Pflegeversicherung** legt – im Gegensatz zum gesetzlichen Krankenversicherungsrecht – das **Gesetz**, nämlich § 55 Abs. 1 Satz 1 SGB XI, den Beitragssatz bundeseinheitlich fest. Die Vorschrift bestimmt außerdem, dass auch zukünftig eine Festsetzung des Beitragssatzes nur durch Gesetz möglich ist. Der Beitragssatz beträgt derzeit 1,7% der beitragspflichtigen Einnahmen der Mitglieder.

15 Im **Recht der Arbeitsförderung** ist der **Beitragssatz** in § 341 Abs. 2 SGB III **gesetzlich bundeseinheitlich auf 6,5% festgesetzt**. Dabei handelt es sich um einen Gesamtbeitragssatz, der den Arbeitnehmer- und den Arbeitgeberanteil einschließt, wie § 346 Abs. 1 Satz 1 SGB III zu entnehmen ist.

IV. Systematische Zusammenhänge

16 Die **§§ 241-248 SGB V** enthalten die **Vorschriften über die Beitragssätze** in der gesetzlichen Krankenversicherung. **§ 241 Abs. 1 Sätze 2, 3 SGB V** enthält Regelungen über den **allgemeinen Beitragssatz**, wobei Satz 3 einen wesentlichen Anwendungsbereich des allgemeinen Beitragssatzes bestimmt; er betrifft Versicherte, die bei Arbeitsunfähigkeit für mindestens sechs Wochen Anspruch auf Lohnfortzahlung im Krankheitsfall haben.

17 Für Versicherte, die im Fall der Arbeitsunfähigkeit für weniger als sechs Wochen Anspruch auf Lohnfortzahlung im Krankheitsfall haben, ist nach **§ 242 SGB V** ein **erhöhter Beitragssatz** anzusetzen. Ein **ermäßigter Beitragssatz** ist dagegen zugrunde zu legen, wenn kein Anspruch auf Krankengeld besteht oder die Krankenkasse den Umfang der Leistungen einschränkt. Die §§ 244, 245 SGB V enthalten Regelungen über Beitragssätze für bestimmte Personengruppen (Wehrdienst- und Zivildienstleistende, § 244 SGB V, Studenten und Praktikanten, § 245 SGB V), die §§ 246, 247 SGB V Beitragssätze bei dem Bezug bestimmter Sozialleistungen (Arbeitslosengeld II, § 246 SGB V, Rente, § 247 SGB V) und § 248 SGB V die Beitragssätze aus Versorgungsbezügen und Arbeitseinkommen.

18 Nach § 241a SGB V in der bis 31.12.2008 geltenden Fassung haben die Mitglieder ab 01.01.2006 einen **zusätzlichen Beitragssatz von 0,9%** der beitragspflichtigen Einnahmen zu tragen.

19 § 194 SGB V regelt, welchen Mindestinhalt die Satzung einer Krankenkasse haben muss. Dazu gehört nach **§ 194 Abs. 1 Nr. 4 SGB V** die Bestimmung des Beitragssatzes. Die Satzung ist gemäß § 33 Abs. 1 SGB IV, § 197 Abs. 1 Nr. 1 SGB V vom Verwaltungsrat zu beschließen. Als Bestandteil der Satzung ist der Beitragssatz nach **§ 195 Abs. 1 SGB V** von der Aufsichtsbehörde zu genehmigen.

20 Hinsichtlich der Höhe des Beitragssatzes ist den Krankenkassen ein Spielraum eingeräumt, der jedoch durch die zwingenden Vorschriften über den **erhöhten Beitragssatz (§ 242 SGB V)** und die **ermäßigten Beitragssätze (§§ 243-245 SGB V)** sowie durch die **Deckungsvorschriften des § 220 SGB V** eingeschränkt ist. § 220 SGB V sorgt in Verbindung mit den §§ 261, 262 SGB V für eine gewisse Stabilität des Beitragssatzes während eines Haushaltsjahres.

21 Wie hoch der Beitragssatz zu bemessen ist, normiert § 220 Abs. 1 Sätze 2 und 3 SGB V (vgl. die Kommentierung zu § 220 SGB V Rn. 5). Die Aufsichtsbehörde prüft im Rahmen des Genehmigungsverfahrens nach § 195 SGB V insbesondere, ob diese Vorgaben eingehalten werden.

22 Die individuelle Beitragshöhe bestimmt sich, indem das Produkt aus Beitragssatz und beitragspflichtigen Einnahmen gebildet wird. Welche Einnahmen beitragspflichtig sind, regeln die **§§ 226 ff. SGB V**.

V. Ausgewählte Literaturhinweise

23 *Giesen/Ricken*, Ermäßigter Krankenversicherungsbeitrag bei Freistellung in Altersteilzeit, NZA 2005, 212; *Linke*, Selbstbehalt und Bonus in der solidarischen Krankenversicherung?, NZS 2003, 126.

B. Auslegung der Norm

I. Regelungsgehalt und Bedeutung der Norm

24 § 241 Abs. 1 Satz 1 SGB V normiert die **Bemessungsgrundlagen** für die Beiträge zur gesetzlichen Krankenversicherung. Diese gelten nicht nur für den allgemeinen Beitragssatz. Der Beitrag errechnet sich gemäß § 241 Abs. 1 Satz 1 SGB V, indem das **Produkt aus beitragspflichtigen Einnahmen und**

Beitragssatz gebildet wird. Mit Beschreibung dieser Rechnung enthält § 241 Abs. 1 Satz 1 SGB V gleichzeitig eine **Definition des Beitragssatzes** (= Vomhundertsatz der beitragspflichtigen Einnahmen).

§ 241 Abs. 1 Satz 1 SGB V bestimmt des Weiteren, dass die einzelnen Krankenkassen ihre **Beitragssätze durch Satzung** festlegen. 25

§ 241 Abs. 1 Satz 2 SGB V stellt klar, dass Mitglieder eines Personenkreises, für den weder in der Satzung der Krankenkasse noch im Gesetz ein Beitragssatz bestimmt ist, Beiträge nach dem allgemeinen Beitragssatz zu leisten haben.[9] Der Personenkreis, für den der allgemeine Beitragssatz gilt, braucht daher in der Satzung nicht umschrieben werden. 26

§ 241 Abs. 1 Satz 3 SGB V regelt, dass der allgemeine Beitragssatz für Versicherte gilt, die bei **Arbeitsunfähigkeit** für mindestens sechs Wochen Anspruch auf Fortzahlung ihres Arbeitsentgelts oder auf Zahlung einer die Versicherungspflicht begründenden Sozialleistung haben. Mit dieser Bestimmung regelt § 241 Abs. 1 Satz 3 SGB V einen wesentlichen Anwendungsbereich des allgemeinen Beitragssatzes, weil der größte Anteil der in der gesetzlichen Krankenversicherung Versicherten zu der Gruppe der versicherungspflichtigen Arbeitnehmer gehört und damit einen Anspruch auf Entgeltzahlung im Krankheitsfall für sechs Wochen hat. § 241 Abs. 1 Satz 3 SGB V ist aber nicht als Beschränkung der Anwendbarkeit des allgemeinen Beitragssatzes auf diesen Personenkreis zu verstehen. 27

§ 241 Abs. 2 SGB V regelt, welches Verfahren durchzuführen ist, um die Höhe des allgemeinen Beitragssatzes mit Wirkung ab 01.01.2009 festzulegen. Die Festlegung erfolgt durch Rechtsverordnung ohne Zustimmung des Bundesrates. 28

§ 241 Abs. 3 SGB V normiert, dass die Bundesregierung den Deutschen Bundestag über den beabsichtigten Erlass der in § 241 Abs. 2 SGB V geregelten Rechtsverordnung so rechtzeitig informiert, dass diesem die Möglichkeit zur Befassung mit der Rechtsverordnung gegeben ist. Diese Frist muss nach § 241 Abs. 4 SGB V mindestens drei Wochen betragen. 29

II. Normzweck

§ 241 Abs. 1 SGB V stellt sicher, dass für jeden Versicherten eine Regelung über den anzuwendenden Beitragssatz existiert. Soweit nicht durch Satzung oder Gesetz anders bestimmt, gilt der allgemeine Beitragssatz. § 241 Abs. 1 SGB V kommt mithin eine **Auffangfunktion**[10] zu. Gegenüber satzungsmäßigen und gesetzlichen Spezialvorschriften ist § 241 Abs. 1 SGB V **subsidiär**. 30

Die Regelung, dass der Beitragssatz in Hundertsteln der beitragspflichtigen Einnahmen in der Satzung festgesetzt wird, ist **Ausdruck des Prinzips der solidarischen Finanzierung** der gesetzlichen Krankenversicherung und – im Gegensatz zu der privaten Krankenversicherung – **unabhängig von individuellen Risiken** wie Alter, Geschlecht, Familienstand und Gesundheitszustand. 31

Mit der Regelung, dass der Beitragssatz in der Satzung festgesetzt wird, weist § 241 Abs. 1 Satz 1 SGB V die Bestimmung der Beitragssätze dem **Selbstverwaltungsbereich** der Krankenkassen zu. 32

III. Einzelne Tatbestandsmerkmale

1. Festsetzung in Hundertsteln (Absatz 1 Satz 1)

Mit der Vorschrift, dass der Beitragssatz in Hundertsteln der beitragspflichtigen Einnahmen bestimmt wird, werden sowohl Abstufungen nach vollen Hundertsteln, aber auch nach Teilen von Hundertsteln erfasst. Nur durch Abstufungen nach Teilen von Hundertsteln können häufig die Grundsätze des § 220 Abs. 1, Sätze 2, 3 SGB V beachtet werden. 33

Der individuelle Beitrag ist das **Produkt aus beitragspflichtigen Einnahmen und Beitragssatz**. Für die individuelle Beitragshöhe ist somit nur die wirtschaftliche Leistungsfähigkeit des Einzelnen maßgeblich. Das Versicherungsrisiko ist dagegen – entsprechend dem in der gesetzlichen Krankenversicherung geltenden Solidaritätsprinzip – für die Beitragshöhe unerheblich. Vorerkrankungszeiten, Eintrittsalter, Geschlecht, Anzahl der mitversicherten Angehörigen und ähnliche Aspekte wirken sich mithin nicht beitragserhöhend aus. 34

---

[9] Vgl. dazu auch BSG v. 29.02.1984 - 8 RK 13/82 - BSGE 56, 191.

[10] So *Gerlach* in: Hauck/Noftz, SGB V, § 241 Rn. 5.

2. Festsetzung in der Satzung (Satz 1)

35 Welchen Mindestinhalt die Satzung einer Krankenkasse haben muss, regelt § 194 SGB V. Dazu gehört nach **§ 194 Abs. 1 Nr. 4 SGB V** die Bestimmung des Beitragssatzes. Die Satzung wird gemäß § 33 Abs. 1 SGB IV, § 197 Abs. 1 Nr. 1 SGB V vom Verwaltungsrat beschlossen. Als Bestandteil der Satzung ist der Beitragssatz nach **§ 195 Abs. 1 SGB V** von der Aufsichtsbehörde zu genehmigen.

36 Die **Festsetzung des Beitragssatzes** gehört damit zu dem **Hoheitsbereich der Selbstverwaltung** der Krankenkassen. Dass sich daraus **unterschiedlich hohe Beitragssätze** für Versicherte verschiedener Krankenkassen trotz gleich hoher beitragspflichtiger Einnahmen ergeben, verstößt nicht gegen das Grundgesetz.[11]

37 Der Beitragssatz kann durch eine Änderung der Satzung geändert werden. Liegt ein Fall des § 220 Abs. 2 Satz 1 SGB V (vgl. die Kommentierung zu § 220 SGB V) vor, müssen die Beiträge erhöht werden. § 220 Abs. 2, Sätze 2, 3 SGB V bestimmt, wie die dann zwingende Erhöhung des Beitragssatzes bis zu einer satzungsmäßigen Neuregelung vorzunehmen ist. Es ist ein Beschluss des Vorstandes herbeizuführen, der der Genehmigung der Aufsichtsbehörde bedarf.

3. Allgemeiner Beitragssatz (Absatz 1 Satz 2)

38 Allgemeiner Beitragssatz ist der Beitragssatz, den ein versicherter Personenkreis zu tragen hat, für den kein abweichender Beitragssatz in Gesetz oder Satzung bestimmt ist.

4. Anspruch auf Fortzahlung des Arbeitsentgelts

39 Die **Anspruchsgrundlage** für die Entgeltfortzahlung im Krankheitsfall kann gesetzlicher, tarif- oder einzelvertraglicher Natur sein. Gesetzliche Anspruchsnormen sind z.B. § 3 Abs. 1 Satz 1 Entgeltfortzahlungsgesetz, § 616 Satz 1 Bürgerliches Gesetzbuch, § 19 Abs. 1 Nr. 2 Berufsbildungsgesetz. Der Anspruch muss allerdings **verbindlich** sein. Relevant für die Anwendbarkeit von § 241 Abs. 1 Satz 3 SGB V ist nur, dass der Anspruch tatsächlich besteht. Die rechtlich teilweise bestehende Möglichkeit des Arbeitgebers (etwa bei selbstverschuldeter Arbeitsunfähigkeit oder einer Verletzung der Anzeige- und Mitwirkungspflicht), die Entgeltfortzahlung zu verweigern (§ 7 Abs. 1 Entgeltfortzahlungsgesetz), ändert nichts an der Anwendbarkeit von § 241 Abs. 1 Satz 3 SGB V.

40 Bei **Änderung des Inhalts eines Beschäftigungsverhältnisses** mit der Folge, dass erst ab der Änderung ein Anspruch auf Entgeltfortzahlung für mindestens sechs Wochen besteht, gilt der allgemeine Beitragssatz ab dem Tag der Änderung.

41 Während des Bezugs von Kurzarbeiter- oder Winterausfallgeld gilt ebenfalls der allgemeine Beitragssatz, sofern nur dem Grunde nach ein Anspruch auf Entgeltfortzahlung besteht.[12]

5. Anspruchsdauer von mindestens sechs Wochen (Absatz 1 Satz 3)

42 Der Formulierung „mindestens" ist zu entnehmen, dass der Beitragssatz bei Bestehen eines Anspruches auf Arbeitsentgelt von länger als sechs Wochen nicht ermäßigt werden kann, obwohl sich dadurch die Anspruchsdauer für den Krankengeldbezug verkürzt. Eine Ermäßigung ist auch nach § 243 SGB V nicht möglich.[13]

43 Für Versicherte, die bei Arbeitsunfähigkeit für weniger als sechs Wochen Anspruch auf Fortzahlung des Arbeitsentgelts haben, ist der allgemeine Beitragssatz nach § 242 SGB V zu erhöhen. Die Satzung darf dabei allerdings hinsichtlich der Höhe des Beitragssatzes nicht danach differenzieren, für wie viele Tage Anspruch auf Entgeltfortzahlung besteht.[14]

6. Festlegung der Beitragssätze durch Rechtsverordnung (Absätze 2-4)

44 Die Beitragssätze für Arbeitgeber und Mitglieder der Krankenkassen werden festgeschrieben. Hierzu legt die Bundesregierung durch Rechtsverordnung einen allgemeinen Beitragssatz fest, der auch den bisherigen Zusatzbeitrag (0,9%) enthält. Die Höhe des Beitragssatzes muss sicherstellen, dass in der Startphase die Ausgaben der Krankenkassen unter Berücksichtigung der Bundesmittel zu 100% gedeckt sind und den Aufbau einer Liquiditätsreserve sicherstellen.[15]

---

11 BSG v. 22.05.1985 - 12 RK 15/83 - BSGE 58, 134.

12 Vgl. dazu auch *Vay* in: Krauskopf, SGB V, § 241 Rn. 11.

13 BSG v. 25.06.1991 - 1 RR 6/90 - BSGE 69, 72.

14 BSG v. 10.05.1995 - 1 RR 2/94 - BSGE 76, 93.

15 BT-Drs. 16/3100 zu Nr. 159, Abs. 2, S. 164.

Zur fachlichen Unterstützung der Entscheidungen über die Höhe des erforderlichen allgemeinen Beitragssatzes stützt sich das Bundesministerium für Gesundheit auf die Expertise eines neu einzurichtenden Schätzerkreises. Der Schätzerkreis ist mit dem für die Bewertung und Prognose der finanziellen Entwicklung der gesetzlichen Krankenversicherung und des Beitragssatzes erforderlichen Sachverstand zu besetzen. Er hat die Aufgabe, auf Basis der amtlichen Statistiken der gesetzlichen Krankenversicherung die Einnahmen- und Ausgabenentwicklung der gesetzlichen Krankenversicherung des laufenden Jahres zu bewerten und auf dieser Basis eine Prognose über den erforderlichen Beitragsbedarf des jeweiligen Folgejahres zu treffen.[16] **45**

Der Beitragssatz wird gemäß § 241 Abs. 3 SGB V durch Rechtsverordnung festgesetzt. Ein förmliches Gesetz ist nicht vorgesehen, weil dies zu Verzögerungen im Zeitablauf führen könnte.[17] Der Bundestag soll allerdings Gelegenheit erhalten, sich mit der Festsetzung oder Anpassung des allgemeinen Beitragssatzes zu befassen, weshalb die Unterrichtung des Bundestages gemäß § 241 Abs. 4 SGB V mindestens drei Wochen vor Beschlussfassung der Bundesregierung zu erfolgen hat. **46**

C. Praxishinweise

Ein Versicherter kann **gerichtlich prüfen lassen**, ob die Vorschriften über die Höhe der Beitragssätze von seiner Krankenkasse eingehalten wurden, indem er den auf Erhöhung des Beitragssatzes gerichteten Bescheid mit der **Anfechtungsklage** angreift.[18] Eine unmittelbare Überprüfung der Satzung, in der der Beitragssatz festgesetzt ist, ist dagegen mangels Existenz eines Normenkontrollverfahrens im Sozialgerichtsprozess nicht möglich. **47**

Der Erhöhung des Beitragssatzes kann der Versicherte entgehen, indem er die Krankenkasse wechselt. Erhöht eine Krankenkasse ihren Beitragssatz, kann die Mitgliedschaft nach § 175 Abs. 4 Satz 5 SGB V bis zum Ablauf des auf das In-Kraft-Treten des der Beitragserhöhung folgenden Kalendermonats gekündigt werden.[19] **48**

---

[16] BT-Drs. 16/3100 zu Nr. 159, Abs. 2, S. 164.
[17] BT-Drs. 16/3100 zu Nr. 159, Abs. 3, S. 164.
[18] BSG v. 21.02.1990 - 12 RK 51/89 - SozR 3-1500 § 54 Nr. 1.
[19] Vgl. dazu BSG v. 02.12.2004 - B 12 KR 23/04 R - SozR 4-2500 § 175 Nr. 1.

§ 241a SGB V Zusätzlicher Beitragssatz

(Fassung vom 15.12.2004, gültig ab 01.07.2005, gültig bis 31.12.2008)

(1) Für Mitglieder gilt ein zusätzlicher Beitragssatz in Höhe von 0,9 vom Hundert; die übrigen Beitragssätze vermindern sich in demselben Umfang. Satz 1 gilt für Beiträge, die in Beitragsklassen festgesetzt werden, entsprechend.

(2) Absatz 1 Satz 1 gilt nicht für Personen, die Arbeitslosengeld II beziehen.

Gliederung

A. Basisinformationen

I. Textgeschichte/Gesetzgebungsmaterialien

1 § 241a SGB V wurde durch Art. 1 Nr. 145 des **Gesetzes zur Anpassung der Finanzierung von Zahnersatz vom 15.12.2004**[1] mit Wirkung vom 01.07.2005 eingeführt.

2 Ursprünglich hatte der Gesetzgeber mit dem **Gesetz zur Modernisierung der gesetzlichen Krankenversicherung (GKV-Modernisierungsgesetz – GMG) vom 14.11.2003**[2] beschlossen, dass die Beschäftigen einen zusätzlichen Beitrag in Höhe von 0,5 v.H. tragen sollen, der in etwa den Aufwendungen der Krankenkassen für das Krankengeld entsprochen hätte. Hintergrund für die geplante Änderung war der Wunsch, die Arbeitgeber durch einen Teilausstieg aus der paritätischen Beitragstragung zu entlasten. Es war beabsichtigt, diese Vorstellung durch § 241a SGB V umzusetzen, der durch das GMG mit Wirkung zum 01.01.2006 eingefügt werden sollte.

3 Gleichzeitig sollte mit Art. 1 Nr. 36 GMG bereits zum 01.01.2005 der Zahnersatz aus dem Leistungskatalog der gesetzlichen Krankenversicherung herausgenommen werden. Den Versicherten sollte ein Wahlrecht dahingehend eingeräumt werden, dass sie den Zahnersatz entweder durch eine private Versicherung oder durch eine pauschale Zusatzkrankenversicherung hätten absichern können. Mit der Herausnahme des Zahnersatzes aus dem Leistungskatalog der GKV wäre eine weitere Entlastung der Arbeitgeber verbunden gewesen, die für diesen Teil der Leistungen der gesetzlichen Krankenversicherung nicht mehr hätten durch Arbeitgeberbeiträge aufkommen müssen.

4 Während der Vorbereitung der Umsetzung der mit dem GMG geplanten Gesetzesänderungen zeigte sich jedoch, dass die Einführung einer eigenständigen Zahnersatzversicherung mit der Wahlmöglichkeit zwischen privater oder gesetzlicher Versicherung zu Schwierigkeiten in der Praxis führen würde.

5 Durch das Gesetz zur Anpassung der Finanzierung von Zahnersatz (vgl. Rn. 1) nahm der Gesetzgeber die den Zahnersatz betreffenden Änderungen des GMG zurück. Um die geplante Entlastung der Arbeitgeber dennoch zu erreichen, erfolgte eine Änderung des § 241a SGB V dahingehend, dass nunmehr bereits ab 01.07.2005 ein zusätzlicher Beitrag in Höhe von 0,9 v.H. erhoben wird. Nach der Gesetzesbegründung[3] soll die Entlastung der Arbeitgeber dadurch eintreten, dass aufgrund des höheren zusätzlichen Beitragssatzes der allgemeine Beitragssatz sinken wird.

6 Eine Zuordnung des zusätzlichen Beitragssatzes zu bestimmten Leistungen ist nicht erfolgt. Entgegen der ursprünglichen Intention des GMG ist der Gesetzesbegründung des Gesetzes zur Anpassung der Finanzierung von Zahnersatz nicht zu entnehmen, dass der zusätzliche Beitragssatz der Deckung der Ausgaben für Krankengeld oder Zahnersatz dienen soll.

---

[1] BGBl I 2003, 2190.
[2] BGBl I 2004, 3445.
[3] BT-Drs. 15/3681, S. 4.

II. Systematische Zusammenhänge

Die **§§ 241-248 SGB V** normieren die verschiedenen Beitragssätze in der gesetzlichen Krankenversicherung. Neben dem in § 241 SGB V geregelten allgemeinen Beitragssatz schreibt § 241a SGB V mit Wirkung vom 01.07.2005 einen zusätzlichen Beitragssatz für Mitglieder vor. 7

Nach § 241a Abs. 1 Satz 2 SGB V gilt § 241a Abs. 1 Satz 1 SGB V für Beiträge, die in Beitragsklassen festgesetzt werden, entsprechend. Beitragsklassen können gemäß **§ 240 Abs. 5 SGB V** in der Satzung der jeweiligen Krankenkasse für freiwillig versicherte Mitglieder vorgesehen werden. 8

Für Studenten und Praktikanten gelten gemäß **§ 245 Abs. 1 Satz 1 SGB V** als Beitragssatz sieben Zehntel des allgemeinen Beitragssatzes nach § 241 SGB V und der zusätzliche Beitragssatz nach § 241a SGB V. 9

Bei Beziehern von Arbeitslosengeld (Alg) II, für die § 241a Abs. 1 SGB V gemäß § 241a Abs. 2 SGB V nicht anwendbar ist, gilt nach **§ 246 SGB V** als Beitragssatz der durchschnittliche allgemeine Beitragssatz, der vom 01.10.2005 an im Umfang des zusätzlichen Beitrages nach § 241a SGB V erhöht wird. Zur Begründung dieser Regelung ist in der Gesetzesbegründung ausgeführt[4], nach § 241a Abs. 2 SGB V sei für Bezieher von Alg II der zusätzliche Beitragssatz nicht zu zahlen, so dass sich die für sie zu zahlenden Beiträge während des Jahres 2005 nicht veränderten, weil auch die entsprechende Absenkung des allgemeinen Beitragssatzes (§ 241a Abs. 1 Satz 1 HS. 2 SGB V) nicht stattfinde. Die Absenkung des allgemeinen Beitragssatzes werde sich jedoch in der zum 01.10.2005 festzustellenden Höhe des allgemeinen Beitragssatzes aller Krankenkassen als Bemessungsgrundlage für Alg II-Empfänger niederschlagen. Damit würde aber ohne die in § 246 SGB V vorgenommene Regelung für Alg II-Empfänger ein Beitragssatz angewendet, der den von allen übrigen Mitgliedern eingehenden Zusatzbeitrag nicht berücksichtige. Es würde für Alg II-Empfänger dann kein Zusatzbeitrag erhoben, gleichzeitig würden jedoch die Auswirkungen der gesetzlichen Beitragssatzverminderung eintreten. Um dieses zu verhindern, werde der maßgebliche Beitragssatz jeweils um den Umfang des zusätzlichen Beitrages gemäß § 241a SGB V erhöht. 10

Für den Beitragssatz aus der Rente gelten gemäß **§ 247 Abs. 1 Satz 1 SGB V** für die Beitragsbemessung der allgemeine Beitragssatz der jeweiligen Krankenkasse und der zusätzliche Beitragssatz. Gleiches gilt nach **§ 248 Satz 1 SGB V** für den Beitragssatz aus Versorgungsbezügen und Arbeitseinkommen. 11

In den **§§ 249-251 SGB V** ist geregelt, wer die in den §§ 241 ff. SGB V bestimmten Beiträge zu tragen hat (sog. Beitragstragungslast). Den in § 241a Abs. 1 Satz 1 SGB V vorgeschriebenen zusätzlichen Beitragssatz trägt der nach § 5 Abs. 1 Nr. 1 SGB V versicherungspflichtige Beschäftigte gemäß **§ 249 Abs. 1 HS. 2 SGB V** allein. Gleiches gilt für Versicherungspflichtige, die eine Rente aus der gesetzlichen Rentenversicherung beziehen, **§ 249a HS. 2 SGB V.** 12

Die **§§ 252-256 SGB V** regeln die Zahlung der Beiträge, die auch für den zusätzlichen Beitragssatz gemäß § 241a SGB V gelten. 13

III. Ausgewählte Literaturhinweise

Giesen/Ricken, Einführung eines zusätzlichen Beitragssatzes in der gesetzlichen Krankenversicherung, NZA 2005, 920; *Schlegel,* Neue Beitragssätze in der Kranken- und Pflegeversicherung sowie neue Sozialversicherungswerte 2005, jurisPR-SozR 52/2004, Anm. 4; *Stuhlmann,* Zusatzbeitrag ohne Arbeitgeberanteil, AuA 2005, 428; *Wahl*, Verfassungsrechtlich gerechtfertigt? – Der zusätzliche Beitragssatz in der gesetzlichen Krankenversicherung, SozSich 2005, 133. 14

B. Auslegung der Norm

I. Regelungsgehalt und Bedeutung der Norm

§ 241a Abs. 1 Satz 1 HS. 1 SGB V regelt, dass für Mitglieder ein zusätzlicher Beitragssatz in Höhe von 0,9 v.H. der beitragspflichtigen Einnahmen gilt. Trotz der Entstehungsgeschichte der Vorschrift handelt es sich nicht um einen zweckgebundenen zusätzlichen Beitragssatz, sondern er ist als allgemeine Einnahme der Krankenkassen gedacht. Zu dem Gesetzeswortlaut ist anzumerken, dass die Wortwahl missglückt ist; nicht Beitragssätze, sondern Beiträge werden erhoben.[5] 15

---

[4] BT-Drs. 15/3865, S. 4.

[5] *Schlegel*, jurisPR-SozR 52/2004, Anm. 4.

16 § 241a Abs. 1 Satz 1 HS. 2 SGB V bestimmt, dass sich die übrigen Beitragssätze in demselben Umfang, also um 0,9 v.H., verringern. Diese Beitragssatzsenkungen treten kraft Gesetzes ein; einer Satzungsänderung der Krankenkassen oder einer Genehmigung der Aufsichtsbehörden bedarf es nicht.[6]

17 Nach § 241a Abs. 1 Satz 2 SGB V gilt § 241a Abs. 1 Satz 1 SGB V für Beiträge, die gemäß § 240 Abs. 5 SGB V in Verbindung mit der Satzung der jeweiligen Krankenkasse für freiwillige Mitglieder in Beitragsklassen festgesetzt werden, entsprechend.

18 Nach Absatz 2 gilt § 241a Abs. 1 SGB V nicht für Bezieher von Arbeitslosengeld II. Hinsichtlich der Beitragsbemessung ist bei diesem Personenkreis § 246 SGB V zu beachten (vgl. dazu Rn. 10). Die Regelung wird teilweise als unter Gleichbehandlungsgründen schwer zu rechtfertigen angesehen.[7]

II. Normzweck

19 Durch die Einfügung des § 241a SGB V in die Vorschriften über Beitragssätze in der gesetzlichen Krankenversicherung sollen sich die Mitglieder in höherem Umfang als bisher an den gestiegenen Kosten für die gesetzliche Krankenversicherung beteiligen.[8] Da der zusätzliche Beitrag nach § 241a SGB V gemäß §§ 249, 249a SGB V allein von den Mitgliedern zu tragen ist, ist § 241a SGB V als eine Teilabkehr von dem Prinzip der paritätischen Beitragstragung zu verstehen. Dadurch, dass nach § 241a Abs. 1 Satz 1 HS. 2 SGB V gleichzeitig mit der Einführung eines zusätzlichen Beitragssatzes die übrigen Beitragssätze vermindert werden müssen, soll eine Entlastung der Arbeitgeber eintreten.

III. Rechtsfolgen

20 Folge des § 241a SGB V ist, dass die Mitglieder nunmehr zwei Beiträge zu tragen haben. Zum einen den von ihnen allein zu tragenden Beitrag des § 241a Abs. 1 Satz 1 SGB V, der nach einem bundeseinheitlichen Beitragssatz von 0,9 v.H. auf die Beitragsbemessungsgrundlage angelegt wird. Der weitere Beitrag wird bei Bestehen eines Beschäftigungsverhältnisses von Arbeitgeber und Arbeitnehmer hälftig getragen.

21 Nicht ausdrücklich geregelt ist, wer den zusätzlichen Beitrag abführt. Für den in der Pflegeversicherung mit dem Kinder-Berücksichtigungsgesetz vom 15.12.2004[9] eingeführten Beitragszuschlag für Kinderlose bestimmt § 59 Abs. 5 SGB XI, dass der Beitragszuschlag von dem Mitglied zu tragen ist. Für die Beitragszahlung regelt § 60 Abs. 5 Satz 1 SGB XI, dass der Beitragszuschlag nach § 55 Abs. 3 SGB XI von demjenigen zu zahlen ist, der die Beiträge zu zahlen hat. Wird der Pflegeversicherungsbeitrag jedoch, wie in einem Beschäftigungsverhältnis, von einem Dritten – im Beschäftigungsverhältnis dem Arbeitgeber – gezahlt, hat dieser nach § 60 Abs. 5 Satz 2 SGB XI einen Anspruch gegen das Mitglied auf den von dem Mitglied zu tragenden Beitragszuschlag. Dieser Anspruch kann von dem Dritten gemäß § 60 Abs. 5 Satz 3 SGB XI durch Abzug von der an das Mitglied zu erbringenden Geldleistung geltend gemacht werden. Vorbild für die Regelung des § 60 Abs. 5 SGB XI ist das Lohnabzugsverfahren nach § 28g SGB IV. Der Gesetzgeber geht davon aus, dass dieses für den Beitragszuschlag in der Pflegeversicherung geltende Verfahren entsprechend für den zusätzlichen Beitrag nach § 241a SGB V anzuwenden ist. Der Arbeitgeber oder – bei einem versicherungspflichtigen Rentner – der Rentenversicherungsträger führt also den zusätzlichen Beitrag an die zuständige Stelle ab und behält den von dem Mitglied allein zu tragenden zusätzlichen Beitrag von dem Bruttoarbeitsentgelt bzw. von der Rente ein.[10]

C. Reformbestrebungen

22 Am 02.02.2007 nahm der Deutsche Bundestag aufgrund der Beschlussempfehlung und des Berichts des Gesundheitsausschusses[11] den von den Fraktionen CDU/CSU und SPD eingebrachten Entwurf eines **Gesetzes zur Stärkung des Wettbewerbs in der gesetzlichen Krankenversicherung** vom 24.10.2006[12] an[13]. Neben dem Entwurf der Fraktionen von CDU/CSU und SPD hatte auch ein Geset-

---

6 BT-Drs. 15/3681, S. 4.
7 *Peters* in: KassKomm-SGB, SGB V, § 241a Rn. 4.
8 BT-Drs. 15/3681, S. 4.
9 BGBl I 2004, 3448.
10 *Schlegel*, jurisPR-SozR 52/2004, Anm. 4.
11 BT-Drs. 16/4200, 16/4247.
12 GKV-Wettbewerbsstärkungsgesetz – GKV-WSG, BT-Drs. 16/3100.
13 BR-Drs. 75/07.

zesentwurf der Bundesregierung vom 20.12.2006 vorgelegen.[14] Gegenüber dem Entwurf der Fraktionen von CDU/CSU und SPD ergaben sich aus dem Entwurf der Bundesregierung keine Änderungen. Auch die Beschlussempfehlung und der Bericht des Gesundheitsausschusses[15] sahen keine Änderungen gegenüber dem Entwurf der Fraktionen von CDU/CSU und SPD vor.

Artikel 46 des GKV-WSG regelt das **In-Kraft-Treten** des GKV-Wettbewerbsstärkungsgesetzes. Gemäß Art. 46 Abs. 1 GKV-WSG tritt das Gesetz zum 01.04.2007 in Kraft, soweit in Art. 46 Abs. 2-10 GKV-WSG nichts Abweichendes geregelt ist. 23

Aus Art. 46 Abs. 10 GKV-WSG ergibt sich, dass die in Art. 1 Nr. 160 GKV-WSG geregelte Streichung des § 241a SGB V mit Wirkung zum 01.01.2009 in Kraft treten wird. 24

Die Streichung des § 241a SGB V begründet der Gesetzesentwurf[16] wie folgt: 25

„Der bisherige zusätzliche Beitragssatz nach § 241a ist Bestandteil des allgemeinen Beitragssatzes nach § 241. Die Vorschrift ist daher entbehrlich."

[14] BT-Drs. 16/3950.

[15] BT-Drs. 16/4200, 16/4247.

[16] BT-Drs. 16/3100 zu Nr. 160, S. 165.

§ 242 SGB V Erhöhter Beitragssatz

(Fassung vom 20.12.1988, gültig ab 01.01.1989, gültig bis 31.12.2008)

Für Mitglieder, die bei Arbeitsunfähigkeit nicht für mindestens sechs Wochen Anspruch auf Fortzahlung ihres Arbeitsentgelts oder auf Zahlung einer die Versicherungspflicht begründenden Sozialleistung haben, ist der allgemeine Beitragssatz entsprechend zu erhöhen.

Gliederung

A. Basisinformationen

I. Textgeschichte/Gesetzgebungsmaterialien

1 § 242 SGB V wurde durch Art. 1 des Gesundheitsreformgesetzes (GRG)[1] mit Wirkung vom 01.01.1989 eingeführt. Die Vorschrift entspricht § 251 des Regierungsentwurfs. Dessen Begründung ist zu entnehmen[2], dass eine Änderung im Vergleich zu der Vorgängervorschrift der RVO nicht beabsichtigt war.

II. Vorgängervorschrift

2 Vorgängervorschrift in der RVO war § 385 Abs. 1 Satz 4 RVO. Inhaltlich stimmt § 242 SGB V mit dieser Vorschrift weitgehend überein. Allerdings gilt § 242 SGB V im Unterschied zu der Regelung der RVO (vgl. § 514 Abs. 2 RVO) auch für Ersatzkassen.

3 Terminologisch hat der Gesetzgeber mit § 242 SGB V eine Änderung im Vergleich zu der Vorgängervorschrift vorgenommen. § 242 SGB V spricht von Mitgliedern, während § 385 Abs. 1 Satz 4 RVO sich auf Versicherte bezog. Die vorgenommene Änderung ist insbesondere dadurch bedingt, dass nach § 10 SGB V auch Familienversicherte zum versicherten Personenkreis des SGB V gehören.

III. Systematische Zusammenhänge

4 Die **§§ 241, 242, 243 SGB V** schränken das Satzungsrecht der Krankenkassen dahin gehend ein, als diese nur Satzungsbestimmungen mit einem allgemeinen Beitragssatz (Mitglieder, die bei Arbeitsunfähigkeit mindestens sechs Wochen Anspruch auf Entgeltfortzahlung oder Versicherungspflicht begründende Sozialleistungen haben), mit einem erhöhten Beitragssatz (Mitglieder, die bei Arbeitsunfähigkeit nicht für mindestens sechs Wochen Anspruch auf die obigen Leistungen haben) und mit ermäßigtem Beitragssatz (Mitglieder, die keinen Anspruch auf Krankengeld haben) schaffen dürfen. Innerhalb dieses Gesetzesrahmens ist es den Krankenkassen versagt, Zwischenstufen zu schaffen.[3]

5 § 242 SGB V regelt einen im Vergleich zu dem allgemeinen Beitragssatz des **§ 241 SGB V** erhöhten Beitragssatz. Gemäß § 242 SGB V ist der allgemeine Beitragssatz für Mitglieder, die bei Arbeitsunfä-

---

1 GRG vom 20.12.1988, BGBl I 1988, 2477, 2396.
2 RegE-GRG, S. 225.
3 BSG v. 10.05.1995 - 1 RR 2/94 - SozR 3-2500 § 242 Nr. 2.

higkeit nicht mindestens sechs Wochen Anspruch auf Fortzahlung ihres Arbeitsentgelts oder auf Zahlung einer die Versicherungspflicht begründenden Sozialleistung haben, zu erhöhen.

Voraussetzung für die Anwendung des § 242 SGB V ist also, dass ein Anspruch auf Fortzahlung der Bezüge im Krankheitsfall nach **§ 3 Abs. 1 Satz 1 EFZG** dem Grunde nach nicht besteht. Ist ein Anspruch nach § 3 Abs. 1 Satz 1 EFZG dagegen nur ausgeschlossen, weil die Krankheit durch eigenes Verschulden herbeigeführt wurde, weil der Arbeitnehmer seinen Anzeige- und Nachweispflichten nicht nachkommt (§§ 5, 7 Abs. 1 Nr. 1 EFZG) oder weil er den Übergang eines Schadensersatzanspruches gegen einen Dritten verhindert (§§ 5, 7 Abs. 1 Nr. 2 EFZG) führt dies nicht zu der Anwendung des § 242 SGB V. Zur Anwendbarkeit des § 242 SGB V führt es auch nicht, wenn ein Anspruch auf Entgeltfortzahlung im Krankheitsfall wegen Zahlungsunfähigkeit des Arbeitgebers nicht realisiert werden kann. 6

Als weitere Voraussetzung für die Anwendbarkeit des § 242 SGB V muss ein Anspruch auf Krankengeld bestehen. Ist ein solcher Anspruch nicht gegeben, so ist der ermäßigte Beitragssatz des **§ 243 SGB V** einschlägig. 7

Zu dem Personenkreis, auf den § 242 SGB V anwendbar ist, gehören insbesondere auch unständig Beschäftigte; wann eine unständige Beschäftigung vorliegt, ist in **§ 27 Abs. 3 Nr. 1 Satz 2 SGB III** und **§ 163 Abs. 1 Satz 2 SGB VI** definiert. Des Weiteren werden Heimarbeiter im Sinne des **§ 1 Heimarbeitsgesetz i.V.m. § 10 EFZG**, Künstler, die von der Möglichkeit eines früheren Krankengeldanspruchs nach **§ 46 Satz 3 SGB V** Gebrauch gemacht haben, schwangere Mitglieder nach **§ 192 Abs. 2 SGB V** und freiwillige Mitglieder, für die nach **§ 44 Abs. 2 SGB V** eine Satzungsregelung besteht, erfasst. 8

B. Auslegung der Norm

I. Regelungsgehalt und Bedeutung der Norm

§ 242 SGB V regelt, dass für Mitglieder, die bei Arbeitsunfähigkeit nicht für mindestens sechs Wochen Anspruch auf Fortzahlung ihres Arbeitsentgelts oder auf eine die Versicherungspflicht begründende Sozialleistung haben, denen aber ein Anspruch auf Krankengeld zusteht, der allgemeine Beitragssatz zu erhöhen ist. 9

Aus der Formulierung „nicht mindestens sechs Wochen Anspruch auf Fortzahlung ... haben“ ergibt sich, dass der nach § 242 SGB V erhöhte Beitragssatz auch für Mitglieder gilt, die zwar einen Anspruch auf Entgeltfortzahlung oder eine Sozialleistung haben, dieser aber für weniger als sechs Wochen besteht. 10

Von der Regelung des § 242 SGB V werden insbesondere folgende Personengruppen erfasst: 11

1. Unständig Beschäftigte

Gemäß § 27 Abs. 3 Nr. 1 Satz 2 SGB III, § 163 Abs. 1 Satz 2 SGB VI liegt eine unständige Beschäftigung vor, wenn die Tätigkeit der Natur der Sache nach oder im Voraus durch Arbeitsvertrag auf weniger als eine Woche beschränkt ist. Grund für die Anwendbarkeit des § 242 SGB V auf unständig Beschäftigte ist, dass sie wegen der Dauer des Beschäftigungsverhältnisses von vornherein keinen Anspruch auf Entgeltfortzahlung im Krankheitsfall erwerben können, da § 3 Abs. 3 EFZG voraussetzt, dass das Beschäftigungsverhältnis mindestens vier Wochen ununterbrochen besteht. 12

2. Auf weniger als sechs Wochen befristetes Beschäftigungsverhältnis

Bei einer Befristung der Tätigkeit auf weniger als sechs Wochen kann ebenfalls von vornherein kein Anspruch auf Entgeltfortzahlung im Krankheitsfall von mindestens sechs Wochen erworben werden. Mit Ende der Befristung endet gemäß § 8 Abs. 2 EFZG nämlich auch der Anspruch auf Entgeltfortzahlung. Wird eine zunächst auf unter sechs Wochen befristete Beschäftigung verlängert, gilt von dem Tag des Bekanntwerdens dieser Verlängerung bzw. ab dem Zeitpunkt der vertraglichen Vereinbarung der allgemeine Beitragssatz. Entscheidend ist in diesem Fall, dass das Beschäftigungsverhältnis dann insgesamt (Zeiträume vor und nach Verlängerung zusammengerechnet) mindestens sechs Wochen besteht. 13

3. Heimarbeiter

14 § 10 EFZG sieht vor, dass Heimarbeiter im Sinne des § 1 Abs. 1 Heimarbeitsgesetz und ihnen nach § 1 Abs. 2 Satz 1 lit. a) bis c) Heimarbeitsgesetz gleichgestellte Personen zusätzlich zu jeder Lohnzahlung einen Zuschlag zum Arbeitsentgelt erhalten, der der Absicherung im Krankheitsfall dient. Nach seinem eindeutigen Wortlaut setzt § 242 SGB V jedoch voraus, dass ein Anspruch auf Weiterzahlung des Arbeitsentgelts im Krankheitsfall besteht. Diese Voraussetzung erfüllt § 10 EFZG nicht.

4. Schwangere Mitglieder (§ 192 Abs. 2 SGB V)

15 § 192 Abs. 2 SGB V bestimmt, dass die Mitgliedschaft während einer Schwangerschaft erhalten bleibt. Das schwangere Mitglied hat den Beitrag nach § 250 SGB V selbst zu tragen und gemäß § 252 SGB V auch selbst einzuzahlen. Anspruch auf Lohnfortzahlung im Krankheitsfall besteht jedoch nicht, so dass § 242 SGB V eingreift.

5. Bezieher von Sozialleistungen

16 Die in § 242 SGB V genannten Sozialleistungen sind insbesondere Arbeitslosengeld, Unterhaltsgeld und Entgeltersatzleistungen während der Teilnahme an Leistungen zur medizinischen Rehabilitation bzw. zur Teilhabe am Arbeitsleben. Allerdings werden diese Leistungen im Regelfall bei Krankheit für mindestens sechs Wochen weitergewährt, so dass der allgemeine Beitragssatz nach § 241 SGB V greift.

6. Versicherte Künstler

17 Grundsätzlich entsteht für nach dem Künstlersozialversicherungsgesetz versicherte Künstler nach § 46 Satz 2 SGB V der Anspruch auf Krankengeld von der siebten Woche der Arbeitsunfähigkeit an. Nach § 46 Satz 3 SGB V besteht jedoch die Möglichkeit zu beantragen, dass der Anspruch auf Krankengeld bereits vor der siebten Woche der Arbeitsunfähigkeit beginnt.

7. Freiwillige Mitglieder

18 Das Bundessozialgericht hat die Auffassung vertreten, dass der erhöhte Beitragssatz des § 242 SGB V auch für freiwillig Versicherte gilt, die aufgrund einer Regelung in der Satzung nach § 44 Abs. 2 SGB V Anspruch auf Krankengeld bereits vor der siebten Woche der Arbeitsunfähigkeit haben.[4]

8. Anspruch auf Krankengeld vor der siebten Woche der Arbeitsunfähigkeit

19 Entscheidend für die Anwendbarkeit des § 242 SGB V ist nur, dass dem Grunde nach ein möglicher Anspruch auf Krankengeld bereits vor der siebten Woche der Arbeitsunfähigkeit besteht. Unerheblich ist dagegen, wenn ein solcher Anspruch im konkreten Einzelfall nach § 49 SGB V zum Ruhen gekommen ist.

9. Differenzierung entsprechend des Beginns des Anspruchs auf Krankengeld

20 Das BSG hat entschieden, dass die **§§ 241, 242, 243 SGB V** das Satzungsrecht der Krankenkassen dahin gehend einschränken, als diese nur Satzungsbestimmungen mit einem allgemeinen Beitragssatz, mit einem erhöhten Beitragssatz und mit einem ermäßigten Beitragssatz schaffen dürfen. Innerhalb dieses Gesetzesrahmens ist es den Krankenkassen versagt, Zwischenstufen zu schaffen.[5] Abgestufte Beitragssätze für freiwillige Mitglieder, die danach differenzieren, vom wievielten Tag der Arbeitsunfähigkeit an das Krankengeld beginnt, sind daher unzulässig.

10. Regelung durch Satzung

21 Der Beitragssatz nach § 242 SGB V ist in der Satzung der jeweiligen Krankenkasse festzusetzen. Wie der allgemeine Beitragssatz des § 241 SGB V wird er in Hundertsteln der beitragspflichtigen Einnahmen bestimmt.

22 Mit der Formulierung, der Beitragssatz sei „entsprechend" zu erhöhen, wird auf den Grundsatz der Kostendeckung aller Einnahmen gegenüber den Ausgaben nach § 220 SGB V Bezug genommen. Das Maß der Erhöhung hat sich daher an dem erhöhten Leistungsbedarf zu orientieren. Entscheidend ist das

---
[4] BSG v. 10.05.1995 - 1 RR 2/94 - SozR 3-2500 § 242 Nr. 2.
[5] BSG v. 10.05.1995 - 1 RR 2/94 - SozR 3-2500 § 242 Nr. 2.

Verhältnis zwischen den durchschnittlichen Aufwendungen für Krankengeld vor der siebten Woche der Arbeitsunfähigkeit je dem Grunde nach anspruchsberechtigtem Mitglied einerseits und den mit dem allgemeinem Beitragssatz abgedeckten Aufwendungen pro Mitglied andererseits.

23 Für Änderungen des Beitragssatzes nach § 242 SGB V gelten die Voraussetzungen der §§ 220, 222 SGB V entsprechend (vgl. dazu auch die Kommentierung zu § 241 SGB V Rn. 37).

II. Normzweck

24 Grund für die Erhöhung des allgemeinen Beitragssatzes in § 242 SGB V gegenüber § 241 SGB V ist, dass die unter § 242 SGB V fallenden Mitglieder bereits zu einem früheren Zeitpunkt Anspruch auf Krankengeld haben als andere Versicherte. Der erhöhte Beitragssatz soll die daher in der Regel längere Inanspruchnahme von Krankengeld kompensieren.

C. Reformbestrebungen

25 Am 02.02.2007 nahm der Deutsche Bundestag aufgrund der Beschlussempfehlung und des Berichts des Gesundheitsausschusses[6] den von den Fraktionen CDU/CSU und SPD eingebrachten Entwurf eines Gesetzes zur Stärkung des Wettbewerbs in der gesetzlichen Krankenversicherung vom 24.10.2006[7] an[8]. Neben dem Entwurf der Fraktionen von CDU/CSU und SPD hatte auch ein Gesetzesentwurf der Bundesregierung vom 20.12.2006 vorgelegen.[9] Gegenüber dem Entwurf der Fraktionen von CDU/CSU und SPD ergaben sich aus dem Entwurf der Bundesregierung keine Änderungen. Der Bericht des Gesundheitsausschusses[10] enthielt allerdings einen Änderungsantrag dahingehend, dass Art. 1 Nr. 161 ganz entfernt werden solle[11], zur Begründung vgl. unten Rn 35 (Rn. 35).

26 Artikel 46 des GKV-WSG regelt das In-Kraft-Treten des GKV-Wettbewerbsstärkungsgesetzes. Gemäß Art. 46 Abs. 1 GKV-WSG tritt das Gesetz zum 01.04.2007 in Kraft, soweit in Art. 46 Abs. 2-10 GKV-WSG nichts Abweichendes geregelt ist.

27 Aus Art. 46 Abs. 10 GKV-WSG ergibt sich, dass die in Art. 1 Nr. 161 GKV-WSG geregelte Änderung des § 242 SGB V mit Wirkung zum 01.01.2009 in Kraft treten wird.

28 § 242 Abs. 1-4 SGB V wird gemäß Art. 1 Nr. 161 GKV-WSG ab diesem Zeitpunkt wie folgt gefasst werden:

„(1) Soweit der Finanzbedarf einer Krankenkasse durch die Zuweisungen aus dem Fonds nicht gedeckt ist, hat sie in ihrer Satzung zu bestimmen, dass von ihren Mitgliedern ein Zusatzbeitrag erhoben wird. Der Zusatzbeitrag ist auf 1 vom Hundert der beitragspflichtigen Einnahmen des Mitglieds begrenzt. Abweichend von Satz 2 erhebt die Krankenkasse den Zusatzbeitrag ohne Prüfung der Höhe der Einnahmen des Mitglieds, wenn der monatliche Zusatzbeitrag den Betrag von 8 Euro nicht übersteigt. Von Mitgliedern, die das Sonderkündigungsrecht nach § 175 Abs. 4 Satz 5 wegen der erstmaligen Erhebung des Zusatzbeitrags fristgemäß ausgeübt haben, wird der Zusatzbeitrag nicht erhoben. Wird das Sonderkündigungsrecht wegen einer Erhöhung des Zusatzbeitrags ausgeübt, wird der erhöhte Zusatzbeitrag nicht erhoben. Wird die Kündigung nicht wirksam, wird der Zusatzbeitrag im vollen Umfang erhoben.

(2) Soweit die Zuweisungen aus dem Fonds den Finanzbedarf einer Krankenkasse übersteigen, kann sie in ihrer Satzung bestimmen, dass Prämien an ihre Mitglieder ausgezahlt werden. Auszahlungen dürfen erst vorgenommen werden, wenn die Krankenkasse ihrer Verpflichtung nach § 261 nachgekommen ist. Auszahlungen an Mitglieder, die sich mit der Zahlung ihrer Beiträge im Rückstand befinden, sind ausgeschlossen. Prämienauszahlungen nach Satz 1 sind getrennt von den Auszahlungen nach § 53 zu buchen und auszuweisen.

(3) Die Krankenkassen haben den Zusatzbeitrag nach Absatz 1 so zu bemessen, dass er zusammen mit den Zuweisungen aus dem Gesundheitsfonds und den sonstigen Einnahmen die im Haushaltsjahr voraussichtlich zu leistenden Ausgaben und die vorgeschriebene Auffüllung der Rücklage deckt. Ergibt sich während des Haushaltsjahres, dass die Betriebsmittel der Krankenkasse einschließlich der Zufüh-

---

[6] BT-Drs. 16/4200, 16/4247.

[7] GKV-Wettbewerbsstärkungsgesetz – GKV-WSG, BT-Drs. 16/3100.

[8] BR-Drs. 75/07.

[9] BT-Drs. 16/3950.

[10] BT-Drs. 16/4247.

[11] Änderungsantrag Nr. 12, BT-Drs. 16/4247, S. 24.

rung aus der Rücklage zur Deckung der Ausgaben nicht ausreichen, ist der Zusatzbeitrag durch Änderung der Satzung zu erhöhen. Muss eine Kasse kurzfristig ihre Leistungsfähigkeit erhalten, so hat der Vorstand zu beschließen, dass der Zusatzbeitrag bis zur satzungsmäßigen Neuregelung erhöht wird; der Beschluss bedarf der Genehmigung der Aufsichtsbehörde. Kommt kein Beschluss zu Stande, ordnet die Aufsichtsbehörde die notwendige Erhöhung des Zusatzbeitrages an. Klagen gegen die Anordnung nach Satz 4 haben keine aufschiebende Wirkung.

(4) Der Spitzenverband Bund legt dem Deutschen Bundestag über das Bundesministerium für Gesundheit spätestens bis zum 30. Juni 2011 einen Bericht vor, in dem die Erfahrungen mit der Überforderungsklausel nach Absatz 1 wiedergegeben werden. Die Bundesregierung überprüft anhand dieses Berichts, ob Änderungen der Vorschrift vorgenommen werden sollen."

29 Im Vergleich zu dem Gesetzesentwurf der CDU/CSU und SPD übernimmt das beschlossene Gesetz die vorgeschlagene Neufassung des § 242 SGB V in den Absätzen 2-4 unverändert. Auch die Fassung des § 242 Abs. 1 Sätze 1-3 SGB V entspricht dem Vorschlag des Gesetzesentwurfes. § 242 Abs. 1 Sätze 4-6 SGB V wurden hingegen in dem beschlossenen Gesetz gegenüber dem Entwurf neu hinzugefügt.

30 Zur Begründung der in § 242 SGB V beschlossenen Änderungen führt der Entwurf der Fraktionen der CDU/CSU und SPD[12] aus, der **kassenindividuelle Zusatzbeitrag** stelle ein **zusätzliches Wettbewerbsinstrument** für die Krankenkassen dar. Wirtschaftlich arbeitenden Kassen sei es möglich, ihren Finanzbedarf aus den Mittelzuweisungen des Gesundheitsfonds zu decken oder sogar einen Überschuss zu erzielen, der an die Mitglieder ausgeschüttet werden könne.

31 Zu der Erhebung eines Zusatzbeitrages sei eine Kasse verpflichtet, wenn der Finanzbedarf nicht durch andere Instrumente wie ein wirtschaftlicheres Management gedeckt werden könne. Der Zusatzbeitrag könne auch unterjährig verändert werden. Darlehensaufnahmen zur Deckung des Finanzbedarfes seien unzulässig.

32 Der Gesetzesentwurf der Fraktionen von CDU/CSU und SPD stellt klar, dass der Zusatzbeitrag **Teil des Sozialversicherungsbeitrages** der Versicherten sei, der in der Satzung der jeweiligen Kasse geregelt und auf üblichem Wege, z.B. durch Bekanntmachung in der Mitgliederzeitschrift, bekannt gemacht werde.

33 Die Art der Gestaltung und Erhebung des zusätzlichen Beitrages werde der einzelnen Krankenkasse überlassen; sie könne ihn als Pauschale oder in Prozent der beitragspflichtigen Einnahmen festlegen. Dabei solle die Festlegung einer Obergrenze individuelle soziale Härten vermeiden. Die Orientierung an der Höhe der beitragspflichtigen Einnahmen des Mitgliedes solle der Verwaltungserleichterung dienen. Eine Einkommensüberprüfung soll jedoch ohnehin erst bei Zusatzprämien erfolgen, die mehr als acht € betragen, um verwaltungsaufwendige Härtefallprüfungen bei Kassen zu vermeiden, die ohnehin nur geringe Zusatzbeiträge erheben. Zugunsten der Versicherten wirke in diesem Zusammenhang als weiterer Schutzmechanismus, dass die Möglichkeit bestehe, zu einer Kasse zu wechseln, die keinen oder einen niedrigeren Zusatzbeitrag erhebt.

34 Um **Wettbewerbsverzerrungen** zu vermeiden, dürfen Kassen Auszahlungen nicht durch eigene **Defizite** finanzieren; **Ausschüttungen** dürfen nur von gänzlich entschuldeten Kassen vorgenommen werden.

35 Der Bericht des Gesundheitsausschusses[13] hatte einen Änderungsantrag dahingehend enthalten, dass Art. 1 Nr. 161 ganz entfernt werden solle. Zur Begründung führte der Gesundheitsausschuss im Wesentlichen aus, bei der Einführung des kassenindividuellen Zusatzbeitrages handele es sich um die Einführung einer Kopfpauschale „durch die Hintertür", ohne dass die Finanzprobleme der GKV nachhaltig gelöst würden. Lediglich die Arbeitgeberseite würde durch das Fondsmodell entlastet. Die Einführung eines kassenindividuellen Zusatzbeitrages werde wegen der entstehenden „sozialen und paritätischen Schieflage" abgelehnt. Die Einführung des kassenindividuellen Zusatzbeitrages begünstige den Kampf um „gute Risiken" und werde dazu führen, dass die großen Krankenkassen gezwungen würden, die kassenindividuellen Leistungen zurückzufahren. Die theoretische Möglichkeit eines Kassenwechsels sei kritisch zu sehen, da zu erwarten sei, dass alle Krankenkassen auf die Einführung eines kassenindividuellen Zusatzbeitrages angewiesen seien. Im Übrigen führe die Einführung eines kassenindividuellen Zusatzbeitrages auch zu technischen Problemen, da der Einzug die Einrichtung von etwa 45 Mio. neuen Beitragskonten erfordere.

---

[12] BT-Drs. 16/3100 zu Nr. 161, S. 165.

[13] BT-Drs. 16/4247.

§ 243 SGB V Ermäßigter Beitragssatz

(Ursprünglich kommentierte Fassung vom 06.08.1998, gültig ab 12.08.1998, gültig bis 31.12.2007)

(1) Besteht kein Anspruch auf Krankengeld oder beschränkt die Krankenkasse auf Grund von Vorschriften dieses Buches für einzelne Mitgliedergruppen den Umfang der Leistungen, ist der Beitragssatz entsprechend zu ermäßigen.

(2) Absatz 1 gilt nicht für die Beitragsbemessung nach § 240 Abs. 4a. Beitragsabstufungen nach dem Familienstand oder der Zahl der Angehörigen, für die eine Versicherung nach § 10 besteht, sind unzulässig.

§ 243 SGB V Ermäßigter Beitragssatz

(Fassung vom 26.03.2007, gültig ab 01.01.2008, gültig bis 31.12.2008)

(1) Besteht kein Anspruch auf Krankengeld oder beschränkt die Krankenkasse auf Grund von Vorschriften dieses Buches für einzelne Mitgliedergruppen den Umfang der Leistungen, ist der Beitragssatz entsprechend zu ermäßigen.

(2) Absatz 1 gilt nicht für die Beitragsbemessung nach § 240 Abs. 4a. Beitragsabstufungen nach dem Familienstand oder der Zahl der Angehörigen, für die eine Versicherung nach § 10 besteht, sind unzulässig.

(3) Die Bundesregierung legt den ermäßigten Beitragssatz durch Rechtsverordnung ohne Zustimmung des Bundesrates erstmalig zum 1. November 2008 mit Wirkung ab dem 1. Januar 2009 in Hundertsteln der beitragspflichtigen Einnahmen fest. Bei der Berechnung ist der voraussichtliche Anteil der Ausgaben für Krankengeld an den Gesamtausgaben der gesetzlichen Krankenversicherung zugrunde zu legen.

(4) § 241 Abs. 3 und 4 gilt entsprechend.

Hinweis: § 243 SGB V in der Fassung vom 06.08.1998 wurde durch Art. 1 Nr. 162 des Gesetzes vom 26.03.2007 (BGBl I 2007, 378) mit Wirkung vom 01.01.2008 geändert. Die Autoren passen die Kommentierungen bei Bedarf an die aktuelle Rechtslage durch Aktualisierungshinweise an.

Gliederung

A. Basisinformationen

I. Textgeschichte/Gesetzgebungsmaterialien

§ 243 SGB V wurde durch Art. 1 des Gesundheitsreformgesetzes (GRG)[1] mit Wirkung vom 01.01.1989 eingeführt. Die Vorschrift entspricht § 252 des Regierungsentwurfs.[2] 1

Durch Art. 3 Nr. 3 des Ersten Gesetzes zur Änderung des Medizinproduktegesetzes[3] erfolgte eine Neufassung von § 243 Abs. 2 Satz 1 SGB V, die am 12.08.1998 in Kraft trat. Bis zum 11.08.1989 re- 2

[1] GRG vom 20.12.1988, BGBl I 1988, 2477, 2396.
[2] RegE-GRG, S. 225.
[3] MPG-ÄndG vom 06.08.1998, BGBl I 1998, 2005.

gelte § 243 Abs. 2 Satz 1 SGB V, dass der auf Grund des ermäßigten Beitragssatzes zu zahlende Beitrag in vollem Umfang den Finanzierungsanteil an der Krankenversicherung der Rentner nach den §§ 270, 272 SGB V sowie den Verwaltungskostenanteil enthalten müsse. Hintergrund dieser Regelung war nach der Gesetzesbegründung[4] ein Urteil des Bundessozialgerichtes (BSG)[5] zu § 313 Abs. 5 RVO. In diesem Urteil hatte das BSG die Grundsätze einer gerechten Beitragsfestsetzung bei der Ermäßigung von Beiträgen entwickelt. Mit der Einführung des Risikostrukturausgleiches zum 01.01.1995 wurde der Belastungsausgleich für die Krankenversicherung der Rentner abgelöst, womit die Regelung des § 243 Abs. 2 Satz 1 SGB V inhaltlich gegenstandslos wurde. Erst mit Wirkung vom 12.08.1998 erhielt § 243 Abs. 2 Satz 1 SGB V jedoch einen neuen Regelungsinhalt.

3 Seit 12.08.1998 enthält § 243 Abs. 2 Satz 1 SGB V die Regelung, dass der allgemeine Beitragssatz nicht ermäßigt werden kann, wenn eine Anwartschaftsversicherung gemäß § 240 Abs. 4a SGB V besteht. Eine Ermäßigung des allgemeinen Beitragssatzes ist seit der Neuregelung selbst dann unzulässig, wenn der Leistungsanspruch gemäß § 16 Abs. 1 Nr. 3 SGB V vollständig zum Ruhen gekommen ist.

II. Vorgängervorschrift

4 Eine direkte Vorgängervorschrift des § 243 SGB V gab es in der RVO nicht. Vielmehr waren ermäßigte Beitragssätze an unterschiedlichen Stellen normiert.

5 Nach **§ 494 RVO** war für versicherungspflichtige Mitglieder in Einrichtungen der **Jugendhilfe**, in **Ausbildung ohne Arbeitsentgelt** und bei dem **Bezug von Vorruhestandsgeld** der Beitragssatz zu ermäßigen. Grund dafür war, dass dieser Personenkreis keinen Anspruch auf Krankengeld hatte.

6 Für Personen in sog. **„besonderen Berufszweigen“** enthielten die **§§ 416 ff. RVO** Regelungen über ermäßigte Beitragssätze.

7 **§ 215 Abs. 2 RVO** ließ Leistungseinschränkungen durch Satzungsregelung, insbesondere Einschränkungen des Anspruches auf Krankengeld, für **freiwillige Mitglieder** zu. § 215 Abs. 3 SGB V bestimmte, dass bei Vornahme entsprechender Leistungseinschränkungen der Beitragssatz zu ermäßigen war.

8 Für **freiwillig Versicherte**, die sich **im Ausland** aufhielten, nach dienstrechtlichen Vorschriften **Anspruch auf Heilfürsorge** hatten oder als **Entwicklungshelfer** tätig waren, regelte **§ 313 Abs. 4, Abs. 5 RVO** das Ruhen der Leistungsansprüche. Für Versicherte, die sich im Ausland aufhielten, ließ § 313 Abs. 4 Satz 4 RVO eine Ermäßigung des Beitragssatzes zu, für die anderen beiden in § 313 RVO genannten Personengruppen (mit Anspruch auf Heilfürsorge oder Entwicklungshelfer) schrieb § 313 Abs. 5 Satz 4 RVO eine Beitragssatzermäßigung vor.

III. Systematische Zusammenhänge

9 Grundvorschrift über die Beitragssätze ist **§ 241 SGB V**, der den **allgemeinen Beitragssatz** regelt. **§ 243 SGB V** stellt gegenüber dieser Vorschrift eine **Ausnahmeregelung** dar, die als solche eng auszulegen ist. Einen weiteren Fall der Beitragssatzermäßigung regelt **§ 244 SGB V**. Für Studenten, Praktikanten und ihnen gleichgestellte Personen (freiwillig versicherte Fachschüler, Berufsfachschüler) bestimmt **§ 245 SGB V** den Beitragssatz. Den Beitragssatz aus der Rente regelt **§ 247 SGB V**.

10 § 243 Abs. 1 SGB V bestimmt in seiner ersten Alternative, dass der Beitragssatz zu ermäßigen ist, sofern **kein Anspruch auf Krankengeld** besteht. Keinen Anspruch auf Krankengeld haben nach **§ 44 Abs. 1 Satz 2 SGB V** zum einen die nach **§ 5 Abs. 1 Nr. 5** (Personen, die in Einrichtungen der Jugendhilfe für eine Erwerbstätigkeit befähigt werden sollen), **Nr. 6** (Teilnehmer an Leistungen zur Teilhabe am Arbeitsleben sowie Abklärung der beruflichen Eignung oder Arbeitserprobung, sofern diese Leistungen nicht nach dem Bundesversorgungsgesetz erbracht werden und sofern kein Anspruch auf Übergangsgeld besteht), **Nr. 9** (Studenten, vgl. die genaueren Vorgaben in § 5 Abs. 1 Nr. 9 SGB V) und **Nr. 10** (Personen, die eine berufspraktische Tätigkeit, Berufsausbildung oder Ausbildung des zweiten Bildungsweges verrichten unter Berücksichtigung der in § 5 Abs. 1 Nr. 10 SGB V genannten Vorgaben) Versicherten (vgl. dazu auch Rn. 18 f.). Keinen Anspruch auf Krankengeld haben zum anderen gemäß **§ 44 Abs. 2 SGB V freiwillig Versicherte**, sofern dies die Satzung bestimmt (vgl. dazu auch Rn. 21).

11 Nach **§ 50 Abs. 1 Satz 1 SGB V**[6] endet ein Anspruch auf Krankengeld vom Beginn folgender Leistungen an: Rente wegen voller Erwerbsminderung oder Vollrente wegen Alters aus der gesetzlichen Ren-

---

4 RegE-GRG, S. 225.

5 BSG v. 28.04.1987 - 12 RK 41/85 - SozR 2200 § 393b Nr. 2.

6 Vgl. zu der Streitfrage, ob § 50 Abs. 1 SGB V überhaupt zu einer Beitragsermäßigung führen kann, Rn. 23; vgl. i.Ü. zu der Fallgruppe des § 50 SGB V Rn. 22 ff.

tenversicherung (Nr. 1), Ruhegehalt nach beamtenrechtlichen Vorschriften (Nr. 2), Vorruhestandsgeld nach § 5 Abs. 3 SGB V (Nr. 3), Leistungen, die den Nr. 1 und 2 entsprechen, jedoch von einem ausländischen Rentenversicherungsträger oder einer ausländischen staatlichen Stelle (Nr. 4) oder nach den für das in Art. 3 des Einigungsvertrages[7] genannte Gebiet geltenden Bestimmungen (Nr. 5) gezahlt werden.

Der Anspruch auf Krankengeld entfällt gemäß **§ 51 Abs. 3 Satz 1 SGB V** (vgl. dazu auch Rn. 29), wenn ein Versicherter bei erheblich gefährdeter oder bereits geminderter Erwerbsfähigkeit nicht innerhalb der von der Krankenkasse gesetzten Frist einen Antrag auf die Gewährung von Rehabilitationsmaßnahmen oder auf Altersruhegeld stellt. 12

Nach § 243 Abs. 1 Alt. 2 SGB V ist der Beitragssatz zu ermäßigen, wenn die Krankenkasse auf Grund von Vorschriften des SGB V für einzelne Mitgliedergruppen den Unfang der Leistungen beschränkt. Gemeint sind damit vor allem **Mitglieder mit Teilkostenerstattung nach § 14 SGB V** (vgl. dazu auch Rn. 32). § 14 SGB V ermöglicht eine Satzungsregelung, wonach für Angestellte der Krankenkassen und für bei Betriebskrankenkassen oder knappschaftlichen Krankenkassen tätige Beamte an die Stelle der im SGB V bestimmten Leistungen ein Anspruch auf Teilkostenerstattung tritt. 13

Gemäß **§ 239 SGB V** regelt die Satzung die Beitragsbemessung für Rentenantragsteller, die nach § 189 SGB V als Mitglieder gelten. Da diese meist über keine beitragspflichtigen Einnahmen verfügen und damit keinen Anspruch auf Krankengeld haben, ist der Beitragssatz in der Regel zu ermäßigen. 14

Gemäß § 243 Abs. 2 Satz 1 SGB V gilt § 243 Abs. 1 SGB V nicht für die Beitragsbemessung nach § 240 Abs. 4a SGB V (vgl. dazu auch Rn. 34). **§ 240 Abs. 4a SGB V** enthält die Ermächtigung, für freiwillige Mitglieder die beitragspflichtigen Einnahmen abweichend von § 240 Abs. 1 Satz 4 SGB V und § 240 Abs. 4 SGB V durch Satzung zu regeln, **solange** für sie und ihre nach § 10 SGB V versicherten Familienangehörigen **der Anspruch** auf Leistungen während eines Auslandsaufenthaltes, der durch die Berufstätigkeit des Mitglieds, seines Ehegatten, seines Lebenspartners oder eines seiner Elternteile bedingt ist, oder nach § 16 Abs. 1 Nr. 3 SGB V (Anspruch auf Leistungen ruht für Personen, die nach dienstrechtlichen Vorschriften Anspruch auf Heilfürsorge haben oder als Entwicklungshelfer tätig sind) **ruht**. 15

§ 243 Abs. 2 Satz 2 SGB V (vgl. dazu auch Rn. 35) bestimmt, dass Beitragsabstufungen nach dem Familienstand oder der Zahl der Angehörigen, für die eine **Familienversicherung nach § 10 SGB V** besteht, unzulässig sind. **§ 3 Abs. 3 SGB V** regelt, dass keine Beiträge für versicherte Familienangehörige erhoben werden. § 243 Abs. 2 Satz 2 SGB V stellt klar, dass dies nicht durch gestaffelte Beiträge nach Familienstand und Zahl der Familienversicherten kompensiert werden darf.[8] 16

IV. Ausgewählte Literaturhinweise

Schikorski, Beitragssatzermäßigungen in der gesetzlichen Krankenversicherung bei satzungsrechtlichen Leistungsbeschränkungen nach § 243 I SGB V, SGb 1992, 151. 17

B. Auslegung der Norm

I. Regelungsgehalt und Bedeutung der Norm

1. Mitglieder ohne Anspruch auf Krankengeld (Absatz 1 Alternative 1)

§ 243 Abs. 1 Alt. 1 SGB V regelt, dass der Beitragssatz entsprechend zu ermäßigen ist, sofern **kein Anspruch auf Krankengeld** besteht. Entscheidend ist, dass bereits dem Grunde nach kein Anspruch auf Krankengeld besteht; für die Anwendbarkeit des § 243 Abs. 1 Alt. 1 SGB V reicht es dagegen nicht aus, wenn der Anspruch auf Krankengeld gemäß § 52 SGB V wegen selbstverschuldeten Zuziehens der Krankheit versagt wird. Zu einer Ermäßigung führt es des Weiteren nicht, wenn das Krankengeld nach § 50 Abs. 2 SGB V bei dem Bezug bestimmter weiterer Sozialleistungen gekürzt wird oder wenn der Anspruch auf Krankengeld nach § 49 SGB V zum Ruhen gekommen ist. 18

---

[7] EVertr. vom 31.08.1990, BGBl I 1990, 889, 890.

[8] Dies galt nach der Rspr. bereits für das Recht der RVO, vgl. dazu BSG v. 28.03.1979 - 3 RK 63/77 - SozR 5428 § 4 Nr. 6; BSG v. 15.05.1984 - 12 RK 59/81 - SozR 2200 § 385 Nr. 8.

a. Ausschluss des Krankengeldanspruches nach § 44 Abs. 1 Satz 2 SGB V

19 Bereits dem Grunde nach keinen Anspruch auf Krankengeld haben nach **§ 44 Abs. 1 Satz 2 SGB V** die nach **§ 5 Abs. 1 Nr. 5 SGB V** versicherten Mitglieder (Personen, die in Einrichtungen der Jugendhilfe für eine Erwerbstätigkeit befähigt werden sollen). Gleiches gilt für die nach **§ 5 Abs. 1 Nr. 6 SGB V** Versicherten (Teilnehmer an Leistungen zur Teilhabe am Arbeitsleben sowie Abklärung der beruflichen Eignung oder Arbeitserprobung, sofern diese Leistungen nicht nach dem Bundesversorgungsgesetz erbracht werden und sofern kein Anspruch auf Übergangsgeld besteht). Bei diesem Personenkreis ist jedoch jeweils zu prüfen, ob eine Versicherung als behinderter Mensch nach § 5 Abs. 1 Nr. 7 oder 8 SGB V gemäß § 5 Abs. 6 Satz 2 SGB V gegenüber einer Versicherung nach § 5 Abs. 1 Nr. 6 SGB V vorrangig ist. Ebenfalls kein Anspruch auf Krankengeld steht den nach **Nr. 9** (Studenten, vgl. die genaueren Vorgaben in § 5 Abs. 1 Nr. 9 SGB V) und **Nr. 10** (Personen, die eine berufspraktische Tätigkeit, Berufsausbildung oder Ausbildung des zweiten Bildungsweges verrichten unter Berücksichtigung der in § 5 Abs. 1 Nr. 10 SGB V genannten Vorgaben) Versicherten zu.

20 Den Fällen des § 44 Abs. 1 Satz 2 SGB V hat das BSG[9] den Fall gleichgestellt, in dem während der Freistellungsphase der Altersteilzeit ein Beschäftigungsverhältnis ohne Arbeitsleistung fortbesteht und aus diesem Grund der Anspruch auf Krankengeld ruht.

b. Ausschluss des Krankengeldanspruches freiwillig Versicherter (§ 44 Abs. 2 SGB V)

21 § 44 Abs. 2 SGB V enthält die Ermächtigungsgrundlage dafür, durch die Satzung für freiwillig Versicherte den Anspruch auf Krankengeld auszuschließen oder zu einem späteren Zeitpunkt entstehen zu lassen. Ist der Anspruch auf Krankengeld ganz ausgeschlossen, greift § 243 Abs. 1 SGB V ein.

c. Ausschluss des Krankengeldanspruches nach § 50 Abs. 1 Satz 1 SGB V

22 Gemäß **§ 50 Abs. 1 Satz 1 SGB V** endet der Anspruch auf Krankengeld vom Beginn folgender Leistungen an: Rente wegen voller Erwerbsminderung oder Vollrente wegen Alters aus der gesetzlichen Rentenversicherung (Nr. 1), Ruhegehalt nach beamtenrechtlichen Vorschriften (Nr. 2), Vorruhestandsgeld nach § 5 Abs. 3 SGB V (Nr. 3), Leistungen, die den Nr. 1 und 2 entsprechen, jedoch von einem ausländischen Rentenversicherungsträger oder einer ausländischen staatlichen Stelle (Nr. 4) oder nach den für das in Art. 3 des Einigungsvertrages[10] genannte Gebiet geltenden Bestimmungen (Nr. 5) gezahlt werden.

23 Ob bei den in § 50 Abs. 1 Satz 1 SGB V genannten Fällen wegen des Endes des Krankengeldanspruches der Beitrag gemäß § 243 Abs. 1 SGB V zu ermäßigen ist, ist streitig. Teilweise wird die Auffassung vertreten[11], der Wegfall der Leistung Krankengeld nach § 50 Abs. 1 Satz 1 SGB V sei weder Anspruchsausschluss noch Leistungsbeschränkung im Sinne des § 243 Abs. 1 SGB V. Vielmehr sei § 50 Abs. 1 Satz 1 SGB V nur anzuwenden, wenn die dort genannten Leistungen während des Bezugs von Krankengeld begännen. Nach anderer Ansicht[12] soll der ermäßigte Beitragssatz immer dann maßgebend sein, wenn das Mitglied zu einem in § 50 Abs. 1 Satz 1 SGB V genannten Personenkreis gehört.

24 **§ 50 Abs. 1 Satz 1 Nr. 1 SGB V** spricht von **Renten aus der gesetzlichen Rentenversicherung**. Welche Renten darunter grundsätzlich zu verstehen sind, bestimmt **§ 228 Abs. 1 SGB V**. Allerdings ist nach § 50 Abs. 1 Satz 1 Nr. 1 SGB V der Anspruch auf Krankengeld nur bei Renten wegen voller Erwerbsminderung nach § 43 Abs. 2 SGB VI oder bei Vollrenten wegen Alters gemäß § 42 Abs. 1 Alt. 1 SGB VI i.V.m. den §§ 35 ff. SGB VI ausgeschlossen. Renten wegen teilweiser Erwerbsminderung gemäß § 43 Abs. 1 SGB VI oder wegen teilweiser Erwerbsminderung bei Berufsunfähigkeit nach § 240 SGB VI sowie Teilrenten wegen Alters gemäß § 42 Abs. 1 Alt. 2 SGB VI i.V.m. den §§ 35 ff. SGB VI schließen den Anspruch auf Krankengeld nicht aus.

25 **Ruhegehälter** gemäß **§ 50 Abs. 1 Satz 1 Nr. 2 SGB V** sind nur die Bezüge an ehemalige Beamte, die wegen Erreichens der Altersgrenze oder aufgrund Dienstunfähigkeit geleistet werden. Die Gewährung anderer Leistungen wie Übergangsgeld oder Leistungen an Hinterbliebene sind für die Bestimmung des Beitragssatzes unerheblich. In vielen Fällen wird es bei dem Personenkreis des § 50 Abs. 1 Satz 1 Nr. 2 SGB V nicht zur Anwendung des ermäßigten Beitragssatzes kommen, da dieser ohnehin nach § 6 Abs. 3 SGB V häufig versicherungsfrei sein wird.

---

9 BSG v. 25.08.2004 - B 12 KR 22/02 R - SozR 4-2500 § 243 Nr. 1.

10 EVertr. vom 31.08.1990, BGBl I 1990, 889, 890.

11 *Krauskopf* in: Krauskopf, Soziale Krankenversicherung, Pflegeversicherung, Kommentar, Band 2, Stand Januar 2005, § 243 SGB V Rn. 9.

12 *Gerlach* in: *Hauck/Noftz*, § 243 Rn. 15 ff.

Zum Ausschluss des Krankengeldanspruches führt nach dem eindeutigen Wortlaut des **§ 50 Abs. 1 Satz 1 Nr. 3 SGB V** nur **Vorruhestandsgeld nach § 5 Abs. 3 SGB V**. Von § 50 Abs. 1 Satz 1 Nr. 3 SGB V sind mithin nur versicherungspflichtige Vorruhestandsgeldbezieher erfasst, die unmittelbar vor dem Bezug des Vorruhestandsgeldes versicherungspflichtig waren. Gleichzeitig muss das Vorruhestandsgeld mindestens in Höhe von 65 v.H. des Bruttoarbeitsentgelts im Sinne des § 3 Abs. 2 des Vorruhestandsgesetzes gezahlt werden, damit § 50 Abs. 1 Satz 1 Nr. 3 SGB V anwendbar ist. 26

Bei rückwirkender Gewährung einer der in § 50 Abs. 1 Satz 1 SGB V genannten Leistungen ist auch der Beitragssatz rückwirkend zu ermäßigen. Überzahlungen, die sich aus der Beitragszahlung nach dem noch nicht ermäßigten Beitragssatz ergeben haben, werden nach § 26 SGB IV erstattet. 27

Ist über den Beginn der in § 50 Abs. 1 Satz 1 SGB V genannten Leistungen hinaus Krankengeld gezahlt worden und übersteigt dieses den Betrag der Leistungen, kann der überschießende Betrag gemäß § 50 Abs. 1 Satz 2 SGB V nicht zurückgefordert werden. Auch in solchen Fällen gilt jedoch ab dem Zeitpunkt der Zubilligung der Leistung nach § 50 Abs. 1 Satz 1 SGB V der ermäßigte Beitragssatz. 28

d. Wegfall des Krankengeldanspruches gemäß § 51 SGB V

Gemäß § 51 Abs. 3 SGB V entfällt der Anspruch auf Krankengeld, wenn der Versicherte bei erheblicher Gefährdung oder Minderung der Erwerbsfähigkeit nicht innerhalb einer von der Krankenkasse gesetzten Frist den Antrag auf Leistungen zur medizinischen Rehabilitation oder zur Teilhabe am Arbeitsleben nach § 51 Abs. 1 Satz 1 SGB V stellt. Da der Anspruch auf Krankengeld mithin nicht nur ruht, sondern nach dem eindeutigen Wortlaut des § 51 Abs. 3 SGB V entfällt, ist der Beitragssatz gemäß § 243 Abs. 1 SGB V zu ermäßigen. 29

2. Beschränkung des Leistungsumfanges (Absatz 1 Alternative 2)

a. Freiwillig Versicherte (§ 44 Abs. 2 SGB V)

§ 44 Abs. 2 SGB V ermächtigt nicht nur dazu, einen Krankengeldanspruch freiwillig Versicherter ganz auszuschließen, sondern auch dazu, den Krankengeldanspruch erst zu einem späteren Zeitpunkt entstehen zu lassen. Es handelt sich dabei nicht um nur alternativ anwendbare Möglichkeiten, sondern um auch nebeneinander anwendbare Gestaltungsvarianten.[13] 30

Sieht die Satzung auf der Grundlage des § 44 Abs. 2 SGB V vor, dass der Anspruch auf Krankengeld erst zu einem späteren Zeitpunkt entsteht, ist der Beitragssatz nur zu ermäßigen, wenn der Krankengeldanspruch erst deutlich nach der siebten Woche der Arbeitsunfähigkeit beginnt.[14] Grund dafür ist, dass bei Mitgliedern, die den allgemeinen Beitragssatz zu zahlen haben, nach § 241 Satz 3 SGB V Voraussetzung ist, dass sie bei Arbeitsunfähigkeit für mindestens sechs Wochen Anspruch auf Entgeltfortzahlung im Krankheitsfall haben. Selbst ein länger als sechs Wochen bestehender Anspruch auf Entgeltfortzahlung führt nach dem klaren Wortlaut des § 241 Satz 3 SGB V nicht zu einer Beitragsermäßigung. Nur ein gegenüber den nach dem allgemeinen Beitragssatz versicherungspflichtigen Mitgliedern eingeschränkter Leistungsanspruch rechtfertigt jedoch die Ermäßigung des Beitragssatzes bei freiwilligen Mitgliedern. 31

b. Bedienstete der Krankenkassen mit Teilkostenerstattung (§ 14 SGB V)

§ 14 SGB V ermächtigt den Satzungsgeber, für Bedienstete von Krankenkassen nach Wahl des jeweiligen Mitglieds Teilkostenerstattung zuzulassen. Teilkostenerstattung ist eine andere Form der Leistungsgewährung und damit noch nicht von vornherein eine Leistungsbeschränkung. Der ermäßigte Beitragssatz nach § 243 Abs. 1 SGB V greift daher nur, wenn der finanzielle Wert der Teilkostenerstattung geringer ist als die sonst übliche Leistungsgewährung. 32

3. Entsprechende Ermäßigung des Beitragssatzes

§ 243 Abs. 1 SGB V enthält als Rechtsfolge die zwingende Regelung, den Beitragssatz zu ermäßigen. 33
Entsprechende Ermäßigung bedeutet, dass der Beitragssatz in Relation zu der jeweiligen Einschränkung des Leistungsumfanges herabzusetzen ist. Wegen des unterschiedlichen Umfanges solcher Einschränkungen sind unterschiedlich ermäßigte Beitragssätze erforderlich. Dass § 243 Abs. 1 SGB V nur

---

[13] *Gerlach* in: *Hauck/Noftz*, § 243 Rn. 25.

[14] BSG v. 29.02.1984 - 8 RK 13/82 - SozR 2200 § 385 Nr. 6; BSG v. 25.06.1991 - 1 RR 6/90 - SozR 3-2500 § 241 Nr. 1; *Krauskopf* in: Krauskopf, Soziale Krankenversicherung, Pflegeversicherung, Kommentar, Band 2, Stand Januar 2005, § 243 SGB V Rn. 9.

im Singular von der Ermäßigung des Beitragssatzes spricht, steht dem nicht entgegen.[15] Der Umfang der Ermäßigung wird errechnet, indem der durchschnittliche Aufwand für die der betreffenden Mitgliedsgruppe nicht zustehenden Leistungen ins Verhältnis zu dem aus dem allgemeinen Beitragssatz zu finanzierenden Durchschnittsaufwand je Mitglied gesetzt und der allgemeine Beitragssatz in entsprechendem Umfang reduziert wird.

4. Ausnahme von Absatz 1 (Absatz 2 Satz 1)

34 Für eine **Anwartschaftsversicherung** gemäß § 240 Abs. 4a SGB V gilt die in § 243 Abs. 1 SGB V geregelte Beitragsermäßigung nach § 243 Abs. 2 Satz 1 SGB V nicht. Unter einer Anwartschaftsversicherung ist eine Versicherung zu verstehen, die während des Ruhens von Leistungsansprüchen aufrechterhalten wird. Grund für den Ausschluss der Anwendbarkeit des § 243 Abs. 1 SGB V ist, dass § 240 Abs. 4a SGB V bereits die Beitragsbemessungsgrundlage reduziert, damit eine Versicherung mit günstigem Beitrag angeboten werden kann. Eine weitere Reduzierung des Beitragssatzes wegen desselben Sachverhaltes, nämlich des Ruhens der Leistungsansprüche, soll daneben nicht möglich sein.[16] Bereits vor Einfügung des § 240 Abs. 4a SGB V zum 12.08.1998 hielt es das BSG für unzulässig, wenn eine Krankenkasse durch Satzung während des Ruhens von Leistungsansprüchen bei einem Auslandsaufenthalt den Beitragssatz ermäßigte.[17] Ein krankenversicherungspflichtiger Rentner hat den vollen Beitrag auch zu entrichten, wenn er sich mehrere Monate im Ausland aufhält und während dieser Zeit der Anspruch auf Leistungen ruht.[18] Da die besonderen Gründe für eine Beitragsfreiheit oder -ermäßigung nach den §§ 224, 243 SGB V auf Versicherte bei Auslandsaufenthalten nicht in gleicher Weise zutreffen, wird der allgemeine Gleichheitssatz (Art. 3 Abs. 1 GG) nicht verletzt, wenn § 243 Abs. 1 SGB V nicht entsprechend angewendet wird. Das Bestehenbleiben der Beitragspflicht verstößt auch nicht gegen die Eigentumsgarantie des Art. 14 Abs. 1 GG und verletzt darüber hinaus nicht wegen einer Beeinträchtigung der wirtschaftlichen Handlungsfreiheit das Grundrecht aus Art. 2 Abs. 1 GG. Hintergrund dafür ist, dass es mit dem Solidaritätsprinzip nicht zu vereinbaren wäre, wenn sich Versicherte in gesunden Tagen ins vertragslose Ausland begeben und eine Beitragsfreiheit oder Beitragsermäßigung erhalten, bei Krankheit oder im fortgeschrittenen Alter jedoch ins Inland zurückkehren und dann die Versichertengemeinschaft dauerhaft auf Leistungen in Anspruch nehmen.

5. Keine Differenzierung (Absatz 2 Satz 2)

35 § 243 Abs. 2 Satz 2 SGB V ist lediglich eine klarstellende Regelung. Wie sich bereits aus dem Grundsatz der solidarischen Finanzierung der Gesetzlichen Krankenversicherung gemäß § 241 Satz 1 SGB V ergibt, darf die Beitragsbemessung nicht nach dem individuellen Risiko erfolgen. Zu einer solchen individuellen Beitragsbemessung nach jeweiligem Versicherungsrisiko würde auch die Abstufung nach Familienstand und Zahl der nach § 10 SGB V Familienversicherten gehören. Dies schließt § 243 Abs. 2 Satz 2 SGB V noch einmal ausdrücklich aus. Da sich dieser Grundsatz jedoch bereits aus § 241 Satz 1 SGB V ergibt, gilt das Abstufungsverbot nicht nur im Rahmen des § 243 SGB V, sondern auch für den allgemeinen Beitragssatz (§ 241 SGB V) und den erhöhten Beitragssatz (§ 242 SGB V). Aus § 243 Abs. 2 Satz 2 SGB V kann darüber hinaus nicht der Rückschluss gezogen werden, nur eine Abstufung nach den dort genannten Kriterien sei unzulässig. Vielmehr sind auch Abstufungen nach anderen individuellen Risiken nicht möglich.[19]

6. Festsetzung des ermäßigten Beitragssatzes

36 Die ermäßigten Beitragssätze werden durch Satzung in Hundertsteln bestimmt (§§ 194 Abs. 1 Nr. 4, 241 Satz 2 SGB V). Die Festsetzung erfolgt durch den Verwaltungsrat (§ 197 Abs. 1 Nr. 1 SGB V); erforderlich ist darüber hinaus eine Genehmigung der Aufsichtsbehörde (§ 195 Abs. 1 SGB V).

37 Die Personenkreise, für den die ermäßigten Beitragssätze gelten, müssen in der Satzung wegen des **Grundsatzes der Normenklarheit** eindeutig bestimmt sein.[20]

[15] *Krauskopf* in: Krauskopf, Soziale Krankenversicherung, Pflegeversicherung, Kommentar, Band 2, Stand Januar 2005, § 243 SGB V Rn. 9.

[16] Vgl. dazu BT-Drs. 13/11021.

[17] BSG v. 23.03.1993 - 12 RK 6/92 - SozR 3-2500 § 243 Nr. 2.

[18] BSG v. 23.06.1994 - 12 RK 25/94 - SozR 3-2500 § 243 Nr. 3, Fortführung von BSG v. 23.03.1993 - 12 RK 6/92 - SozR 3-2500 § 243 Nr. 2.

[19] BSG v. 29.02.1984 - 8 RK 13/82 - SozR 2200 § 385 Nr. 6.

[20] BSG v. 08.12.1988 - 1 RR 3/88 - SozR 2200 § 324 Nr. 2.

II. Normzweck

Mitglieder, die aufgrund gesetzlicher Vorschriften oder Regelungen in der Satzung der Krankenkasse nur einen eingeschränkten Leistungsanspruch haben, sollen nur einen gegenüber dem allgemeinen Beitragssatz ermäßigten Satz zahlen, um auf diese Weise nicht Leistungen mitfinanzieren zu müssen, auf die sie selbst keinen Anspruch haben. Hierin ist kein Widerspruch zu dem Prinzip der solidarischen Finanzierung der Gesetzlichen Krankenversicherung zu sehen, weil dieses auf der Vorstellung beruht, dass allen Mitgliedern der gleiche Leistungskatalog zur Verfügung steht. 38

Die Festsetzung eines vom allgemeinen Beitragssatz abweichenden Satzes darf jedoch nur auf der Grundlage einer gesetzlichen Ermächtigung erfolgen. Differenzierungen der Beitragshöhe aufgrund des individuellen Versicherungsrisikos sind unzulässig.[21] § 243 Abs. 2 Satz 2 SGB V verbietet ausdrücklich Beitragsabstufungen nach dem Familienstand oder nach der Zahl der Angehörigen, für die eine Familienversicherung (§ 10 SGB V) besteht. 39

Für eine Anwartschaftsversicherung gemäß § 240 Abs. 4a SGB V gilt die in § 243 Abs. 1 SGB V geregelte Beitragsermäßigung nach § 243 Abs. 2 Satz 1 SGB V allerdings nicht. Grund dafür ist, dass § 240 Abs. 4a SGB V bereits die Beitragsbemessungsgrundlage reduziert, damit eine Anwartschaftsversicherung günstig angeboten werden kann; eine weitere Reduzierung des Beitragssatzes ebenfalls wegen des Ruhens der Leistungsansprüche soll daneben nicht möglich sein. 40

C. Reformbestrebungen

Am 02.02.2007 nahm der Deutsche Bundestag aufgrund der Beschlussempfehlung und des Berichts des Gesundheitsausschusses[22] den von den Fraktionen CDU/CSU und SPD eingebrachten Entwurf eines Gesetzes zur Stärkung des Wettbewerbs in der gesetzlichen Krankenversicherung vom 24.10.2006[23] an[24]. Neben dem Entwurf der Fraktionen von CDU/CSU und SPD hatte auch ein Gesetzesentwurf der Bundesregierung vom 20.12.2006 vorgelegen.[25] Gegenüber dem Entwurf der Fraktionen von CDU/CSU und SPD ergaben sich aus dem Entwurf der Bundesregierung bezüglich § 243 SGB V keine Änderungen. Des Weiteren sahen auch die Beschlussempfehlung und der Bericht des Gesundheitsausschusses[26] keine Änderungen gegenüber dem Entwurf der Fraktionen von CDU/CSU und SPD vor. 41

Artikel 46 des GKV-WSG regelt das In-Kraft-Treten des GKV-Wettbewerbsstärkungsgesetzes. Gemäß Art. 46 Abs. 1 GKV-WSG tritt das Gesetz zum 01.04.2007 in Kraft, soweit in Art. 46 Abs. 2-10 GKV-WSG nichts Abweichendes geregelt ist. 42

Aus Art. 46 Abs. 8 GKV-WSG ergibt sich, dass die in Art. 1 Nr. 162 GKV-WSG geregelte Änderung des § 243 SGB V mit Wirkung zum 01.01.2008 in Kraft treten wird. 43

§ 243 werden gemäß Art. 1 Nr. 162 GKV-WSG ab diesem Zeitpunkt folgende Absätze 3 und 4 angefügt werden: 44

„(3) Die Bundesregierung legt den ermäßigten Beitragssatz durch Rechtsverordnung ohne Zustimmung des Bundesrates erstmalig zum 1. November 2008 mit Wirkung ab dem 1. Januar 2009 in Hundertsteln der beitragspflichtigen Einnahmen fest. Bei der Berechnung ist der voraussichtliche Anteil der Ausgaben für Krankengeld an den Gesamtausgaben der gesetzlichen Krankenversicherung zugrunde zu legen.
(4) § 241 Abs. 3 und 4 gilt entsprechend."

Hinsichtlich der in § 243 SGB V vorgesehenen Änderungen ergibt sich aus dem GKV-WSG keine Änderung gegenüber dem Gesetzesentwurf der CDU/CSU und SPD. Der Gesetzesentwurf der Bundesregierung[27] hatte hingegen vorgesehen, gegenüber dem Entwurf der CDU/CSU und SPD in § 243 Abs. 3 Satz 1 SGB V das Wort „ohne" durch das Wort „mit" zu ersetzen. Anstatt wie nun in dem beschlossenen Gesetz vorgesehen, sollte der ermäßigte Beitragssatz für alle Krankenkassen durch Rechtsverordnung der Bundesregierung, also **mit Zustimmung des Bundesrates,** festgelegt werden. Zur Begrün- 45

[21] BSG v. 29.02.1984 - 8 RK 13/82 - SozR 2200 § 385 Nr. 6.
[22] BT-Drs. 16/4200, 16/4247.
[23] GKV-Wettbewerbsstärkungsgesetz – GKV-WSG, BT-Drs. 16/3100.
[24] BR-Drs. 75/07.
[25] BT-Drs. 16/3950.
[26] BT-Drs. 16/4200, 16/4247.
[27] BT-Drs. 16/3950.

dung führt der Entwurf aus, das Zustimmungserfordernis liege vor, da die einheitlich festgelegten Beitragssätze auch für die landesunmittelbaren Krankenkassen Gültigkeit hätten, welche der Rechtsaufsicht der Länder unterlägen. Diese Auffassung setzte sich mit dem nun beschlossenen Gesetz jedoch nicht durch.

46 Zur Begründung der vorgesehenen Änderungen des § 243 SGB V führt der Entwurf der Fraktionen von CDU/CSU und SPD aus[28]:
„Neben dem allgemeinen Beitragssatz legt die Bundesregierung auch den für Mitglieder ohne Anspruch auf Krankengeld geltenden ermäßigten Beitragssatz durch Rechtsverordnung ohne Zustimmung des Bundesrates (erstmalig) mit Wirkung zum 1. Januar 2009 fest. Die Beitragsermäßigung spiegelt den voraussichtlichen Anteil der Krankengeldausgaben an den Gesamtausgaben der gesetzlichen Krankenversicherung wider."

[28] BT-Drs. 16/3100 zu Nr. 162, S. 165.

§ 244 SGB V Ermäßigter Beitrag für Wehrdienstleistende und Zivildienstleistende

(Fassung vom 31.10.2006, gültig ab 08.11.2006)

(1) Bei Einberufung zu einem Wehrdienst wird der Beitrag für

1. Wehrdienstleistende nach § 193 Abs. 1 auf ein Drittel,

2. Wehrdienstleistende nach § 193 Abs. 2 auf ein Zehntel

des Beitrags ermäßigt, der vor der Einberufung zuletzt zu entrichten war. Dies gilt nicht für aus Renten der gesetzlichen Rentenversicherung, Versorgungsbezügen und Arbeitseinkommen zu bemessende Beiträge.

(2) Das Bundesministerium für Gesundheit kann im Einvernehmen mit dem Bundesministerium der Verteidigung und dem Bundesministerium der Finanzen durch Rechtsverordnung mit Zustimmung des Bundesrates für die Beitragszahlung nach Absatz 1 Satz 1 Nr. 2 eine pauschale Beitragsberechnung vorschreiben und die Zahlungsweise regeln.

(3) Die Absätze 1 und 2 gelten für Zivildienstleistende entsprechend. Bei einer Rechtsverordnung nach Absatz 2 tritt an die Stelle des Bundesministeriums der Verteidigung das Bundesministerium für Familie, Senioren, Frauen und Jugend.

Gliederung

A. Basisinformationen

I. Textgeschichte/Gesetzgebungsmaterialien

§ 244 SGB V wurde durch Art. 1 des Gesundheitsreformgesetzes (GRG)[1] mit Wirkung vom 01.01.1989 eingeführt. Die Vorschrift entspricht § 253 des Regierungsentwurfs. Dessen Begründung ist zu entnehmen,[2] dass eine Änderung im Vergleich zu der Vorgängervorschrift der RVO nicht beabsichtigt war. 1

In den Absätzen 2 und 3 erfolgten wegen wechselnder Ministeriumszuständigkeiten und Umbenennungen von Ministerien Anpassungen. In Absatz 2 war in der Fassung vom 20.12.1988[3] (gültig vom 01.01.1989 bis 31.12.1991) der Bundesminister für Arbeit und Sozialordnung, der Bundesminister für Verteidigung und der Bundesminister der Finanzen genannt, in Absatz 3 der Bundesminister für Jugend, Familie, Frauen und Gesundheit. In der von 01.01.1992 bis 12.03.1992 geltenden Fassung vom 20.12.1991[4] war in Absatz 2 anstelle des Bundesministers für Arbeit und Sozialordnung nunmehr der Bundesminister für Gesundheit und in Absatz 3 anstelle des Bundesministers für Jugend, Familie, Frauen und Gesundheit der Bundesminister für Frauen und Jugend genannt. Die Fassung vom 21.09.1997[5] (gültig vom 14.10.1997 bis 27.11.2003) nannte in den Absätzen 2 und 3 nicht mehr den 2

[1] GRG vom 20.12.1988, BGBl I 1988, 2477.
[2] RegE-GRG, S. 226.
[3] Art. 1 des Gesetzes vom 20.12.1988, BGBl I 1988, 2477.
[4] Art. 1 Nr. 39 lit. A des V-ÄndG vom 20.12.1991, BGBl I 1991, 2325.
[5] Art. 39 der 6. ZuständigkeitsanpassungsVO vom 21.09.1997, BGBl I 1997, 2390.

Bundesminister, sondern das jeweilige Bundesministerium; inhaltliche Änderungen ergaben sich daraus nicht. In Absatz 3 wurde zudem der Bundesminister für Frauen und Jugend durch das Bundesministerium für Familie, Senioren, Frauen und Jugend ersetzt. Die Fassung vom 25.11.2003[6] (gültig vom 28.11.2003 bis 29.04.2005) und die aktuelle Fassung vom 22.4.2005[7] nennen in Absatz 2 nunmehr das Bundesministerium für Gesundheit und Soziale Sicherung.

II. Vorgängervorschrift

3 Vorgängervorschrift des § 244 SGB V in der RVO war § 209a. § 209a RVO enthielt sowohl Regelungen über die Mitgliedschaft als auch über Beiträge und Meldungen von Wehr- und Zivildienstleistenden. § 244 SGB V übernimmt die Regelungen der RVO hinsichtlich der Beiträge weitgehend. Die Terminologie ist in § 244 SGB V im Vergleich zu § 209a RVO insoweit geändert, als nicht mehr von einer bestehenden Versicherung, sondern von der Mitgliedschaft gesprochen wird. Grund dafür ist, dass nach § 10 SGB V auch eine Familienversicherung Versicherung im Sinne des SGB V ist. Die Vorschriften über Mitgliedschaft und Meldepflicht sind nunmehr in § 193 SGB V und § 204 SGB V enthalten.

4 § 209a Abs. 1 Satz 4, Abs. 2 Satz 4 RVO regelte, dass die Beitragsermäßigung nicht für aus der Rentenversicherung zu bemessende Beiträge galt. § 244 SGB V nennt darüber hinaus auch Versorgungsbezüge und Arbeitseinkommen; für daraus zu bemessende Beiträge erfolgt ebenfalls keine Ermäßigung.

5 Eine § 244 Abs. 2 SGB V entsprechende Verordnungsermächtigung war in § 209a Abs. 4 RVO enthalten.

III. Systematische Zusammenhänge

6 Nach seinem Wortlaut gilt § 244 Abs. 1 SGB V unmittelbar für **Wehrpflichtige** während eines Wehrdienstes gemäß **§§ 4 ff. des Wehrpflichtgesetzes.** Die Vorschrift ist ebenfalls auf nicht wehrpflichtige frühere Berufssoldaten anwendbar, die nach den **§§ 51a, 54 Abs. 4 Soldatengesetz** zu Dienstleistungen herangezogen werden.

7 Als dem Wehrdienst **gleichgestellte Dienste** gelten der **Dienst beim Bundesgrenzschutz (§ 42a Wehrpflichtgesetz)** und der **Dienst von Zivilschutzkorpspflichtigen (§ 43 Abs. 1 des Gesetzes über das Zivilschutzkorps)**; die Aufstellung des Zivilkorps ist jedoch gemäß Art. 18 Nr. 4 des Haushaltssicherungsgesetzes[8] bis auf weiteres ausgesetzt.

8 Nach Absatz 3 gelten die Regelungen der Absätze 1 und 2 für **Zivildienstleistende** nach dem **Zivildienstgesetz (ZDG)** entsprechend.

9 § 244 Abs. 1 und 2 SGB V sind daneben auf **nicht wehrpflichtige, frühere Berufssoldaten und Soldaten auf Zeit bei Dienstleistungen oder Übungen gemäß §§ 51a, 54 Abs. 5 Soldatengesetz** anzuwenden.

10 Eine sinngemäße Anwendung erfolgt für **Grenzschutzdienstpflichtige** (§§ 49 ff. Bundesgrenzschutzgesetz).

11 Voraussetzung der Anwendbarkeit des § 244 SGB V ist, dass die **Mitgliedschaft nach § 193 SGB V** fortbesteht. § 244 SGB V differenziert zwischen Wehrdienstleistenden nach § 193 Abs. 1 SGB V und nach § 193 Abs. 2 SGB V. Wehrdienstleistenden nach § 193 Abs. 1 SGB V wird gemäß **§ 1 Abs. 2 Arbeitsplatzschutzgesetz** Entgelt während einer Wehrübung weitergewährt, während § 193 Abs. 2 SGB V nicht von § 1 Abs. 2 Arbeitsplatzschutzgesetz erfasste Personen betrifft.

12 **Hintergrund** für die Beitragsermäßigung des § 244 SGB V ist, dass der **Anspruch auf Leistungen gemäß § 16 Abs. 1 Nr. 2 SGB V ruht**, solange der Versicherte Dienst auf Grund einer gesetzlichen Dienstpflicht leistet oder Dienstleistungen und Übungen nach dem Vierten Abschnitt des Soldatengesetzes erbringt bzw. absolviert.

13 Gemäß § 244 Abs. 1 Satz 2 SGB V gilt die Ermäßigung nach Absatz 1 Satz 1 nicht für aus Renten aus der gesetzlichen Rentenversicherung, Versorgungsbezügen und Arbeitseinkommen zu bemessende Beiträge. Welche Renten im SGB V als beitragspflichtige Einnahmen gelten, regelt **§ 228 SGB V.**

---

[6] Art. 204 Nr. 1 der 8. ZuständigkeitsanpassungsVO 25.11.2003, BGBl I 2003, 2304.

[7] Art. 20 Nr. 4 des Streitkräftereserve-Neuordnungsgesetzes vom. 22.04.2005, BGBl I 2005, 1106.

[8] HaushaltssicherungsG v. 20.12.1965, BGBl I 1965, 2065.

§ 229 SGB V bestimmt, welche Einnahmen als Versorgungsbezüge anzusehen sind. Mit Arbeitseinkommen gemäß § 244 Abs. 1 Satz 2 SGB V ist Arbeitseinkommen im Sinne des **§ 15 Abs. 4 SGB IV** gemeint.

Gemäß **§ 43 Abs. 1 des Zweiten Gesetzes über die Krankenversicherung der Landwirte** gilt § 244 SGB V für die Beitragsberechnung bei Wehr- und Zivildienstleistenden, die in der Krankenversicherung der Landwirte versichert sind, entsprechend. 14

IV. Ausgewählte Literaturhinweise

Schmidt, Versicherung sonstiger Personen, SVFAng Nr. 114, 39-52 (1999); *Schneider,* Versicherungsrechtliche Stellung der Wehr- und Zivildienstleistenden, ZfS 1989, 307. 15

B. Auslegung der Norm

I. Regelungsgehalt und Bedeutung der Norm

1. Beitragsermäßigung bei Wehrdienst (Absatz 1 Satz 1)

a. Allgemeines

§ 244 SGB V gilt unmittelbar für **Wehrpflichtige** während der Dauer ihres Wehrdienstes gemäß §§ 4 ff. Wehrpflichtgesetz. Wehrdienst nach diesen Vorschriften sind der Grundwehrdienst, die Wehrübungen, die besondere Auslandsverwendung, der freiwillige zusätzliche Wehrdienst im Anschluss an den Grundwehrdienst, die Hilfeleistung im Innern, der unbefristete Wehrdienst im Spannungs- und Verteidigungsfall. 16

Dem Wehrdienst **gleichgestellte Dienste** sind der **Dienst beim Bundesgrenzschutz (§§ 49 ff. Bundesgrenzschutzgesetz)** und der **Dienst von Zivilschutzkorpspflichtigen (§ 43 Abs. 1 des Gesetzes über das Zivilschutzkorps)**; die Aufstellung des Zivilkorps ist jedoch gemäß Art. 18 Nr. 4 des Haushaltssicherungsgesetzes[9] bis auf weiteres ausgesetzt. 17

§ 244 SGB V ist ebenfalls auf **nicht wehrpflichtige frühere Berufssoldaten und Soldaten auf Zeit während Dienstleistungen oder Übungen gemäß §§ 51a, 54 Soldatengesetz** anwendbar, im Übrigen gilt die Vorschrift jedoch für Berufs- und Zeitsoldaten nicht. 18

Voraussetzung ist jeweils, dass der Wehrdienst oder der gleichgestellte Dienst für **länger als drei Tage** ausgeübt wird. Sofern bereits ab Beginn des Dienstes feststeht, dass dieser länger als drei Tage dauern wird, werden die Beiträge von Beginn des Dienstes an ermäßigt. Dauert der Dienst dagegen höchstens drei Tage, ist § 244 SGB V nicht anwendbar, vielmehr sind die §§ 241-243 SGB V maßgebend. Hintergrund der Voraussetzung der länger als dreitägigen Dauer ist die Regelung des **§ 11 Abs. 1 Satz 1 Arbeitsplatzschutzgesetz**. Diese Vorschrift bestimmt, dass Arbeitnehmer bei Teilnahme an einer Wehrübung von längstens drei Tagen Dauer von der Arbeitsleistung freizustellen sind und Arbeitsentgelt während der Dauer der Wehrübung weiterzugewähren ist. Da lediglich die Freistellung von der Arbeitsleistung erfolgt, besteht das Beschäftigungsverhältnis fort, so dass Beitragspflicht nach den §§ 241-243 SGB V besteht. 19

Weitere Voraussetzung für die Anwendbarkeit des § 244 SGB V ist, dass die Mitgliedschaft der genannten Personengruppen in der Gesetzlichen Krankenversicherung gemäß **§ 193 SGB V** fortbesteht. Ein solches **Fortbestehen der Mitgliedschaft** kommt nur in Betracht, wenn vor Beginn der von § 244 SGB V erfassten Dienste eine Mitgliedschaft in der Gesetzlichen Krankenversicherung bestand. 20

§ 244 Abs. 1 Satz 1 Nr. 1 SGB V erfasst pflichtversicherte Mitglieder, Absatz 1 Satz 1 Nr. 2 freiwillige Mitglieder. 21

Für **Eignungsübende** nach dem Eignungsübungsgesetz gilt § 244 SGB V nicht. Nach § 8 Abs. 1 Satz 1 des Eignungsübungsgesetzes bleibt eine Pflicht- oder freiwillige Versicherung während der Dauer der Eignungsübung bestehen, der Leistungsanspruch ruht gemäß § 8 Abs. 1 Satz 2 Eignungsübungsgesetz jedoch. Nach § 8 Abs. 4 Satz 1 Eignungsübungsgesetz beträgt der Beitrag ein Zehntel des vor der Eignungsübung zuletzt entrichteten Beitrages; diesen Beitrag zahlt der Bund (§ 8 Abs. 4 Satz 1 Eignungsübungsgesetz). Während der Eignungsübung stattfindende Veränderungen des Beitragssatzes und der Jahresentgeltgrenze werden nach § 8 Abs. 4 Satz 2 Eignungsübungsgesetz berücksichtigt. 22

[9] HaushaltssicherungsG v. 20.12.1965, BGBl I 1965, 2065.

b. Arbeitnehmer im öffentlichen Dienst (Absatz 1 Satz 1 Nr. 1)

23 Absatz 1 Satz 1 Nr. 1 nimmt Bezug auf § 193 Abs. 1 SGB V, der versicherungspflichtig Beschäftigte betrifft, denen nach § 1 Abs. 2 Satz 1 Arbeitsplatzschutzgesetz Arbeitsentgelt weitergewährt wird. § 1 Abs. 2 Satz 1 Arbeitsplatzschutzgesetz bestimmt, dass Arbeitnehmern im öffentlichen Dienst während der Dauer der Wehrübung Arbeitsentgelt wie während eines Erholungsurlaubes zu zahlen ist. § 16 Arbeitsplatzschutzgesetz regelt die Anwendbarkeit des Arbeitsplatzschutzgesetzes für den unbefristeten Wehrdienst im Verteidigungsfall, den sich an den Grundwehrdienst anschließenden freiwilligen zusätzlichen Wehrdienst, den freiwilligen Wehrdienst in besonderer Auslandsverwendung, für Arbeits- und Dienstverhältnisse von Personen, die zu Dienstleistungen nach dem Vierten Abschnitt des Soldatengesetzes herangezogen werden, und im Falle der Hilfeleistung im Innern.

24 Für den in § 244 Abs. 1 Satz 1 Nr. 1 SGB V genannten Personenkreis wird der Beitrag auf ein Drittel ermäßigt. Maßgebend ist nach dem eindeutigen Wortlaut des § 244 Abs. 1 Satz 1 SGB V der Beitragssatz, der vor dem Antritt der Wehrübung zuletzt anzuwenden war. Änderungen des Beitragssatzes während der Dauer der Wehrübung werden nicht berücksichtigt.

25 Hinsichtlich der Tragung der Beiträge bleibt es bei den allgemeinen Regelungen. Der Versicherte und dessen Arbeitgeber tragen die Beiträge also gemäß § 249 SGB V je zur Hälfte. Der Arbeitgeber leistet den Beitrag gemäß § 253 SGB V aus dem Arbeitsentgelt.

c. Versicherte gemäß Absatz 1 Satz 1 Nr. 2

26 Von § 244 Abs. 1 Satz 1 Nr. 2 SGB V werden die im öffentlichen Dienst pflichtversicherten Beschäftigten erfasst, denen die Bezüge bei einem mehr als drei Tage dauernden Wehrdienst nach den Regelungen des Arbeitsplatzschutzgesetzes nicht weitergewährt werden. § 244 Abs. 1 Satz 1 Nr. 2 SGB V gilt darüber hinaus für die nicht im öffentlichen Dienst beschäftigten Pflichtversicherten bei mehr als drei Tagen Wehrdienst und für die freiwillig Versicherten.

27 Bei diesen Versicherten wird der Beitrag auf ein Zehntel des vor der Aufnahme des Dienstes maßgebenden Beitrages gesenkt.

2. Ausnahme für Renten, Versorgungsbezüge, Arbeitseinkommen

28 § 244 Abs. 1 Satz 2 SGB V bestimmt, dass die Vorschrift des § 244 Abs. 1 Satz 1 SGB V nicht für während der in § 244 Abs. 1 Satz 1 SGB V genannten Zeiten aus Renten der gesetzlichen Rentenversicherung, aus Versorgungsbezügen und aus Arbeitseinkommen zu bemessende Beiträge gilt. Welche Renten im SGB V als beitragspflichtige Einnahmen gelten, regelt **§ 228 SGB V**. **§ 229 SGB V** bestimmt, welche Einnahmen als Versorgungsbezüge gelten. Mit Arbeitseinkommen gemäß § 244 Abs. 1 Satz 2 SGB V ist Arbeitseinkommen im Sinne des **§ 15 Abs. 4 SGB IV** gemeint.

29 § 244 Abs. 1 Satz 2 SGB V betrifft vor allem Pflichtversicherte, die aus den genannten Einnahmen Beiträge nach den §§ 247, 248 SGB V zu entrichten haben, und freiwillig Versicherte, bei denen die Beitragsbemessung nach § 240 SGB V vorzunehmen ist.

30 Für die Beitragstragung und -zahlung gelten auch hier die allgemeinen Vorschriften.

3. Zivildienstleistende

31 Nach Absatz 3 gelten die Regelungen der Absätze 1 und 2 für **Zivildienstleistende** nach dem **Zivildienstgesetz (ZDG)** entsprechend.

4. Einmalig gezahltes Arbeitsentgelt

32 Wird Wehr- oder Zivildienstleistenden einmalig gezahltes Arbeitsentgelt gewährt, so handelt es sich dabei um einmalig gezahltes Arbeitsentgelt, das während des Ruhens des Beschäftigungsverhältnisses gezahlt wird. Dafür bestimmt **§ 23a Abs. 2 SGB IV**, dass diese Zahlung dem letzten Entgeltabrechnungszeitraum des laufenden Kalenderjahres zuzuordnen ist. Ob dieser Entgeltabrechnungszeitraum mit Arbeitsentgelt belegt ist, ist dabei unerheblich.

5. Verordnungsermächtigung (Absätze 2 und 3)

33 § 244 Abs. 2 SGB V ermächtigt das Bundesministerium für Gesundheit und Soziale Sicherung, im Einvernehmen mit dem Bundesministerium der Verteidigung und dem Bundesministerium der Finanzen durch Rechtsverordnung mit Zustimmung des Bundesrates für die Beitragszahlung nach § 244 Abs. 1 Satz 1 Nr. 2 SGB V eine pauschale Beitragsberechnung vorzuschreiben und die Zahlungsweise zu regeln.

Für die Beitragsberechnung bei Zivildienstleistenden ergibt sich eine entsprechende Verordnungsermächtigung aus § 244 Abs. 3 Satz 2 SGB V, wobei an die Stelle des Bundesministeriums der Verteidigung das Bundesministerium für Familie, Senioren, Frauen und Jugend tritt. 34

Von der Verordnungsermächtigung hat der Verordnungsgeber zuletzt mit der **Verordnung über die pauschale Berechnung und die Zahlung der Beiträge zur gesetzlichen Krankenversicherung und zur sozialen Pflegeversicherung für die Dauer einer fortbestehenden Mitgliedschaft bei Wehrdienst, Zivildienst oder Grenzschutzdienst (KV/PV-Pauschalbeitragsverordnung)** in der Fassung vom 03.03.1998[10], zuletzt geändert durch das Gesetz zur Umbenennung des Bundesgrenzschutzes in Bundespolizei vom 21.06.2005[11], Gebrauch gemacht. 35

II. Normzweck

Grund für die Ermäßigung der Beiträge für den in § 244 SGB V genannten Personenkreis ist, dass zwar dessen Mitgliedschaft gemäß § 193 SGB V erhalten bleibt, die Ansprüche auf Leistungen jedoch nach § 16 Abs. 1 Nr. 2 SGB V ruhen. Lediglich die Ansprüche nach § 10 SGB V familienversicherter Angehöriger sind von der Ruhenswirkung des § 16 Abs. 1 Nr. 2 SGB V nicht erfasst. Allerdings sind nur in wenigen Fällen familienversicherte Mitglieder vorhanden, da die von § 244 SGB V hauptsächlich erfassten Wehr- und Zivildienstleistenden aufgrund ihres meist noch jungen Lebensalters häufig keine mitversicherten Angehörigen haben. Somit fallen **für den in § 244 SGB V genannten Personenkreis nur geringe Leistungsaufwendungen der Krankenkassen** an. Daher hielt es der Gesetzgeber für sachgerecht, die Beiträge zu ermäßigen. 36

[10] BGBl I 1998, 392.

[11] Gesetz zur Umbenennung des Bundesgrenzschutzes in Bundespolizei vom 21.06.2005, BGBl I 2005, 1818.

§ 245 SGB V Beitragssatz für Studenten und Praktikanten

(Fassung vom 31.10.2006, gültig ab 08.11.2006, gültig bis 31.12.2008)

(1) Für die nach § 5 Abs. 1 Nr. 9 und 10 Versicherungspflichtigen gelten als Beitragssatz sieben Zehntel des durchschnittlichen allgemeinen Beitragssatzes der Krankenkassen, den das Bundesministerium für Gesundheit jeweils zum 1. Januar feststellt, sowie der zusätzliche Beitragssatz. Der Beitragssatz ist auf eine Stelle nach dem Komma zu runden. Er gilt für Studenten vom Beginn des auf die Feststellung folgenden Wintersemesters, im übrigen jeweils vom 1. Oktober an.

(2) Der Beitragssatz nach Absatz 1 gilt auch für Personen, deren Mitgliedschaft in der studentischen Krankenversicherung nach § 190 Abs. 9 endet und die sich freiwillig weiterversichert haben, bis zu der das Studium abschließenden Prüfung, jedoch längstens für die Dauer von sechs Monaten.

Gliederung

A. Basisinformationen

I. Textgeschichte/Gesetzgebungsmaterialien

1 § 245 SGB V wurde durch Art. 1 des Gesundheitsreformgesetzes (GRG)[1] mit Wirkung vom 01.01.1989 eingeführt. Die Vorschrift entspricht im Wesentlichen § 254 des Regierungsentwurfs. Dessen Begründung ist zu entnehmen,[2] dass eine wesentliche inhaltliche Änderung im Vergleich zu der Vorgängervorschrift der RVO nicht beabsichtigt war.

2 Mit Art. Nr. 40 des Zweiten Gesetzes zur Änderung des SGB V vom 20.12.1991[3] passte der Gesetzgeber § 245 Abs. 1 Satz 1 SGB V mit Wirkung vom 01.01.1992 an die geänderte Ressortzuständigkeit an; an die Stelle des Bundesministers für Arbeit und Sozialordnung trat der Bundesminister für Gesundheit (Fassung gültig vom 01.01.1992 bis 06.11.2001).

3 Die ab 07.11.2001 bis 27.11.2003 geltende Fassung vom 29.10.2001[4] führte die sächliche Bezeichnung des Ministeriums ein; statt „Bundesminister für Gesundheit" hieß es seither „Bundesministerium für Gesundheit". Inhaltliche Änderungen ergaben sich daraus nicht.

4 Die Fassung vom 25.11.2003[5] (gültig vom 28.11.2003 bis 30.06.2005) nahm eine weitere Anpassung an die Umbenennung des Bundesministeriums für Gesundheit in Bundesministerium für Gesundheit und Soziale Sicherung vor.

5 Zuletzt wurde § 245 Abs. 1 Satz 1 SGB V durch das Gesetz zur Anpassung der Finanzierung von Zahnersatz vom 15.12.2004 mit Wirkung vom 01.07.2005 geändert[6]. Als Beitragssatz für den in § 245 Abs. 1 Satz 1 SGB V genannten Personenkreis gilt neben sieben Zehnteln des allgemeinen Beitragssatzes nunmehr auch der zusätzliche Beitragssatz gemäß § 241a SGB V.

---

1 GRG vom 20.12.1988, BGBl I 1988, 2477.
2 RegE-GRG, S. 226.
3 BGBl I 1991, 2325.
4 BGBl I 2001, 2785.
5 BGBl I 2003, 2304.
6 BGBl I 2004, 3445.

II. Vorgängervorschriften

Vorgängervorschrift des § 245 SGB V in der RVO war § 381a in der Fassung von Art. 9 Nr. 1 des 2. Haushaltsstrukturgesetzes vom 22.12.1981 (in Kraft für Studenten ab 01.02.1981, für Praktikanten und Examenskandidaten ab 01.04.1982).[7] 6

§ 245 SGB V gilt wie § 381a RVO für alle Krankenkassen. Wegen der geänderten Terminologie des SGB V gegenüber der RVO war es mithin nicht mehr nötig, neben den Kranken- auch die Ersatzkassen ausdrücklich zu nennen. 7

§ 245 SGB V übernahm den bereits in der genannten Fassung des § 381a RVO geregelten Beitragssatz von sieben Zehnteln des durchschnittlichen allgemeinen Beitragssatzes. 8

§ 245 SGB V umfasst denselben Personenkreis wie § 381a RVO. § 245 Abs. 2 SGB V, letzter Halbsatz enthält jedoch im Gegensatz zu § 381a RVO die Begrenzung der Anwendbarkeit des § 245 Abs. 1 SGB V für Personen, deren Mitgliedschaft in der studentischen Krankenversicherung nach § 190 Abs. 9 SGB V endet und die sich freiwillig weiterversichert haben, bis zu der das Studium abschließenden Prüfung, jedoch längstens für die Dauer von sechs Monaten. Die Höchstgrenze von sechs Monaten gab es in § 381a RVO nicht. 9

Nach § 245 Abs. 1 Satz 1 SGB V hat das Bundesministerium für Gesundheit und Soziale Sicherung den allgemeinen Beitragssatz jeweils zum 01.01. festzustellen, gemäß § 381a RVO war diese Feststellung jeweils zum 01.04. und 01.10. zu treffen. Dass der Beitragssatz gemäß § 245 Abs. 1 Satz 1 SGB V nur noch einmal jährlich angepasst wird, soll der Verwaltungsvereinfachung dienen. 10

Gemäß § 245 Abs. 1 Satz 3 SGB V gilt der Beitragssatz des § 245 Abs. 1 Satz 1 SGB V für Studenten vom Beginn des auf die Feststellung folgenden Wintersemesters, im Übrigen jeweils vom 01.10. an. Der Geltungsbeginn für Studenten wurde gegenüber § 381a RVO nicht verändert, für den übrigen Personenkreis regelte § 381a RVO jedoch, dass die Änderung des Beitragssatzes vom Beginn des auf die Feststellung folgenden Kalenderhalbjahres an galt. 11

III. Systematische Zusammenhänge

§ 245 Abs. 1 Satz 1 SGB V regelt den Beitragssatz für die nach § 5 Abs. 1 Nr. 9 und 10 SGB V Versicherungspflichtigen. Nach **§ 5 Abs. 1 Nr. 9 SGB V** sind Studenten versicherungspflichtig, die an staatlichen oder staatlich anerkannten Hochschulen eingeschrieben sind, unabhängig davon, ob sie ihren Wohnsitz oder gewöhnlichen Aufenthalt im Inland haben, wenn für sie auf Grund über- oder zwischenstaatlichen Rechts kein Anspruch auf Sachleistungen besteht, bis zum Abschluss des vierzehnten Fachsemesters, längstens bis zur Vollendung des dreißigsten Lebensjahres; Studenten nach Abschluss des vierzehnten Fachsemesters oder nach Vollendung des dreißigsten Lebensjahres sind nur versicherungspflichtig, wenn die Art der Ausbildung oder familiäre sowie persönliche Gründe, insbesondere der Erwerb der Zugangsvoraussetzungen in einer Ausbildungsstätte des Zweiten Bildungswegs, die Überschreitung der Altersgrenze oder eine längere Fachstudienzeit rechtfertigen. Nach **§ 5 Abs. 1 Nr. 10 SGB V** sind Personen versicherungspflichtig, die eine in Studien- oder Prüfungsordnungen vorgeschriebene berufspraktische Tätigkeit ohne Arbeitsentgelt verrichten, sowie zu ihrer Berufsausbildung ohne Arbeitsentgelt Beschäftigte; Auszubildende des Zweiten Bildungswegs, die sich in einem förderungsfähigen Teil eines Ausbildungsabschnitts nach dem Bundesausbildungsförderungsgesetz befinden, sind Praktikanten gleichgestellt. 12

§ 245 Abs. 1 Satz 1 SGB V nimmt Bezug auf den allgemeinen Beitragssatz gemäß **§ 241 SGB V** und den zusätzlichen Beitragssatz nach **§ 241a SGB V**. Als Beitragssatz nach § 245 Abs. 1 Satz 1 SGB V gelten sieben Zehntel des durchschnittlichen allgemeinen Beitragssatzes der Krankenkassen und der zusätzliche Beitragssatz. § 245 SGB V ist eine **Spezialregelung** gegenüber dem allgemeinen Beitragssatz und geht diesem vor. Er gilt für alle Kassenarten nach **§ 4 Abs. 2 SGB V**. 13

Gemäß § 245 Abs. 2 SGB V gilt der Beitragssatz nach Absatz 1 auch für Personen, deren Mitgliedschaft in der studentischen Krankenversicherung nach **§ 190 Abs. 9 SGB V** endet und die sich gemäß **§ 9 Abs. 1 Satz 1 Nr. 1 SGB V** freiwillig weiterversichert haben, bis zu der das Studium abschließenden Prüfung, jedoch längstens für die Dauer von sechs Monaten. Nach § 190 Abs. 9 SGB V endet die Mitgliedschaft versicherungspflichtiger Studenten einen Monat nach Ablauf des Semesters, für das sie sich zuletzt eingeschrieben oder zurückgemeldet haben. 14

---

[7] BGBl I 1981, 1523.

15 § 245 SGB V ist nur auf beitragspflichtige Einnahmen des in § 5 Abs. 1 Nr. 9 und 10 SGB V genannten Personenkreises gemäß **§ 236 Abs. 1 SGB V** anzuwenden. Für weitere beitragspflichtige Einnahmen nach **§ 236 Abs. 2 SGB V** gilt er nicht. Gemäß § 236 Abs. 1 SGB V gilt für die nach § 5 Abs. 1 Nr. 9 und 10 SGB V Versicherungspflichtigen als beitragspflichtige Einnahmen ein Dreißigstel des Betrages, der als monatlicher Bedarf nach § 13 Abs. 1 Nr. 2 und Abs. 2 SGB V des Bundesausbildungsförderungsgesetzes für Studenten festgesetzt ist, die nicht bei ihren Eltern wohnen.

16 Der in § 245 Abs. 1 Satz 1 SGB V genannte Personenkreis trägt die in dieser Vorschrift genannten Beiträge gemäß **§ 250 Abs. 1 Nr. 3 SGB V** allein; die Beitragszahlung ist in **§ 254 SGB V** geregelt. Nach § 254 Satz 1 SGB V haben versicherungspflichtige Studenten vor der Einschreibung oder Rückmeldung an der Hochschule die Beiträge für das Semester im Voraus an die zuständige Krankenkasse zu zahlen. Die Satzung der jeweiligen Krankenkasse kann jedoch nach § 254 Satz 2 SGB V andere Zahlungsweisen vorsehen. Die Prüflingskandidaten nach § 245 Abs. 2 SGB V haben als freiwillig Versicherte ihren Beitrag gemäß **§ 250 Abs. 2 SGB V** selbst zu zahlen.

IV. Ausgewählte Literaturhinweise

17 *Felix*, Studenten und gesetzliche Krankenversicherung, NZS 2000, 477.

B. Auslegung der Norm

I. Regelungsgehalt und Bedeutung der Norm

1. Personenkreis gemäß § 5 Abs. 1 Nr. 9, 10 SGB V (Absatz 1)

18 § 245 Abs. 1 SGB V bestimmt den Beitragssatz für nach § 5 Abs. 1 Nr. 9, Nr. 10 SGB V versicherungspflichtige Studenten und Praktikanten. Voraussetzung für die Anwendbarkeit des § 245 Abs. 1 SGB V ist, dass Versicherungspflicht in der Gesetzlichen Krankenversicherung gerade aufgrund des in § 5 Abs. 1 Nr. 9 oder Nr. 10 SGB V geregelten Tatbestandes vorliegt.

19 § 245 Abs. 1 SGB V ist also für die in § 5 Abs. 1 Nr. 9, Nr. 10 SGB V genannten Personen nicht anwendbar, wenn ein **Ausschlusstatbestand nach § 5 Abs. 5 SGB V** vorliegt. Gemäß dieser Vorschrift ist nicht u.a. nach Nr. 9, Nr. 10 versicherungspflichtig, wer hauptberuflich selbständig tätig ist.

20 § 245 Abs. 1 SGB V findet ebenfalls keine Anwendung bei **Eingreifen der Ausnahmevorschrift des § 5 Abs. 7 SGB V**. Danach ist nicht nach § 5 Abs. 1 Nr. 9 oder Nr. 10 SGB V versicherungspflichtig, wer nach § 5 Abs. 1 Nr. 1-8, 11 oder 12 SGB V versicherungspflichtig oder nach § 10 SGB V familienversichert ist, es sei denn, der Ehegatte, der Lebenspartner oder das Kind des Studenten oder Praktikanten ist nicht versichert.

21 Auch bei einem Fall von **Versicherungsfreiheit nach § 6 Abs. 1 Nr. 1, 2, 4-8 SGB V in Verbindung mit § 6 Abs. 3 Satz 1 SGB V** oder bei einer **Befreiung von der Versicherungspflicht auf Antrag** gemäß § 8 Abs. 1 Nr. 5 SGB V besteht keine Versicherungspflicht nach § 5 Abs. 1 Nr. 9, Nr. 10 SGB V.

22 Im Übrigen ist § 5 Abs. 1 Nr. 9 SGB V und damit § 245 SGB V nicht anwendbar, wenn ein Student die Alters- und Studienzeitgrenzen des § 5 Abs. 1 Nr. 9 SGB V überschreitet.

23 Beginnt oder endet eine in Rn. 19 ff. genannte **vorrangige Versicherung** während des laufenden Semesters, beginnt bzw. endet mit der Versicherungspflicht nach § 5 Abs. 1 Nr. 9, Nr. 10 SGB V auch die Anwendung der §§ 236, 245 SGB V.

24 Nach § 245 Abs. 1 Satz 1 SGB V gelten als Beitragssatz für die nach § 5 Abs. 1 Nr. 9, Nr. 10 SGB V Versicherungspflichtigen **sieben Zehntel des allgemeinen Beitragssatzes nach § 241 SGB V** und der **zusätzliche Beitragssatz gemäß § 241a SGB V**.

25 Hinsichtlich des allgemeinen Beitragssatzes ist der nach Mitgliederzahlen gewichtete Durchschnitt maßgebend, den das Bundesministerium für Gesundheit und Soziale Sicherung jeweils zum 01.01. eines jeden Jahres feststellt. Nach § 245 Abs. 1 Satz 2 SGB V ist der Beitragssatz auf eine Stelle nach dem Komma zu runden. Ab einem Wert von 0,05 wird auf-, bei einem geringeren Wert abgerundet.

26 § 241a Abs. 1 Satz 1 HS. 1 SGB V regelt, dass für Mitglieder ab 01.07.2005 ein **zusätzlicher Beitragssatz** in Höhe von 0,9 v.H. der beitragspflichtigen Einnahmen gilt. Dieser zusätzliche Beitragssatz gilt gemäß § 245 Abs. 1 Satz 1 SGB V in voller Höhe auch für den in § 245 Abs. 1 Satz 1 SGB V genannten Personenkreis, obwohl dieser nach § 44 Abs. 1 Satz 2 HS. 1 SGB V keinen Anspruch auf Krankengeld hat.

Problematisch war im Jahr 2005, dass § 241a Abs. 1 Satz 1 HS. 2 SGB V zwar regelt, dass sich im Gegenzug zu der Erhebung des zusätzlichen Beitragssatzes die übrigen Beitragssätze in demselben Umfang vermindern, diese Kompensation aber zu dem nach § 245 Abs. 1 Satz 1 SGB V maßgeblichen Stichtag 01.01. im Jahr 2005 nicht wirken konnte. Zur Lösung wurde vorgeschlagen, den Beitragssatz nach § 245 Abs. 1 Satz 1 SGB V von dem unverminderten durchschnittlichen allgemeinen Beitragssatz zu berechnen und von dem Ergebnis den zusätzlichen Beitragssatz abzuziehen[8]. Seit dem Jahr 2006 spielt dieses Problem allerdings keine Rolle mehr. 27

Für Studenten gilt der Beitragssatz gemäß § 245 Abs. 1 Satz 3 SGB V von Beginn des auf die Feststellung folgenden Wintersemesters, im Übrigen vom 01.10. an. 28

Diese Beitragssätze gelten jedoch **nur für die beitragspflichtigen Einnahmen** der Studenten und Praktikanten **gemäß § 236 Abs. 1 SGB V**, nicht auch für die weiteren beitragspflichtigen Einnahmen nach § 236 Abs. 2 SGB V. Hat der Student oder Praktikant beitragspflichtige Einnahmen nach § 236 Abs. 2 , ist zunächst zu prüfen, ob eine in Rn. 19 ff. genannte vorrangige Versicherung besteht. Ist ein solcher vorrangiger Versicherungstatbestand nicht einschlägig, ist der für die jeweilige Einnahmeart relevante Beitragssatz, § 247 SGB V für Beiträge aus einer Rente oder § 248 SGB V für Beiträge aus Versorgungsbezügen und Arbeitseinkommen, anzuwenden. Die §§ 247, 248 SGB V sind mithin gegenüber § 245 SGB V spezieller und daher vorrangig anzuwenden. 29

2. Freiwillig Versicherte (Absatz 2)

Der Beitragssatz des § 245 Abs. 1 SGB V gilt auch für ehemalige Studenten in der Vorbereitungszeit vor ihrer Abschlussprüfung, die nach § 9 Abs. 1 Nr. 1 SGB V freiwillig weiter in der Gesetzlichen Krankenversicherung versichert sind, sofern die Versicherungspflicht als Student nach § 190 Abs. 9 SGB V endete. § 245 Abs. 2 SGB V ist dagegen nicht anwendbar, wenn die Versicherungspflicht als Student wegen Erreichens der Höchststudiendauer oder des Höchstlebensalters gemäß § 5 Abs. 1 Nr. 9 SGB V endet und keine Gründe vorliegen, die diese Überschreitung rechtfertigen. 30

Entscheidend für die Anwendbarkeit des § 245 Abs. 2 SGB V ist, dass der ehemalige Student eine das Studium abschließende Prüfung noch abzulegen hat und dazu nach der Prüfungsordnung berechtigt ist. Außerdem muss er gewillt sein, die Prüfung zu absolvieren. Es muss allerdings nicht der frühestmögliche Prüfungstermin gewählt werden. Der Prüfungstermin muss auch nicht innerhalb der Sechs-Monats-Frist des § 190 Abs. 9 SGB V liegen; allerdings ist nach § 245 Abs. 2 letzter HS. SGB V der ermäßigte Beitragssatz des § 245 Abs. 1 SGB V längstens für sechs Monate anwendbar. 31

Fraglich ist, ob der in § 245 Abs. 2 SGB V genannte Personenkreis der Prüflingskandidaten auch den zusätzlichen Beitragssatz des § 241a SGB V zu tragen hat. Ausdrücklich ist dies in § 245 Abs. 2 SGB V im Gegensatz zu Absatz 1 nicht geregelt, so dass die Schlussfolgerung gezogen werden könnte, der zusätzliche Beitragssatz sei nicht anwendbar. Dagegen spricht jedoch, dass die Regelung des § 245 Abs. 2 SGB V nur getroffen wurde, weil der Gesetzgeber von der sozialen Vergleichbarkeit der Situation von Studenten und Prüflingskandidaten ausging. Die Vorschrift des § 245 Abs. 2 SGB V ist mithin als Ausdehnung des Anwendungsbereiches von Absatz 1 anzusehen. Gründe, warum der von § 245 Abs. 2 SGB V erfasste Personenkreis hinsichtlich der Tragung des zusätzlichen Beitrages nach § 241a SGB V besser gestellt sein sollte, sind nicht ersichtlich.[9] 32

3. Schüler einer Fachschule u.a.

Nach § 240 Abs. 4 Satz 4 SGB V gilt § 245 Abs. 1 SGB V auch für freiwillige Mitglieder, die Schüler einer Fachschule oder Berufsfachschule sind oder regelmäßig als Arbeitnehmer ihre Arbeitsleistung im Umherziehen anbieten (Wandergesellen). 33

II. Normzweck

§ 245 Abs. 1 Satz 1 SGB V enthält einen **bundeseinheitlichen Beitragssatz** für nach § 5 Abs. 1 Nr. 9, Nr. 10 SGB V versicherungspflichtige Studenten und Praktikanten. Damit gewährleistet § 245 SGB V für diesen Personenkreis eine gleichmäßige Beitragsbelastung, unabhängig davon, bei welcher Krankenkasse die Krankenversicherung besteht. § 245 SGB V regelt neben § 246 SGB V den bundeseinheitlichen Beitragssatz, alle anderen Beitragssätze werden kassenindividuell bestimmt. 34

---

[8] *Peters* in: KassKomm-SGB, SGB V, § 245 Rn. 9.

[9] Vgl. dazu auch *Peters* in: KassKomm-SGB, SGB V, § 245 Rn. 10.

35 Grund für die Regelung des § 245 Abs. 2 SGB V – günstiger Beitragssatz auch für Personen in der Vorbereitung der das Studium abschließenden Prüfung – ist, dass die soziale Situation der Prüflinge mit denen der Studenten vergleichbar ist.

C. Reformbestrebungen

36 Am 02.02.2007 nahm der Deutsche Bundestag aufgrund der Beschlussempfehlung und des Berichts des Gesundheitsausschusses[10] den von den Fraktionen CDU/CSU und SPD eingebrachten Entwurf eines Gesetzes zur Stärkung des Wettbewerbs in der gesetzlichen Krankenversicherung vom 24.10.2006[11] an[12]. Neben dem Entwurf der Fraktionen von CDU/CSU und SPD hatte auch ein Gesetzentwurf der Bundesregierung vom 20.12.2006 vorgelegen.[13] Hinsichtlich der in § 245 SGB V vorgesehenen Änderungen ergibt sich aus dem GKV-Wettbewerbsstärkungsgesetz keine Änderung gegenüber dem Gesetzesentwurf der CDU/CSU und SPD. Auch ergaben sich gegenüber dem Entwurf der Fraktionen von CDU/CSU und SPD aus dem Entwurf der Bundesregierung keine Änderungen. Des Weiteren sahen auch die Beschlussempfehlung und der Bericht des Gesundheitsausschusses[14] keine Änderungen gegenüber dem Entwurf der Fraktionen von CDU/CSU und SPD vor.

37 Artikel 46 des GKV-WSG regelt das In-Kraft-Treten des GKV-Wettbewerbsstärkungsgesetzes. Gemäß Art. 46 Abs. 1 GKV-WSG tritt das Gesetz zum 01.04.2007 in Kraft, soweit in Art. 46 Abs. 2-10 GKV-WSG nichts Abweichendes geregelt ist.

38 Aus Art. 46 Abs. 10 GKV-WSG ergibt sich, dass die in Art. 1 Nr. 163 GKV-WSG geregelte Änderung des § 245 SGB V mit Wirkung zum 01.01.2009 in Kraft treten wird.

39 § 245 Abs. 1 wird ab diesem Zeitpunkt wie folgt geändert werden:
„a) In Satz 1 werden die Wörter „durchschnittlichen allgemeinen Beitragssatzes der Krankenkassen, den das Bundesministerium für Gesundheit und Soziale Sicherung jeweils zum 1. Januar feststellt, sowie der zusätzliche Beitragssatz" durch die Wörter „allgemeinen Beitragssatzes" ersetzt.
b) Die Sätze 2 und 3 werden aufgehoben."

40 Die Begründung des Gesetzesentwurfes der Fraktionen von CDU/CSU und SPD zu den in § 245 SGB V vorgesehenen Änderungen[15] lautet:
„Folgeänderung zu § 241. Der allgemeine Beitragssatz, den das Bundesministerium für Gesundheit mit Wirkung zum 1. Januar 2009 festlegt, beinhaltet bereits den bisherigen zusätzlichen Beitragssatz und ist einheitlich gültig. Der Errechnung eines Durchschnittssatzes bedarf es nicht mehr; ebenso wenig der Festlegung einer fiktiven Geltungsdauer."

---

[10] BT-Drs. 16/4200, 16/4247.
[11] GKV-Wettbewerbsstärkungsgesetz – GKV-WSG, BT-Drs. 16/3100.
[12] BR-Drs. 75/07.
[13] BT-Drs. 16/3950.
[14] BT-Drs. 16/4200, 16/4247.
[15] BT-Drs. 16/3100 zu Nr. 162, S. 165.

§ 246 SGB V Beitragssatz für Bezieher von Arbeitslosengeld II

(Fassung vom 31.10.2006, gültig ab 08.11.2006, gültig bis 31.12.2008)

Für Personen, die Arbeitslosengeld II beziehen, gilt als Beitragssatz der durchschnittliche ermäßigte Beitragssatz der Krankenkassen, den das Bundesministerium für Gesundheit jeweils zum 1. Oktober feststellt; vom 1. Oktober 2005 an wird er im Umfang des zusätzlichen Beitrags nach § 241a erhöht. Der Beitragssatz ist auf eine Stelle nach dem Komma zu runden. Er gilt jeweils vom 1. Januar des folgenden Jahres an für ein Kalenderjahr.

Gliederung

A. Basisinformationen

I. Textgeschichte/Gesetzgebungsmaterialien

Seine aktuelle Fassung erhielt § 246 SGB V durch Art. 5 Nr. 12 des Vierten Gesetzes für moderne Dienstleistungen am Arbeitsmarkt vom 24.12.2003[1]. Diese Fassung trat am 01.01.2005 in Kraft. 1

Noch vor seinem In-Kraft-Treten war diese Fassung bereits zweimal geändert worden: Mit Art. 2 Nr. 7 des Gesetzes zur Anpassung der Finanzierung von Zahnersatz vom 15.12.2004[2] erfolgte eine Anpassung an die Einführung des zusätzlichen Beitragssatzes gemäß § 241a SGB V. 2

Eine weitere Änderung erfolgte mit Wirkung zum 01.01.2005 durch Art. 4 Nr. 12 des Gesetzes zur Vereinfachung der Verwaltungsverfahren im Sozialrecht vom 21.03.2005.[3] Vor der letztgenannten Änderung galt gemäß § 246 Satz 1 HS. 1 SGB V als Beitragssatz für Personen, die Arbeitslosengeld II beziehen, der **durchschnittliche allgemeine Beitragssatz** der Krankenkassen; **nunmehr** ist der **durchschnittliche ermäßigte Beitragssatz** maßgebend. Zur Begründung ist in den Materialien[4] sinngemäß ausgeführt, die Änderung sei eine Folgeänderung zu der Änderung des § 44 SGB V[5]. Sie erfolge, weil aufgrund der Neuregelung zu § 25 SGB II nunmehr der Anspruch auf Arbeitslosengeld II bei Arbeitsunfähigkeit fortgelte. § 25 SGB II regelte zunächst, dass bei Arbeitsunfähigkeit Arbeitslosengeld II bis zu einer Dauer von sechs Wochen weitergewährt werde. Durch das Gesetz zur Vereinfachung der Verwaltungsverfahren im Sozialrecht ist der Regelungsgehalt des § 25 SGB II rückwirkend zum 01.01.2005 (Art. 32 Abs. 6 des Verwaltungsvereinfachungsgesetzes) insgesamt verändert worden. Er betrifft nun das Verhältnis der Leistungen des SGB II zu den Leistungen bei medizinischer Rehabilitation der gesetzlichen Rentenversicherung sowie bei Anspruch auf Verletztengeld aus der gesetzlichen Unfallversicherung. Ein Vorrang der Leistungen der gesetzlichen Krankenversicherung existiert aufgrund der Neufassung des § 25 SGB II und der ebenfalls durch das Verwaltungsvereinfachungsgesetz zum 01.01.2005 (Art. 32 Abs. 6) bewirkten Änderungen der §§ 44 Abs. 1 Satz 2, 49 Abs. 1 Nr. 3a SGB V nicht mehr. Gemäß § 44 Abs. 1 Satz 2 SGB V in der Fassung des Verwaltungsvereinfachungsgesetzes haben pflichtversicherte Arbeitslosengeld II-Bezieher keinen Anspruch auf Krankengeld mehr. Da eine Verfügbarkeit des Hilfebedürftigen – anders als im Recht der Arbeitsförderung nach dem SGB III – nicht Voraussetzung eines Leistungsanspruchs nach dem SGB II ist, können Hilfebedürftige daher auch im Falle einer krankheitsbedingten Arbeitsunfähigkeit nunmehr so lange Arbeitslosengeld II beziehen, wie vom Vorliegen der Erwerbsfähigkeit nach § 8 SGB II auszugehen ist. 3

---

[1] BGBl I 2003, 2954.
[2] BGBl I 2004, 3445.
[3] BGBl I 2005, 818.
[4] BT-Drs. 15/4751, S. 45 zu Art. 4 Nr. 12.
[5] Verwaltungsvereinfachungsgesetz, Art. 4 Nr. 12, BGBl I 2005, 818.

4 § 246 SGB V sollte gemäß Art. 1 des Gesundheitsreformgesetzes[6] mit Wirkung vom 01.01.1989 den Beitragssatz für Künstler und Publizisten regeln. Noch vor dem geplanten In-Kraft-Treten hatte der Gesetzgeber diese Vorschrift jedoch mit Art. 2 Nr. 7 des Künstlersozialversicherungs-Änderungsgesetzes[7] wieder gestrichen.

II. Systematische Zusammenhänge

5 **Bezieher von Arbeitslosengeld II** sind gemäß **§ 5 Abs. 1 Nr. 2a SGB V pflichtversichert in der gesetzlichen Krankenversicherung**, soweit **keine Familienversicherung nach § 10 SGB V** besteht, es sei denn, dass Arbeitslosengeld II nur darlehensweise gewährt wird oder nur Leistungen nach § 23 Abs. 3 Satz 1 SGB II (Erstausstattungen, Klassenfahrten) bezogen werden; dies gilt auch, wenn die Entscheidung, die zum Bezug der Leistung geführt hat, rückwirkend aufgehoben oder die Leistung zurückgefordert oder zurückgezahlt worden ist. Bezieher von Arbeitslosengeld II sind darüber hinaus nur dann pflichtversichert, wenn sie sich **nicht gemäß § 8 Abs. 1 Nr. 1a SGB V von der Versicherungspflicht haben befreien lassen.**

6 Gemäß **§ 44 Abs. 1 Satz 2 SGB V** in der Fassung des Verwaltungsvereinfachungsgesetzes haben pflichtversicherte Arbeitslosengeld II-Bezieher keinen Anspruch auf Krankengeld, weshalb nunmehr nicht mehr der allgemeine Beitragssatz nach § 241 SGB V, sondern der **ermäßigte Beitragssatz gemäß § 243 Abs. 1 SGB V** maßgebend ist.

7 Vom 01.10.2005 wird der in § 246 Satz 1 SGB V bestimmte Beitragssatz im Umfang des zusätzlichen Beitrags nach **§ 241a SGB V** erhöht. Gemäß § 241a Abs. 2 SGB V gilt § 241a Abs. 1 Satz 1 SGB V – zusätzlicher Beitragssatz von 0,9 vom Hundert für Personen, die Arbeitslosengeld II beziehen – nicht.

8 § 246 SGB V ist **Spezialvorschrift** gegenüber den allgemeinen Regelungen über Beitragssätze in den §§ 241-243 SGB V und geht diesen vor. Gegenüber § 246 SGB V sind jedoch wiederum die **§§ 247, 248 SGB V spezieller**; die letztgenannten Vorschriften gelten daher für Beiträge aus beitragspflichtigen Renten, Versorgungsbezügen und aus Arbeitseinkommen im Sinne des **§ 232a Abs. 4 SGB V in Verbindung mit § 226 Abs. 1 Satz 1 Nr. 2-4 SGB V**. § 246 SGB V ist mithin nur auf die in **§ 232a Abs. 1 Satz 1 Nr. 2 SGB V fiktiv festgelegten beitragspflichtigen Einnahmen** anwendbar.

9 Gemäß § 232a Abs. 4 SGB V gilt bei Personen, die Arbeitslosengeld II beziehen, der dreißigste Teil des 0,3620-fachen der monatlichen Bezugsgröße als beitragspflichtige Einnahme; in Fällen, in denen diese Personen weitere beitragspflichtige Einnahmen haben, wird der Zahlbetrag des Arbeitslosengeldes II für die Beitragsbemessung diesen beitragspflichtigen Einnahmen mit der Maßgabe hinzugerechnet, dass als beitragspflichtige Einnahmen insgesamt der in diesem Satz genannte Teil der Bezugsgröße gilt.

10 Die **Beitragstragungs- und -zahlungspflicht** regeln die **§§ 251 Abs. 4, 252 Satz 2 SGB V**. Nach § 251 Abs. 4 SGB V trägt der Bund die Beiträge für die nach § 5 Abs. 1 Nr. 2a SGB V versicherungspflichtigen Bezieher von Arbeitslosengeld II. Nach § 252 Satz 2 SGB V zahlen die Bundesagentur für Arbeit oder in den Fällen des § 6a des Zweiten Buches die zugelassenen kommunalen Träger die Beiträge für die Bezieher von Arbeitslosengeld II nach dem SGB II.

B. Auslegung der Norm

I. Regelungsgehalt und Bedeutung der Norm

11 § 246 SGB V bestimmt den Beitragssatz für die nach § 5 Abs. 1 Nr. 2a SGB V versicherungspflichtigen Bezieher von Arbeitslosengeld II. Für diesen Personenkreis regelt § 246 SGB V einen **bundeseinheitlichen Beitrag** zur Gesetzlichen Krankenversicherung, unabhängig davon, bei welcher Krankenkasse im Sinne des § 4 Abs. 2 SGB V der jeweilige Leistungsbezieher versichert ist. Einer Satzungsregelung gemäß § 194 Abs. 1 Nr. 4 SGB V bedarf es daher nicht; der Beitragssatz kann in der jeweiligen Satzung jedoch deklaratorisch wiedergegeben werden.

12 Den maßgebenden durchschnittlichen ermäßigten Beitragssatz bestimmt das Bundesministerium für Gesundheit und Soziale Sicherung jeweils zum 1. Oktober eines jeden Jahres. Es handelt sich dabei um eine bloße Feststellung des rechnerischen Durchschnittswertes, ein Regelungsspielraum steht dem Ministerium nicht zu.

---

[6] BGBl I 1988, 2477, 2396.

[7] BGBl I 1988, 2606.

Vom 01.10.2005 an wird dieser **Beitragssatz im Umfang des zusätzlichen Beitrages nach § 241a SGB V** erhöht. Gemäß § 241a Abs. 2 SGB V gilt § 241a Abs. 1 Satz 1 SGB V – zusätzlicher Beitragssatz von 0,9 vom Hundert für Personen, die Arbeitslosengeld II beziehen – nicht. Allerdings regelt § 241a Abs. 1 Satz 1 HS. 2 SGB V, dass für die Mitglieder, die den zusätzlichen Beitragssatz zu tragen haben, sich die übrigen Beitragssätze in demselben Umfang verringern. Daher begründet der Gesetzgeber die Regelung des § 246 Satz 1 HS. 2 SGB V (Erhöhung des Beitragssatzes für Bezieher von Arbeitslosengeld II im Umfang des zusätzlichen Beitrags nach § 241a SGB V) mit folgenden Argumenten[8]: Die Absenkung auch des ermäßigten Beitragssatzes nach § 243 Abs. 1 SGB V gemäß § 241a Abs. 1 Satz 1 HS. 2 SGB V führe zu einem niedrigeren durchschnittlichen ermäßigten Beitragssatz, was sich auf die Höhe des Beitragssatzes nach § 246 Satz 1 SGB V auswirken würde, ohne dass die Empfänger von Arbeitslosengeld II – wegen § 241a Abs. 2 SGB V – selbst den zusätzlichen Beitragssatz zu entrichten hätten. Es würde somit im Ergebnis von den Arbeitslosengeld II-Empfängern kein Zusatzbeitrag erhoben, gleichzeitig würde sich die in § 241a Abs. 1 Satz 1 HS. 2 bestimmte gesetzliche Beitragssatzverminderung auf die Höhe des Beitrages nach § 246 SGB V auswirken. Um diese Konsequenz zu verhindern, werde der nach § 246 Satz 1 SGB V maßgebliche Beitragssatz jeweils um den Umfang des Zusatzbeitrages erhöht. 13

Der Beitragssatz wird gemäß § 246 Satz 2 SGB V auf eine Stelle nach dem Komma gerundet; ab 0,05 wird auf-, bei geringeren Werten abgerundet. 14

Der Beitragssatz nach § 246 Satz 1, 2 SGB V gilt gemäß Satz 3 jeweils vom 01.01. des folgenden Jahres für ein Kalenderjahr. 15

II. Normzweck

§ 246 SGB V bestimmt den Beitragssatz für Bezieher von Arbeitslosengeld II. 16

C. Reformbestrebungen

Am 02.02.2007 nahm der Deutsche Bundestag aufgrund der Beschlussempfehlung und des Berichts des Gesundheitsausschusses[9] den von den Fraktionen CDU/CSU und SPD eingebrachten Entwurf eines Gesetzes zur Stärkung des Wettbewerbs in der gesetzlichen Krankenversicherung vom 24.10.2006[10] an[11]. Neben dem Entwurf der Fraktionen von CDU/CSU und SPD hatte auch ein Gesetzesentwurf der Bundesregierung vom 20.12.2006 vorgelegen.[12] Hinsichtlich der vorgesehenen Neufassung des § 246 SGB V ergibt sich aus dem GKV-Wettbewerbsstärkungsgesetz keine Änderung gegenüber dem Gesetzesentwurf der CDU/CSU und SPD. Auch ergaben sich gegenüber dem Entwurf der Fraktionen von CDU/CSU und SPD aus dem Entwurf der Bundesregierung keine Änderungen. Des Weiteren sahen auch die Beschlussempfehlung und der Bericht des Gesundheitsausschusses[13] keine Änderungen gegenüber dem Entwurf der Fraktionen von CDU/CSU und SPD vor. 17

Artikel 46 des GKV-WSG regelt das In-Kraft-Treten des GKV-Wettbewerbsstärkungsgesetzes. Gemäß Art. 46 Abs. 1 GKV-WSG tritt das Gesetz zum 01.04.2007 in Kraft, soweit in Art. 46 Abs. 2-10 GKV-WSG nichts Abweichendes geregelt ist. 18

Aus Art. 46 Abs. 10 GKV-WSG ergibt sich, dass die in Art. 1 Nr. 164 GKV-WSG geregelte Neufassung des § 246 SGB V mit Wirkung zum 01.01.2009 in Kraft treten wird. 19

§ 246 SGB V wird ab diesem Zeitpunkt wie folgt gefasst: 20
„§ 246– Beitragssatz für Bezieher von Arbeitslosengeld II
Für Personen, die Arbeitslosengeld II beziehen, gilt als Beitragssatz der ermäßigte Beitragssatz nach § 243.“

Zur Begründung führt der Gesetzesentwurf der Fraktionen von CDU/CSU und SPD[14] aus: 21
„Folgeänderung zu § 241. Der allgemeine Beitragssatz, den das Bundesministerium für Gesundheit mit Wirkung zum 1. Januar 2009 festlegt, beinhaltet bereits den bisherigen zusätzlichen Beitragssatz und ist einheitlich gültig. Die Feststellung eines Durchschnittsbeitragssatzes entfällt; ebenso die Festlegung einer fiktiven Geltungsdauer.“

---

8 BT-Drs. 15/3834, S. 4; BT-Drs. 15/3865, S. 4.
9 BT-Drs. 16/4200, 16/4247.
10 GKV-Wettbewerbsstärkungsgesetz – GKV-WSG, BT-Drs. 16/3100.
11 BR-Drs. 75/07.
12 BT-Drs. 16/3950.
13 BT-Drs. 16/4200, 16/4247.
14 BT-Drs. 16/3100 zu Nr. 164, S. 165.

§ 247 SGB V Beitragssatz aus der Rente

(Fassung vom 21.03.2005, gültig ab 01.07.2005, gültig bis 31.12.2008)

(1) Bei Versicherungspflichtigen gilt für die Bemessung der Beiträge aus Renten der gesetzlichen Rentenversicherung der allgemeine Beitragssatz ihrer Krankenkasse sowie der zusätzliche Beitragssatz. Beitragssatzveränderungen gelten jeweils vom ersten Tag des dritten auf die Veränderung folgenden Kalendermonats an. Der am 31. Dezember 2003 geltende allgemeine Beitragssatz der Krankenkasse, der nicht zum 1. Januar 2004 verändert worden ist, gilt als Beitragssatzveränderung zum 1. Januar 2004. Der am 1. Januar 2003 geltende Beitragssatz gilt vom 1. Juli 2003 bis zum 31. März 2004. Bei der Anwendung des Satzes 2 zum 1. Juli 2005 gilt als Zeitpunkt der Beitragssatzveränderungen aufgrund von § 241a der 1. April 2005.

(2) Für das Verfahren zur Übermittlung der nach Absatz 1 maßgeblichen Beitragssätze gilt § 201 Abs. 6 entsprechend.

(3) (weggefallen)

Gliederung

A. Basisinformationen

I. Textgeschichte/Gesetzgebungsmaterialien

1 § 247 SGB V wurde durch Art. 1 des Gesundheitsreformgesetzes (GRG)[1] mit Wirkung vom 01.01.1989 eingeführt. In seiner damaligen Fassung, die vom 01.01.1989 bis 31.12.1994 Gültigkeit hatte, galt für Versicherungspflichtige für die Bemessung der Beiträge aus Renten der gesetzlichen Rentenversicherung der **durchschnittliche allgemeine Beitragssatz aller Krankenkassen**, der vom Bundesminister für Arbeit und Sozialordnung jeweils zum 01.01. eines jeden Jahres festgestellt wurde; dieser durchschnittliche allgemeine Beitragssatz galt vom 01.07. des laufenden Kalenderjahres an bis zum 30.06. des Folgejahres. Grund für die zeitlich versetzte Auswirkung des zum 01.01. geänderten Beitragssatzes erst ab 01.07. war, dass die Rentenanpassungen gemäß § 65 SGB VI jeweils zum 01.07. vorgenommen werden. Änderungen des allgemeinen Beitragssatzes nach dem 01.01. blieben durch diese Regelung auch dann unberücksichtigt, wenn Grund für die Änderung die Vereinigung zweier Krankenkassen war.[2]

2 Problematisch an der Koppelung des Beitragssatzes aus der Rente an den durchschnittlichen allgemeinen Beitragssatz aller Krankenkassen war, dass die Geltung des kasseneigenen Beitragssatzes bei freiwillig versicherten Rentnern gegenüber der Anwendung des durchschnittlichen allgemeinen Beitragssatzes bei versicherungspflichtigen Rentnern zu komplizierten und teilweise unstimmigen Ergebnissen führte.[3]

3 Eine Neufassung der Vorschrift erfolgte durch Art. 1 Nr. 8 des Dritten SGB V-Änderungsgesetzes vom 10.05.1995[4] rückwirkend zum 01.01.1995.[5] In dieser Fassung sah § 247 SGB V vor, dass bei Ver-

[1] GRG vom 20.12.1988, BGBl I 1988, 2477.
[2] BSG v. 18.12.2001 - B 12 RA 2/01 R - SozR 3-2500 § 247 Nr. 2.
[3] BSG v. 17.10.1986 - 12 RK 15/86 - BSGE 60, 274.
[4] 3. SGB V-ÄndG, BGBl I 1995, 678; zur Gesetzesbegründung vgl. BT-Drs. 13/340, S. 5, 10 und BT-Drs. 13/807 S. 6, 7, 12.
[5] Art. 8 Abs. 4 3. SGB V-ÄndG.

sicherungspflichtigen für die Beitragsbemessung aus Renten der gesetzlichen Rentenversicherung ab 01.07.1997 nicht mehr der durchschnittliche allgemeine Beitragssatz aller Krankenkassen, sondern der **allgemeine Beitragssatz der zuständigen Krankenkasse** anzuwenden war. Dadurch sollten nicht beabsichtigte Auswirkungen bei der Durchführung des Risikostrukturausgleiches vermieden werden.[6] Für den Zeitraum vom 01.01.1995 bis 30.06.1997 galt eine Übergangsregelung dahingehend, dass der bisherige allgemeine Beitragssatz weiter zugrunde zu legen war. Grund dafür war, dass die Rentenversicherungsträger aus verwaltungsorganisatorischen Gründen erst ab 01.07.1997 in der Lage waren, für die Rentenbezieher Beiträge nach dem jeweiligen kassenindividuellen Beitragssatz der zuständigen Krankenkasse an die einzelnen Kassen zu zahlen.

Durch das GKV-Modernisierungsgesetz vom 14.11.2003[7] wurde § 247 SGB V mit Art. 1 Nr. 147 an die Einfügung des zusätzlichen Beitragssatzes in § 241a angepasst, indem in Absatz 1 Satz 1 der Zusatz „sowie der zusätzliche Beitragssatz" angefügt wurde. Diese Änderung trat am 01.07.2005 in Kraft.[8] 4

In Absatz 3 nahm der Gesetzgeber mit Art. 204 Nr. 1 der Achten Zuständigkeitsanpassungsverordnung[9] eine ab 28.11.2003 geltende Anpassung an die geänderte Ministeriumszuständigkeit vor; statt „Bundesministerium für Gesundheit" heißt es nun „Bundesministerium für Gesundheit und Soziale Sicherung". 5

Mit dem Zweiten Gesetz zur Änderung des SGB V und anderer Gesetze vom 27.12.2003[10] erfolgte mit Wirkung vom 01.01.2004 eine Neufassung von Absatz 1 Satz 2, außerdem wurden Absatz 1 Sätze 3 und 4 angefügt. Vor der Neufassung wurden Beitragssatzänderungen jeweils ab 01.07. eines jeden Jahres berücksichtigt (vgl. dazu Rn. 1). Die Änderung erfolgte, um Beitragssatzänderungen entgegen der vorherigen Regelung zeitnäher auch auf die Einnahmen in Form von Renten aus der gesetzlichen Rentenversicherung zu übertragen.[11] 6

Durch Art. 2 Nr. 2b des Gesetzes zur Anpassung der Finanzierung von Zahnersatz vom 15.12.2004[12] fügte der Gesetzgeber mit Wirkung vom 21.12.2004 Absatz 1 Satz 5 an. 7

II. Vorgängervorschriften

In der RVO regelte **§ 385 Abs. 2 RVO** den Beitragssatz aus der Rente. Vom 01.01.1983 bis 31.12.1988 lag der Beitragssatz aus der Rente durchgehend bei 11,8 v.H. Vor dem 01.01.1983 war zwischen den Rentenversicherungsträgern und Krankenkassen eine Pauschalregelung der Beitragszahlung vereinbart. Die Krankenversicherung der Rentner war für die Versicherten kostenfrei. Der Beitragssatz von 11,8 v.H. war das Ergebnis von Schätzungen; insgesamt sollte nämlich der Umfang der Finanzierung der Krankenversicherung der Rentner durch die Rentenversicherungsträger möglichst nicht verändert werden.[13] 8

III. Systematische Zusammenhänge

§ 247 Abs. 1 Satz 1 SGB V bestimmt den Personenkreis, für den § 247 SGB V den maßgeblichen Beitragssatz bestimmt. Dies sind zum einen Versicherte, deren Versicherungspflicht erst durch den Rentenbezug bzw. Rentenanspruch gemäß **§ 5 Abs. 1 Nr. 11 und 12 SGB V** begründet wird. Zum anderen werden von § 247 SGB V aber auch diejenigen erfasst, die eine Rente aus der gesetzlichen Rentenversicherung beziehen, welche nach den **§§ 226 Abs. 1 Nr. 2, 232 Abs. 1 Satz 2, 232a Abs. 4, 233 Abs. 3, 234 Abs. 2, 235 Abs. 4, 236 Abs. 2 SGB V, alle in Verbindung mit den §§ 226 Abs. 1 Nr. 2, 237 Abs. 1 Nr. 1 SGB V** eine beitragspflichtige Einnahme darstellt. 9

---

[6] BT-Drs. 13/340, zu Art. 1 Nr. 8 zum 3. SGB V-Änderungsgesetz, vgl. zu der Geltung von Beitragssatzänderungen auch Rn. 6.

[7] GKV-ModernisierungsG, BGBl I 2003, 2190.

[8] Art. 37 Abs. 8a GKV-ModernisierungsG, eingefügt durch Art. 1 Nr. 3 des Gesetzes zur Anpassung der Finanzierung von Zahnersatz vom 15.12.2004, BGBl I 2004, 3445.

[9] 8. ZustAnpV, BGBl I 2003, 2304.

[10] BGBl I 2003, 3013.

[11] BT-Drs. 15/1830, S. 10.

[12] BGBl I 2004, 3445.

[13] BT-Drs. 8/1842, S. 48; vgl. dazu auch *Gerlach* in: Hauck/Noftz, § 247 Rn. 5.

10 Welche Renten als Renten der gesetzlichen Rentenversicherung im Sinne des SGB V gelten, bestimmt **§ 228 SGB V**. Auf freiwillige Mitglieder, deren Renten aus der gesetzlichen Rentenversicherung gemäß § 228 SGB V grundsätzlich auch als beitragspflichtige Einnahmen gelten, ist § 247 SGB V gemäß **§ 240 Abs. 2 Satz 1 SGB V** allerdings nicht anwendbar.

11 § 247 Abs. 1 Satz 1 SGB V bestimmt, dass für die Beitragsbemessung aus Renten der gesetzlichen Rentenversicherung der **allgemeine Beitragssatz der jeweils zuständigen Krankenkasse nach § 241 SGB V** gilt. Ab 01.07.2005 kommt der **zusätzliche Beitragssatz gemäß § 241a SGB V** hinzu.

12 § 247 Abs. 2 SGB V verweist auf **§ 201 Abs. 6 SGB V**. Nach dieser Vorschrift sind die Meldungen auf maschinell verwertbaren Datenträgern oder durch Datenübertragung zu erstatten.[14]

13 Gemäß **§ 249a SGB V** haben versicherungspflichtige Rentenbezieher die Hälfte des zu entrichtenden Beitrages selbst zu tragen.

IV. Ausgewählte Literaturhinweise

14 *Elsen*, Das maschinelle Meldeverfahren zur Krankenversicherung der Rentner und zur Pflegeversicherung, AmtlMittLVA Rheinpr 1998, 193; *Konrad/Weißenber*ger, Anpassung der Renten zum 1. Juli 2005 unter Berücksichtigung der zusätzlichen Beitragssatzes, DRV 2005, 489; *Maidorn,* Beiträge der Rentner – Änderungen in 2004 und 2005, SF-Medien Nr. 149, 59.

B. Auslegung der Norm

I. Regelungsgehalt und Bedeutung der Norm

1. Allgemeines

15 § 247 Abs. 1 Satz 1 SGB V regelt den Grundsatz über die anzuwendenden Beitragssätze bei versicherungspflichtigen Rentnern. Absatz 1 Satz 2 bestimmt den Geltungsbeginn von Beitragssatzänderungen. Absatz 1 Sätze 3-5 enthält Übergangsvorschriften zu den Regelungen in Absatz 1 Sätze 1 und 2. Absatz 2 regelt das Verfahren zur Übermittlung der maßgeblichen Beitragssätze.

2. Geltungsbereich (Absatz 1 Satz 1)

16 § 247 SGB V ist für **alle Arten von Krankenkassen im Sinne des § 4 Abs. 2 SGB V** anwendbar. Für die Krankenversicherung der Landwirte enthält § 39 Abs. 1 Satz 1 Nr. 2 in Verbindung mit Abs. 3 des Zweiten Gesetzes über die Krankenversicherung der Landwirte (KVLG) eine Sonderregelung.

17 § 247 Abs. 1 Satz 1 SGB V bestimmt zunächst den für die Anwendung des § 247 SGB V maßgeblichen Personenkreis. Dazu gehören zum einen Versicherte, deren Versicherungspflicht erst durch den Rentenbezug bzw. Rentenanspruch gemäß **§ 5 Abs. 1 Nr. 11 und 12 SGB V** begründet wird. Zum anderen werden von § 247 SGB V aber auch diejenigen erfasst, die eine Rente aus der gesetzlichen Rentenversicherung beziehen, welche nach den **§§ 226 Abs. 1 Nr. 2, 232 Abs. 1 Satz 2, 232a Abs. 4, 233 Abs. 3, 234 Abs. 2, 235 Abs. 4, 236 Abs. 2 SGB V, alle in Verbindung mit den §§ 226 Abs. 1 Nr. 2, 237 Abs. 1 Nr. 1 SGB V** eine beitragspflichtige Einnahme darstellt. Auf welchem Versicherungspflichttatbestand des § 5 Abs. 1 SGB V die Versicherungspflicht beruht, ist mithin für die Anwendbarkeit des § 247 SGB V unerheblich. Entscheidend ist nur, dass als beitragspflichtige Einnahme eine Rente aus der gesetzlichen Rentenversicherung bezogen wird.

18 Der Beitragssatz des § 247 SGB V ist für Renten aus der gesetzlichen Rentenversicherung in dem Umfang maßgebend, in dem die Rente gemäß § 228 SGB V der Beitragspflicht unterliegt.

19 Gemäß § 247 Abs. 1 Satz 1 SGB V ist zunächst der allgemeine Beitragssatz des § 241 SGB V anwendbar; es gilt also kein besonderer Beitragssatz der §§ 242 ff. SGB V. Außerdem gilt für die versicherungspflichtigen Rentenbezieher der allgemeine Beitragssatz der Krankenkasse, bei der der einzelne Rentner Mitglied ist, sog. **kassenindividueller Beitragssatz**. Bei einem Wechsel der Krankenkasse gilt ab dem Wirksamwerden des Wechsels auch der allgemeine Beitragssatz der neuen Krankenkasse.[15]

20 Daneben gilt auch der zusätzliche Beitragssatz. Es handelt sich dabei um eine Folgeregelung aus der Einführung des neuen zusätzlichen Beitragssatzes durch § 241a SGB V.[16] Durch die bisherige Anwendung des allgemeinen Beitragssatzes hätten sich auch die Rentner und die Rentenversicherungsträger

---

[14] Vgl. zu § 247 Abs. 2 BT-Drs. 13/807, S. 12.

[15] BSG v. 23.06.1994 - 12 RK 25/94 - SozR 3-2500 § 247 Nr. 1.

[16] BT-Drs. 15/1525, S. 140 zu Nr. 147.

an den Aufwendungen der Krankenkassen für Krankengeldzahlungen beteiligt. Diese Beteiligung der Rentner müsse aufrechterhalten werden, weil die durch ihre eigenen Beiträge nicht gedeckten Leistungsaufwendungen für Rentner von den übrigen Mitgliedern mitfinanziert werden müssten. Die Geltung des § 241a SGB V auch im Anwendungsbereich des § 247 SGB V verhindere, dass die Belastungen, die für die übrigen Versicherten durch die Aufwendungen für Rentner entstünden, noch größer würden. Nach dem Gesetz zur Anpassung der Finanzierung von Zahnersatz v 15.12.2004 wurde der zusätzliche Beitragssatz über die Finanzierung von Krankengeld hinaus auf die des Zahnersatzes ausgedehnt und in Höhe von nunmehr insgesamt 0,9 vom Hundert bereits zum 01.07.2005 in Kraft gesetzt.

3. Beitragssatzveränderungen (Absatz 1 Satz 2)

Nach der seit 01.01.2004 anwendbaren Fassung des § 247 Abs. 1 Satz 2 SGB V gelten Beitragssatzveränderungen jeweils vom ersten Tag des dritten auf die Veränderung folgenden Kalendermonats. Bei einer Beitragssatzveränderung zum 01.02. ist der geänderte Beitragssatz im Rahmen des § 247 SGB V mithin ab 01.05. anwendbar. Grund für die zeitliche Differenz von drei Monaten ist, dass die Rentenversicherungsträger diese Vorlaufzeit aus verwaltungstechnischen Gründen benötigen. Die entsprechenden Beiträge werden von den Rentenversicherungsträgern nämlich gemäß § 255 Abs. 1 SGB V bei der Rentenzahlung einbehalten. Um geänderte Beitragssätze bei dem Einbehalt von den laufenden Renten berücksichtigen zu können, müssen die Rentenversicherungsträger zunächst von den Veränderungen in den Beitragssätzen erfahren. Um Korrekturen von Einbehalten wegen rückwirkender Anwendung von Beitragssatzveränderungen zu vermeiden, bestimmt § 247 Abs. 1 Satz 2 SGB V eine zeitliche Differenz für die Auswirkung von Veränderungen von drei Monaten. Gegenüber der vor dem 01.01.2004 geltenden Fassung des § 247 Abs. 1 Satz 2 SGB V, der bestimmte, dass Änderungen des allgemeinen Beitragssatzes zum 01.01. jeweils ab 01.07. zu berücksichtigen sind, ermöglicht die Neufassung des § 247 Abs. 1 Satz 2 SGB V auch die Berücksichtigung von während des laufenden Kalenderjahres eintretenden Änderungen von Beitragssätzen, etwa durch die Fusion zweier Krankenkassen.[17] 21

4. Übergangsregelungen

Absatz 1 Sätze 3 und 4 enthält Übergangsregelungen zum allgemeinen Beitragssatz für frühere Zeiträume. Absatz 5 bewirkte, dass der zusätzliche Beitragssatz nach § 241a SGB V bereits ab seiner allgemeinen Einführung zum 01.07.2005 erhoben werden konnte und nicht gemäß der Regelung des § 247 Abs. 1 Satz 2 SGB V erst ab 01.10.2005.[18] 22

5. Verfahren zur Übermittlung (Absatz 2)

Die Regelung des Verfahrens zur Übermittlung der nach Absatz 1 maßgebenden Beitragssätze geht von einem **maschinellen Datenübertragungsverfahren** aus. Mit dieser Vorschrift wird eine Rechtsgrundlage für die Regelung von Einzelfragen durch die Verbände der Rentenversicherungsträger und die Krankenkassen bzw. durch das Bundesministerium für Gesundheit und Soziale Sicherung geschaffen. § 247 Abs. 2 SGB V verweist auf § 201 Abs. 6 SGB V. Nach § 201 Abs. 6 SGB V sind die Meldungen auf maschinell verwertbaren Datenträgern oder durch Datenübertragung zu erstatten. 23

II. Normzweck

§ 247 SGB V bestimmt den Beitragssatz für die Beitragsbemessung der Versicherungspflichtigen aus Renten der gesetzlichen Rentenversicherung. Außerdem enthält § 247 SGB V Regelungen zur zeitlich versetzten Anwendung der Beitragssätze und Übergangsvorschriften. 24

C. Reformbestrebungen

Am 02.02.2007 nahm der Deutsche Bundestag aufgrund der Beschlussempfehlung und des Berichts des Gesundheitsausschusses[19] den von den Fraktionen CDU/CSU und SPD eingebrachten Entwurf eines Gesetzes zur Stärkung des Wettbewerbs in der gesetzlichen Krankenversicherung vom 25

[17] Vgl. zu der früheren Fassung des § 247 Abs. 1 Satz 2 auch Rn. 6.
[18] BT-Drs. 15/3865, S. 4.
[19] BT-Drs. 16/4200, 16/4247.

24.10.2006[20] an[21]. Neben dem Entwurf der Fraktionen von CDU/CSU und SPD hatte auch ein Gesetzesentwurf der Bundesregierung vom 20.12.2006 vorgelegen.[22] Hinsichtlich der vorgesehenen Neufassung des § 247 SGB V ergibt sich aus dem GKV-Wettbewerbsstärkungsgesetz keine Änderung gegenüber dem Gesetzesentwurf der CDU/CSU und SPD. Auch ergaben sich gegenüber dem Entwurf der Fraktionen von CDU/CSU und SPD aus dem Entwurf der Bundesregierung keine Änderungen. Des Weiteren sahen auch die Beschlussempfehlung und der Bericht des Gesundheitsausschusses[23] keine Änderungen gegenüber dem Entwurf der Fraktionen von CDU/CSU und SPD vor.

26 Artikel 46 des GKV-WSG regelt das In-Kraft-Treten des GKV-Wettbewerbsstärkungsgesetzes. Gemäß Art. 46 Abs. 1 GKV-WSG tritt das Gesetz zum 01.04.2007 in Kraft, soweit in Art. 46 Abs. 2-10 GKV-WSG nichts Abweichendes geregelt ist.

27 Aus Art. 46 Abs. 10 GKV-WSG ergibt sich, dass die in Art. 1 Nr. 165 GKV-WSG geregelte Neufassung des § 247 SGB V mit Wirkung zum 01.01.2009 in Kraft treten wird.

28 § 247 SGB V wird ab diesem Zeitpunkt wie folgt gefasst:
„§ 247 – Beitragssatz aus der Rente – Für Versicherungspflichtige findet für die Bemessung der Beiträge aus Renten der gesetzlichen Rentenversicherung der allgemeine Beitragssatz nach § 241 Anwendung."

29 Zur Begründung führt der Gesetzesentwurf der Fraktionen von CDU/CSU und SPD[24] aus:
„Folgeänderung zu § 241. Zum 1. Januar 2009 wird ein einheitlicher Beitragssatz festgelegt, der gleichermaßen für versicherungspflichtige Rentner Anwendung findet.
Die Regelung, dass Beitragssatzveränderungen für versicherungspflichtige Rentner mit einer zeitlichen Verzögerung von 3 Monaten gelten, entfällt. Die Rechtsverordnung nach § 241 wird mit einer entsprechenden Vorlaufzeit bekannt gegeben, so dass die Rentenversicherungsträger in der Lage sein werden, ihre Datenverarbeitung anzupassen."

[20] GKV-Wettbewerbsstärkungsgesetz – GKV-WSG, BT-Drs. 16/3100.
[21] BR-Drs. 75/07.
[22] BT-Drs. 16/3950.
[23] BT-Drs. 16/4200, 16/4247.
[24] BT-Drs. 16/3100 zu Nr. 165, S. 165.

§ 248 SGB V Beitragssatz aus Versorgungsbezügen und Arbeitseinkommen

(Fassung vom 21.03.2005, gültig ab 01.07.2005, gültig bis 31.12.2008)

Bei Versicherungspflichtigen gilt für die Bemessung der Beiträge aus Versorgungsbezügen und Arbeitseinkommen der nach § 247 Abs. 1 geltende allgemeine Beitragssatz ihrer Krankenkasse sowie der zusätzliche Beitragssatz. Abweichend von Satz 1 gilt bei Versicherungspflichtigen für die Bemessung der Beiträge aus Versorgungsbezügen nach § 229 Abs. 1 Satz 1 Nr. 4 die Hälfte des nach Satz 1 maßgeblichen Beitragssatzes ihrer Krankenkasse sowie der zusätzliche Beitragssatz. In den Fällen des Satzes 2 gilt für die Bemessung der Beiträge für die Zeit vom 1. April 2004 bis 31. Dezember 2004 die Hälfte des am 1. Januar 2004 geltenden allgemeinen Beitragssatzes und für die Zeit vom 1. Januar 2005 bis 30. Juni 2005 die Hälfte des am 1. September 2004 geltenden allgemeinen Beitragssatzes. Vom 1. April 2005 bis zum 30. Juni 2005 gilt Satz 1 mit der Maßgabe, dass der am 1. Juli 2004 geltende allgemeine Beitragssatz der jeweiligen Krankenkasse des Versicherungspflichtigen zu Grunde zu legen ist.

Gliederung

A. Basisinformationen

I. Textgeschichte/Gesetzgebungsmaterialien

§ 248 SGB V wurde durch Art. 1 des Gesundheitsreformgesetzes (GRG)[1] mit Wirkung vom 01.01.1989 eingeführt. Die Vorschrift entsprach in ihrer ursprünglichen Fassung § 256 des Regierungsentwurfs[2]; sie bestand zum damaligen Zeitpunkt aus zwei Absätzen. 1

Absatz 1 a.F. regelte, dass bei **versicherungspflichtigen Mitgliedern** für aus Versorgungsbezügen und Arbeitseinkommen zu entrichtende Beiträge der **halbe allgemeine Beitragssatz** maßgebend sei. Dabei unterschied die Vorschrift zwischen Krankenkassen mit und ohne Landesverband. Bei **Krankenkassen mit Landesverband** galt als Beitragssatz die Hälfte des durchschnittlichen allgemeinen Beitragssatzes der Krankenkasse im Landesverband, der von der zuständigen Aufsichtsbehörde (§ 248 Abs. 1 Satz 4 SGB V a.F.) festzustellen war. Diese Regelung war vor allem für Betriebs-, Innungs- und Ortskrankenkassen sowie für die Landwirtschaftliche Krankenversicherung von Bedeutung.[3] Bei **Krankenkassen ohne Landesverband** galt als Beitragssatz die Hälfte des allgemeinen Beitragssatzes der zuständigen Krankenkasse. Sinn und Zweck der Differenzierung zwischen Krankenkassen mit und ohne Landesverband war, regionale Beitragssatzunterschiede auszugleichen. Dieser Gedanke war von der Vorgängerregelung aus der RVO übernommen worden. 2

Absatz 2 a.F. bestimmte, dass der nach Absatz 1 a.F. maßgebliche Beitragssatz grundsätzlich auch für **freiwillige Mitglieder** anwendbar war, die eine mit § 5 Nr. 11 SGB V vergleichbare Vorversicherungszeit nachwiesen, aber nicht in der Krankenversicherung der Rentner pflichtversichert waren.[4] 3

Eine erste Veränderung erfuhr § 248 SGB V durch Art. 1 Nr. 138 des **Gesundheitsstrukturgesetzes** (GSG) vom 21.12.1992[5] mit Wirkung vom 01.01.1993, der die in Rn. 3 geschilderte Regelung des 4

---

1 GRG vom 20.12.1988, BGBl I 1988, 2477, 2596.

2 Übernahme des Regierungsentwurfs in BT-Drs. 11/2237, keine Änderung durch den 11. Bundestagsausschuss für Arbeit und Sozialordnung, BT-Drs. 11/3320.

3 Vgl. dazu auch *Gerlach* in: Hauck/Noftz, SGB V, § 248 Rn. 6.

4 Ausführlich dazu *Gerlach* in: Hauck/Noftz, SGB V, § 248 Rn. 19.

5 GSG vom 21.12.1992, BGBl I 1992, 2266.

Absatzes 2 a.F. für freiwillige Mitglieder strich. Art. 1 Nr. 137 GSG fügte allerdings eine **Besitzstandsregelung** ein, nach der am 31.12.1992 freiwillige Mitglieder, auf die zu diesem Zeitpunkt § 248 Abs. 2 SGB V a.F. anwendbar war, weiterhin bis 31.12.2003 nach dieser Vorschrift behandelt wurden (§ 240 Abs. 3a SGB V a.F.). Diese Rechtsänderung hielten sowohl Bundesverfassungsgericht als auch Bundessozialgericht, insbesondere aufgrund der geschaffenen Vertrauensschutzregelung, für verfassungsgemäß.[6]

5 Mit dem **Dritten SGB V-Änderungsgesetz** vom 10.05.1995[7] regelte der Gesetzgeber den Beitragssatz aus Versorgungsbezügen und Arbeitseinkommen mit Wirkung vom 01.01.1996 neu. Die Unterscheidung zwischen Krankenkassen, die Mitglieder eines Landesverbandes sind und solchen, die keinem Landesverband angehören, wurde abgeschafft. Seither galt bei der Beitragsbemessung einheitlich die Hälfte des Beitragssatzes der zuständigen Krankenkasse. Hintergrund für den **Übergang zu der Anwendung des kassenindividuellen allgemeinen Beitragssatzes** war die Ablösung des Finanzausgleiches in der Krankenversicherung der Rentner durch den allgemeinen Risikostrukturausgleich. Außerdem wurde mit dieser Änderung letztlich der seit 1996 geltenden erweiterten Wahlfreiheit auch hinsichtlich des Beitragssatzes Rechnung getragen.[8] Für die **landwirtschaftlichen Krankenkassen** traf der Gesetzgeber allerdings eine Sonderregelung dahingehend, dass Beiträge aus Versorgungsbezügen und Arbeitseinkommen für die nach dem KVLG 1989 versicherten Personen weiterhin nach einem durchschnittlichen allgemeinen Beitragssatz zu berechnen sind.

6 Durch Art. 1 Nr. 148 des **Gesetzes zur Modernisierung der gesetzlichen Krankenversicherung (GKV-Modernisierungsgesetz-GMG) vom 14.11.2003**[9] erfuhr Satz 1 mit Wirkung vom 01.01.2004 eine Änderung dahingehend, dass die Wörter „**die Hälfte des** jeweils am 1. Juli geltenden **allgemeinen Beitragssatzes**" durch die Formulierung „der jeweils am 1. Juli geltende **allgemeine Beitragssatz**" ersetzt wurde. Gleichzeitig wurde Satz 2 eingefügt. Die **Halbierung des allgemeinen Beitragssatzes** für aus Versorgungsbezügen und Arbeitseinkommen zu entrichtende Beiträge ist damit **grundsätzlich entfallen**. Maßgeblich für den bis 31.12.2003 halbierten allgemeinen Beitragssatz war die Überlegung, dass es insoweit keinen „Arbeitgeber" oder „Träger der Rentenversicherung" gibt, der die „andere" Hälfte des zu zahlenden Beitrages übernimmt.[10] Der „halbe Beitragssatz" des § 248 SGB V kam vor allem Rentnern zugute, die neben ihrer Rente noch Versorgungsbezüge, z.B. eine Betriebsrente, bezogen.[11] Hintergrund für die Neuregelung war, dass Rentner, die Versorgungsbezüge und Arbeitseinkommen aus selbständiger Tätigkeit beziehen, in angemessenem Umfang an der Finanzierung der Leistungsaufwendungen für sie beteiligt werden sollten.[12] Die Deckungsquote in der Krankenversicherung der Rentner sei nämlich von 70 v.H. im Jahr 1973 auf 43 v.H. zurückgegangen.[13] Es sei daher ein Gebot der Solidarität der Rentner mit den Erwerbstätigen, die Rentner stärker als bisher an der Finanzierung ihrer Leistungen zu beteiligen.[14] Der neu eingefügte Satz 2 regelt jedoch eine Ausnahme von dem Grundsatz des Satzes 1: Für Bezieher von Renten und Landabgaberenten nach dem Gesetz über die Alterssicherung der Landwirte gilt weiterhin die Hälfte des nach Satz 1 maßgeblichen Beitragssatzes der jeweiligen Krankenkasse.

7 Mit Art. 5 Nr. 2 des **Zweiten Gesetzes zur Änderung des Sechsten Buches SGB und anderer Gesetze vom 27.12.2003**[15] fügte der Gesetzgeber mit Wirkung vom 01.02.2004 Satz 3 an, der eine Übergangsregelung enthielt. Für die Bemessung der Beiträge nach Satz 2 (Beiträge aus Versorgungsbezügen nach § 229 Abs. 1 Satz 1 Nr. 4 SGB V) war für die Zeit vom 01.04.2004 bis 31.12.2004 die Hälfte des am 01.01.2004 geltenden allgemeinen Beitragssatzes maßgebend.

8 Eine Änderung in den Sätzen 2 und 3 erfolgte mit Wirkung vom 01.01.2005 durch Art. 3 Nr. 2 und Art. 15 Abs. 11 des **Gesetzes zur Sicherung der nachhaltigen Finanzierungsgrundlagen der gesetzlichen Rentenversicherung (RV-Nachhaltigkeitsgesetz) vom 21.07.2004.**[16] In Satz 2 wurden

6 BVerfG v. 15.03.2000 - 1 BvL 16/96, 1 BvL 17/96, 1 BvL 18/96, 1 BvL 19/96, 1 BvL 20/96, 1 BvL 18/97 - SozR 3-2500 § 5 Nr. 42; BSG v. 26.06.1996 - 12 RK 12/94 - SozR 3-2500 § 248 Nr. 4.

7 BGBl I 1995, 678; Gesetzesmaterialien in BT-Drs. 13/340, S. 10.

8 *Gerlach* in: Hauck/Noftz, SGB V, § 248 Rn. 3.

9 BGBl I 2003, 2190.

10 *Schlegel*, jurisPR-SozR 5/2003, Anm. 4.

11 *Schlegel*, jurisPR-SozR 5/2003, Anm. 4.

12 BT-Drs. 15/1525, S. 140.

13 So die Gesetzesbegründung, BT-Drs. 15/1525, S. 140 zu Nr. 148.

14 BT-Drs. 15/1525, S. 140 zu Nr. 148.

15 BGBl I 2003, 3013.

16 BGBl I 2004, 1791.

die Wörter „1. Juli geltenden allgemeinen Beitragssatzes ihrer Krankenkasse für das folgende Kalenderjahr" durch die Wörter „1. März geltenden allgemeinen Beitragssatzes ihrer Krankenkasse vom 1. Juli des laufenden Kalenderjahres bis zum 30. Juni des folgenden Kalenderjahres" ersetzt. In Satz 3 wurden am Ende des Satzes die Wörter „und für die Zeit vom 1. Januar 2005 bis 30. Juni 2005 die Hälfte des am 1. September 2004 geltenden allgemeinen Beitragssatzes" eingefügt.

Durch Art. 4 Nr. 13a des **Gesetzes zur Vereinfachung der Verwaltungsverfahren im Sozialrecht (Verwaltungsvereinfachungsgesetz) vom 29.03.2005**[17] änderte der Gesetzgeber § 248 SGB V dahingehend, dass mit Wirkung vom 01.04.2005 für die Weitergabe von Beitragssatzänderungen nicht mehr der Stichtag 1. Juli bzw. 1. März und somit nicht mehr das sog. **verzögerte Jahresprinzip** maßgeblich war. Vielmehr ist seit 01.04.2005 § 247 Abs. 1 SGB V anzuwenden, so dass Beitragssatzänderungen innerhalb von drei Monaten zu berücksichtigen sind. 9

Mit Art. 1 Nr. 3b SGB V des **Gesetzes zur Anpassung der Finanzierung von Zahnersatz vom 15.12.2004**[18] wurden mit Wirkung vom 01.07.2005 in den Sätzen 1 und 2 jeweils die Worte „sowie der zusätzliche Beitragssatz" eingefügt, wonach für die Beitragsbemessung auch der zusätzliche Beitragssatz des § 241a SGB V zu berücksichtigen ist. 10

II. Vorgängervorschriften

Der bis 31.12.1995 geltenden Fassung des § 248 Abs. 1 SGB V entsprach **§ 385 Abs. 2a RVO** in seiner zuletzt geltenden Fassung des Haushaltbegleitgesetzes 1983 vom 20.12.1982.[19] Für Versorgungsbezüge und Arbeitseinkommen war nur ein halber Beitragssatz anzuwenden. Der in § 385 Abs. 2a RVO geregelte Beitragssatz für Versorgungsbezüge und Arbeitseinkommen hatte in der RVO noch eine weitere Bedeutung: Der mindestbeitragspflichtige Beitrag gemäß § 381 Abs. 3 RVO orientierte sich nach dem aus den beitragspflichtigen Einnahmen einerseits und dem Beitragssatz andererseits errechneten Krankenversicherungsbeitrag.[20] Dieser musste nur entrichtet werden, wenn er monatlich bei mindestens 10,00 DM lag. 11

III. Systematische Zusammenhänge

§ 248 SGB V ist eine der Vorschriften im Titel über Beitragssätze. Für den aus den Einnahmearten Versorgungsbezüge und Arbeitseinkommen zu leistenden Beitrag bestimmt § 248 SGB V den maßgeblichen Beitragssatz und ist insoweit **Spezialvorschrift** gegenüber den übrigen Vorschriften über Beitragssätze. Bezieht ein Versicherter noch Einkünfte, die einer anderen Einnahmeart zuzurechnen sind, sind für die unterschiedlichen Einnahmearten verschiedene Beitragssätze für die Beitragsbemessung heranzuziehen. 12

§ 248 SGB V ist nur auf aus den beitragspflichtigen Einnahmen der **Versorgungsbezüge** und des **Arbeitseinkommens** zu tragende Beiträge anwendbar. Welche Einnahmen als Versorgungsbezüge gelten, bestimmt **§ 229 SGB V**. Was unter Arbeitseinkommen im Sinne des § 248 SGB V zu verstehen ist, regelt **§ 15 SGB IV.** 13

Im Rahmen des § 248 SGB V gilt der **allgemeine Beitragssatz des § 241 SGB V. § 202 Satz 4 SGB V** bestimmt, dass die Krankenkasse der Zahlstelle der Versorgungsbezüge und dem Bezieher von Versorgungsbezügen unverzüglich die Beitragspflicht des Versorgungsempfängers, deren Umfang und den Beitragssatz aus Versorgungsbezügen mitzuteilen hat. 14

Versicherungspflichtige tragen die Beiträge aus Versorgungsbezügen und Arbeitseinkommen gemäß **§ 250 Abs. 1 Nr. 1 und 2 SGB V** allein. Dies gilt sowohl für den nach dem allgemeinen Beitragssatz zu tragenden Beitrag als auch für den zusätzlichen Beitrag gemäß § 241a SGB V. Für die **Zahlung der Beiträge** ist **§ 256 SGB V bei Versorgungsbezügen** und **§ 252 SGB V** für Arbeitseinkommen anwendbar. 15

Seit 01.04.2005 sind **Beitragssatzänderungen** wie bei Renten nach **§ 247 SGB V innerhalb von drei Monaten** zu berücksichtigen. 16

Seit 01.07.2005 ist für die Beitragsbemessung auch der **zusätzliche Beitragssatz** des **§ 241a SGB V** maßgebend. 17

---

[17] BGBl I 2005, 818.

[18] BGBl I 2004, 3445.

[19] BGBl I 1982, 1857.

[20] *Gerlach* in: Hauck/Noftz, SGB V, § 248 Rn. 5.

B. Auslegung der Norm

I. Regelungsgehalt und Bedeutung der Norm

1. Anwendungsbereich der Vorschrift

18 § 248 SGB V ist nur für versicherungspflichtige, nicht jedoch auf freiwillige Mitglieder anwendbar. Dabei ist irrelevant, durch welchen Tatbestand Versicherungspflicht begründet wird; die Anwendung des § 248 SGB V ist mithin nicht auf wegen Rentenbezuges nach § 5 Abs. 1 Nr. 11 und 12 SGB V Versicherungspflichtige beschränkt. Voraussetzung für die Anwendung des § 248 SGB V ist jedoch, dass an beitragspflichtigen Einnahmen Versorgungsbezüge und Arbeitseinkommen vorhanden sind.

19 Der Beitragssatz nach § 248 Satz 1 SGB V gilt nur für die beitragspflichtigen Einnahmearten **Versorgungsbezüge (§ 229 SGB V)** und **Arbeitseinkommen (§ 15 SGB IV)**. Sind darüber hinaus weitere Einkünfte vorhanden, sind dafür Beiträge nach dem gemäß §§ 241-247 SGB V anzuwendenden Beitragssatz zu entrichten.

20 In § 229 SGB V ist der Begriff der **Versorgungsbezüge** legaldefiniert. Nach § 229 Abs. 1 Satz 1 SGB V gelten als der Rente vergleichbare Einnahmen (Versorgungsbezüge), soweit sie wegen einer Einschränkung der Erwerbsfähigkeit oder zur Alters- oder Hinterbliebenenversorgung erzielt werden, **Versorgungsbezüge aus einem öffentlich-rechtlichen Dienstverhältnis oder aus einem Arbeitsverhältnis mit Anspruch auf Versorgung nach beamtenrechtlichen Vorschriften oder Grundsätzen**; außer Betracht bleiben lediglich übergangsweise gewährte Bezüge, unfallbedingte Leistungen und Leistungen der Beschädigtenversorgung, bei einer Unfallversorgung ein Betrag von 20 v.H. des Zahlbetrags und bei einer erhöhten Unfallversorgung der Unterschiedsbetrag zum Zahlbetrag der Normalversorgung, mindestens 20 v.H. des Zahlbetrags der erhöhten Unfallversorgung. Als Versorgungsbezüge gelten des Weiteren **Bezüge aus der Versorgung der Abgeordneten, Parlamentarischen Staatssekretäre und Minister**, **Renten der Versicherungs- und Versorgungseinrichtungen**, die für Angehörige bestimmter Berufe errichtet sind, **Renten und Landabgaberenten nach dem Gesetz über die Alterssicherung der Landwirte** mit Ausnahme einer Übergangshilfe, **Renten der betrieblichen Altersversorgung einschließlich der Zusatzversorgung im öffentlichen Dienst und der hüttenknappschaftlichen Zusatzversorgung**. § 229 Abs. 1 Satz 1 SGB V gilt gemäß § 229 Abs. 1 Satz 2 SGB V auch, wenn Leistungen dieser Art aus dem Ausland oder von einer zwischenstaatlichen oder überstaatlichen Einrichtung bezogen werden. Tritt an die Stelle der Versorgungsbezüge eine nicht regelmäßig wiederkehrende Leistung oder ist eine solche Leistung vor Eintritt des Versicherungsfalls vereinbart oder zugesagt worden, gilt ein Einhundertzwanzigstel der Leistung als monatlicher Zahlbetrag der Versorgungsbezüge, längstens jedoch für einhundertzwanzig Monate (§ 229 Abs. 1 Satz 3 SGB V).

21 **Arbeitseinkommen** ist gemäß **§ 15 Abs. 1 Satz 1 SGB IV** der nach den allgemeinen Gewinnermittlungsvorschriften des Einkommensteuerrechts ermittelte **Gewinn aus einer selbständigen Tätigkeit**. **Einkommen** ist nach **§ 15 Abs. 1 Satz 2 SGB IV als Arbeitseinkommen zu werten**, wenn es als solches nach dem Einkommensteuerrecht zu bewerten ist. Bei **Landwirten**, deren Gewinn aus Land- und Forstwirtschaft nach § 13a des Einkommensteuergesetzes ermittelt wird, ist gemäß **§ 15 Abs. 2 SGB IV** als Arbeitseinkommen der sich aus § 32 Abs. 6 des Gesetzes über die Alterssicherung der Landwirte ergebende Wert anzusetzen.

2. Anzuwendender Beitragssatz

22 Seit 01.01.2004 ist maßgeblich der **kassenindividuelle allgemeine Beitragssatz** der Krankenkasse, der der jeweilige Versicherte angehört. Bei einem Wechsel der Krankenkasse gilt mit der Wirksamkeit des Wechsels auch der Beitragssatz der neuen Krankenkasse. Außerdem ist ab 01.07.2005 der **zusätzliche Beitragssatz des § 241a SGB V** zu berücksichtigen. Die Aussage von Rn. 13 gilt vorbehaltlich der Sätze 2 und 3 des § 248 SGB V.

23 Damit der kassenindividuelle allgemeine Beitragssatz von der Zahlstelle der Versorgungsbezüge zeitnah berücksichtigt werden kann, bestimmt **§ 202 Satz 4 SGB V**, dass die Krankenkasse der Zahlstelle der Versorgungsbezüge und dem Bezieher von Versorgungsbezügen unverzüglich die Beitragspflicht des Versorgungsempfängers, deren Umfang und den Beitragssatz aus Versorgungsbezügen mitzuteilen hat.

24 Seit 01.04.2005 sind **Beitragssatzänderungen** wie bei Renten nach § 247 SGB V **innerhalb von drei Monaten** zu berücksichtigen.

3. Leistungen nach dem Gesetz über die Alterssicherung der Landwirte

Für die Bemessung der Beiträge aus Versorgungsbezügen nach dem Gesetz über die Altersicherung der Landwirte (§ 229 Abs. 1 Nr. 4 SGB V) bleibt es auch ab 01.01.2004 bei der bis 31.12.2003 allgemein geltenden Halbierung des Beitragssatzes. Dadurch sollen nach der Gesetzesbegründung[21] Mehrbelastungen für den in § 229 Abs. 1 Nr. 4 SGB V genannten Personenkreis vermieden werden. Der halbe Beitragssatz gemäß § 248 Satz 2 SGB V greift allerdings nur für Versorgungsbezüge im Sinne des § 229 Abs. 1 Nr. 4 SGB V ein; für andere Versorgungsbezüge oder Arbeitseinkommen ist der nach § 248 Satz 1 SGB V geltende Beitragssatz anwendbar. Die verfassungsrechtliche Rechtfertigung für die Privilegierung der Bezieher von Versorgungsbezügen nach dem Gesetz über die Alterssicherung der Landwirte wird teilweise bezweifelt.[22] Für weitere Einkünfte sind die nach §§ 241-247 SGB V geltenden Beitragssätze maßgebend. 25

Auch für Bezieher von Versorgungsbezügen nach dem Gesetz über die Altersicherung der Landwirte gilt jedoch außerdem der zusätzliche Beitragssatz nach § 241a SGB V. 26

4. Übergangsregelungen

§ 248 Satz 3 SGB V enthält eine Übergangsregelung zu Satz 1, Satz 4 enthält eine Übergangsvorschrift zu Satz 2. 27

II. Normzweck

§ 248 SGB V regelt den Beitragssatz für Versicherungspflichtige, nach dem diese aus den Einkunftsarten Versorgungsbezüge und Arbeitseinkommen Beiträge zu leisten haben. Nach der Grundregel des Satzes 1 gilt seit 01.01.2004 der volle allgemeine Beitragssatz der jeweiligen Krankenkasse. Eine Ausnahme besteht nach Satz 2 für Bezieher von Versorgungsbezügen nach dem Gesetz über die Altersicherung der Landwirte (§ 229 Abs. 1 Nr. 4 SGB V), für die es auch ab 01.01.2004 bei der bis 31.12.2003 allgemein geltenden Halbierung des Beitragssatzes bleibt. Sowohl bei der Beitragstragung nach Satz 1 als auch nach Satz 2 ist der zusätzliche Beitragssatz nach § 241a SGB V zu berücksichtigen. 28

C. Reformbestrebungen

Am 02.02.2007 nahm der Deutsche Bundestag aufgrund der Beschlussempfehlung und des Berichts des Gesundheitsausschusses[23] den von den Fraktionen CDU/CSU und SPD eingebrachten Entwurf eines Gesetzes zur Stärkung des Wettbewerbs in der gesetzlichen Krankenversicherung vom 24.10.2006[24] an[25]. Neben dem Entwurf der Fraktionen von CDU/CSU und SPD hatte auch ein Gesetzesentwurf der Bundesregierung vom 20.12.2006 vorgelegen.[26] Hinsichtlich der in § 248 SGB V vorgesehenen Änderungen ergibt sich aus dem GKV-Wettbewerbsstärkungsgesetz keine Änderung gegenüber dem Gesetzesentwurf der CDU/CSU und SPD. Auch ergaben sich gegenüber dem Entwurf der Fraktionen von CDU/CSU und SPD aus dem Entwurf der Bundesregierung keine Änderungen. Des Weiteren sahen auch die Beschlussempfehlung und der Bericht des Gesundheitsausschusses[27] keine Änderungen gegenüber dem Entwurf der Fraktionen von CDU/CSU und SPD vor. 29

Artikel 46 des GKV-WSG regelt das In-Kraft-Treten des GKV-Wettbewerbsstärkungsgesetzes. Gemäß Art. 46 Abs. 1 GKV-WSG tritt das Gesetz zum 01.04.2007 in Kraft, soweit in Art. 46 Abs. 2-10 GKV-WSG nichts Abweichendes geregelt ist. 30

Aus Art. 46 Abs. 10 GKV-WSG ergibt sich, dass die in Art. 1 Nr. 166 GKV-WSG geregelte Änderung des § 248 SGB V mit Wirkung zum 01.01.2009 in Kraft treten wird. 31

§ 248 Abs. 1 wird ab diesem Zeitpunkt wie folgt geändert werden: 32
„a) In Satz 1 werden die Wörter „nach § 247 Abs. 1 geltende allgemeine Beitragssatz ihrer Krankenkasse sowie der zusätzliche Beitragssatz“ durch die Wörter „allgemeine Beitragssatz“ ersetzt.

---

[21] BT-Drs. 15/1525, S. 140.

[22] Zu diesen und weiteren Gleichbehandlungsfragen *Peters* in: KassKomm-SGB, SGB V, § 248 Rn. 9, 10.

[23] BT-Drs. 16/4200, 16/4247.

[24] GKV-Wettbewerbsstärkungsgesetz – GKV-WSG, BT-Drs. 16/3100.

[25] BR-Drs. 75/07.

[26] BT-Drs. 16/3950.

[27] BT-Drs. 16/4200, 16/4247.

b) In Satz 2 werden die Wörter „nach Satz 1 maßgeblichen Beitragssatzes ihrer Krankenkasse sowie der zusätzliche Beitragssatz“ durch die Wörter „des allgemeinen Beitragssatzes zuzüglich 0,45 Beitragssatzpunkte“ ersetzt.
c) Die Sätze 3 und 4 werden aufgehoben.“

33 Die Begründung des Gesetzesentwurfes der Fraktionen von CDU/CSU und SPD zu den in § 248 SGB V vorgesehenen Änderungen[28] lautet, zu Buchstaben a und b:
„Folgeregelung zur Änderung der §§ 241, 247. Mit Einführung des Fonds gibt es nur noch einen einheitlichen allgemeinen Beitragssatz. Die Regelung in § 247 , wonach Beitragssatzveränderungen für versicherungspflichtige Rentner mit einer zeitlichen Verzögerung von 3 Monaten gelten, entfällt.“

34 Die Begründung zu Buchstabe b lautet:
„Die Regelung stellt sicher, dass die Höhe der auf Versorgungsbezüge zu entrichtenden Beiträge gleich bleibt, auch wenn der bisherige zusätzliche Beitragssatz im neuen allgemeinen Beitragssatz aufgeht.“

35 Zur Begründung von Nr. 166 c führt der Gesetzesentwurf aus:
„Die Regelungen betreffen einen in der Vergangenheit liegenden Zeitraum und können daher entfallen.“

[28] BT-Drs. 16/3100 zu Nr. 166, S. 165.

Vierter Titel: Tragung der Beiträge

§ 249 SGB V Tragung der Beiträge bei versicherungspflichtiger Beschäftigung

(Fassung vom 26.03.2007, gültig ab 01.04.2007, gültig bis 31.12.2008)

(1) Die nach § 5 Abs. 1 Nr. 1 und 13 versicherungspflichtig Beschäftigten und ihre Arbeitgeber tragen die nach dem Arbeitsentgelt zu bemessenden Beiträge jeweils zur Hälfte; den zusätzlichen Beitragssatz trägt der versicherungspflichtige Beschäftigte allein. Bei geringfügig Beschäftigten gilt § 249b.

(2) Der Arbeitgeber trägt den Beitrag allein für Beschäftigte, soweit Beiträge für Kurzarbeitergeld zu zahlen sind.

(3) (weggefallen)

(4) Abweichend von Absatz 1 werden die Beiträge bei versicherungspflichtig Beschäftigten mit einem monatlichen Arbeitsentgelt innerhalb der Gleitzone nach § 20 Abs. 2 des Vierten Buches vom Arbeitgeber in Höhe der Hälfte des Betrages, der sich ergibt, wenn der Beitragssatz der Krankenkasse auf das der Beschäftigung zugrunde liegende Arbeitsentgelt angewendet wird, im Übrigen vom Versicherten getragen.

Gliederung

A. Basisinformationen

I. Textgeschichte/Gesetzgebungsmaterialien

§ 249 SGB V wurde in seiner ursprünglichen Fassung durch Art. 1 des **Gesundheitsreformgesetzes** (GRG)[1] mit Wirkung vom 01.01.1989 eingeführt. Er entsprach § 258 des Regierungsentwurfes.[2] Nach dessen Begründung war eine Änderung gegenüber der Vorgängervorschrift nicht beabsichtigt. 1

Durch das **Gesetz zur Einführung eines Sozialversicherungsausweises vom 06.10.1989**[3] wurde Absatz 2 Nr. 1 der damaligen Fassung mit Wirkung vom 01.01.1990 dahingehend geändert, dass Bezugsmaßstab für die Beitragsbemessung nicht mehr § 1385 Abs. 2 RVO, sondern § 18 SGB IV war. Gleichzeitig wurde mit dem genannten Gesetz vom 06.10.1989 mit Wirkung vom 01.01.1990 Absatz 3 eingefügt. 2

Das **Gesetz zur Förderung eines freiwilligen ökologischen Jahres vom 17.12.1993**[4] nahm mit Wirkung vom 01.09.1993 eine Anpassung des damaligen Absatzes 2 Nr. 2 vor, indem in dieser Vorschrift nunmehr auch die alleinige Beitragstragung durch den Arbeitgeber für Personen, die ein freiwilliges ökologisches Jahr leisteten, geregelt wurde. 3

---

[1] GRG vom 20.12.1988, BGBl I 1988, 2477.
[2] BT-Drs. 11/2237, S. 71.
[3] BGBl I 1989, 1822.
[4] FÖJG v. 17.12.1993, BGBl I 1993, 2118, Art. 3 Abs. 12 Nr. 3.

4 Mit Wirkung vom 01.01.1997 erfolgte durch das **Gesetz zur sozialrechtlichen Behandlung von einmalig gezahltem Arbeitsentgelt vom 12.12.1996**[5] eine Änderung des Absatzes 3 der damaligen Fassung. Hinsichtlich einmalig gezahlten Arbeitsentgeltes verwies Absatz 3 in einem Klammerzusatz nunmehr nicht mehr auf § 227 SGB V, sondern auf § 23a SGB IV.

5 Durch das **Gesetz zur Reform der Arbeitsförderung vom 24.03.1997**[6] fügte der Gesetzgeber § 249 Abs. 2 Nr. 3 SGB V ein, mit dem mit Wirkung vom 01.01.1998 die alleinige Beitragstragung des Arbeitgebers für die für Kurzarbeiter- oder Winterausfallgeld zu zahlenden Beiträge bestimmt wurde. Bis zu diesem Zeitpunkt enthielt § 163 Abs. 1, Abs. 2 AFG[7] eine inhaltsgleiche Regelung.

6 Durch Art. 4 Nr. 6 des **Ersten Gesetzes zur Änderung des Dritten Buches Sozialgesetzbuch und anderer Gesetze vom 16.12.1997**[8] wurde mit Wirkung vom 01.01.1998 in Absatz 2 Nr. 1 der zweite Satzteil gestrichen. Die gestrichene Regelung hatte die Geringverdienergrenze solange auf 610,00 DM monatlich festgeschrieben, wie ein Siebtel der monatlichen Bezugsgröße den Betrag von 610,00 DM unterschritt. Wegen eines Anstiegs des letztgenannten Wertes im Jahr 1997 war die Regelung entbehrlich geworden.

7 Durch das **Gesetz zur Neuregelung der geringfügigen Beschäftigungsverhältnisse vom 24.03.1999**[9] wurde Absatz 2 Nr. 1 mit Wirkung vom 01.04.1999 neu gefasst. Die alleinige Beitragstragungspflicht des Arbeitgebers bestand ab diesem Zeitpunkt nur noch für Auszubildende, deren monatliches Arbeitsentgelt 630,00 DM nicht überstieg. Auf weitere Beschäftigte war die Vorschrift ab dem genannten Zeitpunkt nicht mehr anwendbar. Gleichzeitig wurde die bis dahin dynamische Grenze für Geringverdiener von einem Siebtel der monatlichen Bezugsgröße im Sinne des § 18 SGB IV durch den festen Betrag von 630,00 DM ersetzt.

8 Mit Art. 1 Nr. 11 des **Achten €-Einführungsgesetzes vom 23.10.2001**[10] wurde die in Absatz 2 Nr. 1 enthaltene DM-Angabe mit Wirkung vom 01.01.2002 durch den Betrag von 325,00 € ersetzt.

9 Art. 3 Nr. 7a des **Zweiten Gesetzes für moderne Dienstleistungen am Arbeitsmarkt vom 23.12.2002**[11] hob den in Absatz 2 Nr. 1 genannten Betrag mit Wirkung vom 01.04.2003 auf 400,00 € an.

10 Mit Art 3 Nr. 7b des in Rn. 9 genannten Gesetzes wurde **Absatz 4** angefügt. Durch diese Vorschrift hob der Gesetzgeber die Beitragslast des Arbeitgebers in der Gleitzone des § 20 Abs. 2 SGB IV (400,01 € bis 800,00 €) so an, dass dessen Beitragslast höher ist als die des Versicherten.

11 Durch Art. 2 Nr. 2 des **Dritten Gesetzes zur Änderung des SGB und anderer Gesetze vom 24.07.2003**[12] wurden Absatz 2 Nr. 1 und 2 sowie Absatz 3 aufgehoben. Die darin enthaltenen Regelungen finden sich seither in § 20 Abs. 3 SGB IV.

12 Mit dem **Gesetz zur Anpassung der Finanzierung von Zahnersatz vom 15.12.2004**[13] wurde in Absatz 1 der zweite Halbsatz angefügt, wonach der versicherungspflichtige Beschäftigte den zusätzlichen Beitragssatz nach § 241a SGB V allein trägt.

13 Am 02.02.2007 nahm der Deutsche Bundestag aufgrund der Beschlussempfehlung und des Berichts des Gesundheitsausschusses[14] den von den Fraktionen CDU/CSU und SPD eingebrachten Entwurf eines **Gesetzes zur Stärkung des Wettbewerbs in der gesetzlichen Krankenversicherung** vom 24.10.2006[15] an[16]. Neben dem Entwurf der Fraktionen von CDU/CSU und SPD hatte auch ein Gesetzesentwurf der Bundesregierung vom 20.12.2006 vorgelegen.[17] Hinsichtlich der in § 249 SGB V vorgesehenen Änderungen ergibt sich aus dem GKV-Wettbewerbsstärkungsgesetz eine Änderung gegenüber dem Gesetzesentwurf der CDU/CSU und SPD dahingehend, dass in dem nun beschlossenen Gesetz ein weiterer Satz angefügt wird, wonach bei geringfügig Beschäftigten § 249b SGB V Gültigkeit

---

5 BGBl I 1997, 1859.

6 Arbeitsförderungsreformgesetz, BGBl I 1997, 594.

7 Arbeitsförderungsgesetz, aufgehoben durch das Arbeitsförderungsreformgesetz, vgl. Fn. 6, Art. 82 Abs. 1 Nr. 1.

8 1. SGB III-ÄndG, BGBl I 1997, 2970.

9 BGBl I 1999, 388.

10 8. €EinfG, BGBl I 2001, 2702.

11 BGBl I 2002, 4721.

12 BGBl I 2003, 1526.

13 BGBl I 2004, 3445.

14 BT-Drs. 16/4200, 16/4247.

15 GKV-Wettbewerbsstärkungsgesetz – GKV-WSG, BT-Drs. 16/3100.

16 BR-Drs. 75/07.

17 BT-Drs. 16/3950.

habe. Gegenüber dem Entwurf der Fraktionen von CDU/CSU und SPD ergaben sich aus dem Entwurf der Bundesregierung keine Änderungen. Der Bericht des Gesundheitsausschusses[18] weist darauf hin, dass der Verweis auf § 249b SGB V bei geringfügig Beschäftigten in dem nun beschlossenen Gesetz gegenüber der Fassung des Gesetzentwurfes aus Gründen der redaktionellen Klarstellung notwendig gewesen sei.

Artikel 46 des GKV-WSG regelt das In-Kraft-Treten des GKV-Wettbewerbsstärkungsgesetzes. Gemäß Art. 46 Abs. 1 GKV-WSG tritt das Gesetz zum 01.04.2007 in Kraft, soweit in Art. 46 Abs. 2-10 GKV-WSG nichts Abweichendes geregelt ist. Für die Änderungen des § 249 SGB V gilt die Grundregel des Art. 46 Abs. 1 GKV-WSG, so dass diese Änderungen zum 01.04.2007 in Kraft treten. 14

II. Vorgängervorschriften

Die ursprüngliche Fassung des § 249 SGB V entsprach nahezu inhaltsgleich **§ 381 Abs. 1 RVO**. Die darin enthaltenen Regelungen waren in § 249 SGB V mit Ausnahme der Regelung für Personen in Einrichtungen der Jugendhilfe und für Behinderte übernommen worden. Für diesen Personenkreis war im SGB V nunmehr § 251 Abs. 2 SGB V maßgebend. 15

III. Parallelvorschriften

Die Mittel der Sozialversicherung einschließlich der Arbeitsförderung werden gemäß **§ 20 Abs. 1 SGB IV** nach Maßgabe der besonderen Vorschriften für die einzelnen Versicherungszweige durch Beiträge der Versicherten, der Arbeitgeber und Dritter, durch staatliche Zuschüsse und durch sonstige Einnahmen aufgebracht. Diese allgemeine Vorschrift wird für die Gesetzliche Krankenversicherung hinsichtlich der Beitragstragung u.a. durch § 249 SGB V ausgestaltet. 16

Für den Bereich der **Gesetzlichen Rentenversicherung** enthält **§ 168 Abs. 1 Nr. 1, Abs. 2 SGB VI** vergleichbare Regelungen. Nach § 168 Abs. 1 Nr. 1 SGB V werden die Beiträge bei Personen, die gegen Arbeitsentgelt oder zu ihrer Berufsausbildung beschäftigt werden, von den Versicherten und den Arbeitgebern je zur Hälfte getragen, jedoch von den Arbeitgebern alleine, wenn die Versicherten ein freiwilliges soziales Jahr im Sinne des Gesetzes zur Förderung eines freiwilligen sozialen Jahres oder ein freiwilliges ökologisches Jahr im Sinne des Gesetzes zur Förderung eines freiwilligen ökologischen Jahres leisten oder wenn das monatliche Arbeitsentgelt ein Siebtel der monatlichen Bezugsgröße nicht übersteigt; solange das Arbeitsentgelt ein Siebtel der monatlichen Bezugsgröße unterschreitet, ist dieser Betrag maßgeblich. Wird infolge einmalig gezahlten Arbeitsentgelts die in Absatz 1 Nr. 1 genannte Grenze oder die in Absatz 1 Nr. 2 genannte Grenze von 20 v.H. der monatlichen Bezugsgröße überschritten, tragen die Versicherten und die Arbeitgeber die Beiträge von dem diese Grenzen übersteigenden Teil des Arbeitsentgelts gemäß § 168 Abs. 2 SGB V jeweils zur Hälfte; im Übrigen tragen die Arbeitgeber den Beitrag allein. 17

Für die **Arbeitsförderung** ist **§ 346 Abs. 1 SGB III** als vergleichbare Vorschrift zu nennen. Nach § 346 Abs. 1 SGB III werden die Beiträge von den versicherungspflichtig Beschäftigten und den Arbeitgebern je zur Hälfte getragen. 18

Vergleichbare Vorschriften zu der Beitragsverteilung bei **Arbeitsentgelten innerhalb der Gleitzone des § 20 Abs. 2 SGB IV**, die für den Bereich der Gesetzlichen Krankenversicherung in § 249 Abs. 4 SGB V geregelt ist, sind für die **Soziale Pflegeversicherung** in **§ 58 Abs. 5 SGB XI, für die Gesetzliche Rentenversicherung** in **§ 168 Abs. 1 Nr. 1d SGB VI** und im **Arbeitsförderungsrecht** in **§ 346 Abs. 1a SGB III** enthalten. Für die Gesetzliche Rentenversicherung hat der Arbeitnehmer die Möglichkeit zu erklären, dass die Reduzierung der beitragspflichtigen Einnahmen unterbleiben soll, **§ 163 Abs. 10 Sätze 6 und 7 SGB VI.** 19

IV. Untergesetzliche Vorschriften

Als untergesetzliche Vorschrift ist im Zusammenhang mit § 249 SGB V die **Verordnung über die Zahlung, Weiterleitung, Abrechnung und Abstimmung des Gesamtsozialversicherungsbeitrages – Beitragszahlungsverordnung (BZVO)**[19] – zu nennen. § 2 BZVO regelt den Berechnungsvorgang für die nach § 249 SGB V zu tragenden Beiträge. 20

---

[18] BT-Drs. 16/4247.

[19] Beitragszahlungsverordnung in der Fassung der Bekanntmachung vom 28.07.1997, BGBl I 1997, 1927, zuletzt geändert durch Art. 15 VerwaltungsvereinfachungsG vom 21.03.2005, BGBl I 2005, 818.

V. Systematische Zusanhänge

21 § 249 SGB V ist erste Vorschrift des Vierten Titels über die Tragung der Beiträge innerhalb des Ersten Abschnittes (Beiträge) im Achten Kapitel (Finanzierung) des SGB V. Sie regelt gemeinsam mit den §§ 249a-251 SGB V die **Beitragstragung**, bestimmt also, wer die Beiträge aufzubringen hat. Dabei ist § 249 SGB V die in der Praxis wichtigste Vorschrift, weil sie den großen Personenkreis der versicherungspflichtig Beschäftigten betrifft.

22 Die Vorschriften über die Beitragstragung sind von denen über die **Beitragszahlung, §§ 252 ff. SGB V**, zu unterscheiden. Während Letztere regeln, wer die gesamten Krankenversicherungsbeiträge bei der Einzugsstelle einzuzahlen hat, bestimmen die Vorschriften über die Beitragstragung die Verteilung der Beitragslast und damit, wer die Beiträge tatsächlich aufzubringen hat.

23 § 249 SGB V regelt die Tragung der Beiträge für die nach **§ 5 Abs. 1 Nr. 1 SGB V versicherungspflichtig Beschäftigten**. Versicherungspflichtig sind nach § 5 Abs. 1 Nr. 1 SGB V Arbeiter, Angestellte und zu ihrer Berufsausbildung Beschäftigte, die gegen Arbeitsentgelt beschäftigt sind. Auch für diesen Personenkreis betrifft § 249 SGB V nur die Tragung der Beiträge aus dem Arbeitsentgelt.

24 § 249 Abs. 1 SGB V bezieht sich auch auf Versicherte nach § 5 Abs. 1 Nr. 13 SGB V. Nach dieser Vorschrift sind nunmehr auch Personen versicherungspflichtig, die keinen anderweitigen Anspruch auf Absicherung im Krankheitsfall haben und zuletzt gesetzlich krankenversichert waren oder bisher nicht gesetzlich oder privat krankenversichert waren, es sei denn, dass sie zu den in § 5 Abs. 5 SGB V oder den in § 6 Abs. 1 oder 2 SGB V genannten Personen gehören oder bei Ausübung ihrer beruflichen Tätigkeit im Inland gehört hätten.

25 **Arbeitsentgelt** sind nach **§ 14 Abs. 1 Satz 1 SGB IV** alle laufenden oder einmaligen Einnahmen aus einer Beschäftigung, gleichgültig, ob ein Rechtsanspruch auf die Einnahmen besteht, unter welcher Bezeichnung oder in welcher Form sie geleistet werden und ob sie unmittelbar aus der Beschäftigung oder im Zusammenhang mit ihr erzielt werden. Arbeitsentgelt sind auch Entgeltteile, die durch Entgeltumwandlung nach § 1 Abs. 2 des Gesetzes zur Verbesserung der betrieblichen Altersversorgung für betriebliche Altersversorgung in den Durchführungswegen Direktzusage oder Unterstützungskasse verwendet werden. Steuerfreie Aufwandsentschädigungen und die in § 3 Nr. 26 des Einkommensteuergesetzes genannten steuerfreien Einnahmen gelten nicht als Arbeitsentgelt. Ist ein Nettoarbeitsentgelt vereinbart, gelten als Arbeitsentgelt gemäß **§ 14 Abs. 2 Satz 1 SGB IV** die Einnahmen des Beschäftigten einschließlich der darauf entfallenden Steuern und der seinem gesetzlichen Anteil entsprechenden Beiträge zur Sozialversicherung und zur Arbeitsförderung. Sind bei illegalen Beschäftigungsverhältnissen Steuern und Beiträge zur Sozialversicherung und zur Arbeitsförderung nicht gezahlt worden, gilt nach **§ 14 Abs. 2 Satz 2 SGB IV** ein Nettoarbeitsentgelt als vereinbart. Bei Verwendung eines Haushaltsschecks (vereinfachte Meldung für einen im privaten Haushalt Beschäftigten) gemäß **§ 28a Abs. 7 SGB IV** gilt der ausgezahlte Betrag zuzüglich der durch Abzug vom Arbeitslohn einbehaltenen Steuern als Arbeitsentgelt. **§ 17 Abs. 1 Satz 1 Nr. 3 SGB IV** enthält eine Verordnungsermächtigung, die die Bundesregierung ermächtigt, durch Rechtsverordnung mit Zustimmung des Bundesrates zur Wahrung der Belange der Sozialversicherung und der Arbeitsförderung, zur Förderung der betrieblichen Altersversorgung oder zur Vereinfachung des Beitragseinzugs zu bestimmen, wie das Arbeitsentgelt, das Arbeitseinkommen und das Gesamteinkommen zu ermitteln und zeitlich zuzurechnen sind.

26 Haben die nach § 5 Abs. 1 Nr. 1 SGB V versicherungspflichtig Beschäftigten weitere beitragspflichtige Einnahmen, die nicht Arbeitsentgelt sind, so bestimmt sich die Beitragstragung für diese Einkünfte nach den **§§ 249a, 250 Abs. 1 Nr. 1 und Nr. 2 SGB V**.

27 Als gegen Arbeitsentgelt beschäftigte Arbeiter und Angestellte im Sinne des § 5 Abs. 1 Nr. 1 SGB V gelten gemäß **§ 5 Abs. 3 SGB V** auch **Bezieher von Vorruhestandsgeld**, wenn sie unmittelbar vor Bezug des Vorruhestandsgeldes versicherungspflichtig waren und das Vorruhestandsgeld mindestens in Höhe von 65 v.H. des Bruttoarbeitsentgelts im Sinne des § 3 Abs. 2 des Vorruhestandsgesetzes gezahlt wird.

28 Für die nach **§ 5 Abs. 1 Nr. 7 und Nr. 8 SGB V** versicherungspflichtigen behinderten Menschen gilt § 249 Abs. 1 und Abs. 3 SGB V gemäß **§ 251 Abs. 2 Satz 1 Nr. 2 HS. 2 SGB V** entsprechend. Der Träger der Einrichtung trägt den Beitrag allerdings nach § 251 Abs. 2 Satz 1 Nr. 2 HS. 1 SGB V allein, wenn das tatsächliche Arbeitsentgelt den nach § 235 Abs. 3 SGB V maßgeblichen Mindestbetrag nicht übersteigt.

29 § 249 Abs. 1 HS. 2 SGB V bestimmt, dass die versicherungspflichtig Beschäftigten den **zusätzlichen Beitragssatz nach § 241a SGB V** allein tragen.

§ 249 Abs. 2 SGB V regelt die Beitragstragung für Beschäftigte, soweit Beiträge für **Kurzarbeitergeld** gemäß **§§ 169 ff. SGB III** oder **Winterausfallgeld** nach **§ 214 SGB III** zu zahlen sind. Arbeitnehmer haben nach **§ 169 SGB III Anspruch auf Kurzarbeitergeld**, wenn ein erheblicher Arbeitsausfall mit Entgeltausfall im Sinne des § 170 SGB III vorliegt, die betrieblichen (§ 171 SGB III) und persönlichen Voraussetzungen (§ 172 SGB III) erfüllt sind und der Arbeitsausfall der Agentur für Arbeit angezeigt (§ 173 SGB III) worden ist. Die besonderen Voraussetzungen für einen **Anspruch auf Winterausfallgeld** erfüllen nach **§ 214 Abs. 1 Satz 1 SGB III** Arbeitnehmer, die bei Beginn des Arbeitsausfalls versicherungspflichtig beschäftigt sind, deren Anspruch auf eine Winterausfallgeld-Vorausleistung in der jeweiligen Schlechtwetterzeit ausgeschöpft ist, die nicht Bezieher von Krankengeld sind und bei denen durch die Leistung von Winterausfallgeld nicht in Arbeitskämpfe eingegriffen wird. Ein Eingriff in den Arbeitskampf liegt nicht vor, wenn der Arbeitnehmer in einem Betrieb beschäftigt ist, der nicht dem fachlichen Geltungsbereich des umkämpften Tarifvertrags zuzuordnen ist. Abweichend von Satz 1 Nr. 2 erfüllen die besonderen Voraussetzungen für einen Anspruch auf Winterausfallgeld gemäß § 214 Abs. 1 Satz 2 SGB III auch Arbeitnehmer, deren Anspruch auf eine Winterausfallgeld-Vorausleistung in den zur Schlechtwetterzeit gehörenden Kalendermonaten im jeweiligen Kalenderjahr ausgeschöpft ist, wenn die in einem Zweig des Baugewerbes getroffenen Regelungen über die Abrechnung der Winterausfallgeld-Vorausleistung auf das jeweilige Kalenderjahr abstellen. Soweit **Kurzarbeitergeld oder Winterausfallgeld** nach dem SGB III gewährt wird, gelten gemäß **§ 232a Abs. 2 SGB V** als **beitragspflichtige Einnahmen nach § 226 Abs. 1 Satz 1 Nr. 1** SGB V 80 v.H. des Unterschiedsbetrages zwischen dem Sollentgelt und dem Istentgelt nach § 179 SGB III. 30

§ 249 Abs. 4 SGB V regelt die Beitragstragung für versicherungspflichtig Beschäftigte mit einem monatlichen Arbeitsentgelt innerhalb der **Gleitzone** des **§ 20 Abs. 2 SGB IV**. Die Gleitzone im Sinne dieses Gesetzbuches liegt gemäß § 20 Abs. 2 SGB IV bei einem Beschäftigungsverhältnis vor, wenn das daraus erzielte Arbeitsentgelt zwischen 400,01 € und 800,00 € im Monat liegt und die Grenze von 800,00 € im Monat regelmäßig nicht überschreitet; bei mehreren Beschäftigungsverhältnissen ist das insgesamt erzielte Arbeitsentgelt maßgebend. **§ 226 Abs. 4 SGB V** bestimmt die **beitragspflichtigen Einnahmen** bei dem Bezug eines Arbeitsentgelts innerhalb der Gleitzone des § 20 Abs. 2 SGB IV. 31

VI. Ausgewählte Literaturhinweise

Helstelä, Fixer Satz für Arbeitgeber?, ZfS 2005, 1-8; *Neubauer*, Festschreibung der Arbeitgeberbeiträge statt Budgetierung – Neue Prioritätensetzung in einer älter werdenden Volkswirtschaft –, FfG 2003, 162-165; *Paquet*, Paritätische Finanzierung darf kein Dogma sein – Krankenversicherung hat sich vom Arbeitsverhältnis weitgehend gelöst –, FfG 2003, 162; *Wiegelmann*, Beiträge und Bezugsgrößen in der Kranken-, Pflege- und Rentenversicherung für das Jahr 2005, ZfS 2005, 1. 32

B. Auslegung der Norm

I. Regelungsgehalt und Bedeutung der Norm

1. Geltungsbereich der Vorschrift

§ 249 Abs. 1 SGB V regelt die Beitragstragung für nach **§ 5 Abs. 1 Nr. 1 SGB V versicherungspflichtig Beschäftigte**. Die Vorschrift gilt für alle Krankenkassen gemäß **§ 4 Abs. 2 SGB V**. Versicherungspflichtig sind nach § 5 Abs. 1 Nr. 1 SGB V Arbeiter, Angestellte und zu ihrer Berufsausbildung Beschäftigte, die gegen Arbeitsentgelt beschäftigt sind. Auch für diesen Personenkreis betrifft § 249 SGB V nur die Tragung der Beiträge aus dem Arbeitsentgelt. 33

Als gegen Arbeitsentgelt beschäftigte Arbeiter und Angestellte im Sinne des § 5 Abs. 1 Nr. 1 SGB V gelten gemäß **§ 5 Abs. 3 SGB V** auch **Bezieher von Vorruhestandsgeld**, wenn sie unmittelbar vor Bezug des Vorruhestandsgeldes versicherungspflichtig waren und das Vorruhestandsgeld mindestens in Höhe von 65 v.H. des Bruttoarbeitsentgelts im Sinne des § 3 Abs. 2 SGB V des Vorruhestandsgesetzes gezahlt wird. 34

Für die nach **§ 5 Abs. 1 Nr. 7 und Nr. 8** SGB V versicherungspflichtigen behinderten Menschen ist § 249 Abs. 1 und 3 SGB V gemäß **§ 251 Abs. 2 Satz 1 Nr. 2 HS. 2 SGB V** entsprechend anwendbar. Der Träger der Einrichtung trägt den Beitrag allerdings nach § 251 Abs. 2 Satz 1 Nr. 2 HS. 1 SGB V allein, wenn das tatsächliche Arbeitsentgelt den nach § 235 Abs. 3 SGB V maßgeblichen Mindestbetrag nicht übersteigt. 35

36 **§ 249 Abs. 2 SGB V** regelt die Beitragstragung für Beschäftigte, soweit Beiträge auf **Kurzarbeitergeld** gemäß **§§ 169 ff. SGB III** oder **Winterausfallgeld** nach **§ 214 SGB III** zu zahlen sind (vgl. auch Rn. 28).

37 **§ 249 Abs. 4 SGB V** regelt die Beitragstragung für versicherungspflichtig Beschäftigte mit einem monatlichen Arbeitsentgelt innerhalb der **Gleitzone** des **§ 20 Abs. 2 SGB IV** (vgl. auch Rn. 29).

2. Beitragstragung bei versicherungspflichtig Beschäftigten (Absatz 1)

38 § 249 Abs. 1 SGB V bestimmt, dass die nach § 5 Abs. 1 Nr. 1 SGB V versicherungspflichtig Beschäftigten und ihre Arbeitgeber die nach dem Arbeitsentgelt zu bemessenden Beiträge **jeweils zur Hälfte** tragen. Diese Regelung wird als **Parität in der Beitragstragung** bezeichnet.

39 Dass die Arbeitgeber an der Aufbringung der Krankenversicherungsbeiträge ihrer Beschäftigten beteiligt werden, geht auf **jahrhundertealte Rechtsgrundsätze**[20] zurück, die eine entsprechende Verpflichtung als Teil der **Fürsorgepflicht des Arbeitgebers** für einen erkrankten Arbeitnehmer begründeten.

40 In der Gesetzlichen Krankenversicherung galt seit 01.06.1949 die jeweils hälftige Beitragstragung durch Versicherten und Arbeitgeber. Zuvor galt eine Verteilung von einem Drittel auf Seiten des Arbeitgebers und zwei Dritteln seitens des Arbeitnehmers.

41 Eine Belastung des Arbeitnehmers mit einem größeren Anteil als der hälftigen Beitragstragung ist – auch durch vertragliche Regelung – nicht möglich, da § 249 Abs. 1 SGB V eine obligatorische Vorschrift darstellt. In diesem Zusammenhang ist auch auf **§ 32 SGB I** zu verweisen, der privatrechtliche Vereinbarungen, die zum Nachteil des Sozialleistungsberechtigten von Vorschriften des Sozialgesetzbuches abweichen, für nichtig erklärt. Im Umkehrschluss dazu ergibt sich, dass eine höhere Beteiligung des Arbeitgebers oder sogar die Tragung des ganzen Beitrages durch den Arbeitgeber vertraglich vereinbart werden kann. Der übernommene Beitragsanteil des Versicherten stellt einen vermögenswerten Vorteil dar, der zur Steuer- und Beitragspflicht führt.

42 Wer **Arbeitgeber** im Sinne des § 249 Abs. 1 SGB V ist, regelt das Gesetz nicht. Nach der Rechtsprechung ist Arbeitgeber, wer einen anderen als Arbeitnehmer beschäftigt. Der Arbeitnehmer muss in den Diensten des Arbeitgebers stehen, der Arbeitgeber muss über ihn das Weisungsrecht haben, auf seine Rechnung muss der Lohn gezahlt werden und ihm muss der wirtschaftliche Ertrag der Arbeit zugute kommen.[21]

43 **Juristische Personen** sind zur Tragung des Arbeitgeberanteils an den Beiträgen verpflichtet. Sie handeln durch ihre gesetzlichen oder berufenen Vertreter. Sie haben die Möglichkeit, sich wie ein Arbeitgeber, der natürliche Person ist, eines Stellvertreters zu bedienen. Entsprechendes gilt auch für nicht rechtsfähige Gesellschaften oder Gemeinschaften, bei denen die Gesellschafter oder die Mitglieder der Gemeinschaft die gesetzlichen Pflichten zu erfüllen haben.[22]

44 Wer einen Betrieb in eigenem Namen führt, ist Arbeitgeber, auch wenn die Führung des Betriebs mit fremden Betriebsmitteln und für fremde Rechnung geschieht.

45 Bei **Mehrfachbeschäftigten** (vgl. zu diesen auch § 22 Abs. 2 Satz 1 SGB IV und § 257 Abs. 1 Satz 2 SGB V) zahlt jeder Arbeitgeber den auf das von ihm gezahlte Arbeitsentgelt entfallenden Beitrag. § 396 Abs. 2 RVO regelte für die Arbeitgeber Mehrfachbeschäftigter eine Gesamtschuldnerschaft. Eine entsprechende Vorschrift ist im SGB V jedoch nicht mehr enthalten.

46 Absatz 1 enthält in seinem zweiten Halbsatz bereits eine Ausnahme von dem Grundsatz der Parität in der Beitragstragung. Den **zusätzlichen Beitrag des § 241a SGB V** trägt der Beschäftigte allein. Nach § 241a SGB V liegt der zusätzliche Beitrag bei 0,9 v.H. der beitragspflichtigen Einnahmen. Die Formulierung des § 249 Abs. 1 HS. 2 SGB V ist ungenau; der versicherungspflichtig Beschäftigte hat nicht den „zusätzlichen Beitragssatz", sondern den aus § 241a SGB V resultierenden zusätzlichen Beitrag alleine zu tragen. Fraglich ist, ob der versicherungspflichtige Arbeitnehmer den sich aus § 241a SGB V ergebenden zusätzlichen Beitrag auch dann allein zu tragen hat, wenn ein Ausnahmefall von § 249 Abs. 1 HS. 1 SGB V vorliegt, nach dem der Arbeitgeber die Beiträge allein trägt. Ein Argument dafür, dass der versicherungspflichtige Arbeitnehmer auch in einem solchen Fall den zusätzlichen Beitrag gemäß § 241a SGB V allein zu tragen hat, ist, dass **§ 249 Abs. 1 HS. 2 SGB V lex specialis zu den Absätzen 2 und 4 des § 249 SGB V sowie zu § 20 Abs. 3 SGB IV** sein dürfte.[23]

---

[20] Entsprechende Rechtsgrundsätze waren bspw. in Soz.B. §§ 86 ff. der Preußischen Gesindeordnung vom 08.11.1810 und in §§ 48 ff. der Seemanns-Ordnung vom 27.12.1872 enthalten.

[21] BSG v. 20.12.1962 - 3 RK 31/58 - BSGE 18, 190; BSG v. 30.05.1967 - 3 RK 109/64 - BSGE 26, 280.

[22] BAG v. 06.07.1989 - 6 AZR 771/87 - BAGE 62, 246.

[23] Vgl. dazu *Peters* in: KassKomm, SGB V, § 249 Rn. 5.

3. Beitragstragung bei Kurzarbeiter- und Winterausfallgeld (Absatz 2)

Der in Absatz 1 geregelte Grundsatz der paritätischen Beitragstragung wird in Absatz 2 durchbrochen. 47
Absatz 2 bestimmt als **Ausnahmeregelung zu Absatz 1**, dass der Arbeitgeber den Beitrag für Beschäftigte allein trägt, soweit Beiträge auf Kurzarbeiter- oder Winterausfallgeld zu zahlen sind.

Soweit Kurzarbeiter- oder Winterausfallgeld nach dem SGB III gewährt wird, gelten gemäß **§ 232a** 48
Abs. 2 SGB V als beitragspflichtige Einnahmen nach **§ 226 Abs. 1 Satz 1 Nr. 1 SGB V** 80 v.H. des Unterschiedsbetrages zwischen dem Sollentgelt und dem Istentgelt nach § 179 SGB III.

Hat ein Bezieher von Winterausfallgeld nach dem SGB III gegen seinen Arbeitgeber für die Ausfall- 49
stunden Anspruch auf Arbeitsentgelt, das unter Anrechnung des Winterausfallgeldes zu zahlen ist, so bemisst sich der Beitrag gemäß **§ 232a Abs. 3 SGB V** abweichend von **§ 232a Abs. 2SGB V** nach dem Arbeitsentgelt unter Hinzurechnung des Winterausfallgeldes. Für die anteiligen Beiträge aus dem Arbeitsentgelt ist § 249 Abs. 1 SGB V anzuwenden.

4. Weitere Ausnahmen von der hälftigen Beitragstragung

Die durch Art. 2 Nr. 2 des **Dritten Gesetzes zur Änderung des SGB und anderer Gesetze** 50
vom 24.07.2003 aufgehobenen Regelungen des früheren Absatzes 2 Nr. 1 und 2 sind seither in § 20 Abs. 3 SGB IV enthalten. Auch in diesen Fällen, nämlich bei einer **Berufsausbildung mit geringem Arbeitsentgelt** und bei der Ableistung eines **freiwilligen sozialen oder ökologischen Jahres**, besteht eine **alleinige Beitragstragungspflicht des Arbeitgebers**.

Bei einer **Berufsausbildung mit geringem Arbeitsentgelt** gilt als Grenze, bis zu der der Arbeitgeber 51
die Beiträge allein zu tragen hat, ein Arbeitsentgelt von 325 €. Vor der Verlegung der Regelung von § 249 Abs. 2 Nr. 1 SGB V in § 20 Abs. 3 Satz 1 Nr. 1SGB IV galt eine Grenze von 400 €.[24]

Gemäß **§ 7 Abs. 2 des Entwicklungshelfergesetzes** tragen für Entwicklungshelfer, die in der Gesetz- 52
lichen Krankenversicherung versichert sind, die Träger des Entwicklungsdienstes die Beiträge für die Zeit des Vorbereitungsdienstes allein.

Der Arbeitgeber hat den Beitrag auch dann allein zu tragen, wenn der **Beitragsabzug vom Arbeitsent-** 53
gelt unterblieben ist. **§ 28g Satz 3 SGB IV** sieht vor, dass ein unterbliebener Abzug nur bei den drei nächsten Lohn- oder Gehaltszahlungen geltend gemacht werden kann, danach nur, wenn der Abzug ohne Verschulden des Arbeitgebers unterblieben ist. Dies gilt allerdings gemäß **§ 28g Satz 4 SGB IV** nur, wenn der Beschäftigte seinen Pflichten nach § 28o SGB IV (Auskunfts- und Vorlagepflicht des Beschäftigten) nachgekommen ist bzw. ohne grob fahrlässig oder vorsätzlich gehandelt zu haben, nicht nachgekommen ist. Kann der Beitragsabzug unter den genannten Voraussetzungen nicht nachgeholt werden, trägt der Arbeitgeber den Beitrag allein.

5. Einmalig gezahltes Arbeitsentgelt

§ 249 SGB V enthält zu der Frage der Beitragstragung bei einmalig gezahltem Arbeitsentgelt nach der 54
Aufhebung von Absatz 3 selbst keine Regelung mehr; die Beitragstragung bei einmalig gezahltem Arbeitsentgelt ist nunmehr in **§ 20 Abs. 3 Satz 2 SGB IV** geregelt. Nach dieser Vorschrift greift die Grundregel des § 249 Abs. 1 SGB V – jeweils hälftige Beitragstragung durch Arbeitgeber und Versicherten – für das die Geringfügigkeitsgrenze überschreitende Arbeitsentgelt ein. Für das unter dieser Grenze liegende Arbeitsentgelt hat der Arbeitgeber die Beiträge allein zu tragen. Insofern besteht ein Unterschied zu der Konstellation, in der die Geringfügigkeitsgrenze mit laufendem Arbeitsentgelt überschritten wird: in diesem Fall greift die Grundregel der paritätischen Beitragstragung für das gesamte Arbeitsentgelt, also auch für den Teil unterhalb der Geringfügigkeitsgrenze, ein. Beitragsrechtlich werden die Bezieher von einmalig gezahltem Arbeitsentgelt mithin gegenüber Arbeitnehmern mit die Geringfügigkeitsgrenze laufend überschreitendem Arbeitsentgelt privilegiert. Ob diese Ungleichbehandlung mit Art. 3 Abs. 1 GG vereinbar ist, ist zweifelhaft.[25]

6. Beschäftigte mit Arbeitsentgelt innerhalb der Gleitzone (Absatz 4)

Absatz 4 enthält eine Sonderregelung für Beschäftigte mit einem monatlichen Arbeitsentgelt innerhalb 55
der Gleitzone nach § 20 Abs. 2 SGB IV. Ein Arbeitnehmer bezieht monatliches Einkommen innerhalb der Gleitzone des § 20 Abs. 2 SGB IV, wenn er aus seinem Beschäftigungsverhältnis Arbeitsentgelt

---

[24] Vgl. die Begründung zu der Herabsetzung BT-Drs. 15/1199, S. 19.

[25] Vgl. dazu BVerfG v. 11.01.1995 - 1 BvR 892/88 - BVerfGE 92, 53; BVerfG v. 24.05.2000 - 1 BvL 1/98 - BVerfGE 102, 127.

zwischen 400,01 € und 800,00 € im Monat erzielt und die Grenze von 800,00 € im Monat regelmäßig nicht überschreitet; bei mehreren Beschäftigungsverhältnissen ist das insgesamt erzielte Arbeitsentgelt maßgebend. **§ 226 Abs. 4 SGB V** bestimmt die **beitragspflichtigen Einnahmen** bei dem Bezug eines Arbeitsentgelts innerhalb der Gleitzone des § 20 Abs. 2 SGB IV.

56 Bei Beschäftigten mit einem Arbeitsentgelt innerhalb der Gleitzone nach § 20 Abs. 2 SGB IV bestimmt § 249 Abs. 4 SGB V, dass der Arbeitgeber die Hälfte des Beitrages trägt, der sich bei der Anwendung des Beitragssatzes der Krankenkasse auf das geschuldete und – in der Regel gezahlte Arbeitsentgelt – ergibt. Da beitragspflichtig nur das Arbeitsentgelt gemäß § 226 Abs. 4 SGB V ist, ist der Anteil des Arbeitnehmers im Rahmen der Beitragstragung geringer als der des Arbeitgebers. Erst wenn Arbeitseinkommen erzielt wird, welches die obere Grenze der Gleitzone erreicht (800,00 €), trägt der Arbeitnehmer die Hälfte der Beiträge.

7. Änderungen durch das GKV-WSG zum 01.04.2007

57 Bei den Änderungen des § 249 SGB V aufgrund des GKV-WSG handelt es sich um eine Folgeregelung zu der Einfügung des § 5 Abs. 1 Nr. 13 SGB V.[26]

II. Normzweck

58 § 249 SGB V regelt die Beitragstragung bei versicherungspflichtigen Beschäftigungsverhältnissen. Damit wird bestimmt, wer mit den Beiträgen belastet wird, unabhängig davon, wer die Beiträge bei der Krankenkasse einzuzahlen hat.

59 **Absatz 1 Halbsatz 1** bestimmt, dass für die Beitragstragung der Grundsatz der **paritätischen (hälftigen) Belastung zwischen Arbeitgeber und Versichertem** gilt.

60 **Absatz 2** regelt als Ausnahmevorschrift zu Absatz 1 die Beitragstragung für Bezieher von Kurzarbeiter- und Winterausfallgeld.

61 Zweck der Regelung in **Absatz 4** für Arbeitsentgelt innerhalb der Gleitzone des § 20 Abs. 2 SGB VI ist es, die Beitragsbelastung der versicherungspflichtig Beschäftigten zu reduzieren, die eine gering entlohnte, jedoch nicht geringfügige Beschäftigung ausüben. Hintergrund ist, dass es – vor Einfügung von § 226 Abs. 4 SGB V und § 249 Abs. 4 SGB V – ökonomisch nicht sinnvoll war, eine Beschäftigung oberhalb der Geringfügigkeitsgrenze bis zu einem monatlichen Arbeitsentgelt von 800,00 € aufzunehmen, da durch den Abzug des Arbeitnehmeranteiles am Gesamtsozialversicherungsbeitrag und der Einkommenssteuer kein höheres Nettoarbeitsentgelt erzielt werden konnte als bei einer versicherungsfreien geringfügigen Tätigkeit. Durch die Regelung in Absatz 4 soll mithin die Aufnahme gering entlohnter Beschäftigungen oberhalb der Geringfügigkeitsgrenze gefördert werden.

---

[26] BT-Drs. 16/3100 zu Nr. 167, S. 166.

§ 249a SGB V Tragung der Beiträge bei Versicherungspflichtigen mit Rentenbezug

(Fassung vom 14.06.2007, gültig ab 01.04.2007, gültig bis 31.12.2008)

Versicherungspflichtige, die eine Rente aus der gesetzlichen Rentenversicherung beziehen, und die Träger der Rentenversicherung tragen die nach der Rente zu bemessenden Beiträge jeweils zur Hälfte; den zusätzlichen Beitragssatz trägt der Rentner allein.

Gliederung

A. Basisinformationen

I. Textgeschichte/Gesetzgebungsmaterialien

§ 249a SGB V wurde durch Art. 4 Nr. 17 des **Rentenreformgesetzes** vom 18.12.1989 (RRG)[1] mit Wirkung vom 01.01.1992 eingeführt. Gleichzeitig erfolgte eine Neufassung des § 250 SGB V, der bis 31.12.1991 in seinem Absatz 1 Nr. 1 die Beitragstragung für Versicherungspflichtige mit Rentenbezug regelte. 1

Mit dem **Gesetz zur Anpassung der Finanzierung von Zahnersatz vom 15.12.2004**[2] wurde der zweite Halbsatz angefügt, wonach der Rentner den zusätzlichen Beitragssatz nach § 241a SGB V allein trägt. 2

Am 02.02.2007 nahm der Deutsche Bundestag aufgrund der Beschlussempfehlung und des Berichts des Gesundheitsausschusses[3] den von den Fraktionen CDU/CSU und SPD eingebrachten Entwurf eines Gesetzes zur Stärkung des Wettbewerbs in der gesetzlichen Krankenversicherung vom 24.10.2006[4] an[5]. Neben dem Entwurf der Fraktionen von CDU/CSU und SPD hatte auch ein Gesetzesentwurf der Bundesregierung vom 20.12.2006 vorgelegen.[6] Hinsichtlich der vorgesehenen Neufassung des § 249a SGB V ergibt sich aus dem GKV-Wettbewerbsstärkungsgesetz keine Änderung gegenüber dem Gesetzesentwurf der CDU/CSU und SPD. Auch ergaben sich gegenüber dem Entwurf der Fraktionen von CDU/CSU und SPD aus dem Entwurf der Bundesregierung keine Änderungen. Des Weiteren sahen auch die Beschlussempfehlung und der Bericht des Gesundheitsausschusses[7] keine Änderungen gegenüber dem Entwurf der Fraktionen von CDU/CSU und SPD vor. 3

Artikel 46 des GKV-WSG regelt das In-Kraft-Treten des GKV-Wettbewerbsstärkungsgesetzes. Gemäß Art. 46 Abs. 1 GKV-WSG tritt das Gesetz zum 01.04.2007 in Kraft, soweit in Art. 46 Abs. 2-10 GKV-WSG nichts Abweichendes geregelt ist. 4

Für die in Art. 1 Nr. 168 beschlossene Neufassung des § 249a SGB V gilt die Grundregel des Art. 46 Abs. 1 GKV-WSG, so dass diese am 01.04.2007 in Kraft tritt. 5

Zur Begründung der Neufassung führt der Gesetzesentwurf[8] aus, es handele sich bei der Neufassung um eine Folgeregelung zu § 241 SGB V. Durch die Festlegung der Beitragssätze zum 01.01.2009 gehe der bislang von dem Mitglied allein zu tragende zusätzliche Beitragssatz im allgemeinen Beitragssatz 6

1 BGBl I 1992, 2261; Gesetzgebungsmaterialien in BT-Drs. 11/4124, S. 211.
2 BGBl I 2004, 3445.
3 BT-Drs. 16/4200, 16/4247.
4 GKV-Wettbewerbsstärkungsgesetz – GKV-WSG, BT-Drs. 16/3100.
5 BR-Drs. 75/07.
6 BT-Drs. 16/3950.
7 BT-Drs. 16/4200, 16/4247.
8 BT-Drs. 16/3100 zu Nr. 168, S. 166.

auf. Die Verteilung der Beitragslast zwischen Mitglied und Rentenversicherungsträger bleibe dennoch im gleichen Verhältnis bestehen.

II. Vorgängervorschriften

7 In der **RVO** regelte **§ 381 Abs. 2** die Beitragstragung bei Versicherungspflichtigen mit Rentenbezug. Nach dieser Vorschrift hatte der Versicherte die Beiträge allein zu tragen. Die tatsächliche Beitragsbelastung wurde jedoch durch die **Gewährung eines Zuschusses des Rentenversicherungsträgers** gemäß **§ 1304 RVO, § 83e AVG, § 96c RKG** reduziert. Zunächst umfasste der Zuschuss der Rentenversicherungsträger sogar den gesamten Beitrag, später erfolgte jedoch eine Reduzierung des Zuschusses[9], so dass die tatsächliche Belastung der Versicherten bei der Hälfte der zu tragenden Beiträge lag.

8 Im **SGB V** regelte bis 31.12.1991 **§ 250 Abs. 1 Nr. 1 in der Fassung des Gesundheitsreformgesetzes** (GRG)[10] die Beitragstragung bei Versicherungspflichtigen mit Rentenbezug. Mit dieser Vorschrift waren die Regelungen der RVO weitgehend inhaltsgleich übernommen worden.

III. Systematische Zusammenhänge

9 § 249a SGB V regelt die Beitragstragung für Versicherungspflichtige mit Rentenbezug. Wie dem eindeutigen Wortlaut zu entnehmen ist, gilt die Vorschrift nur für Versicherungspflichtige, nicht für freiwillig Versicherte und nur für Renten aus der gesetzlichen Rentenversicherung, nicht auch für andere beitragspflichtige Einnahmen eines Rentners.

10 Von § 249a SGB V werden zum einen die **versicherungspflichtigen Rentenbezieher nach § 5 Abs. 1 Nr. 11 und 12 SGB V** erfasst.

11 § 249a SGB V gilt jedoch darüber hinaus für alle Versicherungspflichtigen, bei denen Renten der gesetzlichen Rentenversicherung der Beitragsbemessung zugrunde gelegt werden. **§ 226 Abs. 1 Satz 1 Nr. 2 SGB V** bestimmt, dass bei versicherungspflichtig Beschäftigten der Zahlbetrag der Rente der gesetzlichen Rentenversicherung der Beitragsbemessung zugrunde gelegt wird. Diese Regelung ist für **unständig Beschäftigte** (Legaldefinition vgl. § 232 Abs. 3 SGB V) gemäß **§ 232 Abs. 1 Satz 2 SGB V**, für **Seeleute** gemäß **§ 233 Abs. 2 SGB V**, für **Künstler und Publizisten** gemäß **§ 234 Abs. 2 SGB V**, für **Rehabilitanden, Jugendliche und Behinderte in Einrichtungen** gemäß **§ 235 Abs. 4 SGB V** und für **Studenten und Praktikanten** gemäß **§ 236 Abs. 2 Satz 1 SGB V** ebenfalls anwendbar, soweit die genannten Personengruppen Renten aus der Gesetzlichen Rentenversicherung beziehen.

12 **§ 228 SGB V** regelt, welche Renten als Renten aus der Gesetzlichen Rentenversicherung im Sinne des Beitragsrechts des SGB V gelten.

13 **§ 237 SGB V** bestimmt die beitragspflichtigen Einnahmen versicherungspflichtiger Rentner. Der maßgebliche **Beitragssatz** für Versicherungspflichtige mit Rentenbezug ist in **§ 247 SGB V** geregelt. Die Beitragszahlung ist in **§ 255 SGB V** normiert. Letztere ist von der in § 249 SGB V geregelten Beitragstragung zu unterscheiden. Während § 255 SGB V regelt, wer die Beiträge an die Krankenkassen abzuführen hat, bestimmt § 249 SGB V die Verteilung der Beitragslast, regelt also, wer die Beiträge tatsächlich aufzubringen hat.

14 Für **freiwillige Mitglieder in der Gesetzlichen Krankenversicherung, die eine Rente aus der Gesetzlichen Rentenversicherung beziehen**, gilt **§ 250 Abs. 2 SGB V**, wonach die freiwilligen Mitglieder die Beiträge aus der Rente allein tragen. Sie haben gemäß **§ 106 SGB VI** jedoch einen Anspruch auf einen Beitragszuschuss gegen den Rentenversicherungsträger.

B. Auslegung der Norm

I. Regelungsgehalt und Bedeutung der Norm

1. Versicherungspflichtige mit Rentenbezug

15 Von § 249a SGB V werden alle pflichtversicherten Rentenbezieher erfasst. Dies sind zum einen die **versicherungspflichtigen Rentenbezieher nach § 5 Abs. 1 Nr. 11 und 12 SGB V**.

[9] Haushaltsbegleitgesetz 1983 v. 20.12.1982, BGBl I 1982, 1857.
[10] GRG vom 20.12.1988, BGBl I 1988, 2477.

§ 249a SGB V gilt jedoch darüber hinaus für alle Versicherungspflichtigen, bei denen Renten der gesetzlichen Rentenversicherung der Beitragsbemessung zugrunde gelegt werden. **§ 226 Abs. 1 Satz 1 Nr. 2 SGB V** bestimmt, dass bei versicherungspflichtig Beschäftigten der Zahlbetrag der Rente der gesetzlichen Rentenversicherung der Beitragsbemessung zugrunde gelegt wird. Diese Regelung ist für **unständig Beschäftigte** (Legaldefinition vgl. § 232 Abs. 3 SGB V) gemäß **§ 232 Abs. 1 Satz 2 SGB V**, für **Seeleute** gemäß **§ 233 Abs. 2 SGB V**, für **Künstler und Publizisten** gemäß **§ 234 Abs. 2 SGB V**, für **Rehabilitanden, Jugendliche und Behinderte in Einrichtungen** gemäß **§ 235 Abs. 4 SGB V** und für **Studenten und Praktikanten** gemäß **§ 236 Abs. 2 Satz 1 SGB V** ebenfalls anwendbar, soweit die genannten Personengruppen Renten aus der Gesetzlichen Rentenversicherung beziehen. 16

2. Rente aus der gesetzlichen Rentenversicherung

§ 228 SGB V regelt, welche Renten als Renten aus der Gesetzlichen Rentenversicherung gelten. Nach § 228 Abs. 1 SGB V gelten als Rente der Gesetzlichen Rentenversicherung Renten der allgemeinen Rentenversicherung sowie Renten der knappschaftlichen Rentenversicherung einschließlich der Steigerungsbeträge aus Beiträgen der Höherversicherung. Nach § 228 Abs. 2 SGB V sind bei der Beitragsbemessung auch Nachzahlungen einer Rente aus der gesetzlichen Rentenversicherung zu berücksichtigen, soweit sie auf einen Zeitraum entfallen, in dem der Rentner Anspruch auf Leistungen nach diesem Buch hatte (Satz 1). Die Beiträge aus der Nachzahlung gelten als Beiträge für die Monate, für die die Rente nachgezahlt wird (Satz 2). 17

Andere Renten, wie etwa **Renten**, die **von einem Unfallversicherungsträger** aufgrund eines Arbeitsunfalls oder einer Berufskrankheit gewährt werden, oder **Versorgungsbezüge** sind dagegen keine Renten im Sinne des § 228 SGB V, so dass für sie § 249a SGB V nicht anwendbar ist. 18

Auch für **Arbeitsentgelt oder Arbeitseinkommen**, welches dem Versicherungspflichtigen neben der Rente aus der gesetzlichen Rentenversicherung zufließt, wird hinsichtlich der Beitragstragung nicht nach § 249a SGB V behandelt. 19

3. Beitragstragung

§ 249a SGB V bestimmt, dass Versicherungspflichtige, die eine Rente aus der gesetzlichen Rente beziehen, und die Rentenversicherungsträger die Hälfte der nach der Rente zu bemessenden Beiträge nach dem um 0,9 Beitragssatzpunkte verminderten allgemeinen Beitragssatz jeweils zur Hälfte tragen. 20

Dies entspricht im Ergebnis der früheren Regelung, wonach die Versicherungspflichtigen die Beiträge allein zu tragen hatten, jedoch einen Zuschuss in Höhe der Hälfte der Beitragslast seitens des Rentenversicherungsträgers erhielten. 21

Im Fall eines **Beitragsrückstandes** hat die Neuregelung jedoch die Konsequenz, dass **Beitragsschuldner** nicht mehr allein der Versicherte, sondern auch der Rentenversicherungsträger ist. Jeder der Beteiligten schuldet nur noch den aus seinem eigenen Beitragsanteil resultierenden Beitragsrückstand. 22

Im Gegensatz zu dem vor der Einfügung des § 249a SGB V seitens des Rentenversicherungsträgers zu leistenden Zuschusses stellt die **Verpflichtung des Rentenversicherungsträgers zur hälftigen Beitragstragung keine Sozialleistung im Sinne des § 46 SGB I** dar. Im Gegensatz zu dem früheren Zuschuss zu den Krankenversicherungsbeiträgen unterliegt der seitens des Rentenversicherungsträgers zu tragende Beitragsanteil nicht der Disposition des Versicherten, insbesondere kann dieser nicht nach § 46 SGB I darauf verzichten. 23

Der versicherungspflichtige Rentner kann auch von dem Rentenversicherungsträger nicht beanspruchen, dass dieser den von dem Rentenversicherungsträger zu tragenden Beitragsanteil mindert, weil er sich dabei etwa Vorteile bei der Beihilfe verspricht.[11] 24

Für die **Verjährung** des Anspruchs gegen den Rentenversicherungsträger auf dessen Anteil an der Beitragstragung gilt **§ 25 SGB IV**. 25

4. Zusätzlicher Beitragssatz

Gemäß § 241a SGB V wird seit 01.07.2005 ein zusätzlicher Beitrag in Höhe von 0,9 v.H. erhoben. Dieser zusätzliche Beitrag wird aus allein beitragspflichtigen Einnahmen erhoben und wird ausschließlich vom Mitglied getragen. § 249a HS. 2 SGB V stellt klar, dass auch der Versicherungspflichtige mit 26

[11] BSG v. 17.12.1996 - 12 RK 23/96 - SozR 3 - 2500 § 249a Nr. 1.

Rentenbezug diesen Beitrag allein zu tragen hat. Das Gesetz ist insoweit ungenau, als es davon spricht, der Rentner trage den zusätzlichen Beitragssatz allein; nicht Beitragssätze, sondern Beiträge sind zu tragen.

27 Mit Wirkung zum 01.01.2009 entfällt die Vorschrift des § 241a SGB V aufgrund der Neuregelung des GKV-WSG[12]. Der bisherige zusätzliche Beitragssatz gemäß § 241a SGB V wird ab diesem Zeitpunkt Bestandteil des allgemeinen Beitragssatzes nach § 241 SGB V sein.

II. Normzweck

28 Mit der Einfügung des § 249a SGB V wollte der Gesetzgeber die bisher geltenden Regelungen zu der Beitragstragung bei Versicherungspflichtigen mit Rentenbezug vereinfachen und verständlicher gestalten.[13] Die bisherigen Vorschriften, nach denen der Versicherungspflichtige mit Rentenbezug die aus der Rente zu bemessenden Beiträge alleine trug, jedoch seitens des Rentenversicherungsträgers einen Beitragszuschuss in Höhe der Hälfte der zu tragenden Beiträge erhielt, war als zu umständlich empfunden worden.

29 Nach der Neuregelung der Beitragstragung bei Versicherungspflichtigen mit Rentenbezug tragen der Versicherte und der Rentenversicherungsträger die Beiträge je zur Hälfte. Die Vorschrift über den Beitragszuschuss bei versicherungspflichtigen Rentenbeziehern wurde infolge der Neuregelung entbehrlich. Folglich regelt **§ 106 SGB VI** heute nur noch den Beitragszuschuss für freiwillig in der Gesetzlichen Krankenversicherung versicherte Rentenbezieher und für privat krankenversicherte Rentenbezieher.

12 BR-Drs. 75/07, Art. 1 Nr. 160 i.V.m. Art. 46 Abs. 10 GKV-WSG.

13 BT-Drs. 11/4124, S. 211.

§ 249b SGB V Beitrag des Arbeitgebers bei geringfügiger Beschäftigung

(Fassung vom 29.06.2006, gültig ab 01.07.2006)

Der Arbeitgeber einer Beschäftigung nach § 8 Abs. 1 Nr. 1 des Vierten Buches hat für Versicherte, die in dieser Beschäftigung versicherungsfrei oder nicht versicherungspflichtig sind, einen Beitrag in Höhe von 13 vom Hundert des Arbeitsentgelts dieser Beschäftigung zu tragen. Für Beschäftigte in Privathaushalten nach § 8a Satz 1 des Vierten Buches, die in dieser Beschäftigung versicherungsfrei oder nicht versicherungspflichtig sind, hat der Arbeitgeber einen Beitrag in Höhe von 5 vom Hundert des Arbeitsentgelts dieser Beschäftigung zu tragen. Für den Beitrag des Arbeitgebers gelten der Dritte Abschnitt des Vierten Buches sowie § 111 Abs. 1 Nr. 2 bis 4, 8 und Abs. 2 und 4 des Vierten Buches entsprechend.

Gliederung

A. Basisinformationen

I. Textgeschichte/Gesetzgebungsmaterialien

§ 249b SGB V wurde mit Wirkung vom 01.04.1999 durch Art. 3 Nr. 4 des **Gesetzes zur Neuregelung der geringfügigen Beschäftigungsverhältnisse** vom 24.03.1999[1] eingefügt. 1

Hintergrund für die Einfügung war die Änderung des § 8 SGB IV und § 7 SGB V durch Art. 1 Nr. 2 und Art. 3 Nr. 1 des Gesetzes zur Neuregelung der geringfügigen Beschäftigungsverhältnisse vom 24.03.1999[2]. 2

§ 249b SGB V war in seiner ursprünglichen Fassung gegenüber dem Gesetzesentwurf[3] in Satz 1 dahin gehend geändert worden, dass statt dem Wort „Beschäftigte" das Wort „Versicherte" gewählt wurde. Wäre es bei der Fassung des Gesetzesentwurfes geblieben, hätte dies die Konsequenz nach sich gezogen, dass Beiträge für alle geringfügig Beschäftigten, also auch für die nicht in der Gesetzlichen Krankenversicherung Versicherten, hätten gezahlt werden müssen. Diese Konsequenz war jedoch zunächst gewollt. § 249b SGB V sollte mithin auch anwendbar sein, wenn der geringfügig Beschäftigte nicht in der Gesetzlichen Krankenversicherung versichert gewesen wäre. Gedacht war vor allem an Beamte, Selbständige und höherverdienende Arbeitnehmer samt ihren Ehegatten, die in der Privaten Krankenversicherung versichert sind. Während der Ausschussberatungen erfolgte jedoch die Begrenzung des Anwendungsbereiches des § 249b SGB V auf die in der Gesetzlichen Krankenversicherung versicherten Personen. Grund für diese Begrenzung waren verfassungsrechtliche Bedenken dahingehend, dass Beiträge erhoben werden sollten, obwohl über § 249b SGB V keine Leistungsansprüche begründet werden und für die nicht in der Gesetzlichen Krankenversicherung Versicherten auch sonst keine Leistungsansprüche in der Gesetzlichen Krankenversicherung bestehen. Die Änderung stelle sicher, dass 3

[1] BGBl I 1999, 388.
[2] BGBl I 1999, 388.
[3] BT-Drs. 14/280.

Pauschalbeiträge des Arbeitgebers nur für solche geringfügig Beschäftigten gezahlt würden, die in der Gesetzlichen Krankenversicherung versichert seien und daher Anspruch auf die Sachleistungen der gesetzlichen Krankenversicherung hätten.[4]

4 Eine Änderung erfuhr § 249b SGB V mit Wirkung vom 01.04.2003 durch Art. 3 Nr. 8 des **Zweiten Gesetzes für moderne Dienstleistungen am Arbeitsmarkt** vom 23.12.2002[5]. Satz 1 wurde dahin gehend geändert, dass der Pauschalbeitragssatz von 10 vom Hundert auf 11 vom Hundert erhöht wurde. Mit Satz 2 führte der Gesetzgeber einen ermäßigten Pauschalbeitragssatz von 5 vom Hundert für die in Privathaushalten Beschäftigten ein. In der Gesetzesbegründung führte der Gesetzgeber u.a. aus[6], dass mit § 249b Satz 2 SGB V ein besonderer Arbeitgeberanteil bei versicherungsfreien geringfügigen Beschäftigungen in privaten Haushalten festgelegt werden soll. Das Gesetzesvorhaben war zunächst im Bundesrat gescheitert, im **Vermittlungsverfahren** wurde zusätzlich zu der Einfügung des Satzes 2 der Beitragssatz in Satz 1 auf 11 vom Hundert erhöht.[7] Der bisherige Satz 2 wurde zu Satz 3. Die in Satz 3 enthaltene Verweisung auf § 111 Abs. 1 Nr. 2 bis 4 und 8 SGB IV wurde erweitert: Seither wird auch auf § 111 Abs. 2 SGB IV verwiesen.[8]

5 Die Änderung des § 249b SGB V erfolgte wiederum als Konsequenz zu einer Änderung des § 8 SGB IV und § 7 SGB V durch das in Rn. 4 genannte Gesetz. Mit dieser Änderung war die Entgelt-Geringfügigkeitsgrenze von 325,00 € auf 400,00 € erhöht worden. Außerdem beseitigte der Gesetzgeber die Zeitgrenze von 15 Stunden wöchentlich.

II. Vorgängervorschriften

6 Vorgängervorschriften zu § 249b SGB V gibt es nicht. Auch vergleichbare Regelungen waren vor dem Zeitpunkt des In-Kraft-Tretens des § 249b SGB V am 01.04.1999 nicht vorhanden.

III. Parallelvorschriften

7 Für den Bereich der **Gesetzlichen Rentenversicherung** bestimmt **§ 172 Abs. 3 Satz 1 SGB VI, dass die Arbeitgeber** für **Beschäftigte nach § 8 Abs. 1 Nr. 1 SGB IV**, die in dieser Beschäftigung versicherungsfrei oder von der Versicherungspflicht befreit sind oder die nach § 5 Abs. 4 SGB VI versicherungsfrei sind, einen Beitragsanteil in Höhe von 12 vom Hundert des Arbeitsentgelts tragen, das beitragspflichtig wäre, wenn die Beschäftigten versicherungspflichtig wären. Dies gilt nach § 172 Abs. 3 Satz 2 SGB VI nicht für Personen, die während der Dauer eines Studiums als ordentliche Studierende einer Fachschule oder Hochschule ein Praktikum ableisten, das nicht in ihrer Studienordnung oder Prüfungsordnung vorgeschrieben ist. Für **Beschäftigte in Privathaushalten nach § 8a Satz 1 SGB IV**, die in dieser Beschäftigung versicherungsfrei oder von der Versicherungspflicht befreit sind oder die nach § 5 Abs. 4 SGB VI versicherungsfrei sind, tragen die Arbeitgeber nach § 172 Abs. 3a SGB VI einen Beitragsanteil in Höhe von 5 vom Hundert des Arbeitsentgelts, das beitragspflichtig wäre, wenn die Beschäftigten versicherungspflichtig wären.

8 In der Gesetzlichen Rentenversicherung besteht nach § 5 Abs. 2 Satz 2 SGB VI die Möglichkeit, auf die Versicherungsfreiheit zu verzichten. Wird von dieser Verzichtsmöglichkeit Gebrauch gemacht, gilt im Rahmen der dann bestehenden Versicherungspflicht **§ 163 Abs. 8 SGB VI**. Diese Vorschrift bestimmt, dass bei Arbeitnehmern, die eine geringfügige Beschäftigung ausüben und in dieser Beschäftigung versicherungspflichtig sind, weil sie nach § 5 Abs. 2 Satz 2 SGB VI auf die Versicherungsfreiheit verzichtet haben, die beitragspflichtige Einnahme das Arbeitsentgelt ist, mindestens jedoch der Betrag in Höhe von 155 €. Hinsichtlich der **Beitragstragung** regelt **§ 168 Abs. 1 Nr. 1b SGB VI**, dass die Beiträge bei Personen, die gegen Arbeitsentgelt geringfügig versicherungspflichtig beschäftigt werden, von den Arbeitgebern in Höhe des Betrages, der 12 vom Hundert des der Beschäftigung zugrunde liegenden Arbeitsentgelts entspricht, getragen werden. Den Beitragsanteil, der über den Pauschalbeitrag des Arbeitgebers hinausgeht, trägt der Versicherte selbst.

9 In der Arbeitslosenversicherung und für den Bereich der sozialen Pflegeversicherung gibt es keine § 249b SGB V entsprechenden Vorschriften.

---

[4] BT-Drs. 14/441, S. 32.

[5] BGBl I 2002, 4621.

[6] BT-Drs. 15/26, S. 26, 27.

[7] BT-Drs. 15/202.

[8] BT-Drs. 15/26, S. 26.

IV. Untergesetzliche Vorschriften

Für die Beurteilung geringfügiger Beschäftigungsverhältnisse sind immer auch die **Richtlinien für die versicherungsrechtliche Beurteilung von geringfügigen Beschäftigungen (Geringfügigkeits-Richtlinie)** zu beachten. Für die Zeit vom 01.04.1999 bis 31.03.2003 galt die Geringfügigkeits-Richtlinie vom 25.03.1999[9], seit 01.04.2004 ist die Geringfügigkeitsrichtlinie vom 25.02.2003 anwendbar[10]. 10

V. Systematische Zusammenhänge

§ 249b Satz 1 SGB V regelt die Beitragstragungspflicht eines Arbeitgebers einer nach **§ 8 Abs. 1 Nr. 1 SGB IV geringfügigen Beschäftigung** für Versicherte, die in dieser Beschäftigung versicherungsfrei oder nicht versicherungspflichtig sind. 11

Es darf also die **geringfügige Tätigkeit keine Versicherungspflicht nach § 5 Abs. 1 SGB V** auslösen. **Versicherungsfreiheit** – § 249b Satz 1 SGB V – liegt insbesondere bei nach **§ 10 SGB V Familienversicherten** bei Ausübung einer geringfügigen Beschäftigung, die die Voraussetzungen des § 10 Abs. 1 Nr. 5 SGB V erfüllt, vor; versicherungsfrei sind des Weiteren **Rentner** und gemäß **§ 6 Abs. 1 Nr. 1 SGB V Beschäftigte, deren Entgelt die Jahresarbeitsentgeltgrenze übersteigt** und die daher auch bei Aufnahme einer weiteren Tätigkeit versicherungsfrei bleiben. Versicherungsfrei sind darüber hinaus nach **§ 6 Abs. 1 Nr. 2, 4, 5 und 7 i.V.m. Abs. 2 SGB V Beamte und Personen mit vergleichbarem Status**, nach **§ 5 Abs. 5 SGB V hauptberuflich Selbständige** und **Werkstudenten gemäß § 6 Abs. 1 Nr. 3 SGB V**. 12

§ 249b SGB V enthält eine **Durchbrechung des in § 223 Abs. 1 SGB V verankerten Grundsatzes**, dass die **Beitragspflicht grundsätzlich an die Mitgliedschaft des Versicherten gekoppelt** ist.[11] § 249b SGB V normiert nämlich eine Verpflichtung des Arbeitgebers zur Beitragstragung, ohne dass daraus eine leistungsbegründende Mitgliedschaft entsteht. 13

§ 249b Satz 2 SGB V betrifft **versicherungsfreie geringfügig Beschäftigte in privaten Haushalten** gemäß **§ 8a SGB IV**. 14

§ 249b Satz 3 SGB V verweist zum einen auf den Dritten Abschnitt des SGB IV und zum anderen auf § 111 Abs. 1 Nr. 2 bis 4, 8 und Abs. 2 und 4 SGB IV. Der **dritte Abschnitt des SGB IV** betrifft die Meldepflichten des Arbeitgebers und den Gesamtsozialversicherungsbeitrag (§§ 28a ff. SGB IV). **§ 111 SGB IV** enthält **Bußgeldvorschriften,** die über Satz 3 im Anwendungsbereich des § 249b SGB V teilweise Gültigkeit haben. 15

Da der Pauschalbeitrag ein Beitrag im Sinne des Zweiten Abschnitts des SGB IV ist, gelten die §§ 22, 23 SGB IV (Entstehung und Fälligkeit von Beiträgen), § 24 SGB IV (Säumniszuschläge) und die §§ 25-28 SGB IV (Verjährung und Erstattung von Beiträgen). Für geringfügige Tätigkeiten in Privathaushalten (§ 249b Satz 2 SGB V i.V.m. § 8a SGB IV) ist § 23 Abs. 2a SGB V zu beachten, wonach die Beiträge nicht monatlich, sondern halbjährlich jeweils am 15.07. für die erste Jahreshälfte und am 15.01. für die zweite Jahreshälfte fällig werden. 16

VI. Ausgewählte Literaturhinweise

Bauer/Schuster, Kassenschlager Geringfügige Beschäftigung? DB 1999, 689; *Boecken*, Die Neuregelung der geringfügigen Beschäftigungsverhältnisse, NZA 1999, 393; *Goretzki/Hohmeister*, Zur Neuregelung der geringfügigen Beschäftigungsverhältnisse, NZS 1999, 369; *Kazmierczak,* Die Neuregelung der geringfügigen Beschäftigungsverhältnisse zum 1. April 2003, NZS 2003, 186; *Lembke,* Die Neuregelung der „630-DM-Jobs", NJW 1999, 1825; *Rolfs,* Scheinselbständigkeit, geringfügige Beschäftigung und „Gleitzone" nach dem zweiten Hartz-Gesetz, NZA 2003, 65; *Rombach*, Neuregelung für geringfügig Beschäftigte zum 1. April 1999. SGb 1999, 215; *Sodan*, Der „Beitrag" des Arbeitgebers zur Sozialversicherung für geringfügige Beschäftigungsverhältnisse, NZS 1999, 105 17

[9] Abgedruckt in NZS 1999, 285 ff. und in NJW 1999, 1840 ff.

[10] Abgedruckt in Aichberger, Textsammlung Sozialgesetzbuch, Nr. 4/21.

[11] *Gerlach* in: Hauck/Noftz, SGB V, § 249b Rn. 7.

B. Auslegung der Norm

I. Regelungsgehalt und Bedeutung der Norm

1. Geltungsbereich des Satzes 1

a. Anwendungsvoraussetzungen

18 Folgende Voraussetzungen müssen für die Anwendbarkeit des § 249b Satz 1 SGB V kumulativ gegeben sein:

- geringfügige Beschäftigung nach § 8 Abs. 1 Nr. 1 SGB IV,
- geringfügig entlohnte Beschäftigung ist krankenversicherungsfrei oder nicht krankenversicherungspflichtig,
- der Arbeitnehmer ist bereits anderweitig in der Gesetzlichen Krankenversicherung pflicht- oder freiwillig versichert.

b. Geringfügige Beschäftigung (§ 8 Abs. 1 Nr. 1 SGB IV)

19 Eine geringfügige Beschäftigung nach **§ 8 Abs. 1 Nr. 1 SGB IV** liegt vor, wenn das Arbeitsentgelt aus dieser Beschäftigung regelmäßig im Monat 400,00 € nicht übersteigt. Entscheidend ist zumindest das Arbeitsentgelt, auf das der Arbeitnehmer einen Rechtsanspruch hat (GeringfügigkeitsRL Nr. 2.1.1). Dieses Verständnis entspricht dem vom BSG vertretenen sog. **Entstehungsprinzip**[12].

20 Was unter **Arbeitsentgelt** im Sinne des § 8 Abs. 1 Nr. 1 SGB IV zu verstehen ist, wird in **§ 14 SGB IV** legaldefiniert. Diese Bezugnahme bedeutet, dass im Rahmen der Prüfung, ob die Grenze von 400,00 € überschritten wird oder nicht, neben dem **Bar-Entgelt** (Einnahmen in Geld), auch **Sachbezüge** als Arbeitsentgelt zu berücksichtigen sind. Zur Definition des Arbeitsentgelts ist auch die aufgrund des § 17 Abs. 1 Nr. 1 SGB IV erlassene Arbeitsentgeltverordnung zu beachten.

21 Durch die Formulierung in § 8 Abs. 1 Nr. 1 SGB IV, das Arbeitsentgelt aus der geringfügigen Beschäftigung dürfe **regelmäßig** im Monat 400,00 € nicht übersteigen, wird zum einen klargestellt, dass ein gewisser voraussehbarer Arbeitszyklus vorliegen muss. Nach der Rechtsprechung des Bundessozialgerichtes liegt Regelmäßigkeit i.S.d § 8 Abs. 1 Nr. 1 SGB IV vor, wenn die Beschäftigung ständig wiederholt und über mehrere Jahre hinweg ausgeübt werden soll. Eine regelmäßige Beschäftigung liegt jedoch auch dann vor, wenn der Arbeitnehmer zu sich wiederholenden Arbeitseinsätzen auf Abruf bereitsteht, ohne verpflichtet zu sein, jeder Aufforderung zur Arbeitsleistung nachzukommen. Zum anderen wird durch die Formulierung „regelmäßig … nicht übersteigt" deutlich, dass eine **gelegentliche Überschreitung** der Entgeltgrenze von 400,00 € für die Bewertung der Tätigkeit als geringfügig unerheblich ist. Überschreitet das Arbeitsentgelt allerdings die Grenze von 400,00 € über einen Zeitraum von zwei Monaten innerhalb eines Jahres, so liegt ein gelegentliches Überschreiten der Arbeitsentgeltgrenze nicht mehr vor, vielmehr tritt ab dem Tag des Überschreitens Versicherungspflicht ein (GeringfügigkeitsRL Nr. B 3.1). Bei **schwankendem Arbeitsentgelt** oder Arbeitseinkommen ist das durchschnittliche Arbeitsentgelt für ein Jahr im Voraus zu schätzen; dabei werden Sonderzahlungen auf die einzelnen Monate verteilt. Wurde wegen nicht sicher voraussehbarer Umstände eine nicht zutreffende Schätzung vorgenommen, so tritt Versicherungspflicht nicht rückwirkend ein. Vielmehr bleibt das geschätzte Ergebnis auch dann für die Vergangenheit maßgebend, wenn die tatsächliche Entwicklung abweichend erfolgt.

22 Im Rahmen des **regelmäßigen Arbeitsentgeltes** im Sinne des § 8 SGB IV sind neben laufendem Entgelt auch unregelmäßige **Sonderzahlungen**, wie bspw. Urlaubs- und Weihnachtsgeld, zu berücksichtigen, soweit sie nach vorausschauender Betrachtung mit hinreichender Sicherheit innerhalb eines Beschäftigungszeitraums von einem Jahr zu erwarten sind. Sind bei Beschäftigungsbeginn jährliche **Sonderzahlungen** auf Grund entsprechender Vereinbarung sicher oder nach bisheriger Übung mit Sicherheit zu erwarten, so ist ihr Betrag bei der Berechnung des „regelmäßig im Monat" erzielten Arbeitseinkommens auf die einzelnen Monate des Jahres zu verteilen. Handelt es sich dagegen um eine nur einmalige, nicht jährlich wiederkehrende Zuwendung, bspw. eine **Jubiläumszuwendung**, bleibt diese bei Ermittlung des regelmäßigen Arbeitsentgelts außer Betracht (GeringfügigkeitsRL Nr. B. 2.1.1.).

23 Die Beitragstragungspflicht des § 249b Satz 1 SGB V greift weder für Praktikanten nach § 6 Abs. 1 Nr. 3 SGB V (Versicherungsfreiheit bei sog. Zwischenpraktikum) noch nach § 5 Abs. 1 Nr. 10 SGB V (versicherungspflichtiges Praktikum ohne Entgelt). Grund dafür ist, dass ein **Praktikum keine ent-**

---

[12] BSG v. 26.10.1982 - 12 RK 8/81 - BSGE 54, 136; BSG v. 30.08.1994 - 12 RK 59/92 - BSGE 75, 61.

geltliche Beschäftigung nach § 249b Satz 1 SGB V i.V.m. § 14 SGB IV darstellt. Bezieht ein Praktikant jedoch Arbeitsentgelt und tritt Versicherungspflicht nach § 5 Abs. 1 Nr. 1 SGB V als Arbeitnehmer ein, sind aus dieser Tätigkeit Beiträge nach § 226 SGB V zu entrichten.

c. Zusammenrechnung (§ 8 Abs. 2 Satz 1 SGB IV)

§ 8 Abs. 2 Satz 1 SGB IV bestimmt, dass bei der Anwendung von § 8 Abs. 1 SGB IV mehrere geringfügige Beschäftigungen nach § 8 Abs. 1 Nr. 2 oder Nr. 2 SGB IV **zusammenzurechnen** sind. Zusammengerechnet werden immer nur entweder mehrere geringfügig entlohnte Beschäftigungen gemäß § 8 Abs. 1 Nr. 1 SGB IV oder mehrere kurzfristige Beschäftigungen nach § 8 Abs. 1 Nr. 2 SGB IV. Dabei ist allerdings zu beachten, dass eine Tätigkeit unter beide Fallgruppen des § 8 Abs. 1 SGB IV zu subsumieren sein kann. Ist eine Beschäftigung danach sowohl entgeltgeringfügig als auch zeitgeringfügig, so ist sie mit einer anderen kurzfristigen Beschäftigung zusammenzurechnen. 24

Die Vorschrift des § 8 Abs. 2 Satz 1 SGB IV bedeutet für Beschäftigungen nach § 8 Abs. 1 Nr. 1 SGB IV, dass bei mehreren geringfügig entlohnten Beschäftigungen die **Arbeitsentgelte** zu **addieren** sind. Liegt das Ergebnis über 400,00 €, sind sämtliche Beschäftigungen versicherungspflichtig. In der Geringfügigkeitsrichtlinie wird diese Vorgabe unter Punkt B. 2.1.2.1 dahin gehend konkretisiert, dass dies auch dann gilt, wenn neben zwei geringfügig entlohnten Beschäftigungen, die infolge Zusammenrechnung zur Versicherungspflicht führen, eine weitere geringfügig entlohnte Beschäftigung aufgenommen wird. Dabei ist jedoch zu beachten, dass **bei demselben Arbeitgeber gleichzeitig ausgeübte Beschäftigungen** ohne Rücksicht auf die arbeitsvertraglichen Regelungen als **einheitliches Beschäftigungsverhältnis** angesehen werden.[13] Gleiches gilt für bei demselben Arbeitgeber **während der Freistellungsphasen** im Rahmen flexibler Arbeitszeitregelungen ausgeübte Tätigkeiten (GeringfügigkeitsRL Nr. B. 2.). 25

Übt ein Arbeitnehmer jedoch neben einer nicht geringfügigen versicherungspflichtigen Beschäftigung bei einem anderen Arbeitgeber eine geringfügig entlohnte Tätigkeit aus, sind diese beiden Tätigkeiten gemäß § 8 Abs. 2 Satz 1 SGB IV i.V.m § 7 Abs. 1 Satz 2 SGB V ebenfalls zu addieren. § 8 Abs. 2 Satz 1 SGB IV regelt nämlich, dass bei der Anwendung von § 8 Abs. 1 SGB IV zum einen mehrere geringfügige Beschäftigungen nach § 8 Abs. 1 Nr. 1 SGB IV oder § 8 Abs. 1 Nr. 2 SGB IV und zum anderen geringfügige Beschäftigungen nach Nummer 1 **mit Ausnahme einer geringfügigen Beschäftigung nach Nummer 1** und nicht geringfügige Beschäftigungen zusammenzurechnen sind. Nach der seit 01.04.2003 geltenden Regelung ist also immer **eine** neben einer nicht geringfügigen Beschäftigung ausgeübte Tätigkeit versicherungsfrei. Werden mehrere Nebentätigkeiten ausgeübt, die auch bei Zusammenrechnung unter der Geringfügigkeitsgrenze bleiben, ist die zeitlich zuerst aufgenommene Tätigkeit versicherungsfrei (GeringfügigkeitsRL Nr. B. 2.1.2.2). Übersteigen mehrere Nebenbeschäftigungen durch Zusammenrechnung jedoch die Geringfügigkeitsgrenze, ist § 249b SGB V nicht mehr anwendbar, vielmehr greift § 226 Abs. 1 SGB V ein. 26

Nicht anwendbar ist § 249b SGB V für eine **geringfügige Beschäftigung im Sinne des § 8 Abs. 1 Nr. 2 SGB IV** (sog. kurzfristige Tätigkeit). Die letztgenannte Regelung bestimmt, dass eine geringfügige Beschäftigung auch dann vorliegt, wenn die Beschäftigung innerhalb eines Kalenderjahres auf längstens zwei Monate oder 50 Arbeitstage nach ihrer Eigenart begrenzt zu sein pflegt oder im Voraus vertraglich begrenzt ist, es sei denn, dass die Beschäftigung berufsmäßig ausgeübt wird und ihr Entgelt 400,00 € im Monat übersteigt. Ob diese unterschiedliche Behandlung der Beitragstragungspflicht des Arbeitgebers bei geringfügigen Beschäftigungen nach § 8 Abs. 1 Nr. 1 SGB IV oder nach § 8 Abs. 1 Nr. 2 SGB IV mit Art. 3 GG vereinbar ist, wird z.T. bezweifelt[14]; gleichzeitig wird als wichtiger Grund für die Ungleichbehandlung auf die Intention des Gesetzgebers verwiesen. Dieser hatte die Regelung des § 249b SGB V in erster Linie auch geschaffen, um die Umwandlung von versicherungspflichtigen in versicherungsfreie geringfügige Beschäftigungsverhältnisse zu verhindern. Eine solche Umwandlungsgefahr geht jedoch eher von Dauerbeschäftigungen im Sinne des § 8 Abs. 1 Nr. 1 SGB IV als von kurzzeitigen Beschäftigungen nach § 8 Abs. 1 Nr. 2 SGB IV aus. 27

§ 7 Abs. 2 Satz 1 SGB V enthält eine **Übergangsregelung** dahingehend, dass Personen, die am 31.03.2003 in einer Beschäftigung versicherungspflichtig waren, versicherungspflichtig bleiben, wenn sie nicht die Voraussetzungen für eine Familienversicherung nach § 10 SGB V erfüllen. Es besteht jedoch nach § 7 Abs. 2 Satz 2 SGB V die Möglichkeit der Befreiung von der Versicherungspflicht. Für 28

[13] BSG v. 16.02.1983 - 12 RK 26/81 - SozR 2200 § 168 Nr. 7.

[14] *Peters* in: KassKomm, SGB V, § 249b Rn. 8.

die Befreiung gilt § 7 Abs. 2 Satz 3 SGB V i.V.m. § 8 Abs. 2 SGB IV. Sofern die Voraussetzungen für eine Familienversicherung erfüllt werden, ist § 10 Abs. 1 Satz 1 Nr. 5 SGB V zu beachten, nach dem das zulässige Gesamteinkommen des Familienversicherten 400,00 € beträgt.

d. Versicherungsfreiheit/fehlende Versicherungspflicht

29 Weitere Voraussetzung für die Anwendbarkeit des § 249b Satz 1 SGB V ist, dass der Versicherte in der geringfügigen Beschäftigung nach § 8 Abs. 1 Nr. 1 SGB IV **versicherungsfrei oder nicht versicherungspflichtig** ist. Die Versicherungsfreiheit oder fehlende Versicherungspflicht darf auch unter Berücksichtigung der Regelung über die Zusammenrechnung mehrerer geringfügiger Beschäftigungen nach § 8 Abs. 2 SGB IV i.V.m. § 7 Abs. 1 Satz 2 SGB V nicht entfallen sein. **Versicherungsfreiheit** liegt nicht nur bei nach § 7 SGB V versicherungsfreien geringfügigen Tätigkeiten vor. Es ist somit unerheblich, ob die geringfügig Beschäftigten auch nach anderen Vorschriften, insbesondere nach § 6 SGB V, versicherungsfrei wären. Versicherungsfreiheit liegt auch vor, wenn neben der geringfügigen Tätigkeit keine weitere Beschäftigung ausgeübt wird, so dass auch durch Zusammenrechnung keine Versicherungspflicht entstanden sein kann. Zu dem von § 249b SGB V erfassten Personenkreis gehören somit vor allem **Familienversicherte** bei Ausübung einer geringfügigen Beschäftigung, die die Voraussetzungen des § 10 Abs. 1 Nr. 5 SGB V erfüllt, und **Rentner**.

30 § 249b SGB V ist darüber hinaus anwendbar, wenn zwar eine mehr als geringfügige Beschäftigung ausgeübt wird, diese jedoch versicherungsfrei ist. **Versicherungsfrei** sind gemäß **§ 6 Abs. 1 Nr. 1 SGB V Beschäftigte, deren Entgelt die Jahresarbeitsentgeltgrenze übersteigt** und die daher auch bei Aufnahme einer weiteren Tätigkeit versicherungsfrei bleiben. Versicherungsfrei sind darüber hinaus nach § 6 Abs. 1 Nr. 2, 4, 5 und 7 i.V.m. Abs. 2 SGB V **Beamte** und Personen mit vergleichbarem Status, nach § 5 Abs. 5 SGB V **hauptberuflich Selbständige** und **Werkstudenten** gemäß § 6 Abs. 1 Nr. 3 SGB V. Werkstudenten, die während ihres Studiums gegen Arbeitsentgelt beschäftigt sind, sind versicherungsfrei, solange sie ihrem Erscheinungsbild nach als Studenten anzusehen sind. Ist die Tätigkeit geringfügig entlohnt und ist der Student in der Gesetzlichen Krankenversicherung – etwa über eine Familienversicherung nach § 10 SGB V – versichert, hat der Arbeitgeber der geringfügigen Tätigkeit den pauschalen Beitrag des § 249b SGB V zu entrichten. Es ist allerdings fraglich, ob dies mit der grundsätzlichen Versicherungs- und Beitragsfreiheit aufgrund des Werkstudentenprinzips vereinbar ist.[15]

31 Bei einem Familienversicherten könnte in der Beitragsbelastung des Arbeitgebers gemäß § 249b SGB V ein Widerspruch zu dem in § 3 Satz 3 SGB V verankerten Grundsatz der Beitragsfreiheit der Familienversicherung gesehen werden. Belastet wird über § 249b SGB V jedoch nur der Arbeitgeber, nicht der Versicherte selbst, so dass § 3 Satz 3 SGB V nicht berührt ist.

32 Fehlt es an der Voraussetzung des § 249b Satz 1 SGB V, dass der Versicherte in der geringfügigen Beschäftigung nach § 8 Abs. 1 Nr. 1 SGB V versicherungsfrei oder nicht versicherungspflichtig sein muss, ist nicht § 249b SGB V, sondern § 249 SGB V für die Beitragstragung maßgeblich. § 249 SGB V ist somit bspw. anwendbar, wenn Versicherungspflicht durch die Zusammenrechnung mehrerer geringfügiger Beschäftigungen eintritt. Wird jedoch durch die Zusammenrechnung die Jahresarbeitsentgeltgrenze des § 6 Abs. 1 Nr. 1, Abs. 6, 7 SGB V überschritten, tritt Versicherungsfreiheit ein. Dies hat zur Folge, dass für die Beitragstragung des Arbeitgebers wiederum § 249b SGB V anwendbar ist.

33 § 249b SGB V gilt nach **§ 48 Abs. 6 KVLG 1989** für den Bereich der landwirtschaftlichen Krankenversicherung entsprechend.

e. Mitgliedschaft in der Gesetzlichen Krankenversicherung

34 Voraussetzung für die Anwendbarkeit des § 249b SGB V ist, dass der Beschäftigte bereits in der Gesetzlichen Krankenversicherung versichert ist. Es kann sich um eine Pflichtversicherung, eine freiwillige Versicherung oder eine Familienversicherung handeln. Keine Versicherung in der Gesetzlichen Krankenversicherung liegt allerdings während Zeiten vor, in denen ehemalige Versicherte Leistungsansprüche über § 19 Abs. 2 SGB V nachgehend geltend machen können. Über § 249b SGB V selbst werden jedoch weder eine Versicherung noch Leistungsansprüche begründet. Als Argumente für diesen **„Beitrag ohne Leistung“** nennt die Gesetzesbegründung[16] die Vermeidung von Missbrauchs- und

[15] *Gerlach* in: Hauck/Noftz, SGB V, § 249b Rn. 14 mit Verweis auf BSG v. 16.12.2003 - B 12 KR 20/01 R - SozR 4-2500 § 249b Nr. 1.

[16] BT-Drs. 14/280, S. 13, 14.

Risikoselektionsmöglichkeiten sowie von Wettbewerbsverzerrungen zwischen Privater und Gesetzlicher Krankenversicherung zu Lasten der Gesetzlichen Krankenversicherung und die Vermeidung von Sachleistungsansprüchen bei kurzen und niedrigen Beitragszahlungen.

2. Rechtsfolge des Satzes 1

Liegen die Voraussetzungen des § 249b Satz 1 SGB V vor, hat der Arbeitgeber den Pauschalbeitrag des § 249b SGB V ab dem Tag der Aufnahme der Beschäftigung zu tragen. **35**

Wird ein Beschäftigungsverhältnis irrtümlich aufgenommen, gilt für versicherungspflichtige Tätigkeiten § 7b SGB IV, der bestimmt, dass die Versicherungspflicht bei dem Vorliegen gewisser Voraussetzungen erst mit dem Tag der Bekanntgabe der Entscheidung des Versicherungsträgers und nicht mit der Aufnahme der Beschäftigung eintritt. Die Spitzenverbände der Sozialversicherungsträger vertreten die Auffassung, § 7b SGB IV sei für Fälle analog anzuwenden, in denen außerhalb des Verfahrens nach § 7a SGB IV das Vorliegen eines geringfügigen Beschäftigungsverhältnisses im Sinne des § 8 Abs. 1 SGB IV nachträglich festgestellt wird. Gegen eine solche Analogie werden jedoch teilweise Bedenken erhoben.[17] **36**

Eine Abwälzung der Beitragstragungspflicht gemäß § 249b Satz 1 SGB V auf den Arbeitnehmer im Innenverhältnis ist unzulässig und würde gegen § 32 SGB I verstoßen. **37**

Wer **Arbeitgeber** im Sinne des § 249 Abs. 1 SGB V ist, regelt das Gesetz nicht. Nach der Rechtsprechung ist Arbeitgeber, wer einen anderen als Arbeitnehmer beschäftigt. Der Arbeitnehmer muss in den Diensten des Arbeitgebers stehen, der Arbeitgeber muss über ihn das Weisungsrecht haben, auf seine Rechnung muss der Lohn gezahlt werden, und ihm muss der wirtschaftliche Ertrag der Arbeit zugute kommen.[18] **38**

Die Beitragshöhe lag vom 01.04.1999 bis 31.03.2003 bei 10 vom Hundert des Entgelts; seit 01.04.2003 liegt der Beitragssatz nach § 249b Satz 1 SGB V bei 11 vom Hundert. Das gesamte beitragspflichtige Entgelt ist dem Pauschalbeitrag unterworfen. Bei dem in § 249b Satz 1 SGB V geregelten Beitragssatz handelt es sich um einen **gesetzlich geregelten, bundeseinheitlichen Beitragssatz**, der einer Satzungsregelung der Krankenkassen nicht zugänglich ist. **39**

3. Keine Ausnahmen von Satz 1 bei sonstiger Beitragsfreiheit

Nach Sinn und Zweck der Vorschrift des § 249b Satz 1 SGB V dürfte der Beitrag nach § 249b SGB V seitens des Arbeitgebers auch dann zu tragen sein, wenn der Versicherte sonst gemäß §§ 224, 225 SGB V beitragsfrei ist.[19] **40**

Der Gesetzesbegründung[20] ist zu entnehmen, dass § 249b SGB V auch dann anwendbar ist, wenn der Versicherte aufgrund weiterer beitragspflichtiger Einnahmen die Beitragsbemessungsgrenze des § 223 Abs. 3 Satz 1 SGB V überschritten hat und somit bereits Höchstbeiträge entrichtet. **41**

Die aus der geringfügigen Tätigkeit erzielten Einkünfte gehören an sich im Rahmen einer freiwilligen Krankenversicherung zu den bei der Beitragsbemessung nach § 240 Abs. 1 SGB V zu berücksichtigenden Einnahmen. Neben dem von dem Arbeitgeber zu tragenden Beitrag nach § 249b Satz 1 SGB V hätte der Arbeitnehmer einer geringfügigen Tätigkeit aus dem erzielten Entgelt somit eigentlich zusätzlich den kassenindividuellen Beitrag zu leisten. Gegen diese Vorgehensweise, für die sich das zuständige Ministerium entschieden hatte,[21] wurden jedoch Bedenken erhoben, weil es sich um eine „Doppelbeitragslösung" handele und somit das Arbeitsentgelt übermäßig mit Beiträgen belastet werde.[22] Als alternative Lösung wurde, um diesen Bedenken zu begegnen, vorgeschlagen, nur entweder den Beitrag des Arbeitgebers oder den des Versicherten zu erheben. Das Bundessozialgericht ist diesem Vorschlag gefolgt und hat sich für eine Beschränkung auf den Arbeitgeberbeitrag des § 249b Satz 1 SGB V entschieden, da es sich dabei um einen spezialgesetzlich geregelten Beitrag handele, der dem kassenindividuellen Beitrag des Versicherten vorgehe.[23] Eine Doppelbeitragslösung kommt laut Begründung des Bundessozialgerichtes u.a. deshalb nicht in Betracht, weil dem Beitragsrecht der Gesetzlichen Krankenversicherung eine mehrfache Beitragserhebung auf dieselbe beitragspflichtige Einnahme fremd ist. **42**

---

[17] *Gerlach* in: Hauck/Noftz, SGB V, § 249b Rn. 20.

[18] BSG v. 20.12.1962 - 3 RK 31/58 - BSGE 18, 190; BSG v. 30.05.1967 - 3 RK 109/64 - BSGE 26, 280.

[19] Vgl. dazu *Peters* in: KassKomm, SGB V, § 249b Rn. 22.

[20] BT-Drs. 14/280, S. 13.

[21] BT-Drs. 14/2212, S. 29.

[22] *Peters* in: KassKomm, SGB V, § 249b Rn. 26.

[23] BSG v. 16.12.2003 - B 12 KR 20/01 R - SozR 4-2500 § 249b Nr. 1.

4. Satz 2

43 § 249b Satz 2 SGB V betrifft **versicherungsfreie geringfügig Beschäftigte in privaten Haushalten** gemäß **§ 8a SGB IV**. Eine geringfügige Beschäftigung im Privathaushalt liegt gemäß § 8a Satz 2 SGB IV vor, wenn diese durch einen privaten Haushalt begründet ist und die Tätigkeit sonst gewöhnlich durch Mitglieder des privaten Haushalts erledigt wird. Als solche Tätigkeiten mit unmittelbarem Bezug zu der Führung eines privaten Haushaltes kommen bspw. die Betreuung von Kindern oder pflegebedürftigen Personen, die Gartenpflege oder das Reinigen einer Wohnung in Betracht.[24] Die Voraussetzung des § 8a Satz 2 SGB IV, die Tätigkeit müsse gewöhnlich durch Mitglieder des privaten Haushalts erledigt werden, bedeutet, dass entsprechende Tätigkeiten üblicherweise von Haushaltsangehörigen ausgeübt werden. Eine besondere Qualifikation zur Verrichtung dieser Beschäftigungen darf jedoch nicht erforderlich sein, da es sich sonst nicht um eine Tätigkeit handeln kann, die üblicherweise von Haushaltsangehörigen verrichtet wird. Bezüglich der tatbestandlichen Voraussetzungen einer geringfügigen Beschäftigung verweist § 8a Satz 1 SGB IV auf § 8 SGB IV; die dort geregelte Entgeltgrenze und die Vorschriften über die Zusammenrechnung gelten im Rahmen des § 8a SGB IV also entsprechend.

44 Nicht ausdrücklich geregelt ist, ob Satz 2 ebenfalls nur für Versicherte in der Gesetzlichen Krankenversicherung gilt. Dass dies so ist, dürfte jedoch die gesetzessystematische Auslegung des Satzes 2 im Anschluss an Satz 1 ergeben.[25]

5. Satz 3

45 Satz 3 bestimmt, dass für den Beitrag nach § 249b Sätze 1 und 2 SGB V die Vorschriften des dritten Abschnittes des SGB IV, also die **§§ 28a bis 28r SGB IV**, entsprechend gelten, soweit ihre Anwendung nicht aus sachlichen Gründen ausscheidet.

46 Der Pauschalbeitrag wird also grundsätzlich wie der Gesamtsozialversicherungsbeitrag behandelt. Von den Vorschriften des dritten Abschnittes des SGB IV sind vor allem die Regelungen über die **Meldepflicht** (§§ 28a bis 28c SGB IV), über **Verfahren und Haftung bei der Beitragszahlung** (§§ 28d bis 28n SGB IV) und über die **Auskunfts- und Vorlagepflicht des Beschäftigten** nach § 28o SGB IV sowie über die **Prüfzuständigkeit des Rentenversicherungsträgers**, § 28p SGB IV, anwendbar.

47 Als **Sonderregelung** bestimmt **§ 28i Satz 5 SGB IV**, dass **zuständige Einzugsstelle** bei geringfügigen Beschäftigungen die Deutsche Rentenversicherung Knappschaft – Bahn – See/Verwaltungsstelle Cottbus ist. Gegenüber diesem Träger ist der Beitrag seitens des Arbeitgebers nachzuweisen und an diesen auch abzuführen (§§ 28d bis 28i SGB IV). Für geringfügige Beschäftigungen in Privathaushalten ist ein vereinfachtes Meldeverfahren (sog. Haushaltsscheck) eingeführt worden (§ 28a Abs. 7 SGB IV).

48 Die Anwendung von § 28g SGB IV scheidet von vornherein aus, weil der Arbeitnehmer selbst im Rahmen des § 249b SGB V keine Beiträge zu tragen hat. Nicht anwendbar sind ferner § 28k SGB IV (Weiterleitung und Abstimmung), § 28l SGB IV (Einzugsvergütung), § 28q SGB IV (Prüfung bei den Einzugsstellen) und § 28r SGB IV (Schadensersatzpflicht und Verzinsung).

49 Kommt der Arbeitgeber seinen Pflichten nicht nach, besteht nach § 249b Satz 3 SGB V i.V.m. § 111 Abs. 1 Nr. 2 bis 4 SGB V die Möglichkeit, ein **Bußgeld** zu verhängen. Ein Arbeitgeber, der den Beitrag ganz oder teilweise auf den Arbeitnehmer abwälzt, handelt gemäß § 111 Abs. 2 SGB V rechtswidrig; auch bei dieser Konstellation besteht als Sanktion die Möglichkeit der Bußgeldverhängung.

II. Normzweck

50 § 249b SGB V regelt den Beitrag des Arbeitgebers bei einer geringfügigen Beschäftigung im Sinne des § 8 Abs. 1 Nr. 1 SGB IV und für Beschäftigte in Privathaushalten nach § 8a Satz 1 SGB IV. Die Einfügung von § 249b SGB V war Teil einer umfassenden Neuregelung der geringfügigen Beschäftigungsverhältnisse aus dem Jahr 1999. Durch die Neuregelung sollte die geringfügige Beschäftigung stärker als zuvor in die Versicherungspflicht einbezogen oder als geringfügige und damit versicherungsfreie Beschäftigung zur pauschalen Beitragszahlung herangezogen werden.[26] Vorgesehen ist ein **bundeseinheitlicher Pauschalbeitrag zur Gesetzlichen Krankenversicherung**. Mit § 249b SGB V führte der Gesetzgeber somit eine Beitragspflicht von Arbeitgebern für versicherungsfreie geringfügig Beschäftigte ein, die bereits in der Gesetzlichen Krankenversicherung versichert sind.

---

[24] Vgl. dazu auch BT-Drs. 15/77, S. 27.

[25] So auch *Peters* in: KassKomm, SGB V, § 249b Rn. 29.

[26] *Gerlach* in: Hauck/Noftz, SGB V, § 249b Rn. 4.

§ 249b SGB V regelt neben der Beitragstragung zugleich die Beitragspflicht nach Grund und Höhe und geht damit über den Vierten Titel, der nur die Tragung der Beiträge regeln soll, hinaus. Durch den Verweis in Satz 3 regelt die Vorschrift außerdem die Anwendung der Vorschriften über die Meldepflicht und den Gesamtsozialversicherungsbeitrag. 51

Mit dem Pauschalbeitrag hatte der Gesetzgeber eine Lösung für die Problematik entwickelt, dass einerseits einer Erosion der Finanzgrundlagen der beitragsfinanzierten Sozialversicherung, einer Ausweitung geringfügiger Beschäftigungsverhältnisse und einem Aufsplitten von versicherungspflichtigen Arbeitsverhältnissen entgegengewirkt werden sollte, aber andererseits die Versicherungspflicht nicht auf geringfügige Beschäftigungsverhältnisse ausgedehnt werden sollte und auch die rein steuerliche Belastung dieser Beschäftigungsverhältnisse die Probleme der Gesetzlichen Krankenversicherung nicht gelöst hätte.[27] Normzweck war vor allem auch die Eindämmung von Missbrauch und Ausweitung geringfügiger Beschäftigungsverhältnisse.[28] 52

Aus der Tatsache, dass der Arbeitnehmer anders als in der Gesetzlichen Rentenversicherung nicht die Möglichkeit hat, auf die Versicherungsfreiheit zu verzichten und durch Zahlung eines eigenen Beitragsanteiles einen Leistungsanspruch zu begründen, lässt sich der Schluss ziehen, dass es sich bei dem von dem Arbeitgeber nach § 249b SGB V zu entrichtenden Beitrag um einen **reinen Finanzierungsbeitrag zu der Gesetzlichen Krankenversicherung** handelt.[29] 53

III. Verfassungsrechtliche Fragestellungen

Teilweise wird es als verfassungsrechtlich bedenklich angesehen, dass § 249b SGB V die **Beitragstragungspflicht** des Arbeitgebers vorsieht, **ohne** dass diesen Beiträgen **Leistungen** der Gesetzlichen Krankenversicherung gegenüberstehen, so dass es sich bei den in § 249b SGB V geregelten Beiträgen um reine Finanzierungsbeiträge handelt.[30] 54

Diesen Bedenken lässt sich jedoch mit einem Verweis auf die **Rechtsprechung des Bundesverfassungsgerichts**[31] begegnen, wonach in der Sozialversicherung **keine volle Äquivalenz von Beiträgen und Leistungen** gelten muss. Des Weiteren hat das Bundesverfassungsgericht die Beitragstragungspflicht wegen der Notwendigkeit der Finanzierung beitragsunabhängiger Leistungen[32] und auch, um Wettbewerbsverzerrungen auf dem Arbeitsmarkt zu verhindern,[33] nicht für verfassungswidrig gehalten. Die Entscheidungen des Bundesverfassungsgerichtes zu Einmalzahlungen[34] besagen insoweit nichts anderes; in diesen Entscheidung hat es das Bundesverfassungsgericht lediglich für verfassungsrechtlich bedenklich gehalten, dass Versicherte, denen Einmalzahlungen gewährt wurden, gegenüber Versicherten, die nur Beiträge aus laufendem Entgelt entrichteten, trotz gleich hoher Beitragsbelastung benachteiligt würden. Auch in diesen Entscheidungen ist das Bundesverfassungsgericht jedoch bei seiner Auffassung geblieben, dass es keine volle Äquivalenz von Beiträgen und Leistungen geben muss. 55

§ 249b SGB V wirft des Weiteren die Frage auf, ob mit dieser Vorschrift eine Ungleichbehandlung ohne rechtfertigenden Grund vorgenommen wird und damit ein Verstoß gegen Art. 3 Abs. 1 GG vorliegt, indem der Pauschalbeitrag nur für Beschäftigte zu tragen ist, die in der Gesetzlichen Krankenversicherung versichert sind, nicht aber für nicht oder in der Privaten Krankenversicherung Versicherte. Diesbezüglich ist jedoch auf die im Gesetzgebungsverfahren angestellten Erwägungen zu verweisen (vgl. dazu Rn. 3), die dazu geführt hatten, dass statt des Wortes „Beschäftigte" das Wort „Versicherte" gewählt wurde und daher nur für in der Gesetzlichen Krankenversicherung Versicherte die Pauschalbeiträge nach § 249b SGB V abzuführen sind.[35] 56

---

[27] BT-Drs. 14/280, S. 10.

[28] BT-Drs. 14/280, S. 10.

[29] Vgl. dazu *Knispel* in: Peters, Handbuch KV (SGB V), § 249b Rn. 5.

[30] *Maaßen* in: Maaßen/Schermer/Wiegand/Zipperer, Gesetzliche Krankenversicherung, § 249b Rn. 8; *Löwisch,* BB 1999, 739, 740.

[31] BVerfG v. 16.10.1962 - 2 BvL 27/60 - BVerfGE 14, 312; BVerfG v. 08.02.1994 - 1 BvR 1237/85 - BVerfGE 89, 365.

[32] BVerfG v. 11.03.1980 - 1 BvL 20/76, 1 BvR 826/76 - BverfGE 53, 313-332.

[33] BVerfG v. 16.10.1962 - 2 BvL 27/60 - BVerfGE 14, 312; BVerfG v. 08.04.1987 - 2 BvR 909/82, 2 BvR 934/82, 2 BvR 935/82, 2 BvR 936/82, 2 BvR 938/82, 2 BvR 941/82, 2 BvR 942/82, 2 BvR 947/82, 2 BvR 64/83, 2 BvR 142/84, 2 BvR 909, 934, 935, 936, 938, 941, 942, 947/82, /83, 142/84 - BVerfGE 75, 108-165.

[34] BVerfG v. 11.01.1995 - 1 BvR 892/88 - SozR 3-2200 § 385 Nr. 6; BVerfG v. 24.05.2000 - 1 BvL 1/98, 1 BvL 4/98, 1 BvL 15/99 - SozR 3-2400 § 23a Nr. 1.

[35] Vgl. dazu auch *Knispel* in: Peters, Handbuch KV (SGB V), § 249b Rn. 7.

57 Ein Verstoß gegen Art. 3 Abs. 1 GG wird teilweise auch darin gesehen, dass § 249b SGB V auch eine Beitragspflicht für Personen auslöst, die in einer außer der geringfügigen Beschäftigung ausgeübten Tätigkeit versicherungsfrei sind.[36] Zu diesem Personenkreis sind **hauptberuflich selbständige Erwerbstätige** zu rechnen, die in einer Nebenbeschäftigung nach § 5 Abs. 5 SGB V versicherungsfrei sind. Zu diesem Personenkreis gehören weiter **Arbeitnehmer**, die in ihrer Hauptbeschäftigung **wegen Überschreitens der Jahresarbeitsentgeltgrenze** des § 6 Abs. 1 Nr. 1 SGB V versicherungsfrei sind, **Beamte** und Personen mit vergleichbarem Status, die in ihrer Hauptbeschäftigung gemäß § 6 Abs. 1 Nr. 2, 4, 5, 7 SGB V i.V.m. § 6 Abs. 3 Satz 1 SGB V versicherungsfrei sind, sowie **Werkstudenten**, die gemäß § 6 Abs. 1 Nr. 3 SGB V versicherungsfrei sind. Eine Ungleichbehandlung wird bei diesen Personengruppen darin gesehen, dass für diese in ihrer nicht geringfügigen Tätigkeit keine Beiträge zu entrichten sind, bei der von ihnen ausgeübten geringfügigen Tätigkeit der Arbeitgeber jedoch nach § 249b SGB V beitragstragungspflichtig ist.[37] Dadurch würden zum einen die Arbeitgeber ungleich behandelt, zum anderen würden Anreize geschaffen, die beitragsbelasteten geringfügigen Tätigkeiten in beitragsfreie, nicht geringfügige Beschäftigungen umzuwandeln.

58 Diese Bedenken überzeugen jedoch nicht. Die vorgeschlagenen Alternativen, entweder den Pauschalbeitrag auch auf die nicht geringfügigen Beschäftigungen der genannten Personenkreise auszuweiten oder bei diesen Personengruppen auch für die geringfügige Tätigkeit von der Erhebung von Pauschalbeiträgen abzusehen,[38] hätten ihrerseits erhebliche Probleme bedingt (Problematik des Beitrages ohne Gegenleistung für die an sich versicherungsfreie Tätigkeit; mögliche Wettbewerbsverzerrungen bei Schaffung einer Ausnahme von § 249b SGB V für die genannten Personengruppen)[39] und wären der Intention des Gesetzgebers, die Finanzgrundlagen der Gesetzlichen Krankenversicherung zu sichern, zuwidergelaufen.

59 Ein weiteres Gleichbehandlungsproblem wirft Satz 2 auf, indem die Arbeitgeber der in privaten Haushalten Beschäftigten mit einem gegenüber Satz 1 geringeren Beitragssatz begünstigt werden. In der Gesetzesbegründung ist diesbezüglich ausgeführt, mit der Privilegierung solle die Legalisierung von Beschäftigungsverhältnissen in privaten Haushalten gefördert werden.[40] Dieses Argument kann jedoch nur dann einen rechtfertigenden Grund für die Ungleichbehandlung darstellen, wenn sich das gesetzgeberische Ziel tatsächlich verwirklicht.[41]

---

[36] Vgl. dazu auch *Knispel* in: Peters, Handbuch KV (SGB V), § 249b Rn. 7.
[37] *Peters* in: KassKomm, SGB V, § 249b Rn. 10, 13.
[38] *Peters* in: KassKomm, SGB V, § 249b Rn. 13.
[39] Vgl. dazu auch *Knispel* in: Peters, Handbuch KV (SGB V), § 249b Rn. 8.
[40] BT-Drs. 15/26, S. 24.
[41] Dazu auch *Knispel* in: Peters, Handbuch KV (SGB V), § 249b Rn 8a.

§ 250 SGB V Tragung der Beiträge durch das Mitglied

(Fassung vom 26.03.2007, gültig ab 01.04.2007, gültig bis 31.12.2008)

(1) Versicherungspflichtige tragen die Beiträge allein

1. aus den Versorgungsbezügen,

2. aus dem Arbeitseinkommen,

3. aus den beitragspflichtigen Einnahmen nach § 236 Abs. 1.

(2) Freiwillige Mitglieder, in § 189 genannte Rentenantragsteller sowie Schwangere, deren Mitgliedschaft nach § 192 Abs. 2 erhalten bleibt, tragen den Beitrag allein.

(3) Versicherungspflichtige nach § 5 Abs. 1 Nr. 13 tragen ihre Beiträge mit Ausnahme der aus Arbeitsentgelt und aus Renten der gesetzlichen Rentenversicherung zu tragenden Beiträge allein.

Gliederung

A. Basisinformationen

I. Textgeschichte/Gesetzgebungsmaterialien

1 § 250 SGB V wurde durch Art. 1 des Gesundheitsreformgesetzes (GRG)[1] mit Wirkung vom 01.01.1989 eingeführt. Die Vorschrift entspricht § 259 des Regierungsentwurfs.[2] Nach dessen Begründung fasste § 250 SGB V verschiedene Vorschriften des bisherigen Rechts zusammen und nahm eine systematische Einordnung vor.

2 Eine Neufassung des § 250 SGB V erfolgte durch Art. 4 Nr. 18 des Rentenreformgesetzes vom 18.12.1989[3] mit Wirkung vom 01.01.1992. Im Zuge der Neufassung ist die in § 250 Abs. 1 SGB V vor der Änderung mit aufgeführte Einnahmeart der Rente aus der Rentenversicherung entfallen, da seither gemäß § 249a SGB V Rentner und Rentenversicherungsträger den aus der Rente zu leistenden Beitrag jeweils zur Hälfte zu tragen haben. Vor der Neufassung, also bis 31.12.1991, hatten Rentner die aus der Rente zu entrichtenden Beiträge allein zu tragen, erhielten jedoch von dem Rentenversicherungsträger gemäß § 1304 RVO, § 83e AFV, § 96c RKG einen Zuschuss in Höhe der Hälfte des Beitrages. Mit dem Rentenreformgesetz erfolgte des Weiteren in Absatz 2 eine Klarstellung dahingehend, dass Rentenantragsteller im Sinne des § 250 SGB V nur diejenigen im Sinne des § 189 SGB V sind.

3 Am 02.02.2007 nahm der Deutsche Bundestag aufgrund der Beschlussempfehlung und des Berichts des Gesundheitsausschusses[4] den von den Fraktionen CDU/CSU und SPD eingebrachten Entwurf eines **Gesetzes zur Stärkung des Wettbewerbs in der gesetzlichen Krankenversicherung** vom 24.10.2006[5] an[6].

4 Aufgrund des GKV-WSG wird in § 250 SGB V ein neuer Absatz 3 eingefügt. Artikel 46 des GKV-WSG regelt das In-Kraft-Treten des GKV-Wettbewerbsstärkungsgesetzes. Gemäß Art. 46

[1] GRG vom 20.12.1988, BGBl I 1988, 2477.
[2] BT-Drs. 11/2237, S. 71.
[3] RRG vom 18.12.1989, BGBl I 1989, 2261.
[4] BT-Drs. 16/4200, 16/4247.
[5] GKV-Wettbewerbsstärkungsgesetz – GKV-WSG, BT-Drs. 16/3100.
[6] BR-Drs. 75/07.

Abs. 1 GKV-WSG tritt das Gesetz zum 01.04.2007 in Kraft, soweit in Art. 46 Abs. 2-10 GKV-WSG nichts Abweichendes geregelt ist. Für die Anfügung von § 250 Abs 3 SGB V gilt die Grundregel des Art. 46 Abs. 1 GKV-WSG, so dass diese Änderung zum 01.04.2007 in Kraft tritt. Für die Neufassung von § 250 Abs. 1 SGB V gilt hingegen Art. 46 Abs. 10 GKV-WSG, so dass diese Änderung erst am 01.01.2009 in Kraft tritt (vgl. dazu Rn. 33).

5 § 251 Abs. 3 SGB V stellt klar, dass § 249a SGB V auch dann gilt, wenn die Versicherungspflicht des Rentners auf dem neu eingeführten § 5 Abs. 1 Nr. 13 SGB V beruht.[7] Ohne die Änderung müssten die Rentner, die nach § 5 Abs. 1 Nr. 13 SGB V versicherungspflichtig sind, ihre Beiträge allein tragen.

II. Vorgängervorschriften

6 § 250 SGB V fasst die bisherigen Vorschriften über die Beitragstragung in der RVO zusammen. Es handelte sich dabei um die §§ 381, 381a Satz 4, 393d Abs. 2 RVO. § 250 SGB V übernimmt die in den genannten Vorschriften enthaltenen Regelungen weitgehend.

7 Eine abweichende Regelung traf der Gesetzgeber allerdings bezüglich der Auszubildenden ohne Arbeitsentgelt. Die RVO sah in § 165 Abs. 1 Nr. 1 oder 2 i.V.m. Abs. 1 Satz 1 SGB V vor, dass dieser Personenkreis wie die Gruppe der Arbeitnehmer versichert war. Der Arbeitgeber hatte die Beiträge nach § 381 Abs. 1 Satz 2 RVO allein zu tragen. Nach der Neuregelung hat der Auszubildende Beiträge in gleicher Höhe wie Studenten allein zu tragen.

8 § 381 Abs. 2 RVO betraf die Beiträge aus Versorgungsbezügen und Arbeitseinkommen, § 381 Abs. 3 Satz 1 RVO freiwillige Mitglieder und § 381 Abs. 3 Satz 2 RVO Rentenantragsteller. Die Beitragstragungspflicht für Schwangere, deren Mitgliedschaft gemäß § 311 Satz 2 RVO erhalten blieb, regelte § 385 Abs. 5 Satz 1 RVO. Für Studenten und Praktikanten war die Beitragstragungspflicht in § 381a Satz 4 RVO normiert.

III. Systematische Zusammenhänge

9 § 250 SGB V ist an sich als Grundvorschrift der Normen über die Beitragstragung anzusehen, da die Beitragstragung durch das Mitglied selbst der Regelfall ist. Dem Versicherungsprinzip entspricht es nämlich, dass die Versichertengemeinschaft, die Leistungen beanspruchen kann, deren Finanzierung durch die Beitragstragung gewährleistet. Der Gesetzgeber hat dennoch die in § 249 SGB V enthaltene Regelung für die Beitragstragung bei versicherungspflichtig Beschäftigten vom Arbeitsentgelt vorangestellt, weil es sich dabei um den praktisch am weitesten verbreiteten Fall handelt. § 249 SGB V regelt ebenso wie die §§ 249a, 251 SGB V Fälle, in denen Dritte an der Aufbringung der Beiträge beteiligt werden. § 249a SGB V betrifft die Tragung der Beiträge bei Versicherungspflichtigen mit Rentenbezug. § 251 SGB V regelt Konstellationen, in denen Beiträge ganz oder teilweise weder von dem Mitglied noch von dem Arbeitgeber, sondern allein von Dritten getragen werden.

10 § 250 Abs. 1 Nr. 1 SGB V betrifft **Versorgungsbezüge** im Sinne des **§ 229 SGB V**. § 250 Abs. 1 Nr. 2 SGB V bezieht sich auf **Arbeitseinkommen** gemäß **§ 15 SGB IV**. § 250 Abs. 1 Nr. 3 SGB V regelt die Beitragstragungspflicht aus den **fiktiven beitragspflichtigen Einnahmen von Studenten und Praktikanten** gemäß **§ 236 Abs. 1 SGB V**.

11 Haben versicherungspflichtige Mitglieder weitere als die in § 250 Abs. 1 SGB V genannten beitragspflichtigen Einnahmen, sind bezüglich dieser Einkünfte die entsprechend einschlägigen Regelungen (§§ 249, 251 SGB V) anzuwenden.

12 **Freiwillige Mitglieder** gemäß § 250 Abs. 2 Alt. 1 SGB V sind Mitglieder im Sinne des **§ 9 SGB V**. § 250 Abs. 2 SGB V betrifft des Weiteren die in **§ 189 SGB V** genannten **Rentenantragsteller** und **Schwangere**, deren Mitgliedschaft nach **§ 192 Abs. 2 SGB V** erhalten bleibt und die nicht nach den §§ 224, 225 SGB V beitragsfrei sind.

13 § 250 Abs. 3 SGB V bezieht sich auf Versicherte nach § 5 Abs. 1 Nr. 13 SGB V. Nach dieser Vorschrift sind nunmehr auch Personen versicherungspflichtig, die keinen anderweitigen Anspruch auf Absicherung im Krankheitsfall haben und zuletzt gesetzlich krankenversichert waren oder bisher nicht gesetzlich oder privat krankenversichert waren, es sei denn, dass sie zu den in § 5 Abs. 5 SGB V oder den in § 6 Abs. 1 oder 2 SGB V genannten Personen gehören oder bei Ausübung ihrer beruflichen Tätigkeit im Inland gehört hätten.

14 **§ 251 Abs. 1 SGB V** gilt ausweislich der Begründung des Regierungsentwurfes[8] auch für freiwillig Versicherte und ist somit **Spezialregelung zu § 250 Abs. 2 SGB V**.

---

[7] Vgl. dazu auch den Bericht des Gesundheitsausschusses – BT-Drs. 16/4247 zu Nr. 169, S. 77.

[8] BT-Drs. 11/2237, S. 226-227 zu § 260 Abs. 1.

§ 251 Abs. 3 SGB V stellt eine **Ausnahmevorschrift** zu § 250 Abs. 1 Nr. 2 SGB V (Beitragstragung aus Arbeitseinkommen) dar, wonach die Künstlersozialkasse die Beiträge gegenüber der Krankenkasse trägt. 15

B. Auslegung der Norm

I. Regelungsgehalt und Bedeutung der Norm

1. Allgemeines

§ 250 SGB V regelt, aus welchen Einnahmearten die Beiträge von dem Mitglied allein zu tragen sind. Die **Beitragspflichtigkeit** der in Absatz 1 genannten Einnahmearten ist in den §§ 226-239 SGB V geregelt. Hinsichtlich der Beitragspflicht der Einnahmen freiwilliger Mitglieder bestimmt § 240 Abs. 1 Satz 1 SGB V, dass die Beitragsbemessung durch die Satzung geregelt wird. Die **Zahlung der Beiträge** bestimmt sich nach den §§ 252-256 SGB V. 16

Die Verpflichtung der Mitglieder zur alleinigen Beitragstragung schließt die Geltendmachung von Ansprüchen gegen Dritte, sich an der Beitragslast zu beteiligen, nicht aus. So sieht **§ 106 SGB VI** einen Beitragszuschuss der Rentenversicherungsträger für freiwillig und privat krankenversicherte Rentner sowie **§ 257 SGB V** einen Beitragszuschuss für freiwillig versicherte Arbeitnehmer vor. Bei diesen Vorschriften handelt es sich um Rückgriffsrechte gegenüber anderen Stellen, die die Beiträge ganz oder teilweise erstatten. Auch wenn diese Stellen teilweise sogar eine unmittelbare Zahlung der Beiträge an die Krankenkasse veranlassen, gilt das Mitglied sozialversicherungsrechtlich als beitragstragungspflichtig. 17

2. Beitragstragung bei Versicherungspflichtigen (Absatz 1)

§ 250 Abs. 1 SGB V regelt die Beitragstragungspflicht versicherungspflichtiger Mitglieder für die im Einzelnen genannten Einnahmearten. Von den in Absatz 1 genannten Fällen können mehrere auf einen Versicherten anwendbar sein. Des Weiteren können die in Absatz 1 genannten Einkünfte neben anderen Einnahmearten, wie z.B. Arbeitsentgelt, stehen. Zwar nennt Absatz 1 nur versicherungspflichtige Mitglieder, freiwillig Versicherte haben jedoch nach Absatz 2 auch für die in Absatz 1 genannten Einnahmearten die Beiträge allein zu tragen. 18

Für die in **§ 250 Abs. 1 Nr. 1 und 2 SGB V** aufgeführten Einnahmearten ist irrelevant, auf welcher Norm die Versicherungspflicht beruht. Diese Einkünfte sind nur beitragspflichtig, soweit die Grundeinnahmen und die vorrangig zu berücksichtigenden Einnahmen die Beitragsbemessungsgrenze nicht erreichen. Wurden Beiträge überzahlt, so sehen § 231 Abs. 1 SGB V sowie die §§ 232 Abs. 1 Satz 2 und 233 Abs. 3, 234 Abs. 2, 235 Abs. 4, 236 Abs. 2 Satz 1 SGB V i.V.m. § 231 Abs. 1 SGB V die Erstattung der Überzahlung vor. 19

§ 250 Abs. 1 Nr. 1 SGB V betrifft **Versorgungsbezüge** im Sinne des § 229 SGB V. Nach dieser Vorschrift sind Versorgungsbezüge im Wesentlichen Versorgungsbezüge im engeren Sinn, d.h. solche aus einem öffentlich-rechtlichen Dienstverhältnis oder aus einem Arbeitsverhältnis mit Anspruch auf Versorgung nach beamtenrechtlichen Vorschriften oder Grundsätzen. In diesen Fällen ist allerdings zunächst zu prüfen, ob nicht nach § 6 Abs. 3 Satz 1 i.V.m. § 6 Abs. 1 Nr. 2, 4-6 SGB V Versicherungsfreiheit vorliegt. Versorgungsbezüge nach § 229 SGB V sind des Weiteren Abgeordneten- und Ministerbezüge, Renten aus berufsständischen Einrichtungen, Leistungen der Alterssicherung für Landwirte und Betriebsrenten sowie Zusatzversorgung. 20

Zu beachten sind die Rangfolgeregelungen der §§ 230, 238 SGB V. **§ 230 SGB V regelt die** Rangfolge der Einnahmearten versicherungspflichtig Beschäftigter. § 238 SGB V bestimmt die Rangfolge der Einnahmearten versicherungspflichtiger Rentner. 21

Der Beitragssatz für Versorgungsbezüge ist in § 248 Abs. 1 SGB V geregelt. Die Beitragspflicht ergibt sich aus § 226 Abs. 1 Satz 1 Nr. 3 SGB V bzw. § 237 Satz 1 Nr. 2 SGB V oder den Verweisungsvorschriften in den §§ 232 ff. SGB V. Die Beitragszahlung richtet sich nach § 256 SGB V. Eine Anspruchsgrundlage für die Geltendmachung eines Anspruchs gegen die Versorgungskasse an diesen Beiträgen existiert nicht. 22

§ 250 Abs. 1 Nr. 2 SGB V regelt die Beitragstragungspflicht für Beiträge, die aus **Arbeitseinkommen** gemäß § 15 SGB IV abzuführen sind. Gemäß §§ 226 Abs. 1 Satz 1 Nr. 4, 237 Satz 1 Nr. 3 SGB V besteht aus Arbeitseinkommen nur dann Beitragstragungspflicht, wenn es neben einer Rente oder neben 23

Versorgungsbezügen erzielt wird und eine bestimmte Beitragsuntergrenze nicht übersteigt, vgl. dazu § 226 Abs. 2 SGB V. Für diese Beiträge ist das Mitglied auch gemäß § 252 Satz 1 SGB V zur Zahlung verpflichtet. Der Beitragssatz ist in § 248 SGB V geregelt.

24 § 250 Abs. 1 Nr. 3 SGB V normiert die Pflicht zur Tragung von Beiträgen aus den **fiktiven beitragspflichtigen Einnahmen von Studenten und Praktikanten** gemäß § 236 Abs. 1 SGB V. Betroffen von dieser Vorschrift sind mithin die nach § 5 Abs. 1 Nr. 9 und 10 SGB V Versicherungspflichtigen. Der Beitragssatz ist in § 245 SGB V geregelt. Die Verpflichtung zur Beitragszahlung richtet sich nach § 254 SGB V. Eine Vorschrift über einen Beitragszuschuss gibt es nicht.

3. Beitragstragung bei freiwilligen Mitgliedern u.a. (Absatz 2)

25 Freiwillige Mitglieder sowie die anderen in § 250 Abs. 2 SGB V genannten Personengruppen haben den Beitrag in voller Höhe allein zu tragen, solange keine Beitragsfreiheit nach § 224 SGB V besteht. Dies gilt für alle beitragspflichtigen Einnahmen, auch für solche, für die bei versicherungspflichtigen Mitgliedern etwas Abweichendes bestimmt ist. Welche Einnahmen beitragspflichtig sind, wird für die in § 250 Abs. 2 SGB V genannten Personenkreise gemäß § 226 Abs. 3 SGB V (Schwangere), § 239 Satz 1 SGB V (Rentenantragsteller) und § 240 Abs. 1 Satz 1 SGB V (freiwillige Mitglieder) in der jeweiligen Satzung bestimmt. § 250 Abs. 2 SGB V ist gegenüber anderen Bestimmungen über die Beitragstragungspflicht, bspw. gegenüber § 251 Abs. 1 SGB V, vorrangig.

26 Freiwillige Mitglieder sind die in § 9 SGB V genannten Mitglieder. Die in § 250 Abs. 2 SGB V normierte alleinige Beitragstragungspflicht gilt auch, wenn das freiwillige Mitglied abhängig beschäftigt ist und Arbeitsentgelt die einzige beitragspflichtige Einnahme darstellt. § 257 Abs. 1 SGB V sieht jedoch die Möglichkeit eines Beitragszuschusses durch den Arbeitgeber vor.

27 § 250 Abs. 2 Alt. 2 SGB V nimmt auf § 189 SGB V Bezug und erfasst somit nur die Rentenantragsteller, die die Voraussetzungen für die Gewährung der beantragten Rente nicht erfüllen und somit formales Mitglied sind (§ 189 Abs. 1 Satz 1 SGB V). Die genannten Rentenantragsteller sind freiwilligen Mitglieder gemäß § 239 Satz 3 SGB V auch hinsichtlich der beitragspflichtigen Einnahmen und nach § 252 Satz 1 SGB V hinsichtlich der Zahlungspflicht gleichgestellt. Während der Dauer des Rentenbezuges ist – ggf. auch rückwirkend – § 249a SGB V anwendbar. Da § 239 Satz 2 SGB V Personen, bei denen die Rentenzahlung eingestellt wurde, in der Zeit, bis die Entscheidung über den Entzug oder Wegfall der Rente unanfechtbar geworden ist, Rentenantragstellern im Sinne des § 189 SGB V gleichstellt, gilt § 250 Abs. 2 SGB V auch für diese Personen.

28 § 250 Abs. 2 Alt. 3 SGB V betrifft Schwangere, deren Mitgliedschaft nach § 192 Abs. 2 SGB V während der Schwangerschaft erhalten bleibt. Während der Schwangerschaft bleibt die Mitgliedschaft Versicherungspflichtiger gemäß § 192 Abs. 2 SGB V erhalten, wenn das Beschäftigungsverhältnis vom Arbeitgeber zulässig aufgelöst oder das Mitglied unter Wegfall des Arbeitsentgelts beurlaubt worden ist, es sei denn, es besteht eine Mitgliedschaft nach anderen Vorschriften. Schwangere haben die Beiträge allein zu tragen. Die beitragspflichtigen Einnahmen werden gemäß § 226 Abs. 3 SGB V in der Satzung festgelegt. Ein Anspruch der Schwangeren gegen ihren – ggf. früheren – Arbeitgeber, sich an der Beitragstragung zu beteiligen, existiert nicht.

4. Versicherungspflichtige nach § 5 Abs. 1 Nr. 13 SGB V (Absatz 3)

29 Die Einführung des § 5 Abs. 1 Nr. 13 SGB V erweitert den Kreis der Versicherungspflichtigen auf bisher Nichtversicherte. Versicherte, die in die GKV zurückkehren und kein Arbeitseinkommen haben, haben ihre Beiträge selbst zu zahlen.[9] Die Bemessung der Beiträge erfolgt wie bei freiwillig Versicherten. Das bedeutet, dass sie nach ihrer gesamten wirtschaftlichen Leistungsfähigkeit Beiträge bis zur Beitragsbemessungsgrenze tragen müssen.

5. Sonderregelungen im Beitrittsgebiet

30 Im Beitrittsgebiet wurden im Jahr 1991 abweichend von der in § 250 Abs. 1 Nr. 1 SGB V vorgesehenen Regelung die Beiträge für pflichtversicherte Rentner von den Rentenversicherungsträgern nach **§ 313 Abs. 7 SGB V a.F.** pauschal abgeführt. § 313 Abs. 1-9 SGB V wurde mit Wirkung vom 01.01.2001 durch Gesetz vom 22.12.1999[10] aufgehoben.

[9] BT-Drs. 16/3100 zu Nr. 169a, S. 166.

[10] BGBl I 1999, 2657.

Gemäß **§ 318 Abs. 8 SGB V a.F.** trat § 250 Abs. 1 Nr. 2 SGB V für das Beitrittsgebiet erst am 01.01.1992 in Kraft, war also erst für Versorgungsbezüge, die nach dem 31.12.1991 zustehen, anwendbar. 31

II. Normzweck

§ 250 SGB V regelt die Beitragstragung durch das Mitglied. § 250 Abs. 1 SGB V erfasst versicherungspflichtige, Absatz 2 freiwillige Mitglieder. In Absatz 1 werden einzelne beitragspflichtige Einnahmearten genannt, aus denen versicherungspflichtige Mitglieder die Beiträge allein zu tragen haben. Die von Absatz 2 betroffenen Personenkreise haben dagegen aus allen beitragspflichtigen Einnahmen die Beiträge allein zu tragen. 32

C. Reformbestrebungen

Mit Wirkung zum 01.01.2009 wird § 250 Abs. 1 SGB V aufgrund des GKV-WSG (vgl. dazu Rn. 3 ff.) wie folgt gefasst: 33

„(1) Versicherungspflichtige tragen die Beiträge aus 1. den Versorgungsbezügen, 2. dem Arbeitseinkommen, 3. den beitragspflichtigen Einnahmen nach § 236 Abs. 1, sowie den Zusatzbeitrag nach § 242 allein."

Die Änderung stellt klar, dass sich der Arbeitgeber an der kassenindividuellen Zusatzprämie nicht zu beteiligen hat.[11]

---

[11] BT-Drs. 16/3100 zu Nr. 169a, S. 166.

§ 251 SGB V Tragung der Beiträge durch Dritte

(Fassung vom 24.12.2003, gültig ab 01.01.2005, gültig bis 31.12.2008)

(1) Der zuständige Rehabilitationsträger trägt die auf Grund der Teilnahme an Leistungen zur Teilhabe am Arbeitsleben sowie an Berufsfindung oder Arbeitserprobung (§ 5 Abs. 1 Nr. 6) oder des Bezugs von Übergangsgeld, Verletztengeld oder Versorgungskrankengeld (§ 192 Abs. 1 Nr. 3) zu zahlenden Beiträge.

(2) Der Träger der Einrichtung trägt den Beitrag allein

1. für die nach § 5 Abs. 1 Nr. 5 versicherungspflichtigen Jugendlichen,

2. für die nach § 5 Abs. 1 Nr. 7 oder 8 versicherungspflichtigen behinderten Menschen, wenn das tatsächliche Arbeitsentgelt den nach § 235 Abs. 3 maßgeblichen Mindestbetrag nicht übersteigt; im übrigen gilt § 249 Abs. 1 und Abs. 3 entsprechend.

Für die nach § 5 Abs. 1 Nr. 7 versicherungspflichtigen behinderten Menschen sind die Beiträge, die der Träger der Einrichtung zu tragen hat, von den für die behinderten Menschen zuständigen Leistungsträgern zu erstatten.

(3) Die Künstlersozialkasse trägt die Beiträge für die nach dem Künstlersozialversicheungsgesetz versicherungspflichtigen Mitglieder. Hat die Künstlersozialkasse nach § 16 Abs. 2 Satz 2 des Künstlersozialversicherungsgesetzes das Ruhen der Leistungen festgestellt, entfällt für die Zeit des Ruhens die Pflicht zur Entrichtung des Beitrages, es sei denn, das Ruhen endet nach § 16 Abs. 2 Satz 5 des Künstlersozialversicherungsgesetzes. Bei einer Vereinbarung nach § 16 Abs. 2 Satz 6 des Künstlersozialversicherungsgesetzes ist die Künstlersozialkasse zur Entrichtung der Beiträge für die Zeit des Ruhens insoweit verpflichtet, als der Versicherte seine Beitragsanteile zahlt.

(4) Der Bund trägt die Beiträge für Wehrdienst- und Wehrdienst- und Zivildienstleistende im Falle des § 193 Abs. 2 und 3 sowie für die nach § 5 Abs. 1 Nr. 2a versicherungspflichtigen Bezieher von Arbeitslosengeld II.

(4a) Die Bundesagentur für Arbeit trägt die Beiträge für die Bezieher von Arbeitslosengeld und Unterhaltsgeld nach dem Dritten Buch.

(4b) Für Personen, die als nicht satzungsmäßige Mitglieder geistlicher Genossenschaften oder ähnlicher religiöser Gemeinschaften für den Dienst in einer solchen Genossenschaft oder ähnlichen religiösen Gemeinschaft außerschulisch ausgebildet werden, trägt die geistliche Genossenschaft oder ähnliche religiöse Gemeinschaft die Beiträge.

(4c) Für Auszubildende, die in einer außerbetrieblichen Einrichtung im Rahmen eines Berufsausbildungsvertrages nach dem Berufsbildungsgesetz ausgebildet werden, trägt der Träger der Einrichtung die Beiträge.

(5) Die Krankenkassen sind zur Prüfung der Beitragszahlung berechtigt.

Gliederung

A. Basisinformationen

I. Textgeschichte/Gesetzgebungsmaterialien

Die Vorschrift wurde durch Art. 1 des**Gesundheitsreformgesetzes vom 20.12.1988**[1] mit Wirkung vom 01.01.1989 eingeführt und geht auf § 260 des Regierungsentwurfes[2] zurück, der im Wesentlichen unverändert blieb. Mit § 251 SGB V sollten im früheren Recht an verschiedenen Stellen enthaltene Regelungen zur Beitragstragungspflicht Dritter zusammengefasst werden. 1

Eine Änderung des § 251 Abs. 2 Satz 1 Nr. 2 SGB V erfolgte mit Wirkung vom 01.01.1990 durch Art. 2 Nr. 2 des **Gesetzes zur Einführung eines Sozialversicherungsausweises und zur Änderung anderer Sozialgesetze vom 06.10.1989**[3]. Die ab 01.01.1990 geltende Fassung enthielt in Absatz 2 Satz 1 Nr. 2 nunmehr einen Verweis auf § 249 Abs. 1 und Abs. 3 SGB V, während die bisherige Fassung nur auf § 249 Abs. 1 SGB V verwiesen hatte. 2

Mit Art. 4 Nr. 19 und Art. 85 Abs. 1 des **Rentenreformgesetzes 1992 vom 18.12.1989**[4] änderte der Gesetzgeber § 251 Abs. 1 und Abs. 2 Satz 1 Nr. 2 SGB V mit Wirkung vom 01.01.1992. In Absatz 1 erfolgte eine Ergänzung hinsichtlich der Berufsfindung und Arbeitserprobung. Absatz 2 Satz 1 Nr. 2 wurde dem Rentenrecht redaktionell angepasst. 3

§ 251 Abs. 5 SGB V wurde mit Art. 3 Nr. 4 des **Zweiten Gesetzes zur Änderung des Sozialgesetzbuches vom 13.06.1994**[5] eingefügt und trat am 01.07.1994 in Kraft. 4

Durch Art. 5 Nr. 12 des **Arbeitsförderungs-Reformgesetzes vom 24.03.1997**[6] fügte der Gesetzgeber mit Wirkung vom 01.01.1998 § 251 Abs. 4 HS. 2 SGB V und § 251 Abs. 4a SGB V ein. Gleichzeitig wurde § 157 AFG, der die Beitragstragung für Leistungsbezieher der Bundesagentur für Arbeit bisher geregelt hatte, aufgehoben. 5

Durch Art. 1 Nr. 68 des **GKV-Gesundheitsreformgesetzes 2000 vom 22.12.1999**[7] fügte der Gesetzgeber Absatz 4b (Beitragstragung durch die geistliche Genossenschaft) ein. Es handelt sich dabei um eine Folgeregelung zu § 5 Abs. 4a SGB V. Mit Einfügung des § 5 Abs. 4a SGB V stellte der Gesetzgeber klar, dass der dort und in § 251 Abs. 4b SGB V genannte Personenkreis in der Gesetzlichen Krankenversicherung versicherungspflichtig ist. 6

Eine Anpassung der Absätze 1 und 2 an den Sprachgebrauch des SGB IX erfolgte mit Wirkung vom 01.07.2001 durch Art. 5 Nr. 32 **SGB – Neuntes Buch – Rehabilitation und Teilhabe behinderter Menschen vom 19.06.2001.**[8] Die Formulierung „berufsfördernde Maßnahmen zur Rehabilitation" in Absatz 1 wurde durch den Satzteil „Leistungen zur Teilhabe am Arbeitsleben" ersetzt. Die in Absatz 2 vor der Änderung enthaltene Formulierung „Behinderte" wurde in „behinderte Menschen" geändert. Nicht an die Terminologie angepasst wurde allerdings der Terminus „Berufsfindung". Entsprechend dem Sprachgebrauch des SGB IX hätte jedoch, wie in § 5 Abs. 1 Nr. 6 SGB V, eine Änderung in „Abklärung der beruflichen Eignung" erfolgen müssen. Es dürfte sich insoweit um ein redaktionelles Versehen handeln.[9] 7

Mit Art. 3 Nr. 4 des **Gesetzes zur Reform der arbeitsmarktpolitischen Instrumente – sog. Job-Aqtiv-Gesetz - vom 10.12.2001**[10] wurde § 251 Abs. 4c SGB V eingefügt. 8

Eine redaktionelle Änderung erfuhr Absatz 3 Sätze 2 und 3 hinsichtlich der Bezugnahmen auf § 16 KSVG mit Wirkung vom 01.07.2002 durch Art. 7 Nr. 1 des **Gesetzes zur Einführung einer kapital-** 9

[1] GRG, BGBl I 1988, 2477.
[2] BT-Drs. 11/2237, S. 226, 227.
[3] BGBl I 1989, 1822.
[4] BGBl I 1989, 2261, 2356.
[5] BGBl I 1994, 1229.
[6] BGBl I 1997, 594, 693.
[7] BGBl I 1999, 2626.
[8] BGBl I 2001, 1046.
[9] *Gerlach* in: Hauck/Noftz, SGB V, § 251 Rn. 1d.
[10] BGBl I 2001, 3443.

gedeckten Hüttenknappschaftlichen Zusatzversicherung und zur Änderung anderer Gesetze vom 21.06.2002[11].

10 Absatz 4a wurde mit Wirkung vom 01.01.2004 durch das **Dritte Gesetz für moderne Dienstleistungen am Arbeitsmarkt vom 23.12.2003**[12] an die Umbenennung der Bundesanstalt für Arbeit in Bundesagentur für Arbeit angepasst.

11 Absatz 4 wurde mit Wirkung vom 01.01.2005 durch das **Vierte Gesetz für moderne Dienstleistungen am Arbeitsmarkt vom 24.12.2003**[13] geändert. Der Bund trägt nach der Änderung die Beiträge für die Bezieher von Arbeitslosengeld II, vor dem 01.01.2005 waren stattdessen die Bezieher von Arbeitslosenhilfe nach dem SGB III genannt.

II. Vorgängervorschriften

12 § 251 SGB V fasst im früheren Recht an verschiedenen Stellen enthaltene Regelungen zusammen. § 251 Abs. 1 SGB V entspricht im Wesentlichen **§ 381 Abs. 3a RVO**. Mit § 251 Abs. 1 SGB V neu hinzugekommen sind die Teilnehmer an Leistungen zur Teilhabe am Arbeitsleben.

13 In § 381 Abs. 3a RVO war ausdrücklich geregelt, dass sich die Beitragstragungspflicht nicht auf aus Renten, Versorgungsbezügen und Arbeitseinkommen zu zahlende Beiträge bezieht. Einen solchen ausdrücklichen Ausschluss enthält § 251 Abs. 1 SGB V nicht mehr, dieser ergibt sich jedoch aus Wortlaut und systematischer Stellung der Vorschrift: § 251 Abs. 1 SGB V bezieht sich nämlich ausdrücklich auf die aufgrund der Teilnahme an Leistungen zur Teilhabe am Arbeitsleben sowie an Berufsfindung oder Arbeitserprobung oder des Bezugs von Übergangs-, Verletzten- oder Versorgungskrankengeld zu zahlenden Beiträge. Im Übrigen ist § 250 Abs. 1 SGB V gegenüber § 251 Abs. 1 SGB V speziellere Vorschrift.

14 § 251 Abs. 2 Satz 1 Nr. 1 SGB V entspricht § 381 Abs. 1 letzter HS. und Abs. 3a Nr. 1 RVO. Anstatt des Arbeitgebers wird allerdings nunmehr der Träger der Einrichtung als beitragstragungspflichtig genannt. § 251 Abs. 2 Satz 1 Nr. 2 bezieht sich auf die früheren Vorschriften § 3 Abs. 1 Satz 2 und § 5 SVBG i.V.m. § 381 Abs. 1 RVO. § 251 Abs. 2 Satz 2 übernimmt § 3 Abs. 4 SVBG. § 251 Abs. 3 entspricht § 381b RVO und § 251 Abs. 4 dem früheren § 209a Abs. 2 Satz 3 RVO. Mit § 251 Abs. 4a SGB V soll die früher in § 157 AFG enthaltene Regelung übernommen werden.[14] Eine vergleichbare Vorgängerregelung zu § 251 Abs. 4b SGB V existierte nicht.

15 § 381 Abs. 3a RVO differenzierte hinsichtlich des Beginns der Beitragstragungspflicht zwischen Leistungen zur beruflichen Rehabilitation einerseits und zur medizinischen Rehabilitation andererseits. Die Beitragstragungspflicht begann bei Leistungen zur beruflichen Rehabilitation mit dem Beginn der Mitgliedschaft. Bei Leistungen zur medizinischen Rehabilitation begann die Beitragstragungspflicht jedoch erst mit Beginn der siebten Woche des Geldleistungsbezuges. Diese Unterscheidung gab der Gesetzgeber mit Einführung des § 251 SGB V in Absatz 1 auf.[15]

III. Systematische Zusammenhänge

16 § 251 SGB V regelt – wie die §§ 249-250 SGB V – nur die **Beitragstragung**. Maßgebliche Vorschrift hinsichtlich der **Beitragszahlung** ist **§ 252 SGB V**. Die in § 251 Abs. 1 SGB V geregelte Beitragstragungspflicht betrifft **beitragspflichtige Einnahmen gemäß § 235 Abs. 1 und 2 SGB V**. Die Beitragstragungspflicht der Künstlersozialkasse nach § 251 Abs. 3 SGB V bezieht sich auf die in **§ 234 SGB V** beschriebenen beitragspflichtigen Einnahmen. § 251 Abs. 4 SGB V ist nur für die Einnahmeart „Arbeitslosengeld II" als beitragspflichtige Einnahme im Sinne des **§ 232a Abs. 1 Satz 1 Nr. 2 SGB V** anwendbar.

17 § 251 Abs. 1 Alt. 1 SGB V bezieht sich auf die auf Grund der Teilnahme an **Leistungen zur Teilhabe am Arbeitsleben** zu zahlenden Beiträge. Der Begriff der Leistungen zur Teilhabe am Arbeitsleben ist in **§ 4 SGB IX** umschrieben. In den **§§ 33 ff. SGB IX** finden sich umfassende Regelungen zu Voraussetzungen für die Gewährung von Leistungen zur Teilhabe am Arbeitsleben und zu deren Ausgestaltung.

---

[11] BGBl I 2002, 2167.

[12] BGBl I 2003, 2848.

[13] BGBl I 2003, 2954.

[14] BT-Drs. 13/4941, S. 234.

[15] Vgl. dazu Begründung des Regierungsentwurfes, BT-Drs. 11/2237, S. 226, 227.

§ 251 Abs. 1 Alt. 1 SGB V bezieht sich des Weiteren auf Leistungen zur Berufsfindung oder Arbeitserprobung. Wie sich aus dem Klammerverweis in § 251 Abs. 1 SGB V ergibt, ist dieser Personenkreis gemäß **§ 5 Abs. 1 Nr. 6 SGB V** in der Gesetzlichen Krankenversicherung versicherungspflichtig. 18

§ 251 Abs. 1 Alt. 2 SGB V betrifft die aus dem Bezug von Übergangsgeld, Verletztengeld oder Versorgungskrankengeld zu zahlenden Beiträge. In einem weiteren Klammerverweis wird auf **§ 192 Abs. 1 Nr. 3 SGB V** Bezug genommen, wonach die Mitgliedschaft Versicherungspflichtiger während des Bezuges der genannten Leistungen während einer Leistung zur medizinischen Rehabilitation bestehen bleibt. 19

Die Erbringung einer Maßnahme zur medizinischen Rehabilitation richtet sich im Krankenversicherungsrecht nach **§ 40 SGB V**. Die Krankenkassen sind jedoch gemäß § 40 Abs. 4 SGB V nur nachrangig gegenüber anderen Sozialversicherungsträgern zuständig. Kein Nachrang der ambulanten und stationären Reha-Leistungen der Krankenkassen besteht jedoch nach dem eindeutigen Wortlaut des § 40 Abs. 4 SGB V gegenüber den „Sonstigen Leistungen" der Rentenversicherungsträger nach § 31 SGB VI. Hierzu zählen bspw. Nach- und Festigungskuren wegen Geschwulsterkrankungen sowie die stationäre Heilbehandlung von Kindern der Versicherten oder Rentner. Anspruchsgrundlage für eine fehlerfreie Ermessensausübung hinsichtlich der Geltendmachung eines Anspruches auf medizinische Rehabilitation gegenüber dem Rentenversicherungsträger ist **§ 9 Abs. 2 SGB VI i.V.m. §§ 10 ff. SGB VI.** 20

§ 251 Abs. 2 SGB V nimmt in Nr. 1 Bezug auf die gemäß **§ 5 Abs. 1 Nr. 5 SGB V** versicherungspflichtigen Jugendlichen und in Nr. 2 auf die nach **§ 5 Abs. 1 Nr. 7 oder 8 SGB V** versicherungspflichtigen behinderten Menschen. 21

Einschränkend wird in § 251 Abs. 2 Satz 1 Nr. 2 SGB V auf den nach **§ 235 Abs. 3 SGB V** maßgeblichen Mindestbeitrag verwiesen. Nach § 235 Abs. 3 SGB V ist für die nach § 5 Abs. 1 Nr. 7 und 8 SGB V versicherungspflichtigen behinderten Menschen als beitragspflichtige Einnahmen das tatsächlich erzielte Arbeitsentgelt, mindestens jedoch ein Betrag in Höhe von 20 v.H. der monatlichen Bezugsgröße nach **§ 18 SGB IV** zugrunde zu legen. Im Übrigen verweist § 251 Abs. 2 Satz 1 Nr. 2 auf **§ 249 Abs. 1 und 3 SGB V**. Der Verweis auf § 249 Abs. 3 SGB V muss jedoch gestrichen werden, weil § 249 Abs. 3 SGB V mit Wirkung vom 01.08.2003 durch das Gesetz vom 24.07.2003[16] aufgehoben wurde. 22

§ 251 Abs. 3 SGB V nimmt Bezug auf das **Künstlersozialversicherungsgesetz,** insbesondere auf die Vorschrift des **§ 16 KSVG.** 23

In § 251 Abs. 4 SGB V wird auf § 193 Abs. 2 und 3 SGB V verwiesen. Diese Vorschrift regelt das **Fortbestehen der Mitgliedschaft bei Wehrdienst oder Zivildienst.** Im Übrigen hat der Bund die Beiträge für die nach **§ 5 Abs. 1 Nr. 2a SGB V** versicherungspflichtigen **Bezieher von Arbeitslosengeld II** zu tragen. Das Arbeitslosengeld II ist in den **§§ 19 ff. SGB II** geregelt. 24

Die Bundesagentur für Arbeit hat nach § 251 Abs. 4a SGB V die Beiträge für Bezieher von Arbeitslosen- und Unterhaltsgeld zu tragen. Die Anspruchsvoraussetzungen für die Gewährung von Arbeitslosengeld sind in den **§§ 117 ff. SGB III** normiert. Die Gewährung von **Unterhaltsgeld** richtete sich nach § 158 SGB III in der bis 31.12.2004 geltenden Fassung, die Vorschrift wurde jedoch mit Wirkung vom 01.01.2005 durch das Gesetz vom 23.12.2003[17] aufgehoben. Eine Anpassung des § 251 Abs. 4a SGB V ist jedoch bisher nicht erfolgt. 25

IV. Ausgewählte Literaturhinweise

Burgard, Auswirkungen von Teilzeittätigkeit in Werkstätten für behinderte Menschen auf die Sozialversicherungsbeiträge und die Erstattungspflicht, RdLH 2003, 130-131; *Schulz,* Versicherungs- und Beitragspflicht bei Bezug von Entgeltersatzleistungen, SVFAng Nr. 131, 57-69 (2002); *Wille,* Die Reform der Beitragsgestaltung in der gesetzlichen Krankenversicherung im Widerstreit der Meinungen, Kongressvortrag, Finanzielle Stabilität der gesetzlichen Krankenversicherung und Grundrechte der Leistungserbringer 2004, 71. 26

[16] BGBl I 2003, 1526.

[17] BGBl I 2003, 2848.

B. Auslegung der Norm

I. Regelungsgehalt und Bedeutung der Norm

1. Allgemeines

27 § 251 SGB V regelt die Beitragstragung durch Dritte. **Dritte** sind – wie sich aus der Gesetzessystematik ergibt – alle Träger der Beitragslast außer Mitglied und Arbeitgeber. **Hintergrund für die Beitragstragung durch Dritte** sind verschiedene Motive. Bei **Teilnehmern an Rehabilitationsmaßnahmen und Beziehern von Leistungen der Bundesagentur für Arbeit** ist die Beitragstragung als zusätzliche Leistung zu einer Sozialleistung anzusehen.[18] Bei Personen **in Einrichtungen der Jugendhilfe und behinderten Menschen** ist die Beitragstragungspflicht Dritter Ausdruck eines sozialen Gedankens; es wurde für sozial unvertretbar gehalten, von Personen mit sehr geringen Einkünften Beiträge zur Gesetzlichen Krankenversicherung zu fordern.[19] Bei **Künstlern und Publizisten** steht hinter der Beitragstragungspflicht der Künstlersozialkasse der Gedanke der Verwaltungsvereinfachung: Die Krankenkasse soll nicht mit den einzelnen Versicherten abrechnen müssen, sondern nur mit der Künstlersozialkasse.[20] Der einzelne Versicherte wird allerdings über die an die Künstlersozialkasse zu entrichtenden Beitragsanteile an der Aufbringung der Beiträge beteiligt. Bei **Wehr- und Zivildienstleistenden** sowie bei **Einigungsübungen** (nicht in § 251 SGB V geregelt) ist die Beitragstragungspflicht Dritter wie des Bundes oder eines Landes Ausfluss einer besonderen Dienstleistung gegenüber dem Staat.[21] **Auszubildende in einer religiösen Genossenschaft** oder einer ähnlichen religiösen Gemeinschaft erhalten in der Regel nur Sachbezüge oder allenfalls geringe Geldbezüge. Aufgrund ihrer dadurch bedingten geringen wirtschaftlichen Leistungsfähigkeit sind die Beiträge zur Gesetzlichen Krankenversicherung daher von der jeweiligen religiösen Gemeinschaft zu tragen.[22] Bei **Auszubildenden in außerbetrieblichen Einrichtungen** ist ebenfalls deren geringe wirtschaftliche Leistungsfähigkeit Grund für die Beitragstragungspflicht des Trägers der Einrichtung.[23]

28 Der Anwendungsbereich des § 251 SGB V nimmt zum einen auf bestimmte versicherungspflichtige Personengruppen (Absätze 1, 2, 3, 4a, 4b, 4c) Bezug und zum anderen auf Zeiten, in denen eine Mitgliedschaft nach besonderen Vorschriften bestehen bleibt (Absätze 1 und 4). Hinsichtlich der Bezugnahme auf versicherungspflichtige Personengruppen ist zu beachten, dass § 251 SGB V nur solange anwendbar ist, als eine Versicherung nach den im Einzelnen genannten Vorschriften besteht.

29 Die Beitragstragungspflicht Dritter ist von **Beitragszuschüssen oder der Übernahme von Beiträgen durch Dritte** zu unterscheiden. Beitragszuschüsse sind eine Form eines Rückgriffsrechtes des Versicherten und betreffen mithin nur das Innenverhältnis zwischen dem Versicherten und der Stelle, die einen Zuschuss gewährt.

30 **Weitere Beitragstragungspflichten Dritter** sind in **Spezialgesetzen** wie dem KVLG 1989 oder bspw. dem Gesetz zur Verhütung und Bekämpfung von Infektionskrankheiten geregelt.[24]

2. Beitragstragung durch Rehabilitationsträger (Absatz 1)

a. Erfasster Personenkreis

31 § 251 Abs. 1 SGB V regelt die Beitragstragung für Teilnehmer der genannten Leistungen und Maßnahmen durch den Rehabilitationsträger. **Rehabilitationsträger** ist der Träger der Leistung, also derjenige, der die Maßnahme gewährt und deren Kosten trägt. Er ist von dem Träger der Einrichtung zu unterscheiden. Meist handelt es sich bei dem Rehabilitationsträger um den Rentenversicherungsträger (§ 9 Abs. 1, 16 SGB VI) oder die Bundesagentur für Arbeit (§§ 97 ff. SGB III).

32 § 251 Abs. 1 Alt. 1 SGB V bezieht sich auf Teilnehmer an Leistungen zur Teilhabe am Arbeitsleben (§ 4 SGB IX, §§ 33 ff. SGB IX) und auf Teilnehmer an Maßnahmen der Berufsfindung oder Arbeitserprobung, die nach § 5 Abs. 1 Nr. 6 SGB V versicherungspflichtig sind.

---

[18] *Gerlach* in: Hauck/Noftz, SGB V, § 251 Rn. 2.
[19] *Gerlach* in: Hauck/Noftz, SGB V, § 251 Rn. 13.
[20] *Gerlach* in: Hauck/Noftz, SGB V, § 251 Rn. 14.
[21] *Gerlach* in: Hauck/Noftz, SGB V, § 251 Rn. 15.
[22] *Gerlach* in: Hauck/Noftz, SGB V, § 251 Rn. 16a.
[23] *Gerlach* in: Hauck/Noftz, SGB V, § 251 Rn. 16b.
[24] Ausführlich dazu *Gerlach* in: Hauck/Noftz, SGB V, § 251 Rn. 44-48.

Gemäß § 251 Abs. 1 Alt. 2 SGB V hat der Rehabilitationsträger während des Zeitraumes, in dem Übergangs-, Verletzten- oder Versorgungskrankengeld gezahlt wird und die Mitgliedschaft nach § 192 Abs. 1 Nr. 3 SGB V fortbesteht, die Beiträge zur Krankenversicherung aus den genannten Einnahmearten zu tragen. In Fällen, in denen die Leistungspflicht des Unfallversicherungsträgers erst nachträglich festgestellt wird und der Anspruch auf Verletztengeld demzufolge erst rückwirkend anerkannt wird, es aber wegen des zu befriedigenden Erstattungsanspruches der bisher leistenden Krankenkasse nach den §§ 103, 105 SGB X nicht zu einer Auszahlung an den Berechtigten kommt, gilt mit der Anerkennung rückwirkend die Mitgliedschaft als gemäß § 192 Abs. 1 Nr. 3 SGB V fortbestehend. Dies hat die Konsequenz, dass der Unfallversicherungsträger aus dem Verletztengeld Beiträge zur Krankenversicherung zu tragen hat.[25] Ist ein Unfallversicherungsträger irrtümlich davon ausgegangen, es habe ein Arbeitsunfall vorgelegen, und hat deshalb Verletztengeld gezahlt und daraus Beiträge zur Krankenversicherung geleistet, besteht nach § 26 Abs. 2 und 3 SGB IV ein Erstattungsanspruch.[26] 33

Der Rehabilitationsträger kann unter den Voraussetzungen des § 42a RehaAnglG in der Fassung des Art. 41 Abs. 4 des Gesundheitsreformgesetzes einen Erstattungsanspruch gegen den Träger der Maßnahme haben. 34

Bereits aus dem Satzteil „soweit sich aus Absatz 3a nichts anderes ergibt" des § 381 Abs. 3 Satz 1 RVO wurde entnommen, dass auch **freiwillige Mitglieder** in der Gesetzlichen Krankenversicherung während des Bezugs von Leistungen eines Rehabilitationsträgers über § 381 Abs. 3a Nr. 2 RVO seitens des Rehabilitationsträgers von der Beitragstragung entlastet wurden. Diese Regelung betraf und die Neuregelung des § 251 SGB V betrifft den Personenkreis, der nicht versicherungspflichtig ist und bei dem auch keine Pflichtmitgliedschaft fortgesetzt wird, bei dem vielmehr nur eine freiwillige Versicherung besteht. Zwar ist diese Konsequenz für freiwillige Mitglieder dem Wortlaut des § 251 Abs. 1 SGB V nicht eindeutig zu entnehmen. Bereits die Gesetzesbegründung[27] weist jedoch darauf hin, dass § 251 Abs. 1 SGB V auch für freiwillig Versicherte anwendbar und insoweit Spezialvorschrift zu § 250 Abs. 2 SGB V sein soll. Gegen diese Auslegung bestehen teilweise Bedenken[28]; es werde unzutreffend vorausgesetzt, dass § 251 Abs. 1 SGB V auch für freiwillige Mitglieder gelte. Aus den in § 251 Abs. 1 SGB V enthaltenen Klammerhinweisen müsse vielmehr die Schlussfolgerung gezogen werden, dass § 251 Abs. 1 SGB V nur die in diesen Verweisen genannten Personengruppen und somit nur versicherungspflichtige Mitglieder erfasse. 35

§ 258 Satz 1 SGB V sieht für privat Versicherte, die sich nach § 8 Abs. 1 Nr. 4 SGB V von der Versicherungspflicht haben befreien lassen, einen Beitragszuschuss vor. Als Zuschuss ist gemäß § 258 Satz 2 SGB V der Betrag zu zahlen, der von dem Leistungsträger als Beitrag bei Krankenversicherungspflicht zu zahlen wäre, höchstens jedoch der Betrag, der an das private Krankenversicherungsunternehmen zu zahlen ist. 36

b. Erfasste Einnahmen

Die in § 251 Abs. 1 SGB V geregelte Beitragstragungspflicht betrifft **beitragspflichtige Einnahmen gemäß § 235 Abs. 1 und 2 SGB V**. Für darüber hinausgehende vorhandene weitere der Beitragspflicht unterfallende Einkünfte im Sinne des § 235 Abs. 4 SGB V – Renten, Versorgungsbezüge und Arbeitseinkommen – ist dagegen § 250 SGB V einschlägig. Nach dieser Vorschrift hat das Mitglied die Beiträge zu tragen. 37

c. Beginn der Beitragstragungspflicht

Gemäß § 251 Abs. 1 SGB V beginnt die Beitragstragungspflicht des Rehabilitationsträgers mit Beginn der Maßnahme. Darin liegt eine Änderung im Vergleich zu der Vorgängerregelung des § 381 Abs. 3a RVO, die zwischen Leistungen zur beruflichen Rehabilitation einerseits und Leistungen zur medizinischen Rehabilitation andererseits hinsichtlich des Beginns der Beitragstragungspflicht unterschieden hatte (vgl. dazu Rn. 3). Dass die Beitragstragungspflicht bei Leistungen zur medizinischen Rehabilitation erst mit Beginn der siebten Woche begonnen hatte, hatte zu Schwierigkeiten geführt, die durch die 38

---

[25] BSG v. 17.12.1996 - 12 RK 45/95 - SozR 3-2500 § 251 Nr. 1.

[26] BSG v. 12.12.1990 - 12 RK 35/89 - SozR 3-2200 § 381 Nr. 1.

[27] BT-Drs. 11/2237, S. 226, 227.

[28] *Krauskopf*, SGB V, § 251 Rn. 4.

Neuregelung behoben wurden, nach der die Rehabilitationsträger die Beiträge nun für die gesamte Dauer des Leistungsbezuges zu tragen haben. [29]

3. Beitragstragung durch den Träger der Einrichtung (Absatz 2)

39 Für nach § 5 Abs. 1 Nr. 5 SGB V versicherungspflichtige Jugendliche, die in Einrichtungen der Jugendhilfe für eine Erwerbstätigkeit befähigt werden sollen, hat ausschließlich der Träger der Einrichtung die Beiträge zu tragen. Das gilt auch in den Fällen, in denen die genannte Befähigung durch Beschäftigung erworben werden soll und hierfür eine als Arbeitsentgelt im Sinne des § 14 SGB IV anzusehende Entschädigung geleistet wird.

40 Hinsichtlich der nach § 5 Abs. 1 Nr. 7 und Nr. 8 SGB V versicherungspflichtigen Personen ist dagegen zu differenzieren: Der Träger der Einrichtung trägt die Beiträge nur bis unter den Mindestbetrag des § 235 Abs. 3 SGB V (20 v.H. der monatlichen Bezugsgröße nach § 18 SGB IV) allein. Ist das Arbeitsentgelt höher als dieser Mindestbetrag, ist § 249 Abs. 1 SGB V anwendbar, so dass der Träger der Einrichtung (= Arbeitgeber) und der versicherungspflichtig beschäftigte behinderte Mensch die Beiträge je zur Hälfte tragen. Bei einem Überschreiten der Grenze des § 235 Abs. 3 SGB V durch einmalig gezahltes Arbeitsentgelt ist § 249 Abs. 3 SGB V entsprechend anzuwenden. Daraus folgt, dass der Arbeitgeber bis zu der Grenze des § 235 Abs. 3 SGB V die Beiträge auch aus dem einmalig gezahlten Arbeitsentgelt trägt. Für den übersteigenden Betrag gilt wiederum, dass die Beiträge je zur Hälfte von dem Arbeitgeber und dem versicherungspflichtig beschäftigten behinderten Menschen getragen werden.

41 Bei dem nach § 5 Abs. 1 Nr. 7 SGB V versicherungspflichtigen Personenkreis der behinderten Menschen hat der Träger der Einrichtung gemäß § 251 Abs. 2 Satz 2 SGB V einen **Erstattungsanspruch** gegen den für den behinderten Menschen zuständigen Leistungsträger.

42 Die Beitragstragungspflicht besteht auch für die aus den beitragspflichtigen Einnahmen gemäß § 235 Abs. 1 Satz 4 und Abs. 3 SGB V zu leistenden Beiträge.[30] Für aus Renten der gesetzlichen Rentenversicherung, Versorgungsbezügen und Arbeitseinkommen durch Rentenbezieher und Rentenversicherungsträger zu leistende Beiträge gilt wiederum § 250 SGB V.

4. Beitragstragung durch die Künstlersozialkasse (Absatz 3)

43 Die Künstlersozialkasse hat gemäß § 251 Abs. 3 Satz 1 SGB V die Beiträge für die nach § 5 Abs. 1 Nr. 4 SGB V versicherungspflichtigen selbständigen Künstler und Publizisten (vgl. auch die §§ 1, 2 KSVG) zu tragen. Die Beitragstragungspflicht der Künstlersozialkasse nach § 251 Abs. 3 SGB V bezieht sich allerdings nur auf die in § 234 SGB V beschriebenen beitragspflichtigen Einnahmen. Grund dafür ist, dass auch der Versicherte nur bezüglich dieser Einnahmen gemäß § 16 Abs. 1 Satz 1 KSVG seinen Anteil an die Künstlersozialkasse zu zahlen hat. Haben Künstler und Publizisten weitere Einnahmen – wie bspw. Renten aus der gesetzlichen Rentenversicherung, Versorgungsbezüge und Arbeitseinkommen aus einer anderen als der künstlerischen bzw. publizistischen Tätigkeit –, gilt für die Beitragstragungspflicht § 250 Abs. 1 SGB V.

44 Die von der Künstlersozialkasse nach § 251 Abs. 3 SGB V zu tragenden Beiträge werden zur einen Hälfte aus den von den Versicherten zu zahlenden Beitragsanteilen und zur anderen Hälfte aus der Künstlersozialabgabe der Verlage, Agenturen und sonstigen Unternehmen nach den §§ 23, 24 KSVG finanziert.

45 § 251 Abs. 3 Sätze 2 und 3 SGB V nehmen Bezug auf das **Ruhen der Leistung nach § 16 Abs. 2 Satz 2 des Künstlersozialversicherungsgesetzes (KSVG).** Die Künstlersozialkasse stellt nach § 16 Abs. 2 Satz 2 KSVG das Ruhen der Leistung fest, wenn der Versicherte trotz Mahnung und Hinweis auf die Folgen mit mindestens einem Monatsbeitrag im Rückstand ist. Solange die Leistungen ruhen, sind Beiträge nicht zu tragen.

46 Das Ruhen endet gemäß § 16 Abs. 2 Satz 5 KSVG rückwirkend auf den Zeitpunkt seines Beginns, wenn der Versicherte alle rückständigen und auf die Zeit des Ruhens entfallenden Beiträge gezahlt hat. In diesem Fall entsteht auch eine rückwirkende Beitragstragungspflicht der Künstlersozialkasse.

---

[29] BSG v. 02.02.1978 - 12 RK 17/76 - SozR 2200 § 381 Nr. 24; BSG v. 02.02.1978 - 12 RK 29/77 - SozR 2200 § 381 Nr. 26.

[30] *Krauskopf*, SGB V, § 251 Rn. 7.

Nach § 16 Abs. 2 Satz 6 KSVG hat die Künstlersozialkasse die Möglichkeit, das Ruhen für beendet zu erklären, wenn mit dem Versicherten bei rückständigen Beiträgen eine Vereinbarung über Ratenzahlung geschlossen worden ist. In einer solchen Konstellation sind die Beiträge seitens der Künstlersozialkasse insoweit zu entrichten, als der Versicherte seinen Beitragsanteil zahlt. 47

5. Beitragstragung durch den Bund (Absatz 4)

Für Wehr- und Zivildienstleistende obliegt dem Bund gemäß § 251 Abs. 4 SGB V die Beitragstragung, sofern ein Fall des § 193 Abs. 2 und 3 SGB V vorliegt. Bezieht der genannte Personenkreis Renten, Versorgungsbezüge und Arbeitseinkommen, gilt hinsichtlich dieser Einkommensarten § 250 SGB V für die Beitragstragung. 48

Der Bund hat des Weiteren für Bezieher von Arbeitslosengeld II die Beiträge zu tragen. Mit dieser Regelung soll die frühere Rechtslage übernommen werden, nach der der Bund die Kosten für die Gewährung von Arbeitslosenhilfe nach dem SGB III einschließlich der Beiträge zur Gesetzlichen Krankenversicherung trägt.[31] Auch für diesen Personenkreis gilt, dass § 251 Abs. 4 SGB V nur für die Einnahmeart „Arbeitslosengeld II" als beitragspflichtige Einnahme im Sinne des § 232a Abs. 1 Satz 1 Nr. 2 SGB V anwendbar ist, werden weitere beitragspflichtige Einnahmen bezogen, sind hinsichtlich der Beitragstragung die entsprechenden Spezialvorschriften anzuwenden. 49

6. Beitragstragung durch die Bundesagentur für Arbeit (Absatz 4a)

Die Bundesagentur für Arbeit ist zur Beitragstragung aus den beitragspflichtigen Einnahmen gemäß § 232a Abs. 1 SGB V von Beziehern von Arbeitslosengeld und Unterhaltsgeld im Sinne des SGB III verpflichtet, § 251 Abs. 4a SGB V. Dies gilt wiederum nur, soweit Beiträge auf diese Leistung entfallen. Für sonstige beitragspflichtige Einnahmen des in Absatz 4a genannten Personenkreises gelten die §§ 249a, 250 Abs. 1 SGB V. 50

Hat sich ein arbeitsloser Leistungsbezieher gemäß § 8 Abs. 1 Nr. 1a SGB V von der Versicherungspflicht befreien lassen und hat er sich privat krankenversichert, hat er nach § 207a SGB III einen Anspruch auf Übernahme der Beiträge. Dieser Anspruch umfasst allerdings nicht einen in der Privaten Krankenversicherung vereinbarten Selbstbehalt. 51

7. Beitragstragung durch die geistliche Genossenschaft (Absatz 4b)

§ 251 Abs. 4b SGB V bestimmt, dass die geistliche Genossenschaft oder eine ähnliche religiöse Gemeinschaft die Beitragslast für Postulanten und Novizen zu tragen hat. Dieser Personenkreis ist gemäß § 5 Abs. 1 Nr. 1, Abs. 4a SGB V versicherungspflichtig. In zeitlicher Hinsicht wird von § 251 Abs. 4b SGB V nur die **Zeit der außerschulischen Ausbildung** erfasst. 52

8. Beitragstragung durch außerbetriebliche Einrichtungen (Absatz 4c)

§ 251 Abs. 4c SGB V regelt die Beitragstragung für Auszubildende, die in einer außerbetrieblichen Einrichtung im Rahmen eines Berufsausbildungsvertrages nach dem Berufsbildungsgesetz ausgebildet werden. Dieser Personenkreis ist nach § 5 Abs. 4a Satz 1 SGB V in der Gesetzlichen Krankenversicherung versicherungspflichtig. 53

Der Träger der Einrichtung, die die Ausbildung durchführt, hat die Krankenversicherungsbeiträge des Auszubildenden allein zu tragen. Die Zahlungspflicht ergibt sich mithin aus § 252 Satz 1 SGB V. 54

Die Einfügung des Absatzes 4c war durch die Änderungen im SGB V durch das Job-AQTIV-Gesetz bedingt. Nach der Gesetzesbegründung[32] handelt es sich um eine Folgeregelung zur Änderung des § 5 Abs. 4a SGB V und der in dieser Vorschrift geregelten Versicherungspflicht. 55

9. Prüfungsberechtigung der Krankenkassen (Absatz 5)

Mit Absatz 5 stellt der Gesetzgeber klar, dass die Krankenkassen auch in den Fällen der Beitragstragung durch Dritte zur Prüfung der Beitragszahlungen berechtigt sind.[33] Das Prüfrecht ist mit den Befugnissen nach § 28p SGB IV vergleichbar. Gleichzeitig mit der Einfügung von Absatz 5 räumte der Gesetzgeber auch den Rentenversicherungsträgern in § 212 SGB VI ein vergleichbares Prüfrecht für die unmittelbar an sie gezahlten Rentenversicherungsbeiträge ein. 56

---

[31] BT-Drs. 13/4941, S. 234.

[32] BT-Drs. 14/6944, S. 52.

[33] BT-Drs. 12/6303, S. 15 und BT-Drs. 12/6334, S. 6.

II. Normzweck

57 § 251 SGB V regelt, in welchen Fällen Dritte Beiträge zu tragen haben. Mit § 251 SGB V werden bisher auf verschiedene Vorschriften verstreute Regelungen, die die Beitragstragung Dritter betreffen, in einer Norm zusammengefasst.

C. Praxishinweise

58 Die Krankenkasse macht ihre Beitragsforderung gegenüber dem Rehabilitationsträger durch **Verwaltungsakt** gemäß § 31 SGB X geltend.[34]

59 Bei einem Streit zwischen einem Unfallversicherungsträger, der als Rehabilitationsträger Beiträge zur Kranken- und Rentenversicherung eines Versicherten aufgrund von Übergangsgeldzahlungen getragen hat, und einer Krankenkasse als Einzugsstelle über die Erstattung dieser Beiträge, ist der **Versicherte notwendig beizuladen**, wenn dadurch auch der Fortbestand des Kranken- und Rentenversicherungsverhältnisses des Versicherten während der Zeit der Übergangsgeldzahlungen berührt wird.[35]

---

[34] BSG v. 02.02.1978 - 12 RK 29/77 - SozR 2200 § 381 Nr. 26.

[35] BSG v. 02.02.1978 - 12 RK 59/76 - SozR 1500 § 75 Nr. 15.

Fünfter Titel: Zahlung der Beiträge

§ 252 SGB V Beitragszahlung

(Fassung vom 30.07.2004, gültig ab 01.01.2005, gültig bis 31.12.2008)

Soweit gesetzlich nichts Abweichendes bestimmt ist, sind die Beiträge von demjenigen zu zahlen, der sie zu tragen hat. Abweichend von Satz 1 zahlen die Bundesagentur für Arbeit oder in den Fällen des § 6a des Zweiten Buches die zugelassenen kommunalen Träger die Beiträge für die Bezieher von Arbeitslosengeld II nach dem Zweiten Buch.

Gliederung

A. Basisinformationen

I. Textgeschichte/Gesetzgebungsmaterialien

Mit dem am **01.01.1989** in Kraft getretenen SGB V[1] legte der Gesetzgeber in § 252 SGB V – als **Grundnorm der Beitragszahlung** in der gesetzlichen Krankenversicherung – fest, dass die Zahlung der Beiträge grundsätzlich demjenigen obliegt, der die Beiträge zu tragen hat.[2] 1

Mit In-Kraft-Treten des SGB III[3] am **01.01.1998** wurde der Vorschrift ein Satz 2 angefügt, mit der Folge, dass die ursprüngliche Regelung nun in Satz 1 enthalten ist. § 252 Satz 2 SGB V bestimmt, dass die Bundesagentur für Arbeit die Beiträge für die Bezieher von Arbeitslosenhilfe nach dem SGB III zu zahlen hatte.[4] 2

Mit Wirkung vom **01.01.2005** passte der Gesetzgeber § 252 Satz 2 SGB V im Zusammenhang mit dem In-Kraft-Treten der Regelungen der Hartz-IV-Reform[5] durch das Gesetz zur optionalen Trägerschaft von Kommunen nach dem Zweiten Buch Sozialgesetzbuch[6] der Ablösung der Arbeitslosenhilfe durch das **Arbeitslosengeld II** (Alg II) an. Die Beiträge für die Bezieher von Alg II zahlt die **Bundesagentur für Arbeit** bzw. zahlen die im Rahmen der Experimentierklausel nach § 6a SGB II als Träger der Grundsicherung für Arbeitslose zugelassenen **kommunalen Träger**. 3

Mit In-Kraft-Treten der geänderten Fassung des § 252 SGB V zum **01.01.2009** durch das Gesetz zur Stärkung des Wettbewerbs in der gesetzlichen Krankenversicherung (**GKV-WSG**) wird der bisherige Wortlaut der Vorschrift zum Absatz 1 des § 252. Für den „kassenindividuellen Zusatzbeitrag" (§ 242 SGB V i.d.F. des GKV-WSG) wird für die Beitragszahlung der **Bezieher von Alg II** eine differenzierte Regelung vorgesehen: Im Regelfall gilt auch für Bezieher von Alg II die allgemeine Vorschrift in § 242 Abs. 6 Satz 1 SGB V i.d.F. des GKV-WSG, nach welcher das Mitglied den kassenindividuellen Zusatzbeitrag zu tragen und damit auch zu zahlen hat. Erhebt die Krankenkasse einen kassenindividuellen Zusatzbeitrag und **kündigt** der versicherungspflichtige Bezieher von Alg II die Mitgliedschaft bei dieser Krankenkasse, zahlt die Bundesagentur für Arbeit bzw. der kommunale Träger während der Kün- 4

[1] Art. 1 GRG v. 20.12.1988, BGBl I 1988, 2477.

[2] Siehe hierzu auch die Begründung im Regierungsentwurf zum GRG, BT-Drs. 11/2237, S. 227 zu § 261.

[3] In das SGB eingefügt durch Art. 1 des Gesetzes zur Reform der Arbeitsförderung v. 24.03.1997, BGBl I 1997, 594.

[4] Die Umbenennung der Bundesanstalt für Arbeit in Bundesagentur für Arbeit berücksichtigte der Gesetzgeber hier mit der redaktionellen Anpassung durch Art. 4 Nr. 5 des Dritten Gesetzes für moderne Dienstleistungen am Arbeitsmarkt v. 23.12.2003, BGBl I 2003, 2848, mit Wirkung vom 01.01.2004.

[5] Das SGB II, das die wesentlichen Regelungen der Reform enthält, ist mit dem Vierten Gesetz für moderne Dienstleistungen am Arbeitsmarkt v. 24.12.2003, BGBl I 2003, 2954 in das SGB eingefügt worden.

[6] Art. 4 Nr. 3 des Kommunalen Optionsgesetzes v. 30.07.2004, BGBl I 2004, 2014.

digungsfrist auch den kassenindividuellen Zusatzbeitrag, § 252 Abs. 1 Satz 2 HS. 2 SGB V i.d.F. des GKV-WSG.[7] Die Beitragszahlung für die nach dem Künstlersozialversicherungsgesetz versicherungspflichtigen Künstler und Publizisten, Wehrdienst- bzw. Zivildienstleistenden sowie Bezieher von Arbeitslosen- bzw. Unterhaltsgeld nach dem SGB III erfolgt direkt an den **Gesundheitsfonds**; im Übrigen erfolgt die Beitragszahlung weiterhin an die zuständige **Einzugsstelle**, die die Beiträge an den Gesundheitsfonds weiterleitet, § 252 Abs 2 SGB V i.d.F. des GKV-WSG.[8]

II. Vorgängervorschriften

5 In § 252 Satz 1 SGB V wurde der auch vor dessen In-Kraft-Treten geltende Grundsatz der aus einer Verpflichtung zur Beitragstragung resultierenden Verpflichtung zur Beitragszahlung kodifiziert, der bis zum 31.12.1988 in verschiedenen Einzelvorschriften der RVO[9] zum Ausdruck kam.

III. Parallelvorschriften

6 § 253 SGB V enthält für die Beiträge aus dem Arbeitsentgelt bei einer **versicherungspflichtigen Beschäftigung**, die nach § 249 Abs. 1 SGB V Arbeitgeber und Arbeitnehmer jeweils zur Hälfte tragen, einen Hinweis auf die Vorschriften über den **Gesamtsozialversicherungsbeitrag** in den §§ 28d-28n und 28r SGB IV, die für diese Einnahmen auch die Einzelheiten zur Beitragszahlung regeln (vgl. hierzu die Kommentierung zu § 253 SGB V). Dasselbe gilt für Beiträge aus Winterausfallgeld oder Kurzarbeitergeld sowie aus Bruttoarbeitsentgelt, das in der „Gleitzone“[10] zwischen 400,01 € und 800,00 € liegt. Insoweit wird die Beitragszahlung in § 249 Abs. 2 und 3 SGB V besonders geregelt (vgl. zu den Einzelheiten die Kommentierung zu § 249 SGB V). Für **versicherungspflichtige Studenten** sieht § 254 SGB V besondere Regelungen zur Fälligkeit und Zahlung der Beiträge vor. § 255 SGB V regelt die Zahlung von Beiträgen aus der **Rente**, § 256 SGB V die Zahlung von Beiträgen aus **Versorgungsbezügen**. § 49 KVLG 1989 sieht eine § 252 Satz 1 SGB V entsprechende Regelung für die **Krankenversicherung der Landwirte** vor.

IV. Systematische Zusammenhänge

7 Die Vorschrift zur Beitragszahlung in § 252 Satz 1 SGB V knüpft an die Regelungen zur Beitragstragung in den §§ 249 ff. SGB V an. Die §§ 253-256 SGB V gehen dieser Grundnorm als speziellere Regelungen vor.

8 Soweit vor diesem Hintergrund für die Anwendung des § 252 Satz 1 SGB V von Bedeutung, gilt für die Beitragstragung Folgendes:

9 Nach § 250 Abs. 1 SGB V tragen alle **Versicherungspflichtigen** die Beiträge aus **Arbeitseinkommen** bzw. **Versorgungsbezügen** allein. Das gilt auch für die Beiträge, die **versicherungspflichtige Praktikanten** aus nach § 236 Abs. 1 SGB V beitragspflichtigen Einnahmen zu tragen haben. Nach § 250 Abs. 2 SGB V tragen **freiwillige Mitglieder**, die in § 189 SGB V genannten **Rentenantragsteller** sowie **Schwangere**, deren Mitgliedschaft nach § 192 Abs. 2 SGB V erhalten bleibt, ihre Beiträge allein.

10 Die Beitragstragung durch „**Dritte**“ – was vor dem Hintergrund der paritätischen Finanzierung der gesetzlichen Krankenversicherung ursprünglich meinte: eine Person, die weder Versicherter noch Arbeitgeber ist – hat der Gesetzgeber für mehrere Versichertengruppen in § 251 SGB V geregelt: Der Rehabilitationsträger trägt die Beiträge, die auf Grund einer Teilnahme des Versicherten an einer **Maßnahme zur Teilhabe am Arbeitsleben,** einer **Berufsfindung und Arbeitserprobung** sowie während des **Bezuges von Übergangsgeld, Verletztengeld oder Versorgungskrankengeld** zu leisten sind (Absatz 1). Die Träger der Einrichtungen der Jugendhilfe und von Behinderten- und Blindenwerkstätten tragen die Beiträge für **Versicherungspflichtige nach § 5 Abs. 1 Nr. 5, 7 und 8 SGB V** aus den beitragspflichtigen Einnahmen nach § 235 Abs. 1 Satz 4 und Abs. 3 SGB V (Absatz 2). Die Künstlersozialkasse trägt die Beiträge aus den beitragspflichtigen Einnahmen der **versicherungspflichtigen Künstler und Publizisten** nach § 234 Abs. 1 SGB V (Absatz 3) und der Bund die Beiträge im Falle

---

[7] Vgl. hierzu die Begründung im Gesetzentwurf der Bundesregierung, BR-Drs. 755/06, S. 451 zu Nr. 171.

[8] Vgl. hierzu die Begründung im Gesetzentwurf der Bundesregierung, BR-Drs. 755/06, S. 451 zu Nr. 171.

[9] Z.B. regelte § 393 Abs. 1 RVO die Beitragszahlung für Arbeitgeber und die Rehabilitationsträger.

[10] Geregelt in § 20 Abs. 2 SGB IV.

des Fortbestandes der Mitgliedschaft der **Wehr- bzw. Zivildienstleistenden** nach § 193 Abs. 2 und 3 SGB V (Absatz 4). Die Bundesagentur für Arbeit trägt die Beiträge der **Bezieher von Arbeitslosengeld** bzw. **Unterhaltsgeld** (Absatz 4a).

B. Auslegung der Norm

I. Regelungsgehalt und Bedeutung der Norm

§ 252 Satz 1 SGB V bildet die **Grundnorm für die Beitragszahlung**, die allerdings durch die spezielleren Vorschriften in den §§ 253-256 SGB V für die Mehrzahl der Versicherten der GKV verdrängt wird. 11

Nach § 252 Satz 1 SGB V ist grundsätzlich derjenige für die Zahlung der Beiträge verantwortlich, der sie zu tragen hat.[11] Der Zahlungspflichtige ist gegenüber der Krankenkasse Schuldner der Beiträge und haftet damit auch für die Folgen einer verspäteten Beitragszahlung (vgl. Rn. 23). 12

Die besondere Regelung in § 252 Satz 2 SGB V über die Beitragszahlung der Bundesagentur für Arbeit bzw. der zugelassenen kommunalen Träger für **Bezieher von Alg II** beruht darauf, dass zwar der Bund nach § 251 Abs. 4 SGB V die Ausgaben und damit auch die Beiträge zur gesetzlichen Krankenversicherung für die pflichtversicherten Bezieher von Alg II zu tragen hat, die Bundesagentur für Arbeit aber nach § 6 SGB II und die zugelassenen kommunalen Träger nach § 6b SGB II die Leistungen nach dem SGB II erbringen. 13

Der Regelung in § 252 Satz 1 SGB V kommt im Hinblick auf ihre **Auffangfunktion** eine untergeordnete Bedeutung zu. Der **Hauptanwendungsbereich** von § 252 Satz 1 SGB V liegt bei den **freiwilligen Mitgliedern** der GKV. Das waren im Jahr 2004 etwas über 5 Mio. Versicherte.[12] 14

Die Regelung der Beitragszahlung für **Bezieher von Alg II** in § 252 Satz 2 SGB V hat eine vergleichbare Bedeutung gewonnen. So bezogen im Juli 2005 4.763.747 Menschen in Deutschland Alg II.[13] 15

II. Normzweck

Sinn und Zweck der Regelung in § 252 Satz 1 SGB V ist die Schaffung einer Grundnorm für die Beitragszahlung in den Fällen, in denen der Gesetzgeber keine spezielle Regelung für erforderlich gehalten hat. § 252 Satz 2 SGB V stellt eine solche spezielle Regelung für Bezieher von Alg II dar. 16

III. Tatbestandsmerkmale

1. Grundsatz der Beitragszahlung bei Beitragstragung

Nach § 252 Satz 1 SGB V richtet sich die Beitragszahlung nach der Beitragstragung, soweit nicht speziellere Vorschriften zur Anwendung kommen. Solche spezielleren Regelungen zur Beitragszahlung finden sich in den §§ 252 Satz 2, 253-256 SGB V. 17

Im Einzelnen begründet § 252 Satz 1 SGB V entsprechend der Beitragstragungspflicht (vgl. Rn. 7) die Zahlungspflicht für die Beiträge Versicherungspflichtiger aus **Arbeitseinkommen** und für die Beiträge der **freiwilligen Mitglieder** der GKV aus sämtlichen Einnahmearten. Für beitragspflichtige Versorgungsbezüge versicherungspflichtiger Mitglieder der GKV gilt § 252 Satz 1 SGB V und nicht § 256 SGB V, wenn der Versicherungspflichtige keine Rente aus der gesetzlichen Rentenversicherung bezieht. 18

§ 252 Satz 1 SGB V findet im Übrigen Anwendung für **Rentenantragsteller** und Personen, bei denen die **Rentenzahlung eingestellt** wurde, über den Wegfall oder Entzug der Rente aber noch nicht rechtskräftig entschieden ist und **Schwangere**, deren Mitgliedschaft nach § 192 Abs. 2 SGB V erhalten bleibt. Eine Beitragszahlungspflicht ergibt sich aus § 252 Satz 1 SGB V auch für versicherungspflichtige **Praktikanten** hinsichtlich der aus den beitragspflichtigen Einnahmen nach § 236 Abs. 1 SGB V zu entrichtenden Beiträge. Die **Rehabilitationsträger**, **Träger von Einrichtungen der Jugendhilfe** und **von Behinderten- und Blindenwerkstätten** haben Beiträge zu zahlen, soweit sie die Beiträge nach § 251 SGB V zu tragen haben. Die **Künstlersozialkasse** zahlt die von ihr zu tragenden Beiträge 19

---

[11] Nach *Martens*, SozSich 2005, 282, 283 mit weiteren Übersichten zum Bezug von Leistungen nach dem SGB II bzw. XII.

[12] Quelle: Statistisches Bundesamt, Statistisches Jahrbuch, S. 199 Tabelle 8.2.1.

[13] Art. 4 Nr. 5 des Dritten Gesetzes für moderne Dienstleistungen am Arbeitsmarkt v. 23.12.2003, BGBl I 2003, 2848.

aus den beitragspflichtigen Einnahmen der Künstler und Publizisten nach § 234 Abs. 1 SGB V; der **Bund** die von ihm zu tragenden Beiträge für Wehr- und Zivildienstleistende. Die **Bundesagentur für Arbeit** zahlt die Beiträge der Bezieher von Arbeitslosengeld und Unterhaltsgeld, die sie nach § 251 Abs. 4a SGB V trägt.

2. Beitragszahlung für Bezieher von Alg II

a. Beitragszahlung durch die Bundesagentur für Arbeit

20 Nach § 252 Satz 2 SGB V zahlt die **Bundesagentur für Arbeit** die Beiträge der in der gesetzlichen Krankenversicherung versicherungspflichtigen Bezieher von **Alg II**. Die Beiträge trägt nach § 251 Abs. 4 SGB V der Bund, weil die Ausgaben für die Aufgaben der Bundesagentur im Zusammenhang mit den Leistungen nach dem SGB II nach § 46 Abs. 1 SGB II[14] generell zu Lasten des Bundes gehen.

b. Beitragszahlung durch zugelassene kommunale Träger

21 Soweit die **kommunalen Träger** nach Maßgabe der auf der Grundlage von § 6a SGB II erlassenen Verordnung zur Zulassung von kommunalen Trägern als Träger der Grundsicherung für Arbeitsuchende[15] Leistungen erbringen, treten sie insoweit nach § 6b Abs. 1 SGB II an die Stelle der Bundesagentur für Arbeit. Der Bund hat allerdings nach § 6b Abs. 2 SGB II auch insoweit die Beiträge als Teil der Ausgaben zu tragen, sodass eine Differenzierung im Hinblick auf die Beitragstragung in § 251 Abs. 4 SGB V nicht erforderlich war. Zur Übertragung der Beitragszahlung auf die kommunalen Träger als Teil der übernommenen Aufgaben war eine ausdrückliche Regelung in § 252 Satz 2 SGB V vorzunehmen.

IV. Übergangsrecht

22 Übergangsvorschriften wurden durch das GRG und die folgenden Änderungsvorschriften für die Regelungen in § 252 SGB V nicht vorgesehen.

C. Praxishinweise

23 Aus der Zahlungspflicht ergibt sich auch die Kostenpflicht für die Folgen einer **verspäteten** oder **unterbliebenen Zahlung**. Hierzu gehören insbesondere die nach § 24 Abs. 1 Satz 1 SGB IV zu leistenden Säumniszuschläge in Höhe von 1 v.H. für jeden angefangenen Monat der Säumnis bei Beitragsrückständen von mindestens 100 €.[16] Der säumige Schuldner hat auch die Vollstreckungskosten und -gebühren zu zahlen.

24 **Säumniszuschlägen** und **Vollstreckungskosten** kann der Versicherte u.U. durch einen rechtzeitigen Stundungsantrag (§ 76 Abs. 2 Nr. 1 SGB IV) bei der zuständigen Krankenkasse entgehen, die bei einer **Stundung** nur die (gegenüber den Säumniszuschlägen erheblich geringeren) Verzugszinsen geltend machen kann.[17]

25 Der Zahlungspflichtige kann mit ihm gegenüber der Krankenkasse zustehenden Zahlungsansprüchen unter den Voraussetzungen der §§ 387 ff. BGB **aufrechnen**.[18] Die Krankenkasse oder andere Sozialleistungsträger können eine Aufrechnung bzw. Verrechnung von fälligen Beitragsansprüchen gegen sozialrechtliche Leistungsansprüche nur unter Beachtung der §§ 51 f. SGB I vornehmen.

---

14 Das entspricht der früheren Regelung für die Arbeitslosenhilfe in § 363 Abs. 1 SGB III.

15 Kommunalträger-Zulassungsverordnung v. 24.09.2004, BGBl I 2004, 2349.

16 Vgl. zu den besonderen Bedingungen des Insolvenzverfahrens BSG v. 26.01.2005 - B 12 KR 23/03 R - SozR 4-2400 § 24 Nr. 3.

17 BSG v. 23.02.1988 - 12 RK 50/86 - SozR 2100 § 76 Nr. 1.

18 BSG v. 23.02.1995 - 12 RK 29/93 - SozR 3-2500 § 191 Nr. 2 zur Aufrechnungsbefugnis eines freiwillig versicherten Mitglieds.

§ 253 SGB V Beitragszahlung aus dem Arbeitsentgelt

(Fassung vom 20.12.1988, gültig ab 01.01.1989)

Für die Zahlung der Beiträge aus Arbeitsentgelt bei einer versicherungspflichtigen Beschäftigung gelten die Vorschriften über den Gesamtsozialversicherungsbeitrag nach den §§ 28d bis 28n und § 28r des Vierten Buches.

Gliederung

A. Basisinformationen

I. Textgeschichte/Gesetzgebungsmaterialien

In § 253 SGB V, der mit dem Gesetz zur Strukturreform im Gesundheitswesen[1] (GRG) geschaffen wurde und am **01.01.1989** in Kraft getreten ist, beschränkt sich der Gesetzgeber für die Regelung der Zahlung der Beiträge aus dem Arbeitsentgelt auf die auf den Hinweis auf die Regelungen zum Gesamtsozialversicherungsbeitrag in den §§ 28d-28n und 28r SGB IV.[2] Der Gesetzgeber verzichtet hier im Hinblick auf diese Regelungen im SGB IV auf eine Wiederholung der Einzelheiten zur Beitragszahlung.[3] 1

Die Vorschrift ist seit ihrem In-Kraft-Treten nicht geändert worden. 2

II. Vorgängervorschriften

Die Regelungen zum Gesamtsozialversicherungsbeitrag in den **§§ 28d-28n und 28r SGB IV** sind zeitgleich mit **§ 253 SGB V** am 01.01.1989 in Kraft getreten.[4] Die Vorschriften knüpfen an die frühere – nicht auf einer ausdrücklichen gesetzlichen Regelung beruhende - Abwicklungspraxis zur Zahlung des Gesamtsozialversicherungsbeitrages an.[5] 3

III. Parallelvorschriften

Die **§§ 28d-28n und 28r SGB IV**, auf die **§ 253 SGB V**hinweist, sind leges speciales gegenüber der **allgemeinen Regelung zur Beitragszahlung** in § 252 Satz 1 SGB V, nach der die Beiträge von demjenigen zu zahlen sind, der sie zu tragen hat. Weitere Regelungen zur Beitragszahlung finden sich in § 254 SGB V für die Beitragszahlung der **Studenten**, in § 255 SGB V für die Beitragszahlung aus **Renten** und in § 256 SGB V für die Beitragszahlung aus **Versorgungsbezügen**. 4

---

1 Art. 1 GRG v. 20.12.1988, BGBl I 1988, 2477.

2 Zur Frage, ob es sich bei § 253 SGB V um einen „Hinweis“ oder eine „Verweisung“ handelt vgl. z.B. *Vay* in: Krauskopf, SGB V, § 253 Rn. 1.

3 Siehe hierzu auch die Begründung im Regierungsentwurf zum GRG, BT-Drs. 11/2237, S. 227 zu § 262.

4 Art. 1 Nr. 5 des Gesetzes zur Einordnung der Vorschriften über die Meldepflichten des Arbeitgebers in der Kranken- und Rentenversicherung sowie im Arbeitsförderungsrecht und über den Einzug des Gesamtsozialversicherungsbeitrags in das Vierte Buch Sozialgesetzbuch – Gemeinsame Vorschriften für die Sozialversicherung – v. 20.12.1988, BGBl I 1988, 2330.

5 *Sehnert* in: Hauck/Noftz, SGB IV, § 28d Rn. 1f.

IV. Verwaltungsvorschriften

5 In § 28n SGB IV[6] wird das Bundesministerium für Gesundheit und Soziale Sicherung ermächtigt, durch Rechtsverordnung mit Zustimmung des Bundesrates Näheres insbesondere zur Berechnung und Zahlung der Beiträge, zur Weiterleitung und Abstimmung der Beiträge, zum Beitragsnachweis und zur Führung von Lohnunterlagen zu regeln. Infolge des Regierungswechsels ist diese Zuständigkeit auf das Bundesministerium für Arbeit und Soziales übergegangen.[7] Auf der Grundlage von § 28n SGB IV sind die **Beitragszahlungsverordnung**[8], die **Beitragsüberwachungsverordnung**[9] und die **Beitragsverfahrensordnung**[10] erlassen worden.

V. Systematische Zusammenhänge

6 Der Beitragsbemessung in der GKV unterliegt in erster Linie das **Arbeitsentgelt** aus einer versicherungspflichtigen Beschäftigung (§ 226 Abs. 1 Satz 1 Nr. 1 SGB V). Die Krankenversicherungsbeiträge werden mit den aus dem Arbeitsentgelt geschuldeten Beiträgen zur Pflegeversicherung (§ 57 Abs. 1 SGB XI), den Beiträgen zur Rentenversicherung (§ 162 Nr. 1 SGB VI) und den Beiträgen nach dem Recht der Arbeitsförderung (§ 342 SGB III) als **Gesamtsozialversicherungsbeitrag** (§ 28d Satz 1 SGB IV) an die **Krankenkassen als Einzugstellen** abgeführt, § 28h Abs. 1 Satz 1 SGB IV. Diese entscheiden über die **Versicherungspflicht** und die **Beitragshöhe** auch im Hinblick auf die gesetzliche Krankenversicherung und erlassen die diesbezüglich notwendigen Verwaltungsakte, § 28h Abs. 1 Satz 2 SGB IV.

7 Den Gesamtsozialversicherungsbeitrag hat nach § 28e Abs. 1 Satz 1 SGB IV der **Arbeitgeber** zu zahlen.[11] Dieser **haftet** auch für die Erfüllung der Zahlungspflicht.[12] Besondere Regelungen sind in § 28e Abs. 2 SGB IV für die **Arbeitnehmerüberlassung** vorgesehen.[13]

8 Die **Einzugstelle** ist **Gläubigerin** des Gesamtsozialversicherungsbeitrages.[14] Sie leitet die Beiträge an den jeweils für die Versicherung zuständigen Sozialversicherungsträger weiter, § 28k SGB IV. Die Prüfung bei den Arbeitgebern, ob diese ihre Meldepflichten und ihre sonstigen Pflichten nach dem SGB IV, die im Zusammenhang mit dem Gesamtsozialversicherungsbeitrag stehen, ordnungsgemäß erfüllt haben, obliegt demgegenüber den **Rentenversicherungsträgern**, § 28p SGB IV.

9 Der Anspruch auf den Gesamtsozialversicherungsbeitrag **entsteht** nach § 22 Abs. 1 Satz 1 SGB IV mit dem Anspruch auf das Arbeitsentgelt.[15] Bei einmalig gezahltem Arbeitsentgelt entstehen die Beitragsansprüche nach § 22 Abs. 1 Satz 2 SGB IV, sobald dieses ausgezahlt worden ist. Die **Fälligkeit** der Beiträge regelt § 23 SGB IV.

VI. Ausgewählte Literaturhinweise

10 *Gehrlein*, Die Einziehungsbefugnisse der Einzugstellen gegenüber Dritten zur Realisierung der Sozialversicherungsbeiträge, SGb 1994, 634-636; *Hauck*, Die Haftung des GmbH-Geschäftsführers und der Gesellschafter für die Abführung von Sozialversicherungsbeiträgen, NZS 1998, 262-269; *Rixen*, Die Generalunternehmerhaftung für Sozialversicherungsbeiträge, SGb 2002, 536-544; *Schüren/Diebold*, Sozialversicherung bei Arbeitnehmerüberlassung, NZS 1994, 241-245.

---

[6] Eingeführt durch Art. 1 Nr. 5 des Gesetzes v. 20.12.1988, BGBl I 1988, 2330, zuletzt geändert durch Gesetz v. 23.12.2003, BGBl I 2003, 2848 mit Wirkung vom 01.01.2004.

[7] BKOrgErl 2005 III.

[8] V. 28.07.1997, BGBl I 1997, 1927, zuletzt geändert durch Art. 15 Gesetz v. 21.03.2005, BGBl I 2005, 818.

[9] V. 28.07.1997, BGBl I 1997, 1930, zuletzt geändert durch Art. 16 Gesetz v. 21.03.2005, BGBl I 2005, 818.

[10] V. 03.05.2006, BGBl I 2006, 1138.

[11] Siehe zur Arbeitgebereigenschaft die Übersicht bei *Felix* in: Wannagat, SGB V, § 28e Rn. 14 ff.

[12] Vgl. zur Beitragshaftung z.B. *Hauck*, NZS 1998, 262 ff m.w.N.

[13] Vgl. hierzu *Schüren/Diebold*, NZS 1994, 241 ff m.w.N.

[14] Vgl. hierzu z.B. *Gehrlein*, SGb 1994, 634, 635.

[15] Vgl. zum Entstehungsprinzip im Gegensatz zum im Steuerrecht maßgebenden Zuflussprinzip BSG v. 26.01.2005 - B 12 KR 3/04 R - SozR 4-2400 § 14 Nr. 7 m.w.N.

B. Auslegung der Norm

I. Regelungsgehalt und Bedeutung der Norm

§ 253 SGB V findet seine Bedeutung darin, dass er eine systematische Zusammenfassung der Zahlungsregelungen für die der Beitragsbemessung unterliegenden beitragspflichtigen Einnahmen (§ 223 Abs. 2 Satz 1 SGB V) im Zweiten Titel des Ersten Abschnitts des Achten Kapitels des SGB V ermöglicht. 11

II. Normzweck

Der Normzweck ist mit dem Regelungsgehalt der Norm identisch. 12

III. Tatbestandsmerkmale

1. Versicherungspflichtige Beschäftigung

§ 253 SGB V knüpft an den Begriff der versicherungspflichtigen Beschäftigung i.S.v. § 5 Abs. 1 Nr. 1 SGB V an. Es muss sich entsprechend auch hier um ein Beschäftigungsverhältnis i.S.d. § 7 SGB IV handeln. Das geschuldete Arbeitsentgelt muss die Grenze der „geringfügigen Beschäftigung" i.S.d. §§ 8, 8a SGB IV überschreiten und unterhalb der Jahresarbeitsentgeltgrenze in § 6 Abs. 1 Nr. 1 i.V.m. § 6 Abs. 6 oder 7 SGB V liegen, weil sonst jeweils Versicherungsfreiheit besteht. Es wird im Übrigen auf die Kommentierung zu § 5 SGB V Rn. 15 ff. verwiesen. 13

2. Beiträge aus Arbeitsentgelt

Zum Arbeitsentgelt gehören nach § 14 Abs. 1 Satz 1 SGB IV alle laufenden oder einmaligen Einnahmen aus einer Beschäftigung, gleichgültig, ob ein Rechtsanspruch auf die Einnahmen besteht, unter welcher Bezeichnung oder in welcher Form sie geleistet werden und ob sie unmittelbar aus der Beschäftigung oder im Zusammenhang mit ihr erzielt werden. Für die Prüfung, ob Arbeitsentgelt vorliegt, sind ergänzend die auf Grund der Ermächtigung in § 17 Abs. 1 Satz 1 Nr. 1 bzw. Nr. 4 SGB IV erlassene **Arbeitsentgeltverordnung**[16] (ArEV) und **Sachbezugsverordnung**[17] (SachBezV) heranzuziehen. Zu den weiteren Einzelheiten der Feststellung des maßgebenden Arbeitsentgeltes wird auf die Kommentierung zu § 14 Abs. 1 SGB IV verwiesen.[18] 14

Für einmalig gezahltes Arbeitsentgelt ist § 23a Abs. 1 Satz 1 SGB IV, bei flexiblen Arbeitszeitregelungen ist § 23b SGB IV zu beachten. 15

3. Hinweis auf die §§ 28d-28n und 28r SGB IV

Die Vorschriften, auf die in § 253 SGB V hingewiesen wird, **definieren** den **Gesamtsozialversicherungsbeitrag** (§ 28d Satz 1 SGB IV), regeln die **Zahlungspflicht** und **Haftung** für den Gesamtsozialversicherungsbeitrag sowie die Möglichkeit, **Vorschüsse** zu verlangen (§ 28e SGB IV), die **Aufzeichnungspflichten** des Arbeitgebers und dessen **Nachweispflichten** zur Höhe der Beiträge und Beitragszahlung (§ 28f SGB IV), den **Beitragsabzug** des Arbeitgebers gegenüber dem Beschäftigten (§ 28g SGB IV), die **Zuständigkeit** der Krankenkassen – als **Einzugstellen** – für den Einzug des Gesamtsozialversicherungsbeitrags sowie deren Aufgaben und Befugnisse (§§ 28h, 28i SGB IV). Besonderheiten für die Beschäftigten **ausländischer Arbeitgeber** sowie für **Heimarbeiter** und **Hausgewerbetreibende** sind in § 28m SGB IV geregelt. Schließlich sind **Schadensersatz-** und **Verzinsungspflichten** der Einzugstelle bei schuldhafter Pflichtverletzung und verspäteter Weiterleitung der Beiträge vorgesehen (§ 28r SGB IV). Es wird diesbezüglich auf die Kommentierung dieser Vorschriften im jurisPK-SGB IV verwiesen. 16

---

[16] I.d.F. der Bekanntmachung v. 18.12.1984, BGBl I 1984, 1642, zuletzt geändert durch § 1 der Verordnung v. 18.02.2005, BGBl I 2005, 322.

[17] Verordnung über den Wert der Sachbezüge in der Sozialversicherung für das Jahr 1995, zuletzt geändert durch Verordnung v. 19.12.1994, BGBl I 1994, 3849, zuletzt geändert durch Verordnung v. 22.10.2004, BGBl I 2004, 2663.

[18] Vgl. hierzu auch BSG v. 26.01.2005 - B 12 KR 3/04 R - SozR 4-2400 § 14 Nr. 7.

IV. Übergangsrecht

17 Übergangsvorschriften wurden für § 253 SGB V nicht vorgesehen.

C. Praxishinweise

18 Klagen gegen den Gesamtsozialversicherungsbeitrag betreffende Entscheidungen der **Einzugstelle** sind gegen diese und nicht gegen den Sozialversicherungsträger zu richten, dem die Beiträge letztlich zukommen.[19]

19 Etwas anderes gilt dann, wenn die Träger der **Rentenversicherung** Bescheide bezüglich der ordnungsgemäßen Erfüllung der Meldepflichten und sonstigen Pflichten im Zusammenhang mit dem Gesamtsozialversicherungsbeitrag nach **§ 28p SGB IV** erlassen. Hier ist der Rentenversicherungsträger anzugehen.

20 Die Sozialversicherungsträger, denen die Beiträge bei einer Bejahung der Beitragspflicht zustehen würden, sind stets notwendig **beizuladen.**[20]

---

[19] Vgl. zur Stellung im Prozess bereits BSG v. 23.05.1995 - 12 RK 63/93 - SozR 3-2400 § 28h Nr. 3.

[20] Vgl. für die Prüfung durch einen Rentenversicherungsträger nach § 28p SGB IV z.B. BSG v. 14.07.2004 - 12 KR 7/04 R - SozR 4-2400 § 22 Nr. 1.

§ 254 SGB V Beitragszahlung der Studenten

(Fassung vom 20.12.1988, gültig ab 01.01.1989, gültig bis 31.12.2008)

Versicherungspflichtige Studenten haben vor der Einschreibung oder Rückmeldung an der Hochschule die Beiträge für das Semester im voraus an die zuständige Krankenkasse zu zahlen. Die Satzung der Krankenkasse kann andere Zahlungsweisen vorsehen. Weist ein als Student zu Versichernder die Erfüllung der ihm gegenüber der Krankenkasse auf Grund dieses Gesetzbuchs auferlegten Verpflichtungen nicht nach, verweigert die Hochschule die Einschreibung oder die Annahme der Rückmeldung.

Gliederung

A. Basisinformationen

I. Textgeschichte/Gesetzgebungsmaterialien

1 § 254 SGB V wurde durch das Gesetz zur Strukturreform im Gesundheitswesen (GRG)[1] mit dem am **01.01.1989** in Kraft getretenen SGB V in das SGB aufgenommen.

2 § 254 Sätze 1 und 2 SGB V regelt die „Zahlungsweise" der Beiträge zur Krankenversicherung der Studenten (**KVdS**). Versicherungspflichtige Studenten müssen vor Einschreibung oder Rückmeldung an der Hochschule die Beiträge für das folgende Semester vollständig entrichten, es sei denn, die Krankenkasse sieht eine andere Regelung vor. § 254 Satz 3 SGB V verpflichtet die Hochschulen zur Verweigerung der Einschreibung oder Annahme der Rückmeldung, wenn die Verpflichtungen nach dem SGB V durch den Versicherten nicht nachweislich erfüllt wurden.

3 Die Vorschrift wird erstmals mit Wirkung zum **01.01.2009** durch das Gesetz zur Stärkung des Wettbewerbs in der gesetzlichen Krankenversicherung (**GKV-WSG**) geändert. Die Zahlweise für die Beiträge der Studenten nach § 254 Satz 2 SGB V kann zukünftig kassenübergreifend – für den Geltungsbereich des SGB V einheitlich – durch den Spitzenverband Bund der Krankenkassen geregelt werden.[2]

II. Vorgängervorschriften

4 § 254 SGB V führt die in **§ 393d Abs. 1 RVO** für die versicherungspflichtigen Studenten getroffenen Regelungen inhaltlich im Wesentlichen fort.[3] § 254 Satz 1 RVO ist im Hinblick auf seinen persönlichen Geltungsbereich aber enger als die Vorgängervorschrift, weil die Beitragszahlung der Praktikanten nicht mehr erfasst wird.

III. Parallelvorschriften

5 Nach § 23 Abs. 1 Satz 1 SGB IV werden laufende Beiträge in der Sozialversicherung, das heißt auch Beiträge zur Krankenversicherung, entsprechend den Bestimmungen der Satzung der Krankenkasse fällig. Der späteste **Fälligkeitszeitpunkt** für Beiträge, die nicht aus Arbeitsentgelt oder Arbeitseinkom-

[1] Art. 1 GRG vom 20.12.1988, BGBl I 1988, 2477.
[2] Vgl. hierzu die Begründung im Gesetzentwurf der Bundesregierung, BR-Drs. 755/06, S. 451 zu Nr. 172.
[3] Siehe hierzu die Begründung des Regierungsentwurfs zum GRG, BT-Drs. 11/2237, S. 227 zu § 263.

men zu bemessen sind, ist nach § 23 Abs. 1 Satz 5 SGB V der Fünfzehnte des Monats, der auf den Monat folgt, für den die Beiträge zu entrichten sind.

IV. Systematische Zusammenhänge

6 § 5 Abs. 1 Nr. 9 SGB V regelt die Versicherungspflicht der an einer Hochschule eingeschriebenen Studenten.[4] Die beitragspflichtigen Einnahmen der versicherungspflichtigen Studenten regelt § 236 SGB V.

7 Die Beiträge aus den nach § 236 Abs. 1 SGB V beitragspflichtigen Einnahmen hat der versicherungspflichtige Student nach § 250 Abs. 1 Nr. 3 SGB V **allein zu tragen**. Das gilt auch für Beiträge, die von dem Student nach § 236 Abs. 2 SGB V aus dem Zahlbetrag einer Rente aus der gesetzlichen Rentenversicherung, Versorgungsbezügen und Arbeitseinkommen zu zahlen sind, § 250 Abs. 1 Nr. 1 und 2 SGB V.

8 Es wird im Übrigen auf die Kommentierung zu § 236 SGB V verwiesen.

V. Ausgewählte Literaturhinweise

9 *Bress*, Die Versicherung der Studenten und Praktikanten, 3. Aufl. 1996; *Felix*, Studenten und gesetzliche Krankenversicherung, NZS 2000, 477-485; *Schaller*, Die studentische Krankenversicherung nach der „Gesundheitsreform“, ZfS 1990, 33-54.

B. Auslegung der Norm

I. Regelungsgehalt und Bedeutung der Norm

10 § 254 Satz 1 SGB V regelt für die nach § 5 Abs. 1 Nr. 9 SGB V versicherungspflichtigen Studenten die Beitragszahlung und die Fälligkeit der Beiträge. Die Beiträge werden nach § 254 Satz 1 SGB V im Voraus für jedes Semester fällig.

11 Die Regelungen in § 254 Sätze 1 und 3 SGB V sind in der Praxis **kaum von Bedeutung**, weil die **Satzungen der Krankenkassen** auf der Grundlage der Ermächtigungsnorm in § 254 Satz 2 SGB V im Regelfall besondere Vorschriften zur Fälligkeit der Beiträge zur KVdS vorsehen[5] (zu diesen Satzungsregelungen siehe im Übrigen Rn. 22 ff.).

II. Normzweck

12 Die besonderen Regelungen zur Beitragszahlung in der KVdS sollen in erster Linie dem Umstand Rechnung tragen, dass durch die Mobilität und die finanzielle Situation der pflichtversicherten Studenten die Einziehung von Beitragsrückständen schwierig und verwaltungsaufwändig und eine Beitragseintreibung häufig wenig aussichtsreich ist.[6]

13 Gleichzeitig wird den Krankenkassen die Möglichkeit gegeben, selbst zu entscheiden, ob nach Abwägung von Kundeninteressen und Verwaltungseffizienz für den Versicherten günstigere Regelungen in der Satzung getroffen werden, soweit hierdurch nicht die Beitragssicherheit gefährdet wird.

14 Mit der Regelung in § 254 Satz 3 SGB V wird ein Sanktionsmechanismus in Form der Verweigerung der Einschreibung oder Rückmeldung durch die Hochschule bereitgestellt, um die Beitragszahlung der versicherungspflichtigen Studenten sicherzustellen.

III. Beitragszahlung der Studenten

1. Studenten

15 Die Regelungen in § 254 Sätze 1 bis 3 SGB V erfassen nur die Beitragszahlung der **versicherungspflichtigen Studenten**, nicht aber die Beitragszahlung der nach § 5 Abs. 1 Nr. 10 SGB V den Studenten gleichgestellten Personen oder Studenten, die freiwillig in der gesetzlichen Krankenversicherung versichert oder von der Versicherungspflicht befreit sind.[7]

---

[4] Siehe zur Versicherungs- und Beitragspflicht während eines Ruhens des Leistungsanspruchs LSG Rheinland-Pfalz v. 18.02.2002 - L 5 KR 92/01.

[5] Die im Rahmen einer Stichprobe geprüften Satzungen enthielten sämtlich entsprechende Regelungen.

[6] Vgl. *Gerlach* in: Hauck/Noftz, SGB V, § 254 Rn. 1; *Peters* in: KassKomm, SGB V, § 254 Rn. 4.

[7] Wie hier *Vay* in: Krauskopf, SGB V, § 254 Rn. 1; *Peters* in: Peters, Handbuch KV (SGB V), § 254 Rn. 3.

2. Beiträge für das Semester

Mit dem „Semester“ ist das in der jeweiligen Hochschule geltende **Studienhalbjahr**, das – unabhängig von der tatsächlichen Vorlesungszeit – im Allgemeinen am 01.04 und 01.10. eines Jahres beginnt, gemeint.[8] Beide Studienhalbjahre umfassen zusammen ein volles Jahr einschließlich der Semesterferien.[9] 16

Beiträge für das Semester sind nur die **Beiträge i.S.d. § 236 Abs. 1 SGB V**. Die §§ 255 und 256 SGB V gehen für die Beitragszahlung aus dem **Zahlbetrag der Rente** der gesetzlichen Rentenversicherung und **Versorgungsbezügen** § 254 SGB V als speziellere Normen vor.[10] Auch soweit ein versicherungspflichtiger Student darüber hinaus beitragspflichtiges **Arbeitseinkommen** erzielt (§ 236 Abs. 2 i.V.m. § 226 Abs. 1 Satz 1 Nr. 4 und Abs. 2 SGB V) und hieraus Beiträge zu tragen hat (§ 250 Abs. 1 Nr. 2 SGB V), gilt § 254 SGB V nicht. Wer Einkünfte aus einer selbständigen Tätigkeit neben Rentenleistungen oder Versorgungsbezügen erzielt, gehört nicht zu dem Versichertenkreis, für den mit § 254 SGB V eine besondere Regelung getroffen werden sollte. Insbesondere der Sanktionsmechanismus der Verweigerung von Einschreibung oder Rückmeldung nach § 254 Satz 3 SGB V wäre im Lichte der in Art. 12 Abs. 1 GG geschützten Berufsfreiheit insoweit nicht zu rechtfertigen.[11] Die Beitragsbemessung für Einkünfte aus einer selbständigen Tätigkeit kann im Einzelfall erhebliche Probleme aufwerfen, die die Krankenkasse dazu veranlassen könnte, im Streitfall die Bescheinigung für die Einschreibung bzw. Rückmeldung nicht auszustellen. 17

Für das Ende des Studiums decken die Vorauszahlungen nach § 254 Satz 1 SGB V nicht die gesamte Versicherungszeit ab, weil die Mitgliedschaft nach § 190 Abs. 9 SGB V erst einen Monat nach Ablauf des Semesters, für das der Student sich zuletzt eingeschrieben oder zurückgemeldet hat, endet. 18

3. Vorauszahlung

Die Zahlung der Beiträge erfolgt nach der Regelung in § 254 Satz 1 SGB V vor der Einschreibung oder Rückmeldung. 19

Der späteste Fälligkeitstermin entspricht der für die Hochschule maßgebenden Einschreibungs- oder Rückmeldefrist und ist damit abhängig vom Hochschulrecht des jeweiligen Bundeslandes und/oder der Satzung der jeweiligen Hochschule. 20

Die Vorauszahlung des gesamten Beitrags auf der Grundlage der Einnahmen im Sinne des § 236 Abs. 1 SGB V für ein Semester ist vertretbar, weil der Versicherungsschutz außerordentlich beitragsgünstig ist und eine besonders verwaltungsintensive Eintreibung der Beiträge nicht hiervon abgedeckt würde. 21

4. Fälligkeits- und Zahlungsregelungen durch Satzung

§ 254 Satz 2 SGB V gestattet es den Krankenkassen, in ihrer Satzung von § 254 Satz 1 SGB V abweichende Zahlungsweisen vorzusehen, soweit dadurch die Beitragszahlung sichergestellt ist. 22

Es existiert ein **breites Spektrum** unterschiedlicher **Satzungsregelungen** auf der Grundlage von § 254 Satz 2 SGB V: 23

Zu finden sind insbesondere Regelungen, die es den Versicherten gestatten, die Beiträge monatlich zu zahlen, wenn sie die Krankenkasse zum **Einzug der Beiträge** ermächtigen[12] oder wenn sie eine **Verpflichtungserklärung Dritter**, die Beiträge zu zahlen, vorlegen.[13] Teilweise wird den Versicherten auf Antrag eine monatliche Beitragszahlung auch dann gestattet, wenn die „Zahlung der Beiträge sichergestellt“ ist.[14] Zu finden sind auch Regelungen, die ohne weitere Voraussetzungen grundsätzlich eine monatliche Fälligkeit der Beiträge zur KVdS vorsehen.[15] 24

---

8 Vgl. auch *Gerlach* in: Hauck/Noftz, SGB V, § 254 Rn. 10.

9 Vgl. auch *Vay* in: Krauskopf, SGB V, Rn. 2.

10 So im Ergebnis auch *Peters* in: KassKomm, SGB V, § 254 Rn. 4; a.A. *Vay* in: Krauskopf, SGB V, § 254 Rn. 3.

11 Vgl. zur freien Wahl des Ausbildungsplatzes im Lichte des Art. 12 Abs. 1 Satz 1 GG *Wieland* in: Grundgesetz Kommentar, Art. 12 Rn. 91.

12 Diese Regelung entspricht zum Beispiel § 21 Abs. 3 der Satzung der AOK Berlin und § 17 Abs. 3 Satz 1 der Satzung der IKK.

13 Die Regelung in § 17 Abs. 3 Satz 1 der Satzung der IKK ergänzt die Regelung dieser Krankenkasse in der vorangehenden Fußnote.

14 Diese Regelung sieht zum Beispiel § 23 Abs. 2 der Satzung der BEK, § 14 Abs. 2 Satz 2 der Satzung der TKK, § 21 Abs. 2 Satz 2 der Satzung der KKH etc. vor.

15 Vgl. z.B. § 12 Abs. 3 der Satzung der inzwischen nicht mehr bestehenden BKK Berlin: „…sind am letzten Tag des Monats fällig“; *Peters* in: Peters, Handbuch KV (SGB V), § 254 Rn. 13 hält eine solche Regelung wohl für nicht zulässig.

25 Die **Grenze für die autonomen Satzungsregelungen** bildet § 23 Abs. 1 Satz 5 SGB IV. Eine Fälligkeit der Beiträge nach dem Fünfzehnten des Monats, der auf den Monat, für den Beiträge zu entrichten sind, folgt, ist nicht zulässig. Über die Vorauszahlungspflicht in § 254 Satz 1 SGB V hinausgehende Vorauszahlungen sind im Hinblick auf die Sanktionsregelung in § 254 Satz 3 SGB V vor dem Hintergrund der in Art. 12 Abs. 1 GG geschützten Berufsfreiheit unzulässig. Die Ermächtigungsnorm in § 254 Satz 2 SGB V regelt nicht hinreichend deutlich die Grenzen für einen solchen (über die Regelung in § 254 Satz 1 SGB V hinausgehenden) mittelbaren Eingriff in die Möglichkeit der Aufnahme oder Fortführung eines Studiums.

5. Verweigerung der Einschreibung/Rückmeldung

26 Nach § 254 Satz 3 SGB V hat die Hochschule die Einschreibung oder die Annahme der Rückmeldung zu verweigern, wenn ein als Student zu Versichernder nicht nachweist, dass er die ihm nach dem SGB V auferlegten Verpflichtungen erfüllt hat.

27 Die Regelung gilt nur für den **ausdrücklich genannten Personenkreis**, das heißt für die Versicherten der KVdS bzw. die Personen, für die mit ihrer Einschreibung eine Versicherung in der KVdS entsteht. Insbesondere kann die Hochschule eine Rückmeldung oder Einschreibung versicherungsfreier oder freiwillig versicherter Studenten nicht verweigern.

28 Eine entsprechende Grundlage ergibt sich auch nicht aus § 200 Abs. 2 Satz 1 SGB V, der eine Meldepflicht der Hochschulen für „versicherte Studenten" vorsieht. Soweit § 2 Satz 1 der **Studentenkrankenversicherungs-Meldeverordnung**[16] (SKV-MV), die auf der Grundlage des § 200 Abs. 2 SGB V erlassen wurde, eine Verpflichtung für alle Studienbewerber vorsieht, das der Verordnung als Anlage 1 entsprechende Formular zur Einschreibung vorzulegen, kann sich daraus keine Hindernis für die Einschreibung oder Rückmeldung für nicht in der KVdS zu versichernde Studenten ergeben. Vorschriften über die Versagung der Einschreibung bei Nichtzahlung von „Beiträgen" finden sich auch in **Hochschulgesetzen** der Länder.[17]

29 Im Hinblick darauf, dass die Satzungen der Krankenkassen im Regelfall eine Vorauszahlung für das Semester in Abweichung von § 254 Satz 1 SGB V nicht vorsehen, liegt die Hauptbedeutung der Regelung in § 254 Satz 3 SGB V darin, sicherzustellen, dass die versicherungspflichtigen Studenten ihren Melde- und Auskunftspflichten (z.B. nach § 206 Abs. 1 SGB V) gegenüber den Krankenkassen nachkommen. Der versicherungspflichtige Student genügt seinen Verpflichtungen, wenn er bei der Hochschule die in der Anlage 1 SKV-MV vorgesehene Bescheinigung vorlegt.

30 Die Regelung über die Verweigerung der Einschreibung oder Annahme der Rückmeldung in § 254 Satz 3 SGB V hat ihrerseits Auswirkungen auf die Versicherungspflicht als Student, weil die Mitgliedschaft nach § 186 Abs. 7 SGB V erst mit dem Tag der Einschreibung oder Rückmeldung beginnt.

IV. Übergangsrecht

31 Übergangsvorschriften existieren für die Regelungen in § 254 SGB V nicht.

C. Praxishinweise

32 Endet die Versicherungspflicht nach § 5 Abs. 1 Nr. 9 SGB V z.B. zum Beispiel wegen einer Aufgabe des Studiums oder tritt eine Vorrangversicherung (z.B. auf Grund einer Familienversicherung nach § 5 Abs. 7 SGB V) ein, sind die über das Ende der Versicherungspflicht in der KVdS hinaus entrichteten Beiträge zu Unrecht gezahlt. Die überzahlten Beiträge sind nach § 26 Abs. 2 und 3 SGB IV von Amts wegen zu erstatten.[18] Ein Antrag ist aber bereits im Hinblick auf die in § 27 SGB IV vorgesehenen Verzinsungs- und Verjährungsregelungen sinnvoll.

---

16 Verordnung über Inhalt, Form und Frist der Meldungen sowie das Meldeverfahren für die Krankenversicherung der Studenten v. 27.03.1996, BGBl I 1996, 568.

17 Vgl. z.B. § 30 Abs. 2 Nr. 3 des Brandenburgischen Hochschulgesetzes.

18 Vgl. auch *Gerlach* in: Hauck/Noftz, SGB V, § 254 Rn. 4.

§ 255 SGB V Beitragszahlung aus der Rente

(Fassung vom 21.03.2005, gültig ab 01.10.2005, gültig bis 31.12.2008)

(1) Beiträge, die Versicherungspflichtige aus ihrer Rente zu tragen haben, sind von den Trägern der Rentenversicherung bei der Zahlung der Rente einzubehalten und zusammen mit den von den Trägern der Rentenversicherung zu tragenden Beiträgen an die Deutsche Rentenversicherung Bund für die Krankenkassen mit Ausnahme der landwirtschaftlichen Krankenkassen zu zahlen. Bei einer Änderung in der Höhe der Beiträge nach Satz 1 ist die Erteilung eines besonderen Bescheides durch den Träger der Rentenversicherung nicht erforderlich.

(2) Ist bei der Zahlung der Rente die Einbehaltung von Beiträgen nach Absatz 1 unterblieben, sind die rückständigen Beiträge durch den Träger der Rentenversicherung aus der weiterhin zu zahlenden Rente einzubehalten; § 51 Abs. 2 des Ersten Buches gilt entsprechend. Wird die Rente nicht mehr gezahlt, obliegt der Einzug von rückständigen Beiträgen der zuständigen Krankenkasse. Der Träger der Rentenversicherung haftet mit dem von ihm zu tragenden Anteil an den Aufwendungen für die Krankenversicherung.

(3) Die Beiträge nach den Absätzen 1 und 2 stehen den Krankenkassen der Bezieher dieser beitragspflichtigen Renten zu. Die Krankenkassen verrechnen die Beitragsforderungen nach Satz 1 mit ihren Verpflichtungen im Risikostrukturausgleich (§ 266) und mit den für die Deutsche Rentenversicherung Bund eingezogenen Beiträgen. Die Rentenversicherungsträger haben den Krankenkassen die einbehaltenen Beiträge nachzuweisen. Das Nähere über das Verfahren der Aufteilung der Beiträge vereinbaren die Spitzenverbände der betroffenen Krankenkassen und die Deutsche Rentenversicherung Bund im Benehmen mit dem Bundesversicherungsamt.

(3a) Die Beiträge nach den Absätzen 1 und 2 werden am Ersten des Monats fällig, der dem Monat folgt, für den die Rente gezahlt wird. Sie sind an die Krankenkassen zu zahlen, sobald sie von diesen nach Absatz 3 Satz 2 verrechnet werden können. Soweit Beiträge nicht verrechnet werden können, sind sie am fünften Arbeitstag nach Zugang der Anforderung der Krankenkasse zu zahlen, es sei denn, dass in der Rechtsverordnung nach § 266 Abs. 7 ein späterer Zeitpunkt vorgesehen ist; frühester Zugang einer Anforderung ist der Erste des Monats, der dem Monat folgt, für den die Rente gezahlt wird. Wird eine Rente am letzten Bankarbeitstag des Monats ausgezahlt, der dem Monat vorausgeht, in dem sie fällig wird (§ 272a des Sechsten Buches), werden die Beiträge nach den Absätzen 1 und 2 abweichend von Satz 1 am Ersten des Monats fällig, für den die Rente gezahlt wird. Frühester Zugang einer Anforderung nach Satz 3 ist in diesen Fällen der Erste des Monats, für den die Rente gezahlt wird.

(4) Vom 1. Januar 1995 bis zum 30. Juni 1997 teilt das Bundesversicherungsamt die Beiträge nach den Absätzen 1 und 2 auf die Krankenkassen der Bezieher dieser beitragspflichtigen Renten in einem Verhältnis auf, das dem Verhältnis der auf das Kalenderjahr bezogenen Produkte von allgemeinem Beitragssatz und den gemeldeten Renten der Krankenkassen zueinander entspricht. Die Krankenkassen verrechnen die Beitragsforderungen nach Satz 1 mit ihren Verpflichtungen im Risikostrukturausgleich (§ 266) und mit den für die Deutsche Rentenversicherung Bund eingezogenen Beiträgen. Absatz 3 Satz 4 gilt entsprechend.

Gliederung

A. Basisinformationen

I. Textgeschichte/Gesetzgebungsmaterialien

1 § 255 SGB V, der durch das Gesetz zur Strukturreform im Gesundheitswesen[1] (GRG) geschaffen wurde, trat mit dem SGB V am **01.01.1989** in Kraft. Die Vorschrift regelt die Beitragszahlung versicherungspflichtiger Mitglieder der gesetzlichen Krankenversicherung zur **Krankenversicherung der Rentner** (KVdR).[2]

2 Nach § 255 Abs. 1 SGB V in seiner Ursprungsfassung hatten die Rentenversicherungsträger die **Beiträge**, die Versicherungspflichtige aus ihrer Rente zu tragen haben, **einzubehalten** und zusammen mit den von Rentenversicherungsträgern zu tragenden Beiträgen an die Bundesversicherungsanstalt für Angestellte (BfA) **zu zahlen**. Mit In-Kraft-Treten des Gesetzes zur Reform der gesetzlichen Rentenversicherung[3] (RRG 1992) löste diese Regelung mit Wirkung vom **01.01.1992** die Einbehaltung der Beiträge aus den Zuschüssen zum Krankenversicherungsbeitrag ab. Mit Wirkung vom **30.03.2005** ist Absatz 1 durch das Gesetz zur Vereinfachung der Verwaltungsverfahren im Sozialrecht[4] (VerwVereinfG) ein zweiter Satz angefügt worden, so dass die ursprüngliche Regelung nun in Satz 1 dieses Absatzes enthalten ist. Dort ist nun geregelt, dass der Rentenversicherungsträger bei Erhöhungen der Krankenversicherungsbeiträge keinen besonderen **Bescheid** erlassen muss.

3 § 255 Abs. 2 SGB V betrifft Fallkonstellationen, in denen die **ordnungsgemäße Einbehaltung** der Krankenversicherungsbeiträge durch den Rentenversicherungsträger **unterblieben** ist. Der Rentenversicherungsträger bleibt dann nach § 255 Abs. 2 Satz 1 SGB V grundsätzlich verpflichtet, die **rückständigen Krankenversicherungsbeiträge** von der Rente einzubehalten. Wird die Rente nicht mehr gezahlt, geht die Verpflichtung zum Beitragseinzug nach § 255 Abs. 2 Satz 2 SGB V auf die Krankenkasse über. Der Rentenversicherungsträger haftete zunächst nach § 255 Abs. 2 Satz 3 SGB V in Höhe der Zuschüsse, die er für die Krankenversicherungsbeiträge zu zahlen hatte.[5] Diese Regelung wurde mit Wirkung vom **01.01.1992** durch das RRG 1992[6] an die geänderte Beitragstragung in der KVdR gemäß § 249a SGB V – Rentenversicherungsträger und Versicherungspflichtige tragen die nach der Rente zu bemessenden Beiträge jeweils zur Hälfte – angepasst. Der Rentenversicherungsträger haftet nun mit dem von ihm zu tragenden **Beitragsanteil**.

4 § 255 Abs. 3 und 4 SGB V wurde durch das Dritte Gesetz zur Änderung des Fünften Buches Sozialgesetzbuch[7] (3. SGB V-ÄndG) mit Wirkung vom **01.01.1995** angefügt. § 255 Abs. 3 SGB V regelt die **Verteilung des Beitragsaufkommens** aus Beiträgen zur KVdR. Die Beiträge kommen den Krankenkassen im Rahmen des **Risikostrukturausgleichs** (vgl. hierzu die Kommentierung zu § 266 SGB V) oder durch Verrechnung mit den von den Krankenkassen geschuldeten Rentenversicherungsbeiträgen

[1] Art. 1 GRG v. 20.12.1988, BGBl I 1988, 2477.
[2] Siehe zur § 393a RVO entsprechenden ursprünglichen Fassung die Begründung im Regierungsentwurf zum GRG, BT-Drs. 11/2237, S. 227 zu § 264.
[3] Absatz 1 Satz 2 der Ursprungsfassung aufgehoben mit Art. 4 Nr. 20 lit. a RRG 1992 v. 18.12.1989, BGBl I 1989, 2261.
[4] Art. 4 Nr. 14 lit. a VerwVereinfG v. 21.03.2005, BGBl I 2005, 818.
[5] So die Begründung im Regierungsentwurf zum GRG, BT-Drs. 11/2237, S. 227 zu § 264.
[6] Art. 4 Nr. 2 RRG 1992 v. 18.12.1989, BGBl I 1989, 2261.
[7] Art. 1 Nr. 10, Art. 8 Abs. 4 3. SGB V-ÄndG v. 10.05.1995, BGBl I 1995, 678.

zu. Eine Ausnahme gilt insoweit nur für die landwirtschaftlichen Krankenkassen, weil diese nicht am Risikostrukturausgleich teilnehmen.[8] Die Übergangsregelung in § 255 Abs. 4 SGB V ist durch Zeitablauf gegenstandslos geworden.

§ 255 Abs. 3a SGB V wurde eingefügt mit Wirkung vom **29.03.2002** durch das Zehnte Gesetz zur Änderung des Fünften Buches Sozialgesetzbuch[9] (10. SGB V-ÄndG) und sah zunächst vor, dass die Beiträge zur KVdR am Ersten des Monats **fällig** werden, für den die Rente gezahlt wird. Ebenfalls mit Wirkung vom **29.03.2002** wurde Absatz 3a rückwirkend durch das Gesetz zur Einführung einer kapitalgedeckten Hüttenknappschaftlichen Zusatzversicherung und zur Änderung anderer Gesetze[10] (HZvNG) um die Sätze 2 und 3 erweitert. Mit Wirkung vom **01.03.2004** wurde mit dem Dritten Gesetz zur Änderung des Sechsten Buches SGB und anderer Gesetze[11] (3. SGB VI-ÄndG) die Fälligkeit der Beiträge in § 255 Abs. 3a Satz 1 und 3 SGB V dahin gehend geregelt, dass die Beiträge am Ersten des Monats, der dem Monat folgt, für den die Rente gezahlt wird, fällig werden. Die Regelung wurde gleichzeitig durch Anfügung der Sätze 4 und 5 an die Verlegung des Auszahlungstermins für **Neurenten** durch das 3. SGB VI-ÄndG[12] angepasst. Andernfalls wären die Beiträge aus der Rente vor der Rentenleistung selbst fällig geworden.[13] Bei einer Auszahlung der Rente am letzten Bankarbeitstag des Monats vor der Fälligkeit der Rentenzahlung nach § 272a SGB VI[14] (**Bestandsfälle**) werden die Beiträge abweichend von der allgemeinen Regelung am Ersten des Monats fällig, für den die Rente gezahlt wird. Mit dem VerwVereinfG[15] wurde mit Wirkung zum **30.03.2005** § 255 Abs. 3a Satz 3 HS. 1 SGB V um die Regelung über einen späteren Zahlungstermin ergänzt. 5

Mit Wirkung vom **01.10.2005** ergab sich auf Grund der Organisationsreform in der gesetzlichen Rentenversicherung[16] die Notwendigkeit einer redaktionellen Anpassung in § 255 Abs. 1 Satz 1, Abs. 3 Sätze 2 und 4 SGB V, da nun die Deutsche Rentenversicherung Bund (DRV-Bund) im Wege der Rechtsnachfolge die Aufgaben der früheren BfA wahrnimmt. 6

Mit dem Gesetz zur Stärkung des Wettbewerbs in der gesetzlichen Krankenversicherung (**GKV-WSG**) werden mit Wirkung zum **01.01.2009** die Fälligkeitsregelungen neu gefasst und die Verrechnung der Beitragsforderungen abgeschafft. Absatz 3a der Vorschrift wird gestrichen. Die bisherige Regelung in § 255 Abs. 3a Satz 2 SGB V wird zu § 255 Abs. 3 Satz 1 SGB V und gilt für alle Fälle, in denen nachfolgend nichts Abweichendes vorgesehen ist. Eine Modifizierung wird insoweit nur dahin gehend vorgenommen, dass nicht mehr auf den „Ersten“, sondern auf den „ersten Bankarbeitstag“ des Monats abgestellt wird. Die Sonderregelung für Bestandsrenten (§ 255 Abs. 3a Satz 4 SGB V) wird übernommen, wobei auch hier auf den ersten Bankarbeitstag abgestellt wird, § 255 Abs. 3 Satz 2 SGB V i.d.F. des GKV-WSG. § 255 Abs. 3 Satz 3 SGB V i.d.F. des GKV-WSG sieht eine Abschlagszahlung von 300 Mio. € am Achten eines Monats vor, der auf die tatsächlich im selben Monat fälligen Beiträge angerechnet wird. Dadurch soll ein Fortbestand der gegenwärtigen Liquiditätssituation der Rentenversicherungsträger vor dem Hintergrund der Neuregelung des Beitragseinzugs und des Risikostrukturausgleichs gewährleistet werden.[17] 7

---

8 § 266 Abs. 9 SGB V.

9 Art. 1 Nr. 4 10. SGB V-ÄndG v. 23.03.2002, BGBl I 2002, 1169.

10 Art. 7 Nr. 2 HZvNG v. 21.06.2002, BGBl I 2002, 2167.

11 Art. 2 des Gesetzes v. 27.12.2003, BGBl I 2003, 3019.

12 Nach § 118 Abs. 1 i.d.F. des Art. 1 Nr. 4 lit. a) 3. SGB VI-ÄndG v. 27.12.2003, BGBl I 2003, 3019, werden laufende Geldleistungen mit Ausnahme des Übergangsgeldes, d.h. auch Renten, am Ende des Monats fällig, zu dessen Beginn die Anspruchsvoraussetzungen erfüllt sind, und werden am letzten Bankarbeitstag dieses Monats gezahlt.

13 So die Begründung des Gesetzentwurfs der Fraktionen SPD und Bündnis 90/DIE GRÜNEN, BT-Drs. 15/1831, S. 7 zu Art. 2.

14 Eingeführt durch Art. 1 Nr. 6 3. SGB VI-ÄndG v. 27.12.2003, BGBl I 2003, 3019: Bestandsrenten, das heißt solche, die vor dem 01.04.2004 begonnen haben, werden am letzten Bankarbeitstag des Monats ausgezahlt, der dem Monat der Fälligkeit vorausgeht.

15 Art. 4 Nr. 14 lit. a VerwVereinfG v. 21.03.2005, BGBl I 2005, 818.

16 Art. 6 Nr. 25, 86 Abs. 4 des Gesetzes zur Organisationsreform in der gesetzlichen Rentenversicherung (RVOrG) v. 09.12.2004, BGBl I 2004, 3242.

17 Vgl. hierzu die Begründung im Gesetzentwurf der Bundesregierung, BR-Drs. 755/06, S. 452 zu Nr. 173.

II. Vorgängervorschriften

8 § 255 Abs. 1 SGB V entspricht im Wesentlichen der Regelung in § 393a Abs. 1 RVO.[18] Das Beitragsverfahren beruht auf dem mit Wirkung vom 01.01.1981[19] mit späterer Ergänzung[20] eingeführten Finanzierungssystem der KVdR in Form eines bundesweiten KVdR-Finanzausgleichs. Die Beiträge waren von den **Zuschüssen** des Rentenversicherungsträgers und, soweit sie die Zuschüsse überstiegen, von den Renten einzubehalten. In seinen Grundzügen wurde das System in das SGB V übernommen und fand sein Ende erst mit der Einbeziehung der KVdR in den Risikostrukturausgleich mit Wirkung vom 01.01.1995 durch das Gesundheitsstrukturgesetz[21] (GSG). § 255 Abs. 2 SGB V findet keine Entsprechung in der RVO. Nach der Rechtsprechung des BSG war nach der alten Rechtslage die Zahlstelle, die den Einbehalt der Krankenversicherungsbeiträge versäumt hatte, der Krankenkasse i.d.R. nicht schadensersatzpflichtig.[22]

III. Parallelvorschriften

9 Nach § 50 KVLG 1989 sind Beiträge, die Versicherungspflichtige aus ihrer Rente zu tragen haben, von den Rentenversicherungsträgern bei der Zahlung der Rente einzubehalten und an die zuständige **landwirtschaftliche Krankenkasse** zu zahlen.

IV. Verwaltungsvorschriften

10 Die betroffenen Krankenkassen und die DRV-Bund regeln das Nähere über die Aufteilung und den Nachweis der einbehaltenen Beiträge im Rahmen von Vereinbarungen im Benehmen mit dem Bundesversicherungsamt.

V. Systematische Zusammenhänge

11 Welche Renteneinnahmen Versicherungspflichtiger[23] der **Beitragspflicht** in der gesetzlichen Krankenversicherung unterliegen, ergibt sich aus den §§ 226 Abs. 1 Satz 1 Nr. 2, 228 SGB V und den auf diese Vorschrift verweisenden Einzelvorschriften des Beitragsrechts.[24] Bei versicherungspflichtig Beschäftigten mit Rentenbezug wird der Zahlbetrag der Rente nach § 230 Satz 2 SGB V ohne Prüfung der weiteren Einnahmen des Versicherten bis zur Beitragsbemessungsgrenze berücksichtigt. Bei Personen, die auf Grund des Rentenbezuges versicherungspflichtig sind, wird von den nach § 237 SGB V beitragspflichtigen Einnahmen vorrangig der Zahlbetrag der Rente der Beitragspflicht unterworfen, § 238 SGB V.

12 Die Krankenversicherungsbeiträge aus der Rente werden nach dem **allgemeinen Beitragssatz** der jeweiligen Krankenkasse berechnet, § 247 Abs. 1 Satz 1 SGB V. Im Übrigen gilt auch hier der zusätzliche Beitragssatz nach § 241a Abs. 1 SGB V. Dabei **tragen** der Versicherte und der Rentenversicherungsträger nach § 249a SGB V die Beiträge aus der Rente in Höhe des allgemeinen Beitragssatzes jeweils zur Hälfte, den zusätzlichen Beitragssatz trägt der Versicherte allein.

VI. Ausgewählte Literaturhinweise

13 *Bress*, Beiträge der Rentenantragsteller und Rentner zur Kranken- und Pflegeversicherung, SVFAng Nr. 112, 59-75; *Bucher*, Rentenleistungen und Krankenversicherungsschutz bei Aufenthalt im Ausland, AmtlMittLVA Rheinprovinz 2002, 335-345; *Marburger*, Änderungen in der Kranken- und Pflegeversicherung der Rentner zum 1.1. und 1.4.2004, rv 2004, 68-71; *ders.*, Das Gesetz zur Vereinfa-

[18] Vgl. zur Rechtslage nach der RVO: BSG v. 18.11.1993 - 12 RK 26/92 - SozR 3-2200 § 393a Nr. 3.

[19] Art. 2 des Gesetzes zur Anpassung der Renten in der gesetzlichen Rentenversicherung 1982 v. 01.12.1981, BGBl I 1981, 1205.

[20] Art. 19 Nr. 12 des Gesetzes zur Wiederbelebung der Wirtschaft und Beschäftigung und zur Entlastung des Bundeshaushalts v. 20.12.1982, BGBl I 1982, 1857.

[21] Art. 1 Nr. 143, 144 und Art. 34 §§ 1, 2 GSG v. 21.12.1992, BGBl I 1992, 2266.

[22] Vgl. zur Einbehaltung von Beiträgen aus Versorgungsbezügen: BSG v. 18.11.1993 - 12 RK 26/92 - SozR 3-2200 § 393a Nr. 3.

[23] Der in der gesetzlichen Krankenversicherung versicherte Personenkreis ergibt sich aus den §§ 5-8 SGB V.

[24] §§ 232 Abs. 1 Satz 2, 233 Abs. 3, 234 Abs. 2, 235 Abs. 4, 236 Abs. 2 Satz 1 SGB V und § 39 Satz 2 (ggf. i.V.m. § 42 Abs. 4 Satz 1) KVLG 1989.

chung der Verwaltungsverfahren im Sozialrecht, WzS 2005, 257-262; *Neidert*, Verjährung von Beitragsansprüchen zur KVdR bei unterbliebenem Beitragseinbehalt, DRV 2000, 794-795; *Schuler*, Die europarechtliche Koordinierung der Krankenversicherung der Rentner, SGb 2000, 523-527.

B. Auslegung der Norm

I. Regelungsgehalt und Bedeutung der Norm

§ 255 SGB V stellt eine gegenüber der allgemeinen Regelung über die Beitragszahlung in § 252 Satz 1 SGB V **vorrangige Sondervorschrift** für versicherungspflichtige Rentenbezieher[25] dar. Der Rentenversicherungsträger hat für die Rentenbezieher zu prüfen, ob diese beitragspflichtig sind. Er berechnet die Beiträge unter Beachtung der Beitragsbemessungsgrenze, behält diese ein und führt diese zusammen mit dem vom Rentenbezieher selbst zu tragenden Beitragsanteil aus dem Rentenzahlbetrag an die zuständige Krankenkasse ab. Die Krankenkassen haben zu diesem Zweck die Rentenversicherungsträger über sämtliche krankenversicherungsrechtlichen Tatbestände zu informieren.[26] 14

Die Beiträge stehen der Krankenkasse zu, bei der der Rentner versichert ist. Eine tatsächliche Auszahlung der Beiträge an die Krankenkasse erfolgt im Regelfall nicht.[27] Vorrangig werden die Beiträge mit geschuldeten Zahlungen aus dem Risikostrukturausgleich – den von der jeweiligen Krankenkasse in der Regel als Gesamtsozialversicherungsbeitrag eingezogenen Rentenversicherungsbeiträgen – verrechnet. § 255 Abs. 3a Satz 2 SGB V regelt die Abwicklung des Beitragsausgleichs zwischen der DRV-Bund und den Krankenkassen. Die Vorschrift regelt neben der eigentlichen Beitragszahlung auch die Fälligkeit der Beiträge aus den Renten der gesetzlichen Rentenversicherung, soweit diese der Beitragsbemessung unterliegen. § 255 Abs. 3a SGB V regelt – abweichend von der Regelung in § 23 SGB IV –, dass die Beiträge aus der Rente in Abhängigkeit von der Rente selbst fällig werden. 15

Die Bedeutung der Regelungen in § 255 SGB V zu den Einzelheiten der Zahlung der Krankenversicherungsbeiträge aus Renten wird bereits aus dem **Rentenvolumen** deutlich: Im Jahr 2006 wurden Rentenzahlungen von annähernd 200 Milliarden Euro erbracht, die zum ganz überwiegenden Teil der Beitragspflicht unterliegen.[28] 16

II. Normzweck

Die Vorschrift ist Teil des Finanzierungssystems der KVdR. Die Regelungen in § 255 SGB V dienen im Wesentlichen der Verwaltungsvereinfachung sowohl im Hinblick auf die Zahlung der Krankenversicherungsbeiträge aus der Rente als auch im Hinblick auf die Durchführung des Risikostrukturausgleichs. 17

Gerade im Hinblick auf den hier im Regelfall betroffenen Personenkreis älterer Menschen handelt es sich hier um eine **pragmatische Regelung**, die eine Parallele zur Inanspruchnahme der Arbeitgeber für die Abführung von Beiträgen der Arbeitnehmer bildet. Die Zahlung der Beiträge wird dadurch erheblich vereinfacht. 18

III. Tatbestandsmerkmale

1. Beiträge Versicherungspflichtiger aus Renten

a. Persönlicher Anwendungsbereich

Die Regelung gilt für die Beiträge aller Versicherungspflichtigen, soweit sie beitragspflichtige Renteneinnahmen beziehen, unabhängig davon, auf welchem Versicherungstatbestand die Pflichtversiche- 19

---

[25] Freiwillige Mitglieder der gesetzlichen Krankenversicherung haben ihre Beiträge selbst an die zuständige Krankenkasse zu zahlen, § 252 Satz 1 i.V.m. § 250 Abs. 2 SGB V.

[26] § 201 Abs. 1, 3 und 5 SGB V.

[27] Etwas anderes gilt nur bei den landwirtschaftlichen Krankenkassen, vgl. hierzu Rn. 9.

[28] Voraussichtlich 199,4 Milliarden nach *Buntenbach*, Zur aktuellen Lage der gesetzlichen Rentenversicherung, Deutsche Rentenversicherung 12/2006, 665 ff.

rung beruht. Sie gilt also nicht nur für die auf Grund des Rentenbezugs nach § 5 Abs. 1 Nr. 11 oder 12 SGB V versicherungspflichtigen Rentner.[29]

b. Beiträge aus Renten

20 Renten i.S.d. § 255 Abs. 1 SGB V sind die Renten der gesetzlichen Rentenversicherung i.S.d. § 228 Abs. 1 SGB V – bzw. den auf diese Vorschrift verweisenden Normen[30] –, soweit diese Renten als Einnahmen nach § 226 Abs. 1 Satz 1 Nr. 2 SGB V beitragspflichtig sind.[31] Es wird insoweit wegen der Einzelheiten auf die Kommentierung zu § 228 SGB V verwiesen.

21 Maßgebend für die Rentenberechnung ist für den Rentenversicherungsträger der Zahlbetrag der Rente bis zur Beitragsbemessungsgrenze (§ 230 Abs. 1 Satz 2 SGB V). Wird die (einfache) Beitragsbemessungsgrenze im Hinblick auf die insgesamt zur Beitragsbemessung herangezogenen weiteren Einnahmen des Versicherten überschritten, ist auf Antrag für überzahlte Krankenversicherungsbeiträge von der Krankenkasse des Versicherten eine Erstattung vorzunehmen (§ 231 Abs. 2 SGB V). Die Regelung entlastet die Rentenversicherungsträger. Denn andernfalls müssten diese für die Krankenkassen die Gesamteinnahmensituation jedes in der GKV pflichtversicherten Rentenbeziehers prüfen.

2. Fälligkeit der Beiträge

22 Nach § 255 Abs. 3a Satz 2 SGB V sind die Beiträge mit dem **Fälligkeitszeitpunkt** zu zahlen, das heißt in der Regel zu verrechnen, wenn der DRV-Bund gegenüber der Krankenkasse ein Zahlungsanspruch zusteht. Hat die Krankenkasse keine Zahlungen an die DRV-Bund zu leisten oder übersteigt die Forderung der Krankenkasse deren Zahlungsanspruch, sieht Absatz 3a Satz 2 eine Zahlungsverpflichtung fünf Tage nach Zugang der Anforderung der Krankenkasse vor. Dabei gilt als frühester Zugang der Aufforderung der Fälligkeitszeitpunkt dieser Beiträge.

23 Beiträge aus nach dem 01.04.2004 beginnenden **Neurenten** – die am Ende des Monats fällig werden, für den sie gezahlt werden[32] – werden am Ersten des Folgemonats fällig (Satz 1). Beiträge aus **Bestandsrenten** – die am Ersten des Monats, für den sie gezahlt werden, fällig und am letzten Bankarbeitstag des Vormonats ausgezahlt werden[33] – sind mit der Rente, das heißt am Ersten des Monats, für den die Rente gezahlt wird, fällig (Satz 3).

24 Die Vorschrift geht als **Sonderregelung** i.S.d. § 1 Abs. 3 SGB IV der allgemeinen Fälligkeitsregelung in § 23 SGB IV vor.

25 In § 255 Abs. 3a Sätze 2 und 3 SGB V wird die Zahlungspflicht von der Fälligkeit abgekoppelt. Denn die Beiträge sind im Wege der Verrechnung zu „zahlen", wenn der DRV-Bund gegenüber der Krankenkasse ein Beitragsanspruch zusteht; hat die Krankenkasse keine Zahlungen an die DRV-Bund zu leisten, sind die Beiträge fünf Tage nach Zugang der Anforderung der Krankenkasse zu zahlen. Dabei gilt als frühester Zugang der Aufforderung der Zeitpunkt der Fälligkeit dieser Beiträge, das heißt der Erste des Monats, der dem Monat folgt, für den die Rente gezahlt wird,[34] und bei Bestandsrenten der Erste des Monats, für den die Rente gezahlt wird.[35]

3. Zahlungspflicht der Rentenversicherungsträger

26 Die Rentenversicherungsträger sind nach § 255 Abs. 1 und 2 SGB V verpflichtet, die Beiträge aus den von ihnen gewährten Renten i.S.d. § 228 SGB V zu zahlen. Die Rentenversicherungsträger in diesem Sinne sind nach der **Organisationsreform** in der gesetzlichen Rentenversicherung[36] mit der Zusam-

---

[29] Freiwillig in der GKV versicherte Rentenbezieher, die i.d.R. einen Zuschuss zu den Aufwendungen für die Krankenversicherung nach § 106 Abs. 1 und 2 SGB V erhalten, tragen ihre Beiträge nach § 250 Abs. 2 SGB V selbst. Daraus ergibt sich nach § 252 Satz 1 SGB V, dass sie die Beiträge auch selbst zu zahlen haben.

[30] § 237 Satz 1 Nr. 1 SGB V bzw. §§ 232 Abs. 2, 232a Abs. 4, 233 Abs. 3, 234 Abs. 2, 235 Abs. 4, 236 Abs. 2 Satz 1 SGB V.

[31] Vgl. *Vieß* in: GK-SGB V, § 255 Rn. 3.

[32] § 118 Abs. 1 Satz 1 SGB VI.

[33] § 272a Abs. 1 SGB VI.

[34] § 255 Abs. 3a Satz 3 HS. 2 SGB V.

[35] § 255 Abs. 3a Satz 5 SGB V.

[36] Art. 1 Nr. 17 des Gesetzes zur Organisationsreform in der gesetzlichen Rentenversicherung (RVOrG) v. 09.12.2004, BGBl I 2004, 3242.

menfassung der Rentenversicherung der Arbeiter und Angestellten die Träger der allgemeinen Rentenversicherung (DRV-Bund[37]) und die Rentenversicherung Knappschaft-Bahn-See als Träger mit einer Sonderzuständigkeit[38].

Die von den Rentenversicherungsträgern einbehaltenen und die von ihnen nach § 249a SGB V zu tragenden Beiträge sind an die DRV-Bund zu zahlen, soweit es sich nicht um Beiträge der Versicherten der landwirtschaftlichen Krankenkassen handelt. Es handelt sich bereits bei der Abführung an die DRV-Bund um einen den einzelnen Krankenkassen zustehenden Beitragsanspruch.[39] Nach § 255 Abs. 3 Sätze 2-4 und Abs. 3a SGB V folgt aus dem Einbehalten der Beiträge und der Verrechnung[40] der Beitragsansprüche der Krankenkasse gegen die DRV-Bund gegen deren Ansprüche gegen die Krankenkasse aus dem Risikostrukturausgleich ein Erlöschen der Rentenzahlungsansprüche des Rentners und der Beitragszahlungsansprüche der Krankenkasse gegenüber dem Rentner.[41] 27

Der Rentenbezieher hat keinen Anspruch gegenüber dem Rentenversicherungsträger, dass dieser seinen – des Rentenbeziehers – Beitragsanteil herabsetzt; er kann nicht zu Lasten der Krankenkasse auf den Beitragsanteil des Rentenversicherungsträgers verzichten.[42] 28

4. Einbehalten der Beitragsanteile bei der Rentenzahlung

Die Rentenversicherungsträger werden nach § 255 Abs. 1 Satz 1 SGB V verpflichtet und gegenüber dem Versicherten ermächtigt, den vom Versicherungspflichtigen zu tragenden Beitragsanteil bei der laufenden Rentenzahlung einzubehalten. Die Rentenversicherungsträger haben in eigener Verantwortung zu prüfen, ob beitragspflichtige Renteneinnahmen vorliegen. Die diesbezüglich erforderlichen Informationen erhalten die Rentenversicherungsträger in der Regel von den Krankenkassen nach Maßgabe des in § 201 SGB V geregelten Meldeverfahrens. 29

Zu beachten ist aber, dass § 255 Abs. 1 SGB V nur die Beitragszahlung i.S. eines Beitragseinzuges, nicht aber ein eigenes Entscheidungsrecht des Rentenversicherungsträgers über den Beitragsanspruch der zuständigen Krankenkasse regelt. Er ist lediglich die Stelle, die die Beitragsforderung des Krankenversicherungsträgers von der Rente abzuziehen und an diesen weiterzuleiten hat.[43] 30

5. Nachträglicher Einbehalt von Beiträgen

§ 255 Abs. 2 SGB V stellt eine Regelung für die Fallkonstellation dar, dass rückwirkend die Krankenversicherungspflicht des Rentenbeziehers festgestellt wird. Die Einbehaltung von Beiträgen muss aus diesem Grund unterblieben sein. Zu berücksichtigen sind nach dieser Vorschrift auch Rentennachzahlungen, soweit diese nach § 228 Abs. 2 SGB V der Beitragsbemessung unterliegen. 31

Hiervon ist das Nachholen des Beitragsabzugs für zu Unrecht nicht oder an eine unzuständige Krankenkasse weitergeleitete Beiträge oder nicht in zutreffender Höhe einbehaltene Beiträge zu unterscheiden. Sofern Beiträge zur KVdR z.B. an die unzuständige Krankenkasse gezahlt wurden, ist der Beitragseinbehalt nachträglich zu korrigieren. 32

Den Rentenversicherungsträgern kommt für die Nacherhebung von Beiträgen zur Krankenversicherung **kein Ermessensspielraum** zu.[44] 33

Die Versicherten können sich gegen die Nacherhebung nicht unter Berufung auf einen Vertrauensschutz wehren.[45] Auf ein **Verschulden** des Versicherten oder des Rentenversicherungsträgers kommt es nicht an.[46] Die Rechtsprechung hat für den **Sonderfall**, dass die Mitgliedschaft des Versicherten in 34

[37] Vgl. die §§ 126 ff. SGB VI i.d.F. des RVOrG; dabei existieren neben der Deutschen Rentenversicherung Bund mit Sitz in Berlin die vormaligen Landesversicherungsanstalten als Regionalträger (Deutsche Rentenversicherung mit dem bisherigen Ortsnamen der LVA).

[38] Mit einer Zuständigkeit insbesondere für Beschäftigte knappschaftlicher Betriebe, des Bundeseisenbahnvermögens, der Unternehmen der Deutsche Bahn AG, der Seefahrt etc., vgl. die §§ 129 ff. SGB VI i.d.F. des RVOrG.

[39] Vgl. BSG v. 17.12.1996 - 12 RK 23/96 - SozR 3-2500 § 249a Nr. 1.

[40] Vgl. BSG v. 05.09.2006 - B 4 R 71/06 R - Die Beiträge Beilage 2007, 23-32: Eine gestaffelte bzw. verkürzte Verrechnung i.S.d. §§ 52, 51 SGB I i.V.m. den §§ 387 ff. BGB.

[41] Vgl. BSG v. 05.09.2006 - B 4 R 71/06 R - Die Beiträge Beilage 2007, 23-32: Voraussetzung ist die rechtmäßige Einbehaltung der Beitragsanteile, die ihrerseits ihre gesetzmäßige Erklärung sowie das objektive Bestehen einer Einbehaltungslage voraussetzt.

[42] BSG v. 17.12.1996 - 12 RK 23/96 - SozR 3-2500 § 249a Nr. 1.

[43] Schleswig-Holsteinisches LSG v. 15.12.1998 - L 1 Kr 10/98 - EzS 50/367, 1922-1926.

[44] BSG v. 15.06.2000 - B 12 RJ 5/99 R - SozR 3-2500 § 255 Nr. 1.

[45] BSG v. 15.06.2000 - B 12 RJ 5/99 R - SozR 3-2500 § 255 Nr. 1.

[46] BSG v. 23.03.1993 - 12 RK 50/92 - Die Beiträge 1993, 500 = USK 9307.

der KVdR erst nachträglich festgestellt wird, die wesentliche Ursache hierfür nicht bei dem Versicherten lag, dieser über die durch den Rentenantrag bewirkte Mitgliedschaft in der KVdR nicht ausreichend informiert wurde und für den betreffenden Zeitraum weder Sachleistungen in Anspruch genommen werden konnten noch später Kostenerstattung verlangt werden konnte, entschieden, dass der Versicherungsbeitragsanteil aus der Rente für zurückliegende Zeiten nicht erhoben werden darf.[47]

35 Einer **Überforderung** des Versicherten soll nach § 255 Abs. 2 Satz 1 letzter Halbsatz SGB V durch eine entsprechende Anwendung des § 51 Abs. 2 SGB I entgegengewirkt werden.[48] Der Versicherte darf durch die Nacherhebung von Beiträgen nicht bzw. nicht in stärkerem Maß der Leistungen des SGB II oder XII bedürftig werden.[49] Durch das Vierte Gesetz für moderne Dienstleistungen am Arbeitsmarkt[50] ist § 51 Abs. 2 SGB I[51] vor dem Hintergrund der Hartz-IV-Reform[52] mit Wirkung zum 01.01.2005 dahin gehend geändert worden, dass der Leistungsbezieher nachweisen muss, dass durch die Aufrechnung Hilfebedürftigkeit im Sinne der Vorschriften des SGB XII über die Hilfe zum Lebensunterhalt oder der Grundsicherung für Arbeitsuchende nach dem SGB II entsteht. Damit hat im Regelfall eine Prüfung des Eintritts von Hilfebedürftigkeit von Amts wegen durch den Rentenversicherungsträger nicht mehr zu erfolgen. Der Hilfeempfänger wird aber vor Durchführung der Aufrechnung darauf **hinzuweisen** sein, dass die Aufrechnung unterbleibt, wenn der Rentenempfänger nachweist, dass er hierdurch hilfebedürftig im Sinne des SGB II oder XII wird. Etwas anderes gilt dann, wenn dem Rentenversicherungsträger bereits entsprechende **Nachweise** vorliegen, aus denen sich eindeutig eine Überforderung des Versicherten durch den nachträglichen Beitragseinbehalt ergibt.

36 Der Rentenversicherungsträger kann auf eine Überforderung des Mitglieds durch eine **Verteilung der Beitragsnachforderungen** auf einen längeren Zeitraum reagieren.[53]

37 Der unterbliebene Beitragsabzug kann nur von der Rente einbehalten werden, von der er abzuziehen gewesen wäre. Die **Umwandlung** einer dem Versicherten aus demselben Versicherungsverhältnis zustehenden Rente (z.B. einer Rente wegen Erwerbsminderung in eine Altersrente) steht der Einbehaltung rückständiger Beiträge aus der umgewandelten Rente nicht entgegen. Wird die Rente nicht mehr gewährt, können die rückständigen Beiträge nicht von einer Rente einbehalten werden, die aus einem anderen Versicherungsverhältnis oder auf Grund eines späteren anderen Versicherungsfalles gewährt wird.

6. Fristen, Verjährung, Verwirkung

38 Die Einbehaltung von Beiträgen wegen eines zunächst unterbliebenen Beitragseinzugs unterliegt keinen **Fristen**. Die zum Schutz der Arbeitnehmer vorgesehenen Regelungen über den unterbliebenen Beitragsabzug vom Lohn (§ 28g Sätze 3 und 4 SGB IV) finden keine Anwendung.[54]

39 Die Regelung zur Verjährung von Beitragsansprüchen in § 25 SGB IV ist nicht unmittelbar anwendbar, da der Beitragseinbehalt nicht die **Verjährung** von Beitragsansprüchen des Rentenversicherungsträgers betrifft. Überwiegend wird aber davon ausgegangen, dass auch der Anspruch des Rentenversicherungsträgers auf den Beitragsanteil des Rentners am Krankenversicherungsbeitrag in analoger Anwendung der §§ 25 und 27 Abs. 2 Satz 1 SGB IV verjährt.[55] Dem ist zu folgen. Im Allgemeinen ist von der vierjährigen und nicht von der 30-jährigen Verjährungsfrist auszugehen, da § 27 Abs. 2 Satz 2 SGB IV keine Anwendung findet.

40 Die Verjährung des Anspruchs des Rentenversicherungsträgers auf den Beitragsanteil des Rentners tritt unabhängig davon ein, ob der Rentenversicherungsträger seinerseits die Verjährung des Beitragsanspruchs geltend macht.

41 Der Beitragsanspruch des Rentenversicherungsträgers kann durch **Verwirkung** erlöschen. Das setzt neben dem Ablauf einer längeren Zeitspanne voraus, dass der Verpflichtete auf Grund eines bestimmten aktiven Verhaltens des Berechtigten oder sonstiger besonderer Umstände darauf vertrauen konnte und auch vertraut und sich darauf eingerichtet hat, dass der Anspruch nicht mehr geltend gemacht

---

[47] Vgl. BSG v. 04.06.1991 - 12 RK 52/90 - SozR 3-2200 § 381 Nr. 2.

[48] Vgl. LSG Baden-Württemberg v. 30.03.2004 - L 13 RA 3690/03.

[49] Vgl. LSG Baden-Württemberg v. 26.03.2004 - L 4 KR 4285/02.

[50] Art. 2 Nr. 5 des Gesetzes v. 24.12.2003, BGBl I 2003, 2954.

[51] Art. 2 Gesetzes v. 24.12.2003, BGBl I 2003, 2954.

[52] Gesetz zur Eingliederung des Sozialhilferechts in das Sozialgesetzbuch v. 27.12.2003, BGBl I 2003, 3022.

[53] Vgl. *Böttiger* in: Krauskopf, SGB V, § 255 Rn. 10.

[54] Vgl. BSG v. 25.10.1990 - 12 RK 27/89 - SozR 3-2400 § 25 Nr. 2; *Böttiger* in: Krauskopf, SGB V, § 255 Rn. 9.

[55] Vgl. BSG v. 15.06.2000 - B 12 RJ 5/99 R - SozR 3-2500 § 255 Nr. 1 für die zunächst erfolgte Zahlung an eine unzuständige Krankenkasse; vgl. *Böttiger* in: Krauskopf, SGB V, § 255 Rn. 9.

werde.[56] Eine bloße Untätigkeit des Rentenversicherungsträgers, die im Regelfall gegeben sein dürfte, genügt also nicht.[57]

Der Einbehalt von Beiträgen aus der Rente verstößt in der Regel nicht gegen **Treu und Glauben**, wenn dieser innerhalb der Grenzen der Verjährung erfolgt.[58] 42

7. Beitragseinzug durch die Krankenkasse

Ist die Rentenzahlung eingestellt, können Beiträge nicht mehr aus der Rente einbehalten werden, auch wenn ein Beitragsrückstand besteht. Nach § 255 Abs. 2 Satz 2 SGB V wird dann der Rentenversicherungsträger von der Zahlung der vom Versicherten zu tragenden Beitragsanteile frei. Die von ihm zu tragenden Beitragsanteile schuldet der Rentenversicherungsträger weiterhin (§ 255 Abs. 2 Satz 3 SGB V). Der Beitragseinzug erfolgt dann durch die zuständige Krankenkasse. Es gelten die allgemeinen Vorschriften über Fälligkeit und Verjährung des Beitragsanspruchs nach den §§ 23 ff. SGB IV.[59] 43

IV. Übergangsrecht

Die Übergangsregelung § 255 Abs. 4 SGB V ist durch Zeitablauf gegenstandslos geworden. Auf rückständige Versicherungsbeiträge aus der Zeit vor In-Kraft-Treten des § 255 SGB V finden die Vorschriften (§ 393a Abs. 1 RVO[60]) Anwendung.[61] Insoweit kommt es nicht darauf an, ob die Beiträge erst zu einem Zeitpunkt nach In-Kraft-Treten des § 255 SGB V geltend gemacht werden.[62] 44

C. Praxishinweise

Den Rentenbezieher treffen i.d.R. keine **Informationspflichten** bezüglich der Zahlung von Beiträgen zur gesetzlichen Krankenversicherung aus der Rente. Zur näheren Regelung des Datenflusses zwischen Krankenversicherung und Rentenversicherungsträgern haben sich die jeweiligen Verbände auf gemeinsame Grundsätze zum **Meldeverfahren** in der KVdR verständigt. Die Krankenkasse teilt dem Rentenversicherungsträger mit, wenn ein Bezieher einer Rente krankenversicherungspflichtig wird (§ 201 Abs. 5 SGB V); umgekehrt benachrichtigt der Rentenversicherungsträger die zuständige Krankenkasse vom Beginn der Rentenzahlung (§ 201 Abs. 4 Nr. 1 SGB V). 45

In der Mitteilung des Rentenversicherungsträgers gegenüber dem Versicherten, dass er Beiträge in einer bestimmten Höhe einbehalte, ist mangels Regelungswirkung **kein Verwaltungsakt** zu sehen.[63] Der Regelung in § 255 Abs. 1 Satz 2 SGB V, dass der Rentenversicherungsträger bei Erhöhungen der Krankenversicherungsbeiträge keinen besonderen Bescheid erlassen muss, hätte es vor diesem Hintergrund nicht bedurft. Wird über die Höhe der Beiträge gestritten, muss sich der Versicherte an die zuständige Krankenkasse wenden, die die insoweit maßgebenden Bescheide erlässt. 46

Funktioniert das System des Beitragseinbehalts nicht – z.B. weil der Rentenversicherungsträger den Beitragssatz einer nicht zuständigen Krankenkasse berücksichtigt hat – kann sich der Versicherte gegenüber einer **Korrektur der Beitragszahlung** nicht auf den Schutz der §§ 44 ff. SGB X berufen.[64] Ging z.B. der Rentenversicherungsträger zunächst von einem unzutreffenden Beitragssatz der Krankenkasse aus, handelt es sich bei einer späteren Richtigstellung nicht um eine Rückforderung zu Unrecht ausgezahlter Rentenbeiträge[65] und nicht um eine zu geringe Rente.[66] Vor der Korrektur des Beitragseinbehalts ist der Betroffene nach § 24 SGB X anzuhören.[67] 47

---

[56] Vgl. BSG v. 23.05.1999 - 12 RK 23/88 - HV-INFO 1989, 2030-2038; LSG Baden-Württemberg v. 14.04.2005 - L 7 R 952/04.

[57] Vgl. LSG Baden-Württemberg v. 14.04.2005 - L 7 R 952/04.

[58] Vgl. BSG v. 23.05.1989 - 12 RK 66/87 - SozR 2200 § 393a Nr. 3 zu der insoweit inhaltsgleichen früheren Regelung in § 393a RVO.

[59] Vgl. *Böttiger* in: Krauskopf, SGB V, § 255 Rn. 11.

[60] Vgl. zur Rechtslage nach der RVO: BSG v. 18.11.1993 - 12 RK 26/92 - SozR 3-2200 § 393a Nr. 3.

[61] Vgl. zur Anwendung der Vorgängervorschriften des § 255 SGB V: BSG v. 23.03.1993 - 12 RK 50/92 - Die Beiträge 1993, 500 = USK 9307.

[62] Vgl. zur Anwendung der Vorgängervorschriften des § 255 SGB V: BSG v. 23.03.1993 - 12 RK 50/92 - Die Beiträge 1993, 500-503.

[63] Vgl. BSG v. 05.09.2006 - B 4 R 71/06 R - Die Beiträge Beilage 2007, 23-32.

[64] Vgl. BSG v. 14.09.1989 - 12 RK 9/89 - SozR Nr. 3 zu § 383a RVO, LSG Berlin v. 20.08.2003 - L 17 RJ 8/03; LSG Baden-Württemberg v. 14.04.2005 - L 7 R 952/04; Bayerisches LSG v. 25.03.1998 - L 13 RA 9/97.

[65] Vgl. LSG Berlin v. 20.08.2003 - L 17 RJ 8/03.

[66] Vgl. Bayerisches LSG v. 25.03.1998 - L 13 RA 9/97.

[67] A.A. Bayerisches LSG v. 25.03.1998 - L 13 RA 9/97.

§ 256 SGB V Beitragszahlung aus Versorgungsbezügen

(Fassung vom 20.12.1988, gültig ab 01.01.1989)

(1) Für Versicherungspflichtige, die eine Rente der gesetzlichen Rentenversicherung beziehen, haben die Zahlstellen der Versorgungsbezüge die Beiträge aus Versorgungsbezügen einzubehalten und an die zuständige Krankenkasse zu zahlen. Die zu zahlenden Beiträge werden fällig mit der Auszahlung der Versorgungsbezüge, von denen sie einzubehalten sind. Die Zahlstellen haben der Krankenkasse die einbehaltenen Beiträge nachzuweisen. Bezieht das Mitglied Versorgungsbezüge von mehreren Zahlstellen und übersteigen die Versorgungsbezüge zusammen mit dem Zahlbetrag der Rente der gesetzlichen Rentenversicherung die Beitragsbemessungsgrenze, verteilt die Krankenkasse auf Antrag des Mitglieds oder einer der Zahlstellen die Beiträge.

(2) § 255 Abs. 2 Satz 1 und 2 gilt entsprechend. Die Krankenkasse zieht die Beiträge aus nachgezahlten Versorgungsbezügen ein. Dies gilt nicht für Beiträge aus Nachzahlungen aufgrund von Anpassungen der Versorgungsbezüge an die wirtschaftliche Entwicklung. Die Erstattung von Beiträgen obliegt der zuständigen Krankenkasse. Die Krankenkassen können mit den Zahlstellen der Versorgungsbezüge Abweichendes vereinbaren.

(3) Die Krankenkasse überwacht die Beitragszahlung. Sind für die Überwachung der Beitragszahlung durch eine Zahlstelle mehrere Krankenkassen zuständig, haben sie zu vereinbaren, daß eine dieser Krankenkassen die Überwachung für die beteiligten Krankenkassen übernimmt. § 98 Abs. 1 Satz 2 des Zehnten Buches gilt entsprechend.

(4) Zahlstellen, die regelmäßig an weniger als dreißig beitragspflichtige Mitglieder Versorgungsbezüge auszahlen, können bei der zuständigen Krankenkasse beantragen, daß das Mitglied die Beiträge selbst zahlt.

Gliederung

A. Basisinformationen

I. Textgeschichte/Gesetzgebungsmaterialien

1 § 256 SGB V wurde mit dem Gesetz zur Strukturreform im Gesundheitswesen[1] (GRG) eingeführt und trat am **01.01.1989** in Kraft. Die Vorschrift regelt die Beitragszahlung aus Versorgungsbezügen für versicherungspflichtige Mitglieder der GKV, die gleichzeitig eine Rente aus der gesetzlichen Rentenversicherung und Versorgungsbezüge erhalten.[2] Die Stellen, die Versorgungsbezüge auszahlen, bei

[1] Art. 1 GRG v. 20.12.1988, BGBl I 1988, 2477.
[2] Siehe die Begründung im Regierungsentwurf zum GRG, BT-Drs. 11/2237, S. 227 zu § 265.

Pensionen z.B. die jeweilige Körperschaft des öffentlichen Rechts – sog. „**Zahlstellen**" – werden ähnlich wie Arbeitgeber und Rentenversicherungsträger zur Beitragsberechnung und Beitragsabführung herangezogen.

§ 256 SGB V ist bisher nicht geändert worden. 2

II. Vorgängervorschriften

Der Beitragseinzug aus Versorgungsbezügen war vor In-Kraft-Treten des § 256 SGB V im Wesentlichen in § 393a Abs. 2-4 RVO geregelt. Nach § 393a Abs. 2 Satz 1 RVO war grundsätzlich nicht die den Versorgungsbezug leistende Zahlstelle, sondern die Krankenkasse selbst für die Beitragsberechnung und die Anforderung der Beiträge beim Versicherten zuständig.[3] Im Ergebnis entsprach die Praxis aber der heutigen Regelung, da Zahlstellen mit mehr als 30 beitragspflichtigen Versorgungsbeziehern nach § 393a Abs. 2 Satz 2 RVO die Beiträge selbst einzubehalten und abzuführen hatten. Die Neuregelung mit dem GRG führte damit nur zur Umkehrung des Regel-Ausnahme-Verhältnisses. Der nachträgliche Beitragseinbehalt war nach der früheren Regelung in § 393a Abs. 2 Sätze 5-7 RVO nur bei der nächsten Auszahlung eines Versorgungsbezuges möglich und durfte nicht schuldhaft unterblieben sein, sodass der Beitragseinbehalt weitergehenden Beschränkungen als heute unterlag. Nach der Rechtsprechung des BSG war nach der alten Rechtslage die Zahlstelle, die den Einbehalt der Krankenversicherungsbeiträge versäumt hatte, der Krankenkasse i.d.R. nicht schadensersatzpflichtig.[4] 3

III. Parallelvorschriften

Nach § 50 Abs. 2 Satz 1 KVLG 1989 sind Beiträge, die vom Anwendungsbereich des **KVLG 1989** erfasste Versicherungspflichtige aus Versorgungsbezügen zu zahlen haben, von den Zahlstellen der Versorgungsbezüge einzubehalten und an die zuständige landwirtschaftliche Krankenkasse zu zahlen. § 256 Abs. 1 Sätze 2-4, Abs. 2-4 SGB V gilt insoweit entsprechend. 4

IV. Systematische Zusammenhänge

§ 229 Abs. 1 SGB V regelt abschließend die als **beitragspflichtige Einnahme** zu berücksichtigenden Versorgungsbezüge. Die Beitragspflicht knüpft damit im Wesentlichen an eine (frühere) Erwerbstätigkeit an. Beitragspflichtige Versorgungsbezüge liegen nur dann vor, wenn diese wegen einer Einschränkung der Erwerbsfähigkeit oder zur Alters- bzw. Hinterbliebenenversorgung geleistet werden. Als Versorgungsbezüge gelten neben laufenden Leistungen auch einmalige Kapitalleistungen und Abfindungen für Versorgungsbezüge. Beitragspflichtig ist stets nur der **Zahlbetrag**, sodass insbesondere die zu leistende Einkommensteuer nicht beitragsmindernd berücksichtigt wird. Wegen der Einzelheiten wird im Übrigen auf die Kommentierung zu § 229 SGB V Rn. 19 ff. verwiesen. 5

Die **Rangfolge der Einnahmearten** versicherungspflichtiger Rentner bestimmt sich nach § 238 SGB V. Es werden nacheinander für die Beitragsbemessung bis zur Beitragsbemessungsgrenze der Zahlbetrag der Rente, der Zahlbetrag der Versorgungsbezüge und das Arbeitseinkommen herangezogen. D.h., dass Versorgungsbezüge nur insoweit beitragspflichtig sind, als die Beitragsbemessungsgrenze durch die Rente aus der gesetzlichen Rentenversicherung nicht ausgeschöpft wird. Für Rentner, die auf Grund einer versicherungspflichtigen Beschäftigung pflichtversichert sind, werden einerseits (nacheinander) das Arbeitsentgelt, der Zahlbetrag der Versorgungsbezüge und das Arbeitseinkommen bis zur Beitragsbemessungsgrenze und andererseits der Zahlbetrag der Rente bis zur Beitragsbemessungsgrenze – unabhängig voneinander – zur Beitragsbemessung herangezogen, § 230 SGB V. Für die hier mögliche Überschreitung der einfachen Beitragsbemessungsgrenze sieht § 231 SGB V auf Antrag eine Erstattungsmöglichkeit vor. 6

Die Beiträge aus Versorgungsbezügen hat das Mitglied der Krankenkasse selbst zu **tragen,** § 250 Abs. 1 SGB V. 7

Seit dem 01.04.2005[5] ist für die Beitragsbemessung aus Versorgungsbezügen (mit Ausnahme bestimmter Renten aus der landwirtschaftlichen Alterssicherung) der **allgemeine Beitragssatz** der jeweiligen Krankenkasse maßgebend, § 248 Satz 1 i.V.m. § 247 Abs. 1 SGB V. 8

---

[3] Siehe zur Begründung des insoweit abweichend von Renten der gesetzlichen Rentenversicherung vorgenommenen Beitragseinzugs BT-Drs. 9/884 zu § 393a Abs. 2 RVO.

[4] BSG v. 18.11.1993 - 12 RK 26/92 - SozR 3-2200 § 393a Nr. 3.

[5] Siehe zur bis zum 31.12.2003 geltenden Rechtslage *Schlegel* in: Küttner, Personalbuch 2007, Rn. 234; vgl. zur Verfassungsmäßigkeit der Gesetzesänderung BSG v. 24.08.2005 - B 12 KR 29/04 R - SozR 4-2500 § 248 Nr. 1.

9 Den Zahlstellen obliegt bei versicherungspflichtigen Rentnern auch die Beitragszahlung aus Versorgungsbezügen zur **gesetzlichen Pflegeversicherung**, § 60 Abs. 1 Satz 1 SGB XI.

V. Ausgewählte Literaturhinweise

10 *Minn*, KVdR-Zahlstellenverfahren, 1997, *Schlegel* in: Küttner, Personalbuch 2007, 14. Aufl. 2007, C. Sozialversicherungsrecht, Rn. 206 ff.

B. Auslegung der Norm

I. Regelungsgehalt und Bedeutung der Norm

11 § 256 SGB V stellt eine gegenüber der allgemeinen Regelung in § 252 Satz 1 SGB V **vorrangige Sondervorschrift** für die Beitragszahlung aus Versorgungsbezügen für versicherungspflichtige Rentenbezieher dar.[6] Die Zahlstellen haben die Beiträge von Versorgungsbezügen zunächst zu ermitteln, von den Versorgungsbezügen einzubehalten und sodann an die zuständige Krankenkasse abzuführen. Die Vorschrift regelt auch die Fälligkeit und den Nachweis der Beiträge sowie die Überwachung der Abführung der Beiträge durch die Zahlstellen.

12 Gerade im Hinblick auf den hier betroffenen Personenkreis älterer Menschen handelt es sich hier um eine pragmatische Regelung, die eine Parallele zur Inanspruchnahme der Arbeitgeber für die Abführung von Beiträgen der Arbeitnehmer bildet. Der Zahlung der Beiträge wird dadurch erheblich vereinfacht.[7]

II. Normzweck

13 Die Einbeziehung der Zahlstellen für die Beitragsabführung aus Versorgungsbezügen der Rentner stellt einen Quellenabzug dar, wie er im Übrigen aus Verwaltungsvereinfachungsgründen auch für die Beiträge aus Arbeitsentgelt und die Renten aus der gesetzlichen Rentenversicherung vorgesehen ist.[8] Da die Zahlstellen häufig mit Arbeitgebern identisch sind und Zahlstellen mit wenigen Versorgungsbeziehern sich von den Verpflichtungen aus § 256 SGB V befreien lassen können,[9] ist diese Regelung sachgerecht.

III. Tatbestandsmerkmale

1. Beiträge versicherungspflichtiger Rentner aus Versorgungsbezügen

a. Persönlicher Anwendungsbereich

14 Den Zahlstellen wird vom Gesetzgeber nur für in der GKV **versicherungspflichtige Rentner**, die Versorgungsbezüge erhalten, die Abwicklung für die Beitragszahlung übertragen. Es reicht insoweit nicht aus, dass ein Anspruch auf eine Rente aus der gesetzlichen Rentenversicherung besteht; diese muss vielmehr **tatsächlich gezahlt** werden.[10] Eine **rückwirkende Zuerkennung** einer Rente aus der gesetzlichen Rentenversicherung führt nicht zu in die Vergangenheit reichenden Verpflichtungen der Zahlstellen.[11]

15 Für **freiwillig in der GKV versicherte Rentner** oder Bezieher von Versorgungsbezügen, die keine Rente aus der gesetzlichen Rentenversicherung beziehen, ist ein Beitragsabzug durch die Zahlstellen nicht vorgesehen.

b. Beiträge aus Versorgungsbezügen

16 § 256 SGB V gilt für Beiträge aus Versorgungsbezügen i.S.d. § 229 SGB V.

---

6 Vgl. auch *Gerlach* in: Hauck/Noftz, § 256 Rn. 2 und 31.

7 Vgl. auch *Schlegel* in: Küttner, Personalbuch 2007, Rn. 234.

8 Vgl. auch *Gerlach* in: Hauck/Noftz, § 256 Rn. 32.

9 Siehe zur Befreiungsmöglichkeit die Begründung im Regierungsentwurf zum GRG, BT-Drs. 11/2237, S. 227 zu § 265.

10 Vgl. auch *Gerlach* in: Hauck/Noftz, § 256 Rn. 24.

11 Vgl. auch *Vay* in: Krauskopf, SGB V, § 256 Rn. 3.

Die Beitragspflicht für Versorgungsbezüge ergibt sich aus § 226 Abs. 1 Satz 1 Nr. 3 und Abs. 2 SGB V für versicherungspflichtig beschäftigte Rentner, die Versorgungsbezüge erhalten und aus § 237 Satz 1 Nr. 2 und Satz 2 i.V.m. § 226 Abs. 2 SGB V für Mitglieder der GKV, die auf Grund ihres Rentenbezuges versicherungspflichtig sind und Versorgungsbezüge erhalten. 17

Es wird insoweit wegen der Einzelheiten auf die Kommentierung zu § 229 SGB V verwiesen. 18

2. Fälligkeit der Beiträge

Die Fälligkeit der Beiträge aus Versorgungsbezügen tritt mit deren **Auszahlung** ein, § 256 Abs. 1 Satz 2 SGB V. Es gilt das sog. „**Zuflussprinzip**“, sodass eine Vorleistungspflicht der Zahlstelle vermieden wird.[12] 19

3. Beitragsberechnung, Beitragseinbehalt, Beitragsnachweis

Soweit die Beiträge aus laufenden Versorgungsbezügen zu entrichten sind oder der nachträgliche Beitragseinbehalt in § 256 SGB V für zulässig erklärt wird, sind ausschließlich die Zahlstellen zur Zahlung der Beiträge zur GKV verpflichtet. Soweit teilweise die Auffassung vertreten wird, dass die Zahlstellen damit selbst Beitragsschuldner werden[13], findet diese Annahme im Gesetz keine Grundlage[14]. Das BSG hat die Schuldnereigenschaft der Zahlstelle selbst für den nach der Rechtslage der RVO möglichen Fall, dass ein Beitragseinbehalt beim Versicherten auf Grund eines Verschuldens der Zahlstelle nicht mehr möglich war, verneint.[15] 20

Dem Beitragseinbehalt der Zahlstelle ist nur die Feststellung der Versicherungspflicht des Versorgungsempfängers dem Grunde nach durch die Krankenkasse vorgeschaltet. Eine Verpflichtung der Zahlstellen zur **Beitragsberechnung** ergibt sich zwangsläufig aus deren Verpflichtung, Beiträge in zutreffender Höhe abzuführen. Eine bescheidmäßige Festsetzung der Beitragshöhe durch die Krankenkasse ist nicht Voraussetzung des Beitragseinbehalts.[16] Die Verpflichtung zum **Einbehalt** der vom Versicherten zu tragenden Beiträge aus den laufenden Versorgungsbezügen und der nachfolgende **Beitragsnachweise** sind in § 256 Abs. 1 Sätze 1-3 SGB V gesetzlich ausdrücklich festgeschrieben und können vom Versicherten nicht in Abweichung zur gesetzlichen Regelung vereinbart werden. Damit wird sichergestellt, dass die Krankenkassen auch tatsächlich die ihnen zustehenden Beiträge aus den Versorgungsbezügen erhalten. Die erforderlichen Informationen erhalten die Zahlstellen in der Regel von den Krankenkassen nach Maßgabe des in § 202 SGB V geregelten **Meldeverfahrens** (vgl. Rn. 42). 21

Zu beachten ist aber, dass § 256 Abs. 1 SGB V nur die Beitragsberechnung und -abführung, nicht aber ein eigenes Entscheidungsrecht der Zahlstelle über den Beitragseinzug regelt. Es fehlt bereits an einer Befugnis der Zahlstellen, gegenüber dem Versicherten **Beitragsbescheide** zu erlassen. 22

4. Nachzahlungen von Versorgungsbezügen

Besonderheiten gelten für den Beitragseinbehalt aus nachgezahlten Versorgungsbezügen. Solche liegen vor, wenn für **zurückliegende Zeiträume** Versorgungsbezüge geleistet werden.[17] 23

Bezüglich der **Nachzahlung von Versorgungsbezügen** ist zu differenzieren. Werden Versorgungsbezüge an die wirtschaftliche Entwicklung angepasst, obliegt den Zahlstellen auch insoweit der Einbehalt von Beiträgen, § 256 Abs. 2 Satz 3 SGB V. Beiträge aus solchen Nachzahlungen von Versorgungsbezügen, die ihre Ursache nicht in einer Anpassung der Versorgungsbezüge an die wirtschaftliche Entwicklung haben, sind vom Versicherten an die Krankenkasse zu zahlen. 24

5. Nachträglicher Einbehalt von Beiträgen

Ist der Einbehalt von Beiträgen aus Versorgungsbezügen unterblieben, verweist § 256 Abs. 2 Satz 1 SGB V u.a. auf die Regelung in § 255 Abs. 2 Satz 1 SGB V, sodass die rückständigen Beiträge aus Versorgungsbezügen aus den weiterhin zu zahlenden Versorgungsbezügen einzubehalten sind. 25

---

12 Vgl. auch *Gerlach* in: Hauck/Noftz, § 256 Rn. 11 und 84.

13 Vgl. auch *Gerlach* in: Hauck/Noftz, § 256 Rn. 40.

14 Wie hier z.B. *Vay* in: Krauskopf, § 256 Rn. 4.

15 Vgl. LSG Baden-Württemberg v. 26.03.2004 - L 4 KR 4285/02 - juris; zur Rechtslage nach der RVO vgl. BSG v. 23.05.1989 - 12 RK 11/87 - SozR 2200 § 393a Nr. 4.

16 Vgl. für die Beiträge zur gesetzlichen Pflegeversicherung LSG Rheinland-Pfalz v. 14.07.2005 - L 5 KR 34/05 - juris.

17 Vgl. BSG v. 04.07.2006 - B 12 KR 67/05 B - juris.

26 Auf ein Verschulden des Versicherten oder der Zahlstelle kommt es anders als nach der Rechtslage der RVO i.d.R. nicht an. Der Gesetzgeber hat bewusst darauf verzichtet, den nachträglichen Beitragseinbehalt davon abhängig zu machen, dass der Beitragseinbehalt durch die Zahlstelle ohne deren Verschulden unterblieben ist. Es handelt sich um ein **spezielles Verrechnungsrecht** der Zahlstelle.[18] Diese Regelung ist nur vor dem Hintergrund der in § 256 Abs. 3 Satz 1 SGB V geregelten Überwachung der Beitragszahlung durch die Krankenkasse hinzunehmen, da nicht nur Hoheitsträger zu den Zahlstellen gehören, sondern jeder, der Versorgungsbezüge auszahlt.

27 Einer **Überforderung des Versorgungsbeziehers** soll nach § 256 Abs. 2 Satz 1 i.V.m. § 255 Abs. 2 Satz 1 HS. 2 SGB V durch eine entsprechende Anwendung der Regelung in § 51 Abs. 2 SGB I entgegengewirkt werden.[19] Es wird insoweit wegen der Einzelheiten auf die Kommentierung zu § 255 SGB V Rn. 34 ff. verwiesen.

6. Verjährung und Verwirkung

28 Die Einbehaltung von Beiträgen wegen eines zunächst unterbliebenen Beitragseinzugs unterliegt **keinen Fristen**. Eine analoge Anwendung der in § 28g SGB IV vorgesehenen Beschränkungen des Abzuges des Arbeitnehmeranteils am Gesamtsozialversicherungsbeitrag vom Arbeitsentgelt durch den Arbeitgeber ist auch verfassungsrechtlich nicht geboten.[20]

29 Dem Beitragseinbehalt der Zahlstelle kann ausnahmsweise eine **Verwirkung** entgegenstehen, wenn der Anspruch über längere Zeit nicht geltend gemacht wurde und der Verpflichtete auf Grund eines bestimmten Verhalten des Berechtigten darauf vertrauen konnte und auch vertraut und sich darauf eingerichtet hat, dass der Anspruch nicht mehr geltend gemacht wird.[21]

30 Wie für die Ansprüche des Rentenversicherungsträgers auf den Beitragsanteil des Rentners am Krankenversicherungsbeitrag nach § 255 SGB V wird auch hier eine analoge Anwendung der Regelungen zur **Verjährung** in vier Jahren nach Ablauf des Kalenderjahres der Fälligkeit nach den §§ 25 und 27 Abs. 2 Satz 1 SGB IV anzunehmen sein.[22] Im Allgemeinen kann nicht von der 30-jährigen Verjährungsfrist ausgegangen werden, da § 27 Abs. 2 Satz 2 SGB IV insoweit keine Anwendung findet.

7. Beitragseinzug nach Beendigung laufender Leistungen

31 Werden an den Rentner keine laufenden Versorgungsbezüge mehr gezahlt, geht nach § 256 Abs. 2 Satz 1 i.V.m. § 255 Abs. 2 Satz 2 SGB V die Verpflichtung zum Beitragseinzug auf die zuständige Krankenkasse über. Das heißt, der Versicherte muss die Beiträge selbst abführen. Auch ein Verschulden der Zahlstelle am unterbliebenen Beitragseinzug führt insoweit nicht zur Freistellung des Versicherten.[23]

32 Es gelten hier die allgemeinen Vorschriften über Fälligkeit und Verjährung des Beitragsanspruchs sowie über die Erhebung von Säumniszuschlägen nach den §§ 23 ff. SGB IV.

8. Kapitalleistungen, Abfindungen, Versorgungsbezüge aus dem Ausland

33 Beiträge aus Kapitalleistungen und Abfindungen i.S.d. §§ 229 Abs. 1 Satz 3 SGB V sowie Versorgungsbezügen aus dem Ausland i.S.d. § 229 Abs. 1 Satz 2 SGB V sind vom Versicherten unmittelbar an die Krankenkasse zu entrichten. Auch insoweit gelten die §§ 23 ff. SGB IV.

9. Mehrfachbezug von Versorgungsbezügen

34 Bezieht ein Rentner Versorgungsbezüge von **verschiedenen Zahlstellen** und übersteigen die Versorgungsbezüge zusammen mit dem Zahlbetrag der Rente der gesetzlichen Rentenversicherung die Beitragsbemessungsgrenze, kann die Krankenkasse eine der Zahlstellen mit dem Beitragseinbehalt **beauftragen**, soweit die beitragspflichtigen Versorgungsbezüge bis zur Höhe der Beitragsbemessungsgrenze nicht die von dieser Zahlstelle zu leistenden Versorgungsbezüge übersteigen, § 256 Abs. 1 Satz 4 SGB V.

---

[18] BSG v. 23.03.1993 - 12 RK 50/92 - Die Beiträge 1993, 500 = USK 9307.

[19] Vgl. Landessozialgericht Baden-Württemberg v. 30.03.2004 - L 13 RA 3690/03 - juris.

[20] Vgl. BAG v. 12.12.2006 - 3 AZR 806/05 - Die Beiträge Beilage 2007, 36-37.

[21] Vgl. BSG v. 23.03.1993 - 12 RK 62/92 - Die Beiträge 1993, 503-506.

[22] Vgl. BAG v. 12.12.2006 - 3 AZR 806/05 - Die Beiträge Beilage 2007, 36-37; vgl. BSG v. 23.05.1989 - 12 RK 66/87 - SozR 2200 § 393a Nr. 3 zu der insoweit inhaltsgleichen früheren Regelung in § 393a RVO.

[23] Vgl BSG v. 23.03.1993 - 12 RK 62/92 - Die Beiträge 1993, 503-506; LSG Baden-Württemberg v. 26.03.2004 - L 4 KR 4285/02 - juris.

35 Auf Antrag des Versicherten oder einer der Zahlstellen ist eine Verteilung des Beitragseinzugs nach folgender Formel vorzunehmen:

$$\frac{\text{Beitragspflichtige Versorgungsbezüge des Rentners bis zur Beitragsbemessungsgrenze} \times \text{Versorgungsbezug bei dieser Zahlstelle}}{\text{Gesamtbetrag der Versorgungsbezüge (auch oberhalb der Beitragsbemessungsgrenze)}}$$

10. Beitragsüberwachung

36 Die zuständige Krankenkasse hat die Entrichtung der Beiträge aus Versorgungsbezügen zu **überwachen**, § 256 Abs. 3 SGB V. Diese Verpflichtung erstreckt sich sowohl auf die Feststellung der Höhe der beitragspflichtigen Versorgungsbezüge als auch auf den ordnungsgemäßen Einbehalt und die ordnungsgemäße Abführung der Beiträge.

37 Hat eine Zahlstelle an **mehrere Krankenkassen** Beiträge abzuführen – wie dies der Regelfall ist – vereinbaren diese Krankenkassen untereinander, welche Krankenkasse die Beitragsüberwachung übernimmt, § 256 Abs. 3 Satz 2 SGB V. Die Krankenkasse des Versorgungsbeziehers verliert dadurch aber nicht ihr Recht zur Beanstandung.

38 § 98 Abs. 1 Satz 2 SGB X gilt nach § 256 Abs. 3 Satz 3 SGB V entsprechend. Diese Vorschrift regelt, dass der Arbeitgeber – häufig ist die Zahlstelle mit diesem identisch – auf Verlangen über alle Tatsachen Auskunft zu erteilen hat, die für die Erhebung der Beiträge notwendig sind. Nach überwiegender Auffassung treffen die Zahlstellen auch die in § 98 Abs. 1 Satz 3 SGB X genannten Verpflichtungen zur Vorlage der Geschäftsbücher und Listen bzw. sonstigen Unterlagen, aus denen die Angaben über die Beschäftigung hervorgehen.[24] Diese Verpflichtung wird, wenn man dieser Auffassung folgt, in § 98 Abs. 1 Sätze 3-5 SGB X dahingehend konkretisiert, dass die Unterlagen nach Wahl der Zahlstelle in den Geschäftsräumen der Krankenkasse oder den Geschäftsräumen der Zahlstelle zur Einsicht vorzulegen sind. Soweit es sich nicht um einen Arbeitgeber des öffentlichen Diensts handelt, kann die Krankenkasse bei Vorliegen besonderer Gründe eine Prüfung in den Geschäftsräumen der Zahlstelle verlangen.

11. Vereinbarungen zwischen Krankenkasse und Zahlstelle

39 Während der Versorgungsbezieher keine Möglichkeiten hat, auf die Beitragszahlung aus den Versorgungsbezügen Einfluss zu nehmen, kann die Krankenkasse mit der Zahlstelle diesbezügliche Vereinbarungen treffen, § 256 Abs. 2 Satz 5 SGB V.

12. Zahlstellen mit weniger als 30 Beitragspflichtigen

40 Hat die Zahlstelle regelmäßig weniger als 30 in der GKV beitragspflichtige Bezieher von Versorgungsbezügen, kann sie nach § 256 Abs. 4 SGB V – bei jeder betroffenen Krankenkasse – die Befreiung von der Verpflichtung zu Einbehalt und zur Abführung der Krankenversicherungsbeiträge beantragen. Maßgebend für die Prüfung, ob diese Grenze von 30 Beitragspflichtigen unterschritten wird, ist die Gesamtzahl der beitragspflichtigen Versorgungsempfänger unabhängig von der jeweiligen Krankenkassenzugehörigkeit.[25] Bezüglich der „Beitragspflichtigkeit" i.S. dieser Regelung wird darauf abstellt, ob der Bezieher von Versorgungsbezügen überhaupt in der GKV versicherungspflichtig ist.[26] Denn für diesen Personenkreis müssen die Zahlstellen die Möglichkeiten vorhalten, um ihren Meldeverpflichtungen nachzukommen.

41 Handelt es sich um eine Zahlstelle mit weniger als 30 beitragspflichtigen Versorgungsempfängern und ist dem Antrag auf Befreiung nach § 256 Abs. 4 SGB V entsprochen worden, muss der Versicherte die Beiträge unmittelbar an seine Krankenkasse abführen.[27]

---

[24] Vgl. zur Anwendung der Vorgängervorschriften des § 256 SGB V: BSG v. 23.03.1993 - 12 RK 50/92 - Die Beiträge 1993, 500 = USK 9307.

[25] Vgl. BSG v. 23.03.1993 - 12 RK 50/92 - Die Beiträge 1993, 500-503.

[26] Vgl. z.B. *Gerlach* in: Hauck/Noftz, § 256 Rn. 24.

[27] Vgl. BSG v. 23.03.1993 - 12 RK 50/92 - Die Beiträge 1993, 500-503; vgl. auch *Peters* in: KassKomm, SGB V, § 256 Rn. 4.

C. Praxishinweise

42 Die Einzelheiten bezüglich der **Meldepflichten** bei Bezug von Versorgungsbezügen sind in § 202 SGB V geregelt. Die **Empfänger von Versorgungsbezügen** haben nach § 202 Satz 3 SGB V der Zahlstelle die Krankenkasse, bei der sie versichert sind, anzugeben und die Zahlstelle über einen Wechsel der Krankenkasse bzw. die Aufnahme einer versicherungspflichtigen Beschäftigung zu informieren. Nach § 205 Nr. 2 SGB V haben die Versicherten ihrer Krankenkasse Beginn, Höhe und Veränderungen des Bezuges von Versorgungsbezügen sowie die Zahlstelle anzuzeigen. Die **Zahlstellen** haben ihrerseits nach § 202 Satz 1 SGB V die Verpflichtung, die zuständige Krankenkasse zu ermitteln und diese über Beginn, Höhe und Ende der laufenden Leistung von Versorgungsbezügen, Kapitalleistungen sowie Abfindungen unverzüglich zu informieren. Die **Krankenkasse** informiert die Zahlstelle, wenn ein Versorgungsempfänger krankenversicherungspflichtig wird, über den beitragspflichtigen Versorgungsbezug und den maßgeblichen Beitragssatz, § 202 Satz 4 SGB V. Die Krankenkasse hat den Versicherten über den Umfang seiner Beitragspflicht zu unterrichten.

43 Für die Zahlstellen gilt noch deutlicher als für die zur Beitragsabführung nach § 255 SGB V verpflichteten Rentenversicherungsträger, dass in der Mitteilung der Zahlstelle gegenüber dem Versicherten, dass sie Beiträge in einer bestimmten Höhe einbehalte, **kein Verwaltungsakt** zu sehen ist. Wird über die Höhe der Beiträge gestritten, muss sich der Versicherte an die zuständige Krankenkasse wenden, die die insoweit maßgebenden **Bescheide** erlässt.[28]

44 Auf Grund von Versäumnissen der Zahlstelle kann eine Krankenkasse ausschließlich der Zahlstelle gegenüber vorgehen. Eine – ersatzweise – Inanspruchnahme des Versicherten ist ausgeschlossen.

45 Für Streitigkeiten zwischen Krankenkassen und Zahlstellen bezüglich der Verpflichtungen aus § 256 SGB V sind die **Sozialgerichte** zuständig.[29] Wendet sich der Versicherte gegen die Beitragshöhe, ist zunächst die zuständige Krankenkasse anzugehen. Damit sind im Klageverfahren die **Sozialgerichte** zuständig. Macht der Versicherte gegenüber seinem Arbeitgeber geltend, dass der Beitragseinbehalt in nicht rechtmäßiger Weise durchgeführt wurde, sind die **Arbeitsgerichte** zuständig, auch wenn es sich um eine öffentlich-rechtliche Verpflichtung des Arbeitgebers handelt.

46 Die Zahlstelle ist in einem Rechtsstreit zwischen der Krankenkasse und dem Versicherten über die Beitragshöhe nicht notwendig **beizuladen**, wenn die Höhe der Beiträge streitig ist; wohl aber, wenn die Frage zu entscheiden ist, inwieweit die Zahlstelle zur Einbehaltung der Beiträge befugt bzw. verpflichtet ist.[30]

---

[28] Vgl. *Peters* in: KassKomm, SGB V, § 256 Rn. 7.

[29] Vgl. BSG v. 18.11.1993 - 12 RK 39/92 - SozR 3-2500 § 202 Nr. 3 für eine auf Schadensersatz der Zahlstelle gerichtete Klage einer Krankenkasse.

[30] Vgl. BSG v. 06.02.1992 - 12 RK 37/91 - SozR 3-2500 § 229 Nr. 1.

Zweiter Abschnitt: Beitragszuschüsse

§ 257 SGB V Beitragszuschüsse für Beschäftigte

(Fassung vom 14.06.2007, gültig ab 01.04.2007, gültig bis 31.12.2008)

(1) Freiwillig in der gesetzlichen Krankenversicherung versicherte Beschäftigte, die nur wegen Überschreitens der Jahresarbeitsentgeltgrenze versicherungsfrei sind, erhalten von ihrem Arbeitgeber als Beitragszuschuß die Hälfte des Beitrags, der für einen versicherungspflichtig Beschäftigten bei der Krankenkasse, bei der die Mitgliedschaft besteht, vom Arbeitgeber zu tragen wäre, höchstens jedoch die Hälfte des Betrages, den sie bei der Anwendung des allgemeinen Beitragssatzes tatsächlich zu zahlen haben. Bestehen innerhalb desselben Zeitraums mehrere Beschäftigungsverhältnisse, sind die beteiligten Arbeitgeber anteilig nach dem Verhältnis der Höhe der jeweiligen Arbeitsentgelte zur Zahlung des Beitragszuschusses verpflichtet. Für Beschäftigte, die Kurzarbeitergeld nach dem Dritten Buch beziehen, ist zusätzlich zu dem Zuschuß nach Satz 1 die Hälfte des Betrages zu zahlen, den der Arbeitgeber bei Versicherungspflicht des Beschäftigten bei der Krankenkasse, bei der die Mitgliedschaft besteht, nach § 249 Abs. 2 Nr. 3 als Beitrag zu tragen hätte.

(2) Beschäftigte, die nur wegen Überschreitens der Jahresarbeitsentgeltgrenze oder auf Grund von § 6 Abs. 3a versicherungsfrei oder die von der Versicherungspflicht befreit und bei einem privaten Krankenversicherungsunternehmen versichert sind und für sich und ihre Angehörigen, die bei Versicherungspflicht des Beschäftigten nach § 10 versichert wären, Vertragsleistungen beanspruchen können, die der Art nach den Leistungen dieses Buches entsprechen, erhalten von ihrem Arbeitgeber einen Beitragszuschuß. Der Zuschuß beträgt die Hälfte des Betrages, der sich unter Anwendung des durchschnittlichen allgemeinen Beitragssatzes der Krankenkassen vom 1. Januar des Vorjahres (§ 245) und der nach § 226 Abs. 1 Satz 1 Nr. 1 und § 232a Abs. 2 bei Versicherungspflicht zugrunde zu legenden beitragspflichtigen Einnahmen als Beitrag ergibt, höchstens jedoch die Hälfte des Betrages, den der Beschäftigte für seine Krankenversicherung zu zahlen hat. Für Personen, die bei Mitgliedschaft in einer Krankenkasse keinen Anspruch auf Krankengeld hätten, sind bei Berechnung des Zuschusses neun Zehntel des in Satz 2 genannten Beitragssatzes anzuwenden. Für Beschäftigte, die Kurzarbeitergeld nach dem Dritten Buch beziehen, gilt Absatz 1 Satz 3 mit der Maßgabe, daß sie höchstens den Betrag erhalten, den sie tatsächlich zu zahlen haben. Absatz 1 Satz 2 gilt.

(2a) Der Zuschuss nach Absatz 2 wird ab 1. Juli 1994 für eine private Krankenversicherung nur gezahlt, wenn das Versicherungsunternehmen

1. **diese Krankenversicherung nach Art der Lebensversicherung betreibt,**
2. **sich verpflichtet, für versicherte Personen, die das 65. Lebensjahr vollendet haben und die über eine Vorversicherungszeit von mindestens zehn Jahren in einem substitutiven Versicherungsschutz (§ 12 Abs. 1 des Versicherungsaufsichtsgesetzes) verfügen oder die das 55. Lebensjahr vollendet haben, deren jährliches Gesamteinkommen (§ 16 des Vierten Buches) die Jahresarbeitsentgeltgrenze nach § 6 Abs. 7 nicht übersteigt und über diese Vorversicherungszeit verfügen, einen brancheneinheitlichen Standardtarif anzubieten, dessen Vertragsleistungen den Leistungen dieses Buches bei Krankheit jeweils vergleichbar sind und dessen Beitrag für Einzelpersonen den durchschnittlichen Höchstbeitrag der gesetzlichen Krankenversicherung und für Ehegatten oder Lebenspartner insgesamt 150 vom Hundert des durchschnittlichen Höchstbeitrages der gesetzlichen Krankenversicherung nicht übersteigt, sofern das jährliche Gesamteinkommen der Ehegatten oder Lebenspartner die Jahresarbeitsentgeltgrenze nicht übersteigt,**

2a. sich verpflichtet, den brancheneinheitlichen Standardtarif unter den in Nummer 2 genannten Voraussetzungen auch Personen, die das 55. Lebensjahr nicht vollendet haben, anzubieten, die die Voraussetzungen für den Anspruch auf eine Rente der gesetzlichen Rentenversicherung erfüllen und diese Rente beantragt haben oder die ein Ruhegehalt nach beamtenrechtlichen oder vergleichbaren Vorschriften beziehen; dies gilt auch für Familienangehörige, die bei Versicherungspflicht des Versicherungsnehmers nach § 10 familienversichert wären,

2b. sich verpflichtet, auch versicherten Personen, die nach beamtenrechtlichen Vorschriften oder Grundsätzen bei Krankheit Anspruch auf Beihilfe haben, sowie deren berücksichtigungsfähigen Angehörigen unter den in Nummer 2 genannten Voraussetzungen einen brancheneinheitlichen Standardtarif anzubieten, dessen die Beihilfe ergänzende Vertragsleistungen den Leistungen dieses Buches bei Krankheit jeweils vergleichbar sind und dessen Beitrag sich aus der Anwendung des durch den Beihilfesatz nicht gedeckten Vom-Hundert-Anteils auf den in Nummer 2 genannten Höchstbeitrag ergibt,

2c. sich verpflichtet, den brancheneinheitlichen Standardtarif unter den in Nummer 2b genannten Voraussetzungen ohne Berücksichtigung der Vorversicherungszeit, der Altersgrenze und des Gesamteinkommens ohne Risikozuschlag auch Personen anzubieten, die nach allgemeinen Aufnahmeregeln aus Risikogründen nicht oder nur zu ungünstigen Konditionen versichert werden könnten, wenn sie das Angebot innerhalb der ersten sechs Monate nach der Feststellung der Behinderung oder der Berufung in das Beamtenverhältnis oder bis zum 31. Dezember 2000 annehmen,

3. sich verpflichtet, den überwiegenden Teil der Überschüsse, die sich aus dem selbst abgeschlossenen Versicherungsgeschäft ergeben, zugunsten der Versicherten zu verwenden,

4. vertraglich auf das ordentliche Kündigungsrecht verzichtet und

5. die Krankenversicherung nicht zusammen mit anderen Versicherungssparten betreibt, wenn das Versicherungsunternehmen seinen Sitz im Geltungsbereich dieses Gesetzes hat.

Der nach Satz 1 Nr. 2 maßgebliche durchschnittliche Höchstbeitrag der gesetzlichen Krankenversicherung ist jeweils zum 1. Januar nach dem durchschnittlichen allgemeinen Beitragssatz der Krankenkassen vom 1. Januar des Vorjahres (§ 245) und der Beitragsbemessungsgrenze (§ 223 Abs. 3) zu errechnen. Der Versicherungsnehmer hat dem Arbeitgeber jeweils nach Ablauf von drei Jahren eine Bescheinigung des Versicherungsunternehmens darüber vorzulegen, dass die Aufsichtsbehörde dem Versicherungsunternehmen bestätigt hat, dass es die Versicherung, die Grundlage des Versicherungsvertrages ist, nach den in Satz 1 genannten Voraussetzungen betreibt.

(2b) Zur Gewährleistung der in Absatz 2a Satz 1 Nr. 2 und 2a bis 2c genannten Begrenzung sind alle Versicherungsunternehmen, die die nach Absatz 2 zuschussberechtigte Krankenversicherung betreiben, verpflichtet, an einem finanziellen Spitzenausgleich teilzunehmen, dessen Ausgestaltung zusammen mit den Einzelheiten des Standardtarifs zwischen der Bundesanstalt für Finanzdienstleistungsaufsicht und dem Verband der privaten Krankenversicherung mit Wirkung für die beteiligten Unternehmen zu vereinbaren ist und der eine gleichmäßige Belastung dieser Unternehmen bewirkt. Für in Absatz 2a Satz 1 Nr. 2c genannte Personen, bei denen eine Behinderung nach § 4 Abs. 1 des Gesetzes zur Eingliederung Schwerbehinderter in Arbeit, Beruf und Gesellschaft festgestellt worden ist, wird ein fiktiver Zuschlag von 100 vom Hundert auf die Bruttoprämie angerechnet, der in den Ausgleich nach Satz 1 einbezogen wird.

(2c) Wer bei einem privaten Krankenversicherungsunternehmen versichert ist, das die Voraussetzungen des Absatzes 2a nicht erfüllt, kann ab 1. Juli 1994 den Versicherungsvertrag mit sofortiger Wirkung kündigen.

(3) Für Bezieher von Vorruhestandsgeld nach § 5 Abs. 3, die als Beschäftigte bis unmittelbar vor Beginn der Vorruhestandsleistungen Anspruch auf den vollen oder anteiligen Beitragszuschuß nach Absatz 1 hatten, bleibt der Anspruch für die Dauer der Vorruhestandsleistungen gegen den zur Zahlung des Vorruhestandsgeldes Verpflichteten erhalten. Der Zuschuß beträgt die Hälfte des Beitrags, den der Bezieher von Vorruhestandsgeld als versicherungspflichtig Beschäftigter zu zahlen hätte, höchstens jedoch die Hälfte des Betrages, den er zu zahlen hat. Absatz 1 Satz 2 gilt entsprechend.

(4) Für Bezieher von Vorruhestandsgeld nach § 5 Abs. 3, die als Beschäftigte bis unmittelbar vor Beginn der Vorruhestandsleistungen Anspruch auf den vollen oder anteiligen Beitragszuschuß nach Absatz 2 hatten, bleibt der Anspruch für die Dauer der Vorruhestandsleistungen gegen den zur Zahlung des Vorruhestandsgeldes Verpflichteten erhalten. Der Zuschuß beträgt die Hälfte des aus dem Vorruhestandsgeld bis zur Beitragsbemessungsgrenze (§ 223 Abs. 3) und neun Zehntel des durchschnittlichen allgemeinen Beitragssatzes der Krankenkassen als Beitrag errechneten Betrages, höchstens jedoch die Hälfte des Betrages, den der Bezieher von Vorruhestandsgeld für seine Krankenversicherung zu zahlen hat. Absatz 2 Satz 3 gilt entsprechend. Der Beitragssatz ist auf eine Stelle nach dem Komma zu runden.

Gliederung

A. Basisinformationen

I. Textgeschichte/Gesetzgebungsmaterialien

1 § 257 SGB V regelt die Beitragszuschüsse zu einer Krankenversicherung für Beschäftigte und Vorruhestandsgeldbezieher, die nicht Pflichtmitglieder einer gesetzlichen Krankenversicherung sind.

2 Die Vorschrift ist am 01.01.1989 in Kraft getreten.[1] Inhaltlich entsprach sie § 266 des „Entwurfs eines Gesetzes zur Strukturreform im Gesundheitswesen".[2] Nach der Gesetzesbegründung sollten im Wesentlichen die Vorgängerregelungen des § 405 RVO nachvollzogen werden. Die Vorgängervorschrift des § 405 RVO bezog sich, anders als § 257 SGB V, nur auf Angestellte und nicht auf Arbeiter. Durch die Neufassung wurde diese Trennung durch die Verwendung des umfassenderen Begriffes „Beschäftigte" aufgehoben. Eine eigenständige Regelung zur Unabdingbarkeit der Norm, die noch in § 405 Abs. 3 RVO enthalten war, wurde im Hinblick auf die Regelung des § 32 Abs. 1 SGB I nicht wiederholt.[3]

3 Mit dem Gesundheits-Strukturgesetz vom 21.12.1992[4] wurde die Vorschrift mit Wirkung zum 01.01.1993 zunächst um die Absätze 2a und 2b erweitert, die als Voraussetzung für die Zuschussfähigkeit besondere versicherungstechnische bzw. strukturelle Anforderungen und Anforderungen an die Tarif- bzw. Vertragsgestaltung an die private Krankenversicherung stellen. Insbesondere sollte durch die Einführung des Absatzes 2a eine ausreichende Vorsorge für ältere privat Krankenversicherte durch die Einführung eines Standardtarifs für über 65-Jährige erreicht werden. Mit Absatz 2b wurde ein Spitzenausgleich zwischen den Anbietern privater Krankenversicherungen für den Standardtarif eingeführt. Im neu eingeführten Absatz 2c wurde ein Sonderkündigungsrecht des Versicherten bei Nichterfüllung der Voraussetzungen des Absatzes 2a vorgesehen. In Absatz 2 der Vorschrift wurde mit Wirkung zum 01.01.1996 durch eine Änderung des Satzes 2 die Berechnung der Höhe des Beitragszuschusses für privat Krankenversicherte modifiziert.[5]

4 Nach der Gesetzesbegründung bestand ein „sozialpolitisches Interesse daran, dass private Krankenversicherungsverträge neben dem Leistungsangebot auch hinsichtlich bestimmter struktureller Kriterien mit der Qualität des Schutzes in der gesetzlichen Krankenversicherung vergleichbar sind". Da die staatliche Bedingungs- und Tarifgenehmigung für private Krankenversicherungsunternehmen, die dies bis zu diesem Zeitpunkt sicherstellen sollte, durch die dritte Schadensversicherungsrichtlinie der EG zum 01.07.1994 entfallen wäre, sollte eine Qualitätssicherung durch besondere Anforderungen an die Versicherungsunternehmen sichergestellt werden. In Absatz 2a Nr. 5 wurde daher auch das Erfordernis der „Spartentrennung", d.h. des Verbotes, die private Krankenversicherung zusammen mit anderen Versicherungssparten zu betreiben, eingeführt.[6]

5 Weitere erhebliche Änderungen hat die Vorschrift durch das Arbeitsförderungs-Reformgesetz vom 24.03.1997 mit Wirkung zum 01.01.1998 erfahren.[7] § 257 Abs. 1 Satz 3 SGB V wurde als Sonderregelung des Beitragszuschusses für Bezieher von Kurzarbeiter- und Winterausfallgeld nach dem SGB III neu eingefügt, und Absatz 2 wurde neu gefasst. Durch die Änderung der Absätze 1 und 2 sollten einerseits freiwillig bzw. privat krankenversicherte Beschäftigte beim Bezug von Kurzarbeitergeld oder Winterausfallgeld den gesetzlich versicherten Beschäftigten gleichgestellt werden. Der Arbeitgeber sollte auch für sie die Beiträge zur Krankenversicherung entsprechend den gesetzlich Versicherten tragen.[8]

6 Die Änderung in § 257 Abs. 2 Satz 1 SGB V vollzog darüber hinaus die Änderung des § 3a KVLG nach, der die Aufhebung der Versicherungspflicht in der landwirtschaftlichen Krankenversicherung für Personen betraf, die aufgrund einer anderweitigen Beschäftigung als Arbeitnehmer in der gesetzlichen Krankenversicherung nach § 6 Abs. 1 Nr. 1 SGB V versicherungsfrei gewesen wären. Die Regelung des Beitragszuschusses für diese Personengruppe wurde daher aufgehoben. Eine Änderung des Be-

1 Gesundheits-Reformgesetz – GRG vom 20.12.1988, BGBl I 1988, 2477.
2 BT-Drs. 11/2237, S. 72.
3 BT-Drs. 11/2237, S. 227 f.
4 BGBl I 1992, 2266.
5 Mit Wirkung zum 01.01.1996.
6 BT-Drs. 12/3608, S. 116.
7 BGBl I 1997, 594.
8 BT-Drs. 13/6845, S. 360.

zugsdatums von Juli auf den Januar eines Jahres in Absatz 2a Satz 2 sollte der Verwaltungsvereinfachung dienen. Der gleichfalls geänderte Verweis von § 247 SGB V in § 245 SGB V sollte ein Redaktionsversehen beseitigen.[9]

Durch Streichungen in § 257 Abs. 3 SGB V wurde bewirkt, dass die Regelungen nur noch die Beitragszuschüsse für freiwillig in der gesetzlichen Krankenversicherung versicherte Vorruheständler betrafen. Im neu angefügten Absatz 4 wurde mit einer Modifizierung der bisherigen Zuschussberechnung der Beitragszuschuss für privat krankenversicherte Vorruheständler neu geregelt. 7

Mit Wirkung ab dem 01.01.2000 wurden durch das „Gesetz zur Reform der gesetzlichen Krankenversicherung ab dem Jahr 2000"[10] unter anderem die Änderungen in der Versicherungsfreiheit für über 55-Jährige in der gesetzlichen Krankenversicherung nach § 6 Abs. 3a SGB V auch im Beitragszuschussrecht nachvollzogen. Der Kreis der Zuschussberechtigten in Absatz 2 wurde um diesen Personenkreis erweitert. Daran anschließend wurde auch das Zugangsalter für den Standardtarif nach Absatz 2a Satz 1 Nr. 2 auf die Vollendung des 55. Lebensjahres abgesenkt. Ferner wurden in Absatz 2 die Nr. 2a-2c eingefügt und damit die Anforderungen an die Zuschussfähigkeit erhöht. In die Voraussetzungen wurde das Anbieten von Standardtarifen auch für unter 55-jährige Rentner und von beihilfekonformen Standardtarifen für Beamte aufgenommen.[11] Weiterhin wurde der in Absatz 2b vorgesehene Strukturausgleich der Krankenversicherungen für den Standardtarif modifiziert. 8

In Absatz 2a Nr. 5 wurde, um den Bedenken der EU-Kommission hinsichtlich der vorgeschriebenen „Spartentrennung" von Krankenversicherungsunternehmen Rechnung zu tragen, eine Sonderregelung für Versicherungsunternehmen in Mitgliedstaaten der europäischen Union eingefügt, die anstelle der „Spartentrennung" der Versicherungsunternehmen eine getrennte Mittelverwendung zwischen verschiedenen Versicherungssparten vorsah. 9

Mit Gesetz vom 16.02.2001 wurde die wesentliche Gleichstellung von Lebenspartnerschaften und Ehe durch das LPartG für das Anbieten des Standardtarifes nach Absatz 2a Nr. 2 auch für Lebenspartner eingeführt.[12] 10

Mit Gesetz vom 21.06.2002[13] wurde die erst im Jahr 2000 in Absatz 2a Satz 1 Nr. 5 a.E. eingeführte „faktische Spartentrennung" für Versicherungsunternehmen der privaten Krankenversicherung im Bereich der Europäischen Union aufgrund eines Verlangens der Europäischen Kommission, die hierin einen Verstoß gegen den freien Wettbewerb in Europa sah, wieder aufgehoben. Die Spartentrennung für deutsche Versicherungsunternehmen blieb jedoch bestehen.[14] 11

Durch das Beitragssatzsicherungs-Gesetz vom 23.12.2002 wurde die Jahresarbeitsentgeltgrenze nach § 6 Abs. 1 Nr. 1 SGB V a.F. verändert. Diese Regelungen befinden sich nunmehr in § 6 Abs. 6 und 7 SGB V. Im Annex wurden daher auch die Bezugnahmen auf die Jahresarbeitsentgeltgrenze in § 257 Abs. 2 Satz 1 und Abs. 2a Satz 1 Nr. 2 SGB V der veränderten Rechtslage angepasst.[15] 12

Mit Wirkung vom 01.07.2005[16] wird in § 257 Abs. 1 Satz 1 SGB V auf den allgemeinen Beitragssatz verwiesen. In der Gesetzesbegründung hieß es hierzu: „Die Regelung stellt sicher, dass bei der Berechnung des Arbeitgeberzuschusses der vom freiwillig Versicherten zu tragende zusätzliche Beitrag (§ 241a) bei der Berechnung der Höhe des Zuschusses nicht berücksichtigt wird".[17] Die Änderung in Absatz 2b Satz 1 passte den Wortlaut des Gesetzes an die neu bezeichnete Bundesanstalt für Finanzdienstleistungsaufsicht an. 13

Durch das Gesetz zur Förderung ganzjähriger Beschäftigung in der Bauwirtschaft vom 24.04.2006[18] wurde im SGB III das Winterausfallgeld durch ein neues Instrument im Arbeitsförderungsrecht, das Saisonkurzarbeitergeld nach § 175 SGB III ersetzt. Als Folgeänderung hierzu wurden in § 257 Absatz 1 Satz 3 und Absatz 2 Satz 4 die Worte „oder Winterausfallgeld" gestrichen. 14

---

[9] BT-Drs. 13/6845, S. 360.

[10] GKV – Gesundheitsreformgesetz 2000 v. 22.12.1999, BGBl I 1999, 2626.

[11] Begründung: BT-Drs. 14/1977, S. 175 f. und in der Beschlussempfehlung des Ausschusses für Gesundheit BT-Drs. 14/1245, S. 98 f.

[12] BGBl I 2001, 266, mit Wirkung zum 01.08.2001.

[13] BGBl I 2002, 2167.

[14] BT-Drs. 14/9442, S. 49.

[15] BGBl I 2002, 4637.

[16] Gesetz vom 14.11.2003, BGBl I 2003, 2190 i.d.F. des Gesetzes vom 15.12.2004, BGBl I 2004, 3445.

[17] BT-Drs. 15/1525, S. 140.

[18] BGBl I 2006, 926.

15 Erhebliche Änderungen hat die Vorschrift durch das GKV-WSG mit Wirkung zum 01.04.2007 erfahren.[19] In Absatz 1 Satz 1 wird die bisherige, inhaltlich verfehlte Berechnungsregelung für den Beitragszuschuss freiwillig Krankenversicherter vereinfacht und an den vom Versicherten ab 01.07.2005 allein zu tragenden Zusatzbeitrag nach § 241a SGB V angepasst. In der Gesetzesbegründung[20] wurde dazu u.a. ausgeführt:

„Die bisherige Regelung des § 257 Absatz 1 stand insbesondere im Zusammenhang mit der Einführung des zusätzlichen Beitragssatzes nach § 241a zum 1. Juli 2005. Dieser war nicht vom Arbeitgeber zu tragen, so dass er von vorneherein nicht in die Berechnung einbezogen wurde; außerdem wurde auch bei der Begrenzung auf maximal die Hälfte des zu zahlenden Beitrags auf den bei Anwendung des allgemeinen Beitragssatzes zu zahlenden Beitrag abgestellt, so dass auch hier der zusätzliche Beitragssatz nicht berücksichtigt wurde. Zahlte der Versicherte nur den ermäßigten Beitragssatz, führte die Regelung dazu, dass – unbeschadet des von ihm zu tragenden zusätzlichen Beitragssatzes – der Zuschuss sich nicht nur auf die Hälfte dieses niedrigeren Beitrages beschränkte. Da § 241 (neu) den bisherigen Zusatzbeitrag in Höhe von 0,9 v.H. enthält, war eine Regelung zu treffen, die sicherstellt, dass der Arbeitgeber sich nach wie vor nicht an der Finanzierung des bisherigen zusätzlichen Beitragssatzes in Höhe von 0,9 v.H. beteiligt. Die Änderungen in Bezug auf den Beitragszuschuss sind für die bei einem privaten Krankenversicherungsunternehmen Versicherten entsprechend anzuwenden."

16 Offenbar durch ein gesetzgeberisches Versehen im GKV-WSG wurde die Neufassung des § 257 Abs. 2a SGB V und die Streichung der Absätze 2b und 2c bereits zum 01.04.2007 in Kraft gesetzt. Diese Neufassung passt den bisherigen Absatz 2a der Norm, der sich auf den von den privaten Krankenversicherungsunternehmen anzubietenden so genannten Standardtarif bezog, an den ab 01.01.2009 (Art. 46 Abs. 10 GKV-WSG) neu zu schaffenden Basistarif an. In der Gesetzesbegründung[21] wurde hierzu ausgeführt:

„Die Regelung über den Beitragszuschuss für private Krankenversicherungen wird an die Einführung des Basistarifs angepasst. Der Inhalt des Basistarifs und die Voraussetzung für den Zugang zum Basistarif werden in § 12 des Versicherungsaufsichtsgesetzes geregelt; die Pflicht, einen solchen Basistarif anzubieten, trifft alle Unternehmen der PKV. Absatz 2b wird aufgehoben, da sich die entsprechenden Regelungen nunmehr im VAG finden (§§ 12, 12g). Absatz 2c ist durch Zeitablauf obsolet geworden."

17 Da der Standardtarif nach § 315 SGB V bis zum 31.12.2008 weiterhin durch die Unternehmen der Privaten Krankenversicherung angeboten werden muss und auch in § 257 Abs. 2a Nr. 3 SGB V neuer Fassung und § 258 Satz 3 SGB V weiterhin auf § 257 Abs. 2a-2c SGB V alter Fassung verwiesen wird, ist davon auszugehen, dass die Altfassung der Vorschrift insoweit bis zum 31.12.2008 weiterhin (entsprechende) Anwendung findet, bzw. der Gesetzgeber das Versehen des verfrühten In-Kraft-Tretens korrigiert. Auch der Gesetzentwurf sah einen Zeitpunkt des späteren In-Kraft-Tretens vor.[22]

18 Für den Zeitraum **ab 01.01.2009** wird die Berechnung des Beitragszuschusses privat Versicherter in Absatz 2 Sätze 2 und 3 an das dann geltende Beitragsrecht zur gesetzlichen Krankenversicherung angepasst (Art. 1 Nr. 174 lit. b i.V.m Art. 46 Abs. 10 GKV-WSG). In der Begründung des Gesetzentwurfs[23] wurde dazu ausgeführt:

„Folgeregelung zur Neufassung des § 241. Die Beitragssätze für Arbeitgeber und Mitglieder der Krankenkassen werden festgeschrieben. Hierzu legt das BMG durch Rechtsverordnung mit Wirkung zum 1. Januar 2009 einen allgemeinen Beitragssatz fest, der auch den bisherigen Zusatzbeitrag (0,9 Prozent) enthält."

II. Vorgängervorschriften

19 Unmittelbare Vorgängervorschrift von § 257 SGB V war der bis 1988 geltende § 405 RVO, der in seinem Absatz 1 den Beitragszuschuss für freiwillig und privat krankenversicherte Angestellte regelte. § 405 Abs. 2 RVO enthielt Regelungen zum Beitragszuschuss für Angestellte, die als landwirtschaftliche Unternehmer in der Krankenversicherung der Landwirte versichert waren. Absatz 3 enthielt ein

[19] BGBl I 2007, 378.
[20] BT-Drs. 16/3100, S. 166/167.
[21] BT-Drs. 16/3100, S. 167.
[22] Art 46 Abs. 5 GKV-WSG in der Fassung der BT-Drs. 16/3100, S. 83/84.
[23] BT-Drs. 16/3100, S. 167.

Verbot, zu Ungunsten des Arbeitnehmers von der Vorschrift abzuweichen, die Funktion dieser Vorschrift wird heute von § 32 Abs. 1 SGB I wahrgenommen. In Absatz 4 waren Regelungen zum Beitragszuschuss für Empfänger von Vorruhestandsgeld enthalten.

III. Parallelvorschriften

Die für die Praxis bedeutsamsten Parallelvorschriften, die Beitragszuschüsse für eine private oder freiwillige gesetzliche Krankenversicherung begründen, finden sich in § 207a SGB III bzw. § 106 SGB VI. Der Beitragszuschuss in der Arbeitslosenversicherung nach § 207a SGB III bezieht sich jedoch wegen der Versicherungspflicht von Arbeitslosen- oder Übergangsgeldbeziehern in der gesetzlichen Krankenversicherung nach § 6 Abs. 1 Nr. 2 SGB V nur auf die Beiträge zu einer privaten Kranken- und Pflegeversicherung für Leistungsbezieher, die sich nach § 8 Abs. 1 Nr. 1a SGB V von der Versicherungspflicht haben befreien lassen und privat krankenversichert sind. Ein Anspruch auf Beitragszuschüsse besteht in der gesetzlichen Rentenversicherung nach § 106 SGB VI für freiwillig gesetzlich und privat krankenversicherte Rentner. Eine Annexregelung für Beitragszuschüsse enthält § 258 SGB V für Bezieher von Übergangsgeld. 20

Eine weitere Beitragszuschussregelung findet sich innerhalb des SGB für die Beiträge zur Pflegeversicherung für freiwillig gesetzlich und privat Krankenversicherte in § 61 SGB XI. 21

Daneben enthält eine Vielzahl von Gesetzen außerhalb des SGB Ansprüche auf Beitragszuschüsse zu den Beiträgen einer privaten oder gesetzlichen Krankenversicherung. § 13a BAföG enthält eine Erhöhung des Bedarfes für Auszubildende, die freiwillig gesetzlich oder privat krankenversichert sind, und verweist hinsichtlich der Anforderungen an das Krankenversicherungsunternehmen auf § 257 Abs. 2a und 2b SGB V. 22

Nach § 10 KSVG besteht ein Anspruch auf einen Beitragszuschuss gegen die Künstlersozialkasse für selbständige Künstler und Publizisten, die nach den §§ 6 bzw. 7 KSVG von der Versicherungspflicht befreit oder nach § 6 Abs. 3a SGB V versicherungsfrei sind. 23

Besondere Regelungen bestehen für die Krankenversicherung der Entwicklungshelfer während der Entwicklungsdienstzeit nach § 7 EhfG.[24] Nach dieser Regelung haben der Entwicklungshelfer und seine Angehörigen Anspruch auf Abschluss einer privaten Krankenversicherung zu Lasten des Trägers des Entwicklungsdienstes. Für die Zeit eines Vorbereitungsdienstes bestehen Ansprüche auf Übernahme der Kosten für eine gesetzliche bzw. private Krankenversicherung. 24

Unter bestimmten Voraussetzungen haben von der Versicherungspflicht zur Krankenversicherung der Landwirte Befreite einen Anspruch auf einen Beitragszuschuss zu einer privaten Krankenversicherung gegen die zuständige landwirtschaftliche Krankenversicherung nach § 59 Abs. 3 KVLG 1989. 25

IV. Systematische Zusammenhänge

Den Beitragszuschüssen ist im zweiten Abschnitt des achten Kapitels des SGB V ein eigener Abschnitt gewidmet. Die Regelungen schließen unmittelbar an die Vorschriften zur Finanzierung der gesetzlichen Krankenversicherung und die dortigen Vorschriften zur Tragung und Zahlung der Beiträge an. Die Ansprüche auf Beitragszuschüsse sind Ausdruck eines besonderen Prinzips der gesetzlichen Krankenversicherung: bei Überschreiten einer Entgeltgrenze (§ 6 Abs. 1 Nr.1 SGB V[25]) oder einer Altersgrenze (§ 6 Abs. 3a SGB V[26]) besteht für Beschäftigte die vollständige Versicherungsfreiheit. 26

Renten- bzw. Arbeitslosenversicherung kennen dieses Prinzip nicht, die dort vorhandenen Beitragsbemessungsgrenzen bewirken lediglich Begrenzungen hinsichtlich der Höhe der Beitragszahlungen und damit verbunden auch Leistungsgrenzen bei Eintritt des Versicherungsfalles. Durch die Zuschussregelungen des § 257 SGB V wird dem versicherungsfreien Personenkreis der gesetzlichen Krankenversicherung die Möglichkeit eröffnet, diese Lücke in der sozialen Absicherung persönlicher Krankheitsrisiken durch einen finanziellen Zuschuss des Arbeitgebers durch Abschluss eines freiwilligen oder privaten Versicherungsschutzes unter bestimmten Voraussetzungen wieder zu schließen. Im Gegensatz zur Pflicht- oder auch „Zwangs-"Mitgliedschaft wird jedoch dem Kreis der in der gesetzlichen Kran- 27

[24] Entwicklungshelfer-Gesetz vom 18.06.1969, BGBl I 1969, 549 zuletzt geändert durch das vierte Gesetz für moderne Dienstleistungen am Arbeitsmarkt v. 24.12.2003, BGBl I 2003, 2954.

[25] Vgl. hierzu die Kommentierung zu § 6 SGB V Rn. 8 ff.

[26] Vgl. hierzu die Kommentierung zu § 6 SGB V Rn. 56.

kenversicherung Versicherungsfreien eine mehr oder weniger autonome Entscheidung des „ob" (eingeschränkt durch die in § 178a Abs. 5 VVG ab 01.01.2009 enthaltene Pflicht zum Abschluss einer Krankenversicherung) oder „wie" eines Krankenversicherungsschutzes überlassen.

28 Die Autonomie des Einzelnen bei der Wahl eines Krankenversicherungsschutzes ist in der Praxis erheblichen Einschränkungen unterworfen, da die Möglichkeit einer freiwilligen Mitgliedschaft in einer gesetzlichen Krankenversicherung nur unter den limitierenden Voraussetzungen des § 9 SGB V möglich ist. Eine einmal getroffene Entscheidung eines Antrages auf Befreiung von der Versicherungspflicht nach § 8 SGB V ist nicht revidierbar.

29 Das private Krankenversicherungsrecht kennt mit Ausnahme des § 315 SGB V keine Kontrahierungszwänge, die Aufnahme eines Antragstellers in eine private Krankenversicherung kann z.B. aus Risikoerwägungen abgelehnt werden. Es besteht damit für den Personenkreis der versicherungsfreien Personen eine rechtliche bzw. faktische Zugangslimitierung sowohl für die gesetzliche als auch für die private Krankenversicherung, die dazu führen kann, dass dem Einzelnen ein Versicherungsschutz versagt bleibt.

30 Das System der Beitragszuschüsse der verschiedenen Sozialversicherungsträger verläuft parallel zur Versicherungspflicht in der Krankenversicherung. Damit wird sichergestellt, dass letztlich in beinahe jeder möglichen Situation einer Erwerbsbiografie ein Versicherungsschutz gegen Krankheit bzw. ein finanzieller Zugang zu einer Krankenversicherung ermöglicht wird. Während einer Beschäftigung besteht Versicherungspflicht nach § 5 Abs. 1 SGB V oder der Anspruch auf den Beitragszuschuss nach § 257 SGB V. Während möglicher Arbeitslosigkeitszeiten besteht Versicherungsschutz nach § 5 Abs. 1 Nr. 2 SGB V bzw. der Anspruch auf den Beitragszuschuss nach § 207a SGB III. Für Rentner besteht Versicherungspflicht nach § 5 Abs. 1 Nr. 11 ff. SGB V oder eben der Anspruch auf den Beitragszuschuss nach § 106 SGB VI.

31 Die enge Verknüpfung zwischen privatem Krankenversicherungsschutz und Versicherungspflicht wird durch die Sonderregelungen zum Verhältnis beider Sicherungssysteme in § 5 Abs. 9 und 10 SGB V deutlich. Der Eintritt der Versicherungspflicht nach den §§ 5 oder 10 SGB V gibt dem privat Krankenversicherten nach § 5 Abs. 9 SGB V ein Sonderkündigungsrecht einer bestehenden privaten Krankenversicherung. Gleichzeitig wird in § 5 Abs. 10 SGB V ein Kontrahierungszwang der ursprünglichen (d.h. abgebenden) privaten Krankenversicherung für den Fall eines fehlgeschlagenen Pflichtversicherungsverhältnisses vorgesehen, der die Rückkehr des Versicherten in das private Krankenversicherungsunternehmen zu unveränderten Bedingungen ermöglicht.[27] Die Regelung verdeutlicht, dass das Ziel des Gesetzgebers ist, den Verbleib des Versicherten zumindest in irgendeinem Sicherungssystem gegen Krankheit sicherzustellen.

32 Trotz der bestehenden Unterschiede zwischen der Pflichtmitgliedschaft in einer gesetzlichen Krankenversicherung einerseits und der freiwilligen Mitgliedschaft in einer gesetzlichen Krankenversicherung bzw. einer privaten Krankenversicherung andererseits sind die Regelungen zum Beitragszuschuss Ausdruck eines grundsätzlichen Prinzips der Sozialversicherung, dem der hälftigen Beitragstragung. Dieser Grundgedanke des § 249 Abs. 1 SGB V für die nach § 5 Abs. 1 Satz 1 Nr. 1 SGB V versicherungspflichtig Beschäftigten kommt auch in § 257 SGB V zum Ausdruck.

33 Auch zur Bestimmung des Personenkreises der Anspruchsberechtigten für den Zuschuss, der in § 257 Abs. 1, 2, 3 und 4 SGB V definiert wird, wird auf die allgemeinen Grundsätze der Versicherung kraft Gesetzes in den §§ 5 ff. SGB V, der Versicherungsberechtigung nach § 9 SGB V und der Familienversicherung Bezug genommen. Ausgangspunkt für den Anspruch auf den Zuschuss ist, wie im gesamten System der Sozialversicherung, der Beschäftigungsbegriff des § 7 SGB IV. Als Sondergruppe im Kreis der Anspruchsberechtigten kommen die Empfänger von Vorruhestandsgeld hinzu, für die ebenfalls Regelungen zur Versicherungspflicht in der gesetzlichen Krankenversicherung in § 5 Abs. 4 SGB V bestehen.

34 Parallelen zur gesetzlichen Krankenversicherung bestehen auch im Verhältnis der Höhe des Zuschusses nach § 257 SGB V und den Beiträgen zu einer gesetzlichen Krankenversicherung. Die Höhe des Beitragszuschusses zu einer privaten Krankenversicherung wird unter Berücksichtigung der hälftigen Beitragstragung am allgemeinen durchschnittlichen Beitragssatz der Krankenkassen nach § 245 SGB V i.V.m. § 241a SGB V und der beitragspflichtigen Einnahme bei Versicherungspflicht nach § 226 Abs. 1 Satz 1 Nr. 1 SGB V bemessen.

[27] Vgl. die Kommentierung zu § 5 SGB V Rn. 106 ff.

Auch für die Mindestleistungen einer zuschussfähigen privaten Krankenversicherung im Versicherungsfall Krankheit wird auf den Leistungskatalog der gesetzlichen Krankenversicherung nach dem SGB V verwiesen, hier muss zumindest eine Teiläquivalenz bestehen. 35

Enge Verzahnungen bestehen auch zwischen § 257 SGB V und dem Privatversicherungsrecht. So finden sich die versicherungstechnischen bzw. inhaltlichen Anforderungen, die § 257 SGB V in den Absätzen 2-2b für die Zuschussfähigkeit an eine private Krankenversicherung stellt, in den Vorschriften der §§ 12 ff. VAG hinsichtlich des Aufsichts- bzw. des Erlaubnisrechtes für private Krankenversicherungsunternehmen wieder. Die inhaltlichen Anforderungen an den privaten Krankenversicherungsvertrag entsprechen teilweise denen der §§ 178a ff. VVG. 36

V. Ausgewählte Literaturhinweise

Hungenberg, Beitragszuschuss zur Kranken- und Pflegeversicherung, WzS 1997, S. 321 ff.; *Krauskopf*, Soziale Krankenversicherung Pflegeversicherung; *Prölss*, Versicherungsaufsichtsgesetz, 12. Aufl. 2005; *Prölss/Martin*, Versicherungsvertragsgesetz, 27. Aufl. 2004; Verband der privaten Krankenversicherung (PKV), Der private Krankenversicherungsschutz im Sozialrecht, 2004. 37

B. Auslegung der Norm

I. Regelungsgehalt und Bedeutung der Norm

§ 257 SGB V regelt einerseits den **Kreis der anspruchsberechtigten Personen** für den Beitragszuschuss zu einer Krankenversicherung in den Absätzen 1, 2, 3 und 4 und andererseits die **Anforderungen**, die hinsichtlich der Zuschussfähigkeit an eine **private Krankenversicherung** eines dem Grunde nach Anspruchsberechtigten zu stellen sind, in den Absätzen 2-2c. 38

Im Jahr 2003 betrug die Anzahl der in der privaten Krankenversicherung Vollversicherten ca. 8,1 Mio. Personen.[28] Diese Zahl beinhaltet jedoch alle dort versicherten Personen (auch Familienangehörige und Selbständige) und nicht nur diejenigen, die Anspruchsberechtigte für den Zuschuss nach § 257 SGB V sind. Im Bereich der freiwilligen gesetzlichen Krankenversicherung betrug die Anzahl der Mitglieder im Jahr 2002 ca. 5,9 Mio. Personen.[29] Eine geringere praktische Bedeutung ist den Beitragszuschüssen für Bezieher von Vorruhestandsgeld beizumessen. Zum Stichtag 30.09.2005 waren bei den gesetzlichen Krankenversicherungen insgesamt 7.846 Bezieher von Vorruhestandsgeld als Mitglieder gemeldet. Von diesen hatten 2.562 Vorruheständler Anspruch auf einen Beitragszuschuss als freiwillige Mitglieder. Zahlen zur privaten Krankenversicherung von Vorruhestandsgeldempfängern liegen nicht vor. 39

1. Beitragszuschuss für freiwillig Krankenversicherte (Absatz 1)

§ 257 Abs. 1 Satz 1 SGB V regelt Anspruch und Höhe des Beitragszuschusses für freiwillig in der gesetzlichen Krankenversicherung versicherte Beschäftigte. Nach dem Wortlaut der Norm besteht der Anspruch nur für Personen, die versicherungsfrei wegen Überschreitens der Jahresarbeitsentgeltgrenze sind. **Satz 2** trifft Sonderregelungen für die Beitragsteilung zwischen mehreren Arbeitgebern bei verschiedenen parallel bestehenden Beschäftigungsverhältnissen. **Satz 3** regelt die Beitragstragung für Zeiträume mit Bezug von Kurzarbeitergeld nach dem SGB III. 40

2. Beitragszuschuss für privat Krankenversicherte (Absatz 2)

§ 257 Abs. 2 Satz 1 SGB V enthält die Voraussetzungen für die Zahlung des Beitragszuschusses privat krankenversicherter Beschäftigter und ihrer Angehörigen. In **Satz 2** wird die Höhe des Beitragszuschusses einerseits an der Höhe des Beitrages zur privaten Krankenversicherung und andererseits an einer Berechnung eines hypothetischen Beitrages zur gesetzlichen Krankenversicherung begrenzt. **Satz 3** betrifft die Berechnung der Zuschusshöhe für Personen, die bei Mitgliedschaft in einer gesetzlichen Krankenversicherung keinen Anspruch auf Krankengeld hätten. In **Satz 4** werden, wie auch in Absatz 1 Satz 3 Sonderregelungen für Bezieher von Kurzarbeitergeld nach dem SGB III getroffen. 41

[28] Quelle: Verband der privaten Krankenversicherung, Zahlenbericht 2003/2004, S. 11.

[29] Eigene Berechnung aus Zahlenmaterial des VdAK/AEV, Basisdaten 2004, S. 28.

3. Anforderungen an das private Krankenversicherungsunternehmen (Absätze 2a-2c)

42 Die bisherigen Regelungen in § 257 Abs. 2a-2c SGB V wurden durch das GKV-WSG geändert (Absatz 2a) bzw. aufgehoben (Absätze 2b und 2c). Da in den §§ 257 Abs. 2a Nr. 3, 258 und 315 SGB V von einer Fortgeltung der bisherigen Fassung der Absätze 2a-2c ausgegangen wird, ist davon auszugehen, dass die Gesetzesfassung vor In-Kraft-Treten des GKV-WSG weiterhin zumindest entsprechend anwendbar bleibt oder durch ein Korrekturgesetz wieder eingeführt wird (vgl. Rn. 17).

43 **§ 257 Abs. 2a SGB V** enthält u.a. Anforderungen zur Ausgestaltung einer privaten Krankenversicherung, die Voraussetzung für die Förderfähigkeit nach § 257 Abs. 2 SGB V sind. Diese betreffen den Inhalt des Versicherungsverhältnisses (Nr. 2-4) und die Gestaltung des Versicherungsunternehmens (Nr. 1 und 5).

44 Nach **§ 257 Abs. 2b SGB V** sind private Krankenversicherungsunternehmen, die zuschussberechtigte Krankenversicherungen anbieten, verpflichtet, an einem finanziellen Ausgleich für angebotene Standardtarife für bestimmte Personengruppen nach Absatz 2a teilzunehmen.

45 **§ 257 Abs. 2c SGB V** enthält ein Sonderkündigungsrecht des Versicherten für private Krankenversicherungen, die die Voraussetzungen des Absatzes 2a nicht erfüllen.

4. Beitragszuschuss für Bezieher von Vorruhestandsgeld (Absätze 3 und 4)

46 Nach **§ 257 Abs. 3 SGB V** erhalten freiwillig gesetzlich krankenversicherte Bezieher von Vorruhestandsgeld Zuschüsse zu ihrer Krankenversicherung entsprechend den Regelungen des Absatzes 1. Die Höhe des Zuschusses wird jedoch aufgrund des modifizierten Beitrages gesondert berechnet.

47 Für privat versicherte Bezieher von Vorruhestandsgeld enthält **Absatz 4 Satz 1** die Anspruchsgrundlage für den Beitragszuschuss entsprechend den Regelungen des Absatzes 2. Auch für diesen Kreis der Anspruchsberechtigten wird die Berechnung der Höhe des Beitragszuschusses modifiziert.

II. Normzweck

1. Einbeziehung in das System der sozialen Sicherung

48 Aus der Gesetzesbegründung zur Einführung der Vorgängervorschrift des § 405 RVO ergibt sich, dass die Vorschrift bezwecken sollte, nicht versicherungspflichtig Beschäftigte hinsichtlich der Beitragstragung mit versicherungspflichtig Beschäftigten zumindest wirtschaftlich gleichzustellen[30] und im Ergebnis damit den Zugang zu einer Krankenversicherung zu ermöglichen. Die Notwendigkeit einer Zuschussregelung zu den Krankenversicherungsbeiträgen freiwillig oder privat Krankenversicherter ergibt sich daraus, dass der Anspruch auf Tragung der hälftigen Beitragslast in § 249 Abs. 1 SGB V nur für Pflichtversicherte vorgesehen ist. Ohne eine entsprechende Zuschussregelung müssten nicht Pflichtversicherte ihre Krankenversicherungsbeiträge auch wirtschaftlich alleine tragen.

49 Die Regelungen zur Höhe des Zuschusses stellen sicher, dass einerseits der zuschussberechtigte Arbeitnehmer nicht besser gestellt wird als vergleichbar versicherungspflichtige Beschäftigte und andererseits die Belastung der Arbeitgeber durch die Begrenzung der Zuschusshöhe an der Beitragsbemessungsgrenze und dem durchschnittlichen Beitragssatz der gesetzlichen Krankenversicherung nicht über das Maß einer vergleichbaren gesetzlichen Krankenversicherung hinaus steigt.[31]

50 Die Abhängigkeit des Anspruches auf den Zuschuss von bestimmten strukturellen Voraussetzungen der privaten Krankenversicherung nach § 257 Abs. 2a und 2b SGB V stellt eine positive Sanktionierung derjenigen Beschäftigten dar, die sich „durch Abschluss einer gleichwertigen privaten Versicherung außerhalb des Systems der gesetzlichen Krankenversicherung versichert haben". Es bestehe ein „sozialpolitisches Interesse daran, das solche Verträge neben dem Leistungsangebot auch hinsichtlich bestimmter struktureller Kriterien mit der Qualität des Schutzes in der gesetzlichen Krankenversicherung vergleichbar sind".[32] Nach den weiteren Ausführungen in der Gesetzesbegründung ging es vor allem darum, ältere privat Versicherte vor überproportional hohen Beiträgen zu schützen. Dieser Schutz soll durch das Erfordernis der Bildung angemessener versicherungstechnischer Rückstellungen und das Angebot eines „günstigen" Standardtarifs erreicht werden.

51 Mit der Verpflichtung zu dem Angebot eines Standardtarifes als Voraussetzung für die Zuschussfähigkeit sollte eine Selbststeuerung der privaten Versicherungsunternehmen zur Beitragshöhenbegrenzung

[30] BT-Drs. 6/1297, S. 2.
[31] BT-Drs. 11/2237, S. 227.
[32] BT-Drs. 12/3608, S. 116.

angestoßen werden.[33] Die Vorschrift übt damit sowohl verbraucher- bzw. versichertenschützende Funktionen als auch (über die Zuschussfähigkeit) marktlenkende Funktionen auf die Versicherungsunternehmen aus. Versicherer, die die zuschussbegründenden Kriterien nicht erfüllen, würden sich wirtschaftlich das Marktsegment der anspruchsberechtigten Beschäftigten abschneiden. Versicherte, die Versicherungen ohne Erfüllung dieser Strukturkriterien abschlössen, würden ihren Anspruch auf einen Zuschuss verlieren.

Aus welchen Gründen der Gesetzgeber in § 257 Abs. 2a Nr. 2b und 2c SGB V auch den Schutz bereits dem Grunde nach nicht zuschussberechtigter Personengruppen in die Strukturanforderungen für eine zuschussfähige private Krankenversicherung aufgenommen hat, ist aus den Gesetzesmotiven nicht erkennbar (Personen, die nach beamtenrechtlichen Vorschriften oder Grundsätzen Anspruch auf Beihilfe haben, also Beamte oder Dienstordnungsangestellte und ältere Personen, denen durch das SGB V selbst der Zugang in die gesetzliche Krankenversicherung als Pflichtmitglieder oder freiwillige Mitglieder nach § 6 Abs. 3a SGB V verwehrt wird).[34] 52

Diese Regelungen stellen mittelbar eine Subventionierung eines Personenkreises dar, für den der Gesetzgeber nur zum Teil einen sozialen Schutz außerhalb der Sozialversicherung geschaffen hat, für deren Alimentation der Staat selbst im Regelfall nach den Grundsätzen des Berufsbeamtentums nach Art. 33 Abs. 5 GG zuständig ist. Die Regelungen zum Schutze außerhalb der Sozialversicherung stehender Personengruppen innerhalb des Beitragszuschusses sind ein systemfremdes Element, das im Ergebnis dazu führt, dass über die Beiträge des Beschäftigten bzw. den Beitragszuschuss des Arbeitgebers eine Quersubventionierung hinsichtlich der Beitragshöhe einer privaten Krankenversicherung von den abhängig Beschäftigten hin zu den beihilfeberechtigten Personen stattfindet. Die Zulässigkeit dieser Anforderungen an Unternehmen der privaten Krankenversicherung unterliegt daher unter dem Gesichtspunkt der Einbeziehung sachfremder Erwägungen unter dem verfassungsrechtlichen Gleichheitssatz erheblichen rechtlichen Bedenken, da zumindest über die Beitragshöhen der privaten Krankenversicherung mittelbar die Beschäftigten und deren Arbeitgeber belastet werden.[35] 53

2. Vereinbarkeit mit EU-Recht

Erheblichen europarechtlichen Bedenken begegnete zunächst die Einführung der so genannten Spartentrennung in § 257 Abs. 2a Nr. 5 SGB V im Jahr 1992. Diese wurde aufgrund von Bedenken der europäischen Kommission im Jahr 2000 für Versicherungsunternehmen im EU-Ausland zunächst modifiziert und dann nach einer Forderung der Kommission für nichtdeutsche Versicherungsunternehmen im EU-Ausland im Jahr 2002[36] wieder aufgehoben. 54

Wie sich aus dem Umkehrschluss des § 257 Abs. 2a Nr. 5 SGB V ergibt, kann der Zuschussberechtigte nunmehr bei Erfüllung der sonstigen Voraussetzungen der Absätze 2-2b auch einen Zuschuss für eine private Krankenversicherung, die ihren Sitz in einem Mitgliedstaat der EU hat, erhalten. 55

III. Rechtsnatur des Anspruches

Der Anspruch auf den Beitragszuschuss wurde zunächst vom BAG als arbeitsrechtlicher Anspruch des Angestellten qualifiziert.[37] Die nunmehr herrschende Meinung ordnet den Anspruch seit dem Beschluss des Gemeinsamen Senates der obersten Gerichtshöfe des Bundes vom 04.06.1974 zu § 405 RVO als **sozialversicherungsrechtlichen Anspruch des Zuschussberechtigten gegen den Zuschussverpflichteten** ein. Der Senat begründete die Zuordnung zum öffentlichen Recht unter anderem damit, dass die Stellung des Anspruches in einem sozialversicherungsrechtlichen Gesetz es nahe lege, die Verwendung der Begriffe Angestellte und Arbeitgeber (in § 405 RVO) im sozialversicherungsrechtlichen Sinne zu verstehen. Der Zuschuss zu den Krankenversicherungsbeiträgen als Regelungsgegenstand liege auf dem Gebiet der Sozialversicherung. „Die nach § 405 RVO begründeten Ansprüche sind hiernach, da sie hinsichtl. Voraussetzung und Rechtsfolge auf das Recht der Sozialversiche- 56

33 BT-Drs. 12/3608, S. 116; vgl. hierzu auch: *Schirmer* in: Schulin, Handbuch des Sozialversicherungsrechts, Bd. 1, § 14 Rn. 147.

34 Diese Anforderungen sind erst nach der Beschlussempfehlung des Ausschusses für Gesundheit in das Gesetzgebungsverfahren eingebracht worden: BT-Drs. 14/1977, S. 76 f bzw. 175 f.

35 Im Ergebnis so auch *Krauskopf* in: Krauskopf, § 257 Rn. 18, der nur Anforderungen für zulässig erachtet, die sich auch im Versicherungsverhältnis des Zuschussberechtigten auswirken können.

36 Vgl. hierzu Rn. 3, Rn. 8 und Rn. 131.

37 BAG v. 16.03.1972 - 5 AZR 423/71 - AP Nr. 1 zu § 405 RVO mit zustimmender Anmerkung *Neumann-Duesberg*.

rung verweisen und einem ihr eigentümlichen Sicherungszweck dienen, den Angelegenheiten der Sozialversicherung i.S. des § 51 Abs. 1 SGG und damit dem öffentlichen Recht zuzuordnen."[38] Dieser Einordnung ist sowohl das BAG[39] als auch die wohl herrschende Kommentarliteratur[40] zu § 257 SGB V gefolgt.

57 Diese Einordnung in das öffentliche Recht, die unter der Geltung der RVO aufgrund der Bezugnahme auf die Begriffe des Angestellten und des Arbeitgebers durchaus angezweifelt werden konnte, ist durch den Wortlaut der heutigen Vorschrift klarer geworden. § 257 SGB V geht vom Beschäftigtenbegriff bei der Feststellung der Zuschussberechtigung aus und verweist damit hinsichtlich der Anspruchsvoraussetzungen auf § 7 SGB IV. Die Beschäftigung ist zwar regelmäßig Ausfluss eines Arbeitsverhältnisses, unterliegt jedoch eigenen sozialrechtlichen Voraussetzungen. Hieran ändert auch nichts, dass sich Berechtigter und Verpflichteter des Anspruches gleichrangig gegenüberstehen und das klassische Über- und Unterordnungsverhältnis des öffentlichen Rechtes nicht vorliegt.[41] Es handelt sich um einen öffentlich-rechtlichen (sozialrechtlichen) Anspruch des Beschäftigten gegen seinen Arbeitgeber.

58 Diese Einordnung hat hinsichtlich ihrer Rechtsfolgen erhebliche Auswirkungen auf den Rechtsweg, die Dispositionsbefugnis und auch auf die Fälligkeit und die Verjährung des Anspruches, die aufgrund der rechtlichen Qualifizierung des Anspruchs dem Sozialrecht folgen müssen.

IV. Beitragszuschuss für freiwillig krankenversicherte Beschäftigte (Absatz 1)

1. Anspruchsberechtigte

59 Anspruchsberechtigt sind nach dem Wortlaut des § 257 Abs. 1 Satz 1 SGB V **Beschäftigte**, die nur wegen **Überschreitens der Jahresarbeitsentgeltgrenze versicherungsfrei** und **freiwillig in der gesetzlichen Krankenversicherung** (§ 9 SGB V) versichert sind.

60 **Umstritten** ist, ob darüber hinaus auch solche Beschäftigte anspruchsberechtigt sind, die zwar nach § 9 SGB V freiwillig krankenversichert sind, deren **Versicherungsfreiheit** jedoch **auf einem Antrag nach § 8 Abs. 1 Nr. 1 SGB V** beruht.

a. Versicherungsfreiheit nach § 6 Abs. 1 Nr. 1 SGB V

61 Ansatzpunkt für die Anspruchsberechtigung ist – jedoch nur vordergründig – der Beschäftigtenbegriff des § 7 SGB IV.[42] Der Kreis der dem Grunde nach Anspruchsberechtigten wird in § 257 Abs. 1 Satz 1 SGB V selbst mehrfach eingeschränkt. Zum einen durch einen Verweis auf die Versicherungsfreiheit des Beschäftigten wegen **Überschreitens der Jahresarbeitsentgeltgrenze (§ 6 Abs. 1 Nr. 1 SGB V)**, zum anderen durch die Verwendung der Formulierung „...**nur** wegen Überschreiten der Jahresarbeitsentgeltgrenze versicherungsfrei...".

62 Durch die Verwendung des Wortes „nur" werden diejenigen **Beschäftigten** von dem Anspruch auf den Beitragszuschuss **ausgeschlossen, die auch aus anderen Gründen von der Versicherungspflicht ausgeschlossen oder versicherungsfrei sind** (z.B. nach den Ausschlussgründen des § 5 Abs. 5 SGB V[43] oder den Gründen der Versicherungsfreiheit nach § 6 Abs. 1 Nr. 1a-8 und Abs. 3 SGB V[44]). Daher haben z.B. **Beamte**[45], **Ruhestandsbeamte**[46] oder **hauptberuflich Selbständige**[47] dem Grunde

[38] GmSOGB v. 04.06.1974 – GmS-OGB 2/73 - AP Nr. 3 zu § 405 RVO.

[39] BAG v. 01.06.1999 - 5 AZB 34/98 - juris Rn. 8 - AP Nr. 1 zu § 257 SGB V; BAG v. 21.01.2003 - 9 AZR 695/01 - juris Rn. 10 - BAGE 104, 289-294.

[40] Vgl. nur: *Krauskopf* in: Krauskopf, § 257 Rn. 3; *Wasem* in: Maaßen/Schermer, GKV-Komm, § 257 Rn. 22, *Knispel* in: Peters, KV, § 257 Rn. 50.

[41] BSG v. 08.10.1998 - B 12 KR 19/97 R - juris Rn. 20 - SozR 3-2500 § 257 Nr. 5.

[42] Zum Beschäftigungsbegriff umfassend: *Schlegel* in: jurisPK-SGB IV, § 7; vgl. auch die Kommentierung zu § 5 SGB V Rn. 16.

[43] Vgl. die Kommentierung zu § 5 SGB V Rn. 104 f.

[44] Zu den einzelnen Tatbeständen der Versicherungsfreiheit vgl. die Kommentierung zu § 6 SGB V Rn. 31 ff.

[45] BSG v. 10.03.1994 - 12 RK 37/93 - juris Rn. 9 - SozR 3-2500 § 257 Nr. 4; OVG NRW v. 26.05.1998 - 6 A 640/97 - juris Rn. 2 - ZTR 1998, 476-477.

[46] BSG v. 10.03.1994 - 12 RK 37/93 - juris Rn. 9 - SozR 3-2500 § 257 Nr. 4.

[47] BSG v. 10.03.1994 - 12 RK 12/93 - juris Rn. 13 - SozR 3-2500 § 257 Nr. 2.

nach keinen Anspruch auf einen Beitragszuschuss, auch wenn sie eine Beschäftigung ausüben, deren Entgelt über der Jahresarbeitsentgeltgrenze liegt.[48]

Positiv muss der Anspruchsberechtigte für den Anspruch auf den Beitragszuschuss zwei Voraussetzungen erfüllen: 63

1. Die grundsätzliche Versicherungspflicht des Beschäftigten nach § 5 SGB V.[49]
2. Die allein deshalb bestehende Versicherungsfreiheit des Angestellten oder Arbeiters, weil sein regelmäßiges Arbeitsentgelt die Jahresarbeitsentgeltgrenze nach § 6 Abs. 1 Nr. 1, Abs. 6 und 7 SGB V übersteigt.

b. Versicherungsfreiheit aus anderen Gründen

Eine **Regelungslücke** besteht für **Beitragszuschüsse freiwillig in einer gesetzlichen Krankenversicherung versicherter Beschäftigter**, die aufgrund **eines Antrages nach § 8 Abs. 1 SGB V von der Versicherungspflicht befreit** sind. Nach dem Wortlaut des § 257 Abs. 1 Satz 1 SGB V würden diese Beschäftigten keinen Beitragszuschuss zu einer feiwilligen Krankenversicherung erhalten können, obwohl in einer vergleichbaren Situation befindliche privat Krankenversicherte den Zuschuss nach § 257 Abs. 2 Satz 1 SGB V erhalten würden. **Abweichend vom Wortlaut der Vorschrift besteht jedoch auch für von der Versicherungspflicht befreite Beschäftigte ein Anspruch auf den Beitragszuschuss zur freiwilligen Krankenversicherung in analoger Anwendung des § 257 Abs. 1 SGB V.**[50] 64

Für einen Befreiungsantrag nach § 8 SGB V können auch dann gute Gründe sprechen, wenn der Beschäftigte (zunächst) als freiwilliges Mitglied in der gesetzlichen Krankenversicherung verbleibt. Er erhält sich damit die Option eines späteren Wechsels in die private Krankenversicherung, die ihm z.B. wegen Vorerkrankungen zum Zeitpunkt eines möglichen Befreiungsantrages noch verwehrt bleibt. 65

Die Regelungslücke für Beitragszuschüsse befreiter Beschäftigter ist entstanden, weil die Vorgängervorschriften zur Befreiung von der Versicherungsvorschrift (§§ 173a ff. RVO), anders als die heutige Regelung des § 8 SGB V, für die Befreiung von der Versicherungspflicht das Bestehen einer privaten Krankenversicherung zur Voraussetzung hatten und daher ein Beitragszuschuss rechtlich nur für privat Krankenversicherte in Betracht kommen konnte. Trotz der Öffnung der Befreiung von der Versicherungsfreiheit auf Antrag auch für weiterhin freiwillig Versicherte wurde bei der Überführung der Regelungen zum Beitragszuschuss von der RVO in das SGB V versäumt, dieser Änderung im System der Befreiung Rechnung zu tragen, obwohl ein Sachgrund für eine solche Unterscheidung beim Beitragszuschuss nicht erkennbar ist. 66

Eine wörtliche Anwendung des § 257 Abs. 1 Satz 1 SGB V würde eine erhebliche wirtschaftliche Benachteiligung der von der Versicherungspflicht befreiten freiwillig versicherten Beschäftigten nach sich ziehen, die dem Normzweck[51], der wirtschaftlichen Gleichstellung und damit der wirtschaftlichen Sicherstellung eines Zuganges zu einer Krankenversicherung, zuwiderliefe. Daher sind die Regelungen der Beitragszuschüsse entsprechend auch für die Beiträge zu einer freiwilligen gesetzlichen Krankenversicherung für auf Antrag von der Versicherungspflicht Befreite anzuwenden.[52] 67

Die wohl überwiegende Ansicht in der Literatur lehnt eine solche entsprechende Anwendung des § 257 Abs. 1 Satz 1 SGB V jedoch mit Hinweis auf den Wortlaut der Vorschrift ab.[53] *Peters* führt dazu aus, dass die Versicherten, die einen Beitragszuschuss erhalten wollten, von einem Befreiungsantrag absehen könnten und so versicherungspflichtig blieben.[54] Aufgrund des Normzwecks ist eine solche nur am Wortlaut orientierte Auslegung jedoch abzulehnen. 68

c. Freiwillige Krankenversicherung

Letzte Voraussetzung für das Bestehen der Anspruchsberechtigung nach § 257 Abs. 1 Satz 1 SGB V ist das Bestehen einer freiwilligen Krankenversicherung. Der Versicherte muss daher in einer der in § 4 Abs. 2 SGB V genannten Krankenkassen freiwilliges Mitglied sein. Grundlage für eine freiwillige Mit- 69

---

48 BSG v. 10.03.1994 - 12 RK 37/93 - juris Rn. 9 - SozR 3-2500 § 257 Nr. 4.

49 *Gerlach* in: Hauck/Noftz, SGB V, § 257 Rn. 14.

50 Wie hier: *Krauskopf* in: Krauskopf, § 257 SGB V Rn. 7; *Gerlach* in: Hauck/Noftz, SGB V, § 257 Rn. 16.

51 Vgl. Rn. 48 ff.

52 *Krauskopf* in: Krauskopf, § 257 SGB V Rn. 7.

53 *Knispel* in: Peters, KV, § 257 Rn.14; *Peters* in: KassKomm, SGB V, § 257 Rn. 5; *Hungenberg*, WzS 1997, 321, 322; *Wasem* in: Maaßen/Schermer, GKV-Komm, § 257 Rn. 4; i.E. wohl auch *Engelhard* in: Schulin, Handbuch des Sozialversicherungsrechts, Bd. 1, § 54 Rn. 384/385.

54 *Peters* in: KassKomm, SGB V, § 257 Rn. 5.

gliedschaft können neben § 9 SGB V auch andere Regelungen sein.[55] Insbesondere die bereits vor In-Kraft-Treten des SGB V freiwillig krankenversicherten Beschäftigten zählen ebenfalls zum anspruchsberechtigten Personenkreis nach § 257 Abs. 1 SGB V.[56]

2. Anspruchsverpflichteter

70 Zur Zahlung des Anspruchs Verpflichteter ist der Arbeitgeber des Beschäftigten bzw. bei Bestehen mehrerer Beschäftigungsverhältnisse die verschiedenen Arbeitgeber, vgl. Rn. 79 ff. Dies ist der Arbeitgeber, der bei Versicherungspflicht des Beschäftigten die Beiträge nach § 249 Abs. 1 SGB V zu tragen hätte.[57] Arbeitgeber ist derjenige, der einen anderen als Arbeitnehmer beschäftigt.[58]

3. Anspruchshöhe

a. Anspruchshöhe nach dem In-Kraft-Treten des GKV-WSG

71 Nach der Neuregelung der Anspruchshöhe durch das GKV-WSG ab dem 01.04.2007 beträgt der Beitragszuschuss für freiwillig in der gesetzlichen Krankenversicherung Versicherte die Hälfte des Beitrages, der bei Anwendung des allgemeinen Beitragssatzes nach § 241 SGB V für Pflichtversicherte zu zahlen wäre. Für die Berechnung des Beitragszuschusses wird der allgemeine Beitragssatz um den zusätzlichen Beitragssatz von 0,9 Beitragssatzpunkten nach § 241a SGB V vermindert. Im Ergebnis erhalten freiwillig versicherte Beschäftigte damit einen Beitragszuschuss, der dem Betrag des Arbeitgeberanteils zur gesetzlichen Krankenversicherung entspricht.

b. Regelung der Anspruchshöhe bis zum 31.03.2007

72 Die bis zum In-Kraft-Treten des GKV-WSG (01.04.2007) bestehende Regelung zur Berechnung der Zuschusshöhe konnte, insbesondere nach den Änderungen durch das GKV-Modernisierungsgesetz[59], nur als **verfehlt** bezeichnet werden. Die Höhe des Beitragszuschusses soll sich nach § 257 Abs. 1 Satz 1 SGB V an der Höhe des Beitrages, den der Versicherte zahlt, bzw. bei Versicherungspflicht zu zahlen hätte, bemessen. Diese Anknüpfung an die Versicherungspflicht soll sicherstellen, dass weder Arbeitgeber noch Arbeitnehmer hinsichtlich der Höhe der Beiträge von der freiwilligen Versicherung profitieren. **Die Höhe des Zuschusses unterliegt dabei einer zweifachen Begrenzung.**

c. Hypothetische Beitragspflicht

73 Nach dem **Wortlaut** erhalten Beschäftigte die Hälfte des Beitrages, den der Arbeitgeber für einen vergleichbaren versicherungspflichtig Beschäftigten bei derselben Krankenkasse zu tragen hätte. Dies würde rechnerisch unter Heranziehung der Grundsätze der Beitragstragung nach § 249 Abs. 1 SGB V bedeuten, dass der freiwillig versicherte Arbeitnehmer die Hälfte des Arbeitgeberanteiles, mithin nur ein **Viertel des Beitrages als Beitragszuschuss** erhalten würde.

74 Gemeint ist jedoch, dass der Arbeitgeber die **Hälfte des Beitrages** als Beitragszuschuss zu zahlen hat, der sich bei **Versicherungspflicht des Arbeitnehmers in derselben Krankenversicherung ergeben würde.**[60]

75 Zu beachten ist hier, dass sich die Veränderung der Beitragssätze durch das Gesetz zur Anpassung der Finanzierung von Zahnersatz[61] ab dem 01.07.2005 auch auf die Beitragszuschüsse freiwillig versicherter Beschäftigter auswirkt. Auch freiwillig Versicherte haben **den zusätzlichen Beitragssatz** in Höhe von 0,9 v.H. **nach § 241a Abs. 1 SGB V allein zu tragen. Dieser ist nicht zuschussfähig im Sinne des § 257 Abs. 1 Satz 1 SGB V.**[62]

---

55 *Knispel* in: Peters, KV, § 257 Rn.16.

56 *Krauskopf* in: Krauskopf, § 257 SGB V Rn. 6.

57 *Gerlach* in: Hauck/Noftz, SGB V, § 257 Rn. 21.

58 BSG v. 20.12.1963 - 3 RK 31/58 - BSGE 18, 190, 196; Schleswig-Holsteinisches LSG v. 09.06.1978 - L 1 Kr 11/77 - DOK 1978, 837.

59 Gesetz vom 14.11.2003, BGBl I 2003, 2190 i.d.F. des Gesetzes vom 15.12.2004, BGBl I 2004, 3445.

60 *Peters* in: KassKomm, SGB V, § 257 Rn. 6; *Gerlach* in: Hauck/Noftz, SGB V, § 257 Rn. 40; *Engelhard* in: Schulin, Handbuch des Sozialversicherungsrechts, Bd. 1, § 54 Rn. 397; vgl. hierzu auch das Rundschreiben der Spitzenverbände der Sozialversicherungsträger vom 26.04.2005, Ziff. 3.10, S. 17.

61 Gesetz vom 15.12.2004, BGBl I 2004, 3445.

62 Siehe auch Gesetzesbegründung BT-Drs. 15/1525, S. 140; Rundschreiben der Spitzenverbände der Sozialversicherungsträger vom 26.04.2005, Ziff. 3.10, S. 17.

d. Begrenzung auf die Hälfte der tatsächlich gezahlten Beiträge

Die Höhe des Beitragszuschusses nach der hypothetischen Betrachtungsweise wird dadurch einer weiteren Begrenzung unterworfen, dass maximal die **Hälfte der Beiträge** als Zuschuss gezahlt wird, die der Beschäftigte **tatsächlich zu zahlen** hat. Diese zweite Begrenzung ist deshalb von Bedeutung, da die Satzungen der Krankenkassen nach § 44 Abs. 2 SGB V vorsehen können, den Anspruch auf Krankengeld auszuschließen oder erst zu einem späteren Zeitpunkt beginnen zu lassen.[63] Diese Verminderungen des Leistungsumfanges führen dann zur **Ermäßigung des Beitragssatzes nach § 243 Abs. 1 SGB V** und damit zu einer Verringerung des Beitrages. In diesen Fällen ist daher nur der verringerte Beitrag zuschussfähig nach § 257 Abs. 1 Satz 1 SGB V. Der Arbeitgeber hätte als Beitragszuschuss daher nur die Hälfte des Beitrages nach dem verminderten Beitragssatz zu leisten.[64] 76

Zu beachten ist auch hier, dass der **zusätzliche Beitragssatz** nach § 241a Abs. 1 SGB V **vom Beschäftigten allein zu tragen**, mithin nicht zuschussfähig ist. 77

Der **Wortlaut der Vorschrift** ist hier mehr als verwirrend. Vor den Änderungen durch das GKV-Modernisierungsgesetz[65] lautete der betreffende Teil der Vorschrift in seiner bis zum 30.06.2005 geltenden Fassung: „... höchstens jedoch die Hälfte des Betrages, den sie tatsächlich zu zahlen haben". Damit wurde dem Umstand verschiedener möglicher Beitragssätze, insbesondere dem des ermäßigten Beitragssatzes, Rechnung getragen. Nach der Änderung lautet die Vorschrift jedoch: „ ...höchstens jedoch die Hälfte des Betrages, den sie bei Anwendung des allgemeinen Beitragssatzes zu tragen haben". Nach der Gesetzesbegründung sollte die Änderung dazu dienen, „dass bei Berechnung des Arbeitgeberzuschusses der vom freiwillig Versicherten zu tragende zusätzliche Beitrag (§ 241a) bei der Berechnung der Höhe des Zuschusses nicht berücksichtigt wird".[66] Die wörtliche Anwendung dieser Änderung würde dazu führen, dass freiwillig Versicherte auch dann Zuschüsse nach dem allgemeinen Beitragssatz erhalten würden, wenn sie tatsächlich Beiträge nach dem verminderten Beitragssatz zu entrichten hätten. Sie würden damit gegenüber den anderen Beschäftigten bessergestellt werden. Es erscheint eher so, dass der Zusatz „allgemeiner Beitragssatz" vom Gesetzgeber in fehlerhafter Weise in die zweite Begrenzung und nicht – wie es richtig gewesen wäre – in die erste eingefügt wurde. **Die Vorschrift ist daher am Gesetzeszweck orientiert so auszulegen, dass maximal die Hälfte der tatsächlich gezahlten Beiträge als Zuschuss gezahlt werden muss.**[67] Anderenfalls würde die zweifache Begrenzung keinen Zweck mehr erfüllen. 78

4. Mehrfachbeschäftigung (Satz 2)

Sonderregelungen bestehen für die Tragung der Beitragszuschüsse mehrfachbeschäftigter freiwillig Versicherter. Sobald ein freiwillig versicherter Beschäftigter in demselben Zeitraum mehrere Beschäftigungen ausübt, sind grundsätzlich die Arbeitgeber beider Beschäftigungen Verpflichtete des Beitragszuschusses nach § 257 Abs. 1 SGB V. Der Zuschuss ist jedoch nicht für die jeweilige Tätigkeit in voller Höhe zu zahlen, sondern von jedem Arbeitgeber nur anteilig. Der jeweilige Beitragsanteil berechnet sich nach dem Verhältnis der jeweiligen Arbeitsentgelte. Dies soll dazu dienen, dass der Beschäftigte nicht aufgrund mehrerer Tätigkeiten höhere Beitragszuschüsse erhält, die die Hälfte seines Beitrages übersteigen.[68] 79

Wenn daher in einem **Beispiel** ein Arbeitnehmer in der Beschäftigung A ein Entgelt von 7.500 € mtl. und in der Beschäftigung B ein Entgelt von 2.500 € mtl. bezieht, beträgt das Verhältnis des Beitragszuschusses, der sich nach § 257 Abs. 1 Satz 1 SGB V berechnet, ¾ zu ¼. Im Ergebnis muss daher der Arbeitgeber A ¾ des (Gesamt-)Beitragszuschusses und der Arbeitgeber B ¼ des (Gesamt-)Beitragszuschusses zahlen. 80

Die anteilige Beitragstragung kann jedoch dann **nicht gelten**, wenn es sich bei einer der Beschäftigungen um eine **geringfügige Beschäftigung im Sinne des § 8 Abs. 1 Nr. 1 SGB IV** handelt.[69] Im Ergeb- 81

---

[63] Zur Anwendung des verminderten Beitragssatzes in der Freistellungsphase der Altersteilzeit im Blockmodell: BSG v. 25.08.2004 - B 12 KR 22/02 R - SozR 4-2500 § 243 Nr. 1.

[64] Siehe hierzu auch: *Engelhard* in: Schulin, Handbuch des Sozialversicherungsrechts, Bd. 1, § 54 Rn. 398; *Wasem* in: Maaßen/Schermer, GKV-Komm, § 257 Rn. 6.

[65] Gesetz vom 14.11.2003, BGBl I 2003, 2190 i.d.F. des Gesetzes vom 15.12.2004, BGBl 2004, 3445.

[66] BT-Drs. 15/1525, S. 140.

[67] Im Ergebnis so auch Rundschreiben der Spitzenverbände der Sozialversicherungsträger vom 26.04.2005, Ziff. 3.10, S. 17, ohne jedoch auf das Problem einzugehen.

[68] Siehe hierzu z.B. *Knispel* in: Peters, KV, § 257 Rn. 41; *Hungenberg*, WzS 1997, 321, 328.

[69] Anderer Ansicht aber *Krauskopf* in: Krauskopf, § 257 SGB V Rn. 9, der die anteilige Zuschusstragung auch bei geringfügiger Mehrfachbeschäftigung anwenden will.

nis würde eine Ausdehnung der Zuschusspflicht auf Arbeitgeber freiwillig versicherter geringfügig Beschäftigter mit Anspruch auf einen Beitragszuschuss dazu führen, dass der Arbeitgeber der geringfügigen Beschäftigung mit einer doppelten Beitragslast belastet würde. Auf der einen Seite müsste er den Beitrag nach § 249b SGB V tragen und auf der anderen Seite einen anteiligen Beitragszuschuss nach § 257 Abs. 1 Satz 2 SGB V. Er würde damit gegenüber Arbeitgebern privat krankenversicherter Beschäftigter in der gleichen Situation benachteiligt werden, die keinen Zusatzbeitrag nach § 249b SGB V entrichten müssen.[70] Das BSG hat in seiner Entscheidung vom 16.12.2003 so genannte „Doppelbeitragslösungen" im Hinblick auf den allgemeinen Gleichheitssatz des Art. 3 Abs. 1 GG als bedenklich angesehen, da die Gesamtbelastung des Arbeitsentgelts mit Beiträgen in keinem angemessenen Verhältnis mehr steht.[71] Als vorrangig wurde der Arbeitgeberbeitrag nach § 249b SGB V angesehen. Die Norm enthalte eine in sich abgeschlossene Regelung über die Beitragserhebung aus Arbeitsentgelt aus einer entgeltgeringfügigen Beschäftigung, dem Pauschalbeitrag des Arbeitgebers komme daher ein Vorrang zu.[72] Die Übertragung dieser vom BSG aufgestellten Grundsätze auf die anteilige Teilung des Beitragszuschusses durch verschiedene Arbeitgeber nach § 257 Abs. 1 Satz 2 SGB V kann nur dazu führen, dass der Arbeitgeber der geringfügigen Beschäftigung nach § 8 Abs. 1 Nr. 1 SGB IV nur den Beitrag nach § 249b SGB V zu tragen hat, für ihn die Grundsätze der anteiligen Tragung des Zuschusses damit nicht gelten. Auf der anderen Seite führt dies für den Arbeitgeber der anderen beitragszuschusspflichtigen Beschäftigung dazu, dass er den Beitragszuschuss allein zu tragen hat. Dieses Ergebnis kann damit, wie auch das BSG in seiner Entscheidung ausgeführt hat, ebenfalls nicht vollständig befriedigen, ist wohl aber auf eine politische Überlegung des Gesetzgebers zurückzuführen.[73]

5. Sonderfall Bezug von Kurzarbeiter- und Winterausfallgeld (Satz 3)

82 Sonderregelungen gelten für die Höhe des Beitragszuschusses freiwillig Versicherter beim Bezug von Kurzarbeitergeld nach den §§ 169 ff. SGB III. Beim Bezug dieser Entgeltersatzleistung ist **zusätzlich zu dem Beitragszuschuss nach § 257 Abs. 1 Satz 1** die Hälfte des Beitrages als **Zusatzbeitrag zu entrichten**, den der Arbeitgeber als Beitrag für Kurzarbeitergeld bei Versicherungspflicht des Beschäftigten zu tragen hätte. Der Verweis von § 257 Abs. 1 Satz 3 SGB V auf § 249 Abs. 2 Nr. 3 SGB V ist offenbar ein gesetzgeberisches Versäumnis. Der frühere § 249 Abs. 2 Nr. 3 SGB V, der die Beitragstragung bei diesen Entgeltersatzleistungen regelte, wurde durch Streichung der Nr. 1 und 2 zum jetzigen § 249 Abs. 2 SGB V[74], der Gesetzgeber hat offenkundig vergessen, diese Änderung in § 257 SGB V nachzuvollziehen.

83 Die **Berechnung des Beitragszuschusses nach § 257 Abs. 1 Satz 1 SGB V** erfolgt aus dem durch die Kurzarbeit verminderten Arbeitsentgelt und dem fiktiven Arbeitsentgelt (§ 232a SGB V), das dem Kurzarbeitergeld zugrunde gelegt wird[75] (dem Unterschiedsbetrag aus dem „Sollentgelt" und dem „Istentgelt" im Sinne des § 179 Abs. 1 Sätze 2 und 3 SGB III). Die **Berechnung des Zusatzbeitrages** ergibt sich, wie auch für Pflichtversicherte, auf Grundlage von § 232a Abs. 1 Nr. 1 SGB V. Dabei wird als Bemessungsgrundlage für den Krankenversicherungsbeitrag bzw. den zusätzlichen Beitragszuschuss eine hypothetische beitragspflichtige Einnahme festgelegt.[76] Im Ergebnis beträgt damit der Gesamtzuschuss die Höhe eines vollen Beitrages, der sich aus dem fiktiven Entgelt errechnet.[77]

V. Privat krankenversicherte Beschäftigte (Absatz 2)

84 Die Anspruchsberechtigung und Berechnung der Beitragszuschüsse privat krankenversicherter Beschäftigter folgt grundsätzlich dem gleichen Prinzip wie die der Beitragszuschüsse für freiwillig versicherte Beschäftigte. Neben der Erfüllung der Voraussetzungen der Anspruchsberechtigung durch den Beschäftigten in § 257 Abs. 2 SGB V ist weitere Voraussetzung für die Zahlung des Zuschusses an den Berechtigten, dass die private Krankenversicherung bestimmte strukturelle Kriterien nach § 257 Abs. 2a SGB V erfüllt.

---

70 Zum Problemfeld der doppelten Beitragsbelastung umfassend *Peters* in: KassKomm, SGB V, § 249b Rn. 13 ff.

71 BSG v. 16.12.2003 - B 12 KR 20/01 R - juris Rn. 17 - SozR 4-2500 § 240 Nr. 2.

72 BSG v. 16.12.2003 - B 12 KR 20/01 R - juris Rn. 14 und 19 - SozR 4-2500 § 240 Nr. 2.

73 BSG v. 16.12.2003 - B 12 KR 20/01 R - juris Rn. 21 - SozR 4-2500 § 240 Nr. 2.

74 Gesetz v. 24.07.2003, BGBl I 2003, 1526.

75 BT-Drs. 13/6845, S. 360.

76 Vgl. hierzu die Kommentierung zu § 232a SGB V Rn. 37 f.

77 *Knispel* in: Peters, KV, § 257 Rn. 43.

1. Anspruchsberechtigte

Die Gruppe der Anspruchsberechtigten nach § 257 Abs. 2 Satz 1 SGB V teilt sich dem Grunde nach in **drei Gruppen von Beschäftigten** auf: 85

a. Versicherungsfreiheit wegen Überschreitens der Beitragsbemessungsgrenze

Anspruchsberechtigt sind, wie auch nach Absatz 1, diejenigen Beschäftigten, die **nur wegen Überschreitens der Beitragsbemessungsgrenze nach § 6 Abs. 1 Nr. 1, Abs. 6 und 7 SGB V versicherungsfrei** sind. Insoweit kann auf die obigen Ausführungen verwiesen werden (Rn. 61 ff.). Von der Anspruchsberechtigung nicht erfasst sind daher auch beim Beitragszuschuss zu einer privaten Krankenversicherung Beschäftigte, die auch aus anderen Gründen versicherungsfrei bzw. von der Versicherungspflicht ausgeschlossen sind (z.B. Beamte, Ruhestandsbeamte oder hauptberuflich Selbständige). Die Anspruchsberechtigung setzt voraus, dass zwei Voraussetzungen erfüllt sind, die grundsätzliche **Versicherungspflicht des Beschäftigten nach § 5 SGB V** und die **allein deshalb bestehende Versicherungsfreiheit**, weil das **regelmäßige Arbeitsentgelt die Jahresarbeitsentgeltgrenze übersteigt.** 86

b. Versicherungsfreiheit nach § 6 Abs. 3a SGB V

Einbezogen in den Kreis der Anspruchsberechtigten sind grundsätzlich auch diejenigen Personen, die nach § 6 Abs. 3a SGB IV versicherungsfrei sind. Dies sind diejenigen Beschäftigten, deren Arbeitsentgelt die Jahresarbeitsentgeltgrenze zwar nicht (mehr) überschreitet, denen jedoch aufgrund ihres Lebensalters (55 Jahre) und ihrer Vorversicherungszeiten in der privaten Krankenversicherung ein Zugang in die gesetzliche Krankenversicherung verwehrt ist.[78] Die Regelung stellt sicher, dass auch dieser Beschäftigtenkreis, dem aufgrund seines fehlenden Vorbezuges zur gesetzlichen Krankenversicherung der Zugang zur gesetzlichen Krankenversicherung versagt ist, auch dann Anspruch auf den Zuschuss hat, wenn sein Arbeitsentgelt die Jahresarbeitentgeltgrenze nicht mehr übersteigt.[79] 87

c. Von der Versicherungspflicht Befreite

Dem Grunde nach anspruchsberechtigt sind auch diejenigen Beschäftigten, die von der Versicherungspflicht befreit sind. Hier ist insbesondere an diejenigen Beschäftigten zu denken, deren Befreiung auf einem **Antrag nach § 8 SGB V** beruht.[80] Weiterhin zählen auch diejenigen Beschäftigten dazu, die nach der **Übergangsvorschrift des Art. 57 des GRG** von der Versicherungspflicht befreit sind.[81] 88

Darüber hinaus sind auch diejenigen Beschäftigten, die aufgrund der in § 405 Abs. 2 RVO genannten Vorschriften von der Versicherungspflicht befreit wurden, grundsätzlich anspruchsberechtigt. Aus Gründen der Gleichbehandlung gehören zum Kreis der Anspruchsberechtigten auch diejenigen Beschäftigten, die vor In-Kraft-Treten des SGB V aus anderen Gründen von der Versicherungspflicht befreit waren und die sich auch nach § 8 SGB V von der Versicherungspflicht hätten befreien lassen können.[82] 89

d. Angehörige

Die **Angehörigen** von Anspruchsberechtigten haben **keinen eigenen Anspruch** auf einen Beitragszuschuss. Die anspruchsberechtigten Beschäftigten (vgl. Rn. 86 ff.) haben aber Anspruch auf den Beitragszuschuss für in demselben oder in einem eigenen Versicherungsvertrag versicherte Angehörige, die bei Bestehen einer Versicherungspflicht in einer gesetzlichen Krankenversicherung nach § 10 SGB V familienversichert wären.[83] 90

2. Anspruchsverpflichtete

Anspruchsverpflichteter ist der Arbeitgeber des Beschäftigten, bzw. bei Bestehen mehrerer Beschäftigungsverhältnisse die verschiedenen Arbeitgeber, vgl. hierzu Rn. 70, d.h. derjenige, der bei Versicherungspflicht des Beschäftigten die Beiträge nach § 249 Abs. 1 SGB V zu tragen hätte. 91

---

[78] Hierzu ausführlich die Kommentierung zu § 6 SGB V Rn. 56 ff.

[79] *Gerlach* in: Hauck/Noftz, SGB V, § 257 Rn. 15a.

[80] Vgl. hierzu umfassend die Kommentierung zu § 8 SGB V.

[81] Gesundheits-Reformgesetz – GRG vom 20.12.1988, BGBl I 1988, 2477.

[82] *Krauskopf* in: Krauskopf, § 257 SGB V Rn. 11.

[83] *Peters* in: KassKomm, SGB V, § 257 Rn. 13; *Gerlach* in: Hauck/Noftz, SGB V, § 257 Rn. 27.

3. Krankenversicherung

a. Bestehen eines privaten Versicherungsvertrages

92 Der Anspruch setzt das Bestehen einer **privaten Krankenversicherung** voraus, aus der der Anspruchsberechtigte für **sich selbst und seine Angehörigen**[84] **Leistungen** beanspruchen kann, die in ihrer **Art** denen **des SGB V entsprechen** („Entsprechensklausel").

b. Entsprechensklausel – Umfang des Versicherungsschutzes

93 Die **Entsprechensklausel** bedeutet **nicht**, dass eine **vollständige Identität** der Leistungen einer privaten Krankenversicherung mit denen der gesetzlichen Krankenversicherung vorliegen muss. In der Gesetzesbegründung wurde ausgeführt, dass sichergestellt werden sollte, dass „Aufwendungen für private Krankenversicherungen zuschussfähig sind, soweit diese Leistungen gewähren, die das SGB V vorsieht. Eine Absicherung des gesamten Leistungskataloges nach dem SGB V ist also nicht erforderlich; dem Beschäftigten bleibt es vielmehr überlassen, welche Leistungen er im Einzelnen absichern will".[85] Dieses Ziel spiegelt sich auch im Wortlaut der Vorschrift wider, die ausdrücklich nur auf die „Art" der Leistungen verweist und nicht auch auf deren Umfang bzw. die Höhe. Damit sind auch Versicherungen zuschussfähig, die nur Bruchteile der Krankheitskosten absichern[86] (z.B. nur einen Anteil von 50% der Krankheitskosten) oder finanzielle Selbstbehalte vorsehen. Im Gegenzug wird auch die Zuschussfähigkeit dadurch nicht beeinträchtigt, dass die Höhe der Erstattungsleistungen einer privaten Krankenversicherung den Umfang der gesetzlichen Krankenversicherung übersteigt.

94 Als **Mindestmaß für die abgesicherten Risiken** ist daher zu fordern, dass die private Krankenversicherung **eine Leistungsart** absichert, die auch die **gesetzliche Krankenversicherung vorsieht.**[87] Es bestehen Parallelen zum Begriff der „substitutiven Krankenversicherung" in § 12 VAG, der im Versicherungsaufsichtsrecht Versicherungen umfasst, die geeignet sind, die gesetzliche Krankenversicherung ganz oder teilweise zu ersetzen.[88] Der Leistungsumfang kann, wie dies auch regelmäßig der Fall ist, über dem Niveau der gesetzlichen Krankenversicherung liegen.[89] **Nicht ausreichend** für die Zuschussfähigkeit einer privaten Krankenversicherung ist die **Absicherung reiner Zusatzleistungen**, die auch von den Leistungen der gesetzlichen Krankenversicherung nicht erfasst werden.

95 Auch das Bestehen **mehrerer privater Krankenversicherungsverträge** kann den Anspruch auf den Beitragszuschuss nach § 257 Abs. 2 SGB V auslösen, hier ist das Versicherungskonvolut dem Grunde nach zuschussfähig.[90] Voraussetzung hierfür ist allerdings, dass keine doppelte Absicherung einzelner Leistungsarten erfolgt, sofern verschiedene Leistungsarten abgesichert sind. In der Praxis bestehen häufig verschiedene Krankenversicherungsverträge (ggf. auch bei verschiedenen Versicherungsunternehmen), die **unterschiedliche Leistungsarten** betreffen, wie z.B. Versicherungen für ambulante/stationäre Krankheitskosten, Zahnbehandlungen, Krankenhaus- oder Krankentagegeld. Die Zuschusshöhe richtet sich auch bei Bestehen mehrerer Verträge nach den Maximalregelungen nach § 257 Abs. 2 Sätze 2 und 3 SGB V.

96 Das Bestehen z.B. mehrerer (verschiedener) Krankheitskostenvollversicherungen mit dem Ziel, Erstattungsleistungen über den tatsächlichen Aufwendungen zu erhalten, löst hingegen höchstens den Anspruch auf den Zuschuss zu einer der Versicherungen aus. **Doppelabsicherungen von Versicherten bzw. einzelnen Risiken sollen nicht zu einer erhöhten Zuschusspflicht des Arbeitgebers führen**[91] und damit wirtschaftlich einen „überversicherten" Beschäftigten besser stellen als ein Mitglied einer gesetzlichen Krankenversicherung.

---

[84] Das sind diejenigen Angehörigen des Anspruchsberechtigten, die bei einer Versicherungspflicht nach § 10 SGB V familienversichert wären, vgl. Rn. 90.

[85] BT-Drs. 11/3480, S. 65, Begründung zu § 266 GRG-E.

[86] BSG v. 08.10.1998 - B 12 KR 19/97 R - juris Rn. 15 - SozR 3-2500 § 257 Nr. 5.

[87] *Gerlach* in: Hauck/Noftz, SGB V, § 257 Rn. 27 mit Verweis auf BSG v. 05.10.1977 - 3 RK 62/75 - SozR 2200 § 405 Nr. 8.

[88] *Präve* in: Prölss, VAG, § 12 Rn. 11 ff., insbesondere Rn. 13.

[89] *Gerlach* in: Hauck/Noftz, SGB V, § 257 Rn. 52.

[90] *Gerlach* in: Hauck/Noftz, SGB V, § 257 Rn. 52; *Krauskopf* in: Krauskopf, § 257 SGB V Rn. 12, beide mit Verweis auf BSG v. 05.10.1977 - 3 RK 62/75 - SozR 2200 § 405 Nr. 8, zu § 405 RVO (Leitsatz 1).

[91] BAG v. 21.01.2003 - 9 AZR 695/01 - juris Rn. 23 - BAGE 104, 289-294 mit Verweis auf BSG v. 29.06.1993 - 12 RK 9/92 - SozR 3-2500 § 257 Nr. 1.

c. Versicherungsschutz für den Beschäftigten und seine Angehörigen

Weitere Voraussetzung des Beitragszuschusses ist das Bestehen des **Krankenversicherungsschutzes für den Anspruchsberechtigten und** seine **Angehörigen**, die bei Versicherungspflicht **nach § 10 SGB V familienversichert** wären. Im Umkehrschluss bedeutet dies, dass der Berechtigte keinen Anspruch auf den Beitragszuschuss hat, wenn seine der hypothetischen Familienversicherung unterliegenden Angehörigen keinen Versicherungsschutz genießen.[92] 97

Die Erfüllung dieser Voraussetzung für den anspruchsberechtigten Beschäftigten selbst wirft regelmäßig keine Probleme auf. Er selbst ist Versicherungsnehmer, und auf ihn ist der Versicherungsvertrag bezogen. 98

Das Erfordernis des Bestehens des Versicherungsschutzes für Angehörige setzt voraus, dass diese bei einer hypothetischen Mitgliedschaft des Anspruchsberechtigten familienversichert nach § 10 SGB V wären. Hierbei müssen die **Voraussetzungen der Familienversicherung nach § 10 SGB V** vorliegen.[93] Erfasst werden damit im Wesentlichen der Ehe- oder Lebenspartner, die Kinder sowie auch Stief- oder Pflegekinder. Zu beachten ist, dass auch hier der **Ausschlusstatbestand des § 10 Abs. 3 SGB V**[94] dazu führt, dass Kinder dann nicht in einen privaten Versicherungsschutz einbezogen zu sein brauchen, wenn das Einkommen des Ehepartners die Einkommensgrenze übersteigt. 99

Das Versicherungserfordernis für Angehörige kann in der Praxis Probleme aufwerfen, weil das Privatversicherungsrecht, anders als die Familienversicherung nach § 10 SGB V, als Spiegelbild zu den Anforderungen für den Beitragszuschuss keine automatische Mitversicherung Angehöriger kennt. Auch ein genereller Kontrahierungszwang des Versicherungsunternehmens für Angehörige besteht nicht. Als Ausnahmeregelung besteht im Privatversicherungsrecht ein Kontrahierungszwang für die Einbeziehung Neugeborener oder Adoptivkinder in den privaten Krankenversicherungsvertrag, § 178d VVG.[95] Der dem Grunde nach Anspruchsberechtigte muss daher, um den Anspruch auf den Zuschuss zu erwerben, seine Angehörigen in seinen eigenen Vertrag mit einbeziehen oder für sie eigene Absicherungen schaffen. 100

Hierbei zu fordern, dass die Angehörigen in den Vertrag des Anspruchsberechtigten mit einbezogen sein müssen, greift zu eng.[96] Aufgrund eines fehlenden Kontrahierungszwanges mit Angehörigen oder einer gesetzlichen Ausdehnung des Versicherungsvertrages auf diese würde der Anspruch auf den Beitragszuschuss vom Vertragsabschlussverhalten des Krankenversicherungsunternehmens abhängig. Eine Ablehnung des Versicherungsschutzes von Angehörigen durch die Versicherung, z.B. aus Risikoerwägungen, würde bei einer engen Auslegung dazu führen, dass der Beschäftigte sogar seinen eigenen Anspruch auf den Beitragszuschuss verliert. Dies würde dem Schutzzweck des Beitragszuschusses, der gerade die Einbeziehung in ein Sicherungssystem ermöglichen soll, zuwiderlaufen. 101

Für den Anspruch auf den Beitragszuschuss ausreichend, aber nach dem Gesetzeswortlaut auch notwendig, ist vielmehr das **Bestehen eines Krankenversicherungsschutzes der Angehörigen**. Dies kann in einem Versicherungsverhältnis beim gleichen Versicherungsunternehmen, bei einem anderen oder sogar durch eine freiwillige Versicherung der Angehörigen erfolgen.[97] De **lege ferenda** ist jedoch zu fordern, dass der Gesetzgeber die Einbeziehung Angehöriger zumindest in den Anforderungen an die Förderfähigkeit einer Versicherung entsprechend den Anforderungen in § 257 Abs. 2a Satz 1 Nr. 2-2b SGB V regelt, um diesen Widerspruch zwischen Vertragsrecht und Anspruchsvoraussetzungen aufzulösen. 102

4. Höhe des Zuschusses (Sätze 2 und 3)

Die **Höhe des Arbeitgeberzuschusses** zu einer privaten Krankenversicherung unterliegt einer ähnlichen **zweifachen Begrenzung** wie der Zuschuss zur freiwilligen Versicherung.[98] 103

---

[92] Im Ergebnis so auch *Krauskopf* in: Krauskopf, § 257 SGB V Rn. 12; *Schirmer* in: Schulin, Handbuch des Sozialversicherungsrechts, Bd. 1, § 14 Rn. 143 und *Wasem* in: Maaßen/Schermer, GKV-Komm, § 257 Rn. 9a.

[93] Zum erfassten Personenkreis vgl. die Kommentierung zu § 10 SGB V.

[94] Vgl. die Kommentierung zu § 10 SGB V Rn. 26.

[95] Vgl. hierzu *Prölss* in: Prölss/Martin, VVG, § 178d.

[96] So offenbar aber *Krauskopf* in: Krauskopf, § 257 SGB V Rn. 12.

[97] Für eine weite Auslegung auch *Gerlach* in: Hauck/Noftz, SGB V, § 257 Rn. 53 f.; offen geblieben in BSG v. 29.06.1993 - 12 RK 9/92 - juris Rn. 12/13 - SozR 3-2500 § 257 Nr. 1und BSG v. 08.10.1998 - B 12 KR 19/97 R - juris Rn. 15 - SozR 3-2500 § 257 Nr. 5; im Ergebnis wohl wie hier BAG v. 21.01.2003 - 9 AZR 695/01 - juris Rn. 12 - BAGE 104, 289-294.

[98] Vgl. Rn. 72 ff.

104 Die absolute Obergrenze des Zuschusses, die der Beschäftigte für seine private Krankenversicherung und die seiner Angehörigen beanspruchen kann, stellt der Betrag dar, der sich aus der Hälfte des allgemeinen Beitragssatzes nach § 245 SGB V unter Zugrundelegung einer hypothetischen beitragspflichtigen Einnahme nach den §§ 226 Abs. 1 Satz 1 Nr. 1 und 232a Abs. 2 ergibt. Dies ergibt für das Jahr 2007 einen maximalen Zuschusssatz von 6,65% (Rechenweg: 14,2% - 0,9% = 13,3% ./. 2 =; 6,65%). Die Zugrundelegung der beitragspflichtigen Einnahme für die hypothetische Beitragsberechnung ist deshalb notwendig, weil die Anspruchsberechtigten auch Entgelte beziehen können, die unterhalb der Beitragsbemessungsgrenze liegen, z.B. wenn sie sich nach § 8 SGB V von der Versicherungspflicht haben befreien lassen. Bei Anwendung der Beitragsbemessungsgrenze 2007 (42.750 € p.a.) ergibt sich aus der Hälfte des allgemeinen Beitragssatzes (6,65%) damit ein **maximaler monatlicher Zuschussbetrag von 236,91 €** zu einer privaten Krankenversicherung eines Beschäftigten einschließlich seiner Angehörigen.[99] Beiträge, die der Beschäftigte für die Versicherung seiner Angehörigen aufwenden muss, erhöhen diesen Maximalbetrag nicht.

105 Dieser Maximalbetrag kann sich nach § 257 Abs. 2 Satz 3 SGB V auch noch verringern, sofern der Beschäftigte bei der Mitgliedschaft in einer Krankenkasse keinen Anspruch auf Krankengeld hätte. In diesem Fall wäre der anwendbare Beitragssatz auf 9/10 zu vermindern. Für die Anwendung dieser Sonderregelung, die im Hinblick auf die Beiträge von Vorruhestandsgeldbeziehern eingeführt wurde, bleibt aufgrund der Sonderregelungen des § 257 Abs. 3 und 4 SGB V kein Raum mehr.[100]

106 Eine **zweite Begrenzung** findet dadurch statt, dass der Beschäftigte höchstens **die Hälfte des Betrages** als Zuschuss erhält, den er für seine eigene Krankenversicherung und die seiner Angehörigen **tatsächlich aufwendet**. Diese zweite Begrenzung ist deshalb notwendig, weil Beiträge zu privaten Krankenversicherungen häufig unter denen einer gesetzlichen Krankenkasse liegen. Sie dient damit dem Zweck, den Grundsatz der hälftigen Beitragstragung, der in § 249 Abs. 1 SGB V zum Ausdruck kommt, auch im Beitragszuschussrecht zu verwirklichen.

107 Vertragliche Komponenten, die auf die Beitragsgestaltung der privaten Krankenversicherung Einfluss nehmen, wie z.B. die in der Praxis häufigen **Selbstbehalte** oder auch **Beitragsrückerstattungen** als Anreizsystem für die Nichtinanspruchnahme der Versicherung, haben **keinen Einfluss auf die Höhe des Beitragszuschusses**.[101] Dies gilt z.B. bei Selbstbehalten auch dann, wenn der maximale Beitragszuschuss nicht ausgeschöpft wurde.[102] Selbstbehalte sind nur Teil der Kalkulation des Preises einer privaten Krankenversicherung und nicht unter den Beitragsbegriff zu fassen. Der „Umfang" eines Beitrages beschreibt nur das regelmäßige monatliche Entgelt für die Versicherungsleistung und nicht weitere, für den privat Versicherten durch seine Vertragsgestaltung anfallende Kosten, die primär dazu dienen, seine regelmäßige monatliche (Beitrags-)Belastung zu senken. Der Beschäftigte kann daher von seinem Arbeitgeber keine Zuschüsse zu seinen Selbstbehalten verlangen. Spiegelbildlich führen auch Beitragsrückerstattungen an den Beschäftigten nicht dazu, dass sich der Arbeitgeberzuschuss zu einer privaten Krankenversicherung verringert.

5. Bezug von Kurzarbeitergeld (Satz 4)

108 Entsprechend den Regelungen zum Beitragszuschuss für freiwillig versicherte Beschäftigte beim Bezug von Kurzarbeitergeld[103] erhalten auch privat versicherte Beschäftigte beim Bezug dieser Entgeltersatzleistung nach § 257 Abs. 2 Satz 4 i.V.m. Abs. 1 Satz 3 SGB V neben dem Beitragszuschuss nach § 257 Abs. 2 Sätze 1-3 SGB V einen zusätzlichen Zuschussbetrag. Die Maximalhöhe dieses zusätzlichen Beitrages errechnet sich entsprechend den Regelungen des § 257 Abs. 1 Satz 3 SGB V. Auch hier greift die Begrenzung auf die Höhe der tatsächlich gezahlten Beiträge ein. Auf ihre Gesamthöhe ist der Beitragszuschuss maximal begrenzt.

---

[99] Ohne Berücksichtigung des Beitragszuschusses zu einer privaten Pflegeversicherung nach § 61 SGB XI.
[100] Siehe hierzu auch *Gerlach* in: Hauck/Noftz, SGB V, § 257 Rn. 60.
[101] *Knispel* in: Peters, KV, § 257 Rn. 39.
[102] BSG v. 11.11.2003 - B 12 AL 3/03 B - SozR 4-4300 § 207a Nr. 1 (zum Beitragszuschuss nach § 207a SGB III) mit Anmerkung *Grimmke*, jurisPR-SozR 19/2004, Anm. 3.
[103] S.o. Rn. 60 f.

6. Mehrfachbeschäftigung (Satz 5)

Bei der Beschäftigung des Anspruchsberechtigten in mehreren Beschäftigungsverhältnissen haben die verschiedenen Arbeitgeber den Beitragszuschuss entsprechend dem Verhältnis der jeweiligen Entgelte zueinander zu tragen. § 257 Abs. 2 Satz 5 SGB V verweist unmittelbar auf die Regelungen zur Mehrfachbeschäftigung bei freiwillig Versicherten in § 257 Abs. 1 Satz 2 SGB V. Diese sind auch bei privat Versicherten anzuwenden.[104] 109

Dies gilt, anders als oben für die Beitragszuschüsse zu einer freiwilligen Versicherung ausgeführt[105], 110
auch dann, wenn es sich bei der zweiten Beschäftigung um eine geringfügige im Sinne des § 8 SGB IV handelt. Auch der Arbeitgeber der geringfügigen Beschäftigung hat daher einen Anteil – entsprechend dem Anteil am Gesamteinkommen – zum Beitragszuschuss zu leisten.[106] Die unterschiedliche Behandlung von freiwillig und privat Krankenversicherten rechtfertigt sich daraus, dass der Arbeitgeber einer geringfügigen Beschäftigung eines privat Krankenversicherten keinen Zusatzbeitrag nach § 249b SGB V tragen muss.

VI. Anforderungen an die private Krankenversicherung (Absatz 2a)

1. Vor In-Kraft-Treten des GKV-WSG

Die bisherige Regelung in § 257 Abs. 2a SGB V wurde durch das GKV-WSG neu gefasst. Da in den 111
§§ 257 Abs. 2a Nr. 3, 258 und 315 SGB V von einer Fortgeltung der bisherigen Fassung des Absatzes 2a und dem Weiterbestehen des so genannten Standardtarifes ausgegangen wird, ist davon auszugehen, dass die Gesetzesfassung vor In-Kraft-Treten des GKV-WSG weiterhin zumindest entsprechend anwendbar bleibt oder durch ein Korrekturgesetz wieder eingeführt wird (vgl. Rn. 22). § 257 Abs. 2a SGB V enthält die Anspruchsvoraussetzungen für den Anspruch auf den Beitragszuschuss zu einer privaten Krankenversicherung, die an das Versicherungsunternehmen bzw. dessen angebotene Versicherungsleistungen anknüpfen. Unter Bezugnahme auf die Gesetzesbegründung[107] werden sie als strukturelle Kriterien bezeichnet, die dazu dienen sollen, dass die Qualität der privaten Krankenversicherung mit der der gesetzlichen Krankenversicherung vergleichbar ist, und die gleichzeitig sicherstellen sollen, dass die Beitragsbelastung älterer Versicherter durch Standardtarife begrenzt werden kann.[108] Diese strukturellen Anforderungen geben den Versicherten über Selbstverpflichtungen des Versicherungsunternehmens auch Ansprüche auf Versicherungsschutz zu bestimmten Standardkonditionen, § 257 Abs. 2a Satz 1 Nr. 2-2b SGB V.

Die Erfüllung der strukturellen Kriterien durch das Krankenversicherungsunternehmen ist Voraussetzung für den Anspruch des privat Krankenversicherten auf den Beitragszuschuss. 112

In der Praxis wirft die Erfüllung dieser Voraussetzungen durch das Krankenversicherungsunternehmen 113
für den Anspruchsberechtigten kaum Probleme auf, da er als Versicherungsnehmer Anspruch darauf hat, dass das Versicherungsunternehmen ihm gegenüber alle drei Jahre zu bescheinigen hat, dass die zuständige Aufsichtsbehörde die Erfüllung dieser strukturellen Voraussetzungen bestätigt hat, § 257 Abs. 2a Satz 3 SGB V.

Einige der strukturellen Anforderungen finden ihre **versicherungsrechtliche Entsprechung** in den 114
Vorschriften über die **substitutive Krankenversicherung in den §§ 12 ff. VAG** bzw. in denen über die Krankenversicherung in den **§§ 178a ff. VVG**. Eine gesonderte Regelung im Beitragszuschussrecht ist dennoch nicht entbehrlich. Zuschussfähig sind grundsätzlich auch Versicherungen aus anderen Staaten der EU, für die das deutsche Aufsichtsrecht oder das Versicherungsvertragsrecht nicht anwendbar sind, deren Zuschussfähigkeit aber dennoch von der Erfüllung der Anforderungen in § 257 Abs. 2a SGB V abhängig ist.

a. Betreiben nach Art der Lebensversicherung (Satz 1 Nr. 1)

Das Versicherungsunternehmen ist verpflichtet, die Krankenversicherung nach Art der Lebensversi- 115
cherung zu betreiben. Die Anforderung findet ihre Entsprechung in § 12 Abs. 1 VAG für die so genannte substitutive Krankenversicherung und in § 12 Abs. 5 VAG teilweise auch für die nicht substi-

---

[104] Vgl. hierzu Rn. 79 und Rn. 80.

[105] Rn. 81.

[106] Im Ergebnis auch *Krauskopf* in: Krauskopf, § 257 SGB V Rn. 9 und 16.

[107] BT-Drs. 12/3608, S. 116.

[108] Vgl. *Peters* in: KassKomm, SGB V, § 257 Rn. 20.

tutive Krankenversicherung.[109] Inhaltlich bedeutet dies, dass das Unternehmen verpflichtet ist, **Deckungsrückstellungen** nach § 341f HGB zu bilden, die insbesondere dazu dienen sollen, eine Beitragsentlastung der Versicherten im Alter herbeizuführen.[110] Die aufsichtsrechtlichen Anforderungen nach § 12 Abs. 1 VAG gehen noch über diese Anforderungen hinaus, sie schreiben u.a. eine bestimmte Art der Beitragskalkulation vor und räumen dem Versicherten ein eingeschränktes Tarifwechselrecht ein.[111] Eine aufsichtsrechtliche Verpflichtung, dem Versicherten Altersrückstellungen gutzuschreiben, ergibt sich bei Krankenversicherungen, die nach Art der Lebensversicherung betrieben werden, aus den §§ 12 Abs. 4a und 12a VAG.

b. Standardtarif für Ältere (Satz 1 Nr. 2 und Satz 2)

116 Weitere Voraussetzung ist die Selbstverpflichtung des Versicherungsunternehmens, für **Ältere** einen **brancheneinheitlichen Standardtarif** anzubieten. Für den Zugang zum Standardtarif ist nicht Voraussetzung, dass der Versicherte vorher Beschäftigter im Sinne des § 7 SGB IV gewesen ist. Der Zugang zu diesem Standardtarif ist für **zwei Personengruppen** vorgesehen.

aa. 65-Jährige

117 Zugang zum Standardtarif haben Versicherte, die das **65. Lebensjahr** vollendet haben und über eine **Vorversicherungszeit** von mindestens **10 Jahren** in einem **substitutiven Krankenversicherungsschutz** nach § 12 Abs. 1 VAG verfügen (d.h. letztlich in einem zuschussberechtigendem Versicherungsschutz).

bb. 55-Jährige

118 Zugang zum Standardtarif haben auch Versicherte, die das **55. Lebensjahr** vollendet haben und über eine **Vorversicherungszeit** von mindestens **10 Jahren** in einer **privaten Krankenversicherung** verfügen. Für diesen Personenkreis ist nicht Voraussetzung, dass die Vorversicherungszeit in einer substitutiven Krankenversicherung nach § 12 Abs. 1 VVG zurückgelegt wurde[112], für sie reicht es auch aus, z.B. in einer nichtsubstitutiven Krankenversicherung im Sinne des § 12 Abs. 5 VVG versichert gewesen zu sein. Hintergrund dieser Regelung war die Einführung der Versicherungsfreiheit für über 55-Jährige ohne ausreichenden Vorbezug in der gesetzlichen Krankenversicherung nach § 6 Abs. 3a SGB V. Weitere Voraussetzung ist, dass sein jährliches **Gesamteinkommen** nach § 16 SGB IV die **Jahresarbeitsentgeltgrenze** des § 6 Abs. 7 SGB V **nicht übersteigt**. Ab dem Zeitpunkt, ab dem dieser Personenkreis das 65. Lebensjahr vollendet hat, fällt die Beschränkung durch die Entgeltgrenze fort.[113]

cc. Angehörige

119 Ehegatten oder Lebenspartner des Versicherten haben kein eigenes Zugangsrecht zum Standardtarif. Dies ergibt sich aus dem Umkehrschluss der Regelung in § 257 Abs. 2a Satz 1 Nr. 2b SGB V, in der es einen Anspruch auf einen solchen Zugang zu dem dort geregelten Standardtarif gibt. Im Falle einer Mitversicherung gibt es für sie jedoch ebenfalls beitragsbegrenzende Regelungen.[114]

dd. Umfang des Standardtarifes

120 Der Standardtarif muss Leistungen umfassen, die denen des SGB V bei Krankheit vergleichbar sind. Dieses Erfordernis geht damit über die Anforderungen an die Zuschussfähigkeit der privaten Krankenversicherung nach § 257 Abs. 2 Satz 2 SGB V hinaus.[115] Eine vollständige Identität der Leistungen der gesetzlichen und privaten Krankenversicherung kann aufgrund des gesetzlichen Vergleichbarkeitserfordernisses nicht gefordert werden, sie müssen sich aber in ihrem Kernbereich sowohl nach ihrer Art als auch in ihrem Umfang entsprechen.[116]

[109] Zum Begriff der substitutiven Krankenversicherung vgl. Rn. 94.
[110] BT-Drs. 12/3608, S. 116.
[111] Ausführlich *Präve* in: Prölss, VAG, § 12 Rn. 7 ff.
[112] *Peters* in: KassKomm, SGB V, § 257 Rn. 25.
[113] *Peters* in: KassKomm, SGB V, § 257 Rn. 25.
[114] Vgl. Rn. 121.
[115] Vgl. Rn. 94.
[116] *Krauskopf* in: Krauskopf, § 257 SGB V Rn. 22; *Knispel* in: Peters, KV, § 257 Rn.24.

ee. Beitragshöhe des Standardtarifes

Die Höhe des **Beitrages** ist für den **Versicherten** auf den **durchschnittlichen Höchstbetrag der gesetzlichen Krankenversicherung** begrenzt. Für **Ehegatten oder Lebenspartner** des Versicherten darf er mit dem Beitrag des Versicherten **insgesamt 150%** dieses **Höchstbeitrages** nicht überschreiten, sofern deren **Gesamteinkommen die Jahresarbeitsentgeltgrenze nicht übersteigt**. 121

Der Höchstbeitrag errechnet sich nach § 257 Abs. 2a Satz 2 SGB V aus dem allgemeinen Beitragssatz nach § 245 SGB V und der Beitragsbemessungsgrenze nach § 223 Abs. 3 SGB V. 122

c. Standardtarif für unter 55-jährige Rentner bzw. Ruhegeldempfänger (Satz 1 Nr. 2a)

Voraussetzung für die Zuschussgewährung ist weiterhin, dass der Standardtarif nach § 257 Abs. 2a Satz 1 Nr. 2 SGB V auch denjenigen unter **55-jährigen versicherten Personen und ihren Familienangehörigen**, die bei Versicherungspflicht nach § 10 SGB V familienversichert wären[117], angeboten wird, sofern der Versicherte Anspruch auf eine Rente aus der gesetzlichen Rentenversicherung hat und diese beantragt hat oder ein Ruhegehalt nach beamtenrechtlichen oder ähnlichen Vorschriften bezieht. Aus der Gesetzesbegründung ergibt sich, dass dieser Standardtarif vorrangig für den Personenkreis der Erwerbsgeminderten bestimmt sein sollte.[118] Der Zugang zu diesem Standardtarif ist nicht an bestimmte Einkommensgrenzen geknüpft.[119] 123

Die Verpflichtung zum Anbieten des Standardtarifes greift jedoch nach dem Wortlaut der Vorschrift nur unter den Voraussetzungen des § 257 Abs. 2a Satz 1 Nr. 2 SGB V ein, die auch die Vorversicherungszeit des Versicherten umfassen. 124

Die Einbeziehung von Ruhegehaltsempfängern in die Voraussetzungen der Anspruchsberechtigung für den Arbeitgeberzuschuss ist sachfremd, da es sich hierbei um eine Personengruppe handelt, die innerhalb einer Beschäftigung aufgrund der Versicherungsfreiheit nach § 6 Abs. 1 Nr. 3 SGB V keinen Anspruch auf einen Beitragszuschuss erlangen kann.[120] 125

d. Standardtarif für Beihilfeberechtigte (Satz 1 Nr. 2b und 2c)

Voraussetzung für die Zuschussfähigkeit der Versicherung ist auch das Anbieten von Standardtarifen für beihilfeberechtigte Personen. Es werden **zwei** verschiedene **Standardtarife für Beihilfeberechtigte** kumulativ vorgeschrieben. 126

Nach **§ 257 Abs. 2a Satz 1 Nr. 2b SGB V** muss das private Krankenversicherungsunternehmen unter den Voraussetzungen des § 257 Abs. 2a Satz 1 Nr. 2 SGB V für Personen/Angehörige, die nach beamtenrechtlichen Vorschriften Anspruch auf Beihilfe haben (u.a. 55-Jährige bzw. 65-Jährige mit 10-jähriger Vorversicherungszeit, Gesamteinkommen des Versicherten und seines Ehe-/Lebenspartners bis zur Jahresarbeitsentgeltgrenze) [121], einen beihilfekonformen Standardtarif in der Krankenversicherung anbieten. Beihilfekonform bedeutet hierbei, dass der durch den Beihilfesatz nicht gedeckte Kostenanteil durch die private Krankenversicherung abgedeckt werden muss.[122] Die Höhe des Beitrages entspricht dem durch die Beihilfe nicht abgedeckten Anteil (Prozentsatz) des Höchstbeitrages nach § 257 Abs. 2a Satz 1 Nr. 2 SGB V. Bei einem Beihilfesatz von 50% würde der Standardtarif 50% dieses Höchstbeitrages betragen. 127

In **§ 257 Abs. 2a Satz 1 Nr. 2c SGB V** wird ein weiterer Standardtarif für Beihilfeberechtigte nach Nr. 2b, jedoch ohne Berücksichtigung von Alter, Vorversicherungszeit oder Gesamteinkommen, vorgeschrieben. Voraussetzung ist, dass diese Personen aus Risikogründen gar nicht oder nur zu ungünstigeren Konditionen (z.B. mit einem Beitragszuschlag) versichert werden könnten. Die mögliche Inanspruchnahme ist jedoch an eine Frist geknüpft. Der Berechtigte des Standardtarifes muss sich innerhalb von sechs Monaten nach der Feststellung seiner Behinderung oder der Berufung in das Beamtenverhältnis für die Inanspruchnahme des Standardtarifes entscheiden oder – als Übergangsregelung – bis zum 31.12.2000 entschieden haben.[123] 128

---

[117] *Gerlach* in: Hauck/Noftz, SGB V, § 257 Rn. 27c.

[118] BT-Drs. 14/1245, S. 98 f.

[119] BT-Drs. 12/3608, S. 116.

[120] Zu den rechtlichen Bedenken vgl. Rn. 52 f.

[121] Vgl. hierzu Rn. 117.

[122] *Peters* in: KassKomm, SGB V, § 257 Rn. 27.

[123] *Krauskopf* in: Krauskopf, § 257 SGB V Rn. 28/29; *Peters* in: KassKomm, SGB V, § 257 Rn. 28 schränkt den Anwendungsbereich dieses Standardtarifes entgegen dem Wortlaut auf Beamte ein.

e. Überschussverwendung (Satz 1 Nr. 3)

129 Die private Krankenversicherung muss sich verpflichten, den überwiegenden Teil der Überschüsse aus dem Versicherungsgeschäft für die Versicherten zu verwenden. Überwiegend bedeutet, dass der Anteil mehr als die Hälfte betragen muss. Nach der Gesetzesbegründung soll dies der Beitragsentlastung im Alter dienen.[124] Nach dem Wortlaut ist dies jedoch nicht zwingend, so können Überschussanteile auch in anderer Weise den Versicherten zur Verfügung gestellt werden, z.B. durch Beitragsrückerstattungen.[125]

f. Ausschluss des ordentlichen Kündigungsrechts (Satz 1 Nr. 4)

130 Als Voraussetzung für die Zuschussfähigkeit muss die private Krankenversicherung vertraglich auf das ordentliche Kündigungsrecht verzichtet haben. Diese Anforderung findet eine Entsprechung in § 12 Abs. 1 Nr. 3 VAG und § 178i VVG, nach denen ein ordentliches Kündigungsrecht des Versicherers bei der substitutiven Krankenversicherung ausgeschlossen sein muss. Es ist auch in den Musterbedingungen der privaten Krankenversicherungen enthalten. Das Kündigungsrecht des Versicherten, insbesondere auch das bei Beitragserhöhung nach § 178h Abs. 4 VVG, ist davon nicht betroffen.

g. Spartentrennung (Satz 1 Nr. 5)

131 Deutsche Versicherungsunternehmen dürfen die Krankenversicherung nicht mit anderen Versicherungssparten betreiben (Spartentrennung). Hintergrund dieser Regelung ist, dass hierdurch vermieden werden soll, dass Verluste der einen Sparte von den Beitragszahlern bzw. insbesondere den zuschussverpflichteten Arbeitgebern über den Beitrag zu einer privaten Krankenversicherung getragen und krankenversicherungsfremde Elemente mitfinanziert werden.[126]

132 Für ausländische Versicherungsunternehmen, insbesondere solche in anderen Staaten der EU, gilt dieses Erfordernis nicht, da dies gegen die Wettbewerbsfreiheit innerhalb der EU verstoßen würde.[127]

h. Bescheinigung über die Erfüllung der Voraussetzungen (Satz 3)

133 Um den Zuschuss erhalten zu können, ist der Berechtigte verpflichtet, seinem Arbeitgeber jeweils nach **Ablauf von drei Jahren eine Bescheinigung** seines privaten Krankenversicherungsunternehmens darüber **vorzulegen**, dass die im Katalog des § 257 Abs. 2a Satz 1 SGB V aufgeführten Strukturanforderungen nach Bestätigung der Aufsichtsbehörde im Rahmen seines Versicherungsvertragsverhältnisses erfüllt werden. Aufsichtsbehörde ist in Deutschland die Bundesanstalt für Finanzdienstleistungsaufsicht. Für ausländische Versicherungen ist dies die in dem jeweiligen Land zuständige Aufsichtsbehörde.[128] Die Bestätigung für ausländische Versicherungsunternehmen braucht das Erfordernis der Spartentrennung nicht zu umfassen, da dieses nur für Versicherungsunternehmen mit Sitz in Deutschland gilt.

134 Inzident soll damit auch sichergestellt werden, dass eine regelmäßige Überprüfung der Versicherungsunternehmen durch die Aufsichtsbehörde eines der Ziele der Strukturanforderungen, die Beitragsstabilität im Alter, sichern soll.[129]

2. Nach In-Kraft-Treten des GKV-WSG

135 Ab dem 01.01.2009 verändern sich die Anforderungen, die an das private Krankenversicherungsunternehmen als Voraussetzung für den Beitragszuschuss zu stellen sind. § 257 Abs. 2a SGB V enthält ab dem 01.01.2009 in § 257 Abs. 2a Satz 1 Nr. 2 SGB V die Verpflichtung einen Basistarif in der privaten Krankenversicherung nach § 12 Abs. 1a VAG anzubieten. In § 257 Abs. 2a Satz 1 Nr. 3 der Neufassung ist die Pflicht enthalten, den bisherigen Standardtarif des § 257 Abs. 2a Nr. 2a-2c SGB V alter Fassung für in diesem Tarif versicherte Personen weiterhin aufrechtzuerhalten.

---

[124] BT-Drs. 12/3608, S. 116.

[125] *Wasem* in: Maaßen/Schermer, GKV-Komm, § 257 Rn. 11i.

[126] BT-Drs. 12/3608, S. 116.

[127] Zu den Gründen vgl. Rn. 131 und Rn. 54 f.

[128] *Wasem* in: Maaßen/Schermer, GKV-Komm, § 257 Rn. 11b; zu eng aber *Peters* in: KassKomm, SGB V, § 257 Rn. 33 mit Verweis auf die Gesetzesbegründung und *Krauskopf* in: Krauskopf, § 257 SGB V Rn. 34, die die Bescheinigung auf Aufsichtsbehörden innerhalb der EU beschränken.

[129] *Wasem* in: Maaßen/Schermer, GKV-Komm, § 257 Rn. 11b.

Die weiteren unternehmensbezogenen Voraussetzungen, § 257 Abs. 2a Satz 1 Nr. 1 SGB V – Betreiben nach Art der Lebensversicherung (vgl. Rn. 115), § 257 Abs. 2a Satz 1 Nr. 4 SGB V – Überschussverwendung (vgl. Rn. 129), § 257 Abs. 2a Satz 1 Nr. 5 SGB V – Kündigungsverzicht (vgl. Rn. 130), § 257 Abs. 2a Satz 1 Nr. 6 SGB V – Spartentrennung (vgl. Rn. 131 f.) und die Bescheinigungspflicht des § 257 Abs. 2a Satz 2 SGB V (vgl. Rn. 133 f.) entsprechen den Voraussetzungen, die auch nach der Altfassung der Norm an das Versicherungsunternehmen gestellt wurden. 136

VII. Spitzenausgleich der Versicherungsunternehmen (Absatz 2b)

Die bisherige Regelung in § 257 Abs. 2b SGB V wurde durch das GKV-WSG gestrichen. Da in den §§ 258 und 315 Abs. 3 SGB V eine Fortgeltung der bisherigen Fassung des Absatzes 2b bis zum 01.01.2009 vorausgesetzt wird, ist davon auszugehen, dass die Gesetzesfassung vor In-Kraft-Treten des GKV-WSG weiterhin zumindest entsprechend anwendbar bleibt oder durch ein Korrekturgesetz wieder eingeführt wird. Die Versicherungsunternehmen, die nach § 257 Abs. 2 und 2a SGB V zuschussfähige private Krankenversicherungen betreiben, sind verpflichtet, für die nach § 257 Abs. 2a Nr. 2a-2c SGB V angebotenen Standardtarife für ältere und risikobehaftete Versicherte einen Spitzenausgleich durchzuführen. Bereits aus dem Gesetzeswortlaut wird deutlich, dass der Gesetzgeber erkannt hat, dass das Anbieten von Standardtarifen dazu führen kann, dass einzelne Unternehmen der privaten Krankenversicherung übermäßigen versicherungstechnischen Risiken ausgesetzt sein können. Der Spitzenausgleich soll eine gleichmäßige Belastung der Unternehmen bewirken. Die Einzelheiten dieses Spitzenausgleichs werden zwischen der Bundesanstalt für Finanzdienstleistungsaufsicht und dem Verband der privaten Krankenversicherung festgelegt. 137

Die einzige inhaltliche Anforderung, die § 257 Abs. 2b SGB V an den Spitzenausgleich stellt, ist die Sonderanrechnungsvorschrift des § 257 Abs. 2b Satz 2 SGB V. Danach wird bei der Berechnung der Belastung der einzelnen Versicherungsunternehmen beim Spitzenausgleich bei Versicherten nach dem Standardtarif nach § 257 Abs. 2ab Satz 1 Nr. 2c SGB V, bei denen eine Behinderung festgestellt[130] worden ist, eine fiktive Verdoppelung des Beitragssatzes als Zuschlag angerechnet. 138

VIII. Kündigungsrecht des Versicherten (Absatz 2c)

Die bisherige Regelung in § 257 Abs. 2c SGB V wurde durch das GKV-WSG gestrichen. Da in § 258 SGB V eine Fortgeltung der bisherigen Fassung des Absatzes 2a bis zum 01.01.2009 vorausgesetzt wird, ist davon auszugehen, dass die Gesetzesfassung vor In-Kraft-Treten des GKV-WSG weiterhin zumindest entsprechend anwendbar bleibt oder durch ein Korrekturgesetz wieder eingeführt wird. In § 257 Abs. 2c SGB V ist ein fristloses Sonderkündigungsrecht für Versicherte enthalten, die bei einem Versicherungsunternehmen versichert sind, das die Strukturerfordernisse des § 257 Abs. 2a SGB V und damit die Voraussetzungen für die Zuschussfähigkeit nach § 257 Abs. 1 SGB V nicht erfüllt. 139

Es handelt sich hierbei aber wohl nicht um ein allgemeines fristloses Kündigungsrecht, das jeder Versicherte einer privaten Krankenversicherung ausüben kann. Voraussetzung muss vielmehr sein, dass die Voraussetzungen für die Zuschussfähigkeit während eines Versicherungsverhältnisses eines zuschussberechtigten Versicherten entfallen oder ein Versicherter einer nicht zuschussfähigen Krankenversicherung ein Beschäftigungsverhältnis begründet, das eine Anspruchsberechtigung auf den Beitragszuschuss auslöst.[131] Für eine solche Auslegung sprechen die Stellung des Kündigungsrechtes im SGB, und nicht im VVG, und auch die Gesetzesbegründung, nach der das Kündigungsrecht ursprünglich sicherstellen sollte, dass Versicherte nach der Einführung der Strukturanforderungen aus ihrem Versicherungsverhältnis unmittelbar ausscheiden konnten, sofern die Zuschussvoraussetzungen nicht mehr vorlagen.[132] 140

---

[130] Der Gesetzestext verweist hier noch auf § 4 Abs. 1 SchwbG, richtigerweise müsste die Norm jetzt auf § 69 Abs. 1 SGB IX verweisen.

[131] *Krauskopf* in: Krauskopf, § 257 SGB V Rn. 36.

[132] VRG, BT-Drs. 12/3608, S. 116.

IX. Beitragszuschüsse für Vorruhestandsgeldbezieher (Absätze 3 und 4)

1. Begriff des Vorruhestandes

141 Sonderregelungen bestehen für die Beitragszuschüsse für Bezieher von Vorruhestandsgeld. Begründet sind diese Unterscheidungen dadurch, dass das Vorruhestandsverhältnis ein Rechtsverhältnis sui generis ist. Ursprünglich richtete sich der Vorruhestand nach dem Vorruhestandsgesetz vom 13.04.1984[133], das inhaltlich eine Vorgängerregelung des heutigen Altersteilzeitgesetzes darstellt. Arbeitsrechtlich setzt der Vorruhestand voraus, dass das Arbeitsverhältnis beendet und ein neues Rechtsverhältnis, das Vorruhestandsverhältnis, begründet wird. Dieses dient dem Zweck, dem Empfänger Vorruhestandsgeld bis zu seinem Eintritt in eine gesetzliche Altersrente zu gewähren. Sozialrechtlich ist das Vorruhestandsverhältnis mangels einer geschuldeten tatsächlichen Beschäftigung auch kein Beschäftigungsverhältnis im Sinne des § 7 SGB IV, es besteht auch kein Arbeitsverhältnis mehr, das das Vorhandensein eines Beschäftigungsverhältnisses indizieren könnte.

142 Gleichwohl besteht für Vorruhestandsgeldempfänger in der Rentenversicherung nach § 3 Satz 1 Nr. 4 SGB VI und auch in der gesetzlichen Krankenversicherung nach § 5 Abs. 3 SGB V Versicherungspflicht.[134] Der **Vorruhestandsbegriff des Krankenversicherungsrechtes** ist jedoch enger als der der Rentenversicherung. Er setzt voraus, dass **mindestens 65% des Bruttoarbeitsentgeltes** nach § 3 Abs. 2 VRG als Vorruhestandsgeld gezahlt werden.[135] Diese Anforderung gilt auch im Beitragszuschussrecht, so dass Leistungen, die als Vorruhestandsgeld bezeichnet werden, die diese Grenze aber nicht erreichen, auch keinen Zuschuss zu den Krankenversicherungsbeiträgen nach § 257 Abs. 3 oder 4 SGB V auslösen können.[136]

143 Weitere Voraussetzung für den Anspruch des Vorruhestandsgeldempfängers auf den Beitragszuschuss ist, dass er **unmittelbar vor dem Beginn der Vorruhestandsleistungen Anspruch auf den Beitragszuschuss** nach § 257 Abs. 1 oder 2 SGB V hatte (je nachdem, ob er den Beitragszuschuss für eine freiwillige gesetzliche oder private Krankenversicherung beanspruchen kann). Der Anspruch auf den Beitragszuschuss besteht für die Dauer, für die der Vorruheständler Vorruhestandsleistungen erhält. Er richtet sich gegen den zur Zahlung des Vorruhestandsgeldes Verpflichteten. In der Praxis ist dies regelmäßig der ehemalige Arbeitgeber.

2. Freiwillig krankenversicherte Bezieher von Vorruhestandsgeld (Absatz 3)

144 Die Höhe des Beitragszuschusses für freiwillig versicherte Vorruhestandsgeldbezieher **entspricht letztlich den Regelungen für Beschäftigte** in § 257 Abs. 1 SGB V.[137] Sie erhalten die Hälfte des Beitrages, den der Arbeitgeber bei versicherungspflichtig Beschäftigten bei gleichem Entgelt wie dem Vorruhestandsgeld[138] zu zahlen hätte, höchstens jedoch die Hälfte ihres tatsächlichen Beitrages als Beitragszuschuss. Zu beachten ist hier, dass Vorruhestandsgeldempfänger keinen Anspruch auf Krankengeld haben und deshalb nur den ermäßigten Beitragssatz nach § 243 Abs. 1 SGB V zu tragen haben. Die Regelungen der anteiligen Beitragszuschüsse bei Mehrfachbeschäftigten nach § 257 Abs. 1 Satz 2 SGB V gelten auch für Vorruheständler entsprechend.

3. Privat krankenversicherte Bezieher von Vorruhestandsgeld (Absatz 4)

145 Im Grundsatz entspricht die Berechnung des Beitragszuschusses auch bei privat krankenversicherten Vorruhestandsgeldempfängern der Berechnung bei Beschäftigten nach § 257 Abs. 2 SGB V. Die Höhe des Beitragszuschusses privat krankenversicherter Vorruhestandsgeldbezieher errechnet sich aus der Hälfte des Beitrages, der sich aus dem Vorruhestandsgeld bis zur Beitragsbemessungsgrenze bei Anwendung von 90% des durchschnittlichen allgemeinen Beitragssatzes der Krankenkassen (§§ 245 Abs. 1, 241a SGB V) ergeben würde. Durch die Reduzierung auf 90% wird dem Umstand Rechnung getragen, dass bei einer Versicherung in einer gesetzlichen Krankenversicherung mangels eines Anspruches auf Krankengeld der ermäßigte Beitragssatz anzuwenden wäre. Er ist jedoch maximal auf die Hälfte der tatsächlichen Beiträge begrenzt. Die Verweisung auf § 257 Abs. 2 Satz 3 SGB V und die dortige Verminderung des Beitragssatzes bei fehlendem hypothetischen Anspruch auf Krankengeld hat

[133] BGBl I 1984, 601.

[134] Vgl. die Kommentierung zu § 5 SGB V Rn. 20.

[135] Das Rentenversicherungsrecht kennt demgegenüber kein solches Mindestentgelt.

[136] *Krauskopf* in: Krauskopf, § 257 SGB V Rn. 37.

[137] Vgl. Rn. 72 ff.

[138] *Krauskopf* in: Krauskopf, § 257 Rn. 38.

nur noch wiederholenden Charakter, sie ist bereits in § 257 Abs. 4 Satz 2 SGB V durch die dortige 90%-Regelung enthalten.[139] Der Beitragszuschuss ist nach der Rundungsregelung des § 257 Abs. 4 Satz 4 SGB V auf eine Stelle nach dem Komma auf- bzw. abzurunden.

Eine besondere Regelung zur Mehrfachbeschäftigung fehlt beim Beitragszuschuss privat versicherter Vorruhestandsgeldempfänger. Dies ist aus der Gesetzgebungsgeschichte als gesetzgeberisches Versehen anzusehen, da bis 1997 die beiden Zuschussarten einheitlich in § 257 Abs. 3 SGB V geregelt waren.[140] Die Regelungen zur Beitragsteilung bei Mehrfachbeschäftigung[141] sind jedoch auch hier anzuwenden. **146**

X. Dispositionsfeindlichkeit des Anspruchs

1. Unabdingbarkeit

Die Vorgängervorschrift des § 405 Abs. 3 RVO enthielt noch ein eigenständiges Verbot, zu Ungunsten des Berechtigten von den Zuschussregelungen abzuweichen, das in § 257 SGB V nicht mehr enthalten ist. In den Gesetzgebungsmaterialien wurde dazu ausgeführt: „Die Unabdingbarkeit ... bedarf im Hinblick auf § 32 Abs. 1 des Ersten Buches keiner Regelung".[142] **147**

Nach § 32 SGB I sind privatrechtliche Vereinbarungen, die zum Nachteil des Sozialleistungsberechtigten von Vorschriften des SGB abweichen, nichtig. § 32 SGB I ist auch auf den Beitragszuschuss anwendbar, so dass dieser nicht abbedungen werden kann. Das BSG hat in seiner Entscheidung vom 08.10.1998 klargestellt, dass das Abweichungsverbot Anwendung findet, es wurde jedoch offen gelassen, ob das Verbot nachteiliger privatrechtlicher Vereinbarungen unmittelbar oder analog auf den Beitragszuschuss anzuwenden ist.[143] Eine unmittelbare Anwendung setzt voraus, dass es sich bei dem Beitragszuschuss um eine Sozialleistung im Sinne der §§ 32, 11 SGB I handelt. Für eine solche Einordnung spricht, dass der Beitragszuschuss einen sozialversicherungsrechtlichen Anspruch des Beschäftigten darstellt (vgl. Rn. 56 f.), so dass im Ergebnis eine unmittelbare Anwendung des § 32 SGB I vorzuziehen ist.[144] Das BSG hat die verwandten Beitragszuschüsse der Rentenversicherung nach § 106 SGB VI als Sozialleistung qualifiziert[145], ein Grund für eine hiervon unterschiedliche Qualifikation der Beitragszuschüsse nach § 257 SGB V ist nicht erkennbar. **Damit ist die privatrechtliche Abbedingung von Beitragszuschüssen, insbesondere in Arbeitsverträgen, nichtig.** **148**

2. Verzicht

Ein **privatrechtlicher Verzicht** des Anspruchsberechtigten auf den Beitragszuschuss ist **unzulässig.** Die in Betracht kommende Vorschrift des § 46 Abs. 1 SGB I ist weder direkt noch analog auf den Beitragszuschuss nach § 257 SGB V anwendbar. Eine unmittelbare Anwendung scheidet bereits deshalb aus, weil der anspruchsverpflichtete Arbeitgeber nicht Sozialleistungsträger im Sinne der §§ 46 Abs. 1, 12, 18-29 SGB I ist. Eine mögliche Analogie scheitert daran, dass der Gesetzgeber Verzichtserklärungen bewusst nur gegenüber Sozialleistungsträgern, zu denen Arbeitgeber in ihrer Arbeitgeberfunktion nicht gehören, beschränkt hat, die Vorschrift ist damit für eine entsprechende Anwendung nicht analogiefähig. Eine solche Analogie würde überdies den Schutzgedanken des § 32 SGB I wirkungslos werden lassen.[146] **149**

XI. Geltendmachung, Fälligkeit und Verjährung des Anspruchs

1. Geltendmachung

Der Anspruch auf die Beitragszuschüsse entsteht durch Gesetz, er muss daher durch den Beschäftigten oder Vorruhestandsgeldempfänger nicht besonders geltend gemacht werden. Insbesondere hat der zur Zahlung Verpflichtete die Voraussetzungen zu prüfen. Der Berechtigte hat jedoch Nachweispflichten **150**

---

[139] *Krauskopf* in: Krauskopf, § 257 Rn. 38

[140] Vgl. Rn. 5.

[141] Vgl. Rn. 109 f.

[142] BT-Drs. 11/2237, S. 22.

[143] BSG v. 08.10.1998 - B 12 KR 19/97 - Orientierungssatz 3 und Gründe juris Rn. 22 - SozR 3-2500 § 257 Nr. 5; dies entspricht auch der überwiegenden Meinung, vgl. nur *Gerlach* in: Hauck/Noftz, SGB V, § 257 Rn. 77 oder *Knispel* in: Peters, KV, § 257 Rn. 46.

[144] So auch *Krauskopf* in: Krauskopf, § 257 Rn. 46.

[145] BSG v. 24.07.2003 - B 4 RA 13/03 R - SozR 4-1200 § 46 Nr. 1.

[146] BSG v. 08.10.1998 - B 12 KR 19/97 - Leitsatz und Gründe juris Rn. 18 ff. - SozR 3-2500 § 257 Nr. 5.

bezüglich des Bestehens eines Versicherungsschutzes und der Höhe der Beiträge.[147] Besondere Nachweispflichten ergeben sich für privat Versicherte aus der Vorlagepflicht der Bescheinigung nach § 257 Abs. 2a Satz 3 SGB V.

2. Fälligkeit

151 Die Fälligkeit des Beitragszuschusses ist gesetzlich nicht gesondert geregelt. Teilweise wird vorgeschlagen, dass Beitragszuschüsse gemeinsam mit dem Arbeitsentgelt/Vorruhestandsgeld ausgezahlt werden sollten.[148] Dies dürfte aus pragmatischen Gründen auch der betrieblichen Praxis entsprechen. Die Festlegung des Fälligkeitszeitpunktes dürfte sich jedoch rechtlich an den Regelungen zur Fälligkeit der Beiträge in § 23 SGB IV anlehnen. Diese sind zwar auf die Beitragszuschüsse nicht unmittelbar anwendbar, ihr Rechtsgedanke, dass der Fälligkeitszeitpunkt auf die Fälligkeit der Beitragszahlung fällt, dürfte jedoch auch hier anzuwenden sein, so dass rechtlich die Fälligkeit des Zuschusses an die Fälligkeit der Beiträge zu koppeln ist.[149]

3. Verjährung

152 Das BSG hat in einer entsprechenden Anwendung der §§ 197, 201 BGB a.F.[150] angenommen, dass der Anspruch nach § 257 SGB V in vier Jahren unter Anwendung der Regelungen der Jahresendverjährung verjährt. Eine unmittelbare oder analoge Anwendung der Verjährungsvorschriften des § 25 SGB IV wurde abgelehnt.[151]

153 Nach der Neuregelung des Verjährungsrechts des BGB stellt sich jedoch die Frage, ob die Grundsätzliche Entscheidung des BSG, die Verjährungsfristen des BGB entsprechend anzuwenden, weiterhin Bestand haben kann. Auf die heutige Rechtslage übertragen, würde dies eine Anwendung der regelmäßigen dreijährigen Verjährungsfrist des § 195 BGB bedeuten.

154 Teil der Erwägungen des BSG war jedoch seinerzeit die gleiche Dauer der sozial- bzw. zivilrechtlichen Verjährungsfristen[152], die durch das Schuldrechtsmodernisierungsgesetz aufgehoben wurde. Dem BSG ist darin zuzustimmen, dass es sich bei dem Arbeitgeberzuschuss nicht um Beiträge im Sinne des § 25 SGB IV handelt, so dass eine unmittelbare Anwendung ausscheidet. Die Erwägungen, die das BSG jedoch in seinem Urteil vom 02.06.1982 zu der entsprechenden Anwendung der BGB-Verjährungsvorschriften angestellt hat, sind durch deren Veränderungen entfallen. § 197 BGB a.F. bezog sich ausdrücklich auf wiederkehrende Leistungen, eine Einschränkung, die der heute geltende § 195 BGB nicht mehr macht. Die daraus eigentlich resultierende Anwendung der allgemeinen Verjährungsfrist von 30 Jahren wurde mit dem Hinweis ausgeschlossen, dass aus der Gesamtheit der Verjährungsfristen erkennbar sei, dass auch Beitragszuschüsse einer kurzen Verjährungsfrist unterworfen sein sollten. Da es sich bei dem Beitragszuschuss um einen sozialrechtlichen Anspruch handelt, liegt es näher, diesen in analoger Anwendung des § 25 SGB IV in vier Jahren verjähren zu lassen. Eine Anwendung der dreijährigen Verjährungsregelung des § 195 BGB würde dazu führen, dass Beiträge und Beitragszuschüsse einer ungleichen Verjährung unterworfen würden. Diese Unterscheidung findet gerade angesichts der Einbettung der Vorschriften über die Beitragszuschüsse in die Vorschriften über Finanzierung innerhalb des SGB V keine sachliche Begründung und würde zu einer unangemessenen Verkürzung der Verjährung führen. Es sollte daher davon ausgegangen werden, dass weiterhin eine vierjährige Verjährungsfrist (unter Anwendung der Regelungen über die Jahresendverjährung nach § 25 Abs. 2 SGB IV, § 199 Abs. 1 BGB) für Beitragszuschüsse gilt.

XII. Steuer- und beitragsrechtliche Behandlung des Zuschusses

155 Die Beitragszuschüsse zu einer freiwilligen oder privaten Krankenversicherung sind nach § 3 Nr. 62 EStG steuerfrei, soweit der Arbeitgeber zur Zahlung verpflichtet ist. Sie sind jedoch nur in der gesetzlichen Höhe steuerfrei. Der Berechtigte hat die Verwendung der Zuschüsse durch eine Bescheinigung des Versicherungsunternehmens über die Höhe der Beiträge jährlich gegenüber dem Arbeitgeber nach-

---

[147] *Knispel* in: Peters, KV, § 257 Rn. 30; *Wasem* in: Maaßen/Schermer, GKV-Komm, § 257 Rn. 23; *Krauskopf* in: Krauskopf, § 257 Rn. 42.

[148] *Gerlach* in: Hauck/Noftz, SGB V, § 257 Rn. 31; *Engelhard* in: Schulin, Handbuch des Sozialversicherungsrechts, Bd. 1, § 54 Rn. 403.

[149] *Knispel* in: Peters, KV, § 257 Rn. 31 und *Peters* in: KassKomm, SGB V, § 257 Rn. 37.

[150] In der Fassung vom 01.01.1964, gültig bis 31.08.2001.

[151] BSG v. 02.06.1982 - 12 RK 66/81 - juris Rn. 22 - Die Beiträge 1982, 311-317.

[152] BSG v. 02.06.1982 - 12 RK 66/81 - juris Rn. 20 und 25 - Die Beiträge 1982, 311-317.

zuweisen. Diese Bescheinigung ist zu den Lohnunterlagen zu nehmen.[153] Beitragszuschüsse nach § 257 SGB V sind damit auch kein sozialversicherungspflichtiges Arbeitsentgelt im Sinne des § 1 ArEVO. Beitragszuschüsse, die die Höhe des § 257 SGB V überschreiten, sind jedoch steuer- und sozialversicherungspflichtiges Arbeitsentgelt.

XIII. Rechtsweg

Aufgrund des öffentlich-rechtlichen bzw. sozialrechtlichen Charakters des Anspruches ist der **Rechtsweg** zu **den Gerichten der Sozialgerichtsbarkeit** und nicht zu denen der Arbeitsgerichtsbarkeit eröffnet, § 51 Abs. 1 SGG.[154] 156

[153] LStR 2005 R 24, Abs. 2 und 3.

[154] GmSOGB v. 04.06.1974 – GmS-OGB 2/73 - AP Nr. 3 zu § 405 RVO; BAG v. 21.01.2003 - 9 AZR 695/01 - juris Rn. 10 - BAGE 104, 289-294.

§ 258 SGB V Beitragszuschüsse für andere Personen

(Fassung vom 22.12.1999, gültig ab 01.01.2000, gültig bis 31.12.2008)

In § 5 Abs. 1 Nr. 6, 7 oder 8 genannte Personen, die nach § 6 Abs. 3a versicherungsfrei sind, sowie Bezieher von Übergangsgeld, die nach § 8 Abs. 1 Nr. 4 von der Versicherungspflicht befreit sind, erhalten vom zuständigen Leistungsträger einen Zuschuß zu ihrem Krankenversicherungsbeitrag. Als Zuschuß ist der Betrag zu zahlen, der von dem Leistungsträger als Beitrag bei Krankenversicherungspflicht zu zahlen wäre, höchstens jedoch der Betrag, der an das private Krankenversicherungsunternehmen zu zahlen ist. § 257 Abs. 2a bis 2c gilt entsprechend.

Gliederung

A. Basisinformationen

I. Textgeschichte/Gesetzgebungsmaterialien

1 § 258 SGB V regelt die Beitragszuschüsse zu einer privaten Krankenversicherung für so genannte „andere Personen", d.h. Teilnehmer an bestimmten Maßnahmen sowie Bezieher von Übergangsgeld.

2 Die Vorschrift ist am 01.01.1989 in Kraft getreten.[1] Ursprünglich war sie mit der Überschrift „Beitragszuschüsse für Teilnehmer an einer berufsfördernden Maßnahme zur Rehabilitation" bezeichnet. Inhaltlich entsprach sie § 267 des „Entwurfs eines Gesetzes zur Strukturreform im Gesundheitswesen" und betraf in ihrer Ursprungsfassung nur die Beitragszuschüsse für eine private Krankenversicherung von Übergangsgeldbeziehern.[2] Nach der Gesetzesbegründung sollte die Vorschrift § 381 Abs. 4a RVO entsprechen.[3]

3 Mit dem Gesundheits-Strukturgesetz vom 21.12.1992[4] wurde die Norm um ihren Satz 3 erweitert, der die strukturellen Anforderungen an das private Krankenversicherungsunternehmen bzw. dessen Tarifgestaltung nach § 257 Abs. 2a bis 2c SGB V auch für diese Beitragszuschüsse vorsieht. Inhaltlich stellte dies eine Folgeänderung zu den erweiterten Anforderungen an private Krankenversicherungen in § 257 SGB V dar.[5]

4 Zum 01.01.2000 wurde durch das „Gesetz zur Reform des gesetzlichen Krankenversicherung ab dem Jahr 2000"[6] die Überschrift in die heute noch geltende Fassung geändert. In Satz 1 wurde der erste Halbsatz ergänzt, und der Kreis der Anspruchsberechtigten wurde um bestimmte Personengruppen erweitert, die aufgrund ihres Alters in der gesetzlichen Krankenversicherung nach § 6 Abs. 3a SGB V versicherungsfrei wurden.

II. Vorgängervorschriften

5 Vorgängervorschrift von § 258 SGB V war der bis 1988 geltende § 381 Abs. 4a RVO, der die Beitragszuschüsse für von der Versicherungspflicht befreite Rehabilitanden regelte.

---

[1] Gesundheits-Reformgesetz – GRG vom 20.12.1988, BGBl I 1988, 2477.
[2] BT-Drs. 11/2237, S. 73.
[3] BT-Drs. 11/2237, S. 227 f.
[4] BGBl I 1992, 2266.
[5] BT-Drs. 12/3608, S. 117.
[6] GKV Gesundheitsreformgesetz 2000 v. 22.12.1999, BGBl I 1999, 2626.

III. Parallelvorschriften

§ 258 SGB V stellt eine Ergänzungsregelung der Beitragszuschüsse nach § 257 SGB V für bestimmte sozial schutzbedürftige Personen außerhalb eines Beschäftigungsverhältnisses dar. Hinsichtlich der Parallelvorschriften zu anderen Beitragszuschüssen wird auf die Ausführungen zu § 257 SGB V verwiesen.[7] 6

IV. Systematische Zusammenhänge

Die Beitragszuschüsse für andere Personen sind, wie auch die Beitragszuschüsse für Beschäftigte, im zweiten Abschnitt des achten Kapitels des SGB V geregelt. Die Vorschrift schließt an die Vorschriften zur Finanzierung der gesetzlichen Krankenversicherung und die dortigen Vorschriften zur Tragung und Zahlung der Beiträge an. § 258 SGB V ist unmittelbar hinter den Beitragszuschüssen für Beschäftigte bzw. Vorruhestandsgeldempfänger angesiedelt, aus diesem Grund wurde er wahrscheinlich auch mit seiner Überschrift „Beitragszuschüsse für andere Personen" bezeichnet. Die Anspruchsberechtigten sind regelmäßig keine Beschäftigten, für sie besteht jedoch nach dem Katalog des § 5 Abs. 1 Nr. 6 bis 8 SGB V Krankenversicherungspflicht in der gesetzlichen Krankenversicherung. 7

Die Einbeziehung über 55-jähriger behinderter Menschen in die Zuschussberechtigung, die in Einrichtungen beschäftigt sind oder Teilhabeleistungen erhalten, ist erfolgt, weil auch sie in den Personenkreis fallen können, dem ein Zugang zur gesetzlichen Krankenversicherung aufgrund des Alters nach § 6 Abs. 3a SGB V verwehrt wird. 8

Die Beitragszuschüsse für Bezieher von Übergangsgeld verweisen unmittelbar in Anspruchsnormen der anderen Sozialgesetzbücher (z.B. § 20 SGB VI und § 49 SGB VII). Nach der ursprünglichen Fassung der Vorschrift galt diese nur für diesen Personenkreis. Bei Beziehern von Übergangsgeld handelt es sich um Rehabilitanden, die regelmäßig zuvor in einem Beschäftigungsverhältnis standen, in dem sie auch Anspruch auf den Beitragszuschuss nach § 257 Abs. 2 SGB V gehabt haben. Nach Abschluss der Rehabilitationsmaßnahmen kehren sie regelmäßig in ein Beschäftigungsverhältnis zurück und können dann auch wieder den betreffenden Beitragszuschuss erhalten. Bei fehlendem Rehabilitationserfolg haben sie ggf. als Bezieher einer Rente einen Zuschussanspruch nach § 106 SGB VI. Zu den weiteren Systematischen Zusammenhängen kann auf die Ausführungen zu § 257 SGB V verwiesen werden.[8] 9

Die Beitragszuschüsse nach § 258 SGB V erfassen nur Beiträge zu einer privaten Krankenversicherung. Anders als in § 257 Abs. 1 oder 3 SGB V mussten keine Regelungen zu einer freiwilligen Versicherung getroffen werden. Die von § 258 SGB V erfassten Personen, die vor Beginn einer Maßnahme oder der Beschäftigung in einer Einrichtung für behinderte Menschen freiwillige Mitglieder einer gesetzlichen Krankenversicherung waren, würden mit dem Maßnahmeeintritt bzw. Beschäftigungsbeginn wieder Pflichtmitglieder, so dass sich für Zuschüsse zu einer freiwilligen Mitgliedschaft kein Notwendigkeit ergibt. 10

B. Auslegung der Norm

I. Regelungsgehalt und Bedeutung der Norm

§ 258 SGB V regelt nur den Beitragszuschuss. 11

II. Normzweck

Die **Norm schließt eine Lücke im System der Beitragszuschüsse**. Durch sie wird zuvor privat versicherten Rehabilitanden ermöglicht, nachdem sie einen Antrag auf Befreiung von der Versicherungspflicht nach § 8 Abs. 1 Nr. 4 SGB V gestellt haben, ihren **privaten Krankenversicherungsschutz** durch die Bezuschussung der Beiträge aufrechtzuerhalten und damit ggf. erworbene Altersanwartschaften, die bei Unterbrechung der privaten Krankenversicherung verfallen würden, zu erhalten.[9] 12

---

7 Vgl. hierzu die Kommentierung zu § 257 SGB V Rn. 20 ff.

8 Vgl. hierzu die Kommentierung zu § 257 SGB V Rn. 26 ff.

9 *Wasem* in: Maaßen/Schermer/Wiegand/Zipperer, GKV-SGB V, § 258 Rn. 2.

13 Das Gleiche gilt auch für die anspruchsberechtigten behinderten älteren Menschen, die Teilhabeleistungen erhalten oder in Einrichtungen beschäftigt werden. Ihnen wird durch den Zugangsausschluss zur gesetzlichen Krankenversicherung nach § 6 Abs. 3a SGB V ein Krankenversicherungsschutz verwehrt, sie benötigen den Beitragszuschuss, um finanziell zumindest einen privaten Krankenversicherungsschutz erhalten bzw. aufrechterhalten zu können.

III. Zuschussfähige private Krankenversicherung (Sätze 2 und 3)

14 **Zuschussfähig** ist nach § 258 Satz 2 SGB V nur eine **private Krankenversicherung**, die nach § 258 Satz 3 SGB V die so genannten **strukturellen Anforderungen** des § 257 Abs. 2a bis 2c SGB V erfüllen muss.[10]

15 Hinsichtlich der Art oder des Umfanges der zuschussfähigen privaten Krankenversicherung enthält der Wortlaut des § 258 SGB V im Gegensatz zu § 257 Abs. 2 Satz 1 SGB V keine Voraussetzungen. Die Stellung des Beitragszuschusses für andere Personen im SGB V unmittelbar nach den Beitragszuschüssen für Beschäftigte wie auch der Verweis auf das Vorliegen der strukturellen Anforderungen des § 257 SGB V legen jedoch nahe, an die Art des Krankenversicherungsschutzes in § 258 SGB V die gleichen Anforderungen zu stellen wie in § 257 Abs. 2 Satz 1 SGB V.[11] **Voraussetzung für die Gewährung des Zuschusses** ist daher auch hier, dass dem **Zuschussberechtigten und seinen Angehörigen**, die bei Versicherungspflicht nach § 10 SGB V Leistungen aus der gesetzlichen Krankenversicherung beziehen könnten, Leistungen aus der privaten Krankenversicherung zustehen, die der **Art der Leistungen des SGB V** entsprechen.[12]

IV. Höhe des Beitragszuschusses (Satz 2)

16 Die Höhe des Beitragszuschusses unterliegt, wie auch in § 257 Abs. 2 Satz 2 SGB V, einer doppelten Begrenzung. Es ist der Betrag als Beitragszuschuss zu zahlen, den der Leistungsträger als Beitrag bei Versicherungspflicht des Berechtigten (und seiner Angehörigen im Sinne des § 10 SGB V) zu zahlen hätte. Diese Regelung ist in sich unvollständig, da sie keine Aussagen darüber trifft, wie der Beitragssatz dieses hypothetischen Beitrages zu ermitteln wäre. Durch das Fehlen einer zuständigen gesetzlichen Krankenversicherung muss daher, in entsprechender Anwendung der Regelungen zum Beitragszuschuss nach § 257 Abs. 2 Satz 2 SGB V, der **durchschnittliche allgemeine Beitragssatz des Vorjahres** nach § 245 SGB V, vermindert um den zusätzlichen Beitragssatz nach § 241a Abs. 1 SGB V, herangezogen werden.[13] Als **beitragspflichtige Einnahme** ist für Bezieher von Übergangsgeld sowie für die Berechtigten nach § 5 Abs. 1 Nr. 6 SGB V die Fiktion des § 235 Abs. 1 SGB V zugrunde zu legen. [14] Für den Kreis der Berechtigten nach § 5 Abs. 1 Nr. 7 und 8 SGB V ist die beitragspflichtige Einnahme nach § 235 Abs. 3 SGB V zu ermitteln.[15]

17 Der so ermittelte Höchstbeitrag darf jedoch **nicht den tatsächlichen Beitrag zu der privaten Krankenversicherung** des Berechtigten und der seiner Angehörigen **übersteigen**. Wie auch in § 257 Abs. 2 SGB V sind die Krankenversicherungen der berücksichtigungsfähigen Angehörigen mit einzubeziehen.[16]

V. Anspruchsverpflichteter

18 Verpflichteter des Anspruches ist der **zuständige Leistungsträger**. Bei Übergangsgeldbeziehern sowie den Berechtigten nach § 5 Abs. 1 Nr. 6 SGB V ist dies in der Regel der zuständige Träger der Renten- bzw. Unfallversicherung, der das Übergangsgeld zahlt bzw. Träger der Leistungen zur Teilhabe am Arbeitsleben bzw. zur Abklärung der beruflichen Eignung bzw. Arbeitserprobung ist.

---

[10] Zu den strukturellen Anforderungen siehe ausführlich die Kommentierung zu § 257 SGB V Rn. 111 ff.

[11] *Baier* in: Krauskopf, SGB V, § 258 Rn. 5; *Gerlach* in: Hauck/Noftz, SGB V, § 258 Rn. 15.

[12] Zur Entsprechensklausel siehe die Kommentierung zu § 257 SGB V Rn. 93 ff.

[13] *Wasem* in: Maaßen/Schermer/Wiegand/Zipperer, GKV-SGB V, § 258 Rn. 3a.

[14] Vgl. die Kommentierung zu § 235 SGB V Rn. 15 ff.

[15] Vgl. die Kommentierung zu § 235 SGB V Rn. 26 ff.

[16] *Knispel* in: Peters, Handbuch KV (SGB V), § 258 Rn. 7; zur Regelung in § 257 SGB V siehe die Kommentierung zu § 257 SGB V Rn. 97 ff.

Verpflichteter der nach § 5 Abs. 1 Nr. 7 und 8 SGB V Berechtigten ist der **Träger der Einrichtung**, der nach § 251 Abs. 2 Satz 1 Nr. 2 SGB V die Beiträge zur gesetzlichen Krankenversicherung zu tragen hätte, oder der für den Berechtigtenkreis nach § 5 Abs. 1 Satz 1 Nr. 7 SGB V erstattungspflichtige Leistungsträger nach § 251 Abs. 2 Satz 2 SGB V.[17] 19

VI. Anspruchsberechtigte

1. Abschließende Regelung in § 258 SGB V

Bei der Aufzählung des Kreises der Anspruchsberechtigten in § 258 Satz 1 SGB V handelt es sich um eine **abschließende Aufzählung**. Dies folgt aus der Gesetzgebungsgeschichte. Der Gesetzgeber hat den Kreis der Anspruchsberechtigten, der sich zunächst nur auf die Bezieher von Übergangsgeld bezog, um den Personenkreis der an sich Krankenversicherungspflichtigen nach § 5 Abs. 1 Satz 1 Nr. 6 bis 8 SGB V ausdrücklich erweitert[18] und keine weiteren Gruppen einbezogen. Eine analoge Anwendung des Beitragszuschusses auf die Bezieher anderer Leistungen, wie z.B. Verletztengeld nach dem SGB VII, scheidet daher aus. § 258 SGB V dient vorrangig der Gleichstellung Versicherungspflichtiger mit den Personen, die sich von der Versicherungspflicht haben befreien lassen.[19] 20

2. Beitragszuschüsse für Rehabilitanden (Satz 1)

Der Anspruch auf den Beitragszuschuss zur privaten Krankenversicherung für Rehabilitanden setzt voraus, dass diese **Übergangsgeld** (z.B. § 20 SGB VI oder § 49 Abs. 2 SGB VII) **tatsächlich beziehen**. Ein bloßer Anspruch, der z.B. ruht oder nur dem Grunde nach besteht, löst den Anspruch auf den Beitragszuschuss nicht aus.[20] 21

Weitere Voraussetzung ist, dass sich der Berechtigte nach § 8 Abs. 1 Nr. 4 SGB V[21] **auf Antrag von der Versicherungspflicht hat befreien** lassen. Inzident wird damit über die Befreiung von der Versicherungspflicht nach § 8 SGB V der anspruchsberechtigte Personenkreis auf an sich nach § 5 Abs. 1 Satz 1 Nr. 6 SGB V[22] versicherungspflichtige Personen (Teilnehmer an Leistungen zur Teilnahme am Arbeitsleben, an Abklärungen zur beruflichen Eignung oder an Arbeitserprobungen) eingeschränkt.[23] 22

3. Beitragszuschüsse für nach § 6 Abs. 3a SGB V versicherungsfreie Personen (Satz 1)

Der zweite Personenkreis der Anspruchsberechtigten besteht aus denjenigen Beschäftigten, die an sich nach § 5 Abs. 1 Satz 1 Nr. 6, 7 oder 8 SGB V in der gesetzlichen Krankenversicherung versicherungspflichtig wären, jedoch aufgrund ihres Lebensalters und des fehlenden Vorbezuges zur gesetzlichen Krankenversicherung nach § 6 Abs. 3a SGB V versicherungsfrei sind, mithin ältere Personen über 55 Jahren, die die notwendigen Vorversicherungszeiten nicht erfüllen.[24] Die **Versicherungsfreiheit nach § 6 Abs. 3a SGB V ist damit gemeinsame Voraussetzung für die Gewährung des Beitragszuschusses** nach § 258 SGB V an die nachfolgenden Personengruppen. 23

a. Nach § 5 Abs. 1 Nr. 6 SGB V

Bei dem in § 5 Abs. 1 Satz 1 Nr. 6 SGB V[25] benannten nach § 258 SGB V zuschussberechtigten Personenkreis handelt es sich um Teilnehmer an Leistungen zur Teilnahme am Arbeitsleben, an Abklärungen zur beruflichen Eignung oder an Arbeitserprobungen mit Ausnahme derer, deren Maßnahmen nach dem Bundesversorgungsgesetz erbracht werden. 24

---

17 *Peters* in: KassKomm-SGB, SGB V, § 258 Rn. 5.
18 Siehe Rn. 4.
19 LSG Nordrhein-Westfalen v. 12.03.2002 - L 15 U 246/01 - HVBG-INFO 2002, 3048-3050.
20 *Knispel* in: Peters, Handbuch KV (SGB V), § 258 Rn. 4.
21 Zur Befreiung vgl. die Kommentierung zu § 8 SGB V Rn. 68-74.
22 Zu dem Personenkreis vgl. ausführlich die Kommentierung zu § 5 SGB V Rn. 46 ff.
23 *Gerlach* in: Hauck/Noftz, SGB V, § 258 Rn. 11.
24 Zur Versicherungsfreiheit nach § 6 Abs. 3a vgl. die Kommentierung zu § 6 SGB V Rn. 56 ff.
25 Vgl. die Kommentierung zu § 5 SGB V Rn. 46 ff.

b. Nach § 5 Abs. 1 Nr. 7 SGB V

25 Bei dem in § 5 Abs. 1 Satz 1 Nr. 7 SGB V[26] benannten nach § 258 SGB V zuschussberechtigten Personenkreis handelt es sich um behinderte Menschen, die in anerkannten Werkstätten für Behinderte oder in dem nach dem Blindenwarenvertriebsgesetz anerkannten Blindenwerkstätten oder für diese Einrichtungen in Heimarbeit[27] tätig sind.

c. Nach § 5 Abs. 1 Nr. 8 SGB V

26 Bei dem in § 5 Abs. 1 Satz 1 Nr. 7 SGB V[28] benannten nach § 258 SGB V zuschussberechtigten Personenkreis handelt es sich um behinderte Menschen, die in Anstalten, Heimen oder gleichartigen Einrichtungen in gewisser Regelmäßigkeit eine Leistung erbringen, die einem Fünftel der Leistung eines voll erwerbsfähigen Beschäftigten in gleichartiger Beschäftigung entspricht, einschließlich der Dienstleistungen für den Träger der Einrichtung.

VII. Rechtsweg

27 Für Streitigkeiten über den Beitragszuschuss nach § 258 SGB V ist nach § 51 Abs. 1 SGG der Rechtsweg zu den Sozialgerichten eröffnet.

---

[26] Vgl. die Kommentierung zu § 5 SGB V Rn. 49 ff.

[27] Zum Begriff der Heimarbeit vgl. *Grimmke* in: jurisPK-SGB IV, § 12 Rn. 31 ff.

[28] Vgl. die Kommentierung zu § 5 SGB V Rn. 54 ff.

Dritter Abschnitt: Verwendung und Verwaltung der Mittel

§ 259 SGB V Mittel der Krankenkasse

(Fassung vom 20.12.1988, gültig ab 01.01.1989)

Die Mittel der Krankenkasse umfassen die Betriebsmittel, die Rücklage und das Verwaltungsvermögen.

Gliederung

A. Basisinformationen

I. Normgeschichte

Die Vorschrift des § 259 SGB V entspricht § 267 SGB V i.d.F. des Referentenentwurfs und § 268 SGB V i.d.F. des Regierungs- bzw. Fraktionenentwurfs.[1] § 259 SGB V ist am 01.01.1989 in Kraft getreten. Übergangsregelungen waren nicht erforderlich. 1

II. Vorgängervorschriften

Inhaltlich übernimmt § 259 SGB V die Regelung des § 363 RVO, der seine Fassung durch das Gesetz über die Verwaltung der Mittel der Träger der Krankenversicherung (KVMG) vom 15.12.1979[2] erhalten hat. 2

III. Parallelvorschrift

Gemäß § 51 Abs. 1 Satz 1 **KVLG 1989 gelten** für die Verwendung und Verwaltung der Mittel der Landwirtschaftlichen Krankenkassen die §§ 259-263 SGB V entsprechend, soweit nicht etwas Abweichendes bestimmt wurde. 3

IV. Literaturhinweise

Brandls/Wirth, Haushaltsrecht der Sozialversicherung, Kommentar, Loseblatt; *Breuer*, Die Anlegung und Verwaltung von Mitteln nach dem SGB IV durch Sozialversicherungsträger, Die BG 1981, 93 ff. 4

V. Systematische Einordnung

1. Allgemeines

Die im SGB V normierten Vorschriften über die Verwendung und Verwaltung der Mittel der Krankenkassen (§§ 259-264 SGB V) sind dabei naturgemäß in engem Zusammenhang zu sehen mit den Grund- 5

[1] *Held* in: GK-SGB V, § 259 Rn. 1.
[2] BGBI I 1979, 2241.

satzbestimmungen im SGB IV. Hier werden in den §§ 80-86 SGB IV generelle Aussagen zu dem Bereich „Vermögen der Sozialversicherungsträger“ getroffen, wobei der § 80 Abs. 1 SGB IV eine allgemein verbindliche Leitlinie bei der Anlegung und Verwaltung von Vermögen vorgibt. In den §§ 81 und 82 SGB IV wird klargestellt, für welchen Zweck Betriebsmittel und Rücklage vorgehalten werden sollen; damit ist die definitorische Einordnung und Unterscheidung dieser Vermögensteile vorgegeben.

6 Da es sich bei den §§ 259 ff. SGB V um keine in sich abgeschlossenen Regelungen, sondern um Spezial-Bestimmungen für die KV-Träger zu den grundsätzlichen Regelungen in den §§ 80-86 SGB IV mit der Überschrift „Vermögen“ handelt, ist davon auszugehen, dass die „Mittel“ i.S.d. § 259 SGB V mit dem Begriff „Vermögen“ gleichzusetzen sind. Gleichwohl ist eine Definition im SGB nicht enthalten. Grundsätzlich dürften unter Vermögen bzw. Mittel alle wirtschaftlich einsetzbaren Güter eines Versicherungsträgers zu verstehen sein, sofern sie im Wirtschaftsleben mit Geld bewertet werden. Damit sind alle auf der Aktivseite der Bilanz nachzuweisenden Wirtschaftsgüter gemeint. Hiervon zu unterscheiden bleibt das sog. Reinvermögen – das im betriebswirtschaftlichen Sinne als Eigenkapital bezeichnet wird und sich als Differenz zwischen Vermögen (Aktiva) und Verpflichtungen (Passiva) ergibt.

2. Landwirtschaftliche Krankenversicherung

7 Nach § 51 Abs. 1 KVLG 1989 ist § 259 SGB V auch für die landwirtschaftlichen Krankenkassen anzuwenden. Sonderregelungen für die im Beitrittsgebiet zuständigen Krankenkassen sind durch den Einigungsvertrag für die Betriebsmittel und die Rücklage getroffen worden: durch das Gesetz zur Rechtsangleichung in der gesetzlichen Krankenversicherung vom 22.12.1999[3] ist diese differenzierte Betrachtung mit Wirkung vom 01.01.2001 wieder aufgehoben worden.

3. Pflegeversicherung

8 Mit Einführung der Pflegeversicherung in den Jahren 1994/1995 wurde dieser neue Zweig der Sozialversicherung organisatorisch an die Krankenkassen angebunden. Um auch hier eine strikte Trennung der Finanzströme sicherzustellen, wurde für die Pflegeversicherung eine gesonderte Haushaltsaufstellung sowie Rechnungsführung einschließlich eigenem Kontenrahmen vorgeschrieben. Hierdurch ist es möglich, getrennte Ergebnisrechnungen sowie Bilanzen zu erstellen, in denen u.a. die Vermögensteile Betriebsmittel sowie Rücklage separat dargestellt werden können.

9 Eine entsprechende Regelung für den Bereich der Pflegeversicherung – ohne den Vermögensteil Verwaltungsvermögen – enthält § 62 SGB XI. Ursächlich für diese strikte Abgrenzung der einzelnen Vermögensteile ist zum einen der in der öffentlichen Finanzwirtschaft geltende Grundsatz, dass für die Fremdmittel verwaltenden Krankenkassen ein Höchstmaß an Transparenz in der Vermögenspolitik geschaffen werden soll. Hierdurch soll Dritten (z.B. Aufsichtsbehörde, Versicherte etc.) ein Einblick in die Vermögens- und Ertragslage des Sozialversicherungsträgers erleichtert werden; zudem besteht die Möglichkeit, zwischenbetriebliche Vergleiche zwischen verschiedenen Kassen durchzuführen.[4] Demgegenüber soll die Differenzierung für einen betriebswirtschaftlich sinnvollen Einsatz der Mittel der Krankenkassen sorgen. So wird durch die Verpflichtung zur Bildung von Betriebsmitteln und Rücklage mit gleichzeitiger Festlegung einer Mindesthöhe der Rücklage (§ 261 Abs. 2 SGB V) für eine (Grund-)Ausstattung mit Liquidität gesorgt, um die Krankenkassen in die Lage zu versetzen, jederzeit ihren Zahlungsverpflichtungen nachkommen zu können. Durch eine Limitierung der Höhe der Betriebsmittel (§ 260 Abs. 2 SGB V) sowie der Rücklage (§ 261 Abs. 2 SGB V) soll gleichzeitig eine zu starke Kapitalanhäufung, die zu Lasten der Beitragszahler gehen würde, vermieden werden. Im Übrigen erfolgt durch die Aufteilung in Betriebsmittel und Rücklage eine Berücksichtigung der Fristigkeit, mit der die Mittel zur Finanzierung der Ausgaben zur Verfügung stehen müssen; insofern kann die Steuerung der Vermögensanlagen effizienter erfolgen.

---

3 BGBl I 1999, 2657.

4 *Held* in: GK-SGB V, § 259 Rn. 3.

B. Auslegung und Bedeutung der Norm

I. Vorbemerkung zu den §§ 259-263 SGB V

1. Allgemeine Literatur

Arndt/Ballesteros, Betriebsmittel, Rücklage und Beitragssatz in der Sozialen Pflegeversicherung, BKK 7/1995, 444 ff.; *Fischer/Steffens*, Das Haushaltsrecht der Krankenkassen, Kommentar, Loseblatt; *Bley/Gitter u.a.*, Sozialgesetzbuch – Sozialversicherung – Gesamtkommentar, Loseblatt; *BMA*, Die gesetzliche Krankenversicherung in der Bundesrepublik Deutschland im Jahre 1993; *Burgardt/Knoblich*, Kontenrahmen für die Träger der gesetzlichen Krankenversicherung, Kommentar, Loseblatt; *Dalichau/Schiwy*, Gesetzliche Krankenversicherung, SGB V, Loseblatt; *Dannheisig/Raffel/Waldorf*, Neue Herausforderungen in der Vermögensanlagepolitik für Sozialversicherungsträger, BKK 10/1994, 605 ff.; *Gerald*, Krankenversicherung der Landwirte, Heft 76 der Schriftenreihe Fortbildung und Praxis, 1982; *Gleitze*, Sozialgesetzbuch – Gemeinsame Vorschriften für die Sozialversicherung und ihre Bedeutung für die Krankenversicherung, DOK 1977, 281 ff.; *Gleitze/Krausel/von Maydell/Merten*, Gemeinschaftskommentar, SGB IV, 2. Aufl. 1992; *Gutschow/Simons*, Das Haushaltsrecht der Krankenkassen, Kommentar, Loseblatt; *Hauck/Noftz*, Sozialgesetzbuch, Kommentar, Loseblatt; *Haines*, Die Gemeinsamen Vorschriften für die Sozialversicherung, BKK 1977,49 ff.; *Jahn*, Sozialgesetzbuch für die Praxis, Gesetzliche Krankenversicherung; *Kierstein*, Das Gesetz über die Verwaltung der Mittel der Träger der Krankenversicherung (KVMG), BKK 1/1980, 2 ff.; *Knoblich/Fudickar*, Das Rechnungswesen in der Sozialversicherung, 4. Aufl. 1996; *Krauskopf*, Soziale Krankenversicherung, SGB V, Kommentar, Loseblatt; *Kruse u.a.*, Der Haushaltsplan als Instrument der Beitragssatzgestaltung der Krankenversicherungsträger, SozVers 1986, 283 ff.; *Maaßen/Schermer/Wiegand/Zipperer*, SGB V, Gesetzliche Krankenversicherung, Kommentar, Loseblatt; *Marburger*, Vermögensverwaltung. Geld- und Bankverkehr der Krankenkassen, Schriftenreihe der Zeitschrift Wege zur Sozialversicherung; *Müller/Maaz*, Endgültige Rechnungsergebnisse der GKV 2004, KrV 2005, 214 ff.; *Neidhardt*, Das Haushalts- und Rechnungswesen in der Krankenversicherung, 10. Aufl. 1992; *Peters*, Handbuch der Krankenversicherung Teil II – Sozialgesetzbuch V, Kommentar, Loseblatt; *Reusen*, Grundsätze und Verfahren der Beitragssatzermittlung in der Krankenversicherung, SF-Medien Nr. 140, 43-56 (2003); *Schnapp/Rixen*, Die Unzulässigkeit der Aufnahme von Krediten durch die gesetzlichen Krankenkassen, BKR 2006, 360 ff.; *Scholtz*, Die Verwaltung der Mittel der Träger der Krankenversicherung, DOK 1980, 265 ff.; *Ströter*, Beitragsplanung der gesetzlichen Krankenkassen, BKK 06/1980, 133 ff.; *Wirth*, Der Haushaltsplan und die Beitragssätze in der Krankenversicherung, BKK 1984, 300 ff. 10

2. Vermögensrecht der Krankenkassen als Träger der Krankenversicherung

Die Sozialversicherung soll soziale Sicherheit gewährleisten, indem sie die Versicherten gegen die großen Lebensrisiken absichert. Es handelt sich um eine öffentliche Aufgabe, die unter Nutzung versicherungstechnischer Mittel von öffentlichen Körperschaften mit unmittelbar am Gemeinwohl orientierter, nicht privatwirtschaftlich ausgerichteter Zielsetzung durchgeführt wird. Daraus folgt für das Vermögensrecht, dass es sich strikt an den Aufgaben des jeweiligen Sozialversicherungszweiges auszurichten hat (§ 30 Abs. 1 SGB IV). Es erfüllt keinen Selbstzweck, sondern dient ausschließlich der Aufgabenwahrnehmung durch den Sozialversicherungsträger (SVT). Ferner ist daran zu erinnern, dass die Finanzierung der im Sozialgesetzbuch enthaltenen Leistungen auf dem Umlageprinzip basiert. Die SVT sollen Vermögen nicht ansammeln und im Interesse der Anleger verwalten, sondern der Volkswirtschaft nur die Kapitalmenge entziehen, die sie zur Erfüllung ihrer Aufgaben aktuell benötigen. Daher ist den Anlagevorschriften des SGB IV (§§ 80-86 SGB IV) der Grundsatz der Wirtschaftlichkeit und Sparsamkeit in § 69 SGB IV systematisch vorangestellt. 11

Der SVT muss mit seinen begrenzten Geldmitteln sparsam wirtschaften, um in den durch Gesetz, Satzung oder durch sonstiges Recht geregelten Fällen leistungsfähig zu sein. Da der Gesetzgeber bzw. die Selbstverwaltung jederzeit den Leistungsrahmen verändern können (Beispiel: Ergänzung der Satzung eines Krankenversicherungsträgers durch die Einführung eines Modellvorhabens), steht die Leistungsfähigkeit immer wieder zur Disposition und führt zu entsprechenden Beitragssatzanpassungen. Hinzu kommt, dass der Gesetzgeber den gesetzlichen Rahmen ständig verändert. Insbesondere die zahlreichen Gesetzesänderungen in der gesetzlichen Krankenversicherung erschweren nicht nur die Haushaltsplanung, sondern betreffen auch die Vermögensanlagen (z.B. Umstellung von Mutter-Kind-Kuren 12 von Satzungsleistung zu Regelleistung, aber auch „Risiko-Pool" und „DMP"). Der SVT befindet sich in der besonders schwierigen Situation, dass der Großteil seines Vermögens für gesetzlich oder satzungsrechtlich fixierte Leistungen zur Verfügung stehen muss und er die Entwicklung des laufenden Haushaltsjahres nur prognostizieren kann. Unverhofft kommt hier nicht nur oft, sondern geradezu regelmäßig. Das Vermögensrecht muss ihn bei dieser schwierigen Sach- und Rechtslage effektiv unterstützen.[5]

13 Die wichtigste Rechtsquelle für das Vermögensrecht der SVT stellt nach wie vor das Sozialgesetzbuch IV dar. Es gilt grundsätzlich für alle Sozialversicherungszweige, soweit nicht spezielle Vorschriften für den einzelnen Sozialversicherungszweig den allgemeinen Vorschriften vorangehen.[6] § 80 SGB IV enthält im Rahmen der Vorschriften über das Vermögen (§§ 80-86 SGB IV) die Grundsatzregelung zur Anlegung und Verwaltung der Mittel. Gemäß Absatz 1 sind die Mittel der SVT so anzulegen und zu verwalten,

- dass ein Verlust ausgeschlossen erscheint,
- ein angemessener Ertrag erzielt wird und eine
- ausreichende Liquidität gewährleistet ist.

§ 80 Abs. 1 SGB IV schreibt eine möglichst verlustfreie, rentable und liquide Anlegung vor, wobei man sich darüber im Klaren sein muss, dass es das Ideal einer gleichzeitig hohen Sicherheit, Rentabilität und Liquidität nicht gibt. Aufgabe des Versicherungsträgers ist es, hier einen sachgerechten Ausgleich herzustellen, bei dem die Vermeidung von Verlusten im Vordergrund stehen muss. Die Versicherungsträger haben ihre Mittel getrennt von den Mitteln Dritter zu verwalten (§ 80 Abs. 2 SGB IV).[7] Dabei ist es Ziel des Vermögensrechts, die Beitragszahler nur mit den Beiträgen zu belasten, die tatsächlich benötigt werden. Deutlich wird dies im SGB V, wonach die Krankenversicherer ihre Beiträge senken müssen, wenn Betriebsmittel und Rücklage im erforderlichen Maß vorhanden sind (§ 220 Abs. 3 SGB V).

14 Der **Grundsatz der Liquidität** gewährleistet mit dem vorgenannten Grundsatz der Sicherheit die Leistungsfähigkeit des SVT. Daher zwingen die Liquiditätsvoraussetzungen im SGB V (§ 260 Abs. 3 SGB V) die Träger der gesetzlichen Krankenversicherung dazu, das Vermögen bedarfsgemäß anzulegen. Der Gesetzgeber fordert in den §§ 260 Abs. 3 und 261 Abs. 1 i.V.m. Abs. 5 SGB V eine ständige Liquidität der Krankenversicherungsträger. Insoweit besteht in der Regel nur die Möglichkeit relativ kurzfristiger Vermögensanlagen. Als liquide gelten grundsätzlich alle Vermögensanlagen mit einer Laufzeit, Kündigungsfrist oder Restlaufzeit bis zu 12 Monaten. Vermögensanlagen mit einer Kündigungsfrist von bis zu 12 Monaten gelten allerdings nur dann als liquide, wenn neben dem Kapitalerhalt eine angemessene Effektivverzinsung gewährleistet ist. Die Rücklage der gesetzlichen Krankenversicherung – und auch für die soziale Pflegeversicherung – ist so anzulegen, dass sie im Bedarfsfall jederzeit verfügbar ist.[8] Eine kreditunterstützte Anlagestrategie ist mit dem für die Träger der gesetzlichen Krankenversicherung anzuwendenden Vermögensrecht des SGB IV und SGB V, aus dem sich ein grundsätzliches Verbot der Kreditaufnahme ergibt, nicht vereinbar. Kreditaufnahmen müssen die Ausnahme bleiben und dürfen nicht die Regel werden.[9]

15 Die SVT sind gemäß § 29 Abs. 1 SGB IV rechtsfähige Körperschaften des öffentlichen Rechts mit Selbstverwaltung. Die Anlage und Verwaltung der Mittel obliegt ihnen im Rahmen des Gesetzes in eigener Verantwortung. Werden die Anforderungen bei der Mittelanlegung nicht beachtet, haften für den der Versichertengemeinschaft entstandenen Schaden die hierfür verantwortlichen Mitglieder der Selbstverwaltungsorgane (§ 42 SGB IV), soweit ihnen eine vorsätzliche oder grob fahrlässige Verletzung der ihnen obliegenden Pflichten vorzuwerfen ist.

---

5 Vgl. BVA, Grundlagen und aktuelle Entwicklungen des Vermögensrechts in der Sozialversicherung und Aufsichtspraxis, S. 3 ff.

6 Vgl. BVA, Grundlagen und aktuelle Entwicklungen des Vermögensrechts in der Sozialversicherung und Aufsichtspraxis, S. 7.

7 § 80 SGB IV gilt für die Träger der Kranken-, Unfall- und Rentenversicherung einschließlich der Alterssicherung der Landwirte sowie der sozialen Pflegeversicherung und seit dem 01.01.1998 auch für die Bundesanstalt für Arbeit (vgl. § 1 Abs. 1 SGB IV); vgl. des Weiteren: *Marburger*, Vermögensverwaltung, Geld- und Bankverkehr der Krankenkassen, S. 29.

8 Vgl. BVA, Grundlagen und aktuelle Entwicklungen des Vermögensrechts in der Sozialversicherung und Aufsichtspraxis, S. 10.

9 Vgl. BVA, Grundlagen und aktuelle Entwicklungen des Vermögensrechts in der Sozialversicherung und Aufsichtspraxis, S. 12.

Die **Aufsichtsbehörden** haben im Rahmen ihres sich aus § 87 Abs. 1 SGB IV ergebenden allgemeinen Aufsichtsrechts zu prüfen, ob der Versicherungsträger bei der Anwendung der Grundsätze die **Grenzen des Beurteilungsspielraums** eingehalten hat. Ggf. haben die Aufsichtsbehörden die ihnen zur Verfügung stehenden aufsichtsrechtlichen Mittel (§ 89 SGB IV) zu ergreifen.[10] Verstößt ein Versicherungsträger bei der Anlegung oder Verwaltung der Mittel gegen die Grundsätze des § 80 Abs. 1 SGB IV, so führt allein dies nicht zur Nichtigkeit des zugrunde liegenden Rechtsgeschäftes.[11] 16

3. Systematik des Dritten Abschnitts „Verwendung und Verwaltung der Mittel"

Im Rahmen des Achten Kapitels SGB V (§§ 220-274 SGB V), in dem die Vorschriften zur Finanzierung der Krankenkassen zusammengefasst sind, wird im Dritten Abschnitt die Verwendung und Verwaltung der Mittel (§§ 259-264 SGB V) geregelt. Diese Untergliederung durch den Gesetzgeber entspricht dem systematischen Vorgehen der Krankenkassen: Nach der Aufbringung der Mittel, der Bemessung und Zahlung der Beiträge (§§ 220-256 SGB V), sind die eingegangenen Gelder zweckentsprechend zu verwenden und zielgerichtet anzulegen.[12] 17

Durch die §§ 259-264 SGB V erfolgt eine Untergliederung der Mittel der Krankenkassen in die drei Vermögensteile Betriebsmittel, Rücklage und Verwaltungsvermögen einschließlich einer exakten Abgrenzung. Zugleich werden Festlegungen zu jedem Vermögensteil im Hinblick auf dessen Verwendung, Höhe und Anlage bzw. Verwaltung getroffen.[13] Diese Differenzierung erfolgt auf der Basis der vermögensrechtlichen Grundsatzbestimmungen im SGB IV: In den §§ 80-86 SGB IV wird sowohl die generelle Leitlinie für die Vermögensanlage und die Vermögensverwaltung der Sozialversicherungsträger (§ 80 SGB IV), nämlich die Beachtung der Grundsätze Sicherheit, Rentabilität und Liquidität, vorgegeben. Es wird klargestellt, dass jeder Versicherungsträger Betriebsmittel und Rücklagen vorzuhalten hat, wobei gleichzeitig der Verwendungszweck dieser Vermögensteile dargestellt wird. In den §§ 259-264 SGB V als lex specialis erfolgt eine nähere Bestimmung der grundsätzlichen Festlegungen im SGB IV für die Belange der Krankenkassen. 18

Dabei bleibt darauf hinzuweisen, dass eine direkte Beziehung des § 264 SGB V zu den übrigen Vorschriften des Achten Kapitels (Finanzierung) nicht vorhanden ist; rechtssystematisch wäre eine Eingliederung in das Dritte Kapitel (Leistungen der Krankenversicherung) vorzugswürdig gewesen. 19

4. Das KVMG (Vorgeschichte)

Die Vorschriften über die Verwendung und Verwaltung der Mittel wurden durch das Gesetz über die Verwaltung der Mittel der Träger der Krankenversicherung (KVMG) vom 15.12.1979[14], das zum 01.01.1980 in Kraft getreten ist, eingeführt. Hierdurch ergaben sich Änderungen, die die Finanzwirtschaft aller Krankenkassen grundlegend und einheitlich umgestaltet.[15] Nach der Begründung zum Gesetzesentwurf war es der generelle Zweck dieses Gesetzes, die finanziellen Mittel der Krankenversicherung funktionsgerechter einzusetzen.[16] Hiernach dient die Abgrenzung der einzelnen Vermögensteile der Transparenz in der Vermögensgebarung und muss sowohl in den Haushaltsplan als auch im Rechnungswesen deutlich werden.[17] Im Einzelnen sollten folgende Ziele erreicht werden: 20

Erhöhung der Transparenz in der Finanz- und Vermögenspolitik einer Krankenkasse: Durch die Aufteilung des Gesamt-Vermögens der Kassen in die drei Vermögensteile Betriebsmittel, Rücklage und Verwaltungsvermögen und die damit einhergehende klare Umschreibung und Abgrenzung wird die Transparenz der Finanz- und Vermögenspolitik deutlich erhöht. Die Anlegung bzw. Verwaltung von Vermögensteilen, die nicht unter den genannten Begriffen zu subsumieren sind, wird damit unzulässig. Durch diese definitorische Zuordnung war es erforderlich, den Kontenrahmen, der sowohl für 21

---

[10] Gleitze/Wirth, ErsK 1983, 172 ff.

[11] A.A. wohl Hauck/Haines, SGB IV, § 80 Rn. 5, die bei Verstoß gegen Angemessenheit des Ertrages Unwirksamkeit der Vereinbarung annehmen.

[12] *Held* in: GK-SGB V, Vorbem. §§ 259-264 Rn. 1.

[13] *Held* in: GK-SGB V, Vorbem. §§ 259-264 Rn. 1.

[14] BGBl I 1979, 2241, zu letzt geändert durch G. v. 14.08.2006, BGBl I 2006, 1869.

[15] Die Spitzenverbände der Krankenkassen, der Verband Deutscher Rentenversicherungsträger und die Bundesversicherungsanstalt für Angestellte haben sowohl die vermögensrechtlichen als auch die versicherungsrechtlichen Auswirkungen der KVMG-Vorschriften beraten. Die Ergebnisse wurden in dem Rundschreiben vom 20.12.1979, in dem erläuternde Hinweise für die praktische Umsetzung enthalten sind, zusammengefasst.

[16] *Held* in: GK-SGB V, Vorbem. §§ 259-264 Rn. 4 und 5.

[17] *Marburger*, Vermögensverwaltung, Geld- und Bankverkehr der Krankenkassen, S. 30.

den Haushaltsplan als auch für das lfd. Rechnungswesen einschließlich Rechnungslegung maßgeblich ist, neu zu konzipieren. Außenstehende, wie z.B. Versicherte und Aufsichtsbehörden, können sich leichter einen Einblick verschaffen; zudem sind zwischenbetriebliche Vergleiche von einzelnen Kassen bzw. -arten durchführbar.[18]

22 **Sicherstellung der Beitragssatzstabilität während des Haushaltsjahres**: Die Rücklage erhält durch das KVMG die Funktion einer Schwankungsreserve, d.h. durch Inanspruchnahme von Rücklagemitteln soll verhindert werden, dass es zu Beitragssatzerhöhungen während des Haushaltsjahres kommt.

23 **Vermeidung nicht erforderlicher Kapitalbildung bei der Krankenkasse**: Um unnötige Kapitalansammlungen, die zu Lasten der Beitragszahler gehen, zu vermeiden, sollen über die Beiträge nicht mehr Finanzierungsmittel erhoben werden, als nach deren Zweckbestimmung erforderlich ist. Aus diesem Grunde wurde die maximale Hohe der Betriebsmittel (§ 260 Abs. 2 SGB V) und der Rücklage (§ 261 Abs. 2 SGB V) festgelegt. Der Gesetzgeber hatte insbesondere bei der Rücklage die bisher vorgeschriebene Höhe aus Gründen der Anpassung an die geänderten Verhältnisse zurückgenommen: Das Krankengeldrisiko wurde durch das Lohnfortzahlungsgesetz wesentlich gemildert. Zudem hatte der durch das Krankenversicherungs-Kostendämpfungsgesetz eingeführte Belastungsausgleich in der Krankenversicherung der Rentner die Krankheitskosten der Rentner auf alle Kassen verteilt. Weitere Risikodiversifikationen ergaben sich aus der Umlage der Kosten für aufwendige Leistungsfälle (§ 414b Abs. 2 RVO) und dem Finanzausgleich nach § 414b Abs. 2a RVO.[19]

24 **Sicherstellung der Zahlungsfähigkeit der Krankenkasse**: Durch die Verpflichtung der Kassen, Betriebsmittel und Rücklage (mit gleichzeitiger Festlegung einer Mindesthöhe der Rücklage, vgl. § 261 Abs. 2 SGB V) zu bilden, sorgte der Gesetzgeber dafür, dass eine Mindestausstattung mit Liquidität vorhanden ist, um die Zahlungsfähigkeit zu gewährleisten.

25 **Stärkung der Finanzhoheit der Krankenkasse**: Nunmehr sollte es der Selbstverwaltung überlassen werden, die Rücklagenhöhe innerhalb des vom Gesetzgeber fixierten Rahmens festzusetzen, um den besonderen Verhältnissen bei einer einzelnen Kasse Rechnung zu tragen. Zudem wurde im KVMG festgelegt, dass die Kassen auch ihre Rücklagen selbst verwalten. Nach dem bisherigen Recht waren hierzu allein die Landesversicherungsanstalten befugt.[20]

26 **Engere Anbindung der Beitragsgestaltung an die Haushaltsplanung**: Durch Änderungen beitragsrechtlicher Vorschriften wurde die Beitragsgestaltung enger mit der Haushaltsplanung verbunden. Die Beiträge sollen danach so festgelegt werden, dass die Summe der zu erwartenden Beitragseinnahmen zuzüglich der sonstigen Einnahmen mit der Summe aller Ausgaben nach dem Haushaltsplan übereinstimmt und für ein ganzes Haushaltsjahr ausreicht. Durch diese Regelung wurde sichergestellt, dass zu hohe (zu niedrige) Bestände an Betriebsmitteln und Rücklagen, die nach dem Wortlaut des Gesetzes aufzulösen (aufzubauen) sind, als Einnahmen (Ausgaben) in den Haushaltsplan einfließen und somit beitragssalzrelevante Auswirkungen haben. Damit sollen Beitragssatzänderungen im Laufe eines Haushaltsjahres auf unumgängliche Fälle beschränkt werden.[21]

27 **Risikodiversifikation durch Schaffung einer Gesamtrücklage**: Um mögliche finanzielle Engpässe zu vermeiden, die von der selbstverwalteten Rücklage einer Kasse nicht ausgeglichen werden können, wurde für Orts-, Betriebs- und Innungskrankenkassen eine Gesamtrücklage geschaffen. Aus dieser Gesamtrücklage sollen in Liquiditätsschwierigkeiten geratene Kassen die Möglichkeit erhalten, nicht nur über einen Betrag in Höhe ihres Rücklage-Guthabens zu verfügen, sondern darüber hinaus ein Darlehen aus der Gesamt-Rücklage in Anspruch zu nehmen.[22]

5. Haushaltsplan

28 § 64 SGB IV verpflichtet die Träger der Sozialversicherung zur Aufstellung von Haushaltsplänen als Grundlage für die Planung, Bewirtschaftung und Kontrolle der Mittel und legt deren sachlichen und zeitlichen Rahmen fest. Sachlich umfasst der Haushaltsplan alle vom Versicherungsträger zu leistenden Ausgaben und Einnahmen, die im Zeitraum eines Kalenderjahres, dem Haushaltsjahr, voraussichtlich anfallen. Durch die Einbeziehung der Verpflichtungsermächtigungen (§ 75 SGB IV), die im Haushaltsjahr voraussichtlich benötigt werden, sind auch bestimmte Verwaltungsmaßnahmen in die Planabhängigkeit gestellt, die für den Versicherungsträger Verpflichtungen zu Ausgaben für den Zeitraum

[18] *Held* in: GK-SGB V, Vorbem. §§ 259-264 Rn. 5.
[19] *Held* in: GK-SGB V, Vorbem. §§ 259-264 Rn. 7.
[20] *Held* in: GK-SGB V, Vorbem. §§ 259-264 Rn. 9.
[21] *Held* in: GK-SGB V, Vorbem. §§ 259-264 Rn. 10.
[22] *Held* in: GK-SGB V, Vorbem. §§ 259-264 Rn. 11.

künftiger Haushaltsjahre begründen. Ziel der Regelungen des Haushaltswesens ist es, die künftige finanzielle Entwicklung der Versicherungsträger zum Gegenstand einer inhaltlich von einheitlichen Gestaltungsprinzipien bestimmten und nach einheitlichen Grundsätzen zu realisierenden Planung zu machen. Bezogen auf den einzelnen Träger ergibt sich daraus die Verpflichtung zur vorausschauenden Ermittlung der wahrscheinlichen finanziellen Entwicklung bei Sicherstellung des Ausgleichs von Einnahmen und Ausgaben, zur planabhängigen Bewirtschaftung der Mittel und Kontrolle innerhalb der Planungsperiode und zur Rechnungslegung nach deren Abschluss. Gesetzlich verpflichtet zur Haushaltsplanung sind die **Versicherungsträger.** Der Begriff der „Aufstellung“ in § 67 Abs. 1 SGB IV schließt neben dem Aufstellen (§ 70 Abs. 1 Satz 1 SGB IV) auch die **Pflicht zur Feststellung** des Haushaltsplans (§ 70 Abs. 1 Satz 2 SGB IV) ein, weil allein dem festgestellten Plan die haushaltsrechtlich vorgesehenen Wirkungen zukommen (sog. Budgetpflicht). § 67 Abs. 1 SGB IV fordert die vollständige Veranschlagung aller voraussichtlich zu leistenden Ausgaben, aller voraussichtlich benötigten Verpflichtungsermächtigungen und aller zu erwartenden Einnahmen. Es darf somit bei der Aufstellung des Haushalts kein Ansatz unterbleiben, wenn nach pflichtgemäßem Ermessen der Beteiligten mit einer Ausgabe, einer Einnahme oder einer notwendigen Verpflichtungsermächtigung zu rechnen ist.

§ 69 Abs. 2 SGB IV verpflichtet die Versicherungsträger zur Beachtung der Grundsätze der Wirt- 29
schaftlichkeit und Sparsamkeit bei der Erfüllung ihrer Aufgaben. Diese Grundsätze sind nicht nur als Gestaltungsprinzipien für die Aufstellung des Haushaltsplanes, sondern auch als Kriterien für die Ordnungsmäßigkeit der Haushalts- und Wirtschaftsführung (§ 68 Abs. 1 SGB IV) zu berücksichtigen.

Die formale Gestaltung des Haushaltsplanes wird bestimmt durch den jeweils maßgebenden **Konten-** 30
rahmen (vgl. § 1 Abs. SVHV[23]). Die Kontenrahmen für die einzelnen Versicherungszweige ergeben sich aus den Anlagen der Allgemeinen Verwaltungsvorschrift über das Rechnungswesen in der Sozialversicherung (SRVwV) vom 03.08.1981[24]. Der Haushaltsplan unterteilt sich entsprechend dem Kontenrahmen in folgende Kontenklassen (vertikale Gliederung):

Kapitel 2	Beiträge u.a.
Kapitel 3	Vermögenserträge, sonstige Einnahmen
Kapitel 4/5	Leistungen
Kapitel 6	Vermögensaufwendungen, sonstige Aufwendungen
Kapitel 7	Verwaltungs- und Verfahrenskosten
Kapitel 8	Auftragsgeschäfte/Verrechnungen
Kapitel 9	Investitionen (nur für KV, RV, Verbände und MDK), u.a.

Für die Kontenklassen 0 – Aktiva und 1 – Passiva gibt es keine entsprechenden Kapitel im Haushalt. 31
Vermögensbestände werden im Haushalt nicht erfasst.

6. Kontenrahmen der GKV

Der Kontenrahmen für die Träger der gesetzlichen Krankenversicherung ist numerisch nach dem De- 32
zimalsystem aufgebaut. Er gliedert sich in Klassen (einstellig), Gruppen (zweistellig), Arten (dreistellig) und Konten (vierstellig); sie sind für den Versicherungsträger bindend. Ihr Inhalt ist durch die Bezeichnung und die hierzu erlassenen Bestimmungen festgelegt. Die nicht besetzten Stellen des Kontenrahmens dürfen nur benutzt werden, soweit der Kontenrahmen dies zulässt. Die besetzten Konten können dagegen bei Bedarf im Rahmen des Dezimalsystems weiter untergliedert werden, wobei die gegebenenfalls eingerichteten fünf- bzw. sechsstelligen Buchungsstellen als Unterkonten bzw. Hilfskonten zu bezeichnen sind. Die Klassen, Gruppen und Arten sind Positionen der Systematik. Buchungsstellen sind allein die Konten sowie die etwa vorhandenen Unterkonten und Hilfskonten; sie sind in einem Kontenverzeichnis (Kontenplan) nachzuweisen.

Die Kontenart **190** enthält das Eigenvermögen der Krankenkasse, und zwar untergliedert in die Berei- 33
che „Betriebsmittel“ (Konto 1901), „Rücklage“ (Konto 1902), „Verwaltungsvermögen“ (Konto 1903) sowie „Geldmittel zur Anschaffung und Erneuerung von Verwaltungsvermögen“ (Konto 1904). Zum Eigenvermögen gehören somit nicht die Pensionsrückstellungen (deren Zuführungen aufwandsmäßig in der Kontenklasse 7 gebucht werden). Daraus folgt, dass sich der volle Bestand des Verwaltungsvermögens im Sinne von § 263 SGB V/§ 51 KVLG 1989 aus der Summe der Beträge aus den Konten 1903, 1904, 1600 und 1601 ergibt.

[23] Verordnung über das Haushaltswesen in der Sozialversicherung vom 21.12.1977 (BGBl I 1977, 3147), zuletzt geändert durch Art. 214 des Gesetzes vom 14.08.2006 (BGBl I 2006, 1869).

[24] Neu gefasst durch die SRVWV vom 15.07.1999, Bundesanzeiger Beilage Nr. 145 a/1999.

34 Die Betriebsmittel (**Konto 1901**) werden wie folgt berechnet:
- sofort verfügbare Zahlungsmittel (Kontengruppe 00) ohne Sondervermögen nach dem AAG und ohne die Geldmittel zur Anschaffung und Erneuerung von Verwaltungsvermögen,
- kurzfristige Geldanlagen (Kontengruppe 01) ohne Rücklage und Geldmittel zur Anschaffung und Erneuerung von Verwaltungsvermögen,
- kurzfristige Forderungen (Kontengruppe 02),
- sofort verfügbare Zahlungsmittel, die (ausnahmsweise) in „anderen Geldanlagen" (Kontengruppe 04) enthalten sind,
- zeitlich abgegrenzte Beträge (Kontengruppe 05),
- sonstige Aktiva (Kontengruppe 06),
- Zahlungsmittelkredite (Kontengruppe 10),
- kurzfristige Kredite (Kontengruppe 11),
- kurzfristige Verpflichtungen (Kontengruppe 12),
- „andere" Verpflichtungen (Kontengruppe 14), sofern nicht ausnahmsweise Bestandteil der Rücklage (z.B. Hypotheken auf noch vorhandenen Grundstücken und Gebäuden, die nicht zum Verwaltungsvermögen zählen),
- zeitlich abgegrenzte Beträge (Kontengruppe 15),
- sonstige Passiva (Kontengruppe 16).

35 Die Rücklage (**Konto 1902**) umfasst die in den Kontengruppen 01 und 04 dergestalt bezeichneten Vermögensteile, ggf. vermindert um Rücklageteile in den sofort verfügbaren Zahlungsmitteln bzw. um der Rücklage zuzuordnende längerfristige Passiva.

36 Zum Verwaltungsvermögen (**Konto 1903**) gehören die Bestände des Verwaltungsvermögens (Kontengruppe 07) abzüglich der entsprechenden Verpflichtungen (Kontengruppe 17) und ohne die Bestände der Konten 1600, 1601 und 1904. Der Bestand an Geldmitteln zur Anschaffung und Erneuerung von Verwaltungsvermögen (**Konto 1904**) ist die Summe des Vortrags zum Beginn des Haushaltsjahres, erhöht bzw. vermindert um die Zuführungen/Entnahmen während des laufenden Haushaltsjahres.

37 Die Kontenart **196** beziffert das Reinvermögen aus dem Ausgleich nach dem **Gesetz über den Ausgleich der Arbeitgeberaufwendungen für Entgeltfortzahlung (Aufwendungsausgleichsgesetz – AAG)**[25] bei Krankheit einschließlich des Anteils an den sofort verfügbaren Zahlungsmitteln. Das Reinvermögen wird berechnet aus dem Anteil an den Bar- und Giromitteln (Kontengruppe 00) zuzüglich des Bestandes der Kontenart 080 abzüglich der zuzuordnenden Verpflichtungen (Kontenart 180). Die Kontenart **197** beziffert das Reinvermögen aus dem Ausgleich nach dem AAG bei Mutterschaft einschließlich des Anteils an den sofort verfügbaren Zahlungsmitteln. Das Reinvermögen wird berechnet aus dem Anteil an den Bar- und Giromitteln (Kontengruppe 00) zuzüglich des Bestandes der Kontenart 081 abzüglich der zuzuordnenden Verpflichtungen (Kontenart 181).

II. Regelungsgehalt des § 259 SGB V

38 Nach § 259 SGB V setzen sich die Mittel der Krankenkasse aus den Betriebsmitteln, der Rücklage und dem Verwaltungsvermögen zusammen, so dass alle Einnahmen der Kasse, soweit sie nicht für die erforderlichen Ausgaben benötigt werden, diesen „Vermögensfonds" zugeführt werden müssen. Die Vorschrift stellt klar, dass daneben ein sog. Freivermögen nicht zulässig ist.[26] Die Abgrenzung der einzelnen Vermögensteile dient der Transparenz in der Vermögensgebarung und muss sowohl im Haushaltsplan als auch im Rechnungswesen deutlich werden.[27] Da es sich bei den §§ 259 ff. SGB V um keine in sich abgeschlossenen Regelungen, sondern um Spezial-Bestimmungen für die KV-Träger zu den grundsätzlichen Regelungen in den §§ 80-86 SGB IV mit der Überschrift „Vermögen" handelt, ist davon auszugehen, dass die „Mittel" i.S.d. § 259 SGB V mit dein Begriff „Vermögen" gleichzusetzen sind. Gleichwohl ist eine Definition im SGB nicht enthalten. Grundsätzlich dürften unter Vermögen bzw. Mittel alle wirtschaftlich einsetzbaren Güter eines Versicherungsträgers zu verstehen sein, sofern sie im Wirtschaftsleben mit Geld bewertet werden. Damit sind also – vereinfacht ausgedrückt – alle auf

[25] Vom 22.12.2005 (BGBl I 2005, 3686), zuletzt geändert durch Art. 41 des Gesetzes vom 26.03.2007 (BGBl I 2007, 378).

[26] *Gutschow/Simons*, Das Haushaltsrecht der KK, 2-28, 259 SGB V; *Huck* in: *Hauck*, SGB V, § 259 Rn. 1.

[27] Gemeinsames Rundschreiben vom 20.12.1979 betr. KVMG der Spitzenverbände der Kranken- und der Rentenversicherungsträger.

der Aktivseite der Bilanz nachzuweisenden Wirtschaftsgüter gemeint. Hiervon zu unterscheiden bleibt das sog. Reinvermögen – im betriebswirtschaftlichen Sinne als Eigenkapital bezeichnet –, das sich als Differenz zwischen Vermögen (Aktiva) und Verpflichtungen (Passiva) ergibt.[28]

III. Erläuterung und Zweck der Norm

1. Einteilung der Vermögensteile

Durch § 259 SGB V erfolgt eine Einteilung der Mittel der Krankenkassen in die Vermögensteile Betriebsmittel, Rücklage und Verwaltungsvermögen, die in den §§ 260-263 SGB V im Einzelnen geregelt sind. **39**

Die genaue Zuordnung aller wirtschaftlich einsetzbaren Güter einer Krankenkasse zu den Vermögensteilen Betriebsmittel, Rücklage und Verwaltungsvermögen, verbunden mit exakten Zuordnungs- und Verwendungsvorschriften erleichtert die Finanzpolitik insofern, dass ein konkreter Handlungsrahmen für das Finanzmanagement existiert. Auf der anderen Seite ergeben sich hierdurch eindeutige Kontrollinstrumente, die von Dritten genutzt werden können. So wird beispielsweise von den Aufsichtsbehörden vom „höchstzulässigen Kapital" gesprochen, wenn die gesetzlichen bzw. satzungsrechtlichen Höchstbeträge für Betriebsmittel und Rücklagen ermittelt und diese mit den Ist-Beständen verglichen werden, um so ggf. unzulässige Über-/Unterschreitungen aufzudecken. Ebenso können kassenindividuelle Werte bzw. Kennzahlen mit denen anderer Kassen oder der GKV insgesamt zu Vergleichszwecken herangezogen werden.[29] Das Eigenkapital einer Krankenkasse, das sich als Differenz zwischen Vermögen (Aktiva) und Verpflichtungen (Passiva) ergibt und auch als Reinvermögen bezeichnet wird, spiegelt die o.g. Aufteilung in die drei Vermögensteile wider.[30] Aus der Höhe und der Zusammensetzung können Schlüsse gezogen werden, die aus betriebswirtschaftlicher Sicht eine Vielzahl von Informationen z.B. über die finanzielle Basis, die Fristigkeit des Eigenkapitals/der Vermögensanlagen, die Bindung in Sachwerte, Kapitalvorhaltung für geplante Investitionen, die Erforderlichkeit einer Beitragssatz-Variation, geben.[31] **40**

2. Anwendungsbereich

Für die Verbände der Krankenkassen ist § 259 SGB V nicht unmittelbar maßgebend; jedoch dürfte aufgrund der Gültigkeit des § 80 SGB IV und des § 263 SGB V (§§ 208 Abs. 2, 214 Abs. 2 SGB V) davon auszugehen sein, dass die Differenzierung der Mittel der Bundes- und Landesverbände grundsätzlich analog zur Regelung in § 259 SGB V zu erfolgen hat. **41**

3. Mittel

Mittel i.S.d. § 259 SGB V sind sämtliche wirtschaftlich einsetzbaren Güter der Krankenkassen. Sie werden gebildet durch Beiträge der Mitglieder, der Arbeitgeber und Dritter, durch staatliche Zuschüsse und durch sonstige Einnahmen, zu denen die Vermögenserträge, Ersatz- und Erstattungsansprüche, Säumniszuschläge und Geldbußen zählen. Soweit diese Einnahmen nicht unmittelbar zur Deckung der Ausgaben benötigt werden, bilden sie die im Gesetz vorgeschriebenen Betriebsmittel, Rücklage oder Verwaltungsvermögen.[32] **42**

Nach § 20 SGB IV werden die Mittel der Sozialversicherung nach Maßgabe der besonderen Vorschriften für die einzelnen Versicherungszweige durch Beiträge der Versicherten, der Arbeitgeber und Dritter, durch staatliche Zuschüsse und durch sonstige Einnahmen aufgebracht. § 220 SGB V als lex specialis für die KV bestimmt, dass sich dieser Sozialversicherungszweig lediglich durch Beiträge und durch sonstige Einnahmen finanziert. Insofern hat die Bildung der in § 259 SGB V genannten Vermögensteile durch die Erhebung von Beiträgen und sonstigen Einnahmen, zu denen z.B. Vermögenserträge, Ersatz- und Erstattungsansprüche, Säumniszuschläge, Geldbußen zählen, zu geschehen. **43**

---

[28] *Held* in: GK-SGB V, § 259 Rn. 5 u. 6.
[29] *Held* in: GK-SGB V, Vorbem. §§ 259-264 Rn. 13.
[30] *Held* in: GK-SGB V, Vorbem. §§ 259-264 Rn. 14.
[31] *Held* in: GK-SGB V, Vorbem. §§ 259-264 Rn. 14.
[32] *Huck* in: Hauck, SGB V, § 259 Rn. 3.

4. Betriebsmittel

44 Betriebsmittel sind kurzfristig verfügbare Mittel zur Bestreitung der laufenden Ausgaben und zum Ausgleich der Einnahme- und Ausgabeschwankungen (§ 81 SGB IV). Die Krankenkassen sind zu deren Bereithaltung nach Maßgabe des § 260 SGB V verpflichtet. Betriebsmittel der gesetzlichen Krankenversicherung dürfen nach § 260 Abs. 1 SGB V nur für folgende Zwecke verwendet werden:

- zur Erfüllung der durch Gesetz oder Satzung vorgesehenen Aufgaben sowie für die Verwaltungskosten;
- zur Auffüllung der Rücklage und zur Bildung von Verwaltungsvermögen.

5. Rücklage

45 Rücklage sind Mittel zur Sicherstellung der Leistungsfähigkeit der Krankenkassen, insbesondere für den Fall, dass Einnahme- und Ausgabenschwankungen durch den Einsatz der Betriebsmittel nicht mehr ausgeglichen werden können (§ 82 SGB IV). Die Krankenkassen sind zu deren Bereithaltung nach Maßgabe des § 261 SGB V verpflichtet. Die Rücklage der Krankenkassen stellen Geldreserven dar.

46 Die Gesamtrücklage (vgl. § 262 SGB V) ist ein überregionales Instrumentarium zur Behebung außergewöhnlicher Liquiditätsschwierigkeiten und Sicherung von mehr Beitragssatzstabilität einzelner Krankenkassen. Sie wird – anders als die Rücklage nach § 261 SGB V, die von der Krankenkasse aufzubringen ist – vom Landesverband gebildet und soll finanzielle Engpässe einzelner Krankenkassen durch die Inanspruchnahme eines Darlehens überwinden. Die Gesamtrücklage ist jedoch keine eigenständige Vermögensmasse des Landesverbandes, sondern ein Teil der Rücklage der Verbandsmitglieder, die vom Landesverband als Sondervermögen nach Maßgabe des § 262 SGB V lediglich verwaltet wird. Entsprechend dem jeweiligen Satzungsinhalt haben die Mitgliedskassen bis zu einem Drittel ihres Rücklagesolls in die Gesamtrücklage einzubringen; diese ist vorrangig vor dem von der Krankenkasse verwalteten Teil der Rücklage aufzufüllen (§ 262 Abs. 1 Satz 2 SGB V).

6. Verwaltungsvermögen

47 Das Verwaltungsvermögen ist definitorisch in § 263 SGB V abgegrenzt und umfasst diejenigen Vermögensteile, die zur Erfüllung der Aufgaben der Krankenkasse erforderlich sind.[33] Zum Verwaltungsvermögen gehören auch Grundstücke, die nur teilweise für die Zwecke der Verwaltung der Krankenkassen oder für Eigenbetriebe erforderlich sind. Hinsichtlich der Höhe des Verwaltungsvermögens existieren keine Grenzen.

7. Sondervermögen

48 Durch die Einteilung der Mittel in Betriebsmittel, Rücklage und Verwaltungsvermögen ist implizit festgelegt, dass die Krankenkassen andere Vermögensteile nicht ansammeln dürfen. Durch die gesetzlich geforderte Trennung der Mittel in Eigenvermögen und Fremdvermögen soll nicht nur eine korrekte Darstellung und Verwaltung des Vermögens sichergestellt werden; zugleich soll hierdurch verhindert werden, dass eine Vermischung der in der Regel unterschiedlichen Finanzierung erfolgt. Bedeutsam dürfte die Trennung des Fremdvermögens z.B. für Betriebskrankenkassen sein, da hier durchaus die Gefahr einer Vermischung des Vermögens der Krankenkasse mit dem des Betriebes besteht (vgl. § 147 Abs. 2 SGB V). Ähnlich gelagerte Probleme können sich bei den Versicherungsträgern ergeben, die mehrere Versicherungszweige gleichzeitig betreuen (z.B. Bundesknappschaft, Seekasse).

49 Sofern die Krankenkassen per Gesetz verpflichtet sind, Mittel Dritter sowie etwaige Sondervermögen zu verwalten, ist eine strikte Trennung zwischen eigenen und fremden Mitteln erforderlich. Hier greift die allgemeine Vorschrift des § 80 Abs. 2 SGB IV, die eine klare Abgrenzung des Vermögens der Versicherungsträger zu anderen ggf. vorhandenen Vermögensteilen vorschreibt. Für die Durchführung der „Fremd"-Aufgaben, die gem. § 30 SGB IV nur aufgrund eines Gesetzes übertragen werden können, sind „Fremd"-Mittel in der erforderlichen Höhe vorzuhalten.[34]

50 Durch entsprechend gestaltete Vorschriften in den Bereichen Haushalts- und Rechnungswesen wird eine gesonderte Erfassung der Fremdvermögen sichergestellt. So sind z.B. in dem für die Krankenversicherung geltenden Kontenrahmen gesonderte **Buchungsstellen** für das Sondervermögen nach dem Lohnfortzahlungsgesetz sowie ein eigener Buchungsbereich für Auftragsgeschäfte eingerichtet (Kon-

[33] *Held* in: GK-SGB V, § 259 Rn. 13.
[34] *Held* in: GK-SGB V, § 259 Rn. 14.

tenklasse 8). Im **Haushaltsplan** sind die Auftragsgeschäfte in einer Anlage als sog. „den Haushaltsplan in Einnahmen und Ausgaben durchlaufende Posten" zu erfassen (§ 4 Abs. 3 Nr. 3 SVHV[35]). Daneben ist gem. § 16 Abs. 1 Nr. 3 LFZG in der Satzung der Kasse eine besondere Regelung für die Aufstellung des Haushalts der Lohnausgleichskasse erforderlich; insofern dürfte für diesen Bereich ein gesonderter Haushaltsplan unabdingbar sein. In der Praxis wird die getrennte Verwaltung der Mittel Dritter nicht durch die Einrichtung von besonderen Kassenstellen oder Buchhaltungen sichergestellt. Vielmehr erfolgt die differenzierte Darstellung und Buchung dieser Fremdvermögen durch Einrichtung besonderer Buchungsstellen (ggf. Einzelkontenführung) und Abrechnungsbereiche innerhalb des vorhandenen Rechnungswesens. In geeigneten Fällen dürften sich gesonderte Bankkonten als sinnvoll erweisen.[36]

Eine kurzfristige Inanspruchnahme eigener Mittel für die Durchführung der Auftragsgeschäfte kann jedoch in Kauf genommen werden, wenn sichergestellt ist, dass hierdurch die Zahlungsfähigkeit der Kasse nicht beeinträchtigt wird und umgehend Maßnahmen ergriffen werden, die fehlenden Fremdmittel wieder auszugleichen, bzw. absehbar ist, dass die Bereitstellung von Eigenmitteln nur temporär erfolgt. Zu den Sondervermögen bzw. Mitteln Dritter gehören z.B. die Mittel für die Durchführung der Lohnfortzahlungsversicherung gem. § 15 LFZG, der Auftragsgeschäfte (hier insbesondere der Einzug der Beiträge zur Renten- und Arbeitslosenversicherung gem. §§ 28h, 28k SGB IV) sowie in der landwirtschaftlichen Krankenversicherung Verpflichtungen gegenüber dem Bund (§ 37 KVLG 1989). Auch die gem. § 262 SGB V beim Landesverband zu bildende Gesamtrücklage ist als Sondervermögen getrennt nachzuweisen.[37] 51

8. Grundsätze der Verwaltung

Die Grundsätze für die Verwaltung der Mittel sind in § 80 SGB IV festgelegt. Danach sind die Mittel der Krankenkassen getrennt von den Mitteln Dritter zu verwalten und so anzulegen, dass ein Verlust ausgeschlossen erscheint, ein angemessener Ertrag erzielt wird und eine ausreichende Liquidität gewährleistet ist.[38] Für die Rücklage — und nur für diese — gelten die besonderen Anlagevorschriften der §§ 83, 84 und 86 SGB IV, § 85 SGB IV über die genehmigungsbedürftigen Anlagen gilt auch für die Betriebsmittel und das Verwaltungsvermögen. 52

9. Finanzhoheit der Krankenkassen

Die Versicherungsträger als rechtsfähige Körperschaften des öffentlichen Rechts mit Selbstverwaltung haben ihre Ausgaben im Rahmen des Gesetzes und des sonstigen für sie maßgebenden Rechts in eigener Verantwortung zu erfüllen (§ 29 SGB IV). Insofern verfügen die Krankenkassen über eine eigene **Finanzhoheit**. Allerdings soll – gemäß dem Anliegen des Gesetzes zur Förderung der Stabilität und des Wachstums der Wirtschaft (Stabilitätsgesetzes) – bei der Anlegung der Mittel die grundsätzliche finanz- und wirtschaftspolitische Zielsetzung des Bundes und der Länder berücksichtigt und insbesondere den Erfordernissen des gesamtwirtschaftlichen Gleichgewichts Rechnung getragen werden.[39] 53

Die Anlagepolitik einer Krankenkasse hat sich nach der in § 80 SGB IV formulierten Grundsatzregelung auszurichten. Danach sind die Mittel so anzulegen, dass ein Verlust ausgeschlossen erscheint, ein angemessener Ertrag erzielt wird und eine ausreichende Liquidität gewährleistet ist. Diese Zielsetzungen, die teilweise in einem gewissen Widerspruch zueinander stehen (z.B. Ertrag-Liquidität), sind auch im Zusammenhang mit § 69 Abs. 2 SGB IV zu sehen, wonach der Versicherungsträger gehalten ist, die ihm obliegenden Aufgaben unter Berücksichtigung der Grundsätze von Wirtschaftlichkeit und Sparsamkeit zu erfüllen. Letztlich hat das Bundesversicherungsamt im Hinblick auf die Zielgewichtung ausgeführt, dass dem Grundsatz der Sicherheit bei der Verwaltung und Anlegung aller Mittel eine wesentliche Bedeutung zukommt. Dabei ist sich die Aufsichtsbehörde zwar bewusst, dass der gesetzlich geforderte Verlustausschluss nicht im Sinne einer absoluten Sicherheit zu verstehen ist, dennoch wird der Sozialversicherungsträger dem gesetzlichen Erfordernis nur dann gerecht werden können, wenn eine weitgehende Sicherung der Anlage angestrebt und auch erreicht wird.[40] 54

---

[35] Verordnung über das Haushaltswesen in der Sozialversicherung vom 21.12.1977 (BGBl I 1977, 3147), zuletzt geändert durch Artikel 214 des Gesetzes vom 14.08.2006 (BGBl I 2006, 1869).

[36] *Held* in: GK-SGB V, § 259 Rn. 15.

[37] *Held* in: GK-SGB V, § 259 Rn. 15.

[38] *Huck* in: Hauck, SGB V, § 259 Rn. 5.

[39] Vgl. Schreiben des BVA vom 13.06.1978 an die bundesunmittelbaren Sozialversicherungsträger und an die Verbände der Sozialversicherungsträger.

[40] *Held* in: GK-SGB V, § 259 Rn. 10.

10. Verknüpfungen zu Haushaltsplan und Jahresrechnung

55 Bei der jährlichen Haushaltsplanung sind neben der Schätzung der Einnahmen, Ausgaben und Verpflichtungsermächtigungen (§ 67 Abs. 1 SGB IV) und der Bemessung der Beiträge (§ 220 SGB V) auch Feststellungen sowohl im Hinblick auf die voraussichtliche Höhe der Betriebsmittel und der Rücklage im Haushaltsjahr als auch auf die jeweiligen Soll-Beträge erforderlich. Insofern kann sich das Erfordernis einer Variation dieser Vermögensteile ergeben. So dürfte in der Haushaltspraxis durch Vergleich zwischen Rücklage-Soll lt. Haushaltsplan und Rücklage-Ist i.d.R. eine Erhöhung der Rücklage von vornherein eingeplant werden, da hier eine Koppelung an die etatisierten Ausgaben (§ 261 Abs. 2 SGB V), die in der Regel positive Steigerungsraten aufweisen, besteht.

56 Bei Feststellung der voraussichtlichen Betriebsmittel können sich beitragssatzsenkende bzw. -erhöhende Auswirkungen ergeben, sofern das Betriebsmittel-Soll über dem Höchstbetrag nach § 260 Abs. 2 SGB V liegt bzw. der erforderliche Betriebsmittelstand nicht vorhanden ist und insofern eine Auffüllung erfolgen muss. Geringfügige Unterschiede zwischen etatisierten Einnahmen und Ausgaben können durch Variation der Betriebsmittel ausgeglichen werden. Darüber hinaus kann durch die Veranschlagung von Ausgaben für das Verwaltungsvermögen oder von Zuführungen zu Geldmitteln zur Anschaffung und Erneuerung von Verwaltungsvermögen bzw. eine Auflösung von Teilen des Verwaltungsvermögens das Gesamt-Verwaltungsvermögen variiert werden.[41] Grundsätzlich gilt, dass Änderungen der Vermögensteile Betriebsmittel, Rücklage und Verwaltungsvermögen im Haushaltsplan zu dokumentieren sind.[42]

57 Auch in der Bilanz, die zusammen mit der Gewinn- und Verlustrechnung die Jahresrechnung darstellt (§ 77 SGB IV i.V.m. §§ 27-30 SVHV[43]), spiegelt sich die Vermögensaufteilung des § 259 SGB V wider. So ist im Kontenrahmen festgelegt, dass in der Kontentruppe 19 – Überschuss der Aktiva – das Eigenkapital (= Reinvermögen) der Krankenkasse mit folgender Gliederung auszuweisen ist. Hier ist der buchmäßige Wert des Reinvermögens in der entsprechenden Gliederung als Ist-Betrag zum jeweiligen Bilanzstichtag nachzuweisen.[44]

---

[41] *Held* in: GK-SGB V, § 259 Rn. 10.

[42] Vgl. mit einzelnen Beispielen *Held* in: GK-SGB V, § 259 Rn. 20.

[43] Verordnung über das Haushaltswesen in der Sozialversicherung vom 21.12.1977 (BGBl I 1977, 3147), zuletzt geändert durch Artikel 214 des Gesetzes vom 14.08.2006 (BGBl I 2006, 1869).

[44] Vgl. mit einzelnen Beispielen *Held* in: GK-SGB V, § 259 Rn. 21.

§ 260 SGB V Betriebsmittel

(Fassung vom 26.05.1994, gültig ab 01.01.1995)

(1) Betriebsmittel dürfen nur verwendet werden

1. für die gesetzlich oder durch die Satzung vorgesehenen Aufgaben sowie für die Verwaltungskosten; die Aufgaben der Krankenkassen als Pflegekassen sind keine gesetzlichen Aufgaben im Sinne dieser Vorschrift,

2. zur Auffüllung der Rücklage und zur Bildung von Verwaltungsvermögen.

(2) Die Betriebsmittel sollen im Durchschnitt des Haushaltsjahres monatlich das Eineinhalbfache des nach dem Haushaltsplan der Krankenkasse auf einen Monat entfallenden Betrages der Ausgaben für die in Absatz 1 Nr. 1 genannten Zwecke nicht übersteigen. Bei der Feststellung der vorhandenen Betriebsmittel sind die Forderungen und Verpflichtungen der Krankenkasse zu berücksichtigen, soweit sie nicht der Rücklage oder dem Verwaltungsvermögen zuzuordnen sind. Durchlaufende Gelder bleiben außer Betracht.

(3) Die Betriebsmittel sind im erforderlichen Umfang bereitzuhalten und im übrigen so anzulegen, daß sie für die in Absatz 1 genannten Zwecke verfügbar sind.

Gliederung

A. Basisinformationen

I. Normgeschichte

§ 260 SGB V entspricht § 268 i.d.F. des Referentenentwurfs und § 269 i.d.F. des Regierungs- bzw. Fraktionsentwurfs. Die Norm ist am 01.01.1989 in Kraft getreten. Übergangsregelungen waren nicht erforderlich. Die Ergänzung des Absatzes 1 Nr. 1 um den zweiten Halbsatz erfolgte durch Art. 4 Nr. 10 des Pflegeversicherungsgesetzes vom 26.05.1994[1] mit Wirkung ab dem 01.01.1995. 1

Im bis 31.12.1988 geltenden Recht war unter den Zwecken neben den gesetzlichen oder durch die Satzung vorgesehenen Aufgaben die Verwendung für besondere und allgemeine Krankheitsverhütung gesondert genannt. Hierauf hat der Gesetzgeber des SGB V verzichtet: Die Möglichkeiten und Pflichten zur besonderen und allgemeinen Krankheitsverhütung sind nunmehr in den §§ 20-24, 67 SGB V geregelt, gehören also zu den gesetzlichen Aufgaben.[2] Die bislang als Gemeinschaftsaufgabe durch die LVA nach Nr. 4 der Dritten Verordnung zum Aufbau der Sozialversicherung betriebene vorbeugende Gesundheitsfürsorge, für die die Krankenkassen außerhalb ihrer eigenen Aufgaben nach § 364 Abs. 1 Nr. 1 RVO ebenfalls Betriebsmittel bereitzustellen hatten, entfällt zum 31.12.1989, da die genannte Verordnung zu diesem Zeitpunkt außer Kraft tritt (vgl. Art. 79 Abs. 7 Nr. 2 GRG).[3] 2

In dem in Art. 3 des Einigungsvertrages genannten Gebiet galt die Vorschrift ab 01.01.1991 mit der Maßgabe des § 313 Abs. 9 in der Fassung des Einigungsvertrages. Der (zwischenzeitlich gegenstands- 3

[1] BGBl I 1994, 1014.
[2] *Wasem* in: GKV-Komm, SGB V, § 260 Rn. 3.
[3] *Wasem* in: GKV-Komm, SGB V, § 260 Rn. 3.

los gewordene) § 313 Abs. 9 ist durch Artikel 1 Nr. 1 des Gesetzes zur Rechtsangleichung in der gesetzlichen Krankenversicherung vom 22.12.1999 mit Wirkung vom 01.01.2001 aufgehoben worden. Gemäß § 313 Abs. 9 lit. a in der Fassung des Einigungsvertrages konnten die Krankenkassen im Jahre 1991 Betriebsmitteldarlehen aufnehmen, wenn die Einnahmen nicht ausreichen, um die Ausgaben im Rahmen der Durchführung der Versicherung in dem in Art. 3 des Einigungsvertrages genannten Gebiet zu decken. Die Vorschrift zog insoweit die notwendige Konsequenz aus § 313 Abs. 1 Satz 4 und Abs. 4 in der Fassung des Einigungsvertrages, der in dem in Art. 3 des Einigungsvertrages genannten Gebiet sowohl für Regionalkassen als auch für Krankenkassen, die Mitglieder sowohl im beigetretenen als auch im übrigen Bundesgebiet versichern, für 1991 einen allgemeinen Beitragssatz von 12,8 v.H. vorschrieb, mit dem der Haushaltsausgleich unter Umständen nicht erreicht werden konnte.[4]

4 Die Regelung des Absatzes 1 Nr. 2, wonach die Betriebsmittel auch zur Auffüllung der Rücklage verwendet werden dürfen, fand bis 31.12.1994 in dem in Art. 3 des Einigungsvertrages genannten Gebiet keine Anwendung, da in dem Gebiet bis zu diesem Zeitpunkt eine Rücklage nicht zu bilden war.

II. Vorgängervorschriften

5 Inhaltlich übernimmt § 260 SGB V die Vorschrift des § 364 RVO, der seine Fassung durch das Gesetz über die Verwaltung der Mittel der Träger der Krankenversicherung (KVMG) vom 15.12.1979[5] erhalten hat.

III. Parallelvorschrift

1. Allgemeines

6 Nach § 81 SGB IV haben die Versicherungsträger kurzfristig verfügbare Mittel zur Bestreitung ihrer laufenden Ausgaben sowie zum Ausgleich von Einnahme- und Ausgabeschwankungen bereitzuhalten. Wegen der unterschiedlichen Bedürfnisse in den einzelnen Sozialversicherungszweigen richtet sich die nach § 81 SGB IV vorgeschriebene Bereithaltung der Betriebsmittel nach Maßgabe der für die Versicherungszweige geltenden besonderen Vorschriften (für die Krankenversicherung: § 260 SGB V i.V.m. § 51 KVLG). Die besonderen Vorschriften der Versicherungszweige geben die Höhe der durchschnittlich bereitzuhaltenden Betriebsmittel – bei der Kranken- und Pflegeversicherung auch den Verwendungszweck – an, um einerseits eine gewisse Mindestliquidität sicherzustellen und andererseits unverhältnismäßige Kapitalansammlungen in kurzfristigen Anlagen durch den Versicherungsträger zu verhindern.[6] Über die Höhe des jeweiligen Betriebsmittelbedarfs entscheidet der Versicherungsträger unter Berücksichtigung der erfahrungsgemäß jahreszeitlich bedingten üblichen Schwankungen.

2. Besonderheiten der landwirtschaftlichen Krankenversicherung

7 Für die landwirtschaftlichen Krankenkassen gelten gem. § 51 KVLG 1989 grundsätzlich die §§ 259-263 SGB V, sofern nicht etwas Abweichendes bestimmt ist. In Bezug auf die Höhe der Betriebsmittel wurde der Selbstverwaltung durch § 51 Abs. 1 Satz 1 KVLG die Möglichkeit gegeben, den Höchstbetrag auf den zweifachen Monatsbetrag der Ausgaben anzuheben (Sonderregelung seit dem 01.01.1989). Eine derartige Sonderregelung wurde den landwirtschaftlichen Krankenkassen durch den Gesetzgeber eingeräumt, um ihnen eine ausreichende Liquiditätsausstattung zu ermöglichen. Während bei den übrigen Krankenkassen durch die jährliche Erhöhung der beitragspflichtigen Einnahmen der Versicherten aufgrund der Lohnentwicklung und durch die Anhebung der Beitragsbemessungsgrenze regelmäßig höhere Beitragseinnahmen erzielt werden, greift bei den landwirtschaftlichen Krankenkassen wegen der starren Bodenbewertungsmaßstäbe diese Beitragsautomatik nicht. Insofern wurde der Liquiditätsspielraum in der landwirtschaftlichen Krankenversicherung durch die Ermächtigung, den Betriebsmittelhöchstbetrag per Satzung auf zwei Monatsausgaben festzulegen, weiter gezogen. Hierbei ist § 51 Abs. 1 Satz 2 KVLG 1989 so zu interpretieren, dass das Zweifache einer durchschnittlichen monatlichen Ausgabe der Landwirtschaftlichen Krankenkasse die Gesamtaufwendungen der Landwirtschaftlichen Krankenkassen und nicht wie bei der Rücklage ausschließlich die Leistungsaufwendungen für die Altenteiler umfasst.[7]

---

[4] *Wasem* in: GKV-Komm, SGB V, § 260 Rn. 5.

[5] BGBl I 1979, 2241.

[6] Vgl. *Gleitze/Wirth*, ErsK 1983, 172, 176.

[7] *Noell/Deisler*, Die Krankenversicherung der Landwirte, S. 235.

3. Pflegeversicherung

Gemäß § 46 Abs. 1 SGB XI wird bei jeder Krankenkasse eine Pflegekasse errichtet, die Träger der sozialen Pflegeversicherung ist. Die soziale Pflegeversicherung wird durch Beiträge finanziert. Durch Anfügung von Absatz 1 Nr. 1 zweiter Halbsatz durch das Pflege-Versicherungsgesetz vom 26.05.1994[8] ist klargestellt worden, dass die Aufgaben der Krankenkassen als Pflegekassen keine gesetzlichen Aufgaben im Sinne der Vorschrift sind, die Krankenkassen als Träger der Krankenversicherung daher keine Mittel für die als Pflegekassen durchzuführenden Aufgaben einsetzen dürfen. Allerdings werden den Krankenkassen die Verwaltungskosten, die ihnen in ihrer Eigenschaft als Pflegekassen entstehen, gemäß § 46 Abs. 3 SGB XI pauschaliert erstattet – insoweit die tatsächlichen Verwaltungskosten, die bei Durchführung der Pflegeversicherung entstehen, die pauschalierten Erstattungen übersteigen, müssen die Krankenkassen diese durch Beitragseinnahmen aus ihrer Eigenschaft als Krankenkassen finanzieren.[9] 8

Die Regelungen zu den Betriebsmitteln der Pflegeversicherung (§ 63 SGB XI) entsprechen inhaltlich den Aussagen des § 260 SGB V. In Bezug auf die Obergrenze wird der Wert auf das Einfache einer Monatsausgabe im Durchschnitt des Haushaltsjahres definiert. 9

IV. Literaturhinweise

Brandls/Wirth, Haushaltsrecht der Sozialversicherung, Kommentar, Loseblatt; *Gutschow/Simons*, Das Haushalsrecht der Krankenkassen, Kommentar, Loseblatt; *Marburger*, Vermögensverwaltung, Geld- und Bankverkehr der Krankenkassen, Schriftreihe der Zeitschrift Wege zur Sozialversicherung, Band 13; *Steffens*, Finanzierung der sozialen Pflegeversicherung, WzS 1998, 134 ff.; *Steffens*, Mittelverwaltung der Krankenkassen neu geregelt, DOK 1980, 109 ff.; *Hofmann/Schroeter*, Vermögensanlagen der Sozialversicherungsträger, 1961; *Gleitze/Wirth*, Die zulässige Höhe der Betriebsmittel, Ersk 1983, 172 ff.; *Stroeter*, Die Betriebsmittel der gesetzlichen Krankenkassen, Ersk 1982, 444 ff. 10

V. Systematische Einordnung

Aufgrund des Fehlens einer eigenständigen Begriffsbestimmung im SGB V ist auf die Legaldefinition des § 81 SGB IV zurückzugreifen.[10] Danach sind Betriebsmittel kurzfristig verfügbare Mittel zur Bestreitung der laufenden Ausgaben sowie zum Ausgleich von Einnahme- und Ausgabeschwankungen. Diese Betriebsmittel sind von den Versicherungsträgern nach Maßgabe der besonderen Vorschriften für die einzelnen Versicherungszweige bereitzuhalten. Diese abstrakte Regelung im SGB IV wird nunmehr durch § 260 SGB V konkretisiert und stellt somit eine besondere Vorschrift für den Versicherungszweig Krankenversicherung dar. 11

In Bezug auf § 259 SGB V, der eine Einteilung des Vermögens der Krankenkasse in die drei Vermögensteile Betriebsmittel, Rücklage und Verwaltungsvermögen vorgibt, bringt § 260 SGB V eine Ergänzung zu dem Vermögensteil Betriebsmittel hinsichtlich deren Verwendung, Höhe und Anlage bzw. Verwaltung. Zudem ist eine Verbindung zu der grundsätzlichen Finanzierungsregelung in § 220 SGB V gegeben, da die Höhe der Betriebsmittel Einfluss auf die Beitragssatzgestaltung hat, indem zum einen die Bildung bzw. Auffüllung der Betriebsmittel durch entsprechende (Höher-)Bemessung der Beiträge erfolgt und zum anderen die Rückführung überhöhter Betriebsmittelbestände beitragssatzmindernd wirkt. 12

Die Einhaltung der Voraussetzungen des § 81 SGB IV i.V.m. den für die einzelnen Versicherungszweige geltenden Vorschriften unterliegt im Rahmen des allgemeinen Aufsichtsrechts (§ 87 Abs. 1 SGB IV) der Überprüfung durch die Aufsichtsbehörden, die ggf. auf die Beseitigung von Rechtsverletzungen mit den ihnen zur Verfügung stehenden aufsichtsrechtlichen Mitteln hinzuwirken haben.[11] 13

B. Auslegung und Bedeutung der Norm

Bitte beachten Sie auch die Vorbemerkung zu den §§ 259-263 SGB V, vgl. die Kommentierung zu § 259 SGB V Rn. 10 ff. 14

---

[8] BGBl I 1994, 1014.

[9] *Wasem* in: GKV-Komm, SGB V, § 260 Rn. 3a.

[10] *Held* in: GK-SGB V, § 260 Rn. 4.

[11] Vgl. dazu Gleitze/Wirth, ErsK 1983, 172 ff.

I. Regelungsgehalt

15 § 260 SGB V regelt die Höhe, Verwendung und Anlage der Betriebsmittel, um die laufenden Zahlungen sicherzustellen. Die Vorschrift ergänzt § 259 SGB V sowie § 81 SGB IV und hat Auswirkungen auf die Festsetzung des Beitragssatzes (§ 220 i.V.m. § 21 SGB IV).[12]

16 § 260 Abs. 1 SGB V entspricht dem Grundsatz der Zweckgebundenheit der Mittel, ausgerichtet auf die Erledigung der Aufgaben der Krankenkassen. Er konkretisiert den in § 30 Abs. 1 SGB IV (die Versicherungsträger dürfen nur Geschäfte zur Erledigung ihrer gesetzlich vorgeschriebenen oder zugelassenen Aufgaben führen und ihre Mittel nur für diese Aufgaben sowie die Verwaltungskosten verwenden) aufgestellten Grundsatz unter Berücksichtigung der Belange der Krankenversicherung. Damit ist die Verwendung der Betriebsmittel abschließend geregelt, für andere Zwecke dürfen Mittel nicht verwendet werden.[13]

17 § 260 Abs. 1 Nr. 1 SGB V erstreckt die Mittelverwendung auf den gesamten Bereich der erfolgswirksamen Aufgaben, und zwar ausschließlich in Bezug auf die eigenen Aufgaben der Krankenkassen auf Grund gesetzlicher Vorschriften oder Satzungsbestimmung. Das gilt auch für die Verwaltungskosten. Für die Durchführung fremder Aufgaben (§ 30 Abs. 2 SGB IV) dürfen Betriebsmittel der Krankenkassen nicht verwendet werden. Das schließt nicht aus, dass für die laufende Erledigung solcher Geschäfte Betriebsmittel der Krankenkassen vorübergehend eingesetzt werden können, wenn dadurch die Erfüllung der eigenen Aufgaben nicht beeinträchtigt wird. Grundsätzlich muss jedoch sichergestellt sein, dass für fremde Aufgaben stets die erforderlichen Mittel Dritter bereitgehalten werden.

18 § 260 Abs. 1 Nr. 2 SGB V betrifft die erfolgsunwirksame Verwendung der Betriebsmittel und besagt, dass die vorgeschriebene Rücklage (§ 261 SGB V) und das erforderliche Verwaltungsvermögen (§ 263 SGB V) durch den Einsatz entsprechender Betriebsmittel gebildet werden. Diese kasseninterne Vermögensumschichtung hat auf die laufende Bereithaltung der Betriebsmittel keinen Einfluss.

II. Erläuterung und Zweck der Norm

1. Betriebsmittel

19 Betriebsmittel sind kurzfristig verfügbare Mittel, die die Versicherungsträger zur Bestreitung ihrer laufenden Ausgaben sowie zum Ausgleich von Einnahme- und Ausgabeschwankungen bereitzuhalten haben (§ 81 SGB IV). Sie dürfen zum einen für die in Absatz 1 Nr. 1 genannten erfolgswirksamen Aufwendungen, zum anderen zur erfolgsunwirksamen Vermögensumschichtung (Absatz 1 Nr. 2) verwendet werden (Zweckgebundenheit der Betriebsmittel).

20 Die Betriebsmittel werden durch Beiträge, Vermögenserträgnisse und sonstige Einnahmen der Krankenkassen gebildet. Bei der Feststellung der vorhandenen Betriebsmittel sind alle Mittel der Krankenkassen zu berücksichtigen, die nicht zur Rücklage oder zum Verwaltungsvermögen gehören (Umlaufvermögen); Forderungen und Verpflichtungen einschließlich zeitlicher Rechnungsabgrenzung sowie geleisteter Vorschüsse sind entsprechend zu berücksichtigen. D.h. die verfügbaren Zahlungsmittel (Kassen- und Kontenbestände) werden um bestehende Forderungen erhöht und um bestehende Verpflichtungen vermindert (bei Überschreiten des Betriebsmittelhöchstbetrages).[14]

21 Die Feststellung der Betriebsmittel ist im Zusammenhang mit der Aufstellung des Haushaltsplans sowie bei sonstigen akuten Anlässen (z.B. Nachtragshaushalt oder Beitragssatzänderungen) zu treffen.

2. Verwendung der Betriebsmittel (Absatz 1)

22 Nach Absatz 1 dürfen die Betriebsmittel nur verwendet werden

- zur Erfüllung der gesetzlich oder satzungsmäßig vorgesehenen Aufgaben der Krankenkasse einschließlich der Verwaltungskosten (Nr. 1),
- zur Auffüllung der Rücklage sowie zur Bildung des Verwaltungsvermögens (Nr. 2).

Die Betriebsmittel sind demnach zweckgebunden. Für die Durchführung fremder Aufgaben nach § 30 Abs. 2 SGB IV sind die Betriebsmittel nicht zu verwenden (vgl. § 260 Abs. 1 Nr. 1 SGB V). Dennoch können für die Erledigung derartiger Geschäftsvorfälle Betriebsmittel vorübergehend eingesetzt wer-

---

12 *Huck* in: Hauck, SGB V, § 260 Rn. 1.

13 Gemeinsames Rundschreiben v. 20.12.1979 betr. KVMG der Spitzenverbände der Kranken- und der Rentenversicherungsträger.

14 *Marburger*, Vermögensverwaltung, Geld- und Bankverkehr der Krankenkassen, Schriftreihe der Zeitschrift Wege zur Sozialversicherung, Band 13, S. 31.

den. Allerdings darf hierdurch die Erfüllung der eigenen Aufgaben nicht beeinträchtigt werden.[15] Für die Erfüllung der fremden Aufgaben müssen stets entsprechende Mittel Dritter bereitstehen. Die Verwendung der Betriebsmittel nach Nr. 2 betrifft Vermögensanlagen und stellt insoweit eine kasseninterne Vermögensumschichtung dar (erfolgsunwirksame Aufwendungen).[16]

a. Erfolgswirksame Aufwendungen (Nr. 1)

Bei dem in Absatz 1 Nr. 1 genannten Verwendungszweck, nämlich für gesetzlich oder durch Satzung vorgesehene Aufgaben sowie für die Verwaltungskosten, handelt es sich um sog. erfolgswirksame Aufwendungen, also um Ausgaben, die das Reinvermögen der Krankenkasse verringern. Dabei korrespondiert diese (Finanzierungs-)Vorschrift mit dem generell in § 30 SGB IV festgelegten Wirkungsbereich der Versicherungsträger, wonach diese nur Geschäfte zur Erfüllung ihrer gesetzlich vorgeschriebenen oder zugelassenen Aufgaben führen und ihre Mittel nur für diese Aufgaben sowie die Verwaltungskosten verwenden dürfen. Demzufolge sind die Betriebsmittel nur für eigene Aufgaben einzusetzen, also für Aufgaben, die per Gesetz zu den Pflichtleistungen der Krankenkasse gehören, sowie für die durch die Satzung bestimmten Mehrleistungen und die in das Ermessen des Versicherungsträgers gestellten „Kann-Leistungen“. Dementsprechend kommt es bei Absatz 1 Nr. 1 nicht darauf an, ob es sich um Pflichtaufgaben oder freiwillige Aufgaben handelt. Unzulässig ist eine Verwendung der Betriebsmittel nur für Geschäfte, die nicht im Rahmen des Aufgabenbereichs der Krankenkassen liegen. Unzulässig ist ferner der Einsatz der Betriebsmittel zum Ausgleich eines eventuellen Defizits der bei der Krankenkasse errichteten Pflegekasse (vgl. Halbsatz 2 von Nr. 1).[17] 23

Die Betriebsmittel dürfen somit nur für den Bereich der sog. Leistungsausgaben der Krankenkasse, die im Dritten Kapitel SGB V (§§ 11 ff. SGB V) aufgeführt und buchhalterisch in der Kontenklasse 4/5 des Kontenrahmens zu erfassen sind, für die Vermögens- und sonstigen Aufwendungen (Kontenklasse 6) und für die Verwaltungskosten, deren Umfang sich aus den Bestimmungen des Kontenrahmens (Kontenklasse 7) ergibt, verwendet werden. Konkret bedeutet dies, dass die Betriebsmittel nur zur Begleichung der aus den o.g. Aufgaben entstehenden Verpflichtungen (Rechnungen der Leistungserbringer, Ansprüche der Versicherten auf Barleistungen etc.) sowie zur Abdeckung der bei der Verwaltung der Krankenkasse anfallenden Kosten (Personalkosten, Sachkosten) eingesetzt werden können. 24

Der noch in § 364 Abs. 1 Nr. 1 RVO zusätzlich vorgesehene Verwendungszweck „für besondere und allgemeine Krankheitsverhütung“ ist nach den neuen Bestimmungen im SGB V obsolet geworden, da diese Leistungen nunmehr den gesetzlichen Aufgaben in den §§ 20-24, 67 SGB V zugeordnet wurden und somit von § 260 Abs. 1 Nr. 1 SGB V abgedeckt sind.[18] 25

Der Einsatz von Betriebsmitteln für fremde Aufgaben, die nach § 30 Abs. 2 SGB IV nur aufgrund eines Gesetzes übertragen werden dürfen, ist nicht statthaft: hier muss dafür Sorge getragen werden, dass Fremdmittel in ausreichender Höhe zur Bestreitung der anfallenden (Fremd-)Ausgaben vorhanden sind. Eine kurzfristige Inanspruchnahme eigener Mittel für die Durchführung der Auftragsgeschäfte – was trotz gut funktionierender Planungsinstrumente niemals ganz ausgeschlossen werden kann – ist jedoch statthaft, sofern sichergestellt ist, dass die Zahlungsfähigkeit der Krankenkasse nicht beeinträchtigt wird und unverzüglich Maßnahmen ergriffen werden, das Defizit im Bereich des Auftragsgeschäfts wieder auszugleichen bzw. absehbar ist, dass die Inanspruchnahme der Eigenmittel nur von kurzfristiger Dauer ist.[19] 26

Die Verwendung der Betriebsmittel für Zwecke der Pflegeversicherung ist gem. Absatz 1 Nr. 1 Halbsatz 2 ebenfalls grundsätzlich ausgeschlossen. 27

b. Erfolgsunwirksame Aufwendungen (Nr. 2)

§ 260 Abs. 1 Nr. 2 SGB V stellt klar, dass die laufenden Einnahmen, die nicht zur Bestreitung der laufenden Ausgaben und der Betriebsmittelreserven benötigt werden, nur zur Auffüllung der Rücklage (§ 261 SGB V) und zur Bildung des Verwaltungsvermögens (§ 263 SGB V) verwendet werden dürfen, 28

---

[15] *Marburger*, Vermögensverwaltung, Geld- und Bankverkehr der Krankenkassen, Schriftreihe der Zeitschrift Wege zur Sozialversicherung, Band 13, S. 31.

[16] *Gutschow/Simons*, Das Haushaltsrecht der Krankenkassen, 2-49, § 260 SGB V.

[17] *Huck* in: Hauck, SGB V, § 259 Rn. 4.

[18] *Held* in: GK-SGB V, § 260 Rn. 11.

[19] *Held* in: GK-SGB V, § 260 Rn. 10.

so dass die Bildung eines besonderen Vermögensfonds (sog. Freivermögen) nicht zulässig ist. Haben die Rücklagen und das Verwaltungsvermögen ihren gesetzlich vorgesehenen Umfang, sind die nicht benötigten Betriebsmittel zur Senkung des Beitragssatzes zu verwenden (vgl. § 220 SGB V).[20]

29 Die Verwendung der Betriebsmittel nach Absatz 1 Nr. 2 betrifft kasseninterne Vermögensumschichtungen ohne Auswirkung auf die Höhe des Reinvermögens (sog. erfolgsunwirksame Aufwendungen). Es geht hierbei um Vorgänge, zu Lasten der Betriebsmittel eine Erhöhung der Rücklage oder des Verwaltungsvermögens vorzunehmen. Eine derartige Verschiebung innerhalb der in § 259 SGB V genannten Vermögensteile wird i.d.R. durch Entscheidungen der Selbstverwaltung ausgelöst: So kann durch Beschluss einer Satzungsänderung durch den Verwaltungsrat/die Vertreterversammlung der Vomhundertsatz der Rücklage erhöht werden (§ 261 SGB V). Die hierdurch bedingte Auffüllung der Rücklage kann naturgemäß nur aus Betriebsmitteln erfolgen, so dass sich deren Bestand dementsprechend verringert. Zudem kann die Selbstverwaltung bei der Aufstellung des Haushaltsplanes Investitionen in das Verwaltungsvermögen (§ 263 SGB V) vorsehen, die aus Betriebsmitteln zu finanzieren sind. Hier wird der Abfluss von liquiden Mitteln durch Ankauf von Vermögensgegenständen des Verwaltungsvermögens (z.B. EDV-Anlage) mit der damit verbundenen Erhöhung dieser Bilanzposition besonders deutlich. Einflüsse aus dem gesetzgeberischen Bereich, die eine Verwendung der Betriebsmittel zur Auffüllung der Rücklage implizieren, sind lediglich bei einer gesetzlich vorgegebenen Ausweitung der Leistungen der Krankenkassen zu sehen, da die Höhe der Rücklage an das Ausgabevolumen gekoppelt ist. Grundsätzlich ist der Einsatz der Betriebsmittel zur Rücklagenauffüllung sowie zur Bildung von Verwaltungsvermögen im Haushaltsplan zu etatisieren.[21]

3. Höhe der Betriebsmittel (Absatz 2 Satz 1)

30 Während § 81 SGB IV die Bildung von Betriebsmitteln dem Grunde nach zwingend vorschreibt, konkretisiert § 260 SGB V die Höhe der Betriebsmittel für die Krankenkassen in der Weise, dass eine Obergrenze in Abhängigkeit vom Haushalts-Ausgabevolumen vorgegeben wird. Eine Untergrenze sieht die Vorschrift nicht vor, jedoch sind Betriebsmittel in erforderlicher Höhe bereitzuhalten.[22]

31 Nach § 81 SGB IV haben die Krankenkassen kurzfristig verfügbare Mittel zur Bestreitung ihrer laufenden Ausgaben sowie zum Ausgleich von Einnahme- und Ausgabeschwankungen bereitzuhalten. Diese „Betriebsmittel" umfassen demnach die laufenden Einnahmen, die zur Bereitstellung der laufenden Ausgaben dienen und keine „durchlaufenden Gelder" i.S.d. Absatzes 2 Satz 3 sind, und die Betriebsmittelreserve, die dem Ausgleich von Einnahme- und Ausgabeschwankungen dient. Hiervon ausgehend bestimmt Absatz 2, dass die Betriebsmittel im Durchschnitt des Haushaltsjahres das Eineinhalbfache der nach dem Haushaltsplan der Krankenkasse für einen Monat vorgesehenen Ausgaben einschließlich der Verwaltungskosten nicht übersteigen sollen. Dies bedeutet, dass die Betriebsmittelreserve im Durchschnitt des Haushaltsjahres nicht höher als die Hälfte der voraussichtlichen Monatsausgabe sein soll. Dabei sind die Forderungen und Verbindlichkeiten der Krankenkasse zu berücksichtigen, soweit sie nicht der Rücklage oder dem Verwaltungsvermögen zuzurechnen sind.

32 Es ergibt sich somit folgende Berechnungsformel:[23]

$$\text{Betriebsmittel-Höchstbetrag} = 1{,}5 \times \frac{\text{Erfolgswirksame Ausgaben laut Haushaltsplan}}{12}$$

33 Für die Ermittlung der oberen Grenze der Betriebsmittel werden im Rahmen der Haushaltsplanung nur die erfolgwirksamen Ausgaben der Kontenklassen 4 bis 6 sowie Zahlungen im Rahmen des Risikostrukturausgleichs zugrunde gelegt.[24]

---

20 *Huck* in: Hauck, SGB V, § 260 Rn. 4.

21 *Held* in: GK-SGB V, § 260 Rn. 12.

22 *Marburger*, Vermögensverwaltung, Geld- und Bankverkehr der Krankenkassen, Schriftreihe der Zeitschrift Wege zur Sozialversicherung, Band 13, S. 30; vgl. auch Gemeinsames Rundschreiben v. 20.12.1979 betr. KVMG der Spitzenverbände der Kranken- und der Rentenversicherungsträger.

23 Vgl. *Held* in: GK-SGB V, § 260 Rn. 13.

24 *Marburger*, Vermögensverwaltung, Geld- und Bankverkehr der Krankenkassen, Schriftreihe der Zeitschrift Wege zur Sozialversicherung, Band 13, S. 30.

Da der hierdurch festgelegte Maximalwert auf Durchschnittswerten basiert, ist unterjährig ein höherer Betriebsmittelbestand statthaft, sofern erkennbar ist, dass es sich nur um eine kurzfristige Entwicklung handelt und ein Rückgang absehbar ist. Anderenfalls wären Maßnahmen zur Beitragssatzvariation einzuleiten. Durch die Koppelung der Betriebsmittel-Obergrenze an die Ausgabenentwicklung wird automatisch eine jährliche Aktualisierung der Höhe der zulässigen Betriebsmittel erreicht. Ursächlich für eine gesetzliche Festlegung einer Obergrenze ist, dass eine zu hohe Kapitalausstattung, die betriebswirtschaftlich nicht zu vertreten wäre und die zu Lasten der Beitragszahler gehen würde, vermieden werden soll.[25] 34

Die Haushaltsplanung soll sicherstellen, dass die Betriebsmittel im Durchschnitt des Haushaltsjahres monatlich das Eineinhalbfache der erfolgswirksamen Ausgaben nicht übersteigen (Absatz 2 Satz 1), so dass bei planmäßiger Einnahmen- und Ausgabenentwicklung die Betriebsmittelreserve, die so anzulegen ist, dass sie kurzfristig verfügbar ist (Absatz 3), im Durchschnitt eine halbe Monatsausgabe nicht übersteigt. Die Aufsichtsbehörde darf eine Satzungsänderung, mit der der Beitragssatz so festgesetzt wird, dass die Betriebsmittelreserve in der Haushaltsplanung im Durchschnitt eine halbe Monatsausgabe übersteigt, nicht genehmigen.[26] Bei der Ermittlung der der Obergrenze gegenüberzustellenden Betriebsmittel sind noch ausstehende Forderungen den Betriebsmitteln hinzuzählen, während ausstehende Verpflichtungen die Betriebsmittel entsprechend mindern; dies gilt nicht für erfolgsunwirksame Forderungen und Verbindlichkeiten. 35

Durchlaufende Gelder, wie z.B. im Rahmen des Einzugs der Gesamtsozialversicherungsbeiträge, bleiben bei der Feststellung der Betriebsmittel außer Betracht (§ 260 Abs. 2 Satz 3 SGB V). Dies folgt aus der Logik des § 80 Abs. 2 SGB IV i.V.m. § 259 SGB V, wonach eine strikte Trennung des eigenen Vermögens der Krankenkassen von sog. Sondervermögen durchzuführen ist und die Betriebsmittel nur für eigene Aufgaben einzusetzen sind. 36

a. Konkretisierung durch das BSG

Eine für die Praxis eindeutige Festlegung des Betriebsmittel-Höchstbetrages wird durch Absatz 2 nicht gegeben. Die seit dem In-Kraft-Treten des KVMG am 01.01.1980 geführte Diskussion über die zulässige Höhe der Betriebsmittel wurde erst durch das Urteil des BSG vom 13.05.1982[27] konkretisiert. Das BSG kommt zu dem Schluss, dass an Betriebsmitteln grundsätzlich nur die Hälfte und nicht das 1,5-fache einer durchschnittlichen Monatsausgabe für Krankenversicherungsleistungen und Verwaltungskosten bereitgehalten werden darf, was aus den §§ 259 ff. SGB V und § 81 SGB IV folge. Hiernach differenziert das Gericht aus der Begriffsbestimmung die einzelnen Betriebsmittel-Bestandteile und zeigt ihre Doppelfunktion auf. Bei den „kurzfristig verfügbaren Mitteln zur Bestreitung der laufenden Ausgaben" handelt es sich um die laufenden Einnahmen, also im Wesentlichen um die Beiträge, da sie erforderlich sind, um die laufenden Ausgaben abzudecken und die Zahlungsfähigkeit der Krankenkasse sicherzustellen. Dieser Auffassung liegt die Überlegung zugrunde, dass gemäß § 220 SGB V eine betragsmäßige Äquivalenz zwischen Einnahmen und Ausgaben gegeben sein muss, die auch bei der Haushaltsplanung (Grundsatz des Haushaltsausgleichs) ihren Niederschlag finden muss. Zum „Ausgleich von Einnahme- und Ausgabeschwankungen" ist eine sog. Betriebsmittelreserve vorzuhalten, um eine Inanspruchnahme der Rücklage oder eine Kreditaufnahme zu vermeiden. In der Begründung des Regierungsentwurfs zur Neufassung des KVMG wird klargestellt, dass es sich bei den hier in Rede stehenden Einnahme- und Ausgabeschwankungen nur um geringfügige finanzielle Engpässe handelt, die ohne Änderung des Beitragsgefüges kurzfristig durch die laufenden Einnahmen wieder ausgeglichen werden können. Demnach umfassen die Betriebsmittel die laufenden Einnahmen und die Betriebsmittelreserve. Da die laufenden monatlichen Einnahmen der Höhe einer Monatsausgabe zu entsprechen haben, darf die Betriebsmittelreserve höchstens das 0,5-fache einer Monatseinnahme/-ausgabe betragen. Diese Differenzierung folgt auch aus der Begründung des Regierungsentwurfs zu der Neufassung des KVMG. Dort heißt es: „Die durchschnittlichen monatlichen Einnahmen und die Betriebsmittelreserve sollen insgesamt nicht mehr als das 1/2fache der nach dem Haushaltsplan monatlich anfallenden Ausgaben betragen." 37

[25] *Held* in: GK-SGB V, § 260 Rn. 14.

[26] BSG v. 13.05.1982 - 8 RK 30/81 - SozR § 364 RVO Nr. 1.

[27] BSG v. 13.05.1982 - 8 RK 30/81 - SozR § 364 RVO Nr. 1.

38 Auch das Bundesversicherungsamt hat zu erkennen gegeben, dass die Soll-Vorschrift des § 260 Abs. 2 SGB V nur in den Fällen zur Anwendung kommt, wenn eine Krankenkasse nachweislich mit einer Betriebsmittelreserve von einer halben Monatsausgabe nicht liquide bleibt. Aus dieser Rechtsauslegung ergibt sich eine gewisse Flexibilität der Kassen bei der Beurteilung der Höhe der Betriebsmittel.[28]

b. Betriebsmittel-Soll

39 Bei der Aufstellung des Haushaltsplanes hat – neben der Schätzung der zukünftigen Einnahmen und Ausgaben – eine Berechnung der voraussichtlich im Folgejahr vorhandenen Betriebsmittel zu erfolgen, um einen Vergleich mit der Betriebsmittelobergrenze herstellen zu können. Hierdurch kann die Korrektheit der Einhaltung der Forderung des § 260 Abs. 2 Satz 1 SGB V dokumentiert werden.[29] Die voraussichtlich im folgenden Haushaltsjahr vorhandenen Betriebsmittel ergeben sich durch Fortschreibung des zuletzt im Rahmen des Rechnungswesens festgestellten Betriebsmittel-Bestandes (Jahresrechnung des Vorjahres/Betriebsmittel-Ist) mit dem voraussichtlichen Rechnungsergebnis des laufenden Geschäftsjahres, das i.d.R. im Rahmen der Aufstellung des Haushaltsplanes des Folgejahres ermittelt wird, sowie mit dem Saldo der im Haushaltsplan etatisierten Einnahmen und Ausgaben. Die jeweils ermittelten jährlichen Überschüsse bzw. Defizite sind um die erwarteten erfolgsunwirksamen Vermögensumschichtungen (Veränderungen der Rücklage und des Verwaltungsvermögens) zu korrigieren. Zudem sind die Forderungen und Verpflichtungen, soweit sie nicht der Rücklage oder dem Verwaltungsvermögen zuzuordnen sind, zu berücksichtigen (§ 260 Abs. 2 Satz 2 SGB V), da sich Forderungen betriebsmittelerhöhend und Verpflichtungen betriebsmittelmindernd auswirken. Die sich so ergebenden Betriebsmittel-Veränderungen im laufenden und im folgenden Jahr sind dem in der letzten Jahresrechnung bilanzierten Betriebsmittel-Bestand hinzuzurechnen. Somit ergibt sich der voraussichtliche Betriebsmittel-Bestand des Haushaltsjahres.[30]

40 § 260 Abs. 2 SGB V legt als maßgebliche Berechnungsgrundlage für die Ermittlung der Betriebsmittel-Obergrenze (Betriebsmittel-Soll) die Höhe der in Absatz 1 Nr. 1 aufgeführten erfolgswirksamen Ausgaben der Krankenkasse fest. Hierbei handelt es sich um die im Haushaltsplan veranschlagten Ausgaben für die gesetzlich oder durch die Satzung vorgesehenen Aufgaben sowie für die Verwaltungskosten; damit sind die in den Kontenklassen 4/5, 6 und 7 für Allgemeinversicherte und Rentner zu buchenden bzw. zu veranschlagenden Ausgaben zu berücksichtigen.[31]

41 Das Ergebnis stellt das durchschnittliche maximale Betriebsmittel-Soll eines Monats dar. Dieser Wert ist in Anwendung des Urteils des BSG um eine durchschnittliche Monatsausgabe zu reduzieren. Die so ermittelte höchstzulässige durchschnittliche Betriebsmittelreserve des Haushaltsjahres ist nun mit dem voraussichtlichen Betriebsmittel-Bestand des Haushaltsjahres zu vergleichen. Überschreitet der voraussichtliche Bestand die Obergrenze, so sind die Betriebsmittel zurückzuführen. Im umgekehrten Fall sind zwingend keine weiteren Maßnahmen durchzuführen.[32]

42 Die Betriebsmittel-Höchstgrenze und vorhandenen Betriebsmittel sind auf der Basis der im Haushaltsplan veranschlagten (erwarteten) Soll-Beträge und nicht der tatsächlich im Rahmen der Jahresrechnung festgestellten Ist-Werte zu vergleichen. Dies trägt dem Willen des Gesetzgebers dahin gehend Rechnung, dass die Verwendung und Verwaltung der Mittel zukunftsbezogen zu gestalten ist. Die Gefahr einer manipulierten Höherveranschlagung mit dem Ziel, einen möglichst hohen zulässigen Betriebsmittel-Bestand vorzuhalten, wurde dabei vom Gesetzgeber bewusst in Kauf genommen.[33] Eine laufende (z.B. monatliche) Feststellung der Betriebsmittel ist nicht erforderlich. Insofern hat der Gesetzgeber die Verwaltung durch den Zwang zur Erstellung eines Haushaltsplanes (§ 67 SGB IV) und die damit verbundene, jährlich durchzuführende Beitragsbemessung (§ 220 SGB V) verpflichtet, sich Gedanken über die zukünftige Ausstattung der Kasse zu machen: hierdurch sind frühzeitige Reaktionen aufgrund von absehbaren Einnahme-/Ausgabeentwicklungen in Bezug auf die Beitragssatzgestaltung möglich. Es können ggf. drohende Finanzierungsengpässe rechtzeitig erkannt und entsprechende Maßnahmen eingeleitet werden.

---

[28] Besprechungsergebnis des Bundesversicherungsamtes mit den Spitzenverbänden der Krankenkassen vom 07.05.1986; *Held* in: GK-SGB V, § 260 Rn. 18, Rn. 19 und Rn. 19a.

[29] *Held* in: GK-SGB V, § 260 Rn. 20.

[30] *Held* in: GK-SGB V, § 260 Rn. 21.

[31] *Gutschow/Simons*, Das Haushaltsrecht der Krankenkassen, 2-50, § 260 SGB V.

[32] *Held* in: GK-SGB V, § 260 Rn. 23.

[33] *Held* in: GK-SGB V, § 260 Rn. 25.

c. Betriebsmittel-Ist

Das im Rahmen der Aufstellung der Jahresrechnung festzustellende Betriebsmittel-Ist nach § 260 SGB V/§ 51 Abs. 1 KVLG 1989, das als Teil des Reinvermögens (Eigenkapital) unter Konto 1901 nachzuweisen ist, ergibt sich als Restgröße nach Festlegung der Rücklage und des Verwaltungsvermögens. Der Unterschied zur Feststellung des Betriebsmittel-Solls ergibt sich naturgemäß dadurch, dass es sich hierbei um grobe und vereinfachende ex-ante-Schätzungen handelt. Die Ermittlung des Betriebsmittel-Ists erfolgt als abschließende Feststellung auf der Basis der im Rahmen des Rechnungswesens exakt gebuchten Beträge.[34] 43

Zu den Betriebsmitteln zählen insbesondere Barmittel, laufende Giroguthaben bei Geldinstituten sowie sonstige sofort verfügbare Zahlungsmittel. Dazu gehören auch kurz- oder längerfristige Geldanlagen, soweit sie sich auf eine Betriebsmittelreserve beziehen. Ferner werden die Betriebsmittel durch die nicht der Rücklage oder dem Verwaltungsvermögen zuzuordnenden Forderungen und Verpflichtungen der Krankenkasse beeinflusst, wobei sich die Forderungen betriebsmittelerhöhend und die Verpflichtungen betriebsmittelmindernd auswirken (vgl. § 260 Abs. 2 Satz 3 SGB V).[35] Dagegen bleiben durchlaufende Gelder (z.B. eingezogene Gesamtsozialversicherungsbeiträge) außer Betracht (vgl. Absatz 2 Satz 2). Zudem sind bereits der Rücklage oder dem Verwaltungsvermögen zuzuordnende Vermögenspositionen nicht mehr zu berücksichtigen, um Doppelzählungen zu vermeiden. Ebenso sind Positionen aus Sondervermögen zu neutralisieren. 44

d. Abweichungen des Betriebsmittel-Ist vom Betriebsmittel-Soll

Ergibt sich bei der Haushaltsplanung die Situation einer Unterschreitung des Höchstbetrages durch das voraussichtliche Betriebsmittel-Ist, so dürften bei einer geringfügigen Unterschreitung keine weiteren Maßnahmen zu ergreifen sein; eine Berücksichtigung bei der Beitragsfestsetzung ist nicht vorgesehen. Ergibt sich jedoch, dass die Betriebsmittel im folgenden Jahr nicht mehr „im erforderlichen Umfang" (vgl. § 260 Abs. 3 SGB V) vorhanden sein werden (d.h. erheblich unter dem Höchstbetrag liegen), ist die entsprechende Auffüllung des Betriebsmittel-Bestandes gem. § 220 Abs. 1 SGB V bei der Beitragsbemessung zu berücksichtigen.[36] 45

Sofern bei der Haushaltsplanung absehbar ist, dass der voraussichtliche Betriebsmittelbestand die Höchstgrenze auf Dauer überschreitet, stehen der Verwaltung – bei voll aufgefüllter Rücklage – folgende Instrumente zur Anpassung der Betriebsmittel zur Verfügung: 46

Primär sollte ein Betriebsmittel-Überhang, sofern es sich um einen nennenswerten Betrag handelt, zur Beitragssenkung verwendet werden. Hierauf weist § 220 Abs. 1 SGB V ausdrücklich hin, da bei der Bemessung der Beiträge und damit des Beitragssatzes neben den sonstigen Einnahmen, den Ausgaben und der Auffüllung der Rücklage auch Betriebsmittelüberschüsse zu berücksichtigen sind. Diese Konkretisierung bezieht sich auf die generelle Regelung des § 21 SGB IV, wonach die Beiträge so zu bemessen sind, dass sichergestellt werden kann, dass sowohl die gesetzlich vorgeschriebenen und zugelassenen Aufgaben des Versicherungsträgers gedeckt als auch die gesetzlich vorgeschriebenen oder zugelassenen Betriebsmittel und Rücklagen bereitgehalten werden können. Damit ist klargestellt, dass Defizite oder Überschüsse an Betriebsmitteln, die im Rahmen der Haushaltsplanung festgestellt werden, bei der Kalkulation des Beitragssatzes zu berücksichtigen sind. Hier wird der Wille des Gesetzgebers deutlich, eine zu hohe Kapitalanhäufung bei den Krankenkassen zu verhindern. Insofern sollen die angesammelten Betriebsmittel, die über den Höchstbetrag gem. § 260 Abs. 2 SGB V hinausgehen, abgeschöpft und an die Versicherten und Arbeitgeber in Form einer Beitragssatzsenkung zurückgegeben werden.[37] 47

Die Selbstverwaltung kann durch Änderung der Satzung einen höheren Vomhundertsatz der Rücklage beschließen. Durch diese Anhebung des Rücklage-Solls werden Betriebsmittel zur Position Rücklage umgeschichtet mit der Folge, dass die Höhe der Betriebsmittel sinkt. Diese Vermögensumschichtung kann jedoch nur dann durchgeführt werden, wenn die Krankenkasse nicht bereits den Rücklage-Höchstsatz von 100% einer Monatsausgabe gem. § 261 Abs. 2 Satz 2 SGB V festgeschrieben hat. Eine derartige Politik der Verschiebung von Betriebsmitteln zur Rücklage sollte nur in begründeten Ausnahmefällen (z.B. Erhöhung des Versicherungsrisikos) verfolgt werden. Die Abschmelzung von 48

---

[34] *Held* in: GK-SGB V, § 260 Rn. 28.

[35] *Gutschow/Simons*, Das Haushaltsrecht der Krankenkassen, 2-50, § 260 SGB V.

[36] *Held* in: GK-SGB V, § 260 Rn. 27.

[37] *Held* in: GK-SGB V, § 260 Rn. 26.

überhöhten Betriebsmitteln zugunsten der Rücklage aus rein bilanzpolitischen Erwägungen wird als nicht statthaft angesehen, obwohl sie durch § 260 Abs. 1 Nr. 2 SGB V generell für zulässig erklärt wird.[38]

4. Feststellung der Betriebsmittel (Absatz 2 Sätze 2 und 3)

49 Während § 260 Abs. 2 Satz 1 SGB V den Rahmen festlegt, innerhalb dessen die Krankenkassen Betriebsmittel halten dürfen (Soll-Vorschrift), regelt Satz 2 die Ermittlung des Betriebsmittelbestandes (Ist-Vorschrift). Die Ermittlung des Betriebsmittelbestandes ist in Absatz 2 nicht konkret geregelt; die Formulierung „im Durchschnitt des Haushaltsjahres monatlich" lässt aber den Rückschluss zu, dass nicht zufällige Tagesbestände im Sinne einer Stichtagsregelung maßgebend sein können. Das Gesetz schreibt allerdings nicht vor, in welchen Zeitabständen der Betriebsmittelbestand überprüft werden muss. Eine laufende Überwachung ist aus sachlichen Erwägungen heraus nicht erforderlich (z.B. monatlich). Es reicht vielmehr die Feststellung der Betriebsmittel bei der Aufstellung des Haushaltsplans sowie bei sonstigen akuten Anlässen aus (z.B. Nachtragshaushaltsaufstellung, Beitragssatzänderungen).[39]

5. Anlage der Betriebsmittel (Absatz 3)

50 Nach § 260 Abs. 3 SGB V sind die Betriebsmittel so anzulegen, dass sie zur Erfüllung der gesetzlich oder satzungsmäßig vorgesehenen Aufgaben der Krankenkasse einschließlich der Verwaltungskosten (Absatz 1 Nr. 1) und zur Auffüllung der Rücklage sowie zur Bildung des Verwaltungsvermögens (Absatz 1 Nr. 2) verfügbar sind. Soweit die Betriebsmittel den monatlichen Bedarf übersteigen, ist nur eine kurz- bis mittelfristige Anlage denkbar, damit sie für den Ausgleich kurzfristiger Einnahme- und Ausgabeschwankungen verfügbar bleiben. Eine längerfristige Anlage scheidet aus. Die Anlagearten nach § 83 SGB IV (Anlagekatalog für die Rücklage) kommen deshalb nicht in Betracht.[40] Diese sehr allgemeine Formulierung wird durch § 80 SGB IV konkretisiert, wonach die Betriebsmittel so anzulegen sind, dass ein Verlust ausgeschlossen erscheint, ein angemessener Ertrag erzielt wird und eine ausreichende Liquidität gewährleistet ist. Im Vordergrund steht dabei die Liquidität, was auch in der Definition des Begriffs Betriebsmittel seinen Ausdruck findet, wonach es sich dabei um „kurzfristig verfügbare Mittel" handelt (§ 81 SGB IV).

51 Die Anlage und Verwaltung der Betriebsmittel obliegt als laufendes Verwaltungsgeschäft dem Geschäftsführer (§ 36 SGB IV).[41] Er trägt die Verantwortung dafür, dass die in § 80 SGB IV allgemein normierten Grundsätze der Vermögensanlage, nämlich Sicherheit, Rentabilität und Liquidität, beachtet werden, wobei letztgenannter bei der Anlegung der Betriebsmittel – neben der Sicherheit – im Hinblick auf die laufende Verfügbarkeit höchste Priorität zukommt. Insofern spielt hier die Rentabilität naturgemäß nicht die entscheidende Rolle wie bei längerfristigen Vermögensanlagen der Rücklage. Aufgrund der vorgegebenen Zweckbestimmung werden die Betriebsmittel in der Praxis, sofern sie nicht als Kassenbestand oder Giroguthaben verfügbar sind, in Form von Termineinlagen, Spareinlagen oder festverzinslichen Wertpapieren mit einer kurzen Kündigungsfrist bzw. (Rest-)Laufzeit angelegt.[42]

---

[38] *Held* in: GK-SGB V, § 260 Rn. 26.

[39] *Gutschow/Simons*, Das Haushaltsrecht der Krankenkassen, 2-50/1, § 260 SGB V.

[40] *Held* in: GK-SGB V, § 260 Rn. 30.

[41] *Gutschow/Simons*, Das Haushaltsrecht der Krankenkassen, 2-50/1, § 260 SGB V.

[42] *Held* in: GK-SGB V, § 260 Rn. 31.

§ 261 SGB V Rücklage

(Fassung vom 20.12.1988, gültig ab 01.01.1989, gültig bis 31.12.2008)

(1) Die Krankenkasse hat zur Sicherstellung ihrer Leistungsfähigkeit eine Rücklage zu bilden.

(2) Die Satzung bestimmt die Höhe der Rücklage in einem Vomhundertsatz des nach dem Haushaltsplan durchschnittlich auf den Monat entfallenden Betrages der Ausgaben für die in § 260 Abs. 1 Nr. 1 genannten Zwecke (Rücklagesoll). Die Rücklage muß mindestens ein Viertel und darf höchstens das Einfache des Betrages der auf den Monat entfallenden Ausgaben nach Satz 1 betragen.

(3) Die Krankenkasse kann Mittel aus der Rücklage den Betriebsmitteln zuführen, wenn Einnahme- und Ausgabeschwankungen innerhalb eines Haushaltsjahres nicht durch die Betriebsmittel ausgeglichen werden können. In diesem Fall soll die Rücklage in Anspruch genommen werden, wenn dadurch Beitragssatzerhöhungen während des Haushaltsjahres vermieden werden.

(4) Ergibt sich bei der Aufstellung des Haushaltsplans, daß die Rücklage geringer ist als das Rücklagesoll, ist bis zur Erreichung des Rücklagesolls die Auffüllung der Rücklage mit einem Betrag in Höhe von mindestens einem Viertel des Rücklagesolls im Haushaltsplan vorzusehen. Satz 1 gilt nicht, wenn allein wegen der Auffüllung der Rücklage eine Beitragssatzerhöhung erforderlich würde.

(5) Übersteigt die Rücklage das Rücklagesoll, ist der übersteigende Betrag den Betriebsmitteln zuzuführen.

(6) Die Rücklage ist getrennt von den sonstigen Mitteln so anzulegen, daß sie für den nach Absatz 1 genannten Zweck verfügbar ist. Sie wird vorbehaltlich des § 262 von der Krankenkasse verwaltet.

Gliederung

A. Basisinformationen

I. Normgeschichte

§ 261 SGB V ist am 01.01.1989 in Kraft getreten. Die Vorschrift des § 261 SGB V ist – mit Ausnahme des Absatze 2 Satz 2 – identisch mit § 269 SGB V des Referentenentwurfs und § 270 des Regierungs- bzw. des Fraktionsentwurfs. Aufgrund der Beschlussempfehlung des Ausschusses für Arbeit und Sozialordnung (11. Ausschuss) ist die Entwurfsfassung in Absatz 2 Satz 2 insofern modifiziert worden, als die Mindestrücklage auf ein Viertel einer Monatsausgabe reduziert wurde.[1] Hiermit im Zusammenhang zu sehen ist die Überleitungsvorschrift Art. 72 GRG zu § 261 Abs. 2 SGB V. Übergangsregelungen waren nicht erforderlich. 1

2 Durch das Einigungsvertragsgesetz vom 23.09.1990[2] wurde das SGB V im Beitrittsgebiet mit Wirkung vom 01.01.1991 in Kraft gesetzt. Dazu wurde diesem Buch ein Zwölftes Kapitel (§§ 308-314 SGB V) mit „Überleitungsregelungen aus Anlass der Herstellung der Einheit Deutschlands" angefügt, in dem u.a. Besonderheiten im Hinblick auf die Finanzierung geregelt wurden (§ 313 SGB V). Vor dem Hintergrund, dass die Beitragszahler der bundesdeutschen Krankenkassen nicht mit möglichen Defiziten der Krankenversicherung im Beitrittsgebiet belastet werden sollten, wurde eine strenge Trennung der Finanzierung der Bereiche West und Ost vorgenommen, was insbesondere für die sich erstreckenden Kassen Bedeutung hatte. Die Übernahme der Rücklage-Vorschrift im SGB V hatte für die Beitragszahler in den neuen Bundesländern zur Folge gehabt, dass erhebliche Beitragsmittel für den Aufbau der gesetzlichen Rücklage in Höhe von einem Viertel des Rücklage-Solls abzuzweigen wären, die dann nicht mehr zur Finanzierung der Leistungsausgaben und Verwaltungskosten zur Verfügung gestanden hätten. Um derartige Belastungen vorübergehend zu vermeiden, sahen die Vorschriften des Einigungsvertrages vor, dass die §§ 261 und 262 SGB V für Kassen mit Sitz im Beitrittsgebiet bis zum 31.12.1994 keine Anwendung finden. § 313 Abs. 9 lit. b[3] bestimmte daher, dass § 261 SGB V für Krankenkassen mit Sitz in dem genannten Gebiet bis zum 31.12.1994 keine Anwendung fand. Krankenkassen, deren Zuständigkeit sich auf das beigetretene Gebiet erstreckte, hatten bei Bildung der Rücklage die Ausgaben im Beitrittsgebiet außer Betracht zu lassen. Das Rücklagesoll war in diesem Zeitraum daher nur nach den Ausgaben bei der Durchführung der Versicherung in dem Teil des Bundesgebietes, für den das SGB V schon vor dem Beitritt galt, zu bemessen.

3 Letztlich wurden aufgrund der mittlerweile erfolgten Angleichung der Verhältnisse in West- und Ostdeutschland die Sonderregelungen für das Beitrittsgebiet gestrichen. Durch das Gesetz zur Rechtsangleichung in der gesetzlichen Krankenversicherung vom 22.12.1999[4] ist der § 313 Abs. 1-9 mit Wirkung vom 01.01.2001 aufgehoben worden.

4 Durch das GKV-WSG[5] wurde in Absatz 3 Satz 2 das Wort „Beitragssatzerhöhungen" durch die Wörter „Erhöhungen des Zusatzbeitrags nach § 242" ersetzt. In Absatz 4 Satz 2 wird das Wort „Beitragssatzerhöhung" durch die Wörter „Erhöhung des Zusatzbeitrags nach § 242" ersetzt. Die Änderungen sind eine Konsequenz aus der Einführung des Gesundheitsfonds mit einheitlichem Beitragssatz zum 01.01.2009. Eventuelle Beitragssatzerhöhungen fallen dann nicht mehr in die Satzungskompetenz der einzelnen Krankenkasse. Die Krankenkassen legen jedoch in ihrer Satzung den kassenindividuellen Zusatzbeitrag nach § 242 SGB V fest. Bei dieser Kalkulation ist auch die Rücklage der einzelnen Kasse entsprechend zu berücksichtigen.[6] Die Änderungen treten erst am 01.01.2009 in Kraft.

II. Vorgängervorschriften

5 Mit Ausnahme von Absatz 2 Satz 2 entspricht die Vorschrift § 365 RVO[7], der durch das KVMG vom 15.12.1979 eingefügt worden war.

III. Parallelvorschrift

1. Allgemeines

6 Die Bildung der Rücklage erfolgt nach Maßgabe der besonderen Vorschriften für die Versicherungsträger. Besondere Bestimmungen über die Rücklage enthalten die §§ 261, 262 SGB V i.V.m. § 51 KVLG für die Krankenversicherung, § 64 SGB XI für die Pflegeversicherung, §§ 172, 184 SGB VII für die Unfallversicherung, §§ 216, 217 SGB VI für die Rentenversicherung der Arbeiter und Angestellten und § 366 SGB III für die Bundesanstalt für Arbeit. Bei der knappschaftlichen Rentenversicherung und der Alterssicherung der Landwirte sind keine besonderen Rücklagen vorgesehen.

1 Vgl. Ausschussbericht zu § 270 SGB V des Entwurfs vom 24.11.1988, Anhang 7.1.4.
2 BGBl II 1990, 1048.
3 In der Fassung des Einigungsvertrages.
4 BGBl I 1999, 2657.
5 BGBl I 2007, 378.
6 BT-Drs. 16/3100.
7 In der bis 31.12.1988 geltenden Fassung.

2. Besonderheiten in der landwirtschaftlichen Krankenversicherung

Nach § 51 Abs. 1 KVLG 1989 gelten für die Verwendung und Verwaltung der Mittel der landwirtschaftlichen Krankenversicherung die §§ 259-263 SGB V, soweit nichts anderes bestimmt ist. Für die Bemessung der Rücklage bei den landwirtschaftlichen Kassen bestehen Besonderheiten sowohl im Hinblick auf die Höhe als auch auf die Berechnungsweise. So ist in § 51 Abs. 2KVLG 1989 festgelegt, dass, abweichend von der Regelung in § 261 Abs. 2 Satz 2 SGB V, in der Satzung ein Rücklage-Vomhundertsatz festgelegt werden kann, der mindestens der Hälfte und höchstens dem Zweifachen einer durchschnittlichen Monatsausgabe entspricht. Hierdurch wird die den übrigen gesetzlichen Krankenkassen vorgegebene Bandbreite bei der Festlegung der Höhe der zu bildenden Rücklage (min.: 0.25, max.: 1,0 Monatsausgaben) erhöht: die Mindest- und Höchstwerte betragen das Doppelte gegenüber der Bestimmung in § 261 SGB V.[8] 7

Diese Regelung muss vor dem Hintergrund gesehen werden, dass in der landwirtschaftlichen Krankenversicherung infolge der starren Bodenbewertungsmaßstäbe keine Beitragsautomatik wie bei den übrigen Kassen vorhanden ist. In diesen Bereich ergeben sich durch die jährliche Erhöhung der beitragspflichtigen Einnahmen der Versicherten aufgrund der Lohnentwicklung und durch die Anhebung der Beitragsbemessungsgrenze regelmäßig höhere Beitragseinnahmen, die den laufenden Preissteigerungen entgegenstehen. Von daher benötigen die landwirtschaftlichen Krankenkassen aus Gründen der Beitragssatzstabilität eine größere Liquiditätsausstattung, die ihnen durch eine im Vergleich zur übrigen GKV doppelt so hohe Mindestgrenze (50%) vom Gesetzgeber vorgeschrieben wird, die aber darüber hinaus von der Selbstverwaltung der Kasse per Satzungsbeschluss bis auf den zweifachen Beitrag der durchschnittlichen Monatsausgaben erhöht werden kann. Da auch bei der Festlegung der Betriebsmittel ein höherer Höchstbetrag als in der GKV maßgebend ist – nach § 51 Abs. 1 Satz 2 KVLG 1989 kann der Durchschnittsbetrag der Betriebsmittel auf den zweifachen Monatsbetrag der Ausgaben erhöht werden (GKV: 1,5-facher Monatsbetrag) –, ergeben sich für die landwirtschaftlichen Krankenkassen erheblich höhere Liquiditätsspielräume. 8

Zudem besteht die Besonderheit, dass gem. § 51 Abs. 2 Satz 2 KVLG 1989 die Leistungsaufwendungen für die sog. Altenteiler (versicherungspflichtige Personen nach § 2 Abs. 1 Nr. 4 und 5 KVLG 1989) außer Betracht zu lassen sind.[9] Demzufolge ist bei der Berechnung des Rücklage-Solls nicht von den gesamten erfolgswirksamen Ausgaben lt. Haushaltsplan auszugehen, sondern nur von denen für die Aktiven-Versicherten. Diese Berechnungsweise dürfte mit ein Grund dafür gewesen sein, die Höchstgrenzen bei den Betriebsmitteln und der Rücklage in der landwirtschaftlichen Krankenversicherung im Vergleich zu den übrigen Kassen der GKV höher festzulegen. 9

3. Pflegeversicherung

Eine inhaltlich dem § 261 SGB V entsprechende Regelung zur Rücklage der Pflegeversicherung findet sich in § 64 SGB XI.[10] 10

IV. Literaturhinweise

Coenenberg, Jahresabschluss und Jahresabschlussanalyse, 13. Aufl. 1992; *Hoffmann/Schroeter*, Vermögensanlagen der Sozialversicherungsträger, 1961; *Gutschow/Simons*, Das Haushaltsrecht der Krankenkassen, Kommentar, Loseblatt; *Marburger*, Vermögensverwaltung, Geld- und Bankverkehr der Krankenkassen, Schriftenreihe der Zeitschrift Wege zur Sozialversicherung, Heft 13; *Wasem*, Finanzierung der Krankenversicherung im vereinigten Deutschland, KrV 2/1991, 32 ff. 11

V. Systematische Einordnung

Im Hinblick auf § 259 SGB V, in dem eine Einteilung des Vermögens der Krankenkasse in die drei Vermögensteile Betriebsmittel, Rücklage und Verwaltungsvermögen erfolgt, ergibt sich durch § 261 SGB V eine Erläuterung zu dem Vermögensteil Rücklage. Zudem ist eine direkte Beziehung zu der allgemeinen Finanzierungsvorschrift in § 21 SGB IV und zu § 220 SGB V zu sehen, da Variationen der Rücklagen-Höhe i.d.R. Einfluss auf die Beitragssatzgestaltung haben. Die Bildung bzw. Auffüllung der Rücklage hat gem. § 220 Abs. 1 Satz 2 SGB V durch entsprechende (Höher-)Bemessung der Bei- 12

---

[8] Vgl. *Noell/Deisler*, Die Krankenversicherung der Landwirte, S. 235; *Held* in: GK-SGB V, § 261 Rn. 38.

[9] Vgl. *Noell/Deisler*, Die Krankenversicherung der Landwirte, S. 236.

[10] *Held* in: GK-SGB V, § 261 Rn. 5.

träge zu erfolgen. Auf der anderen Seite hat die Rückführung überhöhter Rücklagebestände tendenziell beitragssatzmindernde Effekte, da abzuschmelzende Rücklage-Beträge den Betriebsmitteln zuzuführen sind (§ 261 Abs. 5 SGB V).[11]

13 Für die Landes- und Bundesverbände der Krankenkassen (§ 208 Abs. 1 SGB V i.V.m. § 214 Abs. 1 SGB V) gilt die Vorschrift nicht; wegen der besonderen Finanzierungsform und Aufgabenstellungen der Verbände ist bei ihnen der Aufbau einer Rücklage nicht erforderlich.

14 Die Einhaltung der Voraussetzungen der §§ 82, 83 SGB IV i.V.m. den für die einzelnen Versicherungszweige geltenden Vorschriften unterliegt im Rahmen des allgemeinen Aufsichtsrechts (§ 87 Abs. 1 SGB IV) der Überprüfung durch die Aufsichtsbehörde, die ggf. auf die Beseitigung von Rechtsverletzungen mit den ihnen zur Verfügung stehenden aufsichtsrechtlichen Mitteln hinzuwirken hat.

B. Auslegung und Bedeutung der Norm

15 Bitte beachten Sie auch die Vorbemerkung zu den §§ 259-263 SGB V (vgl. die Kommentierung zu § 259 SGB V Rn. 10 ff.).

I. Regelungsgehalt

16 § 261 SGB V regelt die Höhe, die Verwendung und die Anlegung der Rücklage, die von der Krankenkasse zur Sicherstellung ihrer Leistungsfähigkeit bereitzuhalten ist. Die Vorschrift konkretisiert die Grundsatznorm des § 82 SGB IV und wird hinsichtlich der Anlegung der Rücklage durch die §§ 80, 83-86 SGB IV ergänzt. Sie hat Auswirkungen auf die Höhe des Beitragssatzes, wie die Absätze 3 und 4 und § 220 SGB V sowie § 21 SGB IV zeigen.[12]

17 Die Rücklage, die die Krankenkasse zu bilden hat, soll ihre Leistungsfähigkeit sicherstellen; sie soll insbesondere für den Fall eingesetzt werden, dass Einnahme- und Ausgabeschwankungen innerhalb eines Haushaltsjahres nicht mehr durch die Betriebsmittelreserve ausgeglichen werden können (§ 82 SGB IV, § 261 Abs. 3 SGB V).[13] Die Rücklage hat insbesondere dann die Aufgabe einer Schwankungsreserve, wenn ohne ihren Einsatz infolge überplanmäßig gewachsener Ausgaben oder unterplanmäßig gewachsener Einnahmen Beitragssatzerhöhungen im laufenden Haushaltsjahr erforderlich wären. Die Rücklage hat hingegen nicht die Aufgabe, über das Haushaltsjahr hinweg die notwendigen Mittel zur Deckung der zu erwartenden Ausgaben bereitzustellen: vielmehr sind die Beiträge so zu bemessen, dass aus den Betriebsmitteln die Deckung der Ausgaben möglich ist (§ 220 Abs. 1 SGB V).[14]

18 Zum 01.01.2009 wird ein einheitlicher allgemeiner Beitragssatz festgelegt. Kommt eine Krankenkasse mit den zugewiesenen Mitteln aus dem Gesundheitsfonds nicht aus, muss sie von ihren Versicherten einen zusätzlichen Beitrag erheben, dessen Höhe allerdings begrenzt ist. Die Krankenkassen dürfen einen zusätzlichen Beitrag maximal in der Höhe von einem Prozent der beitragspflichtigen Einnahmen verlangen. Um den bürokratischen Aufwand bei der Überforderungsklausel gering zu halten, werden Zusatzbeiträge von bis zu 8 € ohne Prüfung der Einkommenssituation erhoben.[15] Eventuelle Beitragssatzerhöhungen fallen nicht mehr in die Satzungskompetenz der einzelnen Krankenkasse. Die Krankenkassen legen jedoch in ihrer Satzung den kassenindividuellen Zusatzbeitrag nach § 242 SGB V fest. Bei dieser Kalkulation ist auch die Rücklage der einzelnen Kasse entsprechend zu berücksichtigen (vgl. § 261 Abs. 3 und 4 in der Fassung des GKV-WSG, In-Kraft-Treten zum 01.01.2009).

II. Erläuterung und Zweck der Norm

1. Rücklage

19 Da das SGB V den Begriff der Rücklage nicht hinreichend abgrenzt, ist auf die Legaldefinition des § 82 SGB IV zurückzugreifen, wonach die Rücklage die Mittel der Versicherungsträger umfasst, die zur Sicherstellung ihrer Leistungsfähigkeit, insbesondere aber für den Fall bereitzuhalten sind, dass Einnahme- und Ausgabeschwankungen durch den Einsatz der Betriebsmittel nicht mehr ausgeglichen werden können. Bei der Rücklage handelt es sich um eine Geldreserve, die aus den laufenden Einnah-

[11] *Held* in: GK-SGB V, § 261 Rn. 4.
[12] *Huck* in: Hauck, SGB V Kommentar, § 261 Rn. 3.
[13] *Baier* in: Krauskopf, Soziale KrankenV PflegeV Kommentar, § 261 Rn. 2.
[14] *Wasem* in: GKV-Komm, SGB V, § 261 Rn. 2.
[15] Kritisch zum Zusatzbeitrag *Schlegel*, SozSich 2006, 378.

men, also vor allem aus Beiträgen der Versicherten und Arbeitgeber, gebildet wird. Die Frage, ob das Verwaltungsvermögen zur Rücklage gehört, ist in den einzelnen Versicherungszweigen unterschiedlich geregelt. In der gesetzlichen Krankenversicherung ist das Verwaltungsvermögen aus der Rücklage herausgenommen, §§ 259, 263 SGB V i.V.m. § 51 KVLG. Im Übrigen, d.h. in der Unfallversicherung, Pflegeversicherung und Arbeitsförderung, gehört das Verwaltungsvermögen zur Rücklage.

Betriebsmittel (§ 260 SGB V) stellen demgegenüber kurzfristig verfügbare Mittel zur Bestreitung der laufenden Ausgaben sowie zum Ausgleich von Einnahme- und Ausgabeschwankungen dar. Damit sind Rücklagen Mittel, die im Gegensatz zu den Betriebsmitteln als Geldreserven (Kapitalansammlung) für eine nicht nur kurzfristige Anlage in Betracht kommen und dadurch aus der laufenden Haushaltswirtschaft ausscheiden. Die Zweckbestimmung der Rücklage ist vor allem in der Sicherstellung der Leistungsfähigkeit der Kasse zu sehen, wobei hierbei primär auf die Liquiditätsebene abgestellt wird. 20

Daneben spielt aber auch der Rentabilitätsgesichtspunkt aufgrund der längerfristigen Sichtweise eine Rolle. Der Versicherungsträger soll durch die gesetzliche Verpflichtung, eine Rücklage anzusammeln und vorzuhalten, jederzeit, d.h. auch wenn die laufenden Betriebsmittel bereits verbraucht sind, in die Lage versetzt werden, die finanziellen Verbindlichkeiten zu erfüllen. Es wird erkennbar, dass die Rücklage in Bezug zu den Betriebsmitteln eine **ergänzende Liquiditätsfunktion** (sog. Schwankungsreserve) hat. Insofern ist diese gesetzliche Rücklage zweckgebunden. Freie Rücklagen – wie in der Privatwirtschaft – können von den Krankenkassen nicht gebildet werden. Aus dieser Zweckbestimmung leitet sich als weitere Funktion der Rücklage die Sicherung der Beitragsstabilität innerhalb eines Haushaltsjahres ab.[16] 21

2. Höhe der Rücklage

Nach § 82 SGB IV i.V.m. Absatz 1 haben die Krankenkassen zur Sicherstellung ihrer Leistungsfähigkeit eine Rücklage bereitzuhalten, deren Höhe grundsätzlich die Satzung bestimmt (Absatz 2). Die Rücklage muss mindestens ein Viertel und darf höchstens das Einfache der nach dem Haushaltsplan vorgesehenen durchschnittlichen Monatsausgabe für die gesetzlichen und satzungsmäßigen Aufgaben betragen, wobei in der Satzung ein bestimmter Vomhundertsatz der Monatsausgabe anzugeben ist (Rücklagesoll).[17] Unterschreitet die Rücklage das Rücklagesoll, so ist sie gemäß § 260 Abs. 1 Nr. 2 SGB V aus den Betriebsmitteln aufzufüllen, soweit entsprechende Einnahmeüberschüsse vorhanden sind.[18] 22

Die Krankenkasse hat in ihrer Satzung ein Rücklagesoll festzulegen. Die Höhe des Rücklagesolls ist in einem Vomhundertsatz des nach dem Haushaltsplan durchschnittlichen auf den Monat entfallenden Betrages für die erfolgswirksamen Aufwendungen (§ 260 Abs. 1 Nr. 1 SGB V) zu bestimmen. Im bisherigen Recht hatte das Rücklagesoll mindestens eine halbe, höchstens eine ganze Monatsausgabe betragen. In den parlamentarischen Beratungen des GRG wurde die Untergrenze auf ein Viertel einer Monatsausgabe herabgesetzt. Der Bericht des federführenden Ausschusses geht davon aus, dass die Änderung sachgerecht sei, da die meisten Krankenkassen mit einer geringeren Rücklage auskommen würden. Der politische Hintergrund ist allerdings in Art. 72 GRG zu sehen: Nachdem die Bundesknappschaft 1984 in den KVdR-Belastungsausgleich einbezogen wurde, war die Notwendigkeit für eine Sonderregelung für die Rücklagenbildung der Bundesknappschaft entfallen; Art. 72 GRG sieht dementsprechend vor, dass die Bundesknappschaft ihre Rücklage auf das in § 261 Abs. 2 SGB V vorgeschriebene Rücklagesoll aufstocken soll. Um die aus der Aufstockung der Rücklage für die Bundesknappschaft resultierende Mehrbelastung zu verringern, wurde das Mindestrücklagesoll in § 261 Abs. 2 Satz 2 SGB V gegenüber dem bisherigen Recht für alle Kassen halbiert.[19] 23

3. Haushaltsplan

Bei der Aufstellung des Haushaltsplans (§§ 67 ff. SGB IV) ist vorzusehen, dass die Rücklage mit einem Betrag von mindestens einem Viertel des Rücklagesolls aufzufüllen ist, bis das Soll wieder erreicht ist, es sei denn, dass allein wegen der Auffüllung der Rücklage eine Beitragssatzerhöhung erforderlich würde (Absatz 4). In diesem Fall genügen auch geringere oder keine Mittelzuführungen zur Rücklage. Die Beitragssatzstabilität hat demnach Vorrang vor der jederzeitigen Bereithaltung des in 24

[16] *Held* in: GK-SGB V, § 261 Rn. 6.

[17] Gemeinsames Rundschreiben vom 20.12.1979 betr. KVMG der Spitzenverbände der Kranken- und der Rentenversicherungsträger.

[18] *Huck* in: Hauck, SGB V Kommentar, § 261 Rn. 3.

[19] *Wasem* in: GKV-Komm, SGB V, § 261 Rn. 3.

der Satzung festgelegten Rücklagesolls. Dies gilt aber nicht, wenn der in Absatz 2 festgelegte Mindestbetrag der Rücklage unterschritten wird, weil die Bereithaltung einer Mindestrücklage zur Sicherstellung der Leistungsfähigkeit der Krankenkasse Vorrang vor der Beitragssatzstabilität haben muss.[20]

25 Ergibt sich bei der Aufstellung des Haushaltsplanes, dass die Rücklage nur zwischen 75 v.H. und 100 v.H. des Rücklagesolls beträgt, ist die Auffüllung der Rücklage bis auf das Rücklagesoll vorzusehen und die Beiträge sind entsprechend zu bemessen. Beträgt die Rücklage weniger als 75 v.H. des Rücklagesolls, ist eine Aufstockung um mindestens 25 v.H. des Rücklagesolls vorzusehen (Absatz 4 Satz 1).[21] Dies gilt auch dann, wenn die Auffüllung der Rücklage Beitragssatzerhöhungen erforderlich macht, sofern ohnehin Beitragssatzerhöhungen zur Deckung der zu erwartenden Ausgaben erforderlich sind. Würden Beitragssatzerhöhungen[22] jedoch nur wegen der Auffüllung der Rücklage erforderlich, ist die Kasse zur Auffüllung der Rücklage zwar berechtigt, aber nicht verpflichtet (Absatz 4 Satz 2). Dies muss auch dann gelten, wenn das Rücklage-Ist die in Absatz 2 Satz 2 festgelegte Untergrenze für das Rücklagesoll unterschritten hat.[23] Übersteigt die Rücklage das Rücklagesoll, ist der übersteigende Betrag den Betriebsmitteln zuzuführen (Absatz 5). Wird hierdurch das Betriebsmittelsoll (§ 260 SGB V) überschritten, sind die Beiträge durch Änderung der Satzung entsprechend zu ermäßigen (§ 220 Abs. 3 SGB V).

26 Sowohl die Auffüllung als auch die Abschmelzung der Rücklage ist im Haushaltsplan zu etatisieren. Allerdings ist für die tatsächliche Variation der Rücklage nicht allein das Budget, sondern auch das Rechnungsergebnis des Jahres maßgebend. Sofern keine oder nur geringe Einnahmeüberschüsse erwirtschaftet wurden, kann – trotz haushaltsmäßiger Berücksichtigung – keine bzw. nur eine geringe Erhöhung des Rücklage-Ists erfolgen. Auch hier zeigt sich, dass Beitragssatzstabilität Priorität vor vermögensbildenden Maßnahmen eingeräumt wird. Dementsprechend ist es zulässig, bei einer positiveren finanziellen Entwicklung als erwartet einen über den Haushaltsansatz hinausgehenden Betrag der Rücklage zuzuführen.

27 Bei der Feststellung des Rücklagesolls im Rahmen der Haushaltsplanung sind die Mittelansätze bei den jeweiligen Zweckbestimmungen in vollen Tausend Euro zu übernehmen. Hinsichtlich der Rundungsregelung gilt die im Haushaltsrecht angewandte Verfahrensweise, dass der errechnete Rücklagesoll-Betrag auf volle Tausend Euro aufzurunden ist. Die aufgeführten Verfahrensregelungen gelten auch für einen im Laufe des Jahres aufgestellten Nachtragshaushalt (§ 74 SGB IV). Dagegen sind bei über- oder außerplanmäßigen Ausgaben (§ 73 SGB IV) derartige Maßnahmen nicht zu ergreifen.

4. Zweck der Rücklage

28 Die Rücklage dient nach Absatz 1 i.V.m. § 82 SGB IV der Sicherstellung der Leistungsfähigkeit der Krankenkasse, insbesondere für den Fall, dass Einnahme- und Ausgabenschwankungen durch den Einsatz der Betriebsmittel nicht ausgeglichen werden können. Leistungsfähigkeit in diesem Sinne bedeutet, dass die Krankenkasse in der Lage ist, ohne Beitragssatzerhöhung ihre gesetzlichen und satzungsmäßigen Aufgaben einschließlich der Verwaltungskosten zu erfüllen. Ist dies trotz der Betriebsmittel durch Einnahme- oder Ausgabeschwankungen gefährdet, soll die Krankenkasse entsprechende Mittel aus der Rücklage den Betriebsmitteln zuführen, um eine ausreichende Liquidität zu gewährleisten (Absatz 3).[24] Durch eine solche Maßnahme kann sowohl das Rücklagesoll als auch die gesetzliche Mindestrücklage unterschritten werden.

---

[20] *Huck* in: Hauck, SGB V Kommentar, § 261 Rn. 4.

[21] *Wasem* in: GKV-Komm, SGB V, § 260 Rn. 1.

[22] Entsprechendes gilt für Erhöhungen von Beiträgen in nach § 240 Abs. 5 SGB V gebildeten Beitragsklassen.

[23] So *Wasem* in: GKV-Komm, SGB V, § 260 Rn. 4.; a.A.: *Hauck* in: Hauck/Haines, SGB V, § 261 Rn. 4, der die Auffassung vertritt, Absatz 4 Satz 2 fände hier keine Anwendung, vielmehr wäre die Krankenkasse in jedem Falle verpflichtet, die Rücklage auf den in Absatz 2 Salz 2 genannten Betrag aufzufüllen, auch wenn nur wegen dieser Auffüllung Beitragssatzerhöhungen erforderlich würden.

[24] Die Rücklage dient nicht nur der Deckung eines außergewöhnlichen Geldbedarfs, sondern sie kann bereits dann beansprucht werden, wenn für den Ausgleich des laufenden Haushalts die Betriebsmittel nicht mehr ausreichen und insbesondere durch die Verwendung der Rücklage eine Beitragssatzerhöhung vermieden werden kann. Der Grund der Illiquidität ist dabei unerheblich. Insoweit dient die Rücklage als Schwankungsreserve gleichermaßen der ständigen Liquidität der Krankenkasse und der Beitragssatzstabilität während eines Haushaltsjahres. Vgl. Gemeinsames Rundschreiben vom 20.12.1979 betr. KVMG der Spitzenverbände der Kranken- und der Rentenversicherungsträger.

Der Zweck der Rücklagen-Vorhaltung spiegelt sich auch in der Anlageform wider. Hierbei hat der Versicherungsträger definitionsgemäß sowohl auf die rechtzeitige Verfügbarkeit der Mittel im Bedarfsfalle als auch – neben der Sicherheit – auf die Rentabilität zu achten, da hier der Kurzfrist-Zeitraum überschritten wird (bei den Betriebsmitteln spielt der letztgenannte Aspekt wegen der Forderung nach laufender Verfügbarkeit nicht die dominierende Rolle). Insofern sind hier Anlagestrategien erforderlich, um den Grundsätzen Liquidität und Rentabilität Rechnung zu tragen. Für die Anlegung der Rücklage ist grundsätzlich § 83 SGB IV von Bedeutung, da in dieser Vorschrift die zulässigen Anlageformen im Einzelnen aufgeführt sind.[25] 29

5. Rücklagesoll

Während § 82 SGB IV i.V.m. § 261 Abs. 1 SGB V die Bildung einer Rücklage für die Krankenkassen dem Grunde nach zwingend vorschreibt, konkretisiert § 261 Abs. 2 SGB V die Höhe der Rücklage. Dies geschieht in der Weise, dass die Selbstverwaltung einer Kasse innerhalb eines gesetzlich vorgegebenen Rahmens ein Rücklagesoll in ihrer Satzung zu bestimmen hat. Dabei erfolgt diese Festlegung nicht betragsmäßig, sondern es wird ein Vomhundertsatz des Ausgabevolumens als Rücklagesoll vorgegeben, das vorzuhalten ist und nicht überschritten werden kann. 30

§ 261 Abs. 2 SGB V legt als maßgebliche Bemessungsgrundlage für die Ermittlung des Rücklagesolls – wie bei der Bemessung des Betriebsmittel-Höchstbetrages – die Höhe der in § 260 Abs. 1 Nr. 1 SGB V aufgeführten erfolgswirksamen Ausgaben fest; auch hier dürfen die Ausgaben der Pflegeversicherung nicht berücksichtigt werden. Es handelt sich dabei um die im Haushaltsplan der Krankenkasse veranschlagten Ausgaben für die gesetzlich oder durch die Satzung vorgesehenen Aufgaben sowie für die Verwaltungskosten; damit sind die in den Kontenklassen 4/5, 6 und 7 für Allgemeinversicherte und Rentner zu etatisierenden Ausgaben zu berücksichtigen. Erfolgsunwirksame Ausgaben wie z.B. Investitionen (§ 260 Abs. 1 Nr. 2 SGB V) bleiben außer Betracht. Die Tatsache, dass bei der Ermittlung des Rücklagesolls die Ansätze im Haushaltsplan zugrunde zu legen sind (und nicht die exakten, aber veralteten Werte der Jahresrechnung), dokumentiert, dass nach dem Willen des Gesetzgebers die Krankenkassen eine zukunftsbezogene Finanzplanung durchzuführen haben. Hierdurch sind flexible Reaktionen auf absehbare Einnahme-/Ausgabeentwicklungen möglich.[26] 31

Das Rücklage-Soll ergibt sich nunmehr durch Multiplikation des sich danach ergebenden durchschnittlichen monatlichen Ausgabebetrages gem. Haushaltsplan mit dem in der Satzung festgelegten Vomhundertsatz, der sich innerhalb der vom Gesetzgeber vorgegebenen Bandbreite, nämlich mindestens 25% und höchstens 100%, bewegen muss. Durch eine Limitierung der Höhe der vorzuhaltenden Rücklage soll eine zu starke Kapitalanhäufung, die zu Lasten der Beitragszahler gehen würde, vermieden werden. Dagegen ist die gesetzliche Festsetzung eines Mindestbestandes an Rücklage erforderlich, um die Kassen mit einer (Grund-)Ausstattung an Liquidität zu versorgen und sie somit in die Lage zu versetzen, jederzeit ihren Zahlungsverpflichtungen nachkommen zu können. 32

Die Bandbreite zwischen Mindest- und Höchst-Rücklagesatz ermöglicht es, das Rücklagesoll dem kassenspezifischen Bedarf anzupassen. Hierbei ist vor allem das Versicherungsrisiko zu berücksichtigen, das insbesondere von der Versichertenstruktur abhängt. So dürften beispielsweise Ortskrankenkassen ein geringeres Versicherungsrisiko aufweisen als z.B. Betriebskrankenkassen, da der Versichertenkreis heterogener ist und keine branchenmäßige Abhängigkeit besteht. Auf der anderen Seite sollte insbesondere das in der Versichertenstruktur liegende Risiko (z. B. Durchschnittsalter, Anteil Hochkostenpatienten) berücksichtigt werden. Bei der Festlegung des Vomhundertsatzes der Rücklage können aber auch sonstige Besonderheiten wie z.B. das erhöhte Risiko von Einnahmeausfällen bei Betriebskrankenkassen infolge von Arbeitskampfmaßnahmen einfließen. Letztlich hat die Krankenkasse einen individuellen Vomhundertsatz festzulegen, der ausreichend ist, um der in § 82 SGB IV genannten Zweckbestimmung der Rücklage gerecht zu werden.[27] 33

Übersteigt die Rücklage das Rücklagesoll, ist der übersteigende Betrag den Betriebsmitteln zuzuführen (Absatz 5), Daraus folgt, dass bei Überschüssen der Einnahmen über die Ausgaben nur das gesetzliche Betriebsmittelsoll (§ 260 SGB V) überschritten werden darf, dies aber mit der zwingenden Folge, dass die Beiträge durch eine Änderung der Satzung zu ermäßigen sind (§ 220 Abs. 3 SGB V).[28] 34

---

[25] *Held* in: GK-SGB V, § 261 Rn. 7.

[26] *Held* in: GK-SGB V, § 261 Rn. 10.

[27] *Held* in: GK-SGB V, § 261 Rn. 11.

[28] *Huck* in: Hauck, SGB V Kommentar, § 261 Rn. 3.

35 Durch die Koppelung des Rücklagesolls an die etatisierte Ausgabenentwicklung durch Anwendung eines Vomhundertsatzes wird automatisch eine jährliche Aktualisierung der (zulässigen) Höhe der Rücklage erreicht. Die Höhe der tatsächlich in einem Haushaltsjahr anfallenden Ausgaben spielt hierbei keine Rolle. Somit ergibt sich folgende Berechnungsformel:

$$\text{Rücklagesoll} = \text{kassenspezifischer Vomhundertsatz} \times \frac{\text{Erfolgswirksame Ausgaben laut Haushaltsplan}}{12}$$

36 Der Gesetzgeber ging bei der Konzeption der Vorschrift des § 261 SGB V davon aus, dass das tatsächliche Rücklage-Guthaben möglichst jederzeit dem satzungsmäßigen Rücklagesoll entspricht, um deren Aufgabenstellung, nämlich Sicherung der Liquidität und der Beitragssatzstabilität innerhalb eines Haushaltsjahres, gerecht zu werden.[29] Sofern sich Abweichungen zwischen Soll und Ist ergeben, hat die Kasse entsprechende Maßnahmen zur Auffüllung bzw. Abschmelzung zu ergreifen (§ 261 Abs. 4 bzw. 5 SGB V). Sofern festgestellt wird, dass das vorhandene Rücklage-Vermögen das Rücklagesoll unterschreitet, ist die Kasse grundsätzlich verpflichtet, die Rücklage aufzufüllen. Eine Auffüllung hat spätestens bei der nächsten Haushaltsplanung zu geschehen; dies dürfte der Normalfall sein, da die Feststellung des Rücklagesolls regelmäßig im Rahmen der Haushaltsaufstellung zu erfolgen hat. Jedoch besteht – bei entsprechender Finanzlage – diese Möglichkeit auch schon während des laufenden Haushaltsjahres. Dabei stellt das Rücklage-Soll die Höchstgrenze dar. Ein darüber hinausgehender Beitrag kann nicht angesammelt werden. Die Bildung bzw. Auffüllung der Rücklage hat naturgemäß aus den laufenden Einnahmen zu erfolgen (§ 220 Abs. 1 Satz 1 SGB V), soweit entsprechende Einnahmeüberschüsse zur Verfügung stehen.[30]

6. Rücklage-Ist

37 Nach § 261 Abs. 6 SGB V ist die Rücklage getrennt von den Vermögensteilen Betriebsmittel und Verwaltungsvermögen und von Mitteln Dritter zu erfassen. Hierzu wird in den Bestimmungen zum Kontenrahmen besonders darauf hingewiesen, dass die getrennte Anlage der Mittel der Rücklage nach den Grundsätzen ordnungsmäßiger Buchführung (§ 10 Abs. 1 SVRV) gesondert nachzuweisen ist. Allerdings ist im Kontenrahmen auf eine Differenzierung der Aktiva nach Rücklage-Konten und Betriebsmittel-Konten verzichtet worden, um aus Gründen der Übersichtlichkeit die Zahl der zu bebuchenden Konten nicht ausufern zu lassen. Der geforderte gesonderte Nachweis der Rücklagemittel im Rahmen der Buchhaltung kann durch eine separate Führung von Einzel(Unter-)Konten oder durch entsprechende Aufzeichnungen in einem Vermögensbuch (§ 13 SVRV i.V.m. § 29 SRVwV), in dem detaillierte Aufzeichnungen über die Anlage wie z.B. Kreditinstitut, Art und Nennwert von Wertpapieren, Fälligkeit, Verzinsung usw. enthalten sind, realisiert werden. Eine nur rechnerische Bestimmung des Rücklage-Ists würde dem Erfordernis der getrennten Anlegung der Rücklage, das auf die konkreten Rücklagewerte abhebt, nicht entsprechen.

38 Die Rücklage wird in aller Regel der Summe der in den Kontengruppen 01 („kurzfristige Geldanlagen“) und 04 („andere Geldanlagen“) als Rücklage definierten Vermögensteile entsprechen. Nur in Ausnahmefällen werden von der Rücklage zuzuordnende längerfristige Passiva (Kontengruppe 14) abzusetzen sein. Auch dürften nur in Ausnahmefällen Rücklagemittel in den sofort verfügbaren Zahlungsmitteln (Kontengruppe 00) enthalten sein.

7. Anlage der Rücklage

39 Die Verwaltung der Rücklage wird von der Krankenkasse selbst vorgenommen, sofern nicht ein Teil der Rücklage vom Landesverband als Gesamtrücklage (§ 262 SGB V) verwaltet wird. Die eigenverantwortliche Verwaltung der Mittel ist den Kassen durch das KVMG ab 01.01.1980 übertragen worden. Vor diesem Zeitpunkt wurden die Rücklagen von dem Träger der Gemeinschaftsaufgaben als ein Sondervermögen der Krankenversicherung verwaltet. Die Forderung in § 261 Abs. 6 SGB V, dass die Rücklage getrennt von den sonstigen Mitteln der Krankenkasse (das sind Betriebsmittel und Verwaltungsvermögen) anzulegen ist, impliziert nicht, dass die Rücklage als ein Sondervermögen zu führen ist. Diese Regelung weist vielmehr auf den gesonderten bilanzmäßigen Nachweis hin, um die Vermö-

[29] Gemeinsames Rundschreiben vom 20.12.1979 betr. KVMG der Spitzenverbände der Kranken- und der Rentenversicherungsträger.

[30] *Held* in: GK-SGB V, § 261 Rn. 14.

gensverwaltung transparenter darzustellen.[31] Die Gesamtrücklage (§ 262 SGB V), die anteilig Bestandteil der Rücklage der Kasse ist, wird allerdings nicht von der Krankenkasse verwaltet; sie wird vielmehr vom Landesverband verwaltet.

Die Anlage der Rücklage gehört zu den laufenden Verwaltungsgeschäften; zuständig ist der Geschäftsführer. Für die Anlage der Rücklage gelten die §§ 83-86 SGB IV. § 83 SGB IV beschreibt umfassend die Anlegemöglichkeiten der Rücklage. Dies sind Schuldverschreibungen, Schuldbuchforderungen, Forderungen aus Darlehen und Einlagen, Wertpapier-Sondervermögen, Forderungen, Beteiligungen und Grundstücke. § 83 Abs. 1 Nr. 1 SGB IV gestattet auch den Erwerb börsennotierter Schuldverschreibungen. Den Erwerb von Aktien durch die Sozialversicherungsträger lehnt das Bundesversicherungsamt dagegen ab. Die Vermögensanlage in Aktien ist mit dem in § 80 SGB IV normierten vorrangigen Gebot des Verlustausschlusses nicht vereinbar. Das Gebot des Verlustausschlusses dient der Erhaltung der Leistungsfähigkeit des Sozialversicherungsträgers. Aktien sind Spekulationspapiere, die weder den Sicherheits- noch den Liquiditätsvorgaben des Gesetzes gerecht werden. Im Gegensatz zu Aktien ist bei Wertpapieren nach § 83 Abs. 1 Nr. 1- 4 SGB IV die Rückzahlung des Kapitals einschließlich der Zinsen zum Zeitpunkt der Fälligkeit der im Wertpapier verbrieften Forderung gesichert. In seinem Rundschreiben vom 01.12.2000 hatte das Bundesversicherungsamt darauf hingewiesen, dass der Erwerb von Unternehmensanleihen unter bestimmten Voraussetzungen zulässig ist.[32] 40

Ausgehend von der Zweckbestimmung der Rücklage, die Liquidität und die Beitragssatzstabilität im laufenden Haushaltsjahr sicherzustellen, kann eine längerfristige Anlage grundsätzlich nicht erfolgen; die Anlagepolitik hat sich im Wesentlichen im kurzfristigen Bereich zu orientieren. Die in § 80 SGB IV vorgegebenen Grundsätze der Vermögensanlage (Sicherheit, Rentabilität, Liquidität) sind primär auch bei der Verwaltung der Rücklage-Mittel in der Krankenversicherung zu beachten, jedoch dürfte der Schwerpunkt auf der Liquiditätsebene liegen, da die Rücklage-Mittel ggf. relativ kurzfristig verfügbar sein müssen. Im Gegensatz zur Anlage der Betriebsmittel hat jedoch auch der Renditegesichtspunkt bei der Anlagestrategie der Rücklage eine Rolle zu spielen, da hier nicht zwingend im Monatszeitraum operiert werden muss, sondern darüber hinausgegangen werden kann.[33] Die Kassen werden daher in der Praxis primär ihre Rücklage im Bereich der kurzfristigen Geldanlagen (Kontengruppe 01), also mit einer Kündigungsfrist bzw. Laufzeit bis zu einem Jahr, anlegen.[34] Hier dürften insbesondere Termineinlagen, Spareinlagen, Fondsanlagen, kurzfristige Wertpapiere bzw. Wertpapiere mit kurzer Restlaufzeit von Bedeutung sein. 41

Nach Absatz 6 i.V.m. § 80 SGB IV ist die Rücklage getrennt von den sonstigen Mitteln der Krankenkasse und vor allem von Mitteln Dritter zu verwalten und so anzulegen, dass ein Verlust ausgeschlossen erscheint, ein angemessener Ertrag erzielt wird und eine ausreichende Liquidität gewährleistet ist. Maßgebend für die konkrete Anlage von Rücklagevermögen ist der Anlagekatalog des § 83 SGB IV, der durch die Vorschriften des § 84 SGB V über die Beleihung von Grundstücken, des § 85 SGB V über die genehmigungsbedürftigen Anlagen und des § 86 SGB V über eine von § 83 SGB V abweichende Anlegung ergänzt wird. Die Verwaltung und Anlegung der Rücklage ist – vorbehaltlich des § 262 SGB V über die Gesamtrücklage bei den Landesverbänden – Sache der Krankenkasse.[35] 42

Die in § 83 SGB IV genannten mittel- und langfristigen Anlageformen der Rücklage dürften in der Krankenversicherung kaum von Bedeutung sein. Gleichwohl sind Anlagen wie z.B. Darlehen gem. § 83 Abs. 1 Nr. 4 und 6 SGB IV mit einer Laufzeit bzw. Kündigungsfrist von über einem Jahr möglich, wenn sie entsprechend kurze Restlaufzeiten aufweisen oder wenn sie im Bedarfsfall vorzeitig ohne Verlust liquidiert werden können. Dies bedarf i.d.R. einer besonderen Vereinbarung mit den Kreditinstituten. Nach Auffassung des Bundesversicherungsamtes ist es auch denkbar, dass die Rücklage in dem Umfang, in dem sie erfahrungsgemäß zur evtl. Auffüllung der Betriebsmittel nicht kurzfristig bereitgehalten werden muss (sog. Bodensatz), mittel- und langfristig angelegt wird. Dies gilt insbesondere in den Fällen, in denen die Kassen bei der Festlegung des Betriebsmittel-Solls und des Rücklagesolls die jeweilige Obergrenze ausschöpfen.[36] 43

---

31 *Held* in: GK-SGB V, § 261 Rn. 32.

32 Vgl. BVA, Grundlagen und aktuelle Entwicklungen des Vermögensrechts in der Sozialversicherung und Aufsichtspraxis, S. 13 ff.

33 *Held* in: GK-SGB V, § 261 Rn. 29.

34 Gemeinsames Rundschreiben vom 20.12.1979 betr. KVMG der Spitzenverbände der Kranken- und der Rentenversicherungsträger.

35 *Huck* in: Hauck, SGB V Kommentar, § 261 Rn. 6.

36 Vgl. Schreiben des BVA vom 24.03.1980, GZ: V 1-5600/11-162/78.

8. Absehen von der Auffüllung des Rücklagesolls (Absatz 4)

44 Die Kasse kann jedoch in Zeiten einer schlechten Finanzlage von der eigentlich vorzunehmenden vollständigen Auffüllung auf das Rücklagesoll absehen. Als Mindest-Auffüllbetrag ist dann ein Viertel des Rücklagesolls vorzusehen (§ 261 Abs. 4 SGB V). Diese Einschränkung wurde vor dem Hintergrund zugelassen, dass durch die Auffüllung nicht unnötig die Liquidität beeinträchtigt wird oder ggf. sogar Beitragssatzerhöhungen impliziert werden. Nach der amtlichen Begründung zu § 261 SGB V fallen unter den Begriff Beitragssatzerhöhungen sinngemäß auch Beitragserhöhungen in den durch § 240 Abs. 5 SGB V zugelassenen Beitragsklassen.[37] Der Auffüllbetrag kann auch höher gewählt werden. Eine entsprechende Entscheidung der Kasse dürfte von der jeweiligen Finanzlage abhängig sein. Das Rücklagesoll darf jedoch nicht überschritten werden. In den Fällen, in denen allein wegen der Auffüllung der Rücklage eine Beitragssatzerhöhung erforderlich würde, kann die Kasse ganz oder teilweise auf die vorgeschriebene (Mindest-)Auffüllung verzichten (§ 261 Abs. 4 Satz 2 SGB V). Diese Ausnahmevorschrift ist eng auszulegen. So erklärte der Bundestagsausschuss in seinem Bericht[38], dass die Selbstverwaltungsorgane der Versicherungsträger durch diese Vorschrift nicht aus der Verantwortung für die Liquidität der Krankenkasse entlassen werden. Insofern geht der Ausschuss davon aus, dass die Ausnahmevorschrift im Regelfall nur für ein, höchstens für zwei Haushaltsjahre Anwendung finden kann. Sofern allerdings der Beitragssatz aufgrund der Entwicklung im Einnahme- und/oder Ausgabebereich ohnehin angehoben werden muss, kann ein entsprechender Rücklage-Auffüllbetrag als Ausgabe berücksichtigt werden, auch wenn sich hierdurch eine stärkere Beitragssatzerhöhung ergibt.

45 An diesen einschränkenden Regelungen für die Rücklage-Auffüllung wird erkennbar, dass der Gesetzgeber grundsätzlich der Beitragssatzstabilität Vorrang vor Einhaltung der Rücklage-Vorschriften eingeräumt hat. Jedoch dürfte in den Fällen, in denen der Mindestbetrag der Rücklage gem. § 261 Abs. 2 SGB V (25% einer Monatsausgabe) nicht erreicht wird, primär der Grundsatz der Sicherstellung der Leistungsfähigkeit zu beachten sein.[39]

9. Abschmelzung der Rücklage (Absatz 5)

46 Da die Krankenkasse keine höheren Rücklagen als das satzungsmäßige Soll ansammeln darf, sind übersteigende Beträge – auch während des Haushaltsjahres – aufzulösen und durch eine entsprechende Änderung im Vermögensbuch den Betriebsmitteln zuzuführen (§ 261 Abs. 5 SGB V). Diese Feststellung dürfte i.d.R. im Rahmen der Haushaltsplanung zu treffen sein. Mit dieser Regelung soll sichergestellt werden, dass keine überhöhten Rücklage-(Kapital-)Bestände aufgebaut werden, die von den Versicherten zu finanzieren sind. Durch die Abschmelzung der Rücklage mit der damit verbundenen entsprechenden Verstärkung der Betriebsmittel wird – zumindest tendenziell – ein Spielraum für Beitragssatzsenkungen geschaffen, da ein Betriebsmittelüberschuss einnahmewirksam aufzulösen ist (§ 220 Abs. 1 Satz 3 und Abs. 3 SGB V).

10. Verwendung der Rücklage

47 Ob Rücklagemittel in Anspruch genommen werden, entscheiden die Krankenkassen nach pflichtgemäßem Ermessen.[40]

48 Nach § 261 Abs. 1 und Abs. 3 SGB V hat die Rücklage folgende Funktionen zu erfüllen: Sie soll sowohl die Sicherstellung der jederzeitigen Liquidität gewährleisten als auch zur Beitragssatzstabilität während eines Haushaltsjahres beitragen. Die vor In-Kraft-Treten des KVMG geltende Zweckbestimmung, dass die Rücklage eine langfristige Beitragssatzstabilität zu gewährleisten hat, wurde aufgegeben. Die Kasse wird auf die Rücklage als sog. „2. Liquiditätsreserve“ zurückgreifen, wenn sich im Rahmen der Haushaltsführung ein Geldbedarf aufgrund von unerwarteten Einnahme-/Ausgabeentwicklungen ergibt, der durch den Einsatz von Betriebsmitteln nicht mehr gedeckt werden kann.[41]

49 Auf der anderen Seite erfüllt die Rücklage die Funktion, bei Einnahme- und/oder Ausgabeschwankungen die Beitragssatzstabilität während des Haushaltsjahres zu gewährleisten, wenn die Betriebsmittel hierfür nicht mehr ausreichen und insbesondere durch die Verwendung der Rücklage eine Beitragssatzerhöhung im laufenden Jahr vermieden werden kann. Der Grund für die Illiquidität ist dabei uner-

---

[37] BT-Drs. 11/2237, S. 228.
[38] BT-Drs. 8/3267, S. 19.
[39] *Held* in: GK-SGB V, § 261 Rn. 14.
[40] *Baier* in: Krauskopf, Soziale KrankenV PflegeV Kommentar, § 261 SGB V Rn. 2.
[41] *Held* in: GK-SGB V, § 261 Rn. 26.

heblich. Eine Anhebung des Beitragssatzes im laufenden Haushaltsjahr ist somit als letztes Deckungsinstrument anzusehen. Zuvor muss versucht werden, einen Ausgabeüberschuss zunächst aus den vorhandenen Betriebsmitteln, danach aus den Rücklage-Beständen abzuwenden.[42]

Die Entscheidung, ob Rücklagemittel in Anspruch genommen werden, trifft die Selbstverwaltung der Krankenkasse nach freiem Ermessen. Die Inanspruchnahme der Rücklage zur Deckung des Finanzbedarfs kann dazu führen, dass die gesetzlich geforderte Mindestrücklage unterschritten wird. In diesem Fall sind schnellstmöglich Maßnahmen zur Auffüllung einzuleiten. Die Rücklage kann zur Abdeckung von Einnahme-/Ausgabeschwankungen maximal bis zum Ende des Haushaltsjahres eingesetzt werden. Es ist nicht zulässig, sie im Haushaltsplan für das folgende Kalenderjahr zum Haushaltsausgleich zu etatisieren. Vielmehr sind gem. § 220 Abs. 1 SGB V die Beiträge für dieses Jahr so zu bemessen, dass aus den laufenden Einnahmen die Deckung der Ausgaben möglich ist und zudem das ggf. unter den satzungsmäßigen Soll-Bestand abgesunkene Rücklage-Ist wieder aufgefüllt werden kann.[43] 50

[42] *Held* in: GK-SGB V, § 261 Rn. 27.
[43] *Held* in: GK-SGB V, § 261 Rn. 28.

§ 262 SGB V Gesamtrücklage

(Fassung vom 20.12.1988, gültig ab 01.01.1989)

(1) Die Satzungen der Landesverbände können bestimmen, daß die von den Verbandsmitgliedern zu bildenden Rücklagen bis zu einem Drittel des Rücklagesolls von dem Landesverband als Sondervermögen (Gesamtrücklage) verwaltet werden. Die Gesamtrücklage ist vorrangig vor dem von der Krankenkasse verwalteten Teil der Rücklage aufzufüllen.

(2) Die im Laufe eines Jahres entstehenden Kapitalerträge und die aus den Veräußerungen erwachsenden Gewinne der Gesamtrücklage werden gegen die aus Veräußerungen entstehenden Verluste ausgeglichen. Der Unterschied wird auf die beteiligten Krankenkassen nach der Höhe ihres Rücklageguthabens beim Landesverband im Jahresdurchschnitt umgelegt.

(3) Ergibt sich nach Absatz 2 ein Überschuß, wird er den Krankenkassen ausgezahlt, deren Rücklageguthaben beim Landesverband den nach Absatz 1 bestimmten Anteil erreicht hat. Ist dieses Rücklageguthaben noch nicht erreicht, wird der Überschuß bis zur Höhe des fehlenden Betrages nicht ausgezahlt, sondern gutgeschrieben. Ergibt sich nach Absatz 2 ein Fehlbetrag, wird er dem Rücklageguthaben der Krankenkassen zur Last geschrieben.

(4) Die Krankenkasse kann über ihr Rücklageguthaben beim Landesverband erst verfügen, wenn die von ihr selbst verwalteten Rücklagemittel verbraucht sind. Hat die Krankenkasse ihr Rücklageguthaben verbraucht, kann sie von dem Landesverband ein Darlehen aus der Gesamtrücklage erhalten. Die Satzung des Landesverbands trifft Regelungen über die Voraussetzungen der Darlehensgewährung, die Rückzahlung und die Verzinsung.

(5) Die Gesamtrücklage ist so anzulegen, daß sie für die in § 261 Abs. 1 und 4 genannten Zwecke verfügbar ist.

Gliederung

A. Basisinformationen

I. Vorgängervorschriften, Normgeschichte

1 Die Vorschrift entspricht § 366 RVO a.F.

2 § 262 SGB V ist am 01.01.1898 in Kraft getreten. Die geltende Fassung entspricht § 270 i.d.F. des Referentenentwurfs und § 271 i.d.F. des Regierungs- bzw. Fraktionsentwurfs zum GRG.[1] Übergangsregelungen waren nicht erforderlich. Bei der Übernahme des bisherigen § 366 Abs. 5 RVO als § 262 Abs. 5 SGB V ist dem Gesetzgeber ein Fehler unterlaufen: § 366 RVO wies korrekterweise darauf hin, dass die Gesamtrücklage für die in § 365 Abs. 1 RVO (jetzt: § 261 Abs. 1 SGB V) und die in § 366

[1] BT-Drs. 14/1245.

Abs. 4 RVO (jetzt: § 262 Abs. 4 SGB V) genannten Zwecke verfügbar sein muss; demgegenüber ist der Verweis auf „§ 261 Abs. 1 und 4“ in § 262 Abs. 5 SGB V falsch, da nicht § 261 Abs. 4 SGB V, sondern § 262 Abs. 4 SGB V gemeint ist.[2]

Gem. § 313 Abs. 9 lit. b in der Fassung des Einigungsvertrages fand § 262 SGB V in dem in Art. 3 des Einigungsvertrages genannten Gebiet bis zum 31.12.1994 keine Anwendung. Nach derselben Vorschrift fand auch § 261 SGB V bis zum 31.12.1994 für Krankenkassen mit Sitz in dem genannten Gebiet keine Anwendung, so dass eine Rücklage nicht zu bilden war. Da die Regelungen zur Gesamtrücklage nur bei Vorhandensein einer Rücklage Anwendung finden können, war die Nicht-Geltung von § 262 SGB V eine Folgeregelung zur Nicht-Geltung von § 261 SGB V. Für Krankenkassen, deren Zuständigkeit sich auf das genannte Gebiet erstreckt, galt entsprechend § 313 Abs. 9 lit. b Satz 2, dass sie zwar – sofern die Satzung des Landesverbandes eine entsprechende Regelung enthielt – Mittel in die Gesamtrücklage einzubringen hatten, bei der Bemessung der einzubringenden Mittel jedoch die Ausgaben außer Betracht bleiben mussten, die im Zusammenhang mit der Durchführung der Versicherung in dem in Art. 3 des Einigungsvertrages genannten Gebiet entstanden.[3] 3

Die bis zum 31.12.1994 gültige Ausnahmevorschrift des § 313 Abs. 9 lit. b ist zwischenzeitlich durch Zeitablauf gegenstandslos geworden. Letztlich wurden aufgrund der mittlerweile erfolgten Angleichung der Verhältnisse in den alten und neuen Bundesländern die Sonderregelungen für das Beitrittsgebiet ohnehin gestrichen: Durch das Gesetz zur Rechtsangleichung in der gesetzlichen Krankenversicherung vom 22.12.1999[4] ist der § 313 Abs. 1-9 mit Wirkung vom 01.01.2001 aufgehoben worden. 4

II. Parallelvorschrift

1. Allgemeines

Die Bildung der Rücklage erfolgt nach Maßgabe der besonderen Vorschriften für die Versicherungsträger. Besondere Bestimmungen über die Rücklage enthalten die §§ 261, 262 SGB V i.V.m. § 51 KVLG für die Krankenversicherung, § 64 SGB XI für die Pflegeversicherung, §§ 172, 184 SGB VII für die Unfallversicherung, §§ 216, 217 SGB VI für die Rentenversicherung der Arbeiter und Angestellten und § 366 SGB III für die Bundesanstalt für Arbeit. Bei der knappschaftlichen Rentenversicherung und der Alterssicherung der Landwirte sind keine besonderen Rücklagen vorgesehen. 5

2. Pflegeversicherung

Eine Parallelvorschrift findet sich für den Bereich der Pflegeversicherung nicht: Für die bei den Krankenkassen eingerichteten Pflegekassen wurde keine Möglichkeit der Bildung eine Gesamtrücklage konzipiert, da nach dem hier vorgegebenen Finanzierungssystem ein bundesweiter Finanzausgleich zwischen allen Pflegekassen stattfindet (§§ 66 ff. SGB XI), der zudem noch über den beim Bundesversicherungsamt verwalteten Ausgleichsfonds (§ 65 SGB XI) liquiditätsmäßig abgesichert wird.[5] 6

3. Landwirtschaftliche Krankenversicherung

Die Ermächtigung zur Bildung einer Gesamtrücklage gem. § 262 SGB V gilt auch für die landwirtschaftliche Krankenversicherung. Da jedoch in diesem Bereich kein Landesverband existiert, wurde durch § 51 Abs. 3 KVLG 1989 ausdrücklich bestimmt, dass eine Gesamtrücklage beim Bundesverband der landwirtschaftlichen Krankenkassen aufgebaut werden kann.[6] Dieser Bundesverband wird durch die landwirtschaftlichen Krankenkassen bei dem Gesamtverband der landwirtschaftlichen Alterskassen gebildet (§ 212 Abs. 2 SGB V). 7

III. Literaturhinweise

Arndt/Ballesteros, Betriebsmittel, Rücklage und Beitragssatz in der Sozialen Pflegeversicherung, BKK 7/1995, 444 ff.; *Fischer/Steffens*, Das Haushaltsrecht der Krankenkassen, Kommentar, Loseblatt; *Marburger*, Vermögensverwaltung, Geld- und Bankverkehr der Krankenkassen, Schriftenreihe der Zeitschrift Wege zur Sozialversicherung, Band 13. 8

---

[2] *Wasem* in: GKV-Komm, SGB V, § 262 Rn. 6.

[3] *Wasem* in: GKV-Komm, SGB V, § 262 Rn. 8.

[4] BGBl I 1999, 2657.

[5] *Held* in: GK-SGB V, § 262 Rn. 4.

[6] Vgl. *Noell/Deisler*, Die Krankenversicherung der Landwirte, 16. Aufl., S. 236.

IV. Systematische Einordnung

9 Die Bildung einer Gesamtrücklage stellt ein weiteres vom Gesetzgeber geschaffenes Instrument dar, die Krankenkassen vor Zahlungsschwierigkeiten infolge schlechter Finanzlage zu schützen. Neben den im SGB normierten Betriebsmitteln (§ 81 SGB IV i.V.m. § 260 SGB V) und Rücklagen (§ 82 SGB IV i.V.m. § 261 SGB V) soll durch die Bildung einer Gesamtrücklage ein zusätzlicher Vermögensfonds geschaffen werden, um das Risiko einer Illiquidität zu verringern. Die Krankenkasse soll im Bedarfsfall ein Darlehen erhalten, das über ihren Anteil an der Gesamtrücklage hinausgeht. Insofern hat die Gesamtrücklage in Bezug auf die Betriebsmittel und Rücklage eine ergänzende Funktion; sie ist jedoch in engem Zusammenhang mit der in § 261 SGB V vorgeschriebenen Rücklage zu sehen, da sie eine Spezialform der Rücklage darstellt. Dies wird aus dem Zusammenhang der Vorschriften § 262 SGB V und § 261 SGB V deutlich: zudem wird in § 259 SGB V bei der Nennung der zulässigen Vermögensteile einer Kasse nur von Betriebsmitteln, Rücklage und Verwaltungsvermögen, nicht aber von einer Gesamtrücklage gesprochen. Sie stellt ein zusätzliches Sicherungsinstrument dar, da hierdurch Mittel zur Liquiditätssicherung beschafft werden können, die über die eigenen Mittel der Krankenkasse hinausgehen (sog. Schwankungsreserve). Es wird die Möglichkeit geschaffen, dann, wenn die Kasse ihre Rücklage verbraucht hat, vom Landesverband ein Darlehen aufzunehmen. Hierdurch wird der in der Krankenversicherung praktizierte Grundsatz der eigenverantwortlichen Finanzierung durchbrochen. Auf der anderen Seite steht den Kassen ein überregional wirkendes Sicherungsinstrument zur Verfügung, welches das Risiko einer Illiquidität (z.B. infolge längerer Arbeitskampfmaßnahmen) reduziert. Eine gewisse Parallelität mit den sog. Einlagesicherungssystemen der Kreditinstitute ist vorhanden, jedoch verfolgen diese primär die Zielsetzung, die Anleger vor dem Verlust ihrer Einlagen zu schützen.[7]

B. Auslegung und Bedeutung der Norm

10 Bitte beachten Sie auch die Vorbemerkung zu den §§ 259-263 SGB V (vgl. die Kommentierung zu § 259 SGB V Rn. 10 ff.).

I. Regelungsgehalt

11 Zur Sicherung der Leistungsfähigkeit der Krankenkassen kann bei den Landesverbänden nach deren Satzung eine Gesamtrücklage gebildet werden, die als Sondervermögen bis zu einem Drittel des Rücklagesolls der Mitgliedskassen umfasst. Eine Gesamtrücklage soll die Möglichkeit schaffen, einer in Finanzierungsschwierigkeiten geratenen Krankenkasse ggf. über ihr Rücklageguthaben hinaus ein Darlehen aus der Gemeinschaftsrücklage zu gewähren.[8] Die Mitgliedskassen können über ihr Rücklageguthaben dann verfügen, wenn die von ihnen selbst verwalteten Rücklagemittel (§ 261 SGB V) verbraucht sind. Sie können ein Darlehen aus der Gesamtrücklage erhalten, wenn auch das Rücklageguthaben verbraucht ist. Überschüsse der Gesamtrücklage werden den Mitgliedskassen entsprechend ihrem Anteil ausgezahlt oder gutgeschrieben, Fehlbeträge werden den Rücklageguthaben der einzelnen Kassen zur Last geschrieben.[9]

12 Die beim Landesverband gebildete Gesamtrücklage hat grundsätzlich die gleiche Zweckbestimmung wie die von der Krankenkasse selbst verwalteten Rücklagemittel. Voraussetzung für eine Inanspruchnahme ist jedoch, dass die Krankenkasse ihre eigenen Reserven aufgebraucht hat und weitere Mittel zur Sicherstellung der Liquidität oder Beitragssatzstabilität erforderlich sind. Bei erhöhtem Mittelbedarf kann ferner aus der Gesamtrücklage ein Darlehen gewährt werden. Die notwendigen Satzungsbestimmungen über die Voraussetzungen der Darlehensgewährung, die Rückzahlung und die Verzinsung sind zugleich mit der Satzungsbestimmung über die Bildung einer Gesamtrücklage zu treffen. D.h. eine Gesamtrücklage kann nicht ohne die Möglichkeit einer Darlehensgewährung vorgesehen werden. Mit den entsprechenden Satzungsbestimmungen wird überdies sichergestellt, dass für alle Mitgliedskassen gleiche Bedingungen gelten.[10]

---

7 *Held* in: GK-SGB V, § 262 Rn. 2.

8 *Baier* in: Krauskopf, Soziale KrankenV PflegeV Kommentar, § 262 SGB V Rn. 1.

9 Gemeinsames Rundschreiben v. 20.12.1979 betr. KVMG der Spitzenverbände der Kranken- und der Rentenversicherungsträger.

10 Gemeinsames Rundschreiben v. 20.12.1979 betr. KVMG der Spitzenverbände der Kranken- und der Rentenversicherungsträger.

II. Erläuterung und Zweck der Norm

1. Gesamtrücklage

13 Im Hinblick auf den Begriff der Rücklage wird auf die Kommentierung zu § 261 SGB V verwiesen. Der in § 82 SGB IV vorgegebene Grundsatz, eine Rücklage zur Sicherstellung der Leistungsfähigkeit, insbesondere für den Fall, dass Einnahme- und Ausgabeschwankungen durch Einsatz der Betriebsmittel nicht mehr ausgeglichen werden können, zu bilden, ist auch für die Gesamtrücklage anzuwenden. Sowohl die Rücklage i.S.d. § 261 SGB V als auch die Gesamtrücklage i.S.d. § 262 SGB V stellen die jederzeitige Liquidität sicher und sollen zur Beitragssatzstabilität während des Haushaltsjahres beitragen.[11]

14 Nach Absatz 1 ist die Gesamtrücklage bei den Landesverbänden zu bilden. Es ist dem Landesverband überlassen, ob eine Gesamtrücklage gebildet wird.[12] Nach § 207 SGB V sind Landesverbände für die Ortskrankenkassen, die Betriebskrankenkassen und die Innungskrankenkassen zu bilden, so dass die Regelungen über eine Gesamtrücklage nur für diese Kassenarten Bedeutung haben.[13] Soweit nach § 207 Abs. 1 Satz 4 SGB V andere Krankenkassen dem Landesverband beigetreten sind, nehmen sie auch an der Gesamtrücklage teil. Diejenigen Kassen, die keinem Landesverband angehören, wie z.B. die Ersatzkassen und die Bundesknappschaft, können sich nicht an einer Gesamtrücklage beteiligen. Dies offensichtlich vor dem Hintergrund, dass diese i.d.R. bundesweit operierenden Kassen aufgrund der Heterogenität der Versicherten- und Risikostrukturen nicht auf zusätzliche Sicherungsinstrumente angewiesen sind.[14] Eine weitere Voraussetzung für die Bildung einer Gesamtrücklage ist, dass die Selbstverwaltungsorgane des Landesverbandes von der Ermächtigung des § 262 SGB V Gebrauch machen und entsprechende Satzungsbestimmungen vorsehen. Nur die Satzung kann für die angeschlossenen Krankenkassen verbindliche Regelungen treffen. Sofern die Satzung den Aufbau einer Gesamtrücklage vorsieht, ist dies für alle Mitgliedskassen, auch für die freiwillig beigetretenen Kassen gem. § 207 Abs. 1 Satz 4 SGB V, bindend. Eine Regelung, die die Beteiligung an der Gesamtrücklage dem Belieben der einzelnen Krankenkassen überlässt, ist nicht zulässig und wäre nicht geeignet dem Zweck der Rücklage gerecht zu werden.[15] In einem derartigen Fall muss sich die Krankenkasse vielmehr entsprechend dem vorgeschriebenen Prozentsatz an der Gesamtrücklage beteiligen.[16] Eine Regelung, die z.B. einer einzelnen Kasse ein Wahlrecht einräumt oder die sich nur auf bestimmte Verbandsmitglieder beschränkt, ist unzulässig.

15 Sofern sich ein Landesverband entscheidet, eine Gesamtrücklage zu bilden, bedarf es auch einer Festlegung hinsichtlich der Höhe. Der Gesetzgeber hat hier konzeptionell geregelt, dass ein bestimmter Anteil, nämlich bis zu 1/3 des Rücklage-Solls der Mitgliedskassen gem. § 261 Abs. 2 SGB V als Gesamtrücklage geführt werden kann.[17] Durch diese Koppelung an die tatsächlich vorzuhaltenden Rücklagemittel wird sowohl der Größe und Leistungsfähigkeit der angeschlossenen Kassen als auch deren abzudeckendem Versicherungsrisiko Rechnung getragen. Eine satzungsmäßige Festlegung der Höhe der Gesamtrücklage als Festbetrag ist nicht zulässig. Problematisch könnte die Abhängigkeit der Gesamtrücklage von dem kassenindividuell bestimmten Rücklage-Soll angesehen werden, da sich hierdurch, je nach Festlegung des spezifischen Vomhundertsatzes gem. § 261 Abs. 2 SGB V, eine unterschiedliche prozentuale Beteiligung der einzelnen Mitgliedskassen an der Gesamtrücklage ergibt. Sofern jedoch innerhalb eines Landesverbandes einheitliche Kriterien bei der Festsetzung des Rücklage-Solls angewendet werden – und davon sollte auszugehen sein –, dürfte das Problem der ungleichgewichtigen Beteiligung keine Rolle spielen.[18]

16 Die Gesamtrücklage ist keine eigenständige Vermögensmasse des Landesverbandes, sondern ein Teil der Rücklage der Verbandsmitglieder, die vom Landesverband als Sondervermögen nach Maßgabe des § 262 SGB V lediglich verwaltet wird. Entsprechend dem jeweiligen Satzungsinhalt haben die Mitgliedskassen bis zu einem Drittel ihres Rücklagesolls in die Gesamtrücklage einzubringen; diese ist vorrangig vor dem von der Krankenkasse verwalteten Teil der Rücklage aufzufüllen (Absatz 1). Die

---

[11] *Held* in: GK-SGB V, § 262 Rn. 3.
[12] *Baier* in: Krauskopf, Soziale KrankenV PflegeV Kommentar, § 262 SGB V Rn. 2.
[13] *Huck* in: Hauck, SGB V Kommentar, § 262 Rn. 3.
[14] *Held* in: GK-SGB V, § 262 Rn. 5.
[15] *Baier* in: Krauskopf, Soziale KrankenV PflegeV Kommentar, § 262 SGB V, Rn. 2.
[16] *Marburger*, Vermögensverwaltung, Geld und Bankenverkehr der Krankenkassen, S. 35.
[17] *Huck* in: Hauck, SGB V Kommentar, § 262 Rn. 5.
[18] *Held* in: GK-SGB V, § 262 Rn. 7.

Gesamtrücklage eines Landesverbandes errechnet sich als Summe aller von den Mitgliedskassen gem. Satzungsregelung abzuführenden Beträge; der von der einzelnen Kasse als Gesamtrücklage abzuführende Betrag ergibt sich aus dem in der Satzung des Landesverbandes festgelegten Vomhundertsatz multipliziert mit dem kassenindividuellen Rücklagesoll. Die entsprechenden Mittel sind dem Landesverband in liquider Form zur Verfügung zu stellen. Lediglich in Ausnahmefällen können andere Wirtschaftsgüter wie z.B. Wertpapiere, Darlehen eingebracht werden.[19] § 262 Abs. 1 Satz 2 SGB V verbietet der Krankenkasse, Rücklagemittel selbst anzulegen und zu verwalten, solange sie ihren Anteil an der Gesamtrücklage noch nicht erbracht hat. Allerdings sind bei einer Erhöhung der Gesamtrücklage weitere selbst angelegte Rücklagemittel nicht zu Gunsten der Gesamtrücklage aufzulösen.[20]

2. Verwaltung (Absatz 1 Satz 1)

17 Die Gesamtrücklage wird vom Landesverband als Sondervermögen verwaltet (Absatz 1 Satz 1). Der Landesverband fungiert damit lediglich als Verwalter von fremdem Vermögen. Dies bedeutet, dass die Mittel getrennt von seinen übrigen Mitteln zu führen und im Haushaltsplan auszuweisen sind. Die Gesamtrücklage ist so anzulegen, dass sie zur Sicherstellung der Leistungsfähigkeit und zur Auffüllung des Rücklagesolls zur Verfügung steht (Absatz 5 i.V.m. § 261 Abs. 1 und 4 SGB V).[21] Die Zweckbestimmung der Gesamtrücklage ist vom Grundsatz her mit den von der Krankenkasse selbstverwalteten Rücklagemitteln identisch.[22] Die Kapitalerträge und Veräußerungsgewinne der Gesamtrücklage sind gegen eventuelle Veräußerungsverluste zu verrechnen. Der Differenzbetrag wird auf die Mitgliedskassen entsprechend der Höhe ihres Rücklageguthabens umgelegt (Absatz 2). Ergibt sich ein Überschuss, ist er den Mitgliedskassen auszuzahlen, soweit er nicht zur Auffüllung des in der Satzung des Landesverbandes festgelegten Rücklagesolls benötigt wird, im Übrigen dem Rücklageguthaben gutzuschreiben. Ergibt sich ein Verlust, werden die Rücklageguthaben der Mitgliedskassen entsprechend belastet (Absatz 3).[23]

3. Wertveränderungen aus der Gesamtrücklage (Absätze 2 und 3)

18 Da der Landesverband die Gesamtrücklage als Sondervermögen verwaltet und diese Mittel (bilanziell) dem Vermögen der angeschlossenen Kassen zugerechnet werden, ergibt sich das Problem der Zuordnung der Überschüsse und Fehlbeträge aus diesem Vermögensbestand. Hierzu hat der Gesetzgeber in den Absätzen 2 und 3 des § 262 SGB V abschließende Regelungen vorgesehen. Verwaltungskosten werden in die Abrechnung nicht miteinbezogen.[24]

19 Grundsätzlich erfolgt innerhalb eines Jahres eine Verrechnung der Kapitalerträge und Veräußerungsgewinne einerseits mit den Veräußerungsverlusten auf der anderen Seite. Dies erfordert naturgemäß eine getrennte Erfassung dieser Werte in der Buchhaltung: eine Kostenstellenrechnung ist dagegen nicht vorgeschrieben. Der sich hiernach ergebende Saldobetrag (= Jahresergebnis als Jahresüberschuss/Jahresdefizit) ist verursachungsgemäß, das heißt nach der Höhe des im Jahresdurchschnitt beim Landesverband hinterlegten Rücklageguthabens auf die beteiligten Kassen aufzuteilen.

20 Hiernach werden aus der Verwaltung der Gesamtrücklage entstehende Wertänderungen (Verluste, Überschüsse) auf die beteiligten Krankenkassen nach der anteiligen Höhe ihres jahresdurchschnittlichen Rücklageguthabens an der Gesamtrücklage umgelegt (Absatz 2). Ist ein Verlust eingetreten, führt die Umlage auf die beteiligten Krankenkassen dazu, dass der von ihnen als Gesamtrücklage zu bildende Teil ihres Rücklagesolls nicht mehr dem Soll entspricht, so dass die Krankenkassen ihre Rücklagen entsprechend aufzufüllen haben (Absatz 3 Satz 3). Entsprechend Absatz 1 Satz 2 hat die Krankenkasse vorrangig die Gesamtrücklage aufzufüllen. Erst hiernach kann sie Betriebsmittel der selbstverwalteten Rücklage zuführen. Von einer Auffüllung der Gesamtrücklage kann allerdings abgesehen werden, wenn alleine dies zu einer Beitragssatzerhöhung führen würde.[25]

21 Ist ein Überschuss erwirtschaftet worden, ergeben sich zwei Möglichkeiten: Hat der von der Krankenkasse als Gesamtrücklage zu bildende Teil ihres Rücklagesolls den vorgeschriebenen Umfang noch nicht erreicht, wird der auf die einzelne Kasse entfallende Teil des Überschusses ihrem Anteil an der

---

[19] *Held* in: GK-SGB V, § 262 Rn. 9.

[20] *Baier* in: Krauskopf, Soziale KrankenV PflegeV Kommentar, § 262 SGB V Rn. 5.

[21] *Huck* in: Hauck, SGB V Kommentar, § 261 Rn. 3.

[22] *Marburger*, Vermögensverwaltung, Geld- und Bankenverkehr der Krankenkassen, S. 35.

[23] *Huck* in: Hauck, SGB V Kommentar, § 261 Rn. 6.

[24] *Gutschow/Simons*, Das Haushaltsrecht der Krankenkassen, 2-5, § 262 Abs. 2 u. 3 SGB V.

[25] *Gutschow/Simons*, Das Haushaltsrecht der Krankenkassen, 2-5, § 262 Abs. 1 SGB V.

Gesamtrücklage gutgeschrieben (Absatz 2 Satz 2). Hat der von der Krankenkasse als Gesamtrücklage zu bildende Teil ihres Rücklagesolls hingegen bereits den vorgesehenen Umfang erreicht, erhält die Krankenkasse ihren Anteil am Überschuss ausgezahlt (Absatz 3 Satz 1).[26]

4. Verwendung (Absatz 4)

Über ihr Rücklageguthaben beim Landesverband kann die Mitgliedskasse nur verfügen, wenn die von ihr selbst verwaltete Rücklage verbraucht ist (Absatz 4 Satz 1). Weder ein Unterschreiten des in der Satzung der Krankenkasse festgelegten Rücklagesolls (§ 261 Abs. 2 Satz 1 SGB V) noch ein Unterschreiten der gesetzlich festgelegten Mindestrücklage (§ 261 Abs. 2 Satz 2 SGB V) berechtigen die Krankenkasse zur Verfügung über ihr Rücklageguthaben beim Landesverband. Hat die Krankenkasse auch ihr Rücklageguthaben verbraucht, kann sie vom Landesverband aus der Gesamtrücklage ein Darlehen erhalten, dessen Voraussetzungen im Einzelnen, Verzinsung und Rückzahlung in der Satzung des Landesverbandes zu regeln sind (Absatz 4 Satz 2). Zu beachten ist, dass die Gesamtrücklage vorrangig vor dem von der Krankenkasse verwalteten Teil der Rücklage wieder aufzufüllen ist (Absatz 1 Satz 2). Dem „Verbrauch" der Rücklage und des Rücklageguthabens i.S.d. Absatzes 4 sollte nach dem Zweck dieser Vorschrift gleichstehen, dass die Rücklagemittel aufgrund ihrer Anlage zur Sicherstellung der Leistungsfähigkeit im maßgebenden Zeitpunkt nicht oder nur unter außergewöhnlichen Verlusten einsetzbar sind. 22

Eine Krankenkasse hat zunächst den von ihr selbst verwalteten Teil ihrer Rücklage zu verbrauchen, bevor sie über ihr Rücklageguthaben beim Landesverband verfügen kann (Absatz 4 Satz 1). Reicht auch dieser Teil ihrer Rücklage nicht zur Behebung der finanziellen Schwierigkeiten aus, kann die Krankenkasse – und dies ist der eigentliche Zweck der Bildung einer Gesamtrücklage – ein Darlehen aus der Gesamtrücklage erhalten (Absatz 4 Satz 2). 23

Über Darlehen aus der Gesamtrücklage entscheidet der Landesverband nach pflichtgemäßem Ermessen. Er hat dabei die Interessen aller an der Gesamtrücklage Beteiligten hinreichend zu würdigen. Die Gewährung eines Darlehens ist zu versagen, wenn hierdurch die Gesamtrücklage unvertretbar gemindert würde, insbesondere zu befürchten wäre, dass andere Krankenkassen bei Bedarf nicht über ihr Guthaben an der Gesamtrücklage verfügen könnten.[27] Die Krankenkasse erhält im Wege eines Darlehens Zugriff auf die von anderen Krankenkassen in die Gesamtrücklage eingezahlten Mittel.[28] Die beim Landesverband gebildete Gesamtrücklage hat grundsätzlich die gleiche Zweckbestimmung wie die von der Krankenkasse selbst verwalteten Rücklagemittel: sie soll die jederzeitige Zahlungsfähigkeit gewährleisten und zur Beitragssatzstabilität während des Haushaltsjahres beitragen. Voraussetzung für eine Inanspruchnahme der Gesamtrücklage ist jedoch, dass die Krankenkasse ihre eigenen Reserven (= Betriebsmittel und eigenverwaltete Rücklage) aufgebraucht hat und weitere Mittel erforderlich sind. Hierfür sind von ihr entsprechende Nachweise für den finanziellen Engpass (z.B. Vorlage des Haushaltsplanes, der letzten Jahresrechnung, ggf. Sonderabschlüsse sowie der für die Beurteilung der Finanzlage der Mitgliedskasse erforderlichen amtlichen Statistiken) zu liefern; dabei ist zu dokumentieren, dass keine Betriebs- und Rücklagemittel mehr vorhanden sind bzw. die noch vorhandenen Rücklagemittel nicht kurzfristig liquidierbar oder nur mit erheblichem Verlust veräußerbar sind. Erst wenn diese Voraussetzungen erfüllt sind, kann die Kasse über ihr Rücklageguthaben beim Landesverband verfügen (§ 262 Abs. 4 Satz 1 SGB V). Erst wenn auch dieser Betrag nicht ausreicht, den finanziellen Engpass zu beheben, kann der Kasse vom Landesverband ein Darlehen aus der Gesamtrücklage gewahrt werden. Alleine durch diese Möglichkeit der Darlehensvergabe wird ein zusätzliches Sicherungsinstrument geschaffen.[29] Hierbei ergibt sich zur Sicherstellung der Liquidität der Krankenkasse folgendes Stufenverhältnis (vgl. Absatz 4 Sätze 1 und 2): 24

- **Stufe 1**: Nutzung der vorhandenen Betriebsmittel und selbstverwalteten Rücklage. Durch die Regelung, dass zunächst die selbst verwaltete Rücklage in Anspruch zu nehmen ist, bleibt die Gesamtrücklage zunächst erhalten und die Gewährung von Darlehen sichergestellt.
- **Stufe 2**: Nachdem die Betriebsmittel und die selbstverwaltete Rücklage verbraucht sind, kann der Anteil an den vom Landesverband verwalteten Gesamtrücklagemitteln in Anspruch genommen werden.
- **Stufe 3**: Nun wird eine Darlehensvergabe aus der Gesamtrücklage möglich.

---

[26] *Wasem* in: GKV-Komm, SGB V, § 262 Rn. 4.

[27] *Baier* in: Krauskopf, Soziale KrankenV PflegeV Kommentar, § 262 SGB V Rn. 9.

[28] *Wasem* in: GKV-Komm, SGB V, § 262 Rn. 5.

[29] *Held* in: GK-SGB V, § 262 Rn. 12.

25 Ein Darlehensanspruch entsteht nicht schon dann, wenn Rücklagemittel nur deshalb nicht eingesetzt werden können, weil sie anlagemäßig gebunden sind und eine vorzeitige Auflösung der Vermögensanlage mit finanziellen Verlusten verbunden wäre.[30]

26 Grundsätzlich ist zu beachten, dass eine Darlehensvergabe nur dann in Frage kommt, wenn die Kasse unterjährig und vorübergehend Liquiditätsschwierigkeiten hat, die bis zum Jahresende (z.B. durch den verstärkten Beitragseingang infolge der Zahlung der Beitrage aus Weihnachtsgeldern) wieder behoben sind. Das heißt die Aufnahme eines Darlehens ist nur zur Deckung außergewöhnlichen Geldbedarfs im Rahmen des Haushaltsvollzugs zulässig. Sie soll also zur Überbrückung von kurzfristigen Zahlungszielen eingesetzt werden. Sofern ein grundsätzlicher finanzieller Engpass über das laufende Haushaltsjahr hinaus erkennbar ist, wäre die Darlehensaufnahme nicht das richtige Instrument, um dem Problem zu begegnen. In diesem Fall wären unverzüglich Maßnahmen zur Erhöhung des Beitragssatzes einzuleiten. Es wird erkennbar, dass ein Einsatz der Gesamtrücklage zum Haushaltsausgleich – ebenso wie die Rücklage gem. § 261 SGB V – ausscheidet; dies gilt auch für das Darlehen.[31]

27 Die Satzung des Landesverbandes hat Bestimmungen zu treffen, unter welchen Voraussetzungen (und bis zu welcher Höhe) ein solches Darlehen gewährt werden darf, wie es zu verzinsen ist und welche Rückzahlungsmodalitäten gelten sollen (Absatz 4 Satz 3).[32] Durch die unmittelbare Satzungsbestimmung sollen für alle Mitgliedskassen gleiche Bedingungen geschaffen werden.[33] Über die Gewährung eines Darlehens aus der Gesamtrücklage und deren Höhe entscheidet der Verwaltungsrat des Landesverbandes nach pflichtgemäßem Ermessen im Einzelfall. Ein Rechtsanspruch auf ein Darlehen besteht nicht. Die Rückzahlung des Darlehens durch die Kasse hat vorrangig zu geschehen, danach ist der beim Landesverband verwaltete Rücklagenteil wieder aufzufüllen (§ 262 Abs. 1 Satz 2 SGB V). Erst im Anschluss daran hat die Auffüllung der vom Krankenversicherungsträger selbst verwalteten Rücklage zu erfolgen.

5. Anlage und Verwaltung der Gesamtrücklage (Absatz 5)

28 Für die Anlage und Verwaltung der Gesamtrücklage gelten die gleichen Rahmenbedingungen wie für die Rücklage gem. § 261 SGB V.[34] Darauf weist § 262 Abs. 5 SGB V hin, indem er, analog zur Bestimmung über die Anlage der Rücklage (§ 261 Abs. 6 SGB V), auf die Abhängigkeit der Anlage von der Zweckbestimmung (Sicherstellung der Leistungsfähigkeit, § 261 Abs. 1 SGB V) hinweist. Im Vordergrund stehen auch hier nicht vermögensbildende Gesichtspunkte, sondern die Liquiditätssicherung und die Beitragssatzstabilität der einzelnen Krankenkasse.[35] Allerdings ist dem Gesetzgeber hier ein Versehen unterlaufen, da der zusätzliche Verweis auf § 261 Abs. 4 SGB V unkorrekt ist; richtig wäre, wie in den RVO-Vorschriften (§§ 365, 366) dargestellt, ein Hinweis auf § 262 Abs. 4 SGB V.

29 Die bei der Verwaltung der Gesamtrücklage entstehenden Kosten werden nicht separat verrechnet. Diese sind in die allgemeine Umlage des Verbandes miteinzubeziehen.[36]

---

30 *Gutschow/Simons*, Das Haushaltsrecht der Krankenkassen, 2-5, § 262 Abs. 4 SGB V.

31 *Held* in: GK-SGB V, § 262 Rn. 13.

32 *Wasem* in: GKV-Komm, SGB V, § 262 Rn. 5.

33 *Marburger*, Vermögensverwaltung, Geld- und Bankenverkehr der Krankenkassen, S. 35.

34 Gemeinsames Rundschreiben vom 20.12.1979 betr. KVMG der Spitzenverbände der Kranken- und der Rentenversicherungsträger.

35 *Gutschow/Simons*, Das Haushaltsrecht der Krankenkassen, 2-5, § 262 Abs. 5 SGB V.

36 *Marburger*, Vermögensverwaltung, Geld- und Bankenverkehr der Krankenkassen, S. 35.

§ 263 SGB V Verwaltungsvermögen

(Fassung vom 20.12.1988, gültig ab 01.01.1989)

(1) Das Verwaltungsvermögen der Krankenkasse umfaßt

1. **Vermögensanlagen, die der Verwaltung der Krankenkasse sowie der Führung ihrer betrieblichen Einrichtungen (Eigenbetriebe) zu dienen bestimmt sind,**
2. **die zur Anschaffung und Erneuerung dieser Vermögensteile und für künftig zu zahlende Versorgungsbezüge der Bediensteten und ihrer Hinterbliebenen bereitgehaltenen Geldmittel,**

soweit sie für die Erfüllung der Aufgaben der Krankenkasse erforderlich sind. Zum Verwaltungsvermögen gehören auch Grundstücke, die nur teilweise für Zwecke der Verwaltung der Krankenkasse oder für Eigenbetriebe erforderlich sind.

(2) Als Verwaltungsvermögen gelten auch sonstige Vermögensanlagen auf Grund rechtlicher Verpflichtung oder Ermächtigung, soweit sie nicht den Betriebsmitteln, der Rücklage oder einem Sondervermögen zuzuordnen sind.

Gliederung

A. Basisinformationen

I. Normgeschichte, Vorgängervorschriften

1 Die Vorschrift ist mit Wirkung vom 01.01.1989 durch Art. 1 GRG vom 20.12.1988[1] eingeführt worden. Sie hat unverändert die Fassung des § 272 RegE-GRG und übernimmt nach dessen Begründung den § 367 RVO. § 367 RVO hat seine Fassung durch das Gesetz über die Verwaltung der Mittel der Träger der Krankenkassen (KVMG) vom 15.12.1979 erhalten.[2]

2 Sonderreglungen für das Beitrittsgebiet in Bezug auf das Verwaltungsvermögen wurden vom Gesetzgeber nicht festgelegt.

II. Parallelvorschrift

3 Gemäß § 51 Abs. 1 Satz 1 KVLG 1989 gelten für die Verwendung und Verwaltung der Mittel der Landwirtschaftlichen Krankenkassen die §§ 259-263 SGB V entsprechend, soweit nicht etwas Abweichendes bestimmt ist.

4 Gemäß § 208 Abs. 2 SGB V und § 214 Abs. 1 SGB V gilt § 263 SGB V für das Verwaltungsvermögen der Bundes- und Landesverbände der Krankenkassen entsprechend.

III. Literaturhinweise

5 *Arndt/Ballesteros*, Betriebsmittel, Rücklage und Beitragssatz in der Sozialen Pflegeversicherung, BKK 7/1995, 444 ff.; *Fischer/Steffens*, Das Haushaltsrecht der Krankenkassen, Kommentar, Loseblatt;

---

[1] BGBl I 1988, 2477.
[2] BGBl I 1979, 2241.

Marburger, Vermögensverwaltung, Geld- und Bankverkehr der Krankenkassen, Schriftenreihe der Zeitschrift Wege zur Sozialversicherung, Band 13; *Noell/Deisler*, Die Krankenversicherung der Landwirte.

IV. Systematische Einordnung

1. Allgemeines

6 § 263 SGB V regelt, was zum Verwaltungsvermögen und damit neben den Betriebsmitteln (§ 260 SGB V) und der Rücklage (§ 261 SGB V) zu den eigenen Vermögensmassen der Krankenkassen (§ 259 SGB V) gehört. Mit ihr sind die eigentlichen Vorschriften über die Mittel der Krankenkasse abgeschlossen.

7 Die im SGB V normierten Vorschriften über die Verwendung und Verwaltung der Mittel der Krankenkassen (§§ 259-264 SGB V) sind dabei naturgemäß in engem Zusammenhang zu sehen mit den Grundsatzbestimmungen im SGB IV. Hier werden in den §§ 80-86 SGB IV generelle Aussagen zu dem Bereich „Vermögen der Sozialversicherungsträger" getroffen, wobei der § 80 Abs. 1 SGB IV eine allgemein verbindliche Leitlinie bei der Anlegung und Verwaltung von Vermögen vorgibt. In den §§ 81 und 82 SGB IV wird klargestellt, für welchen Zweck Betriebsmittel und Rücklage vorgehalten werden sollen; damit ist die definitorische Einordnung und Unterscheidung dieser Vermögensteile vorgegeben.

8 Grundsätzlich gilt auch für das Verwaltungsvermögen die generelle Leitlinie des § 80 SGB IV. Hiernach sind die Vermögensmittel der Sozialversicherung sicher, rentabel und liquide sowie getrennt von den Mittel Dritter anzulegen. Dabei dürfte die Forderung nach Liquiditätsnähe bei diesem Vermögensteil naturgemäß in den Hintergrund treten. Die Grundsatzbestimmung des § 80 SGB IV zur Anlegung und Verwaltung der Mittel enthält hierbei einen Beurteilungsspielraum. Denn die Grundsätze der Anlagesicherheit, die Erzielung eines angemessenen Ertrags und die Sicherstellung einer ausreichenden Liquidität, die sich überdies teilweise in einem Zielkonflikt befinden, enthalten unbestimmte Rechtsbegriffe. Dies wirkt sich sowohl bei der Rechtsanwendung als auch beim Rechtsschutz aus. Bei einem Beurteilungsspielraum ist die gerichtliche Nachprüfung nur auf die Grenzen des Typenbereichs des unbestimmten Rechtsbegriffs beschränkt. Im Hinblick auf die Rechtsschutzgarantie des Art. 19 Abs. 4 GG unterliegen die unbestimmten Rechtsbegriffe zwar grundsätzlich der vollen gerichtlichen Nachprüfung, ein Beurteilungsspielraum ist aber gegeben, wenn sich aus dem Gesamtinhalt und dem Gesamtzusammenhang einer Vorschrift eine Beurteilungsermächtigung ergibt. Eine derartige Ermächtigung ist anzunehmen, wenn wie hier Gegenstand des unbestimmten Rechtsbegriffs prognostische Entscheidungen oder auch Risiken mit wertendem Charakter sind. Zwar obliegt die Anlegung und Verwaltung der Mittel der Krankenkasse ihrer eigenen Verantwortung (§ 29 Abs. 3 SGB IV). Als rechtsfähigen Körperschaften des öffentlichen Rechts mit Selbstverwaltung (§ 29 Abs. 1 SGB IV) steht ihnen daher die Finanzhoheit zu. Dieses Recht wird aber hinsichtlich der Anlage des Verwaltungsvermögens der Krankenkasse durch die hier einschlägige Sondervorschrift des § 80 SGB IV konkretisiert und begrenzt.[3]

9 Anders als Betriebsmittel und Rücklage wird das Verwaltungsvermögen im SGB IV nicht definitorisch erwähnt. Gleichwohl ging der Gesetzgeber bei der Abfassung dieses Gesetzes von der Existenz des Verwaltungsvermögens aus, indem er in der amtlichen Begründung des § 82 SGB IV zumindest einen Hinweis auf das Vorhandensein dieses Vermögensteiles gegeben hat. Dort heißt es ausschnittsweise: „...Die Frage, ob das Verwaltungsvermögen zur Rücklage gehört...."[4]

2. Pflegeversicherung

10 Trotz der organisatorischen Anbindung der Pflegekassen der sozialen Pflegeversicherung an die Krankenkassen der gesetzlichen Krankenversicherung sind die Pflegekassen selbständige öffentlich-rechtliche Träger mit Selbstverwaltung (vgl. § 46 Abs. 2 Satz 1 SGB XI), die aufgrund der Beitragserhebung über eigene Mittel verfügen und finanziell von den Krankenkassen unabhängig sind.[5]

11 Eine § 259 SGB V entsprechende Regelung für den Bereich der Pflegeversicherung – ohne den Vermögensteil Verwaltungsvermögen – enthält § 62 SGB XI. § 62 SGB XI regelt abschließend, welche Arten von Mitteln es bei den Pflegekassen geben darf, nämlich die Betriebsmittel (§ 63 SGB XI) und die Rücklage (§ 64 SGB XI). Im Gegensatz zu den Krankenkassen (vgl. die §§ 259, 263 SGB V) gibt

3 Vgl. LSG Bayern v. 25.08.2005 - L 4 KR 139/02.
4 *Held* in: GK-SGB V, § 263 Rn. 3.
5 Vgl. auch die Begründung zum RegE, BT-Drs. 12/5617, S. 129.

es bei den Pflegekassen kein Verwaltungsvermögen. Dies beruht darauf, dass sich die Pflegekassen der personellen und sachlichen Mittel der Krankenkassen bedienen (vgl. § 46 Abs. 2 und 3 SGB XI); Überschüsse aus Betriebsmitteln und Rücklage sind an den Ausgleichsfonds beim Bundesversicherungsamt zu zahlen (§ 65 Abs. 1 Nr. 2 SGB XI). Eines Verwaltungsvermögens bedarf es insofern nicht.

3. Landwirtschaftliche Krankenversicherung

Das Verwaltungsvermögen der Landwirtschaftlichen Krankenkassen umfasst Vermögensanlagen, die der Verwaltung der Kasse sowie der Führung ihrer betrieblichen Einrichtungen (Eigenbetriebe) zu dienen bestimmt sind sowie die zur Anschaffung und Erneuerung dieser Vermögensteile und für künftig zu zahlende Versorgungsbezüge der Bediensteten und ihrer Hinterbliebenen bereitgehaltenen Geldmittel (§ 263 SGB V). Auf die Einhaltung der Bestimmungen in den §§ 84, 85 SGB IV ist dabei ebenso wie bei den anderen Kassenarten auch zu achten. Anders als bei den Betriebsmitteln und der Rücklage gelten hier keine Besonderheiten. 12

B. Auslegung und Bedeutung der Norm

Bitte beachten Sie auch die Vorbemerkung zu den §§ 259-263 SGB V (vgl. die Kommentierung zu § 259 SGB V Rn. 10 ff.). 13

I. Regelungsgehalt

Die Vorschrift stellt klar, dass die Krankenkassen neben Betriebsmitteln und Rücklagen auch Verwaltungsvermögen bilden können, soweit dies zur Erfüllung ihrer Aufgaben erforderlich ist. Eine Begrenzung des Verwaltungsvermögens ist im Gegensatz zu den Vorschriften über die Betriebsmittel und die Rücklage nicht vorgeschrieben. 14

Die Bildung des Verwaltungsvermögens erfolgt durch den Einsatz von Betriebsmitteln (§ 260 Abs. 1 Nr. 2 SGB V). Dies wird in der Regel durch Umsetzung von liquiden Mitteln der Krankenkasse in illiquide Vermögensteile geschehen. Lediglich bei der Schaffung von Verwaltungsvermögen gemäß § 263 Abs. 1 Nr. 2 SGB V (Geldmittel zur Anschaffung und Erneuerung von Verwaltungsvermögen) erfolgt eine rein bilanzielle Umschichtung ohne gleichzeitige Hergabe von Liquidität. 15

II. Erläuterung und Zweck der Norm

1. Verwaltungsvermögen (Absatz 1)

Nach § 263 Abs. 1 Satz 1 SGB V umfasst das Verwaltungsvermögen der gesetzlichen Krankenkassen Vermögensanlagen, die für die Verwaltung der Krankenkasse sowie der Führung ihrer betrieblichen Einrichtungen bestimmt sind (Nr. 1) und die zur Anschaffung und Erneuerung dieser Vermögensteile und für künftige zu zahlende Versorgungsbezüge der Bediensteten und ihrer Hinterbliebenen bereitgehaltenen Geldmittel (Nr. 2), soweit sie zur Erfüllung der Aufgaben der Krankenkassen erforderlich sind. Hinsichtlich der Höhe des Verwaltungsvermögens existiert keine Grenze. Begrenzungen ergeben sich jedoch in sachlicher Hinsicht, das heißt in Bezug auf den Zweck, da nur das für die Erfüllung der gesetzlichen oder zugelassenen Aufgaben der Krankenkassen erforderliche Verwaltungsvermögen vorgehalten werden kann. Insoweit unterscheidet sich der Vermögensteil Verwaltungsvermögen von den übrigen Vermögensteilen (Betriebsmittel und Rücklage, vgl. § 259 SGB V). 16

a. Absatz 1 Satz 1 Nr. 1

§ 263 Abs. 1 Satz 1 Nr. 1 SGB V umschreibt als Verwaltungsvermögen die Immobilien und mobilen Vermögensanlagen der Krankenkassen, soweit sie zur Abwicklung der Geschäfte dienen. Zum Verwaltungsvermögen gehören insoweit alle Grundstücke, Gebäude, Geräte und Einrichtungsgegenstände für die Verwaltung und für Eigenbetriebe, ferner Grundstücke und Gebäude, die nur teilweise von der Verwaltung der Krankenkasse oder von Eigenbetrieben genutzt werden (vgl. § 263 Abs. 1 Satz 2 SGB V). Auf den Grad der Eigennutzung des Gebäudes/Grundstückes kommt es nicht an. In der Praxis bedeutet dies, dass hierdurch die Krankenkasse nicht daran gehindert ist, Verwaltungsgebäude zu unterhalten und auch Teilflächen hiervon zu vermieten.[6] Sofern Grundstücke allerdings ausschließlich für 17

---

[6] *Held* in: GK-SGB V, § 263 Rn. 8.

Zwecke der Vermögensanlage bestimmt sind (keine Eigennutzung), zählen sie zur Rücklage der Krankenkasse. Andere Vermögensanlagen als Betriebsmittel, Rücklage oder Verwaltungsvermögen dürfen nämlich von der Krankenkasse nicht angesammelt werden.

18 Den Begriff „betriebliche Einrichtung" präzisiert die Norm selbst im Sinne des im Haushaltsrecht der Sozialversicherung mehr gebräuchlichen Terminus „Eigenbetrieb". Danach sind hierunter analog der Auslegung in § 12 der Verordnung über das Haushaltswesen in der Sozialversicherung (SVHV)[7] Einrichtungen mit einer gewissen organisatorischen Selbständigkeit in Bezug auf das normale Organisationsgefüge des Versicherungsträgers zu verstehen, die erwerbswirtschaftlich ausgerichtet sind, wie z.B. Krankenhäuser, Kliniken, Zentralwäschereien, internatsmäßige Verwaltungsschulen. Sie sind insofern für die Versorgung der Versicherten sowie für die Durchführung der Aufgaben der Krankenkassen bei der Gesundheitsvorsorge und Rehabilitation erforderlich. Nach § 140 Abs. 1 Satz 1 SGB V dürfen Krankenkassen nur die der Versorgung der Versicherten dienenden Eigeneinrichtungen, die am 01.01.1989 bestanden, weiter betreiben.

19 Nicht aktivierungspflichtige Wirtschaftsgüter (Gegenstände der beweglichen Einrichtung), die ohne Umsatzsteuer den Wert nach § 6 Abs. 2 Satz 1 des Einkommensteuergesetzes (z.Z. 410 €) nicht übersteigen (z.B. Schreibtischstuhl), werden nicht als Verwaltungsvermögen angesehen, sondern als laufende Verwaltungskosten erfasst.[8]

b. Absatz 1 Satz 1 Nr. 2

20 Gemäß § 263 Abs. 1 Satz 1 Nr. 2 SGB V umfasst das Verwaltungsvermögen auch Geldmittel, die zur Anschaffung und Erneuerung dieser Vermögensteile und für künftig zu zahlende Versorgungsbezüge an Bedienstete und deren Hinterbliebene bereitgehalten werden. Diese Regelung ist durch das KVMG eingeführt worden. Eine Verpflichtung dazu sowie zur Bildung von Pensionsrückstellungen wird durch die Vorschrift allerdings nicht begründet. Die Vorschrift trifft lediglich eine eindeutige vermögensrechtliche Abgrenzung gegenüber den Betriebsmitteln und der Rücklage. Aus Gründen der Übersichtlichkeit müssen die für eine Anschaffung oder Erneuerung der in § 263 Abs. 1 Satz 1 Nr. 1 SGB V genannten Vermögensanlagen angesammelten Mittel als Teil des Verwaltungsvermögens getrennt von den eigentlichen Vermögensanlagen erfasst werden.

21 Bilanztechnisch werden die Geldmittel im Sinne des § 263 Abs. 1 Satz 1 Nr. 2 SGB V als Rückstellungen bezeichnet. Der Begriff deckt sich insofern nicht mit dem in der Betriebswirtschaftslehre verwendeten Begriff (vgl. hierzu z.B. § 249 HGB).Gleichwohl wird durch den Begriff „Rückstellungen" verständlich zum Ausdruck gebracht, dass die Krankenkassen Mittel aus den laufenden Einnahmen für zukünftige Ausgaben ansammeln bzw. zurückstellen.

22 Aus bilanzpolitischen Gründen kann die Krankenkasse geneigt sein, Geldmittel zur Anschaffung und Erneuerung von Verwaltungsvermögen zurückzulegen, ohne dass ein entsprechender Investitionsbedarf erkennbar ist. Hierdurch können Betriebsmittel in Verwaltungsvermögen umgewandelt werden, mit der Folge, dass der in der Bilanz ausgewiesene Betriebsmittelbestand sinkt. Dies kann im Hinblick auf die in § 260 Abs. 2 SGB V genannte Höchstgrenze bedeutsam sein, da eine entsprechende Umwandlung die Betriebsmittel unterhalb des Grenzwertes von 1,5 Monatsausgaben drücken kann. Aus diesem Grund hat die Krankenkasse nachweisbar zu dokumentieren und zu begründen, welche Investitionen geplant sind. Dies können z.B. Erwerbs-, Bau- und Beschaffungsmaßnahmen für die Verwaltung mit außerordentlichen Finanzvolumina, Darlehensgewährungen und Beteiligungen im größeren Umfang und Investitionen in Eigenbetriebe der Krankenkassen sein.

23 Zu den Geldmitteln für künftig zu zahlende Versorgungsbezüge im Sinne des § 263 Abs. 1 Nr. 2 SGB V zählen Ruhegehälter, Hinterbliebenenversorgungen und Zusatzversorgungen z.B. nach dem Versorgungstarifvertrag für Angestellte. Aufgrund von gemachten Versorgungszusagen kann die Krankenkasse vor Eintritt des Versorgungsfalls Mittel zurückstellen, aus denen zu einem späteren Zeitpunkt die Pensionen gezahlt werden. Es werden hierdurch Mittel angesammelt und gebunden, um die Abdeckung zukünftiger Versorgungszahlungen zu erleichtern. Hierzu kann die Krankenkasse selbst Pensionsrückstellungen bilden. Andererseits können die Zahlungen von Versorgungsbezügen über eine Pensionskasse (Rückversicherung) abgewickelt werden.[9]

---

[7] Vom 21.12.1977 (BGBl I 1977, 3147), zuletzt geändert durch Art. 214 des Gesetzes vom 14.08.2006 (BGBl I 2006, 1869).

[8] *Held* in: GK-SGB V, § 263 Rn. 9.

[9] Vgl. hierzu im Einzelnen: *Held* in: GK-SGB V, § 263 Rn. 17.

c. Absatz 1 Satz 2

Wie bereits in Rn. 16 dargestellt gehören zum Verwaltungsvermögen auch Grundstücke, die nur teilweise für Zwecke der Verwaltung der Krankenkassen oder für die Eigenbetriebe (vgl. hierzu Rn. 17) erforderlich sind. 24

2. Sonstige Vermögensanlagen (Absatz 2)

Als Verwaltungsvermögen nach § 263 Abs. 2 SGB V – sonstige Vermögensanlagen auf Grund rechtlicher Verpflichtungen oder Ermächtigungen – gelten z.B. Familienheimdarlehen an Bedienstete und langfristige Anlagen beispielsweise in Form von Beteiligungen an gemeinsamen Einrichtungen. Bei einer Beteiligung an gemeinsamen Einrichtungen sowie bei Darlehen für gemeinnützige Zwecke sind die Vorschriften der §§ 30, 80 und 85 SGB IV sowie des § 25 SVHV[10] zu beachten; Voraussetzung ist, dass die Beteiligung der Erfüllung der gesetzlich vorgeschriebenen oder zugelassenen Aufgaben der Krankenkassen dient. Eine Zuordnung dieser Vermögensteile zu den Betriebsmitteln oder der Rücklage ist in der Praxis im Hinblick auf die lange Laufzeit solcher Anlagen kaum denkbar.[11] 25

3. Feststellung des Verwaltungsvermögens im Rahmen der Rechnungslegung

Nach den Bestimmungen im Kontenrahmen sind die Bestände des Verwaltungsvermögens bilanzmäßig getrennt von den Vermögensteilen Betriebsmittel und Rücklage als Teil des Reinvermögens (= Eigenkapital) der Krankenkasse in der Kontengruppe 19 zu erfassen (vgl. hierzu die Kommentierung zu § 259 SGB V Rn. 30 ff., 6. Kontenrahmen der GKV). 26

Unter der Kontengruppe 19 ist der buchmäßige Wert des gesamten Reinvermögens der Krankenkasse einschließlich des Vermögens aus dem Ausgleich nach dem Gesetz über den Ausgleich der Arbeitgeberaufwendungen für Entgeltfortzahlung (Aufwendungsausgleichsgesetz – AAG)[12] auszuweisen. Unter 1901 sind die Betriebsmittel (Betriebsmittel-Ist nach § 260 SGB V/§ 51 Abs. 1 KVLG 1989), unter 1902 die Rücklage (Rücklage-Ist nach § 261 SGB V/§ 51 Abs. 1 KVLG 1989), unter 1903 und 1904 das Verwaltungsvermögen (§ 263 SGB V/§ 51 Abs. 1 KVLG 1989) ohne Pensionsrückstellungen und unter 1960/1970 das Reinvermögen aus dem Ausgleich nach dem AAG einschließlich des Anteils an sofort verfügbaren Zahlungsmitteln nachzuweisen. Dabei wurde ein zweigeteilter Ausweis vorgesehen. 27

Konto	**Bezeichnung**
1903	Verwaltungsvermögen (ohne 1600, 1601, 1904)
1904	Geldmittel zur Anschaffung und Erneuerung von Verwaltungsvermögen (§ 263 Abs. 1 Nr. 2 SGB V/§ 51 Abs. 1 KVLG 1989)
	Die Zuordnung des Aktiv- und Passivvermögens zum Verwaltungsvermögen ergibt sich aus der in § 263 SGB V genannten Zweckbestimmung. Demzufolge wurden im Kontenrahmen entsprechende Gruppierungen gebildet. So stellt sich das (Netto-) Verwaltungsvermögen (Konto 1903) als Gegenüberstellung der Bestände des Verwaltungsvermögens (Kontengruppe 07, siehe Anlage) abzüglich der dem Verwaltungsvermögen zuzuordnenden Verpflichtungen (Kontengruppe 17) dar.
Aktiva	Kontengruppe 07
abzüglich	
Passiva	Kontengruppe 17

Die Kontengruppe 07 beinhaltet die Aktiva-Werte des gesamten Verwaltungsvermögens im Sinne des § 263 SGB V ausschließlich der Mittel der Versorgungsrücklage (siehe Kontenart 068) bzw. der Geldmittel, die zur Anschaffung und Erneuerung des Verwaltungsvermögens sowie für künftig zu zahlende Versorgungsbezüge der Bediensteten und ihrer Hinterbliebenen (siehe Kontengruppen 01 bzw. 04) bereitgehalten werden. 28

---

[10] Verordnung über das Haushaltswesen in der Sozialversicherung vom 21.12.1977 (BGBl I 1977, 3147), zuletzt geändert durch Artikel 214 des Gesetzes vom 14.08.2006 (BGBl I 2006, 1869).

[11] *Held* in: GK-SGB V, § 263 Rn. 18.

[12] Vom 22.12.2005 (BGBl I 2005, 3686), zuletzt geändert durch Art. 41 des Gesetzes vom 26.03.2007 (BGBl I 2007, 378).

29 Die Kontengruppe 17 beinhaltet die dem Verwaltungsvermögen zuzuordnenden Verpflichtungen. Das Konto 1700 nimmt passive Grundpfandrechte (zu denen Hypotheken, Grundschulden und Rentenschulden zählen) auf, die den tatsächlichen Bestand des unter den Aktiva nachgewiesenen Verwaltungsvermögens mindern und die bei der Ermittlung des unter 1903 in der Bilanz auszuweisenden Netto-Verwaltungsvermögens zu berücksichtigen sind. Bei den sonstigen dem Verwaltungsvermögen zuzuordnenden Verpflichtungen im Sinne des Kontos 1709 dürfte es sich vorrangig um Kredite oder Darlehen handeln, die nicht hypothekarisch gesichert sind und zur Anschaffung oder Erneuerung von Verwaltungsgebäuden, von Geräten und Einrichtungsgegenständen oder von aktivierten Vorräten für die Verwaltung oder für Eigenbetriebe vorgesehen waren. Auch diese Verpflichtungen belasten das Verwaltungsvermögen und verringern somit den auf dem Konto 1903 auszuweisenden Netto-Bestand.

4. Pensionsrücklagen

30 Die Bildung von Pensionsrückstellungen erfolgt zur Absicherung von dem Grunde nach bereits entstandenen Verpflichtungen eines Sozialversicherungsträgers (Versorgungsansprüche der Mitarbeiter beziehungsweise deren Hinterbliebenen aus Dienst- und Arbeitsverhältnissen), die in ihrer Höhe noch ungewiss sind. Insofern besteht zwar keine rechtliche Verpflichtung zur Bildung von Pensionsrückstellungen, häufig sind sie aber angesichts künftiger Versorgungslasten dringend geboten.

31 Im Sozialgesetzbuch ist die Bildung von Pensionsrückstellungen nur für die Träger der gesetzlichen Kranken- und Unfallversicherung vorgesehen bzw. zugelassen. Für die Träger der gesetzlichen Krankenversicherung ergibt sich dies aus § 263 Abs. 1 Nr. 2 SGB V, § 51 Abs. 1 KVLG 1989 i.V.m. dem Kontenrahmen für die Träger der gesetzlichen Krankenversicherung, für die Berufsgenossenschaften und gleichartigen Institutionen ausschließlich aus dem Kontenrahmen für die Träger der gesetzlichen Unfallversicherung. Nach der bisherigen Rechtslage existierten keine Vorschriften zur Ausgestaltung des Verfahrens bei der Bildung von Pensionsrückstellungen, maßgeblich waren daher die allgemeinen Grundsätze ordnungsmäßiger Buchführung. Mit Neufassung der Sozialversicherungs- Rechnungsverordnung (SVRV) vom 15.07.1999[13] erließ der Verordnungsgeber erstmalig eine derartige Bestimmung (§ 12), die mangels abweichender Regelung auch für die zum Zeitpunkt des In-Kraft-Tretens der SVRV bereits vorhandenen Pensionsrückstellungen einschlägig ist. Außerdem stellt § 12 SVRV durch seine inhaltliche Begrenzung klar, dass Rückstellungen für andere Zwecke als die der Sicherung der Pensionszahlungen im Bereich der gesetzlichen Sozialversicherung nicht zulässig sind.

32 Pensionsrücklagen sind in der Bilanz nicht als Reinvermögen (= Eigenkapital), sondern als Verpflichtung der Krankenkasse (= Fremdkapital) zu definieren.[14] Ihr Bestand ist in der Jahresrechnung unter Konto 1600 (sonstige Passiva) zu erfassen. Soweit mit der Bildung von Pensionsrückstellungen jedoch nicht nur Mittel angesammelt, sondern diese – quasi als Sondervermögen – auch gesondert von den übrigen Mitteln des Sozialversicherungsträgers verwaltet werden sollen, ist § 80SGB IV einschlägig. Näheres ist einem Schreiben des Bundesversicherungsamtes aus dem Jahre 2000 zu entnehmen.[15] Das BSG hatte in einer Entscheidung aus dem Jahre 2006 darüber zu befinden, ob die von einer Krankenkasse vorgenommene Anlage des Deckungskapitals für Pensionsrückstellungen ihrer Mitarbeiter in einem Wertpapier-Spezialfonds hinsichtlich des im Fonds vorgesehenen Aktienanteils von 30% dem in § 80SGB IV normierten Gebot der Anlagesicherheit genüge. Dies wird vom BSG zu Recht verneint. Damit würde den Hoffnungen einzelner Krankenkassen, ihr Vermögen durch eine hohe Rendite auf dem Aktienmarkt gewinnbringender, aber auch mit größerem Risiko anzulegen, ein Riegel vorgeschoben. Das Urteil zeige jedoch zugleich, das den Aufsichtsbehörden auch weitreichende Kontrollkompetenz bei der Rechtsaufsicht auf der Grundlage unbestimmter Rechtsbegriffe, wie sie in § 80 SGB IV normiert sind, zukommen könne.[16]

5. Anlage des Verwaltungsvermögens

33 Bei der Anlage des Verwaltungsvermögens sind die §§ 80, 84 und 85 SGB IV zu beachten. Bei der Frage der Anlage der Geldmittel zur Anschaffung und Erneuerung von Verwaltungsvermögen sowie zur künftigen Zahlung von Versorgungsbezügen ist – neben der Beachtung des § 80 SGB V sowie des

---

[13] BGBl I 1999, 1627.

[14] *Burgardt/Knoblich*, Erläuterungen zur Kontengruppe 16, S. 23.

[15] Schreiben des BVA vom 14.11.2000, V 1 - 411 - 165/99.

[16] BSG v. 18.07.2006 - B 1 A 2/05 R - SGb 2007, 103.

Grundsatzes der Wirtschaftlichkeit und Sparsamkeit (§ 69 Abs. 2 SGB IV) – insbesondere auf die erforderliche Verfügbarkeit der Mittel abzustellen. Je nach geschätztem Mittelabfluss ergeben sich hier Anlageart und Anlagedauer.

6. Mitwirkungspflichten der Aufsichtsbehörden bei bestimmten Vermögensanlagen nach § 85 SGB IV

§ 85 SGB V bestimmt, für welche Arten von Vermögensanlagen die Versicherungsträger einer Genehmigung der Aufsichtsbehörde bedürfen und in welchen Grenzen hiervon Ausnahmen zulässig sind. Für die Anmietung, den Ankauf oder das Leasen von Datenverarbeitungsanlagen und die Beschaffung von Programmen wird eine grundsätzliche Anzeigepflicht eingeführt. 34

§ 85 SGB V findet sich zwar im Zusammenhang mit den Vorschriften über die Anlage des Rücklagevermögens. Sie bezieht sich aber sowohl vom Wortlaut als auch von ihrem Sinn und Zweck her auf alle Vermögensarten, also auch auf die Betriebsmittel, das Betriebs- und Verwaltungsvermögen und auf sonstige Rückstellungen.[17] 35

[17] Vgl. *Held* in: GK-SGB V, § 85 Rn. 6.

§ 263a SGB V Rechtsträgerabwicklung

(Fassung vom 21.03.2005, gültig ab 30.03.2005)

Mit Wirkung vom 30. März 2005 geht das nach § 27 Abs. 1 des Rechtsträger-Abwicklungsgesetzes vom 6. September 1965 (BGBl. I S. 1065) vom Bund treuhänderisch verwaltete Vermögen der LVA Mark Brandenburg - Abteilung Krankenversicherung, der LVA Ostpreußen - Abteilung Krankenversicherung, der Sudetendeutschen Angestellten Krankenkassen und der Besonderen Ortskrankenkasse für Binnenschifffahrt und verwandte Betriebe sowie der Landkrankenkasse für den Landkreis Bromberg auf den Bund über.

Gliederung

A. Basisinformationen

I. Normgeschichte

1 Die Vorschrift ist mit Wirkung vom 30.03.2005 durch Art. 4 Nr. 16 des Gesetzes zur Vereinfachung der Verwaltungsverfahren im Sozialrecht (Verwaltungsvereinfachungsgesetz) vom 21.03.2005[1] eingefügt worden.

2 In der Gesetzesbegründung[2] heißt es:
„Übernahme des Vermögens der ehemaligen LVA Mark Brandenburg in den Bundeshaushalt. Unter der Bezeichnung „LVA Mark Brandenburg" sind sieben ehemalige Krankenkassen (LVA Mark Brandenburg – Abt. KV –, Annaberger Angestellten-Krankenkassen; Krankenkasse für Kaufleute zu Chemnitz; LVA Ostpreußen – Abt. KV –; Sudetendeutsche Angestellten Krankenkasse; Besondere Ortskrankenkasse für Binnenschifffahrt und verwandte Betriebe; Landkrankenkasse für den Landkreis Bromberg) als Rechtsträger zusammengefasst. Der Sozialversicherungsträger war ein reichsdeutscher Träger. Ein Rechtsnachfolger wurde nicht gefunden. Das Vermögen der ehemaligen LVA Mark Brandenburg wird derzeit vom Bundesversicherungsamt treuhänderisch verwaltet. Während die Abwicklung der LVA Mark Brandenburg nach dem Rechtsträgerabwicklungsgesetz erfolgen kann, ist für die Übernahme des Vermögens in den Bundeshaushalt eine Regelung erforderlich."

II. Vorgängervorschriften, Parallelvorschrift

3 Eine Vorgängervorschrift oder Parallelvorschrift existiert nicht.

B. Auslegung und Bedeutung der Norm

I. Regelungsgehalt

4 Die Vorschrift regelt den Übergang des Vermögens reichsdeutscher Versicherungsträger auf den Bund.

II. Erläuterung und Zweck der Norm

5 Mit Wirkung vom 30.03.2005 geht das nach § 27 Abs. 1 des Rechtsträger-Abwicklungsgesetzes vom 06.09.1965[3] vom Bund treuhänderisch verwaltete Vermögen der LVA Mark Brandenburg – Abteilung Krankenversicherung, der LVA Ostpreußen – Abteilung Krankenversicherung, der Sudetendeutschen Angestellten Krankenkassen und der Besonderen Ortskrankenkasse für Binnenschifffahrt und verwandte Betriebe sowie der Landkrankenkasse für den Landkreis Bromberg auf den Bund über.

6 Unter der Bezeichnung LVA Mark Brandenburg sind sieben ehemalige Krankenkassen zusammengefasst (LVA Mark Brandenburg – Abt. KV; Annaberger Angestellten-Krankenkassen; Krankenkasse für Kaufleute zu Chemnitz; LVA Ostpreußen – Abt. KV –; Sudetendeutsche Angestellten Kranken-

[1] BGBl I 2005, 1065.
[2] BT-Drs. 15/4228, S. 27.
[3] BGBl I 2005, 1065.

kasse; Besondere Ortskrankenkasse für Binnenschifffahrt und verwandte Betriebe; Landkrankenkasse für den Landkreis Bromberg).

Der Sozialversicherungsträger war ein reichsdeutscher Träger. Ein Rechtsnachfolger wurde nicht gefunden. Das Vermögen der ehemaligen LVA Mark Brandenburg wurde vor der gesetzlichen Regelung vom Bundesversicherungsamt treuhänderisch betreut. 7

Während die Abwicklung der LVA Mark Brandenburg nach dem Gesetz zur Regelung der Rechtsverhältnisse nicht mehr bestehender Rechtsträger (Rechtsträgerabwicklungsgesetz) von 1965 erfolgen kann, musste für die Übernahme des Vermögens in den Bundeshaushalt eine gesetzliche Regelung geschaffen werden.[4] 8

[4] *Wasem* in: GKV-Komm, SGB V, § 263a Rn. 3.

§ 264 SGB V Übernahme der Krankenbehandlung für nicht Versicherungspflichtige gegen Kostenerstattung

(Fassung vom 26.03.2007, gültig ab 01.04.2007)

(1) Die Krankenkasse kann für Arbeits- und Erwerbslose, die nicht gesetzlich gegen Krankheit versichert sind, für andere Hilfeempfänger sowie für die vom Bundesministerium für Gesundheit bezeichneten Personenkreise die Krankenbehandlung übernehmen, sofern der Krankenkasse Ersatz der vollen Aufwendungen für den Einzelfall sowie eines angemessenen Teils ihrer Verwaltungskosten gewährleistet wird.

(2) Die Krankenbehandlung von Empfängern von Leistungen nach dem Dritten bis Neunten Kapitel des Zwölften Buches, von Empfängern laufender Leistungen nach § 2 des Asylbewerberleistungsgesetzes und von Empfängern von Krankenhilfeleistungen nach dem Achten Buch, die nicht versichert sind, wird von der Krankenkasse übernommen. Satz 1 gilt nicht für Empfänger, die voraussichtlich nicht mindestens einen Monat ununterbrochen Hilfe zum Lebensunterhalt beziehen, für Personen, die ausschließlich Leistungen nach § 11 Abs. 5 Satz 3 und § 33 des Zwölften Buches beziehen sowie für die in § 24 des Zwölften Buches genannten Personen.

(3) Die in Absatz 2 Satz 1 genannten Empfänger haben unverzüglich eine Krankenkasse im Bereich des für die Hilfe zuständigen Trägers der Sozialhilfe oder der öffentlichen Jugendhilfe zu wählen, die ihre Krankenbehandlung übernimmt. Leben mehrere Empfänger in häuslicher Gemeinschaft, wird das Wahlrecht vom Haushaltsvorstand für sich und für die Familienangehörigen ausgeübt, die bei Versicherungspflicht des Haushaltsvorstands nach § 10 versichert wären. Wird das Wahlrecht nach den Sätzen 1 und 2 nicht ausgeübt, gelten § 28i des Vierten Buches und § 175 Abs. 3 Satz 2 entsprechend.

(4) Für die in Absatz 2 Satz 1 genannten Empfänger gelten § 11 Abs. 1 sowie die §§ 61 und 62 entsprechend. Sie erhalten eine Krankenversichertenkarte nach § 291. Als Versichertenstatus nach § 291 Abs. 2 Nr. 7 gilt für Empfänger bis zur Vollendung des 65. Lebensjahres die Statusbezeichnung „Mitglied", für Empfänger nach Vollendung des 65. Lebensjahres die Statusbezeichnung „Rentner". Empfänger, die das 65. Lebensjahr noch nicht vollendet haben, in häuslicher Gemeinschaft leben und nicht Haushaltsvorstand sind, erhalten die Statusbezeichnung „Familienversicherte".

(5) Wenn Empfänger nicht mehr bedürftig im Sinne des Zwölften Buches oder des Achten Buches sind, meldet der Träger der Sozialhilfe oder der öffentlichen Jugendhilfe diese bei der jeweiligen Krankenkasse ab. Bei der Abmeldung hat der Träger der Sozialhilfe oder der öffentlichen Jugendhilfe die Krankenversichertenkarte vom Empfänger einzuziehen und an die Krankenkasse zu übermitteln. Aufwendungen, die der Krankenkasse nach Abmeldung durch eine missbräuchliche Verwendung der Karte entstehen, hat der Träger der Sozialhilfe oder der öffentlichen Jugendhilfe zu erstatten. Satz 3 gilt nicht in den Fällen, in denen die Krankenkasse auf Grund gesetzlicher Vorschriften oder vertraglicher Vereinbarungen verpflichtet ist, ihre Leistungspflicht vor der Inanspruchnahme der Leistung zu prüfen.

(6) Bei der Bemessung der Vergütungen nach § 85 oder § 85a ist die vertragsärztliche Versorgung der Empfänger zu berücksichtigen. Werden die Gesamtvergütungen nach § 85 nach Kopfpauschalen berechnet, gelten die Empfänger als Mitglieder. Leben mehrere Empfänger in häuslicher Gemeinschaft, gilt abweichend von Satz 2 nur der Haushaltsvorstand nach Absatz 3 als Mitglied; die vertragsärztliche Versorgung der Familienangehörigen, die nach § 10 versichert wären, wird durch die für den Haushaltsvorstand zu zahlende Kopfpauschale vergütet.

(7) Die Aufwendungen, die den Krankenkassen durch die Übernahme der Krankenbehandlung nach den Absätzen 2 bis 6 entstehen, werden ihnen von den für die Hilfe zuständigen Trägern der Sozialhilfe oder der öffentlichen Jugendhilfe vierteljährlich erstattet. Als angemessene Verwaltungskosten einschließlich Personalaufwand für den Personenkreis nach Absatz 2 werden bis zu 5 vom Hundert der abgerechneten Leistungsaufwendungen festgelegt. Wenn Anhaltspunkte für eine unwirtschaftliche Leistungserbringung oder -gewährung vorliegen, kann der zuständige Träger der Sozialhilfe oder der öffentlichen Jugendhilfe von der jeweiligen Krankenkasse verlangen, die Angemessenheit der Aufwendungen zu prüfen und nachzuweisen.

Gliederung

A. Basisinformationen

I. Normgeschichte

1 Die Vorschrift bestand zunächst aus dem heutigen Absatz 1. Insofern war sie mit Wirkung vom 01.01.1989 durch Art. 1 GRG vom 20.12.1988[1] eingeführt worden. Sie beruhte auf § 273 Reg. E-GRG. Im Folgenden ist sie durch Art. 1 Nr. 42 des Zweiten Gesetzes zur Änderung des Fünften Buches vom 20.12.1991[2], durch Art. 216 Nr. 1 der Siebten Zuständigkeitsanpassungs-Verordnung vom 29.10.2001[3] sowie Art. 1 Nr. 152 GMG vom 14.11.2003[4] geändert worden. Die Zuständigkeit in § 264 a.F. (heute Absatz 1) wechselte ab dem 01.01.1992 von dem Bundesministerium für Arbeit und Sozialordnung auf das Bundesministerium für Gesundheit über, an dessen Stelle zum 01.01.2004 das Bundesministerium für Gesundheit und Soziale Sicherung (jetzt: Bundesministerium für Gesundheit) trat.

2 § 264 Abs. 2-7 SGB V ist mit dem GMG zum 01.01.2004 in Kraft getreten (Art. 1 Nr. 152 GMG). Durch Art. 4 Nr. 7 des Gesetzes zur Einordnung des Sozialhilferechts in das Sozialgesetzbuch vom 27.12.2003[5] wurden die Absätze 2 und 4-7 erneut geändert. Allerdings handelte es sich insoweit weitgehend um redaktionelle Änderungen in Folge der Überführung der Vorschriften des BSHG in das SGB XII. So wurden in den Absätzen 3, 5 und 7 der Begriff „Träger der Sozialhilfe“ anstelle des Be-

[1] BGBl I 1988, 2477.
[2] BGBl I 1990, 2325.
[3] BGBl I 2001, 2785.
[4] BGBl I 2003, 2190.
[5] BGBl I 2003, 3022.

griffs „Sozialhilfeträger“ übernommen und im Übrigen die Verweise nun auf das SGB XII anstatt des BSHG ausgerichtet.

3 In der Begründung des Entwurfes des GMG[6] heißt es auszugsweise:
„...Sowohl Empfänger laufender Hilfe zum Lebensunterhalt (HLU) als auch Empfänger von Hilfe in besonderen Lebenslagen (HbL) werden in die Neuregelung aufgenommen. Aus Praktikabilitätsgründen sind lediglich die Hilfeempfänger ausgenommen worden, die voraussichtlich nicht mindestens einen Monat ununterbrochen Hilfe zum Lebensunterhalt beziehen, sowie auf Grund des für die Krankenkassen geltenden Territorialitätsprinzips die Personen, die ihren gewöhnlichen Aufenthalt im Ausland haben und dort nach § 119 BSHG Sozialhilfe beziehen. Wird die Hilfe nur gewährt, um die Voraussetzungen eines Anspruchs auf eine angemessene Alterssicherung zu erhalten (§ 14 BSHG), oder in Form von Beratung und Unterstützung (§ 17 BSHG), erscheint eine Leistungsverpflichtung der Krankenkassen nicht sachgerecht. Auf Grund des Kostenerstattungsverfahrens zwischen Krankenkassen und Sozialhilfeträgern sind die Betroffenen zwar leistungsrechtlich, aber nicht mitgliedschaftsrechtlich den GKV-Versicherten gleichgestellt. Die Hilfeempfänger sollen bei der Inanspruchnahme von Gesundheitsleistungen den Versicherten auch verfahrensmäßig gleichgestellt werden. Deshalb erhalten sie eine Krankenversichertenkarte. Dadurch wird sichergestellt, dass für die Behandlung von Sozialhilfeempfängern die Regelungen und die Steuerungsinstrumente zur Gewährleistung einer zweckmäßigen, wirtschaftlichen und das Maß des medizinisch Notwendigen nicht überschreitenden Versorgung, die für alle Versicherten der gesetzlichen Krankenversicherung gelten, ebenfalls in vollem Umfang angewendet werden. Zur Durchführung des Abrechnungsverfahrens sowie für die Anwendung von Steuerungsinstrumenten, z.B. Wirtschaftlichkeitsprüfungen nach § 106, ist die Festlegung von Statusbezeichnungen auf der Krankenversichertenkarte erforderlich. In Absatz 6 wird klargestellt, dass die Versorgung der Hilfeempfänger bei der Bemessung der Vergütungen nach § 85 oder § 85a zu berücksichtigen ist. Im Falle einer Berechnung der Gesamtvergütungen nach mitgliederbezogenen Kopfpauschalen gelten die Empfänger als Mitglied, d.h. die Krankenkasse zahlt an die jeweilige Kassenärztliche Vereinigung für die Empfänger jeweils eine Kopfpauschale. Leben mehrere Hilfeempfänger in einem Haushalt, so ist diese Kopfpauschale nur für den Haushaltsvorstand zu entrichten. Dies entspricht der geltenden Systematik der Mitgliederkopfpauschalen, mit welchen die Krankenkassen die vertragsärztliche Versorgung der Mitglieder einschließlich der jeweils mitversicherten Familienangehörigen vergüten. Bei der Erstattung der Aufwendungen nach Absatz 7 rechnet die Krankenkasse für den Bereich der vertragsärztlichen Versorgung mit dem jeweiligen Sozialhilfeträger bis zum Jahr 2005 die o.g. Kopfpauschalen ab, welche unabhängig von der tatsächlichen Inanspruchnahme ärztlicher Leistungen zu entrichten sind. Darüber hinaus fallen ggf. zusätzliche Aufwendungen zur Honorierung der nicht mit der Zahlung der Pauschalvergütung abgegoltenen Leistungen an. In welcher Höhe Aufwendungen für solche extrabudgetär zu vergütenden Leistungen angefallen sind, ergibt sich nach Abschluss der Abrechnungsperiode aus der Abrechnung der Kassenärztlichen Vereinigung. Ab dem Jahr 2006, in welchem erstmals die Regelleistungsvolumina nach § 85a vereinbart werden, rechnet die Krankenkasse gegenüber dem Sozialhilfeträger hingegen die tatsächlich für die Versorgung der Empfänger an die Kassenärztliche Vereinigung gezahlten Vergütungen ab. Das Kostenerstattungsverfahren nach Absatz 7 stellt sicher, dass Kosten in Höhe der tatsächlich entstandenen Aufwendungen erstattet werden und es weder auf Seiten der Sozialhilfeträger noch auf Seiten der Krankenkasse eine Überforderung gibt. Damit werden auch die Vorgaben des geltenden § 264 SGB V – jetzt § 264 Abs. 1 – (Ersatz der vollen Aufwendungen und Übernahme eines angemessenen Teils der Verwaltungskosten – üblicherweise bis zu 5%) erfüllt. Der Sozialhilfeträger kann selbstverständlich, wie schon nach geltendem Recht, die ihm vorgelegten Rechnungen überprüfen. Darüber hinaus erhalten Sozialhilfeträger die Möglichkeit, von der Krankenkasse eine Prüfung der Angemessenheit der Aufwendungen zu verlangen und sich nachweisen zu lassen, wenn Anhaltspunkte vorliegen, die auf eine unwirtschaftliche Leistungserbringung oder -gewährung schließen lassen.“

4 Der 13. Ausschuss[7] begründete Absatz 2 Satz 1 wie folgt:
„Nach § 2 Asylbewerberleistungsgesetz ist das Bundessozialhilfegesetz für den dort genannten Personenkreis entsprechend anzuwenden, wenn er u.a. länger als 36 Monate Leistungen nach dem Asylbewerberleistungsgesetz erhalten hat, ohne dass dieser Personenkreis Leistungsempfänger nach dem Bundessozialhilfegesetz wird. Insofern bedarf die Einbeziehung dieser Personen in die Regelung des § 264 einer ausdrücklichen Nennung. Für diesen Personenkreis ändert sich jedoch dadurch der Umfang

[6] BT-Drs. 15/1525, S. 140/141.

[7] BT-Drs. 15/1600, S. 9 und 14.

der Leistungen nicht. Alle übrigen Empfänger von Leistungen nach dem Asylbewerberleistungsgesetz erhalten auch im Krankheitsfall weiterhin lediglich die eingeschränkten Leistungen zur Behandlung akuter Erkrankungen und Schmerzzustände nach § 4 AsylbLG."

Durch Art. 4 Nr. 1b des Gesetzes zur Vereinfachung der Verwaltungsverfahren im Sozialrecht vom 21.03.2005[8] wurden in Absatz 2 Satz 1 die Wörter „und Fünften" gestrichen. Zudem wurde in Absatz 5 das Wort „Sozialhilfeträger" durch die Wörter „Träger der Sozialhilfe" ersetzt. 5

Durch das GKV-WSG wurden in Absatz 2 Satz 1 die Wörter „und von Empfängern von Krankenhilfeleistungen nach dem Achten Buch" eingefügt. Dem folgend wurden auch in Absatz 3 Satz 1 nach dem Wort „Sozialhilfe" die Wörter „oder der öffentlichen Jugendhilfe", in Absatz 5 Satz 1 nach dem Wort „Buches" die Wörter „oder des Achten Buches" eingefügt, in Absatz 5 Sätze 2 und 3 nach dem Wort „Sozialhilfe" die Wörter „oder der öffentlichen Jugendhilfe", in Absatz 7 Sätze 1 und 3 nach dem Wort „Sozialhilfe" die Wörter „oder der öffentlichen Jugendhilfe". Begründet wurde die Änderung im Entwurf des GKV-WSG[9] vom 24.10.2006 wie folgt: 6

„Die Änderungen in § 264 tragen dafür Sorge, dass im Rahmen einer Jugendhilfeleistung stationär untergebrachte junge Menschen, die Krankenhilfe durch den Träger der öffentlichen Jugendhilfe erhalten, nicht anders behandelt werden als Empfänger von Sozialhilfeleistungen. Ebenso wird gewährleistet, dass die Kosten weiterhin vom Träger der öffentlichen Jugendhilfe übernommen werden. Mit diesen Änderungen wird die Erbringung von Krankenhilfeleistungen für Kinder und Jugendlich erleichtert, ohne dass Mehraufwendungen für die gesetzliche Krankenversicherung entstehen."

Ursprünglich sollten nur Empfänger von Leistungen nach § 40 Satz 1 SGB VIII in die Änderung des § 264 Abs. 2 Satz 1 SGB V miteinbezogen werden. Der 14. Ausschuss konnte sich aber mit seinem Anliegen, alle Fälle der Krankenhilfe einbeziehen zu wollen, durchsetzen.[10] 7

II. Vorgängervorschriften

1. § 367a RVO

§ 264 SGB V a.F. (heutiger § 264 Abs. 1 SGB V) entsprach im Wesentlichen § 367a RVO. Für die am 01.01.2004 in Kraft getretenen Änderungen der Norm (Absätze 2-7) gibt es keine Übergangsregelung. 8

2. Fehlende Umsetzung des Art. 28 GSG

Im Jahre 2001 verfügte eine Gruppe von rund 1,8% der Bevölkerung über keinen Krankenversicherungsschutz, war jedoch bei einem Sozialleistungsträger erfasst, der die Kosten im Falle einer Krankheit übernahm.[11] Im Wesentlichen handelt es sich dabei um Sozialhilfeempfänger, die nach § 37 BSHG Anspruch auf Krankenhilfe hatten. Zwar sah bis dahin auch Art. 28 des Gesetzes zur Sicherung und Strukturverbesserung der gesetzlichen Krankenversicherung (Gesundheitsstrukturgesetz; im Folgenden: GSG) vom 21.12.1992[12] vor, dass Personen, die laufende Hilfe zum Lebensunterhalt nach dem Bundessozialhilfegesetz erhalten, in die Versicherungspflicht nach § 5 Abs. 1 SGB V in Zukunft einbezogen werden. Bei einer Umsetzung dieser Norm sollten auch Altfälle, „d.h. ehemalige Bezieher laufender Hilfe zum Lebensunterhalt", berücksichtigt werden.[13] Es fehlte jedoch wegen politischer Bedenken das nach Art. 28 Abs. 2 GSG erforderliche Ausführungsgesetz, so dass die Vorschrift keine praktischen Auswirkungen hatte. Das Bundesministerium der Finanzen hatte gegen die Einbeziehung der Sozialhilfeempfänger in die Versicherungspflicht der Gesetzlichen Krankenversicherung erhebliche Bedenken, da es auf Grund der Einbeziehung der Krankenversicherungsbeträge in die Berechnung des steuerrechtlich freizustellenden Existenzminimums einen erheblichen Steuerausfall errechnet hatte.[14] 9

Durch Anfügung der Absätze 2-7 in § 264 SGB V wollte der Gesetzgeber die betroffenen Hilfeempfänger den gesetzlichen Krankenversicherten zwar nicht mitgliedschaftsrechtlich – wie noch in Art. 28 GSG vorgegeben –, wohl aber leistungsrechtlich und verfahrensmäßig gleichstellen. Letzteres sollte durch den Anspruch der Betroffenen auf Ausstellung einer Krankenversichertenkarte sichergestellt 10

---

[8] BGBl I 2005, 818.

[9] BT-Drs. 16/3100.

[10] BT-Drs. 16/4200 bzw. BT-Drs. 16/4247.

[11] BVerfG v. 03.04.2001 - 1 BvR 81/98 - SozR 3-3300 § 20 Nr. 6.

[12] BGBl I 1992, 2266.

[13] LSG NRW v. 26.04.2006 - L 11 KR 8/06.

[14] *Huck* in: Hauck, Sozialgesetzbuch – SGB V Kommentar, § 264 Rn. 6.

werden.[15] Der Gesetzgeber wollte durch die Ergänzung des § 264 SGB V den gegen die Umsetzung des Art. 28 GSG vorgebrachten Bedenken Rechnung tragen und zugleich das grundsätzliche Anliegen des Art. 28 GSG aufgreifen, eine Krankenbehandlung der Sozialhilfeempfänger sicherzustellen. Das Vorhaben, diesen Personenkreis in die Versicherungspflicht einzubeziehen, hat der Gesetzgeber damit allerdings aufgegeben.[16]

III. Parallelvorschrift

11 Gemäß § 51a KVLG 1989[17] ist § 264 Abs. 2-7 SGB V für die Übernahme der Krankenbehandlung für Nicht-Versicherungspflichtige gegen Kostenerstattung entsprechend anzuwenden.

IV. Literaturhinweise

12 *Hauck*, Sozialgesetzbuch, Gesetzliche Krankenversicherung, Kommentar, Loseblatt; Janas, Menschen ohne Krankenversicherung in Deutschland, ErsK 2006, 28ff.; *Kostorz/Wahrendorf*, Hilfe bei Krankheit für Sozialhilfeempfänger – Neuerungen im BSHG und im SGB V durch das GKV-Modernisierungsgesetz ZfSH/SGB 2004, 387 ff.; *Löcher*, Hilfen zur Gesundheit, ZfS 2006, 78 ff.; *Maaßen/Schermer/Wiegand/Zipperer*, SGB V, Gesetzliche Krankenversicherung, Kommentar, Loseblatt; *Noell/ Deisler*, Die Krankenversicherung der Landwirte, 2001; *Marburger*, Leistungen der gesetzlichen Krankenversicherung für Empfänger von Sozialhilfe, ZAP Fach 18, 903 ff.; *ders.*, Empfänger von Sozialhilfe und Asylbewerberleistungen – Betreuung durch die Krankenkassen, WzS 2004, 289; *Waibel*, Geldleistungen zur Sicherung notwendigen Lebensunterhalts nach SGB II und SGB XII und Sozialversicherung der Leistungsbezieher, WzS 2005, 204 ff.

V. Systematische Einordnung

1. Allgemeines

13 § 264 SGB V ist Bestandteil des Achten Kapitels des SGB V – Finanzierung – und schließt dort den Dritten Abschnitt „Verwendung und Verwaltung der Mittel" ab. Rechtssystematisch ist die Vorschrift schon vor ihrer Ergänzung durch das GMG[18] an dieser Stelle ein Fremdkörper gewesen, da sie sich nicht auf die Betriebsmittel, die Rücklagen und das Verwaltungsvermögen der Krankenkassen bezieht. Systematisch gehört die Übernahme der Krankenbehandlung für bestimmte, nicht gesetzlich gegen Krankheit versicherte Personen in das Dritte Kapitel „Leistungen der Krankenversicherung".

2. Verhältnis zu § 37 BSHG/§ 48 SGB XII

14 Die Regelungen zur Krankenbehandlung nach § 264 SGB V gehen Ansprüchen auf Krankenhilfe nach § 37 Abs. 1 Satz 1 BSHG (seit 01.01.2005 a.K.) bzw. § 48 SGB XII vor (vgl. § 48 Satz 2 SGB XII).

15 Bis zum 31.12.2003 regelte § 38 Abs. 2 BSHG in seiner damaligen Fassung, dass der Träger der Sozialhilfe in Krankheitsfällen den notwendigen Bedarf in voller Höhe befriedigen musste, wenn finanzielle Eigenleistungen von Versicherten, insbesondere die Zahlung von Zuschüssen, die Übernahme nur eines Teils der Kosten oder eine Zuzahlung der Versicherten vorgesehen waren und nach den §§ 61, 62 SGB V eine vollständige oder teilweise Befreiung durch die Krankenkasse nicht erfolgte.[19] Für einen krankenversicherten Hilfeempfänger ergab sich daraus ein Anspruch auf Übernahme des von der Krankenversicherung nicht gedeckten Teils der Behandlungskosten.[20] § 38 Abs. 2 BSHG ist allerdings mit Wirkung vom 01.01.2004 durch Art. 28 Nr. 4c des Gesetzes zur Modernisierung der gesetzlichen Krankenversicherung – GMG – vom 14.11.2003[21] aufgehoben worden, so dass die Grundlage für die

---

15 Vgl. BT-Drs. 15/1525, S. 141.

16 So *Peters* in: KassKomm SGB, § 5 SGB V Rn. 148.

17 Vom 10.08.1972, BGBl I 1972, 1433.

18 BGBl I 2003, 2190.

19 § 38 Abs. 2 BSHG lautete: „Hilfen nach diesem Unterabschnitt müssen den im Einzelfall notwendigen Bedarf in voller Höhe befriedigen, wenn finanzielle Eigenleistungen der Versicherten, insbesondere 1. die Zahlung von Zuschüssen, 2. die Übernahme nur eines Teils der Kosten, 3. eine Zuzahlung der Versicherten vorgesehen sind und nach den §§ 61 und 62 SGB V eine vollständige oder teilweise Befreiung durch die Krankenkasse nicht erfolgt; dies gilt für Betriebsmittelkosten bei Hilfsmitteln entsprechend. Notwendige Kosten für Fahrten einschließlich Krankentransportleistungen werden entsprechend § 60 Abs. 1 bis 3 SGB V übernommen."

20 Vgl. BVerwG v. 30.09.1993 - 5 C 49/91 - BverwGE 94, 211 ff.

21 BGBl I 2003, 2190 ff.

Gewährung einmaliger Beihilfen für von den Leistungen der gesetzlichen Krankenkassen nicht umfassten Bedarf entfallen ist. An dessen Stelle bestimmt nunmehr § 37 Abs. 1 Satz 2 BSHG in der Fassung von Art. 28 Nr. 3 GMG, dass die Regelungen zur Krankenbehandlung nach § 264 SGB V, die nach den §§ 264 Abs. 2 Satz 1, Abs. 4 Satz 1 SGB V i.V.m. den §§ 61 und 62 SGB V Zuzahlungen der Versicherten bis zur Belastungsgrenze vorsehen, den Leistungen zur Hilfe bei Krankheit nach § 37 Satz 1 BSHG vorgehen (ab 31.12.2004: § 52 SGB XII). § 38 Abs. 1 Satz 1 HS. 2 BSHG, wonach die Hilfen den Leistungen der GKV zu entsprechen hatten, zumindest insoweit, als dass „in diesem Gesetz keine andere Regelung getroffen ist", ist ebenfalls durch Art. 28 Nr. 4b GMG[22] aufgehoben worden. Ein Rückgriff auf die allgemeine Regelung über die Gewährung von (auch einmaligen) Leistungen in § 21 BSHG ist daher nach umstrittener Ansicht nicht mehr möglich.[23]

Selbst wenn eine ergänzende Verpflichtung des Sozialhilfeträgers in Betracht gezogen wird, wäre gleichwohl die in § 37 Abs. 1 Satz 2 BSHG in der Fassung des GMG angeordnete Begrenzung des möglichen Leistungsumfangs entsprechend dem Dritten Kapitel, Fünften Abschnitt, Ersten Titel (§§ 27-43b) des SGB V zu beachten. Leistungen der (sozialhilferechtlichen) Krankenhilfe können allenfalls in der Art und in dem Umfang beansprucht werden, wie dies im Rahmen der gesetzlichen Krankenversicherung möglich wäre. 16

Gleichzeitig wurde durch Art. 29 GMG § 1 Abs. 1 Satz 2 der Regelsatzverordnung geändert und bestimmt, dass die Regelsätze nunmehr auch die Leistungen für Kosten bei Krankheit, bei vorbeugender und sonstiger Hilfe, soweit sie nicht nach den §§ 36-38 BSHG übernommen werden, umfassen. 17

Mit den dargestellten Änderungen des § 38 BSHG und der Regelsatzverordnung hat der Gesetzgeber festgelegt, dass die Kosten der Krankenbehandlung, soweit sie nicht von § 37 Abs. 1 Satz 2 BSHG i.V.m. § 264 SGB V erfasst sind, d.h. insbesondere die neu eingeführte Praxisgebühr (§ 28 Abs. 4 Satz 1 i.V.m. § 61 Satz 2 SGB V), die Zuzahlung für Arznei und Verbandmittelkosten (§ 31 Abs. 3 i.V.m. § 61 Satz 1 SGB V) sowie der vom Versicherten selbst zu tragende Fahrtkostenanteil (§§ 60, 61 SGB V), bis zur Belastungsgrenze aus dem Regelsatz gedeckt werden müssen.[24] Die sogenannte Belastungsgrenze, d.h. die maximale Höhe der Zuzahlungen im Kalenderjahr, ist in § 62 Abs. 1 Satz 2 SGB V geregelt und beträgt 2% der jährlichen Bruttoeinnahmen zum Lebensunterhalt, für chronisch Kranke, die wegen derselben schwerwiegenden Krankheit in Dauerbehandlung sind, 1% der jährlichen Bruttoeinnahmen zum Lebensunterhalt. Wird während des Jahres die Belastungsgrenze erreicht, hat die Krankenkasse eine Bescheinigung über die Befreiung von weiteren Zuzahlungen für den Rest des Kalenderjahres zu erteilen (§ 62 Abs. 1 Satz 1 HS. 2 und Abs. 3 SGB V). Für den in § 264 SGB V genannten Personenkreis sieht § 62 Abs. 2 Satz 5 SGB V vor, dass als Bruttoeinnahmen zum Lebensunterhalt für die gesamte Bedarfsgemeinschaft nur der Regelsatz des Haushaltsvorstandes nach der Verordnung zur Durchführung des § 22 BSHG (Regelsatzverordnung) maßgeblich ist. Das bedeutet, dass Empfänger von Hilfe zum Lebensunterhalt einen Eigenanteil in Höhe von 2%, chronisch Kranke einen Eigenanteil von 1% des Regelsatzes eines Haushaltsvorstandes als Zuzahlung aufbringen müssen.[25] Der Regelsatz enthält auch die Leistungen für Kosten bei Krankheit, für vorbeugende und sonstige Hilfe, soweit sie nicht nach den §§ 36-38 BSHG übernommen werden. Diese Kosten werden nun nicht der Situation der besonderen Lebenslagen, sondern der allgemeinen Hilfe zum Lebensunterhalt zugerechnet. Die Erstattung der Praxisgebühr kann auf der Grundlage von § 21 BSHG nicht erfolgen, da die Gewährung einmaliger Leistungen zur Deckung des Regelbedarfs grundsätzlich ausgenommen ist. Verfassungsrechtlich ist die faktische Regelsatzsenkung nicht zu beanstanden. Gefordert wird, dass die Leistungen der Sozialhilfe eine soziale Ausgrenzung des Hilfebedürftigen verhindern sollen. Da jedes Mitglied der gesetzlichen Krankenkasse einen Eigenanteil zu leisten hat, entsteht keine Ungleichbehandlung, wenn der Hilfeempfänger ebenfalls diesen Eigenanteil aufbringen muss. Da alle Hilfeempfänger Zuzahlungen zu leisten haben, kommt ein Anspruch auf erhöhten Regelsatz nicht in Betracht, weil sie nicht geeignet sind, den Besonderheiten eines Einzelfalles zu genügen.[26] Mit der normativen Festlegung eines bestimmten Bedarfs als Regelbedarf scheidet jedoch die Möglichkeit aus, für diesen Bedarf (zusätzlich) einmalige Beihilfen zu gewähren.[27] 18

---

[22] BGBl I 2003, 2190.

[23] So OVG Lüneburg v. 09.03.2004 - 12 ME 64/04 - NJW 2004, 1817-1818; a.A.: VGH München v. 02.09.04 - 12 CE 04.979 - VGHE BY 57, 148-152; OVG Lüneburg v. 13.08.04 - 4 ME 224/04 - ZFSH/SGB 2004, 560-564.

[24] Ebenso VG Neustadt v. 17.02.2004 - 4 L 441/04.NW.

[25] Vgl. auch OVG Lüneburg v. 09.03.2004 - 12 ME 64/04 - NJW 2004, 1817-1818.

[26] VG Münster v. 08.06.2004 - 5 K 977/04.

[27] BVerwG v. 13.12.1990 - 5 C 17/88 - BVerwGE 87, 212 ff.

19 Eine Erweiterung der krankenversicherungsrechtlichen Leistungspflicht – und damit auch der sozialhilferechtlichen Anspruchsverbürgung nach § 37 Abs. 1 Satz 1BSHG/§ 48 SGB XII – auf Behandlungsmethoden, die sich erst im Stadium der Forschung oder Erprobung befinden und noch nicht dem allgemeinen Stand der medizinischen Erkenntnisse entsprechen, lässt das Gesetz selbst bei schweren und vorhersehbar tödlich verlaufenden Krankheiten grundsätzlich nicht zu. Dem Einwand, in solchen Fällen müsse ein individueller Heilversuch auch mit noch nicht ausreichend gesicherten Therapieverfahren möglich sein, kann deshalb nicht Rechnung getragen werden.[28]

20 Allerdings konnte in bestimmten Fällen weiterhin ein Anspruch nach § 21 Abs. 1a BSHG (seit 01.01.2005 a.K.) in Betracht kommen. Dies war insbesondere im Hinblick auf die Beschaffung von Brillen streitig. Der Gesetzesbegründung im GMG zu den §§ 37, 38 BSHG konnte nicht entnommen werden, dass der Gesetzgeber diesen früher der Krankenhilfe zugeordneten Bedarf gleichsam völlig „wegdefinieren" wollte. Ein medizinisch begründeter Bedarf konnte aber auch Bestandteil des notwendigen Lebensunterhalts (§ 12 BSHG) sein. Die Aufzählung der verschiedenen Bedarfsgruppen in § 12 Abs. 1 Satz 1 BSHG war auch nicht abschließend. Der Regelsatz (§ 1 Abs. 1 Regelsatzverordnung) umfasst zwar anteilig die im SGB V vorgesehenen Zuzahlungen bis zur Belastungsgrenze des § 62 SGB V, indes nicht Aufwendungen für Heilmittel, die nach dem Dritten Kapitel, Fünften Abschnitt, Ersten Teil SGB V vom Leistungsumfang der Krankenversicherung ausgeschlossen sind. Daraus folgt, dass der Bedarf der Anschaffung einer Brille (Gläser und/oder Brillengestell) des Hilfesuchenden vom Sozialhilfeträger durch Gewährung einer einmaligen Leistung (Beihilfe) nach § 21 Abs. 1a Nr. 6 BSHG zu decken ist.[29] Nach § 21 Abs. 2 Satz 1 BSHG sind einmalige Leistungen auch zu gewähren, wenn der Hilfesuchende zwar keine laufenden Leistungen zum Lebensunterhalt benötigt, den Lebensunterhalt jedoch aus eigenen Kräften und Mitteln nicht voll beschaffen kann. Art. 28 Nr. 3 und 4c sowie Art. 29 GMG stellen klar, dass notwendige Sehhilfen vom Leistungskatalog des Bundessozialhilfegesetzes erfasst werden, bzw. dass es sich dabei um einen sozialhilferechtlich anzuerkennenden Bedarf handelt, der durch Leistungen des Sozialhilfeträgers zu decken ist, wenn keine vorrangigen Leistungen insoweit gewährt werden können. Art. 29 GMG ist mit § 22 Abs. 1 Satz 1 BSHG nicht vereinbar, so dass § 1 Abs. 1 Satz 2 RegSatzV in der Fassung des Art. 29 GMG jedenfalls für die Zeit der auslaufenden Geltung des Bundessozialhilfegesetzes nicht anwendbar ist.[30]

21 Sozialhilfeempfänger hatten gegenüber dem Träger der Sozialhilfe auch keinen Anspruch auf Bewilligung von Krankenhilfe nach § 37 Abs. 1 BSHG für Fahrtkosten, die ihnen aus Anlass einer ambulanten ärztlichen Behandlung entstanden sind. Notwendige Kosten für die Fahrten einschließlich Krankentransportkosten wurden vormals (vor In-Kraft-Treten des GMG) nach § 38 Abs. 2 Satz 2 BSHG entsprechend § 60 Abs. 1-3 SGB V übernommen. Diese Restkostenübernahmegarantie des Sozialhilferechts wurde durch das GMG gänzlich mit dem Ziel der Gleichstellung von Sozialhilfeempfängern mit den Versicherten der GKV bei den Zuzahlungen gestrichen. In Betracht konnte aber die Gewährung einer einmaligen Beihilfe nach § 21 Abs. 1 BSHG kommen, wenn der Sozialhilfeempfänger im Kalenderjahr den Eigenanteil an den Kosten seiner gesundheitlichen Versorgung bereits aus der ihm bewilligten Hilfe zum Lebensunterhalt bis zur Belastungsgrenze nach § 62 Abs. 1 Satz 2 SGB V aufgebracht hat, er ferner keinen Anspruch auf Fahrtkostenerstattung gegen die Krankenkasse nach § 60 Abs. 1 Satz 3 SGB V i.V.m. § 8 der Krankentransportrichtlinien des Gemeinsamen Bundesausschusses (KrTRL) hat und schließlich die Fahrtkosten medizinisch notwendig sind.[31]

22 Die Begünstigung der Sozialhilfeempfänger über eine weite Interpretation des § 21 Abs. 1a BSHG hat ab dem 01.01.2005 allerdings keinen Raum mehr: Das seit diesem Zeitpunkt gültige Sozialhilferecht bestimmt, dass die einmaligen Leistungen pauschal mit in den Regelsatz einbezogen und in einem monatlichen Gesamtbetrag ausgezahlt werden (vgl. § 28 Abs. 1 SGB XII). Zwar gibt es auch weiterhin einige wenige Ausnahmen, also einmalige Leistungen, die nicht pauschal vom Regelsatz abgedeckt wer-

---

28 Vgl. BSG v. 28.03.2000 - B 1 KR 18/01 R - SozR 4-2500 § 135 Nr. 1.

29 VGH München v. 02.09.2004 - 12 CE 04.979 - VGHE BY 57, 148-152; OVG Lüneburg v. 13.08.2004 - 4 ME 224/04 - ZFSH/SGB 2004, 560-564. Selbst wenn man diese Auffassung nicht teilen wollte, käme die Gewährung einer einmaligen Leistung nach § 21 Abs. 1a BSHG in Betracht, weil der dort aufgeführte Katalog nicht abschließend ist, wie sich der Verwendung des Wortes „insbesondere" im Einleitungssatz entnehmen lässt.

30 VGH München v. 02.09.2004 - 12 CE 04.979 - VGHE BY 57, 148-152.

31 Im vorläufigen Rechtsschutzverfahren scheidet die Verpflichtung des Trägers der Sozialhilfe zur Bewilligung einer einmaligen Beihilfe regelmäßig aus, wenn die Fahrtkosten in zumutbarer Weise vorläufig anderweitig gedeckt werden können. VG Neustadt v. 31.08.2004 - 4 L 2124/04.NW - ZFSH/SGB 2004, 684-687.

den und gesondert gezahlt werden (vgl. § 31 SGB II). Diese Ausnahmefälle sind aber für den Krankheitsfall nicht einschlägig. Möglich ist dann nur noch ein Darlehen nach § 37 SGB XII bzw. § 23 SGB II.

B. Auslegung und Bedeutung der Norm

I. Regelungsgehalt

Die Vorschrift enthält in Absatz 1 die bereits vor dem 01.01.2004 vorhandene, in der Praxis allerdings kaum genutzte Ermächtigung der Krankenkassen, für nicht gesetzlich gegen Krankheit versicherte Arbeits- und Erwerbslose, andere Hilfeempfänger und durch das zuständige Bundesministerium näher bezeichnete Personen die Krankenbehandlung gegen Aufwandsersatz zu übernehmen. Hierbei handelt es sich um eine in das Ermessen der Krankenkasse gestellte Leistung im Einzelfall.[32] Es handelt sich insoweit um eine Auftragsangelegenheit außerhalb des gesetzlichen Aufgabenkreises der Krankenkassen. 23

Mit den Änderungen in § 264 SGB V durch das Gesetz zur Modernisierung der gesetzlichen Krankenversicherung (GMG) vom 14.11.2003[33] werden die Empfänger laufender Hilfe zum Lebensunterhalt und von Hilfe in besonderen Lebenslagen sowie die Empfänger laufender Leistungen nach § 2 des Asylbewerberleistungsgesetzes (Hilfeempfänger), die bisher nicht gesetzlich krankenversichert sind, leistungsrechtlich den gesetzlich Krankenversicherten gleichgestellt. Der Absatz 2 enthält insofern eine zwingende Leistungsverpflichtung der Krankenkassen. 24

Bei der Krankenbehandlung handelt es sich um einen feststehenden Begriff des SGB V (§§ 27-43b SGB V). Gemäß § 264 Abs. 4 Satz 1 SGB V gelten für die in Absatz 2 Satz 1 genannten Empfänger die §§ 11 Abs. 1, 61 und 62 SGB V entsprechend. Hieraus kann rechtssystematisch geschlussfolgert werden, dass insoweit nicht nur die §§ 27 ff. SGB V gelten, sondern auch die §§ 20-52 SGB V.[34] 25

Das Erstattungsverfahren nach § 264 SGB V beinhaltet keine echte Mitgliedschaft in der gesetzlichen Krankenversicherung. Die Zeiten zählen daher nicht als Anwartschaft für die freiwillige Krankenversicherung nach § 9 SGB V. Als Mitglieder einer Krankenversicherung gelten hingegen Pflichtversicherte (§ 5 SGB V, z.B. Arbeitnehmer, Rentner, Studierende, Empfänger von Arbeitslosenunterstützung), Familienversicherte (§ 10 SGB V, Ehepartner, Kinder ohne eigenes Einkommen) sowie freiwillig Weiterversicherte (§ 9 SGB V). 26

Der Gesetzgeber hat in den Absätzen 3-7 Verfahrens- und Erstattungsregelungen geschaffen, die sowohl die Pflichten und Rechte der Krankenkassen und der Träger der Sozialhilfe als auch der Betroffenen selbst festlegen. Die Formulierung des Absatzes 7, der von einer vierteljährlichen Erstattung der Aufwendungen der Krankenkassen durch die zuständigen Träger der Sozialhilfe spricht, soll die Vorgaben des Absatzes 1 – Ersatz der vollen Aufwendungen und Übernahme eines angemessenen Teils der Verwaltungskosten – erfüllen.[35] Die Leistungen werden von der Krankenkasse für die Sozialämter auf Grundlage der im SGB V enthaltenen Regelungen für die gesetzliche Krankenversicherung erbracht. Die Krankenkasse erhält dafür von den Sozialämtern jedoch keinen Mitgliedsbeitrag, sondern rechnet die ihr entstandenen Krankenbehandlungskosten vierteljährlich mit dem Sozialhilfeträger ab und erhält für diesen Abrechnungsaufwand vom Sozialamt auch noch eine Vergütung von bis zu 5% der erbrachten Leistungen. Nach § 264 Abs. 7 SGB V kann der zuständige Träger der Sozialhilfe bei Anhaltspunkten für eine unwirtschaftliche Leistungserbringung von der Krankenkasse eine Prüfung der Angemessenheit der Aufwendungen verlangen und sich nachweisen lassen. 27

II. Erläuterung und Zweck der Norm

1. Begünstigter Personenkreis des Absatzes 1

Zu dem Personenkreis, der durch die Krankenkassen nach § 264 Abs. 1 SGB V begünstigt werden kann, gehören: 28

- Arbeitslose, die nicht gleichzeitig gegen Krankheit nach § 5 SGB V versichert sind, die also weder Arbeitslosengeld noch Unterhaltsgeld nach den §§ 117, 153 ff. SGB III noch Arbeitslosengeld II nach § 19 SGB II beziehen,

---

[32] *Huck* in: Hauck, Sozialgesetzbuch – SGB V Kommentar, § 264 Rn. 3.
[33] BGBl I 1990, 2190.
[34] *Huck* in: Hauck, Sozialgesetzbuch – SGB V Kommentar, § 264 Rn. 4.
[35] *Huck* in: Hauck, Sozialgesetzbuch – SGB V Kommentar, § 264 Rn. 5.

- Erwerbslose, die nicht als Arbeitnehmer dem Arbeitsmarkt zur Verfügung stehen und daher auch nicht gesetzlich krankenversichert sind,
- Bezieher von Grundsicherung im Alter und bei Erwerbsminderung nach § 41 SGB XII, die nicht weiterversichert sind,
- nicht erwerbsfähige Angehörige, die mit nicht erwerbsfähigen Hilfebedürftigen in Bedarfsgemeinschaft leben und Sozialgeld nach § 28 SGB II erhalten, soweit sie nicht familienversichert nach § 10 SGB V sind,
- vom Bundesministerium für Gesundheit bezeichnete Personenkreise.

29 Wegen der Versicherungspflicht der Bezieher von Leistungen aus der Arbeitslosenversicherung (§ 5 Abs. 1 Nr. 2 SGB V) und wegen der Sonderregelungen in den Absätzen 2-7 für Empfänger von Sozialhilfe und Asylbewerber ist der Anwendungsbereich des Absatzes 1 stark eingeschränkt.[36]

2. Rechtsnatur der Leistung nach Absatz 2

30 Durch die Aufnahme des Absatzes 2 in § 264 SGB V hat der Gesetzgeber kein Versicherungsverhältnis oder Quasi-Versicherungsverhältnis, sondern nur ein leistungsrechtliches Verhältnis zwischen den leistungsverpflichteten Krankenkassen und den von ihnen begünstigten Hilfeempfängern begründen wollen.[37]

31 Durch die Regelungen in § 264 Abs. 2-7 SGB V wird ein gesetzliches Auftragsverhältnis im Sinne des § 93 SGB X begründet. Für dieses gesetzliche Auftragsverhältnis gelten neben den konkreten Regelungen in § 264 Abs. 2-7 SGB V die in § 89 Abs. 3 und 5 SGB X sowie § 91 Abs. 1 und 3 SGB X enthaltenen Regelungen über die Ausführung des Auftrages und die Erstattung von Aufwendungen.

32 Auftraggeber für die Leistungserbringung durch die Krankenkassen sind die zuständigen Träger der Sozialhilfe. Dies sind die Kommunen, die Landkreise und die überörtlichen Träger der Sozialhilfe. Diese sind verpflichtet, den Krankenkassen die Personen, die auftragsweise mit Leistungen versorgt werden sollen, sowie den Beginn und das Ende der auftragsweisen Leistungserbringung mitzuteilen.

3. Begünstigter Personenkreis des Absatzes 2

33 Nach § 264 Abs. 2 Satz 1 SGB V sind ab 01.01.2004 grundsätzlich alle Hilfeempfänger, die nach dem Dritten bis Neunten Kapitel des SGB XII oder nach § 2 des Asylbewerberleistungsgesetz (AsylbLG) laufende Leistungen erhalten und nicht auf Grund anderer Vorschriften selbst (familien-)versichert sind, von den Krankenkassen mit Leistungen der Krankenbehandlung zu versorgen. Sie sind insofern leistungsrechtlich den gesetzlich Krankenversicherten gleichgestellt.

34 Durch das GKV-WSG[38] werden die Krankenkassen verpflichtet, künftig die Krankenbehandlung auch für nicht gesetzlich krankenversicherte junge Menschen sicherzustellen, die im Rahmen einer Jugendhilfeleistung nach dem SGB VIII Krankenhilfeleistungen erhalten. Erfasst werden hierbei alle Fälle der Krankenhilfe, auch die nach den §§ 19 und 21 SGB VIII. Die Kinder und Jugendlichen werden, wie bereits Empfänger von Leistungen nach dem SGB XII und des AsylbLG, leistungsrechtlich den in der GKV Versicherten gleichgestellt. Die Kosten werden den Krankenkassen von den Trägern der Jugendhilfe erstattet. Auch die Hilfeempfänger erhalten eine Versichertenkarte.

35 Nach § 21 Satz 1 SGB XII stehen Personen, die nach dem SGB II dem Grunde nach leistungsberechtigt sind, grundsätzlich keine Leistungen für den Lebensunterhalt nach dem SGB XII zu.[39] Dem Wortlaut dieser Vorschrift folgend genügt es, wenn die Person dem Grunde nach leistungsberechtigt gemäß den Bestimmungen des SGB II ist, um Leistungen nach dem SGB XII auszuschließen.[40] Ist eine Person

---

[36] *Peters*, Handbuch der Krankenversicherung, § 264 SGB V Rn. 3.

[37] Vgl. BT-Drs. 15/1525, S. 141.

[38] BGBl I 2007, 378.

[39] Nach § 21 Satz 1 SGB XII erhalten Personen, die nach dem SGB II leistungsberechtigt sind – vom Ausnahmefall des § 34 SGB XII abgesehen –, keine Leistungen für den Lebensunterhalt nach dem SGB XII; eine entsprechende Ausschlussregelung ist in § 5 Abs. 2 Satz 1 SGB II vorgesehen. Leistungen nach dem SGB II erhalten gemäß § 7 Abs. 1 Satz 1 SGB II Personen, die u.a. das 15. Lebensjahr vollendet und das 65. Lebensjahr noch nicht vollendet haben, erwerbsfähig sind und hilfebedürftig sind. Nach der gesetzlichen Definition in § 8 Abs. 1 SGB II ist erwerbsfähig, wer nicht wegen Krankheit oder Behinderung auf absehbare Zeit außerstande ist, unter den üblichen Bedingungen des allgemeinen Arbeitsmarktes mindestens drei Stunden täglich erwerbsfähig zu sein. Solange seine Erwerbsfähigkeit noch nicht zweifelsfrei geklärt ist, erhält er einstweilen Leistungen der Grundsicherung für Arbeitsuchende nach dem SGB II. Vgl. hierzu LSG Baden-Württemberg v. 01.06.2005 - L 7 SO 1840/05 ER-B - FEVS 57, 170-172.

[40] Bay. LSG v. 25.01.2005 - L 11 AR 3/05.

dem Grunde nach leistungsberechtigt nach den Bestimmungen des SGB II, hat sie nach § 5 Abs. 1 Nr. 2a SGB V einen Anspruch auf Pflichtmitgliedschaft in der gesetzlichen Krankenversicherung. Wird im Nachhinein festgestellt, dass ein Hilfeempfänger nicht nach dem SGB II, sondern nach dem SGB XII leistungsberechtigt ist, ist ihm nicht Krankenhilfe nach § 48 SGB XII, sondern es sind ihm Leistungen der freiwilligen Krankenversicherung nach dem SGB V zu gewähren.[41]

Liegt ein ununterbrochener tatsächlicher SGB II-Leistungsbezug für mindestens zwölf Monate unmittelbar vor dem Ausscheiden aus der Versicherungspflicht in der gesetzlichen Krankenversicherung vor, besteht ein Anspruch auf Durchführung einer freiwilligen Weiterversicherung nach § 9 SGB V. Ein unrechtmäßiger Arbeitslosengeld-II-Bezug kann grundsätzlich nur bei Aufhebung der Leistungsbewilligung durch den Träger der Grundsicherung zum Ausschluss der Vorversicherungszeit führen. Den Krankenkassen steht insoweit kein eigenständiges Prüfungsrecht auf Überprüfung der Rechtmäßigkeit des Arbeitslosengeld-II-Bezugs zu. 36

Ausdrücklich ausgenommen sind nach Absatz 2 Satz 2: 37

- diejenigen Hilfeempfänger, die voraussichtlich nicht mindestens einen Monat ununterbrochen Hilfe zum Lebensunterhalt beziehen,
- Personen, die ausschließlich Leistungen der Fach- und Schuldnerberatung nach § 11 Abs. 5 Satz 3 SGB XII (bis 31.12.2004: § 17 BSHG) beziehen,
- Personen, die ausschließlich Leistungen zur Alterssicherung nach § 33 SGB XII (bis 31.12.2004: § 14 BSHG) beziehen sowie
- deutsche Leistungsempfänger, die ihren gewöhnlichen Aufenthalt im Ausland haben (§ 24 SGB XII, bis 31.12.2004: § 119 BSHG).

Den Ausschluss der Hilfeempfänger, die voraussichtlich nicht mindestens einen Monat ununterbrochen Hilfe zum Lebensunterhalt beziehen, hat der Gesetzgeber aus Praktikabilitätsgründen vorgenommen.[42] 38

4. Ausübung des Wahlrechts (Absatz 3 Sätze 1 und 2)

Die in die Übernahme einbezogenen Empfänger haben nach Satz 1 ein Kassenwahlrecht, aber auch eine Kassenwahlpflicht („haben unverzüglich zu wählen"). 39

Die in § 264 Abs. 2 Satz 1 SGB V genannten Empfänger haben unverzüglich – das heißt ohne schuldhaftes Zögern – eine Krankenkasse im Bereich des für die Hilfe zuständigen Sozialhilfeträgers zu wählen, die ihre Krankenbehandlung übernimmt. Hiermit ermöglicht das Gesetz den betroffenen Leistungsempfängern ein dem Wahlrecht der Versicherungspflichtigen und Versicherungsberechtigten entsprechendes allgemeines Wahlrecht gemäß § 173 SGB V und auch ein besonderes Wahlrecht gemäß § 174 SGB V. Leben mehrere Empfänger in häuslicher Gemeinschaft, wird das Wahlrecht vom Haushaltsvorstand für sich und für die Familienangehörigen ausgeübt, die bei Versicherungspflicht des Haushaltsvorstands nach § 10 SGB V versichert wären. Hieraus folgt, dass der Haushaltsvorstand das Wahlrecht für seine Familie nur ausüben kann, wenn diese mit ihm in häuslicher Gemeinschaft lebt. Wird das Wahlrecht nach den Sätzen 1 und 2 nicht ausgeübt, gelten § 28i SGB IV und § 175 Abs. 3 Satz 2 SGB V entsprechend. 40

In rechtlicher Hinsicht ist dieser Aufnahmeantrag eine (öffentlich-rechtliche) empfangsbedürftige Willenserklärung, welche mit Zugang bei der gewählten Krankenkasse wirksam wird.[43] Die Ausübung des Wahlrechts hat zur Folge, dass die Krankenkasse zur Übernahme der Krankenbehandlung verpflichtet ist. Eine Ablehnung ist ihr gemäß § 175 Abs. 1 Satz 2 SGB V verwehrt. 41

Unverzüglich, das heißt ohne schuldhaftes Zögern, ist das Wahlrecht ausgeübt, wenn der Leistungsempfänger von ihm innerhalb von zwei Wochen nach Einsetzen der Hilfeleistung nach dem SGB XII oder der Asylbewerberleistung Gebrauch macht (vgl. § 175 Abs. 3 Satz 2 SGB V). Die Träger der Sozialhilfe haben im Rahmen ihrer Beratungs- und Unterstützungsaufgabe (§ 11 SGB XII) die Hilfeempfänger über ihr Wahlrecht zu informieren.[44] Diese Informationspflicht muss objektiv und neutral erfolgen. Insbesondere darf der Sozialhilfeträger keine Hinweise oder Empfehlungen aussprechen, die die Wahlentscheidung der Hilfeempfänger beeinflussen. 42

---

[41] LSG NRW v. 29.08.2006 - L 20 B 77/06 SO ER - Breith 2007, 167-172.

[42] BT-Drs. 15/1525, S. 140.

[43] *Hauck* in: Hauck/Haines, Kommentar zum SGB V, § 175 Rn. 3, 7.

[44] *Huck* in: Hauck, Sozialgesetzbuch – SGB V Kommentar, § 264 Rn. 17.

43 Als wählbare Krankenkassen kommen diejenigen in Betracht, die im Bereich des zuständigen Trägers der Sozialhilfe ihren Sitz haben. Dies können sowohl die in § 173 SGB V als auch die in § 174 SGB V genannten Krankenkassen sein. Die Wahlmöglichkeit erstreckt sich auch auf geschlossene Betriebskrankenkassen. Für diese ist maßgebend der in der Satzung bestimmte Sitz der Betriebskrankenkasse. Im Gesetzestext sind keine Beschränkungen zur Ausübung des Wahlrechts durch den Hilfeempfänger enthalten, insbesondere nicht solche, wie sie z.B. für Versicherte der GKV in § 173 SGB V vorgesehen sind. Daher kann jede Krankenkasse, deren Kassenbezirk sich auf den örtlichen Zuständigkeitsbereich des jeweiligen Sozialhilfeträgers erstreckt, von den Hilfeempfängern für die auftragsweise Leistungserbringung gewählt werden.

44 Die Wirksamkeit dieser Wahlentscheidung wird nicht dadurch beeinträchtigt, dass diese zunächst nicht gegenüber der Krankenkasse, sondern gegenüber der Kreisverwaltung erklärt wird.[45] Die Wahl muss gegenüber der gewählten Krankenkasse nicht höchstpersönlich erklärt werden, sondern kann auch durch einen Stellvertreter erfolgen.[46] Nach § 16 Abs. 1 SGB I sind Anträge auf Sozialleistungen zwar beim zuständigen Leistungsträger zu stellen, sie werden jedoch auch von allen anderen Leistungsträgern, von allen Gemeinden und bei Personen mit Aufenthaltsort im Ausland von den amtlichen Vertretungen der Bundesrepublik Deutschland im Ausland entgegengenommen. Nach § 16 Abs. 2 Satz 2 SGB I gilt dabei der Antrag als zu dem Zeitpunkt gestellt, in dem er bei den oben genannten Stellen eingegangen ist. Zwar bezieht sich die Vorschrift nach ihrem Wortlaut nur auf Anträge auf Sozialleistungen, während es vorliegend um eine Wahlerklärung geht. Nach der ständigen Rechtsprechung des BSG ist diese Vorschrift aber im Wege der Lückenfüllung entsprechend auf andere Anträge anzuwenden, die für die Stellung als Versicherter Bedeutung haben.[47] Dementsprechend hat das BSG § 16 SGB I auch auf den Fall einer Erklärung angewandt, mit der ein Versicherter der gesetzlichen Krankenversicherung freiwillig beitrat.[48] Diese Rechtsprechung ist zu § 310 Abs. 1 Satz 3 RVO ergangen, wonach „der Beitritt durch schriftliche oder mündliche Anmeldung beim Vorstand oder der Meldestelle der Kasse" geschehen konnte. Es gibt keinen Gesichtspunkt, weshalb im Hinblick auf § 175 Abs. 1 SGB V, wonach die Ausübung des Wahlrechts „gegenüber der gewählten Krankenkasse" zu erklären ist, etwas anderes gelten sollte. Insbesondere lässt sich aus § 175 Abs. 3 SGB V kein anderes Ergebnis herleiten. Nach dieser Vorschrift haben Versicherungspflichtige der zur Meldung verpflichteten Stelle unverzüglich eine Mitgliedsbescheinigung vorzulegen. Wird die Mitgliedsbescheinigung nicht spätestens zwei Wochen nach Eintritt der Versicherungspflicht vorgelegt, hat die nach den §§ 198 ff. SGB V zur Meldung verpflichtete Stelle den Versicherungspflichtigen ab Eintritt der Versicherungspflicht bei der Krankenkasse anzumelden, bei der zuletzt eine Versicherung bestand bzw., wenn vor Eintritt der Versicherungspflicht keine Versicherung bestand, den Versicherungspflichtigen bei einer wählbaren Krankenkasse anzumelden (§ 175 Abs. 3 Sätze 1 und 2 SGB V). Sinn und Zweck dieser Regelung ist, kurzfristig Klarheit über die für die Durchführung der Pflichtversicherung zuständige Krankenkasse herzustellen. Macht der Versicherte von seinem Wahlrecht innerhalb der Frist von zwei Wochen keinen Gebrauch, tritt an die Stelle seines Wahlrechts die Anmeldepflicht der meldepflichtigen Stelle.[49] Vorrangig ist aber zunächst stets zu klären, ob der Versicherte innerhalb der zweiwöchigen Frist eine Krankenkasse gewählt hat. Die Pflicht zur Vorlage der Mitgliedsbescheinigung der gewählten Krankenkasse bei der meldepflichtigen Stelle innerhalb der Zwei-Wochen-Frist hat nämlich nicht die Bedeutung, dass nur hierdurch der Beitritt zu der gewählten Krankenkasse wirksam wird, sondern dient lediglich dazu, gegenüber der meldepflichtigen Stelle die vorgenommene Krankenkassenwahl nachzuweisen. Hat der Versicherte fristgerecht eine wählbare Krankenkasse gewählt und versäumt er es lediglich, die Mitgliedsbescheinigung rechtzeitig bei der meldepflichtigen Stelle vorzulegen, so bleibt die getroffene Wahl dennoch wirksam, weil diese Wahlentscheidung dem Verfahren nach § 175 Abs. 3 SGB V vorgeht.[50] Erst recht gilt dies, wenn der Versicherte eine Wahl innerhalb der Zwei-Wochen-Frist unmittelbar gegenüber der meldepflichtigen Stelle vornimmt und diese die Wahlentscheidung des Versicherten an die gewählte Krankenkasse weiterleitet.

45 LSG Hessen v. 22.08.2005 - L 8 KR 113/05 ER - MedR 2005, 713.
46 *Peters* in: KassKomm SGB, § 175 SGB V Rn. 7.
47 BSG v. 22.09.1988 - 2/9b RU 36/87 - SozR 2200 § 545 Nr. 8.
48 BSG v. 14.04.1983 - 8 RK 9/81 - SozR 1200 § 16 Nr. 8.
49 *Peters* in: KassKomm SGB, § 175 SGB V Rn. 25.
50 *Baier* in: Krauskopf, Soziale Krankenversicherung, § 175 Rn. 19.

Wählt der Hilfeempfänger für sich und seine ggf. im Familienhaushalt lebenden Angehörigen keine Krankenkasse, so ist der Sozialhilfeträger nach § 264 Abs. 3 Satz 3 SGB V in entsprechender Anwendung des § 175 Abs. 3 Satz 2 SGB V verpflichtet, zwei Wochen nach Feststellung der Voraussetzungen nach § 264 Abs. 2 SGB V die zu betreuenden Hilfeempfänger derjenigen Krankenkasse „zuzuweisen“, bei der zuletzt eine Versicherung (Mitgliedschaft oder Familienversicherung) in der gesetzlichen Krankenversicherung bestanden hat. Dies bedeutet, dass der Sozialhilfeträger verpflichtet ist, beim Hilfeempfänger zu ermitteln, bei welcher Krankenkasse er vor dem Bezug von Leistungen nach dem BSHG/SGB XII bzw. dem AsylbLG zuletzt versichert war. Diese Krankenkasse hat die auftragsweise Leistungserbringung durchzuführen. Hat der Hilfeempfänger keine Krankenkasse gewählt und bestand vor Bezug von Leistungen nach dem BSHG/SGB XII oder dem AsylbLG zu keinem Zeitpunkt eine Versicherung in der gesetzlichen Krankenversicherung oder ist eine solche Versicherung nicht mit vertretbaren Mitteln (z.B. Klärung anhand der Aktenlage des Sozialhilfeträgers) feststellbar, so hat der Sozialhilfeträger eine in seinem Zuständigkeitsbereich für die auftragsweise Leistungserbringung wählbare Krankenkasse mit der Betreuung des Hilfeempfängers – ggf. auch seiner Haushaltsangehörigen – zu beauftragen. Bei dieser Beauftragung der Krankenkassen haben die Sozialhilfeträger zum Schutz der Überforderung einzelner Krankenkassen für eine faire Verteilung der Betreuungsfälle auf alle wählbaren Krankenkassen Sorge zu tragen und im Zweifelsfalle alle betroffenen Krankenkassen über die Verteilung der Betreuungsfälle zu informieren. Auf Verlangen der Krankenkasse hat der Sozialhilfeträger der beauftragten Krankenkasse nachzuweisen, aus welchem Grunde ihre Zuständigkeit für die auftragsweise Betreuung angenommen wurde. 45

5. Meldung des Sozialhilfeträgers an die Krankenkasse (Absatz 3 Satz 3)

Satz 3 regelt den Fall, dass das Wahlrecht nicht (oder nicht unverzüglich) ausgeübt wird. Dann gelten § 28i SGB IV und § 175 SGB V entsprechend. 46

Die Meldepflicht nach § 264 Abs. 3 Satz 3 SGB V trifft den Träger der Sozialhilfe. Damit die Krankenkassen die nach § 264 Abs. 2 SGB V anspruchsberechtigten Personen mit Leistungen der Krankenbehandlung versorgen können, müssen die kreisfreien Städte, Landkreise, die für das AsylbLG zuständigen Kommunen und die überörtlichen Träger der Sozialhilfe (Sozialhilfeträger) jeden berechtigten Hilfeempfänger bei den Krankenkassen anmelden. Diese Anmeldung muss mindestens folgende personenbezogene Daten des Hilfeempfängers enthalten: 47

- Name, Vorname,
- Geburtsdatum, Geschlecht, Staatsangehörigkeit,
- Adresse,
- Beginn (ggf. Ende) der auftragsweisen Leistungserbringung durch die Krankenkasse,
- Art der Hilfeleistung (Leistung nach SGB XII oder AsylbLG)
- sowie die für den Hilfeempfänger ggf. bereits bekannte Rentenversicherungsnummer.

Darüber hinaus ist es erforderlich, für die Hilfeempfänger, die mit einem Haushaltsvorstand in häuslicher Gemeinschaft leben und – bei Versicherungspflicht des Haushaltsvorstandes in der GKV – Anspruch auf Familienversicherung nach § 10 SGB V hätten, den konkreten Bezug zwischen Haushaltsvorstand und seinen Angehörigen zu übermitteln, auch wenn nach Anmeldung des Haushaltsvorstandes erst zu einem späteren Zeitpunkt Angehörige hinzukommen (z.B. Geburt eines Kindes). Dies ist insbesondere wegen der in § 264 Abs. 4 SGB V vorgesehenen Statusunterscheidungen auf der Krankenversichertenkarte sowie für die Vergütung ärztlicher Leistungen (Kopfpauschale für den Haushaltsvorstand) erforderlich. Darüber hinaus benötigen die Krankenkassen ein einheitliches Identifizierungsmerkmal für den jeweiligen Sozialhilfeträger. Dieses ist das Institutionskennzeichen (IK). Grundsätzlich gilt, dass die Krankenkasse die Leistungen für Hilfeempfänger erst ab dem Zeitpunkt durchführen kann, an dem ihr die persönlichen Meldedaten vom Sozialhilfeträger vorliegen. Damit scheidet grundsätzlich eine Leistungserbringung für vergangene Zeiträume aus. Ausnahmen sind nur nach vorheriger Abstimmung zwischen Krankenkasse und Sozialhilfeträger möglich. 48

6. Art und Umfang des Leistungsanspruches (Absatz 4 Satz 1)

§ 264 Abs. 4 Satz 1 SGB V erklärt mit seinem Hinweis auf § 11 Abs. 1 SGB V den dort genannten Leistungskatalog für anwendbar. 49

Durch die gesetzliche Neuregelung des GMG wurden somit die Hilfeempfänger den gesetzlich Krankenversicherten leistungsrechtlich nach Art, Umfang, Inhalt und Höhe der Leistung (§§ 20-60 SGB V) grundsätzlich gleichgestellt. Dies gilt auch für die in der Satzung der jeweiligen Krankenkasse enthaltenen Leistungen, die ggf. über den gesetzlichen Leistungsumfang hinausgehen. Hilfeempfänger erhal- 50 ten auch die nach den §§ 196-199 RVO (§§ 26-28 KVLG 1989) vorgesehenen Leistungen bei Schwangerschaft und Mutterschaft (Ärztliche Betreuung, Hebammenhilfe, Stationäre Entbindung, Häusliche Pflege, Haushaltshilfe). Die Entgeltersatzleistungen Krankengeld und Krankengeld bei Erkrankung eines Kindes (§§ 24b, 44-51 SGB V) sowie Mutterschaftsgeld (§ 200 RVO, § 29 KVLG 1989) stehen Hilfeempfängern jedoch im Rahmen der Leistungserbringung nach § 264 Abs. 2 SGB V nicht zu. Bei den Leistungsarten, die von der Krankenkasse im Rahmen der Leistungserbringung nach § 264 Abs. 2 SGB V nur teilweise finanziert werden (u.a. Künstliche Befruchtung, Kieferorthopädische Behandlung), sollten die Hilfeempfänger darüber informiert werden, dass bereits im Vorfeld der Leistungserbringung die Klärung der weiteren Kostenübernahme mit dem Sozialhilfeträger erfolgen sollte.

51 Auch für Hilfeempfänger gelten die gesetzlichen Zuzahlungsregelungen (vgl. § 264 Abs. 4 Satz 1 SGB V). Für die Leistungserbringer (z.B. Apotheken, Ärzte, Krankenhaus) besteht eine Einzugspflicht der Zuzahlungen. Für die Leistungsarten Häusliche Krankenpflege, Haushaltshilfe, Soziotherapie und Rettungsdiensttransporte ist die Krankenkasse zur Einziehung der Zuzahlung verpflichtet. Dies gilt entsprechend auch für den Einzug dieser Zuzahlungen von Hilfeempfängern. Die Krankenkasse hat die Einziehung dieser Zuzahlungen grundsätzlich nach den gleichen Kriterien wie bei ihren Versicherten zu betreiben.

52 Für Hilfeempfänger gelten grundsätzlich die gleichen Regelungen zur Befreiung von Zuzahlungen wie für gesetzlich Krankenversicherte. Jedoch ist bei der Ermittlung der Belastungsgrenze als Bruttoeinnahmen zum Lebensunterhalt für die gesamte Bedarfsgemeinschaft (Haushaltsvorstand und Angehörige) nur der Regelsatz als Einnahme zum Lebensunterhalt zu berücksichtigen. Wenn die geleisteten Zuzahlungen die Belastungsgrenze erreicht haben, sind die Hilfeempfänger auf Antrag für den Rest des Kalenderjahres von weiteren Zuzahlungen zu befreien; evtl. über die Belastungsgrenze hinaus bereits entrichtete Zuzahlungen sind zu erstatten.

53 Welche Einnahmen der Versicherten zu den Bruttoeinnahmen zum Lebensunterhalt im Sinne des § 62 SGB V gehören, ergibt sich aus dem Gemeinsamen Rundschreiben zu Einnahmen zum Lebensunterhalt in der jeweils gültigen Fassung. Abweichend hiervon ist bei Versicherten,

- die Hilfe zum Lebensunterhalt oder Grundsicherung im Alter und bei Erwerbsminderung nach dem Zwölften Buch oder
- die ergänzende Hilfe zum Lebensunterhalt nach dem Bundesversorgungsgesetz oder nach einem Gesetz, das dieses für anwendbar erklärt, erhalten,
- bei denen die Kosten der Unterbringung in einem Heim oder einer ähnlichen Einrichtung von einem Träger der Sozialhilfe oder der Kriegsopferfürsorge getragen werden,
- sowie für den in § 264 SGB V genannten Personenkreis

unabhängig von im gleichen Zeitraum evtl. erzielten weiteren Einnahmen als Bruttoeinnahmen zum Lebensunterhalt für die gesamte Bedarfsgemeinschaft nur einmalig der Regelsatz des Haushaltsvorstands nach der Regelsatzverordnung anzusetzen (§ 62 Abs. 2 Satz 5 SGB V). Diesen Personenkreisen sind Empfänger von Pflegewohngeld nach § 12 Landespflegegesetz Nordrhein-Westfalen oder vergleichbaren Leistungen in anderen Bundesländern gleichgestellt.

54 Ein Empfänger von Grundleistungen nach § 3 AsylbLG fällt nicht unter die Mindestbelastungsgrenze des § 62 Abs. 2 Satz 5 SGB V. Er ist daher bei einem negativen Einkommen vom Eigenanteil an den Zuzahlungen zu Arzneimitteln zu befreien.

7. Krankenversicherungskarte (Absatz 4 Satz 2, Absatz 5 Satz 2)

55 § 264 Abs. 4 Satz 2 SGB V regelt, dass die Leistungsempfänger eine Krankenversichertenkarte nach § 291 SGB V erhalten. Als Versichertenstatus nach § 291 Abs. 2 Nr. 7 SGB V gilt für Empfänger bis zur Vollendung des 65. Lebensjahres die Statusbezeichnung „Mitglied". Der Sozialhilfeträger hat nach § 264 Abs. 5 Satz 2 SGB V die Verpflichtung, bei Ende des Betreuungsauftrages die dem Hilfeempfänger von der Krankenkasse zur Verfügung gestellte Krankenversichertenkarte einzuziehen und diese an die Krankenkasse zu übermitteln. Solange die Krankenversichertenkarte nicht übermittelt wurde, hat der Sozialhilfeträger der Krankenkasse alle Leistungsaufwendungen, die ggf. über den Tag der Beendigung des Betreuungsauftrages hinaus entstanden sind, zu erstatten. Entsprechendes gilt für ärztlich veranlasste Leistungen, die auch nach der Übergabe der Krankenversichertenkarte im selben Quartal veranlasst werden. Allerdings gilt die Erstattungspflicht nicht für Leistungsaufwendungen, die für genehmigungspflichtige Leistungen entstanden sind, wenn die für die Genehmigung zuständige Organisationseinheit der Krankenkasse nach dem Eingang der Abmeldung bei ihr noch eine Kostenübernah-

meerklärung ausgesprochen hat. Im Zweifelsfalle hat der Sozialhilfeträger der Krankenkasse nachzuweisen, dass die Krankenversichertenkarte eingezogen und der Krankenkasse wieder zur Verfügung gestellt wurde.[51]

8. Statusbezeichnung (Absatz 4 Sätze 3 und 4)

§ 264 Abs. 4 Satz 3 SGB V regelt, welche Hilfeempfänger die Statusbezeichnung „Mitglied" und welche die Statusbezeichnung „Rentner" bekommen. Satz 4 desselben Absatzes legt fest, welche Hilfeempfänger die Statusbezeichnung „Familienversicherte" erhalten. 56

9. Ende der Bedürftigkeit (Absatz 5)

Absatz 5 regelt zur Vermeidung von Missbräuchen verschiedene Maßnahmen, wenn die Hilfebedürftigkeit nach dem SGB II und damit die Übernahme der Krankenbehandlung durch die Krankenkasse endet. Hierzu hat nach Satz 1 der Träger der Sozialhilfe den Empfänger bei der jeweiligen Krankenkasse abzumelden. Nach Satz 2 hat der Träger der Sozialhilfe die Krankenversichertenkarte einzuziehen und an die Krankenkasse zu übermitteln. Für Aufwendungen, die der Krankenkasse durch die missbräuchliche Verwendung der Karte entstehen, ist der Träger der Sozialhilfe nach Satz 3 erstattungspflichtig. Eine Ausnahme hiervon ist für den Fall normiert, in welchem die Krankenkasse aufgrund von Gesetz oder Vertrag verpflichtet ist, ihre Leistungspflicht vor der Inanspruchnahme der Leistung zu prüfen. 57

10. Berücksichtigung bei der Bemessung der Vergütung (Absatz 6)

Die Versorgung der Hilfeempfänger ist bei der Bemessung der Vergütung nach § 85 SGB V bzw. § 85a SGB V (ab 01.04.2007 entfallen) zu berücksichtigen (vgl. § 264 Abs. 6 SGB V). Im Falle einer Berechnung der Gesamtvergütung nach mitgliederbezogener Kopfpauschale gelten die Empfänger als Mitglieder (§ 264 Abs. 6 Sätze 1 und 2 SGB V). 58

11. Erstattung der Leistungsaufwendungen nach Absatz 7

Die den Krankenkassen entstehenden Leistungsaufwendungen sind nach § 264 Abs. 7 SGB V von den Sozialhilfeträgern vierteljährlich zu erstatten. Die kommunalen Spitzenverbände, die Bundesarbeitsgemeinschaft der überörtlichen Träger der Sozialhilfe und die Spitzenverbände der Krankenkassen beabsichtigen, zu den Einzelheiten des Erstattungsverfahrens zwischen Krankenkassen und Sozialhilfeträgern zeitnah weitere gemeinsame Empfehlungen zu erarbeiten. Die Krankenkasse, die die Leistungen auftragsweise für den Sozialhilfeträger erbringt, rechnet die ihr entstandenen Aufwendungen spätestens nach Abschluss eines Quartals mit dem jeweiligen Sozialhilfeträger ab. In der Abrechnung sind die folgenden Abrechnungsdaten je Abrechnungsfall zu übermitteln: Abrechnungszeitraum, Leistungsaufwand und Verwaltungskosten. Die Leistungserbringer (Ärzte, Zahnärzte etc.) rechnen auf Basis der §§ 294 ff. SGB V die von ihnen erbrachten Leistungen mit der Krankenkasse bzw. den Kassenärztlichen Vereinigungen ab. Auf Grund dieser gesetzlichen Regelungen führen die Leistungserbringer und die Krankenkassen ihren Abrechnungs- und Zahlungsverkehr auf maschinellem Wege durch. Originalrechnungen und -verordnungen sind nur noch zum geringen Teil Grundlage dieser Abrechnungen. Diese auf maschinell verwertbaren Datenträgern übermittelten Abrechnungen stellen zahlungsbegründende Unterlagen dar. Sie sind bei den Krankenkassen vorhanden und können vom auftraggebenden Sozialhilfeträger im begründeten Zweifelsfall eingesehen werden. Bei den quartalsweise erfolgenden Abrechnungen werden keine zahlungsbegründenden Unterlagen versandt. Aufwendungen, die durch eine medizinische Stellungnahme eines Gutachters, z.B. des Medizinischen Dienstes der Krankenversicherung, entstehen, sind Leistungsausgaben der Krankenkasse und in entstandener Höhe zu erstatten. 59

Nach der Begründung des Gesetzesentwurfes sollen hierbei die Krankenkassen für den Bereich der vertragsärztlichen Versorgung bis zum Jahre 2005 die in Absatz 6 benannten Kopfpauschalen abrechnen können, welche unabhängig von der tatsächlichen Inanspruchnahme ärztlicher Leistungen zu entrichten sind. Das GMG[52] sah eine Reform der vertragsärztlichen Vergütung ab dem 01.01.2007 vor 60

[51] Gemeinsame Erläuterungen der Spitzenverbände der Krankenkassen zu der Ersten Gemeinsamen Empfehlung zur Umsetzung der Leistungserbringung nach § 264 Abs. 2-7 SGB V vom 13.11.2003. Zwischen den kommunalen Spitzenverbänden, der Bundesarbeitsgemeinschaft der überörtlichen Träger der Sozialhilfe und den Spitzenverbänden der Krankenkassen bestehen unterschiedliche Auffassungen über die im Zusammenhang mit der Einziehung der Krankenversichertenkarte nach § 264 Abs. 5 SGB V dem Sozialhilfeträger obliegenden Informations-, Übermittlungs- und Nachweispflichten sowie der Konsequenzen für die Erstattung der Aufwendungen.

[52] BGBl I 2003, 2190.

(Abschaffung der Budgetierung, Ersatz durch morbiditätsorientierte Regelleistungsvolumina). Die mit dem GMG vorgesehenen Regelungen zur Ablösung der vertragsärztlichen Gesamtvergütungen durch morbiditätsorientierte Regelleistungsvolumina konnten allerdings nicht umgesetzt werden, da der Bewertungsausschuss hierfür notwendige Beschlüsse nicht getroffen hat. Mit dem GKV-WSG[53] ist der Zeitpunkt der Vergütungsreform auf den 01.01.2009 verschoben und das künftige Vergütungsverfahren modifiziert worden.

61 Der Sozialhilfeträger hat den sich aus der Abrechnung ergebenden Betrag innerhalb von sieben Tagen nach Eingang der Abrechnung zu erstatten. Für die zur Ausführung des Auftrags erforderlichen Aufwendungen hat der Auftraggeber dem Beauftragten nach § 91 Abs. 3 SGB X auf Verlangen einen angemessenen Vorschuss zu zahlen. Diese Vorschüsse sind für die ersten beiden Monate im Quartal zum 15. des jeweiligen Monats vom Sozialhilfeträger an die zuständige Krankenkasse zu zahlen. Die Abschlagszahlungen werden bei der Quartalsabrechnung verrechnet. Die Höhe des Vorschusses ergibt sich grundsätzlich aus den durchschnittlichen Monatsausgaben des vorletzten Halbjahres der jeweiligen Krankenkasse pro Versichertem, multipliziert mit der Anzahl der am Monatsersten Betreuten zuzüglich 5% Verwaltungskosten. Alternativ kann auf dieser Basis für die Zukunft auch die Zahlung eines Vorschusses in fester Höhe vereinbart werden, der nur dann geändert wird, wenn im Laufe der Zeit auffällige Differenzen zu den tatsächlich aufgewendeten Leistungen zu verzeichnen sind.

62 Nach § 264 Abs. 7 SGB V sind als angemessene Verwaltungskosten einschließlich Personalaufwand für den Personenkreis nach § 264 Abs. 2 SGB V bis zu 5% der abgerechneten Leistungsaufwendungen festgelegt. Dies stellt eine Obergrenze für die zu erstattenden Verwaltungskosten dar. Die den Krankenkassen entstehenden Verwaltungskosten werden grundsätzlich nicht unterhalb dieser Grenze liegen. Daher ist prinzipiell jede Krankenkasse verpflichtet, einen Verwaltungskostenersatz in Höhe von 5% zu fordern. Der Sozialhilfeträger hat die bis zum Zeitpunkt der Abmeldung bzw. Rückgabe der eingezogenen Krankenversichertenkarte und ggf. darüber hinaus erbrachten Leistungen inkl. Verwaltungskosten bis zum Zeitpunkt der Abmeldung bzw. der Rückgabe der eingezogenen Krankenversichertenkarte der beauftragten Krankenkasse zu erstatten. Dies gilt auch dann, wenn für die Betreuungsperson ggf. rückwirkend eine Vorrangversicherung bei einer anderen Krankenkasse eingetreten ist. Erforderliche Schritte zur Durchsetzung etwaiger Erstattungsansprüche können die Krankenkassen wegen der fehlenden Aktivlegitimation nicht im Rahmen des gesetzlichen Betreuungsauftrages nach § 264 Abs. 2-7 SGB V durchführen.

12. Viertes Gesetz für moderne Dienstleistungen am Arbeitsmarkt vom 24.12.2003

63 Durch das Vierte Gesetz für moderne Dienstleistungen am Arbeitsmarkt vom 24.12.2003[54], welches mit Wirkung zum 01.01.2005 in Kraft trat, wird die Grundsicherung für erwerbsfähige Hilfebedürftige eingeführt und in einem eigenen Gesetzbuch – dem Zweiten Buch des SGB II – geregelt. Mit der Grundsicherung für Arbeitsuchende werden die bisherigen Sozialleistungen der Arbeitslosenhilfe und der Sozialhilfe zusammengeführt. Der Lebensunterhalt der erwerbsfähigen Hilfebedürftigen und der mit ihnen in einer Bedarfsgemeinschaft lebenden Personen wird durch pauschalierte, bedarfsdeckende Leistungen gesichert. Die Leistungen zur Bestreitung des Lebensunterhaltes lehnen sich – anders als die Arbeitslosenhilfe – nicht an die Regelungen zur Höhe des Arbeitslosengeldes an, sondern sind wie die Sozialhilfe bedarfsdeckend. Die daraus resultierende Sozialleistung wird als Arbeitslosengeld II gezahlt. Die Einbeziehung der Bezieher von Arbeitslosengeld II in die Sozialversicherung wird u.a. dadurch sichergestellt, dass sie in der Krankenversicherung der Versicherungspflicht unterworfen (§ 5 Abs. 1 Nr. 2a SGB V) oder familienversichert werden. Erfasst sind sowohl diejenigen Personen, die bisher auf Grund des Bezuges von Arbeitslosenhilfe versicherungspflichtig waren und künftig an Stelle der Arbeitslosenhilfe Arbeitslosengeld II erhalten, als auch diejenigen, die bisher Sozialhilfe bezogen haben und künftig, soweit sie erwerbsfähig sind, Arbeitslosengeld II beziehen. Mit den Änderungen zum 01.01.2005 durch das Vierte Gesetz für moderne Dienstleistungen am Arbeitsmarkt werden die bisher ab dem 01.01.2004 nach § 264 Abs. 2 SGB V von den gesetzlichen Krankenkassen betreuten Personen, die laufende Leistungen zum Lebensunterhalt nach dem BSHG beziehen, bei Vorliegen der Erwerbsfähigkeit in der gesetzlichen Krankenversicherung versicherungspflichtig oder familienversichert.

53 BGBl I 2007, 378.

54 BGBl I 2003, 2954.

13. Änderungen durch das GKV-WSG

Durch das Gesetz zur Stärkung des Wettbewerbs in der gesetzlichen Krankenversicherung (GKV-WSG)[55] werden vom 01.04.2007 an alle im Inland wohnenden Personen, die keinen Anspruch auf eine anderweitige Absicherung im Krankheitsfall haben und zuletzt gesetzlich krankenversichert waren oder in Deutschland bisher weder gesetzlich noch privat krankenversichert waren, aber dem Grunde nach der gesetzlichen Krankenversicherung zuzuordnen sind, im Wege der Versicherungspflicht nach § 5 Abs. 1 Nr. 13 SGB V in die gesetzliche Krankenversicherung einbezogen. Für den Bereich der landwirtschaftlichen Krankenversicherung enthält § 2 Abs. 1 Nr. 7 KVLG 1989 eine darauf Bezug nehmende Regelung. Für Personen ohne Absicherung im Krankheitsfall, die zuletzt privat krankenversichert waren, oder solche, die in Deutschland weder gesetzlich noch privat krankenversichert waren, aber nicht der gesetzlichen Krankenversicherung zuzuordnen sind, werden die privaten Versicherungsunternehmen verpflichtet, ab 01.07.2007 einen Versicherungsvertrag anzubieten; ab 01.01.2009 besteht für solche Personen sogar eine Verpflichtung zum Abschluss eines Versicherungsvertrages. 64

Nach dem zum 01.04.2007 in Kraft tretenden § 5 Abs. 1 Nr. 13 SGB V besteht eine Versicherungspflicht für Personen, die keinen Anspruch auf eine anderweitige Absicherung im Krankheitsfall haben und die zuletzt gesetzlich krankenversichert waren (§ 5 Abs. 1 Nr. 13 lit. a SGB V). Des Weiteren besteht Versicherungspflicht für Personen ohne Anspruch auf anderweitige Absicherung im Krankheitsfall, die (bisher) nicht in Deutschland gesetzlich oder privat krankenversichert waren und dem Grunde nach der gesetzlichen Krankenversicherung zuzuordnen sind (§ 5 Abs. 1 Nr. 13 lit. b SGB V). Die Versicherungspflicht nach § 5 Abs. 1 Nr. 13 SGB V ist gegenüber anderen Versicherungstatbeständen in der gesetzlichen Krankenversicherung, gegenüber der privaten Krankenversicherung und gegenüber anderen Formen der Absicherung im Krankheitsfall absolut **nachrangig**. Empfänger laufender Leistungen der Sozialhilfe nach dem Dritten Kapitel des SGB XII (Hilfe zum Lebensunterhalt nach den §§ 27-40 SGB XII), dem Vierten Kapitel des SGB XII (Grundsicherung im Alter und bei Erwerbsminderung nach den §§ 41-46 SGB XII), dem Sechsten Kapitel des SGB XII (Eingliederungshilfe für behinderte Menschen nach den §§ 53-60 SGB XII) und dem Siebten Kapitel des SGB XII (Hilfe zur Pflege nach den §§ 61-66 SGB XII) werden auf Grund ausdrücklicher Regelung in § 5 Abs. 8a Satz 2 SGB V nicht der Versicherungspflicht nach § 5 Abs. 1 Nr. 13 SGB V unterstellt (zumindest nicht beim In-Kraft-Treten zum 01.04.2007), d.h. der Sozialhilfeträger bleibt weiterhin für die Krankenbehandlung dieser Hilfeempfänger zuständig. Die Erbringung von Krankenversicherungsleistungen durch die Krankenkasse nach § 264 Abs. 2 SGB V stellt für sich gesehen ebenfalls einen Ausschlusstatbestand für den Eintritt von Versicherungspflicht nach § 5 Abs. 1 Nr. 13 SGB V dar, sofern (weiterhin) laufende Sozialhilfeleistungen nach dem Dritten, Vierten, Sechsten oder Siebten Buch des SGB XII erbracht werden. Dieser kann nicht dadurch beseitigt werden, dass der Sozialhilfeträger den Sozialhilfeempfänger aus dem Verfahren nach § 264 Abs. 2 SGB V abmeldet. 65

Personen, die allerdings auf der Grundlage des § 5 Abs. 1 Nr. 13 SGB V Mitglied einer gesetzlichen Krankenkasse geworden sind, bleiben Mitglied, und zwar auch dann, wenn zu einem späteren Zeitpunkt – ggf. erneut – Leistungen der Sozialhilfe nach dem Dritten, Vierten, Sechsten und Siebten Kapitel des SGB XII gewährt werden (§ 190 Abs. 13 Satz 2 SGB V). Für Personen, die dagegen nach Beendigung einer anderen Versicherungspflicht (z.B. nach § 5 Abs. 1 Nr. 2a SGB V) innerhalb der Monatsfrist des § 19 Abs. 2 SGB V Leistungen der Sozialhilfe nach dem Dritten, Vierten, Sechsten und Siebten Buch des SGB XII erhalten, schließen diese Leistungen die Versicherungspflicht nach § 5 Abs. 1 Nr. 13 SGB V aus. 66

Die Leistung der Krankenhilfe nach § 48 SGB XII i.V.m. § 264 SGB V ist Teil der Leistungen des Fünften Kapitels des SGB XII (Hilfen zur Gesundheit) und somit von der Ausnahmeregelung des § 5 Abs. 8a Satz 2 SGB V nicht erfasst.[56] Dies ergibt sich aus der systematischen Auslegung des § 5 Abs. 1 Nr. 13 SGB V im Zusammenhang mit Absatz 8a der Vorschrift. Die von diesem Ergebnis abweichende Begründung zum Entwurf des Gesetzes kann nicht für die Auslegung herangezogen werden, weil die hier maßgebliche Passage des Gesetzesentwurfs nicht Gesetz geworden ist.[57] 67

---

55 BGBl I 2007, 378.

56 SG Speyer v. 23.04.2007 - S 7 ER 162/07 KR.

57 SG Speyer v. 25.04.2007 - S 7 ER 163/07 KR.

14. Datenspeicherung

68 Die Krankenkassen dürfen gemäß § 284 Nr. 6 SGB V Sozialdaten für Zwecke der Krankenversicherung nur erheben und speichern, soweit diese für die Übernahme der Behandlungskosten in den Fällen des § 264 SGB V erforderlich sind.

15. Inanspruchnahme der Dienste des Medizinischen Dienstes

69 Die Sozialhilfeträger sind nicht Mitglied der Arbeitsgemeinschaft Medizinischer Dienst gemäß § 278 SGB V. Demnach sind gemäß § 281 Abs. 1 Satz 3 SGB V die entstehenden Kosten durch die Sozialhilfeträger direkt dem betroffenen Medizinischen Dienst zu erstatten, soweit auf regionaler Ebene keine anderweitigen Vereinbarungen mit den Trägern der Sozialhilfe erzielt werden können. Die Krankenkasse übermittelt dementsprechend den Gutachtenauftrag für den Personenkreis des § 246 SGB V unter Nennung des zuständigen Sozialamtes als Kostenträger an den Medizinischen Dienst. Der Medizinische Dienst nimmt im Anschluss an die Gutachtenerstellung die Rechnungslegung an den zuständigen Sozialhilfeträger vor. Nach § 284 Abs. 3 SGB V dürfen die Daten für Zwecke nach Absatz 1 verarbeitet und genutzt werden. Dies schließt auch die Übermittlung zum Zwecke der Beteiligung der Medizinischen Dienste und der Abrechnung mit anderen Leistungsträgern mit ein. Auch § 69 SGB X erlaubt die Übermittlung von Daten an eine in § 35 SGB I genannte Stelle. Der MDK ist eine Arbeitsgemeinschaft der Leistungsträger im Sinne des § 35 SGB I, dies ergibt sich aus § 278 SGB V.

16. Gewährung von Krankenversicherungsschutz durch einstweilige Anordnung

70 Der Erlass einer einstweiligen Anordnung setzt voraus, dass ein Anordnungsanspruch und ein Anordnungsgrund glaubhaft gemacht werden. Die Eilbedürftigkeit der Entscheidung im einstweiligen Rechtsschutzverfahren verlangt, dass es dem Antragsteller nicht zugemutet werden kann, den Abschluss des Hauptsacheverfahrens abzuwarten. Wird mit dem Antrag auf einstweiligen Rechtsschutz die Aufnahme in die Krankenversicherung (KV) als freiwillig Versicherter und die Gewährung entsprechender Leistungen der KV begehrt und gehört der Antragsteller zu den Empfängern von Leistungen nach dem 3. und 5. bis 9. Kapitel des SGB XII, so fehlt es bereits an einem Anordnungsgrund, weil dieser Antragsteller Versicherungsschutz nach § 264 Abs. 2 SGB V hat. Zweck des vorläufigen Rechtsschutzes ist, durch Eilentscheidung schwere und unzumutbare, anders nicht abwendbare Nachteile des Betroffenen zu verhindern. Deshalb ist das wirtschaftliche Interesse eines vor- oder nachrangigen Sozialleistungsträgers an der gerichtlichen Entscheidung unbeachtlich.[58]

17. Anspruchsgegner bei Leistungsverweigerung

71 Es bleibt nach dem Gesetzeswortlaut offen, ob ein Empfänger von laufender Hilfe zum Lebensunterhalt, für den nach der Neuregelung in § 264 SGB V die Krankenbehandlung von der Krankenkasse übernommen wird, im Streitfalle seine Ansprüche gegen diese Krankenkasse richten muss oder gegen den Sozialhilfeträger, der die Kosten der Krankenkasse zu erstatten hat.

---

[58] Schleswig-Holsteinisches LSG v. 19.09.2006 - L 5 B 376/06 KR ER - Die Beiträge Beilage 2006, 347-352, vorgehend Beschluss d. SG Schleswig v. 11.08.2006 - S 8 KR 13/06 ER.

Vierter Abschnitt: Finanz- und Risikostrukturausgleiche

§ 265 SGB V Finanzausgleich für aufwendige Leistungsfälle

(Fassung vom 24.03.1998, gültig ab 28.03.1998)

Die Satzungen der Landesverbände und der Verbände der Ersatzkassen können eine Umlage der Verbandsmitglieder vorsehen, um die Kosten für aufwendige Leistungsfälle und für andere aufwendige Belastungen ganz oder teilweise zu decken. Die Hilfen können auch als Darlehen gewährt werden; Näheres über Voraussetzungen, Rückzahlung und Verzinsung regelt die Satzung des Verbandes.

Gliederung

A. Basisinformationen

I. Textgeschichte/Gesetzgebungsmaterialien

1 Die Vorschrift wurde mit Wirkung zum 01.01.1989 durch Art. 1 Gesundheitsreformgesetz[1] eingeführt. Durch das Gesundheitsstrukturgesetz, mit dem eine umfassende Änderung der Organisation der Krankenkassen erfolgte, ist sie nicht verändert worden. Satz 2 ist durch Artikel 1 Nr. 2 des GKV-Finanzstärkungsgesetzes[2] mit Wirkung zum 28.03.1998 eingefügt worden.

2 Daneben bestand ein verpflichtender Finanzausgleich auf Landesverbandsebene in § 266 SGB V a.F., der aber durch die Neufassung des § 266 SGB V mit der Einführung des Risikostrukturausgleichs ersetzt worden ist.

3 Für das Beitrittsgebiet bestand eine Sonderregelung in § 313 Abs. 10 a) SGB V, die durch den Einigungsvertrag[3] eingeführt wurde. Diese galt nach § 308 Abs. 3 Satz 3 SGB V seit dem 01.01.1995 nicht mehr im Land Berlin.[4] Durch Artikel 1 Nr. 4 b) des GKV-Finanzstärkungsgesetzes erstreckte sich die Rechtskreistrennung nach § 313 Abs. 10 a) SGB V mit Wirkung vom 28.03.1998 nicht mehr auf den Finanzausgleich nach § 265 SGB V.

II. Vorgängervorschriften

4 In § 414b Abs. 2 RVO bestand schon seit 1977 die Möglichkeit einer Umlage der Mitgliedskassen der Landesverbände der RVO-Kassen und der Verbände der Ersatzkassen, um die Kosten für besonderes aufwendige Leistungsfälle ganz oder teilweise zu decken. In § 414b Abs. 2a RVO war zudem ein freiwilliger Finanzausgleich bei Bedarfssatzabweichungen von mehr als 5 v.H. ermöglicht.

III. Parallelvorschriften

5 Ausgleichsverfahren zwischen Sozialversicherungsträgern sind auch in den §§ 173 ff. SGB VII, den §§ 218 ff. SGB VI und den §§ 65 ff. SGB XI geregelt.

---

1 V. 20.12.1988; BGBl I 1988, 2477.
2 V. 24.03.1998; BGBl I 1998, 526.
3 Gesetz v. 23.09.1990, BGBl II 1990, 885.
4 Gesundheitsstrukturgesetz v. 21.12.1992, BGBl I 1992, 2266.

IV. Systematische Zusammenhänge

6 § 265 SGB V ist durch die spätere Einführung des Risikostrukturausgleichs (§§ 266 ff. SGB V) und die Erweiterung der Möglichkeiten zur Schließung und Vereinigung von auf Dauer nicht leistungsfähigen Krankenkassen (§§ 145, 146a, 160, 163, 168a, 179 SGB V) in seiner Bedeutung gesunken.

V. Literaturhinweise

7 *Wasem,* Neugestaltung von Finanzausgleichen durch das Gesundheitsreformgesetz, KrV 1989, 107-113.

B. Auslegung der Norm

I. Regelungsgehalt und Bedeutung der Norm

8 Die Vorschrift sieht in Satz 1 einen fakultativen Finanzausgleich bei aufwendigen Leistungsfällen vor. Der Ausgleich erfolgt über eine Umlage und ist nur auf den jeweiligen Landesverband der Kassenart (§ 207 SGB V) oder den Verband der Ersatzkassen (§ 212 Abs. 5 SGB V) beschränkt. Die Hilfen können auch als Darlehen gewährt werden (Satz 2 Halbsatz 1). Die weiteren Regelungen sind nach Satz 2 Halbsatz 2 in den Satzungen der Verbände zu treffen.

II. Normzweck

9 Zweck der Vorschrift ist es, unterschiedliche Belastungen (und daraus resultierende hohe Beitragssätze) einzelner Krankenkassen auszugleichen. Über § 265 SGB V ist insbesondere ein Ausgleich besonders aufwendiger Leistungsfälle möglich, die die Leistungsfähigkeit einer einzelnen Krankenkasse überfordern würden.

III. Finanzausgleich

1. Grundprinzipien

10 Der Finanzausgleich nach § 265 SGB V wird dadurch gekennzeichnet, dass er **fakultativ, (landes-)verbandsbezogen** und **nicht kassenartenübergreifend** ausgestaltet ist. Der durch einen Finanzausgleich zwischen Krankenkassen verfolgte Zweck, eine größere Solidargemeinschaft zu schaffen und damit eine gleichmäßigere Verteilung von Kosten bzw. Kostenrisiken zu erreichen, wird hierdurch begrenzt.

2. Voraussetzungen und Inhalt des Ausgleichs

11 Ausgeglichen werden sollen (ganz oder teilweise) die Kosten für **aufwendige Leistungsfälle** und für **andere aufwendige Belastungen**. Aufwendige Leistungsfälle stellen dabei nur den wichtigsten Grund für einen Ausgleich dar, möglich sind auch Umlagen für aus anderen Gründen notleidend gewordene Krankenkassen.[5] Die Gründe für einen Ausgleich sind damit sehr offen formuliert und der untergesetzlichen Konkretisierung überlassen.

12 Bei der näheren Ausgestaltung des Finanzausgleichs ist den Landesverbänden und den Verbänden der Ersatzkassen ein umfangreiches **Satzungsermessen** eingeräumt. Ein Anspruch einer Krankenkasse auf Einführung eines solchen Finanzausgleichs in ihrem (Landes-)Verband besteht nicht. Wie für die Hilfen nach § 265a SGB V gilt auch für den Finanzausgleich nach § 265 SGB V, dass die Hilfen auch als Darlehen gewährt werden können. Damit sollten die Hilfemöglichkeiten für „notleidende" Krankenkassen flexibilisiert werden.[6]

---

5 BT-Drs. 11/2237, S. 228.

6 BT-Drs. 13/9377, S. 11.

IV. Besonderheiten im Beitrittsgebiet

Der Ausgleich war zunächst gemäß § 313 Abs. 10 lit. a) SGB V für das **Beitrittsgebiet** getrennt durchzuführen. Er kann seit dem 28.03.1998 nach dem GKV-Finanzstärkungsgesetz[7] auch rechtskreisübergreifend erfolgen; hiermit sollte der angespannten Finanzsituation ostdeutscher Krankenkassen kurzfristig Rechnung getragen werden, bevor auch die Rechtskreistrennung bei Risikostrukturausgleich zurückgeführt wird.[8] 13

[7] V. 24.03.1998; BGBl I 1998, 526.

[8] Vgl. BT-Drs. 13/9377, S. 9, S. 11.

§ 265a SGB V Finanzielle Hilfen in besonderen Notlagen, zur Erhaltung der Wettbewerbsfähigkeit und zur Entschuldung

(Fassung vom 26.03.2007, gültig ab 02.02.2007, gültig bis 31.12.2008)

(1) Die Satzungen der Bundesverbände der Krankenkassen und der Verbände der Ersatzkassen haben mit Wirkung für ihre Mitglieder und deren Mitgliedskassen Bestimmungen über die Gewährung finanzieller Hilfen

a) in besonderen Notlagen einer Krankenkasse ihrer Kassenart oder zur Erhaltung deren Wettbewerbsfähigkeit oder

b) zur Sicherstellung der Entschuldung der Krankenkassen ihrer Kassenart

vorzusehen. Näheres über Voraussetzungen, Umfang, Finanzierung und Durchführung der finanziellen Hilfen regeln die Satzungen. Abweichend von § 64 Abs. 1 Satz 1 des Vierten Buches können die Satzungsbestimmungen über die Hilfeleistungen nach Satz 1 Buchstabe b mit der Mehrheit der bei der Beschlussfassung anwesenden Mitglieder gefasst werden.

(2) Der Vorstand des Bundesverbandes oder des Verbandes der Ersatzkassen entscheidet über die Hilfe auf Antrag des Vorstands der Krankenkasse. Die Hilfen nach Absatz 1 Satz 1 können als Darlehen gewährt und befristet werden. Sie sollen mit Auflagen verbunden werden, die der Verbesserung der Wirtschaftlichkeit und Leistungsfähigkeit dienen.

(3) Die Satzungsregelungen nach Absatz 1 Satz 1 Buchstabe b sind bis zum 31. Januar 2007 zu beschließen und müssen sicherstellen, dass der Umfang der Hilfeleistungen ausreicht, um bei den Krankenkassen der Kassenart den Abbau der am 31. Dezember 2005 bestehenden Verschuldung bis zum 31. Dezember 2007 zu gewährleisten. Eine Verschuldung liegt vor, wenn die Summe von Betriebsmitteln, Rücklagen und Geldmitteln zur Anschaffung und Erneuerung von Verwaltungsvermögen einen negativen Vermögensstand ergibt. Die Satzung hat zu bestimmen, in welchem Umfang die Antrag stellende Krankenkasse zu diesem Zweck ihren allgemeinen Beitragssatz anheben muss. Bei der Aufteilung der Hilfen nach Satz 1 ist die unterschiedliche Leistungsfähigkeit der Krankenkassen der Kassenart, insbesondere der allgemeine Beitragssatz im Verhältnis zum durchschnittlichen Beitragssatzniveau der Kassenart und die Höhe der Finanzreserven, angemessen zu berücksichtigen.

(4) Abweichend von Absatz 3 Satz 1 können die Satzungsregelungen der Spitzenverbände nach Absatz 1 Satz 1 Buchstabe b vorsehen, dass die Verschuldung bis zum 31. Dezember 2008 abzubauen ist, wenn der jeweilige Spitzenverband bis zum 31. Januar 2007 nachprüfbar darlegt, warum auf Grund der besonderen Umstände bei Krankenkassen seiner Kassenart die Verschuldung nicht bis zum 31. Dezember 2007 abgebaut werden kann und wie der Abbau der Verschuldung bis zum 31. Dezember 2008 erfolgen soll.

(5) Die Krankenkassen, die am 31. Dezember 2005 eine Verschuldung aufweisen, haben bis zum 31. Januar 2007 ihrer Aufsichtsbehörde nachprüfbar darzulegen, wie die Verschuldung bis zum 31. Dezember 2007 beseitigt werden soll.

(6) Klagen gegen Bescheide zur Umsetzung der Satzungsregelung nach Absatz 1 Satz 1 Buchstabe b haben keine aufschiebende Wirkung.

Gliederung

A. Basisinformationen

I. Textgeschichte/Gesetzgebungsmaterialien

Die Vorschrift ist durch Art. 1 Nr. 142, Art. 35 Abs. 3 Gesundheitsstrukturgesetz[1] mit Wirkung zum 01.01.1994 eingeführt worden. Für das Jahr 1993 war eine entsprechende Regelung in Art. 34 Abs. 3 Gesundheitsstrukturgesetz enthalten. Durch das GKV-Finanzstärkungsgesetz[2] sind die Überschrift und Absatz 1 Satz 1 mit Wirkung zum 28.03.1998 ergänzt worden, indem als Anlass finanzieller Hilfen auch die Erhaltung der Wettbewerbsfähigkeit aufgenommen wurde. Zugleich ist Absatz Satz 2 neu eingefügt worden, wonach die Hilfen auch als Darlehen gewährt werden können. 1

Für das Beitrittsgebiet bestand eine Sonderregelung in § 313 Abs. 10 lit. a SGB V, die durch den Einigungsvertrag[3] eingeführt wurde. Diese galt nach § 308 Abs. 3 Satz 3 SGB V seit dem 01.01.1995 nicht mehr im Land Berlin.[4] Durch Art. 1 Nr. 4 lit. b des GKV-Finanzstärkungsgesetzes erstreckte sich die Rechtskreistrennung nach § 313 Abs. 10 lit. a SGB V mit Wirkung vom 28.03.1998 nicht mehr auf die finanziellen Hilfen nach § 265a SGB V. 2

Durch das VÄndG[5] wurde die Vorschrift neu gefasst und befristet bis zum 31.12.2008 wesentlich ausgebaut. In Absatz 1 Satz 1 wurde als weiterer Anlass von Hilfen die Sicherstellung der Entschuldung der Krankenkassen einer Kassenart aufgenommen. Das Verfahren wurde in den Absätzen 1 und 2 neu geregelt. Die Regelung finanzieller Hilfen in den Satzungen der Bundesverbände und der Verbände der Ersatzkassen ist nunmehr verpflichtend. Die Beschlussfassung wurde in Absatz 1 Satz 3 durch die Einführung einer von § 64 Abs. 1 Satz 1 SGB IV abweichenden Mehrheitsregelung erleichtert. In Absatz 2 ist der bisherige Zustimmungsvorbehalt der Landesverbände entfallen. Die Regelung wurde schließlich um die Absätze 3 bis 6, die die Sicherstellung der Entschuldung betreffen, erweitert. 3

Nach Art. 8 Abs. 3 Vertragsarztrechtsänderungsgesetz tritt § 265a SGB V in der Neufassung ab dem 27.10.2006 in Kraft und am 31.12.2008 außer Kraft. Ab dem 01.01.2009 gilt damit wieder die bis zum 26.10.2006 geltende Fassung. 4

Durch das GKV-WSG[6] wird mit Wirkung vom 02.02.2007 (Art. 46 Absatz 4) in Absatz 3 Satz 1 die Angabe „nach § 222" gestrichen und in Satz 2 eine gesetzliche Definition des Verschuldungsbegriffs in § 265a SGB V aufgenommen. 5

---

[1] V. 20.02.1992, BGBl I 1992, 2266. Vgl. zur Begründung BT-Drs. 12/3608, S. 117.
[2] V. 24.03.1998, BGBl I 1998, 26.
[3] Gesetz v. 23.09.1990, BGBl II 1990, 885.
[4] Gesundheitsstrukturgesetz v. 21.12.1992, BGBl I 1992, 2266.
[5] V. 30.12.2006, BGBl I 2006, 3439. Vgl. zur Begründung BT-Drs. 16/3157, S. 25 f.
[6] V. 26.03.2007, BGBl I 2007, 378.

II. Vorgängervorschriften

6 Die Vorschrift ersetzte ab 1994 die Regelung des § 267 SGB V a.F., die durch Art. 1 Gesundheitsreformgesetz[7] eingefügt worden war. Ab 1993 hat § 267 SGB V durch Art. 34 § 3 GSG eine neue Fassung bekommen; für das Jahr 1993 wurde der ursprüngliche Inhalt des § 267 SGB V a.F. in Art. 34 § 3 Gesundheitsstrukturgesetz aufgenommen.

III. Parallelvorschriften

7 Ausgleichsverfahren zwischen Sozialversicherungsträgern sind auch – mit sehr unterschiedlichem Inhalt – in den §§ 173 ff. SGB VII, §§ 218 ff. SGB VI und §§ 65 ff. SGB XI geregelt.

IV. Systematische Zusammenhänge

8 Die Vorschrift ist vor dem Hintergrund der vielfältigen Untergliederung der Träger der GKV und als Ausprägung des Solidarprinzips zu sehen. Sie ermöglicht es, die Solidargemeinschaft in notwendigen Fällen auch auf andere Krankenkassen (der gleichen Kassenart) zu erweitern. Anders als in § 265 SGB V findet eine solche Erweiterung nicht nur auf regionaler Ebene, sondern auf der Ebene der Spitzenverbände statt, allerdings begrenzt auf die jeweilige Kassenart. Durch die Organisationsreform der GKV durch das Gesundheitsstrukturgesetz sind diese Hilfen in das zweite Glied gerückt, da seitdem in § 266 SGB V ein bundesweiter, verpflichtender, kassenartenübergreifender Risikostrukturausgleich vorgesehen ist und zudem die Möglichkeiten für eine Vereinigung oder Schließung von Krankenkassen erweitert worden sind. Finanzielle Hilfen nach § 265a SGB V können Fusionen zwischen Krankenkassen auch vorbereiten und die Notwendigkeit einer Schließung – vor dem Hintergrund der dann eintretenden Haftung der Verbände (z.B. § 155 SGB V) – verhindern. Abweichend von den Beschränkungen des Risikostrukturausgleichs durch § 313 Abs. 10 SGB V (nach den Rechtskreisen altes Bundesgebiet und Beitrittsgebiet getrennter Ausgleich) war im Rahmen des § 265a SGB V seit dem 28.03.1998 allerdings ein rechtskreisübergreifender Ausgleich ermöglicht. Ein solcher wurde aber seit 1999 stufenweise auch für den Risikostrukturausgleich eingeführt (§ 313a SGB V).

9 Die Neufassung durch das Vertragsarztrechtsänderungsgesetz steht im Zusammenhang mit der nach § 222 SGB V vorgeschriebenen Entschuldung von Krankenkassen und dient der Vorbereitung der durch das GKV-WSG vorgesehenen Finanzierungsstruktur der GKV.

V. Literaturhinweise

10 *Giehler/Simon*, Finanzielle Hilfen in besonderen Notlagen, BKK 1990, 455-463; *Goebel*, IKK-Solidarordnung als Garant für die Wettbewerbsfähigkeit, KrV 1999, 85-86; *Lipphaus*, Finanzielle Hilfen in besonderen Notlagen, BKK 1995, 379-382; *Ramsauer*, Soziale Krankenversicherung zwischen Solidarprinzip und Wettbewerb, NZS 2006, 505-511; *Rixen*, Auf dem Marsch in den verschuldeten Krankenversicherungsstaat?, VSSR 2004, 241-279; *Sodan*, Gesundheitsreform 2006/2007 – Systemwechsel mit Zukunft oder Flickschusterei, NJW 2006, 3617-3620; *Wasem*, Neugestaltung von Finanzausgleichen durch das Gesundheitsreformgesetz, KrV 1989, 107-113.

B. Auslegung der Norm

I. Regelungsgehalt und Bedeutung der Norm

11 Die Vorschrift regelt finanzielle Hilfen unter den Krankenkassen einer Kassenart in besonderen Notlagen, zur Erhaltung der Wettbewerbsfähigkeit oder zur Sicherstellung der Entschuldung, die in den Satzungen der Bundesverbände und der Verbände der Ersatzkassen vereinbart werden.

1. Ermächtigung zur Regelung finanzieller Hilfen in den Satzungen der Bundesverbände und der Verbände der Ersatzkassen (Absatz 1)

12 Absatz 1 Satz 1 enthält die entsprechende Satzungsermächtigung für die Bundesverbände und die Verbände der Ersatzkassen. Klargestellt wird auch, dass diese Regelungen mit Wirkung für ihre Mitglieder und deren Mitgliedskassen getroffen werden.

[7] V. 21.12.1988, BGBl I 1988, 2477.

Das Nähere über Voraussetzungen, Umfang, Finanzierung und Durchführung wird in den Satzungen geregelt (Absatz 1 Satz 2). Die Beschlussfassung über diese Satzungsbestimmungen erfordert nur die Mehrheit der bei der Beschlussfassung anwesenden Mitglieder (Absatz 1 Satz 3). 13

2. Entscheidung über die Gewährung finanzieller Hilfen (Absatz 2)

Absatz 2 regelt die Gewährung der Hilfe im Einzelfall. Nach Beantragung durch den Vorstand der betreffenden Krankenkasse entscheidet der Vorstand des Bundesverbandes oder des Verbandes der Ersatzkassen über die Gewährung der Hilfe. Durch das Vertragsarztrechtsänderungsgesetz wurde die frühere weitere Voraussetzung der Zustimmung der beteiligten Landesverbände, bei deren Fehlen die Mitgliedskrankenkassen der nicht zustimmenden Landesverbände am Ausgleichsverfahren nicht teilnahmen, gestrichen. Nach Absatz 2 Satz 2 können die Hilfen auch als Darlehen gewährt und befristet werden. Sie sollen mit Auflagen, die der Verbesserung der Wirtschaftlichkeit und Leistungsfähigkeit dienen, verbunden werden. 14

3. Gewährleistung der Entschuldung bis Ende 2007 (Absatz 3)

Absatz 3 trifft Vorgaben für die Satzungen der Bundesverbände und der Verbände der Ersatzkassen hinsichtlich der Sicherstellung der Entschuldung. Die Bestimmungen zu Absatz 1 Satz 1 lit. b müssen bis zum 31.01.2007 beschlossen werden und müssen eine Entschuldung bis zum 31.12.2007 gewährleisten. In der Satzung ist auch zu bestimmen, in welchem Umfang eine antragstellende Krankenkasse ihren allgemeinen Beitragssatz anheben muss und welche Maßstäbe für die „Aufteilung“ der Hilfen, also für die Tragung der Hilfen, gelten. 15

4. Entschuldung bis Ende 2008 im Ausnahmefall (Absatz 4)

Absatz 4 enthält eine Ausnahme von der Sicherstellung der Entschuldung bis zum Dezember 2007. Danach darf in den Satzungen der Spitzenverbände ein Abbau der Verschuldung im Ausnahmefall bis zum 31.12.2008 vorgesehen werden. Die Regelung wurde aufgenommen, weil absehbar war, dass dieses Ziel für einzelne Krankenkassen auch bei größten Anstrengungen nicht erreichbar wäre. Gefordert wird, dass der Spitzenverband darlegt, aus welchen Gründen eine fristgerechte Entschuldung nicht möglich ist. Er ist zudem gehalten, die Vorgehensweise bei dem Abbau der Verschuldung darzulegen. Der Adressat dieser Darlegungen und eventuelle Sanktionen sind nicht geregelt. 16

5. Darlegungspflicht verschuldeter Krankenkassen (Absatz 5)

Absatz 5 formuliert eine Verpflichtung der am 31.12.2005 verschuldeten Krankenkassen, ihren Aufsichtsbehörden nachprüfbar darzulegen, wie die Verschuldung fristgerecht abgebaut werden soll. 17

6. Regelung zur aufschiebenden Wirkung (Absatz 6)

Ebenfalls zur Sicherstellung der fristgerechten Entschuldung ist in Absatz 6 geregelt, dass Klagen gegen Bescheide zur Umsetzung der Satzungsregelung nach Absatz 1 Satz 1 lit. b keine aufschiebende Wirkung haben. 18

II. Normzweck

Zweck der Vorschrift ist der Abbau von Beitragssatzunterschieden, die auch nach Durchführung des Risikostrukturausgleichs nach § 266 SGB V noch verbleiben, durch die Ermöglichung eines Finanzausgleichs.[8] 19

Hinzugetreten und nunmehr im Vordergrund stehend ist der Zweck, den verschuldeten Krankenkassen die Erreichung des in § 222 Abs. 5 SGB V vorgegebenen Ziels der Entschuldung bis zum 31.12.2007 zu erleichtern. Dieses steht im Zusammenhang mit der geplanten Einführung der neuen Finanzierungsstruktur der GKV ab dem 01.01.2009.[9] 20

III. Finanzhilfen über die Bundesverbände und die Verbände der Ersatzkassen

Anders als der Risikostrukturausgleich nach § 266 SGB V sind die finanziellen Hilfen nach § 265a SGB V nicht kassenartenübergreifend. Das ist verfassungsrechtlich nicht zu beanstanden. Es verstößt nicht gegen Art. 3 GG, dass nur Mitglieder von Krankenkassen der gleichen Kassenart die finanziellen 21

---

8 Vgl. zur Begründung BT-Drs. 12/3608, S. 117.

9 BT-Drs. 16/3157, S. 25.

Hilfen z.B. über erhöhte Beitragszahlungen tragen müssen. Bei der Ausgestaltung eines kassenübergreifenden Solidarausgleichs kommt dem Gesetzgeber eine weitreichende Gestaltungsfreiheit zu, die auch an die Untergliederung der GKV in verschiedene Kassenarten anknüpfen kann.

22 Die zugrunde liegenden Kriterien und Art und Umfang der Hilfen sind unbestimmt gefasst und können durch die Bundesverbände und die Verbände der Ersatzkassen konkretisiert werden.

23 Mit einem wettbewerblich orientierten System unter den Krankenkassen, wie es der Gesetzgeber seit Jahren ausbaut, scheinen solche finanziellen Hilfen nur schwer vereinbar zu sein. Gerechtfertigt dürfte ein Ausgleich jedenfalls vor dem Hintergrund sein, dass damit Folgen eines unerwünschten Wettbewerbs um „gute Risiken" aufgrund einer nicht risikoadäquaten Ausgestaltung des Risikostrukturausgleichs korrigiert werden. Mit einer weiteren Morbiditätsorientierung des Risikostrukturausgleichs dürfte eine Anballung „schlechter Risiken" allein nicht mehr zu einer Notlage eine Kasse führen. Wenn ein schlechtes Abschneiden im Wettbewerb auf anderen Gründen beruht, scheint es widersprüchlich zu sein, wenn die Ergebnisse des Wettbewerbs im Nachhinein wieder nivelliert werden. Der Wettbewerb in der GKV besteht aber nur in den gesetzlichen Grenzen, die auch durch Ausgleichsregelungen der §§ 265 ff. SGB V gesetzt werden. Deutlich wird, dass eine Wettbewerbsorientierung in der GKV keinen Einzelinteressen dient, sondern selbst als Ordnungsprinzip zur Erhaltung der finanziellen Stabilität der GKV beitragen soll.

1. Voraussetzungen und Inhalt

a. Besondere Notlage und Erhalt der Wettbewerbsfähigkeit

24 Alternativ nennt die Vorschrift zunächst das Vorliegen einer **besonderen Notlage** oder den Zweck der **Erhaltung der Wettbewerbsfähigkeit** einer Krankenkasse als Voraussetzungen für finanzielle Hilfen. Nach der Gesetzesbegründung können Beitragssatzunterschiede, die durch den Risikostrukturausgleich nicht ausgeglichen werden, durch den freiwilligen Finanzausgleich nach § 265a SGB V verringert oder beseitigt werden.[10] Auch wenn eine Beseitigung von Beitragssatzunterschieden vom Gesetzgeber als mögliches Ziel angesehen wurde, ist Voraussetzung für Hilfen nach § 265a SGB V das Bestehen oder das Drohen einer Notlage.

25 Die **Erhaltung der Wettbewerbsfähigkeit** beinhaltet ein vorausschauendes Handeln, so dass die Entstehung einer Notlage nicht erst abgewartet werden muss, sondern auch im Vorfeld schon unterstützende Maßnahmen getroffen werden können.[11] Es können strukturelle Anpassungs- und Sanierungsprozesse einer Kasse unterstützt werden, um deren Fortbestand zu sichern.

26 Die Voraussetzungen, die Art und der Umfang der Hilfen sowie das Verfahren können durch die Bundesverbände und die Verbände der Ersatzkassen näher ausgestaltet werden. Ein **Bedarfssatzschwellenwert** wie in § 267 SGB V a.F. ist **nicht** mehr vorgesehen. Die Ausgestaltung des Finanzausgleichs ist den Verbänden überlassen, die Bedarfssatzschwellenwerte, aber auch andere Kriterien festlegen können.[12] Im Rahmen des Satzungsermessens kann auch den Ursachen für die Notwendigkeit von Hilfen Bedeutung zugemessen werden. Grundsätzlich kommt das Vorliegen einer besonderen **Risikostruktur** als Ursache neben der Durchführung des Risikostrukturausgleichs nach § 266 SGB V in Betracht, da über diesen keine vollständige Erfassung aller in Betracht kommenden Gesichtspunkte erfolgt (so zum Beispiel bei „Metropolkassen", bei denen die Kosten der überdurchschnittlich hohen Versorgungsdichte und der eventuell höheren Morbidität der Versicherten – bisher – nicht ausgeglichen werden). Als Ursache für eine finanzielle Notlage kommen aber auch andere Gesichtspunkte in Betracht. Bei einer auf Dauer bestehenden Unwirtschaftlichkeit einer Krankenkasse stehen auch andere Maßnahmen bis hin zur Schließung als gesetzliches Instrumentarium zur Verfügung.

27 Die Verbände können zudem besondere Verfahrensanforderungen regeln (Antragserfordernis, Vorlage von Unterlagen usw.). Sie können das Nähere über die Finanzierung regeln.

b. Sicherstellung der Entschuldung

28 Die Verschuldung von Krankenkassen ist, da der Schuldenabbau regelmäßig über Beitragssatzanhebungen zu finanzieren ist, dazu geeignet, deren Wettbewerbsfähigkeit zu gefährden, so dass es der Aufnahme dieses Kriteriums als Anlass von Hilfen nicht ausdrücklich bedurft hätte. Der Zweck der Neufassung geht aber insofern über die Erhaltung der Wettbewerbsfähigkeit einer Krankenkasse hin-

[10] Vgl. BT-Drs. 12/3608, S. 117.
[11] Vgl. zu diesem Beweggrund BT-Drs. 13/9377, S. 11.
[12] Vgl. BT-Drs. 12/3608, S. 117; zum Bedarfssatz vgl. § 145 SGB V.

aus, als damit die **fristgerechte Entschuldung** vor Einführung des Gesundheitsfonds sichergestellt werden soll. Die nach § 222 SGB V vorgesehene Entschuldung würde regelmäßig eine deutliche Erhöhung des Beitragssatzes erfordern. Diese wiederum führt häufig zu Kassenwechseln gerade von „guten Risiken“ und verstärkt damit die finanziellen Probleme einer verschuldeten Kasse noch; gerade vor dem Hintergrund dieser Folgen sind notwendige Beitragssatzanpassungen in der Vergangenheit bei einzelnen Krankenkassen unterblieben. Ohne Hilfen anderer Kassen ist damit bei besonders belasteten Krankenkassen mit einem fristgerechten Schuldenabbau nicht zu rechnen.

Der **Begriff der Verschuldung** ist durch das GKV-Wettbewerbsstärkungsgesetz gesetzlich definiert worden; es wird klargestellt, dass eine Verschuldung dann vorliegt, wenn die Summe von Betriebsmitteln, Rücklagen und Geldmitteln zur Anschaffung und Erneuerung von Verwaltungsvermögen einen negativen Vermögensstand ergibt. Klargestellt wird damit auch, dass das Verwaltungsvermögen selbst, insbesondere Immobilienbesitz der Kassen, nicht zum Zweck der Entschuldung zu veräußern ist, wie es zuvor schon der Auffassung des Bundesversicherungsamtes entsprach[13]. 29

Dass die zur Einführung des Gesundheitsfonds mit einheitlicher staatlicher Beitragssatzfestsetzung erforderliche Entschuldung durch die Krankenkassen selbst, und nicht durch Steuermittel erreicht werden soll, entspricht dem Grundsatz der Beitragsfinanzierung der GKV und dem Solidarprinzip. Für die **Aufteilung** der Ausgleichslasten auf die Geberkassen ist eine Orientierung an deren jeweiliger Leistungsfähigkeit nahe liegend. Dass insoweit unter den Geberkassen eine asymmetrische Aufteilung stattfindet, leitet sich daraus ab. 30

In der Literatur wird Kritik daran geäußert, dass durch die Neufassung des § 265a SGB V diejenigen Kassen bestraft werden, die sich gesetzmäßig und wirtschaftlich verhalten haben, während Kassen, die notwendige Beitragssatzanpassungen gescheut hätten und sich dadurch Wettbewerbsvorteile gesichert hätten, dafür gleichsam auch noch belohnt würden.[14] Die Regelung des § 265a SGB V hat aber insgesamt eine nivellierende Natur. Daraus, dass § 265a SGB V ursachenneutral formuliert ist, kann entnommen werden, dass der Erhaltung und Sicherung der Wettbewerbsfähigkeit der Kassen ein höherer Wert zugemessen wird als einem ungehinderten Wettbewerb. Dieses unterfällt der Gestaltungsfreiheit des Gesetzgebers; ein Verstoß gegen das rechtsstaatliche Willkürverbot liegt darin nicht und auch keine widersprüchliche Regelung. Denn das „Wettbewerbsprinzip“ in der GKV ist eben durch das Solidarprinzip, durch das überwiegend einheitliche Leistungsrecht und durch Erfordernisse der Funktionsfähigkeit und der Stabilität der GKV vielfältig eingeschränkt. 31

Die Ursachen der Notlage, insbesondere der Verschuldung, und auch das weitere Verhalten der Krankenkasse bei Hilfegewährung, insbesondere hinsichtlich der Erfüllung von Auflagen, können aber bei der Hilfegewährung berücksichtigt werden. 32

2. Verfahren

a. Satzungserlass und -inhalt

Das Verfahren des Erlasses der die Gewährung von Hilfen betreffenden Satzungsregelungen ist durch das Vertragsarztrechtsänderungsgesetz neu geregelt worden. Klarstellend sind nur noch die Bundesverbände und die Verbände der Ersatzkassen und nicht mehr wie zuvor die Spitzenverbände der Krankenkassen (welche nach § 213 Abs. 1 SGB V neben den Bundesverbänden der Krankenkassen und den Verbänden der Ersatzkassen auch die Deutsche Rentenversicherung Knappschaft-Bahn-See und die See-Krankenkasse umfassen) **Adressaten der Ermächtigung**. Für die Seekrankenkasse und die Bundesknappschaft war die Regelung schon zuvor ohne Bedeutung. Eine auf Landesverbandsebene beschränkte Ausgleichsordnung kann sich nicht auf § 265a SGB V stützen.[15] 33

Die Satzungsregelungen über die Gewährung von finanziellen Hilfen nach § 265a SGB V müssen abweichend von § 64 Abs. 1 Satz 1 SGB IV mit der **Mehrheit** der bei Beschlussfassung anwesenden Mitglieder getroffen werden. Eine Gewichtung nach den Versichertenzahlen der Mitglieder der Landesverbände erfolgt nicht. In der früheren Regelung des § 267 Abs. 1 Satz 4 SGB V a.F. war eine Zwei-Drittel-Mehrheit vorgesehen. 34

---

[13] Vgl. Protokoll Nr. 16/26 über die öffentliche Anhörung zum Entwurf des Vertragsarztrechtsänderungsgesetzes durch den Ausschuss für Gesundheit vom 23.10.2006.

[14] *Ramsauer*, NZS 2006, 505, 510; *Sodan*, NJW 2006, 3617, 3618.

[15] Vgl. SG Aachen v. 13.07.2004 - S 13 KR 20/03 - NZS 2005, 483.

35 In der Fassung des Vertragsarztrechtsänderungsgesetzes besteht nicht nur eine Ermächtigung, sondern auch eine **Verpflichtung** für die Aufnahme von Hilferegelungen in den Satzungen. Hinsichtlich der Ausgestaltung der Voraussetzungen, des Verfahrens und der Finanzierung kommt den Verbänden in den gesetzlichen Grenzen zwar ein **Ermessen** zu, welches aber gegenüber der vor der Änderung durch das Vertragsarztrechtsänderungsgesetz bestehenden Rechtslage durch gesetzliche Vorgaben insbesondere hinsichtlich der Sicherstellung der Entschuldung stark eingeschränkt ist.

36 In den Satzungen ist das **Nähere über Voraussetzungen, Umfang, Finanzierung und Durchführung der Hilfen** zu regeln (§ 265a Abs. 1 Satz 2 SGB V). Hinsichtlich der Sicherstellung der Entschuldung sind in Absatz 3 nähere Vorgaben für die Ausgestaltung der Satzung geregelt worden. Die Regelungen (die bis zum 31.01.2007 zu beschließen waren) müssen eine fristgerechte Entschuldung sicherstellen. Um dem Vorrang der Selbsthilfe zu entsprechen, ist zu regeln, in welchem Umfang eine antragstellende Krankenkasse ihren allgemeinen Beitragssatz anheben muss (Absatz 3 Satz 2). Die Hilfen können an Auflagen und andere Nebenbestimmungen geknüpft werden. Hinsichtlich weiterer Regelungen zur Selbsthilfe ist zu beachten, dass dadurch die durch die Regelung bezweckte fristgerechte Entschuldung nicht verhindert werden darf.

37 Die **Aufteilung** der Lasten hat die Leistungsfähigkeit der Geberkassen zu berücksichtigen, insbesondere die Höhe des allgemeinen Beitragssatzes im Verhältnis zum durchschnittlichen Beitragssatzniveau der Kassenart und die Finanzreserven (Absatz 3 Satz 3).

b. Entscheidung im Einzelfall

38 Auf den **Antrag** des Vorstands einer Krankenkasse entscheidet der **Vorstand des Bundesverbandes oder des Verbandes der Ersatzkassen.** Eine **Zustimmung** der beteiligten Landesverbände ist nicht mehr erforderlich. Dieses durch das Vertragsarztrechtsänderungsgesetz abgeschaffte Erfordernis verringerte die Bedeutung der finanziellen Hilfen nach § 265a SGB V, da die Zustimmung der Landesverbände für die Befürwortung eines Antrags einer Krankenkasse erforderlich war. Andernfalls nahmen die Mitglieder der nicht zustimmenden Landesverbände nicht an dem Ausgleich teil. Man kann davon ausgehen, dass sich vielfach nur der jeweilige Landesverband, der bei Schließung einer Krankenkasse nach § 155 Abs. 4 SGB V haften müsste, für Hilfen bereit erklärt hätte. Diese Einschränkung der finanziellen Hilfen wurde zum Zweck der Sicherstellung der Entschuldung aufgehoben.

39 Ein Anspruch auf Gewährung einer Hilfe ist für betroffene Krankenkassen nicht geregelt. In § 265a SGB V ist allerdings hinsichtlich der Entschuldung ein Normprogramm vorgegeben, dass sich in den Fällen, in denen eine Krankenkasse aus eigener Kraft eine Entschuldung ersichtlich nicht erreichen kann, zur Verpflichtung zu einer Hilfegewährung verdichtet. Es steht im Ermessen der Verbände, den Finanzausgleich an **Auflagen** zu knüpfen, die der Verbesserung der Wirtschaftlichkeit und Leistungsfähigkeit dienen. Bei Nichteinhaltung solcher Auflagen entfallen die Voraussetzungen für finanzielle Hilfen. Auch Befristungen von Hilfen können geregelt werden. Die finanziellen Hilfen können auch als **Darlehen** gewährt werden.[16]

40 Die Auferlegung der Zahlungspflicht erfolgt gegenüber den Geberkassen durch **Verwaltungsakt**, der durch Anfechtungsklage angefochten werden kann. Ein Vorverfahren ist vor Klageerhebung nicht durchzuführen. Die **aufschiebende Wirkung** einer Anfechtungsklage ist durch Absatz 6 ausgeschlossen worden, soweit die finanziellen Hilfen der Sicherstellung der Entschuldung dienen.

3. Fristen für die Entschuldung

41 Die Entschuldung soll bis **Ende 2007** abgeschlossen sein; (nur) in Ausnahmefällen soll eine Fristverlängerung bis Ende 2008 erfolgen. Während des Gesetzgebungsverfahrens wurde schon deutlich, dass einige besonders betroffene Krankenkassen – insbesondere aus dem Bereich der AOK – eine Entschuldung bis 2007 nicht würden erbringen können.[17] Vor diesem Hintergrund wurde eine Ermächtigung der Spitzenverbände in Absatz 4 aufgenommen, wonach eine Entschuldung bis Ende 2008 erfolgen kann. Der jeweilige Spitzenverband hat dazu darzulegen, aufgrund welcher besonderen Umstände eine längere Frist zur Entschuldung benötigt wird (Absatz 4 Satz 1). Auf dieser Grundlage erfolgt die Prüfung des Bundesministeriums für Gesundheit im Rahmen der Genehmigung der entsprechenden Satzungsregelung.[18] Diese verlängerte Frist stimmt auch mit der Regelung in § 222 Abs. 2 SGB V überein,

---

[16] Vgl. dazu BT-Drs. 13/9377, S. 9, 11.

[17] Vgl. Protokoll Nr. 16/26 über die öffentliche Anhörung zum Entwurf des Vertragsarztrechtsänderungsgesetzes durch den Ausschuss für Gesundheit vom 23.10.2006.

[18] BT-Drs. 16/3157, S. 26.

wonach für Krankenkassen, die im Rahmen der gesetzlichen Ermächtigung in § 222 Abs. 1 SGB V Darlehen aufgenommen hatten, eine Entschuldung bis Ende 2008 zugelassen ist, während nur für rechtswidrig aufgenommene Darlehen nach § 222 Abs. 5 SGB V eine Entschuldung bis Ende 2007 vorgeschrieben ist.

Für die Durchführung der Entschuldung, für die die Einbeziehung der Aufsichtsbehörden von großer Bedeutung ist, sind in Absatz 5 eine besondere Darlegungspflicht und die Pflicht zur Erstellung eines **Sanierungsplanes** geregelt. Sie betrifft diejenigen Krankenkassen, die zum Stichtag 31.12.2005 auf der Basis der Jahresrechnungsergebnisse 2005 eine Verschuldung aufweisen.[19] Diese Pflicht dient dazu, für die jeweilige **aufsichtführende Behörde** die nötige Transparenz zu schaffen, um ein sachgemäßes Vorgehen zur Entschuldung zu ermöglichen; die Aufsichtsbehörden haben nach der Gesetzesbegründung auf die Einhaltung des Sanierungsplans hinzuwirken.[20] Dazu bestehen die in § 222 Abs. 4 und 5 SGB V vorgesehenen Vorlage-, Abstimmungs- und Genehmigungspflichten[21]. 42

IV. Besonderheiten im Beitrittsgebiet

Sonderregelungen für das Beitrittsgebiet enthielt **§ 313 Abs. 10 lit. a SGB V** in der Fassung des Gesundheitsstrukturgesetzes[22]. Die finanziellen Hilfen waren danach für das Beitrittsgebiet getrennt durchzuführen. Diese Vorgabe wurde schon mit dem GKV-Finanzstärkungsgesetz[23] aufgehoben, und es wurde mit Wirkung zum 28.03.1998 ein rechtskreisübergreifender Ausgleich ermöglicht. Dadurch sollten – dem Grundsatz der Subsidiarität folgend – Hilfen für ostdeutsche Krankenkassen ohne Einführung eines sofortigen gesamtdeutschen Risikostrukturausgleichs ermöglicht werden.[24] 43

Die getrennte Durchführung war schon ab 1995 nicht mehr im **Land Berlin** vorgeschrieben (§ 308 Abs. 3 Satz 3 SGB V). 44

---

[19] BT-Drs. 16/3157, S. 26.

[20] BT-Drs. 16/3157, S. 26.

[21] Vgl. dazu Rundschreiben des Bundesversicherungsamts v. 21.04.2004, V1 - 5500.1 - 1764/2002 und VII 1 - 4982 - 2424/2003.

[22] V. 21.12.1992, BGBl I 1992, 2266.

[23] V. 24.03.1998, BGBl I 1998, 526.

[24] Vgl. zur Begründung BT-Drs. 13/9377, S. 9, S. 11.

§ 266 SGB V Risikostrukturausgleich

(Fassung vom 31.10.2006, gültig ab 08.11.2006, gültig bis 31.12.2008)

(1) Zwischen den Krankenkassen wird jährlich ein Risikostrukturausgleich durchgeführt. Mit dem Risikostrukturausgleich werden die finanziellen Auswirkungen von Unterschieden in der Höhe der beitragspflichtigen Einnahmen der Mitglieder, der Zahl der nach § 10 Versicherten und der Verteilung der Versicherten auf nach Alter und Geschlecht getrennte Versichertengruppen (§ 267 Abs. 2) zwischen den Krankenkassen ausgeglichen. Einnahmen- und Ausgabeunterschiede zwischen den Krankenkassen, die nicht auf die Höhe der beitragspflichtigen Einnahmen der Mitglieder, die Zahl der Versicherten nach § 10 oder die Alters- oder Geschlechtsverteilung der Versichertengruppen nach § 267 Abs. 2 zurückzuführen sind, sind nicht ausgleichsfähig.

(2) Die Höhe des Ausgleichsanspruchs oder der Ausgleichsverpflichtung einer Krankenkasse wird durch Vergleich ihres Beitragsbedarfs mit ihrer Finanzkraft ermittelt. Der Beitragsbedarf einer Krankenkasse ist die Summe ihrer standardisierten Leistungsausgaben. Die standardisierten Leistungsausgaben je Versicherten werden auf der Basis der durchschnittlichen Leistungsausgaben je Versicherten aller Krankenkassen jährlich so bestimmt, daß das Verhältnis der standardisierten Leistungsausgaben je Versicherten der Versichertengruppen zueinander dem Verhältnis der nach § 267 Abs. 3 für alle Krankenkassen ermittelten durchschnittlichen Leistungsausgaben je Versicherten der Versichertengruppen nach § 267 Abs. 2 zueinander entspricht.

(3) Die Finanzkraft einer Krankenkasse ist das Produkt aus den beitragspflichtigen Einnahmen ihrer Mitglieder und dem Ausgleichsbedarfssatz. Der Ausgleichsbedarfssatz entspricht dem Verhältnis der Beitragsbedarfssumme aller Krankenkassen zur Summe der beitragspflichtigen Einnahmen ihrer Mitglieder. Er ist in Hundertsteln festzusetzen. Übersteigt die Finanzkraft einer Krankenkasse ihren Beitragsbedarf, steht der überschießende Betrag den Krankenkassen zu, deren Beitragsbedarf ihre Finanzkraft übersteigt.

(4) Bei der Ermittlung der standardisierten Leistungsausgaben nach Absatz 2 bleiben außer Betracht

1. **die von Dritten erstatteten Ausgaben,**
2. **Aufwendungen für satzungsgemäße Mehr- und Erprobungsleistungen sowie für Leistungen, auf die kein Rechtsanspruch besteht,**
3. **Aufwendungen, die im Risikopool (§ 269) ausgeglichen werden.**

Aufwendungen für eine stationäre Anschlußrehabilitation (§ 40 Abs. 6 Satz 1) sowie Ausgaben, die auf Grund der Entwicklung und Durchführung von Programmen nach § 137g entstehen und in der Rechtsverordnung nach Absatz 7, auch abweichend von Absatz 2 Satz 3, näher zu bestimmen sind, sind in die Ermittlung der durchschnittlichen Leistungsausgaben nach Satz 1 einzubeziehen. Die Aufwendungen für die Leistungen der Knappschaftsärzte und -zahnärzte werden in der gleichen Weise berechnet wie für Vertragsärzte und -zahnärzte.

(5) Das Bundesversicherungsamt führt den Ausgleich durch. Es gibt für die Ermittlung des Beitragsbedarfs und der Finanzkraft jeder Krankenkasse bekannt

1. **in Abständen von längstens drei Jahren das Verhältnis der durchschnittlichen Leistungsausgaben aller Krankenkassen je Versicherten, nach Versichertengruppen (§ 267 Abs. 2) getrennt, zu den durchschnittlichen Leistungsausgaben aller am Ausgleichsverfahren teilnehmenden Krankenkassen je Versicherten auf der Grundlage der Datenerhebung nach § 267,**

2. jährlich die auf der Grundlage der Verhältniswerte nach Nummer 1 standardisierten Leistungsausgaben aller am Ausgleich beteiligten Krankenkassen je Versicherten, getrennt nach Versichertengruppen (§ 267 Abs. 2), und
3. den Ausgleichsbedarfssatz nach Absatz 3.

Das Bundesversicherungsamt kann zum Zwecke der einheitlichen Zuordnung und Erfassung der für die Berechnung maßgeblichen Daten über die Vorlage der Geschäfts- und Rechnungsergebnisse hinaus weitere Auskünfte und Nachweise verlangen.

(6) Das Bundesversicherungsamt stellt im voraus für ein Kalenderjahr die Werte nach Absatz 5 Nr. 2 und 3 vorläufig fest. Bei der Berechnung der von Krankenkassen zu leistenden Ausgleichszahlungen legen die Krankenkassen die Werte nach Satz 1, die zum 1. Oktober des Vorjahres erhobene Zahl ihrer Versicherten je Versichertengruppe nach § 267 Abs. 2 und die voraussichtliche Summe der beitragspflichtigen Einnahmen ihrer Mitglieder zugrunde. Nach Ablauf des Kalenderjahres sind der Beitragsbedarf und die Finanzkraft jeder Krankenkasse vom Bundesversicherungsamt aus den für dieses Jahr erstellten Geschäfts- und Rechnungsergebnissen und den zum 1. Oktober dieses Jahres erhobenen Versichertenzahlen der beteiligten Krankenkassen zu ermitteln. Die nach Satz 2 geleisteten Zahlungen gelten als Abschlagszahlungen. Sie sind nach Festsetzung des Beitragsbedarfs und der Finanzkraft nach Satz 3 mit den endgültig für das Geschäftsjahr zu leistenden Zahlungen auszugleichen. Die Durchführung von für den Risikostrukturausgleich erforderlichen Berechnungen und des Zahlungsverkehrs kann in der Rechtsverordnung nach Absatz 7 auf die Deutsche Rentenversicherung Bund übertragen werden. Werden nach Abschluß der Ermittlung der Werte nach Satz 3 sachliche oder rechnerische Fehler in den Berechnungsgrundlagen festgestellt, hat das Bundesversicherungsamt diese bei der Ermittlung beim nächsten Ausgleichsverfahren nach den dafür geltenden Vorschriften zu berücksichtigen. Klagen gegen Zahlungsbescheide im Risikostrukturausgleich einschließlich der hierauf entfallenden Nebenkosten haben keine aufschiebende Wirkung.

(7) Das Bundesministerium für Gesundheit regelt durch Rechtsverordnung mit Zustimmung des Bundesrates das Nähere über

1. die Ermittlung der Werte nach Absatz 5 sowie die Art, den Umfang und den Zeitpunkt der Bekanntmachung der für die Durchführung des Risikoausgleichsverfahrens erforderlichen Daten,
2. die Abgrenzung der zu berücksichtigenden beitragspflichtigen Einnahmen nach Absatz 3 und der Leistungsausgaben nach Absatz 2, 4 und 5; dabei können für in § 267 Abs. 3 genannte Versichertengruppen abweichend von Absatz 2 Satz 3 besondere Standardisierungsverfahren und Abgrenzungen für die Berücksichtigung des Krankengeldes oder der beitragspflichtigen Einnahmen geregelt werden,
3. die Abgrenzung der zu berücksichtigenden Versichertengruppen nach § 267 Abs. 2; hierzu gehört auch die Festlegung der Krankheiten nach § 137f Abs. 2 Satz 3, die Gegenstand von Programmen nach § 137g sein können, der Anforderungen an die Zulassung dieser Programme sowie der für die Durchführung dieser Programme für die jeweiligen Krankheiten erforderlichen personenbezogenen Daten einschließlich der Altersabstände zwischen den Altersgruppen, auch abweichend von § 267 Abs. 2,
4. die Berechnungsverfahren einschließlich von Veränderungen des vorläufigen Ausgleichsbedarfssatzes zum Abbau von Überschüssen oder Fehlbeträgen,
5. die Fälligkeit der Beträge und die Erhebung von Säumniszuschlägen,
6. das Verfahren und die Durchführung des Ausgleichs,

7. die Festsetzung der Stichtage und Fristen nach § 267; anstelle des Stichtages nach § 267 Abs. 2 kann ein Erhebungszeitraum bestimmt werden,

8. die von den Krankenkassen, den Rentenversicherungsträgern und den Leistungserbringern mitzuteilenden Angaben,

9. die Berücksichtigung des Arbeitgeberbeitrags nach § 249b auch abweichend von Absatz 2 bis 6.

10. die Verringerung der standardisierten Leistungsausgaben um die im Risikopool ausgeglichenen Ausgaben sowie die Berücksichtigung nachträglicher Veränderungen der Ausgleichsbeträge im Risikopool,

11. die Prüfung der von den Krankenkassen mitzuteilenden Daten durch die mit der Prüfung nach § 274 befassten Stellen einschließlich der Folgen fehlerhafter Datenlieferungen oder nicht prüfbarer Daten sowie das Verfahren der Prüfung und der Prüfkriterien, auch abweichend von § 274.

Abweichend von Satz 1 können die Verordnungsregelungen zu Absatz 4 Satz 2 und Satz 1 Nr. 3 ohne Zustimmung des Bundesrates erlassen werden.

(8) Für Ausgleichszahlungen, die bis zum Ablauf des Fälligkeitstages nicht geleistet werden, ist für jeden angefangenen Monat der Säumnis ein Säumniszuschlag in Höhe von 1 vom Hundert des rückständigen Betrags zu zahlen.

(9) Die Landwirtschaftlichen Krankenkassen nehmen am Risikostrukturausgleich nicht teil.

§ 266: Nach Maßgabe der Entscheidungsformel mit dem GG vereinbar gem. BVerfGE v. 18.7.2005 I 2888 - 2 BvF 2/01 -

Gliederung

A. Basisinformationen

I. Textgeschichte/Gesetzgebungsmaterialien

Die Vorschrift ist durch Art. 1 Nr. 143, Art. 35 Abs. 3 Gesundheitsstrukturgesetz v. 21.12.1992[1] mit Wirkung zum **01.01.1994** eingeführt worden, nachdem die erheblichen Beitragssatzunterschiede zwischen den einzelnen Krankenkassen als nicht mehr länger hinnehmbar angesehen wurden.[2] Damit sollte zugleich die Einführung einer freien Krankenkassenwahl durch die Versicherten vorbereitet werden. 1

Durch das 2. GKV-Neuordnungsgesetz[3] wurden Anpassungen hinsichtlich der berücksichtigungsfähigen Leistungsausgaben in Absatz 4 Satz 2 vorgenommen, die Verordnungsermächtigung in Absatz 7 geändert und in Absatz 8 ein Säumniszuschlag für überfällige Ausgleichzahlungen eingeführt.[4] Mit dem Gesetz zur Neuregelung der geringfügigen Beschäftigungsverhältnisse[5] wurde die Verordnungsermächtigung in Absatz 7 Nr. 9 ergänzt. Mit Artikel 4 Nr. 4 des Sechsten Sozialgerichtsgesetzänderungsgesetzes[6] wurde in Absatz 6 Satz 8 geregelt, dass Klagen gegen die Zahlungsbescheide keine aufschiebende Wirkung haben. 2

Umfassende Änderungen erfolgten durch das **Gesetz zur Reform des Risikostrukturausgleichs in der gesetzlichen Krankenversicherung**[7], mit dem die Weiterentwicklung des Risikostrukturausgleichs geregelt wurde.[8] In § 266 SGB V wurden im Zusammenhang mit der Einführung des Risikopools nach § 269 SGB V und der besonderen Berücksichtigung von Leistungsausgaben für Versicherte in Disease-Management-Programmen Absatz 4 Satz 1 und 2 sowie Absatz 7 geändert. Durch das Gesundheitsmodernisierungsgesetz v. 14.11.2003[9] wurden mit Wirkung zum 01.01.2005 aus der Ermittlung der standardisierten Leistungsausgaben gemäß Absatz 4 auch „Satzungsleistungen nach den §§ 55 und 56 SGB V" ausgenommen. § 266 Abs. 7 Satz 1 SGB V wurde durch Art. 204 Nr. 1 der 8. Zuständigkeitsanpassungsverordnung v. 25.11.2003 nach den Worten „Bundesministerium für Gesundheit" um die Worte „und Soziale Sicherung" ergänzt. [10] Weitere umfangreiche Änderungen durch das GKV-WSG im Zusammenhang mit der Einführung des Gesundheitsfonds treten am 01.01.2009 in Kraft.[11] 3

II. Vorgängervorschriften

§ 266 SGB V a.F. betraf den Finanzausgleich auf Landesverbandsebene bei überdurchschnittlichen Bedarfssätzen. Eine Vorgängervorschrift für einen umfassenden Risikostrukturausgleich existiert nicht. Der Finanzausgleich nach § 266 SGB V a.F. war verpflichtend in den Satzungen der Landesverbände zu regeln für den Fall, dass der Bedarfssatz (§ 145 Abs. 2 SGB V) einer Krankenkasse den durchschnittlichen Bedarfssatz aller Verbandsmitglieder um mehr als 10 v.H. überstieg. Zu berücksichtigen waren dabei unterschiedliche Risikostrukturen der Krankenkassen. Während die weiteren kassenarteninternen Finanzausgleiche in § 265 SGB V und § 265a SGB V weitergeführt wurden, ist der Ausgleich nach § 266 a.F. in den Risikostrukturausgleich aufgegangen. 4

III. Parallelvorschriften

Ausgleichsverfahren zwischen Sozialversicherungsträgern existieren auch in den §§ 173 ff. SGB VII, §§ 218 ff. SGB VI und §§ 65 ff. SGB XI, ohne dass diese allerdings mit dem Risikostrukturausgleich vergleichbar wären. 5

[1] BGBl I 1992, 2266.
[2] BT-Drs. 12/3608, S. 68.
[3] V. 23.06.1997, BGBl I 1997, 1520.
[4] Zur Begründung vgl. BT-Drs. 13/6087, S. 29 f.
[5] V. 24.03.1999, BGBl I 1999, 338.
[6] V. 17.08.2001, BGBl I 2001, 2144.
[7] V. 10.12.2001, BGBl I 2001, 3465.
[8] Zur Begründung vgl. BT-Drs. 14/6432 und BT-Drs. 14/7395.
[9] BGBl I 2003, 2190.
[10] BGBl I 2003, 2304.
[11] V. 26.03.2007, BGBl I 2007, 378.

IV. Untergesetzliche Rechtsnormen

6 Eine Konkretisierung des Risikostrukturausgleichs erfolgt durch die Verordnung nach § 266 Abs. 7 SGB V. Die Verordnungsermächtigung wurde mit dem Erlass der Risikostrukturausgleichsverordnung (RSAV) v. 03.01.1994[12] umgesetzt, die seitdem mehrmals und umfassend geändert wurde.

V. Systematische Zusammenhänge

7 § 266 SGB V stellt die Grundnorm für den Risikostrukturausgleich dar. § 267 SGB V regelt die hierfür notwendige Datenerhebung, § 268 SGB V die Weiterentwicklung des Risikostrukturausgleichs im Sinne einer Morbiditätsorientierung. Die fakultativen Finanzausgleiche nach § 265 SGB V und § 265a SGB V sowie der verpflichtende Risikopoolausgleich nach § 269 treten zu dem Risikostrukturausgleich hinzu, wobei § 266 Abs. 4 Nr. 3 SGB V bewirkt, dass kein doppelter Ausgleich von Leistungsausgaben über § 266 SGB V und § 269 SGB V erfolgt.

8 Ab 2009 soll der Risikostrukturausgleich durch risikoadjustierte Zuweisungen aus dem Gesundheitsfonds durchgeführt werden; die §§ 266 ff. SGB V werden hierfür umfassend geändert und sollen in der alten Fassung nur noch für die bis 2008 durchzuführenden Ausgleiche angewendet werden. § 266 SGB V wird dann die Zuweisungen aus dem Gesundheitsfonds regeln, § 267 SGB V wie bisher die notwendigen Datenerhebungen. Der Risikopool nach § 269 SGB V wird dann entfallen. Der neu eingefügte § 270 SGB V wird die Zuweisungen aus dem Gesundheitsfonds für sonstige Ausgaben regeln. Der Gesundheitsfonds als durch das Bundesversicherungsamt zu verwaltendes Sondervermögen wird in § 271 SGB V geregelt. Übergangsregelungen werden in § 272 SGB V getroffen.

VI. Literaturhinweise

9 *Becker*, Rechtliche Fragen im Zusammenhang mit den Risikostrukturausgleich – unter Berücksichtigung der integrierten Versorgung, VSSR 2001, 277 ff.; *Daubenbüchel/Domscheit*, Prüfungen im Risikostrukturausgleich nach § 15a RSAV – Was erwartet die Krankenkassen?, KrV 2004, 201 ff.; Gesundheit und Gesellschaft Spezial 2/2004, 10 Jahre Risikostrukturausgleich – Wider den Wildwuchs im Wettbewerb; Gesundheit und Gesellschaft Spezial 10/2004, Reform des Risikostrukturausgleichs – Maßarbeit für den Patienten; Gesundheit und Gesellschaft Spezial 2/2002, Mehr Gleichgewicht im Wettbewerb – Der neue Risikostrukturausgleich; *Hanau/Rolfs*, Rechtliche Bedenken gegen den Risikostrukturausgleich, BKK 1997, 170 ff.; *Hess*, Risikostrukturausgleich und Auswirkungen auf die Versorgungsqualität, VSSR 2001, 267 ff.; *Knieps*, Der Risikostrukturausgleich und seine Auswirkungen auf die Versorgungsqualität, VSSR 2001, 253 ff. (mit umfassenden Literaturüberblick); *Kruse/Kruse*, Mehr Beitragsatzgerechtigkeit durch Finanzausgleiche?, SozVers 1990, S. 258 ff.; *Minn*, Dauerbaustelle Risikostrukturausgleich, ErsK 2004, S. 141 ff.; *Paquet*, Risikostrukturausgleich (RSA) und Auswirkungen auf die Versorgungsqualität, VSSR 2001, 235 ff.; *Polaszek*, Krankenkassen stehen jetzt jährlich auf dem Prüfstand – Ein Stabilitätsprogramm für den RSA, KrV 2004, S. 74 ff.; *Ramsauer*, Der Risikostrukturausgleich in der gesetzlichen Krankenversicherung – verfassungswidrig?, NJW 1998, 481 ff.; *Rebscher*, Risikostrukturausgleich und seine Auswirkungen auf die Versorgungsqualität, VSSR 2001, S. 245 ff.; *Reschke/Sehlen*, Methoden der Morbiditätsadjustierung, Gesundheits- und Sozialpolitik 1-2/2005, 10 ff.; *Rolfs*, Das Versicherungsprinzip im Sozialversicherungsrecht, 2002; *Schaaf*, Die Reform des Risikostrukturausgleichs in der Gesetzlichen Krankenversicherung, SGb 2001, 537 ff.; *Schneider*, Der Risikostrukturausgleich in der gesetzlichen Krankenversicherung, 1994, *Schneider/Vieß*, Der Risikostrukturausgleich in der gesetzlichen Krankenversicherung – verfassungsgemäß!, NJW 1998, 2702 ff.; *Sodan/Gast*, Umverteilung durch Risikostrukturausgleich, 2002; *Sodan/Gast*, Der Risikostrukturausgleich in der GKV als Quadratur des Kreises, VSSR 2001, 311 ff.; *Spoerr/Winkelmann*, Rechtliche Koordinaten des Finanzausgleichs unter Krankenkassen, NZS 2004, 402 ff.; *Wasem/Lauterbach/Schräder*, Klassifikationsmodelle für Versicherte im morbiditätsorientierten Risikostrukturausgleich, Gesundheit und Gesellschaft Wissenschaft 2/2005, 7 ff.

---

[12] BGBl I 1994, 55.

B. Auslegung der Norm

I. Regelungsgehalt und Bedeutung der Norm

§ 266 SGB V führt erstmals einen **obligatorischen, kassenartenübergreifenden** und **bundesweiten** Risikostrukturausgleich ein. 10

Der Risikostrukturausgleich führt zu einem umfassenden Finanzausgleich unter den Krankenkassen. Im **Jahresausgleich 2003** mussten die Zahlerkassen **14,2 Milliarden Euro** für ihre Verpflichtungen im Risikostrukturausgleich aufwenden. Belastet wurden vor allem die Betriebskrankenkassen (9,3. €), die über günstige Risikostrukturen ihrer Versicherten verfügen, die Angestelltenersatzkassen (3,7 Mrd. €) und im geringeren Umfang die Arbeiterersatzkassen (0,7 Mrd. €) und die Innungskrankenkassen (0,5 Mrd. €). Auf der Empfängerseite standen vor allem die Ortskrankenkassen (12,6 Mrd. €) und die Bundesknappschaft (1,5 Mrd. €) sowie in geringerem Umfang weitere Kassen.[13] 11

1. Inhalt des Risikostrukturausgleichs (Absatz 1)

Absatz 1 bestimmt die wesentlichen inhaltlichen Vorgaben für den jährlich durchzuführenden Risikostrukturausgleich. Der Risikostrukturausgleich dient danach dazu, Unterschiede in der Höhe der beitragspflichtigen Einnahmen der Mitglieder, der Zahl der nach § 10 SGB V Versicherten und der Verteilung der Versicherten auf nach Alter und Geschlecht getrennte Versichertengruppen auszugleichen (Satz 2). Für die Abgrenzung der Versichertengruppen nimmt Absatz 1 Satz 2 auf § 267 Abs. 2 SGB V Bezug. Satz 3 stellt klar, dass nur die auf den in Satz 2 genannten Risikomerkmalen beruhenden Einnahmen- und Ausgabenunterschiede ausgleichsfähig sind. 12

2. Höhe des Ausgleichsanspruchs und Beitragsbedarf (Absatz 2)

Die Absätze 2 und 3 regeln den „Ausgleichsmechanismus" des Risikostrukturausgleichs. Die Höhe des Ausgleichsanspruchs oder der Ausgleichsverpflichtung einer Krankenkasse wird nach Absatz 2 durch einen Vergleich ihres Beitragsbedarfs mit ihrer Finanzkraft ermittelt. Der Beitragsbedarf wird durch die Summe der standardisierten Leistungsausgaben eine Krankenkasse bestimmt, die in Absatz 2 Satz 3 näher definiert werden. 13

3. Finanzkraft (Absatz 3)

Absatz 3 regelt die Ermittlung der Finanzkraft einer Krankenkasse als Produkt aus den beitragspflichtigen Einnahmen und dem Ausgleichsbedarfssatz (Satz 1). Der Ausgleichsbedarfsatz wird in Absatz 3 Satz 2 definiert. In Absatz 3 Satz 4 ist schließlich bestimmt, dass bei einer Krankenkasse, deren Finanzkraft ihren Beitragsbedarf übersteigt, der überschießende Betrag den Krankenkassen zusteht, deren Beitragsbedarf ihre Finanzkraft übersteigt. 14

4. Standardisierte Leistungsausgaben (Absatz 4)

Absatz 4 regelt, welche Ausgaben der Krankenkassen für die Ermittlung der standardisierten Leistungsausgaben außer Betracht bleiben und welche einbezogen werden. 15

5. Durchführung des Ausgleichs durch das Bundesversicherungsamt (Absätze 5 und 6)

Der Risikostrukturausgleich wird nach Absatz 5 durch das Bundesversicherungsamt durchgeführt, welches in Abständen von längstens drei Jahren das Verhältnis der durchschnittlichen Leistungsausgaben aller Krankenkassen je Versicherten, nach Versichertengruppen getrennt, zu den durchschnittlichen Leistungsausgaben aller am Risikostrukturausgleich teilnehmenden Krankenkassen je Versicherten (Verhältniswerte) und jährlich die standardisierten Leistungsausgaben aller am Ausgleich beteiligten Krankenkassen je Versicherten, getrennt nach Versichertengruppen, sowie den Ausgleichbedarfssatz bekannt gibt. Das Bundesversicherungsamt kann nach Absatz 5 Satz 3 über die Vorlage der Geschäfts- und Rechnungsergebnisse hinaus weitere Auskünfte und Nachweise verlangen. 16

In Absatz 6 wird das weitere Verfahren des Risikostrukturausgleichs beschrieben und eine Unterteilung in einen vorläufigen Ausgleich und einen Jahresausgleich vorgenommen. Die Datenermittlung für den vorläufigen Ausgleich wird in Absatz 6 Sätze 1 und 2 beschrieben. Die Durchführung des Jahresausgleichs wird in Absatz 6 Sätze 3 und 4 beschrieben. Die Durchführung der erforderlichen Berech- 17

[13] Vgl. www.bva.de/Fachinformationen/Risikostrukturausgleich/Jahresausgleiche/jahresausgleiche.htm.

nungen und des Zahlungsverkehrs kann auf die Bundesversicherungsanstalt für Angestellte übertragen werden. Eine Fehlerberichtigung nach Abschluss der Ermittlung der Werte für den Jahresausgleich erfolgt nach Absatz 6 Satz 6 durch das Bundesversicherungsamt beim nächsten Ausgleichsverfahren. Klagen gegen Zahlungsbescheide haben nach Absatz 6 Satz 7 keine aufschiebende Wirkung.

6. Verordnungsermächtigung (Absatz 7)

18 Absatz 7 beinhaltet eine umfassende Verordnungsermächtigung für das Bundesministerium für Gesundheit und Soziale Sicherung, wobei überwiegend eine Zustimmung des Bundesrates erforderlich ist (Ausnahme: Verordnungsregelungen zu Absatz 4 Satz 2 und Satz 1 Nr. 3). Hierbei sind insbesondere auch Abweichungen zu den gesetzlichen Vorgaben ermöglicht, die vom Verordnungsgeber auch wahrgenommen wurden.

7. Säumniszuschlag (Absatz 8)

19 Absatz 8 regelt für Ausgleichzahlungen, die nicht bis zum Ablauf des Helligkeitstages geleistet werden, einen Säumniszuschlag in Höhe von 1 v.H. des rückständigen Betrages.

8. Landwirtschaftliche Krankenkassen (Absatz 9)

20 Landwirtschaftliche Krankenkassen nehmen am Risikostrukturausgleich nach Absatz 9 nicht teil.

II. Normzweck

1. Abbau von Beitragssatzunterschieden und Kassenwettbewerb

21 Die Notwendigkeit eines Abbaus von Beitragssatzunterschieden durch ein Ausgleichsverfahren ergibt sich als Folge der **vielfachen Untergliederung der Träger der gesetzlichen Krankenversicherung**.[14] Bis zur Einführung der Kassenwahlfreiheit bestand für die Versicherten überwiegend eine feste Zuordnung zu einer bestimmten Krankenkasse; Wahlrechte existierten nur sehr begrenzt. Den Allgemeinen Ortskrankenkassen kam eine Basiskassenfunktion für alle Versicherten einer Region zu, wenn keine gesetzlich anders geregelte Zuständigkeit bestand. An die Stelle der Ortskrankenkassen traten Betriebskrankenkassen und Innungskrankenkassen, falls eine solche im Betrieb des Versicherten existierte oder dieser als Handwerksbetrieb einer Innung angehörte. Für die Ersatzkassen der Arbeiter und Angestellten bestand unter bestimmten Voraussetzungen ein Zutrittsrecht (nur insoweit bestand eine Wahlmöglichkeit der Versicherten).[15] Dazu traten mit der Bundesknappschaft, der Seekasse und den Landwirtschaftlichen Krankenkassen spezielle Kassenarten für besondere Wirtschaftsbereiche. Es ist evident, dass mit dieser Zuordnung auch eine **Risikoselektion** jedenfalls hinsichtlich der Höhe der beitragspflichtigen Einnahmen und auch der Morbidität der Versicherten einherging, die sich letztlich in unterschiedlichen Beitragssätzen niederschlug.[16]

22 Sowohl vom BSG als auch vom BVerfG sind diese unterschiedlichen Beitragssätze problematisiert worden.[17] Es bestand Handlungsbedarf für den Gesetzgeber, dem mit der Einführung der Kassenwahlfreiheit und eines umfassenden Risikostrukturausgleichs Rechnung getragen wurde.[18]

23 Mit dem Risikostrukturausgleich sollen Beitragssatzunterschiede abgebaut werden, sofern diese **risikostrukturbedingt** sind. Zweck des Risikostrukturausgleichs ist zudem die Auslösung und Ermöglichung eines (gelenkten) **Wettbewerbs** zwischen den Krankenkassen (im Zusammenhang mit der Einführung der Kassenwahlfreiheit), der nicht über eine Risikoselektion geführt wird. Die wesentlichen Risiken der Krankenkassen im Einnahmenbereich (Einkommensstruktur der Versicherten) und im Ausgabenbereich (Leistungsausgaben) werden durch den Risikostrukturausgleich zum Teil ausgeglichen und damit aus dem Wettbewerb genommen, so dass nach der Vorstellung des Gesetzgebers ein Wettbewerb allein über Qualität und Wirtschaftlichkeit geführt werden sollte.

---

[14] Vgl. zur geschichtlichen Entwicklung BSG v. 22.05.1985 - 12 RK 15/83 sowie BT-Drs. 14/5681, S. 3 ff.

[15] Vgl. dazu BT-Drs. 14/5681, S. 3.

[16] Vgl. dazu BT-Drs. 14/5681, S. 4.

[17] BSG v. 22.05.1985 - 12 RK 15/83 - SozR 2200 § 385 Nr. 14; BVerfG v. 08.02.1994 - 1 BvR 1237/85 - SozR 3-2200 § 385 Nr. 4.

[18] Entsprechende Reformvorschläge hatte der Sachverständigenrat für die Konzertierte Aktion im Gesundheitswesen und die Enquete-Kommission „Strukturreform der GKV" des Deutschen Bundestages unterbreitet, vgl. dazu BT-Drs. 14/5681, S. 4.

Zum Zweck der Vermeidung von **wirtschaftlichen Fehlanreizen** knüpft der Risikostrukturausgleich nicht an den tatsächlichen, sondern an durchschnittlichen, standardisierten Leistungsausgaben der Krankenkassen an (anders als früher der Finanzausgleich im Rahmen der KVdR).[19] Da damit nicht die tatsächlichen Ausgaben ausgeglichen werden, besteht trotz des Ausgleichs ein Interesse der Krankenkassen an der Gewährleistung einer wirtschaftlichen Versorgung. 24

Die Vorstellungen des Gesetzgebers haben sich nur teilweise verwirklicht. Insbesondere konnte das wichtige Risikomerkmal der **Morbidität** über den Risikostrukturausgleich nur unzureichend erfasst werden, so dass es für Krankenkassen vorteilhaft blieb, gesunde Versicherte als Mitglieder zu werben. Zudem erfüllten sich die Erwartungen an die **Kassenwahlfreiheit** nicht, da diese Möglichkeit nur **selektiv wahrgenommen** wurde, wobei gerade ältere, kranke und einkommensschwache Versicherte von dieser Möglichkeit weniger Gebrauch gemacht haben. Wenn auch über den Risikostrukturausgleich frühere Beitragssatzunterschiede zwischen den Krankenkassen abgebaut werden konnten, so verringerte sich dieser Effekt dadurch, dass sich die Versichertenstruktur der Krankenkassen durch Wechsel der „besseren Risiken" zu günstigeren Kassen sich eher noch weiter entmischte. Diese Entwicklung veranlasste den Gesetzgeber schließlich zur Einführung des Risikopools nach § 269 SGB V (als Sofortmaßnahme) und mittelfristig zur Einführung eines morbiditätsbasierten Risikostrukturausgleichs nach § 268 SGB V.[20] 25

2. Vereinbarkeit mit Verfassungsrecht

Ausgangspunkt einer verfassungsrechtlichen Betrachtung ist zunächst, in welchem Umfang Beitragssatzunterschiede zwischen den Krankenkassen zulässig sind. Weitere Frage ist dann, in welchen Umfang und nach welchen Strukturprinzipien ein Ausgleich verfassungsrechtlich zulässig ist. 26

Die aufgrund des gegliederten, dezentralen Systems der Krankenkassen entstandenen **Beitragssatzunterschiede** sind grundsätzlich verfassungsrechtlich nicht zu beanstanden.[21] Es besteht keine verfassungsrechtliche Pflicht zur Einführung einer Einheitsversicherung; es steht dem Gesetzgeber vielmehr frei, aufgrund von prognostizierten Vorteilen einer dezentralen Organisation der Krankenversicherung von einer zentralen Einheitsversicherung abzusehen.[22] Wenn aber erhebliche Beitragssatzunterschiede trotz versicherungsrechtlich bestehender Gemeinsamkeiten der Versicherten verschiedener Krankenkassen bestehen, so folgt aus Art. 3 Abs. 1 GG die Notwendigkeit eines Ausgleichsmechanismus, ohne dass allerdings ein völliger Ausgleich erforderlich wäre.[23] Das BVerfG hielt erhebliche Beitragssatzunterschiede für „bedenklich", weil diese nicht mehr durch Unterschiede in den von den Krankenkassen erbrachten Leistungen ihre Rechtfertigung fanden, sah aber für den Gesetzgeber einen **Anpassungsspielraum** als erforderlich an, dem dieser mit der Einführung des Risikostrukturausgleichs Rechnung getragen habe.[24] Der umfassende Risikostrukturausgleich nach § 266 SGB V (im Zusammenhang mit der Einführung einer freien Kassenwahl) steht damit in dem Zusammenhang der Verpflichtung des Gesetzgebers, erhebliche Beitragssatzunterschiede abzubauen.[25] 27

Er stand aufgrund seiner erheblichen Auswirkungen von Beginn an auch unter **verfassungsrechtlicher Kritik**.[26] Diese knüpfte zum einen daran an, dass ein solcher bundesweiter Finanzausgleich finanzverfassungsrechtlich nicht zulässig sei. Zum anderen wurden Grundrechte von Versicherten der „Zahlerkassen" oder auch Grundrechte dieser Kassen selbst herangezogen. Wie zuvor die Verfassungsbeschwerden von einzelnen Krankenkassen blieb auch der Normenkontrollantrag der Länder Baden-Württemberg, Bayern und Hessen bei dem BVerfG ohne Erfolg.[27] 28

---

[19] Vgl. BT-Drs. 12/3608, S. 117.

[20] Vgl. zu den Motiven des Gesetzes zur Reform des Risikostrukturausgleichs in der GKV v. 10.12.2001 BT-Drs. 14/6432, S. 8 ff. Grundlage waren wissenschaftliche Untersuchungen über die bisherigen Wirkungen des Risikostrukturausgleichs, über die in BT-Drs. 14/5681 berichtet wird.

[21] BVerfG v. 08.02.1994 - 1 BvR 1237/85 - SozR 3-2200 § 385 Nr. 4; BSG v. 22.05.1985 - 12 RK 15/83 - SozR 2200 § 385 Nr. 14.

[22] Vgl. BVerfG v. 08.02.1994 - 1 BvR 1237/85 - SozR 3-2200 § 385 Nr. 4; BVerfG v. 18.07.2005 - 2 BvF 2/01 - SozR 4-2500 § 266 Nr. 8.

[23] BSG v. 22.05.1985 - 12 RK 15/83 - SozR 2200 § 385 Nr. 14.

[24] BVerfG v. 08.02.1994 - 1 BvR 1237/85 - SozR 3-2200 § 385 Nr. 4.

[25] Vgl. BT-Drs. 12/3608, S. 68.

[26] Vgl. dazu ausführlich *Axer* in: Wannagat, SGBV, § 266 Rn. 27 ff.

[27] BVerfG v. 18.07.2005 - 2 BvF 2/01 - SozR 4-2500 § 266 Nr. 8; BVerfG v. 09.06.2004 - 2 BvR 1249/03 - SozR 4-2500 § 266 Nr. 7.

29 Soweit Krankenkassen sich selbst als Grundrechtsträger angesehen haben, wurde dem vom BSG und vom BVerfG nicht gefolgt.[28] Danach hat der Gesetzgeber mit der Einführung des Risikostrukturausgleichs und der Kassenwahlfreiheit keine privatrechtlich geordneten Handlungsspielräume für die Krankenkassen eröffnet, sondern eine öffentlich-rechtliche Organisationsentscheidung für die Erledigung öffentlicher Aufgaben getroffen.[29] Als Maßstab wurde aber das Willkürverbot zugrunde gelegt, ohne dass das BVerfG Anhaltspunkte für einen Verstoß hiergegen sah.[30]

30 **Grundrechte** der Versicherten[31] (und der Arbeitgeber) als Beitragszahler sind nicht verletzt. Das BVerfG legte als Prüfungsmaßstab Art. 3 GG zugrunde.[32] Durch den Risikostrukturausgleich werden Versicherten (und deren Arbeitgebern) der Geberkassen zusätzliche Beitragsbelastungen auferlegt, die nicht durch das eigene versicherte Risiko notwendig sind. Es steht aber im Ermessen des Gesetzgebers eine am Solidarprinzip orientierte, risikounabhängige Beitragsbelastung der Versicherten auch kassenartenübergreifend und bundesweit zu regeln. Dieses ist eine geeignete und auch erforderliche Maßnahme, Beitragssatzunterschiede abzubauen.[33] Auch die Kriterienwahl ist nicht willkürlich. Ausgeglichen werden von den Krankenkassen nicht beeinflussbare Unterschiede in der Risikostruktur der Versicherten. Sofern zunächst auch in der Ausgestaltung des § 266 SGB V strukturelle Verzerrungen nicht ausgeschlossen waren, hat der Gesetzgeber durch verschiedene Maßnahmen eine stärkere Morbiditätsorientierung in Angriff genommen.

31 **Finanzverfassungsrechtliche Bedenken** greifen ebenfalls nicht durch.[34] Eine Verletzung der Finanzautonomie der Länder liegt nicht vor. Diese umfasst nicht die beitragsfinanzierten Sozialversicherungsträger.

3. Vereinbarkeit mit EG-Recht

32 Die Vorschriften des europäischen Wettbewerbsrechts sind für die Krankenkassen hinsichtlich des Risikostrukturausgleichs nicht anwendbar, da sie insoweit keine „**Unternehmen**" sind.[35] Für den Wettbewerb zwischen Sozialversicherungsträgern und privaten Versicherungsanbietern ist es vom EuGH schon länger anerkannt, dass diese unter bestimmten Voraussetzungen nicht unter den Unternehmensbegriff des europäischen Wettbewerbsrechts fallen.[36] Dieses ist vom EuGH auch für den vertikalen Wettbewerb zwischen Krankenkassen und Leistungserbringern übernommen worden.[37] Nach dieser Rechtsprechung sind Krankenkassen keine Unternehmen im Sinne des europäischen Wettbewerbsrechts, soweit sie einen rein sozialen Zweck verfolgen und keine wirtschaftliche Tätigkeit ausüben. Das ist dann der Fall, wenn sie nur Gesetze anwenden und keine Möglichkeit haben, auf die Höhe der Beiträge, die Verwendung der Mittel und die Bestimmung des Leistungsumfangs Einfluss zu nehmen, sondern eine auf dem Grundsatz der nationalen Solidarität beruhende Tätigkeit ohne Gewinnerzielungsabsicht ausüben und Leistungen von Gesetz wegen und unabhängig von der Höhe der Beiträge erbringen.[38] Da die Wettbewerbselemente zwischen den Krankenkassen in der GKV nur in diesem engen, gesetzlichen Rahmen bestehen, führen sie nicht dazu, dass Krankenkassen als Unternehmen im Sinne des europäischen Wettbewerbsrechts anzusehen wären.

---

[28] BSG v. 24.01.2003 - B 12 KR 18/02 R - SozR 4-2500 § 266 Nr. 2; BSG v. 24.01.2003 - B 12 KR 19/01 R - SozR 4-2500 § 266 Nr. 1; BVerfG v. 09.06.2004 - 2 BvR 1249/03 - SozR 4-2500 § 266 Nr. 7.

[29] BVerfG v. 09.06.2004 - 2 BvR 1249/03 - SozR 4-2500 § 266 Nr. 7.

[30] BVerfG v. 18.07.2005 - 2 BvF 2/01 - SozR 4-2500 § 266 Nr. 8.

[31] Vgl. dazu BSG v. 24.01.2003 - B 12 KR 6/00 R - SozR 4-2500 § 266 Nr. 5.

[32] BVerfG v. 18.07.2005 - 2 BvF 2/01 - SozR 4-2500 § 266 Nr. 8.

[33] Vgl. zum Ganzen BVerfG v. 18.07.2005 - 2 BvF 2/01 - SozR 4-2500 § 266 Nr. 8; *Axer* in: Wannagat, SGB V, § 266 Rn. 36 ff.

[34] Vgl. BVerfG v. 18.07.2005 - 2 BvF 2/01 - SozR 4-2500 § 266 Nr. 8; BSG v. 24.01.2003 - B 12 KR 19/01 - SozR 4-2500 § 266 Nr. 1; vgl. dazu ausführlich *Axer* in: Wannagat, SGB V, § 266 Rn. 34.

[35] Vgl. BSG v. 24.01.2003 - B 12 KR 18/01 R, B 12 KR 19/01 und B 12 KR 17/01 R. In der Nichtvorlage an den EuGH liegt keine grundsätzliche Verkennung der Vorlagepflicht, vgl. BVerfG v. 09.06.2004 - 2 BvR 1249/03 - SozR 4-2500 § 266 Nr. 7.

[36] EuGH v. 17.02.1993 - C-159/91 - Slg.1993, I-637 (Poucet); EuGH v. 16.11.1995 - C-244/94 - Slg. 1995, I-4013 (Federation francaise); EuGH v. 21.09.1999 - C-67/96 - Slg. 1999, I-5751 (Albany); EuGH v. 23.04.1991 - C-41/90 - Slg. 1991, I-1979 (Höfner und Elser).

[37] EuGH v. 16.03.2004 - C-264/01 - DVBl. 2004, S. 555 (Festbeträge).

[38] EuGH v. 16.03.2004 - C-264/01 - DVBl. 2004, S. 555 (Festbeträge).

III. Berechnung der Ausgleichsansprüche und -verpflichtungen

1. Grundsätzliches

Der Risikostrukturausgleich findet **kassenartenübergreifend** und **bundesweit** statt. Ausgenommen sind nur die landwirtschaftlichen Krankenkassen nach § 266 Abs. 9 SGB V. Sonderregelungen gibt es zudem in § 313 Abs. 10a SGB V und § 313a SGB V für das **Beitrittsgebiet**. 33

Die zwei wesentlichen Elemente der Risikostruktur betreffen die **Einnahmenseite** (Höhe der beitragspflichtigen Einkommen) und die **Ausgabenseite** (Leistungsausgaben unter Berücksichtigung auch der Leistungsausgaben für Familienversicherte). Die Einnahmenseite wird im Risikostrukturausgleich über die Finanzkraft, die Ausgabenseite über den Beitragsbedarf erfasst. Die Höhe des Ausgleichsanspruchs oder der Ausgleichsverpflichtung einer Krankenkasse ergibt sich nach § 266 Abs. 2 Satz 1 SGB V aus der Differenz ihres Beitragsbedarfs und ihrer Finanzkraft. Die Ausgleichsansprüche und Ausgleichsverpflichtungen aller Krankenkassen gleichen sich in einem „Nullsummenspiel" aus. 34

2. Beitragsbedarf

Der Beitragsbedarf ist die **Summe der standardisierten Leistungsausgaben** einer Krankenkasse (Absatz 2 Satz 2). Er ergibt sich, wenn man die Zahl der Versicherten einer Krankenkasse in jeder Versichertengruppe mit den standardisierten Leistungsausgaben dieser Gruppe multipliziert und diese Produkte dann addiert (§ 10 RSAV). In dem Beitragsbedarf spiegelt sich die besondere Versichertenstruktur jeder Krankenkasse und die dadurch veranlasste, spezifische Ausgabenbelastung wider. 35

a. Standardisierte Leistungsausgaben

Zur Abbildung der unterschiedlichen Risikomerkmale werden für die Versicherten der verschiedenen Versichertengruppen jeweils unterschiedliche **standardisierte Leistungsausgaben** zugrunde gelegt. Diese werden nach Absatz 2 Satz 3 auf der Basis der durchschnittlichen Leistungsausgaben je Versicherten aller Krankenkassen jährlich so bestimmt, dass das Verhältnis der standardisierten Leistungsausgaben je Versicherten der Versichertengruppen zueinander dem Verhältnis der nach § 267 Abs. 3 SGB V für alle Krankenkassen ermittelten durchschnittlichen Leistungsausgaben je Versicherten der Versichertengruppen nach § 267 Abs. 2 SGB V zueinander entspricht. 36

Es werden nicht die tatsächlichen, sondern die (für alle Krankenkassen) **durchschnittlichen Leistungsausgaben**, differenziert nach Versichertengruppen, zugrunde gelegt. Finanzausgleiche, die die tatsächlichen Leistungsausgaben in der Art eines Selbstkostendeckungsprinzips ausgleichen, führen zu wirtschaftlichen Fehlanreizen, da sich eine unwirtschaftliche Leistungserbringung „sozialisieren" lässt. Ein solcher Finanzausgleich fand beim früheren Finanzausgleich in der KVdR statt, der an den tatsächlichen Leistungsausgaben anknüpfte. Auch der Risikopool nach § 269 SGB V knüpft an die tatsächlichen Ausgaben an, wobei aber nur ein Teil der einen bestimmten Schwellenwert übersteigenden Ausgaben ausgeglichen wird. Durch die Beschränkung auf durchschnittliche Leistungsausgaben soll dagegen – entsprechend der Konzeption eines Risikostrukturausgleichs – gewährleistet werden, dass nur die durch bestimmte Risikomerkmale bedingten Kosten ausgeglichen werden. 37

Für den Risikostrukturausgleich werden keine Verwaltungskosten, sondern nur Leistungsausgaben und unter diesen nur die **berücksichtigungsfähigen** Leistungsausgaben herangezogen. Diese sind in § 266 Abs. 4 SGB V und § 4 RSAV näher definiert. Berücksichtigungsfähig sind auch Kosten für Maßnahmen der stationären Anschlussrehabilitation. Nicht berücksichtigungsfähig sind nach § 266 Abs. 4 SGB V satzungsmäßige Mehr- und Erprobungsleistungen, Satzungsleistungen nach den §§ 55 und 56 SGB V sowie Leistungen, auf die kein Rechtsanspruch besteht. Von Dritten erstattete Ausgaben finden keine Berücksichtigung. Da über den Risikopool nach § 269 SGB V bestimmte Leistungsausgaben ausgeglichen werden, werden diese Ausgaben für den Risikostrukturausgleich nicht erneut herangezogen (Abs. 4 Satz 1 Nr. 4 i.V.m. § 4 Abs. 2 RSAV). Entgegen dem Grundsatz der Nichtberücksichtigung von Verwaltungskosten werden Kosten für die Entwicklung und Durchführung von Behandlungsprogrammen nach § 137g SGB V gemäß § 266 Abs. 4 Satz 2 SGB V berücksichtigt. 38

Die standardisierten Leistungsausgaben werden anhand von Verhältniswerten für die **Versichertengruppen** nach § 266 Abs. 1 Satz 2 SGB V i.V.m. § 267 Abs. 2 SGB V jeweils entsprechend ihrer Risikomerkmale unterschiedlich berechnet. Die Versichertengruppen werden anhand der Kriterien Alter, Geschlecht, Zuordnung zu den §§ 241-247 SGB V, Minderung der Erwerbsfähigkeit und Teilnahme an Behandlungsprogrammen nach § 137g SGB V definiert. Über diese Kriterien der Gruppenbildung, 39 die in § 267 Abs. 2 SGB V (vgl. die Kommentierung zu § 267 SGB V Rn. 22) aufgeführt sind und in § 266 SGB V in Bezug genommen werden, wird letztlich mittelbar die unterschiedliche Morbidität der Versicherten zu erfassen versucht.

40 Die Bildung gesonderter Versichertengruppen, die an **Behandlungsprogrammen nach § 137g SGB V** (Disease-Management-Programmen – DMP) teilnehmen, wurde durch das Gesetz zur Reform des Risikostrukturausgleichs v. 10.12.2001[39] in § 267 Abs. 2 Satz 4 SGB V eingeführt. Trotz der zunächst zu einer zur Annäherung der Beitragssätze führenden Wirkung des Risikostrukturausgleichs wurde durch die Krankenkassenwahlfreiheit und der als unzureichend angesehenen Morbiditätsorientierung befürchtet, dass auf Seiten der Krankenkassen wenig Anreiz für eine besondere Ausrichtung auf chronisch Kranke (und damit besonders „schlechte Risiken") bestand. Dem sollte mit der Verknüpfung von strukturierten Behandlungsprogrammen nach § 137g SGB V und dem Risikostrukturausgleich begegnet werden.[40] Das Nähere zu den Versichertengruppen wird in § 2 RSAV geregelt.

41 Das unterschiedliche Ausgabenprofil in den Versichertengruppen wird über **Verhältniswerte** erfasst. Diese werden aus der Stichprobenerhebung nach § 267 Abs. 3 SGB V (vgl. die Kommentierung zu § 267 SGB V Rn. 26) ermittelt. Die Berechnung der standardisierten Leistungsausgaben anhand von Verhältniswerten, die aus einer Stichprobenerhebung über die Unterschiede der Leistungsausgaben zwischen den jeweiligen Versichertengruppen stammen, dient der Vereinfachung; sie tritt an die Stelle einer Vollerhebung der berücksichtigungsfähigen Leistungsausgaben der Krankenkassen je Versicherten aufgeschlüsselt nach Versichertengruppen, die andernfalls notwendig wäre. Werden die berücksichtigungsfähigen Leistungsausgaben aller Krankenkassen durch die Zahl aller Versicherten geteilt, erhält man die durchschnittlichen Leistungsausgaben je Versicherten (**100%-Wert**). Aufbauend auf diesem Wert werden mittels der Verhältniswerte (unter Berücksichtigung von Korrekturfaktoren – vgl. § 6 RSAV) die standardisierten Leistungsausgaben je Versicherten der Versichertengruppen berechnet. Die Verhältniswerte spiegeln risikobedingte Abweichungen der Leistungsausgaben für die verschiedenen Versichertengruppen wider.

b. Versichertenzahl bzw. -jahre

42 Zur Ermittlung der **Summe** der standardisierten Leistungsausgaben einer Krankenkasse werden die standardisierten Leistungsausgaben je Versichertenjahr mit der Zahl der **Versichertenjahre** der entsprechenden Versichertengruppen einer Krankenkasse multipliziert und diese Produkte addiert (§ 10 Abs. 1 RSAV). Für die Erfassung der Versichertenzahl je Versichertengruppe ist zwar nach § 267 Abs. 2 SGB V eine Zuordnung aufgrund einer Stichtagserhebung jährlich zum 01.10. vorgesehen. In der RSAV ist hiervon gemäß § 266 Abs. 7 Nr. 7 SGB V abweichend eine taggenaue Erfassung vorgesehen, indem die Versicherten den Versichertengruppen nach den tatsächlichen Versichertenzeiten im Kalenderjahr zugeordnet werden (§ 3 RSAV). Daher wird für die Berechnung des Beitragsbedarfs nicht auf die Versichertenzahl, sondern auf die Versichertenzeiten im Ausgleichsjahr (Versichertenjahre) abgestellt. Die auf diese Weise ermittelte Summe der standardisierten Leistungsausgaben einer Krankenkasse entspricht ihrem Beitragsbedarf.

3. Finanzkraft

43 Die Finanzkraft einer Krankenkasse ist nach Absatz 3 Satz 1 das Produkt aus den beitragspflichtigen Einnahmen ihrer Mitglieder und dem Ausgleichsbedarfsatz.

a. Beitragspflichtige Einnahmen

44 Die beitragspflichtigen Einnahmen jeder Krankenkasse ergeben sich nach § 8 Abs. 2 RSAV aus dem **Beitragssoll**. Niedergeschlagene oder erlassene Beitragsforderungen (§ 76 Abs. 2 SGB IV), erstattete Beiträge nach § 231 SGB V und Arbeitgeberbeiträge nach § 249b SGB V (Arbeitsgeberbeiträge bei geringfügigen Beschäftigungsverhältnissen) sind abzuziehen. Aus dem Beitragssoll wird anhand des allgemeinen Beitragssatzes der Krankenkasse nach § 8 Abs. 2 Satz 1 RSAV auf die beitragspflichtigen Einnahmen hochgerechnet.

---

[39] BGBl I 2001, 3465.

[40] Grundlage war insoweit das Gutachten *Lauterbach/Wille*: Modell eines fairen Wettbewerbs durch den Risikostrukturausgleich: Sofortprogramm „Wechslerkomponente und solidarischer Rückversicherung" unter Berücksichtigung der Morbidität, Gutachten im Auftrag von VdAK.

Umsetzungsprobleme wies vor allem die Ermittlung der beitragspflichtigen Einnahmen der **versicherungspflichtigen Rentenbezieher** auf, da den Krankenkassen hierfür vor Einführung des Risikostrukturausgleichs keine Daten vorlagen; für den Finanzausgleich in der KVdR waren sie nicht notwendig. Hierfür wurde ein Meldeverfahren in § 267 Abs. 6 SGB V eingeführt; die weitere Berechnung ergibt sich aus § 8 Abs. 4 RSAV. 45

b. Ausgleichsbedarfssatz

Der Ausgleichsbedarfssatz entspricht nach Absatz 3 Satz 2 als Vom-Hundert-Satz dem Verhältnis der Beitragsbedarfssumme aller Krankenkassen zur Summe der beitragspflichtigen Einnahmen der Mitglieder aller Krankenkassen (Ausgleichsgrundlohnsumme). Er gilt einheitlich für alle Krankenkassen. Das Nähere ist in § 11 RSAV geregelt. Mit dem Ausgleichsbedarfssatz wird der fiktive „Beitragssatz" beschrieben, der einheitlich für alle Krankenkassen zu erheben wäre, um sämtliche berücksichtigungsfähigen Leistungsausgaben abzudecken. 46

4. Ausgleichsberechnung

Ist die Finanzkraft einer Krankenkasse höher als ihr Beitragsbedarf, ergibt sich eine Ausgleichsverpflichtung; ist sie geringer, ein entsprechender Ausgleichsanspruch. Die Ansprüche und Verpflichtungen aller Krankenkassen gleichen sich dabei aus. 47

5. Strukturelle Verwerfungen

Die Erfassung der Finanzkraft und insbesondere der Leistungsausgaben nach § 266 SGB V und § 267 SGB V gewährleistet keinen vollständigen Ausgleich der unterschiedlichen Risikostrukturen von Krankenkassen, sondern stellt nur eine vereinfachende Annäherung dar. Dieses wurde von einzelnen Krankenkassen kritisiert, die jeweils besondere Risikostrukturmerkmale für sich nicht ausreichend berücksichtigt sahen. Beanstandet wurde auch, dass aufgrund dieser **Verwerfungen** im Risikostrukturausgleich teilweise „Empfängerkassen" geringere Beitragssätze anbieten konnten als einige Zahlerkassen. 48

Vom BSG wurde in verschiedenen Entscheidungen zum einen darauf abgestellt, dass Nachteile, die einzelnen Krankenkassen durch eine nicht ausreichende Berücksichtigung von für sie besonders relevanten Risikomerkmalen entstehen, durch Vorteile bei anderen Risikokriterien **aufgewogen** werden können.[41] Dem Gesetzgeber kommt zudem bei der Ausgestaltung des Risikostrukturausgleichs eine weite **Gestaltungsfreiheit** zu, welche vor dem Hintergrund der Verwaltungspraktikabilität auch gröbere Typisierungen zulässt. Diese Gestaltungsfreiheit ist gerade bei der Einführung neuer Rechtsinstitute eingeräumt; sie stößt an ihre Grenzen, wenn tatsächliche Anhaltspunkte für eine Verursachung einer systematischen Wettbewerbsverzerrung durch spezifische Risiken und für eine sachgerechte Lösung der gerade hierdurch bedingten Probleme bestehen.[42] Diese wurden bei der nicht ausreichenden Berücksichtigung der Morbiditätsunterschiede vom Gesetzgeber gesehen und zum Anlass für die Weiterentwicklung des Risikostrukturausgleichs genommen. Im Einzelnen gab es folgende Streitpunkte: 49

Von einer so genannten „**Metropolkasse**" wurde geltend gemacht, dass in großstädtischen Bereichen mit höherer Versorgungsdichte allgemein die Leistungsausgaben höher seien als in ländlichen Regionen. Dieses wurde vom BSG nicht als ausreichend erachtet, um eine weitere Berücksichtigung solcher kassenindividuellen Gesichtspunkte im Risikostrukturausgleich als verfassungsrechtlich erforderlich anzusehen.[43] Vom BVerfG wurde die Nichtberücksichtigung regional unterschiedlicher Kostenstrukturen für sachgerecht gehalten.[44] 50

Von den **Ersatzkassen** wurde kritisiert, dass die bei ihnen höheren Leistungsausgaben durch die traditionell höhere **Vergütung der ärztlichen Leistungen** durch die Art der Ermittlung der standardisierten Leistungsausgaben nicht berücksichtigt würden, woraus sich eine Verzerrung zu ihren Lasten ergebe.[45] Hintergrund ist, dass zwischen den Ersatzkassen und den Kassenärztlichen Vereinigungen früher re- 51

---

[41] BSG v. 24.01.2003 - B 12 KR 2/02 R - SozR 4-2500 § 266 Nr. 3; BSG v. 24.01.2003 - B 12 KR 18/02 R - SozR 4-2500 § 266 Nr. 2.

[42] Vgl. dazu BSG v. 24.01.2003 - B 12 KR 18/02 R - SozR 4-2500 § 266 Nr. 2.

[43] Vgl. BSG v. 24.01.2003 - B 12 KR 18/02 R - SozR 4-2500 § 266 Nr. 2, vgl. dazu auch schon BSG v. 22.05.1985 - 12 RK 15/83 - SozR 2200 § 385 Nr. 14 und BT-Drs. 8/338 S. 66.

[44] BVerfG v. 18.07.2005 - 2 BvF 2/01 - SozR 4-2500 § 266 Nr. 8.

[45] Vgl. zu den Wechselwirkungen zwischen Risikostrukturausgleich und vertragsärztlicher Vergütung allgemein *Paquet*, VSSR 2001, S. 235 ff.

gelmäßig höhere Gesamtvergütungen (bzw. **Kopfpauschalen** als Grundlage der Gesamtvergütung) vereinbart worden waren, die sich die Ersatzkassen aufgrund der günstigeren Risikostruktur leisten konnten und mit denen eine optimale Versorgung ihrer Versicherten erreicht werden sollte. Auch nach Einführung der freien Kassenwahl und des kassenartenübergreifenden Risikostrukturausgleichs blieben die vereinbarten Gesamtvergütungen für die Ersatzkassen auf ihrem relativ hohen Niveau, da folgende Gesamtvergütungen regelmäßig auf solchen der Vergangenheit aufbauten und es den Ersatzkassen nicht gelungen ist, eine Anpassung ihrer Gesamtvergütungszahlungen an das allgemeine Niveau der anderen Krankenkassen in den Gesamtverträgen zu erreichen. Diese traditionell bedingten besonderen Belastungen sind aber nicht über den Risikostrukturausgleich zu berücksichtigen.[46] Als Leistungsausgaben sind insbesondere nicht die Kopfpauschalen heranzuziehen, die keinen Rückschluss auf die Risikostruktur zulassen. Die Zugrundelegung der Kopfpauschalen als Leistungsausgaben würde im Widerspruch dazu stehen, dass nicht die tatsächlichen, sondern die standardisierten Leistungsausgaben für die Berechnung der Ausgleichszahlungen herangezogen werden. Vielmehr wird bei der Ermittlung der Leistungsausgaben im Bereich der ärztlichen Leistungen auf die abgerechneten Punkte abgestellt.[47] Auszugleichen wären die Verzerrungen durch die traditionell höheren Kopfpauschalen der Ersatzkassen grundsätzlich nur über eine entsprechende Anpassung der Gesamtvergütung. Die Vereinbarung der Gesamtvergütung darf aber grundsätzlich nicht daran anknüpfen, dass eine Krankenkasse besonderen Belastungen im Risikostrukturausgleich unterliegt.[48]

52 Nicht gesondert zu berücksichtigen sind die von den Ersatzkassen geltend gemachten höheren Ausgaben für **Krankengeld** und Mutterschaftsgeld, welche sich aus den überdurchschnittlichen Einkommen der Versicherten der Ersatzkassen und der davon abhängigen Höhe des Krankengelds ergeben.[49] Abgesehen davon, dass dieses allein schon durch die regelmäßig geringere Morbidität solcher Versicherten aufgewogen werden könnte, sah das BSG im Rahmen einer typisierenden Betrachtungsweise weitere Anhaltpunkte für eine „Kompensation“ solcher Nachteile etwa durch geringere Aufwendungen einnahmestarker Kassen bei der Anwendung der Härtefallregelung des § 61 SGB V.

53 Auch die gesonderte Berücksichtigung von **im Ausland lebenden Familienversicherten** ist nicht erforderlich, auch wenn für diese tatsächlich nur geringere Leistungsausgaben entstehen als im Risikostrukturausgleich über die standardisierten Leistungsausgaben zugrunde gelegt werden.[50]

54 Geltend gemacht wird auch der unzureichende Ausgleich von Belastungen aufgrund eines unterschiedliche Anteils von Versicherten, die wegen des Überschreitens der Belastungsgrenze nach § 61 SGB V keine **Zuzahlungen** mehr leisten müssen. Auch dadurch, dass nur ein prozentualer Anteil der Gesamtausgaben ausgeglichen wird, wird ein Vorteil für Krankenkassen mit einem **hohen Grundlohnniveau** ihrer Mitglieder bewirkt.[51] Aber auch für solche Nachteile für Kassen mit eher einkommensschwachen Mitgliedern gilt, dass diese durch Vorteile in anderen Bereichen ausgeglichen werden könnten und insgesamt eine unzureichende Erfassung der auszugleichenden Risiken damit nicht begründet werden kann. Das BVerfG hat die Nichtberücksichtigung der Zuzahlungsbefreiungen im Interesse einer höheren Praktikabilität und zur Vermeidung von Fehlanreizen als zulässig angesehen.[52]

55 Eine Besonderheit stellt das nur ungenügend ausgeglichene Risikomerkmal der **Morbidität** der Versicherten dar. Das Problem ergibt sich daraus, dass über den Risikostrukturausgleich und die Bildung der Versichertengruppen die Morbidität der Versicherten als das maßgebliche Risikomerkmal bisher nur mittelbar erfasst wird. Wenn auch einige Versichertengruppen in relativ engem Bezug zu der tatsächlichen Morbidität stehen (Bezieher einer Rente wegen Erwerbsminderung), gilt dieses für die allgemeinen, nach Alter und Geschlecht gegliederten Gruppen nur sehr entfernt. Die Morbiditätsunterschiede innerhalb der Versichertengruppen werden dadurch nicht ausreichend erfasst. Dieses führt dazu, dass weiterhin oder erneut problematische Beitragssatzunterschiede aufgrund einer unterschiedlichen Risikostruktur der Versicherten der Krankenkassen auftreten, da vor allem gesunde und erwerbstätige Versicherte von ihrem Recht auf freie Kassenwahl Gebrauch machen und so eine Risikoselektion bewir-

---

[46] Vgl. BSG v. 24.01.2003 - B 12 KR 2/02 R - SozR 4-2500 § 266 Nr. 3.

[47] Vgl. Anlage 1.4 Erläuterungen zu Satzart 41, lit. j der Vereinbarung nach § 267 Abs. 7.

[48] Vgl. BSG v. 16.07.2003 - B 6 KA 29/02 R - SozR 4-2500 § 85 Nr. 3, vgl. auch mit teilweise abweichender Auffassung die Stellungnahme des BVA unter www.bva.de/Fachinformationen/Krankenversicherung/Rundschreiben/Kopfpauschalen.pdf.

[49] BSG v. 24.01.2003 - B 12 KR 2/02 R - SozR 4-2500 § 266 Nr. 3.

[50] BSG v. 24.01.2003 - B 12 KR 2/02 R - SozR 4-2500 § 266 Nr. 3.

[51] Vgl. dazu BT-Drs. 14/5681, S. 8.

[52] BVerfG v. 18.07.2005 - 2 BvF 2/01 - SozR 4-2500 § 266 Nr. 8.

ken. Weitere (befürchtete) Folge war, dass für die Krankenkassen kein Interesse mehr bestand, ein besonderes Gewicht auf die Betreuung von kranken Versicherten zu legen, sondern vielmehr ein Interesse daran, mit Programmen für gesunde Versicherte eine günstigere Risikostruktur zu erreichen.[53] Insoweit bestand erneut Handlungsbedarf für den Gesetzgeber, dem dieser zunächst durch die Einbeziehung der DMP nach § 137g SGB V und die Einführung des Risikopools nach § 269 SGB V und mittelfristig durch die morbiditätsorientierte Weiterentwicklung des Risikostrukturausgleichs nach § 268 SGB V Rechnung getragen hat.[54]

IV. Verfahren

Der Ausgleich wird nach § 266 Abs. 5 SGB V durch das **Bundesversicherungsamt** durchgeführt. Das Nähere über die Berechnung der Ausgleichsansprüche und das Verfahren ist gemäß der Verordnungsermächtigung in § 266 Abs. 7 SGB V in der RSAV geregelt. 56

Das Bundesversicherungsamt ermittelt aufgrund der übermittelten Daten nach § 267 SGB V und der RSAV die für die Mitwirkung der Krankenkassen notwendigen **Rechengrößen** und gibt diese bekannt. Das betrifft zunächst die Verhältniswerte für die Ermittlung der standardisierten Leistungsausgaben (Absatz 5 Satz 2 Nr. 1 i.V.m. § 5 Abs. 2 RSAV), die jeweils nach der Stichprobenerhebung und damit in höchstens dreijährigem Abstand ermittelt werden. Weiterhin werden die standardisierten Leistungsausgaben des vorherigen Geschäftsjahrs für die einzelnen Versichertengruppen (Absatz 5 Satz 1 Nr. 2 i.V.m. § 6 RSAV) und der Ausgleichsbedarfssatz (Absatz 5 Satz 1 Nr. 3 i.V.m. § 11 RSAV) bekanntgegeben. Die **Bekanntmachungen** erfolgen durch Mitteilungen an die Spitzenverbände der Krankenkassen und die Bundesversicherungsanstalt für Angestellte; sie werden im Bundesarbeitsblatt veröffentlicht. 57

Seinen **Berechnungen** legt das Bundesversicherungsamt die Geschäfts- und Rechnungsergebnisse der Krankenkassen, die Abrechnung der Krankenversicherungsbeiträge zwischen den Rentenversicherungsträgern nach § 227 SGB VI und die nach § 267 Abs. 4 SGB V übermittelten Ergebnisse zugrunde (§ 13 RSAV). Ergänzend kann das Bundesversicherungsamt nach Absatz 5 Satz 2 zum Zweck der einheitlichen Zuordnung und Erfassung der maßgeblichen Daten von den einzelnen Krankenkassen weitere Auskünfte und Nachweise verlangen. 58

1. Vorläufiger Ausgleich

§ 266 Abs. 6 SGB V unterscheidet – wie schon der Finanzausgleich in der KVdR – in einen vorläufigen Ausgleich und einen Jahresausgleich. Die während des vorläufigen Ausgleichs geleisteten Abschlagszahlungen (§ 266 Abs. 6 Satz 4 SGB V) werden mit den endgültig für das Geschäftsjahr zu leistenden Zahlungen ausgeglichen (§ 266 Abs. 6 Satz 5 SGB V). 59

Die Berechnung des **vorläufigen Ausgleichs** beruht auf einem Vergleich von voraussichtlichem Beitragsbedarf und voraussichtlicher Finanzkraft (§ 17 Abs. 2 und 3 RSAV).[55] Die hierfür notwendigen geschätzten und vorläufigen Rechenwerte ergeben sich aus § 3 Abs. 6 SGB V (Versicherungszeiten), § 7 RSAV (voraussichtliche standardisierte Leistungsausgaben), § 9 RSAV (voraussichtliche beitragspflichtige Einnahmen), § 10 Abs. 3 RSAV (vorläufiger Beitragsbedarf), § 11 Abs. 2 RSAV (vorläufiger Ausgleichsbedarfssatz) und § 12 Abs. 2 RSAV (Finanzkraft). Falls sich im Monatsausgleich Ausgleichsansprüche oder -verpflichtungen ergeben, erfolgen die Zahlungen über die Bundesversicherungsanstalt für Angestellte (§ 17 Abs. 2 und 3 RSAV). Die Berechnung der Höhe der Ausgleichsansprüche und -verpflichtungen erfolgt durch die Krankenkassen selbst (§ 17 Abs. 1 RSAV). Die Pla- 60

[53] Vgl. zur Auswertung der bisherigen Erfahrungen mit dem RSA den Bericht der Bundesregierung über die Untersuchung zu den Wirkungen des Risikostrukturausgleichs in der gesetzlichen Krankenversicherung, BT-Drs. 14/5681, der das auf Entschließung des Deutschen Bundestags eingeholte Gutachten von *IGES/Cassel/Wasem*, das von dem Verband der Angestellten-Krankenkassen/Arbeiter-Ersatzkassen-Verband, dem Bundesverband der Allgemeinen Ortskrankenkassen und dem Bundesverband der Innungskrankenkassen eingeholte Gutachten von *Lauterbach/Wille* sowie das vom Bundesverband der Betriebskrankenkassen eingeholte Gutachten von *Breyer* auswertete.

[54] Gesetz zur Reform des Risikostrukturausgleichs in der gesetzlichen Krankenversicherung v. 10.12.2001, BGBl I 2001, 3465, vgl. dazu BT-Drs. 14/7395 und BT-Drs. 14/6432. Das BVerfG hat offen gelassen, ob diese Weiterentwicklung verfassungsrechtlich geboten war, BVerfG v. 18.07.2005 - 2 BvF 2/01 - SozR 4-2500 § 266 Nr. 8.

[55] Vgl. dazu *Wasem* in: GKV-Komm, SGB V, § 266 Rn. 81 ff.

nungssicherheit der Krankenkassen soll dadurch verbessert werden, dass das Bundesversicherungsamt die Krankenkassen halbjährlich aufgrund aktualisierter Daten unter Berücksichtigung der Abschlagszahlungen über den zu zahlenden Saldo informiert (§ 17 Abs. 3a RSAV).

2. Jahresausgleich

61 Die Durchführung des **Jahresausgleichs** ist in § 19 RSAV näher ausgestaltet. Danach ermittelt das Bundesversicherungsamt unverzüglich nach Vorliegen der Geschäfts- und Rechnungsergebnisse aller am monatlichen Ausgleich teilnehmenden Krankenkassen sowie der Abrechnung der Krankenversicherungsbeiträge zwischen den Rentenversicherungsträgern nach § 227 SGB V und der Jahresrechnung der Bundesknappschaft die notwendigen Rechenwerte nach § 19 Abs. 1 RSAV, berechnet auf dieser Grundlage die **Ausgleichsansprüche und -verpflichtungen** und teilt diese den Krankenkassen und der Bundesversicherungsanstalt für Angestellte mit (§ 19 Abs. 2 RSAV).

62 Die Ausgleichsbeträge sind mit der Bekanntmachung **fällig**. Der Jahresausgleich ist nach § 19 Abs. 5 RSAV bis zum Ende des Kalenderjahres durchzuführen, das auf das Ausgleichsjahr folgt.

3. Verfahrensrecht

63 Das Bundesversicherungsamt entscheidet über die Ausgleichverpflichtungen und -ansprüche durch **Verwaltungsakt**. Zwar wird in § 19 Abs. 2 Satz 2 RSAV nur auf eine „Mitteilung" der Ausgleichsansprüche und -verpflichtungen abgestellt; aus § 19 Abs. 3 RSAV und dem später eingefügten § 266 Abs. 6 Satz 8 SGB V ergibt sich aber, dass eine Entscheidung durch Verwaltungsakt erfolgt.[56]

64 Das anzuwendende **Verfahrensrecht** ergibt sich nicht aus dem SGB X, sondern aus den §§ 266, 267 SGB V (und der RSAV).[57] Eine kassenindividuelle Anhörungs- und Begründungspflicht besteht nicht bzw. nur insoweit, wie es sich aus den entsprechenden Vorschriften der RSAV ergibt, nicht aber aus dem SGB X.[58] Das Bundesversicherungsamt trifft auch keine eigene **Amtsermittlungspflicht**.[59] Vielmehr ergibt sich aus den §§ 266, 267 SGB V ein gestuftes Verfahren für die Erhebung und Verwertung der erforderlichen Daten. Danach ermitteln die Krankenkassen die erforderlichen Daten als eigene Angelegenheit. Nach deren Übermittlung an die Spitzenverbände erfolgt durch diese eine Plausibilitätsprüfung, deren Ergebnis an das Bundesversicherungsamt mitgeteilt wird, welches dann den Risikostrukturausgleich durchführt (vgl. zur Datenproblematik im Folgenden).

65 Die Zahlungen werden über die Bundesversicherungsanstalt für Angestellte **abgerechnet** (Absatz 6 Satz 6 i.V.m. § 14 Satz 1 RSAV); das Nähere über das Abrechnungsverfahren bestimmt das Bundesversicherungsamt nach Anhörung der Spitzenverbände und der Bundesversicherungsanstalt für Angestellte (§ 14 Satz 2 RSAV).

66 Regelungen zum **Rechtsschutz** finden sich in Absatz 6 Satz 8. Klagen gegen Zahlungsbescheide einschließlich der darauf entfallenden Nebenkosten im Risikostrukturausgleich haben nach Absatz 6 Satz 8 **keine aufschiebende Wirkung**. Zulässige Klageart ist die Anfechtungsklage, wenn geltend gemacht wird, dass der Risikostrukturausgleich insgesamt rechtswidrig sei oder an Mängeln leide, die seine Wiederholung erforderlich machen.[60] Sofern nur die Berücksichtigung nachträglicher Änderungen der Datengrundlage geltend gemacht wird, ist hierfür die Korrekturmöglichkeit nach § 266 Abs. 6 Satz 7 SGB V vorgesehen. Solche Bescheide werden nicht nach § 96 SGG Gegenstand des Klageverfahrens.[61] Krankenkassen können nicht im Klagewege prüfen lassen, ob die Aufsichtsbehörden eine ausreichende Prüfung anderer Krankenkassen hinsichtlich der Datenerhebungen zum Risikostrukturausgleich vornehmen. Dem Aufsichtsrecht kommt keine drittschützende Wirkung zu. Entsprechend sind auch die Prüfberichte nicht offenzulegen.[62] Örtlich zuständig für Angelegenheiten, die Maßnahmen des Bundesversicherungsamts zur Durchführung des Risikostrukturausgleichs betreffen, ist nach **§ 57a Abs. 2 SGG** das Sozialgericht Köln.[63]

---

56 BSG v. 24.01.2003 - B 12 KR 19/01 R - SozR 4-2500 § 266 Nr. 1.

57 BSG v. 24.01.2003 - B 12 KR 17/02 R und BSG v. 24.01.2003 - B 12 KR 19/01 R - SozR 4-2500 § 266 Nr. 1.

58 Vgl. dazu ausführlich BSG v. 24.01.2003 - B 12 KR 19/01 R - SozR 4-2500 § 266 Nr. 1.

59 BSG v. 24.01.2003 - B 12 KR 17/02 R und BSG v. 24.01.2003 - B 12 KR 19/01 R - SozR 4-2500 § 266 Nr. 1; anderer Ansicht zuvor LSG München v. 17.06.1996 - L 4 B 100/96.

60 Vgl. dazu BSG v. 24.01.2003 - B 12 KR 19/01 R - SozR 4-2500 § 266 Nr. 1.

61 BSG v. 24.01.2003 - B 12 KR 19/01 R - SozR 4-2500 § 266 Nr. 1

62 Vgl. BSG v. 24.01.2003 - B 12 KR 19/01 R - SozR 4-2500 § 266 Nr. 1

63 Zur Begründung vgl. BT-Drs. 13/9377, S. 12.

4. Insbesondere Datenvalidität

a. Prüfung

Angesichts des Umfangs der erforderlichen Datenerhebungen ist es nicht überraschend, dass deren Validität einen Hauptstreitpunkt um den Risikostrukturausgleich darstellte. Erheblich fehlerhaft waren vor allem die Meldungen der Versichertenzeiten hinsichtlich der Zahl der Familienversicherten. 67

Die Verwendung der Daten, die durch die Krankenkassen mitgeteilt werden, ohne umfassende Prüfung trotz vermuteter Fehlerhaftigkeit führt nicht zur formellen Rechtswidrigkeit von Zahlungsbescheiden. Dem Bundesversicherungsamt obliegt keine Amtsermittlungspflicht. Ein Verstoß gegen das Verbot eines vorzeitigen Verfahrensabschlusses liegt nicht vor. Durch die Zugrundelegung teilweise fehlerhafter Daten im Risikostrukturausgleich wird auch nicht die materielle Rechtswidrigkeit der Zahlungsbescheide bewirkt. Der Gesetzgeber hat eine Durchführung des Risikostrukturausgleichs auch trotz in Teilbereichen fehlerhaften Datenmaterials mit den Regelungen in den §§ 266, 267 SGB V in Kauf genommen. Er hat schon bei Einführung des Risikostrukturausgleichs eine **Abwägung zwischen erforderlicher Datenvalidität und Praktikabilität** vorgenommen und in § 267 SGB V eine Gewährleistung „hinreichender" Daten bei vertretbarer Kostenbelastung als gesichert angesehen.[64] Das Bundesversicherungsamt ist zur Durchführung des Risikostrukturausgleichs mit den mitgeteilten Daten verpflichtet.[65] 68

Verzerrungen aufgrund schlechter Datengrundlagen sind vor allem in der **Einführungsphase** nicht zu vermeiden. Gerade für die Anfangsjahre waren deshalb zahlreiche Übergangsregelungen mit späteren Korrekturmöglichkeiten in den §§ 20-25 RSAV vorgesehen. Das ist aus dem Gesichtspunkt gerechtfertigt, dass es dem Gesetzgeber offen steht, bei Neuregelung komplexer Sachverhalte zunächst gröbere Typisierungen und Generalisierungen vorzunehmen.[66] Krankenkassen, deren Spitzenverbände, die Prüfdienste und das Bundesversicherungsamt haben eine umfangreiche Aktivität zur Verbesserung der Datengrundlage entfaltet (insbesondere Grundbereinigung des Bestands der Familienversicherten). Ein Abwarten auf die Ergebnisse war aber nicht erforderlich und zulässig, da hierfür gesonderte Korrekturmöglichkeiten nach § 266 Abs. 6 Satz 7 SGB V und den §§ 20-25 RSAV zur Verfügung standen.[67] 69

Der Risikostrukturausgleich hat Ausgleichsverpflichtungen zwischen den Krankenkassen als Körperschaften des öffentlichen Rechts zum Gegenstand. Diese unterliegen einer staatlichen Aufsicht. Sowohl die Krankenkassen als auch die Spitzenverbände und das Bundesversicherungsamt trifft die allgemeine Verpflichtung, für eine sichere Datengrundlage für den Risikostrukturausgleich Sorge zu tragen. Eine Kontrolle der rechtmäßigen Mitwirkung der Krankenkassen hat vor allem über die **Aufsichtsbehörden** zu erfolgen. Hierfür wird auf die **Prüfung der Krankenkassen nach § 274 SGB V** durch die Prüfdienste abgestellt.[68] Auch wenn das Bundesversicherungsamt Aufsichtsbehörde für die bundesunmittelbaren Krankenkassen ist, wird es aber nicht in dieser Funktion bei der Durchführung des Risikostrukturausgleichs tätig.[69] Das gilt auch für die Überprüfung der von den Krankenkassen gemeldeten Daten. Das Aufsichtsrecht dient dabei der allgemeinen Prüfung, ob das geltende Recht zutreffen angewandt wird; ihm kommt aber keine drittschützende Wirkung zu.[70] Eine Offenlegung der Prüfberichte muss daher nicht erfolgen.[71] 70

Die Kontrolle der Datenübermittlungen durch die Krankenkassen und deren Sanktionierung wurde durch den Gesetzgeber in **§ 266 Abs. 7 SGB V** für die mit der Prüfung nach § 274 SGB V befassten Stellen erst mit Wirkung zum 01.01.2002 ausdrücklich geregelt.[72] Mit der Erweiterung der Verord- 71

---

[64] BT-Drs. 12/3608, S. 118.

[65] Vgl. BSG v. 24.01.2003 - B 12 KR 19/01 R - SozR 4-2500 § 266 Nr. 1; BSG v. 21.09.2005 - B 12 KR 6/04 R - SozR 4-2500 § 266 Nr. 10.

[66] Vgl. BSG v. 24.01.2003 - B 12 KR 19/01 R mit Bezugnahme auf BVerfGE 97, 186, 196, vgl. auch BSG v. 21.09.2005 - B 12 KR 6/04 R - SozR 4-2500 § 266 Nr. 10.

[67] Vgl. zu den Korrekturmöglichkeiten insbesondere in den Anfangsjahren des RSA Vgl. BSG v. 24.01.2003 - B 12 KR 19/01 R - SozR 4-2500 § 266 Nr. 1.

[68] Vgl. BSG v. 24.01.2003 - B 12 KR 19/01 R - SozR 4-2500 § 266 Nr. 1.

[69] Vgl. BSG v. 24.01.2003 - B 12 KR 19/01 R - SozR 4-2500 § 266 Nr. 1.

[70] Vgl. BSG v. 24.01.2003 - B 12 KR 19/01 R - SozR 4-2500 § 266 Nr. 1.

[71] Vgl. BSG v. 24.01.2003 - B 12 KR 19/01 R - SozR 4-2500 § 266 Nr. 1.

[72] Gesetz zur Reform des Risikostrukturausgleichs v. 10.12.2001, BGBl I 2001, 3465. Vgl. dazu *Daubenbüchel/Domscheit*, KrV 2004, S. 201 ff.; *Polaszek*, KrV 2004, S. 74 ff.

nungsermächtigung in § 266 Abs. 7 SGB V um die Befugnis, Einzelheiten über die Prüfung der von den Krankenkassen gemeldeten Daten sowie die Folgen fehlerhafter oder nicht prüfbarer Daten zu regeln, bezweckte der Gesetzgeber die Verbesserung der Qualität der den Berechnungen im Risikostrukturausgleich zugrunde gelegten Daten und damit eine größere Rechtssicherheit.[73] Klargestellt wurde zugleich, dass die Prüfung Aufgabe der Prüfdienste nach § 274 SGB V ist, wobei die Prüfungen zum Risikostrukturausgleich durch den Verordnungsgeber auch abweichend von § 274 SGB V (etwa hinsichtlich der Prüfinhalte, Prüfungszeiträume und -stichtage) durch den Verordnungsgeber geregelt werden können.[74] Eine entsprechende Verordnungsregelung wurde in **§ 15a RSAV** eingefügt.[75] Im Vordergrund steht die Prüfung der Versichertenzeiten (Zahl der Versicherten und ihrer Zuordnung zu den verschiedenen Versichertengruppen), dazu kommt vor allem die Prüfung der Beitragsfestsetzungen.

72 Die Anforderungen an die Prüfdienste sind durch das Gesetz zur Reform des Risikostrukturausgleichs auch insofern gewachsen, als ihnen auch die Überprüfung der von den Krankenkassen geltend gemachten höheren Leistungsausgaben für in Behandlungsprogramme nach § 137g SGB V eingeschriebene Versicherte obliegt; hierfür ist auch die Prüfung der Zugangsberechtigung und damit medizinischer Sachverhalte erforderlich.[76]

b. Folgen von fehlerhaften Daten

73 Das Bundesversicherungsamt hat die in § 15a RSAV festgelegten **Sanktionen** bei in Prüfungen festgestellten Fehlern zu berücksichtigen. Insoweit kann es von mitgeteilten Daten abweichen. Die bei der Prüfung nach § 15a Abs. 1 RSAV festgestellten fehlerhaften oder nicht plausiblen Fälle in einer Krankenkasse hinsichtlich der Versichertenzeiten (Versichertenzahl und Zuordnung zu einer Versichertengruppe) werden vom Bundesversicherungsamt auf die Gesamtheit der Versicherten der Krankenkasse hochgerechnet. Die **Hochrechnung** kann davon abhängig gemacht werden, dass eine bestimmte Quote überschritten wird. Der Korrekturbetrag wird durch Bescheid geltend gemacht. Den betroffenen Krankenkassen verbleibt gemäß § 15a Abs. 3 Satz 3 RSAV allerdings die Möglichkeit, auf der Grundlage einer Vollerhebung eine korrigierte Datenmeldung nachzureichen. Das BSG hat in einem obiter dictum seiner Leitentscheidung v. 24.01.2003 eine Erweiterung der Transparenz der Prüfverfahren und strengere Sanktionen für Fehlverhalten von Krankenkassen angemahnt.[77]

74 Neben den besonderen **Korrekturmöglichkeiten** für die Anfangsjahre des Risikostrukturausgleichs in den §§ 20-25 RSAV enthält **§ 266 Abs. 6 Satz 7 SGB V** eine allgemeine Ermächtigung zur Berücksichtigung von später festgestellten Fehlern in den Berechnungsgrundlagen. Danach sind sachliche oder rechnerische Fehler in den Berechnungsgrundlagen, die nach Abschluss der Ermittlung der Werte nach Absatz 6 Satz 3 (Finanzkraft und Beitragsbedarf) festgestellt werden, im nächsten Ausgleichsverfahren nach den dafür geltenden Vorschriften zu berücksichtigen. Die Regelung beschränkt die Zulässigkeit von Korrekturen nicht nur auf das dem Ausgleichsjahr folgende Jahr. Fehler können bei einer späteren Feststellung auch noch im dann folgenden Jahresausgleich berücksichtigt werden.[78] Auch die Fehlerkorrektur für mehrere Jahre ist zulässig. Ein Verstoß gegen das rechtsstaatliche Rückwirkungsverbot liegt darin nicht.[79] Die Bindungswirkung der Ausgleichsbescheide ist von Beginn an durch die Korrekturmöglichkeit in § 266 Abs. 6 Satz 7 SGB V eingeschränkt.

75 Das Korrekturverfahren nach § 266 Abs. 6 Satz 7 SGB V ist durch die **5. RSA-ÄndV** ab 2003 (hinsichtlich der Korrektur von Versichertenzeiten) **vereinheitlicht** und **verbindlich** ausgestaltet worden.[80] Danach müssen die Krankenkassen als Grundlage für Korrekturen nach § 266 Abs. 6 Satz 7 SGB V jährlich nicht nur für das aktuelle Berichtsjahr, sondern auch für das Vorjahr und für das fünfte vor dem Berichtsjahr liegende Jahr die Summen der Versichertenzeiten in den jeweiligen Versichertengruppen erheben. Korrekturen in den Versichertenzeiten in Ausgleichsjahren, die mehr als fünf

---

[73] Zur Begründung vgl. BT-Drs. 14/6432, S. 13 und insbesondere BT-Drs. 14/7395, S. 7 zu der gegenüber dem Entwurf geänderten und detaillierteren Gesetzesfassung.

[74] Vgl. dazu BT-Drs. 14/7395, S. 7.

[75] V. 04.12.2002, BGBl I 2002, 4506; zur Begründung vgl. BR-Drs. 730/02.

[76] Vgl. BT-Drs. 14/6432 S. 13. Zu den Aufgaben des BVA bei der Zulassung strukturierter Behandlungsprogramme vgl. auch www.bva.de/Fachinformationen/Dmp/dmp.htm.

[77] BSG v. 24.01.2003 - B 12 KR 19/01 R - SozR 4-2500 § 266 Nr. 1.

[78] BSG v. 24.01.2003 - B 12 KR 19/01 R - SozR 4-2500 § 266 Nr. 1.

[79] BSG v. 24.01.2003 - B 12 KR 19/01 R - SozR 4-2500 § 266 Nr. 1.

[80] V. 04.12.2002, BGBl I 2002, 4506; zur Begründung BR-Drs. 730/02.

Jahre zurückliegen, werden nach § 3 Abs. 5 RSAV nur in Ausnahmefällen durchgeführt. Das dient der Planungssicherheit der Krankenkassen. Für Ausgleichsjahre, in denen eine Hochrechnung nach § 15a RSAV erfolgte, können von einer Krankenkasse Korrekturen nur dann geltend gemacht werden, wenn eine korrigierte Datenmeldung nach Vollerhebung vorgelegt wird (§ 3 Abs. 5 Satz 3 RSAV).

V. Säumniszuschläge

§ 266 SGB V i.d.F. des Gesundheitsstrukturgesetzes enthielt in Absatz 7 zunächst nur eine Ermächtigung für den Verordnungsgeber, bei Zahlungsverzug von (im Rahmen des Monats- oder des Jahresausgleichs) ausgleichspflichtigen Krankenkassen Regelungen zur **Verzinsung** zu treffen. Mit Rückwirkung zum 15.11.1996 führte der Gesetzgeber durch das 2. GKV-Neuordnungsgesetz v. 23.06.1997 stattdessen die Erhebung von **Säumniszuschlägen** in Absatz 8 ein.[81] Danach ist für jeden angefangenen Monat der Säumnis ein Säumniszuschlag von 1 v.H. des rückständigen Betrages zu zahlen. Die nähere Ausgestaltung ist nach Absatz 7 Nr. 5 wiederum dem Verordnungsgeber übertragen worden. Eine Änderung der RSAV erfolgte schon durch das Art. 7 Nr. 1 und 2 2. GKV-Neuordnungsgesetz selbst, indem § 17 Abs. 6 Satz 3 SGB V aufgehoben wurde und in § 17 Abs. 9 Satz 3 und § 19 Abs. 4 Satz 2 RSAV das Wort „Verzugszinsen" durch das Wort „Säumniszuschläge" ersetzt wurde. **76**

Die Einführung der Säumniszuschläge bezweckt nach der Gesetzesbegründung die **Verbesserung der Zahlungsdisziplin**, um Störungen im Ausgleichsverfahren und unvertretbare Liquiditätsbelastungen der Bundesversicherungsanstalt für Angestellte, die für die Zahlungen an ausgleichsberechtigte Krankenkassen auf die Zahlungen der ausgleichsverpflichteten Kassen angewiesen ist, zu vermeiden.[82] Nach den bisherigen Erfahrungen im Risikostrukturausgleich wurde die frühere Verzinsungsregelung nicht für ausreichend gehalten. Den Säumniszuschlägen kommt damit eine über den Ersatz von Verzugsschäden hinausgehende Steuerungsfunktion zu. **77**

Die **rückwirkende Inkraftsetzung** griff im Ergebnis nicht. Das BSG sah für die Erhebung von Säumniszuschlägen in dem betreffenden Zeitraum keine ausreichende Rechtsgrundlage, da es durch den Gesetzgeber versäumt worden war, auch den Änderungen in der RSAV Rückwirkung beizumessen, und in § 266 Abs. 8 SGB V allein keine ausreichende Rechtsgrundlage gesehen wurde.[83] **78**

VI. Übergangsrecht

1. Berechnung des Ausgleichs

Für die Anfangsjahre 1994 und 1995 waren wegen noch nicht oder nur unzureichend zur Verfügung stehender Daten verschiedene Übergangsregelungen notwendig. Für die Jahre 1994 und 1995 fand wegen fehlender Ergebnisse der Stichprobenerhebungen nach § 267 Abs. 2 SGB V eine vereinfachte Ermittlung der Verhältniswerte statt. Die entsprechenden Übergangsregelungen wurden in der RSAV getroffen. Besondere Korrekturmöglichkeiten waren für die Jahresausgleiche bis 1997 vorgesehen. **79**

Im Jahr 1994 blieben bei der Durchführung des Risikostrukturausgleichs die Leistungsausgaben und Beitragseinnahmen der Rentner wegen des noch durchgeführten KVdR-Finanzausgleichs außer Betracht (Art. 34 § 1 Abs. 1 Gesundheitsstrukturgesetz und §§ 20 ff. RSAV). **80**

2. Beitrittsgebiet

Für die Durchführung des Risikostrukturausgleichs im Beitrittgebiet galten Übergangsvorschriften in § 313 Abs. 10 lit. a SGB V und § 313a SGB V. Der Risikostrukturausgleich war nach § 313 Abs. 10 lit. a SGB V für das alte Bundesgebiet und das Beitrittsgebiet ohne Berlin getrennt durchzuführen. Diese Trennung sollte nach § 313 Abs. 10 lit. a in der Fassung des Gesundheitsstrukturgesetzes mit Ablauf des Jahres außer Kraft treten, in dem die Bezugsgröße im Beitrittsgebiet erstmals 90 v.H. der Bezugsgröße im übrigen Beitrittsgebiet überschreitet. **81**

Diese Regelung wurde in einem ersten Schritt durch das GKV-Finanzstärkungsgesetz[84] abgeändert. Danach sollte ab dem Ausgleichsjahr 1999 zunächst für die Jahre 1999-2001 ein (Finanzkraft-)Ausgleich über § 313a SGB V erfolgen, der auch Transferzahlungen aus dem alten Bundesgebiet an das **82**

---

[81] Inkraftretensregelung in Artikel 19 Abs. 2 2. GKV-Neuordnungsgesetz v. 23.06.1997, BGBl I 1997, 1520. Am 15.11.1996 fand die erste Lesung des Gesetzes im Deutschen Bundestag statt.

[82] Vgl. BT-Drs. 13/6087, S. 30.

[83] BSG v. 24.01.2003 - B 12 KR 30/00 R - SozR 4-2500 § 266 Nr. 4.

[84] V. 24.03.1998, BGBl I 1998, 526; zur Begründung vgl. BT-Drs. 13/9377 S. 6 ff. und BT-Drs. 13/9866 S, 10 ff.

Beitrittsgebiet ermöglichte. Mit dem GKV-Solidaritätsstärkungsgesetz[85] wurde die Befristung auf die Jahre 1999-2001 aufgehoben. Eine schrittweise Aufhebung der Rechtskreistrennung war zunächst im Gesetzgebungsverfahren zum GKV-Reformgesetz 2000 vorgesehen.[86] Dieses wurde mit dem auf Vorschlag des Vermittlungsausschusses abgetrennten Gesetz zur Rechtsangleichung in der gesetzlichen Krankenversicherung[87] verwirklicht und eine stufenweise Einführung eines gesamtdeutschen Risikostrukturausgleichs in § 313a SGB V geregelt. Den hiergegen von den Bundesländern Bayern, Baden-Württemberg und Hessen erhobenen verfassungsrechtlichen Bedenken ist das BVerfG nicht gefolgt.[88] Durch das GKV-WSG wurden §§ 313 und 313a Abs. 3-5 SGB V mit Wirkung ab dem 01.04.2007 aufgehoben und § 313a Abs. 1 SGB V geändert; die Rechtskreistrennung entfällt somit mit dem Erreichen der letzten Stufe des vollständigen rechtskreisübergreifenden Ausgleichs nach § 313a SGB V.

83 Das Nähere über die Durchführung des Risikostrukturausgleichs im Beitrittsgebiet ist in den §§ 27 und 27a RSAV geregelt.

3. Berlin

84 Abweichend von der grundsätzlich getrennten Durchführung des Risikostrukturausgleichs wurde in § 313 Abs. 10 lit. b SGB V das Land Berlin in den RSA-West einbezogen. Für die Höhe der beitragspflichtigen Einnahmen der Versicherten aus Ost-Berlin wurden aber fiktive Einnahmen zugrunde gelegt. Das Nähere war in § 28 RSAV geregelt. Die Sonderregelung in § 313 Abs. 10 lit. b SGB V wirkte sich aufgrund von § 308 Abs. 3 Satz 3 SGB V nur im Jahr 1994 aus.

VII. Reformbestrebungen

85 Durch das GKV-WSG wird § 266 SGB V ab dem 01.01.2009 im Zusammenhang mit der Einführung des Gesundheitsfonds geändert.[89] Der Risikostrukturausgleich wird zukünftig durch alters-, geschlechts- und risikoadjustierte Zu- und Abschläge aus dem Gesundheitsfonds umgesetzt werden; das Verfahren soll damit wesentlich vereinfacht werden.[90] In der Neufassung des Absatzes 1 ist geregelt, dass die Krankenkassen als Zuweisungen aus dem Gesundheitsfonds nach § 271 SGB V eine Grundpauschale, alters-, geschlechts- und risikoadjustierte Zu- und Abschläge zum Ausgleich der unterschiedlichen Risikostrukturen sowie Zuschläge für sonstige Ausgaben nach § 270 SGB V (zu denen dann auch die Ausgaben für Behandlungsprogramme nach § 137g SGB V zählen werden) erhalten. Der Vergleich des Beitragsbedarfs mit der Finanzkraft einer Krankenkasse ist in diesem Konzept nicht mehr vorgesehen. Die standardisierten Leistungsausgaben stellen in ihrer Summe nicht mehr den „Beitragsbedarf" dar; zukünftig ist geregelt, dass die Grundpauschale und die alters-, geschlechts- und risikoadjustierten Zu- und Abschläge zur Deckung der standardisierten Leistungsausgaben der Krankenkassen dienen. Die den Finanzkraftausgleich (als integralen Bestandteil des jetzigen Risikostrukturausgleichs) betreffenden Regelungen in § 266 Abs. 3 SGB V werden aufgehoben; dieser Ausgleich wird durch den einheitlichen Beitragssatz und die Mittelverteilung durch den Gesundheitsfonds gegenstandslos.[91] Die Zuweisungen werden durch das Bundesversicherungsamt ermittelt; es erfolgt weiterhin eine Staffelung in monatliche Zuweisungen (als Abschlagszahlungen) und die Ermittlung der Höhe der Zuweisung für ein Geschäftsjahr. Die gesetzliche Regelung der Säumniszuschläge entfällt. Um unverhältnismäßige regionale Belastungssprünge zu vermeiden, wird eine Konvergenzphase durch die Übergangsregelung des § 272 SGB V installiert.[92]

---

85 V. 19.12.1998, BGBl I 1998, 3853; zur Begründung BT-Drs. 14/24, S. 20 f.

86 Vgl. dazu BT-Drs. 14/1977 S. 182 f.

87 V. 22.12.1999, BGBl I 1998, 2657.

88 BVerfG v. 18.07.2005 - 2 BvF 2/01 - SozR 4-2500 § 266 Nr. 8.

89 V. 26.03.2007, BGBl I 2007, 378. Zum In-Kraft-Treten Art. 46 Abs. 10 GKV-WSG.

90 BT-Drs. 16/3100, S. 91

91 Vgl. dazu BT-Drs. 16/3100, S. 167 f.

92 BT-Drs. 16/3100, S. 91.

§ 267 SGB V Datenerhebungen zum Risikostrukturausgleich

(Fassung vom 26.03.2007, gültig ab 01.07.2008, gültig bis 31.12.2008)

(1) Die Krankenkassen erheben für jedes Geschäftsjahr nicht versichertenbezogen

1. **die Leistungsausgaben und Beitragseinnahmen in der Gliederung und nach den Bestimmungen des Kontenrahmens,**
2. **die beitragspflichtigen Einnahmen, getrennt nach allgemeiner Krankenversicherung und Krankenversicherung der Rentner.**

(2) Die Krankenkassen erheben jährlich zum 1. Oktober die Zahl der Mitglieder und der nach § 10 versicherten Familienangehörigen nach Altersgruppen mit Altersabständen von fünf Jahren, getrennt nach Mitgliedergruppen und Geschlecht. Die Trennung der Mitgliedergruppen erfolgt nach den in den §§ 241 bis 247 genannten Merkmalen. Die Zahl der Personen, deren Erwerbsfähigkeit nach den §§ 43 und 45 des Sechsten Buches gemindert ist, wird in der Erhebung nach Satz 1 als eine gemeinsame weitere Mitgliedergruppe getrennt erhoben. Die Zahl der Versicherten, die in zugelassenen und mit zugelassenen Leistungserbringern vertraglich vereinbarten Programmen nach § 137g eingeschrieben sind, wird in der Erhebung nach den Sätzen 1 bis 3 je Krankheit in weiteren Versichertengruppen getrennt erhoben.

(3) Die Krankenkassen erheben in Abständen von längstens drei Jahren, erstmals für das Geschäftsjahr 1994, nicht versichertenbezogen die in Absatz 1 genannten Leistungsausgaben und die Krankengeldtage auch getrennt nach den Altersgruppen gemäß Absatz 2 Satz 1 und nach dem Geschlecht der Versicherten, die Krankengeldausgaben nach § 44 und die Krankengeldtage zusätzlich gegliedert nach den in den §§ 241 bis 243 genannten Mitgliedergruppen; die Ausgaben für Mehr- und Erprobungsleistungen und für Leistungen, auf die kein Rechtsanspruch besteht, werden mit Ausnahme der Leistungen nach § 266 Abs. 4 Satz 2 nicht erhoben. Bei der Erhebung nach Satz 1 sind die Leistungsausgaben für die Gruppe der Personen, deren Erwerbsfähigkeit nach den §§ 43 und 45 des Sechsten Buches gemindert ist, getrennt zu erheben. Die Leistungsausgaben für die Gruppen der Versicherten nach Absatz 2 Satz 4 sind bei der Erhebung nach den Sätzen 1 bis 3 nach Versichertengruppen getrennt zu erheben. Die Erhebung der Daten nach den Sätzen 1 bis 3 kann auf für die Region und die Krankenkassenart repräsentative Stichproben im Bundesgebiet oder in einzelnen Ländern begrenzt werden. Der Gesamtumfang der Stichproben beträgt höchstens 10 vom Hundert aller in der gesetzlichen Krankenversicherung Versicherten.

(4) Die Krankenkassen legen die Ergebnisse der Datenerhebung nach den Absätzen 1 und 3 bis zum 31. Mai des Folgejahres, die Ergebnisse der Datenerhebung nach Absatz 2 spätestens drei Monate nach dem Erhebungsstichtag über den Spitzenverband Bund der Krankenkassen der in der Rechtsverordnung nach § 266 Abs. 7 genannten Stelle auf maschinell verwertbaren Datenträgern vor.

(5) Für die Datenerfassung nach Absatz 3 können die hiervon betroffenen Krankenkassen auf der Krankenversichertenkarte auch Kennzeichen für die Mitgliedergruppen nach Absatz 3 Satz 1 bis 3 verwenden. Enthält die Krankenversichertenkarte Kennzeichnungen nach Satz 1, übertragen Ärzte und Zahnärzte diese Kennzeichnungen auf die für die vertragsärztliche Versorgung verbindlichen Verordnungsblätter und Überweisungsscheine oder in die entsprechenden elektronischen Datensätze. Die Kassenärztlichen und Kassenzahnärztlichen Vereinigungen und die Leistungserbringer verwenden die Kennzeichen nach Satz 1 bei der Leistungsabrechnung; sie weisen zusätzlich die Summen der den einzelnen Kennzeichen zugeordneten Abrechnungsbe-

träge in der Leistungsabrechnung gesondert aus. Andere Verwendungen der Kennzeichen nach Satz 1 sind unzulässig. Die Kassenärztlichen und Kassenzahnärztlichen Vereinigungen und die Leistungserbringer stellen die für die Datenerfassung nach den Absätzen 1 bis 3 notwendigen Abrechnungsdaten in geeigneter Weise auf maschinell verwertbaren Datenträgern zur Verfügung.

(6) Die Krankenkassen übermitteln den Trägern der gesetzlichen Rentenversicherung über den Spitzenverband Bund der Krankenkassen die Kennzeichen nach § 293 Abs. 1 sowie die Versicherungsnummern nach § 147 des Sechsten Buches der bei ihnen pflichtversicherten Rentner. Die Träger der gesetzlichen Rentenversicherung melden den zuständigen Krankenkassen über den Spitzenverband Bund der Krankenkassen jährlich bis zum 31. Dezember die Summen der an die nach § 5 Abs. 1 versicherungspflichtigen Mitglieder am 1. Oktober gezahlten Renten der gesetzlichen Rentenversicherung auf der Grundlage der Kennzeichen nach Satz 1. Die Meldung nach Satz 2 enthält auch die Information, welche Versicherten eine Rente wegen Erwerbsminderung oder eine Berufs- oder Erwerbsunfähigkeitsrente erhalten. Die Träger der gesetzlichen Rentenversicherung können die Durchführung der Aufgaben nach den Sätzen 2 und 3 auf die Deutsche Post AG übertragen; die Krankenkassen übermitteln über den Spitzenverband Bund der Krankenkassen die Daten nach Satz 1 in diesem Fall an die nach § 119 Abs. 7 des Sechsten Buches zuständige Stelle. § 119 Abs. 6 Satz 1 und Absatz 7 des Sechsten Buches gilt. Die Träger der gesetzlichen Rentenversicherung oder die nach Satz 4 beauftragte Stelle löschen die Daten nach Satz 1 nach Durchführung ihrer Aufgaben nach Absatz 6. Die Krankenkassen dürfen die Daten nur für die Datenerhebung nach den Absätzen 1 bis 3 verwenden. Die Daten nach Satz 3 sind nach Durchführung und Abschluß des Risikostrukturausgleichs nach § 266 zu löschen.

(7) Der Spitzenverband Bund der Krankenkassen bestimmt das Nähere über

1. **den Erhebungsumfang, die Auswahl der Regionen und der Stichprobenverfahren nach Absatz 3 und**
2. **das Verfahren der Kennzeichnung nach Absatz 5 Satz 1.**

Der Spitzenverband Bund der Krankenkassen vereinbart

1. **mit den Kassenärztlichen Bundesvereinigungen in den Vereinbarungen nach § 295 Abs. 3 das Nähere über das Verfahren nach Absatz 5 Satz 2 bis 4 und**
2. **mit der Deutschen Rentenversicherung Bund das Nähere über das Verfahren der Meldung nach Absatz 6.**

(8) (weggefallen)

(9) Die Kosten werden getragen

1. **für die Erhebung nach den Absätzen 1 und 2 von den betroffenen Krankenkassen,**
2. **für die Erhebung nach Absatz 3 vom Spitzenverband Bund der Krankenkassen,**
3. **für die Erhebung und Verarbeitung der Daten nach Absatz 5 von den Kassenärztlichen und Kassenzahnärztlichen Vereinigungen und den übrigen Leistungserbringern,**
4. **für die Meldung nach Absatz 6 von den Trägern der gesetzlichen Rentenversicherung.**

(10) Die Absätze 1 bis 9 gelten nicht für die Landwirtschaftlichen Krankenkassen.

§ 267: Nach Maßgabe der Entscheidungsformel mit dem GG vereinbar gem. BVerfGE v. 18.7.2005 I 2888 - 2 BvF 2/01 -

Gliederung

A. Basisinformationen

I. Textgeschichte/Gesetzgebungsmaterialien

In § 267 SGB V i.d.F. des Gesundheitsreformgesetzes war die Vorgängervorschrift des § 265a SGB V i.d.F. des Gesundheitsstrukturgesetzes enthalten. Mit der Einführung des Risikostrukturausgleichs durch das **Gesundheitsstrukturgesetz**[1] wurde § 267 SGB V neu gefasst und in ihm mit Wirkung vom 01.01.1993 die Datenerhebung zum Risikostrukturausgleich geregelt. Durch das Arbeitsförderungs-Reformgesetz[2] wurde mit Wirkung zum 01.01.1998 die Vorschrift in Absatz 4 hinsichtlich der Stelle, bei der die Daten einzureichen sind, geändert und die Benennung der Stelle (zuvor: Bundesminister für Arbeit und Sozialordnung) dem Verordnungsgeber nach § 266 Abs. 7 SGB V überlassen. Mit dem Telekommunikationsgesetz[3] wurden zum 24.12.1997 die Wörter „Deutsche Bundespost“ durch die Wörter „Deutsche Post AG“ ersetzt. Durch das GKV-Reformgesetz 2000 wurde der Umstellung vom Krankenschein zur Krankenversicherungskarte in Absatz 5 Satz 1 und 2 mit Wirkung zum 01.01.2000 Rechnung getragen. 1

Das Gesetz zur Reform der Renten wegen verminderter Erwerbsfähigkeit[4] änderte ab dem 01.01.2001 in Absatz 2 Satz 3 und Absatz 3 Satz 2 die Wörter „Berufs- und Erwerbsunfähigkeitsrentner und die Bezieher einer Rente für Bergleute“ in „Bezieher einer Rente wegen Erwerbsminderung“. Zudem wurden in Absatz 6 Satz 3 nach den Wörtern „welche Versicherten“ die Wörter „einer Rente wegen Erwerbsminderung oder“ eingefügt. Die Wörter „Bezieher einer Rente wegen verminderter Erwerbsfähigkeit“ in Absatz 2 Satz 3 und entsprechend in Absatz 3 Satz 2 wurden durch das Gesetz zur Reform des Risikostrukturausgleichsgesetz[5] erneut ersetzt durch die Wörter „Personen, deren Erwerbsfähigkeit nach den §§ 43 und 45 des Sechsten Buchs gemindert ist“. In Absatz 2 wurde Satz 4 angefügt, mit dem die in Programmen nach § 137g SGB V eingeschriebenen Versicherten bei der Bildung der Versichertengruppen gesondert berücksichtigt wurden. In Absatz 3 wurde Satz 3 eingefügt. In Absatz 3 Satz 4 wurde wie auch in Absatz 5 Satz 1 die Angabe „und 2“ durch die Angabe „bis 3“ ersetzt. Durch das Gesundheitsmodernisierungsgesetz v. 14.11.2003[6] wurden in § 267 Abs. 5 Satz 2 SGB V nach dem Wort „Überweisungsscheine“ die Wörter „oder in die entsprechenden elektronischen Datensätze“ ein- 2

---

1 Art. 1 Nr. 144 Gesundheitsstrukturgesetz v. 21.12.1992, BGBl I 1992, 2266, vgl. zur Begründung BT-Drs. 12/3608, S. 118 ff.
2 V. 24.03.1997, BGBl I 1994, 594.
3 V. 17.12.1997, BGBl I 1997, 3108.
4 V. 20.12.2000, BGBl I 2000, 1827.
5 V. 10.12.2001, BGBl I 2001, 3465; vgl. zur Begründung BT-Drs. 14/6432, S. 13 f. und BT-Drs. 14/7395, S. 7 f.
6 BGBl I 2003, 2190.

gefügt. § 267 Abs. 8 SGB V wurde durch Art. 204 Nr. 1 der 8. Zuständigkeitsanpassungsverordnung v. 25.11.2003 nach den Worten „Bundesministerium für Gesundheit" um die Worte „und Soziale Sicherung" ergänzt.[7]

3 In der Folge der Einführung des Gesundheitsfonds und der neuen Organisationsstruktur der Verbände der Krankenkassen durch das GKV-WSG[8] wird § 267 SGB V ab dem 01.07.2008 (Absätze 4, 6, 7, 9 und Aufhebung des Absatzes 8) und ab dem 01.01.2009 (Absätze 1 bis 3, Einfügung des Absatzes 11, Neufassung des Absatzes 6 Sätze 2 bis 8) umfassend geändert.[9]

II. Untergesetzliche Rechtsnormen

4 Die Spitzenverbände der Krankenkassen haben eine Vereinbarung nach § 267 Abs. 7 Nr. 1 und Nr. 2 SGB V abgeschlossen.[10] Von wesentlicher Bedeutung ist zudem die Rechtsverordnung nach § 266 Abs. 7 SGB V.

III. Systematische Zusammenhänge

5 § 267 SGB V regelt die Datenerhebung für die Durchführung des Risikostrukturausgleichs in § 266 SGB V. Hinsichtlich der Bildung von Versichertengruppen wird in § 266 SGB V auf § 267 Abs. 2 SGB V Bezug genommen. Dieser nimmt wiederum Bezug auf § 137g SGB V, so dass die dort geregelten strukturierten Behandlungsprogramme (Disease-Management-Programme – DMP) mit dem Risikostrukturausgleich verknüpft sind.

IV. Literaturhinweise

6 Es wird auf die Literaturangaben zu § 266 SGB V verwiesen.

B. Auslegung der Norm

I. Regelungsgehalt und Bedeutung der Norm

1. Leistungsausgaben, Beitragseinnahmen und beitragspflichtigen Einnahmen (Absatz 1)

7 Die Vorschrift regelt die nicht versichertenbezogene Erhebung der für die Durchführung des Risikostrukturausgleichs wesentlichen Daten über Leistungsausgaben, Beitragseinnahmen und beitragspflichtigen Einnahmen durch die Krankenkassen.

2. Versichertenzahl (Absatz 2)

8 Absatz 2 regelt die Erhebung der Versichertenzahl aufgegliedert nach Versichertengruppen durch die Krankenkassen. Dadurch, dass die Vorschrift in § 266 SGB V in Bezug genommen wird, enthält sie eine über eine Datenerhebung hinausgehende Bedeutung und regelt die Abgrenzung der im Risikostrukturausgleich zu berücksichtigenden Versichertengruppen.

3. Stichprobenerhebung (Absatz 3)

9 Absatz 3 enthält die Regelung der Datenerhebung für die Ermittlung der Verhältniswerte. Mit ihnen lässt sich der Anteil der jeweiligen Versichertengruppe an den Leistungsausgaben beschreiben. Da hierfür die versichertengruppenbezogenen Leistungsausgaben benötigt werden, über die den Krankenkassen keine Unterlagen vorliegen, sieht Absatz 3 Erhebung in Abständen von längstens drei Jahren vor, die auf repräsentative Stichproben beschränkt werden kann.

4. Datenübermittlung (Absatz 4)

10 Absatz 4 bestimmt Zeitpunkt, Art und Adressat der Übermittlung der nach den Absätzen 1-3 erhobenen Daten durch die Krankenkassen.

---

7 BGBl I 2003, 2304.

8 V. 26.03.2007, BGBl I 2007, 378.

9 Zum In-Kraft-Treten vgl. Art. 46 Abs. 9 und 10 GKV-WSG. Vgl. zu den Änderungen durch das GKV-WSG BT-Drs. 16/3100, S. 91, 168, 182.

10 Verfügbar unter: www.bva.de/Fachinformationen/Risikostrukturausgleich/Informationen/informationen.html.

5. Kennzeichen auf der Krankenversichertenkarte und Abrechnungsdaten der Leistungserbringer (Absatz 5)

Absatz 5 beinhaltet die Ermächtigung für die Krankenkassen, die Daten nach Absatz 3 erheben, ein Kennzeichen für die Mitgliedergruppen nach Absatz 3 Satz 1 auf der Krankenversichertenkarte zu verwenden. Für den Fall, dass ein solches Kennzeichen verwendet wird, wird in Absatz 5 Sätze 2-4 dessen Nutzung geregelt. In Absatz 5 Satz 5 ist bestimmt, dass die Kassenärztlichen und die Kassenzahnärztlichen Vereinigungen und die Leistungserbringer die für die Datenerfassung notwendigen Abrechnungsdaten auf maschinell verwertbaren Datenträgern zur Verfügung stellen müssen. 11

6. Datenerhebung bezüglich der pflichtversicherten Rentner (Absatz 6)

Absatz 6 regelt den Datenaustausch der Krankenkassen und der Rentenversicherungsträger. 12

7. Vereinbarung der Spitzenverbände (Absätze 7 und 8)

Nach Absatz 7 vereinbaren die Spitzenverbände der Krankenkassen das Nähere über die Datenerhebung nach Absatz 3, über die Verfahren der Kennzeichnung nach Absatz 5 Satz 1, zusammen mit den Kassenärztlichen Bundesvereinigungen in Vereinbarungen nach § 295 Abs. 3 SGB V das Nähere über die Verwendung der Kennzeichen sowie mit dem Verband Deutscher Rentenversicherungsträger das Nähere über das Verfahren der Meldung bezüglich der pflichtversicherten Rentner nach Absatz 6. Bei nicht fristgemäßem Zustandekommen der Vereinbarung bestimmt das Bundesministerium für Gesundheit das Nähere über die Erhebung und Verarbeitung der Daten (Absatz 8). 13

8. Kostentragung (Absatz 9)

Absatz 9 regelt die Kostentragung für die Datenerhebungen und -verarbeitung. 14

9. Landwirtschaftliche Krankenkassen (Absatz 10)

Nach Absatz 10 werden die Landwirtschaftlichen Krankenkassen von der Datenerhebung nach § 267 SGB V ausgenommen. 15

II. Normzweck

Die den Krankenkassen bei der Einführung des Risikostrukturausgleichs zur Verfügung stehenden Daten reichten für dessen Durchführung nicht aus, so dass eine gesonderte Regelung getroffen werden musste. § 267 SGB V regelt die Datenerhebung für den Risikostrukturausgleich nach § 266 SGB V mit dem Ziel, gesicherte Daten und Rechenwerte zu erhalten.[11] Als erforderlich wurde einerseits eine möglichst tief nach Versichertengruppen gegliederte solide Datenbasis angesehen, andererseits sollte der finanzielle Aufwand in Grenzen gehalten werden. 16

III. Erhebung der Daten

1. Grundsätzliches

Die Daten sind **nicht versichertenbezogen** zu erheben, da dieses für die Durchführung des Risikostrukturausgleichs nicht erforderlich ist. Es konnte dabei im Wesentlichen auf den Rechnungsergebnissen nach § 77 SGB IV aufgebaut werden. Es sind aber auch weitere Daten notwendig; hierfür finden sich spezifische Regelungen in § 267 SGB V. 17

Die **Validität** der von den Krankenkassen erhobenen Daten ist für die Durchführung des Risikostrukturausgleichs von entscheidender Bedeutung. In der Vergangenheit waren vor allem Daten über die Versichertenzahlen – hinsichtlich der Zahl der Familienversicherten – fehlerhaft.[12] Die **Kontrolle** der Datenerhebungen erfolgt über die Aufsichtsbehörden. In **§ 15a RSAV**, der durch die 5. Verordnung zur Änderung der Risikostrukturausgleichsverordnung v. 04.12.2002 eingefügt worden ist, sind diese Prüfungen und die Folgen bei fehlerhafter Datenerhebung – insbesondere auch die Möglichkeit der Hochrechnung – geregelt.[13] 18

---

[11] Vgl. zur Begründung BT-Drs. 12/3608, S. 118.

[12] Vgl. dazu und zu den Folgen fehlerhafter Daten BSG v. 24.01.2003 - B 12 KR 19/01 R - SozR 4-2500 § 266 Nr. 1.

[13] BGBl I 2002, 4506; zur Begründung vgl. BR-Drs. 730/02.

2. Leistungsausgaben und Beitragseinnahmen

19 Nach Absatz 1 werden die Leistungsausgaben und Beitragseinnahmen durch die Krankenkassen jährlich und nicht versichertenbezogen in der Gliederung und nach den Bestimmungen des **Kontenrahmens** erhoben. Diese Daten wurden schon vor dem Risikostrukturausgleich von den Krankenkassen erhoben. Sie ergeben sich aus den Geschäfts- und Rechnungsergebnissen der Krankenkassen (insbesondere Jahresrechnung nach § 77 SGB IV).

20 Abzustellen ist dabei nur auf die **berücksichtigungsfähigen Leistungsausgaben** (vgl. dazu § 4 RSAV). Eine Übersicht über diese Leistungsausgaben in der Gliederung des Kontenrahmens gibt Anlage 1 der Vereinbarung der Spitzenverbände nach § 267 Abs. 7 Nr. 1 und 2 SGB V.[14] Auch die **Beitragseinnahmen** ergeben sich aus der Jahresrechnung der Krankenkassen.

3. Beitragspflichtige Einnahmen

21 Die Erhebung der beitragspflichtigen Einnahmen erfolgt nach **§ 8 RSAV** anhand des **Beitragssolls**. Deren Ermittlung war überwiegend auch schon für den KVdR-Finanzausgleich notwendig. Eine besondere Regelung war dagegen für die Erhebung der beitragspflichtigen Einnahmen aus Renten erforderlich, da diese Daten den Krankenkassen bisher nicht vorlagen. Hierfür ist ein **Meldeverfahren in Absatz 6** eingeführt worden.

4. Versichertenzahl getrennt nach Versichertengruppen

22 Die Krankenkassen haben jährlich bis zum 01.10. die **Zahl der Mitglieder**, der **Familienversicherten** nach **Altersgruppen** mit Altersabständen von fünf Jahren getrennt nach **Mitgliedergruppen** und **Geschlecht** zu erheben. In der RSAV wurde von der in § 266 Abs. 7 Nr. 3 SGB V eingeräumten Möglichkeit einer abweichenden Regelung Gebrauch gemacht und eine Erhebung nach Altersabständen von einem Jahr angeordnet (§ 2 Abs. 3 RSAV).

23 Die **Mitgliedergruppen** sind in Absatz 2 Sätze 2-4 bestimmt. Danach erfolgt eine Trennung nach den in den §§ 241-247 SGB V genannten Merkmalen, die den **Krankengeldanspruch** der Versicherten betreffen. Da die Krankheitsrisiken von Versicherten, deren **Erwerbsfähigkeit** nach den §§ 43-45 SGB VI **gemindert** ist, erheblich von den Krankheitsrisiken der übrigen Versichertengruppen abweichen[15], ist auch für diese Versicherten eine getrennte Erfassung nach Alter und Geschlecht vorgesehen. Aufgrund des verschobenen Rentenbeginns bei den im Regelfall nur befristet gewährten Renten (§§ 101, 102 Abs. 2 SGB VI) wird nicht auf den Bezug einer Rente wegen verminderter Erwerbsfähigkeit abgestellt, sondern schon auf den Eintritt der Erwerbsminderung nach den §§ 43-45 SGB VI. Da den Krankenkassen Daten über die Rentenart ihrer versicherten Rentner bisher nicht vorlagen, war auch insoweit die Einführung eines **Meldeverfahrens in Absatz 6** erforderlich. Nachdem den Rentenversicherungsträgern von den Krankenkassen Informationen über Kassenkennzeichen und Rentenversicherungsnummer übermittelt wurden, sind diese im Gegenzug verpflichtet, die Krankenkasse über die Versicherten zu informieren, die eine Rente wegen Erwerbsminderung oder eine Rente wegen Erwerbs- oder Berufsunfähigkeit erhalten.[16] Die Durchführung der Meldung kann auf die Deutsche Post AG übertragen werden.

24 Durch das Gesetz zur Reform des Risikostrukturausgleichs wurden weitere Versichertengruppen in § 267 SGB V eingeführt. Nach § 267 Abs. 2 Satz 4 SGB V bilden Versicherte, die in **zugelassenen Behandlungsprogrammen** nach § 137g SGB V eingeschrieben sind, je Krankheit eine eigenständige Versichertengruppe. Damit soll vermieden werden, dass Krankenkassen, die solche Programme durchführen, ein Wettbewerbsnachteil entsteht.[17] Eine weitere Aufteilung in Versichertengruppen nach dem Beginn des Krankengeldanspruchs findet nicht statt, um Zufallsergebnisse aufgrund gering besetzter

---

14 Verfügbar unter: www.bva.de/Fachinformationen/Risikostrukturausgleich/Informationen/informationen.html.

15 Vgl. BT-Drs. 12/3608, S. 119.

16 Zur Datenschutzproblematik vgl. BT-Drs. 12/3608, S. 120.

17 BT-Drs. 14/6432, S. 13.

Gruppen zu verhindern.[18] Die Zulassung von Behandlungsprogrammen und die Prüfung der Voraussetzungen unterfällt nach § 137g SGB V der Zuständigkeit des Bundesversicherungsamts.[19] Die näheren Anforderungen sind in den §§ 28b ff. RSAV geregelt.

Gefordert ist für die Erfassung der Versichertenzahlen, getrennt nach Versichertengruppen, eine **vollständige Erhebung** durch die Krankenkassen. Von der in § 267 Abs. 2 SGB V vorgesehenen Stichtagsregelung (Erhebung der Versichertenzahlen jährlich zum 01.10.) wurde zugunsten einer taggenauen Erhebung von „Versichertenjahren" abgesehen (§ 3 RSAV). 25

5. Leistungsausgaben nach Versichertengruppen

Für die Datenerhebung nach § 267 Abs. 3 SGB V hat der Gesetzgeber eine Erhebung in **Stichproben** für ausreichend gehalten.[20] Die Repräsentativität für die Regionen und die Kassenarten ist sicherzustellen. Der Gesamtumfang soll 10 v.H. aller Versicherten der GKV nicht übersteigen. Das Stichprobenverfahren wurde durch die Vereinbarung nach Absatz 7 Nr. 1 und 2 näher ausgestaltet.[21] Die Vereinbarung ist für das Bundesversicherungsamt und auch die Gerichte maßgebend[22]; es handelt sich um einen Normenvertrag. Die **Repräsentativität** der Stichprobenerhebung ist dabei gesetzlich (normativ) ausgestaltet; eine darüber hinausgehende statistisch-theoretische Kritik greift nicht durch.[23] 26

Über die gesetzlichen Regelungen hinaus sind gemäß der Vereinbarung nach § 267 Abs. 7 Nr. 1 und 2 SGB V teilweise **Vollerhebungen** von Leistungsausgaben, getrennt nach Versichertengruppen, vorgesehen. Insbesondere die Krankengeldausgaben sind von Beginn an vollständig erhoben worden. Die Erhebung findet zudem nicht nur in dreijährigen Abständen, sondern jährlich statt. Bei ärztlichen Leistungen wird für die Ermittlung der Ausgaben nicht auf die **Kopfpauschalen** abgestellt, sondern auf die abgerechneten Punktzahlen, die dann mit einem kassendurchschnittlichen Punktwert, wenn dieses nicht möglich ist, mit einem kassenartdurchschnittlichen Punktwert bewertet werden (Anlage 1.4 Erläuterungen zu Satzart 41, lit. j der Vereinbarung nach § 267 Abs. 7 SGB V[24]). 27

Zum Zweck der Erfassung der Leistungsausgaben nach Absatz 3 hat der Gesetzgeber in Absatz 5 die Verwendung eines **Kennzeichens** auf der Krankenversicherungskarte ermöglicht. Eine entsprechende Vereinbarung wurde zwar von den Spitzenverbänden insoweit getroffen, dass ein Kennzeichen auf der Krankenversichertenkarte verwendet wird. Das setzt auch voraus, dass das Kennzeichen auch von den Leistungserbringern auf die Verordnungsblätter und Überweisungsscheine oder in die entsprechenden elektronischen Datensätze (elektronisches Rezept) übertragen sowie bei der Abrechnung berücksichtigt werden. Das Nähere sollte insoweit in einer Vereinbarung der Spitzenverbände der Krankenkassen mit den Kassenärztlichen Bundesvereinigungen nach Absatz 7 geregelt werden, wobei der Gesetzgeber für den Fall des Scheiterns der in Absatz 7 vorgesehenen Vereinbarungen eine Ersatzvornahme durch das Bundesministerium für Gesundheit vorgesehen hat. Die Vereinbarungen über die Verwendung wurden bisher weder durch die in Absatz 7 genannten Partner noch im Wege der Ersatzvornahme nach Absatz 8 getroffen. 28

Auf der Grundlage der Stichprobenerhebung werden vom Bundesversicherungsamt gemäß § 5 RSAV **Verhältniswerte** ermittelt. Zur Verbesserung der Verhältniswerte sind dabei bereinigende Berechnungs- und Glättungsverfahren, unter anderem auch nach ergänzender Datenerhebung, ermöglicht. 29

IV. Zeitpunkt und Adressat der Datenübermittlung

Nach abgeschlossener Datenerhebung liegen nicht versichertenbezogene Daten über die Summe der Leistungsausgaben, Beitragseinnahmen und beitragspflichtigen Einnahmen je Kasse, die auf die Versichertengruppen bezogene Zahl der Versicherten und die Summe der Leistungsausgaben und Krankengeldtage je Versichertengruppe nach Absatz 3 vor. Diese Ergebnisse sind von den Krankenkassen 30

---

[18] BT-Drs. 14/6432, S. 13.

[19] Vgl. dazu www.bva.de/Fachinformationen/Dmp/dmp.htm. Hinsichtlich der Zuordnung von Versicherten zu diesen Gruppen erfolgt eine Kontrolle nach § 15a Abs. 1 Satz 2 RSAV durch die Aufsichtsbehörden. Zur verfassungsrechtlichen Zulässigkeit von Behandlungsprogrammen und der Gebührenerhebung für eine Zulassung vgl. BVerfG v. 18.07.2005 - 2 BvF 2/01 - SozR 4-2500 § 266 Nr. 8.

[20] Vgl. zur Begründung BT-Drs. 12/3608, S. 119.

[21] Verfügbar unter: www.bva.de/Fachinformationen/Risikostrukturausgleich/Informationen/informationen.html.

[22] BSG v. 24.01.2003 - B 12 KR 19/01 R - SozR 4-2500 § 266 Nr. 1.

[23] Vgl. dazu BSG v. 24.01.2003 - B 12 KR 19/01 R - SozR 4-2500 § 266 Nr. 1.

[24] Verfügbar unter: www.bva.de/Fachinformationen/Risikostrukturausgleich/Informationen/informationen.html.

bis zum 31.05. des Folgejahres, die Ergebnisse der Datenerhebung nach Absatz 3 spätestens drei Monate nach dem Erhebungsstichtag über ihre Spitzenverbände an die in der RSAV bezeichneten Stelle, dem BVA zu übermitteln. Die Übermittlung muss auf maschinell verwertbaren Datenträgern erfolgen.

V. Kostentragung

31 Absatz 9 regelt die Kostentragung für die verschiedenen Datenerhebungen. Die Kosten für die Erhebung der Leistungsausgaben, Beitragseinnahmen und der beitragspflichtigen Einnahmen (Absatz 1 und Absatz 2) werden danach von den jeweiligen Krankenkassen getragen. Die Kosten für die Erhebung der Leistungsausgaben nach Absatz 3 werden von den Spitzenverbänden der betroffenen Krankenkassen getragen. Die für die Erhebung und Verarbeitung von Daten nach Absatz 5 entstehenden Kosten haben die Kassenärztlichen und Kassenzahnärztlichen Vereinigungen und die übrigen Leistungserbringer zu übernehmen. Für die Meldungen nach Absatz 6 tragen die Rentenversicherungsträger die entstehenden Kosten.

VI. Übergangsrecht

32 Aufgrund der Rechtskreistrennung nach § 313 Abs. 10 SGB V und dem seit 1999 eingeführten rechtskreisübergreifenden Ausgleich in § 313a SGB V muss die Datenerhebung weiterhin getrennt nach den Rechtskreisen altes Bundesgebiet (mit Land Berlin) und Beitrittsgebiet erfolgen (§ 313a Abs. 2 SGB V). Die Rechtskreistrennung entfällt nach dem Ausgleichsjahr 2007, so dass § 313 SGB V aufgehoben und § 313a SGB V durch das GKV-WSG geändert wurde.

VII. Reformbestrebungen

33 Einhergehend mit der Einführung des neuen Spitzenverbands Bund der Krankenkassen sind in § 267 SGB V zum 01.07.2008 entsprechende redaktionelle Anpassungen getroffen worden. § 267 Abs. 7 SGB V, der die Vereinbarungen der Spitzenverbände der Krankenkassen betrifft, wird in diesem Zusammenhang neu gefasst und Absatz 8 wird aufgehoben. Mit der Einführung des Gesundheitsfonds ergeben sich weitere Änderungen, die am 01.01.2009 in Kraft treten. Da die Ermittlung der Finanzkraft zukünftig wegfällt, ist in der neuen Fassung des Absatzes 1 die Ermittlung der beitragspflichtigen Einnahmen nicht mehr vorgesehen. Die Notwendigkeit der Meldung der gezahlten Renten durch die Träger der gesetzlichen Rentenversicherung entfällt somit ebenfalls. Die Ermittlung der Versicherten getrennt nach Mitgliedergruppen nach Absatz 2 wird geändert; die Bezugnahme auf die §§ 241 ff. SGB V entfällt zugunsten einer gesetzlichen Regelung in § 267 Abs. Satz 2 SGB V. Die Ermittlung der Zahl der Versicherten, die in Behandlungsprogrammen nach § 137g SGB V eingeschrieben sind, entfällt, da hierfür keine besonderen Versichertengruppen mehr gebildet werden. Für den Jahresausgleich 2008 und für Korrekturen bis zu diesem Ausgleichsjahr ist § 267 SGB V in der alten Fassung weiterhin anzuwenden (Absatz 11).

Zweiter Titel: Finanzausgleich in der Krankenversicherung der Rentner

§ 268 SGB V Weiterentwicklung des Risikostrukturausgleichs

(Fassung vom 22.12.2006, gültig ab 01.01.2007, gültig bis 30.06.2008)

(1) Die Versichertengruppen nach § 266 Abs. 1 Satz 2 und 3 und die Gewichtungsfaktoren nach § 266 Abs. 2 Satz 3 sind vom 1. Januar 2009 an abweichend von § 266 nach Klassifikationsmerkmalen zu bilden, die zugleich

1. die Morbidität der Versicherten auf der Grundlage von Diagnosen, Diagnosegruppen, Indikationen, Indikationengruppen, medizinischen Leistungen oder Kombinationen dieser Merkmale unmittelbar berücksichtigen,

2. an der Höhe der durchschnittlichen krankheitsspezifischen Leistungsausgaben der zugeordneten Versicherten orientiert sind,

3. Anreize zu Risikoselektion verringern,

4. Qualität und Wirtschaftlichkeit der Leistungserbringung fördern und

5. praktikabel und kontrollierbar sind.

Im Übrigen gilt § 266.

(2) Das Bundesministerium für Gesundheit regelt bis zum 31. Dezember 2009 durch Rechtsverordnung nach § 266 Abs. 7 mit Zustimmung des Bundesrates das Nähere zur Umsetzung der Vorgaben nach Absatz 1. Dabei ist ein einvernehmlicher Vorschlag der Spitzenverbände der Krankenkassen zur Bestimmung der Versichertengruppen und Gewichtungsfaktoren sowie ihrer Klassifikationsmerkmale nach Absatz 1 einzubeziehen. Bei der Gruppenbildung sind auch internationale Erfahrungen mit Klassifikationsmodellen direkter Morbiditätsorientierung zu berücksichtigen. In der Verordnung ist auch zu bestimmen, ob einzelne oder mehrere der bis zum 31. Dezember 2008 geltenden Kriterien zur Bestimmung der Versichertengruppen neben den in Absatz 1 Satz 1 genannten Vorgaben weitergelten; § 266 Abs. 7 Nr. 3 gilt. Für die Auswahl geeigneter Gruppenbildungen, Gewichtungsfaktoren und Klassifikationsmerkmale gibt das Bundesministerium für Gesundheit eine wissenschaftliche Untersuchung in Auftrag. Es hat sicherzustellen, dass die Untersuchung bis zum 31. Dezember 2003 abgeschlossen ist.

(3) Für die Vorbereitung der Gruppenbildung und Durchführung der Untersuchung nach Absatz 2 Satz 5 erheben die Krankenkassen für die Jahre 2001 und 2002 als Stichproben entsprechend § 267 Abs. 3 Satz 3 und 4 bis zum 15. August des jeweiligen Folgejahres getrennt nach den Versichertengruppen nach § 267 Abs. 2 je Versicherten die Versichertentage und die Leistungsausgaben in der Gliederung und nach den Bestimmungen des Kontenrahmens in den Bereichen

1. Krankenhaus einschließlich der Angaben nach § 301 Abs. 1 Satz 1 Nr. 6, 7 und 9 sowie die Angabe des Tages der Aufnahme und der Aufnahmediagnosen nach § 301 Abs. 1 Satz 1 Nr. 3, jedoch ohne das Institutionskennzeichen der aufnehmenden Institution und ohne die Uhrzeit der Entlassung,

2. stationäre Anschlussrehabilitation einschließlich der Angaben nach § 301 Abs. 4 Satz 1 Nr. 5 und 7, jedoch ohne das Institutionskennzeichen der aufnehmenden Institution,

3. Arzneimittel einschließlich des Kennzeichens nach § 300 Abs. 1 Nr. 1,

4. Krankengeld nach § 44 einschließlich der Angaben nach § 295 Abs. 1 Satz 1 Nr. 1,

5. vertragsärztliche Versorgung einschließlich der Angaben nach § 295 Abs. 1 Satz 1 Nr. 2 sowie der abgerechneten Punktzahlen und Kosten und der Angaben nach § 295 Abs. 1 Satz 4, jedoch ohne den Tag der Behandlung,

6. der Leistungserbringer nach § 302 einschließlich der Diagnose, des Befunds und des Tages der Leistungserbringung, jedoch ohne die Leistungen nach Art, Menge und Preis sowie ohne die Arztnummer des verordnenden Arztes,

7. die nach den Nummern 1 bis 6 nicht erfassten Leistungsausgaben ohne die Leistungsausgaben nach § 266 Abs. 4 Satz 1.

Die für die Stichprobe erforderlichen versichertenbezogenen Daten sind zu pseudonymisieren. Der Schlüssel für die Herstellung des Pseudonyms ist vom Beauftragten für den Datenschutz der Krankenkasse aufzubewahren und darf anderen Personen nicht zugänglich gemacht werden. Die Kassenärztlichen und Kassenzahnärztlichen Vereinigungen übermitteln den Krankenkassen die erforderlichen Daten zu Satz 1 Nr. 5 bis spätestens 1. Juli des Folgejahres. Die Daten sind vor der Übermittlung mit einem Pseudonym je Versicherten zu versehen, das den Kassenärztlichen und Kassenzahnärztlichen Vereinigungen hierfür von den Krankenkassen übermittelt wird. Die Krankenkassen übermitteln die Daten nach Satz 1 in pseudonymisierter und maschinenlesbarer Form über ihren Spitzenverband an das Bundesversicherungsamt. Die Herstellung des Versichertenbezugs ist zulässig, soweit dies für die Berücksichtigung nachträglicher Veränderungen der nach Satz 6 übermittelten Daten erforderlich ist. Über die Pseudonymisierung in der Krankenkasse und über jede Herstellung des Versichertenbezugs ist eine Niederschrift anzufertigen. Die Spitzenverbände der Krankenkassen bestimmen bis zum 31. März 2002 im Einvernehmen mit dem Bundesversicherungsamt in ihrer Vereinbarung nach § 267 Abs. 7 Nr. 1 und 2 sowie in Vereinbarungen mit der Kassenärztlichen Bundesvereinigung und den für die Wahrnehmung der wirtschaftlichen Interessen der übrigen Leistungserbringer gebildeten maßgeblichen Spitzenorganisationen das Nähere über den Umfang der Stichproben und das Verfahren der Datenerhebung und -übermittlung. In der Vereinbarung nach Satz 9 kann die Stichprobenerhebung ergänzend auch auf das erste Halbjahr 2003 erstreckt werden. § 267 Abs. 9 und 10 gilt. Kommen die Vereinbarungen nach Satz 9 nicht zustande, bestimmt das Bundesministerium für Gesundheit bis zum 30. Juni 2002 in der Rechtsverordnung nach § 266 Abs. 7 das Nähere über das Verfahren. Die Rechtsverordnung bestimmt außerdem, welche der in Satz 1 genannten Daten vom 1. Januar 2005 an für die Durchführung des Risikostrukturausgleichs sowie für seine weitere Entwicklung zu erheben sind, sowie Verfahren und Umfang dieser Datenerhebung; im Übrigen gilt § 267.

§ 268: Nach Maßgabe der Entscheidungsformel mit dem GG vereinbar gem. BVerfGE v. 18.7.2005 I 2888 - 2 BvF 2/01 -

Gliederung

A. Basisinformationen

I. Textgeschichte/Gesetzgebungsmaterialien

§ 268 SGB V wurde durch Art. 1 Nr. 4 des Gesetzes zur Reform des Risikostrukturausgleichs in der GKV v. 10.12.2001[1] mit Wirkung zum 01.01.2002 eingeführt. Zuvor war in § 268 SGB V i.d.F. des Art. 1 Gesundheitsreformgesetz v. 20.12.1988[2] der Finanzausgleich der KVdR geregelt, der durch Art. 1 Nr. 143 Gesundheitsstrukturgesetz v. 21.12.1992 mit der Einführung des Risikostrukturausgleichs abgelöst wurde. § 268 a.F. wurde durch Art. 1 Nr. 72 GKV-Gesundheitsreformgesetz 2000 v. 22.12.1999 aufgehoben. § 268 Abs. 2 Sätze 1 und 5 und Abs. 3 Satz 12 SGB V wurde durch Art. 204 Nr. 1 der 8. Zuständigkeitsanpassungsverordnung v. 25.11.2003 nach den Worten „Bundesministerium für Gesundheit" um die Worte „und Soziale Sicherung" ergänzt.[3] Durch das VÄndG v. 22.12.2006[4] erfolgten erhebliche Anpassungen des Zeitplans für die Einführung eines morbiditätsorientierten Risikostrukturausgleichs: In Absatz 1 Satz 1 wurde die Angabe „2007" durch die Angabe „2009" ersetzt. Der Erlass der Verordnung nach Absatz 2 Satz 1 ist nunmehr bis zum 31.12.2009 vorgesehen und nicht mehr bis zum 30.06.2004. In Absatz 2 Satz 4 wurde die Angabe „2006" durch „2008" ersetzt, und in Absatz 3 Satz 13 wurden nach dem Wort „Risikostrukturausgleich" die Wörter „sowie für seine weitere Entwicklung" angefügt. Weitere Änderungen sind durch das GKV-WSG[5] vorgesehen, die nach dessen Art. 46 Abs. 9 und 10 am 01.07.2008 bzw. am 01.01.2009 in Kraft treten. 1

II. Vorgängervorschriften

Die Einführung eines morbiditätsorientierten Risikostrukturausgleichs ist neu in der GKV. § 268 SGB V a.F. betraf den Finanzausgleich in der KVdR. 2

III. Untergesetzliche Rechtsnormen

§ 268 SGB V erweitert die Verordnungsermächtigung nach § 266 Abs. 7 SGB V und die Ermächtigung zu Vereinbarungen nach § 267 Abs. 7 Nr. 1 und 2 SGB V. Dazu sind Vereinbarungen nach Absatz 3 Satz 9 zwischen den Spitzenverbänden der Krankenkassen und der Kassenärztlichen Bundesvereinigung zu treffen. 3

IV. Systematische Zusammenhänge

§ 268 SGB V regelt die Weiterentwicklung des Risikostrukturausgleichs nach § 266 SGB V und § 267 SGB V im Sinne einer stärkeren **Morbiditätsorientierung**. § 268 SGB V baut dabei auf der Regelung des § 266 SGB V auf und schreibt nur die Bildung der Versichertengruppen anhand abweichender Klassifikationsmerkmale ab 2009 vor. Die Regelung bedarf der Umsetzung durch Rechtsverordnung. Die Risikopool-Regelung in § 269 SGB V soll dann entfallen bzw. geändert werden; diese ist – neben der Anknüpfung des Risikostrukturausgleichs an die Behandlungsprogramme nach § 137g SGB V – bis zur Einführung des morbiditätsorientierten Risikostrukturausgleichs nur als Sofortmaßnahme eingeführt worden. Durch die Einführung des Gesundheitsfonds durch das GKV-WSG findet die Weiterentwicklung des Risikostrukturausgleichs im Wesentlichen ohne Änderung in der Sache in einem verändertem Kontext statt; die Morbiditätsorientierung erfolgt ab 2009 durch die Zuweisungen aus dem Gesundheitsfonds, die dann in § 266 SGB V geregelt sind. 4

---

1 BGBl I 2001, 3465.
2 BGBl I 1988, 2477.
3 BGBl I 2003, 2304.
4 BGBl I 2006, 3439; vgl. dazu BT-Drs. 16/2474, S. 26 f.
5 V. 26.03.2007, BGBl I 2007, 378. Vgl. dazu BT-Drs. 16/3100, S. 169.

V. Literaturhinweise

5 Es wird auf die Literaturangaben in der Kommentierung zu § 266 SGB V Rn. 9 verwiesen.

B. Auslegung der Norm

I. Regelungsgehalt und Bedeutung der Norm

6 § 268 SGB V regelt den Inhalt und das Verfahren der Weiterentwicklung des Risikostrukturausgleichs nach § 266 SGB V in Richtung einer stärkeren Morbiditätsorientierung.

1. Morbiditätsbezogene Klassifikationsmerkmale (Absatz 1)

7 Absatz 1 enthält die inhaltlichen Vorgaben der Morbiditätsorientierung und stellt klar, dass nur insoweit von dem hergebrachten Risikostrukturausgleich nach § 266 SGB V abgewichen wird, als die Versichertengruppen nach § 266 Abs. 1 Satz 2 und 3 SGB V und die Gewichtungsfaktoren nach § 266 Abs. 2 Satz 3 SGB V auf abweichenden Klassifikationsmerkmalen beruhen.

2. Umsetzung durch Rechtsverordnung (Absatz 2)

8 § 268 Abs. 1 SGB V enthält nur Vorgaben für die Klassifikationsmerkmale, definiert diese aber nicht selbst. Das Nähere zur Umsetzung der Vorgaben nach Absatz 1 wird nach Absatz 2 durch das Bundesministerium für Gesundheit in der Rechtsverordnung nach § 266 Abs. 7 SGB V geregelt. Grundlage hierfür ist insbesondere eine wissenschaftliche Untersuchung.

3. Vorbereitung (Absatz 3)

9 Absatz 3 enthält ein detailliertes Programm zur Vorbereitung der Einführung des morbiditätsorientierten Risikostrukturausgleichs und regelt insbesondere die notwendigen Datenerhebungen für die wissenschaftliche Untersuchung und die Vorbereitung der Gruppenbildung.

II. Normzweck

10 § 268 SGB V bezweckt wie schon die erstmalige Einführung des Risikostrukturausgleichs den Abbau von risikostrukturbedingten Beitragssatzunterschieden und die Ermöglichung eines solidarischen Wettbewerbs zwischen den Krankenkassen. Er hat durch die **morbiditätsorientierte Weiterentwicklung** des Risikostrukturausgleichs insbesondere zum Ziel, eine Risikoselektion für die Krankenkassen unattraktiv zu machen und eine Steuerung zugunsten einer qualitativ guten und wirtschaftlichen Krankenversorgung zu fördern.[6]

11 Die Regelung wurde vom Gesetzgeber als notwendig angesehen, um **Fehlsteuerungen des § 266 SGB V zu korrigieren.**[7] Durch die nur mittelbare Berücksichtigung der Morbidität bei der Definition der Versichertengruppen nach § 266 SGB V entstehen Vorteile für die Krankenkassen, die viele Gesunde innerhalb einer Versichertengruppe zu ihren Mitgliedern zählen. Es lag daher nicht im Interesse der Krankenkassen, über eine gute Versorgung kranke Mitglieder neu zu werben; ein **Qualitätswettbewerb** wurde damit mit dem Risikostrukturausgleich gerade nicht erreicht. Dieses wurde vom Gesetzgeber aufgrund von verschiedenen Gutachten[8] zum Anlass genommen, als Sofortmaßnahme den Risikopool nach § 269 SGB V und die Einbeziehung der DMP in den Risikostrukturausgleich einzuführen.[9] Mit § 268 SGB V wurde zudem eine stärkere Morbiditätsorientierung des Risikostrukturausgleichs in Angriff genommen, die nunmehr ab dem 01.01.2009 greifen soll. Diese Morbiditätsorientierung wurde vom BVerfG als zulässig angesehen.[10] Die Frage, ob diese Weiterentwicklung des Risikostrukturausgleichs verfassungsrechtlich sogar geboten war, hat es dabei offen gelassen, da der Gesetz-

6 Vgl. BT-Drs. 14/6432, S. 14.

7 Vgl. dazu den Bericht der Bundesregierung über die Untersuchung zu den Wirkungen des Risikostrukturausgleichs in der gesetzlichen Krankenversicherung, BT-Drs. 14/5681.

8 Vgl. die Übersicht in dem Bericht der Bundesregierung über die Untersuchung zu den Wirkungen des Risikostrukturausgleichs in der gesetzlichen Krankenversicherung, BT-Drs. 14/5681.

9 Gesetz zur Reform des Risikostrukturausgleichs in der gesetzlichen Krankenversicherung v. 10.12.2001, BGBl I 2001, 3465.

10 BVerfG v. 18.07.2005 - 2 BvF 2/01 - SozR 4-2500 § 266 Nr. 8.

geber seiner Pflicht, die Auswirkungen des Risikostrukturausgleichs zu beobachten und Fehlentwicklungen entgegenzusteuern, durch die Einführung der stärkeren Morbiditätsorientierung jedenfalls nachgekommen wäre.

III. Klassifikationsmerkmale

Während § 266 SGB V vor allem an die Klassifikationsmerkmale Alter und Geschlecht, Familienversicherung und Erwerbsminderungsstatus anknüpft, gibt § 268 Abs. 1 SGB V für die **Klassifikationsmerkmale** vor, dass diese die Morbidität der Versicherten auf der Grundlage von **Diagnosen, Diagnosegruppen, Indikationen, Indikationsgruppen, medizinischen Leistungen** oder Kombinationen dieser Merkmale unmittelbar berücksichtigen müssen. Sie müssen zudem an der Höhe der durchschnittlichen krankheitsspezifischen Leistungsausgaben der zugeordneten Versicherten orientiert sein, Anreize zur Risikoselektion verringern, Qualität und Wirtschaftlichkeit der Leistungserbringung fördern und praktikabel und kontrollierbar sein. Diese Kriterien sind teilweise gegenläufig; es liegt letztlich im Ermessen des Verordnungsgebers, hier eine Gewichtung vorzunehmen. 12

1. Anknüpfungspunkte

Für die Berücksichtigung der Morbidität eröffnet § 268 Abs. 1 SGB V verschiedene Anknüpfungsmöglichkeiten. Die Klassifikationsmodelle können nicht nur anhand von Diagnosen abgegrenzt werden, sondern auch anhand von Indikationen oder medizinischen Leistungen. 13

2. Durchschnittliche Leistungsausgaben

Die Orientierung an den durchschnittlichen krankheitsspezifischen Leistungsausgaben wird aus § 266 SGB V übernommen; ein Ausgleich tatsächlicher Leistungsausgaben oder auch eine Zuordnung fester Ausgabenwerte für eine bestimmte Versichertengruppe, die nicht am Durchschnitt orientiert sind, ist damit untersagt. Damit wird ein **wirtschaftlicher Anreiz** gesetzt, da es für eine Krankenkasse vorteilhaft ist, wenn sie eine kostengünstigere Versorgung als der Durchschnitt erreicht. 14

3. Vermeidung von Anreizen zur Risikoselektion

Dieses Kriterium gibt das wesentliche Motiv zur Einführung des morbiditätsorientierten Risikostrukturausgleichs wieder. Der bisherige Risikostrukturausgleich nach § 266 SGB V wies nach Auffassung des Gesetzgebers gerade diesbezüglich Fehlanreize auf. Ein Klassifikationsmodell vermeidet Anreize für eine Risikoselektion dabei umso mehr, je **differenzierter** und weniger abstrahierend es ausgestaltet ist, je vollständiger es also die Morbidität – auch im Falle etwa von Multimorbidität – erfasst.[11] 15

4. Förderung der Qualität und Wirtschaftlichkeit

Die Förderung der Wirtschaftlichkeit der Versorgung ist zum einen schon durch die Beschränkung des Ausgleichs auf **durchschnittliche Leistungsausgaben** bewirkt. Darüber hinaus ist von Bedeutung, dass keine Fehlsteuerungen im Rahmen der Versorgung dadurch entstehen, dass etwa Krankenkassen höhere Ausgleichsansprüche erreichen können, indem sie „höherwertige“, aber nicht notwendige Leistungen erbringen (lassen). Ein für ein solches **„Upcoding“** bzw. **„Gaming“** vorausgesetztes gleichgerichtetes Interesse der Kassen und der Leistungserbringer und geeignete Konstellationen werden im Endbericht Klassifikationsmerkmale für Versicherte im Risikostrukturausgleich nur in geringem Umfang als relevantes Problem angesehen.[12] Durch das GKV-WSG wird dieses Kriterium neu gefasst werden. Danach sollen die Klassifikationsmerkmale keine Anreize zur medizinisch nicht gerechtfertigten Leistungsausweitung setzen. 16

5. Praktikabilität und Kontrollierbarkeit

Diese Kriterien stellen vor allem auf die notwendigen Datenerhebungen und deren Kontrolle ab. Die Komplexität eines Klassifikationsmodells, die **Menge** und die **Verfügbarkeit der benötigten Daten** sind hier ausschlaggebend.[13] Vorteilhaft ist es, wenn ein Klassifikationsmodell auf Daten zurückgreift, die bei den Krankenkassen oder den Leistungserbringern unproblematisch und aktuell verfügbar sind. 17

---

[11] Vgl. dazu *Reschke/Sehlen/Schiffhorst/Schräder//Lauterbach/Wasem*, Endbericht Klassifikationsmerkmale für Versicherte im Risikostrukturausgleich, S. 90 f.; verfügbar unter www.iges.de und www.bmgs.bund.de.

[12] Endbericht Klassifikationsmerkmale für Versicherte im Risikostrukturausgleich, S. 41 ff., 93 f.

[13] Vgl. dazu Endbericht Klassifikationsmerkmale für Versicherte im Risikostrukturausgleich, S. 97.

18 Im Gutachten „Klassifikationsmerkmale für Versicherte im Risikostrukturausgleich" wird zudem auf die Verfügbarkeit und die einfache Übertragbarkeit von Klassifikationsmodellen insbesondere aus dem Ausland abgestellt.[14]

19 Dieses Kriterium wird durch das GKV-WSG mit Wirkung ab dem 01.01.2009 ersetzt. Danach sollen zukünftig 50 bis 80 insbesondere kostenintensive chronische Krankheiten und Krankheiten mit schwerwiegendem Verlauf der Auswahl der Morbiditätsgruppen zugrunde gelegt werden.[15]

IV. Umsetzung durch Rechtsverordnung

20 Nach § 268 Abs. 2 SGB V regelt das Bundesministerium für Gesundheit das Nähere zu der Umsetzung der Vorgaben nach Absatz 1 durch **Rechtsverordnung**. Im Entwurf zum Gesetz zur Reform des Risikostrukturausgleichs in der gesetzlichen Krankenversicherung war zunächst noch vorgesehen, dass auf eine **wissenschaftliche Untersuchung** über Möglichkeiten einer Morbiditätsorientierung ein weiteres Gesetzgebungsverfahren folgen sollte.[16] Dieses ist nicht verwirklicht worden, sondern die weitere Ausgestaltung auf der Grundlage der wissenschaftlichen Untersuchung dem Verordnungsgeber überlassen worden.[17]

21 Ein Verstoß gegen den Parlamentsvorbehalt liegt darin nicht; der Inhalt der Verordnungsermächtigung ist in § 268 SGB V auch **ausreichend bestimmt**.[18] Allein die (fehlende) Regelung zur zukünftigen Datenerhebung hinsichtlich des zu gewährleistenden Datenschutzes ist problematisch.

1. Verfahren

22 Für den Verordnungserlass findet ein **gestuftes Verfahren** Anwendung, da zunächst ein **einvernehmlicher Vorschlag der Spitzenverbände der Krankenkassen** zu erstellen ist, der bei dem Verordnungserlass einzubeziehen ist. Eine Bindungswirkung kommt dem Vorschlag rechtlich nicht zu.

23 Für die Auswahl geeigneter Gruppenbildungen muss das Bundesministerium für Gesundheit und Soziale Sicherung zudem nach Absatz 2 Satz 5 eine **wissenschaftliche Untersuchung** in Auftrag geben. Es handelt sich um eine zwingende Verfahrensregelung. Die Zeitvorgabe des Gesetzgebers zur Fertigstellung der Untersuchung bis zum 31.12.2003 war ehrgeizig und anscheinend aufgrund von Datenlieferungsschwierigkeiten für die Untersuchung nicht einzuhalten.[19] Im November 2004 lag der Bericht in seiner Endfassung vor.[20]

2. Kriterien

24 Bei der Gruppenbildung sind nach Absatz 2 Satz 3 auch **internationale Erfahrungen** mit Klassifikationsmodellen (die z.B. in den Niederlanden und vor allem in den USA existieren) zu berücksichtigen. Aus Absatz 2 Satz 4 geht hervor, dass auch einzelne oder mehrere Kriterien der bisherigen Gruppenbildung weiter bestehen bleiben können.

25 In der **wissenschaftlichen Untersuchung** sind dementsprechend auch und vor allem ausländische Klassifikationsmodelle mit direkter Morbiditätsorientierung geprüft worden.[21] Die Gutachter sind in dem **Endbericht** zu der Empfehlung des Klassifikationsmodells **RxGroups + IPHCC** gekommen, welches als Morbiditätskriterien Krankenhausdiagnosen und Arzneimittelverordnungen verwendet.[22] Dabei wurde eine prospektive Anwendung empfohlen, d.h. die Zuordnung zu einer Versichertengruppe erfolgt anhand der Daten des Vorjahres (sofern diese auch im Folgejahr noch kostenrelevant sind – das wäre z.B. bei einer unkomplizierten Blinddarmoperation nicht der Fall). Die Kriterien des § 266 Abs. 1 SGB V würden ergänzend weiterhin angewendet. Diese Untersuchung wurde ergänzt

---

[14] Endbericht Klassifikationsmerkmale für Versicherte im Risikostrukturausgleich, S. 98 f.

[15] Vgl. dazu BT-Drs. 16/3100, S. 169.

[16] § 268 Abs. 4 in der Entwurfsfassung; BT-Drs. 14/6432, S. 5.

[17] Vgl. dazu BT-Drs.14/7395, S. 8.

[18] BVerfG v. 18.07.2005 - 2 BvF 2/01 - SozR 4-2500 § 266 Nr. 8.

[19] Vgl. Endbericht Klassifikationsmerkmale für Versicherte im Risikostrukturausgleich, S. 3.

[20] Endbericht Klassifikationsmerkmale für Versicherte im Risikostrukturausgleich, verfügbar unter www.iges.de und http://www.bmg.bund.de/cln_040/nn_604268/DE/Publikationen/Forschungsberichte/forschungsberichte-node,param=.html__nnn=true.

[21] Vgl. Endbericht Klassifikationsmerkmale für Versicherte im Risikostrukturausgleich, S. 49 ff.

[22] Endbericht Klassifikationsmerkmale für Versicherte im Risikostrukturausgleich, S. 13.

durch eine gutachterliche Expertise zu Anpassungserfordernissen des Klassifikationsmodells Rx-Groups an die speziellen Voraussetzungen in der GKV.[23]

V. Vorbereitende Maßnahmen nach Absatz 3

Die für die **Vorbereitung** der Gruppenbildung und die Durchführung der Untersuchung nach Absatz 2 Satz 5 notwendigen **Datenerhebungen** werden in Absatz 3 geregelt, wobei ein ehrgeiziger zeitlicher Rahmen gesetzt ist. Zweck war es zunächst die Grundlagen für die wissenschaftliche Untersuchung zu schaffen, in der zu klären war, welches Klassifikationsmodell die tatsächlich erforderlichen Leistungsausgaben mit welcher Schätzgenauigkeit „vorhersagen" kann. 26

Für die **Stichprobe** wurden versichertenbezogene Daten benötigt mit Bezug zu Diagnosen, Indikationen und medizinischen Leistungen. 27

Die für die Stichprobe notwendigen versichertenbezogenen Daten waren zu **pseudonymisieren**. Diese Regelung trägt dem erforderlichen Datenschutz Rechnung. Der Schlüssel ist vom Beauftragten für den Datenschutz der Krankenkasse aufzubewahren. Die Kassen- und Kassenzahnärztlichen Vereinigungen haben die Daten nach Absatz 3 Satz 1 Nr. 5 mit einem Pseudonym je Versicherten an die Krankenkassen zu übermitteln (Sätze 4 und 5), welche diese pseudonymisiert und maschinenlesbar über ihren Spitzenverband an das Bundesversicherungsamt weiterleiteten (Satz 6). Die Herstellung des Versichertenbezugs ist nur zur Berücksichtigung nachträglicher Veränderungen der Daten zulässig (Satz 7); hierüber ist eine Niederschrift anzufertigen (Satz 8). 28

VI. Zukünftiges Verfahren der Datenerhebung (Absatz 3 Satz 13)

Die Regelungen zur Datenerhebung in Absatz 3 Sätze 1-12 gelten zunächst nur für die erstmalige Ermittlung der notwendigen Versichertendaten zur Vorbereitung der Gruppenbildung und Durchführung der Untersuchung, nicht aber für die weiteren Datenerhebungen zur Durchführung des Risikostrukturausgleichs. Nur **§ 268 Abs. 3 Satz 13 SGB V** enthält insofern eine Regelung. Danach ist in der Rechtsverordnung nach § 266 Abs. 7 SGB V zu bestimmen, welche der in Absatz 3 Satz 1 genannten Daten vom 01.01.2005 an für die Durchführung des Risikostrukturausgleichs zu erheben sind, sowie Verfahren und Umfang dieser Datenerhebung. Im Übrigen wird auf § 267 SGB V verwiesen. 29

Diese Regelungen sind im Vergleich zu den aufwendigen Verfahrensvorschriften für die erstmalige Datenerhebung sehr **unbestimmt**. Es besteht keine Bindung des Verordnungsgebers an die Vorgaben des § 268 Abs. 3 Sätze 1-12 SGB V, er kann das weitere Verfahren abweichend davon bestimmen. Problematisch ist, dass die in Absatz 3 Sätze 2-8 zur Pseudonymisierung getroffenen Regelungen für die zukünftige Datenerhebung nach dem Wortlaut nicht zwingend vorgeschrieben sind. Vor dem Hintergrund, dass es um die Erhebung besonders sensibler, versichertenbezogener Krankheitsdaten geht, bedarf es auch für zukünftige Datenerhebungen einer solchen Regelung, die (zumindest) in der RSAV zu treffen ist. 30

Durch das VÄndG wurde eine Rechtsgrundlage für Datenerhebungen geschaffen, die nicht unmittelbar für die Durchführung des Risikostrukturausgleichs notwendig sind, aber benötigt werden, um die finanziellen Auswirkungen einer weiteren Entwicklung, zu der der Gesetzgeber nach den Ausführungen des BVerfG in seinem Beschluss vom 18.07.2005 (2 BvF 2/01) verpflichtet ist, zu überprüfen.[24] 31

VII. Reformbestrebungen

Durch das GKV-WSG wird § 268 SGB V mit Wirkung ab dem 01.07.2008 bzw. zum Teil ab dem 01.01.2009 in der Folge der Einführung des Gesundheitsfonds und der neuen Organisationsstruktur der Verbände der Krankenkassen geändert. Der Begriff der Morbiditätsgruppen wird eingeführt. Die Klassifikationsmerkmale werden ergänzt und präzisiert, nach dem neu gefassten Absatz 1 Satz 1 Nr. 4 sollen die Merkmale keine Anreize zu medizinisch nicht gerechtfertigten Leistungsausweitungen bieten. Absatz 1 Satz 1 Nr. 5 wird ebenfalls neu gefasst und präzisiert die Vorgaben für die Auswahl von Morbiditätsgruppen. Danach sind 50 bis 80 kostenintensive chronische Krankheiten und Krankheiten mit schwerwiegendem Verlauf zugrunde zu legen.[25] Mit Wirkung bereits ab dem 01.07.2008 erfolgt eine redaktionelle Anpassung an die Einführung des Spitzenverbandes Bund der Krankenkassen. 32

---

[23] Verfügbar unter: http://www.bmg.bund.de/cln_040/nn_604268/SharedDocs/Publikationen/Forschungsberichte/f-001.html.

[24] BT-Drs. 16/2474, S. 26.

[25] Vgl. BT-Drs. 16/3100, S. 169.

§ 269 SGB V Solidarische Finanzierung aufwändiger Leistungsfälle (Risikopool)

(Fassung vom 26.03.2007, gültig ab 01.04.2007, gültig bis 30.06.2008)

(1) Ergänzend zum Risikostrukturausgleich (§ 266) werden die finanziellen Belastungen für aufwändige Leistungsfälle vom 1. Januar 2002 an zwischen den Krankenkassen teilweise ausgeglichen. Übersteigt die Summe der Leistungsausgaben einer Krankenkasse für Krankenhausbehandlung einschließlich der übrigen stationär erbrachten Leistungen, Arznei- und Verbandmittel, nichtärztliche Leistungen der ambulanten Dialyse, Kranken- und Sterbegeld für einen Versicherten (ausgleichsfähige Leistungsausgaben) im Geschäftsjahr abzüglich der von Dritten erstatteten Ausgaben die Ausgabengrenze (Schwellenwert) nach Satz 3, werden 60 vom Hundert des übersteigenden Betrags aus dem gemeinsamen Risikopool aller Krankenkassen finanziert. Der Schwellenwert beträgt in den Jahren 2002 und 2003 20.450 Euro und ist in den Folgejahren entsprechend der prozentualen Veränderung der monatlichen Bezugsgröße nach § 18 Abs. 1 des Vierten Buches anzupassen. Der Risikopool wird aus der hierfür zu ermittelnden Finanzkraft aller Krankenkassen finanziert; dazu wird ein gesonderter Ausgleichsbedarfssatz ermittelt. § 266 Abs. 3 gilt entsprechend. Abweichend von Satz 2 werden die Leistungsausgaben für Leistungen der nichtärztlichen ambulanten Dialyse für das Ausgleichsjahr 2002 nicht berücksichtigt.

(2) Für die getrennt vom Risikostrukturausgleich zu ermittelnden Ausgleichsansprüche und -verpflichtungen jeder Krankenkasse, die Ermittlung der ausgleichsfähigen Leistungsausgaben, die Durchführung des Risikopools, das monatliche Abschlagsverfahren und die Säumniszuschläge gilt § 266 Abs. 2 Satz 1, Abs. 4 Satz 1 Nr. 1 und 2, Satz 2, Abs. 5 Satz 1, 2 Nr. 3, Satz 3, Abs. 6, 8 und 9 entsprechend.

(3) Für die Ermittlung der Ausgleichsansprüche und -verpflichtungen aus dem Risikopool erheben die Krankenkassen jährlich die Summe der Leistungsausgaben nach Absatz 1 Satz 2 je Versicherten. Die auf den einzelnen Versicherten bezogene Zusammenführung der Daten nach Satz 1 durch die Krankenkasse ist nur für die Berechnung der Schwellenwertüberschreitung zulässig; der zusammengeführte versichertenbezogene Datensatz ist nach Abschluss dieser Berechnung unverzüglich zu löschen. Überschreitet die Summe der Leistungsausgaben für einen Versicherten den Schwellenwert nach Absatz 1 Satz 3, melden die Krankenkassen diese Leistungsausgaben unter Angabe eines Pseudonyms über ihre Spitzenverbände dem Bundesversicherungsamt. Die Herstellung des Versichertenbezugs ist zulässig, soweit dies für die Prüfung der nach Satz 3 gemeldeten Leistungsausgaben oder die Berücksichtigung nachträglicher Veränderungen der ausgleichsfähigen Leistungsausgaben erforderlich ist. Für die Erhebung und Meldung der Leistungsausgaben, der beitragspflichtigen Einnahmen, der Zahl der Versicherten und die Abgrenzung der Versichertengruppen gilt im Übrigen § 267 Abs. 1 bis 4 und 10 entsprechend. § 267 Abs. 9 gilt.

(4) Das Bundesministerium für Gesundheit regelt in der Rechtsverordnung nach § 266 Abs. 7 das Nähere über

1. **die Abgrenzung der für den Risikopool erforderlichen Daten, der ausgleichsfähigen Leistungsausgaben und die Ermittlung der Schwellenwerte nach Absatz 1 sowie das Nähere über die Berücksichtigung der von Dritten erstatteten Ausgaben nach Absatz 1 Satz 2,**
2. **die Berechnungsverfahren, die Fälligkeit der Beträge, die Erhebung von Säumniszuschlägen, das Verfahren und die Durchführung des Ausgleichs,**

3. die von den Krankenkassen und den Leistungserbringern mitzuteilenden Angaben,

4. die Art, den Umfang und den Zeitpunkt der Bekanntmachung der für die Durchführung des Risikopools erforderlichen Rechenwerte,

5. die Prüfung der von den Krankenkassen mitzuteilenden Daten durch die mit der Prüfung nach § 274 befassten Stellen einschließlich der Folgen fehlerhafter Datenlieferungen oder nicht prüfbarer Daten sowie das Verfahren der Prüfung und der Prüfkriterien, auch abweichend von § 274.

(5) Das Nähere zur Erhebung und Abgrenzung der Daten und Datenträger und zur einheitlichen Gestaltung des Pseudonyms nach Absatz 3 vereinbaren die Spitzenverbände der Krankenkassen im Einvernehmen mit dem Bundesversicherungsamt in der Vereinbarung nach § 267 Abs. 7 Nr. 1 und 2. Kommt die Vereinbarung nach Satz 1 bis zum 30. April 2002 nicht zustande, bestimmt das Bundesministerium für Gesundheit das Nähere in der Rechtsverordnung nach § 266 Abs. 7.

(6) Der Risikopool wird letztmalig für das Geschäftsjahr durchgeführt, das dem Jahr vorausgeht, in dem die Weiterentwicklung des Risikostrukturausgleichs nach § 268 Abs. 1 in Kraft tritt.

§ 269: Nach Maßgabe der Entscheidungsformel mit dem GG vereinbar gem. BVerfGE v. 18.7.2005 I 2888 - 2 BvF 2/01 -

Gliederung

A. Basisinformationen

I. Textgeschichte/Gesetzgebungsmaterialien

In § 269 SGB V a.F. war bis zum 31.12.2000 der Finanzausgleich in der KVdR geregelt, der durch den Risikostrukturausgleich nach § 266 SGB V abgelöst worden ist und zuletzt für das Jahr 1994 durchgeführt wurde. § 269 SGB V a.F. wurde durch das GKV-Reformgesetz 2000[1] mit Wirkung zum 01.01.2001 aufgehoben. Durch das Gesetz zur Reform des Risikostrukturausgleichs v. 10.12.2001[2] wurde in § 269 SGB V die solidarische Finanzierung aufwendiger Leistungsfälle durch einen Risikopool geregelt.[3] In § 269 Abs. 4 und 5 Satz 2 SGB V wurde durch Art. 204 Nr. 1 der 8. Zuständigkeitsanpassungsverordnung v. 25.11.2003 nach den Worten „Bundesministerium für Gesundheit" um die Worte „und Soziale Sicherung" ergänzt.[4] Durch das GKV-WSG[5] wurde Absatz 6 mit Wirkung ab 1

[1] Art. 1 Nr. 72 GKV-Gesundheitsreformgesetz 2000 v. 22.12.1999, BGBl I 1999, 2626.
[2] BGBl I 2001, 3485.
[3] Zur Begründung vgl. BT-Drs. 14/6432; BT-Drs. 14/7395.
[4] BGBl I 2003, 2304.
[5] V. 26.03.2007, BGBl I 2007, 378.

dem 01.04.2007 neu gefasst. Weitere Änderungen, die mit der Einführung des Gesundheitsfonds und der Organisationsreform der Verbände der Krankenkassen zusammenhängen, treten am 01.07.2008 und am 01.01.2009 in Kraft.[6]

II. Vorgängervorschriften

2 Vorgängerregelungen, die einen vergleichbaren Finanzausgleich für aufwendige Leistungsfälle regeln, gibt es nicht. Allerdings bestanden seit langem Möglichkeiten eines Finanzausgleichs in § 265 SGB V und § 265a SGB V und deren Vorgängerregelungen.

III. Untergesetzliche Rechtsnormen

3 § 269 SGB V erweitert sowohl die Ermächtigung nach § 266 Abs. 7 SGB V für das Bundesministerium für Gesundheit als auch die Ermächtigung nach § 267 Abs. 7 Nr. 1 und 2 SGB V für Vereinbarungen der Spitzenverbände.[7]

IV. Systematische Zusammenhänge

4 § 269 SGB V stellt eine Übergangslösung bis zur Einführung des morbiditätsorientierten Risikostrukturausgleichs nach § 268 SGB V dar. Der Ausgleich nach § 269 SGB V tritt zu dem Risikostrukturausgleich nach § 266 SGB V hinzu, ohne dass aber ein doppelter Ausgleich für Leistungsausgaben erfolgt.

V. Literaturhinweise

5 Es wird auf die Literaturangaben in der Kommentierung zu § 266 SGB V Rn. 9 verwiesen.

B. Auslegung der Norm

I. Regelungsgehalt und Bedeutung der Norm

6 § 269 SGB V regelt übergangsweise einen den Risikostrukturausgleich ergänzenden Finanzausgleich für Belastungen durch aufwendige Leistungsfälle. Im Jahr 2003 sind über den Risikopool-Jahresausgleich Verpflichtungen der Zahlerkassen in Höhe von 707 Mio. € entstanden, denen entsprechende Ansprüche der Empfängerkassen gegenüberstanden. Zu den Zahlerkassen gehörten die Betriebskrankenkassen (477,5 Mio. €), die Angestelltenersatzkassen (166,6 Mio. €), die Innungskrankenkassen (39,6 Mio. €) und die Arbeiterersatzkassen (23 Mio. €). Zu den Empfängerkassen gehörten vor allem die Ortskrankenkassen (569,2 Mio. €), die Bundesknappschaft (52,8 Mio. €) sowie einzelne Betriebs-, Ersatz- und Innungskrankenkassen (insgesamt 85,3 Mio. €).[8]

1. Risikopool (Absatz 1)

7 Satz 1 regelt den grundsätzlichen Inhalt des Risikopools als teilweisen Ausgleich finanzieller Belastungen für aufwendige Leistungsfälle zwischen den Krankenkassen ab dem 01.01.2002. Satz 2 definiert die ausgleichsfähigen Leistungsausgaben und regelt, dass bei einem Überschreiten eines Schwellenwerts der für einen Versicherten im Geschäftsjahr entstandenen ausgleichsfähigen Leistungsausgaben ein teilweiser Ausgleich (60 v.H.) aus dem Risikopool erfolgt. Satz 3 definiert den Schwellenwert für die Jahre 2002 und 2003 und dessen Anpassung in den Folgejahren. Satz 4 regelt die Finanzierung des Risikopools; diese erfolgt durch alle Krankenkassen unter Heranziehung eines gesonderten Ausgleichsbedarfssatzes. Satz 5 verweist zur Ermittlung der Finanzkraft der Krankenkassen auf die entsprechende Regelung in § 266 Abs. 3 SGB V. Nach Satz 6 werden bestimmte Ausgaben für nichtärztliche ambulante Dialyseleistungen für das Jahr 2002 nicht als Leistungsausgaben berücksichtigt.

2. Anwendung von Vorschriften zum Risikostrukturausgleich (Absatz 2)

8 Hinsichtlich der Ausgleichsansprüche und -verpflichtungen, der Ermittlung der ausgleichsfähigen Leistungsausgaben, der Durchführung des Risikopools, des monatlichen Abschlagverfahrens und der Säumniszuschläge verweist Absatz 2 auf die entsprechenden Regelungen des § 266 SGB V.

---

[6] Vgl. dazu BT-Drs. 16/3100, S. 169; zum In-Kraft-Treten Art. 46 Abs. 9 und 10 GKV-WSG.

[7] Verfügbar unter: www.bva.de/Fachinformationen/Risikostrukturausgleich/Informationen/informationen.html.

[8] Vgl. www.bva.de/Fachinformationen/Risikostrukturausgleich/Jahresausgleiche/jahresausgleiche.htm.

3. Datenerhebung zum Risikopool (Absatz 3)

Absatz 3 regelt die Datenerhebung für die Ermittlung der Ausgleichsansprüche und -verpflichtungen und trifft vor allem Datenschutzregelungen (Pseudonymisierung). Die Krankenkassen müssen jährlich die Summe der ausgleichsfähigen Leistungsausgaben je Versichertem ermitteln. Satz 2 regelt die Zusammenführung der entsprechenden Daten zum Zweck der Prüfung, ob der Schwellenwert überschritten wird. Die Daten sind zu vernichten, wenn der Schwellenwert nicht überschritten wird (Satz 2); andernfalls unter Angabe eines Pseudonyms über ihren Spitzenverband an das Bundesversicherungsamt zu übermitteln (Satz 3). Ein Versichertenbezug darf nur unter den Voraussetzungen des Satzes 4 hergestellt werden. Absatz 3 Satz 5 verweist im Übrigen für die Datenerhebungen auf § 267 Abs. 1-4 und Abs. 10 SGB V. 9

4. Verordnungsermächtigung (Absatz 4)

§ 269 Abs. 4 SGB V enthält die Verordnungsermächtigung für das Bundesministerium für Gesundheit und Soziale Sicherung zu näheren Regelungen zum Risikopool in der Rechtsverordnung nach § 266 Abs. 7 SGB V. Die entsprechenden Regelungen in der RSAV wurden durch den Gesetzgeber selbst in § 28 durch Art. 2 Nr. 4 des Gesetzes zur Reform des Risikostrukturausgleichs vorgenommen. 10

5. Vereinbarung der Spitzenverbände (Absatz 5)

Absatz 5 enthält eine Ermächtigung für die Spitzenverbände der Krankenkassen zu weiteren Regelungen in der Vereinbarung nach § 267 Abs. 7 Nr. 1 und 2 SGB V. Auch das Ersatzvornahmerecht (Regelung durch Rechtsverordnung) nach § 267 Abs. 7 SGB V für das Bundesministerium für Gesundheit greift. 11

6. Beendigung der Durchführung des Risikopools (Absatz 6)

Der Risikopool wird nach Absatz 6 letztmalig für das Geschäftsjahr vor dem In-Kraft-Treten der Weiterentwicklung des Risikostrukturausgleichs nach § 268 Abs. 1 SGB V durchgeführt. Die Ersetzung durch einen Hochrisikopool, die zuvor in Absatz 6 angekündigt war, ist zur Vermeidung unverhältnismäßigen Verwaltungsaufwands in der Fassung des GKV-WSG nicht mehr vorgesehen, da dieser nur einen geringfügigen Beitrag zur Einschränkung einer Risikoselektion und zum Ausgleich von Risikostrukturunterschieden leisten könnte.[9] 12

II. Normzweck

Zweck der Vorschrift ist es, bis zur Einführung des morbiditätsorientierten Risikostrukturausgleichs nach § 268 SGB V besondere Risikobelastungen der Krankenkassen solidarisch zu finanzieren; es handelt sich um eine Übergangslösung.[10] 13

III. Inhalt des Risikopools

1. Grundstruktur des Risikopools

Der **Ausgleichsmechanismus** des Risikopools wird aus dem Gesetzestext nur teilweise deutlich und ergibt sich überwiegend aus der entsprechenden Anwendung der Regelungen zum Risikostrukturausgleich. Auf der einen Seite stehen Ausgleichsansprüche der Krankenkassen bei Überschreiten des Schwellenwerts nach Absatz 1. Diese richten sich gegen den (letztlich nur als fiktive Größe existierenden) Risikopool, der von allen Krankenkassen gemeinsam finanziert wird. Dieser wird entsprechend § 266 Abs. 3 SGB V gebildet, indem ausgehend von der Finanzkraft und des gesonderten Ausgleichsbedarfsatzes für den Risikopool die jeweilige „Zahlungsverpflichtung" einer Krankenkasse in den Risikopool berechnet wird. In einem gedanklichen Zwischenschritt sind alle Krankenkassen daher zugleich Zahlungspflichtige (in den Risikopool) als auch Ausgleichsberechtigte. Erst nach Verrechnung dieser Posten ergibt sich ein Zahlungsanspruch oder eine Zahlungsverpflichtung. Für diese Verrech- 14

---

[9] Vgl. dazu BT-Drs. 16/3100, S. 169.

[10] Vgl. BT-Drs. 14/6432, S. 15. Dies entspricht auch der Auffassung der Gutachter der Untersuchung nach § 268 Abs. 2 SGB V, die den Risikopool nach Übergang zum morbiditätsorientierten Risikostrukturausgleich für entbehrlich halten, vgl. Endbericht Klassifikationsmerkmale für Versicherte im Risikostrukturausgleich, S. 14; verfügbar unter http://www.iges.de und http://www.bmgs.bund.de.

nung findet sich die Entsprechung beim Vergleich von Beitragsbedarf und Finanzkraft im Risikostrukturausgleich, aus der sich die Ausgleichsverpflichtung oder -berechtigung ergibt.

15 Der Risikopool beinhaltet einen **Finanzausgleich** und nicht etwa einen Risikostrukturausgleich. Der Unterschied liegt darin, dass tatsächliche Leistungsausgaben ausgeglichen werden, während beim Risikostrukturausgleich ein Ausgleich nur unter Zugrundelegung von standardisierten (durchschnittlichen) Leistungsausgaben berechnet wird. Bei einem Finanzausgleich stellt sich entweder das Problem, dass er bei einem vollen Ausgleich keinen Anreiz für eine Krankenkasse zu einer wirtschaftlichen Leistungserbringung setzt (vgl. die Problematik beim früheren Finanzausgleich in der KVdR), oder dass er bei einem nur teilweisen Ausgleich auch solche besonderen Belastungen (teilweise) bei einer Krankenkasse belässt, die diese nicht beeinflussen kann.

16 Das BVerfG hat die Einführung des Risikopools **verfassungsrechtlich für unbedenklich** gehalten.[11] Dem Nachteil der Konzeption als Ausgabenausgleich stünde als Vorteil gegenüber, dass bis zur Einführung eines morbiditätsorientierten Risikostrukturausgleichs eine Beitragssatzverzerrung durch aufwendige Leistungsfälle teilweise ausgeglichen würde. Verfassungsrechtlich sei die in Wahrnehmung einer Abwägung zwischen Solidarprinzip und Verbesserung der Wirtschaftlichkeit getroffene Entscheidung nicht zu beanstanden.

2. Ausgleichsfähige Leistungsausgaben

17 Zu den ausgleichsfähigen Leistungsausgaben gehören nach Absatz 1 Satz 2 die Ausgaben für **Krankenhausbehandlung** einschließlich der übrigen stationär erbrachten Leistungen, **Arznei- und Verbandmittel, nichtärztliche Leistungen der ambulanten Dialyse** sowie **Kranken- und Sterbegeld.** Für die Dialyseleistungen erfolgt eine Einbeziehung nach Satz 6 erst ab dem Ausgleichsjahr 2003, da zuvor keine Daten verfügbar waren.[12] Nicht einbezogen wurden die Ausgaben für **vertragsärztliche Leistungen.** Das ist für den als teilweisen Ausgleich tatsächlicher Leistungsausgaben konzipierten Risikopool konsequent, da die Krankenkassen für vertragsärztliche Leistungen je Versichertem regelmäßig nur eine Kopfpauschale entrichten. Weitere Ausgaben (Heil- und Hilfsmittel, sonstige Leistungen) blieben wegen Datenerhebungsproblemen unberücksichtigt. Auch die von Dritten erstatteten Ausgaben und satzungsmäßige Mehr- und Erprobungsleistungen bleiben unberücksichtigt (Absatz 2 i.V.m. § 266 Abs. 4 Satz 1 Nr. 1 und 2 SGB V). Das Nähere zu den ausgleichsfähigen Leistungsausgaben ist in § 28a Abs. 1 SGB V und Abs. 8 RSAV geregelt.

3. Erstattungsanteil

18 Ein Ausgleich erfolgt nur (und auch dann nur teilweise), wenn die Ausgaben den **Schwellenwert** nach Absatz 1 Satz 2 überschreiten. Dieser war für die Jahre 2002 und 2003 auf 20.450 € festgesetzt und ist für die folgenden Jahre entsprechend der prozentualen Veränderung der monatlichen Bezugsgröße (§ 18 Abs. 1 SGB IV) anzupassen. Nach § 28a Abs. 2 RSAV hat das Bundesversicherungsamt den Schwellenwert jährlich bis zum 15.12. eines Ausgleichsjahres festzulegen.

19 Der Ausgleich ist beschränkt auf einen **Anteil von 60 v.H.** an den den Schwellenwert übersteigenden ausgleichsfähigen Leistungsausgaben. Mit dieser Beschränkung soll den Krankenkassen ein Anreiz zur wirtschaftlichen Leistungserbringung gesetzt werden.[13]

4. Finanzierung des Risikopools

20 Die Finanzierung des Risikopools erfolgt entsprechend der Finanzierung des Risikostrukturausgleichs durch einen anhand eines besonderen Ausgleichsbedarfssatzes definierten Anteils der Beitragseinnahmen der Krankenkassen (Finanzkraft).

21 Für die Ermittlung der Finanzkraft ist gemäß Absatz 1 Satz 5 **§ 266 Abs. 3 SGB V** entsprechend anwendbar. Die Finanzkraft stellt die (allein rechnerische) Zahlungsverpflichtung einer Krankenkasse in den Risikopool dar. Sie ergibt sich aus dem Produkt von Ausgleichsbedarfssatz und der Summe der beitragspflichtigen Einnahmen der Mitglieder einer Krankenkasse. Der **Ausgleichsbedarfssatz** für den Risikopool ist entsprechend § 266 Abs. 3 SGB V der Quotient der Summe aller Erstattungsansprüche der Krankenkassen und der Summe aller beitragspflichtiger Einnahmen der Krankenkassen als Vom-Hundert-Satz.

22 Die Ermittlung der Finanzkraft für den Risikopool erfolgt getrennt vom Risikostrukturausgleich; es ist ein gesonderter Ausgleichsbedarfssatz zu bilden. Durch § 266 Abs. 4 Satz 1 Nr. 3 SGB V wird gewähr-

[11] BVerfG v. 18.07.2005 - 2 BvF 2/01 - SozR 4-2500 § 266 Nr. 8.
[12] BT-Drs. 14/7395, S. 9.
[13] BT-Drs. 14/6432, S. 16.

leistet, dass **kein doppelter Ausgleich** für Aufwendungen über den Risikopool und über den Risikostrukturausgleich erfolgt, da danach Aufwendungen, die im Risikopool ausgeglichen werden, nicht im Risikostrukturausgleich berücksichtigt werden. Die Summe beider Ausgleichsbedarfssätze entspricht dem bisherigen Ausgleichsbedarfssatz vor Einführung des Risikopools.

Wenn die Finanzkraft einer Krankenkasse die Summe ihrer Erstattungsansprüche übersteigt, ergibt sich für sie ein Ausgleichsanspruch, andernfalls eine Ausgleichsverpflichtung. 23

IV. Durchführung des Ausgleichs (Absatz 2)

1. Datenerhebung

a. Leistungsausgaben

Wesentlich ist die jährliche Erhebung der ausgleichsfähigen Leistungsausgaben für einen Versicherten. 24
Absatz 3 Sätze 2-4 enthalten aufgrund des Versichertenbezugs dieser Daten Ermächtigungen für die Erhebung, Zusammenführung und Übermittlung dieser Daten sowie begrenzende Regelungen. Ein **Versichertenbezug** der Daten ist nur in dem erforderlichen Umfang zulässig; im Übrigen ist eine **Pseudonymisierung** vorgeschrieben. Nach Meldung der Leistungsausgaben durch die Krankenkassen ist die Herstellung des Versichertenbezugs (nur) zum Zweck der Prüfung oder zur Berücksichtigung nachträglicher Veränderungen zulässig. Diese Regelungen sind abschließend.

b. Weitere Datenerhebungen

Zusätzlich zu den Leistungsausgaben sind nur noch die beitragspflichtigen Einnahmen der Mitglieder 25
einer Krankenkasse von Bedeutung, die gemäß § 267 Abs. 1 Nr. 2 SGB V schon für den Risikostrukturausgleich erhoben werden. § 269 SGB V verweist insofern auf § 267 Abs. 1 und Abs. 4 SGB V; damit wird die Nutzung der Daten auch auf den Risikopool erweitert. Die weitere Verweisung auf § 267 Abs. 2-3 SGB V ist gegenstandslos, da diese Daten für den Risikopoolausgleich nicht benötigt werden.

2. Verfahren

§ 269 SGB V verweist für die Durchführung des Ausgleichs auf die Vorschriften des **§ 266 SGB V**. 26
Das Nähere wurde durch das Gesetz zur Reform des Risikostrukturausgleichs in § 28a RSAV geregelt.

Das **Bundesversicherungsamt** führt den Ausgleich durch. Es hat den Krankenkassen den Ausgleichs- 27
bedarfssatz mitzuteilen. § 266 Abs. 5 Satz 1, Satz 2 Nr. 3 und Satz 3 SGB V gelten entsprechend. Auch § 266 Abs. 6 SGB V gilt entsprechend, so dass ein **Monatsausgleich** und ein **Jahresausgleich** durchzuführen sind (vgl. dazu § 28a Abs. 5 RSAV). Für die Durchführung des Jahresausgleichs, des Abrechnungsverfahrens, des Zahlungsverkehrs und der Säumniszuschläge verweist § 28a Abs. 7 RSAV auf die entsprechenden Regelungen zur Durchführung des Risikostrukturausgleichs in den §§ 14, 18 und 19 RSAV. Die Vorschriften über den **Säumniszuschlag** nach § 266 Abs. 8 SGB V gelten auch für den Risikopool (§ 269 Abs. 2 SGB V).

Die Krankenkassen **melden** nach § 28a Abs. 3 RSAV die Summen der Leistungsausgaben, für die der 28
Schwellenwert überschritten wurde, bis zum 31.08. des Folgejahres über ihre Spitzenverbände an das Bundesversicherungsamt. Dieses ermittelt daraus den **Ausgleichsanspruch** (§ 28a Abs. 4 RSAV). Die Spitzenverbände haben vor der Weiterleitung eine Plausibilitätsprüfung durchzuführen (§ 28a Abs. 3 Satz 3 RSAV).

Eine Kontrolle der gemeldeten Daten erfolgt stichprobenhaft nach **§ 15a Abs. 1 Satz 4 RSAV** durch 29
die Prüfdienste der Krankenkassen nach § 274 SGB V. Die festgestellte Fehlerquote wird auf die Gesamtheit der Versicherten einer Krankenkasse hochgerechnet und eine entsprechende Zahlungsverpflichtung durch das Bundesversicherungsamt durch Bescheid geltend gemacht (§ 15 Abs. 2 Satz 3, Abs. 3 Satz 5 RSAV).

V. Reformbestrebungen

Zum 01.07.2008 werden durch das GKV-WSG redaktionelle Anpassungen im Zusammenhang mit der 30
Einführung des Spitzenverbands Bund der Krankenkassen vorgenommen. Im Übrigen wird in dem neuen Absatz 7 ab dem 01.01.2009 bestimmt, dass für die Durchführung des Risikopools für das Berichtsjahr 2008 und für Korrekturen bis zu diesem Jahr § 269 SGB V in der bis zum 31.12.2008 geltenden Fassung anzuwenden ist. Der als Übergangslösung angelegte Risikopool ist im Übrigen mit der Einführung der morbiditätsadjustierten Zuweisungen nach § 266 SGB V nicht mehr erforderlich; er wird auch nicht in der Form eines Hochrisikopools weitergeführt.

§ 270 SGB V Zuweisungen aus dem Gesundheitsfonds für sonstige Ausgaben

(Fassung vom 26.03.2007, gültig ab 01.01.2009)

(1) Die Krankenkassen erhalten aus dem Gesundheitsfonds Zuweisungen zur Deckung

a) ihrer standardisierten Aufwendungen nach § 266 Abs. 4 Satz 1 Nr. 2 mit Ausnahme der Leistungen nach § 53 Abs. 5,

b) ihrer standardisierten Aufwendungen, die auf Grund der Entwicklung und Durchführung von Programmen nach § 137g entstehen und die in der Rechtsverordnung nach § 266 Abs. 7 näher zu bestimmen sind, sowie

c) ihrer standardisierten Verwaltungsausgaben.

§ 266 Abs. 5 Satz 1 und 3, Abs. 6 und 9 gilt entsprechend.

(2) Für die Ermittlung der Höhe der Zuweisungen nach Absatz 1 erheben die Krankenkassen nicht versichertenbezogen jährlich die Aufwendungen nach § 266 Abs. 4 Satz 1 Nr. 2 und die Verwaltungsausgaben. § 267 Abs. 4 gilt entsprechend.

§ 271 SGB V Gesundheitsfonds

(Fassung vom 26.03.2007, gültig ab 01.01.2009)

(1) Das Bundesversicherungsamt verwaltet als Sondervermögen (Gesundheitsfonds) die eingehenden Beträge aus:

1. den von den Einzugsstellen nach § 28k Abs. 1 Satz 1 des Vierten Buches und nach § 252 Abs. 2 Satz 3 eingezogenen Beiträgen für die gesetzliche Krankenversicherung,

2. den Beiträgen aus Rentenzahlungen nach § 255,

3. den Beiträgen nach § 28k Abs. 2 des Vierten Buches,

4. der Beitragszahlung nach § 252 Abs. 2 und

5. den Bundesmitteln nach § 221.

(2) Der Gesundheitsfonds hat eine Liquiditätsreserve aufzubauen, aus der unterjährige Schwankungen in den Einnahmen und bei der Festsetzung des einheitlichen Betrags nach § 266 Abs. 2 nicht berücksichtigte Einnahmeausfälle zu decken sind. Das Nähere über Höhe und Aufbau der Liquiditätsreserve wird in der Rechtsverordnung nach § 241 Abs. 1 festgelegt.

(3) Reicht die Liquiditätsreserve nicht aus, um alle Zuweisungen nach § 266 Abs. 1 Satz 1 zu erfüllen, leistet der Bund dem Gesundheitsfonds ein nicht zu verzinsendes Liquiditätsdarlehen in Höhe der fehlenden Mittel. Das Darlehen ist im Haushaltsjahr zurückzuzahlen. Die jahresendliche Rückzahlung ist durch geeignete Maßnahmen sicherzustellen. Abweichend von Satz 2 sind Darlehen, die vom 1. Januar bis 31. Dezember 2009 an den Gesundheitsfonds ausgezahlt wurden, spätestens zum 31. Dezember 2010 zurückzuzahlen.

(4) Die im Laufe eines Jahres entstehenden Kapitalerträge werden dem Sondervermögen gutgeschrieben.

(5) Die Mittel des Gesundheitsfonds sind so anzulegen, dass sie für den in den §§ 266, 269 und 270 genannten Zweck verfügbar sind.

(6) Die dem Bundesversicherungsamt bei der Verwaltung des Fonds entstehenden Ausgaben einschließlich der Ausgaben für die Durchführung des Risikostrukturausgleichs werden aus den Einnahmen des Gesundheitsfonds gedeckt. Das Nähere regelt die Rechtsverordnung nach § 266 Abs. 7.

§ 272 SGB V Übergangsregelungen zur Einführung des Gesundheitsfonds

(Fassung vom 26.03.2007, gültig ab 01.04.2007)

(1) Bei der Ermittlung der Höhe der Zuweisungen aus dem Gesundheitsfonds ist sicherzustellen, dass sich die Be- und Entlastungen auf Grund der Einführung des Gesundheitsfonds für die in einem Land tätigen Krankenkassen in jährlichen Schritten von jeweils höchstens 100 Millionen Euro aufbauen. Hierfür stellt das Bundesversicherungsamt für jedes Ausgleichsjahr und für jedes Land die Höhe der fortgeschriebenen Einnahmen der Krankenkassen für die in einem Land wohnhaften Versicherten den Zuweisungen aus dem Gesundheitsfonds ohne Berücksichtigung des § 272 gegenüber. Dabei sind als Einnahmen die fiktiven Beitragseinnahmen auf Grund der am 31. Dezember 2008 geltenden Beitragssätze, bereinigt um Ausgleichsansprüche und -verpflichtungen auf Grund des Risikostrukturausgleichs und des Risikopools in der bis zum 31. Dezember 2006 geltenden Fassung und fortgeschrieben entsprechend der Veränderungsrate nach § 71 Abs. 3 zu berücksichtigen.

(2) Ergibt die Gegenüberstellung nach Absatz 1, dass die Belastungswirkungen in Bezug auf die in einem Land tätigen Krankenkassen den nach Absatz 1 Satz 1 jeweils maßgeblichen Betrag übersteigen, sind die Zuweisungen an die Krankenkassen für deren Versicherte mit Wohnsitz in dem Land, bei dem die höchste Überschreitung festgestellt worden ist, im Jahresausgleich für das jeweilige Ausgleichsjahr so zu verändern, dass dieser Betrag genau erreicht wird. Die Zuweisungen an die Krankenkassen für deren Versicherte in den übrigen Ländern sind in dem Verhältnis zu verändern, in dem der Überschreitungsbetrag nach Satz 1 zu dem nach Absatz 1 Satz 1 jeweils maßgeblichen Betrag steht. In den Folgejahren nach 2009 ist das Ergebnis der rechnerischen Durchführung des Risikostrukturausgleichs und des Risikopools nach Absatz 1 Satz 2 und 3 länderbezogen um jährlich jeweils 100 Millionen Euro zu erhöhen.

(3) Die Regelungen des Absatzes 1 finden letztmalig in dem Jahr Anwendung, in dem erstmalig in keinem Bundesland eine Überschreitung des nach Absatz 1 Satz 1 jeweils maßgeblichen Betrags festgestellt wurde.

(4) Das Nähere zur Umsetzung der Vorgaben des Absatzes 1 sowie die Festlegung von Abschlagszahlungen wird durch Rechtsverordnung mit Zustimmung des Bundesrates geregelt. Dies gilt auch für die Festlegung der Vorgaben für ein von der Bundesregierung in Auftrag zu gebendes Gutachten. In diesem sind bereits vor Inkrafttreten des Gesundheitsfonds die Auswirkungen nach Absatz 1 zu quantifizieren.

Gliederung

A. Basisinformationen

I. Textgeschichte/Gesetzgebungsmaterialien

1 Die Regelung ist durch das Gesetz zur Stärkung des Wettbewerbs in der gesetzlichen Krankenversicherung (GKV-WSG)[1] mit Wirkung zum 01.04.2007 eingeführt worden, erhält aber erst Bedeutung

[1] Vom 26.03.2007, BGBl I 2007, 387.

mit dem Inkrafttreten der Regelungen zum Gesundheitsfonds zum 01.01.2009. Die Regelung war bereits im Fraktionsentwurf[2] enthalten und ist trotz weitergehender Änderungswünsche des Bundesrats[3] mit nur geringfügigen Korrekturen[4] umgesetzt worden.

II. Vorgängervorschriften und Parallelvorschriften

Vorgängervorschriften und Parallelvorschriften existieren nicht. 2

III. Untergesetzliche Rechtsnormen

Nach § 272 Abs. 4 SGB V ist das Nähere zur Umsetzung der Vorgaben des Absatzes 1 und der Abschlagszahlungen durch Rechtsverordnung mit Zustimmung des Bundesrats zu regeln. Der Adressat der Ermächtigung bleibt ungenannt, ist aber sinngemäß derjenige des § 266 Abs. 7 SGB V. Durch den Gesetzgeber des GKV-WSG selbst ist in § 34 RSAV bereits die Datenerhebung für die Durchführung der Konvergenzregelung geregelt worden (Art. 38 GKV-WSG). Nach § 34 Abs. 1 Satz 2 RSAV ist zudem durch die Partner der Vereinbarung nach § 267 Abs. 7 Nr. 1 und 2 SGB V eine Vereinbarung auch über die Datenerhebung nach § 34 Abs. 1 Satz 1 RSAV zu treffen. 3

IV. Systematische Zusammenhänge

Die Regelung steht im Zusammenhang mit der Einführung des Gesundheitsfonds und führt als Folge eines politischen Kompromisses erstmals im Rahmen einer Übergangsregelung („**Konvergenzregelung**") eine „Regionalkomponente" in den Risikostrukturausgleich ein („Lex Südstaaten"). Auf Belastungen einzelner Bundesländer durch den Risikostrukturausgleich ist bisher nicht abgestellt worden. 4

B. Auslegung der Norm

I. Regelungsgehalt und Bedeutung der Norm

Absatz 1 Satz 1 gibt den grundsätzlichen Inhalt und das Ziel der Konvergenzregelung vor: Er beschränkt den schrittweisen Aufbau der Belastungen durch die Einführung des Gesundheitsfonds auf jährlich höchstens 100 Mio. € für die in einem Bundesland tätigen Krankenkassen. Absatz 1 Sätze 2 und 3 und Absatz 2 legen fest, auf welche Weise die Belastungen ermittelt und die Begrenzung umgesetzt werden. Absatz 3 bestimmt den Zeitpunkt, bis zu dem die Konvergenzregelung Anwendung findet. In Absatz 4 findet sich eine Verordnungsermächtigung, deren Adressat nicht genannt wird; zu regeln ist das Nähere zur Umsetzung der Vorgaben in Absatz 1 und für die Festlegung der Vorgaben für ein von der Bundesregierung in Auftrag zu gebendes Gutachten, in dem bereits vor Inkrafttreten des Gesundheitsfonds dessen Auswirkungen zu quantifizieren sind. 5

II. Normzweck

Die Regelung soll zu einem schrittweisen Aufbau der Belastungen aus der Einführung des Gesundheitsfonds mit der Erweiterung des Finanzkraftausgleichs und der Morbiditätsorientierung führen und „unverhältnismäßige Belastungssprünge"[5] verhindern. 6

III. Länderbezogene Belastungsbegrenzung

1. Inhalt

Zur Umsetzung der Zielvorgabe in Absatz 1 Satz 1 (schrittweiser Aufbau der Be- und Entlastungen in Schritten von höchstens 100 Mio. € für die Versicherten eines Landes) regelt Satz 2, dass das **Bundesversicherungsamt** für jedes Ausgleichsjahr und für jedes Land die Höhe der fortgeschriebenen Einnahmen der Krankenkassen für die in einem Land wohnenden Versicherten den Zuweisungen aus dem Gesundheitsfonds ohne Berücksichtigung des § 272 SGB V gegenüberstellt. Wird der Grenzbetrag für die Versicherten eines Bundeslands überschritten, werden die Zuweisungen ausgehend von dem Bun- 7

---

[2] BT-Drs. 16/3100; zur Begründung S. 170.

[3] BT-Drs. 16/3950, Nrn. 77 und 78.

[4] Vgl. dazu Bericht des Ausschusses für Gesundheit BT-Drs. 16/4247, S. 55 und dessen Beschlussempfehlung 16/4200, S. 150.

[5] So die Begründung in BT-Drs. 16/3100, S. 170.

desland mit der höchsten **Überschreitung** so weit angepasst (erhöht), dass die Belastungsgrenze genau erreicht wird; für weitere Bundesländer im entsprechenden Verhältnis. Die erhöhten Zuweisungen sind durch **Verringerung der Zuweisungen** für die Versicherten der entlasteten Bundesländer zu finanzieren. Eine alternativ allenfalls in Betracht kommende Finanzierung aus Steuermitteln hätte ausdrücklich geregelt werden müssen. Zudem ergibt sich aus Absatz 1 Satz 1, dass nicht nur die Belastungen, sondern auch die Entlastungen sich schrittweise aufbauen sollen. Allerdings hängt die Durchführbarkeit dieses Ausgleichs davon ab, dass die Berechnungsgrundlagen ohne größere Verzerrungen ermittelt werden können und die tatsächlichen Belastungen widerspiegeln.

8 In den Folgejahren nach 2009 wird der Grenzbetrag jeweils um 100 Mio. € erhöht (Absatz 2 Satz 3). Die Konvergenzphase ist beendet, wenn in einem Ausgleichsjahr erstmalig die jeweils geltende Belastungsgrenze in keinem Land mehr erreicht wird (Absatz 3).

2. Durchführung der Gegenüberstellung

9 Die für die **Gegenüberstellung** erforderlichen Beträge sind zum einen die Einnahmen der Krankenkassen für die Versicherten eines Bundeslands unter der Geltung des Gesundheitsfonds und zum anderen die fiktiven Einnahmen der Krankenkassen für die Versicherten eines Landes bei Fortgeltung der früheren Regelungen zum Risikostrukturausgleich und zum Risikopool. Nach Absatz 1 Satz 3 sind Einnahmen die fiktiven Beitragseinnahmen auf Grund der am 31.12.2008 geltenden Beitragssätze, bereinigt um Ausgleichsansprüche und -verpflichtungen auf Grund des Risikostrukturausgleichs (§ 266 SGB V) und des Risikopools (§ 269 SGB V) in der bis zum 31.12.2006 geltenden Fassung und fortgeschrieben entsprechend der Veränderungsrate nach § 71 Abs. 3 SGB V. Es handelt sich um ein Schätzverfahren zur Ermittlung der Belastungen und Entlastungen der Bundesländer durch die Einführung des Gesundheitsfonds; eine exakte Ermittlung ist nicht vorgesehen.

10 Die **Gefahr von Verzerrungen bei der Ermittlung der Be- und Entlastungen** besteht zum einen bei der Ermittlung der Einnahmen unter dem Gesundheitsfonds.[6] Durch die Zuweisungen ist grundsätzlich nur eine Ausgabendeckung von 95% vorgesehen; der Rest ist gegebenenfalls durch den Zusatzbeitrag abzudecken, der im Rahmen des § 272 SGB V jedoch nicht zu berücksichtigen ist. Da im Anfangsjahr 2009 allerdings eine 100%-Abdeckung durch die Zuweisungen des Gesundheitsfonds vorgesehen ist, würde dieses erst später zu Verzerrungen bei der Gegenüberstellung führen. Die Auswirkungen des Gesundheitsfonds sind zudem maßgeblich von der Höhe des allgemeinen Beitragssatzes abhängig, mit dem die Zuweisungen finanziert werden und für dessen Kalkulation dem Gesetzgeber ein Prognosespielraum eingeräumt ist. Die Gefahr von Verzerrungen besteht auch bei der fiktiven Einnahmenermittlung unter Fortschreibung des Risikostrukturausgleichs. Zugrunde gelegt werden die am 31.12.2008 geltenden Beitragssätze. Sofern diese neben der Finanzierung der Leistungs- und Verwaltungsausgaben auch durch die Notwendigkeit eines Schuldenabbaus bzw. der Betriebsmittel- und Rücklagenbildung beeinflusst sind, würde dieses dazu führen, dass die fiktiven Einnahmen verzerrt (zu hoch) ermittelt werden. Auch die Berücksichtigung des innerhalb einer überregionalen Krankenkasse implizit durch den einheitlichen Beitragssatz vorgenommenen „internen Risikostrukturausgleichs" muss erfolgen; wenn dieses nur unter dem Gesundheitsfonds berücksichtigt würde, nicht aber bei dem Vergleichswert, würden der Einführung des Gesundheitsfonds fehlerhaft Belastungswirkungen zugeschrieben werden, die zuvor bereits bestanden haben. Die durch die gesetzgeberische Vorgabe einer Fortschreibung entsprechend der Veränderungsrate nach § 71 Abs. 3 SGB V bewirkte Ungenauigkeit dürfte hinzunehmen sein. Der Festlegung der Einzelheiten durch Rechtsverordnung wird jedenfalls großes Gewicht zukommen.

11 Über die Auswirkungen der Regelung des § 272 SGB V soll zudem ein **vorbereitendes Gutachten** erstellt werden, ohne dass jedoch ein Termin genannt wird. Die Zeitspanne zwischen Inkrafttreten der Regelungen zum Gesundheitsfonds und des Vorliegens von Daten, die eine Quantifizierung der Auswirkungen erst ermöglichen, dürfte jedoch knapp sein, so dass die Realisierbarkeit der Erstellung des Gutachtens vor 2009 zweifelhaft ist.

[6] Das Bundesversicherungsamt sowie die Spitzenverbände der Krankenkassen haben im Anhörungsverfahren methodische Mängel des Verfahrens im Einzelnen beschrieben, vgl. unter http://www.bundestag.de/ausschusse/a14/anhoerungen/029-034/stll_eingel/index.html.

3. Kritik

Neben der Zweifel an der **Durchführbarkeit** und dem (insbesondere im Rahmen einer Übergangsregelung) verursachten erheblichen **Verwaltungsaufwand** gibt auch der Anknüpfungspunkt der Übergangsregelung an die Belastungen für ein Bundesland sowie die damit zusammenhängende Verzögerung der Einführung eines morbiditätsorientierten Risikostrukturausgleichs Anlass zur Kritik. 12

Der **gewählte Anknüpfungspunkt für die Belastungsbegrenzung** an die Bundeslandszugehörigkeit ist für die gesetzliche Krankenversicherung systemwidrig. Die beitragsfinanzierten Finanzmittel der Krankenkassen sind nicht dem Bund oder den Ländern zuzuordnen[7]; dieses wird (mittelbar) in der Konvergenzregelung aber vorausgesetzt. Denn Ausgangspunkt der Konvergenzregelung sind weder die Belastungen für Versicherte noch für die Krankenkassen, sondern vielmehr die Belastungswirkungen (für die Versicherten der Krankenkassen) in einem Bundesland. Den Bundesländern kommt aber grundsätzlich im Zusammenhang mit der Finanzierung der GKV keine schützenswerte Rechtsposition zu. 13

Da die Regelung dazu führen kann, dass sich die Höhe der Zuweisungen aus dem Gesundheitsfonds für die Versicherten abhängig vom Wohnland unterscheidet, wären Krankenkassen, bei denen überproportional viele Versicherte mit geringeren Zuweisungen Mitglied sind, genötigt, die **Finanzierungslücke über den Zusatzbeitrag zu schließen**. Für eine solche Belastung der Mitglieder dieser Krankenkassen wäre ein **rechtfertigender Grund** kaum ersichtlich. Aus dem Rechtsstaatsprinzip abzuleitende Vertrauensschutzgesichtspunkte für Versicherte mit Wohnsitz in den belasteten Bundesländern sind nicht erkennbar. Soweit Krankenkassen, die bisher vom nicht (mehr) für ausreichend gehaltenen Risikostrukturausgleich bevorteilt waren, aufgrund entsprechender Vereinbarungen höheren Ausgabenbelastungen gegenüber Leistungserbringern ausgesetzt sein sollten, ist nicht ersichtlich, warum dieses nicht durch die Mitglieder der entsprechenden Kassen finanziert werden sollte. Die nach Wohnland unterschiedlichen Zuweisungen aus dem Gesundheitsfonds **verzögern** den vom Gesetzgeber vorgesehenen **morbiditätsadjustierten Risikostrukturausgleich**. Ob dieses dem Gestaltungsspielraum des Gesetzgebers unterfällt, scheint insbesondere in dieser Ausgestaltung fraglich: Durch die Einführung einer Morbiditätsorientierung reagierte der Gesetzgeber – entsprechend den Vorgaben des Bundesverfassungsgerichts, dass gleichheitsrechtlich die bundesweite Angleichung der Beitragsätze in der GKV geboten ist[8] – auf Beitragssatzunterschiede, die durch einen zur Vermeidung einer Risikoselektion nicht ausreichenden Risikostrukturausgleich verursacht wurden. Dessen Einführung war schon seit 2001 geregelt und hat sich in der Umsetzung bereits verzögert, so dass die Notwendigkeit einer weiteren Übergangsregelung sich – auch unter Berücksichtigung der weitergehenden, mit der Einführung des Gesundheitsfonds einhergehenden Änderungen (Einführung eines vollständigen Finanzkraftausgleichs) – nicht aufdrängt. Das Bundesverfassungsgericht hat zudem klargestellt, dass regionalisierte Ausgleichskonzepte sowie die Einführung einer Kappungsgrenze nicht gleichermaßen geeignet sind, um Beitragssatzunterschiede abzubauen[9], die Konvergenzregelung beinhaltet aber gerade entsprechende Maßnahmen. 14

---

7 Vgl. BVerfG v. 18.07.2005 - 2 BvF 2/01 - SozR 4-2500 § 266 Nr. 8.

8 BVerfG v. 08.02.1994 - 1 BvR 1237/85 - BVerfGE 89, 365, 375 ff. Ob die Reform des Risikostrukturausgleichs 2001 verfassungsrechtlich geboten war, hat das BVerfG offen gelassen, BVerfG v. 18.07.2005 - 2 BvF 2/01 - SozR 4-2500 § 266 Nr. 8.

9 BVerfG v. 18.07.2005 - 2 BvF 2/01 - SozR 4-2500 § 266 Nr. 8.

Fünfter Abschnitt: Prüfung der Krankenkassen und ihrer Verbände

§ 274 SGB V Prüfung der Geschäfts-, Rechnungs- und Betriebsführung

(Fassung vom 26.03.2007, gültig ab 01.04.2007, gültig bis 30.06.2008)

(1) Das Bundesversicherungsamt und die für die Sozialversicherung zuständigen obersten Verwaltungsbehörden der Länder haben mindestens alle fünf Jahre die Geschäfts-, Rechnungs- und Betriebsführung der ihrer Aufsicht unterstehenden Krankenkassen zu prüfen. Das Bundesministerium für Gesundheit hat mindestens alle fünf Jahre die Geschäfts-, Rechnungs- und Betriebsführung der Spitzenverbände der Krankenkassen und der Kassenärztlichen Bundesvereinigungen, die für die Sozialversicherung zuständigen obersten Verwaltungsbehörden der Länder haben mindestens alle fünf Jahre die Geschäfts-, Rechnungs- und Betriebsführung der Landesverbände der Krankenkassen und der Kassenärztlichen Vereinigungen sowie der Ausschüsse und der Geschäftsstelle nach § 106 zu prüfen. Das Bundesministerium für Gesundheit kann die Prüfung der bundesunmittelbaren Krankenkassen, der Spitzenverbände der Krankenkassen und der Kassenärztlichen Bundesvereinigungen, die für die Sozialversicherung zuständigen obersten Verwaltungsbehörden der Länder können die Prüfung der landesunmittelbaren Krankenkassen, der Landesverbände der Krankenkassen und der Kassenärztlichen Vereinigungen auf eine öffentlich-rechtliche Prüfungseinrichtung übertragen, die bei der Durchführung der Prüfung unabhängig ist, oder eine solche Prüfungseinrichtung errichten. Die Prüfung hat sich auf den gesamten Geschäftsbetrieb zu erstrecken; sie umfaßt die Prüfung seiner Gesetzmäßigkeit und Wirtschaftlichkeit. Die Krankenkassen, die Verbände der Krankenkassen, die Kassenärztlichen Vereinigungen und die Kassenärztlichen Bundesvereinigungen haben auf Verlangen alle Unterlagen vorzulegen und alle Auskünfte zu erteilen, die zur Durchführung der Prüfung erforderlich sind.

(2) Die Kosten, die den mit der Prüfung befaßten Stellen entstehen, tragen die Krankenkassen und die Verbände nach dem Verhältnis der beitragspflichtigen Einnahmen ihrer Mitglieder. Das Nähere über die Erstattung der Kosten einschließlich der zu zahlenden Vorschüsse regeln für die Prüfung der bundesunmittelbaren Krankenkassen und der Spitzenverbände das Bundesministerium für Gesundheit, für die Prüfung der landesunmittelbaren Krankenkassen und der Landesverbände die für die Sozialversicherung zuständigen obersten Verwaltungsbehörden der Länder. Die Kassenärztlichen Vereinigungen und die Kassenärztlichen Bundesvereinigungen tragen die Kosten der bei ihnen durchgeführten Prüfungen. Die Kosten werden nach dem tatsächlich entstandenen Personal- und Sachaufwand berechnet. Der Berechnung der Kosten für die Prüfung der Kassenärztlichen Bundesvereinigungen sind die vom Bundesministerium des Innern erstellten Übersichten über die Personalkostenansätze des laufenden Rechnungsjahres für Beamte, Angestellte und Lohnempfänger einschließlich der Sachkostenpauschale eines Arbeitsplatzes/Beschäftigten in der Bundesverwaltung, der Berechnung der Kosten für die Prüfung der Kassenärztlichen Vereinigungen die entsprechenden, von der zuständigen obersten Landesbehörde erstellten Übersichten zugrunde zu legen. Fehlt es in einem Land an einer solchen Übersicht, gilt die Übersicht des Bundesministeriums des Innern entsprechend. Zusätzlich zu den Personalkosten entstehende Verwaltungsausgaben sind den Kosten in ihrer tatsächlichen Höhe hinzuzurechnen. Die Personalkosten sind pro Prüfungsstunde anzusetzen. Die Kosten der Vor- und Nachbereitung der Prüfung einschließlich der Abfassung des Prüfberichts und einer etwaigen Beratung sind einzubeziehen. Die von den Krankenkassen und ihren Verbänden nach Satz 1 zu tragenden Kosten werden um die Kosten der Prüfungen der kassenärztlichen Vereinigungen und Kassenärztlichen Bundesvereinigungen vermindert.

(3) Das Bundesministerium für Gesundheit kann mit Zustimmung des Bundesrates allgemeine Verwaltungsvorschriften für die Durchführung der Prüfungen erlassen. Dabei ist ein regelmäßiger Erfahrungsaustausch zwischen den Prüfungseinrichtungen vorzusehen.

(4) Der Bundesrechnungshof prüft die Haushalts- und Wirtschaftsführung der gesetzlichen Krankenkassen, ihrer Verbände und Arbeitsgemeinschaften.

Gliederung

A. Basisinformationen

I. Gesetzgebungsmaterialien

1 § 274 SGB V wurde mit dessen In-Kraft-Treten zum 01.01.1990 in das SGB V eingeführt. Hierbei handelt es sich um eine von der Aufsichtsprüfung zu unterscheidende eigenständige Prüfung, die nach dem Willen des Gesetzgebers in erster Linie weiterführende Überlegungen fördern sowie Orientierungs- und Entscheidungshilfen geben soll (sog. Beratungsprüfung). Dieses moderne Verständnis einer Prüfung ist nicht primär auf die Aufdeckung von Fehlern oder Mängeln gerichtet, sondern soll einen entscheidenden Beitrag zur rechtzeitigen Erkenntnis von Schwachstellen leisten und vor allem präventiv wirken.[1]

2 Mit Wirkung vom 01.01.1994 erstreckt sich die Prüfung nach § 274 SGB V auch auf die Kassenärztliche und Kassenzahnärztliche Bundesvereinigung sowie die Kassenärztlichen und Kassenzahnärztlichen Vereinigungen (Art. 1 Nr. 146 GSG).

3 Mit dem Gesetz zur Organisationsreform in der landwirtschaftlichen Sozialversicherung (LSVOrgG) vom 17.07.2001, das zum 01.08.2001 in Kraft getreten ist, ist die Prüfung nach § 274 SGB V auf die landwirtschaftlichen Alterskassen und die landwirtschaftlichen Berufsgenossenschaften sowie ihre Verbände ausgeweitet worden (Art. 4 Nr. 5 LSVOrgG).

4 Im Rahmen der Neuordnung der Wirtschaftlichkeitsprüfung in der vertragsärztlichen Versorgung (§ 106 SGB V) durch das GKV-Modernisierungsgesetz (GMG) zum 01.01.2004 unterliegen auch die mit der Wahrnehmung dieser Aufgabe betrauten gemeinsamen Ausschüsse und deren Geschäftsstellen der Prüfung nach § 274 SGB V (Abs. 1 S. 2 SGBV).

II. Vorgängervorschriften

5 Eine „Vorgängervorschrift" im engeren Sinne war in der RVO nicht enthalten. Vielmehr ist die Prüfung nach § 274 SGB V an die Stelle der „Eigenprüfung" der Krankenkassen nach § 342 RVO getreten.

III. Parallelvorschriften

6 Nach § 88 Abs. 1 SGB IV kann die Aufsichtsbehörde die Geschäfts- und Rechnungsführung der Versicherungsträger prüfen. Im Gegensatz zu § 274 SGB V unterliegt der Aufsichtsprüfung allerdings nicht die Betriebsführung des Versicherungsträgers. Dafür stehen der „Beratungsprüfung" nicht die Mittel des § 89 SGB IV zur Verfügung.

IV. Untergesetzliche Normen und Verwaltungsvorschriften

7 Von der Möglichkeit, allgemeine Verwaltungsvorschriften für die Durchführung der Prüfungen zu erlassen (§ 274 Abs. 3 Satz 1 SGB V), hat das BMG bisher keinen Gebrauch gemacht, was seinen Grund

[1] BR-Drs. 200/88.

ersichtlich darin hat, dass die Prüfdienste des Bundes und der Länder konstruktiv und vertrauensvoll zusammenarbeiten.

8 Zur Umsetzung der Verordnungsermächtigung in § 266 Abs. 7 Satz 1 Nr. 11 und § 269 Abs. 4 Nr. 5 SGB V ist für den Bereich des Risikostrukturausgleichs die Prüfung nach § 274 SGB V konkretisiert worden. So enthält § 15a RSAV Bestimmungen zum Verfahren und zu den Inhalten der bei den Krankenkassen von den mit der Prüfung befassten Stellen durchzuführenden Prüfungen, soweit hiervon die von den Krankenkassen im Risikostrukturausgleich und im Risikopool gemeldeten Daten betroffen sind.

9 Die Kosten, die den mit der Durchführung der Prüfung betrauten Stellen entstehen, sind von den zu prüfenden Einrichtungen zu tragen (§ 274 Abs. 2 Satz 1 SGB V). Das Nähere über die Kostenerstattung einschließlich der zu zahlenden Vorschüsse ist in Erlassen oder anderen verwaltungsinternen Verlautbarungen des BMG bzw. der obersten Landesbehörden geregelt (§ 274 Abs. 2 Satz 2 SGB V). Die Kosten werden durch einen Leistungsbescheid geltend gemacht.[2]

B. Auslegung der Norm

I. Prüfzuständigkeit

10 Zuständig für die Prüfung der Kassenärztlichen und der Kassenzahnärztlichen Bundesvereinigung sowie der Spitzenverbände der Krankenkassen (Bundesverbände der Orts-, Innungs- und Betriebskrankenkassen sowie landwirtschaftlichen Krankenkassen; Knappschaft; die Verbände der Ersatzkassen; See-Krankenkasse) ist das BMG, das allerdings mit Wirkung zum 01.01.2005 von der Möglichkeit Gebrauch gemacht hat (§ 274 Abs. 1 Satz 3 SGB V), auch diese Aufgabe auf das BVA zu übertragen (Erlass vom 17.12.2004). Die Zuständigkeit des BVA für die Prüfung der bundesunmittelbaren Krankenkassen bestand bereits mit dem In-Kraft-Treten des § 274 SGB V zum 01.01.1990.

11 Die für die Sozialversicherung zuständigen obersten Verwaltungsbehörden der Länder führen die Prüfung nach § 274 SGB V bei den Landesverbänden der Orts-, Innungs- und Betriebskrankenkassen, den landesunmittelbaren Krankenkassen, den Kassenärztlichen Vereinigungen sowie regionalen Kassenverbänden durch.

12 Zuständig für die Prüfung der bundesunmittelbaren landwirtschaftlichen Sozialversicherungsträger und der Verbände ist das BVA, während die Prüfung der landesunmittelbaren landwirtschaftlichen Sozialversicherungsträger den für die Sozialversicherung zuständigen obersten Verwaltungsbehörden der Länder obliegt (§ 88 Abs. 3 SGB IV).

II. Prüfgegenstand

13 Nach dem Willen des Gesetzgebers hat sich die Beratungsprüfung auf den gesamten Geschäftsbetrieb der zu prüfenden Einrichtung zu erstrecken. Sie umfasst demzufolge sowohl unmittelbare als auch mittelbare Aufgaben, wie z.B. Selbstverwaltung, Personal- und Vermögenswirtschaft. Einzubeziehen sind auch Handlungen im Innenbereich, Handlungen mit Außenwirkung, Ermessensentscheidungen, gesetzesgebundenes Verwaltungshandeln, privatrechtliche Handlungen, schlichtes Verwaltungshandeln und öffentlich rechtliche Handlungen.[3]

14 Gegenstand der Prüfung sind:

- Geschäftsführung,
- Rechtmäßigkeit des Handelns,
- Rechnungsführung,
- Ordnungsmäßigkeit der Buchführung, Richtigkeit der Rechnungslegung (Jahresrechnung, Haushaltsrechnung),
- Betriebsführung und
- Wirtschaftlichkeit und Zweckmäßigkeit der Aufgabenerfüllung.

III. Prüfungsmaßstab

15 Der von den Prüfdiensten anzulegende Prüfungsmaßstab ist kraft ausdrücklicher Erwähnung im Gesetzeswortlaut „Gesetzmäßigkeit" und „Wirtschaftlichkeit".

---

2 BSG v. 17.11.1999 - B 6 KA 61/98 - SozR 3-2500 § 274 Nr. 1.

3 LSG Niedersachsen v. 13.12.1995 - L 5 KA 20/94 - SozSich 1996, 399.

1. Gesetzmäßigkeit

Für die Frage der Gesetzmäßigkeit kommt es darauf an, ob die zu prüfende Einrichtung das Gesetz und das sonstige für sie geltende Recht beachtet (§ 87 Abs. 1 Satz 2 SGB IV). Dazu gehört auch, dass sie nur Geschäfte zur Erfüllung ihrer gesetzlich vorgeschriebenen oder zugelassenen Aufgaben führt und ihre Mittel nur für diese Aufgaben sowie für die Verwaltungskosten verwendet (§ 30 Abs. 1 SGB IV). Dem unbestimmten Rechtsbegriff der Wirtschaftlichkeit liegt das Interesse des Staates zugrunde, dass die Sozialversicherungsträger und sonstigen Organisationen der Sozialversicherung ihren gesetzlichen Auftrag bürgernah, effizient und kostengünstig erfüllen (vgl. u.a. § 17 Abs. 1 SGB I und § 69 Abs. 2 SGB IV). 16

2. Wirtschaftlichkeit

Wirtschaftlichkeit beschreibt eine Zweck-Mittel-Relation, die sich sowohl als Maximal- als auch als Minimalprinzip definieren lässt. Unter dem Maximalprinzip ist ein Vorgehen zu verstehen, bei dem mit einem bestimmten Geldeinsatz der größtmögliche Nutzen erzielt wird. Das Minimalprinzip besteht darin, ein bestimmtes Ziel mit dem geringstmöglichen Aufwand zu realisieren. Nach der Rechtsprechung des Bundessozialgerichts haben die Sozialversicherungsträger ihr Handeln am Minimalprinzip auszurichten. Sie sind gehalten, ihre Verwaltungsaufgaben mit dem geringstmöglichen Mitteleinsatz zu erledigen.[4] 17

Für alle Träger der Sozialversicherung gilt, dass Ausgaben auf das Notwendige zu beschränken sind. Zwar steht ihnen insoweit ein Beurteilungsspielraum im Sinne einer Einschätzungsprärogative zu, dennoch dürfen sie nicht über das Maß des Notwendigen hinausgehen. Nach der Rechtsprechung ist für Verwaltungsausgaben als inhaltliches Kriterium die Erhaltung der Funktionsfähigkeit der Verwaltung anzusehen. 18

3. Vorlage- und Auskunftspflicht

Nach § 274 Abs. 1 Satz 6 SGB V, der im Wesentlichen dem § 88 Abs. 2 SGB IV entspricht, haben die zu prüfenden Einrichtungen auf Verlangen der Prüfdienste alle Unterlagen vorzulegen und alle Auskünfte zu erteilen, die zur Durchführung der Prüfung erforderlich sind. 19

C. Reformbestrebungen

Eine grundlegende Änderung des § 274 SGB V ist mit dem geplanten GKV-Wettbewerbsstärkungsgesetz – GKV-WSG – nach dem Stand des derzeit vorliegenden Gesetzentwurfs nicht beabsichtigt. Gleichwohl sind die vorgesehenen Folgeänderungen von nicht unerheblicher Bedeutung. So entfällt durch die Umwandlung der bestehenden Bundesverbände zum 01.01.2009 in Gesellschaften bürgerlichen Rechts die Prüfung der Spitzenverbände der Krankenkassen (§ 212 SGB V n.F.). Stattdessen unterliegt der zu bildende „Spitzenverband Bund der Krankenkassen" (§ 217a SGB V n.F.) der Prüfung nach § 274 SGB V (Absatz 1 Satz 2 n.F.). Darüber hinaus wird im neu gefassten § 274 SGB V dem Bundesrechnungshof ein eigenständiges Prüfrecht hinsichtlich der Haushalts- und Geschäftsführung der gesetzlichen Krankenkassen, ihrer Verbände und Arbeitsgemeinschaften eingeräumt. 20

---

[4] BSG v. 26.08.1983 - 8 RK 29/82 - BSGE 55, 277; BSG v. 29.02.1984 - 8 RK 27/82 - BSGE 56, 197; BSG v. 08.04.1987 - 1 RR 1/85 - BSGE 61, 235.

Neuntes Kapitel: Medizinischer Dienst der Krankenversicherung

Erster Abschnitt: Aufgaben

§ 275 SGB V Begutachtung und Beratung

(Fassung vom 26.03.2007, gültig ab 01.04.2007, gültig bis 30.06.2008)

(1) Die Krankenkassen sind in den gesetzlich bestimmten Fällen oder wenn es nach Art, Schwere, Dauer oder Häufigkeit der Erkrankung oder nach dem Krankheitsverlauf erforderlich ist, verpflichtet,

1. bei Erbringung von Leistungen, insbesondere zur Prüfung von Voraussetzungen, Art und Umfang der Leistung, sowie bei Auffälligkeiten zur Prüfung der ordnungsgemäßen Abrechnung,

2. zur Einleitung von Leistungen zur Teilhabe, insbesondere zur Koordinierung der Leistungen und Zusammenarbeit der Rehabilitationsträger nach den §§ 10 bis 12 des Neunten Buches, im Benehmen mit dem behandelnden Arzt,

3. bei Arbeitsunfähigkeit

a) zur Sicherung des Behandlungserfolgs, insbesondere zur Einleitung von Maßnahmen der Leistungsträger für die Wiederherstellung der Arbeitsfähigkeit, oder

b) zur Beseitigung von Zweifeln an der Arbeitsunfähigkeit

eine gutachtliche Stellungnahme des Medizinischen Dienstes der Krankenversicherung (Medizinischer Dienst) einzuholen.

(1a) Zweifel an der Arbeitsunfähigkeit nach Absatz 1 Nr. 3 Buchstabe b sind insbesondere in Fällen anzunehmen, in denen

a) Versicherte auffällig häufig oder auffällig häufig nur für kurze Dauer arbeitsunfähig sind oder der Beginn der Arbeitsunfähigkeit häufig auf einen Arbeitstag am Beginn oder am Ende einer Woche fällt oder

b) die Arbeitsunfähigkeit von einem Arzt festgestellt worden ist, der durch die Häufigkeit der von ihm ausgestellten Bescheinigungen über Arbeitsunfähigkeit auffällig geworden ist.

Die Prüfung hat unverzüglich nach Vorlage der ärztlichen Feststellung über die Arbeitsunfähigkeit zu erfolgen. Der Arbeitgeber kann verlangen, daß die Krankenkasse eine gutachtliche Stellungnahme des Medizinischen Dienstes zur Überprüfung der Arbeitsunfähigkeit einholt. Die Krankenkasse kann von einer Beauftragung des Medizinischen Dienstes absehen, wenn sich die medizinischen Voraussetzungen der Arbeitsunfähigkeit eindeutig aus den der Krankenkasse vorliegenden ärztlichen Unterlagen ergeben.

(1b) Der Medizinische Dienst überprüft bei Vertragsärzten, die nach § 106 Abs. 2 Satz 1 Nr. 2 geprüft werden, stichprobenartig und zeitnah Feststellungen der Arbeitsunfähigkeit. Die in § 106 Abs. 2 Satz 4 genannten Vertragspartner vereinbaren das Nähere.

(1c) Bei Krankenhausbehandlung nach § 39 ist eine Prüfung nach Absatz 1 Nr. 1 zeitnah durchzuführen. Die Prüfung nach Satz 1 ist spätestens sechs Wochen nach Eingang der Abrechnung bei der Krankenkasse einzuleiten und durch den Medizinischen Dienst dem Krankenhaus anzuzeigen. Falls die Prüfung nicht zu einer Minderung des Abrechnungsbetrags führt, hat die Krankenkasse dem Krankenhaus eine Aufwandspauschale in Höhe von 100 Euro zu entrichten.

(2) Die Krankenkassen haben durch den Medizinischen Dienst prüfen zu lassen

1. die Notwendigkeit der Leistungen nach den §§ 23, 24, 40 und 41 unter Zugrundelegung eines ärztlichen Behandlungsplans in Stichproben vor Bewilligung und regelmäßig bei beantragter Verlängerung; die Spitzenverbände der Krankenkassen können gemeinsam und einheitlich Ausnahmen zulassen, wenn Prüfungen nach Indikation und Personenkreis nicht notwendig erscheinen; dies gilt insbesondere für Leistungen zur medizinischen Rehabilitation im Anschluß an eine Krankenhausbehandlung (Anschlußheilbehandlung),

2. (entfällt),

3. bei Kostenübernahme einer Behandlung im Ausland, ob die Behandlung einer Krankheit nur im Ausland möglich ist (§ 18),

4. ob und für welchen Zeitraum häusliche Krankenpflege länger als vier Wochen erforderlich ist (§ 37 Abs. 1),

5. ob Versorgung mit Zahnersatz aus medizinischen Gründen ausnahmsweise unaufschiebbar ist (§ 27 Abs. 2).

(3) Die Krankenkassen können in geeigneten Fällen durch den Medizinischen Dienst prüfen lassen

1. vor Bewilligung eines Hilfsmittels, ob das Hilfsmittel erforderlich ist (§ 33); der Medizinische Dienst hat hierbei den Versicherten zu beraten; er hat mit den Orthopädischen Versorgungsstellen zusammenzuarbeiten,

2. bei Dialysebehandlung, welche Form der ambulanten Dialysebehandlung unter Berücksichtigung des Einzelfalls notwendig und wirtschaftlich ist,

3. die Evaluation durchgeführter Hilfsmittelversorgungen,

4. ob Versicherten bei der Inanspruchnahme von Versicherungsleistungen aus Behandlungsfehlern ein Schaden entstanden ist (§ 66).

(3a) Ergeben sich bei der Auswertung der Unterlagen über die Zuordnung von Patienten zu den Behandlungsbereichen nach § 4 der Psychiatrie-Personalverordnung in vergleichbaren Gruppen Abweichungen, so können die Landesverbände der Krankenkassen und die Verbände der Ersatzkassen die Zuordnungen durch den Medizinischen Dienst überprüfen lassen; das zu übermittelnde Ergebnis der Überprüfung darf keine Sozialdaten enthalten.

(4) Die Krankenkassen und ihre Verbände sollen bei der Erfüllung anderer als der in Absatz 1 bis 3 genannten Aufgaben im notwendigen Umfang den Medizinischen Dienst oder andere Gutachterdienste zu Rate ziehen, insbesondere für allgemeine medizinische Fragen der gesundheitlichen Versorgung und Beratung der Versicherten, für Fragen der Qualitätssicherung, für Vertragsverhandlungen mit den Leistungserbringern und für Beratungen der gemeinsamen Ausschüsse von Ärzten und Krankenkassen, insbesondere der Prüfungsausschüsse.

(5) Die Ärzte des Medizinischen Dienstes sind bei der Wahrnehmung ihrer medizinischen Aufgaben nur ihrem ärztlichen Gewissen unterworfen. Sie sind nicht berechtigt, in die ärztliche Behandlung einzugreifen.

Gliederung

A. Basisinformationen

I. Normgeschichte

1 Die Vorschrift ist mit Wirkung zum 01.01.1989 durch Art. 1 Gesundheitsreformgesetz (GRG)[1] in Kraft getreten und wurde zwischenzeitlich mehrfach geändert. Mit Wirkung zum 01.01.1992 wurde Absatz 2 Nr. 3 auf Grund Art. 1 Nr. 45 des Zweiten Gesetzes zur Änderung des Fünften Buches Sozialgesetzbuch[2] redaktionell geändert. Mit Wirkung zum 01.01.1993 wurde durch Art. l Nr. 147 Gesundheitsstrukturgesetz (GSG)[3] Nr. 5 an Absatz 2 angefügt und der Absatz 3a eingefügt. Mit Wirkung zum 01.07.1994 wurde durch Art. 3 Nr. 5 2. Gesetzes zur Änderung des Sozialgesetzbuches (2. SGBÄndG)[4] der Begriff „personenbezogene Daten" in Absatz 3a durch „Sozialdaten" ersetzt. Mit Wirkung zum 01.01.1995 wurde durch Art. 4 Nr. 11 lit. a und b Pflege-Versicherungsgesetz (Pflege-VG)[5] die Absätze 1a und 1b eingefügt. Mit Wirkung zum 01.04.1995 erfolgte durch Art. 4 Nr. 11 lit. c des Pflege-Versicherungsgesetzes der Wegfall der Nr. 2 in Abs. 2 (die sich auf die Schwerpflegebedürftigkeit nach § 53 a.F. bezog). Mit Wirkung zum 01.07.1997 wurden durch Art. 1 Nr. 54 2. Gesetz zur Neuordnung von Selbstverwaltung und Eigenverantwortung in der gesetzlichen Krankenversicherung (2. GKV-Neuordnungsgesetz – 2. NOG)[6] die Wörter „oder zu den Pflegestufen nach §§ 4 und 9 der Pflege-Personalregelung" in Absatz 3a ersatzlos gestrichen. Mit Wirkung zum 01.01.2000 wurde in Absatz 1b der Satz 2 geändert[7]. Mit Wirkung zum 01.07.2001 wurde Absatz 1 Nr. 2 neu eingeführt und Abs. 2 Nr. 1 geändert[8]. Mit Wirkung zum 01.01.2004 ist durch Art. 1 Nr. 155 GKV-Modernisierungsgesetz (GMG)[9] die Nr. 1 von Absatz 3 gestrichen worden. Die Nr. 2 und 3 wurden in die Nr. 1 und 2 geändert. Durch die letzte Gesetzesänderung erfuhr Absatz 3 eine Klarstellung. Nach Absatz 3 Nr. 1 konnten die Krankenkassen in geeigneten Fällen die medizinischen Voraussetzungen für die Durchführung einer kieferorthopädischen Behandlung nach § 29 SGB V vom Medizinischen Dienst der Krankenversicherung prüfen lassen. Die Regelung hat zu Auslegungsproblemen geführt, inwieweit § 275 Abs. 1 Nr. 1 SGB V auch eine gutachtliche Beurteilung der vertragszahnärztlichen Versorgung (§ 73 Abs. 2 Nr. 2 SGB V) beinhaltet. Zur Klarstellung wird daher Nummer 1 gestrichen: § 275 Abs. 1 Nr. 1 SGB V regelt umfassend die Begutachtung durch den Medizinischen Dienst, auch für die vertragszahnärztliche Versorgung.

II. Vorgängervorschriften

2 § 275 SGB V hat die Regelung in § 369b Abs. 1 RVO über die Aufgaben des Vertrauensärztlichen Dienstes abgelöst.

III. Literaturhinweise

3 *Pick*, Gesundheitsstrukturgesetz-Reform der Krankenversicherung, Das Gesundheitswesen 55 (1993), 140-145; *Sitte*, Qualität der Begutachtung verbessern, DOK 1997, 497-503; *Strippel/Windhorst*, MDK-Begutachtung von Ausnahmefällen, DOK 1998, 247-249; *Heberlein/Hammer*, Das ungenutzte Potential des MDK zur Weiterentwicklung des Medizinischen Dienstes der Krankenversicherung, Soziale Sicherheit 1994, 408-413; *Schaller/von Mittelstaedt*, Perspektiven sozialmedizinischer Beratung und Begutachtung am Beispiel des Medizinischen Dienstes der Krankenversicherung (MDK), Das Ge-

[1] Vom 20.12.1988, BGBl I 1988, 2477.
[2] Vom 20.12.1991, BGBl I 1991, 2325.
[3] Vom 21.12.1992, BGBl I 1992, 2266.
[4] Vom 13.06.1994, BGBl I 1994, 1229.
[5] Vom 26.05.1994, BGBl I 1994, 1014.
[6] Vom 23.06.1997, BGBl I 1997, 1520.
[7] Vom 22.12.1999, BGBl I 1999, 2626.
[8] Vom 19.06.2001, BGBl I 2001, 1046.
[9] Vom 14.11.2003, BGBl I 2003, 2231.

sundheitswesen 58/1996, Sonderheft 3, 188-193; *Vitt/Buss/Erben*, Die Umsetzung der Psychiatrie-Personalverordnung - eine Zwischenbilanz, Das Gesundheitswesen 56 (1994), 245-252; *Widekamp*, Medizinischer Dienst der Krankenversicherung (I) Rahmen für Weiterentwicklung abgesteckt; Die Ersatzkasse, 08/1991, 305-310; *ders.*, Medizinischer Dienst der Krankenversicherung (II) Rahmen für Weiterentwicklung abgesteckt, Die Ersatzkasse, 1991, 337-341.

B. Auslegung der Norm

I. Regelungsgehalt

§ 275 SGB V beschreibt als Grundnorm das Aufgabenspektrum des Medizinischen Dienstes der Krankenversicherung (MDK). Es umfasst insbesondere die Arbeitsfelder der **Einzelfallbegutachtung** und die **Beratung.** 4

Die Krankenkassen stellen den Versicherten die Leistungen nach dem 3. Kapitel des SGB V unter Beachtung des Wirtschaftlichkeitsgebots (§ 12 SGB V) zur Verfügung. Der Versicherte hat seinerseits Anspruch darauf, dass die Leistungen der Krankenkassen nach Qualität und Wirksamkeit dem allgemeinen Stand der medizinischen Erkenntnisse entsprechen und den medizinischen Fortschritt berücksichtigen (§ 2 Abs. 1 SGB V). Die Versicherten erhalten in der Regel die Leistungen der Krankenkassen in Form von Sach- oder Dienstleistungen von Dritten, denen die Krankenkassen die Erfüllung dieser Sach- oder Dienstleistungen vertraglich übertragen haben (§ 2 Abs. 2 SGB V). Die Krankenkassen haben dabei darauf zu achten, dass die Leistungen der gesetzlichen Krankenversicherung ausreichend, zweckmäßig und wirtschaftlich sind und das Maß des Notwendigen nicht überschreiten (§§ 2, 12, 70 SGB V). Für die Prüfung der **sozialmedizinischen Voraussetzungen** nehmen die Krankenkassen deshalb die Dienste des MDK in Anspruch. Begutachtet wird dabei **der konkrete Einzelfall**. Die Begutachtung soll primär durch eine körperliche Untersuchung erfolgen, eine Begutachtung nach Aktenlage ist jedoch möglich. 5

Über die Wahrnehmung der in Absatz 1 bis 3 genannten Aufgaben hinaus soll der Medizinische Dienst bei der Erfüllung anderer Aufgaben den Krankenkassen zur Beratung zur Verfügung stehen. Insbesondere bezieht sich die **Beratungsfunktion** des Medizinischen Dienstes auf allgemeine Fragen der gesundheitlichen Versorgung und Beratung von Versicherten, Fragen der Qualitätssicherung, die Vertragsverhandlungen mit den Leistungserbringern und die Beratungen der gemeinsamen Ausschüsse von Ärzten und Krankenkassen. 6

Die Ärzte des Medizinischen Dienstes der Krankenversicherung sind nach Absatz 5 bei der Wahrnehmung ihrer medizinischen Aufgaben nur ihrem ärztlichen Gewissen unterworfen und nicht an Weisungen gebunden. Dies ergibt sich auch aus dem ärztlichen Berufsrecht, dass die Unabhängigkeit der ärztlichen Gutachter garantiert. 7

II. Erläuterung und Zweck der Norm

1. Gutachtliche Stellungnahme (Absatz 1)

In Absatz 1 sind die Bereiche genannt, in denen die Krankenkassen verpflichtet sind, eine gutachtliche Stellungnahme durch den Medizinischen Dienst der Krankenversicherung einzuholen. Er regelt die Einbeziehung des Medizinischen Dienstes hinsichtlich der **Prüfung im Einzelfall**. Nach Absatz 1 haben die Krankenkassen einen Begutachtungsauftrag in den **gesetzlich bestimmten Fällen** durch den Medizinischen Dienst zu erteilen; welche Fälle dies sind, ergibt sich u.a. aus Abs. 2. Der Verweis auf die gesetzlich geregelten Fälle ist hierbei als Auffangtatbestand zu verstehen, der Prüfungsaufträge außerhalb des § 275 SGB V nicht ausschließen will.[10] Absatz 1 Satz 1 stellt klar, dass nur die Krankenkassen die Begutachtungsauftraggeber sein können. Darüber hinaus besteht eine Verpflichtung der Krankenkassen, eine gutachtliche Stellungnahme des Medizinischen Dienstes einzuholen, wenn es nach **Art, Schwere, Dauer und Häufigkeit der Erkrankung** oder **nach dem Krankheitsverlauf erforderlich** ist. Es handelt sich insoweit bei den Kriterien um unbestimmte Rechtsbegriffe, die den Krankenkassen einen entsprechenden Beurteilungsspielraum einräumen. Die Krankenkassen haben also nach pflichtgemäßen Ermessen zu beurteilen, ob nach den genannten Kriterien eine Begutachtung erforderlich ist. Nach den Richtlinien über die Zusammenarbeit der Krankenkassen mit dem MDK 8

[10] *Wollenschläger* in: Wannagat, SGB V, § 275 Rn. 3.

vom 27.08.1990[11] (Abschnitt 3) sind die Begutachtungen durch die Krankenkassen **rechtzeitig zu veranlassen**. Das bedeutet, dass der angestrebte Zweck der Begutachtung noch erreicht werden kann und der Einsatz des Medizinischen Dienstes noch sinnvoll ist.

9 Die **Begutachtungsanlässe** sind in Nr. 1 bis Nr. 3 lit. b aufgeführt. Nr. 1 bezieht sich **auf alle Leistungen** der **gesetzlichen Krankenversicherung** (vgl. § 11 SGB V). Auf Verlangen der Krankenkasse sind von dem Medizinischen Dienst insbesondere die Voraussetzungen, Art und Umfang sowie die Wirksamkeit der Leistung zu prüfen. Nr. 1 wird in der Literatur als Generalklausel bezeichnet, weil sie den umfassendsten Auftrag an den Medizinischen Dienst stellt. Es hätte ausgereicht, diese Norm als Grundnorm für die Tätigkeit des Medizinischen Dienstes der Krankenversicherung aufzustellen.[12] Auch bei der gutachtlichen Stellungnahme des Medizinischen Dienstes in Einzelfällen steht im Allgemeinen die Beratung der Krankenkasse im Vordergrund. Damit soll erreicht werden, dass ausgehend vom Einzelfall die Krankenkasse auch Hinweise zur Qualität der medizinischen Versorgung, zur Zweckmäßigkeit der Therapie und zur wirtschaftlichen Versorgung erhält.[13] Durch Art. 1 Nr. 6b Fallpauschalengesetz (FPG)[14] wurde Absatz 1 Nr. 1 mit Wirkung vom 01.01.2003 geändert. Die Zuständigkeit des Medizinischen Dienstes ist um die Prüfung der ordnungsgemäßen Abrechnung bei (aus Sicht der Krankenkassen) festgestellten Auffälligkeiten erweitert worden. Das Verfahren wird aber begrenzt auf die (Einzel-)Fälle, in denen die Krankenkassen einen konkreten Anfangsverdacht auf Abrechnungsmanipulation haben. Die Prüfung in Einzelfällen im Krankenhaussektor ist unabhängig von der verdachtsunabhängigen Stichprobenprüfung nach dem § 17c Krankenhausfinanzierungsgesetz (KHG).[15]

10 Nr. 2 bezieht sich auf die Einleitung von **Leistungen zur Rehabilitation**. Im Benehmen mit dem behandelnden Arzt soll bei Zuständigkeit mehrerer Rehabilitationsträger eine koordinierte und umfassende Rehabilitation gewährleistet werden.

11 Nr. 3 lit. a und Nr. 3 lit. b beziehen sich als Begutachtungsanlässe auf die **Arbeitsunfähigkeit** des Versicherten. Einerseits besteht das Ziel, den Behandlungserfolg zu sichern und Maßnahmen zur Wiederherstellung der Arbeitsfähigkeit rechtzeitig einzuleiten; andererseits geht es darum, Zweifel an der Arbeitsunfähigkeit zu beseitigen. Bei der Stellungnahme zur Sicherung des Behandlungserfolges hat der Medizinische Dienst zu beurteilen, welche Behandlungsmaßnahmen geeignet und ausreichend sind, um den angestrebten Behandlungserfolg zu erzielen. Bei der Beurteilung, ob Maßnahmen für die Wiederherstellung der Arbeitsfähigkeit einzuleiten sind, ist das Leistungsangebot anderer Sozialleistungsträger ebenfalls zu berücksichtigen. Die Beseitigung von Zweifeln an der Arbeitsunfähigkeit ist im Zusammenhang mit Absatz 1a zu betrachten. Die Begutachtung bei auftretenden Zweifeln an der Arbeitsunfähigkeit soll den Missbrauch der Entgeltfortzahlung bekämpfen.[16] Absatz 1a Satz 1 legt daher fest, in welchen Fällen Zweifel an der Arbeitsunfähigkeit anzunehmen sind. Das ist insbesondere der Fall, wenn der Versicherte häufig oder auffällig häufig nur für kurze Dauer arbeitsunfähig ist oder der Beginn der Arbeitsunfähigkeit häufig auf einen Arbeitstag am Beginn oder am Ende einer Woche fällt oder die Arbeitsunfähigkeit von einem Arzt festgestellt worden ist, der durch die Häufigkeit der von ihm ausgestellten Bescheinigung über Arbeitsunfähigkeiten auffällig geworden ist. In diesen Fällen hat unverzügliche nach Vorlage der ärztlichen Feststellung über die Arbeitsunfähigkeit eine Prüfung durch den Medizinischen Dienst zu erfolgen. Nur eine zeitnahe Prüfung durch den Medizinischen Dienst kann den aktuellen Gesundheitszustand des Versicherten feststellen, der Grundlage der Arbeitsunfähigkeit ist. Des Weiteren kann der Arbeitgeber nach Absatz 1a Satz 3 in begründenden Fällen die Überprüfung der Arbeitsunfähigkeit durch den Medizinischen Dienst verlangen, es sei denn, die medizinischen Voraussetzungen der Arbeitsunfähigkeit ergeben sich eindeutig aus den bei Krankenkassen vorliegenden ärztlichen Unterlagen (Absatz 1a Satz 4). Eine unmittelbare Überprüfung der Arbeitsunfähigkeit durch den MDK, ohne die Einschaltung der Krankenkasse, sieht das Gesetz nicht vor (z.B. sinnvoll bei nicht ärztlich bescheinigten Arbeitsunfähigkeiten von bis zu drei Tagen).

---

[11] Die Richtlinien wurden auf Empfehlung des Vorstandes des MDS vom Beschlussgremium nach § 213 SGB V am 27.08.1990 als Richtlinie nach § 282 Satz 3 beschlossen.

[12] *Cramer*, Der Medizinische Dienst der Krankenversicherung, S. 15.

[13] Nr. 3 der Richtlinien vom 27.08.1990.

[14] Vom 23.04.2002, BGBl I 2002, 1412.

[15] BT-Drs. 14/7862, S. 6 zu Nr. 2.7.

[16] *Cramer*, Medizinischer Dienst der Krankenversicherung, S. 16.

Bei Vertragsärzten, die nach § 106 Abs. 2 Satz 1 Nr. 2 SGB V in die Stichprobenprüfung einbezogen sind, ist nach Maßgabe der jeweiligen Prüfvereinbarung durch den Medizinischen Dienst stichprobenartig eine Überprüfung der Arbeitsunfähigkeitsbescheinigungen vorzunehmen.[17] 12

2. Prüfpflicht (Absatz 2)

Die Prüfverpflichtung nach Absatz 2 geht über den Prüfauftrag nach Absatz 1 hinaus. Die Krankenkassen haben in diesen Fällen keinerlei Entscheidungsspielraum. Sofern eine in Absatz 2 aufgeführte Leistung durch den Versicherten beantragt wird, hat der Medizinische Dienst deren medizinische Voraussetzungen zu prüfen. Die Prüfung der Notwendigkeit bezieht sich auf die medizinischen Vorsorgeleistungen (§ 23 SGB V), Vorsorgekuren für Mütter (§ 24 SGB V), medizinische Rehabilitationsleistungen (§ 40) und medizinische Rehabilitationsleistungen für Mütter und Väter (§ 41 SGB V). Die Notwendigkeit wird unter Zugrundelegung eines ärztlichen Behandlungsplans vor der Bewilligung und bei beantragter Verlängerung durch den MDK geprüft. Sofern die Prüfung über die Notwendigkeit einer Leistung aufgrund des Personenkreises oder der Indikation nicht erforderlich ist, haben die Spitzenverbände der Krankenkassen gemeinsam und einheitlich Ausnahmen von der Prüfverpflichtung zuzulassen. Sie sollen zur Entlastung bei den Begutachtungsaufträgen beitragen. Insbesondere gilt dies für Anschlussrehabilitationen im Anschluss einer Krankenhausbehandlung. Ist nach § 18 Abs. 1 SGB V eine dem allgemein anerkannten Stand der medizinischen Erkenntnisse entsprechende Behandlung einer Krankheit nur außerhalb des Geltungsbereiches des Vertrages zur Gründung der EG und des Abkommens über den EWR möglich, kann die Krankenkasse die Kosten für die erforderliche Behandlung übernehmen. Die Prüfung, ob die Behandlung der Krankheit nur außerhalb des Geltungsbereiches möglich ist, kann nur durch den Medizinischen Dienst erfolgen. Die häusliche Krankenpflege nach § 37 Abs. 1 SGB V wird im Regelfall für längstens vier Wochen je Krankheitsfall geleistet. In Ausnahmefällen kann sie auch für einen längeren Zeitraum bewilligt werden, sofern der Medizinische Dienst die Notwendigkeit festgestellt hat. Die Prüfung der Unaufschiebbarkeit einer Zahnersatzversorgung bei Versicherten, die sich nur vorübergehend in Deutschland aufhalten, oder von asylsuchenden Ausländern etc., erfolgt ebenfalls durch den Medizinischen Dienst. 13

3. Ermessensentscheidung der Krankenkassen (Absatz 3)

In den zwei Leistungsbereichen des Absatzes 3 obliegt es den Krankenkassen, ob sie den Medizinischen Dienst in den „geeigneten Fällen“ mit einer Begutachtung beauftragen wollen. Im Rahmen dieser **Ermessensentscheidung** wird eine Krankenkasse immer dann den Medizinischen Dienst einschalten, wenn die Zweifel an der medizinischen Notwendigkeit erheblich sind oder Zweifel an der Geeignetheit der Leistung bestehen, so dass diese nur durch einen unabhängigen Gutachter geklärt werden können.[18] Nach Absatz 3 Nr. 1 ist die Erforderlichkeit eines Hilfsmittels vor der Bewilligung durch die Krankenkasse durch den MDK zu prüfen. Der MDK soll den Versicherten beraten. Dabei ist eine enge Zusammenarbeit zwischen dem MDK, der Krankenkasse, dem verordneten Arzt, der orthopädischen Versorgungsstelle sowie dem Versicherten anzustreben. Nach Absatz 3 Nr. 2 besteht die Möglichkeit einer Überprüfung der Notwendigkeit einer Dialysebehandlung. Hierbei kommt es auf den Wirtschaftlichkeitsfaktor bei der ausgewählten ambulanten Dialyseform an. 14

4. Patientenzuordnung (Absatz 3a)

Für die Bestimmung des Personalbedarfs in der stationären Psychiatrie ist die Zuordnung der Patienten zu den Behandlungsbereichen von entscheidender Bedeutung. Ergeben sich bei der Zuordnung von vergleichbaren Behandlungsfällen Abweichungen, können die Landesverbände der Krankenkassen und die Verbände der Ersatzkassen die Zuordnung durch den Medizinischen Dienst überprüfen lassen. 15

5. Beratungsfunktion des Medizinischen Dienstes (Absatz 4)

Die Krankenkassen und ihre Verbände sollen bei der Erfüllung ihrer Aufgaben den Medizinischen Dienst zu Rate ziehen. Dies bezieht sich nicht nur auf die beispielhaft aufgeführten Fälle in Absatz 3, vielmehr besitzt diese Beratungsfunktion des Medizinischen Dienstes eine allgemeine Gültigkeit für alle Bereiche, in denen eine Krankenkasse einen medizinischen Sachverstand benötigt.[19] 16

---

[17] *Hess* in: KassKomm-SGB, SGB V, § 275 Rn. 6a.

[18] *Wollenschläger* in: Wannagat, SGB V, § 275 Rn. 13.

[19] *Cramer*, Medizinischer Dienst der Krankenversicherung, S. 19.

6. Unabhängigkeit der ärztlichen Gutachter (Absatz 5)

17 Mit der Regelung des Absatzes 5 hat der Gesetzgeber die im ärztlichen Berufsrecht manifestierte Unabhängigkeit der ärztlichen Gutachter auch auf die Ärzte des MDK übertragen. Der Arzt des Medizinischen Dienstes ist bei der Wahrnehmung seiner Aufgaben nur seinem ärztlichen Gewissen unterworfen. Die Unabhängigkeit der Gutachter erfährt ihre Grenzen in Gesetzen und Richtlinien. So sind z.B. die gesetzlichen Grundsätze der Wirtschaftlichkeit, Wirksamkeit und Notwendigkeit sowie die der Qualität einer Leistung (vgl. §§ 2 Abs. 4, 12 SGB V) von den Gutachtern des Medizinischen Dienstes zu beachten. Die verbindlichen Richtlinien und Begutachtungsanleitungen im Bereich der Kranken- und Pflegeversicherung (vgl. § 282 Satz 3 SGB V, §§ 17, 53a SGB XI) müssen ebenfalls berücksichtigt werden. Durch Richtlinien können die Ärzte u.a. in organisatorischen Angelegenheiten des MDK verbindlich eingebunden werden.

18 Die Ärzte des MDK sind nicht berechtigt, unmittelbar in die ärztliche Behandlung einzugreifen.

§ 276 SGB V Zusammenarbeit

(Fassung vom 26.03.2007, gültig ab 01.04.2007)

(1) Die Krankenkassen sind verpflichtet, dem Medizinischen Dienst die für die Beratung und Begutachtung erforderlichen Unterlagen vorzulegen und Auskünfte zu erteilen. Unterlagen, die der Versicherte über seine Mitwirkungspflicht nach den §§ 60 und 65 des Ersten Buches hinaus seiner Krankenkasse freiwillig selbst überlassen hat, dürfen an den Medizinischen Dienst nur weitergegeben werden, soweit der Versicherte eingewilligt hat. Für die Einwilligung gilt § 67b Abs. 2 des Zehnten Buches.

(2) Der Medizinische Dienst darf Sozialdaten nur erheben und speichern, soweit dies für die Prüfungen, Beratungen und gutachtlichen Stellungnahmen nach § 275 und für die Modellvorhaben nach § 275a erforderlich ist; haben die Krankenkassen nach § 275 Abs. 1 bis 3 eine gutachtliche Stellungnahme oder Prüfung durch den Medizinischen Dienst veranlaßt, sind die Leistungserbringer verpflichtet, Sozialdaten auf Anforderung des Medizinischen Dienstes unmittelbar an diesen zu übermitteln, soweit dies für die gutachtliche Stellungnahme und Prüfung erforderlich ist. Die rechtmäßig erhobenen und gespeicherten Sozialdaten dürfen nur für die in § 275 genannten Zwecke verarbeitet oder genutzt werden, für andere Zwecke, soweit dies durch Rechtsvorschriften des Sozialgesetzbuchs angeordnet oder erlaubt ist. Die Sozialdaten sind nach fünf Jahren zu löschen. Die §§ 286, 287 und 304 Abs. 1 Satz 2 und 3 und Abs. 2 gelten für den Medizinischen Dienst entsprechend. Der Medizinische Dienst hat Sozialdaten zur Identifikation des Versicherten getrennt von den medizinischen Sozialdaten des Versicherten zu speichern. Durch technische und organisatorische Maßnahmen ist sicherzustellen, dass die Sozialdaten nur den Personen zugänglich sind, die sie zur Erfüllung ihrer Aufgaben benötigen. Der Schlüssel für die Zusammenführung der Daten ist vom Beauftragten für den Datenschutz des Medizinischen Dienstes aufzubewahren und darf anderen Personen nicht zugänglich gemacht werden. Jede Zusammenführung ist zu protokollieren.

(2a) Ziehen die Krankenkassen den Medizinischen Dienst oder einen anderen Gutachterdienst nach § 275 Abs. 4 zu Rate, können sie ihn mit Erlaubnis der Aufsichtsbehörde beauftragen, Datenbestände leistungserbringer- oder fallbezogen für zeitlich befristete und im Umfang begrenzte Aufträge nach § 275 Abs. 4 auszuwerten; die versichertenbezogenen Sozialdaten sind vor der Übermittlung an den Medizinischen Dienst oder den anderen Gutachterdienst zu anonymisieren. Absatz 2 Satz 2 gilt entsprechend.

(2b) Beauftragt der Medizinische Dienst einen Gutachter (§ 279 Abs. 5), ist die Übermittlung von erforderlichen Daten zwischen Medizinischem Dienst und dem Gutachter zulässig, soweit dies zur Erfüllung des Auftrages erforderlich ist.

(3) Für das Akteneinsichtsrecht des Versicherten gilt § 25 des Zehnten Buches entsprechend.

(4) Wenn es im Einzelfall zu einer gutachtlichen Stellungnahme über die Notwendigkeit und Dauer der stationären Behandlung des Versicherten erforderlich ist, sind die Ärzte des Medizinischen Dienstes befugt, zwischen 8.00 und 18.00 Uhr die Räume der Krankenhäuser und Vorsorge- oder Rehabilitationseinrichtungen zu betreten, um dort die Krankenunterlagen einzusehen und, soweit erforderlich, den Versicherten untersuchen zu können. In den Fällen des § 275 Abs. 3a sind die Ärzte des Medizinischen Dienstes befugt, zwischen 8.00 und 18.00 Uhr die Räume der Krankenhäuser zu betreten, um dort die zur Prüfung erforderlichen Unterlagen einzusehen.

(5) Wenn sich im Rahmen der Überprüfung der Feststellungen von Arbeitsunfähigkeit (§ 275 Abs. 1 Nr. 3b, Abs. 1a und Abs. 1b) aus den ärztlichen Unterlagen ergibt, daß der Versicherte auf Grund seines Gesundheitszustandes nicht in der Lage ist, einer Vorladung des Medizinischen Dienstes Folge zu leisten oder wenn der Versicherte einen Vorladungstermin unter Berufung auf seinen Gesundheitszustand absagt und der Untersuchung fernbleibt, soll die Untersuchung in der Wohnung des Versicherten stattfinden. Verweigert er hierzu seine Zustimmung, kann ihm die Leistung versagt werden. Die §§ 65, 66 des Ersten Buches bleiben unberührt.

(6) Die Aufgaben des Medizinischen Dienstes im Rahmen der sozialen Pflegeversicherung ergeben sich zusätzlich zu den Bestimmungen dieses Buches aus den Vorschriften des Elften Buches.

Gliederung

A. Basisinformationen

I. Normgeschichte

1 Die Vorschrift ist mit Wirkung zum 01.01.1989 durch Art. 1 Gesundheitsreformgesetz (GRG)[1] eingeführt worden. Mit Wirkung zum 01.01.1993 wurde durch Art. 1 Nr. 149 Gesundheitsstruktur-Gesetz (GSG)[2] in Absatz 2 Satz 1 der Hinweis auf das Modellvorhaben nach § 275a SGB V eingefügt und Absatz 4 um das Betretungsrecht für die Fälle nach § 275 Absatz 3a SGB V inhaltlich ergänzt. Mit Wirkung zum 01.07.1994 erfolgte durch Art. 3 Nr. 7 des Zweiten Gesetzes zur Änderung des Sozialgesetzbuches[3] eine redaktionelle Anpassung des Absatzes 1 Satz 3 an das (damalige) neue Datenschutzrecht des Zehnten Sozialgesetzbuches. In Absatz 2 wurde der Satz 1 ebenfalls angepasst. Eingefügt wurde durch den neuen Satz 2 die Formulierung „Sozialdaten“ anstatt „personenbezogenen Daten“; die Sätze 2 bis 5 wurden zu den Sätzen 3 bis 6. Der Absatz 2a wurde ebenfalls neu eingefügt. Er regelt die datenschutzrechtlich abgesicherte Beauftragung der externen Gutachter nach § 279 Abs. 5 SGB V. Mit Wirkung zum 01.01.1995 wurden die Absätze 5 und 6 durch Art. 4 Nr. 12 Pflege-Versicherungsgesetz (Pflege-VG)[4] in die Norm des § 276 SGB V integriert. Mit Wirkung zum 01.01.2004 wurde durch das GKV-Modernisierungsgesetz (GMG)[5] in Absatz 2 der Satz 6 geändert und die Sätze 7 bis 9 neu angefügt.

II. Vorgängervorschriften

2 Nach § 369b Abs. 5 RVO a.F. wurde die Zusammenarbeit mit dem Vertrauensärztlichen Dienst durch Richtlinien geregelt. Die gemeinsame Richtlinie über die Zusammenarbeit der Krankenkassen mit dem Vertrauensärztlichen Dienst wurde am 20.06.1986 beschlossen; sie regelte u.a. den Inhalt über den Informationsaustausch.

[1] Vom 20.12.1988, BGBl I 1988, 2477.
[2] Vom 21.12.1992, BGBl I 1992, 2266.
[3] Vom 13.06.1994, BGBl I 1994, 1229.
[4] Vom 26.05.1994, BGBl I 1994, 1014.
[5] Vom 14.11.2003, BGBl I 2003, 2190.

III. Literaturhinweise

Vgl. die Literaturhinweise zu § 275 SGB V. 3

B. Auslegung der Norm

I. Regelungsgehalt

Mit der Vorschrift des § 276 SGB V hat der Gesetzgeber die Zusammenarbeit zwischen den Kranken- 4
kassen/Pflegekassen und dem Medizinischen Dienst der Krankenversicherung (MDK) unter Beachtung datenschutzrechtlicher Aspekte festgelegt. Damit der MDK dem Auftrag der Begutachtung und Beratung nachgehen kann, hat der Gesetzgeber die Krankenkassen nach § 276 Abs. 1 SGB V verpflichtet, dem Medizinischen Dienst die erforderlichen Unterlagen vorzulegen und Auskünfte zu erteilen. Alle im Zusammenhang mit den Aufgaben des Medizinischen Dienstes entstehenden datenschutzrechtlichen Fragen werden in Absatz 2 geregelt. In Absatz 2a wird der Medizinische Dienst befugt, die für ein Gutachten erforderlichen Daten an den von ihm beauftragten Gutachter (vgl. § 279 Abs. 5 SGB V) zu übermitteln. Die Versicherten haben gemäß Absatz 3 gegenüber dem Medizinischen Dienst ein Akteneinsichtsrecht entsprechend § 25 SGB X. Absatz 4 regelt das Recht des Medizinischen Dienstes, Krankenhäuser, Vorsorge- und Rehabilitationseinrichtungen zu betreten, wenn dies für die Beurteilung über die Notwendigkeit und Dauer einer stationären Behandlung des Versicherten im Einzelfall erforderlich ist. Absatz 5 regelt die Befugnis des Medizinischen Dienstes zur Begutachtung Arbeitsunfähiger in dessen Wohnbereich, wenn dieser auf Grund seines Gesundheitszustandes einer Vorladung des Medizinischen Dienstes nicht nachgehen kann oder einen Vorladungstermin nicht wahrnimmt. Er legt zugleich die möglichen Folgen für den Versicherten fest, sofern er einer Untersuchung in seinem Wohnbereich nicht zustimmt. Der Absatz 6 dient der Klarstellung. Die Aufgaben der sozialen Pflegeversicherung ergeben sich im Wesentlichen aus den Bestimmungen des elften Sozialgesetzbuches.

II. Erläuterungen und Zweck der Norm

1. Datenübermittlung an den MDK (Absatz 1)

Innerhalb des Verwaltungsverfahrens zur Prüfung der leistungsrechtlichen Voraussetzungen haben die 5
Krankenkassen verfahrensmäßig die medizinischen Voraussetzungen durch den MDK prüfen zu lassen. Aus diesem Grund sind die Krankenkassen verpflichtet worden, die für die Begutachtung notwendigen Unterlagen im erforderlichen Umfang dem Medizinischen Dienst zu übermitteln und Auskünfte zu erteilen. Der MDK wird vorab im Rahmen der sozialmedizinischen Vorberatung den Krankenkassen offenbaren, welche Informationen er für eine Beratung bzw. Begutachtung benötigt. Bei fehlenden Unterlagen sind diese von den Krankenkassen zu beschaffen. Die gesetzliche Befugnis zur Informationsbeschaffung für die Zwecke der Krankenversicherung und zur Weiterleitung an den MDK ergibt sich unmittelbar aus § 284 Abs. 1 Nr. 7 SGB V. Die Krankenkassen können die fehlenden Unterlagen bei den Leistungserbringern sowie bei dem Versicherten einfordern. Die Leistungserbringer sind zur Herausgabe der Unterlagen an die Krankenkassen zum Zwecke der Weiterleitung an den Medizinischen Dienst verpflichtet.[6] Sofern die Krankenkasse bei den Versicherten Informationen einholt, müssen diese Daten vor der Übermittlung an den Medizinischen Dienst selektiert werden. Daten, die der Versicherte nämlich über die gesetzlichen Mitwirkungspflichten nach §§ 60 ff. SGB I hinaus freiwillig seiner Krankenkassen übermittelt hat, dürfen grundsätzlich nicht an den Medizinischen Dienst weitergeleitet werden.

Etwas anderes gilt, wenn eine **ausdrückliche Einwilligung des Versicherten** vorliegt. Die Einholung 6
des Einverständnisses des Versicherten ist in § 67b Abs. 2 SGB X geregelt. Darüber hinaus kann sich der Medizinische Dienst die fehlenden Unterlagen bei den Leistungserbringern direkt beschaffen. Die Erhebungsbefugnis des Medizinischen Dienstes ergibt sich aus dem 2. SGBÄndG. Es regelt u.a. einen direkten Informationsaustausch, soweit dies für die gutachtliche Stellungnahme und Prüfung erforderlich ist, zwischen dem Medizinischen Dienst und den Leistungserbringern. Nach dem Willen des Ge-

---

[6] *Cramer*, Der Medizinische Dienst der Krankenversicherung, S. 69. Sie bezieht sich dabei auf § 73 Abs. 2 Nr. 9 SGB V und auf den BMV-Ä sowie BMV-Zahnärzte; vgl. auch LSG Baden-Württemberg v. 11.12.1996 - L 5 Ka 1130/95.

setzgebers soll die **primäre Informationsbeschaffung** jedoch bei den Krankenkassen verbleiben,[7] die im Rahmen des Verwaltungsverfahren den Sachverhalt von Amtswegen zu ermitteln hat (§ 20 SGB X).

2. Datenerhebung durch den Medizinischen Dienst (Absatz 2)

7 Der Medizinische Dienst ist nach Absatz 2 Satz 1 befugt, Sozialdaten (§ 67 SGB X) zu erheben und zu speichern, soweit dies für die Prüfungen, Beratungen und gutachtlichen Stellungnahmen nach § 275 Abs. 1 bis 3 SGB V erforderlich ist. Die Grundsätze des sozialrechtlichen Datenschutzes nach dem SGB X finden Anwendung. Unter **Erheben** von Sozialdaten versteht man das Beschaffen von Daten über den Betroffenen (§ 67 Abs. 5 SGB X). **Speichern** von Sozialdaten fällt unter den Oberbegriff **Verarbeiten von Sozialdaten** nach § 67 Abs. 6 SGB X. Speichern erfolgt durch Erfassung, Aufnahme oder Aufbewahrung auf einen **Datenträger** gleich welcher Art. **Erforderlich** ist eine Erhebung von Sozialdaten, wenn ohne die Erhebung die entsprechende Aufgabenstellung nicht verwirklicht werden kann. In den Fällen der veranlassten Begutachtungen und Prüfungen nach § 275 Abs. 1 bis 3 SGB V ist der Medizinische Dienst befugt, die erforderlichen Sozialdaten von den Leistungserbringern anzufordern. Die Leistungserbringer sind verpflichtet, diese erforderlichen Daten an den Medizinischen Dienst unmittelbar zu übermitteln. Nach Satz 3 dürfen die rechtmäßig erhobenen und gespeicherten Daten nur für die in § 275 SGB V genannten Zwecke verarbeitet oder genutzt werden. Unter **Verarbeiten** versteht das Gesetz (§ 67 Abs. 6 SGB X) neben der Speicherung das Verändern, **Übermitteln**, Sperren und Löschen von Sozialdaten. Unter **Nutzung** versteht man jede Verwendung von Sozialdaten, ausgenommen die Verarbeitung. Vor der Übermittlung an den Medizinischen Dienst sind die erforderlichen Sozialdaten zu anonymisieren. Nach § 67 Abs. 8 SGB X versteht man unter **Anonymisieren** eine derartige Veränderung von Sozialdaten, so dass die Einzelangaben über persönliche oder sachliche Verhältnisse nicht mehr oder nur mit einem unverhältnismäßig großen Aufwand an Zeit, Kosten und Arbeitskraft einer bestimmten oder bestimmbaren natürlichen Person zugeordnet werden können. Die Sozialdaten müssen **nach fünf Jahren gelöscht** werden. Nach § 276 Abs. 2 Satz 5 SGB V gelten die §§ 286, 287 und 304 Abs. 1 Satz 2 und 3 und Abs. 2 SGB V für den Medizinischen Dienst entsprechend. Nach § 286 SGB V wird der Medizinische Dienst verpflichtet, einmal im Jahr eine Übersicht über die gespeicherten Sozialdaten zu erstellen und sie der zuständigen Aufsichtsbehörde zur Prüfung vorzulegen. § 287 SGB V regelt die Verwendung der Datenübersichten im Rahmen von Forschungsvorhaben. § 304 Absatz 1 Satz 1 und 2 und Abs. 2 SGB V beinhaltet die Aufbewahrungsfristen von Daten. Die durch das GMG neu integrierten Sätze 6 bis 9 regeln den verpflichtenden Einsatz von EDV beim Medizinischen Dienst.[8] Durch den Einsatz von EDV soll die bisherige „Papierakte" abgelöst werden und zu einer wirtschaftlicheren und sparsameren Aufgabenerfüllung beim MDK beitragen. Dabei sind die medizinischen Daten des Versicherten getrennt von den Daten zur Identifikation des Versicherten zu speichern. Eine Zusammenführung und Verarbeitung ist nur für die Erfüllung der Aufgaben des Medizinischen Dienstes im Rahmen der Einzelfallbegutachtung zulässig. § 276 Abs. 2 Satz 1, 3 und 6 SGB V sichert die enge Zweckbindung für die Verwendung von Sozialdaten durch den Medizinischen Dienst.[9]

3. Beauftragung eines externen Gutachters (Absatz 2a)

8 Absatz 2a ist die datenschutzrechtliche Grundlage für den Kommunikationskanal zwischen Medizinischem Dienst und externen Gutachter (§ 279 Abs. 5 SGB V), dem die Sozialdaten für die übertragende Gutachtenerstellung übermittelt werden müssen. Die Übermittlung von Sozialdaten ist aber nur zulässig, soweit dies zur Erfüllung des Auftrages tatsächlich erforderlich ist.

4. Akteneinsichtsrecht des Versicherten (Absatz 3)

9 Für das Akteneinsichtsrecht verweist der Absatz 3 auf die verfahrensrechtliche Vorschrift des § 25 SGB X. Der Versicherte kann die Einsicht in die Akten des Medizinischen Dienstes verlangen. Das hat für den Versicherten den Vorteil, dass der MDK in der Regel über mehr medizinische Unterlagen – z.B. durch deren direkte Beschaffung bei den Leistungserbringern – verfügt als die Krankenkassen. Der Medizinische Dienst muss im Rahmen seiner Gutachtertätigkeit den Krankenkassen nämlich nur das

[7] BT-Drs. 12/5187, S. 3.
[8] BT-Drs. 15/1525 Zu Nummer 156.
[9] Vgl. Fn. 4.

Ergebnis der Begutachtung und die erforderlichen Angaben zum Befund übermitteln. Die Befunddaten, die der Medizinische Dienst den Krankenkassen nicht übermitteln muss, kann der Versicherte über § 276 Abs. 3 i.V.m. § 25 SGB X beim MDK einsehen.

5. Betretungsrecht und Recht auf Einsichtnahme in die Krankenunterlagen (Absatz 4)

Der Absatz 4 beinhaltet den gesetzlich geregelten Eingriff in die nach Art. 13 GG verfassungsrechtlich 10
geschützte Unverletzlichkeit der Wohnung. Nach ständiger Rechtsprechung sind unter dem Begriff Wohnung auch Geschäftsräume zu verstehen. Dabei ist das Schutzbedürfnis der privaten Sphäre in der Wohnung höher ausgeprägt als in den Geschäftsräumen, so dass unter gewissen gesetzlichen Voraussetzungen nur in den Geschäftsräumen Betretensrechte eingeräumt werden können. Begründet wird dies mit der Tätigkeit der Geschäftsinhaber, die nach außen hin Wirkung entfaltet und deshalb die Interessen anderer und die der Allgemeinheit berühren können.[10] Der Schutz der Interessen muss von den Behörden vor Ort und Stelle auch kontrolliert und geprüft werden können. Zu diesem Zweck dürfen die Räume auch betreten werden (Eingriffsrecht). Das Betreten der (Geschäfts-)Räume ist aber auf die Zeit zwischen 08.00 Uhr und 18.00 Uhr beschränkt und setzt darüber hinaus einen erlaubten Zweck voraus. Die Vorschrift des Absatzes 4 erfüllt die gesetzlichen Voraussetzungen; sie ist als Befugnisnorm ausgestaltet. Sie gewährt ein zeitlich begrenztes Betretungsrecht für die Ärzte des Medizinischen Dienstes für Krankenhäuser, Vorsorge- und Rehabilitationseinrichtungen, um in einem Einzelfall über die Notwendigkeit und Dauer der stationären Behandlung (Zweck) des Versicherten eine gutachtliche Stellungnahme abgeben zu können. Die Norm erlaubt die erforderliche Untersuchung des Versicherten und die Einsichtnahme in die Krankenunterlagen. Nach § 276 Abs. 4 Satz 2 SGB V besteht ebenfalls ein zeitlich begrenztes Betretungsrecht im Zusammenhang mit der Prüfung des Personalbedarfs auf der Grundlage einer Patienten-Zuordnung in den Fällen des § 275 Abs. 3a SGB V.

6. Untersuchungen im Zusammenhang mit Arbeitsunfähigkeit (Absatz 5)

Stellt sich bei der Überprüfung der Feststellungen von Arbeitsunfähigkeit (§ 275 Abs. 1 Nr. 3 lit. b, 11
Abs. 1a und 1b SGB V) heraus, dass der Versicherte auf Grund seines Gesundheitszustandes nicht in der Lage ist, einer Vorladung des Medizinischen Dienstes Folge zu leisten oder sagt der Versicherte unter Berufung auf seinen Gesundheitszustand einen Untersuchungstermin ab, sieht Absatz 5 die Möglichkeit vor, eine Untersuchung in der Wohnung des Versicherten durchzuführen. Mit dieser Vorschrift soll der Medizinische Dienst einen schnelleren Aufschluss über das Bestehen einer Arbeitsunfähigkeit erhalten. Eine ungerechtfertigte Fortzahlung von Arbeitsentgelt durch den Arbeitgeber oder die Zahlung von Krankengeld durch die Krankenkasse soll somit vermieden werden.

Voraussetzung für eine Untersuchung im Wohnbereich nach Satz 2 ist, dass der Versicherte bei der 12
Überprüfung der Feststellung der Arbeitsunfähigkeit nach Satz 1 überhaupt **zur Mitwirkung verpflichtet** war. Musste der Versicherte einer Vorladung des MDK mangels gesetzlicher Bestimmungen keine Folge leisten, kann daraus auch keine Mitwirkungsverpflichtung für eine Untersuchung im Wohnbereich des Versicherten erwachsen.

Aus Absatz 5 Satz 1 lässt sich eine besondere Mitwirkungspflicht des Versicherten bei einer Begutach- 13
tung durch den Medizinischen Dienst zur Feststellung der Arbeitsunfähigkeit bei Bezug einer Sozialleistung nicht ableiten. Es gelten daher die allgemeinen Mitwirkungspflichten der §§ 60 ff. SGB I. Analog gelten diese Vorschriften entsprechend für den Zeitraum der Entgeltfortzahlung durch den Arbeitgeber; bei der Entgeltfortzahlung handelt es sich nicht um eine Sozialleistung nach den Bestimmungen des SGB I (§§ 11, 18 bis 29 SGB I), dementsprechend sind die Mitwirkungspflichten nach §§ 60 ff. SGB I nicht unmittelbar anwendbar. Eine Mitwirkungsverpflichtung des Arbeitsunfähigen ergibt sich ebenfalls nicht aus dem Entgeltfortzahlungs-Gesetz, so dass mangels gesetzlicher Bestimmungen für die Begutachtung zur Feststellung der Arbeitsunfähigkeit nach Satz 1 während der Zeit der Entgeltfortzahlung eine Regelungslücke besteht.

Eine besondere Mitwirkungspflicht ergibt sich aus Absatz 5 Satz 2. Kann der Versicherte aus gesund- 14
heitlichen Gründen der Vorladung des MDK nicht nachgehen, soll nach dem gesetzlichen Willen die Untersuchung in der Wohnung des Versicherten stattfinden. Dies setzt aber nach Satz 2 die Zustimmung des Versicherten voraus, dass er das Betreten der Wohnung durch den MDK ausdrücklich für diesen Begutachtungsfall duldet. Verweigert der Versicherte seine Zustimmung, so kann ihm die Leistung durch die Krankenkasse nach der Reglung des § 66 SGB I versagt werden bzw. der Arbeitgeber stellt in der Zeit der Fortzahlung des Arbeitsentgelts die Weiterzahlung ein. Der Verweis auf §§ 65, 66

[10] *Cramer*, Der Medizinische Dienst der Krankenversicherung, S. 76.

SGB I hat nur hinsichtlich der Verpflichtung in § 66 Abs. 3 SGB I Bedeutung. Die Versicherten sind auf die Folgen einer Verweigerung der Zustimmung zu einer solchen schriftlich hinzuweisen; darüber hinaus ist ihnen eine angemessene Frist für die Duldung der Untersuchung zu setzen.

7. Aufgabenwahrnehmung im Rahmen der sozialen Pflegeversicherung (Absatz 6)

15 Vor Einführung des Pflege-VG zum 01.01.1995 wurden die Leistungen bei vorhandener Schwerpflegebedürftigkeit (§§ 53-57 SGB V) durch die Krankenkassen bewilligt. Die Leistungen bei Pflegebedürftigkeit werden seitdem nach den Bestimmungen des SGB XI durch die Pflegekassen gewährt. Der Medizinische Dienst prüft in diesem Zusammenhang nach §§ 17, 18 SGB XI die leistungsrechtlichen Voraussetzungen der Pflegebedürftigkeit und die Einstufung in eine konkrete Pflegestufe. Daneben ist der MDK insbesondere bei der Erstellung von Richtlinien maßgebend beteiligt und wirkt bei der Qualitätssicherung in der stationären Pflege durch örtliche Prüfungen (§§ 112 ff. SGB XI) mit.

§ 277 SGB V Mitteilungspflichten

(Fassung vom 13.06.1994, gültig ab 01.07.1994)

(1) Der Medizinische Dienst hat dem an der vertragsärztlichen Versorgung teilnehmenden Arzt, sonstigen Leistungserbringern, über deren Leistungen er eine gutachtliche Stellungnahme abgegeben hat, und der Krankenkasse das Ergebnis der Begutachtung und der Krankenkasse die erforderlichen Angaben über den Befund mitzuteilen. Er ist befugt, den an der vertragsärztlichen Versorgung teilnehmenden Ärzten und den sonstigen Leistungserbringern, über deren Leistungen er eine gutachtliche Stellungnahme abgegeben hat, die erforderlichen Angaben über den Befund mitzuteilen. Der Versicherte kann der Mitteilung über den Befund an die Leistungserbringer widersprechen.

(2) Die Krankenkasse hat, solange ein Anspruch auf Fortzahlung des Arbeitsentgelts besteht, dem Arbeitgeber und dem Versicherten das Ergebnis des Gutachtens des Medizinischen Dienstes über die Arbeitsunfähigkeit mitzuteilen, wenn das Gutachten mit der Bescheinigung des Kassenarztes im Ergebnis nicht übereinstimmt. Die Mitteilung darf keine Angaben über die Krankheit des Versicherten enthalten.

Gliederung

A. Basisinformationen

I. Normgeschichte

Die Vorschrift ist mit Wirkung zum 01.01.1989 durch Art. 1 des Gesundheitsreformgesetzes (GRG)[1] eingeführt worden. Sie regelt die Mitteilungspflichten des Medizinischen Dienstes der Krankenversicherung (MDK) gegenüber Ärzten, sonstigen Leistungserbringern und Krankenkassen sowie der Krankenkasse bei der Beurteilung der Arbeitsunfähigkeit gegenüber dem Arbeitgeber und Versicherten während des Anspruchs auf Fortzahlung des Arbeitsentgelts. Durch Artikel 1 Nr. 150 des Gesundheitsstrukturgesetzes (GSG)[2] wurde mit Wirkung zum 01.01.1993 in Absatz 1 der Satz 1 redaktionell an die (damals) neue Begrifflichkeit der vertragsärztlichen Versorgung angepasst. Der Absatz 1 wurde durch Art. 3 Nr. 8 des 2. Gesetz zur Änderung des Sozialgesetzbuchs (2. SGBÄndG)[3] mit Wirkung zum 01.07.1994 durch einen neuen Satz 2 ergänzt und geändert. Der damalige Satz 2 ist nun Satz 3. Die Gesetzesänderung hat die Mitteilungspflichten und -befugnisse differenzierter ausgestaltet und abgegrenzt. 1

II. Vorgängervorschriften

Vorgängervorschrift war § 369b Abs. 2 Satz 2 und Abs. 3 RVO. Danach hatte der Vertrauensarzt dem Versicherten das Ergebnis der Begutachtung, dem Vertragsarzt und der Krankenkasse auch die erforderlichen Angaben über den Befund mitzuteilen. Die Leistungserbringer gehörten bei dieser Vorgängernorm nicht zum Adressatenkreis. 2

---

1 Vom 20.12.1988, BGBl I 1988, 2477.
2 Vom 21.12.1992, BGBl I 1992, 2266.
3 Vom 13.06.1994, BGBl I 1994, 1229.

III. Literaturhinweise

3 Vgl. die Literaturhinweise zu § 275 SGB V.

B. Auslegung der Norm

I. Regelungsgehalt

4 Die Vorschrift regelt primär die einseitigen Kommunikationsverpflichtungen und -befugnisse des MDK gegenüber den an der vertragsärztlichen Versorgung teilnehmenden Ärzten, sonstigen Leistungserbringern und den Krankenkassen. Nach Absatz 1 wird der MDK zur Übermittlung der Sozialdaten (§ 67 SGB X) verpflichtet. Der Versicherte selbst kann aus dieser Vorschrift keinen Anspruch auf Übermittlung der Sozialdaten durch den Medizinischen Dienst fordern. Er hat aber ein Auskunftsrecht gegenüber seiner Krankenkasse, an die der MDK das Ergebnis der Begutachtung und die erforderlichen Angaben über den Befund übermitteln muss. Der Gesetzgeber hat die Mitteilungsverpflichtung des Medizinischen Dienstes an die Krankenkassen auf das Ergebnis der Begutachtung und die erforderlichen Angaben über den Befund begrenzt. Zumeist reichen diese Angaben für eine Leistungsentscheidung der Krankenkasse im Rahmen des Verwaltungsverfahrens (§ 8 SGB X) aus. § 277 SGB V verlangt daher nicht die Übersendung des **MDK-Gutachtens**. Den an der vertragsärztlichen Versorgung teilnehmenden Ärzten und den sonstigen Leistungserbringern darf nur das Begutachtungsergebnis mitgeteilt werden. Nach Absatz 1 Satz 2 ist der Medizinische Dienst aber befugt, ihnen die erforderlichen Angaben über den Befund zu übermitteln, sofern der Versicherte nicht nach Absatz 1 Satz 3 der Übermittlung widerspricht.

5 Absatz 2 regelt die Übermittlungsverpflichtung der Krankenkasse gegenüber dem Arbeitgeber und dem Versicherten bei der Begutachtung der Arbeitsunfähigkeit. Hat der Versicherte Anspruch auf Fortzahlung des Arbeitsentgelts und stimmt das Ergebnis des Gutachtens mit der Arbeitsunfähigkeitsbescheinigung des Vertragsarztes nicht überein, ist die zuständige Krankenkasse zur Mitteilung an den Arbeitgeber und den Versicherten verpflichtet. Die Mitteilung darf keinerlei Angaben über die Krankheit enthalten.

II. Erläuterung und Zweck der Norm

1. Mitteilungspflichten des Medizinischen Dienstes (Absatz 1)

6 Die Prüfung der Voraussetzungen für den Bezug einer konkreten Leistung der Krankenversicherung erfolgt innerhalb eines Verwaltungsverfahren (§ 8 SGB X) der zuständige Krankenkasse. Dabei werden die im Gesetz generell und abstrakt formulierten einzelnen Anspruchsgrundlagen der Leistung durch die Krankenkasse überprüft. Die nötige Sachverhaltsermittlung für eine bestimmte Anspruchsvoraussetzung erfolgt nach den Bestimmungen des allgemeinen Verfahrensrechts (§ 20 SGB X). Die Ausnahme bildet die Sachverhaltsermittlung in medizinischer Hinsicht. Diese Aufgabe wurde durch den Gesetzgeber dem MDK übertragen, der somit einen Teilbereich aus dem Verwaltungsverfahren der Krankenkasse übernimmt. Dies hat den Vorteil einer von Krankenkasseninteressen **unabhängigen Begutachtung** (§ 275 Abs. 5 Satz 1 SGB V).

7 Der MDK benötigt für die Befunderhebung (Beschreibung eines Untersuchungsergebnisses; Grundlage für die Gutachtenerstellung) eine Vielzahl von Sozialdaten. Die umfassende Erhebung ist durch den gesetzlichen Auftrag der Aufklärung des medizinischen Sachverhalts angezeigt. Die Art und der Umfang der Erhebung von Sozialdaten ergibt sich aus den Bestimmungen der §§ 284 f. SGB V. Nach Abschluss des Gutachterauftrages werden die entscheidungserheblichen Angaben an die Krankenkasse weitergeleitet, damit diese eine Entscheidung über die konkrete Leistung treffen kann. Nach Absatz 1 sind die entscheidungserheblichen medizinischen Angaben das **Ergebnis der Begutachtung** und die **erforderlichen Angaben über den Befund**. Unter dem Ergebnis der Begutachtung versteht man die Empfehlung an die Krankenkasse, die der Arzt des Medizinischen Dienstes aus seiner Gutachtertätigkeit zieht. Sie ist als Antwort auf die mit dem Gutachterauftrag gestellte (medizinische) Frage anzusehen und stellt eine sozialmedizinische Schlussfolgerung aus dem Befund dar. Angaben über den Befund dagegen stellen alle medizinischen Angaben dar, die für die zu gewährende Leistung in einem Versicherungsfall für die Krankenkassen von Bedeutung sind[4]. Die Übermittlungspflicht für die **erfor-**

[4] *Wollenschläger* in: Wannagat, SGB V, § 277 Rn. 3.

derlichen Angaben über den Befund besteht nur im Verhältnis Medizinischer Dienst der Krankenversicherung zu den Kassen. Ungeklärt ist der Umfang der Befunddatenübermittlung. Dabei sind die sozialdatenschutzrechtlichen Grundsätze zu berücksichtigen. Eine Datenzusammenführung – in diesem Fall bei der zuständigen Krankenkasse – darf das unumgängliche notwendige Maß nicht überschreiten. Anderseits muss der Sachbearbeiter bei der Krankenkasse in die Lage versetzt werden, das Ergebnis der Begutachtung fachlich anhand der Befunddaten nachvollziehen zu können, damit er eine sozialgerechte Leistungsentscheidung treffen kann. Für den anschließenden zu erlassenden Verwaltungsakt im Rahmen des Verwaltungsverfahrens der Krankenkasse ist der Sachbearbeiter auf eine Reihe von medizinischen Sozialdaten angewiesen. Nach § 35 SGB X sind nämlich „die wesentlichen Gründe (dem Versicherten) mitzuteilen, die die Behörde (Krankenkasse, § 1 Abs. 2 SGB X) zu ihrer Entscheidung bewogen hat.“ Bei einer positiven Empfehlung durch den MDK kann auf die Übermittlung von ausführlichen Befunddaten daher verzichtet werden, weil die Begründung in dem – zu meist begünstigten – Verwaltungsakt keine Probleme in der Verwaltungspraxis verursacht. Anders im umgekehrten Fall. Im Widerspruchsverfahren, spätestens aber im Sozialgerichtsverfahren, kann eine detaillierte Befundvorlage für eine Abhilfe oder für den Widerspruchsbescheid bzw. für das Klageurteil maßgebend sein.

Gem. Absatz 1 hat der MDK den an der vertragsärztlichen Versorgung teilnehmenden Ärzten sowie 8
den sonstigen Leistungserbringern, über deren Leistungen er eine gutachtliche Stellungnahme abzugeben hat, das Ergebnis der Begutachtung mitzuteilen. Die Vorschrift stellt somit eindeutig klar, dass nur den Ärzten und sonstigen Leistungserbringern das Ergebnis der Begutachtung zur Kenntnisnahme übermittelt werden muss, dessen Leistung auch Gegenstand der Begutachtung ist[5]. Zum **Adressatenkreis** gehören neben den Vertragsärzten auch die sonstigen Leistungserbringer. Dies sind zum Beispiel Krankenhäuser, Lieferanten von Hilfsmitteln, Rehabilitationseinrichtungen.

Durch Absatz 1 Satz 2 wird der MDK (auch datenschutzrechtlich) befugt, den Vertragsärzten und den 9
sonstigen Leistungserbringern die erforderlichen Angaben über den Befund zu übermitteln. Die **Übermittlung der Befunddaten** stellt dabei – im Gegensatz zu der Pflichtübermittlung des Begutachtungsergebnisses an die Krankenkassen – keine Verpflichtung (mehr) dar. Bis zur Einführung des Satzes 2 durch das 2. SGBÄndG war eine Verpflichtung zur Übermittlung der erforderlichen Angaben über den Befund noch gesetzlich verankert. Aus verwaltungsökonomischen Gründen wurde sie in eine Befugnis des Medizinischen Dienstes abgeschwächt, damit die sinnlose Übermittlung von Befunddaten des MDK an den behandelnden Arzt, wenn dessen Einschätzung durch den MDK doch nur bestätigt worden ist[6], eingeschränkt wird. Aus dieser Begründung erwachsen auch die Kriterien für die Befugnis der Befunddatenübermittlung. Nach der Gesetzesbegründung[7] sollten diese sensiblen Daten nur dann weitergegeben werden, „wenn dies nach dem Ergebnis der Begutachtung gerechtfertigt“ erscheint. Führt der Medizinische Dienst z.B. Untersuchungen selbst durch, so kann er – zur Vermeidung von Doppeluntersuchungen – die Befunddaten dem behandelnden Vertragsarzt zur weiteren Verwendung übermitteln.[8]

Nach Absatz 1 Satz 3 kann der Versicherte der Übermittlung der erforderlichen Angaben über den Be- 10
fund an die Leistungserbringer widersprechen. Den **Widerspruch** kann der Versicherte nur formulieren, wenn er Kenntnis von der Begutachtung durch den Medizinischen Dienst erlangt. Kenntnis von der geplanten Übermittlung der Befunddaten an die Leistungserbringer erlangt der Versicherte insbesondere bei einer persönlichen Untersuchung beim Medizinischen Dienst vor Ort oder bei der Auskunftserteilung (des Versicherten) gegenüber dem MDK. Eine explizite Informationspflicht des MDK gegenüber dem Versicherten über die beabsichtigte Befunddatenübermittlung sieht der Gesetzgeber nicht vor. In der Praxis hat das Widerspruchsrecht des Versicherten eine geringe Bedeutung. Üblich ist es, die Ergebnisse der Begutachtung sowie die Befunde des MDK mit dem behandelnden Arzt zu besprechen, so dass ein Widerspruch bei der Übermittlung der Sozialdaten selten sein dürfte. Das Widerspruchsrecht des Versicherten bezieht sich nicht auf das Ergebnis der Begutachtung.

---

[5] *Cramer*, Der Medizinische Dienst der Krankenversicherung, S. 74.
[6] *Cramer*, Der Medizinische Dienst der Krankenversicherung, S. 75.
[7] Ausschussbericht zu Art. 3 Nr. 4a E - 2. SGBÄndG, BT-Drs. 12/6334, S. 7.
[8] *Cramer*, Der Medizinische Dienst der Krankenversicherung, S. 75.

2. Mitteilungspflichten der Krankenkasse bei Arbeitsunfähigkeit des Versicherten (Absatz 2)

11 Die Norm bezieht sich auf das Ergebnis eines Gutachtens des Medizinischen Dienstes über die zu begutachtende Arbeitsunfähigkeit des Versicherten, wenn das Ergebnis des Gutachtens nicht mit der Arbeitsunfähigkeitsbescheinigung des Vertragsarztes übereinstimmt. Die Krankenkasse steht dann in der Pflicht, dies dem Arbeitgeber und dem Versicherten mitzuteilen. Diese Pflicht besteht jedoch nur solange ein Anspruch auf Fortzahlung des Entgelts besteht. Die Notwendigkeit der Mitteilungspflicht lässt sich u.a. aus dem Arbeitsrecht ableiten. Liegt bei dem Versicherten keine Arbeitsunfähigkeit mehr vor und kommt er trotzdem seiner Arbeitsverpflichtung nicht nach, kann der Arbeitgeber die Zahlung des vereinbarten Entgelts (konsequenterweise) einstellen. Voraussetzung ist jedoch die Kenntnis von der Arbeitsfähigkeit seines Arbeitnehmers. Der Arbeitnehmer benötigt die Mitteilung über das frühere Ende der Arbeitsunfähigkeit ebenfalls, weil er aus dem schuldrechtlichen Arbeitsverhältnis seiner Verpflichtung zur Arbeitsleistung sonst nicht nachkommen kann und er seinen Anspruch auf Lohnzahlung gegenüber dem Arbeitgeber verliert. Die Mitteilung darf jedoch keine Angaben über die Krankheit enthalten.

Zweiter Abschnitt: Organisation

§ 278 SGB V Arbeitsgemeinschaft

(Fassung vom 20.12.1988, gültig ab 01.01.1989, gültig bis 30.06.2008)

(1) In jedem Land wird eine von den Krankenkassen der in Absatz 2 genannten Kassenarten gemeinsam getragene Arbeitsgemeinschaft „Medizinischer Dienst der Krankenversicherung" errichtet. Die Arbeitsgemeinschaft ist nach Maßgabe des Artikels 73 Abs. 4 Satz 3 und 4 des Gesundheits-Reformgesetzes eine rechtsfähige Körperschaft des öffentlichen Rechts.

(2) Mitglieder der Arbeitsgemeinschaft sind die Landesverbände der Orts-, Betriebs- und Innungskrankenkassen, die landwirtschaftlichen Krankenkassen und die Verbände der Ersatzkassen.

(3) Bestehen in einem Land mehrere Landesverbände einer Kassenart, kann durch Beschluß der Mitglieder der Arbeitsgemeinschaft in einem Land ein weiterer Medizinischer Dienst errichtet werden. Für mehrere Länder kann durch Beschluß der Mitglieder der betroffenen Arbeitsgemeinschaften ein gemeinsamer Medizinischer Dienst errichtet werden. Die Beschlüsse bedürfen der Zustimmung der für die Sozialversicherung zuständigen obersten Verwaltungsbehörden der betroffenen Länder.

Gliederung

A. Basisinformationen

I. Normgeschichte

Mit Einführung des Gesundheitsreformgesetzes (GRG)[1] zum 01.01.1989 löste die Arbeitsgemeinschaft „Medizinischer Dienst der Krankenversicherung (MDK)" den Vertrauensärztlichen Dienst (VäD) als sozialmedizinische Begutachtungs- und Beratungsinstitution ab. Der VäD selbst wurde als Gemeinschaftsaufgabe der Krankenversicherung von den Landesversicherungsanstalten (LVA) wahrgenommen. Die Übertragung der medizinischen Aufgaben der Krankenversicherung auf die Rentenversicherungsträger geschah im Zuge der seinerzeitigen Bestrebungen zur Stärkung und Konzentration des Organisationsgefüges der Sozialversicherung. Bis Ende der 60er Jahre war diese Organisationsstruktur für die Hauptaufgabe des VäD, die Prüfung und Kontrolle der Arbeitsunfähigkeit zur Krankengeldzahlung, ausreichend geeignet. Danach orientierte sich das damalige Gesundheitssystem immer mehr an den sozialmedizinischen Aspekten bei der Beurteilung von Erkrankungen. Im Vordergrund standen nunmehr die medizinischen Fragen, wie die Ergreifung geeigneter Maßnahmen zur Heilung und Linderung von Krankheiten. Darüber hinaus traten die Bereiche der Prävention und der Rehabilitation immer stärker in den Fokus der Krankenkassen. Die Akzentuierung auf das medizinische Element bewirkte zugleich einen zunehmenden Begutachtungs- und Beratungsbedarf durch die Krankenkassen. Dieser konnte durch den Vertrauensärztlichen Dienst mangels medizinischer Fachkompetenzen nicht mehr bewältigt werden, so dass eine Organisationsreform erforderlich wurde. 1

Mit dem GRG wurde der sozialmedizinische Ansatz durch die Regelung des § 275 SGB V gesetzlich implementiert. In diesem Zusammenhang wurde die medizinische Beratung der Krankenkassen neu organisiert. Der VäD wurde aus der LVA herausgelöst. Die Gemeinschaftsaufgabe Vertrauensärztlicher 2

[1] Vom 20.12.1988, Art. 1, BGBl I 1988, 2474.

Dienst ging auf die selbständige Einrichtung des Medizinischen Dienstes der Krankenversicherung (MDK) über, der einen auf der Landesebene organisierten Träger darstellt und allen Kassenarten gemeinsam zur Verfügung steht. Damit verband sich eine durchgreifende Neuordnung des Dienstes, seiner Trägerschaft, Organisation und Aufgabenstellung. An Stelle der Trägerschaft durch die Landesversicherungsanstalten trat das Modell des Medizinischen Dienstes als eine **Arbeitsgemeinschaft der Träger der Gesetzlichen Krankenversicherung**, die schon damals den VäD finanziert hatten. Der zweite Abschnitt des neunten Kapitels des SGB V befasst sich mit der Organisation des Medizinischen Dienstes sowohl auf Landesebene als auch auf der Bundesebene. Auf der Bundesebene haben die Spitzenverbände der Krankenkassen die Arbeitsgemeinschaft **„Medizinischer Dienst der Spitzenverbände der Krankenkassen (MDS)"** gebildet (vgl. § 282 SGB V), die u.a. die gemeinsame und einheitliche Zusammenarbeit der MDK-Gemeinschaft koordiniert.

II. Vorgängervorschriften

3 Die Vorschrift hat wegen der Neuordnung des Medizinischen Dienstes der Krankenversicherung keine Vorgänger.

III. Literaturhinweise

4 *Bauer/Kohlhausen/Lekon*, Soziale Sicherung und Sozialmedizinische Dienste – dargestellt am Beispiel des Vertrauensärztlichen Dienstes –, 1974 ff.; *Cramer*, Der Medizinische Dienst der Krankenversicherung 1998, 108-133; *Gerlach*, Weiterentwicklung des Vertrauensärztlichen Dienstes – Chance und Verpflichtung für Vertrauensärzte und für die Krankenversicherung, DOK 1986, 208-216; *Heberlein,/Hammer*, Das ungenutzte Potential des MDK zur Weiterentwicklung des Medizinischen Dienstes der Krankenversicherung, Soziale Sicherheit 11/1994, 408-413; *Medizinischer Dienst der Spitzenverbände der Krankenkassen*, Kurz & bündig, Die MDK-Gemeinschaft, 8. Eigenauflage 2004; *Rebscher*, Ansätze zu einem Begründungs-, Ziel- und Organisationskonzept für den Medizinischen Dienst der Krankenversicherung – eine Thesenfolge, Die Betriebskrankenkasse 1990, 122; *ders.*, Der Medizinische Dienst der Krankenversicherung in: Schulin, Handbuch des Sozialversicherungsrechts, 1994, 1107-1132; *Schaller/von Mittelstaedt*, Perspektiven sozialmedizinischer Beratung und Begutachtung am Beispiel des Medizinischen Dienstes der Krankenversicherung (MDK), Das Gesundheitswesen 58/1996, Sonderheft 3, 188-193; *Werner*, Medizinischer Dienst der Krankenversicherung, Rahmen für die Weiterentwicklung abgesteckt, WzS 1990, 1-11.

B. Auslegung der Norm

I. Regelungsgehalt

5 Die Vorschrift des § 278 SGB V ist die Einleitungsvorschrift des Abschnitts **Organisation des Medizinischen Dienstes**. Sie verlangt in jedem Bundesland die Errichtung einer von allen Kassenarten gemeinsam getragenen Arbeitsgemeinschaft **„Medizinischer Dienst der Krankenversicherung"**. Mit der Organisation des Medizinischen Dienstes als eine Arbeitsgemeinschaft der gesetzlichen Krankenkassen verfolgte der Gesetzgeber das Ziel, den Medizinischen Dienst möglichst nicht als „Behörde" erscheinen zu lassen. Die Arbeitsgemeinschaft erhielt nur deshalb die Eigenschaft einer öffentlich-rechtlichen Körperschaft (auf Zeit), weil dies wegen der in Artikel 73 Abs. 3 und 4 GRG geregelten Übernahmen von beamteten Bediensteten des Vertrauensärztlichen Dienstes erforderlich war.[2]

II. Erläuterung und Zweck der Norm

1. Errichtung (Absatz 1 Satz 1)

6 In jedem Bundesland wurde die Arbeitsgemeinschaft Medizinischer Dienst der Krankenversicherung (MDK) errichtet. Gemeinsame Träger sind die nach § 278 Abs. 2 SGB V genannten Kassenarten. Nach dem regionalen Grundprinzip wird der MDK auf Landesebene für alle Kassenarten tätig. Mit der kassenartenübergreifenden Struktur wollte der Gesetzgeber klarstellen, dass ein Beratungsanspruch der Krankenversicherung sich nicht nur auf eine oder mehrere Kassenarten beziehen darf. Gleichgelagerte Medizinische Sachverhalte sollen somit einheitlich und nicht nach Kassenarten unterschiedlich bewertet werden.

7 Das primäre Aufgabengebiet des MDK ergibt sich aus der Bestimmung des § 275 SGB V.

[2] *Maaßen* in: Maaßen/Schermer/Wiegand/Zipperer, Gesetzliche Krankenversicherung, § 278 Rn. 1.

2. Rechtsform der Arbeitsgemeinschaft (Absatz 1 Satz 2)

Nach Maßgabe des Art. 73 Abs. 4 Satz 3 und 4 Gesundheitsreformgesetz (GRG) ist die Arbeitsgemeinschaft MDK eine rechtsfähige Körperschaft des öffentlichen Rechts. Aus Rücksichtnahme auf die zu übernehmenden Beamten von dem bei der Landesversicherungsanstalt (Körperschaften des öffentlichen Rechts) eingegliederten Vertrauensärztlichen Dienst, musste die neu gegründete Arbeitsgemeinschaft als Körperschaft des öffentlichen Rechts mit Dienstherreneigenschaft (§ 121 BRRG) statuiert werden. Sofern in Zukunft aber keine Beamten mehr beschäftigt werden bzw. keine Versorgungsempfänger mehr zu betreuen sind, wird nicht nur die Dienstherreneigenschaft aufgehoben werden, sondern auch deren Rechtsform als Körperschaft des öffentlichen Rechts.[3] Nach § 278 Abs. 1 Satz 2 i.V.m. Art. 73 Abs. 4 Satz 3 und 4 GRG ist dieser neue Zustand zu gegebener Zeit durch die Länder verpflichtend festzustellen. Nach Aufhebung der Eigenschaft als Körperschaft des öffentlichen Rechts mit Dienstherreneigenschaft bleibt es den Mitgliedern des MDK vorbehalten, welche neue Rechtsform – privatrechtlich oder öffentlich-rechtlich – die Arbeitsgemeinschaft MDK zukünftig haben soll. Der MDK Berlin hat in diesem Zusammenhang durch die Fusion mit dem MDK Brandenburg zum MDK Berlin-Brandenburg seinen Körperschaftsstatus bereits aufgegeben.[4] In den neuen Bundesländern war die Situation von vornherein eine andere. Es war keine bestehende Organisation mit gewachsenen Strukturen zu übernehmen. Es wurde daher in den fünf neuen Bundesländern gegen den Widerstand der Aufsichtsbehörden privatrechtliche Lösungen bei der „Rechtsform-Findung" angestrebt. Die Arbeitsgemeinschaft MDK wurde in diesen Ländern im Jahr 1992 jeweils als eingetragener Verein gegründet, um die Beratungs- und Begutachtungsleistungen effektiver und effizienter gestalten zu können. 8

3. Mitglieder der Arbeitsgemeinschaft (Absatz 2)

Mitglieder der Arbeitsgemeinschaft MDK sind die Landesverbände der Orts-, Betriebs- und Innungskrankenkassen, die landwirtschaftlichen Krankenkassen und die Verbände der Ersatzkassen (vgl. § 207 SGB V). Die Ortskrankenkassen haben sich in allen Bundesländern mit Ausnahme von Nordrhein-Westfalen zu einer Krankenkasse zusammengeschlossen, die gleichzeitig die Aufgabe eines AOK-Landesverbandes wahrnimmt (siehe die Kommentierung zu § 207 SGB V Rn. 11). Die Betriebs- und Innungskrankenkassen bilden in jedem Bundesland einen eigenen Landesverband. Für die landwirtschaftlichen Krankenkassen werden die Aufgaben der Landesverbände in der Regel durch die landwirtschaftliche Krankenkasse selbst wahrgenommen, die ihren Sitz im Bezirk der Kassenärztlichen Vereinigung eines Landes hat (§ 36 KVLG 1989). Die landwirtschaftlichen Krankenkassen nehmen durch ihre Vertretung auf Landesebene ihre Aufgabe als Mitglied des MDK wahr. Die Aufgaben der Ersatzkassen auf Landesebene werden von den Landesvertretungen der bundesweiten Ersatzkassen-Verbände (VdAK und AEV) wahrgenommen. Die Landesvertretung nimmt daher die Aufgaben als Mitglied des MDK wahr. Ist eine Kassenart in einem Bundesland nicht vertreten, gehört sie auch nicht der Arbeitsgemeinschaft MDK als Mitglied an. Ausgenommen von einer Mitgliedschaft in der Arbeitsgemeinschaft sind die Bundesknappschaft, die See-Krankenkasse und die besonderen Betriebskrankenkassen von Bahn und Post, die nach § 283 SGB V eine eigene Organisation für die Aufgaben des Medizinischen Dienstes bilden. Der Aufgabenkatalog entspricht dem des § 275 SGB V. 9

4. Besonderheiten bei der Errichtung der Arbeitsgemeinschaft (Absatz 3)

In weiträumigen und bevölkerungsreichen Bundesländern ist aus arbeitsteiligen Gründen die Errichtung einer zweiten Organisationseinheit „Arbeitsgemeinschaft MDK" zweckmäßig. Bestehen in einem Bundesland mehrere Landesverbände einer Kassenart, so erlaubt der Absatz 3 die Errichtung einer weiteren Arbeitsgemeinschaft MDK. Es bedarf nach dem Willen des Gesetzgebers jedoch eines Beschlusses der Mitglieder der Arbeitsgemeinschaft und einer anschließenden Zustimmung durch die Aufsichtsbehörde. In Nordrhein-Westfalen hat man den gewachsenen Strukturen der Krankenkassen-Verbänden insoweit Rechnung getragen, indem man sich für die Bildung eines zweiten Medizinischen Dienstes (MDK Nordrhein und MDK Westfalen-Lippe) entschieden hat. Andererseits erlaubt die Regelung des § 278 Abs. 3 Satz 2 SGB V auch einen länderübergreifenden Zusammenschluss von mehreren Arbeitsgemeinschaften zu einem MDK. Der jeweilige Beschluss der Mitglieder bedarf eben- 10

---

[3] *Cramer*, Der Medizinische Dienst der Krankenversicherung, S. 111.

[4] MDS-Broschüre, Kurz & bündig, Die MDK-Gemeinschaft, 2004, 12.

falls Zustimmung der Aufsichtsbehörde. Als Beispiel kann die obengenante Fusion des MDK Berlin und MDK Brandenburg zum MDK Berlin-Brandenburg aus dem Jahr 2000 angeführt werden.

C. Praxishinweise

11 **MDK Baden-Württemberg**, Ahornweg 2, 77933 Lahr, Telefon: 07821/938-0, Geschäftsführer: Karl-Heinz Plaumann, Ltd. Arzt: Dr. Peter Schwoerer, E-Mail: info@mdkbw.de; **MDK in Bayern,** Putzbrunner Straße 73, 81739 München, Telefon: 089/67008-0, Geschäftsführer: Reiner Kasperbauer, Ltd. Arzt: Dr. Christian Alex, E-Mail: Hauptverwaltung@mdk-in-bayern.de; **MDK Berlin-Brandenburg e.V.,** Konrad-Wolf-Allee 1-3TH III, 14480 Potsdam, Telefon: 0331/50567-0, Geschäftsführer: Dr. Rolf Matthesius. Ltd. Ärztin: Marita Schulenburg, E-Mail: info@mdk-bb.de; **MDK im Lande Bremen**, Falkenstraße 9, 28195 Bremen, Telefon: 0421/1628-0, Geschäftsführer: Wolfgang Hauschild, Ltd. Arzt: Dr. Hubert Krell, E-Mail: postmaster@mdk-bremen.de; **MDK Hamburg**, Hammerbrookstraße 5, 20097 Hamburg, Telefon: 040/25169-0, Geschäftsführer: Jörg Sträter, Ltd. Arzt: Prof. Dr. Bernd Werner, E-Mail: info@mdkhh.de; **MDK in Hessen**, Zimmersmühlenweg 23, 61440 Oberursel, Telefon: 061 71/634-00, Geschäftsführer: Martin Benzel, Ltd. Arzt: Dr. Gert von Mittelstaedt, E-Mail: info@mdk-hessen.de; **MDK Mecklenburg-Vorpommern**, Lessingstraße 31, 19059 Schwerin, Telefon: 0385/7440-100, Geschäftsführer: Dr. Karl-Friedrich Wenz, Ltd. Arzt: Dr. Karl-Friedrich Wenz, E-Mail: mdk_mv@t-online.de; **MDK Niedersachsen**, Loccumer Straße 55, 30519 Hannover, Telefon: 0511/8785-0, Geschäftsführer: Jürgen Vespermann, Ltd. Arzt: Prof. Dr. Wolfgang Seger, E-Mail: Unternehmensbereichsleitung@mdkn.de; **MDK Nordrhein**, Bismarckstraße 43, 40210 Düsseldorf, Telefon: 0211/1382-0, Geschäftsführer: Wolfgang Machnik, Ltd. Arzt: Priv. Doz. Dr. Heinz Paul Buszello, E-Mail: post@mdk-nordrhein.de; **MDK Rheinland-Pfalz**, Albiger Straße 19 d, 55232 Alzey, Telefon: 06731/486-0, Geschäftsführer: Gundo Zieres, Ltd. Ärztin: Dr. Ursula Weibler-Villalobos, E-Mail: post@mdk-rlp.de; **MDK im Saarland**, Dudweiler Landstraße 5, 66123 Saarbrücken, Telefon: 0681/93667-0, Geschäftsführer: Dr. Gerhard Minkenberg, Ltd. Arzt: Dr. Gerhard Minkenberg, E-Mail: mdk-saarland@t-online.de; **MDK im Freistaat Sachsen e.V.,** Alfred-Althus-Straße 2-2a, 01067 Dresden, Telefon: 0351/4985-30, Geschäftsführer: Dr. Ulf Sengebusch Ärztl. Leiter: Dr. Frank Teichert, E-Mail: dgottfried@mdk-sachsen.de; **MDK Sachsen-Anhalt e.V.,** Allee-Center, Breiter Weg 19 c, 39104 Magdeburg, Telefon: 0391/5661-0, Geschäftsführer: Rudolf Sickel, Ltd. Arzt: Dr. Hubert Bucher, E-Mail: info@mdk-sachsen-anhalt.de; **MDK Schleswig-Holstein**, Katharinenstraße 11a, 23554 Lübeck, Telefon: 0451/4803-0, Geschäftsführer: Peter Zimmermann, Ärztl. Leiter: Dr. Björn Buxell, E-Mail: info@mdk-sh.de; **MDK Thüringen e.V.,** Richard-Wagner-Straße 2a, 99423 Weimar, Telefon: 03643/553-0, Geschäftsführer: Franz Schmelzer, Ltd. Ärztin: Dr. Martina Sambale, E-Mail: Kontakt@mdk-th.de; **MDK Westfalen-Lippe**, Burgstraße 16, 48151 Münster, Telefon 02 51/53 54-0, Geschäftsführer: Dr. Holger Berg, Ltd. Arzt: Dr. Ulrich Heine, E-Mail: info@mdk-wl.de.

§ 279 SGB V Verwaltungsrat und Geschäftsführer

(Fassung vom 20.12.1988, gültig ab 01.01.1989)

(1) Organe des Medizinischen Dienstes sind der Verwaltungsrat und der Geschäftsführer.

(2) Der Verwaltungsrat wird von den Vertreterversammlungen der Mitglieder gewählt. § 51 Abs. 1 Satz 1 Nr. 2 bis 4, Abs. 6 Nr. 2 bis 4, Nr. 5 Buchstabe b und c und Nr. 6 Buchstabe a des Vierten Buches gilt entsprechend. Beschäftigte des Medizinischen Dienstes sind nicht wählbar.

(3) Der Verwaltungsrat hat höchstens sechzehn Vertreter. Sind mehrere Landesverbände einer Kassenart Mitglieder des Medizinischen Dienstes, kann die Zahl der Vertreter im Verwaltungsrat angemessen erhöht werden. Die Mitglieder haben sich über die Zahl der Vertreter, die auf die einzelne Kassenart entfällt, zu einigen. Kommt eine Einigung nicht zustande, entscheidet die für die Sozialversicherung zuständige oberste Verwaltungsbehörde des Landes.

(4) Der Geschäftsführer führt die Geschäfte des Medizinischen Dienstes nach den Richtlinien des Verwaltungsrats. Er stellt den Haushaltsplan auf und vertritt den Medizinischen Dienst gerichtlich und außergerichtlich.

(5) Die Fachaufgaben des Medizinischen Dienstes werden von Ärzten und Angehörigen anderer Heilberufe wahrgenommen; der Medizinische Dienst hat vorrangig Gutachter zu beauftragen.

(6) Folgende Vorschriften des Vierten Buches gelten entsprechend: §§ 34, 37, 38, 40 Abs. 1 Satz 1 und 2 und Abs. 2, §§ 41, 42 Abs. 1 bis 3, § 43 Abs. 2, §§ 58, 59 Abs. 1 bis 3, Abs. 5 und 6, §§ 60, 62 Abs. 1 Satz 1 erster Halbsatz, Abs. 2, Abs. 3 Satz 1 und 4 und Abs. 4 bis 6, § 63 Abs. 1 und 2, Abs. 3 Satz 2 und 3, Abs. 4 und 5, § 64 Abs. 1 und Abs. 2 Satz 2, Abs. 3 Satz 2 und 3 und § 66 Abs. 1 Satz 1 und Abs. 2.

Gliederung

A. Basisinformationen

I. Normgeschichte

Die Vorschrift wurde mit Wirkung zum 01.01.1989 durch das Gesundheitsreformgesetz (GRG)[1] eingeführt und ist seither unverändert in Kraft. 1

II. Vorgängervorschriften

Die Vorschrift hat wegen der Neuordnung des Medizinischen Dienstes der Krankenversicherung keine Vorgänger. 2

III. Literaturhinweise

Vgl. die Literaturhinweise zu § 278 SGB V. 3

[1] Vom 20.12.1989, BGBl I 1988, 2477.

B. Auslegung der Norm

I. Regelungsgehalt

4 In Absatz 1 sind als **Organe des Medizinischen Dienstes der Krankenversicherung (MDK)** der **Verwaltungsrat** und der **Geschäftsführer** verbindlich festgelegt worden. Der Gesetzgeber hat seinerzeit dieser Regelung eine Vorreiterstellung bei der (Neu-)Organisation eines Trägers der Sozialversicherung zugewiesen. Die übliche Aufteilung der Zuständigkeiten zwischen Vertreterversammlung, Vorstand und Geschäftsführer wurde aufgegeben. Die Aufgaben des Vorstandes wurden auf den Verwaltungsrat und den Geschäftsführer aufgeteilt. Mit der daraus erhofften Minimierung des Verwaltungsaufwandes wollte man dem damaligen Ansinnen nach Entbürokratisierung[2] im Sozialversicherungssektor weitestgehend gerecht werden.

5 Der **Verwaltungsrat** ist das Selbstverwaltungsorgan des MDK. Er trifft u.a. Entscheidungen über das autonome MDK-Recht. Der **Geschäftsführer** ist demzufolge das (ausführende) Verwaltungsorgan des MDK. Er trägt die Verantwortung für die Führung der Geschäfte des MDK und vertritt ihn gerichtlich und außergerichtlich. Nach Absatz 2 wird die **Wahl der Mitglieder des Verwaltungsrates** den Vertreterversammlungen der Mitglieder der Arbeitsgemeinschaft nach § 278 Abs. 2 SGB V zugewiesen. Beschäftigte des Medizinischen Dienstes sind nicht wählbar. Absatz 3 regelt die **Anzahl der Vertreter im Verwaltungsrat**. Über die Besetzung des Verwaltungsrats sollen sich die Mitglieder verständigen, ggf. entscheidet die Aufsichtsbehörde des Landes, damit hinderliche Auswirkungen auf die Arbeit des Verwaltungsrates schnellstmöglich beseitigt werden. Die **Geschäftsführungs- und Vertretungsbefugnisse** des Geschäftsführers ergeben sich aus den Richtlinien des Verwaltungsrats (Absatz 4). Außerdem ist er zur **Erstellung eines Haushaltsplans** verpflichtet. Die Fachaufgaben werden nach Absatz 5 von Ärzten und Angehörigen anderer Heilberufe wahrgenommen. Es sollen vorrangig Gutachter beauftragt werden. Die Verfahrensvorschriften der Selbstverwaltungsorgane der Sozialversicherungsträger nach dem SGB IV werden entsprechend der Verweisung in Absatz 6 für anwendbar erklärt. Damit wird die **enge Verknüpfung** zwischen dem Sozialversicherungsträger **Krankenkasse** und dem – eigenständigen – **MDK** aufgezeigt.

II. Erläuterung und Zweck der Norm

1. Verwaltungsrat

6 Der Verwaltungsrat ist das Selbstverwaltungsorgan des MDK; er wird von der Vertreterversammlung (oder dem Verwaltungsrat; vgl. § 33 Abs. 3 SGB IV) der Mitglieder gewählt. Der Verwaltungsrat besteht nach § 278 Abs. 3 SGB V aus höchstens 16 Vertretern. Eine Aufteilung der Zahl der Vertreter auf die einzelnen Kassenarten soll entsprechend den jeweiligen örtlichen Gegebenheiten, z.B. der Mitgliederstärke der einzelnen Kassen, von den Mitgliedern selbst bestimmt werden. Eine **angemessene Erhöhung** der Zahl der Vertreter ist bei Vorhandensein von mehreren Landesverbänden einer Kassenart möglich. Die überwiegende Zahl der Medizinischen Dienste hat 12 bis 14 Verwaltungsratsmitglieder[3], so dass diese Regelung derzeit keine Anwendung findet. Bei Nichteinigung der Mitglieder über die Zahl der auf die einzelnen Kassenarten entfallenden Vertreter entscheidet die für die Sozialversicherung zuständige oberste Verwaltungsbehörde (Aufsichtsbehörde). Sie darf nur die Zahl der von den einzelnen Kassen zu entsendenden Vertreter festlegen, nicht aber die Vertreter selbst bestimmen.

a. Bildung und Zusammensetzung des Verwaltungsrats

7 Die Mitglieder des MDK können weitestgehend frei entscheiden, wie die Zusammensetzung des Verwaltungsrats gestaltet werden soll. Sie sind in der Wahl ihrer Vertreter für den Verwaltungsrat frei; Absatz 2 Satz 1 verzichtet auf entsprechende Vorgaben. Der Gesetzgeber wollte bei der Besetzung des Selbstverwaltungsorgans „Verwaltungsrat" die alten gesetzlichen Strukturen verlassen. In der Regel setzen sich die Selbstverwaltungsorgane der Sozialversicherungsträger je zu Hälfte aus Vertretern der Versicherten und der Arbeitgeber nach § 44 Abs. 1 Nr. 1 SGB IV zusammen. Diese Bestimmung soll aber nach dem Willen des Gesetzgebers nicht für den Verwaltungsrat des MDK gelten.[4] Damit soll für

[2] *Cramer*, Der Medizinische Dienst der Krankenversicherung, S. 114.
[3] *Cramer*, Der Medizinische Dienst der Krankenversicherung, S. 114.
[4] Vgl. Gesetzesbegründung zu Art. 1 GRG (§ 287 Abs. 2 SGB V), BT-Drs. 11/2237.

die Mitglieder des Medizinischen Dienstes die sinnvolle Möglichkeit eröffnet werden, den Verwaltungsrat mit fachkundigen und den Aufgaben des Medizinischen Dienstes vertrauten Personen besetzen zu können.[5]

Zu der Fragestellung der **Wählbarkeit von Vertretern** für den Verwaltungsrat des MDK hat der Bundesminister für Arbeit und Sozialordnung mit Schreiben vom 23.03.1989[6] folgende Stellungnahme abgegeben: „Die Wählbarkeit der Vertreter für den Verwaltungsrat wird nur durch die anwendbar erklärten allgemeinen Vorschriften des 4. Buches SGB eingeschränkt, d.h. es muss Volljährigkeit vorliegen, es darf keine Wohnung oder Beschäftigung in der Nähe des Medizinischen Dienstes bestehen, Besitz der Fähigkeit öffentliche Ämter zu bekleiden etc. (siehe § 279 Abs. 2 Satz 2 SGB V). Auch Beschäftigte des Medizinischen Dienstes dürfen nach ausdrücklicher gesetzlicher Vorschrift nicht gewählt werden (§ 279 Abs. 2 Satz 3 SGB V und Begründung zum besonderen Teil des Gesetzentwurfs der Bundesregierung zu § 287 Abs. 2 SGB V, BT-Drs. 11/2237). Dies bedeutet, dass die Vertreterversammlung, im Rahmen dieser allgemeinen Einschränkungen, in der Wahl frei ist. Sie hat die Möglichkeit, die Personen zu wählen, die sie für geeignet hält, die Aufgaben des Verwaltungsrates des Medizinischen Dienstes fachkundig umzusetzen, wie z.B. Satzungen zu beschließen, Haushaltspläne festzustellen, die Betriebs- und Rechnungsführung zu prüfen, Richtlinien für die Aufgaben des medizinischen Dienstes aufzustellen etc. (§ 280 Abs. 1 SGB V). Beispielhaft seien hier nur einige Wahlmöglichkeiten aufgezählt: Vertreter der Arbeitgeber, Vertreter der Versicherten, Mitarbeiter von Krankenkassen auf Bundes-, Länder- oder örtlicher Ebene, Geschäftsführer von Krankenkassen aller Ebenen, sonstige für verwaltungs- oder Sozialversicherungsfragen sachkundige Personen, die weder Versicherten- noch Arbeitgebervertreter sind, noch aus dem Bereich der Krankenkassen kommen.“ 8

Die Vertreter in den Verwaltungsräten üben ein **Ehrenamt** aus (Absatz 6 verweist entsprechend auf § 40 Abs. 1 Satz 1 und 2 SGB IV). Sofern der Verwaltungsrat als Organ des MDK hoheitliche Aufgaben wahrnimmt, greift für die Haftung der Mitglieder des Verwaltungsrats die Staatshaftung (Absatz 6 verweist entsprechend auf § 42 Abs. 1 SGB IV i.V.m. § 839 BGB). Der Aufgabenkatalog des Verwaltungsrats ergibt sich aus den Bestimmungen des § 280 SGB V. 9

b. Mitgliedschaft und Bestimmung der Amtsdauer

Die Amtsdauer der gewählten Verwaltungsräte bestimmt sich über die Verweisung des Absatzes 5 auf § 58 SGB IV. Sie beträgt sechs Jahre und beginnt mit dem Zeitpunkt der **konstituierenden Sitzung** des neuen Verwaltungsrats. Sie endet konsequenterweise vom Zeitpunkt der Wahl mit dem Zusammentritt der in den nächsten allgemeinen Wahlen neugewählten Selbstverwaltungsorgane. Die Wiederwahl ist zulässig. 10

2. Geschäftsführer und Stellvertreter

Der Geschäftsführer und sein Vertreter sind das Verwaltungsorgan des MDK; Sie werden nach § 280 Abs. 1 Satz 1 Nr. 6 SGB V durch den Verwaltungsrat gewählt. Der Geschäftsführer führt die Geschäfte des Medizinischen Dienstes, d.h. er übernimmt die operativen Verwaltungsgeschäfte und damit auch die Verantwortung für ein komplexes Aufgabengebiet. Insbesondere muss er die erstellten medizinischen Gutachten der Ärzte nach außen hin vertreten. Der Geschäftsführer sollte daher über ein breites medizinisches Fachwissen verfügen; zumeist lassen sich aus diesem Grund die Leitenden Ärzte des MDK zum Geschäftsführer oder dessen Stellvertreter wählen. 11

a. Wählbarkeit

Es bestehen keine gesetzlichen Vorgaben, so dass der Verwaltungsrat die Möglichkeit hat, die ihm geeignet erscheinende Person für das Amt des Geschäftsführers bzw. seines Stellvertreters selbst benennen zu können. Eine „entsprechende“ Verweisung über Absatz 6 zu den Vorschriften des SGB IV besteht nicht. Analog könnte auf die Regelung des § 35a Abs. 6 Satz 1 SGB IV Bezug genommen werden. Die in diesem Zusammenhang aufgestellten Grundsätze und Richtlinien zur Wahl eines Vorstandsmitgliedes könnten daher auch als Leitlinie für die Wahl des Geschäftsführers des MDK herangezogen werden[7]. Demnach sollte der Geschäftsführer (bzw. sein Vertreter) „die erforderliche fachli- 12

---

[5] Siehe die folgende Fn.

[6] Teilauszug des Schreibens des Bundesminister für Arbeit und Soziales vom 23.03.1989 - V3-43421-2 - an die Spitzenverbände der Krankenkassen, die Minister und Senatoren für Arbeit und Soziales der Länder sowie an das Bundesversicherungsamt zum Thema der Bildung und Zusammensetzung des Verwaltungsrats des MDK.

[7] *Cramer*, Der Medizinische Dienst der Krankenversicherung, S. 12.

che Eignung zur Führung der Veraltungsgeschäfte besitzen und zwar auf Grund einer Fort- und Weiterentwicklung im Fachhochschul- oder Krankenkassendienst sowie in beiden Fällen zusätzlich auf Grund mehrjähriger Berufserfahrung in herausgehobenen Führungsfunktionen.

b. Amtsdauer und Sonstiges

13 Die Wahl in die Organstellung eines Geschäftsführers bzw. als dessen Stellvertreter erfolgt auf Grund fehlender Rechtsgrundlagen **auf unbestimmte Zeit**. Der Geschäftsführer übt seine Tätigkeit **hauptamtlich** aus. Sofern er als Organ des MDK hoheitliche Aufgaben wahrnimmt, gilt für die Haftung des Geschäftsführers die **Staatshaftung** (Absatz 6 verweist auf § 42 Abs. 1 bis 3 SGB IV).

c. Geschäftsführungs- und Vertretungsbefugnis, weitere Aufgaben

14 Absatz 4 normiert die Geschäftsführungs- und Vertretungsbefugnis des Geschäftsführers. Nach Satz 2 vertritt der Geschäftsführer die Arbeitsgemeinschaft MDK im **Außenverhältnis** gerichtlich und außergerichtlich. Der Verwaltungsrat gibt im **Innenverhältnis** die Richtlinien für die Geschäftsführung vor, nach denen der Geschäftsführer die Geschäfte des Medizinischen Dienstes zu führen hat. Darüber hinaus ist der Geschäftsführer nach Absatz 4 Satz 2 zur Haushaltsaufstellung gesetzlich verpflichtet worden.

3. Erfüllung der Fachaufgaben

15 Die Aufgaben des Medizinischen Dienstes werden nach Absatz 5 von Ärzten und Angehörigen anderer Heilberufe wahrgenommen. Neben Ärzten aller Fachrichtung, Zahnärzte, Apotheker können dies auch Angehörige der übrigen Leistungserbringer sein, wie etwa Orthopädiehandwerker und Augenoptiker.[8] Das Aufgabenspektrum des Medizinischen Dienstes erfordert neben einem großen Mitarbeiterstamm auch die Beauftragung externer Gutachter nach Absatz 5. Mit dieser Regelung will man die Nähe zur Praxis wahren und die Erfahrungen und Erkenntnisse externer Gutachter aus Qualitätsaspekten für den MDK nutzbar machen. Der Kostenfaktor ist dabei ein sekundäres Kriterium.

4. Verfahrensregelung

16 Für die Vertreter im Verwaltungsrat und für den Geschäftsführer bzw. dessen Vertreter gilt bei der Ausübung ihrer Tätigkeiten eine Vielzahl von Regelungen aus dem Bereich der Selbstverwaltung der Sozialversicherungsträger des SGB IV. Der Verweis in Absatz 6 fordert jedoch nur eine **entsprechende** Anwendung der Regelungen aus dem SGB IV, gleichwohl verdeutlicht er aber die enge Verbindung zwischen dem Sozialversicherungsträger Krankenkasse und dem MDK.

8 *Jung* in: von Maydell, Gemeinschaftskommentar – SGB V, Band 5, § 279 Rn. 5.

§ 280 SGB V Aufgaben des Verwaltungsrats

(Fassung vom 20.12.1988, gültig ab 01.01.1989, gültig bis 30.06.2008)

(1) Der Verwaltungsrat hat

1. die Satzung zu beschließen,

2. den Haushaltsplan festzustellen,

3. die jährliche Betriebs- und Rechnungsführung zu prüfen,

4. Richtlinien für die Erfüllung der Aufgaben des Medizinischen Dienstes unter Berücksichtigung der Empfehlungen der Spitzenverbände der Krankenkassen (§ 282) aufzustellen,

5. Nebenstellen zu errichten und aufzulösen,

6. den Geschäftsführer und seinen Stellvertreter zu wählen und zu entlasten.

§ 210 Abs. 1 gilt entsprechend.

(2) Beschlüsse des Verwaltungsrats werden mit einfacher Mehrheit der Mitglieder gefaßt. Beschlüsse über Haushaltsangelegenheiten und über die Aufstellung und Änderung der Satzung bedürfen einer Mehrheit von zwei Dritteln der Mitglieder.

Gliederung

A. Basisinformationen

I. Normgeschichte

1 Mit dem Gesundheitsreformgesetz (GRG)[1] ist die Vorschrift zum 01.01.1989 in Kraft getreten. Der Gesetzgeber fasste in dieser Norm die Aufgaben des MDK-Organs Verwaltungsrat abschließend zusammen. Die Vorschrift ist seit dem 01.01.1989 unverändert in Kraft.

II. Vorgängervorschriften

2 Die Vorschrift hat wegen der Neuordnung des Medizinischen Dienstes der Krankenversicherung keine Vorgänger.

III. Literaturhinweise

3 Vgl. die Literaturhinweise zu § 278 SGB V.

B. Auslegung der Norm

I. Regelungsgehalt

4 Die gesetzlich zugewiesenen Aufgaben des Verwaltungsrats werden in Absatz 1 abschließend aufgelistet. Für Aufgaben, die nicht in Absatz 1 aufgeführt sind, ergibt sich eine vermutete Zuständigkeit des Geschäftsführers[2]. Aus der Vorschrift geht deutlich hervor, dass der Verwaltungsrat hauptsächlich über autonomes Recht entscheidet. Absatz 2 beschäftigt sich mit den Mehrheitsverhältnissen (Quoren) bei Beschlussfassung durch den Verwaltungsrat.

---

[1] Vom 20.12.1988, Art. 1, BGBl I 1988, 2477.

[2] *Heberlein* in: Maaßen/Schermer/Wiegand/Zipperer, Gesetzliche Krankenversicherung, § 280 Rn. 3.

II. Erläuterung und Zweck der Norm

1. Gesetzlich zugewiesene Aufgaben (Absatz 1)

5 Das in Absatz 1 beschriebene Aufgabenfeld des Verwaltungsrats ist abschließend[3], wie ein Vergleich mit § 197 Abs. 1 SGB V ergibt.[4] Primäre Aufgabe des Verwaltungsrats ist der **Beschluss einer Satzung**. Nach Satz 2 gilt § 210 Abs. 1 SGB V entsprechend, der den Pflichtinhalt einer Satzung regelt. § 210 Abs. 1 SGB V bezieht sich konkret auf die Vorschriften über den Inhalt der Satzung der Landesverbände der Krankenkassen, was wiederum die enge Nähe der Selbstverwaltung des Sozialversicherungsträgers Krankenkasse mit dem Verwaltungsrat des MDK dokumentieren soll.[5] Die Satzung für den MDK muss folgenden Regelungsgehalt beinhalten: Name und Sitz des Medizinischen Dienstes, Zahl und Wahl der Vertreter im Verwaltungsrat, Entschädigung für Vertreter, Öffentlichkeit des Verwaltungsrates, Rechte und Pflichten der Mitglieder, Aufbringung und Verwaltung der Mittel, jährliche Prüfung der Betriebs- und Rechnungsführung, Art der Bekanntmachungen. Die Satzungsbestimmungen werden aber nur dann wirksam, wenn sie nicht gegen andere gesetzliche Bestimmungen verstoßen (Vorrang des Gesetzes; Art. 20 Abs. 3 GG). Die Satzung ist öffentlich bekannt zu machen. Sie tritt, sofern kein anderer Zeitpunkt bestimmt ist, mit dem Tage nach der Bekanntmachung in Kraft (vgl. § 210 Abs. 1 Satz 4 i.V.m. § 34 Abs. 2 SGB IV).

6 Die **Aufstellung des Haushaltsplans** obliegt dem Geschäftsführer (vgl. § 279 Abs. 4 Satz 2 SGB V). Nach der Aufstellung des Haushaltsplans ist der Verwaltungsrat gesetzlich verpflichtet worden, diesen festzustellen. Der Haushaltsplan fasst für das bevorstehende Rechnungsjahr die gesamten Einnahmen und die gesamten Ausgaben zusammen. Durch den festgestellten Haushaltsplan wird die Ausgabenermächtigung für die Verwaltung erteilt.

7 Die **Prüfung der jährlichen Betriebs- und Rechnungsführung** wird nachträglich nach Abschluss des Rechnungsjahres vorgenommen. Sie umfasst u. a. die nachträgliche Prüfung der Haushaltsplanausführung. Unter Prüfung versteht man dabei die nachträgliche finanzwirksame Nachvollziehbarkeit auf einen vorher durch den Medizinischen Dienst bestimmten Sachverhalt.

8 Der Verwaltungsrat trägt durch **Aufstellung von Richtlinien** Verantwortung für die Umsetzung der Aufgaben des MDK. Der Verwaltungsrat hat dabei die in § 275 SGB V beschriebenen Aufgaben des MDK unter der Berücksichtigung der Empfehlungen und Richtlinien der Spitzenverbände der Krankenkassen (§ 282 SGB V) zu konkretisieren[6]. In den Richtlinien werden ebenfalls die Grundsätze für die Tätigkeit des Geschäftsführers (abstrakt) festgelegt (einschließlich Berichtspflicht)[7], weil er das operative Geschäftsgeschehen – mit Ausnahme der Errichtung und Auflösung von Nebenstellen – verantwortlich wahrnimmt (siehe die Kommentierung zu § 279 SGB V Rn. 11).

9 Um die sozialmedizinische Begutachtung und Beratung vor Ort sicherzustellen und durchführen zu können, benötigt der MDK ein flächendeckendes, regional gegliedertes Netz von Beratungs- und Begutachtungsstellen. Aus diesem Grund unterhält jeder MDK neben einer Hauptverwaltung mehrere Nebenstellen. Der gesetzliche Auftrag für die Errichtung – als auch für die Auflösung – von Nebenstellen ergibt sich aus Absatz 1 Nr. 5. Die Begutachtungs- und Beratungstätigkeit im jeweiligen MDK wird aber von der Hauptverwaltung aus koordiniert.[8].

10 **Die Wahl und die Entlastung des Geschäftsführers** und seines Stellvertreters wurde ebenfalls dem Verwaltungsrat gesetzlich übertragen. Nach § 281 Abs. 2 i.V.m. § 70 Abs. 1 SGB IV stellt der Geschäftsführer eine Jahresrechnung auf. Daraufhin hat ihn der Verwaltungsrat zu entlasten. Die Abberufung des Geschäftsführers wurde nicht ausdrücklich geregelt, als actus contrarius fällt diese Maßnahme jedoch in den Aufgabenbereich des Verwaltungsrats.[9]

---

[3] *Käsling* in: Krauskopf, Soziale Krankenversicherung, § 280 SGB V Rn. 3.
[4] *Heberlein* in: Maaßen/Schermer/Wiegand/Zipperer, Gesetzliche Krankenversicherung, § 280 Rn. 3.
[5] *Cramer*, Der Medizinische Dienst der Krankenversicherung, S. 119.
[6] *Cramer*, Der Medizinische Dienst der Krankenversicherung, S. 121.
[7] *Heberlein* in: Maaßen/Schermer/Wiegand/Zipperer, Gesetzliche Krankenversicherung, § 280 Rn. 10.
[8] MDS, „Kurz & bündig", Die MDK-Gemeinschaft, 2004.
[9] *Heberlein* in: Maaßen/Schermer/Wiegand/Zipperer, Gesetzliche Krankenversicherung, § 280 Rn. 12.

2. Beschlussfassung (Absatz 2)

Die Beschlüsse des Verwaltungsrats werden nach Absatz 2 Satz 1 mit einfacher Mehrheit der Mitglieder gefasst. Bei Stimmengleichheit wird nach § 279 Abs. 6 i.V.m. § 64 Abs. 2 Satz 2 SGB IV die Abstimmung nach erneuter Beratung wiederholt; bei erneuter Stimmengleichheit gilt der Antrag als abgelehnt. 11

Bei Haushalts- und Satzungsangelegenheiten wird nach Absatz 2 Satz 2 eine Mehrheit von 2/3 aller Mitglieder gefordert. Damit will man sich eine breite Zustimmung bei den zentralen Aufgabengebieten sichern. 12

§ 281 SGB V Finanzierung und Aufsicht

(Fassung vom 20.04.2007, gültig ab 01.04.2007)

(1) Die zur Finanzierung der Aufgaben des Medizinischen Dienstes nach § 275 Abs. 1 bis 3a erforderlichen Mittel werden von den Krankenkassen nach § 278 Abs. 1 Satz 1 durch eine Umlage aufgebracht. Die Mittel sind im Verhältnis der Zahl der Mitglieder der einzelnen Krankenkassen mit Wohnort im Einzugsbereich des Medizinischen Dienstes aufzuteilen. Die Zahl der nach Satz 2 maßgeblichen Mitglieder der Krankenkasse ist nach dem Vordruck KM 6 der Statistik über die Versicherten in der gesetzlichen Krankenversicherung jeweils zum 1. Juli eines Jahres zu bestimmen. Werden dem Medizinischen Dienst Aufgaben übertragen, die für die Prüfung von Ansprüchen gegenüber Leistungsträgern bestimmt sind, die nicht Mitglied der Arbeitsgemeinschaft nach § 278 sind, sind ihm die hierdurch entstehenden Kosten von den anderen Leistungsträgern zu erstatten. Die Pflegekassen tragen abweichend von Satz 3 die Hälfte der Umlage nach Satz 1.

(1a) Die Leistungen der Medizinischen Dienste oder anderer Gutachterdienste im Rahmen der ihnen nach § 275 Abs. 4 übertragenen Aufgaben sind von dem jeweiligen Auftraggeber durch aufwandsorientierte Nutzerentgelte zu vergüten. Eine Verwendung von Umlagemitteln nach Absatz 1 Satz 1 zur Finanzierung dieser Aufgaben ist auszuschließen.

(2) Für das Haushalts- und Rechnungswesen einschließlich der Statistiken gelten die §§ 67 bis 69, § 70 Abs. 5, § 72 Abs. 1 und Abs. 2 Satz 1 erster Halbsatz, die §§ 73 bis 77 Abs. 1 und § 79 Abs. 1 und 2 in Verbindung mit Absatz 3a des Vierten Buches sowie die auf Grund des § 78 des Vierten Buches erlassenen Rechtsverordnungen entsprechend. Für das Vermögen gelten die §§ 80 und 85 des Vierten Buches entsprechend.

(3) Der Medizinische Dienst untersteht der Aufsicht der für die Sozialversicherung zuständigen obersten Verwaltungsbehörde des Landes, in dem er seinen Sitz hat. § 87 Abs. 1 Satz 2 und die §§ 88 und 89 des Vierten Buches sowie § 274 gelten entsprechend. § 275 Abs. 5 ist zu beachten.

Gliederung

A. Basisinformationen

I. Normgeschichte

1 Recht bis 31.12.1989: Die Finanzierung des (damaligen) Vertrauensärztlichen Dienstes (VäD) wurde durch Kostenerstattung der Krankenkassen an die Landesversicherungsanstalten geregelt. Die beim VäD **entstandenen Kosten** für die medizinische Beratung der Kassen, einschließlich der Verwaltungskosten, mussten in **voller Höhe** durch die Krankenkassen getragen werden; eine Kostenbeteiligung durch die LVA war nicht vorgesehen. Art und Umfang der Kostenbeteiligung der **jeweiligen Krankenkassen** war entweder an die Mitgliederzahl oder an die Anzahl der Untersuchungsfälle geknüpft.

2 Recht ab 31.12.1989: Die Vorschrift wurde mit Wirkung zum 01.01.1989 durch das Gesundheitsreformgesetz (GRG)[1] eingeführt. Grund für die Einführung dieser Norm war die politische Forderung nach einer einheitlichen Finanzierungsregelung für den Medizinischen (Beratungs-)Dienst. Nach der Intention des Gesetzgebers soll der Medizinische Dienst der Krankenversicherung (MDK) durch eine

Umlage seiner Mitglieder finanziert werden. Mit Wirkung zum 01.01.1993 wurde durch das Gesundheits-Strukturgesetz (GSG)[2] der Satz 3 in Absatz 1 eingefügt. Er regelt die Finanzierung des MDK bei Fremdaufträgen. In Absatz 1 wurde der Satz 4 mit Wirkung zum 01.01.1995 durch das Pflegeversicherungsgesetz (Pflege-VG)[3] eingefügt, der die Pflegekassen an den Kosten des MDK hälftig beteiligt. Die Einfügung der Worte **„in Verbindung mit Absatz 3a"** in Absatz 2 Satz 1 erfolgte mit Wirkung zum 01.01.1998 durch das Erste Gesetz zur Änderung des Dritten Buches Sozialgesetzbuch und anderer Gesetze (Erstes SGB III-Änderungsgesetz – 1. SGB III-ÄndG)[4]. Die Einfügung des Absatzes 1a – **Erprobung von Finanzierungsmodellen** – erfolgte mit Wirkung zum 01.01.2004 durch das Gesetz zur Modernisierung der gesetzlichen Krankenversicherung (GKV-Modernisierungsgesetz – GMG)[5].

II. Vorgängervorschriften

Die Vorschrift hat wegen der Neuordnung des Medizinischen Dienstes der Krankenversicherung keine Vorgänger. 3

III. Literaturhinweise

Vgl. die Kommentierung zu § 278 SGB V Rn. 4. 4

B. Auslegung und Bedeutung der Norm

I. Regelungsgehalt

Der Gesetzgeber hat mit Absatz 1 seinen Willen verwirklicht, eine einheitliche Finanzierungsregelung für die Medizinischen Dienste der Krankenversicherung mit festem Modus zu finden und gesetzlich zu manifestieren. Die Regelung in Absatz 1a ermöglicht es den Medizinischen Diensten in Modellvorhaben alternative Finanzierungskonzepte zur Umlagefinanzierung zu erproben. Absatz 2 Satz 1 bestimmt, dass für das Haushalts- und Rechnungswesen des MDK – einschließlich der Statistiken – die Vorschriften des SGB IV entsprechend Anwendung finden. Die Aufsicht des MDK ist in Absatz 4 geregelt. Danach führt das Land die Aufsicht durch, in dem der MDK seinen Sitz hat. 5

II. Erläuterung und Zweck der Norm

1. Finanzierung des MDK (Absatz 1)

Der MDK wird durch eine Umlage finanziert. Diese **Umlage** wird durch die **Mitglieder der Arbeitsgruppe Medizinischer Dienst der Krankenversicherung** getragen, indem sie nach dem Verhältnis der Mitgliederzahlen der Kassen im Zuständigkeitsbereich des MDK bemessen wird. Eine Finanzierung des Medizinischen Dienstes nach dem Umfang der Inanspruchnahme hat der Gesetzgeber bewusst ausgeschlossen, damit eine Inanspruchnahme nicht nach „Kassenlage" der Krankenkasse erfolgt. Die Inanspruchnahme soll bezogen auf die Leistung der Kranken- oder Pflegeversicherung erfolgen, wenn sie im Einzelfall oder im Rahmen einer allgemeinen Beratung als erforderlich erscheint. Mit den Mitgliedern des Medizinischen Dienstes sind die Mitglieder nach § 278 Abs. 2 SGB V gemeint. Die Mitglieder der Arbeitsgemeinschaft sind die Landesverbände der Orts-, Betriebs- und Innungskrankenkassen, die landwirtschaftlichen Krankenkassen und die Verbände der Ersatzkassen. Diese legen die Kosten wiederum auf ihre Mitgliedskrankenkassen um. Zur Umlage dürfen nur die erforderlichen Finanzmittel zur Durchführung der Aufgaben des Medizinischen Dienstes angesetzt werden. Mittel, die nicht zur Durchführung der Aufgaben erforderlich sind (z.B. die Vermögensbildung des MDK), sind daher nicht umlagefähig. Die ermittelte Umlage ist im Verhältnis der Zahl der Mitglieder der einzelnen Krankenkassen im jeweiligen Bundesland am 01.10. jeden Jahres aufzuteilen. 6

---

1 Vom 20.12.1988, Art. 1, 79, BGBl I 1988, 2477, 2596.
2 Vom 21.12.1992, Art. 1 Nr. 151, BGBl I 1992, 2266.
3 Vom 26.05.1994, Art. 4 Nr. 13, BGBl I 1994, 1014, 1047.
4 Vom 16.12.1997, Art. 4 Nr. 17, BGBl I 1997, 2970.
5 Vom 14.11.2003, Art.1 Nr. 157, BGBl I 2003, 2190.

7 Wird der MDK durch andere Leistungsträger – die nicht Mitglieder der Arbeitsgemeinschaft MDK nach § 278 Abs. 2 SGB V sind – zu deren Aufgabenwahrnehmung in Anspruch genommen, so sind diese Leistungsträger nach Absatz 1 Satz 3 zur Kostenerstattung verpflichtet. Diese übertragenen Aufgaben können sich nur auf die medizinische Beratung zur Prüfung von konkreten Leistungsvoraussetzungen beziehen.

8 Durch die Einführung der **Pflegeversicherung** im Jahre 1995 wurde der MDK gesetzlich verpflichtet, eine Vielzahl von Aufgaben der Pflegeversicherung wahrzunehmen. Die Hauptaufgaben im Pflegeversicherungsbereich sind die Begutachtung der Pflegebedürftigkeit (§ 18 SGB XI), die Qualitätssicherung im stationären Bereich (§§ 112 f. SGB XI) und die Erstellung von diversen Berichten und Empfehlungen im medizinisch-pflegerischen Leistungs- und Qualitätssektor. Durch die starke Inanspruchnahme des MDK durch die Pflegeversicherung – mit steigender Tendenz (siehe demographische Entwicklung) – hat der Gesetzgeber eine „pauschale" Abgeltung der Kosten nach Absatz 1 Satz 4 vorgesehen. Die Pflegekassen tragen dabei die Hälfte der auf die jeweilige Krankenkasse entfallenden Umlage.

2. Erprobung von Modellprojekten (Absatz 1a)

9 Die Modellvorhaben bleiben auf die wettbewerbsrelevanten Aufgaben nach § 275 Abs. 4 SGB V beschränkt, die in Richtlinien nach § 282 SGB V festgelegt werden. Bei den übrigen Aufgaben handelt es sich um Kernaufgaben, welche nicht dem Wettbewerb der Krankenkassen unterliegen und somit der solidarischen Finanzierung bedürfen.[6] Der Medizinische Dienst der Spitzenverbände der Krankenkassen (MDS) erstellt über das Ergebnis des Modellvorhabens einen Bericht. Dieser ist den Spitzenverbänden der Krankenkassen und dem Bundesministerium für Gesundheit und Soziale Sicherung (BMGS) zuzustellen.

3. Haushalts- und Rechnungswesen einschließlich Statistik (Absatz 2)

10 Für das Haushalts- und Rechnungswesen – einschließlich Statistik – verweist das Gesetz in Absatz 2 auf die Regelungen des SGB IV. Satz 1 bestimmt, dass für die Aufstellung des Hauhaltsplans, der gem. § 279 Abs. 4 SGB V vom Geschäftsführer erstellt und nach § 280 Abs. 1 Satz 1 Nr. 2 SGB V vom Verwaltungsrat festgestellt wird, die **§§ 67-69 SGB IV** entsprechend gelten. Nach § 67 Abs. 1 SGB IV muss für jedes Haushaltsjahr (= Kalenderjahr) ein Haushaltsplan aufgestellt werden, der alle voraussichtlichen Einnahmen und Ausgaben und die voraussichtlich benötigte Verpflichtungsermächtigung enthält. § 68 SGB IV bestimmt die Bedeutung und Wirkung des Haushaltsplans (konkretisiert in § 67 SGB IV: Bedarfsfeststellungs- und Sicherstellungsfunktion). § 69 SGB IV enthält Haushaltsgrundsätze. **§ 70 Abs. 3 SGB IV** bestimmt die Vorlage des (vorläufigen) Haushaltsplans bei der Aufsichtsbehörde. **§ 72 Abs. 1 und 2 Satz 1 HS. 1 SGB IV und die §§ 73-75 SGB IV** regeln die Hauhaltsdurchführung, **§ 76 SGB IV** die rechtzeitige und vollständige Erhebung der Einnahmen, **§§ 77 f. SGB IV** den Rechnungsabschluss, die Jahresrechnung und die Entlastung der Organe, **§ 79 Abs. 1 und Abs. 2 i.V.m. Abs. 3a SGB IV** die Geschäftsübersichten und Statistiken der Sozialversicherung. **§ 78 SGB IV** enthält eine Verordnungsermächtigung. Über die Verweisung in Absatz 2 Satz 2 gelten die **§§ 80, 85 SGB IV** für das Vermögen des Medizinischen Dienstes entsprechend. § 80 SGB IV enthält dabei die Grundsatzbestimmungen zur Anlegung und Verwaltung der Mittel: Grundsatz der Anlagesicherheit, Erzielung eines angemessenen Ertrages, Sicherstellung einer ausreichenden Liquidität und die getrennte Mittelverwaltung. Nach § 85 SGB IV sieht der Gesetzgeber bei bestimmten Vermögensanlagen die Mitwirkung der Aufsichtsbehörde vor. Die Vorschrift unterscheidet dabei zwischen unbeschränkt genehmigungspflichtigen, beschränkt genehmigungspflichtigen und anzeigepflichtigen Vermögensanlagen.

4. Aufsicht (Absatz 3)

11 Der MDK untersteht nach Absatz 3 Satz 1 der Aufsicht der für die Sozialversicherung zuständigen obersten Verwaltungsbehörde des Landes, in dem er seinen Sitz hat. Die Aufsichtsverpflichtung besteht unabhängig von der Rechtsform des Medizinischen Dienstes (vgl. die Kommentierung zu § 278 SGB V Rn. 8). Die Aufsichtsbehörde ist in der Regel das Sozial- bzw. Gesundheitsministerium des jeweiligen Landes. Zur Regelung von Art und Umfang der Aufsicht wird zunächst auf die entsprechenden Vorschriften des SGB IV verwiesen (§ 87 Abs. 1 Satz 2 SGB IV und die §§ 88 und 89 SGB IV).

---

[6] BT-Drs. 15/1525, S. 142 Nr. 157.

Gem. Absatz 3 Satz 2 i.V.m. **§ 87 Abs. 1 Satz 2 SGB IV** handelt sich hierbei um eine **Rechtsaufsicht,** bei der die Aufsichtsbehörde die Einhaltung von Gesetz und sonstigem für den MDK maßgebendem Recht prüft. Die Vorschrift lässt keinen Raum für die Prüfung der Zweckmäßigkeit einer (Verwaltungs-)Entscheidung oder Maßnahme. Nach Absatz 3 Satz 2 i.V.m. den **§§ 88, 89 SGB IV** können die Aufsichtsbehörden die Geschäfts- und Rechnungsführung prüfen und die Vorlage von Unterlagen und alle sonstigen Auskünfte verlangen. Absatz 3 Satz 2 i.V.m. **§ 89 SGB IV** regelt die Mittel, die zur Durchsetzung der staatlichen Aufsicht eingesetzt werden können, wenn die Aufsichtsbehörde feststellt, dass der Versicherungsträger durch sein Handeln oder Unterlassen das Recht verletzt hat. Danach kann die Aufsichtsbehörde den MDK förmlich beraten oder ihn im Aufsichtswege verpflichten, die Rechtsverletzungen zu beheben. Darüber hinaus gelten die Prüfvorschriften des § 274 SGB V. Die Aufsichtsbehörden haben bei ihren Prüfungen die **ärztliche Unabhängigkeit** zu beachten. Die Ärzte des Medizinischen Dienstes sind bei der Wahrnehmung ihrer medizinischen Aufgaben nur ihrem Gewissen unterworfen (Absatz 3 Satz 3 i.V.m. § 275 Abs. 5 Satz 2 SGB V). 12

§ 282 SGB V Koordinierung auf Bundesebene

(Fassung vom 14.06.1996, gültig ab 25.06.1996, gültig bis 30.06.2008)

Die Spitzenverbände der Krankenkassen haben die wirksame Durchführung der Aufgaben und die Zusammenarbeit der Medizinischen Dienste zu fördern. Sie bilden zu diesem Zweck eine Arbeitsgemeinschaft. Die Spitzenverbände der Krankenkassen beschließen gemeinsam und einheitlich Richtlinien über die Zusammenarbeit der Krankenkassen mit den Medizinischen Diensten, zur Sicherstellung einer einheitlichen Begutachtung sowie über Grundsätze zur Fort- und Weiterbildung. Im übrigen können sie Empfehlungen abgeben.

Gliederung

A. Basisinformationen

I. Normgeschichte

1 Bis zum 31.12.1988 wurden die Aufgaben des Vertrauensärztlichen Dienstes (VäD) auf der Bundesebene über die Arbeitsgemeinschaft für Gemeinschaftsaufgaben der Krankenversicherung (AGKV) koordiniert.[1] Der Verband Deutscher Rentenversicherungsträger war aufgrund der organisatorischen Anbindung der Gemeinschaftsaufgaben der Krankenversicherung an die Landesversicherungsanstalten ebenfalls Mitglied der Arbeitsgemeinschaft (siehe die Kommentierung zu § 278 SGB V Rn. 1 und die Kommentierung zu § 278 SGB V Rn. 2). Mit In-Kraft-Treten des Gesundheitsreformgesetzes (GRG)[2] zum 01.01.1989 haben die Spitzenverbände der Krankenkassen die wirksame Durchführung der Aufgaben und die Zusammenarbeit der Medizinischen Dienste zu fördern. Zu diesem Zweck haben sie eine Arbeitsgemeinschaft zu bilden. Die Zustimmung (zu den Richtlinien und Empfehlungen) des (damaligen) BMG und BMA in Satz 5 wurde durch das Pflegeversicherungsgesetz (Pflege-VG) mit Wirkung zum 01.01.1995 zum Bestandteil der Vorschrift; Satz 5 wurde wiederum mit Wirkung vom 25.06.1996 ersatzlos gestrichen.[3]

II. Vorgängervorschriften

2 Die Vorschrift hat wegen der Neuordnung des Medizinischen Dienstes der Krankenversicherung keine Vorgänger.

III. Verwaltungsvorschriften

3 Die Spitzenverbände der Krankenkassen haben am 27.08.1990 aufgrund einer Empfehlung des Vorstandes des MDS erstmals die „**Richtlinien über die Zusammenarbeit der Krankenkassen mit dem Medizinischen Dienst der Krankenversicherung**" erlassen, die durch die „**Empfehlung zur vorrangigen Beauftragung von Gutachtern**" vom 26.06.1990 ergänzt worden ist. Die Richtlinien über die „**Grundsätze für die Fort- und Weiterbildung im Medizinischen Dienst**" wurden am 22.08.2001 durch das Beschlussgremium nach § 213 SGB V verabschiedet. Sie beschreiben den Aufgabenbereich des MDS; gleichzeitig sollen sie die Arbeitsqualität des MDK sichern und fördern.

---

[1] § 2 der Empfehlungsvereinbarung zur Weiterentwicklung des VäD auf der Grundlage des geltenden Rechts, KrV 1986, 74.

[2] Vom 20.12.1988, BGBl I 1988, 2477.

[3] Satz 5 wurde durch Art. 4 Nr. 14 des Pflegeversicherungsgesetzes (PflegeVG) vom 25.06.1994, BGBl I, 1014, angefügt und durch das 1. SGB XI ÄndG vom 14.06.1996, BGBl I 1996, 830, wieder ersatzlos gestrichen.

IV. Literaturhinweis

Rebscher, Medizinischer Dienst der Spitzenverbände der Krankenkassen, Aufgaben und Ziele der Arbeitsgemeinschaft nach § 282 SGB V, KrV, 27. 4

B. Auslegung der Norm

I. Regelungsgehalt

Den Spitzenverbänden der Krankenkassen ist durch § 282 SGB V die Aufgabe übertragen wurden, die Zusammenarbeit der Medizinischen Dienste zu sichern und zu fördern sowie eine wirksame (einheitliche) Durchführung der (Begutachtungs-)Aufgaben innerhalb der MDK-Gemeinschaft zu gewährleisten. Zur Förderung dieses Zweckes haben die Spitzenverbände der Krankenkassen eine Arbeitsgemeinschaft auf der Bundesebene zu installieren. Die Aufgabenkoordinierung und die Zusammenarbeit der Medizinischen Dienste mit den Krankenkassen werden durch Richtlinien und Empfehlungen bestimmt und sichergestellt. 5

II. Erläuterung und Zweck der Norm

Die Spitzenverbände der Krankenkassen haben die Arbeitsgemeinschaft **Medizinischer Dienst der Spitzenverbände der Krankenkassen e. V. (MDS) mit Sitz in Essen am 18.10.1989** gegründet. Der MDS ist der legale Nachfolger der Arbeitsgemeinschaft für Gemeinschaftsaufgaben der Krankenversicherung (AGKV). Die Träger des MDS sind die Spitzenverbände der Krankenkassen (§ 213 SGB V i.V.m. § 212 SGB V), die auch die Arbeitsgemeinschaft nach § 282 SGB V zu bilden haben. Es sind dies der AOK-Bundesverband, die Bundesverbände der Betriebs-, Innungs- und der landwirtschaftlichen Krankenkassen, die See-Krankenkasse, die Bundesknappschaft und die Verbände der Ersatzkassen. Zur rechtlichen **Ausgestaltung der Arbeitsgemeinschaft** enthält § 282 SGB V keine Regelung. Die Rechtsform der Arbeitsgemeinschaft war von vornherein nicht bestimmt, so dass die Spitzenverbände bei der Gestaltung der Arbeitsgemeinschaft weitestgehend **frei** waren; die Grundsätze der Wirtschaftlichkeit und Sparsamkeit[4] mussten jedoch berücksichtigt werden. Als geeignete **Rechtsform** für den MDS wurde von den Spitzenverbänden der Krankenversicherung der **eingetragene Verein** (§§ 21 ff. BGB) gewählt. 6

Die **Mitgliederversammlung** und **der Vorstand** bilden die **Organe des MDS**. Dies ergibt sich unmittelbar aus der Satzung des MDS (§ 5 der Satzung). Die Arbeitsgemeinschaft hat darüber hinaus eine Geschäftsstelle, die von einem **Geschäftsführer** geleitet wird. In der Mitgliederversammlung ist jedes Mitglied, also jeder Spitzenverband einer gesetzlichen Krankenkasse, durch Delegierte vertreten. Zu den Aufgaben der Mitgliederversammlung gehört es, den Haushaltsplan festzustellen, die Jahresrechnung abzunehmen, über Satzungsänderungen zu entscheiden und den Vorstand und dessen Vorsitzenden zu wählen. Außerdem entscheidet die Mitgliederversammlung über die Einstellung des Geschäftsführers und dessen Stellvertreters nach dem Vorschlag des Vorstandes. Der Vorstand wird von der Mitgliederversammlung gewählt. Ihm obliegt es u.a., den Haushaltsplan aufzustellen, die Jahresrechnung zu beschließen und den Geschäftsführer und dessen Stellvertreter zur Wahl vorzuschlagen. Der Geschäftsführer führt die laufenden Verwaltungsgeschäfte der Arbeitsgemeinschaft.[5] 7

Die **Aufgabe des MDS** besteht darin, die Zusammenarbeit der Medizinischen Dienste zu fördern und zu unterstützen, insbesondere dafür Sorge zu tragen, dass bei der Durchführung ihrer Aufgaben „kassenarten- und länderübergreifend nach gleichen Kriterien und Verfahren“[6] vorgegangen wird. Zum Aufgabengebiet gehört nach Satz 3 ferner die **Vorbereitung** von **Richtlinien** über die Zusammenarbeit der Krankenkassen mit dem Medizinischen Dienst, über die Sicherstellung einer einheitlichen qualifizierten Begutachtung und über die Grundsätze der Fort- und Weiterbildung. Die Richtlinien werden nach der Verfahrensregelung in § 213 SGB V beschlossen. Bei den Richtlinien handelt es sich um **Verwaltungsvorschriften**, die einen innerdienstlichen Charakter aufweisen und somit den internen Dienstbetrieb der MDK-Gemeinschaft regeln.[7] 8

---

[4] *Gerlach* in: Hauck/Haines, SGB V, § 282 Rn. 4.

[5] MDS-Broschüre, Kurz & bündig, Die MDK-Gemeinschaft, 2004, 18.

[6] MDS-Broschüre, Kurz & bündig, Die MDK-Gemeinschaft, 2004, 14.

[7] *Peters,* Handbuch KV (SGB V), § 282 Rn. 9.

9 Neben den Richtlinien können die Spitzenverbände nach Satz 4 **Empfehlungen** abgeben, die als Ratschläge für die Zusammenarbeit der Krankenkassen mit dem Medizinischen Dienst anzusehen sind und von dem Medizinischen Dienst berücksichtigt werden müssen (vgl. § 280 Abs. 1 Nr. 4 SGB V).

C. Praxishinweise

10 **Information:** Medizinischer Dienst der Spitzenverbände der Krankenkassen e. V., Lützowstraße 53 in 45141 Essen; Telefon 0201/8327-0; E-Mail: office@mds-ev.de; Internet: www.mds-ev.org; Geschäftsführer: Dr. Peter Pick; Ltd. Arzt: Prof. Dr. Jürgen Windeler.

§ 283 SGB V Ausnahmen

(Ursprünglich kommentierte Fassung vom 09.12.2004, gültig ab 01.10.2005, gültig bis 27.12.2007)

Die Aufgaben des medizinischen Dienstes nehmen für die Bereiche der Bundesbahn-Betriebskrankenkasse sowie der Reichsbahn-Betriebskrankenkasse, auch für den Fall der Vereinigung der beiden Kassen zur Bahnbetriebskrankenkasse, und der Betriebskrankenkasse des Bundesverkehrsministeriums, soweit deren Mitglieder in dem Dienstbezirk der Bahnbetriebskrankenkasse wohnen, die Ärzte des Bundeseisenbahnvermögens wahr. Für die anderen Mitglieder der Betriebskrankenkasse des Bundesministeriums für Verkehr, Bau- und Wohnungswesen und die Betriebskrankenkasse nach § 7 Postsozialversicherungsorganisationsgesetz (DIE BKK POST) schließen diese Betriebskrankenkassen Verträge mit den Medizinischen Diensten. Die Aufgaben des Medizinischen Dienstes nehmen für den Bereich der knappschaftlichen Krankenversicherung der Sozialmedizinische Dienst der Deutschen Rentenversicherung Knappschaft-Bahn-See und für die See-Krankenkasse der ärztliche Dienst der See-Berufsgenossenschaft wahr.

§ 283 SGB V Ausnahmen

(Fassung vom 19.12.2007, gültig ab 28.12.2007)

Die Aufgaben des medizinischen Dienstes nehmen für die Bereiche der Bundesbahn-Betriebskrankenkasse sowie der Reichsbahn-Betriebskrankenkasse, auch für den Fall der Vereinigung der beiden Kassen zur Bahnbetriebskrankenkasse, und der Betriebskrankenkasse des Bundesverkehrsministeriums, soweit deren Mitglieder in dem Dienstbezirk der Bahnbetriebskrankenkasse wohnen, die Ärzte des Bundeseisenbahnvermögens wahr. Für die anderen Mitglieder der Betriebskrankenkasse des Bundesministeriums für Verkehr, Bau- und Wohnungswesen und die Betriebskrankenkasse nach § 7 Postsozialversicherungsorganisationsgesetz (DIE BKK POST) schließen diese Betriebskrankenkassen Verträge mit den Medizinischen Diensten. *Die Aufgaben des Medizinischen Dienstes nimmt für die Krankenversicherung der Deutschen Rentenversicherung Knappschaft-Bahn-See deren Sozialmedizinischer Dienst wahr.*

Hinweis: § 283 SGB V in der Fassung vom 01.10.2005 wurde durch Art. 5 Nr. 15 des Gesetzes vom 19.12.2007 (BGBl I 2007, 3024) i.V.m. der Bek. vom 28.12.2007 (BGBl I 2007, 3305) mit Wirkung vom 28.12.2007 geändert. Die Autoren passen die Kommentierungen bei Bedarf an die aktuelle Rechtslage durch Aktualisierungshinweise an.

Gliederung

A. Basisinformationen

I. Normgeschichte

Die Vorschrift des § 283 SGB V ist mit Wirkung zum 01.01.1989 durch Art. 1 des Gesundheitsreformgesetzes (GRG)[1] eingeführt worden. Eine Modifizierung erfuhr die Vorschrift durch das Eisenbahnneuordnungsgesetz (ENeuOG)[2] mit Wirkung zum 01.01.1994[3]. Durch die Änderung des Satzes 1 1

[1] Vom 20.12.1988, BGBl I 1988, 2477.
[2] Vom 27.12.1993, BGBl I 1993, 2378.

wurde die Zusammenführung der Bundesbahn-BKK und Reichsbahn-BKK zur der Bahn-BKK in Aussicht gestellt. Satz 2 wurde durch das 2. Gesetz zur Änderung des Sozialgesetzbuchs (2. SGBÄndG)[4] geändert; durch Art. 216 Nr. 5 Siebente Zuständigkeitsanpassungs-Verordnung[5] erfolgte eine Anpassung der Zuständigkeitsregelung.

II. Vorgängervorschriften

2 Die Vorschrift hat wegen der Neuordnung des Medizinischen Dienstes der Krankenversicherung keine Vorgänger.

III. Literaturhinweise

3 Vgl. die Kommentierung zu § 278 SGB V Rn. 4.

B. Auslegung der Norm

I. Regelungsgehalt

4 § 283 SGB V ist eine Ausnahmeregelung gegenüber der Errichtung einer „Arbeitsgemeinschaft“ Medizinischer Dienst der Krankenversicherung auf Landesebene (vgl. § 278 SGB V).

II. Erläuterung und Zweck der Regelung

5 Die besonderen ärztlichen Dienste bei der Bahn, der Post, der Bundesknappschaft und der See-Krankenkasse übernehmen die Aufgaben des Medizinischen Dienstes in vollem Umfang. Die **Ausnahmeregelung** nach § 283 SGB V ist historisch gewachsen und gewährleistet das Fortbestehen gewachsener Strukturen in den Verwaltungsapparaten der Krankenversicherungsträger.

6 Nach Satz 1 werden die Aufgaben des Medizinischen Dienstes auch nach Zusammenschluss der Bundesbahn-BKK und Reichsbahn-BKK zur Bahnbetriebskrankenkasse (Bahn-BKK) durch die Ärzte des Bundeseisenbahnvermögens (Medizinischer Dienst des Bundeseisenbahnvermögens: MD-BEV) wahrgenommen. Der MD-BEV agiert bundesweit und ist deshalb zusammen mit dem Medizinischen Dienst der Krankenversicherung der Länder unter dem Dachverband des MDS organisiert. Die Mitglieder der BKK des Bundesministeriums für Verkehr, Bau und Wohnungswesen (BKK-BVM), die im Dienstbezirk der (neu) Bahn-BKK wohnen, nehmen ebenfalls den MD-BEV in Anspruch.

7 Die anderen Mitglieder der BKK-BVM und die BKK-Post sollen aufgrund vertraglicher Vereinbarung den Medizinischen Dienst der Krankenversicherung in Anspruch nehmen.

8 Für die Bundesknappschaft nimmt deren sozialmedizinischer Dienst die Aufgaben des Medizinischen Dienstes wahr. Die Aufgaben bei der See-Krankenkasse werden durch den ärztlichen Dienst der See-Berufsgenossenschaft wahrgenommen.

C. Praxishinweise

9 Der Medizinische Dienst des Bundeseisenbahnvermögens (MD-BEV) hat seine Geschäftsführung in der Hauptverwaltung in Bonn (Kurt-Georg-Kiesinger-Allee 2, 53175 Bonn). Regional ist er in fünf Vorberatungsstellen (Berlin, Cottbus, Frankfurt/M., Münster und Rosenheim) jeweils im Gebäude der Regionalgeschäftsstellen der Bahn-BKK vertreten.

---

3 Gem. Art. 6 Nr. 101 ENeuOG.

4 Vom 13.06.1994, BGBl I 1994, 1229.

5 Vom 29.10.2001, BGBl I 2001, 2785.

Zehntes Kapitel: Versicherungs- und Leistungsdaten, Datenschutz, Datentransparenz
Erster Abschnitt: Informationsgrundlagen
Erster Titel: Grundsätze der Datenverwendung

§ 284 SGB V Sozialdaten bei den Krankenkassen

(Fassung vom 26.03.2007, gültig ab 01.04.2007)

(1) Die Krankenkassen dürfen Sozialdaten für Zwecke der Krankenversicherung nur erheben und speichern, soweit diese für

1. **die Feststellung des Versicherungsverhältnisses und der Mitgliedschaft, einschließlich der für die Anbahnung eines Versicherungsverhältnisses erforderlichen Daten,**
2. **die Ausstellung des Berechtigungsscheines, der Krankenversichertenkarte und der elektronischen Gesundheitskarte,**
3. **die Feststellung der Beitragspflicht und der Beiträge, deren Tragung und Zahlung,**
4. **die Prüfung der Leistungspflicht und der Erbringung von Leistungen an Versicherte, die Bestimmung des Zuzahlungsstatus und die Durchführung der Verfahren bei Kostenerstattung, Beitragsrückzahlung und der Ermittlung der Belastungsgrenze,**
5. **die Unterstützung der Versicherten bei Behandlungsfehlern,**
6. **die Übernahme der Behandlungskosten in den Fällen des § 264,**
7. **die Beteiligung des Medizinischen Dienstes,**
8. **die Abrechnung mit den Leistungserbringern, einschließlich der Prüfung der Rechtmäßigkeit und Plausibilität der Abrechnung,**
9. **die Überwachung der Wirtschaftlichkeit der Leistungserbringung,**
10. **die Abrechnung mit anderen Leistungsträgern,**
11. **die Durchführung von Erstattungs- und Ersatzansprüchen,**
12. **die Vorbereitung, Vereinbarung und Durchführung von Vergütungsverträgen nach den §§ 85c und 87a bis 87c,**
13. **die Vorbereitung und Durchführung von Modellvorhaben, die Durchführung des Versorgungsmanagements nach § 11 Abs. 4, die Durchführung von Verträgen zu integrierten Versorgungsformen und zur ambulanten Erbringung hochspezialisierter Leistungen, einschließlich der Durchführung von Wirtschaftlichkeitsprüfungen und Qualitätsprüfungen, soweit Verträge ohne Beteiligung der Kassenärztlichen Vereinigungen abgeschlossen wurden,**
14. **die Durchführung des Risikostrukturausgleichs (§ 266 Abs. 1 bis 6, § 267 Abs. 1 bis 6, § 268 Abs. 3) und des Risikopools (§ 269 Abs. 1 bis 3) sowie zur Gewinnung von Versicherten für die Programme nach § 137g und zur Vorbereitung und Durchführung dieser Programme**

erforderlich sind. Versichertenbezogene Angaben über ärztliche Leistungen dürfen auch auf maschinell verwertbaren Datenträgern gespeichert werden, soweit dies für die in Satz 1 Nr. 4, 8, 9, 10, 11, 12, 13, 14 bezeichneten Zwecke erforderlich ist. Versichertenbezogene Angaben über ärztlich verordnete Leistungen dürfen auf maschinell

verwertbaren Datenträgern gespeichert werden, soweit dies für die in Satz 1 Nr. 4, 8, 9, 10, 11, 12, 13, 14 und § 305 Abs. 1 bezeichneten Zwecke erforderlich ist. Die nach den Sätzen 2 und 3 gespeicherten Daten sind zu löschen, sobald sie für die genannten Zwecke nicht mehr benötigt werden. Im Übrigen gelten für die Datenerhebung und -speicherung die Vorschriften des Ersten und Zehnten Buches.

(2) Im Rahmen der Überwachung der Wirtschaftlichkeit der vertragsärztlichen Versorgung dürfen versichertenbezogene Leistungs- und Gesundheitsdaten auf maschinell verwertbaren Datenträgern nur gespeichert werden, soweit dies für Stichprobenprüfungen nach § 106 Abs. 2 Satz 1 Nr. 2 erforderlich ist.

(3) Die rechtmäßig erhobenen und gespeicherten versichertenbezogenen Daten dürfen nur für die Zwecke der Aufgaben nach Absatz 1 in dem jeweils erforderlichen Umfang verarbeitet oder genutzt werden, für andere Zwecke, soweit dies durch Rechtsvorschriften des Sozialgesetzbuchs angeordnet oder erlaubt ist. Die Daten, die nach § 295 Abs. 1b Satz 1 an die Krankenkasse übermittelt werden, dürfen nur zu Zwecken nach Absatz 1 Satz 1 Nr. 4, 8, 9, 10, 11, 12, 13, 14 und § 305 Abs. 1 versichertenbezogen verarbeitet und genutzt werden und nur, soweit dies für diese Zwecke erforderlich ist; für die Verarbeitung und Nutzung dieser Daten zu anderen Zwecken ist der Versichertenbezug vorher zu löschen.

(4) Zur Gewinnung von Mitgliedern dürfen die Krankenkassen Daten erheben, verarbeiten und nutzen, wenn die Daten allgemein zugänglich sind, es sei denn, dass das schutzwürdige Interesse des Betroffenen an dem Ausschluss der Verarbeitung oder Nutzung überwiegt. Ein Abgleich der erhobenen Daten mit den Angaben nach § 291 Abs. 2 Nr. 2, 3, 4 und 5 ist zulässig. Widerspricht der Betroffene bei der verantwortlichen Stelle der Nutzung oder Übermittlung seiner Daten, ist sie unzulässig. Die Daten sind zu löschen, sobald sie für die Zwecke nach Satz 1 nicht mehr benötigt werden. Im Übrigen gelten für die Datenerhebung, Verarbeitung und Nutzung die Vorschriften des Ersten und Zehnten Buches.

Gliederung

A. Basisinformationen

I. Textgeschichte/Gesetzgebungsmaterialien

1 § 284 SGB V ist durch das **Gesundheitsreformgesetz**[1] **mit Wirkung ab 01.01.1989**[2] eingeführt worden. Die Vorschrift, die zunächst die Überschrift „Personenbezogene Daten bei den Krankenkassen" trug, zählt abschließend auf, für welche Aufgabenzwecke die Krankenkassen personenbezogene Daten

[1] Gesetz zur Strukturreform im Gesundheitswesen (Gesundheitsreformgesetz – GRG) vom 20.12.1989, BGBl I 1989, 2477.

[2] Art. 79 Abs. 2 GRG.

ihrer Versicherten erheben können. Die Sammlung personenbezogener Daten zu noch nicht bestimmbaren Zwecken wird ausgeschlossen. Schließlich wird die Geltung der Datenschutzvorschriften des SGB I und des SGB X angeordnet.[3] Durch das **Gesundheitsstrukturgesetz**[4] wurden **mit Wirkung ab 01.01.1993** Absatz 1 Sätze 2 und 3 sowie Absatz 2 geändert.[5] In Absatz 1 Sätze 2 und 3 wurden die Bereiche, für die versichertenbezogene Angaben über ärztliche und ärztlich verordnete Leistungen erfasst werden dürfen, um die in Satz 1 Nr. 4, 8 und 9 genannten Zwecke erweitert. Weiterhin wurde in Absatz 1 Satz 3 auch die Erfassung der Daten für die in § 305 Abs. 1 SGB V bezeichneten Zwecke[6] zugelassen. In Absatz 2 wurde durch Streichung des Begriffes „kassenärztliche Versorgung" den Änderungen im Vertragsarztrecht Rechnung getragen. Durch das **2. SGBÄndG**[7] wurde **mit Wirkung ab 01.07.1994** die Terminologie des 2. Kapitels des SGB X übernommen. Die Überschrift der Vorschrift erhielt die jetzige Fassung. Weiterhin wurde der Begriff der Erfassung von Daten durch den der Speicherung ersetzt. Absatz 4, der die Sperrung von Versicherungs- und Leistungsdaten der Beschäftigten einer Krankenkasse gegenüber Personen, die kasseninterne Personalentscheidungen treffen oder daran mitwirken können, vorsah, wurde gestrichen, da für alle Bereiche des SGB eine entsprechende Regelung in § 35 Abs. 1 Satz 3 SGB I aufgenommen worden war.[8] **Mit Wirkung ab 01.07.1997** wurde durch das **Gesetz zur sozialrechtlichen Behandlung von einmalig gezahltem Arbeitsentgelt**[9] Absatz 1 Satz 1 Nr. 3 den Änderungen der beitragsrechtlichen Vorschriften des SGB V angepasst. Durch das **Gesetz zur Reform des Risikostrukturausgleichs in der gesetzlichen Krankenversicherung**[10] wurde **mit Wirkung ab 01.01.2002** Absatz 1 Satz 1 Nr. 11 eingefügt, der die Erhebung und Speicherung von Daten für die Durchführung des Risikostrukturausgleichs und des Risikopools sowie zur Gewinnung von Versicherten für die Programme nach § 137g SGB V und zur Vorbereitung und Durchführung dieser Programme erlaubt. In Absatz 1 Sätze 2 und 3 wurde die Speicherung ärztlicher oder ärztlich verordneter Leistungen auf Datenbändern oder anderen maschinell verwertbaren Datenträgern für die Zwecke des Absatzes 1 Satz 1 Nr. 11 vorgesehen. Das **GKV-Modernisierungsgesetz**[11] hat **mit Wirkung ab 01.01.2004** den Katalog der Zwecke und Aufgaben in Absatz 1 Satz 1, für die die Krankenkassen Daten über ihre Versicherten und Leistungserbringer erheben und speichern dürfen, den Änderungen im Leistungs- und Beitragsrecht angepasst und die Nr. 11-13 ergänzt, die bisherige Nr. 11 wurde Nr. 14. Die in Absatz 1 Sätze 2 und 3 geregelte Befugnis der Krankenkassen, Angaben über ärztliche bzw. ärztlich verordnete Leistungen zu speichern, wurde den in Satz 1 Nr. 11-13 erweiterten Erhebungs- und Speicherungsbefugnissen angepasst. Weiterhin wurde Absatz 3 um Satz 2 erweitert, um sicherzustellen, dass die den Krankenkassen ohne Beteiligung der Kassenärztlichen Vereinigungen aufgrund von Verträgen über integrierte Versorgungsformen mitgeteilten versichertenbezogene Abrechnungsdaten ausschließlich für die aufgeführten Aufgaben verarbeitet und genutzt werden, ansonsten ist der Versichertenbezug vorher zu löschen. Neu eingefügt wurde Absatz 4, der den Krankenkassen in den genannten Grenzen die Möglichkeit einräumt, für die Gewinnung von Mitgliedern Daten zu erheben, zu verarbeiten und zu nutzen. Mit Wirkung ab 01.04.2007 wurden durch das GKV-Wettbewerbsstärkungsgesetz[12] in den Nr. 12 und 13 des Absatzes 1 redaktionelle Änderungen vorgenommen.

---

3 BT-Drs. 11/2237, S. 238.

4 Gesetz zur Sicherung und Strukturverbesserung der gesetzlichen Krankenversicherung (Gesundheitsstrukturgesetz – GSG) vom 21.12.1992, BGBl I 1992, 2266.

5 BT-Drs. 12/3608, S. 122.

6 Auskünfte an Versicherte über die im letzten Geschäftsjahr in Anspruch genommenen Leistungen und deren Kosten.

7 Zweites Gesetz zur Änderung des Sozialgesetzbuchs (2. SGBÄndG) vom 13.06.1994; BGBl I 1994, 1229.

8 BT-Drs. 12/6306, S. 16; BT-Drs. 12/6334, S. 7.

9 Gesetz zur sozialrechtlichen Behandlung von einmalig gezahltem Arbeitsentgelt vom 12.12.1996, BGBl I 1996, 1859.

10 Gesetz zur Reform des Risikostrukturausgleichs in der gesetzlichen Krankenversicherung vom 10.12.2001, BGBl I 2001, 3465.

11 Gesetz zur Modernisierung der gesetzlichen Krankenversicherung (GKV-Modernisierungsgesetz – GMG) vom 14.11.2003, BGBl I 2003, 2190.

12 Gesetz zur Stärkung des Wettbewerbs in der gesetzlichen Krankenversicherung (GKV-Wettbewerbsstärkungsgesetz – GKV-WSG) vom 26.03.2007, BGBl I 2007, 378

II. Vorgängervorschriften

2 Die **bis 31.12.1988** geltenden Vorschriften der RVO über die gesetzliche Krankenversicherung enthielten **keine eigenständigen Regelungen über die Verwendung der Daten von Versicherten und von Leistungserbringern**. Anwendbar waren ab 01.01.1976 die Vorschrift über das Sozialgeheimnis in § 35 SGB I[13] und ab 01.01.1981 die Regelungen der §§ 67-85 SGB X[14] über den Schutz der Sozialdaten im Verwaltungsverfahren.

III. Parallelvorschriften

3 Ähnliche Bestimmungen wie § 284 SGB V enthalten **§ 94 SGB XI** für die soziale Pflegeversicherung und **§ 148 SGB VI** für die gesetzliche Rentenversicherung. Weiterhin sind in **§ 199 SGB VII** für die gesetzliche Unfallversicherung, in **§ 51b SGB II** für die Grundsicherung für Arbeitsuchende und in **§ 394 SGB III** für die Arbeitslosenversicherung Bestimmungen über die Erhebung, Verarbeitung und Nutzung von Daten durch die jeweils zuständigen Leistungsträger vorgesehen. **§ 18f SGB IV** regelt die Erhebung, Verarbeitung und Nutzung der Versicherungsnummer durch die Sozialversicherungsträger und die sonstigen in dieser Vorschrift genannten Stellen. Der Schutz der Sozialdaten für den Bereich der Kinder- und Jugendhilfe ist in den **§§ 61-68 SGB VIII** geregelt.

IV. Systematische Zusammenhänge

4 § 284 SGB V ist **die erste Vorschrift des Ersten Titels** (Grundsätze der Datenverwendung) **des Ersten Abschnitts** (Informationsgrundlagen) **des Zehnten Kapitels** (Versicherungs- und Leistungsdaten, Datenschutz, Datentransparenz) **des SGB V.** Das Zehnte Kapitel zielt darauf ab, die Transparenz des Leistungsgeschehens zu verbessern und die Unterrichtung der Versicherten über die Leistungen zu ermöglichen, die Voraussetzungen für eine qualifizierte Prüfung von Wirtschaftlichkeit, Zweckmäßigkeit und Notwendigkeit der abgerechneten Leistungen sowie zur Bekämpfung von Missbrauch und Abrechnungsmanipulationen zu schaffen und es damit den Krankenkassen zu ermöglichen, ihre Aufgaben wirksamer und besser als bisher zu erfüllen.[15] Der Erste Titel umfasst neben § 284 SGB V Bestimmungen über die Erhebung und Speicherung personenbezogener Daten bei den Kassenärztlichen Vereinigungen (§ 285 SGB V), die Erstellung von Datenübersichten (§ 286 SGB V) und die Auswertung von Daten im Rahmen von Forschungsvorhaben (§ 287 SGB V). Der Zweite Titel des Ersten Abschnitts des Zehnten Kapitels enthält die Vorschriften über die Informationsgrundlagen der Krankenkassen. Der Zweite Abschnitt des Zehnten Kapitels regelt die Übermittlung und Aufbereitung von Leistungsdaten und enthält Vorschriften über die Datentransparenz.

V. Literaturhinweise

5 *Adelt*, Notwendiger Informationsfluss zwischen Krankenhaus und Krankenkasse, BKK 2001, 513-524; *Bress*, Schutz der Sozialdaten – ein Überblick aus Sicht der GKV, WzS 1999, 321-327 und WzS 2000, 9-13; *Dahm/Meschke*, Die Befugnis der Krankenkassen zur Einsichtnahme in Patientenunterlagen, MedR 2002, 346-352; *Hennies*, Kein Einsichtsrecht der Krankenkassen in Krankenhausbehandlungsunterlagen, KH 2002, 1018-1019; *Hustadt*, Datenschutz soll Patienten und nicht schlechte Qualität schützen, ErsK 2001, 308; *Jacob*, Notwendigkeit und Grenzen der Datentransparenz in der GKV, KrV 2000, 12-14; *Marburger*, Datenverwendung für die Gewinnung von Mitgliedern, Markt und Wettbewerb, 2004, 353-357; *Roßbruch*, Zur Herausgabe von Behandlungsunterlagen an die Krankenkasse, PflR 2003, 69-70; *Roßbruch*, Zum Einsichtnahmerecht der Krankenkassen in die Krankenunterlagen – Vergütungsanspruch des Krankenhauses, PFlR 2003, 463-464; *Sikorski*, Die Rechtsgrundlagen für das Anfordern medizinischer Unterlagen durch den MDK, MedR 1999, 449-453.

B. Auslegung der Norm

I. Regelungsgehalt und Bedeutung der Norm

6 § 284 SGB V enthält **in Absatz 1 Satz 1 eine enumerative Aufzählung der Zwecke**, für die die Krankenkassen Daten erheben und speichern dürfen, sofern dies erforderlich ist. **Absatz 1 Sätze 2-4** enthalten Sonderregelungen über die Speicherung von Daten über ärztliche oder ärztlich verordnete Leistun-

[13] Sozialgesetzbuch – Allgemeiner Teil – vom 11.12.1975, BGBl I 1975, 3015.
[14] Sozialgesetzbuch – Verwaltungsverfahren – vom 18.08.1980, BGBl I 1980, 1469, ber. 2218.
[15] BT-Drs. 11/2237, S. 235.

gen auf maschinell verwertbaren Datenträgern und deren Löschung. **Absatz 1 Satz 5** schreibt die Geltung der allgemeinen Vorschriften des § 35 SGB I und der §§ 67 ff. SGB X vor, soweit sie nicht durch die Sonderregelungen des § 284 SGB V verdrängt werden. **Absatz 2** regelt die Datenspeicherung zur Überwachung der Wirtschaftlichkeit in der vertragsärztlichen Versorgung. **Absatz 3** schließt in Satz 1 die Verwendung der erhobenen und gespeicherten versichertenbezogenen Daten für andere Zwecke als nach Absatz 1 oder nach sonstigen Rechtsvorschriften des SGB aus. Absatz 3 Satz 2 regelt die Verarbeitung, Nutzung und Löschung von versichertenbezogenen Daten, die die Krankenkassen im Rahmen der Vertragsbeziehungen integrierter Versorgungsformen erhalten haben. **Absatz 4** schreibt vor, welche Daten die Krankenkassen zur Gewinnung von Mitgliedern erheben, verarbeiten und nutzen dürfen und wann diese Daten zu löschen sind. § 284 SGB V stellt **die zentrale datenschutzrechtliche Vorschrift** des Zehnten Kapitels des SGB V dar.

II. Normzweck

§ 284 SGB V regelt abschließend, **für welche Zwecke die Krankenkassen Sozialdaten erheben,** 7
speichern, verarbeiten und nutzen dürfen. Die Vorschrift soll zusammen mit den übrigen Regelungen des Ersten Titels die Sammlung und Auswertung personenbezogener Daten beschränken sowie insbesondere die Datenzusammenführung aus ärztlichen Abrechnungen auf Stichprobenprüfungen begrenzen und damit den „**gläsernen Patienten**" und die **Erstellung von „Leistungs- und Gesundheitsprofilen"** verhindern.[16] Sie stellt damit die erforderliche Eingriffsnorm im Hinblick auf „Recht zur informationellen Selbstbestimmung"[17] dar. Neben dem Schutz der Sozialdaten der Versicherten und Leistungserbringer soll § 284 SGB V aber auch die **Erhöhung der Transparenz des Leistungsgeschehens** verbessern und die Voraussetzungen für eine qualifizierte Prüfung von Wirtschaftlichkeit, Zweckmäßigkeit und Notwendigkeit der abgerechneten Leistungen schaffen und es damit den Krankenkassen ermöglichen, ihre Aufgaben wirksamer und besser wahrnehmen zu können. Absatz 4 soll bisherige Unklarheiten beseitigen und klarstellen, welche Daten von den Krankenkassen zum Zwecke der Mitgliederwerbung verwendet werden dürfen.

III. Tatbestandsmerkmale

1. Erhebung, Speicherung, Verarbeitung und Nutzung von Sozialdaten

Sozialdaten sind nach § 67 Abs. 1 Satz 1 SGB X Einzelangaben über persönliche oder sachliche Ver- 8
hältnisse einer bestimmten oder bestimmbaren Person, die von einer in § 35 SGB I genannten Stelle im Hinblick auf ihre Aufgaben nach dem SGB erhoben, verarbeitet oder genutzt werden. **Betriebs- und Geschäftsgeheimnisse** stehen gemäß § 35 Abs. 4 SGB I Sozialdaten gleich. Nach § 67 Abs. 1 Satz 2 SGB X sind Betriebs- und Geschäftsgeheimnisse alle betriebs- oder geschäftsbezogenen Daten, auch von juristischen Personen, die Geheimnischarakter haben. § 3 Abs. 1 BDSG verwendet den Begriff der personenbezogenen Daten. Entsprechend der teilweisen Übereinstimmung der Begriffe in § 3 Abs. 1 BDSG und § 67 Abs. 1 Satz 1 SGB X sind Sozialdaten die von Stellen i.S.d. § 35 SGB I erhobenen personenbezogenen Daten und damit eine Untergruppe der personenbezogenen Daten i.S.d. § 3 Abs. 1 BDSG. Der in § 284 SGB V verwendete Begriff der „**versichertenbezogenen Daten**" ist enger als der Begriff der Sozialdaten, der neben diesen Daten auch die bei Dritten, wie z.B. Arbeitgebern, oder bei Leistungserbringern erhobenen Daten umfasst. Durch das „Gesetz zur Änderung des Bundesdatenschutzgesetzes und anderer Gesetze" vom 18.05.2001[18] ist in § 67 Abs. 12 SGB X ebenso wie in § 3 Abs. 9 BDSG der Begriff der „**besonderen Arten personenbezogener Daten**" eingeführt worden. Hierbei handelt es sich um Angaben über die rassische und ethnische Herkunft, politische Meinungen, religiöse oder philosophische Überzeugungen, Gewerkschaftszugehörigkeit, Gesundheit oder Sexualleben. Die Aufnahme dieser Regelung entspricht den Vorgaben des Art. 8 der EG-Richtlinie Datenschutz[19]. Damit werden „sensitive Daten" einem erhöhten Schutzniveau unterworfen. **Einzelangaben** sind Informationen, die sich auf eine bestimmte natürliche Person beziehen oder geeignet sind, einen Bezug zu ihr herzustellen.[20]

---

[16] BT-Drs. 11/2237, S. 235.

[17] BVerfG v. 15.12.1983 - 1 BvR 209/83 u.a. - BVerfGE 65, 1 (Entscheidung zur Verfassungsmäßigkeit des Volkszählungsgesetzes 1983).

[18] BGBl I 2001, 904.

[19] Richtlinie 95/46 EG vom 24.10.1995 zum Schutz natürlicher Personen bei der Verarbeitung personenbezogener Daten und zum freien Datenverkehr, ABl. EGL Nr. 281 vom 23.11.1995, S. 31 ff. – EG-Ri.

[20] BVerwG v. 23.06.1994 - 5 C 16/92 - BVerwGE 96, 147.

9 Nach der Legaldefinition in **§ 67 Abs. 5 SGB X** ist unter dem **Erheben** von Daten das „Beschaffen von Daten über den Betroffenen" zu verstehen. Die Definition des Betroffenen in § 67 Abs. 1 Satz 1 SGB X als „bestimmte oder bestimmbare natürliche Person" umfasst auch juristische Personen, soweit ihre betriebs- oder geschäftsbezogenen Daten „Geheimnischarakter" i.S.d. § 67 Abs. 1 Satz 2 SGB X haben. Die Datenerhebung ist gem. § 67a Abs. 1 Satz 1 SGB X nur zulässig, wenn sie für die Aufgabenerfüllung der in § 35 SGB I genannten Stellen „erforderlich" ist. Ebenso bestimmt § 284 Abs. 1 Satz 1 SGB V, dass die Sozialdaten nur für die genannten Zwecke erhoben und gespeichert werden dürfen, soweit diese erforderlich sind. Dies gilt nach § 67a Abs. 1 Satz 2 SGB X auch für „besondere Arten personenbezogener Daten" nach § 67 Abs. 12 SGB X. Angaben über die rassische Herkunft dürfen ohne Einwilligung des Betroffenen, die sich ausdrücklich auf diese Daten beziehen muss, nicht erhoben werden (§ 67a Abs. 1 Satz 3 SGB X). Ist die Einwilligung des Betroffenen durch Gesetz vorgesehen, hat sie sich ausdrücklich auf „besondere Arten personenbezogener Daten" zu beziehen (§ 67 Abs. 1 Satz 4 SGB X). Grundsätzlich sind Sozialdaten nach § 67a Abs. 2 Satz 1 SGB X beim Betroffenen zu erheben. Ohne Mitwirkung des Betroffenen dürfen Daten bei Stellen i.S.d. § 35 SGB I oder i.S.d. § 69 Abs. 2 SGB X nur dann erhoben werden, wenn die Erhebung beim Betroffenen einen unverhältnismäßigen Aufwand erfordern würde (§ 67a Abs. 2 Satz 2 Nr. 1 lit. b SGB X). Eine Erhebung der Sozialdaten bei anderen Personen oder Stellen ist gemäß § 67a Abs. 2 Satz 2 Nr. 2 SGB X nur zulässig, wenn eine Rechtsvorschrift die Erhebung bei ihnen zulässt oder die Übermittlung an die erhebende Stelle ausdrücklich vorschreibt oder die Aufgaben nach dem SGB ihrer Art nach eine Erhebung bei anderen Personen oder Stellen erforderlich machen oder die Erhebung beim Betroffenen einen unverhältnismäßigen Aufwand erfordern würde und keine Anhaltspunkte dafür bestehen, dass überwiegende schutzwürdige Interessen des Betroffenen beeinträchtigt werden. Die Regelungen in § 67a Abs. 2 SGB X entsprechen im Wesentlichen denen in § 4 Abs. 2 BDSG.

10 **Verarbeiten** von Daten ist gem. **§ 67 Abs. 6 Satz 1 SGB X** das Speichern, Verändern, Übermitteln, Sperren und Löschen von Sozialdaten. Weitere Differenzierungen enthält insoweit § 67 Abs. 6 Satz 2 SGB X. **Speichern** ist in dieser Vorschrift als Erfassen, Aufnehmen oder Aufbewahren von Sozialdaten auf einem Datenträger definiert (Nr. 1), Verändern als das inhaltliche Umgestalten der gespeicherten Daten (Nr. 2), Übermitteln als Bekanntgabe von Sozialdaten an Dritte (Nr. 3), Sperren als Untersagen der weiteren Verarbeitung oder Nutzung von Sozialdaten durch entsprechende Kennzeichnung (Nr. 4) und Löschen als Unkenntlichmachen (Nr. 5). **Nutzen** von Daten ist nach **§ 67 Abs. 7 SGB X** jede Verwendung von Sozialdaten, soweit es sich nicht um Verarbeitung handelt. Dies gilt auch für die Weitergabe innerhalb der speichernden Stelle.

11 Die Zulässigkeit der Datenverarbeitung – und der Datennutzung – ist in **§ 67b SGB X** geregelt. Diese Norm enthält ein **Verbot mit Erlaubnisvorbehalt**. Die speziellen Datenschutzregelungen der §§ 284 ff. SGB V sind Erlaubnistatbestände i.S.d. § 67b Abs. 1 SGB X. Die Verarbeitung und die Nutzung von Daten sind nach Absatz 1 Satz 1 der Vorschrift zulässig, wenn die §§ 67c ff. SGB X oder eine andere Rechtsvorschrift des SGB dies erlauben oder anordnen oder soweit der Betroffene eingewilligt hat. Bei einer Einwilligung sind die in § 67b Abs. 2 SGB X bestimmten Anforderungen zu beachten. Nach § 67b Abs. 4 SGB X, eingefügt durch das „Gesetz zur Änderung des Bundesdatenschutzgesetzes und anderer Gesetze" vom 18.05.2001[21], dürfen Entscheidungen, dir für den Betroffenen eine rechtliche Folge nach sich ziehen oder ihn erheblich beeinträchtigen, nicht ausschließlich auf eine automatisierte Verarbeitung von Sozialdaten gestützt werden, die der Bewertung einzelner Persönlichkeitsmerkmale dient. In Betracht kommen einzelne Aspekte einer Person, wie beispielsweise ihre berufliche Leistungsfähigkeit, ihre Kreditwürdigkeit, ihre Zuverlässigkeit oder ihr Verhalten[22]. Diese Vorschrift ist allerdings nur dann einschlägig, wenn eine Entscheidung ausschließlich aufgrund eines automatisierten Verfahrens erfolgt. **§ 67c SGB X** regelt, unter welchen Voraussetzungen Daten gespeichert, verändert oder genutzt werden dürfen. Entscheidend ist die Notwendigkeit der Datenerhebung für die Aufgabenerfüllung der speichernden Stelle (§ 67c Abs. 1 Satz 1 SGB X). Im Übrigen ergibt sich das Verbot mit Erlaubnisvorbehalt nach der Struktur des sozialrechtlichen Datenschutzes nicht nur aus § 67b Abs. 1 SGB X für die Verarbeitung und Nutzung von Daten. Vielmehr gilt es nach § 35 Abs. 2 SGB I (i.V.m. § 67a Abs. 1 SGB X und § 93 SGB X) gleichermaßen für die Datenerhebung. § 67d SGB X regelt die Zulässigkeit der Übermittlung von Sozialdaten.

---

21 BGBl I 2001, 904.

22 Begründung der Bundesregierung zu der entsprechenden Vorschrift des § 6a BDSG, BR-Drs. 461/00, S. 91.

2. Zulässige Zwecke nach Absatz 1 Satz 1

§ 284 Abs. 1 SGB V regelt **abschließend,** für welche Zwecke Sozialdaten in der gesetzlichen Krankenversicherung erhoben und gespeichert werden dürfen. Der Katalog des Absatz 1 Nr. 1 enthielt in der bis 31.12.2003 geltenden Fassung bei vielen Nummern die jeweiligen Bezugsvorschriften im SGB V. Diese sind bei der Neufassung des Absatzes 1 Satz 1 durch das GKV-Modernisierungsgesetz[23] gestrichen worden. Der **Begriff der Erforderlichkeit** gebietet auch beim Vorliegen der gesetzlichen Voraussetzungen die Prüfung im Einzelfall, ob die Datenerhebung und Datenspeicherung notwendig ist und dass nur benötigte Daten erhoben und gespeichert werden. Im Rahmen dieser Prüfung sind der **Grundsatz der Verhältnismäßigkeit** und das **Recht des Versicherten auf informationelle Selbstbestimmung** zu beachten. 12

Die Feststellung des Versicherungsverhältnisses nach **Nr. 1** ist in den §§ 5-10 SGB V, die Feststellung der Mitgliedschaft in den §§ 186-193 SGB V geregelt. Die Ergänzung von Nr. 1 mit Wirkung ab 01.01.2004 durch das GKV-Modernisierungsgesetz, wonach Sozialdaten auch im Rahmen der Anbahnung eines Versicherungsverhältnisses erhoben werden dürfen, ist Folge der Einführung des Kassenwahlrechts durch das Gesundheitsstrukturgesetz. Da Mitglieder der Krankenkassen bereits vor dem Wechsel Kontakt zu anderen Krankenkassen aufnehmen, um umfassend informiert zu werden, und der Beitritt zu einer anderen Krankenkasse schon im Laufe eines Jahres erklärt werden kann, aber erst zum Jahresende wirksam wird, muss es der neu gewählten Krankenkasse möglich sein, Daten über das zukünftige Mitglied zu erfassen und zu verarbeiten. **Nr. 2** erlaubt die Erhebung und Speicherung von Daten im Zusammenhang mit der Ausstellung eines Berechtigungsscheines nach § 15 Abs. 3 SGB V, der Krankenversichertenkarte nach § 15 Abs. 2 SGB V und § 291 SGB V und der elektronischen Gesundheitskarte nach § 291a SGB V. **Nr. 3** regelt die Erhebung und Speicherung von Daten im Zusammenhang mit der Feststellung der Beitragspflicht und der Beiträge, deren Tragung und Zahlung, die maßgebenden Vorschriften sind in den §§ 223-226, 228-256 SGB V und § 23a SGB IV enthalten. Nach **Nr. 4** dürfen Daten zur Prüfung der Leistungspflicht und der Erbringung von Leistungen an Versicherte (§§ 2, 11 SGB V), für die Bestimmung des Zuzahlungsstatus (§ 61 SGB V), für die Durchführung der Verfahren bei Kostenerstattung (§ 13 SGB V) und Beitragsrückzahlung (§ 54 SGB V) sowie für die Ermittlung der Belastungsgrenze (§ 62 SGB V) erhoben und gespeichert werden. **Nr. 5** erlaubt die Datenerhebung bei der Unterstützung von Versicherten im Zusammenhang mit Behandlungsfehlern (§ 66 SGB V). **Nr. 6** erlaubt die Datenverwendung bei der Übernahme der Krankenbehandlung für nicht Versicherungspflichtige gegen Kostenerstattung gemäß § 264 SGB V. **Nr. 7** regelt die Verwendung von Daten bei der Beteiligung des Medizinischen Dienstes, die im Rahmen der §§ 275, 276 SGB V erfolgt. Nach **Nr. 8** dürfen Daten für die Abrechnung mit den Leistungserbringern (§§ 69-140 SGB V) erhoben und gespeichert werden. Auch für die Prüfung der Rechtmäßigkeit und Plausibilität der Abrechnung, sowohl im Rahmen der vertragsärztlichen Versorgung nach § 106a SGB V als auch bei anderen Leistungserbringern, dürfen nach **Nr. 8** Daten erhoben und gespeichert werden. **Nr. 9** betrifft die Überwachung der Wirtschaftlichkeit der Leistungserbringung. Durch die Streichung des bis 31.12.2003 in der Nr. 9 enthaltenen Klammerzusatzes „§ 106“ wurde klargestellt, dass die Krankenkassen die Daten auch zum Zwecke der Wirtschaftlichkeitsprüfung in anderen Leistungsbereichen verwenden dürfen. Die entsprechende datenschutzrechtliche Regelung für die Kassenärztlichen Vereinigungen, im Rahmen der Wirtschaftlichkeitsprüfung nach § 106 SGB V Sozialdaten zu erheben und zu speichern, enthält § 285 Abs. 1 Nr. 5 SGB V. **Nr. 10** erlaubt die Verwendung der Daten im Zusammenhang mit der Abrechnung mit anderen Leistungsträgern. Solche Abrechnungsverhältnisse können in zahlreichen Fällen auftreten, zum Beispiel bei der Weiterleitung des Gesamtsozialversicherungsbeitrages nach § 28k SGB IV, bei der Vergütung ihrer Leistung nach § 28l SGB IV oder bei Auftragsverhältnissen gemäß der §§ 88 ff. SGB X. **Nr. 11** stellt sicher, dass Daten, die im Zusammenhang mit der Schädigung eines Versicherten durch einen Dritten und Geltendmachung der dadurch verursachten Leistungsaufwendungen durch die Krankenkasse anfallen, verwendet werden können. Die Vereinbarung und Abrechnung von Regelleistungsvolumina nach den §§ 85c, 87a-87c[24] SGB V erfordert die Aufbereitung der in den Abrechnungsunterlagen angegebenen Diagnosen, um den morbiditätsbedingten Behandlungsbedarf der Versicherten zu erheben und in der Vereinbarung zu berücksichtigen und 13

---

[23] Gesetz zur Modernisierung der gesetzlichen Krankenversicherung (GKV-Modernisierungsgesetz – GMG) vom 14.11.2003, BGBl I 2003, 2190.

[24] Gesetz zur Stärkung des Wettbewerbs in der gesetzlichen Krankenversicherung (GKV-Wettbewerbsstärkungsgesetz – GKV-WSG) vom 26.03.2007, BGBl I 2007, 378.

den Krankenkassen eine fundierte Auseinandersetzung mit den finanziellen Forderungen der Leistungserbringer zu ermöglichen. **Nr. 12** erlaubt die Erhebung und Speicherung der hierbei anfallenden Sozialdaten. **Nr. 13** gibt den Krankenkassen die Befugnis, die für die Vorbereitung und Durchführung von Modellvorhaben, für die Durchführung des Versorgungsmanagements nach § 11 Abs. 4 SGB V[25] sowie für die Durchführung von Verträgen zur integrierten Versorgung (§ 140a SGB V) und zur ambulanten Erbringung hochspezialisierter Leistungen (§ 116b Abs. 2 SGB V) erforderlichen Daten zu erheben und zu speichern. **Nr. 14** sieht vor, dass die Sozialdaten zur Durchführung des Risikostrukturausgleichs (§ 266 Abs. 1-6 SGB V, § 267 Abs. 1-6 SGB V, § 268 Abs. 3 SGB V) und des Risikopools (§ 269 Abs. 1-3 SGB V) sowie zur Gewinnung von Versicherten für die Programme nach § 137g SGB V und zur Vorbereitung und Durchführung dieser Programme erhoben und gespeichert werden dürfen.

14 Ein **Recht auf Einsichtnahme in die Behandlungsunterlagen der Versicherten** steht den Krankenkassen auch dann gegenüber einem Krankenhaus nicht zu, wenn sie nach dem jeweiligen Landesvertrag über die Krankenhausbehandlung vorleistungspflichtig sind. Weder aus Absatz 1 Satz 1 Nr. 7 noch aus Absatz 1 Satz 1 Nr. 8 lässt sich ein solches Einsichtsrecht herleiten. § 301 SGB V zählt abschließend auf, welche Angaben den Krankenkassen bei einer Krankenhausbehandlung ihrer Versicherten zu übermitteln sind. Die Einsichtnahme in die Behandlungsunterlagen zählt nicht dazu. Die Krankenkasse kann aber eine Übersendung der Behandlungsunterlagen an den Medizinischen Dienst zur Prüfung der Leistungsvoraussetzungen verlangen.[26] Dieser ist im Falle einer Abrechnungsprüfung nach § 276 Abs. 2 Satz 1 HS. 2 SGB V ausdrücklich ermächtigt, die erforderlichen Sozialdaten bei den Krankenhäusern anzufordern, und nach § 277 Abs. 1 Satz 1 SGB V verpflichtet, den Krankenkassen die notwendigen Informationen, also das Ergebnis der Begutachtung und die erforderlichen Angaben über den Befund, mitzuteilen.[27]

3. Angaben über ärztliche oder ärztlich verordnete Leistungen nach Absatz 1 Sätze 2-4

15 Versichertenbezogene Angaben über ärztliche und ärztlich verordnete Leistungen dürfen nach Absatz 1 Sätze 2 und 3 **auf maschinell verwertbaren Datenträgern** gespeichert werden. Die bis zum 31.12.2003 in den Sätzen 2 und 3 enthaltene Regelung über die Speicherung auf Datenbändern ist durch das GKV-Modernisierungsgesetz[28] mit Wirkung ab 01.01.2004 gestrichen worden, da durch den Fortschritt der Technik eine Speicherung auf Datenbändern nicht mehr erfolgt. Ebenfalls durch das GKV-Modernisierungsgesetz ist der Katalog der Zwecke, für die versichertenbezogene Daten auf Datenträgern gespeichert werden dürfen, um die Nr. 10-13 erweitert worden, weil die versichertenbezogene Speicherung für die Abrechnung mit anderen Leistungsträgern, die Durchführung von Erstattungs- und Ersatzansprüchen, die Vereinbarung von Regelleistungsvolumina und für Modellvorhaben und die Durchführung von Verträgen zu integrierten Versorgungsformen erforderlich ist. Nunmehr darf eine Speicherung auf maschinell verwertbaren Datenträgern für die Zwecke nach Absatz 1 Satz 1 Nr. 4, 8, 9, 10, 11, 12, 13 und 14 erfolgen, bei den ärztlich verordneten Leistungen auch für Erteilung von Auskünften an die Versicherten über die in Anspruch genommenen Leistungen gemäß § 305 Abs. 1 SGB V. Die Sätze 2 und 3 enthalten eine Einschränkung gegenüber Satz 1 mit der Folge, dass die **besonders sensiblen versichertenbezogenen Daten** nur für die in den Sätzen 2 und 3 genannten Zwecke auf maschinell verwertbaren Datenträgern gespeichert werden dürfen. Für die anderen in Absatz 1 Satz 1 genannten Zwecke darf eine Speicherung auf maschinell verwertbaren Datenträgern nicht erfolgen. Sind die Daten auf Datenträgern gespeichert, erfolgt die Verarbeitung und Nutzung jedoch nicht maschinell, greift die Einschränkung der Zwecke in Absatz 1 Sätze 2 und 3 nicht ein. Abweichend von § 304 Abs. 1 Nr. 1 und 2 SGB V i.V.m. § 84 Abs. 2 SGB X sind nach Absatz 1 Satz 4 die gespeicherten versichertenbezogenen Angaben bereits **zu löschen**, sobald sie für die genannten Zwecke nicht mehr benötigt werden. Damit wird der besonderen Schutzbedürftigkeit dieser Daten Rechnung getragen.

---

[25] Gesetz zur Stärkung des Wettbewerbs in der gesetzlichen Krankenversicherung (GKV-Wettbewerbsstärkungsgesetz – GKV-WSG) vom 26.03.2007, BGBl I 2007, 378.

[26] BSG v. 23.07.2002 - B 3 KR 64/01 R - SozR 3-2500 § 112 Nr. 3.

[27] BSG v. 28.05.2003 - B 3 KR 10/02 R - SozR 4-2500 § 109 Nr. 1.

[28] Gesetz zur Modernisierung der gesetzlichen Krankenversicherung (GKV-Modernisierungsgesetz – GMG) vom 14.11.2003, BGBl I 2003, 2190.

4. Geltung der Vorschriften des SGB I und SGB X

Absatz 1 Satz 5 schreibt für die Datenerhebung und -speicherung im Übrigen die Geltung der Vorschriften des SGB I (§ 35 SGB I) und des SGB X (§§ 67 ff. SGB X) vor. Da es sich bei § 284 Abs. 1 SGB V um eine Sonderregelung handelt, die die allgemeinen Vorschriften über die Erhebung und Speicherung von Sozialdaten im SGB X nur soweit verdrängt, wie ihr Regelungsbereich sich erstreckt, bleiben die sonstigen Bestimmungen über die Erhebung und Speicherung von Sozialdaten im SGB X weiter anwendbar.[29] Daher sind die Regelungen über die Datenerhebung in § 67a Abs. 2-5 SGB X ebenso wie die über die Datenspeicherung in § 67c Abs. 2-5 SGB X neben § 284 Abs. 1 SGB V gültig. 16

5. Überwachung der Wirtschaftlichkeit der vertragsärztlichen Versorgung nach Absatz 2

Versichertenbezogene Leistungs- und Gesundheitsdaten dürfen nach Absatz 2 im Rahmen der Überwachung der Wirtschaftlichkeit der vertragsärztlichen Versorgung auf maschinell verwertbaren Datenträgern nur gespeichert werden, soweit dies für **Zufälligkeitsprüfungen nach § 106 Abs. 2 Satz 1 Nr. 2 SGB V** erforderlich ist. Zufälligkeitsprüfungen finden statt für die arztbezogene Prüfung ärztlicher und ärztlich verordneter Leistungen auf der Grundlage von arztbezogenen und versichertenbezogenen Stichproben, die mindestens 2 v.H. der Ärzte je Quartal umfassen. Welche Daten die Kassenärztlichen Vereinigungen den Krankenkassen für diese Prüfung zu übermitteln haben, ist in § 297 SGB V geregelt. Die Speicherung gerade auf maschinell verwertbaren Datenträgern muss für die Krankenkasse erforderlich sein, um die Zufälligkeitsprüfungen durchführen zu können. Sind die Prüfungen abgeschlossen und sind keine Maßnahmen gegen den Vertragsarzt oder Vertragszahnarzt zu treffen, hat die Krankenkasse die übermittelten Daten unverzüglich wieder zu löschen, da sie ansonsten nicht verarbeitet und genutzt werden dürfen. 17

6. Verarbeitung und Nutzung der Sozialdaten nach Absatz 3

Absatz 3 Satz 1 erlaubt die Verarbeitung und Nutzung der **rechtmäßig erhobenen und gespeicherten versichertenbezogenen Daten** nach Absatz 1 nur für die Zwecke der dort genannten Aufgaben, soweit dies jeweils **erforderlich** ist. Sind die Sozialdaten für eine Aufgabenerfüllung nach Absatz 1 Satz 1 erhoben worden, dürfen sie auch für andere Aufgaben nach Absatz 1 Satz 1 verarbeitet und genutzt werden, wenn diese Aufgaben bereits konkretisierbar und die Daten hierfür erforderlich sind. Das bloße Speichern von Sozialdaten auf Vorrat für eventuell später anfallende Aufgaben nach Absatz 1 ist durch Absatz 3 Satz 1 nicht gedeckt. Die Verarbeitung und Nutzung für andere Zwecke bedarf einer ausdrücklichen gesetzlichen Grundlage in Rechtsvorschriften des SGB, beispielsweise bei einer Befugnis zur Datenübermittlung nach § 67d SGB X oder bei einer Aufgabenerfüllung im Rahmen eines Auftrages gemäß der §§ 88 ff. SGB X. **Absatz 3 Satz 2** stellt sicher, dass versichertenbezogene Abrechnungsdaten, die die Krankenkassen im Zusammenhang mit dem Abschluss von Verträgen zu integrierten Versorgungsformen ohne Beteiligung der kassenärztlichen Vereinigungen erhalten, ausschließlich für die in Satz 2 genannten Aufgaben verarbeitet und genutzt werden dürfen. Bei der Verarbeitung und Nutzung dieser Daten für andere Zwecke ist der Versichertenbezug vorher zu löschen. 18

7. Daten für die Gewinnung von Mitgliedern nach Absatz 4

Das **bis zum 31.12.2003** geltende Recht ließ eine Erhebung von Sozialdaten zum Zwecke der Mitgliederwerbung nicht zu.[30] Die Mitgliederwerbung gehörte nicht zu den Aufgaben und damit nicht zu den Zwecken innerhalb der Aufgabenstellung, für die § 284 SGB V die Datenerhebung durch Krankenkassen zuließ. Insbesondere konnte § 284 Abs.1 Satz 1 Nr. 1 SGB V, soweit er die Datenerhebung für die Feststellung des Versicherungsverhältnisses oder der Mitgliedschaft gestattete, auch nach Einführung des allgemeinen Kassenwahlrechts nicht erweiternd dahin gehend ausgelegt werden, dass auch eine Datenerhebung für Zwecke der Mitgliederwerbung zulässig war. Durch die Einfügung von Absatz 4 durch das GKV-Modernisierungsgesetz[31] **mit Wirkung ab 01.01.2004** hat der Gesetzgeber auf Anregung des Bundesbeauftragten für den Datenschutz nunmehr die **Verwendung von Daten aus öffentlich zugänglichen Quellen für Zwecke der Mitgliedergewinnung** zugelassen, es sei denn, dass schutzwürdige Interessen des Betroffenen an dem Ausschluss der Vereinbarung oder Nutzung offensichtlich überwiegen oder der Betroffene widerspricht. Dadurch wird den Krankenkassen die Möglich- 19

---

29 *Kranig* in: Hauck/Noftz, SGB V, § 284 Rn. 13; *Waschall* in: Krauskopf, SozKV, § 284 Rn. 61.

30 BSG v. 28.11.2002 - B 7/1 A 2/00 R - SozR 3-2500 § 284 Nr. 1.

31 Gesetz zur Modernisierung der gesetzlichen Krankenversicherung (GKV-Modernisierungsgesetz – GMG) vom 14.11.2003, BGBl I 2003, 2190.

keit eröffnet, sich und ihre Aktivitäten direkt bei potentiell neuen Mitgliedern durch Informationsmaßnahmen und personenbezogene Werbung darzustellen. Die Regelung entspricht den datenschutzrechtlichen Regelungen in § 28 Abs. 1 Satz 1 Nr. 3 und Abs. 3 Satz 1 Nr. 3 BDSG sowie in § 29 Abs. 1 BDSG über die Verwendung personenbezogener Daten zum Zwecke der Werbung. Sobald die Daten nicht mehr benötigt werden, sind sie zu löschen. Absatz 4 Satz 5 sieht ebenso wie Absatz 1 Satz 5 im Übrigen die Geltung von § 35 SGB I und §§ 67 ff. SGB X vor, soweit sie nicht durch die Sonderregelung in Absatz 4 verdrängt werden.

§ 285 SGB V Personenbezogene Daten bei den Kassenärztlichen Vereinigungen

(Fassung vom 26.03.2007, gültig ab 01.04.2007)

(1) Die Kassenärztlichen Vereinigungen dürfen Einzelangaben über die persönlichen und sachlichen Verhältnisse der Ärzte nur erheben und speichern, soweit dies zur Erfüllung der folgenden Aufgaben erforderlich ist:

1. Führung des Arztregisters (§ 95),

2. Sicherstellung und Vergütung der vertragsärztlichen Versorgung einschließlich der Überprüfung der Zulässigkeit und Richtigkeit der Abrechnung,

3. Vergütung der ambulanten Krankenhausleistungen (§ 120),

4. Vergütung der belegärztlichen Leistungen (§ 121),

5. Durchführung von Wirtschaftlichkeitsprüfungen (§ 106),

6. Durchführung von Qualitätsprüfungen (§ 136).

(2) Einzelangaben über die persönlichen und sachlichen Verhältnisse der Versicherten dürfen die Kassenärztlichen Vereinigungen nur erheben und speichern, soweit dies zur Erfüllung der in Absatz 1 Nr. 2, 5, 6 sowie den §§ 106a und 305 genannten Aufgaben erforderlich ist.

(3) Die rechtmäßig erhobenen und gespeicherten Sozialdaten dürfen nur für die Zwecke der Aufgaben nach Absatz 1 in dem jeweils erforderlichen Umfang verarbeitet oder genutzt werden, für andere Zwecke, soweit dies durch Rechtsvorschriften des Sozialgesetzbuchs angeordnet oder erlaubt ist. Die nach Absatz 1 Nr. 6 rechtmäßig erhobenen und gespeicherten Daten dürfen den ärztlichen und zahnärztlichen Stellen nach § 17a der Röntgenverordnung übermittelt werden, soweit dies für die Durchführung von Qualitätsprüfungen erforderlich ist. Die beteiligten Kassenärztlichen Vereinigungen dürfen die nach Absatz 1 und 2 rechtmäßig erhobenen und gespeicherten Sozialdaten der für die überörtliche Berufsausübungsgemeinschaft zuständigen Kassenärztlichen Vereinigung übermitteln, soweit dies zur Erfüllung der in Absatz 1 Nr. 1, 2, 4, 5 und 6 genannten Aufgaben erforderlich ist. Sie dürfen die nach den Absätzen 1 und 2 rechtmäßig erhobenen Sozialdaten der nach § 24 Abs. 3 Satz 3 der Zulassungsverordnung für Vertragsärzte und § 24 Abs. 3 Satz 3 der Zulassungsverordnung für Vertragszahnärzte ermächtigten Vertragsärzte und Vertragszahnärzte auf Anforderung auch untereinander übermitteln, soweit dies zur Erfüllung der in Absatz 1 Nr. 2 genannten Aufgaben erforderlich ist. Die zuständige Kassenärztliche und die zuständige Kassenzahnärztliche Vereinigung dürfen die nach Absatz 1 und 2 rechtmäßig erhobenen und gespeicherten Sozialdaten der Leistungserbringer, die vertragsärztliche und vertragszahnärztliche Leistungen erbringen, auf Anforderung untereinander übermitteln, soweit dies zur Erfüllung der in Absatz 1 Nr. 2 sowie in § 106a genannten Aufgaben erforderlich ist. Sie dürfen rechtmäßig erhobene und gespeicherte Sozialdaten auf Anforderung auch untereinander übermitteln, soweit dies zur Erfüllung der in § 32 Abs. 1 der Zulassungsverordnung für Vertragsärzte und § 32 Abs. 1 der Zulassungsverordnung für Vertragszahnärzte genannten Aufgaben erforderlich ist.

(4) Soweit sich die Vorschriften dieses Kapitels auf Ärzte, und Kassenärztliche Vereinigungen beziehen, gelten sie entsprechend für Psychotherapeuten, Zahnärzte und Kassenzahnärztliche Vereinigungen.

Gliederung

A. Basisinformationen

I. Textgeschichte/Gesetzgebungsmaterialien

1 § 285 SGB V ist auf Vorschlag des Bundesrates durch das **Gesundheitsreformgesetz**[1] **mit Wirkung ab 01.01.1989**[2] eingeführt worden. Die Vorschrift zählt abschließend auf, für welche Aufgabenzwecke die Kassenärztlichen Vereinigungen personenbezogene Daten der Ärzte und Versicherten erheben können. Die Sammlung personenbezogener Daten zu noch nicht bestimmbaren Zwecken wird ausgeschlossen. Schließlich wird die entsprechende Geltung der Regelungen für Zahnärzte, Kassenzahnärztliche Vereinigungen und Psychotherapeuten angeordnet.[3] Durch das **Gesundheitsstrukturgesetz**[4] wurde mit **Wirkung ab 01.01.1993** in Absatz 1 Nr. 2 durch Streichung des Begriffes „kassenärztliche Versorgung“ den Änderungen im Vertragsarztrecht Rechnung getragen. Weiterhin wurde in Absatz 2 auch die Erfassung der Daten der Versicherten für die in § 305 SGB V bezeichneten Zwecke vorgesehen.[5] Durch das **2. SGBÄndG**[6] wurde **mit Wirkung ab 01.07.1994** die Terminologie des 2. Kapitels des SGB X übernommen. Hierzu wurde in den Absätzen 1 und 2 der Begriff „erfassen“ durch „speichern“ ersetzt. In Absatz 3 wurde der Begriff „personenbezogene Daten“ durch den Begriff „Sozialdaten“ ersetzt und der Begriff „verwenden“ durch „verarbeiten und nutzen“. Im Gegensatz zu § 284 SGB V wurde allerdings in der Überschrift der Begriff „personenbezogene Daten“ nicht in den Begriff „Sozialdaten“ geändert. In Absatz 2 wurde durch Einfügung der Verweisung auf § 83 Abs. 2 SGB V eine Erhebung und Speicherung der Daten von Versicherten für die Zwecke von Plausibilitätskontrollen erlaubt. In Absatz 4 wurde durch das **Psychotherapeutengesetz**[7] **ab 01.01.1999** der Begriff „Psychotherapeuten“ im ersten Teil der Regelung hinter dem Begriff „Ärzte“ eingefügt. Diese gesetzgeberische Ungenauigkeit wurde **mit Wirkung ab 01.01.2000** durch das **GKV-Gesundheitsreformgesetz 2000**[8] korrigiert, indem der Begriff „Psychotherapeuten“ in den zweiten Teil der Vorschrift vor den Begriff „Zahnärzte“ versetzt wurde. Durch das **Fallpauschalenänderungsgesetz**[9] wurde Absatz 3 mit **Wirkung ab 22.07.2003** um Satz 2 ergänzt. Hierin ist geregelt, dass die im Rahmen der Durchführung von Qualitätsprüfungen rechtmäßig erhobenen und gespeicherten Daten den ärztlichen und zahnärztlichen Stellen für die Durchführung von Qualitätsprüfungen nach § 17a der Röntgenverordnung übermittelt werden dürfen. Absatz 3 wurde mit Wirkung ab 01.01.2007 durch das Vertragsarztänderungs-

1 Gesetz zur Strukturreform im Gesundheitswesen (Gesundheitsreformgesetz – GRG) vom 20.12.1989, BGBl I 1989, 2477.

2 Art. 79 Abs. 2 GRG.

3 BT-Drs. 11/3320, S. 56, 157 und BT-Drs. 11/3480, S. 68.

4 Gesetz zur Sicherung und Strukturverbesserung der gesetzlichen Krankenversicherung (Gesundheitsstrukturgesetz – GSG) vom 21.12.1992, BGBl I 1992, 2266.

5 Auskünfte an Versicherte über die im letzten Geschäftsjahr in Anspruch genommenen Leistungen und deren Kosten.

6 Zweites Gesetz zur Änderung des Sozialgesetzbuchs (2. SGBÄndG) vom 13.06.1994; BGBl I 1994, 1229.

7 Gesetz über die Berufe des Psychologischen Psychotherapeuten und des Kinder- und Jugendlichenpsychotherapeuten, zur Änderung des Fünften Buches Sozialgesetzbuch und anderer Gesetze vom 16.06.1998, BGBl I 1998, 1311.

8 Gesetz zur Reform der gesetzlichen Krankenversicherung ab dem Jahr 2000 (GKV-Gesundheitsreformgesetz 2000) vom 22.12.1999 , BGBl I 1999, 2626.

9 Gesetz zur Änderung der Vorschriften zum diagnose-orientierten Fallpauschalensystem für Krankenhäuser (Fallpauschalenänderungsgesetz – FPÄndG) vom 17.07.2003, BGBl I 2003, 1461.

gesetz[10] um die Sätze 3-5 ergänzt, in Absatz 2 wurde eine redaktionelle Richtigstellung vorgenommen. Absatz 2 wurde mit Wirkung ab 01.04.2007 durch das GKV-Wettbewerbsstärkungsgesetz[11] geändert. In Absatz 3 wurde Satz 4 eingefügt, die bisherigen Sätze 4 und 5 wurden die Sätze 5 und 6. Im neuen Satz 5 wurden die Wörter „medizinische Versorgungszentren" durch das Wort „Leistungsträger" ersetzt.

II. Vorgängervorschriften

Die Vorschrift ist neu. Anwendbar waren bis zum In-Kraft-Treten des GRG die Vorschrift über das Sozialgeheimnis in § 35 SGB I[12] und die Regelungen der §§ 67-85 SGB X[13] über den Schutz der Sozialdaten im Verwaltungsverfahren, denn die Kassenärztlichen und Kassenzahnärztlichen Vereinigungen sind öffentlich-rechtliche Vereinigungen i.S.v. § 35 Abs.1 Satz 4 SGB I. 2

III. Parallelvorschriften

§ 285 SGB V stellt in Anlehnung an § 284 SGB V die maßgebende datenschutzrechtliche Bestimmung für die Datenerhebung und -speicherung bei den Kassenärztlichen und Kassenzahnärztlichen Vereinigungen dar. Da in den anderen Sozialleistungsbereichen keine der gesetzlichen Krankenversicherung ähnliche Systematik wie das Vertragsarztrecht mit eigenständigen öffentlich-rechtlichen Vereinigungen der Leistungserbringer existiert, gibt es dort keine Parallelvorschriften. 3

IV. Systematische Zusammenhänge

§ 285 SGB V ist **die zweite Vorschrift des Ersten Titels** (Grundsätze der Datenverwendung) **des Ersten Abschnitts** (Informationsgrundlagen) **des Zehnten Kapitels** (Versicherungs- und Leistungsdaten, Datenschutz, Datentransparenz) **des SGB V.** Das Zehnte Kapitel zielt darauf ab, die Transparenz des Leistungsgeschehens zu verbessern und die Unterrichtung der Versicherten über die Leistungen zu ermöglichen, die Voraussetzungen für eine qualifizierte Prüfung von Wirtschaftlichkeit, Zweckmäßigkeit und Notwendigkeit der abgerechneten Leistungen sowie zur Bekämpfung von Missbrauch und Abrechnungsmanipulationen zu schaffen und es damit den Krankenkassen zu ermöglichen, ihre Aufgaben wirksamer und besser als bisher zu erfüllen.[14] Der Erste Titel umfasst neben § 285 SGB V Bestimmungen über die Erhebung von Sozialdaten bei den Krankenkassen (§ 284 SGB V), die Erstellung von Datenübersichten (§ 286 SGB V) und die Auswertung von Daten im Rahmen von Forschungsvorhaben (§ 287 SGB V). Der Zweite Titel des Ersten Abschnitts des Zehnten Kapitels enthält die Vorschriften über die Informationsgrundlagen der Krankenkassen. Der Zweite Abschnitt des Zehnten Kapitels regelt die Übermittlung und Aufbereitung von Leistungsdaten und enthält Vorschriften über die Datentransparenz. 4

V. Literaturhinweise

Detsch, Sozialdatenschutz nach dem 2.SGB-Änderungsgesetz, RDV 1995, 16-25; *Hohmann*, Verfassungswidrigkeit der Rechtsgrundlagen der ICD-10, BÄN 2000, 11-19; *Sponer*, Modell für eine gesetzeskonforme Honorarprüfung unter Beachtung des § 106 Abs. 5 SGB V, ArztuR 1991, 21-24. 5

B. Auslegung der Norm

I. Regelungsgehalt und Bedeutung der Norm

Die Vorschrift regelt, **welche Daten über Ärzte, Zahnärzte, Psychotherapeuten und Versicherte die Kassenärztlichen und Kassenzahnärztlichen Vereinigungen erheben, speichern, verarbeiten und nutzen dürfen.** Sie enthält in Absatz 1 eine abschließende Aufzählung der Aufgaben, die die Da- 6

[10] Gesetz zur Änderung des Vertragsarztrechts und anderer Gesetze (Vertragsarztänderungsgesetz – VÄndG) vom 22.12.2006, BGBl I 2006, 3439.

[11] Gesetz zur Stärkung des Wettbewerbs in der gesetzlichen Krankenversicherung (GKV-Wettbewerbsstärkungsgesetz – GKV-WSG) vom 26.03.2007, BGBl I 2007, 378

[12] Sozialgesetzbuch – Allgemeiner Teil – vom 11.12.1975, BGBl I 1975, 3015.

[13] Sozialgesetzbuch – Verwaltungsverfahren – vom 18.08.1980, BGBl I 1980, 1469, ber. 2218.

[14] BT-Drs. 11/2237, S. 235.

tenerhebung und -speicherung bei Ärzten, Zahnärzten und Psychotherapeuten rechtfertigt. Absatz 2 bestimmt abschließend, für welche Aufgaben die Daten von Versicherten erhoben und gespeichert werden dürfen. Absatz 3 Satz 1 enthält die Regelung über die Zulässigkeit der Verarbeitung und Nutzung der erhobenen und gespeicherten Daten. Absatz 3 Satz 2 trifft eine Sonderregelung über die Datenverwendung für die Durchführung von Qualitätsprüfungen bei Röntgenleistungen. Absatz 4 bestimmt, dass die Regelungen, soweit sie sich in den Absätzen 1-3 nur auf Ärzte beziehen, für Zahnärzte und Psychotherapeuten entsprechend anwendbar sind.

II. Normzweck

7 § 285 SGB V regelt in Anlehnung an § 284 SGB V den **Schutz der Daten, die die Kassenärztlichen Vereinigungen über Ärzte und Versicherte zur Erfüllung bestimmter Aufgaben erheben, speichern, verarbeiten und nutzen dürfen.** Geschützt werden im Rahmen des grundgesetzlich garantierten Rechts auf informationelle Selbstbestimmung alle Einzelangaben über die persönlichen und sachlichen Verhältnisse der Ärzte und die Sozialdaten der Versicherten. Die Vorschrift soll die Menge der erhobenen Daten beschränken.

III. Tatbestandsmerkmale

1. Datenerhebung und -speicherung nach Absatz 1

8 **Kassenärztliche Vereinigungen** nach Absatz 1 sind die in § 77 SGB V bezeichneten Vereinigungen der Vertragsärzte zur Erfüllung der ihnen nach dem SGB V übertragenen Aufgaben. Dabei werden von dem Begriff der Kassenärztlichen Vereinigung nach § 77 SGB V auch die Kassenzahnärztlichen Vereinigungen umfasst, so dass der Verweis in Absatz 4, wonach die Absätze 1-3 auch für die Kassenzahnärztlichen Vereinigungen gilt, nur eine Klarstellung ist. Für die Kassenärztliche Bundesvereinigung, die nach § 77 Abs. 4 SGB V aus den Kassenärztlichen Vereinigungen gebildet wird, gilt § 285 SGB V nicht, denn weder in Absatz 1 noch in Absatz 4 wird die Kassenärztliche Bundesvereinigung genannt. Sie erhebt auch nicht in § 285 SGB V aufgeführten Angaben bei den Ärzten. Für sie gilt als Körperschaft des öffentlichen Rechts (§ 77 Abs. 5 SGB V) § 35 Abs. 1 Satz 4 SGB I i.V.m. den §§ 67 ff. SGB X.

9 Nach der Legaldefinition in § 67 Abs. 5 SGB X ist unter dem Erheben von Daten das „Beschaffen von Daten über den Betroffenen" zu verstehen. **Speichern** ist nach **§ 67 Abs. 6 Satz 1 Nr. 1 SGB X** das Erfassen, Aufnehmen oder Aufbewahren von Sozialdaten auf einem Datenträger zum Zwecke ihrer weiteren Verarbeitung und Nutzung. Absatz 1 verwendet anders als § 284 SGB V und Absatz 2 statt dem Begriff der Sozialdaten den Begriff der **Einzelangaben über persönliche und sachliche Verhältnisse.** Dies stellt die in § 67 Abs. 1 Satz 1 SGB X gewählte Definition der Sozialdaten dar, so dass hiermit die Sozialdaten des Arztes geschützt werden. Der **Begriff der Erforderlichkeit** gebietet auch beim Vorliegen der gesetzlichen Voraussetzungen die Prüfung im Einzelfall, ob die Datenerhebung und Datenspeicherung notwendig ist und dass nur benötigte Daten erhoben und gespeichert werden. Im Rahmen dieser Prüfung sind der **Grundsatz der Verhältnismäßigkeit** und das **Recht des Versicherten auf informationelle Selbstbestimmung** zu beachten.

10 **Ärzte** i.S.v. Absatz 1 sind neben den als Vertragsärzten zugelassenen und den ermächtigten Ärzten sowie den zugelassenen und ermächtigten medizinische Versorgungszentren auch die Ärzte, die zwar keine Zulassung oder Ermächtigung haben, die jedoch gemäß § 95 Abs. 2 SGB V in das bei den Kassenärztlichen Vereinigungen geführte Arztregister eingetragen sind. Die Eintragung erfolgt auf Antrag bei Erfüllung der Voraussetzungen des § 95a SGB V.

11 Die **Führung des Arztregisters** nach Absatz 1 Nr. 1 ist in den §§ 95 Abs. 2, 95a SGB V und in den §§ 1 ff. Ärzte-ZV[15] geregelt. Neben dem Nachweis der Approbation und dem Nachweis einer Weiterbildung gemäß § 95a SGB V, § 3 Abs. 2 Ärzte-ZV fordert die Anlage zu § 2 Abs. 2 Ärzte-ZV eine Vielzahl persönlicher Angaben, deren Erhebung und Speicherung durch Absatz 1 Satz 1 erlaubt wird. Die Speicherung erfolgt in dem bei jeder Kassenärztlichen Vereinigung zu führenden Arztregister.

---

[15] Zulassungsverordnung für Vertragsärzte (Ärzte-ZV) vom 28.05.1957 (BGBl I 1957, 572, ber. 608; zuletzt geändert durch Gesetz zur Änderung des Vertragsarztrechts und anderer Gesetze (Vertragsarztänderungsgesetz – VÄndG) vom 22.12.2006, BGBl I 2006, 3439.

Auch Angaben nach § 6 Abs. 2 und 3 Ärzte-ZV (Tatsachen über das Ruhen, den Entzug oder das Ende der Zulassung, unanfechtbar gewordene Beschlüsse in Disziplinarangelegenheiten nach § 81 Abs. 5 SGB V) werden im Arztregister gespeichert.

Die **Sicherstellung und Vergütung der vertragsärztlichen Versorgung einschließlich der Überprüfung der Zulässigkeit und Richtigkeit der Abrechnung** rechtfertigt nach Absatz 1 Nr. 2 die Erhebung und Speicherung der hierfür erforderlichen Daten. Die Sicherstellung der vertragsärztlichen Versorgung ist in den §§ 72-76 SGB V und den §§ 99-105 SGB V geregelt. In diesen Zusammenhang gehören insbesondere die Daten, die die Kassenärztlichen Vereinigungen im Hinblick auf den Bedarfsplan gemäß § 99 SGB V sowie aufgrund von Maßnahmen bei Unterversorgung nach § 100 Abs. 2 SGB V und bei die Führung einer Warteliste bei Zulassungsbeschränkungen nach § 103 Abs. 5 SGB V erfassen und speichern. Die Vergütung der vertragsärztlichen Versorgung ist in den §§ 85-86 SGB V geregelt und erfordert die Erhebung zahlreicher Daten der an der Sicherstellung der Versorgung beteiligten Ärzte. Schließlich erlaubt Absatz 1 Nr. 2 auch die Datenerhebung und -speicherung bei der Abrechnungsprüfung gemäß § 106a SGB V i.V.m. der sachlich-rechnerischen Berichtigung nach § 45 BMV-Ä[16] bzw. § 34 Abs. 4 EKV-Ä[17]. 12

Die **Vergütung der ambulanten Krankenhausleistungen**, die durch ermächtigte Krankenhausärzte oder ermächtigte ärztlich geleitete Einrichtungen erbracht werden, durch die Kassenärztlichen Vereinigungen ist in § 120 Abs. 1 SGB V geregelt. Die für die Vergütung erforderlichen Daten dürfen nach Absatz 1 Nr. 3 erhoben und gespeichert werden. Sind für die Vergütung auch Angaben des Krankenhauses oder der sonstigen Einrichtung von Bedeutung, dürfen diese nach § 35 Abs. 4 SGB I als Betriebs- und Geschäftsgeheimnisse anzusehenden, den Sozialdaten gleichgestellten Angaben aufgrund des untrennbaren Zusammenhanges mit der Vergütung der ambulanten Krankenhausleistungen ebenfalls erhoben und gespeichert werden.[18] 13

Absatz 1 Satz 4 regelt die Erhebung und Speicherung arztbezogener Angaben im Zusammenhang mit der **Vergütung belegärztlicher Leistungen**, die nach § 121 Abs. 3 SGB V aus der vertragsärztlichen Gesamtvergütung durch die Kassenärztlichen Vereinigungen erfolgt. Erfordert die Festsetzung der Vergütung auch Angaben des Krankenhauses, dürfen diese Angaben aufgrund des untrennbaren Zusammenhanges mit der Vergütung der im Krankenhaus erbrachten belegärztlichen Leistungen ebenfalls erhoben und gespeichert werden. Nach § 35 Abs. 4 SGB I sind diese Angaben als Betriebs- und Geschäftsgeheimnisse anzusehen und den Sozialdaten gleichgestellt. Auch die für die Vergütung erforderlichen Angaben über die vom Belegarzt veranlassten Leistungen nachgeordneter Ärzte sowie die Sozialdaten der nachgeordneten Ärzte werden von Absatz 1 Nr. 3 erfasst, weil der Belegarzt hierfür gemäß § 121 Abs. 3 Satz 3 Nr. 2 SGB V ein leistungsgerechtes Entgelt erhält. 14

Absatz 1 Nr. 5 sieht die rechtmäßige Erhebung und Speicherung der im Zusammenhang mit **Wirtschaftlichkeitsprüfungen nach § 106 SGB V** anfallenden Daten vor. Wirtschaftlichkeitsprüfungen werden als Auffälligkeitsprüfungen nach § 106 Abs. 2 Satz 1 Nr. 1 SGB V oder als Zufälligkeitsprüfungen nach § 106 Abs. 2 Satz 1 Nr. 2 SGB V durchgeführt und können nach § 106 Abs. 2 Satz 3 SGB V auch Überweisungen, Krankenhauseinweisungen und Feststellungen der Arbeitsunfähigkeit sowie sonstige veranlasste Leistungen umfassen. Die entsprechende datenschutzrechtliche Regelung für die Krankenkassen, im Rahmen der Überwachung der Wirtschaftlichkeit der Leistungserbringung Sozialdaten zu erheben und zu speichern, enthält § 284 Abs. 1 Satz Nr. 9 SGB V. 15

Die Durchführung von **Qualitätsprüfungen gemäß § 136 SGB V** durch die Kassenärztlichen Vereinigungen erfordert ebenfalls die Erhebung und Speicherung von Daten und wird durch Absatz 1 Nr. 6 geregelt. Maßnahmen zur Förderung der Qualität der vertragsärztlichen Versorgung sind nach § 136 Abs. 1 SGB V von den Kassenärztlichen Vereinigungen durchzuführen und die Qualität der in der vertragsärztlichen Versorgung erbrachten Leistungen einschließlich der belegärztlichen Leistungen im Einzelfall durch Stichproben zu prüfen. Nähere Einzelheiten zu den erforderlichen Daten enthalten die gemäß § 136 Abs. 2 Satz 2 SGB V vom Gemeinsamen Bundesausschuss entwickelten Qualitätsbeurteilungs-Richtlinien.[19] 16

---

[16] Bundesmantelvertrag-Ärzte (BMV-Ä) vom 19.12.1994.

[17] Bundesmantelvertrag – Ärzte/Ersatzkassen (EKV-Ä) vom 01.07.1994.

[18] *Kranig* in: Hauck/Noftz, SGB V, § 285 Rn. 4; a.A. *Waschull* in: Krauskopf, SGB V, § 285 Rn. 11.

[19] Z.B. Richtlinien über Kriterien zur Qualitätsbeurteilung in der radiologischen Versorgung gemäß § 136 SGB V i.d.F vom 17.06.1992 und Richtlinien über Kriterien zur Qualitätsbeurteilung in der Kernspintomographie gemäß § 136 SGB V i.d.F vom 16.10.2000.

2. Datenerhebung und -speicherung nach Absatz 2

17 Absatz 2 regelt die **Erhebung und Speicherung von Sozialdaten der Versicherten** durch die Kassenärztlichen Vereinigungen. Dies ist nur zulässig für die Erfüllung der in Absatz 1 Nr. 5 (Durchführung von Wirtschaftlichkeitsprüfungen) und Nr. 6 (Durchführung von Qualitätsprüfungen) genannten Aufgaben sowie für die Erteilung von Auskünften an den Versicherten gemäß § 305 SGB V. Absatz 2 nannte bis zum 31.12.2006 die in **§ 83 Abs. 2 SGB V** genannten Aufgaben. Diese Vorschrift regelte bis zur ihrer Aufhebung zum 01.01.2004 durch das GKV-Modernisierungsgesetz[20] die Durchführung von Prüfungen über die Abrechnungen der Vertragsärzte auf Rechtmäßigkeit durch Plausibilitätskontrollen der Kassenärztlichen Vereinigungen. Eine grundsätzliche und umfassendere Neuregelung der Abrechnungsprüfung in der vertragsärztlichen Versorgung enthält seit 01.01.2004 **§ 106a SGB V**. Die Änderung in Absatz 2 ist dabei versehentlich unterblieben. Mit Wirkung ab 01.01.2007 wurde im Rahmen einer redaktionellen Richtigstellung die aktuelle Gesetzesnorm „§ 106a SGB V" in Absatz 2 übernommen.[21] Absatz 2 erlaubt die Erhebung und Speicherung von Sozialdaten der Versicherten auch für die Aufgaben nach § 106a SGB V. Nach **§ 106 Abs. 2 Satz 4 SGB V** können die Landesverbände der Krankenkassen und die Verbände der Ersatzkassen gemeinsam und einheitlich mit den Kassenärztlichen Vereinigungen über die in § 106 Abs. 2 Satz 1 SGB V vorgesehenen Prüfungen hinaus Prüfungen ärztlicher oder ärztlich verordneter Leistungen nach Durchschnittswerten oder anderen arztbezogenen Prüfungsarten vereinbaren. Dabei dürfen nach § 106 Abs. 2 Satz 4 HS. 2 SGB V versichertenbezogene Daten nur nach den Vorschriften des SGB X erhoben, verarbeitet und genutzt werden. Mit Wirkung ab 01.04.2007 wurde durch das GKV-Wettbewerbsstärkungsgesetz[22] in Absatz 2 ein Verweis auf Absatz 1 Nr. 2 eingefügt. Durch diese Änderung erhalten die Kassenärztlichen Vereinigungen die Kompetenz, zur Durchführung der Vereinbarung und Abrechnung der vertragsärztlichen Leistungen gemäß den §§ 85a und 85b SGB V sowie gemäß § 87 SGB V versichertenbezogene Daten im erforderlichen Umfang zu verarbeiten. Eine entsprechende Regelung ist für die Krankenkassen in § 284 Abs. 1 Satz 1 Nr. 12 SGB V vorgesehen. Damit verfügen beide Seiten der Vergütungsvereinbarungen über die gleichen Datengrundlagen. Im Rahmen der Abrechnung ist mit Hilfe entsprechender Datenverarbeitungsmaßnahmen zu gewährleisten, dass die Abrechnung der Pauschalen für einen Versicherten gemäß § 87 Abs. 2a SGB V nur durch einen Arzt im Abrechnungszeitraum erfolgt.[23]

3. Verarbeitung und Nutzung der erhobenen und gespeicherten Daten nach Absatz 3

18 **Absatz 3 Satz 1** erlaubt die Verarbeitung und Nutzung der **rechtmäßig erhobenen und gespeicherten versichertenbezogenen Daten** nach den Absätzen 1 und 2 nur für die Zwecke der dort genannten Aufgaben, soweit dies jeweils **erforderlich** ist. Sind die Sozialdaten für eine Aufgabenerfüllung nach Absatz 1 erhoben worden, dürfen sie auch für andere Aufgaben nach Absatz 1 Satz 1 verarbeitet und genutzt werden, wenn diese Aufgaben bereits konkretisierbar und die Daten hierfür erforderlich sind. Das bloße Speichern von Sozialdaten auf Vorrat für eventuell später anfallende Aufgaben nach Absatz 1 ist durch Absatz 3 Satz 1 nicht gedeckt. Die Verarbeitung und Nutzung für andere Zwecke bedarf einer ausdrücklichen gesetzlichen Grundlage in Rechtsvorschriften des SGB.[24]

19 § 285 SGB V schreibt anders als § 284 Abs. 1 Satz 5 SGB V für die Datenverwendung nicht ausdrücklich die **Geltung der Vorschriften des SGB I (§ 35 SGB I) und des SGB X (§§ 67 ff. SGB X)** vor. Da es sich bei § 285 SGB V ebenso wie bei § 284 SGB V um eine Sonderregelung handelt, die die allgemeinen Vorschriften über die Erhebung und Speicherung von Sozialdaten im SGB X nur soweit verdrängt, wie ihr Regelungsbereich sich erstreckt, bleiben die sonstigen Bestimmungen über die Erhebung und Speicherung von Sozialdaten im SGB X weiter anwendbar.[25] Daher sind die Regelungen über die Datenerhebung in § 67a Abs. 2-5SGB X ebenso wie die über die Datenspeicherung in § 67c Abs. 2-5 SGB X neben § 285 Abs. 1 SGB V gültig.

---

[20] Gesetz zur Modernisierung der gesetzlichen Krankenversicherung (GKV-Modernisierungsgesetz – GMG) vom 14.11.2003, BGBl I 2003, 2190.

[21] Gesetz zur Änderung des Vertragsarztrechts und anderer Gesetze (Vertragsarztänderungsgesetz – VÄndG) vom 22.12.2006, BGBl I 2006, 3439.

[22] Gesetz zur Stärkung des Wettbewerbs in der gesetzlichen Krankenversicherung (GKV-Wettbewerbsstärkungsgesetz – GKV-WSG) vom 26.03.2007, BGBl I 2007, 378

[23] BT-Drs. 16/3100, S. 172.

[24] Z.B. § 285 Abs. 3 Satz 2 SGB V.

[25] *Kranig* in: Hauck/Noftz, SGB V, § 284 Rn. 13; *Waschall* in: Krauskopf, SGB V, § 284 Rn. 61.

Absatz 3 Satz 2 hat die datenschutzrechtliche Bestimmung für eine zulässige Weitergabe der von den Kassenärztlichen Vereinigungen bei der **Qualitätsprüfung von Röntgenuntersuchungen** anfallenden Daten an die Gewerbeaufsicht geschaffen.[26] Die Qualitätsprüfung von Röntgenuntersuchungen findet sowohl durch die Kassenärztlichen Vereinigungen im Rahmen von Qualitätsprüfungen im Einzelfall nach den Qualitätssicherungs-Richtlinien gemäß der §§ 135 ff. SGB V[27] als auch im Rahmen der Gewerbeaufsicht statt[28]. Den kassenärztlichen Vereinigungen wird durch Absatz 3 Satz 2 die Möglichkeit eröffnet, die bei ihren Qualitätsprüfungen gewonnenen Daten an die „Ärztlichen Stellen" weiterzuleiten. Dadurch werden Mehrfachprüfungen vermieden, Kosten gesenkt und Synergieeffekte ausgenutzt. Da die Übermittlung der Daten nicht durch Absatz 1 Nr. 6 gedeckt ist, schafft Absatz 3 Satz 2 die nach Absatz 3 Satz 1 erforderliche besondere Rechtsvorschrift. 20

Absatz 3 Sätze 3 und 5 (bis 31.03.2007 Satz 4) sind mit Wirkung ab 01.01.2007 aus datenschutzrechtlichen Gründen in das Gesetz eingefügt worden.[29] Bisher war eine Übermittlung arzt- und versichertenbezogener Daten zwischen Kassenärztlichen Vereinigungen sowie zwischen Kassenärztlichen und Kassenzahnärztlichen Vereinigungen zur Erfüllung ihrer Aufgaben nicht erforderlich und daher nicht zulässig. **Satz 3** schränkt dieses Übermittlungsverbot ein, da § 33 Abs. 2 Zulassungsverordnung für Vertragsärzte[30] in der ab 01.01.2007 geltenden Fassung die gemeinsame Berufsausübung von mehreren zur vertragsärztlichen Versorgung zugelassenen Leistungserbringern in überörtlichen Berufsausübungsgemeinschaften über die Bezirksgrenzen einer Kassenärztlichen Vereinigung nunmehr ermöglicht. Die Übermittlung der Daten ist **für die ordnungsgemäße Durchführung der arztbezogenen Steuerungsinstrumente** (Regelleistungsvolumen, Richtgrößen, Qualitätsprüfungen) notwendig. Die Aufgaben, für die eine Datenübermittlung zulässig ist, werden durch die Benennung der einzelnen Ziffern des Absatzes 1 klargestellt. Der mit Wirkung ab 01.04.2007 eingefügte Satz 4 erlaubt es den beteiligten Kassen(zahn)ärztlichen Vereinigungen, die zur Feststellung der Richtigkeit der Abrechnungen in zeitlicher Hinsicht (§ 106a Abs. 2 SGB V) erforderlichen Daten auszutauschen. falls ein Vertrags(zahn)arzt ermächtigt ist, Leistungen in einer Zweigpraxis zu erbringen, die im Zuständigkeitsbereich einer anderen Kassen(zahn)ärztlichen Vereinigung liegt.[31] **Satz 5 (früher Satz 4)** war eine Folgeregelung zur neuen Fassung von § 33 Abs. 1 Satz 3 Zulassungsverordnung für Vertragsärzte[32], der **in medizinischen Versorgungszentren** seit 01.01.2007 **die gemeinsame Beschäftigung von Ärzten und Zahnärzten** zuließ. Mit Wirkung ab dem 01.04.2007 wurde diese Regelung auf sämtliche vertragsärztliche und vertragszahnärztliche Leistungserbringer erstreckt.[33] Zum Zweck der Abrechnungsüberprüfung (Verhinderung von Doppelabrechnungen) ist ein Datenaustausch zwischen Kassenärztlichen Vereinigungen und Kassenzahnärztlichen Vereinigungen erforderlich. Zulässig sind nunmehr auch Datenübermittlungen in den Fällen, in denen einzelne Ärzte und Zahnärzte mit doppelter Zulassung oder deren Berufsausübungsgemeinschaften sowohl mit der Kassenärztlichen als auch mit der Kassenzahnärztlichen Vereinigung abrechnen.[34] Nach § 32 Abs. 1 Zulassungsverordnung für Vertragsärzte[35] haben die Kassenärztlichen und Kassenzahnärztlichen Vereinigungen bei länger dauernden 21

---

[26] BT-Drs. 15/994, S. 23.

[27] Richtlinien über Kriterien zur Qualitätsbeurteilung in der radiologischen Versorgung gemäß § 136 SGB V i.d.F. vom 17.06.1992.

[28] Qualitätsprüfung im Zweijahresturnus nach § 17a der Röntgenverordnung durch die in der Regel bei den Ärztekammern angesiedelten „Ärztlichen Stellen".

[29] BT-Drs. 16/2747, S. 27.

[30] Zulassungsverordnung für Vertragsärzte (Ärzte-ZV) vom 28.05.1957 (BGBl I 1957, 572, ber. 608; zuletzt geändert durch Gesetz zur Änderung des Vertragsarztrechts und anderer Gesetze (Vertragsarztänderungsgesetz – VÄndG) vom 22.12.2006, BGBl I 2006, 3439.

[31] BT-Drs. 16/4247, S. 55.

[32] Zulassungsverordnung für Vertragsärzte (Ärzte-ZV) vom 28.05.1957 (BGBl I 1957, 572, ber. 608; zuletzt geändert durch Gesetz zur Änderung des Vertragsarztrechts und anderer Gesetze (Vertragsarztänderungsgesetz – VÄndG) vom 22.12.2006, BGBl I 2006, 3439.

[33] BT-Drs. 16/4247, S. 56.

[34] BT-Drs. 16/4247, S. 56.

[35] Zulassungsverordnung für Vertragsärzte (Ärzte-ZV) vom 28.05.1957 (BGBl I 1957, 572, ber. 608; zuletzt geändert durch Gesetz zur Änderung des Vertragsarztrechts und anderer Gesetze (Vertragsarztänderungsgesetz – VÄndG).

Vertretungen von Vertrags(zahn)ärzten das Recht, das Vorliegen der Vertretungsvoraussetzungen zu überprüfen. **Satz 6 (früher Satz 5)** eröffnet die Möglichkeit, die hierfür benötigten Daten unmittelbar bei einer anderen Kassen(zahn)ärztlichen Vereinigung einzuholen.[36]

4. Entsprechende Geltung der Vorschriften des Zehnten Kapitels gemäß Absatz 4

22 Absatz 4 schreibt vor, dass die Vorschriften des Zehnten Kapitels, soweit sie sich auf Ärzte und Kassenärztliche Vereinigungen beziehen, **entsprechend für Psychotherapeuten, Zahnärzte und Kassenzahnärztliche Vereinigungen** gelten. Diese dem Grund nach überflüssige Vorschrift[37] dient der Klarstellung und trägt den Besonderheiten der hier genannten Leistungserbringer Rechnung. So sind die Voraussetzungen für die Eintragung der Psychotherapeuten in das Arztregister in § 95c SGB V geregelt, so dass diese Regelung im Rahmen von Absatz 1 Nr. 1 heranzuziehen ist.

[36] BT-Drs. 16/3157, S. 19.

[37] *Waschull* in: Krauskopf, SGB V, § 285 Rn. 22; *Hess* in: KassKomm-SGB, SGB V, § 285 Rn. 6.

§ 286 SGB V Datenübersicht

(Fassung vom 13.06.1994, gültig ab 01.07.1994)

(1) Die Krankenkassen und die Kassenärztlichen Vereinigungen erstellen einmal jährlich eine Übersicht über die Art der von ihnen oder in ihrem Auftrag gespeicherten Sozialdaten. Die Übersicht ist der zuständigen Aufsichtsbehörde vorzulegen.

(2) Die Krankenkassen und die Kassenärztlichen Vereinigungen sind verpflichtet, die Übersicht nach Absatz 1 in geeigneter Weise zu veröffentlichen.

(3) Die Krankenkassen und die Kassenärztlichen Vereinigungen regeln in Dienstanweisungen das Nähere insbesondere über

1. **die zulässigen Verfahren der Verarbeitung der Daten,**
2. **Art, Form, Inhalt und Kontrolle der einzugebenden und der auszugebenden Daten,**
3. **die Abgrenzung der Verantwortungsbereiche bei der Datenverarbeitung,**
4. **die weiteren zur Gewährleistung von Datenschutz und Datensicherheit zu treffenden Maßnahmen, insbesondere der Maßnahmen nach der Anlage zu § 78a des Zehnten Buches.**

Gliederung

A. Basisinformationen

I. Textgeschichte/Gesetzgebungsmaterialien

§ 286 SGB V ist durch das **Gesundheitsreformgesetz**[1] auf Vorschlag des Ausschusses für Arbeit und Sozialordnung[2] **mit Wirkung ab 01.01.1989**[3] eingeführt worden. Die Vorschrift enthält Regelungen über die Veröffentlichung von Datenübersichten durch die Krankenkassen und die Kassenärztlichen Vereinigungen sowie über den Erlass konkretisierender Dienstanweisungen für den Bereich des Datenschutzes. Durch das **2. SGBÄndG**[4] wurde **mit Wirkung ab 01.07.1994** in Absatz 1 Satz 1 der Begriff der personenbezogenen Daten durch den der Sozialdaten und in Absatz 3 Nr. 3 der Verweis auf die Anlage zu § 6 Abs. 1 Satz 1 BDSG durch den Verweis auf die Anlage zu § 78a SGB X ersetzt. 1

II. Vorgängervorschriften

Vorgängervorschriften im Recht der gesetzlichen Krankenversicherung existieren nicht. Anwendbar waren für die Datenverwendung in der gesetzlichen Krankenversicherung bis zum In-Kraft-Treten des GRG die Vorschrift über das Sozialgeheimnis in § 35 SGB I[5] und die Regelungen der §§ 67-85 SGB X[6] über den Schutz der Sozialdaten im Verwaltungsverfahren. § 82 SGB X a.F., gültig vom 01.01.1981 bis zum 30.06.1994, enthielt in Anlehnung an § 12 Abs. 3 BDSG a.F. eine Regelung über 2

---

[1] Gesetz zur Strukturreform im Gesundheitswesen (Gesundheitsreformgesetz – GRG) vom 20.12.1989, BGBl I 1989, 2477.

[2] BT-Drs. 11/3320, S. 157.

[3] Art. 79 Abs. 2 GRG.

[4] Zweites Gesetz zur Änderung des Sozialgesetzbuchs (2. SGBÄndG) vom 13.06.1994; BGBl I 1994, 1229.

[5] Sozialgesetzbuch – Allgemeiner Teil – vom 11.12.1975, BGBl I 1975, 3015.

[6] Sozialgesetzbuch – Verwaltungsverfahren – vom 18.08.1980, BGBl I 1980, 1469, ber. 2218.

den Erlass einer Rechtsverordnung, in der Bestimmungen über die Veröffentlichung im Hinblick auf die Datenübermittlung getroffen werden konnten. Diese Bestimmung wurde im SGB X ersatzlos gestrichen.

III. Parallelvorschriften

3 **§ 96 Abs. 2 SGB XI** schreibt **für die soziale Pflegeversicherung** die entsprechende Geltung von § 286 SGB V vor. Für die sonstigen Sozialleistungsbereiche existieren keine Regelungen über die Pflicht zur **Erstellung von Datenübersichten**. Der **Erlass von Dienstanweisungen** durch die in § 35 SGB I genannten Stellen ist in § 78a SGB X vorgesehen, um die in der Anlage zu § 78a SGB X genannten Anforderungen zu gewährleisten.

IV. Systematische Zusammenhänge

4 § 286 SGB V ist **die dritte Vorschrift des Ersten Titels** (Grundsätze der Datenverwendung) **des Ersten Abschnitts** (Informationsgrundlagen) **des Zehnten Kapitels** (Versicherungs- und Leistungsdaten, Datenschutz, Datentransparenz) **des SGB V.** Das Zehnte Kapitel zielt darauf ab, die Transparenz des Leistungsgeschehens zu verbessern und die Unterrichtung der Versicherten über die Leistungen zu ermöglichen, die Voraussetzungen für eine qualifizierte Prüfung von Wirtschaftlichkeit, Zweckmäßigkeit und Notwendigkeit der abgerechneten Leistungen sowie zur Bekämpfung von Missbrauch und Abrechnungsmanipulationen zu schaffen und es damit den Krankenkassen zu ermöglichen, ihre Aufgaben wirksamer und besser als bisher zu erfüllen.[7] Der Erste Titel umfasst neben § 286 SGB V Bestimmungen über die Erhebung von Sozialdaten bei den Krankenkassen (§ 284 SGB V) und bei den Kassenärztlichen Vereinigungen (§ 285 SGB V) und die Auswertung von Daten im Rahmen von Forschungsvorhaben (§ 287 SGB V). Der Zweite Titel des Ersten Abschnitts des Zehnten Kapitels enthält die Vorschriften über die Informationsgrundlagen der Krankenkassen. Der Zweite Abschnitt des Zehnten Kapitels regelt die Übermittlung und Aufbereitung von Leistungsdaten und enthält Vorschriften über die Datentransparenz.

B. Auslegung der Norm

I. Regelungsgehalt und Bedeutung der Norm

5 Absatz 1 regelt die **Verpflichtung** der Krankenkassen und der Kassenärztlichen Vereinigungen **zur jährlichen Erstellung einer Übersicht** über die von ihnen gespeicherten Sozialdaten und zur Vorlage dieser Übersicht bei der zuständigen Aufsichtsbehörde. Absatz 2 schreibt die **Veröffentlichung der Übersichten** vor. Nach Absatz 3 haben die Krankenkassen und Kassenärztlichen Vereinigungen in **Dienstanweisungen** genauere Regelungen hinsichtlich der Datenverarbeitung zu regeln.

II. Normzweck

6 Die Regelungen in den Absätzen 1 und 2 über die Erstellung und Veröffentlichung von Datenübersichten dienen der **Transparenz** hinsichtlich der von den Krankenkassen und Kassenärztlichen Vereinigungen gespeicherten Daten. Die Vorlagepflicht gegenüber der zuständigen Aufsichtsbehörde soll bewirken, dass eine **Kontrolle des Umfangs der gespeicherten Daten** und gegebenenfalls eine Reduzierung auf das erforderliche Maß erfolgen. Die Veröffentlichung ermöglicht die Information der betroffenen Versicherten über die Art und den Umfang der von den Krankenkassen und Kassenärztlichen Vereinigungen gespeicherten Daten. Absatz 3 verpflichtet die Krankenkassen und Kassenärztlichen Vereinigungen zum Erlass von Dienstanweisungen **zur näheren Ausgestaltung des Datenschutzes und der Datenverwendung.**

III. Tatbestandsmerkmale

1. Erstellung von Datenübersichten

7 Absatz 1 Satz 1 begründet **die Verpflichtung** der Krankenkassen und Kassenärztlichen Vereinigungen, einmal jährlich eine Übersicht über die Art der von ihnen gespeicherten Sozialdaten zu erstellen. **Sozialdaten** sind nach § 67 Abs. 1 Satz 1 SGB X Einzelangaben über persönliche oder sachliche Verhältnisse einer bestimmten oder bestimmbaren Person, die von einer in § 35 SGB I genannten Stelle im Hinblick auf ihre Aufgaben nach dem SGB erhoben, verarbeitet oder genutzt werden. **Betriebs- und**

[7] BT-Drs. 11/2237, S. 235.

Geschäftsgeheimnisse stehen gemäß § 35 Abs. 4 SGB I Sozialdaten gleich. **Speichern** ist nach § 67 Abs. 6 Satz 1 Nr. 1 SGB X das Erfassen, Aufnehmen oder Aufbewahren von Sozialdaten auf einem Datenträger zum Zwecke ihrer weiteren Verarbeitung oder Nutzung. Daten, die zwar erhoben, aber nicht gespeichert worden sind, sind nicht in die Übersicht aufzunehmen. In die Übersicht sind auch die bei anderen Stellen **im Auftrag**[8] der Krankenkassen oder Kassenärztlichen Vereinigungen gespeicherten Sozialdaten aufzunehmen. Die Übersichten sind von jeder Krankenkasse und jeder Kassenärztlichen Vereinigung einzeln vorzulegen, sie können nicht für mehrere Krankenkassen oder Kassenärztliche Vereinigungen zusammengefasst erstellt werden. Die Übersicht muss die **Art der gespeicherten Daten** enthalten. Die „Art" der gespeicherten Daten bezieht sich auf die Struktur des Datenbestandes, so dass in der Übersicht keine Einzelheiten der gespeicherten Daten wiedergegeben werden müssen. Nach Absatz 1 Satz 2 ist die Datenübersicht der **zuständigen Aufsichtsbehörde** vorzulegen. Die Zuständigkeit ergibt sich für die Krankenkassen, deren Zuständigkeitsbereich sich über das Gebiet eines Bundeslandes hinaus erstreckt, aus § 90 Abs. 1 Satz 1 SGB IV[9], ansonsten aus § 90 Abs. 2 SGB IV[10]. Die Vorlage ermöglicht der Aufsichtsbehörde die Kontrolle, in welchem Umfang eine Datenspeicherung unter Beachtung von Recht und Gesetz erfolgt. Stellt sie eine übermäßige Datenspeicherung im Hinblick auf die Art der gespeicherten Daten fest, kann sie durch Aufsichtsmaßnahmen auf eine dem Zweck des Datenschutzes entsprechende reduzierte Speicherung hinwirken. Sonstige Überprüfungsmaßnahmen in Bezug auf die Einhaltung der datenschutzrechtlichen Bestimmungen durch die zuständige Aufsichtsbehörde sind nicht ausgeschlossen, sie richten sich nach den allgemeinen Vorschriften über die Aufsichtsmaßnahmen nach den §§ 87 ff. SGB IV.

2. Veröffentlichung von Datenübersichten

Absatz 2 regelt die **Verpflichtung** der Krankenkassen oder Kassenärztlichen Vereinigungen, **die erstellten Datenübersichten zu veröffentlichen**. Diese Verpflichtung soll in erster Linie den von der Datenverwendung Betroffenen die Verwirklichung ihres Rechts auf „informationelle Selbstbestimmung" ermöglichen, indem sie erfahren, welche Arten der bei ihnen erhobenen Daten gespeichert werden. Die Art der Veröffentlichung bleibt den Krankenkassen oder Kassenärztlichen Vereinigungen vorbehalten, sie muss aber geeignet sein, eine größere Anzahl der Betroffenen zu erreichen. In Betracht kommt die Veröffentlichung in Mitgliederzeitschriften und Rundschreiben oder der Aushang am „Schwarzen Brett". 8

3. Erlass von Dienstanweisungen

Absatz 3 schreibt den Krankenkassen oder Kassenärztlichen Vereinigungen vor, dass nähere Einzelheiten über die Datenerhebung, Datenverarbeitung und Datennutzung in Dienstanweisungen zu regeln sind. Diese Anweisungen **müssen mindestens die in Nr. 1-4 aufgezählten Punkte** beinhalten, also über die zulässigen Verfahren der Datenverarbeitung (Nr. 1), Art, Form, Inhalt und Kontrolle der einzugebenden und auszugebenden Daten (Nr. 2), die Abgrenzung der Verantwortungsbereiche bei der Datenverarbeitung (Nr. 3) und die weiteren zur Gewährung des Datenschutzes und der Datensicherheit zu treffenden Maßnahmen, die im Einzelnen in der **Anlage zu § 78a SGB X** aufgeführt sind (Nr. 4). In der Dienstanweisung können jedoch auch weitere Einzelheiten geregelt werden. 9

---

[8] Z.B. durch Rechenzentren gemäß § 80 SGB X.

[9] Zuständige Aufsichtsbehörde ist das Bundesversicherungsamt.

[10] Zuständige Aufsichtsbehörden sind die für die Sozialversicherung zuständigen obersten Verwaltungsbehörden der Länder oder die von den Landesregierungen durch Rechtsverordnung bestimmten Behörden.

§ 287 SGB V Forschungsvorhaben

(Fassung vom 13.06.1994, gültig ab 01.07.1994)

(1) Die Krankenkassen und die Kassenärztlichen Vereinigungen dürfen mit Erlaubnis der Aufsichtsbehörde die Datenbestände leistungserbringer- oder fallbeziehbar für zeitlich befristete und im Umfang begrenzte Forschungsvorhaben, insbesondere zur Gewinnung epidemiologischer Erkenntnisse, von Erkenntnissen über Zusammenhänge zwischen Erkrankungen und Arbeitsbedingungen oder von Erkenntnissen über örtliche Krankheitsschwerpunkte, selbst auswerten oder über die sich aus § 304 ergebenden Fristen hinaus aufbewahren.

(2) Sozialdaten sind zu anonymisieren.

Gliederung

A. Basisinformationen

I. Textgeschichte/Gesetzgebungsmaterialien

1 § 287 SGB V ist durch das **Gesundheitsreformgesetz**[1] **mit Wirkung ab 01.01.1989**[2] eingeführt worden und regelt die **Verwendung von Datenbeständen im Rahmen von internen Forschungsvorhaben der Krankenkassen und Kassenärztlichen Vereinigungen**. Abweichend vom ursprünglichen Gesetzentwurf[3] ist durch den Ausschuss für Arbeit und Sozialordnung[4] auch eine gesetzliche Grundlage für Forschungsvorhaben der Kassenärztlichen Vereinigungen geschaffen worden. Weiterhin wurde die Auswertung versichertenbeziehbarer Daten ausgeschlossen und die vorherige Anonymisierung der personenbezogenen Daten angeordnet. Durch das **2. SGBÄndG**[5] wurde mit **Wirkung ab 01.07.1994** die Terminologie des 2. Kapitels des SGB X übernommen mit der Folge, dass in Absatz 2 der Begriff der personenbezogenen Daten durch den der Sozialdaten ersetzt wurde.

II. Vorgängervorschriften

2 § 287 SGB V hat im Recht der gesetzlichen Krankenversicherung keine unmittelbare Vorgängervorschrift. In den §§ 75, 76 SGB X ist seit 01.01.1981[6] eine Übermittlung von Sozialdaten für wissenschaftliche oder planerische Zwecke an externe Stellen unter den dort genannten Voraussetzungen vorgesehen.

III. Parallelvorschriften

3 Eine § 287 SGB V entsprechende Regelung enthält **für den Bereich der sozialen Pflegeversicherung** § 98 SGB XI. Eine Regelung über die Übermittlungsbefugnis über erhobene personenbezogene Daten

[1] Gesetz zur Strukturreform im Gesundheitswesen (Gesundheitsreformgesetz – GRG) vom 20.12.1989, BGBl I 1989, 2477.
[2] Art. 79 Abs. 2 GRG.
[3] BT-Drs. 11/2237, S. 239.
[4] BT-Drs. 11/3320, S. 158 und S. 168; BT-Drs. 11/3480, S. 68.
[5] Zweites Gesetz zur Änderung des Sozialgesetzbuchs (2. SGBÄndG) vom 13.06.1994, BGBl I 1994, 1229.
[6] Zehntes Buch Sozialgesetzbuch – Sozialverwaltungsverfahren und Sozialdatenschutz – (SGB X) vom 18.08.1980, BGBl I 1980, 1469, ber. 2218.

für bestimmte Forschungsvorhaben zur Bekämpfung von Berufskrankheiten **in der gesetzlichen Unfallversicherung** ist in § 206 SGB VII enthalten. § 55 SGB II erlaubt im Bereich der **Grundsicherung für Arbeitsuchende** die Forschung über die Wirkungen der Leistungen zur Eingliederung und der Leistungen zur Sicherung des Lebensunterhaltes. § 394 Abs. 1 Satz 1 Nr. 3 SGB III sieht im Bereich der **Arbeitsförderung** die Erhebung, Verarbeitung und Nutzung der von der Bundesagentur für Arbeit erhobenen Sozialdaten für Zwecke der Arbeitsmarkt- und Berufsforschung vor.

IV. Systematische Zusammenhänge

287 SGB V ist **die vierte Vorschrift des Ersten Titels** (Grundsätze der Datenverwendung) **des Ersten Abschnitts** (Informationsgrundlagen) **des Zehnten Kapitels** (Versicherungs- und Leistungsdaten, Datenschutz, Datentransparenz) **des SGB V.** Das Zehnte Kapitel zielt darauf ab, die Transparenz des Leistungsgeschehens zu verbessern und die Unterrichtung der Versicherten über die Leistungen zu ermöglichen, die Voraussetzungen für eine qualifizierte Prüfung von Wirtschaftlichkeit, Zweckmäßigkeit und Notwendigkeit der abgerechneten Leistungen sowie zur Bekämpfung von Missbrauch und Abrechnungsmanipulationen zu schaffen und es damit den Krankenkassen zu ermöglichen, ihre Aufgaben wirksamer und besser als bisher zu erfüllen.[7] Der Erste Titel umfasst neben § 287 SGB V Bestimmungen über Erhebung und Speicherung von Sozialdaten bei den Krankenkassen (§ 284 SGB V), die Erhebung und Speicherung personenbezogener Daten bei den Kassenärztlichen Vereinigungen (§ 285 SGB V) und die Erstellung von Datenübersichten (§ 286 SGB V). Der Zweite Titel des Ersten Abschnitts des Zehnten Kapitels enthält die Vorschriften über die Informationsgrundlagen der Krankenkassen. Der Zweite Abschnitt des Zehnten Kapitels regelt die Übermittlung und Aufbereitung von Leistungsdaten und enthält Vorschriften über die Datentransparenz. 4

V. Literaturhinweise

Bellwinkel/Chruscz/Schumann, Betriebliche Gesundheitsberichterstattung – Nutzbarmachung und Ergänzung von Sekundärdaten der Krankenkassen, Berufsgenossenschaften und der betriebsärztlichen Public Health- Forschung mit Gesundheits- und Sozialdaten, 1997, 83-92; *Jansen*, Public-Health-Forschung mit Arzneimitteldaten gesetzlicher Krankenkassen, Bundesgesundheitsblatt 2004, 521-525. 5

B. Auslegung der Norm

I. Regelungsgehalt und Bedeutung der Norm

§ 287 Abs. 1 SGB V ermöglicht die **Auswertung vorhandener Datenbestände für interne Forschungsvorhaben**, sofern diese zeitlich befristet und im Umfang begrenzt sind. Eine längere Aufbewahrung von Daten für Forschungszwecke ist lediglich mit Erlaubnis der Aufsichtsbehörde zulässig, deren Beteiligung sicherstellen soll, dass nur die für das Forschungsvorhaben erforderlichen Daten verwendet werden. Absatz 2 stellt klar, dass die für die Forschung verwendeten Sozialdaten zu anonymisieren sind. 6

II. Normzweck

Die Vorschrift ermöglicht über die in den §§ 284 Abs. 3, 285 Abs. 3 SGB V genannten Zweckbindungen hinaus die **Auswertung und Aufbewahrung von leistungserbringer- oder fallbeziehbaren Daten für interne Forschungszwecke**. Damit soll den Krankenkassen und Kassenärztlichen Vereinigungen ermöglicht werden, die vorhandenen Daten für interne wissenschaftliche Zwecke zu verwenden. § 287 SGB V begrenzt die für interne Forschungszwecke verwendbaren Daten und stellt Begrenzungen hinsichtlich der zeitlichen Aufbewahrung der verwendeten Daten auf. Durch die Einschaltung der zuständigen Aufsichtsbehörde erfolgt eine Kontrolle, ob die Voraussetzungen des § 287 SGB V eingehalten sind. 7

---

[7] BT-Drs. 11/2237, S. 235.

III. Tatbestandsmerkmale

1. Forschungsvorhaben

8 Weder im SGB V noch im SGB X ist der **Begriff des Forschungsvorhabens** näher definiert. Forschung kann anknüpfend an die zwischen Wissenschaft und Forschung unterscheidende Terminologie des Art. 5 Abs. 3 GG als Suche nach neuen, bisher nicht allgemein bekannten Erkenntnissen beschrieben werden. Demgemäß ist in § 287 Abs. 1 SGB V exemplarisch hervorgehoben, die dort erfassten Forschungsvorhaben könnten „insbesondere zur Gewinnung epidemiologischer Erkenntnisse, von Erkenntnissen über Zusammenhänge zwischen Erkrankungen und Arbeitsbedingungen oder von Erkenntnissen über örtliche Krankheitsschwerpunkte" durchgeführt werden. Die Ziele des Forschungsvorhabens müssen jedoch im Rahmen des § 287 SGB V auf die Gewinnung neuer Erkenntnisse gerichtet sein, um zur Forschung zu zählen. Das Erkenntnisinteresse kann neben den im Gesetz beispielhaft genannten Zielen auch in anderen Bereichen liegen. Eine einfache Umstrukturierung des vorhandenen Datenbestandes ohne die Erwartung neuer Erkenntnisse wird von § 287 SGB V nicht gedeckt. Die Forschungsvorhaben müssen darüber hinaus „zeitlich befristet und im Umfang begrenzt" sein. Die in § 287 SGB V vorgesehene eigene Auswertung der Datenbestände durch die Pflegekasse schließt eine **wissenschaftliche Begleitung und Auswertung durch beigezogene Dritte** nicht aus. Da der Gesetzgeber in § 65 SGB V die wissenschaftliche Auswertung von Modellvorhaben nach den §§ 63, 64 SGB V durch unabhängige Sachverständige vorgesehen hat, ist kein Grund ersichtlich, warum im Rahmen von Forschungsvorhaben nach § 287 SGB V die Auswertung allein durch Mitarbeiter der Krankenkasse oder der Kassenärztlichen Vereinigung und nicht in Zusammenarbeit mit fachkundigen Dritten erfolgen soll. Hierdurch kann auch das Ziel von Forschungsvorhaben besser erreicht werden. Da keine versichertenbeziehbare Datenverwertung erfolgt, ist eine Einwilligung der Versicherten im Rahmen von § 287 SGB V nicht erforderlich. Die in Absatz 2 vorgesehene Anonymisierung der personenbezogenen Daten hat zu erfolgen, bevor den in interne Forschungsvorhaben eingeschalteten Dritten die Datenbestände zugänglich gemacht werden.

2. Auswertung und Aufbewahrung von Datenbeständen

9 Die Forschungsvorhaben sind **auf „die Datenbestände"** beschränkt. Diese Formulierung zeigt, dass bei Anwendung des § 287 SGB V ausschließlich auf **bereits vorhandene Daten** zurückgegriffen werden darf. Die jeweils vorhandenen Datenbestände sind zwar keine statischen Mengen, sondern wechseln in ihrem Bestand infolge neuerer Erhebung und Verarbeitung ständig. Von den Forschungen können demgemäß sowohl ältere als auch die aktuellen, jüngsten Datenbestände betroffen sein. Die Kassen sind jedoch nicht befugt, allein zum Zweck der Forschung weitere Daten zu erheben Sie dürfen im Rahmen ihrer Forschungen vielmehr nur die zu anderen Zwecken – nach § 284 SGB V bzw. § 285 SGB V – erhobenen Daten verwenden. Dies bestätigen auch die **Begriffe der Auswertung und Aufbewahrung**, die bereits **vorhandene Daten voraussetzen**. Diese Daten dürfen die Krankenkassen und Kassenärztlichen Vereinigungen nur „leistungserbringer- und fallbeziehbar" auswerten und aufbewahren. Hierdurch soll in der Krankenversicherung eine **„versichertenbeziehbare" Datenverwendung** für Forschungszwecke **ausgeschlossen** sein.[8] Dies bedeutet, dass die Auswertung der Daten keine Rückschlüsse auf bestimmte Versicherte erlauben darf. Diesem Zweck dient die Anonymisierung der Daten nach Absatz 2. **„Fallbeziehbar"** sind hiernach alle Daten eines Versicherten außer den Angaben über die persönlichen oder sachlichen Verhältnisse, die eine Bestimmung der Person erlauben. **Auf Leistungserbringer** „beziehbar" sind Daten, die den Erbringer der Leistung (z.B. einen Arzt) zwar nicht unmittelbar erkennen lassen, jedoch „bestimmbar" machen.

3. Aufbewahrungsfristen

10 Grundsätzlich dürfen erhobene Daten nur innerhalb der von § 304 SGB V begrenzten Zeiträume aufbewahrt werden. Die in Absatz 1 bestimmte Befugnis **zur längeren Aufbewahrung von Daten** setzt zwar die Erlaubnis der Aufsichtsbehörde voraus, ist im Übrigen jedoch zeitlich nicht begrenzt. Liegen die weiteren Voraussetzungen der Norm vor, dann könnten Daten zu Forschungszwecken demgemäß nach dem Wortlaut der Norm zwar theoretisch auf unbegrenzte Zeit vor der Löschung aufbewahrt werden. Im Ergebnis wird die Aufbewahrungszeit indessen dadurch eingeschränkt, dass die Forschungsvorhaben selbst „zeitlich befristet und im Umfang begrenzt" sein müssen.

---

[8] *Kranig* in: Hauck/Noftz, SGB V, § 287 Rn. 7.

4. Erlaubnis der Aufsichtsbehörde

Die Durchführung von Forschungsvorhaben der Krankenkassen und Kassenärztlichen Vereinigungen im Rahmen des § 287 SGB V ist von der Erlaubnis der Aufsichtsbehörde abhängig. Das Erlaubnisverfahren ist nicht geregelt. Nach dem Gesetzeszweck muss die Erlaubnis im Sinne einer Einwilligung (§ 183 BGB) vor Beginn der Forschungsvorhaben und der Aufbewahrung erteilt sein. Eine nachträgliche Zustimmung (Genehmigung i.S.d. § 184 BGB) reicht nicht aus.[9] Die Erlaubnis soll die Einhaltung der Datenschutzvorschriften gewährleisten und setzt demgemäß voraus, dass die nach § 90 Abs. 1 Satz 1 SGB IV[10] oder nach § 90 Abs. 2 SGB IV[11] zuständigen Aufsichtsbehörden über die Einzelheiten des geplanten Forschungsvorhabens hinreichend unterrichtet werden. Die Zustimmung kann mit Einschränkungen und unter Auflagen erteilt werden. Falls die einzelnen Umstände des Vorhabens noch nicht absehbar sind, kommt eine mehrstufige Erlaubnis mit sukzessiver Überprüfung durch die Aufsichtsbehörden in Betracht. Die Krankenkassen und Kassenärztlichen Vereinigungen haben den Aufsichtsbehörden nach § 88 Abs. 2 SGB IV alle für die Ausübung des Aufsichtsrechtes erforderlichen Unterlagen vorzulegen und die insoweit notwendigen Auskünfte zu erteilen. 11

5. Anonymisierung der Sozialdaten nach Absatz 2

Anonymisieren ist nach § 67 Abs. 8 SGB X „das Verändern von Sozialdaten derart, dass die Einzelangaben über persönliche oder sachliche Verhältnisse nicht mehr oder nur mit einem unverhältnismäßig großen Aufwand an Zeit, Kosten und Arbeitskraft einer bestimmten oder bestimmbaren natürlichen Person zugeordnet werden können." Solche Veränderungen beeinträchtigen geplante Forschungsvorhaben nicht, sofern diese nur bereits abgeschlossene Vorgänge und damit „Altbestände" von Daten betreffen. Probleme können jedoch entstehen, wenn von der Forschung noch nicht abgeschlossene Fälle betroffen sind, bei denen laufend neue Daten erhoben werden. Auch diese Daten dürfen dem Forschungsprojekt erst nach Anonymisierung zugeführt werden. Hierdurch können gerade „verlaufsbezogene" Forschungsvorhaben erheblich behindert werden. Nicht geregelt ist die technische Methode der Anonymisierung. Die Krankenkassen und Kassenärztlichen Vereinigungen bestimmen insoweit selbst, welches Verfahren eine den Anforderungen des § 67 Abs. 8 SGB X entsprechende Datenveränderung gewährleistet. Diese Bestimmung kann auch in Dienstanweisungen nach § 286 Abs. 3 SGB V erfolgen. 12

---

9 *Kranig* in: Hauck/Noftz, SGB V, § 287 Rn. 4.

10 Zuständige Aufsichtsbehörde ist das Bundesversicherungsamt.

11 Zuständige Aufsichtsbehörden sind die für die Sozialversicherung zuständigen obersten Verwaltungsbehörden der Länder oder die von den Landesregierungen durch Rechtsverordnung bestimmten Behörden.

Zweiter Titel: Informationsgrundlagen der Krankenkassen

§ 288 SGB V Versichertenverzeichnis

(Fassung vom 20.12.1988, gültig ab 01.01.1989)

Die Krankenkasse hat ein Versichertenverzeichnis zu führen. Das Versichertenverzeichnis hat alle Angaben zu enthalten, die zur Feststellung der Versicherungspflicht oder -berechtigung, zur Bemessung und Einziehung der Beiträge, soweit nach der Art der Versicherung notwendig, sowie zur Feststellung des Leistungsanspruchs einschließlich der Versicherung nach § 10 erforderlich sind.

Gliederung

A. Basisinformationen

I. Textgeschichte/Gesetzgebungsmaterialien

1 § 288 SGB V ist durch das **Gesundheitsreformgesetz**[1] **mit Wirkung ab 01.01.1989**[2] eingeführt worden und gilt seitdem unverändert. Das Versichertenverzeichnis soll nach der Gesetzesbegründung der Bundesregierung[3] die Angaben enthalten, die für die Beurteilung des Versicherungsverhältnisses und des Anspruchs auf Versichertenleistungen von Bedeutung sind. Neu eingeführt wurde die Erfassung der mitversicherten Familienangehörigen nach § 10 SGB V.

II. Vorgängervorschriften

2 Die Vorschrift knüpft an **§ 319a RVO**, der den Krankenkassen aufgab, ein Mitgliederverzeichnis zu führen, und an **§ 35 der „Verwaltungsvorschriften über das Rechnungswesen bei den Trägern der sozialen Krankenversicherung" (VVR)** vom 31.08.1956 an.[4] In das Mitgliederverzeichnis waren alle Mitglieder, auch die mitversicherten Familienangehörigen, aufzunehmen. Dadurch sollte die Möglichkeit eröffnet werden, mitgliedsbezogen die anfallenden Kosten zu speichern und abzurufen. Durch den Verweis in § 319a RVO auf den „rechtmäßigen Aufgabenbereich" wurde den Belangen des Datenschutzes Rechnung getragen.

III. Parallelvorschriften

3 **§ 99 SGB XI** schreibt für die soziale Pflegeversicherung in Anlehnung an § 288 SGB V ebenfalls die Führung eines Versichertenverzeichnisses vor.

IV. Systematische Zusammenhänge

4 § 288 SGB V ist **die erste Vorschrift des Zweiten Titels** (Informationsgrundlagen der Krankenkassen) **des Ersten Abschnitts** (Informationsgrundlagen) **des Zehnten Kapitels** (Versicherungs- und Leistungsdaten, Datenschutz, Datentransparenz) **des SGB V.** Das Zehnte Kapitel zielt darauf ab, die Transparenz des Leistungsgeschehens zu verbessern und die Unterrichtung der Versicherten über die Leistungen zu ermöglichen, die Voraussetzungen für eine qualifizierte Prüfung von Wirtschaftlichkeit,

---

1 Gesetz zur Strukturreform im Gesundheitswesen (Gesundheitsreformgesetz – GRG) vom 20.12.1989, BGBl I 1989, 2477.
2 Art. 79 Abs. 2 GRG.
3 BT-Drs. 11/2237, S. 236.
4 BT-Drs. 11/2237, S. 236.

Zweckmäßigkeit und Notwendigkeit der abgerechneten Leistungen sowie zur Bekämpfung von Missbrauch und Abrechnungsmanipulationen zu schaffen und es damit den Krankenkassen zu ermöglichen, ihre Aufgaben wirksamer und besser als bisher zu erfüllen.[5] Der Zweite Titel enthält neben § 288 SGB V Bestimmungen über die Nachweispflicht bei Familienversicherung (§ 289 SGB V), die Krankenversichertennummer (§ 290 SGB V), die Krankenversichertenkarte (§ 291 SGB V), die elektronische Gesundheitskarte (§ 291a SGB V), die Gesellschaft für Telematik (§ 291b SGB V), die Aufzeichnung von Angaben über Leistungsvoraussetzungen (§ 292 SGB V) und die Kennzeichen für Leistungsträger und Leistungserbringer (§ 293 SGB V). Der Erste Titel des Ersten Abschnitts des Zehnten Kapitels enthält die Vorschriften über die Grundsätze der Datenverwendung. Der Zweite Abschnitt des Zehnten Kapitels regelt die Übermittlung und Aufbereitung von Leistungsdaten und enthält Vorschriften über die Datentransparenz.

V. Literaturhinweise

Grobe/Tempel, Nutzung von GKV-Routinedaten für ein zielgruppenspezifisches Risikomanagement, Prävention durch Krankenkassen, 2002, 58-70; *Maaßen/Piepersberg*, Den Umgang mit den Daten der Versicherten neu geregelt, BArbBl 1989, 47-49; *Vogl*, Versicherung und Mitgliedschaft in der Sozialversicherung, Die Beiträge 1993, 257-268. 5

B. Auslegung der Norm

I. Regelungsgehalt und Bedeutung der Norm

§ 288 SGB V ist die Grundvorschrift für die Herstellung einer **Informationsbasis der Krankenkassen**. Die §§ 289-293 SGB V ergänzen diese Bestimmung durch die Regelung weiterer Einzelheiten über die Informationsgrundlagen der Krankenkassen. Die Vorschrift nennt die Zwecke, für die Angaben in das Versichertenverzeichnis aufgenommen werden dürfen, nämlich die Feststellung der Versicherungspflicht oder -berechtigung, zur Bemessung und Einziehung von Beiträgen sowie zur Feststellung von Leistungsansprüchen und für die Prüfung des Bestehens einer Familienversicherung. Damit schafft sie die Grundlage für eine wirtschaftliche Leistungserbringung und eine vollständige Beitragserhebung. 6

II. Normzweck

Das Versichertenverzeichnis soll der **Registrierung der Mitglieder sowie der Familienversicherten** dienen und bei Bedarf die erfassten wesentlichen Merkmale des Versicherungsverhältnisses liefern, damit das Bestehen einer Versicherung und deren wesentliche Merkmale nicht immer von neuem ermittelt werden müssen. § 288 SGB V hat wie die §§ 289-293 SGB V den Zweck, die Transparenz des Leistungsgeschehens und die Informationsmöglichkeiten der Versicherten zu verbessern. Zudem sollen die Vorschriften die Voraussetzungen für eine qualifizierte Prüfung der Wirtschaftlichkeit, Zweckmäßigkeit und Notwendigkeit der Leistungen sowie für die Bekämpfung von Missbrauch und Abrechnungsmanipulationen schaffen.[6] 7

III. Tatbestandsmerkmale

1. Einrichtung eines Versichertenverzeichnisses

Die Krankenkasse hat keinen Spielraum hinsichtlich der Einrichtung des Versichertenverzeichnisses, sondern sie hat es **kraft gesetzlicher Verpflichtung** zu führen. In § 288 SGB V ist nicht definiert, welche Anforderungen diese Verpflichtung im Einzelnen mit sich bringt, auch die Form und der Aufbau des Versichertenverzeichnisses sind nicht geregelt. Entsprechend dem Gesetzeszweck ist unter dem Führen **außer dem erstmaligen Einrichten des Verzeichnisses dessen** ständige Aktualisierung zu verstehen. Die in Satz 2 aufgeführten Angaben sind demgemäß während der gesamten Versicherungszeit den tatsächlichen Verhältnissen anzupassen, soweit den Krankenkassen wesentliche Änderungen dieser Daten bekannt werden. Alle neuen Erkenntnisse verpflichten die Krankenkassen zur Korrektur 8

---

[5] BT-Drs. 11/2237, S. 235.

[6] BT-Drs. 11/2237, S. 235.

des Datenbestandes. Darüber hinaus sind alle im Verzeichnis festgehaltenen Angaben nach Ablauf der in § 304 Abs. 1 SGB V genannten Fristen zu löschen und bei Wechsel der Krankenkasse auf Verlangen gem. § 304 Abs. 2 SGB V an die neue Kasse weiterzugeben.

9 **Form und der Aufbau** des Verzeichnisses stehen im Ermessen der Krankenkasse.[7] Sie kann über die Art der Datenspeicherung nach Gesichtspunkten der Zweckmäßigkeit entscheiden und jedes Speichermedium wählen, das zur Führung des Verzeichnisses geeignet ist (Papier, Magnetspeicher usw.). Da das Gesetz keine Vorgaben enthält, kann die Krankenkasse technische Neuentwicklungen nutzen, um das Versichertenverzeichnis effektiv zu führen. Auch für den strukturellen Aufbau des Verzeichnisses enthält das Gesetz keine Vorgaben. Die Krankenkasse kann daher die nach ihren Erfahrungen geeignete Systematik wählen. **Krankenkasse und Pflegekasse** können nach § 96 Abs. 1 SGB XI im Rahmen der gemeinsamen Verarbeitung und Nutzung von Daten ihre Versichertenverzeichnisse anpassen.

2. Inhalt des Versichertenverzeichnisses

10 Die **Aufzählung** der in das Verzeichnis aufzunehmenden Angaben **begrenzt den Verzeichnisinhalt** und bestimmt damit abschließend die Rechte und Pflichten der Krankenkasse bei Führung des Verzeichnisses. Weitere Angaben dürfen nicht in das Versichertenverzeichnis eingetragen werden. Art und Umfang der zu erfassenden Daten hängen von dem Grund der Mitgliedschaft und damit von dem betroffenen Personenkreis ab. Da die in Satz 2 aufgeführten Angaben je nach erfasster Personengruppe von teilweise unterschiedlichen Tatbestandsvoraussetzungen abhängen, kann das Verzeichnis gruppenspezifisch verschiedene Daten enthalten.

11 Zur Feststellung der **Versicherungspflicht** oder der **Versicherungsberechtigung** und der Familienversicherung in der gesetzlichen Krankenversicherung können zum Beispiel Daten über die Beschäftigung, den Arbeitgeber und die Entgeltzahlung, die Art einer bezogenen Entgeltersatzleistung, die Maßnahme und deren Träger bei Teilnehmern an Leistungen zur Teilhabe am Arbeitsleben sowie an Berufsfindung und Arbeitserprobung, bei behinderten Menschen die Werkstatt oder Einrichtung sowie Art und Umfang der Tätigkeit, bei Studenten das Alter und neben dem Studium auch das Fachsemester, von dem die Versicherungspflicht abhängt, bei Praktikanten der Ausbildungsbetrieb oder die (Fach-)Schule, bei Rentenantragstellern das Datum des Rentenantrages und die nach § 5 Abs. 1 Nr. 11 SGB V erforderlichen Angaben zum Versicherungsverlauf und zur erstmaligen Aufnahme einer Erwerbstätigkeit, bei Familienversicherten i.S.d. § 10 SGB V die verwandtschaftliche Beziehung zum Mitglied und bei Versicherungsberechtigten Angaben zum bisherigen Versicherungsverlauf gespeichert werden.

12 In das Versichertenverzeichnis sind die zur **Bemessung der Beiträge erforderlichen Angaben** aufzunehmen. Für freiwillige Mitglieder der gesetzlichen Krankenversicherung sind gem. § 240 SGB V alle nach der Satzung (§ 240 Abs. 1 und 2 SGB V) für die Beitragsbemessung maßgeblichen Einnahmen zu erfassen. Dies gilt auch für Rentenantragsteller, deren Beitragsbemessung nach § 239 SGB V bis zum Rentenbezug ebenfalls durch Satzung zu regeln ist. Bei freiwillig versicherten Rentnern sind alle nach § 238a SGB V maßgeblichen Einkünfte in das Verzeichnis aufzunehmen. **Die Einziehung der Beiträge** erfordert insbesondere die Kenntnis des Zahlungspflichtigen. Nach der Grundvorschrift des § 252 SGB V sind die Beiträge von dem zu zahlen, der sie zu tragen hat. Die Bestimmung gilt vorbehaltlich abweichender Regelungen. Haben Mitglieder ihre Beiträge selbst zu tragen und deshalb auch zu zahlen, so erfordert der Beitragseinzug die Aufnahme ihrer Daten (Name, Anschrift, Bankverbindung usw.) in das Verzeichnis. Sind Dritte tragungs- und zahlungspflichtig, dann sind zusätzlich deren Bezeichnungen und Adressen zu erfassen.

13 Die Beurteilung von Leistungsansprüchen erfordert nicht nur die Kenntnis persönlicher Grunddaten (z.B. Name, Vorname, Anschrift) des Versicherten oder des Familienangehörigen. Darüber hinaus sind vielmehr alle in Betracht kommenden Voraussetzungen von Leistungen sowie das **Ruhen oder der Ausschluss von Leistungen** im Versichertenverzeichnis festzuhalten.

14 **§ 292 SGB V** enthält eine Ergänzung zu § 288 SGB V. Die Vorschrift schreibt die Aufzeichnung von Daten über Leistungen vor, die zur Prüfung der Voraussetzungen einer späteren Leistungsgewährung erforderlich sind.

---

[7] *Kranig* in: Hauck/Noftz, SGB V, § 288 Rn. 3.

§ 289 SGB V Nachweispflicht bei Familienversicherung

(Fassung vom 20.12.1988, gültig ab 01.01.1989)

Für die Eintragung in das Versichertenverzeichnis hat die Krankenkasse die Versicherung nach § 10 bei deren Beginn festzustellen. Sie kann die dazu erforderlichen Daten vom Angehörigen oder mit dessen Zustimmung vom Mitglied erheben. Der Fortbestand der Voraussetzungen der Versicherung nach § 10 ist auf Verlangen der Krankenkasse nachzuweisen.

Gliederung

A. Basisinformationen

I. Textgeschichte/Gesetzgebungsmaterialien

§ 289 SGB V ist durch das **Gesundheitsreformgesetz**[1] **mit Wirkung ab 01.01.1989**[2] eingeführt worden und gilt seitdem unverändert. Die Vorschrift soll sicherstellen, dass die Versicherten nach § 10 SGB V nicht erst zum Zeitpunkt der Inanspruchnahme von Leistungen in das Versichertenverzeichnis aufgenommen werden. Die Krankenkasse kann die Anspruchsvoraussetzungen für die Familienversicherung auch aus gegebenem Anlass (z.B. bei Inanspruchnahme kostenintensiver Leistungen) oder turnusmäßig, z.B. jährlich, prüfen.[3] 1

II. Vorgängervorschriften

Bis zum 31.12.1988 regelte **§ 319a RVO** die Erfassung aller Mitglieder der Krankenkasse einschließlich der mitversicherten Angehörigen in dem zu führenden Mitgliederverzeichnis. Dadurch sollte die Möglichkeit eröffnet werden, mitgliedsbezogen die anfallenden Kosten zu speichern und abzurufen. Durch den Verweis in § 319a RVO auf den „rechtmäßigen Aufgabenbereich" wurde den Belangen des Datenschutzes Rechnung getragen. Eine spezielle Vorschrift über den Nachweis der Familienversicherung ohne Leistungsfall und dessen regelmäßige Überprüfung existierte nicht. 2

III. Parallelvorschriften

Nach **§ 10 Abs. 6 Satz 1 SGB V** hat das Mitglied die nach § 10 Abs. 1-4 SGB V Versicherten mit den für die Durchführung der Familienversicherung notwendigen Angaben sowie die Änderung dieser Angaben an die Krankenkasse zu melden. Die Spitzenverbände der Krankenkassen vereinbaren gemäß § 10 Abs. 6 Satz 2 SGB V für die Meldung ein einheitliches Verfahren und einheitliche Meldevordrucke.[4] 3

§ 100 SGB XI enthält eine § 289 SGB V entsprechende Vorschrift für den Bereich der sozialen Pflegeversicherung. 4

---

[1] Gesetz zur Strukturreform im Gesundheitswesen (Gesundheitsreformgesetz – GRG) vom 20.12.1989, BGBl I 1989, 2477.

[2] Art. 79 Abs. 2 GRG.

[3] BT-Drs. 11/2237, S. 237.

[4] Vereinbarung über das einheitliche Meldeverfahren zur Durchführung der Familienversicherung (MeldeVf-FV) vom 28.09.1993, in Kraft seit 01.01.1994.

IV. Systematische Zusammenhänge

5 289 SGB V ist **die zweite Vorschrift des Zweiten Titels** (Informationsgrundlagen der Krankenkassen) **des Ersten Abschnitts** (Informationsgrundlagen) **des Zehnten Kapitels** (Versicherungs- und Leistungsdaten, Datenschutz, Datentransparenz) **des SGB V.** Das Zehnte Kapitel zielt darauf ab, die Transparenz des Leistungsgeschehens zu verbessern und die Unterrichtung der Versicherten über die Leistungen zu ermöglichen, die Voraussetzungen für eine qualifizierte Prüfung von Wirtschaftlichkeit, Zweckmäßigkeit und Notwendigkeit der abgerechneten Leistungen sowie zur Bekämpfung von Missbrauch und Abrechnungsmanipulationen zu schaffen und es damit den Krankenkassen zu ermöglichen, ihre Aufgaben wirksamer und besser als bisher zu erfüllen.[5] Der Zweite Titel enthält neben § 289 SGB V Bestimmungen über das Führen des Versichertenverzeichnisses (§ 288 SGB V), die Krankenversichertennummer (§ 290 SGB V), die Krankenversichertenkarte (§ 291 SGB V), die elektronische Gesundheitskarte (§ 291a SGB V), die Gesellschaft für Telematik (§291b SGB V), die Aufzeichnung von Angaben über Leistungsvoraussetzungen (§ 292 SGB V) und die Kennzeichen für Leistungsträger und Leistungserbringer (§ 293 SGB V). Der Erste Titel des Ersten Abschnitts des Zehnten Kapitels enthält die Vorschriften über die Grundsätze der Datenverwendung. Der Zweite Abschnitt des Zehnten Kapitels regelt die Übermittlung und Aufbereitung von Leistungsdaten und enthält Vorschriften über die Datentransparenz.

V. Literaturhinweise

6 *Axer*, Der Risikostrukturausgleich auf dem Prüfstand des Bundessozialgerichts, SGb 2003, 485-492; *Buhrmann*, Familienversicherung, SVFang Nr. 98, 31-40; *Spoerr/Winkelmann*, Rechtliche Koordinaten des Finanzausgleichs unter Krankenkassen, NZS 2004, 402-409.

B. Auslegung der Norm

I. Regelungsgehalt und Bedeutung der Norm

7 Die **Vorschrift ergänzt § 288 SGB V** und konkretisiert die Art der zulässigen **Datenerhebung im Falle der Familienversicherung** nach § 10 SGB V. Die Pflicht der Krankenkasse zur Erhebung dieser Daten ergibt sich bereits aus § 288 SGB V, da nach dieser Vorschrift u.a. Angaben zur Feststellung des Anspruchs auf Familienversicherung und des Leistungsanspruchs in das Versichertenverzeichnis aufzunehmen sind. Angehörige i.S.d. § 10 SGB V sind selbst keine Mitglieder der Krankenkasse, sondern lediglich über die Person des Mitgliedes als Familienangehörige versichert. Da sie auch keine Beiträge zahlen, blieben sie der Krankenkasse bis zur ersten Inanspruchnahme von Leistungen unbekannt, wenn ihre persönlichen Daten nicht gesondert erhoben würden. Um diesen Kenntnismangel zu vermeiden, kann die Krankenkasse bereits vor dem Eintritt eines Leistungsfalles nach § 289 SGB V die Voraussetzungen der Familienversicherung und deren Fortbestand ermitteln. Hierbei soll sie entsprechend dem in § 67a Abs. 2 Satz 1 SGB X bestimmten Grundsatz die erforderlichen Daten vor allem bei den betroffenen Angehörigen selbst und nur mit deren Zustimmung bei dem Mitglied erheben. Da § 10 Abs. 6 Satz 1 SGB V bereits die Verpflichtung des Mitgliedes begründet, die Daten über die familienversicherten Angehörigen zu melden, ist die Bedeutung von § 289 SGB V gering.

II. Normzweck

8 Die Vorschrift stellt sicher, dass den Krankenkassen die Daten der Familienversicherten vorliegen und dass diese Daten regelmäßig oder bei gegebenem Anlass aktualisiert werden. Zusammen mit der Meldepflicht des Mitgliedes nach § 10 Abs. 6 Satz 1 SGB V werden damit die **Voraussetzungen für eine lückenlose Erfassung aller leistungsberechtigten Familienangehörigen** geschaffen. Damit kann im Leistungsfall eine Überprüfung der Leistungsberechtigung entbehrlich werden. Darüber hinaus spielt die lückenlose Erfassung aller familienversicherten Angehörigen bei der Durchführung des Risikostrukturausgleiches eine bedeutende Rolle.[6]

---

[5] BT-Drs. 11/2237, S. 235.

[6] BSG v. 24.01.2003 - B 12 KR 19/01 R - SozR 4-2500 § 266 Nr. 1.

III. Tatbestandsmerkmale

1. Angaben zur Feststellung der Familienversicherung

Die für die **Feststellung der Familienversicherung** notwendigen Angaben hängen von der Person des Familienangehörigen ab. Bei allen Angehörigen sind die in § 10 Abs. 1 Satz 1 Nr. 1-5 und Sätze 2 und 3 SGB V genannten Voraussetzungen zu prüfen und gegebenenfalls als Ausschlussgründe für eine Familienversicherung im Versichertenverzeichnis festzuhalten. Als **Gründe für den Ausschluss einer Familienversicherung** kommen insoweit vorrangig die eigene Versicherungspflicht der Angehörigen nach § 10 Abs. 1 Satz 1 Nr. 2 SGB V oder hauptberufliche selbständige Erwerbstätigkeiten und mehr als geringfügige Einkünfte nach § 10 Abs. 1 Satz 1 Nr. 4 und 5 SGB V in Betracht. Die Familienversicherung der Kinder hängt darüber hinaus nach § 10 Abs. 2 SGB V vom Alter, dem Ausbildungsweg, einer möglichen Behinderung und nach § 10 Abs. 3 SGB V von der Versicherung und den Einkünften des Ehegatten des Mitgliedes ab. Gerade häufig wechselnde Stadien der Ausbildung erfordern eine ständige Aktualisierung des Verzeichnisses. 9

2. Datenerhebung beim Angehörigen oder Mitglied

In § 289 SGB V ist nicht geregelt, durch **welche** Beweismittel die Voraussetzungen der Familienversicherung zu belegen sind. Anwendbar sind somit nach § 37 Satz 1 SGB I die allgemeinen Vorschriften des SGB X. Die Krankenkasse kann sich **gem. § 21 Abs. 1 Satz 1 SGB X** mithin der Beweismittel bedienen, die sie nach pflichtgemäßem Ermessen zur Ermittlung der Voraussetzungen der Familienversicherung für erforderlich hält. In Betracht kommen insoweit Urkunden und Akten i.S.d. § 21 Abs. 1 Satz 2 Nr. 3 SGB X, deren Vorlage verlangt werden kann, zumal sich diese Unterlagen oder Akten regelmäßig im Besitz des Angehörigen oder des Mitgliedes befinden. Ansonsten können **gemäß § 21 Abs. 1 Satz 2 Nr.1 SGB X Auskünfte** zu den erforderlichen Daten beim Angehörigen oder mit dessen Zustimmung beim Mitglied eingeholt werden. Die Unterlagen oder Akten sind bei Anforderung der Krankenkasse zur Einsichtnahme in der Geschäftsstelle oder durch Übersendung vorzulegen. 10

Obwohl in § 289 Satz 2 SGB V der Begriff „kann“ verwendet wird, steht es **nicht im Ermessen der Krankenkasse** zu entscheiden, ob überhaupt Daten zum Nachweis der Familienversicherung erhoben werden. Zur Erhebung dieser Daten ist sie vielmehr nach § 288 SGB V zur ordnungsgemäßen Führung des Versichertenverzeichnisses verpflichtet. Bei Erfüllung dieser Pflicht darf („kann“) die Krankenkasse zwischen den in § 289 SGB V bestimmten Möglichkeiten wählen, sofern der betroffene Angehörige zugestimmt hat. Sie soll die erforderlichen Daten **vor allem bei dem Angehörigen selbst** und **nur mit dessen Zustimmung bei dem Mitglied** erheben. Dieser in § 67a Abs. 2 Satz 1 SGB X enthaltene Grundsatz ist schon deshalb nicht uneingeschränkt zu verwirklichen, weil die Krankenkasse allein von ihrem Mitglied erfahren kann, ob überhaupt Angehörige vorhanden sind, und weil § 10 Abs. 6 Satz 1 SGB V das Mitglied zur Meldung der familienversicherten Angehörigen verpflichtet. Deren Namen und Anschriften muss sie also zwangsläufig bei dem Mitglied selbst ermitteln. Erst danach kommt eine Datenerhebung „vom Angehörigen“ in Frage. Enthalten die vom Mitglied nach § 10 Abs. 6 Satz 1 SGB V gemachten Angaben alle für den Nachweis der Familienversicherung erforderlichen Daten, sind weitere Datenerhebungen beim Angehörigen oder Mitglied nicht vorzunehmen. 11

Die Angehörige betreffenden Angaben dürfen nur mit deren Zustimmung bei dem Mitglied erhoben werden. Die Zustimmung kann vorher als Einwilligung (§ 183 BGB) erteilt oder aber nachträglich als Genehmigung (§ 184 BGB) erklärt werden. Eine bestimmte Form ist nicht vorgeschrieben. Sie kann demgemäß schriftlich, mündlich und auch durch schlüssiges („konkludentes“) Verhalten geäußert werden. Aus Gründen der Rechtssicherheit sollte in der Regel eine schriftliche Zustimmung eingeholt werden. Datenerhebungen ohne Billigung der betroffenen Familienangehörigen sind grundsätzlich nicht erlaubt und auch nicht unter den Voraussetzungen des § 67a Abs. 2 Satz 2 SGB X gestattet. Insoweit ist § 289 SGB V nach § 37 Abs. 1 Satz 1 SGB I die spezielle Norm. Bei Minderjährigen, die mit Vollendung des 15. Lebensjahres **die soziale Handlungsfähigkeit nach § 36 Abs. 1 SGB I** erlangt haben und für die keine Einschränkung des gesetzlichen Vertreters nach § 36 Abs. 2 Satz 1 SGB I vorliegt, sind die Daten bei diesen zu erheben. 12

§ 290 SGB V Krankenversichertennummer

(Fassung vom 31.10.2006, gültig ab 08.11.2006, gültig bis 30.06.2008)

(1) Die Krankenkasse verwendet für jeden Versicherten eine Krankenversichertennummer. Die Krankenversichertennummer besteht aus einem unveränderbaren Teil zur Identifikation des Versicherten und einem veränderbaren Teil, der bundeseinheitliche Angaben zur Kassenzugehörigkeit enthält und aus dem bei Vergabe der Nummer an Versicherte nach § 10 sicherzustellen ist, dass der Bezug zu dem Angehörigen, der Mitglied ist, hergestellt werden kann. Der Aufbau und das Verfahren der Vergabe der Krankenversichertennummer haben den Richtlinien nach Absatz 2 zu entsprechen. Die Rentenversicherungsnummer darf nicht als Krankenversichertennummer verwendet werden. Eine Verwendung der Rentenversicherungsnummer zur Bildung der Krankenversichertennummer entsprechend den Richtlinien nach Absatz 2 ist zulässig, wenn nach dem Stand von Wissenschaft und Technik sichergestellt ist, dass nach Vergabe der Krankenversichertennummer weder aus der Krankenversichertennummer auf die Rentenversicherungsnummer noch aus der Rentenversicherungsnummer auf die Krankenversichertennummer zurückgeschlossen werden kann; dieses Erfordernis gilt auch in Bezug auf die vergebende Stelle. Die Prüfung einer Mehrfachvergabe der Krankenversichertennummer durch die Vertrauensstelle bleibt davon unberührt. Wird die Rentenversicherungsnummer zur Bildung der Krankenversichertennummer verwendet, ist für Personen, denen eine Krankenversichertennummer zugewiesen werden muss und die noch keine Rentenversicherungsnummer erhalten haben, eine Rentenversicherungsnummer zu vergeben.

(2) Die Spitzenverbände der Krankenkassen haben erstmalig bis zum 30. Juni 2004 gemeinsam und einheitlich den Aufbau und das Verfahren der Vergabe der Krankenversichertennummer durch Richtlinien zu regeln. Die Krankenversichertennummer ist von einer von den Krankenkassen und ihren Verbänden räumlich, organisatorisch und personell getrennten Vertrauensstelle zu vergeben. Die Vertrauensstelle gilt als öffentliche Stelle und unterliegt dem Sozialgeheimnis nach § 35 des Ersten Buches. Sie untersteht der Rechtsaufsicht des Bundesministeriums für Gesundheit. § 274 Abs. 1 Satz 2 gilt entsprechend. Die Richtlinien sind dem Bundesministerium für Gesundheit vorzulegen. Es kann sie innerhalb von zwei Monaten beanstanden. Kommen die Richtlinien nicht innerhalb der gesetzten Frist zu Stande oder werden die Beanstandungen nicht innerhalb der vom Bundesministerium für Gesundheit gesetzten Frist behoben, kann das Bundesministerium für Gesundheit die Richtlinien erlassen.

Gliederung

A. Basisinformationen

I. Textgeschichte/Gesetzgebungsmaterialien

1 § 290 SGB V ist durch das **Gesundheitsreformgesetz**[1] **mit Wirkung ab 01.01.1989**[2] eingeführt worden und regelt die Vergabe von Krankenversichertennummern an Versicherte und deren Ausgestaltung. Durch das **GKV-Modernisierungsgesetz**[3] wurde **mit Wirkung ab 01.01.2004** Absatz 1 Satz 2 erweitert und Satz 3 ergänzt, der bisherige Satz 3 wurde Satz 4. Weiterhin wurde Absatz 2 eingefügt. Durch diese Ergänzungen soll die Ausgestaltung der Krankenversichertennummer den Erfordernissen bei der Abrechnungsprüfung und beim Risikostrukturausgleich angepasst werden.[4] Das **Gesetz zur Organisationsstruktur der Telematik im Gesundheitswesen**[5] hat **mit Wirkung ab 28.06.2005** in Absatz 1 die Sätze 5-7 eingefügt. In Absatz 2 wurden die Sätze 2-5 eingefügt, die bisherigen Sätze 2-4 wurden die Sätze 6-8. Durch diese Neuregelung wird es den Krankenkassen ermöglicht, die Rentenversicherungsnummer als Grundlage für die Bildung der Krankenversichertennummer heranzuziehen.[6] Damit wird das in den Richtlinien nach Absatz 2 seit 06.12.2004 geregelte Verfahren in das Gesetz übernommen. Durch Art. 256 Nr. 1 der Neunten Zuständigkeitsanpassungsverordnung[7] wurde in Absatz 1 Sätze 2, 3, 4 und 5 die Bezeichnung des zuständigen Ministeriums der Umorganisation der Bundesregierung in der 16. Legislaturperiode angepasst.

II. Vorgängervorschriften

2 Bis zum 31.12.1988 regelte **§ 319 Abs. 1 RVO** die Verwendung von Versichertennummern bei allen Versicherten und deren Angehörigen in der gesetzlichen Krankenversicherung, wobei Näheres nach § 319 Abs. 2 RVO der Regelung in einer Rechtsverordnung des Bundesministers für Arbeit und Sozialordnung vorbehalten blieb. Nach § 319 Abs. 4 RVO war die Verwendung der Rentenversicherungsnummer als Krankenversichertennummer möglich.

III. Parallelvorschriften

3 **§ 101 SGB XI** sieht die Vergabe einer Versichertennummer in der sozialen Pflegeversicherung für jeden Versicherten vor, wobei diese Nummer mit der nach § 290 SGB V vergebenen Versichertennummer auf Grund der organisatorischen Verbindung von Krankenkassen und Pflegekassen gemäß § 1 Abs. 3 SGB XI ganz oder teilweise übereinstimmen darf. Da die Versicherten bei derselben Kasse sowohl kranken- als auch pflegeversichert sind, liegt es in ihrem Interesse, zur Klärung ihrer Identität gegenüber der Kasse dieselbe Nummer verwenden zu können. Für Zwecke der Krankenversicherung und der Pflegeversicherung geeignete Daten sind deshalb nur einmal zu speichern.

4 **§ 147 SGB VI** regelt die Vergabe einer Versicherungsnummer durch den Träger der Rentenversicherung, wobei diese Versicherungsnummer u.a. auch aus dem Geburtsdatum und dem Anfangsbuchstaben des Geburtsnamens besteht. Näheres für den Bereich der Rentenversicherungsnummer bestimmt die Versicherungsnummern-, Kontoführungs- und Versicherungsverlaufsverordnung.[8] Die Rentenversicherungsnummer darf nach § 290 Abs. 1 Satz 4 SGB V nicht als Krankenversichertennummer verwendet werden. Für den Bereich der Grundsicherung für Arbeitsuchende sieht **§ 51a SGB II** die Vergabe einer Kundennummer vor, wobei die schon beim Vorbezug von Leistungen nach dem SGB III vergebene Kundennummer der Bundesagentur für Arbeit zu verwenden ist. Die Kundennummer ändert sich nicht beim Wechsel des zuständigen Trägers. Bei erneuter Leistung nach längerer Zeit wird allerdings eine neue Kundennummer vergeben.

---

[1] Gesetz zur Strukturreform im Gesundheitswesen (Gesundheitsreformgesetz – GRG) vom 20.12.1989, BGBl I 1989, 2477.

[2] Art. 79 Abs. 2 GRG.

[3] Gesetz zur Modernisierung der gesetzlichen Krankenversicherung (GKV-Modernisierungsgesetz – GMG) vom 14.11.2003, BGBl I 2003, 2190.

[4] BT-Drs. 15/1525, S. 143.

[5] Gesetz zur Organisationsstruktur der Telematik im Gesundheitswesen vom 22.06.2005, BGBl I 2005, 1720.

[6] BT-Drs. 15/4924, S. 8.

[7] Neunte Zuständigkeitsanpassungsverordnung vom 31.10.2006, BGBl I 2006, 2407.

[8] Verordnung über die Versicherungsnummer, die Kontoführung und den Versicherungsverlauf in der gesetzlichen Rentenversicherung (Versicherungsnummern-, Kontoführungs- und Versicherungsverlaufsverordnung – VKVV) vom 31.03.2001, BGBl I 2001, 475.

IV. Systematische Zusammenhänge

5 § 290 SGB V ist **die dritte Vorschrift des Zweiten Titels** (Informationsgrundlagen der Krankenkassen) **des Ersten Abschnitts** (Informationsgrundlagen) **des Zehnten Kapitels** (Versicherungs- und Leistungsdaten, Datenschutz, Datentransparenz) **des SGB V.** Das Zehnte Kapitel zielt darauf ab, die Transparenz des Leistungsgeschehens zu verbessern und die Unterrichtung der Versicherten über die Leistungen zu ermöglichen, die Voraussetzungen für eine qualifizierte Prüfung von Wirtschaftlichkeit, Zweckmäßigkeit und Notwendigkeit der abgerechneten Leistungen sowie zur Bekämpfung von Missbrauch und Abrechnungsmanipulationen zu schaffen und es damit den Krankenkassen zu ermöglichen, ihre Aufgaben wirksamer und besser als bisher zu erfüllen.[9] Der Zweite Titel enthält neben § 290 SGB V Bestimmungen über das Führen des Versichertenverzeichnisses (§ 288 SGB V), die Nachweispflicht bei Familienversicherung (§ 289 SGB V), die Krankenversichertenkarte (§ 291 SGB V), die elektronische Gesundheitskarte (§ 291a SGB V), die Gesellschaft für Telematik (§ 291b SGB V), die Aufzeichnung von Angaben über Leistungsvoraussetzungen (§ 292 SGB V) und die Kennzeichen für Leistungsträger und Leistungserbringer (§ 293 SGB V). Der Erste Titel des Ersten Abschnitts des Zehnten Kapitels enthält die Vorschriften über die Grundsätze der Datenverwendung. Der Zweite Abschnitt des Zehnten Kapitels regelt die Übermittlung und Aufbereitung von Leistungsdaten und enthält Vorschriften über die Datentransparenz.

V. Literaturhinweise

6 *Heese*, Die Rentenversicherungsnummer als Ordnungskriterium in der Krankenversicherung, DSB 2003, 15-17; *Marburger*, Rentenversicherungs- und Krankenversichertennummer – wichtige Organisationselemente der gesetzlichen Sozialversicherung, Die Beiträge 1998, 193-201 und 321-324; *Piepersberg*, SGB V – Krankenversichertenkarte und Krankenversichertennummer zum 01.01.1992, BKK 1989, 666-671.

B. Auslegung der Norm

I. Regelungsgehalt und Bedeutung der Norm

7 Die Vorschrift begründet die **Befugnis der Krankenkassen zur Vergabe von Versichertennummern** und enthält **Regelungen über die Bestandteile und den Aufbau der Versichertennummer** sowie die Herstellung eines Bezuges bei Gestaltung der Versichertennummer zwischen Versicherten und Familienangehörigen. Den Spitzenverbänden der Krankenkassen wird aufgegeben, gemeinsam und einheitlich den Aufbau und das Verfahren der Vergabe der Krankenversichertennummer durch Richtlinien zu regeln, die der Genehmigung des Bundesministeriums für Gesundheit und Soziale Sicherung bedürfen. Dabei kann die Rentenversicherungsnummer als Grundlage für die Bildung der Krankenversichertennummer herangezogen werden. Schließlich wird dem Bundesministerium für Gesundheit und Soziale Sicherung die Möglichkeit der Ersatzvornahme eingeräumt, falls die Richtlinien nicht bis zu dem im Gesetz genannten Zeitpunkt durch die Spitzenverbände der Krankenkassen erlassen worden sind.

II. Normzweck

8 § 290 SGB V bezweckt die **Erleichterung der Verwaltungsabläufe bei den Krankenkassen**, da durch die Verwendung der Krankenversichertennummer Leistungs- und Beitragsvorgänge dem individuellen Versicherten einfach zugeordnet werden können. Gleichzeitig dient die Vorschrift durch die Verwendung eines pseudonymisierten[10] Kennzeichens statt des Namens auch dem **Sozialdatenschutz,** weil die Bestimmung des Betroffenen ausgeschlossen oder erschwert wird. Durch das Verbot, die Rentenversicherungsnummer für Zwecke der Krankenversicherung zu verwenden, wird die Bildung eines einheitlichen Kennzeichens für alle Sozialversicherungsbereiche ausgeschlossen. Die Vorgaben hinsichtlich der Bildung der Versichertennummer und die Befugnis der Spitzenverbände der Krankenkassen zum Erlass einer Richtlinie sind im Zusammenhang mit den Regelungen zur **Aufbereitung von Abrechnungs- und Leistungsdaten für die arzt- und versichertenbezogenen Zufälligkeitsprüfungen und gezielten Prüfungen bei der Verordnung von Arzneimitteln sowie mit der geplanten Einführung der direkten Morbiditätsorientierung im Risikostrukturausgleich** erfolgt.[11]

[9] BT-Drs. 11/2237, S. 235.
[10] § 67 Abs. 8a SGB X.
[11] BT-Drs. 15/1525, S. 143.

III. Tatbestandsmerkmale

1. Aufbau der Krankenversichertennummer

Während bis zum 31.12.2003 keine gesetzlichen Vorgaben hinsichtlich der Bildung der Krankenversichertennummer bestanden haben, hat der Gesetzgeber seit 01.01.2004 in Absatz 1 Satz 2 Regelungen vorgegeben, die als Bestandteile der Krankenversichertennummer **einen unveränderbaren und einen veränderbaren Teil** vorsehen. Damit soll ein eindeutiger und auch bei einem Wechsel der Krankenkasse bleibender Bezug zu dem Versicherten sichergestellt werden. Der erste unveränderbare Teil wird dem Versicherten auch nach einem Wechsel der Krankenkasse weiter zugeordnet, während der veränderbare Teil Auskunft über die Kassenzugehörigkeit und bei Familienangehörigen über den Bezug zum Mitglied gibt. Absatz 1 Satz 4 verbietet die **Verwendung der Rentenversicherungsnummer als Krankenversichertennummer**. Jedoch sehen die Sätze 5-7 des Absatzes 1 vor, dass durch ein geeignetes Verfahren aus der Rentenversicherungsnummer der unveränderbare Teil der Krankenversichertennummer gebildet werden kann. Hierdurch soll verhindert werden, dass der bei der Vergabe der Rentenversicherungsnummer betriebene Aufwand zur Erzeugung einer eindeutigen Nummer, die der Vermeidung von Dubletten dient, bei der Bildung der Krankenversichertennummer noch einmal entsteht.[12] Zur Bildung der Krankenversichertennummer ist ein Verfahren zu wählen, welches sicherstellt, dass aus der Kenntnis der Krankenversichertennummer keine Rückschlüsse auf die Rentenversicherungsnummer und umgekehrt gezogen werden können. Für Personen, die bisher keine Rentenversicherungsnummer erhalten haben[13], ist nach Absatz 1 Satz 7 durch die Datenstelle der Träger der Rentenversicherung eine Nummer zu vergeben. Absatz 1 Satz 7 stellt eine gesetzliche Grundlage für die Vergabe einer Rentenversicherungsnummer nach § 147 Abs. 1 Satz 1 SGB VI dar. Die Vergabe der Krankenversichertennummer hat nach Absatz 2 Satz 2 durch eine von den Krankenkassen und ihren Verbänden räumlich, organisatorisch und personell getrennte **Vertrauensstelle** zu erfolgen. Dadurch wird gewährleistet, dass eindeutige kassenübergreifend gültige Krankenversichertennummern vergeben werden.[14] Die Vertrauensstelle gilt unabhängig von ihrer Rechtsform gemäß Absatz 2 Satz 3 als öffentliche Stelle und unterliegt dem Sozialgeheimnis nach § 35 SGB I. Sie untersteht nach Absatz 2 Satz 4 der Aufsicht des Bundesministeriums für Gesundheit und Soziale Sicherung, das Prüfungsrecht nach § 274 Abs. 1 Satz 2 SGB V gilt gemäß Absatz 2 Satz 5 entsprechend. 9

2. Richtlinien nach Absatz 2

Die kassenartenübergreifende Anwendung der neuen Struktur der Krankenversichertennummer erfordert eine **Abstimmung bei dem Aufbau und dem Verfahren der Vergabe zwischen allen Krankenkassen**. Dies wird durch Richtlinien gewährleistet, die von den Spitzenverbänden der Krankenkassen zu erlassen sind. Hierin werden gemeinsam und einheitlich der Aufbau und das Verfahren der Vergabe der Krankenversichertennummer geregelt. Die gesetzliche Verpflichtung zur Vergabe einer Rentenversicherungsnummer zur Bildung der Krankenversichertennummer ergibt sich aus § 290 Abs. 1 Satz 7 SGB V. Die **Richtlinien** sind nach Absatz 1 Satz 3 für die Krankenkassen **verbindlich**. Sie waren erstmalig nach Absatz 2 Satz 1 bis zum 30.06.2004 zu erlassen und nach Absatz 2 Satz 6 dem Bundesministerium für Gesundheit und Soziale Sicherung vorzulegen. Dem Ministerium steht nach Absatz 2 Satz 7 ein Beanstandungsrecht innerhalb von zwei Monaten nach Vorlage der Richtlinien zu. Absatz 2 Satz 8 ermächtigt das Bundesministerium für Gesundheit und Soziale Sicherung, die Richtlinien selbst zu erlassen, wenn die Beanstandungen nicht innerhalb der gesetzten Frist von den Spitzenverbänden der Krankenkassen behoben wurden. 10

Die Spitzenverbände der Krankenkassen haben die **„Gemeinsamen Richtlinien zur Einführung einer neuen Krankenversichertennummer nach § 290 SGB V“** vom 30.06.2004 dem Bundesministerium für Gesundheit und Soziale Sicherung vorgelegt. Dieses hat am 16.08.2004 das Verfahren mit Auflagen genehmigt, die in der nunmehr geltenden Fassung vom 06.12.2004 berücksichtigt sind. Die gesetzlichen Änderungen in den Absätzen 1 und 2 ab 28.06.2005 schaffen die rechtlichen Grundlagen für das in den Richtlinien geregelte Verfahren, insbesondere die Heranziehung der Rentenversicherungsnummer zur Bildung der Krankenversichertennummer und die Errichtung einer Vertrauensstelle zur Vergabe der Krankenversichertennummer. 11

---

[12] BT-Drs. 15/4924, S. 8.

[13] Z.B. mitversicherte Familienangehörige und freiwillig krankenversicherte Selbständige.

[14] BT-Drs. 15/4924, S. 8.

3. Erzeugung der Krankenversichertennummer

12 Nach den Richtlinien wird die Krankenversichertennummer **als Pseudonym aus der Rentenversicherungsnummer** gebildet. Dadurch wird dem Verbot des Absatzes 1 Satz 4, die Rentenversicherungsnummer als Krankenversichertennummer zu verwenden, Rechnung getragen. Für jeden Versicherten, für den eine neue Krankenversichertennummer vergeben werden soll, ist eine Rentenversicherungsnummer nötig. Mittels der Rentenversicherungsnummer ist die eindeutige Zuordnung einer Nummer zu einem Individuum gewährleistet. Der **unveränderbare Teil** der Krankenversichertennummer besteht aus einer kassenübergreifenden zehnstelligen Ordnungszahl als Pseudonym aus der Rentenversicherungsnummer. Die erste Stelle enthält ein Alpha-Zeichen, die zweite bis neunte Stelle eine achtstellige laufende Zählnummer und die zehnte Stelle eine Prüfziffer. Der **veränderbare Teil** enthält ein neunstelliges Institutionskennzeichen der Krankenkasse. Als Bezug der Angehörigen zum Mitglied wird gegebenenfalls an zwanzigster bis neunundzwanzigster Stelle die Ordnungsnummer des Hauptversicherten verwendet. Die dreißigste Stelle enthält eine Prüfziffer. Die Krankenversichertennummer umfasst bei Hauptversicherten damit grundsätzlich zwanzig Stellen. Der Bezug eines Familienangehörigen zum Mitglied kann durch krankenkasseninterne Verfahren erfolgen, so dass die volle Ausprägung einer Krankenversichertennummer mit dreißig Stellen nur im Zuge verfahrensspezifischer Anforderungen notwendig wird.

13 Die Krankenkassen senden die in ihrem Versichertenbestand ermittelte Rentenversicherungsnummer eines Versicherten an eine **Vertrauensstelle.** Dort wird die Rentenversicherungsnummer pseudonymisiert und zu dem Pseudonym eine Krankenversichertennummer erzeugt. Die Krankenversichertennummer wird an die Krankenkasse zurückgemeldet. Die Rentenversicherungsnummer ist den Krankenkassen bei Mitgliedern und Rentnern in der Regel bekannt. Besitzt der Versicherte keine Rentenversicherungsnummer, ist zunächst von der Krankenkasse die Vergabe einer Rentenversicherungsnummer durch die Rentenversicherung zu veranlassen, wobei sich die Krankenkasse des Meldeverfahrens nach der Datenerfassungs- und -übermittlungsverordnung[15] bedient. Nach Rückmeldung der Rentenversicherungsnummer vom Rentenversicherungsträger erfolgt die Erzeugung der Krankenversichertennummer. Die Richtlinien räumen außerdem den Spitzenverbänden der Krankenkassen und dem Verband Deutscher Rentenversicherungsträger die Befugnis ein, im Benehmen mit dem Bundesministerium für Gesundheit und Soziale Sicherung weitere Einzelheiten in noch zu erlassenden Vereinbarungen und Richtlinien zu vereinbaren.

4. Änderung der Krankenversichertennummer auf der Krankenversichertenkarte

14 Die **Änderung der Krankenversichertennummer auf der Krankenversichertenkarte** aufgrund der Vorgaben in § 290 SGB V ab 01.01.2004 erfolgt über einen längeren Zeitraum im Rahmen des Austausches der Krankenversichertenkarte bzw. der Einführung der elektronischen Gesundheitskarte, aufgrund der Begrenzung der Kartengültigkeit oder bei Verlust oder Beschädigung der Karte. Damit entstehen den Krankenkassen keine zusätzlichen Kosten durch die Einführung der geänderten Krankenversichertennummer.

C. Reformbestrebungen

15 Das GKV-Wettbewerbsstärkungsgesetz[16] sieht vor, dass **mit Wirkung ab 01.07.2008**[17] in Absatz 2 Satz 1 die Wörter „Die Spitzenverbände der Krankenkassen haben erstmalig bis zum 30. Juni 2004 gemeinsam und einheitlich" durch die Wörter „Der Spitzenverband Bund der Krankenkassen hat" ersetzt werden. Hierbei handelt es sich um eine Folgeänderung zu der durch das GKV-Wettbewerbsstärkungsgesetz beschlossenen neuen Organisationsstruktur der Verbände der Krankenkassen.[18] Nach den §§ 217a ff. SGB V bilden die Krankenkassen den „Spitzenverband Bund der Krankenkassen". Dieser übernimmt gemäß § 217f Abs. 1 SGB V ab 01.07.2008 die bisher den Spitzenverbänden der Krankenkassen zugewiesenen Aufgaben. Da die Richtlinien zum Aufbau und Vergabeverfahren der neuen

---

15 Verordnung über die Erfassung und Übermittlung von Daten für die Träger der Sozialversicherung (Datenerfassungs- und -übermittlungsverordnung – DEÜV) vom 10.02.1998, BGBl I 1998, 343.

16 Gesetz zur Stärkung des Wettbewerbs in der gesetzlichen Krankenversicherung (GKV-Wettbewerbsstärkungsgesetz – GKV-WSG) vom 26.03.2007, BGBl I 2007, 378.

17 Art 46 Abs. 9 Gesetz zur Stärkung des Wettbewerbs in der gesetzlichen Krankenversicherung (GKV-Wettbewerbsstärkungsgesetz – GKV-WSG) vom 26.03.2007, BGBl I 2007, 378.

18 BT-Drs. 16/3100 S. 172 f.

Krankenversichertennummer inzwischen in Kraft getreten sind, sind die Richtlinien bei Bedarf weiterzuentwickeln. Aufgrund der bundeseinheitlichen Gültigkeit der neuen Krankenversichertennummer ist ein gemeinsames und einheitliches Handeln erforderlich, so dass der Spitzenverband Bund der Krankenkassen hierfür zuständig ist.

§ 291 SGB V Krankenversichertenkarte

(Fassung vom 26.03.2007, gültig ab 01.04.2007, gültig bis 30.06.2008)

(1) Die Krankenkasse stellt spätestens bis zum 1. Januar 1995 für jeden Versicherten eine Krankenversichertenkarte aus, die den Krankenschein nach § 15 ersetzt. Die Karte ist von dem Versicherten zu unterschreiben. Sie darf vorbehaltlich § 291a nur für den Nachweis der Berechtigung zur Inanspruchnahme von Leistungen im Rahmen der vertragsärztlichen Versorgung sowie für die Abrechnung mit den Leistungserbringern verwendet werden. Die Karte gilt nur für die Dauer der Mitgliedschaft bei der ausstellenden Krankenkasse und ist nicht übertragbar. Bei Inanspruchnahme ärztlicher Behandlung bestätigt der Versicherte auf dem Abrechnungsschein des Arztes das Bestehen der Mitgliedschaft durch seine Unterschrift. Die Krankenkasse kann die Gültigkeit der Karte befristen.

(2) Die Krankenversichertenkarte enthält neben der Unterschrift und einem Lichtbild des Versicherten in einer für eine maschinelle Übertragung auf die für die vertragsärztliche Versorgung vorgesehenen Abrechnungsunterlagen und Vordrucke (§ 295 Abs. 3 Nr. 1 und 2) geeigneten Form vorbehaltlich § 291a ausschließlich folgende Angaben:

1. **Bezeichnung der ausstellenden Krankenkasse, einschließlich eines Kennzeichens für die Kassenärztliche Vereinigung, in deren Bezirk das Mitglied seinen Wohnsitz hat,**
2. **Familienname und Vorname des Versicherten,**
3. **Geburtsdatum,**
4. **Geschlecht,**
5. **Anschrift,**
6. **Krankenversichertennummer,**
7. **Versichertenstatus, für Versichertengruppen nach § 267 Abs. 2 Satz 4 in einer verschlüsselten Form,**
8. **Zuzahlungsstatus,**
9. **Tag des Beginns des Versicherungsschutzes,**
10. **bei befristeter Gültigkeit der Karte das Datum des Fristablaufs;**

die Erweiterung der Krankenversichertenkarte um das Lichtbild sowie die Angaben zum Geschlecht und zum Zuzahlungsstatus haben spätestens bis zum 1. Januar 2006 zu erfolgen; Versicherte bis zur Vollendung des 15. Lebensjahres sowie Versicherte, deren Mitwirkung bei der Erstellung des Lichtbildes nicht möglich ist, erhalten eine Krankenversichertenkarte ohne Lichtbild.

Sofern für die Krankenkasse Verträge nach § 83 Satz 2 geschlossen sind, ist für die Mitglieder, die ihren Wohnsitz außerhalb der Bezirke der beteiligten Kassenärztlichen Vereinigungen haben, als Kennzeichen nach Satz 1 Nr. 1 das Kennzeichen der kassenärztlichen Vereinigung zu verwenden, in deren Bezirk die Krankenkasse ihren Sitz hat.

(2a) Die Krankenkasse erweitert die Krankenversichertenkarte nach Absatz 1 bis spätestens zum 1. Januar 2006 zu einer elektronischen Gesundheitskarte nach § 291a. Neben der Verwendung nach Absatz 1 Satz 3 hat die Gesundheitskarte die Durchführung der Anwendungen nach § 291a Abs. 2 und 3 zu gewährleisten. Über die Angaben nach Absatz 2 Satz 1 hinaus kann die elektronische Gesundheitskarte auch Angaben zum Nachweis von Wahltarifen nach § 53 und von zusätzlichen Vertragsverhältnissen sowie in den Fällen des § 16 Abs. 3a Angaben zum Ruhen des Anspruchs auf Leistungen enthalten. Die elektronische Gesundheitskarte muss technisch geeignet sein, Authentifizierung, Verschlüsselung und elektronische Signatur zu ermöglichen.

(3) Die Spitzenverbände der Krankenkassen und die Kassenärztlichen Bundesvereinigungen vereinbaren in den Verträgen nach § 87 Abs. 1 das Nähere über die bundesweite Einführung und Gestaltung der Krankenversichertenkarte.

(4) Bei Beendigung des Versicherungsschutzes oder bei einem Krankenkassenwechsel ist die Krankenversichertenkarte von der bisherigen Krankenkasse einzuziehen. Abweichend von Satz 1 können die Spitzenverbände der Krankenkassen zur Verbesserung der Wirtschaftlichkeit und der Optimierung der Verfahrensabläufe für die Versicherten die Weiternutzung der elektronischen Gesundheitskarte bei Kassenwechsel vereinbaren; dabei ist sicherzustellen, dass die Daten nach Absatz 2 Nr. 1, 6, 7, 9 und 10 fristgerecht aktualisiert werden. Die Vereinbarung bedarf der Genehmigung des Bundesministeriums für Gesundheit. Vor Erteilung der Genehmigung ist dem Bundesbeauftragten für den Datenschutz und die Informationsfreiheit Gelegenheit zur Stellungnahme zu geben. Wird die elektronische Gesundheitskarte nach Satz 1 eingezogen, hat die einziehende Krankenkasse sicherzustellen, dass eine Weiternutzung der Daten nach § 291a Abs. 3 Satz 1 durch die Versicherten möglich ist. Vor Einzug der elektronischen Gesundheitskarte hat die einziehende Krankenkasse über Möglichkeiten zur Löschung der Daten nach § 291a Abs. 3 Satz 1 zu informieren. Die Sätze 5 und 6 gelten auch bei Austausch der elektronischen Gesundheitskarte im Rahmen eines bestehenden Versicherungsverhältnisses.

Gliederung

A. Basisinformationen

I. Textgeschichte/Gesetzgebungsmaterialien

1 § 291 SGB V ist durch das **Gesundheitsreformgesetz**[1] **mit Wirkung ab 01.01.1989**[2] eingeführt worden und regelte die Ausgabe der Krankenversichertenkarte an die Versicherten bis zum 01.01.1992, die Ausgestaltung der Krankenversichertenkarte sowie ihre Einziehung und den Schutz vor Missbrauch.

[1] Gesetz zur Strukturreform im Gesundheitswesen (Gesundheitsreformgesetz – GRG) vom 20.12.1989, BGBl I 1989, 2477.

[2] Art. 79 Abs. 2 GRG.

Durch das **Gesundheitsstrukturgesetz**[3] wurde **mit Wirkung ab 01.01.1993** der in Absatz 1 Satz 1 enthaltene Einführungszeitpunkt für die Krankenversichertenkarte bis zum 01.01.1995 verlängert und in Absatz 1 Satz 2 die Terminologie den Änderungen im Vertragsarztrecht angepasst. Mit **Wirkung ab 01.01.2002** wurden durch das **Gesetz zur Einführung des Wohnortprinzips bei Honorarvereinbarungen für Ärzte und Zahnärzte**[4] in Absatz 2 Satz 1 die Nr. 1 und 6 (jetzt Nr. 7) geändert. Durch das **GKV-Modernisierungsgesetz**[5] wurde § 291 SGB V **mit Wirkung ab 01.01.2004** im Hinblick auf die zum 01.01.2006 geplante Einführung der elektronischen Gesundheitskarte geändert und Absatz 2a eingefügt. Weiterhin wurde in Absatz 2 Satz 1 die Ausgestaltung der Krankenversichertenkarte dahin gehend geändert, dass spätestens ab dem 01.01.2006 auch ein Lichtbild des Versicherten auf der Karte angebracht sein muss. In Absatz 2 Satz 1 wurde die Liste der Angaben, die auf der Karte gespeichert sein dürfen, um Angaben zum Geschlecht (neue Nr. 4) und zum Zuzahlungsstatus (neue Nr. 8) ergänzt. Schließlich wurde in Absatz 4 die Einziehung der Krankenversichertenkarte bei Beendigung der Mitgliedschaft oder bei einem Krankenkassenwechsel neu geregelt. Während bis zum 31.12.2003 vom Versicherten die Krankenversichertenkarte bei Beendigung der Mitgliedschaft an die bisherige, bei einem Krankenkassenwechsel an die neue Krankenkasse auszuhändigen war, ist sie seit dem 01.01.2004 in beiden Konstellationen durch die bisherige Krankenkasse einzuziehen. Durch das **Verwaltungsvereinfachungsgesetz**[6] wurden **mit Wirkung ab 30.03.2005** in Absatz 2 Satz 1 Ausnahmen von der Verpflichtung, die Krankenversichertenkarte mit einem Lichtbild auszustatten, für bestimmte Versicherte vorgesehen. Absatz 4 wurde um die Sätze 2-7 erweitert, um die weitere Nutzung der auf der elektronischen Gesundheitskarte gespeicherten Informationen bei einem Kassenwechsel zu ermöglichen. Durch Art 256 Nr. 1 der Neunten Zuständigkeitsanpassungsverordnung[7] wurde in Absatz 4 Satz 3 die Bezeichnung des zuständigen Ministeriums der Umorganisation der Bundesregierung in der 16. Legislaturperiode angepasst. **Mit Wirkung ab 01.04.2007** wurde durch das **GKV-Wettbewerbsstärkungsgesetz**[8] in Absatz 2a Satz 3 eingefügt, der bisherige Satz 3 wurde Satz 4. Die Neuregelung erlaubt die Aufnahme von Angaben zu Wahltarifen und zum Ruhen des Leistungsanspruchs in die elektronische Gesundheitskarte. Satz 4 wurde sprachlich angepasst, weiterhin wurde Absatz 4 Satz 4 geändert.

II. Vorgängervorschriften

2 Bis zum 31.12.1988 sah **§ 319 Abs. 1 RVO** die Ausstellung eines Versichertenausweises vor, ohne nähere Angaben zur Ausgestaltung und zum zulässigen Inhalt zu machen.

III. Parallelvorschriften

3 **§ 15 SGB V** regelt in den Absätzen 2, 5 und 6 weitere Einzelheiten über die Ausstellung und die Verwendung der Krankenversichertenkarte. Weiterhin enthält diese Vorschrift eine Regelung über die Kostentragung bei einer erneuten Ausstellung einer Krankenversichertenkarte vor Ablauf ihrer Gültigkeitsdauer.

4 **§ 291a SGB V** sieht ab 01.01.2006 die Erweiterung der Krankenversichertenkarte zur elektronischen Gesundheitskarte vor.

5 **§ 291b SGB V** regelt die Gründung und die Aufgaben der Gesellschaft für Telematik sowie die Zusammensetzung der Gesellschafter.

6 In den **§§ 95 ff. SGB IV** sind **Regelungen über die Ausstellung, den Inhalt und die Funktion des Sozialversicherungsausweises** enthalten. Der Sozialversicherungsausweis wird jedem Beschäftigten vom Rentenversicherungsträger ausgestellt und ist von diesem bei Beginn einer Beschäftigung dem Arbeitgeber vorzulegen. Bei einer Beschäftigung in bestimmten Branchen ist der Beschäftige ver-

---

[3] Gesetz zur Sicherung und Strukturverbesserung der gesetzlichen Krankenversicherung (Gesundheitsstrukturgesetz – GSG) vom 21.12.1992, BGBl I 1992, 2266.

[4] Gesetz zur Einführung des Wohnortprinzips bei Honorarvereinbarungen für Ärzte und Zahnärzte vom 11.12.2001, BGBl I 2001, 3526.

[5] Gesetz zur Modernisierung der gesetzlichen Krankenversicherung (GKV-Modernisierungsgesetz – GMG) vom 14.11.2003, BGBl I 2003, 2190.

[6] Gesetz zur Vereinfachung der Verwaltungsverfahren im Sozialrecht (Verwaltungsvereinfachungsgesetz) vom 21.03.2005, BGBl I 2005, 818.

[7] Neunte Zuständigkeitsanpassungsverordnung vom 31.10.2006, BGBl I 2006, 2407.

[8] Gesetz zur Stärkung des Wettbewerbs in der gesetzlichen Krankenversicherung (GKV-Wettbewerbsstärkungsgesetz – GKV-WSG) vom 26.03.2007, BGBl I 2007, 378

pflichtet, den Sozialversicherungsausweis mitzuführen und auf Verlangen vorzulegen. Der Sozialversicherungsausweis darf nur Angaben zur Versicherungsnummer nach § 147 SGB VI, zum Familiennamen, gegebenenfalls zum Geburtsnamen, und zum Vornamen enthalten.

IV. Systematische Zusammenhänge

§ 291 SGB V ist **die vierte Vorschrift des Zweiten Titels** (Informationsgrundlagen der Krankenkassen) **des Ersten Abschnitts** (Informationsgrundlagen) **des Zehnten Kapitels** (Versicherungs- und Leistungsdaten, Datenschutz, Datentransparenz) **des SGB V.** Das Zehnte Kapitel zielt darauf ab, die Transparenz des Leistungsgeschehens zu verbessern und die Unterrichtung der Versicherten über die Leistungen zu ermöglichen, die Voraussetzungen für eine qualifizierte Prüfung von Wirtschaftlichkeit, Zweckmäßigkeit und Notwendigkeit der abgerechneten Leistungen sowie zur Bekämpfung von Missbrauch und Abrechnungsmanipulationen zu schaffen und es damit den Krankenkassen zu ermöglichen, ihre Aufgaben wirksamer und besser als bisher zu erfüllen.[9] Der Zweite Titel enthält neben § 291 SGB V Bestimmungen über das Führen des Versichertenverzeichnisses (§ 288 SGB V), die Nachweispflicht bei Familienversicherung (§ 289 SGB V), die Krankenversichertennummer (§ 290 SGB V), die elektronische Gesundheitskarte (§ 291a SGB V), die Gesellschaft für Telematik (§ 291b SGB V), die Aufzeichnung von Angaben über Leistungsvoraussetzungen (§ 292 SGB V) und die Kennzeichen für Leistungsträger und Leistungserbringer (§ 293 SGB V). Der Erste Titel des Ersten Abschnitts des Zehnten Kapitels enthält die Vorschriften über die Grundsätze der Datenverwendung. Der Zweite Abschnitt des Zehnten Kapitels regelt die Übermittlung und Aufbereitung von Leistungsdaten und enthält Vorschriften über die Datentransparenz. 7

V. Literaturhinweise

Auktor, Der „Chipkartenboykott“ – ein legitimes Mittel der Ärzte im Streit mit Krankenkassen?, MedR 2003, 503-507; *Debold*, Die zweite Generation der Versichertenkarte, ErsK 1999, 800-804; *Feige*, Die Einführung der Krankenversichertenkarte, KrV 1992, 323-325, *Galas*, Doktor-hopping – neuer Sport für Patienten?, ErsK 1997, 453-454; *Geiss*, Die Krankenversichertenkarte in Chiptechnologie, KrV 1992, 325-327; *Gerste/Klose*, Beeinflusst die Krankenversichertenkarte das Verhalten von Ärzten und Patienten?, DOK 1997, 479-484; *Kruse/Kruse*, Die neue Krankenversichertenkarte gem. § 291 SGB V, SozVers 1992, 147-150; *Marburger*, Die Krankenversichertenkarte – Rechtliche Grundlagen und praktische Durchführung, Die Leistungen 1993, 361-368; *ders.*, Vom Krankenschein zur Krankenversichertenkarte, ZfS 1994, 225-230; *Wuermeling*, Chipkartensysteme ohne Datenschutz?, DSB 1997, Nr. 11, 1-4. 8

B. Auslegung der Norm

I. Regelungsgehalt und Bedeutung der Norm

§ 291 SGB V regelt die Verpflichtung der Krankenkassen, die Krankenversichertenkarte zum 01.01.1995 einzuführen und sie für jeden Versicherten auszustellen. Weiterhin enthält die Vorschrift Regelungen über den zulässigen Inhalt der Karte sowie die Vermeidung von Missbrauch, die Einziehung bei Beendigung der Mitgliedschaft oder Krankenkassenwechsel sowie Bestimmungen für die Ersetzung der Krankenversichertenkarte durch die elektronische Gesundheitskarte ab 01.01.2006. **Ergänzt wird § 291 SGB V durch § 15 SGB V**. In § 15 Abs. 2 SGB V ist die Verwendung der Krankenversichertenkarte bei Arzt- und Zahnarztbehandlungen, in § 15 Abs. 5 SGB V die Nachreichung der Krankenversichertenkarte beim Leistungserbringer in dringenden Fällen und in § 15 Abs. 6 SGB V die Ausstellung und der Ersatz der Karte bei Verlust oder Beschädigung geregelt. 9

Die Krankenversichertenkarte **ersetzt den Krankenschein** als **Nachweis einer bestehenden Anspruchsberechtigung** für die Inanspruchnahme ärztlicher oder zahnärztlicher Leistungen. Sie ermöglicht jedem Versicherten die unkomplizierte Inanspruchnahme von Ärzten und Zahnärzten und den Krankenkassen und Leistungserbringern eine maschinenlesbare Abrechnung der erbrachten Leistungen. 10

---

[9] BT-Drs. 11/2237, S. 235.

II. Normzweck

11 Die Einführung der Krankenversichertenkarte bezweckt ebenso wie die sonstigen Regelungen des Zweiten Titels des Ersten Abschnitts des Zehnten Kapitels eine **Verbesserung der Informationsgrundlagen der Krankenkassen**. Die Vielzahl der vor Einführung der Krankenversichertenkarte verwendeten Belege für die Leistungsabrechnung ließ nach Überzeugung des Gesetzgebers eine sachgerechte Auswertung nicht zu und erschwerte einen Überblick über die von den Versicherten in Anspruch genommenen und von den Kassenärzten erbrachten Leistungen. Diese Situation erforderte die Erfassung der Leistungsdaten mit den Mitteln moderner Kommunikationstechnik, weil nur durch den Einsatz technischer Hilfsmittel und entsprechender datentechnischer Organisation die Erfassung und Auswertung der Leistungsdaten mit einem vertretbaren Leistungsaufwand ermöglicht wird.[10] Die Vorschriften über die Krankenversichertenkarte dienen somit der **Verwaltungsvereinfachung.**

12 Die einzelnen Regelungen in § 291 SGB V bezwecken darüber hinaus eine Verhinderung des Missbrauchs der Karte durch verschiedene Sicherungsmaßnahmen und durch ein Einzugsverfahren bei Beendigung der Mitgliedschaft oder Krankenkassenwechsel, eine Begrenzung der auf der Karte gespeicherten Daten und des Verwendungszwecks sowie eine Weiternutzung der noch einzuführenden elektronischen Gesundheitskarte bei einem Krankenkassenwechsel zur Verbesserung der Wirtschaftlichkeit und zur Optimierung von Verfahrensabläufen. Die Regelung weiterer Einzelheiten wird der vertraglichen Gestaltung zwischen den Spitzenverbänden der Krankenkassen und den Kassenärztlichen Bundesvereinigungen überlassen.

III. Tatbestandsmerkmale

1. Einführung der Krankenversichertenkarte zum 01.01.1995

13 Das Gesundheitsreformgesetz[11] sah ursprünglich die Einführung der Krankenversicherungskarte ab 01.01.1992 vor. Die Neubestimmung des Einführungsdatums ab 01.01.1995 durch das Gesundheitsstrukturgesetz[12] in Absatz 1 Satz 1 trug den entstandenen Verzögerungen Rechnung, die insbesondere aufgrund der von der Kassenärztlichen Bundesvereinigung und den Spitzenverbänden der Krankenkassen vorgesehenen Veränderung des Konzepts der technischen Ausgestaltung der Karte –Wechsel von der Magnetstreifenkarte zur Chipkarte – entstanden waren.[13]

2. Funktion der Krankenversichertenkarte

14 Die Krankenversichertenkarte ersetzt seit 01.01.1995 den Krankenschein. Nach Absatz 1 Satz 3 und § 15 Abs. 2 SGB V stellt sie für den Versicherten einen **Nachweis für die Berechtigung zur Inanspruchnahme von Leistungen gegenüber den ärztlichen und zahnärztlichen Leistungserbringern**[14] dar und ermöglicht den Leistungserbringern die **Identifizierung** des Patienten. Nach Absatz 1 Satz 3 dient die Krankenversichertenkarte darüber hinaus der **Abrechnung von Leistungen in der vertragsärztlichen Versorgung**. Die auf der scheckkartengroßen Krankenversichertenkarte enthaltenen Daten, die auf einem Chip gespeichert sind, werden gemäß Absatz 2 Satz 1 maschinell durch spezielle Lesegeräte der Ärzte auf die nach § 295 Abs. 3 Satz 1 Nr. 1 und 2 SGB V zu erstellenden Abrechnungsformulare und Vordrucke, wie z.B. Arznei- oder Heilmittelverordnungen, übertragen. Für die Inanspruchnahme anderer Leistungen stellt die Krankenkasse gemäß § 15 Abs. 3 SGB V spezielle Berechtigungsscheine aus, wenn es zweckmäßig ist. Handelt es sich um ärztlich verordnete Leistungen, stellt der Arzt eine Verordnung aus, die gegebenenfalls vor Inanspruchnahme der Leistung durch die Krankenkasse genehmigt werden muss. Ist die Krankenversichertenkarte trotz Beendigung der Mitgliedschaft von der Krankenkasse nicht eingezogen worden, behält der Vertragsarzt seinen Vergütungsanspruch, wenn er die Identität des Karteninhabers festgestellt hat.[15]

---

10 BT-Drs. 11/2237, S. 235.

11 Gesetz zur Strukturreform im Gesundheitswesen (Gesundheitsreformgesetz – GRG) vom 20.12.1989, BGBl I 1989, 2477.

12 Gesetz zur Sicherung und Strukturverbesserung der gesetzlichen Krankenversicherung (Gesundheitsstrukturgesetz – GSG) vom 21.12.1992, BGBl I 1992, 2266.

13 BT-Drs. 12/3608, S. 122.

14 BSG v. 17.04.1996 - 3 RK 19/95 - SozR 3 - 2500 § 19 Nr. 2.

15 BSG v. 12.01.2003 - B 3 Kr 1/03 R - SozR 4 - 2500 § 112 Nr. 2.

3. Ausstellung, Inhalt und Einziehung der Krankenversichertenkarte

Die Krankenkassen haben **für jeden Versicherten, auch für die Familienversicherten**, bei Beginn der Mitgliedschaft eine Krankenversichertenkarte auszustellen. Die Ausgabe erfolgt nach § 15 Abs. 6 Satz 1 SGB V bei der erstmaligen Ausgabe der Krankenversichertenkarte durch die jeweilige Krankenkasse oder nach Einführung der Krankenversichertenkarte bei Beginn der Mitgliedschaft oder der Familienversicherung. Bei Verlust oder Beschädigung der Karte ist dem Versicherten nach § 15 Abs. 6 SGB V eine neue Karte auszustellen. Die **Neuausstellung der Karte** ist, wenn der Versicherte die erneute Ausgabe nicht verschuldet hat, nach § 15 Abs. 6 Satz 1 SGB V gebührenfrei, bei einer vom Versicherten zu vertretenen Neuausstellung ist nach § 15 Abs. 6 Satz 2 SGB V eine Gebühr in Höhe von 5 € zu zahlen. Bei Familienversicherten kann die Aushändigung der Karte nach § 15 Abs. 6 Satz 3 SGB V von dem Vorliegen der Meldung nach § 10 Abs. 6 SGB V (Verknüpfung) abhängig gemacht werden. 15

Auf der Krankenversichertenkarte dürfen **ausschließlich die in Absatz 2 Satz 1 Nr. 1-10 genannten Angaben** gespeichert werden. Die unter Absatz 2 Satz 1 Nr. 7 genannten Angaben dienen der Datenerhebung im Rahmen des Risikostrukturausgleiches. Absatz 2 Satz 1 schreibt neben der Bezeichnung der ausstellenden Krankenkasse die Verwendung des Kennzeichens der Kassenärztlichen Vereinigung vor, in deren Bezirk der Versicherte seinen Wohnsitz hat. Absatz 2 Satz 2 enthält eine Sonderregelung für die Bezeichnung der zuständigen Kassenärztlichen Vereinigung im Rahmen des ab 01.01.2002 eingeführten Wohnortprinzips für die Versicherten, bei denen nach § 83 Satz 2 SGB V weiterhin das Kassensitzprinzip anzuwenden ist. 16

Während bis zum 31.12.2003 bei Beendigung des Versicherungsschutzes die Karte vom Versicherten der bisherigen, bei einem Krankenkassenwechsel der neuen Krankenkasse auszuhändigen war, ist seit 01.01.2004 eine **Einziehung der Karte** sowohl bei Beendigung des Versicherungsschutzes als auch bei einem Krankenkassenwechsel durch die bisherige Krankenkasse vorgesehen. Die getrennte Zuständigkeit insbesondere bei einem Krankenkassenwechsel hatte sich in der Praxis nicht bewährt, so dass zur **Vorbeugung gegen Leistungsmissbrauch** eine einheitliche Zuständigkeit für die Einziehung durch die bisherige Krankenkasse für eine von ihr ausgestellte Krankenversichertenkarte besteht.[16] Die Verpflichtung zur Einziehung der Karte durch die Krankenkasse gegenüber der in der früheren Gesetzesfassung enthaltenen Verpflichtung des bisher Versicherten zur Herausgabe ermöglicht ein konsequentes Vorgehen der Krankenkasse.[17] Sie kann durch einen Verwaltungsakt gegenüber dem bisher Versicherten die Herausgabe der Krankenversichertenkarte anordnen und gegebenenfalls auch nach den Vorschriften des Verwaltungsvollstreckungsgesetzes[18] über die Erzwingung von Handlungen, Duldungen und Unterlassungen bzw. die entsprechenden landesrechtlichen Vorschriften die Herausgabe durchsetzen. 17

4. Schutz vor Missbrauch

§ 15 Abs. 6 Satz 2 SGB V, der mit Wirkung ab 01.04.2007 durch das GKV-Wettbewerbsstärkungsgesetz[19] in § 15 Abs. 6 SGB V eingefügt worden ist, schreibt vor, dass die Krankenkassen durch geeignete Maßnahmen einem Missbrauch der Karten entgegenzuwirken haben. 18

Um dem **Missbrauch der Krankenversichertenkarte** durch frühere Versicherte oder durch Personen, die sich die Karte auf illegalem Weg beschafft haben, vorzubeugen, hat der Gesetzgeber mehrere Maßnahmen vorgesehen, die einen Leistungsmissbrauch verhindern sollen. 19

Nach Absatz 1 Satz 2 ist **die Karte vom Versicherten zu unterschreiben**. Ist der Versicherte nach Vollendung des 15. Lebensjahres sozialrechtlich i.S.v. § 36 SGB I handlungsfähig, kann er selbst anstatt seines gesetzlichen Vertreters die Unterschrift vornehmen, da die Vorlage der Krankenversichertenkarte für die Inanspruchnahme bestimmter sozialrechtlicher Leistungen erforderlich ist. 20

---

[16] BT-Drs. 15/1525, S. 144.

[17] Zum Vertrauensschutz des Arztes bei Vorlage der Karte siehe BSG v. 12.01.2003 - B 3 Kr 1/03 R - SozR 4 - 2500 § 112 Nr. 2.

[18] Verwaltungsvollstreckungsgesetz (VwVG) vom. 27.04.1953, BGBl I 1953, 157.

[19] Gesetz zur Stärkung des Wettbewerbs in der gesetzlichen Krankenversicherung (GKV-Wettbewerbsstärkungsgesetz – GKV-WSG) vom. 26.03.2007, BGBl I 2007, 378

21 Weiterhin hat der Versicherte gemäß Absatz 1 Satz 5 durch seine **Unterschrift auf dem Abrechnungsschein** bei Inanspruchnahme ärztlicher Behandlung das Bestehen seiner Mitgliedschaft zu bestätigen. Der Arzt hat damit die Möglichkeit, durch Vergleich der Unterschriften auf der Krankenversichertenkarte und auf dem Abrechnungsschein die Identität des Leistungsempfängers zu überprüfen.[20]

22 Die Krankenversichertenkarte gilt nach Absatz 1 Satz 4 **nur für die Dauer der Mitgliedschaft** des Versicherten bei der ausstellenden Krankenkasse und ist **nicht übertragbar**. Sie kann daher auch nicht bei einem Krankenkassenwechsel weiter benutzt werden, vielmehr ist von der nunmehr zuständigen Krankenkasse eine neue Krankenversichertenkarte auszustellen. Eine eventuelle Weiterbenutzung der noch einzuführenden elektronischen Gesundheitskarte bei einem Krankenkassenwechsel ist in Absatz 4 Sätze 2-7 geregelt.

23 Gemäß Absatz 1 Satz 6 kann die **Krankenkasse die Gültigkeit der Krankenversichertenkarte befristen**. Diese Möglichkeit, von der im Regelfall Gebrauch gemacht wird, verhindert die Inanspruchnahme von Leistungen durch Personen, die nicht mehr bei der ausstellenden Krankenkasse versichert sind und bei denen die Einziehung der Krankenversichertenkarte bisher nicht erfolgen konnte, wenn die Gültigkeit der Karte endet. Bei der Dauer der Befristung wird die Krankenkasse die durchschnittliche Haltbarkeit der Karten und die Kosten ihrer Ersetzung zu berücksichtigen haben. Bei Familienversicherten kann die Befristung bis zu dem Zeitpunkt erfolgen, in dem mit einem Ende der Familienversicherung zu rechnen ist. Eine Neuausstellung ist erst bei einem fortdauernden Anspruch auf Leistungen aus der Familienversicherung notwendig.

24 Seit dem 01.01.2006 ist die Krankenversichertenkarte nach Absatz 2 Satz 1 zusätzlich mit einem **Lichtbild** zu versehen. Ausgenommen hiervon sind gemäß Absatz 2 Satz 1 Halbsatz 3 lediglich Versicherte bis zur Vollendung des 15. Lebensjahres sowie Versicherte, deren Mitwirkung bei der Erstellung eines Lichtbildes nicht möglich ist, z.B. bettlägerige Personen und Personen in geschlossenen Einrichtungen.[21] Ansonsten können die Grundsätze herangezogen werden, die für die Ausstellung eines Personalausweises mit Lichtbild von der verwaltungsgerichtlichen Rechtsprechung entwickelt worden sind.[22] Die Ausstattung mit einem Lichtbild kann im Rahmen der seit dem 01.01.2006 vorgesehenen Einführung der elektronischen Gesundheitskarte erfolgen, eine gesonderte Ausgabe von Krankenversichertenkarten mit Lichtbild ist nicht erforderlich.

25 Außerhalb des SGB V regelt **§ 281 StGB** die Strafbarkeit beim Missbrauch von Ausweispapieren. Die Krankenversichertenkarte gehört zu den von dieser Vorschrift erfassten Ausweispapieren, da sie neben anderen Zwecken der Feststellung der Identität des Benutzers des Ausweises dient.[23] Strafbar macht sich, wer die Krankenversichertenkarte, die für einen anderen ausgestellt ist, zur Täuschung im Rechtsverkehr gebraucht oder wer die für ihn ausgestellte Krankenversichertenkarte einem anderen zur Täuschung im Rechtsverkehr überlässt.

5. Weiterentwicklung zur elektronischen Gesundheitskarte

26 Absatz 2a und Absatz 4 Sätze 2-7 enthalten Regelungen für die **Weiterentwicklung der Krankenversichertenkarte zur elektronischen Gesundheitskarte**, deren Einführung und Inhalt im Übrigen in § 291a SGB V geregelt ist. Absatz 2a enthält ebenso wie § 291a Abs. 1 SGB V die Verpflichtung der Krankenkasse, die Krankenversichertenkarte ab 01.01.2006 zur elektronischen Gesundheitskarte zu erweitern. Absatz 2a Satz 3[24] stellt sicher, dass die Gesundheitskarte den Nachweis zur Berechtigung der Inanspruchnahme von Leistungen unter Berücksichtigung von Tarifen nach § 53 SGB V erbringen kann, weiterhin kann sie für den Nachweis von Zusatzversicherungen genutzt werden.[25] Darüber hinaus erlaubt Absatz 2a Satz 3 die Speicherung von Angaben über das Ruhen des Leistungsanspruchs nach § 16 Abs. 3a SGB V, um eine missbräuchliche Inanspruchnahme von Leistungen zu verhindern.[26] Die Absätze 4 Sätze 2-7 regeln abweichend von Absatz 4 Satz 1, dass die elektronische Gesundheits-

---

[20] Zum Vertrauensschutz des Arztes bei Vorlage der Karte siehe BSG v. 12.01.2003 - B 3 Kr 1/03 R - SozR 4 - 2500 § 112 Nr. 2.

[21] BT-Drs. 15/4228, S. 27/28.

[22] Für die Ausstellung eines Personalausweises ohne Lichtbild unter Berufung auf die Glaubens- und Gewissensfreiheit des Art 4 GG s. BVerwG Beschluss v. 24.10.1990 - 1 B 98/90.

[23] BSG v. 17.04.1996 - 3 RK 19/95 - SozR 3-2500 § 19 Nr. 2.

[24] Eingefügt mit Wirkung ab 01.04.2007 durch das Gesetz zur Stärkung des Wettbewerbs in der gesetzlichen Krankenversicherung (GKV-Wettbewerbsstärkungsgesetz – GKV-WSG) vom 26.03.2007, BGBl I 2007, 378.

[25] BT-Drs. 16/3100, S. 173.

[26] BT-Drs. 16/4247, S. 56.

karte bei einem Krankenkassenwechsel aufgrund einer Vereinbarung der Spitzenverbände der Krankenkassen zur Verbesserung der Wirtschaftlichkeit und zur Optimierung der Verfahrensabläufe weiter benutzt werden kann.

6. Vereinbarung weiterer Einzelheiten

Nach Absatz 3 vereinbaren die Spitzenverbände der Krankenkassen und die Kassenärztliche Bundesvereinigung in Verträgen nach § 87 Abs. 1 SGB V das Nähere über die Einführung und Nutzung der Krankenversichertenkarte. In **der „Vereinbarung zur Gestaltung und zum Inhalt der Krankenversichertenkarte" in der ab 01.07.2002 geltenden Fassung** einschließlich der Anlagen sind nähere Einzelheiten geregelt. 27

IV. Praxishinweise

Eine **Klage auf Ausstellung einer Krankenversichertenkarte** kann vor den Gerichten der Sozialgerichtsbarkeit anhängig gemacht werden, wenn das Bestehen eines Krankenversicherungsschutzes nach deutschem Sozialversicherungsrecht zwar unstreitig, eine Berechtigung zur Inanspruchnahme von ärztlichen Leistungen bei einem vorübergehenden Aufenthalt im Inland bei einem ansonsten ständigen Aufenthalt im EG-Ausland jedoch umstritten ist.[27] 28

C. Reformbestrebungen

Das GKV-Wettbewerbsstärkungsgesetz[28] sieht vor, dass **mit Wirkung ab 01.07.2008**[29] Absatz 3 neu gefasst wird. Da bis zur endgültigen und flächendeckenden Einführung der elektronischen Gesundheitskarte die vertragliche Vereinbarung zur Krankenversichertenkarte bestehen bleiben muss, passt die Neuregelung Absatz 3 an die geänderte Organisationsstruktur im Bereich der Krankenkassenverbände an.[30] In Absatz 4 Satz 2 wird geregelt, dass für die Entscheidung über eine mögliche Weiternutzung der elektronischen Gesundheitskarte ab 01.07.2008 der Spitzenverband Bund zuständig ist. Hierbei handelt es sich um eine redaktionelle Folgeänderung zu der durch das GKV-Wettbewerbsstärkungsgesetz beschlossenen neuen Organisationsstruktur der Verbände der Krankenkassen. Nach den §§ 217a ff. SGB V bilden die Krankenkassen den „Spitzenverband Bund der Krankenkassen". Dieser übernimmt gemäß § 217f Abs. 1 SGB V ab 01.07.2008 die bisher den Spitzenverbänden der Krankenkassen zugewiesenen Aufgaben. In Absatz 4 Satz 3 werden die Wörter „Die Vereinbarung" durch die Wörter „Der Beschluss" ersetzt, hierbei handelt es sich um eine redaktionelle Folgeänderung.[31] 29

27 BSG v. 05.07.2005 - B 1 KR 4/04 R - SozR 4-2400 § 3 Nr. 2.

28 Gesetz zur Stärkung des Wettbewerbs in der gesetzlichen Krankenversicherung (GKV-Wettbewerbsstärkungsgesetz – GKV-WSG) vom 26.03.2007, BGBl I 2007, 378

29 Art. 46 Abs. 9 Gesetz zur Stärkung des Wettbewerbs in der gesetzlichen Krankenversicherung (GKV-Wettbewerbsstärkungsgesetz – GKV-WSG) vom 26.03.2007, BGBl I 2007, 378.

30 BT-Drs. 16/3100, S. 173,

31 BT-Drs. 16/4247, S. 56,

§ 291a SGB V Elektronische Gesundheitskarte

(Fassung vom 26.03.2007, gültig ab 01.04.2007, gültig bis 30.06.2008)

(1) Die Krankenversichertenkarte nach § 291 Abs. 1 wird bis spätestens zum 1. Januar 2006 zur Verbesserung von Wirtschaftlichkeit, Qualität und Transparenz der Behandlung für die in den Absätzen 2 und 3 genannten Zwecke zu einer elektronischen Gesundheitskarte erweitert.

(1a) Werden von Unternehmen der privaten Krankenversicherung elektronische Gesundheitskarten für die Verarbeitung und Nutzung von Daten nach Absatz 2 Satz 1 Nr. 1 und Absatz 3 Satz 1 an ihre Versicherten ausgegeben, gelten Absatz 2 Satz 1 Nr. 1 und Satz 2 sowie die Absätze 3 bis 5, 6 und 8 entsprechend. Für den Einsatz elektronischer Gesundheitskarten nach Satz 1 können Unternehmen der privaten Krankenversicherung als Versichertennummer den unveränderbaren Teil der Krankenversichertennummer nach § 290 Abs. 1 Satz 2 nutzen. § 290 Abs. 1 Satz 4 bis 7 gilt entsprechend. Die Vergabe der Versichertennummer erfolgt durch die Vertrauensstelle nach § 290 Abs. 2 Satz 2 und hat den Vorgaben der Richtlinien nach § 290 Abs. 2 Satz 1 für den unveränderbaren Teil der Krankenversichertennummer zu entsprechen. Die Kosten zur Bildung der Versichertennummer und, sofern die Vergabe einer Rentenversicherungsnummer erforderlich ist, zur Vergabe der Rentenversicherungsnummer tragen die Unternehmen der privaten Krankenversicherung. Die Regelungen dieses Absatzes gelten auch für die Postbeamtenkrankenkasse und die Krankenversorgung der Bundesbahnbeamten.

(2) Die elektronische Gesundheitskarte hat die Angaben nach § 291 Abs. 2 zu enthalten und muss geeignet sein, Angaben aufzunehmen für

1. **die Übermittlung ärztlicher Verordnungen in elektronischer und maschinell verwertbarer Form sowie**
2. **den Berechtigungsnachweis zur Inanspruchnahme von Leistungen im Geltungsbereich der Verordnung (EWG) Nr. 1408/71 des Rates vom 14. Juni 1971 zur Anwendung der Systeme der sozialen Sicherheit auf Arbeitnehmer und deren Familien, die innerhalb der Gemeinschaft zu- und abwandern (ABl. EG Nr. L 149 S. 2) und der Verordnung (EWG) Nr. 574/72 des Rates vom 21. März 1972 über die Durchführung der Verordnung (EWG) Nr. 1408/71 zur Anwendung der Systeme der sozialen Sicherheit auf Arbeitnehmer und deren Familien, die innerhalb der Gemeinschaft zu- und abwandern (ABl. EG Nr. L 74 S. 1) in den jeweils geltenden Fassungen.**

§ 6c des Bundesdatenschutzgesetzes findet Anwendung.

(3) Über Absatz 2 hinaus muss die Gesundheitskarte geeignet sein, folgende Anwendungen zu unterstützen, insbesondere das Erheben, Verarbeiten und Nutzen von

1. **medizinischen Daten, soweit sie für die Notfallversorgung erforderlich sind,**
2. **Befunden, Diagnosen, Therapieempfehlungen sowie Behandlungsberichten in elektronischer und maschinell verwertbarer Form für eine einrichtungsübergreifende, fallbezogene Kooperation (elektronischer Arztbrief),**
3. **Daten zur Prüfung der Arzneimitteltherapiesicherheit,**
4. **Daten über Befunde, Diagnosen, Therapiemaßnahmen, Behandlungsberichte sowie Impfungen für eine fall- und einrichtungsübergreifende Dokumentation über den Patienten (elektronische Patientenakte),**
5. **durch von Versicherten selbst oder für sie zur Verfügung gestellte Daten sowie**

6. Daten über in Anspruch genommene Leistungen und deren vorläufige Kosten für die Versicherten (§ 305 Abs. 2);

die Verarbeitung und Nutzung von Daten nach Nummer 1 muss auch auf der Karte ohne Netzzugang möglich sein. Spätestens bei der Versendung der Karte hat die Krankenkasse die Versicherten umfassend und in allgemein verständlicher Form über deren Funktionsweise, einschließlich der Art der auf ihr oder durch sie zu erhebenden, zu verarbeitenden oder zu nutzenden personenbezogenen Daten zu informieren. Mit dem Erheben, Verarbeiten und Nutzen von Daten der Versicherten nach diesem Absatz darf erst begonnen werden, wenn die Versicherten jeweils gegenüber dem Arzt, Zahnarzt, Psychotherapeuten oder Apotheker dazu ihre Einwilligung erklärt haben. Die Einwilligung ist bei erster Verwendung der Karte vom Leistungserbringer auf der Karte zu dokumentieren; die Einwilligung ist jederzeit widerruflich und kann auf einzelne Anwendungen nach diesem Absatz beschränkt werden. § 6c des Bundesdatenschutzgesetzes findet Anwendung.

(4) Zum Zwecke des Erhebens, Verarbeitens oder Nutzens mittels der elektronischen Gesundheitskarte dürfen, soweit es zur Versorgung der Versicherten erforderlich ist, auf Daten

1. nach Absatz 2 Satz 1 Nr. 1 ausschließlich

a) Ärzte,

b) Zahnärzte,

c) Apotheker, Apothekerassistenten, Pharmazieingenieure, Apothekenassistenten,

d) Personen, die

aa) bei den unter Buchstabe a bis c Genannten oder

bb) in einem Krankenhaus

als berufsmäßige Gehilfen oder zur Vorbereitung auf den Beruf tätig sind, soweit dies im Rahmen der von ihnen zulässigerweise zu erledigenden Tätigkeiten erforderlich ist und der Zugriff unter Aufsicht der in Buchstabe a bis c Genannten erfolgt,

e) sonstige Erbringer ärztlich verordneter Leistungen,

2. nach Absatz 3 Satz 1 Nr. 1 bis 5 ausschließlich

a) Ärzte,

b) Zahnärzte,

c) Apotheker, Apothekerassistenten, Pharmazieingenieure, Apothekenassistenten,

d) Personen, die

aa) bei den unter Buchstabe a bis c Genannten oder

bb) in einem Krankenhaus

als berufsmäßige Gehilfen oder zur Vorbereitung auf den Beruf tätig sind, soweit dies im Rahmen der von ihnen zulässigerweise zu erledigenden Tätigkeiten erforderlich ist und der Zugriff unter Aufsicht der in Buchstabe a bis c Genannten erfolgt,

e) nach Absatz 3 Satz 1 Nr. 1 in Notfällen auch Angehörige eines anderen Heilberufs, der für die Berufsausübung oder die Führung der Berufsbezeichnung eine staatlich geregelte Ausbildung erfordert,

f) Psychotherapeuten

zugreifen. Die Versicherten haben das Recht, auf die Daten nach Absatz 2 Satz 1 und Absatz 3 Satz 1 zuzugreifen.

(5) Das Erheben, Verarbeiten und Nutzen von Daten mittels der elektronischen Gesundheitskarte in den Fällen des Absatzes 3 Satz 1 ist nur mit dem Einverständnis der Versicherten zulässig. Durch technische Vorkehrungen ist zu gewährleisten, dass in den Fällen des Absatzes 3 Satz 1 Nr. 2 bis 6 der Zugriff nur durch Autorisierung der Versicherten möglich ist. Der Zugriff auf Daten sowohl nach Absatz 2 Satz 1 Nr. 1 als auch nach Absatz 3 Satz 1 mittels der elektronischen Gesundheitskarte darf nur in Verbindung mit einem elektronischen Heilberufsausweis, im Falle des Absatzes 2 Satz 1 Nr. 1 auch in Verbindung mit einem entsprechenden Berufsausweis, erfolgen, die jeweils über eine Möglichkeit zur sicheren Authentifizierung und über eine qualifizierte elektronische Signatur verfügen; im Falle des Absatzes 3 Satz 1 Nr. 5 können die Versicherten auch mittels einer eigenen Signaturkarte, die über eine qualifizierte elektronische Signatur verfügt, zugreifen. Zugriffsberechtigte Personen nach Absatz 4 Satz 1 Nr. 1 Buchstabe d und e sowie Nr. 2 Buchstabe d und e, die über keinen elektronischen Heilberufsausweis oder entsprechenden Berufsausweis verfügen, können auf die entsprechenden Daten zugreifen, wenn sie hierfür von Personen autorisiert sind, die über einen elektronischen Heilberufsausweis oder entsprechenden Berufsausweis verfügen, und wenn nachprüfbar elektronisch protokolliert wird, wer auf die Daten zugegriffen hat und von welcher Person die zugreifende Person autorisiert wurde. Der Zugriff auf Daten nach Absatz 2 Satz 1 Nr. 1 mittels der elektronischen Gesundheitskarte kann abweichend von den Sätzen 3 und 4 auch erfolgen, wenn die Versicherten den jeweiligen Zugriff durch ein geeignetes technisches Verfahren autorisieren.

(5a) Die Länder bestimmen entsprechend dem Stand des Aufbaus der Telematikinfrastruktur

1. die Stellen, die für die Ausgabe elektronischer Heilberufs- und Berufsausweise zuständig sind, und

2. die Stellen, die bestätigen, dass eine Person

a) befugt ist, einen der von Absatz 4 Satz 1 erfassten Berufe im Geltungsbereich dieses Gesetzes auszuüben oder, sofern für einen der in Absatz 4 Satz 1 erfassten Berufe lediglich die Führung der Berufsbezeichnung geschützt ist, die Berufsbezeichnung zu führen oder

b) zu den sonstigen Zugriffsberechtigten nach Absatz 4 gehört.

Die Länder können zur Wahrnehmung der Aufgaben nach Satz 1 gemeinsame Stellen bestimmen. Entfällt die Befugnis zur Ausübung des Berufs, zur Führung der Berufsbezeichnung oder sonst das Zugriffsrecht nach Absatz 4, hat die jeweilige Stelle nach Satz 1 Nr. 2 oder Satz 2 die herausgebende Stelle in Kenntnis zu setzen; diese hat unverzüglich die Sperrung der Authentifizierungsfunktion des elektronischen Heilberufs- oder Berufsausweises zu veranlassen.

(6) Daten nach Absatz 2 Satz 1 Nr. 1 und Absatz 3 Satz 1 müssen auf Verlangen der Versicherten gelöscht werden; die Verarbeitung und Nutzung von Daten nach Absatz 2 Satz 1 Nr. 1 für Zwecke der Abrechnung bleiben davon unberührt. Durch technische Vorkehrungen ist zu gewährleisten, dass mindestens die letzten 50 Zugriffe auf die Daten nach Absatz 2 oder Absatz 3 für Zwecke der Datenschutzkontrolle protokol-

liert werden. Eine Verwendung der Protokolldaten für andere Zwecke ist unzulässig. Die Protokolldaten sind durch geeignete Vorkehrungen gegen zweckfremde Verwendung und sonstigen Missbrauch zu schützen.

(7) Die Spitzenverbände der Krankenkassen, die Kassenärztliche Bundesvereinigung, die Kassenzahnärztliche Bundesvereinigung, die Bundesärztekammer, die Bundeszahnärztekammer, die Deutsche Krankenhausgesellschaft sowie die für die Wahrnehmung der wirtschaftlichen Interessen gebildete maßgebliche Spitzenorganisation der Apotheker auf Bundesebene schaffen die für die Einführung und Anwendung der elektronischen Gesundheitskarte, insbesondere des elektronischen Rezeptes und der elektronischen Patientenakte, erforderliche interoperable und kompatible Informations-, Kommunikations- und Sicherheitsinfrastruktur (Telematikinfrastruktur). Sie nehmen diese Aufgabe durch eine Gesellschaft für Telematik nach Maßgabe des § 291b wahr, die die Regelungen zur Telematikinfrastruktur trifft sowie deren Aufbau und Betrieb übernimmt. Vereinbarungen und Richtlinien zur elektronischen Datenübermittlung nach diesem Buch müssen, soweit sie die Telematikinfrastruktur berühren, mit deren Regelungen vereinbar sein. Die in Satz 1 genannten Spitzenorganisationen treffen eine Vereinbarung zur Finanzierung

1. **der Kosten, die ihnen bis zum 30. Juni 2008 im Rahmen der Gesellschaft für Telematik nach Satz 2, einschließlich der Aufteilung der Kosten auf die in den Absätzen 7a und 7b genannten Leistungssektoren,**
2. **der erforderlichen erstmaligen Ausstattungskosten, die den Leistungserbringern in der Festlegungs-, Erprobungs- und Einführungsphase der Telematikinfrastruktur sowie**
3. **der Kosten, die den Leistungserbringern im laufenden Betrieb der Telematikinfrastruktur, einschließlich der Aufteilung dieser Kosten auf die in den Absätzen 7a und 7b genannten Leistungssektoren, entstehen.**

Die Kosten nach Satz 4 zählen nicht zu den Ausgaben nach § 4 Abs. 4 Satz 9.

(7a) Im Krankenhausbereich werden die Kosten nach Absatz 7 Satz 4 Nr. 1 durch einen Zuschlag für jeden abzurechnenden voll- und teilstationären Krankenhausfall finanziert, soweit die Kosten außerhalb des Krankenhauses im Rahmen der Gesellschaft für Telematik nach Absatz 7 Satz 2 anfallen. Die bei den Krankenhäusern entstehenden Investitions- und Betriebskosten nach Absatz 7 Satz 4 Nr. 2 und 3 werden durch einen weiteren Zuschlag finanziert (Telematikzuschlag). Die Zuschläge nach den Sätzen 1 und 2 werden in der Rechnung des Krankenhauses jeweils gesondert ausgewiesen; sie gehen nicht in den Gesamtbetrag nach § 6 der Bundespflegesatzverordnung oder das Erlösbudget nach § 4 des Krankenhausentgeltgesetzes sowie nicht in die entsprechenden Erlösausgleiche ein. Das Krankenhaus ist verpflichtet, die Erlöse aus dem Zuschlag nach Satz 1 an die von den Vertragsparteien in der Vereinbarung zu den Kosten nach Absatz 7 Satz 4 Nr. 1 benannte Stelle abzuführen. Die Höhe des Zuschlags nach Satz 1 und dessen Erhebung ist in der Vereinbarung zu den Kosten nach Absatz 7 Satz 4 Nr.1 zu regeln. Das Nähere zur Höhe und Erhebung des Zuschlags nach Satz 2 regeln die Spitzenverbände der Krankenkassen gemeinsam mit der Deutschen Krankenhausgesellschaft in einer gesonderten Vereinbarung. Kommt eine Vereinbarung nicht innerhalb einer vom Bundesministerium für Gesundheit gesetzten Frist oder, in den folgenden Jahren, jeweils bis zum 30. Juni zu Stande, entscheidet die Schiedsstelle nach § 18a Abs. 6 des Krankenhausfinanzierungsgesetzes auf Antrag einer Vertragspartei innerhalb einer Frist von zwei Monaten.

(7b) Zum Ausgleich der Kosten nach Absatz 7 Satz 4 erhalten die in diesem Absatz genannten Leistungserbringer nutzungsbezogene Zuschläge von den Krankenkassen. Das Nähere zu den Regelungen der Vereinbarung nach Absatz 7 Satz 4 für die an der vertragsärztlichen Versorgung teilnehmenden Ärzte, Zahnärzte, Psychotherapeuten sowie medizinischen Versorgungszentren vereinbaren die Spitzenverbände der Krankenkassen und die Kassenärztlichen Bundesvereinigungen in den Bundesmantelverträgen. Das Nähere zu den Regelungen der Vereinbarung nach Absatz 7 Satz 4 für die Arzneimittelversorgung vereinbaren die Spitzenverbände der Krankenkassen und die für die Wahrnehmung der wirtschaftlichen Interessen gebildete maßgebliche Spitzenorganisation der Apotheker auf Bundesebene im Rahmenvertrag nach § 129 Abs. 2. Kommt eine Vereinbarung nach Satz 2 nicht innerhalb einer vom Bundesministerium für Gesundheit gesetzten Frist oder, in den folgenden Jahren, jeweils bis zum 30. Juni zu Stande, entscheidet das jeweils zuständige Schiedsamt nach § 89 Abs. 4 auf Antrag einer Vertragspartei innerhalb einer Frist von zwei Monaten. Kommt eine Vereinbarung nach Satz 3 nicht innerhalb einer vom Bundesministerium für Gesundheit gesetzten Frist oder, in den folgenden Jahren, jeweils bis zum 30. Juni zu Stande, entscheidet die Schiedsstelle nach § 129 Abs. 8 auf Antrag einer Vertragspartei innerhalb einer Frist von zwei Monaten. Abweichend von Satz 1 werden die Kosten der Gesellschaft für Telematik in der Festlegungs- und Erprobungsphase für einen Übergangszeitraum über einen Zuschlag zu jedem Abrechnungsfall in der ambulanten vertragsärztlichen Versorgung finanziert; das Nähere vereinbaren die Spitzenverbände der Krankenkassen mit der Kassenärztlichen Bundesvereinigung im Einvernehmen mit den übrigen Vertragspartnern nach Absatz 7 Satz 1.

(7c) Kommt eine Vereinbarung zu den Kosten nach Absatz 7 Satz 4 Nr. 1 für den Zeitraum vom 1. Januar 2008 bis zum 30. Juni 2008 nicht bis zum 30. November 2007 zustande oder wird sie gekündigt, zahlen die Spitzenverbände der Krankenkassen an die Gesellschaft für Telematik einen Betrag in Höhe von 0,50 Euro je Mitglied der gesetzlichen Krankenversicherung; die Mittel sind im Verhältnis der Zahl der Mitglieder der einzelnen Krankenkassen am 1. Oktober 2007 aufzuteilen. Die Zahlungen sind quartalsweise, spätestens drei Wochen vor Beginn des jeweiligen Quartals, zu leisten. Die Höhe des Betrages kann das Bundesministerium für Gesundheit entsprechend dem Mittelbedarf der Gesellschaft für Telematik und unter Beachtung des Gebotes der Wirtschaftlichkeit durch Rechtsverordnung ohne Zustimmung des Bundesrates anpassen.

(7d) Kommt eine Vereinbarung zu den Kosten nach Absatz 7 Satz 4 Nr. 2 nicht innerhalb einer vom Bundesministerium für Gesundheit gesetzten Frist als Grundlage der Vereinbarungen nach Absatz 7a Satz 6 sowie Absatz 7b Satz 2 und 3 zu Stande, treffen die Spitzenverbände der Krankenkassen Vereinbarungen zur Finanzierung der den jeweiligen Leistungserbringern entstehenden Kosten nach Absatz 7 Satz 4 Nr. 2 jeweils mit der Deutschen Krankenhausgesellschaft, den Kassenärztlichen Bundesvereinigungen und der für die Wahrnehmung der wirtschaftlichen Interessen gebildeten maßgeblichen Spitzenorganisation der Apotheker auf Bundesebene. Soweit diese Vereinbarungen nicht zu Stande kommen, entscheidet bei Nichteinigung mit der Deutschen Krankenhausgesellschaft die Schiedsstelle nach § 18a Abs. 6 des Krankenhausfinanzierungsgesetzes, bei Nichteinigung mit den Kassenärztlichen Bundesvereinigungen das jeweils zuständige Schiedsamt nach § 89 Abs. 4 und bei Nichteinigung mit der für die Wahrnehmung der wirtschaftlichen Interessen gebildeten maßgeblichen Spitzenorganisation der Apotheker auf Bundesebene die Schiedsstelle nach § 129 Abs. 8 jeweils auf Antrag einer Vertragspartei innerhalb einer Frist von zwei Monaten.

(7e) Kommt eine Vereinbarung zu den Kosten nach Absatz 7 Satz 4 Nr. 3 nicht innerhalb einer vom Bundesministerium für Gesundheit gesetzten Frist als Grundlage der Vereinbarungen nach Absatz 7a Satz 6, Absatz 7b Satz 2 und 3 zu Stande, bilden die Spitzenorganisationen nach Absatz 7 Satz 1 eine gemeinsame Kommission aus Sachverständigen. Die Kommission ist innerhalb einer Woche nach Ablauf der Frist nach Satz 1 zu bilden. Sie besteht aus jeweils zwei Mitgliedern, die von den Spitzenorganisationen der Leistungserbringer und von den Spitzenverbänden der Krankenkassen berufen werden sowie einer oder einem unparteiischen Vorsitzenden, über die oder den sich die Spitzenorganisationen nach Absatz 7 Satz 1 gemeinsam verständigen. Kommt es innerhalb der Frist nach Satz 2 nicht zu einer Einigung über den Vorsitz oder die Berufung der weiteren Mitglieder, beruft das Bundesministerium für Gesundheit die Vorsitzende oder den Vorsitzenden und die weiteren Sachverständigen. Die Kosten der Kommission sind aus den Finanzmitteln der Gesellschaft für Telematik zu begleichen. Die Kommission gibt innerhalb von drei Monaten eine Empfehlung zur Aufteilung der Kosten, die den einzelnen Leistungssektoren nach den Absätzen 7a und 7b im laufenden Betrieb der Telematikinfrastruktur entstehen. Die Empfehlung der Kommission ist innerhalb eines Monats in der Vereinbarung nach Absatz 7 Satz 4 Nr. 3 zu berücksichtigen. Das Bundesministerium für Gesundheit wird ermächtigt, durch Rechtsverordnung ohne Zustimmung des Bundesrates die Aufteilung der Kosten, die den einzelnen Leistungssektoren nach den Absätzen 7a und 7b im laufenden Betrieb der Telematikinfrastruktur entstehen, als Grundlage der Vereinbarungen nach den Absätzen 7a und 7b festzulegen, sofern die Empfehlung der Kommission nicht berücksichtigt wird.

(8) Vom Inhaber der Karte darf nicht verlangt werden, den Zugriff auf Daten nach Absatz 2 Satz 1 Nr. 1 oder Absatz 3 Satz 1 anderen als den in Absatz 4 Satz 1 genannten Personen oder zu anderen Zwecken als denen der Versorgung der Versicherten, einschließlich der Abrechnung der zum Zwecke der Versorgung erbrachten Leistungen, zu gestatten; mit ihnen darf nicht vereinbart werden, Derartiges zu gestatten. Sie dürfen nicht bevorzugt oder benachteiligt werden, weil sie einen Zugriff bewirkt oder verweigert haben.

(9) (weggefallen)

Gliederung

A. Basisinformationen

I. Textgeschichte/Gesetzgebungsmaterialien

1 § 291a SGB V ist durch das **GKV-Modernisierungsgesetz**[1] mit **Wirkung ab 01.01.2004** in das SGB V eingefügt worden und enthält Bestimmungen über die Erweiterung der Krankenversichertenkarte zur elektronischen Gesundheitskarte, ihren Inhalt, ihre Verwendung, die Finanzierung der Einführung und des Betriebes und die Gewährleistung des Datenschutzes. Das **Verwaltungsvereinfa-**

[1] Gesetz zur Modernisierung der gesetzlichen Krankenversicherung (GKV-Modernisierungsgesetz – GMG) vom 14.11.2003, BGBl I 2003, 2190.

chungsgesetz[2] hat mit **Wirkung ab 30.03.2005** Änderungen und Ergänzungen in den Absätzen 3 und 4 vorgenommen. Durch das **Gesetz zur Organisationsstruktur der Telematik im Gesundheitswesen** vom 22.06.2005[3] wurde **mit Wirkung ab 28.06.2005** die Organisationsstruktur für die von der Selbstverwaltung in der gesetzlichen Krankenversicherung gegründete „Gesellschaft für Telematikanwendungen der Gesundheitskarte" geregelt und hierzu § 291b SGB V neu eingeführt. In § 291a SGB V wurden in Absatz 3 die Sätze 6 bis 9 aufgehoben, Absatz 5 Satz 3 ergänzt und Absatz 5a neu eingefügt. Weiterhin wurde Absatz 7 neu gefasst, und zur Regelung der Finanzierung der Infrastruktur im Zusammenhang mit der elektronischen Gesundheitskarte wurden die Absätze 7a bis 7e neu eingefügt. Durch Art. 256 Nr. 1 der Neunten Zuständigkeitsanpassungsverordnung[4] wurde in Absatz 7a Satz 7, Absatz 7b Sätze 4 und 5, Absatz 7c Sätze 1 und 3, Absatz 7d Satz 1, Absatz 7e Sätze 1, 4 und 8, Absatz 9 Satz 1 die Bezeichnung des zuständigen Ministeriums der Umorganisation der Bundesregierung in der 16. Legislaturperiode angepasst. **Mit Wirkung ab 01.04.2007** wurde durch das **GKV-Wettbewerbsstärkungsgesetz**[5] Absatz 1a, der die Nutzung der elektronischen Gesundheitskarte durch Versicherte privater Krankenversicherungsunternehmen regelt, eingefügt. In Absatz 7 Satz 4 Nr. 1 wurde die bisher geltende Finanzierungsregelung bis zum 30.06.2008 begrenzt, ab 01.07.2008 gilt Absatz 7 Satz 4 in einer geänderten Fassung.

II. Vorgängervorschriften

2 Die Vorschrift hat keine Vorgängervorschrift.

III. Parallelvorschriften

3 **§ 15 SGB V** regelt in den Absätzen 2, 5 und 6 Einzelheiten über die Ausstellung und die Verwendung der Krankenversichertenkarte und ist daher bei der Weiterentwicklung der Krankenversichertenkarte zur elektronischen Gesundheitskarte ebenfalls maßgebend. Weiterhin enthält diese Vorschrift eine Regelung über die Kostentragung bei einer erneuten Ausstellung einer Krankenversichertenkarte vor Ablauf ihrer Gültigkeitsdauer. Diese Regelung ist auch für die elektronische Gesundheitskarte anwendbar.

4 **§ 291 SGB V** enthält Bestimmungen über die Funktion und den Inhalt der Krankenversichertenkarte, die auch für die elektronische Gesundheitskarte maßgebend sind. Die Einziehung der elektronischen Gesundheitskarte und eine eventuelle Weiterverwendung bei einem Krankenkassenwechsel ist in § 291 Abs. 4 SGB V geregelt.

5 **§ 291b SGB V** regelt die Gründung und die Aufgaben der Gesellschaft für Telematik sowie die Zusammensetzung der Gesellschafter.

6 In den **§§ 95 ff. SGB IV** sind **Regelungen über die Ausstellung, den Inhalt und die Funktion des Sozialversicherungsausweises** enthalten. Der Sozialversicherungsausweis wird jedem Beschäftigten vom Rentenversicherungsträger ausgestellt und ist von diesem bei Beginn einer Beschäftigung dem Arbeitgeber vorzulegen. Bei einer Beschäftigung in bestimmten Branchen ist der Beschäftigte verpflichtet, den Sozialversicherungsausweis mitzuführen und auf Verlangen vorzulegen. Der Sozialversicherungsausweis darf nur Angaben zur Versicherungsnummer nach § 147 SGB VI, zum Familiennamen, gegebenenfalls zum Geburtsnamen, und zum Vornamen enthalten.

IV. Systematische Zusammenhänge

7 § 291a SGB V ist **die fünfte Vorschrift des Zweiten Titels** (Informationsgrundlagen der Krankenkassen) **des Ersten Abschnitts** (Informationsgrundlagen) **des Zehnten Kapitels** (Versicherungs- und Leistungsdaten, Datenschutz, Datentransparenz) **des SGB V.** Das Zehnte Kapitel zielt darauf ab, die Transparenz des Leistungsgeschehens zu verbessern und die Unterrichtung der Versicherten über die Leistungen zu ermöglichen, die Voraussetzungen für eine qualifizierte Prüfung von Wirtschaftlichkeit, Zweckmäßigkeit und Notwendigkeit der abgerechneten Leistungen sowie zur Bekämpfung von Missbrauch und Abrechnungsmanipulationen zu schaffen und es damit den Krankenkassen zu ermöglichen, ihre Aufgaben wirksamer und besser als bisher zu erfüllen.[6] Der Zweite Titel enthält neben § 291a

---

[2] Gesetz zur Vereinfachung der Verwaltungsverfahren im Sozialrecht (Verwaltungsvereinfachungsgesetz) vom 21.03.2005, BGBl I 2005, 818.

[3] BGBl I 2005, 1720, berichtigt BGBl I 2005, 2566.

[4] Neunte Zuständigkeitsanpassungsverordnung vom 31.10.2006, BGBl I 2006, 2407.

[5] Gesetz zur Stärkung des Wettbewerbs in der gesetzlichen Krankenversicherung (GKV-Wettbewerbsstärkungsgesetz – GKV-WSG) vom 26.03.2007, BGBl I 2007, 378

[6] BT-Drs. 11/2237, S. 235.

SGB V Bestimmungen über das Führen des Versichertenverzeichnisses (§ 288 SGB V), die Nachweispflicht bei Familienversicherung (§ 289 SGB V), die Krankenversichertennummer (§ 290 SGB V), die Krankenversichertenkarte (§ 291 SGB V), die Gesellschaft für Telematik (§ 291b SGB V), die Aufzeichnung von Angaben über Leistungsvoraussetzungen (§ 292 SGB V) und die Kennzeichen für Leistungsträger und Leistungserbringer (§ 293 SGB V). Der Erste Titel des Ersten Abschnitts des Zehnten Kapitels enthält die Vorschriften über die Grundsätze der Datenverwendung. Der Zweite Abschnitt des Zehnten Kapitels regelt die Übermittlung und Aufbereitung von Leistungsdaten und enthält Vorschriften über die Datentransparenz.

V. Literaturhinweise

Bales, Die Einführung der elektronischen Gesundheitskarte in Deutschland, Bundesgesundhbl 2005, 727-731; *Bether/Hackenberg*, Einführung der elektronischen Gesundheitskarte – Schritte zur bundesweiten Telematikplattform, ErsK 2005, 200-213; *Brill/Förster/Keil*, Patientenfach und elektronisches Rezept, Bundesgesundhbl 2005, 732-735; *Diener*, Die Gesundheitskarte im Zielkonflikt der Akteure, RPG 2005, 41-42; *Geiss*, Multitalent Gesundheitskarte, KrV 2004, 212-215; *Goetz*, Elektronische Heilberufsausweise als unverzichtbare Elemente der kommenden Telematikinfrastruktur im Gesundheitswesen, Bundesgesundhbl 2005, 747-754; *Hackenberg/Bether*, Die Einführung der elektronischen Gesundheitskarte: Vorteile für Versicherte und Leistungserbringer, ErsK 2005, 412-415; *Hackenberg/Matthies*, Die elektronische Gesundheitskarte – Einführung in Testregionen hat begonnen, ErsK 2007, 60-61; *Holland*, Das Verfahren zur Einführung der elektronischen Gesundheitskarte, GesR 2005, 299-304; *Koch/Schmidt*, Akzeptanz der Gesundheitstelematik bei ihren Anwendern, Bundesgesundhbl 2005, 778-788; *Kraft*, Telematik im Gesundheitswesen; Dissertation; *Kruse/Kruse*, Die elektronische Gesundheitskarte und ihre Anwendungen, WzS 2006, 129-136; *Lux*, Ökonomische Aspekte der Gesundheitstelematik, Bundesgesundhbl 2005, 640-645; *Noelle*, Die Telematikplattform, Bundesgesundhbl 2005, 646-648; *Paland/Riepe*, Politische Aspekte und Ziele der Gesundheitstelematik, Bundesgesundhbl 2005, 623-628; *Redders/Schug*, Gesundheitstelematik – Projekte in Deutschland aus Ländersicht, Bundesgesundhbl 2005, 649-656; *Rienhoff*, Europäische Perspektive der Gesundheitstelematik, Bundesgesundhbl 2005, 663-668; *Schaefer*, Arzneimitteldokumentation, Bundesgesundhbl 2005, 736-741; *Sosalla*, Karte der Gegensätze, KrV 2006, 137-139; *Speth/Koutses*, Telematik im Gesundheitswesen, MedR 2005, 493-498; *Weichert*, Vertrauen in die Vertraulichkeit bei der elektronischen Gesundheitskarte, GesR 2005, 151-155; *Zipperer*, Die Elektronische Gesundheitskarte zur Verbesserung von Kommunikationsstrukturen und für mehr Transparenz im modernen Gesundheitswesen, RPG 2005, 31-35. 8

B. Auslegung der Norm

I. Regelungsgehalt und Bedeutung der Norm

Die Vorschrift enthält **Regelungen über die Weiterentwicklung der Krankenversichertenkarte zur elektronischen Gesundheitskarte und den Aufbau der hierfür erforderlichen Infrastruktur**. Absatz 1a ermöglicht den Unternehmen der privaten Krankenversicherung, die elektronische Gesundheitskarte einzuführen, und trifft hierzu die erforderlichen Umsetzungsbestimmungen. In Absatz 2 ist geregelt, welche Angaben neben den in § 291 Abs. 2 SGB V genannten Angaben zwingend auf der elektronischen Gesundheitskarte enthalten sein müssen. Absatz 3 bestimmt, für welche weiteren Anwendungen sie geeignet sein muss. In Absatz 4 definiert die Vorschrift den Personenkreis, der auf die Daten der elektronischen Gesundheitskarte zugreifen darf. Absatz 5 enthält Regelungen über die technischen Voraussetzungen des Zugriffs. Absatz 5a trifft Zuständigkeitsregelungen für die Ausgabe elektronischer Heilberufs- und Berufsausweise sowie die Bestätigung der hierfür erforderlichen berufsrechtlichen Befugnisse. In Absatz 6 sind Regelungen über das Löschen der gespeicherten Daten, über Protokollierungspflichten und über den Schutz vor zweckfremder Verwendung und vor Missbrauch enthalten. Absatz 7 verpflichtet die Vertragspartner auf Bundesebene zur Schaffung einer Informations-, Kommunikations- und Sicherheitsinfrastruktur für den Einsatz der elektronischen Gesundheitskarte, weiterhin enthält es die Verpflichtung, die Aufgaben durch die Gesellschaft für Telematik wahrnehmen zu lassen. Die Absätze 7a bis 7e enthalten Bestimmungen über die Finanzierung der Kosten für die Gesellschaft für Telematik, die erstmaligen Ausstattungskosten und die laufenden 9

Kosten bei den Leistungserbringern sowie über Ersatzregelungen, wenn die notwendigen Vereinbarungen nicht zustande kommen. Absatz 8 regelt den Schutz der elektronischen Gesundheitskarte vor missbräuchlicher Verwendung.

II. Normzweck

10 Die Einführung der elektronischen Gesundheitskarte dient nach Absatz 1 **der Verbesserung von Wirtschaftlichkeit, Qualität und Transparenz der Behandlung**. Sie gehört außerdem zu den Maßnahmen, die der Gesetzgeber im GKV-Modernisierungsgesetz[7] zur **Stärkung der Patientensouveränität** getroffen hat. Die Versicherten sollen stärker in die Entscheidungsprozesse eingebunden und ihnen soll mehr Eigenverantwortung zugemutet werden. Voraussetzung hierfür ist nach Auffassung des Gesetzgebers die Herstellung von Transparenz über Angebote, Leistungen, Kosten und Qualität.[8] Die Karte soll gleichzeitig aber auch die **Qualitätssicherung** und die **effiziente Nutzung von Ressourcen** ermöglichen. Die Arzneimitteldokumentation dient der Unterstützung der Ärzte und Apotheker. Die Bereitstellung und Nutzung von Daten über Untersuchungen und Befunde vermeidet Doppeluntersuchungen und verhindert damit auch unnötige Belastungen des Patienten. Durch die auf freiwilliger Basis erfolgende Speicherung von Behandlungsdokumenten und Behandlungsabläufen können Ärzte und andere Leistungserbringer sich einen besseren Überblick über bisherige Diagnosen und Behandlungen verschaffen. Die elektronische Gesundheitskarte bietet dem Patienten auch die Möglichkeit, einen besseren Überblick über seinen Gesundheitszustand zu erhalten. Durch die **Beteiligung der privaten Krankenverscherungsunternehmen** wird eine lückenlose Nutzung der elektronischen Gesundheitskarte auch bei einem Wechsel zwischen gesetzlicher und privater Krankenversicherung ermöglicht.

III. Tatbestandsmerkmale

1. Ersetzung der Krankenversichertenkarte durch die Gesundheitskarte

11 Absatz 1 sieht die Erweiterung der Krankenversichertenkarte nach § 291 SGB V zur elektronischen Gesundheitskarte **spätestens zum 01.01.2006** vor. Die Regelungen in § 291 SGB V und § 15 SGB V über die Verwendung, den Inhalt, den Schutz vor Missbrauch und die Einziehung der Krankenversichertenkarte gelten auch für die elektronische Gesundheitskarte. Zu der bundesweiten Einführung der Gesundheitskarte ist es bisher nicht gekommen, die Anwendung befindet sich in der Testphase.[9]

2. Einführung der Gesundheitskarte für privat Krankenversicherte

12 Absatz 1a, der mit Wirkung ab 01.04.2007 durch das **GKV-Wettbewerbsstärkungsgesetz**[10] eingefügt worden ist, schreibt vor, dass bei der Ausgabe von elektronischen Gesundheitskarten durch Unternehmen der privaten Krankenversicherung und bei deren Einsatz die gesetzlichen Vorgaben des SGB V einzuhalten sind, insbesondere der Rahmen der Nutzung und die datensicherheitsrelevanten Vorschriften in § 291a SGB V. Um eine lückenlose Nutzung der Gesundheitskarte bei einem Wechsel zwischen privater und gesetzlicher Krankenversicherung zu ermöglichen, wird die Krankenversichertennummer als Hauptzuordnungskriterium für die private Krankenversicherung nutzbar gemacht. Die Krankenversichertennummer kann auch für privat Krankenversicherte entsprechend § 290 Abs. 1 SGB V aus der Rentenversicherungsnummer generiert werden. Zur Vermeidung von Doppelvergaben muss die Versichertennummer den Anforderungen und Vorgaben der Richtlinien nach § 290 Abs. 2 SGB V entsprechen und von der Vertrauensstelle nach § 290 Abs. 2 SGB V vergeben werden. Die Unternehmen der privaten Krankenversicherung haben die bei der Vertrauensstelle entstehenden Kosten bei der Vergabe der Versichertennummer zu tragen.[11] Die Regelungen gelten auch für die Versicherten der Postbeamtenkrankenkasse und der Krankenversorgung der Bundesbahnbeamten, da diese betrieblichen Sozialeinrichtungen weder eine gesetzliche noch eine private Krankenkasse sind.

---

[7] Gesetz zur Modernisierung der gesetzlichen Krankenversicherung (GKV-Modernisierungsgesetz – GMG) vom 14.11.2003, BGBl I 2003, 2190.

[8] BT-Drs. 15/1525, S. 72.

[9] www.gematk.de, Stichwort: Teststufen.

[10] Gesetz zur Stärkung des Wettbewerbs in der gesetzlichen Krankenversicherung (GKV-Wettbewerbsstärkungsgesetz – GKV-WSG) vom 26.03.2007, BGBl I 2007, 378

[11] BT-Drs. 11/3100, S. 173.

3. Verbindlicher Inhalt der Gesundheitskarte

13 Die elektronische Gesundheitskarte muss **die sich aus § 291 Abs. 2 SGB V ergebenden Angaben** enthalten. Darüber hinaus muss die Gesundheitskarte nach Absatz 2 Satz 1 Nr. 1 geeignet sein, **ärztliche Verordnungen** als elektronisches Rezept aufzunehmen. Die Verwendung der elektronischen Gesundheitskarte im Zusammenhang mit Anwendungen für den Versicherten wird generell und flächendeckend eingeführt, um Wirtschaftlichkeit und Durchführbarkeit dieser Verfahren zu gewährleisten. Absatz 2 Satz 1 Nr. 2 ermöglicht die Verwendung der Gesundheitskarte für die **Leistungsinanspruchnahme in den Mitgliedstaaten der Europäischen Gemeinschaften** und gegebenenfalls den Staaten des Vertrages über den Europäischen Wirtschaftsraum. Die Karte ersetzt damit die bisher verwendeten schriftlichen Formulare für die Inanspruchnahme von Krankenversicherungsleistungen in den Mitgliedstaaten der Europäischen Gemeinschaften. **§ 6c BDSG**, auf den in Absatz 2 Satz 2 verwiesen wird, enthält Bestimmungen über mobile personenbezogene Speicher- und Verarbeitungsmedien, zu denen auch die elektronische Gesundheitskarte gehört. Die ausgebende Stelle eines solchen Speicher- und Verarbeitungsmediums ist nach § 6c Abs. 1 BDSG verpflichtet, über ihre Identität und Anschrift, in allgemein verständlicher Form über die Funktionsweise des Mediums einschließlich der Art der zu verarbeitenden personenbezogenen Daten, über die Ausübung der Rechte nach den §§ 19, 20, 34 und 35 BDSG sowie über die bei Verlust oder Zerstörung des Mediums zu treffenden Maßnahmen zu unterrichten, soweit der Betroffene nicht bereits Kenntnis erlangt hat. Diese Unterrichtung kann zusammen mit der Information nach Absatz 3 Satz 2 erfolgen.

4. Zusätzlicher Inhalt der Gesundheitskarte

14 Nach Absatz 3 Satz 1 muss die Gesundheitskarte geeignet sein, die in Nr. 1 bis 6 genannten Anwendungen zu unterstützen. Damit wird es den Versicherten ermöglicht, die Karte für Anwendungen zur Bereitstellung und Nutzung medizinischer Daten sowie für die elektronische Bereitstellung von Daten über Leistungen und Kosten zu nutzen. Die **Notfallinformationen** nach Nr. 1 sollen im Interesse eines eventuell nicht (mehr) mitwirkungsfähigen Versicherten auch ohne seine ausdrückliche Zustimmung im Einzelfall durch autorisierte Personen einsehbar sein. Der **elektronische Arztbrief** nach Nr. 2 soll andere Ärzte im Rahmen einer Kooperation über Befunde, Diagnosen, Therapieempfehlungen und Behandlungen informieren. Die **Arzneimitteldokumentation** nach Nr. 3 soll Ärzte und Apotheker unterstützen und die Überprüfung von Wechselwirkungen und Unverträglichkeiten bei Arzneimitteln ermöglichen. Die **elektronische Patientenakte** nach Nr. 4 soll Doppeluntersuchungen vermeiden und den aktuellen Leistungserbringer über Befunde, Diagnosen, Therapiemaßnahmen, Behandlungen und Impfungen informieren. Nr. 5 ermöglicht es **dem Versicherten, von ihm oder für ihn zur Verfügung gestellte Daten** auf der Gesundheitskarte zu speichern. Nr. 6 verschafft dem Versicherten einen Überblick über die **in Anspruch genommenen Leistungen** und deren (vorläufige) **Kosten**.

15 Absatz 3 Satz 2 schreibt vor, dass spätestens bei Versendung der Gesundheitskarte die Versicherten **umfassend und in allgemein verständlicher Form**[12] über die Funktion und die Art der auf ihr oder durch sie zu erhebenden, zu verarbeitenden oder zu nutzenden personenbezogenen Daten **zu informieren** sind. Daher ist keine detaillierte technische Beschreibung, sondern eine auch für einen Laien verständliche Information geboten. Die Information hat angesichts der Vielzahl der in der Bundesrepublik lebenden Ausländer auch in den Heimatsprachen der Versicherten zu erfolgen, die über einen größeren Anteil in der Bevölkerung verfügen. Erst nach der Information kann gemäß Absatz 3 Satz 3 im Einzelfall vom Versicherten gegenüber den Leistungserbringern die Einwilligung zur Erhebung, Verarbeitung und Nutzung der Daten auf der Karte erklärt werden. Willigt der Versicherte in die Erhebung, Verarbeitung und Nutzung der Daten ein, ist dies nach Absatz 3 Satz 4 vom Leistungserbringer auf der Karte zu dokumentieren. Der Versicherte kann die Einwilligung jederzeit widerrufen oder beschränken. § 6c BDSG ist auch hier anwendbar.

5. Zugriffsberechtigter Personenkreis

16 Absatz 4 definiert den Personenkreis, der auf die Daten der Gesundheitskarte zugreifen darf. **Es wird danach unterschieden, ob es sich um Gesundheits-, Rezept- oder Notfalldaten handelt.** Auf elektronische Rezepte können ausschließlich Ärzte, Zahnärzte, Apotheker, Apothekerassistenten, Pharmazieingenieure sowie Personen, die bei diesen oder in einem Krankenhaus als berufsmäßige Gehilfen oder zur Vorbereitung auf den Beruf tätig sind, zugreifen, soweit dies im Rahmen der von ihnen zuläs-

---

[12] Zur Kritik vgl. *Peters* in: KassKomm-SGB, SGB V, § 291a Rn. 5.

sigerweise zu erledigenden Tätigkeiten erforderlich ist. Da das elektronische Rezept nicht nur Arzneimittelverordnungen, sondern auch sonstige Verordnungen umfasst, können die sonstigen Erbringer ärztlich verordneter Leistungen (z.B. Krankengymnasten und Masseure, Hilfsmittellieferanten) auf diese Daten ebenfalls zugreifen. Angehörige eines anderen Heilberufs, der für die Berufsausbildung oder die Führung einer Berufsbezeichnung eine staatlich geregelte Ausbildung erfordert (z.B. Rettungsassistenten), sind berechtigt, die Notfalldaten einzusehen. Die Versicherten haben ein eigenes Zugriffsrecht auf die Daten gemäß Absatz 2 Satz 1 und Absatz 3 Satz 1.

17 In Absatz 5 sind die Einzelheiten über die technischen Voraussetzungen des Zugriffs geregelt. Das Erheben, Verarbeiten und Nutzen von Daten bei den Anwendungen nach Absatz 3 Satz 1 Nr. 2 bis 6 ist nur mit dem Einverständnis des Versicherten zulässig. Die technischen Vorkehrungen müssen gewährleisten, dass auf die Daten **nur nach einer Autorisierung durch den Versicherten** zugegriffen werden kann und dass der Zugriff **nur mit einem elektronischen Heilberufsausweis oder einem entsprechenden Berufsausweis**, die jeweils über eine qualifizierte Signatur nach dem Signaturgesetz[13] verfügen müssen, möglich ist. Auf die von ihm nach Absatz 3 Satz 1 Nr. 5 selbst zur Verfügung gestellten Daten kann der Versicherte mittels einer eigenen Signaturkarte zugreifen. Für den Zugriff auf die **Daten des elektronischen Rezepts** reicht es aus, wenn der Versicherte den Zugriff autorisiert, ohne dass beim Leistungserbringer technische Vorkehrungen für die Einsicht erforderlich sind.

18 Absatz 5a trifft Zuständigkeitsregelungen für die **Ausgabe elektronischer Heilberufs- und Berufsausweise** sowie die **Bestätigung der hierfür erforderlichen berufsrechtlichen Befugnisse**. Da die Berufserlaubnisse von den Bundesländern erteilt werden, sind dort die entsprechenden Informationen vorhanden. Die Länder bestimmen daher die Stellen, die die entsprechenden Befugnisse bestätigen. Weiterhin haben die ausgebenden Stellen beim Wegfall der berufsrechtlichen Befugnis die Sperrung der Authentifizierungsfunktion zu veranlassen.

6. Datenlöschung, Zugriffskontrolle und Missbrauchsschutz

19 Absatz 6 trifft im Rahmen der Datenhoheit des Versicherten **Regelungen über die Löschung** der auf der Karte gespeicherten Daten, die Protokollierung der Zugriffe und den Schutz vor Missbrauch. Die Daten nach Absatz 2 Satz 1 Nr. 1 und Absatz 3 Satz 1 sind nach Absatz 6 Satz 1 auf Verlangen des Versicherten zu löschen. Die letzten 50 Zugriffe auf die Daten nach Absatz 2 und Absatz 3 müssen gemäß Absatz 6 Satz 2 auf der Karte für Zwecke der Datenschutzkontrolle protokolliert werden. Absatz 6 Satz 3 untersagt die Verwendung der Protokolldaten für andere Zwecke. Die Protokolldaten sind nach Absatz 6 Satz 4 durch **technische Vorkehrungen** (z.B. durch eine PIN-Nummer) **gegen zweckfremde Verwendung und sonstigen Missbrauch** zu schützen. Weitere Vorschriften gegen eine missbräuchliche Verwendung enthält Absatz 8. Hiernach darf vom Versicherten nicht verlangt werden, anderen als den in Absatz 4 Satz 1 genannten Personen den Zugriff auf die Daten der Gesundheitskarte zu ermöglichen oder die auf der Karte enthaltenen Daten für andere Zwecke als für die Versorgung des Versicherten und die Abrechnung zu verwenden. Die Verweigerung oder Ermöglichung des Zugriffs durch den Versicherten darf weder zu einer Bevorzugung noch zu einer Benachteiligung führen. Die Einziehung der Karte bei Beendigung der Mitgliedschaft und eine eventuelle Weiterverwendung bei einem Krankenkassenwechsel ist in § 291 Abs. 4 SGB V geregelt.

7. Vereinbarung der Spitzenverbände, Finanzierung und Ersatzvornahme

20 **Absatz 7 gibt der Selbstverwaltung die Schaffung der** für die Einführung und Anwendung der elektronischen Gesundheitskarte **notwendigen Infrastruktur auf**. Um den Einigungsprozess innerhalb der Selbstverwaltung zu beschleunigen und die Einführung der elektronischen Gesundheitskarte effizienter zu gestalten, wird den Selbstverwaltungspartnern die Errichtung einer Gesellschaft für Telematik nach Maßgabe des § 219b SGB V aufgegeben, die für einen bestimmten Teil der zur Schaffung der Telematikinfrastruktur erforderlichen Aufgaben verantwortlich ist. Die Finanzierung der Investitions- und Betriebskosten der Telematikinfrastruktur erfolgt durch die Gemeinschaft der Vertragspartner der Gesellschaft.

21 Absatz 7a, eingefügt durch das Gesetz zur Organisationsstruktur der Telematik im Gesundheitswesen vom 22.06.2005[14], regelt zur **Finanzierung der Kosten im Rahmen der Gesellschaft für Telematik** und **der den Leistungserbringern entstehenden Kosten** die **Erhebung eines Zuschlages im Kran-**

[13] Gesetz über Rahmenbedingungen für elektronische Signaturen (Signaturgesetz – SigG) vom 16.05.2001, BGBl I 2001, 876.

[14] BGBl I 2005, 1720, berichtigt BGBl I 2005, 2566.

kenhausbereich. Absatz 7b enthält Bestimmungen über die Refinanzierung der Kosten für **die Ausstattung im ambulanten Bereich** durch nutzungsbezogene Zuschläge. Absatz 7c sieht eine Ersatzregelung für die Finanzierung der Gesellschaft für Telematik vor, wenn die erforderlichen Vereinbarungen nicht zustande kommen oder gekündigt werden. Absatz 7d enthält Ersatzregelungen für den Fall, dass eine Einigung über die telematikbedingten Investitionskosten durch Verträge nicht erreicht wird. Absatz 7e trifft Ersatzregelungen für den Fall, dass eine Einigung über die Aufteilung der Kosten im laufenden Betrieb nach der Einführung der Telematikinfrastruktur nicht zustande kommt.

C. Reformbestrebungen

Das **GKV-Wettbewerbsstärkungsgesetz**[15] sieht vor, dass ab 01.07.2008[16] weitreichende Veränderungen in den Absätzen 7 bis 7e erfolgen, da ab diesem Zeitpunkt die Bestimmungen über die Finanzierung neu geregelt werden. 22

[15] Gesetz zur Stärkung des Wettbewerbs in der gesetzlichen Krankenversicherung (GKV-Wettbewerbsstärkungsgesetz – GKV-WSG) vom 26.03.2007, BGBl I 2007, 378

[16] Art. 46 Abs. 9 Gesetz zur Stärkung des Wettbewerbs in der gesetzlichen Krankenversicherung (GKV-Wettbewerbsstärkungsgesetz – GKV-WSG) vom 26.03.2007, BGBl I 2007, 378.

§ 291b SGB V Gesellschaft für Telematik

(Fassung vom 26.03.2007, gültig ab 01.04.2007, gültig bis 30.06.2008)

(1) Im Rahmen der Aufgaben nach § 291a Abs. 7 Satz 2 hat die Gesellschaft für Telematik

1. die technischen Vorgaben einschließlich eines Sicherheitskonzepts zu erstellen,

2. Inhalt und Struktur der Datensätze für deren Bereitstellung und Nutzung festzulegen

sowie die notwendigen Test- und Zertifizierungsmaßnahmen sicherzustellen. Sie hat die Interessen von Patientinnen und Patienten zu wahren und die Einhaltung der Vorschriften zum Schutz personenbezogener Daten sicherzustellen. Die Gesellschaft für Telematik hat Aufgaben nur insoweit wahrzunehmen, wie dies zur Schaffung einer interoperablen und kompatiblen Telematikinfrastruktur erforderlich ist. Mit Teilaufgaben der Gesellschaft für Telematik können einzelne Gesellschafter oder Dritte beauftragt werden; hierbei sind durch die Gesellschaft für Telematik Interoperabilität, Kompatibilität und das notwendige Sicherheitsniveau der Telematikinfrastruktur zu gewährleisten.

(1a) Die Komponenten und Dienste der Telematikinfrastruktur werden von der Gesellschaft für Telematik zugelassen. Die Zulassung wird erteilt, wenn die Komponenten und Dienste funktionsfähig, interoperabel und sicher sind. Die Gesellschaft für Telematik prüft die Funktionsfähigkeit und Interoperabilität auf der Grundlage der von ihr veröffentlichten Prüfkriterien. Die Prüfung der Sicherheit erfolgt nach den Vorgaben des Bundesamtes für Sicherheit in der Informationstechnik. Das Nähere zum Zulassungsverfahren und zu den Prüfkriterien wird von der Gesellschaft für Telematik beschlossen. Die Gesellschaft für Telematik veröffentlicht eine Liste mit den zugelassenen Komponenten und Diensten.

(1b) Betriebsleistungen sind auf der Grundlage der von der Gesellschaft für Telematik zu beschließenden Rahmenbedingungen zu erbringen. Zur Durchführung des operativen Betriebs der Komponenten, Dienste und Schnittstellen der Telematikinfrastruktur hat die Gesellschaft für Telematik oder, soweit einzelne Gesellschafter oder Dritte nach Absatz 1 Satz 4 erster Halbsatz beauftragt worden sind, haben die Beauftragten Aufträge zu vergeben. Bei der Vergabe dieser Aufträge sind abhängig vom Auftragswert die Vorschriften über die Vergabe öffentlicher Aufträge: der Vierte Teil des Gesetzes gegen Wettbewerbsbeschränkungen sowie die Vergabeverordnung und § 22 der Verordnung über das Haushaltswesen in der Sozialversicherung sowie der Abschnitt 1 des Teils A der Verdingungsordnung für Leistungen (VOL/A) anzuwenden. Für die freihändige Vergabe von Leistungen gemäß § 3 Nr. 4 Buchstabe p der Verdingungsordnung für Leistungen - Teil A (VOL/A) werden die Ausführungsbestimmungen vom Bundesministerium für Gesundheit festgelegt und im elektronischen Bundesanzeiger veröffentlicht. Abweichend von den Sätzen 2 bis 4 sind spätestens ab dem 1. Januar 2009 Anbieter zur Durchführung des operativen Betriebs der Komponenten, Dienste und Schnittstellen der Telematikinfrastruktur von der Gesellschaft für Telematik oder, soweit einzelne Gesellschafter oder Dritte nach Absatz 1 Satz 4 erster Halbsatz beauftragt worden sind, von den Beauftragten in einem transparenten und diskriminierungsfreien Verfahren zuzulassen, wenn

1. die zu verwendenden Komponenten und Dienste gemäß Absatz 1a zugelassen sind,

2. der Anbieter oder die Anbieterin den Nachweis erbringt, dass die Verfügbarkeit und Sicherheit der Betriebsleistung gewährleistet ist und

3. der Anbieter oder die Anbieterin sich vertraglich verpflichtet, die Rahmenbedingungen für Betriebsleistungen der Gesellschaft für Telematik einzuhalten.

Die Gesellschaft für Telematik beziehungsweise die von ihr beauftragten Organisationen können die Anzahl der Zulassungen beschränken, soweit dies zur Gewährleistung von Interoperabilität, Kompatibilität und des notwendigen Sicherheitsniveaus erforderlich ist. Die Gesellschaft für Telematik beziehungsweise die von ihr beauftragten Organisationen veröffentlichen

1. die fachlichen und sachlichen Voraussetzungen, die für den Nachweis nach Satz 5 Nr. 2 erfüllt sein müssen, sowie

2. eine Liste mit den zugelassenen Anbietern.

(1c) Die Gesellschaft für Telematik beziehungsweise die von ihr beauftragten Organisationen können für die Zulassungen der Absätze 1a und 1b Entgelte verlangen. Der Entgeltkatalog bedarf der Zustimmung des Bundesministeriums für Gesundheit.

(2) Der Gesellschaftsvertrag bedarf der Zustimmung des Bundesministeriums für Gesundheit und ist nach folgenden Grundsätzen zu gestalten:

1. Die in § 291a Abs. 7 Satz 1 genannten Spitzenorganisationen sind Gesellschafter der Gesellschaft für Telematik. Die Geschäftsanteile entfallen zu 50 Prozent auf die Spitzenverbände der Krankenkassen und zu 50 Prozent auf die anderen in § 291a Abs. 7 Satz 1 genannten Spitzenorganisationen. Mit Zustimmung des Bundesministeriums für Gesundheit können die Gesellschafter den Beitritt weiterer Spitzenorganisationen der Leistungserbringer auf Bundesebene und des Verbandes der Privaten Krankenversicherung beschließen; im Falle eines Beitritts sind die Geschäftsanteile innerhalb der Gruppen der Kostenträger und Leistungserbringer entsprechend anzupassen;

2. unbeschadet zwingender gesetzlicher Mehrheitserfordernisse entscheiden die Gesellschafter mit der Mehrheit von 67 Prozent der sich aus den Geschäftsanteilen ergebenden Stimmen, soweit nicht der Gesellschaftsvertrag eine geringere Mehrheit vorsieht;

3. das Bundesministerium für Gesundheit entsendet in die Versammlung der Gesellschafter eine Vertreterin oder einen Vertreter ohne Stimmrecht;

4. es ist ein Beirat einzurichten, der die Gesellschaft in fachlichen Belangen berät. Er kann Angelegenheiten von grundsätzlicher Bedeutung der Versammlung der Gesellschafter zur Befassung vorlegen und ist vor der Beschlussfassung zu Angelegenheiten von grundsätzlicher Bedeutung zu hören. Der Beirat besteht aus vier Vertreterinnen oder Vertretern der Länder, drei Vertreterinnen oder Vertretern der für die Wahrnehmung der Interessen der Patientinnen und Patienten und der Selbsthilfe chronisch kranker und behinderter Menschen maßgeblichen Organisationen, drei Vertreterinnen oder Vertretern der Wissenschaft, drei Vertreterinnen oder Vertretern der für die Wahrnehmung der Interessen der Industrie maßgeblichen Bundesverbände aus dem Bereich der Informationstechnologie sowie der oder dem Bundesbeauftragten für den Datenschutz und die Informationsfreiheit und der oder dem Beauftragten für die Belange der Patientinnen und Patienten. Vertreterinnen oder Vertreter weiterer Gruppen und Bundesbehörden können berufen werden. Die Mitglieder des Beirats werden von der Versammlung der Gesellschafter im Einvernehmen mit dem Bundesministerium für Gesundheit berufen; die Vertreterinnen und Vertreter der Länder werden von den Ländern benannt. Die Gesellschafter, die Geschäftsführerin oder der Geschäftsführer der Gesellschaft sowie das Bundesministerium für Gesundheit können an den Sitzungen des Beirats teilnehmen.

(3) Wird die Gesellschaft für Telematik nicht innerhalb einer vom Bundesministerium für Gesundheit gesetzten Frist gegründet oder löst sich die Gesellschaft für Telematik auf, kann das Bundesministerium für Gesundheit eine oder mehrere der in § 291a Abs. 7 Satz 1 genannten Spitzenorganisationen zur Errichtung der Gesellschaft für Telematik verpflichten; die übrigen Spitzenorganisationen können mit Zustimmung des Bundesministeriums für Gesundheit der Gesellschaft für Telematik als Gesellschafter beitreten. Die zur Finanzierung der Gesellschaft für Telematik nach Satz 1 erforderlichen Mittel werden von den Spitzenverbänden der Krankenkassen durch eine Umlage aufgebracht. Die Mittel sind im Verhältnis der Zahl der Mitglieder der einzelnen Krankenkassen am 1. Oktober jeden Jahres aufzuteilen.

(4) Die Beschlüsse der Gesellschaft für Telematik zu den Regelungen, dem Aufbau und dem Betrieb der Telematikinfrastruktur sind dem Bundesministerium für Gesundheit vorzulegen, das sie, soweit sie gegen Gesetz oder sonstiges Recht verstoßen, innerhalb eines Monats beanstanden kann; bei der Prüfung der Beschlüsse hat das Bundesministerium für Gesundheit der oder dem Bundesbeauftragten für den Datenschutz und die Informationsfreiheit Gelegenheit zur Stellungnahme zu geben. In begründeten Einzelfällen, insbesondere wenn die Prüfung der Beschlüsse innerhalb von einem Monat nicht abgeschlossen werden kann, kann das Bundesministerium für Gesundheit die Frist vor ihrem Ablauf um höchstens einen Monat verlängern. Erfolgt keine Beanstandung, werden die Beschlüsse nach Ablauf der Beanstandungsfrist für die Leistungserbringer und Krankenkassen sowie ihre Verbände nach diesem Buch verbindlich. Kommen die erforderlichen Beschlüsse nicht oder nicht innerhalb einer vom Bundesministerium für Gesundheit gesetzten Frist zu Stande oder werden die Beanstandungen des Bundesministeriums für Gesundheit und Soziale Sicherung nicht innerhalb der von ihm gesetzten Frist behoben, legt das Bundesministerium für Gesundheit ihre Inhalte im Benehmen mit den zuständigen obersten Landesbehörden durch Rechtsverordnung ohne Zustimmung des Bundesrates fest. Die Gesellschaft für Telematik ist verpflichtet, dem Bundesministerium für Gesundheit zur Vorbereitung der Rechtsverordnung unverzüglich nach dessen Weisungen zuzuarbeiten.

(5) Die vom Bundesministerium für Gesundheit und von seinem Geschäftsbereich zur Vorbereitung der Rechtsverordnung nach Absatz 4 veranlassten Kosten sind unverzüglich aus den Finanzmitteln der Gesellschaft für Telematik zu begleichen; dies gilt auch, soweit Arbeiten zur Vorbereitung der Rechtsverordnung im Rahmen von Forschungs- und Entwicklungstätigkeiten durchgeführt werden.

(6) Kosten für Forschungs- und Entwicklungstätigkeiten zur Schaffung der Telematikinfrastruktur, die vom Bundesministerium für Gesundheit in der Zeit vom 1. November 2004 bis zum 27. Juni 2005 finanziert wurden, sind von den Spitzenverbänden der Krankenkassen zu erstatten. Absatz 3 Satz 2 und 3 gilt entsprechend.

Gliederung

A. Basisinformationen

I. Textgeschichte/Gesetzgebungsmaterialien

§ 291b SGB V ist durch das **Gesetz zur Organisationsstruktur der Telematik im Gesundheitswesen** vom 22.06.2005[1] **mit Wirkung ab 28.06.2005** in das SGB V eingefügt worden. Durch Art. 256 Nr. 1 der Neunten Zuständigkeitsanpassungsverordnung[2] wurde in Absatz 2 Satz 1, Nr. 1 Satz 3, Nr. 3, Nr. 4 Sätze 5 und 6, Absatz 3 Satz 1, Absatz 4, Sätze 1, 2, 4 und 5, Absatz 5 sowie Absatz 6 Satz 1 die Bezeichnung des zuständigen Ministeriums der Umorganisation der Bundesregierung in der 16. Legislaturperiode angepasst. Mit Wirkung ab 01.04.2007 wurden durch das GKV-Wettbewerbsstärkungsgesetz[3] die Absätze 1a, 1b und 1c eingefügt; in Absatz 2 Nr. 4 Satz 3 und Absatz 4 Satz 1 wurde die Bezeichnung des Bundesbeauftragten für den Datenschutz der veränderten Bezeichnung angepasst.[4] 1

II. Vorgängervorschriften

Die Vorschrift ist neu. Bis zum In-Kraft-Treten des Gesetzes zur Organisationsstruktur der Telematik im Gesundheitswesen vom 22.06.2005 am 28.06.2005 enthielt **§ 291a Abs. 3 Sätze 6 bis 9 SGB V** Bestimmungen über den Abschluss einer Vereinbarung der Spitzenverbände auf Bundesebene, in der das Nähere über Inhalt und Struktur für die Bereitstellung und Nutzung der Daten nach § 291a Abs. 3 Satz 1 SGB V geregelt werden sollte. Diese Bestimmungen wurden durch das Gesetz zur Organisationsstruktur der Telematik im Gesundheitswesen aufgehoben, weil aufgrund der Einführung von § 291b SGB V die Bestimmung von Inhalt und Struktur der Daten der elektronischen Gesundheitskarte nicht mehr der Vertragsgemeinschaft obliegt, sondern diese Aufgabe nunmehr durch die Gesellschaft für Telematik wahrgenommen wird. 2

III. Parallelvorschriften

Vorschriften über die Telematik in anderen Regelungsbereichen des SGB existieren bisher nicht. Die **§§ 67 und 68 SGB V** enthalten Regelungen über die elektronische Kommunikation unter den Leistungserbringern und die Finanzierung einer persönlichen elektronischen Gesundheitskarte durch die gesetzlichen Krankenkassen. 3

IV. Systematische Zusammenhänge

§ 291b SGB V ist **die sechste Vorschrift des Zweiten Titels** (Informationsgrundlagen der Krankenkassen) **des Ersten Abschnitts** (Informationsgrundlagen) **des Zehnten Kapitels** (Versicherungs- und Leistungsdaten, Datenschutz, Datentransparenz) **des SGB V.** Das Zehnte Kapitel zielt darauf ab, die Transparenz des Leistungsgeschehens zu verbessern und die Unterrichtung der Versicherten über die Leistungen zu ermöglichen, die Voraussetzungen für eine qualifizierte Prüfung von Wirtschaftlichkeit, Zweckmäßigkeit und Notwendigkeit der abgerechneten Leistungen sowie zur Bekämpfung von Missbrauch und Abrechnungsmanipulationen zu schaffen und es damit den Krankenkassen zu ermöglichen, ihre Aufgaben wirksamer und besser als bisher zu erfüllen.[5] Der Zweite Titel enthält neben § 291b SGB V Bestimmungen über das Führen des Versichertenverzeichnisses (§ 288 SGB V), die Nachweispflicht bei Familienversicherung (§ 289 SGB V), die Krankenversichertennummer (§ 290 SGB V), die Krankenversichertenkarte (§ 291 SGB V), die elektronische Gesundheitskarte (§ 291a SGB V), die Aufzeichnung von Angaben über Leistungsvoraussetzungen (§ 292 SGB V) und die Kennzeichen für Leistungsträger und Leistungserbringer (§ 293 SGB V). Der Erste Titel des Ersten Abschnitts des Zehnten Kapitels enthält die Vorschriften über die Grundsätze der Datenverwendung. Der Zweite Abschnitt des Zehnten Kapitels regelt die Übermittlung und Aufbereitung von Leistungsdaten und enthält Vorschriften über die Datentransparenz. 4

---

[1] BGBl I 2005, 1720, berichtigt BGBl I 2005, 2566.

[2] Neunte Zuständigkeitsanpassungsverordnung vom 31.10.2006, BGBl I 2006, 2407.

[3] Gesetz zur Stärkung des Wettbewerbs in der gesetzlichen Krankenversicherung (GKV-Wettbewerbsstärkungsgesetz – GKV-WSG) vom 26.03.2007, BGBl I 2007, 378

[4] BT-Drs. 16/3100, S. 174.

[5] BT-Drs. 11/2237, S. 235.

V. Literaturhinweise

5 *Holland*, Das Verfahren zur Einführung der elektronischen Gesundheitskarte – grundlegende Änderungen durch das Gesetz zur Organisationsstruktur der Telematik im Gesundheitswesen, GesR 2005, 299-304.

B. Auslegung der Norm

I. Regelungsgehalt und Bedeutung der Norm

6 Die Vorschrift enthält **Regelungen über die Organisationsstruktur und die Aufgaben** der nach § 291a Abs. 7 Satz 2 SGB V zu gründenden Gesellschaft für Telematik. Hierzu gehören Bestimmungen über die Festlegung des Sicherstellungsauftrages der Gesellschaft für Telematik, über die Möglichkeit, einzelne Gesellschafter oder Dritte mit Teilaufgaben zu beauftragen, Vorgaben zur gesellschaftsrechtlichen Ausgestaltung, Vorgaben über den Einsatz zugelassener Komponenten und Dienste und deren Betrieb, das Zulassungs- und Vergabeverfahren, die Erhebung von Entgelten durch die Gesellschaft für Telematik sowie Ersatzvornahmeregelungen und Vorschriften über Kostenerstattungen für das Bundesministerium für Gesundheit.

II. Normzweck

7 Der in § 291a Abs. 3 Satz 6 SGB V vorgesehene Abschluss von Vereinbarungen über die Telematikinfrastruktur durch die maßgebenden Spitzenorganisationen erwies sich nach Auffassung des Gesetzgebers insbesondere wegen des Einstimmigkeitsprinzips als ungeeignet, die notwendigen Entscheidungen in der gebotenen Zeit zu treffen. Durch die gesetzliche Regelung über die Errichtung und die Aufgaben der Gesellschaft für Telematik nach § 291a SGB V und § 291b SGB V soll **die zügige Erarbeitung der notwendigen Regelungen** gewährleistet werden. Damit wird auch eine gesetzliche Regelung für die bereits am 11.01.2005 von den Spitzenorganisationen in der Rechtsform einer gemeinnützigen GmbH errichtete „Gesellschaft für Telematikanwendungen der Gesundheitskarte (gematik)“[6] geschaffen. Die Vorschriften in den Absätzen 1a bis 1c ermöglichen nach einer Einführungsphase eine weitreichende Zulassung und Beauftragung verschiedener Anbieter, um durch marktwirtschaftliche Instrumente einen kostengünstigen Aufbau der Telematikinfrastruktur zu erreichen.

III. Tatbestandsmerkmale

1. Aufgabenbereiche der Gesellschaft für Telematik

8 Nach § 291a Abs. 7 Satz 2 SGB V trifft die Gesellschaft für Telematik die Regelungen zur Telematikinfrastruktur und übernimmt deren Aufbau und den Betrieb. Absatz 1 konkretisiert die in § 291a Abs. 7 Satz 2 SGB V genannten **Aufgabenbereiche der Gesellschaft für Telematik.**[7] Nach **Erstellung eines Gesamtkonzepts** einschließlich der Festlegung technischer Standards zur Ausgestaltung der Infrastruktur hat die Gesellschaft technische Festlegungen zu treffen. Weiterhin ist ein **Sicherheitskonzept** unter Beachtung der Grundsätze des Datenschutzes und der Datensicherheit zu entwickeln. Hierzu gehört die Erstellung einer Richtlinie für elektronische Heilberufs- oder Berufsausweise nach § 291a Abs. 5 Satz 3 SGB V. Weiterhin hat die Richtlinie Regelungen bei Verlust des Ausweises oder bei Missbrauchsverdacht zu treffen. **Technische Vorschriften** sollen das Zusammenwirken unterschiedlicher Komponenten und Dienste gewährleisten. Anbietern soll es ermöglicht werden, erforderliche Einzelkomponenten zu entwickeln und im freien Wettbewerb anzubieten. Die Gesellschaft hat ein entsprechendes **Test- und Zertifizierungskonzept** sowie dessen Umsetzung in ein nachhaltiges **Zulassungsverfahren** für neue Komponenten und Infrastrukturdienste festzulegen. Die über den Aufgabenbereich der Gesellschaft hinausgehenden Aufgaben sind von den betroffenen Selbstverwaltungsorganisationen selbst wahrzunehmen. Eine Übertragung von Teilaufgaben durch die Gesellschaft innerhalb ihres Aufgabenbereichs auf einzelne Gesellschafter oder Dritte ist zulässig, wobei die Gesamtverantwortung bei der Gesellschaft verbleibt.

---

[6] Siehe www.gematik.de.

[7] BT-Drs. 15/4924, S. 10.

2. Zulassung von Komponenten und Diensten

Absatz 1a Satz 1 regelt, dass **nur zugelassene Komponenten und Dienste eingesetzt werden dürfen**. Damit wird gemäß **Satz 2** sichergestellt, dass die von verschiedenen Herstellern angebotenen Komponenten und Dienste den geforderten funktionalen Anforderungen sowie den Vorgaben an Schnittstellen entsprechen. Dies ermöglicht den Betrieb mit Komponenten und Diensten anderer Hersteller. Durch die **Prüfung der Sicherheitsanforderungen** nach **Satz 4** wird gewährleistet, dass die Komponenten und Dienste das erforderliche Schutzniveau einhalten. Durch die in **Satz 6** geregelte Verpflichtung der Gesellschaft für Telematik, die Prüfung nur anhand der von ihr veröffentlichten Prüfkriterien durchzuführen, wird die erforderliche **Transparenz des Zulassungsverfahrens** für die Hersteller sichergestellt.[8] 9

3. Rahmenbedingungen und Vergabeverfahren

Absatz 1b Satz 1 bestimmt, dass die Gesellschaft für Telematik bzw. die von ihr beauftragten Organisationen den operativen Betrieb von Komponenten, Diensten und Schnittstellen der Telematikinfrastruktur nicht selbst durchführen dürfen.[9] Diese Leistungen sind vielmehr gemäß **Satz 2** von Anbietern nach Auftragsvergabe zu erbringen. Die Gesellschaft für Telematik übernimmt lediglich die **Betriebsverantwortung**, indem sie die Rahmenbedingungen beschließt, deren Einhaltung überwacht und in diesem Zusammenhang Sicherstellungsaufgaben für den Betrieb, wie z.B. das Monitoring der Netze, übernimmt. Da die operativen Betriebsleistungen in einem transparenten und diskriminierungsfreien Verfahren zu vergeben sind, finden nach den **Sätzen 3 und 4** die **Vorschriften über die öffentliche Vergabe** nach dort aufgeführten Bestimmungen Anwendung. Nach **Satz 5** sind spätestens ab dem 01.01.2009 Anbieter zur Erbringung operativer Betriebsleistungen zuzulassen, wenn sie die genannten Kriterien erfüllen. Dabei kann nahtlos an Konzessionsverfahren für Betreiber der Telematikinfrastruktur während der Testphase gemäß § 9 Satz 3 der „Verordnung über Testmaßnahmen für die Einführung der elektronischen Gesundheitskarte“[10] angeknüpft werden.[11] Das Zulassungsverfahren ist gegenüber dem Vergabeverfahren noch marktoffener und hat deshalb grundsätzlich Vorrang vor dem Vergabeverfahren. Da die Interoperabilität der Telematikinfrastruktur nur schrittweise entwickelt und hergestellt werden kann, ist zunächst auch unter Berücksichtigung der Überwachungs- und Sicherstellungsfunktion der Gesellschaft für Telematik eine Begrenzung des Systems insbesondere im Hinblick auf die Anzahl der Betreiber und der durch sie eingesetzten Komponenten, Dienste und Schnittstellen erforderlich. In dieser Phase stehen der Systemaufbau und der dabei erreichte Erkenntnisgewinn im Vordergrund.[12] Die Begrenzung wird durch das Vergabeverfahren, das bereits eine Beteiligung von Anbietern ermöglicht, erreicht. Sobald das System ausgereift ist, können weitere Marktteilnehmer im Rahmen eines Zulassungsverfahrens integriert werden. **Satz 6** ermöglicht im Hinblick auf den Sicherstellungsauftrag der Gesellschaft für Telematik und die damit verbundenen Überwachungspflichten die Beschränkung der Anzahl der zuzulassenden Betreiber. Führt das Zulassungsverfahren nicht zu einer ausreichenden Anzahl von Betreibern, sind in Anwendung der Sätze 2 bis 4 operative Betriebsleistungen als Aufträge zu vergeben. **Satz 7** verpflichtet die Gesellschaft für Telematik bzw. die von ihr beauftragten Organisationen zur Veröffentlichung der fachlichen und sachlichen Voraussetzungen nach Satz 5 Nr. 2 und einer Liste der zugelassenen Anbieter. Absatz 1c gibt der Gesellschaft für Telematik die Möglichkeit, entsprechend ihrem Aufwand Entgelte für die Durchführung des Zulassungsverfahrens zu verlangen. 10

4. Organisatorische Gestaltung

In Absatz 2 sind die **organisatorischen Grundsätze der Gesellschaft für Telematik** vorgegeben. Gesellschafter sind nach Absatz 2 Nr. 1 die in § 291a Abs. 7 Satz 1 SGB V genannten Spitzenorganisationen. Die Anteile sind paritätisch zwischen Kostenträgern und Leistungserbringern verteilt. Weitere Spitzenorganisationen der Leistungserbringer auf Bundesebene und der Verband der Privaten Krankenversicherung können der Gesellschaft beitreten, die Geschäftsanteile sind dann entsprechend anzu- 11

[8] BT-Drs. 16/3100, S. 174.

[9] BT-Drs. 16/3100, S. 174.

[10] Verordnung über Testmaßnahmen für die Einführung der elektronischen Gesundheitskarte in der Neufassung vom 05.10.2006, BGBl I 2006, 2199.

[11] BT-Drs. 16/4247, S. 56.

[12] BT-Drs. 16/3100, S. 174.

passen. Die Gesellschafter entscheiden gemäß Absatz 2 Nr. 2 mit einer qualifizierten Mehrheit von 67%, soweit nicht im Gesellschaftsvertrag eine geringere Mehrheit vorgesehen ist. Ansonsten gelten die Vorschriften des GmbH-Gesetzes.[13] Das Teilnahmerecht an der Versammlung der Gesellschafter nach Absatz 2 Nr. 3 sichert eine ausreichende Information des Bundesministeriums für Gesundheit. Absatz 2 Nr. 4 regelt **Funktion und Zusammensetzung des Beirates**. Der Beirat ist ein fachliches Beratungsgremium, dem ein Initiativrecht und ein Anhörungsrecht in Angelegenheiten von grundsätzlicher Bedeutung gegenüber der Gesellschafterversammlung zustehen. Er setzt sich aus den in Absatz 2 Nr. 4 aufgezählten Gruppen zusammen. Absatz 3 sieht eine **Ersatzvornahmeregelung** des Bundesministeriums für Gesundheit für den Fall vor, dass die Gesellschaft nicht rechtzeitig gegründet oder nach der Gründung wieder aufgelöst wird.

5. Beanstandungs- und Ersatzvornahmeregelungen

12 Absatz 4 normiert **Beanstandungs- und Ersatzvornahmeregelungen** hinsichtlich der Beschlüsse der Gesellschaft für Telematik. Auf Grund der Ermächtigung in Satz 4 hat das Bundesministerium für Gesundheit die „Verordnung über Testmaßnahmen für die Einführung der elektronischen Gesundheitskarte"[14] erlassen. Absatz 5 enthält eine **Erstattungsregelung** für die dem Bundesministerium für Gesundheit entstandenen Kosten bei einer Ersatzvornahme durch Rechtsverordnung. Absatz 6 regelt die Erstattung der Kosten, die dem Bundesministerium für Gesundheit in der Zeit vom 01.11.2004 bis 27.06.2005 für Vorbereitungsarbeiten zur Telematikinfrastruktur entstanden sind.

C. Reformbestrebungen

13 Das GKV-Wettbewerbsstärkungsgesetz[15] sieht vor, dass **mit Wirkung ab 01.07.2008**[16] in **Absatz 2 Nr. 1** die Wörter „die Spitzenverbände der Krankenkassen" durch die Wörter „den Spitzenverband Bund der Krankenkassen" ersetzt werden. Hierbei handelt es sich um eine redaktionelle Folgeänderung zu der durch das GKV-Wettbewerbsstärkungsgesetz beschlossenen neuen Organisationsstruktur der Verbände der Krankenkassen.[17] Nach den §§ 217a ff. SGB V bilden die Krankenkassen den „Spitzenverband Bund der Krankenkassen". Dieser übernimmt gemäß § 217f Abs. 1 SGB V ab 01.07.2008 die bisher den Spitzenverbänden der Krankenkassen zugewiesenen Aufgaben. Damit wird der Spitzenverband Bund der Krankenkassen ab 01.07.2008 Gesellschafter der Gesellschaft für Telematik.

14 Weiterhin wird **ab 01.07.2008 Absatz 3 Satz 2** wie folgt neu gefasst: „Für die Finanzierung der Gesellschaft für Telematik nach Satz 1 gilt § 291a Abs. 7 Satz 5 bis 7 entsprechend". Es handelt sich um eine Folgeänderung zur Ergänzung von § 291a Abs. 7 SGB V, dessen Sätze 5 bis 7 ebenfalls am 01.07.2008 in Kraft treten.

---

[13] Gesetz betreffend die Gesellschaften mit beschränkter Haftung (GmbHG), zuletzt geändert durch Gesetz vom 22.03.2005, BGBl I 2005, 837.

[14] Verordnung über Testmaßnahmen für die Einführung der elektronischen Gesundheitskarte in der Neufassung vom 05.10.2006, BGBl I 2006, 2199.

[15] Gesetz zur Stärkung des Wettbewerbs in der gesetzlichen Krankenversicherung (GKV-Wettbewerbsstärkungsgesetz – GKV-WSG) vom 26.03.2007, BGBl I 2007, 378.

[16] Art. 46 Abs. 9 Gesetz zur Stärkung des Wettbewerbs in der gesetzlichen Krankenversicherung (GKV-Wettbewerbsstärkungsgesetz – GKV-WSG) vom 26.03.2007, BGBl I 2007, 378.

[17] BT-Drs. 16/3100, S. 176.

§ 292 SGB V Angaben über Leistungsvoraussetzungen

(Fassung vom 22.12.1999, gültig ab 01.01.2000)

Die Krankenkasse hat Angaben über Leistungen, die zur Prüfung der Voraussetzungen späterer Leistungsgewährung erforderlich sind, aufzuzeichnen. Hierzu gehören insbesondere Angaben zur Feststellung der Voraussetzungen von Leistungsansprüchen bei Krankenhausbehandlung, medizinischen Leistungen zur Gesundheitsvorsorge und Rehabilitation sowie zur Feststellung der Voraussetzungen der Kostenerstattung und zur Leistung von Zuschüssen. Im Falle der Arbeitsunfähigkeit sind auch die Diagnosen aufzuzeichnen.

Gliederung

A. Basisinformationen

I. Textgeschichte/Gesetzgebungsmaterialien

1 § 292 SGB V ist durch das **Gesundheitsreformgesetz**[1] mit **Wirkung ab 01.01.1989**[2] eingeführt worden. Absatz 1 entsprach im Wesentlichen der heutigen Fassung des § 292 SGB V. Absatz 2 berechtigte die Krankenkassen, die für eine Beitragsrückerstattung nach § 65 SGB V[3] notwendigen Angaben aufzuzeichnen. Durch das **2. SGBÄndG**[4] wurden mit **Wirkung ab 01.07.1994** die Absätze 3 und 4 eingefügt, Absatz 2 um die Sätze 2 und 3 erweitert und Absatz 1 Satz 3 geändert. In Absatz 1 Satz 3 wurde geregelt, dass im Fall der Arbeitsunfähigkeit anstatt der Art der Erkrankung die Diagnose aufzuzeichnen ist. Die Erweiterung des Absatzes 2 betraf den Zeitpunkt, bis zu dem die Ermittlungen nach Absatz 2 Satz 1 für die Feststellung der Voraussetzungen für eine Beitragserstattung abzuschließen waren. Absatz 2 Satz 3 regelte den Sozialdatenschutz der dabei verarbeiteten und verwendeten Daten. Absatz 3 bestimmte für Krankenkassen, die nicht an der Erprobung der Beitragsrückzahlung teilnahmen, die jedoch nach § 68 Satz 2 SGB V[5] zu Vergleichszwecken im Rahmen der wissenschaftlichen Begleitung der Modellkasse beobachtet wurden, die erforderlichen Sozialdaten aufzuzeichnen und in anonymisierter Form zu Zwecken der wissenschaftlichen Begleitung zu übermitteln. Absatz 4 erweiterte den Zeitraum, für den die Daten nach den Absätzen 2 und 3 aufgezeichnet werden durften. Mit **Wirkung ab 01.01.2000** wurden die Absätze 2 bis 4 durch das **GKV-Gesundheitsreformgesetz 2000**[6] aufgehoben.

II. Vorgängervorschriften

2 Die Vorschrift hat keine Vorgängervorschriften.

III. Parallelvorschriften

3 Für den Bereich der sozialen Pflegeversicherung enthält **§ 102 SGB XI** eine entsprechende Vorschrift. Hiernach hat die Pflegekasse Angaben über Leistungen, die zur Prüfung der Voraussetzungen späterer

[1] Gesetz zur Strukturreform im Gesundheitswesen (Gesundheitsreformgesetz – GRG) vom 20.12.1989, BGBl I 1989, 2477.
[2] Art. 79 Abs. 2 GRG.
[3] In der vom 01.01.1989 bis 30.06.1997 geltenden Fassung.
[4] Zweites Gesetz zur Änderung des Sozialgesetzbuchs (2. SGBÄndG) vom 13.06.1994; BGBl I 1994, 1229.
[5] In der vom 01.01.1989 bis 30.06.1997 geltenden Fassung.
[6] Gesetz zur Reform der gesetzlichen Krankenversicherung ab dem Jahr 2000 (GKV-Gesundheitsreformgesetz 2000) vom 22.12.1999, BGBl I 1999, 2626.

Leistungsgewährung erforderlich sind, aufzuzeichnen. Hierzu gehören insbesondere Angaben zur Feststellung der Voraussetzungen von Leistungsansprüchen und zur Leistung von Zuschüssen.

IV. Systematische Zusammenhänge

4 § 292 SGB V ist **die siebte Vorschrift des Zweiten Titels** (Informationsgrundlagen der Krankenkassen) **des Ersten Abschnitts** (Informationsgrundlagen) **des Zehnten Kapitels** (Versicherungs- und Leistungsdaten, Datenschutz, Datentransparenz) **des SGB V.** Das Zehnte Kapitel zielt darauf ab, die Transparenz des Leistungsgeschehens zu verbessern und die Unterrichtung der Versicherten über die Leistungen zu ermöglichen, die Voraussetzungen für eine qualifizierte Prüfung von Wirtschaftlichkeit, Zweckmäßigkeit und Notwendigkeit der abgerechneten Leistungen sowie zur Bekämpfung von Missbrauch und Abrechnungsmanipulationen zu schaffen und es damit den Krankenkassen zu ermöglichen, ihre Aufgaben wirksamer und besser als bisher zu erfüllen.[7] Der Zweite Titel enthält neben § 292 SGB V Bestimmungen über das Führen des Versichertenverzeichnisses (§ 288 SGB V), die Nachweispflicht bei Familienversicherung (§ 289 SGB V), die Krankenversichertennummer (§ 290 SGB V), die Krankenversichertenkarte (§291 SGB V), die elektronische Gesundheitskarte (§ 291a SGB V), die Gesellschaft für Telematik (§ 291b SGB V) und die Kennzeichen für Leistungsträger und Leistungserbringer (§ 293 SGB V). Der Erste Titel des Ersten Abschnitts des Zehnten Kapitels enthält die Vorschriften über die Grundsätze der Datenverwendung. Der Zweite Abschnitt des Zehnten Kapitels regelt die Übermittlung und Aufbereitung von Leistungsdaten und enthält Vorschriften über die Datentransparenz.

B. Auslegung der Norm

I. Regelungsgehalt und Bedeutung der Norm

5 § 292 SGB V stellt eine **Ergänzung zu § 284 SGB V und § 288 SGB V** dar. Die Vorschrift verpflichtet die Krankenkassen, abgerechnete Leistungen, von denen der Anspruch auf spätere Leistungen abhängt, versichertenbezogen aufzuzeichnen.[8] Beispielhaft werden die in Satz 2 aufgeführten Leistungen genannt. Im Fall der Arbeitsunfähigkeit sind nach Satz 3 auch die Diagnosen aufzuzeichnen.

II. Normzweck

6 Die Vorschrift dient der **Verwaltungsvereinfachung und der Missbrauchsabwehr**.[9] Bei Leistungen, deren Erbringung von früheren Leistungsgewährungen abhängen kann, muss die Krankenkasse versichertenbezogen frühere Leistungsgewährungen überprüfen können, um damit die Gewährung nicht zustehender Leistungen zu vermeiden. Hierfür ist es erforderlich, dass die Daten über frühere Leistungsgewährungen aufgezeichnet werden, weil anderenfalls frühere Leistungsgewährungen nicht oder nur schwer festzustellen sind.

III. Tatbestandsmerkmale

1. Aufzeichnung von Angaben über Leistungen

7 § 292 Satz 1 SGB V schreibt den Krankenkassen die Aufzeichnung der Angaben über Leistungen vor, wenn diese Angaben zur Prüfung der Voraussetzungen späterer Leistungsgewährung erforderlich sind. **Aufzeichnen ist das Speichern der Sozialdaten** i.S.v. § 67 Abs. 6 Satz 2 Nr. 1 SGB X. Die Angaben über Leistungen werden entweder von der Krankenkasse erhoben oder von den Leistungserbringern **nach § 295 Abs. 2a SGB V** aufgezeichnet und der Krankenkasse übermittelt. Die Speicherung hat unabhängig von der Frage zu erfolgen, ob eine spätere Leistungsgewährung wahrscheinlich ist, denn eine solche Prognoseentscheidung der Krankenkasse ist im Gesetz nicht vorgesehen. Gemäß **§ 304 Abs. 1 Satz 1 Nr. 1 SGB V** sind die Daten spätestens nach zehn Jahren zu löschen.

---

7 BT-Drs. 11/2237, S. 235.

8 BT-Drs. 11/2237, S. 235.

9 *Waschull* in: Krauskopf, SGB V, § 292 Rn. 2.

2. Leistungen nach § 292 SGB V

Satz 2 zählt **beispielhaft Leistungen** auf, deren Voraussetzungen von früheren Leistungen abhängen können. Die Angaben zur Feststellung der Voraussetzungen von Leistungsansprüchen bei Krankenhausbehandlung sind erforderlich zur Überprüfung der Zuzahlungspflicht nach § 39 Abs. 4 SGB V. Die Angaben zu medizinischen Leistungen der Gesundheitsvorsorge und Rehabilitation werden benötigt, um die Einhaltung der sich aus den §§ 23 Abs. 5 Satz 4, 40 Abs. 3 Satz 4 SGB V ergebenden Fristen feststellen zu können. Kostenerstattungs- und Zuschussregelungen können ebenfalls die Notwendigkeit von Aufzeichnungen nach § 292 SGB V begründen. Die Aufzeichnung der Diagnosen bei Arbeitsunfähigkeit ist zur Überprüfung der Dauer des Krankengeldanspruches nach den §§ 45 Abs. 2, 48 Abs. 1 SGB V erforderlich. 8

§ 293 SGB V Kennzeichen für Leistungsträger und Leistungserbringer

(Fassung vom 26.03.2007, gültig ab 01.04.2007, gültig bis 30.06.2008)

(1) Die Krankenkassen verwenden im Schriftverkehr, einschließlich des Einsatzes elektronischer Datenübertragung oder maschinell verwertbarer Datenträger beim Datenaustausch, für Maßnahmen zur Qualitätssicherung und für Abrechnungszwecke mit den anderen Trägern der Sozialversicherung, der Bundesagentur für Arbeit und den Versorgungsverwaltungen der Länder sowie mit ihren Vertragspartnern einschließlich deren Mitgliedern bundeseinheitliche Kennzeichen.

(2) Die Spitzenverbände der Krankenkassen und der anderen Träger der Sozialversicherung sowie die Bundesagentur für Arbeit gemeinsam vereinbaren mit den Spitzenorganisationen der Leistungserbringer einheitlich Art und Aufbau der Kennzeichen und das Verfahren der Vergabe und ihre Verwendung.

(3) Kommt eine Vereinbarung nach Absatz 2 nicht oder nicht innerhalb einer vom Bundesministerium für Gesundheit gesetzten Frist zustande, kann dieses im Einvernehmen mit dem Bundesministerium für Arbeit und Soziales nach Anhörung der Beteiligten das Nähere der Regelungen über Art und Aufbau der Kennzeichen und das Verfahren der Vergabe und ihre Verwendung durch Rechtsverordnung mit Zustimmung des Bundesrates bestimmen.

(4) Die Kassenärztliche und die Kassenzahnärztliche Bundesvereinigung führen jeweils ein bundesweites Verzeichnis der an der vertragsärztlichen Versorgung teilnehmenden Ärzte und Zahnärzte sowie ärztlich und zahnärztlich geleiteter Einrichtungen. Das Verzeichnis enthält folgende Angaben:

1. **Arzt- oder Zahnarztnummer (unverschlüsselt),**
2. **Hausarzt- oder Facharztkennung,**
3. **Teilnahmestatus,**
4. **Geschlecht des Arztes oder Zahnarztes,**
5. **Titel des Arztes oder Zahnarztes,**
6. **Name des Arztes oder Zahnarztes,**
7. **Vorname des Arztes oder Zahnarztes,**
8. **Geburtsdatum des Arztes oder Zahnarztes,**
9. **Straße der Arzt- oder Zahnarztpraxis oder der Einrichtung,**
10. **Hausnummer der Arzt- oder Zahnarztpraxis oder der Einrichtung,**
11. **Postleitzahl der Arzt- oder Zahnarztpraxis oder der Einrichtung,**
12. **Ort der Arzt- oder Zahnarztpraxis oder der Einrichtung,**
13. **Beginn der Gültigkeit der Arzt- oder Zahnarztnummer und**
14. **Ende der Gültigkeit der Arzt- oder Zahnarztnummer.**

Das Verzeichnis ist in monatlichen oder kürzeren Abständen zu aktualisieren. Die Arzt- und Zahnarztnummer ist so zu gestalten, dass sie ohne zusätzliche Daten über den Arzt oder Zahnarzt nicht einem bestimmten Arzt oder Zahnarzt zugeordnet werden kann; dabei ist zu gewährleisten, dass die Arzt- und Zahnarztnummer eine Identifikation des Arztes oder Zahnarztes auch für die Krankenkassen und ihre Verbände für die gesamte Dauer der vertragsärztlichen oder vertragszahnärztlichen Tätigkeit

ermöglicht. Die Kassenärztliche Bundesvereinigung und die Kassenzahnärztliche Bundesvereinigung stellen sicher, dass das Verzeichnis die Arzt- und Zahnarztnummern enthält, welche Vertragsärzte und -zahnärzte im Rahmen der Abrechnung ihrer erbrachten und verordneten Leistungen mit den Krankenkassen nach den Vorschriften des Zweiten Abschnitts verwenden. Die Kassenärztliche Bundesvereinigung und die Kassenzahnärztliche Bundesvereinigung stellen den Spitzenverbänden der Krankenkassen das Verzeichnis bis zum 31. März 2004 im Wege elektronischer Datenübertragung oder maschinell verwertbar auf Datenträgern zur Verfügung; Änderungen des Verzeichnisses sind den Spitzenverbänden in monatlichen oder kürzeren Abständen unentgeltlich zu übermitteln. Die Spitzenverbände stellen ihren Mitgliedsverbänden und den Krankenkassen das Verzeichnis zur Erfüllung ihrer Aufgaben, insbesondere im Bereich der Gewährleistung der Qualität und der Wirtschaftlichkeit der Versorgung sowie der Aufbereitung der dafür erforderlichen Datengrundlagen, zur Verfügung; für andere Zwecke dürfen die Spitzenverbände das Verzeichnis nicht verwenden.

(5) Die für die Wahrnehmung der wirtschaftlichen Interessen gebildete maßgebliche Spitzenorganisation der Apotheker führt ein bundeseinheitliches Verzeichnis über die Apotheken und stellt dieses den Spitzenverbänden der Krankenkassen bis zum 31. März 2000 im Wege elektronischer Datenübertragung oder maschinell verwertbar auf Datenträgern unentgeltlich zur Verfügung. Änderung des Verzeichnisses sind den Spitzenverbänden der Krankenkassen in monatlichen oder kürzeren Abständen unentgeltlich zu übermitteln. Das Verzeichnis enthält den Namen des Apothekers, die Anschrift und das Kennzeichen der Apotheke; es ist in monatlichen oder kürzeren Abständen zu aktualisieren. Die Spitzenverbände stellen ihren Mitgliedsverbänden und den Krankenkassen das Verzeichnis zur Erfüllung ihrer Aufgaben im Zusammenhang mit der Abrechnung der Apotheken, der in den §§ 129 und 300 getroffenen Regelungen sowie der damit verbundenen Datenaufbereitungen zur Verfügung; für andere Zwecke dürfen die Spitzenverbände das Verzeichnis nicht verwenden. Apotheken nach Satz 1 sind verpflichtet, die für das Verzeichnis erforderlichen Auskünfte zu erteilen. Weitere Anbieter von Arzneimitteln sind gegenüber den Spitzenverbänden der Krankenkassen entsprechend auskunftspflichtig.

Gliederung

A. Basisinformationen

I. Textgeschichte/Gesetzgebungsmaterialien

§ 293 SGB V ist durch das **Gesundheitsreformgesetz**[1] mit **Wirkung ab 01.01.1989**[2] eingeführt worden und regelt in Absatz 1 die Verwendung von bundeseinheitlichen Kennzeichen für den Verkehr der Krankenkassen mit den anderen Trägern der Sozialversicherung und der Bundesagentur für Arbeit so- 1

[1] Gesetz zur Strukturreform im Gesundheitswesen (Gesundheitsreformgesetz – GRG) vom 20.12.1989, BGBl I 1989, 2477.

[2] Art. 79 Abs. 2 GRG.

wie mit ihren Vertragspartnern einschließlich deren Mitgliedern. Absatz 2 sieht eine Vereinbarung über Art und Aufbau der Kennzeichen vor und regelt das Verfahren der Vergabe der Kennzeichen und ihre Verwendung. Absatz 3 räumt dem zuständigen Bundesministerium ein Recht zur Ersatzvornahme ein, falls eine Vereinbarung nach Absatz 2 nicht zustande kommt. Durch die Verordnung vom 26.02.1993[3] wurde mit Wirkung ab 13.03.1993 in Absatz 3 der Bundesminister für Gesundheit an Stelle des Bundesministers für Arbeit und Sozialordnung zur Ersatzvornahme berechtigt, wobei ein Einvernehmen mit dem Bundesminister für Arbeit und Sozialordnung herzustellen war. Absatz 1 wurde mit **Wirkung ab 01.07.1994** durch das **2. SGBÄndG**[4] neu gefasst, in dem die Verwendung der Kennzeichen auch beim Einsatz von maschinell lesbaren Datenträgern, beim Datenaustausch und für Maßnahmen der Qualitätssicherung zugelassen wurde. Die Absätze 4 und 5 über die Verzeichnisse der Ärzte und Zahnärzte sowie der Apotheker wurden durch das **GKV-Gesundheitsreformgesetz 2000**[5] mit **Wirkung ab 01.01.2000 eingefügt**. Mit Wirkung ab 07.11.2001 wurde in Absatz 3 der Begriff „Bundesminister" durch „Bundesministerium" ersetzt.[6] In Absatz 3 wurde mit Wirkung ab 25.11.2003 die Zuständigkeit des Bundesministeriums für Gesundheit und Soziale Sicherung im Einvernehmen mit dem Bundesministerium für Wirtschaft und Arbeit vorgesehen. In wesentlichen Teilen geändert wurden die Absätze 4 und 5 durch **das GKV-Modernisierungsgesetz**[7], diese **Neuregelung ist am 01.01.2004** in Kraft getreten. Durch Art 256 Nr. 7 der Neunten Zuständigkeitsanpassungsverordnung[8] wurden in Absatz 3 die Bezeichnungen der zuständigen Ministerien der Umorganisation der Bundesregierung in der 16. Legislaturperiode angepasst. **Mit Wirkung ab 01.04.2007** wurden durch das **GKV-Wettbewerbsstärkungsgesetz**[9] in Absatz 1 die Wörter „und den Versorgungsverwaltungen der Länder" eingefügt.

II. Vorgängervorschriften

2 **§ 319 Abs. 3 RVO** ermächtigte bis zum 31.12.1988 den Bundesminister für Arbeit und Sozialordnung, durch Rechtsverordnung mit Zustimmung des Bundesrates eine Kennzeichnung der Arbeitgeber sowie der Träger der Sozialversicherung und der Bundesanstalt für Arbeit mit ihren Vertragspartnern einschließlich deren Mitgliedern einzuführen, den Anwendungsbereich der Kennzeichnung vorzuschreiben sowie Art und Aufbau der Kennzeichnung und das Verfahren der Vergabe zu bestimmen. Die auf einer freiwilligen Vereinbarung der Spitzenverbände beruhende Verwaltungspraxis[10] hatte bereits seit 1979 die Einführung und Verwendung von Institutionskennzeichen vorgesehen. **Art. 76 GRG** erlaubte nach Einführung des SGB V anstelle des Abschlusses einer neuen Vereinbarung gemäß Absatz 2 die Weiterverwendung der bisherigen Institutionskennzeichen.

III. Parallelvorschriften

3 **§ 103 SGB XI** sieht für die soziale Pflegeversicherung die Verwendung von bundeseinheitlichen Kennzeichen im Schriftverkehr und für Abrechnungszwecke für die Pflegekassen, die anderen Träger der Sozialversicherung und die Vertragspartner der Pflegekassen einschließlich deren Mitglieder vor, wobei § 293 Abs. 2 und 3 SGB V entsprechend gelten.

IV. Systematische Zusammenhänge

4 § 293 SGB V ist **die achte Vorschrift des Zweiten Titels** (Informationsgrundlagen der Krankenkassen) **des Ersten Abschnitts** (Informationsgrundlagen) **des Zehnten Kapitels** (Versicherungs- und Leistungsdaten, Datenschutz, Datentransparenz) **des SGB V.** Das Zehnte Kapitel zielt darauf ab, die Transparenz des Leistungsgeschehens zu verbessern und die Unterrichtung der Versicherten über die Leistungen zu ermöglichen, die Voraussetzungen für eine qualifizierte Prüfung von Wirtschaftlichkeit,

---

3 Fünfte Zuständigkeitsanpassungs-Verordnung vom 26.02.1993, BGBl I 1993, 278.

4 Zweites Gesetz zur Änderung des Sozialgesetzbuchs (2. SGBÄndG) vom 13.06.1994; BGBl I 1994, 1229.

5 Gesetz zur Reform der gesetzlichen Krankenversicherung ab dem Jahr 2000 (GKV-Gesundheitsreformgesetz 2000) vom 22.12.1999, BGBl I 1999, 2626.

6 Siebte Zuständigkeitsanpassungs-Verordnung vom 29.10.2001, BGBl I 2001, 2785.

7 Gesetz zur Modernisierung der gesetzlichen Krankenversicherung (GKV-Modernisierungsgesetz – GMG) vom 14.11.2003, BGBl I 2003, 2190.

8 Neunte Zuständigkeitsanpassungsverordnung vom 31.10.2006, BGBl I 2006, 2407.

9 Gesetz zur Stärkung des Wettbewerbs in der gesetzlichen Krankenversicherung (GKV-Wettbewerbsstärkungsgesetz – GKV-WSG) vom 26.03.2007, BGBl I 2007, 378

10 Gemeinsames Rundschreiben der Spitzenverbände vom 10.08.1979, DOK 79, 304, 956, 957.

Zweckmäßigkeit und Notwendigkeit der abgerechneten Leistungen sowie zur Bekämpfung von Missbrauch und Abrechnungsmanipulationen zu schaffen und es damit den Krankenkassen zu ermöglichen, ihre Aufgaben wirksamer und besser als bisher zu erfüllen.[11] Der Zweite Titel enthält neben § 293 SGB V Bestimmungen über das Führen des Versichertenverzeichnisses (§ 288 SGB V), die Nachweispflicht bei Familienversicherung (§ 289 SGB V), die Krankenversichertennummer (§ 290 SGB V), die Krankenversichertenkarte (§ 291 SGB V), die elektronische Gesundheitskarte (§ 291a SGB V), die Gesellschaft für Telematik (§ 291b SGB V) und die Aufzeichnung von Angaben über Leistungsvoraussetzungen (§ 292 SGB V). Der Erste Titel des Ersten Abschnitts des Zehnten Kapitels enthält die Vorschriften über die Grundsätze der Datenverwendung. Der Zweite Abschnitt des Zehnten Kapitels regelt die Übermittlung und Aufbereitung von Leistungsdaten und enthält Vorschriften über die Datentransparenz.

V. Literaturhinweise

Zuck, Die Apotheke in der GKV-Gesundheitsreform 2000, Monographie. 5

B. Auslegung der Norm

I. Regelungsgehalt und Bedeutung der Norm

Die Vorschrift regelt in den Absätzen 1 bis 3 die **Einführung und Verwendung von Institutionskennzeichen** für die Krankenkassen, andere Sozialversicherungsträger, die Bundesagentur für Arbeit, die Versorgungsverwaltungen der Länder, die Vertragspartner der Krankenkassen und deren Mitglieder. Die Kennzeichen finden im Bereich des Schriftverkehrs und des Datenaustauschs sowie für Maßnahmen der Qualitätssicherung und für Abrechnungszwecke Anwendung. Absatz 4 schreibt die **Einführung und Verwendung von Arzt- und Zahnarztnummern** und die **Erstellung und ständige Aktualisierung eines bundesweiten Verzeichnisses** vor. Absatz 5 enthält eine Absatz 4 entsprechende **Regelung für Apotheker**. Die Vorschrift hat damit insbesondere Bedeutung für die praktische Arbeit der Krankenkassen. 6

II. Normzweck

Die Einführung und Verwendung von Institutionskennzeichen erleichtert die zahlreichen Verwaltungsvorgänge, die ständig zwischen den in Absatz 1 genannten Stellen und den Leistungserbringern stattfinden. Die Vorschrift dient damit der **Verwaltungsvereinfachung und -beschleunigung**.[12] Die Vergabe von Arzt- und Zahnarztnummern und die Führung eines ständig aktuellen Verzeichnisses bezweckt eine **Verbesserung der Steuerungsaufgaben** im System der gesetzlichen Krankenversicherung und die **Vermeidung von Transparenzdefiziten** bei der ärztlichen/zahnärztlichen Leistungsabrechnung.[13] Das Apothekerverzeichnis dient den Krankenkassen zur **Kontrolle der Arzneimittelabrechnungen**. 7

III. Tatbestandsmerkmale

1. Vergabe und Verwendung von Institutionskennzeichen

Das Institutionskennzeichen ist ein eindeutiges Merkmal für die Abrechnung mit den Trägern der Sozialversicherung, Es besteht aus einer **neunstelligen Ziffernfolge**, wobei es in vier Ziffernbereiche eingeteilt ist. Die ersten beiden Ziffern kennzeichnen die Art der Einrichtung, die dritte und vierte Ziffer das Bundesland der Einrichtung, die fünfte bis achte Ziffer werden fortlaufend vergeben und die neunte Ziffer dient als Prüfziffer. Die Spitzenverbände der am Institutionskennzeichenverfahren beteiligten Stellen haben die **Arbeitsgemeinschaft Institutionskennzeichen (SVI)**[14] gebildet, die die Daten des Kennzeichens speichert und den am Verfahren beteiligten Stellen für die maschinelle Erledigung des Abrechnungsverfahrens und Zahlungsverkehrs zur Verfügung stellt. Das Institutionskennzeichen wird auf Antrag durch die Arbeitsgemeinschaft vergeben. Unter dem Institutionskennzeichen werden der Name, die Anschrift, das Geldinstitut und die Konto-Nummer gespeichert. 8

---

[11] BT-Drs. 11/2237, S. 237.

[12] *Kranig* in: Hauck/Noftz, SGB V, § 293 Rn. 1.

[13] BT-Drs. 14/1245, S. 103.

[14] Arbeitsgemeinschaft Institutionskennzeichen (SVI) im Hause des Hauptverbandes der gewerblichen Berufsgenossenschaften, Alte Heerstr. 111, 53757 St. Augustin.

9 Absatz 1 schreibt die **Verwendung von bundeseinheitlichen Institutionskennzeichen nur für die Krankenkassen** vor. Die Träger der Rentenversicherung, der Unfallversicherung und die Bundesagentur für Arbeit sind der Vereinbarung beigetreten, so dass sich ihre Verpflichtung zur Verwendung von Institutionskennzeichen aus der Vereinbarung ergibt. Seit dem 01.04.2007 sind auf Wunsch der Bundesländer die Versorgungsverwaltungen in den Anwendungsbereich des § 293 SGB V einbezogen.[15] Die Leistungserbringer sind kraft gesetzlicher Vorschriften[16] oder auf Grund von Abrechnungsvereinbarungen[17] zur Verwendung der Institutionskennzeichen verpflichtet. Die Verwendung der Institutionskennzeichen ist nach Absatz 1 für den Schriftverkehr, einschließlich der Verwendung von maschinell lesbaren Datenträgern, beim Datenaustausch, für Maßnahmen der Qualitätssicherung und für Abrechnungszwecke zulässig, für andere Zwecke darf das Kennzeichen nicht verwendet werden.

2. Abschluss einer Vereinbarung und Ersatzvornahme

10 Die 1979 geschlossene „**Rahmenvereinbarung zur Einführung, Vergabe und Verwendung von Institutionskennzeichen (IK)**“[18] gilt weiter, zum Abschluss einer neuen Vereinbarung gemäß Absatz 2 ist es nach In-Kraft-Treten des § 293 SGB V nicht gekommen. Die in Absatz 3 enthaltene Befugnis zur Ersatzvornahme wird nur für Fall, dass die derzeitige Vereinbarung gekündigt wird und eine neue Vereinbarung nicht zustande kommt, Bedeutung erlangen.

3. Arzt- und Zahnarztverzeichnis

11 **Bis zum In-Kraft-Treten des Absatzes 4** durch das GKV-Gesundheitsreformgesetz 2000[19] am 01.01.2000 war die Verwendung von Kennzeichen für Ärzte und Zahnärzte im Abrechnungsverfahren nicht vorgesehen. Dies hatte gravierende negative Konsequenzen bei der Auswertung der Datenträger, auf denen diese Kennzeichen verwendet werden, und die damit verbundenen Steuerungsaufgaben im System der gesetzlichen Krankenversicherung. So wies die Erfassung der Arznei- und Heilmittelausgaben im Zusammenhang mit der Budgetregelung des § 84 SGB V und ihre Zuordnung auf die verschiedenen Budgetregionen erhebliche Defizite auf. Weiterhin lagen nach Auffassung des Gesetzgebers Transparenzdefizite bei der ärztlichen/zahnärztlichen Leistungsabrechnung vor.[20]

12 Die seit 01.01.2000 von der Kassenärztlichen bzw. Kassenzahnärztlichen Vereinigung vergebene **Arzt- bzw. Zahnarztnummer** ist sieben- bis neunstellig. Die ersten beiden Stellen bezeichnen die Kassenärztliche Vereinigung, in der der Arzt tätig ist, die dritte und vierte Stelle die Facharztgruppe, die fünfte und die folgenden Stellen sind die Nummer des Arztes. Bei der Arztnummer handelt es sich um ein Sozialdatum, welches gemäß Absatz 4 Satz 4 zu pseudonymisieren ist. Pseudonymisieren ist nach § 67 Abs. 8a SGB X das Ersetzen des Namens und anderer Identifikationsmerkmale durch ein Kennzeichen zu dem Zweck, die Bestimmung des Betroffenen auszuschließen oder wesentlich zu erschweren. Jedoch muss für die Krankenkassen und ihre Verbände eine Identifikation des Arztes bzw. Zahnarztes für die gesamte Dauer der Tätigkeit des Arztes möglich sein. Ärztlich oder zahnärztlich geleitete Einrichtungen gemäß § 95 Abs. 1 Satz 2 SGB V erhalten ebenfalls eine Nummer.

13 Die nach Absatz 4 Satz 1 von der Kassenärztlichen bzw. Kassenzahnärztlichen Bundesvereinigung jeweils zu führenden und gemäß Absatz 4 Satz 3 monatlich oder in kürzeren Abständen zu aktualisierenden **Verzeichnisse der Ärzte bzw. Zahnärzte** haben die in Absatz 4 Satz 2 Nr. 1 bis 14 genannten Angaben zu enthalten. Erstmals war das Verzeichnis nach Absatz 4 Satz 6 zum 31.03.2004 den Spitzenverbänden der Krankenkassen im Wege der in Absatz 4 Satz 6 genannten Verfahren zur Verfügung zu stellen. Absatz 4 Satz 7 stellt fest, für welche Zwecke das Verzeichnis den Mitgliedsverbänden und den Krankenkassen zur Verfügung gestellt werden darf, eine darüber hinausgehende Nutzung ist ausgeschlossen.

---

[15] BT-Drs. 16/3100, S. 174.

[16] § 301 Abs. 1 Satz 1 Nr. 2 SGB V.

[17] §§ 295 Abs. 3, 300 Abs. 3, 302 Abs. 2 SGB V.

[18] Gemeinsames Rundschreiben der Spitzenverbände vom 10.08.1979, DOK 79, 304, 956, 957.

[19] Gesetz zur Reform der gesetzlichen Krankenversicherung ab dem Jahr 2000 (GKV-Gesundheitsreformgesetz 2000) vom 22.12.1999, BGBl I 1999, 2626.

[20] BT-Drs. 14/1245, S. 103.

4. Apothekerverzeichnis

Absatz 5 sieht in ähnlicher Weise wie Absatz 4 die **Führung eines Verzeichnisses der Apotheken** vor, das von der zur Wahrnehmung der wirtschaftlichen Interessen gebildeten Spitzenorganisation der Apotheker zu erstellen, den Spitzenverbänden der Krankenkassen unentgeltlich auf den in Absatz 5 Satz 1 genannten Wegen zur Verfügung zu stellen und regelmäßig zu aktualisieren ist. Zuständig zur Führung des Verzeichnisses ist der Deutsche Apothekerverband. Der Apotheker erhält von der Arbeitsgemeinschaft Institutionskennzeichen (vgl. Rn. 8) eine Nummer, die im Abrechnungsverkehr gemäß den geschlossenen Vereinbarungen anzugeben ist. Absatz 5 Satz 5 verpflichtet die Apotheker, die erforderlichen Angaben zur Führung des Verzeichnisses zu erteilen. Dies gilt nach Absatz 5 Satz 6 auch für weitere Anbieter von Arzneimitteln. Die Verwendung des Verzeichnisses durch die Krankenkassen ist gemäß Absatz 5 Satz 4 auf die dort genannten Zwecke beschränkt. 14

C. Reformbestrebungen

Das GKV-Wettbewerbsstärkungsgesetz[21] sieht vor, dass durch Ergänzung von Absatz 1 um Satz 2 **mit Wirkung ab 01.07.2008**[22] eine Arbeitsgemeinschaft für die Vergabe der Kennzeichen gebildet wird, der der Spitzenverband Bund der Krankenkassen, die Bundesagentur für Arbeit und die Versorgungsverwaltungen der Länder angehören. Hierdurch soll eine Entlastung der Sammel- und Verteilungsstelle IK der Arbeitsgemeinschaft Institutionskennzeichen von der bisher zu zahlenden Umsatzsteuer erreicht werden.[23] Absatz 2 wird ebenfalls ab 01.07.2008 entsprechend geändert. 15

In den Absätzen 4 und 5 erfolgt **mit Wirkung ab 01.07.2008** eine Anpassung an die durch das GKV-Wettbewerbsstärkungsgesetz beschlossene neue Organisationsstruktur der Verbände der Krankenkassen.[24] Nach den §§ 217a ff. SGB V bilden die Krankenkassen den „Spitzenverband Bund der Krankenkassen". Dieser übernimmt gemäß § 217f Abs. 1 SGB V ab 01.07.2008 die bisher den Spitzenverbänden der Krankenkassen zugewiesenen Aufgaben. 16

---

[21] Gesetz zur Stärkung des Wettbewerbs in der gesetzlichen Krankenversicherung (GKV-Wettbewerbsstärkungsgesetz – GKV-WSG) vom 26.03.2007, BGBl I 2007, 378.

[22] Art. 46 Abs. 9 Gesetz zur Stärkung des Wettbewerbs in der gesetzlichen Krankenversicherung (GKV-Wettbewerbsstärkungsgesetz – GKV-WSG) vom 26.03.2007, BGBl I 2007, 378.

[23] BT-Drs. 16/3100, S. 174 f.

[24] BT-Drs. 16/3100, S. 176.

Zweiter Abschnitt: Übermittlung und Aufbereitung von Leistungsdaten, Datentransparenz
Erster Titel: Übermittlung von Leistungsdaten

§ 294 SGB V Pflichten der Leistungserbringer

(Fassung vom 13.06.1994, gültig ab 01.07.1994)

Die an der vertragsärztlichen Versorgung teilnehmenden Ärzte und die übrigen Leistungserbringer sind verpflichtet, die für die Erfüllung der Aufgaben der Krankenkassen sowie der Kassenärztlichen Vereinigungen notwendigen Angaben, die aus der Erbringung, der Verordnung sowie der Abgabe von Versicherungsleistungen entstehen, aufzuzeichnen und gemäß den nachstehenden Vorschriften den Krankenkassen, den Kassenärztlichen Vereinigungen oder den mit der Datenverarbeitung beauftragten Stellen mitzuteilen.

Gliederung

A. Basisinformationen

I. Textgeschichte/Gesetzgebungsmaterialien

1 § 294 SGB V ist durch das **Gesundheitsreformgesetz**[1] **mit Wirkung ab 01.01.1989**[2] eingeführt worden. Durch das **Gesundheitsstrukturgesetz**[3] wurde in der Vorschrift **mit Wirkung ab 01.01.1993** der Begriff der „kassenärztlichen" Versorgung als Folgeänderung zur Neufassung von § 72 SGB V gestrichen. Durch das **2. SGBÄndG**[4] entfiel mit **Wirkung ab 01.07.1994** die „Befugnis" der Leistungserbringer zur Aufzeichnung und Weiterleitung der notwendigen Angaben, da diese Befugnis in der Verpflichtung enthalten und eine zusätzliche Erwähnung im Gesetz daher überflüssig ist.[5]

II. Vorgängervorschriften

2 Die Vorschrift hat keine Vorgängerregelungen im früheren Recht.

III. Parallelvorschriften

3 Eine ähnliche Regelung für den Bereich der sozialen Pflegeversicherung enthält § 104 SGB XI.

IV. Systematische Zusammenhänge

4 § 294 SGB V ist **die einleitende Vorschrift** des **Ersten Titels** (Übermittlung von Leistungsdaten) des **Zweiten Abschnitts** (Übermittlung und Aufbereitung von Leistungsdaten, Datentransparenz) **des Zehnten Kapitels** (Versicherungs- und Leistungsdaten, Datenschutz, Datentransparenz) **des SGB V.**

---

1 Gesetz zur Strukturreform im Gesundheitswesen (Gesundheitsreformgesetz – GRG) vom 20.12.1989, BGBl I 1989, 2477.
2 Art. 79 Abs. 2 GRG.
3 Gesetz zur Sicherung und Strukturverbesserung der gesetzlichen Krankenversicherung (Gesundheitsstrukturgesetz – GSG) vom 21.12.1992, BGBl I 1992, 2266.
4 Zweites Gesetz zur Änderung des Sozialgesetzbuchs (2. SGBÄndG) vom 13.06.1994; BGBl I 1994, 1229.
5 BT-Drs. 12/5187, S. 33.

Das Zehnte Kapitel zielt darauf ab, die Transparenz des Leistungsgeschehens zu verbessern und die Unterrichtung der Versicherten über die Leistungen zu ermöglichen, die Voraussetzungen für eine qualifizierte Prüfung von Wirtschaftlichkeit, Zweckmäßigkeit und Notwendigkeit der abgerechneten Leistungen sowie zur Bekämpfung von Missbrauch und Abrechnungsmanipulationen zu schaffen und es damit den Krankenkassen zu ermöglichen, ihre Aufgaben wirksamer und besser als bisher zu erfüllen.[6] Der erste Titel enthält neben § 294 SGB V weitere Vorschriften über die von den Leistungserbringern nach dem SGB V an die Krankenkassen und die Kassenärztlichen Vereinigungen zu übermittelnden Daten.

V. Literaturhinweise

Adelt, Notwendiger Informationsfluss zwischen Krankenhaus und Krankenkasse, BKK 2001, 513-524; *Dietz*, Datenschutz und ärztliche Schweigepflicht bei der Übermittlung von Patientendaten, PKR 1998, 98-100; *Hohberg*, Datenaustausch mit Leistungserbringern, ErsK 1997, 201-204; *Kamps/ Kiesecker*, Auskunftspflicht des Arztes gegenüber Leistungserbringern des Sozialgesetzbuches, MedR 1997, 216-218; *Mrozynski*, Zum Schutz von Sozialdaten im Recht der Leistungserbringer, NZS 1996, 545-551; *Zöpfgen*, Elektronischer Datenaustausch mit Leistungserbringern, Kompass 1995, 626-632. 5

B. Auslegung der Norm

I. Regelungsgehalt und Bedeutung der Norm

§ 294 SGB V stellt die **Grundvorschrift** der Regelungen im Ersten Titel des Zweiten Abschnitts **über die Übermittlung von Leistungsdaten** dar. Die Vorschrift enthält keine eigenständigen konkreten Bestimmungen, sondern verweist auf die folgenden detaillierten Vorschriften. Sie regelt grundsätzlich die Offenbarungsbefugnis der Leistungserbringer und schafft die Voraussetzungen für bundeseinheitliche Verfahren zur Dokumentation über das Leistungsgeschehen und zur Weitergabe der Daten der Leistungsabrechnung.[7] 6

II. Normzweck

§ 294 SGB V schafft die Grundlage für die Aufzeichnung und Mitteilung der Sozialdaten durch die Leistungserbringer unabhängig von der Einwilligung des Versicherten. Eine spezielle rechtliche Regelung ist notwendig auf Grund des **Rechts des Versicherten auf „informationelle Selbstbestimmung"**, wonach grundsätzlich der Versicherte selbst über die Preisgabe und Verwendung seiner persönlichen Daten bestimmt und Einschränkungen dieses Rechts einer gesetzlichen Grundlage bedürfen.[8] Da die Leistungserbringer nicht zu den Leistungsträgern gemäß § 35 Abs. 1 Satz 1 SGB I oder sonstigen Stellen nach § 35 Abs. 1 Satz 4 SGB I gehören und ihnen auch keine Sozialdaten i.S.v. § 78 Abs. 1 Satz 1 SGB X übermittelt worden sind, ist eine eigenständige Regelung erforderlich.[9] Die **ärztliche Schweigepflicht** gegenüber dem Patienten wird durch die Verpflichtung zur Mitteilung für diesen Regelungsbereich aufgehoben.[10] 7

III. Tatbestandsmerkmale

1. Notwendige Angaben

Bei den in § 294 SGB V genannten „Angaben" handelt es sich um **Sozialdaten** i.S.v. § 67 Abs. 1 Satz 1 SGB X bzw. um **Betriebs- und Geschäftsgeheimnisse** i.S.v. § 67 Abs. 1 Satz 2 SGB X, die im Zusammenhang mit der Erbringung, der Verordnung oder der Abgabe von Versicherungsleistungen anfallen.[11] Nur die „notwendigen" Angaben dürfen aufgezeichnet und übermittelt werden. Hierbei handelt es sich um die Angaben, die von den Krankenkassen zur Erfüllung der in § 284 SGB V genannten 8

---

6 BT-Drs. 11/2237, S. 235.

7 BT-Drs. 11/2237, S. 237 zu § 302.

8 BVerfG v. 15.12.1983 - 1 BvR 209/83 u.a. - BVerfGE 65, 1.

9 *Waschull* in: Krauskopf, SozKV, § 294 SGB V Rn. 5.

10 *Kranig* in: Hauck/Noftz, SGB V, § 294 Rn. 7.

11 *Waschull* in: Krauskopf, SozKV, § 294 SGB V Rn. 8; *Kranig* in: Hauck/Noftz, SGB V, § 294 Rn. 5.

Aufgaben oder von den Kassenärztlichen Vereinigungen für die in § 285 SGB V genannten Aufgaben benötigt werden. Konkretisiert werden die notwendigen Angaben für die jeweiligen Leistungserbringer in den §§ 295 ff. SGB V.

2. Aufzeichnungspflicht

9 Der **Begriff des „Aufzeichnens"** umfasst die Datenerhebung gemäß § 67 Abs.5 SGB X und die Datenspeicherung nach § 67 Abs. 6 Nr. 1 SGB X. Aufgezeichnet werden dürfen von den Leistungserbringern nur die Angaben, die für die Erfüllung der Aufgaben der Krankenkassen und der Kassenärztlichen Vereinigungen erforderlich sind und daher mitgeteilt werden müssen. Die Aufzeichnung erfolgt im Rahmen der Aufgabenerfüllung der Krankenkassen und der Kassenärztlichen Vereinigungen nach Maßgabe der §§ 295 ff. SGB V. **Leistungserbringer** sind die Vertragsärzte und -zahnärzte, ärztlich geleitete Einrichtungen, Krankenhäuser, Apotheker, Hebammen und Entbindungspfleger sowie sonstige Leistungserbringer.

10 Die Aufzeichnungspflicht nach § 294 SGB V ist abzugrenzen von **berufsrechtlichen Dokumentationspflichten,** die dem Leistungserbringer obliegen. Nach § 10 Abs. 1 Satz 1 BOÄ hat der Arzt über die in Ausübung seines Berufes gemachten Feststellungen und getroffenen Maßnahmen die erforderlichen Aufzeichnungen zu machen. Diese Aufzeichnungen sind nicht nur Gedächtnisstütze für den Arzt, sie dienen therapeutischen Belangen und auch dem Interesse des Patienten an einer ordnungsgemäßen Dokumentation der Behandlung. Im Rechtsstreit über das Vorliegen eines Behandlungsfehlers kommt der Dokumentationspflicht des Arztes für den Nachweis des Ursachenzusammenhanges Bedeutung zu.[12] Die Verpflichtung zur Dokumentation der Behandlung ergibt sich für den Vertragsarzt auch aus § 57 BMV-Ä und für den Vertragszahnarzt aus § 5 BMV-Z.

3. Mitteilungspflicht

11 Der **Begriff der „Mitteilung"** stimmt mit dem Übermitteln von Sozialdaten gemäß § 67 Abs. 6 Satz 2 Nr. 3 SGB X überein. Übermitteln ist das Bekanntgeben gespeicherter oder durch Datenverarbeitung gewonnener Sozialdaten an einen Dritten in der Weise, dass die Daten an den Dritten weitergegeben werden oder der Dritte zur Einsicht oder zum Anruf bereitgehaltene Daten einsieht oder abruft. Die Mitteilungspflicht wird „durch die nachfolgenden Vorschriften" konkretisiert und eingeschränkt. Enthalten die §§ 295 ff. SGB V keine Regelungen hinsichtlich bestimmter Datenübermittlungstatbestände in den §§ 284, 285 SGB V und besteht damit eine Regelungslücke, ist diese durch analoge Anwendung der aus den §§ 295 ff. SGB V folgenden Grundsätze zu schließen.[13] Die Mitteilung erfolgt gegenüber den Krankenkassen, den Kassenärztlichen Vereinigungen und den gemäß § 80 SGB X mit der Datenverarbeitung beauftragten Stellen.

---

[12] BGH v. 24.01.1989 - VI ZR 170/88 - NJW 1989, 2330.

[13] *Hess* in: KassKomm-SGB, SGB V, § 294 Rn. 4.

§ 294a SGB V Mitteilung von Krankheitsursachen und drittverursachten Gesundheitsschäden

(Fassung vom 14.11.2003, gültig ab 01.01.2004)

Liegen Anhaltspunkte dafür vor, dass eine Krankheit eine Berufskrankheit im Sinne der gesetzlichen Unfallversicherung oder deren Spätfolgen oder die Folge oder Spätfolge eines Arbeitsunfalls, eines sonstigen Unfalls, einer Körperverletzung, einer Schädigung im Sinne des Bundesversorgungsgesetzes oder eines Impfschadens im Sinne des Infektionsschutzgesetzes ist oder liegen Hinweise auf drittverursachte Gesundheitsschäden vor, sind die Vertragsärzte, ärztlich geleiteten Einrichtungen und die Krankenhäuser nach § 108 verpflichtet, die erforderlichen Daten, einschließlich der Angaben über Ursachen und den möglichen Verursacher, den Krankenkassen mitzuteilen. Für die Geltendmachung von Schadenersatzansprüchen, die nach § 116 des Zehnten Buches auf die Krankenkassen übergehen, übermitteln die Kassenärztlichen Vereinigungen den Krankenkassen die erforderlichen Angaben versichertenbezogen.

Gliederung

A. Basisinformationen

I. Textgeschichte/Gesetzgebungsmaterialien

1 § 294a SGB V wurde **mit Wirkung ab 01.01.2004** durch das **GKV-Modernisierungsgesetz**[1] in das SGB V eingegliedert und gilt seitdem unverändert.

II. Vorgängervorschriften

2 Die Vorschrift ist neu. **Bis zum 31.12.2003** war auf vertraglicher Grundlage in **§ 58 BMV-Ä** eine Informationsverpflichtung der Vertragsärzte über Krankheitsursachen und drittverursachte Gesundheitsschäden vorgesehen.

III. Systematische Zusammenhänge

3 § 294a SGB V ist **die zweite Vorschrift** des **Ersten Titels** (Übermittlung von Leistungsdaten) des **Zweiten Abschnitts** (Übermittlung und Aufbereitung von Leistungsdaten, Datentransparenz) **des Zehnten Kapitels** (Versicherungs- und Leistungsdaten, Datenschutz, Datentransparenz) **des SGB V.** Der erste Titel enthält neben § 294a SGB V Vorschriften über die von den Leistungserbringern nach dem SGB V an die Krankenkassen und die Kassenärztlichen Vereinigungen zu übermittelnden Daten.

IV. Literaturhinweise

4 *Hauser*, Anforderung von Krankenunterlagen durch Krankenkassen auf der Grundlage des § 294a SGB V, KH 2005, 128-132.

B. Auslegung der Norm

I. Regelungsgehalt und Bedeutung der Norm

5 Die Vorschrift schafft die **datenschutzrechtliche Grundlage** für die Verpflichtung der Ärzte, ärztlich geleiteten Einrichtungen und Krankenhäuser, Anhaltspunkte dafür mitzuteilen, dass ein anderer Kos-

[1] Gesetz zur Modernisierung der gesetzlichen Krankenversicherung (GKV-Modernisierungsgesetz – GMG) vom 14.11.2003, BGBl I 2003, 2190.

tenträger oder ein schadensersatzpflichtiger Dritter für die erbrachten und zu erbringenden Leistungen einzustehen hat. Die bisherige vertragliche Regelung nach § 58 BMV-Ä war nach Auffassung des Gesetzgebers als Grundlage einer Mitteilungspflicht nicht ausreichend.[1]

II. Normzweck

6 § 294a SGB V bezweckt die **Kostenentlastung der Krankenkasse.** Wird ein Versicherter zu Lasten seiner Krankenkasse behandelt, obwohl ein anderer Kostenträger zuständig ist oder ein Dritter die Behandlungskosten als Schadensersatzpflichtiger zu erstatten hat, und wird dies der Krankenkasse nicht mitgeteilt, können Erstattungsansprüche gegen andere Leistungsträger nach den §§ 102 ff. SGB X oder Erstattungsansprüche gegen Dritte nach § 116 SGB X nicht geltend gemacht werden. Zudem erfolgt möglicherweise eine weitere, ungerechtfertigte Behandlung zu Lasten der Krankenkasse.

III. Tatbestandsmerkmale

1. Mögliche Erstattungs- oder Leistungspflicht eines anderen Kostenträgers oder eines Dritten

7 In Satz 1 ist aufgezählt, wann der Vertragsarzt, die ärztlich geleitete Einrichtung oder das Krankenhaus die Krankenkasse über Anhaltspunkte zu informieren hat, dass ein anderer Kostenträger oder ein Dritter als Leistungsverpflichteter oder Erstattungsverpflichteter in Betracht kommt. Es handelt sich um die **mögliche Zuständigkeit der Leistungsträger nach dem SGB VII, dem BVG, dem SVG, dem IfSG, dem OEG und den sonstigen Entschädigungs- und Rehabilitierungsgesetzen**. Anhaltspunkte liegen dann vor, wenn die nicht völlig entfernt liegende Möglichkeit besteht, dass einer der Fälle des Satzes 1 erfüllt ist. Im Zweifelsfall ist der Leistungserbringer zur Mitteilung verpflichtet. Die weitere Aufklärung des Sachverhaltes obliegt der Krankenkasse. Die Befugnis des Leistungserbringers, auch Angaben über Ursachen und mögliche Verursacher mitzuteilen, berechtigt zur Erhebung, Speicherung und Übermittlung dieser Daten an die Krankenkasse. Eine Verpflichtung des Versicherten zur Information des Leistungserbringers, insbesondere zur Person eines möglichen Drittverursachers, lässt sich aus § 294a SGB V nicht herleiten. Eine solche Verpflichtung des Versicherten kann sich aber aus § 60 Abs. 1 Nr. 1 SGB I ergeben.

2. Mitteilungs- und Übermittlungspflicht

8 Die Verpflichtung zur Mitteilung der Daten trifft **nur die in § 294a Satz 1 SGB V genannten Leistungserbringer**. Die Mitteilungsverpflichtung nach Satz 1 beschränkt sich auf die zur Prüfung des Vorliegens eines der in Satz 1 genannten Fälle **erforderlichen Daten**. Hiervon werden auch die Angaben zu einem möglichen Verursacher umfasst, sofern der Versicherte diese dem Leistungserbringer mitgeteilt hat. Die Mitteilungspflicht besteht gegenüber der Krankenkasse. Die zuständige Krankenkasse ist dem Leistungserbringer auf Grund der Vorlage der Krankenversichertenkarte bekannt.

9 Satz 2 schreibt zusätzlich nur für die Geltendmachung von Schadensersatzansprüchen nach § 116 SGB X eine **Übermittlungspflicht der Kassenärztlichen Vereinigung** über alle für den jeweiligen Versicherten bei ihr abgerechneten Leistungen vor. Die Kassenärztliche Vereinigung wird erst auf Veranlassung der Krankenkasse tätig, wenn diese von einem Leistungserbringer über einen möglichen drittverursachten Gesundheitsschaden informiert worden ist und eine entsprechende Übermittlung begehrt. Nur so können auch die Leistungen, die von anderen Ärzten bei dem jeweiligen Versicherten erbracht worden sind, in die Prüfung, ob diese Leistungen von einem Dritten zu erstatten sind, einbezogen werden.

[1] BT-Drs. 15/1525, S. 146.

§ 295 SGB V Abrechnung ärztlicher Leistungen

(Fassung vom 26.03.2007, gültig ab 01.04.2007, gültig bis 30.06.2008)

(1) Die an der vertragsärztlichen Versorgung teilnehmenden Ärzte und ärztlich geleiteten Einrichtungen sind verpflichtet,

1. in dem Abschnitt der Arbeitsunfähigkeitsbescheinigung, den die Krankenkasse erhält, die Diagnosen,

2. in den Abrechnungsunterlagen für die vertragsärztlichen Leistungen die von ihnen erbrachten Leistungen einschließlich des Tages der Behandlung, bei ärztlicher Behandlung mit Diagnosen, bei zahnärztlicher Behandlung mit Zahnbezug und Befunden,

3. in den Abrechnungsunterlagen sowie auf den Vordrucken für die vertragsärztliche Versorgung ihre Arztnummer, in Überweisungsfällen die Arztnummer des überweisenden Arztes sowie die Angaben nach § 291 Abs. 2 Nr. 1 bis 10 maschinenlesbar

aufzuzeichnen und zu übermitteln. Die Diagnosen nach Satz 1 Nr. 1 und 2 sind nach der Internationalen Klassifikation der Krankheiten in der jeweiligen vom Deutschen Institut für medizinische Dokumentation und Information im Auftrag des Bundesministeriums für Gesundheit herausgegebenen deutschen Fassung zu verschlüsseln. Das Bundesministerium für Gesundheit kann das Deutsche Institut für medizinische Dokumentation und Information beauftragen, den in Satz 2 genannten Schlüssel um Zusatzkennzeichen zur Gewährleistung der für die Erfüllung der Aufgaben der Krankenkassen notwendigen Aussagefähigkeit des Schlüssels zu ergänzen. Von Vertragsärzten durchgeführte Operationen und sonstige Prozeduren sind nach dem vom Deutschen Institut für medizinische Dokumentation und Information im Auftrag des Bundesministeriums für Gesundheit herausgegebenen Schlüssel zu verschlüsseln. Das Bundesministerium für Gesundheit gibt den Zeitpunkt des Inkrafttretens der jeweiligen Fassung des Diagnosenschlüssels nach Satz 2 sowie des Prozedurenschlüssels nach Satz 4 im Bundesanzeiger bekannt.

(1a) Für die Erfüllung der Aufgaben nach § 106a sind die an der vertragsärztlichen Versorgung teilnehmenden Ärzte verpflichtet und befugt, auf Verlangen der Kassenärztlichen Vereinigungen die für die Prüfung erforderlichen Befunde vorzulegen.

(1b) Ärzte, ärztlich geleitete Einrichtungen und medizinische Versorgungszentren, die ohne Beteiligung der Kassenärztlichen Vereinigungen mit den Krankenkassen oder ihren Verbänden Verträge zu integrierten Versorgungsformen (§ 140a) oder zur Versorgung nach § 73b oder § 73c abgeschlossen haben, sowie Krankenhäuser, die gemäß § 116b Abs. 2 an der ambulanten Behandlung teilnehmen, übermitteln die in Absatz 1 genannten Angaben, bei Krankenhäusern einschließlich ihres Institutionskennzeichens, an die jeweiligen Krankenkassen im Wege elektronischer Datenübertragung oder maschinell verwertbar auf Datenträgern. Das Nähere regeln die Spitzenverbände der Krankenkassen gemeinsam und einheitlich.

(2) Für die Abrechnung der Vergütung übermitteln die Kassenärztlichen Vereinigungen im Wege elektronischer Datenübertragung oder maschinell verwertbar auf Datenträgern den Krankenkassen für jedes Quartal für jeden Behandlungsfall folgende Daten:

1. Angaben nach § 291 Abs. 2 Nr. 1, 6 und 7,

2. Arzt- oder Zahnarztnummer, in Überweisungsfällen die Arzt- oder Zahnarztnummer des überweisenden Arztes,

3. Art der Inanspruchnahme,
4. Art der Behandlung,
5. Tag der Behandlung,
6. abgerechnete Gebührenpositionen mit den Schlüsseln nach Absatz 1 Satz 5, bei zahnärztlicher Behandlung mit Zahnbezug und Befunden,
7. Kosten der Behandlung,
8. Zuzahlungen nach § 28 Abs. 4.

Für nichtärztliche Dialyseleistungen gilt Satz 1 mit der Maßgabe, dass die für die Zwecke des Risikostrukturausgleichs (§ 266 Abs. 4, § 267 Abs. 1 bis 6) und des Risikopools (§ 269 Abs. 3) erforderlichen Angaben versichertenbezogen erstmals für das erste Quartal 2002 bis zum 1. Oktober 2002 zu übermitteln sind. Die Kassenärztlichen Vereinigungen übermitteln für die Durchführung der Programme nach § 137g die in der Rechtsverordnung nach § 266 Abs. 7 festgelegten Angaben versichertenbezogen an die Krankenkassen, soweit sie an der Durchführung dieser Programme beteiligt sind. Die Kassenärztlichen Vereinigungen übermitteln den Krankenkassen die Angaben nach Satz 1 für Versicherte, die an den Programmen nach § 137f teilnehmen, versichertenbezogen. § 137f Abs. 3 Satz 2 bleibt unberührt.

(2a) Die an der vertragsärztlichen Versorgung teilnehmenden Ärzte und ärztlich geleiteten Einrichtungen sowie Leistungserbringer, die ohne Beteiligung der Kassenärztlichen Vereinigungen mit den Krankenkassen oder ihren Verbänden Verträge zu integrierten Versorgungsformen (§ 140a) oder zur Versorgung nach § 73b oder § 73c abgeschlossen haben sowie Krankenhäuser, die gemäß § 116b Abs. 2 an der ambulanten Behandlung teilnehmen, sind verpflichtet, die Angaben gemäß § 292 aufzuzeichnen und den Krankenkassen zu übermitteln.

(3) Die Spitzenverbände der Krankenkassen und die Kassenärztlichen Bundesvereinigungen vereinbaren als Bestandteil der Verträge nach § 82 Abs. 1 und § 87 Abs. 1 das Nähere über

1. Form und Inhalt der Abrechnungsunterlagen für die vertragsärztlichen Leistungen,
2. Form und Inhalt der im Rahmen der vertragsärztlichen Versorgung erforderlichen Vordrucke,
3. die Erfüllung der Pflichten der Vertragsärzte nach Absatz 1,
4. die Erfüllung der Pflichten der Kassenärztlichen Vereinigungen nach Absatz 2, insbesondere auch Form, Frist und Umfang der Weiterleitung der Abrechnungsunterlagen an die Krankenkassen oder deren Verbände,
5. Einzelheiten der Datenübermittlung und der Aufbereitung von Abrechnungsunterlagen nach den §§ 296 und 297.

Die Vertragsparteien nach Satz 1 vereinbaren erstmalig bis zum 30. Juni 2009 Richtlinien für die Vergabe und Dokumentation der Schlüssel nach Absatz 1 Satz 5 für die Abrechnung und Vergütung der vertragsärztlichen Leistungen (Kodierrichtlinien); § 87 Abs. 6 gilt entsprechend.

(4) Die an der vertragsärztlichen Versorgung teilnehmenden Ärzte, ärztlich geleiteten Einrichtungen und medizinischen Versorgungszentren haben die für die Abrechnung der Leistungen notwendigen Angaben der Kassenärztlichen Vereinigung im Wege elektronischer Datenübertragung oder maschinell verwertbar auf Datenträgern zu übermitteln. Das Nähere regelt die Kassenärztliche Bundesvereinigung.

Gliederung

A. Basisinformationen

I. Textgeschichte/Gesetzgebungsmaterialien

§ 295 SGB V ist durch das **Gesundheitsreformgesetz**[1] **mit Wirkung ab 01.01.1989**[2] eingeführt worden. Durch das **Gesundheitsstrukturgesetz**[3] wurde **mit Wirkung ab 01.01.1993** im ersten Absatz die Nr. 1 über die Diagnoseaufzeichnung bei Arbeitsunfähigkeitsbescheinigungen zur Klarstellung eingefügt, die bisherigen Nr. 1 und 2 wurden Nr. 2 und 3. Weiterhin wurde Absatz 1 um die Sätze 2 und 3 ergänzt, die die Verwendung des vierstelligen Schlüssels der „Internationalen Klassifikation der Krankheiten in der jeweiligen deutschen Fassung zur Verschlüsselung der Diagnosen" regelten. In Absatz 2 wurde eine fallbezogene Angabe über die abgerechneten Leistungen vorgesehen. In den Absätzen 2 bis 5 wurde außerdem den systematischen Änderungen im Vertragsarztrecht Rechnung getragen. Durch das **2. SGBÄndG**[4] wurden **mit Wirkung ab 01.07.1994** die Absätze 1a und 2a eingefügt. Absatz 1 Satz 1 Nr. 3 wurde dahin gehend ergänzt, dass auch die Angaben nach § 291 Abs. 2 Nr. 7 und 8 SGB V vom Arzt aufzuzeichnen und zu übermitteln sind. Absatz 1 wurde mit **Wirkung ab 01.01.2000** durch das **GKV-Gesundheitsreformgesetz 2000**[5] um die Sätze 3 und 4 erweitert, der bisherige Satz 3 wurde Satz 5. Die Verwendung des vierstelligen Diagnoseschlüssels wurde nicht mehr ausdrücklich vorgeschrieben, sondern auf die Internationale Klassifikation in der jeweiligen deutschen Fassung verwiesen. Das Bundesministerium für Gesundheit wurde ermächtigt, das Deutsche Institut für medizinische Dokumentation und Information zu beauftragen, den Diagnoseschlüssel um Zusatzkennzeichen zu ergänzen. Schließlich wurde die Verschlüsselung der von Vertragsärzten durchgeführten Operationen und sonstigen Prozeduren nach dem vom Deutschen Institut für medizinische Dokumentation und Information herauszugebenden Operationen- und Prozedurenschlüssel vorgeschrieben. Absatz 2a wurde der Änderung von § 292 SGB V angepasst. In Absatz 3 Nr. 5 wurde die Streichung von § 299 SGB V berücksichtigt. Der bisherige Absatz 4, der Regelungen über die Abrechnung ärztlicher Leistungen auf Überweisungsscheinen enthielt, wurde gestrichen, so dass der frühere Absatz 5 zu Absatz 4 wurde. Durch die Siebente Zuständigkeits-Anpassungsverordnung[6] wurde mit Wirkung ab 07.11.2001 in Absatz 1 Satz 2 der Begriff „Bundesminister" durch „Bundesministerium" ersetzt. In Absatz 2 wurden die Sätze 2 bis 5 **mit Wirkung ab 01.01.2002** durch das **Gesetz zur Reform des Risikostrukturausgleichs in der gesetzlichen Krankenversicherung**[7] eingefügt. Der Begriff „Bundesministerium für Gesundheit" in Absatz 1 wurde durch die Achte Zuständigkeits-Anpassungsverordnung[8] mit Wirkung ab 28.11.2003 in „Bundesministerium für Gesundheit und Soziale Sicherung" geändert. Das **GKV-Modernisierungsgesetz**[9] hat **mit Wirkung ab 01.01.2004** die Vorschrift in wesent- 1

1 Gesetz zur Strukturreform im Gesundheitswesen (Gesundheitsreformgesetz – GRG) vom 20.12.1989, BGBl I 1989, 2477.

2 Art. 79 Abs. 2 GRG.

3 Gesetz zur Sicherung und Strukturverbesserung der gesetzlichen Krankenversicherung (Gesundheitsstrukturgesetz – GSG) vom 21.12.1992, BGBl I 1992, 2266.

4 Zweites Gesetz zur Änderung des Sozialgesetzbuchs (2. SGBÄndG) vom 13.06.1994; BGBl I 1994, 1229.

5 Gesetz zur Reform der gesetzlichen Krankenversicherung ab dem Jahr 2000 (GKV-Gesundheitsreformgesetz 2000) vom 22.12.1999, BGBl I 1999, 2626.

6 Siebente Zuständigkeits-Anpassungsverordnung v. 29.10.2001, BGBl I 2001, 2785.

7 Gesetz zur Reform des Risikostrukturausgleichs in der gesetzlichen Krankenversicherung vom 10.12.2001, BGBl I 2001, 3465.

8 Achte Zuständigkeits-Anpassungsverordnung v. 25.11.2003, BGBl I 2003, 2304.

lichen Punkten geändert. In Absatz 1 Satz 1 Nr. 3 wurde für Überweisungsfälle die Aufzeichnung der Arztnummer des überweisenden Arztes vorgeschrieben. In Absatz 1a wurde als redaktionelle Folgeänderung die Verlegung der Plausibilitätsprüfungen von § 83a Abs. 2 SGB V nach § 106a SGB V berücksichtigt. Neu eingefügt wurde Absatz 1b, der die Übermittlung der in Absatz 1 genannten Angaben durch ärztliche Leistungserbringer, die ohne Beteiligung der kassenärztlichen Vereinigungen Verträge nach § 73b Abs. 2 SGB V oder § 140a SGB V mit den Krankenkassen abgeschlossen haben, und durch Krankenhäuser, die mit den Krankenkassen Verträge nach § 116b Abs. 2 SGB V abgeschlossen haben, regelt. Weiterhin wurde Absatz 2 neu gefasst. Die Kassenärztlichen Vereinigungen wurden mit der Regelung in Satz 1 verpflichtet, die in den Nr. 1 bis 8 abschließend aufgeführten Angaben über die abgerechneten Leistungen arzt- und versichertenbezogen zu übermitteln. In Absatz 2a wurde die Verpflichtung der Ärzte und ärztlich geleiteten Einrichtungen, Angaben über Leistungen, die zur Prüfung der Voraussetzungen für spätere Leistungen erforderlich sind, aufzuzeichnen und an die Krankenkasse zu übermitteln, auf die Leistungserbringer erstreckt, die ohne Beteiligung der Kassenärztlichen Vereinigungen mit den Krankenkassen oder ihren Verbänden Verträge abgeschlossen haben. In Absatz 3 wurde Satz 1 Nr. 5 geändert. Die neu eingefügten Sätze 2 und 3 in Absatz 3 sehen die vertragliche Vereinbarung von Verfahren und Inhalt der Aufzeichnung und Übermittlung der Diagnosen der Ärzte vor, wobei Kodierrichtlinien für die Vertragsärzte beschlossen werden können. In der Neufassung des Absatzes 4 wurde die Verpflichtung der Ärzte, ärztlich geleiteten Einrichtungen und medizinischen Versorgungszentren geregelt, ihre Abrechnungen im Wege der elektronischen Datenübertragung oder maschinell verwertbar auf Datenträgern zu übermitteln. Durch Art. 256 Nr. 1 der Neunten Zuständigkeitsanpassungsverordnung[10] wurde in Absatz 1 Sätze 2, 3, 4 und 5 die Bezeichnung des zuständigen Ministeriums der Umorganisation der Bundesregierung in der 16. Legislaturperiode angepasst. **Mit Wirkung ab 01.04.2007** wurden durch das **GKV-Wettbewerbsstärkungsgesetz**[11] in Absatz 1b Satz 1 und Absatz 2a Satz 1 Folgeänderungen zur Neuregelung der §§ 73b, 73c sowie 116b Abs. 2 SGB V vorgenommen. In Absatz 2 Satz 1 Nr. 6 wurde das Wort „Diagnosen“ durch die Wörter „den Schlüsseln nach Abs. 1 Satz 5“ ersetzt. Absatz 3 Satz 2 wurde neu gefasst, Satz 3 wurde aufgehoben.

II. Vorgängervorschriften

2 Die **bis 31.12.1988** geltenden Vorschriften der RVO über die gesetzliche Krankenversicherung enthielten **keine eigenständigen gesetzlichen Regelungen** über die Mitteilungs- und Übermittlungspflichten der Ärzte und Kassenärztlichen Vereinigungen bei Abrechnungen.

III. Parallelvorschriften

3 Eine Regelung über die Abrechnung pflegerischer Leistungen enthält **§ 105 SGB XI** für den Bereich der sozialen Pflegeversicherung.

IV. Systematische Zusammenhänge

4 § 295 SGB V ist **die dritte Vorschrift** des **Ersten Titels** (Übermittlung von Leistungsdaten) des **Zweiten Abschnitts** (Übermittlung und Aufbereitung von Leistungsdaten, Datentransparenz) **des Zehnten Kapitels** (Versicherungs- und Leistungsdaten, Datenschutz, Datentransparenz) **des SGB V.** Das Zehnte Kapitel zielt darauf ab, die Transparenz des Leistungsgeschehens zu verbessern und die Unterrichtung der Versicherten über die Leistungen zu ermöglichen, die Voraussetzungen für eine qualifizierte Prüfung von Wirtschaftlichkeit, Zweckmäßigkeit und Notwendigkeit der abgerechneten Leistungen sowie zur Bekämpfung von Missbrauch und Abrechnungsmanipulationen zu schaffen und es damit den Krankenkassen zu ermöglichen, ihre Aufgaben wirksamer und besser als bisher zu erfüllen.[12] Der erste Titel enthält neben § 295 SGB V weitere Vorschriften über die von den Leistungserbringern nach dem SGB V an die Krankenkassen und die Kassenärztlichen Vereinigungen zu übermittelnden Daten.

---

[9] Gesetz zur Modernisierung der gesetzlichen Krankenversicherung (GKV-Modernisierungsgesetz – GMG) vom 14.11.2003, BGBl I 2003, 2190.

[10] Neunte Zuständigkeitsanpassungsverordnung vom 31.10.2006, BGBl I 2006, 2407.

[11] Gesetz zur Stärkung des Wettbewerbs in der gesetzlichen Krankenversicherung (GKV-Wettbewerbsstärkungsgesetz – GKV-WSG) vom 26.03.2007, BGBl I 2007, 378

[12] BT-Drs. 11/2237, S. 235.

V. Literaturhinweise

Bonin, Diskette ist die Norm, ZM 2005, Nr. 14, 68-70; *Brenner/Graubner*, Gleiche Basis für Krankenhaus und Praxis, DÄ 2004, A 25-26; *Jacob*, Notwendigkeit und Grenzen der Datentransparenz in der GKV, KrV 2000, 12-14; *Klose*, Diagnoseverschlüsselung in der Arztpraxis nach ICD 10, DOK 1998, 39-40. 5

B. Auslegung der Norm

I. Regelungsgehalt und Bedeutung der Norm

Die Vorschrift schafft die **datenschutzrechtlichen Voraussetzungen für die Aufzeichnung und Übermittlung von Sozialdaten** durch die Vertragsärzte, die Kassenärztlichen Vereinigungen und andere an der Versorgung der Versicherten durch Verträge teilnehmenden Leistungserbringer, enthält Regelungen zur Übermittlungsform und ermöglicht die Vereinbarung weiterer Einzelheiten in den Bundesmantelverträgen. Absatz 1 regelt die Verpflichtung der Vertragsärzte und der ärztlich geleiteten Einrichtungen zur Aufzeichnung und Übermittlung von Diagnosen bei Arbeitsunfähigkeitsbescheinigungen, zur Aufzeichnung und Übermittlung von erbrachten Leistungen in den Abrechnungsunterlagen, zur Aufzeichnung und Übermittlung der Arztnummer sowie der auf der Krankenversichertenkarte enthaltenen Angaben. Die Diagnosen sind gemäß der jeweils geltenden Fassung der Internationalen Klassifikation der Krankheiten in der deutschen Fassung zu verschlüsseln, wobei den Bedürfnissen der Praxis durch Zusatzkennzeichen Rechnung getragen wird. In Absatz 1a ist die Verpflichtung der Vertragsärzte enthalten, für Prüfzwecke der Kassenärztlichen Vereinigung die erforderlichen Befunde vorzulegen. Absatz 1b enthält für Ärzte, ärztlich geleitete Einrichtungen, medizinische Versorgungszentren und Krankenhäuser eine Sonderregelung zur Übermittlung der in Absatz 1 genannten Angaben, wenn diese Leistungserbringer auf Grund besonderer vertraglicher Vereinbarungen für die Krankenkassen ohne Beteiligung der Kassenärztlichen Vereinigungen tätig werden. In Absatz 2 sind Regelungen zur Übermittlung der Daten für Abrechnungszwecke von den Kassenärztlichen Vereinigungen zu den Krankenkassen enthalten. Absatz 2a enthält die Verpflichtung der Ärzte und sonstigen in § 295 SGB V genannten Leistungserbringer zur Mitteilung der notwendigen Angaben nach § 292 SGB V an die Krankenkassen. Die Spitzenverbände der Krankenkassen und die Kassenärztlichen Bundesvereinigungen können nach Absatz 3 das Nähere zu den in dieser Vorschrift genannten Modalitäten in den Bundesmantelverträgen regeln. Weiterhin sind bis zum 30.06.2009 Kodierrichtlinien für den vertragsärztlichen Bereich zu vereinbaren. Absatz 4 schreibt vor, in welcher Weise die für die Abrechnung notwendigen Angaben zu übermitteln sind. 6

II. Normzweck

Durch § 295 SGB V werden **einheitliche Regelungen** für alle Vertragsärzte und sonstigen in der Vorschrift genannten Leistungserbringer **über die Aufzeichnung und Übermittlung von Diagnosen und Angaben über erbrachte Leistungen** an die Kassenärztlichen Vereinigungen und die Krankenkassen geschaffen. Die Vorschrift bezweckt weiterhin die im Hinblick auf die Kostenentwicklung im Gesundheitswesen erforderliche **Kosten- und Leistungskontrolle.** 7

III. Tatbestandsmerkmale

1. Aufzeichnungs- und Übermittlungspflichten der Vertragsärzte

Die Verpflichtung der Vertragsärzte und ärztlich geleiteten Einrichtungen (vgl. die Kommentierung zu § 95 SGB V) zur **Angabe der Diagnose bei Arbeitsunfähigkeitsbescheinigungen** gemäß **Absatz 1 Satz 1 Nr. 1** bestand bereits vor dem In-Kraft-Treten des SGB V[13] und wurde zur Klarstellung in Absatz 1 eingefügt. Die **Diagnose** ist darüber hinaus gemäß **Absatz 1 Satz 1 Nr. 2 Bestandteil einer ordnungsgemäßen Leistungsbeschreibung** des Arztes und daher in den Abrechnungsnachweisen des Vertragsarztes anzugeben. Die Kenntnis der Diagnose ist für die Kassenärztlichen Vereinigungen und Krankenkassen für die Erfüllung ihrer gesetzlichen Aufgaben erforderlich. Eine hinreichende Prüfung der Rechtmäßigkeit der Abrechnung des Vertragsarztes setzt die vollständige, die Diagnose einschlie- 8

[13] BSG v. 04.05.1994 - 6 RKa 37/92 - SozR 3-2500 § 295 Nr. 1.

ßende Leistungsbeschreibung des Vertragsarztes voraus.[14] Weiterhin ermöglicht die Angabe der Diagnose der Krankenkasse die Prüfung ihrer Leistungspflicht. Schließlich ist die Angabe der Diagnose für die Durchführung von Wirtschaftlichkeitsprüfungen erforderlich.[15] Zahnärzte übermitteln anstatt der Diagnose den Zahnbezug und die Befunde. Nach **Absatz 1 Satz 1 Nr. 3** hat ebenfalls die Mitteilung der Arztnummer und der Angaben auf der Krankenversichertenkarte gemäß § 291 Abs. 2 Satz 1 Nr. 1 bis 10 SGB V (vgl. die Kommentierung zu § 291 SGB V) zu erfolgen.

9 Die Diagnosen sind nach Absatz 1 Satz 2 nach der **Internationalen Klassifikation der Krankheiten** zu verschlüsseln. Hierdurch wird eine Standardisierung der Diagnoseangaben nach einem international gebräuchlichen, von der Weltgesundheitsorganisation empfohlenen Verfahren erreicht.[16] Anzuwenden ist die **jeweils vom Deutschen Institut für medizinische Dokumentation und Information (DIMDI)[17] herausgegebene deutsche Fassung.** Derzeit gilt die ICD[18]-10-GM-Version 2007. Die Einführung des ICD-10 begegnet keinen verfassungsrechtlichen Bedenken.[19] Absatz 1 Satz 3 erlaubt in den Fällen, in denen die Internationale Klassifikation der Krankheiten fünfstellige Codes enthält, die Verwendung dieser differenzierteren Codes, sofern sie für die Aufgabenerfüllung der Krankenkassen erforderlich sind.[20] Die Anwendung der Internationalen Klassifikation der Krankheiten erfordert in manchen Fällen bei der Leistungsabrechnung eine Ergänzung der Codes dieser Klassifikation durch Zusatzkennzeichen, um die für die Aufgabenerfüllung der Krankenkassen notwendige Aussagefähigkeit der Codes (z.B. Angaben der Seitenlokalisation einer Erkrankung oder Verdachtsdiagnose) zu gewährleisten. Die Einführung dieser Zusatzkennzeichen wird durch Absatz 1 Satz 3 ermöglicht. Absatz 1 Satz 4 übernimmt für die Vertragsärzte die für Krankenhäuser geltende Regelung, durchgeführte Operationen und sonstige Prozeduren nach dem vom Deutschen Institut für medizinische Dokumentation und Information herausgegebenen Schlüssel für Prozeduren in der Medizin zu verschlüsseln.[21] Derzeit ist die OPS[22] Version 2006 anzuwenden. Das Bundesministerium für Gesundheit und Soziale Sicherung gibt den Zeitpunkt des In-Kraft-Tretens der jeweiligen Versionen im Bundesanzeiger bekannt.[23]

10 Die Verpflichtung der an der vertragsärztlichen Versorgung teilnehmenden Ärzte nach **Absatz 1a** zur **Vorlage der Befunde** dient der **Durchführung von Plausibilitätsprüfungen und von sachlich-rechnerischen Berichtigungen** durch die Kassenärztlichen Vereinigungen gemäß § 106a SGB V (vgl. die Kommentierung zu § 106a SGB V). Da die Krankenkassen in Absatz 1a nicht genannt sind, können sie eine unmittelbare Vorlage von Befunden durch die Vertragsärzte bei Prüfungen nach § 106a Abs. 3 SGB V nicht verlangen. Sie erhalten auf Verlangen die in Absatz 2 Satz 1 Nr. 1 bis 8 genannten Daten durch die Kassenärztlichen Vereinigungen. Beantragt die Krankenkasse nach einer gemäß § 106a Abs. 3 SGB V durchgeführten Abrechnungsprüfung gemäß § 106a Abs. 4 Satz 1 SGB V die Durchführung einer gezielten Prüfung nach § 106a Abs. 2 SGB V durch die Kassenärztliche Vereinigung, hat der Vertragsarzt dann die Befunde im Rahmen dieses Prüfungsverfahrens vorzulegen. Aus § 298 SGB V ergibt sich die datenschutzrechtliche Berechtigung der Krankenkassen und Kassenärztlichen Vereinigungen gegenüber dem Versicherten zur Herausgabe versichertenbezogener Daten durch den Vertragsarzt.

11 **Absatz 2a** enthält die Verpflichtung der an der vertragsärztlichen Versorgung teilnehmenden Ärzte und ärztlich geleiteten Einrichtungen zur **Aufzeichnung und Übermittlung der nach § 292 SGB V erforderlichen Angaben** an die Krankenkasse des Versicherten. § 292 SGB V (vgl. die Kommentie-

---

14 Zur Abgabe einer einzelfallbezogenen Begründung bei Abrechnungen durch den Vertragsarzt vgl. BSG v. 01.07.1998 - B 6 KA 48/97 R - SozR 3-2500 § 75 Nr. 10.

15 BT-Drs. 12/3608, S. 122.

16 BT-Drs. 12/3608, S. 122.

17 Deutsches Institut für medizinische Dokumentation und Information (DIMDI), Waisenhausgasse 36-38a, 50676 Köln, www.dimdi.de.

18 International Statistical Classification of Diseases and Related Health Problems.

19 BVerfG v. 10.04.2000 - 1 BvR 422/00 - SozR 3-2500 § 295 Nr. 2.

20 BT-Drs. 14/1245, S. 104.

21 BT-Drs. 14/1245, S. 104.

22 Operationen- und Prozedurenschlüssel.

23 Erstmalige Bekanntgabe durch Bekanntmachung v. 24.06.1999, BAnz 1999, Nr. 124, S. 10 985 v. 08.07.1999; geändert durch Bekanntmachung v. 08.11.2000, BAnz 2000, Nr. 214, S. 21 874 v. 15.11.2000.

rung zu § 292 SGB V) verpflichtet die Krankenkassen, abgerechnete Leistungen, von denen der Anspruch auf spätere Leistungen abhängt, versichertenbezogen aufzuzeichnen. Hierzu sind sie auf die Übermittlung der erforderlichen Angaben durch die behandelnden Ärzte angewiesen.

Absatz 4 regelt die **Art der Übermittlung** der für die Abrechnung der Leistung notwendigen Angaben durch die an der vertragsärztlichen Versorgung teilnehmenden Ärzte, ärztlich geleiteten Einrichtungen und medizinischen Versorgungszentren. Vorgeschrieben ist die Übermittlung im Wege elektronischer Datenübertragung (mittels entsprechender Software und Signatur) oder auf Datenträgern (Diskette oder CD-Rom). Die Kassenärztliche Bundesvereinigung hat gemäß Absatz 4 Satz 2 das Nähere zu regeln. 12

2. Übermittlungspflichten der Kassenärztlichen Vereinigungen

Absatz 2 Satz 1 verpflichtet die Kassenärztlichen Vereinigungen zur Übermittlung[24] der im Einzelnen unter Nr. 1 bis 8 genannten Daten an die Krankenkasse auf deren Verlangen. Der bei Einführung der Regelung bestehende Zusammenhang zwischen abgerechneten Leistungen und Höhe der von den Krankenkassen zu zahlenden Vergütung besteht seit der Neufassung von Absatz 2 Satz 1 ab 01.01.1993 nicht mehr. Die Übermittlung ist erforderlich für Zwecke der versichertenbezogenen Abrechnungsprüfung der vertragsärztlichen Leistungen nach § 106a Abs. 3 SGB V durch die Krankenkassen.[25] Unaufgefordert braucht eine Übermittlung durch die Kassenärztliche Vereinigung nicht zu erfolgen. Die Übermittlung bezieht sich jeweils auf ein Abrechnungsquartal. Die Daten sind fallbezogen und nicht versichertenbezogen zu übermitteln, um den Krankenkassen keinen Einblick in die Behandlung einzelner Versicherter zu ermöglichen. 13

Absatz 2 Satz 2 enthält eine **Sonderregelung für nichtärztliche Dialyseleistungen**, die nach § 85 Abs. 3a Satz 4 SGB V außerhalb der Gesamtvergütung honoriert werden (vgl. die Kommentierung zu § 85 SGB V). **Absatz 2 Sätze 3 bis 5** enthalten **Sonderregelungen für die Durchführung strukturierter Behandlungsprogramme** gemäß § 137g SGB V (vgl. die Kommentierung zu § 137g SGB V). Die Daten der Versicherten, die an diesen Programmen teilnehmen, sind von den Kassenärztlichen Vereinigungen, deren Mitwirkung an den Programmen nach § 137f SGB V allerdings nicht gesetzlich vorgeschrieben ist, oder von den teilnehmenden Vertragsärzten gemäß § 28f Abs. 2 Satz 1 Nr. 2 RSAV[26] versichertenbezogen an die Krankenkassen zu übermitteln. Die Kassenärztlichen Vereinigungen übermitteln weiterhin die Angaben nach Absatz 3 Satz 1 an die teilnehmenden Krankenkassen. § 28f Abs. 2 Satz 1 Nr. 1 und Nr. 6 RSAV[27] schreiben insofern allerdings die Pseudonymisierung[28] des Versichertenbezuges vor. Die Einwilligung des Versicherten nach § 137f Abs. 3 Satz 2 SGB V ist auch bei Zulässigkeit der Übermittlung gemäß Absatz 2 Satz 3 erforderlich. 14

3. Vereinbarungen über Datenaustausch

Absatz 3 Satz 1 sieht den **Abschluss von Vereinbarungen über weitere Einzelheiten,** wie sie in Nr. 1 bis 5 aufgeführt sind, in den Bundesmantelverträgen[29] vor. **Satz 2, geändert ab 01.04.2007,**[30] **des Absatzes 2** regelt die Verpflichtung der Kassenärztlichen Bundesvereinigungen und der Spitzenverbände der Krankenkassen, bis zum 30.06.2009 **Kodierrichtlinien für die Abrechnung und Vergütung der vertragsärztlichen Leistungen** zu vereinbaren. Wie im DRG-System für die stationäre Behandlung sind nach Auffassung des Gesetzgebers im ambulanten Bereich Kodierrichtlinien zur Do- 15

---

[24] § 67 Abs. 6 Satz 2 Nr. 3 SGB X.

[25] BT-Drs. 15/1525, S. 146.

[26] Verordnung über das Verfahren zum Risikostrukturausgleich in der gesetzlichen Krankenversicherung (Risikostruktur-Ausgleichsverordnung – RSAV) i.d.F. der Vierten Verordnung zur Änderung der Risikoausgleichs-Verordnung v. 27.06.2002, BGBl I 2002, 2286 und der Zwölften Verordnung zur Änderung der Risikoausgleichs-Verordnung v. 15.08.2005, BGBl I 2005, 2457.

[27] Verordnung über das Verfahren zum Risikostrukturausgleich in der gesetzlichen Krankenversicherung (Risikostruktur-Ausgleichsverordnung – RSAV) i.d.F. der Vierten Verordnung zur Änderung der Risikoausgleichs-Verordnung v. 27.06.2002, BGBl I 2002, 2286 und der Zwölften Verordnung zur Änderung der Risikoausgleichs-Verordnung v. 15.08.2005, BGBl I 2005, 2457.

[28] § 67 Abs. 8a SGB X.

[29] Siehe z.B. die §§ 42 ff. BMV-Ä zur Abrechnung ärztlicher Leistungen, Anlage 2 zum BMV-Ä zur Vereinbarung über Vordrucke und Anlage 6 zum BMV-Ä zum Datenaustausch auf Datenträgern.

[30] Gesetz zur Stärkung des Wettbewerbs in der gesetzlichen Krankenversicherung (GKV-Wettbewerbsstärkungsgesetz – GKV-WSG) vom 26.03.2007, BGBl I 2007, 378.

kumentation von Diagnosen erforderlich. Satz 2 zweiter Halbsatz räumt dem Bundesministerium für Gesundheit aufsichtsrechtliche Befugnisse im Hinblick auf die Vereinbarung der Kodierrichtlinien ein. Der bis 31.03.2007 geltende Satz 3 wurde aufgehoben, da derart spezifische Vorgaben nach Auffassung des Gesetzgebers nicht notwendig waren.[31]

4. Sonderregelungen für spezielle Leistungserbringer

16 **Absatz 1b** verpflichtet die **Ärzte, ärztlich geleiteten Einrichtungen und medizinischen Versorgungszentren,** die ohne **Beteiligung der Kassenärztlichen Vereinigungen** mit den Krankenkassen Verträge nach § 140a SGB V, § 73b SGB V oder § 73c SGB V abgeschlossen haben, sowie die Krankenhäuser, die Verträge nach § 116b Abs. 2 SGB V geschlossen haben, zur Übermittlung der in Absatz 1 genannten Angaben direkt an die zuständige Krankenkasse im Wege der elektronischen Datenübertragung oder maschinell verwertbar auf Datenträgern. Dies ist erforderlich, da die Kassenärztlichen Vereinigungen in diesen Fällen an der Abrechnung nicht beteiligt sind. Absatz 2a verpflichtet diese Leistungserbringer zur Übermittlung der Angaben, die nach § 292 SGB V zur Prüfung der Voraussetzung späterer Leistungserbringung erforderlich sind, an die Krankenkassen. Diese Leistungserbringer haben ebenfalls den jeweils geltenden Diagnosenschlüssel und Operationen- und Prozedurenschlüssel gemäß Absatz 1 Sätze 2 bis 5 zu verwenden.

C. Reformbestrebungen

17 Das GKV-Wettbewerbsstärkungsgesetz[32] sieht vor, dass **mit Wirkung ab 01.07.2008**[33] **Absatz 1b Satz 2** dahin gehend neu gefasst wird, dass der Spitzenverband Bund der Krankenkassen das Nähere regelt. Hierbei handelt es sich um eine redaktionelle Folgeänderung zu der durch das GKV-Wettbewerbsstärkungsgesetz beschlossenen neuen Organisationsstruktur der Verbände der Krankenkassen.[34] Nach den §§ 217a ff. SGB V bilden die Krankenkassen den „Spitzenverband Bund der Krankenkassen". Dieser übernimmt gemäß § 217f Abs. 1 SGB V ab 01.07.2008 die bisher den Spitzenverbänden der Krankenkassen zugewiesenen Aufgaben. **Absatz 3 Satz 1** wird aus dem gleichen Grund ab 01.07.2008 redaktionell angepasst.

---

31 BT-Drs. 16/4247, S. 56 f.

32 Gesetz zur Stärkung des Wettbewerbs in der gesetzlichen Krankenversicherung (GKV-Wettbewerbsstärkungsgesetz – GKV-WSG) vom 26.03.2007, BGBl I 2007, 378.

33 Art. 46 Abs. 9 Gesetz zur Stärkung des Wettbewerbs in der gesetzlichen Krankenversicherung (GKV-Wettbewerbsstärkungsgesetz – GKV-WSG) vom 26.03.2007, BGBl I 2007, 378.

34 BT-Drs. 16/3100, S. 176.

§ 296 SGB V Auffälligkeitsprüfungen

(Ursprünglich kommentierte Fassung vom 14.11.2003, gültig ab 01.01.2004, gültig bis 31.12.2007)

(1) Für die Prüfungen nach § 106 Abs. 2 Satz 1 Nr. 1 übermitteln die Kassenärztlichen Vereinigungen im Wege der elektronischen Datenübertragung oder maschinell verwertbar auf Datenträgern den Geschäftsstellen nach § 106 Abs. 4a aus den Abrechnungsunterlagen der Vertragsärzte für jedes Quartal folgende Daten:

1. **Arztnummer,**
2. **Kassennummer,**
3. **die abgerechneten Behandlungsfälle, getrennt nach Mitgliedern und Rentnern sowie deren Angehörigen oder in der nach § 84 Abs. 6 Satz 2 bestimmten Gliederung.**

Soweit zur Prüfung der Einhaltung der Richtlinien nach Maßgabe von § 106 Abs. 5b erforderlich, sind die Daten nach Satz 1 Nr. 3 jeweils unter Angabe der nach § 295 Abs. 1 Satz 2 verschlüsselten Diagnose zu übermitteln.

(2) Für die Prüfungen nach § 106 Abs. 2 Satz 1 Nr. 1 übermitteln die Krankenkassen im Wege der elektronischen Datenübertragung oder maschinell verwertbar auf Datenträgern den Geschäftsstellen nach § 106 Abs. 4a über die von den Vertragsärzten verordneten Leistungen (Arznei-, Verband-, Heilmittel) für jedes Quartal folgende Daten:

1. **Arztnummer des verordnenden Arztes,**
2. **Kassennummer,**
3. **Art, Menge und Kosten verordneter Arznei-, Verband- oder Heilmittel, getrennt nach Mitgliedern und Rentnern sowie deren Angehörigen oder in der nach § 84 Abs. 6 Satz 2 bestimmten Gliederung, bei Arzneimitteln einschließlich des Kennzeichens nach § 300 Abs. 3 Nr. 1.**

(3) Die Kassenärztliche Bundesvereinigung und die Spitzenverbände der Krankenkassen bestimmen im Vertrag nach § 295 Abs. 3 Nr. 5 Näheres über die nach Absatz 2 Nr. 3 anzugebenden Arten und Gruppen von Arznei-, Verband- und Heilmitteln. Sie können auch vereinbaren, dass jedes einzelne Mittel oder dessen Kennzeichen angegeben wird. Zu vereinbaren ist ferner Näheres zu den Fristen der Datenübermittlungen nach den Absätzen 1 und 2 sowie zu den Folgen der Nichteinhaltung dieser Fristen.

(4) Für die Prüfung nach § 106 Abs. 5a sind die an der vertragsärztlichen Versorgung teilnehmenden Ärzte verpflichtet und befugt, auf Verlangen der Geschäftsstelle nach § 106 Abs. 4a die für die Prüfung erforderlichen Befunde vorzulegen.

§ 296 SGB V Auffälligkeitsprüfungen

(Fassung vom 26.03.2007, gültig ab 01.01.2008, gültig bis 30.06.2008)

(1) ***Für die arztbezogenen Prüfungen nach § 106 übermitteln die Kassenärztlichen Vereinigungen im Wege elektronischer Datenübertragung oder maschinell verwertbar auf Datenträgern den Prüfungsstellen nach § 106 Abs. 4a aus den Abrechnungsunterlagen der Vertragsärzte für jedes Quartal folgende Daten:***

1. ***Arztnummer, einschließlich von Angaben nach § 293 Abs. 4 Satz 1 Nr. 2, 3, 6, 7 und 9 bis 14 und Angaben zu Schwerpunkt- und Zusatzbezeichnungen sowie zusätzlichen Abrechnungsgenehmigungen,***
2. ***Kassennummer,***

3. *die abgerechneten Behandlungsfälle sowie deren Anzahl, getrennt nach Mitgliedern und Rentnern sowie deren Angehörigen,*
4. *die Überweisungsfälle sowie die Notarzt- und Vertreterfälle sowie deren Anzahl, jeweils in der Aufschlüsselung nach Nummer 3,*
5. *durchschnittliche Anzahl der Fälle der vergleichbaren Fachgruppe in der Gliederung nach den Nummern 3 und 4,*
6. *Häufigkeit der abgerechneten Gebührenposition unter Angabe des entsprechenden Fachgruppendurchschnitts,*
7. *in Überweisungsfällen die Arztnummer des überweisenden Arztes.*

Soweit zur Prüfung der Einhaltung der Richtlinien nach Maßgabe von § 106 Abs. 5b erforderlich, sind die Daten nach Satz 1 Nr. 3 jeweils unter Angabe der nach § 295 Abs. 1 Satz 2 verschlüsselten Diagnose zu übermitteln.

(2) Für die arztbezogenen Prüfungen nach § 106 übermitteln die Krankenkassen im Wege elektronischer Datenübertragung oder maschinell verwertbar auf Datenträgern den Prüfungsstellen nach § 106 Abs. 4a über die von allen Vertragsärzten verordneten Leistungen (Arznei-, Verband-, Heil- und Hilfsmittel sowie Krankenhausbehandlungen) für jedes Quartal folgende Daten:

1. *Arztnummer des verordnenden Arztes,*
2. *Kassennummer,*
3. *Art, Menge und Kosten verordneter Arznei-, Verband-, Heil- und Hilfsmittel, getrennt nach Mitgliedern und Rentnern sowie deren Angehörigen, oder in der nach § 84 Abs. 6 Satz 2 bestimmten Gliederung, bei Arzneimitteln einschließlich des Kennzeichens nach § 300 Abs. 3 Nr. 1,*
4. *Häufigkeit von Krankenhauseinweisungen sowie Dauer der Krankenhausbehandlung.*

Werden die Aufgreifkriterien nach § 106 Abs. 5a von einem Arzt überschritten, sind der Prüfungsstelle auch die Versichertennummern arztbezogen zu übermitteln.

(3) Die Kassenärztliche Bundesvereinigung und die Spitzenverbände der Krankenkassen bestimmen im Vertrag nach § 295 Abs. 3 Nr. 5 Näheres über die nach Absatz 2 Nr. 3 anzugebenden Arten und Gruppen von Arznei-, Verband- und Heilmitteln. Sie können auch vereinbaren, dass jedes einzelne Mittel oder dessen Kennzeichen angegeben wird. Zu vereinbaren ist ferner Näheres zu den Fristen der Datenübermittlungen nach den Absätzen 1 und 2 sowie zu den Folgen der Nichteinhaltung dieser Fristen.

(4) Für die Prüfung nach § 106 Abs. 5a sind die an der vertragsärztlichen Versorgung teilnehmenden Ärzte verpflichtet und befugt, auf Verlangen der *Prüfungsstelle* nach § 106 Abs. 4a die für die Prüfung erforderlichen Befunde vorzulegen.

Hinweis: § 296 SGB V in der Fassung vom 14.11.2003 wurde durch Art. 1 Nr. 199 des Gesetzes vom 26.03.2007 (BGBl I 2007, 378) mit Wirkung vom 01.01.2008 geändert. Die Autoren passen die Kommentierungen bei Bedarf an die aktuelle Rechtslage durch Aktualisierungshinweise an.

Gliederung

A. Basisinformationen

I. Textgeschichte/Gesetzgebungsmaterialien

§ 296 SGB V ist durch das **Gesundheitsreformgesetz**[1] **mit Wirkung ab 01.01.1989**[2] eingeführt worden und hatte zunächst die Überschrift „Durchschnittsprüfungen, Prüfungen von Richtgrößen". Die Vorschrift bestand aus fünf Absätzen. Durch das **Gesundheitsstrukturgesetz**[3] wurde **mit Wirkung ab 01.01.1993** die Überschrift in die heutige Fassung geändert. Weiterhin wurde in den Absätzen 1 und 3 durch Streichung des Begriffes „Kassenarzt" den Änderungen im Vertragsarztrecht Rechnung getragen. Absatz 2 wurde dahin gehend ergänzt, dass auch die Arztnummer des die Überweisung annehmenden Arztes zu übermitteln ist. In Absatz 3 wurde als Folgeänderung zur Änderung von § 106 SGB V der Verweis auf § 106 Abs. 2 Satz 1 Nr. 2 SGB V gestrichen. **Mit Wirkung ab 31.12.2001** wurde durch das **Arzneimittelbudget-Ablösegesetz**[4] in Absatz 1 die Übermittlungspflicht der Krankenkassen auch bei Überschreitung des Richtgrößenvolumens angeordnet. Weiterhin wurde die Übermittlungspflicht an von den Krankenkassen nach § 303 Abs. 2 Satz 1 SGB V beauftragte Stellen unabhängig von der Übermittlungspflicht nach Absatz 3 geregelt. In Absatz 3 wurde neben der Übermittlungspflicht bei Überschreitung des Richtgrößenvolumens die Übermittlungspflicht der Kassenärztlichen Vereinigungen unabhängig von der Verpflichtung nach Absatz 1 festgeschrieben. Durch das **GKV-Modernisierungsgesetz**[5] wurde **mit Wirkung ab 01.01.2004** die Vorschrift weitgehend geändert.[6] Absatz 1 wurde als Folgeänderung des Wegfalls der bisherigen Durchschnittsprüfung nach § 106 Abs. 2 Satz 1 Nr. 1 SGB V und des Auslaufens der Durchschnittsprüfungen für Arznei- und Heilmittelverordnungen zum 31.12.2003 sowie der Neuregelung der Datenzusammenführung in den Geschäftsstellen nach § 106 Abs. 4a SGB V neu gefasst. Der Datenaustausch zwischen den Kassenärztlichen Vereinigungen und den Krankenkassen entfiel. Die nach Absatz 1 Satz 1 zu übermittelnden Daten wurden der Neuregelung des Prüfverfahrens angepasst. Absatz 1 Satz 2 wurde für die Übermittlung von Daten für die Auffälligkeitsprüfungen gemäß § 106 Abs. 5b SGB V eingefügt. Der bisherige Absatz 2 wurde aufgehoben, die bisherigen Absätze 3 bis 5 wurden Absätze 2 bis 4. Absatz 2 wurde ebenfalls den Neuregelungen im Prüfverfahren angepasst. Absatz 3 wurde geändert, und in Absatz 4 wurden die den Geschäftsstellen nach § 106 Abs. 4a SGB V für die Durchführung der Prüfungen zu übermittelnden Daten bestimmt. 1

II. Vorgängervorschriften

Die **bis 31.12.1988** geltenden Vorschriften der RVO über die gesetzliche Krankenversicherung enthielten keine eigenständigen Regelungen über die für Prüfverfahren zu übermittelnden Daten. 2

III. Systematische Zusammenhänge

§ 296 SGB V ist **die vierte Vorschrift** des **Ersten Titels** (Übermittlung von Leistungsdaten) des **Zweiten Abschnitts** (Übermittlung und Aufbereitung von Leistungsdaten, Datentransparenz) **des Zehnten Kapitels** (Versicherungs- und Leistungsdaten, Datenschutz, Datentransparenz) **des SGB V.** Das Zehnte Kapitel zielt darauf ab, die Transparenz des Leistungsgeschehens zu verbessern und die Unterrichtung der Versicherten über die Leistungen zu ermöglichen, die Voraussetzungen für eine qualifizierte Prüfung von Wirtschaftlichkeit, Zweckmäßigkeit und Notwendigkeit der abgerechneten Leistungen sowie zur Bekämpfung von Missbrauch und Abrechnungsmanipulationen zu schaffen und es damit den Krankenkassen zu ermöglichen, ihre Aufgaben wirksamer und besser als bisher zu erfüllen.[7] Der 3

---

1 Gesetz zur Strukturreform im Gesundheitswesen (Gesundheitsreformgesetz – GRG) vom 20.12.1989, BGBl I 1989, 2477.

2 Art. 79 Abs. 2 GRG.

3 Gesetz zur Sicherung und Strukturverbesserung der gesetzlichen Krankenversicherung (Gesundheitsstrukturgesetz – GSG) vom 21.12.1992, BGBl I 1992, 2266.

4 Gesetz zur Ablösung des Arznei- und Heilmittelbudgets /Arzneimittelbudget-Ablösegesetz – ABAG) v. 19.12.2001, BGBl I 2001, 3773.

5 Gesetz zur Modernisierung der gesetzlichen Krankenversicherung (GKV-Modernisierungsgesetz – GMG) vom 14.11.2003, BGBl I 2003, 2190.

6 BT-Drs. 15/1525, S. 147.

7 BT-Drs. 11/2237, S. 237.

erste Titel enthält neben den §§ 296-298 SGB V, die die Datenübermittlung in Prüfverfahren regeln, Vorschriften über die von den Leistungserbringern nach dem SGB V an die Krankenkassen und die Kassenärztlichen Vereinigungen zu übermittelnden Daten.

B. Auslegung der Norm

I. Regelungsgehalt und Bedeutung der Norm

4 § 296 SGB V regelt die von Kassenärztlichen Vereinigungen, den Krankenkassen und den Vertragsärzten an die Geschäftsstellen nach § 106 Abs. 4a SGB V **zu übermittelnden Daten für die Durchführung von Auffälligkeitsprüfungen nach § 106 Abs. 2 Satz 1 Nr. 1 SGB V**. Näheres kann in Vereinbarungen zwischen der Kassenärztlichen Bundesvereinigung und den Spitzenverbänden der Krankenkassen vertraglich geregelt werden.

II. Normzweck

5 Die Vorschrift schafft die **datenschutzrechtlichen Gründlagen** für die Übermittlung von Daten durch Kassenärztliche Vereinigungen, Krankenkassen und Vertragsärzte an die Geschäftsstellen nach § 106 Abs. 4a SGB V, wenn diese Übermittlung für die Aufgaben der Geschäftsstellen und die Durchführung von Auffälligkeitsprüfungen erforderlich ist.

III. Tatbestandsmerkmale

1. Übermittlung von Daten durch die Kassenärztliche Vereinigungen

6 Nach **Absatz 1 Satz 1** sind **von den Kassenärztlichen Vereinigungen aus den Abrechnungsunterlagen als Daten die Arztnummer** (vgl. die Kommentierung zu § 293 SGB V), **die Kassennummer** und **die abgerechneten Behandlungsfälle**, entweder getrennt nach Mitgliedern und Rentnern sowie deren Angehörigen oder in der nach § 84 Abs. 6 Satz 2 SGB V (vgl. die Kommentierung zu § 84 SGB V) bestimmten Gliederung, **den Geschäftsstellen nach § 106 Abs. 4a SGB V** (vgl. die Kommentierung zu § 106 SGB V) **zu übermitteln**. Die Datenübermittlung an die Krankenkassen oder an von diesen beauftragte Stellen, wie sie bis 31.12.2003 in Absatz 1 vorgesehen war, ist entfallen. Die Übermittlung hat für jedes Quartal zu erfolgen, sobald die erforderlichen Daten vorliegen. Die bis 31.12.2003 bestehende Regelung, wonach die Daten nur auf Verlangen der Krankenkassen zu übermitteln waren, ist weggefallen. Die Geschäftsstelle kann die nach § 106 Abs. 2 Satz 1 Nr. 1 SGB V seit 01.01.2004 von ihr durchzuführende Aufbereitung der Datenunterlagen für die Auffälligkeitsprüfung bei Überschreitung der Richtgrößenvolumina nur vornehmen, wenn ihr für jedes Quartal die erforderlichen Daten zur Verfügung gestellt werden. Die Übermittlung erfolgt im Wege elektronischer Datenübertragung (mit entsprechender Software und Signatur) oder auf Datenträgern (Diskette oder CD-Rom). Nach **Absatz 1 Satz 2** sind die Daten über die abgerechneten Behandlungsfälle unter Angabe der Diagnosen nach dem jeweils geltenden ICD-10-Diagnoseschlüssel zu übermitteln, wenn dies zur Prüfung der Einhaltung der Richtlinien nach Maßgabe des § 106 Abs. 5b SGB V (vgl. die Kommentierung zu § 106 SGB V) erforderlich ist. Nach dieser Regelung ist bei Auffälligkeitsprüfungen auch die Einhaltung der Richtlinien nach § 92 Abs. 1 Satz 2 Nr. 6 SGB V (vgl. die Kommentierung zu § 92 SGB V) zu prüfen, soweit ihre Geltung auf § 35b Abs. 1 SGB V (vgl. die Kommentierung zu § 35b SGB V) beruht.

2. Übermittlung von Daten durch die Krankenkassen

7 Die **Krankenkassen** haben den Geschäftsstellen nach § 106 Abs. 4a SGB V zur Durchführung der Prüfung nach § 106 Abs. 2 Satz 1 Nr. 1 SGB V die ihnen vorliegenden **Daten über die von den Vertragsärzten verordneten Leistungen** bezogen auf Arznei-, Verband- und Heilmittel ebenfalls für jedes Quartal im Wege elektronischer Datenübertragung (mit entsprechender Software und Signatur) oder auf Datenträgern (Diskette oder CD-Rom) zu übermitteln. Mitzuteilen sind die Arztnummer des verordnenden Arztes, die Kassennummer sowie Art, Menge und Kosten verordneter Arznei-, Verband- oder Heilmittel, wobei die Daten entweder getrennt nach Mitgliedern und Rentnern sowie deren Angehörigen oder in der nach § 84 Abs. 6 Satz 2 SGB V bestimmten Gliederung zu übermitteln sind. Weiterhin ist bei Arzneimitteln das Kennzeichen nach § 300 Abs. 3 Nr. 1 SGB V (vgl. die Kommentierung zu § 300 SGB V) mitzuteilen. Für die **Durchführung eines Arzneikostenregresses gegen einen Ver-**

tragsarzt wegen unwirtschaftlicher Arzneiverordnungen ist die Vorlage aller Originalverordnungsbelege des betroffenen Quartals nicht Voraussetzung, da die Vermutung der Richtigkeit der elektronischen Erfassung und Übermittlung der Verordnungskosten besteht. Macht der Arzt gegenüber den Prüfgremien allerdings nachvollziehbar geltend, die ihm im Wege der elektronischen Datenübermittlung zugerechneten Arzneikosten beruhten tatsächlich nicht auf von ihm ausgestellten Verordnungen, müssen die Prüfgremien die Verordnungsblätter möglichst vollständig anfordern und beiziehen. Gelingt dies nicht, ist den beim Fehlen von Verordnungsblättern eingeschränkten Verteidigungsmöglichkeiten des Arztes durch einen Sicherheitsabschlag beim Regressbetrag Rechnung zu tragen.[8]

3. Vertragliche Vereinbarungen

Absatz 3 Satz 1 bestimmt, dass Näheres über die nach Absatz 2 Nr. 3 anzugebenden Arten und Gruppen von Arznei-, Verband- und Heilmitteln zur Prüfung der Überschreitung der Richtgrößenvolumina in dem Vertrag nach § 295 Abs. 3 Satz 1 Nr. 5 SGB V[9] zu regeln ist. § 295 Abs. 3 Satz 1 Nr. 5 SGB V sieht den Abschluss von Vereinbarungen über weitere Einzelheiten der Datenübermittlung und der Aufbereitung von Abrechnungsunterlagen nach den §§ 296 und 297 SGB V als Bestandteil der Bundesmantelverträge vor. Die bundeseinheitliche Vorgabe trägt den sehr hohen technischen Anforderungen an die Datenaufbereitung für diese Prüfungen Rechnung.[10] Nach **Absatz 3 Satz 2** kann auch die Angabe jedes einzelnen Mittels oder von dessen Kennzeichen vereinbart werden. **Absatz 3 Satz 3** sieht vor, dass in der Vereinbarung die Fristen für die Datenvorlage nach den Absätzen 1 und 2 und die Verhängung von Sanktionen im Fall der Überschreitung dieser Fristen zu regeln sind. Damit soll einer kooperativen und gegenseitigen Verpflichtung zur Bereitstellung und Aufbereitung von Prüfdaten ein wesentlich höherer Stellenwert eingeräumt werden.[11] 8

4. Übermittlung von Befunden durch Vertragsärzte

Nach **Absatz 4** haben **die an der vertragsärztlichen Versorgung teilnehmenden Ärzte,** allerdings nur auf Verlangen der Geschäftsstelle nach § 106 Abs. 4a SGB V, für die Prüfung nach § 106 Abs. 5a SGB V (vgl. die Kommentierung zu § 106 SGB V) **die erforderlichen Befunde vorzulegen.** Die Regelung entspricht § 295 Abs. 1a SGB V über die Vorlage von Befunden bei Prüfungen nach § 106a SGB V. Die entsprechende datenschutzrechtliche Grundlage zur Vorlage von versichertenbezogenen Daten durch die Krankenkassen und Kassenärztlichen Vereinigungen enthält § 298 SGB V. 9

C. Reformbestrebungen

Das **GKV-Wettbewerbsstärkungsgesetz**[12] hat **mit Wirkung ab 01.01.2008**[13] die Absätze 1 und 2 neu gefasst. Die Neuregelung in **Absatz 1** konkretisiert die von der Kassenärztlichen Vereinigung an die Prüfstellen zu übermittelnden Daten gemäß den weiterentwickelten Anforderungen aus § 106 SGB V. Weiterhin werden die bisher in den Bundesmantelverträgen vereinbarten Regelungen zum Datenaustausch und zur Datenübermittlung an die Prüfgremien gesetzlich abgesichert. Die neue Vorgabe von zusätzlichen Angaben zum Arzt, die neben der Arztnummer zu übermitteln sind, sind für die ordnungsgemäße Durchführung der Prüfungen wie auch die Zustellung von Bescheiden an den Arzt notwendig.[14] Auch die Neuregelung von **Absatz 2** dient der gesetzlichen Absicherung bereits in den Bundesmantelverträgen geregelter Datenübermittlungen. Weiterhin wird durch die in Absatz 2 Satz 2 vorgesehene Mitteilung der Versichertennummer die Prüfung von Praxisbesonderheiten erleichtert.[15] In **Absatz 4** wird als Folgeänderung aufgrund der Zusammenlegung von Prüfungsausschuss und Geschäftsstelle mit Wirkung ab 01.01.2008 das Wort „Geschäftsstelle" durch das Wort „Prüfungsstelle" 10

---

[8] BSG v. 27.04.2005 - B 6 KA 1/04 R - SozR 4-2500 § 106 Nr. 9.

[9] Absatz 3 Satz 1 verweist unvollständig nur auf § 295 Abs. 3 Nr. 5 SGB V.

[10] BT-Drs. 15/1525, S. 147.

[11] BT-Drs. 14/7170, S. 15.

[12] Gesetz zur Stärkung des Wettbewerbs in der gesetzlichen Krankenversicherung (GKV-Wettbewerbsstärkungsgesetz – GKV-WSG) vom 26.03.2007, BGBl I 2007, 378.

[13] Art. 46 Abs. 8 Gesetz zur Stärkung des Wettbewerbs in der gesetzlichen Krankenversicherung (GKV-Wettbewerbsstärkungsgesetz – GKV-WSG) vom 26.03.2007, BGBl I 2007, 378.

[14] BT-Drs. 16/4247, S. 57.

[15] BT-Drs. 16/4247, S. 57.

ersetzt. In **Absatz 3 Satz 1** werden **mit Wirkung ab 01.07.2008**[16] die Wörter „die Spitzenverbände der Krankenkassen“ durch die Wörter „der Spitzenverband Bund der Krankenkassen“ ersetzt. Hierbei handelt es sich um eine redaktionelle Folgeänderung zu der durch das GKV-Wettbewerbsstärkungsgesetz beschlossenen neuen Organisationsstruktur der Verbände der Krankenkassen.[17] Nach den §§ 217a ff. SGB V bilden die Krankenkassen den „Spitzenverband Bund der Krankenkassen“. Dieser übernimmt gemäß § 217f Abs. 1 SGB V ab 01.07.2008 die bisher den Spitzenverbänden der Krankenkassen zugewiesenen Aufgaben.

---

[16] Art. 46 Abs. 9 Gesetz zur Stärkung des Wettbewerbs in der gesetzlichen Krankenversicherung (GKV-Wettbewerbsstärkungsgesetz – GKV-WSG) vom 26.03.2007, BGBl I 2007, 378.

[17] BT-Drs. 16/3100, S. 176.

§ 297 SGB V Zufälligkeitsprüfungen

(Ursprünglich kommentierte Fassung vom 14.11.2003, gültig ab 01.01.2004, gültig bis 31.12.2007)

(1) Die Kassenärztlichen Vereinigungen übermitteln den Geschäftsstellen nach § 106 Abs. 4a für jedes Quartal eine Liste der Ärzte, die gemäß § 106 Abs. 3 in die Prüfung nach § 106 Abs. 2 Satz 1 Nr. 2 einbezogen werden.

(2) Die Kassenärztlichen Vereinigungen übermitteln im Wege der elektronischen Datenübertragung oder maschinell verwertbar auf Datenträgern den Geschäftsstellen nach § 106 Abs. 4a aus den Abrechnungsunterlagen der in die Prüfung einbezogenen Vertragsärzte folgende Daten:

1. **Arztnummer,**
2. **Kassennummer,**
3. **Krankenversichertennummer,**
4. **abgerechnete Gebührenpositionen je Behandlungsfall einschließlich des Tages der Behandlung, bei ärztlicher Behandlung mit der nach dem in § 295 Abs. 1 Satz 2 genannten Schlüssel verschlüsselten Diagnose, bei zahnärztlicher Behandlung mit Zahnbezug und Befunden, bei Überweisungen mit dem Auftrag des überweisenden Arztes. Die Daten sind jeweils für den Zeitraum eines Jahres zu übermitteln.**

(3) Die Krankenkassen übermitteln im Wege der elektronischen Datenübertragung oder maschinell verwertbar auf Datenträgern den Geschäftsstellen nach § 106 Abs. 4a die Daten über die von den in die Prüfung nach § 106 Abs. 2 Satz 1 Nr. 2 einbezogenen Vertragsärzten verordneten Leistungen sowie die Feststellungen der Arbeitsunfähigkeit jeweils unter Angabe der Arztnummer, der Kassennummer und der Krankenversichertennummer. Die Daten über die verordneten Arzneimittel enthalten zusätzlich jeweils das Kennzeichen nach § 300 Abs. 3 Nr. 1. Die Daten über die Verordnungen von Krankenhausbehandlung enthalten zusätzlich jeweils die gemäß § 301 übermittelten Angaben über den Tag und den Grund der Aufnahme, die Einweisungsdiagnose, die Aufnahmediagnose, die Art der durchgeführten Operationen und sonstigen Prozeduren sowie die Dauer der Krankenhausbehandlung. Die Daten über die Feststellungen der Arbeitsunfähigkeit enthalten zusätzlich die gemäß § 295 Abs. 1 übermittelte Diagnose sowie die Dauer der Arbeitsunfähigkeit. Die Daten sind jeweils für den Zeitraum eines Jahres zu übermitteln.

(4) Daten über kassen- und vertragsärztliche Leistungen und Daten über verordnete Leistungen dürfen, soweit sie versichertenbezogen sind, auf maschinell verwertbaren Datenträgern nur zusammengeführt werden, soweit dies zur Durchführung der Prüfungen nach § 106 Abs. 2 Satz 1 Nr. 2 erforderlich ist.

§ 297 SGB V Zufälligkeitsprüfungen

(Fassung vom 26.03.2007, gültig ab 01.01.2008)

(1) Die Kassenärztlichen Vereinigungen übermitteln den *Prüfungsstellen* nach § 106 Abs. 4a für jedes Quartal eine Liste der Ärzte, die gemäß § 106 Abs. 3 in die Prüfung nach § 106 Abs. 2 Satz 1 Nr. 2 einbezogen werden.

(2) Die Kassenärztlichen Vereinigungen übermitteln im Wege der elektronischen Datenübertragung oder maschinell verwertbar auf Datenträgern den *Prüfungsstellen* nach § 106 Abs. 4a aus den Abrechnungsunterlagen der in die Prüfung einbezogenen Vertragsärzte folgende Daten:

1. Arztnummer,

2. Kassennummer,

3. Krankenversichertennummer,

4. abgerechnete Gebührenpositionen je Behandlungsfall einschließlich des Tages der Behandlung, bei ärztlicher Behandlung mit der nach dem in § 295 Abs. 1 Satz 2 genannten Schlüssel verschlüsselten Diagnose, bei zahnärztlicher Behandlung mit Zahnbezug und Befunden, bei Überweisungen mit dem Auftrag des überweisenden Arztes. Die Daten sind jeweils für den Zeitraum eines Jahres zu übermitteln.

(3) Die Krankenkassen übermitteln im Wege der elektronischen Datenübertragung oder maschinell verwertbar auf Datenträgern den *Prüfungsstellen* nach § 106 Abs. 4a die Daten über die von den in die Prüfung nach § 106 Abs. 2 Satz 1 Nr. 2 einbezogenen Vertragsärzten verordneten Leistungen sowie die Feststellungen der Arbeitsunfähigkeit jeweils unter Angabe der Arztnummer, der Kassennummer und der Krankenversichertennummer. Die Daten über die verordneten Arzneimittel enthalten zusätzlich jeweils das Kennzeichen nach § 300 Abs. 3 Nr. 1. Die Daten über die Verordnungen von Krankenhausbehandlung enthalten zusätzlich jeweils die gemäß § 301 übermittelten Angaben über den Tag und den Grund der Aufnahme, die Einweisungsdiagnose, die Aufnahmediagnose, die Art der durchgeführten Operationen und sonstigen Prozeduren sowie die Dauer der Krankenhausbehandlung. Die Daten über die Feststellungen der Arbeitsunfähigkeit enthalten zusätzlich die gemäß § 295 Abs. 1 übermittelte Diagnose sowie die Dauer der Arbeitsunfähigkeit. Die Daten sind jeweils für den Zeitraum eines Jahres zu übermitteln.

(4) Daten über kassen- und vertragsärztliche Leistungen und Daten über verordnete Leistungen dürfen, soweit sie versichertenbezogen sind, auf maschinell verwertbaren Datenträgern nur zusammengeführt werden, soweit dies zur Durchführung der Prüfungen nach § 106 Abs. 2 Satz 1 Nr. 2 erforderlich ist.

Hinweis: § 297 SGB V in der Fassung vom 14.11.2003 wurde durch Art. 1 Nr. 200 des Gesetzes vom 26.03.2007 (BGBl I 2007, 378) mit Wirkung vom 01.01.2008 geändert. Die Autoren passen die Kommentierungen bei Bedarf an die aktuelle Rechtslage durch Aktualisierungshinweise an.

Gliederung

A. Basisinformationen

I. Textgeschichte/Gesetzgebungsmaterialien

1 § 297 SGB V ist durch das **Gesundheitsreformgesetz**[1] **mit Wirkung ab 01.01.1989**[2] eingeführt worden und hatte zunächst die Überschrift „Stichprobenprüfung". Durch das **Gesundheitsstrukturgesetz**[3] wurde **mit Wirkung ab 01.01.1993** die Überschrift in die heutige Fassung geändert. Weiterhin wurde

[1] Gesetz zur Strukturreform im Gesundheitswesen (Gesundheitsreformgesetz – GRG) vom 20.12.1989, BGBl I 1989, 2477.

[2] Art. 79 Abs. 2 GRG.

[3] Gesetz zur Sicherung und Strukturverbesserung der gesetzlichen Krankenversicherung (Gesundheitsstrukturgesetz – GSG) vom 21.12.1992, BGBl I 1992, 2266.

in den Absätzen 1, 2 und 3 durch Streichung des Begriffes „Kassenarzt" den Änderungen im Vertragsarztrecht Rechnung getragen. Absatz 1 wurde als Folge der Änderungen in § 106 Abs. 2 Satz 1 Nr. 2 SGB V neu gefasst. Absatz 2 Nr. 4 wurde dahin gehend ergänzt, dass bei ärztlicher Behandlung die nach § 295 Abs. 1 Satz 2 SGB V verschlüsselten Diagnosen und die Daten nach Absatz 2 jeweils für ein Jahr zu übermitteln sind. **Mit Wirkung ab 01.07.1994** wurde durch das **2. SGBÄndG**[4] in Absatz 4 der Begriff „versichertenbeziehbar" durch den Begriff „versichertenbezogen" ersetzt. Durch das **GKV-Modernisierungsgesetz**[5] wurde **mit Wirkung ab 01.01.2004** die Vorschrift weitgehend geändert.[6] Der Datenaustausch zwischen den Kassenärztlichen Vereinigungen und den Krankenkassen nach den Absätzen 2 und 3 entfiel auf Grund der Einrichtung der Geschäftsstellen nach § 106 Abs. 4a SGB V. Weiterhin wurde die Übermittlung der Daten im Wege der elektronischen Datenübertragung oder auf Datenträgern vorgeschrieben und damit die Übermittlungsweise dem technischen Fortschritt angepasst. Die Liste der nach Absatz 3 von den Krankenkassen zu übermittelnden Daten über verordnete Leistungen wurde erheblich erweitert. Absatz 4 wurde der Änderung in § 106 Abs. 2 Satz 1 Nr. 2 SGB V angepasst.

II. Vorgängervorschriften

Die **bis 31.12.1988** geltenden Vorschriften der RVO über die gesetzliche Krankenversicherung enthielten keine eigenständigen Regelungen über die für Prüfverfahren zu übermittelnden Daten. 2

III. Systematische Zusammenhänge

§ 297 SGB V ist **die fünfte Vorschrift** des **Ersten Titels** (Übermittlung von Leistungsdaten) des **Zweiten Abschnitts** (Übermittlung und Aufbereitung von Leistungsdaten, Datentransparenz) **des Zehnten Kapitels** (Versicherungs- und Leistungsdaten, Datenschutz, Datentransparenz) **des SGB V**. Der erste Titel enthält neben den §§ 296-298 SGB V, die die Datenübermittlung in Prüfverfahren regeln, Vorschriften über die von den Leistungserbringern nach dem SGB V an die Krankenkassen und die Kassenärztlichen Vereinigungen zu übermittelnden Daten. 3

B. Auslegung der Norm

I. Regelungsgehalt und Bedeutung der Norm

§ 297 SGB V regelt die von den Kassenärztlichen Vereinigungen und den Krankenkassen an die Geschäftsstellen nach § 106 Abs. 4a SGB V **zu übermittelnden Daten für die Durchführung von Zufälligkeitsprüfungen nach § 106 Abs. 2 Satz 1 Nr. 2 SGB V** für die Ärzte, die in die Zufälligkeitsprüfung einbezogen worden sind, und ermöglicht so die Überprüfung der Wirtschaftlichkeit in einzelnen Behandlungsfällen. Weiterhin enthält die Vorschrift in Absatz 4 eine Einschränkung hinsichtlich der Zusammenführung von versichertenbezogenen Daten über ärztliche und ärztlich verordnete Leistungen. 4

II. Normzweck

Die Vorschrift schafft die **datenschutzrechtlichen Gründlagen** für die Übermittlung von Daten durch die Kassenärztlichen Vereinigungen und die Krankenkassen an die Geschäftsstellen nach § 106 Abs. 4a SGB V, wenn diese Übermittlung für die Aufgaben der Geschäftsstellen im Rahmen der Durchführung von Zufälligkeitsprüfungen erforderlich ist. 5

III. Tatbestandsmerkmale

1. Übermittlung von Daten durch die Kassenärztliche Vereinigungen

Nach **Absatz 1** haben die Kassenärztlichen Vereinigungen **die Liste der Ärzte, die in die Zufälligkeitsprüfung einbezogen werden**, für jedes Quartal den Geschäftsstellen nach § 106 Abs. 4a SGB V (vgl. die Kommentierung zu § 106 SGB V) zu übermitteln. Die Liste wird nach Vorgabe der Vertragspartner gemäß § 106 Abs. 3 SGB V (vgl. die Kommentierung zu § 106 SGB V) von der Kassenärztlichen Vereinigung erstellt. 6

---

[4] Zweites Gesetz zur Änderung des Sozialgesetzbuchs (2. SGBÄndG) vom 13.06.1994; BGBl I 1994, 1229.

[5] Gesetz zur Modernisierung der gesetzlichen Krankenversicherung (GKV-Modernisierungsgesetz – GMG) vom 14.11.2003, BGBl I 2003, 2190.

[6] BT-Drs. 15/1525, S. 297 f.

7 Nach **Absatz 2** Satz 1 Nr. 1 bis 4 hat die Kassenärztliche Vereinigung **aus den Abrechnungsunterlagen als Daten die Arztnummer** (vgl. die Kommentierung zu § 293 SGB V), **die Kassennummer, die Krankenversichertennummer** (vgl. die Kommentierung zu § 290 SGB V) und **die abgerechneten Gebührenpositionen je Behandlungsfall**, bei ärztlicher Behandlung unter Angabe der Diagnosen nach dem jeweils geltenden ICD-10-Diagnoseschlüssel, bei zahnärztlicher Behandlung mit Zahnbezug und Befunden, den Geschäftsstellen nach § 106 Abs. 4a SGB V zu übermitteln. Weiterhin sind auch die Angaben zu Überweisungen zu übermitteln, da die Überweisungen nach § 106 Abs. 2 Satz 3 SGB V in die Prüfung nach § 106 Abs. 2 Satz 1 Nr. 2 SGB V einbezogen sind. Die Datenübermittlung an die Krankenkassen oder an von diesen beauftragte Stellen, wie sie bis 31.12.2003 in Absatz 1 vorgesehen war, ist entfallen. Die bis 31.12.2003 bestehende Regelung, wonach die Daten nur auf Verlangen der Krankenkassen zu übermitteln waren, ist ebenfalls gestrichen worden. Die Geschäftsstelle kann die nach § 106 Abs. 2 Satz 1 Nr. 2 SGB V seit 01.01.2004 von ihr durchzuführende Aufbereitung der Datenunterlagen für die Zufälligkeitsprüfung nur vornehmen, wenn ihr für jedes Quartal die erforderlichen Daten zur Verfügung gestellt werden. Die Übermittlung erfolgt im Wege elektronischer Datenübertragung (mit entsprechender Software und Signatur) oder auf Datenträgern (Diskette oder CD-Rom). Absatz 2 Satz 2 schreibt die Übermittlung der Daten jeweils für den Zeitraum eines Jahres vor, da nach § 106 Abs. 2 Satz 6 SGB V der einer Zufälligkeitsprüfung zugrunde zu legende Zeitraum mindestens ein Jahr beträgt, auch wenn die Prüfung jeweils ein Abrechnungsquartal umfasst.

2. Übermittlung von Daten durch die Krankenkassen

8 Die **Krankenkassen** haben nach **Absatz 3** Satz 1 den Geschäftsstellen nach § 106 Abs. 4a SGB V zur Durchführung der Prüfung nach § 106 Abs. 2 Satz 1 Nr. 2 SGB V die ihnen vorliegenden **Daten über die von den in die Zufälligkeitsprüfung einbezogenen Vertragsärzten verordneten Leistungen sowie die Feststellungen von Arbeitsunfähigkeit** ebenfalls jeweils für den Zeitraum eines Jahres im Wege elektronischer Datenübertragung (mit entsprechender Software und Signatur) oder auf Datenträgern (Diskette oder CD-Rom) zu übermitteln. Anzugeben sind die Arztnummer des verordnenden Arztes, die Kassennummer und die Krankenversichertennummer. Bei Arzneimitteln ist nach Absatz 3 Satz 2 jeweils das Kennzeichen nach § 300 Abs. 3 Nr. 1 SGB V (vgl. die Kommentierung zu § 300 SGB V) mitzuteilen. Absatz 3 Satz 3 enthält Vorgaben hinsichtlich der bei Krankenhausbehandlungen zu übermittelnden Angaben; Absatz 3 Satz 4 schreibt die Übermittlung der bei der Feststellung von Arbeitsunfähigkeit nach § 295 Abs. 1 Satz 1 Nr. 1 SGB V anzugebenden Diagnose sowie die Mitteilung der Dauer der Arbeitsunfähigkeit vor. Die Angaben sind zur Durchführung der Zufälligkeitsprüfung erforderlich. Die Befugnis der Krankenkassen zur Aufzeichnung der Angaben über Krankenhausbehandlungen und Arbeitsunfähigkeitszeiten ergibt sich aus § 292 SGB V (vgl. die Kommentierung zu § 292 SGB V).

3. Zusammenführung versichertenbezogener Daten

9 **Absatz 4** beschränkt die **Zusammenführung von Daten** über ärztliche Leistungen und verordnete Leistungen durch die Geschäftsstelle nach § 106 Abs. 4a SGB V auf maschinell verwertbaren Datenträgern, wenn sie versichertenbezogen übermittelt worden sind. Die Zusammenführung muss **im Einzelfall** für die Durchführung der Zufälligkeitsprüfung **erforderlich** sein. Daher kann nicht vertraglich die generelle Zusammenführung versichertenbezogener Daten vereinbart werden. Dies entspricht dem Grundsatz der Verhältnismäßigkeit im Datenschutzrecht und der besonderen Schutzbedürftigkeit von Sozialdaten der Versicherten.

C. Reformbestrebungen

10 Das GKV-Wettbewerbsstärkungsgesetz[7] sieht vor, dass **mit Wirkung ab 01.01.2008**[8] in den Absätzen 1 bis 3 jeweils in Satz 1 das Wort „Geschäftsstelle" durch das Wort „Prüfungsstelle" ersetzt wird. Es handelt sich dabei um Folgeänderungen der Zusammenlegung von Prüfungsausschuss und Geschäftsstelle.[9]

---

7 Gesetz zur Stärkung des Wettbewerbs in der gesetzlichen Krankenversicherung (GKV-Wettbewerbsstärkungsgesetz – GKV-WSG) vom 26.03.2007, BGBl I 2007, 378.

8 Art. 46 Abs. 8 Gesetz zur Stärkung des Wettbewerbs in der gesetzlichen Krankenversicherung (GKV-Wettbewerbsstärkungsgesetz – GKV-WSG) vom 26.03.2007, BGBl I 2007, 378.

9 BT-Drs. 16/3100, S. 175.

§ 298 SGB V Übermittlung versichertenbezogener Daten

(Fassung vom 13.06.1994, gültig ab 01.07.1994)

Im Rahmen eines Prüfverfahrens ist die versichertenbezogene Übermittlung von Angaben über ärztliche oder ärztlich verordnete Leistungen zulässig, soweit die Wirtschaftlichkeit oder Qualität der ärztlichen Behandlungs- oder Verordnungsweise im Einzelfall zu beurteilen ist.

Gliederung

A. Basisinformationen

I. Textgeschichte/Gesetzgebungsmaterialien

§ 298 SGB V ist durch das **Gesundheitsreformgesetz**[1] **mit Wirkung ab 01.01.1989**[2] eingeführt worden. Durch das **2. SGBÄndG**[3] wurde **mit Wirkung ab 01.07.1994** die Vorschrift dahin gehend ergänzt, dass auch für die Beurteilung der Qualität der ärztlichen Behandlungs- und Verordnungsweise nach § 136 SGB V die versichertenbezogene Übermittlung von Angaben über ärztliche oder ärztlich verordnete Leistungen zulässig ist. 1

II. Vorgängervorschriften

Die **bis 31.12.1988** geltenden Vorschriften der RVO über die gesetzliche Krankenversicherung enthielten keine eigenständigen Regelungen über die Übermittlung versichertenbezogener Daten im Rahmen eines Prüfverfahrens. 2

III. Systematische Zusammenhänge

§ 298 SGB V ist **die sechste Vorschrift** des **Ersten Titels** (Übermittlung von Leistungsdaten) des **Zweiten Abschnitts** (Übermittlung und Aufbereitung von Leistungsdaten, Datentransparenz) **des Zehnten Kapitels** (Versicherungs- und Leistungsdaten, Datenschutz, Datentransparenz) **des SGB V**. Das Zehnte Kapitel zielt darauf ab, die Transparenz des Leistungsgeschehens zu verbessern und die Unterrichtung der Versicherten über die Leistungen zu ermöglichen, die Voraussetzungen für eine qualifizierte Prüfung von Wirtschaftlichkeit, Zweckmäßigkeit und Notwendigkeit der abgerechneten Leistungen sowie zur Bekämpfung von Missbrauch und Abrechnungsmanipulationen zu schaffen und es damit den Krankenkassen zu ermöglichen, ihre Aufgaben wirksamer und besser als bisher zu erfüllen.[4] Der erste Titel enthält neben den §§ 296-298 SGB V, die die Datenübermittlung in Prüfverfahren regeln, Vorschriften über die von den Leistungserbringern nach dem SGB V an die Krankenkassen und die Kassenärztlichen Vereinigungen zu übermittelnden Daten. 3

B. Auslegung der Norm

I. Regelungsgehalt und Bedeutung der Norm

Die Vorschrift regelt in Ergänzung zu den §§ 296, 297 SGB V die **Übermittlung versichertenbezogener Daten in Prüfverfahren** durch die Krankenkassen, die Kassenärztlichen Vereinigungen und die Vertragsärzte. Die Befugnis gilt auch für Qualitätsprüfungen nach § 136 SGB V. 4

---

1 Gesetz zur Strukturreform im Gesundheitswesen (Gesundheitsreformgesetz – GRG) vom 20.12.1989, BGBl I 1989, 2477.
2 Art. 79 Abs. 2 GRG.
3 Zweites Gesetz zur Änderung des Sozialgesetzbuchs (2. SGBÄndG) vom 13.06.1994; BGBl I 1994, 1229.
4 BT-Drs. 11/2237, S. 237.

II. Normzweck

5 § 298 SGB V schafft die **datenschutzrechtliche Grundlage für die Übermittlung von versichertenbezogenen Angaben** bei Prüfungen der Wirtschaftlichkeit und Qualität an die Geschäftsstellen nach § 106 Abs. 4a SGB V und an die Prüfungs- und Beschwerdeausschüsse.

III. Tatbestandsmerkmale

1. Übermittlung von versichertenbezogenen Daten in Prüfverfahren

6 § 298 SGB V erlaubt die Übermittlung von **konkreten Einzelangaben über Versicherte** im Rahmen eines Prüfverfahrens durch die Krankenkassen, die Kassenärztlichen Vereinigungen und die Vertragsärzte.[5] Der **Begriff der „Angaben"** umfasst sowohl Originalbelege (Abrechnungs- und Überweisungsscheine sowie Verordnungsvordrucke) als auch auf Datenträgern gespeicherte Daten der Versicherten.[6] **Übermitteln** ist nach § 67 Abs. 6 Satz 2 Nr. 3 SGB X das Bekanntgeben gespeicherter oder durch Datenverwertung gewonnener Sozialdaten an einen Dritten durch Weitergabe oder Gewährung von Einsicht. Die Übermittlung ist erst zulässig, wenn ein Prüfverfahren durchgeführt wird, so dass im Vorgriff eine Übermittlung versichertenbezogener Angaben nicht erfolgen darf. Die Angaben müssen zur Beurteilung im Einzelfall notwendig sein. Dadurch wird eine regelmäßige Übermittlung versichertenbezogener Angaben, ohne dass die Notwendigkeit der Übermittlung im Einzelfall geprüft wird, ausgeschlossen. Die Übermittlung kann an die Geschäftsstellen nach § 106 Abs. 4a SGB V oder direkt an die Prüfungs- und Beschwerdeausschüsse erfolgen. **Prüfverfahren** sind die Auffälligkeitsprüfung nach § 106 Abs. 2 Satz 1 Nr. 1 SGB V, die Zufälligkeitsprüfung nach § 106 Abs. 2 Satz 1 Nr. 2 SGB V sowie die Abrechnungsprüfung nach § 106a SGB V. Zu den Prüfverfahren zählt auch das Verfahren zur Feststellung eines sonstigen Schadens bei zahnärztlicher Behandlung nach den §§ 23 Abs. 1 Satz 2, 24 BMV-Z.[7] § 298 SGB V stellt für den Vertragsarzt eine wirksame Entbindung von der ärztlichen Schweigepflicht dar.[8]

2. Übermittlung von versichertenbezogenen Daten in Qualitätsprüfungsverfahren

7 Die Vorschrift gilt auch die Übermittlung versichertenbezogener Daten in **Qualitätsprüfungsverfahren**. Nach **§ 136 Abs. 2 Satz 1 SGB V** prüfen die Kassenärztlichen Vereinigungen die Qualität der vertragsärztlichen Leistungen einschließlich der belegärztlichen Leistungen im Einzelfall durch Stichproben (vgl. die Kommentierung zu § 136 SGB V). Hierfür kann auch die Auswertung versichertenbezogener Angaben erforderlich sein.

---

[5] BT-Drs. 11/3480, S. 70.

[6] *Waschull* in: Krauskopf, SozKV, § 298 SGB V Rn. 7; a.A. *Hess* in: KassKomm-SGB, SGB V, § 298 Rn. 2.

[7] LSG Bayern v. 23.09.1998 - L 12 KA 518/97 - MedR 2000, 289.

[8] LSG Saarland v. 01.04.1998 - L 3 Ka 19/96.

§ 299 SGB V Datenerhebung, -verarbeitung und -nutzung für Zwecke der Qualitätssicherung

(Fassung vom 26.03.2007, gültig ab 01.04.2007)

(1) Werden für Zwecke der Qualitätssicherung nach § 135a Abs. 2 oder § 136 Abs. 2 Sozialdaten von Versicherten erhoben, verarbeitet und genutzt, so haben die Richtlinien und Beschlüsse nach § 136 Abs. 2 Satz 2 und § 137 Abs. 1 Satz 1 und Abs. 3 des Gemeinsamen Bundesausschusses sowie die Vereinbarungen nach § 137d sicherzustellen, dass

1. in der Regel die Datenerhebung auf eine Stichprobe der betroffenen Patienten begrenzt wird und die versichertenbezogenen Daten pseudonymisiert werden,

2. die Auswertung der Daten, soweit sie nicht im Rahmen der Qualitätsprüfungen durch die Kassenärztlichen Vereinigungen erfolgt, von einer unabhängigen Stelle vorgenommen wird und

3. eine qualifizierte Information der betroffenen Patienten in geeigneter Weise stattfindet.

Abweichend von Satz 1 Nr. 1 können die Richtlinien, Beschlüsse und Vereinbarungen auch eine Vollerhebung der Daten aller betroffenen Patienten vorsehen, sofern dieses aus gewichtigen medizinisch fachlichen oder gewichtigen methodischen Gründen, die als Bestandteil der Richtlinien, Beschlüsse und Vereinbarungen dargelegt werden müssen, erforderlich ist. Die zu erhebenden Daten sowie Auswahl, Umfang und Verfahren der Stichprobe sind in den Richtlinien und Beschlüssen sowie den Vereinbarungen nach Satz 1 festzulegen und von den an der vertragsärztlichen Versorgung teilnehmenden Ärzten und den übrigen Leistungserbringern zu erheben und zu übermitteln. Es ist auszuschließen, dass die Krankenkassen, Kassenärztlichen Vereinigungen oder deren jeweilige Verbände Kenntnis von Daten erlangen, die über den Umfang der ihnen nach den §§ 295, 300, 301, 301a und 302 zu übermittelnden Daten hinausgeht.

(2) Das Verfahren zur Pseudonymisierung der Daten wird durch die an der vertragsärztlichen Versorgung teilnehmenden Ärzte und übrigen Leistungserbringer angewendet. Es ist in den Richtlinien und Beschlüssen sowie den Vereinbarungen nach Absatz 1 Satz 1 unter Berücksichtigung der Empfehlungen des Bundesamtes für Sicherheit in der Informationstechnik festzulegen. Abweichend von Satz 1 hat die Pseudonymisierung bei einer Vollerhebung nach Absatz 1 Satz 2 durch eine von den Krankenkassen, Kassenärztlichen Vereinigungen oder deren jeweiligen Verbänden räumlich organisatorisch und personell getrennten Vertrauensstelle zu erfolgen.

(3) Zur Auswertung der für Zwecke der Qualitätssicherung nach § 135a Abs. 2 erhobenen Daten bestimmen in den Fällen des § 137 Abs. 1 Satz 1 und Abs. 3 der Gemeinsame Bundesausschuss und im Falle des § 137d die Vereinbarungspartner eine unabhängige Stelle. Diese darf Auswertungen nur für Qualitätssicherungsverfahren mit zuvor in den Richtlinien, Beschlüssen oder Vereinbarungen festgelegten Auswertungszielen durchführen. Daten, die für Zwecke der Qualitätssicherung nach § 135a Abs. 2 für ein Qualitätssicherungsverfahren verarbeitet werden, dürfen nicht mit für andere Zwecke als die Qualitätssicherung erhobenen Datenbeständen zusammengeführt und ausgewertet werden.

Gliederung

A. Basisinformationen

I. Textgeschichte/Gesetzgebungsmaterialien

1 § 299 SGB V, eingeführt mit Wirkung ab 01.01.1989 durch das **Gesundheitsreformgesetz**[1], enthielt Regelungen über die Übermittlung von Abrechnungsdaten durch Kassenärztliche Vereinigungen, Krankenhäuser und sonstige Leistungserbringer für Zwecke der Beitragsrückzahlung. Die Vorschrift wurde mit Wirkung ab 01.01.2000 durch das GKV-Gesundheitsreformgesetz 2000[2] aufgehoben. **Mit Wirkung ab 01.04.2007** wurde durch das **GKV-Wettbewerbsstärkungsgesetz**[3] die Vorschrift neu eingefügt. Sie enthält nunmehr Bestimmungen über die Datenerhebung, -verarbeitung und -nutzung für Zwecke der Qualitätssicherung.

II. Vorgängervorschriften

2 Die Vorschrift hat keine Vorgängerregelungen.

III. Systematische Zusammenhänge

3 § 299 SGB V ist **die siebte Vorschrift** des **Ersten Titels** (Übermittlung von Leistungsdaten) des **Zweiten Abschnitts** (Übermittlung und Aufbereitung von Leistungsdaten, Datentransparenz) **des Zehnten Kapitels** (Versicherungs- und Leistungsdaten, Datenschutz, Datentransparenz) **des SGB V**. Das Zehnte Kapitel zielt darauf ab, die Transparenz des Leistungsgeschehens zu verbessern und die Unterrichtung der Versicherten über die Leistungen zu ermöglichen, die Voraussetzungen für eine qualifizierte Prüfung von Wirtschaftlichkeit, Zweckmäßigkeit und Notwendigkeit der abgerechneten Leistungen sowie zur Bekämpfung von Missbrauch und Abrechnungsmanipulationen zu schaffen und es damit den Krankenkassen zu ermöglichen, ihre Aufgaben wirksamer und besser als bisher zu erfüllen.[4] Der erste Titel enthält weitere Vorschriften über die von den Leistungserbringern nach dem SGB V an die Krankenkassen und die Kassenärztlichen Vereinigungen zu übermittelnden Daten.

B. Auslegung der Norm

I. Regelungsgehalt und Bedeutung der Norm

4 § 299 SGB V schafft die **Voraussetzungen für die Erhebung, Verarbeitung und Nutzung von Sozialdaten für Zwecke der Qualitätssicherung** nach § 135a Abs. 2 SGB V oder § 136 Abs. 2 SGB V ohne Einwilligung der betroffenen Patienten. **Absatz 1** schreibt vor, dass in Richtlinien, Beschlüssen und Vereinbarungen für Zwecke der Qualitätssicherung Bestimmungen über Stichprobenprüfungen oder Vollerhebungen der Patientendaten enthalten sein müssen. **Absatz 2** regelt das Verfahren der Pseudonymisierung. In **Absatz 3** sind Regelungen über die Auswertung der erhobenen Daten enthalten.

[1] Gesetz zur Strukturreform im Gesundheitswesen (Gesundheitsreformgesetz – GRG) vom 20.12.1989, BGBl I 1989, 2477.

[2] Gesetz zur Reform der gesetzlichen Krankenversicherung ab dem Jahr 2000 (GKV-Gesundheitsreformgesetz 2000) vom 22.12.1999, BGBl I 1999, 2626.

[3] Gesetz zur Stärkung des Wettbewerbs in der gesetzlichen Krankenversicherung (GKV-Wettbewerbsstärkungsgesetz – GKV-WSG) vom 26.03.2007, BGBl I 2007, 378.

[4] BT-Drs. 11/2237, S. 235.

II. Normzweck

Die Vorschrift ermöglicht die Erhebung, Verarbeitung und Nutzung von Sozialdaten einzelner Patienten für Zwecke der Qualitätssicherung, ohne dass die Einwilligung dieser Patienten erforderlich ist, da nur so die Qualitätsmaßnahmen auf Wirksamkeit geprüft werden können. Ohne diese Norm dürfte eine Datenerhebung für Zwecke der Qualitätssicherung nicht durchgeführt werden. Den Interessen der Patienten am Schutz ihrer Sozialdaten wird durch umfangreiche Schutzmaßnahmen Rechnung getragen. 5

III. Tatbestandsmerkmale

1. Regelungen zur Datenerhebung, -verarbeitung und -nutzung in Richtlinien, Beschlüssen und Vereinbarungen für Zwecke der Qualitätssicherung

Absatz 1 Satz 1 legt die **datenschutzrechtlichen Anforderungen der Qualitätssicherungsverfahren** fest. Der Gemeinsame Bundesausschuss hat in Richtlinien und Beschlüssen nach § 136 Abs. 2 Satz 2 SGB V und § 137 Abs. 1 Satz 1 und Abs. 3 SGB V die Vorgaben des Absatzes 1 zu beachten, das Gleiche gilt für die Spitzenorganisationen der Krankenkassen und die Spitzenorganisationen der maßgebenden Leistungserbringer beim Abschluss von Vereinbarungen nach § 137d SGB V. In der Regel ist die Datenerhebung auf eine **Stichprobe** beschränkt. **Absatz 1 Satz 2** ermöglicht ausnahmsweise eine **Vollerhebung der Daten**, wenn gewichtige medizinische oder methodische Gründe hierfür als Bestandteil der Richtlinien, Beschlüsse und Vereinbarungen dargelegt werden.[5] Die versichertenbezogenen Daten sind nach Absatz 1 Satz 1 Nr. 1 zu pseudonymisieren, die Auswertung hat nach Absatz 1 Satz 1 Nr. 2 durch eine unabhängige Stelle zu erfolgen, soweit sie nicht nach § 136 Abs. 2 Satz 1 SGB V durch die Kassenärztlichen Vereinigungen vorgenommen wird. Absatz 1 Satz 1 Nr. 3 verpflichtet zur Schaffung von Regelungen in den Richtlinien, Beschlüssen und Vereinbarungen, die die Patienten über Art und Umfang der Datenverarbeitung unterrichten und ihnen ein Auskunftsrecht über die bei der auswertenden Stelle gespeicherten medizinischen Daten einräumen.[6] **Absatz 1 Satz 3** enthält die Verpflichtung, Inhalt und Umfang des zu erhebenden Datensatzes sowie die Auswahl und Größe der Stichprobe unter Berücksichtigung der Datensparsamkeit in den Richtlinien, Beschlüssen und Vereinbarungen zu bestimmen und die betroffenen Leistungsträger zur Erhebung und Übermittlung der Sozialdaten zu verpflichten. Ist hierfür die Mitwirkung der Krankenkassen, Kassenärztlichen Vereinigungen oder deren Verbände erforderlich, ist nach **Absatz 1 Satz 4** sicherzustellen, dass diese keine Kenntnis von Daten der Patienten, die über den Umfang, der ihnen im Rahmen der Abrechnung zu übermitteln ist, hinausgehen, erlangen dürfen. 6

2. Pseudonymisierung der Daten

Pseudonymisierung ist nach § 67 Abs. 8a SGB X **das Ersetzen des Namens und anderer Identifikationsmerkmale durch ein Kennzeichen** zu dem Zweck, die Bestimmung des Betroffenen auszuschließen oder wesentlich zu erschweren. Nach Absatz 2 Satz 1 erfolgt die **Pseudonymisierung bei der Stichprobenerhebung** dezentral bei den Leistungserbringern. Das hierbei anzuwendende Verfahren ist nach Absatz 2 Satz 2 in den Richtlinien, Beschlüssen und Vereinbarungen festzulegen, die Empfehlungen des Bundesamtes für Sicherheit in der Informationstechnik sind dabei zu beachten. Für den **Fall einer Vollerhebung** schreibt Absatz 2 Satz 3 vor, dass ein zentrales Pseudonymisierungsverfahren festzulegen ist. Dieses ist durch eine räumlich, organisatorisch und personell eigenständige Vertrauensstelle durchzuführen.[7] 7

3. Auswertung der erhobenen Daten

Gemäß Absatz 3 haben der Gemeinsame Bundesausschuss und die Partner der Vereinbarungen für das jeweilige Qualitätssicherungsverfahren **eine unabhängige Datenauswertungsstelle** zu bestimmen, um eine bundeseinheitliche Vergleichbarkeit der Auswertungsergebnisse zu gewährleisten. Die Auswertungsziele sind vorher in den Richtlinien und Vereinbarungen genau festzulegen. Hierdurch wird verhindert, dass darüber hinausgehende Auswertungen medizinischer Daten unterschiedlicher Bereiche erfolgen. Für andere Zwecke erhobene Datenbestände dürfen nicht mit den Daten der Qualitätssicherung zusammengeführt und ausgewertet werden.[8] 8

---

[5] BT-Drs. 15/3100, S. 175 f.
[6] BT-Drs. 15/3100, S. 175.
[7] BT-Drs. 16/3100, S. 176.
[8] BT-Drs. 16/3100, S. 176.

§ 300 SGB V Arzneimittelabrechnung

(Fassung vom 31.10.2006, gültig ab 08.11.2006, gültig bis 30.06.2008)

(1) Die Apotheken und weitere Anbieter von Arzneimitteln sind verpflichtet, unabhängig von der Höhe der Zuzahlung (oder dem Eigenanteil),

1. bei Abgabe von Fertigarzneimitteln für Versicherte das nach Absatz 3 Nr. 1 zu verwendende Kennzeichen maschinenlesbar auf das für die vertragsärztliche Versorgung verbindliche Verordnungsblatt oder in den elektronischen Verordnungsdatensatz zu übertragen,

2. die Verordnungsblätter oder die elektronischen Verordnungsdatensätze an die Krankenkassen weiterzuleiten und diesen die nach Maßgabe der nach Absatz 3 Nr. 2 getroffenen Vereinbarungen erforderlichen Abrechnungsdaten zu übermitteln.

(2) Die Apotheken und weitere Anbieter von Arzneimitteln können zur Erfüllung ihrer Verpflichtungen nach Absatz 1 Rechenzentren in Anspruch nehmen. Die Rechenzentren dürfen die Daten für im Sozialgesetzbuch bestimmte Zwecke und ab dem 1. Januar 2003 nur in einer auf diese Zwecke ausgerichteten Weise verarbeiten und nutzen, soweit sie dazu von einer berechtigten Stelle beauftragt worden sind; anonymisierte Daten dürfen auch für andere Zwecke verarbeitet und genutzt werden. Die Rechenzentren dürfen die Daten nach Absatz 1 den Kassenärztlichen Vereinigungen übermitteln, soweit diese Daten zur Erfüllung ihrer Aufgaben nach § 73 Abs. 8, § 84 und § 305a erforderlich sind. Die Rechenzentren übermitteln die erforderlichen Abrechnungsdaten auf Anforderung unverzüglich an den Prüfungsausschuss für die Feststellung von Über- und Unterschreitungen von Durchschnittskosten je definierter Dosiereinheit nach § 84 Abs. 7a arztbezogen, nicht versichertenbezogen.

(3) Die Spitzenverbände der Krankenkassen und die für die Wahrnehmung der wirtschaftlichen Interessen gebildete maßgebliche Spitzenorganisation der Apotheker regeln in einer Arzneimittelabrechnungsvereinbarung das Nähere insbesondere über

1. die Verwendung eines bundeseinheitlichen Kennzeichens für das verordnete Fertigarzneimittel als Schlüssel zu Handelsname, Hersteller, Darreichungsform, Wirkstoffstärke und Packungsgröße des Arzneimittels,

2. die Einzelheiten der Übertragung des Kennzeichens und der Abrechnung, die Voraussetzungen und Einzelheiten der Übermittlung der Abrechnungsdaten im Wege elektronischer Datenübertragung oder maschinell verwertbar auf Datenträgern sowie die Weiterleitung der Verordnungsblätter an die Krankenkassen, spätestens zum 1. Januar 2006 auch die Übermittlung des elektronischen Verordnungsdatensatzes,

3. die Übermittlung des Apothekenverzeichnisses nach § 293 Abs. 5.

(4) Kommt eine Vereinbarung nach Absatz 3 nicht oder nicht innerhalb einer vom Bundesministerium für Gesundheit gesetzten Frist zustande, wird ihr Inhalt durch die Schiedsstelle nach § 129 Abs. 8 festgesetzt.

Gliederung

A. Basisinformationen

I. Textgeschichte/Gesetzgebungsmaterialien

§ 300 SGB V ist durch das **Gesundheitsreformgesetz**[1] **mit Wirkung ab 01.01.1989**[2] eingeführt worden. Absatz 1 Nr. 1 trat mit Wirkung ab 01.01.1990 in Kraft.[3] Durch das **Gesundheitsstrukturgesetz**[4] wurde **mit Wirkung ab 01.01.1993** in Absatz 1 Nr. 1 die Bestimmung gestrichen, dass das bei Abgabe von Fertigarzneimitteln auf der Verordnung zu verwendende Kennzeichen handschriftlich übertragen werden kann. Die Sätze 2 und 3 des Absatzes 2, in denen der Wegfall der Verpflichtung nach Absatz 1 Nr. 1 unter bestimmten Voraussetzungen vorgesehen war, entfielen ebenfalls. Mit Wirkung ab 13.03.1993 wurde durch die Fünfte Zuständigkeitsanpassungs-Verordnung[5] in Absatz 4 die Bezeichnung des zuständigen Ministers entsprechend der Geschäftsverteilung innerhalb der Bundesregierung geändert. **Mit Wirkung ab 01.01.2000** sind durch das **GKV-Gesundheitsreformgesetz 2000**[6] in den Absätzen 1 und 2 die weiteren Anbieter von Arzneimitteln in die Regelung einbezogen worden. Weiterhin wurde Satz 2 in Absatz 2 und in Absatz 3 die Nr. 3 eingefügt. Die Siebente Zuständigkeitsanpassungs-Verordnung[7] hat in Absatz 4 das Wort „Bundesminister" durch das Wort „Bundesministerium" ersetzt. Absatz 2 Satz 2 wurde **mit Wirkung ab 23.02.2002** durch das **Arzneimittelausgaben-Begrenzungsgesetz**[8] geändert, weiterhin wurde Absatz 2 Satz 3 eingefügt. Absatz 1 wurde durch das **GKV-Modernisierungsgesetz**[9] **mit Wirkung ab 01.01.2004** dahin gehend ergänzt, dass die Apotheken und die anderen Anbieter von Arzneimitteln unabhängig von der Höhe der Zuzahlung oder des Eigenanteils die Angaben nach Absatz 1 Nr. 1 und 2 zu übertragen und zu übermitteln haben. In Absatz 3 Nr. 2 wurde die Übermittlung der Daten im Wege der elektronischen Datenübertragung oder auf Datenträgern vorgeschrieben und damit die Übermittlungsweise dem technischen Fortschritt angepasst. Die Achte Zuständigkeitsanpassungsverordnung[10] änderte mit Wirkung ab 28.11.2003 in Absatz 4 die Bezeichnung des zuständigen Ministeriums ab. Durch das Gesetz zur Verbesserung der Wirtschaftlichkeit in der Arzneimittelversorgung[11] wurde in Absatz 2 mit Wirkung ab 01.05.2006 Satz 4 angefügt. Durch Art. 256 Nr. 1 der Neunten Zuständigkeitsanpassungsverordnung[12] wurde in Absatz 4 die Bezeichnung des zuständigen Ministeriums der Umorganisation der Bundesregierung in der 16. Legislaturperiode angepasst. 1

II. Vorgängervorschriften

Die Vorschrift hat keine Vorgängerregelungen. 2

---

[1] Gesetz zur Strukturreform im Gesundheitswesen (Gesundheitsreformgesetz – GRG) vom 20.12.1989, BGBl I 1989, 2477.

[2] Art. 79 Abs. 2 GRG.

[3] Art. 79 Abs. 3 GRG.

[4] Gesetz zur Sicherung und Strukturverbesserung der gesetzlichen Krankenversicherung (Gesundheitsstrukturgesetz – GSG) vom 21.12.1992, BGBl I 1992, 2266.

[5] BGBl I 1993, 1993.

[6] Gesetz zur Reform der gesetzlichen Krankenversicherung ab dem Jahr 2000 (GKV-Gesundheitsreformgesetz 2000) vom 22.12.1999, BGBl I 1999, 2626.

[7] BGBl I 2001, 2785.

[8] Gesetz zur Begrenzung der Arzneimittelausgaben der gesetzlichen Krankenversicherung (Arzneimittelausgaben-Begrenzungsgesetz – AABG) v. 15.02.2002, BGBl I 2002, 684.

[9] Gesetz zur Modernisierung der gesetzlichen Krankenversicherung (GKV-Modernisierungsgesetz – GMG) vom 14.11.2003, BGBl I 2003, 2190.

[10] BGBl I 2003, 2304.

[11] Gesetz zur Verbesserung der Wirtschaftlichkeit in der Arzneimittelversorgung vom 26.04.2006, BGBl I 2006, 984.

[12] Neunte Zuständigkeitsanpassungsverordnung vom 31.10.2006, BGBl I 2006, 2407.

III. Systematische Zusammenhänge

3 § 300 SGB V ist **die achte Vorschrift** des **Ersten Titels** (Übermittlung von Leistungsdaten) des **Zweiten Abschnitts** (Übermittlung und Aufbereitung von Leistungsdaten, Datentransparenz) **des Zehnten Kapitels** (Versicherungs- und Leistungsdaten, Datenschutz, Datentransparenz) **des SGB V**. Das Zehnte Kapitel zielt darauf ab, die Transparenz des Leistungsgeschehens zu verbessern und die Unterrichtung der Versicherten über die Leistungen zu ermöglichen, die Voraussetzungen für eine qualifizierte Prüfung von Wirtschaftlichkeit, Zweckmäßigkeit und Notwendigkeit der abgerechneten Leistungen sowie zur Bekämpfung von Missbrauch und Abrechnungsmanipulationen zu schaffen und es damit den Krankenkassen zu ermöglichen, ihre Aufgaben wirksamer und besser als bisher zu erfüllen.[13] Der erste Titel enthält weitere Vorschriften über die von den Leistungserbringern nach dem SGB V an die Krankenkassen und die Kassenärztlichen Vereinigungen zu übermittelnden Daten.

IV. Literaturhinweise

4 *Fischer*, Datenschutz in der Apotheke, RDV 2005, 93-96; *Meyer/Schlüter*, Arzneimittelabrechnung in der Krankenversicherung, KrV 2001, 223-224; *Sendatzki*, Überholspur für Verordnungsdaten, BKK 2001, 64-66; *Sendatzki*, Elektronisches Rezept, BKK 2001, 131-136.

B. Auslegung der Norm

I. Regelungsgehalt und Bedeutung der Norm

5 § 300 SGB V enthält Regelungen über die Arzneimittelabrechnung der Apotheken mit den Krankenkassen. In **Absatz 1** ist die Verpflichtung der Apotheken enthalten, die **Kennzeichen für Arzneimittel** auf dem ärztlichen **Verordnungsblatt zu vermerken** und die **Verordnungsblätter und die Abrechnungsdaten** an die Krankenkassen **zu übermitteln. Absatz 2** erlaubt die **Inanspruchnahme von Rechenzentren** und regelt deren Verpflichtungen. **Absatz 3** sieht vor, dass das Nähere in einer **Abrechnungsvereinbarung** zu regeln ist. **Absatz 4** sieht für den Fall, dass die Abrechnungsvereinbarung nicht oder nicht fristgerecht zustande kommt, eine **Entscheidung durch die Schiedsstelle** nach § 129 Abs. 8 SGB V vor.

II. Normzweck

6 Die Vorschrift regelt die den Apotheken obliegenden Verpflichtungen bei der Abgabe von Arzneimitteln und **schafft die erforderliche Transparenz auf dem Gebiet der Arzneimittelversorgung**. Die genaue Erfassung der verordneten Arzneimittel[14] ist für eine wirksame und wirtschaftliche Erfüllung zahlreicher Aufgaben der Krankenkassen erforderlich, u.a. für die Bereitstellung der Datenbasis zur Bildung arztgruppenspezifischer Richtgrößen nach § 84 SGB V, für die Durchführung von Auffälligkeitsprüfungen nach § 106 Abs. 2 Satz 1 Nr. 1 SGB V, für die Beratung der Vertragsärzte gemäß § 106 Abs. 1a SGB V oder gemäß § 305a SGB V und für die Information der Versicherten nach § 305 SGB V über die von ihnen in Anspruch genommenen Leistungen.

III. Tatbestandsmerkmale

1. Verpflichtungen der Apotheken

7 Absatz 1 regelt die Verpflichtungen der Apotheken gegenüber den Krankenkassen im Rahmen der Abrechnung von abgegebenen Arzneimitteln. Die Vorschrift gilt ebenfalls **für andere Anbieter von Arzneimitteln** wie z.B. Direktlieferanten von Arzneimitteln.[15] Die Verpflichtungen nach Absatz 1 Nr. 1 und Nr. 2 bestehen auch dann, wenn der Preis eines abgegebenen Arzneimittels unter der Zuzahlungsgrenze[16] liegt. Mit dieser Regelung wird gewährleistet, dass alle Arzneimittelverordnungen den Krankenkassen übermittelt und bei der Auswertung berücksichtigt werden.[17]

---

13 BT-Drs. 11/2237, S. 235.

14 Ca. 600 Millionen Kassenrezepte pro Jahr.

15 BT-Drs. 14/1245, S. 105.

16 Sogenanntes „Nullrezept".

17 BT-Drs. 15/1525, S. 148.

Die Apotheken haben nach Absatz 1 Nr. 1 bei der Abgabe von Fertigarzneimitteln auf der ärztlichen Verordnung das nach Absatz 3 Nr. 1 vorgeschriebene bundeseinheitliche Kennzeichen auf das für die vertragsärztliche Versorgung verbindliche Verordnungsblatt zu übertragen. **Fertigarzneimittel** sind nach § 4 Abs. 1 AMG[18] Arzneimittel, die im Voraus hergestellt und in einer zur Abgabe an den Verbraucher bestimmten Packung in den Verkehr gebracht werden, oder andere zur Abgabe an Verbraucher bestimmte Arzneimittel, bei deren Zubereitung in sonstiger Weise ein industrielles Verfahren zur Anwendung kommt oder die, ausgenommen in Apotheken, gewerblich hergestellt werden. Die **Fassung des für die vertragsärztliche Versorgung verbindlichen Verordnungsblattes** ist in der Anlage 2 zum BMV-Ä bzw. zum EKV-Ä geregelt. Die derzeit verwendete Fassung gewährleistet die Maschinenlesbarkeit des Verordnungsblattes. Das **bundeseinheitliche Kennzeichen** entspricht der **Pharmazentralnummer** (PZN), die von der Informationsstelle für Arzneispezialitäten[19] vergeben wird. Jede PZN identifiziert einen Artikel (Handelsform) bestimmter Bezeichnung und Packungsgröße eines bestimmten Anbieters. Wenn es zur Unterscheidung von anderen Artikeln erforderlich ist, werden weitere Kriterien wie Darreichungsform, Farbe, Form, Größe etc. als artikelidentifizierende Merkmale herangezogen. Die Übertragung der PZN auf das Verordnungsblatt erfolgt zusammen mit der Übertragung der Daten von der Krankenversichertenkarte im Blankoformularbedruckungsverfahren mittels zertifizierter Software. **8**

Die **Verordnungsblätter sind** nach Absatz 1 Nr. 2 durch die Apotheken **an die Krankenkassen weiterzuleiten**. Erfolgt die ärztliche Verordnung ohne Verordnungsblatt auf der **elektronischen Gesundheitskarte**[20], sind die elektronischen Verordnungsdatensätze von den Apotheken zu übermitteln. Weiterhin sind die Abrechnungsdaten mitzuteilen, die in den Vereinbarungen nach Absatz 3 Nr. 2 vorgesehen sind. Hierzu gehören neben der Pharmazentralnummer der (Mengen-)Faktor, die Bruttopreise, das Gesamt-Brutto, die Zuzahlung, das Apothekenkennzeichen und das Abgabedatum.[21] **9**

2. Beauftragung von Rechenzentren

Die Apotheken und die weiteren Anbieter von Arzneimitteln können sich gemäß Absatz 2 Satz 1 zur Erfüllung ihrer Verpflichtungen nach Absatz 1 Rechenzentren bedienen. Die Rechenzentren werden in diesem Fall **gemäß § 80 SGB X im Auftrag der Apotheken** tätig.[22] Die **Berechtigung der Rechenzentren zur Datenverarbeitung und Datennutzung** sowie zur Weitergabe der Daten ist in Absatz 2 Satz 2 geregelt. Eine Übermittlung von Daten nach Absatz 1 ist nach Absatz 2 Satz 3 auch an die Kassenärztlichen Vereinigungen zulässig. Die Regelung stellt klar, dass die Kassenärztlichen Vereinigungen Daten auch von den Rechenzentren erhalten dürfen, soweit sie diese zur Erfüllung der in der Vorschrift genannten Aufgaben benötigen. Damit ist die Übermittlung dieser Daten nicht mehr an die Zustimmung der Krankenkassen gebunden.[23] Durch Satz 4 hat der Prüfungssausschuss die Möglichkeit erhalten, die nach § 84 Abs. 7a SGB V vorgesehenen quartalsweisen Prüfungen der Abweichungen von den vereinbarten Durchschnittskosten je definierter Dosiereinheit zeitnah auch auf Grundlage der Abrechnungsdaten der Apothekenrechenzentren zu überprüfen.[24] **10**

3. Arzneimittelabrechnungsvereinbarung

Absatz 3 schreibt vor, dass die Spitzenverbände der Krankenkassen und die für die Wahrnehmung der wirtschaftlichen Interessen gebildete Spitzenorganisation der Apotheker[25] **Einzelheiten der Arzneimittelabrechnung** in einer **bundesweit geltenden Vereinbarung** zu regeln haben. Die geltende Regelung[26] sieht gemäß Absatz 3 Nr. 1 die Verwendung der Pharmazentralnummer (PZN) als bundesein- **11**

---

[18] Arzneimittelgesetz (AMG) i.d.F. d. Bekanntmachung v. 12.12.2005, BGBl I 2005, 3394.

[19] Informationsstelle für Arzneispezialitäten GmbH, Hamburger Allee 26-28, 60486 Frankfurt am Main, www.if-affm.de.

[20] § 291a SGB V.

[21] Vereinbarung über die Übermittlung von Daten im Rahmen der Arzneimittelabrechnung gemäß § 300 SGB V, Stand 04.11.1994.

[22] *Waschull* in: Krauskopf, SozKV, § 300 Rn. 8.

[23] BT-Drs. 14/7827, S. 11.

[24] Beschlussempfehlung und Bericht des Ausschusses für Gesundheit zum Entwurf eines Gesetzes zur Verbesserung der Wirtschaftlichkeit in der Arzneimittelversorgung, BT-Drs. 16/691, S. 18.

[25] Deutscher Apothekerverband e.V. (DAV).

[26] Vereinbarung über die Übermittlung von Daten im Rahmen der Arzneimittelabrechnung gemäß § 300 SGB V, Stand 04.11.1994.

heitliches Kennzeichen (vgl. Rn. 8) vor. Die Vereinbarung bestimmt in Anwendung von Absatz 3 Nr. 2 u.a. die Übertragung des bundeseinheitlichen Kennzeichens des abgegebenen Arzneimittels in die vorgesehene Feldmarkierung, die Übermittlung der Abrechnung spätestens einen Monat nach Ablauf des Kalendermonats, in dem die Lieferung erfolgte, und die Vorlage der Rechnung, der Verordnungsblätter und des magnetischen Datenträgers bzw. der Datenfernübertragung als Abrechnungsunterlagen. Die ebenfalls in der Vereinbarung zu regelnde Übermittlung des von der Spitzenorganisation der Apotheker nach § 293 Abs. 5 SGB V zu führenden Apothekenverzeichnisses gemäß Absatz 3 Nr. 3 an die Krankenkassen ist unverzichtbar für die ordnungsgemäße Arzneimittelabrechnung.

4. Festsetzung der Vereinbarung durch die Schiedsstelle

12 Absatz 4 enthält eine Regelung für den Fall, dass die Vereinbarung nach Absatz 3 nicht oder nicht fristgerecht zustande kommt. In diesem Fall wird der **Inhalt der Arzneimittelabrechnungsvereinbarung durch die Schiedsstelle** nach § 129 Abs. 8 SGB V (vgl. die Kommentierung zu § 129 SGB V) **festgesetzt.**

C. Reformbestrebungen

13 Das GKV-Wettbewerbsstärkungsgesetz[27] sieht vor, dass **mit Wirkung ab 01.07.2008**[28] in Absatz 3 die Wörter „Die Spitzenverbände der Krankenkassen" durch die Wörter „Der Spitzenverband Bund der Krankenkassen" ersetzt werden. Hierbei handelt es sich um eine redaktionelle Folgeänderung zu der durch das GKV-Wettbewerbsstärkungsgesetz beschlossenen neuen Organisationsstruktur der Verbände der Krankenkassen.[29] Nach den §§ 217a ff. SGB V bilden die Krankenkassen den „Spitzenverband Bund der Krankenkassen". Dieser übernimmt gemäß § 217f Abs. 1 SGB V ab 01.07.2008 die bisher den Spitzenverbänden der Krankenkassen zugewiesenen Aufgaben.

[27] Gesetz zur Stärkung des Wettbewerbs in der gesetzlichen Krankenversicherung (GKV-Wettbewerbsstärkungsgesetz – GKV-WSG) vom 26.03.2007, BGBl I 2007, 378.

[28] Art. 46 Abs. 9 Gesetz zur Stärkung des Wettbewerbs in der gesetzlichen Krankenversicherung (GKV-Wettbewerbsstärkungsgesetz – GKV-WSG) vom 26.03.2007, BGBl I 2007, 378.

[29] BT-Drs. 16/3100, S. 176.

§ 301 SGB V Krankenhäuser

(Fassung vom 31.10.2006, gültig ab 08.11.2006, gültig bis 30.06.2008)

(1) Die nach § 108 zugelassenen Krankenhäuser sind verpflichtet, den Krankenkassen bei Krankenhausbehandlung folgende Angaben im Wege elektronischer Datenübertragung oder maschinell verwertbar auf Datenträgern zu übermitteln:

1. **die Angaben nach § 291 Abs. 2 Nr. 1 bis 10 sowie das krankenhausinterne Kennzeichen des Versicherten,**
2. **das Institutionskennzeichen des Krankenhauses und der Krankenkasse,**
3. **den Tag, die Uhrzeit und den Grund der Aufnahme sowie die Einweisungsdiagnose, die Aufnahmediagnose, bei einer Änderung der Aufnahmediagnose die nachfolgenden Diagnosen, die voraussichtliche Dauer der Krankenhausbehandlung sowie, falls diese überschritten wird, auf Verlangen der Krankenkasse die medizinische Begründung, bei Kleinkindern bis zu einem Jahr das Aufnahmegewicht,**
4. **bei ärztlicher Verordnung von Krankenhausbehandlung die Arztnummer des einweisenden Arztes, bei Verlegung das Institutionskennzeichen des veranlassenden Krankenhauses, bei Notfallaufnahme die die Aufnahme veranlassende Stelle,**
5. **die Bezeichnung der aufnehmenden Fachabteilung, bei Verlegung die der weiterbehandelnden Fachabteilungen,**
6. **Datum und Art der im jeweiligen Krankenhaus durchgeführten Operationen und sonstigen Prozeduren,**
7. **den Tag, die Uhrzeit und den Grund der Entlassung oder der Verlegung, bei externer Verlegung das Institutionskennzeichen der aufnehmenden Institution, bei Entlassung oder Verlegung die für die Krankenhausbehandlung maßgebliche Hauptdiagnose und die Nebendiagnosen,**
8. **Angaben über die im jeweiligen Krankenhaus durchgeführten Leistungen zur medizinischen Rehabilitation und ergänzende Leistungen sowie Aussagen zur Arbeitsfähigkeit und Vorschläge für die Art der weiteren Behandlung mit Angabe geeigneter Einrichtungen,**
9. **die nach den §§ 115a und 115b sowie nach dem Krankenhausentgeltgesetz und der Bundespflegesatzverordnung berechneten Entgelte.**

Die Übermittlung der medizinischen Begründung von Verlängerungen der Verweildauer nach Satz 1 Nr. 3 sowie der Angaben nach Satz 1 Nr. 8 ist auch in nicht maschinenlesbarer Form zulässig.

(2) Die Diagnosen nach Absatz 1 Satz 1 Nr. 3 und 7 sind nach dem der Internationalen Klassifikation der Krankheiten in der jeweiligen vom Deutschen Institut für medizinische Dokumentation und Information im Auftrag des Bundesministeriums für Gesundheit herausgegebenen deutschen Fassung zu verschlüsseln. Die Operationen und sonstigen Prozeduren nach Absatz 1 Satz 1 Nr. 6 sind nach dem vom Deutschen Institut für medizinische Dokumentation und Information im Auftrag des Bundesministeriums für Gesundheit herausgegebenen Schlüssel zu verschlüsseln; der Schlüssel hat die sonstigen Prozeduren zu umfassen, die nach § 17b des Krankenhausfinanzierungsgesetzes abgerechnet werden können. Das Bundesministerium für Gesundheit gibt den Zeitpunkt der Inkraftsetzung der jeweiligen Fassung des Diagnosenschlüssels nach Satz 1 sowie des Prozedurenschlüssels nach Satz 2 im Bundesanzeiger bekannt; es kann das Deutsche Institut für medizinische Dokumentation und Information beauf-

tragen, den in Satz 1 genannten Schlüssel um Zusatzkennzeichen zur Gewährleistung der für die Erfüllung der Aufgaben der Krankenkassen notwendigen Aussagefähigkeit des Schlüssels zu ergänzen.

(3) Das Nähere über Form und Inhalt der erforderlichen Vordrucke, die Zeitabstände für die Übermittlung der Angaben nach Absatz 1 und das Verfahren der Abrechnung im Wege elektronischer Datenübertragung oder maschinell verwertbar auf Datenträgern vereinbaren die Spitzenverbände der Krankenkassen gemeinsam mit der Deutschen Krankenhausgesellschaft oder den Bundesverbänden der Krankenhausträger gemeinsam.

(4) Vorsorge- oder Rehabilitationseinrichtungen, für die ein Versorgungsvertrag nach § 111 besteht, sind verpflichtet den Krankenkassen bei stationärer Behandlung folgende Angaben im Wege elektronischer Datenübertragung oder maschinell verwertbar auf Datenträgern zu übermitteln:

1. **die Angaben nach § 291 Abs. 2 Nr. 1 bis 10 sowie das interne Kennzeichen der Einrichtung für den Versicherten,**
2. **das Institutionskennzeichen der Vorsorge- oder Rehabilitationseinrichtung und der Krankenkasse,**
3. **den Tag der Aufnahme, die Einweisungsdiagnose, die Aufnahmediagnose, die voraussichtliche Dauer der Behandlung sowie, falls diese überschritten wird, auf Verlangen der Krankenkasse die medizinische Begründung,**
4. **bei ärztlicher Verordnung von Vorsorge- oder Rehabilitationsmaßnahmen die Arztnummer des einweisenden Arztes,**
5. **den Tag, die Uhrzeit und den Grund der Entlassung oder der externen Verlegung sowie die Entlassungs- oder Verlegungsdiagnose; bei externer Verlegung das Institutionskennzeichen der aufnehmenden Institution,**
6. **Angaben über die durchgeführten Vorsorge- und Rehabilitationsmaßnahmen sowie Vorschläge für die Art der weiteren Behandlung mit Angabe geeigneter Einrichtungen,**
7. **die berechneten Entgelte.**

Die Übermittlung der medizinischen Begründung von Verlängerungen der Verweildauer nach Satz 1 Nr. 3 sowie Angaben nach Satz 1 Nr. 6 ist auch in nicht maschinenlesbarer Form zulässig. Für die Angabe der Diagnosen nach Satz 1 Nr. 3 und 5 gilt Absatz 2 entsprechend. Absatz 3 gilt entsprechend.

(5) Die ermächtigten Krankenhausärzte sind verpflichtet, dem Krankenhausträger im Rahmen des Verfahrens nach § 120 Abs. 1 Satz 3 die für die Abrechnung der vertragsärztlichen Leistungen erforderlichen Unterlagen zu übermitteln; § 295 gilt entsprechend. Der Krankenhausträger hat den kassenärztlichen Vereinigungen die Abrechnungsunterlagen zum Zweck der Abrechnung vorzulegen. Die Sätze 1 und 2 gelten für die Abrechnung wahlärztlicher Leistungen entsprechend.

Gliederung

A. Basisinformationen

I. Textgeschichte/Gesetzgebungsmaterialien

§ 301 SGB V wurde auf Vorschlag des Ausschusses für Arbeit und Sozialordnung[1] in das **Gesundheitsreformgesetz**[2] aufgenommen. Absatz 2, der den Abschluss einer Vereinbarung über die Verwendung von verschlüsselten Diagnosen vorsah, trat am 01.01.1989 in Kraft. Absatz 1, in dem die zu übermittelnden Angaben bei Krankenhausbehandlung geregelt waren, und Absatz 3, der für Vorsorge- und Rehabilitationseinrichtungen die entsprechende Anwendung von Absatz 1 vorsah, wurden mit Wirkung ab 01.01.1990 eingeführt. Das **Gesundheitsstrukturgesetz**[3] hat **mit Wirkung ab 01.01.1993** die Vorschrift völlig umgestaltet und erheblich erweitert. Durch das **2. SGBÄndG**[4] wurde Absatz 1 Satz 1 Nr. 1 **mit Wirkung ab 01.07.1994** dahin gehend erweitert, dass auch die nach § 291 Abs. 2 Nr. 7 und 8 SGB V auf der Krankenversichertenkarte enthaltenen Angaben zu übermitteln sind. Das **3. SGB V-ÄndG**[5] hat in Absatz 2 **mit Wirkung ab 01.01.1995** den bisherigen Satz 1 in die Sätze 1 und 2 aufgeteilt. Absatz 1 Satz 1 Nr. 3, 6, 7 und 8 wurden mit **Wirkung ab 01.01.2000** durch das **GKV-Gesundheitsreformgesetz 2000**[6] geändert. In Absatz 2 Satz 1 wurde nicht mehr ausdrücklich die Verwendung des vierstelligen Diagnoseschlüssels vorgeschrieben, weitere Änderungen erfolgten in den Sätzen 2 bis 4 des Absatzes 2. Absatz 1 Satz 1 Nr. 8 wurde mit Wirkung ab 01.07.2001 durch das SGB IX[7] redaktionell geändert. Durch die Siebente Zuständigkeits-Anpassungsverordnung[8] wurde mit Wirkung ab 07.11.2001 in Absatz 2 Satz 1 der Begriff „Bundesminister" durch „Bundesministerium" ersetzt. Das **Fallpauschalengesetz**[9] hat **mit Wirkung ab 30.04.2002** Absatz 1 Satz 1 Nr. 3 und Nr. 9 geändert, weiterhin wurde Absatz 2 Satz 4 aufgehoben. Der Begriff „Bundesministerium für Gesundheit" in Absatz 2 wurde durch die Achte Zuständigkeits-Anpassungsverordnung[10] mit Wirkung ab 28.11.2003 in „Bundesministerium für Gesundheit und Soziale Sicherung" geändert. Das **GKV-Modernisierungsgesetz**[11] hat **mit Wirkung ab 01.01.2004** in den Absätzen 1, 2 und 4 die Verpflichtung der Krankenhäuser und der Vorsorge- und Rehabilitationseinrichtungen geregelt, ihre Abrechnungen im Wege der elektronischen Datenübertragung oder maschinell verwertbar auf Datenträgern zu übermitteln. 1

II. Vorgängervorschriften

Die Vorschrift hat keine Vorgängerregelungen. 2

III. Systematische Zusammenhänge

§ 301 SGB V ist **die neunte Vorschrift** des **Ersten Titels** (Übermittlung von Leistungsdaten) des **Zweiten Abschnitts** (Übermittlung und Aufbereitung von Leistungsdaten, Datentransparenz) **des Zehnten Kapitels** (Versicherungs- und Leistungsdaten, Datenschutz, Datentransparenz) **des SGB V**. Das Zehnte Kapitel zielt darauf ab, die Transparenz des Leistungsgeschehens zu verbessern und die Unterrichtung der Versicherten über die Leistungen zu ermöglichen, die Voraussetzungen für eine qualifizierte Prüfung von Wirtschaftlichkeit, Zweckmäßigkeit und Notwendigkeit der abgerechneten Leis- 3

---

[1] BT-Drs. 11/3320, S. 70 zu § 309.

[2] Gesetz zur Strukturreform im Gesundheitswesen (Gesundheitsreformgesetz – GRG) v. 20.12.1989, BGBl I 1989, 2477.

[3] Gesetz zur Sicherung und Strukturverbesserung der gesetzlichen Krankenversicherung (Gesundheitsstrukturgesetz – GSG) v. 21.12.1992, BGBl I 1992, 2266.

[4] Zweites Gesetz zur Änderung des Sozialgesetzbuchs (2. SGBÄndG) v. 13.06.1994; BGBl I 1994, 1229.

[5] Drittes Gesetz zur Änderung des Fünften Buches Sozialgesetzbuch (3. SGB V – ÄndG) v. 10.05.1995, BGBl I 1995, 678.

[6] Gesetz zur Reform der gesetzlichen Krankenversicherung ab dem Jahr 2000 (GKV-Gesundheitsreformgesetz 2000) v. 22.12.1999, BGBl I 1999, 2626.

[7] Sozialgesetzbuch – Neuntes Buch – (SGB IX) Rehabilitation und Teilhabe behinderter Menschen v. 19.06.2001, BGBl I 2001, 1046.

[8] Siebente Zuständigkeits-Anpassungsverordnung v. 29.10.2001, BGBl I 2001, 2785.

[9] Gesetz zur Einführung des diagnose-orientierten Fallpauschalensystems für Krankenhäuser (Fallpauschalengesetz – FPG) v. 23.04.2002, BGBl I 2002, 1412.

[10] Achte Zuständigkeits-Anpassungsverordnung v. 25.11.2003, BGBl I 2003, 2304.

[11] Gesetz zur Modernisierung der gesetzlichen Krankenversicherung (GKV-Modernisierungsgesetz – GMG) vom 14.11.2003, BGBl I 2003, 2190.

tungen sowie zur Bekämpfung von Missbrauch und Abrechnungsmanipulationen zu schaffen und es damit den Krankenkassen zu ermöglichen, ihre Aufgaben wirksamer und besser als bisher zu erfüllen.[12] Der erste Titel enthält weitere Vorschriften über die von den Leistungserbringern nach dem SGB V an die Krankenkassen und die Kassenärztlichen Vereinigungen zu übermittelnden Daten.

IV. Literaturhinweise

4 *Beyrle/Euler/Fender/Große Hülsewiesche*, Untersuchung zur Qualität der Kodierungen von Diagnosen und Prozeduren unter DRG-Bedingungen, GesundWes 2005, 9-19; *Blum/Müller/Offermanns/Schilz*, Zahlungsverzögerungen und Zahlungsverweigerungen durch die gesetzlichen Krankenkassen, KH 2004, 989-992; *Bunzmeier/Fiori/Franz*, Arzt oder „Koder" – wer kodiert Diagnosen und Prozeduren im Krankenhaus? KH 2004, 802-810; *Disse/Künkel*, Elektronische Datenübermittlung spart Arbeitszeit, Papier und Porto, Spektrum 2004, 202-206; *Gebauer*, Grenzen der Übermittlung von Patientendaten zwischen Krankenhaus und Krankenkasse, NJW 2003, 777-780; *Heese*,Einsicht in Krankenunterlagen durch die Krankenkassen, DSB 2003, Nr. 2, 15-16; *Pilz*, Die „Schlüsselstellung" des Krankenhausarztes, NZS 2003, 350-356.

B. Auslegung der Norm

I. Regelungsgehalt und Bedeutung der Norm

5 Die Vorschrift regelt die Datenübermittlung zwischen Krankenkassen und Krankenhäusern, Vorsorge- und Rehabilitationseinrichtungen sowie ermächtigten Krankenhausärzten und schafft damit die **datenschutzrechtlichen Voraussetzungen für die Aufzeichnung und Übermittlung von Sozialdaten** durch die Krankenhäuser und die anderen in der Vorschrift genannten Leistungserbringer. **Absatz 1** bestimmt, welche Angaben die Krankenhäuser in jedem Behandlungsfall zu übermitteln haben. **Absatz 2** regelt die Verpflichtung zur Verschlüsselung der Diagnosen gemäß der jeweils geltenden Fassung der Internationalen Klassifikation der Krankheiten in der deutschen Fassung (ICD-10 GM) und zur Verschlüsselung der Operationen und sonstigen Prozeduren nach der Internationalen Klassifikation der Prozeduren in der Medizin (OPS-301). **Absatz 3** ermöglicht den Abschluss von Vereinbarungen zwischen den Spitzenverbänden der Krankenkassen und den Interessenverbänden der Krankenhäuser. **Absatz 4** regelt in Anlehnung an Absatz 1 die von den Vorsorge- und Rehabilitationseinrichtungen zu übermittelnden Angaben. **Absatz 5** trifft eine Sonderregelung für ermächtigte Krankenhausärzte.

II. Normzweck

6 Die Vorschrift schreibt **für jeden Behandlungsfall** den Krankenhäusern **die Übermittlung der in Absatz 1 enumerativ aufgeführten Angaben** an die Krankenkassen vor. Die Krankenkassen benötigen diese Angaben zur Durchführung ihrer Aufgaben, insbesondere für eine ordnungsgemäße Abrechnung, für die Überprüfung der Notwendigkeit der Krankenhausbehandlung und der Verweildauer sowie für Wirtschaftlichkeitsprüfungen der Krankenhäuser. Die Regelung schließt nicht aus, dass das Krankenhaus **im Einzelfall** gegenüber der Krankenkasse oder dem MDK **weitere Angaben** zu machen und Unterlagen, insbesondere die Krankenakte, zur Prüfung herauszugeben hat.

III. Tatbestandsmerkmale

1. Datenübermittlung durch Krankenhäuser

7 **Absatz 1 Satz 1 regelt, welche Angaben die Krankenhäuser bei jedem Behandlungsfall den Krankenkassen zu übermitteln haben.** Übermitteln ist nach § 67 Abs. 6 Satz 2 Nr. 3 SGB X das Bekanntgeben gespeicherter oder durch Datenverarbeitung gewonnener Sozialdaten an einen Dritten durch Weitergabe der Daten oder dadurch, dass bereitgehaltene Daten eingesehen oder abgerufen werden; auch die Bekanntgabe nicht gespeicherter Sozialdaten ist dem Übermitteln zuzuordnen. Die Übermittlung erfolgt i**m Wege elektronischer Datenübertragung** (mittels entsprechender Software und Signatur) oder **auf Datenträgern** (Diskette oder CD-Rom). Die Übermittlung der medizinischen Begründung von Verlängerungen der Verweildauer nach Satz 1 Nr. 3 sowie die Angaben über die durch-

[12] BT-Drs. 11/2237, S. 235.

geführten Leistungen zur medizinischen Rehabilitation und ergänzende Leistungen sowie Aussagen zur Arbeitsunfähigkeit und Vorschläge für die weitere Behandlung nach Satz 1 Nr. 8 können gemäß Absatz 1 Satz 2 auch **in nicht maschinenlesbarer Form** übermittelt werden.

Die Übermittlung der Angaben der Krankenversichertenkarte (vgl. die Kommentierung zu § 291 SGB V) gemäß **Absatz 1 Satz 1 Nr. 1** erleichtert die Identifikation des behandelten Versicherten durch die Krankenkassen; die Übermittlung des krankenhausinternen Kennzeichens des Versicherten ermöglicht dem Krankenhaus die Zuordnung der Abrechnung der Krankenkasse.[13] Die Angabe des Institutionskennzeichens (vgl. die Kommentierung zu § 293 SGB V) des Krankenhauses und der Krankenkasse nach **Absatz 1 Satz 1 Nr. 2** sind Voraussetzung für die maschinelle Abrechnung zwischen Krankenhaus und Krankenkasse. Die Angabe von Tag und Uhrzeit der Aufnahme nach **Absatz 1 Satz 1 Nr. 3** ist erforderlich für die Berechnung der Pflegesätze am Aufnahmetag. Die Angabe der Einweisungsdiagnose, der Aufnahmediagnose und der weiteren Diagnosen ist notwendig für die Überprüfung der Erforderlichkeit der Krankenhausbehandlung und die Angemessenheit der Verweildauer (vgl. die Kommentierung zu § 112 SGB V). Die Angabe der voraussichtlichen Verweildauer sowie die Übermittlung der medizinischen Begründung bei einer Verlängerung der Verweildauer[14] ist Voraussetzung für die Prüfung der Kostenübernahme für die Krankenhausbehandlung durch die Krankenkasse. Die Angabe des Aufnahmegewichts bei Kleinkindern ist erforderlich für die Bewertung nach dem DRG-Fallpauschalensystem.[15] Die Angaben nach **Absatz 1 Satz 1 Nr. 4** benötigt die Krankenkasse zur Prüfung des leistungsrechtlichen Anspruchs auf Krankenhausbehandlung und für die Wirtschaftlichkeitsprüfung in der vertragsärztlichen Versorgung. Die Angabe der aufnehmenden und weiterbehandelnden Fachabteilungen nach **Absatz 1 Satz 1 Nr. 5** erleichtert die Beurteilung der Erforderlichkeit der Krankenhausbehandlung und der Angemessenheit der Verweildauer. Sie ist weiterhin notwendig für die Abrechnung besonderer abteilungsbezogener Pflegesätze. Die Angaben nach **Absatz 1 Satz 1 Nr. 6** sind für die Abrechnung von Sonderentgelten und Fallpauschalen notwendig, außerdem für die Prüfung der Erforderlichkeit der Krankenhausbehandlung und der Angemessenheit der Verweildauer. Im neuen DRG-Fallpauschalensystem werden Operationen und Prozeduren bei der Abrechnung gesondert verschlüsselt und bei der Höhe der Vergütung berücksichtigt. Für die Berechnung der Pflegesätze ist die Angabe von Tag und Uhrzeit der Entlassung gemäß **Absatz 1 Satz 1 Nr. 7** erforderlich. Die Angabe des Grundes der Entlassung oder der internen und externen Verlegung sowie der damit verbundenen Diagnosen benötigen die Krankenkassen für die Überprüfung der Notwendigkeit der Krankenhausbehandlung und die Angemessenheit der Verweildauer. Das Institutionskennzeichen der aufnehmenden Einrichtung erleichtert der Krankenkasse die Prüfung der erneuten Kostenübernahme. Die Angaben zur Hauptdiagnose und zu den Nebendiagnosen werden von der Krankenkasse zur Abrechnung nach dem DRG-Fallpauschalensystem benötigt. Die Angaben nach **Absatz 1 Satz 1 Nr. 8** braucht die Krankenkasse für Feststellungen im Zusammenhang mit der Genehmigung weiterer Rehabilitationsmaßnahmen. **Absatz 1 Satz 1 Nr. 9** dient der Abrechnung der Entgelte für die Krankenhausbehandlung. 8

Die Diagnosen sind nach Absatz 2 Satz 1 nach der **Internationalen Klassifikation der Krankheiten** zu verschlüsseln. Hierdurch wird eine Standardisierung der Diagnoseangaben nach einem international gebräuchlichen, von der Weltgesundheitsorganisation empfohlenen Verfahren erreicht.[16] Anzuwenden ist die **jeweils vom Deutschen Institut für medizinische Dokumentation und Information (DIMDI)**[17] **herausgegebene deutsche Fassung**. Derzeit gilt die ICD[18]-10-GM-Version 2007. Die Einführung des ICD-10 begegnet keinen verfassungsrechtlichen Bedenken.[19] Absatz 2 Satz 2 schreibt für Krankenhäuser vor, durchgeführte Operationen und sonstige Prozeduren nach dem vom Deutschen Institut für medizinische Dokumentation und Information herausgegebenen **Schlüssel für Prozeduren in der Medizin** zu verschlüsseln.[20] Derzeit ist die OPS-301[21] Version 2007 anzuwenden. Absatz 2 9

---

13 BT-Drs. 12/3608, S. 124.

14 LSG Rheinland-Pfalz v. 16.12.2004 - L 5 KR 67/04.

15 BT-Drs. 14/6893, S. 31.

16 BT-Drs. 12/3608, S. 125.

17 Deutsches Institut für medizinische Dokumentation und Information (DIMDI), Waisenhausgasse 36-38a, 50676 Köln, www.dimdi.de.

18 International Statistical Classification of Diseases and Related Health Problems.

19 BVerfG v. 10.04.2000 - 1 BvR 422/00 - SozR 3-2500 § 295 Nr. 2.

20 BT-Drs. 14/1245, S. 106.

21 Operationen- und Prozedurenschlüssel.

Satz 3 erlaubt in den Fällen, in denen die Internationale Klassifikation der Krankheiten fünfstellige Codes enthält, die Verwendung dieser differenzierteren Codes, sofern sie für die Aufgabenerfüllung der Krankenkassen erforderlich sind.[22] Die Anwendung der Internationalen Klassifikation der Krankheiten erfordert in manchen Fällen bei der Leistungsabrechnung eine Ergänzung der Codes dieser Klassifikation durch Zusatzkennzeichen, um die für die Aufgabenerfüllung der Krankenkassen notwendige Aussagefähigkeit der Codes (z.B. Angaben der Seitenlokalisation einer Erkrankung oder Verdachtsdiagnose) zu gewährleisten. Die Einführung dieser Zusatzkennzeichen wird durch Absatz 2 Satz 3 ermöglicht. Das Bundesministerium für Gesundheit und Soziale Sicherung gibt nach Absatz 2 Satz 3 den Zeitpunkt des In-Kraft-Tretens der jeweiligen Versionen im Bundesanzeiger bekannt.[23]

10 Die für die **über die Angaben nach Absatz 1 Satz 1 hinausgehende sachlich-rechnerische Überprüfung einer Krankenhausabrechnung** gegebenenfalls erforderliche **Einsichtnahme in die Behandlungsunterlagen der Versicherten** können die Krankenkassen unbeschadet ihrer Vorleistungspflicht nach dem jeweiligen landesrechtlichen Krankenhausbehandlungsvertrag nicht verlangen.[24] Sie sind insoweit vielmehr auf ein **Tätigwerden des MDK** angewiesen. Die Einsichtnahme der Krankenkasse in die Behandlungsunterlagen der Versicherten ist nicht zur Erfüllung ihrer Aufgaben nach dem SGB V zwingend erforderlich.[25] Fordert eine Krankenkasse die Behandlungsunterlagen zur Einsichtnahme für den MDK an, entbindet sie dies nicht von der nach landesvertraglichen Regelungen verpflichtenden **Zahlung der Rechnung des Krankenhauses innerhalb der vertraglich vereinbarten Frist**.[26] Dies ergibt sich aus den gesetzlichen Regelungen, wonach eine zeitnahe Zahlung der Pflegesätze an das Krankenhaus zu gewährleisten ist. Diese Zahlungsfrist trägt dem Umstand Rechnung, dass mit der Entscheidung des verantwortlichen Krankenhausarztes die Notwendigkeit und die Dauer einer Krankenhausbehandlung im Sinne eines Anscheinsbeweises hinreichend belegt ist, die in Rechnung gestellten Krankenhauskosten also einstweilen als gerechtfertigt anzusehen sind. Eine Verrechnung mit späteren Forderungen bei Feststellung der fehlenden Notwendigkeit der stationären Behandlung oder fehlender Angemessenheit der Verweildauer wird hierdurch nicht ausgeschlossen. Daraus folgt aber nicht, dass die Krankenkassen nach Bundesrecht verpflichtet wären, Krankenhausrechnungen auch dann in voller Höhe zu begleichen, wenn sie schon innerhalb der vertraglich vereinbarten Zahlungsfrist substantiierte und der Höhe nach bezifferte Einwendungen gegen die Abrechnung geltend machen.[27] Ein Sachbearbeiter einer Krankenkasse als medizinischer Laie kann nach Einholung eines Kurzberichtes keine endgültige – negative – Beurteilung über die Notwendigkeit einer stationären Krankenhausbehandlung abgeben.[28] In Verfahren vor den Gerichten der Sozialgerichtsbarkeit über Abrechnungen der Krankenhäuser ist allerdings auch den Krankenkassen im Rahmen der Akteneinsicht gemäß § 120 SGG Einsicht in die Behandlungsunterlagen zu gewähren, wenn diese zur Sachverhaltsaufklärung nach § 106 Abs. 3 Nr. 2 SGG beigezogen worden sind.

2. Abschluss von Vereinbarungen

11 Die Spitzenverbände der Krankenkassen und ihre Vertragspartner auf Seiten der Krankenhäuser sind nach **Absatz 3** beauftragt, das Nähere über Form und Inhalt der Vordrucke, die Zeitabstände für die Übermittlung der Abgaben und das Verfahren zur Übermittlung der Daten nach Absatz 1 und zum Verfahren der Abrechnung im Wege elektronischer Datenübertragung oder maschinell verwertbar auf Datenträgern zu regeln.

3. Datenübermittlung durch Vorsorge- und Rehabilitationseinrichtungen und durch ermächtigte Krankenhausärzte

12 **Absatz 4** schreibt für Vorsorge- und Rehabilitationseinrichtungen eine Datenübermittlung in verringertem Umfang vor. **Absatz 5 Satz 1** enthält die datenschutzrechtlich notwendige Klarstellung, dass der ermächtigte Krankenhausarzt (vgl. die Kommentierung zu § 116 SGB V) im Hinblick auf die Abrechnung nach § 120 SGB V (vgl. die Kommentierung zu § 120 SGB V) befugt ist, die für die Abrech-

---

[22] BT-Drs. 14/1245, S. 106.

[23] Erstmalige Bekanntgabe durch Bekanntmachung v. 24.06.1999, BAnz 1999, Nr. 124, S. 10 985 v. 08.07.1999; geändert durch Bekanntmachung v. 08.11.2000, BAnz 2000, Nr. 214, S. 21 874 v. 15.11.2000.

[24] BSG v. 23.07.2002 - B 3 KR 64/01 R - SozR 3-2500 § 112 Nr. 3.

[25] § 67a Abs. 1 Satz 1 SGB X i.V.m. § 284 Abs. 1 Satz 1 Nr. 7 und 8 SGB V.

[26] BSG v. 28.03.2003 - B 3 KR 10/02 R - SozR 4-2500 § 109 Nr. 1.

[27] BSG v. 22.07.2004 - B 3 KR 20/03 R - SozR 4-2500 § 112 Nr. 3.

[28] SG Koblenz v. 26.10.2005 - S 6 KR 550/04.

nung der von ihm erbrachten ambulanten Leistungen erforderlichen Unterlagen seinem Krankenhausträger zur Verfügung zu stellen. **Absatz 5 Satz 2** ermächtigt den Krankenhausträger, diese Abrechnungsunterlagen an die Kassenärztliche Vereinigung weiterzuleiten. **Absatz 5 Satz 3** schreibt die entsprechende Anwendung der Sätze 1 und 2 für wahlärztliche Leistungen vor.

C. Reformbestrebungen

Das GKV-Wettbewerbsstärkungsgesetz[29] sieht vor, dass **mit Wirkung ab 01.07.2008**[30] in Absatz 3 die Wörter „vereinbaren die Spitzenverbände der Krankenkassen gemeinsam" durch die Wörter „vereinbart der Spitzenverband Bund der Krankenkassen" ersetzt werden. Hierbei handelt es sich um eine redaktionelle Folgeänderung zu der durch das GKV-Wettbewerbsstärkungsgesetz beschlossenen neuen Organisationsstruktur der Verbände der Krankenkassen.[31] Nach den §§ 217a ff. SGB V bilden die Krankenkassen den „Spitzenverband Bund der Krankenkassen". Dieser übernimmt gemäß § 217f Abs. 1 SGB V ab 01.07.2008 die bisher den Spitzenverbänden der Krankenkassen zugewiesenen Aufgaben. **13**

[29] Gesetz zur Stärkung des Wettbewerbs in der gesetzlichen Krankenversicherung (GKV-Wettbewerbsstärkungsgesetz – GKV-WSG) vom 26.03.2007, BGBl I 2007, 378.

[30] Art. 46 Abs. 9 Gesetz zur Stärkung des Wettbewerbs in der gesetzlichen Krankenversicherung (GKV-Wettbewerbsstärkungsgesetz – GKV-WSG) vom 26.03.2007, BGBl I 2007, 378.

[31] BT-Drs. 16/3100, S. 176.

§ 301a SGB V Abrechnung der Hebammen und Entbindungspfleger

(Fassung vom 15.12.2004, gültig ab 01.01.2007)

(1) Freiberuflich tätige Hebammen und Entbindungspfleger sind verpflichtet, den Krankenkassen folgende Angaben im Wege elektronischer Datenübertragung oder maschinell verwertbar auf Datenträgern zu übermitteln:

1. die Angaben nach § 291 Abs. 2 Satz 1 Nr. 1 bis 3, 5 bis 7 sowie 9 und 10,

2. die erbrachten Leistungen mit dem Tag der Leistungserbringung,

3. die Zeit und die Dauer der erbrachten Leistungen, soweit dies für die Höhe der Vergütung von Bedeutung ist,

4. bei der Abrechnung von Wegegeld Datum, Zeit und Ort der Leistungserbringung sowie die zurückgelegte Entfernung,

5. bei der Abrechnung von Auslagen die Art der Auslage und, soweit Auslagen für Arzneimittel abgerechnet werden, eine Auflistung der einzelnen Arzneimittel,

6. das Kennzeichen nach § 293; rechnet die Hebamme ihre oder der Entbindungspfleger seine Leistungen über eine zentrale Stelle ab, so ist in der Abrechnung neben dem Kennzeichen der abrechnenden Stelle das Kennzeichen der Hebamme oder des Entbindungspflegers anzugeben.

Ist eine ärztliche Anordnung für die Abrechnung der Leistung vorgeschrieben, ist diese der Rechnung beizufügen.

(2) § 302 Abs. 2 Satz 1 bis 3 und Abs. 3 gilt entsprechend.

Gliederung

A. Basisinformationen

I. Textgeschichte/Gesetzgebungsmaterialien

1 § 301a SGB V wurde **mit Wirkung ab 01.07.1994** durch das 2. SGBÄndG[1] in das SGB V eingegliedert. **Mit Wirkung ab 01.01.2004** wurde die Vorschrift durch das **GKV-Modernisierungsgesetz**[2] dahin gehend ergänzt, dass die für die Abrechnung vorgeschriebenen Angaben im Wege elektronischer Datenübertragung oder maschinell verwertbar auf Datenträgern zu übermitteln sind. Die Vorschrift ist durch das 2. FPÄndG[3] völlig neu gefasst worden. Die Neuregelung tritt **mit Wirkung ab 01.01.2007** in Kraft, falls bis zu diesem Zeitpunkt vertragliche Vergütungsvereinbarungen mit freiberuflichen

[1] Gesetz zur Änderung von Vorschriften des Sozialgesetzbuchs über den Schutz der Sozialdaten sowie zur Änderung anderer Vorschriften (Zweites Gesetz zur Änderung des Sozialgesetzbuchs – 2. SGBÄndG) v. 13.06.1994, BGBl I 1994, 1229.

[2] Gesetz zur Modernisierung der gesetzlichen Krankenversicherung (GKV-Modernisierungsgesetz – GMG) vom 14.11.2003, BGBl I 2003, 2190.

[3] Zweites Gesetz zur Änderung der Vorschriften zum diagnose-orientierten Fallpauschalensystem für Krankenhäuser und zur Änderung anderer Vorschriften (Zweites Fallpauschalenänderungsgesetz – 2. FPÄndG) v. 15.12.2004, BGBl I 2004, 3429.

Hebammen und Entbindungspflegern nach § 134a SGB V abgeschlossen worden sind, ansonsten zu dem Zeitpunkt, in dem das Bundesministerium für Gesundheit und Soziale Sicherung das In-Kraft-Treten im Bundesgesetzblatt bekannt gibt.[4]

II. Vorgängervorschriften

Die Vorschrift ist neu. Regelungen über die Vergütung der Hebammen waren bis 31.12.1989 in **§ 376a RVO** enthalten. 2

III. Systematische Zusammenhänge

§ 301a SGB V ist **die zehnte Vorschrift** des **Ersten Titels** (Übermittlung von Leistungsdaten) des **Zweiten Abschnitts** (Übermittlung und Aufbereitung von Leistungsdaten, Datentransparenz) **des Zehnten Kapitels** (Versicherungs- und Leistungsdaten, Datenschutz, Datentransparenz) **des SGB V**. 3

B. Auslegung der Norm

I. Regelungsgehalt und Bedeutung der Norm

Die Vorschrift enthält Regelungen über die **Angaben,** die freiberuflich tätige Hebammen und Entbindungspfleger den Krankenkassen **für Abrechnungszwecke** zu übermitteln haben. 4

II. Normzweck

§ 301a SGB V **in der bis 31.12.2006 geltenden Fassung** trug dem Umstand Rechnung, dass die Vergütungen für die Leistungen der freiberuflich tätigen Hebammen und Entbindungspfleger und die Einzelheiten der Vergütungsabrechnung nicht vertraglich vereinbart, sondern durch Rechtsverordnung nach § 134 SGB V geregelt waren. Dementsprechend enthielt die Vorschrift aus Gründen der datenschutzrechtlichen Normenklarheit für die Offenbarung personenbezogener Daten im Abrechnungsverfahren eine eigenständige Befugnisnorm.[5] Die **ab 01.01.2007 geltende Fassung** passt die Regelung aus datenschutzrechtlichen Gründen und unter Beachtung des grundrechtlich verankerten Bestimmtheitsgebotes an die nach § 134a SGB V abzuschließenden Verträge an und bestimmt Art und Umfang der für Abrechnungszwecke zu übermittelnden Daten.[6] 5

III. Tatbestandsmerkmale

1. Regelung bis 31.12.2006

Freiberuflich tätige Hebammen und Entbindungspfleger nehmen nicht auf der Grundlage vertraglicher Vereinbarungen oder kraft Zulassung an der Versorgung der Versicherten der gesetzlichen Krankenversicherung teil, sondern **auf Grund der staatlichen Anerkennung** nach dem Hebammengesetz[7]. Ihre **Vergütung** richtet sich nach der auf der Ermächtigung in § 134 SGB V beruhenden HebGV[8]. In § 5 dieser Verordnung ist bestimmt, welche Angaben die Hebamme oder der Entbindungspfleger bei der Abrechnung mit den Krankenkassen zu übermitteln haben. Seit 01.01.2004 sind die Daten im Wege elektronischer Datenübertragung (mittels entsprechender Software und Signatur) oder auf Datenträgern (Diskette oder CD-Rom) zu übermitteln. 6

2. Regelung ab 01.01.2007

Ab 01.01.2007 oder, wenn eine vertragliche Einigung zwischen den Spitzenverbänden der Krankenkassen und den Berufsverbänden der Hebammen auf Bundesebene erst später erfolgt, ab diesem Zeitpunkt, wird § 134 SGB V durch § 134a SGB V ersetzt. Ab diesem Zeitpunkt, der bei einem späteren In-Kraft-Treten durch das Bundesministerium für Gesundheit und Soziale Sicherung im Bundesgesetzblatt bekannt zu geben ist, tritt § 301a SGB V in der neuen Fassung in Kraft. Absatz 1 schreibt dann 7

---

4 BT-Drs. 15/3672, S. 17.

5 BT-Drs. 12/5187, S. 33.

6 BT-Drs. 15/3672, S. 17.

7 Gesetz über den Beruf der Hebamme und des Entbindungspflegers (Hebammengesetz – HebG) v. 04.06.1985, BGBl I 1985, 902, zuletzt geändert durch Art. 2 der Verordnung v. 22.10.2004, BGBl I 2004, 2657.

8 Hebammenhilfe-Gebührenverordnung (HebGV) v. 28.10.1986, BGBl I 1986, 1662, zuletzt geändert durch Art. 7 Abs. 5 Satz 2 Gesetz v. 15.12.2004, BGBl I 2004, 3429.

für Hebammen und Entbindungspfleger wie für andere Leistungserbringer detailliert vor, **welche Daten für Abrechnungszwecke den Krankenkassen zu übermitteln sind**. Es handelt sich dabei um die Angaben, die bereits bis 31.12.2006 auf der Grundlage des bis dahin geltenden Rechts zu übermitteln waren. Absatz 2 sieht durch den Verweis auf § 302 Abs. 2 Sätze 1 bis 3 und Abs. 3 SGB V den Erlass von Richtlinien und die Möglichkeit der Einschaltung von Rechenzentren vor.

§ 302 SGB V Abrechnung der sonstigen Leistungserbringer

(Fassung vom 14.11.2003, gültig ab 01.01.2004, gültig bis 30.06.2008)

(1) Die Leistungserbringer im Bereich der Heil- und Hilfsmittel und die weiteren Leistungserbringer sind verpflichtet, den Krankenkassen im Wege elektronischer Datenübertragung oder maschinell verwertbar auf Datenträgern die von ihnen erbrachten Leistungen nach Art, Menge und Preis zu bezeichnen und den Tag der Leistungserbringung sowie die Arztnummer des verordnenden Arztes, die Verordnung des Arztes mit Diagnose und den erforderlichen Angaben über den Befund und die Angaben nach § 291 Abs. 2 Nr. 1 bis 10 anzugeben; bei der Abrechnung über die Abgabe von Hilfsmitteln sind dabei die Bezeichnungen des Hilfsmittelverzeichnisses nach § 128 zu verwenden.

(2) Das Nähere über Form und Inhalt des Abrechnungsverfahrens (bestimmen die Spitzenverbände der Krankenkassen in gemeinsam erstellten) Richtlinien, die in den Leistungs- und Lieferverträgen zu beachten sind. Die Leistungserbringer nach Absatz 1 können zur Erfüllung ihrer Verpflichtungen Rechenzentren in Anspruch nehmen. Die Rechenzentren dürfen die Daten für im Sozialgesetzbuch bestimmte Zwecke und nur in einer auf diese Zwecke ausgerichteten Weise verarbeiten und nutzen, soweit sie dazu von einer berechtigten Stelle beauftragt worden sind; anonymisierte Daten dürfen auch für andere Zwecke verarbeitet und genutzt werden. Die Rechenzentren dürfen die Daten nach Absatz 1 den Kassenärztlichen Vereinigungen übermitteln, soweit diese Daten zur Erfüllung ihrer Aufgaben nach § 73 Abs. 8, § 84 und § 305a erforderlich sind.

(3) Die Richtlinien haben auch die Voraussetzungen und das Verfahren bei Teilnahme an einer Abrechnung im Wege elektronischer Datenübertragung oder maschinell verwertbar auf Datenträgern zu regeln.

Gliederung

A. Basisinformationen

I. Textgeschichte/Gesetzgebungsmaterialien

§ 302 SGB V ist durch das **Gesundheitsreformgesetz**[1] **mit Wirkung ab 01.01.1989**[2] eingeführt worden und hatte zunächst die Überschrift „Sonstige Leistungserbringer". Durch das **Gesundheitsstrukturgesetz**[3] wurde **mit Wirkung ab 01.01.1993** die Überschrift zur Verdeutlichung des Regelungsinhaltes geändert. In Absatz 1 wurde die Bezeichnung der Leistungserbringer geändert und klargestellt, dass neben der Versichertennummer die weiteren auf der Krankenversichertenkarte enthaltenen Angaben sowie die für die Abrechnung mit den Krankenkassen erforderlichen Leistungsdaten in den Ab- 1

[1] Gesetz zur Strukturreform im Gesundheitswesen (Gesundheitsreformgesetz – GRG) vom 20.12.1989, BGBl I 1989, 2477.

[2] Art. 79 Abs. 2 GRG.

[3] Gesetz zur Sicherung und Strukturverbesserung der gesetzlichen Krankenversicherung (Gesundheitsstrukturgesetz – GSG) vom 21.12.1992, BGBl I 1992, 2266.

rechnungsbelegen maschinenlesbar enthalten sein müssen.[4] **Mit Wirkung ab 01.01.2000** wurde durch das **GKV-Gesundheitsreformgesetz 2000**[5] in Absatz 1 die Verpflichtung zur Angabe der Diagnosen und Befunde aufgenommen. In Absatz 2 Sätze 2 und 3 wurde die Möglichkeit der Inanspruchnahme von Rechenzentren eingeräumt, weiterhin wurden die von diesen zu beachtenden datenschutzrechtlichen Bestimmungen geregelt. Das **Arzneimittelausgaben-Begrenzungsgesetz**[6] hat **mit Wirkung ab 23.02.2002** in Absatz 2 Satz 3 die Verarbeitungsweise der Daten durch die Rechenzentren eingegrenzt und Absatz 2 Satz 4 eingefügt. Durch das **GKV-Modernisierungsgesetz**[7] wurde **mit Wirkung ab 01.01.2004** in Absatz 1 die Verpflichtung zur Übermittlung der Abrechnungen im Wege elektronischer Datenübertragung oder maschinell auf Datenträgern geregelt und eine Folgeänderung aufgrund der Erweiterung der Angaben in der Krankenversichertenkarte bzw. der elektronischen Gesundheitskarte vorgenommen. Absatz 4 wurde dahin gehend ergänzt, dass die Richtlinie entsprechend dem technischen Fortschritt das Verfahren der Abrechnung im Wege elektronischer Datenübertragung oder maschinell verwertbar auf Datenträgern zu regeln hat.

II. Vorgängervorschriften

2 Die Vorschrift hat keine Vorgängerregelungen.

III. Systematische Zusammenhänge

3 § 302 SGB V ist **die elfte Vorschrift** des **Ersten Titels** (Übermittlung von Leistungsdaten) des **Zweiten Abschnitts** (Übermittlung und Aufbereitung von Leistungsdaten, Datentransparenz) **des Zehnten Kapitels** (Versicherungs- und Leistungsdaten, Datenschutz, Datentransparenz) **des SGB V**. Das Zehnte Kapitel zielt darauf ab, die Transparenz des Leistungsgeschehens zu verbessern und die Unterrichtung der Versicherten über die Leistungen zu ermöglichen, die Voraussetzungen für eine qualifizierte Prüfung von Wirtschaftlichkeit, Zweckmäßigkeit und Notwendigkeit der abgerechneten Leistungen sowie zur Bekämpfung von Missbrauch und Abrechnungsmanipulationen zu schaffen und es damit den Krankenkassen zu ermöglichen, ihre Aufgaben wirksamer und besser als bisher zu erfüllen.[8] Der erste Titel enthält weitere Vorschriften über die von den Leistungserbringern nach dem SGB V an die Krankenkassen und die Kassenärztlichen Vereinigungen zu übermittelnden Daten.

IV. Literaturhinweise

4 *Eschmann*, Start des maschinellen Datenaustausches mit sonstigen Leistungserbringern, ErsK 1998, 565-566; *Hohberg*, Datenaustausch mit Leistungserbringern, ErsK 1994, 473-479; *Kühnel*, Die zukünftige Abrechnung und Datenlieferung der „Sonstigen Leistungserbringer", KrV 1995, 301-303; *Massing*, Abrechnungsverfahren der sonstigen Leistungserbringer, BKK 1996, 154-157; *Strobel*, Datenaustausch mit Leistungserbringern, DOK 1994, 649-655; *Zöpfgen*, Elektronischer Datenaustausch mit Leistungserbringern, Kompaß 1995, 626-632.

B. Auslegung der Norm

I. Regelungsgehalt und Bedeutung der Norm

5 § 302 SGB V enthält Regelungen zur Übermittlung von Abrechnungsdaten durch sonstige nichtärztliche Leistungserbringer an die Krankenkassen. In **Absatz 1** ist bestimmt, welche Angaben die sonstigen Leistungserbringer den Krankenkassen bei der Abrechnung zu übermitteln haben. **Absatz 2 Satz 1** verpflichtet die Spitzenverbände der Krankenkassen zum Erlass von Richtlinien. **Absatz 2 Sätze 2 bis 4** enthalten Bestimmungen über die Einschaltung von Rechenzentren. In **Absatz 3** sind nähere Einzelheiten zum Inhalt der Richtlinien geregelt.

[4] BT-Drs. 12/3608, S. 125.

[5] Gesetz zur Reform der gesetzlichen Krankenversicherung ab dem Jahr 2000 (GKV-Gesundheitsreformgesetz 2000) vom 22.12.1999, BGBl I 1999, 2626.

[6] Gesetz zur Begrenzung der Arzneimittelausgaben der gesetzlichen Krankenversicherung (Arzneimittelausgaben-Begrenzungsgesetz – AABG) vom 15.02.2002, BGBl I 2002, 684.

[7] Gesetz zur Modernisierung der gesetzlichen Krankenversicherung (GKV-Modernisierungsgesetz – GMG) vom 14.11.2003, BGBl I 2003, 2190.

[8] BT-Drs. 11/2237, S. 235.

II. Normzweck

Die Vorschrift bestimmt **Art und Umfang der von den sonstigen Leistungserbringern für Abrechnungszwecke zu übermittelnden Daten.** Weiterhin wird eine Ermächtigung der Spitzenverbände der Krankenkassen zum Erlass von Richtlinien geschaffen. 6

III. Tatbestandsmerkmale

1. Verpflichtungen der sonstigen Leistungserbringer

Zu den **sonstigen Leistungserbringern** gehören neben den ausdrücklich in Absatz 1 genannten Leistungserbringern von Heilmitteln nach § 124 SGB V (vgl. die Kommentierung zu § 124 SGB V) und Hilfsmitteln nach § 126 SGB V (vgl. die Kommentierung zu § 126 SGB V) die Leistungserbringer nichtärztlicher Dialyseleistungen gemäß § 126 Abs. 5 SGB V (vgl. die Kommentierung zu § 126 SGB V), von Haushaltshilfe gemäß § 132 SGB V (vgl. die Kommentierung zu § 132 SGB V), von häuslicher Krankenpflege nach § 132a SGB V (vgl. die Kommentierung zu § 132a SGB V), von Krankentransportleistungen nach § 133 SGB V (vgl. die Kommentierung zu § 133 SGB V) und von Soziotherapie nach § 132b SGB V (vgl. die Kommentierung zu § 132b SGB V) sowie weitere sonstige Leistungserbringer, beispielsweise Kontaktlinsen abgebende Augenärzte. 7

Die Leistungserbringer haben gemäß Absatz 1 **Angaben über Art, Menge und Preis zu den von ihnen erbrachten Leistungen** zu machen und den **Tag der Leistungserbringung** sowie die **Arztnummer des verordnenden Arztes** anzugeben. In den Abrechnungsbelegen müssen entsprechend der für andere Leistungsbereiche geltenden Regelungen **neben der Krankenversichertennummer die weiteren Angaben auf der Krankenversichertenkarte** enthalten sein.[9] Weiterhin müssen die **Diagnosen und Befunde** angegeben werden, da die Krankenkassen diese Angaben zur Überprüfung ihrer Leistungsverpflichtung benötigen.[10] Bei der Abgabe von Hilfsmitteln sind die Bezeichnungen des Hilfsmittelverzeichnisses zu verwenden. Die **Angabe der Diagnosen nach der jeweils geltenden ICD[11]-10-GM-Version** ist gesetzlich nicht vorgeschrieben, kann jedoch in den Richtlinien geregelt werden. 8

Absatz 1 enthält im Gegensatz zu den §§ 295 Abs. 1, 300 Abs. 1, 301a SGB V **keine ausdrückliche Befugnis zur Speicherung und Übermittlung der Abrechnungsdaten** durch die sonstigen Leistungserbringer. Die verwendeten Begriffe „bezeichnen“ und „anzugeben“ entsprechen nicht der Terminologie des Datenschutzrechts. Der Gesamtzusammenhang der Regelungen lässt jedoch nur den Schluss zu, dass ebenso wie in den anderen Abrechnungsbestimmungen des Ersten Titels des Zweiten Abschnitts des Zehnten Kapitels den sonstigen Leistungserbringern das Speichern und Übermitteln der Daten für Abrechnungszwecke erlaubt wird.[12] 9

2. Beauftragung von Rechenzentren

Die sonstigen Leistungserbringer können gemäß Absatz 2 Satz 2 zur Erfüllung ihrer Verpflichtungen nach Absatz 1 Rechenzentren mit der Durchführung der Abrechnungen beauftragen. Die Rechenzentren werden in diesem Fall **gemäß § 80 SGB X im Auftrag der Leistungserbringer** tätig.[13] Die **Berechtigung der Rechenzentren zur Datenverarbeitung und Datennutzung** sowie zur Weitergabe der Daten ist in Absatz 2 Satz 3 geregelt. Eine Übermittlung von Daten nach Absatz 1 ist nach Absatz 2 Satz 4 auch an die Kassenärztlichen Vereinigungen zulässig. Die Regelung stellt klar, dass die Kassenärztlichen Vereinigungen Daten auch von den Rechenzentren erhalten dürfen, soweit sie diese zur Erfüllung der in der Vorschrift genannten Aufgaben benötigen. Damit ist die Übermittlung dieser Daten nicht mehr an die Zustimmung der Krankenkassen gebunden.[14] 10

---

[9] BT-Drs. 12/3608, S. 125.
[10] BT-Drs. 14/1245, S: 106.
[11] International Statistical Classification of Diseases and Related Health Problems.
[12] *Waschull* in: Krauskopf, SozKV, § 302 Rn. 6.
[13] *Waschull* in: Krauskopf, SozKV, § 302 Rn. 10.
[14] BT-Drs. 14/7827, S. 11.

3. Richtlinien der Spitzenverbände der Krankenkassen

11 Nach Absatz 2 Satz 1 ist **Näheres über Form und Inhalt des Abrechnungsverfahrens** in Richtlinien zu regeln, die von den Spitzenverbänden der Krankenkassen zu erlassen sind. Die Spitzenverbände beschließen die Richtlinien ohne Beteiligung der Verbände oder Interessenorganisationen der sonstigen Leistungserbringer. Dies unterscheidet die Regelung von § 300 Abs. 3 SGB V oder § 301 Abs. 3 SGB V. Absatz 3 schreibt vor, dass die Richtlinien Regelungen über die Voraussetzungen und das Verfahren bei Teilnahme an einer Abrechnung im Wege elektronischer Datenübertragung oder maschinell verwertbar auf Datenträgern zu enthalten haben. Daher sind seit 01.01.2004 **die Abrechnungsdaten im Wege elektronischer Datenübertragung (mittels entsprechender Software und Signatur) oder auf Datenträgern (Diskette oder CD-Rom) zu übermitteln**. Die Spitzenverbände der Krankenkassen haben in Anwendung von Absatz 2 Satz 1 die derzeit geltenden Richtlinien[15] beschlossen. Hierin sind die Bestandteile der Abrechnung, der Inhalt der Urbelege, die Kennzeichnung und Sortierung der Urbelege, die Abrechnungsdaten, die Gesamtaufstellung und das Abrechnungsverfahren sowie die technische und organisatorische Form der Datenübermittlung geregelt. Eine **auf Landesebene getroffene Vereinbarung**, wonach eine vertragsärztlich verordnete **Leistung** eines Heilmittelerbringers auch dann **zu vergüten** sein kann, wenn sie **nach Beendigung der Mitgliedschaft des Versicherten bei der Krankenkasse** erbracht worden ist, stellt keinen Verstoß gegen § 302 SGB V dar, weil in den Richtlinien nach Absatz 3 keine entgegenstehende Regelung enthalten ist.[16]

C. Reformbestrebungen

12 Das GKV-Wettbewerbsstärkungsgesetz[17] sieht vor, dass **mit Wirkung ab 01.07.2008**[18] in Absatz 2 Satz 1 die Wörter „bestimmen die Spitzenverbände der Krankenkassen in gemeinsam erstellten" durch die Wörter „bestimmt der Spitzenverband Bund der Krankenkassen in" ersetzt werden. Hierbei handelt es sich um eine redaktionelle Folgeänderung zu der durch das GKV-Wettbewerbsstärkungsgesetz beschlossenen neuen Organisationsstruktur der Verbände der Krankenkassen.[19] Nach den §§ 217a ff. SGB V bilden die Krankenkassen den „Spitzenverband Bund der Krankenkassen". Dieser übernimmt gemäß § 217f Abs. 1 SGB V ab 01.07.2008 die bisher den Spitzenverbänden der Krankenkassen zugewiesenen Aufgaben.

---

[15] Richtlinien der Spitzenverbände der Krankenkassen nach § 302 Abs. 2 SGB V über Form und Inhalt des Abrechnungsverfahrens mit „Sonstigen Leistungserbringern" sowie mit Hebammen und Entbindungspflegern (§ 301a SGB V) vom 09.05.1996 (BAnz. Nr. 112 v. 20.06.1996), zuletzt geändert durch Beschluss v. 15.12.2003.

[16] BSG v. 17.04.1996 - 3 RK 19/95 - SozR 3-2500 § 19 Nr. 2.

[17] Gesetz zur Stärkung des Wettbewerbs in der gesetzlichen Krankenversicherung (GKV-Wettbewerbsstärkungsgesetz – GKV-WSG) vom 26.03.2007, BGBl I 2007, 378.

[18] Art. 46 Abs. 9 Gesetz zur Stärkung des Wettbewerbs in der gesetzlichen Krankenversicherung (GKV-Wettbewerbsstärkungsgesetz – GKV-WSG) vom 26.03.2007, BGBl I 2007, 378.

[19] BT-Drs. 16/3100, S. 176.

§ 303 SGB V Ergänzende Regelungen

(Fassung vom 14.11.2003, gültig ab 01.01.2004)

(1) Die Landesverbände der Krankenkassen und die Verbände der Ersatzkassen können mit den Leistungserbringern oder ihren Verbänden vereinbaren, daß

1. der Umfang der zu übermittelnden Abrechnungsbelege eingeschränkt,

2. bei der Abrechnung von Leistungen von einzelnen Angaben ganz oder teilweise abgesehen

wird, wenn dadurch eine ordnungsgemäße Abrechnung und die Erfüllung der gesetzlichen Aufgaben der Krankenkassen nicht gefährdet werden.

(2) Die Krankenkassen können zur Vorbereitung und Kontrolle der Umsetzung der Vereinbarungen nach § 84, zur Vorbereitung der Prüfungen nach den §§ 112 Abs. 2 Satz 1 Nr. 2 und § 113, zur Vorbereitung der Unterrichtung der Versicherten nach § 305 sowie zur Vorbereitung und Umsetzung der Beratung der Vertragsärzte nach § 305a Arbeitsgemeinschaften nach § 219 mit der Speicherung, Verarbeitung und Nutzung der dafür erforderlichen Daten beauftragen. Die den Arbeitsgemeinschaften übermittelten versichertenbezogenen Daten sind vor der Übermittlung zu anonymisieren. Die Identifikation des Versicherten durch die Krankenkasse ist dabei zu ermöglichen; sie ist zulässig, soweit sie für die in Satz 1 genannten Zwecke erforderlich ist. § 286 gilt entsprechend.

(3) Werden die den Krankenkassen nach § 291 Abs. 2 Nr. 1 bis 10, § 295 Abs. 1 und 2, § 300 Abs. 1, § 301 Abs. 1, §§ 301a und 302 Abs. 1 zu übermittelnden Daten nicht im Wege elektronischer Datenübertragung oder maschinell verwertbar auf Datenträgern übermittelt, haben die Krankenkassen die Daten nachzuerfassen. Erfolgt die nicht maschinell verwertbare Datenübermittlung aus Gründen, die der Leistungserbringer zu vertreten hat, haben die Krankenkassen die mit der Nacherfassung verbundenen Kosten den betroffenen Leistungserbringern durch eine pauschale Rechnungskürzung in Höhe von bis zu 5 vom Hundert des Rechnungsbetrages in Rechnung zu stellen. Für die Angabe der Diagnosen nach § 295 Abs. 1 gilt Satz 1 ab dem Zeitpunkt der Inkraftsetzung der überarbeiteten Zehnten Fassung des Schlüssels gemäß § 295 Abs. 1 Satz 3.

Gliederung

A. Basisinformationen

I. Textgeschichte/Gesetzgebungsmaterialien

1 § 303 SGB V ist durch das **Gesundheitsreformgesetz**[1] **mit Wirkung ab 01.01.1989**[2] eingeführt worden und trug zunächst die Überschrift „Abweichende Vereinbarungen“. Die Vorschrift bestand zunächst nur aus einem Absatz. Durch das **Gesundheitsstrukturgesetz**[3] wurde **mit Wirkung**

[1] Gesetz zur Strukturreform im Gesundheitswesen (Gesundheitsreformgesetz – GRG) vom 20.12.1989, BGBl I 1989, 2477.

[2] Art. 79 Abs. 2 GRG.

[3] Gesetz zur Sicherung und Strukturverbesserung der gesetzlichen Krankenversicherung (Gesundheitsstrukturgesetz – GSG) vom 21.12.1992, BGBl I 1992, 2266.

ab 01.01.1993 der bisherige alleinige Text zu Absatz 1. In diesen Absatz wurde der Zusatz aufgenommen, dass durch landesweite Vereinbarungen die Erfüllung der gesetzlichen Aufgaben der Krankenkassen nicht gefährdet werden darf. Weiterhin wurden die Absätze 2 und 3 eingefügt. Absatz 3 Satz 2 wurde durch das **3. SGB-ÄndG**[4] **mit Wirkung ab 01.01.1996** eingeführt. Der in Absatz 3 Satz 1 vorgesehene Einführungstermin zur Angabe und Übermittlung maschinenlesbarer Daten wurde durch **das 2. GKV-NOG**[5] **mit Wirkung ab 01.07.1997** wegen Zeitablaufes gestrichen. In Absatz 3 Satz 2 wurde für den Vergütungsausschluss bei Nichtverwendung des Diagnoseschlüssels auf die Bekanntgabe der überarbeiteten Zehnten Fassung des Schlüssels abgestellt.[6] Absatz 2 Satz 1 wurde durch das **ABAG**[7] **mit Wirkung vom 31.12.2001** dahin gehend ergänzt, dass auch zur Kontrolle der Umsetzung der Vereinbarungen nach § 84 SGB V die Beauftragung von Arbeitsgemeinschaften zulässig ist.[8] Das **GKV-Modernisierungsgesetz**[9] hat **mit Wirkung ab 01.01.2004** in Absatz 2 Satz 1 als Folgeänderung der geänderten Datenübermittlungsvorschriften im Rahmen der Wirtschaftlichkeitsprüfungen den Verweis auf § 106 SGB V gestrichen. Absatz 3 wurde völlig neu dahin gehend gefasst, dass an Stelle des bisherigen Vergütungsausschlusses bei nicht vollständiger oder fehlender Übermittlung der Abrechnungsdaten in der vorgeschriebenen Form eine Nacherfassung durch die Krankenkassen und eine entsprechende Kostenbelastung der Leistungserbringer getreten ist.

II. Vorgängervorschriften

2 Die Vorschrift hat keine Vorgängervorschriften.

III. Systematische Zusammenhänge

3 § 303 SGB V ist **die zwölfte Vorschrift** des **Ersten Titels** (Übermittlung von Leistungsdaten) des **Zweiten Abschnitts** (Übermittlung und Aufbereitung von Leistungsdaten, Datentransparenz) **des Zehnten Kapitels** (Versicherungs- und Leistungsdaten, Datenschutz, Datentransparenz) **des SGB V**. Das Zehnte Kapitel zielt darauf ab, die Transparenz des Leistungsgeschehens zu verbessern und die Unterrichtung der Versicherten über die Leistungen zu ermöglichen, die Voraussetzungen für eine qualifizierte Prüfung von Wirtschaftlichkeit, Zweckmäßigkeit und Notwendigkeit der abgerechneten Leistungen sowie zur Bekämpfung von Missbrauch und Abrechnungsmanipulationen zu schaffen und es damit den Krankenkassen zu ermöglichen, ihre Aufgaben wirksamer und besser als bisher zu erfüllen.[10] Der erste Titel enthält weitere Vorschriften über die von den Leistungserbringern nach dem SGB V an die Krankenkassen und die Kassenärztlichen Vereinigungen zu übermittelnden Daten.

B. Auslegung der Norm

I. Regelungsgehalt und Bedeutung der Norm

4 § 303 SGB V enthält **ergänzende Regelungen zu den Vorschriften über die Datenübermittlung zwischen Leistungserbringern und Krankenkassen**. **Absatz 1** erlaubt auf Landesebene den Abschluss von Vereinbarungen zur Reduzierung des Umfangs der zu übermittelnden Abrechnungsbelege und der zu übermittelnden Angaben. **Absatz 2** ermöglicht die Einrichtung von Arbeitsgemeinschaften der Krankenkassen für die im Einzelnen aufgeführten Zwecke. **Absatz 3** trifft Regelungen für den Fall, dass die Abrechnungsdaten nicht in der vorgegebenen Weise übermittelt werden. Weiterhin wird die Verwendung des ICD-10-Diagnoseschlüssels ab dem Zeitpunkt seiner Inkraftsetzung vorgeschrieben.

---

[4] Drittes Gesetz zur Änderung des Fünften Buches Sozialgesetzbuch (3. SGB V-Änderungsgesetz - 3. SGB V-ÄndG) v. 10.05.1995, BGBl I 1995, 678.

[5] Zweites Gesetz zur Neuordnung von Selbstverwaltung und Eigenverantwortung in der gesetzlichen Krankenversicherung (2. GKV-Neuordnungsgesetz – 2. NOG) v. 23.06.1997, BGBl I 1997, 1520.

[6] BT-Drs. 13/7264, S. 70.

[7] Gesetz zur Ablösung des Arznei- und Heilmittelbudgets (Arzneimittelbudget-Ablösegesetz – ABAG) v. 19.12.2001, BGBl I 2001, 3773.

[8] BT-Drs. 14/7170, S. 15.

[9] Gesetz zur Modernisierung der gesetzlichen Krankenversicherung (GKV-Modernisierungsgesetz – GMG) vom 14.11.2003, BGBl I 2003, 2190.

[10] BT-Drs. 11/2237, S. 235.

II. Normzweck

Absatz 1 bezweckt die Begrenzung der zu übermittelnden Abrechnungsbelege und Daten **aus Gründen der Verwaltungsvereinfachung**, wenn hierdurch die ordnungsgemäße Abrechnung und die Aufgabenerfüllung der Krankenkassen nicht beeinträchtigt werden. **Absatz 2** erlaubt die Bildung von Arbeitsgemeinschaften zur **Unterstützung der Krankenkassen** und regelt die **Durchführung eines datenschutzrechtlich unbedenklichen Verfahrens.** Die Nacherfassung nicht ordnungsgemäß übermittelter Datenlieferungen der Leistungserbringer durch die Krankenkassen nach **Absatz 3 Satz 1** hat den Zweck, eine Erfassung und Abrechnung dieser Daten zu ermöglichen. **Absatz 3 Satz 2** regelt **die Belastung des Leistungserbringers** mit den **Kosten für die Nacherfassung. Absatz 3 Satz 3** bezweckt die Verwendung des ICD-10-Diagnoseschlüssels ab dem Zeitpunkt seines Inkraftsetzens durch die hierzu verpflichteten Leistungserbringer. 5

III. Tatbestandsmerkmale

1. Ergänzende Regelungen auf Länderebene

Nach Absatz 1 können die nach § 207 SGB V (vgl. die Kommentierung zu § 207 SGB V) gebildeten **Landesverbände der Krankenkassen und die Verbände der Ersatzkassen** mit den Leistungserbringern Vereinbarungen treffen, die den Umfang der zu übermittelnden Abrechnungsbelege einschränken oder den Wegfall einzelner Angaben bei der Übermittlung von Daten zur Leistungsabrechnung vorsehen. Die Vereinbarungen können sowohl mit den Verbänden der Leistungserbringer als auch mit einzelnen Leistungserbringern abgeschlossen werden. Die Durchführung einer ordnungsgemäßen Abrechnung und die Erfüllung der gesetzlichen Aufgaben der Krankenkassen dürfen durch diese Vereinbarungen jedoch nicht gefährdet werden. 6

2. Beauftragung von Arbeitsgemeinschaften

Die Krankenkassen können sich für die Erfüllung der in Absatz 2 Satz 1 genannten Zwecke der Hilfe von Arbeitsgemeinschaften bedienen. Die **Bildung von Arbeitsgemeinschaften** der Krankenkassen ist in § 219 SGB V (vgl. die Kommentierung zu § 219 SGB V) geregelt. Bei der Tätigkeit der Arbeitsgemeinschaften handelt es sich um eine Auftragstätigkeit nach § 80 SGB X. Absatz 2 schafft die datenschutzrechtlichen Voraussetzungen für die Tätigkeit der Arbeitsgemeinschaften. Die vorgesehene Anonymisierung der versichertenbezogenen Daten nach § 67 Abs. 8 SGB X ermöglicht ein datenschutzrechtlich unbedenkliches Verfahren. Die Anonymisierung kann nach Absatz 2 Satz 3 durch die Krankenkasse bei Bedarf rückgängig gemacht werden. 7

3. Nacherfassung von übermittelten Daten

Die bis 31.12.2003 in Absatz 3 Satz 1 bestehende Sanktion, dass die Krankenkassen Abrechnungen nur vergüten durften, wenn die vorgesehenen Daten maschinenlesbar oder auf maschinell verwertbaren Datenträgern mit den vorgeschriebenen Angaben übermittelt worden waren, ist **seit 01.01.2004** durch die **Verpflichtung der Krankenkassen zur Nacherfassung nicht ordnungsgemäß übermittelter Leistungsdaten** ersetzt worden. Die Leistungserbringer haben für die **Kosten der Nacherfassung,** falls sie die nicht maschinelle Datenübermittlung zu vertreten haben, gemäß Absatz 3 Satz 2 die vorgesehene Rechnungskürzung von 5 Prozent des Rechnungsbetrages hinzunehmen. Absatz 3 Satz 3 sieht für die ärztlichen Leistungserbringer die **Angabe der Diagnosen nach dem ICD-10-Diagnoseschlüssel** ab dem Zeitpunkt vor, an dem der Diagnoseschlüssel in Kraft gesetzt ist. Da in § 295 Abs. 1 Satz 5 (früher Satz 3) SGB V die Verbindlichkeit des Diagnoseschlüssels für die ärztlichen Leistungserbringer und in § 301 Abs. 2 Satz 5 SGB V die Verbindlichkeit des Diagnoseschlüssels für die Krankenhäuser gesondert ab dem Zeitpunkt des In-Kraft-Tretens der jeweiligen Fassung des Diagnoseschlüssels geregelt ist, handelt es sich bei Absatz 3 Satz 3 nur um eine nochmalige Klarstellung. Dass durch diese Regelung die Verwendung des Diagnoseschlüssels auf die anderen Leistungserbringer ausgedehnt werden sollte, lässt sich dem Gesetz nicht entnehmen. Die Verwendung des Diagnoseschlüssels bleibt damit bei Bedarf vertraglichen Vereinbarungen zwischen den Verbänden der Krankenkassen und den Leistungserbringern vorbehalten. Durch Bekanntmachung vom 24.06.1999[11] ist die Verwendung des ICD-10-SGB V erstmals ab 01.01.2000 gemäß §§ 295 und 301 SGB V verbindlich vorgeschrieben worden. Seit dem 01.01.2004 gilt der jährlich aktualisierte ICD-10-GM.[12] 8

---

[11] Bekanntmachung v. 24.06.1999, BAnz v. 08.07.1999, Nr. 124, S. 10 985; geändert durch Bekanntmachung v. 08.11.2000, BAnz v. 15.11.2000, Nr. 214, S. 21 874.

[12] Bekanntmachung v. 29.09.2003, BAnz v. 11.10.2003, Nr. 190, S. 22 709.

Zweiter Titel: Datentransparenz

§ 303a SGB V Arbeitsgemeinschaft für Aufgaben der Datentransparenz

(Fassung vom 31.10.2006, gültig ab 08.11.2006, gültig bis 30.06.2008)

(1) Die Spitzenverbände der Krankenkassen und die Kassenärztliche Bundesvereinigung bilden eine Arbeitsgemeinschaft für Aufgaben der Datentransparenz. Sofern die Arbeitsgemeinschaft nicht bis zum 30. Juni 2004 gebildet wird, kann das Bundesministerium für Gesundheit durch Rechtsverordnung ohne Zustimmung des Bundesrates die Arbeitsgemeinschaft bilden.

(2) Die Arbeitsgemeinschaft für Aufgaben der Datentransparenz hat die Erfüllung der Aufgaben einer Vertrauensstelle (§ 303c) und einer Datenaufbereitungsstelle (§ 303d) zu gewährleisten.

(3) Die Arbeitsgemeinschaft für Aufgaben der Datentransparenz hat Anforderungen für einheitliche und sektorenübergreifende Datendefinitionen für den Datenaustausch in der gesetzlichen Krankenversicherung zu erarbeiten. Die Arbeitsgemeinschaft legt dem Bundesministerium für Gesundheit bis zum 31. Dezember 2006 einen Bericht vor. Den auf Bundesebene maßgeblichen Spitzenorganisationen der Leistungserbringer ist Gelegenheit zur Stellungnahme zu geben, soweit ihre Belange berührt sind. Die Stellungnahmen sind in den Bericht einzubeziehen.

Gliederung

A. Basisinformationen

I. Textgeschichte/Gesetzgebungsmaterialien

1 § 303a SGB V wurde **mit Wirkung ab 01.01.2004** durch das **GKV-Modernisierungsgesetz**[1] in das SGB V eingegliedert. Durch Art. 256 Nr. 1 der Neunten Zuständigkeitsanpassungsverordnung[2] wurde in Absatz 1 Satz 2 und Absatz 3 Satz 2 die Bezeichnung des zuständigen Ministeriums der Umorganisation der Bundesregierung in der 16. Legislaturperiode angepasst.

II. Vorgängervorschriften

2 Die Vorschrift ist neu.

III. Systematische Zusammenhänge

3 § 303a SGB V ist **die erste Vorschrift** des **Zweiten Titels** (Datentransparenz) des **Zweiten Abschnitts** (Übermittlung und Aufbereitung von Leistungsdaten, Datentransparenz) **des Zehnten Kapitels** (Versicherungs- und Leistungsdaten, Datenschutz, Datentransparenz) **des SGB V**. Das Zehnte Kapitel zielt darauf ab, die Transparenz des Leistungsgeschehens zu verbessern und die Unterrichtung der

---

[1] Gesetz zur Modernisierung der gesetzlichen Krankenversicherung (GKV-Modernisierungsgesetz – GMG) vom 14.11.2003, BGBl I 2003, 2190.

[2] Neunte Zuständigkeitsanpassungsverordnung vom 31.10.2006, BGBl I 2006, 2407

Versicherten über die Leistungen zu ermöglichen, die Voraussetzungen für eine qualifizierte Prüfung von Wirtschaftlichkeit, Zweckmäßigkeit und Notwendigkeit der abgerechneten Leistungen sowie zur Bekämpfung von Missbrauch und Abrechnungsmanipulationen zu schaffen und es damit den Krankenkassen zu ermöglichen, ihre Aufgaben wirksamer und besser als bisher zu erfüllen.[3] Der Zweite Abschnitt enthält neben § 303a SGB V weitere Bestimmungen zur Datentransparenz.

B. Auslegung der Norm

I. Regelungsgehalt und Bedeutung der Norm

Die Vorschrift enthält in **Absatz 1** Regelungen über die **Bildung und die Aufgaben der Arbeitsgemeinschaft für Aufgaben der Datentransparenz** sowie über den Zeitpunkt, bis zu dem die Arbeitsgemeinschaft zu bilden ist. In **Absatz 2** wird die **Einrichtung einer Vertrauensstelle und einer Datenaufbereitungsstelle** durch die Arbeitsgemeinschaft vorgeschrieben. **Absatz 3** enthält die Verpflichtung der Arbeitsgemeinschaft, die Voraussetzungen für die Datentransparenz zu schaffen und hierzu einen **Bericht** an das Bundesministerium für Gesundheit unter Beteiligung der maßgeblichen Spitzenorganisationen zu erstellen. 4

II. Normzweck

§ 303a SGB V bezweckt durch die Vorgaben über die Bildung und die Aufgaben der Arbeitsgemeinschaft für Datentransparenz ebenso wie die übrigen Vorschriften des Zweiten Titels die **Schaffung einer Datenbasis für gesundheitspolitische Entscheidungen** der Politik und der Selbstverwaltung, damit die verantwortlichen Entscheidungsträger auf eine aussagefähige Datengrundlage zurückgreifen können, um Finanzmittel zielgerichtet einzusetzen sowie Fehlsteuerungen rechtzeitig zu erkennen und zu vermeiden. Dabei soll der Datenschutz der Versicherten und Leistungserbringer gewahrt werden. 5

III. Tatbestandsmerkmale

1. Bildung der Arbeitsgemeinschaft für Datentransparenz

Absatz 1 verpflichtet die Spitzenverbände der Krankenkassen und die Kassenärztliche Bundesvereinigung, die auf Bundesebene die datenerhebenden Stellen repräsentieren, **eine Arbeitsgemeinschaft für Aufgaben der Datentransparenz zu bilden**. Sofern die Arbeitsgemeinschaft nicht bis zum 30.06.2004 gebildet wird, wird das Bundesministerium für Gesundheit ermächtigt, sie durch Rechtsverordnung ohne Zustimmung des Bundesrates zu bilden.[4] 6

2. Errichtung oder Benennung einer Vertrauens- und Datenaufbereitungsstelle

Die Regelung **verpflichtet die Arbeitsgemeinschaft** für Aufgaben der Datentransparenz, **eine Vertrauensstelle und eine Datenaufbereitungsstelle zu errichten** oder eine bereits vorhandene Einrichtung als solche Stelle zu benennen, um die Erfüllung der übertragenen Aufgaben sicherzustellen. Falls eine vorhandene Einrichtung benannt wird, muss auch diese den Anforderungen des § 303c SGB V bzw. § 303d SGB V entsprechen.[5] 7

3. Aufgaben nach Absatz 3 und Berichtspflicht

Der Arbeitsgemeinschaft wird durch Absatz 3 die Aufgabe zugewiesen, **Datenformate und -definitionen im Rahmen des Datenaustausches mit den Leistungserbringern über die Sektorengrenzen hinweg einheitlich zu gestalten und zu koordinieren, um die Kompatibilität der übermittelten Daten der einzelnen Leistungsbereiche zu verbessern**. Den maßgeblichen Spitzenorganisationen der am Datenaustausch beteiligten Leistungserbringer wird Gelegenheit zur Stellungnahme eingeräumt. Die Arbeitsgemeinschaft soll dem Bundesministerium für Gesundheit bis zum 31.12.2006 über das Ergebnis berichten.[6] 8

---

[3] BT-Drs. 11/2237, S. 237.
[4] BT-Drs. 15/1525, S. 148.
[5] BT-Drs. 15/1525, S. 148.
[6] BT-Drs. 15/1525, S. 149.

C. Reformbestrebungen

9 Das GKV-Wettbewerbsstärkungsgesetz[7] sieht vor, dass **mit Wirkung ab 01.07.2008**[8] in Absatz 1 Satz 1 die Wörter „Die Spitzenverbände der Krankenkassen" durch die Wörter „Der Spitzenverband Bund der Krankenkassen" ersetzt werden. Hierbei handelt es sich um eine redaktionelle Folgeänderung zu der durch das GKV-Wettbewerbsstärkungsgesetz beschlossenen neuen Organisationsstruktur der Verbände der Krankenkassen.[9] Nach den §§ 217a ff. SGB V bilden die Krankenkassen den „Spitzenverband Bund der Krankenkassen". Dieser übernimmt gemäß § 217f Abs. 1 SGB V ab 01.07.2008 die bisher den Spitzenverbänden der Krankenkassen zugewiesenen Aufgaben.

[7] Gesetz zur Stärkung des Wettbewerbs in der gesetzlichen Krankenversicherung (GKV-Wettbewerbsstärkungsgesetz – GKV-WSG) vom 26.03.2007, BGBl I 2007, 378.

[8] Art. 46 Abs. 9 Gesetz zur Stärkung des Wettbewerbs in der gesetzlichen Krankenversicherung (GKV-Wettbewerbsstärkungsgesetz – GKV-WSG) vom 26.03.2007, BGBl I 2007, 378.

[9] BT-Drs. 16/3100, S. 176.

§ 303b SGB V Beirat

(Fassung vom 14.11.2003, gültig ab 01.01.2004)

Bei der Arbeitsgemeinschaft für Aufgaben der Datentransparenz wird für die Aufgaben nach den §§ 303e und 303f ein Beirat aus Vertretern der Arbeitsgemeinschaft, der Deutschen Krankenhausgesellschaft, der für die Wahrnehmung der wirtschaftlichen Interessen gebildeten maßgeblichen Spitzenorganisationen der Leistungserbringer auf Bundesebene, des Bundesbeauftragten für den Datenschutz, der oder des Beauftragten der Bundesregierung für die Belange der Patientinnen und Patienten sowie die für die Wahrnehmung der Interessen der Patientinnen und Patienten und der Selbsthilfe chronisch kranker und behinderter Menschen maßgeblichen Organisationen auf Bundesebene und der für die gesetzliche Krankenversicherung zuständigen obersten Bundes- und Landesbehörden gebildet. Das Nähere zum Verfahren regeln die Mitglieder des Beirates.

Gliederung

A. Basisinformationen

I. Textgeschichte/Gesetzgebungsmaterialien

§ 303b SGB V wurde **mit Wirkung ab 01.01.2004** durch das **GKV-Modernisierungsgesetz**[1] in das SGB V eingegliedert und gilt seitdem unverändert. 1

II. Vorgängervorschriften

Die Vorschrift ist neu. 2

III. Systematische Zusammenhänge

§ 303b SGB V ist **die zweite Vorschrift** des **Zweiten Titels** (Datentransparenz) des **Zweiten Abschnitts** (Übermittlung und Aufbereitung von Leistungsdaten, Datentransparenz) **des Zehnten Kapitels** (Versicherungs- und Leistungsdaten, Datenschutz, Datentransparenz) **des SGB V**. Das Zehnte Kapitel zielt darauf ab, die Transparenz des Leistungsgeschehens zu verbessern und die Unterrichtung der Versicherten über die Leistungen zu ermöglichen, die Voraussetzungen für eine qualifizierte Prüfung von Wirtschaftlichkeit, Zweckmäßigkeit und Notwendigkeit der abgerechneten Leistungen sowie zur Bekämpfung von Missbrauch und Abrechnungsmanipulationen zu schaffen und es damit den Krankenkassen zu ermöglichen, ihre Aufgaben wirksamer und besser als bisher zu erfüllen.[2] Der Zweite Abschnitt enthält neben § 303b SGB V weitere Bestimmungen zur Datentransparenz. 3

B. Auslegung der Norm

I. Regelungsgehalt und Bedeutung der Norm

§ 303b SGB V regelt die **Bildung eines Beirates** bei der Arbeitsgemeinschaft für Aufgaben der Datentransparenz und dessen Zusammensetzung. 4

---

[1] Gesetz zur Modernisierung der gesetzlichen Krankenversicherung (GKV-Modernisierungsgesetz – GMG) vom 14.11.2003, BGBl I 2003, 2190.

[2] BT-Drs. 11/2237, S. 237.

II. Normzweck

5 § 303b SGB V bezweckt durch die Vorgaben über die Bildung des bei der Arbeitsgemeinschaft für Datentransparenz zu errichtenden Beirates ebenso wie die übrigen Vorschriften des Zweiten Titels die **Schaffung einer Datenbasis für gesundheitspolitische Entscheidungen** der Politik und der Selbstverwaltung, damit die verantwortlichen Entscheidungsträger auf eine aussagefähige Datengrundlage zurückgreifen können, um Finanzmittel zielgerichtet einzusetzen sowie Fehlsteuerungen rechtzeitig zu erkennen und zu vermeiden. Dabei soll der Datenschutz der Versicherten und Leistungserbringer gewahrt werden.

III. Tatbestandsmerkmale

6 Die Regelung ergänzt die Organisation für Aufgaben der Datentransparenz um einen **Beirat,** welchem auch die Beteiligten angehören, die nicht an der Arbeitsgemeinschaft beteiligt sind. Diese Maßnahme soll sicherstellen, dass die Interessen aller Beteiligten berücksichtigt werden. Insbesondere werden auch Beteiligungsrechte des Bundesbeauftragten für den Datenschutz sowie des bzw. der Beauftragten der Bundesregierung für die Belange von Patientinnen und Patienten, der nach § 140h SGB V zu bestellen ist, festgeschrieben.[3]

---

[3] BT-Drs. 15/1525, S. 149.

§ 303c SGB V Vertrauensstelle

(Fassung vom 31.10.2006, gültig ab 08.11.2006)

(1) Die Vertrauensstelle hat den Versicherten- und Leistungserbringerbezug der ihr von den Krankenkassen und den Kassenärztlichen Vereinigungen nach § 303e Abs. 2 übermittelten Leistungs- und Abrechnungsdaten durch Anwendung eines Verfahrens nach Absatz 2 zu pseudonymisieren. Es ist auszuschließen, dass Versicherte oder Leistungserbringer durch die Verarbeitung und Nutzung der Daten bei der Vertrauensstelle, der Datenaufbereitungsstelle oder den nutzungsberechtigten Stellen nach § 303f Abs. 1 wieder identifiziert werden können.

(2) Das von der Vertrauensstelle einheitlich anzuwendende Verfahren der Pseudonymisierung ist von der Arbeitsgemeinschaft nach § 303a Abs. 1 im Einvernehmen mit dem Bundesamt für Sicherheit in der Informationstechnik zu bestimmen. Das Pseudonym ist so zu gestalten, dass für alle Leistungsbereiche ein bundesweit eindeutiger periodenübergreifender Bezug der Abrechnungs- und Leistungsdaten zu dem Versicherten, der Leistungen in Anspruch genommen hat, und zu dem Leistungserbringer, der Leistungen erbracht und verordnet hat, hergestellt werden kann; ferner hat das Pseudonym für den Versicherten Angaben zum Geburtsjahr, Geschlecht, Versichertenstatus sowie die ersten beiden Ziffern der Postleitzahl und für den Leistungserbringer Angaben zur Art des Leistungserbringers, Spezialisierung sowie die ersten beiden Ziffern der Postleitzahl zu enthalten. Eine Identifikation des Versicherten und des Leistungserbringers durch diese Angaben ist auszuschließen. Unmittelbar nach Erhebung der Daten durch die Vertrauensstelle sind die zu pseudonymisierenden personenbezogenen Daten von den Leistungs- und Abrechnungsdaten zu trennen. Die erzeugten Pseudonyme sind mit den entsprechenden Leistungs- und Abrechnungsdaten wieder zusammenzuführen und der Datenaufbereitungsstelle zu übermitteln. Nach der Übermittlung der pseudonymisierten Daten an die Datenaufbereitungsstelle sind die Daten bei der Vertrauensstelle zu löschen.

(3) Die Vertrauensstelle ist räumlich, organisatorisch und personell von den Trägern der Arbeitsgemeinschaft für Datentransparenz und ihren Mitgliedern sowie von den nutzungsberechtigten Stellen nach § 303f Abs. 1 zu trennen. Die Vertrauensstelle gilt als öffentliche Stelle und unterliegt dem Sozialgeheimnis nach § 35 des Ersten Buches. Sie untersteht der Rechtsaufsicht des Bundesministeriums für Gesundheit. § 274 Abs. 1 Satz 2 gilt entsprechend.

Gliederung

A. Basisinformationen

I. Textgeschichte/Gesetzgebungsmaterialien

1 § 303c SGB V wurde **mit Wirkung ab 01.01.2004** durch das **GKV-Modernisierungsgesetz**[1] in das SGB V eingegliedert. Durch Art. 256 Nr. 1 der Neunten Zuständigkeitsanpassungsverordnung[2] wurde

[1] Gesetz zur Modernisierung der gesetzlichen Krankenversicherung (GKV-Modernisierungsgesetz – GMG) vom 14.11.2003, BGBl I 2003, 2190.

[2] Neunte Zuständigkeitsanpassungsverordnung vom 31.10.2006, BGBl I 2006, 2407

in Absatz 3 Satz 3 die Bezeichnung des zuständigen Ministeriums der Umorganisation der Bundesregierung in der 16. Legislaturperiode angepasst.

II. Vorgängervorschriften

2 Die Vorschrift ist neu.

III. Systematische Zusammenhänge

3 § 303c SGB V ist **die dritte Vorschrift** des **Zweiten Titels** (Datentransparenz) des **Zweiten Abschnitts** (Übermittlung und Aufbereitung von Leistungsdaten, Datentransparenz) **des Zehnten Kapitels** (Versicherungs- und Leistungsdaten, Datenschutz, Datentransparenz) **des SGB V**. Das Zehnte Kapitel zielt darauf ab, die Transparenz des Leistungsgeschehens zu verbessern und die Unterrichtung der Versicherten über die Leistungen zu ermöglichen, die Voraussetzungen für eine qualifizierte Prüfung von Wirtschaftlichkeit, Zweckmäßigkeit und Notwendigkeit der abgerechneten Leistungen sowie zur Bekämpfung von Missbrauch und Abrechnungsmanipulationen zu schaffen und es damit den Krankenkassen zu ermöglichen, ihre Aufgaben wirksamer und besser als bisher zu erfüllen.[3] Der Zweite Abschnitt enthält neben § 303c SGB V weitere Bestimmungen zur Datentransparenz.

B. Auslegung der Norm

I. Regelungsgehalt und Bedeutung der Norm

4 Die **Absätze 1 und 2** enthalten Regelungen über die Aufgaben der zu errichtenden Vertrauensstelle und das anzuwendende Verfahren der Pseudonymisierung hinsichtlich der übermittelten Leistungs- und Abrechnungsdaten. In **Absatz 3** sind Bestimmungen über die Organisation und die Stellung der Vertrauensstelle sowie zu dem für die Rechtsaufsicht zuständige Bundesministerium enthalten.

II. Normzweck

5 § 303c SGB V bezweckt durch die Vorgaben über die Bildung und die Aufgaben der Vertrauensstelle ebenso wie die übrigen Vorschriften des Zweiten Titels die **Schaffung einer Datenbasis für gesundheitspolitische Entscheidungen** der Politik und der Selbstverwaltung, damit die verantwortlichen Entscheidungsträger auf eine aussagefähige Datengrundlage zurückgreifen können, um Finanzmittel zielgerichtet einzusetzen sowie Fehlsteuerungen rechtzeitig zu erkennen und zu vermeiden. Dabei soll der Datenschutz der Versicherten und Leistungserbringer gewahrt werden.

III. Tatbestandsmerkmale

1. Aufgabe der Vertrauensstelle

6 Absatz 1 weist der Vertrauensstelle **die Aufgabe zu, den Personenbezug der ihr von den Krankenkassen und Kassenärztlichen Vereinigungen übermittelten Daten über Versicherte und Leistungserbringer zu pseudonymisieren**. Pseudonymisieren ist gemäß § 67 Abs. 8a SGB X das Ersetzen des Namens und anderer Identifikationsmerkmale durch ein Kennzeichen zu dem Zweck, die Bestimmung des Betroffenen auszuschließen oder wesentlich zu erschweren. Eine Reidentifikation des Personenbezuges von Versicherten und Leistungserbringern bei der Verarbeitung und Nutzung der Daten durch alle dazu berechtigten Stellen wird ausgeschlossen.[4]

2. Pseudonymisierungsverfahren

7 Absatz 2 regelt die **Auswahl und Anwendung des Pseudonymisierungsverfahrens**, welches von der Vertrauensstelle verwendet wird. Es soll ein einheitliches Verfahren gewählt werden, das sicherstellt, dass die Ergebnisse der Pseudonymisierung kontinuierlich und periodenübergreifend sind; einem Versicherten oder Leistungserbringer muss über den gesamten Zeitraum ein eindeutiges Pseudonym zugeordnet werden können. Darüber hinaus soll das Pseudonym Informationen über den Versicherten (Geburtsjahr, Geschlecht, Versichertenstatus und Wohnort) enthalten. Es ist sicherzustellen, dass mit Hilfe dieser Informationen nicht auf den Versicherten oder Leistungserbringer, der sich hinter dem Pseudonym verbirgt, zurückgegriffen werden kann. Da eindeutige Pseudonyme erzeugt werden sollen, kann aus Sicherheitsgründen ein dezentrales Verfahren, bei dem die Verschlüsselung durch die Krankenkas-

[3] BT-Drs. 11/2237, S. 237.

[4] BT-Drs. 15/1525, S. 149.

sen oder Kassenärztlichen Vereinigungen vorgenommen wird, nicht erfolgen. Daher müssen die Krankenkassen und Kassenärztlichen Vereinigungen die bei ihnen gespeicherten Daten an eine Vertrauensstelle übermitteln. Die Vertrauensstelle ist von den übrigen datenverarbeitenden Stellen des Systems nach den §§ 303a ff. SGB V zu trennen. Nach der Übermittlung der pseudonymisierten Daten an die Datenaufbereitungsstelle sind die Daten bei der Vertrauensstelle zu löschen.[5]

3. Organisation und Rechtsaufsicht

Absatz 3 regelt die **Trennung zwischen Datenerhebung, -verschlüsselung und -aufbereitung** im Rahmen des Transparenzverfahrens. Dadurch wird sichergestellt, dass Personen, die mit der Datenerhebung und -aufbereitung beschäftigt sind, keine Kenntnisse über die Verschlüsselung haben. Die Vertrauensstelle gilt, unabhängig von ihrer Rechtsform, als öffentliche Stelle und unterliegt dem Sozialgeheimnis nach § 35 SGB I. Sie untersteht der Aufsicht des Bundesministeriums für Gesundheit. Eine Prüfung nach § 274 Abs. 1 Satz 2 SGB V ist möglich.[6] 8

[5] BT-Drs. 15/1525, S. 149.
[6] BT-Drs. 15/1525, S. 149.

§ 303d SGB V Datenaufbereitungsstelle

(Fassung vom 31.10.2006, gültig ab 08.11.2006)

(1) Die Datenaufbereitungsstelle hat die ihr von der Vertrauensstelle übermittelten Daten zur Erstellung von Datengrundlagen für die in § 303f Abs. 2 genannten Zwecke aufzubereiten und den in § 303f Abs. 1 genannten Nutzungsberechtigten zur Verfügung zu stellen. Die Daten sind zu löschen, sobald sie für die Erfüllung der Aufgaben der Datenaufbereitungsstelle nicht mehr erforderlich sind.

(2) Die Datenaufbereitungsstelle ist räumlich, organisatorisch und personell von den Trägern der Arbeitsgemeinschaft für Datentransparenz und ihren Mitgliedern sowie von den nutzungsberechtigten Stellen nach § 303f Abs. 1 zu trennen. Die Datenaufbereitungsstelle gilt als öffentliche Stelle und unterliegt dem Sozialgeheimnis nach § 35 des Ersten Buches. Sie untersteht der Rechtsaufsicht des Bundesministeriums für Gesundheit. § 274 Abs. 1 Satz 2 gilt entsprechend.

Gliederung

A. Basisinformationen

I. Textgeschichte/Gesetzgebungsmaterialien

1 § 303d SGB V wurde **mit Wirkung ab 01.01.2004** durch das **GKV-Modernisierungsgesetz**[1] in das SGB V eingegliedert. Durch Art. 256 Nr. 1 der Neunten Zuständigkeitsanpassungsverordnung[2] wurde in Absatz 2 Satz 3 die Bezeichnung des zuständigen Ministeriums der Umorganisation der Bundesregierung in der 16. Legislaturperiode angepasst.

II. Vorgängervorschriften

2 Die Vorschrift ist neu.

III. Systematische Zusammenhänge

3 § 303d SGB V ist **die vierte Vorschrift** des **Zweiten Titels** (Datentransparenz) des **Zweiten Abschnitts** (Übermittlung und Aufbereitung von Leistungsdaten, Datentransparenz) **des Zehnten Kapitels** (Versicherungs- und Leistungsdaten, Datenschutz, Datentransparenz) **des SGB V**. Das Zehnte Kapitel zielt darauf ab, die Transparenz des Leistungsgeschehens zu verbessern und die Unterrichtung der Versicherten über die Leistungen zu ermöglichen, die Voraussetzungen für eine qualifizierte Prüfung von Wirtschaftlichkeit, Zweckmäßigkeit und Notwendigkeit der abgerechneten Leistungen sowie zur Bekämpfung von Missbrauch und Abrechnungsmanipulationen zu schaffen und es damit den Krankenkassen zu ermöglichen, ihre Aufgaben wirksamer und besser als bisher zu erfüllen.[3] Der Zweite Abschnitt enthält neben § 303d SGB V weitere Bestimmungen zur Datentransparenz.

B. Auslegung der Norm

I. Regelungsgehalt und Bedeutung der Norm

4 **Absatz 1** regelt die Aufgaben der Datenaufbereitungsstelle. In **Absatz 2** sind Bestimmungen über die Organisation und die Stellung der Datenaufbereitungsstelle sowie über das für die Rechtsaufsicht zuständige Bundesministerium enthalten.

---

1 Gesetz zur Modernisierung der gesetzlichen Krankenversicherung (GKV-Modernisierungsgesetz – GMG) vom 14.11.2003, BGBl I 2003, 2190.

2 Neunte Zuständigkeitsanpassungsverordnung vom 31.10.2006, BGBl I 2006, 2407

3 BT-Drs. 11/2237, S. 237.

II. Normzweck

§ 303d SGB V bezweckt durch die Vorgaben über die Bildung und die Aufgaben der Datenaufbereitungsstelle ebenso wie die übrigen Vorschriften des Zweiten Titels die **Schaffung einer Datenbasis für gesundheitspolitische Entscheidungen** der Politik und der Selbstverwaltung, damit die verantwortlichen Entscheidungsträger auf eine aussagefähige Datengrundlage zurückgreifen können, um Finanzmittel zielgerichtet einzusetzen sowie Fehlsteuerungen rechtzeitig zu erkennen und zu vermeiden. Dabei soll der Datenschutz der Versicherten und Leistungserbringer gewahrt werden. 5

III. Tatbestandsmerkmale

1. Aufgabe der Datenaufbereitungsstelle

Absatz 1 schafft bei der Datenaufbereitungsstelle die **Datengrundlage für die Wahrnehmung von Steuerungsaufgaben in der gesetzlichen Krankenversicherung** und für politische Entscheidungen zur Weiterentwicklung der gesetzlichen Krankenversicherung und der Strukturen der medizinischen Versorgung. Durch die Datenaufbereitungsstelle werden die im Rahmen der Leistungsabrechnung übermittelten Daten kassenarten- und sektorenübergreifend zusammengeführt und für die in § 303f Abs. 2 Nr. 1-6 SGB V (vgl. die Kommentierung zu § 303f SGB V) genannten Aufgaben aufbereitet. Ein Online-Zugriff der nutzungsberechtigten Stellen auf die Datenbasis der Datenaufbereitungsstelle ist nicht vorgesehen.[4] 6

2. Organisation und Rechtsaufsicht

Absatz 2 regelt die **Trennung zwischen Datenerhebung, -verschlüsselung und -aufbereitung.** Dadurch wird sichergestellt, dass Personen, die mit der Datenerhebung und -aufbereitung beschäftigt sind, keine Kenntnisse über die Verschlüsselung haben. Die Datenaufbereitungsstelle gilt, unabhängig von ihrer Rechtsform, als öffentliche Stelle und unterliegt dem Sozialgeheimnis nach § 35 SGB I. Sie untersteht der Aufsicht des Bundesministeriums für Gesundheit. Eine Prüfung nach § 274 Abs. 1 Satz 2 SGB V ist möglich.[5] 7

---

4 BT-Drs. 15/1525, S. 149.

5 BT-Drs. 15/1525, S. 149.

§ 303e SGB V Datenübermittlung und -erhebung

(Fassung vom 31.10.2006, gültig ab 08.11.2006, gültig bis 30.06.2008)

(1) Die Arbeitsgemeinschaft für Aufgaben der Datentransparenz hat im Benehmen mit dem Beirat bis zum 31. Dezember 2004 Richtlinien über die Auswahl der Daten, die zur Erfüllung der Zwecke nach § 303f Abs. 2 erforderlich sind, die Struktur, die Prüfqualität und das Verfahren der Übermittlung der Abrechnungs- und Leistungsdaten an die Vertrauensstelle zu beschließen. Der Umfang der zu erhebenden Daten (Vollerhebung oder Stichprobe) hat die Erfüllung der Zwecke nach Satz 1 zu gewährleisten; es ist zu prüfen, ob die Erhebung einer Stichprobe ausreichend ist. Die Richtlinien sind dem Bundesministerium für Gesundheit vorzulegen. Das Bundesministerium für Gesundheit kann sie innerhalb von zwei Monaten beanstanden. Kommen die Richtlinien nicht innerhalb der Frist nach Satz 1 zu Stande oder werden die Beanstandungen nicht innerhalb einer vom Bundesministerium für Gesundheit gesetzten Frist behoben, erlässt das Bundesministerium für Gesundheit die Richtlinien zur Erhebung der Daten.

(2) Die Krankenkassen und die Mitglieder der Kassenärztlichen Bundesvereinigung sind verpflichtet, für die Erfüllung der Zwecke nach § 303f Abs. 2 Satz 2 Leistungs- und Abrechnungsdaten entsprechend der Richtlinien nach Absatz 1 an die Vertrauensstelle zu übermitteln. Die Übermittlung der Daten hat unverzüglich nach der Prüfung der Daten durch die Krankenkassen und die Mitglieder der Kassenärztlichen Bundesvereinigung, spätestens jedoch zwölf Monate nach Übermittlung durch den Leistungserbringer zu erfolgen.

(3) Werden die Daten für eine Region nicht fristgerecht übermittelt, sind die jeweiligen Krankenkassen und ihre Landes- und Spitzenverbände, die jeweiligen Mitglieder der Kassenärztlichen Bundesvereinigung und die Kassenärztliche Bundesvereinigung von der Berechtigung, den Gesamtdatenbestand dieser Region bei der Datenaufbereitungsstelle zu verarbeiten und nutzen, ausgeschlossen.

(4) Der Beirat unterrichtet bis zum 31. Dezember 2006 das Bundesministerium für Gesundheit über die Erfahrungen der Datenerhebung nach den Absätzen 1 bis 3.

Gliederung

A. Basisinformationen

I. Textgeschichte/Gesetzgebungsmaterialien

1 § 303e SGB V wurde **mit Wirkung ab 01.01.2004** durch das **GKV-Modernisierungsgesetz**[1] in das SGB V eingegliedert. Durch Art. 256 Nr. 1 der Neunten Zuständigkeitsanpassungsverordnung[2] wurde in Absatz 1 Sätze 3, 4 und 5 sowie in Absatz 4 die Bezeichnung des zuständigen Ministeriums der Umorganisation der Bundesregierung in der 16. Legislaturperiode angepasst.

1 Gesetz zur Modernisierung der gesetzlichen Krankenversicherung (GKV-Modernisierungsgesetz – GMG) vom 14.11.2003, BGBl I 2003, 2190.

2 Neunte Zuständigkeitsanpassungsverordnung vom 31.10.2006, BGBl I 2006, 2407.

II. Vorgängervorschriften

Die Vorschrift ist neu. 2

III. Systematische Zusammenhänge

§ 303e SGB V ist **die fünfte Vorschrift** des **Zweiten Titels** (Datentransparenz) des **Zweiten Abschnitts** (Übermittlung und Aufbereitung von Leistungsdaten, Datentransparenz) **des Zehnten Kapitels** (Versicherungs- und Leistungsdaten, Datenschutz, Datentransparenz) **des SGB V**. Das Zehnte Kapitel zielt darauf ab, die Transparenz des Leistungsgeschehens zu verbessern und die Unterrichtung der Versicherten über die Leistungen zu ermöglichen, die Voraussetzungen für eine qualifizierte Prüfung von Wirtschaftlichkeit, Zweckmäßigkeit und Notwendigkeit der abgerechneten Leistungen sowie zur Bekämpfung von Missbrauch und Abrechnungsmanipulationen zu schaffen und es damit den Krankenkassen zu ermöglichen, ihre Aufgaben wirksamer und besser als bisher zu erfüllen.[3] Der Zweite Abschnitt enthält neben § 303e SGB V weitere Bestimmungen zur Datentransparenz. 3

B. Auslegung der Norm

I. Regelungsgehalt und Bedeutung der Norm

Die Vorschrift enthält **Regelungen zur Datenübermittlung und -erhebung für Zwecke der Datentransparenz. Absatz 1** verpflichtet die Arbeitsgemeinschaft für Aufgaben der Datentransparenz zum Erlass von Richtlinien. In **Absatz 2** sind Bestimmungen über die Verpflichtung zur Datenübermittlung von Leistungs- und Abrechnungsdaten enthalten. **Absatz 3** schreibt den Ausschluss bestimmter Teilnehmer von der Nutzung des Gesamtdatenbestandes bei nicht fristgerechter Übermittlung der Daten einer Region vor. **Absatz 4** verpflichtet den Beirat nach § 303b SGB V zur Unterrichtung des zuständigen Bundesministeriums über die Erfahrungen bei der Datenerhebung. 4

II. Normzweck

§ 303e SGB V bezweckt durch die Vorgaben über die Datenübermittlung und Datenerhebung ebenso wie die übrigen Vorschriften des Zweiten Titels die **Schaffung einer Datenbasis für gesundheitspolitische Entscheidungen** der Politik und der Selbstverwaltung, damit die verantwortlichen Entscheidungsträger auf eine aussagefähige Datengrundlage zurückgreifen können, um Finanzmittel zielgerichtet einzusetzen sowie Fehlsteuerungen rechtzeitig zu erkennen und zu vermeiden. Dabei soll der Datenschutz der Versicherten und Leistungserbringer gewahrt werden. 5

III. Tatbestandsmerkmale

1. Richtlinien über die Auswahl der Daten

Absatz 1 weist der Arbeitsgemeinschaft für Datentransparenz die Aufgabe zu, im Benehmen mit dem Beirat die **Auswahl der auszuwertenden Daten in Richtlinien** festzulegen. Dabei ist zu berücksichtigen, dass der Umfang der Datenerhebung geeignet sein muss, die in § 303f Abs. 2 Nr. 1-6 SGB V genannten Aufgaben zu erfüllen. Auch bei einer **Stichprobenerhebung** hat die Auswahl der Daten so zu erfolgen, dass die Stichprobe ein Abbild der gesamten Versichertenstruktur der gesetzlichen Krankenversicherung darstellt. Des Weiteren sollen in den Richtlinien **Vorgaben für die datenliefernden Stellen** enthalten sein, welche die Mindestanforderungen bezüglich der Prüfung der Daten und der Struktur (Datensatzdefinition), wie die Daten zu übermitteln sind, festlegen. Die Richtlinien sind dem Bundesministerium für Gesundheit vorzulegen, es hat die Möglichkeit der Ersatzvornahme.[4] 6

2. Übermittlung der Daten

Gemäß Absatz 2 werden **die datenliefernden Stellen** (Krankenkassen und Kassenärztliche Vereinigungen als Mitglieder der kassenärztlichen Bundesvereinigung) **gesetzlich verpflichtet**, die jeweiligen **Leistungs- und Abrechnungsdaten** aus ihrem Datenbestand in der entsprechend der Richtlinie geforderten Qualität (Prüfung) und Form (Struktur) **der Vertrauensstelle zu übermitteln**. Eine **Fristsetzung** erfolgt, um die Aussagefähigkeit der Datenbasis bei der Datenaufbereitungsstelle in einem ak- 7

---

[3] BT-Drs. 11/2237, S. 237.

[4] BT-Drs. 15/1525, S. 149 f.

zeptablen Zeitraum zu gewährleisten. Dieser Datenpool enthält nicht die Leistungs- und Abrechnungsdaten des kassenzahnärztlichen Bereiches, so dass die Kassenzahnärztlichen Vereinigungen auch nicht zur Übermittlung dieser Daten verpflichtet werden.[5]

3. Ausschluss von der Datennutzung

8 Absatz 3 **schließt eine Krankenkasse beziehungsweise eine Kassenärztliche Vereinigung**, die den Verpflichtungen nach Absatz 2 nicht oder nicht fristgerecht nachkommt, **von der Nutzung der Daten bei der Datenaufbereitungsstelle aus**. Auch der Landes- und Bundesverband einer solchen Krankenkasse und die Kassenärztliche Bundesvereinigung werden von der Nutzung der Daten für diese Region ausgeschlossen, damit die entsprechende Krankenkasse bzw. Kassenärztliche Vereinigung nicht auf diesem Wege Kenntnis der Daten erlangen kann.[6]

4. Bericht des Beirates

9 Durch Absatz 4 wird dem **Beirat die Aufgabe zugewiesen, dem Bundesministerium für Gesundheit über die Umsetzung der Vorschriften** bezüglich der Datentransparenz und den Erfahrungen, welche damit gemacht wurden – insbesondere zur Datenbereitstellung und zum Umfang der Datenerhebung – , **zu berichten**, um eventuellen Nachbesserungsbedarf zu ermitteln und erneut gesetzgeberisch tätig zu werden.[7]

C. Reformbestrebungen

10 Das GKV-Wettbewerbsstärkungsgesetz[8] sieht vor, dass **mit Wirkung ab 01.07.2008**[9] in Absatz 3 das Wort „Spitzenverbände" durch das Wort „Bundesverbände" ersetzt wird. Hierbei handelt es sich um eine redaktionelle Folgeänderung zu der durch das GKV-Wettbewerbsstärkungsgesetz beschlossenen neuen Organisationsstruktur der Verbände der Krankenkassen.[10]

---

5 BT-Drs. 15/1525, S. 150.

6 BT-Drs. 15/1525, S. 150.

7 BT-Drs. 15/1525, S. 150.

8 Gesetz zur Stärkung des Wettbewerbs in der gesetzlichen Krankenversicherung (GKV-Wettbewerbsstärkungsgesetz – GKV-WSG) vom 26.03.2007, BGBl I 2007, 378.

9 Art. 46 Abs. 9 Gesetz zur Stärkung des Wettbewerbs in der gesetzlichen Krankenversicherung (GKV-Wettbewerbsstärkungsgesetz – GKV-WSG) vom 26.03.2007, BGBl I 2007, 378.

10 BT-Drs. 16/3100, S. 176.

§ 303f SGB V Datenverarbeitung und -nutzung

(Fassung vom 31.10.2006, gültig ab 08.11.2006, gültig bis 30.06.2008)

(1) Die bei der Datenaufbereitungsstelle gespeicherten Daten können von den Spitzenverbänden der Krankenkassen, den Landesverbänden der Krankenkassen, den Krankenkassen, der Kassenärztlichen Bundesvereinigung und ihren Mitgliedern, den für die Wahrnehmung der wirtschaftlichen Interessen gebildeten maßgeblichen Spitzenorganisationen der Leistungserbringer auf Bundesebene, Institutionen der Gesundheitsberichterstattung des Bundes und der Länder, Institutionen der Gesundheitsversorgungsforschung, Hochschulen und sonstigen Einrichtungen mit der Aufgabe unabhängiger wissenschaftlicher Forschung, sofern die Daten wissenschaftlichen Vorhaben dienen, dem Institut für Qualität und Wirtschaftlichkeit im Gesundheitswesen sowie von den für die gesetzliche Krankenversicherung zuständigen obersten Bundes- und Landesbehörden sowie deren jeweiligen nachgeordneten Bereichen verarbeitet und genutzt werden, soweit sie für die Erfüllung ihrer Aufgaben erforderlich sind.

(2) Die Nutzungsberechtigten können die Daten insbesondere für folgende Zwecke verarbeiten und nutzen:

1. **Wahrnehmung von Steuerungsaufgaben durch die Kollektivvertragspartner,**
2. **Verbesserung der Qualität der Versorgung,**
3. **Planung von Leistungsressourcen (Krankenhausplanung etc.),**
4. **Längsschnittanalysen über längere Zeiträume, Analysen von Behandlungsabläufen, des Versorgungsgeschehens zum Erkennen von Fehlentwicklungen und Ansatzpunkten für Reformen (Über-, Unter- und Fehlversorgung),**
5. **Unterstützung politischer Entscheidungsprozesse zur Weiterentwicklung der gesetzlichen Krankenversicherung,**
6. **Analyse und Entwicklung von sektorenübergreifenden Versorgungsformen.**

Die Arbeitsgemeinschaft für Aufgaben der Datentransparenz erstellt bis zum 31. Dezember 2004 im Benehmen mit dem Beirat einen Katalog, der die Zwecke festlegt, für welche die bei der Datenaufbereitungsstelle gespeicherten Daten verarbeitet und genutzt werden dürfen, sowie die Erhebung und das Verfahren zur Berechnung von Nutzungsgebühren regelt. Der Katalog ist dem Bundesministerium für Gesundheit vorzulegen. Das Bundesministerium für Gesundheit kann ihn innerhalb von zwei Monaten beanstanden. Kommt der Katalog nicht innerhalb der Frist nach Satz 2 zu Stande oder werden die Beanstandungen nicht innerhalb einer vom Bundesministerium für Gesundheit gesetzten Frist behoben, erlässt das Bundesministerium für Gesundheit im Benehmen mit den Ländern den Katalog.

(3) Die Datenaufbereitungsstelle hat bei Anfragen der nach Absatz 1 berechtigten Stellen zu prüfen, ob der Zweck zur Verarbeitung und Nutzung der Daten dem Katalog nach Absatz 2 entspricht und ob der Umfang und die Struktur der Daten für diesen Zweck ausreichend und erforderlich sind. Die Prüfung nach Satz 1 entfällt, sofern datenliefernde Stellen nach § 303e Abs. 2 die von ihnen bereitgestellten Daten nutzen wollen oder die Nutzung durch ihre Verbände gestattet haben.

Gliederung

A. Basisinformationen

I. Textgeschichte/Gesetzgebungsmaterialien

1 § 303f SGB V wurde **mit Wirkung ab 01.01.2004** durch das **GKV-Modernisierungsgesetz**[1] in das SGB V eingegliedert. Durch Art. 256 Nr. 1 der Neunten Zuständigkeitsanpassungsverordnung[2] wurde in Absatz 2 Sätze 3, 4 und 5 die Bezeichnung des zuständigen Ministeriums der Umorganisation der Bundesregierung in der 16. Legislaturperiode angepasst.

II. Vorgängervorschriften

2 Die Vorschrift ist neu.

III. Systematische Zusammenhänge

3 § 303f SGB V ist **die sechste Vorschrift** des **Zweiten Titels** (Datentransparenz) des **Zweiten Abschnitts** (Übermittlung und Aufbereitung von Leistungsdaten, Datentransparenz) **des Zehnten Kapitels** (Versicherungs- und Leistungsdaten, Datenschutz, Datentransparenz) **des SGB V**. Das Zehnte Kapitel zielt darauf ab, die Transparenz des Leistungsgeschehens zu verbessern und die Unterrichtung der Versicherten über die Leistungen zu ermöglichen, die Voraussetzungen für eine qualifizierte Prüfung von Wirtschaftlichkeit, Zweckmäßigkeit und Notwendigkeit der abgerechneten Leistungen sowie zur Bekämpfung von Missbrauch und Abrechnungsmanipulationen zu schaffen und es damit den Krankenkassen zu ermöglichen, ihre Aufgaben wirksamer und besser als bisher zu erfüllen.[3] Der Zweite Abschnitt enthält neben § 303f SGB V weitere Bestimmungen zur Datentransparenz.

B. Auslegung der Norm

I. Regelungsgehalt und Bedeutung der Norm

4 **Absatz 1** regelt, welche Stellen und Institutionen die bei der Datenaufbereitungsstelle gespeicherten Daten verarbeiten und nutzen dürfen. **Absatz 2** benennt beispielhaft Zwecke der Datenverwendung und lässt eine nähere Konkretisierung in einem aufzustellenden Katalog zu. **Absatz 3** verpflichtet die Datenaufbereitungsstelle zur Prüfung der Nutzungsberechtigung.

II. Normzweck

5 § 303f SGB V bezweckt durch die Vorgaben über die Bildung und die Aufgaben der Datenaufbereitungsstelle ebenso wie die übrigen Vorschriften des Zweiten Titels die **Schaffung einer Datenbasis für gesundheitspolitische Entscheidungen** der Politik und der Selbstverwaltung, damit die verantwortlichen Entscheidungsträger auf eine aussagefähige Datengrundlage zurückgreifen können, um Finanzmittel zielgerichtet einzusetzen sowie Fehlsteuerungen rechtzeitig zu erkennen und zu vermeiden. Dabei soll der Datenschutz der Versicherten und Leistungserbringer gewahrt werden.

III. Tatbestandsmerkmale

1. Nutzungsberechtigte Stellen und Institutionen

6 Absatz 1 **benennt die Stellen und Institutionen, welche die bei der Datenaufbereitungsstelle gespeicherten Daten verarbeiten und nutzen dürfen**. Da die Kassenzahnärztlichen Vereinigungen nicht verpflichtet sind, Daten an die Vertrauensstelle zu übermitteln, ist die Regelung in Absatz 1 auf die Mitglieder der Kassenärztlichen Bundesvereinigung beschränkt. Durch die Möglichkeit der Wei-

[1] Gesetz zur Modernisierung der gesetzlichen Krankenversicherung (GKV-Modernisierungsgesetz – GMG) vom 14.11.2003, BGBl I 2003, 2190.

[2] Neunte Zuständigkeitsanpassungsverordnung vom 31.10.2006, BGBl I 2006, 2407.

[3] BT-Drs. 11/2237, S. 237.

tergabe der bei der Datenaufbereitungsstelle pseudonymisiert erfassten Daten an die **unabhängige Forschung** können die für die Steuerung des Gesundheitssystems notwendigen wissenschaftlichen Analysen erstellt werden.[4]

2. Verwendung der Daten

Nach Absatz 2 können die Nutzungsberechtigten gemäß Absatz 1 die Daten **insbesondere für die unter Satz 1 Nr. 1 bis 6 aufgeführten Zwecke** verwenden. Voraussetzung für die Datenverarbeitung und -nutzung ist jedoch entweder eine der nutzungsberechtigten Stelle zugewiesene Aufgabe, zu deren Erfüllung die jeweiligen Daten benötigt werden, oder der glaubhafte Nachweis einer Nutzung der Daten im öffentlichen Interesse. Die Arbeitsgemeinschaft soll im Benehmen mit dem Beirat **eine Aufstellung der möglichen Verwendungsgründe** erstellen. Dieser Katalog ist dem Bundesministerium für Gesundheit vorzulegen, es hat die Möglichkeit einer Ersatzvornahme.[5] 7

3. Prüfung der Nutzungsberechtigung

Absatz 3 verpflichtet die Datenaufbereitungsstelle bei jeder Datenanfrage einer berechtigten Stelle oder Institution **zu prüfen, ob der Zweck dem Nutzungskatalog entspricht** und **ob der geforderte Umfang und die Struktur der Daten für diesen Zweck erforderlich sind**. Die Prüfung entfällt für die Stellen, die Daten an den Datenpool übermittelt haben, wenn sie auf ihre eigenen Daten zugreifen wollen oder ihren Verbänden den Zugriff gestattet haben.[6] 8

C. Reformbestrebungen

Das GKV-Wettbewerbsstärkungsgesetz[7] sieht vor, dass **mit Wirkung ab 01.07.2008**[8] in Absatz 1 die Wörter „den Spitzenverbänden der Krankenkassen, den Landesverbänden der Krankenkassen" durch die Wörter „dem Spitzenverband Bund der Krankenkassen, den Bundes- und Landesverbänden der Krankenkassen" ersetzt werden. Hierbei handelt es sich um eine Folgeänderung zu der durch das GKV-Wettbewerbsstärkungsgesetz beschlossenen neuen Organisationsstruktur der Verbände der Krankenkassen. Nach den §§ 217a ff. SGB V bilden die Krankenkassen den „Spitzenverband Bund der Krankenkassen". Dieser übernimmt gemäß § 217f Abs. 1 SGB V ab 01.07.2008 die bisher den Spitzenverbänden der Krankenkassen zugewiesenen Aufgaben. Die Änderung stellt sicher, dass nach der Neuorganisation der Kassenverbände auf Bundes- und Landesebene alle Verbände der Krankenkassen zur Nutzung der bei der Datenaufbereitungsstelle gespeicherten Daten befugt sind. Neben dem jeweiligen Landes- und Bundesverband der datenliefernden Krankenkasse kann auch der Spitzenverband Bund die Daten nutzen.[9] 9

---

4 BT-Drs. 15/1525, S. 150.

5 BT-Drs. 15/1525, S. 150.

6 BT-Drs. 15/1525, S: 150.

7 Gesetz zur Stärkung des Wettbewerbs in der gesetzlichen Krankenversicherung (GKV-Wettbewerbsstärkungsgesetz – GKV-WSG) vom 26.03.2007, BGBl I 2007, 378.

8 Art. 46 Abs. 9 Gesetz zur Stärkung des Wettbewerbs in der gesetzlichen Krankenversicherung (GKV-Wettbewerbsstärkungsgesetz – GKV-WSG) vom 26.03.2007, BGBl I 2007, 378.

9 BT-Drs. 16/3100, S. 176.

Dritter Abschnitt: Datenlöschung, Auskunftspflicht

§ 304 SGB V Aufbewahrung von Daten bei Krankenkassen, Kassenärztlichen Vereinigungen und Geschäftsstellen der Prüfungsausschüsse

(Fassung vom 14.11.2003, gültig ab 01.01.2004)

(1) Für das Löschen der für Aufgaben der gesetzlichen Krankenversicherung bei Krankenkassen, Kassenärztlichen Vereinigungen und Geschäftsstellen der Prüfungsausschüsse gespeicherten Sozialdaten gilt § 84 Abs. 2 des Zehnten Buches entsprechend mit der Maßgabe, daß

1. die Daten nach § 292 spätestens nach zehn Jahren,

2. Daten nach § 295 Abs. 1a, 1b und 2 sowie Daten, die für die Prüfungsausschüsse und ihre Geschäftsstellen für die Prüfungen nach § 106 erforderlich sind, spätestens nach vier Jahren und Daten, die auf Grund der nach § 266 Abs. 7 Satz 1 erlassenen Rechtsverordnung für die Durchführung des Risikostrukturausgleichs (§§ 266, 267) oder des Risikopools (§ 269) erforderlich sind, spätestens nach den in der Rechtsverordnung genannten Fristen

zu löschen sind. Die Aufbewahrungsfristen beginnen mit dem Ende des Geschäftsjahres, in dem die Leistungen gewährt oder abgerechnet wurden. Die Krankenkassen können für Zwecke der Krankenversicherung Leistungsdaten länger aufbewahren, wenn sichergestellt ist, daß ein Bezug zum Arzt und Versicherten nicht mehr herstellbar ist.

(2) Im Falle des Wechsels der Krankenkasse ist die bisher zuständige Krankenkasse verpflichtet, die für die Fortführung der Versicherung erforderlichen Angaben nach den §§ 288 und 292 auf Verlangen der neuen Krankenkasse mitzuteilen.

(3) Für die Aufbewahrung der Kranken- und sonstigen Berechtigungsscheine für die Inanspruchnahme von Leistungen einschließlich der Verordnungsblätter für Arznei-, Verband-, Heil- und Hilfsmittel gilt § 84 Abs. 2 und 6 des Zehnten Buches.

Gliederung

A. Basisinformationen

I. Textgeschichte/Gesetzgebungsmaterialien

1 § 304 SGB V ist durch das **Gesundheitsreformgesetz**[1] **mit Wirkung ab 01.01.1989**[2] eingeführt worden. Die Vorschrift geht § 84 SGB X als Sonderregelung hinsichtlich der Aufbewahrungsfristen vor und verpflichtet zur Löschung von gespeicherten Angaben, soweit ihre Kenntnis für die Aufgabener-

[1] Gesetz zur Strukturreform im Gesundheitswesen (Gesundheitsreformgesetz – GRG) vom 20.12.1989, BGBl I 1989, 2477.

[2] Art. 79 Abs. 2 GRG.

füllung der in der Vorschrift genannten Stellen nicht mehr erforderlich ist. Absatz 2 soll im Falle des Wechsels der Krankenkasse Umstellungsschwierigkeiten vermeiden.[3] Im Gesetzgebungsverfahren wurde der Anwendungsbereich der Vorschrift erweitert.[4] Durch das **Gesundheitsstrukturgesetz**[5] wurde **mit Wirkung ab 01.01.1993** Absatz 1 Satz 1 Nr. 2 ergänzt. Das **2. SGBÄndG**[6] übernahm mit **Wirkung ab 01.07.1994** die Terminologie des 2. Kapitels des SGB X, in dem der Begriff der „Sozialdaten" anstelle der „personenbezogenen Daten" in Absatz 1 eingeführt wurde. Weiterhin wurden die Änderungen in § 84 SGB X berücksichtigt. Absatz 1 Satz 1 Nr. 1 und 2 wurden mit **Wirkung ab 01.01.2000** durch das **GKV-Gesundheitsreformgesetz 2000**[7] **hinsichtlich der in Bezug genommenen Rechtsvorschriften** angepasst. Der Geltungsbereich der Vorschrift wurde **mit Wirkung ab 01.01.2004** durch das **GKV-Modernisierungsgesetz**[8] auf die Geschäftsstellen der Prüfungsausschüsse nach § 106 SGB V ausgedehnt. In Absatz 1 Satz 1 erfolgte durch Aufnahme der bereits in der Überschrift genannten Stellen die Klarstellung, dass die Regelung auf die genannten Stellen anwendbar ist. Absatz 1 Satz 1 Nr. 2 wurde völlig neu gefasst. Anstatt der bisherigen zweijährigen Löschungsfrist wurde eine vierjährige Frist eingeführt, da nach Auffassung des Gesetzgebers für die Erfüllung der Aufgaben nach § 106 SGB V sowie der Prüfung von Abrechnungen nach § 106a SGB V eine Frist von vier Jahren erforderlich ist. Die Datenaufbewahrungsfristen für die Durchführung des Risikostrukturausgleichs und des Risikopools sind in der nach § 266 Abs. 7 Satz 1 SGB V zu erlassenden Rechtsverordnung zu regeln.[9]

II. Vorgängervorschriften

Die Vorschrift hat keine Vorgängerregelungen. 2

III. Parallelvorschriften

Eine § 304 Abs. 1 und 2 SGB V entsprechende Bestimmung enthält **für den Bereich der sozialen Pflegeversicherung** § 107 SGB XI. **§ 84 Abs. 2 SGB X** regelt für alle Bereiche des Sozialgesetzbuches die Löschung von Sozialdaten. 3

IV. Systematische Zusammenhänge

§ 304 SGB V ist **die erste Vorschrift** des **Dritten Abschnitts** (Datenlöschung, Auskunftspflicht) **des Zehnten Kapitels** (Versicherungs- und Leistungsdaten, Datenschutz, Datentransparenz) **des SGB V**. Das Zehnte Kapitel zielt darauf ab, die Transparenz des Leistungsgeschehens zu verbessern und die Unterrichtung der Versicherten über die Leistungen zu ermöglichen, die Voraussetzungen für eine qualifizierte Prüfung von Wirtschaftlichkeit, Zweckmäßigkeit und Notwendigkeit der abgerechneten Leistungen sowie zur Bekämpfung von Missbrauch und Abrechnungsmanipulationen zu schaffen und es damit den Krankenkassen zu ermöglichen, ihre Aufgaben wirksamer und besser als bisher zu erfüllen.[10] Der Dritte Abschnitt enthält neben § 304 SGB V Bestimmungen über Auskünfte an Versicherte (§ 305 SGB V), über die Beratung der Vertragsärzte (§ 305a SGB V) und zur Rechenschaftslegung über die Verwendung der Mittel durch die Krankenkassen (§ 305b SGB V). Der Erste Abschnitt des Zehnten Kapitels enthält die Vorschriften über die Informationsgrundlagen der Krankenkassen. Der Zweite Abschnitt des Zehnten Kapitels regelt die Übermittlung und Aufbereitung von Leistungsdaten und enthält Vorschriften über die Datentransparenz 4

V. Literaturhinweise

Stütz, Stellenwert des Datenschutzes als Beitrag zu mehr sozialer Sicherheit, ZfS 2000, 97-101. 5

---

3 BT-Drs. 11/2237, S. 236 zu § 296.

4 BT-Drs. 11/3320, S. 168 zu § 311 und 11/3480, S. 70 f.

5 Gesetz zur Sicherung und Strukturverbesserung der gesetzlichen Krankenversicherung (Gesundheitsstrukturgesetz – GSG) vom 21.12.1992, BGBl I 1992, 2266.

6 Zweites Gesetz zur Änderung des Sozialgesetzbuchs (2. SGBÄndG) vom 13.06.1994; BGBl I 1994, 1229.

7 Gesetz zur Reform der gesetzlichen Krankenversicherung ab dem Jahr 2000 (GKV-Gesundheitsreformgesetz 2000) vom 22.12.1999, BGBl I 1999, 2626.

8 Gesetz zur Modernisierung der gesetzlichen Krankenversicherung (GKV-Modernisierungsgesetz – GMG) vom 14.11.2003, BGBl I 2003, 2190.

9 BT-Drs. 15/1525, S. 150.

10 BT-Drs. 11/2237, S. 237.

B. Auslegung der Norm

I. Regelungsgehalt und Bedeutung der Norm

6 Die Vorschrift regelt in **Absatz 1** in Ergänzung zu § 84 Abs. 2 SGB X die **Aufbewahrungsfristen der** von den Krankenkassen, Kassenärztlichen Vereinigungen und Geschäftsstellen der Prüfungsausschüsse **gespeicherten Sozialdaten**, in **Absatz 2** die **Weitergabe der für die Fortführung der Versicherung erforderlichen Angaben** bei einem Krankenkassenwechsel und in **Absatz 3 die Aufbewahrungsfrist** der Kranken- und sonstigen Berechtigungsscheine. Die Vorschrift stellt die **maßgebende Bestimmung für die Löschung erhobener Sozialdaten im Bereich der gesetzlichen Krankenversicherung** dar.

II. Normzweck

7 **Absatz 1** bezweckt die **Begrenzung des gespeicherten Datenbestandes** und damit den **Schutz der Sozialdaten der Versicherten**. Kraft gesetzlicher Fiktion ist davon auszugehen, dass bei Ablauf der in Absatz 1 Satz Nr. 1 und 2 vorgegebenen Fristen eine Speicherung erhobener Sozialdaten nicht mehr erforderlich ist. Über diesen Zeitpunkt hinaus dürfen nur unter den Voraussetzungen des Absatzes 1 Satz 3 Sozialdaten aufbewahrt werden. Da in diesem Fall ein Bezug zum Versicherten und zum Arzt nicht mehr herstellbar sein darf, sind die datenschutzrechtlichen Belange gewahrt. **Absatz 2** dient der Vermeidung unnötiger Datenerhebung beim Versicherten, bei Ärzten oder anderen Stellen bei einem Wechsel der Krankenkasse. **Absatz 3** bezweckt die Begrenzung der Aufbewahrung von Kranken- und anderen Berechtigungsscheinen durch Verweisung auf § 84 Abs. 2 SGB X.

III. Tatbestandsmerkmale

1. Aufbewahrungsfristen nach Absatz 1

8 Als grundlegende Schutzvorschrift bestimmt **§ 84 SGB X** die Einflussmöglichkeiten der Betroffenen auf ihre Sozialdaten. Die Norm wirkt der Ansammlung überflüssiger oder unrichtiger Datenmengen sowie der Schaffung von Persönlichkeitsbildern durch Zusammenfassung von Datenmaterial entgegen, setzt das strikte Zweckbestimmungs- und Erforderlichkeitsgebot durch praktische Handlungsanweisungen an den Gesetzgeber um und dient dem Verbot der Datenverarbeitung auf Vorrat. § 304 SGB V ergänzt § 84 SGB X für die Zwecke der gesetzlichen Krankenversicherung und legt hierbei über die allgemeinen Regelungen zur Berichtigung, Löschung und Sperrung hinaus konkrete Fristen für die Aufbewahrung und Löschung von Sozialdaten fest. Beide Vorschriften sind nebeneinander anzuwenden und schließen sich nicht gegenseitig aus. Gespeicherte Daten sind nach § 84 Abs. 2 Satz 2 SGB X grundsätzlich bereits zu löschen, wenn ihre Kenntnis für die speichernde Stelle zur rechtmäßigen Erfüllung ihrer Aufgaben nicht mehr erforderlich ist und die Löschung voraussichtlich keine schutzwürdigen Interessen des Betroffenen beeinträchtigen wird. Die von § 304 Abs. 1 SGB V erfassten Daten sind ungeachtet der in § 84 SGB X genannten Voraussetzungen auf jeden Fall spätestens nach Ablauf der in Absatz 1 Satz 1 Nr. 1 und 2 genannten Fristen zu löschen.

9 Sozialdaten sind nach § 84 Abs. 2 SGB X zu löschen, wenn ihre Speicherung unzulässig ist (§ 84 Abs. 2 Satz 1 SGB X) oder ihre Kenntnis zur Erfüllung der Aufgaben der speichernden Stelle nicht mehr erforderlich ist und die Löschung schutzwürdige Interessen der Betroffenen voraussichtlich nicht beeinträchtigen wird. Löschen ist nach der Legaldefinition des § 67 Abs. 6 Satz 2 Nr. 5 SGB X das „Unkenntlichmachen gespeicherter Sozialdaten".

10 Die Daten sind nach § 84 Abs. 3 SGB X nicht zu löschen, sondern zu sperren, wenn der Löschung Aufbewahrungsfristen, schutzwürdige Interessen Betroffener oder die besondere Speicherungsart entgegenstehen. Sperren ist nach der Legaldefinition des § 67 Abs. 6 Satz 2 Nr. 4 SGB X das „vollständige oder teilweise Untersagen der weiteren Verarbeitung oder Nutzung von Sozialdaten durch entsprechende Kennzeichnung". Gesperrte Daten dürfen gemäß § 84 Abs. 4 SGB X ohne Einwilligung des Betroffenen nur zu wissenschaftlichen Zwecken, zur Behebung einer besonderen Beweisnot oder – soweit „unerlässlich" – aus sonstigen überwiegenden Interessen der speichernden Stelle oder Dritter genutzt werden. Schließlich sind die regelmäßigen Empfänger von Daten nach § 84 Abs. 5 SGB X davon zu unterrichten, welche Angaben bestritten, nicht mehr bestritten, berichtigt, gelöscht oder gesperrt sind. Im Übrigen sind nach § 84 Abs. 6 i.V.m. § 71 Abs. 1 Satz 3 SGB X Sozialdaten nicht zu verändern, soweit sie zur Archivierung nach dem Bundesarchivgesetz oder den vergleichbaren Landesgesetzen benötigt werden.

Die in § 292 SGB V (vgl. die Kommentierung zu § 292 SGB V) genannten Angaben über Leistungsvoraussetzungen sind gemäß Absatz 1 Satz 1 Nr. 1 spätestens nach Ablauf von zehn Jahren zu löschen. Die hiervon erfassten Daten werden für die Prüfung der Voraussetzungen späterer Leistungsgewährung aufgezeichnet, um vor allem nicht gerechtfertigte Doppelleistungen zu vermeiden. Diese Zweckbestimmung erfordert eine längere Datenspeicherung über den Abschluss aktueller Verwaltungsverfahren hinaus. Demgemäß wird für die Krankenkassen in § 292 SGB V eine gesonderte Erlaubnis zur „vorsorglichen" Datenspeicherung im Hinblick auf mögliche spätere Leistungsfälle geschaffen. Dies ist notwendig, weil im Versichertenverzeichnis nach § 288 SGB V im Rahmen noch nicht abgeschlossener Verfahren lediglich die zur Feststellung des gegenwärtigen Leistungsanspruchs erforderlichen Angaben festgehalten werden dürfen. Diese Daten sind gem. § 84 Abs. 2 Satz 2 SGB X zu löschen, sobald ihre Kenntnis – für die aktuelle Leistungsbewilligung – nicht mehr erforderlich ist und schutzwürdige Interessen der Betroffenen der Löschung nicht entgegenstehen. 11

Absatz 1 Satz 1 Nr. 2 schreibt die Löschung der **im Rahmen von Abrechnungsprüfungen** in der vertragsärztlichen Versorgung vorgelegten Befunde (§ 295 Abs. 1a SGB V), der von Ärzten, ärztlich geleiteten Einrichtungen, medizinischen Versorgungszentren und Krankenhäusern übermittelten Angaben (§ 295 Abs. 1b SGB V) und der von den Kassenärztlichen Vereinigungen den Krankenkassen für Zwecke der Abrechnung übermittelten Daten (§ 295 Abs. 2 SGB V) **spätestens nach vier Jahren** vor. Das Gleiche gilt für die Daten, die von den Prüfungsausschüssen und ihren Geschäftsstellen für Wirtschaftlichkeitsprüfungen nach § 106 SGB V erhoben worden sind. Die Vierjahresfrist entspricht der in Analogie zu § 45 SGB I vom BSG[11] entwickelten Vorgabe, dass der die Wirtschaftlichkeitsprüfung abschließende Bescheid über Honorarkürzungen dem Vertragsarzt spätestens vier Jahre nach der vorläufigen Honorarabrechnung bekannt gegeben werden muss und ansonsten Verjährung eintritt.[12] 12

Weiterhin ist in Absatz 1 Satz 1 Nr. 2 bestimmt, dass die Fristen, nach denen die für die **Durchführung des Risikostrukturausgleiches** (§§ 266, 267 SGB V) **oder des Risikopools** (§ 269 SGB V) erhobenen Daten zu löschen sind, in der gemäß § 266 Abs. 7 Satz 1 SGB V erlassenen Risikostruktur-Ausgleichsverordnung[13] zu regeln sind. Nach § 3 Abs. 7 Satz 1 RSAV sind alle im Rahmen der Durchführung des Risikostrukturausgleiches maschinell erzeugten Datengrundlagen sowie die gesamte Dokumentation aller Korrekturmeldungen neun Jahre aufzubewahren. Die Aufbewahrungsfrist beginnt gemäß § 3 Abs. 7 Satz 2 RSAV mit dem dem Berichtsjahr folgenden Kalenderjahr. Zu einer längeren Aufbewahrung ist nach § 3 Abs. 7 Satz 3 RSAV eine Krankenkasse nur verpflichtet und berechtigt, wenn das Bundesversicherungsamt im Einzelfall feststellt, dass die weitere Aufbewahrung zur Durchführung von Korrekturen der gemeldeten Daten erforderlich ist; in diesem Fall sind die Daten nach zwölf Jahren zu löschen. Alle im Rahmen der Durchführung des Risikopools maschinell erzeugten Datengrundlagen und die Dokumentation der Korrekturmeldungen sind gemäß § 28a Abs. 9 Satz 1 RSAV sechs Jahre aufzubewahren. Die Regelungen des Risikostrukturausgleiches über den Beginn der Aufbewahrungsfrist und eine längere Aufbewahrung im Einzelfall gelten entsprechend. 13

Das Geschäftsjahr **nach Absatz 1 Satz 2** stimmt in der Regel mit dem Kalenderjahr überein. Der Lauf der in Absatz 1 Satz 1 bestimmten Fristen beginnt frühestens mit seinem Ende. Hierbei ist auf die Leistungsgewährung oder die Abrechnung der Leistung abzustellen. Da beide Gesichtspunkte gleichwertig nebeneinander stehen, ist der jeweils später anfallende Tatbestand maßgeblich. Wird eine Leistung erst im nachfolgenden Jahr abgerechnet, so beginnt der Ablauf der Löschungsfrist erst mit dem Schluss des Abrechnungsjahres. Erforderlich ist eine endgültige Abrechnung, die insbesondere nicht vorliegt, solange ein Vergütungsanspruch zwischen Krankenkasse und Leistungserbringer dem Grunde oder der Höhe nach streitig ist. 14

Nach **Absatz 1 Satz 3** dürfen die Krankenkassen Leistungsdaten über die Fristen des Absatzes 1 Satz 1 hinaus nur dann aufbewahren, wenn der Bezug zum Arzt und Versicherten nicht mehr hergestellt werden kann. Diese Bestimmung hat keine eigenständige Bedeutung. Kann ein derartiger Bezug nicht 15

---

[11] BSG v. 16.06.1993 - 14a/6 RKa 37/91 - SozR 3-2500 § 106 Nr. 19; BSG v. 10.05.1995 - 6 RKa 17/94 - SozR 3-1200 § 45 Nr. 5.

[12] BT-Drs. 15/1525, S. 150.

[13] Verordnung über das Verfahren zum Risikostrukturausgleich in der gesetzlichen Krankenversicherung (Risikostruktur-Ausgleichsverordnung – RSAV) vom 03.01.1994, BGBl I 1994, 35, zuletzt geändert durch die Elfte Verordnung zur Änderung der Risikostruktur-Ausgleichsverordnung (11. RSA-ÄndV) vom 22.12.2004, BGBl I 2004, 3722.

mehr hergestellt werden, dann gehören die betroffenen Daten nicht (mehr) zu den in § 284 SGB V bzw. in § 67 Abs. 1 Satz 1 SGB X definierten Sozialdaten noch zu den personenbezogenen Daten nach § 285 SGB V. Für die Aufbewahrung solcher Daten bestehen keine zeitlichen Grenzen.

2. Mitteilung von Daten an eine andere Krankenkasse

16 § 304 Abs. 2 SGB V trägt einem praktischen Bedürfnis Rechnung. Bei einem Wechsel der Krankenkasse benötigt die neue Kasse zur Fortführung der Versicherung in der Regel alle von den §§ 288 und 292 SGB V erfassten Angaben. Die Pflicht der früheren Kasse zur Weitergabe dieser Daten ist gleichzeitig eine gesetzliche Übermittlungsbefugnis i.S.d. § 67d Abs. 1 SGB X. Ausschließlich die in den §§ 288 und 292 SGB V genannten Daten aus dem Versichertenverzeichnis dürfen weitergegeben werden, weitere personenbezogenen Angaben dagegen nicht. Nicht ausdrücklich geregelt ist die Frage, auf wessen „Verlangen" die Daten mitzuteilen sind. Nach dem Gesetzeszweck kann sowohl der Versicherte als auch die neue Krankenkasse die Weitergabe der Angaben fordern.

3. Aufbewahrungsfristen für Kranken- und sonstige Berechtigungsscheine

17 Absatz 3 regelt die **Aufbewahrungsfristen für Kranken- und sonstige Berechtigungsscheine einschließlich der Verordnungsblätter für Arznei-, Verband-, Heil- und Hilfsmittel** abweichend von Absatz 1. Durch die Verweisung auf § 84 Abs. 2 SGB X wird eine Löschung für den Zeitpunkt vorgeschrieben, zu dem die Kenntnis für die Krankenkassen oder Kassenärztlichen Vereinigungen zur rechtmäßigen Erfüllung ihrer Aufgaben nicht mehr erforderlich ist. Weitere Voraussetzung ist, dass durch die Löschung keine schutzwürdigen Interessen des Versicherten beeinträchtigt werden. Durch die Verweisung auf § 84 Abs. 6 SGB X, der wiederum auf § 71 Abs. 1 Satz 3 SGB X verweist, wird eine Übermittlungsbefugnis hinsichtlich der in Absatz 3 genannten Scheine und Verordnungsblätter begründet, wenn dies für die Erfüllung der gesetzlichen Pflichten zur Sicherung und Nutzung von Archivgut nach den §§ 2 und 5 des Bundesarchivgesetzes oder entsprechenden gesetzlichen Vorschriften der Länder erforderlich ist.

§ 305 SGB V Auskünfte an Versicherte

(Fassung vom 26.03.2007, gültig ab 01.04.2007, gültig bis 30.06.2008)

(1) Die Krankenkassen unterrichten die Versicherten auf deren Antrag über die im jeweils letzten Geschäftsjahr in Anspruch genommenen Leistungen und deren Kosten. Die Kassenärztlichen und die Kassenzahnärztlichen Vereinigungen übermitteln den Krankenkassen in den Fällen des Satzes 1 die Angaben über die von den Versicherten in Anspruch genommenen ärztlichen und zahnärztlichen Leistungen und deren Kosten für jeden Versicherten gesondert in einer Form, die eine Kenntnisnahme durch die Krankenkassen ausschließt. Die Krankenkassen leiten die Angaben an den Versicherten weiter. Eine Mitteilung an die Leistungserbringer über die Unterrichtung des Versicherten ist nicht zulässig. Die Krankenkassen können in ihrer Satzung das Nähere über das Verfahren der Unterrichtung regeln.

(2) Die an der vertragsärztlichen Versorgung teilnehmenden Ärzte, ärztlich geleiteten Einrichtungen und medizinischen Versorgungszentren haben die Versicherten auf Verlangen schriftlich in verständlicher Form, direkt im Anschluss an die Behandlung oder mindestens quartalsweise spätestens vier Wochen nach Ablauf des Quartals, in dem die Leistungen in Anspruch genommen worden sind, über die zu Lasten der Krankenkassen erbrachten Leistungen und deren vorläufige Kosten (Patientenquittung) zu unterrichten. Satz 1 gilt auch für die vertragszahnärztliche Versorgung. Der Versicherte erstattet für eine quartalsweise schriftliche Unterrichtung nach Satz 1 eine Aufwandspauschale in Höhe von 1 Euro zuzüglich Versandkosten. Das Nähere regelt die Kassenärztliche Bundesvereinigung. Die Krankenhäuser unterrichten die Versicherten auf Verlangen schriftlich in verständlicher Form innerhalb von vier Wochen nach Abschluss der Krankenhausbehandlung über die erbrachten Leistungen und die dafür von den Krankenkassen zu zahlenden Entgelte. Das Nähere regeln die Spitzenverbände der Krankenkassen gemeinsam und einheitlich und die Deutsche Krankenhausgesellschaft durch Vertrag. Kommt eine Regelung nach den Sätzen 4 und 6 bis zum 30. Juni 2004 nicht zu Stande, kann das Bundesministerium für Gesundheit das Nähere durch Rechtsverordnung mit Zustimmung des Bundesrates bestimmen.

(3) Die Krankenkassen informieren ihre Versicherten auf Verlangen umfassend über in der gesetzlichen Krankenversicherung zugelassene Leistungserbringer einschließlich medizinische Versorgungszentren und Leistungserbringer in der integrierten Versorgung sowie über die verordnungsfähigen Leistungen und Bezugsquellen, einschließlich der Informationen nach § 73 Abs. 8, § 127 Abs. 3. Die Krankenkasse hat Versicherte vor deren Entscheidung über die Teilnahme an besonderen Versorgungsformen in Wahltarifen nach § 53 Abs. 3 umfassend über darin erbrachte Leistungen und die beteiligten Leistungserbringer zu informieren. § 69 Satz 4 gilt entsprechend.

Gliederung

A. Basisinformationen

I. Textgeschichte/Gesetzgebungsmaterialien

1 § 305 SGB V ist durch das **Gesundheitsreformgesetz**[1] **mit Wirkung ab 01.01.1989**[2] eingeführt worden. Die Vorschrift bestand zunächst aus zwei Absätzen. Absatz 1 sah, soweit der Krankenkasse die Angaben zur Verfügung standen, eine Auskunft an den Versicherten über die von ihm in den letzten zwei Geschäftsjahren in Anspruch genommenen Leistungen und ihre Kosten vor. In der Satzung konnte von den Krankenkassen das Nähere über das Verfahren der Auskunftserteilung geregelt werden.[3] Absatz 2 regelte den Abschluss einer Vereinbarung der Vertragspartner der kassen- und vertragsärztlichen Versorgung darüber, dass auch die Kassenärztlichen Vereinigungen Versicherten Auskünfte über die in Anspruch genommenen ärztlichen Leistungen und ihre Kosten erteilen konnten. Durch das **Gesundheitsstrukturgesetz**[4] wurde **mit Wirkung ab 01.01.1996** Absatz 1 neu gefasst, Absatz 2 wurde gestrichen. Die Regelung enthielt nun die Verpflichtung der Krankenkassen, die Versicherten auf deren Antrag über die im jeweils letzten Geschäftsjahr in Anspruch genommenen Leistungen und deren Kosten zu unterrichten. Die Kassenärztlichen und Kassenzahnärztlichen Vereinigungen hatten den Krankenkassen die Angaben über die vom Versicherten in Anspruch genommenen Leistungen und deren Kosten in einer Form zu übermitteln, die eine Kenntnisnahme durch die Krankenkasse ausschloss. Eine Mitteilung an die Leistungserbringer über die Unterrichtung des Versicherten wurde untersagt. Näheres konnte in der Satzung geregelt werden.[5] Das **2. GKV-Neuordnungsgesetz**[6] fügte **mit Wirkung ab 01.07.1997** Absatz 2 hinzu. Hierin war die Verpflichtung der Ärzte, ärztlich geleiteten Einrichtungen und der Krankenkassen enthalten, auch ohne ein ausdrückliches Verlangen die Versicherten schriftlich über die abgerechneten Leistungen und die von den Krankenkassen zu zahlenden Entgelte innerhalb von vier Wochen nach Ablauf des Quartals, in dem die Leistungen in Anspruch genommen worden sind, zu unterrichten. Näheres sollte für die Ärzte und Zahnärzte in den Bundesmantelverträgen bzw. einem Vertrag zwischen den Spitzenverbänden der Krankenkassen und der Deutschen Krankenhausgesellschaft geregelt werden.[7] Durch das **GKV-Modernisierungsgesetz**[8] wurde **mit Wirkung ab 01.01.2004** Absatz 2 geändert und Absatz 3 eingefügt. Absatz 3 wurde mit Wirkung ab 01.04.2007 durch das GKV-Wettbewerbsstärkungsgesetz[9] geändert.

II. Vorgängervorschriften

2 Die Vorschrift hat keine Vorgängervorschriften.

III. Parallelvorschriften

3 Eine § 305 Abs. 1 SGB V entsprechende Regelung enthält **für den Bereich der sozialen Pflegeversicherung** § 108 SGB XI. Eine Auskunftspflicht der Leistungserbringer gegenüber den Leistungsempfängern ist im SGB XI nicht vorgesehen.

IV. Systematische Zusammenhänge

4 § 305 ist **die zweite Vorschrift** des **Dritten Abschnitts** (Datenlöschung, Auskunftspflicht) **des Zehnten Kapitels** (Versicherungs- und Leistungsdaten, Datenschutz, Datentransparenz) **des SGB V**. Das Zehnte Kapitel zielt darauf ab, die Transparenz des Leistungsgeschehens zu verbessern und die Unterrichtung der Versicherten über die Leistungen zu ermöglichen, die Voraussetzungen für eine qualifi-

---

1 Gesetz zur Strukturreform im Gesundheitswesen (Gesundheitsreformgesetz – GRG) vom 20.12.1989, BGBl I 1989, 2477.

2 Art. 79 Abs. 2 GRG.

3 BT-Drs. 11/2237, S. 238 zu § 311.

4 Gesetz zur Sicherung und Strukturverbesserung der gesetzlichen Krankenversicherung (Gesundheitsstrukturgesetz – GSG) vom 21.12.1992, BGBl I 1992, 2266.

5 BT-Drs. 12/3608, S. 126.

6 Zweites Gesetz zur Neuordnung von Selbstverwaltung und Eigenverantwortung in der gesetzlichen Krankenversicherung (2. GKV-Neuordnungsgesetz – 2. NOG) vom 23.06.1997; BGBl I 1997, 1520.

7 BT-Drs. 13/6087, S. 30.

8 Gesetz zur Modernisierung der gesetzlichen Krankenversicherung (GKV-Modernisierungsgesetz – GMG) vom 14.11.2003, BGBl I 2003, 2190.

9 Gesetz zur Stärkung des Wettbewerbs in der gesetzlichen Krankenversicherung (GKV-Wettbewerbsstärkungsgesetz – GKV-WSG) vom 26.03.2007, BGBl I 2007, 378.

zierte Prüfung von Wirtschaftlichkeit, Zweckmäßigkeit und Notwendigkeit der abgerechneten Leistungen sowie zur Bekämpfung von Missbrauch und Abrechnungsmanipulationen zu schaffen und es damit den Krankenkassen zu ermöglichen, ihre Aufgaben wirksamer und besser als bisher zu erfüllen.[10] Der Dritte Abschnitt enthält neben § 305 SGB V Bestimmungen über Aufbewahrung von Daten bei Krankenkassen, Kassenärztlichen Vereinigungen und Geschäftsstellen der Prüfungsausschüsse (§ 304 SGB V), Information der Vertragsärzte (§ 305a SGB V) und über die Rechenschaftslegung über die Verwendung der Mittel durch die Krankenkassen (§ 305b SGB V). Der Erste Abschnitt des Zehnten Kapitels enthält die Vorschriften über die Informationsgrundlagen der Krankenkassen. Der Zweite Abschnitt des Zehnten Kapitels regelt die Übermittlung und Aufbereitung von Leistungsdaten und enthält Vorschriften über die Datentransparenz.

V. Literaturhinweise

Brandts, Die Pflichten der Krankenkassen und Leistungserbringer zur Information der Versicherten über Leistungen und Kosten, GesR 2004, 497-502; *Hoffmann/Stelzer*, Missglückte Reform der Auskunftsrechte von Patienten bzw. Versicherten u.a. im Hinblick auf die „Patientenquittung"?; SozVers 2003, 197-205; *Hoffmann/Stelzer/Weber*, Die Auskunftsansprüche des Versicherten über Leistungen und deren Kosten gemäß § 305 SGB V im Hinblick auf Rechtsanwendung, Rechtsanwendungssperre und …, SozVers 2002, 281-301 und SozVers 2002, 309-315; *Igl*, Die neuen Patientenrechte – Was bedeutet das für den Arzt? ArztuR 2004, 43-45; *Marburger*, Weiterentwicklung der Patientenrechte durch das GMG, Markt und Wettbewerb 2004, 33-40; *Wolf*, Patientenquittung – Ein Rezept für mehr Transparenz?, KrV 2003, 85-86. 5

B. Auslegung der Norm

I. Regelungsgehalt und Bedeutung der Norm

Absatz 1 enthält die **Verpflichtung der Krankenkassen**, ihren Versicherten auf Antrag Auskunft über die in Anspruch genommenen Leistungen und deren Kosten im jeweils letzten Geschäftsjahr zu erteilen. Da die Krankenkasse nicht über die ärztlich erbrachten Leistungen informiert ist, regelt Absatz 1 weiterhin die Übermittlung der entsprechenden Angaben durch die Kassenärztlichen Vereinigungen und deren Geheimhaltung gegenüber der Krankenkasse. Auch eine Mitteilung über die Auskunftserteilung an die Leistungserbringer wird in Absatz 1 ausgeschlossen. **Absatz 2** sieht eine **eigene Unterrichtungspflicht der Ärzte, ärztlich geleiteten Einrichtungen und medizinischen Versorgungszentren durch eine Patientenquittung** gegenüber den Versicherten vor. Die Verpflichtung besteht nur, wenn der Versicherte die Ausstellung der Patientenquittung verlangt. Absatz 2 enthält außerdem Bestimmungen über die Kostentragung für die Patientenquittung und die Regelungsbefugnis der Kassenärztlichen Bundesvereinigung. Weiterhin sieht Absatz 2 auch eine entsprechende **Informationsverpflichtung der Krankenhäuser** vor, wobei das Nähere vertraglich zu regeln ist. Schließlich enthält die Vorschrift noch eine Befugnis des Bundesministeriums für Gesundheit und Soziale Sicherung zum Erlass einer Rechtsverordnung für den Fall, dass die Selbstverwaltung die vorgesehenen Regelungen nicht fristgerecht erlässt. **Absatz 3** begründet eine **Informationspflicht** der Krankenkassen **über zugelassene Leistungserbringer, verordnungsfähige Leistungen und deren Bezugsquellen und über die Teilnahme an besonderen Versorgungsformen in Wahltarifen.** 6

II. Normzweck

Die Vorschrift dient der **Stärkung des Kostenbewusstseins** der Versicherten und der Herstellung von **Transparenz über Angebote, Leistungen, Kosten und Qualität.**[11] Sie soll den Versicherten mehr **Eigenverantwortung** übertragen und damit zu einer **Verbesserung von Qualität und Wirtschaftlichkeit** im Gesundheitswesen beitragen. 7

III. Tatbestandsmerkmale

1. Auskunftsverpflichtung durch die Krankenkassen nach Absatz 1

Absatz 1 enthält Regelungen über die Auskunftserteilung durch die Krankenkassen gegenüber ihren Versicherten. **Verpflichtet** ist die Krankenkasse, bei der der Versicherte im letzten Geschäftsjahr ver- 8

[10] BT-Drs. 11/2237, S. 237.

[11] BT-Drs. 11/2237, S. 238 ; BT-Drs. 15/1525, S. 151.

sichert war. Hat der Versicherte in diesem Jahr die Krankenkasse gewechselt, besteht ein Auskunftsanspruch gegenüber der früher zuständigen und der nunmehr zuständigen Krankenkasse. Ein Auskunftsrecht gegenüber der Kassenärztlichen Vereinigung, wie es bis 31.12.1995 in Absatz 2 a.F. enthalten war, existiert dagegen nicht mehr. Der Versicherte kann nur **Auskunft über die ihm gegenüber erbrachten Leistungen** verlangen, **Familienversicherte** haben ein eigenes Auskunftsrecht.[12] Das Auskunftsbegehren kann schriftlich, mündlich oder in anderer Form erfolgen. Die Auskunft der Krankenkasse umfasst die Mitteilung der erbrachten Leistungen und die entstandenen Kosten. Bei **ärztlichen Leistungen** sind der Tag der Behandlung, die abgerechneten Nummern des EBM, der Kurztext der Abrechnungsnummern sowie abgerechnete Punkte und Kosten in der Auskunft aufzuführen, da ansonsten der im Regelfall in Abrechnungsfragen unkundige Versicherte nicht die notwendige Kenntnis über die erbrachten Leistungen erlangen kann. Dies ergibt sich auch aus Absatz 2, der für die Auskunft über ärztliche Leistungen eine verständliche Form vorschreibt. Die Mitteilung der festgestellten **Diagnosen** wird von der Auskunft nach Absatz 1 nicht umfasst.[13] Absatz 1 ermöglicht dem Versicherten **kein Recht auf umfassende Akteneinsicht** in die Unterlagen der Krankenkasse.[14] Dies ergibt sich aus § 19 Abs. 1 Satz 4 BDSG, § 83 Abs. 1 Satz 4 SGB X, wonach die Form der Auskunftsabteilung nach pflichtgemäßem Ermessen von der Krankenkasse zu bestimmen ist. Eine Auskunftspflicht besteht nur für das letzte Geschäftsjahr, um den Krankenkassen nicht die oft schwierige Ermittlung länger zurückliegender Sachverhalte zuzumuten. Da Absatz 1 anders als Absatz 2 Satz 3 keine Kostenregelung enthält, ist die Auskunft **kostenfrei** zu erteilen.

9 Weil die erbrachten ärztlichen und zahnärztlichen Leistungen der Krankenkasse nicht bekannt sind, sieht Absatz 1 Satz 2 die **Übermittlung der entsprechenden Angaben durch die Kassenärztliche bzw. Kassenzahnärztliche Vereinigung** vor, bei der die entsprechenden Daten gespeichert sind. Der Versicherte, der eine Auskunft nach Absatz 1 begehrt, muss der Krankenkasse Namen und Anschrift der Ärzte mitteilen, bei denen er im letzten Geschäftsjahr in Behandlung war, da ansonsten die Feststellung der erbrachten Leistungen nur mit unzumutbarem Aufwand möglich wäre. Die Kassenärztliche Vereinigung übermittelt die Angaben der Krankenkasse, die sie an den Versicherten weiterleitet. Dabei muss eine Kenntnisnahme der Angaben durch die Krankenkasse ausgeschlossen sein, um eine Kontrolle der erbrachten Leistungen durch die Krankenkasse außerhalb der Wirtschaftlichkeits- und sonstigen Prüfverfahren zu verhindern. Eine Information des Leistungserbringers über die erteilte Auskunft wird durch Absatz 1 Satz 4 untersagt, um das zwischen Leistungserbringer und Versicherten bestehende Vertrauensverhältnis nicht zu beeinträchtigen.

2. Auskunftsverpflichtung durch Ärzte und Krankenhäuser nach Absatz 2

10 **Absatz 2 Satz 1 begründet** neben Absatz 1 **einen eigenständigen Auskunftsanspruch** des Versicherten gegenüber den an der vertragsärztlichen Versorgung teilnehmenden Ärzten und den sonstigen ambulante ärztliche Leistungen erbringenden Einrichtungen. Nach Absatz 2 Satz 2 gilt diese Regelung auch für Vertragszahnärzte. Der Versicherte kann vom Arzt nicht auf die Auskunft nach Absatz 1 verwiesen werden.[15] Im Gegensatz zu der bis zum 31.12.2003 geltenden Fassung des Absatzes 2 Satz 1 kann der Versicherte die als **Patientenquittung** bezeichnete, schriftlich zu erteilende Auskunft bereits direkt im Anschluss an die Behandlung verlangen, wobei diese Quittung nur die während dieser Behandlung erbrachten Leistungen und die hierfür voraussichtlich entstehenden Kosten umfasst. Daneben kann der Versicherte weiterhin spätestens vier Wochen nach Ablauf des Quartals eine Auskunft über alle im Quartal erbrachten Leistungen und ihre vorläufigen Kosten verlangen. Im Gegensatz zu der bis 31.12.2003 bestehenden Rechtslage, wonach die Informationspflicht nach Absatz 2 Satz 1 unabhängig von einem Auskunftsbegehren des Versicherten bestand, ist seit 01.01.2004 die Patientenquittung nur **auf Verlangen des Versicherten** auszustellen. Für die quartalsweise Unterrichtung hat der Versicherte in jedem Quartal die in **Absatz 2 Satz 3** vorgesehene Aufwandspauschale zu zahlen, die Ausstellung der Patientenquittung in unmittelbarem Anschluss an die Behandlung ist dagegen kostenfrei. Damit ist die bisherige Verpflichtung zur Information aller Versicherten, die mit einem hohen Umsetzungsaufwand verbunden war, sowie die Frage der Tragung der Kosten für die Information aller Versicherten einer praktikablen und den Interessen aller Beteiligten Rechnung tragenden Lösung zugeführt worden.[16] Die Verpflichtung zur Auskunft besteht unabhängig davon, ob die entsprechenden

[12] BT-Drs. 11/2237, S. 238.
[13] BT-Drs. 11/2237, S. 238.
[14] LSG Berlin v. 24.09.1997 - L 9 KR 9/97 - E-LSG KR-130.
[15] BSG v. 07.12.2004 - B 1 KR 38/02 R - SozR 4-2500 § 305 Nr. 1.
[16] Zur Rechtslage bis 31.12.2003 siehe BSG v. 07.12.2004 - B 1 KR 38/02 R - SozR 4-2500 § 305 Nr. 1.

Ausführungsbestimmungen nach Absatz 1 Satz 4 bereits vorhanden sind.[17] Die Auskunft hat **in verständlicher Form** zu erfolgen. Daher sind der Tag der Behandlung, die abgerechneten Nummern des EBM, der Kurztext der Abrechnungsnummer, die auf die Nummer entfallenden Punkte und die Kosten in der Auskunft aufzuführen, da allein die EBM-Nummer dem im Regelfall in Abrechnungsfragen unkundigen Versicherten nicht die notwendige Kenntnis über die erbrachten Leistungen verschafft. Die vorläufigen Kosten können, da zum Zeitpunkt der Behandlung und vier Wochen nach Quartalsende der endgültige Punktwert nicht feststeht, ausgehend von dem letzten maßgebenden Punktwert ermittelt werden.[18] Die endgültigen Kosten kann der Versicherte aufgrund des Auskunftsanspruches nach Absatz 1 nach erfolgter Abrechnung von der Krankenkasse erfahren und mit der Patientenquittung vergleichen. Die Verpflichtung zur Auskunft nach Absatz 2 Satz 1 verletzt den Vertragsarzt nicht in seinem Grundrecht auf freie Berufsausübung nach Art. 12 GG.[19]

Nach **Absatz 2 Satz 5** haben die **Krankenhäuser** auf Verlangen die Versicherten nach Abschluss der Krankenhausbehandlung über die erbrachten Leistungen und die hierfür von den Krankenkassen zu zahlenden Entgelte zu unterrichten. Auch diese Auskunft soll in verständlicher Form ergehen, was bei der Abrechnung nach dem jeweils geltenden DRG-Fallpauschalen-Katalog nicht ohne längere Erläuterungen gelingen kann. Die Spitzenverbände der Krankenkassen und die Deutsche Krankenhausgesellschaft haben nach Absatz 2 Satz 6 weitere Einzelheiten über die Auskunftsabteilung vertraglich zu vereinbaren.[20] 11

Absatz 2 Satz 7 sieht für den Fall, dass die Regelungen nach den Sätzen 4 und 6 nicht in der im Gesetz genannten Frist zustande kommen, die Möglichkeit vor, die Einzelheiten der Auskunftserteilung durch eine Rechtsverordnung zu regeln. 12

3. Informationspflicht der Krankenkassen nach Absatz 3

Nach Absatz 3 Satz 1 sind die Versicherten, wenn eine entsprechende Anfrage erfolgt, umfassend **über zugelassene Leistungserbringer** sowie **über Preise und Qualität** von verordnungsfähigen Leistungen, insbesondere von Arznei- und Hilfsmitteln, zu informieren. Dabei sind auch die Informationen nach § 73 Abs. 8 SGB V und nach § 127 Abs. 3 SGB V heranzuziehen und bei Bedarf dem Versicherten zur Verfügung zu stellen. Die Krankenkassen können ebenso wie die Vertragsärzte, für die eine entsprechende Regelung in § 78 Abs. 8 SGB V enthalten ist, die Versicherten auch über preisgünstige Bezugsquellen für Arzneimittel informieren.[21] Satz 2 verpflichtet die Krankenkassen, Versicherte vor ihrer Entscheidung für Wahltarife bei der Teilnahme an besonderen Versorgungsformen umfassend darüber zu informieren, welche Leistungen im Wahltarif angeboten werden und welche Leistungserbringer an der Versorgung teilnehmen. Der gewünschte Qualitätswettbewerb verlangt nach Auffassung des Gesetzgebers eine solch umfassende Information der Versicherten.[22] Daher ist eine über den Gesetzeswortlaut und allgemeine Angaben hinausgehende Information erforderlich, sie muss den Besonderheiten des Einzelfalles und den regionalen Verhältnissen Rechnung tragen. Bei der Teilnahme von Versicherten an den anderen in § 53 SGB V genannten Wahltarifen ergibt sich der Informationsanspruch des Versicherten aus den §§ 13-15 SGB I. Der Verweis auf § 69 Satz 4 SGB V in Absatz 3 Satz 3 stellt klar, dass bei eventuellen Rechtsstreitigkeiten die **Gerichte der Sozialgerichtsbarkeit** zuständig sind. 13

C. Reformbestrebungen

Das GKV-Wettbewerbsstärkungsgesetz[23] sieht vor, dass **mit Wirkung ab 01.07.2008**[24] in Absatz 2 Satz 6 die Wörter „regeln die Spitzenverbände der Krankenkassen gemeinsam und einheitlich" durch die Wörter „regelt der Spitzenverband Bund der Krankenkassen" ersetzt werden. Hierbei handelt es sich um eine redaktionelle Folgeänderung zu der durch das GKV-Wettbewerbsstärkungsgesetz beschlossenen neuen Organisationsstruktur der Verbände der Krankenkassen. Nach den §§ 217a ff. 14

[17] BSG v. 07.12.2004 - B 1 KR 38/02 R - SozR 4-2500 § 305 Nr. 1.

[18] BT-Drs. 15/1525, S. 151.

[19] BSG v. 07.12.2004 - B 1 KR 38/02 R - SozR 4-2500 § 305 Nr. 1.

[20] Vereinbarung vom 16.09.2004.

[21] BT-Drs. 16/3100, S. 176.

[22] BT-Drs. 16/4247, S. 57.

[23] Gesetz zur Stärkung des Wettbewerbs in der gesetzlichen Krankenversicherung (GKV-Wettbewerbsstärkungsgesetz – GKV-WSG) vom 26.03.2007, BGBl I 2007, 378.

[24] Art. 46 Abs. 9 Gesetz zur Stärkung des Wettbewerbs in der gesetzlichen Krankenversicherung (GKV-Wettbewerbsstärkungsgesetz – GKV-WSG) vom 26.03.2007, BGBl I 2007, 378.

SGB V bilden die Krankenkassen den „Spitzenverband Bund der Krankenkassen“. Dieser übernimmt gemäß § 217f Abs. 1 SGB V ab 01.07.2008 die bisher den Spitzenverbänden der Krankenkassen zugewiesenen Aufgaben.

§ 305a SGB V Beratung der Vertragsärzte

(Fassung vom 26.03.2007, gültig ab 01.04.2007)

Die Kassenärztlichen Vereinigungen und die Krankenkassen beraten in erforderlichen Fällen die Vertragsärzte auf der Grundlage von Übersichten über die von ihnen im Zeitraum eines Jahres oder in einem kürzeren Zeitraum erbrachten, verordneten oder veranlassten Leistungen über Fragen der Wirtschaftlichkeit. Ergänzend können die Vertragsärzte den Kassenärztlichen Vereinigungen die Daten über die von ihnen verordneten Leistungen nicht versichertenbezogen übermitteln, die Kassenärztlichen Vereinigungen können diese Daten für ihre Beratung des Vertragsarztes auswerten und auf der Grundlage dieser Daten erstellte vergleichende Übersichten den Vertragsärzten nicht arztbezogen zur Verfügung stellen. Die Vertragsärzte und die Kassenärztlichen Vereinigungen dürfen die Daten nach Satz 2 nur für im Sozialgesetzbuch bestimmte Zwecke verarbeiten und nutzen. Ist gesetzlich oder durch Vereinbarung nach § 130a Abs. 8 nichts anderes bestimmt, dürfen Vertragsärzte Daten über von ihnen verordnete Arzneimittel nur solchen Stellen übermitteln, die sich verpflichten, die Daten ausschließlich als Nachweis für die in einer Kassenärztlichen Vereinigung oder einer Region mit mindestens jeweils 300.000 Einwohnern oder mit jeweils mindestens 1.300 Ärzten insgesamt in Anspruch genommenen Leistungen zu verarbeiten; eine Verarbeitung dieser Daten mit regionaler Differenzierung innerhalb einer Kassenärztlichen Vereinigung, für einzelne Vertragsärzte oder Einrichtungen sowie für einzelne Apotheken ist unzulässig. Satz 4 gilt auch für die Übermittlung von Daten über die nach diesem Buch verordnungsfähigen Arzneimittel durch Apotheken, den Großhandel, Krankenkassen sowie deren Rechenzentren. Abweichend von Satz 4 dürfen Leistungserbringer und Krankenkassen Daten über verordnete Arzneimittel in vertraglichen Versorgungsformen nach den §§ 63, 73b, 73c, 137f oder 140a nutzen.

Gliederung

A. Basisinformationen

I. Textgeschichte/Gesetzgebungsmaterialien

1 Die Vorschrift ist durch das **GKV-Gesundheitsreformgesetz 2000**[1] mit **Wirkung ab 01.01.2000** in das SGB V eingefügt worden und bestand zunächst aus den Absätzen 1 und 2. In Absatz 1 war geregelt, dass die Kassenärztlichen Vereinigungen und die Kassenärztlichen Bundesvereinigungen sowie die Krankenkassen und ihre Verbände die Vertragsärzte zur Sicherung der wirtschaftlichen Verordnungsweise über verordnungsfähige Leistungen und deren Preise oder Entgelte informieren sowie nach dem allgemein anerkannten Stand der medizinischen Erkenntnisse Hinweise zu Indikation und therapeutischem Nutzen geben konnten. Absatz 2 berechtigte die Kassenärztlichen Vereinigungen und die Krankenkassen, die Vertragsärzte auf der Grundlage von Übersichten über die von ihnen im Zeitraum eines Jahres oder in einem kürzeren Zeitraum erbrachten, verordneten oder veranlassten Leistungen

[1] Gesetz zur Reform der gesetzlichen Krankenversicherung ab dem Jahr 2000 (GKV-Gesundheitsreformgesetz 2000 – GKV-GRG 2000) vom 22.12.1999, BGBl I 1999, 2626.

über Fragen der Wirtschaftlichkeit gemäß § 106 Abs. 2a SGB V zu beraten. Das **Arzneimittelbudget-Ablösungsgesetz**[2] hat mit **Wirkung ab 31.12.2001** Absatz 1 gestrichen, da in **§ 78 Abs. 8 SGB V** eine den Absatz 1 ersetzende Vorschrift zur Information im Hinblick auf Arzneimittelvereinbarungen und die Rahmenvorgaben geschaffen worden war.[3] Absatz 2 wurde alleiniger Gesetzesinhalt.[4] Die Sätze 4 bis 6 wurden mit Wirkung ab 01.04.2007 durch das GKV-Wettbewerbsstärkungsgesetz[5] eingefügt.

II. Vorgängervorschriften

2 Vorgängervorschriften existieren nicht.

III. Parallelvorschriften

3 Nach **§ 106 Abs. 1a SGB V** berät der Prüfungsausschuss in erforderlichen Fällen die Vertragsärzte auf der Grundlage von Übersichten über die von ihnen im Zeitraum eines Jahres oder in einem kürzeren Zeitraum erbrachten, verordneten oder veranlassten Leistungen über Fragen der Wirtschaftlichkeit und Qualität der Versorgung. Gemäß **§ 84 Abs. 6 Satz 3 SGB V** leiten die Richtgrößen über die Verordnung von Arznei- und Verbandmitteln den Vertragsarzt bei seinen Entscheidungen über die Verordnung von Arznei- und Verbandmitteln nach dem Wirtschaftlichkeitsgebot. Diese Vorschrift ist nach § 84 Abs. 8 SGB V auch für Heilmittel anwendbar. **§ 106 Abs. 5a Satz 1 SGB V** sieht die Durchführung von Beratungen bei Überschreitung des Richtlinienvolumens durch einen Vertragsarzt vor.

IV. Systematische Zusammenhänge

4 § 305a SGB V ist **die dritte Vorschrift** des **Dritten Abschnitts** (Datenlöschung, Auskunftspflicht) **des Zehnten Kapitels** (Versicherungs- und Leistungsdaten, Datenschutz, Datentransparenz) **des SGB V**. Das Zehnte Kapitel zielt darauf ab, die Transparenz des Leistungsgeschehens zu verbessern und die Unterrichtung der Versicherten über die Leistungen zu ermöglichen, die Voraussetzungen für eine qualifizierte Prüfung von Wirtschaftlichkeit, Zweckmäßigkeit und Notwendigkeit der abgerechneten Leistungen sowie zur Bekämpfung von Missbrauch und Abrechnungsmanipulationen zu schaffen und es damit den Krankenkassen zu ermöglichen, ihre Aufgaben wirksamer und besser als bisher zu erfüllen.[6] Der Dritte Abschnitt enthält neben § 305b SGB V Bestimmungen über die Aufbewahrung von Daten (§ 304 SGB V), Auskünfte an Versicherte (§ 305 SGB V) und (§ 305b SGB V). Der Erste Abschnitt des Zehnten Kapitels enthält die Vorschriften über die Informationsgrundlagen der Krankenkassen. Der Zweite Abschnitt des Zehnten Kapitels regelt die Übermittlung und Aufbereitung von Leistungsdaten und enthält Vorschriften über die Datentransparenz.

V. Literaturhinweise

5 *Dietrich/Oberscheven*, SVR-Gutachten – „Koordination und Qualität im Gesundheitswesen"; KrV 2005, 218-220; *Grühn/Mühlhausen*, Markttransparenz durch Information und Beratung der Krankenkassen und ihrer Verbände, SGb 2003, 248-253.

B. Auslegung der Norm

I. Regelungsgehalt und Bedeutung der Norm

6 Die Vorschrift regelt in **Satz 1** die Beratung der Vertragsärzte durch die Kassenärztlichen Vereinigungen und die Krankenkassen auf der Grundlage von Übersichten der erbrachten, verordneten und veranlassten Leistungen. **Satz 2** ermächtigt die Vertragsärzte zur Übermittlung von Daten über die von ihnen verordneten Leistungen an die Kassenärztlichen Vereinigungen. Diese Daten dürfen von den Kassenärztlichen Vereinigungen ausgewertet und für eine vergleichende Übersicht verwendet werden. **Satz 3** begrenzt die Verwertung der erhobenen Daten auf die in § 305a SGB V genannten Zwecke. Die Sätze 4 bis 6 enthalten Regelungen über die Aufbereitung von Arzneimittelverordnungsdaten,

[2] Gesetz zur Ablösung des Arznei und Heilmittelbudgets (Arzneimittelbudget-Ablösegesetz – ABAG) vom 19.12.2001, BGBl I 2001, 3773.
[3] BT-Drs. 14/6309, S. 10 und S. 11.
[4] BT-Drs. 14/6309, S. 11 und BT-Drs. 14/7170, S. 15 f.
[5] Gesetz zur Stärkung des Wettbewerbs in der gesetzlichen Krankenversicherung (GKV-Wettbewerbsstärkungsgesetz – GKV-WSG) vom 26.03.2007, BGBl I 2007, 378.
[6] BT-Drs. 11/2237, S. 237.

II. Normzweck

7 Die Vorschrift schafft die **Grundlage für eine Beratung der Vertragsärzte** durch die in § 305a SGB V genannten Stellen **über die Wirtschaftlichkeit der erbrachten, verordneten oder veranlassten Leistungen**. Sie soll die Durchführung von Wirtschaftlichkeitsprüfungen gemäß § 106 SGB V vermeiden[7] und damit bereits frühzeitig die Vertragsärzte über Fehlentwicklungen der von ihnen erbrachten, verordneten und veranlassten Leistungen informieren. Die Sätze 4 bis 6 bezwecken den Schutz der Arzneimittelverordnungsdaten.

III. Tatbestandsmerkmale

1. Beratung nach Satz 1

8 Satz 1 berechtigt und verpflichtet[8] die in der Vorschrift genannten Stellen **zur Beratung des Vertragsarztes hinsichtlich der Wirtschaftlichkeit der von ihm erbrachten, verordneten und veranlassten Leistungen**. Die Beratung erfolgt an Hand von Übersichten, die den Kassenärztlichen Vereinigungen und den Krankenkassen zur Verfügung stehen. Hierbei handelt es sich um Auswertungen der erbrachten ärztlichen Leistungen durch die Kassenärztlichen Vereinigungen sowie um die Informationen zu Arzneimittel- und Heilmittelverordnungen. Auf der Basis des Arzneimittelbudget-Ablösungsgesetzes[9] haben die Spitzenverbände der gesetzlichen Krankenkassen mit der Kassenärztlichen Bundesvereinigung eine Vereinbarung geschlossen. Hiernach werden neben den monatlichen Schnellinformationen über die Arzneimittel-Verordnung an die Kassenärztlichen Vereinigungen[10] Arztberichte für Ärzte mit mehr als 50 Verordnungen im Monatsdurchschnitt erstellt. Die Informationstechnische Servicestelle der gesetzlichen Krankenversicherung (ITSG) wertet die Rezepte der betroffenen Vertragsärzte kassenübergreifend aus und erstellt Arztberichte über das Verordnungsverhalten, die den Kassenärztlichen Vereinigungen acht bis zehn Wochen nach Monatsende von den Spitzenverbänden der Krankenkassen übermittelt werden. Pro Jahr und Arzt sind acht Monats- und vier Quartalsberichte vorgesehen. Ob es sinnvoll ist, diese jeweils an alle Ärzte der Kassenärztlichen Vereinigung weiterzuleiten, entscheiden die Kassenärztlichen Vereinigungen teils nach Absprache mit den regionalen Krankenkassen. Die Berichte werden den Vertragsärzten zur Verfügung gestellt[11] und ermöglichen dem Vertragsarzt einen zeitnahen Überblick über seine Verordnungen im Vergleich zu der Fachgruppe der entsprechenden Vertragsärzte. Die nach Satz 1 zu übermittelnden Übersichten enthalten nicht nur die Leistungen, Verordnungen und veranlassten Leistungen des jeweiligen Vertragsarztes, sondern auch eine Übersicht über die jeweiligen Leistungen und Verordnungen der vergleichbaren Vertragsärzte. Die Beratung soll **die in § 106 Abs. 2a SGB V genannten Kriterien** (Indikation, Effektivität, Qualität und Angemessenheit der Kosten) berücksichtigen.[12]

2. Übermittlung und Beratung nach Satz 2

9 Satz 2 berechtigt die Kassenärztlichen Vereinigungen zur **Erstellung von zusätzlichen Überblicken zum Verordnungsverhalten der Vertragsärzte** auf der Grundlage der von den Vertragsärzten freiwillig gelieferten Daten. Hierdurch wird eine die jeweilige Kassenärztliche Vereinigung umfassende Datenanalyse ermöglicht, die eine noch genauere Bewertung des jeweiligen Verordnungsverhaltens des Vertragsarztes erlaubt. Die Kassenärztliche Vereinigung verfügt damit über eine weitere Datengrundlage zur frühzeitigen Beratung der Vertragsärzte bei einer Abweichung vom durchschnittlichen Verordnungsverhalten. Erfolgt eine schnelle Übermittlung der Daten durch den Vertragsarzt, kann die Kassenärztliche Vereinigung dem Vertragsarzt bereits kurz nach Beendigung des jeweiligen Abrechnungsquartals eine aktuelle Information zu seinem Verordnungsverhalten zur Verfügung stellen. Damit **ergänzt die Beratung nach Satz 2 die Beratung gemäß Satz 1**. Die übermittelten Daten sind nicht versichertenbezogen zu übermitteln, um einen Eingriff in die datenschutzrechtlichen Belange der

---

[7] BT-Drs. 14/1245, S. 107.

[8] BT-Drs. 14/7170, S. 15.

[9] Gesetz zur Ablösung des Arznei und Heilmittelbudgets (Arzneimittelbudget-Ablösegesetz – ABAG) vom 19.12.2001, BGBl I 2001, 3773.

[10] Monatliche Schnellinformation über die Arzneimittelverordnungen an die Kassenärztlichen Vereinigungen (GAmSi-KV).

[11] Arzneimittel-Schnellinformationssystem der gesetzlichen Krankenversicherung (GAmSI-Arzt).

[12] BT-Drs. 14/6309, S. 11.

Versicherten zu vermeiden. Die ausgewerteten Daten dürfen den Vertragsärzten nur nicht arztbezogen zur Verfügung gestellt werden, um Rückschlüsse auf das Verordnungsverhalten des einzelnen Vertragsarztes zu verhindern.

3. Zweckbindung der erhobenen Daten nach Satz 3

10 Satz 3 **begrenzt die Nutzung** der nach Satz 2 erhobenen Verordnungsdaten **auf die im Sozialgesetzbuch normierten Zwecke**.[13]

4. Schutz der Arzneimittelverordnungsdaten nach den Sätzen 4 bis 6

11 Die mit Wirkung ab 01.04.2007 durch das GKV-Wettbewerbsstärkungsgesetz[14] eingefügten Sätze 4 bis 6 regeln den **Schutz der Arzneimittelverordnungsdaten**. **Satz 4** unterbindet die Aufbereitung der Arzneimittelverordnungsdaten durch Dritte in detaillierter Form, um die Verordnungen einzelner Vertragsärzte nicht nachvollziehbar zu machen. Eine Ausnahme gilt, wenn der Dritte hierzu ausdrücklich gesetzlich befugt ist. Die Vorschrift verhindert damit die Erhebung entsprechender Daten des einzelnen Vertragsarztes durch Pharmaberater, da ein schützenswertes Recht der Pharmaunternehmen, das ärztliche Verordnungsverhalten individuell zu überprüfen und zu steuern, nicht besteht. Ein solches Recht stünde im Widerspruch zu der strikten Bindung des Vertragsarztes an die Prinzipien der Wirtschaftlichkeit, der Zweckmäßigkeit und der medizinischen Notwendigkeit. Nur die Partner der Selbstverwaltung sind zur Steuerung der ärztlichen Verordnungsweise befugt.[15] Besteht ein Rabattvertrag nach § 130a Abs. 8 SGB V, erhalten auch die beteiligten Pharmaunternehmen entsprechende Daten, um die Vertragserfüllung zu unterstützen.[16]

12 **Gesetzlich vorgesehene Zwecke**, für die eine Verarbeitung und Nutzung der Arzneimittelverordnungsdaten weiterhin zulässig sind, sind die Verarbeitung eigener Abrechnungsdaten zur Verwendung durch den Auftraggeber (Arzt, Apotheke, Großhandel), insbesondere die Abrechnung mit den Krankenkassen nach § 300 SGB V, die Information der Ärzte über verordnete Leistungen nach § 106 Abs. 1a SGB V, die Durchführung der Wirtschaftlichkeitsprüfungen nach § 106 Abs. 2 SGB V und die in § 303f SGB V genannten Zwecke, insbesondere für die Forschung. In diesem Rahmen haben die Anbieter verordnungspflichtiger Leistungen sowie Dritte weiterhin die Möglichkeit, Daten über das Verordnungsverhalten arztbezogen aufzubereiten.[17]

13 Die **Übermittlung der Daten** über verordnete Arzneimittel durch Vertragsärzte **ist zulässig**, wenn sie an Stellen erfolgt, die die Daten für den Bereich einer Kassenärztlichen Vereinigung, für Regionen mit mindestens jeweils 300.000 Einwohnern (dies entspricht im Regelfall der durchschnittlichen Einwohnerzahl eines Kreises[18]) oder für jeweils 1.300 Ärzte verarbeiten. Diese Gruppengrößen sind so bemessen, dass keine Datengrundlage für Prämiensysteme an Pharmaberater bereitgestellt werden kann, durch die eine gezielte Förderung von Verordnungszuwächsen bei einzelnen Ärzten belohnt wird. Hierdurch bleibt das Recht der pharmazeutischen Unternehmen, einzelne Ärzte sachgerecht über die eigenen Produkte zu informieren, unberührt. Nicht beeinträchtigt wird auch das Recht des Erwerbs und der Verwertung von Verordnungsdaten durch die Hersteller oder Anbieter von Arzneien oder in deren Auftrag. Durch die Begrenzung der Datennutzung auf die im Gesetz genannten Gruppengrößen werden die legitimen Interessen der Pharmaindustrie nicht beeinträchtigt. Dagegen kann die Selbstverwaltung weiterhin für ihre gesetzlichen Aufgaben, insbesondere für die Information der Ärzte, die Steuerung der Arzneimittelversorgung und die Wirtschaftlichkeitsprüfungen, Daten mit regionalem Bezug aufbereiten lassen.

14 **Satz 5** erstreckt den Regelungsbereich des Satzes 4 auf die Übermittlung von Daten über die verordnungsfähigen Arzneimittel durch **Apotheken, den Großhandel, Krankenkassen und deren Rechenzentren**.

15 **Satz 6** erlaubt die Nutzung von Arzneimittelverordnungsdaten durch Leistungserbringer und Krankenkassen **in vertraglichen Versorgungsformen** nach den §§ 63, 73b, 73c, 137f und 140a SGB V.

---

[13] BT-Drs. 14/7170, S. 16.

[14] Gesetz zur Stärkung des Wettbewerbs in der gesetzlichen Krankenversicherung (GKV-Wettbewerbsstärkungsgesetz – GKV-WSG) vom 26.03.2007, BGBl I 2007, 378.

[15] BT-Drs. 16/3100, S. 176 f.

[16] BT-Drs. 16/4247, S. 57.

[17] BT-Drs. 16/3100, S. 177.

[18] BT-Drs. 16/4247, S. 57.

§ 305b SGB V Rechenschaft über die Verwendung der Mittel

(Fassung vom 14.11.2003, gültig ab 01.01.2004)

Die Krankenkassen haben in ihren Mitgliederzeitschriften in hervorgehobener Weise und gebotener Ausführlichkeit jährlich über die Verwendung ihrer Mittel im Vorjahr Rechenschaft abzulegen und dort zugleich ihre Verwaltungsausgaben gesondert auch als Beitragssatzanteil auszuweisen.

Gliederung

A. Basisinformationen

I. Textgeschichte/Gesetzgebungsmaterialien

Die Vorschrift ist durch das **GKV-Modernisierungsgesetz**[1] mit **Wirkung ab 01.01.2004** in das SGB V eingefügt worden und gilt seitdem **unverändert.** 1

II. Vorgängervorschriften

Vorgängervorschriften existieren nicht. 2

III. Systematische Zusammenhänge

§ 305b SGB V ist **die vierte Vorschrift** des **Dritten Abschnitts** (Datenlöschung, Auskunftspflicht) **des Zehnten Kapitels** (Versicherungs- und Leistungsdaten, Datenschutz, Datentransparenz) **des SGB V**. Das Zehnte Kapitel zielt darauf ab, die Transparenz des Leistungsgeschehens zu verbessern und die Unterrichtung der Versicherten über die Leistungen zu ermöglichen, die Voraussetzungen für eine qualifizierte Prüfung von Wirtschaftlichkeit, Zweckmäßigkeit und Notwendigkeit der abgerechneten Leistungen sowie zur Bekämpfung von Missbrauch und Abrechnungsmanipulationen zu schaffen und es damit den Krankenkassen zu ermöglichen, ihre Aufgaben wirksamer und besser als bisher zu erfüllen.[2] Der Dritte Abschnitt enthält neben § 305b SGB V Bestimmungen über die Aufbewahrung von Daten (§ 304 SGB V), Auskünfte an Versicherte (§ 305 SGB V), und Beratung der Vertragsärzte (§ 305a SGB V). Der Erste Abschnitt des Zehnten Kapitels enthält die Vorschriften über die Informationsgrundlagen der Krankenkassen. Der Zweite Abschnitt des Zehnten Kapitels regelt die Übermittlung und Aufbereitung von Leistungsdaten und enthält Vorschriften über die Datentransparenz. 3

IV. Literaturhinweise

Ehlers/Igl, Das GKV-Modernisierungsgesetz und die Rechtsposition des Patienten, PatR 2003, 111-113. 4

B. Auslegung der Norm

I. Regelungsgehalt und Bedeutung der Norm

Die Vorschrift verpflichtet die Krankenkassen zur **Information ihrer Mitglieder über die Verwendung ihrer Mittel und die Verwaltungsausgaben** und regelt **Art und Umfang der Information.** 5

---

[1] Gesetz zur Modernisierung der gesetzlichen Krankenversicherung (GKV-Modernisierungsgesetz) vom 14.11.2003, BGBl I 2003, 2190.

[2] BT-Drs. 11/2237, S. 237.

II. Normzweck

6 Die Regelung stellt sicher, dass die einzelnen Mitglieder der Krankenkassen über die Verwendung der Kassenmittel des Vorjahres und den Anteil der Verwaltungsausgaben informiert werden.[3] Damit wird den Versicherten die Möglichkeit geboten, die Wirtschaftlichkeit ihrer Krankenkasse sowie die Angemessenheit des Beitragssatzes zu beurteilen und eine sachgemäße Entscheidung über eine mögliche **Ausübung ihres Wahlrechts der Krankenkasse nach § 175 SGB V** zu treffen. Die Information ist gleichzeitig bedeutsam für die Wahlentscheidung des Mitglieds bei den **Sozialversicherungswahlen nach § 45 SGB IV**.

III. Tatbestandsmerkmale

1. Rechenschaftslegung

7 Die Krankenkassen sind verpflichtet, über die **Verwendung ihrer Mittel** im Vorjahr gegenüber den Mitgliedern allgemein Auskunft zu erteilen. Die Information muss im Laufe des folgenden Kalenderjahres erfolgen, wobei der Zeitpunkt im Ermessen der Krankenkasse steht. Eine Veröffentlichung im übernächsten Jahr ist nicht mehr zulässig, führt aber auch zu keinen Sanktionen. Die Veröffentlichung hat in der Mitgliederzeitschrift und nicht in anderen Publikationen zu erfolgen, um sicherzustellen, dass die Mitglieder ohne zusätzlichen Aufwand von der Information Kenntnis erlangen. Die Mitteilung muss nach dem Gesetzeswortlaut **in hervorgehobener Weise und gebotener Ausführlichkeit** erfolgen. Hieraus folgt, dass redaktionell ein prägnanter Platz in der Mitgliederzeitschrift zu wählen ist und dass neben den statistischen Zahlen zur Information des Mitglieds eine Erläuterung der Mittelverwendung zu erfolgen hat, die für ein durchschnittliches Mitglied nachvollziehbar ist. Die Darstellung sollte auch die Vorjahreszahlen umfassen, um die Entwicklung der letzten Jahre zu verdeutlichen.

2. Verwaltungsausgaben

8 Die Vorschrift verpflichtet die Krankenkassen ausdrücklich zur Veröffentlichung der Ausgaben für Verwaltungsaufgaben und den entsprechenden Anteil an dem Beitragssatz. Die **Höhe der Verwaltungsausgaben** stellt ein wichtiges Kriterium dar, um dem Mitglied die wirtschaftliche Verwendung der Beitragseinnahmen zu ermöglichen. Die Beurteilung kann aber nur bei einem Vergleich mit den Beitragseinnahmen erfolgen, so dass der Beitragssatzanteil gesondert ausgewiesen werden sollte.

---

[3] BT-Drs. 15/1525, S. 151.

Elftes Kapitel: Straf- und Bußgeldvorschriften

§ 306 SGB V Zusammenarbeit zur Verfolgung und Ahndung von Ordnungswidrigkeiten

(Fassung vom 14.03.2005, gültig ab 18.03.2005)

Zur Verfolgung und Ahndung von Ordnungswidrigkeiten arbeiten die Krankenkassen insbesondere mit der Bundesagentur für Arbeit, den Behörden der Zollverwaltung, den Rentenversicherungsträgern, den Trägern der Sozialhilfe, den in § 71 des Aufenthaltsgesetzes genannten Behörden, den Finanzbehörden, den nach Landesrecht für die Verfolgung und Ahndung von Ordnungswidrigkeiten nach dem Schwarzarbeitsbekämpfungsgesetz zuständigen Behörden, den Trägern der Unfallversicherung und den für den Arbeitsschutz zuständigen Landesbehörden zusammen, wenn sich im Einzelfall konkrete Anhaltspunkte ergeben für

1. **Verstöße gegen das Schwarzarbeitsbekämpfungsgesetz,**
2. **eine Beschäftigung oder Tätigkeit von nichtdeutschen Arbeitnehmern ohne den erforderlichen Aufenthaltstitel nach § 4 Abs. 3 des Aufenthaltsgesetzes, eine Aufenthaltsgestattung oder eine Duldung, die zur Ausübung der Beschäftigung berechtigen, oder eine Genehmigung nach § 284 Abs. 1 des Dritten Buches,**
3. **Verstöße gegen die Mitwirkungspflicht nach § 60 Abs. 1 Satz 1 Nr. 2 des Ersten Buches gegenüber einer Dienststelle der Bundesagentur für Arbeit, einem Träger der gesetzlichen Unfall- oder Rentenversicherung oder einem Träger der Sozialhilfe oder gegen die Meldepflicht nach § 8a des Asylbewerberleistungsgesetzes,**
4. **Verstöße gegen das Arbeitnehmerüberlassungsgesetz,**
5. **Verstöße gegen die Vorschriften des Vierten und des Siebten Buches über die Verpflichtung zur Zahlung von Beiträgen, soweit sie im Zusammenhang mit den in den Nummern 1 bis 4 genannten Verstößen stehen,**
6. **Verstöße gegen Steuergesetze,**
7. **Verstöße gegen das Aufenthaltsgesetz.**

Sie unterrichten die für die Verfolgung und Ahndung zuständigen Behörden, die Träger der Sozialhilfe sowie die Behörden nach § 71 des Aufenthaltsgesetzes. Die Unterrichtung kann auch Angaben über die Tatsachen enthalten, die für die Einziehung der Beiträge zur Kranken- und Rentenversicherung erforderlich sind. Die Übermittlung von Sozialdaten, die nach den §§ 284 bis 302 von Versicherten erhoben werden, ist unzulässig.

Gliederung

A. Basisinformationen

I. Textgeschichte/Gesetzgebungsmaterialien

1 Die Vorschrift ist durch Art. 1 des **Gesetzes zur Strukturreform im Gesundheitswesen (Gesundheits-Reformgesetz – GRG)** vom 20.12.1988[1] eingeführt worden und am 01.01.1989 in Kraft getreten.

2 Redaktionelle Änderungen der **Sätze 1 und 2** (Ersetzung von „§ 20 des Ausländergesetzes" durch „§ 63 des Ausländergesetzes") erfolgten mit Wirkung zum 01.01.1991 durch Art. 12 Absatz 7 des Gesetzes zur Neuregelung des Ausländerrechts vom 09.07.1990.[2] Satz 4 (Ersetzung von „Unterrichtung über personenbezogene Daten" durch „Übermittlung von Sozialdaten") wurde mit Wirkung zum 01.07.1994 durch Art. 3 Nr. 22 des Zweiten Gesetzes zur Änderung des Sozialgesetzbuches (2. SGBÄndG) vom 13.06.1994[3] geändert, **Satz 1 Nr. 6** (Ersetzung der Gesetzesbezeichnung „Reichsversicherungsordnung" durch „Siebtes Buch") mit Wirkung zum 01.01.1997 durch Art. 4 Nr. 4 des Gesetzes zur Einordnung des Rechts der gesetzlichen Unfallversicherung in das Sozialgesetzbuch (Unfallversicherungs-Einordnungsgesetz – UVEG) vom 07.08.1996[4], **Satz 1 Nr. 2** (Ersetzung von „Erlaubnis nach § 19 Abs. 1 des Arbeitsförderungsgesetzes" durch „Genehmigung nach § 284 Abs. 1 Satz 1 des Dritten Buches") mit Wirkung zum 01.01.1998 durch Art. 5 Nr. 16 des Gesetzes zur Reform der Arbeitsförderung (AFRG) vom 24.03.1997.[5] Durch Art. 4 Nr. 8 des Ersten Gesetzes zur Änderung des Dritten Buches Sozialgesetzbuch und anderer Gesetze (Erstes SGB III-Änderungsgesetz – 1. SGB III-ÄndG) vom 16.12.1997[6] wurden mit Wirkung zum 01.01.1998

- **Satz 1** geändert und Hauptzollämter, Rentenversicherungsträger und Träger der Sozialhilfe in die Regelung miteinbezogen,
- **Satz 1 Nr. 3** und **Satz 2** neu gefasst,
- in **Satz 1 Nr. 5** die Zusammenarbeit mit dem Unfallversicherungsträger normiert,
- in **Satz 3** „erheblich" durch „erforderlich" ersetzt sowie
- redaktionelle Änderungen bzw. Streichungen vorgenommen.

3 Art. 4 des Gesetzes zur Erleichterung der Bekämpfung von illegaler Beschäftigung und Schwarzarbeit vom 23.07.2002[7] führte mit Wirkung zum 01.08.2002 in **Satz 1** zur Ersetzung des Begriffs „Hauptzollämter" durch „Behörden der Zollverwaltung". Der Gesetzgeber wollte damit verdeutlichen, dass nicht nur die dezentral organisierten Hauptzollämter, sondern gegebenenfalls auch andere Behörden der Zollverwaltung zu unterrichten sind. Gedacht war vordringlich an die Informations- und Koordinationszentrale zur Bekämpfung illegaler Beschäftigung durch die Zollverwaltung bei der Oberfinanzdirektion Köln (InKo-BillBZ), die mittlerweile in „Finanzkontrolle Schwarzarbeit (FKS)" umbenannt und in die Hauptzollämter integriert worden ist. Durch Art. 4 Nr. 7 des Dritten Gesetzes für moderne Dienstleistungen am Arbeitsmarkt vom 23.12.2003[8] wurde mit Wirkung zum 01.01.2004 ebenfalls in **Satz 1** die Bezeichnung „Bundesanstalt" durch „Bundesagentur" ersetzt. Nachdem das Bundesverfassungsgericht durch Urteil vom 18.12.2002[9] das Gesetz zur Steuerung und Begrenzung der Zuwanderung und zur Regelung des Aufenthalts und der Integration von Unionsbürgern und Ausländern (Zuwanderungsgesetz) vom 20.06.2002 für unvereinbar mit Art. 78 GG und damit nichtig erklärt hatte, wurden auch die darin enthaltenen redaktionellen Änderungen der **Sätze 1 und 2** nicht wirksam. Erst mit dem gleichnamigen – und ordnungsgemäß zustande gekommenen – Gesetz vom 30.07.2004[10] erfolgte mit Wirkung zum 01.01.2005 die redaktionelle Anpassung der **Sätze 1 und 2** an die Fortentwicklung des Ausländerrechts. Redaktionelle Änderungen von **Satz 1** erfolgten mit Wirkung vom 18.03.2005 durch Art. 6 Nr. 1 des Gesetzes zur Änderung des Aufenthaltsgesetzes und weiterer Gesetze vom 14.03.2005.[11]

---

[1] BGBl I 1988, 2477.
[2] BGBl I 1990, 1354.
[3] BGBl I 1994, 1229.
[4] BGBl I 1996, 1254.
[5] BGBl I 1997, 594.
[6] BGBl I 1997, 2970.
[7] BGBl I 2002, 2787
[8] BGBl I 2003, 2848
[9] BVerfG v. 18.12.2002 - 2 BvF 1/02 - BVerfGE 106, 311 ff.
[10] BGBl I 2004, 1950
[11] BGBl I 2005, 721

II. Vorgängervorschriften

Die Vorschrift geht auf **§ 317b RVO a.F.** zurück (eingefügt in die RVO mit Wirkung zum 01.01.1982 durch Art. 2 Nr. 1 des Gesetzes zur Bekämpfung der illegalen Beschäftigung – BillBG – vom 15.12.1981[12]). 4

III. Parallelvorschriften

Die Vorschrift konkretisiert und erweitert die Regelung in **§ 86 SGB X**, mit der die Leistungsträger zur engen Zusammenarbeit verpflichtet werden. Sie fügt sich in eine Reihe ähnlicher Vorschriften anderer Bücher des Sozialgesetzbuches ein, die auf die Bekämpfung illegaler Beschäftigung und des Leistungsmissbrauchs abzielen (vgl. § 405 Abs. 4 SGB III, § 113 SGB IV, § 321 SGB VI). 5

IV. Systematische Zusammenhänge

§ 306 SGB V verpflichtet die Krankenkassen zur Zusammenarbeit mit den genannten Behörden, nicht aber umgekehrt diese Behörden zur Zusammenarbeit mit den Krankenkassen. Die Verpflichtung der Behörden zur Kooperation mit den Krankenkassen bei der Verfolgung und Ahndung von Ordnungswidrigkeiten ergibt sich aus den **jeweiligen Fachgesetzen**, so z.B. aus § 6 Abs. 3 Nr. 3 Schwarzarbeitsbekämpfungsgesetz (Behörden der Zollverwaltung), § 18 Abs. 1 Nr. 1 AÜG (Behörden der Zollverwaltung, Bundesagentur für Arbeit), § 211 SGB VII (Unfallversicherungsträger), § 139b Abs. 7 und 8 GewO sowie § 23 Abs. 3 Arbeitsschutzgesetz (jeweils nach Landesrecht zuständige Arbeitsschutzbehörde). 6

V. Ausgewählte Literaturhinweise

Hauck/Noftz, Sozialgesetzbuch, SGB V, Gesetzliche Krankenversicherung – Kommentar (Stand: 31.05.2006); *Krauskopf*, Soziale Krankenversicherung, Pflegeversicherung – Kommentar (Stand: 20.07.2006). 7

B. Auslegung der Norm

I. Regelungsgehalt und Bedeutung der Norm

Die Vorschrift verpflichtet die Krankenkassen zur **Zusammenarbeit** mit folgenden öffentlichen Stellen: 8

- der Bundesagentur für Arbeit (§ 367 SGB III);
- den Behörden der Zollverwaltung (in der Regel die „Finanzkontrolle Schwarzarbeit" – FKS – als Dienststelle der Hauptzollämter);
- den Rentenversicherungsträgern (§ 125 SGB VI);
- den Trägern der Sozialhilfe (§ 3 SGB XII);
- den in § 71 des Aufenthaltsgesetzes genannten Behörden (insbesondere die Ausländerbehörden, vgl. § 71 Abs. 1 AufenthaltsG);
- den Finanzbehörden (§ 6 AO);
- den nach Landesrecht für die Verfolgung und Ahndung von Ordnungswidrigkeiten nach dem Schwarzarbeitsbekämpfungsgesetz zuständigen Behörden (im Ergebnis die Behörden der Zollverwaltung, vgl. § 36 Abs. 1 Nr. 1 OWiG, § 6 Abs. 1 Nr. 1 i.V.m. § 1 Abs. 1 Nr. 1 Schwarzarbeitsbekämpfungsgesetz);
- den Trägern der Unfallversicherung (§ 114 SGB VII);
- den für den Arbeitsschutz zuständigen Landesbehörden (vgl. § 155 GewO).

Die Vorschrift ist im Hinblick auf die genannten öffentlichen Stellen nicht im Sinne einer abschließenden Aufzählung zu verstehen („**insbesondere**"), auch wenn eine Notwendigkeit zur Zusammenarbeit mit anderen Stellen eher theoretisch erscheint. 9

Abschließend ist § 306 SGB V im Hinblick auf die Tatbestände, die die Verpflichtung zur Zusammenarbeit auslösen: 10

- Verstöße gegen das Schwarzarbeitsbekämpfungsgesetz: Von Bedeutung ist hier insbesondere die Verletzung der Mitteilungspflicht gegenüber der Krankenkasse oder anderen öffentlichen Stellen nach § 1 Abs. 1 Nr. 1, § 2 des Schwarzarbeitsbekämpfungsgesetzes; zur Verfolgung von Ordnungswidrigkeiten nach § 4 des Gesetzes haben die Krankenkassen regelmäßig nichts beizutragen.

[12] BGBl I 1981, 1390

- Ordnungswidrige Beschäftigung oder Tätigkeit nichtdeutscher Arbeitnehmer: § 404 Abs. 1 Nr. 1 SGB III; ein Verstoß gegen die Pflicht nach § 4 Abs. 3 AufenthaltsG ist im AufenthaltsG nicht mit Bußgeld bedroht und wird deshalb von § 306 Nr. 2 und nicht Nr. 7 erfasst.
- Verstöße gegen die Mitwirkungspflicht nach **§ 60 Abs. 1 Satz 1 Nr. 2 SGB I** gegenüber einer Dienststelle der Bundesagentur für Arbeit oder gegen die Meldepflicht nach § 8a Asylbewerberleistungsgesetz: Die Zuwiderhandlungen sind sanktioniert durch § 63 Abs. 1 Nr. 6 SGB II, § 404 Abs. 2 Nr. 26 SGB III bzw. § 13 Abs. 1 Asylbewerberleistungsgesetz: Regelmäßig liegt hier einer der Schwerpunkte der Zusammenarbeit der Krankenkassen mit anderen öffentlichen Stellen. Den Krankenkassen kommt insbesondere als **Einzugsstelle für den Gesamtsozialversicherungsbeitrag** (§§ 28h, 28i SGB IV) eine Schlüsselstellung zu. Da ein Leistungsempfänger bei Aufnahme einer sozialversicherungspflichtigen Tätigkeit vom Arbeitsgeber obligatorisch zur Sozialversicherung anzumelden ist (§ 28a SGB IV) und insoweit unter anderem auch der Beginn der Beschäftigung anzugeben ist (§ 28a Abs. 3 Satz 2 Nr. 1 b SGB IV), kann bei Anhaltspunkten für Leistungsmissbrauch durch Rückgriff auf die Anmeldedaten bei der Krankenkasse überprüft werden, ob ein Leistungsempfänger seiner Meldepflicht gegenüber dem Leistungsträger nachgekommen ist. Angesichts dessen wird in Satz 3 ausdrücklich normiert, dass auch Tatsachen mitgeteilt werden können, die der Krankenkasse als Einzugsstelle bekannt geworden sind.
- Verstöße gegen das Arbeitnehmerüberlassungsgesetz: Insoweit handelt es sich insbesondere um Zuwiderhandlungen von gewerblichen Verleihern (Zeitarbeitsunternehmen) gegen die Erlaubnispflicht nach § 1 AÜG oder gegen die Einschränkungen der gewerbsmäßigen Arbeitnehmerüberlassung im Baugewerbe (§ 16 Abs. 1 Nr. 1 i.V.m. §§ 1, 1b AÜG).
- Verstöße gegen Vorschriften des SGB IV und VII über die Verpflichtung zur Zahlung von Beiträgen, soweit ein Zusammenhang mit den vorgenannten Verstößen besteht: Gemäß § 28e Abs. 1 Satz 1 SGB IV hat der Arbeitgeber den Gesamtsozialversicherungsbeitrag, also sowohl Arbeitgeber- als auch Arbeitnehmeranteil, an die Einzugsstelle abzuführen. Gemäß § 150 Abs. 1 Satz 1 SGB VII ist vorrangig der Unternehmer zur Unfallversicherung beitragspflichtig, für dessen Unternehmen Versicherte tätig sind oder zu denen Versicherte in einer besonderen, die Versicherung begründenden Beziehung stehen.
- Verstöße gegen Steuergesetze (vgl. die §§ 377 ff. AO).
- Verstöße gegen das Aufenthaltsgesetz (vgl. § 98 Aufenthaltsgesetz).

11 Die Vorschrift verpflichtet die Krankenkassen in **Satz 1** zur Zusammenarbeit mit den genannten öffentlichen Stellen, ist also nicht ein bloßer Programmsatz, sondern kann gegebenenfalls über die Aufsichtsbehörde erzwungen werden. Die in **Satz 2** normierte **Unterrichtungspflicht** stellt klar, dass sich die Zusammenarbeit nicht darauf beschränkt, bei Anfragen der genannten öffentlichen Stellen zu kooperieren. Vielmehr müssen die Krankenkassen bei Vorliegen konkreter Anhaltspunkte für die **enumerativ** aufgezählten Verstöße **von Amts wegen** tätig werden. Die Verpflichtung zur Zusammenarbeit besteht lediglich dann, wenn der Aufgabenbereich der jeweiligen öffentlichen Stelle eröffnet ist. So begründen etwa konkrete Anhaltspunkte für Verstöße gegen Steuergesetze eine Verpflichtung zur Zusammenarbeit mit den Finanzbehörden, nicht aber mit anderen öffentlichen Stellen, selbst wenn die Nichtbeachtung steuerrechtlicher Pflichten eine – abstrakt – erhöhte Wahrscheinlichkeit mit sich bringt, dass auch andere Pflichten nicht erfüllt worden sind.

12 **Konkrete Anhaltspunkte** für einen Verstoß sind gegeben, wenn **im Einzelfall** Tatsachen vorliegen, die es zumindest als möglich erscheinen lassen, dass eine **verfolgbare** Ordnungswidrigkeit begangen worden ist. Dabei können auch entfernte Indizien herangezogen werden. Bloße Vermutungen sind keine konkreten Anhaltspunkte im Sinne der Vorschrift. Damit wird zum einen ausgeschlossen, dass die Gesamtheit der Versicherten unabhängig von Einzelfallerwägungen einer generellen Überprüfung daraufhin unterzogen wird, ob sie gesetzliche Bestimmungen einhält.[13] Zum anderen entfällt eine Zusammenarbeits- und Unterrichtungspflicht auch dann, wenn zwar konkrete Anhaltspunkte dafür vorliegen, dass eine Ordnungswidrigkeit begangen worden ist, einer Ahndung aber **erkennbar** ein Verfahrenshindernis entgegensteht. Da die Entscheidung der Frage, ob eine Ordnungswidrigkeit geahndet werden kann, nach den gesetzlichen Zuständigkeitsregeln der Verfolgungs- und Ahndungsbehörde obliegt, entfällt die Pflicht zur Zusammenarbeit und Unterrichtung indes nur dann, wenn die Ordnungswidrigkeit **offensichtlich** nicht verfolgbar ist. Insoweit ist etwa an die im Vergleich zum Strafrecht kurzen Verjährungsfristen im Ordnungswidrigkeitenrecht zu denken.

---

[13] Vgl. Rn. 19.

Die Vorschrift lässt offen, wie die Zusammenarbeit im Einzelnen aussehen soll. Sie umfasst aber jedenfalls die Verpflichtung, Auskünfte zu erteilen, Unterlagen zu übersenden und bei Bedarf **Akteneinsicht** zu gewähren. Ob und inwieweit weitere Formen der Zusammenarbeit notwendig sind, bestimmt sich nach den Umständen des Einzelfalls. Als Grundsatz bleibt festzuhalten, dass alle Maßnahmen erfasst werden, die zur Ahndung und Verfolgung der Verstöße **geeignet, erforderlich und den Krankenkassen zumutbar** sind. Gegebenenfalls empfiehlt es sich, die Modalitäten der Zusammenarbeit durch Verwaltungsvereinbarung zu regeln. 13

Auf keinen Fall dürfen Daten weitergegeben werden, die beim Versicherten nach den §§ 284-302 erhoben worden sind (Satz 4). Das Gesetz stellt damit klar, dass ungeachtet der Verpflichtung zur Zusammenarbeit die Datenschutzbestimmungen des Zehnten Kapitels auch im Rahmen des § 306 SGB V gelten. 14

Weisungsbefugnisse gegenüber den Krankenkassen werden durch die Vorschrift für die öffentlichen Stellen **nicht** begründet. Eine Kostenerstattung im Sinne von § 8 Abs. 1 VwVfG oder § 7 Abs. 1 SGB X findet nicht statt. Die Unterrichtungspflicht ist gesetzliche Aufgabe im Sinne von § 69 Abs. 1 Nr. 1 SGB X. 15

II. Normzweck

Die Vorschrift zielt darauf ab, durch die Zusammenarbeit öffentlicher Stellen und unter Rückgriff auf die im Rahmen ihrer Tätigkeit gewonnenen Daten eine **effektive Bekämpfung von illegaler Beschäftigung und Leistungsmissbrauch** sicherzustellen. 16

Zwar kennt das Sozialrecht mit § 86 SGB X eine über die generellen Amtshilfepflichten der §§ 3-8 SGB X hinausgehende Verpflichtung zur engen Zusammenarbeit. Diese ist indes auf die Leistungsträger, ihre Verbände und die im SGB X genannten öffentlich-rechtlichen Vereinigungen beschränkt, umfasst also etwa gerade nicht die Behörden der Zollverwaltung und die Finanzbehörden. Normzweck des § 86 SGB X ist darüber hinaus nicht die Zusammenarbeit der genannten Stellen bei der Verfolgung von Ordnungswidrigkeiten, sondern bei der „Erfüllung ihrer Aufgaben". Diese werden durch die Verfolgung der in § 306 SGB V genannte Verstöße nicht notwendigerweise (so z.B. bei Verstößen gegen die Steuergesetze, Nr. 6) oder nur mittelbar gefördert. § 306 SGB V stellt klar, dass die Krankenkassen zur Zusammenarbeit auch mit anderen öffentlichen Stellen als den in § 86 SGB X verpflichtet sind, selbst wenn die Zusammenarbeit nicht unmittelbar zur Erfüllung der Aufgaben der Krankenkassen dient. 17

III. Übergangsrecht

Die Vorschrift ist am 01.01.1989 ohne Übergangsvorschrift in Kraft getreten. 18

C. Praxishinweise

Eine in der Praxis wichtige Ausnahme vom Erfordernis konkreter Anhaltspunkte für das Vorliegen einer Ordnungswidrigkeit als Voraussetzung für die Verpflichtung zur Zusammenarbeit stellt **§ 55 Abs. 1 SGB II** dar: Die Bundesagentur für Arbeit ist danach berechtigt, Leistungsempfänger nach dem SGB II im Wege eines **automatisierten Datenabgleichs** in regelmäßigen Abständen daraufhin zu überprüfen, ob sie zu Unrecht Leistungen beziehen. Durch Datenabgleich mit den Krankenkassen als Einzugsstellen für den Gesamtsozialversicherungsbeitrag kann dabei festgestellt werden, ob ein Leistungsempfänger zugleich einer sozialversicherungspflichtigen oder geringfügigen Tätigkeit nachgeht (§ 55 Abs. 1 Nr. 2 SGB II). In der Praxis ist der automatisierte Datenabgleich das **effektivste Mittel**, Missbrauch von Sozialleistungen aufzudecken und zu ahnden. In zahlreichen Fällen führt der Datenabgleich nicht nur zur Einleitung eines Bußgeldverfahrens, sondern endet mit einer Verurteilung wegen Betruges für die betroffenen Leistungsempfänger. 19

§ 307 SGB V Bußgeldvorschriften

(Fassung vom 14.11.2003, gültig ab 01.01.2004)

(1) Ordnungswidrig handelt, wer entgegen § 291a Abs. 8 Satz 1 eine dort genannte Gestattung verlangt oder mit dem Inhaber der Karte eine solche Gestattung vereinbart.

(2) Ordnungswidrig handelt, wer vorsätzlich oder leichtfertig

1. a) als Arbeitgeber entgegen § 204 Abs. 1 Satz 1, auch in Verbindung mit Absatz 2 Satz 1, oder

b) entgegen § 204 Abs. 1 Satz 3, auch in Verbindung mit Absatz 2 Satz 1, oder § 205 Nr. 3 oder

c) als für die Zahlstelle Verantwortlicher entgegen § 202 Satz 1

eine Meldung nicht, nicht richtig, nicht vollständig oder nicht rechtzeitig erstattet,

2. entgegen § 206 Abs. 1 Satz 1 eine Auskunft oder eine Änderung nicht, nicht richtig, nicht vollständig oder nicht rechtzeitig erteilt oder mitteilt oder

3. entgegen § 206 Abs. 1 Satz 2 die erforderlichen Unterlagen nicht, nicht vollständig oder nicht rechtzeitig vorlegt.

(3) Die Ordnungswidrigkeit kann in den Fällen des Absatzes 1 mit einer Geldbuße bis zu fünfzigtausend Euro, in den übrigen Fällen mit einer Geldbuße bis zu Zweitausendfünfhundert Euro geahndet werden.

Gliederung

A. Basisinformationen

I. Textgeschichte/Gesetzgebungsmaterialien

1 Bei der Einfügung des Krankenversicherungsrechts in das Sozialgesetzbuch durch das **Gesundheitsreformgesetz** des Jahres 1988 (GRG)[1] umfasste § 307 SGB V nur zwei Absätze, und zwar den heutigen Absatz 2 und von dem heutigen Absatz 3 nur die für Absatz 2 geltende Bußgeldandrohung in Höhe von damals 5.000 DM.

2 Die einzige wesentliche Änderung dieser ursprünglichen Regelung betraf den **subjektiven Tatbestand**: Zunächst erfasste die Norm nur vorsätzlich begangene Ordnungswidrigkeiten. Bereits 1989 fügte allerdings das Sozialversicherungsausweisgesetz[2] die Worte „vorsätzlich und leichtfertig" in den

[1] Gesetz zur Strukturreform im Gesundheitswesen v. 20.12.1988, BGBl I 1988, 2477, 2550.

[2] Gesetz zur Einführung eines Sozialversicherungsausweises und zur Änderung anderer Sozialgesetze v. 06.10.1989, BGBl I 1989, 1822, 1827.

heutigen Absatz 2 ein. Diese Erweiterung auf leichtfertige Begehungsweisen (vgl. unten Rn. 45) war im ursprünglichen Entwurf zu diesem Änderungsgesetz noch nicht enthalten gewesen.[3] Erst der Ausschuss für Arbeit und Sozialordnung fügte sie in den Normtext ein.[4]

Durch das **8. Euro-Einführungs-Gesetz**[5] wurde die Bußgeldandrohung in Absatz 3 – damals Absatz 2 und nur auf die heute in Absatz 2 enthaltenen Tatbestände gerichtet – von 5.000 DM auf 2.500 € umgestellt. 3

Eine weitgehende Änderung erfuhr § 307 SGB V insgesamt durch das **GKV-Modernisierungsgesetz** (GMG)[6]. Hierdurch wurde u.a. § 291a SGB V eingefügt. Diese Norm sieht die Einführung der elektronischen Gesundheitskarte (eGK) vor (zur eGK vgl. im Einzelnen die Kommentierung zu § 307a SGB V Rn. 21). Zum Schutz der Sozialdaten der Betroffenen, die durch die Karte in größerer Gefahr gesehen wurden als zuvor, wurde nicht nur der neue Straftatbestand des § 307a SGB V aufgenommen (vgl. die Kommentierung zu § 307a SGB V Rn. 1). Mit der Neuregelung in § 307 Abs. 1 SGB V wurden auch Verstöße gegen das Verbot des § 291a Abs. 8 Satz 1 SGB V als Ordnungswidrigkeiten ausgestaltet. Es handelt sich um Handlungen „im Vorfeld" des neuen Straftatbestandes, nämlich Einwirkungen auf den Inhaber, den Zugriff auf die auf der Karte gespeicherten medizinischen und sonstigen Daten zu gestatten. Die entsprechende - erhebliche – Bußgeldandrohung wurde in dem nunmehrigen Absatz 3 der Norm zusätzlich aufgenommen. 4

II. Vorgängervorschriften

Eine Regelung, die grundsätzlich dem ursprünglichen § 307 SGB V entsprach, wenngleich sie nicht ganz so weit reichend war, hatte bereits § 530 Reichsversicherungsordnung (RVO)[7] enthalten. Die dort geregelten **Verstöße gegen Melde- und Mitteilungspflichten** waren zunächst als Übertretungen, also als Straftaten (vgl. unten Rn. 10), ausgestaltet gewesen und durch Art. 252 Nr. 19 EGStGB[8] zu Ordnungswidrigkeiten umgestaltet worden. 5

III. Parallelvorschriften

Das Recht der **landwirtschaftlichen Krankenversicherung** enthält in § 57 Abs. 4-6 KVLG[9] Regelungen, die mit jenen des § 307 SGB V übereinstimmen. Die entsprechende Bußgeldvorschrift in § 36 **Künstlersozialversicherungsgesetz** (KSVG)[10] sieht ähnliche Ordnungswidrigkeitentatbestände vor. 6

IV. Systematische Zusammenhänge

Die grundlegende Vorschrift mit mehreren Tatbeständen von **Ordnungswidrigkeiten** im Bereich der Sozialversicherung ist § 111 SGB IV. Einen ähnlichen Schutzzweck wie § 307 Abs. 1 SGB V hat dort § 111 Abs. 1 Satz 1 Nr. 5 SGB IV. Auch jene Vorschrift sanktioniert den unbefugten Zugriff auf personenbezogene Daten eines Versicherten.[11] Zum anderen sind in jener Norm – weitere – Verstöße gegen Melde- und Mitteilungsobliegenheiten wie in § 307 Abs. 2 SGB V erfasst (z.B. Nr. 2-2b, 4). Für die gesetzliche Rentenversicherung sind entsprechende Vorschriften in § 320 SGB VI, für die gesetzliche Unfallversicherung in § 209 SGB VII, v.a. in Absatz 1 Nr. 5, 8, 11, und für die soziale Pflegeversicherung in § 121 SGB XI, v.a. in Absatz 1 Nr. 2-4, enthalten. Das Recht der Arbeitsförderung sieht in § 404 SGB III Bußgeldtatbestände vor, die allerdings andere Regelungszusammenhänge betreffen als § 307 SGB V. 7

---

3 BT-Drs. 11/2807, S. 7.

4 BT-Drs. 11/4865, S. 16.

5 Gesetz zur Umstellung von Gesetzen und anderen Vorschriften auf dem Gebiet des Gesundheitswesens auf Euro v. 23.10.2001, BGBl I 2001, 2701.

6 Gesetz zur Modernisierung der gesetzlichen Krankenkassen v. 14.11.2003, BGBl I 2003, 2190, 2240.

7 Ursprünglich v. 19.07.1911, RGBl 1911, 509.

8 Einführungsgesetz zum Strafgesetzbuch v. 02.03.1974, BGBl I 1974, 469.

9 Zweites Gesetz über die Krankenversicherung der Landwirte (Art. 8 GRG v. 20.12.1988, BGBl I 1988, 2477, 2557).

10 Gesetz über die Sozialversicherung der selbstständigen Künstler und Publizisten i.d.F. v. Art. 12 GRG v. 20.12.1988, BGBl I 1988, 2477, 2570.

11 Vgl. *Wrage* in: jurisPK-SGB IV, § 111 Rn. 188.

V. Ausgewählte Literaturhinweise

8 Zu **§ 307 SGB V** direkt: Wirkungen des Ordnungswidrigkeiten- und Strafrechts auf das Handeln der Versicherungsträger, SVFAng Nr. 72, 49 und 73, 55 (1992). Zur **elektronischen Gesundheitskarte** (Absatz 1) vgl. die Literaturhinweise in der Kommentierung zu § 291a SGB V Rn. 8. Zu den **Meldeobliegenheiten** (Absatz 2) vgl. die Kommentierung zu § 204 SGB V und die Kommentierung zu § 206 SGB V.

B. Hinweise zum Ordnungswidrigkeitenrecht

9 Eine **Ordnungswidrigkeit** ist nach § 1 Abs. 1 Ordnungswidrigkeitengesetz (OWiG)[12] eine rechtswidrige und vorwerfbare Handlung, die den Tatbestand eines Gesetzes verwirklicht, das die Ahndung mit einer Geldbuße zulässt.

I. Historische Entwicklung

10 **Historisch** betrachtet sind Ordnungswidrigkeiten rechtswidrige und vorwerfbare (schuldhaft begangene) Taten, die ursprünglich Straftaten, nämlich Übertretungen oder sogar Vergehen im Sinne des Strafgesetzbuchs (StGB)[13] gewesen waren und die seit den 1950-er Jahren, v.a. durch die Ordnungswidrigkeitengesetze 1952, 1968 und 1974 (Verkehrsordnungswidrigkeiten), aus dem Strafrecht herausgenommen und zu bloßem „Verwaltungsunrecht" abgestuft wurden. Der Hintergrund für diese Herabstufung, von der auch die Ordnungswidrigkeiten nach § 307 SGB V (bzw. der Vorläufernorm in § 530 RVO) betroffen waren, war, dass der Gesetzgeber in ihnen kein im engeren Sinne strafwürdiges Unrecht sah, das mit einem „sozialethischen Unwerturteil", wie es eine Strafe darstellt,[14] zu tadeln war. Dieser Schritt hat aber– gerade auch im Sozialrecht – zu einer Inflation an Bußgeldtatbeständen für Verhaltensweisen geführt, die unter Strafe zu stellen sich der Gesetzgeber sicher nicht getraut hätte.[15]

II. Materiellrechtliche Fragen

1. Subjektiver Tatbestand

11 Als **subjektiver Tatbestand** einer Ordnungswidrigkeit kommt grundsätzlich nur Vorsatz in Betracht. Dies folgt aus § 10 OWiG. Eine Fahrlässigkeitshaftung muss im Gesetz ausdrücklich angeordnet sein. Wie im Strafrecht kann die Vorsatzhaftung wegen eines Tatbestands- oder Erlaubnistatbestandsirrtums (Tatirrtums) ausgeschlossen sein, dann bleibt die Ahndung wegen einer – eventuell ebenfalls bußgeldbewehrten – fahrlässigen Begehung möglich (§ 11 Abs. 1 OWiG).

12 Der Begriff des **Vorsatzes** im Ordnungswidrigkeitenrecht entspricht dem strafrechtlichen Verständnis (§ 15 StGB). Umfasst sind also nicht nur die beiden Formen des direkten Vorsatzes (Absicht und sicheres Wissen, dolus directus ersten und zweiten Grades), sondern auch der bedingte Vorsatz. Dieser liegt nach üblicher Definition vor, wenn der Täter die Möglichkeit, dass der straf- oder bußgeldrechtliche Erfolg eintritt, erkennt und „billigend in Kauf nimmt", sich damit abfindet, also die Tat auch um den Preis dieses Erfolges begehen will.

13 **Fahrlässigkeit** bestimmt sich auch im Straf- und damit Ordnungswidrigkeitenrecht grundsätzlich nach § 276 Abs. 2 BGB[16], da weder das StGB noch das OWiG eine eigenständige, abweichende Definition aufweisen. Neben die zivilrechtliche Unterscheidung zwischen einfacher und grober (bzw. vor allem im Arbeitsrecht auch mittlerer) Fahrlässigkeit tritt hier jene zwischen bewusster und unbewusster Fahrlässigkeit (zur Leichtfertigkeit vgl. Rn. 45). Die Figur der bewussten Fahrlässigkeit dient u.a. der Abgrenzung vom bedingten Vorsatz. Sie liegt vor, wenn der Täter zwar die Möglichkeit des Erfolgseintritts erkennt, ihn aber nicht billigt, sondern hofft, es werde „schon alles gut gehen".

---

[12] Gesetz über Ordnungswidrigkeiten v. 24.05.1968 i.d.F. der Bek. v. 19.02.1987, BGBl I 1987, 602.

[13] Heute Strafgesetzbuch i.d.F. der Bek. v. 13.11.1998, BGBl I 1998, 3322.

[14] BVerfG v. 09.03.1994 - 2 BvL 43/92 - BVerfGE 90, 145, 172.

[15] Vgl. zur Entwicklung des Ordnungswidrigkeitenrechts umfassend *Wrage*, jurisPK-SBG IV, § 111 Rn. 3 ff.

[16] Bürgerliches Gesetzbuch v. 18.08.1896 i.d.F. d. Bek. v. 02.01.2002, BGBl I 2002, 42, 2909.

2. Sonstiges

Nach dem besonderen, vom Strafrecht abweichenden Begriff des „Einheitstäters" im Ordnungswidrigkeitenrecht (vgl. § 14 Abs. 1 OWiG) ist Täter jeder, der einen ursächlichen Beitrag zur Tat leistet. Hierdurch wird die strafrechtliche Unterscheidung zwischen Tätern und Teilnehmern aufgehoben. Alle **Beteiligte** gelten als Täter, also auch jemand, der nach allgemeiner strafrechtlicher Dogmatik nur Anstifter (§ 26 StGB) oder Gehilfe (§ 27 StGB) wäre. 14

Wie im Strafrecht bei Vergehen ist der **Versuch** einer Ordnungswidrigkeit nach § 13 Abs. 2 OWiG nur dann ahndbar, wenn das Gesetz dies ausdrücklich vorsieht. In diesem Falle gelten für die Frage, ob ein Verhalten bereits das Versuchsstadium erreicht hat, allerdings die allgemeinen strafrechtlichen Grundsätze (§ 13 Abs. 1 OWiG). Auch ein strafbefreiender Rücktritt vom Versuch ist nach § 13 Abs. 3 und 4 OWiG wie im Strafrecht möglich. 15

Auch die Schuld bzw. in der Terminologie des Bußgeldrechts **Vorwerfbarkeit** folgt strafrechtlichen Regeln. So kann sie fehlen, wenn der Täter die Bußgeldnorm nicht kannte oder ihm sonst die Einsicht fehlte, Unrecht zu tun, allerdings nur dann, wenn er diesen Irrtum nicht vermeiden konnte (Verbots- oder Erlaubnis-, Rechtsirrtum, vgl. § 11 Abs. 2 OWiG). 16

Da das SGB V oder die allgemeinen Teile des Sozialgesetzbuchs (SGB I, IV und X) keine gesonderten Vorschriften über eine – ordnungswidrigkeitenrechtliche – **Verjährung** enthalten, gilt auch für Handlungen nach § 307 Abs. 1 und 2 SGB V die allgemeine Regelung des OWiG. Die Verjährung beginnt demnach mit der Beendung der Handlung (§ 31 Abs. 3 Satz 1 OWiG) oder dem – späteren – Eintritt eines tatbestandsmäßigen Erfolges (§ 31 Abs. 3 Satz 2 OWiG). Dies entspricht der Vollendung (und nicht erst der Beendigung) der Tat im Sinne des Strafgesetzbuchs. Die Verjährungsregelung entspricht wörtlich § 78a StGB. Auch die Vorschriften über das Ruhen und die Unterbrechung der Verjährung in den §§ 32 und 33 OWiG lehnen sich stark an die §§ 78b und 78c StGB an. 17

Für die **Geldbußenzumessung** werden gemäß § 17 Abs. 3 OWiG die Bedeutung der Ordnungswidrigkeit („Erfolgsunrecht"), der Vorwurf, der den Täter trifft („Handlungsunrecht", Ausmaß der Vorwerfbarkeit), und grundsätzlich auch seine wirtschaftlichen Verhältnisse berücksichtigt. Anders als bei einer Geldstrafe werden diese Erwägungen also einheitlich angestellt und nicht auf zwei Punkte – Anzahl und Höhe der Tagessätze – verteilt. Die Geldbuße dient auch der Abschöpfung wirtschaftlicher Vorteile, die der Täter aus der Handlung gezogen hat. Wenn das gesetzliche Höchstmaß hierzu nicht ausreicht, so kann es nach § 17 Abs. 4 OWiG auch überschritten werden, sodass hier Geldbußen über 50.000 € denkbar sind. Insoweit bestehen allerdings verfassungsrechtliche Bedenken im Hinblick auf die ausreichende Bestimmtheit der Androhung i.S.v. Art. 103 Abs. 2 GG[17]. 18

III. Formelles

Das **Verfahrensrecht** für die Verfolgung und Ahndung auch der sozialversicherungsrechtlichen Ordnungswidrigkeiten ist in den allgemeinen Vorschriften der §§ 1-110e OWiG enthalten. Welche „Verwaltungsbehörde" für bestimmte Ordnungswidrigkeiten zuständig ist, ergibt sich überwiegend aus Sondervorschriften, die den einzelnen Bußgeldtatbeständen beigegeben sind, ansonsten aus – landesrechtlichen – Zuständigkeitsregelungen. Immer besteht die – vorrangige – Zuständigkeit der Staatsanwaltschaft nach den §§ 40-42 OWiG (Rn. 53). Ausfüllende und modifizierende Bestimmungen zu diesen Fragen für die sozialrechtlichen Ordnungswidrigkeiten enthält § 112 SGB IV (vgl. unten Rn. 48). 19

Das Bußgeldverfahren nach dem OWiG wird durch **Verwaltungsvorschriften** flankiert, nämlich die bundeseinheitlich geltenden Richtlinien für das Strafverfahren und das Bußgeldverfahren (RiStBV), insbesondere die Nummern 269-300.[18] Sie gelten auch für die Verfolgung und Ahndung von Ordnungswidrigkeiten nach § 307 SGB V, allerdings nur, wenn oder sobald die Staatsanwaltschaft in die Verfolgung eingebunden ist. Diese Richtlinien stehen dogmatisch im Grenzbereich zwischen Exekutive und Judikative. Sie können allenfalls die Verwaltungsbehörde und den Staatsanwalt binden, aber nicht den unabhängigen Richter. 20

[17] Grundgesetz für die Bundesrepublik Deutschland v. 23.05.1949, BGBl 1949, 1.

[18] *Wrage* in: jurisPK-SGB IV, § 111 Rn. 66.

C. Auslegung der Norm

I. Regelungsgehalt und Bedeutung der Norm

21 § 307 SGB V ist ein echter Bußgeldtatbestand i.S.v. § 1 Abs. 1 OWiG. Die Norm beschreibt in den Absätzen 1 und 2 einzelne **krankenversicherungsrechtliche Ordnungswidrigkeiten**, äußert sich zu den möglichen Begehungsweisen (vorsätzlich oder fahrlässig) und enthält in Absatz 3 abgestufte Bußgeldandrohungen als Sanktionen.

22 In der Praxis spielen sozialrechtliche Ordnungswidrigkeiten allgemein und die Tatbestände des § 307 SGB V konkret keine gewichtige Rolle. Nur selten führen die Krankenkassen überhaupt Ordnungswidrigkeitenverfahren durch, sei es, dass Taten nach § 307 SGB V selten begangen werden oder die Verfolgungsbehörden selten davon erfahren, sei es, dass ein Verfolgungsinteresse angesichts des Aufwandes, den eine Ahndung oftmals hat, nicht besteht, sodass die Kasse als Verfolgungsbehörde nach § 47 Abs. 1 OWiG aus **Opportunitätsgründen** das Verfahren frühzeitig einstellt. Staatsanwaltschaften und Amtsgerichte (vgl. die §§ 68 Abs. 1, 45 OWiG) jedenfalls sind äußerst selten mit Ordnungswidrigkeiten aus diesem Bereich berührt. Diese Zurückhaltung ist umso erstaunlicher, als die Bußgelder, die in Ordnungswidrigkeitenverfahren erlangt werden können, nach § 112 Abs. 3 Satz 1 SGB V in die Kasse der Verwaltungsbehörde, hier also der Krankenkassen, fließen und die Kassen wie alle Sozialleistungsträger nach § 75 Abs. 1 SGB IV eigentlich verpflichtet sind, vorrangig vor Beiträgen andere Einnahmen, darunter eben auch Bußgelder, einzutreiben.

II. Normzweck

23 Die beiden Bußgeldtatbestände in § 307 SGB V verfolgen unterschiedliche Zwecke.

24 Dagegen hat Absatz 3 keinen eigenständigen Zweck. Immerhin ist anhand der deutlich unterschiedlichen **Sanktionen** bei Verletzungen der in den Absätzen 1 und 2 genannten Normen zu erkennen, welches Gewicht der Gesetzgeber den beiden verschiedenen Ordnungswidrigkeitentypen in der Norm beimisst.

1. Absatz 1

25 Der nachträglich in § 307 Abs. 1 SGB V n.F. eingefügte Bußgeldtatbestand (Rn. 4) dient der Absicherung des **Sozialdatenschutzes** und schützt damit das **Sozialgeheimnis** aus § 35 SGB I.

26 Das Sozialgeheimnis hat seine Grundlage im **Allgemeinen Persönlichkeitsrecht** aus Art. 2 Abs. 1 i.V.m. Art. 1 Abs. 1 Satz 1 GG. Dieses Grundrecht umfasst auch das Recht der informationellen Selbstbestimmung, nämlich die Befugnis, grundsätzlich selbst über die Preisgabe und Verwendung personenbezogener Daten zu entscheiden.[19] Der Staat ist analog Art. 1 Abs. 1 Satz 2 GG („zu achten und zu schützen") wie bei allen anderen Gründen nicht nur verpflichtet, selbst unzulässige Eingriffe in das Allgemeine Persönlichkeitsrecht zu unterlassen, sondern auch, Beeinträchtigungen des Grundrechtsträgers durch (private) Dritte zu unterbinden. Zur Erfüllung dieser grundrechtlichen Schutzpflicht bedient sich der Staat regelmäßig des Straf- und Ordnungswidrigkeitenrechts.

27 Schutzobjekt der Norm sind die Sozialdaten (zu diesem Begriff vgl. die Kommentierung zu § 307a SGB V Rn. 37), die auf der **elektronischen Gesundheitskarte** des Versicherten (eGK) nach § 291a SGB V gespeichert sind. Die eGK ist eine Weiterentwicklung der Krankenversichertenkarte. Sie sollte eigentlich bis 2006 flächendeckend eingeführt werden. Auf ihr bzw. auf einer neu aufgebauten „Telematikinfrastruktur", auf die mit Hilfe der Karte zugegriffen werden kann, sollen zahlreiche Angaben über den Karteninhaber, auch medizinische Daten, gespeichert werden (vgl. im Einzelnen die Kommentierung zu § 307a SGB V Rn. 21).

28 Diese Daten auf der eGK oder einem Großrechner sind vor allem durch die Strafvorschrift des § 307a SGB V geschützt, die jeden unberechtigten Zugriff auf sie sanktioniert. Jedoch war der Gesetzgeber des GMG der Ansicht, dass dieser Schutz nicht ausreicht (Rn. 4). Er führte daher mit dem neuen § 307 Abs. 1 SGB V eine Bußgeldnorm gegen Handlungen ein, die bereits im **„Vorfeld"** einer unzulässigen Erhebung, Verarbeitung oder Nutzung der Sozialdaten auf der eGK stattfinden. Sie ahndet also **konkrete Gefährdungen** dieses Rechtsguts, während die Schädigung selbst bei Strafe verboten ist.

29 Mit diesem Zweck bewehrt die Vorschrift das in § 291a Abs. 8 Satz 1 SGB V enthaltene Verbot, vom Inhaber einer elektronischen Gesundheitskarte den Zugriff auf die dort gespeicherten Daten[20] zu verlangen oder eine solche Möglichkeit des Zugriffs zu vereinbaren, mit einem Bußgeld. Sie soll vor allem

---

[19] BVerfG v. 15.12.1983 - 1 BvR 209/83 u.a. - BVerfGE 65, 1, 41 ff.

[20] Zu diesen Daten BT-Drs. 15/1525, S. 144 ff.

verhindern, dass auf Versicherte ein unzulässiger wirtschaftlicher, moralischer oder sonstiger Druck ausgeübt wird, um sie dazu zu bringen, einen an sich unerlaubten Zugriff auf ihre Daten auf der Gesundheitskarte zu gestatten.[21] Ausgenommen sind Gestattungen oder Vereinbarungen mit solchen Dritten, die nach § 291a Abs. 4 Satz 1 SGB V unter Umständen auf die Sozialdaten auf der elektronischen Gesundheitskarte zugreifen dürfen, also vor allem die Angehörigen der Heilberufe als Leistungserbringer.

2. Absatz 2

Die bereits seit jeher in § 307 SGB V enthaltenen Bußgeldtatbestände in Absatz 2 der Norm sanktionieren dagegen Verstöße gegen Meldepflichten Versicherter und Dritter nach den §§ 202 ff. SGB V. Sie dienen daher der **Funktionsfähigkeit** des Kassenwesens, das auf solche Mitteilungen z.B. bei der Bemessung der Beiträge angewiesen ist. 30

III. Unzulässige Gestattung eines Zugriffs auf die eGK (Absatz 1)

1. Tathandlung

Täter der Ordnungswidrigkeit nach § 307 Abs. 1 SGB V (vgl. oben Rn. 14) kann nur ein Dritter sein, der von dem Inhaber der elektronischen Gesundheitskarte verlangt oder mit diesem vereinbart, auf die dort gespeicherten Daten zugreifen zu können. Der Inhaber selbst kann nicht Täter sei. Ihn trifft das Verbot des § 291a Abs. 8 Satz 1 SGB V nicht. Unabhängig hiervon wäre er als notwendiger Teilnehmer der Tat einzustufen und unterläge daher ohnehin keiner Haftung nach dem Ordnungswidrigkeitenrecht. 31

Die **Tathandlung** ist das Verlangen nach einem Zugriff oder die Vereinbarung eines Zugriffs auf die Daten. Ordnungswidrig ist also nicht erst der Zugriff selbst. Insofern stellt sich § 307 Abs. 1 SGB V als konkretes Gefährdungsdelikt dar. Die Tat ist nur vollendet, wenn alle Voraussetzungen auch des § 291a Abs. 8 Satz 1 SGB V erfüllt sind. Dies folgt daraus, dass diese Regelung über die Verweisnorm in § 307 Abs. 1 SGB V in den Bußgeldtatbestand inkorporiert ist („entgegen"). Ein solcher Verweis ist im Ordnungswidrigkeitenrecht häufig und verfassungsrechtlich nicht zu beanstanden. Insbesondere muss sich also die Tat auf eine eGK beziehen, auf der – § 291a Abs. 8 Satz 1 SGB V entsprechend – wirklich „Daten nach" § 291a Abs. 2 Satz 1 SGB V oder § 291a Abs. 3 Satz 1 SGB V enthalten sind. Enthält die Karte solche Daten nicht, ist sie also tatsächlich keine eGK, so liegt nur ein (untauglicher) Versuch (zum Begriff vgl. § 23 Abs. 3 StGB) der Ordnungswidrigkeit des § 307 Abs. 1 SGB V vor. Der Versuch dieser Ordnungswidrigkeit ist aber in der Norm ausdrücklich nicht unter die Bußgeldandrohung gestellt, sodass nach § 13 Abs. 2 OWiG eine Ahndung in jedem Falle ausscheidet. 32

Die Tat kann nur **vorsätzlich** begangen werden. Eine ausdrückliche Anordnung einer bußgeldrechtlichen Fahrlässigkeitshaftung enthält in § 307 SGB V nur Absatz 2. Allerdings reicht auch hier bedingter Vorsatz aus (vgl. Rn. 12). Dieser könnte etwa vorliegen, wenn ein Dritter mit dem Inhaber einen Zugriff auf die Karte vereinbart und hierbei zwar nicht sicher weiß, aber davon ausgeht und es billigt, dass sich dort Sozialdaten im Sinne des § 291a Abs. 2 und 3 SGB V, also vor allem Angaben über den Gesundheitszustand des Inhabers, befinden. 33

Die **Verjährung** (vgl. oben Rn. 17) beträgt bei Verstößen gegen § 307 Abs. 1 SGB V drei Jahre (§ 31 Abs. 2 Nr. 1 OWiG). 34

2. Höhe der Geldbuße (Absatz 3 Halbsatz 1)

Eine Handlung nach § 307 Abs. 1 SGB V wird in Absatz 3 Halbsatz 1 der Vorschrift mit einer Geldbuße von bis zu 50.000 € bedroht. Diese – auch im Verhältnis zu den anderen Androhungen in Absatz 3 – sehr hohe **Geldbuße** zeigt, welches Gewicht der Gesetzgeber einem illegalen Zugriff auf die Gesundheitskarte zubilligt. Er möchte hiermit auch der Skepsis vieler Versicherter gegen die eGK, die er grundsätzlich für sinnvoll und notwendig hält, begegnen.[22] Die konkrete Höhe einer Geldbuße kann jedoch nur nach Berücksichtigung aller Zumessungskriterien festgelegt werden. 35

---

[21] BT-Drs. 15/1525, S. 151.

[22] BT-Drs. 15/1525, S. 145.

3. Nebenfolgen

36 Eine – **schuldrechtliche** – Vereinbarung zwischen dem Inhaber der Karte, der zugleich allein über die dort gespeicherten Sozialdaten verfügungsbefugt ist, und einem Dritten, der nicht zu den in § 291a Abs. 4 Satz 1 SGB V genannten Privilegierten gehört, ist nach § 134 BGB nichtig, weil sie gegen das gesetzliche Verbot in § 291a Abs. 8 Satz 1 SGB V verstößt. Der Inhaber muss eine solche Vereinbarung also nicht erfüllen. Wenn die Voraussetzungen des § 311a Abs. 2 Satz 2 BGB vorliegen, schuldet er auch keinen Schadensersatz.

37 Das Vereinbarungsverbot schlägt trotz des zivilrechtlichen Abstraktionsprinzips (§ 929 Satz 1 BGB) auch auf die **sachenrechtliche** Ebene durch. Zwar ist die elektronische Gesundheitskarte nach § 291 Abs. 1 Satz 4 SGB V ohnehin nicht übertragbar, diese Regelung führt zu einem zivilrechtlichen Verfügungsverbot (vgl. § 135 Abs. 1 BGB). Da jede Veräußerung dem Erwerber den Zugriff auf die Daten ermöglichen würde, ist sie jedoch nach § 134 BGB absolut unwirksam. Aus diesem Grunde ist auch der Erwerb des Eigentums an der Karte durch einen Dritten kraft guten Glaubens (§§ 932 ff. BGB) ausgeschlossen.

IV. Verstöße gegen Meldepflichten (Absatz 2)

1. Tathandlung

38 Die Bußgeldtatbestände in § 307 Abs. 2 SGB V, die allein die ursprüngliche Norm bildeten, sanktionieren Verstöße gegen verschiedene **Meldepflichten**. Es sind einige – aber beileibe nicht alle – Meldepflichten aus dem vierten Abschnitt des sechsten Kapitels, also den §§ 198 ff. SGB V über Meldungen über tatsächliche Umstände an die gesetzlichen Krankenkassen und andere Sozialleistungsträger.

a. Die einzelnen Bußgeldtatbestände

39 Die Bußgeldandrohung in § 307 Abs. 2 Nr. 1 Buchstabe a richtet sich nur an Arbeitgeber. Diese sind nach § 204 Abs. 1 Satz 1 SGB V verpflichtet, die **Einberufung** versicherungspflichtiger Versicherter, die bei ihnen beschäftigt sind, zu einem Wehrdienst von mehr als drei Tagen und die – reguläre – Beendigung eines solchen Wehrdienstes unverzüglich (ohne schuldhaftes Zögern, § 121 Abs. 1 Satz 1 BGB) der Krankenkasse ihres Mitglieds zu melden. Das Gleiche gilt selbstverständlich für Einberufungen zum Zivildienst (§ 204 Abs. 2 Satz 1 SGB V). Die entsprechende Meldepflicht der Agentur für Arbeit bei der Einberufung arbeitsloser Versicherter, die ebenfalls aus § 204 Abs. 1 Satz 1 SGB V folgt, ist dagegen nicht bußgeldbewehrt.

40 Andere, also insbesondere freiwillig Versicherte, müssen der Krankenkasse selbst melden, dass sie zu einem **Wehr- oder Zivildienst** einberufen werden (§ 204 Abs. 1 Satz 3, Abs. 2 Satz 1 SGB V). Die entsprechende Bußgeldandrohung enthält § 307 Abs. 2 Nr. 1 Buchstabe b SGB V.

41 Der weitere Bußgeldtatbestand in § 307 Abs. 2 Nr. 1 Buchstabe b SGB V betrifft wiederum Pflichtversicherte, und zwar solche, die eine Rente beziehen. Sie handeln ordnungswidrig, wenn sie entgegen § 205 Nr. 3 SGB V der Krankenkasse nicht unverzüglich den Beginn, die Höhe oder eine Veränderung eines **Arbeitseinkommens**, das sie neben ihrer Rente beziehen, melden.

42 § 307 Abs. 2 Nr. 2 SGB V sanktioniert Verstöße des Leiters einer Zahlstelle für **Versorgungsbezüge**, wenn diese Zahlstelle entgegen § 202 Satz 1 SGB V der Krankenkasse des versicherten Versorgungsempfängers nicht die erstmalige Bewilligung von Versorgungsbezügen oder das Ausscheiden des Versicherten aus der Versorgung gemeldet hat. Gemeint sind hiermit alle Versorgungsbezüge im Sinne von § 229 Abs. 1 Satz 1 SGB V, also neben der beamtenrechtlichen Versorgung u.a. auch die betriebliche Altersversorgung und die Zusatzversorgung der Angestellten des öffentlichen Dienstes.

43 Der kombinierte Bußgeldtatbestand in § 307 Abs. 1 Nr. 2 und 3 SGB V schließlich richtet sich an alle Versicherten und bewehrt ihre Pflicht zur Mitteilung aller für die **Versicherungs- und Beitragspflicht** erforderlichen Tatsachen und Veränderungen und zur Vorlage entsprechender Unterlagen (§ 206 Abs. 1 SGB V). Dies können Angaben über womöglich familienversicherte Angehörige oder die Höhe des Einkommens sein. Verstöße gegen diese Meldepflicht begründen unabhängig von der Ordnungswidrigkeit auch einen Anspruch der Krankenkasse auf Schadensersatz (§ 206 Abs. 2 SGB V). Wegen dieser speziellen Regelung kann offen bleiben, ob die Bußgeldtatbestände zugleich Schutzgesetze für die Kassen im Sinne von § 823 Abs. 2 BGB sind und diese zivilrechtliche Schadensersatzvorschrift im Rahmen des öffentlich-rechtlich strukturierten Sozialversicherungsverhältnisses überhaupt anwendbar ist.

b. Allgemeines zu den Tatbeständen

Eine Besonderheit der Bußgeldtatbestände des § 307 Abs. 2 SGB V ist, dass sie zum Teil **„echte Unterlassungsdelikte“** darstellen. Bei solchen Taten wird kein aktives Tun (und auch nicht das so genannte „unechte Unterlassen“ nach § 8 OWiG) geahndet, sondern die Tat ist grundsätzlich als Ahndung des Nichtstuns konzipiert. Sie begründet immer eine Rechtspflicht zum Handeln. Eindeutig Unterlassungsdelikte in diesem Sinne sind die Tatvarianten, in denen die Meldung nicht erstattet, die Auskunft nicht erteilt und die Unterlagen nicht vorgelegt werden. Wenn dagegen unvollständig gemeldet, mitgeteilt oder vorgelegt wird, kann man diese Handlungen als aktives Tun auffassen. Die Varianten der verspäteten Meldung, Mitteilung und Vorlage stehen dagegen in der Mitte, hier dürfte der Schwerpunkt der Vorwerfbarkeit auf dem Unterlassen liegen, weil nämlich auf den Zeitpunkt abgestellt werden muss, an dem der Täter zu diesen Handlungen verpflichtet war. 44

Im Gegensatz zu Absatz 1 (vgl. Rn. 33) bedroht § 307 Abs. 2 SGB V nicht nur vorsätzliche Verstöße gegen die dort genannten Meldepflichten mit Bußgeld. Seit der Änderung der Norm durch das Sozialversicherungsausweisgesetz im Jahre 1989 (vgl. Rn. 2) sind auch **„leichtfertige“** Begehungsweisen als ordnungswidrig ausgestaltet. Leichtfertigkeit ist eine Form der Fahrlässigkeit. Nach der Rechtsprechung der Strafgerichte ist dieser – überwiegend strafrechtliche – Begriff im Sinne der „groben Fahrlässigkeit“ des Zivilrechts zu verstehen.[23] Leichtfertigkeit liegt danach vor, wenn die gebotene Sorgfalt in ungewöhnlich hohem Maße verletzt wird, wenn Sorgfaltshandlungen unterlassen werden, die im Einzelfall jeder Einsichtige ergriffen hätte.[24] Die Unterscheidung zwischen einfacher und grober Fahrlässigkeit – Leichtfertigkeit – stimmt demnach nicht mit der strafrechtlichen Unterscheidung zwischen bewusster und unbewusster Fahrlässigkeit überein. Leichtfertigkeit kann sowohl bei unbewusst wie bei bewusst fahrlässigem Verhalten vorliegen.[25] Eine allgemeingültige Definition lässt sich nicht geben, die Feststellung von Leichtfertigkeit ist immer Tatfrage.[26] 45

Die **Verjährung** (vgl. Rn. 17) beträgt für Verstöße gegen § 307 Abs. 2 SGB V, also die dort genannten Meldepflichten, gemäß § 31 Abs. 2 Nr. 3 OWiG ein Jahr. 46

2. Geldbuße (Absatz 3 Halbsatz 2)

Die Tatbestände in § 307 Abs. 2 SGB V sind jeweils mit einer Geldbuße von – nur – 2.500 € (ehemals 5.000 DM) bewehrt. Entsprechend den allgemeinen Regeln zur Halbierung der Höchstgrenze für Geldbußen kann daher nur ein vorsätzlicher Verstoß gegen § 307 Abs. 2 SGB V mit bis zu 2.500 € geahndet werden, denn für alle fahrlässigen – auch leichtfertige – Handlungen beträgt die Höchstgeldbuße 1.250 €. Der Gesetzgeber hat bei der Einführung leichtfertiger Begehungsweisen in die Norm im Jahre 1989 die Höchstgeldbuße nicht angehoben. 47

V. Durchführung des Bußgeldverfahrens

Nach § 112 Abs. 1 Nr. 1 SGB V sind die Krankenkassen im Sinne der §§ 35-37 OWiG für die Verfolgung und Ahndung der Ordnungswidrigkeiten des § 307 SGB V zuständig (§ 112 Abs. 1 Nr. 1 SGB IV). Die Entscheidungen über einen zulässigen Einspruch gegen einen Bußgeldbescheid, für die nach § 69 Abs. 2 bis 4 OWiG an sich die Behörde zuständig ist, die auch den Bußgeldbescheid erlassen hat, kann die Vertreterversammlung der Krankenkasse jedoch nach § 112 Abs. 2 SGB IV einer anderen Stelle, z.B. ihrer Aufsichtsbehörde (also dem Bundes- oder zuständigen Landesversicherungsamt), übertragen. Sie wird dies tun, wenn die Verwaltungskapazität der Kasse nicht ausreicht, um ggf. umfangreiche Ordnungswidrigkeitenverfahren zu führen. 48

Kann der Vorwurf nach dem Abschluss des Verwaltungsverfahrens (§ 61 OWiG) mit hinreichender Wahrscheinlichkeit bewiesen werden, so erlässt die Kasse einen **Bußgeldbescheid** (§§ 65 f. OWiG). Legt der Betroffene dagegen Einspruch ein (§ 67 OWiG), so ist die Akte über die zuständige Staatsanwaltschaft (§ 69 Abs. 3 OWiG) dem Amtsgericht (§ 68 OWiG) vorzulegen, das über den Einspruch entscheidet (§§ 71 ff. OWiG). 49

---

[23] BGH v. 13.04.1960 - 2 StR 593/59 - BGHSt 14, 240, 255.

[24] Vgl. BGH v. 11.05.1953 - IV ZR 170/52 - BGHZ 14, 10 ff.

[25] BGH v. 13.01.1988 - 3 StR 450/87 - NStZ 1988, 276.

[26] BGH v. 11.05.1953 - IV ZR 170/52 - BGHZ 14, 10 ff.

VI. Übergangsrecht

50 Die Regelungen des § 307 SGB V sind ohne Übergangsvorschrift in Kraft getreten. Der heutige Absatz 2 und (teilweise) Absatz 3 wurde zum 01.01.1989 (Art. 79 Abs. 1 GRG) wirksam, hatte allerdings in der RVO eine inhaltsähnliche Vorgängernorm. Der neue Absatz 1 und die Ergänzung in Absatz 3 traten ohne Vorläufervorschrift zum 01.01.2004 in Kraft.

51 Insbesondere für den völlig neu eingeführten Bußgeldtatbestand in Absatz 1 ist daher relevant, dass auch für Ordnungswidrigkeiten gemäß § 3 OWiG das besondere **strafrechtliche Rückwirkungsverbot** (nulla poena sine lege praevia) gilt. Eine Ahndung ist daher nur möglich, wenn die Tat vor dem jeweiligen In-Kraft-Treten begangen wurde. Das Rückwirkungsverbot knüpft an die Handlung an, nicht an den Erfolg der Tat. Bei Absatz 2 ist dies der Zeitpunkt, an dem die nicht richtige oder nicht vollständige Mitteilung oder Auskunft gegeben oder die nicht vollständigen Unterlagen eingereicht werden. In den übrigen Fällen des Absatzes 2, den Unterlassungsdelikten, endet die Handlung erst mit dem Ende des Unterlassens, also der Vornahme der Handlung. Bei Absatz 1 ist die Handlung das Verlangen der Gestattung oder – wenn das Ansinnen vom Karteninhaber ausgeht – der Abschluss der Vereinbarung.

D. Praxishinweise

52 Bei der Verfolgung und Ahndung der in § 307 SGB V genannten Ordnungswidrigkeiten haben die Kassen u.a. ihre Pflichten zur **Zusammenarbeit** mit anderen Behörden, wie sie in § 306 SGB V begründet werden (vgl. die Kommentierung zu § 306 SGB V), zu beachten.

53 Bei ihren Ermittlungen hat die Krankenkasse auch darauf zu achten, ob das möglicherweise ordnungswidrige Verhalten – auch – eine **Straftat** darstellt, dann hat sie das Verfahren sofort an die Staatsanwalt abzugeben (§ 41 Abs. 1 OWiG). Ebenso muss die Kasse das Verfahren abgeben, wenn die Staatsanwaltschaft dies verlangt, weil sie bereits eine Straftat verfolgt, die mit der Ordnungswidrigkeit zusammenhängt. Diese Möglichkeit ist gerade bei der Ordnungswidrigkeit nach § 307 Abs. 1 SGB V denkbar, weil sie im Vorfeld der Straftat nach § 307a SGB V liegt.

§ 307a SGB V Strafvorschriften

(Fassung vom 14.11.2003, gültig ab 01.01.2004)

(1) Mit Freiheitsstrafe bis zu einem Jahr oder mit Geldstrafe wird bestraft, wer entgegen § 291a Abs. 4 Satz 1 auf dort genannte Daten zugreift.

(2) Handelt der Täter gegen Entgelt oder in der Absicht, sich oder einen Anderen zu bereichern oder einen Anderen zu schädigen, so ist die Strafe Freiheitsstrafe bis zu drei Jahren oder Geldstrafe.

(3) Die Tat wird nur auf Antrag verfolgt. Antragsberechtigt sind der Betroffene, der Bundesbeauftragte für den Datenschutz oder die zuständige Aufsichtsbehörde.

Gliederung

A. Basisinformationen

I. Textgeschichte/Gesetzgebungsmaterialien

1 § 307a SGB V wurde neu durch das **GKV-Modernisierungsgesetz** (GMG)[1] in das Krankenversicherungsrecht eingefügt. Dies geschah zusammen mit § 291a SGB V, wonach die bisherige Krankenversichertenkarte nach § 291 SGB V bis zum Jahre 2006 zur „elektronischen Gesundheitskarte" (eGK) ausgebaut werden soll. Der Gesetzgeber sah erhebliche Gefahren des Missbrauchs für die auf der eGK oder in dem dahinter stehenden „Telematiksystem" gespeicherten Sozialdaten. Daher führte er nicht nur mit dem neuen § 307 Abs. 1 SGB V einen Bußgeldtatbestand ein, der bereits Vorbereitungshandlungen im Vorfeld eines unberechtigten Zugriffs auf diese Daten sanktioniert (vgl. die Kommentierung zu § 307 SGB V Rn. 4), sondern stellte unberechtigte Zugriffe mit den beiden neuen Tatbeständen des § 307a SGB V unter Strafe.[2] Seitdem wurde die Norm nicht verändert.

II. Vorgängervorschriften

2 Eine Vorgängervorschrift zur Strafandrohung des § 307a SGB V existierte nicht.

---

1 Gesetz zur Modernisierung der gesetzlichen Krankenkassen v. 14.11.2003, BGBl I 2003, 2190, 2240.

2 BT-Drs. 15/1525, S. 151.

III. Parallelvorschriften

3 Die entsprechende Strafvorschrift im Recht der **landwirtschaftlichen Krankenversicherung**, die ebenfalls ausdrücklich auf § 291a Abs. 4 Satz 1 SGB V verweist, ist in § 57 Abs. 1-3 KVLG[3] enthalten. Das **Künstlersozialversicherungsgesetz**[4] enthält eine solche Regelung nicht.

IV. Systematische Zusammenhänge

4 **Strafvorschriften** sind im Sozialrecht generell selten. Auch zum Schutze von Sozialdaten werden ganz überwiegend Bußgeldtatbestände wie in § 307 Abs. 1 SGB V für ausreichend gehalten. Im allgemeinen Recht des Sozialdatenschutzes sind in § 85a SGB X vorsätzliche Zugriffe auf solche Daten unter Strafe gestellt, wenn der Täter gegen Entgelt oder in Bereicherungs- oder Schädigungsabsicht handelt. Der Zugriff allein, auch in vorsätzlicher Form, wird dort – anders als hier bei § 307a Abs. 1 SGB V – lediglich als Ordnungswidrigkeit geahndet (§ 85 Abs. 2 SGB X). Dies zeigt, für wie sensibel der Gesetzgeber gerade die auf der eGK gespeicherten Angaben hält.

5 Ansonsten hängt § 307a SGB V mit den Vorschriften über **Ordnungswidrigkeiten** zusammen, die dem Schutz des Sozialgeheimnisses dienen. Dies sind zunächst die allgemeinen Bußgeldtatbestände wie z.B. § 111 Abs. 1 Satz 1 Nr. 5 SGB IV (vgl. die Kommentierung zu § 307 SGB V Rn. 7). Vor allem aber bestehen Bezüge zu § 307 Abs. 1 SGB V (vgl. die Kommentierung zu § 307 SGB V Rn. 1). Hiernach handelt ordnungswidrig, wer von dem Inhaber der eGK einen Zugriff auf die dort gespeicherten Daten verlangt oder eine Zugriffsmöglichkeit vereinbart. Jene Regelung bewehrt das Verbot des § 291a Abs. 8 Satz 1 SGB V mit einem Bußgeld. Eine solche Handlung spielt noch „im Vorfeld" eines Zugriffs und damit einer Straftat nach § 307a SGB V (vgl. die Kommentierung zu § 307 SGB V Rn. 28).

V. Ausgewählte Literaturhinweise

6 Zu **§ 307a SGB V** direkt: *Hornung*, Die digitale Identität – Rechtsprobleme von Chipkartenausweisen – Digitaler Personalausweis, elektronische Gesundheitskarte, JobCard-Verfahren; *N.N.*, Wirkungen des Ordnungswidrigkeiten- und Strafrechts auf das Handeln der Versicherungsträger, SVFAng Nr. 72, 49 und 73, 55 (1992); *Weichert,* Vertrauen in die Vertraulichkeit bei der elektronischen Gesundheitskarte, GesR 2005, 151-155. Zur **elektronischen Gesundheitskarte** allgemein vgl. die Literaturhinweise in der Kommentierung zu § 291a SGB V Rn. 8.

B. Hinweise zum Strafrecht

7 Eine **Straftat** ist eine rechtswidrige und schuldhafte Handlung, die den Tatbestand eines Strafgesetzes verwirklicht und mit einer Strafe – und nicht (nur) mit anderen Sanktionen wie Schadensersatzpflichtungen oder Geldbußen – geahndet werden kann. Eine **Strafe** ist eine Sanktion an den Rechtsgütern des Täters (heute an Freiheit, Vermögen und allgemeiner Handlungsfreiheit), die mit einem „sozialethischen Unwerturteil" des Staates verbunden ist.[5]

I. Materiellrechtliche Fragen

8 Die Vorschriften über Voraussetzungen einer Straftat und ihrer Ahndung sind im Allgemeinen Teil, also den §§ 1-80 des **Strafgesetzbuchs** (StGB)[6] enthalten. Sie gelten nach Art. 1 Abs. 1 und Abs. 2 EGStGB[7] auch für solche Straftatbestände, die in (bundes- oder landesrechtlichen) Sondervorschriften außerhalb des (besonderen Teils des) StGB geregelt sind, also auch z.B. für § 307a SGB V.

---

3 Zweites Gesetz über die Krankenversicherung der Landwirte (Art. 8 GRG v. 20.12.1988, BGBl I 1988, 2477, 2557) i.d.F. des GMG v. 14.11.2003, BGBl I 2003, 2190, 2245.

4 Gesetz über die Sozialversicherung der selbstständigen Künstler und Publizisten i.d.F. von Art. 12 GRG v. 20.12.1988, BGBl I 1988, 2477, 2570.

5 BVerfG v. 09.03.1994 - 2 BvL 43/92 - BVerfGE 90, 145, 172.

6 Heute Strafgesetzbuch i.d.F. der Bek. v. 13.11.1998, BGBl I 1998, 3322.

7 Einführungsgesetz zum Strafgesetzbuch v. 02.03.1974, BGBl I 1974, 469.

1. Geltungsbereich des deutschen Strafrechts

Grundsätzlich gilt das deutsche Strafrecht nur für Taten, die im **Inland** begangen werden (§ 3 StGB). Dies gilt auch für § 307a SGB V. Von den Ausnahmen, die eine Auslandsgeltung des deutschen Strafrechts anordnen, kommt für diese Vorschrift allenfalls § 7 StGB in Betracht, das so genannte Personalitätsprinzip. Nach dieser Vorschrift gilt das deutsche Strafrecht auch für Auslandstaten, wenn – grundsätzlich – Täter oder Opfer Deutscher sind und die entsprechende Tat auch am Tatort unter Strafe steht (oder der Tatort keiner Strafgewalt unterliegt). Dass nun eine Tat, wie sie § 307a SGB V beschreibt, im Ausland strafbar ist, dürfte kaum vorkommen. Eine solche ausländische Strafandrohung müsste sich gerade auch auf den Zugriff auf die deutsche elektronische Gesundheitskarte beziehen. Daher dürfte eine Anwendung des § 307a SGB V auf Auslandstaten praktisch ausgeschlossen sein. 9

2. Allgemeines

Die §§ 25-27 StGB unterscheiden zwei Gruppen, die an Straftaten **beteiligt** sein können: Als Täter gibt es den „normalen" Allein- oder Einzeltäter i.S.v. § 25 Abs. 1 Alt. 1 StGB, der alle Tatbestandsmerkmale der Tat selbst verwirklicht, den Mittäter (§ 25 Abs. 2 StGB), der nicht alle Merkmale selbst erfüllt, sich aber die Verwirklichung durch einen anderen Täter zurechnen lassen muss, und letztlich den mittelbaren Täter (§ 25 Abs. 1 Alt. 2 StGB), der einen anderen die Tat begehen lässt, bei dem die Tatbestandsverwirklichung – grundsätzlich[8] - an einem Defizit (v.a. im subjektiven Bereich) leidet. Teilnehmer können sein Anstifter (§ 26 StGB) oder Gehilfen (§ 27 Abs. 1 StGB). 10

Der **Versuch** einer Straftat ist nach § 23 Abs. 1 StGB nur bei Verbrechen (zu diesem Begriff § 12 Abs. 1 StGB) immer strafbar, bei Vergehen nur dann, wenn das Gesetz dies ausdrücklich vorsieht. Ein strafbefreiender Rücktritt von einer Versuchstat ist nach § 24 Abs. 1 und 2 StGB möglich, die Strafbarkeit eines bereits verwirklichten minderschweren Delikts (z.B. vollendete Körperverletzung bei einer versuchten Tötung) bleibt aber unberührt. 11

Strafbar ist nur schuldhaftes Verhalten. Dies folgt deutlich aus Normen wie den §§ 19-21, 323a StGB. Zum Begriff der **Schuld** hat der BGH ausgeführt: „Schuld ist Vorwerfbarkeit. Mit dem Unwerturteil der Schuld wird dem Täter vorgeworfen, dass er sich nicht rechtmäßig verhalten, dass er sich für das Unrecht entschieden hat, obwohl er sich rechtmäßig verhalten, sich für das Recht hätte entscheiden können".[9] So kann die Schuld fehlen, wenn der Täter die Strafnorm nicht kannte oder ihm sonst die Einsicht fehlte, Unrecht zu tun, allerdings nur dann, wenn er diesen Irrtum nicht vermeiden konnte (Verbots- oder Erlaubnis-, Rechtsirrtum, vgl. § 17 StGB). 12

Da das SGB V oder die allgemeinen Teile des Sozialgesetzbuchs (SGB I, IV und X) keine gesonderten Vorschriften über eine – strafrechtliche – **Verjährung** enthalten, gilt auch für hier die allgemeine Regelung des StGB. Die Verjährung beginnt mit der Beendung der Handlung, dies entspricht der Vollendung (und nicht erst der Beendigung) im allgemeinen strafrechtlichen Sprachgebrauch, oder dem – späteren – Eintritt eines tatbestandsmäßigen Erfolges (§ 78a StGB). Wann die Verjährung ruht oder unterbrochen wird, bestimmt sich nach den §§ 78b und 78c StGB. 13

3. Subjektiver Tatbestand

Als **subjektiver Tatbestand** einer Straftat kommt grundsätzlich nur Vorsatz in Betracht. Dies folgt aus § 15 StGB. Eine Fahrlässigkeitshaftung muss im Gesetz ausdrücklich angeordnet sein. Die Haftung für Vorsatz kann wegen eines Tatbestands- oder Erlaubnistatbestandsirrtums (Tatirrtums) ausgeschlossen sein, dann bleibt die Ahndung wegen einer – eventuell ebenfalls strafbaren – fahrlässigen Begehung möglich (§ 16 Abs. 1 StGB). 14

Der Begriff des **Vorsatzes** im Strafrecht umfasst nicht nur die beiden Formen des direkten Vorsatzes (Absicht und sicheres Wissen, dolus directus ersten und zweiten Grades), sondern auch den bedingten Vorsatz. Dieser liegt vor, wenn der Täter die Möglichkeit, dass der strafrechtliche Erfolg eintritt, erkennt und „billigend in Kauf nimmt", sich damit abfindet, also die Tat auch um den Preis dieses Erfolges begehen will. Als vorsätzlich gilt auch eine Tat, die nur für einige Tatbestandsvoraussetzungen Vorsatz verlangt, aber hinsichtlich weiterer Merkmale, insbesondere besonderer Folgen, Fahrlässigkeit 15

---

8 Zur Sonderfigur des „Täters hinter dem (voll verantwortlichen) Täter" vgl. BGH v. 06.11.2002 - 5 StR 281/01 - BGHSt 48, 77.

9 BGH v. 18.03.1952 - GSSt 2/51 - BGHSt 2, 194, 200.

irgendeines Grades ausreichen lässt (§ 11 Abs. 2 StGB). Solche „Vorsatz-Fahrlässigkeits-Kombinationen" sind z.B. die Kapitaldelikte, die wegen einer „wenigstens leichtfertig" verursachen Todesfolge ein anderes Delikt schwerer bestrafen (z.B. die §§ 176b, 178, 251 StGB).

16 **Fahrlässigkeit** bestimmt sich auch im Strafrecht grundsätzlich nach § 276 Abs. 2 BGB[10], da das StGB keine eigenständige, abweichende Definition aufweist. Neben die zivilrechtliche Unterscheidung zwischen einfacher und grober (bzw. vor allem im Arbeitsrecht auch mittlerer) Fahrlässigkeit tritt hier jene zwischen bewusster und unbewusster Fahrlässigkeit. Die Figur der bewussten Fahrlässigkeit dient u.a. der Abgrenzung vom bedingten Vorsatz. Sie liegt vor, wenn der Täter zwar die Möglichkeit des Erfolgseintritts erkennt, ihn aber nicht billigt, sondern hofft, es werde „schon alles gut gehen".

17 Gelegentlich sieht der subjektive Tatbestand zusätzliche Merkmale vor, die nur auf der inneren Tatseite vorliegen müssen, also nur in der Vorstellung des Täters, die aber objektiv nicht verwirklicht werden müssen. Häufig sind dies besondere Absichten, also Zielvorstellungen des Täters im Sinne direkten Vorsatzes ersten Grades, die auf eine Bereicherung oder eine Vermögensschädigung gerichtet sind. Wenn in dieser Weise der subjektive über den objektiven Tatbestand, also das Handlungs- über das Erfolgsunrecht der Tat hinausgeht, ist dies eine **überschießende Innentendenz**.

4. Strafzumessung

18 Für die **Strafzumessung** gelten – auch bei § 307a SGB V – die §§ 46 ff. StGB. Zu berücksichtigen sind insbesondere die Bedeutung bzw. Schwere der Tat („Erfolgsunrecht"), der Vorwurf, der den Täter trifft („Handlungsunrecht", Ausmaß der Schuld), und grundsätzlich auch seine persönlichen und wirtschaftlichen Verhältnisse (§ 46 Abs. 2 Satz 2 Alt. 5 StGB).

II. Formelles

19 Das **Verfahrensrecht** für die Verfolgung und Ahndung von Straftaten ist die Strafprozessordnung (StPO)[11]. Dies gilt uneingeschränkt auch für die – wenigen – sozialrechtlichen Straftaten, weil das SGB keine eigenständigen strafverfahrensrechtlichen Bestimmungen enthält. Hiernach sind allein die Staatsanwaltschaften für die Verfolgung von Straftaten auch im Bereich des Sozialrechts zuständig.

20 Das Strafverfahren wird durch strafprozessrechtliche **Verwaltungsvorschriften** flankiert, nämlich die bundeseinheitlich geltenden Richtlinien für das Strafverfahren und das Bußgeldverfahren (RiStBV). Sie gelten auch für die Verfolgung und Ahndung von Taten nach § 307a SGB V. Diese Richtlinien stehen dogmatisch im Grenzbereich zwischen Exekutive und Judikative. Sie können allenfalls die Verwaltungsbehörde und den Staatsanwalt binden, aber nicht den unabhängigen Richter.

C. Die elektronische Gesundheitskarte

21 Die elektronische Gesundheitskarte (eGK) nach § 291a SGB V wurde ebenfalls durch das GMG eingeführt. Sie stellt eine **Weiterentwicklung** der Krankenversichertenkarte dar, die bereits seit längerem in § 291 SGB V geregelt war.[12]

22 Vor der praktischen Einführung der Karte waren zunächst längerfristige **Erprobungsphasen** in bis zu acht Regionen Deutschlands mit unterschiedlich großer Einwohnerzahl (vgl. den zum 31.12.2006 aufgehobenen § 291a Abs. 9 SGB V a.F.) geplant. Die Erprobung dauert insgesamt erheblich länger als gedacht, sodass der in § 291a Abs. 1 SGB V nach wie vor genannte Termin 01.01.2006 für die – flächendeckende – Einführung der eGK nicht zu halten war. Einzelheiten über den Stand der Einführung der eGK veröffentlicht das BMG auf der Internetseite http://www.die-gesundheitskarte.de.

I. Allgemeines

23 Auf der Karte bzw. mit ihrer Hilfe sollen alle wichtigen Angaben über den Versicherten, langfristig und freiwillig jedoch auch medizinische Daten, **gespeichert** werden, um die medizinische Versorgung zu verbessern, Missbrauch zu verhindern und dem Gebot der Wirtschaftlichkeit zu folgen, z.B. durch Vermeidung von Doppeluntersuchungen und schädlichen Wechselwirkungen separat verschriebener Arzneien. Die neuen Funktionen der eGK gegenüber der früheren Krankenversichertenkarte sollen schrittweise eingeführt werden.

---

[10] Bürgerliches Gesetzbuch v. 18.08.1896 i.d.F. d. Bek. v. 02.01.2002, BGBl I 2002, 42, 2909.

[11] Strafprozessordnung i.d.F. der Bek. v. 07.04.1987, BGBl I 1987, 1074, 1319.

[12] Vgl. zu weiteren Einzelheiten der eGK die Kommentierung zu § 291a SGB V Rn. 11 ff.

24 Parallel zur Einführung der eGK soll eine **„Telematikinfrastruktur"** aufgebaut werden (§ 291a Abs. 7 Satz 1 SGB V). Dies ist ein elektronisches Netz zum Lesen der eGK, zur Speicherung solcher Informationen, die auf der Karte wegen ihres begrenzten Speicherumfangs (32 KB) keinen Platz mehr finden und zur Übermittlung der gespeicherten Daten an die Leistungserbringer.

25 Eine erste **Verfassungsbeschwerde** gegen die Einführung der eGK aus datenschutzrechtlichen Erwägungen heraus hat das Bundesverfassungsgericht als unzulässig nicht zur Entscheidung angenommen.[13]

II. Inhalt der Karte

26 Zunächst enthält die eGK jene Angaben nach § 291 Abs. 2 SGB V, die schon bislang auf der Krankenversichertenkarte gespeichert waren. Es handelt sich um die Daten über den **versicherungsrechtlichen Status** des Inhabers. Diese Angaben werden von der Krankenkasse aufgespielt, sie können bei den Leistungserbringern mit entsprechenden Lesegeräten – wie bisher schon – gelesen werden. Verschlüsselt sind diese Daten nur ausnahmsweise, z.B. nach § 291 Abs. 2 Satz 1 Nr. 7 SGB V die Angaben über die Mitgliedschaft des Versicherten in einem zugelassenen strukturierten Behandlungsprogramm (§§ 137g, 267 Abs. 2 Satz 4 SGB V).

27 Zwingend kommt nach § 291a Abs. 2 Satz 1 Nr. 1 SGB V hinzu das so genannte **eRezept**, also Angaben über die Übermittlung ärztlicher Verordnungen. Das Rezept kann auf der Karte selbst gespeichert sein. Möglich ist aber auch, das Rezept zentral auf einem Großrechner innerhalb der Telematikinfrastruktur (vgl. Rn. 24) oder einem Internetserver zu speichern und auf die Karte nur einen Hinweis auf diesen Speicherort aufzuspielen. Dies ist u.a. nötig, wenn das Rezept zu groß für die Speicherkapazität der eGK ist. Außerdem erleichtert diese Verfahrensweise die Bereitstellung eine online-Bestellung des verschriebenen Medikaments bei einer Internet-Apotheke.

28 Weiter gehend soll die eGK später einige **medizinische Daten** enthalten, und zwar jene, die in § 291a Abs. 3 Satz 1 SGB V aufgelistet sind. Dies sind insbesondere der Notfalldatensatz (Nr. 1), der elektronische Arztbrief mit Angaben über einzelne Krankheiten und Behandlungen des Versicherten im Einzelfall (Nr. 2) und die elektronische Patientenakte über Befunde, Diagnosen, Therapien, Behandlungsberichte und Impfungen, die dauerhaft gespeichert werden sollen, weil sie regelmäßig und langfristig von Interesse sind (Nr. 3). Von allen in § 291a Abs. 3 SGB V genannten medizinischen Daten müssen nur die Notfalldaten auf der Karte selbst gespeichert sein, auf sie muss zugegriffen werden können, ohne dass die Karte mit der Telematikinfrastruktur verbunden werden muss (§ 291a Abs. 3 Satz 1 HS. 2 SGB V). Alle anderen Angaben können außerhalb der Karte auf einem Großrechner gespeichert werden.

III. Zugriff auf die auf der eGK gespeicherten Sozialdaten

29 Auf die medizinischen Daten auf der Karte – sowohl das eRezept als auch die Angaben nach § 291 Abs. 3 SGB V – dürfen nur **autorisierte Personen** zugreifen. Welche Personengruppen dies sein können, ist in § 291a Abs. SGB V festgelegt. Der Versicherte selbst hat vollen Zugriff (Satz 2). Im Übrigen differenziert das Gesetz geringfügig (Satz 1): Ärzte, Zahnärzte, Apotheker mitsamt Assistenten, Gehilfen dieser medizinischen Berufe und entsprechende Auszubildende können auf eRezept und medizinische Angaben zugreifen. Ansonsten steht das eRezept allen Leistungserbringern offen, die medizinischen Daten allen Notfallhelfern mit medizinischer Ausbildung (also z.B. auch Rettungssanitätern) und Psychotherapeuten.

30 Diese Personen müssen sich bei einem Zugriff ausweisen, dies geschieht i.d.R. durch den elektronischen **Heilberufsausweis** (HBA) nach § 291a Abs. 5 Satz 3 SGB V.

31 Die medizinischen Daten auf der eGK dürfen außerdem nur im – generellen – **Einverständnis** mit dem Versicherten aufgespielt und später von den Leistungserbringern erhoben und genutzt werden (§ 291a Abs. 5 Satz 1 SGB V). Außerdem muss der Versicherte in jedem Einzelfall den Zugriff auf diese Daten technisch autorisieren, indem er i.d.R. seine PIN in das Lesegerät des Leistungserbringers, der die Daten erheben will, eingibt. Nur der Notfalldatensatz kann und muss ohne diese Eingabe gelesen werden können (§ 291a Abs. 5 Satz 2 SGB V). Auch der Notfallhelfer muss sich aber durch einen HBA autorisieren.

---

[13] BVerfG v. 13.02.2006 - 1 BvR 1184/04.

D. Auslegung des § 307a SGB V

I. Regelungsgehalt und Bedeutung der Norm

32 § 307a SGB V stellt unberechtigte Zugriffe auf die Sozialdaten auf der elektronischen Gesundheitskarte nach § 291a SGB V unter Strafe.

II. Normzweck

33 § 307a Abs. 1 SGB V n.F. dient dem **Sozialdatenschutz**. Das geschützte Rechtsgut ist zunächst das **Sozialgeheimnis** aus § 35 SGB I. Ebenso wie der zusammen mit dieser Vorschrift eingefügte Bußgeldtatbestand in § 307 Abs. 1 SGB V schützt § 307a SGB V letztlich das Allgemeine Persönlichkeitsrecht aus Art. 2 Abs. 1 i.V.m. Art. 1 Abs. 1 Satz 1 GG[14], und zwar das daraus folgende Grundrecht auf informationelle Selbstbestimmung[15] (vgl. im Einzelnen die Kommentierung zu § 307 SGB V Rn. 26).

III. Das Grunddelikt (Absatz 1)

34 § 307a Abs. 1 SGB V enthält den **Grundtatbestand** der Strafnorm.

1. Die geschützten Daten

35 Allerdings beschreibt die Vorschrift nur unvollständig, was genau das **Tatobjekt** ist. Aus ihr selbst ergibt sich nur, dass es Daten sein müssen. Welche genau geschützt sind, soll durch die Verweisung auf § 291a Abs. 4 Satz 1 SGB V geregelt werden.

a. Daten

36 Der Begriff der Daten ist mit Wirkung für das gesamte Recht in § 3 Abs. 1 BDSG[16] definiert. Es sind personenbezogene Einzelangaben über persönliche oder sachliche Verhältnisse einer bestimmten oder bestimmbaren natürlichen Person, des Betroffenen. In welcher Form diese Angaben gespeichert sind oder welchen Inhalt sie haben, ist zunächst unerheblich. Ein Datum ist jede personenbezogene Information.

37 In § 307a Abs. 1 SGB V kann der Begriff der Daten aber noch enger ausgelegt werden. Die Vorschrift schützt nur **Sozialdaten**. Dies ist eine speziell geregelte Form von Daten. Diese Einschränkung ist möglich, da die Vorschrift zum Sozialrecht gehört und durch den Verweis auf § 291a Abs. 4 Satz 1 SGB V nur solche Daten schützt, die allesamt Sozialdaten sind. Nach § 67 Abs. 1 SGB X sind Sozialdaten alle Einzelangaben über persönliche oder sachliche Verhältnisse einer natürlichen Person, die von einem Sozialleistungsträger (oder einer anderen Stelle, die ebenfalls dem Sozialgeheimnis unterliegt), erhoben, verarbeitet oder genutzt werden. Zu diesen Angaben gehören der Name, das Alter, die Staatsangehörigkeit, die familiären Verhältnisse, der Gesundheitszustand, der Beruf, besondere Kenntnisse und Fähigkeiten, die Einkommensverhältnisse u.a. Auch das Aussehen eines Menschen, z.B. also ein Foto, ist ein Sozialdatum. Es muss sich nur um Tatsachen handeln, Werturteile an sich sind keine personenbezogenen Daten[17], können aber tatsächliche Elemente enthalten und müssen dann geschützt werden. Die Angaben müssen keine dauerhaften Merkmale betreffen, schon die vorübergehende Anwesenheit eines (polizeilich gesuchten) Kunden bei einem Sozialleistungsträger ist ein Sozialdatum.[18] Einbezogen sind auch alle Angaben über das Verhältnis eines Kunden zum jeweiligen Sozialleistungsträger, also z.B. Höhe und Dauer eines Leistungsbezugs. Im Bereich des Krankenversicherungsrechts sind auch frühere und gegenwärtige Erkrankungen und Behandlungen Sozialdaten. Solche Angaben über die „Gesundheit" eines Versicherten sind sogar besondere Arten personenbezogener Daten i.S.v. § 67 Abs. 12 SGB X und unterliegen einem gesteigerten Schutz (vgl. § 67a Abs. 1 Satz 4 SGB X). Auch formale Personenkennzeichen wie die Krankenversichertennummer nach § 290 SGB V, die nach § 291a Abs. 2 Satz 1 SGB V i.V.m. § 291 Abs. 2 Satz 1 Nr. 6 SGB V ebenfalls auf der eGK gespeichert ist, sind Sozialdaten. Solche Kennzeichen enthalten selbst Informationen. Die Krankenversicher-

[14] Grundgesetz für die Bundesrepublik Deutschland v. 23.05.1949, BGBl 1949, 1.

[15] Zur Ableitung dieses Grundrechts aus dem Allgemeinen Persönlichkeitsrecht und zu seinem Inhalt vgl. BVerfG v. 15.12.1983 - 1 BvR 209/83 u.a. - BVerfGE 65, 1, 41 ff.

[16] Bundesdatenschutzgesetz i.d.F. der Bek. v. 14.01.2003, BGBl I 2003, 66.

[17] *Ambs* in: GK-SGB III, Stand August 2002, § 402 SGB III a.F. Rn. 5.

[18] KG v. 26.05.1983 - (3) Ss 314/82 - NDV 1985, 52, 53 f. mit Anm. *Molitor*.

tennummer etwa gibt Auskunft darüber, dass und bei welcher KK ihr Inhaber versichert ist. Vor allem aber können anderweitig gespeicherte Angaben mit Hilfe solcher Personenkennzeichen miteinander verknüpft und auf eine Person zurückgeführt werden.

Unabhängig hiervon sind auch die **strafrechtlichen Definitionselemente** auf den Begriff der Daten in § 307a SGB V anzuwenden, da es sich um eine Strafnorm handelt. Nach der Rechtsprechung zu § 268 Abs. 1 und 2 StGB sind Daten codierte, auf einem Datenträger fixierte Informationen über eine außerhalb des verwandten Zeichensystems befindliche Wirklichkeit.[19] Hiernach sind nicht nur elektronisch gespeicherte, sondern auch ganz einfach auf Papier notierte Angaben Daten. Die einschlägigen Strafnormen (§§ 202a, 263a, 268, 303a StGB) schützen jedoch nicht alle Daten, sondern nur jene, die im Bereich automatischer Datenverarbeitungsanlagen anfallen. Insofern bestimmt die für das gesamte Strafgesetzbuch geltende einschränkende Definition in § 202a Abs. 2 StGB, dass Daten nur solche sind, die elektronisch, magnetisch oder sonst nicht unmittelbar wahrnehmbar gespeichert sind oder übermittelt werden.[20] Diese Einschränkung ist zwar nicht für das allgemeine Sozialdatenrecht der §§ 67 ff. SGB X heranzuziehen: dort sind auch offen wahrnehmbare Angaben, etwa auf Briefen oder in Krankenakten, geschützt. Für § 307a SGB V jedoch ist sie sinnvoll, denn die Norm schützt ausschließlich die elektronisch gespeicherten und auch nur mit technischen Hilfsmitteln lesbaren Angaben auf der eGK. 38

b. Verweis auf § 291a Abs. 4 Satz 1 SGB V und weiter

Der Verweis auf § 291a Abs. 4 Satz 1 SGB V ist **ungenau**. Er soll sich ja auf die „dort genannten Daten" beziehen. Nun enthält die in Bezug genommene Vorschrift selbst überhaupt keine Angaben über Daten. Sie bestimmt vielmehr, welche Personen befugt sind, auf die Sozialdaten auf der eGK zuzugreifen. Sie regelt also eher den möglichen Täterkreis einer Tat nach § 307a Abs. 1 SGB V, nicht das Tatobjekt. 39

Welche Daten gemeint sind, erschließt sich erst, wenn man – quasi im Wege der **Weiterverweisung** – auf die in § 291a Abs. 4 Satz 1 SGB V genannten Normen zurückgreift. Geschützt sind hiernach auch bei § 307a Abs. 1 SGB V die Daten nach § 291a Abs. 2 Satz 1 Nr. 1 SGB V, also alle Angaben im Zusammenhang mit dem eRezept, so ein solches auf der Karte gespeichert ist, sowie nach § 291a Abs. 3 Nr. 1 bis 5 SGB V, also die dort genannten medizinischen Daten über die Versicherten, jedoch ausdrücklich nicht die in Nr. 6 geregelten Angaben über in Anspruch genommene Leistungen und ihre vorläufigen Kosten für den Versicherten. 40

Wegen dieser Verschachtelung begegnet § 307a Abs. 1 SGB V durchaus Bedenken im Hinblick auf das besondere strafrechtliche **Bestimmtheitsgebot** aus Art. 103 Abs. 2 GG. Welches Verhalten strafbar ist, kann nicht durch einen Blick in die Strafnorm allein geklärt werden, sondern muss aus vielen Normen „zusammengesucht" werden. Gleichwohl ist die Strafvorschrift noch nicht verfassungswidrig. Im Ergebnis können die Voraussetzungen der Strafbarkeit mit zumutbarem Aufwand und letztlich eindeutig ermittelt werden, und zwar ohne dass auf ein anderes Gesetz oder gar Normen aus einem anderen Regelungszusammenhang oder anderer Rechtsqualität (z.B. Rechtsverordnungen oder gar Verwaltungsakte) zurückgegriffen werden muss. 41

2. Der „Zugriff" als Tathandlung

Tathandlung des § 307a Abs. 1 SGB V ist der **Zugriff** auf die geschützten Daten. Es geht schon um die Kenntniserlangung, dies folgt auch aus dem Schutzgut der Norm, dem Sozialgeheimnis. Es ist nicht etwa – wie bei § 303a StGB – vorausgesetzt, dass die Daten gelöscht oder verändert werden.[21] Doch genügt nicht jegliche Kenntniserlangung, sie muss auf einem „Auslesen" bzw. „Sichtbarmachen" der eGK beruhen. Es reicht also nicht aus, wenn der Datenempfänger z.B. durch Angaben des Versicherten erfährt, welche Daten auf der Karte gespeichert sind. Ebenso führt es nicht zu einer Strafbarkeit nach dieser Vorschrift, wenn er etwa über das Internet – aber ohne Benutzung der eGK – die Datenbanken im Rahmen der Telematikinfrastruktur anzapft und auf diese Weise von konkreten Angaben über einzelne Versicherte erfährt (diese Tat wäre aber ggf. nach § 202a Abs. 1 StGB strafbar). Nötig ist vielmehr, dass sich der Täter Kenntnis von den Daten von der eGK oder mit Hilfe der Karte von den Da- 42

---

[19] *Trödle/Fischer*, Strafgesetzbuch, 51. Aufl. 2003, § 268 Rn. 4.

[20] *Tröndle/Fischer*, Strafgesetzbuch, 51. Aufl. 2003, § 202a Rn. 3, 4.

[21] Vgl. insoweit *Tröndle/Fischer*, Strafgesetzbuch, 51. Aufl. 2003, § 303a Rn. 8.

tenbanken im System verschafft. Allerdings ist gleichgültig, auf welchem Wege er dies erreicht. Es kommt also jedes elektronische Lesegerät in Frage, mit dem die Angaben auf der Karte gelesen werden können, auch ein selbst hergestelltes.

3. Täterkreis

43 Täter eines Zugriffs nach § 307a SGB V kann **jede Person** sein. Besondere persönliche Merkmale im Sinne von § 28 StGB muss sie nicht aufweisen, die Norm ist kein eigenhändiges Delikt.

44 Insbesondere können sich auch die Personen, denen in § 291a Abs. 4 Nr. 1 und 2 SGB V an sich der Zugriff auf die eGK gestattet ist, nach § 307a SGB V strafbar machen, also **Ärzte** und **Zahnärzte**, **Apotheker** mitsamt Gehilfen, sonstige **Leistungserbringer**, berufsmäßige **Notfallhelfer** und **Psychotherapeuten**. Diesen Personen ist der Zugriff auf die eGK jeweils nur eingeschränkt gestattet, sie dürfen also je nach Anlass nur auf das eRezept oder auf einzelne der medizinischen Daten nach § 291a Abs. 3 Satz 1 Nr. 1-5 SGB V zugreifen (vgl. Rn. 29). Weiterhin muss sich jeder Berechtigte bei dem Zugriff durch den HBA autorisieren. Und letztlich bedarf ein Zugriff auf die medizinischen Daten mit Ausnahme des Notfalldatensatzes (also die Angaben nach § 291a Abs. 3 Satz 1 Nr. 2-5 SGB V) in jedem Fall des konkreten Einverständnisses des Versicherten, das dieser regelmäßig durch Eingabe seiner PIN in das Lesegerät erteilt. Wenn eine dieser Voraussetzungen nicht vorliegt, ist der objektive Tatbestand des § 307a Abs. 1 SGB V auch bei einem Datenzugriff durch eine an sich berechtigte Person verwirklicht.

45 Der **Versicherte** selbst kann sich nicht nach § 307a SGB V strafbar machen, ihm ist nach § 291a Abs. 4 Satz 2 SGB V ein umfassender Zugriff erlaubt.

4. Subjektiver Tatbestand

46 § 307a Abs. 1 SGB V setzt **Vorsatz** voraus (vgl. Rn. 15). Eine Fahrlässigkeitshaftung sieht die Norm nicht vor. Wer also versehentlich eine Karte ausliest, etwa weil er sie nicht als eGK erkennt, und hierbei Kenntnis von den darauf gespeicherten Sozialdaten erlangt, ist straflos.

47 Hier im Grundtatbestand ist keine über die objektiven Merkmale hinaus gehende Absicht hinsichtlich besonderer Umstände, keine „**überschießende Innentendenz**" notwendig (anders als in Absatz 2, vgl. Rn. 53). Zwar enthält der Begriff „Zugriff" durchaus Elemente eines zielgerichteten, absichtsvollen Handelns. Er beschreibt hier jedoch nur die Tathandlung, indem er deutlich macht, welche Formen der Kenntniserlangung strafbar sein sollen. Er verlangt nicht, dass der Täter mit einem gesteigerten Grad an Vorsatz, etwa mit Absicht (dolus directus ersten Grades) handelt. Bedingter Vorsatz (vgl. hierzu Rn. 15) reicht aus.

5. Rechtfertigung durch Einwilligung

48 Allerdings kann der Zugriff auf die Karten auf der eGK gerechtfertigt sein, u.a. durch eine **Einwilligung** des Versicherten.[22] Der Versicherte kann über den strafrechtlichen Schutz seiner Sozialdaten verfügen und auf ihn verzichten. Dies gilt, obwohl die Karte nicht dem Versicherten gehört, denn § 307a Abs. 1 SGB V sanktioniert kein Eigentums- oder Vermögensdelikt, sondern schützt das Persönlichkeitsrecht des Dateninhabers. Außerdem befinden sich auf der Karte allein ihn betreffende Daten. Dass eine Einwilligung bzw. – so der Sprachgebrauch des Krankenversicherungsrechts – eine Gestattung möglich ist, ergibt sich auch aus § 291a Abs. 8 Satz 1 SGB V und der hieran anknüpfenden Bußgeldvorschrift in § 307 Abs. 1 SGB V. Hiernach darf der Inhaber lediglich nicht bedrängt und nicht durch eine Vereinbarung verpflichtet werden, den Zugriff zu gestatten. Eine freiwillige, in ausreichendem Wissen um die Art der gespeicherten Daten und die beabsichtigte Verwendung abgegebene Einwilligung ist dagegen nicht ausgeschlossen.

6. Keine Versuchsstrafbarkeit

49 Da § 307a SGB V ein Vergehen darstellt, müsste eine **Versuchsstrafbarkeit** ausdrücklich angeordnet sein (Rn. 11). Da dies nicht geschehen ist, ist nur das vollendete Delikt, also der erfolgreiche Zugriff auf die Sozialdaten auf der eGK, strafbar.

[22] Zu diesem Rechtfertigungsgrund *Tröndle/Fischer*, 51. Aufl. 2003, vor § 32 Rn. 2 ff.

7. Strafandrohung und Strafbemessung

Taten nach § 307a Abs. 1 SGB V sind mit **Freiheitsstrafe** bis zu einem Jahr oder mit **Geldstrafe** bedroht. Für die Strafbemessung gelten die allgemeinen strafrechtlichen Vorschriften der §§ 38 ff. StGB. So ist eine Geldstrafe nach § 40 StGB in Tagessätzen zu verhängen, wobei die Anzahl der Tagessätze der Tat und der Schuld und die Höhe des einzelnen Tagessatzes den persönlichen und wirtschaftlichen Verhältnissen des Täters entsprechen sollen. Da bei der Bestimmung der Tagessatzanzahl die Schuldangemessenheit einer möglicherweise zu vollstreckenden Ersatzfreiheitsstrafe zu beachten ist[23] und nach § 43 Satz 2 StGB ein Tagessatz einem Tag Freiheitsentzug entspricht, ist auch die Geldstrafenandrohung in § 307a Abs. 1 SGB V nach oben beschränkt, und zwar auf 360 Tagessätze (vgl. auch § 47 Abs. 2 Satz 2 HS. 2 StGB). Bei der Strafbemessung im engeren Sinne ist u.a. zu würdigen, auf welche Daten der Täter zugegriffen hat, wobei der Zugriff auf die medizinischen Daten schon nach gesetzlicher Wertung schwerer wiegt als auf das eRezept, wie viele Versicherte betroffen waren und was er mit seiner Tat erreichen wollte. 50

8. Verjährung

Die Verfolgung des Grunddelikts aus § 307a Abs. 1 SGB V verjährt (vgl. Rn. 13) nach § 78 Abs. 3 Nr. 5 StGB in drei Jahren. 51

IV. Qualifikation (Absatz 2)

§ 307a Abs. 2 SGB V stellt einen **Qualifikationstatbestand** dar. Unter besonderen, zusätzlichen Tatumständen, die ein eigenständiges Tatbestandsmerkmal und nicht nur ein Regelbeispiel darstellen, wird die Strafe verschärft. 52

1. Erweiterungen des subjektiven Tatbestandes

Bei dieser Vorschrift nun kann das zusätzliche, strafverschärfende Merkmal in drei Varianten vorliegen: Der Täter handelt bei einem Zugriff gegen Entgelt oder in der Absicht, sich oder einen anderen zu bereichern oder einen anderen zu schädigen. Alle drei Varianten erweitern den **subjektiven Tatbestand** der Norm. Sie führen dazu, dass sich der Vorsatz des Täters auf weitere Merkmale erstrecken muss, die nicht unbedingt auch tatsächlich verwirklicht werden müssen. Es handelt sich also um eine überschießende Innentendenz (vgl. unten Rn. 17). 53

Ein **Handeln gegen Entgelt** liegt natürlich zunächst vor, wenn der Täter tatsächlich von einem Dritten für seinen Zugriff eine Bezahlung oder sonst irgendeinen vermögenswerten Vorteil erhält, wobei auch der Erlass einer Verbindlichkeit oder dgl. einen solchen Vorteil darstellt. In diesem Fall sind der objektive und, da sich der Vorsatz des Täters auch auf dieses Merkmal erstrecken muss, der subjektive Tatbestand gleichermaßen erweitert. Die Tat ist jedoch bereits vollendet, wenn der Täter lediglich mit einem Dritten vereinbart hat, einen solchen Vorteil zu erlangen oder dies lediglich erwartet und – mit einer ausreichenden Wahrscheinlichkeit – auch erwarten darf, unabhängig davon, ob er letztlich etwas erhält. Dies folgt aus der Formulierung „gegen Entgelt" in der Norm. Sie verknüpft das Entgeltmerkmal mit der Handlung in einer Weise, dass v.a. auf die Erwartungen des Täters abgestellt wird. Ausreichend ist insoweit bedingter Vorsatz, es genügt also, wenn es der Täter – nur – für möglich hält, ein Entgelt zu erlangen und diese Aussicht billigt. 54

Die beiden anderen möglichen Qualifikationsmerkmale liegen dagegen eindeutig im subjektiven Tatbestand, dies folgt schon aus dem Begriff „Absicht". In beiden Varianten muss der Täter also hinsichtlich dieses Merkmals mit **dolus directus ersten Grades** handeln, ein bloßes Inkaufnehmen der Bereicherung oder Schädigung als einer zwangsläufig erkannten Nebenfolge der Tat oder als notwendige Folge eines weiteren, außerhalb der Tat liegenden Zwecks genügt nicht.[24] 55

Die **Bereicherungsabsicht** wird regelmäßig mit dem Merkmal „Handeln gegen Entgelt" zusammen vorliegen, zumindest dann, wenn der Täter „sich" bereichern will. Auch sie bezieht sich auf einen vermögenswerten Umstand. In Betracht kommt ein Verkauf der Daten an Dritte, vor allem das vorherige Versprechen eines Dritten, dem Täter für den Zugriff etwas zu zahlen. Im Unterschied zu den meisten strafrechtlichen Normen, die ebenfalls eine Bereicherungsabsicht voraussetzen (§§ 253, 263 StGB)[25], muss sich die Absicht des Täters bei § 307a Abs. 2 SGB V nicht auf einen „rechtswidrigen" Vermö- 56

---

[23] *Tröndle/Fischer*, Strafgesetzbuch, 51. Aufl. 2003, § 40 Rn. 5.

[24] BGH v. 03.05.1988 - 1 StR 148/88 - NJW 1988, 2623.

[25] Vgl. *Tröndle/Fischer*, Strafgesetzbuch, 51. Aufl. 2003, § 253 Rn. 14.

gensvorteil beziehen, er braucht sich nicht „zu Unrecht" bereichern zu wollen. Das Gesetz geht davon aus, dass jegliches Versprechen eines Vermögensvorteils für einen Zugriff auf die Sozialdaten auf der eGK unzulässig – und zivilrechtlich nach § 134 BGB unwirksam (vgl. hierzu die Kommentierung zu § 307 SGB V Rn. 36) – ist, sodass die beabsichtigte Bereicherung ausnahmslos rechtswidrig ist.

57 Dagegen muss die **Schädigungsabsicht** nicht mit Vorteilen für den Täter und insbesondere nicht mit einem Entgelt einhergehen. Es sind viele Formen einer solchen Absicht denkbar. So ist diese Qualifikation erfüllt, wenn der Täter mit Hilfe der Angaben den Versicherten oder einen Dritten erpressen will. Ein Schaden liegt auch vor, wenn der Täter die Daten nach dem Zugriff löschen will, weil der Krankenkasse und/oder dem Versicherten ein gewisser Aufwand zur Rekonstruktion entsteht.

2. Strafandrohung und Strafbemessung

58 Das Strafmaß für § 307a Abs. 2 SGB V beträgt bis zu drei Jahre Freiheitsstrafe oder Geldstrafe. Diese relativ hohe Androhung zeigt, für wie gewichtig der Gesetzgeber Verletzungen des Sozialgeheimnisses durch Zugriffe auf die eGK erachtet. Eine Strafe über zwei Jahre Freiheitsentzug, deren Vollstreckung nicht mehr zur Bewährung ausgesetzt werden kann, kommt aber nur in absoluten Ausnahmefällen in Betracht, in denen beispielsweise die Daten einer Vielzahl von Versicherten ausgelesen und erhebliche Schäden angerichtet worden sind.

3. Verjährung

59 Das Qualifikationsdelikt aus § 307a Abs. 2 SGB V verjährt nach § 78 Abs. 3 Nr. 4 StGB in fünf Jahren.

V. Antragserfordernis (Absatz 3)

60 Nach § 307a Abs. 3 SGB V werden Taten nach § 307a SGB V – sowohl nach Absatz 1 als auch nach Absatz 2 – nur auf Antrag verfolgt. Gemeint ist hiermit der **Strafantrag** nach den §§ 77 ff. StGB, der für die Verfolgung bestimmter, vom Gesetzgeber als minderschwer eingestufter Taten, die allein persönliche Rechtsgüter betreffen, notwendig ist. Es überrascht allerdings, dass § 307a Abs. 2 SGB V eine ungewöhnlich hohe Strafe von bis zu drei Jahren Freiheitsentzug vorsieht, aber gleichwohl ein Antragsdelikt ist.

61 § 307a Abs. 3 SGB V begründet ein **absolutes Antragserfordernis**. Ohne wirksamen Strafantrag kann die Staatsanwaltschaft diese Tat nicht verfolgen, auch wenn sie etwa ein besonderes öffentliches Interesse an der Verfolgung bejaht.

62 Eine Verweisung des Strafantragstellers auf den **Privatklageweg** nach § 374 Abs. 1 oder Abs. 2 StPO ist dagegen ausgeschlossen. § 307a SGB V ist im dortigen Katalog privatklagefähiger Delikte (vgl. insbesondere Absatz 1 Nr. 7 und 8) nicht aufgeführt.

63 Den Strafantrag können stellen der Betroffene – gemeint ist hiermit der „Verletzte" i.S.v. § 77 Abs. 1 StGB, also der Inhaber der ausgespähten eGK –, an seiner Stelle aber auch der Bundesbeauftragte für den Datenschutz – in Datenschutzsachen ein oftmals Antragsberechtigter – und die Aufsichtsbehörde, also das für die jeweils betroffene Krankenkasse zuständige Bundes- oder Landesversicherungsamt.

64 Die **Antragsfrist** beträgt gemäß § 77b Abs. 1 StGB drei Monate, gerechnet ab dem Zeitpunkt, in dem der Antragsberechtigte von der Tat und der Person des Täters Kenntnis erlangt.

VI. Allgemeines zur Verfolgung der Taten nach § 307a SGB V

65 Für die Aburteilung von Taten nach § 307a Abs. 1 und 2 SGB V ist immer das **Amtsgericht** zuständig. Bei Taten nach Absatz 1 ist die Anklage zwingend zum Strafrichter zu erheben. Bei Taten nach Absatz 2 erhebt die Staatsanwaltschaft, da es sich nach wie vor um ein Vergehen handelt, Anklage zum Schöffengericht nur, wenn sie eine – konkrete – Straferwartung von mehr als zwei Jahren hegt, ansonsten ebenfalls zum Strafrichter (vgl. die §§ 25 Nr. 2, 28 GVG[26]).

VII. Übergangsrecht

66 § 307a SGB V ist am 01.01.2004 ohne Übergangsvorschrift in Kraft getreten. Da sie – wie jede Strafnorm – dem besonderen **strafrechtlichen Rückwirkungsverbot** (nulla poena sine lege praevia) aus Art. 103 Abs. 2 GG unterliegt, können nach ihr nur Taten geahndet werden, die nach ihrem In-Kraft-Treten begangen wurden. Das Rückwirkungsverbot knüpft an die Handlung an, nicht an den

[26] Gerichtsverfassungsgesetz v. 09.05.1975, BGBl I 1975, 1077.

Erfolg der Tat. Straflos ist also auch, wessen Zugriffshandlung vor dem 01.01.2004 lag, auch wenn der Zugriff selbst erst später Erfolg hatte (wenngleich dies praktisch nicht vorkommen dürfte, da die eGK damals noch nicht verbreitet war).

E. Praxishinweise

Entsteht bei einer Krankenkasse der Anfangsverdacht einer Straftat nach § 307a SGB V, sollte sie die vorhandenen Erkenntnisse und Unterlagen sichern. Sie ist aber verpflichtet, das Verfahren sofort an die Staatsanwaltschaft abzugeben. Zu eigenen Ermittlungen ist sie insoweit nicht befugt, dies ist Aufgabe der Ermittlungspersonen (früher: Hilfsbeamte) der Staatsanwaltschaft, überwiegend also der Polizei. Die Staatsanwaltschaft kann aber bei der Kasse Nachfragen stellen und auch um Ermittlungen in ihrem Auftrag bitten. 67

Zwölftes Kapitel: Überleitungsregelungen aus Anlaß der Herstellung der Einheit Deutschlands

§ 309 SGB V Versicherter Personenkreis

(Fassung vom 09.12.2004, gültig ab 01.01.2005)

(1) Soweit Vorschriften dieses Buches

1. **an die Bezugsgröße anknüpfen, gilt vom 1. Januar 2001 an die Bezugsgröße nach § 18 Abs. 1 des Vierten Buches auch in dem in Artikel 3 des Einigungsvertrages genannten Gebiet,**
2. **an die Beitragsbemessungsgrenze in der allgemeinen Rentenversicherung anknüpfen, gilt von dem nach Nummer 1 maßgeblichen Zeitpunkt an die Beitragsbemessungsgrenze nach § 159 des Sechsten Buches auch in dem in Artikel 3 des Einigungsvertrages genannten Gebiet.**

(2) bis (4) (weggefallen)

(5) Zeiten der Versicherung, die in dem in Artikel 3 des Einigungsvertrages genannten Gebiet bis zum 31. Dezember 1990 in der Sozialversicherung oder in der Freiwilligen Krankheitskostenversicherung der Staatlichen ehemaligen Versicherung der Deutschen Demokratischen Republik oder in einem Sonderversorgungssystem (§ 1 Abs. 3 des Anspruchs- und Anwartschaftsüberführungsgesetzes) zurückgelegt wurden, gelten als Zeiten einer Pflichtversicherung bei einer Krankenkasse im Sinne dieses Buches. Für die Anwendung des § 5 Abs. 1 Nr. 11 gilt Satz 1 vom 1. Januar 1991 an entsprechend für Personen, die ihren Wohnsitz und ihre Versicherung im Gebiet der Bundesrepublik Deutschland nach dem Stand bis vom 2. Oktober 1990 hatten und in dem in Artikel 3 des Einigungsvertrages genannten Gebiet beschäftigt sind, wenn sie nur wegen Überschreitung der in diesem Gebiet geltenden Jahresarbeitsentgeltgrenze versicherungsfrei waren und die Jahresarbeitsentgeltgrenze nach § 6 Abs. 1 Nr. 1 nicht überschritten wird.

(6) (weggefallen)

Gliederung

A. Basisinformationen

I. Textgeschichte/Gesetzgebungsmaterialien

1 § 309 SGB V wurde durch Anl. I Kap. VIII Sachgebiet G Abschn. II Nr. 1 des **Einigungsvertrags** vom 31.08.1990 i.V.m. Art. 1 Einigungsvertragsgesetz vom 23.09.1990[1] in das Sozialgesetzbuch eingefügt. Die Vorschrift, die ursprünglich lediglich aus zwei Absätzen bestand, die den Überleitungsbedarf zum

[1] Gesetz zu dem Vertrag vom 31.08.1990 zwischen der Bundesrepublik Deutschland und der Deutschen Demokratischen Republik über die Herstellung der Einheit Deutschlands – Einigungsvertrag – und die Vereinbarung vom 18.09.1990 (BGBl II 1990, 885, 1048).

versicherten Personenkreis regelten[2], ist mit Wirkung vom 29.09.1990 in Kraft getreten. Die Absätze 3-5 wurden mit Wirkung vom 01.08.1991[3] durch das **Renten-Überleitungsgesetz** angefügt[4]. Durch Art. 1 Nr. 166 a) und b) **Gesundheitsstrukturgesetz** vom 21.12.1992[5] wurden mit Wirkung vom 01.01.1993 in den Absätzen 3 und 4 jeweils der letzte Satz angefügt, wonach ab 01.01.1996 die §§ 173-177 SGB V entsprechend galten. Absatz 5 Satz 2 wurde mit Wirkung vom 01.01.1991 durch das **3. SGB V-Änderungsgesetz**[6] angefügt. Zuletzt wurde § 309 SGB V durch das **Gesetz zur Neuregelung der geringfügigen Beschäftigungsverhältnisse** mit Wirkung vom 01.04.1999 um seinen Absatz 6 ergänzt, der die für die Familienversicherung maßgebliche Einkommensgrenze auf mindestens 630 Deutsche Mark festsetzte.[7]

Im Zuge der Rechtsangleichung ist § 309 SGB V **weitgehend aufgehoben** worden; lediglich die Absätze 1 und 5 sind aktuell noch in Kraft. Absatz 3 wurde 1999 mit Wirkung vom 01.01.2000 durch das **GVK-Gesundheitsreformgesetz 2000**[8], die Absätze 2, 4 und 6 durch das **Gesetz zur Rechtsangleichung in der GKV** vom 22.12.1999[9] aufgehoben. Durch Art. 2 dieses Gesetzes wurden zugleich Absatz 1 und Absatz 5 Satz 2 neu gefasst. Zuletzt erfolgte eine sprachliche Anpassung des § 309 Abs. 1 Nr. 2 SGB V im Zuge der Organisationsreform der gesetzlichen Rentenversicherung mit Wirkung vom 01.01.2005.[10] 2

II. Vorgängervorschriften

Eine Vorgängerreglung in der RVO gibt es naturgemäß nicht; § 309 SGB V enthält Sonderregelungen zum versicherten Personenkreis, die ausschließlich im Hinblick auf die Herstellung der deutschen Einheit relevant sind. Bezogen auf die Anrechnung von Vorversicherungszeiten stellt Art. 25 § 2 des Gesetzes zu dem Vertrag vom 18.05.1990 über die Schaffung einer Währungs-, Wirtschafts- und Sozialunion zwischen der Bundesrepublik Deutschland und der Deutschen Demokratischen Republik eine Vorgängervorschrift dar; sie wurde mit In-Kraft-Treten des § 309 SGB V aufgehoben.[11] 3

III. Parallelvorschriften

Das Recht der gesetzlichen Pflegeversicherung kennt keine § 309 SGB V entsprechende Vorschrift. Da die Regelung jedoch für das Bestehen der Versicherungspflicht in der GKV relevant ist, hat sie wegen § 20 SGB XI auch Bedeutung für die gesetzliche Pflegeversicherung. Ähnlich wie § 309 SGB V enthalten eine Vielzahl weiterer Normen des SGB V Sonderregelungen für das Beitrittsgebiet (vgl. nur § 8a KSVG oder § 229a SGB VI). 4

IV. Systematische Zusammenhänge

Die Regelung enthält Sonderregelungen zum versicherten Personenkreis in der GKV und ist daher im Zusammenhang mit den insoweit maßgeblichen Normen zu sehen. § 309 Abs. 5 hat insbesondere Bedeutung für die Anwendung von § 5 Abs. 1 Nr. 11 SGB V. 5

---

[2] BT-Drs. 11/7817, S. 147.

[3] Art. 6 Nr. 5, Art. 42 VIII des Gesetzes zur Herstellung der Rechtseinheit in der gesetzlichen Renten- und Unfallversicherung (Renten-Überleitungsgesetz – RÜG – vom 25.07.1991, BGBl I 1991, 1606, 1686, 1708).

[4] Art. 6 Nr. 5 RÜG.

[5] Gesetz zur Sicherung und Strukturverbesserung der gesetzlichen Krankenversicherung – Gesundheitsstrukturgesetz (BGBl I 1992, 2266, 2801).

[6] Art. 1 Nr. 14, Art. 8 II des Dritten Gesetzes zur Änderung des Fünften Buches Sozialgesetzbuch (3. SGB V-ÄndG) vom 10.05.1995 (BGBl I 1995, 678, 679, 681).

[7] Art. 3 Nr. 6 Gesetz zur Neuregelung der geringfügigen Beschäftigungsverhältnisse vom 24.03.1999 (BGBl I 1999, 388, 390).

[8] Art. 1 Nr. 82 des Gesetzes zur Reform der gesetzlichen Krankenversicherung ab dem Jahr 2000 – GKV-Gesundheitsreformgesetz 2000 vom 22.12.1999 (BGBl I, 2626).

[9] BGBl I 1999, 2657.

[10] Art. 6 Nr. 30 des Gesetzes zur Organisationsreform der gesetzlichen Rentenversicherung vom 09.12.2004, BGBl I 2004, 3242.

[11] Die Regelung wurde durch Art. 7 des RÜG BGBl I 1991,1606, 1687 aufgehoben.

V. Ausgewählte Literaturhinweise

6 *Horst*, Die Auswirkungen des Gesundheits-Strukturgesetzes auf die neuen Bundesländer, SGb 1993, 539.

B. Auslegung der Norm

I. Regelungsgehalt und Bedeutung der Norm

7 Ursprünglich enthielt § 309 SGB V eine Reihe von Regelungen, mit denen der Gesetzgeber die **Konsequenzen der Herstellung der deutschen Einheit** für die Versicherungsverhältnisse in der GKV normieren wollte. Neben Vorgaben zur Jahresarbeitsentgeltgrenze und der für die Familienversicherung maßgeblichen Entgeltgrenze[12] hatte der Gesetzgeber den Verbleib in der GKV bei bestehender Pflichtversicherung im Beitrittsgebiet[13] sowie spezielle Beitrittsmöglichkeiten sowie damit zusammenhängende Zuständigkeitsfragen[14] geregelt. Schließlich bestimmt die Norm die Gleichstellung von Versicherungszeiten, die im Beitrittsgebiet zurückgelegt wurden.

II. Normzweck

8 In seiner ursprünglichen Fassung sollte § 309 SGB V den Überleitungsbedarf zum versicherten Personenkreis – so auch heute noch die Gesetzesüberschrift – regeln.[15] Der später angefügte Absatz 3 sollte Nachteile vermeiden, die sich aus § 311 Abs. 1 Buchstabe c SGB V[16] für Studierende und Praktikanten ergeben konnten. § 309 Abs. 4 SGB V ermöglichte Personen, die bereits im Beitrittsgebiet freiwillig versichert waren, den Beitritt zur GKV.

9 In seiner aktuellen Fassung bringt § 309 SGB V zum einen die **erfolgte Rechtsangleichung** zum Ausdruck: § 309 Abs. 1 SGB V bestimmt, dass ab dem 01.01.2001 auch im Beitrittsgebiet die Bezugsgröße gemäß § 18 Abs. 1 SGB IV (so genannte Bezugsgröße-West) maßgeblich ist; Entsprechendes gilt für die Beitragsbemessungsgrenze in der Rentenversicherung. Zum anderen werden durch die Regelung **Zeiten der Versicherung** in den staatlichen Versicherungssystemen der ehemaligen DDR den Versicherungszeiten in der GKV gleichgestellt. Dies ist für die Betroffenen bedeutsam, wenn Vorschriften des Krankenversicherungsrechts den Eintritt ihrer Rechtsfolge an die Erfüllung von Vorversicherungszeiten knüpfen.

III. Rechtsangleichung

1. Bezugsgröße nach § 18 Abs. 1 SGB IV

10 Gemäß § 309 Abs. 1 Nr. 1 SGB V gilt vom 01.01.2001 an die Bezugsgröße nach § 18 Abs. 1 SGB IV auch in dem in Artikel 3 des Einigungsvertrags genannten Gebiet, d.h. im Beitrittsgebiet[17], soweit Vorschriften des SGB V an die Bezugsgröße anknüpfen. Die Regelung ist im Kontext der Versicherungsverhältnisse bedeutsam im Rahmen der Familienversicherung; hier stellt **§ 10 Abs. 1 Nr. 5 SGB V** darauf ab, ob der Angehörige des Mitglieds ein Gesamteinkommen hat, das regelmäßig im Monat ein Siebtel der monatlichen Bezugsgröße überschreitet.

11 Angesichts des eindeutigen Gesetzeswortlauts („soweit Vorschriften dieses Buches … anknüpfen") ist die Regelung des § 309 Abs. 1 Nr. 1 SGB V – trotz der insoweit zu eng gefassten Gesetzesüberschrift – **im gesamten Krankenversicherungsrecht** anzuwenden. Sie ist damit auch im Rahmen von § 226 Abs. 2 SGB V (Beitragsfreigrenze für Versorgungsbezüge und Arbeitseinkommen bei der Ermittlung der beitragspflichtigen Einnahmen versicherungspflichtig Beschäftigter) sowie bei der Anwendung einer ganzen Reihe von Vorschriften, die Mindesteinnahmen fingieren – wie etwa § 234 Abs. 1 SGB V

[12] § 309 Abs. 1 SGB V in seiner ursprünglichen Fassung sowie § 309 Abs. 6 SGB V.

[13] § 309 Abs. 2 SGB V.

[14] § 309 Abs. 3 SGB V.

[15] BT-Drs. 11/7817.

[16] Die durch Art. 1 Nr. 82 des GKV-Gesundheitsreformgesetzes vom 22.12.1999 (BGBl I, 2626, 2647) aufgehobene Norm sah im Interesse der Finanzierbarkeit der Krankenversicherung im Beitrittsgebiet für dort Versicherte Beschränkungen bei der Behandlung im bisherigen Bundesgebiet vor; dies hatte nachteilige Konsequenzen für in Ausbildung befindliche Personen, die sich vorwiegend dort aufgehalten hatten.

[17] Hierzu auch § 18 Abs. 3 SGB IV.

(Mindesteinnahmen der Künstler und Publizisten), § 235 Abs. 3 SGB V (Mindesteinnahmen von Behinderten; hierzu die Kommentierung zu § 5 SGB V Rn. 49 ff.) und § 240 Abs. 4 und 4a SGB V (freiwillig Versicherte) relevant. Auch bei der Ermittlung der Belastungsgrenze im Kontext der Zuzahlungen wird auf § 18 SGB IV Bezug genommen (§ 62 Abs. Satz 2 SGB V).

Alle genannten Vorschriften verweisen lediglich auf § 18 SGB IV, ohne dies näher zu spezifizieren. 12
Ohne die **Klarstellung**, die § 309 Abs. 1 Nr. 1 SGB V vornimmt, könnte daher auch die Bezugsgröße-Ost gemäß § 18 Abs. 2 SGB IV maßgeblich sein.

2. Beitragsbemessungsgrenze

Soweit Vorschriften des SGB V an die Beitragsbemessungsgrenze in der allgemeinen Rentenversiche- 13
rung anknüpfen, gilt ab 01.01.2001 die in § 159 SGB VI normierte Grenze auch im Beitrittsgebiet. Die Regelung des **§ 309 Abs. 1 Nr. 2 SGB V** war bedeutsam für die Anwendung von **§ 6 Abs. 1 Nr. 1 SGB V a.F.**, der unmittelbar an die Beitragsbemessungsgrenze der gesetzlichen Rentenversicherung anknüpfte.[18] Mit Wirkung vom 01.01.2003 wurde die Jahresarbeitsentgeltgrenze für die GKV eigenständig geregelt (vgl. die Kommentierung zu § 6 SGB V Rn. 21). Auch wenn die aktuelle Regelung inhaltlich an die Beitragsbemessungsgrenze Rentenversicherung anknüpft (vgl. die Kommentierung zu § 6 SGB V Rn. 23), besteht seitdem letztlich im Hinblick auf die Nichtanwendbarkeit von § 275a SGB V kein Klarstellungsbedarf mehr. Bis zur Rechtsangleichung galten im Beitrittsgebiet deutliche niedrigere Werte.[19] Für Berlin-Ost war bereits vor 2001 die Beitragsbemessungsgrenze-West eingeführt worden; dies hat die Rechtsprechung als verfassungsgemäß gewertet.[20]

IV. Gleichstellung von Versichertenzeiten

Anders als § 309 Abs. 1 SGB V, der die erfolgte Rechtsangleichung zum Ausdruck bringt, bewirkt 14
§ 309 Abs. 5 SGB V eine Gleichstellung von Versicherungszeiten. § 309 Abs. 5 Satz 1 SGB V stellt Versicherungszeiten in den **staatlichen Versicherungssystemen der ehemaligen DDR** (zu den in § 309 Abs. 5 S. 1 SGB V auch genannten Sonderversorgungssystemen § 1 Abs. 3 und Anlage 2 des AAÜG[21]) Zeiten einer Versicherung in der GKV gleich; sie werden **als Pflichtversicherungszeiten fingiert**.[22] Die Regelung, die entsprechende Vorgängerregelungen entbehrlich gemacht hat (vgl. hierzu Rn. 3), hat insbesondere Bedeutung für die **Versicherungspflicht in der Krankenversicherung der Rentner** (KvdR), die gemäß § 5 Abs. 1 Nr. 11 und Abs. 2 SGB V (vgl. die Kommentierung zu § 5 SGB V Rn. 72 ff.) **Vorversicherungszeiten** erfordert. Sie wird aber auch im Rahmen von § 9 Abs. 1 Nr. 1 SGB V (freiwillige Versicherung) relevant. Die Rechtswirkungen der durch § 309 Abs. 5 Satz 1 SGB V erfolgten Gleichstellung treten ab In-Kraft-Treten der Regelung, damit also zum 01.08.1991, ein. Nach dem Wegfall des § 308 Abs. 2 SGB V gilt § 309 Abs. 5 SGB V nicht nur für Versicherte im Beitrittsgebiet, sondern für alle Versicherten.[23]

Der später angefügte und zum 01.01.2001 neu gefasste (vgl. Rn. 3 und Rn. 9) § 309 Abs. 5 Satz 2 15
SGB V enthält eine **Sonderregelung für die Vorversicherungszeiten in der KvdR** gemäß § 5 Abs. 1 Nr. 11 SGB V; die Regelung soll verhindern, dass die Versicherung an der erforderlichen Neun-Zehntel-Belegung scheitert.[24] Sie erfasst Personen, die ihren **Wohnsitz in den alten Bundesländern hatten und dort versichert, aber im Beitrittsgebiet beschäftigt waren.** Soweit diese Personen **allein aufgrund der bis 31.12.2000 geltenden abgesenkten Jahresarbeitsentgeltgrenze-Ost versicherungsfrei waren**, ohne zugleich die höhere Jahresarbeitsentgeltgrenze-West zu überschreiten, könnten sie aufgrund der nur freiwilligen Versicherung geringere Pflichtversicherungszeiten vorweisen als vergleichbare Personen, die in den alten Bundesländern mit vergleichbarem Arbeitsentgelt beschäftigt wa-

---

[18] Auch im Rahmen von § 223 SGB V a.F. wurde an das Rentenversicherungsrecht angeknüpft; dies wiederum hatte Auswirkungen für § 240 SGB V.

[19] So lag die Jahresarbeitsentgeltgrenze im Jahr 2000 in den alten Bundesländern bei 6450 € monatlich, während im Beitrittsgebiet 5400 € maßgeblich waren (vgl. die Aufstellung der Sozialversicherungswerte unter 4/11 im *Aichberger* – dort III.1.).

[20] BSG v. 30.03.2000 - B 12 KR 13/99 R - SozR 3-2500 § 308 Nr. 1.

[21] Art. 3 RÜG vom 25.07.1991, BGBl I, 1606, 1677 geändert durch Art. 1 RÜG-ÄndG v.18.12.1991 BGBl I, 2207; zu den Sonderversorgungssystemen gehören z.B. die Nationale Volksarmee oder die Volkspolizei.

[22] BT-Drs. 12/3608, S. 126; vgl. hierzu auch *Horst*, SGb 1993, 539, 540.

[23] Zu den verfassungsrechtlich bedenklichen Konsequenzen, die sich insoweit aus § 308 Abs. 2 SGB V a.F. ergeben hatten, ausführlich *Krauskopf*, Soziale Krankenversicherung, § 309 Rn. 7.

[24] BT-Drs. 13/340, S.11.

ren. Dies würde im Hinblick auf die KvdR eine Schlechterstellung dieser Personengruppe bedeuten, der § 309 Abs. 5 Satz 2 SGB V durch die Gleichstellung entsprechender Zeiten mit Pflichtversicherungszeiten entgegenwirkt. § 309 Abs. 5 S. 2 SGB V wurde mit Wirkung vom 01.01.2001 (vgl. Rn. 9) neu gefasst; der Gesetzgeber hat hier dem Umstand Rechnung getragen, dass es seit 2001 nur noch eine für Ost und West einheitliche Jahresarbeitsentgeltgrenze gibt; § 309 Abs. 5 Satz 2 SGB V betrifft damit nur noch die Anrechnung vergangener Zeiten.

C. Praxishinweise

16 In der Praxis kommt derzeit vor allem § 309 Abs. 5 SGB V noch erhebliche Bedeutung zu; erst die Berücksichtigung gleichgestellter Zeiten führt im Einzelfall zur Erfüllung der Neun-Zehntel-Belegung.

D. Reformbestrebungen

17 Eine grundlegende Änderung des § 309 SGB V ist derzeit nicht zu erwarten. Die Regelung wird im Laufe der Jahre zunehmend an Bedeutung verlieren.

§ 310 SGB V Leistungen

(Fassung vom 22.12.1999, gültig ab 01.01.2001)

(1) und (2) (weggefallen)

(3) Die erforderlichen Untersuchungen gemäß § 30 Abs. 2 Satz 2 und Abs. 7 gelten für den Zeitraum der Jahre 1989 bis 1991 als in Anspruch genommen.

(4) bis (11) (weggefallen)

A. Textgeschichte/Gesetzgebungsmaterialien

§ 310 SGB V in seiner ursprünglichen Fassung wurde mit Wirkung vom **01.01.1991** durch den Einigungsvertrag[1] in das SGB V eingefügt und enthielt elf Absätze mit Regelungen zur Überleitung des Leistungsrechts des SGB V im Beitrittsgebiet[2]. Mit Wirkung vom **01.01.2001** wurden **§ 310 Abs. 1, 2, 3 Satz 1 und 3, Abs. 4-11 SGB V aufgehoben**[3], weil im Rahmen des beabsichtigten Angleichungsprozesses im Gesundheitswesen nunmehr bundesweit einheitliche Bedingungen in der gesetzlichen Krankenversicherung geschaffen werden sollten und damit noch vorhandene unterschiedliche Rahmenbedingungen für Versicherte, Leistungserbringer und Krankenkassen abgebaut sowie ein wichtiger Beitrag zur Vereinfachung der gesetzlichen Bestimmungen der sozialen Krankenversicherung und zum Abbau nicht mehr erforderlicher bürokratischer Hemmnisse zweier unterschiedlicher Rechtskreise geleistet werden sollten.[4] Von der Aufhebung ausgenommen blieb lediglich Absatz 3 Satz 2. 1

Absatz 3 Satz 2 lautete ursprünglich: 2

„(3) § 30 Abs. 5 ist erst auf die Behandlungen anzuwenden, die nach dem 30. Juni 1992 beginnen; die erforderlichen Untersuchungen für den Zeitraum der Jahre 1989 bis 1991 gelten als in Anspruch genommen."

Die in Bezug genommene Vorschrift des **§ 30 Abs. 5 SGB V** in der seinerzeit ab 01.01.1989 geltenden Fassung lautete: 3

„(5) Für eigene Bemühungen des Versicherten zur Gesunderhaltung seiner Zähne erhöhen sich die Zuschüsse nach Absatz 1 oder 2 um 10 Prozentpunkte. Die erhöhten Zuschüsse entfallen vom 1. Januar 1991 an, wenn der Gebißzustand des Versicherten regelmäßige Zahnpflege nicht erkennen lässt und er seit dem 1. Januar 1989, bei Behandlungsbeginn nach dem 31. Dezember 1993 während der letzten fünf Kalenderjahre vor Beginn der Behandlung,

1. die Untersuchungen nach § 22 nicht in jedem Kalenderjahr in Anspruch genommen hat und
2. er sich nach Vollendung des zwanzigsten Lebensjahres nicht wenigstens einmal in jedem Kalenderjahr hat zahnärztlich untersuchen lassen.

Die Zuschüsse erhöhen sich um weitere 5 Prozentpunkte, wenn der Versicherte seine Zähne regelmäßig gepflegt und in den letzten zehn Kalenderjahren vor Beginn der Behandlung, frühestens seit dem 1. Januar 1989, die Untersuchungen nach Nummer 1 und 2 ohne Unterbrechung in Anspruch genommen hat."

---

[1] Anlage I Kapitel VIII Sachgebiet G Abschnitt II Nr. 1 des Vertrags zwischen der Bundesrepublik Deutschland und der Deutschen Demokratischen Republik über die Herstellung der Einheit Deutschlands – Einigungsvertrag – vom 31.08.1990 in Verbindung mit Artikel 1 des Gesetzes zu dem Vertrag vom 31.08.1990 zwischen der Bundesrepublik Deutschland und der Deutschen Demokratischen Republik über die Herstellung der Einheit Deutschlands – Einigungsvertragsgesetz – und der Vereinbarung vom 18.11.1990 vom 23.09.1990, BGBl II 1990, 885, 1048.

[2] Vgl. zum Inhalt und zur Textentwicklung im Einzelnen *Berstemann* in: Schmidt, Handbuch KV (SGB V), § 310 Rn. 1 ff.

[3] Art. 1 Nr. 1, Art. 5 Abs. 1 Gesetz zur Rechtsangleichung in der gesetzlichen Krankenversicherung vom 22.12.1999, BGBl I 1999, 2657; dieses Gesetz geht zurück auf den Vorschlag des Vermittlungsausschusses zur Aufteilung des GKV-Gesundheitsreformgesetzes 2000, vgl. BT-Drs. 14/2369, S. 1; in den Entwurf des GKV-Gesundheitsreformgesetzes 2000 war die Aufhebungsvorschrift auf Vorschlag des Gesundheitsausschusses in Art. 21a aufgenommen worden, vgl. BT-Drs. 14/1977, S. 143.

[4] Beschlussempfehlung und Bericht des Ausschusses für Gesundheit BT-Drs. 14/1977, S. 192.

4 Die heutige Fassung erhielt Absatz 3 Satz 2 mit Wirkung vom **01.01.1999** durch das Gesundheitsstrukturgesetz[5], wobei inhaltlich das bisherige Recht fortgelten sollte[6]. Die Neufassung war jedoch redaktionell verunglückt, da die Regelung über die Erhöhung der Zuschüsse zum Zahnersatz, die nach der Gesetzesbegründung fortgelten sollte, in der seit 01.01.1999 geltenden Fassung des § 30 SGB V nicht in Absatz 2 Satz 2 und Absatz 7, sondern in Absatz 2 Sätze 3-6 enthalten war; einen § 30 Abs. 7 SGB V gab es nie. Unter Berücksichtigung dieses **redaktionellen Versehens** ist daher davon auszugehen, dass § 310 Abs. 3 Satz 2 SGB V wie folgt lauten sollte:
„Die erforderlichen Untersuchungen gemäß § 30 Abs. 2 Satz 3 bis 6 gelten für den Zeitraum der Jahre 1989 bis 1991 als in Anspruch genommen."[7]

5 Die in Bezug genommenen Regelungen des **§ 30 Abs. 2 Sätze 3-6 SGB V** lauteten:

„Für eigene Bemühungen zur Gesunderhaltung der Zähne mindert sich der Anteil um 10 Prozentpunkte. Die Minderung entfällt, wenn der Gebißzustand regelmäßige Zahnpflege nicht erkennen lässt und Versicherte während der letzten fünf Jahre vor Beginn der Behandlung

1. die Untersuchung nach § 22 Abs. 1 nicht in jedem Kalenderjahr in Anspruch genommen haben und
2. sich nach Vollendung des 18. Lebensjahres nicht wenigstens einmal in jedem Kalenderjahr haben zahnärztlich untersuchen lassen.

Der Anteil mindert sich um weitere fünf Prozentpunkte, wenn Versicherte ihre Zähne regelmäßig gepflegt und in den letzten zehn Kalenderjahren vor Beginn der Behandlung die Untersuchungen nach den Nummern 1 und 2 ohne Unterbrechung in Anspruch genommen haben. Für Versicherte, die nach dem 31. Dezember 1978 geboren sind, gilt der Nachweis für eigene Bemühungen zur Gesunderhaltung der Zähne für die Jahre 1997 und 1998 als erbracht."

B. Überholter Regelungsgehalt

6 Unter Berücksichtigung des oben dargestellten redaktionellen Versehens enthält die verbliebene Regelung für den Zeitraum, in dem das SGB V im Beitrittsgebiet noch nicht galt und die Versicherten keinen Anlass hatten, die Voraussetzungen für die Zuschusserhöhung zu beachten, eine **Fiktion der Eigenbemühungen** zur Gesunderhaltung der Zähne, die für eine Inanspruchnahme der Bonusregelung bei Zahnersatz notwendig waren. Die Bestimmung ist spätestens **mit Ablauf des Jahres 2001** durch Zeitablauf **gegenstandslos** geworden, weil die Fiktion nur für Untersuchungen bis 1991 galt und der für die Verringerung des Versichertenanteils am Zahnersatz maßgebliche Zeitraum für Vorsorgeuntersuchungen höchstens 10 Jahre zurückreichte. Für Behandlungen, die ab 01.01.2002 begonnen wurden, war eine Fiktion nach der Überleitungsvorschrift daher nicht mehr von Bedeutung. Es kommt daher auch nicht mehr auf die Frage an, ob nach Aufhebung des § 30 SGB V mit Wirkung vom 01.01.2005[8] und Regelung des Zahnersatzes in § 55 SGB V[9] die Bestimmung des § 310 Abs. 3 SGB V nunmehr als dynamische Verweisung auf § 55 Abs. 1 Sätze 3-7 SGB V auszulegen ist.

---

[5] Art. 1 Nr. 167 Buchstabe b des Gesetzes zur Sicherung und Strukturverbesserung der gesetzlichen Krankenversicherung (Gesundheitsstrukturgesetz) vom 21.12.1992, BGBl I 1992, 2266, 2301.

[6] Amtl. Begründung zum Entwurf des Gesundheitsstrukturgesetzes BT-Drs. 12/3608, S. 126.

[7] Im Ergebnis ebenso *Höfler* in: KassKomm, SGB V, § 310 Rn. 9.

[8] Durch Art. 1 Nr. 17 Gesetz zur Modernisierung der gesetzlichen Krankenversicherung (GKV-Modernisierungsgesetz – GMG) vom 14.11.2003, BGBl I 2003, 2190, 2193.

[9] Art. 1 Nr. 36 GMG; im Ergebnis ebenso *Höfler* in: KassKomm, SGB V, § 310 Rn. 9.

§ 311 SGB V Beziehungen der Krankenkassen zu den Leistungserbringern

(Fassung vom 14.11.2003, gültig ab 01.01.2005)

(1) (weggefallen)

(2) Die im Beitrittsgebiet bestehenden ärztlich geleiteten kommunalen, staatlichen und freigemeinnützigen Gesundheitseinrichtungen einschließlich der Einrichtungen des Betriebsgesundheitswesens (Polikliniken, Ambulatorien, Arztpraxen) sowie diabetologische, nephrologische, onkologische und rheumatologische Fachambulanzen nehmen in dem Umfang, in dem sie am 31. Dezember 2003 zur vertragsärztlichen Versorgung zugelassen sind, weiterhin an der vertragsärztlichen Versorgung teil. Im Übrigen gelten für die Einrichtungen nach Satz 1 die Vorschriften dieses Buches, die sich auf medizinische Versorgungszentren beziehen, entsprechend.

(2a) (weggefallen)

(3) (weggefallen)

(4) (weggefallen)

(5) § 83 gilt mit der Maßgabe, daß die Verbände der Krankenkassen mit den ermächtigten Einrichtungen oder ihren Verbänden im Einvernehmen mit den kassenärztlichen Vereinigungen besondere Verträge schließen können.

(6) (weggefallen)

(7) Bei Anwendung des § 95 gilt das Erfordernis des Absatzes 2 Satz 3 dieser Vorschrift nicht

a) für Ärzte, die bei Inkrafttreten dieses Gesetzes in dem in Artikel 3 des Einigungsvertrages genannten Gebiet die Facharztanerkennung besitzen,

b) für Zahnärzte, die bereits zwei Jahre in dem in Artikel 3 des Einigungsvertrages genannten Gebiet zahnärztlich tätig sind.

(8) Die Absätze 5 und 7 gelten nicht in dem in Artikel 3 des Einigungsvertrages genannten Teil des Landes Berlin.

(9) bis (11) (weggefallen)

Gliederung

A. Basisinformationen

I. Textgeschichte/Gesetzgebungsmaterialien

§ 311 SGB V wurde durch Anl. 1 Kap. VIII Sachgebiet G Abschn. II Nr. 1 **Einigungsvertrag** 1
v. 31.08.1990 i.V.m. dem Gesetz vom 23.09.1990[1] in das Sozialgesetzbuch eingefügt. Die Bestimmung trat am 01.01.1991 in Kraft.

[1] BGBl II 1990, 885.

2 In ihre gegenwärtige Fassung ist die Vorschrift im Wesentlichen mit Wirkung vom 01.01.2004 durch Art. 1 Nr. 182 lit. a) **GKV-Modernisierungsgesetz (GMG)** v. 14.11.2003[2] gebracht worden. § 311 Abs. 4 SGB V, eine Sonderregelung für die Mitgliedschaft von angestellten Ärzten in Einrichtungen nach § 311 Abs. 2 SGB V in der KV, wurde gemäß Art. 7 Abs. 8 GMG mit Wirkung vom 01.01.2005 aufgehoben.

3 **Gesetzgebungsmaterialien**: Gesetzentwurf der Fraktionen der SPD, CDU/CSU und BÜNDNIS 90/ DIE GRÜNEN zum GKV-Modernisierungsgesetz[3].

II. Vorgängervorschriften

4 § 311 SGB V trifft Übergangsregelungen aus Anlass einer historisch einmaligen Situation und hat daher keine Vorgängervorschrift.

III. Parallelvorschriften

5 Parallelvorschriften bestehen nicht.

IV. Untergesetzliche Normen

6 Unmittelbare untergesetzliche Normen existieren nicht. Allerdings sehen Gesamt- und Honorarverteilungsverträge z.T. Sonderregelungen für Einrichtungen i.S.v. § 311 Abs. 2 SGB V vor.[4]

V. Systematische Zusammenhänge

7 § 311 SGB V steht im Zwölften Kapitel des SGB V, das mit „Überleitungsregelungen aus Anlass der Herstellung der Einheit Deutschlands" überschrieben ist. Systematisch handelt es sich um eine **Übergangsregelung** zu einzelnen Vorschriften des Vierten Kapitels („Beziehungen der KKn zu den Leistungserbringern"), und zwar zur Teilnahme der in § 311 Abs. 2 SGB V genannten Einrichtungen an der vertragsärztlichen Versorgung und zur Geltung der Verträge nach § 83 SGB V. Hinsichtlich der Einrichtungen i.S.v. § 311 Abs. 2 SGB V handelt es sich darüber hinaus um eine **Verweisungsvorschrift** auf die für Medizinische Versorgungszentren i.S.v. § 95 Abs. 1 Satz 2 SGB V[5] geltenden Vorschriften. Für das Zulassungsrecht enthält § 311 Abs. 7 SGB V eine **Ausnahmevorschrift** zu § 95 Abs. 2 Satz 3 SGB V.

VI. Ausgewählte Literaturhinweise

8 *Feldmeier-Berens/v. Stackelberg*, Polikliniken vor dem Aus?, DOK 1992, 419-422; *Fiedler/Weber*, Medizinische Versorgungszentren, NZS 2004, 358-364; *Fuchs*, Erfahrungen der Polikliniken und Dispensaire-Einrichtungen mit multidisziplinären Versorgungsangeboten, SozSich 1991, 309-311; *Hoffmann*, Die rechtliche Einordnung der Polikliniken in den neuen Bundesländern, MedR 1994, 27-29; *Horst*, Die Auswirkungen des Gesundheits-Strukturgesetzes auf die neuen Bundesländer, SGb 1993, 539-542; *Knieps*, Die Krankenversicherung im beigetretenen Teil Deutschlands, DOK 1991, 37-44; *Kothe*, Die Umgestaltung des Gesundheitswesens in Ostdeutschland, SDSRF Nr. 46, 29-52 (2000); *Schirmer*, Rechtsvereinheitlichung im Ärztlichen Berufsrecht und Kassenarztrecht aus Anlass der Herstellung der Einheit Deutschlands, MedR 1991, 55-66; *Wasem*, Vom staatlichen zum kassenärztlichen System, Frankfurt (1997); *Wigge*, Medizinische Versorgungszentren nach dem GMG, MedR 2004, 123-134.

B. Auslegung der Norm

I. Regelungsgehalt und Bedeutung der Norm

9 **Absatz 2** enthält in Satz 1 eine Bestandsschutzregelung für die in der Vorschrift näher bezeichneten, am 31.12.2003 noch bestehenden und zur vertragsärztlichen Versorgung zugelassenen Einrichtungen. Indem es in Satz 2 die für medizinische Versorgungszentren (§ 95 Abs. 1 Satz 2 SGB V) geltenden

[2] BGBl I 2003, 2190.

[3] BT-Drs. 15/2525.

[4] Z.B. in Brandenburg, vgl. www.kvbb.de.

[5] Zu diesen näher: *Wigge* in: Schnapp/Wigge, Handbuch des Vertragsarztrechts, § 6 Rn. 61 ff.

Vorschriften auf die Einrichtungen i.S.d. Satzes 1 für anwendbar erklärt, stellt es beide Formen von Leistungserbringern gleich.

Absatz 5 trifft eine Sonderregelung für Vertragsschlüsse mit ermächtigten Einrichtungen im Beitrittsgebiet. 10

Absatz 7 enthält eine Befreiung von der gemäß § 95 Abs. 2 Satz 3 SGB V grundsätzlich vorgeschriebenen Ableistung einer Vorbereitungszeit als Voraussetzung der Eintragung ins Zahnarztregister für Zahnärzte im Beitrittsgebiet. Für Ärzte hat die Vorschrift keine Bedeutung mehr. 11

II. Normzweck

§ 311 Abs. 2 SGB V enthält eine **Bestandsschutzregelung** für die Teilnahme der in der Vorschrift näher bezeichneten Leistungserbringer an der vertragsärztlichen Versorgung und integriert sie darüber hinaus in das vertragsärztliche Versorgungssystem, indem es die für medizinische Versorgungszentren geltenden Bestimmungen für auf sie anwendbar erklärt. 12

§ 311 Abs. 5 SGB V beinhaltet eine **Besitzstandsklausel** zugunsten ermächtigter Einrichtungen, wenn diese bereits vor dem Beitritt eine Rechtsposition erworben hatten, in die nicht ohne weiteres durch Gesamtvertrag (§ 83 SGB V) eingegriffen werden durfte. 13

§ 311 Abs. 7 SGB V wahrt im Sinne einer **Vertrauensschutzregelung** das Recht der Zahnärzte, die im Beitrittsgebiet bereits zwei Jahre zahnärztlich tätig waren, auf Eintragung ins Zahnarztregister und damit auf Teilnahme an der vertragszahnärztlichen Versorgung. 14

III. Zugelassene Einrichtungen (Absatz 2)

1. Bestandsschutz für zugelassene Einrichtungen (Absatz 2 Satz 1)

§ 311 Abs. 2 Satz 1 SGB V gewährt den im Beitrittsgebiet bestehenden ärztlich geleiteten kommunalen, staatlichen und freigemeinnützigen Gesundheitseinrichtungen einschließlich der Einrichtungen des Betriebsgesundheitswesens (Polikliniken, Ambulatorien, Arztpraxen) sowie diabetologischen, nephrologischen, onkologischen und rheumatologischen Fachambulanzen in dem Umfang einen **Bestandsschutz**, in dem sie am 31.12.2003 zur vertragsärztlichen Versorgung zugelassen waren. 15

Damit knüpft § 311 Abs. 2 Satz 1 SGB V i.d.F. des GMG an die bis zum 31.12.2003 geltende Vorgängervorschrift an, wonach die genannten Einrichtungen „zur Sicherstellung der vertragsärztlichen Versorgung … kraft Gesetzes zur ambulanten Versorgung zugelassen" waren, „soweit sie am 01.10.1992 noch bestanden". 16

Daraus ergibt sich zunächst, dass eine Einrichtung dann **nicht** kraft Gesetzes zugelassen ist, wenn sie **vor dem 01.10.1992 aufgelöst** worden ist. Gleiches gilt indessen, wenn die Einrichtung zwischen dem 01.10.1992 und dem 31.12.2003 aufgelöst worden ist bzw. ihren Zulassungsstatus in anderer Weise verloren (z.B. kirchliche Fachambulanzen zum 31.12.1995) oder geändert hat. Dementsprechend findet § 311 Abs. 2 SGB V keine Anwendung, wenn die ursprünglich in einer solchen Einrichtung tätigen Ärzte den Status eines zugelassenen oder ermächtigten Arztes erworben haben und die Einrichtung in Form einer Gemeinschaftspraxis oder Praxisgemeinschaft weitergeführt wird. Das **Wiederaufleben** einer einmal erloschenen Zulassung nach dem 01.01.2004 ist **ausgeschlossen**.[6] 17

Da sich der Bestandsschutz auf den Umfang beschränkt, in dem die Einrichtung am 31.12.2003 bestanden hat, bezieht er sich nicht nur auf solche Arztgruppen und Arztstellen, über die die Einrichtung bereits am 01.10.1992 verfügt hat, sondern er erfasst auch diejenigen, die zwischenzeitlich **bedarfsplanungskonform** geschaffen worden sind (vgl. dazu im Einzelnen die Bestimmungen des § 311 Abs. 2 SGB V in der bis zum 31.12.2003 geltenden Fassung).[7] Das schließt solche Stellen ein, die am 31.12.2003 zwar vakant, aber ausgeschrieben waren, sofern die Einrichtung sich unverzüglich nach Eintritt der Vakanz nachhaltig um eine Nachbesetzung bemüht hat und die Nachbesetzung in angemessener Frist zu erwarten ist (Rechtsgedanke des § 95 Abs. 5 SGB V).[8] 18

---

6 *Hencke* in: Peters, SGB V, § 311 Rn. 6a.

7 Vgl. zur Einstellung eines Arztes, der fachärztlich auf einem Gebiet tätig werden sollte, das am 01.10.1992 nicht Bestandteil des Leistungsangebots der Einrichtung war: BSG v. 19.06.1996 - 6 RKa 46/95 - SozR 3-2500 § 311 Nr. 4; zur Nachbesetzung LSG Berlin-Brandenburg v. 12.03.2003 - L 5 KA 6/01 und L 5 KA 7/01 (keine Anwendung der Altersgrenze von 55 Jahren auf angestellte Ärzte in Einrichtungen nach § 311 Abs. 2 SGB V).

8 *Hencke* in: Peters, SGB V, § 311 Rn. 6.

19 Bei den **Fachambulanzen** i.S.d. § 311 Abs. 2 Satz 1 SGB V handelt es sich in erster Linie um solche, die einen Dispensaireauftrag hatten.[9] In diesem Fall können sie auch als unselbstständige Krankenhausambulanzen bestanden bzw. in der Trägerschaft einer Hochschule nach § 311 Abs. 2 Satz 1 SGB V gestanden haben.[10] Ambulanzen von Krankenhäusern, die dagegen keine Fachambulanzen mit Dispensaire-Auftrag waren (und auch nicht in kirchlicher Trägerschaft standen), fallen nur dann unter § 311 Abs. 2 Satz 1 SGB V, wenn sie gegenüber dem Krankenhaus in der Weise verselbstständigt waren, dass sie eine eigenständige Organisationseinheit mit eigener Verwaltung, eigenem Haushalts- und Stellenplan sowie einem hauptamtlichen ärztlichen Leiter und hauptamtlich tätigen Ärzten bildeten.[11]

2. Anwendung der Vorschriften über medizinische Versorgungszentren

20 Ab dem 01.01.2004 finden auf die Einrichtungen i.S.d. § 311 Abs. 2 Satz 1 SGB V die Vorschriften des SGB V Anwendung, die sich auf **medizinische Versorgungszentren** beziehen. Der Gesetzgeber hält die Gleichstellung für gerechtfertigt, weil die Einrichtungen nach § 311 Abs. 2 Satz 1 SGB V in den wesentlichen Strukturen den medizinischen Versorgungszentren entsprechen. Da § 311 Abs. 2 SGB V eine Bestandsschutzregelung ist, ist es andererseits abweichend von § 95 Abs. 1 Satz 2 SGB V nicht erforderlich, dass die Einrichtung fachübergreifend tätig ist.[12]

21 Die Gleichstellung mit den medizinischen Versorgungszentren bedeutet z.B., dass die Anstellung zusätzlicher, nicht vom Bestandsschutz zum 31.12.2003 erfasster Ärzte gemäß § 95 Abs. 2 Satz 6 SGB V der **Genehmigung des Zulassungsausschusses** bedarf.

22 Soweit die es Rechtsprechung für die Zeit bis zum 31.12.2003 für zulässig gehalten hat, Leistungen für Einrichtungen nach § 311 Abs. 2 SGB V aus einem gesonderten Honorartopf zu vergüten,[13] dürfte dies mit der Gleichstellung mit den medizinischen Versorgungszentren nicht mehr möglich sein. Vielmehr muss sich die Gleichstellung auch in der Honorarverteilung widerspiegeln, so dass medizinische Einrichtungen und Einrichtungen nach § 311 Abs. 2 SGB V nach einheitlichen Kriterien den Honorartöpfen des Honorarverteilungsvertrages zuzuordnen sind.

IV. Verträge mit ermächtigten Einrichtungen (Absatz 5)

23 Die **Gesamtverträge** nach § 83 SGB V gelten grundsätzlich auch für ermächtigte Einrichtungen (§ 95 Abs. 1 SGB V i.V.m. § 31 Abs. 1 Ärzte-ZV bzw. § 31 Abs. 1 Zahnärzte-ZV). Hiervon macht § 311 Abs. 5 SGB V eine **Ausnahme**, indem die Vorschrift den Verbänden der KKn gestattet, mit den ermächtigten Einrichtungen des Beitrittsgebiets oder ihren Verbänden besondere Verträge zu schließen. Die Verträge müssen im **Einvernehmen** mit der K(Z)V geschlossen werden.

24 Damit trägt die Bestimmung dem Umstand Rechnung, dass sich solche Einrichtungen, zumal wenn sie bereits vor dem Beitritt bestanden, einen **Bestandsschutz** erworben haben, in den durch Gesamtvertrag nicht ohne weiteres eingegriffen werden kann. Diesem Bestandsschutz kann in den besonderen Verträgen Rechnung getragen werden.

25 Einrichtungen i.S.d. § 311 Abs. 5 SGB V sind nur ermächtigte Einrichtungen. Auf Einrichtungen nach **§ 311 Abs. 2 SGB V** findet § 311 Abs. 5SGB V **keine Anwendung**.[14]

V. Vorbereitungszeit (Absatz 7)

26 § 311 Abs. 7 SGB V befreite **Ärzte** im Beitrittsgebiet, die bei In-Kraft-Treten des Gesetzes am 01.01.1991 (§ 308 Abs. 1 Satz 1 SGB V) die Facharztanerkennung besaßen, von der Verpflichtung, vor der Eintragung ins Arztregister eine einjährige **Vorbereitungszeit** abzuleisten (§ 95 Abs. 2 Satz 3 SGB V in der bis zum 31.12.1993 geltenden Fassung). Mit In-Kraft-Treten des § 95a SGB V zum 01.01.1994[15] ist die Eintragung ins Arztregister an anderweitige Weiterbildungsvoraussetzungen geknüpft. Von diesen Anforderungen enthält § 311 Abs. 7 SGB V keine Ausnahme.

---

9 Zum Begriff: BSG v. 05.11.1997 - 6 RKa 94/96 - MedR 1998, 227.

10 BSG v. 26.01.2000 - B 6 KA 47/98 R - SozR 3-2500 § 311 Nr. 6.

11 BSG v. 30.11.1994 - 6 RKa 35/93 - SozR 3-2500 § 311 Nr. 3.

12 FraktE-GMG, BT-Drs. 15/1525, S. 151.

13 Vgl. LSG Berlin-Brandenburg v. 22.11.2006 - L 7 KA 36/01-25; LSG Berlin-Brandenburg v. 28.06.2006 - L 7 KA 28/01-25.

14 *Hencke* in: Peters, SGB V, § 311 Rn. 10.

15 Art. 1 Nr. 52 Gesundheitsstrukturgesetz (GSG) v. 21.12.1992, BGBl 1992 I, 2266.

Die Privilegierung des § 311 Abs. 7 SGB V kommt damit (nur) **Zahnärzten** zugute, die vor dem 01.01.1991 bereits zwei Jahre im Beitrittsgebiet als Zahnärzte tätig gewesen sind. Voraussetzung ist, dass die Zahnarztregistereintragung bzw. Zulassung im **Beitrittsgebiet** begehrt wird. Dagegen kann sich ein Zahnarzt, der sich um die Eintragung ins Zahnarztregister einer KZV in einem „alten" Bundesland bemüht, nicht auf § 311 Abs. 7 SGB V berufen. In diesem Fall muss er vielmehr nach § 95 Abs. 2 Satz 3 Nr. 2 SGB V die Ableistung einer zweijährigen Vorbereitungszeit nachweisen. 27

Nach § 3 Abs. 3 Satz 1 Zahnärzte-ZV muss die Vorbereitungszeit eine mindestens sechsmonatige Tätigkeit als Assistent oder Vertreter eines oder mehrerer Vertragszahnärzte umfassen. Dieses Erfordernis erfüllen Vertragszahnärzte i.S.d. § 311 Abs. 7 SGB V, wenn sie als Assistenzärzte in einer Einrichtung i.S.v. § 311 Abs. 2 SGB V tätig gewesen sind. Ebenso ist die selbstständige Tätigkeit als Zahnarzt im Beitrittsgebiet der Vertretung eines westdeutschen Zahnarztes gleichzustellen.[16] 28

[16] *Hencke* in: Peters, SGB V, § 311 Rn. 12; *Hess* in: KassKomm-SGB, SGB V, § 311 Rn. 18.

§ 313a SGB V Risikostrukturausgleich

(Ursprünglich kommentierte Fassung vom 26.03.2007, gültig ab 01.04.2007, gültig bis 31.12.2007)

(1) Der Risikostrukturausgleich (§ 266) wird ab 2001 bis zum Ausgleichsjahr 2007 abweichend von § 313 Abs. 10 Buchstabe a und von Artikel 35 Abs. 9 des Gesundheitsstrukturgesetzes mit folgender Maßgabe durchgeführt:

1. **Die Verhältniswerte und die standardisierten Leistungsausgaben (§ 266 Abs. 2 Satz 3) sowie der Beitragsbedarf (§ 266 Abs. 2 Satz 2) sind für Versicherte in dem in Artikel 1 Abs. 1 des Einigungsvertrages genannten Gebiet getrennt zu ermitteln und zugrunde zu legen.**
2. **Für die Ermittlung des Ausgleichsbedarfssatzes (§ 266 Abs. 3) sind die Beitragsbedarfssumme und die Summe der beitragspflichtigen Einnahmen der Mitglieder aller Krankenkassen im gesamten Bundesgebiet zugrunde zu legen.**
3. **Die Verhältniswerte und die standardisierten Leistungsausgaben (§ 266 Abs. 2 Satz 3) sowie der Beitragsbedarf (§ 266 Abs. 2 Satz 2) sind für die Versicherten im Gebiet der Bundesrepublik Deutschland nach dem Stand vom 2. Oktober 1990 einschließlich des in Artikel 3 des Einigungsvertrages genannten Teils des Landes Berlin getrennt zu ermitteln und zu Grunde zu legen.**
4. **Die Werte nach Nummer 3 sind zusätzlich für die Versicherten aller Krankenkassen im gesamten Bundesgebiet zu ermitteln.**
5. **Für die Feststellung der Ausgleichsansprüche und -verpflichtungen (§ 266 Abs. 2) der Krankenkassen in dem in Nummer 1 genannten Gebiet sind die nach Nummer 1 ermittelten standardisierten Leistungsausgaben um den Unterschiedsbetrag zwischen den Werten nach Nummer 4 und nach Nummer 1, gewichtet mit dem Faktor nach Nummer 7 zu erhöhen.**
6. **Für die Feststellung der Ausgleichsansprüche und -verpflichtungen (§ 266 Abs. 2) der Krankenkassen in dem in Nummer 3 genannten Gebiet sind die nach Nummer 3 ermittelten standardisierten Leistungsausgaben um den Unterschiedsbetrag zwischen den Werten nach Nummer 3 und nach Nummer 4, gewichtet mit dem Faktor nach Nummer 7 zu verringern.**
7. **Der Gewichtungsfaktor beträgt im Jahr 2001 25 vom Hundert und erhöht sich bis zum Jahr 2007 jährlich um 12,5 Prozentpunkte.**

(2) Krankenkassen, die ihre Zuständigkeit auf das in Absatz 1 Nr. 1 genannte Gebiet erstrecken, haben die Daten nach § 267 für die Versicherten in diesem Gebiet weiterhin getrennt zu erheben und den Rechnungsabschluß (§ 77 des Vierten Buches) sowie Geschäftsübersichten und Statistiken (§ 79 des Vierten Buches) für die Durchführung der Versicherung in diesem Gebiet weiterhin getrennt auszuweisen.

(3) bis (5) (weggefallen)

§ 313a: Nach Maßgabe der Entscheidungsformel mit dem GG vereinbar gem. BVerfGE v. 18.7.2005 I 2888 - 2 BvF 2/01 -

§ 313a SGB V Risikostrukturausgleich

(Fassung vom 26.03.2007, gültig ab 01.01.2008)

Der Risikostrukturausgleich (§ 266) wird ab 2001 bis zum Ausgleichsjahr 2007 abweichend von § 313 Abs. 10 Buchstabe a und von Artikel 35 Abs. 9 des Gesundheitsstrukturgesetzes mit folgender Maßgabe durchgeführt:

1. **Die Verhältniswerte und die standardisierten Leistungsausgaben (§ 266 Abs. 2 Satz 3) sowie der Beitragsbedarf (§ 266 Abs. 2 Satz 2) sind für Versicherte in dem in Artikel 1 Abs. 1 des Einigungsvertrages genannten Gebiet getrennt zu ermitteln und zugrunde zu legen.**
2. **Für die Ermittlung des Ausgleichsbedarfssatzes (§ 266 Abs. 3) sind die Beitragsbedarfssumme und die Summe der beitragspflichtigen Einnahmen der Mitglieder aller Krankenkassen im gesamten Bundesgebiet zugrunde zu legen.**
3. **Die Verhältniswerte und die standardisierten Leistungsausgaben (§ 266 Abs. 2 Satz 3) sowie der Beitragsbedarf (§ 266 Abs. 2 Satz 2) sind für die Versicherten im Gebiet der Bundesrepublik Deutschland nach dem Stand vom 2. Oktober 1990 einschließlich des in Artikel 3 des Einigungsvertrages genannten Teils des Landes Berlin getrennt zu ermitteln und zu Grunde zu legen.**
4. **Die Werte nach Nummer 3 sind zusätzlich für die Versicherten aller Krankenkassen im gesamten Bundesgebiet zu ermitteln.**
5. **Für die Feststellung der Ausgleichsansprüche und -verpflichtungen (§ 266 Abs. 2) der Krankenkassen in dem in Nummer 1 genannten Gebiet sind die nach Nummer 1 ermittelten standardisierten Leistungsausgaben um den Unterschiedsbetrag zwischen den Werten nach Nummer 4 und nach Nummer 1, gewichtet mit dem Faktor nach Nummer 7 zu erhöhen.**
6. **Für die Feststellung der Ausgleichsansprüche und -verpflichtungen (§ 266 Abs. 2) der Krankenkassen in dem in Nummer 3 genannten Gebiet sind die nach Nummer 3 ermittelten standardisierten Leistungsausgaben um den Unterschiedsbetrag zwischen den Werten nach Nummer 3 und nach Nummer 4, gewichtet mit dem Faktor nach Nummer 7 zu verringern.**
7. **Der Gewichtungsfaktor beträgt im Jahr 2001 25 vom Hundert und erhöht sich bis zum Jahr 2007 jährlich um 12,5 Prozentpunkte.**

Hinweis: § 313a SGB V in der Fassung vom 26.03.2007 wurde durch Art. 2 Nr. 31 des Gesetzes vom 26.03.2007 (BGBl I 2007, 378) mit Wirkung vom 01.01.2008 geändert. Die Autoren passen die Kommentierungen bei Bedarf an die aktuelle Rechtslage durch Aktualisierungshinweise an.

Gliederung

A. Basisinformationen

I. Textgeschichte/Gesetzgebungsmaterialien

1 Die Regelung wurde zum 01.01.1999 durch Art. 1 des GKV-Finanzstärkungsgesetzes[1] eingeführt. Die zunächst vorgesehene Befristung des durch diese Regelung eingeführten gesamtdeutschen Finanzkraftausgleichs auf die Jahre 1999-2001 wurde durch das GKV-Solidaritätsstärkungsgesetz[2] aufgehoben (Änderung in Absatz 1 Satz 1). Durch das Gesetz zur Rechtsangleichung in der gesetzlichen Krankenversicherung[3] wurde der Weg zu einem gesamtdeutschen Risikostrukturausgleich eingeschlagen, der 2007 verwirklicht werden soll. Es wurde in Absatz 1 die Zahl 1999 in 2001 geändert und die Nr. 3-7 angefügt, der Absatz 3 neu gefasst und Absatz 5 angefügt. Durch Artikel 1 des Fallpauschalengesetzes[4] wurde Absatz 3 durch Einfügung der Worte „des Krankenhausentgeltgesetzes" ergänzt. Durch das GKV-WSG[5] wurde § 313a SGB V in wesentlichen Bestandteilen aufgehoben (Absätze 3 bis 5 ab dem 01.04.2007, die Aufhebung des Absatzes 2 tritt am 01.01.2008 in Kraft). In Absatz 1 wurde nach der Angabe „ab 2001" die Angabe „bis zum Ausgleichsjahr 2007" eingefügt.[6]

II. Vorgängervorschriften

2 Eine Vorgängervorschrift existiert nicht.

III. Verwaltungsvorschriften

3 Das Nähere über die Durchführung des Risikostrukturausgleichs im Beitrittsgebiet ist in den §§ 27 und 27a Risikostrukturausgleichsverordnung (RSAV) geregelt. Von der in Absatz 5 eingeräumten Verordnungsermächtigung zur Regelung abweichender Gewichtungsfaktoren hatte die Bundesregierung keinen Gebrauch gemacht.

IV. Systematische Zusammenhänge

4 Die Vorschrift enthielt als Übergangsregelung besondere Regelungen für den Risikostrukturausgleich nach § 266 SGB V im Beitrittsgebiet und führte abweichend von § 313 Abs. 10 a) SGB V, der eine getrennte Durchführung des Risikostrukturausgleichs und der Datenerhebung nach den §§ 266, 267 SGB V für das Beitrittsgebiet vorsieht, zu einer rechtskreisübergreifenden Anwendung des Risikostrukturausgleichs.

V. Literaturhinweise

5 *Schneider/Schawo*, Der Einheit ein Stück näher: Gesamtdeutscher Risikostrukturausgleich, Gesundheit und Gesellschaft, Ausgabe 4/2000, S. 24. Vgl. im Übrigen die Kommentierung zu § 266 SGB V Rn. 9.

B. Auslegung der Norm

I. Regelungsgehalt und Bedeutung der Norm

6 In Absatz 1 werden Vorgaben für die Durchführung des Risikostrukturausgleichs geregelt, die von den Regelungen des § 313 Abs. 10 SGB V abweichen. Zu ermitteln und bei der Durchführung des Risikostrukturausgleichs zugrunde zu legen sind nach Rechtskreisen getrennte Verhältniswerte, standardisierte Leistungsausgaben und der Beitragsbedarf (Absatz 1 Nr. 1 und Nr. 3) sowie ein bundeseinheitlicher Ausgleichsbedarfssatz (Absatz 1 Nr. 2). Die standardisierten Leistungsausgaben und Verhältniswerte sind zudem für das ganze Bundesgebiet zu ermitteln (Absatz 1 Nr. 4). Die Ausgleichsansprüche und -verpflichtungen sind um den Differenzbetrag zwischen den nach Rechtskreisen getrennten Beträgen für die standardisierten Leistungsausgaben zu den bundeseinheitlichen Werten zu erhöhen bzw. zu

1 V. 24.03.1998; BGBl I 1998, 526; zur Begründung vgl. BT-Drs. 13/9377, S. 6 ff. und BT-Drs. 13/9866, S. 10 ff.
2 V. 19.12.1998; BGBl I 1998, 3853; zur Begründung BT-Drs. 14/24, S. 20 f.
3 V. 22.12.1999; BGBl I 1999, 2657, vgl. dazu BT-Drs. 14/1977, S. 182 f.
4 V. 23.04.2002; BGBl I 2002, 1412.
5 V. 26.03.2007; BGBl I 2007, 378.
6 BT-Drs. 16/3100, S. 177, 182

verringern (Absatz 1 Nr. 5 und Nr. 6). Ein voller Ausgleich der Differenz erfolgt erst ab 2007. Im Jahr 2001 wird der Unterschiedsbetrag zu 25% (Gewichtungsfaktor nach Absatz 1 Nr. 7) ausgeglichen. Dieser Gewichtungsfaktor steigt jährlich um 12,5%.

Da bis 2007 noch eine eingeschränkte Rechtskreistrennung greift, wird in Absatz 2 geregelt, dass Daten getrennt zu erheben sind und Rechnungsabschluss (§ 77 SGB IV), Geschäftsübersicht und Statistiken (§ 79 SGB IV) getrennt zu führen sind. Ab 2008 wäre die Regelung gegenstandslos; sie wurde entsprechend durch das GKV-WSG zum 01.01.2008 aufgehoben. 7

Mit Wirkung ab dem 01.04.2007 wurden die Absätze 3 bis 5 aufgehoben. Absatz 3 regelte die Verwendung der zusätzlichen Transfers und verpflichtete dazu, dass diese nicht zu Erhöhungen von Vergütungen der Leistungserbringer über die nach § 71 Abs. 2 SGB V geltende Rate führen dürften. In Absatz 4 war eine Deckelung des Finanzkraftausgleichs für das Jahr 1999 auf 1,2 Mrd. DM geregelt. Durch Absatz 5 war die Bundesregierung beauftragt, die Folgen der Einführung eines gesamtdeutschen Risikostrukturausgleichs zu überprüfen. Sie wurde dazu ermächtigt, abweichende Gewichtungsfaktoren in der Verordnung nach § 267 SGB V zu regeln, wenn die Überprüfung zu dem Ergebnis kommt, dass die Ausgleichsleistungen zu ungerechtfertigten Belastungsunterschieden zwischen den Rechtskreisen geführt haben. 8

II. Normzweck

Die Regelung diente der Konsolidierung der GKV-Ost und der Rechtsangleichung im Beitrittsgebiet durch schrittweise Einführung eines gesamtdeutschen Risikostrukturausgleichs. Die in § 313 Abs. 10 SGB V vorgesehene Rechtskreistrennung, die finanzielle Transfers vom Rechtskreis West in das Beitrittsgebiet grundsätzlich ausschloss, und die anhaltend schlechte wirtschaftliche Lage im Beitrittsgebiet führten zu einer schlechten finanziellen Situation vieler Krankenkassen im Beitrittsgebiet. Beginnend mit dem GKV-Finanzstärkungsgesetz wurde aus diesem Grund die Rechtskreistrennung zunächst in Form eines Finanzkraftausgleichs abgelöst. Nachdem 2007 die letzte Stufe zum rechtskreisübergreifenden Risikostrukturausgleich erreicht wurde und § 313 Abs. 10 SGB V durch das GKV-WSG aufgehoben wurde, wird § 313a SGB V nur noch als Rechtsgrundlage für die Durchführung des Ausgleichs sowie von eventuellen Korrekturen für die Ausgleichsjahre 2001 bis 2007 benötigt. In den Ausgleichsjahren ab 2008 ist keine Rechtskreistrennung mehr vorgesehen. 9

III. Gesamtdeutscher Risikostrukturausgleich

1. Rechtslage nach dem GKV-Finanzstärkungsgesetz

Der durch das GKV-Finanzstärkungsgesetz eingeführte rechtskreisübergreifende Risikostrukturausgleich nach § 313a SGB V beinhaltete zunächst nur einen **Finanzkraftausgleich**. Bei der Durchführung des Risikostrukturausgleichs wurden die standardisierten Leistungsausgaben, die Verhältniswerte und der Beitragsbedarf für die jeweiligen Rechtskreise weiterhin getrennt ermittelt und zugrunde gelegt. Es wurde aber ein **bundeseinheitlicher Ausgleichsbedarfssatz** zugrunde gelegt, der im Wesentlichen aufgrund der im Durchschnitt höheren beitragspflichtigen Einnahmen der Versicherten West zu einer Herabsenkung der Finanzkraft der „GKV-Ost" und damit höheren Ausgleichsansprüchen führte. Der dadurch bewirkte Ausgleich zwischen den Rechtskreisen wurde für das Jahr 1999 gedeckelt auf 1,2 Mrd. DM. Notwendig war weiterhin eine nach Rechtskreisen getrennte Datenerhebung und die getrennte Führung von Rechnungsabschlüssen, Geschäftsübersichten und Statistiken. 10

2. Stufenweise weitere Angleichung

Da auch im Jahr 1998 die Netto-Gesamtverschuldung der GKV-Ost noch 1,6 Mrd. DM bei einem durchschnittlich um 0,33% höheren Beitragssatz als in der GKV-West betrug[7], wurde mit dem Gesetz zur Rechtsangleichung in der gesetzlichen Krankenversicherung[8] der Weg zu einem gesamtdeutschen Risikostrukturausgleich eingeschlagen. In der seit 2001 geltenden Fassung wird nunmehr auch eine **einheitliche Ermittlung der standardisierten Leistungsausgaben** und damit auch ein **Beitragsbedarfsausgleich** eingeführt. Dieses erfolgt stufenweise, indem die nach wie vor zunächst getrennt ermittelten standardisierten Leistungsausgaben durch einen **Gewichtungsfaktor** erhöht (Ost) bzw. verringert (West) werden. Es sind jeweils getrennt für Ost und West und zudem für das gesamte Bundesgebiet die Verhältniswerte, die standardisierten Leistungsausgaben und der Beitragsbedarf zu ermit- 11

[7] BT-Drs. 14/1977, S. 183.

[8] BGBl I 1999, 2657, vgl. dazu BT-Drs. 14/1977, S. 182 f.

teln. Der Unterschiedsbetrag zwischen den standardisierten Leistungsausgaben „Ost“ und den standardisierten Leistungsausgaben „Bund“ und entsprechend für die Westkassen wird schrittweise ausgeglichen. Die zeitliche Verzögerung wird durch den Gewichtungsfaktor nach Absatz 1 Nr. 7 bewirkt, der im Jahr 2001 25% beträgt und jährlich bis 2007 um jeweils 12,5% erhöht wird. Die Einführung eines nicht nach Rechtskreisen getrennten Risikostrukturausgleichs ist vom BVerfG als verfassungsgemäß angesehen worden.[9]

3. Verwendung und Begrenzung der Transferbeträge

12 Sowohl in § 313a Abs. 3 SGB V in der Fassung des GKV-Finanzstärkungsgesetzes als auch in der seit 2000 geltenden Fassung war die Verwendung der zusätzlichen Transfers geregelt.[10] Zweck war es jeweils, die Verwendung der Transferzahlungen zum Schuldenabbau und zur Auffüllung der Betriebsmittel und Rücklagen und nicht zu Erhöhungen der Vergütungen für die in Absatz 3 genannten Leistungserbringer sicherzustellen. Durch die Begrenzung nach Absatz 4 sollte Unsicherheiten bei der Einschätzung der Finanzentwicklung bei den Krankenkassen insbesondere im Beitrittsgebiet Rechnung getragen werden.[11]

4. Überprüfungsauftrag

13 Nach der nach Absatz 5 durchgeführten **Überprüfung** führte die Neuregelung im Jahr 2001 zu einer weiteren Entlastung der GKV-Ost von (umgerechnet) rund 477 Mio. €; dies entsprach einer Entlastung von rund 0,3 Beitragssatzpunkten für die Krankenkassen in den neuen Ländern und einer Belastung der Beitragszahler in den alten Ländern von rund 0,06 Beitragssatzpunkten. Dieses blieb gegenüber dem Finanzkraftausgleich, der zu einem Transfer von (umgerechnet) rund 1,5 Mrd. € führte, weit zurück. Für die Jahre 2002-2007 wurden steigende jährliche Transfervolumina bis zu 1,205 Mrd. € im Jahr 2007 zugrunde gelegt.[12]

14 Die Überprüfung hat nicht dazu geführt, dass die Bundesregierung von der Verordnungsermächtigung, abweichende Regelungen zum Gewichtungsfaktor zu treffen, Gebrauch gemacht hat. Rechtswirkungen gehen von dieser auf das Jahr 2002 bezogenen Ermächtigung damit nicht mehr aus.[13]

---

[9] BVerfG v. 18.07.2005 - 2 BvF 2/01.
[10] Vgl. dazu BT-Drs. 13/9377, S. 12 und BT-Drs. 14/1977, S. 185.
[11] BT-Drs. 13/9377, S. 12.
[12] Vgl. BVerfG v. 18.07.2005 - 2 BvF 2/01.
[13] Vgl. BVerfG v. 18.07.2005 - 2 BvF 2/01.

§ 314 SGB V Beitragszuschüsse für Beschäftigte

(Fassung vom 26.03.2007, gültig ab 01.01.2009)

(1) Versicherungsverträge, die den Standardtarif nach § 257 Abs. 2a in der bis zum 31. Dezember 2008 geltenden Fassung zum Gegenstand haben, werden auf Antrag der Versicherten auf Versicherungsverträge nach dem Basistarif gemäß § 12 Abs. 1a des Versicherungsaufsichtsgesetzes umgestellt.

(2) Zur Gewährleistung der in § 257 Abs. 2a Satz 1 Nr. 2 und 2a bis 2c in der bis zum 31. Dezember 2008 geltenden Fassung genannten Begrenzung bleiben im Hinblick auf die ab 1. Januar 2009 weiterhin im Standardtarif Versicherten alle Versicherungsunternehmen, die die nach § 257 Abs. 2 zuschussberechtigte Krankenversicherung betreiben, verpflichtet, an einem finanziellen Spitzenausgleich teilzunehmen, dessen Ausgestaltung zusammen mit den Einzelheiten des Standardtarifs zwischen der Bundesanstalt für Finanzdienstleistungsaufsicht und dem Verband der privaten Krankenversicherung mit Wirkung für die beteiligten Unternehmen zu vereinbaren ist und der eine gleichmäßige Belastung dieser Unternehmen bewirkt. Für in Absatz 2a Satz 1 Nr. 2c in der bis 31. Dezember 2008 geltenden Fassung genannte Personen, bei denen eine Behinderung nach § 4 Abs. 1 des Gesetzes zur Eingliederung Schwerbehinderter in Arbeit, Beruf und Gesellschaft festgestellt worden ist, wird ein fiktiver Zuschlag von 100 vom Hundert auf die Bruttoprämie angerechnet, der in den Ausgleich nach Satz 1 einbezogen wird.

Gliederung

A. Basisinformationen

I. Textgeschichte/Gesetzgebungsmaterialien

1 § 314 SGB V wurde durch Art. 1 Nr. 212 des Gesetzes zur Stärkung des Wettbewerbs in der gesetzlichen Krankenversicherung (GKV-WSG) vom 26.03.2007[1] **mit Wirkung zum 01.01.2009** neu eingefügt. Eine Vorgängerregelung gab es nicht. Der ursprüngliche Gesetzesentwurf der Fraktionen CDU/CSU und SPD enthielt eine Regelung des § 314 SGB V zwar, diese wurde aber **durch eine Beschlussempfehlung des Ausschusses für Gesundheit** (14. Ausschuss) vom 31.01.2007[2] **erheblich verändert**, wobei letztere ohne weitere inhaltliche Änderung Gesetz geworden ist. Die Begründung für die Regelung findet sich dementsprechend nur zum Teil in der ursprünglichen Begründung des Gesetzesentwurfs[3], hauptsächlich aber in der Begründung der Beschlussempfehlung[4].

II. Parallelvorschriften

2 Als Parallelvorschrift ist der zum 01.07.2007 in Kraft getretene, ebenfalls durch GKV-WSG eingefügte **§ 315 Abs. 4 SGB V** anzusehen, der seine Wirkung ebenfalls erst zum 01.01.2009 entfaltet. Dieser statuiert wie § 314 SGB V **eine Überleitungsregelung**, allerdings nur für die Personen, die erst

[1] BGBl I 2007, 378, 437.
[2] BT-Drs. 16/4200, S. 138.
[3] BT-Drs. 16/3100, S. 177.
[4] BT-Drs. 16/4247, S. 58.

nach § 315 Abs. 1 SGB V die Voraussetzungen zum Beitritt zum Standardtarif nach § 257 Abs. 2a SGB V erfüllten und damit als weniger schutzwürdig angesehen wurden. Ein Wahlrecht ist für diese Personen nicht vorgesehen.

III. Systematische Zusammenhänge

3 Die Norm nimmt Bezug auf **§ 257 Abs. 2a SGB V**, der bereits seit dem 01.07.1994 (mit wesentlichen Änderungen zum 01.07.2000) einen **Standardtarif** in der privaten Krankenversicherung für bestimmte Versichertengruppen definiert. Der Tarif wird zum 01.01.2009 geschlossen, ein Beitritt ist dann nicht mehr möglich. Für Bestandsversicherte war eine Übergangsregelung erforderlich, die sich nur teilweise aus § 314 SGB V ergibt.

4 Für Personen, die dem Standardtarif gemäß § 257 Abs. 2a SGB V nur durch Inanspruchnahme der Sonderregelung des § 315 Abs. 1 SGB V beigetreten sind, bestimmt sich die Übergangsregelung **allein nach § 315 Abs. 4 SGB V**.

5 Erfolgt ein Antrag zur Umstellung in den Basistarif, nimmt § 314 Abs. 1 SGB V insoweit Bezug auf die Regelung in **§ 12 Abs. 1a des Versicherungsaufsichtsgesetzes** (VAG)[5]. Regelungen zum Basistarif finden sich auch in § 12 Abs. 1b-c VAG, §§ 178a Abs. 7, 178g Versicherungsvertragsgesetz (VVG), jeweils in der ab dem 01.01.2009 geltenden Fassung.

IV. Ausgewählte Literaturhinweise

6 *Orlowski/Wasem*, Gesundheitsreform 2007 (GKV-WSG), 2007, Kapitel F und R; vgl. zum neuen Basistarif: *Schlegel*, GKV-Wettbewerbsstärkungsgesetz, jurisPR-SozR 4/2007, Anm. 4; *Sodan*, Das GKV-Wettbewerbsstärkungsgesetz, NJW 2007, 1313-1320.

B. Auslegung der Norm

I. Regelungsgehalt und Bedeutung der Norm

7 Die Norm regelt in Absatz 1 die Möglichkeit für die bisher im Standardtarif nach § 257 Abs. 2a SGB V Versicherten, die diesem nicht nach § 315 Abs. 1 SGB V beigetreten sind (vgl. hierzu die Kommentierung zu § 315 SGB V Rn. 14), ab dem 01.01.2009 dem dann geltenden neuen Basistarif beizutreten. Eine **Verpflichtung besteht** insoweit **nicht**.

8 Absatz 2 legt fest, dass für die Personen, die weiterhin im alten Standardtarif versichert bleiben, ein **eigener**, auf diese Versichertengruppe beschränkter **Spitzenausgleich** zu erfolgen hat. Inhaltlich wird dabei der bis zum 31.12.2008 geltende **§ 257 Abs. 2b SGB V wortgleich übernommen**, es ändert sich insofern für die Betroffenen nichts.

II. Normzweck

9 Der **Standardtarif** gemäß § 257 Abs. 2a SGB V soll bis zu Einführung des neuen Basistarifs in der PKV, also **bis zum 31.12.2008, geöffnet** bleiben und dann geschlossen werden. Weil die Versicherungskonditionen im bisherigen Standardtarif und im neuen Basistarif nicht identisch sind, wird über die Regelung ein **Bestandsschutz** für diejenigen geschaffen, die dem Standardtarif nicht gemäß § 315 Abs. 1 SGB V beigetreten sind. Für sie sollen insbesondere die bisherigen Regelungen über den Spitzenausgleich zwischen den Krankenkassen durch die wortgleiche Übernahme des bisherigen § 257 Abs. 2 SGB V in § 314 Abs. 2 SGB V beibehalten werden, wenn sie **keinen Antrag auf Aufnahme in den neuen Basistarif** stellen.[6]

III. Tatbestandsmerkmale

10 Das Wahlrecht steht allen Personen zu, die bisher im Standardtarif nach § 257 Abs. 2a SGB V versichert waren, ohne dass sie dem Tarif über die Regelung des § 315 Abs. 1 SGB V beigetreten sind. Weitere Anforderungen stellt das Gesetz nicht und es wird auch keine zeitliche Grenze für die Ausübung des Antragsrechts festgelegt.

---

[5] In der Fassung des Art. 44 Nr. 5 lit. b des GKV-WSG.

[6] BT-Drs. 16/4247, S. 58.

IV. Rechtsfolgen

1. Auswahl des neuen Basistarifs

Wenn sich die Versicherten für eine Versicherung im neuen Basistarif entscheiden, erfolgt eine automatische Umstellung des Versicherungsverhältnisses, ohne dass weitere Voraussetzungen erfüllt sein müssen. Auch wenn explizit nur auf § 12 Abs. 1a VAG[7] verwiesen wird, sind die übrigen den Basistarif betreffenden Regelungen ebenfalls anzuwenden (vgl. auch Rn. 5), die im Folgenden näher dargestellt werden. 11

Der Basistarif ist **von allen privaten Krankenversicherungen anzubieten**, die eine **substitutive Krankenversicherung** betreiben, also eine solche, welche geeignet ist, die GKV ganz oder teilweise zu ersetzen (§ 12 Abs. 1a VAG[8]). Es müssen **gesonderte Varianten für Kinder und Jugendliche** angeboten werden, bei denen bis zum 21. Lebensjahr **keine Altersrückstellungen** gebildet werden. Auch für die in § 315 Abs 1 Satz 3 SGB V genannten Versicherten mit Beihilfeanspruch sowie deren berücksichtigungsfähige Angehörige muss eine Variante eröffnet werden, die entsprechend der bisherigen Regelung im Standardtarif **eine Ergänzung der Beihilfe** darstellt. 12

Ist ein **Wechsel des Versicherungsanbieters** innerhalb des Basistarifs beabsichtigt, sollte beachtet werden, dass ein solcher unter **Mitnahme der Altersrückstellungen** nach § 12 Abs. 1b Satz 2 VAG[9], § 178a Abs. 7 Satz 2 VVG[10] und § 178f Abs. 1 Nr. 1 lit. c VVG[11] **nur bis zum 30.06.2009** möglich ist. Dies wird auch für den Fall relevant, dass der Antrag zum Wechsel in den Basistarif nicht unmittelbar nach Schließung des Tarifs gemäß § 257 Abs. 2a SGB V gestellt wird. Eine Frist zur Stellung dieses Antrags ist nicht vorgesehen, wegen der fehlenden Möglichkeit der Mitnahme von Altersrückstellungen empfiehlt es sich aber, die Entscheidung bis zum Stichtag zu treffen. 13

Ein nachträglicher Wechsel zu einem Versicherer, bei dem schon zuvor eine Versicherung bestand, kann nicht verlangt werden, wenn dieser (und nicht ein anderer Versicherer) den vorherigen Versicherungsvertrag wegen **Drohung** oder **arglistiger Täuschung** (erfolgreich) angefochten hat oder vom Versicherungsvertrag wegen einer **vorsätzlichen Verletzung der vorvertraglichen Anzeigepflicht** (wirksam) zurückgetreten ist (§ 16 VVG in Verbindung mit § 178k VVG). Dies ergibt sich aus § 178a Abs. 7 Satz 4 VVG[12] und § 12 Abs. 1b Satz 3 VAG[13]. Ansonsten muss ein Wechsel auf Antrag des Versicherten vollzogen werden, es besteht **Kontrahierungszwang**. 14

Wegen der verfassungs- und europarechtlichen Bedenken gegen den neuen Basistarif vgl. die Kommentierung zu § 315 SGB V Rn. 72. 15

Eine **wesentliche Änderung des Leistungsniveaus ergibt sich** durch die Änderung des Versicherungsverhältnisses **nicht**, denn § 12 Abs. 1a Satz 1 VAG[14] erfordert ebenfalls, dass die Vertragsleistungen des Basistarifs in Art, Umfang und Höhe den Leistungen nach dem 3. Kapitel des SGB V, auf die ein Anspruch besteht, jeweils vergleichbar sein müssen (vgl. hierzu die Kommentierung zu § 315 SGB V Rn. 41). Nach § 12 Abs. 1d VAG werden die Leistungen des Basistarifs vom insoweit beliehenen **Verband der privaten Krankenversicherung** nach Art, Umfang und Höhe festgelegt. Die **Fachaufsicht** übt das **Bundesministerium der Finanzen** aus. 16

Auch beim **Basistarif** darf dessen Beitrag nach § 12 Abs. 1c Satz 1 VAG[15] den **Höchstbeitrag der GKV nicht übersteigen**. Es gilt die Regelung des § 12 Abs. 1c Sätze 4-6 VAG[16] über die Beitragstragungsmodalitäten bei **Bedürftigkeit des Versicherten**, die bisher schon gemäß § 315 Abs. 2 Satz 2 SGB V entsprechend auf die nach § 315 Abs. 1 SGB V begründeten Versicherungsverhältnisse anzuwenden war. Insoweit kann auf die Ausführungen hierzu in der Kommentierung zu § 315 SGB V Rn. 52 ff. verwiesen werden. 17

---

[7] In der Fassung des Art. 44 Nr. 5 lit. b des GKV-WSG.
[8] In der Fassung des Art. 44 Nr. 5 lit. b des GKV-WSG.
[9] In der Fassung des Art. 44 Nr. 5 lit. b des GKV-WSG.
[10] In der Fassung des Art. 43 Nr. 01 des GKV-WSG.
[11] In der Fassung des Art. 43 Nr. 4 lit. a des GKV-WSG.
[12] In der Fassung des Art. 43 Nr. 01 des GKV-WSG.
[13] In der Fassung des Art. 44 Nr. 5 lit. b des GKV-WSG.
[14] In der Fassung des Art. 44 Nr. 5 lit. b des GKV-WSG.
[15] In der Fassung des Art. 44 Nr. 5 lit. b des GKV-WSG.
[16] In der Fassung des Art. 44 Nr. 5 lit. b des GKV-WSG.

18 Die **Beitragsgrenze** wird wie bisher aus dem allgemeinen Beitragssatz der Krankenkassen vom 01.01. des Vorjahres und der Beitragsbemessungsgrenze berechnet (§ 12 Abs. 1c Satz 1 HS. 1 VAG[17]). Im **Jahr 2009** wird **davon abweichend** der zum 01.01.2009 geltende allgemeine Beitragssatz zugrunde gelegt (§ 12 Abs. 1c Satz 1 HS 1 VAG[18]). Der Höchstbeitrag wird zum Stichtag am 01.07. jeden Jahres auf Basis der vorläufigen Rechnungsergebnisse des Vorjahres der GKV um den Vom-Hundert-Wert angepasst, um den die Einnahmen des Gesundheitsfonds von einer vollständigen Deckung der Ausgaben des Vorjahres abweichen (§ 12 Abs. 1c Satz 2 VAG[19]). Dies soll eine Unterdeckung nach Auswertung der Daten des Vorjahres bereits zur Jahresmitte vermeiden helfen.

19 **Risikozuschläge** dürfen für die im Basistarif Versicherten nicht erhoben werden, was sich aus § 178g Abs. 1 Satz 2 VVG[20] ergibt. Nach § 178g Abs. 1 Satz 3 VVG[21] ist für im Basistarif Versicherte eine **Risikoprüfung nur zulässig**, soweit sie für **spätere Tarifwechsel** erforderlich ist oder für den ab dem 01.01.2009 in § 12g VAG[22] geregelten **Spitzenausgleich**. In letzterem werden nun alle im Basistarif Versicherten erfasst, also auch diejenigen, die nach § 315 Abs. 1 SGB V im Standardtarif versichert waren und bisher eine eigene Gruppe bildeten, später aber nach § 315 Abs. 4 SGB V dem neuen Basistarif zugeordnet worden sind.

20 **§ 12 Abs. 1a Satz 2 VAG** in der ab dem 01.01.2009 geltenden Fassung sieht für die Versicherten im Basistarif vor, dass diese **Selbstbehalte** in Höhe von 300, 600, 900 und 1.200 € vereinbaren können. Nach Satz 3 sind entsprechende Selbstbehalte auch für **Beihilfeberechtigte** vorzusehen, wobei die Beträge jeweils mit dem ergänzenden Vom-Hundert-Satz zu multiplizieren sind. Der Abschluss ergänzender Krankheitskostenversicherungen ist jeweils zulässig.

2. Verbleib im alten Standardtarif

21 Machen die Betroffenen von ihrem Antragsrecht nach Absatz 1 **keinen Gebrauch, verbleiben sie im bisherigen Standardtarif**. Hinsichtlich der Beitragsgestaltung und des Leistungsniveaus tritt insoweit keine Änderung ein.

22 Damit der **Spitzenausgleich** zwischen den Krankenkassen weiter in der gewohnten Weise abläuft, übernimmt Absatz 2 den bis zum 31.12.2008 geltenden **§ 257 Abs. 2b SGB V wortgleich**. Die Ausgestaltung des Spitzenausgleichs wird danach zusammen mit den Einzelheiten des Standardtarifs zwischen der Bundesanstalt für Finanzdienstleistungsaufsicht (die insoweit keine aufsichtsrechtliche Position ausübt, sondern als sachkundige Bundesbehörde tätig wird[23]) und dem Verband der privaten Krankenversicherung mit Wirkung für die beteiligten Unternehmen vereinbart.

V. Rechtstatsachen

23 Im Jahr 2005 waren 19.864 Personen in Standardtarifen gemäß § 257 Abs. 2a SGB V versichert, nachdem es 2004 nur 15.110 waren[24].

C. Praxishinweise

24 Der Wechsel in den Basistarif ist **nicht verpflichtend**. Wegen der (auch durch die Einbeziehung der nach § 315 Abs. 1 SGB V Versicherten bedingten) ungünstigen Risikostruktur dieses Tarifs sollten die **Vorteile und Kosten genau abgewogen** werden, wobei sich nach Schließung des Standardtarifs zum 01.01.2009 die Zahl der dort Versicherten mehr und mehr verringern wird.

25 Ist nach Beitritt zum Basistarif ein **Versichererwechsel** geplant, sollte dieser **bis zum 30.06.2009** erfolgen, da nur bis zu diesem Zeitpunkt **Altersrückstellungen** zum neuen Versicherer mitgenommen werden können (vgl. Rn. 13).

---

17 In der Fassung des Art. 44 Nr. 5 lit. b des GKV-WSG.
18 In der Fassung des Art. 44 Nr. 5 lit. b des GKV-WSG.
19 In der Fassung des Art. 44 Nr. 5 lit. b des GKV-WSG.
20 In der Fassung des Art. 43 Nr. 5 GKV-WSG.
21 In der Fassung des Art. 43 Nr. 5 GKV-WSG.
22 In der Fassung des Art. 44 Nr. 7 des GKV-WSG.
23 Vgl. die Begründung zum Gesundheits-Strukturgesetz, BT-Drs. 12/3608, S. 116 zu Nr. 122 (§ 257) zu b.
24 Vgl. PKV-Zahlenbericht 2005/2006 S. 30, abrufbar unter www.pkv.de.

§ 315 SGB V Standardtarif für Personen ohne Versicherungsschutz

(Fassung vom 26.03.2007, gültig ab 01.07.2007)

(1) Personen, die weder

1. in der gesetzlichen Krankenversicherung versichert oder versicherungspflichtig sind,

2. über eine private Krankheitsvollversicherung verfügen,

3. einen Anspruch auf freie Heilfürsorge haben, beihilfeberechtigt sind oder vergleichbare Ansprüche haben,

4. Anspruch auf Leistungen nach dem Asylbewerberleistungsgesetz haben noch

5. Leistungen nach dem Dritten, Vierten, Sechsten und Siebten Kapitel des Zwölften Buches beziehen,

können bis zum 31. Dezember 2008 Versicherungsschutz im Standardtarif gemäß § 257 Abs. 2a verlangen; in den Fällen der Nummern 4 und 5 begründen Zeiten einer Unterbrechung des Leistungsbezugs von weniger als einem Monat keinen entsprechenden Anspruch. Der Antrag darf nicht abgelehnt werden. Die in § 257 Abs. 2a Nr. 2b genannten Voraussetzungen gelten für Personen nach Satz 1 nicht; Risikozuschläge dürfen für sie nicht verlangt werden. Abweichend von Satz 1 Nr. 3 können auch Personen mit Anspruch auf Beihilfe nach beamtenrechtlichen Grundsätzen, die bisher nicht über eine auf Ergänzung der Beihilfe beschränkte private Krankenversicherung verfügen und auch nicht freiwillig in der gesetzlichen Krankenversicherung versichert sind, eine die Beihilfe ergänzende Absicherung im Standardtarif gemäß § 257 Abs. 2a Nr. 2b verlangen.

(2) Der Beitrag von im Standardtarif nach Absatz 1 versicherten Personen darf den durchschnittlichen Höchstbeitrag der gesetzlichen Krankenversicherung gemäß § 257 Abs. 2a Satz 1 Nr. 2 nicht überschreiten; die dort für Ehegatten oder Lebenspartner vorgesehene besondere Beitragsbegrenzung gilt für nach Absatz 1 versicherte Personen nicht. § 12 Abs. 1c Satz 4 bis 6 des Versicherungsaufsichtsgesetzes in der ab 1. Januar 2009 geltenden Fassung gilt für nach Absatz 1 im Standardtarif versicherte Personen entsprechend.

(3) Eine Risikoprüfung ist nur zulässig, soweit sie für Zwecke des finanziellen Spitzenausgleichs nach § 257 Abs. 2b oder für spätere Tarifwechsel erforderlich ist. Abweichend von § 257 Abs. 2b sind im finanziellen Spitzenausgleich des Standardtarifs für Versicherte nach Absatz 1 die Begrenzungen gemäß Absatz 2 sowie die durch das Verbot von Risikozuschlägen gemäß Absatz 1 Satz 3 auftretenden Mehraufwendungen zu berücksichtigen.

(4) Die gemäß Absatz 1 abgeschlossenen Versicherungsverträge im Standardtarif werden zum 1. Januar 2009 auf Verträge im Basistarif nach § 12 Abs. 1a des Versicherungsaufsichtsgesetzes umgestellt.

Gliederung

A. Basisinformationen

I. Textgeschichte/Gesetzgebungsmaterialien

1 § 315 SGB V wurde durch Art. 1 Nr. 213 des Gesetzes zur Stärkung des Wettbewerbs in der gesetzlichen Krankenversicherung (GKV-WSG) vom 26.03.2007[1] **mit Wirkung zum 01.07.2007** neu eingefügt. Eine Vorgängerregelung gab es nicht. Der ursprüngliche Gesetzesentwurf der Fraktionen CDU/CSU und SPD[2] enthielt eine entsprechende Vorschrift nicht. Die Regelung geht auf eine Beschlussempfehlung des Ausschusses für Gesundheit (14. Ausschuss) vom 31.01.2007[3] zurück, die ohne inhaltliche Änderung Gesetz geworden ist. Die Begründung für die Regelung findet sich dementsprechend auch in der **Begründung der Beschlussempfehlung**[4].

II. Parallelvorschriften

2 Als Parallelvorschrift zu Absatz 4 ist der zum 01.01.2009 in Kraft tretende, ebenfalls durch das GKV-WSG eingefügte **§ 314 SGB V**[5] anzusehen. Auch dieser statuiert **eine Überleitungsregelung vom Standardtarif in den Basistarif**, allerdings nicht für die Personen, die erst durch das GKV-WSG der privaten Krankenversicherung nach dem Standardtarif des § 257 Abs. 2a SGB V beitreten konnten, sondern für diejenigen, die auch ohne Inanspruchnahme der Regelung des § 315 Abs. 1 SGB V die Voraussetzungen zum Beitritt erfüllten, diesen vollzogen haben und denen aus Gründen des Vertrauensschutzes anders als bei Absatz 4 ein Wahlrecht eingeräumt wird, ob ein Wechsel in den neuen Basistarif erfolgt oder ob eine Weiterversicherung im Standardtarif stattfindet.

III. Systematische Zusammenhänge

3 Die Regelung des Absatzes 1 steht im systematischen Zusammenhang zu dem seit 01.04.2007 geltenden **§ 5 Abs. 1 Nr. 13 SGB V**. Letzterer regelt im Unterschied zu Absatz 1, der eine Öffnung für Personen vorsieht, die dem Bereich der privaten Krankenversicherung zugeordnet werden, eine **Erweiterung der Versicherungspflicht in der GKV** für die Personen, die diesem Bereich zugeordnet werden können. Wer im Sinne des § 5 Abs. 1 Nr. 13 SGB V zuletzt gesetzlich versichert war oder bisher nicht gesetzlich oder privat krankenversichert war, es sei denn, dass er zu den in § 5 Abs. 5 SGB V oder den in § 6 Abs. 1 oder 2 SGB V genannten Personen gehört oder bei Ausübung seiner beruflichen Tätigkeit im Inland gehören würde, unterliegt der Versicherungspflicht in der GKV und scheidet als Berechtigter im Sinne von § 315 Abs. 1 SGB V aus.

4 Es wird Bezug genommen auf **§ 257 Abs. 2a Satz 1 Nr. 2a und b SGB V**, der bereits seit dem 01.07.1994 (mit wesentlichen Änderungen zum 01.07.2000) einen **Standardtarif** in der privaten Krankenversicherung für bestimmte Versichertengruppen definiert. Für einen **Übergangszeitraum** vom **01.07.2007 bis zum 31.12.2008** wird der Standardtarif für den in § 315 Abs. 1 Sätze 1 und 4 SGB V genannten Personenkreis geöffnet, um dann zum 01.01.2009 übergangslos in den neuen **Basistarif** nach § 178a Abs. 7 Satz 1 Nr. 2 VVG[6], § 12 Abs. 1b Satz 1 Nr. 2 VAG[7] übergeleitet zu werden.

5 Für Personen, die dem Standardtarif nach § 257 Abs. 2a SGB V auch ohne Inanspruchnahme der Sonderregelung des § 315 Abs. 1 SGB V beigetreten sind, bestimmt sich die Übergangsregelung **allein nach § 314 SGB V**.

---

1 BGBl I 2007, 378, 437.
2 BT-Drs. 16/3100.
3 BT-Drs. 16/4200, S. 138 f.
4 BT-Drs. 16/4247, S. 58.
5 Art. 1 Nr. 212 GKV-WSG.
6 In der Fassung des Art. 43 Nr. 01 des GKV-WSG.
7 In der Fassung des Art. 44 Nr. 5 lit. b des GKV-WSG.

IV. Ausgewählte Literaturhinweise

Langer/Plass, Die vermeintlichen Highlights der Gesundheitsreform, Die Ersatzkasse 2007, 146-147; *Meesters*, Die Reform der PKV verfehlt ihre Ziele, Die Ersatzkasse 2007, 155-157; *Orlowski/Wasem*, Gesundheitsreform 2007 (GKV-WSG), 2007, Kapitel B I 2, F und R; *Schlegel*, GKV-Wettbewerbsstärkungsgesetz, jurisPR-SozR 4/2007, Anm. 4; *Sodan*, Das GKV-Wettbewerbsstärkungsgesetz, NJW 2007, 1313-1320. 6

B. Auslegung der Norm

I. Regelungsgehalt und Bedeutung der Norm

Die Regelung sieht für den in Absatz 1 genannten Personenkreis, der eine anderweitige vollständige Absicherung des Krankenversicherungsschutzes **weder in der gesetzlichen oder privaten Krankenversicherung noch in anderen Sicherungssystemen erreichen kann**, ab dem 01.07.2007 für eine Übergangszeit bis zum 31.12.2008 die Möglichkeit vor, über die bisherigen Zugangsvoraussetzungen hinaus Versicherungsschutz im Standardtarif gemäß § 257 Abs. 2a SGB V (vgl. Rn. 39 ff.) bzw. bei Beihilfeberechtigung und fehlender anderweitiger ergänzender Versicherung eine solche ergänzende Absicherung im Standardtarif nach § 257 Abs. 2a Nr. 2b SGB V (vgl. Rn. 64 ff.) verlangen zu können, ohne dass dem Versicherer eine Ablehnungsmöglichkeit (vgl. Rn. 48 und Rn. 68) oder die Möglichkeit von Risikozuschlägen (vgl. Rn. 59 und Rn. 69) eröffnet wird. 7

Absatz 2 stellt klar, dass der Beitrag im Standardtarif für diesen Personenkreis den durchschnittlichen Höchstbetrag der GKV gemäß § 257 Abs. 2a Satz 1 Nr. 2 SGB V (vgl. Rn. 51) nicht überschreiten darf, und regelt, dass die besondere, dort **für Ehegatten und Lebenspartner vorgesehene Beitragsbegrenzung** (150% des durchschnittlichen Höchstbetrages der GKV) für die in Absatz 1 genannten Personen **nicht gilt** (vgl. Rn. 50). Weiter wird die entsprechende Anwendung der eigentlich erst zum 01.01.2009 in Kraft tretenden Neuregelung **des § 12 Abs. 1c Sätze 4-6 Versicherungsaufsichtsgesetzes (VAG)** für die nach Absatz 1 im Standardtarif versicherten Personen angeordnet (vgl. Rn. 52 ff.) Letzterer befasst sich mit den Folgen einer durch die Zahlung des Beitrages eintretenden Hilfebedürftigkeit im Sinne des SGB II oder SGB XII. 8

Durch Absatz 3 wird bestimmt, dass **Risikoprüfungen** nur zulässig sind, soweit sie für spätere Tarifwechsel oder für den **finanziellen Spitzenausgleich** nach § 257 Abs. 2b SGB V (vgl. Rn. 61 ff.) erforderlich sind, wobei für Versicherte nach § 315 Abs. 1 SGB V beim Spitzenausgleich abweichend von § 257 Abs. 2b SGB V sowohl die Beitragsbegrenzungen nach Absatz 2 als auch die fehlende Möglichkeit von Risikozuschlägen zu berücksichtigen sind. 9

Absatz 4 leitet das Versicherungsverhältnis nach den Absätzen 1-3 zum 01.01.2009 für die Versicherten nach Absatz 1 **zwingend und übergangslos** (vgl. Rn. 70) auf Verträge im Basistarif (vgl. Rn. 71 ff.) nach dem dann in Kraft tretenden § 12 Abs. 1a Versicherungsaufsichtgesetz (VAG)[8] über. 10

II. Normzweck

Durch das GKV-WSG wird eine **vollständige Absicherung aller Bundesbürger im Bereich der Krankenversicherung** angestrebt.[9] Dabei wird die bisherige Zuordnung der Versicherten zu den Bereichen gesetzlicher und privater Krankenversicherung beibehalten, und es erfolgt in beiden Systemen eine Öffnung für Personen, die keinen vollständigen Versicherungsschutz haben oder nach dem bis dahin geltenden Recht erlangen konnten. Für Personen, die der GKV zuzuordnen sind, weil sie zuletzt gesetzlich versichert waren oder bisher weder gesetzlich noch privat versichert waren und nicht ausdrücklich von der Versicherungspflicht befreit sind, ist dies durch **Ausweitung der Pflichtversicherung in § 5 Abs. 1 Nr. 13 SGB V** mit Wirkung zum **01.04.2007** erreicht worden. Für die Versicherten, die dem Bereich der privaten Krankenversicherung zuzuordnen sind, ist ab 01.01.2009 ein neuer Basistarif vorgesehen. 11

Um vor Einrichtung des Basistarifs durch die Versicherer den Betroffenen **unbürokratisch Versicherungsschutz** zu gewähren, macht sich der Gesetzgeber den bereits in § 257 Abs. 2a SGB V für einen anderen Personenkreis geregelten Standardtarif zunutze und öffnet diesen für die bisher unversorgten bzw. durch einen Beihilfeanspruch nur teilversorgten Personen. Dabei wird den **Besonderheiten die-** 12

[8] In der Fassung des Art. 44 Nr. 5 lit. b des GKV-WSG.

[9] BT-Drs. 16/4247, S. 58.

ser Risikogruppe in zweierlei Weise Rechnung getragen. Zum einen wird sichergestellt, dass die zukünftigen Versicherten nicht abgelehnt oder mit Risikozuschlägen belastet werden können und im Falle der Hilfebedürftigkeit nach dem SGB II oder SGB XII allein aufgrund der hinzukommenden Krankenversicherungsbeiträge eine Unterstützung gewährleistet ist. Zum anderen werden die Interessen der Versicherer insoweit berücksichtigt, als eine **erweiterte Möglichkeit zum Spitzenausgleich** eröffnet wird, auch um die bereits im bisherigen Standardtarif vor der Neuregelung Versicherten und solche, die ohne Inanspruchnahme der Sonderregelung des § 315 Abs. 1 SGB V dem bisherigen Standardtarif bis zum 31.12.2008 beitreten, nicht zu belasten.

13 Da es sich nur um eine **Übergangslösung** handeln soll, leitet das Gesetz das Versicherungsverhältnis mit In-Kraft-Treten des neuen Basistarifs für die nach Absatz 1 Versicherten in diesen über, wobei bewusst auf eine weitere Übergangsregelung verzichtet wird, da dieses Vorhaben bereits beim Beitritt für jeden Versicherten erkennbar ist.

III. Öffnung des Standardtarifs für weitere Versicherte (Absatz 1)

1. Tatbestandsmerkmale

14 Um die Voraussetzungen für eine Versicherungsberechtigung im Standardtarif nach § 257 Abs. 2a SGB V zu erfüllen, müssen die in Absatz 1 Satz 1 Nr. 1-5 genannten Merkmale **kumulativ** vorliegen, d.h. wenn auch nur ein Merkmal nicht erfüllt ist, scheidet eine Versicherung nach Absatz 1 aus. Eine **Sonderregelung** trifft abweichend von Absatz 1 Satz 1 Nr. 3 lediglich **Absatz 1 Satz 4** für Personen, die einen Anspruch auf Beihilfe nach beamtenrechtlichen Grundsätzen haben. Diese können unter bestimmten Voraussetzungen einen Anspruch auf ergänzende Absicherung im Standardtarif erlangen. Für die Prüfung kommt es in der Regel auf den **Zeitpunkt des Aufnahmeverlangens** an. Absatz 1 Satz 1 Halbsatz 2 legt jedoch fest, dass die Voraussetzungen des Absatzes 1 Satz 1 Nr. 4 und 5 auch dann als nicht erfüllt anzusehen sind, wenn eine Unterbrechung der dort genannten Leistungen von **weniger als einem Monat** erfolgt. Insofern kann auch dieser Zeitraum vor dem Aufnahmebegehren relevant werden.

a. Keine Versicherung oder Versicherungspflicht in der GKV (Absatz 1 Satz 1 Nr. 1)

15 Zunächst darf **keine Versicherung in der GKV** bestehen (auch keine Familienversicherung nach § 10 SGB V) und **keine Versicherungspflicht** in derselben. Die Versicherungspflicht bestimmt sich nach § 5 Abs. 1 Nr. 1-13 SGB V unter Berücksichtigung der näheren Ausgestaltung gemäß § 5 Abs. 2-11 SGB V. Insoweit kann auf die Kommentierung zu § 5 SGB V verwiesen werden.

16 Der Versicherungspflicht unterliegen **nicht die nach den §§ 6, 7 SGB V befreiten Personen**. Bis zu einer Antragstellung auf Befreiung von der Versicherungspflicht bleiben die in **§ 8 SGB V** genannten Personen **weiterhin versicherungspflichtig**, wobei nach § 8 Abs. 2 SGB V ein ordnungsgemäßer Antrag auf Befreiung auf den Beginn der Versicherungspflicht **zurückwirkt**, wenn noch keine Leistungen in Anspruch genommen wurden.

17 Nach dem ausdrücklichen Wortlaut genügt die Möglichkeit zur **freiwilligen Versicherung** in der GKV **gemäß § 9 SGB V nicht**, um den Zugang auszuschließen.

b. Keine Versicherung in der privaten Krankenversicherung (Absatz 1 Satz 1 Nr. 2)

18 Es darf **keine Versicherung in einer privaten Krankenversicherung** bestehen. Eine solche liegt vor, wenn mit einem Versicherungsunternehmen, das keine KK im Sinne des § 4 Abs. 2 SGB V ist, ein Versicherungsvertrag über Krankenversicherungsleistungen abgeschlossen wurde, wobei die Rechtsform des Unternehmens unerheblich ist, d.h. auch nicht zwingend privatrechtlich sein muss. Ein dem § 10 SGB V entsprechender, die Angehörigen mit umfassender Versicherungsschutz wird anders als in § 257 Abs. 2 SGB V nicht verlangt.

c. Kein Anspruch auf freie Heilfürsorge, keine Beihilfeberechtigung und keine vergleichbaren Ansprüche (Absatz 1 Satz 1 Nr. 3)

19 Abgesehen von der gesonderten Regelung in Absatz 1 Satz 3 (vgl. hierzu Rn. 33 ff.) darf kein Anspruch auf **freie Heilfürsorge**, keine **Beihilfeberechtigung** und kein **vergleichbarer Anspruch** gegeben sein. Dies liegt darin begründet, dass davon ausgegangen wird, dass auch in diesen Fällen ein hinreichender Krankenversicherungsschutz besteht.

Heilfürsorge wird gewährt nach den §§ 69, 70 BBesG für Soldaten und Vollzugsbeamte der Bundespolizei, soweit sie nicht am 01.01.1993 einen Beihilfeanspruch nach den Beihilfevorschriften des Bundes hatten und keinen Antrag nach § 80 BBesG gestellt haben sowie teilweise nach den entsprechenden landesrechtlichen Regelungen für Polizeivollzugsbeamte bzw. Feuerwehrbeamte der Länder[10]. Eine entsprechende Anwendung der Vorschriften über die Heilfürsorge nach dem BBesG ist für Angehörige des Bundesgrenzschutzes in § 59 Bundesgrenzschutzgesetz[11] bestimmt, ebenso für Zivildienstleistende in § 35 ZDG[12]. 20

Die **Beihilfeberechtigung** ergibt sich für **Bundesbeamte** und entsprechend für **Richter des Bundes** aus § 2 Bundesbeihilfeverordnung. Zwar hatte das BVerwG durch Urteil vom 17.06.2004 festgestellt, dass die Beihilfevorschriften des Bundes nicht den Anforderungen des **verfassungsrechtlichen Gesetzesvorbehaltes** genügen.[13] Bis zur Neuregelung „in einem **überschaubaren Zeitraum**" wurde aber für eine Übergangszeit die Weitergeltung der bisherigen Regelungen akzeptiert. Zurzeit liegt ein Entwurf zur Neuregelung vor, eine solche ist **bis Ende 2007** vorgesehen. In dem Entwurf wird der berechtigte Personenkreis in dessen § 3 bestimmt. Die Beihilfeberechtigung der **Länderbeamten** und **gleichgestellten Personen** ergibt sich aus § 1 BVO RP, § 2 HmbBeihVO, § 2 BhVO Schl.-Holst., § 2 HessBeihVO, Art. 86a BayBG, § 2 Brandb. BhV, § 1a BremBVO, § 2 BhV M.-V., § 1 BVO NRW, § 2 Saarl. BhVO, § 2 Sachs.-Anh. BhV, § 2 Thür. BhV und § 2 BVO BW. Teilweise wird auch auf die Bundesbeihilfeverordnung verwiesen.[14] Eine Beihilfeberechtigung kann bei einer **Beurlaubung aus familiären Gründen ohne Dienstbezüge** fehlen.[15] 21

Vergleichbare Ansprüche sind etwa die Ansprüche nach **§ 27 Abgeordnetengesetz** oder **§ 11 Europaabgeordnetengesetz** sowie nach den landesrechtlichen Vorschriften über die Absicherung der **Landesabgeordneten** im Krankheitsfalle. 22

d. Kein Anspruch auf Leistungen nach dem Asylbewerberleistungsgesetz (Absatz 1 Satz 1 Nr. 4)

Auch ein Anspruch auf **Leistungen nach dem Asylbewerberleistungsgesetz** (AsylbLG)[16] schließt eine Versicherung nach Absatz 1 Satz 1 aus. Grund dafür ist, dass gemäß § 4 AsylbLG für den erfassten Personenkreis eine **Grundversorgung bei Krankheit** besteht. 23

Wer leistungsberechtigt ist, ergibt sich aus den **§§ 1-2 AsylbLG.** Danach haben grundsätzlich Personen einen entsprechenden Anspruch, die **eine** der folgenden Voraussetzungen erfüllen: 24

- Sie besitzen eine **Aufenthaltsgestattung** nach dem Asylverfahrensgesetz.
- Sie wollen über einen **Flughafen einreisen** und ihnen ist die Einreise nicht oder noch nicht gestattet worden.
- Sie besitzen eine Aufenthaltserlaubnis nach § 23 Abs. 1 oder § 24 wegen des Krieges in ihrem Heimatland oder nach § 25 Abs. 4 Satz 1 oder Abs. 5 des Aufenthaltsgesetzes.
- Sie besitzen eine Duldung nach § 60a des Aufenthaltsgesetzes.
- Sie sind **vollziehbar ausreisepflichtig**, auch wenn eine Abschiebungsandrohung noch nicht oder nicht mehr vollziehbar ist.
- Sie sind **Ehegatten, Lebenspartner oder minderjährige Kinder** einer Person, die eine der vorgenannten Voraussetzungen erfüllt, ohne dass sie selbst diese erfüllen.
- Sie stellen einen **Folgeantrag nach § 71 des Asylverfahrensgesetzes** oder einen **Zweitantrag nach § 71a des Asylverfahrensgesetzes.**

Nach § 1 Abs. 2 AsylbLG besteht keine Leistungsberechtigung, wenn ein **anderer Aufenthaltstitel** als eine Aufenthaltserlaubnis nach § 23 Abs. 1 oder § 24 wegen des Krieges in ihrem Heimatland oder nach § 25 Abs. 4 Satz 1 oder Abs. 5 des Aufenthaltsgesetzes erteilt worden ist. Die **Leistungsberechtigung endet** nach § 1 Abs. 3 AsylbLG mit der **Ausreise** oder mit **Ablauf des Monats**, in dem die 25

---

[10] § 1 SächsHfVO, § 1 HFVO Schl.-Holst., § 122 HmbBG, § 1 Brandb. PolHV, § 10 Abs. 3 BayBesG, § 1 Berl. HfVO, § 1 HFB.Pol.LSA Sachs.-Anhalt, § 1 BremHfV, § 1 VVHFSThürPol, § 224 NsBG, § 1 HVO BW.

[11] BGBl I 1972, 1834.

[12] Neu gefasst durch Bek. v. 17.05.2005 I, 1346.

[13] BVerwG v. 17.06.2004 - 2 C 50/02 - BVerwGE 121, 103-115.

[14] § 87c NsBG, § 102 SächsBG, § 44 Abs. 1, 2 Berl.LBG.

[15] Vgl. BSG v. 23.10.1996 - 4 RK 1/96 - BSGE 79, 184.

[16] BGBl I 1997, 2022.

Leistungsvoraussetzung entfällt oder das Bundesamt für Migration und Flüchtlinge den Ausländer als **Asylberechtigten anerkannt** oder ein Gericht das Bundesamt **zur Anerkennung verpflichtet** hat, auch wenn die Entscheidung noch nicht unanfechtbar ist.

26 **§ 1a AsylbLG** bestimmt, dass Personen, die eine Duldung nach § 60a des Aufenthaltsgesetzes haben oder vollziehbar ausreisepflichtig sind, bzw. ihre Ehegatten, Lebenspartner oder minderjährigen Kinder, dann, wenn sie sich in den **Geltungsbereich des AsylbLG** begeben haben, **um** danach **Leistungen zu erhalten** oder bei denen aus von ihnen zu vertretenden Gründen aufenthaltsbeendende Maßnahmen nicht vollzogen werden können, Leistungen nur erhalten, soweit das im Einzelfall nach den Umständen **unabweisbar** geboten ist.

27 **§ 2 Abs. 1 AsylbLG** regelt schließlich, dass Personen, die über eine Dauer von insgesamt **36 Monaten** Leistungen nach § 3 AsylbLG erhalten haben und die Dauer des Aufenthalts **nicht rechtsmissbräuchlich** selbst beeinflusst haben, Leistungen nicht mehr nach dem AsylbLG erhalten, sondern nach dem **SGB XII**.

28 **Absatz 1 Satz 1 Halbsatz 2** bestimmt, dass Zeiten einer Unterbrechung des Leistungsbezuges von **weniger als einem Monat** in den Fällen des Anspruchs auf Leistungen nach dem AsylbLG keinen Anspruch im Sinne des Absatzes 1 Satz 1 Halbsatz 1 begründen. Hier fällt auf, dass anders als in den Fällen des Bezuges von Leistungen nach dem SGB XII einmal von Anspruch und einmal von Bezug von Leistungen die Rede ist. Im Unterschied zu den Anspruchsberechtigten nach dem SGB XII kann bei den Asylbewerbern in aller Regel nicht davon ausgegangen werden, dass sie aufgrund von anderweitigen Versorgungsmöglichkeiten (auf die für sie kein durchsetzbarer Anspruch besteht) oder einer besonderen persönlichen Einschränkung auf Leistungen nach dem AsylbLG verzichten, die ihnen zustehen. Dies rechtfertigt es, für die Frage der Schutzbedürftigkeit im Hinblick auf eine benötigte Krankenversorgung schon den **bloßen Anspruch** genügen zu lassen (wie im Übrigen auch in den Fällen des Absatzes 1 Satz 1 Nr. 3, wo ebenfalls nicht anzunehmen ist, dass die zustehenden Leistungen nicht beansprucht werden). Für die Erfüllung der Voraussetzungen nach Absatz 1 Satz 1 Halbsatz 1 genügt es unter Anwendung des Absatzes 1 Satz 1 Halbsatz 2 anders als bei den Leistungen nach dem SGB XII nicht, dass der bloße Bezug für mindestens einen Monat endet, **es darf in dieser Zeit auch kein entsprechender Anspruch bestehen.**

29 Die **Berechnung der Monatsfrist** richtet sich nach **§ 26 Abs. 1 SGB X i.V.m. den §§ 187ff. BGB**. Der letzte Tag des Leistungsbezugs ist nach § 187 Abs. 1 BGB nicht zu berücksichtigen. Nach § 188 Abs. 2 BGB endet die Frist an dem Tag des nächsten Monats, der durch seine Zahl dem Tag des letzten Leistungsbezuges entspricht. Gemäß § 188 Abs. 3 BGB endet sie für den Fall, dass der nächste Monat, weil er kürzer ist, einen entsprechenden Tag nicht mehr aufweist, am letzten Tag des Monats. Erst wenn die Monatsfrist abgelaufen ist, kann eine Aufnahme in den Standardtarif begehrt werden.

e. Kein Bezug von Leistungen nach dem 3., 4., 6. und 7. Kapitel des SGB XII (Absatz 1 Satz 1 Nr. 5)

30 Schließlich darf kein Bezug von Leistungen nach dem 3., 4., 6. und 7. Kapitel des SGB XII gegeben sein. Anders als bei Absatz 1 Satz 1 Nr. 3 und Nr. 4 genügt insoweit **nicht der bloße Anspruch auf Leistungen**, es muss ein **tatsächlicher Bezug** vorliegen. Es handelt sich um Hilfen zum Lebensunterhalt, Grundsicherung im Alter, Eingliederungshilfe für behinderte Menschen und Hilfe zur Pflege. Die Leistungsberechtigung ergibt sich aus § 19 SGB XII i.V.m. den in den jeweiligen Kapiteln genannten speziellen Voraussetzungen. Vertiefte Ausführungen hierzu sind an dieser Stelle entbehrlich, da es nicht auf den Anspruch, sondern auf den tatsächlichen Bezug der Leistungen ankommt.

31 Anders als der Wortlaut der Regelung andeutet („und"), müssen die entsprechenden Leistungen **nicht kumulativ** bezogen werden. Dies ergibt sich schon daraus, dass Leistungen nach dem 3. und nach dem 4. Kapitel einander ausschließen und insbesondere die Bezieher allein von Hilfen zum Lebensunterhalt die Voraussetzungen des Absatzes 1 Satz 1 erfüllen würden, obwohl sie eine Absicherung des Krankheitsrisikos haben. Damit genügt schon der Bezug von Leistungen aus **einem der genannten Kapitel**. Die übrigen nach dem 8. und 9. Kapitel zu gewährenden Leistungen dürften deshalb nicht genannt sein, weil es sich teilweise nur um vorübergehende Leistungen handelt. Eine Begründung hierzu ergibt sich nicht aus den Materialien.

32 Absatz 1 Satz 1 Halbsatz 2 bestimmt, dass Zeiten einer Unterbrechung des Leistungsbezuges von **weniger als einem Monat** in den Fällen des Anspruchs auf Leistungen nach dem 3., 4., 6. und 7. Kapitel des SGB XII keinen Anspruch im Sinne des Absatzes 1 Satz 1 Halbsatz 1 begründen. Da anders als bei

den Personen mit Anspruch auf Leistungen nach dem AsylbLG nicht auf einen Anspruch abgestellt wird, sondern auf den **tatsächlichen Bezug**, genügt es, wenn dieser für einen Monat nicht erfolgt. Ob ein Anspruch bestünde, ist unerheblich. Zur **Berechnung der Monatsfrist** vgl. Rn. 29.

f. Sonderregelung für Beihilfeberechtigte (Absatz 1 Satz 4)

Absatz 1 Satz 3 trifft eine spezielle Regelung für Bezieher von **Beihilfe** nach beamtenrechtlichen Grundsätzen (zum Personenkreis vgl. Rn. 21). Obgleich diese grundsätzlich nach Absatz 1 Satz 1 Nr. 3 vom Beitritt zum Standardtarif ausgeschlossen sind, können sie, sofern sie bisher nicht über eine auf Ergänzung der Beihilfe beschränkte private Krankenversicherung verfügen und auch nicht freiwillig in der GKV versichert sind, eine die Beihilfe **ergänzende Absicherung im Standardtarif** gemäß § 257 Abs. 2a Nr. 2b SGB V verlangen. 33

Die Beitrittsmöglichkeit ist auf **Beihilfeberechtigte** beschränkt, die übrigen in Absatz 1 Satz 1 Nr. 3 genannten Personengruppen sind **nicht erfasst**. Das lässt sich damit begründen, dass insbesondere die **Heilfürsorge** anders als die Beihilfe bereits eine vollständige Absicherung des Krankheitsrisikos gewährleistet. 34

Ausgeschlossen ist der Beitritt in den ergänzenden Standardtarif, wenn **eine private Ergänzungsversicherung** (eine Vollversicherung erfüllt die Voraussetzungen nicht) besteht oder eine **freiwillige Versicherung** in der GKV (§ 9 SGB V). 35

Eine freiwillige Versicherung in GKV kommt für Beamte und sonstige Beihilfeberechtigte nur in Betracht, wenn sie die Voraussetzungen des **§ 9 SGB V** erfüllen, da ansonsten **absolute Versicherungsfreiheit** nach § 6 Abs. 1 Nr. 2 SGB V besteht. Sie können also in der Regel von einzelnen Sonderfällen abgesehen dann freiwillig beitreten, wenn sie vor dem Beamten- oder entsprechenden Dienstverhältnis in der GKV versichert oder als Familienversicherte mitversichert waren und die **Vorversicherungszeiten im Sinne des § 9 Abs. 1 Satz 1 Nr. 1 SGB V** erfüllen (in den letzten fünf Jahren vor dem Ausscheiden aus der Versicherungspflicht mindestens 24 Monate oder unmittelbar vor dem Ausscheiden mindestens 12 Monate versichert). 36

Eine private Ergänzungsversicherung schließt den Beitritt auch dann aus, wenn **nicht der zutreffende Ergänzungsprozentsatz** gewählt wurde, also eine Versorgungslücke besteht. Dies ergibt sich nicht nur aus dem Wortlaut, sondern auch daraus, dass der anzubietende Standardtarif nach § 257 Abs. 2a Nr. 2b SGB V immer eine Ergänzung der Beihilfe auf eine volle Versorgung zum Gegenstand hat. Wenn eine Versicherung im Standardtarif erfolgen soll, bleibt in diesem Fall nur die Kündigung des alten Tarifs (vgl. hierzu Rn. 38). 37

Unerheblich ist, ob zu einem früheren Zeitpunkt eine entsprechende Versicherung einmal bestanden hat und **aus welchen Gründen** diese **gekündigt** wurde, da das Gesetz ausdrücklich auf das gegenwärtige Bestehen abstellt. Zwar erscheint es nicht durch den Gesetzgeber beabsichtigt, dass nunmehr aufgrund der möglichen Versicherung im Standardtarif eine bestehende Versicherung beendet werden soll. Da aber andererseits auch nicht auf die bloße Möglichkeit der Versicherung in einer privaten Ergänzungsversicherung oder der freiwilligen Mitgliedschaft in der GKV abgestellt wird, kann im Hinblick auf Gleichbehandlungsgründe **keine Verpflichtung** bestehen, die **Mitgliedschaft beizubehalten**. Es ist nicht ersichtlich, dass diejenigen besser gestellt werden sollten, die bisher trotz entsprechender Möglichkeit keine Versicherung gewählt hatten, als die, welche von der Möglichkeit Gebrauch gemacht hatten. 38

2. Rechtsfolgen

a. Personenkreis nach Absatz 1 Satz 1

aa. Der Standardtarif nach § 257 Abs. 2a SGB V

Der in Absatz 1 Satz 1 genannte Personenkreis kann **bis zum 31.12.2008** Versicherungsschutz im **Standardtarif** gemäß § 257 Abs. 2a SGB V verlangen. Eine **Versicherungspflicht besteht** damit bis zum In-Kraft-Treten des § 178a Abs. 5 VVG in der Fassung des GKV-WSG **nicht**[17]. **Ab** dem **01.01.2009** normiert diese Regelung, dass jede Person mit Wohnsitz im Inland **verpflichtet** ist, bei einem in Deutschland zum Geschäftsbetrieb zugelassenen Versicherungsunternehmen für sich selbst und für die von ihr gesetzlich vertretenen Personen, soweit diese nicht selbst Verträge abschließen können, eine Krankheitskostenversicherung, die mindestens eine Kostenerstattung für ambulante und stationäre 39

[17] Insofern unzutreffend *Orlowski/Wasem*, Gesundheitsreform 2007 (GKV-WSG), 2007, Kapitel B I 2 c).

Heilbehandlung umfasst und bei der die für tariflich vorgesehene Leistungen vereinbarten absoluten und prozentualen Selbstbehalte für ambulante und stationäre Heilbehandlung für jede zu versichernde Person auf eine betragsmäßige Auswirkung von kalenderjährlich 5.000 € begrenzt sind, **abzuschließen und aufrechtzuerhalten**; für **Beihilfeberechtigte** ergeben sich die möglichen Selbstbehalte durch eine sinngemäße Anwendung des durch den Beihilfesatz nicht gedeckten Vom-Hundert-Anteils auf den Höchstbetrag von 5.000 €. Von der Pflicht befreit sind die in § 178a Abs. 5 Satz 2 VVG[18] genannten Personen.

40 Der **Standardtarif** ist **in § 257 Abs. 2a Satz 1 Nr. 2 SGB V definiert**. § 257 Abs. 2a Satz 1 Nr. 2a-2c SGB V bestimmt keinen abweichenden Standardtarif, sondern nimmt jeweils Bezug auf diese Definition. Der Standardtarif muss **brancheneinheitlich** und seine Vertragleistungen müssen den **Leistungen des SGB V** jeweils **vergleichbar** sein.

41 Eine **vollständige Übereinstimmung** der Leistungen im Standardtarif mit denen des SGB V ist **nicht erforderlich**, jedoch muss zumindest im Kernbereich der Leistungen ein vergleichbarer Schutz sowohl nach Art als auch nach Umfang der Leistungen bestehen. Erweiterungen des Leistungsanspruchs im SGB V müssen auch bei **bestehenden Verträgen** zur Anpassung des Standardtarifs führen, Einschränkungen berechtigen zur Anpassung. Da der Beitrag betragsmäßig begrenzt ist, dürfte die Motivation der privaten Kassen, vom Leistungsspektrum wesentlich über die Leistungen des SGB V hinauszugehen, in der Praxis gering sein.

42 Die nach dem Standardtarif versicherten Personen waren hinsichtlich der **Vergütung der behandelnden Ärzte** schon bis zum In-Kraft-Treten von **§ 75 Abs. 3a SGB V** zum 01.07.2007 durch Art. 1 Nr. 48 des GKV-WSG nicht mit den privaten Versicherten in anderen Tarifen gleichgestellt, sondern es bestanden **Liquidationsbegrenzungen**. Auch nach dem neuen Recht sind die Gebührensätze zwar angepasst worden (z.B. Höchstsatz für persönliche ärztliche Leistungen 1,8-facher Gebührensatz der Gebührenordnung für Ärzte [GoÄ]; für zahnärztliche Leistungen 2,0-facher Gebührensatz der Gebührenordnung für Zahnärzte [GOZ]), entsprechen aber immer noch nicht den üblichen Bedingungen der privaten Versicherer. Eine anderweitige Vereinbarung ist nach § 75 Abs. 3b Satz 1 SGB V zwischen dem Verband der privaten Krankenversicherung mit Wirkung für die angeschlossenen Versicherungsunternehmen und der KBV bzw. der KBZV möglich. Ob die beschränkte Vergütung tatsächlich dazu führen wird, dass die Versicherten von den Ärzten als Privatversicherte zweiter Klasse angesehen werden[19], bleibt in der Praxis abzuwarten. Für die Ärzte besteht zunächst der Vorteil weiter, dass die Behandlung nicht in ihre Budgetierung fällt.

bb. Eingeschränkte Verweisung auf § 257 Abs. 2a SGB V

43 Es handelt sich bei dem Verweis auf § 257 Abs. 2a SGB V neben der Übernahme der Definition des Standardtarifs um eine **eingeschränkte Verweisung**. Dabei ist zu beachten, dass durch die Vorschrift nur **bestimmte Anforderungen an ein Versicherungsunternehmen** definiert werden, nicht jedoch an die Person des Versicherungsnehmers (diese sind in § 257 Abs. 1 und Abs. 2 SGB V geregelt). Für die zukünftigen Versicherten nach § 315 Abs. 1 Satz 1 SGB V wird also in § 257 Abs. 2a SGB V keine Rechtsfolge geregelt, diese ergibt sich insoweit direkt aus § 315 SGB V selbst. Damit muss zwar das Versicherungsunternehmen grundsätzlich die Voraussetzungen des § 257 Abs. 2a SGB V erfüllen, damit die in § 315 Abs. 1 Satz 1 SGB V genannten Personen dort eine entsprechende Versicherung verlangen können. Es ist jedoch **nicht erforderlich**, dass sie **einer der in § 257 Abs. 2a Nr. 2-2c SGB V genannten Fallgruppen** zugeordnet werden können. Letztere dienen lediglich dazu, dass die Beitragszuschüsse im Sinne des § 257 SGB V nur an Versicherungsunternehmen gewährt werden, welche in ihrem Tarif auch (aber nicht nur) Personengruppen erfassen, die aus Sicht der Versicherer eine ungünstige Risikostruktur aufweisen. Dass eine Beschränkung auf diese Gruppen nicht erfolgen sollte, ergibt sich schon aus der Begründung zu § 315 SGB V.[20] Darin ist aufgeführt, dass **möglichst alle Einwohner** Deutschlands über eine Absicherung im Krankheitsfall verfügen sollen. Um dieses Ziel auch vor In-Kraft-Treten des neuen Basistarifs zum 01.01.2009 auf eine möglichst einfache und unbürokratische Weise zu fördern, sollen Personen ohne Versicherungsschutz, die der PKV zuzuordnen sind, vom 01.07.2007 bis 31.12.2008 ein Zugangsrecht zum geltenden Standardtarif erhalten.

---

[18] In der Fassung des Art. 43 Nr. 01 des GKV-WSG.
[19] So *Meester*, Die Ersatzkasse 2007, 155, 157.
[20] BT-Drs. 16/4247, S. 58.

Die Verweisung ist deshalb eingeschränkt, weil Absatz 1 Satz 3 bestimmt, dass die in **§ 257 Abs. 2a Satz 1 Nr. 2b SGB V** genannten Voraussetzungen bezüglich des Beitrittsrechts der in **Absatz 1 Satz 1 genannten Personen nicht erfüllt** sein müssen. Das Versicherungsunternehmen muss also, damit dort eine Versicherung verlangt werden kann, sich nicht verpflichtet haben, auch versicherten Personen, die nach beamtenrechtlichen Vorschriften oder Grundsätzen bei Krankheit Anspruch auf Beihilfe haben, sowie deren berücksichtigungsfähigen Angehörigen den in § 257 Abs. 2a Satz 1 Nr. 2 SGB V genannten Standardtarif anzubieten, dessen die Beihilfe ergänzende Versicherungsleistung den Leistungen des SGB V bei Krankheit jeweils vergleichbar ist und dessen Beitrag sich aus der Anwendung des durch den Beihilfesatz nicht gedeckten Vom-Hundert-Satzes auf den dort geregelten Höchstbeitrag ergibt. 44

Die übrigen Voraussetzungen des **§ 257 Abs. 2a Satz 1 SGB V** muss das Versicherungsunternehmen indes **kumulativ** erfüllen. Das sind: 45

- Die Krankenversicherung muss **nach Art der Lebensversicherung** betrieben werden (§ 257 Abs. 2a Satz 1 Nr. 1 SGB V).
- Es muss für versicherte Personen, die das **65. Lebensjahr** vollendet haben und die über eine **Vorversicherungszeit von mindestens zehn Jahren** in einem substitutiven Versicherungsschutz (§ 12 Abs. 1 des Versicherungsaufsichtsgesetzes) verfügen oder die das **55. Lebensjahr** vollendet haben, deren jährliches Gesamteinkommen (§ 16 SGB IV) die **Jahresentgeltgrenze nach § 6 Abs. 7 SGB V** nicht übersteigt und die über diese **Vorversicherungszeit** verfügen, einen brancheneinheitlichen Standardtarif anbieten, dessen Vertragsleistungen den Leistungen des SGB V bei Krankheit jeweils vergleichbar sind und dessen Beitrag die in Rn. 50 beschriebene Höhe nicht überschreiten darf (§ 257 Abs. 2a Satz 1 Nr. 2 SGB V).
- Einen entsprechenden Branchentarif muss es auch für Personen anbieten, die das **55. Lebensjahr nicht vollendet** haben, die aber die Voraussetzungen für den **Anspruch auf Rente der gesetzlichen RV** erfüllen und diese Rente beantragt haben oder die ein **Ruhegehalt** nach beamtenrechtlichen oder vergleichbaren Vorschriften beziehen. Dies gilt auch für **Familienangehörige**, die bei Versicherungspflicht des Versicherungsnehmers nach § 10 SGB V familienversichert wären (§ 257 Abs. 2a Satz 1 Nr. 2a SGB V).
- Es muss außerdem für Personen, die nach beamtenrechtlichen Vorschriften oder Grundsätzen Anspruch auf **Beihilfe** haben und die nach allgemeinen Aufnahmeregeln aus **Risikogründen** nicht oder nur zu ungünstigen Konditionen versichert werden könnten, sowie deren berücksichtigungsfähigen Angehörigen **ohne Berücksichtigung** der Vorversicherungszeit, der Altersgrenze und des Gesamteinkommens ohne Risikozuschlag ein brancheneinheitlicher Standardtarif anbieten, wenn diese das Angebot innerhalb der ersten sechs Monate nach der Feststellung der Behinderung oder der Berufung in das Beamtenverhältnis oder bis zum 31.12.2000 annehmen (§ 257 Abs. 2a Satz 1 Nr. 2c SGB V).
- Der überwiegende Teil der **Überschüsse**, die sich aus dem selbst abgeschlossenen Versicherungsgeschäft ergeben, müssen **zugunsten der Versicherten verwendet** werden (§ 257 Abs. 2a Satz 1 Nr. 3 SGB V).
- Es muss vertraglich auf das **ordentliche Kündigungsrecht verzichtet** werden (§ 257 Abs. 2a Satz 1 Nr. 4 SGB V).
- Die Krankenversicherung darf **nicht zusammen mit anderen Versicherungssparten** betrieben werden, wenn das Versicherungsunternehmen seinen Sitz im Geltungsbereich des SGB V hat (§ 257 Abs. 2a Satz 1 Nr. 5 SGB V).

Wegen der einzelnen Anforderungen kann auf die Kommentierung zu § 257 SGB V verwiesen werden.

Insbesondere das Fortbestehen der Anforderung in § 257 Abs. 2a Satz 1 Nr. 2c SGB V erscheint im Hinblick auf den Ausschluss der Anforderung von § 257 Abs. 2a Satz 1 Nr. 2b SGB V **nicht konsequent**, zumal sich beide auf Personen beziehen, die einen Beihilfeanspruch haben und daher ohnehin nicht dem Personenkreis des § 315 Abs. 1 SGB V unterfallen können (§ 315 Abs. 1 Satz 1 Nr. 3 SGB V). Eine Begründung für diese Differenzierung ergibt sich nicht aus der Begründung zu § 315 SGB V. Es kann auch nicht angenommen werden, dass mit dem Ausschluss des § 257 Abs. 2a Satz 1 Nr. 2b SGB V nur zum Ausdruck gebracht werden sollte, dass sich der Standardtarif im Sinne einer Verweisung allein auf § 257 Abs. 2a Satz 1 Nr. 2 SGB V bezieht, also eine volle und nicht nur ergänzende Absicherung des Krankheitsrisikos bezweckt ist. Denn eine Anwendung des in § 257 Abs. 2a Satz 1 Nr. 2b SGB V genannten Ergänzungstarifs kommt wegen der fehlenden persönlichen Voraussetzungen bei dem in § 315 Abs. 1 Satz 1 SGB V erfassten Personenkreis **ohnehin nicht in Betracht**. 46

Zudem wäre dann eine spezielle Bezugnahme auf § 257 Abs. 2a Satz 1 Nr. 2 SGB V möglich gewesen. In der Praxis wird sich das fehlende Erfordernis des § 257 Abs. 2a Satz 1 Nr. 2b SGB V zunächst kaum auswirken, da, soweit ersichtlich, alle privaten Krankenversicherungsunternehmen aufgrund der Regelung des § 257 Abs. 2a SGB V einen Tarif anbieten, der dessen gesamte Voraussetzungen erfüllt.

47 Eine Einschränkung der Verweisung ergibt sich auch daraus, dass die in **§ 257 Abs. 2a Satz 3 SGB V genannten Anforderungen nicht erfüllt** werden müssen. Danach ist der Versicherungsnehmer verpflichtet, dem Arbeitgeber jeweils nach Ablauf von drei Jahren eine Bescheinigung des Versicherungsunternehmens darüber vorzulegen, dass die Aufsichtsbehörde dem Versicherungsunternehmen bestätigt hat, dass es die Versicherung, die Grundlage des Versicherungsvertrages ist, nach den in § 257 Abs. 2a Satz 1 SGB V genannten Voraussetzungen betreibt. Unabhängig davon, dass die Drei-Jahres-Frist wegen der beschränkten Dauer der Übergangsregelung (nur vom 01.07.2007 bis zum 31.12.2008) schon von vorneherein nicht ausgefüllt werden kann, passt die Anforderung auch aus **systematischen Gründen** nicht auf die in § 315 Abs. 1 SGB V genannten Personengruppen. Diese erhalten nämlich für die Versicherung keinen Beitragszuschuss des Arbeitgebers, weshalb eine Verpflichtung zur Vorlage einer Bescheinigung keinen Sinn ergeben würde.

48 Für die Krankenversicherungsunternehmen, die einen entsprechenden Standardtarif anbieten, besteht ein **Kontrahierungszwang**, sie können einen Antrag auf Aufnahme bei Vorliegen der in Absatz 1 Satz 1 genannten Voraussetzungen nicht ablehnen (Absatz 1 Satz 2). Eine **bestimmte Form** ist für den Antrag nicht vorgesehen. Eine solche kann sich aus den Versicherungsbedingungen des jeweiligen Versicherungsunternehmens ergeben, wobei aus dem Kontrahierungszwang und dem Fehlen von weiteren Anforderungen in § 315 SGB V geschlossen werden kann, dass die Formerfordernisse den Zugang **nicht wesentlich erschweren** dürfen. In der Praxis empfiehlt es sich ohnehin den Antrag schriftlich zu dokumentieren, um einen möglichen Streit über den Beginn der Krankenversicherung zu vermeiden.

49 Die seit kurzem zu beobachtende und offenbar vom Verband der privaten Krankenversicherung propagierte Einführung[21] einer Wartezeit nach Beitritt bis zur Übernahme von Behandlungskosten von 3 bzw. 8 Monaten ist rechtswidrig, weil eine solche Wartezeit im Gesetz nicht vorgesehen ist. Die Versicherer wollen damit verhindern, dass der Beitritt nicht erst dann erklärt wird, wenn akute Behandlungsbedürftigkeit vorliegt.

cc. Beitragsberechnung (Absatz 2)

50 Hinsichtlich der Höhe des zu entrichtenden Beitrags stellt § 315 Abs. 2 Satz 1 HS. 1 SGB V klar, dass der Definition des Standardtarifs in § 257 Abs. 2a Nr. 2 SGB V nur insoweit gefolgt wird, als der Beitrag für den Standardtarif für die einzelne nach § 315 Abs. 1 SGB V versicherte Person den **durchschnittlichen Höchstbeitrag der GKV** nicht übersteigen darf. Abweichend bestimmt aber § 315 Abs. 2 Satz 1 HS. 2 SGB V, dass für diese Versicherten die für Ehegatten und Lebenspartner vorgesehene **besondere Beitragsbegrenzung** des § 257 Abs. 2a Satz 1 Nr. 2 SGB V (insgesamt nur 150 vom Hundert des durchschnittlichen Höchstbetrags der GKV, sofern das jährliche Gesamteinkommen der Ehegatten oder Lebenspartner die Jahresarbeitsentgeltgrenze nicht übersteigt) **nicht gilt**.

51 Für die **Berechnung** der für den Standardtarif maßgeblichen Beitragsgrenze kann auch für die nach § 315 Abs. 1 SGB V Versicherten auf **§ 257 Abs. 2a Satz 2 SGB V** abgestellt werden. Danach ist der durchschnittliche Höchstbetrag der GKV jeweils zum 01.01. nach dem durchschnittlichen allgemeinen Beitragssatz der Krankenkassen vom 01.01. des Vorjahres (§ 245 SGB V) und der Beitragsbemessungsgrenze (§ 223 Abs. 3 SGB V) zu errechnen. Vgl. im Einzelnen die Kommentierung zu § 257 SGB V. Derzeit wird der Höchstbeitrag vom Verband der privaten Krankenversicherung mit 504,08 € angegeben, wobei darauf hingewiesen wird, dass der tatsächliche Beitrag je nach Alter und Vorversicherungszeit niedriger liegen kann.[22]

52 Für den Fall, dass eine nach Absatz 1 im Standardtarif versicherte Person die Beiträge **nicht aufbringen kann**, ohne dadurch **bedürftig** zu werden, bedient sich Absatz 2 Satz 2 einer ungewöhnlichen Verweisungstechnik. Es werden nämlich Regelungen für entsprechend anwendbar erklärt, die noch gar nicht in Kraft getreten sind, sondern erst zum 01.01.2009 für den neuen Basistarif maßgeblich werden, wenn die Versicherung nach § 315 Abs. 1 SGB V bereits nicht mehr erfolgen kann. Verwiesen wird **auf § 12 Abs. 1c Sätze 4-6 des Versicherungsaufsichtsgesetzes (in der Fassung des GKV-WSG vom 26.03.2007[23])**.

---

[21] Pressemitteilung vom 14.08.2007, abrufbar unter www.pkv.de.

[22] http://www.pkv.de/downloads/PKV_Basisbroschuere.pdf.

[23] BGBl I 2007, 378.

Entsteht **allein durch die Zahlung des Beitrags** nach § 315 Abs. 1 Satz 1 oder 4 SGB V **Hilfebedürftigkeit** im Sinne des Zweiten oder des Zwölften Buches Sozialgesetzbuch, vermindert sich gemäß der entsprechenden Anwendung von § 12 Abs. 1c Satz 4 VAG[24] der Beitrag **für die Dauer der Hilfebedürftigkeit um die Hälfte**. Die Hilfebedürftigkeit ist dabei vom zuständigen Träger nach dem Zweiten oder dem Zwölften Buch Sozialgesetzbuch auf Antrag des Versicherten zu prüfen und zu bescheinigen. 53

Die **Hilfebedürftigkeit** nach dem **SGB II** richtet sich nach dessen **§ 9**. Hilfebedürftig ist danach bei Erfüllung der weiteren persönlichen Voraussetzungen (§ 7 SGB II, insbesondere muss Erwerbsfähigkeit nach § 8 SGB II vorliegen), wer seinen Lebensunterhalt, seine Eingliederung in Arbeit und den Lebensunterhalt der mit ihm in einer Bedarfsgemeinschaft lebenden Personen nicht oder nicht ausreichend aus eigenen Kräften und Mitteln, vor allem nicht durch Aufnahme einer zumutbaren Arbeit oder aus dem zu berücksichtigenden Einkommen oder Vermögen sichern kann und die erforderliche Hilfe nicht von anderen, insbesondere von Angehörigen oder von Trägern anderer Sozialleistungen, erhält. Teilweise sind auch die Einkommen und Vermögen von Angehörigen und Partnern in der Bedarfsgemeinschaft (§ 7 Abs. 3 SGB II) mit zu berücksichtigen. 54

Hilfebedürftigkeit nach dem **SGB XII** liegt vor, wenn die Voraussetzungen des **§ 19 SGB XII** erfüllt sind. Erfasst werden Personen, die ihren notwendigen Lebensunterhalt (ggf. auch aufgrund besonderer Lebenslagen) nicht oder nicht ausreichend aus eigenen Kräften und Mitteln, insbesondere aus ihrem Einkommen und Vermögen, beschaffen können. Auch hier erfolgt teilweise eine Berücksichtigung der Vermögen von nicht getrennt lebenden Ehegatten und Lebenspartnern sowie Angehörigen. Der Geltungsbereich des SGB XII ist nur eröffnet, wenn keine anderen existenzsichernden Sozialleistungen, etwa nach dem SGB II beansprucht werden können (Nachrangigkeit, vgl. § 2 SGB XII). 55

Die für die **Bescheinigung der Hilfebedürftigkeit** zuständigen Träger ergeben sich grundsätzlich aus **§ 6 SGB II i.V.m. § 44b SGB II**, soweit es sich um die Hilfebedürftigkeit nach dem **SGB II** handelt. Es sind dies die **Arbeitsgemeinschaften** zwischen den in § 6 SGB II genannten Trägern. Falls von der Experimentierklausel des § 6a SGB II Gebrauch gemacht wurde, kann es sich auch um die entsprechenden kommunalen Träger („**Optionskommunen**") handeln. Die nach dem **SGB XII** für die Bescheinigung der Hilfebedürftigkeit zuständigen Träger ergeben sich aus **§ 3 SGB XII, ggf. i.V.m. § 97 Abs. 2 SGB XII**. Grundsätzlich zuständig sind die örtlichen Träger, also nach § 3 Abs. 2 SGB XII die **kreisfreien Städte und die Kreise**, soweit nicht durch Landesrecht etwas anderes bestimmt ist. Nach § 97 Abs. 2 SGB XII könnte die Aufgabe der Bescheinigungserteilung durch Landesrecht auf die überörtlichen Träger übertragen werden, was aber in der Praxis kaum vorkommen dürfte. Wer überörtlicher Träger ist, richtet sich ebenfalls nach Landesrecht.[25] 56

Besteht auch bei einem nach Satz 4 **verminderten Beitrag Hilfebedürftigkeit** im Sinne des SGB II oder des SGB XII, beteiligt sich bei entsprechender Anwendung des § 12 Abs. 1c Satz 5 VAG[26] der zuständige Träger nach dem SGB II (vgl. § 6 SGB II) oder SGB XII (vgl. § 3 SGB XII) auf Antrag des Versicherten **im erforderlichen Umfang**, soweit dadurch Hilfebedürftigkeit vermieden wird. 57

Besteht **unabhängig von der Höhe des zu zahlenden Beitrags** Hilfebedürftigkeit nach dem Zweiten oder Zwölften Buch Sozialgesetzbuch, gilt § 12 Abs. 1c Satz 4 VAG entsprechend; der zuständige Träger zahlt den Betrag, der auch **für einen Bezieher von Arbeitslosengeld II** in der GKV zu tragen ist. Zu beachten ist, dass dieser Fall insbesondere bei Hilfebedürftigkeit nach dem SGB XII bei den nach § 315 Abs. 1 SGB V Versicherten nur sehr selten eintreten dürfte, denn Bezieher von Leistungen nach dem 3., 4., 6. und 7. Kapitel des SGB XII sind nach § 315 Abs. 1 Satz 1 Nr. 5 SGB V von der Versicherung ausgeschlossen. 58

dd. Risikozuschläge und Risikoprüfung (Absatz 1 Satz 3, Absatz 3 Satz 1)

Die ansonsten üblichen **Risikozuschläge** dürfen nach Absatz 1 Satz 3 für den Personenkreis nach Absatz 1 Satz 1 **nicht verlangt** werden. Damit erfolgt die Eingruppierung nur noch unter Berücksichtigung von **Alter und Geschlecht**. Letztere Differenzierung wird durch das Allgemeine Gleichbehandlungsgesetz (AGG)[27] nur zum Teil beseitigt, da es bei Männern und Frauen auch aufgrund der unterschiedlichen Lebenserwartung Unterschiede in der Beitragsgestaltung gibt. 59

---

[24] In der Fassung des Art. 44 Nr. 5 lit. b des GKV-WSG.

[25] Vgl. die Übersicht bei *Luthe* in: *Hauck/Noftz*, SGB XII, K § 3 Rn. 12, Stand: Mai 2007.

[26] In der Fassung des Art. 44 Nr. 5 lit. b des GKV-WSG.

[27] BGBl I 2006, 1897.

60 Entsprechend bestimmt Absatz 3, dass eine **Risikoprüfung** nur dann zulässig ist, wenn sie für Zwecke des **finanziellen Spitzenausgleichs** nach § 257 Abs. 2b SGB V oder für **spätere Tarifwechsel** erforderlich ist.

ee. Spitzenausgleich zwischen den Krankenkassen (Absatz 3 Satz 2)

61 Der **finanzielle Spitzenausgleich in § 257 Abs. 2b SGB V** besteht darin, dass alle Unternehmen, die eine nach § 257 Abs. 2 SGB V zuschussberechtigte Krankenversicherung betreiben, an einem durch Vereinbarung zwischen der Bundesanstalt für Finanzdienstleistungsaufsicht (BaFin) und dem Verband der privaten Krankenversicherung mit Wirkung für die beteiligten Unternehmen begründeten **Ausgleichssystem** teilnehmen, das eine gleichmäßige Belastung bewirken soll.

62 Beinahe wäre der Verweis auf § 27 Abs. 2b SGB V **ins Leere gegangen**, denn diese Regelung wurde durch das GKV-WSG selbst in dessen Art. 1 Nr. 174 d) aufgehoben. Noch vor In-Kraft-Treten des neuen § 315 SGB V wurde die Vorschrift aber wortgleich durch Art. 5 Nr. 6 c) des Gesetzes zur Änderung medizinprodukterechtlicher und anderer Vorschriften vom 14.06.2007[28] wieder eingefügt.

63 § 315 Abs. 3 Satz 2 SGB V bestimmt, dass bei diesem Spitzenausgleich **abweichend von § 257 Abs. 2b SGB V** für Versicherte nach § 315 Abs. 1 SGB V die **Beitragsbegrenzungen** nach § 315 Abs. 2 SGB V **zu berücksichtigen** sind sowie die durch das **Verbot von Risikozuschlägen** für diese Versicherten auftretenden **Mehraufwendungen**. Damit findet letztlich ein Spitzenausgleich nur innerhalb der Gruppe der nach Absatz 1 Versicherten statt. Weil es sich bei dieser Personengruppe um aus Versicherungssicht eher „ungünstige Risiken" handelt, dürfte der Tarif insgesamt **nicht sonderlich attraktiv** für die Kassen sein und für sonstige bisher nicht privat Versicherte. Der Beitrag dürfte durch den Beitritt vor allem derjenigen Personen, die aufgrund ihrer Erkrankungen sonst keine Aufnahme unter normalen Bedingungen erreichen können, vergleichsweise nahe am Höchstbeitrag der GKV liegen und bei einer Häufung von Versicherten mit kostenintensiven Erkrankungen möglicherweise dennoch nicht zur Deckung ausreichen. Die Absicht des Gesetzgebers mit der Beschränkung des Spitzenausgleichs war insofern auch, die bisher im Standardtarif nach § 257 SGB V Versicherten nicht durch Aufnahme einer neuen Personengruppe zusätzlich zu belasten.[29]

b. Personenkreis nach Absatz 1 Satz 4

64 Die in Absatz 1 Satz 4 erfassten Personen können eine **ergänzende Absicherung** im Standardtarif gemäß § 257 Abs. 2a Satz 1 Nr. 2b SGB V verlangen. Weil Absatz 1 Satz 3 in vollem Umfang auf den dortigen Standardtarif verweist, sind **auch** die bei der Beihilfe nach den jeweiligen Vorschriften **berücksichtigungsfähigen Angehörigen mit zu versichern**. Der Tarif erfasst die Beihilfe ergänzende Vertragsleistungen, die den Leistungen nach dem SGB V jeweils vergleichbar sein müssen (vgl. hierzu Rn. 40 f.).

65 Der **Beitrag** ergibt sich aus der Anwendung des durch den Beihilfesatz **nicht gedeckten Vom-Hundert-Anteils** auf den in § 257 Abs. 2a Satz 1 Nr. 2 SGB V genannten **Höchstbeitrag**. Dies steht zwar in einem gewissen **Widerspruch** zu der Regelung in § 315 Abs. 2 Satz 1 SGB V, der als Beitragsgrenze für Versicherte nach § 315 Abs. 1 SGB V den durchschnittlichen Höchstbeitrag der GKV gemäß § 257 Abs. 2a Satz 1 Nr. 2 SGB V vorsieht, ohne für die nach § 315 Abs. 1 Satz 4 SGB V Versicherten eine Sonderregelung zu treffen. Aus dem Zusammenhang mit der Regelung des § 257 Abs. 2a Nr. 2b SGB V ergibt sich aber, dass dies nicht gemeint sein kann. Andernfalls könnte der Beitrag selbst für eine nur zehnprozentige Absicherung bis zum Höchstsatz der GKV für eine Vollversicherung festgelegt werden. Hier muss der Bezugnahme auf § 257 Abs. 2a Nr. 2b SGB V in § 315 Abs. 1 SGB V höheres Gewicht beigemessen werden, zumal die Begründung hierzu keine Ausführungen macht.[30] Allerdings ist § 315 Abs. 1 Satz 1 HS. 2 SGB V mit der Maßgabe anzuwenden, dass auch bei der **Berechnung des Vom-Hundert-Anteils** hinsichtlich von Ehegatten oder Lebenspartnern bei der Berechnung der Ausgangsgröße die in § 257 Abs. 2a Satz 1 Nr. 2 SGB V genannte **besondere Beitragsbegrenzung nicht gilt.**

66 Es muss eine vollständige Absicherung des verbleibenden Krankheitsrisikos erfolgen, eine **geringere Abdeckung ist nicht möglich**.

---

[28] BGBl I 2007, 1066.
[29] BT-Drs. 16/4247, S. 58.
[30] BT-Drs. 16/4247, S. 58.

Für die Anforderungen an das **Versicherungsunternehmen** kann auf Rn. 45 verwiesen werden. Zusätzlich muss dieses natürlich auch die Voraussetzungen des **§ 257 Abs. 2a Satz 1 Nr. 2b SGB V** erfüllen. Dies ist **kein Widerspruch zu Absatz 1 Satz 3**, denn die in Absatz 1 Satz 4 genannten Personen sind nicht solche im Sinne von Absatz 1 Satz 1. Es ist dabei nicht erforderlich, dass ein Unternehmen, welches eine Versicherung für den in Absatz 1 Satz 1 genannten Personenkreis anbietet, bei entsprechender Anfrage allein für einen potentiellen Versicherten diesen Tarif anbieten muss. In der Praxis wird aber schon über die Regelung in § 257 SGB V von allen privaten Krankenversicherungen ein entsprechend ausgestalteter Tarif angeboten werden. 67

Wenn das Versicherungsunternehmen die in Rn. 67 genannten Voraussetzungen erfüllt, besteht **Kontrahierungszwang**. Hinsichtlich der Ausgestaltung vgl. Rn. 48. 68

Für die Erhebung von **Risikozuschlägen, Gesundheitsprüfungen** und den **Spitzenausgleich** zwischen den Krankenkassen gilt das für die Versicherten nach Absatz 1 Satz 1 Ausgeführte entsprechend (vgl. Rn. 59 ff.). 69

IV. Überleitung in den neuen Basistarif (Absatz 4)

Zum **01.01.2009** werden die Versicherungsverhältnisse, die nach § 315 Abs. 1 SGB V in der Zeit zwischen dem 01.07.2007 und dem 31.12.2008 begründet wurden, **übergangslos** und **ohne** eine **Einflussmöglichkeit der Betroffenen** in den neuen **Basistarif nach § 12 Abs 1a VAG**[31] übergeleitet. Es bedarf insoweit auch keiner Antragstellung, die Frist des § 178a Abs. 7 Satz 1 Nr. 1 VVG[32] von sechs Monaten ab dem 01.01.2009 **gilt für diesen Personenkreis nicht**. Eine Übergangsregelung war insoweit nicht erforderlich, da die Überleitung in den neuen Basistarif anders als bei den unabhängig von § 315 Abs. 1 SGB V im Standardtarif nach § 257 Abs. 2a SGB V Versicherten für den von § 315 Abs. 1 SGB V erfassten Personenkreis von vorneherein vorgesehen war und die Eröffnung des Standardtarifs für sie nur als Zwischenlösung erfolgte.[33] Für die übrigen im Standardtarif Versicherten sieht **§ 314 SGB V** eine Übergangsregelung vor. 70

Der Basistarif ist **von allen privaten Krankenversicherungen anzubieten**, die eine **substitutive Krankenversicherung** betreiben, also eine solche, welche geeignet ist, die GKV ganz oder teilweise zu ersetzen (§ 12 Abs. 1a VAG[34]). Es müssen **gesonderte Varianten für Kinder und Jugendliche** angeboten werden, bei denen bis zum 21. Lebensjahr **keine Altersrückstellungen** gebildet werden. Auch für die in § 315 Abs. 1 Satz 3 SGB V genannten Versicherten mit Beihilfeanspruch sowie deren berücksichtigungsfähige Angehörige muss eine Variante eröffnet werden, die entsprechend der bisherigen Regelung **eine Ergänzung der Beihilfe** darstellt. 71

Die Einführung des neuen Basistarifs ist sowohl **verfassungs-** als auch **europarechtlich** im Hinblick auf den Kontrahierungszwang (der dann auch für ausländische Versicherungsunternehmen gilt, die in Deutschland eine substitutive Krankenversicherung anbieten) und die gesetzliche Ausgestaltung des Leistungsumfangs **umstritten**.[35] Selbst die für die nähere Ausgestaltung des bisherigen Standardtarifs zuständige Bundesanstalt für Finanzaufsicht (BaFin) hat offenbar Bedenken angemeldet.[36] Ob die dem Gesetzgeber bekannten Einwände letztlich durchgreifen, werden wohl endgültig erst die Entscheidungen der zuständigen Gerichte ergeben. 72

Vereinzelt wird auch bezweifelt, ob der neue Basistarif kostendeckend angeboten werden kann und ob nicht eine Subventionierung durch die übrigen Versicherten erfolgen muss.[37] 73

Ist ein **Wechsel des Versicherungsanbieters** innerhalb des Basistarifs beabsichtigt, sollte beachtet werden, dass ein solcher unter **Mitnahme der Altersrückstellungen** nach § 12 Abs. 1b Satz 2 VAG[38], § 178a Abs. 7 Satz 2 VVG[39] und § 178f Abs. 1 Nr. 1 lit. c VVG[40] **nur bis zum 30.06.2009** möglich ist. Ein Wechsel zu einem Versicherer, bei dem schon zuvor eine Versicherung bestand, kann nicht verlangt werden, wenn dieser (und nicht ein anderer Versicherer) den vorherigen Versicherungsvertrag 74

---

[31] In der Fassung des Art. 44 Nr. 5 lit. b des GKV-WSG.
[32] In der Fassung des Art. 43 Nr. 01 des GKV-WSG.
[33] BT-Drs. 16/4247, S. 58.
[34] In der Fassung des Art. 44 Nr. 5 lit. b des GKV-WSG.
[35] *Boetius*, VersR 2007, 431-440.
[36] Vgl. Financial Times Deutschland vom 06.12.2006, S. 1.
[37] *Klement*, Der niedergelassenen Arzt, Heft 11/2006, S. 12.
[38] In der Fassung des Art. 44 Nr. 5 lit. b des GKV-WSG.
[39] In der Fassung des Art. 43 Nr. 01 des GKV-WSG.
[40] In der Fassung des Art. 43 Nr. 4 lit. a des GKV-WSG.

wegen **Drohung** oder **arglistiger Täuschung** (erfolgreich) angefochten hat oder vom Versicherungsvertrag wegen einer **vorsätzlichen Verletzung der vorvertraglichen Anzeigepflicht** (wirksam) zurückgetreten ist (§ 16 VVG in Verbindung mit § 178k VVG). Dies ergibt sich aus § 178a Abs. 7 Satz 4 VVG[41] und § 12 Abs. 1b Satz 3 VAG[42]. Ansonsten muss ein Wechsel auf Antrag des Versicherten vollzogen werden, es besteht **Kontrahierungszwang**.

75 Eine **wesentliche Änderung des Leistungsniveaus ergibt sich** durch die Überleitung **nicht**, denn § 12 Abs. 1a Satz 1 VAG[43] erfordert ebenfalls, dass die Vertragsleistungen des Basistarifs in Art, Umfang und Höhe den Leistungen nach dem 3. Kapitel des SGB V, auf die ein Anspruch besteht, jeweils vergleichbar sein müssen (vgl. hierzu Rn. 41). Nach § 12 Abs. 1d VAG werden die Leistungen des Basistarifs vom insoweit beliehenen **Verband der privaten Krankenversicherung** nach Art, Umfang und Höhe festgelegt. Die **Fachaufsicht** übt das **Bundesministerium der Finanzen (BMF)** aus.

76 Auch beim **Basistarif** darf dessen Beitrag nach § 12 Abs. 1c Satz 1 VAG[44] den **Höchstbeitrag der GKV nicht übersteigen**. Es gilt nun direkt die Regelung des § 12 Abs. 1c Sätze 4-6 VAG[45] über die Beitragstragungsmodalitäten bei **Bedürftigkeit des Versicherten**, die bisher schon gemäß § 315 Abs. 2 Satz 2 SGB V entsprechend auf die nach § 315 Abs. 1 SGB V begründeten Versicherungsverhältnisse anzuwenden war. Insoweit kann auf die Ausführungen hierzu verwiesen werden (vgl. Rn. 52 ff.).

77 Die **Beitragsgrenze** wird wie bisher aus dem allgemeinen Beitragssatz der Krankenkassen vom 01.01. des Vorjahres und der Beitragsbemessungsgrenze berechnet (§ 12 Abs. 1c Satz 1 HS. 1 VAG[46]). Im **Jahr 2009** wird **davon abweichend** der zum 01.01.2009 geltende allgemeine Beitragssatz zugrunde gelegt (§ 12 Abs. 1c Satz 1 HS. 1 VAG[47]). Der Höchstbeitrag wird zum Stichtag am 01.07. jeden Jahres auf Basis der vorläufigen Rechnungsergebnisse des Vorjahres der GKV um den Vom-Hundert-Wert angepasst, um den die Einnahmen des Gesundheitsfonds von einer vollständigen Deckung der Ausgaben des Vorjahres abweichen (§ 12 Abs. 1c Satz 2 VAG[48]). Dies soll eine Unterdeckung nach Auswertung der Daten des Vorjahres bereits zur Jahresmitte vermeiden helfen.

78 **Risikozuschläge** dürfen auch für die im Basistarif Versicherten nicht erhoben werden, was sich aus § 178g Abs. 1 Satz 2 VVG[49] ergibt. Wiederum ist wie bis zum 31.12.2008 in § 315 Abs. 3 Satz 1 SGB V für den Standardtarif nach § 257 Abs. 2a SGB V vorgesehen, dass nach § 178g Abs. 1 Satz 3 VVG[50] auch für im Basistarif Versicherte eine **Risikoprüfung nur zulässig** ist, soweit sie für **spätere Tarifwechsel** erforderlich ist, oder für den ab dem 01.01.2009 in § 12g VAG[51] geregelten **Spitzenausgleich**. In letzterem werden nun alle im Basistarif Versicherten erfasst, also auch diejenigen, die schon vor dem 01.07.2007 nach § 257 SGB V im Standardtarif versichert waren und bisher eine eigene Gruppe bildeten, später aber nach § 314 SGB V (in der ab dem 01.01.2009 geltenden Fassung) dem neuen Basistarif beigetreten sind.

79 **§ 12 Abs. 1a Satz 2 VAG** in der ab dem 01.01.2009 maßgeblichen Fassung sieht für die Versicherten im Basistarif vor, dass diese **Selbstbehalte** in Höhe von 300, 600, 900 und 1.200 € vereinbaren können. Nach Satz 3 sind entsprechende Selbstbehalte auch für **Beihilfeberechtigte** vorzusehen, wobei die Beträge jeweils mit dem ergänzenden Vom-Hundert-Satz zu multiplizieren sind. Der Abschluss ergänzender Krankheitskostenversicherungen ist jeweils zulässig.

V. Rechtstatsachen

80 Eine **rege Nachfrage** nach der neuen Möglichkeit des Eintritts in den Standardtarif gemäß § 257 Abs. 2a SGB V hat es jedenfalls bis zum In-Kraft-Treten zum 01.07.2007 **nicht gegeben**. Rund 2.200

---

41 In der Fassung des Art. 43 Nr. 01 des GKV-WSG.
42 In der Fassung des Art. 44 Nr. 5 lit. b des GKV-WSG.
43 In der Fassung des Art. 44 Nr. 5 lit. b des GKV-WSG.
44 In der Fassung des Art. 44 Nr. 5 lit. b des GKV-WSG.
45 In der Fassung des Art. 44 Nr. 5 lit. b des GKV-WSG.
46 In der Fassung des Art. 44 Nr. 5 lit. b des GKV-WSG.
47 In der Fassung des Art. 44 Nr. 5 lit. b des GKV-WSG.
48 In der Fassung des Art. 44 Nr. 5 lit. b des GKV-WSG.
49 In der Fassung des Art. 43 Nr. 5 GKV-WSG.
50 In der Fassung des Art. 43 Nr. 5 GKV-WSG.
51 In der Fassung des Art. 44 Nr. 7 des GKV-WSG.

Anfragen sind bis zu diesem Zeitpunkt bei den Versicherungsunternehmen eingegangen.[52] Insgesamt ging man im Gesetzgebungsverfahren von etwa **40.000 bis 60.000** betroffenen Personen aus.

C. Praxishinweise

Die bis zum 31.12.2008 mögliche Versicherung im Standardtarif ist **nicht** wie die Versicherung im Basistarif **für diejenigen verpflichtend**, die **keine anderweitige Absicherung** haben. Die Entscheidung für sie empfiehlt sich für solche Personen, die auf einen **Krankenversicherungsschutz angewiesen** sind und anderweitig keinen solchen erhalten können. Wegen der (auch dadurch bedingten) ungünstigen Risikostruktur dieses Tarifs sollten in den Fällen, in denen **andere Optionen** bestehen, die **Vorteile und Kosten genau abgewogen** werden, zumal die Leistungen in der Praxis auf diejenigen beschränkt sein dürften, die auch im Rahmen der GKV zu erbringen sind. 81

Eine **Wartezeit** vor der Erbringung von Behandlungsleistungen **sollte nicht akzeptiert werden**, eine entsprechende Praxis der Versicherer ist **rechtswidrig** (vgl. auch Rn. 49). 82

Ist ein **Versichererwechsel** im ab dem 01.01.2009 bei vorheriger Versicherung im Standardtarif nach § 315 Abs. 1 SGB V i.V.m. § 257 Abs. 2a SGB V automatisch geltenden Basistarif geplant, sollte dieser **bis zum 30.06.2009** erfolgen, da nur bis zu diesem Zeitpunkt **Altersrückstellungen** zum neuen Versicherer mitgenommen werden können (vgl. Rn. 74). 83

---

[52] Handelsblatt vom 02.07.2007, S. 4, „Neuer Privat-Tarif für Nichtversicherte".

Stichwortverzeichnis

Die **fetten Zahlen** *geben die Paragraphen an, die* mageren Zahlen *die Randnummern*

H

I

T